médecine	*Méd, Med*	medicine
météorologie	*Météo*	meteorology
masculin et féminin	*mf*	masculine and feminine
militaire	*Mil*	military
mines	*Mines*	mining
masculin pluriel	*mpl*	masculine plural
mythologie	*Mythol*	mythology
nom	*n*	noun
nautique	*Naut*	nautical, naval
négatif	*nég, neg*	negative
nom féminin	*nf*	feminine noun
norn masculin	*nm*	masculine noun
nom masculin et féminin	*nmf*	masculine and feminine noun
nom masculin, féminin	*nm,f*	masculine, feminine noun
non comptable	*NonC*	uncountable
nom pluriel	*npl*	plural noun
nom singulier	*nsg*	singular noun
objet	*obj*	object
opposé	*opp*	opposite
emploi réfléchi	*o.s.*	oneself
parlement	*Parl*	parliament
passif	*pass*	passive
péjoratif	*péj, pej*	pejorative
personnel	*pers*	personal
pharmacie	*Pharm*	pharmacy
philosophie	*Philo(s)*	philosophy
photographie	*Photo, Phot*	photography
physiologie	*Physiol*	physiology
pluriel	*pl*	plural
possessif	*poss*	possessive
préfixe	*préf, pref*	prefix
préposition	*prép, prep*	preposition
prétérit	*prét, pret*	preterite
pronom	*pron*	pronoun
proverbe	*Prov*	proverb
participe présent	*prp*	present participle
psychiatrie, psychologie	*Psych*	psychology, psychiatry
temps du passé	*pt*	past tense
participe passé	*ptp*	past participle
quelque chose	*qch*	something
quelqu'un	*qn*	somebody, someone
marque déposée	®	registered trademark
chemin de fer	*Rail*	rail(ways)
religion	*Rel*	religion
relatif	*rel*	relative
quelqu'un	*sb*	somebody, someone
école	*Scol*	school
écossais, Écosse	*Scot*	Scottish, Scotland
séparable	*sep*	separable
singulier	*sg*	singular
ski	*Ski*	skiing
sociologie	*Sociol*	sociology
terme de spécialiste	*SPÉC, SPEC*	specialist term
quelque chose	*sth*	something
subjonctif	*subj*	subjunctive
suffixe	*suf*	suffix
superlatif	*superl*	superlative
technique	*Tech*	technical
télécommunication	*Télec, Telec*	telecommunications
théâtre	*Théât*	theatre
télévision	*TV*	television
typographie	*Typo*	typography
université	*Univ*	university
américain, États-Unis	*US*	American, United States
verbe	*vb*	verb
verbe intransitif	*vi*	intransitive verb
verbe pronominal	*vpr*	pronominal verb
verbe transitif	*vt*	transitive verb
verbe transitif et intransitif	*vti*	transitive and intransitive verb
verbe transitif indirect	*vt indir*	indirect transitive verb
zoologie	*Zool*	zoology
langage familier	*	informal language
langage très familier	**	very informal language
langage vulgaire	***	offensive language
emploi vieilli	†	old-fashioned term or expression
emploi archaïque	††	archaic term or expression

Dictionnaire
Français-Anglais
Anglais-Français

French-English
English-French
Dictionary

Le Robert
& Collins

Compact Plus

Collins

Collins
ROBERT
French
Dictionary

HarperCollins Publishers
Westerhill Road
Bishopbriggs
Glasgow
G64 2QT
Great Britain

Seventh Edition 2007

Reprint 10 9 8 7 6 5 4 3

© William Collins Sons & Co. Ltd and
Dictionnaires Le Robert 1981, 1990
© HarperCollins Publishers and Dictionnaires
Le Robert 1996, 2000, 2003, 2006, 2007

ISBN 978-0-00-725344-9

Collins® and Bank of English® are registered
trademarks of HarperCollins Publishers Limited

www.collinslanguage.com

A catalogue record for this book is available
from the British Library

HarperCollins Publishers
10 East 53rd Street
New York, NY 10022

COLLINS ROBERT FRENCH COLLEGE DICTIONARY.
Seventh US Edition 2008

ISBN 978-0-06-169023-5

www.harpercollins.com

HarperCollins books may be purchased for
educational, business, or sales promotional
use. For information, please write to: Special
Markets Department, HarperCollins Publishers,
10 East 53rd Street, New York, NY 10022

Dictionnaires Le Robert
25, avenue Pierre de Coubertin
75013 Paris

www.lerobert.com

ISBN 978-2-84902-344-0
Dépôt légal 2007
Achevé d'imprimer avril 2009

Typeset by Morton Word Processing Ltd,
Scarborough and RefineCatch Ltd, Bungay,
Suffolk

Printed in Italy by LEGO Spa, Lavis (Trento)

Acknowledgements
We would like to thank those authors and
publishers who kindly gave permission for
copyright material to be used in the Collins
Word Web. We would also like to thank Times
Newspapers Ltd for providing valuable data.

All rights reserved. No part of this publication
may be reproduced, stored in a retrieval
system or transmitted, in any form or by any
means, electronic, mechanical, photocopying,
recording or otherwise, without the prior
permission of the publisher. This book is sold
subject to the conditions that it shall not, by
way of trade or otherwise, be lent, re-sold,
hired out or otherwise circulated without the
publisher's prior consent in any form of
binding or cover other than that in which it
is published and without a similar condition
including this condition being imposed on
the subsequent purchaser.

Entered words that we have reason to believe
constitute trademarks have been designated
as such. However, neither the presence nor
absence of such designation should be
regarded as affecting the legal status of any
trademark.

This book may contain website addresses
to third-party sites unconnected with
HarperCollins Publishers Ltd. HarperCollins
Publishers Ltd is not responsible for, and has
no liability in relation to, the content of any
third-party sites, nor does it endorse any
third-party site in any way.

Les marques déposées ®
Les termes qui constituent à notre
connaissance une marque déposée ont été
désignés comme tels. La présence ou l'absence
de cette désignation ne peut toutefois être
considérée comme ayant valeur juridique.

Cet ouvrage peut comporter des adresses
de sites internet tiers avec lesquels les
Dictionnaires Le Robert/SEJER n'ont aucun
lien. Le contenu de sites tiers n'engage pas
et ne saurait engager la responsabilité des
Dictionnaires Le Robert/SEJER, et l'éditeur
ne fait la promotion d'aucun site, de quelque
manière que ce soit.

Tous droits réservés.

**Publishing management
for HarperCollins**
Lorna Sinclair Knight

**Direction éditoriale : société
Dictionnaires Le Robert représentée par**
Marianne Durand

Editorial Director/Responsable éditorial
Maree Airlie   Martyn Back

Project managers/Chefs de projet
Gaëlle Amiot-Cadey, Sabine Citron

Editors/Rédaction

Daphne Day	Dominique Le Fur
Phyllis Gautier	Jean-François Allain
Janet Gough	Christian Salzedo
Harry Campbell	Laurent Jouet

Editorial staff/Secrétariat de redaction et correction
Elspeth Anderson, Christine Bahr, Anne-Marie Banks,
Marianne Ebersberg, Sandra Harper, Anne Lindsay,
Cindy Mitchell, Maggie Seaton, Jill Williams

Cultural supplement written by/Supplément culturel rédigé par
Martyn Back

Contributors/collaborateurs
Maree Airlie, Gaëlle Amiot-Cadey, Daphne Day,
Serge Renan, Annick Valade

William Collins' dream of knowledge for all began with the publication of his first book in 1819. A self-educated mill worker, he not only enriched millions of lives, but also founded a flourising publishing house. Today, staying true to this spirit, Collins books are packed with inspiration, innovation, and practical expertise. They place you at the centre of a world of possibility and give you exactly what you need to explore it.

Language is the key to this exploration, and at the heart of Collins Dictionaries is language as it is really used. New words, phrases, and meanings spring up every day, and all of them are captured and analysed by the Collins Word Web. Constantly updated, and with over 2.5 billion entries, this living language resource is unique to our dictionaries.

Words are tools for life. And a Collins Dictionary makes them work for you.

Collins. Do more.

TABLE DES MATIÈRES

CONTENTS

COMMENT UTILISER VOTRE DICTIONNAIRE

1. UN MOT PEUT AVOIR PLUSIEURS SENS : NE VOUS ARRÊTEZ PAS À LA PREMIÈRE TRADUCTION

Dans ce dictionnaire, chaque sens est précédé d'une lettre dans un cercle bleu. Le sens le plus courant vous est donné en premier. Les sens sont indiqués par des mots entre parenthèses et en italique. Par exemple, le mot boîte a trois sens, présentés en ⓐ, ⓑ et ⓒ. Si vous cherchez à traduire ce mot dans le sens de **discothèque**, vous devez parcourir l'entrée jusqu'au ⓑ :

> **boîte** /bwat/ 1 NF ⓐ (= *récipient*) box; (*en métal*) tin; [*de conserves*] can, tin (*Brit*); **des tomates en boîte** canned *ou* tinned (*Brit*) tomatoes; **mettre qn en ~*** to pull sb's leg*
> ⓑ (= *cabaret*)* nightclub; **sortir en ~** to go clubbing*
> ⓒ (= *lieu de travail, firme*)* company; (= *école*)* school; **elle travaille pour une ~ de pub** she works for an advertising company

De même, les mots anglais peuvent avoir plusieurs sens. Faites bien attention au contexte pour déterminer quel sens vous devez traduire.

2. UN MOT PEUT AVOIR PLUSIEURS FONCTIONS DANS LA PHRASE : CHOISISSEZ LA BONNE

Le mot lâche peut être un nom ou un adjectif, ou encore une forme du verbe lâcher. Si vous voulez traduire **c'est un lâche**, vous devez aller chercher la traduction dans la catégorie du nom, en 2 (N). Si vous voulez traduire **lâche-moi !**, vous trouverez la traduction sous le verbe (VT) lâcher :

> **lâche** /laʃ/ 1 ADJ ⓐ (= *peu courageux*) cowardly; [*attentat*] despicable; [*procédé*] low; **se montrer ~** to be a coward; **c'est assez ~ de sa part d'avoir fait ça** it was pretty cowardly of him to do that ⓑ (= *peu serré*) [*corde*] slack; [*nœud, vêtement, canevas*] loose ⓒ (= *peu sévère*) [*discipline, morale*] lax; [*règlement*] loose 2 NMF coward

> **lâcher** /laʃe/ /TABLE 1/ VT ⓐ [+ *main, proie*] to let go of; [+ *bombes*] to drop; [+ *pigeon, ballon*] to release; [+ *chien*] to unleash; [+ *frein*] to release; [+ *juron*] to come out with; **lâche-moi !** let go of me!; **le prof nous a lâchés à 4 heures*** the teacher let us out at 4

Le mot boucher peut être un verbe ou un nom. Ces deux mots, qui n'ont rien à voir l'un avec l'autre, sont présentés dans deux articles séparés. Le chiffre[1] placé à la suite de boucher verbe vous signale qu'il y a un autre article, boucher[2], que vous devrez consulter si vous recherchez la traduction du nom :

> **boucher**[1] /buʃe/ /TABLE 1/ 1 VT ⓐ [+ *bouteille*] to cork
> ⓑ [+ *trou, fente*] to fill in; [+ *fuite*] to stop; **ça** (*ou* **elle** *etc*) **lui en a bouché un coin*** he was staggered* ⓒ [+ *fenêtre, porte*] to block up
> **boucher**[2] /buʃe/ NM butcher

3. UN VERBE PEUT ÊTRE TRANSITIF OU INTRANSITIF : FAITES BIEN LA DIFFÉRENCE

Lorsqu'un verbe est suivi d'un complément, il est transitif. Lorsqu'il n'est pas suivi d'un complément, il est intransitif. Par exemple dans **une dent qui pousse**, **pousser** est intransitif alors que dans **peux-tu me pousser ?**, il est transitif. Faites bien la différence et consultez la bonne section de l'article car les traductions ne sont pas du tout les mêmes.

4. NE TRADUISEZ PAS LES PHRASES MOT À MOT

Regardez bien les exemples qui vous sont donnés : ils sont là pour vous aider à traduire non seulement le mot que vous cherchez, mais aussi la phrase dans laquelle il se trouve.

> **avion** ... **ils sont venus en avion** they came by plane

Sans cette indication, vous n'auriez peut-être pas utilisé **by** pour traduire **en**.

> **éponge** ... **passons l'éponge** let's forget about it

Dans cette phrase, **sponge** (la traduction d'**éponge**) n'est pas utilisé du tout.

5. UTILISEZ LES DEUX CÔTÉS DE VOTRE DICTIONNAIRE

Quand vous traduisez en anglais, vous consultez d'abord le côté français-anglais de votre dictionnaire. Mais vous pouvez trouver des informations complémentaires du côté anglais-français. La traduction de **licence**, par exemple, est **degree**. Sous DEGREE, vous trouverez un encadré sur les différents diplômes britanniques et américains :

> **ⓘ DEGREE**
>
> *Dans les systèmes universitaires britannique et américain, le premier titre universitaire (généralement obtenu après trois ou quatre ans d'études supérieures) est le « bachelor's degree », qui permet à l'étudiant en lettres de devenir « Bachelor of Arts » (« BA » en Grande-Bretagne, « AB » aux États-Unis) et à l'étudiant en sciences ou en sciences humaines d'être un « Bachelor of Science » (« BSc » en Grande-Bretagne, « BS » aux États-Unis). L'année suivante débouche sur les diplômes de « Master of Arts » (« MA ») et de « Master of Science » (« MSc » en Grande-Bretagne, « MS » aux États-Unis).*

De même sous record, qui est la traduction du nom **disque** et du verbe **enregistrer**, vous apprendrez que record ne se prononce pas de la même manière si c'est un nom et si c'est un verbe :

> ★ *Lorsque* **record** *est un verbe, l'accent tombe sur la seconde syllabe: /rɪˈkɔːd/, lorsque c'est un nom, sur la première: /ˈrekɔːd/.*

6. CHOISISSEZ LE MOT ADAPTÉ À LA SITUATION

Le symbole * signale que le mot ou l'expression qu'il accompagne est familier, ** signale qu'il s'agit d'un langage très familier et *** d'un langage vulgaire ou injurieux. Ces symboles vous alertent sur le fait que des mots comme pote en français ou pal en anglais, qui signifient tous les deux **ami**, choqueraient dans certaines situations, au cours d'un entretien professionnel par exemple. Faites donc attention à bien adapter votre langage à la situation.

pote * /pɔt/ NM pal*   **pal** * /pæl/ N pote* *(mf)*

7. N'UTILISEZ PAS VOTRE DICTIONNAIRE SEULEMENT POUR CHERCHER LA TRADUCTION DE MOTS

* L'ANGLAIS EN ACTION vous aidera à vous exprimer dans une langue idiomatique. Cette section, qui se trouve au milieu du dictionnaire, vous apportera une aide précieuse quand vous devrez, par exemple, écrire des lettres, téléphoner ou préparer des interventions orales.

* Consultez le tableau des VERBES ANGLAIS, au milieu du dictionnaire, pour vérifier les formes irrégulières.

* Les SYMBOLES PHONÉTIQUES ANGLAIS, au début de la partie anglais-français du dictionnaire, sont là pour vous permettre de mieux prononcer les mots anglais.

* Si vous rencontrez une ABRÉVIATION inconnue, reportez-vous aux revers de la couverture du dictionnaire. Vous y verrez par exemple que **sb** signifie **somebody** et **Méd**, **médecine**.

8. CHERCHEZ AU BON ENDROIT

Si vous cherchez la traduction de **ice cream** ou de **boîte vocale** par exemple, consultez les sections COMP (composés) des articles ice et boîte ; chaque composé est précédé d'un losange noir :

♦ **ice cream** N glace *(f)*   ♦ **boîte vocale** voice mail

Certains verbes anglais prennent un sens particulier lorsqu'ils sont construits avec des prépositions ou des adverbes, par exemple ► **breakdown** ou ► **put up with**. Vous trouverez ces expressions à la fin des articles break et put, précédées d'un triangle noir.

POINTS TO REMEMBER WHEN USING YOUR DICTIONARY

1. WORDS CAN HAVE SEVERAL MEANINGS – DON'T STOP AT THE FIRST TRANSLATION

In this dictionary, each different meaning is preceded by a letter in a blue circle. The most frequent meaning comes first. Where necessary there are labels (italic words in brackets) to show which sense is being translated. The noun key has meanings ⓐ, ⓑ, ⓒ, and ⓓ. If you want the **key** you find on a computer keyboard, you need to scan down the letters to ⓒ [*of piano, computer*]:

> **key** /kiː/ 1 N ⓐ clé *(f)*; **leave the ~ in the door** laisse la clé sur la porte; **he holds the ~ to the mystery** il détient la clé du mystère; **the ~ to ending this recession** la solution pour mettre fin à la récession ⓑ (*to map, diagram*) légende *(f)* ⓒ [*of piano, computer*] touche *(f)* ⓓ [*of music*] ton *(m)*; **in the ~ of C** en do; **in the major ~** en mode majeur; **change of ~** changement *(m)* de ton 2 ADJ (= *crucial*) clé *(inv)* 3 VT (*also* ~ **in**) [+ *text, data*] saisir 4 COMP ◆ **key ring** N porte-clés *(m)*

The French noun boîte has meanings ⓐ, ⓑ and ⓒ – make sure that you choose the translation that fits the context:

> **boîte** /bwat/ 1 NF ⓐ (= *récipient*) box; (*en métal*) tin; [*de conserves*] can, tin (*Brit*); **des tomates en boîte** canned *ou* tinned (*Brit*) tomatoes; **mettre qn en ~*** to pull sb's leg* ⓑ (= *cabaret*)* nightclub; **sortir en ~** to go clubbing* ⓒ (= *lieu de travail, firme*)* company; (= *école*)* school; **elle travaille pour une ~ de pub** she works for an advertising company

2. WORDS OFTEN HAVE MORE THAN ONE FUNCTION IN A SENTENCE

The word key can be a noun, an adjective or a verb. To translate **key in your number**, you need a French verb, so scan down to the verb section, which is number 3. The word fast can be an adjective (section 1): **she's got a fast car**, or an adverb (section 2): **she drives too fast**.

> **fast** /faːst/ 1 ADJ ⓐ (= *speedy*) rapide; **she's a ~ walker/reader** elle marche/lit vite; **to pull a ~ one on sb*** rouler qn*; **my watch is five minutes ~** ma montre avance de cinq minutes
> ⓑ [*colour*] **is the dye ~?** est-ce que ça déteindra?
> 2 ADV ⓐ (= *quickly*) vite; **the environment is ~ becoming a major political issue** l'environnement prend une place de plus en plus importante dans les débats politiques; **he ran off as ~ as his legs could carry him** il s'est sauvé à toutes jambes; **not so ~!** (*interrupting*) pas si vite!*
> ⓑ (= *firmly*) **to be ~ asleep** dormir à poings fermés; **to be stuck ~** être coincé; **to stand ~** tenir bon

Some words such as can[1] (= *to be able*) and can[2] (*for oil, petrol*) are so different that they are treated in different entries, with the numbers to distinguish them. Some of these words look the same but are pronounced differently, such as lead[1] (*verb*) and lead[2] (= *metal*).

3. THERE ARE DIFFERENT KINDS OF VERB

If you look up grow you will find that the entry is divided into two sections: VI (intransitive verb) and VT (transitive verb). A verb with no object is VI: **lettuces grow fast**, a verb with an object is VT: **the farmers grow wheat**. For the VI example the translation is **pousser**, for the VT example it is **cultiver**. Remember this distinction, so that you can go immediately to the correct section.

4. PHRASES AREN'T ALWAYS TRANSLATED WORD FOR WORD

Look carefully at example phrases – they are there to help you get not just the word, but the whole sentence right. In the entry key you will find:

> **key** /kiː/ 1 N ⓐ clé *(f)*; **leave the ~ in the door** laisse la clé sur la porte

You might not have expected **sur** as a translation of **in**.

> **the ~ to ending this recession** la solution pour mettre fin à la récession

Here **clé** is not used at all.

5. USE BOTH SIDES OF THE DICTIONARY

When you are translating into French you naturally use the English side first. You can find additional information on the French side. The English side, for example, tells you that one translation for **to take out** is **sortir**. If you then look up sortir you will also learn how to pronounce the word, where to find it in the verb tables if you need to form a particular tense, and whether to use **avoir** or **être** with it.

sortir /sɔʀtiʀ/

/TABLE 16/
1 VERBE INTRANSITIF   3 VERBE PRONOMINAL
2 VERBE TRANSITIF

► **sortir** *is conjugated with* **être***, unless it has an object, when the auxiliary is* **avoir***.*

6. SUIT LANGUAGE TO SITUATION

The dictionary uses * to mark language which is colloquial, ** indicates slang , and *** indicates rude language. You wouldn't use colloquial language, such as **my mates**, in a formal situation. In French, boulot and travail both mean **work**, but boulot is colloquial, so would be unsuitable in a job application:

boulot² /bulo/ NM ⓐ (= *travail*) work (*NonC*); **on a du ~** we've got work to do; (= *tâche difficile*) we've got our work cut out; **elle a fait du bon ~** she's done a good job; **se mettre au ~** to get down to work; **allez, au ~!** OK, let's get cracking!* ⓑ (= *emploi*) job; **il a trouvé du ~** *ou* **un ~** he's found a job; **j'ai fait des petits ~s** I did casual work ⓒ (= *lieu de travail*) work (*NonC*); **aller au ~** to go to work; **je sors du ~ à 18 h** I finish work at 6 o'clock

7. DON'T JUST USE YOUR DICTIONARY FOR LOOKING UP WORDS!

* The practical language section, FRENCH IN ACTION, will help you to express yourself in correct, natural French. It will be very useful when you're writing letters and reports, making phone calls, and preparing to take part in discussions.

* Use the FRENCH VERB TABLES to get your tenses right.

* If you meet an unfamiliar ABBREVIATION, consult the list inside the cover. It shows you, for instance, that **sb** means **somebody, n** means **noun** and **m** means **masculine**.

* If you're unsure of the meaning of phonetic symbols, consult FRENCH PHONETIC SYMBOLS overleaf.

8. NOT SURE WHERE TO LOOK?

Entries often have COMP (compound) sections. Under COMP you will find items that consist of more than one word – such as ♦ **ice cream** in the entry ice and ♦ **boîte vocale** in the entry boîte: the entry to look up in such cases is the first word. Look for phrasal verbs such as ► **break down** and ► **put up with** at the end of the entry for the main verb (in these cases, break and put).

► **put up with** VT INSEP supporter ; **he has a lot to ~ up with** il a beaucoup de problèmes

FRENCH PHONETIC SYMBOLS

Vowels

[i] il, vie, lyre
[e] blé, jouer
[ɛ] lait, jouet, merci
[a] plat, patte
[ɑ] bas, pâte
[ɔ] mort, donner
[o] mot, dôme, eau, gauche
[u] genou, roue
[y] rue, vêtu
[ø] peu, deux
[œ] peur, meuble
[ə] le, premier
[ɛ̃] matin, plein
[ɑ̃] sans, vent
[ɔ̃] bon, ombre
[œ̃] lundi, brun

Semi-consonants

[j] yeux, paille, pied
[w] oui, nouer
[ɥ] huile, lui

Consonants

[p] père, soupe
[t] terre, vite
[k] cou, qui, sac, képi
[b] bon, robe
[d] dans, aide
[g] gare, bague
[f] feu, neuf, photo
[s] sale, celui, ça, dessous, tasse, nation
[ʃ] chat, tache
[v] vous, rêve
[z] zéro, maison, rose
[ʒ] je, gilet, geôle
[l] lent, sol
[ʀ] rue, venir
[m] main, femme
[n] nous, tonne, animal
[ɲ] agneau, vigne
[h] hop! (exclamative)
['] haricot (no liaison)
[ŋ] words borrowed from English: camping

REGULAR FEMININE ENDINGS

On the English-French side the feminine forms are given for French adjectives only if they are irregular. The following are considered regular adjective inflections:

MASC	FEM	MASC	FEM
-	-e	-ien	-ienne
-ef	-ève	-ier	-ière
-eil	-eille	-if	-ive
-er	-ère	-il	-ille
-et	-ette	-on	-onne
-eur	-euse	-ot	-otte
-eux	-euse		

SYMBOLES PHONÉTIQUES ANGLAIS

Voyelles et diphtongues

[iː]	bead, see	[g]	got, agog
[ɑː]	bard, calm	[f]	fine, raffle
[ɔː]	born, cork	[v]	vine, river
[uː]	boon, fool	[s]	pots, sit, rice
[ɜː]	burn, fern, work	[z]	pods, buzz
[ɪ]	sit, pity	[θ]	thin, maths
[e]	set, less	[ð]	this, other
[æ]	sat, apple	[ʃ]	ship, sugar
[ʌ]	fun, come	[ʒ]	measure
[ɒ]	fond, wash	[tʃ]	chance
[ʊ]	full, soot	[dʒ]	just, edge
[ə]	composer, above	[l]	little, place
[eɪ]	bay, fate	[r]	ran, stirring
[aɪ]	buy, lie	[m]	ram, mummy
[ɔɪ]	boy, voice	[n]	ran, nut
[əʊ]	no, ago	[ŋ]	rang, bank
[aʊ]	now, plough	[h]	hat, reheat
[ɪə]	tier, beer	[j]	yet, million
[ɛə]	bare, fair	[w]	wet, bewail
[ʊə]	tour	[x]	loch

Consonnes

Divers

[p]	pat, pope	[ʳ]	représente un [r] entendu s'il forme une liaison avec la voyelle du mot suivant
[b]	bat, baby	[']	accent tonique
[t]	tab, strut	[ˌ]	accent secondaire
[d]	dab, mended		
[k]	cot, kiss, chord		

A

A /a/ **1** NM (= *lettre*) **de A à Z** from A to Z; **prouver** *ou* **démontrer qch par A + B** to prove sth conclusively **2** NF (ABBR = **autoroute**) **l'A10** the A10 motorway (*Brit*) *ou* highway (*US*)

à /a/ PRÉPOSITION

► **à + le = au, à + les = aux**

► *Lorsque* **à** *se trouve dans une locution du type* **obéir à qn, lent à s'habiller,** *reportez-vous à l'autre mot.*

ⓐ [lieu : position] in; **habiter à Paris** to live in Paris; **habiter au Canada** to live in Canada; **je suis à la cuisine** I'm in the kitchen; **vivre à Paros** to live on Paros; **habiter au 4ᵉᵐᵉ étage** to live on the 4th floor; **j'habite au 26 de la rue Pasteur** I live at number 26 rue Pasteur; **l'avion a atterri à Luton** the plane landed at Luton; **être à l'école** [*élève*] to be at school; (*de passage*) to be at the school; **être à l'hôpital** [*malade*] to be in hospital; (*en visite*) to be at the hospital

ⓑ [lieu : direction] to; **aller à Lille/au Canada/aux Açores** to go to Lille/to Canada/to the Azores; **aller au marché/au théâtre/au bureau** to go to the market/the theatre/the office; **entrez au salon** come into the lounge; **aller à l'école** [*élève*] to go to school; (*en visite*) to go to the school; **aller à l'hôpital** [*malade*] to go into hospital; [*visiteur*] to go to the hospital

ⓒ [lieu : provenance] from; **je l'ai eu à la bibliothèque** I got it from the library

ⓓ [temps] at; (*époque*) in; **à 6 heures** at 6 o'clock; **je vous verrai à Noël** I'll see you at Christmas; **à sa naissance** at birth; **la poésie au 19ᵉᵐᵉ siècle** poetry in the 19th century; **au Moyen Âge** in the Middle Ages; **je n'étais pas là à leur arrivée** I wasn't there when they arrived

ⓔ [= jusqu'à] to; **de Paris à Londres** from Paris to London; **du lundi au vendredi** from Monday to Friday; **du troisième au cinquième** from the third to the fifth; **il leur faut quatre à cinq heures** they need four to five hours; **à la semaine prochaine !** see you next week!; **on a fait 8 à 9 kilomètres** we did 8 or 9 kilometres

ⓕ [distance] **Paris est à 400 km de Londres** Paris is 400km from London; **c'est à cinq minutes** it's five minutes away

ⓖ [appartenance] **c'est à moi** it's mine; **ce livre est à Luc** this book is Luc's; **à qui est ce stylo ?** whose pen is this?; **c'est une amie à eux** she is a friend of theirs; **ils n'ont pas de maison à eux** they haven't got a house of their own; **la voiture à Paul*** Paul's car; **je suis à vous dans deux minutes** I'll be with you in a couple of minutes

ⓗ [responsabilité] **c'était à toi d'y aller** it was up to you to go; **ce n'est pas à moi de décider** it's not for me to decide

ⓘ [dédicace] to; **à mon fils, pour ses 20 ans** to my son, on his 20th birthday; **à Julie !** (= *toast*) to Julie!

ⓙ [ordre de passage] **à toi !** your turn!; (*aux échecs, aux dames*) **c'est à qui ?** (*dans un jeu*) whose turn is it?; (*dans une file d'attente*) who's next?; **à vous les studios** over to you in the studio

ⓚ [au nombre de] **nous y sommes allés à cinq** five of us went; **nous y sommes allés à plusieurs** several of us went;

ils couchent à trois dans la même chambre they sleep three to a room; **à trois, nous irons plus vite** it'll be quicker if three of us do it; **nous n'entrerons jamais à six dans sa voiture** the six of us will never get into his car

ⓛ [= par] **faire du 90 à l'heure** to do 90km an hour; **être payé au mois** to be paid monthly; **gagner 2 à 1** to win by 2 goals to 1

ⓜ [= avec] with; **robe à manches** dress with sleeves; **un enfant aux yeux bleus** a child with blue eyes; **couper qch au couteau** to cut sth with a knife; **il l'a joué au piano** he played it on the piano

ⓝ [+ infinitif] to; **je n'ai rien à lire** I have nothing to read; **lourd à porter** heavy to carry; **c'est à faire aujourd'hui** it needs to be done today; **ces journaux sont à jeter** these papers are to be thrown out; **à l'entendre, on dirait qu'il est ivre** to hear him you'd think he was drunk; **[+ siège**] **c'est à vous rendre fou** it's enough to drive you crazy; **à le fréquenter, on se rend compte que ...** when you've been with him for a while, you realize that ...

ⓞ [manière]

♦ **à la ... : cuisiné à la japonaise** cooked Japanese-style; **le socialisme à la française** French-style socialism

---

AB (ABBR = **assez bien**) quite good, ≈ C+

abaissement /abɛsmɑ̃/ NM [*de température, valeur, taux*] fall (**de** in); **l'~ de l'âge de la retraite** lowering the retirement age

abaisser /abese/ /TABLE 1/ VT to lower; [+ *levier*] (= *tirer*) to pull down; (= *pousser*) to push down; [+ *siège*] to put down **2** VPR **s'abaisser** (= *s'humilier*) to humble o.s.; **je ne m'abaisserai pas à lui présenter des excuses** I won't stoop so low as to apologize to him

abandon /abɑ̃dɔ̃/ NM ⓐ (= *délaissement*) abandonment; **~ du domicile conjugal** desertion

♦ **à l'abandon : jardin à l'~** neglected garden; **laisser qch à l'~** to neglect sth

ⓑ (= *renonciation*) giving up; (*Sport*) withdrawal (**de** from)

ⓒ (*Informatique*) abort

abandonné, e /abɑ̃dɔne/ (*ptp d'***abandonner**) ADJ ⓐ [*maison*] deserted; [*jardin*] neglected; [*route, usine*] disused ⓑ (= *délaissé*) [*conjoint*] abandoned; **les enfants étaient ~s à eux-mêmes** the children were left to their own devices; **tout colis ~ sera détruit** any package left unattended will be destroyed

abandonner /abɑ̃dɔne/ /TABLE 1/ VT ⓐ (= *délaisser*) to abandon; **ses forces l'abandonnèrent** his strength failed him; **je t'abandonne** (*en prenant congé*) I'm off; **le soldat a abandonné son poste** the soldier deserted his post; **~ qn à** to leave sb to; **~ qn à son (triste) sort** to leave sb to their fate

ⓑ (= *renoncer à*) to abandon; [+ *matière*] to drop; [+ *droit, privilège*] to give up; **le joueur a dû ~** the player had to retire; **~ le pouvoir** to give up power; **~ la partie** to give up the fight; **~ les poursuites** to drop the charges; **j'abandonne !** I give up!

ⓒ (*Informatique*) to abort

2 VPR **s'abandonner**: **elle s'abandonna dans mes bras** she sank into my arms

♦ **s'abandonner à** [+ *passion, joie, débauche*] to give o.s. up to; [+ *paresse, désespoir*] to give way to; **s'~ à la rêverie** to slip into daydreams

abasourdi, e /abazuʀdi/ ADJ stunned

> ★ The **s** is pronounced like a **z**.

abat-jour /abaʒuʀ/ NM INV lampshade

abats /aba/ NMPL [*de volaille*] giblets; [*de bœuf, porc*] offal

abattage /abataʒ/ NM [*d'animal*] slaughter; [*d'arbre*] cutting down

abattant /abatɑ̃/ NM [*de table*] leaf; [*de WC*] lid

abattement /abatmɑ̃/ NM ⓐ (= *rabais*) reduction; (*fiscal*) tax allowance ⓑ (= *dépression*) dejection

abattis /abati/ NMPL [*de volaille*] giblets

abattoir /abatwaʀ/ NM abattoir; **envoyer des hommes à l'~*** to send men to the slaughter

abattre /abatʀ/ /TABLE 41/ **1** VT ⓐ [+ *maison, mur*] to pull down; [+ *arbre*] to cut down; [+ *avion*] to shoot down; [+ *adversaire*] to bring down; **~ du travail** to get through a lot of work

ⓑ (= *tuer*) [+ *personne, animal*] to shoot; [+ *animal de boucherie*] to slaughter; **c'est l'homme à ~** he's the one that needs to be got rid of

ⓒ (= *épuiser*) to weaken; [*mauvaise nouvelle, échec*] to demoralize; **ne te laisse pas ~** don't let things get you down

ⓓ [+ *carte*] to lay down; **~ son jeu** *ou* **ses cartes** to lay one's cards on the table

2 VPR **s'abattre** [*pluie*] to beat down; [*ennemi, oiseau de proie*] to swoop down; [*coups*] to rain down

abattu, e /abaty/ (*ptp d'*abattre) ADJ (= *fatigué*) worn out; (= *déprimé*) downcast

abbaye /abei/ NF abbey

abbé /abe/ NM [*d'abbaye*] abbot; (= *prêtre*) priest

abbesse /abes/ NF abbess

abc /abese/ NM **c'est l'~ du métier** it's basic to this job

abcès /apsε/ NM abscess; **vider** *ou* **crever l'~** (*dans un conflit*) to clear the air

abdiquer /abdike/ /TABLE 1/ **1** VI [*roi*] to abdicate; **la justice abdique devant le terrorisme** justice gives way in the face of terrorism **2** VT [+ *responsabilités*] to abdicate

abdomen /abdɔmεn/ NM abdomen

abdominal, e (*mpl* **-aux**) /abdɔminal, o/ **1** ADJ abdominal **2** NMPL **abdominaux** abdominals; **faire des abdominaux** (*au sol*) to do situps

abdos * /abdo/ NMPL (ABBR = **abdominaux**) abs*

abeille /abεj/ NF bee

aberrant, e /abeʀɑ̃, ɑ̃t/ ADJ [*conduite*] aberrant; [*histoire*] absurd

aberration /abeʀasjɔ̃/ NF aberration

abêtir /abetiʀ/ /TABLE 2/ VT **ça va vous ~** it'll addle your brain

abêtissant, e /abetisɑ̃, ɑ̃t/ ADJ [*travail*] mind-numbing

abîme /abim/ NM (= *gouffre*) abyss; **au bord de l'~** (*ruine*) on the verge of ruin; (*désespoir*) on the verge of despair; **être au fond de l'~** [*personne*] to be in the depths of despair; [*pays*] to have reached rock-bottom

abîmé, e /abime/ (*ptp d'*abîmer) ADJ (= *détérioré*) damaged; **le matériel est très ~** the equipment is seriously damaged

abîmer /abime/ /TABLE 1/ **1** VT (= *endommager*) to damage; **~ qn*** to beat sb up* **2** VPR **s'abîmer** to get damaged; (*fruit*) to go bad; (*en mer*) to come down; **s'~ les yeux** to strain one's eyes

abject, e /abʒεkt/ ADJ despicable; **être ~ envers qn** to behave despicably towards sb

ablation /ablasjɔ̃/ NF removal

ablutions /ablysjɔ̃/ NFPL **faire ses ~** to perform one's ablutions

abnégation /abnegasjɔ̃/ NF abnegation; **avec ~** selflessly

aboiements /abwamɑ̃/ NMPL barking *(sg)*

abois /abwa/ NMPL **aux ~** [*animal*] at bay; [*personne*] in desperate straits; (*financièrement*) hard-pressed

abolir /abɔliʀ/ /TABLE 2/ VT to abolish

abolition /abɔlisjɔ̃/ NF abolition

abolitionniste /abɔlisjɔnist/ ADJ, NMF abolitionist

abominable /abɔminabl/ ADJ abominable; (*sens affaibli*) awful

abominablement /abɔminabləmɑ̃/ ADV **~ cher/laid** dreadfully expensive/ugly

abomination /abɔminasjɔ̃/ NF (= *horreur, crime*) abomination

abondamment /abɔ̃damɑ̃/ ADV abundantly; [*rincer*] thoroughly; [*illustré*] lavishly; **manger/boire ~** to eat/drink a great amount; **ce problème a été ~ commenté** much has been said about this issue

abondance /abɔ̃dɑ̃s/ NF ⓐ (= *profusion*) abundance; **des fruits en ~** an abundance of fruit ⓑ (= *richesse*) affluence; **vivre dans l'~** to have an affluent lifestyle

abondant, e /abɔ̃dɑ̃, ɑ̃t/ ADJ [*documentation, bibliographie*] extensive; [*récolte*] abundant; [*réserves*] plentiful; [*végétation*] lush; [*chevelure*] thick; [*pluies*] heavy; (*Méd*) [*règles*] heavy; **une ~e production littéraire** a prolific literary output; **recevoir un ~ courrier** to receive a large quantity of mail

abonder /abɔ̃de/ /TABLE 1/ VI ⓐ (= *être nombreux*) to abound; **les erreurs abondent dans ce devoir** this essay is full of mistakes ⓑ (= *être plein*) **~ en** to be full of; **les forêts abondent en gibier** the forests are full of game ⓒ (= *être d'accord*) **je ne peux qu'~ dans son sens** I agree absolutely

abonné, e /abɔne/ (*ptp d'*abonner) **1** ADJ **être ~ à un journal** to have a subscription to a paper; **être ~ au câble** to have cable; **il est ~ à la dernière place** he always comes last **2** NM,F [*de journal, magazine, télévision*] subscriber; [*de messagerie électronique, radiotéléphone*] user; [*de gaz, électricité*] consumer; [*de transports, matchs, spectacles*] season-ticket holder; **il n'y a plus d'~ au numéro que vous avez demandé** the number you have dialled has been disconnected

abonnement /abɔnmɑ̃/ NM (*à journal, magazine*) subscription; (*pour transports, matchs, spectacles*) season ticket; **prendre** *ou* **souscrire un ~ à un journal** to take out a subscription to a paper; (**coût de l')abonnement** (*au téléphone*) rental; (*au gaz, à l'électricité*) standing charge

abonner /abɔne/ /TABLE 1/ **1** VT **~ qn (à qch)** (*journal, magazine*) to take out a subscription (to sth) for sb; (*transports, matchs, spectacles*) to buy sb a season ticket (for sth) **2** VPR **s'abonner** (*à un journal*) to subscribe (**à** to); (*pour transports, matchs, théâtre*) to buy a season ticket (**à** for); **s'~ au câble** to get cable television; **s'~ à Internet** to get connected to the Internet

abord /abɔʀ/ **1** NM **être d'un ~ facile** [*personne*] to be approachable; [*lieu*] to be easy to get to; **au premier ~** at first sight

♦ **d'abord** (= *en premier lieu*) first; (= *au commencement*) at first; (= *essentiellement*) primarily; (*introduisant une restriction*) for a start; **allons d'~ chez le boucher** let's go to the butcher's first; **cette ville est d'~ un centre touristique** this town is primarily a tourist centre; **d'~, il n'a même pas 18 ans** for a start, he's not even 18

2 NMPL **abords** (= *environs*) surroundings

♦ **aux abords de** [*de lieu*] in the area around; [*d'âge*] about; **aux ~s de la soixantaine, il prit sa retraite** he retired when he was about sixty

abordable /abɔʀdabl/ ADJ [*prix*] reasonable; [*marchandise, menu*] affordable; [*personne*] approachable; [*lieu, auteur, texte*] accessible

aborder /abɔʀde/ /TABLE 1/ VT ⓐ (= *arriver à*) to reach; **les coureurs abordent la ligne droite** the runners are coming into the home straight; **nous abordons une période difficile** we're about to enter a difficult phase ⓑ [+ *personne*] to approach ⓒ [+ *sujet*] to broach; [+ *problème*] to tackle; **j'aborde maintenant le second point** I'll now come on to the second point ⓓ [+ *bateau*] to board; (= *heurter*) to collide with 2 VI [*bateau*] to land; **ils ont abordé à Carnac** they landed at Carnac

aborigène /abɔʀiʒɛn/ 1 ADJ aboriginal 2 NMF [*d'Australie*] Aborigine

abortif, -ive /abɔʀtif, iv/ ADJ abortive

aboutir /abutiʀ/ /TABLE 2/ VI ⓐ (= *réussir*) to succeed; **ses efforts n'ont pas abouti** his efforts have come to nothing; **faire ~ des négociations** to bring negotiations to a successful conclusion ⓑ (= *arriver à*) to end up; **~ en prison** to end up in prison; **les négociations n'ont abouti à rien** the negotiations have come to nothing; **en additionnant le tout, j'aboutis à 12 €** when it's all added up I get 12 euros

aboutissement /abutismɑ̃/ NM (= *résultat*) outcome; (= *succès*) success

aboyer /abwaje/ /TABLE 8/ VI [*chien*] to bark (**après** at)

abrasif, -ive /abʀazif, iv/ ADJ, NM abrasive

abrégé /abʀeʒe/ NM (= *résumé*) summary; (= *manuel*) short guide

abréger /abʀeʒe/ /TABLE 3 et 6/ VT [+ *vie, durée, visite, texte*] to shorten; [+ *conversation, vacances*] to cut short; [+ *mot*] to abbreviate; **~ les souffrances de qn** to put an end to sb's suffering; **version abrégée** [*de livre*] abridged version; **forme abrégée** abbreviated form; **abrège !** get to the point!

abreuver /abʀœve/ /TABLE 1/ VT [+ *animal*] to water; **le public est abreuvé de films d'horreur** the cinemas are inundated with horror films 2 VPR **s'abreuver** [*animal*] to drink

abreuvoir /abʀœvwaʀ/ NM (= *mare*) watering place; (= *récipient*) drinking trough

abréviation /abʀevjasjɔ̃/ NF abbreviation

abri /abʀi/ 1 NM (= *refuge*) shelter; **tous aux ~s !** take cover!

♦ **à l'abri** : **être/mettre à l'~** (*des intempéries*) to be/put under cover; (*du vol, de la curiosité*) to be/put in a safe place; **être à l'~ de** [+ *pluie, vent, soleil*] to be sheltered from; [+ *danger*] to be safe from; [+ *mur*] to be sheltered by; **à l'~ des regards** hidden from view; **personne n'est à l'~ d'une erreur** we all make mistakes; **conserver à l'~ de la lumière/de l'humidité** store in a dark/dry place; **se mettre à l'~** to shelter

2 COMP ♦ **abri antiatomique** fallout shelter ♦ **abri à vélos** bicycle shed

Abribus ® /abʀibys/ NM bus shelter

abricot /abʀiko/ NM apricot

abricotier /abʀikɔtje/ NM apricot tree

abriter /abʀite/ /TABLE 1/ 1 VT ⓐ to shelter (**de** from); (*de radiations*) to screen (**de** from) ⓑ (= *héberger*) to shelter; [+ *criminel*] to harbour (*Brit*), to harbor (*US*); **ce bâtiment abrite 100 personnes/nos bureaux** the building houses 100 people/our offices 2 VPR **s'abriter** to shelter (**de** from); **s'~ derrière son chef/le règlement** to hide behind one's boss/the rules

abrogation /abʀɔgasjɔ̃/ NF abrogation

abroger /abʀɔʒe/ /TABLE 3/ VT to abrogate

abrupt, e /abʀypt/ ADJ ⓐ [*pente*] steep; [*falaise*] sheer ⓑ [*personne, ton, manières*] abrupt; **de façon ~e** abruptly

abruti, e /abʀyti/ (*ptp d'***abrutir**) 1 ADJ ⓐ (= *hébété*) stunned (**de** with) ⓑ (= *bête*)* idiotic 2 NM,F* idiot

abrutir /abʀytiʀ/ /TABLE 2/ 1 VT ⓐ (= *abêtir*) to stupefy; **l'alcool l'avait abruti** he was stupefied with drink ⓑ (= *fatiguer*) to wear out; **ces discussions m'ont abruti** these discussions have worn me out; **leur professeur les abrutit de travail** their teacher grinds them down with work 2 VPR **s'abrutir** : **s'~ à regarder la télévision** to go brain-dead* watching too much television

abrutissant, e /abʀytisɑ̃, ɑ̃t/ ADJ [*travail*] mind-numbing; **ce bruit est ~** this noise really wears you down

abscisse /apsis/ NF abscissa

absence /apsɑ̃s/ NF ⓐ [*de personne*] absence (**à** from); **il accumule les ~s** he's frequently absent

♦ **en l'absence de** in the absence of; **en mon ~, c'est lui qui fait la cuisine** he does the cooking when I'm not there ⓑ (= *manque*) absence ⓒ (= *défaillance*) **il a des ~s** at times his mind goes blank

absent, e /apsɑ̃, ɑ̃t/ 1 ADJ ⓐ [*personne*] away (**de** from); **être ~ de son travail** to be absent from work; **il est ~ de Paris en ce moment** he's not in Paris at the moment; **un discours d'où toute émotion était ~e** a speech in which there was no trace of emotion ⓑ (= *distrait*) [*air*] vacant 2 NM,F (= *élève*) absentee ■ (*PROV*) **les ~s ont toujours tort** it's always the people who aren't there that get the blame

absentéisme /apsɑ̃teism/ NM absenteeism; (= *école buissonnière*) truancy

absenter (s') /apsɑ̃te/ /TABLE 1/ VPR **s'~ quelques instants** to go out for a few moments; **j'ai dû m'~ une semaine** I had to go away for a week; **je m'étais absenté de Paris** I was not in Paris; **elle s'absente souvent de son travail** she is frequently off work

absolu, e /apsɔly/ 1 ADJ absolute; **en cas d'~e nécessité** if absolutely necessary; **c'est une règle ~e** it's an unbreakable rule 2 NM **l'~** the absolute; **dans l'~** in the absolute

absolument /apsɔlymɑ̃/ ADV absolutely; **il veut ~ revenir** he's determined to come back

absolution /apsɔlysjɔ̃/ NF absolution (**de** from); **donner l'~ à qn** to give sb absolution

absolutisme /apsɔlytism/ NM absolutism

absorbant, e /apsɔʀbɑ̃, ɑ̃t/ ADJ [*matière*] absorbent; [*tâche*] absorbing

absorber /apsɔʀbe/ /TABLE 1/ VT ⓐ to absorb; [+ *tache*] to remove ⓑ [+ *attention, temps*] to occupy; **mon travail m'absorbe beaucoup** my work takes up a lot of my time; **absorbé par sa lecture, il ne m'entendit pas** he was engrossed in his book and he didn't hear me ⓒ [+ *médicament*] to take; [+ *aliment, boisson*] to swallow

absorption /apsɔʀpsjɔ̃/ NF **l'~ d'alcool est fortement déconseillée** you are strongly advised not to drink alcohol

abstenir (s') /apstəniʀ/ /TABLE 22/ VPR ⓐ [*électeur*] to abstain ⓑ **s'~ de qch** to refrain from sth; **s'~ de faire qch** to refrain from doing sth; **s'~ de boire du vin** not to drink wine

abstention /apstɑ̃sjɔ̃/ NF (*dans un vote*) abstention; (= *non-intervention*) non-participation

abstentionnisme /apstɑ̃sjɔnism/ NM abstaining

abstentionniste /apstɑ̃sjɔnist/ NMF non-voter

abstinence /apstinɑ̃s/ NF abstinence

abstraction /apstʀaksjɔ̃/ NF abstraction; **faire ~ de** to disregard

abstrait, e /apstʀɛ, ɛt/ ADJ abstract

absurde /apsyʀd/ 1 ADJ absurd 2 NM **l'~** the absurd; **l'~ de la situation** the absurdity of the situation

absurdité /apsyʀdite/ NF absurdity; **dire des ~s** to talk nonsense

abus /aby/ NM abuse; **~ d'alcool** alcohol abuse; **nous avons fait quelques ~ hier soir** we overdid things last night; **il y a de l'~ !*** that's going a bit too far! ♦ **abus de biens sociaux** misuse of company property ♦ **abus de confiance** (*Droit*) breach of trust; (= *escroquerie*) confidence trick ♦ **abus de pouvoir** abuse of power

abuser /abyze/ /TABLE 1/ VT [*escroc*] to deceive

2 VT INDIR ♦ **abuser de** (= *profiter de*) [+ *situation, crédulité*] to exploit; [+ *autorité, hospitalité, amabilité, confiance*] to abuse; **~ de ses forces** to overexert o.s.; **il ne faut pas ~ des médicaments** (= *prendre trop de*) you shouldn't take too many medicines; **il ne faut pas ~ des bonnes choses** you can have too much of a good thing; **il use et abuse des métaphores** he's too fond of metaphors; **je ne veux pas ~ de votre temps** I don't want to waste your time; **je ne voudrais pas ~ (de votre gentillesse)** I don't want to impose (upon your kindness); **~ d'une femme** to take advantage of a woman; **alors là, tu abuses !** now you're going too far!

abusif, -ive /abyzif, iv/ ADJ [*pratique*] improper; [*mère,* *père*] overpossessive; [*prix, punition*] excessive; **usage ~ d'un mot** improper use of a word

abusivement /abyzivmɑ̃/ ADV (= *improprement*) wrongly; (= *excessivement*) excessively

AC /ase/ NF (ABBR = **appellation contrôlée**) appellation contrôlée (*label guaranteeing district of origin of a wine*)

acabit /akabi/ NM **ils sont tous du même ~** they're all much the same; **des gens de cet ~** people like that

acacia /akasja/ NM (= *faux acacia*) false acacia; (*dans les pays chauds*) acacia

académicien, -ienne /akademisjɛ̃, jɛn/ NM,F [*de l'Académie française*] member of the Académie française

académie /akademi/ NF ⓐ (= *société savante*) learned society; **l'Académie (française)** the Académie française ⓑ (= *école*) academy ⓒ (= *circonscription*) regional education authority

> **❶ ACADÉMIE**
> *For educational administration purposes, France is divided into areas known as* **académies**, *each administered by a "recteur d'académie". Allocation of teaching posts is centralized, so that newly qualified teachers often begin their careers in* **académies** *other than the one in which they originally lived.*

> **❶ ACADÉMIE FRANÇAISE**
> *Founded by Cardinal Richelieu in 1634, this prestigious learned society has forty elected life members, commonly known as "les Immortels". They meet in a building on the quai Conti in Paris. The building's ornate dome has given rise to the expression "être reçu sous la coupole", meaning to be admitted as a member of the* **Académie française**. *The* **Académie** *arbitrates on correct usage.*
> ▷ www.academie-francaise.fr

académique /akademik/ ADJ academic; (*de l'Académie française*) of the Académie française; (*Scol*) of the regional education authority

> **❶ ACADIE**
> *This area of eastern Canada was under French rule until the early eighteenth century, when it passed into the hands of the British. Most French-speaking* **Acadiens** *were deported, those who went to Louisiana becoming known as "Cajuns". Many later returned to the Maritime Provinces of Canada, and formed a French-speaking community with a strong cultural identity that present-day* **Acadiens** *are eager to preserve.*

acajou /akaʒu/ NM (*à bois rouge*) mahogany

acariâtre /akarjɑtr/ ADJ cantankerous

acarien /akarjɛ̃/ NM dust mite

accablant, e /akablɑ̃, ɑ̃t/ ADJ [*chaleur*] oppressive; [*témoignage, responsabilité*] overwhelming; [*douleur*] excruciating; [*travail*] exhausting

accablement /akabləmɑ̃/ NM (= *abattement*) despondency

accabler /akable/ /TABLE 1/ VT ⓐ [*chaleur, fatigue*] to overwhelm; **accablé de chagrin** overwhelmed with grief ⓑ [*témoignage, déposition*] to condemn ⓒ (= *faire subir*) **~ qn de reproches** to heap reproaches on sb; **~ qn d'impôts/ de travail** to overburden sb with taxes/with work

accalmie /akalmi/ NF lull; (*après orage*) calm spell

accaparant, e /akaparɑ̃, ɑ̃t/ ADJ demanding

accaparer /akapare/ /TABLE 1/ VT to monopolize; [+ *marché, vente*] to corner; **il accapare la salle de bains pendant des heures** he hogs* the bathroom for hours; **il est complètement accaparé par sa profession** his job takes up all his time and energy; **les enfants l'accaparent** the children take up all her time and energy

accédant, e /aksedɑ̃, ɑ̃t/ NM,F **~ (à la propriété)** first-time buyer

accéder /aksede/ /TABLE 6/ VT INDIR ✦ **accéder à** ⓐ (= *arriver à*) [+ *lieu*] to reach; [+ *honneur, indépendance*] to attain; [+ *échelon*] to rise to; [+ *responsabilités*] to take on;

[+ *trône*] to accede to; **~ directement à** to have direct access to; **on accède au château par le jardin** access to the castle is through the garden; **~ à la propriété** to become a homeowner ⓑ (= *consentir à*) [+ *requête, prière*] to grant; [+ *vœux*] to meet; [+ *demande*] to comply with ⓒ (*Informatique*) to access

accélérateur /akseleratœr/ NM accelerator; **donner un coup d'~** to accelerate; **donner un coup d'~ aux réformes** to speed up the reforms

accélération /akselerasjɔ̃/ NF acceleration; [*de travail*] speeding up

accéléré /akselere/ NM **faire défiler un film en ~** to fast-forward a film

accélérer /akselere/ /TABLE 6/ 1 VT [+ *rythme*] to accelerate; [+ *processus, travail*] to speed up; **~ le pas** to quicken one's pace; **~ le mouvement** to get things moving 2 VI to accelerate 3 VPR **s'accélérer** [*rythme*] to accelerate; [*pouls*] to quicken; [*événements*] to gather pace

accent /aksɑ̃/ NM ⓐ (= *prononciation*) accent; **parler sans ~** to speak without an accent ⓑ (*sur lettre*) accent; **e ~ grave/aigu** e grave/acute; **~ circonflexe** circumflex ⓒ (*sur syllabe*) stress; **mettre l'~ sur** [+ *syllabe*] to stress; [+ *problème, phénomène*] to place the emphasis on

accentuation /aksɑ̃tɥasjɔ̃/ NF ⓐ [*de lettre*] accentuation; [*de syllabe*] stressing ⓑ [*de contraste*] emphasizing; [*d'inégalités, chômage*] increase; **une ~ de la récession** a deepening of the recession

accentuer /aksɑ̃tɥe/ /TABLE 1/ 1 VT to accentuate; [+ *goût*] to bring out; [+ *pression*] to increase; [+ *lettre*] to accent; [+ *syllabe*] to stress; **syllabe (non) accentuée** (un)stressed syllable 2 VPR **s'accentuer** [*tendance, contraste, traits, inégalités*] to become more marked; [*pression*] to increase

acceptable /akseptabl/ ADJ acceptable; [*travail*] satisfactory

acceptation /akseptasjɔ̃/ NF acceptance

accepter /aksepte/ /TABLE 1/ VT ⓐ [+ *offre*] to accept; **acceptez-vous les chèques?** do you take cheques?; **acceptez-vous Jean Leblanc pour époux?** do you take Jean Leblanc to be your husband?; **elle accepte tout de sa fille** she puts up with anything from her daughter; **elle a été bien acceptée ici** she's been well received here ⓑ (= *être d'accord*) to agree (**de faire qch** to do sth); **je n'accepterai pas que tu partes** I won't let you leave

> ⚠ *Lorsqu'on parle d'une offre,* **accepter** *se traduit par* **to accept**, *mais il y a d'autres traductions importantes.*

acception /aksɛpsjɔ̃/ NF [*de mots*] meaning; **dans toute l'~ du mot** ou **terme** in every sense of the word

accès /aksɛ/ NM ⓐ (= *possibilité d'approche*) access (*NonC*); **d'~ facile** [*lieu*] accessible; [*personne*] approachable; [*manuel*] easily understood; **d'~ difficile** [*lieu*] hard to get to; [*personne*] not very approachable; [*manuel*] not easily understood ⓑ (= *entrée*) entrance ⓒ (= *crise*) [*de colère, folie*] fit; [*de fièvre*] attack ⓓ (*Informatique*) access

accessible /aksesibl/ ADJ [*lieu*] accessible (**à** to); [*personne*] approachable; [*but*] attainable; [*auteur*] easily understood; [*prix*] affordable; **c'est ~ à tous** (*financièrement*) it's within everyone's pocket

accession /aksesjɔ̃/ NF **~ à** [+ *pouvoir, fonction*] accession to; [+ *indépendance*] attainment of; **pour faciliter l'~ à la propriété** to facilitate home ownership

accessoire /akseswar/ 1 ADJ of secondary importance 2 NM accessory; (*Théât*) prop

accessoirement /akseswarmɑ̃/ ADV (= *secondairement*) secondarily; (= *si besoin est*) if need be

accessoiriste /akseswarist/ 1 NM prop man 2 NF prop woman

accident /aksidɑ̃/ NM accident; **~ mortel** fatal accident; **~ cardiaque** heart attack ✦ **accident d'avion** plane crash ✦ **accident de la circulation** road accident ✦ **accidents domestiques** accidents in the home ✦ **accident de montagne** mountaineering accident ✦ **accident de**

parcours hiccup ♦ **accident de la route** road accident ♦ **accident de terrain** undulation; **les ~s de terrain** the unevenness of the ground ♦ **accident du travail** accident at work ♦ **accident de voiture** car accident ♦ **accident vasculaire cérébral** stroke

accidenté, e /aksidɑ̃te/ 1 ADJ ⓐ [région] hilly; [terrain] uneven ⓑ [véhicule] damaged 2 NM,F accident victim; **les ~s de la route** road accident victims

accidentel, -elle /aksidɑ̃tɛl/ ADJ accidental

accidentellement /aksidɑ̃tɛlmɑ̃/ ADV ⓐ (= par hasard) accidentally ⓑ [mourir] in an accident

acclamation /aklamasjɔ̃/ 1 NF **élire qn par ~** to elect sb by acclamation 2 NFPL **acclamations** cheers; **il est entré sous les ~s du public** he was cheered as he came in

acclamer /aklame/ /TABLE 1/ VT to cheer

acclimater /aklimate/ /TABLE 1/ 1 VT to acclimatize 2 VPR **s'acclimater** to become acclimatized

accointances /akwɛ̃tɑ̃s/ NFPL (hum) contacts

accolade /akɔlad/ NF ⓐ (= embrassade) embrace (on formal occasion); **donner l'~ à qn** to embrace sb ⓑ (Typo) curly bracket

accoler /akɔle/ /TABLE 1/ VT to place side by side; **être accolé à** to adjoin

accommodant, e /akɔmɔdɑ̃, ɑ̃t/ ADJ accommodating

accommodement /akɔmɔdmɑ̃/ NM (littér = arrangement) compromise; **trouver des ~s avec sa conscience** to square one's conscience

accommoder /akɔmɔde/ /TABLE 1/ 1 VT [+ plat] to prepare; **~ les restes** to use up the leftovers 2 VI [œil] to focus 3 VPR **s'accommoder** ⓐ (= supporter) **s'~ de** to put up with ⓑ (Cuisine) **le riz peut s'~ de plusieurs façons** rice can be served in several ways

⚠ **accommoder ≠ to accommodate**

accompagnateur, -trice /akɔ̃paɲatœr, tris/ NM,F ⓐ (= musicien) accompanist; (= guide) guide; [de sortie scolaire] accompanying adult; [de voyage organisé] courier

accompagnement /akɔ̃paɲmɑ̃/ NM ⓐ (musical) accompaniment ⓑ (Cuisine) accompaniment; **(servi) en ~ de** served with ⓒ (= soutien) support; **mesures d'~** (Politique) support measures

accompagner /akɔ̃paɲe/ /TABLE 1/ 1 VT to accompany; [+ malade] to give support to; **être accompagné de ou par qn** to be with sb 2 VPR **s'accompagner** ⓐ **s'~ de** to be accompanied by ⓑ (Musique) **s'~ à** to accompany o.s. on

accompli, e /akɔ̃pli/ (ptp d'**accomplir**) ADJ (= parfait, expérimenté) accomplished

accomplir /akɔ̃plir/ /TABLE 2/ 1 VT [+ devoir, tâche, mission] to carry out; [+ exploit, rite] to perform; [+ service militaire] to do; **la satisfaction du devoir accompli** the satisfaction of having done one's duty 2 VPR **s'accomplir** (= se réaliser) to come true; **la volonté de Dieu s'est accomplie** God's will was done

accomplissement /akɔ̃plismɑ̃/ NM fulfilment

accord /akɔr/ NM ⓐ (= entente) agreement; (= concorde) harmony; **nous avons son ~ de principe** he has agreed in principle
♦ **d'accord**: **être d'~** to agree; **se mettre ou tomber d'~ avec qn** to agree with sb; **il est d'~ pour nous aider** he's willing to help us; **je ne suis pas d'~ avec toi** I don't agree with you; **c'est d'~** all right; **c'est d'~ pour demain** it's OK for tomorrow*; **d'~!** OK!*; **alors là, (je ne suis) pas d'~!** * no way!*
♦ **en accord avec**: **en ~ avec le paysage** in harmony with the landscape; **en ~ avec vos instructions** in accordance with your instructions; **je l'ai fait en ~ avec lui** I did it with his agreement
ⓑ (= traité) agreement; **passer un ~ avec qn** to make an agreement with sb; **~ à l'amiable** informal agreement; **~ sur la réduction du temps de travail** agreement on the reduction of working hours
ⓒ (= permission) consent
ⓓ (= harmonie) [de couleurs] harmony

ⓔ [d'adjectif, participe] agreement; **~ en genre/nombre** agreement in gender/number
ⓕ (= notes) chord; (= réglage) tuning

accord-cadre (pl **accords-cadres**) /akɔrkadr/ NM outline agreement

accordéon /akɔrdeɔ̃/ NM accordion; **en ~*** [voiture] crumpled up; [pantalon, chaussette] wrinkled

accordéoniste /akɔrdeɔnist/ NMF accordionist

accorder /akɔrde/ /TABLE 1/ 1 VT ⓐ (= donner) [+ faveur, permission] to grant; [+ importance, valeur] to attach; [+ allocation, pension] to give (à to); **pouvez-vous m'~ quelques minutes?** can you spare me a few minutes?
ⓑ (= admettre) **~ à qn que ...** to admit to sb that ...; **c'est vrai, je vous l'accorde** I admit that it's true
ⓒ [+ instrument] to tune; **ils devraient ~ leurs violons*** they ought to get their story straight*
ⓓ **(faire) ~ un adjectif** to make an adjective agree
2 VPR **s'accorder** ⓐ to agree; **ils s'accordent à dire que ...** they agree that ...
ⓑ (= être en harmonie) [couleurs] to go together; [caractères] to be in harmony
ⓒ [mot] to agree; **s'~ en nombre/genre** to agree in number/gender
ⓓ (= se donner) **il ne s'accorde jamais de répit** he never gives himself a rest

accordeur /akɔrdœr/ NM [de piano] tuner

accoster /akɔste/ /TABLE 1/ VT ⓐ [+ personne] to accost ⓑ [+ navire] to berth

accotement /akɔtmɑ̃/ NM (sur route) shoulder; **~ non stabilisé** soft verge

accouchement /akuʃmɑ̃/ NM (= naissance) birth; (= travail) labour (Brit), labor (US); **~ provoqué** induced labour; **~ sans douleur** natural childbirth

accoucher /akuʃe/ /TABLE 1/ 1 VT **~ qn** to deliver sb's baby 2 VI (= être en travail) to be in labour (Brit) ou labor (US); (= donner naissance) to have a baby; **elle accouchera en octobre** her baby is due in October; **~ de** (hum) [+ roman] to produce (with difficulty); **accouche !‡** spit it out!‡

accoucheur, -euse /akuʃœr, øz/ NM,F (= médecin) obstetrician

accouder (s') /akude/ /TABLE 1/ VPR to lean on one's elbows; **il était accoudé à la fenêtre** he was leaning on the windowsill

accoudoir /akudwar/ NM armrest

accouplement /akupləmɑ̃/ NM (= copulation) mating

accoupler /akuple/ /TABLE 1/ 1 VT [+ mots, images] to link; **ils sont bizarrement accouplés*** they're an odd pair 2 VPR **s'accoupler** to mate

accourir /akurir/ /TABLE 11/

► **accourir** is usually conjugated with **être**.

VI to rush up (**à, vers** to)

accoutrement /akutrəmɑ̃/ NM (péj) getup*

accoutrer (s') /akutre/ /TABLE 1/ VPR (péj) to get o.s. up* (**de** in); **il était bizarrement accoutré** he was wearing the strangest getup*

accoutumance /akutymɑ̃s/ NF (= habitude) habituation (**à** to); (= besoin) addiction (**à** to)

accoutumé, e /akutyme/ (ptp d'**accoutumer**) ADJ usual; **(comme) à l'~e** as usual

accoutumer /akutyme/ /TABLE 1/ 1 VT **~ qn à qch/à faire qch** to get sb used to sth/to doing sth 2 VPR **s'accoutumer: s'~ à qch** to get used to sth

accréditer /akredite/ /TABLE 1/ VT [+ rumeur] to substantiate; [+ idée, thèse] to support; [+ personne, organisme] to accredit (**auprès de** to)

accro* /akro/ ABBR = **accroché** 1 ADJ **être ~** to be hooked* (**à** on) 2 NMF addict

accroc /akro/ NM (= déchirure) tear; **sans ~(s)** [se dérouler] without a hitch

accrochage /akroʃaʒ/ NM ⓐ (= collision) collision; (= combat) skirmish ⓑ (= dispute) brush; (plus sérieux) clash

accrocher /akʀɔʃe/ /TABLE 1/ **1** VT ⓐ (= suspendre) [+ chapeau, tableau] to hang (**à** on); (= attacher) [+ wagons] to couple ⓑ (accidentellement) [+ vêtement] to catch (**à** on); [+ voiture] to hit ⓒ (= attirer) [+ regard] to catch; [+ client] to attract **2** VI (= s'intéresser)* **j'ai tout de suite accroché** I got into it straight away*; **elle n'accroche pas en physique** she can't get into physics* **3** VPR **s'accrocher** ⓐ (= se cramponner) to hang on; **s'~ à** [+ branche, pouvoir, espoir, personne] to cling to ⓑ (= être tenace)* [malade] to cling on; [étudiant] to stick at it* ⓒ [voitures] to hit each other ⓓ (= se disputer) to have an argument; (plus sérieux) to clash; **ils s'accrochent tout le temps** they're always quarrelling

accrocheur, -euse /akʀɔʃœʀ, øz/ ADJ [titre] eye-catching; [slogan] catchy

accroissement /akʀwasmɑ̃/ NM increase (**de** in); [de nombre, production] growth (**de** in)

accroître /akʀwatʀ/ /TABLE 55/ **1** VT to increase **2** VPR **s'accroître** to increase

accroupir (s') /akʀupiʀ/ /TABLE 2/ VPR to squat; **il était accroupi** he was sitting on his haunches

accueil /akœj/ NM ⓐ (= réception) welcome; [de sinistrés, film, idée] reception; **faire bon ~ à** to welcome; **ils ont fait mauvais ~ à cette idée** they didn't welcome the idea; **faire mauvais ~ à qn** to make sb feel unwelcome; **le projet a reçu un ~ favorable** the plan was favourably received; **paroles d'~** words of welcome ⓑ (= bureau) reception; **adressez-vous à l'~** ask at reception

accueillant, e /akœjɑ̃, ɑ̃t/ ADJ welcoming

accueillir /akœjiʀ/ /TABLE 12/ VT ⓐ (= aller chercher) to meet; (= recevoir) to welcome; (= donner l'hospitalité à) to welcome; (= héberger) to accommodate; **j'ai été l'~ à la gare** I went to meet him at the station; **il m'a bien accueilli** he made me very welcome ⓑ [+ film, nouvelle] to receive; **être bien/mal accueilli** to be well/badly received; **comment ont-ils accueilli cette idée?** how did they react to the idea?

acculer /akyle/ /TABLE 1/ VT **~ qn à** [+ mur] to drive sb back against; [+ ruine, désespoir] to drive sb to the brink of

accumulateur /akymylatœʀ/ NM **~ de chaleur** storage heater

accumulation /akymylasjɔ̃/ NF accumulation; [d'erreurs] series; **radiateur à ~** storage heater

accumuler /akymyle/ /TABLE 1/ **1** VT to accumulate; [+ énergie] to store; **les intérêts accumulés** the interest accrued; **le retard accumulé** the delay that has built up **2** VPR **s'accumuler** [objets, problèmes, travail] to pile up

accusateur, -trice /akyzatœʀ, tʀis/ ADJ [doigt] accusing; [documents] incriminating

accusatif /akyzatif/ NM accusative case

accusation /akyzasjɔ̃/ NF ⓐ accusation; (Droit) charge; **lancer une ~ contre** to make an accusation against; **mise en ~†** indictment ⓑ (= ministère public) **l'~** the prosecution

accusé, e /akyze/ (ptp d'**accuser**) **1** ADJ (= marqué) marked **2** NM,F defendant **3** COMP ♦ **accusé de réception** acknowledgement of receipt

accuser /akyze/ /TABLE 1/ VT ⓐ [+ personne] to accuse (**de** of); **~ de** (Droit) to charge with ⓑ (= rendre responsable) to blame (**de** for) ⓒ (= montrer) to show; **~ le coup** to stagger under the blow; **elle accuse la fatigue de ces derniers mois** she's showing the strain of these last few months; **~ réception de qch** to acknowledge receipt of sth **2** VPR **s'accuser**: **s'~ de qch/d'avoir fait qch** [personne] to admit to sth/to having done sth

acerbe /asɛʀb/ ADJ caustic

acéré, e /aseʀe/ ADJ sharp; [critique] scathing

acétate /asetat/ NM acetate

acétique /asetik/ ADJ acetic

achalandé, e /aʃalɑ̃de/ ADJ **bien ~** well-stocked

acharné, e /aʃaʀne/ (ptp d'**acharner**) ADJ [concurrence] fierce; [travail, efforts] unremitting; [travailleur] determined; [défenseur, partisan] staunch

acharnement /aʃaʀnəmɑ̃/ NM [de combattant] fierceness; (au travail) determination; **avec ~** [travailler] furiously; [défendre] staunchly; **~ thérapeutique** prolongation of life by medical means (when a patient would otherwise die)

acharner (s') /aʃaʀne/ /TABLE 1/ VPR **s'~ sur** [+ victime, adversaire] to pursue mercilessly; [+ calculs, texte] to work away furiously at; **s'~ contre qn** [malchance] to dog sb; **il s'acharne inutilement** he's wasting his efforts

achat /aʃa/ NM purchase; **faire un ~** to make a purchase; **faire des ~s** to shop; **faire ses ~s (de Noël)** to do one's (Christmas) shopping ♦ **achat en ligne** online purchase

acheminement /aʃ(ə)minmɑ̃/ NM delivery (**vers** to); **l'~ des secours aux civils** getting help to civilians

acheminer /aʃ(ə)mine/ /TABLE 1/ **1** VT to dispatch (**vers** to) **2** VPR **s'acheminer**: **s'~ vers** [+ endroit] to make one's way towards; [+ conclusion, solution] to move towards

acheter /aʃ(ə)te/ /TABLE 5/ VT ⓐ to buy; **~ qch à qn** (à un vendeur) to buy sth from sb; (pour qn) to buy sth for sb; **je me suis acheté une montre** I bought myself a watch ⓑ (en corrompant) [+ personne] to bribe

acheteur, -euse /aʃ(ə)tœʀ, øz/ NM,F buyer

achevé, e /aʃ(ə)ve/ (ptp d'**achever**) **1** ADJ [artiste] accomplished; [art] perfect; **d'un ridicule ~** perfectly ridiculous **2** NM ♦ **d'imprimer** colophon

achèvement /aʃevmɑ̃/ NM [de travaux] completion; (littér = perfection) culmination

achever /aʃ(ə)ve/ /TABLE 5/ **1** VT ⓐ (= terminer) to finish; **cette remarque acheva de l'exaspérer** the remark brought his irritation to a head ⓑ (= tuer, fatiguer) to finish off; **cette promenade m'a achevé!** that walk finished me off*! **2** VPR **s'achever** (= se terminer) to end (**par, sur** with); (littér) [jour, vie] to come to an end; **ainsi s'achèvent nos émissions de la journée** (TV) that brings to an end our programmes for today

achoppement /aʃɔpmɑ̃/ NM **pierre** ou **point d'~** stumbling block

achopper /aʃɔpe/ /TABLE 1/ VT INDIR ♦ **achopper sur** [+ difficulté] to come up against

acide /asid/ ADJ, NM acid; **~ aminé** amino acid; **~ gras** fatty acid

acidité /asidite/ NF acidity

acidulé, e /asidyle/ ADJ [goût] tangy; [propos] caustic

acier /asje/ NM steel; **~ inoxydable/trempé** stainless/ tempered steel; **d'~** [poutre, colonne] steel; [regard] steely

aciérie /asjeʀi/ NF steelworks

acné /akne/ NF acne; **~ juvénile** teenage acne

acolyte /akɔlit/ NM (péj = associé) associate

acompte /akɔ̃t/ NM (= arrhes) deposit; (sur somme due) down payment

⚠ **acompte ≠ account**

acoquiner (s') /akɔkine/ /TABLE 1/ VPR (péj) to get together

Açores /asɔʀ/ NFPL **les ~** the Azores

à-côté (pl **à-côtés**) /akote/ NM [de problème] side issue; [de situation] secondary aspect; (= gain) extra

à-coup (pl **à-coups**) /aku/ NM jolt; **par ~s** by fits and starts; **sans ~s** smoothly

acoustique /akustik/ **1** ADJ acoustic **2** NF acoustics (sg)

acquéreur /akeʀœʀ/ NM buyer; **se porter ~ de qch** to buy sth

acquérir /akeʀiʀ/ /TABLE 21/ VT to acquire; [+ réputation, importance, valeur, célébrité] to gain; **~ la certitude de qch** to become certain of sth; **~ la preuve de qch** to obtain proof of sth; **il s'est acquis l'estime de ses chefs** he won his superiors' esteem

acquiescement /akjɛsmɑ̃/ NM ⓐ (= *approbation*) approval ⓑ (= *consentement*) agreement

acquiescer /akjese/ /TABLE 3/ VI to agree; **il acquiesça d'un signe de tête** he nodded in agreement

acquis, e /aki, iz/ (*ptp d'***acquérir**) 1 ADJ ⓐ [*droit*] acquired; **caractères ~** acquired characteristics ⓑ [*fait*] established; **tenir qch pour ~** (*comme allant de soi*) to take sth for granted ⓒ **être ~ à qn** to be a wholehearted supporter of sb; **être ~ à une cause** to be a committed supporter of a cause 2 NM (= *avantage*) asset; (= *connaissances*) knowledge

acquisition /akizisjɔ̃/ NF acquisition; **faire l'~ de qch** to acquire sth; **l'~ du langage** language acquisition; **nouvelle ~** [*de bibliothèque*] accession

acquit /aki/ NM ⓐ (*Commerce* = *décharge*) receipt; **« pour ~ »** "received"
ⓑ◆ **par acquit de conscience** to set one's mind at rest

acquittement /akitmɑ̃/ NM ⓐ [*d'accusé*] acquittal; **verdict d'~** verdict of not guilty ⓑ [*de facture*] payment; [*de dette*] settlement

acquitter /akite/ /TABLE 1/ 1 VT ⓐ [+ *accusé*] to acquit ⓑ [+ *droit, impôt, dette, facture*] to pay 2 VPR **s'acquitter : s'~ de** [+ *dette*] to pay; [+ *dette morale, devoir*] to discharge; [+ *promesse, obligation, fonction*] to fulfil; [+ *tâche*] to carry out

âcre /akʀ/ ADJ acrid

acrimonie /akʀimɔni/ NF acrimony

acrobate /akʀɔbat/ NMF acrobat

acrobatie /akʀɔbasi/ NF (= *tour*) acrobatic feat; (= *art*) acrobatics (*sg*); **faire des ~s** to perform acrobatics; **se livrer à des ~s financières** to juggle the accounts

acrobatique /akʀɔbatik/ ADJ acrobatic

Acropole /akʀɔpɔl/ NF **l'~** the Acropolis

acrylique /akʀilik/ ADJ, NM acrylic

acte /akt/ 1 NM ⓐ (= *action*) action; **~ de bravoure** act of bravery; **passer à l'~** to act; (*après menace*) to put one's threats into action
ⓑ [*de notaire*] deed; [*d'état civil*] certificate; **dont ~** (*Droit*) duly noted
ⓒ (= *partie de pièce de théâtre*) act
ⓓ [*de congrès*] **actes** proceedings
ⓔ (*locutions*)
◆ **prendre acte** : **prendre ~ de qch** to note sth; **prendre ~ que ...** to record formally that ...
◆ **faire acte de** : **faire ~ de citoyen** to act as a citizen; **faire ~ d'autorité** to make a show of authority; **faire ~ de candidature** to apply; **faire ~ de présence** to make a token appearance; **faire ~ de bonne volonté** to show goodwill
2 COMP ◆ **acte d'accusation** bill of indictment ◆ **acte de décès** death certificate ◆ **acte gratuit** gratuitous act ◆ **acte judiciaire** judicial document ◆ **acte manqué** subconsciously deliberate mistake ◆ **acte médical** medical treatment (*NonC*) ◆ **acte de naissance** birth certificate ◆ **acte notarié** deed executed by notary ◆ **acte sexuel** sex act ◆ **acte de vente** bill of sale

acteur /aktœʀ/ NM (= *comédien*) actor; (*fig*) player; **~ de cinéma** film actor; **~ de théâtre** stage actor; **tous les ~s du film sont excellents** the entire cast is excellent

actif, -ive /aktif, iv/ 1 ADJ active; [*population*] working; [*marché*] buoyant; **prendre une part active à qch** to take an active part in sth; **entrer dans la vie active** to begin one's working life 2 NM ⓐ (*Gram*) active voice; **à l'~** in the active voice ⓑ (*Finance*) assets; [*de succession*] credits; **il a plusieurs crimes à son ~** he has already committed several crimes; **elle a trois records du monde à son ~** she has three world records to her credit

action /aksjɔ̃/ NF ⓐ (= *acte*) action; **faire une bonne ~** to do a good deed; **commettre une mauvaise ~** to do something wrong; **~ d'éclat** brilliant feat; **~ de grâce(s)** thanksgiving; **~ revendicative** [*d'ouvriers*] industrial action (*NonC*); [*d'étudiants*] protest (*NonC*); **~ !** (*Ciné*) action!; **l'~ se passe en Grèce** the action takes place in Greece; **passer à l'~** to take action; **mettre en ~** [+ *mécanisme*] to set going;

[+ *plan*] to put into action
ⓑ (= *effet*) [*d'éléments naturels, médicament*] effect; **ce médicament est sans ~** this medicine has no effect; **sous l'~ du gel** under the action of frost
ⓒ (= *politique, mesures*) policies; **l'~ gouvernementale** the government's policies; **l'~ économique et sociale** economic and social policy; **l'~ humanitaire** humanitarian aid
ⓓ (*Droit*) action; **~ en diffamation** libel action
ⓔ (*Sport*) **il a été blessé au cours de cette ~** he was injured during that bit of play; **revoyons l'~** let's have an action replay
ⓕ (*Finance*) share; **~ nominative/au porteur** registered/bearer share

actionnaire /aksjɔnɛʀ/ NMF shareholder

actionner /aksjɔne/ /TABLE 1/ VT [+ *levier, manette*] to operate; [+ *mécanisme*] to activate; [+ *machine*] to work

activement /aktivmɑ̃/ ADV actively; **participer ~ à qch** to take an active part in sth

activer /aktive/ /TABLE 1/ 1 VT [+ *travaux*] to speed up; [+ *dispositif*] to set going 2 VI (= *se dépêcher*)* **active ! tu vas rater ton train** get a move on!* you'll miss your train 3 VPR **s'activer** (= *s'affairer*) to bustle about; **active-toi !*** get a move on!*

activisme /aktivism/ NM activism

activiste /aktivist/ ADJ, NMF activist

activité /aktivite/ NF ⓐ activity; **cesser ses ~s** [*entreprise*] to cease trading; **pratiquer une ~ physique régulière** to take regular exercise; **elle déborde d'~** [*personne*] she's incredibly active
◆ **en activité** : **être en ~** [*volcan*] to be active; [*centrale nucléaire*] to be in operation; **être en pleine ~** [*usine*] to be operating at full capacity; [*personne*] to be very busy
ⓑ (= *emploi*) job; **~ professionnelle** occupation; **avoir une ~ salariée** to be in paid employment; **en ~** [*salarié*] working; **cesser son ~** [*salarié*] to stop working; [*médecin*] to stop practising
ⓒ (= *domaine d'intervention*) [*d'entreprise*] business; **notre ~ principale est l'informatique** our main business is computing

actrice /aktʀis/ NF actress

actualisation /aktɥalizasjɔ̃/ NF (= *mise à jour*) updating

actualiser /aktɥalize/ /TABLE 1/ VT [+ *ouvrage, règlement*] to update; [+ *salaires*] to review

actualité /aktɥalite/ 1 NF ⓐ (= *événements*) **l'~** current events; **l'~ sportive** the sports news ⓑ [*de livre, sujet*] topicality; **livre d'~** topical book; **cette pièce est toujours d'~** this play is still relevant today 2 NFPL **actualités** (*Ciné, Presse*) **les ~s** the news

⚠ **actualité** ≠ **actuality**

actuariel, -elle /aktɥaʀjɛl/ ADJ **taux ~ brut** gross annual interest return

actuel, -elle /aktɥɛl/ ADJ ⓐ (= *présent*) present; **à l'heure ~le** at the present time; **à l'époque ~le** nowadays ⓑ (= *d'actualité*) [*livre, problème*] topical

⚠ **actuel** ≠ **actual**

actuellement /aktɥɛlmɑ̃/ ADV at the moment

⚠ **actuellement** ≠ **actuelly**

acuité /akɥite/ NF [*de problème, sens*] acuteness; **~ visuelle** visual acuity

acupuncteur /akypɔ̃ktœʀ/ NM acupuncturist

acupuncture /akypɔ̃ktyʀ/ NF acupuncture

★ *The pun is pronounced like* **pont.**

adage /adaʒ/ NM (= *maxime*) saying

adaptateur, -trice /adaptatœʀ, tʀis/ 1 NM,F (*Ciné, Théât*) adapter 2 NM (= *dispositif*) adapter

adaptation /adaptasjɔ̃/ NF adaptation (à to); **faire un effort d'~** to try to adapt; **capacité ou faculté d'~** adaptability (à to)

adapter /adapte/ /TABLE 1/ VT ⓐ [+ *conduite, méthode*] to adapt (à to); [+ *roman, pièce*] to adapt (**pour** for) ⓑ [+ *mécanisme*] to fit ⓒ **être adapté à** to be suited to;

mesures adaptées à la situation measures suited to the situation 2 VPR **s'adapter** ⓐ (= s'habituer) to adapt (o.s.) (**à** to) ⓑ [objet, prise] **s'~ à** ou **sur qch** to fit sth

additif /aditif/ NM (= note, clause) rider; (= substance) additive

addition /adisjɔ̃/ NF ⓐ (= calcul) addition; **faire une ~** to do a sum ⓑ (= facture) bill; **payer** ou **régler l'~** to pay the bill; (fig) to pick up the tab*

additionnel, -elle /adisjɔnɛl/ ADJ additional

additionner /adisjɔne/ /TABLE 1/ 1 VT to add up; **~ qch à** to add sth to; **additionné d'un peu d'eau** with a little water added 2 VPR **s'additionner** to add up

adduction /adyksjɔ̃/ NF **~ d'eau** water supply

adepte /adɛpt/ NMF [de doctrine] follower; [d'activité] enthusiast; **faire des ~s** to gain followers

⚠ **adepte ≠ adept**

adéquat, e /adekwa(t), at/ ADJ appropriate

adhérence /aderɑ̃s/ NF adhesion (**à** to); [de pneus, semelles] grip (**à** on); **~ à la route** roadholding

adhérent, e /aderɑ̃, ɑ̃t/ 1 NM,F member; **carte d'~** membership card 2 ADJ **pays ~** member state

adhérer /adere/ /TABLE 6/ VT INDIR ♦ **adhérer à** ⓐ (= coller) to stick to; **~ à la route** [pneu] to grip the road; [voiture] to hold the road ⓑ (= se rallier à) to subscribe to ⓒ (= devenir membre de) to join; (= être membre de) to be a member of

adhésif, -ive /adezif, iv/ 1 ADJ adhesive; **pansement ~** sticking plaster (Brit), Band-Aid® 2 NM adhesive

adhésion /adezjɔ̃/ NF ⓐ (= accord) support (**à** for) ⓑ (= fait d'être membre) membership (**à** of); **ils ont demandé leur ~ à l'UE** they've applied for EU membership

⚠ **adhésion ≠ adhesion**

ad hoc /adɔk/ ADJ INV ⓐ (= approprié) appropriate ⓑ (= nommé spécialement) ad hoc; **commission ~** ad hoc committee

adieu (pl **adieux**) /adjø/ 1 NM ⓐ (= salut) goodbye; **dire ~ à** to say goodbye to; **repas/visite d'~** farewell meal/visit; **~ la tranquillité !** goodbye to peace and quiet!; **tu peux dire ~ à ton argent !** you can kiss your money goodbye!* 2 NMPL **adieux** farewells; **faire ses ~x (à qn)** to say one's farewells (to sb); **il a fait ses ~x à la scène** he bade farewell to the stage

adjectif /adʒɛktif/ NM adjective; **~ qualificatif** qualifying adjective

adjoindre /adʒwɛ̃dʀ/ /TABLE 49/ 1 VT **~ qn à une équipe** to give sb a place in a team 2 VPR **s'adjoindre : s'~ un collaborateur** to take on an assistant

adjoint, e /adʒwɛ̃, wɛ̃t/ (ptp d'**adjoindre**) 1 ADJ deputy 2 NM,F deputy

adjonction /adʒɔ̃ksjɔ̃/ NF addition (**à** to); **sans ~ de sel** with no added salt

adjudant /adʒydɑ̃/ NM warrant officer

adjudication /adʒydikasjɔ̃/ NF ⓐ (= marché) invitation to tender ⓑ (= attribution) awarding

adjuger /adʒyʒe/ /TABLE 3/ 1 VT (aux enchères) to sell (**à** to); **~ qch à qn** to knock sth down to sb; **une fois, deux fois, trois fois, adjugé !** going, going, gone!; **le document a été adjugé pour 3 000 €** the document was sold for 3,000 euros 2 VPR **s'adjuger** [+ place, titre] to win; (= s'approprier) to take for o.s.; **leur parti s'est adjugé 60 % des sièges** their party have won 60% of the seats

adjuvant /adʒyvɑ̃/ NM (= additif) additive

admettre /admɛtʀ/ /TABLE 56/ VT ⓐ to admit; **il a été admis à l'hôpital** he was admitted to hospital; **les chiens ne sont pas admis dans le magasin** dogs are not allowed in the shop; (sur écriteau) no dogs allowed; **il n'admet jamais ses torts** he never admits he's in the wrong ⓑ (à un examen) to pass; **ils ont admis 30 candidats** they passed 30 of the candidates; **il a été admis au concours** he passed the exam; **il n'a pas été admis en classe supérieure** he's got to repeat the year

ⓒ (= accepter) [+ excuses, raisons, thèse] to accept ⓓ (= supposer) to suppose; **en admettant que** supposing that; **admettons qu'elle soit venue** let's suppose that she came; **admettons !** if you say so!; **admettons qu'il ne l'ait pas fait exprès** let's say he didn't do it on purpose ⓔ (= tolérer) to allow; **je n'admets pas qu'il se conduise ainsi** I won't allow him to behave like that; **règle qui n'admet aucune exception** rule which admits of no exception

administrateur, -trice /administʀatœʀ, tʀis/ NM,F administrator; [de banque, entreprise] director; [de fondation] trustee ♦ **administrateur de biens** property manager ♦ **administrateur judiciaire** receiver

administratif, -ive /administʀatif, iv/ ADJ administrative

administration /administʀasjɔ̃/ NF ⓐ (= gestion) management; [de pays, commune] running; **l'~ d'un département est une lourde tâche** running a department is a big job; **être placé sous ~ judiciaire** to go into receivership; **sous ~ de l'ONU** under UN administration ⓑ [de médicament, sacrement] administering ⓒ (= service public) public service; **l'~ pénitentiaire** the prison service; **l'Administration** ≈ the Civil Service; **être** ou **travailler dans l'~** to work in the public services ⓓ (= gouvernement) administration; **l'~ Clinton** the Clinton administration

administré, e /administʀe/ NM,F [de maire] citizen; **le député a informé ses ~s** the MP informed his constituents

administrer /administʀe/ /TABLE 1/ VT ⓐ (= gérer) to manage; [+ fondation] to administer; [+ pays, commune] to run ⓑ (= donner) to administer

admirable /admiʀabl/ ADJ admirable

admirablement /admiʀabləmɑ̃/ ADV admirably

admirateur, -trice /admiʀatœʀ, tʀis/ NM,F admirer

admiratif, -ive /admiʀatif, iv/ ADJ admiring; **d'un air ~** admiringly

admiration /admiʀasjɔ̃/ NF admiration; **faire l'~ de qn** to fill sb with admiration; **tomber/être en ~ devant** to be filled with/lost in admiration for

admirer /admiʀe/ /TABLE 1/ VT to admire

admis, e /admi, admiz/ ptp d'**admettre**

admissible /admisibl/ ADJ ⓐ acceptable; **ce comportement n'est pas ~** this behaviour is quite unacceptable ⓑ [postulant] eligible (**à** for); (= qui a réussi à l'écrit) eligible to sit the oral part of an exam

admission /admisjɔ̃/ NF (dans un lieu, club) admission (**à** to); **faire une demande d'~ à un club** to apply for membership of a club; **le nombre des ~s au concours** the number of successful candidates in the exam

ADN /adeɛn/ NM (ABBR = **acide désoxyribonucléique**) DNA

ado * /ado/ NMF (ABBR = **adolescent, e**) teenager

adolescence /adɔlesɑ̃s/ NF adolescence

adolescent, e /adɔlesɑ̃, ɑ̃t/ NM,F adolescent, teenager

adonner (s') /adɔne/ /TABLE 1/ VPR **s'~ à** [+ art, études, sport, passe-temps] to devote o.s. to; [+ pratiques] to indulge in; **venez vous ~ aux joies du ski** come and experience the joys of skiing

adoptant, e /adɔptɑ̃, ɑ̃t/ NM,F person wishing to adopt

adopter /adɔpte/ /TABLE 1/ VT ⓐ to adopt; **elle a su se faire ~ par ses nouveaux collègues** she's got her new colleagues to accept her; **« l'essayer c'est l'~ ! »** "try it - you'll love it!" ⓑ [+ loi, motion] to pass; **cette proposition a été adoptée à l'unanimité** the proposal was carried unanimously

adoptif, -ive /adɔptif, iv/ ADJ **enfant ~** adopted child; (dans une famille d'accueil) ≈ foster child; **parent ~** adoptive parent; (= nourricier) ≈ foster parent

adoption /adɔpsjɔ̃/ NF ⓐ [d'enfant] adoption; **pays d'~** adoptive country; **un Londonien d'~** a Londoner by adoption ⓑ [de loi, motion] passing

adorable /adɔʀabl/ ADJ [personne] adorable; [robe, village] lovely

adorateur, -trice /adɔRatœR, tRis/ NM,F worshipper

adoration /adɔRasjɔ̃/ NF adoration; **être en ~ devant** to worship

adorer /adɔRe/ /TABLE 1/ VT to adore

adosser /adose/ /TABLE 1/ 1 VT **~ qch à** ou **contre qch** to stand sth against sth 2 VPR **s'adosser: s'~ à** ou **contre qch** [*personne*] to lean back against sth; **le village est adossé à la montagne** the village is perched on the mountainside

adoucir /adusiR/ /TABLE 2/ 1 VT [+ *saveur, acidité*] to make milder; (*avec sucre*) to sweeten; [+ *peau*] to soften; [+ *personne*] to mellow; [+ *conditions*] to ease 2 VPR **s'adoucir** [*voix, couleur, peau*] to soften; [*personne*] to mellow; **la température s'est adoucie** the weather has got milder

adoucissant, e /adusisɑ̃, ɑ̃t/ 1 ADJ [*crème, lotion*] for smoother skin 2 NM fabric conditioner

adoucisseur /adusisœR/ NM **~ (d'eau)** water softener

adrénaline /adRenalin/ NF adrenalin

adressage /adRɛsaʒ/ NM [*de courrier*] mailing; (*Informatique*) addressing

adresse /adRɛs/ NF ⓐ (= *domicile*) address; **partir sans laisser d'~** to go without leaving a forwarding address; **je connais quelques bonnes ~s de restaurants** I know some good restaurants to go to; **~ électronique** e-mail address; **à l'~ de** (= *à l'intention de*) for the benefit of ⓑ (= *habileté*) skill; **jeu d'~** game of skill

adresser /adRese/ /TABLE 1/ 1 VT ⓐ to address; **la lettre m'était personnellement adressée** the letter was addressed to me personally; **~ une remarque à** to address a remark to; **~ un reproche à** to level a reproach at; **~ un compliment à** to pay a compliment to; **~ un sourire à qn** to smile at sb; **~ la parole à qn** to speak to sb
ⓑ (= *envoyer*) to send; **je vous adresse mes meilleurs vœux** please accept my best wishes; **mon médecin m'a adressé à un spécialiste** my doctor sent me to a specialist
2 VPR **s'adresser: s'~ à** (= *parler à*) to speak to; (= *aller trouver*) to go and see; (*dans une administration*) to apply to; (= *viser*) to be aimed at; **il s'adresse à un public féminin** [*discours, magazine*] it is aimed at a female audience; [*auteur*] he writes for a female readership; **adressez-vous au secrétariat** enquire at the office; **et cela s'adresse aussi à vous!** and that goes for you too!

Adriatique /adRijatik/ ADJ F, NF **(mer) ~** Adriatic (Sea)

adroit, e /adRwa, wat/ ADJ (= *habile*) skilful; (= *subtil*) clever; (= *plein de tact*) adroit; **~ de ses mains** clever with one's hands; **c'était très ~ de sa part** it was very clever of him

adroitement /adRwatmɑ̃/ ADV (= *habilement*) skilfully; (= *subtilement*) cleverly; (= *avec tact*) adroitly

ADSL /adeesɛl/ NM (ABBR = **asymmetrical digital subscriber line**) ADSL, broadband

aduler /adyle/ /TABLE 1/ VT (= *admirer*) to adulate; (= *flatter*) to flatter

adulte /adylt/ 1 ADJ [*animal, plante*] fully-grown; [*attitude, comportement*] adult; **un homme ~** an adult man 2 NMF adult

adultère /adyltɛR/ 1 NM (*acte*) adultery 2 ADJ [*relations, désir*] adulterous

advenir /advəniR/ /TABLE 22/ VB IMPERS ⓐ (= *survenir*) **~ que ...** to happen that ...; **~ à** to happen to; **qu'est-il advenu?** what has happened? ⓑ (= *devenir*) **~ de** to become of; **qu'est-il advenu du projet?** what has become of the project?

adventiste /advɑ̃tist/ ADJ, NMF Adventist

adverbe /advɛRb/ NM adverb

adverbial, e (*mpl* -iaux) /advɛRbjal, jo/ ADJ adverbial

adversaire /advɛRsɛR/ NMF adversary; [*de théorie, traité*] opponent

adverse /advɛRs/ ADJ opposing; **la partie ~** the other side

adversité /advɛRsite/ NF adversity

AELE /aəɛla/ NF (ABBR = **Association européenne de libre-échange**) EFTA

aérateur /aeRatœR/ NM (= *ventilateur*) ventilator

aération /aeRasjɔ̃/ NF [*de pièce, literie*] airing; (= *circulation d'air*) ventilation

aéré, e /aeRe/ (*ptp d'***aérer**) ADJ [*pièce*] airy; [*texte*] well spaced out → **centre**

aérer /aeRe/ /TABLE 6/ 1 VT [+ *pièce, literie*] to air; [+ *terre*] to aerate; [+ *présentation*] to lighten 2 VPR **s'aérer** [*personne*] to get some fresh air

aérien, -ienne /aeRjɛ̃, jɛn/ ADJ ⓐ [*attaque, espace, droit*] air; [*navigation, photographie*] aerial; **base aérienne** air base ⓑ [*circuit, câble*] overhead

aérobic /aeRɔbik/ NF aerobics (*sg*)

aéro-club (*pl* **aéro-clubs**) /aeRɔklœb/ NM flying club

aérodrome /aeRɔdRom/ NM aerodrome (*Brit*), airdrome (*US*)

aérodynamique /aeRɔdinamik/ 1 ADJ [*ligne, véhicule*] aerodynamic 2 NF aerodynamics (*sg*)

aérodynamisme /aeRɔdinamism/ NM aerodynamic shape

aérogare /aeRɔgaR/ NF air terminal

aéroglisseur /aeRɔglisœR/ NM hovercraft

aéronautique /aeRonotik/ 1 ADJ [*équipement, ingénieur*] aeronautical; **construction/constructeur ~** aircraft construction/builder; **l'industrie ~** the aviation industry 2 NF aeronautics (*sg*)

aéronaval, e (*pl* **aéronavals**) /aeRonaval/ 1 ADJ **forces ~es** air and sea forces; **base ~e** naval airbase 2 NF **aéronavale**: **l'aéronavale** ≈ the Fleet Air Arm (*Brit*), ≈ Naval Aviation (*US*)

aéronef /aeRɔnɛf/ NM aircraft

aérophagie /aeRɔfaʒi/ NF **il a** ou **fait de l'~** he suffers from wind

aéroport /aeRɔpɔR/ NM airport

aéroporté, e /aeRɔpɔRte/ ADJ [*troupes, division, opération*] airborne; [*missile*] air-launched

aérosol /aeRɔsɔl/ NM aerosol; **bombe ~** spray can; **déodorant/peinture en ~** spray deodorant/paint

aérospatial, e (*mpl* -iaux) /aeRospasjal, jo/ 1 ADJ aerospace 2 NF **aérospatiale** aerospace technology

affable /afabl/ ADJ affable

affabuler /afabyle/ /TABLE 1/ VI to make up stories

affadir /afadiR/ /TABLE 2/ VT [+ *aliment*] to make tasteless

affaiblir /afebliR/ /TABLE 2/ 1 VT to weaken 2 VPR **s'affaiblir** [*personne, autorité*] to weaken; [*facultés*] to deteriorate; [*vue*] to grow dim; [*son*] to fade; [*vent*] to die down; **utiliser un mot dans son sens affaibli** to use a word in a weakened sense

affaiblissement /afeblismɑ̃/ NM weakening; [*de facultés*] deterioration; **l'~ de notre pays au plan international** our country's waning influence on the international scene

---

affaire /afɛR/

| 1 NOM FÉMININ | 3 COMPOSÉS |
| 2 NOM FÉMININ PLURIEL | |

1 NOM FÉMININ

ⓐ **= problème, question** matter; **ce n'est pas une petite** ou **une mince ~** it's no small matter; **c'est une ~ de goût** it's a matter of taste; **j'ai une ~ urgente à régler** I've got some urgent business to deal with; **le sport ne devrait pas être une ~ d'argent** sport shouldn't be about money; **comment je fais? — c'est ton ~!** what do I do? — that's your problem!; **avec les ordinateurs, il est à son ~** when it comes to computers, he knows his stuff*; **aller à Glasgow, c'est toute une ~** it's quite a business getting to Glasgow; **c'est une autre ~** that's another matter; **c'est l'~ de quelques minutes** it'll only take a few minutes; **la belle ~!** big deal!; **tirer qn d'~** to help sb out; **il est tiré d'~** he's come through

♦ **avoir affaire à** [+ *cas, problème*] to have to deal with; [+ *personne*] (= *s'occuper de*) to be dealing with; (= *être reçu ou examiné par*) to be dealt with by; **nous avons ~ à un dangereux criminel** we are dealing with a dangerous criminal; **tu auras ~ à moi!** you'll be hearing from me!

♦ **faire + affaire**: **cet ordinateur fera l'~** this computer will do fine; **cet employé ne fait pas l'~** this employee won't do for the job; **ça fait mon ~** that's just what I need; **il en a fait une ~ personnelle** he took it personally; **il en a fait toute une ~** he made a dreadful fuss about it

ⓑ = **faits connus du public** affair; (= *scandale*) scandal; **l'~ Dreyfus** the Dreyfus affair; **l'~ du sang contaminé** the contaminated blood scandal; **une grave ~ de corruption** a serious corruption scandal; **c'est une sale ~** it's a nasty business

ⓒ Droit, Police case; **être sur une ~** to be on a case; **une ~ de vol** a case of theft

ⓓ = **transaction** deal; (= *achat avantageux*) bargain; **une bonne ~** a bargain; **faire une ~** to get a bargain; **faire ~ avec qn** to clinch a deal with sb; **l'~ est faite!** that's the deal settled!

ⓔ = **entreprise** business; **une ~ d'import-export** an import-export business; **c'est une ~ qui marche** it's a going concern

2 NOM FÉMININ PLURIEL
affaires

ⓐ = **intérêts publics et privés** affairs; **les ~s culturelles** cultural affairs; **les ~s publiques** public affairs; **les Affaires étrangères** Foreign Affairs; **occupe-toi** *or* **mêle-toi de tes ~s!** mind your own business!

ⓑ = **activités commerciales** business (*sg*); **être dans les ~s** to be in business; **il est dur en ~s** he's a tough businessman; **les ~s sont les ~s** business is business ◆ **d'affaires** [*repas, voyage, relations*] business; **les milieux d'~s sont optimistes** the business community is optimistic

ⓒ = **vêtements, objets personnels** things; **mes ~s de tennis** my tennis things; **range tes ~s!** put your things away!

3 COMPOSÉS
◆ **affaire d'État** affair of state; **il en a fait une ~ d'État*** he made a great song and dance about it ◆ **affaire de famille** (= *entreprise*) family business; (= *problème*) family problem ◆ **affaire de mœurs** sex scandal

---

affairé, e /afeʀe/ (*ptp d'***affairer**) ADJ busy
affairer (s') /afeʀe/ /TABLE 1/ VPR to busy o.s.
affaissement /afesmã/ NM [*de route, sol*] subsidence; [*de poutre*] sagging; **~ de terrain** subsidence (*NonC*)
affaisser (s') /afese/ /TABLE 1/ VPR ⓐ [*route, sol*] to subside; [*corps, poutre*] to sag; [*plancher*] to cave in ⓑ [*personne*] to collapse
affaler /afale/ /TABLE 1/ 1 VT [+ *voile*] to lower 2 VPR **s'affaler** (= *tomber*) to collapse; **affalé dans un fauteuil** slumped in an armchair
affamé, e /afame/ (*ptp d'***affamer**) ADJ starving
affamer /afame/ /TABLE 1/ VT to starve
affectation /afektasjõ/ NF ⓐ (*à un usage*) allocation (**à** to) ⓑ (*à un poste*) appointment; (*dans une région, un pays*) posting; **rejoindre son ~** to take up one's posting ⓒ (= *manque de naturel*) affectation; **avec ~** affectedly
affecté, e /afekte/ (*ptp d'***affecter**) ADJ affected
affecter /afekte/ /TABLE 1/ VT ⓐ (= *feindre*) to affect; **~ de faire qch** to pretend to do sth ⓑ (= *destiner*) to allocate (**à** to); **~ des crédits à la recherche** to allocate funds to research ⓒ (= *nommer*) (*à une fonction, un bureau*) to appoint; (*à une région, un pays*) to post (**à** to) ⓓ (= *affliger*) to affect; **il a été très affecté par leur mort** he was deeply affected by their deaths; **les oreillons affectent surtout les jeunes enfants** it's mostly young children who get mumps
affectif, -ive /afektif, iv/ ADJ emotional; [*troubles*] affective
affection /afeksjõ/ NF ⓐ (= *tendresse*) affection; **avoir de l'~ pour qn** to be fond of sb; **se prendre d'~ pour qn** to become fond of sb ⓑ (= *maladie*) ailment
affectionner /afeksjone/ /TABLE 1/ VT to be fond of
affectivité /afektivite/ NF affectivity
affectueusement /afektɥøzmã/ ADV affectionately; **~ vôtre** yours affectionately
affectueux, -euse /afektɥø, øz/ ADJ affectionate
affermir /afeʀmiʀ/ /TABLE 2/ VT to strengthen; [+ *muscles*]

to tone up
affermissement /afeʀmismã/ NM strengthening
affichage /afiʃaʒ/ NM ⓐ [*d'affiche, résultats*] posting; **« ~ interdit »** "post no bills"; **campagne d'~** poster campaign ⓑ (*sur écran*) display; **~ du numéro** caller display; **montre à ~ numérique** digital watch
affiche /afiʃ/ NF poster; (*officielle*) public notice; **quitter l'~** to close; **tenir longtemps l'~** to have a long run; **ce spectacle est resté à l'~ plus d'un an** the show ran for over a year
afficher /afiʃe/ /TABLE 1/ 1 VT to display; [+ *résultats*] to put up; **« défense d'~ »** "post no bills"; **~ complet** to be sold out; **~ ses opinions politiques** to make no secret of one's political views 2 VPR **s'afficher** ⓐ (= *apparaître*) to be displayed; **un menu s'affiche à l'écran** a menu is displayed on the screen ⓑ (= *se montrer*) to flaunt o.s.; **s'~ avec son amant** to carry on in public with one's lover
afficheur, -euse /afiʃœʀ, øz/ 1 NM,F billsticker 2 NM (= *machine*) display
affilé, e /afile/ (*ptp d'***affiler**) 1 ADJ [*outil, couteau*] sharp 2 ◆ **d'affilée** LOC ADV in a row; **8 heures d'~e** 8 hours at a stretch; **boire plusieurs verres d'~e** to drink several glasses in succession
affiler /afile/ /TABLE 1/ VT to sharpen
affiliation /afiljasjõ/ NF affiliation
affilié, e /afilje/ (*ptp d'***affilier**) NM,F affiliated member
affilier /afilje/ /TABLE 7/ 1 VT to affiliate (**à** to) 2 VPR **s'affilier** to become affiliated (**à** to)
affiner /afine/ /TABLE 1/ 1 VT ⓐ (= *rendre plus subtil*) to refine; [+ *sens*] to sharpen ⓑ (= *rendre plus mince*) [+ *taille, hanches*] to slim down; [+ *chevilles*] to make slender; **ce maquillage vous affinera le visage** this make-up will make your face look thinner ⓒ **fromage affiné en cave** cheese matured in a cellar 2 VPR **s'affiner** ⓐ (= *devenir plus subtil*) to become more refined; [*odorat, goût*] to become sharper ⓑ (= *devenir plus mince*) [*taille*] to become slimmer; [*visage*] to get thinner
affinité /afinite/ NF (*entre personnes*) affinity; **avoir des ~s avec qn** to have a natural affinity with sb; **« plus si ~s »** "maybe more"
affirmatif, -ive /afiʀmatif, iv/ 1 ADJ affirmative 2 NM **à l'~** in the affirmative 3 NF **affirmative** affirmative; **répondre par l'affirmative** to answer yes; **dans l'affirmative** if the answer is yes
affirmation /afiʀmasjõ/ NF assertion
affirmer /afiʀme/ /TABLE 1/ VT ⓐ (= *proclamer*) to assert; **il affirme que c'est de votre faute** he maintains that it is your fault ⓑ (= *manifester*) to assert; **talent/personnalité qui s'affirme** talent/personality which is asserting itself; **il s'affirme comme l'un de nos meilleurs romanciers** he is establishing himself as one of our best novelists
affleurer /aflœʀe/ /TABLE 1/ VI [*rochers, couche*] to show on the surface; [*sentiment, sensualité*] to rise to the surface
affligeant, e /afliʒã, ãt/ ADJ distressing; (= *déplorable*) pathetic
affliger /afliʒe/ /TABLE 3/ VT ⓐ (= *attrister*) to distress ⓑ **être affligé de** [+ *maladie*] to be afflicted with
affluence /aflyãs/ NF **l'~ était telle que ...** there were so many people that ...; **les heures d'~** [*de trains, circulation*] the rush hour; [*de magasin*] the peak shopping period
affluent /aflyã/ NM tributary
affluer /aflye/ /TABLE 1/ VI [*fluide, sang*] to rush (**à, vers** to); [*foule*] to flock; **les dons affluaient de partout** donations came flooding in from all over
afflux /afly/ NM inrush; **~ de capitaux** capital inflow; **~ de main-d'œuvre** labour influx
affolant, e /afɔlã, ãt/ ADJ (= *effrayant*) frightening; (= *troublant*) disturbing; **c'est ~!** it's alarming!
affolé, e /afɔle/ (*ptp d'***affoler**) ADJ (= *effrayé*) panic-stricken; **je suis ~ de voir ça** I'm appalled at that; **air ~** look of panic

affolement /afɔlmɑ̃/ NM ⓐ (= *effroi*) panic; **pas d'~!** don't panic! ⓑ [*de boussole*] wild fluctuations

affoler /afɔle/ /TABLE 1/ **1** VT (= *effrayer*) to throw into a panic **2** VPR **s'affoler** [*personne*] to lose one's head; [*Bourse*] to panic; **ne nous affolons pas** let's not panic

affranchir /afʀɑ̃ʃiʀ/ /TABLE 2/ **1** VT ⓐ (*avec des timbres*) to put a stamp *ou* stamps on; (*à la machine*) to frank; **lettre affranchie/non affranchie** stamped/unstamped letter ⓑ (= *libérer*) to free; **~ qn de** to free sb from ⓒ (= *mettre au courant*) to put in the picture* **2** VPR **s'affranchir : s'~ de** to free o.s. from

affranchissement /afʀɑ̃ʃismɑ̃/ NM ⓐ (*avec des timbres*) stamping; (*à la machine*) franking; (= *prix payé*) postage ⓑ (= *libération*) freeing

affres /afʀ/ NFPL (*littér*) **les ~ de la création** the agony of creation; **les ~ de la mort** the throes of death

affréter /afʀete/ /TABLE 6/ VT to charter

affréteur /afʀetœʀ/ NM charterer

affreusement /afʀøzmɑ̃/ ADV ⓐ (= *horriblement*) horribly ⓑ (= *très*) terribly; **on est ~ mal assis** these seats are terribly uncomfortable; **~ en retard** dreadfully late

affreux, -euse /afʀø, øz/ ADJ (= *très laid*) hideous; (= *abominable*) dreadful; **quel temps ~!** what dreadful weather!

affriolant, e /afʀijɔlɑ̃, ɑ̃t/ ADJ [*perspective, programme*] exciting; [*femme, vêtement*] alluring

affront /afʀɔ̃/ NM (= *insulte*) affront

affrontement /afʀɔ̃tmɑ̃/ NM confrontation

affronter /afʀɔ̃te/ /TABLE 1/ **1** VT [+ *adversaire, danger*] to confront; **~ la mort** to face death; **~ le mauvais temps** to brave the bad weather **2** VPR **s'affronter** [*adversaires*] to confront each other

affubler /afyble/ /TABLE 1/ VT **~ qn de** [+ *vêtement*] to deck sb out in; **~ qn d'un sobriquet** to attach a nickname to sb; **affublé d'un vieux chapeau** wearing an old hat

affût /afy/ NM **chasser à l'~** to hunt game from a hide (*Brit*) *ou* blind (*US*); **être à l'~** to be lying in wait; **être à l'~ de qch** (*fig*) to be on the look-out for sth

affûter /afyte/ /TABLE 1/ VT to sharpen

afghan, e /afgɑ̃, an/ **1** ADJ Afghan **2** NM,F **Afghan(e)** Afghan

Afghanistan /afganistɑ̃/ NM Afghanistan

afin /afɛ̃/ PRÉP **~ de** in order to; **~ que nous le sachions** in order that we should know

AFNOR /afnɔʀ/ NF (ABBR = **Association française de normalisation**) *French Industrial Standards Authority*

a fortiori /afɔʀsjɔʀi/ ADV all the more

AFP /aɛfpe/ NF (ABBR = **Agence France-Presse**) *French Press Agency*

africain, e /afʀikɛ̃, ɛn/ **1** ADJ African **2** NM,F **Africain(e)** African

afrikaans /afʀikɑ̃s/ NM, ADJ INV Afrikaans

afrikaner /afʀikanɛʀ/ NMF Afrikaner

Afrique /afʀik/ NF Africa; **l'~ australe/du Nord** Southern/North Africa; **l'~ du Sud** South Africa; **l'~ noire** black Africa

afro * /afʀo/ ADJ INV Afro

afro-américain, e /afʀoameʀikɛ̃, ɛn/ **1** ADJ African-American **2** NM,F **Afro-Américain(e)** African-American

AG * /aʒe/ NF (ABBR = **assemblée générale**) EGM

agaçant, e /agasɑ̃, ɑ̃t/ ADJ irritating

agacement /agasmɑ̃/ NM irritation

agacer /agase/ /TABLE 3/ VT (= *énerver*) to irritate; (= *taquiner*) to pester; **ça m'agace!** it's getting on my nerves!

agate /agat/ NF agate

âge /ɑʒ/ **1** NM ⓐ age; **quel ~ avez-vous?** how old are you?; **à l'~ de 8 ans** at the age of 8; **ils sont du même ~** they're the same age; **il ne paraît pas son ~** he doesn't look his age; **il fait plus vieux que son ~** he looks older than he is; **amusez-vous, c'est de votre ~** enjoy yourself, you're young; **à son ~** at his age; **j'ai passé l'~** I'm too old for that; **être en ~ de se marier** to be old enough to get married; **c'est l'~ bête** *ou* **ingrat** it's an awkward age; **porto de 15 ans d'~** 15-year-old port

ⓑ (= *ère*) age; **l'~ de la pierre/du bronze** the Stone/Bronze Age

2 COMP ♦ **l'âge adulte** adulthood; **à l'~ adulte** in adulthood ♦ **l'âge légal** the legal age; **avoir l'~ légal** to be legally old enough ♦ **âge mental** mental age ♦ **l'âge mûr** maturity ♦ **l'âge d'or** the golden age ♦ **l'âge de raison** the age of reason ♦ **l'âge de la retraite** retirement age

âgé, e /ɑʒe/ ADJ **être ~** to be old; **être ~ de 9 ans** to be 9 years old; **enfant ~ de 4 ans** 4-year-old child; **dame ~e** elderly lady; **les personnes ~es** the elderly

agence /aʒɑ̃s/ NF (= *succursale*) branch; (= *locaux*) office; (= *organisme*) agency ♦ **agence commerciale** sales office ♦ **agence immobilière** estate agent's (*Brit*), real estate agency (*US*) ♦ **agence d'intérim** temping agency ♦ **agence matrimoniale** marriage bureau ♦ **Agence nationale pour l'emploi** *French national employment office*, ≈ job centre (*Brit*) ♦ **agence de placement** employment agency ♦ **agence de presse** press agency ♦ **agence de publicité** advertising agency ♦ **agence de tourisme** tourist agency ♦ **agence de voyages** travel agency

agencé, e /aʒɑ̃se/ (*ptp d'***agencer**) ADJ **bien ~** (*en meubles*) well-equipped; (*en espace*) well laid-out; **mal ~** (*en meubles*) poorly-equipped; (*en espace*) badly laid-out

agencement /aʒɑ̃smɑ̃/ NM ⓐ [*d'éléments*] organization ⓑ [*de local*] (= *disposition*) arrangement; (= *équipement*) equipment

agencer /aʒɑ̃se/ /TABLE 3/ VT ⓐ [+ *éléments, phrase*] to put together ⓑ [+ *local*] (= *disposer*) to lay out; (= *équiper*) to equip

agenda /aʒɛ̃da/ **1** NM ⓐ (= *carnet*) diary (*Brit*), datebook (*US*) ⓑ (= *activités*) schedule; **~ très chargé** very busy schedule **2** COMP ♦ **agenda de bureau** desk diary (*Brit*) *ou* calendar (*US*) ♦ **agenda électronique** electronic organizer

⚠ **agenda** *ne se traduit pas par le mot anglais* **agenda**.

agenouiller (s') /aʒ(ə)nuje/ /TABLE 1/ VPR to kneel (down); **être agenouillé** to be kneeling

agent, e /aʒɑ̃, ɑ̃t/ **1** NM, F ⓐ **~ (de police)** policeman; **~ de la circulation** ≈ traffic policeman; **pardon monsieur l'~** excuse me, officer; **elle est ~e (de police)** she's a policewoman

ⓑ (= *représentant*) agent

2 NM (*en grammaire, science*) agent; **~ de sapidité** flavour enhancer

2 COMP ♦ **agent artistique** artistic agent ♦ **agent d'assurances** insurance agent ♦ **agent commercial** sales rep* ♦ **agent double** double agent ♦ **agent d'entretien** cleaner ♦ **agent de l'État** public sector employee ♦ **agent du fisc** tax official ♦ **agent de la force publique** member of the police force ♦ **agent du gouvernement** government official ♦ **agent immobilier** estate agent (*Brit*), real estate agent (*US*) ♦ **agent de liaison** liaison officer ♦ **agent littéraire** literary agent ♦ **agent de maîtrise** supervisor ♦ **agent provocateur** agent provocateur ♦ **agent public** public sector employee ♦ **agent de publicité** advertising agent ♦ **agent secret** secret agent ♦ **agent technique** technician

agglomération /aglɔmeʀasjɔ̃/ NF ⓐ (= *ville*) town; **l'~ parisienne** Paris and its suburbs; **la vitesse est limitée à 50 km/h en ~** the speed limit is 50km/h in built-up areas ⓑ [*de matériaux*] conglomeration

aggloméré /aglɔmeʀe/ NM (= *bois*) chipboard, Masonite® (*US*)

agglutiner (s') /aglytine/ /TABLE 1/ VPR **les passants s'agglutinaient devant la vitrine** passers-by gathered in front of the window

aggravant, e /agʀavɑ̃, ɑ̃t/ ADJ [*facteur*] aggravating

aggravation /agʀavasjɔ̃/ NF worsening; [*d'impôt, chômage*] increase

aggraver /agʀave/ /TABLE 1/ **1** VT to make worse; (= *renforcer*) to increase; **tu aggraves ton cas** you're making things worse for yourself; **il a aggravé la marque** *ou* **le score**

à la 35ème minute he increased their lead in the 35th minute 2 VPR **s'aggraver** to get worse; (= *se renforcer*) to increase; **le chômage s'est fortement aggravé** there has been a sharp increase in unemployment

agile /aʒil/ ADJ agile

agilité /aʒilite/ NF agility

agios /aʒjo/ NMPL (= *frais*) (bank) charges

agir /aʒiʀ/ /TABLE 2/ 1 VI (a) to act; (= *se comporter*) to behave; **il a agi en toute liberté** he acted quite freely; **il a bien/mal agi envers sa mère** he behaved well/badly towards his mother
(b) (= *exercer une influence*) **~ sur qn** to bring pressure to bear on sb; **~ auprès de qn** to use one's influence with sb
2 VPR **s'agir**
♦ **il s'agit de** (= *il est question de*) it is a matter of ...; (= *il est nécessaire de faire*) **il s'agit de faire vite** we must act quickly; **de quoi s'agit-il ?** what's it about?; **s'agissant de ...** as regards ...; **quand il s'agit de critiquer, il est toujours là** he's always ready to criticize; **voilà ce dont il s'agit** that's what it's about; **il ne s'agit pas d'argent** it's not a question of money; **il ne s'agit pas de ça !** that's not it!; **il s'agit bien de ça !** (*iro*) that's hardly the problem!; **avec la sécurité, il ne s'agit pas de plaisanter** safety is no joking matter; **il s'agirait de s'entendre** let's get things straight

agissements /aʒismɑ̃/ NMPL (*péj*) activities; **surveiller les ~ de qn** to keep an eye on what sb is up to*

agitateur, -trice /aʒitatœʀ, tʀis/ NM,F (*Politique*) agitator

agitation /aʒitasjɔ̃/ NF (a) [*de personne*] (*ayant la bougeotte*) restlessness; (*troublé*) agitation (b) [*de lieu, rue*] hustle and bustle (c) (*Politique*) unrest

agité, e /aʒite/ ADJ (*ptp d'***agiter**) (a) [*personne*] (= *ayant la bougeotte*) restless; (= *troublé*) agitated (b) [*mer*] rough; [*vie*] hectic; [*époque*] troubled; [*nuit*] restless; **mer peu ~e** slight swell; **avoir le sommeil ~** to toss and turn in one's sleep

agiter /aʒite/ /TABLE 1/ 1 VT (a) (= *secouer*) [+ *bras*] to wave; [+ *queue*] to wag; [+ *liquide*] to shake; **~ le spectre de qch** to raise the spectre of sth (b) (= *inquiéter*) to trouble (c) (= *débattre*) [+ *question, problème*] to discuss 2 VPR **s'agiter** [*serveur*] to bustle about; [*malade*] to be agitated; [*enfant, élève*] to fidget; [*foule*] to stir; **s'~ sur sa chaise** to wriggle about on one's chair

agneau (*pl* **agneaux**) /aɲo/ NM lamb

agnostique /aɲɔstik/ ADJ, NMF agnostic

agonie /agɔni/ NF death pangs; **être à l'~** to be dying; **longue ~** slow death

agonir /agɔniʀ/ /TABLE 2/ VT **~ qn d'injures** to hurl abuse at sb

agoniser /agɔnize/ /TABLE 1/ VI to be dying

agrafe /agʀaf/ NF [*de vêtement*] hook and eye; [*de papiers*] staple; (*en chirurgie*) clip

agrafer /agʀafe/ /TABLE 1/ VT [+ *vêtement*] to fasten; [+ *papiers*] to staple

agrafeuse /agʀaføz/ NF stapler

agrandir /agʀɑ̃diʀ/ /TABLE 2/ 1 VT to extend; [+ *trou*] to make bigger; [+ *écart*] to increase; [+ *photographie*] to enlarge 2 VPR **s'agrandir** [*ville, famille, écart*] to grow; [*trou*] to get bigger

agrandissement /agʀɑ̃dismɑ̃/ NM [*d'un local*] extension; [*d'une ville*] expansion; (*Photo*) enlargement

agréable /agʀeabl/ ADJ nice; **~ à voir** nice to see; **~ à vivre** [*personne*] easy to live with; [*lieu*] nice to live in; **il est toujours ~ de ...** it is always nice to ...; **si ça peut lui être ~** if that will please him

agréablement /agʀeablɑmɑ̃/ ADV pleasantly; **~ surpris** pleasantly surprised

agréé, e /agʀee/ (*ptp d'***agréer**) ADJ [*bureau, infirmière*] registered; **fournisseur ~** authorized dealer

agréer /agʀee/ /TABLE 1/ VT (*frm: formule épistolaire*) **veuillez ~, Monsieur** *ou* **je vous prie d'~, Monsieur, l'expression de mes sentiments distingués** yours sincerely

agrég* /agʀeg/ NF (ABBR = **agrégation**) French teaching qualification

agrégat /agʀega/ NM aggregate

agrégation /agʀegasjɔ̃/ NF French teaching qualification

🛈 AGRÉGATION

The **agrégation** or "agrég", as it is known informally, is the highest qualification available for teachers at secondary level. Many university lecturers are also "agrégés".
→ CAPES

---

agrégé, e /agʀeʒe/ NM,F qualified teacher (holder of the *agrégation*)

agrément /agʀemɑ̃/ NM (a) charm; **les ~s de la vie** the pleasures of life; **faire un voyage d'~** to go on a pleasure trip (b) (*frm* = *consentement*) consent

agrémenter /agʀemɑ̃te/ /TABLE 1/ VT **~ qch de** (= *décorer*) to embellish sth with; **~ un récit d'anecdotes** to enliven a story with anecdotes

agrès /agʀɛ/ NMPL (*Sport*) apparatus (*sg*)

agresser /agʀese/ /TABLE 1/ VT to attack; **il s'est senti agressé** he felt he was under attack; **il l'a agressée verbalement et physiquement** he subjected her to verbal and physical abuse

agresseur /agʀesœʀ/ NM attacker

agressif, -ive /agʀesif, iv/ ADJ aggressive (**envers** towards); **d'un ton ~** aggressively

agression /agʀesjɔ̃/ NF (*contre une personne*) attack; (*dans la rue*) mugging; **être victime d'une ~** to be mugged; **les ~s de la vie moderne** the stresses of modern life

agressivement /agʀesivmɑ̃/ ADV aggressively

agressivité /agʀesivite/ NF aggressiveness

agricole /agʀikɔl/ ADJ agricultural

agriculteur, -trice /agʀikyltœʀ, tʀis/ NM,F farmer

agriculture /agʀikyltyʀ/ NF agriculture

agripper /agʀipe/ /TABLE 1/ 1 VT to grab 2 VPR **s'agripper : s'~ à qch** to cling on to sth

agroalimentaire /agʀoalimɑ̃tɛʀ/ 1 ADJ [*industrie*] food-processing; **produits ~s** processed foodstuffs 2 NM **l'~** the food-processing industry

agronome /agʀɔnɔm/ NMF agronomist; **ingénieur ~** agricultural engineer

agrume /agʀym/ NM citrus fruit

aguerrir /ageʀiʀ/ /TABLE 2/ VT to harden; **s'~** to become hardened

aguets /agɛ/ NMPL **aux ~** on the look-out

aguicher /agiʃe/ /TABLE 1/ VT to entice

ah /ɑ/ EXCL oh!; **ah bon** *ou* **oui ?** is that so?; **ah bon** (*résignation*) oh well; **ah oui** yes indeed; **ah non** certainly not; **ah ! j'allais oublier** oh! I nearly forgot; **ah, ah ! je t'y prends** aha! I've caught you at it

ahuri, e /ayʀi/ ADJ (= *stupéfait*) stunned; **ne prends pas cet air ~** don't look so surprised

ahurissant, e /ayʀisɑ̃, ɑ̃t/ ADJ astounding

aide /ɛd/ 1 NF (a) (= *assistance*) help; **apporter son ~ à qn** to help sb; **à l'~ !** help!
♦ **à l'aide de** with the help of; **ouvrir qch à l'~ d'un couteau** to open sth with a knife
(b) (*en équipement, en argent etc*) aid; **l'~ humanitaire** humanitarian aid
2 NMF (= *personne*) assistant
3 COMP ♦ **aide à l'embauche** employment incentive ♦ **aide familiale** (= *personne*) home help (*Brit*), home helper (*US*) ♦ **aide judiciaire** legal aid ♦ **aide maternelle, aide ménagère** (= *personne*) home help (*Brit*), home helper (*US*) ♦ **aide sociale** social security (*Brit*), welfare (*US*)

aide-éducateur, -trice /ededykatœʀ, tʀis/ NM,F classroom assistant

aide-mémoire /edmemwaʀ/ NM INV aide-mémoire

aider /ede/ /TABLE 1/ 1 VT to help; **~ qn (à faire qch)** to help sb (to do sth); **~ qn à monter** to help sb up; **il m'aide beaucoup** he helps me a lot; **je me suis fait ~ par mon frère** I got my brother to help me; **il n'est pas aidé !*** nature hasn't been kind to him!

2 VI to help; **~ à la cuisine** to help in the kitchen; **ça aide à passer le temps** it helps pass the time; **l'alcool aidant, il se mit à parler** helped on by the alcohol, he began to speak
3 VPR **s'aider : s'~ de** to use; **vous pouvez vous ~ d'un dictionnaire** you can use a dictionary

aide-soignant, e (mpl **aides-soignants**) /ɛdswaɲɑ̃, ɑ̃t/ NM,F nursing auxiliary (Brit), nurse's aide (US)

aie /ɛ/ VB → **avoir**

aïe /aj/ EXCL (douleur) ouch!; **aïe aïe aïe!** (contrariété) dear oh dear!

aïeul /ajœl/ NM (littér) grandfather; **les ~s** the grand-parents

aïeule /ajœl/ NF (littér) grandmother

aïeux /ajø/ NMPL (littér) forefathers

aigle /ɛgl/ NM (= oiseau) eagle

aiglefin /ɛgləfɛ̃/ NM haddock

aigre /ɛgʀ/ ADJ ⓐ [goût, odeur] sour; **tourner à l'~** to turn sour ⓑ [propos] harsh

aigre-doux, aigre-douce (mpl **aigres-doux**, fpl **aigres-douces**) /ɛgʀədu, dus/ ADJ [sauce] sweet and sour; [fruit, propos] bitter-sweet

aigrette /ɛgʀɛt/ NF (= plume) feather; (= oiseau) egret

aigreur /ɛgʀœʀ/ 1 NF ⓐ sourness ⓑ (= acrimonie) sharpness 2 NFPL **aigreurs : avoir des ~s (d'estomac)** to have heartburn

aigri, e /ɛgʀi/ (ptp d'**aigrir**) ADJ embittered

aigrir /ɛgʀiʀ/ /TABLE 2/ 1 VT [+ personne] to embitter 2 VPR **s'aigrir** [caractère] to sour

aigu, -uë /egy/ 1 ADJ ⓐ [son] high-pitched ⓑ [douleur, crise] acute; [intelligence] keen 2 NM **les ~s** the high notes

aiguillage /egɥijaʒ/ NM (Rail) points (Brit), switch (US); **erreur d'~** signalling error (Brit)

★ The **guill** is pronounced **gwee**.

aiguille /egɥij/ NF ⓐ (Bot, Couture, Méd) needle; **~ à coudre/à tricoter** sewing/knitting needle ⓑ [de compteur, boussole] needle; [de balance] pointer; [de clocher] spire; (= cime) peak; **la petite/grande ~** [d'horloge] the hour/minute hand

★ The **guille** is pronounced **gwee**.

aiguiller /egɥije/ /TABLE 1/ VT (= orienter) to direct; **~ la police sur une mauvaise piste** to put the police on the wrong track

aiguilleur /egɥijœʀ/ NM **~ du ciel** air-traffic controller

aiguillon /egɥijɔ̃/ NM [d'insecte] sting; (fig) spur

aiguillonner /egɥijɔne/ /TABLE 1/ VT to spur on

aiguiser /egize/ /TABLE 1/ VT ⓐ [+ couteau, outil] to sharpen ⓑ [+ appétit] to whet; [+ sens] to excite; [+ esprit] to sharpen

ail /aj/ NM garlic

aile /ɛl/ NF ⓐ [d'oiseau, de château, du nez] wing; [de moulin] sail; [d'hélice] blade; [de voiture] wing (Brit), fender (US); **l'espoir lui donnait des ~s** hope gave him wings; **prendre sous son ~ (protectrice)** to take under one's wing; **avoir du coup dans l'~*** (= être ivre) to have had one too many* ⓑ (Sport) wing ⓒ (Mil, Politique) wing; **l'~ dure du parti** the hardliners in the party

ailé, e /ele/ ADJ winged

aileron /ɛlʀɔ̃/ NM [de poisson] fin; [d'avion] aileron; [de voiture] aerofoil

ailette /ɛlɛt/ NF [de missile, radiateur] fin; [de turbine, ventilateur] blade

ailier /elje/ NM winger

aille /aj/ VB → **aller**

ailleurs /ajœʀ/ ADV (= autre part) somewhere else; **nulle part ~** nowhere else; **partout ~** everywhere else; **il a l'esprit ~** his thoughts are elsewhere
♦ **par ailleurs** (= autrement) otherwise; (= en outre) moreover
♦ **d'ailleurs** besides; **lui non plus d'~** neither does (ou is, has etc) he, for that matter

ailloli /ajɔli/ NM garlic mayonnaise

aimable /ɛmabl/ ADJ (= gentil) kind; **c'est un homme ~** he's a nice man; **tu es bien ~ de m'avoir attendu** it was very kind of you to wait for me; **c'est très ~ à vous** ou **de votre part** it's very kind of you

aimablement /ɛmabləmɑ̃/ ADV kindly; [répondre, recevoir] nicely; [refuser] politely

aimant[1] /ɛmɑ̃/ NM magnet

aimant[2]**, e** /ɛmɑ̃, ɑ̃t/ ADJ loving

aimanté, e /ɛmɑ̃te/ ADJ magnetic

aimer /eme/ /TABLE 1/ 1 VT ⓐ (d'amour) to love; (d'amitié, goût) to like; **~ beaucoup** to like very much; **~ bien** to like; **je t'aime** I love you; **il l'aime à la folie** he's crazy about her*; **les hortensias aiment l'ombre** hydrangeas like shade; **un enfant mal aimé** a child who doesn't get enough love; **je n'aime pas beaucoup cet acteur** I don't like that actor very much; **elle n'aime pas qu'il sorte le soir** she doesn't like him going out at night; **~ faire qch** to like doing sth ou to do sth; **j'aime à penser** ou **à croire que ...** I like to think that ...
ⓑ (avec assez, autant, mieux) **j'aime autant vous dire que je n'irai pas !** I may as well tell you that I'm not going!; **il aimerait autant ne pas sortir aujourd'hui** he'd just as soon not go out today; **j'aimerais autant que ce soit elle qui m'écrive** I'd rather it was she who wrote to me; **j'aime autant qu'elle ne soit pas venue** it's just as well she didn't come; **j'aime mieux ça !*** (ton menaçant) I'm pleased to hear it!; (soulagement) what a relief!; **on lui apporte des fleurs, elle aimerait mieux des livres** they bring her flowers but she'd rather have books; **j'aime mieux te dire qu'il va m'entendre !*** I'm going to give him a piece of my mind, I can tell you!; **elle aime assez** ou **bien bavarder avec les voisins** she enjoys chatting with the neighbours
ⓒ (au conditionnel = vouloir) **elle aimerait bien aller se promener** she'd like to go for a walk; **j'aimerais vraiment venir** I'd love to come; **je n'aimerais pas être dehors par ce temps** I wouldn't like to be out in this weather
2 VPR **s'aimer** to be in love

aine /ɛn/ NF groin

aîné, e /ene/ 1 ADJ (= plus âgé) older; (= le plus âgé) oldest
2 NM ⓐ [de famille] **l'~ (des garçons)** the oldest boy; **mon (frère) ~** (plus âgé) my older brother; (le plus âgé) my oldest brother
ⓑ (relation d'âges) **il est mon ~** he's older than me; **il est mon ~ de deux ans** he's two years older than me
3 NF **aînée** ⓐ [de famille] **l'~e des filles** the oldest girl; **mon ~e** (plus âgée) my older sister; (la plus âgée) my oldest sister
ⓑ (relation d'âge) **elle est mon ~e** she's older than me; **elle est mon ~e de deux ans** she's two years older than me

ainsi /ɛ̃si/ ADV ⓐ (= de cette façon) this way; **je préfère agir ~** I prefer to do it this way; **il faut procéder ~** you have to proceed as follows; **pourquoi me traites-tu ~ ?** why do you treat me this way?; **s'il en était ~** if this were the case; **il en sera ~ et pas autrement** that's the way it's going to be and that's that
ⓑ (= en conséquence) thus; (= donc) so; **~ tu vas partir !** so, you're leaving!
ⓒ (locutions)
♦ **ainsi que** (avec verbe) as; (avec nom) as well as; **~ que nous le disions hier** (littér) as we were saying yesterday
♦ **pour ainsi dire** so to speak
♦ **ainsi soit-il** so be it; (Rel) amen
♦ **et ainsi de suite** and so on

aïoli /ajɔli/ NM garlic mayonnaise

air /ɛʀ/ 1 NM ⓐ (= gaz, espace) air; (= brise) breeze; (= courant d'air) draught (Brit), draft (US); **l'~ de la ville ne lui convient pas** town air doesn't suit him; **on manque d'~ ici** it's stuffy in here; **sortir prendre l'~** to go out for some fresh air; **s'élever dans l'~** ou **dans les ~s** to rise into the air; **regarder en l'~** to look up; **ces idées étaient dans l'~** those ideas were in the air; **il y a de l'orage dans l'~** there's a storm brewing; **vivre** *ou* **se nourrir de l'~ du temps** to live on air; **c'est dans l'~ du temps** it's part of the current climate

♦ **en plein air** [*piscine, spectacle, cirque*] open-air; [*jouer*] outdoors

♦ **de plein air** [*activité, jeux*] outdoor

♦ **en l'air** [*paroles, promesses*] empty; [*dire*] rashly; **ce ne sont encore que des projets en l'~** the plans are still very much up in the air; **tout était en l'~ dans la pièce** (*désordre*) the room was in a total mess; **flanquer*** *ou* **foutre* tout en l'~** (= *jeter*) to chuck* it all away; (= *gâcher*) to ruin everything; **ce contretemps a fichu en l'~ mon week-end*** this stupid business has completely messed up my weekend*

ⓑ (= *apparence, manière*) air; **d'un ~ décidé** in a resolute manner; **ils ont un ~ de famille** there's a family likeness between them; **ça lui donne l'~ d'un clochard** it makes him look like a tramp; **elle a l'~ d'une enfant** she looks like a child; **ça m'a l'~ d'être assez facile** it looks fairly easy to me; **elle a l'~ intelligent(e)** she seems intelligent; **il a eu l'~ de ne pas comprendre** he looked as if he didn't understand; **il est très ambitieux sans en avoir l'~** he might not look it but he's very ambitious; **de quoi j'ai l'~ maintenant!*** *ou* **j'ai l'~ fin maintenant!*** I look a right fool now*; **il n'a l'~ de rien, mais il sait ce qu'il fait** you wouldn't think it to look at him but he knows what he's doing

ⓒ (= *expression*) look; **je lui trouve un drôle d'~** I think he looks funny; **prendre un ~ entendu** to put on a knowing air

ⓓ (= *mélodie*) tune; [*d'opéra*] aria

2 COMP ♦ **air comprimé** compressed air ♦ **air conditionné** air conditioning

airbag Ⓡ /ɛʀbag/ NM air bag

aire /ɛʀ/ NF (= *zone*) area ♦ **aire d'atterrissage** landing strip; (*pour hélicoptère*) landing pad ♦ **aire d'embarquement** boarding area ♦ **aire de jeux** playground ♦ **aire de lancement** launch site ♦ **aire de repos** (*sur autoroute*) rest area ♦ **aire de service** service station ♦ **aire de stationnement** parking area

airelle /ɛʀɛl/ NF (= *baie rouge*) cranberry

aisance /ɛzɑ̃s/ NF ⓐ (= *facilité*) ease; **avec une parfaite ~** with great ease ⓑ (= *richesse*) affluence; **vivre dans l'~** to be comfortably off

aise /ɛz/ **1** NF (*littér*) joy; **sourire d'~** to smile with pleasure; **tous ces compliments la comblaient d'~** she was overjoyed at all these compliments

♦ **à l'aise** ♦ **à ton/votre** *etc* **aise** : **être à l'~** to be comfortable; **être mal à l'~** to be uncomfortable; **mettez-vous à l'~** *ou* **à votre ~** make yourself comfortable; **vous en prenez à votre ~!** you're being rather cavalier about it!; **tu en parles à ton ~!** it's easy for you to talk!; **à votre ~!** please yourself!

2 ADJ (*littér*) **bien ~** delighted (**de** to)

aisé, e /eze/ ADJ ⓐ (= *facile*) easy ⓑ (= *riche*) well-to-do

aisément /ezemɑ̃/ ADV (= *sans peine*) easily; (= *sans réserves*) readily

aisselle /ɛsɛl/ NF armpit

ajonc /aʒɔ̃/ NM gorse bush; **des ~s** gorse (*NonC*)

ajournement /aʒuʀnəmɑ̃/ NM [*d'assemblée*] adjournment; [*de réunion, élection, décision, rendez-vous*] postponement; [*de candidat*] referral

ajourner /aʒuʀne/ /TABLE 1/ VT [+ *assemblée*] to adjourn; [+ *réunion, décision, rendez-vous*] to put off; [+ *candidat*] to refer; **la réunion a été ajournée au lundi suivant** the meeting was put off until the following Monday

ajout /aʒu/ NM [*de texte*] addition

ajouter /aʒute/ /TABLE 1/ VT ⓐ (= *mettre, faire ou dire en plus*) to add; **je dois ~ que ...** I should add that ...; **sans ~ un mot** without another word ⓑ **~ foi aux dires de qn** to believe sb's statements **2 VPR s'ajouter** : **s'~** to add to; **à ces dépenses viennent s'~ les impôts** on top of these expenses there are taxes

ajusté, e /aʒyste/ (*ptp d'* **ajuster**) ADJ tight-fitting

ajustement /aʒystəmɑ̃/ NM adjustment; **~ monétaire** currency adjustment

ajuster /aʒyste/ /TABLE 1/ VT ⓐ (= *régler*) [+ *ceinture*] to adjust; [+ *vêtement*] to alter ⓑ (= *adapter*) [+ *tuyau*] to fit (**à** into); **~ l'offre à la demande** to adjust supply to demand ⓒ (= *viser*) **~ son tir** to adjust one's aim ⓓ [+ *cravate*] to straighten

ajusteur /aʒystœʀ/ NM metal worker

alaise /alɛz/ NF undersheet

alambic /alɑ̃bik/ NM still

alambiqué, e /alɑ̃bike/ ADJ (*péj*) [*style, discours*] convoluted; [*personne, esprit*] oversubtle

alangui, e /alɑ̃gi/ ADJ languid

alarmant, e /alaʀmɑ̃, ɑ̃t/ ADJ alarming

alarme /alaʀm/ NF (= *signal de danger, inquiétude*) alarm; **donner** *ou* **sonner l'~** to give *ou* sound the alarm

alarmer /alaʀme/ /TABLE 1/ **1** VT to alarm **2** VPR **s'alarmer** to become alarmed (**de, pour** about, at); **il n'a aucune raison de s'~** he has no cause for alarm

alarmiste /alaʀmist/ ADJ, NMF alarmist

Alaska /alaska/ NM Alaska; **la chaîne de l'~** the Alaska Range

albanais, e /albanɛ, ɛz/ **1** ADJ Albanian **2** NM (= *langue*) Albanian **3** NM,F **Albanais(e)** Albanian

Albanie /albani/ NF Albania

albâtre /albɑtʀ/ NM alabaster

albatros /albatʀos/ NM (= *oiseau*) albatross

albinos /albinos/ ADJ INV, NMF albino

album /albɔm/ NM (= *livre, disque*) album; **~ (de) photos/de timbres** photo/stamp album; **~ à colorier** colouring (*Brit*) *ou* coloring (*US*) book

albumine /albymin/ NF albumin

alcalin, e /alkalɛ̃, in/ ADJ alkaline

alchimie /alʃimi/ NF alchemy

alchimiste /alʃimist/ NMF alchemist

alcool /alkɔl/ NM ⓐ (= *boisson*) alcohol (*NonC*); **l'~ au volant** drinking and driving; **il ne prend jamais d'~** he never drinks alcohol; **le cognac est un ~** cognac is a spirit; **~ de prune/poire** plum/pear brandy; **~ de menthe** medicinal mint spirit; **bière/boisson sans ~** non-alcoholic beer/drink ⓑ (*Chim*) alcohol; **~ à brûler** methylated spirits; **~ à 90°** surgical spirit; **lampe à ~** spirit lamp

alcoolémie /alkɔlemi/ NF **taux d'~** alcohol level

alcoolique /alkɔlik/ ADJ, NMF alcoholic

alcoolisé, e /alkɔlize/ ADJ **boissons ~es/non ~es** alcoholic/soft drinks

alcoolisme /alkɔlism/ NM alcoholism

alcootest Ⓡ /alkɔtɛst/ NM (= *objet*) Breathalyser® (*Brit*), Breathalyzer® (*US*); (= *épreuve*) breath test; **ils m'ont fait un ~** they breathalysed me

alcôve /alkov/ NF alcove

aléa /alea/ NM **les ~s de l'existence** the vagaries of life; **après bien des ~s** after many ups and downs

aléatoire /aleatwaʀ/ ADJ ⓐ (= *risqué*) uncertain ⓑ (*Math*) random

alentour /alɑ̃tuʀ/ ADV around; **les villages d'~** the surrounding villages

alentours /alɑ̃tuʀ/ NMPL (= *environs*) surroundings; **aux ~ de** around

alerte /alɛʀt/ **1** ADJ [*personne, geste*] nimble; [*esprit*] alert; [*vieillard*] spry; [*style*] brisk **2** NF ⓐ (= *signal de danger, durée du danger*) alert; **donner l'~** to give the alert; **~ à la bombe** bomb scare; **~ aérienne** air raid warning; **~ à la pollution** pollution alert ⓑ (= *avertissement*) warning sign; **à la première ~** at the first warning sign; **l'~ a été chaude** *ou* **vive** there was intense alarm; **~ cardiaque** heart flutter **3** EXCL watch out!

alerter /alɛʀte/ /TABLE 1/ VT (= *donner l'alarme à*) to alert; (= *informer*) to inform; (= *prévenir*) to warn

alèse /alɛz/ NF undersheet

alevin /alvɛ̃/ NM young fish (*bred artificially*)

alexandrin /alɛksɑ̃dʀɛ̃/ NM (= *vers*) alexandrine

alezan, e /alzɑ̃, an/ ADJ, NM,F chestnut

algarade /algaʀad/ NF quarrel

algèbre /alʒɛbʀ/ NF algebra

Alger /alʒe/ N Algiers

Algérie /alʒeʀi/ NF Algeria

algérien, -ienne /alʒeʀjɛ̃, jɛn/ 1 ADJ Algerian 2 NM,F **Algérien(ne)** Algerian

algorithme /algɔʀitm/ NM algorithm

algues /alg/ NFPL (*de mer*) seaweed (*NonC*); (*d'eau douce*) algae

alias /aljas/ ADV alias

alibi /alibi/ NM alibi

aliénation /aljenasjɔ̃/ NF alienation; **~ (mentale)** (*Méd*) insanity

aliéné, e /aljene/ (*ptp d'***aliéner**) NM,F insane person

aliéner /aljene/ /TABLE 6/ 1 VT (*Droit = céder*) to alienate; [+ *droits*] to give up 2 VPR **s'aliéner** [+ *partisans, opinion publique*] to alienate

alignement /aliɲ(ə)mɑ̃/ NM alignment; **ils demandent l'~ de leurs salaires sur ceux des techniciens** they are asking for their salaries to be brought into line with those of the technicians

aligner /aliɲe/ /TABLE 1/ 1 VT (a) [+ *objets*] to align (**sur** with); [+ *chiffres*] to string together; [+ *arguments*] to reel off; **il n'arrivait pas à ~ deux mots** he couldn't string two words together* (b) (*Politique*) to bring into alignment (**sur** with); **~ sa conduite sur** to bring one's behaviour into line with 2 VPR **s'aligner**: **s'~ sur** [+ *politique*] to follow the line on; [+ *pays, parti*] to align o.s. with; **tu peux toujours t'~ !** beat that!*

aliment /alimɑ̃/ NM (= *nourriture*) food; **~ riche/complet** rich/whole food; **~s pour chiens/chats** dog/cat food

alimentaire /alimɑ̃tɛʀ/ ADJ [*aide, hygiène*] food; [*besoins*] dietary; [*habitudes*] eating; **c'est de la littérature ~** these books are just potboilers

alimentation /alimɑ̃tasjɔ̃/ NF (a) (= *régime*) diet; **~ de base** staple diet; **~ lactée** milk diet (b) (*Commerce*) **l'~** the food trade; **magasin d'~** food shop, grocery store (*US*); **rayon ~** food section (c) (= *action*) [*de personne, chaudière*] feeding; [*de moteur*] supplying; **l'~ en eau des grandes villes** the supply of water to large towns

alimenter /alimɑ̃te/ /TABLE 1/ 1 VT (a) [+ *personne, animal*] to feed (b) [+ *chaudière*] to feed; [+ *moteur*] to supply; [+ *compte bancaire*] to put money into; [+ *marché*] to supply (**en** with); **~ une ville en gaz/électricité** to supply a town with gas/electricity (c) [+ *conversation*] [*personne*] to keep going; [+ *curiosité*] to feed; [+ *inflation, polémique, rumeurs, soupçons*] to fuel; **ces faits vont ~ notre réflexion** these facts will provide food for thought 2 VPR **s'alimenter** [*personne*] to eat; **le malade recommence à s'~** the patient is starting to eat again

alinéa /alinea/ NM (= *passage*) paragraph; **nouvel ~** new line

aliter (s') /alite/ /TABLE 1/ VPR to take to one's bed; **alité** in bed; (*pour longtemps*) bedridden

alizé /alize/ NM trade wind

Allah /ala/ NM Allah

allaitement /alɛtmɑ̃/ NM [*de bébé*] feeding; [*d'animal*] suckling; **~ maternel** breast-feeding

allaiter /alɛte/ /TABLE 1/ VT [*femme*] to breast-feed; [*animal*] to suckle

allant /alɑ̃/ NM **avoir de l'~** to have plenty of energy; **avec ~** energetically

alléchant, e /aleʃɑ̃, ɑ̃t/ ADJ tempting; [*prix*] attractive

allécher /aleʃe/ /TABLE 6/ VT to tempt

allée /ale/ 1 NF [*de forêt, jardin, parc*] path; [*de ville*] avenue; (*menant à une maison*) drive; [*de cinéma, autobus*] aisle;

les ~s du pouvoir the corridors of power

♦ **allées et venues** comings and goings; **cela l'oblige à de constantes ~s et venues** this means he has to keep shuttling back and forth

2 COMP ♦ **allée cavalière** bridle path

allégation /a(l)legasjɔ̃/ NF allegation

allégé, e /aleʒe/ (*ptp d'***alléger**) 1 ADJ low-fat 2 NMPL **~s** low-fat products

allégement, allègement /alɛʒmɑ̃/ NM (a) [*de fardeau, véhicule*] lightening (b) (= *réduction*) reduction (**de** in); [*de contrôles*] easing; [*de formalités*] simplification; **~ de la dette** debt relief

alléger /aleʒe/ /TABLE 6 et 3/ VT (a) (= *rendre moins lourd*) to make lighter (b) (= *réduire*) to reduce; [+ *contrôles*] to ease; [+ *formalités*] to simplify; **~ les effectifs** (*scolaires*) to reduce class sizes; **~ les programmes scolaires** to cut the number of subjects on the school syllabus

allégorie /a(l)legɔʀi/ NF allegory

allégorique /a(l)legɔʀik/ ADJ allegorical

allégrement, allègrement /a(l)legʀəmɑ̃/ ADV cheerfully; **le coût de l'opération dépasse ~ les 50 millions** the cost of the operation is well over 50 million

allégresse /a(l)legʀɛs/ NF joy; **ce fut l'~ générale** there was general rejoicing

alléguer /a(l)lege/ /TABLE 6/ VT [+ *fait, raison*] to put forward; **il allégua comme prétexte qu'il pleuvait** he put forward as a pretext that it was raining

Allemagne /almaɲ/ NF Germany; **l'~ fédérale** the Federal German Republic; **l'ex-~ de l'Ouest/de l'Est** the former West/East Germany

allemand, e /almɑ̃, ɑ̃d/ 1 ADJ German 2 NM (= *langue*) German 3 NM,F **Allemand(e)** German

---

aller /ale/

/TABLE 9/

1 VERBE INTRANSITIF	4 VERBE PRONOMINAL
2 VERBE IMPERSONNEL	5 NOM MASCULIN
3 VERBE AUXILIAIRE	

► **aller** *is conjugated with* **être**.

1 VERBE INTRANSITIF

(a) **déplacement** to go; **où vas-tu?** where are you going?; **vas-y!** go on!; **on y va?** (*avant un départ*) shall we go?; (*avant d'agir*) shall we start?; **allons-y!** let's go!

► **aller** *se traduit souvent par un verbe plus spécifique en anglais.*

j'allais par les rues désertes I wandered through the empty streets; **~ quelque part en voiture** to drive somewhere; **~ quelque part en avion** to fly somewhere

♦ **aller et venir** (*entre deux endroits*) to come and go; (*dans une pièce*) to pace up and down

♦ **aller** + *préposition*: **~ à** to go to; **il est allé à Caen** he went to Caen; **ils sont allés à la campagne** they went to the country; **~ à l'école** to go to school; **l'argent ira à la restauration du clocher** the money will go towards restoring the bell tower; **~ chez le boucher** to go to the butcher's; **~ chez un ami** to go to a friend's; **~ en France** to go to France; **je vais sur ou vers Lille** (*en direction de*) I'm going towards Lille; (*but du voyage*) I'm going to Lille

► *Lorsque* **être allé à/en** *signifie* **avoir visité**, *il se traduit par* **to have been to**.

je ne suis jamais allé à New York I've never been to New York; **étiez-vous déjà allés en Sicile?** had you been to Sicily before?

(b) **évolution** **on va à la catastrophe** we're heading for disaster; **~ sur ses 30 ans** to be getting on for 30 (*Brit*), to be going on 30 (*US*)

♦ **plus ça va**: **plus ça va, plus les gens s'inquiètent** people are getting more and more worried; **plus ça va, plus je me dis que j'ai eu tort** the more I think about it, the more I realize how wrong I was

◆ **aller en** + *participe présent*: **~ en empirant** to get worse and worse; **~ en augmentant** to keep increasing

ⓒ = durer **l'abonnement va jusqu'en juin** the subscription lasts till June; **la période qui va du 22 mai au 15 juillet** the period from 22 May to 15 July

ⓓ état, santé **comment allez-vous?** how are you?; **il va bien** he's fine; **il va mal** he's in a bad way; **comment ça va? — ça va** how are you doing? — fine; **ça va mieux maintenant** I'm feeling better now; **non mais ça va pas!*** are you out of your mind?*; **comment vont les affaires? — elles vont bien** how's business? — fine; **ça va mal en Russie** Russia is in a bad way; **ça va mal ~ si tu continues** there's going to be trouble if you carry on like that; **l'économie va mieux** the economy is doing better

ⓔ = convenir **ça ira comme ça?** is it all right like that?; **~ avec** to go well with; **~ bien ensemble** [*couleurs, styles*] to go well together; **ils vont bien ensemble** [*personnes*] they make a nice couple

◆ **aller à qn** (*forme, mesure*) to fit sb; (*style, genre*) to suit sb; **cette robe te va très bien** (*couleur, style*) that dress really suits you; (*taille*) that dress fits you perfectly; **rendez-vous demain 4 heures? — ça me va*** tomorrow at 4? — OK, fine*; **ça lui va mal de critiquer les autres** he's got a nerve* criticizing other people

ⓕ exclamations **allons!** *ou* **allez!** go on!; **allez la France!** come on France!; **allons, allons, il ne faut pas pleurer** come on, don't cry; **ce n'est pas grave, allez!** come on, it's not so bad!; **va donc, eh crétin!** you stupid idiot!*; **allez-y, c'est votre tour** go on, it's your turn; **allez-y, vous ne risquez rien** go on, you've nothing to lose; **non mais vas-y, insulte-moi!*** go on, insult me!

◆ **allons bon!**: **allons bon! qu'est-ce qui t'est encore arrivé?** now what's happened?; **allons bon, j'ai oublié mon sac!** oh dear, I've left my bag behind!

◆ **ça va!** (= *assez*) that's enough!; (= *d'accord*) OK, OK!*; **tes remarques désobligeantes, ça va comme ça!** I've had just about enough of your nasty comments!; **alors, tu viens? — ça va, j'arrive!** are you coming then? — OK, OK*, I'm coming!; **ça fait dix fois que je te le dis — ça va, je vais le faire!** I've told you ten times — look, I'll do it, OK?*

◆ **va pour***: **va pour 30€!** OK, 30 euros then!; **j'aimerais ~ à Tokyo — alors va pour Tokyo!** I'd like to go to Tokyo — Tokyo it is then!

2 VERBE IMPERSONNEL

il y va de votre vie your life is at stake; **il en va de même pour tous les autres** the same goes for all the others; **ça y va le whisky chez eux!** they certainly get through a lot of whisky!; **ça y allait les insultes!** you should have heard the abuse!

3 VERBE AUXILIAIRE

◆ **aller** + *infinitif* ⓐ futur

▶ *Lorsque* **aller** + *infinitif sert à exprimer le futur, il se traduit par* will + *infinitif;* will *est souvent abrégé en* 'll.

il va descendre dans une minute he'll come down in a minute; **je vais le faire tout de suite** I'll do it right away

▶ *La forme du futur* to be going to *s'utilise pour mettre qn en garde.*

tu vas être en retard you're going to be late; **je vais le dire à ton père** I'll tell your father; (= *menace*) I'm going to tell your father

ⓑ intention **il est allé se renseigner** he's gone to get some information; (*a obtenu les informations*) he went and got some information; **~ voir qn à l'hôpital** to go and visit sb in hospital

ⓒ locutions **n'allez pas vous imaginer que ...** don't you go imagining that ...; **allez savoir*!** who knows?; **va lui expliquer ça, toi!** you try explaining that to him!

4 VERBE PRONOMINAL

s'en aller

ⓐ = partir to go; **bon, je m'en vais** right, I'm going; **elle s'en va en vacances demain** she is going on holiday tomorrow; **va-t'en!** go away!

ⓑ = disparaître [*tache*] to come off; (*sur tissu*) to come out; **ça s'en ira au lavage** [*boue*] it'll wash off; [*tache*] it'll wash out

5 NOM MASCULIN

ⓐ = billet single (ticket) (*Brit*), one-way ticket (*US*)

ⓑ = trajet outward journey; **l'~ s'est bien passé** the outward journey went well; **trois ~s (simples) pour Tours** three singles (*Brit*) *ou* one-way tickets (*US*) to Tours

◆ **aller et retour** return (ticket) (*Brit*), round-trip ticket (*US*); **l'~ et retour Paris-New York coûte 3 500 F** Paris-New York is 3,500 francs return (*Brit*) *ou* round-trip (*US*); **je ne fais que l'~ et retour** I'm just going there and back; **j'ai fait plusieurs ~s et retours entre chez moi et la pharmacie** I made several trips to the chemist's; **le dossier a fait plusieurs ~s et retours entre nos services** the file has been shuttled between departments

allergie /alɛʀʒi/ NF allergy; **faire une ~** to be allergic (**à** to)

allergique /alɛʀʒik/ ADJ allergic (**à** to)

aller-retour /alɛʀtuʀ/ NM = **aller et retour**

alliage /aljaʒ/ NM alloy

alliance /aljɑ̃s/ NF ⓐ (= *coalition*) alliance; **faire** *ou* **conclure une ~ avec un pays** to enter into an alliance with a country; **oncle par ~** uncle by marriage ⓑ (= *bague*) wedding ring

allié, e /alje/ (*ptp d'***allier**) **1** ADJ [*pays, forces*] allied **2** NM,F ally

allier /alje/ /TABLE 7/ **1** VT [+ *efforts*] to combine; **elle allie l'élégance à la simplicité** she combines elegance with simplicity **2** VPR **s'allier** to become allies; **la France s'allia à l'Angleterre** France became allied to England

alligator /aligatɔʀ/ NM alligator

allô /alo/ EXCL hello!

allocation /alɔkasjɔ̃/ **1** NF ⓐ [*d'argent, temps*] allocation; [*d'indemnité*] granting ⓑ (= *somme*) allowance; **toucher les ~s*** to get family allowance **2** COMP ◆ **allocation (de) chômage** unemployment benefit (*NonC*) (*Brit*), unemployment insurance (*NonC*) (*US*) ◆ **allocations familiales** (= *argent*) ≈ child benefit (*Brit*), ≈ welfare (*US*) ◆ **allocation logement** ≈ housing benefit

allocution /a(l)lɔkysjɔ̃/ NF short speech; **~ télévisée** short televised speech

allonge /alɔ̃ʒ/ NF extension; [*de table*] leaf

allongé, e /alɔ̃ʒe/ (*ptp d'***allonger**) ADJ ⓐ (= *étendu*) **être ~** to be lying down (**sur** on); **il était ~ sur le dos** he was lying on his back ⓑ (= *long*) long; (= *étiré*) elongated

allongement /alɔ̃ʒmɑ̃/ NM lengthening; [*de durée*] extension; **avec l'~ des jours** with the days getting longer; **pour éviter l'~ des listes d'attente** to prevent waiting lists getting any longer

allonger /alɔ̃ʒe/ /TABLE 3/ **1** VT ⓐ [+ *vêtement*] to lengthen (**de** by); (*en défaisant l'ourlet*) to let down; [+ *délai, durée*] to extend; **~ le pas** to quicken one's pace ⓑ [+ *bras, jambe*] to stretch out ⓒ [+ *somme*]‡ to fork out*; **il lui a allongé une claque/un coup de poing** he slapped/punched him ⓓ [+ *sauce*] to thin down; **~ la sauce*** (*fig*) to spin it out

2 VI [*jours*] to get longer

3 VPR **s'allonger** ⓐ (= *devenir plus long*) to get longer; [*enfant*] to grow taller ⓑ (= *s'étendre*) to lie down; **s'~ dans l'herbe** to lie down on the grass

allouer /alwe/ /TABLE 1/ VT [+ *argent*] to allocate; [+ *indemnité*] to grant; [+ *temps*] to allot

allumage /alymaʒ/ NM [*de voiture*] ignition

allumé, e‡ /alyme/ ADJ (= *fou*) crazy*; (= *ivre*) smashed‡

allume-cigare (*pl* **allume-cigares**) /alymsigaʀ/ NM cigarette lighter

allume-gaz /alymgaz/ NM INV gas lighter

allumer /alyme/ /TABLE 1/ VT ⓐ [+ *feu, bougie, poêle, cigare*] to light; **le feu était allumé** the fire was lit ⓑ [+ *électricité, gaz, lampe, radio*] to turn on; **laisse la lumière allumée**

leave the light on Ⓒ (= *éclairer*) **~ une pièce** to turn the lights on in a room; **sa fenêtre était allumée** there was a light at his window ⓓ (= *aguicher*)* to tease 2 VPR **s'allumer** [*lumière, radiateur*] to come on; **ça s'allume comment?** how do you switch it on?

allumette /alymɛt/ NF match; **~ de sûreté** *ou* **suédoise** safety match; **~ au fromage** cheese straw (*Brit*) *ou* stick (*US*)

allumeuse · /alymøz/ NF **c'est une vraie ~** she's a real tease

allure /alyʀ/ NF ⓐ (= *vitesse*) speed; [*de piéton*] pace; **à toute ~** [*rouler*] at top speed; [*réciter, dîner*] as fast as one can; **à cette ~, nous n'aurons jamais fini** at this rate we'll never be finished ⓑ (= *démarche*) walk; [*de cheval*] gait; (= *prestance*) bearing; (= *aspect*)* look; **avoir de l'~** to have style; **avoir fière ~** to look really good; **avoir une drôle d'~** to look odd; **d'~ sportive** sporty-looking; **d'~ louche** suspicious-looking

allusion /a(l)lyzjɔ̃/ NF (= *référence*) allusion (**à** to); (*avec sous-entendu*) hint (**à** at); **faire ~ à** to allude to

aloès /alɔɛs/ NM aloe

aloi /alwa/ NM **de bon ~** [*plaisanterie*] respectable; **faire preuve d'un optimisme de bon ~** to be suitably optimistic; **de mauvais ~** [*plaisanterie*] off colour; [*scepticisme, patriotisme*] misplaced

alors /alɔʀ/ ADV ⓐ (= *à cette époque*) at that time; **il était ~ étudiant** he was a student at that time; **les femmes d'~ portaient la crinoline** the women in those days wore crinolines; **le ministre d'~, M. Dupont** the minister at that time, Mr Dupont ⓑ (= *en conséquence*) then; **vous ne voulez pas de mon aide?** **~ je vous laisse** you don't want my help? I'll leave you to it then; **~ qu'est-ce qu'on va faire?** what are we going to do then?; **~ tu viens (oui ou non)?** well, are you coming (or not)?; **~ ça, ça m'étonne** now that really does surprise me; **~ là je ne peux pas vous répondre** well that I really can't tell you; **il pleut — et ~?** it's raining — so? Ⓒ **◆ alors que** though; **elle est sortie ~ que le médecin le lui avait interdit** she went out though the doctor had told her not to

alouette /alwɛt/ NF lark

alourdir /aluʀdiʀ/ /TABLE 2/ 1 VT to make heavy; [+ *véhicule*] to weigh down; [+ *dette, facture*] to increase 2 VPR **s'alourdir** [*personne, paupières*] to become heavy; **le bilan s'est encore alourdi** the death toll has risen again

alourdissement /aluʀdismɑ̃/ NM [*de dette, facture*] increase (**de** in)

aloyau /alwajo/ NM sirloin

alpaga /alpaga/ NM alpaca

alpage /alpaʒ/ NM (= *pré*) high mountain pasture

alpaguer · /alpage/ /TABLE 1/ VT to collar*

Alpes /alp/ NFPL **les ~** the Alps

alphabet /alfabɛ/ NM alphabet

alphabétique /alfabetik/ ADJ alphabetical; **par ordre ~** in alphabetical order

alphabétisation /alfabetizasjɔ̃/ NF **l'~ d'une population** teaching a population to read and write; **campagne d'~** literacy campaign; **taux d'~** literacy rate

alphabétisé, e /alfabetize/ ADJ literate; **population faiblement ~e** population with a low level of literacy

alphanumérique /alfanymeʀik/ ADJ alphanumeric

alphapage ® /alfapaʒ/ NM alphanumeric pager

alpin, e /alpɛ̃, in/ ADJ alpine

alpinisme /alpinism/ NM mountaineering

alpiniste /alpinist/ NMF mountaineer

alsacien, -ienne /alzasjɛ̃, jɛn/ 1 ADJ Alsatian 2 NM,F **Alsacien(ne)** Alsatian

altération /alteʀasjɔ̃/ NF ⓐ (= *falsification*) [*de fait, texte, vérité*] distortion; [*de vin, aliment, qualité*] adulteration ⓑ (= *détérioration*) deterioration; **l'~ de leurs relations** the deterioration of their relationship Ⓒ (= *modification*) modification

altercation /alteʀkasjɔ̃/ NF altercation

alter ego /alteʀego/ NM INV alter ego

altérer /alteʀe/ /TABLE 6/ 1 VT ⓐ (= *abîmer*) to affect ⓑ (= *modifier*) to alter Ⓒ (= *falsifier*) to falsify; [+ *vin, aliments*] to adulterate 2 VPR **s'altérer** [*vin*] to become spoiled; [*viande*] to go bad; [*visage*] to change; [*relations*] to deteriorate; **sa santé s'altère de plus en plus** his health is getting worse and worse

altermondialisme /alteʀmɔ̃djalism/ NM anti-globalism

altermondialiste /alteʀmɔ̃djalist/ ADJ, NMF anti-globalist

alternance /alteʀnɑ̃s/ NF alternation; **l'~ politique** the alternation of two parties in government

◆ en alternance in turn; **faire qch en ~** to take it in turns to do sth; **les deux pièces sont jouées en ~** the two plays are performed alternately

alternateur /alteʀnatœʀ/ NM alternator

alternatif, -ive /alteʀnatif, iv/ 1 ADJ ⓐ (= *périodique, successif*) alternating ⓑ [*médecine*] alternative 2 NF (= *autre solution*) alternative

alternativement /alteʀnativmɑ̃/ ADV alternately

alterné, e /alteʀne/ (*ptp d'***alterner**) ADJ **circulation ~e** (*pour travaux*) contraflow (system); (*pour pollution*) selective ban on vehicle use, based on registration numbers, during periods of heavy pollution

alterner /alteʀne/ /TABLE 1/ VTI to alternate

Altesse /altɛs/ NF (= *titre*) **votre ~** your Highness; **Son ~ royale** His *ou* Her Royal Highness

altimètre /altimetʀ/ NM altimeter

altitude /altityd/ NF altitude; (*par rapport au sol*) height; **à 2 800 mètres d'~** at an altitude of 2,800 metres; **en ~** at high altitude; **perdre/prendre de l'~** to lose/gain altitude

alto /alto/ 1 NM (= *instrument*) viola 2 NF (= *personne*) contralto 3 ADJ alto

altruiste /altʀɥist/ ADJ altruistic

alu · /aly/ NM ABBR = **aluminium**

aluminium /alyminjɔm/ NM aluminium (*Brit*), aluminum (*US*)

alunir /alyniʀ/ /TABLE 2/ VI to land on the moon

alvéole /alveɔl/ NF *ou* M [*de ruche*] cell; [*de roche*] cavity

Alzheimer /alzajmœʀ/ NM **maladie d'~** Alzheimer's disease

amabilité /amabilite/ NF kindness; **ayez l'~ de ...** would you be so kind as to ...?

amadouer /amadwe/ /TABLE 1/ VT (= *enjôler*) to coax; (= *apaiser*) to mollify

amaigrir /amegʀiʀ/ /TABLE 2/ VT **je l'ai trouvé très amaigri** I thought he looked much thinner

amaigrissant, e /amegʀisɑ̃, ɑ̃t/ ADJ [*produit, régime*] slimming (*Brit*), reducing (*US*)

amaigrissement /amegʀismɑ̃/ NM (*pathologique*) loss of weight; (*volontaire*) slimming

amalgame /amalgam/ NM amalgam; **faire l'~ entre deux idées** to confuse two ideas; **il ne faut pas faire l'~ entre parti de droite et parti fasciste** you shouldn't lump the right-wing and fascist parties together

amalgamer /amalgame/ /TABLE 1/ VT (= *mélanger*) to combine; (= *confondre*) to confuse

amande /amɑ̃d/ NF ⓐ (= *fruit*) almond ⓑ (= *noyau*) kernel

amandier /amɑ̃dje/ NM almond tree

amant /amɑ̃/ NM lover

amarre /amaʀ/ NF (= *cordage*) rope (for mooring); **les ~s** the moorings

amarrer /amaʀe/ /TABLE 1/ 1 VT [+ *navire*] to moor 2 VPR **s'amarrer: la navette s'est amarrée à la station orbitale** the shuttle has docked with the space station

amas /ama/ NM mass

amasser /amase/ /TABLE 1/ 1 VT to amass 2 VPR **s'amasser** [*foule*] to gather

amateur /amatœʀ/ NM ⓐ (= *non-professionnel*) amateur; **équipe ~** amateur team; **photographe ~** amateur photographer; **faire qch en ~** to do sth on a non-professional basis; **travail d'~** amateurish work ⓑ (= *connaisseur*) **~ de** lover of; **~ d'art/de musique** art/music lover; **être ~ de films** to be an avid filmgoer; **le jazz, je ne suis pas ~** I'm not a jazz fan; **il reste des carottes, il y a des ~s ?** there are some carrots left, are there any takers?; **avis aux ~s !** if anyone's interested

amateurisme /amatœʀism/ NM amateurism

Amazone /amazon/ NF (= *rivière*) Amazon

amazone /amazon/ NF **monter en ~** to ride sidesaddle

Amazonie /amazɔni/ NF **l'~** Amazonia

ambages /ɑ̃baʒ/ NMPL **sans ~** without beating about the bush

ambassade /ɑ̃basad/ NF embassy; (= *charge*) ambassadorship; **l'~ de France** the French Embassy; **être envoyé en ~ auprès de qn** to be sent on a mission to sb

ambassadeur /ɑ̃basadœʀ/ NM ambassador (**auprès de to**)

ambassadrice /ɑ̃basadʀis/ NF ambassador (**auprès de to**)

ambiance /ɑ̃bjɑ̃s/ NF (= *atmosphère*) atmosphere; (= *environnement*) surroundings; **il y a de l'~ !*** there's a great atmosphere here!*; **l'~ est à la fête** there's a real party atmosphere; **l'~ est à la décontraction** the atmosphere is very relaxed; **mettre de l'~** to liven things up*; **mettre qn dans l'~** to put sb in the mood

ambiant, e /ɑ̃bjɑ̃, jɑ̃t/ ADJ [*air*] surrounding; [*température*] ambient; [*idéologie, scepticisme*] prevailing

ambidextre /ɑ̃bidɛkstʀ/ ADJ ambidextrous

ambigu, -uë /ɑ̃bigy/ ADJ ambiguous

ambiguïté /ɑ̃biɡɥite/ NF ambiguity

ambitieux, -ieuse /ɑ̃bisjø, jøz/ 1 ADJ ambitious 2 NM,F ambitious person

ambition /ɑ̃bisjɔ̃/ NF ambition; **il a l'~** *or* **il a pour ~ de devenir ...** it's his ambition to become ...

ambitionner /ɑ̃bisjɔne/ /TABLE 1/ VT **il ambitionne de devenir ...** it's his ambition to become ...

ambivalent, e /ɑ̃bivalɑ̃, ɑ̃t/ ADJ ambivalent

ambre /ɑ̃bʀ/ NM amber; **~ gris** ambergris

ambulance /ɑ̃bylɑ̃s/ NF ambulance

ambulancier, -ière /ɑ̃bylɑ̃sje, jɛʀ/ NM,F (= *conducteur*) ambulance driver; (= *infirmier*) ambulance man (*ou* woman)

ambulant, e /ɑ̃bylɑ̃, ɑ̃t/ ADJ [*comédien, musicien*] itinerant; [*cirque, théâtre*] travelling; **c'est un squelette/dictionnaire ~*** he's a walking skeleton/dictionary

âme /ɑm/ NF soul; **il est là comme une ~ en peine** he looks like a lost soul; **il a trouvé l'~ sœur** he has found a soul mate; **ce film n'est pas pour les ~s sensibles** this film is not for the squeamish; **en mon ~ et conscience** in all honesty; **il est musicien dans l'~** he's a musician through and through

amélioration /ameljɔʀasjɔ̃/ NF improvement; **l'~ de son état de santé** the improvement in his health; **une ~ de la conjoncture** an improvement in the state of the economy; **apporter des ~s à** to carry out improvements to

améliorer /ameljɔʀe/ /TABLE 1/ 1 VT to improve 2 VPR **s'améliorer** to improve

amen /amen/ NM INV amen

aménageable /amenaʒabl/ ADJ [*horaire*] flexible; [*grenier*] suitable for conversion

aménagement /amenaʒmɑ̃/ NM ⓐ [*de locaux*] fitting-out; [*d'un endroit, d'une région*] development; [*de route*] building; [*de placard*] building-in; **l'~ du territoire** national and regional development ⓑ **~s** (= *équipements*) facilities ⓒ (= *ajustement*) adjustment; **~ du temps de travail** (= *réforme*) reform of working hours; (= *gestion*) flexible time management

aménager /amenaʒe/ /TABLE 3/ VT ⓐ [+ *locaux*] to fit out; [+ *parc*] to lay out; [+ *territoire*] to develop; [+ *horaire*] to plan; (= *modifier*) to adjust; **horaire aménagé** (*travail*) flexible working hours; (*à l'école*) flexible timetable; **~ une chambre en bureau** to convert a bedroom into a study ⓑ [+ *route*] to build; [+ *placard*] to build in; **~ un bureau dans une chambre** to fix up a study in a bedroom

amende /amɑ̃d/ NF fine; **il a eu 500 € d'~** he got a 500-euro fine

amendement /amɑ̃dmɑ̃/ NM [*de loi*] amendment

amender /amɑ̃de/ /TABLE 1/ VT [+ *loi*] to amend; [+ *conduite*] to improve; [+ *terre*] to enrich

amener /am(ə)ne/ /TABLE 5/ 1 VT ⓐ to bring; **amène-la à la maison** bring her home; **~ la conversation sur un sujet** to bring the conversation round to a subject
ⓑ (= *inciter*) to lead; **~ qn à faire qch** [*circonstances*] to lead sb to do sth; [*personne*] to get sb to do sth; **je suis amené à croire que ...** I am led to believe that ...; **c'est ce qui m'a amené à cette conclusion** this is what led me to that conclusion
ⓒ (= *préparer*) [+ *transition, conclusion, dénouement*] to lead up to
2 VPR **s'amener*** (= *venir*) to come along; **amène-toi !** get over here!*; **tu t'amènes ?** get a move on!*

▶ Generally **amener** *is used with people,* **apporter** *with things.*

amenuiser (s') /amənɥize/ /TABLE 1/ VPR [*avance, espoir, ressources*] to dwindle; [*chances*] to grow slimmer; [*risque, différences*] to diminish

amer, -ère /amɛʀ/ ADJ bitter

amèrement /amɛʀmɑ̃/ ADV bitterly

américain, e /ameʀikɛ̃, ɛn/ 1 ADJ American 2 NM (= *langue*) American English 3 NM,F **Américain(e)** American 4 NF **américaine** (= *automobile*) American car; **à l'~e** in the American style

américanisation /ameʀikanizasjɔ̃/ NF Americanization

américaniser /ameʀikanize/ /TABLE 1/ 1 VT to Americanize 2 VPR **s'américaniser** to become Americanized

américanisme /ameʀikanism/ NM Americanism

amérindien, -ienne /ameʀɛ̃djɛ̃, jɛn/ 1 ADJ Amerindian 2 NM,F **Amérindien(ne)** Amerindian

Amérique /ameʀik/ NF **l'~** America ♦ **Amérique centrale** Central America ♦ **Amérique latine** Latin America ♦ **Amérique du Nord** North America ♦ **Amérique du Sud** South America

amerrir /ameʀiʀ/ /TABLE 2/ VI [*avion*] to land on the sea; [*capsule spatiale*] to splash down

amertume /amɛʀtym/ NF bitterness; **plein d'~** very bitter

améthyste /ametist/ NF amethyst

ameublement /amœbləmɑ̃/ NM (= *meubles*) furniture; (= *action*) furnishing; **articles d'~** furnishings

ameublir /amœbliʀ/ /TABLE 2/ VT to loosen

ameuter /amøte/ /TABLE 1/ VT (= *attrouper*) [+ *curieux, passants*] to draw a crowd of; **elle a ameuté l'opinion internationale contre les pollueurs** she mobilized international opinion against the polluters; **tu n'as pas besoin d'~ tout le quartier !*** you don't have to tell the whole neighbourhood!

ami, e /ami/ 1 NM,F ⓐ friend; **~ d'enfance** childhood friend; **~ intime** close friend; **parents et ~s** friends and relations; **se faire un ~ de qn** to make friends with sb; **nous sommes entre ~s** we're friends; **~ des bêtes/de la nature** animal/nature lovers; **~ des arts** patron of the arts; **mes chers ~s** ladies and gentlemen ⓑ (= *compagnon*) boyfriend; (= *compagne*) girlfriend; **il m'a présenté son ~e** he introduced his girlfriend to me 2 ADJ friendly; **être très ~ avec qn** to be great friends with sb

amiable /amjabl/ ADJ **à l'~** [*divorce, solution*] amicable; **accord** *ou* **règlement à l'~** out-of-court settlement; **régler une affaire à l'~** to settle a difference out of court

amiante /amjɑ̃t/ NM asbestos

amical, e (*mpl* **-aux**) /amikal, o/ 1 ADJ friendly 2 NF **amicale** club

amicalement /amikalmɑ̃/ ADV in a friendly way; **(bien) ~, Pierre** kind regards, Pierre

amidon /amidɔ̃/ NM starch

amincir /amɛ̃siʀ/ /TABLE 2/ VT to make thinner; **cette robe l'amincit** this dress makes her look slimmer

amincissant, e /amɛ̃sisɑ̃, ɑ̃t/ ADJ slimming (*Brit*), reducing (*US*)

amiral, e (*mpl* **-aux**) /amiʀal, o/ 1 ADJ **vaisseau** *ou* **bateau ~** flagship 2 NM admiral

amitié /amitje/ NF friendship; **se prendre d'~ pour qn** to befriend sb; **se lier d'~ avec qn** to make friends with sb; **~s, Marie** kind regards, Marie; **elle vous fait ses ~s** she sends her best wishes

ammoniac /amɔnjak/ NM ammonia

ammoniaque /amɔnjak/ NF (*liquide*) ammonia

amnésie /amnezi/ NF amnesia

amnésique /amnezik/ ADJ amnesic

amniocentèse /amnjosɛ̃tez/ NF amniocentesis

amniotique /amnjɔtik/ ADJ amniotic

amnistie /amnisti/ NF amnesty

> ⓘ **AMNISTIE**
> There is an *amnistie* in France when a new president takes office. Penalties for minor offences (especially parking fines) are waived.

amnistier /amnistje/ /TABLE 7/ VT [+ *personne*] to grant an amnesty to

amocher ⁑ /amɔʃe/ /TABLE 1/ VT [+ *objet, personne*] to mess up*; [+ *véhicule*] to bash up*; **la voiture était drôlement amochée** the car was a terrible mess*

amoindrir /amwɛ̃dʀiʀ/ /TABLE 2/ VT [+ *autorité*] to weaken; [+ *personne*] (*physiquement*) to make weaker; (*moralement, mentalement*) to diminish

amollir /amɔliʀ/ /TABLE 2/ VT to soften

amonceler /amɔ̃s(ə)le/ /TABLE 4/ 1 VT [+ *choses, document, preuves*] to pile up; [+ *richesses*] to amass 2 VPR **s'amonceler** to pile up; [*nuages*] to bank up

amoncellement /amɔ̃sɛlmɑ̃/ NM ⓐ (= *tas*) [*d'objets*] pile; [*de problèmes*] series; **~ de nuages** cloudbank ⓑ (= *accumulation*) accumulation

amont /amɔ̃/ NM [*de cours d'eau*] upper reaches
♦ **en amont** (*rivière*) upstream; **en ~ de** upstream of; (*fig*) before; **en ~ de cette opération** prior to this operation

amoral, e (*mpl* **-aux**) /amɔʀal, o/ ADJ amoral

amorce /amɔʀs/ NF ⓐ [*d'hameçon*] bait ⓑ [*de cartouche*] cap ⓒ (= *début*) beginning

amorcer /amɔʀse/ /TABLE 3/ VT ⓐ [+ *hameçon, ligne*] to bait ⓑ [+ *pompe*] to prime ⓒ [+ *travaux*] to begin; [+ *réformes, évolution*] to initiate; [+ *dialogue, négociations*] to start; [+ *virage*] to go into; **le gouvernement a amorcé un virage à gauche** there has been a leftward shift in government policy

amorphe /amɔʀf/ ADJ [*personne*] passive

amortir /amɔʀtiʀ/ /TABLE 2/ VT ⓐ (= *diminuer*) [+ *choc*] to absorb; [+ *coup, chute*] to cushion; [+ *bruit*] to deaden ⓑ [+ *dette*] to pay off; [+ *matériel*] to write off the cost of

amortissement /amɔʀtismɑ̃/ NM [*de dette*] paying off; (= *provision comptable*) reserve for depreciation; **l'~ de ce matériel se fait en trois ans** it takes three years to recoup the cost of this equipment

amortisseur /amɔʀtisœʀ/ NM shock absorber

amour /amuʀ/ NM ⓐ (= *sentiment*) love; **j'ai rencontré le grand ~** I have met the love of my life; **vivre un grand ~** to be passionately in love; **lettre/mariage/roman d'~** love letter/match/story; **~ fou** wild passion; **pour l'~ de Dieu** for God's sake; **faire qch avec ~** to do sth with loving care ⓑ (= *acte*) **l'~** lovemaking (*NonC*); **faire l'~** to make love ⓒ (= *personne*) love; (= *aventure*) love affair; **des ~s de rencontre** casual affairs; **à tes ~s !*** (*quand on trinque*) here's to you! ⓓ (= *terme d'affection*) **mon ~** my love; **cet enfant est un ~** that child's a darling; **un ~ de bébé/de petite robe** a lovely little baby/dress ⓔ (*Art*) cupid

amouracher (s') /amuʀaʃe/ /TABLE 1/ VPR (*péj*) **s'~ de** to become infatuated with

amourette /amuʀɛt/ NF (= *relation*) brief affair

amoureusement /amuʀøzmɑ̃/ ADV lovingly

amoureux, -euse /amuʀø, øz/ 1 ADJ ⓐ (= *épris*) [*personne*] in love (**de** with); **tomber ~** to fall in love (**de** with) ⓑ (= *d'amour*) love; **leurs rapports ~** their relationship; **vie amoureuse** love life 2 NM,F lover; **un ~ de la nature** a nature-lover; **~ transi** bashful lover; **partir en vacances en ~** to go off on a romantic holiday

amour-propre (*pl* **amours-propres**) /amuʀpʀɔpʀ/ NM self-esteem

amovible /amɔvibl/ ADJ removable

ampère /ɑ̃pɛʀ/ NM amp

amphétamine /ɑ̃fetamin/ NF amphetamine

amphi * /ɑ̃fi/ NM ABBR = **amphithéâtre**

amphibie /ɑ̃fibi/ ADJ amphibious

amphithéâtre /ɑ̃fiteɑtʀ/ NM amphitheatre (*Brit*), amphitheater (*US*); (*Univ*) lecture hall

ample /ɑ̃pl/ ADJ [*manteau*] loose-fitting; [*jupe*] full; [*geste*] sweeping; **veuillez m'envoyer de plus ~s renseignements sur ...** please send me further information about ...

amplement /ɑ̃pləmɑ̃/ ADV [*expliquer, mériter*] fully; **ça suffit ~** that's more than enough

ampleur /ɑ̃plœʀ/ NF ⓐ (= *importance*) [*de crise, problème, dégâts*] scale; [*de sujet, projet*] scope; **de grande/faible ~** large-/small-scale; **ces manifestations prennent de l'~** the demonstrations are increasing in scale ⓑ [*de vêtement*] fullness; [*de geste*] expansiveness; [*de style, récit*] richness

ampli * /ɑ̃pli/ NM (ABBR = **amplificateur**) amp*; **~-tuner** tuner amplifier

amplificateur /ɑ̃plifikatœʀ/ NM (*Physique, Radio*) amplifier

amplification /ɑ̃plifikasjɔ̃/ NF (= *développement*) development; (= *augmentation*) increase (**de** in); (= *exagération*) exaggeration

amplifier /ɑ̃plifje/ /TABLE 7/ 1 VT ⓐ [+ *tendance*] to accentuate; [+ *mouvement, échanges, coopération*] to cause to develop ⓑ (= *exagérer*) to exaggerate ⓒ [+ *son, courant*] to amplify 2 VPR **s'amplifier** (= *se développer*) to develop; (= *s'aggraver*) to get worse

amplitude /ɑ̃plityd/ NF ⓐ (*Astron, Physique*) amplitude ⓑ [*de températures*] range

ampoule /ɑ̃pul/ NF ⓐ (= *électrique*) bulb; **~ à vis** screw-fitting bulb; **~ à baïonnette** bayonet bulb ⓑ [*de médicament*] phial ⓒ (*à la main, au pied*) blister

ampoulé, e /ɑ̃pule/ ADJ [*style*] pompous

amputation /ɑ̃pytasjɔ̃/ NF [*de membre*] amputation; (*fig*) drastic reduction (**de** in); [*de budget*] drastic cutback (**de** in)

amputer /ɑ̃pyte/ /TABLE 1/ VT [+ *membre*] to amputate; (*fig*) to cut back (**de** by)

amusant, e /amyzɑ̃, ɑ̃t/ ADJ (= *distrayant*) [*jeu*] entertaining; (= *drôle*) [*film, remarque, convive*] amusing; **c'est (très) ~** [*jeu*] it's (great) fun

amusé, e /amyze/ ADJ [*regard, air*] amused

amuse-gueule (*pl* **amuse-gueule(s)**) /amyzgœl/ NM appetizer

amusement /amyzmɑ̃/ NM ⓐ (= *divertissement*) amusement (*NonC*) ⓑ (= *activité*) pastime

amuser /amyze/ /TABLE 1/ 1 VT to amuse; **tu m'amuses avec tes grandes théories** you make me laugh with your great theories; **~ la galerie** to amuse the crowd; **si vous croyez que ces réunions m'amusent !** if you think I enjoy these meetings! 2 VPR **s'amuser** ⓐ (= *jouer*) to play ⓑ (= *se divertir*) to have fun; (= *rire*) to have a good laugh; **nous nous sommes bien amusés** we had a great time*; **c'était juste pour s'~** it was just for fun

amuseur, -euse /amyzœʀ, øz/ NM,F entertainer

amygdales /amidal/ NFPL tonsils; **se faire opérer des ~** to have one's tonsils out

> ★ The **g** is not pronounced.

an /ɑ̃/ NM year; **après cinq ans de prison** after five years in prison; **dans trois ans** in three years; **une amitié de 20**

ans a friendship of 20 years' standing; **un enfant de six ans** a six-year-old child; **il a 22 ans** he's 22; **il n'a pas encore 10 ans** he's not yet 10; **quatre fois par an** four times a year; **le jour** ou **le premier de l'an** ou **le nouvel an** New Year's Day; **en l'an 300 de notre ère** in 300 AD; **en l'an 300 avant Jésus-Christ** in 300 BC

anabolisant /anabɔlizɑ̃/ NM anabolic steroid

anachronique /anakrɔnik/ ADJ anachronistic

anachronisme /anakrɔnism/ NM anachronism

anagramme /anagram/ NF anagram

anal, e (*mpl* **-aux**) /anal, o/ ADJ anal

analgésique /analʒezik/ ADJ, NM analgesic

analogie /analɔʒi/ NF analogy; **par ~ avec** by analogy with

analogique /analɔʒik/ ADJ analogical

analogue /analɔg/ ADJ analogous (**à** to)

analphabète /analfabɛt/ ADJ, NMF illiterate

analphabétisme /analfabetism/ NM illiteracy

analyse /analiz/ NF ⓐ (= *examen*) analysis; **faire l'~ de** to analyze; **avoir l'esprit d'~** to have an analytical mind; **en dernière ~** in the final analysis; **~ grammaticale** parsing ⓑ (*médical*) test; **~ de sang/d'urine** blood/urine test ⓒ (*Psych*) analysis

analyser /analize/ /TABLE 1/ VT to analyze; (*Psych*) to psychoanalyze; [+ *sang, urine*] to test

analyste /analist/ NMF analyst; **~ financier/de marché** financial/market analyst

analytique /analitik/ ADJ analytic

ananas /anana(s)/ NM pineapple

anarchie /anarʃi/ NF anarchy

anarchique /anarʃik/ ADJ anarchic; **de façon** ou **manière ~** anarchically

anarchiste /anarʃist/ 1 ADJ anarchistic 2 NMF anarchist

anathème /anatɛm/ NM (= *excommunication, excommunié*) anathema; **frapper qn d'~** to excommunicate sb; **jeter l'~ sur** (*fig*) to curse

anatomie /anatɔmi/ NF anatomy

anatomique /anatɔmik/ ADJ anatomical; **oreiller ~** contour pillow

ancestral, e (*mpl* **-aux**) /ɑ̃sɛstral, o/ ADJ ancestral

ancêtre /ɑ̃sɛtr/ NMF ancestor

anche /ɑ̃ʃ/ NF [*d'instrument*] reed

anchois /ɑ̃ʃwa/ NM anchovy

ancien, -ienne /ɑ̃sjɛ̃, jɛn/ 1 ADJ ⓐ (= *vieux*) old; [*objet d'art*] antique; **dans l'~ temps** in the olden days ⓑ (= *précédent*) former

> ► When it means **former**, ancien comes before the noun.

son ~ patron his former boss; **son ancienne femme** his ex-wife

ⓒ (= *antique*) ancient

2 NM **l'~** (= *mobilier*) antiques; (= *bâtiments*) old buildings

3 NM,F ⓐ (= *personne âgée*) elder ⓑ (= *personne expérimentée*) senior person; **c'est un ~ dans la maison** he has been with the firm a long time ⓒ (= *élève*) former pupil ⓓ ♦ **à l'ancienne** made in the traditional way

4 COMP ♦ **ancien combattant** war veteran

anciennement /ɑ̃sjɛnmɑ̃/ ADV (= *autrefois*) formerly

ancienneté /ɑ̃sjɛnte/ NF ⓐ (= *durée de service*) length of service; (= *privilèges obtenus*) seniority; **à l'~** by seniority ⓑ [*de maison, objet d'art*] age; [*d'amitié, relation*] length

ancrage /ɑ̃kraʒ/ NM (= *attache*) anchoring; **le vote confirme l'~ à gauche de la région** the polls confirm that the region is a left-wing stronghold; **point d'~** anchorage point; [*de politique*] foundation stone

ancre /ɑ̃kr/ NF ♦ **(de marine)** anchor; **jeter l'~** to drop anchor

ancrer /ɑ̃kre/ /TABLE 1/ VT to anchor; **cette croyance est ancrée dans les mentalités** this is a deeply-rooted belief; **la région reste profondément ancrée à gauche** the region remains a left-wing stronghold

Andalousie /ɑ̃daluzi/ NF Andalusia

Andes /ɑ̃d/ NFPL **les ~** the Andes

Andorre /ɑ̃dɔr/ NF Andorra

andouille /ɑ̃duj/ NF ⓐ (= *saucisse*) sausage made of chitterlings, eaten cold ⓑ (= *imbécile*)* dummy*; **faire l'~** to act the fool

andouillette /ɑ̃dujɛt/ NF sausage made of chitterlings, eaten hot

androgyne /ɑ̃drɔʒin/ ADJ androgynous

androïde /ɑ̃drɔid/ NM android

âne /ɑn/ NM ⓐ donkey ⓑ (= *personne*)* ass*

anéantir /aneɑ̃tir/ /TABLE 2/ VT ⓐ (= *détruire*) to destroy ⓑ [*chagrin*] to crush; **la nouvelle l'a anéanti** the news completely broke him

anéantissement /aneɑ̃tismɑ̃/ NM (= *destruction*) destruction

anecdote /anɛkdɔt/ NF anecdote; **pour l'~** as a matter of interest

anecdotique /anɛkdɔtik/ ADJ [*histoire, description*] anecdotal; [*intérêt*] minor

anémie /anemi/ NF (*Méd*) anaemia (*Brit*), anemia (*US*)

anémié, e /anemje/ ADJ (*Méd*) anaemic (*Brit*), anemic (*US*)

anémone /anemɔn/ NF anemone

ânerie /anri/ NF (= *parole*) stupid remark; **arrête de dire des ~s!** stop talking nonsense!

ânesse /anɛs/ NF female donkey

anesthésie /anɛstezi/ NF (= *opération*) anaesthetic (*Brit*), anesthetic (*US*); **sous ~** under anaesthetic

anesthésier /anɛstezje/ /TABLE 7/ VT to anaesthetize (*Brit*), to anesthetize (*US*)

anesthésique /anɛstezik/ NM anaesthetic (*Brit*), anesthetic (*US*)

anesthésiste /anɛstezist/ NMF anaesthetist (*Brit*), anesthesiologist (*US*)

aneth /anɛt/ NM dill

anfractuosité /ɑ̃fraktɥozite/ NF crevice

ange /ɑ̃ʒ/ NM angel; **oui mon ~** yes, darling; **va me chercher mes lunettes tu seras un ~** be an angel and get me my glasses; **avoir une patience d'~** to have the patience of a saint; **être aux ~s** to be in seventh heaven ♦ **ange gardien** guardian angel

angélique /ɑ̃ʒelik/ ADJ angelic

angelot /ɑ̃ʒ(ə)lo/ NM cherub

angélus /ɑ̃ʒelys/ NM angelus

angine /ɑ̃ʒin/ NF (= *amygdalite*) tonsillitis; (= *pharyngite*) pharyngitis; **~ de poitrine** angina

anglais, e /ɑ̃glɛ, ɛz/ 1 ADJ English

2 NM ⓐ **Anglais** Englishman; **les Anglais** English people; (*abusivement* = *Britanniques*) British people ⓑ (= *langue*) English; **~ canadien/britannique/américain** Canadian/British/American English; **parler ~** to speak English

3 NF **anglaise** ⓐ **Anglaise** Englishwoman ⓑ (*Coiffure*) **~es** ringlets ⓒ ♦ **à l'anglaise** [*parc, jardin*] landscaped

angle /ɑ̃gl/ 1 NM ⓐ [*de meuble, rue*] corner; **à l'~ de ces deux rues** on the corner of these two streets; **le magasin qui fait l'~** the shop on the corner ⓑ (*Math*) angle ⓒ (= *aspect*) angle; **voir qch sous un autre ~** to see sth from another angle 2 COMP ♦ **angle mort** blind spot

Angleterre /ɑ̃glətɛr/ NF England; (*abusivement* = *Grande Bretagne*) Britain

anglican, e /ɑ̃glikɑ̃, an/ ADJ, NM,F Anglican

anglicisme /ɑ̃glisism/ NM anglicism

angliciste /ɑ̃glisist/ NMF (= *étudiant*) student of English (*language and civilization*); (= *spécialiste*) English specialist

anglo-américain (*pl* **anglo-américains**) /ɑ̃gloamerikɛ̃/ ADJ Anglo-American

anglo-normand, e (*mpl* **anglo-normands**) /ɑ̃glonɔrmɑ̃, ɑ̃d/ ADJ Anglo-Norman → **île**

anglophone /ɑ̃glɔfɔn/ 1 ADJ [*personne*] English-speaking; [*littérature*] in English 2 NMF English speaker

anglo-saxon, -onne (*mpl* **anglo-saxons**) /ɑ̃glosaksɔ̃, ɔn/ 1 ADJ Anglo-Saxon; **les pays ~s** Anglo-Saxon countries 2 NM (= *langue*) Anglo-Saxon

angoissant, e /ɑ̃gwasɑ̃, ɑ̃t/ ADJ [*situation, silence*] stressful

angoisse /ɑ̃gwas/ NF ⓐ anguish; **crises d'~** anxiety attacks; **vivre des jours d'~** to go through days of agony; **c'est l'~** it's nerve-racking ⓑ (= *peur*) dread (*NonC*)

angoissé, e /ɑ̃gwase/ (*ptp d'*angoisser) 1 ADJ [*geste, visage, voix*] anguished; [*question, silence*] agonized; [*personne*] distressed; **être ~** (= *inquiet*) to be distressed; (= *oppressé*) to feel suffocated 2 NM,F anxious person

angoisser /ɑ̃gwase/ /TABLE 1/ VT (= *inquiéter*) to distress; **être angoissé** to be worried sick*

angora /ɑ̃gɔra/ ADJ, NM angora

anguille /ɑ̃gij/ NF eel; **il y a ~ sous roche** there's something going on

anguleux, -euse /ɑ̃gylø, øz/ ADJ [*menton, visage*] angular

anicroche* /anikrɔʃ/ NF hitch; **sans ~s** [*se passer*] without a hitch

animal, e (*mpl* **-aux**) /animal, o/ 1 ADJ animal 2 NM animal; **~ de compagnie** pet; **où est parti cet ~*?** where did that devil* go?

animalerie /animalri/ NF (= *magasin*) pet shop (*Brit*) *ou* store (*US*)

animalier, -ière /animalje, jɛr/ ADJ [*film, photographie*] wildlife

animateur, -trice /animatœr, tris/ NM,F (= *professionnel*) [*de spectacle, émission de jeux*] host; [*d'émission culturelle*] presenter; [*de camp de vacances*] activity leader; **~ (de) radio** radio presenter

animation /animasjɔ̃/ NF ⓐ [*de quartier, discussion*] liveliness; [*de rue, bureau*] hustle and bustle; **son arrivée provoqua une grande ~** his arrival caused a great deal of excitement; **mettre de l'~** to liven things up ⓑ (= *activités*) activities; **chargé de l'~ culturelle/sportive** in charge of cultural/sports activities ⓒ [*d'équipe, groupe de travail*] leading ⓓ (*Ciné*) animation; **comme on le voit sur l'~ satellite** (*météo*) as we can see from the satellite picture

animé, e /anime/ (*ptp d'*animer) ADJ [*rue, quartier*] (= *affairé*) busy; (= *plein de vie*) lively; [*discussion*] lively → **dessin**

animer /anime/ /TABLE 1/ VT ⓐ (= *mener*) [*+ spectacle, émission de jeux*] to host; [*+ émission culturelle*] to present; [*+ discussion, réunion*] to lead ⓑ (= *dynamiser*) [*+ parti*] to be the driving force in; [*+ équipe*] to lead ⓒ (= *donner de la vie à*) [*+ ville, soirée, conversation*] to liven up; [*+ visage*] to animate; [*+ peinture, statue*] to bring to life ⓓ (= *stimuler*) [*haine, désir*] to drive; [*foi, espoir*] to sustain; **animé par** *ou* **de** [*+ volonté*] driven by; [*+ désir*] prompted by; **animé des meilleures intentions** motivated by the best intentions ⓔ (= *mouvoir*) to drive; **l'objet est animé d'un mouvement de rotation** the object rotates 2 VPR **s'animer** [*personne, rue*] to come to life; [*conversation*] to become animated; [*match*] to liven up; [*yeux, traits*] to light up

animosité /animozite/ NF (= *hostilité*) animosity (**contre** towards, against)

anis /ani(s)/ NM (= *plante*) anise; (= *graines*) (*NonC*) aniseed; (= *bonbon*) aniseed ball; **~ étoilé** star anise

ankyloser /ɑ̃kiloze/ /TABLE 1/ 1 VT to stiffen; **être tout ankylosé** to be stiff all over 2 VPR **s'ankyloser** [*membre*] to stiffen up

annales /anal/ NFPL annals; **ça restera dans les ~*** that'll go down in history

anneau (*pl* **anneaux**) /ano/ 1 NM ⓐ (= *cercle, bague*) ring; (= *boucle d'oreille*) hoop earring; [*de chaîne*] link ⓑ (*Sport*) **les ~x** the rings; **exercices aux ~x** ring exercises 2 COMP ◆ **anneau de croissance** [*d'arbre*] annual ring

année /ane/ NF year; **tout au long de l'~** throughout the year; **payé à l'~** paid annually; **l'~ universitaire** the academic year; **l'~ académique** (*Can, Belg, Helv*) the academic year; **de première/deuxième ~** (*Scol, Univ*) first-/second-year; **les ~s de guerre** the war years; **~ de naissance** year of birth; **les ~s 60** the sixties ◆ **année bissextile** leap year ◆ **année budgétaire** financial year ◆ **année calendaire, année civile** calendar year

année-lumière (*pl* **années-lumière**) /anelymjɛr/ NF light year; **à des années-lumière de** light years away from

annexe /anɛks/ 1 ADJ (= *secondaire*) [*activités, services*] ancillary; [*considérations*] secondary; [*budget, revenu*] supplementary; **avantages ~s** fringe benefits; **frais ~s** incidental expenses 2 NF ⓐ [*de document*] (= *pièces complémentaires*) appendix; (= *pièces additives*) annex (**de, à** to); **en ~** in the appendix ⓑ (= *bâtiment*) annex

annexer /anɛkse/ /TABLE 1/ 1 VT ⓐ [*+ territoire*] to annex ⓑ [*+ document*] to append (**à** to) 2 VPR **s'annexer** [*+ bureau, personne*] to commandeer (*hum*)

annexion /anɛksjɔ̃/ NF annexation

annihiler /aniile/ /TABLE 1/ VT [*+ efforts*] to wreck; [*+ espoirs, résistance*] to destroy; [*+ personne*] to crush

anniversaire /anivɛrsɛr/ 1 ADJ [*date*] anniversary 2 NM [*de naissance*] birthday; [*d'événement, mariage, mort*] anniversary; **bon** *ou* **joyeux ~!** happy birthday!; **cadeau/carte d'~** birthday present/card

annonce /anɔ̃s/ NF ⓐ (= *publicité*) advertisement; (*pour emploi*) job advertisement; **petites ~s** *ou* **~s classées** classified advertisements; **passer une ~ (dans un journal)** to put an advertisement in a paper; **journal d'~s** free sheet ⓑ [*d'accord, décision, résultat*] announcement; **il cherche l'effet d'~** he wants to make an impact; **« ~ personnelle »** "personal message"; **~ judiciaire** *ou* **légale** legal notice ⓒ (*Cartes*) declaration; (*Bridge*) bid

annoncer /anɔ̃se/ /TABLE 3/ 1 VT ⓐ (= *informer de*) [*+ fait, décision, nouvelle*] to announce; **~ à qn que ...** to tell sb that ...; **je lui ai annoncé la nouvelle** I told her the news; **les journaux ont annoncé leur mariage** their marriage has been announced in the papers ⓑ (= *prédire*) [*+ pluie, détérioration*] to forecast; **la défaite annoncée du parti** the predicted defeat of the party ⓒ (= *signaler*) [*présage*] to foreshadow; [*signe avant-coureur*] to herald; [*sonnerie, pas*] to announce; **les nuages qui annoncent une tempête** clouds that herald a storm; **ça n'annonce rien de bon** it bodes ill ⓓ (= *introduire*) [*+ personne*] to announce; **qui dois-je ~?** what name shall I say? ⓔ (*Cartes*) to declare; (*Bridge*) to bid; **~ la couleur** to declare trumps; (*fig*) to lay one's cards on the table 2 VPR **s'annoncer** ⓐ [*situation*] **comment est-ce que ça s'annonce?** how is it looking?; **ça s'annonce bien** that looks promising ⓑ [*événement, crise*] to approach; **l'hiver s'annonçait** winter was on its way ⓒ (= *donner son nom*) to announce o.s.

annonceur /anɔ̃sœr/ NM (= *publicité*) advertiser

annonciateur, -trice /anɔ̃sjatœr, tris/ ADJ **signe ~** [*de maladie, crise*] warning sign; [*de catastrophe*] portent; [*d'amélioration*] sign

Annonciation /anɔ̃sjasjɔ̃/ NF **l'~** (= *événement*) the Annunciation; (= *fête*) Annunciation Day

annotation /anɔtasjɔ̃/ NF annotation

annoter /anɔte/ /TABLE 1/ VT to annotate

annuaire /anɥɛr/ NM [*d'organisme*] yearbook; [*de téléphone*] phone book; **~ électronique** electronic directory

annualisation /anɥalizasjɔ̃/ NF **l'~ du temps de travail** the calculation of working hours on a yearly basis

annuel, -elle /anɥɛl/ ADJ annual

annuellement /anɥɛlmɑ̃/ ADV annually

annuité /anɥite/ NF annual payment; **avoir toutes ses ~s** [de pension] to have made all one's years' contributions

annulaire /anylɛʀ/ NM ring finger

annulation /anylasjɔ̃/ NF [de contrat] invalidation; [de jugement, décision] quashing; [d'engagement, réservation, commande] cancellation; [d'élection, acte, examen] nullification; [de mariage] annulment

annuler /anyle/ /TABLE 1/ 1 VT [+ contrat] to invalidate; [+ jugement, décision] to quash; [+ engagement] to call off; [+ élection, examen] to nullify; [+ mariage] to annul; [+ réservation, commande, dette] to cancel 2 VPR **s'annuler** [poussées, efforts] to cancel each other out

anoblir /anɔbliʀ/ /TABLE 2/ VT to ennoble

anodin, e /anɔdɛ̃, in/ ADJ [détail] trivial; [propos] innocuous; **c'est un acte ~** it's a trivial matter; **s'il a dit cela, ce n'est pas ~** if he said that, he meant something by it

anomalie /anɔmali/ NF anomaly; (biologique) abnormality; (technique) technical fault

ânonner /anɔne/ /TABLE 1/ VTI **~ sa leçon** to mumble one's way through one's lesson

anonymat /anɔnima/ NM anonymity; **garder** ou **conserver l'~** to remain anonymous; **respecter l'~ de qn** to respect sb's desire to remain anonymous

anonyme /anɔnim/ ADJ (= sans nom) [auteur] anonymous; (= impersonnel) impersonal → **société**

anorak /anɔʀak/ NM anorak

anorexie /anɔʀɛksi/ NF anorexia

anorexique /anɔʀɛksik/ ADJ, NMF anorexic

anormal, e (mpl **-aux**) /anɔʀmal, o/ ADJ ⓐ (Sciences, Méd) abnormal; (= insolite) [situation, comportement] unusual; **si vous voyez quelque chose d'~, signalez-le** if you notice anything unusual, report it ⓑ (= injuste) unfair; **il est ~ que ...** it's not fair that ...

anormalement /anɔʀmalmã/ ADV [se développer, chaud, grand] abnormally; [se conduire, agir] unusually

ANPE /aɛnpe/ NF (ABBR = **Agence nationale pour l'emploi**) ≈ job centre

anse /ãs/ NF [de panier, tasse] handle; (Géog) cove

antagonisme /ãtagɔnism/ NM antagonism

antagoniste /ãtagɔnist/ 1 ADJ [forces, intérêts] opposing 2 NMF antagonist

antalgique /ãtalʒik/ ADJ, NM analgesic

antarctique /ãtaʀktik/ 1 ADJ Antarctic; **l'océan Antarctique** the Antarctic Ocean 2 NM **Antarctique**: **l'Antarctique** (= océan) the Antarctic; (= continent) Antarctica

antécédent /ãtesedã/ 1 NM [de mot] antecedent 2 NMPL **antécédents** past history; (Méd) medical history; **avoir de bons/mauvais ~s** to have a good/bad previous history; **avez-vous des ~s familiaux de maladies cardiaques?** is there a history of heart disease in your family?; **~s judiciaires** criminal record

antenne /ãten/ NF ⓐ [d'insecte] antenna; **avoir des ~s** (fig) to have a sixth sense ⓑ (Radio, TV) aerial; [de radar] antenna; **~ parabolique** ou **satellite** satellite dish ⓒ (Radio, TV) **garder l'~** to stay on the air; **nous devons bientôt rendre l'~** we have to go back to the studio soon; **temps d'~** airtime; **hors ~** off the air; **être/passer à l'~** to be/go on the air; **sur notre ~** on our station ⓓ (= succursale) branch; **~ médicale** medical unit

antérieur, e /ãteʀjœʀ/ ADJ ⓐ (dans le temps) [époque, situation] previous; **c'est ~ à la guerre** it was prior to the war; **cette décision était ~e à son départ** that decision was taken prior to his departure; **dans une vie ~e** in a former life ⓑ (dans l'espace) [partie] front; [membre] forelimb; **patte ~e** [de cheval, vache] forefoot; [de chien, chat] forepaw

antérieurement /ãteʀjœʀmã/ ADV earlier; **~ à** prior to

antériorité /ãteʀjɔʀite/ NF **ils ne reconnaissent pas l'~ de la découverte française** they deny that the French discovered it first

anthologie /ãtɔlɔʒi/ NF anthology

anthracite /ãtʀasit/ 1 NM anthracite 2 ADJ INV dark grey (Brit) ou gray (US)

anthropologie /ãtʀɔpɔlɔʒi/ NF anthropology

anthropologue /ãtʀɔpɔlɔg/ NMF anthropologist

anthropophage /ãtʀɔpɔfaʒ/ 1 ADJ cannibalistic 2 NMF cannibal

anti /ãti/ 1 PRÉF **anti(-)** anti-; **loi ~casseurs** law against looting; **bombe ~crevaison** instant puncture sealant; **flash ~-yeux rouges** flash with red-eye reduction feature 2 NM (hum) **le parti des ~s** those who are against

antiadhésif, -ive /ãtiadezif, iv/ ADJ [poêle, revêtement] non-stick

antiaérien, -ienne /ãtiaeʀjɛ̃, jɛn/ ADJ [batterie, canon, missile] anti-aircraft; [abri] air-raid

antiatomique /ãtiatɔmik/ ADJ antiradiation; **abri ~** fall-out shelter

anti-avortement /ãtiavɔʀtəmã/ ADJ INV anti-abortion

antibiotique /ãtibjɔtik/ ADJ, NM antibiotic; **être/mettre sous ~s** to be/put on antibiotics

antibogue /ãtibɔg/ 1 ADJ debugging 2 NM debugging tool

antibrouillard /ãtibʀujaʀ/ ADJ, NM **(phare) ~** fog lamp (Brit), fog light (US)

antibruit /ãtibʀɥi/ ADJ INV **mur ~** noise-reducing wall; **campagne ~** campaign against noise pollution

antichambre /ãtiʃãbʀ/ NF antechamber

antichoc /ãtiʃɔk/ ADJ [montre] shockproof

anticipation /ãtisipasjɔ̃/ NF anticipation; **par ~** [rembourser] in advance; **littérature d'~** science fiction; **roman/film d'~** science-fiction novel/film

anticipé, e /ãtisipe/ (ptp d'**anticiper**) ADJ [élections, retour, retraite] early; **remboursement ~** repayment before due date; **avec mes remerciements ~s** thanking you in advance

anticiper /ãtisipe/ /TABLE 1/ 1 VI (= prévoir) to anticipate; (en imaginant) to look ahead; (en racontant) to jump ahead; **n'anticipons pas!** let's not look too far ahead; **mais j'anticipe!** but I'm getting ahead of myself!; **il anticipe bien** (sur les balles) he's got good anticipation
♦ **anticiper sur** [+ récit, rapport] to anticipate; **sans vouloir ~ sur ce que je dirai tout à l'heure** without wishing to go into what I'll be saying later
2 VT to anticipate

anticlérical, e (mpl **-aux**) /ãtikleʀikal, o/ 1 ADJ anticlerical 2 NM,F anticleric(al)

anticoagulant, e /ãtikɔagylã, ãt/ ADJ, NM anticoagulant

anticonformiste /ãtikɔ̃fɔʀmist/ ADJ, NMF nonconformist

anticonstitutionnel, -elle /ãtikɔ̃stitysjɔnɛl/ ADJ unconstitutional

anticorps /ãtikɔʀ/ NM antibody

anticyclone /ãtisiklon/ NM anticyclone

antidater /ãtidate/ /TABLE 1/ VT to backdate

antidémocratique /ãtidemɔkʀatik/ ADJ (= opposé à la démocratie) antidemocratic; (= peu démocratique) undemocratic

antidépresseur /ãtidepʀɛsœʀ/ ADJ M, NM antidepressant

antidopage /ãtidɔpaʒ/ ADJ [loi, contrôle] antidoping; **subir un contrôle ~** to be dope-tested

antidote /ãtidɔt/ NM antidote (contre, de for, against)

antidouleur /ãtidulœʀ/ ADJ INV [médicament, traitement] painkilling; **centre ~** pain control unit

antidrogue /ãtidʀɔg/ ADJ INV [lutte] against drugs; [campagne] antidrug

antiémeute(s) /ãtiemøt/ ADJ [police, brigade, unité] riot

antiesclavagiste /ãtiesklavaʒist/ 1 ADJ antislavery; (Hist US) abolitionist 2 NMF opponent of slavery; (Hist US) abolitionist

anti-g /ãtiʒe/ ADJ INV **combinaison ~** G-suit

antigang /ãtigãg/ ADJ INV, NM **la brigade ~** ou **l'~** the police commando squad

antigel /ãtiʒɛl/ ADJ INV, NM antifreeze

antigrippe /ɑ̃tigʀip/ ADJ INV **vaccin ~** flu vaccine

antihéros /ɑ̃tieʀo/ NM antihero

antihistaminique /ɑ̃tiistaminik/ ADJ, NM antihistamine

anti-inflammatoire /ɑ̃tiɛ̃flamatwaʀ/ ADJ, NM anti-inflammatory

antijeu /ɑ̃tiʒø/ NM foul play

antillais, e /ɑ̃tijɛ, ɛz/ 1 ADJ West Indian 2 NM,F **Antillais(e)** West Indian

Antilles /ɑ̃tij/ NFPL **les ~** the West Indies; **les Grandes/Petites ~** the Greater/Lesser Antilles; **les ~ françaises** the French West Indies; **la mer des ~** the Caribbean Sea

antilope /ɑ̃tilɔp/ NF antelope

antimatière /ɑ̃timatjɛʀ/ NF antimatter

antimilitariste /ɑ̃timilitaʀist/ ADJ, NMF antimilitarist

antimite /ɑ̃timit/ 1 ADJ moth 2 NM moth repellent; (= *boules de naphtaline*) mothballs

antimondialisation /ɑ̃timɔ̃djalizasjɔ̃/ NF antiglobalization

antinucléaire /ɑ̃tinykleɛʀ/ ADJ antinuclear; **les (militants) ~s** antinuclear campaigners

antioxydant, e /ɑ̃tiɔksidɑ̃, ɑ̃t/ ADJ, NM antioxidant

antiparasite /ɑ̃tipaʀazit/ ADJ anti-interference; **dispositif ~** suppressor

antipathie /ɑ̃tipati/ NF antipathy; **avoir de l'~ pour qn** to dislike sb

antipathique /ɑ̃tipatik/ ADJ [*personne*] unpleasant; **il m'est ~** I don't like him

antipelliculaire /ɑ̃tipelikylɛʀ/ ADJ antidandruff

antipersonnel /ɑ̃tipɛʀsɔnɛl/ ADJ INV antipersonnel

antiphrase /ɑ̃tifʀɑz/ NF **par ~** ironically

antipode /ɑ̃tipɔd/ NM **les ~s** the antipodes; **votre théorie est aux ~s de la mienne** our theories are poles apart

antipoison /ɑ̃tipwazɔ̃/ ADJ INV **centre ~** treatment centre for poisoning cases

antiquaire /ɑ̃tikɛʀ/ NMF antique dealer

antique /ɑ̃tik/ ADJ ancient; **objets d'art ~s** antiquities

antiquité /ɑ̃tikite/ NF ⓐ (= *période*) **l'Antiquité** antiquity ⓑ (= *objet de l'Antiquité*) piece of classical art; (= *objet ancien*) antique; **~s** (= *œuvres de l'Antiquité*) antiquities; (= *meubles anciens*) antiques; **magasin d'~s** antique shop

antirabique /ɑ̃tiʀabik/ ADJ **vaccin ~** rabies vaccine

antirides /ɑ̃tiʀid/ ADJ antiwrinkle

antirouille /ɑ̃tiʀuj/ 1 ADJ INV antirust 2 NM INV rust inhibitor

antisèche* /ɑ̃tisɛʃ/ NF crib*

antisémite /ɑ̃tisemit/ 1 ADJ anti-Semitic 2 NMF anti-Semite

antisémitisme /ɑ̃tisemitism/ NM anti-Semitism

antiseptique /ɑ̃tisɛptik/ ADJ, NM antiseptic

antisida /ɑ̃tisida/ ADJ INV AIDS

antisismique /ɑ̃tisismik/ ADJ earthquake-proof

antistatique /ɑ̃tistatik/ ADJ, NM antistatic

antitabac /ɑ̃titaba/ ADJ INV **campagne ~** antismoking campaign; **loi ~** *law prohibiting smoking in public places*

antitache(s) /ɑ̃titaʃ/ ADJ [*traitement*] stain-repellent

antithèse /ɑ̃titɛz/ NF antithesis

antitrust /ɑ̃titʀœst/ ADJ INV [*loi, mesures*] antimonopoly (*Brit*), antitrust (*US*)

antiviral, e (*mpl* **-aux**) /ɑ̃tiviʀal, o/ ADJ, NM antiviral

antivirus /ɑ̃tiviʀys/ NM (*Méd*) antiviral drug; (*Informatique*) antivirus

antivol /ɑ̃tivɔl/ NM, ADJ INV **(dispositif) ~** antitheft device; [*de cycle*] lock; (*sur volant de voiture*) steering lock

antonyme /ɑ̃tɔnim/ NM antonym

antre /ɑ̃tʀ/ NM den

anus /anys/ NM anus

Anvers /ɑ̃vɛʀ/ N Antwerp

anxiété /ɑ̃ksjete/ NF anxiety; **avec ~** anxiously

anxieusement /ɑ̃ksjøzmɑ̃/ ADV anxiously

anxieux, -ieuse /ɑ̃ksjø, jøz/ 1 ADJ [*personne, regard*] anxious; **~ de** anxious to 2 NM,F worrier

anxiolytique /ɑ̃ksjɔlitik/ 1 ADJ tranquillizing 2 NM tranquillizer

AOC /aose/ NF (ABBR = **appellation d'origine contrôlée**) **fromage/vin ~** AOC cheese/wine (*with a guarantee of origin*)

> ⓘ **AOC**
> AOC *is the highest French wine classification. It indicates that the wine meets strict requirements regarding the vineyard, the grapes, the method of production, and the alcoholic strength.* → [VDQS]

aorte /aɔʀt/ NF aorta

août /u(t)/ NM August → **septembre**

> ★ **août** *is pronounced* **oo** *or* **oot**.

aoûtat /auta/ NM harvest tick

aoûtien, -ienne /ausjɛ̃, jɛn/ NM,F August holiday-maker (*Brit*) ou vacationer (*US*)

ap. (ABBR = **après**) after; **en 300 ~ J.-C.** in 300 AD

apache /apaʃ/ 1 ADJ (= *indien*) Apache 2 NMF **Apache** Apache

apaisant, e /apɛzɑ̃, ɑ̃t/ ADJ [*musique, silence, crème*] soothing; [*discours*] conciliatory

apaisement /apɛzmɑ̃/ NM ⓐ [*de passion, désir, faim*] appeasement; [*de soif*] slaking ⓑ (= *soulagement*) relief; (= *assurance*) reassurance; **une politique d'~** a policy of appeasement

apaiser /apeze/ /TABLE 1/ 1 VT ⓐ [+ *personne, foule, animal*] to calm down ⓑ [+ *faim*] to appease; [+ *soif*] to slake; [+ *conscience*] to salve; [+ *scrupules*] to allay; [+ *douleur*] to soothe; **pour ~ les esprits** to calm people down 2 VPR **s'apaiser** ⓐ [*personne, malade, animal*] to calm down ⓑ [*vacarme, excitation, tempête, douleur*] to die down; [*passion, désir*] to cool; [*soif, faim*] to be assuaged; **sa colère s'est un peu apaisée** he's calmed down a bit

apanage /apanaʒ/ NM (= *privilège*) privilege; **être l'~ de qn/qch** to be the privilege of sb/sth; **avoir l'~ de qch** to have the exclusive right to sth

aparté /apaʀte/ NM aside; (= *entretien*) private conversation (*in a group*); **en ~** in an aside

apartheid /apaʀtɛd/ NM apartheid; **politique d'~** apartheid policy

apathie /apati/ NF apathy

apathique /apatik/ ADJ apathetic

apatride /apatʀid/ 1 ADJ stateless 2 NMF stateless person

APE /apeə/ NF (ABBR = **Assemblée parlementaire européenne**) EP

Apennins /apenɛ̃/ NMPL **les ~** the Apennines

apercevoir /apɛʀsəvwaʀ/ /TABLE 28/ 1 VT to see; (*brièvement*) to catch sight of; (= *remarquer*) to notice; **on apercevait au loin un clocher** a church tower could be seen in the distance 2 VPR **s'apercevoir** [*personnes*] to see each other; **s'~ de** [+ *erreur, omission, présence, méfiance*] to notice; **s'~ que ...** to notice that ...; **sans s'en ~** without realizing; **ça s'aperçoit à peine** it's hardly noticeable

aperçu /apɛʀsy/ NM ⓐ (= *idée générale*) general survey; **cela vous donnera un bon ~ de ce que vous allez visiter** that will give you a good idea of what you are about to visit ⓑ (= *point de vue personnel*) insight (**sur** into) ⓒ (*Informatique*) **~ avant impression** print preview

apéritif /apeʀitif/ NM aperitif; **prendre l'~** to have an aperitif; **venez prendre l'~** come for drinks

apéro* /apeʀo/ NM (ABBR = **apéritif**) aperitif

apesanteur /apəzɑ̃tœʀ/ NF weightlessness; **être en ~** to be weightless

à-peu-près /apøpʀɛ/ NM INV **c'est de l'~** it's a rough approximation

apeuré, e /apœʀe/ ADJ frightened

aphasique /afazik/ ADJ, NMF aphasic

aphone /afɔn/ ADJ voiceless; **je suis presque ~ d'avoir tant crié** I've nearly lost my voice from shouting so much

aphorisme /afɔʀism/ NM aphorism

aphrodisiaque /afʀɔdizjak/ ADJ, NM aphrodisiac

aphte /aft/ NM ulcer

à-pic /apik/ NM cliff

apiculteur, -trice /apikyltœʀ, tʀis/ NM,F beekeeper

apiculture /apikyltyʀ/ NF beekeeping

apitoyer /apitwaje/ /TABLE 8/ 1 VT to move to pity; **~ qn sur le sort de qn** to make sb feel sorry for sb; **regard/sourire apitoyé** pitying look/smile 2 VPR **s'apitoyer** : **s'~ sur qn** ou **le sort de qn** to feel sorry for sb; **s'~ sur son propre sort** to feel sorry for o.s.

ap. J.-C. (ABBR = **après Jésus-Christ**) AD

aplanir /aplaniʀ/ /TABLE 2/ VT [+ terrain, surface] to level; [+ difficultés] to iron out

aplati, e /aplati/ (ptp d'**aplatir**) ADJ [forme, objet, nez] flat

aplatir /aplatiʀ/ /TABLE 2/ 1 VT [+ objet] to flatten; [+ cheveux] to smooth down; [+ pli] to smooth out; [+ surface] to flatten out 2 VPR **s'aplatir** [personne] **s'~ contre un mur** to flatten o.s. against a wall; **s'~ devant qn*** to grovel to sb

aplomb /aplɔ̃/ NM ⓐ (= assurance) composure; (= insolence) nerve*; **perdre son ~** to lose one's composure; **tu ne manques pas d'~!** you've got a nerve*! ⓑ (= équilibre) balance; (= verticalité) perpendicularity; **à l'~ du mur** at the base of the wall ♦ **d'aplomb** [corps] steady; [bâtiment, mur] plumb; **se tenir d'~ (sur ses jambes)** to be steady on one's feet; **être d'~** [objet] to be balanced; [mur] to be plumb; **ne pas être d'~** [mur] to be out of plumb; **mettre** ou **poser qch d'~** to straighten sth; **remettre d'~** [+ entreprise] to put back on its feet; **ça va te remettre d'~*** that'll put you back on your feet again

APN /apeɛn/ NM (ABBR = **appareil photo numérique**) digital camera

apnée /apne/ NF **être en ~** to be holding one's breath; **plonger en ~** to dive without breathing apparatus

apocalypse /apɔkalips/ NF apocalypse; **paysage/vision d'~** apocalyptic landscape/vision

apocope /apɔkɔp/ NF apocope

apogée /apɔʒe/ NM [de carrière, art, mouvement] peak; **être à son ~** to reach its peak; **artiste à son ~** artist at his (ou her) peak; **à l'~ de sa gloire/carrière** at the height of his (ou her) fame/career

apologie /apɔlɔʒi/ NF **faire l'~ de** (= défendre) to try and justify; (= faire l'éloge de) to praise

apoplexie /apɔplɛksi/ NF apoplexy; **attaque d'~** stroke

a posteriori /apɔsteʀjɔʀi/ LOC ADV, LOC ADJ after the event; **il est facile, ~, de dire que ...** it is easy enough, with hindsight, to say that ...

apostrophe /apɔstʀɔf/ NF ⓐ (= interpellation) rude remark (shouted at sb) ⓑ (derrière une lettre) apostrophe

apostropher /apɔstʀɔfe/ /TABLE 1/ 1 VT (= interpeller) to shout at 2 VPR **s'apostropher** to shout at each other

apothéose /apɔteoz/ NF ⓐ (= consécration) apotheosis ⓑ [de spectacle] grand finale; **se terminer en ~** to end in a blaze of glory

apôtre /apotʀ/ NM apostle; **se faire l'~ de** to make o.s. the apostle of

Appalaches /apalaʃ/ NMPL **les (monts) ~** the Appalachian Mountains

apparaître /apaʀɛtʀ/ /TABLE 57/

> ► **apparaître** can be conjugated with either **avoir** or **être**, except when used impersonally, when the auxiliary is always **être**.

1 VI ⓐ (= se montrer) to appear (**à** to); [fièvre, boutons] to break out ⓑ (= sembler) to seem; **ces remarques m'apparaissent fort judicieuses** these comments seem very reasonable to me 2 VB IMPERS **il apparaît que ...** it appears that ...

apparat /apaʀa/ NM (= pompe) pomp; **d'~** [dîner, habit, discours] ceremonial

apparatchik /apaʀatʃik/ NM apparatchik

appareil /apaʀɛj/ 1 NM ⓐ (= machine, instrument) piece of apparatus; (électrique, ménager) appliance; (= poste de radio, de télévision) set; (Photo) camera ⓑ (= téléphone) phone; **qui est à l'~?** who's speaking?; **Patrick à l'~** Patrick speaking ⓒ (= avion) aircraft (inv) ⓓ (Méd) appliance; (auditif) hearing aid; (de contention dentaire) brace; (= dentier)* dentures ⓔ (Anatomie) **~ digestif/respiratoire** digestive/respiratory system ⓕ (= structures) **l'~ policier/du parti** the police/the party apparatus; **l'~ industriel/militaire** the industrial/military apparatus ⓖ (Gym) **~s** apparatus (sg); **exercices aux ~s** exercises on the apparatus

2 COMP ♦ **appareil électroménager** household appliance ♦ **appareil de mesure** measuring device ♦ **appareil photo** camera

appareillage /apaʀɛjaʒ/ NM ⓐ [de navire] casting off ⓑ (= équipement) equipment; **~ électrique** electrical equipment ⓒ [de handicapé] fitting with a prosthesis; [de sourd] fitting with a hearing aid

appareiller /apaʀeje/ /TABLE 1/ 1 VI [navire] to cast off 2 VT ⓐ [+ navire] to fit out ⓑ [+ handicapé] to fit with an artificial limb; [+ sourd] to fit with a hearing aid ⓒ (= assortir) to match up

apparemment /apaʀamɑ̃/ ADV apparently

apparence /apaʀɑ̃s/ 1 NF appearance; **homme d'~** ou **à l'~ sévère** stern-looking man; **ce n'est qu'une ~** it's a mere façade ♦ **en apparence** : **en ~, leurs critiques semblent justifiées** on the face of it, their criticism seems justified; **une remarque en ~ pertinente** an apparently relevant remark 2 NFPL **les apparences** appearances; **sauver les ~s** to keep up appearances

apparent, e /apaʀɑ̃, ɑ̃t/ ADJ ⓐ (= visible) obvious; **sans raison ~e** for no obvious reason; **plafond avec poutres ~es** ceiling with exposed beams; **coutures ~es** topstitched seams ⓑ (= superficiel) apparent; **sous son ~e gentillesse** (= trompeur) beneath his kind-hearted façade

apparenté, e /apaʀɑ̃te/ (ptp d'**apparenter**) ADJ (= de la même famille) related; (= semblable) similar (**à** to)

apparenter (s') /apaʀɑ̃te/ /TABLE 1/ VPR **s'~ à** (= ressembler à) to be similar to

appariteur /apaʀitœʀ/ NM (Univ) ≈ proctor (Brit), ≈ campus policeman (US)

apparition /apaʀisjɔ̃/ NF ⓐ (= manifestation) appearance; [de boutons, fièvre] outbreak; **faire son ~** to appear; **il n'a fait qu'une (courte** ou **brève) ~** he only made a brief appearance; **par ordre d'~ à l'écran** (au générique) in order of appearance ⓑ (= vision) apparition

appartement /apaʀtəmɑ̃/ NM ⓐ [de maison, immeuble] flat (Brit), apartment (US) → **plante** ⓑ **~s** [de château] apartments ⓒ (Can = pièce)* room

appartenance /apaʀtənɑ̃s/ NF (à une famille, un ensemble, un parti) membership (**à** of); **leur sentiment d'~ à cette nation** their sense of belonging to the nation

appartenir /apaʀtəniʀ/ /TABLE 22/ 1 VT INDIR ♦ **appartenir à** to belong to 2 VB IMPERS **il appartient au comité de décider si ...** it is up to the committed to decide if ...

appât /apa/ NM (Pêche) bait; **l'~ du gain** the lure of gain

appâter /apate/ /TABLE 1/ VT [+ poissons, gibier, personne] to lure; [+ piège, hameçon] to bait

appauvrir /apovʀiʀ/ /TABLE 2/ 1 VT [+ personne, sol, langue] to impoverish 2 VPR **s'appauvrir** [personne, sol, pays] to grow poorer; [langue] to become impoverished

appauvrissement /apovʀismɑ̃/ NM [de personne, sol, langue, pays] impoverishment

appel /apɛl/ NM ⓐ (= cri) call; **~ à l'aide** ou **au secours** call for help; **l'~ du large** the call of the sea ⓑ (= sollicitation) call; **dernier ~ pour le vol AF 850** (dans aéroport) last call for flight AF 850; **~ aux armes/aux urnes**

call to arms/to vote; **lancer un ~ au calme** to appeal for calm; **lancer un ~ à témoins** to appeal for witnesses; **manifestation à l'~ d'une organisation** demonstration called by an organization; **faire un ~ de phares** to flash one's headlights; **offre/prix d'~** introductory offer/price; **article** *ou* **produit d'~** loss leader
ⓒ **faire ~ à** (= *invoquer*) to appeal to; (= *avoir recours à*) to call on; (= *nécessiter*) to call for; **faire ~ au bon sens/à la générosité de qn** to appeal to sb's common sense/generosity; **faire ~ à ses souvenirs** to call up one's memories; **faire ~ à l'armée** to call out the army; **on a dû faire ~ aux pompiers** they had to call the fire brigade; **ce problème fait ~ à des connaissances qu'il n'a pas** this problem calls for knowledge he hasn't got
ⓓ (= *vérification de présence*) (*en classe*) register; (*à l'armée*) roll call; **faire l'~** (*en classe*) to call the register (*Brit*), to take attendance (*US*); (*à l'armée*) to call the roll; **absent/présent à l'~** (= *recours en justice*) appeal; **faire ~ d'un jugement** to appeal against a judgment; **faire ~** to lodge an appeal; **sans ~** [*décision*] final
ⓔ (= *recours en justice*) appeal; **faire ~ d'un jugement** to appeal against a judgment; **faire ~** to lodge an appeal; **sans ~** [*décision*] final
ⓕ (*Mil* = *mobilisation*) call-up
ⓖ **~ (téléphonique)** call
ⓗ (*Cartes*) signal (**à** for); **faire un ~ à pique** to signal for a spade
ⓘ (= *élan*) take-off; **pied d'~** take-off foot
ⓙ (*Informatique*) call

2 COMP ♦ **appel d'air** intake of air; **ça fait ~ d'air** there's a draught (*Brit*) *ou* draft (*US*) ♦ **appel de fonds** call for capital ♦ **appel d'offres** invitation to tender ♦ **appel du pied** veiled appeal ♦ **appel (en) visio** (*Téléc*) video call

appelé /ap(ə)le/ NM (*Mil*) conscript; **il y a beaucoup d'~s et peu d'élus** many are called but few are chosen

appeler /ap(ə)le/ /TABLE 4/ **1** VT ⓐ (= *interpeller, faire venir, au téléphone*) to call; **~ le nom de qn** to call out sb's name; **~ qn à l'aide** *ou* **au secours** to call to sb for help; **le devoir m'appelle** (*hum*) duty calls; **le patron l'a fait ~** the boss sent for him; **~ qn par son prénom** to call sb by their first name; **~ les choses par leur nom** to call things by their rightful name; **~ un chat un chat** to call a spade a spade; **~ qn en justice** *ou* **à comparaître** to summon sb before the court
ⓑ (= *désigner*) **~ qn à** [+ *poste*] to appoint sb to; **être appelé à de nouvelles fonctions** to be assigned new duties; **être appelé à un brillant avenir** to be destined for a brilliant future; **la méthode est appelée à se généraliser** the method looks set to become widely used
ⓒ (= *réclamer*) [*situation, conduite*] to call for; **j'appelle votre attention sur ce problème** I call your attention to this problem; **les affaires l'appellent à Lyon** he has to go to Lyon on business
ⓓ [+ *carte*] to call for
ⓔ (*Informatique*) [+ *fichier*] to call

2 VI (= *crier*) to call out; **~ à l'aide** *ou* **au secours** to call for help; **j'en appelle à votre bon sens** I appeal to your common sense

3 VPR **s'appeler** ⓐ (= *être nommé*) to be called; **il s'appelle Paul** his name is Paul; **comment s'appelle cet oiseau ?** what's the name of this bird?; **comment ça s'appelle en français ?** what's that called in French?; **voilà ce qui s'appelle une gaffe !** now that's what I call a blunder!; **je te prête ce livre, mais il s'appelle Reviens !** I'll lend you this book but I want it back!
ⓑ [*personnes*] **on s'appelle ce soir (au téléphone)** you ring me or I'll ring you this evening

appellation /apelasjɔ̃/ NF appellation; (*littér* = *mot*) term; **~ d'origine** label of origin; **~ (d'origine) contrôlée** *label guaranteeing the origin of wine and cheese*; **vin d'~** wine carrying a guarantee of origin

appendice /apɛ̃dis/ NM appendix

appendicectomie /apɛ̃disɛktɔmi/ NF appendectomy

appendicite /apɛ̃disit/ NF appendicitis; **se faire opérer de l'~** to have one's appendix out

appentis /apɑ̃ti/ NM (= *bâtiment*) lean-to; (= *auvent*) sloping roof

appesantir (s') /apəzɑ̃tiʀ/ /TABLE 2/ VPR **s'~ sur un sujet** to dwell at length on a subject; **inutile de s'~** no need to dwell on that

appétissant, e /apetisɑ̃, ɑ̃t/ ADJ [*nourriture*] appetizing; (*hum*) [*personne*] delectable; **peu ~** unappetizing

appétit /apeti/ NM appetite; **avoir de l'~** *ou* **bon ~** to have a hearty appetite; **bon ~ !** (*hôte*) bon appétit!; (*serveur*) enjoy your meal!; **perdre l'~** to lose one's appetite; **ouvrir l'~ de qn** to give sb an appetite; **manger avec ~** to eat heartily; **~ sexuel** sexual appetite

applaudimètre /aplodimɛtʀ/ NM applause meter

applaudir /aplodiʀ/ /TABLE 2/ **1** VT to applaud; **applaudissons notre sympathique gagnant** let's give the winner a big hand **2** VI to clap; **~ à tout rompre** to bring the house down

applaudissements /aplodismɑ̃/ NMPL applause (*NonC*), clapping (*NonC*); **un tonnerre d'~** thunderous applause

applicable /aplikabl/ ADJ applicable; **être ~ à** to apply to; **ce règlement est difficilement ~** this rule is difficult to apply

applicateur /aplikatœʀ/ NM (= *dispositif*) applicator

application /aplikasjɔ̃/ NF ⓐ (= *pose*) [*de peinture, pommade*] application; **renouveler l'~ tous les jours** apply every day ⓑ (= *mise en pratique*) application; [*de peine, loi*] enforcement; [*de règlement, décision*] implementation; **mettre en ~** [+ *décision*] to implement; [+ *loi*] to enforce; [+ *théorie*] to put into practice; **entrer en ~** to come into force; **champ d'~** area of application ⓒ (= *attention*) application; **travailler avec ~** to work diligently ⓓ (*Informatique*) application

applique /aplik/ NF (= *lampe*) wall light

appliqué, e /aplike/ (*ptp d'***appliquer**) ADJ ⓐ [*personne*] hard-working; [*écriture*] careful ⓑ [*linguistique, mathématiques*] applied

appliquer /aplike/ /TABLE 1/ **1** VT ⓐ (= *poser*) [+ *peinture, revêtement, cataplasme*] to apply (**sur** to); **~ une échelle sur** *ou* **contre un mur** to lean a ladder against a wall ⓑ (= *mettre en pratique*) to apply; [+ *règlement, décision*] to implement; [+ *peine, loi*] to enforce; [+ *remède*] to administer; [+ *recette*] to use **2** VPR **s'appliquer** ⓐ (= *correspondre*) **s'~ à** to apply to ⓑ (= *s'acharner*) **s'~ à faire qch** to make every effort to do sth; **applique-toi !** make an effort!

appoint /apwɛ̃/ NM ⓐ (= *monnaie*) **l'~** the right money; **« prière de faire l'~ »** "exact change only please" ⓑ **radiateur d'~** extra heater

appointements /apwɛ̃tmɑ̃/ NMPL salary

apport /apɔʀ/ NM (= *contribution*) contribution; **l'~ de notre civilisation à l'humanité** our civilization's contribution to humanity; **~ calorique** calorie content

apporter /apɔʀte/ /TABLE 1/ VT to bring; [+ *preuve, solution*] to provide

---

► **apporter** *se traduira par* **to bring** *ou par* **to take** *suivant que le locuteur se trouve ou non à l'endroit en question.*

---

apporte-le-moi bring it to me; **apporte-le-lui** take it to him; **~ des modifications à un texte** to make changes to a text; **~ du soin à qch/à faire qch** to exercise care in sth/in doing sth; **leur enseignement m'a beaucoup apporté** I got a lot out of their teaching; **c'est le genre de commentaire qui n'apporte rien** it's the sort of comment that doesn't help

---

► *Generally* **apporter** *is used with things,* **amener** *with people.*

---

apposer /apoze/ /TABLE 1/ VT (*frm*) [+ *sceau, plaque*] to affix; [+ *signature*] to append (*frm*)

apposition /apozisjɔ̃/ NF ⓐ [*de mots*] apposition ⓑ [*de signature*] appending (*frm*)

appréciable /apʀesjabl/ ADJ ⓐ (= *assez important*) appreciable; **un nombre ~ de gens** a good many people

ⓑ (= *agréable*) [*qualité, situation*] pleasant; **c'est ~ de pouvoir se lever tard** it's nice to be able to get up late

appréciation /apʀesjasjɔ̃/ NF ⓐ (= *évaluation*) [*de distance, importance*] estimation; [*de prix*] estimate ⓑ (= *jugement*) **soumettre qch à l'~ de qn** to ask for sb's assessment of sth; **je laisse cela à votre ~** I leave you to judge for yourself; **commettre une erreur d'~** to be mistaken in one's assessment; **les ~s du professeur sur un élève** the teacher's assessment of a pupil ⓒ (= *augmentation*) [*de monnaie*] appreciation

apprécier /apʀesje/ /TABLE 7/ 1 VT ⓐ (= *évaluer*) [+ *distance, prix, importance*] to estimate ⓑ (= *discerner*) [+ *nuance*] to perceive ⓒ (= *aimer*) [+ *qualité, repas*] to appreciate; **~ qn** (= *le trouver sympathique*) to like sb; (= *l'estimer*) to appreciate sb; **je n'apprécie guère votre attitude** I don't like your attitude; **il n'a pas apprécié!** he didn't like that one bit! 2 VPR **s'apprécier** ⓐ (= *s'estimer*) to like each other ⓑ [*monnaie*] to appreciate

appréhender /apʀeɑ̃de/ /TABLE 1/ VT ⓐ (= *arrêter*) to apprehend ⓑ (= *redouter*) to dread; **~ (de faire) qch** to dread (doing) sth ⓒ (= *comprendre*) to grasp

appréhension /apʀeɑ̃sjɔ̃/ NF ⓐ (= *crainte*) apprehension; **envisager qch avec ~** to be apprehensive about sth ⓑ (= *compréhension*) apprehension

apprendre /apʀɑ̃dʀ/ /TABLE 58/ VT ⓐ [+ *leçon, métier*] to learn; **~ à lire/à nager** to learn to read/to swim; **~ à se servir de qch** to learn to use sth; **~ à connaître qn** to get to know sb; **il apprend vite** he's a quick learner

ⓑ [+ *nouvelle*] to hear; [+ *événement, fait*] to hear of; [+ *secret*] to be told (**de qn** by sb); **j'ai appris hier que ...** I heard yesterday that ...; **j'ai appris son arrivée par des amis** I heard of his arrival through friends

ⓒ (= *annoncer*) **~ qch à qn** to tell sb sth; **il m'a appris la nouvelle** he told me the news; **il m'apprend à l'instant qu'il va partir** he has just told me that he's going to leave; **vous ne m'apprenez rien!** you haven't told me anything I didn't know already!

ⓓ (= *enseigner*) **~ qch à qn** to teach sb sth, to teach sth to sb; **~ à qn à faire qch** to teach sb to do sth; **ça lui apprendra (à vivre)!** that'll teach him a lesson!

apprenti, **e** /apʀɑ̃ti/ NM,F [*de métier*] apprentice; (= *débutant*) beginner; **jouer à l'~ sorcier** to play God

apprentissage /apʀɑ̃tisaʒ/ NM (= *formation*) apprenticeship; **l'~ de l'anglais/de la lecture** learning English/to read; **être en ~** to be an apprentice (**chez** to); **faire son ~** to do one's training (**chez** with); **centre d'~** training school; **faire l'~ de la vie active** to have one's first experience of work

apprêt /apʀɛ/ NM ⓐ **couche d'~** (= *peinture*) coat of primer ⓑ (= *affectation*) **sans ~** unaffected; **elle est d'une beauté sans ~** she has a kind of natural beauty

apprêté, **e** /apʀete/ (*ptp d'***apprêter**) ADJ [*manière, style*] affected

apprêter /apʀete/ /TABLE 1/ 1 VT [+ *nourriture*] to prepare 2 VPR **s'apprêter** ⓐ **s'~ à qch/à faire qch** (= *se préparer*) to get ready for sth/to do sth; **nous nous apprêtions à partir** we were getting ready to leave ⓑ (= *faire sa toilette*) to get ready

appris, **e** /apʀi, apʀiz/ *ptp d'***apprendre**

apprivoisé, **e** /apʀivwaze/ (*ptp d'***apprivoiser**) ADJ tame

apprivoiser /apʀivwaze/ /TABLE 1/ 1 VT [+ *animal, personne difficile*] to tame; [+ *personne timide*] to bring out of his (*ou* her) shell 2 VPR **s'apprivoiser** [*animal*] to become tame

approbateur, **-trice** /apʀɔbatœʀ, tʀis/ ADJ approving

approbation /apʀɔbasjɔ̃/ NF approval; **donner son ~ à un projet** to give one's approval to a project

approchable /apʀɔʃabl/ ADJ [*personne*] approachable

approchant, **e** /apʀɔʃɑ̃, ɑ̃t/ ADJ similar; **quelque chose d'~** something like that

approche /apʀɔʃ/ NF ⓐ (= *arrivée*) approach; **à mon ~ il sourit** he smiled as I came up to him; **à l'~ de l'hiver** as winter approached; **à l'~ de la cinquantaine, il ...** as he approached fifty, he ... ⓑ (= *abord*) **être d'~ difficile**

[*personne*] to be unapproachable ⓒ (= *façon d'envisager*) approach; **l'~ de ce problème** the approach to this problem

approcher /apʀɔʃe/ /TABLE 1/ VT ⓐ [+ *objet*] to bring nearer; **~ une table d'une fenêtre** to move a table near to a window; **approche ta chaise** bring your chair nearer ⓑ [+ *personne*] to approach

♦ **approcher de** [+ *lieu*] to approach; **nous approchons du but** we're getting there; **il approche de la cinquantaine** he's getting on for (*Brit*) *ou* going on (*US*) fifty

2 VI to approach; **le jour approche où ...** the day is near when ...; **approchez, approchez!** come closer!

3 VPR **s'approcher** to approach; **il s'est approché pour me parler** he came up to speak to me; **l'enfant s'approcha de moi** the child came up to me; **ne t'approche pas de moi** don't come near me; **approche-toi!** come here!

approfondi, **e** /apʀɔfɔ̃di/ (*ptp d'***approfondir**) ADJ [*connaissances, étude*] thorough; [*débat*] in-depth

approfondir /apʀɔfɔ̃diʀ/ /TABLE 2/ VT [+ *question*] to go into; [+ *connaissances*] to improve; **il vaut mieux ne pas ~ le sujet** it's better not to go into the matter too closely; **sans ~ superficially**

appropriation /apʀɔpʀijasjɔ̃/ NF (*Droit*) appropriation

approprié, **e** /apʀɔpʀije/ (*ptp d'***approprier**) ADJ appropriate

approprier (s') /apʀɔpʀije/ /TABLE 7/ VPR [+ *bien, droit*] to appropriate

approuver /apʀuve/ /TABLE 1/ VT ⓐ (= *être d'accord avec*) to approve of; **il a démissionné et je l'approuve** he resigned, and I think he was right to ⓑ (= *avaliser*) [+ *comptes, médicament, procès-verbal, nomination*] to approve

approvisionnement /apʀɔvizjɔnmɑ̃/ NM (= *action*) supplying (**en, de** of); **~s** (= *réserves*) supplies

approvisionner /apʀɔvizjɔne/ /TABLE 1/ 1 VT [+ *magasin, commerçant*] to supply (**en, de** with); [+ *compte bancaire*] to pay money into; **ils sont bien approvisionnés en fruits** they are well supplied with fruit 2 VPR **s'approvisionner** to stock up (**en** with); **je m'approvisionne au supermarché** I shop at the supermarket

approximatif, **-ive** /apʀɔksimatif, iv/ ADJ [*calcul, évaluation, traduction*] rough; [*nombre, prix*] approximate; [*termes*] vague; **parler un français ~** to speak broken French

approximation /apʀɔksimasjɔ̃/ NF rough estimate; **par ~s successives** by trial and error

approximativement /apʀɔksimativmɑ̃/ ADV [*calculer, évaluer*] roughly; [*compter*] approximately

appui /apɥi/ NM support; **prendre ~ sur** [*personne*] to lean on; [*objet*] to rest on; **avoir l'~ de qn** to have sb's support

♦ **à l'appui** to back this up; **avec preuves à l'~** with evidence to back this up

appuie-tête (*pl* **appuie-tête(s)**) /apɥitɛt/ NM [*de voiture*] headrest

appuyé, **e** /apɥije/ (*ptp d'***appuyer**) ADJ **il m'a lancé un regard ~** he looked at me intently; **il a rendu un hommage ~ à son collègue** he paid a glowing tribute to his colleague

appuyer /apɥije/ /TABLE 8/ 1 VT ⓐ (= *poser*) [+ *objet, coudes*] to lean; **~ une échelle contre un mur** to lean a ladder against a wall

ⓑ (= *presser*) to press; **appuie ton doigt sur le pansement** press your finger on the dressing

ⓒ (= *soutenir*) [+ *personne, candidature*] to back; **~ la demande de qn** to back sb's request

2 VI ⓐ (= *presser sur*) **~ sur** [+ *bouton*] to press; [+ *gâchette*] to pull; **~ sur le champignon*** to step on the gas* ⓑ (= *reposer sur*) **~ sur** to rest on ⓒ (= *insister sur*) **~ sur** [+ *mot, syllabe*] to stress

3 VPR **s'appuyer** ⓐ (= *s'accoter*) **s'~ sur/contre** to lean on/against ⓑ (= *compter*) **s'~ sur** [+ *personne, autorité*] to lean on; **s'~ sur des découvertes récentes pour démontrer ...** to use recent discoveries to demonstrate ...

âpre /apʀ/ ADJ ⓐ [goût] acrid; [son, voix] harsh; [discussion] difficult; [concurrence] fierce; **après d'~s marchandages** after some intense haggling ⓑ **~ au gain** grasping

---

après /apʀɛ/

1 PRÉPOSITION	2 ADVERBE

1 PRÉPOSITION
ⓐ |temps| after; **venez ~ 8 heures** come after 8; **~ tout ce que j'ai fait pour lui** after everything I've done for him; **il est entré ~ elle** he came in after her; **jour ~ jour** day after day
♦ **après + infinitif: ~ avoir lu ta lettre, j'ai téléphoné à maman** when I'd read your letter, I phoned mother; **~ être rentré chez lui, il a bu un whisky** when he got home he had a whisky; **~ manger** after eating
♦ **après que** after; **~ que je l'ai quittée, elle a ouvert une bouteille de champagne** after I left her she opened a bottle of champagne
♦ **après coup** later; **~ coup, j'ai eu des remords** later I felt guilty; **il n'a réagi qu'~ coup** he didn't react until later
♦ **et après ?** (pour savoir la suite) and then what?; (pour marquer l'indifférence) so what?*
ⓑ |ordre| **sa famille passe ~ ses malades** his family comes second to his patients; **~ vous, je vous en prie** after you
♦ **après tout** after all; **~ tout, ce n'est qu'un enfant** after all he is only a child
ⓒ |lieu| after; **sa maison est juste ~ la mairie** his house is just after the town hall
ⓓ |objet| after; **le chien court ~ sa balle** the dog's running after his ball
ⓔ |personne|* at; **le chien aboyait ~ eux** the dog was barking at them; **il est furieux ~ eux** he's mad at them*; **~ qui en a-t-il ?** who has he got it in for?*; **il est toujours ~ elle** (harcèlement) he's always on at her*
ⓕ ♦ **d'après**: **portrait peint d'~ nature** portrait painted from life; **scénario d'~ un roman de Balzac** screenplay adapted from a novel by Balzac; **d'~ lui** according to him; **d'~ moi** in my opinion; **d'~ ce qu'il a dit** from what he said; **d'~ la météo** according to the weather forecast; **d'~ ma montre** by my watch

2 ADVERBE
ⓐ |temps| (= ensuite) afterwards; (= ensuite dans une série) next; (= plus tard) later; **venez me voir ~** come and see me afterwards; **longtemps ~** a long time afterwards; **le film ne dure qu'une demi-heure, qu'allons-nous faire ~ ?** the film only lasts half an hour, what are we going to do afterwards?; **~, je veux faire un tour de manège** next I want to go on the merry-go-round; **~, c'est ton tour** it's your turn next; **la semaine d'~** the following week; **deux jours ~** two days later; **deux semaines ~** two weeks later
ⓑ |lieu| **tu vois la poste ? sa maison est juste ~** do you see the post office? his house is just a bit further on; **c'est la rue d'~** it's the next street along
ⓒ |ordre| **qu'est-ce qui vient ~ ?** what next?

---

après-demain /apʀɛd(ə)mɛ̃/ ADV the day after tomorrow
après-guerre (pl **après-guerres**) /apʀɛgɛʀ/ NM **l'~** the post-war years; **d'~** post-war
après-midi /apʀɛmidi/ NM ou F INV afternoon; **dans l'~** in the afternoon
après-rasage (pl **après-rasages**) /apʀɛʀazaʒ/ **1** ADJ INV **lotion/mousse ~** aftershave lotion/mousse **2** NM aftershave
après-ski (pl **après-ski(s)**) /apʀɛski/ NM ⓐ (= chaussure) snow boot ⓑ (= loisirs) **l'~** après-ski
après-soleil /apʀɛsɔlɛj/ **1** ADJ INV after-sun **2** NM INV after-sun cream
après-vente /apʀɛvɑ̃t/ ADJ INV **service ~** after-sales service
âpreté /apʀəte/ NF [de goût] pungency; [de concurrence, critique] fierceness
a priori /apʀijɔʀi/ **1** ADV at first sight; **refuser qch ~** to re-

fuse sth out of hand; **tu es libre samedi ? — ~ oui** are you free on Saturday? — I should be **2** NM INV prejudice; **avoir des ~** to be prejudiced; **sans ~** with an open mind
à-propos /apʀɔpo/ NM (= présence d'esprit) presence of mind; [de remarque, acte] aptness; **avoir beaucoup d'~** to have the knack of saying the right thing; **avoir l'esprit d'~** to be quick off the mark
apte /apt/ ADJ **~ à qch** capable of sth; **~ à faire qch** capable of doing sth; **~ à exercer une profession** (intellectuellement) (suitably) qualified for a job; (physiquement) capable of doing a job; **~ (au service)** (Mil) fit for service
aptitude /aptityd/ NF (= faculté) ability; (= don) gift; **test d'~** aptitude test; **avoir de grandes ~s** to be very gifted
apurer /apyʀe/ /TABLE 1/ VT [+ comptes] to audit
aquagym /akwaʒim/ NM aquaerobics (sg)
aquarelle /akwaʀɛl/ NF (= technique) watercolours (Brit), watercolors (US); (= tableau) watercolour (Brit), watercolor (US)
aquarelliste /akwaʀelist/ NMF watercolourist (Brit), watercolorist (US)
aquarium /akwaʀjɔm/ NM aquarium
aquatique /akwatik/ ADJ [plante, oiseau] aquatic; **parc ~** water park
aqueduc /ak(ə)dyk/ NM (pour eau) aqueduct
aquilin, e /akilɛ̃, in/ ADJ aquiline
AR /aɛʀ/ NM (ABBR = accusé ou avis de réception) acknowledgement of receipt
arabe /aʀab/ **1** ADJ [nation, peuple] Arab; [art, langue, littérature] Arabic; **(cheval) ~** Arab (horse) **2** NM (= langue) Arabic **3** NM **Arabe** Arab **4** NF **Arabe** Arab woman (ou girl)
arabica /aʀabika/ NM arabica
Arabie /aʀabi/ NF Arabia; **~ Saoudite** Saudi Arabia; **le désert d'~** the Arabian desert
arable /aʀabl/ ADJ arable
arachide /aʀaʃid/ NF peanut
araignée /aʀeɲe/ NF ⓐ (= animal) spider; **~ de mer** spider crab ⓑ (= crochet) grapnel
araser /aʀaze/ /TABLE 1/ VT ⓐ (= mettre de niveau) to level; (en rabotant) to plane down ⓑ [+ relief] to erode
arbalète /aʀbalɛt/ NF crossbow
arbitrage /aʀbitʀaʒ/ NM ⓐ (dans différend) arbitration; (= sentence) ruling ⓑ (Boxe, Football, Rugby) refereeing; (Hockey, Tennis) umpiring; **erreur d'~** refereeing error, umpiring error
arbitraire /aʀbitʀɛʀ/ ADJ arbitrary
arbitrairement /aʀbitʀɛʀmɑ̃/ ADV arbitrarily
arbitre /aʀbitʀ/ NM ⓐ (Boxe, Football, Rugby) referee; (Hockey, Tennis) umpire; **faire l'~** to referee ou umpire; **~ de chaise** (Tennis) umpire ⓑ (= conciliateur) arbiter
arbitrer /aʀbitʀe/ /TABLE 1/ VT ⓐ [+ conflit] to arbitrate; [+ personnes] to arbitrate between ⓑ (Boxe, Football, Rugby) to referee; (Hockey, Tennis) to umpire
arboré, e /aʀbɔʀe/ ADJ [région] wooded; [jardin] planted with trees
arborer /aʀbɔʀe/ /TABLE 1/ VT [+ sourire] to wear; [+ air] to display; [+ décoration] to sport
arboriculture /aʀbɔʀikyltyʀ/ NF tree growing
arbre /aʀbʀ/ NM tree; **~ fruitier/d'ornement** fruit/ornamental tree ♦ **arbre à cames** camshaft ♦ **arbre généalogique** family tree; **faire son ~ généalogique** to draw up one's family tree ♦ **arbre de Noël** (= sapin) Christmas tree; (= fête d'entreprise) *Christmas party for employees' children* ♦ **arbre de transmission** propeller shaft
arbuste /aʀbyst/ NM shrub
arc /aʀk/ NM (= arme) bow; (Archit) arch ♦ **arc brisé** Gothic arch ♦ **arc de cercle** (= figure géométrique) arc of a circle; **en ~ de cercle** [disposés] in an arc ♦ **arc en plein cintre** Roman arch ♦ **arc de triomphe** triumphal arch
arcade /aʀkad/ NF arch; **~s** arches; **se promener sous les ~s** to walk underneath the arches ♦ **arcade sourcilière**

arch of the eyebrows; **il a une entaille à l'~ sourcilière** he's got a cut over his eye

arcane /aʀkan/ NM (= *mystère*) mystery

arc-boutant (*pl* **arcs-boutants**) /aʀkbutɑ̃/ NM flying buttress

arc-bouter (s') /aʀkbute/ /TABLE 1/ VPR to lean (**à, contre** against, **sur** on)

arc-en-ciel (*pl* **arcs-en-ciel**) /aʀkɑ̃sjɛl/ NM rainbow

archaïque /aʀkaik/ ADJ archaic

archaïsme /aʀkaism/ NM archaism

arche /aʀʃ/ NF ⓐ (= *voûte*) arch ⓑ **l'~ de Noé** Noah's Ark

archéologie /aʀkeɔlɔʒi/ NF archaeology (*Brit*), archeology (*US*)

archéologique /aʀkeɔlɔʒik/ ADJ archaeological (*Brit*), archeological (*US*)

archéologue /aʀkeɔlɔg/ NMF archaeologist (*Brit*), archeologist (*US*)

archet /aʀʃɛ/ NM bow

archétype /aʀketip/ NM archetype

archevêché /aʀʃəveʃe/ NM (= *palais*) archbishop's palace

archevêque /aʀʃəvɛk/ NM archbishop

archi * /aʀʃi/ PRÉF (= *extrêmement*) incredibly; **~bondé** *ou* **~comble** *ou* **~plein** chock-a-block*; **~connu** incredibly well-known

archipel /aʀʃipɛl/ NM archipelago

architecte /aʀʃitɛkt/ NMF architect; **~ d'intérieur** interior designer

architectural, e (*mpl* **-aux**) /aʀʃitɛktyʀal, o/ ADJ architectural

architecture /aʀʃitɛktyʀ/ NF architecture; (*fig*) structure

archiver /aʀʃive/ /TABLE 1/ VT to archive

archives /aʀʃiv/ NFPL archives; **je vais chercher dans mes ~** I'll look through my files

archiviste /aʀʃivist/ NMF archivist

arctique /aʀktik/ 1 ADJ [*région*] Arctic; **l'océan (glacial) Arctique** the Arctic ocean 2 NM **l'Arctique** the Arctic

ardent, e /aʀdɑ̃, ɑ̃t/ ADJ [*soleil*] blazing; [*foi*] passionate; [*passion, désir*] burning; [*prière*] fervent; [*jeunesse*] fiery; [*partisan*] ardent

ardeur /aʀdœʀ/ NF ardour (*Brit*), ardor (*US*); [*de partisan*] zeal; **son ~ au travail** his enthusiasm for work

ardoise /aʀdwaz/ NF (= *matière*) slate; (= *dette*)* unpaid bill

ardu, e /aʀdy/ ADJ [*travail*] arduous; [*problème*] difficult

are /aʀ/ NM 100m²

aréna /aʀena/ NF (*Can*) ice rink

arène /aʀɛn/ NF ⓐ (= *piste*) arena; **descendre dans l'~** (*fig*) to enter the arena ⓑ **~s** (*Archit*) amphitheatre (*Brit*), amphitheater (*US*)

arête /aʀɛt/ NF ⓐ [*de poisson*] fishbone; **c'est plein d'~s** it's full of bones ⓑ [*de cube, pierre*] edge; [*de toit*] ridge

argent /aʀʒɑ̃/ 1 NM ⓐ money (*NonC*); **il a de l'~** (= *il est riche*) he's got money; **il se fait un ~ fou*** he makes pots* of money; **l'~ de la drogue** drug money; **on en a pour son ~** it's good value for money; **jeter l'~ par les fenêtres** to throw money down the drain ■ (*PROV*) **l'~ ne fait pas le bonheur** money can't buy happiness

ⓑ (= *métal, couleur*) silver; **en ~** *ou* **d'~** silver

2 COMP ♦ **argent comptant** cash; **prendre qch pour ~ comptant** to take sth at face value ♦ **argent de poche** pocket money ♦ **argent liquide** cash ♦ **argent sale** dirty money

argenté, e /aʀʒɑ̃te/ ADJ [*couleur, cheveux*] silvery; **en métal ~** [*couverts*] silver-plated

argenterie /aʀʒɑ̃tʀi/ NF silverware; (*de métal argenté*) silver plate; **faire l'~** to clean the silver

argentin, e /aʀʒɑ̃tɛ̃, in/ 1 ADJ (= *d'Argentine*) Argentinian (*Brit*), Argentinian (*US*) 2 NM,F **Argentin(e)** Argentinian (*Brit*), Argentinian (*US*)

Argentine /aʀʒɑ̃tin/ NF Argentina

argentique /aʀʒɑ̃tik/ 1 ADJ (*Photo*) film 2 NM (= *appareil photo*) film camera

argile /aʀʒil/ NF clay

argot /aʀgo/ NM slang; **~ de métier** jargon

argotique /aʀgɔtik/ ADJ (= *de l'argot*) slang; (= *très familier*) slangy

argument /aʀgymɑ̃/ NM argument; **~ de vente** selling point

argumentaire /aʀgymɑ̃tɛʀ/ NM argument; (*Commerce*) sales leaflet

argumentation /aʀgymɑ̃tasjɔ̃/ NF argumentation

argumenter /aʀgymɑ̃te/ /TABLE 1/ VI (= *donner des raisons*) to argue (**sur** about)

argus /aʀgys/ NM **l'~ (de l'automobile)** *guide to secondhand car prices*

aride /aʀid/ ADJ dry; [*sol*] arid

aridité /aʀidite/ NF dryness; [*de sol*] aridity

aristocrate /aʀistɔkʀat/ NMF aristocrat

aristocratie /aʀistɔkʀasi/ NF aristocracy

aristocratique /aʀistɔkʀatik/ ADJ aristocratic

arithmétique /aʀitmetik/ 1 NF (= *science*) arithmetic 2 ADJ arithmetical

armada /aʀmada/ NF **une ~ de** a host of

armagnac /aʀmaɲak/ NM Armagnac

armateur /aʀmatœʀ/ NM (= *propriétaire*) shipowner

armature /aʀmatyʀ/ NF ⓐ [*de tente, parapluie*] frame; (= *infrastructure*) framework; **soutien-gorge à ~** underwired bra; **soutien-gorge sans ~** soft-cup bra ⓑ (*Musique*) key signature

arme /aʀm/ 1 NF ⓐ (= *instrument*) weapon; (= *fusil, revolver*) gun; **~s** weapons; **l'~ du crime** the murder weapon; **~ atomique** atomic weapon; **avoir l'~ nucléaire** to have nuclear weapons; **soldats en ~s** armed soldiers; **aux ~s!** to arms!; **~ à double tranchant** double-edged weapon; **~s de destruction massive** weapons of mass destruction

ⓑ (= *section d'armée*) arm; **dans quelle ~ sert-il?** which branch of the army does he serve in?

ⓒ (*locutions*) **prendre les ~s** (= *se soulever*) to rise up in arms; (*pour défendre son pays*) to take up arms; **déposer les ~s** to lay down one's arms; **faire ses premières ~s** to begin one's career; **à ~s égales** on equal terms; **passer qn par les ~s** to shoot sb by firing squad

2 NFPL **armes** (= *blason*) coat of arms

3 COMP ♦ **arme blanche** knife; **se battre à l'~ blanche** to fight with knives ♦ **arme à feu** firearm ♦ **arme de poing** handgun ♦ **arme de service** service revolver

armé, e /aʀme/ (*ptp d'***armer**) 1 ADJ [*personne, forces, conflit*] armed; **~ de** armed with; **être bien ~ pour faire qch/contre qch** to be well-equipped to do sth/against sth

2 NF **armée** army; **l'~e d'occupation/de libération** the occupying/liberating army; **être à l'~e** to be doing one's military service

3 COMP ♦ **l'armée de l'air** the Air Force ♦ **armée de métier** professional army ♦ **l'Armée républicaine irlandaise** the Irish Republican Army ♦ **l'Armée rouge** the Red Army ♦ **l'Armée du Salut** the Salvation Army ♦ **l'armée de terre** the Army

armement /aʀməmɑ̃/ NM ⓐ (= *action*) [*de pays, armée*] armament; [*de personne*] arming; [*de fusil*] cocking; [*d'appareil-photo*] winding-on ⓑ (= *armes*) arms; **la limitation des ~s** arms limitation ⓒ (= *équipement*) fitting-out

Arménie /aʀmeni/ NF Armenia

arménien, -ienne /aʀmenjɛ̃, jɛn/ 1 ADJ Armenian 2 NM (= *langue*) Armenian 3 NM,F **Arménien(ne)** Armenian

armer /aʀme/ /TABLE 1/ 1 VT ⓐ to arm (**de** with, **contre** against); **~ qn contre les difficultés de la vie** to equip sb to deal with life's difficulties ⓑ [+ *navire*] to fit out ⓒ [+ *fusil*] to cock; [+ *appareil-photo*] to wind on 2 VPR **s'armer** to arm o.s. (**de** with, **contre** against); **s'~ de courage** to summon up one's courage; **il faut s'~ de patience** you have to be patient

armistice /aʀmistis/ NM armistice; **l'Armistice** (= *fête*) Armistice Day

armoire /aʀmwaʀ/ NF cupboard; (= *penderie*) wardrobe ♦ **armoire frigorifique** cold store ♦ **armoire à glace** wardrobe with a mirror; (= *homme*)* great big guy* ♦ **armoire à linge** linen cupboard (*Brit*) *ou* closet (*US*) ♦ **armoire à pharmacie** medicine cabinet ♦ **armoire de toilette** bathroom cabinet

armoiries /aʀmwari/ NFPL coat of arms

armure /aʀmyʀ/ NF [*de soldat*] armour (*NonC*) (*Brit*), armor (*US*); **une ~** a suit of armour

armurerie /aʀmyʀʀi/ NF (= *magasin*) [*d'armes à feu*] gunsmith; [*d'armes blanches*] armourer (*Brit*), armorer (*US*)

armurier /aʀmyʀje/ NM [*d'armes à feu*] gunsmith; [*d'armes blanches*] armourer (*Brit*), armorer (*US*)

ARN /aɛʀɛn/ NM (ABBR = **acide ribonucléique**) RNA

arnaque * /aʀnak/ NF con*; **il a monté plusieurs ~s immobilières** he organized several property frauds; **c'est (de) l'~** it's a rip-off*

arnaquer * /aʀnake/ /TABLE 1/ VT to swindle; **je me suis fait ~ de 200 €** I was cheated out of 200 euros

arnaqueur, -euse * /aʀnakœʀ, øz/ NM,F con artist*

arobase /aʀɔbaz/ NF (= *symbole*) at symbol; **« paul ~ société point fr »** "paul at société dot fr"

aromate /aʀɔmat/ NM (= *herbe*) herb; (= *épice*) spice; **~s** seasoning (*NonC*); **ajoutez quelques ~s** add some seasoning

aromathérapie /aʀɔmateʀapi/ NF aromatherapy

aromatique /aʀɔmatik/ ADJ aromatic

aromatiser /aʀɔmatize/ /TABLE 1/ VT to flavour (*Brit*), to flavor (*US*); **aromatisé à la vanille** vanilla-flavoured

arôme, arome /aʀom/ NM [*de plat, café, vin*] aroma; [*de fleur*] fragrance; (= *goût*) flavour (*Brit*), flavor (*US*); (*ajouté à un aliment*) flavouring (*Brit*), flavoring (*US*); **crème ~ chocolat** chocolate-flavoured cream

arpège /aʀpɛʒ/ NM arpeggio

arpenter /aʀpɑ̃te/ /TABLE 1/ VT [+ *pièce, couloir*] to pace up and down

arpenteur /aʀpɑ̃tœʀ/ NM land surveyor

arqué, e /aʀke/ ADJ [*objet, sourcils*] arched; **il a les jambes ~es** he's bandy-legged

arrachage /aʀaʃaʒ/ NM [*de légume*] lifting; [*de plante, arbre*] uprooting; [*de dent*] extracting; **l'~ des mauvaises herbes** weeding

arraché /aʀaʃe/ NM (*Sport*) snatch; **il soulève 130 kg à l'~** he can do a snatch using 130kg; **obtenir la victoire à l'~** to snatch victory

arrachement /aʀaʃmɑ̃/ NM ⓐ (= *chagrin*) wrench ⓑ (= *déchirement*) tearing

arrache-pied /aʀaʃpje/ NM **d'~** [*travailler*] flat out; **on a travaillé d'~ pendant deux mois** we worked for two months flat out

arracher /aʀaʃe/ /TABLE 1/ 1 VT ⓐ [+ *légume*] to lift; [+ *plante*] to pull up; [+ *cheveux, poil, clou*] to pull out; [+ *dent*] to take out; **je vais me faire ~ une dent** I'm going to have a tooth out; **~ des mauvaises herbes** to pull up weeds
ⓑ (= *enlever*) [+ *chemise, membre*] to tear off; [+ *affiche*] to tear down; [+ *feuille, page*] to tear out (**de** *of*); **je vais lui ~ les yeux** I'll scratch his eyes out; **ça arrache (la gueule)**:* [*plat*] it'll blow your head off!*; [*boisson*] it's really rough!
ⓒ (= *prendre*) **~ à qn** [+ *portefeuille, arme*] to snatch from sb; **~ des larmes/un cri à qn** to make sb cry/cry out; **ils ont arraché la victoire à la dernière minute** they snatched victory at the last minute; **il lui arracha son sac à main** he snatched her handbag from her; **je lui ai arraché cette promesse** I dragged this promise out of him
ⓓ (= *soustraire*) **~ qn à** [+ *famille, pays*] to tear sb away from; [+ *passion, vice, soucis*] to rescue sb from; [+ *sommeil, rêve*] to drag sb from; [+ *sort, mort*] to snatch sb from

2 VPR **s'arracher** ⓐ **s'~ les cheveux** to tear one's hair out
ⓑ **on s'arrache leur dernier CD** everybody is desperate to get hold of their latest CD; **les cinéastes se l'arrachent** film

directors are falling over themselves to get him to act in their films
ⓒ **s'~ de** *ou* **à** [+ *pays*] to tear o.s. away from; [+ *lit*] to drag o.s. from

arraisonner /aʀɛzɔne/ /TABLE 1/ VT [+ *bateau*] to board

arrangeant, e /aʀɑ̃ʒɑ̃, ɑ̃t/ ADJ accommodating

arrangement /aʀɑ̃ʒmɑ̃/ NM ⓐ (= *action*) [*de fleurs, coiffure, voyage*] arranging ⓑ (= *agencement*) [*de mobilier, maison*] arrangement; [*de mots*] order ⓒ (= *accord*) arrangement; **arriver** *ou* **parvenir à un ~** to come to an arrangement ⓓ (*Musique*) arrangement

arranger /aʀɑ̃ʒe/ /TABLE 3/ 1 VT ⓐ (= *disposer*) to arrange; [+ *coiffure*] to tidy up; **~ sa cravate/sa jupe** to straighten one's tie/skirt
ⓑ (= *organiser*) to arrange; **il a tout arrangé pour ce soir** he has arranged everything for tonight
ⓒ (= *régler*) [+ *différend*] to settle; **il a essayé d'~ les choses** *ou* **le coup*** he tried to sort things out; **tout est arrangé** everything is settled; **et il est en retard, ce qui n'arrange rien !** and he's late, which doesn't help!
ⓓ (= *contenter*) to suit; **ça ne m'arrange pas tellement** it doesn't really suit me
ⓔ (= *réparer*) to fix; (= *modifier*) to alter
ⓕ (*Musique*) to arrange

2 VPR **s'arranger** ⓐ (= *se mettre d'accord*) to come to an arrangement
ⓑ (= *s'améliorer*) [*querelle*] to be settled; [*santé*] to get better; **le temps n'a pas l'air de s'~** it doesn't look as though the weather is getting any better; **tout va s'~** everything will work out all right; **il ne fait rien pour s'~** he doesn't do himself any favours
ⓒ (= *se débrouiller*) to manage; **arrangez-vous comme vous voudrez mais je les veux demain** I don't mind how you do it but I want them for tomorrow
ⓓ (= *se faire mal*)* **tu t'es bien arrangé !** you do look a mess!*

arrangeur, -euse /aʀɑ̃ʒœʀ, øz/ NM,F (= *musicien*) arranger

arrestation /aʀɛstasjɔ̃/ NF arrest; **ils ont procédé à une douzaine d'~s** they made a dozen arrests; **procéder à l'~ de qn** to arrest sb; **être/mettre en état d'~** to be/place under arrest

arrêt /aʀɛ/ 1 NM ⓐ [*de machine, véhicule, développement, croissance*] stopping; **attendez l'~ complet du train** wait until the train has come to a complete stop; **cinq minutes d'~** a five-minute stop; **« ~s fréquents »** (*sur véhicule*) "frequent stops"; **être à l'~** [*véhicule, conducteur*] to be stationary; **faire un ~** [*train*] to stop; [*gardien de but*] to make a save; **marquer un ~ avant de continuer à parler** to pause before speaking again; **~ pipi*** loo stop* (*Brit*), bathroom break (*US*); **donner un coup d'~ à** to check; **il a gagné par ~ de l'arbitre** (*Boxe*) he won on a stoppage
♦ **en arrêt** : **rester** *ou* **tomber en ~** [*chien*] to point; [*personne*] to stop short; **être en ~** [*chien*] to be pointing (**devant** at); [*personne*] to stand transfixed (**devant** before)
♦ **sans arrêt** (= *sans interruption*) [*travailler, pleuvoir*] without stopping; (= *très fréquemment*) [*se produire, se détraquer*] constantly
ⓑ (= *lieu*) stop; **~ d'autobus** bus stop; **~ facultatif** request stop
ⓒ (= *décision juridique*) judgment
ⓓ (*sur magnétoscope*) **~ sur image** freeze frame

2 NMPL **arrêts** : **mettre aux ~s** [+ *soldat*] to put under arrest

3 COMP ♦ **arrêt du cœur** cardiac arrest ♦ **l'arrêt des hostilités** the cessation of hostilities ♦ **arrêt de jeu** stoppage; **jouer les ~s de jeu** to play injury time ♦ **arrêt (de) maladie** sick leave; **être en ~ maladie** to be on sick leave ♦ **arrêt de mort** death warrant ♦ **arrêt de travail** (= *grève*) stoppage; (= *congé de maladie*) sick leave; (= *certificat*) medical certificate

arrêté, e /aʀete/ (*ptp d'***arrêter**) 1 ADJ firm 2 NM (= *décision administrative*) order; **~ ministériel** ministerial order; **~ municipal** ≈ bylaw

arrêter /aʀete/ /TABLE 1/ 1 VT ⓐ (= *immobiliser*) to stop; **arrêtez-moi près de la poste** drop me off by the post office

ⓑ (= *entraver*) to stop; **on n'arrête pas le progrès!** the wonders of modern science!

ⓒ (= *abandonner*) [+ *études, compétition, sport*] to give up; **on a dû ~ les travaux à cause de la neige** we had to stop work because of the snow

ⓓ (= *faire prisonnier*) to arrest; **je vous arrête!** you're under arrest!

ⓔ (= *fixer*) [+ *jour, lieu, plan*] to decide on; **il a arrêté son choix** he's made his choice

ⓕ [+ *malade*] to give sick leave to; **elle est arrêtée depuis trois semaines** she's been on sick leave for three weeks

ⓖ [+ *compte*] (= *fermer*) to settle; (= *relever*) to make up; **les comptes sont arrêtés chaque fin de mois** statements are made up at the end of every month

2 VI to stop; **~ de fumer** to stop smoking; **il n'arrête pas** he just never stops; **il n'arrête pas de critiquer tout le monde** he never stops criticizing people; **arrête!** stop it!

3 VPR **s'arrêter** ⓐ (= *s'immobiliser*) to stop; **s'~ net** to stop suddenly; **le train s'arrête pas à toutes les gares** the train doesn't stop at every station

ⓑ (= *s'interrompre*) to stop; **s'~ pour se reposer/pour manger** to stop for a rest/to eat; **sans s'~** without stopping

ⓒ (= *cesser*) [*développement, croissance*] to stop; **s'~ de manger/fumer** to stop eating/smoking; **l'affaire ne s'arrêtera pas là!** you (*ou* they *etc*) haven't heard the last of this!

ⓓ **s'~ sur** [*choix, regard*] to fall on; **s'~ à des détails** to worry about details; **arrêtons-nous un instant sur ce tableau** let us pause over this picture for a moment

arrhes /aʀ/ NFPL deposit; **verser des ~** to pay a deposit

arriération /aʀjeʀasjɔ̃/ NF retardation

arrière /aʀjɛʀ/ **1** NM ⓐ [*de voiture*] back; [*de bateau*] stern; [*de train*] rear; **à l'~** (*d'un bateau*) at the stern; **se balancer d'avant en ~** to rock backwards and forwards

ⓑ (= *joueur*) fullback; **~ gauche/droit** (*Football*) left/right back; (*Basket*) left/right guard

♦ **en arrière** (= *derrière*) behind; (= *vers l'arrière*) backwards; **être/rester en ~** to be/lag behind; **regarder en ~** to look back; **faire un pas en ~** to step back; **se pencher en ~** to lean back; **en ~ toute!** (*sur bateau*) full astern!; **revenir en ~** to go back; (*avec magnétophone*) to rewind; (*dans ses pensées*) to look back; **renverser la tête en ~** to tilt one's head back; **le chapeau en ~** his hat tilted back; **avoir les cheveux en ~** to have one's hair brushed back; **en ~! vous gênez** stand back! you're in the way

2 NFPL **arrières** (*d'une armée*) the rear; **assurer ses ~s** (*fig*) to leave o.s. a way out

3 ADJ INV **roue/feu** rear wheel/light; **siège ~** [*de voiture*] back seat; [*de moto*] pillion → **machine, marche**

arriéré, e /aʀjeʀe/ **1** ADJ [*région, pays*] backward; [*méthodes*] out-of-date; **~ mental** mentally retarded **2** NM (= *choses à faire, travail*) backlog; (= *paiement*) arrears

arrière-boutique (*pl* **arrière-boutiques**) /aʀjɛʀbutik/ NF **l'~** the back of the shop

arrière-cuisine (*pl* **arrière-cuisines**) /aʀjɛʀkɥizin/ NF scullery

arrière-garde (*pl* **arrière-gardes**) /aʀjɛʀgaʀd/ NF rearguard; **livrer un combat d'~** to fight a rearguard action

arrière-goût (*pl* **arrière-goûts**) /aʀjɛʀgu/ NM aftertaste

arrière-grand-mère (*pl* **arrière-grands-mères**) /aʀjɛʀgʀɑ̃mɛʀ/ NF great-grandmother

arrière-grand-père (*pl* **arrière-grands-pères**) /aʀjɛʀgʀɑ̃pɛʀ/ NM great-grandfather

arrière-grands-parents /aʀjɛʀgʀɑ̃paʀɑ̃/ NMPL great-grandparents

arrière-pays /aʀjɛʀpei/ NM INV hinterland; **dans l'~ niçois** in the countryside inland of Nice

arrière-pensée (*pl* **arrière-pensées**) /aʀjɛʀpɑ̃se/ NF (= *motif inavoué*) ulterior motive; (= *réserves, doute*) reservation; **je l'ai dit sans ~** I had no ulterior motive when I said it

arrière-petite-fille (*pl* **arrière-petites-filles**) /aʀjɛʀpətitfij/ NF great-granddaughter

arrière-petit-fils (*pl* **arrière-petits-fils**) /aʀjɛʀpətifis/ NM great-grandson

arrière-petits-enfants /aʀjɛʀpətizɑ̃fɑ̃/ NMPL great-grandchildren

arrière-plan (*pl* **arrière-plans**) /aʀjɛʀplɑ̃/ NM background; **à l'~** in the background

arrière-saison (*pl* **arrière-saisons**) /aʀjɛʀsɛzɔ̃/ NF end of autumn (*Brit*), late fall (*US*)

arrière-salle (*pl* **arrière-salles**) /aʀjɛʀsal/ NF back room; [*de café, restaurant*] inner room

arrière-train (*pl* **arrière-trains**) /aʀjɛʀtʀɛ̃/ NM hindquarters

arrimer /aʀime/ /TABLE 1/ VT (*sur bateau*) to stow

arrivage /aʀivaʒ/ NM [*de marchandises*] consignment

arrivant, e /aʀivɑ̃, ɑ̃t/ NM,F newcomer; **nouvel ~** newcomer

arrivée /aʀive/ NF ⓐ arrival; [*de course, coureur*] finish; **« ~s »** "arrivals"; **contactez-nous à votre ~ à l'aéroport** contact us when you arrive at the airport; **à son ~ chez lui** when he arrived home; **à l'~** [*de course*] at the finish; **j'irai l'attendre à l'~ du train** I'll go and get him at the station; **à leur ~ au pouvoir** when they came to power ⓑ **~ d'air/d'eau/de gaz** (= *robinet*) air/water/gas inlet; (= *processus*) inflow of air/water/gas

arriver /aʀive/ /TABLE 1/

► **arriver** is conjugated with **être**.

1 VI ⓐ (*au terme d'un voyage*) to arrive; **~ à** [+ *ville*] to get to; **~ en France** to arrive in France; **nous sommes arrivés** we're here; **le train doit ~ à 6 heures** the train is due to arrive at 6 o'clock; **réveille-toi, on arrive!** wake up, we're almost there!; **~ le premier** (*à une course*) to come in first; (*à une soirée, une réception*) to arrive first; **les premiers arrivés** the first to arrive

ⓑ (= *approcher*) [*saison, nuit, personne, véhicule*] to come; **~ en courant** to run up; **j'arrive!** I'm coming!; **le train arrive en gare** the train is coming into the station; **l'air arrive par ce trou** the air comes in through this hole

ⓒ (= *atteindre*) **~ à** to reach; **la nouvelle est arrivée jusqu'à nous** the news has reached us; **le lierre arrive jusqu'au 1er étage** the ivy goes up to the 1st floor; **l'eau lui arrivait (jusqu')aux genoux** the water came up to his knees; **et le problème des salaires? — j'y arrive** and what about the wages problem? — I'm just coming to that; **il ne t'arrive pas à la cheville** he can't hold a candle to you; **~ au pouvoir** to come to power

ⓓ (= *réussir*) **~ à** (+ *infinitif*) to manage to; **pour ~ à lui faire comprendre qu'il a tort** to get him to understand he's wrong; **il n'arrive pas à le comprendre** he can't understand it; **je n'arrive pas à faire ce devoir** I can't do this exercise; **tu y arrives?** how are you getting on?; **je n'y arrive pas** I can't manage it; **~ à ses fins** to achieve one's ends; **il n'arrivera jamais à rien** he'll never achieve anything

ⓔ (= *atteindre une réussite sociale*) to succeed; **il se croit arrivé** he thinks he's arrived*

ⓕ (= *se produire*) to happen; **c'est arrivé hier** it happened yesterday; **ce sont des choses qui arrivent** these things happen; **tu n'oublies jamais? — ça m'arrive** don't you ever forget? — yes, sometimes; **cela ne m'arrivera plus!** I won't let it happen again!; **ça devait lui ~** he had it coming to him*

ⓖ ♦ **en arriver à** (= *finir par*) to come to; **on n'en est pas encore arrivé là!** (*résultat négatif*) we've not reached that stage yet!; (*résultat positif*) we've not got that far yet!; **on en arrive à se demander si ...** it makes you wonder whether ...; **c'est triste d'en ~ là** it's sad to be reduced to that

2 VB IMPERS **il est arrivé un accident** there's been an accident; **il lui est arrivé un accident** he's had an accident; **quoi qu'il arrive** whatever happens; **comme il arrive souvent** as often happens

♦ **il arrive que/de** : **il m'arrive d'oublier** I sometimes forget; **il peut lui ~ de se tromper** she does occasionally make a mistake; **il m'est arrivé plusieurs fois de le voir** I have seen him *ou* it several times; **il ne lui arrive pas souvent de mentir** he doesn't often lie

arriviste /aʀivist/ NMF careerist; (*social*) social climber

arrobase /aʀɔbaz/ NF, **arrobas** /aʀɔba/ NM (*en informatique*) "at" sign

arrogance /aʀɔgɑ̃s/ NF arrogance

arrogant, e /aʀɔgɑ̃, ɑ̃t/ ADJ arrogant

arroger (s') /aʀɔʒe/ /TABLE 3/ VPR [+ *pouvoirs, privilèges*] to assume (without right); [+ *titre*] to claim; **s'~ le droit de ...** to assume the right to ...

arrondi, e /aʀɔ̃di/ (*ptp d'***arrondir**) ADJ round

arrondir /aʀɔ̃diʀ/ /TABLE 2/ 1 VT ⓐ [+ *objet, contour*] to make round; [+ *rebord, angle*] to round off; [+ *visage, taille, ventre*] to fill out; **~ les angles** (*fig*) to smooth things over ⓑ (= *accroître*) **~ ses fins de mois** to supplement one's income ⓒ (= *simplifier*) [+ *somme, nombre*] to round off; **~ à l'euro inférieur/supérieur** to round down/up to the nearest euro 2 VPR **s'arrondir** [*taille, ventre, personne*] to fill out

arrondissement /aʀɔ̃dismɑ̃/ NM district

> ⓘ **ARRONDISSEMENT**
>
> *Marseilles, Lyon and Paris are divided into city districts known as* **arrondissements,** *each with its own local council (the "conseil d'arrondissement") and mayor. The number of the* **arrondissement** *appears in addresses at the end of the post code.*
>
> *The French metropolitan and overseas "départements" are divided into over 300 smaller administrative areas. These are also known as* **arrondissements.**

arrosage /aʀozaʒ/ NM [*de pelouse*] watering; [*de voie publique*] spraying; **cette plante nécessite des ~s fréquents** this plant needs frequent watering

arroser /aʀoze/ /TABLE 1/ VT ⓐ [*personne*] [+ *plante, terre*] to water; [+ *champ*] to spray; [+ *rôti*] to baste; **~ qch d'essence** to pour petrol (*Brit*) ou gasoline (*US*) over sth; **arrosez d'huile d'olive** drizzle with olive oil; **c'est la ville la plus arrosée de France** it is the wettest city in France; **se faire ~*** to get drenched ⓑ [*fleuve*] to water ⓒ [+ *événement, succès*]* to drink to; [+ *repas*]* to wash down*; **après un repas bien arrosé** after a meal washed down with plenty of wine; **tu as gagné, ça s'arrose !** you've won - that calls for a drink! ⓓ [*satellite*] to cover ⓔ (= *soudoyer*)* to grease the palm of

arroseur /aʀozœʀ/ NM [*de jardin*] waterer; (= *tourniquet*) sprinkler

arrosoir /aʀozwaʀ/ NM watering can

arsenal (*pl* **-aux**) /aʀsənal, o/ NM arsenal; **~ (de la marine** ou **maritime)** naval dockyard

arsenic /aʀsənik/ NM arsenic

> ★ *The final* **c** *is pronounced.*

art /aʀ/ 1 NM ⓐ (= *esthétique, technique*) art; **l'~ pour l'~** art for art's sake; **livre/critique d'~** art book/critic; **un homme de l'~** a man in the profession; **le septième ~** cinema; **le huitième ~** television; **le neuvième ~** comic strips ⓑ (= *adresse*) skill; **c'est tout un ~** it's quite an art; **il a l'~ et la manière** he knows what he's doing and he does it in style; **il a l'~ de dire des bêtises** he has a talent for talking nonsense 2 COMP ♦ **art déco** Art Deco ♦ **l'art dramatique** drama ♦ **art nouveau** Art Nouveau ♦ **arts appliqués** decorative arts ♦ **arts décoratifs** decorative arts ♦ **arts graphiques** graphic arts ♦ **arts martiaux** martial arts ♦ **les Arts ménagers** (*salon*) ≈ the Ideal Home Exhibition ♦ **les Arts et Métiers** *higher education institute for industrial art and design* ♦ **les arts plastiques** the visual arts ♦ **les arts de la rue** street performance ♦ **art de vivre** way of life

Arte /aʀte/ N *Franco-German cultural television channel*

artère /aʀtɛʀ/ NF [*de corps*] artery; **(grande) ~** (= *route*) main road

artériel, -ielle /aʀteʀjɛl/ ADJ arterial

arthrite /aʀtʀit/ NF arthritis; **avoir de l'~** to have arthritis

arthrose /aʀtʀoz/ NF osteoarthritis

Arthur /aʀtyʀ/ NM Arthur; **le roi ~** King Arthur

artichaut /aʀtiʃo/ NM artichoke

article /aʀtikl/ 1 NM ⓐ (= *produit*) item; **nous ne faisons plus cet ~** we don't stock that item any more; **faire l'~** (*pour vendre qch*) to give the sales pitch ⓑ [*de journal*] article; [*de dictionnaire*] entry ⓒ (= *chapitre*) point; [*de loi, traité*] article ⓓ (= *déterminant*) article; **~ défini** definite article; **~ indéfini** indefinite article ⓔ **à l'~ de la mort** at death's door 2 COMP ♦ **article de fond** [*de journal*] feature ♦ **articles de bureau** office accessories ♦ **articles de consommation courante** convenience goods ♦ **articles de mode** fashion accessories ♦ **articles de sport** (= *vêtements*) sportswear; (= *objets*) sports equipment ♦ **articles de toilette** toiletries ♦ **articles de voyage** travel goods

articulation /aʀtikylasjɔ̃/ NF ⓐ [*d'os*] joint; [*de pièces*] articulation ⓑ (= *prononciation*) articulation

articulé, e /aʀtikyle/ (*ptp d'***articuler**) ADJ [*objet*] jointed; [*poupée*] poseable; **autobus ~** articulated bus

articuler /aʀtikyle/ /TABLE 1/ 1 VT ⓐ [+ *mot*] (= *prononcer clairement*) to articulate; (= *dire*) to pronounce; **il articule mal** he doesn't articulate clearly; **articule !** speak clearly! ⓑ (= *joindre*) [+ *idées*] to link 2 VPR **s'articuler : son discours s'articule autour de deux thèmes** his speech centres on two themes

artifice /aʀtifis/ NM trick; **~ de calcul** trick of arithmetic; **sans ~(s)** [*présentation*] simple; [*s'exprimer*] straightforwardly

artificiel, -ielle /aʀtifisjɛl/ ADJ artificial; [*fibre*] manmade

artificiellement /aʀtifisjɛlmɑ̃/ ADV artificially

artificier /aʀtifisje/ NM (= *fabricant*) firework manufacturer; (*pour désamorçage*) bomb disposal expert

artillerie /aʀtijʀi/ NF artillery; **~ lourde** heavy artillery

artisan /aʀtizɑ̃/ NM ⓐ (= *patron*) artisan; **~ boulanger** baker ⓑ [*d'accord, politique, victoire*] architect; **~ de la paix** peacemaker

artisanal, e (*mpl* **-aux**) /aʀtizanal, o/ ADJ [*production*] (= *limitée*) small-scale; (= *traditionnelle*) traditional; **entreprise ~e** small company; **foire ~e** craft fair; **il exerce une activité ~e** he's a self-employed craftsman; **la fabrication se fait de manière très ~** (*traditionnellement*) the style of production is very traditional; (*à petite échelle*) the style of production is very much that of a cottage industry; **bombe de fabrication ~e** home-made bomb; **produits artisanaux** handicrafts

artisanalement /aʀtizanalmɑ̃/ ADV **fabriqué ~** [*pain, fromage*] made using traditional methods; [*objet*] handcrafted

artisanat /aʀtizana/ NM (= *métier*) craft industry; **l'~ local** (= *industrie*) local handicrafts; **l'~ d'art** arts and crafts

artiste /aʀtist/ NMF artist; (= *interprète*) performer; **~ de cinéma** film actor ou actress; **~ peintre** artist

artiste-interprète (*pl* **artistes-interprètes**) /aʀtistɛ̃tɛʀpʀɛt/ NMF writer and performer

artistique /aʀtistik/ ADJ artistic

ARTT NM (ABBR = **accord sur la réduction du temps de travail**) agreement on the reduction of working hours

arum /aʀɔm/ NM arum lily

as /as/ NM ⓐ (= *carte, dé*) ace; **l'as** (*Hippisme, au loto*) number one; **être plein aux as*** to be loaded* ⓑ (= *champion*)* ace*; **un as de la route** a crack driver

ASA /aza/ NM INV (ABBR = **American Standards Association**) (*Photo*) ASA

ascendance /asɑ̃dɑ̃s/ NF (*généalogique*) ancestry

ascendant, e /asɑ̃dɑ̃, ɑ̃t/ 1 ADJ [*mouvement, direction*] upward; [*courant, trait*] rising 2 NM ⓐ (= *influence*) ascendancy (*sur* over); **être sous l'~ de qn** to be under sb's influence ⓑ (= *famille*) **~s** ancestors ⓒ (*Astrol*) ascendant

ascenseur /asɑ̃sœʀ/ NM lift (*Brit*), elevator (*US*); (*en informatique*) scroll bar

ascension /asɑ̃sjɔ̃/ NF ascent; (*sociale*) rise; **l'Ascension** the Ascension; (= *jour férié*) Ascension Day; ~ **professionnelle** professional advancement; **faire l'~ d'une montagne** to climb a mountain

ascensionnel, -elle /asɑ̃sjɔnɛl/ ADJ **vitesse ~le** climbing speed

ascèse /asɛz/ NF asceticism

ascète /asɛt/ NMF ascetic

ASCII /aski/ NM (ABBR = **American Standard Code for Information Interchange**) ASCII

aseptisé, e /aseptize/ (*ptp d'***aseptiser**) ADJ [*univers, images, produit*] sanitized; [*document, discours*] impersonal; [*relation entre personnes*] sterile

aseptiser /aseptize/ /TABLE 1/ VT [+ *pansement, ustensile*] to sterilize; [+ *plaie*] to disinfect

asiatique /azjatik/ **1** ADJ Asian; **le Sud-Est ~** South-East Asia; **la communauté ~ de Paris** the Far Eastern community in Paris **2** NMF **Asiatique** Asian

Asie /azi/ NF Asia; ~ **Mineure** Asia Minor; ~ **centrale** Central Asia

asile /azil/ NM ⓐ (= *institution*) ~ **psychiatrique** mental home; ~ **de nuit** night shelter ⓑ (= *refuge*) refuge; (*dans une église*) sanctuary; **demander ~ à qn** to ask sb for refuge; **demander l'~ politique** to seek political asylum; **droit d'~** (*politique*) right of asylum; **sans ~** homeless

asocial, e (*mpl* **-iaux**) /asɔsjal, jo/ **1** ADJ [*comportement*] antisocial **2** NM,F social misfit

aspartame /aspartam/ NM aspartame

aspect /aspɛ/ NM ⓐ (= *allure*) [*de personne, objet, paysage*] appearance ⓑ [*de question*] aspect; **vu sous cet ~** seen from that angle; **j'ai examiné le problème sous tous ses ~s** I considered all aspects of the problem ⓒ [*de verbe*] aspect

asperge /aspɛrʒ/ NF asparagus; **(grande) ~*** (= *personne*) beanpole*

asperger /aspɛrʒe/ /TABLE 3/ VT [+ *surface*] to spray; [+ *personne*] to splash (**de** with); **s'~ le visage** to splash one's face with water; **se faire ~*** (*par une voiture*) to get splashed; (*par un arroseur*) to get wet

aspérité /asperite/ NF (= *partie saillante*) bump

asphalte /asfalt/ NM asphalt

asphyxie /asfiksi/ NF suffocation; (*Méd*) asphyxia; **l'économie est au bord de l'~** the economy is at its last gasp

asphyxier /asfiksje/ /TABLE 7/ **1** VT [+ *personne*] to suffocate; [+ *économie*] to stifle; **mourir asphyxié** to die of suffocation **2** VPR **s'asphyxier** (*accident*) to suffocate

aspic /aspik/ NM ⓐ (= *serpent*) asp ⓑ (= *plat en gelée*) ~ **de volaille** chicken in aspic

aspirant, e /aspirɑ̃, ɑ̃t/ **1** NM,F (= *candidat*) candidate (**à** for) **2** NM (= *militaire*) officer cadet

aspirateur /aspiratœr/ NM (*domestique*) vacuum cleaner; (*à usage médical, technique*) aspirator; **passer l'~** to vacuum; **passer ou donner un coup d'~ dans la voiture** to give the car a quick going-over with the vacuum cleaner

aspiration /aspirasjɔ̃/ NF ⓐ (*en inspirant*) inhaling (*NonC*); **de longues ~s** long deep breaths ⓑ [*de liquide*] sucking ⓒ (= *ambition*) aspiration (**à** for, after); (= *souhait*) desire (**à** for)

aspiré, e /aspire/ (*ptp d'***aspirer**) ADJ **h ~** aspirate h

aspirer /aspire/ /TABLE 1/ **1** VT [+ *air, odeur*] to inhale; [+ *liquide*] to suck up **2** VT INDIR ♦ **aspirer à** [+ *honneur, titre*] to aspire to; [+ *genre de vie, tranquillité*] to desire

aspirine /aspirin/ NF aspirin; **(comprimé ou cachet d')aspirine** aspirin

assagir /asaʒir/ /TABLE 2/ **1** VT (= *calmer*) [+ *personne*] to quieten (*Brit*) ou quiet (*US*) down **2** VPR **s'assagir** [*personne*] to quieten (*Brit*) ou quiet (*US*) down

assaillant, e /asajɑ̃, ɑ̃t/ NM,F assailant

assaillir /asajir/ /TABLE 13/ VT to assail; **assailli de questions** bombarded with questions

assainir /asenir/ /TABLE 2/ VT [+ *quartier, logement*] to

clean up; [+ *marécage*] to drain; [+ *air, eau*] to purify; [+ *finances, marché*] to stabilize; **la situation s'est assainie** the situation has become healthier

assainissement /asenismɑ̃/ NM [*de quartier, logement*] cleaning up; [*de marécage*] draining; [*d'air, eau*] purification; [*de finances, marché*] stabilization; **des travaux d'~** drainage work

assaisonnement /asɛzɔnmɑ̃/ NM seasoning

assaisonner /asɛzɔne/ /TABLE 1/ VT (*avec sel, poivre, épices*) to season (**de, avec** with); (*avec huile, citron*) to dress (**de, avec** with)

assassin /asasɛ̃/ NM murderer; [*d'homme politique*] assassin; **à l'~ !** murder!

assassinat /asasina/ NM murder; [*d'homme politique*] assassination

assassiner /asasine/ /TABLE 1/ VT to murder; [+ *homme politique*] to assassinate

assaut /aso/ NM assault (**de** on); (*Boxe, Escrime*) bout; **donner l'~ à** ou **monter à l'~ de** to launch an attack on; **à l'~ !** charge!; **partir à l'~ de** to attack; **prendre d'~** [*armée*] to take by storm; **les librairies étaient prises d'~** the bookshops were besieged

assèchement /asɛʃmɑ̃/ NM (*avec pompe*) draining; (= *processus naturel*) [*de terrain*] drying out; [*de réservoir*] drying up

assécher /aseʃe/ /TABLE 6/ **1** VT [+ *terrain*] (*avec pompe*) to drain; [*vent, évaporation*] to dry out; [+ *réservoir*] (*avec pompe*) to drain; [*vent, évaporation*] to dry up **2** VPR **s'assécher** [*cours d'eau, réservoir*] to dry up

ASSEDIC /asedik/ NFPL (ABBR = **Association pour l'emploi dans l'industrie et le commerce**) *organization managing unemployment insurance payments*

assemblage /asɑ̃blaʒ/ NM ⓐ (= *action*) assembling; [*de robe, pull-over*] sewing together ⓑ (= *structure*) structure ⓒ (= *réunion*) [*de couleurs, choses, personnes*] collection

assemblée /asɑ̃ble/ NF gathering; (= *réunion convoquée*) meeting; (*politique*) assembly; **l'~ des fidèles** the congregation; ~ **générale** general meeting; **l'Assemblée (nationale)** the French National Assembly; **l'Assemblée parlementaire européenne** the European Parliament

---

> ⓘ **ASSEMBLÉE NATIONALE**
>
> The term **Assemblée nationale** has been used to refer to the lower house of the French parliament since 1946, though the old term "la Chambre des députés" is sometimes still used. Its members are elected in the "élections législatives" for a five-year term. It has similar legislative powers to the House of Commons in Britain and the House of Representatives in the United States. Sittings of the **Assemblée nationale** are public, and take place in a semi-circular amphitheatre (l'Hémicycle) in the Palais Bourbon.
> → DÉPUTÉ ; ÉLECTION
>
> ▷ www.assemblee-nationale.fr

---

assembler /asɑ̃ble/ /TABLE 1/ **1** VT ⓐ (= *réunir*) [+ *données, matériaux*] to gather; [+ *comité*] to assemble ⓑ (= *joindre*) [+ *idées, meuble, machine, puzzle*] to assemble; [+ *pull, robe*] to sew together; [+ *couleurs, sons*] to put together **2** VPR **s'assembler** [*foule*] to gather; [*conseil, groupe*] to assemble

assener, asséner /asene/ /TABLE 5/ VT [+ *argument*] to put forward; ~ **un coup à qn** to deal sb a blow

assentiment /asɑ̃timɑ̃/ NM (= *consentement*) assent; (= *approbation*) approval; **donner son ~ à** to give one's assent to

asseoir /aswar/ /TABLE 26/ **1** VT ⓐ (= *mettre assis*) ~ **qn** (*personne debout*) to sit sb down; (*personne couchée*) to sit sb up; ~ **un enfant sur ses genoux** to sit a child on one's knee; **faire ~ qn** to ask sb to sit down; **faire ~ ses invités** to ask one's guests to sit down
ⓑ (= *affermir*) [+ *réputation, autorité, théorie*] to establish; ~ **sa réputation sur qch** to build one's reputation on sth
ⓒ (= *stupéfier*)* to stagger

2 VPR **s'asseoir** [*personne debout*] to sit down; [*personne couchée*] to sit up; **asseyez-vous donc** do sit down; **asseyez-vous par terre** sit on the floor; **il n'y a rien pour s'~** there's nothing to sit on; **le règlement, je m'assieds dessus !** you know what you can do with the rules!

assermenté, e /asɛʀmɑ̃te/ ADJ [*témoin*] sworn

assertion /asɛʀsjɔ̃/ NF assertion

asservir /asɛʀviʀ/ /TABLE 2/ VT [+ *personne*] to enslave; [+ *pays*] to subjugate

assez /ase/ ADV ⓐ (= *suffisamment*) enough; **tu as ~ mangé** you've eaten enough; **c'est bien ~ grand** it's quite big enough; **il est ~ idiot pour refuser !** he's stupid enough to refuse!; **il n'est pas ~ sot pour le croire** he's not stupid enough to believe it; **ça a ~ duré !** this has gone on long enough!; **est-ce que 50 € c'est ~ ?** is 50 euros enough?; **~ parlé !** that's enough talk!

♦ **assez de** enough; **avez-vous acheté ~ de pain/ d'oranges ?** have you bought enough bread/oranges?; **j'en ai ~ de trois** three will be enough for me

♦ **en avoir assez** to have had enough; **j'en ai (plus qu')assez de tes jérémiades*** I've had (more than) enough of your moaning

ⓑ (= *plutôt*) quite; **la situation est ~ inquiétante** the situation is quite worrying

assidu, e /asidy/ ADJ [*présence, client, lecteur*] regular; [*soins, effort*] constant; [*travail, personne*] diligent; [*relations*] sustained; **élève/employé ~** pupil/employee with a good attendance record

assiduité /asidɥite/ NF (= *ponctualité*) regularity; **son ~ aux cours** his regular attendance at classes

assidûment /asidymɑ̃/ ADV assiduously

assiéger /asjeʒe/ /TABLE 3 *et* 6/ VT to besiege; (= *harceler*) to mob; **à Noël les magasins sont assiégés** the shops are mobbed at Christmas

assiette /asjɛt/ 1 NF ⓐ (= *plat*) plate ⓑ [*de cavalier*] seat; **il n'est pas dans son ~ aujourd'hui*** he's not feeling himself today ⓒ (= *base*) ~ **fiscale** *ou* **de l'impôt/de la TVA** tax/VAT base; **l'~ des cotisations sociales** *the basis on which social security contributions are assessed*

2 COMP ♦ **assiette anglaise** *ou* **de charcuterie** assorted cold meats ♦ **assiette composée** mixed salad (*of cold meats and vegetables*) ♦ **assiette creuse** soup plate ♦ **assiette à dessert** dessert plate ♦ **assiette plate** dinner plate ♦ **assiette à soupe** soup plate

assignation /asiɲasjɔ̃/ NF ~ **(en justice)** writ; ~ **(à comparaître)** [*de prévenu*] summons; [*de témoin*] subpoena; ~ **à résidence** house arrest

assigner /asiɲe/ /TABLE 1/ VT ⓐ (= *attribuer*) to assign; [+ *valeur, importance*] to attach; [+ *cause, origine*] to ascribe (**à** to) ⓑ (= *fixer*) [+ *limite*] to set (**à** to); ~ **un objectif à qn** to set sb a goal ⓒ (= *citer*) ~ **qn (à comparaître)** to summons sb; ~ **qn (en justice)** to serve a writ on sb; ~ **qn à résidence** to put sb under house arrest

assimilation /asimilasjɔ̃/ NF assimilation

assimilé, e /asimile/ (*ptp d'***assimiler**) 1 ADJ (= *similaire*) similar; **farines et produits ~s** flour and related products 2 NM **les cadres et ~s** management and employees of similar status

assimiler /asimile/ /TABLE 1/ VT ⓐ (= *absorber*) to assimilate; **un élève qui assimile bien** a pupil who assimilates things easily ⓑ (= *identifier*) ~ **qn/qch à** to compare sb/sth to; (= *classer comme*) to put sb/sth into the same category as 2 VPR **s'assimiler** [*aliments, personnes*] to assimilate

assis, e /asi, iz/ (*ptp d'***asseoir**) ADJ sitting; **position** *ou* **station ~e** sitting position; **être ~** to be sitting down; **nous étions très bien/mal ~** (*sur des chaises*) we had very comfortable/uncomfortable seats; (*par terre*) we were very comfortably/uncomfortably seated; **rester ~** to remain seated; **nous sommes restés ~ pendant des heures** we sat for hours; **reste ~ !** (*ne bouge pas*) sit still!; ~ **!** (*à un chien*) sit!

assises /asiz/ NFPL ⓐ [*de tribunal*] assizes; (= *congrès*) conference

assistanat /asistana/ NM ⓐ (= *enseignement*) assistantship ⓑ (= *soutien*) support; (*péj*) mollycoddling; (= *aide financière*) assistance; (*péj*) handouts

assistance /asistɑ̃s/ 1 NF ⓐ (= *assemblée*) audience; [*de messe*] congregation ⓑ (= *aide*) assistance; **donner** *ou* **prêter ~ à qn** to give sb assistance 2 COMP ♦ **assistance judiciaire** legal aid ♦ **assistance médicale (gratuite)** (free) medical care ♦ **l'Assistance publique** ≈ the health and social security services; **les hôpitaux de l'Assistance publique** ≈ NHS hospitals ♦ **assistance respiratoire** artificial respiration ♦ **assistance technique** technical aid

assistant, e /asistɑ̃, ɑ̃t/ NM,F (= *aide*) assistant; (*à l'université*) ≈ assistant lecturer (*Brit*), ≈ teaching assistant (*US*); ~ **(de langue)** language assistant; **le directeur et son ~e** the manager and his personal assistant ♦ **assistante maternelle** child minder (*Brit*) ♦ **assistant personnel** (= *ordinateur de poche*) PDA ♦ **assistante sociale** social worker; (*dans une école*) school counsellor

assisté, e /asiste/ (*ptp d'***assister**) 1 ADJ ⓐ [*personne*] on benefit (*Brit*), on welfare (*US*) ⓑ ~ **par ordinateur** computer-assisted 2 NM,F **les ~s** (*recevant une aide financière*) people on benefit (*Brit*) *ou* welfare (*US*); **il a une mentalité d'~** he can't do anything for himself

assister /asiste/ /TABLE 1/ 1 VT (= *aider*) to assist; (*financièrement*) to give aid to 2 ♦ **assister à** [+ *cérémonie, conférence*] to attend; [+ *match, spectacle*] to be at; [+ *dispute*] to witness; **il a assisté à l'accouchement de sa femme** he was there when his wife had the baby; **vous pourrez ~ en direct à cet événement** you'll be able to see the event live; **on assiste à ...** there is ...; **on assiste à une augmentation de la violence** violence is on the increase

⚠ **assister à** ≠ **to assist at**

associatif, -ive /asɔsjatif, iv/ ADJ [*réseau*] of charities; **le mouvement ~** charities; **la vie associative** community life

association /asɔsjasjɔ̃/ NF ⓐ (= *société*) association; ~ **de consommateurs** consumer group; ~ **de malfaiteurs** criminal conspiracy ⓑ [*d'idées, images*] association; [*de couleurs, intérêts*] combination ⓒ (= *participation*) association; (= *partenariat*) partnership; **travailler en ~** to work in partnership

associé, e /asɔsje/ (*ptp d'***associer**) 1 ADJ [*assistant, professeur*] visiting; **membre ~** associate member 2 NM,F associate; ~ **principal** senior partner

associer /asɔsje/ /TABLE 7/ 1 VT ⓐ to associate; (= *allier*) to combine ⓑ (= *faire participer*) ~ **qn à** [+ *profits*] to give sb a share of; [+ *affaire*] to make sb a partner in 2 VPR **s'associer** ⓐ (= *s'allier*) [*entreprises*] to form a partnership; **s'~ à** *ou* **avec** to join with ⓑ (= *participer*) **s'~ à** [+ *projet*] to join in; [+ *douleur*] to share in ⓒ (= *s'adjoindre*) **s'~ qn** to take sb on as a partner

assoiffé, e /aswafe/ ADJ thirsty

assombrir /asɔ̃bʀiʀ/ /TABLE 2/ 1 VT ⓐ (= *obscurcir*) to darken ⓑ (= *attrister*) [+ *personne*] to fill with gloom; [+ *visage, avenir, voyage*] to cast a shadow over 2 VPR **s'assombrir** ⓐ [*ciel, pièce, couleur*] to darken ⓑ [*personne*] to become gloomy; [*visage, regard*] to cloud over; **la situation s'est assombrie** the situation has become gloomier

assommant, e* /asɔmɑ̃, ɑ̃t/ ADJ (= *ennuyeux*) deadly boring*

assommer /asɔme/ /TABLE 1/ VT [+ *animal*] to stun; [+ *personne*] to knock out; (*moralement*) to crush; (= *ennuyer*)* to bore stiff*

Assomption /asɔ̃psjɔ̃/ NF **l'~** the Assumption; (= *jour férié*) Assumption Day

assorti, e /asɔʀti/ (*ptp d'***assortir**) ADJ ⓐ (= *en harmonie*) **un couple bien/mal ~** a well-/badly-matched couple; **être ~ à** to match; **chemise avec cravate ~e** shirt with matching tie ⓑ [*bonbons*] assorted; **« hors-d'œuvre ~s »** "assortment of hors d'œuvres"

assortiment /asɔʀtimɑ̃/ NM assortment; [*de livres*] collection

assortir /asɔʀtiʀ/ /TABLE 2/ VT ⓐ (= *accorder*) to match (**à**

to) (b) (= *accompagner*) ~ **qch de** to accompany sth with (c) [+ *magasin*] to stock (**de** with)

assoupi, e /asupi/ (*ptp d'***assoupir**) ADJ dozing

assoupir (s') /asupiʀ/ /TABLE 2/ VPR to doze off

assouplir /asupliʀ/ /TABLE 2/ VT [+ *cuir, membre, corps*] to make supple; [+ *règlements, mesures*] to relax; ~ **les horaires** to produce a more flexible timetable

assouplissant /asuplisɑ̃/ NM ~ **textile** fabric softener

assouplissement /asuplismɑ̃/ NM **faire des exercices d'~** to limber up; **l'~ de la politique monétaire** the relaxing of monetary policy

assourdir /asuʀdiʀ/ /TABLE 2/ VT (a) (= *rendre sourd*) to deafen (b) (= *amortir*) to deaden

assourdissant, e /asuʀdisɑ̃, ɑ̃t/ ADJ deafening

assouvir /asuviʀ/ /TABLE 2/ VT to satisfy

assujetti, e /asyʒeti/ ADJ [*peuple*] subjugated; ~ **à** subject to; ~ **à l'impôt** liable to tax

assumer /asyme/ /TABLE 1/ 1 VT (a) (= *prendre*) [+ *responsabilité, rôle*] to assume; [+ *tâche*] to take on; [+ *commandement*] to take over; [+ *rôle*] to fulfil; ~ **la responsabilité de faire qch** to take it upon oneself to do sth; ~ **les frais de qch** to meet the cost of sth (b) (= *accepter*) to accept; **tu as voulu te marier, alors assume!** you wanted to get married, so you'll just have to take the consequences! 2 VPR **s'assumer** to come to terms with o.s.

assurance /asyʀɑ̃s/ 1 NF (a) (= *contrat*) insurance; **contrat d'~** insurance policy; **compagnie d'~s** insurance company; **prendre une ~ contre qch** to take out insurance against sth (b) (= *garantie*) assurance; **donner à qn l'~ que ...** to assure sb that ...; **il veut avoir l'~ que tout se passera bien** he wants to be sure that everything will go well; **veuillez agréer l'~ de ma considération distinguée** *ou* **de mes sentiments dévoués** yours faithfully (c) (= *confiance en soi*) self-assurance; **avoir de l'~** to be self-assured; **prendre de l'~** to gain self-assurance; **parler avec ~** to speak confidently

2 COMP ♦ **assurance automobile** car insurance ♦ **assurance chômage** unemployment insurance; **le régime d'~ chômage** the state unemployment insurance scheme ♦ **assurance incendie** fire insurance ♦ **assurance maladie** health insurance; **régime d'~ maladie** health insurance scheme ♦ **assurances sociales** ≈ social security ♦ **assurance tous risques** comprehensive insurance ♦ **assurance vie** life insurance ♦ **assurance vieillesse** pension scheme

assuré, e /asyʀe/ (*ptp d'***assurer**) 1 ADJ (a) (= *certain*) certain; [*situation, fortune*] assured; **son avenir est ~** his future is assured (b) (= *sûr de soi*) [*air, démarche*] confident; [*voix, main, pas*] steady; **mal ~** [*voix*] shaky 2 NM,F policyholder; ~ **social** person paying social security contributions

assurément /asyʀemɑ̃/ ADV (*frm*) most certainly; **~, cela présente des difficultés** this does indeed present difficulties

assurer /asyʀe/ /TABLE 1/ 1 VT (a) (= *affirmer*) to assure; ~ **à qn que ...** to assure sb that ...; **cela vaut la peine, je vous assure** it's worth it, I assure you; **je t'assure!** really!; ~ **qn de qch** to assure sb of sth; **sa participation nous est assurée** we have been assured he will take part (b) (*par contrat*) to insure; ~ **qn sur la vie** to give sb life insurance; **faire ~ qch** to insure sth; **être assuré** to be insured (c) (= *garantir*) to ensure; [+ *avenir, fortune*] to secure; [+ *revenu*] to provide; **ce but leur a assuré la victoire** this goal ensured their victory (d) (= *effectuer*) [+ *contrôles, travaux*] to carry out; **l'avion qui assure la liaison entre Genève et Aberdeen** the plane that operates the liaison between Geneva and Aberdeen; ~ **sa propre défense** (*au tribunal*) to conduct one's own defence; ~ **la direction d'un service** to be in charge of a department (e) [+ *alpiniste*] to belay

2 VI (= *être à la hauteur*)* to be very good; **ne pas ~** to be no good*; **je n'assure pas du tout en allemand** I'm absolutely useless* at German

3 VPR **s'assurer** (a) (= *vérifier*) **s'~ que/de qch** to make sure that/of sth; **assure-toi qu'on n'a rien volé** make sure nothing has been stolen; **je vais m'en ~** I'll make sure (b) (= *contracter une assurance*) to insure o.s.; **s'~ sur la vie** to take out life insurance (c) (= *obtenir*) to secure; **s'~ le contrôle de** to take control of (d) [*alpiniste*] to belay o.s.

assureur /asyʀœʀ/ NM (= *agent*) insurance agent; (= *société*) insurance company

astérisque /asteʀisk/ NM asterisk

astéroïde /asteʀɔid/ NM asteroid

asthmatique /asmatik/ ADJ, NMF asthmatic

asthme /asm/ NM asthma

asticot /astiko/ NM maggot

asticoter * /astikɔte/ /TABLE 1/ VT to needle

astigmate /astigmat/ ADJ astigmatic

astiquer /astike/ /TABLE 1/ VT to polish

astre /astʀ/ NM star

astreignant, e /astʀɛɲɑ̃, ɑ̃t/ ADJ [*travail*] demanding

astreindre /astʀɛ̃dʀ/ /TABLE 49/ 1 VT ~ **qn à faire qch** to oblige sb to do sth; ~ **qn à une discipline sévère** to force a strict code of discipline on sb 2 VPR **s'astreindre : s'~ à faire qch** to force o.s. to do sth

astreinte /astʀɛ̃t/ NF (= *obligation*) constraint; **être d'~** to be on call

astringent, e /astʀɛ̃ʒɑ̃, ɑ̃t/ ADJ, NM astringent

astrologie /astʀɔlɔʒi/ NF astrology

astrologique /astʀɔlɔʒik/ ADJ astrological

astrologue /astʀɔlɔg/ NMF astrologer

astronaute /astʀɔnot/ NMF astronaut

astronome /astʀɔnɔm/ NMF astronomer

astronomie /astʀɔnɔmi/ NF astronomy

astronomique /astʀɔnɔmik/ ADJ astronomical

astuce /astys/ NF (= *truc*) trick; **c'est ça l'~!** that's the clever part!

astucieux, -ieuse /astysjø, jøz/ ADJ clever

asymétrique /asimetʀik/ ADJ asymmetrical

atchoum /atʃum/ EXCL atishoo!

atelier /atəlje/ NM (a) [*d'artisan, usine*] workshop; [*d'artiste*] studio; [*de couturières*] workroom; [*de haute couture*] atelier; ~ **de fabrication** workshop (b) [*d'élèves*] workgroup; (*dans un colloque*) workshop; **les enfants travaillent en ~s** the children work in small groups

atermoyer /atɛʀmwaje/ /TABLE 8/ VI to procrastinate

athée /ate/ 1 ADJ atheistic 2 NMF atheist

athénée /atene/ NM (*Belg* = *lycée*) ≈ secondary school (*Brit*), ≈ high school (*US*)

Athènes /atɛn/ N Athens

athlète /atlɛt/ NMF athlete; **corps d'~** athletic body

athlétique /atletik/ ADJ athletic

athlétisme /atletism/ NM athletics (*NonC*) (*Brit*), track and field events (*US*); ~ **sur piste** track athletics

atlantique /atlɑ̃tik/ 1 ADJ Atlantic 2 NM **l'Atlantique** the Atlantic

atlas /atlɑs/ NM (a) (= *livre*) atlas (b) **l'Atlas** the Atlas Mountains

atmosphère /atmɔsfɛʀ/ NF atmosphere; ~ **de fête** festive atmosphere

atmosphérique /atmɔsfeʀik/ ADJ atmospheric

atoll /atɔl/ NM atoll

atome /atom/ NM atom; **avoir des ~s crochus avec qn** to hit it off with sb*

atomique /atɔmik/ ADJ atomic

atomisé, e /atɔmize/ (*ptp d'***atomiser**) NM,F **les ~s d'Hiroshima** the victims of the Hiroshima bomb

atomiser /atɔmize/ /TABLE 1/ VT [+ *marché, société*] to break up

atomiseur /atɔmizœʀ/ NM spray

atout /atu/ NM ⓐ (*Cartes*) trump; **on jouait ~ cœur** hearts were trumps ⓑ (= *avantage*) asset; (= *carte maîtresse*) trump card; **avoir tous les ~s (dans son jeu)** to hold all the aces

âtre /atʀ/ NM hearth

atroce /atʀɔs/ ADJ atrocious; [*douleur*] excruciating; [*mort, sort, vengeance*] terrible

atrocement /atʀɔsmã/ ADV atrociously; [*mauvais, ennuyeux*] excruciatingly

atrocité /atʀɔsite/ NF atrocity; [*de spectacle*] ghastliness; **dire des ~s sur qn** to say awful things about sb

atrophie /atʀɔfi/ NF atrophy

atrophié, e /atʀɔfje/ (*ptp d'atrophier*) ADJ atrophied

atrophier (s') /atʀɔfje/ /TABLE 7/ VPR [*membres, muscle*] to waste away; (*fig*) to degenerate

attabler (s') /atable/ /TABLE 1/ VPR (*pour manger*) to sit down at the table; **s'~ à la terrasse d'un café** to sit at a table outside a café

attachant, e /ataʃã, ãt/ ADJ [*enfant*] endearing; [*film, roman*] captivating

attache /ataʃ/ NF ⓐ (*en ficelle*) piece of string; (*en métal*) clip; (= *courroie*) strap ⓑ (= *lien*) tie; **avoir des ~s dans une région** to have family ties in a region; **point d'~** [*de bateau*] mooring; (*fig*) base

attaché, e /ataʃe/ (*ptp d'attacher*) 1 ADJ ⓐ (= *lié d'affection*) **~ à** attached to; **pays très ~ à son indépendance** country that sets great store by its independence ⓑ (= *inhérent*) **les avantages ~s à ce poste** the benefits that go with the position 2 NM,F attaché 3 COMP ♦ **attaché culturel** cultural attaché ♦ **attaché de presse** press attaché

attaché-case (*pl* **attachés-cases**) /ataʃekɛz/ NM attaché case

attachement /ataʃmã/ NM attachment (**à** to); (*à une politique, à une cause*) commitment (**à** to)

attacher /ataʃe/ /TABLE 1/ 1 VT ⓐ (= *lier*) [+ *animal, plante, prisonnier*] to tie up; (*plusieurs choses ensemble*) to tie together; [+ *papiers*] to attach; **~ une étiquette à une valise** to tie a label onto a case; **il attacha sa victime sur une chaise** he tied his victim to a chair; **~ les mains d'un prisonnier** to tie a prisoner's hands together; **est-ce bien attaché?** is it securely tied?
ⓑ (= *fermer*) [+ *ceinture, robe, volets*] to fasten; [+ *lacets, chaussures*] to tie; [+ *fermeture, bouton*] to do up; **veuillez ~ votre ceinture** please fasten your seatbelts
ⓒ (= *attribuer*) to attach; **~ de la valeur ou du prix à qch** to attach great value to sth

2 VI [*plat*] to stick; **poêle qui n'attache pas** non-stick frying pan

3 VPR **s'attacher** ⓐ to fasten; **ça s'attache derrière** it fastens at the back
ⓑ (= *se prendre d'affection pour*) **s'~ à** to become attached to
ⓒ (= *s'appliquer*) **s'~ à faire qch** to make every effort to do sth

attaquant, e /atakã, ãt/ NM,F attacker

attaque /atak/ 1 NF ⓐ attack (**contre, de** on); [*de banque, train, magasin*] raid; **lancer ou mener une ~ contre** to launch an attack on; **aller ou monter à l'~** to go into the attack; **à l'~!** attack!; **passer à l'~** to move onto the attack; **elle a été l'objet de violentes ~s dans la presse** she came in for severe criticism from the press; **avoir une ~** (*cardiaque*) to have a heart attack; (*hémorragie cérébrale*) to have a stroke; (*d'épilepsie*) to have a fit
ⓑ (*Sport*) attack; [*de coureur*] spurt; **il a lancé une ~ à 15 km de l'arrivée** he put on a spurt 15km from the finishing line; **repartir à l'~** to go back on the attack
ⓒ ♦ **d'attaque*** on form; **il n'est pas d'~ ce matin** he's not on form this morning; **se sentir d'~ pour faire qch** to feel up to doing sth

2 COMP ♦ **attaque aérienne** air raid ♦ **attaque cardiaque** heart attack ♦ **attaque à main armée** hold-up; **commettre une ~ à main armée contre une banque** to hold up a bank

attaquer /atake/ /TABLE 1/ VT ⓐ to attack; [+ *jugement, testament*] to contest; **~ qn en justice** to take sb to court

ⓑ (= *affronter*) [+ *difficulté*] to tackle; [+ *chapitre*] to make a start on; [+ *discours*] to launch into; [+ *dossier, projet*] to start work on; [+ *morceau de musique*] to strike up; **il a attaqué les hors-d'œuvre*** he got going on* the hors d'œuvres 2 VI (*Sport*) to attack; [*coureur*] to put on a spurt 3 VPR **s'attaquer: s'~ à** to attack; **s'~ à plus fort que soi** to take on someone who is more than one's match

attarder (s') /ataʀde/ /TABLE 1/ VPR to linger behind; **s'~ chez des amis** to stay on at friends'; **s'~ au café** to linger at a café; **ne nous attardons pas ici** let's not stay any longer; **s'~ sur une description** to linger over a description; **je ne m'~ai pas sur le sujet** I won't dwell on that

atteindre /atɛdʀ/ /TABLE 49/ VT ⓐ to reach; [*pierre, balle, tireur*] to hit; **~ son but** [*personne*] to reach one's goal; [*mesure*] to fulfil its purpose; [*missile*] to hit its target; **il a atteint la cible** he hit the target; **cette tour atteint 30 mètres** the tower is 30 metres high; **la corruption y atteint des proportions incroyables** corruption there has reached incredible proportions
ⓑ (= *toucher psychologiquement*) [*événement, maladie, reproches*] to affect; **les reproches ne l'atteignent pas** criticism bounces off him; **il a été atteint dans son amour-propre** his pride has been hurt

atteint, e /atɛ̃, ɛ̃t/ 1 ADJ ⓐ (= *malade*) ill; **être ~ de leucémie** to be suffering from leukaemia; **le poumon est légèrement ~** the lung is slightly affected; **il est gravement ~** he is seriously ill; **les malades les plus ~s** the worst cases
ⓑ (= *fou*)* touched*

2 NF **atteinte** (= *préjudice*) attack; **~e à l'ordre public** breach of the peace; **~e à la sûreté de l'État** offence against national security; **~e à la vie privée** invasion of privacy; **porter ~e à** [+ *vie privée*] to invade; [+ *ordre public*] to disrupt; **porter ~e à la réputation de qn** to damage sb's reputation
♦ **hors d'atteinte** out of reach; (*fig*) beyond reach; **hors d'~e de** [+ *projectile*] out of range of

attelage /atlaʒ/ NM ⓐ (= *harnachement*) [*de chevaux*] harness; [*de remorque*] coupling ⓑ (= *équipage de chevaux*) team

atteler /at(ə)le/ /TABLE 4/ 1 VT [+ *cheval*] to harness; [+ *bœuf*] to yoke; [+ *charrette, remorque*] to hitch up; **~ qn à un travail** to put sb on a job 2 VPR **s'atteler: s'~ à** [+ *travail*] to get down to

attelle /atɛl/ NF (*pour membre*) splint

attenant, e /at(ə)nã, ãt/ ADJ (= *contigu*) adjoining; **la maison ~e à la mienne** the house next door

attendre /atãdʀ/ /TABLE 41/ 1 VT ⓐ [*personne*] to wait for; **il attend de voir** he's waiting to see; **attends la fin du film** wait until the film is over; **nous attendons qu'il vienne** we are waiting for him to come; **aller ~ qn au train** to go and meet sb off the train; **il est venu m'~ à la gare** he came to meet me at the station; **j'attends le week-end avec impatience** I'm looking forward to the weekend; **j'ai attendu deux heures** I waited for two hours; **attendez un instant** wait a moment; **attendez un peu!** wait a second!; (*menace*) just you wait!; **qu'est-ce qu'on attend pour partir?** what are we waiting for?; **on ne t'attendait plus** we had given up on you; **êtes-vous attendu?** are you expected?; **il attend son heure** he's biding his time; **l'argent qu'il me doit, je l'attends toujours** I'm still waiting for the money he owes me
♦ **en attendant** (= *pendant ce temps*) in the meantime; (= *en dépit de cela*) all the same; **on ne peut rien faire en attendant de recevoir sa lettre** we can't do anything until we get his letter; **en attendant qu'il revienne, je vais vite faire une course** while I'm waiting for him to come back I'm going to go down to the shop; **en attendant, c'est moi qui fais tout!** all the same, it's me that does everything!
ⓑ [*voiture*] to be waiting for; [*mauvaise surprise, sort*] to be in store for
ⓒ (= *escompter*) [+ *personne, chose*] to expect; **~ qch de qn/ qch** to expect sth from sb/sth; **on attendait beaucoup de ces pourparlers** great things were expected of the talks;

j'attendais mieux de cet élève I expected better of this pupil
(d) **~ un enfant** ou **un bébé** ou **~ famille** (Belg) to be expecting a baby; **ils attendent la naissance pour le 10 mai** the baby is due on 10 May
(e) ◆ **attendre après*** [+ chose] to be in a hurry for; [+ personne] to be waiting for; **l'argent que je t'ai prêté, je n'attends pas après** I'm not desperate for the money I lent you; **je n'attends pas après lui!** I can get along without him!

2 VI to wait; (= se conserver) to keep; **attends, je vais t'expliquer** wait, let me explain; **attendez voir!** let me see; **vous attendez ou vous voulez rappeler plus tard?** will you hold or do you want to call back later?; **tu peux toujours ~!** you'll be lucky!; **ce travail peut ~** this work can wait; **sans plus ~** straight away; **il faut agir sans plus ~** we must act straight away
◆ **faire attendre** : **faire ~ qn** to keep sb waiting; **se faire ~** to be a long time coming; **il aime se faire ~** he likes to keep people waiting; **leur riposte ne se fit pas ~** they didn't take long to retaliate

3 VPR **s'attendre** (a) [personnes] to wait for each other
(b) **s'~ à qch** to expect sth; **il ne s'attendait pas à gagner** he wasn't expecting to win; **avec lui on peut s'~ à tout** you never know what to expect with him; **Lionel! si je m'attendais (à te voir ici)!*** Lionel, fancy meeting you here!; **elle s'y attendait** she expected this; **il fallait s'y ~** it was to be expected

attendri, e /atɑ̃dʀi/ (ptp d'**attendrir**) ADJ [air, regard] tender

attendrir /atɑ̃dʀiʀ/ /TABLE 2/ **1** VT [+ viande] to tenderize; [+ personne] to move; **il s'est laissé ~ par ses prières** her pleadings made him relent **2** VPR **s'attendrir** to be moved (**sur** by); **s'~ sur qn** to feel sorry for sb

attendrissant, e /atɑ̃dʀisɑ̃, ɑ̃t/ ADJ moving

attendrissement /atɑ̃dʀismɑ̃/ NM (tendre) tender feelings; (apitoyé) pity; **pas d'~!** let's not be emotional!

attendu, e /atɑ̃dy/ (ptp d'**attendre**) ADJ [personne, événement, jour] long-awaited; (= prévu) expected; **être très ~** to be eagerly awaited

attentat /atɑ̃ta/ NM murder attempt; (Politique) assassination attempt; (contre un bâtiment) attack (**contre** on)
◆ **attentat à la bombe** bomb attack ◆ **attentat à la pudeur** indecent assault ◆ **attentat à la voiture piégée** car-bombing

attente /atɑ̃t/ NF (a) (= expectative) wait; **dans l'~ de vos nouvelles** looking forward to hearing from you
◆ **d'attente** : **une heure d'~** an hour's wait; **il y a 10 minutes d'~** there's a 10-minute wait; **temps d'~** waiting time; **adopter une position d'~** to wait and see; **solution d'~** temporary solution
◆ **en attente** : **demande en ~** request pending; **le projet est en ~** the project is on hold; **laisser un dossier en ~** to leave a file pending; **mettre qn en ~** (au téléphone) to put sb on hold; **malade en ~ de greffe** patient waiting for a transplant; **détenu en ~ de jugement** prisoner awaiting trial
(b) (= espoir) expectation; **répondre à l'~** ou **aux ~s de qn** to come up to sb's expectations; **contre toute ~** contrary to all expectations

attenter /atɑ̃te/ /TABLE 1/ VT **~ à** [+ liberté, droits] to violate; **~ à la vie de qn** to make an attempt on sb's life; **~ à ses jours** to attempt suicide; **~ à la sûreté de l'État** to conspire against the security of the state

attentif, -ive /atɑ̃tif, iv/ ADJ (a) (= vigilant) [personne, air] attentive; **regarder qn d'un œil ~** to look at sb attentively; **écouter d'une oreille attentive** to listen attentively; **être ~ à tout ce qui se passe** to pay attention to everything that's going on; **sois donc ~!** pay attention! (b) (= scrupuleux) [examen] careful; [soin] scrupulous

attention /atɑ̃sjɔ̃/ NF (a) (= concentration) attention; (= soin) care; **avec ~** [écouter, examiner] carefully; **fixer son ~ sur** to focus one's attention on; **demander un effort d'~** to require careful attention; **ce cas mérite toute notre ~** this

case deserves our undivided attention; **« à l'~ de M. Dupont »** "for the attention of Mr Dupont"; **votre candidature a retenu notre ~** we considered your application carefully; **prêter ~ à** to pay attention to
◆ **faire attention** (= prendre garde) to be careful; **faire ~ à** (= remarquer) to pay attention to; **faire bien** ou **très ~** to pay careful attention; **il n'a même pas fait ~ à moi** he didn't (even) take any notice of me; **ne faites pas ~ à lui** pay no attention to him; **fais ~ à ta ligne** you'd better watch your waistline; **fais ~ à ne pas trop manger** be careful you don't eat too much; **fais bien ~ à toi** (= prends soin de toi) take good care of yourself; (= sois vigilant) be careful
◆ **attention!** watch out!; **~! tu vas tomber** watch out! you're going to fall; **« ~ travaux »** "caution, work in progress"; **« ~ à la marche »** "mind the step" (Brit); **« au départ!** the train is about to leave!; **« ~, peinture fraîche »** "wet paint"
(b) (= prévenance) attention; **être plein d'~s pour qn** to be very attentive towards sb; **quelle charmante ~!** how very thoughtful!

attentionné, e /atɑ̃sjɔne/ ADJ (= prévenant) thoughtful (**pour, avec** towards)

attentisme /atɑ̃tism/ NM wait-and-see policy

attentivement /atɑ̃tivmɑ̃/ ADV [lire, écouter] attentively; [examiner] carefully

atténuation /atenɥasjɔ̃/ NF (a) (= fait d'atténuer) [de responsabilité] lightening; [de coup, effet] softening; [de peine] mitigation (b) (= fait de s'atténuer) [de douleur, sensation, bruit] dying down

atténuer /atenɥe/ /TABLE 1/ VT (a) [+ douleur] to alleviate; [+ propos, reproches] to tone down; [+ rides] to smooth out (b) [+ responsabilité] to lighten; [+ coup, effets] to soften; [+ risques] to limit; [+ lumière] to dim; [+ couleur, son] to soften **2** VPR **s'atténuer** [douleur, sensation] to die down; [bruit, couleur] to soften

atterrer /atere/ /TABLE 1/ VT to appal (Brit), to appall (US); **air atterré** look of utter dismay

atterrir /ateʀiʀ/ /TABLE 2/ VI (a) [avion] to land (b) (= arriver)* ~ **en prison** to land up* (Brit) ou land* (US) in prison; ~ **dans un village perdu** to land up* (Brit) ou land* (US) in a village in the middle of nowhere; **le travail a finalement atterri sur mon bureau** the work finally landed on my desk

atterrissage /ateʀisaʒ/ NM landing; **à l'~** at the moment of landing; ~ **forcé/en catastrophe** emergency/crash landing

attestation /atɛstasjɔ̃/ NF (= document) certificate; ~ **d'assurance** insurance certificate

attester /atɛste/ /TABLE 1/ VT to testify to; ~ **que ...** to testify that ...; ~ **l'innocence de qn** to prove sb's innocence; **comme en attestent les sondages** as the polls show; **mot non attesté dans les dictionnaires** word not attested by dictionaries

attirail /atiʀaj/ NM gear*; ~ **de pêche** fishing tackle

attirance /atiʀɑ̃s/ NF attraction; **éprouver de l'~ pour** to be attracted to; **l'~ du vide** the lure of the abyss

attirant, e /atiʀɑ̃, ɑ̃t/ ADJ attractive

attirer /atiʀe/ /TABLE 1/ VT (a) (= faire venir) to attract; (en appâtant) to lure; **il m'attira dans un coin** he drew me into a corner; ~ **qn dans un piège** to lure sb into a trap; **ce spectacle va ~ la foule** this show will really draw the crowds; ~ **l'attention de qn sur qch** to draw sb's attention to sth
(b) (= plaire à) [pays, projet] to appeal to; [personne] to attract; **être attiré par** to be attracted to; **il est très attiré par elle** he finds her very attractive
(c) (= causer) **tu vas t'~ des ennuis** you're going to cause trouble for yourself; **s'~ des critiques** to attract criticism; **s'~ la colère de qn** to make sb angry

attiser /atize/ /TABLE 1/ VT (a) [+ feu] (avec tisonnier) to poke; (en éventant) to fan (b) [+ curiosité, haine] to stir; [+ convoitise] to arouse; [+ désir, querelle] to stir up

attitré, e /atitʀe/ ADJ (= habituel) [marchand, place] regular;

(= *agréé*) [*marchand*] registered; [*photographe, couturier*] official

attitude /atityd/ NF attitude; (= *maintien*) bearing

attouchement /atuʃmɑ̃/ NM touching (*NonC*); **se livrer à des ~s sur qn** to fondle sb; (*sans consentement*) to interfere with sb

attractif, -ive /atʀaktif, iv/ ADJ attractive

attraction /atʀaksjɔ̃/ NF ⓐ attraction ⓑ (= *partie d'un spectacle*) number ⓒ **~ universelle** gravitation

attrait /atʀɛ/ NM appeal; **attraits** (= *charmes*) attractions

attrape-mouche (*pl* **attrape-mouches**) /atʀapmuʃ/ NM flytrap; (= *papier collant*) flypaper

attrape-nigaud* (*pl* **attrape-nigauds**) /atʀapnigo/ NM con*

attraper /atʀape/ /TABLE 1/ VT ⓐ (= *saisir*) to catch; **tu vas ~ froid** you'll catch cold; **j'ai attrapé un rhume** I've caught a cold; **j'ai attrapé mal à la gorge** I've got a sore throat; **il a attrapé un coup de soleil** he got sunburnt ⓑ (= *acquérir*) **il faut ~ le coup** *ou* **le tour de main** you have to get the knack ⓒ (= *gronder*)* to tell off*; **se faire ~** to be told off*

attrape-touristes /atʀaptuʀist/ NM INV tourist trap

attrayant, e /atʀɛjɑ̃, ɑ̃t/ ADJ attractive; **peu ~** [*proposition*] unattractive

attribuer /atʀibɥe/ /TABLE 1/ VT ⓐ [+ *prix*] to award; [+ *avantages*] to grant; [+ *place, rôle, biens, part*] to allocate (**à** to); **le numéro que vous avez demandé n'est plus attribué** the number you have dialled is no longer available ⓑ [+ *faute, invention, mérite*] to attribute (**à** to); **à quoi attribuez-vous cet échec?** what do you put this failure down to?; **~ de l'importance à qch** to attach importance to sth

attribut /atʀiby/ NM (= *caractéristique, symbole*) attribute; **adjectif ~** predicative adjective

attribution /atʀibysjɔ̃/ 1 NF [*de prix*] awarding; [*d'avantages*] granting; [*de place, rôle, part*] allocation; [*d'œuvre, invention*] attribution 2 NFPL **attributions** (= *pouvoirs*) remit; **cela n'entre pas dans mes ~s** that's not part of my remit

attristant, e /atʀistɑ̃, ɑ̃t/ ADJ saddening

attrister /atʀiste/ /TABLE 1/ VT to sadden; **cette nouvelle nous a profondément attristés** we were greatly saddened by the news

attroupement /atʀupmɑ̃/ NM crowd

attrouper (s') /atʀupe/ /TABLE 1/ VPR to form a crowd

au /o/ → **à**

aubaine /oben/ NF godsend; (*financière*) windfall

aube /ob/ NF ⓐ (= *lever du jour*) dawn; **à l'~** at dawn; **à l'~ de** at the dawn of ⓑ [*de bateau*] paddle; [*de moulin*] vane; **roue à ~s** paddle wheel

aubépine /obepin/ NF hawthorn

auberge /obeʀʒ/ NF inn; **~ de jeunesse** youth hostel

aubergine /obeʀʒin/ 1 NF (= *légume*) aubergine (*Brit*), eggplant (*US*) 2 ADJ INV aubergine-coloured

aubergiste /obeʀʒist/ NMF [*d'hôtel*] hotel-keeper; [*d'auberge*] innkeeper

auburn /oboœʀn/ ADJ INV auburn

aucun, e /okœ̃, yn/ 1 ADJ ⓐ (*négatif*) no, not any; **~ historien n'en a parlé** no historian spoke of it; **il n'a ~e preuve** he has no proof, he doesn't have any proof ⓑ (*interrogatif, positif*) any; **il lit plus qu'~ autre enfant** he reads more than any other child

2 PRON ⓐ (*négatif*) none; **~ de ses enfants ne lui ressemble** none of his children are like him; **combien de réponses avez-vous eues?** — **~e** how many answers did you get? — none; **il n'aime ~ de ces films** he doesn't like any of these films ⓑ (*interrogatif, positif*) any; **il aime ses chiens plus qu'~ de ses enfants** he is fonder of his dogs than of any of his children

aucunement /okynmɑ̃/ ADV not in the least; **il n'est ~ à blâmer** he's not in the least to blame

audace /odas/ NF (= *témérité*) daring; (= *effronterie*) audacity; **avoir l'~ de** to dare to

audacieux, -ieuse /odasjø, jøz/ ADJ daring; **un geste ~** a bold gesture; **les plus ~** the boldest among them

au-dehors /odəɔʀ/ ADV → **dehors**

au-delà /od(ə)la/ ADV → **delà**

au-dessous /od(ə)su/ ADV → **dessous**

au-dessus /od(ə)sy/ ADV → **dessus**

au-devant /od(ə)vɑ̃/ ADV → **devant**

audible /odibl/ ADJ audible

audience /odjɑ̃s/ NF ⓐ (= *public*) audience; **faire de l'~** to attract a large audience; **taux d'~** (*TV*) viewing figures; (*Radio*) listening figures; **9,4 points d'~** 9.4 points in the ratings; **cette série a battu tous les records d'~** the series has broken all viewing (*ou* listening) records ⓑ (= *séance*) hearing; **l'~ reprendra à 14 heures** the court will reconvene at 2 o'clock ⓒ (= *entretien*) audience; **donner ~ à qn** to grant sb an audience

audimat ® /odimat/ NM INV (= *appareil*) audience research device ⓑ (= *taux d'écoute*) ratings; **faire de l'~** to have good ratings

audimètre /odimɛtʀ/ NM audience research device

audio /odjo/ ADJ INV audio

audioconférence /odjokɔ̃feʀɑ̃s/ NF audioconference

audioguide /odjogid/ NM tape guide

audiophone /odjofɔn/ NM hearing aid

audiovisuel, -elle /odjovizɥɛl/ 1 ADJ audiovisual 2 NM **l'~** ⓐ (= *équipement*) audiovisual aids ⓑ (= *méthodes*) audiovisual techniques (= *radio et télévision*) radio and television

audit /odit/ NM (= *contrôle*) audit

auditeur, -trice /oditœʀ, tʀis/ 1 NM,F ⓐ listener; **le conférencier avait charmé ses ~s** the lecturer had captivated his audience ⓑ (= *contrôleur*) auditor 2 COMP **• auditeur libre** person who registers to sit in on lectures, auditor (*US*)

auditif, -ive /oditif, iv/ ADJ auditory; **troubles ~s** hearing problems

audition /odisjɔ̃/ NF ⓐ (= *essai*) audition; (= *récital*) recital; **passer une ~** to audition ⓑ (*au tribunal*) hearing; **procéder à l'~ d'un témoin** to hear a witness ⓒ (= *ouïe*) hearing

auditionner /odisjɔne/ /TABLE 1/ VTI to audition

auditoire /oditwaʀ/ NM audience

auditorium /oditɔʀjɔm/ NM auditorium

augmentation /oɡmɑ̃tasjɔ̃/ NF increase (**de** in); **~ de salaire** pay rise (*Brit*) *ou* raise (*US*); **réclamer une ~** (*collectivement*) to make a wage claim; (*individuellement*) to put in for a pay rise (*Brit*) *ou* raise (*US*)

augmenter /oɡmɑ̃te/ /TABLE 1/ 1 VT to increase; **~ les prix de 10 %** to increase prices by 10%; **~ qn (de 500 €)** to increase sb's salary (by 500 euros) 2 VI to increase; **~ de volume** to increase in volume

augure /oɡyʀ/ NM (= *présage*) omen; **c'est de bon ~** this augurs well; **c'est de mauvais ~** this augurs badly

augurer /oɡyʀe/ /TABLE 1/ VT **cela augure bien de la suite** this augurs well for the future; **cela augure mal de la suite** this augurs badly for the future; **cela laisse ~ d'une élection difficile** this suggests the election will be difficult

aujourd'hui /oʒuʀdɥi/ ADV today; **je le ferai dès ~** I'll do it this very day; **ça ne date pas d'~** [*objet*] it's not exactly new; [*situation, attitude*] it's nothing new; **les jeunes d'~** the young people of today

aulne /o(l)n/ NM alder

aumône /omon/ NF (= *don*) alms; **demander l'~** to beg for alms; (*fig*) to beg

aumônier /omonje/ NM chaplain

auparavant /opaʀavɑ̃/ ADV (= *d'abord*) beforehand

auprès /opʀɛ/ ADV **~ de** (= *à côté de*) next to; (= *aux côtés de*) with; (= *dans l'opinion de*) in the opinion of; **faire une demande ~ des autorités** to apply to the authorities; **rester**

~ **d'un malade** to stay with an invalid; **s'asseoir ~ de qn** to sit down by sb; **il passe pour un incompétent ~ de ses collègues** his colleagues regard him as incompetent

auquel /okɛl/ → **lequel**

aura /ɔʀa/ NF aura

aurait /ɔʀɛ/ VB → **avoir**

auréole /ɔʀeɔl/ NF ⓐ (= couronne) halo ⓑ (= tache) ring

auréoler /ɔʀeɔle/ /TABLE 1/ VT **tête auréolée de cheveux blancs** head with a halo of white hair; **auréolé de gloire** crowned with glory; **être auréolé de prestige** to have an aura of prestige

auriculaire /ɔʀikylɛʀ/ NM little finger

aurifère /ɔʀifɛʀ/ ADJ gold-bearing

aurore /ɔʀɔʀ/ NF (= lever du jour) dawn; **se lever aux ~s** to get up at the crack of dawn ♦ **l'aurore boréale** the aurora borealis

auscultation /ɔskyltasjɔ̃/ NF auscultation

ausculter /ɔskylte/ /TABLE 1/ VT to sound the chest of; **le médecin m'a ausculté** the doctor listened to my chest

auspices /ɔspis/ NMPL auspices

aussi /osi/ 1 ADV ⓐ (= également) too, also; **il parle ~ l'anglais** he also speaks English; **faites bon voyage — vous ~** have a good journey — you too; **je suis fatigué et eux ~** I'm tired and they are too; **il travaille bien et moi ~** he works well and so do I
ⓑ (comparaison)
♦ **aussi ... que** as ... as; **~ grand que** as tall as; **il est ~ bête que méchant** he's as stupid as he is ill-natured; **~ vite que possible** as quickly as possible
ⓒ (= si, tellement) so; **je ne te savais pas ~ bête** I didn't think you were so stupid; **je ne savais pas que cela se faisait ~ facilement** I didn't know that could be done so easily; **~ incroyable que ça puisse paraître** silly though it may seem
ⓓ (= tout autant) **~ bien** just as well
2 CONJ (conséquence) therefore; **je suis faible, ~ ai-je besoin d'aide** I'm weak, therefore I need help

aussitôt /osito/ ADV straight away; **~ après son retour** straight after his return; **~ arrivé il s'attabla** as soon as he arrived he sat down at the table; **~ dit, ~ fait** no sooner said than done; **~ que** as soon as; **~ que je l'ai vu** as soon as I saw him

austère /ostɛʀ/ ADJ austere

austérité /osteʀite/ NF austerity; **mesures d'~** austerity measures

austral, e (mpl **australs**) /ɔstʀal/ ADJ southern

Australie /ɔstʀali/ NF Australia

australien, -ienne /ɔstʀaljɛ̃, jɛn/ 1 ADJ Australian 2 NM,F **Australien(ne)** Australian

autant /otɑ̃/ ADV ⓐ ♦ **autant de** (quantité) as much; (nombre) as many; **il n'y a pas ~ de neige que l'année dernière** there isn't as much snow as last year; **nous avons ~ de médailles qu'eux** we have as many medals as they have; **ils sont ~ à plaindre l'un que l'autre** you have to feel just as sorry for both of them; **ils ont ~ de talent l'un que l'autre** they are both equally talented; **j'en voudrais encore ~** I'd like as much again; **tous ~ que vous êtes** every single one of you
ⓑ (intensité) as much; **il mange toujours ~** he eats as much as ever; **courageux ~ que compétent** courageous as well as competent; **il travaille toujours ~** he works as hard as ever; **intelligent, il l'est ~ que vous** he's just as intelligent as you are
ⓒ (= tant)
♦ **autant de** (quantité) so much; (nombre) so many; **elle ne pensait pas qu'il aurait ~ de succès** she never thought that he would have so much success; **vous invitez toujours ~ de gens ?** do you always invite so many people?; **j'ai rarement vu ~ de monde** I've seldom seen so many people
ⓓ (= la même chose : avec « en ») the same; **je ne peux pas en dire ~** I can't say the same for myself; **il en a fait ~** he did the same
ⓔ (= il est préférable de) **~ prévenir la police** it would be as well to tell the police; **~ dire qu'il est fou** you might as

well say that he's mad
ⓕ (locutions) **~ que je sache** as far as I know; **~ pour moi !** my mistake!
♦ **pour autant** for all that; **il a gagné, cela ne signifie pas pour ~ qu'il est le meilleur** he won, but that doesn't mean that he's the best
♦ **autant ... autant** : **~ il aime les chiens, ~ il déteste les chats** he likes dogs as much as he hates cats
♦ **autant que possible** as much as possible; **je voudrais éviter les grandes routes ~ que possible** I'd like to avoid the major routes as much as possible
♦ **d'autant plus** : **d'~ plus que** all the more so since; **c'est d'~ plus dangereux qu'il n'y a pas de parapet** it's all the more dangerous since there is no parapet; **écrivez-lui, d'~ (plus) que je ne suis pas sûr qu'il vienne demain** you'd better write to him, especially as I'm not sure if he's coming tomorrow; **d'~ plus !** all the more reason!

autarcie /otaʀsi/ NF autarchy

autarcique /otaʀsik/ ADJ autarchic

autel /otɛl/ NM altar; **dresser un ~ à qn** to put sb on a pedestal; **sacrifier qch sur l'~ de** to sacrifice sth on the altar of

auteur /otœʀ/ NM [de texte, roman] author; [d'opéra] composer; [de procédé] originator; [de crime, coup d'état] perpetrator; **l'~ de ce canular** the hoaxer; **l'~ de l'accident** the person who caused the accident; **l'~ de ce tableau** the artist who painted the picture; **« ~ inconnu »** "artist unknown"; **qui est l'~ des paroles ?** who wrote the words?; **cinéma d'~** art-house films ♦ **auteur-compositeur(-interprète)** singer-songwriter

authenticité /otɑ̃tisite/ NF [d'œuvre, document] authenticity

authentifier /otɑ̃tifje/ /TABLE 7/ VT to authenticate

authentique /otɑ̃tik/ ADJ authentic; **un ~ Van Gogh** a genuine Van Gogh; **c'est vrai ? — ~ !** really? — really!

autisme /otism/ NM autism

autiste /otist/ ADJ, NMF autistic

auto /oto/ NF car ♦ **autos tamponneuses** bumper cars

auto(-) /oto/ PRÉF self-; **autodiscipline** self-discipline; **auto-adhésif** self-adhesive

autobiographie /otobjɔɡʀafi/ NF autobiography

autobiographique /otobjɔɡʀafik/ ADJ autobiographical

autobronzant, e /otobʀɔ̃zɑ̃, ɑ̃t/ 1 ADJ self-tanning 2 NM self-tanning cream

autobus /otobys/ NM bus ♦ **autobus scolaire** (Can) school bus

autocar /otokaʀ/ NM coach (Brit), bus (US)

autocensure /otosɑ̃syʀ/ NF self-censorship

autocensurer (s') /otosɑ̃syʀe/ /TABLE 1/ VPR to practise self-censorship

autochtone /otɔktɔn/ 1 ADJ native 2 NMF native

autocollant, e /otokɔlɑ̃, ɑ̃t/ 1 ADJ self-adhesive 2 NM sticker

autocrate /otokʀat/ NM autocrat

autocritique /otokʀitik/ NF self-criticism; **faire son ~** to criticize o.s.

autocuiseur /otokɥizœʀ/ NM pressure cooker

autodafé /otodafe/ NM auto-da-fé

autodéfense /otodefɑ̃s/ NF self-defence; **groupe d'~** vigilante group

autodérision /otodeʀizjɔ̃/ NF self-mockery; **pratiquer l'~** to mock o.s.

autodestructeur, -trice /otodestʀyktœʀ, tʀis/ ADJ self-destructive

autodestruction /otodestʀyksjɔ̃/ NF self-destruction

autodétermination /otodetɛʀminasjɔ̃/ NF self-determination

autodétruire (s') /otodetʀɥiʀ/ /TABLE 38/ VPR [bande] to self-destruct; [personne] to destroy o.s.

autodidacte /otodidakt/ 1 ADJ self-taught 2 NMF self-taught person

autodiscipline /otodisiplin/ NF self-discipline

auto-école (*pl* **auto-écoles**) /otoekɔl/ NF driving school; **moniteur d'~** driving instructor

autofocus /otofɔkys/ ADJ, NM autofocus

auto-immune /otoi(m)myn/ ADJ F autoimmune

automate /ɔtɔmat/ NM (= *robot, personne*) automaton

automatique /ɔtɔmatik/ 1 ADJ automatic → **distributeur** 2 NM (= *revolver*) automatic

automatiquement /ɔtɔmatikmɑ̃/ ADV automatically

automatiser /ɔtɔmatize/ /TABLE 1/ VT to automate

automatisme /ɔtɔmatism/ NM automatism; **acquérir des ~s** to learn to do things automatically

automédication /otomedikasjɔ̃/ NF self-medication; **faire de l'~** to medicate o.s.

automitrailleuse /otomitʀajøz/ NF armoured (*Brit*) *ou* armored (*US*) car

automnal, e (*mpl* **-aux**) /ɔtɔnal, o/ ADJ autumnal

automne /ɔtɔn/ NM autumn (*Brit*), fall (*US*); **en ~** in the autumn (*Brit*), in the fall (*US*)

> ★ *The* **mn** *is pronounced* **nn**.

automobile /ɔtɔmɔbil/ 1 NF (= *voiture*) motor car (*Brit*), automobile (*US*); **l'~** (= *industrie*) the car industry ⟶ 2 ADJ [*course, sport*] motor; [*assurance, industrie*] car

automobiliste /ɔtɔmɔbilist/ NMF driver

automutiler (s') /otomytile/ /TABLE 1/ VPR to mutilate o.s.

autoneige /otonɛʒ/ NF (*Can*) snowmobile

autonettoyant, e /otonetwajɑ̃, ɑ̃t/ ADJ self-cleaning

autonome /ɔtɔnɔm/ ADJ ⓐ [*territoire*] autonomous; **groupuscule ~** group of political extremists ⓑ [*personne*] self-sufficient

autonomie /ɔtɔnɔmi/ NF ⓐ autonomy ⓑ [*de véhicule*] range; **cette voiture a une ~ de 100 kilomètres** the car has a range of 100 kilometres

autopont /otopɔ̃/ NM flyover (*Brit*), overpass (*US*)

autoportrait /otopɔʀtʀe/ NM self-portrait

autoproclamé, e /otopʀɔklame/ (*ptp d'***autoproclamer***) ADJ self-proclaimed

autoproclamer (s') /otopʀɔklame/ /TABLE 1/ VPR [*personne*] to proclaim o.s.; **il s'est autoproclamé expert** he has proclaimed himself to be an expert

autopsie /ɔtɔpsi/ NF autopsy; **pratiquer une ~** to carry out an autopsy (**sur** on)

autopsier /ɔtɔpsje/ /TABLE 7/ VT [+ *corps*] to carry out an autopsy on

autoradio /otoʀadjo/ NM car radio

autorail /otoʀaj/ NM railcar

autorégulation /otoʀegylasjɔ̃/ NF self-regulation

autorisation /ɔtɔʀizasjɔ̃/ NF (= *permission*) permission; (*officielle*) authorization (**de qch** for sth); (= *permis*) permit; **avoir l'~ de faire qch** to have permission to do sth; (*officiellement*) to be authorized to do sth; **le projet doit recevoir l'~ du comité** the project must be authorized by the committee ♦ **autorisation d'absence** leave of absence ♦ **autorisation de vol** flight clearance ♦ **autorisation parentale** parental consent

autorisé, e /ɔtɔʀize/ (*ptp d'***autoriser***) ADJ [*agent, version*] authorized; [*opinion*] authoritative; **dans les milieux ~s** in official circles; **nous apprenons de source ~e que ...** we have learnt from official sources that ...

autoriser /ɔtɔʀize/ /TABLE 1/ 1 VT ⓐ (= *permettre*) to authorize; **~ qn à faire qch** (= *donner la permission de*) to give sb permission to do sth; (*officiellement*) to authorize sb to do sth; **il nous a autorisés à sortir** he has given us permission to go out; **se croire autorisé à dire que ...** to feel one is entitled to say that ...; **« stationnement autorisé sauf le mardi »** "car parking every day except Tuesday" ⓑ (= *rendre possible*) to allow

2 VPR **s'autoriser** (= *se permettre*) **s'~ un cigare de temps en temps** to allow o.s. a cigar from time to time

autoritaire /ɔtɔʀitɛʀ/ ADJ authoritarian

autoritarisme /ɔtɔʀitaʀism/ NM authoritarianism

autorité /ɔtɔʀite/ 1 NF authority (**sur** over); **avoir de l'~ sur qn** to have authority over sb; **il n'a aucune ~ sur ses élèves** he has no control over his pupils; **être déchu de l'~ parentale** to lose one's parental rights; **l'une des grandes ~s en la matière** one of the great authorities on the subject; **faire ~** to be authoritative; **représentant de l'~** representative of authority

2 NFPL **les autorités** the authorities; **les ~s civiles et religieuses** the civil and religious authorities; **les ~s judiciaires** the judicial authorities

autoroute /otoʀut/ NF motorway (*Brit*), highway (*US*); **l'~ du soleil** the A6 motorway to the south of France ♦ **autoroutes de l'information** information highways ♦ **autoroute à péage** toll motorway (*Brit*), turnpike (*US*)

autoroutier, -ière /otoʀutje, jɛʀ/ ADJ motorway (*Brit*), highway (*US*)

autosatisfaction /otosatisfaksjɔ̃/ NF self-satisfaction

auto-stop /otostɔp/ NM hitch-hiking; **pour rentrer, il a fait de l'~** he hitched* home; **j'ai pris quelqu'un en ~** I picked up a hitch-hiker

auto-stoppeur, -euse (*mpl* **auto-stoppeurs**) /otostɔpœʀ, øz/ NM,F hitch-hiker; **prendre un ~** to pick up a hitch-hiker

autosuggestion /otosygʒɛstjɔ̃/ NF autosuggestion

autotransfusion /ototʀɑ̃sfyzjɔ̃/ NF autologous transfusion

autour /otuʀ/ ADV around; **tout ~** all around; **maison avec un jardin ~** house surrounded by a garden ♦ **autour de** around; **il regarda ~ de lui** he looked around; **~ d'un bon café** over a nice cup of coffee

autre /otʀ/ 1 ADJ INDÉF ⓐ other; **je préfère l'~ robe** I prefer the other dress; **c'est un ~ problème** that's another problem; **ils ont un (tout) ~ point de vue** they have a (completely) different point of view; **en d'~s lieux** elsewhere; **elle a deux ~s enfants** she has two other children; **donnez-moi un ~ livre** give me another book; **il y a beaucoup d'~s solutions** there are many other solutions; **~ chose, Madame ?** anything else, madam?; **de l'~ côté de la rue** on the other side of the street; **dans l'~ sens** in the other direction; **l'~ jour** the other day; **tu me le diras une ~ fois** tell me another time

ⓑ (*avec pron pers*) **nous ~s, on est prudents*** WE'RE careful; **taisez-vous, vous ~s*** be quiet, you lot* (*Brit*)

ⓒ ♦ **autre chose**: **c'est ~ chose** that's another matter; **parlons d'~ chose** let's talk about something else; **ce n'est pas ~ chose que de la jalousie** that's just jealousy; **ah ~ chose ! j'ai oublié de vous dire que ...** oh, one more thing! I forgot to tell you that ...

2 PRON INDÉF ⓐ (= *qui est différent*) another; **il en aime une ~** he's in love with another woman; **aucun ~** nobody else; **nul ~** nobody else; **les deux ~s** the other two; **prendre qn pour un ~** to mistake sb for sb else; **un ~ que moi aurait refusé** anyone else would have refused; **et l'~*, il vient avec nous ?** what about him, is he coming with us?; **et l'~ qui n'arrête pas de klaxonner !*** and then there's that idiot who keeps blowing his horn!

♦ **d'autres** others; **il en a vu d'~s !** he's seen worse!; **à d'~s !*** a likely story!

ⓑ (= *qui vient en plus*) **donnez m'en un ~** give me another one; **qui d'~ ?** who else?; **quoi d'~ ?** what else?; **quelqu'un d'~** somebody else; **quelque chose d'~** something else; **personne d'~** nobody else

ⓒ (*marque une opposition*) **l'~** the other one; **les ~s** the others; **il se moque de l'opinion des ~s** he doesn't care what other people think

ⓓ (*dans le temps*) **d'une minute à l'~** (= *bientôt*) any minute now; **le temps peut changer d'un instant à l'~** the weather can change from one minute to the next; **il sera ici d'un instant à l'~** he'll get here any minute now

3 NM (*Philo*) **l'~** the other

autrefois /otʀəfwa/ ADV in the past; **d'~** of the past

autrement /otʀəmã/ ADV ⓐ (= *différemment*) differently; **il faut s'y prendre ~** we'll have to go about it differently; **cela ne peut s'être passé ~** it can't have happened any other way; **comment aller à Londres ~ que par le train?** how can we get to London other than by train?; **tu pourrais me parler ~!** don't you talk to me like that!; **il n'y a pas moyen de faire ~** it's impossible to do otherwise; **il n'a pas pu faire ~ que de me voir** he couldn't help seeing me; **~ dit** (= *en d'autres mots*) in other words
ⓑ (= *sinon*) otherwise; **travaille bien, ~ tu auras de mes nouvelles!** work hard, otherwise you'll be hearing a few things from me!; **la viande était bonne, ~ le repas était quelconque*** the meat was good but otherwise the meal was pretty nondescript

Autriche /otʀiʃ/ NF Austria

autrichien, -ienne /otʀiʃjɛ̃, jɛn/ 1 ADJ Austrian 2 NM,F **Autrichien(ne)** Austrian

autruche /otʀyʃ/ NF ostrich; **faire l'~** to bury one's head in the sand

autrui /otʀɥi/ PRON others; **respecter le bien d'~** to respect other people's property

auvent /ovã/ NM [*de maison*] canopy; [*de tente*] awning

aux /o/ → **à**

auxiliaire /ɔksiljɛʀ/ 1 ADJ auxiliary; **mémoire ~** additional memory 2 NMF (= *assistant*) assistant 3 NM auxiliary

av. ⓐ (ABBR = **avenue**) Ave ⓑ (ABBR = **avant**) **en 300 ~ J.-C.** in 300 BC

avachi, e /avaʃi/ (*ptp d'***avachir**) ADJ ⓐ [*chaussure, vêtement*] misshapen ⓑ [*personne*] (= *fatigué*) drained; (= *indolent*) sloppy; **~ sur son bureau** slumped over his desk

avachir (s') /avaʃiʀ/ /TABLE 2/ VPR [*vêtement*] to lose its shape; [*personne*] (*physiquement*) to become flabby; (*moralement*) to become sloppy

avait /avɛ/ VB → **avoir**

aval (*pl* **avals**) /aval/ NM ⓐ (= *autorisation*) authorization ⓑ [*de cours d'eau*] water downstream; **ski ~** downhill ski
◆ **en aval** [*de cours d'eau*] downstream; [*de pente*] downhill; (*dans une hiérarchie*) lower down; **les opérations en ~** operations further down the line
◆ **en aval de** [+ *cours d'eau*] downstream from; [+ *pente*] downhill from; **les opérations en ~ de la production** post-production operations

avalanche /avalãʃ/ NF [*de neige, réclamations*] avalanche; [*de coups*] shower; [*de compliments*] flood

avaler /avale/ /TABLE 1/ VT ⓐ [+ *nourriture, boisson*] to swallow; **~ la fumée** [*fumeur*] to inhale; **~ qch d'un trait** to swallow sth in one gulp; **~ son café à petites gorgées** to sip one's coffee; **~ sa salive** to swallow; **il a avalé de travers** it went down the wrong way; **il n'a rien avalé depuis deux jours** he hasn't eaten a thing for two days; **la machine a avalé ma carte de crédit** the machine swallowed up my credit card
ⓑ [+ *mensonge, histoire*]* to swallow; [+ *mauvaise nouvelle*]* to accept; **on lui ferait ~ n'importe quoi** he would swallow anything; **il a eu du mal à ~ la pilule** it was a bitter pill for him to swallow; **c'est difficile à ~** it's hard to swallow

avance /avãs/ 1 NF ⓐ (= *marche, progression*) advance
ⓑ (*sur un concurrent*) lead; **avoir de l'~ sur qn** to have the lead over sb; **prendre de l'~ sur qn** to take the lead over sb; **10 minutes d'~** a 10-minute lead; **avoir une longueur d'~** to be a length ahead; **il a un an d'~** he's a year ahead
ⓒ (*sur un horaire*) **avoir de l'~** to be ahead of schedule; (*dans un travail*) to be ahead with one's work; **le train a dix minutes d'~** the train is ten minutes early; **le train a pris de l'~** the train is running ahead of schedule; **arriver avec cinq minutes d'~** to arrive five minutes early; **avec cinq minutes d'~ sur les autres** five minutes earlier than the others; **ma montre a dix minutes d'~** my watch is ten minutes fast; **ma montre prend de l'~** my watch is fast
ⓓ (= *acompte*) advance; **faire une ~ de 800 € à qn** to advance sb 800 euros; **~ sur salaire** advance on one's salary
ⓔ (*locutions*)
◆ **en avance** (*sur l'heure fixée*) early; (*sur l'horaire*) ahead of schedule; **être en ~ sur qn** to be ahead of sb; **être en ~ d'une heure** (*sur l'heure fixée*) to be an hour early; (*sur l'horaire*) to be an hour ahead of schedule; **dépêche-toi, tu n'es pas en ~!** hurry up, you haven't got much time!; **les crocus sont en ~ cette année** the crocuses are early this year; **leur fils est très en ~ sur les autres enfants** their son is well ahead of the other children; **il est en ~ pour son âge** he's advanced for his age; **leur pays est en ~ dans le domaine scientifique** their country leads in the field of science; **il était très en ~ sur son temps** he was well ahead of his time; **nous sommes en ~ sur le programme** we're ahead of schedule
◆ **à l'avance** ◆ **d'avance** in advance; **réserver une place un mois à l'~** to book a seat one month in advance; **prévenir qn deux heures à l'~** to warn sb two hours in advance; **payable à l'~** *ou* **d'~** payable in advance; **en vous remerciant à l'~** thanking you in anticipation; **merci d'~** thanks (in anticipation)
2 NFPL **avances** (*galantes*) advances; **faire des ~s à qn** to make advances to sb

avancé, e /avãse/ (*ptp d'***avancer**) 1 ADJ ⓐ [*élève, civilisation, technique*] advanced; **la journée était ~e** it was late in the day; **il est très ~ dans son travail** he's well ahead with his work; **à une heure ~e de la nuit** late at night; **elle a travaillé jusqu'à une heure ~e de la nuit** she worked late into the night; **son roman est déjà assez ~** he's already quite far ahead with his novel; **être d'un âge ~** to be getting on in years; **dans un état ~ de ...** in an advanced state of ...; **sa maladie est à un stade très ~** his illness is at a very advanced stage; **après toutes ses démarches, il n'est pas plus ~** after all the steps he has taken, he's no further forward than he was before; **nous voilà bien ~s!*** a fat lot of good that's done us!*
ⓑ [*fruit, fromage*] overripe
2 NF **avancée** ⓐ (= *progression*) advance
ⓑ (= *surplomb*) overhang

avancement /avãsmã/ NM ⓐ (= *promotion*) promotion; **avoir de l'~** to be promoted ⓑ [*de travaux*] progress

avancer /avãse/ /TABLE 3/ 1 VT ⓐ [+ *objet, tête*] to move forward; [+ *main*] to hold out; **~ le cou** to crane forward; **~ un siège à qn** to draw up a seat for sb; **~ une pendule** to put a clock forward
ⓑ [+ *opinion, hypothèse*] to advance; **ce qu'il avance paraît vraisemblable** what he is suggesting seems quite plausible
ⓒ [+ *date, départ*] to bring forward; **il a dû ~ son retour** he had to bring forward the date of his return
ⓓ [+ *travail*] to speed up; **est-ce que cela vous avancera si je vous aide?** will it speed things up for you if I help?; **ça n'avance pas nos affaires** that doesn't improve matters for us; **cela t'avancera à quoi de courir?** what good will it do you to run?; **cela ne t'avancera à rien de crier** shouting won't get you anywhere
ⓔ [+ *argent*] to advance; (= *prêter*) to lend
2 VI ⓐ (*dans l'espace*) to advance; [*bateau*] to make headway; **il avança d'un pas** he took a step forward; **mais avance donc!** move on will you!; **ça n'avançait pas sur la route** the traffic was almost at a standstill
ⓑ (= *progresser*) to make progress; **faire ~** [+ *travail*] to speed up; [+ *science, recherche*] to further; **~ vite dans son travail** to make good progress in one's work; **et les travaux, ça avance?*** how's the work coming on?*; **son livre n'avance guère** he's not making much headway with his book; **tout cela n'avance à rien** that doesn't get us any further
ⓒ [*montre, horloge*] to be fast; **ma montre avance de dix minutes** my watch is ten minutes fast
ⓓ [*cap, promontoire*] to jut out (**dans** into); [*lèvre, menton*] to protrude
3 VPR **s'avancer** ⓐ (= *aller en avant*) to move forward; (= *progresser*) to advance; **il s'avança vers nous** he came towards us

ⓑ (= *s'engager*) to commit o.s.; **je ne crois pas trop m'~ en disant que ...** I don't think I'm going too far if I say that ...

---

avant /avɑ̃/

1 PRÉPOSITION	3 NOM MASCULIN
2 ADVERBE	4 ADJECTIF INVARIABLE

1 PRÉPOSITION

ⓐ |temps| before; **il est parti ~ nous** he left before us; **il est parti ~ la fin** he left before the end; **peu ~ mon mariage** shortly before I got married; **il n'est pas arrivé ~ 9 heures** he didn't arrive until 9; **il me le faut ~ demain** I must have it before tomorrow; **ça doit être terminé ~ une semaine** it has to be done within a week

♦ **avant de** (+ *infinitif*) before; **il a téléphoné ~ de partir** he phoned before he left; **consultez-moi ~ de prendre une décision** consult me before you decide; **à prendre ~ de manger** to be taken before meals

♦ **avant que** (+ *subjonctif*) before; **je veux lire sa lettre ~ qu'elle ne l'envoie** I want to read her letter before she sends it; **n'envoyez pas cette lettre ~ que je l'aie lue** don't send the letter until I have read it

ⓑ |durée| for; **il n'arrivera pas ~ une demi-heure** he won't be here for another half hour yet; **on ne le reverra pas ~ longtemps** we won't see him again for a long time; **~ peu** shortly

ⓒ |lieu| before; **sa maison est juste ~ la poste** his house is just before the post office

ⓓ |priorité| before; (*dans une liste, un classement*) ahead of

♦ **avant tout** ♦ **avant toute chose** (= *ce qui est le plus important*) above all; (= *tout d'abord*) first; **~ tout, il faut éviter la guerre** above all war must be avoided; **il faut ~ tout vérifier l'état du toit** the first step is to see what state the roof is in

2 ADVERBE

ⓐ |= auparavant| first; **venez me parler ~** come and talk to me first; **le voyage sera long, mangez ~** it's going to be a long journey so have something to eat first

♦ **d'avant** (= *précédent*) previous; **la semaine d'~** the previous week

ⓑ |= autrefois|

> ► Lorsque l'adverbe **avant** signifie **autrefois**, *cette notion est généralement exprimée en anglais par* used to, *qui est suivi de l'infinitif.*

~, c'était très beau ici it used to be very beautiful here; **~, je n'aimais pas la physique** I didn't use to like physics

ⓒ |durée| before; **quelques mois ~** some months before; **bien ~** long before

ⓓ |lieu| **tu vois la boulangerie ? le fleuriste est juste ~** you see the baker's? the florist's is just this side of it

♦ **en avant** [*mouvement*] forward; [*position*] in front; **la voiture fit un bond en ~** the car lurched forward; **en ~, marche !** forward march!; **être en ~** (*d'un groupe*) to be in front; **partez en ~, on vous rejoindra** go on ahead, we'll catch up with you; **mettre qch en ~** to put sth forward; **il aime se mettre en ~** he likes to push himself forward

3 NOM MASCULIN

ⓐ |= partie antérieure| [*d'avion, voiture, train*] front; [*de navire*] bows; **aller de l'~** to forge ahead

♦ **à l'avant** in the front; **dans cette voiture on est mieux à l'~** it's more comfortable in the front of this car; **voyager à l'~ du train** to travel in the front section of the train

ⓑ |= joueur| forward; **la ligne des ~s** the forward line

4 ADJECTIF INVARIABLE

|= antérieur| front; **les sièges ~** the front seats; **la partie ~** the front part

---

avantage /avɑ̃taʒ/ NM ⓐ (= *intérêt*) advantage; **cette solution a l'~ de ne léser personne** this solution has the advantage of not hurting anyone; **j'ai ~ à acheter en gros** it's

worth it for me to buy in bulk; **tourner une situation à son ~** to turn the situation to one's advantage

ⓑ (= *supériorité*) advantage; **avoir un ~ sur qn** to have an advantage over sb; **avoir l'~** to have the advantage (**sur** over)

ⓒ (= *gain*) benefit; **~s en nature** fringe benefits; **~ pécuniaire** financial benefit; **~s sociaux** benefits; **~ fiscal** tax break

ⓓ ♦ **à son avantage** : **être à son ~** (*sur une photo*) to look one's best; (*dans une conversation*) to be at one's best; **il s'est montré à son ~** he was seen in a favourable light

avantager /avɑ̃taʒe/ /TABLE 3/ VT ⓐ (= *donner un avantage à*) to give an advantage to; **il a été avantagé par rapport à ses frères** he has been given an advantage over his brothers; **être avantagé dès le départ** to have a head start

ⓑ (= *mettre en valeur*) to flatter; **cette robe l'avantage** she looks good in that dress

avantageux, -euse /avɑ̃taʒø, øz/ ADJ ⓐ (= *profitable*) [*affaire*] worthwhile; [*prix*] attractive; **ce serait plus ~ de ...** it would be more worthwhile to ...; **en grands paquets, c'est plus ~** large packets are better value ⓑ (= *présomptueux*) **il a une idée assez avantageuse de lui-même** he has a very high opinion of himself ⓒ (= *flatteur*) [*portrait, robe*] flattering; **prendre des poses avantageuses** to show o.s. off to one's best advantage

avant-bras /avɑ̃bʀa/ NM INV forearm

avant-centre (*pl* **avants-centres**) /avɑ̃sɑ̃tʀ/ NM centre-forward (*Brit*), center-forward (*US*); **il joue ~** he plays centre-forward

avant-coureur (*pl* **avant-coureurs**) /avɑ̃kuʀœʀ/ ADJ M **signe ~** forerunner

avant-dernier, -ière (*mpl* **avant-derniers**) /avɑ̃dɛʀnje, jɛʀ/ ADJ, NM,F last but one

avant-garde (*pl* **avant-gardes**) /avɑ̃gaʀd/ NF ⓐ [*d'armée*] vanguard ⓑ [*d'artistes, politiques*] avant-garde; **être à l'~ de** to be in the vanguard of; **d'~** avant-garde

avant-gardiste (*pl* **avant-gardistes**) /avɑ̃gaʀdist/ ADJ avant-gardist

avant-goût (*pl* **avant-goûts**) /avɑ̃gu/ NM foretaste

avant-guerre (*pl* **avant-guerres**) /avɑ̃gɛʀ/ 1 NF pre-war years; **d'~** pre-war 2 ADV before the war

avant-hier /avɑ̃tjɛʀ/ ADV the day before yesterday

avant-midi * /avɑ̃midi/ NF INV (*Can*) morning

avant-première (*pl* **avant-premières**) /avɑ̃pʀəmjɛʀ/ NF preview; **j'ai vu le film en ~** I saw a preview of the film; **ce film sera projeté en ~ au Rex** the film will be previewing at the Rex

avant-propos /avɑ̃pʀɔpo/ NM INV foreword

avant-scène (*pl* **avant-scènes**) /avɑ̃sɛn/ NF (= *partie de la scène*) proscenium

avant-veille (*pl* **avant-veilles**) /avɑ̃vɛj/ NF **l'~** two days before; **c'était l'~ de Noël** it was two days before Christmas

avare /avaʀ/ 1 ADJ [*personne*] miserly; **~ de compliments** sparing with compliments 2 NMF miser

avarice /avaʀis/ NF miserliness

avarie /avaʀi/ NF damage (*NonC*)

avarié, e /avaʀje/ ADJ [*aliment*] rotting; [*navire*] damaged; **cette viande est ~e** this meat has gone bad

avatar /avataʀ/ NM ⓐ (= *difficulté*) problem ⓑ (= *manifestation*) **le dernier ~ de qch** the latest manifestation of sth

AVC /avese/ NM ABBR = **accident vasculaire cérébral**

avec /avɛk/ 1 PRÉP ⓐ with; **il a commandé une pizza ~ des frites !** he ordered a pizza with chips!; **son mariage ~ Marc a duré huit ans** her marriage to Marc lasted eight years; **elle est ~ Robert** (= *elle le fréquente*) she's going out with Robert; (= *ils vivent ensemble*) she's living with Robert

♦ **avec cela** ♦ **avec ça*** : **et ~ ça, madame ?** (*dans un magasin*) would you like anything else?; **il conduit mal et ~ ça il conduit trop vite** he drives badly and too fast as well; **~ tout ça j'ai oublié le pain** with all this I forgot

about the bread
(= à l'égard de)

> ► Lorsque **avec** signifie **à l'égard de**, sa traduction dépend de l'adjectif qu'il accompagne. Reportez-vous à l'autre mot.

il est très gentil ~ moi he's very kind to me
(manière)

> ► Lorsque **avec** + nom exprime le moyen ou la manière, l'anglais utilise souvent un adverbe. Reportez-vous à l'autre mot.

parler ~ colère to speak angrily

2 ADV* **tiens mes gants, je ne peux pas conduire ~** hold my gloves, I can't drive with them on; **rends-moi mon stylo, tu allais partir ~ !** give me back my pen, you were going to walk off with it!; **il faudra bien faire ~** he (ou we etc) will have to make do

avenant /av(ə)nɑ̃/ NM ⓐ [de police d'assurance] endorsement; [de contrat] amendment (à to); **faire un ~ à** [+ police d'assurance] to endorse; [+ contrat] to amend
ⓑ ◆ **à l'avenant: la maison était luxueuse, et le mobilier était à l'~** the house was luxurious, and the furniture was equally so; **la table coûtait 8 000 €, et tout était à l'~** the table cost 8,000 euros and everything else was just as expensive

avènement /avɛnmɑ̃/ NM advent; [de roi] accession (à to)

avenir /av(ə)niʀ/ NM future; **à l'~** in future; **avoir des projets d'~** to have plans for the future; **dans un proche ~** in the near future; **elle m'a prédit mon ~** she told my fortune; **l'~ le dira** time will tell; **il a de l'~** he has a good future; **entreprise pleine d'~** up-and-coming company; **métier d'~** job with a future

Avent /avɑ̃/ NM **l'~** Advent

aventure /avɑ̃tyʀ/ NF ⓐ adventure; **film d'~s** adventure film ⓑ (= liaison amoureuse) affair; **~ amoureuse** love affair; **avoir une ~ avec qn** to have an affair with sb ⓒ **dire la bonne ~ to** tell fortunes; **dire la bonne ~ à qn** to tell sb's fortune

aventurer (s') /avɑ̃tyʀe/ /TABLE 1/ VPR to venture; **s'~ à faire qch** to venture to do sth; **s'~ sur un terrain glissant** to tread on dangerous ground

aventureux, -euse /avɑ̃tyʀø, øz/ ADJ adventurous; [projet, entreprise] risky

aventurier /avɑ̃tyʀje/ NM adventurer

aventurière /avɑ̃tyʀjɛʀ/ NF adventuress

avenue /av(ə)ny/ NF avenue; **les ~s du pouvoir** the roads to power

avérer (s') /aveʀe/ /TABLE 6/ VPR **il s'avère que ...** it turns out that ...; **ce remède s'est avéré inefficace** this remedy proved to be ineffective

averse /avɛʀs/ NF shower

aversion /avɛʀsjɔ̃/ NF aversion; **avoir de l'~ pour** to have an aversion to; **prendre en ~** to take a strong dislike to

averti, e /avɛʀti/ (ptp d'**avertir**) ADJ [public] informed; **des spectateurs ~s** an informed audience; **~ de** [+ problèmes] aware of

avertir /avɛʀtiʀ/ /TABLE 2/ VT (= prévenir) to inform; (= mettre en garde) to warn; **avertissez-moi dès que possible** let me know as soon as possible

avertissement /avɛʀtismɑ̃/ NM ⓐ warning (à to); (à joueur) caution ⓑ (= préface) foreword

avertisseur /avɛʀtisœʀ/ NM (= klaxon) horn

aveu (pl **aveux**) /avø/ NM [de crime, amour] confession; [de fait, faiblesse] admission; **faire des ~x complets** to make a full confession; **passer aux ~x** to make a confession; **je dois vous faire un ~** I have a confession to make; **de l'~ de qn** according to sb; **de l'~ même du témoin** on the witness's own testimony

aveuglant, e /avœglɑ̃, ɑ̃t/ ADJ [lumière] blinding

aveugle /avœgl/ **1** ADJ blind; [attentat, violence] random; **devenir ~** to go blind; **~ d'un œil** blind in one eye; **l'amour**

est ~ love is blind; **avoir une confiance ~ en qn** to have blind faith in sb **2** NM blind man; **les ~s** the blind **3** NF blind woman

aveuglement /avœgləmɑ̃/ NM (= égarement) blindness

aveuglément /avœglemɑ̃/ ADV blindly

aveugler /avœgle/ /TABLE 1/ **1** VT to blind **2** VPR **s'aveugler: s'~ sur qn** to be blind to sb's defects; **s'~ sur qch** to be blind to sth

aveuglette /avœglɛt/ NF **avancer à l'~** to grope along; **descendre à l'~** to grope one's way down

aviateur, -trice /avjatœʀ, tʀis/ NM,F aviator

aviation /avjasjɔ̃/ NF ⓐ (= corps d'armée) air force ⓑ (= activité) **l'~** flying ⓒ (= secteur) aviation

aviculteur, -trice /avikyltœʀ, tʀis/ NM,F poultry farmer

aviculture /avikyltyʀ/ NF poultry farming

avide /avid/ ADJ (= cupide) [personne, yeux] greedy; (= passionné) [lecteur] avid; **~ de** [plaisir, sensation] eager for; [+ argent] greedy for; [+ pouvoir, honneurs, connaissances] hungry for; **~ de faire qch** eager to do sth; **~ de sang** bloodthirsty

avidement /avidmɑ̃/ ADV [écouter, regarder] eagerly; [lire] avidly; [compter, manger] greedily

avidité /avidite/ NF (= passion) eagerness; (= cupidité, voracité) greed; **lire avec ~** to read avidly; **manger avec ~** to eat greedily

> **ⓘ AVIGNON**
>
> The **Festival d'Avignon** is one of the most important events in the French cultural calendar. The town is taken over by theatregoers in late July and early August, and many of its historic buildings are transformed into performance spaces. The most prestigious shows of the festival take place in the courtyard of the "Palais des Papes".
>
> Note that when translating the phrase "in Avignon" the preposition "en" can be used instead of the usual "à" (for example, "ce spectacle a été créé en Avignon").

avilir /aviliʀ/ /TABLE 2/ **1** VT [+ personne] to demean **2** VPR **s'avilir** [personne] to demean o.s.

avilissant, e /avilisɑ̃, ɑ̃t/ ADJ demeaning; [spectacle] degrading

avion /avjɔ̃/ NM plane; **ils sont venus en ~** they came by plane; **par ~** (sur lettre) by airmail ◆ **avion de chasse** fighter plane ◆ **avion de ligne** airliner ◆ **avion à réaction** jet ◆ **avion sanitaire** air ambulance ◆ **avion de tourisme** private aircraft

aviron /aviʀɔ̃/ NM ⓐ (= rame) oar ⓑ (= sport) **l'~** rowing; **faire de l'~** to row

avis /avi/ **1** NM ⓐ (= opinion) opinion; **donner son ~** to give one's opinion; **les ~ sont partagés** opinion is divided; **être du même ~ que qn** to be of the same opinion as sb; **être de l'~ de qn** to be of the same opinion as sb; **on ne te demande pas ton ~ !** who asked you?; **je ne suis pas de votre ~** I don't agree; **à mon ~** in my opinion; **c'est bien mon ~** I quite agree; **à mon humble ~** in my humble opinion; **je suis d'~ de partir immédiatement** I think we should leave straight away; **émettre un ~ favorable** to give a favourable verdict
ⓑ (= conseil) advice (NonC); **suivre l'~ de qn** to follow sb's advice; **sur l'~ de qn** on sb's advice
ⓒ (= notification) notice; **~ de débit** debit advice; **jusqu'à nouvel ~** until further notice; **sauf ~ contraire** unless otherwise informed; (sur étiquette) unless otherwise indicated; **~ aux amateurs !*** any takers?*

2 COMP ◆ **avis de coup de vent** gale warning ◆ **avis d'imposition** tax notice ◆ **avis au public** public notice; (= en-tête) notice to the public ◆ **avis de réception** acknowledgement of receipt ◆ **avis de recherche** (= affiche) [de criminel] wanted poster; [de disparu] missing person poster; **lancer un ~ de recherche** (pour criminel) to issue a description of a wanted person; (pour disparu) to issue a description of a missing person

avisé, e /avize/ (ptp d'**aviser**) ADJ sensible; **être bien ~ de**

faire qch to be well-advised to do sth; **être mal ~ de faire qch** to be ill-advised to do sth

aviser /avize/ /TABLE 1/ **1** VT (= *avertir*) to notify; **il ne m'en a pas avisé** he didn't notify me **2** VI **nous aviserons sur place** we'll see once we're there **3** VPR **s'aviser** ⓐ (= *remarquer*) **s'~ de qch** to realize sth suddenly; **il s'avisa que ...** he suddenly realized that ... ⓑ (= *s'aventurer à*) **s'~ de faire qch** to take it into one's head to do sth; **et ne t'avise pas d'aller lui dire!** and don't you dare go and tell him!

aviver /avive/ /TABLE 1/ VT [+ *douleur physique, appétit*] to sharpen; [+ *regrets, chagrin*] to deepen; [+ *intérêt, désir, passion*] to arouse; [+ *colère, querelle*] to stir up

avocat, e /avɔka, at/ **1** NM,F ⓐ (= *juriste*) lawyer; **l'accusé et son ~** the accused and his counsel ⓑ (= *défenseur*) advocate; **se faire l'~ d'une cause** to champion a cause; **se faire l'~ du diable** to play devil's advocate **2** NM (= *fruit*) avocado **3** COMP ♦ **avocat d'affaires** business lawyer ♦ **avocat de la défense** counsel for the defence ♦ **avocat général** counsel for the prosecution ♦ **l'avocat de la partie civile** the counsel for the plaintiff

avoine /avwan/ NF oats

---

avoir /avwaʀ/

/TABLE 34/

1 VERBE TRANSITIF	4 NOM MASCULIN
2 VERBE AUXILIAIRE	5 NOM MASCULIN PLURIEL
3 VERBE IMPERSONNEL	

▶ *Lorsque* **avoir** *fait partie d'une locution comme* **avoir faim, avoir raison,** *reportez-vous à l'autre mot.*

1 VERBE TRANSITIF

ⓐ possession to have

▶ *En anglais britannique,* **I've got, he's got** *etc remplace souvent* **I have, he has** *etc.*

j'ai trois frères I have *ou* I've got three brothers; **il n'a pas d'argent** he hasn't got any money, he doesn't have any money; **j'ai la réponse** I have *ou* I've got the answer; **il n'avait pas d'argent** he had no money *ou* didn't have any money; **il a les yeux bleus** he has blue eyes; **il a du courage** he has got courage; **ils ont leur fille qui part au Québec*** they've got their daughter going to Quebec; **son regard a quelque chose de méchant** he's got a nasty look in his eye; **en ~**⁎ (= *être courageux*) to have balls⁑; MAIS **il avait les mains qui tremblaient** his hands were shaking

ⓑ localisation

▶ *Lorsque* **avoir** *est utilisé pour localiser un bâtiment, un objet etc, il peut se traduire par* **to have (got),** *mais l'anglais préférera souvent une tournure avec* **to be.**

vous avez la gare tout près the station is nearby; **vous avez un parc au bout de la rue** there's a park down the road

ⓒ = obtenir to get; **je n'ai pas pu ~ l'horaire du car** I couldn't get the bus times; **pouvez-vous nous ~ ce livre?** can you get this book for us?; **je n'ai pas pu ~ Luc au téléphone** I couldn't get through to Luc

ⓓ = porter [+ *vêtements*] to wear; **il avait un pantalon beige** he was wearing beige trousers; **la femme qui a le corsage bleu** the woman in the blue blouse

ⓔ dimensions to be; **~ 3 mètres de haut** to be 3 metres high; **ici, le lac a 2 km de large** the lake is 2km wide here

ⓕ âge (= *avoir*) to be; (= *atteindre*) to turn; **il a dix ans** he is ten; **j'ai l'impression d'~ 20 ans** I feel as if I were 20; **il a dans les cinquante ans** he's about 50; **des bâtiments qui ont plus de 250 ans** buildings that are more than 250 years old; **elle venait d'~ 38 ans** she had just turned 38

ⓖ = souffrir de [+ *rhume, maladie*] to have; **il a la rougeole** he's got measles; **il a eu la rougeole à dix ans** he had measles when he was ten; **il ne veut pas dire ce qu'il a** he won't say what's wrong with him; **qu'est-ce que tu as?** what's wrong with you?; **il a qu'il est jaloux** he's jealous, that's what's wrong with him; **qu'est-ce qu'il a à pleurer?** what's he crying for?

ⓗ = faire to make; **il a eu un geste d'énervement** he made an irritated gesture; **elle a eu un sourire malin** she smiled knowingly; **ils ont eu des remarques malheureuses** they made some unfortunate remarks

ⓘ = recevoir chez soi to have; **~ des amis à dîner** to have friends to dinner

ⓙ = avoir un cours de, avoir à faire to have; **j'ai français à 10 heures** I've got French at 10; **le vendredi, j'ai trois heures d'anglais** I have three hours of English on Fridays; **je n'ai rien ce soir** I haven't got anything on this evening

ⓚ = atteindre, attraper to get; **ils ont fini par ~ le coupable** they got the culprit in the end; **je l'ai eu!** (*cible*) got it!; **on les aura!** we'll get them!⁎; **je t'aurai!** I'll get you!⁎; **elle m'a eu au sentiment** she took advantage of my better nature

ⓛ = duper⁎ [*escroc*] to have⁎; [*plaisantin*] to fool; **ils m'ont eu** I've been had⁎; **je t'ai bien eu!** got you there!⁎; **se faire ~** (*par escroc*) to be had⁎; (*par un plaisantin*) to be fooled; **je me suis fait ~ de 30€** I was conned out of 30 euros⁑

2 VERBE AUXILIAIRE
to have

▶ *Le passé composé français peut se traduire soit par le prétérit, soit par le parfait anglais, selon le contexte.*

hier, j'ai mangé trois bananes yesterday, I ate three bananas; **as-tu faim? — non, j'ai mangé trois bananes** are you hungry? — no, I've eaten three bananas; **j'étais pressé, alors j'ai couru** I was in a hurry so I ran; **il a fini hier** he finished yesterday; **je n'ai pas encore fini** I haven't finished yet; **il a été renvoyé deux fois** he has been dismissed twice; **je l'ai vu le 13 février** I saw him on 13 February; **nous aurons terminé demain** we'll have finished tomorrow; **si je l'avais vu** if I had seen him

♦ **avoir à** + *infinitif* (= *devoir*) **j'ai à travailler** I've got work to do; **Patrick a des lettres à écrire** Patrick has got letters to write

♦ **n'avoir qu'à** : **tu n'as qu'à me téléphoner demain** just give me a ring tomorrow; **c'est simple, vous n'avez qu'à lui écrire** it's simple, just write to him; **tu n'avais qu'à ne pas y aller** you shouldn't have gone in the first place; **s'il n'est pas content, il n'a qu'à partir** if he doesn't like it, he can always leave

3 VERBE IMPERSONNEL

♦ **il y a** ⓐ général (*suivi d'un singulier*) there is; (*suivi d'un pluriel*) there are; **il y a un homme à la porte** there's a man at the door; **il y a des gens qui attendent** there are people waiting; **il y a eu trois blessés** three people were injured; **il y a voiture et voiture!** there are cars and cars!; **qu'y a-t-il?** what is it?; **qu'est-ce qu'il y a?** what's the matter?; **il y a que nous sommes mécontents!*** we're annoyed, that's what!⁎; **il y a eu un accident** there has been an accident; **qu'est-ce qu'il y a eu?** what's happened?; **il n'y a pas que toi!** you're not the only one!; **il n'y a que lui pour faire cela!** trust him to do that!; **il n'y a pas que nous à le dire** we're not the only ones who say this

♦ **il y en a** (*antécédent au singulier*) there is some; (*antécédent au pluriel*) there are some; **j'achète du pain? — non, il y en a encore** shall I buy some bread? — no, there's some left; **il y en a qui disent ...** there are those who say ...; **il y en a qui feraient mieux de se taire!** some people would do better to keep quiet!; **il y en a, je vous jure!*** really, some people!⁎

♦ **il n'y en a que pour** : **il n'y en a que pour mon petit frère, à la maison** my little brother gets all the attention at home; **il n'y en a eu que pour lui pendant l'émission** the whole programme revolved around him

♦ **y a pas**⁎ : **il y a pas, faut que je parte** it's no good, I've got to go; **y a pas, il faut qu'il désobéisse** he just won't do as he's told; **il y a pas à dire, il est très intelligent** there's no denying he's very intelligent

♦ **il n'y a qu'à** (+ *infinitif*) ♦ **y a qu'à** (+ *infinitif*)⁎ : **il n'y a qu'à les laisser partir** just let them go; **il n'y a qu'à pro-**

tester we'll just have to protest; **y a qu'à lui dire*** why don't we just tell him

ⓑ temps

► *Lorsque* **il y a** *se rapporte à une action non révolue, l'anglais utilise* **for.**

► *Pour exprimer une durée, le présent français devient un parfait en anglais, l'imparfait un pluperfect.*

il y a dix ans que je le connais I've known him for ten years; **il y avait longtemps qu'elle désirait le rencontrer** she had wanted to meet him for a long time

► *Dans le cas d'une action révolue, on emploie* **ago** *et le prétérit.*

il y a dix ans, j'ai obtenu mon diplôme I graduated ten years ago; **il est né il y a tout juste un an** he was born just one year ago; **il y a dix jours que nous sommes rentrés** we got back ten days ago; MAIS **il n'y a pas un quart d'heure qu'il est parti** it's less than a quarter of an hour since he left

ⓒ distance **il y a 10 km d'ici à Paris** it is 10km from here to Paris; **combien y a-t-il d'ici à Lille ?** how far is it from here to Lille?

4 NOM MASCULIN

ⓐ **= bien** assets; **il a investi tout son ~ dans l'entreprise** he invested all his assets in the firm

ⓑ **= actif** credit; (= *billet*) credit note; **~ fiscal** tax credit

5 NOM MASCULIN PLURIEL

avoirs assets; **~s financiers** financial resources

avoisinant, e /avwazinɑ̃, ɑ̃t/ ADJ neighbouring (*Brit*), neighboring (*US*); **dans les rues ~es** in the nearby streets

avoisiner /avwazine/ /TABLE 1/ VT [+ *lieu*] (= *être proche de*) to be near; (= *être contigu à*) to border on; [*prix, température, taux*] to be close to

avortement /avɔʀtəmɑ̃/ NM abortion; **campagne contre l'~** anti-abortion campaign ♦ **avortement thérapeutique** termination of pregnancy (*for medical reasons*)

avorter /avɔʀte/ /TABLE 1/ VI ⓐ [*femme*] to have an abortion; **se faire ~** to have an abortion ⓑ [*tentative*] to fail; **faire ~ un projet** to wreck a plan; **projet avorté** abortive plan

avorton /avɔʀtɔ̃/ NM (= *personne*) little runt

avouable /avwabl/ ADJ blameless; **procédés peu ~s** disreputable methods

avoué, e /avwe/ (*ptp d'***avouer**) 1 ADJ [*ennemi, revenu, but*] avowed 2 NM (= *avocat*) ≈ solicitor (*Brit*), ≈ attorney-at-law (*US*)

avouer /avwe/ /TABLE 1/ 1 VT [+ *amour*] to confess; [+ *crime*] to confess to; [+ *fait*] to acknowledge; [+ *faiblesse, vice*] to admit to; **~ avoir menti** to admit that one has lied; **~ que ...** to admit that ...; **elle est douée, je l'avoue** she is gifted, I must admit 2 VI ⓐ (= *se confesser*) [*coupable*] to confess ⓑ (= *admettre*) to admit; **tu avoueras, c'est un peu fort !** you must admit, it is a bit much! 3 VPR **s'avouer : s'~ coupable** to admit one's guilt; **s'~ vaincu** to admit defeat

avril /avʀil/ NM April → **septembre**

axe /aks/ NM ⓐ (= *route*) trunk road (*Brit*), main highway (*US*); **les grands ~s routiers** the main roads; **les vols réguliers sur l'~ Paris-Marseille** the regular flights on the Paris-Marseilles route ⓑ [*de débat, théorie, politique*] main line ⓒ (*Math*) axis

axer /akse/ /TABLE 1/ VT **~ qch sur** to centre (*Brit*) *ou* center (*US*) sth on; **~ qch autour de** to centre (*Brit*) *ou* center (*US*) sth around; **il est très axé sur la politique** he's very interested in politics; **leur rapport est axé sur l'environnement** their report focuses on the environment

axiome /aksjom/ NM axiom

ayant /ɛjɑ̃/ VB → **avoir**

ayant droit (*pl* **ayants droit**) /ɛjɑ̃dʀwa/ NM [*de prestation, pension*] eligible party

ayons /ɛjɔ̃/ VB → **avoir**

azalée /azale/ NF azalea

Azerbaïdjan /azɛʀbaidʒɑ̃/ NM Azerbaijan

AZERTY /azɛʀti/ ADJ INV **clavier ~** ≈ French keyboard

azimut /azimyt/ NM azimuth; **tous ~s** (= *dans toutes les directions*) everywhere; [*offensive, campagne*] all-out; [*réformes*] wholesale; **la banque a connu une expansion tous ~s** the bank has undergone a dramatic expansion

azimuté, e* /azimyte/ ADJ crazy*

azote /azɔt/ NM nitrogen

azur /azyʀ/ NM (*littér*) ⓐ (= *couleur*) sky blue ⓑ (= *ciel*) sky

azyme /azim/ ADJ unleavened

B

B.A.-BA /beaba/ NM **le ~** the ABC

baba • /baba/ 1 NM ⓐ (= *gâteau*) baba ⓑ (= *hippy*) **~ cool** ≈ hippy 2 ADJ **j'en suis resté ~** I was flabbergasted

babil /babil/ NM (*littér*) [*de bébé*] babble; [*d'enfant*] prattle

babillard /babijaʀ/ NM (*Can*) notice board

babiller /babije/ /TABLE 1/ VI [*bébé*] to babble; [*enfant*] to prattle

babines /babin/ NFPL [*d'animal*] chops

babiole /babjɔl/ NF (= *vétille*) trifle

bâbord /babɔʀ/ NM port (side); **à ~** on the port side

babouin /babwɛ̃/ NM baboon

baby-foot (*pl* **baby-foots**) /babifut/ NM INV (= *jeu*) table football; **jouer au ~** to play table football

Babylone /babilɔn/ N Babylon

baby-sitter (*pl* **baby-sitters**) /babisitœʀ/ NMF baby-sitter

baby-sitting (*pl* **baby-sittings**) /babisitiŋ/ NM baby-sitting; **faire du ~** to baby-sit

bac[1] /bak/ NM ⓐ (= *bateau*) ferry; (*pour voitures*) car-ferry ⓑ (= *récipient*) tub; [*d'évier*] sink; [*de courrier, imprimante*] tray; **dans les ~s** (*à disques*) in the racks; **~ à douche** shower tray; **~ (à fleurs)** tub; **~ à glace** ice-tray; **~ à légumes** vegetable compartment

bac[2] /bak/ ABBR = **baccalauréat** NM ⓐ (*en France*) **formation ~ + 3** ≈ 3 years' higher education → **baccalauréat** ⓑ (*au Canada* = *licence*) ≈ BA

baccalauréat /bakalɔʀea/ NM ⓐ (*en France*) baccalauréat ⓑ (*au Canada* = *licence*) ≈ BA

> ⓘ **BACCALAURÉAT**
> The **bac**, as it is popularly known, is the school leaving examination all French "lycée" students take in their final year. Before beginning their **baccalauréat** studies, pupils choose a specialization known as a "série", represented by an initial letter: a **bac** with a scientific bias is known as a "**bac S**" (for "scientifique") while an arts-oriented **bac** is referred to as a "**bac L**" (for "littéraire"), for example. When the word "**bac**" is followed by a plus sign and a number, this refers to the number of years of formal study completed since obtaining the **baccalauréat** qualification: "**bac + 3**" refers to the "licence" or equivalent, "**bac + 4**" to the "maîtrise" etc. These abbreviations are often used in job advertisements to indicate the level of qualification required.
> ▷ www.education.gouv.fr

bâche /baʃ/ NF (= *toile*) canvas cover; [*de piscine*] cover

bachelier, -ière /baʃəlje, jɛʀ/ NM,F *person who has passed the baccalauréat*

bâcher /baʃe/ /TABLE 1/ VT to cover with a canvas sheet

bachotage /baʃɔtaʒ/ NM (*Scol*) cramming

bachoter /baʃɔte/ /TABLE 1/ VI (*Scol*) to cram (for an exam)

bacille /basil/ NM germ; **le ~ de Koch** Koch's bacillus

★ *The* **ille** *is pronounced* **eel**.

bâcler /bakle/ /TABLE 1/ VT [+ *travail*] to botch; **c'est du**

travail **bâclé** it's slapdash work

bacon /bekɔn/ NM (= *lard*) bacon; (= *jambon fumé*) smoked loin of pork

bactérie /bakteʀi/ NF bacterium; **~s** bacteria

bactérien, -ienne /bakteʀjɛ̃, jɛn/ ADJ bacterial

bactériologique /bakteʀjɔlɔʒik/ ADJ [*arme, examen*] bacteriological

badaud, e /bado, od/ NM,F (*qui regarde*) curious onlooker

badge /badʒ/ NM badge; (*pour visiteur*) visitor's badge; (= *carte électronique*) swipe card

badgeuse /badʒøz/ NF time clock

badiane /badjan/ NF star anise

badigeonner /badiʒɔne/ /TABLE 1/ VT [+ *mur intérieur*] to paint; [+ *mur extérieur*] to whitewash (*Brit*); [+ *plaie, gorge*] to paint (**à, avec** with)

badin, e[1] /badɛ̃, in/ ADJ [*humeur, propos*] playful

badine[2] /badin/ NF switch

badiner /badine/ /TABLE 1/ VI **il ne faut pas ~ avec ce genre de maladie** this sort of illness should be taken seriously

badminton /badmintɔn/ NM badminton

BAFA /bafa/ NM (ABBR = **brevet d'aptitude à la fonction d'animateur**) *certificate for activity leaders in a holiday camp*

baffe • /baf/ NF slap; **recevoir une ~** to get slapped

baffle /bafl/ NM (*de chaîne hi-fi*) speaker

bafouer /bafwe/ /TABLE 1/ VT to flout

bafouiller /bafuje/ /TABLE 1/ VI to stammer

bâfrer ‡ /bafʀe/ /TABLE 1/ VI to guzzle•

bagage /bagaʒ/ NM ⓐ (= *valises*) **~s** luggage (*NonC*), baggage (*NonC*); **faire ses ~s** to pack (one's bags); **« (livraison des) ~s »** (*dans un aéroport*) "baggage claim *ou* reclaim (*Brit*)" ⓑ (= *valise*) bag; **~ à main** piece of hand luggage ⓒ (= *connaissances*) stock of knowledge; (= *diplômes*) qualifications; **un bon ~ technique** a good technical background

bagagiste /bagaʒist/ NMF baggage handler

bagarre • /bagaʀ/ NF ⓐ **la ~** fighting; **il cherche la ~** he's looking for a fight ⓑ (= *rixe*) fight; (*entre ivrognes*) brawl; **de violentes ~s ont éclaté** violent scuffles broke out

bagarrer (se) • /bagaʀe/ /TABLE 1/ VPR (= *se battre*) to fight

bagarreur, -euse • /bagaʀœʀ, øz/ ADJ [*caractère*] aggressive; **il est ~** (= *batailleur*) he's always getting into fights; (= *ambitieux*) he's a real fighter

bagatelle /bagatɛl/ NF ⓐ little thing; **perdre son temps à des ~s** to fritter away one's time on little things ⓑ (= *somme*) trifling sum; **être porté sur la ~** († *ou hum*) to be a bit of a philanderer

Bagdad /bagdad/ N Baghdad

bagnard /baɲaʀ/ NM convict

bagne /baɲ/ NM (= *prison*) penal colony; (= *peine*) hard labour; **c'est le ~!** • it's slavery!

bagnole • /baɲɔl/ NF car

bagou(t) * /bagu/ NM **avoir du ~** to have the gift of the gab; **quel ~ elle a!** what a chatterbox!

bague /bag/ NF ⓐ ring; **~ de fiançailles** engagement ring ⓑ (*Tech*) collar

baguer /bage/ /TABLE 1/ VT to ring

baguette /baget/ 1 NF ⓐ (= *bâton*) stick; **~s** (*pour manger*) chopsticks; **~ de chef d'orchestre** baton; **mener qn à la ~** to rule sb with a rod of iron ⓑ (= *pain*) baguette 2 COMP ♦ **baguette magique** magic wand; **ça ne se fait pas d'un coup de ~ magique!** you can't just wave your magic wand! ♦ **baguette de tambour** drumstick

bah /ba/ EXCL (*indifférence*) pooh!; (*doute*) well!

Bahamas /baamas/ NFPL **les (îles) ~** the Bahamas

bahut /bay/ NM ⓐ (= *coffre*) chest; (= *buffet*) sideboard ⓑ (*arg Scol*) school ⓒ (= *camion*)* lorry (*Brit*), truck (*US*)

bai, e [1] /bɛ/ ADJ [*cheval*] bay

baie [2] /bɛ/ NF ⓐ (= *anse*) bay; **la ~ d'Hudson** Hudson Bay; **la ~ des Cochons** the Bay of Pigs ⓑ (*Archit*) opening; **~ vitrée** (= *fenêtre*) plate glass window ⓒ (= *fruit*) berry

baignade /beɲad/ NF swimming; **«~ interdite»** "no swimming"

baigner /beɲe/ /TABLE 1/ 1 VT ⓐ [+ *bébé, chien*] to bath (*Brit*), to bathe (*US*); [+ *pieds, visage, yeux*] to bathe ⓑ [*mer, rivière*] to wash; [*lumière*] to bathe 2 VI **la victime baignait dans son sang** the victim was lying in a pool of blood; **ça baigne!*** great!* 3 VPR **se baigner** (*dans la mer, une piscine*) to go swimming; (*dans une baignoire*) to have a bath

baigneur, -euse /beɲœʀ, øz/ 1 NM,F swimmer 2 NM (= *jouet*) baby doll

baignoire /beɲwaʀ/ NF ⓐ [*de salle de bains*] bath, tub (*US*); **~ sabot** ≈ hip-bath; **~ à remous** whirlpool bath ⓑ (*Théât*) ground floor box

bail (*pl* **baux**) /baj, bo/ NM lease; **prendre à ~** to lease; **ça fait un ~ que je ne l'ai pas vu!*** I haven't seen him for ages!

bâillement /bajmã/ NM yawn

bâiller /baje/ /TABLE 1/ VI ⓐ [*personne*] to yawn; **~ d'ennui** to yawn with boredom ⓑ (= *être trop large*) [*col, chaussure*] to be too loose

bailleur, bailleresse /bajœʀ, bajʀɛs/ NM,F [*de local*] lessor; **~ de fonds** backer

bâillon /bajɔ̃/ NM gag

bâillonner /bajɔne/ /TABLE 1/ VT to gag

bain /bɛ̃/ 1 NM ⓐ (*dans une baignoire*) bath; (*dans une piscine, la mer*) swim; **~ de boue** mud bath; **~ de sang** blood bath; **prendre un ~** (*dans une baignoire*) to have a bath; (*dans la mer, une piscine*) to have a swim; **tu seras vite dans le ~*** you'll soon get the hang of it*; **se (re)mettre dans le ~*** to get (back) into the swing of things ⓑ (= *liquide*) bath ⓒ (= *piscine*) **petit/grand ~** shallow/deep end; **~s** (= *lieu*) baths 2 COMP ♦ **bain de bouche**: **faire des ~s de bouche** to rinse one's mouth out ♦ **bain de foule** walkabout; **prendre un ~ de foule** to go on a walkabout ♦ **bain linguistique** immersion ♦ **bain moussant** bubble bath ♦ **bain de minuit** midnight swim ♦ **bain de pieds** foot-bath ♦ **bains publics** public baths ♦ **bain à remous** whirlpool spa bath ♦ **bain de soleil**: **prendre un ~ de soleil** to sunbathe; **robe ~ de soleil** sun dress

bain-marie (*pl* **bains-marie**) /bɛ̃maʀi/ NM bain-marie; **réchauffer une boîte de conserve au ~** to heat a tin up by standing it in simmering water

baïonnette /bajɔnɛt/ NF [*d'ampoule, fusil*] bayonet

baise :: /bɛz/ NF screwing::

baisemain /bɛzmɛ̃/ NM **il lui fit le ~** he kissed her hand

baiser /beze/ 1 NM kiss; **bons ~s** (*en fin de lettre*) love; **donner un ~ à qn** to give a kiss to sb 2 /TABLE 1/ VT ⓐ (*frm*) [+ *main, visage, sol*] to kiss ⓑ :: to screw::; **c'est une mal(-)baisée** (*péj*) she could do with a good lay:: ⓒ (= *tromper, vaincre*) :: to have::; **il s'est fait ~** he was really had* 3 VI :: to screw::; **il/elle baise bien** he's/she's a good fuck:: **ou** lay::

baisse /bɛs/ NF fall (**de** in); [*de popularité*] decline (**de** in); **~ de l'activité économique** decline in economic activity; **sans ~ de salaire** without cutting salaries; **revoir les chiffres à la ~** to revise figures downwards; **être en ~** [*prix, chômage, actions*] to be going down; [*niveau, natalité*] to be falling; [*popularité*] to be declining; **la production est en ~ de 8% par rapport à l'année dernière** production is 8% down on last year

baisser /bese/ /TABLE 1/ 1 VT ⓐ to lower; **une fois le rideau baissé** (*au théâtre*) once the curtain was down; **~ la tête** to bend one's head; (*de honte*) to hang one's head; **~ les yeux** to look down; **elle entra, les yeux baissés** she came in with downcast eyes; **~ les bras** (*fig*) to give up ⓑ [+ *chauffage, éclairage, radio, son*] to turn down; [+ *voix*] to lower; **~ le feu** (*Cuisine*) turn down the heat ⓒ [+ *prix*] to lower; **faire ~ la tension/le chômage** to reduce tension/unemployment 2 VI ⓐ [*température, prix, baromètre, Bourse*] to fall; [*pression*] to drop; [*marée*] to go out; [*eaux*] to subside; [*réserves, provisions*] to run low; [*popularité*] to decline; [*soleil*] to go down ⓑ [*vue, mémoire, forces, santé*] to fail; [*talent*] to wane; **le jour baisse** the light is fading 3 VPR **se baisser** (*pour ramasser*) to bend down; (*pour éviter*) to duck; **il n'y a qu'à se ~ (pour les ramasser)** there are masses of them

bajoues /baʒu/ NFPL [*d'animal*] cheeks

bal (*pl* **bals**) /bal/ NM (= *réunion*) dance; (*habillé*) ball; **aller au ~** to go dancing; **ouvrir le ~** to lead the dancing; **mener le ~** (*fig*) to call the shots* ♦ **bal champêtre** open-air dance ♦ **bal costumé** fancy dress ball (*Brit*), costume ball (*US*) ♦ **bal masqué** masked ball ♦ **bal musette** popular dance (*to the accordion*) ♦ **bal populaire** ≈ local dance

balade * /balad/ NF (*à pied*) walk; (*en voiture*) drive; (*à vélo*) ride; (*en bateau*) trip; **faire une ~** to go for a walk (*ou a drive etc*)

balader * /balade/ /TABLE 1/ VT (= *promener*) [+ *personne, animal*] to take for a walk; (*en voiture*) to take for a drive *ou* a ride 2 VPR **se balader** ⓐ (*à pied*) to go for a walk; **la lettre s'est baladée de bureau en bureau** the letter was sent from one office to another ⓑ (= *être en désordre*) **des câbles se baladent partout** there are cables trailing all over the place

baladeur, -euse /baladœʀ, øz/ 1 ADJ [*main*] wandering; **un micro ~ circulait dans le public** a microphone circulated round the audience 2 NM (= *magnétophone*) Walkman®, personal stereo 3 NF **baladeuse** (= *lampe*) hand lamp 4 COMP ♦ **baladeur numérique** MP3 player

baladodiffusion /baladodifyzjɔ̃/ NF (*surtout Can*) podcasting

balafre /balafʀ/ NF (= *blessure*) gash; (= *cicatrice*) scar

balafré /balafʀe/ ADJ scarred

balai /balɛ/ NM ⓐ broom; [*d'essuie-glace*] blade; **donner un coup de ~** to sweep the floor; (*fig*) to make a clean sweep; **du ~!*** clear off!* ⓑ (= *an*): **il a 80 ~s** he's 80

balai-brosse (*pl* **balais-brosses**) /balɛbʀɔs/ NM long-handled scrubbing brush

balance /balɑ̃s/ 1 NF ⓐ (= *instrument*) scales; (*pour salle de bains*) (bathroom) scales; (*pour cuisine*) (kitchen) scales; **mettre tout son poids dans la ~** to use one's power to tip the scales ⓑ (= *équilibre*) balance; **mettre en ~ le pour et le contre** to weigh up the pros and cons ⓒ (*Astron*) **la Balance** Libra; **être (de la) Balance** to be Libra *ou* a Libran ⓓ (*arg Crime*) grass:: (*Brit*), fink:: (*US*) 2 COMP ♦ **balance commerciale** balance of trade ♦ **balance des paiements** balance of payments

> ⚠ **balance** ne se traduit pas toujours par le mot anglais **balance**.

balancement /balɑ̃smɑ̃/ NM (= *mouvement*) swaying

balancer /balɑ̃se/ /TABLE 3/ 1 VT ⓐ [+ *chose, bras, jambe*] to swing; [+ *bébé*] to rock; (*sur une balançoire*) to push ⓑ (= *lancer*)* to chuck* ⓒ (= *dire*) [+ *méchanceté, insanités*]* to come out with*

ⓓ (= *se débarrasser de*) [+ *vieux meubles*]* to chuck out*; **j'ai envie de tout ~** (*travail*) I feel like chucking* it all in
ⓔ (= *équilibrer*) [+ *compte*] to balance
ⓕ (*arg Crime* = *dénoncer*) to finger‡
2 VPR **se balancer** ⓐ (= *osciller*) [*bras, jambes*] to swing; [*bateau*] to rock; [*branches*] to sway; [*personne*] (*sur une balançoire*) to swing; (*sur une bascule*) to seesaw; **ne te balance pas sur ta chaise!** don't tip your chair back!
ⓑ (= *se jeter*)* to throw o.s.
ⓒ **s'en ~*** (= *s'en ficher*) **je m'en balance** I don't give a damn*

balancier /balɑ̃sje/ NM [*d'équilibriste*] balancing pole; [*de bateau*] outrigger

balançoire /balɑ̃swaʀ/ NF (*suspendue*) swing; (*sur pivot*) seesaw; **faire de la ~** to have a go on a swing (*ou* a seasaw)

balayage /balɛjaʒ/ NM (= *nettoyage*) sweeping; (*Élec, Radio*) scanning; [*de cheveux*] highlighting; **se faire faire un ~** (*cheveux*) to have highlights put in one's hair

balayer /balɛje/ /TABLE 8/ VT ⓐ (= *ramasser*) [+ *poussière, feuilles mortes*] to sweep up ⓑ (= *nettoyer*) to sweep (out); **ils feraient mieux de ~ devant leur porte** (*fig*) they should clean up their own back yard ⓒ (= *chasser*) [+ *feuilles mortes*] to sweep away; [+ *obstacles*] to brush aside ⓓ (= *parcourir*) [*phares*] to sweep across; [*vague, regard*] to sweep over; [*radar*] to scan; **le vent balayait la plaine** the wind swept across the plain

balayette /balɛjɛt/ NF small handbrush

balayeur, -euse /balɛjœʀ, øz/ 1 NM,F roadsweeper (*Brit*), streetsweeper (*US*) 2 NF **balayeuse** (= *machine*) roadsweeper (*Brit*), streetsweeper (*US*)

balbutiement /balbysimɑ̃/ NM (= *paroles confuses*) stammering; [*de bébé*] babbling; **~s** (= *débuts*) beginnings

balbutier /balbysje/ /TABLE 7/ VI to stammer; [*bébé*] to babble

balcon /balkɔ̃/ NM (= *terrasse*) balcony; **premier ~** (*au théâtre*) lower circle; **deuxième ~** (*au théâtre*) upper circle

baldaquin /baldakɛ̃/ NM → **lit**

Bâle /bɑl/ N Basel

Baléares /baleaʀ/ NFPL **les (îles) ~** the Balearics

baleine /balɛn/ NF ⓐ (= *animal*) whale; **rire comme une ~*** to laugh like a drain* ⓑ (= *fanon*) (piece of) whalebone; **~ de parapluie** umbrella rib

baleinier, -ière /balenje, jɛʀ/ 1 NM (*pêcheur, bateau*) whaler 2 NF **baleinière** whaler

balèze: /balɛz/ ADJ (= *musclé*) brawny; (= *excellent*) terrific*

balise /baliz/ NF (*pour bateaux*) marker buoy; (*pour avions*) beacon; **~ de détresse** distress beacon

baliser /balize/ /TABLE 1/ 1 VT (*pour bateaux*) to mark out with buoys; (*pour avions*) to mark out with beacons; [+ *sentier, piste de ski*] to mark up; **sentier balisé** waymarked footpath; **~ le terrain** (*fig*) to prepare the ground 2 VI (= *avoir peur*)‡ to have the jitters*

balistique /balistik/ 1 ADJ ballistic 2 NF ballistics (*sg*)

balivernes /balivɛʀn/ NFPL **dire des ~** to talk nonsense

balkanique /balkanik/ ADJ Balkan

Balkans /balkɑ̃/ NMPL **les ~** the Balkans

ballade /balad/ NF (= *poème court, Musique*) ballade; (= *poème long*) ballad

ballant, e /balɑ̃, ɑ̃t/ ADJ **les bras ~s** with arms dangling

ballast /balast/ NM (*Rail*) ballast; [*de bateau*] ballast tank

balle /bal/ NF ⓐ (= *projectile*) bullet; **~ à blanc** blank; **~ perdue** stray bullet; **tué par ~s** shot dead ⓑ (= *ballon*) ball; **~ de ping-pong** ping-pong ball; **jouer à la ~** to play (with a) ball; **la ~ est dans leur camp** the ball is in their court ⓒ (*Sport* = *coup*) shot; **~ de jeu/match/set** game/match/set point; **~ de service** service ball; **faire quelques ~s** to knock the ball around a bit ⓓ (= *franc*)* franc

ballerine /bal(ə)ʀin/ NF (= *danseuse*) ballerina; (= *chaussure*) ballet shoe

ballet /balɛ/ NM (= *spectacle*) ballet; (= *musique*) ballet music; **~ aquatique** water ballet

ballon /balɔ̃/ 1 NM ⓐ (= *balle*) ball; **~ de football** football (*Brit*), soccer ball (*US*); **~ de rugby** rugby ball; **le ~ rond** (= *football*) soccer; **le ~ ovale** (= *rugby*) rugby; **~ (en** *ou* **de baudruche)** balloon ⓑ (= *montgolfière*) balloon ⓒ (= *verre*) (*à vin*) round wineglass; (*à cognac*) balloon glass; **un ~ de rouge*** a glass of red wine ⓓ (= *Alcootest*)* **souffler dans le ~** to take a breath test 2 COMP ◆ **ballon dirigeable** airship ◆ **ballon d'eau chaude** hot-water tank ◆ **ballon d'essai** trial balloon ◆ **ballon d'oxygène** (*fig*) lifesaver

ballonné, e /balɔne/ ADJ [*ventre*] bloated; **je suis ~** I feel bloated

ballonnements /balɔnmɑ̃/ NMPL flatulence

ballon-panier /balɔ̃panje/ NM INV (*Can*) basketball

ballon-sonde (*pl* **ballons-sondes**) /balɔ̃sɔ̃d/ NM meteorological balloon

ballot /balo/ NM ⓐ (= *paquet*) bundle ⓑ (= *nigaud*)* nitwit*

ballottage /balɔtaʒ/ NM (*dans une élection*) **il y a ~** there will have to be a second ballot

ballotter /balɔte/ /TABLE 1/ 1 VI [*objet*] to roll around; [*poitrine*] to bounce 2 VT ⓐ (= *secouer*) [+ *personne*] to shake about; [+ *bateau*] to toss (about) ⓑ (= *déplacer sans ménagement*) to shunt (around); **cet enfant a été ballotté entre plusieurs écoles** this child has been shunted around from school to school

ballottine /balɔtin/ NF ≈ meat loaf (*made with poultry*)

ball-trap (*pl* **ball-traps**) /baltʀap/ NM (= *sport*) clay-pigeon shooting

balluchon /balyʃɔ̃/ NM **faire son ~*** to pack one's bags

balnéaire /balneɛʀ/ ADJ swimming → **station**

balnéothérapie /balneoteʀapi/ NF balneotherapy

balourd, e /baluʀ, uʀd/ NM,F (= *lourdaud*) oaf

balte /balt/ ADJ [*pays, peuple*] Baltic; **les pays ~s** the Baltic States

baltique /baltik/ 1 ADJ [*mer, région*] Baltic 2 NF **Baltique**: **la Baltique** the Baltic

baluchon /balyʃɔ̃/ NM **faire son ~*** to pack one's bags

balustrade /balystʀad/ NF (= *garde-fou*) railing

bambin* /bɑ̃bɛ̃/ NM small child

bambou /bɑ̃bu/ NM (= *plante*) bamboo; **avoir le coup de ~*** (= *être fatigué*) to be bushed*; **dans ce restaurant, c'est le coup de ~*** (= *prix exorbitant*) they really fleece* you in that restaurant

ban /bɑ̃/ NM ⓐ [*de mariage*] **~s** banns ⓑ [*d'applaudissements*] round of applause; **faire un ~** to applaud ⓒ **mettre au ~ de la société** to ostracize; **le ~ et l'arrière-~ de sa famille** all of his relatives

banal, e (*mpl* **banals**) /banal/ ADJ ⓐ (= *sans originalité*) banal; **un personnage peu ~** an unusual character; **ça, ce n'est pas ~!** that's rather out of the ordinary! ⓑ (= *courant*) commonplace; **une grippe ~e** a common-or-garden case of flu

banalisation /banalizasjɔ̃/ NF trivialization

banaliser /banalize/ /TABLE 1/ 1 VT ⓐ (= *rendre courant*) to make commonplace ⓑ **voiture banalisée** unmarked police car 2 VPR **se banaliser** [*pratiques*] to become commonplace; [*violence*] to become routine

banalité /banalite/ NF ⓐ (= *caractère*) banality; **d'une ~ affligeante** appallingly trite ⓑ (= *propos*) platitude; **on a échangé des ~s** we made small talk

banane /banan/ NF ⓐ (= *fruit*) banana ⓑ (*Coiffure*) quiff (*Brit*), pompadour (*US*) ⓒ (= *sac*) bumbag* (*Brit*), fanny pack* (*US*) ⓓ (= *idiot*)* **~!** you silly twit!* (*Brit*), you dork!* (*US*)

bananier /bananje/ NM (= *arbre*) banana tree

banc /bɑ̃/ 1 NM ⓐ (= *siège*) seat; **~ public** park bench; **nous nous sommes connus sur les ~s de l'école** we've known each other since we were at school together; **les ~s de l'opposition** (*Politique*) the opposition benches ⓑ **~ de brouillard** fog patch; (*en mer*) fog bank ⓒ [*de poissons*] school

2 COMP ◆ **banc des accusés** dock; **être au ~ des accusés** to be in the dock ◆ **banc d'église** pew ◆ **banc d'essai** test bed ◆ **banc de musculation** weight bench ◆ **banc de neige** (*Can*) snowdrift ◆ **banc de sable** sandbank ◆ **banc des témoins** witness box ◆ **banc de touche** bench (*where substitutes sit*)

bancaire /bɑ̃kɛʀ/ ADJ [*système*] banking; **chèque ~** (bank) cheque (*Brit*) ou check (*US*)

bancal, e (*mpl* **bancals**) /bɑ̃kal/ ADJ ⓐ [*table, chaise*] wobbly ⓑ [*raisonnement*] shaky

bandage /bɑ̃daʒ/ NM bandage

bande /bɑ̃d/ **1** NF ⓐ (= *ruban*) strip; (*Ciné*) film; [*de magnétophone*] tape; **~ de terre** strip of land; **la ~ de Gaza** the Gaza strip
ⓑ (= *dessin, motif*) stripe
ⓒ (*Billard*) cushion; **apprendre qch par la ~** to hear of sth on the grapevine*
ⓓ **donner de la ~** [*bateau*] to list
ⓔ (*Élec, Physique, Radio*) band; **~ (de fréquence)** waveband
ⓕ (= *groupe*) group; **une ~ d'amis** a group of friends; **ils sont partis en ~** they set off in a group; **~ d'imbéciles !** you're a bunch of fools!*
ⓖ (= *gang*) gang; **~ armée** armed gang; **faire ~ à part** to go off on one's own

2 COMP ◆ **bande d'arrêt d'urgence** hard shoulder (*Brit*), berm (*US*) ◆ **bande dessinée** comic strip; (= *livre*) comic book ◆ **bande magnétique** magnetic tape ◆ **bande originale** (original) soundtrack; ◆ **bande passante** (*Informatique*) bandwidth ◆ **bandes rugueuses** rumble strips ◆ **bande sonore** [*de film*] soundtrack ◆ **bande Velpeau**® crêpe bandage (*Brit*), Ace® bandage (*US*) ◆ **bande vidéo** videotape

---
ⓘ **BANDE DESSINÉE**

The **bande dessinée** *or* **BD** *enjoys a huge following in France and Belgium amongst adults as well as children. The strip cartoon is accorded both literary and artistic status, and is known as "le neuvième art". An international strip cartoon festival takes place in the French town of Angoulême at the end of January each year.*

▷ www.bdangouleme.com
▷ www.cnbdi.fr
---

bande-annonce (*pl* **bandes-annonces**) /bɑ̃danɔ̃s/ NF [*de film*] trailer

bandeau (*pl* **bandeaux**) /bɑ̃do/ NM (= *ruban*) headband; (*pour les yeux*) blindfold; **mettre un ~ à qn** to blindfold sb; **avoir un ~ sur l'œil** to wear an eye patch

bander /bɑ̃de/ /TABLE 1/ **1** VT ⓐ [+ *genou, plaie*] to bandage; **les yeux bandés** blindfold(ed) ⓑ [+ *arc*] to bend; [+ *muscles*] to tense **2** VI ⁑ to have a hard-on⁑

banderole /bɑ̃dʀɔl/ NF banderole

bande-son (*pl* **bandes-son**) /bɑ̃dsɔ̃/ NF [*de film*] soundtrack

bandit /bɑ̃di/ NM (= *brigand*) bandit; (= *escroc*) crook; **~ de grand chemin** highwayman

banditisme /bɑ̃ditism/ NM crime (*NonC*); **le grand ~** organized crime

bandoulière /bɑ̃duljɛʀ/ NF shoulder strap; **en ~** slung across the shoulder

Bangladesh /bɑ̃ɡladɛʃ/ NM Bangladesh

banjo /bɑ̃(d)ʒo/ NM banjo

banlieue /bɑ̃ljø/ NF suburbs; **proche/grande ~** inner ou near/outer suburbs; **Paris et sa ~** Greater Paris; **habiter en ~** to live in the suburbs; **de ~** [*maison, ligne de chemin de fer*] suburban; [*train*] commuter

---
ⓘ **BANLIEUE**

For historical, economic and social reasons, many suburbs of large French towns have become severely depressed in recent years; the word **banlieue** *thus tends to conjure up images of violence and urban decay, and has similar connotations to the English term "inner city". Young people in many such suburbs have developed a strong cultural identity that includes rap music and "verlan".* → VERLAN
---

banlieusard, e /bɑ̃ljøzaʀ, aʀd/ NM,F commuter

bannière /banjɛʀ/ NF (= *drapeau*) banner; **la ~ étoilée** the Star-Spangled Banner

bannir /baniʀ/ /TABLE 2/ VT [+ *mot, sujet, aliment*] to banish; [+ *usage*] to prohibit

banque /bɑ̃k/ NF bank; **il a de l'argent à la ~** he's got money in the bank; **~ du sang/d'organes** blood/organ bank; **~ de données** data bank

banqueroute /bɑ̃kʀut/ NF bankruptcy; **faire ~** to go bankrupt

banquet /bɑ̃kɛ/ NM banquet

banquette /bɑ̃kɛt/ NF bench seat

banquier /bɑ̃kje/ NM banker

banquise /bɑ̃kiz/ NF ice field; (*flottante*) ice floe

baobab /baɔbab/ NM baobab

baptême /batɛm/ **1** NM ⓐ (= *sacrement*) baptism; (= *cérémonie*) christening; **recevoir le ~** to be baptized ⓑ [*de navire*] naming **2** COMP ◆ **baptême de l'air** maiden flight

baptiser /batize/ /TABLE 1/ VT ⓐ (*Rel*) to baptize; **faire ~ un enfant** to have a child baptized; **on le baptisa Patrick** he was christened Patrick ⓑ [+ *navire, rue*] to name ⓒ (= *surnommer*) to christen

baptiste /batist/ ADJ, NMF Baptist

baquet /bakɛ/ NM tub

bar /baʀ/ NM bar; **~ à vin(s)/à huîtres** wine/oyster bar

baragouiner* /baʀagwine/ /TABLE 1/ **1** VT [+ *langue*] to speak badly; **il baragouine un peu l'espagnol** he can speak Spanish after a fashion; **qu'est-ce qu'il baragouine ?** what's he jabbering on about?*

baraka ⁑ /baʀaka/ NF luck; **avoir la ~** to be lucky

baraque /baʀak/ NF ⓐ (= *cabane*) shed; **~ foraine** fairground stall ⓑ (= *maison*)* place*; (*péj* = *entreprise*)* dump* ⓒ (= *homme*)⁑ beefy* guy

baraqué, e* /baʀake/ ADJ well-built

baratin* /baʀatɛ̃/ NM (= *boniment*) sweet talk*; (*commercial*) sales talk

baratiner* /baʀatine/ /TABLE 1/ VT **~ qn** (= *amadouer*) to sweet-talk sb*; (= *draguer*) to chat sb up* (*Brit*), to feed sb some lines* (*US*); **~ le client** to sweet-talk a customer

baratineur, -euse* /baʀatinœʀ, øz/ **1** NM,F (= *beau parleur, menteur*) smooth talker; (= *bavard*) gasbag* **2** NM (= *dragueur*) smooth talker

Barbade /baʀbad/ NF **la ~** Barbados

barbant, e* /baʀbɑ̃, ɑ̃t/ ADJ boring; **qu'il est ~ !** he's such a bore!

barbare /baʀbaʀ/ **1** ADJ [*invasion, peuple*] barbarian; (*péj*) [*mœurs, crime*] barbaric **2** NM barbarian

barbarie /baʀbaʀi/ NF barbarity

barbarisme /baʀbaʀism/ NM (= *faute de langage*) barbarism

barbe /baʀb/ **1** NF ⓐ [*d'animal, personne*] beard; **porter la ou une ~** to have a beard ⓑ (= *aspérités*) **~s** [*de papier*] ragged edge; [*de métal*] jagged edge ⓒ (*locutions*) **la ~ !*** damn!⁑; **il faut que j'y retourne, quelle ~ !*** I've got to go back - what a drag!*; **oh toi, la ~ !*** oh shut up, you!* **2** COMP ◆ **barbe à papa** candy-floss (*Brit*), cotton candy (*US*)

barbecue /baʀbəkju/ NM (= *repas, cuisine*) barbecue; **faire un ~** to have a barbecue; **faire cuire qch au ~** to barbecue sth

barbelé, e /baʀbəle/ ADJ, NM **(fil de fer) ~** barbed wire (*NonC*); **les ~s** the barbed wire fence

barber* /baʀbe/ /TABLE 1/ **1** VT **ça me barbe** it bores me to tears* **2** VPR **se barber** to be bored to tears* (**à faire qch** doing sth)

barbillon /baʀbijɔ̃/ NM [*de poisson*] barbel

barbiturique /baʀbityʀik/ NM barbiturate

barboter /baʀbɔte/ /TABLE 1/ **1** VT (= *voler*)* to pinch* (**à** from, off) **2** VI to paddle; (*en éclaboussant*) to splash about; [*canard*] to dabble

barboteuse /baʀbɔtøz/ NF (= *vêtement*) rompers

barbouiller /baʀbuje/ /TABLE 1/ VT ⓐ (= *couvrir, salir*) to smear (**de** with), to cover (**de** with, in); **il a le visage tout**

barbouillé de chocolat his face is covered in chocolate ⓑ (*péj = peindre*) [+ *mur*] to daub paint on ⓒ (*péj = écrire, dessiner*) to scribble; **~ du papier** to cover a piece of paper with scribbles ⓓ **être barbouillé*** *ou* **avoir l'estomac barbouillé*** to feel queasy

barbu e /baʀby/ 1 ADJ [*personne*] bearded 2 NM man with a beard

Barcelone /baʀsələn/ N Barcelona

barda* /baʀda/ NM gear*; (*Mil*) kit; **il a tout un ~ dans la voiture** he's got a whole load* of stuff in the car

barde¹ /baʀd/ NF (= *lard*) bard

barde² /baʀd/ NM (= *poète*) bard

barder /baʀde/ /TABLE 1/ 1 VT (*avec du lard*) to bard; **être bardé de diplômes** to have a whole string of qualifications 2 VB IMPERS * **ça va ~** all hell is going to break loose*; **ça a bardé!** (*dans une réunion*) the sparks really flew!; (*dans les rues*) things got pretty hot!

barème /baʀɛm/ NM (= *table de référence*) table; (= *tarif*) price list; **~ de correction** (*Scol*) marking (*Brit*) *ou* grading (*US*) scheme

barge¹ /baʀʒ/ NF (= *bateau*) barge

barge² /baʀʒ/ ADJ crazy*

baril /baʀi(l)/ NM [*de pétrole, vin*] barrel; [*de poudre*] keg; [*de lessive*] drum

barillet /baʀijɛ/ NM [*de serrure, revolver*] cylinder

bariolé e /baʀjɔle/ ADJ [*vêtement, tissu*] rainbow-coloured

barjo(t)* /baʀʒo/ ADJ crazy*

barmaid /baʀmɛd/ NF barmaid

barman /baʀman/ (*pl* **barmans** *ou* **barmen** /baʀmɛn/) NM barman

baromètre /baʀɔmɛtʀ/ NM barometer

baron /baʀɔ̃/ NM baron; **les ~s de la presse** the press barons

baronne /baʀɔn/ NF baroness

baroque /baʀɔk/ 1 ADJ baroque; (*péj*) [*idée*] weird 2 NM **le ~** the baroque

baroudeur /baʀudœʀ/ NM **c'est un ~** he travels from one trouble spot to the next

barque /baʀk/ NF small boat; **~ à moteur** (small) motor-boat; **~ de pêche** small fishing boat; **il mène bien sa ~** he manages his affairs very well

barquette /baʀkɛt/ NF ⓐ (= *tarte*) tartlet (*in the shape of a boat*) ⓑ (= *récipient*) container; (*pour fruits*) punnet

barrage /baʀaʒ/ NM ⓐ [*de rivière, lac*] dam; **~ de retenue** flood barrier ⓑ (= *barrière*) barrier; [*d'artillerie, questions*] barrage; **~ de police** roadblock; (= *cordon d'agents*) police cordon; (= *chevaux de frise*) police barricade; **établir un ~ (routier)** [*manifestants*] to set up a roadblock; **faire ~ à** to stand in the way of

barre /baʀ/ 1 NF ⓐ (= *tige*) bar; (*de fer*) rod, bar; (*de bois*) piece; **~ (transversale)** (*Football, Rugby*) crossbar; **j'ai un coup de ~*** I feel shattered*

ⓑ (*Danse*) barre; **~s asymétriques/parallèles** (*gymnastique*) asymmetric/parallel bars; **~ fixe** horizontal bar

ⓒ [*de navire*] helm; [*de petit bateau*] tiller; **être à la** *ou* **tenir la ~** to be at the helm; **redresser la ~** to right the helm; (*fig*) to get things back on an even keel

ⓓ (*Droit*) **~ du tribunal** bar; **~ (des témoins)** witness box (*Brit*), witness stand (*US*); **être appelé à la ~** to be called as a witness

ⓔ (= *trait*) line; (*du t, f*) cross; **~ oblique** slash

ⓕ (= *niveau*) mark; **franchir la ~ des 10 %** to pass the 10% mark; **placer la ~ à 10** (*Scol*) to set the pass mark at 10; **mettre** *ou* **placer la ~ plus haut** to raise the stakes; **vous placez la ~ trop haut** you set your standards too high

ⓖ (= *douleur*) pain; **j'ai une ~ sur la poitrine** my chest feels tight

2 COMP **♦ barre d'appui** window rail **♦ barre de céréales** muesli (*Brit*) *ou* granola (*US*) bar **♦ barre chocolatée** bar of chocolate (*Brit*), candy bar (*US*) **♦ barre HLM** low-rise council block (*Brit*), low-rise project (*US*) **♦ barre de mesure** bar line **♦ barre d'outils** tool bar

barré, e* /baʀe/ (*ptp de* **barrer**) ADJ (= *engagé, parti*) **il/c'est mal ~** he's/it's off to a bad start; **il est mal ~ pour avoir son examen** his chances of passing the exam are slim; **on est bien ~ avec un chef comme lui!** (*iro*) we won't get far with a boss like him!

barreau /baʀo/ (*pl* **barreaux**) NM ⓐ [*d'échelle*] rung; [*de cage, fenêtre*] bar; **être derrière les ~x** [*prisonnier*] to be behind bars ⓑ (*Droit*) Bar; **entrer** *ou* **être admis** *ou* **reçu au ~** to be called to the Bar

barrer /baʀe/ /TABLE 1/ 1 VT ⓐ [+ *porte*] to bar; [+ *chemin, route*] (*par accident*) to block; (*pour travaux, par la police*) to close; (*par barricades*) to barricade; **~ le passage** *ou* **la route à qn** to stand in sb's way; **« rue barrée »** "road closed"

ⓑ (= *rayer*) [+ *mot, phrase*] to cross out; [+ *surface, feuille*] to cross

ⓒ (*Naut*) to steer; **quatre/deux barré** (*Aviron*) coxed four/pair

2 VI (*Naut*) to steer

3 VPR **se barrer*** [*personne*] to clear off*; [*fixations*] to come out; [*bouton*] to come off; **le tuyau se barre** the pipe is falling off; **il s'est barré de chez lui** he walked out on his family*

barrette /baʀɛt/ NF ⓐ (*pour cheveux*) slide (*Brit*), barrette (*US*); (= *bijou*) brooch; (= *médaille*) bar ⓑ (*arg Drogue*) **~ (de haschisch)** bar of hashish

barreur, -euse /baʀœʀ, øz/ NM,F (*homme*) helmsman; (*femme*) helmswoman; (*Aviron*) cox

barricade /baʀikad/ NF barricade

barricader /baʀikade/ /TABLE 1/ 1 VT to barricade 2 VPR **se barricader** to barricade o.s.; **se ~ chez soi** to lock o.s. in

barrière /baʀjɛʀ/ NF (= *obstacle*) barrier; (= *clôture*) fence; (= *porte*) gate; **~ (de passage à niveau)** level (*Brit*) *ou* grade (*US*) crossing gate; **franchir la ~ de la langue** to break through the language barrier; **la Grande Barrière** [*de corail*] the Great Barrier Reef **♦ barrière de sécurité** (*dans les rues*) crowd barrier

barrir /baʀiʀ/ /TABLE 2/ VI [*éléphant*] to trumpet

baryton /baʀitɔ̃/ ADJ, NM baritone

bas¹, basse¹ /bɑ, bɑs/

1 ADJECTIF	3 NOM MASCULIN
2 ADVERBE	

1 ADJECTIF

ⓐ **= peu élevé** [*siège, porte, colline, nuages*] low; [*ciel*] overcast; [*maison*] low-roofed; [*terrain*] low-lying; **le soleil est ~ sur l'horizon** the sun is low on the horizon; **les branches basses d'un arbre** the lower branches of a tree; **~ sur pattes** short-legged; **les ~ salaires** low salaries; **à marée basse** at low tide; **un enfant en ~ âge** a small child

ⓑ **= grave** [*voix*] deep

ⓒ **= mesquin** [*jalousie, vengeance*] petty; [*action*] base; **c'était ~ de sa part** it was a despicable thing for him to do

ⓓ **en géographie** Bas Lower; **la Basse Seine** the Lower Seine; **le Bas Languedoc** Lower Languedoc

2 ADVERBE

ⓐ low

♦ plus bas: mets tes livres plus ~ put your books lower down; **ma maison est plus ~ dans la rue** my house is further down the street; **comme l'auteur le dit plus ~** as the author says further on; **voir plus ~** see below

♦ être au plus bas to be at an all-time low; **son image est au plus ~ dans l'opinion** his public image is at an all-time low

ⓑ **= doucement** [*parler*] softly; **parler tout ~** to speak in a very low voice; **mettez la radio plus ~** turn the radio down

ⓒ **locutions** **mettre ~** to give birth

♦ à bas! à ~ le fascisme! down with fascism!; **à ~ les tyrans!** down with tyrants!

3 NOM MASCULIN

[*de page, escalier, colline, mur*] foot; [*de visage*] lower part; [*de*

jupe, pantalon] bottom
♦ **dans le bas** at the bottom; **la colonne est évasée dans le ~** the pillar is wider at the bottom
♦ **dans le bas de** at the bottom of; **dans le ~ du corps** in the lower part of the body; **j'ai mal dans le ~ du dos** I've got a pain in my lower back; **dans le ~ de la ville** at the lower end of the town
♦ **au bas de** : **l'équipe se retrouve au ~ du classement** the team is at the bottom of the league
♦ **de bas en haut** from the bottom up; **il la contempla de ~ en haut** he looked her up and down
♦ **d'en bas** : **les dents d'en ~** the lower teeth; **les chambres d'en ~** the downstairs rooms; **le supermarché d'en ~ vend du pain** the supermarket below sells bread; **le bruit vient d'en ~** the noise is coming from downstairs
♦ **du bas** [dents, mâchoire] lower; **l'étagère du ~** the bottom shelf; **les chambres du ~** the downstairs rooms
♦ **en bas** (dans une maison) downstairs; **il habite en ~** he lives downstairs; **la tête en ~** upside down
♦ **en bas de** at the bottom of; **il m'attend en ~ de l'immeuble** he's waiting for me outside the building; **en ~ de 100 dollars** (Can) under 100 dollars

bas² /ba/ NM stocking; (de footballeur) sock; (de bandit masqué) stocking mask

basané, e /bazane/ ADJ (= bronzé) tanned; (= au teint basané) dark-skinned

bas-côté (pl **bas-côtés**) /bakote/ NM ⓐ [de route] verge (Brit), shoulder (US) ⓑ [d'église] side aisle

bascule /baskyl/ NF ⓐ (= balance) [de marchandises] weighing machine; **~ (automatique)** [de personne] scales ⓑ (= balançoire) seesaw; **cheval/fauteuil à ~** rocking horse/chair

basculer /baskyle/ /TABLE 1/ 1 VI ⓐ [personne, objet] to fall over; [benne, planche, wagon] to tip up; [tas] to topple over; **il bascula dans le vide** he toppled over the edge ⓑ [match, débat] to take a sudden turn; **ma vie a basculé** my life was turned upside down ⓒ (Informatique) to toggle 2 VT **(faire) ~** [+ benne] to tip up; [+ contenu] to tip out; [+ personne] to knock off balance; [+ appel téléphonique] to divert

base /baz/ 1 NF ⓐ (= lieu) base; **~ navale/aérienne** naval/air base; **~ de lancement** launching site ⓑ (= fondement) basis; **les ~s de l'accord** the basis of the agreement; **~ de départ** starting point; **il a des ~s solides en anglais** he has a good grounding in English ⓒ (Politique) **la ~** the grass roots; **militant de ~** grassroots activist ⓓ (locutions)
♦ **à base de** : **cocktail à ~ de gin** gin-based cocktail
♦ **à la base** (= fondamentalement) basically; **être à la ~ de** to be at the root of
♦ **de base** basic; [employé] low-ranking
2 COMP ♦ **base de données** database ♦ **base d'imposition** taxable amount ♦ **base de loisirs** sports and recreation park

baser /baze/ /TABLE 1/ VT [+ théorie] to base (**sur** on); **être basé à** to be based at ou in; **économie basée sur le pétrole** oil-based economy 2 VPR **se baser** : **se ~ sur** to base one's judgement on; **sur quoi vous basez-vous ?** what is the basis of your argument?

bas-fond (pl **bas-fonds**) /bafɔ̃/ NM (= haut-fond) shallow; **les ~s de la ville** (péj) the seediest parts of the town

basilic /bazilik/ NM (= plante) basil

basilique /bazilik/ NF basilica

basique /bazik/ 1 ADJ basic 2 NM (= vêtement) basic item

basket /basket/ NM (= sport) basketball; **~s** trainers (Brit), sneakers (US); (pour joueur) basketball boots (Brit), hightops (US); **être à l'aise dans ses ~s*** to be at ease with o.s.

basket-ball (pl **basket-balls**) /basketbol/ NM basketball

basketteur, -euse /basketœʀ, øz/ NM,F basketball player

basque¹ /bask/ 1 ADJ Basque; **le Pays ~** the Basque Country 2 NM (= langue) Basque 3 NMF **Basque** Basque

basque² /bask/ NF [de robe] basque → **pendu**

bas-relief (pl **bas-reliefs**) /baʀəljef/ NM bas relief

basse² /bas/ NF (= chanteur, instrument) bass

basse-cour (pl **basses-cours**) /baskuʀ/ NF (= lieu) farmyard

bassement /basmɑ̃/ ADV **~ commercial** crudely commercial; **parlons de choses ~ matérielles** let's talk about practicalities

bassesse /bases/ NF (= mesquinerie) baseness

basset /base/ NM basset hound

bassin /basɛ̃/ NM ⓐ (= pièce d'eau) ornamental lake; (plus petit) pond; [de piscine] pool; [de fontaine] basin; [de port] dock; **~ de retenue** reservoir ⓑ (= cuvette) bowl; [de malade alité] bedpan ⓒ (= région) basin; **le Bassin parisien** the Paris Basin; **~ d'emploi(s)** labour market area ⓓ (Anatomie) pelvis

bassine /basin/ NF (= cuvette) bowl

bassiner* /basine/ /TABLE 1/ VT (= ennuyer) **elle nous bassine** she's a pain in the neck*

bassiste /basist/ NMF (= contrebassiste) double bass player; (= guitariste) bass guitarist

basson /basɔ̃/ NM (= instrument) bassoon; (= musicien) bassoonist

bastide /bastid/ NF (= maison) country house (in Provence)

bastion /bastjɔ̃/ NM bastion

bastringue* /bastʀɛ̃g/ NM (= objets) junk*; **et tout le ~** the whole caboodle* (Brit) ou kit and caboodle* (US)

bas-ventre (pl **bas-ventres**) /bavɑ̃tʀ/ NM groin; (= abdomen) lower abdomen; **il a reçu un coup de genou dans le ~** he was kneed in the groin

bât /ba/ NM [de mule, âne] packsaddle; **c'est là que le ~ blesse** there's the rub

bataille /bataj/ NF ⓐ (Mil) battle; (= rixe, querelle) fight; **~ navale** (Mil) naval battle; (= jeu) battleships; **~ de rue** street fight; **~ de boules de neige** snowball fight; **~ juridique** legal battle ⓑ (Cartes) beggar-my-neighbour

batailler /bataje/ /TABLE 1/ VI (= lutter) to fight

bataillon /batajɔ̃/ NM (Mil) battalion; (fig) crowd

bâtard, e /batar, ard/ 1 ADJ [œuvre, solution] hybrid; **chien ~** mongrel; **enfant ~** bastard 2 NM ⓐ (péj = chien) mongrel ⓑ (= pain) (short) loaf of bread

batavia /batavja/ NF Webb's lettuce

bateau (pl **bateaux**) /bato/ 1 NM boat; (grand) ship; **~ à moteur/à rames/à voiles** motor/rowing/sailing boat; **prendre le ~** (= embarquer) to embark (**à** at); (= voyager) to go by boat; **faire du ~** (à voiles) to go sailing; (à rames, à moteur) to go boating; **mener qn en ~** (fig) to take sb for a ride*
2 ADJ INV (= banal)* hackneyed; **c'est ~** (sujet, thème) it's a cliché
3 COMP ♦ **bateau de commerce** merchant ship ♦ **bateau de pêche** fishing boat ♦ **bateau de plaisance** yacht ♦ **bateau pneumatique** inflatable dinghy ♦ **bateau de sauvetage** lifeboat ♦ **bateau à vapeur** steamer

bateau-mouche (pl **bateaux-mouches**) /batomuʃ/ NM river boat (for sightseeing, especially in Paris)

bâti, e /bati/ (ptp de **bâtir**) 1 ADJ ⓐ **être bien ~** [personne] to be well-built ⓑ **terrain ~/non ~** developed/undeveloped site 2 NM (Couture) tacking (NonC)

batifoler* /batifole/ /TABLE 1/ VI ⓐ (= folâtrer) to frolic about ⓑ (= flirter) to flirt

batik /batik/ NM batik

bâtiment /batimɑ̃/ NM ⓐ (= édifice) building; **le ~** (= industrie) the building trade ⓑ (= navire) ship

bâtir /batiʀ/ /TABLE 2/ VT ⓐ (Constr) to build; **(se) faire ~ une maison** to have a house built ⓑ [+ hypothèse, réputation, fortune] to build (**sur** on) ⓒ (Couture) to tack

bâtisse /batis/ NF (= maison) building

bâton /batɔ̃/ NM ⓐ (= morceau de bois, canne) stick; (= trique) club; [d'agent de police] baton; **~ de ski** ski pole; **il m'a mis des ~s dans les roues** he put a spoke in my wheel; **parler à ~s rompus** to talk about this and that ⓑ [de craie, encens, réglisse] stick; **~ de rouge (à lèvres)** lipstick ⓒ (= trait) vertical stroke ⓓ (= million de centimes)* ten thousand francs

bâtonnet /batɔnɛ/ NM stick; **~ glacé** ice pop; **~s de poisson pané** fish fingers (Brit), fish sticks (US)

bâtonnier /batɔnje/ NM ≈ president of the Bar

battage /bataʒ/ NM **~ (publicitaire)** hype*; **~ médiatique** media hype*; **faire du ~ autour de qch/qn** to give sth/sb a lot of hype*

battant, e /batɑ̃, ɑ̃t/ **1** NM [de volet] shutter; **~ (de porte)** (left-hand ou right-hand) door (of a double door); **~ (de fenêtre)** (left-hand ou right-hand) window; **porte à double ~ ou à deux ~s** double door(s) **2** NM,F (= personne) fighter

batte /bat/ NF [de base-ball, cricket] bat

battement /batmɑ̃/ NM ⓐ [d'ailes] flapping (NonC); [de cils] fluttering (NonC); **~s de jambes** leg movements ⓑ [de cœur] beat ⓒ (= intervalle) **deux minutes de ~** (= pause) a two-minute break; (= attente) two minutes' wait; (= temps libre) two minutes to spare; **j'ai une heure de ~ de 10 à 11** I've got an hour to spare between 10 and 11

batterie /batʀi/ NF ⓐ (= percussions) drum kit; **Luc à la ~** Luc on drums ⓑ (= pile) battery ⓒ [de tests, radars, mesures] battery ⓓ **~ de cuisine** kitchen utensils ⓔ (Agric) battery; **poulets de ~** battery hens

batteur /batœʀ/ NM ⓐ (= ustensile) whisk ⓑ (= musicien) drummer

battre /batʀ/ /TABLE 41/ **1** VT ⓐ [+ personne] to beat; **elle ne bat jamais ses enfants** she never hits her children; **~ qn à mort** to beat sb to death; **femmes battues** battered women ⓑ (= vaincre) to beat; **se faire ~** to be beaten; **~ qn (par) 6 à 3** to beat sb 6-3; **~ qn à plate(s) couture(s)** to beat sb hands down ⓒ [+ tapis] to beat; [+ blanc d'œuf] to whisk; [+ crème] to whip; [+ cartes] to shuffle; **les côtes battues par le vent** the windswept coast ⓓ (Musique) **~ la mesure** to beat time ⓔ (locutions) **son cœur battait la chamade** his heart was pounding; **~ son plein** [saison touristique] to be at its height; [fête] to be going full swing; **~ pavillon britannique** to sail under the British flag; **j'en ai rien à ~!**✚ I couldn't give a toss!✚

2 VT INDIR ✦ **battre de** : **~ des mains** to clap one's hands; **~ du tambour** to beat the drum; **l'oiseau bat des ailes** the bird is flapping its wings; **~ de l'aile** (fig) to be in a bad way

3 VI [cœur, tambour] to beat; [porte, volets] to bang; [voile, drapeau] to flap; **le cœur battant** with pounding heart

4 VPR **se battre** to fight; **se ~ au couteau** to fight with knives; **notre armée/équipe s'est bien battue** our army/team put up a good fight

battue /baty/ NF (Chasse) beat; (pour retrouver qn) search

baume /bom/ NM balm; **~ pour les lèvres** lip balm; **ça lui a mis du ~ au cœur** (consolé) it was a great comfort to him; (rassuré) it heartened him

baux /bo/ NMPL de **bail**

bavard, e /bavaʀ, aʀd/ **1** ADJ [personne] **elle est ~e** she talks all the time; **il est ~ comme une pie** he's a real chatterbox **2** NM,F chatterbox; (péj) gossip

bavardage /bavaʀdaʒ/ NM (= papotage) chatting; (= jacasserie) chattering; **~s** (= commérages) gossiping; **j'entendais leur(s) ~(s)** I could hear them chattering

bavarder /bavaʀde/ /TABLE 1/ VI (= papoter) to chat; (= jacasser) to chatter; (= commérer) to gossip; **arrêtez de ~!** stop that chattering!

bavarois, e /bavaʀwa, waz/ **1** ADJ Bavarian **2** NM,F ⓐ (= personne) **Bavarois(e)** Bavarian ⓑ (= gâteau) bavarois; **~(e) aux fraises** strawberry bavarois

bave /bav/ NF [de personne] dribble; [d'animal] slaver; [de chien enragé] foam; [d'escargot] slime

baver /bave/ /TABLE 1/ VI [personne] to dribble; (beaucoup) to slobber; [animal] to slobber; [chien enragé] to foam at the

mouth; [stylo] to leak; **en ~*** to have a hard time of it*; **il m'en a fait ~** he really gave me a hard time*

bavette /bavɛt/ NF ⓐ [d'enfant] bib ⓑ (= viande) kind of steak

Bavière /bavjɛʀ/ NF Bavaria

bavoir /bavwaʀ/ NM bib

bavure /bavyʀ/ NF (= tache) smudge; (= erreur) blunder; **~ policière** police blunder; **sans ~(s)** [travail] flawless

bayer /baje/ /TABLE 1/ VI **~ aux corneilles** to stand and gape

bazar /bazaʀ/ NM ⓐ (= magasin) general store; (oriental) bazaar ⓑ (= effets personnels)* stuff* (NonC) ⓒ (= désordre)* **quel ~!** what a shambles!*; **il y a du ~ dans ta chambre** your room's a mess; **il a mis le ~ dans mes photos** he jumbled my photos up; **ils ont fichu le ~ en classe** they caused havoc in the classroom; **et tout le ~** and all the rest

bazarder* /bazaʀde/ /TABLE 1/ VT to get rid of

BCBG /besebeʒe/ ADJ ABBR = **bon chic bon genre**

> **ⓘ BCBG**
> The adjective "bon chic bon genre" or **BCBG** refers to a particular stereotype of the French upper middle class. To be **BCBG** is to be quite well-off (though not necessarily wealthy), to be conservative in both outlook and dress, and to attach importance to social standing and outward signs of respectability.

BCG® /beseʒe/ NM (ABBR = **bacille Bilié Calmette et Guérin**) BCG®

BD /bede/ NF (ABBR = **bande dessinée**) **la BD** comic strips; **une BD** (dans un journal) a comic strip; (= livre) a comic book; **auteur de BD** comic strip writer

bê /be/ EXCL baa!

béant, e /beɑ̃, ɑ̃t/ ADJ [blessure, bouche, gouffre] gaping

béarnaise /beaʀnɛz/ ADJ F, NF **(sauce) ~** Béarnaise sauce

béat, e /bea, at/ ADJ ⓐ (hum = heureux) [personne] blissfully happy ⓑ (= niais) [sourire, air] blissful; [optimisme, admiration] blind; **être ~ d'admiration** to be struck dumb with admiration; **regarder qn d'un air ~** to look at sb in open-eyed wonder

béatitude /beatityd/ NF (= bonheur) bliss

---

beau, belle /bo, bɛl/

| 1 ADJECTIF | 3 NOM FÉMININ |
| 2 NOM MASCULIN | |

> ► **bel**, instead of **beau**, is used before a masculine noun beginning with a vowel or silent **h**.

1 ADJECTIF

ⓐ beautiful; [homme] good-looking; **il est ~ garçon** he's good-looking; **se faire ~** to get dressed up; **il a fait du ~ travail** he did a beautiful job; **il m'a fait un très ~ cadeau** he gave me a lovely present; **les ~x quartiers** the smart part of town

ⓑ moralement un **~ geste** a noble act; **ce n'est pas ~ de mentir** it isn't nice to tell lies

ⓒ = agréable [voyage, journée] lovely; **il fait ~** the weather's nice; **il fait très ~** the weather's lovely; **il est arrivé un ~ matin** he turned up one fine morning; **c'est le bel âge!** it's nice to be young!

ⓓ = réussi successful; [résultat] excellent; **elle a fait une belle carrière** she had a successful career; **c'est le plus ~ jour de ma vie!** this is the best day of my life!; **une belle mort** it's a good way to go; **ce serait trop ~!** that would be too much to hope for!

ⓔ = grand [revenu, profit] handsome; [brûlure, peur] nasty; **ça fait une belle somme!** that's a tidy* sum!; **ça a fait un ~ scandale** it caused quite a scandal; **il a attrapé une belle bronchite** he's got a bad chest infection; **c'est un ~ menteur** he's a terrible liar; **c'est un ~ salaud✚** he's a real bastard✚

(f) locutions

♦ **avoir beau** : **on a ~ faire, ils n'apprennent rien** no matter what you do, they don't learn anything; **il a eu ~ essayer, il n'a pas réussi** despite his efforts, he was unsuccessful; **on a ~ dire, il n'est pas bête** say what you like, he's not stupid

♦ **bel et bien** really; **cet homme a bel et bien existé** the man really did exist; **il s'est bel et bien trompé** he got it well and truly wrong

♦ **de plus belle** [crier, rire] even louder; **reprendre de plus belle** [combat, polémique, violence] to start up again with renewed vigour; **continuer de plus belle** [discrimination, répression] to be worse than ever

2 NOM MASCULIN

(a) **le ~** the beautiful; **elle n'achète que du ~** she only buys the best; **c'est du ~ !** (reproche) charming!; (consternation) this is a fine mess!

(b) temps **être au ~ fixe** [baromètre] to be set fair; [relations] to be excellent

(c) **faire le ~** [chien] to sit up and beg

3 NOM FÉMININ

belle

(a) = femme **ma belle !** sweetheart!; **La Belle au bois dormant** Sleeping Beauty; **La Belle et la Bête** Beauty and the Beast; **se faire la belle** to break out of jail

(b) = partie décisive decider; **on fait la belle ?** shall we play a decider?

(c) = action, parole * **il en a fait de belles quand il était jeune** he was a bit wild when he was young; **en apprendre de belles sur qn** to hear things about sb

beaucoup /boku/ ADV (a) (modifiant verbe) a lot; (modifiant adverbe) much; **il mange ~** he eats a lot; **pas ~** not much; **elle ne lit pas ~** she doesn't read much; **il y a ~ à voir** there's a lot to see; **~ plus rapide** much quicker; **elle travaille ~ trop** she works far too much; **se sentir ~ mieux** to feel much better; **~ plus d'eau** much more water; **~ pensent que ...** a lot of people think that ...; **~ d'entre eux** a lot ou many of them

♦ **beaucoup de** (quantité) a lot of; **~ de monde** a lot of people; **avec ~ de soin** with great care; **il ne reste pas ~ de pain** there isn't much bread left; **j'ai ~ (de choses) à faire** I have a lot (of things) to do; **il en reste ~/il n'en reste pas ~** there is a lot left/there isn't much left; **il a eu ~ de chance** he's been very lucky

♦ **pas beaucoup de** (quantité) not much; (nombre) not many

♦ **de beaucoup** by far; **de ~ la meilleure** by far the best; **il est de ~ supérieur** he is far superior; **il préférerait de ~ s'en aller** he'd much rather leave; **il s'en faut de ~ qu'il soit au niveau** he's nowhere near up to standard

(b) (locutions) **c'est déjà ~** it's quite something; **c'est ~ dire** that's an exaggeration; **il y est pour ~** he's had a lot to do with it

beauf : /bof/ NM (a) (= beau-frère) brother-in-law (b) (péj) narrow-minded Frenchman with conservative attitudes and tastes

---

> ❶ **BEAUF**
> The word **beauf** is an abbreviation of "beau-frère" (brother-in-law). It is used to refer to a stereotypical Frenchman who is somewhat vulgar, narrow-minded and chauvinistic.

---

beau-fils (pl **beaux-fils**) /bofis/ NM (= gendre) son-in-law; (d'un remariage) stepson

beau-frère (pl **beaux-frères**) /bofʀɛʀ/ NM brother-in-law

beau-père (pl **beaux-pères**) /bopɛʀ/ NM (= père du conjoint) father-in-law; (= nouveau mari de la mère) stepfather

beauté /bote/ NF beauty; [d'un homme] handsomeness; **de toute ~** very beautiful; **se (re)faire une ~** to do one's face*; **finir en ~** to end with a flourish

beaux /bo/ ADJ MPL → **beau**

beaux-arts /bozaʀ/ NMPL **les ~** fine arts; **il fait les ~** (= école) he's at art college

beaux-parents /bopaʀɑ̃/ NMPL in-laws*

bébé /bebe/ NM (= enfant, animal) baby; **avoir ou faire un ~** to have a baby; **faire le ~** to act like a baby; **~ éléphant/girafe** baby elephant/giraffe; **~-éprouvette** test-tube baby; **on lui a refilé le ~*** he was left holding the baby

bec /bɛk/ 1 NM (a) [d'oiseau] beak; **coup de ~** peck; **rester le ~ dans l'eau*** be left high and dry; **défendre qch ~ et ongles** to fight tooth and nail for sth (b) (= pointe) [de carafe] lip; [de théière] spout; [de flûte, trompette] mouthpiece (c) (= bouche)* mouth; **clouer le ~ à qn** to shut sb up* (d) (Can, Belg, Helv = baiser)* kiss 2 COMP ♦ **bec verseur** pourer

bécane * /bekan/ NF (= vélo, moto) bike; (= ordinateur) computer

bécarre /bekaʀ/ NM natural; **sol ~** G natural

bécasse /bekas/ NF (= oiseau) woodcock; (= sotte)* silly goose*

bec-de-lièvre (pl **becs-de-lièvre**) /bɛkdəljɛvʀ/ NM harelip

béchamel /beʃamɛl/ NF (sauce) ~ béchamel (sauce)

bêche /bɛʃ/ NF spade

bêcher /beʃe/ /TABLE 1/ VT to dig

bêcheur, -euse * /beʃœʀ, øz/ NM,F stuck-up* person

bécoter (se) * /bekɔte/ /TABLE 1/ VPR to smooch

becquée /beke/ NF beakful; **donner la ~ à** to feed

becqueter ‡ /bɛkte/ /TABLE 4/ VT (= manger) to eat

bedaine * /bədɛn/ NF paunch

bédé * /bede/ NF = **BD**

bedonnant, e * /bədɔnɑ̃, ɑ̃t/ ADJ potbellied‡

bée /be/ ADJ F **rester bouche ~** (d'admiration) to be lost in wonder; (de surprise) to be flabbergasted (**devant** at)

beffroi /befʀwa/ NM belfry

bégaiement /begɛmɑ̃/ NM stammering

bégayer /begeje/ /TABLE 8/ VI to stammer

bégonia /begɔnja/ NM begonia

bègue /bɛg/ ADJ, NMF **être ~** to have a stutter

bégueule /begœl/ ADJ prudish

béguin * /begɛ̃/ NM **avoir le ~ pour qn** to have a crush on sb*

beige /bɛʒ/ ADJ, NM beige

beigne[1] ‡ /bɛɲ/ NF (= gifle) slap; **donner une ~ à qn** to slap sb

beigne[2] /bɛɲ/ NM (Can = beignet) doughnut

beignet /beɲɛ/ NM [de fruits, légumes] fritter; (= pâte frite) doughnut; **~s de crevettes** prawn crackers

bel /bɛl/ ADJ → **beau**

Belarus /belaʀys/ NM Belarus

bêler /bele/ /TABLE 1/ VI to bleat

belette /bəlɛt/ NF weasel

belge /bɛlʒ/ 1 ADJ Belgian 2 NMF **Belge** Belgian

belgicisme /bɛlʒisism/ NM Belgian-French word (ou phrase)

Belgique /bɛlʒik/ NF Belgium

Belgrade /bɛlgʀad/ N Belgrade

bélier /belje/ NM ram; **le Bélier** (Astron) Aries; **être (du) Bélier** to be Aries

belle /bɛl/ ADJ, NF → **beau**

belle-famille (pl **belles-familles**) /bɛlfamij/ NF in-laws*

belle-fille (pl **belles-filles**) /bɛlfij/ NF (= bru) daughter-in-law; (d'un remariage) stepdaughter

belle-mère (pl **belles-mères**) /bɛlmɛʀ/ NF (= mère du conjoint) mother-in-law; (= nouvelle épouse du père) stepmother

belle-sœur (pl **belles-sœurs**) /bɛlsœʀ/ NF sister-in-law

belligérant, e /beliʒeʀɑ̃, ɑ̃t/ ADJ, NM,F belligerent

belliqueux, -euse /belikø, øz/ ADJ [humeur, personne] aggressive; [peuple] warlike

belote /bəlɔt/ NF (= jeu) belote (card game popular in France)

belvédère /belvedɛʀ/ NM belvedere

bémol /bemɔl/ NM flat; **en si ~** in B flat; **mettre un ~ à qch*** to tone sth down*

ben • /bɛ̃/ ADV well; ~ **oui/non** well, yes/no; ~ **quoi ?** so what?; **eh** ~ well

bénédictin, e /benediktɛ̃, in/ ADJ, NM,F Benedictine

bénédiction /benediksjɔ̃/ NF blessing; ~ **nuptiale** marriage ceremony; ~ **(du ciel)** blessing

bénef • /benɛf/ NM (ABBR = **bénéfice**) profit; **c'est tout** ~ (= *lucratif*) it's to your (*ou* our *etc*) advantage

bénéfice /benefis/ NM ⓐ (*financier*) profit; **réaliser de gros** ~**s** to make big profits ⓑ (= *avantage*) advantage; **c'est tout** ~ it's to your (*ou* our *etc*) advantage; **concert donné au** ~ **des aveugles** concert given in aid of the blind; **le** ~ **du doute** the benefit of the doubt

bénéficiaire /benefisjɛR/ 1 ADJ [*opération*] profitable 2 NMF beneficiary; [*de chèque*] payee; **être le** ~ **de qch** to benefit by sth

bénéficier /benefisje/ /TABLE 7/ 1 VT INDIR ✦ **bénéficier de** [+ *avantage*] to have; [+ *remise*] to get; [+ *situation, mesure*] to benefit from; ~ **d'un non-lieu** to be discharged; **il a bénéficié de circonstances atténuantes** there were mitigating circumstances in his case; **faire** ~ **qn de certains avantages** to enable sb to enjoy certain advantages 2 VT INDIR ✦ **bénéficier à** (= *profiter à*) to benefit

bénéfique /benefik/ ADJ [*effet, aspect*] beneficial

Bénélux /benelyks/ NM **le** ~ Benelux

benêt /bənɛ/ NM simpleton; **grand** ~ big ninny*

bénévolat /benevɔla/ NM voluntary help; **faire du** ~ to do voluntary work

bénévole /benevɔl/ 1 ADJ voluntary 2 NMF volunteer

bénévolement /benevɔlmɑ̃/ ADV [*travailler*] for nothing

Bengale /bɛ̃gal/ NM Bengal

bénigne /beniɲ/ ADJ F → **bénin**

bénin, -igne /benɛ̃, iɲ/ ADJ [*accident, maladie*] minor; [*tumeur*] benign

bénir /beniR/ /TABLE 2/ VT (*Rel*) to bless; (= *remercier*) to be eternally grateful to; ~ **le ciel de qch** to thank God for sth

bénit, e /beni, it/ ADJ [*pain*] consecrated; [*eau*] holy

bénitier /benitje/ NM [*d'église*] stoup

benjamin, e /bɛ̃ʒamɛ̃, in/ NM,F [*de famille*] youngest child; (*Sport*) ≈ junior (*12-13 years old*)

benne /bɛn/ NF [*de camion*] (*basculante*) tipper; (*amovible*) skip

béotien, -ienne /beɔsjɛ̃, jɛn/ NM,F philistine

BEP /beape/ NM (ABBR = **brevet d'études professionnelles**) *technical school certificate*

BEPC /beapese/ NM (ABBR = **brevet d'études du premier cycle**) *exam taken at the age of 16*

béquille /bekij/ NF ⓐ [*d'infirme*] crutch; **marcher avec des** ~**s** to walk on crutches ⓑ [*de motocyclette*] stand

berbère /bɛRbɛR/ 1 ADJ Berber 2 NM (= *langue*) Berber 3 NMF **Berbère** Berber

bercail /bɛRkaj/ NM fold; **rentrer au** ~ to return to the fold

berçante • /bɛRsɑ̃t/ NF (*Can*) rocking chair

berceau (*pl* **berceaux**) /bɛRso/ NM [*de bébé*] cradle

bercer /bɛRse/ /TABLE 3/ 1 VT to rock; **les chansons qui ont bercé notre enfance** the songs we grew up with 2 VPR **se bercer : se** ~ **d'illusions** to delude o.s.

berceuse /bɛRsøz/ NF (= *chanson*) lullaby

béret /beRɛ/ NM beret

Bérézina /beRezina/ NF **c'est la** ~ ! it's a complete disaster!

bergamote /bɛRgamɔt/ NF bergamot orange; **thé à la** ~ Earl Grey tea

berge /bɛRʒ/ NF ⓐ [*de rivière*] bank; **voie sur** ~ riverside expressway ⓑ (= *année*) **il a 50** ~**s** he's 50 years old

berger /bɛRʒe/ NM shepherd; **(chien de)** ~ sheepdog; ~ **allemand** German shepherd, alsatian (*Brit*)

bergerie /bɛRʒəRi/ NF sheepfold

bergeronnette /bɛRʒəRɔnɛt/ NF wagtail

berk • /bɛRk/ EXCL yuk!⁝

Berlin /bɛRlɛ̃/ N Berlin

berline /bɛRlin/ NF saloon (*Brit*), sedan (*US*)

berlingot /bɛRlɛ̃go/ NM ⓐ (= *bonbon*) ≈ boiled sweet (*Brit*), ≈ piece of hard candy (*US*) ⓑ (= *emballage*) carton; (*pour shampooing*) sachet

berlinois, e /bɛRlinwa, waz/ 1 ADJ of *ou* from Berlin 2 NM,F **Berlinois(e)** Berliner

berlue • /bɛRly/ NF **t'as la** ~ ! you must be seeing things!

bermuda /bɛRmyda/ NM bermuda shorts

Bermudes /bɛRmyd/ NFPL Bermuda

bernache /bɛRnaʃ/ NF (= *oie*) barnacle goose

Berne /bɛRn/ N Bern

berne /bɛRn/ NF **en** ~ ≈ at half-mast

berner /bɛRne/ /TABLE 1/ VT to fool

besace /bəzas/ NF bag

bésef ⁝ /bezɛf/ ADV **il n'y en a pas** ~ there's not much

besogne /bəzɔɲ/ NF (= *travail*) work (*NonC*), job; **se mettre à la** ~ to get to work; **une sale** ~ a nasty job; **aller vite en** ~ to be hasty

besogneux, -euse /bəzɔɲø, øz/ ADJ industrious

besoin /bəzwɛ̃/ NM need (**de** for); **nos** ~**s en énergie** our energy requirements; **subvenir aux** ~**s de qn** to provide for sb's needs; **éprouver le** ~ **de faire qch** to feel the need to do sth; **en cas de** ~ if the need arises; **pour les** ~**s de la cause** for the purpose in hand; **le** ~ (= *pauvreté*) need; **être dans le** ~ to be in need; **faire ses** ~**s** [*personne*] to relieve o.s. (*Brit*); [*animal domestique*] to do its business

✦ **au besoin** if necessary

✦ **avoir besoin de** to need; **je n'ai pas** ~ **de vous rappeler que ...** there's no need for me to remind you that ...; **il a grand** ~ **d'aide** he needs help badly; **il avait bien** ~ **de ça !** (*iro*) that's just what he needed! (*iro*)

✦ **si besoin est** if need be

bestial, e (*mpl* **-iaux**) /bɛstjal, jo/ ADJ [*violence*] brutal; [*personne, plaisir*] bestial

bestiaux /bɛstjo/ NMPL livestock

bestiole • /bɛstjɔl/ NF (= *animal*) creature; (= *insecte*) creepy-crawly*; **il y a une** ~ **dans mon verre** there's a bug in my glass

bêta, -asse • /bɛta, as/ NM,F **gros** ~ ! big silly!*

bétail /betaj/ NM livestock; (= *bovins, fig*) cattle; **petit** ~ small livestock

bête /bɛt/ 1 NF ⓐ (= *animal*) animal; (= *insecte*) insect; ~ **(sauvage)** (wild) beast; **nos amies les** ~**s** our four-legged friends; **pauvre petite** ~ poor little thing*; **travailler comme une** ~* to work like a dog; **on s'est éclatés comme des** ~**s*** we had a whale of a time* ⓑ (= *personne*) (*bestial*) beast; **c'est une brave** *ou* **une bonne** ~ ! (*hum*) he's a good-natured chap

2 ADJ ⓐ (= *stupide*) [*personne, idée, sourire*] stupid; **ce qu'il peut être** ~ ! he's such a fool!; **il est plus** ~ **que méchant** he's not really nasty, just stupid; **être** ~ **comme ses pieds*** to be as thick as a brick*; **lui, pas si** ~, **est parti à temps** he's no fool, so he left in time; **c'est** ~, **on n'a pas ce qu'il faut pour faire des crêpes** it's too bad we haven't got the ingredients for making pancakes; **que je suis** ~ ! how stupid of me!; **ce n'est pas** ~ that's not a bad idea ⓑ (= *simple*) **c'est tout** ~ it's dead* simple; ~ **comme chou** as easy as pie*

3 COMP ✦ **bête à bon dieu** ladybird ✦ **bête à concours** swot* (*Brit*), grind* (*US*) ✦ **bête à cornes** horned animal ✦ **bête curieuse** (*iro*) strange animal; **ils nous ont regardés comme des** ~**s curieuses** they looked at us as if we were two-headed monsters ✦ **bête féroce** wild animal ✦ **bête noire** : **c'est ma** ~ **noire** (*chose*) that's my pet hate; (*personne*) I just can't stand him ✦ **bête sauvage** wild animal ✦ **bête de scène** great performer ✦ **bête de somme** beast of burden

bêtement /bɛtmɑ̃/ ADV stupidly; **tout** ~ quite simply

Bethléem /betleɛm/ N Bethlehem

bêtise /betiz/ NF (a) (= *stupidité*) stupidity; **j'ai eu la ~ d'accepter** I was stupid enough to accept (b) (= *action stupide*) silly thing; (= *erreur*) blunder; **ne dis pas de ~s** don't talk nonsense; **ne faites pas de ~s, les enfants** don't get up to any mischief, children; **faire une ~** (= *action stupide, tentative de suicide*) to do something stupid; (= *erreur*) to make a blunder (c) (= *bagatelle*) **se disputer pour des ~s** to argue about nothing (d) (= *bonbon*) **~ de Cambrai** ≈ mint humbug (*Brit*), ≈ piece of hard mint candy (*US*) (e) (*Can* = *insulte*) insult

bêtisier /betizje/ NM collection of out-takes

béton /betɔ̃/ NM concrete; **~ armé** reinforced concrete; **en ~** concrete; (**en**) **~*** [*alibi, argument*] cast-iron; **un dossier en ~** (*en justice*) a watertight case; **laisse ~ !*** forget it!*

bétonner /betɔne/ /TABLE 1/ **1** VT to concrete; **ils bétonnent nos côtes** our coastline is disappearing under concrete **2** VI (*Sport*) to play defensively

bétonneuse /betɔnøz/, **bétonnière** /betɔnjɛʀ/ NF cement mixer

betterave /betʀav/ NF **~ (rouge)** beetroot (*Brit*), beet (*US*)

bettes /bɛt/ NFPL (*Swiss*) chard

beugler /bøgle/ /TABLE 1/ VI (a) [*vache*] to moo; [*taureau*] to bellow (b) [*personne*]* to bawl (c) [*radio, TV*] to blare

beur /bœʀ/ **1** NMF *second-generation North African living in France* **2** ADJ [*culture, musique*] of second-generation North Africans living in France

> ℹ **BEUR**
> **Beur** *is the term used to refer to a person born in France of North African immigrant parents. It is not a racist term and is often used by the media, anti-racist groups and second-generation North Africans themselves. The word itself originally came from the "verlan" rendering of the word "arabe".* → VERLAN

beurre /bœʀ/ NM (a) (*laitier*) butter; **~ demi-sel** slightly salted butter; **~ doux** unsalted butter; **au ~** [*plat*] (cooked) in butter; [*pâtisserie*] made with butter; **ça va mettre du ~ dans les épinards*** the extra money will come in handy; **faire son ~*** to make a packet*; **on ne peut pas avoir le ~ et l'argent du ~*** you can't have your cake and eat it (b) (= *pâte*) paste; **~ d'anchois** anchovy paste; **~ de cacao/ de cacahuètes** (= *substance végétale*) cocoa/peanut butter

beurré, e /bœʀe/ (*ptp de* **beurrer**) **1** ADJ (= *ivre*)* plastered* **2** NF **beurrée** (*Can*) slice of bread and butter

beurrer /bœʀe/ /TABLE 1/ VT to butter; **tartine beurrée** slice of bread and butter **2** VPR **se beurrer*** to get plastered*

beurrier /bœʀje/ NM butter dish

beuverie /bøvʀi/ NF drinking bout

bévue /bevy/ NF blunder; **commettre une ~** to make a blunder

Beyrouth /beʀut/ N Beirut

bézef* /bezɛf/ ADV **il n'y en a pas ~** there's not much

bi /bi/ PRÉF bi; **bidimensionnel** two-dimensional

biais, e /bjɛ, jɛz/ NM (a) (= *moyen*) way; **par le ~ de** (= *par l'intermédiaire de*) through; (= *au moyen de*) by means of; **réserver par le ~ d'une agence** to book through an agency (b) (= *aspect*) way; **c'est par ce ~ qu'il faut aborder le problème** the problem should be approached in this way (c) (= *sens du tissu*) bias; (= *bande*) bias binding; **coupé** *ou* **taillé dans le ~** cut on the bias *ou* the cross ♦ **en** *or* **de biais** [*poser*] at an angle; **une allée traverse le jardin en ~** a path cuts diagonally across the garden

biaisé, e /bjeze/ (*ptp de* **biaiser**) ADJ biased

biaiser /bjeze/ /TABLE 1/ **1** VI (= *louvoyer*) to sidestep the issue **2** VT [+ *résultat*] to skew

bibelot /biblo/ NM (*sans valeur*) knick-knack; (*de valeur*) ornament

biberon /bibʀɔ̃/ NM feeding bottle; **l'heure du ~** feeding time; **nourrir au ~** to bottle-feed

bible /bibl/ NF bible; **la Bible** the Bible

bibliobus /biblijobys/ NM mobile library

bibliographie /biblijɔgʀafi/ NF bibliography

bibliophile /biblijɔfil/ NMF booklover

bibliothécaire /biblijɔtekɛʀ/ NMF librarian

bibliothèque /biblijɔtɛk/ NF (= *édifice, pièce*) library; (= *meuble*) bookcase

> ℹ **BIBLIOTHÈQUE NATIONALE DE FRANCE**
> *The* **BNF**, *as it is popularly known, is a copyright deposit library holding important historic collections of printed and manuscript material. The original building became too small and most of the collection has been transferred to a vast new library complex in the south-east of Paris.*
> ▷ www.bnf.fr
> ▷ http://gallica.bnf.fr

biblique /biblik/ ADJ biblical

bic ® /bik/ NM **(pointe) ~** ball-point pen

bicarbonate /bikaʀbɔnat/ NM bicarbonate; **~ de soude** bicarbonate of soda

bicentenaire /bisɑ̃t(ə)nɛʀ/ NM bicentenary

biceps /bisɛps/ NM biceps

biche /biʃ/ NF doe; **ma ~** (*terme d'affection*) darling

bichonner /biʃɔne/ /TABLE 1/ **1** VT [+ *personne*] to pamper **2** VPR **se bichonner** to preen o.s.

bicolore /bikɔlɔʀ/ ADJ two-colour (*Brit*), two-color (*US*)

bicoque* /bikɔk/ NF (*péj*) dump*; **ils ont une petite ~ au bord de la mer** (*hum*) they've got a little place at the seaside

bicorne /bikɔʀn/ NM cocked hat

bicross /bikʀɔs/ NM (= *vélo*) ≈ mountain bike; (= *sport*) ≈ mountain biking

bicycle /bisikl/ NM (*Can*) bicycle

bicyclette /bisiklɛt/ NF (= *véhicule*) bicycle; **aller au travail à** *ou* **en ~** to cycle to work; **faire de la ~** to go cycling

bidasse* /bidas/ NM (= *conscrit*) soldier

bide* /bid/ NM (a) (= *ventre*) belly*; **avoir du ~** to have a potbelly (b) (= *échec*) flop*

bidet /bide/ NM (= *cuvette*) bidet

bidoche /bidɔʃ/ NF meat

bidon /bidɔ̃/ **1** NM (a) (= *récipient*) can; [*de cycliste, soldat*] water bottle (b) (= *ventre*)* belly* (c) (= *bluff*)* **ce n'est pas du ~** I'm (*ou* he's *etc*) not kidding!* **2** ADJ INV [*prétexte*] phoney* (*Brit*), phony* (*US*); [*élection*] rigged; [*maladie*] sham

bidonnant, e* /bidɔnɑ̃, ɑ̃t/ ADJ hilarious

bidonner (se)* /bidɔne/ /TABLE 1/ VPR to laugh one's head off*

bidonville /bidɔ̃vil/ NM shanty town

bidouillage* /biduja3/ NM **c'est du ~** it's just been cobbled together

bidouiller* /biduje/ /TABLE 1/ VT (a) (= *réparer*) to tinker with; [*informaticien*] to hack up (b) (*péj* = *truquer*) to fiddle with

bidule* /bidyl/ NM (= *machin*) thingumajig*

Biélorussie /bjelɔʀysi/ NF Byelorussia

bien /bjɛ̃/

| 1 ADVERBE | 3 NOM MASCULIN |
| 2 ADJECTIF INVARIABLE | 4 COMPOSÉS |

1 ADVERBE

(a) **= de façon satisfaisante** well; **nous avons ~ travaillé aujourd'hui** we've done some good work today; **cette porte ne ferme pas ~** this door doesn't shut properly; **la télé ne marche pas ~** the TV isn't working properly; **il s'habille ~** he dresses well; **il parle ~ l'anglais** he speaks good English; **il a ~ pris mes remarques** he took my remarks quite well; **il s'y est ~ pris** he went about it the right way; **si je me rappelle ~** if I remember rightly; **ni ~ ni mal** so-so*; **pour ~ faire il faudrait partir maintenant** we really ought to leave now

♦ **aller bien** to be well; **comment vas-tu? — très ~ merci** how are you? — fine, thanks

ⓑ = selon la morale, la raison [se conduire, agir] well; **il pensait ~ faire** he thought he was doing the right thing; **vous avez ~ fait** you did the right thing; **il a ~ fait de partir** he was quite right to go; **faire ~ les choses** to do things properly; **vous faites ~ de me le dire!** you did well to tell me!; **ça commence à ~ faire!*** this is getting beyond a joke!

ⓒ = sans difficulté [supporter, se rappeler] well; **on comprend très ~ pourquoi** you can easily understand why; **il peut très ~ le faire** he's perfectly capable of doing it

ⓓ exprimant le degré (= très) very; (= beaucoup) very much; (= trop) rather; **~ mieux** much better; **~ souvent** quite often; **nous sommes ~ contents de vous voir** we're very glad to see you; **~ plus heureux** much happier; **~ plus cher** much more expensive; **nous avons ~ ri** we had a good laugh; **les enfants se sont ~ amusés** the children had a great time; **elle est ~ jeune pour se marier** she is very young to be getting married; **il me paraît ~ sûr de lui** he seems to be very sure of himself to me

ⓔ = effectivement definitely; **j'avais ~ dit que je ne viendrais pas** I definitely said that I wouldn't come; **je trouve ~ que c'est un peu cher mais tant pis** yes, it is rather expensive but never mind; **c'est ~ à ton frère que je pensais** yes, it was your brother I was thinking of; **c'est ~ mon manteau?** this is my coat, isn't it?; **il s'agit ~ de ça!** as if that's the point!; **voilà ~ les femmes!** that's women for you!

ⓕ = correctement **écoute-moi ~** listen to me carefully; **regardez ~ ce qu'il va faire** watch what he does carefully; **dis-lui ~ que ...** make sure you tell him that ...; **mets-toi ~ en face** stand directly opposite; **percez un trou ~ au milieu** drill a hole right in the centre; **tiens-toi ~ droit** stand quite straight; **c'est ~ compris?** is that quite clear?; **il arrivera ~ à se débrouiller** he'll manage all right; **j'espère ~!** I should hope so!; **où peut-il ~ être?** where on earth can he be?; **~ à vous** (dans une lettre) yours

ⓖ = malgré tout **il fallait ~ que ça se fasse** it just had to be done; **il pourrait ~ venir nous voir de temps en temps!** he could at least come and see us now and then!

ⓗ = volontiers (après un verbe au conditionnel) **je mangerais ~ un morceau** I'd like a bite to eat; **j'irais ~ mais j'ai cours** I'd like to go but I've got a class; **je voudrais ~ t'y voir!** I'd like to see you try!; **je te verrais ~ en jaune** I think you'd look good in yellow

ⓘ = au moins at least; **il y a ~ trois jours que je ne l'ai pas vu** I haven't seen him for at least three days

ⓙ locutions
♦ **bien du** ♦ **bien de la** ♦ **bien des** a lot of; **elle a eu ~ du mal à le trouver** she had a lot of difficulty finding it; **ils ont eu ~ de la chance** they had a lot of luck; **je connais ~ des gens qui auraient protesté** I know a lot of people who would have protested
♦ **bien que** although; **~ que je ne puisse pas venir** although I can't come
♦ **bien sûr** of course; **~ sûr qu'il viendra!** of course he'll come!

2 ADJECTIF INVARIABLE
ⓐ = satisfaisant good; **elle est très ~ comme secrétaire** she's a very good secretary; **ce serait ~ s'il venait** it would be good if he came
♦ **bien!** (approbation) good!; (pour changer de sujet, par exaspération) all right!
ⓑ travail scolaire good; **assez ~** quite good; **très ~** very good
ⓒ = en bonne forme well; **je me sens ~** I feel well; **je ne me sens pas ~** I don't feel well; **tu n'es pas ~?** are you feeling OK?
ⓓ = beau [femme] pretty; [homme] good-looking; [chose] nice; **elle était très ~ quand elle était jeune** she was very pretty when she was young; **il est ~, ce nouveau canapé** the new sofa's nice
ⓔ = à l'aise **on est ~ à l'ombre** it's nice in the shade; **on est ~ ici** it's nice here; **je suis ~ dans ce fauteuil** I'm very

comfortable in this chair; **laisse-le, il est ~ où il est!** leave him alone - he's fine where he is!; **vous voilà ~!** now you've done it!

ⓕ = convenable nice; (moralement) right; **c'est pas ~ de dire ça** it's not nice to say that; **ce n'est pas ~ de faire ça** it's not nice to do that; **c'est un type ~*** he's a good guy*; **des gens ~** posh* people

ⓖ = en bons termes **être ~ avec qn** to get on well with sb

3 NOM MASCULIN
ⓐ = ce qui est bon good; **faire le ~** to do good; **le ~ public** the public good; **c'est pour ton ~!** it's for your own good!
♦ **faire du bien**: **faire du ~ à qn** to do sb good; **ce massage m'a fait du ~** the massage did me good; **ça fait du ~ de se confier** it's good to talk; **ses paroles m'ont fait du ~** what he said made me feel better
♦ **dire du bien**: **dire du ~ de qn** to speak well of sb; **on dit beaucoup de ~ de ce restaurant** this restaurant has a very good name
♦ **en bien**: **il a changé en ~** he has changed for the better; **parler en ~ de qn** to speak well of sb
ⓑ = possession possession; (= argent) fortune; (= terre) estate; **~s** goods; **les ~s de ce monde** material possessions

4 COMPOSÉS
♦ **biens de consommation** consumer goods ♦ **biens d'équipement** capital goods ♦ **biens immobiliers** real estate ♦ **biens meubles, biens mobiliers** movable property

bien-aimé, e (mpl **bien-aimés**) /bjɛ̃neme/ ADJ, NM,F beloved

bien-être /bjɛ̃nɛtʀ/ NM INV (physique, psychologique) well-being; (matériel) comfort

bienfaisance /bjɛ̃fəzɑ̃s/ NF charity; **association ou œuvre de ~** charity

bienfaisant, e /bjɛ̃fəzɑ̃, ɑ̃t/ ADJ beneficial

bienfait /bjɛ̃fɛ/ NM (= faveur) kindness; (= avantage) benefit ◼ (PROV) **un ~ n'est jamais perdu** a good turn never goes amiss; **les ~s d'un traitement** the beneficial effects of a course of treatment

bienfaiteur, -trice /bjɛ̃fɛtœʀ, tʀis/ NM,F benefactor

bien-fondé (pl **bien-fondés**) /bjɛ̃fɔ̃de/ NM [d'opinion, assertion] validity

bienheureux, -euse /bjɛ̃nœʀø, øz/ ADJ ⓐ (Rel) blessed ⓑ (littér) happy

biennale /bjenal/ NF biennial event; **la Biennale de Venise** the Venice Biennale

bien-pensant, e (mpl **bien-pensants**) /bjɛ̃pɑ̃sɑ̃, ɑ̃t/ NM,F (Rel) **les ~s** right-thinking people

bienséance /bjɛ̃seɑ̃s/ NF propriety

bienséant, e /bjɛ̃seɑ̃, ɑ̃t/ ADJ proper

bientôt /bjɛ̃to/ ADV soon; **à ~!** see you soon!; **on est ~ arrivé** we'll soon be there; **c'est pour ~?** will it be long?; (naissance) is the baby due soon?; **il est ~ minuit** it's nearly midnight; **il aura ~ 30 ans** he'll soon be 30

bienveillance /bjɛ̃vejɑ̃s/ NF kindness (envers to); **avec ~** kindly; **examiner un cas avec ~** to give favourable consideration to a case

bienveillant, e /bjɛ̃vejɑ̃, ɑ̃t/ ADJ kindly

bienvenu, e /bjɛ̃v(ə)ny/ 1 ADJ **remarque ~e** apposite remark 2 NM,F **vous êtes le ~ ou soyez le ~** you're very welcome; **une tasse de café serait la ~e** a cup of coffee would be welcome 3 NF **bienvenue** welcome; **souhaiter la ~e à qn** to welcome sb; **~e!** welcome!; (Can = je vous en prie) you're welcome!; **allocution de ~e** welcoming speech

bière¹ /bjɛʀ/ NF (= boisson) beer; **~ blonde** ≈ lager; **~ brune** ≈ brown ale

bière² /bjɛʀ/ NF (= cercueil) coffin; **mettre qn en ~** to put sb in their coffin

biffer /bife/ /TABLE 1/ VT to cross out

bifteck /biftɛk/ NM steak

bifurcation /bifyʀkasjɔ̃/ NF [de route, voie ferrée] fork

bifurquer /bifyʀke/ /TABLE 1/ VI (a) [route, voie ferrée] to fork (b) [véhicule] to turn off (**vers, sur** for, towards); (fig) to branch off (**vers** into); **~ sur la droite** to turn right

bigarré, e /bigaʀe/ ADJ (a) (= bariolé) [tissu] rainbow-coloured; [groupe] colourfully dressed (b) [foule] motley

bigleux, -euse* /biglø, øz/ ADJ (= myope) short-sighted; **quel ~ tu fais !** you need glasses!

bigorneau (pl **bigorneaux**) /bigɔʀno/ NM winkle

bigot, e /bigo, ɔt/ NM,F sanctimonious person

bigoudi /bigudi/ NM hair-curler; **elle était en ~s** she had her hair in curlers

bijou (pl **bijoux**) /biʒu/ NM jewel; (= chef-d'œuvre) gem; **~x (de) fantaisie** costume jewellery

bijouterie /biʒutʀi/ NF (= boutique) jeweller's (Brit), jeweler's (US)

bijoutier, -ière /biʒutje, jɛʀ/ NM,F jeweller (Brit), jeweler (US)

bikini® /bikini/ NM bikini

bilan /bilɑ̃/ NM (a) [de comptes] balance sheet (b) (= évaluation) assessment; (= résultats) results; (= conséquences) consequences; **le ~ du gouvernement** the government's track record; **quel a été le ~ de ces négociations ?** what was the end result of the negotiations?; **faire le ~ d'une situation** to take stock of a situation; **quand on arrive à 50 ans on fait le ~** when you reach 50 you take stock of your life ◆ **bilan de compétences** skills assessment (c) (= nombre de morts) death toll; **d'après un premier ~** according to the first reports coming in; **~ provisoire : 300 blessés** so far, 300 people are known to have been injured (d) (Méd) **~ (de santé)** checkup; **se faire faire un ~ de santé** to have a checkup

bile /bil/ NF bile; **se faire de la ~ (pour)*** to worry o.s. sick (about)*

bilingue /bilɛ̃g/ ADJ bilingual

bilinguisme /bilɛ̃gɥism/ NM bilingualism

billard /bijaʀ/ NM (= jeu) billiards (sg); (= table) billiard table; **faire une partie de ~** to play billiards; **passer sur le ~*** to have an operation ◆ **billard américain** pool ◆ **billard électrique** pinball machine

bille /bij/ NF [d'enfant] marble; [de billard] billiard ball; **jouer aux ~s** to play marbles; **déodorant à ~** roll-on deodorant; **il a attaqué ou foncé ~ en tête*** he didn't beat about the bush*; **reprendre ou récupérer ses ~s** (fig) to pull out; **toucher sa ~ au tennis/en histoire*** to know a thing or two* about tennis/history → **roulement, stylo**

billet /bijɛ/ 1 NM (a) (= ticket) ticket (b) (= argent) note (Brit), bill (US); **~ de 100 euros** 100-euro note 2 COMP ◆ **billet de banque** banknote ◆ **billet de retard** (Scol) late slip ◆ **le billet vert** (Écon) the greenback (US)

billetterie /bijɛtʀi/ NF [d'argent] cash dispenser; [de tickets] ticket machine

binaire /binɛʀ/ 1 ADJ binary 2 NM binary code; **codé en ~** binary coded

biner /bine/ /TABLE 1/ VT to hoe

binette /binɛt/ NF (a) (= outil) hoe (b) (= visage)* face

biniou /binju/ NM (= instrument) Breton bagpipes

binôme /binom/ NM binomial; **travailler en ~** to work in pairs

bio* /bjo/ 1 NF ABBR = **biologie** 2 ADJ ABBR = **biologique**

biocarburant /bjokaʀbyʀɑ̃/ NM biofuel

biochimie /bjoʃimi/ NF biochemistry

biochimiste /bjoʃimist/ NMF biochemist

biodégradable /bjodegʀadabl/ ADJ biodegradable

biodiversité /bjodivɛʀsite/ NF biodiversity

bioéthique /bjoetik/ NF bioethics (sg)

biogaz /bjogaz/ NM biogas

biographe /bjɔgʀaf/ NMF biographer

biographie /bjɔgʀafi/ NF biography; **~ romancée** biographical novel

biographique /bjɔgʀafik/ ADJ biographical

biologie /bjɔlɔʒi/ NF biology

biologique /bjɔlɔʒik/ ADJ biological; [agriculture] organic; **produits ~s** (= aliments) organic food; (= non-polluants) eco-friendly products

biologiquement /bjɔlɔʒikmɑ̃/ ADV biologically

biologiste /bjɔlɔʒist/ NMF biologist

biomasse /bjomas/ NF biomass

biométrie /bjɔmetʀi/ NF biometrics

biosphère /bjɔsfɛʀ/ NF biosphere

bioterroriste /bjotɛʀɔʀist/ NMF bioterrorist

biotope /bjɔtɔp/ NM biotope

bip /bip/ NM (a) (= son) (court) beep; (continu) beeping; **faire ~** to beep; **parlez après le ~ sonore** speak after the tone (b) (= appareil) pager

bipartisan /bipaʀtizɑ̃/ NM (Politique) bipartisanship

bipède /biped/ ADJ, NM biped

biper¹ /bipe/ /TABLE 1/ VT to page

biper² /bipœʀ/ NM (radiomessagerie) pager

biplace /biplas/ ADJ, NM two-seater

biplan /biplɑ̃/ ADJ M, NM **(avion) ~** biplane

bique /bik/ NF nanny-goat; **vieille ~*** (péj) old hag; **grande ~*** beanpole

biquet, -ette /bikɛ, ɛt/ NM,F (= animal) kid; **mon ~** (terme d'affection) love

biréacteur /biʀeaktœʀ/ NM twin-engined jet

Birmanie /biʀmani/ NF Burma

bis /bis/ 1 ADV **~ !** encore!; **12 ~** 12a → **itinéraire** 2 NM (Théât) encore

bisannuel, -elle /bizanɥɛl/ ADJ biennial

biscornu, e /biskɔʀny/ ADJ [forme, maison] crooked; [idée, esprit, raisonnement] quirky; **un chapeau tout ~** an oddly-shaped hat

biscoteaux* /biskɔto/ NMPL biceps; **avoir des ~** to have a good pair of biceps

biscotte /biskɔt/ NF toasted bread sold in packets

biscuit /biskɥi/ NM (= pâte) sponge cake; (= gâteau sec) biscuit (Brit), cookie (US); **~ salé** cracker ◆ **biscuit (à) apéritif** cracker ◆ **biscuit à la cuiller** sponge finger (Brit), lady finger (US) ◆ **biscuit de Savoie** sponge cake

bise¹ /biz/ NF (= vent) North wind

bise² /biz/ NF (= baiser) kiss; **faire une** ou **la ~ à qn** to kiss sb; **grosses ~s** (sur lettre) lots of love

biseau (pl **biseaux**) /bizo/ NM (a) (= bord) bevel; (à 45°) chamfer; **en ~** bevelled; (à 45°) chamfered (b) (= outil) bevel

biseauter /bizote/ /TABLE 1/ VT to bevel; (à 45 degrés) to chamfer

bisexuel, -elle /bisɛksɥɛl/ ADJ, NM,F bisexual

bison /bizɔ̃/ NM bison

bisou* /bizu/ NM kiss; **faire un ~ à qn** to give sb a kiss; **gros ~s** (sur lettre) lots of love (**de** from)

bisque /bisk/ NF bisque (kind of soup); **~ de homard** lobster bisque

bisser /bise/ /TABLE 1/ VT [+ acteur, chanson] to encore; (= rejouer) [+ morceau] to play again; [+ chanson] to sing again

bissextile /bisɛkstil/ ADJ **année ~** leap year

bistouri /bisturi/ NM surgical knife

bistre /bistʀ/ ADJ blackish-brown

bistro(t)* /bistro/ NM (= café) ≈ bar; **faire les ~s** to go on a pub-crawl

bit /bit/ NM (Informatique) bit

bite⁑ /bit/ NF (= pénis) cock⁑

bitoniau* /bitɔnjo/ NM whatsit*

bitte /bit/ NF (a) [d'amarrage] mooring post (b)⁑ = **bite**

bitume /bitym/ NM bitumen; (= revêtement) asphalt

bitumé, e /bityme/ ADJ [route] asphalt

bivouac /bivwak/ NM bivouac

bivouaquer /bivwake/ /TABLE 1/ VI to bivouac

bizarre /bizaʀ/ ADJ strange; **tiens, c'est ~** that's strange

bizarrement /bizaʀmã/ ADV strangely; **~, il n'a rien dit** strangely enough, he said nothing

bizarrerie /bizaʀʀi/ NF strangeness; **~s** [*de langue, règlement, système*] peculiarities

bizarroïde* /bizaʀɔid/ ADJ weird

bizness* /biznɛs/ NM business

bizut /bizy/ NM freshman

bizutage /bizytaʒ/ NM ragging (*Brit*), hazing (*US*) (*of new student etc*)

ⓘ **BIZUTAGE**

New arrivals at certain "grandes écoles" and other educational institutions are called "bizuts" or "bizuths". When they start school in September, they are often subjected to an initiation ceremony known as **bizutage**. This sometimes turns nasty, and the tradition has become more controversial in recent years, with many schools outlawing it.

bizuter /bizyte/ /TABLE 1/ VT to rag (*Brit*), to haze (*US*) (*new student*)

bizuth /bizy/ NM freshman

blabla(bla)* /blabla(bla)/ NM twaddle*; **il y a beaucoup de blabla dans sa dissertation** there's a lot of waffle* (*Brit*) in his paper

black* /blak/ 1 ADJ [*personne, culture, musique*] black 2 NMF black person

black-out /blakaut/ NM blackout; **faire le ~ sur qch** to impose a news blackout on sth

blafard, e /blafaʀ, aʀd/ ADJ pale

blague* /blag/ NF ⓐ (= *histoire, plaisanterie*) joke; (= *farce*) practical joke; **faire une ~ à qn** to play a joke on sb; **sans ~ ?** you're kidding!*; **non mais sans ~, tu me prends pour qui ?** come on, what do you take me for?; **ne me raconte pas de ~s !** you're having (*Brit*) *ou* putting (*US*) me on!*; **c'est de la ~ tout ça !** it's all talk ⓑ (= *erreur*) **attention, pas de ~s !** be careful!

blaguer* /blage/ /TABLE 1/ 1 VI to be joking (**sur** about); **on ne blague pas avec ça** you shouldn't joke about that 2 VT to tease

blagueur, -euse /blagœʀ, øz/ 1 ADJ [*sourire, air*] teasing; [*ton, manière*] jokey*; **il est (très) ~** he's really good fun 2 NM,F joker

blaireau (*pl* **blaireaux**) /blɛʀo/ NM ⓐ (= *animal*) badger ⓑ (*pour barbe*) shaving brush ⓒ (*péj*)**:** nerd* (*péj*)

blairer: /blɛʀe/ /TABLE 1/ VT **je ne peux pas le ~** I can't stand him

blâme /blɑm/ NM (= *désapprobation*) blame; (= *réprimande, punition*) reprimand; **donner un ~ à qn** to reprimand sb

blâmer /blɑme/ /TABLE 1/ VT (= *désavouer*) to blame; (= *réprimander*) to reprimand; **je ne te blâme pas de** *ou* **pour l'avoir fait** I don't blame you for doing it

blanc, blanche /blɑ̃, blɑ̃ʃ/ 1 ADJ ⓐ (= *sans couleur, pâle*) white; **~ comme un cachet d'aspirine** white as a sheet; **~ cassé** off-white → **arme** ⓑ [*page, bulletin de vote*] blank; [*papier non quadrillé*] plain; **il a rendu copie blanche** *ou* **sa feuille blanche** he handed in a blank paper; **prenez une feuille blanche** take a blank piece of paper; **voter ~** to return a blank vote → **carte** ⓒ [*domination, justice, pouvoir*] white ⓓ (*Tennis*) **jeu ~** love game

2 NM ⓐ (= *couleur*) white; **peindre qch en ~** to paint sth white ⓑ (= *linge*) **le ~** whites ⓒ (= *espace non écrit, non enregistré*) blank; **il y a eu un ~ (dans la conversation)** there was a lull in the conversation; (*dû à la gêne*) there was an embarrassed silence; **il faut laisser le nom en ~** the name must be left blank ⓓ (= *vin*) white wine ⓔ **~ (d'œuf)** egg white; **~ (de poulet)** breast of chicken; **le ~ (de l'œil)** the white of the eye ⓕ (= *personne*) **un Blanc** a white man; **les Blancs** white people ⓖ ♦ **à blanc**: **tirer à ~** to fire blanks; **balle à ~** blank

3 NF **blanche** ⓐ (= *femme*) **une Blanche** a white woman ⓑ (*Musique*) minim (*Brit*), half-note (*US*) ⓒ (*arg Drogue*) smack**:**

blanchâtre /blɑ̃ʃatʀ/ ADJ whitish

blanche /blɑ̃ʃ/ ADJ, NF → **blanc**

Blanche-Neige /blɑ̃ʃnɛʒ/ NF Snow White; **~ et les Sept Nains** Snow White and the Seven Dwarfs

blancheur /blɑ̃ʃœʀ/ NF whiteness

blanchiment /blɑ̃ʃimɑ̃/ NM [*d'argent*] laundering

blanchir /blɑ̃ʃiʀ/ /TABLE 2/ 1 VT ⓐ to whiten; [+ *mur*] to whitewash; **(faire) ~** [+ *légumes*] to blanch ⓑ [+ *linge, argent*] to launder ⓒ (= *disculper*) [+ *personne, réputation*] to clear 2 VI [*personne, cheveux*] to turn white 3 VPR **se blanchir** to clear one's name

blanchisserie /blɑ̃ʃisʀi/ NF laundry

blanquette /blɑ̃kɛt/ NF ⓐ (*Cuisine*) **~ de veau** blanquette of veal (*veal in white sauce*) ⓑ (= *vin*) sparkling white wine

blasé, e /blaze/ ADJ blasé; **faire le ~** to affect indifference

blason /blazɔ̃/ NM (= *armoiries*) coat of arms

blasphématoire /blasfematwaʀ/ ADJ [*parole*] blasphemous

blasphème /blasfɛm/ NM blasphemy

blasphémer /blasfeme/ /TABLE 6/ VTI to blaspheme

blatte /blat/ NF cockroach

blazer /blazɛʀ/ NM blazer

blé /ble/ 1 NM ⓐ (= *céréale*) wheat; **~ noir** buckwheat ⓑ (= *argent*)**:** dough; 2 COMP ♦ **blé d'Inde** (*Can*) corn

bled* /blɛd/ NM (= *village*) village; **c'est un ~ perdu** *ou* **paumé** (*péj*) it's a godforsaken place*

blême /blɛm/ ADJ [*teint*] pallid; [*lumière*] pale; **~ de rage** white with rage

blêmir /blemiʀ/ /TABLE 2/ VI [*personne*] to turn pale; **~ de colère** to go white with rage

blennorragie /blenɔʀaʒi/ NF gonorrhoea

blessant, e /blesɑ̃, ɑ̃t/ ADJ (= *offensant*) hurtful

blessé, e /blese/ (*ptp de* **blesser**) 1 ADJ hurt; (*plus sérieusement*) injured; **être ~ à la tête** to have a head injury 2 NM casualty; **les ~s** (*dans un accident*) the injured; **l'accident a fait dix ~s** ten people were injured in the accident; **grand ~** seriously injured person 3 NF **blessée** casualty 4 COMP ♦ **blessé grave** seriously injured person ♦ **les blessés de guerre** the war wounded ♦ **blessé léger** slightly injured person; **l'attentat a fait 30 ~s légers** 30 people were slightly injured in the bomb attack

blesser /blese/ /TABLE 1/ 1 VT to hurt; (*plus sérieusement*) to injure; **il a été blessé d'un coup de couteau** he received a knife wound; **être blessé dans un accident de voiture** to be injured in a car accident; **mes chaussures me blessent les pieds** my shoes hurt; **des paroles qui blessent** hurtful remarks 2 VPR **se blesser** (= *se faire mal*) to hurt o.s.; (*plus sérieusement*) to injure o.s.; **il s'est blessé en tombant** he fell and hurt himself; **il s'est blessé (à) la jambe** he hurt his leg

blessure /blesyʀ/ NF (*accidentelle*) injury; (*intentionnelle, morale*) wound

blet, blette /blɛ, blɛt/ ADJ [*fruit*] overripe

blettes /blɛt/ NFPL (*Swiss*) chard

bleu, e /blø/ 1 ADJ ⓐ [*couleur*] blue; **~ de froid** blue with cold → **fleur, peur** ⓑ (= *meurtri*) bruised ⓒ [*steak*] very rare

2 NM ⓐ (= *couleur*) blue; **le grand ~** (= *mer*) the blue depths of the sea ⓑ (*sur la peau*) bruise; **être couvert de ~s** to be covered in bruises; **se faire un ~ au bras** to bruise one's arm ⓒ (= *vêtement*) **~(s) de travail** overalls ⓓ (= *jeune soldat*)* new recruit; (= *débutant*)* beginner ⓔ (= *fromage*) blue cheese

3 COMP ♦ **bleu acier** steel blue ♦ **bleu ciel** sky blue

◆ **bleu marine** navy blue ◆ **bleu pétrole** petrol blue ◆ **bleu roi** royal blue ◆ **bleu vert** blue-green

> ► When **bleu** is combined with another word, such as **clair** or **ciel**, to indicate a shade, there is no agreement with the noun : **des yeux bleus**, but **des yeux bleu clair**.

bleuâtre /bløatʀ/ ADJ bluish

bleuet /bløɛ/ NM cornflower; (*Can*) blueberry

bleuir /bløiʀ/ /TABLE 2/ VTI to turn blue

bleuté, e /bløte/ ADJ [*reflet*] bluish; [*verre*] blue-tinted

blindage /blɛ̃daʒ/ NM [*de porte*] reinforcement; [*de tank*] armour plating

blindé, e /blɛ̃de/ (*ptp de* **blinder**) 1 ADJ ⓐ [*division, engin*] armoured; [*porte*] reinforced; [*voiture, verre*] bulletproof ⓑ (= *enduci*)* immune (**contre** to) ⓒ (= *ivre*)* plastered* 2 NM tank

blinder /blɛ̃de/ /TABLE 1/ 1 VT ⓐ [+ *porte*] to reinforce ⓑ (= *endurcir*)* to make immune (**contre** to) 2 VPR **se blinder*** to become immune (**contre** to)

blizzard /blizaʀ/ NM blizzard

bloc /blɔk/ NM ⓐ [*de pierre, marbre, bois*] block; **fait d'un seul ~** made in one piece
ⓑ [*de papier*] pad; **~ de papier à lettres** writing pad
ⓒ (= *système d'éléments*) unit; (*Informatique*) block
ⓓ (= *groupe*) group; (*Politique*) bloc
ⓔ (*Méd*) **~ opératoire** operating theatre
ⓕ (= *prison*)* **mettre qn au ~** to clap sb in jail
ⓖ (*locutions*)
◆ **à bloc** : **serrer** *ou* **visser qch à ~** to screw sth up as tight as possible; **fermer un robinet à ~** to turn a tap right off
◆ **en bloc** [*acheter, vendre*] as a whole; [*refuser, nier*] point-blank
◆ **faire bloc** to join forces

blocage /blɔkaʒ/ NM ⓐ [*de prix, salaires, compte bancaire*] freezing ⓑ (*psychologique*) block; **avoir** *ou* **faire un ~** to have a mental block

bloc-cuisine (*pl* **blocs-cuisines**) /blɔkkɥizin/ NM compact kitchen unit (*sink, fridge and hob*)

blockhaus /blɔkos/ NM blockhouse

bloc-notes (*pl* **blocs-notes**) /blɔknɔt/ NM note pad

blocus /blɔkys/ NM blockade; **faire le ~ de** to blockade

blog, blogue /blɔg/ NM (*Internet*) blog

bloguer /blɔge/ VI (*Internet*) to blog

blond, blonde /blɔ̃, blɔ̃d/ 1 ADJ [*cheveux*] fair; [*personne*] fair-haired; [*blé, sable*] golden; **~ cendré** ash-blond; **~ roux** light auburn 2 NM (= *homme*) fair-haired man 3 NF **blonde** ⓐ (= *femme*) blonde; **une vraie ~e** a natural blonde; **c'est une fausse ~e** she's not a real blonde ⓑ (= *bière*) ≈ lager ⓒ (= *cigarette*) Virginia cigarette

blondir /blɔ̃diʀ/ /TABLE 2/ 1 VI [*cheveux*] to go fairer; **faire ~ des oignons** to fry onions lightly (*until they are transparent*) 2 VT [+ *cheveux, poils*] to bleach

bloquer /blɔke/ /TABLE 1/ 1 VT ⓐ (*accidentellement*) [+ *freins, machine, porte*] to jam; [+ *roue*] to lock; **le mécanisme est bloqué** the mechanism is jammed; **être bloqué par un accident** to be held up by an accident; **je suis bloqué chez moi** I'm stuck at home; **je suis bloqué** (*physiquement*) I can't move
ⓑ (*volontairement*) [+ *objet en mouvement*] to stop; [+ *roue*] (*avec une cale*) to put a brake under; (*avec une pierre*) to wedge; [+ *porte*] (*avec une cale*) to wedge; **j'ai bloqué la porte avec une chaise** (*ouverte*) I pushed the door open with a chair; (*fermée*) I pushed a chair against the door to keep it shut
ⓒ (= *obstruer*) to block; **des manifestants bloquent la circulation** demonstrators are blocking the traffic
ⓓ (= *processus*) to bring to a standstill; **la situation est complètement bloquée** things are at a complete standstill
ⓔ (= *grouper*) **les cours sont bloqués sur six semaines** the classes are spread over six weeks
ⓕ (*Sport*) [+ *ballon*] to block
ⓖ [+ *crédit, salaires*] to freeze
ⓗ (*psychologiquement*) **ça me bloque d'être devant un audi-**

toire I freeze if I have to speak in public
ⓘ (= *réserver*) [+ *jour, heures*] to set aside
2 VPR **se bloquer** [*porte, frein, machine*] to jam; [*genou, roue*] to lock; [*clé*] to get stuck; (*psychologiquement*) to have a mental block; **devant un auditoire, il se bloque** in front of an audience he goes blank

blottir (se) /blɔtiʀ/ /TABLE 2/ VPR to curl up; **se blottir contre qn** to snuggle up to sb; **se blottir dans les bras de qn** to nestle in sb's arms; **blottis les uns contre les autres** huddled together

blouse /bluz/ NF (= *tablier*) overall; (= *chemisier*) blouse; [*de médecin*] white coat

blouser[1] /bluze/ /TABLE 1/ VI [*robe, chemisier*] to be loose-fitting (*and gathered at the waist*)

blouser[2]* /bluze/ /TABLE 1/ VT to con*; **se faire ~** to be conned*

blouson /bluzɔ̃/ NM jacket; **~ d'aviateur** flying jacket

blues /bluz/ NM INV ⓐ (= *chanson*) blues song; **le ~** the blues; **écouter du ~** to listen to blues music ⓑ (= *mélancolie*)* **le ~** the blues*; **avoir le ~** *ou* **un coup de ~** to have the blues*

bluff* /blœf/ NM bluff; **c'est du ~** *ou* **un coup de ~!** he's (*ou* they're *etc*) just bluffing!

bluffant, e */blœfɑ̃, ɑ̃t/ ADJ amazing

bluffer* /blœfe/ /TABLE 1/ 1 VI to bluff 2 VT ⓐ (= *tromper*) to fool; (*Cartes*) to bluff ⓑ (= *impressionner*) to impress

blush /blœʃ/ NM blusher

BNF /beɛnɛf/ NF ABBR = **Bibliothèque nationale de France**
→ [*BIBLIOTHÈQUE NATIONALE DE FRANCE*]

boa /bɔa/ NM boa

bob /bɔb/ NM ⓐ (*Sport*) bobsleigh ⓑ (= *chapeau*) cotton sunhat

bobard* /bɔbaʀ/ NM (= *mensonge*) fib*; (= *histoire*) tall story

bobine /bɔbin/ NF [*de fil*] bobbin; [*de machine à coudre*] spool; (*Élec*) coil; **tu en fais une drôle de ~!*** you look a bit put out!*

bobo[1] /bobo/ NM (*langage enfantin*) (= *plaie*) sore; (= *coupure*) cut; **avoir ~** to be hurt; **ça (te) fait ~?** does it hurt?

bobo[2]* /bobo/ NMF (ABBR = **bourgeois bohème**) middle-class Bohemian (*Brit*), boho (*US*)

bobsleigh /bɔbslɛg/ NM bobsleigh

bocal (*pl* **-aux**) /bɔkal, o/ NM jar; **~ à poissons rouges** goldfish bowl; **mettre en bocaux** to bottle

body /bɔdi/ NM body; (*de sport*) leotard

bœuf (*pl* **bœufs**) /bœf, bø/ NM ⓐ (= *bête*) ox; (*de boucherie*) bullock; (= *viande*) beef; **~ mode** stewed beef with carrots; **~ en daube** beef stew ⓑ [*de jazz*] jam session

> ★ The **f** of **bœuf** is pronounced, but the **fs** of **bœufs** is silent.

bof /bɔf/ EXCL **il est beau!** — **~** he's good-looking! — do you think so?; **qu'en penses-tu?** — **~** what do you think of it? — not a lot; **ça t'a plu?** — **~** did you like it? — not really

bogue /bɔg/ NM (*Informatique*) bug

bohème /bɔɛm/ 1 ADJ Bohemian 2 NMF Bohemian; **mener une vie de ~** to lead a Bohemian life 3 NF (= *milieu*) **chez eux, c'est la ~** they're very Bohemian

bohémien, -ienne /bɔemjɛ̃, jɛn/ 1 ADJ Bohemian 2 NM,F (= *gitan*) gipsy; **Bohémien(ne)** (= *de Bohème*) Bohemian

boire /bwaʀ/ /TABLE 53/ 1 VT ⓐ (= *ingurgiter*) to drink; **offrir à ~ à qn** to get sb a drink; **~ à la santé de qn** to drink sb's health; **~ la tasse*** (*en nageant*) to swallow a mouthful of water; **ce vin se laisse ~** this wine is very drinkable ⓑ (= *absorber*) to soak up; **la plante a déjà tout bu** the plant has already soaked up all the water
ⓒ (*locutions*) **~ les paroles de qn** to drink in sb's words; **il y a à ~ et à manger là-dedans** (= *vérités et mensonges*) you shouldn't believe it all
2 VI (= *s'enivrer*) to drink; **il s'est mis à ~** he has started drinking; **~ comme un trou*** to drink like a fish

bois /bwa/ 1 NM ⓐ (= *forêt, matériau*) wood; **c'est en ~** it's made of wood; **chaise en ~** wooden chair; **touchons du ~!** touch wood!* (*Brit*), knock on wood!* (*US*) ⓑ [*de cerf*] antler ⓒ (= *instruments*) **les ~** the woodwind 2 COMP ◆ **bois blanc** deal ◆ **bois de charpente** timber ◆ **bois de chauffage** firewood ◆ **bois mort** deadwood ◆ **bois d'œuvre** timber

boisé, e /bwaze/ ADJ [*région, parc*] wooded

boiserie /bwazʀi/ NF **~(s)** panelling (*Brit*), paneling (*US*)

boisson /bwasɔ̃/ NF drink; **être pris de ~** (*littér*) to be drunk; **~ alcoolisée/non alcoolisée** alcoholic/soft drink; **~ fraîche/chaude** cold/hot drink

boîte /bwat/ 1 NF ⓐ (= *récipient*) box; (*en métal*) tin; [*de conserves*] can, tin (*Brit*); **des tomates en boîte** canned *ou* tinned (*Brit*) tomatoes; **mettre qn en ~*** to pull sb's leg* ⓑ (= *cabaret*)* nightclub; **sortir en ~** to go clubbing* ⓒ (= *lieu de travail, firme*)* company; (= *école*)* school; **elle travaille pour une ~ de pub** she works for an advertising company 2 COMP ◆ **boîte d'allumettes** box of matches ◆ **boîte à bachot** crammer ◆ **boîte de conserve** tin (*Brit*) *ou* can (*US*) of food ◆ **boîte crânienne** cranium ◆ **boîte de dialogue** dialog box ◆ **boîte à gants** glove compartment ◆ **boîte à** *ou* **aux lettres** (*publique*) post box (*Brit*), mailbox (*US*); (*privée*) letterbox (*Brit*), mailbox (*US*); **mettre une lettre à la ~ (aux lettres)** to post (*Brit*) *ou* mail (*US*) a letter ◆ **boîte à lettres électronique** electronic mailbox ◆ **boîte noire** black box ◆ **boîte de nuit** nightclub ◆ **boîte à outils** toolbox ◆ **boîte à ouvrage** workbox ◆ **boîte postale** PO Box ◆ **boîte à thé** tea caddy ◆ **boîte de vitesses** gearbox ◆ **boîte vocale** voice mail (*NonC*)

boiter /bwate/ /TABLE 1/ VI to limp

boiteux, -euse /bwatø, øz/ ADJ [*personne, explication*] lame; [*projet, compromis, raisonnement*] shaky; [*union*] ill-assorted

boîtier /bwatje/ NM case; (*pour appareil photo*) body; **~ de montre** watchcase

bol /bɔl/ NM ⓐ (= *récipient, contenu*) bowl; **prendre un (bon) ~ d'air** to get a breath of fresh air; **cheveux coupés au ~** pudding-basin haircut (*Brit*), bowl cut (*US*); **avoir du ~*** to be lucky; **pas de ~!*** bad luck!* ⓑ **~ alimentaire** bolus

bolée /bɔle/ NF bowl

boléro /bɔleʀo/ NM (= *vêtement, musique*) bolero

bolide /bɔlid/ NM racing car; **passer comme un ~** to go by at top speed

Bolivie /bɔlivi/ NF Bolivia

bolivien, -ienne /bɔlivjɛ̃, jɛn/ 1 ADJ Bolivian 2 NM,F **Bolivien(ne)** Bolivian

bolognais, e /bɔlɔɲɛ, ɛz/ ADJ [*sauce*] bolognese; **spaghetti (à la) ~e** spaghetti bolognese

bombardement /bɔ̃baʀdəmɑ̃/ NM (*avec bombes*) bombing; (*avec obus*) shelling

bombarder /bɔ̃baʀde/ /TABLE 1/ VT ⓐ (*avec bombes*) to bomb; (*avec obus*) to shell ⓑ **~ de** [+ *tomates*] to pelt with; [+ *questions, appels*] to bombard with ⓒ (= *catapulter*)* **on l'a bombardé directeur** he was thrust into the position of manager

bombardier /bɔ̃baʀdje/ NM (= *avion*) bomber

bombe /bɔ̃b/ 1 NF ⓐ (= *engin explosif*) bomb; **attentat à la ~** bombing; **faire la ~*** to have a wild time ⓑ (= *atomiseur*) spray; **déodorant/insecticide en ~** deodorant/insect spray ⓒ (*Équitation*) riding hat 2 COMP ◆ **bombe aérosol** aerosol can ◆ **bombe anti-crevaison** can of instant puncture sealant ◆ **bombe atomique** atom bomb ◆ **bombe H** H-bomb ◆ **bombe incendiaire** fire bomb ◆ **bombe insecticide** fly spray ◆ **bombe lacrymogène** teargas grenade ◆ **bombe de laque** can of hair spray ◆ **bombe de peinture** can of paint spray ◆ **bombe à retardement** time bomb ◆ **bombe sexuelle*** sex bomb*

bombé, e /bɔ̃be/ (*ptp de* **bomber**) ADJ [*forme*] rounded

bomber /bɔ̃be/ /TABLE 1/ VT ⓐ **~ le torse** *ou* **la poitrine** to stick out one's chest; (*fig*) to swagger about ⓑ (*Peinture*) to spray

---

bon, bonne /bɔ̃, bɔn/

1 ADJECTIF	4 NOM FÉMININ
2 ADVERBE	5 COMPOSÉS
3 NOM MASCULIN	

1 ADJECTIF

ⓐ good; **une bonne idée** a good idea; **il a fait du ~ travail** he's done a good job; **outils de bonne qualité** good quality tools; **être ~ en anglais** to be good at English; **juger ~ de faire qch** to see fit to do sth; **quand ~ vous semble** when you think best; **~ pour la santé** good for your health; **c'est ~ pour ce que tu as!** it'll do you good!; **la télévision, c'est ~ pour ceux qui n'ont rien à faire** television is all right for people who have nothing to do; **~ pour le service** (*militaire*) fit for service; **je suis ~!** I've had it!*; **le voilà ~ pour une contravention** he's in for a fine now*

◆ **pour de bon** (= *définitivement*) for good; (= *vraiment*) really

ⓑ **= agréable** nice; **un ~ petit vin** a nice little wine; **une bonne tasse de thé** a nice cup of tea; **c'était vraiment ~** (*à manger, à boire*) it was delicious; **l'eau est bonne** the water's warm; **elle est bien bonne celle-là!** that's a good one!; **j'en connais une bien bonne** here's a good one!; **tu en as de bonnes, toi!*** you're kidding!*

ⓒ **= charitable** kind; **vous êtes trop ~** you're too kind; **vous êtes ~ vous!*** you're a great help!*

ⓓ **= utilisable** okay; [*billet, timbre*] valid; **ce yaourt est encore ~** this yoghurt is still okay; **est-ce que ce pneu est encore ~?** is this tyre still all right?; **la balle est bonne** (*Tennis*) the ball is in

◆ **bon à**: **cette eau est-elle bonne à boire?** is this water all right to drink?; **c'est ~ à savoir** that's useful to know; **c'est toujours ~ à prendre** it's better than nothing; **tout n'est pas ~ à dire** some things are better left unsaid; **ce drap est tout juste ~ à faire des mouchoirs** this sheet is only fit to be made into handkerchiefs; **c'est ~ à jeter** it needs throwing out

ⓔ **= correct** [*solution, méthode, réponse, calcul*] right; **au ~ moment** at the right time; **le ~ usage** correct usage

ⓕ **gros** good; **un ~ kilomètre** a good kilometre; **une bonne semaine** a good week; **ça fait un ~ bout de chemin!** that's quite a distance!; **il est tombé une bonne averse** there has been a heavy shower; **après un ~ moment** after quite some time; **ça aurait besoin d'une bonne couche de peinture** it could do with a good coat of paint; **une bonne moitié** at least half

ⓖ **souhaits** **bonne année!** happy New Year!; **bonne chance!** good luck!; **~ courage!** good luck!; **~ dimanche!** have a nice Sunday!; **bonne route!** safe journey!; **~ retour!** safe journey back!; **~ voyage!** safe journey!; **bonnes vacances!** have a good holiday! (*Brit*) *ou* vacation! (*US*); **au revoir et bonne continuation!** goodbye and all the best!

2 ADVERBE

sentir ~ to smell nice

◆ **faire bon**: **il fait ~ ici** it's nice here; **une ville où il fait ~ vivre** a town that's a good place to live

◆ **bon!** (= *d'accord*) all right!; (*énervement*) right!; **~! ça suffit maintenant!** right! that's enough!

3 NOM MASCULIN

ⓐ **= personne** **les ~s et les méchants** good people and bad people; (*dans western, conte de fées*) the good guys and the bad guys*

ⓑ **= aspect positif** **avoir du ~** to have its advantages; **il y a du ~ et du mauvais dans ce projet** this project has its good and bad points

ⓒ **= formulaire** slip; (= *coupon d'échange*) voucher; (= *titre*) bond

4 NOM FÉMININ

bonne

ⓐ = servante maid; **je ne suis pas ta bonne!** I'm not your slave!

ⓑ ◆ **avoir qn à la bonne*** to like sb

5 COMPOSÉS

◆ **bon de caisse** NM cash voucher ◆ **bon chic bon genre** ADJ [*personne*] chic but conservative → BCBG

◆ **bon de commande** NM order form ◆ **bon enfant** ADJ [*personne, sourire*] good-natured; [*atmosphère*] friendly ◆ **bonne femme** NF (*péj*) woman ◆ **bon de garantie** NM guarantee ◆ **une bonne pâte** NF a good sort ◆ **bon de réduction** NM money-off coupon ◆ **bon à rien, bonne à rien** NM,F good-for-nothing ◆ **bonne sœur*** NF nun ◆ **bon à tirer** NM **donner le ~ à tirer** to pass for press ◆ **bonne à tout faire** NF maid of all work ◆ **bon du Trésor** NM Government Treasury bill ◆ **bon vivant** NM bon viveur

bonbon /bɔ̃bɔ̃/ NM sweet (*Brit*), piece of candy (*US*) ◆ **bonbon fourré** sweet (*Brit*) *ou* piece of candy (*US*) with soft centre ◆ **bonbon à la menthe** mint

bonbonne /bɔ̃bɔn/ NF (*à usage industriel*) carboy; **~ de gaz** gas bottle

bonbonnière /bɔ̃bɔnjɛʀ/ NF (= *boîte*) sweet (*Brit*) *ou* candy (*US*) box

bond /bɔ̃/ NM ⓐ [*de personne, animal*] leap; (*de la position accroupie*) spring; **faire des ~s** to leap up; **se lever d'un ~** to leap up; **j'ai saisi l'occasion au ~** I jumped at the opportunity ⓑ (= *progression*) **les prix ont fait un ~** prices have shot up; **la science a fait un grand ~ en avant** science has taken a great leap forward

bonde /bɔ̃d/ NF [*de tonneau*] bung; [*d'évier, baignoire*] plug

bondé, e /bɔ̃de/ ADJ packed

bondir /bɔ̃diʀ/ /TABLE 2/ VI ⓐ (= *sauter*) [*homme, animal*] to jump up; **~ de joie** to jump for joy; **cela me fait ~!*** it makes my blood boil!* ⓑ (= *sursauter*) to start ⓒ (= *se précipiter*) **il a bondi vers moi** he rushed towards me; **~ sur sa proie** to pounce on one's prey

bonheur /bɔnœʀ/ NM ⓐ (= *félicité*) happiness; (= *joie*) joy; **trouver le ~** to find happiness; **le ~ de vivre** the joy of living; **faire le ~ de qn** to make sb happy; **alors, tu as trouvé ton ~?** so, did you find what you wanted? ■ (*PROV*) **le ~ des uns fait le malheur des autres** one man's meat is another man's poison (*PROV*) ⓑ (= *chance*) luck; **il ne connaît pas son ~!** he doesn't know how lucky he is!; **avoir le ~ de faire qch** to be lucky enough to do sth; **porter ~ à qn** to bring sb luck; **ça porte ~ de ...** it's lucky to ...

◆ **par bonheur** luckily

◆ **au petit bonheur (la chance)*** [*répondre*] off the top of one's head*; [*faire*] haphazardly

bonhomie /bɔnɔmi/ NF affability

bonhomme /bɔnɔm/ 1 NM ⓐ (*pl* **bonshommes**) (= *homme*)* guy*; **dessiner des bonshommes** to draw little men; **dis-moi, mon ~** tell me, sonny*; **aller son petit ~ de chemin** to carry on in one's own sweet way ⓑ (*Can = père*)* old man* 2 COMP ◆ **bonhomme de neige** snowman

boniche* /bɔniʃ/ NF (*péj*) maid; **je ne suis pas ta ~!** I'm not your slave!

bonification /bɔnifikasjɔ̃/ NF ⓐ [*de terre, vins*] improvement ⓑ (*Sport*) bonus points ⓒ (= *remise*) discount

bonifier (se) /bɔnifje/ /TABLE 7/ VPR to improve

boniment /bɔnimɑ̃/ NM sales talk (*NonC*); **raconter des ~s*** to spin yarns

bonjour /bɔ̃ʒuʀ/ NM hello; (*matin*) good morning; (*après-midi*) good afternoon; (*Can = au revoir*) goodbye; **~ chez vous!** hello to all the family!; **donnez-lui le ~ de ma part** give him my regards; **dire ~ à qn** to say hello to sb; **le bus aux heures de pointe, ~ (les dégâts)!*** taking the bus in the rush hour is absolute hell!*; **si tu l'invites, ~ l'ambiance!*** if you invite him, it'll ruin the atmosphere!; **pour l'ouvrir, ~!*** there's no way to get it open

bonne-maman (*pl* **bonnes-mamans**) /bɔnmamɑ̃/ NF granny*

bonnement /bɔnmɑ̃/ ◆ **tout bonnement** LOC ADV just

bonnet /bɔne/ 1 NM ⓐ (= *coiffure*) bonnet; **prendre qch sous son ~** to make sth one's responsibility; **c'est ~ blanc et blanc ~** it's the same thing ⓑ [*de soutien-gorge*] cup 2 COMP ◆ **bonnet d'âne** dunce's cap ◆ **bonnet de bain** bathing cap ◆ **bonnet à poils** bearskin

bonsoir /bɔ̃swaʀ/ NM (*en arrivant*) good evening; (*en partant, en se couchant*) good night; **souhaiter le ~ à qn** to say good night to sb

bonté /bɔ̃te/ NF kindness; **auriez-vous la ~ de m'aider** would you be so kind as to help me?; **avec ~** kindly; **~ divine!** good heavens!*

bonus /bɔnys/ NM 1 (*Assurances*) no-claims bonus 2 [*de DVD*] extra

bonze /bɔ̃z/ NM Buddhist monk

boom /bum/ NM (= *expansion*) boom; **être en plein ~*** (= *en plein travail*) to be really busy

boomerang /bumʀɑ̃g/ NM boomerang

booster /bustœʀ/ NM [*de fusée, autoradio*] booster

boots /buts/ NMPL ankle boots

bord /bɔʀ/ NM ⓐ [*de route*] side; [*de rivière*] bank; [*de cratère*] rim; [*de lac, table, précipice, assiette*] edge; [*de verre, tasse*] rim; **le ~ du trottoir** the edge of the pavement; **au ~ du lac/de la rivière** by the lake/the river; **au ~ de la mer** at the seaside; **au ~ ou sur le ~ de la route** by the roadside; **se promener au ~ de l'eau** to go for a walk by the water; **le verre était rempli jusqu'au ~** the glass was full to the brim; **au ~ du désespoir/des larmes** on the verge of despair/of tears; **il est un peu sadique sur les ~s*** he's a bit of a sadist

ⓑ [*de vêtement, mouchoir*] edge; [*de chapeau*] brim; **~ à ~** [*coudre, coller*] edge to edge

ⓒ [*de bateau*] side; **jeter qn/qch par-dessus ~** to throw sb/ sth overboard; **à** (*d'un avion, d'un bateau*) on board; **monter à ~** to go on board; **M. Morand, à ~ d'une voiture bleue** Mr Morand, driving a blue car; **journal** *ou* **livre de ~** log

ⓓ (= *bordée*) **tirer un ~** to tack

ⓔ (= *camp*) side; **nous sommes du même ~** we are on the same side; (*socialement*) we are all of a kind

bordeaux /bɔʀdo/ 1 NM (= *vin*) Bordeaux 2 ADJ INV maroon

bordée /bɔʀde/ NF (= *salve*) broadside; **~ d'injures** torrent of abuse

bordel ! /bɔʀdɛl/ NM (= *hôtel*) brothel; (= *chaos*) mess; **mettre le ~** to create havoc; **arrête de gueuler, ~ (de merde)!** stop shouting for Christ's sake!‡

bordelais, e /bɔʀdalɛ, ɛz/ 1 ADJ of *ou* from Bordeaux 2 NM,F **Bordelais(e)** inhabitant *ou* native of Bordeaux 3 NM (= *région*) **le Bordelais** the Bordeaux region

border /bɔʀde/ /TABLE 1/ VT ⓐ (= *longer*) [*arbres, immeubles, maisons*] to line; **l'allée était bordée de fleurs** the path was bordered with flowers ⓑ [+ *personne, couverture*] to tuck in; **~ un lit** to tuck the blankets in

bordereau (*pl* **bordereaux**) /bɔʀdəro/ NM (= *formulaire*) note; (= *relevé*) statement ◆ **bordereau de livraison** delivery note

bordure /bɔʀdyʀ/ NF (= *bord*) edge; (= *cadre*) surround; [*de gazon, fleurs*] border; [*d'arbres*] line; (*Couture*) border; **~ de trottoir** kerb (*Brit*), curb (*US*); **en ~ de route** [*maison, champ, arbre*] by the roadside; **un restaurant en ~ de route** a roadside restaurant

boréal, e (*mpl* **-aux**) /bɔʀeal, o/ ADJ **l'aurore ~e** the aurora borealis

borgne /bɔʀɲ/ ADJ ⓐ [*personne*] blind in one eye ⓑ [*hôtel, rue*] seedy

borne /bɔʀn/ NF ⓐ (*kilométrique*) kilometre-marker, ≈ milestone; [*de terrain*] boundary marker; **~ d'incendie** fire hydrant ⓑ (= *limite*) **dépasser les ~s** to go too far; **sans ~s** unlimited ⓒ (= *écran*) terminal; **interactive/internet** interactive/internet terminal; **~ Wi-Fi** Wi-Fi hotspot; **~ d'appel** (= *téléphone*) emergency telephone

borné, e /bɔʀne/ (ptp de **borner**) ADJ [personne] narrow-minded

Bornéo /bɔʀneo/ N Borneo

borner /bɔʀne/ /TABLE 1/ 1 VT [+ terrain] to mark out 2 VPR **se borner**: **se ~ à faire qch/à qch** (= se limiter à) [personne] to confine o.s. to doing sth/to sth

bosniaque /bɔsnjak/ 1 ADJ Bosnian 2 NMF **Bosniaque** Bosnian

Bosnie-Herzégovine /bɔsniɛʀzegɔvin/ NF Bosnia and Herzegovina

bosquet /bɔske/ NM grove

bosse /bɔs/ NF bump; [de chameau, bossu] hump; **avoir la ~ des maths*** to be good at maths

bosseler /bɔsle/ /TABLE 4/ VT (= déformer) to dent; (= marteler) to emboss; **tout bosselé** battered

bosser* /bɔse/ /TABLE 1/ 1 VI (= travailler) to work 2 VT [+ examen] to swot for (Brit)

bosseur, -euse* /bɔsœʀ, øz/ NM,F hard worker

bossu, e /bɔsy/ 1 ADJ [personne] hunchbacked; **dos ~** hunchback 2 NM,F hunchback

bot /bo/ ADJ **pied ~** club-footed

botanique /bɔtanik/ 1 ADJ botanical 2 NF botany

botaniste /bɔtanist/ NMF botanist

Botswana /bɔtswana/ NM Botswana

botte /bɔt/ NF ⓐ (= chaussure) boot; **~ de caoutchouc** wellington (Brit), rubber boot (US); **~ de cheval** riding boot; **être à la ~ de qn** to be under sb's thumb; **lécher les ~s de qn*** to lick sb's boots ⓑ [de fleurs, légumes] bunch; [de foin] bundle ⓒ (Escrime) thrust; **~ secrète** (fig) secret weapon

botter /bɔte/ /TABLE 1/ VT ⓐ (= plaire)* **ça me botte** I like that ⓑ **~ les fesses de qn*** to give sb a kick up the backside**:** ⓒ (Football) to kick

bottier /bɔtje/ NM [de bottes] bootmaker; [de chaussures] shoemaker

bottillon /bɔtijɔ̃/ NM ankle boot; [de bébé] bootee

bottin ® /bɔtɛ̃/ NM **le Bottin** the phone book; **le Bottin mondain** ≈ Who's Who

bottine /bɔtin/ NF ankle boot

botulisme /bɔtylism/ NM botulism

bouc /buk/ NM (= animal) billy goat; (= barbe) goatee beard; **~ émissaire** scapegoat

boucan* /bukã/ NM racket*; **faire du ~** to make a racket*

boucane: /bukan/ NF (Can) smoke

bouche /buʃ/ 1 NF mouth; **parler la ~ pleine** to talk with one's mouth full; **j'ai la ~ sèche** my mouth is dry; **provisions de ~** provisions; **il n'a que ce mot-là à la ~** that's all he ever talks about; **~ cousue !*** don't breathe a word!; **son nom est dans toutes les ~s** his name is on everyone's lips; **faire la fine ~** to turn one's nose up

♦ de bouche à oreille by word of mouth

2 COMP **♦ bouche d'aération** air vent **♦ bouche d'égout** manhole **♦ bouche d'incendie** fire hydrant **♦ bouche de métro** metro entrance

bouché, e¹ /buʃe/ (ptp de **boucher**) ADJ ⓐ [temps, ciel] cloudy ⓑ (= obstrué) [passage] blocked; **j'ai le nez ~** my nose is blocked; **il n'a devant lui qu'un horizon ~** his prospects don't look very bright ⓒ (= stupide) [personne]* stupid

bouche-à-bouche /buʃabuʃ/ NM INV **faire du ~ à qn** to give sb mouth-to-mouth resuscitation (Brit) ou respiration (US)

bouchée² /buʃe/ NF ⓐ (= quantité) mouthful; **pour une ~ de pain** for a song; **mettre les ~s doubles** to put on a spurt; **ne faire qu'une ~ d'un adversaire** to make short work of an opponent ⓑ (Cuisine) **~ à la reine** vol-au-vent filled with chopped sweetbreads in a rich sauce

boucher¹ /buʃe/ /TABLE 1/ 1 VT ⓐ [+ bouteille] to cork ⓑ [+ trou, fente] to fill in; [+ fuite] to stop; **ça** (ou **elle** etc) **lui en a bouché un coin*** he was staggered* ⓒ [+ fenêtre, porte] to block up ⓓ [+ lavabo] to block up; **~ le passage** to be in the way; **~ la vue** to block the view 2 VPR **se bou-**

cher [évier] to get blocked; [temps] to become overcast; **se ~ le nez** to hold one's nose; **se ~ les oreilles** to put one's hands over one's ears; (= refuser d'entendre) to turn a deaf ear

boucher² /buʃe/ NM butcher

bouchère /buʃɛʀ/ NF butcher; (= épouse) butcher's wife

boucherie /buʃʀi/ NF (= magasin) butcher's shop; **~ charcuterie** butcher's shop and delicatessen

bouche-trou (pl **bouche-trous**) /buʃtʀu/ NM stand-in

bouchon /buʃɔ̃/ NM ⓐ (en liège) cork; (en plastique) stopper; (en chiffon, papier) plug; [de bidon, réservoir] cap ⓑ (Pêche) float ⓒ (= embouteillage) traffic jam; **un ~ de 12 km** a 12-km tailback

bouchonner /buʃɔne/ /TABLE 1/ 1 VT [+ cheval] to rub down 2 VI **ça bouchonne** there's a traffic jam

boucle /bukl/ NF [de ceinture, soulier] buckle; [de cheveux] curl; [de ruban, rivière] loop; **~ d'oreille** earring; **~ d'oreille à clip** clip-on (earring)

bouclé, e /bukle/ (ptp de **boucler**) ADJ [cheveux] curly

boucler /bukle/ /TABLE 1/ 1 VT ⓐ [+ ceinture] to buckle; **~ sa valise** to close one's suitcase; (fig) to pack one's bags; **tu vas la ~ !** will you shut up!**:** ⓑ [+ affaire] to settle; [+ circuit] to complete; [+ budget] to balance; [+ article] to finish; **arriver à ~ ses fins de mois** to manage to stay in the black; **la boucle est bouclée** we've (ou they've) come full circle ⓒ (= enfermer)* to lock up ⓓ (= encercler) [+ quartier] to seal off 2 VI [cheveux] to curl

bouclette /buklɛt/ NF small curl

bouclier /buklije/ NM shield

bouddhisme /budism/ NM Buddhism

bouddhiste /budist/ ADJ, NMF Buddhist

bouder /bude/ /TABLE 1/ 1 VI to sulk 2 VT [+ personne] to refuse to talk to; [+ produit] to be reluctant to buy; [+ conférence, exposition] to stay away from; **~ son plaisir** to deny o.s. a good thing; **le public a boudé sa pièce** hardly anybody went to see his play

boudeur, -euse /budœʀ, øz/ ADJ sulky

boudin /budɛ̃/ NM ⓐ **~ (noir)** ≈ black pudding (Brit), ≈ blood sausage (US) ⓑ (gonflable) tube ⓒ (= fille)* fatty**:** (péj)

boudiné, e /budine/ ADJ ⓐ [doigt] podgy ⓑ (= serré) **elle était ~e dans sa robe** she was bursting out of her dress

boudoir /budwaʀ/ NM (= salon) boudoir; (= biscuit) sponge (Brit) ou lady (US) finger

boue /bu/ NF mud; (= dépôt) sediment; **traîner qn dans la ~** (fig) to drag sb's name through the mud

bouée /bwe/ NF (de signalisation) buoy; (d'enfant) rubber ring; **~ de sauvetage** lifebelt; (fig) lifeline

boueux, -euse /bwø, øz/ 1 ADJ muddy 2 NM (= éboueur)* binman (Brit), garbage man (US)

bouffant, e /bufã, ãt/ ADJ [manche] full; [pantalon] baggy

bouffe: /buf/ NF food; **faire la ~** to do the cooking

bouffée /bufe/ NF [de parfum] whiff; [de pipe, cigarette] puff; [de colère] outburst; **une ~ d'air pur** a breath of fresh air; **~ de chaleur** hot flush (Brit) ou flash (US)

bouffer: /bufe/ /TABLE 1/ VT ⓐ to eat; (= engloutir) to gobble up*; **on a bien bouffé** the food was great*; **ils n'arrêtent pas de se ~ le nez** they're always at each other's throats; **je l'aurais bouffé !** I could have murdered him! ⓑ (= accaparer) **il ne faut pas se laisser ~ par son travail** you shouldn't let your work take up all your time and energy; **ça me bouffe tout mon temps** it takes up all my time

bouffi, e /bufi/ ADJ puffy

bouffon /bufɔ̃/ NM ⓐ (= pitre) buffoon; **le ~ du roi** the court jester ⓑ (= idiot)* nerd*

bouge /buʒ/ NM (= taudis) hovel

bougeoir /buʒwaʀ/ NM candle-holder

bougeotte* /buʒɔt/ NF **avoir la ~** (= voyager) to be always on the move; (= remuer) to fidget

bouger /buʒe/ /TABLE 3/ 1 VI ⓐ (= remuer) to move; **ne bouge pas** keep still; **il n'a pas bougé (de chez lui)** he stayed in; **la terre a bougé** (*tremblement de terre*) the ground shook

ⓑ (= *changer*) to change; **les prix n'ont pas bougé** prices have stayed the same; **les couleurs ne bougeront pas** the colours won't fade

ⓒ (= *être actif*)* [*personne*] to get out and about; **c'est un secteur qui bouge** it's a fast-moving sector; **c'est une ville qui bouge** it's a lively town

2 VT [+ *objet*] to move; **il n'a pas bougé le petit doigt** he didn't lift a finger to help

3 VPR **se bouger*** to move; **bouge-toi de là !** shift over!*; **si tu veux trouver du travail, il faut que tu te bouges** if you want to find a job, you'd better get a move on*

bougie /buʒi/ NF (= *chandelle*) candle; [*de voiture*] spark plug

bougon, -onne /bugɔ̃, ɔn/ ADJ grumpy

bougonner /bugɔne/ /TABLE 1/ VI to grumble

bougre* /bugʁ/ NM (= *type*) guy*; **bon ~** good sort*; **pauvre ~** poor devil*; **~ d'idiot !** stupid idiot!*

bouiboui*, **boui-boui** (*pl* **bouis-bouis**) /bwibwi/ NM unpretentious little restaurant

bouillabaisse /bujabɛs/ NF bouillabaisse

bouillant, e /bujɑ̃, ɑ̃t/ ADJ boiling; [*tempérament*] fiery; [*personne*] (= *emporté*) hotheaded; (= *fiévreux*) boiling*

bouille* /buj/ NF (= *visage*) face

bouillie /buji/ NF [*de bébé*] baby's cereal; [*de vieillard*] porridge; **réduire en ~** [+ *légumes, fruits*] to reduce to a pulp; [+ *adversaire*] to beat to a pulp; **c'est de la ~ pour les chats** it's rubbish*

bouillir /bujiʁ/ /TABLE 15/ VI to boil; **commencer à ~** to be nearly boiling; **l'eau bout** the water is boiling; **faire ~ de l'eau** to boil water; **~ à gros bouillons** to boil fast; **~ d'impatience** to seethe with impatience

bouilloire /bujwaʁ/ NF kettle

bouillon /bujɔ̃/ 1 NM ⓐ (= *soupe*) stock; **~ de légumes** vegetable stock; **prendre un ~*** (*en nageant*) to swallow a mouthful; (*financièrement*) to take a tumble* ⓑ (= *bouillonnement*) bubble (*in boiling liquid*); **au premier ~** as soon as it starts to boil 2 COMP ✦ **bouillon cube** stock cube ✦ **bouillon de culture** culture fluid

bouillonnant, e /bujɔnɑ̃, ɑ̃t/ ADJ [*liquide chaud*] bubbling; [*torrent*] foaming; **bain ~** whirlpool bath

bouillonnement /bujɔnmɑ̃/ NM [*de liquide chaud*] bubbling; [*de torrent*] foaming; **~ d'idées** ferment of ideas

bouillonner /bujɔne/ /TABLE 1/ VI [*liquide chaud*] to bubble; [*torrent*] to foam; [*idées*] to bubble up

bouillotte /bujɔt/ NF hot-water bottle

boulanger /bulɑ̃ʒe/ NM baker

boulangère /bulɑ̃ʒɛʁ/ NF woman baker; (= *épouse*) baker's wife

boulangerie /bulɑ̃ʒʁi/ NF (= *magasin*) bakery; **~-pâtisserie** bread and pastry shop

boule /bul/ 1 NF ⓐ (*Billard, Croquet*) ball; (*Boules*) bowl; **jouer aux ~s** to play bowls; **jouer à la ~** (*Casino*) to play boules; **roulé en ~** [*animal*] curled up in a ball; [*paquet*] rolled up in a ball; **être en ~*** [*personne*] to be in a temper; **se mettre en ~** [*hérisson*] to roll up into a ball;* [*personne*] to fly off the handle*; **ça me met en ~*** it drives me mad ⓑ (= *grosseur*)* lump; **j'ai les ~s*** (= *anxieux*) I've got butterflies* in my stomach; (= *furieux*) I'm really mad*; **ça fout les ~s*** (= *ça angoisse*) it's really scary*; (= *ça énerve*) it's damn annoying* ⓒ (= *tête*)* **perdre la ~** to go bonkers*; **coup de ~*** headbutt

2 COMP ✦ **boule de cristal** crystal ball ✦ **boule de loto** lottery ball; **yeux en ~s de loto** big round eyes ✦ **boule de neige** snowball; **faire ~ de neige** to snowball ✦ **boule de pain** round loaf ✦ **boule puante** stink bomb ✦ **boule Quiès®** wax earplug

---

> **ℹ️ BOULES**
>
> This popular French game takes several forms, including "pétanque", which originated in the South of France. The idea of the game is to throw steel balls towards a small wooden ball called the "cochonnet", if necessary knocking one's opponent's **boules** out of the way in the process. The winner is the player who finishes closest to the "cochonnet".

bouleau (*pl* **bouleaux**) /bulo/ NM silver birch

bouledogue /buldɔg/ NM bulldog

bouler /bule/ /TABLE 1/ VI **envoyer ~ qn*** to send sb packing*

boulet /bulɛ/ NM ⓐ **~ (de canon)** cannonball; **traîner un ~** (*fig*) to have a millstone around one's neck ⓑ [*de charbon*] nut

boulette /bulɛt/ NF ⓐ [*de papier*] pellet; (*Cuisine*) meatball ⓑ (= *bévue*)* blunder

boulevard /bulvaʁ/ NM boulevard; **pièce** *ou* **comédie de ~** light comedy → **périphérique**

bouleversant, e /bulvɛʁsɑ̃, ɑ̃t/ ADJ very moving

bouleversement /bulvɛʁsəmɑ̃/ NM [*d'habitudes, vie politique*] disruption; **ce fut un vrai ~** it was a real upheaval; **cela risque d'entraîner de grands ~s politiques** it is likely to cause a political upheaval; **une société en plein ~** a society undergoing profound changes

bouleverser /bulvɛʁse/ /TABLE 1/ VT ⓐ (= *émouvoir*) to move deeply; (= *causer un choc à*) to shatter; **la nouvelle les a bouleversés** they were deeply upset by the news ⓑ [+ *plan, habitude*] to disrupt

boulier /bulje/ NM abacus

boulimie /bulimi/ NF bulimia; **il fait de la ~*** he's bulimic

boulimique /bulimik/ ADJ, NMF bulimic

bouliste /bulist/ NMF bowls player

boulon /bulɔ̃/ NM bolt; (*avec son écrou*) nut and bolt; **serrer** *ou* **resserrer les ~s** (*fig*) to tighten a few screws

boulot¹, -otte /bulo, ɔt/ ADJ (= *trapu*) plump

boulot²* /bulo/ NM ⓐ (= *travail*) work (*NonC*); **on a du ~** we've got work to do; (= *tâche difficile*) we've got our work cut out; **elle a fait du bon ~** she's done a good job; **se mettre au ~** to get down to work; **allez, au ~ !** OK, let's get cracking!* ⓑ (= *emploi*) job; **il a trouvé du ~** *ou* **un ~** he's found a job; **j'ai fait des petits ~s** I did casual work ⓒ (= *lieu de travail*) work (*NonC*); **aller au ~** to go to work; **je sors du ~ à 18 h** I finish work at 6 o'clock

boulotter* /bulɔte/ /TABLE 1/ VI, VT to eat; **qu'est-ce qu'elle boulotte !** you should see what she can put away!*

boum /bum/ 1 EXCL (*chute*) bang!; (*explosion*) boom!; **faire ~** (= *exploser*) to go bang*; (= *tomber*) to crash to the ground 2 NM (= *explosion*) bang 3 NF (= *fête*)* party

bouquet¹ /bukɛ/ NM ⓐ [*de fleurs*] bunch of flowers; (*soigneusement composé, grand*) bouquet; **~ d'arbres** clump of trees; **faire un ~** to make up a bouquet; **~ garni** bouquet garni (*bunch of mixed herbs*) ⓑ [*de feu d'artifice*] finale (*in a firework display*); **c'est le ~ !*** that takes the cake!* ⓒ [*de vin*] bouquet; **un vin qui a du ~** wine which has a good bouquet ⓓ (*TV*) multichannel package

bouquet² /bukɛ/ NM (= *crevette*) prawn

bouquetin /buk(ə)tɛ̃/ NM ibex

bouquin* /bukɛ̃/ NM book

bouquiner* /bukine/ /TABLE 1/ VT, VI to read

bouquiniste /bukinist/ NMF secondhand bookseller (*esp along the Seine in Paris*)

bourde* /buʁd/ NF (= *gaffe*) blunder; (= *faute*) slip; **faire une ~** (= *gaffe*) to make a blunder; (= *faute*) to make a silly mistake

bourdon /buʁdɔ̃/ NM ⓐ (= *insecte*) bumblebee; **avoir le ~*** to have the blues* ⓑ (= *cloche*) great bell

bourdonnement /buʁdɔnmɑ̃/ NM [*d'insecte*] buzzing (*NonC*); [*d'avion*] drone (*NonC*); **j'ai des ~s d'oreilles** my ears are buzzing

bourdonner /buʀdɔne/ /TABLE 1/ VI [*insecte*] to buzz; **ça bourdonne dans mes oreilles** I've got a buzzing in my ears

bourg /buʀ/ NM market town; (*petit*) village

bourgade /buʀgad/ NF small town

bourge* /buʀʒ/ ADJ, NMF (ABBR = **bourgeois**) (*péj*) bourgeois (*péj*)

bourgeois, e /buʀʒwa, waz/ **1** ADJ middle-class; [*appartement*] plush; (*péj*) [*culture, préjugé, goûts*] bourgeois; **mener une petite vie ~e** to lead a comfortable middle-class existence **2** NM,F middle-class person; **grand ~** upper middle-class person; **les ~** (*péj*) the well-off

bourgeoisie /buʀʒwazi/ NF **la ~** the middle class; **la petite/moyenne ~** the lower middle/middle class; **la grande ~** the upper middle class

bourgeon /buʀʒɔ̃/ NM [*de fleur, feuille*] bud

bourgeonner /buʀʒɔne/ /TABLE 1/ VI [*arbre, plante*] to bud

bourgogne /buʀgɔɲ/ **1** NM (= *vin*) burgundy **2** NF **la Bourgogne** Burgundy

bourguignon, -onne /buʀgiɲɔ̃, ɔn/ **1** ADJ Burgundian; **(bœuf) ~** beef stewed in red wine **2** NM,F **Bourguignon(ne)** Burgundian

bourlinguer /buʀlɛ̃ge/ /TABLE 1/ VI (= *naviguer*) to sail; (= *voyager*)* to travel around a lot*

bourrage /buʀaʒ/ NM [*d'imprimante, photocopieur*] **il y a un ~ (de papier)** the paper is jammed; **~ de crâne*** brainwashing; (*Scol*) cramming

bourrasque /buʀask/ NF gust of wind; **~ de neige** flurry of snow; **le vent souffle en ~s** the wind is blowing in gusts

bourratif, -ive /buʀatif, iv/ ADJ stodgy

bourre /buʀ/ NF [*de coussin*] stuffing; **à la ~*** (= *en retard*) late; (= *pressé*) pushed for time*

bourré, e /buʀe/ (*ptp de* **bourrer**) ADJ ⓐ (= *plein à craquer*) [*salle, compartiment*] packed (**de** with); [*sac*] crammed (**de** with); **portefeuille ~ de billets** wallet stuffed with notes; **devoir ~ de fautes** exercise riddled with mistakes; **il est ~ de tics** he's always twitching; **il est ~ de complexes** he's got loads of hang-ups*; **c'est ~ de vitamines** it's packed with vitamins ⓑ (= *ivre*)‡ sloshed‡

bourreau (*pl* **bourreaux**) /buʀo/ NM (= *tortionnaire*) torturer; (*Hist*) executioner ♦ **bourreau des cœurs** ladykiller ♦ **bourreau d'enfants** child-batterer ♦ **bourreau de travail** workaholic*

bourrelet /buʀlɛ/ NM **~ (de chair)** roll of flesh; **~ (de graisse)** roll of fat; (*à la taille*) spare tyre* (*Brit*) ou tire* (*US*)

bourrer /buʀe/ /TABLE 1/ **1** VT [+ *coussin*] to stuff; [+ *pipe*] to fill; [+ *valise*] to cram full; **~ un sac de papiers** to cram papers into a bag; **ne te bourre pas de gâteaux** don't stuff* yourself with cakes; **~ le crâne à qn*** (= *endoctriner*) to brainwash*; (= *en faire accroire*) to feed sb a lot of eyewash*; (*Scol*) to cram sb; **~ qn de coups** to beat sb up; **se ~ la gueule*‡** (= *se soûler*) to get sloshed‡ **2** VI [*papier*] to jam

bourrique /buʀik/ NF ⓐ (= *âne*) donkey ⓑ (= *têtu*)* pigheaded* person; **faire tourner qn en ~** to drive sb up the wall

bourru, e /buʀy/ ADJ [*personne, air*] surly; [*voix*] gruff

bourse /buʀs/ NF ⓐ (= *porte-monnaie*) purse; **ils font ~ commune** they share expenses ⓑ (= *marché boursier*) **la Bourse** the Stock Exchange ⓒ [*d'objets d'occasion*] sale; **~ aux livres** second-hand book sale ⓓ (**d'études**) (*Scol*) school maintenance allowance (*NonC*); (*Univ*) grant; (*obtenue par concours*) scholarship

boursicoter /buʀsikɔte/ /TABLE 1/ VI to dabble on the stock exchange

boursier, -ière /buʀsje, jɛʀ/ **1** ADJ ⓐ (*Scol, Univ*) **étudiant ~** grant holder; (*par concours*) scholarship holder ⓑ (*Bourse*) stock-exchange; **marché ~** stock market; **valeurs boursières** stocks and shares **2** NM,F ⓐ (= *étudiant*) grant holder; (*par concours*) scholarship holder ⓑ (= *agent de change*) stockbroker

boursouflé, e /buʀsufle/ (*ptp de* **boursoufler**) ADJ [*visage*] puffy; [*main*] swollen

boursoufler (se) /buʀsufle/ /TABLE 1/ VPR [*peinture*] to blister; [*visage, main*] to swell up

boursouflure /buʀsuflyʀ/ NF [*de visage*] puffiness; (= *cloque*) blister; (= *enflure*) swelling

bousculade /buskylad/ NF (= *remous*) crush; (= *hâte*) rush; **dans la ~** in the crush

bousculer /buskyle/ /TABLE 1/ **1** VT ⓐ [+ *personne*] (= *pousser*) to jostle; (= *heurter*) to bump into; (= *presser*) to rush; **je n'aime pas qu'on me bouscule** I don't like to be rushed ⓑ [+ *objet*] (= *heurter*) to bump into; (= *faire tomber*) to knock over ⓒ [+ *idées, traditions*] to shake up; [+ *habitudes, emploi du temps*] to upset **2** VPR **se bousculer** (= *se heurter*) to jostle each other; **les idées se bousculaient dans sa tête** his head was buzzing with ideas; **on se bouscule pour aller voir ce film** there's a mad rush on* to see the film

bouse /buz/ NF cow pat

bousiller* /buzije/ /TABLE 1/ VT ⓐ (= *détériorer*) [+ *appareil, moteur*] to wreck; [+ *voiture, avion*] to smash up*; **ça a bousillé sa vie** it wrecked his life; **se ~ la santé** to ruin one's health ⓑ (= *tuer*) [+ *personne*] to bump off‡

boussole /busɔl/ NF compass; **perdre la ~*** to go off one's head

boustifaille‡ /bustifaj/ NF grub‡

---

bout /bu/

1 NOM MASCULIN	**2** COMPOSÉS

1 NOM MASCULIN

ⓐ = **extrémité, fin** end; [*de nez, langue, oreille, canne*] tip; **~ du doigt** fingertip; **~ du sein** nipple; **à l'autre ~ du couloir** at the other end of the corridor; **on ne sait pas par quel ~ le prendre** it's hard to know how to tackle him; **on n'en voit pas le ~** there seems no end to it; **tenir le bon ~*** (= *être sur la bonne voie*) to be on the right track

ⓑ = **morceau** [*de ficelle, pain, papier*] piece; **un ~ de terrain** a plot of land; **un petit ~ de chou*** a little kid*; **jusqu'à Paris, cela fait un ~ de chemin** it's quite a long way to Paris; **il est resté un bon ~ de temps** he stayed quite some time; **mettre les ~s‡** to skedaddle*

ⓒ **locutions** **à ~ portant** point-blank; **au ~ du compte** all things considered; **lire un livre de ~ en ~** to read a book from cover to cover

♦ **à bout** : **être à ~** (= *fatigué*) to be exhausted; (= *en colère*) to have had enough; **ma patience est à ~** I'm at the end of my patience; **pousser qn à ~** to push sb to the limit

♦ **à bout de** : **être à ~ d'arguments** to have run out of arguments; **à ~ de forces** exhausted; **être à ~ de souffle** to be out of breath; [*entreprise, gouvernement*] to be on its last legs*; **venir à ~ de** [+ *travail, repas, gâteau*] to get through; [+ *adversaire*] to get the better of; **à ~ de bras** at arm's length; **ils ont porté le projet à ~ de bras pendant deux ans** they struggled to keep the project going for two years

♦ **à tout bout de champ** all the time; **il m'interrompt à tout ~ de champ** he interrupts me all the time; **il m'interrompait à tout ~ de champ** he kept on interrupting me

♦ **au bout de** (*dans l'espace*) at the end of; (*dans le temps*) after; **au ~ de la rue** at the end of the street; **au ~ du jardin** at the bottom of the garden; **la poste est tout au ~ du village** the post office is at the far end of the village; **au ~ d'un mois** after a month; **au ~ d'un moment** after a while; **il est parti au ~ de trois minutes** he left after three minutes; **il n'est pas au ~ de ses peines** his troubles aren't over yet; **être au ~ du rouleau*** to be exhausted

♦ **bout à bout** end to end; **mettre ~ à ~** [+ *tuyaux*] to lay end to end; [+ *phrases*] to put together

♦ **du bout de** : **manger du ~ des dents** to pick at one's food; **du ~ des doigts** [*effleurer, pianoter*] with one's fingertips; **du ~ des lèvres** [*accepter, approuver*] reluctantly

♦ **d'un bout à l'autre** from one end to the other; **il a traversé le pays d'un ~ à l'autre** he travelled the length and breadth of the country; **je l'ai lu d'un ~ à l'autre sans m'arrêter** I read it from cover to cover without stopping

♦ **en bout de** at the end of; **assis en ~ de table** sitting at the end of the table

♦ **jusqu'au bout** : **nous sommes restés jusqu'au ~** we stayed right to the end; **ce travail lui déplaît mais il ira jusqu'au ~** he doesn't like this job but he'll see it through; **il faut aller jusqu'au ~ de ce qu'on entreprend** if you take something on you must see it through; **aller jusqu'au ~ de ses idées** to follow one's ideas through

♦ **sur le bout de** : **j'ai son nom sur le ~ de la langue** his name is on the tip of my tongue; **il sait sa leçon sur le ~ des doigts** he knows his lesson backwards; **elle connaît la question sur le ~ des doigts** she knows the subject inside out

2 COMPOSÉS

♦ **bout d'essai** screen test; **tourner un ~ d'essai** to do a screen test ♦ **bout filtre** filter tip

boutade /butad/ NF witticism; (= *plaisanterie*) joke

boute-en-train /butɑ̃trɛ̃/ NM INV fun person*; **c'était le ~ de la soirée** he was the life and soul of the party

bouteille /butɛj/ NF bottle; [*de gaz, air comprimé*] cylinder; **boire à la ~** to drink from the bottle; **~ de vin** (= *récipient*) wine bottle; (= *contenu*) bottle of wine; **prendre de la ~*** to be getting on in years; **il a de la ~*** (*dans son métier*) he's been around a long time

boutique /butik/ NF shop; [*de grand couturier*] boutique

boutiquier, -ière /butikje, jɛʀ/ NM,F shopkeeper (*Brit*), storekeeper (*US*)

bouton /butɔ̃/ NM ⓐ [*de vêtement*] button; **~ de manchette** cufflink ⓑ (*électrique*) switch; [*de porte, radio*] knob; [*de sonnette*] bell push ⓒ [*de fleur*] bud; **en ~** in bud; **~ de rose** rosebud ⓓ (*sur la peau*) spot; **ça me donne des ~s*** it makes my skin crawl; **~ de fièvre** cold sore

bouton-d'or (*pl* **boutons-d'or**) /butɔ̃dɔʀ/ NM buttercup

boutonner /butɔne/ /TABLE 1/ 1 VT [+ *vêtement*] to button 2 VPR **se boutonner** [*vêtement*] to button; [*personne*] to button one's coat (*ou* trousers *etc*)

boutonneux, -euse /butɔnø, øz/ ADJ pimply

boutonnière /butɔnjɛʀ/ NF (*Couture*) buttonhole; **porter une décoration à la ~** to wear a decoration on one's lapel

bouton-pression (*pl* **boutons-pression**) /butɔ̃pʀesjɔ̃/ NM snap fastener

bouture /butyʀ/ NF cutting; **faire des ~s** to take cuttings

bouvreuil /buvʀœj/ NM bullfinch

bovidé /bɔvide/ NM bovid

bovin, e /bɔvɛ̃, in/ 1 ADJ **l'élevage ~** cattle farming; **viande ~e** beef 2 NM bovine; **~s** cattle

bowling /buliŋ/ NM (= *jeu*) bowling; (= *salle*) bowling alley; **faire un ~** to go bowling

box /bɔks/ NM [*d'écurie*] loose box; (= *garage*) lock-up; **~ des accusés** dock; **dans le ~ des accusés** in the dock

boxe /bɔks/ NF boxing; **match de ~** boxing match; **~ anglaise** boxing; **~ française** ≈ kick boxing; **faire de la ~** to box

boxer[1] /bɔkse/ /TABLE 1/ 1 VI to box 2 VT (*Sport*) **~ qn** to box against sb

boxer[2] /bɔksɛʀ/ NM boxer (*dog*)

boxeur /bɔksœʀ/ NM boxer

box-office (*pl* **box-offices**) /bɔksɔfis/ NM box office; **film en tête du ~** box-office hit

boyau (*pl* **boyaux**) /bwajo/ NM ⓐ (= *intestins*) **~x** guts ⓑ (= *corde*) ~; (**de chat**) catgut ⓒ [*de bicyclette*] tubeless tyre (*Brit*) *ou* tire (*US*)

boycott /bɔjkɔt/, **boycottage** /bɔjkɔtaʒ/ NM boycott

boycotter /bɔjkɔte/ /TABLE 1/ VT to boycott

boy-scout (*pl* **boy(s)-scouts**) /bɔjskut/ NM **avoir une mentalité de ~** to be naïve

BP /bepe/ (ABBR = **boîte postale**) PO Box

bracelet /bʀasle/ NM [*de poignet*] bracelet; [*de bras*] bangle; [*de cheville*] ankle bracelet; [*de montre*] strap; [*de nouveau-né*] identity bracelet

bracelet-montre (*pl* **bracelets-montres**) /bʀaslɛmɔ̃tʀ/ NM wristwatch

braconnage /bʀakɔnaʒ/ NM poaching

braconner /bʀakɔne/ /TABLE 1/ VI to poach

braconnier, -ière /bʀakɔnje, jɛʀ/ NM,F poacher

brader /bʀade/ /TABLE 1/ VT (= *vendre à prix réduit*) to sell cut-price (*Brit*) *ou* cut-rate (*US*); (= *vendre en solde*) to have a clearance sale of; (= *se débarrasser de*) to sell off

braderie /bʀadʀi/ NF (= *magasin*) discount centre; (= *marché*) market (*held once or twice a year, where goods are sold at reduced prices*)

bradeur, -euse /bʀadœʀ, øz/ NM,F discounter

braguette /bʀaɡɛt/ NF [*de pantalon*] flies; **ta ~ est ouverte** your flies are undone

brahmane /bʀaman/ NM Brahmin

braillard, e* /bʀajaʀ, aʀd/ 1 ADJ bawling 2 NM,F bawler

braille /bʀaj/ NM Braille

braillement* /bʀajmɑ̃/ NM (= *cris*) bawling (*NonC*)

brailler* /bʀaje/ /TABLE 1/ 1 VI (= *crier*) to bawl; **il faisait ~ sa radio** he had his radio on full blast 2 VT [+ *chanson, slogan*] to bawl out

braire /bʀɛʀ/ /TABLE 50/ VI to bray

braise /bʀɛz/ NF [*de feu*] **la ~** *ou* **les ~s** the embers; **yeux de ~** fiery eyes

braiser /bʀɛze/ /TABLE 1/ VT to braise; **bœuf braisé** braised beef

bramer /bʀame/ /TABLE 1/ VI [*cerf*] to bell

brancard /bʀɑ̃kaʀ/ NM (= *civière*) stretcher

brancardier, -ière /bʀɑ̃kaʀdje, jɛʀ/ NM,F stretcher-bearer

branchages /bʀɑ̃faʒ/ NMPL branches

branche /bʀɑ̃f/ NF ⓐ [*d'arbre*] branch ⓑ [*de rivière, canalisation*] branch; [*de lunettes*] side-piece; [*de compas*] leg; [*de famille*] branch ⓒ (= *secteur*) branch; **il s'est orienté vers une ~ technique** he's specialized in technical subjects; **la ~ politique/militaire de l'organisation** the political/military arm of the organization

branché, e* /bʀɑ̃fe/ (*ptp de* **brancher**) ADJ ⓐ (= *dans le vent*) [*personne, café*] trendy; **en langage ~** in trendy slang ⓑ (= *enthousiasmé*) **elle est très ~e jazz/informatique** she's really into* jazz/computers

branchement /bʀɑ̃fmɑ̃/ NM ⓐ (= *fils connectés*) connection; **vérifiez les ~s** check the connections ⓑ (= *action*) [*d'appareil à gaz, tuyau*] connecting; [*d'eau, gaz, électricité, réseau*] linking up

brancher /bʀɑ̃fe/ /TABLE 1/ 1 VT ⓐ [+ *appareil électrique*] to plug in ⓑ [+ *appareil à gaz, tuyau, eau, gaz, électricité*] to connect; **être branché sur un réseau** to be connected to a network ⓒ (= *allumer*) [+ *télévision*] to turn on ⓓ (= *orienter*) **~ qn sur un sujet** to start sb off on a subject; **quand il est branché là-dessus il est intarissable** once he gets started on that he can go on forever ⓔ (= *intéresser*)* **ça ne me branche pas** [*idée, matière scolaire*] it doesn't grab me*; [*musique, activité*] it doesn't do anything for me*; **ça te brancherait d'aller au ciné?** do you fancy going to see a film?*

2 VPR **se brancher** (= *se connecter*) **ça se branche où?** where does this plug in?; **où est-ce que je peux me ~?** where can I plug it in?; **se ~ sur un réseau/Internet** to get onto a network/the Internet

branchies /bʀɑ̃fi/ NFPL gills

brandade /bʀɑ̃dad/ NF **~ (de morue)** brandade (*dish made with cod*)

brandir /bʀɑ̃diʀ/ /TABLE 2/ VT to brandish

branlant, e /bʀɑ̃lɑ̃, ɑ̃t/ ADJ [*dent*] loose; [*mur*] shaky; [*escalier, meuble*] rickety

branle /bʀɑ̃l/ NM **mettre en ~** [+ *cloche*] to set swinging; [+ *processus, machine*] to set in motion; **se mettre en ~** [*personnes, convoi*] to get going

branle-bas /bʀɑ̃lba/ NM INV commotion; **être en ~** to be in a state of commotion; **~ de combat** (*sur navire*) preparations for action; **~ de combat!** action stations!; **ça été le ~ de combat** it was action stations

branler /bʀɑ̃le/ /TABLE 1/ 1 VT (= *faire*)** **qu'est-ce qu'ils branlent?** what the hell are they up to?**; **j'en ai rien à ~** I don't give a fuck** 2 VI [*échafaudage, dent*] to be shaky; [*dent*] to be loose 3 VPR **se branler**** to wank**; **je m'en branle** I don't give a fuck**

branlette ** /bʀɑ̃lɛt/ NF **se faire une ~**** to have a wank**

branleur, -euse‡ /bʀɑ̃lœʀ, øz/ NM,F (= *paresseux*) lazy swine*

braquage /bʀakaʒ/ NM ⓐ (= *hold-up*)* stick-up* ⓑ [*de voiture*] steering lock

braquer /bʀake/ /TABLE 1/ 1 VT ⓐ (= *diriger*) **~ une arme sur** to point a weapon at; **~ un télescope/un projecteur sur** to train a telescope/a spotlight on; **~ son attention sur** to turn one's attention towards; **tous les regards étaient braqués sur eux** all eyes were upon them ⓑ [+ *roue*] to swing ⓒ [+ *banque, personne*]* to hold up; (= *menacer avec une arme*)* to pull one's gun on ⓓ (= *buter*) **~ qn** to make sb dig in his heels; **~ qn contre qch** to turn sb against sth

2 VI (= *conducteur*) to turn the (steering) wheel; **~ bien/mal** [*voiture*] to have a good/bad lock; **~ à fond** to put on the full lock; **braque vers la** *ou* **à gauche** turn hard left

3 VPR **se braquer** to dig one's heels in; **se ~ contre qch** to set one's face against sth

braquet /bʀakɛ/ NM [*de bicyclette*] gear ratio; **changer de ~** to change gear

braqueur, -euse* /bʀakœʀ, øz/ NM,F [*de banque*] bank robber

bras /bʀɑ/ 1 NM ⓐ (= *membre*) arm; **être au ~ de qn** to be on sb's arm; **se donner le ~** to link arms; **~ dessus, ~ dessous** arm in arm; **les ~ croisés** with one's arms folded; **rester les ~ croisés** (*fig*) to sit idly by; **tendre** *ou* **allonger le ~ vers qch** to reach out for sth; **tomber dans les ~ de qn** to fall into sb's arms; **le ~ armé du parti** the military arm of the party ⓑ [*de fauteuil*] arm; [*d'électrophone*] arm; [*de croix*] limb; [*de fleuve*] branch ⓒ (*locutions*) **en ~ de chemise** in shirt sleeves; **saisir qn à ~-le-corps** to grab sb round the waist; **avoir le ~ long** to have a long arm; **à ~ ouverts** with open arms; **lever les ~ au ciel** to throw up one's arms; **les ~ m'en tombent** I'm stunned; **avoir** *ou* **se retrouver avec qch/qn sur les ~** to be landed* with sth/sb; **faire un ~ d'honneur à qn** ≈ to put two fingers up at sb* (*Brit*), ≈ to give sb the finger* (*US*)

2 COMP ◆ **bras droit** (*fig*) right-hand man ◆ **bras de fer** (= *jeu*) arm-wrestling (*NonC*); (*fig*) trial of strength ◆ **bras de mer** sound

brasier /bʀɑzje/ NM (= *incendie*) blaze

brassage /bʀasaʒ/ NM ⓐ [*de bière*] brewing ⓑ [*de cultures*] mixing; **~ des peuples** intermixing of ethnic groups

brassard /bʀasaʀ/ NM armband

brasse /bʀas/ NF (= *nage*) **~ (coulée)** breast-stroke; **~ papillon** butterfly; **nager la ~** to swim breast-stroke; **faire quelques ~s** to do a few strokes

brassée /bʀase/ NF armful

brasser /bʀase/ /TABLE 1/ VT ⓐ (= *remuer*) to stir; (= *mélanger*) to mix; **ils brassent beaucoup d'argent** they handle a lot of money; **~ des affaires** to be in business in a big way; **~ du vent** (*péj*) to blow hot air* ⓑ [+ *bière*] to brew

brasserie /bʀasʀi/ NF ⓐ (= *café*) brasserie (*large bar serving food*) ⓑ (= *fabrique*) brewery

brasseur, -euse /bʀasœʀ, øz/ NM,F ⓐ [*de bière*] brewer ⓑ **~ d'affaires** big businessman (*ou* businesswoman)

brassière /bʀasjɛʀ/ NF ⓐ [*de bébé*] vest (*Brit*) *ou* undershirt (*US*); **~ (de sauvetage)** life jacket ⓑ (= *soutien-gorge*) bra top

bravade /bʀavad/ NF act of bravado; **par ~** out of bravado

brave /bʀav/ 1 ADJ ⓐ (= *courageux*) brave; **faire le ~** to act brave ⓑ (= *bon*) good; (= *honnête*) decent

► When it means **good, decent** etc, **brave** comes before the noun.

c'est une ~ fille she's a nice girl; **c'est un ~ garçon** he's a nice guy; **ce sont de ~s gens** they're decent people; **il est bien ~** he's a good sort 2 NM brave man

bravement /bʀavmɑ̃/ ADV bravely

braver /bʀave/ /TABLE 1/ VT (= *défier*) [+ *personne*] to stand up to; [+ *autorité, tabou, règle*] to defy; [+ *danger, mort*] to brave; **~ l'opinion** to fly in the face of opinion

bravo /bʀavo/ 1 EXCL (= *félicitations*) bravo!; (= *approbation*) hear! hear!; (*iro*) well done! 2 NM cheer; **un grand ~ pour ...!** let's hear it for ...!

bravoure /bʀavuʀ/ NF bravery

break /bʀɛk/ NM ⓐ (= *voiture*) estate (car) (*Brit*), station wagon (*US*) ⓑ (= *pause*) break; **faire un ~** to take a break ⓒ (*Boxe, Tennis*) break; **balle de ~** break point; **faire le ~** to break

brebis /bʀəbi/ NF ewe; **~ galeuse** black sheep

brèche /bʀɛʃ/ NF [*de mur*] breach; **s'engouffrer dans la ~** to step into the breach; **il est toujours sur la ~** he's always beavering away*

bréchet /bʀeʃɛ/ NM wishbone

bredouille /bʀəduj/ ADJ empty-handed

bredouiller /bʀəduje/ /TABLE 1/ VTI to stammer; **~ des excuses** to stammer excuses

bref, brève /bʀɛf, ɛv/ 1 ADJ [*rencontre, discours, lettre*] brief; [*voyelle, syllabe*] short; **d'un ton ~** sharply; **soyez ~ et précis** be brief and to the point 2 ADV **(enfin) ~** (= *pour résumer*) in short; (= *donc*) anyway; **en ~** in short 3 NF **brève** (*Journalisme*) news (*sg*) in brief

brelan /bʀəlɑ̃/ NM (*Cartes*) three of a kind; **~ d'as** three aces

breloque /bʀələk/ NF charm

Brésil /bʀezil/ NM Brazil

brésilien, -ienne /bʀeziljɛ̃, jɛn/ 1 ADJ Brazilian 2 NM,F **Brésilien(ne)** Brazilian

Bretagne /bʀətaɲ/ NF Brittany

bretelle /bʀətɛl/ NF ⓐ [*de sac, soutien-gorge, robe*] strap; [*de fusil*] sling; **~s** [*de pantalon*] braces (*Brit*), suspenders (*US*); **robe à ~s** strappy dress ⓑ (= *route*) slip road (*Brit*), (*ou* off) ramp (*US*); **~ de raccordement** access road

breton, -onne /bʀətɔ̃, ɔn/ 1 ADJ Breton 2 NM (= *langue*) Breton 3 NM,F **Breton(ne)** Breton

breuvage /bʀœvaʒ/ NM beverage; (*magique*) potion

brève /bʀɛv/ ADJ, NF → **bref**

brevet /bʀəvɛ/ NM ⓐ (= *diplôme*) diploma; **~ (des collèges)** *exam taken at the age of 16* ⓑ [*de pilote*] licence ⓒ **~ (d'invention)** patent

2 COMP ◆ **brevet d'aptitude à la fonction d'animateur** *certificate for activity leaders in a holiday camp* ◆ **brevet d'études professionnelles** *technical school certificate* ◆ **brevet de secourisme** first aid certificate ◆ **brevet de technicien** *vocational training certificate taken at age of 16* ◆ **brevet de technicien supérieur** *vocational training certificate taken after the age of 18*

breveté, e /bʀəv(ə)te/ (*ptp de* **breveter**) ADJ [*invention*] patented

breveter /bʀəv(ə)te/ /TABLE 4/ VT [+ *invention*] to patent; **faire ~ qch** to take out a patent for sth

bribe /bʀib/ NF (= *fragment*) **~s de conversation** snatches of conversation; **~s de nourriture** scraps of food

bric-à-brac /bʀikabʀak/ NM INV (= *objets*) bric-a-brac

bricolage /bʀikɔlaʒ/ NM ⓐ (= *passe-temps*) do-it-yourself; **j'ai du ~ à faire** I've got a few odd jobs to do; **rayon ~** do-it-yourself department ⓑ (= *réparation*) makeshift job; **c'est du ~!** (*péj*) it's a rush job!*

bricole* /bʀikɔl/ NF (= *babiole*) trifle; **il ne reste que des ~s** there are only a few bits and pieces left; **j'ai mangé une petite ~** I had a bite to eat; **je lui ai acheté une petite ~ pour son anniversaire** I bought him a little something for his birthday; **il va lui arriver des ~s** he's going to run into trouble

bricoler /bʀikɔle/ /TABLE 1/ 1 VI (*menus travaux*) to do odd jobs; (*passe-temps*) to potter about (*Brit*), to putter around (*US*); **j'aime bien ~ dans la maison** I like doing odd jobs around the house 2 VT (= *réparer*) to mend; (= *mal réparer*) to tinker with; (= *fabriquer*) to cobble together

bricoleur /bʀikɔlœʀ/ NM handyman; **il est ~** he's good with his hands; **je ne suis pas très ~** I'm not much of a handyman

bricoleuse /bʀikɔløz/ NF handywoman; **je ne suis pas très ~** I'm not much of a handywoman

bride /bʀid/ NF ⓐ [*de cheval*] bridle; **tenir un cheval en ~** to rein in a horse; **laisser** ou **mettre la ~ sur le cou à un cheval** to give a horse its head; **laisser la ~ sur le cou à qn** to give sb a free hand; **tu lui laisses trop la ~ sur le cou** you don't keep a tight enough rein on him ⓑ [*de chaussure*] strap

bridé, e /bʀide/ (*ptp de* **brider**) ADJ **avoir les yeux ~s** to have slanting eyes

brider /bʀide/ /TABLE 1/ VT [+ *cheval*] to bridle; [+ *moteur*] to restrain; [+ *imagination, liberté*] to curb; [+ *personne*] to keep in check; **logiciel bridé** restricted-access software

bridge /bʀidʒ/ NM ⓐ (*Cartes*) bridge; **faire un ~** to play a game of bridge ⓑ (= *prothèse*) bridge

briefer /bʀife/ /TABLE 1/ VT to brief

brièvement /bʀijɛvmɑ̃/ ADV briefly

brièveté /bʀijɛvte/ NF brevity

brigade /bʀigad/ NF (*Police*) squad ♦ **brigade antigang** antiterrorist squad ♦ **brigade financière** Fraud Squad ♦ **brigade de gendarmerie** gendarmerie squad ♦ **brigade des mœurs** Vice Squad ♦ **brigade de sapeurs-pompiers** fire brigade

brigadier /bʀigadje/ NM (*Police*) ≈ sergeant

brigand /bʀigɑ̃/ NM (= *bandit*)† brigand; (*péj* = *filou*) crook

brigandage /bʀigɑ̃daʒ/ NM armed robbery

briguer /bʀige/ /TABLE 1/ VT [+ *poste*] to bid for; [+ *honneur, faveur*] to crave; [+ *suffrages*] to canvass

brillamment /bʀijamɑ̃/ ADV brilliantly; **réussir ~ un examen** to pass an exam with flying colours

brillant, e /bʀijɑ̃, ɑ̃t/ 1 ADJ ⓐ (= *luisant*) shiny; (= *étincelant*) sparkling; [*couleur*] bright ⓑ (= *remarquable, intelligent*) brilliant; [*conversation*] sparkling; **sa santé n'est pas ~e** his health isn't too good; **ce n'est pas ~** [*travail*] it's not wonderful; [*situation*] it's far from satisfactory 2 NM (= *diamant*) brilliant

briller /bʀije/ /TABLE 1/ VI to shine; [*diamant, eau, yeux*] to sparkle; **faire ~ ses chaussures** to polish one's shoes; **ses yeux brillaient de joie** his eyes sparkled with joy; **il ne brille pas par la modestie** modesty is not his strong point; **~ par son absence** to be conspicuous by one's absence

brimades /bʀimad/ NFPL harassment

brimer /bʀime/ /TABLE 1/ VT (= *soumettre à des vexations*) to bully; **il se sent brimé** he feels he's being got at* (*Brit*) ou gotten at* (*US*)

brin /bʀɛ̃/ NM [*d'herbe*] blade; [*de bruyère, mimosa, muguet*] sprig; [*d'osier*] twig; [*de paille*] wisp; [*de chanvre, lin*] yarn; [*de corde, fil, laine*] strand

♦ **un brin de** a bit of; **faire un ~ de causette** to have a bit of a chat*; **faire un ~ de toilette** to have a quick wash; **un beau ~ de fille*** a fine-looking girl

brindille /bʀɛ̃dij/ NF twig

bringue* /bʀɛ̃g/ NF ⓐ (= *personne*) **grande ~** beanpole* ⓑ **faire la ~** to have a wild time

bringuebaler* /bʀɛ̃g(ə)bale/ /TABLE 1/ 1 VI (*avec bruit*) to rattle 2 VT to cart about*

brio /bʀijo/ NM (= *virtuosité*) brilliance; (*Musique*) brio

brioche /bʀijɔʃ/ NF brioche; **prendre de la ~*** to develop a paunch

brioché, e /bʀijɔʃe/ ADJ **pain ~** brioche

brique /bʀik/ NF ⓐ [*de construction*] brick; **mur de** ou **en ~(s)** brick wall ⓑ [*de lait*] carton ⓒ (= *dix mille euros*)* **une ~** ten thousand euros

briquer /bʀike/ /TABLE 1/ VT to polish up

briquet /bʀikɛ/ NM cigarette lighter

briqueterie /bʀik(ə)tʀi/ NF brickyard

bris /bʀi/ NM breaking; **~ de glaces** broken windows

brisant /bʀizɑ̃/ NM ⓐ (= *vague*) breaker ⓑ (= *écueil*) reef

brise /bʀiz/ NF breeze

brisé, e /bʀize/ (*ptp de* **briser**) ADJ broken; **~ (de chagrin)** brokenhearted

brisées /bʀize/ NFPL **marcher sur les ~ de qn** to trespass on sb's territory

brise-glace (*pl* **brise-glaces**) /bʀizglas/ NM icebreaker

brise-lame(s) (*pl* **brise-lames**) /bʀizlam/ NM breakwater

briser /bʀize/ /TABLE 1/ 1 VT to break; [+ *carrière, vie*] to ruin; [+ *amitié*] to put an end to; **~ qch en mille morceaux** to smash sth to smithereens; **~ la glace** to break the ice; **d'une voix brisée par l'émotion** in a voice breaking with emotion 2 VPR **se briser** [*vitre, verre, vagues, cœur*] to break

briseur, -euse /bʀizœʀ, øz/ NM,F **~ de grève** strikebreaker

brise-vent (*pl* **brise-vent(s)**) /bʀizvɑ̃/ NM windbreak

bristol /bʀistɔl/ NM (= *papier*) Bristol board; **fiche Bristol** card

britannique /bʀitanik/ 1 ADJ British 2 NMF **Britannique** Briton, Britisher (*US*); **c'est un Britannique** he's British; **les Britanniques** the British

broc /bʀo/ NM pitcher

brocante /bʀɔkɑ̃t/ NF (= *commerce*) secondhand trade; (= *magasin*) secondhand shop; (= *marché*) flea market; (= *vide-grenier*) garage sale

brocanteur, -euse /bʀɔkɑ̃tœʀ, øz/ NM,F secondhand goods dealer

brocarder /bʀɔkaʀde/ /TABLE 1/ VT to criticize

brocart /bʀɔkaʀ/ NM brocade

broche /bʀɔʃ/ NF ⓐ (= *bijou*) brooch ⓑ (*Cuisine*) spit; (*Élec, Méd*) pin; **faire cuire à la ~** to spit-roast

broché, e /bʀɔʃe/ ADJ **livre ~** paperback

brochet /bʀɔʃe/ NM (= *poisson*) pike

brochette /bʀɔʃɛt/ NF (= *ustensile*) skewer; (= *plat*) kebab; **~ de personnalités** bunch* of VIPs

brochure /bʀɔʃyʀ/ NF brochure; **~ touristique** tourist brochure

brocoli /bʀɔkɔli/ NM broccoli

brodequin /bʀɔd(ə)kɛ̃/ NM boot (*with laces*)

broder /bʀɔde/ /TABLE 1/ VT to embroider; **soie brodée d'or** silk embroidered with gold

broderie /bʀɔdʀi/ NF (= *art*) embroidery; (= *objet*) piece of embroidery; **faire de la ~** to do embroidery

bromure /bʀɔmyʀ/ NM bromide; **~ d'argent** silver bromide

broncher /bʀɔ̃ʃe/ /TABLE 1/ VI **personne n'osait ~** no one dared say a word; **sans ~** meekly

bronches /bʀɔ̃ʃ/ NFPL bronchial tubes

bronchite /bʀɔ̃ʃit/ NF bronchitis (*NonC*); **j'ai une ~** I've got bronchitis

bronzage /bʀɔ̃zaʒ/ NM tan

bronze /bʀɔ̃z/ NM (= *métal, objet*) bronze

bronzé, e /bʀɔ̃ze/ (*ptp de* **bronzer**) ADJ tanned

bronzer /bʀɔ̃ze/ /TABLE 1/ VI [*peau, personne*] to get a tan; **je bronze vite** I tan easily

brosse /bʀɔs/ 1 NF ⓐ (= *ustensile*) brush; [*de peintre*] paintbrush; **il sait manier la ~ à reluire** he really knows how to butter people up* ⓑ (*Coiffure*) crew cut; **avoir les cheveux en ~** to have a crew cut 2 COMP ♦ **brosse à chaussures** shoebrush ♦ **brosse à cheveux** hairbrush ♦ **brosse à dents** toothbrush ♦ **brosse à habits** clothesbrush

brosser /bʀɔse/ /TABLE 1/ 1 VT ⓐ (= *nettoyer*) to brush; (= *gratter*) to scrub ⓑ (= *peindre*) to paint; **~ le portrait de**

qn to paint sb's portrait 2 VPR **se brosser: se ~ les dents** to brush *ou* clean one's teeth; **se ~ les cheveux** to brush one's hair; **tu peux (toujours) te ~ !** you'll have to do without!

brou /bʀu/ NM **~ de noix** walnut stain

brouette /bʀuɛt/ NF wheelbarrow

brouhaha /bʀuaa/ NM (= *tintamarre*) hubbub

brouillage /bʀujaʒ/ NM (*Radio*) (*intentionnel*) jamming; (*accidentel*) interference; (*TV*) scrambling

brouillard /bʀujaʀ/ NM (*dense*) fog; (*léger*) mist; **~ givrant** freezing fog; **il y a du ~** it's foggy; **être dans le ~** (*fig*) to be in the dark

brouillasser /bʀujase/ /TABLE 1/ VI to drizzle

brouille /bʀuj/ NF quarrel

brouillé, e /bʀuje/ (*ptp de* **brouiller**) ADJ (= *fâché*) **être ~ avec qn** to have fallen out with sb; **être ~ avec l'orthographe** to be useless* at spelling → **œuf**

brouiller /bʀuje/ /TABLE 1/ 1 VT ⓐ (= *troubler*) [+ *contour, vue*] to blur; [+ *idées*] to mix up; [+ *émission*] to scramble; **~ les pistes** *ou* **cartes** to confuse the issue ⓑ (= *fâcher*) to set at odds ⓒ (*Radio*) [+ *émission*] (*volontairement*) to jam; (*par accident*) to cause interference to; (*TV*) to scramble 2 VPR **se brouiller** ⓐ [*vue*] to become blurred; [*souvenirs, idées*] to become confused ⓑ (= *se fâcher*) **se ~ avec qn** to fall out with sb

brouillon, -onne /bʀujɔ̃, ɔn/ 1 ADJ messy; **élève ~** careless pupil; **avoir l'esprit ~** to be muddle-headed 2 NM rough draft

broussaille /bʀusaj/ NF **~s** scrub; **sourcils en ~** bushy eyebrows

broussailleux, -euse /bʀusajø, øz/ ADJ [*terrain*] scrubby; [*sourcils, barbe*] bushy

brousse /bʀus/ NF **la ~** the bush; **c'est en pleine ~** it's in the middle of nowhere

brouter /bʀute/ /TABLE 1/ 1 VT [+ *herbe*] to graze on 2 VI ⓐ [*mouton, vache, cerf*] to graze ⓑ [*voiture, embrayage*] to judder

broutille /bʀutij/ NF (= *bagatelle*) trifle; **perdre son temps à des ~s** to waste one's time on unimportant things

broyer /bʀwaje/ /TABLE 8/ VT [+ *aliments, grain*] to grind; [+ *membre*] to crush; **~ du noir** to feel gloomy

broyeur /bʀwajœʀ/ NM (= *machine*) waste disposal unit

bru /bʀy/ NF daughter-in-law

brugnon /bʀyɲɔ̃/ NM nectarine

bruine /bʀɥin/ NF fine drizzle

bruiner /bʀɥine/ /TABLE 1/ VI to drizzle

bruire /bʀɥiʀ/ /TABLE 2/ VI [*feuilles, tissu, vent*] to rustle

bruissement /bʀɥismã/ NM [*de feuilles, tissu, vent*] rustling

bruit /bʀɥi/ NM ⓐ sound; (*désagréable*) noise; **j'ai entendu un ~** I heard a noise; **un ~ de moteur/voix** the sound of an engine/of voices; **un ~ de pas** the sound of footsteps; **les ~s de la rue** street noises; **~ de fond** background noise; **~ sourd** thud; **~ strident** screech ⓑ (*opposé à silence*) **le ~** noise; **j'ai entendu du ~** I heard a noise; **il y a trop de ~** there's too much noise; **je ne peux pas travailler dans le ~** I can't work if it's noisy; **sans ~** without a sound; **faire du ~** [*objet, machine*] to make a noise; [*personne*] to be noisy ⓒ (= *agitation*) **beaucoup de ~ pour rien** a lot of fuss about nothing; **faire grand ~** [*affaire, déclaration*] to cause a stir ⓓ (= *nouvelle*) rumour; **~s de couloir** c'est un **~ qui court** it's a rumour that's going around; **répandre de faux ~s (sur)** to spread false rumours (about)

bruitage /bʀɥitaʒ/ NM sound effects

bruiteur, -euse /bʀɥitœʀ, øz/ NM,F sound-effects engineer

brûlant, e /bʀylã, ãt/ ADJ ⓐ (= *chaud*) [*objet*] red-hot; [*plat*] piping hot; [*liquide*] boiling hot; **il a le front ~ (de fièvre)** his forehead is burning (with fever) ⓑ (= *controversé*) highly topical; **c'est d'une actualité ~e** it's a burning issue

brûlé, e /bʀyle/ (*ptp de* **brûler**) 1 NM,F (= *personne*) person suffering from burns; **grand ~** badly burnt person 2 NM **ça sent le ~** there's a smell of burning; (*fig*) there's trouble brewing

brûle-parfum (*pl* **brûle-parfums**) /bʀylpaʀfœ̃/ NM oil burner

brûle-pourpoint /bʀylpuʀpwɛ̃/ ♦ **à brûle-pourpoint** LOC ADV point-blank

brûler /bʀyle/ /TABLE 1/ 1 VT ⓐ to burn; [*eau bouillante*] to scald; [+ *maison, village*] to burn down; **être brûlé vif** to be burnt to death; **j'irai ~ un cierge pour toi** (*hum*) I'll cross my fingers for you; **j'ai les yeux qui me brûlent** my eyes are smarting; **l'argent lui brûle les doigts** money burns a hole in his pocket; **cette question me brûlait les lèvres** I was dying to ask that question ⓑ (= *ignorer*) **~ un stop** to ignore a stop sign; **~ un feu rouge** to go through a red light (*Brit*), to run a red light (*US*); **~ les étapes** (= *trop se précipiter*) to cut corners 2 VI ⓐ to burn; [*maison, forêt*] to be on fire; **j'ai laissé ~ le rôti** I burnt the roast ⓑ (= *être très chaud*) to be burning; **ne touche pas, ça brûle** don't touch that, you'll burn yourself; **tu brûles!** (*jeu, devinette*) you're getting hot! ⓒ **~ d'impatience** to seethe with impatience; **~ d'envie de faire qch** to be dying to do sth 3 VPR **se brûler** ⓐ to burn o.s.; (= *s'ébouillanter*) to scald o.s.; **je me suis brûlé la langue** I burnt my tongue; **se ~ la cervelle** to blow one's brains out* ⓑ (*Can* = *se fatiguer*)* to exhaust o.s.

brûleur /bʀylœʀ/ NM (= *dispositif*) burner

brûlis /bʀyli/ NM slash-and-burn technique

brûlot /bʀylo/ NM **lancer un ~ contre** to launch a scathing attack on

brûlure /bʀylyʀ/ NF (= *lésion*) burn; (= *sensation*) burning sensation; **~ (d'eau bouillante)** scald; **~ de cigarette** cigarette burn; **~s d'estomac** heartburn (*NonC*)

brume /bʀym/ NF (= *brouillard*) (*léger*) mist; (*de chaleur*) haze; (*sur mer*) fog

brumeux, -euse /bʀymø, øz/ ADJ hazy; [*temps*] misty

brumisateur® /bʀymizatœʀ/ NM spray

brun, brune /bʀœ̃, bʀyn/ 1 ADJ [*yeux, couleur*] brown; [*cheveux, peau, tabac, bière*] dark; [*cheveux*] he's got dark hair; **il est ~ (de peau)** he's dark-skinned 2 NM (= *couleur*) brown; (= *homme*) dark-haired man 3 NF **brune** ⓐ (= *bière*) dark beer ⓑ (= *cigarette*) *cigarette made of dark tobacco* ⓒ (= *femme*) brunette

brunante /bʀynãt/ NF (*Can*) **à la ~** at dusk

brunâtre /bʀynɑtʀ/ ADJ brownish

brunch /bʀœ̃(t)ʃ/ NM brunch

brunir /bʀyniʀ/ /TABLE 2/ VI [*personne, peau*] to get a tan

brushing /bʀœʃiŋ/ NM blow-dry; **se faire un ~** to blow-dry one's hair

brusque /bʀysk/ ADJ ⓐ (= *rude, sec*) [*personne, manières, geste*] brusque; [*ton*] curt ⓑ (= *soudain*) [*départ, changement*] abrupt; [*virage*] sharp; [*envie*] sudden

brusquement /bʀyskəmã/ ADV ⓐ (= *sèchement*) brusquely ⓑ (= *subitement*) suddenly

brusquer /bʀyske/ /TABLE 1/ VT to rush; **il ne faut rien ~** we mustn't rush things

brusquerie /bʀyskəʀi/ NF brusqueness

brut, e /bʀyt/ 1 ADJ ⓐ [*pétrole, minerai*] crude; [*métal, donnée*] raw; **les faits ~s** the bare facts; **à l'état ~** [*matière*] untreated; **informations à l'état ~** raw data; **~ de décoffrage** or **de fonderie** (*fig*) rough and ready; **force ~e** brute force ⓑ [*champagne*] brut; [*cidre*] dry ⓒ [*bénéfice, poids, salaire*] gross; **il touche 25 000 € ~s par mois** he earns 25,000 euros gross per month 2 NM (= *pétrole*) crude oil 3 NF **brute** (= *homme brutal*) brute; (= *homme grossier*) lout; **travailler comme une ~** to work like a dog; **~e épaisse*** lout; **tu es une grosse ~ !** you're a big bully!

brutal, e (*mpl* **-aux**) /bʀytal, o/ ADJ ⓐ (= *violent*) [*personne, caractère*] brutal; [*jeu*] rough; **être ~ avec qn** to be rough with sb ⓑ (= *soudain*) [*mort, changement*] sudden; [*choc, coup*] brutal

brutalement /bʀytalmã/ ADV ⓐ (= *violemment*) brutally ⓑ (= *subitement*) suddenly

brutaliser /bʀytalize/ /TABLE 1/ VT [+ *personne*] to ill-treat; (*physiquement*) to beat; [+ *enfant*] (*à l'école*) to bully

brutalité /bʀytalite/ NF ⓐ (= *violence*) violence; (*plus cruelle*) brutality; (*Sport*) rough play (*NonC*) ⓑ (= *acte*) brutality; **~s policières** police brutality

Bruxelles /bʀy(k)sɛl/ N Brussels

bruxellois, e /bʀyksɛlwa, waz/ **1** ADJ of *ou* from Brussels **2** NM,F **Bruxellois(e)** inhabitant *ou* native of Brussels

bruyamment /bʀɥijamã/ ADV [*rire, parler*] loudly

bruyant, e /bʀɥijã, ãt/ ADJ noisy; [*rire*] loud

bruyère /bʀyjɛʀ/ NF (= *plante*) heather; **pipe en (racine de) ~** briar pipe

BTP /betepe/ NMPL (ABBR = **bâtiments et travaux publics**) *public buildings and works sector*

BTS /betees/ NM (ABBR = **brevet de technicien supérieur**) *vocational training certificate taken after the age of 18*

bu, e /by/ *ptp de* **boire**

buanderie /bɥãdʀi/ NF laundry

Bucarest /bykaʀɛst/ N Bucharest

buccal, e (*mpl* **-aux**) /bykal, o/ ADJ oral

bûche /byʃ/ NF [*de bois*] log; **~ de Noël** Yule log

bûcher¹ /byʃe/ NM ⓐ (= *tas de bois*) woodpile ⓑ (*funéraire*) funeral pyre; (= *supplice*) stake

bûcher² /byʃe/ /TABLE 1/ **1** VT ⓐ (= *travailler*)* to swot up* (*Brit*), to cram (*US*) ⓑ (*Can* = *couper*) to fell **2** VI (= *travailler*)* to swot* (*Brit*), to cram (*US*)

bûcheron, -onne /byʃʀɔ̃, ɔn/ NM,F woodcutter

bûcheur, -euse* /byʃœʀ, øz/ NM,F slogger*

bucolique /bykɔlik/ ADJ bucolic

Budapest /bydapɛst/ N Budapest

budget /bydʒɛ/ NM budget; **~ de fonctionnement** operating budget; **~ publicitaire** advertising budget; **le client au ~ modeste** the customer on a tight budget; **vacances pour petits ~s** *ou* **~s modestes** low-cost holidays; **film à gros ~** big-budget film

budgétaire /bydʒetɛʀ/ ADJ [*dépenses, crise, politique*] budget-et

budgétiser /bydʒetize/ /TABLE 1/ VT to budget for

buée /bɥe/ NF [*d'haleine, eau chaude*] steam; (*sur vitre, miroir*) mist

buffet /byfɛ/ NM ⓐ (= *meuble*) sideboard; **~ de cuisine** dresser ⓑ [*de réception*] buffet; **~ campagnard** ≈ cold table; **~ (de gare)** station buffet

buffle /byfl/ NM buffalo

bug /bœg/ NM (*Informatique*) bug; **le ~ de l'an 2000** the millennium bug

buis /bɥi/ NM box

buisson /bɥisɔ̃/ NM bush

bulbe /bylb/ NM [*de plante*] bulb

bulgare /bylgaʀ/ **1** ADJ Bulgarian **2** NM (= *langue*) Bulgarian **3** NMF **Bulgare** Bulgarian

Bulgarie /bylgaʀi/ NF Bulgaria

bulldozer /buldozɛʀ/ NM bulldozer

bulle /byl/ NF ⓐ [*d'air, boisson, savon, verre*] bubble; **faire des ~s** [*liquide*] to bubble; **~ d'air** air bubble ⓑ (= *espace protégé*) cocoon ⓒ [*de bande dessinée*] balloon

bulletin /byltɛ̃/ **1** NM ⓐ (= *communiqué, magazine*) bulletin; (= *formulaire*) form; (= *certificat*) certificate; (= *billet*) ticket; (*Scol*) report ⓑ (*Politique*) ballot paper; **voter à ~ secret** to vote by secret ballot

2 COMP ◆ **bulletin de commande** order form ◆ **bulletin d'information** news bulletin ◆ **bulletin météorologique** weather forecast ◆ **bulletin de naissance** birth certificate

◆ **bulletin nul** spoiled *ou* spoilt (*Brit*) ballot paper ◆ **bulletin de salaire** pay-slip ◆ **bulletin de santé** medical bulletin ◆ **bulletin scolaire** (school) report (*Brit*), report (card) (*US*) ◆ **bulletin de vote** (*Politique*) ballot paper

buraliste /byʀalist/ NMF [*de bureau de tabac*] tobacconist (*Brit*), tobacco dealer (*US*); [*de poste*] clerk

bureau (*pl* **bureaux**) /byʀo/ **1** NM ⓐ (= *meuble*) desk ⓑ (= *cabinet de travail*) study ⓒ (= *lieu de travail, pièce*) office; **pendant les heures de ~** during office hours; **nos ~x seront fermés** the office will be closed; **emploi de ~** office job ⓓ (= *section*) department ⓔ (= *comité*) committee; (*exécutif*) board; **élire le ~** [*syndicats*] to elect the officers of the committee

2 COMP ◆ **bureau d'accueil** reception ◆ **bureau d'aide sociale** welfare office ◆ **bureau de change** bureau de change (*Brit*), foreign exchange office (*US*) ◆ **bureau d'études** [*d'entreprise*] research department; (= *cabinet*) research consultancy ◆ **Bureau international du travail** International Labour Office ◆ **bureau des objets trouvés** lost property office (*Brit*), lost and found (*US*) ◆ **bureau politique** [*de parti*] party executives ◆ **bureau de poste** post office ◆ **bureau de renseignements** information service ◆ **bureau de tabac** tobacconist's (*Brit*), tobacco shop (*US*) (*selling stamps and newspapers*) ◆ **bureau de vote** polling station

bureaucrate /byʀokʀat/ NMF bureaucrat

bureaucratie /byʀokʀasi/ NF bureaucracy

bureaucratique /byʀokʀatik/ ADJ bureaucratic

bureautique /byʀotik/ NF office automation

burette /byʀɛt/ NF [*de mécanicien*] oilcan

burin /byʀɛ̃/ NM chisel

buriné, e /byʀine/ ADJ [*visage*] lined

burlesque /byʀlɛsk/ ADJ (= *ridicule*) ludicrous

burnous /byʀnu(s)/ NM [*d'Arabe*] burnous; [*de bébé*] baby's cape

burqa /byʀka/ NMF burqa

Burundi /buʀundi/ NM Burundi

bus /bys/ NM ⓐ (= *véhicule*) bus; **j'irai en ~** I'll go by bus ⓑ (*Informatique*) bus

buse /byz/ NF ⓐ (= *oiseau*) buzzard ⓑ (= *tuyau*) pipe

busqué, e /byske/ ADJ [*nez*] hooked

buste /byst/ NM (= *torse*) chest; (= *seins, sculpture*) bust

bustier /bystje/ NM bustier

but /by(t)/ NM ⓐ (= *objectif*) aim, goal; **aller droit au ~** to come straight to the point; **nous touchons au ~** the end is in sight; **être encore loin du ~** to have a long way to go; **errer sans ~** to wander aimlessly; **à ~ non lucratif** non-profit-making (*Brit*), non-profit (*US*) ⓑ (= *intention*) aim; (= *raison*) reason; **dans le ~ de faire qch** with the aim of doing sth; **c'était le ~ de l'opération** that was the point of the operation; **complément de ~** (*Gram*) purpose clause ⓒ (*Sport, Football*) goal; **gagner (par) 3 ~s à 2** to win by 3 goals to 2; **marquer un ~** to score a goal ◆ **de but en blanc** point-blank

butane /bytan/ NM **(gaz) ~** butane; (*à usage domestique*) Calor gas®

buté, e /byte/ (*ptp de* **buter**) ADJ [*personne, air*] stubborn

buter /byte/ /TABLE 1/ **1** VI ⓐ (= *achopper*) to stumble; **~ contre qch** (= *trébucher*) to stumble over sth; (= *cogner*) to bang against sth; **~ sur un mot** to stumble over a word ⓑ (*Football*) to score a goal **2** VT (= *tuer*)‡ to bump off‡ **3** VPR **se buter** (= *s'entêter*) to dig one's heels in

buteur /bytœʀ/ NM (*Football*) striker

butin /bytɛ̃/ NM [*de voleur*] loot; (*fig*) booty; **~ de guerre** spoils of war

butiner /bytine/ /TABLE 1/ VT [*abeilles*] to gather pollen from; [+ *informations*] to gather

butte /byt/ NF (= *tertre*) mound
♦ **être en butte à** [+ *difficultés*] to be exposed to
buvable /byvabl/ ADJ drinkable; **ampoule ~** phial to be taken orally
buvait /byvɛ/ VB → **boire**
buvard /byvaʀ/ NM (= *papier*) blotting paper (*NonC*)
buvette /byvɛt/ NF (= *café*) refreshment room; (*en plein air*) refreshment stall

buveur, -euse /byvœʀ, øz/ NM,F drinker; **~ de bière** beer drinker
Byzance /bizɑ̃s/ N Byzantium; **c'est ~ !*** what luxury!
byzantin, e /bizɑ̃tɛ̃, in/ ADJ Byzantine; **des querelles ~es** (*péj*) protracted wrangling

C

c', ç' /s/ = **ce**

ça /sa/ PRON DÉM ⓐ (= *objet proche*) this; (= *objet moins proche*) that; **qu'est-ce que c'est que ça, sur ma cravate ?** what's this on my tie?; **qu'est-ce que c'est que ça, par terre ?** what's that on the floor? ⓑ (= *ce qui a été dit*) that, it; **flexibilité, qu'est-ce que ça veut dire ?** flexibility, what does that mean?; **ça m'agace de l'entendre se plaindre** it gets on my nerves hearing him complain; **ça ne fait rien** it doesn't matter; **faire des études, ça ne le tentait guère** studying didn't really appeal to him; **ça alors !** goodness!; **c'est ça** that's right; **c'est ça ou rien !** take it or leave it!; **j'ai cinq jours de congé, c'est déjà ça** I've got five days off, that's something at least
♦ **qui ça ? : j'ai vu Pierre Borel — qui ça ?** I saw Pierre Borel — who?
♦ **quand ça ?** when was that?
♦ **où ça ?** where was that?
♦ **ça y est : ça y est, il a signé le contrat** that's it, he's signed the contract; **ça y est, il a cassé le verre** there you are, he's broken the glass; **ça y est, oui, je peux parler ?** is that it then, can I talk now?

çà /sa/ ADV **çà et là** here and there

cabale /kabal/ NF (= *complot*) conspiracy

caban /kabɑ̃/ NM three-quarter length coat; [*de marin*] reefer jacket

cabane /kaban/ NF hut; (*pour outils, animaux*) shed
♦ **cabane à outils** toolshed

cabaret /kabaʀɛ/ NM (= *boîte de nuit*) cabaret club

cabas /kaba/ NM (= *sac*) shopping bag

cabillaud /kabijo/ NM cod

cabine /kabin/ NF [*de bateau, véhicule spatial*] cabin; [*de train, grue*] cab; [*de laboratoire de langues*] booth; (*à la piscine*) cubicle ♦ **cabine de douche** shower cubicle (*Brit*) ou stall (*US*) ♦ **cabine d'essayage** fitting room ♦ **cabine de pilotage** cockpit; (*dans avion de ligne*) flight deck ♦ **cabine téléphonique** telephone booth

cabinet /kabinɛ/ 1 NM ⓐ [*de médecin, dentiste*] surgery (*Brit*), office (*US*); [*de notaire, d'avocat*] office ⓑ (= *gouvernement*) cabinet; (= *collaborateurs*) staff ⓒ (= *meuble*) cabinet 2 NMPL **cabinets** (= *toilettes*) toilet, bathroom (*US*) 3 COMP ♦ **cabinet d'affaires** consultancy firm ♦ **cabinet d'architectes** firm of architects ♦ **cabinet-conseil, cabinet de consultants, cabinet d'études** consultancy firm ♦ **cabinet de toilette** bathroom

câble /kɑbl/ NM (= *fil, TV*) cable; **la télévision par ~** cable (television); **le ~** cable (television) ♦ **câble de démarrage** jump lead (*Brit*), jumper cable (*US*) ♦ **câble électrique** (electric) cable ♦ **câble de frein** brake cable ♦ **câble de remorquage** towrope

câblé, e /kɑble/ ADJ [*chaîne, réseau*] cable (*avant le nom*); **la ville est ~e** the town has cable television

câblodistribution /kɑblodistʀibysjɔ̃/ NF cable television

cabossé, e /kabɔse/ (*ptp de* **cabosser**) ADJ battered

cabosser /kabɔse/ /TABLE 1/ VT to dent

cabot * /kabo/ NM (= *chien*) mutt*

cabotage /kabɔtaʒ/ NM coastal navigation; **faire du ~** to sail along the coast

cabotin, e /kabɔtɛ̃, in/ ADJ theatrical; **il est très ~** he's a real show-off

cabrer (se) /kabʀe/ /TABLE 1/ VPR [*cheval*] to rear (up); [*personne*] to rebel

cabriole /kabʀijɔl/ NF [*d'enfant, cabri*] caper; **faire des ~s** to caper about

cabriolet /kabʀijɔlɛ/ NM (= *voiture décapotable*) convertible

CAC /kak/ NF (ABBR = **compagnie des agents de change**) *institute of stockbrokers*; **l'indice ~40** *the French stock exchange price index*

caca * /kaka/ NM poo* (*Brit*), poop* (*US*); **faire ~** to do a poo* (*Brit*) ou a poop* (*US*) ♦ **caca d'oie** ADJ INV (*couleur*) greenish-yellow

cacahuète /kakawɛt/ NF peanut

cacao /kakao/ NM cocoa

cacatoès /kakatɔɛs/ NM cockatoo

cachalot /kaʃalo/ NM sperm whale

cache[1] /kaʃ/ NM (*Ciné, Photo*) mask; (*Informatique*) cache

cache[2] /kaʃ/ NF **~ d'armes** arms cache

cache-cache /kaʃkaʃ/ NM INV hide-and-seek; **jouer à ~** to play hide-and-seek

cachemire /kaʃmiʀ/ NM ⓐ (= *laine*) cashmere; **écharpe en ~** cashmere scarf ⓑ **motif** ~ paisley pattern

cache-pot (*pl* **cache-pots**) /kaʃpo/ NM plant-pot holder

cacher /kaʃe/ /TABLE 1/ 1 VT to hide; **~ qch à qn** to hide sth from sb; **les arbres nous cachent le fleuve** we can't see the river because of the trees; **~ son jeu** (*fig*) to keep one's cards close to one's chest; **son silence cache quelque chose** there's something he's keeping quiet about; **pour ne rien vous ~** to be perfectly honest with you; **il n'a pas caché que ...** he made no secret of the fact that ...
2 VPR **se cacher** ⓐ (= *se dissimuler*) to hide; **il se cache pour fumer** he smokes in secret; **faire qch sans se ~** to do sth openly; **je ne m'en cache pas** I make no secret of it ⓑ (= *être caché*) [*personne*] to be hiding; [*malfaiteur, évadé*] to be in hiding; [*chose*] to be hidden

cache-sexe (*pl* **cache-sexes**) /kaʃsɛks/ NM G-string

cachet /kaʃe/ NM ⓐ (= *comprimé*) tablet; **un ~ d'aspirine** an aspirin ⓑ (= *timbre*) ~ **(de la poste)** postmark; **à envoyer le 15 septembre au plus tard, le ~ de la poste faisant foi** to be postmarked 15 September at the latest ⓒ (= *caractère*) character; **cette petite église a du ~** that little church has great character ⓓ (= *rétribution*) fee

cacheter /kaʃte/ /TABLE 4/ VT to seal

cachette /kaʃɛt/ NF hiding-place
♦ **en cachette** secretly; **en ~ de qn** (*action répréhensible*) behind sb's back; (*action non répréhensible*) unknown to sb

cachot /kaʃo/ NM (= *prison*) dungeon; **trois jours de ~** three days' solitary confinement

cachotterie /kaʃɔtʀi/ NF **faire des ~s** to be secretive; **faire des ~s à qn** to keep things from sb

cachottier, -ière /kaʃɔtje, jɛʀ/ ADJ secretive

cacophonie /kakɔfɔni/ NF cacophony

cactus /kaktys/ NM INV cactus

c.-à-d. (ABBR = **c'est-à-dire**) i.e.

cadastre /kadastʀ/ NM (= *registre*) property register; (= *service*) land registry

cadavérique /kadaveʀik/ ADJ [*teint*] deathly pale

cadavre /kadavʀ/ NM (*humain*) body, corpse; (*animal*) carcass; **un ~ ambulant** a living corpse

caddie /kadi/ NM ⓐ (*Golf*) caddie ⓑ ® (= *chariot*) shopping trolley (*Brit*), grocery cart (*US*)

cadeau (*pl* **cadeaux**) /kado/ NM present, gift; **faire un ~ à qn** to give sb a present *ou* gift; **~ de Noël** Christmas present; **en ~** as a present; (*Commerce*) as a free gift; **c'était un ~ empoisonné** it was a poisoned chalice; **faire ~ de qch à qn** to give sb sth; **je vous fais ~ des détails** I'll spare you the details; **ils ne font pas de ~*** they don't let you off lightly; **cette fille, c'est pas un ~ !*** that girl is a real pain!*

cadenas /kadnɑ/ NM padlock

cadenasser /kadnase/ /TABLE 1/ VT to padlock

cadence /kadɑ̃s/ NF ⓐ (= *rythme*) rhythm; **marquer la ~** to beat out the rhythm ◆ **en cadence** (= *régulièrement*) rhythmically; (= *ensemble, en mesure*) in time ⓑ (= *vitesse, taux*) rate; **à la ~ de 10 par jour** at the rate of 10 a day; **à une ~ infernale** at a furious rate

cadet, -ette /kadɛ, ɛt/ **1** ADJ (*de deux*) younger; (*de plusieurs*) youngest **2** NM ⓐ [*de famille*] **le ~** the youngest child; **le ~ des garçons** the youngest boy ⓑ (*relation d'âge*) **il est de deux ans mon ~** he's two years younger than me; **c'est le ~ de mes soucis** that's the least of my worries **3** NF **cadette** ⓐ [*de famille*] **la cadette** the youngest child; **la cadette des filles** the youngest girl ⓑ (*relation d'âge*) **elle est ma cadette de deux ans** she's two years younger than me

cadran /kadʀɑ̃/ NM [*d'horloge, compteur, téléphone*] dial ◆ **cadran solaire** sundial

cadre /kadʀ/ **1** NM ⓐ [*de tableau, porte, bicyclette*] frame ⓑ (= *décor*) setting; (= *entourage*) surroundings; **vivre dans un ~ luxueux** to live in luxurious surroundings; **quel ~ magnifique !** what a magnificent setting!; **~ de vie** living environment ⓒ (= *contexte*) framework; **le ~ juridique/institutionnel** the legal/institutional framework; **dans le ~ de** within the framework of ⓓ (= *limites*) scope; **être dans le ~ de** to be within the scope of; **cette décision sort du ~ de notre accord** this decision is beyond the scope of our agreement ⓔ (= *responsable*) manager; **les ~s** management **2** COMP ◆ **cadre moyen** middle manager; **les ~s moyens** middle management ◆ **cadre supérieur** senior manager; **les ~s supérieurs** senior management

cadrer /kadʀe/ /TABLE 1/ **1** VI (= *coïncider*) to tally **2** VT ⓐ (*Ciné, Photo*) to frame ⓑ (*Football*) **~ un tir** to place a shot

cadreur /kadʀœʀ/ NM cameraman

caduc, caduque /kadyk/ ADJ ⓐ **à feuilles caduques** deciduous ⓑ (= *nul*) null and void; (= *périmé*) lapsed

cafard /kafaʀ/ NM ⓐ (= *insecte*) cockroach ⓑ (= *mélancolie*)* **avoir le ~** to be feeling down; **ça lui donne le ~** it gets him down

café /kafe/ **1** NM ⓐ (= *boisson*) coffee ⓑ (= *lieu*) café **2** COMP ◆ **café crème** coffee with milk ◆ **café filtre** filter coffee ◆ **café au lait** milky coffee; (*couleur*) coffee-coloured ◆ **café liégeois** coffee ice cream with coffee and whipped cream ◆ **café soluble** instant coffee

café-concert (*pl* **cafés-concerts**) /kafekɔ̃sɛʀ/ NM *café where singers entertain customers*

caféine /kafein/ NF caffeine

café-tabac (*pl* **cafés-tabacs**) /kafetaba/ NM café (*where cigarettes, stamps and newspapers may be purchased*)

cafétéria /kafeteʀja/ NF cafeteria

café-théâtre (*pl* **cafés-théâtres**) /kafeteatʀ/ NM (= *endroit*) small theatre (*Brit*) or theater (*US*)

cafetière /kaftjɛʀ/ NF (= *pot*) coffeepot; (= *machine*) coffee-maker; **~ électrique** electric coffee-maker; **~ italienne** espresso maker

cafouiller* /kafuje/ /TABLE 1/ VI [*candidat*] to be struggling; [*organisation*] to be in a mess

cage /kaʒ/ NF (*pour animaux*) cage ◆ **cage d'ascenseur** lift (*Brit*) *ou* elevator (*US*) shaft ◆ **cage d'escalier** stairwell ◆ **cage à lapins** rabbit hutch ◆ **cage à oiseaux** birdcage ◆ **cage thoracique** ribcage

cageot /kaʒo/ NM [*de légumes, fruits*] crate

cagibi /kaʒibi/ NM (= *débarras*) boxroom (*Brit*), storage room (*US*)

cagneux, -euse /kaɲø, øz/ ADJ [*jambes*] crooked; **genoux ~** knock knees

cagnotte /kaɲɔt/ NF kitty

cagoule /kagul/ NF [*de bandit*] hood; (= *passe-montagne*) balaclava

cahier /kaje/ NM (*d'exercices*) exercise book ◆ **cahier d'appel** register ◆ **cahier de brouillon** jotter (*Brit*), notebook (for rough drafts) (*US*) ◆ **cahier des charges** [*de production*] specifications ◆ **cahier d'exercices** exercise book ◆ **cahier de textes** homework diary

cahin-caha* /kaɛ̃kaa/ ADV **aller ~** to hobble along; **comment ça va ? — ~** how are things? — so-so*

cahot /kao/ NM (= *secousse*) jolt

cahoter /kaɔte/ /TABLE 1/ VI [*véhicule*] to trundle along

caïd* /kaid/ NM [*de pègre*] boss; [*de classe, bureau*] hard man*; (= *as*) ace*; **jouer les ~s** *ou* **au ~** to swagger about

caillasse /kajas/ NF loose stones

caille /kaj/ NF (= *oiseau*) quail

cailler /kaje/ /TABLE 1/ **1** VI ⓐ [*lait*] to curdle ⓑ (= *avoir froid*)ℶ to be freezing; **ça caille** it's freezing **2** VPR **se cailler:** (= *avoir froid*) to be freezing; **on se les caille !** it's freezing!

caillera: /kajʀa/ NF chavℶ (*Brit*), punkℶ (*US*)

caillot /kajo/ NM blood clot

caillou (*pl* **cailloux**) /kaju/ NM stone; (= *petit galet*) pebble

Caire /kɛʀ/ NM **Le ~** Cairo

caisse /kɛs/ **1** NF ⓐ (*pour emballage*) box; [*de fruits, légumes*] crate; [*de bouteilles*] case; [*de plantes*] tub; (= *litière de chat*) litter tray ⓑ (*Finance*) (= *tiroir*) till; (*portable*) cashbox; **les ~s de l'État** the state coffers; **tenir la ~** to be the cashier; **partir avec la ~** to go off with the contents of the till ⓒ (= *guichet*) [*de boutique*] till; [*de banque*] cashier's desk; [*de supermarché*] check-out; **être à la ~** to be at the till ⓓ (= *établissement, bureau*) office; (= *organisme*) fund ⓔ (= *voiture*)* motor* (*Brit*), auto* (*US*) **2** COMP ◆ **caisse claire** snare drum ◆ **caisse enregistreuse** cash register ◆ **caisse d'épargne** savings bank ◆ **caisse noire** secret funds ◆ **caisse à outils** toolbox ◆ **caisse de résonance** [*d'instrument*] sound box ◆ **caisse de retraite** pension fund

caissier, -ière /kesje, jɛʀ/ NM,F [*de banque*] cashier; [*de supermarché*] check-out assistant (*Brit*), checker (*US*); [*de cinéma*] person in the box office

caisson /kesɔ̃/ NM (*sous l'eau*) diving bell

cajoler /kaʒɔle/ /TABLE 1/ VT (= *câliner*) to cuddle

cajoleur, -euse /kaʒɔlœʀ, øz/ ADJ (= *flatteur*) coaxing

cajou /kaʒu/ NM **noix de ~** cashew nut

cake /kɛk/ NM fruit cake

cal /kal/ NM callus

calamar /kalamaʀ/ NM squid

calamité /kalamite/ NF (*malheur*) calamity; (*hum*) disaster

calandre /kalɑ̃dʀ/ NF [*d'automobile*] radiator grill

calanque /kalɑ̃k/ NF (= *crique*) rocky inlet (*in the Mediterranean*)

calcaire /kalkɛʀ/ **1** ADJ ⓐ [*roche, plateau, relief*] limestone ⓑ (= *qui contient de la chaux*) [*sol, terrain*] chalky; [*eau*] hard **2** NM limestone; [*de bouilloire*] limescale (*Brit*), scale (*US*)

calcifier (se) /kalsifje/ /TABLE 7/ VPR to calcify

calciné, e /kalsine/ ADJ [débris, os] charred; [rôti] burned to a cinder

calcium /kalsjɔm/ NM calcium

calcul /kalkyl/ 1 NM ⓐ (= opération) calculation; (= exercice scolaire) sum; **se tromper dans ses ~s** to make a mistake in one's calculations; **si on fait le ~** when you add it all up ⓑ (= discipline) **le ~** arithmetic; **fort en ~** good at sums ⓒ (= estimation) **~s** reckoning; **d'après mes ~s** by my reckoning ⓓ (= plan) calculation (NonC); (= arrière-pensée) ulterior motive; **faire un bon ~** to judge correctly; **faire un mauvais ~** to miscalculate ⓔ (Méd) stone 2 COMP ♦ **calcul algébrique** calculus ♦ **calcul biliaire** gallstone ♦ **calcul différentiel** differential calculus ♦ **calcul intégral** integral calculus ♦ **calcul mental** (= discipline) mental arithmetic; (= opération) mental calculation ♦ **calcul rénal** kidney stone

calculateur, -trice /kalkylatœʀ, tʀis/ 1 ADJ (= intéressé) calculating 2 NF **calculatrice** pocket calculator

calculer /kalkyle/ /TABLE 1/ 1 VT ⓐ [+ prix, quantité, surface] to calculate; **il calcula mentalement la distance** he calculated the distance in his head ⓑ (= évaluer) [+ chances, conséquences] to weigh up; **~ son élan** to judge one's run-up; **~ que ...** to calculate that ...; **tout bien calculé** all things considered ⓒ (= préméditer) [+ geste, effets] to calculate; [+ action] to plan; **~ son coup** to plan one's move carefully; **mal ~ son coup** to miscalculate; **avec une gentillesse calculée** with calculated kindness 2 VI ⓐ (= compter) **il calcule vite** he works things out quickly ⓑ (= économiser) to budget carefully

calculette /kalkylɛt/ NF pocket calculator

cale NF ⓐ (= soute) hold ⓑ (= chantier) **~ sèche** ou **de radoub** dry dock ⓒ (= coin) wedge

calé, e* /kale/ (ptp de caler) ADJ (= savant) [personne] brilliant*; **être ~ en chimie** to be brilliant* at chemistry

calèche /kalɛʃ/ NF horse-drawn carriage

caleçon /kalsɔ̃/ 1 NM ⓐ [d'homme] boxer shorts; **trois ~s** three pairs of boxer shorts ⓑ [de femme] leggings 2 COMP ♦ **caleçon de bain** swimming trunks ♦ **caleçon(s) long(s)** long johns*

calembour /kalɑ̃buʀ/ NM pun

calendrier /kalɑ̃dʀije/ 1 NM ⓐ (= jours et mois) calendar ⓑ (= programme) schedule 2 COMP ♦ **calendrier d'amortissement** repayment schedule ♦ **calendrier d'examens** exam timetable ♦ **calendrier des rencontres** (Sport) fixture list

cale-pied /kalpje/ NM INV [de vélo] toe clip

calepin /kalpɛ̃/ NM notebook

caler /kale/ /TABLE 1/ 1 VT ⓐ [+ meuble, roue] to put a wedge under; [+ fenêtre, porte ouverte] to wedge open ⓑ [+ malade] to prop up ⓒ (= appuyer) **~ qch contre qch** to prop sth up against sth 2 VI ⓐ [véhicule, moteur, conducteur] to stall ⓑ (= être bloqué)* to be stuck; (= abandonner) to give up; **~ sur un exercice difficile** to be stuck on a difficult exercise; **il a calé avant le dessert** he gave up before the dessert 3 VPR **se caler**: **se ~ dans un fauteuil** to settle o.s. comfortably in an armchair

calfeutrer /kalføtʀe/ /TABLE 1/ 1 VT [+ pièce, porte] to draughtproof (Brit) ou draftproof (US) 2 VPR **se calfeutrer** (= s'enfermer) to shut o.s. away; (pour être au chaud) to get cosy

calibre /kalibʀ/ NM ⓐ (= diamètre) [de fusil, canon, obus, balle] calibre (Brit), caliber (US); [de tuyau, câble] diameter; [d'œufs, de fruits] grade; [de boule] size; **de gros ~** [pistolet] large-bore ⓑ (= instrument) (pour mesurer) gauge; (pour reproduire) template ⓒ (= envergure) calibre (Brit), caliber (US); **son père est d'un autre ~** his father is a man of a different calibre ⓓ (arg = pistolet) pistol

calibrer /kalibʀe/ VT ⓐ [+ œufs, fruits] to grade; [+ cylindre, fusil] to calibrate ⓑ [+ pièce travaillée] to gauge

calice /kalis/ NM ⓐ (Rel) chalice ⓑ [de fleur] calyx

calicot /kaliko/ NM (= tissu) calico; (= banderole) banner

Californie /kalifɔʀni/ NF California

californien, -ienne /kalifuʀjɛ̃, jɛn/ LOC ADJ, LOC ADV **à ~** astride; **monter à ~** to ride astride

câlin, e /kalɛ̃, in/ 1 ADJ affectionate 2 NM cuddle; **faire un ~** ou **des ~s à qn** to give sb a cuddle

câliner /kaline/ /TABLE 1/ VT to cuddle

calligraphie /ka(l)ligʀafi/ NF (= technique) calligraphy

calmant /kalmɑ̃/ NM (= tranquillisant) tranquillizer; (= sédatif) sedative; (= antidouleur) painkiller

calmar /kalmaʀ/ NM squid

calme /kalm/ 1 ADJ quiet; [personne, mer] calm; [nuit, air] still; (= paisible) peaceful 2 NM ⓐ (= sang-froid) composure; **garder son ~** to keep calm ⓑ (= tranquillité) peace and quiet; [de nuit] stillness; [d'endroit] peacefulness; **il me faut du ~ pour travailler** I need peace and quiet to work; **du ~!** (= restez tranquille) calm down!; (= pas de panique) keep calm!; **~ plat** (en mer) dead calm; **c'est le ~ plat dans les affaires** business is practically at a standstill

calmement /kalməmɑ̃/ ADV calmly

calmer /kalme/ /TABLE 1/ 1 VT ⓐ [+ personne] to calm down; [+ nerfs] to calm; **~ les esprits** to calm people down; **~ le jeu** to calm things down ⓑ [+ douleur] to ease; [+ impatience] to curb; [+ faim] to satisfy; [+ soif] to quench; [+ ardeur] to cool 2 VPR **se calmer** ⓐ (= s'apaiser) [personne] to calm down; [tempête] to die down; [mer] to become calm ⓑ (= diminuer) [inquiétude, douleur] to ease; [crainte] to subside

calomnie /kalɔmni/ NF slander (NonC); (écrite) libel

calomnier /kalɔmnje/ /TABLE 7/ VT (= diffamer) to slander; (par écrit) to libel

calomnieux, -ieuse /kalɔmnjø, jøz/ ADJ [propos] slanderous

calorie /kalɔʀi/ NF calorie

calorifique /kalɔʀifik/ ADJ calorific

calorique /kalɔʀik/ ADJ (diététique) calorie; **valeur ~** calorific value

calotte /kalɔt/ NF **~ glaciaire** icecap

calque /kalk/ NM ⓐ (= dessin) tracing; (papier) **~** tracing paper ⓑ (Ling) loan translation

calquer /kalke/ /TABLE 1/ VT (= copier) to copy exactly

calumet /kalyme/ NM **fumer le ~ de la paix** to smoke the pipe of peace; (fig) to bury the hatchet

calvaire /kalvɛʀ/ NM calvary

calviniste /kalvinist/ ADJ, NMF Calvinist

calvitie /kalvisi/ NF baldness (NonC); **~ précoce** premature baldness (NonC)

camaïeu /kamajø/ NM (= peinture) monochrome; **en ~** [paysage, motif] monochrome; **un ~ de roses** various shades of pink

camarade /kamaʀad/ NMF friend; **le ~ Durand** (Politique) comrade Durand ♦ **camarade de classe** classmate ♦ **camarade d'école** school friend ♦ **camarade de jeu** playmate ♦ **camarade de promotion** fellow student ♦ **camarade de régiment** friend from one's army days

camaraderie /kamaʀadʀi/ NF (entre deux personnes) companionship; (dans un groupe) camaraderie

camarguais, e /kamaʀgɛ, ɛz/ ADJ from the Camargue

cambiste /kɑ̃bist/ NMF foreign exchange dealer

Cambodge /kɑ̃bɔdʒ/ NM **le ~** Cambodia

cambodgien, -ienne /kɑ̃bɔdʒjɛ̃, jɛn/ 1 ADJ Cambodian 2 NM,F **Cambodgien(ne)** Cambodian

cambouis /kɑ̃bwi/ NM dirty oil

cambré, e /kɑ̃bʀe/ ADJ [personne] **être ~** ou **avoir les reins ~s** to have a hollow back; **avoir le pied très ~** to have very high arches

cambriolage /kɑ̃bʀijɔlaʒ/ NM burglary

cambrioler /kɑ̃bʀijɔle/ /TABLE 1/ VT to burgle (*Brit*), to burglarize (*US*)

cambrioleur, -euse /kɑ̃bʀijɔlœʀ, øz/ NM,F burglar

cambrousse* /kɑ̃bʀus/ NF (= *campagne*) country; **en pleine ~** out in the sticks*

cambrure /kɑ̃bʀyʀ/ NF ⓐ (= *courbe*) [*de poutre, taille, reins*] curve; [*de semelle, pied*] arch ⓑ (= *partie*) **~ du pied** instep; **~ des reins** small of the back

came[1] /kam/ NF → **arbre**

came[2]* /kam/ NF (= *drogue*) dope*

camé, e[1]* /kame/ (*ptp de* **camer**) 1 ADJ high* 2 NM,F junkie*

camée[2] /kame/ NM cameo

caméléon /kameleɔ̃/ NM chameleon

camélia /kamelja/ NM camellia

camelot /kamlo/ NM street vendor

camelote* /kamlɔt/ NF **c'est de la ~** it's junk*

camembert /kamɑ̃bɛʀ/ NM ⓐ (= *fromage*) Camembert ⓑ (= *graphique*)* pie chart

camer (se)* /kame/ /TABLE 1/ VPR to do drugs*

caméra /kameʀa/ NF camera; [*d'amateur*] cine-camera (*Brit*), movie camera (*US*) ◆ **caméra vidéo** video camera

cameraman /kameʀaman/ (*pl* **cameramen** /kameʀamɛn/) NM cameraman

Cameroun /kamʀun/ NM **le ~** Cameroon

camerounais, e /kamʀunɛ, ɛz/ 1 ADJ Cameroonian 2 NM,F **Camerounais(e)** Cameroonian

caméscope /kameskɔp/ NM camcorder

camion /kamjɔ̃/ NM lorry (*Brit*), truck ◆ **camion de déménagement** removal (*Brit*) *ou* moving (*US*) van ◆ **camion frigorifique** refrigerated lorry

camion-citerne (*pl* **camions-citernes**) /kamjɔ̃sitɛʀn/ NM tanker (lorry) (*Brit*), tank truck (*US*)

camionnette /kamjɔnɛt/ NF van (*Brit*), small truck (*US*)

camionneur /kamjɔnœʀ/ NM (= *chauffeur*) lorry (*Brit*) *ou* truck driver; (= *entrepreneur*) road haulier (*Brit*), trucking contractor (*US*)

camisole /kamizɔl/ NF **~ de force** straitjacket

camomille /kamɔmij/ NF (= *plante*) camomile; (= *infusion*) camomile tea

camouflage /kamuflaʒ/ NM (= *dispositif*) camouflage; **tenue de ~** camouflage fatigues

camoufler /kamufle/ /TABLE 1/ 1 VT (*Mil*) to camouflage; (= *cacher*) to conceal; (= *déguiser*) to disguise; **~ un crime en accident** to make a crime look like an accident 2 VPR **se camoufler** to camouflage o.s.

camp /kɑ̃/ 1 NM ⓐ (= *emplacement*) camp ⓑ (= *séjour*) **faire un ~ d'une semaine** to go on a camp for a week ⓒ (= *parti, faction*) (*Jeux, Sport*) side; (*Politique*) camp 2 COMP ◆ **camp de concentration** concentration camp ◆ **camp d'extermination** extermination camp ◆ **camp de la mort** death camp ◆ **camp de travail** labour (*Brit*) *ou* labor (*US*) camp

campagnard, e /kɑ̃paɲaʀ, aʀd/ 1 ADJ [*vie, manières*] country 2 NM countryman; (*péj*) peasant (*péj*) 3 NF countrywoman; (*péj*) peasant (*péj*)

campagne /kɑ̃paɲ/ 1 NF ⓐ (= *habitat*) country; (= *paysage*) countryside; **la ville et la ~** town and country; **la ~ anglaise** the English countryside; **à la ~** in the country; **en pleine ~** out in the country; **auberge de ~** country inn ⓑ (= *action*) campaign; **faire ~** to fight (a campaign); **faire ~ pour un candidat** to canvass for a candidate; **partir en ~** to launch a campaign; **~ de vaccination** vaccination campaign

2 COMP ◆ **campagne électorale** election campaign ◆ **campagne publicitaire** *ou* **de publicité** publicity campaign

campagnol /kɑ̃paɲɔl/ NM vole

campanule /kɑ̃panyl/ NF campanula

campement /kɑ̃pmɑ̃/ NM (= *lieu*) camp

camper /kɑ̃pe/ /TABLE 1/ 1 VI to camp; **~ sur ses positions** to stand one's ground 2 VT [+ *caractère, personnage*] to portray; **personnage bien campé** vividly drawn character 3 VPR **se camper: se ~ devant qn** to plant o.s. in front of sb

campeur, -euse /kɑ̃pœʀ, øz/ NM,F camper

camphre /kɑ̃fʀ/ NM camphor

camping /kɑ̃piŋ/ NM ⓐ (= *activité*) **le ~** camping; **faire du ~** to go camping; **faire du ~ sauvage** (*illégal*) to camp on unauthorized sites; (*dans la nature*) to camp in the wild ⓑ (= *lieu*) campsite

camping-car (*pl* **camping-cars**) /kɑ̃piŋkaʀ/ NM camper

camping-gaz ® /kɑ̃piŋgaz/ NM INV camp stove

campus /kɑ̃pys/ NM campus

camus, e /kamy, yz/ ADJ **nez ~** pug nose

Canada /kanada/ NM Canada

Canadair ® /kanadɛʀ/ NM INV fire-fighting plane

canadien, -ienne /kanadjɛ̃, jɛn/ 1 ADJ Canadian 2 NM,F **Canadien(ne)** Canadian 3 NF **canadienne** (= *veste*) furlined jacket; (= *tente*) ridge tent

canaille /kanaj/ NF (= *escroc*) crook

canal (*pl* **-aux**) /kanal, o/ 1 NM ⓐ (*artificiel*) canal; (= *détroit*) channel; **le ~ de Panama/Suez** the Panama/Suez Canal ⓑ (*TV*) channel ⓒ (= *intermédiaire*) **par le ~ d'un collègue** through a colleague 2 COMP ◆ **canal lacrymal** tear duct ◆ **Canal Plus, Canal +** *French pay TV channel*

canalisation /kanalizasjɔ̃/ NF (= *tuyau*) pipe

canaliser /kanalize/ /TABLE 1/ VT ⓐ [+ *cours d'eau*] to canalize ⓑ [+ *foule, demandes, énergie*] to channel

canapé /kanape/ NM ⓐ (= *meuble*) settee; **~ convertible** sofa bed ⓑ (= *sandwich*) open sandwich; (*pour apéritif*) canapé

canapé-lit (*pl* **canapés-lits**) /kanapeli/ NM sofa bed

canaque /kanak/ 1 ADJ Kanak 2 NMF **Canaque** Kanak

canard /kanaʀ/ 1 NM ⓐ (= *oiseau*) duck ⓑ (= *journal*)* rag* 2 COMP ◆ **canard boiteux*** lame duck ◆ **canard laqué** Peking duck

canarder* /kanaʀde/ /TABLE 1/ VT (*au fusil*) to take potshots at

canari /kanaʀi/ NM, ADJ INV canary; **(jaune) ~** canary yellow

Canaries /kanaʀi/ NFPL **les (îles) ~** the Canary Islands

cancan /kɑ̃kɑ̃/ NM ⓐ (= *racontar*) piece of gossip; **~s** gossip ⓑ (= *danse*) cancan

cancaner /kɑ̃kane/ /TABLE 1/ VI ⓐ to gossip ⓑ [*canard*] to quack

cancer /kɑ̃sɛʀ/ NM ⓐ (= *maladie*) cancer; **avoir un ~ du sein/du poumon** to have breast/lung cancer ⓑ (*Astrol*) **le Cancer** Cancer; **il est (du) Cancer** he's Cancer

cancéreux, -euse /kɑ̃seʀø, øz/ 1 ADJ [*tumeur*] cancerous 2 NM,F (*à l'hôpital*) cancer patient

cancérigène /kɑ̃seʀiʒɛn/, **cancérogène** /kɑ̃seʀɔʒɛn/ ADJ carcinogenic

cancérologie /kɑ̃seʀɔlɔʒi/ NF (= *recherche*) cancer research; (= *section*) cancer ward

cancérologue /kɑ̃seʀɔlɔg/ NMF cancer specialist

cancre /kɑ̃kʀ/ NM (*péj* = *élève*) dunce

cancrelat /kɑ̃kʀəla/ NM cockroach

candélabre /kɑ̃delabʀ/ NM (= *chandelier*) candelabra

candeur /kɑ̃dœʀ/ NF ingenuousness

candi /kɑ̃di/ ADJ M → **sucre**

candidat, e /kɑ̃dida, at/ NM,F candidate (**à** at); (*à un poste*) applicant (**à** for); **~ sortant** present incumbent; **les ~s à l'embauche** job applicants; **les ~s au permis de conduire** people taking their driving test; **se porter ~ à un poste** to apply for a job; **je ne suis pas ~** (*fig*) I'm not interested

candidature /kɑ̃didatyʀ/ NF (*dans une élection*) candidacy; (*à un poste*) application (**à** for); **~ spontanée** (*à un poste*) unsolicited application; **poser sa ~ à un poste** to apply for a job

candide /kãdid/ ADJ ingenuous

cane /kan/ NF (female) duck

caneton /kantɔ̃/ NM duckling

canette /kanɛt/ NF ⓐ ~ **(de bière)** (= *bouteille*) bottle of beer; (= *boîte*) can of beer ⓑ [*de machine à coudre*] spool

canevas /kanva/ NM ⓐ (*Couture*) canvas ⓑ [*de livre, discours*] basic structure

caniche /kaniʃ/ NM poodle

caniculaire /kanikylɛʀ/ ADJ [*chaleur, jour*] scorching

canicule /kanikyl/ NF (= *forte chaleur*) boiling heat; (= *vague de chaleur*) heatwave; **quelle ~** ! it's boiling!

canif /kanif/ NM penknife

canin, e /kanɛ̃, in/ 1 ADJ canine; **exposition ~e** dog show 2 NF **canine** (= *dent*) canine; [*de vampire*] fang

caniveau (*pl* **caniveaux**) /kanivo/ NM gutter

cannabis /kanabis/ NM cannabis

canne /kan/ NF (= *bâton*) (walking) stick ♦ **canne blanche** [*d'aveugle*] white stick ♦ **canne à pêche** fishing rod ♦ **canne à sucre** sugar cane

canné, e /kane/ ADJ **siège ~** cane chair

canneberge /kanbɛʀ ʒ/ NF cranberry

cannelle /kanɛl/ NF cinnamon

cannette /kanɛt/ NF = **canette**

cannibale /kanibal/ NMF cannibal

cannibaliser /kanibalize/ /TABLE 1/ VT **ce produit risque de ~ l'autre** this product could damage sales of the other

cannibalisme /kanibalism/ NM cannibalism

canoë /kanɔe/ NM ⓐ (= *bateau*) canoe ⓑ (= *sport*) canoeing; **faire du ~** to go canoeing

canoë-kayak /kanɔekajak/ NM INV **faire du ~** to go canoeing

canon /kanɔ̃/ 1 NM ⓐ (= *arme*) gun; (*Hist*) cannon ⓑ (= *tube*) [*de revolver, fusil*] barrel ⓒ (*Musique*) canon; **chanter en ~** to sing in a round ⓓ (= *modèle*) model; (= *norme*) canon 2 ADJ INV **elle/il est ~*** she/he's gorgeous* 3 COMP ♦ **canon à eau** water cannon ♦ **canon à neige** snow cannon

cañon /kaɲɔ̃/ NM canyon

canonique /kanɔnik/ ADJ canonical

canoniser /kanɔnize/ /TABLE 1/ VT to canonize

canot /kano/ NM (= *barque*) dinghy; (*Can*) Canadian canoe ♦ **canot pneumatique** rubber dinghy ♦ **canot de sauvetage** lifeboat

canotage /kanɔtaʒ/ NM boating

canotier /kanɔtje/ NM (= *chapeau*) boater

cantal /kãtal/ NM ⓐ (= *fromage*) Cantal ⓑ (= *région*) **le Cantal** the Cantal

cantate /kãtat/ NF cantata

cantatrice /kãtatʀis/ NF singer; [*d'opéra*] opera singer

cantine /kãtin/ NF ⓐ (= *réfectoire*) canteen; **manger à la ~** to eat at the canteen; [*élève*] to have school meals ⓑ (= *malle*) tin trunk

cantinière /kãtinjɛʀ/ NF (*Hist Mil*) canteen woman

cantique /kãtik/ NM (= *chant*) hymn

canton /kãtɔ̃/ NM canton

ⓘ **CANTON**

Of the 26 self-governing **cantons** that make up Switzerland, four are French-speaking: Jura, Vaud, Neuchâtel and Geneva, and two are both French-speaking and German-speaking: Valais and Fribourg.

In France, the **cantons** are electoral areas into which "*arrondissements*" are divided for administration purposes. Each **canton** usually includes several "*communes*". The main town in the **canton** has a "*gendarmerie*", a local tax office and sometimes a "*tribunal d'instance*". → ARRONDISSEMENT ; COMMUNE

---

cantonade /kãtɔnad/ NF **parler à la ~** to speak to the company at large; « **c'est à qui ?** » **dit-elle à la ~** "whose is this?" she asked the assembled company

cantonais, e /kãtɔnɛ, ɛz/ ADJ Cantonese → **riz**

cantonal, e (*mpl* **-aux**) /kãtɔnal, o/ 1 ADJ cantonal 2 NFPL **les cantonales** the cantonal elections

cantonnement /kãtɔnmã/ NM (*Mil* = *lieu*) quarters

cantonner /kãtɔne/ /TABLE 1/ 1 VT ⓐ (= *reléguer*) to confine; **~ qn à** *ou* **dans un rôle** to restrict sb to a role ⓑ (*Mil*) (= *établir*) to station; (*chez l'habitant*) to billet (**chez** on) 2 VPR **se cantonner : se ~ à** *ou* **dans** to confine o.s. to

cantonnier /kãtɔnje/ NM (= *ouvrier*) roadman

canular /kanylaʀ/ NM hoax

canyon /kanjɔ̃, kanjɔn/ NM canyon; **le Grand Canyon** the Grand Canyon

CAO /seao/ NF (ABBR = **conception assistée par ordinateur**) CAD

caoua* /kawa/ NM coffee

caoutchouc /kautʃu/ 1 NM ⓐ (= *matière*) rubber; **en ~** rubber ⓑ (= *élastique*) rubber band ⓒ (= *plante*) rubber plant 2 COMP ♦ **caoutchouc mousse**® foam rubber

caoutchouteux, euse /kautʃutø, øz/ ADJ rubbery

CAP /seape/ NM (ABBR = **certificat d'aptitude professionnelle**) *vocational training certificate*; **il a un ~ de menuisier** he's a qualified joiner

cap /kap/ NM ⓐ (*Géog*) cape; (= *promontoire*) headland; **le ~ Horn** Cape Horn; **le ~ de Bonne Espérance** the Cape of Good Hope; **Le Cap** Cape Town; **passer** *ou* **doubler un ~** [*bateau*] to round a cape; **passer** *ou* **franchir le ~ des 40 ans** to turn 40; **dépasser** *ou* **franchir le ~ des 50 millions** to pass the 50-million mark ⓑ (= *direction*) course; **changer de ~** to change course; **mettre le ~ sur** to head for

capable /kapabl/ ADJ capable; **~ de faire qch** capable of doing sth; **tu n'en es pas ~** you're not up to it; **c'est quelqu'un de très ~** he's very capable; **~ de qch** capable of sth; **il est ~ de tout** he's capable of anything

capacité /kapasite/ 1 NF ⓐ (= *contenance*) capacity; **de grande ~** [*avion, stade*] with a large seating capacity ⓑ (= *aptitude*) ability; **~s intellectuelles** intellectual abilities; **il a une grande ~ d'adaptation** he's very adaptable 2 COMP ♦ **capacité en droit** *basic legal qualification*

cape /kap/ NF (*courte*) cape; (*longue*) cloak; **un film de ~ et d'épée** a swashbuckler

CAPES /kapes/ NM (ABBR = **certificat d'aptitude au professorat de l'enseignement secondaire**) *secondary school teacher's diploma*

ⓘ **CAPES**

The **CAPES** is a competitive examination for the recruitment of French secondary schoolteachers. It is taken after the "*licence*". Successful candidates become fully qualified teachers (*professeurs certifiés*). → CONCOURS

CAPET /kapet/ NM (ABBR = **certificat d'aptitude au professorat de l'enseignement technique**) *technical teaching diploma*

capharnaüm* /kafaʀnaɔm/ NM (= *désordre*) mess

capillaire /kapilɛʀ/ ADJ **soins ~s** hair care; **lotion ~** hair lotion

capitaine /kapiten/ NM captain; [*d'armée de l'air*] flight lieutenant (*Brit*), captain (*US*) ♦ **capitaine d'industrie** captain of industry ♦ **capitaine des pompiers** fire chief

capitainerie /kapitenʀi/ NF harbour (*Brit*) *ou* harbor (*US*) master's office

capital, e (*mpl* **-aux**) /kapital, o/ 1 ADJ ⓐ (= *principal*) major; **d'une importance ~e** of major importance ⓑ (= *essentiel*) essential ⓒ (*Droit*) **peine ~e** capital punishment 2 NM ⓐ (= *avoirs*) capital; **le ~ de connaissances acquis à l'école** the stock of knowledge acquired at school; **le ~ artistique de la région** the artistic wealth of the region; **accroître son ~ santé** to build up one's health ⓑ (= *placements*) **capitaux** capital; **la fuite des capitaux** the flight of capital 3 NF **capitale** ⓐ (= *métropole*) capital ⓑ (= *majuscule*) capital; **en ~es d'imprimerie** in capitals 4 COMP ♦ **capital social** share capital

capital-décès (*pl* **capitaux-décès**) /kapitaldese/ NM death benefit

capitaliser /kapitalize/ /TABLE 1/ VTI to capitalize; ~ **sur qch** to capitalize on sth

capitalisme /kapitalism/ NM capitalism

capitaliste /kapitalist/ ADJ, NMF capitalist

capiteux, -euse /kapitø, øz/ ADJ [*vin, parfum*] heady

capitonné, e /kapitɔne/ ADJ padded

capitulation /kapitylasjɔ̃/ NF surrender

capituler /kapityle/ /TABLE 1/ VI to surrender (**devant** to)

capodastre /kapodastʀ/ NM (*Mus*) capo

caporal (*pl* **-aux**) /kapɔʀal, o/ NM lance corporal (*Brit*), private first class (*US*)

capot /kapo/ NM [*de voiture*] bonnet (*Brit*), hood (*US*)

capote /kapɔt/ NF ⓐ [*de voiture*] top ⓑ (= *préservatif*)* condom

capoter /kapɔte/ /TABLE 1/ VI [*négociations*] to founder

câpre /kɑpʀ/ NF caper

caprice /kapʀis/ NM ⓐ (= *lubie*) whim; **les ~s de la mode** the vagaries of fashion ⓑ [*d'enfant*] tantrum; **faire un ~** to throw a tantrum

capricieux, -ieuse /kapʀisjø, jøz/ ADJ capricious; [*appareil*] temperamental

Capricorne /kapʀikɔʀn/ NM Capricorn; **il est (du) ~** he's (a) Capricorn

capsule /kapsyl/ NF capsule

capter /kapte/ /TABLE 1/ VT [+ *énergie, cours d'eau*] to harness; [+ *lumière*] to catch; [+ *atmosphère, attention*] to capture; [+ *confiance*] to gain; (*TV, Radio*) to pick up; **on capte mal la BBC ici** it's difficult to pick up the BBC here; **je ne te capte plus** (*sur téléphone mobile*) you're breaking up

capteur /kaptœʀ/ NM sensor ♦ **capteur solaire** solar panel

captif, -ive /kaptif, iv/ ADJ, NM,F captive

captivant, e /kaptivɑ̃, ɑ̃t/ ADJ fascinating

captiver /kaptive/ /TABLE 1/ VT [+ *personne*] to fascinate

captivité /kaptivite/ NF captivity

capture /kaptyʀ/ NF (= *action*) capture

capturer /kaptyʀe/ /TABLE 1/ VT [+ *homme, bête*] to catch

capuche /kapyʃ/ NF hood

capuchon /kapyʃɔ̃/ NM ⓐ [*de vêtement*] hood; [*de moine*] cowl ⓑ [*de stylo, tube*] cap

capucin /kapysɛ̃/ NM (= *moine*) Capuchin

capucine /kapysin/ NF nasturtium

Cap-Vert /kapvɛʀ/ NM **le ~** Cape Verde; **les îles du ~** the Cape Verde Islands

caquelon /kaklɔ̃/ NM fondue dish

caquet* /kake/ NM **rabattre** *ou* **rabaisser le ~ de qn** to take sb down a peg

caqueter /kakte/ /TABLE 4/ VI [*poule*] to cackle

car[1] /kaʀ/ NM bus, coach (*Brit*); **~ de police** police van; **~ (de ramassage) scolaire** school bus

car[2] /kaʀ/ CONJ because; **j'ai deviné qu'elle mentait ~ elle a rougi** I realized she was lying because she blushed

carabine /kaʀabin/ NF rifle

carabiné, e* /kaʀabine/ ADJ [*fièvre*] raging; [*rhume*] stinking*; [*migraine*] terrible

caracoler /kaʀakɔle/ /TABLE 1/ VI **~ en tête** to be well ahead of the others; **il caracole en tête des sondages** he's riding high in the polls

caractère /kaʀaktɛʀ/ NM ⓐ (= *tempérament*) character; **avoir bon ~** to be good-tempered; **avoir mauvais ~** to be bad-tempered; **il a un sale ~ ou un ~ de cochon*** he's an awkward so-and-so*; **ce n'est pas dans son ~ d'agir ainsi** it is not like him to act in this way
ⓑ (= *fermeté*) character; **il a du ~** he's got character
ⓒ (= *cachet*) character; **la maison a du ~** the house has got character
ⓓ (= *genre*) nature; **mission à ~ humanitaire** humanitarian mission

ⓔ (= *caractéristique*) characteristic; **~ héréditaire/acquis** hereditary/acquired characteristic
ⓕ (= *lettre*) character; **en gros/petits ~s** in large/small letters

caractériel, -elle /kaʀakteʀjɛl/ 1 ADJ **il est un peu ~** he's got personality problems; **troubles ~s** emotional problems; **enfant ~** problem child 2 NM,F emotionally disturbed person

caractérisé, e /kaʀakteʀize/ (*ptp de* **caractériser**) ADJ [*erreur*] glaring; **c'est de l'insubordination ~e** it's downright insubordination

caractériser /kaʀakteʀize/ /TABLE 1/ VT to characterize; **avec l'enthousiasme qui le caractérise** with his characteristic enthusiasm

caractéristique /kaʀakteʀistik/ ADJ, NF characteristic

carafe /kaʀaf/ NF (= *récipient*) decanter; [*d'eau, vin ordinaire*] carafe

carafon /kaʀafɔ̃/ NM small decanter; [*de vin*] small carafe

caraïbe /kaʀaib/ 1 ADJ Caribbean 2 NFPL **les Caraïbes** the Caribbean; **la mer des Caraïbes** the Caribbean

carambolage /kaʀɑ̃bɔlaʒ/ NM [*de voitures*] pile-up

caramboler (se) /kaʀɑ̃bɔle/ /TABLE 1/ VPR to run into each other; **cinq voitures se sont carambolées** five cars ran into each other

caramel /kaʀamɛl/ NM (= *sucre fondu*) caramel; (= *bonbon*) (*mou*) caramel; (*dur*) toffee

caraméliser /kaʀamelize/ /TABLE 1/ VT [+ *sucre*] to caramelize; [+ *moule, pâtisserie*] to coat with caramel

carapace /kaʀapas/ NF shell

carapater (se)* /kaʀapate/ /TABLE 1/ VPR to run off

carat /kaʀa/ NM carat

caravane /kaʀavan/ NF ⓐ (= *véhicule*) caravan (*Brit*), trailer (*US*) ⓑ (= *convoi*) caravan

caravaning /kaʀavaniŋ/ NM **faire du ~** to go caravanning (*Brit*), to go on vacation in an RV (*US*)

carbone /kaʀbɔn/ NM carbon; **dater qch au ~ 14** to carbon-date sth

carbonique /kaʀbɔnik/ ADJ → **gaz, neige**

carbonisé, e /kaʀbɔnize/ (*ptp de* **carboniser**) ADJ [*arbre, restes*] charred; **il est mort ~** he was burned to death

carboniser /kaʀbɔnize/ /TABLE 1/ VT [+ *bois, substance*] to carbonize; [+ *forêt, maison*] to reduce to ashes; [+ *rôti*] to burn to a cinder

carburant /kaʀbyʀɑ̃/ NM fuel

carburateur /kaʀbyʀatœʀ/ NM carburettor (*Brit*), carburetor (*US*)

carbure /kaʀbyʀ/ NM carbide

carburer* /kaʀbyʀe/ /TABLE 1/ VI **elle carbure aux amphétamines/au café** she lives on amphetamines/on coffee; **ça carbure au bureau en ce moment** we're working flat out* at the office at the moment

carcan /kaʀkɑ̃/ NM (= *contrainte*) straitjacket

carcasse /kaʀkas/ NF ⓐ [*d'animal*] carcass; [*de bâtiment*] shell ⓑ (= *armature*) **pneu à ~ radiale** radial tyre

carcéral, e (*mpl* **-aux**) /kaʀseʀal, o/ ADJ prison; **l'univers ~** prison life

cardiaque /kaʀdjak/ 1 ADJ cardiac; **être ~** to have a heart condition 2 NMF heart patient

cardigan /kaʀdigɑ̃/ NM cardigan

cardinal, e (*mpl* **-aux**) /kaʀdinal, o/ 1 ADJ [*nombre*] cardinal 2 NM (*Rel*) cardinal

cardiologie /kaʀdjɔlɔʒi/ NF cardiology

cardiologue /kaʀdjɔlɔg/ NMF heart specialist

cardiovasculaire /kaʀdjovaskylɛʀ/ ADJ cardiovascular

Carême /kaʀɛm/ NM (= *période*) **le ~** Lent

carence /kaʀɑ̃s/ NF ⓐ (*Méd*) deficiency ⓑ (= *manque*) shortage ⓒ (= *défaut*) shortcoming

carène /kaʀɛn/ NF [*de bateau*] (lower part of the) hull

caréner /kaʀene/ /TABLE 6/ VT [+ *véhicule*] to streamline

caresse /kaʀɛs/ NF (= câlinerie) caress; (à un animal) stroke; **faire des ~s à** [+ personne] to caress; [+ animal] to stroke

caresser /kaʀese/ /TABLE 1/ VT ⓐ to stroke; **elle lui caressait les jambes** she was stroking his legs ⓑ [+ espoir] to entertain

cargaison /kaʀɡɛzɔ̃/ NF cargo; (= grande quantité)* load; **des ~s de*** loads of*

cargo /kaʀɡo/ NM cargo ship

caribou /kaʀibu/ NM caribou

caricatural, e (mpl -aux) /kaʀikatyʀal, o/ ADJ [manière] ridiculous; [exemple] classic; **une image ~e** a caricature

caricature /kaʀikatyʀ/ NF (= dessin, description) caricature; (politique) cartoon; **faire la ~ de** to caricature

carie /kaʀi/ NF [de dent] **la ~ dentaire** tooth decay; **j'ai une ~** I need a filling

carié, e /kaʀje/ ADJ [dent] decayed

carillon /kaʀijɔ̃/ NM [d'église] (= cloches) bells; [d'horloge, sonnette d'entrée] chime

carillonner /kaʀijɔne/ /TABLE 1/ 1 VI [cloches] to ring; (à toute volée) to peal out 2 VT [+ nouvelle] to broadcast

caritatif, -ive /kaʀitatif, iv/ ADJ **association ou organisation caritative** charity

carlingue /kaʀlɛ̃ɡ/ NF [d'avion] cabin

carmélite /kaʀmelit/ NF Carmelite nun

carnage /kaʀnaʒ/ NM carnage

carnassier, -ière /kaʀnasje, jɛʀ/ 1 ADJ [animal] carnivorous 2 NM carnivore

carnaval (pl **carnavals**) /kaʀnaval/ NM (= fête) carnival

carne * /kaʀn/ NF (= viande) tough meat

carnet /kaʀnɛ/ NM (= calepin) notebook ♦ **carnet d'adresses** address book ♦ **carnet de bord** logbook ♦ **carnet de chèques** chequebook (Brit), checkbook (US) ♦ **carnet de commandes** order book ♦ **carnet de notes** (= calepin) notebook; [d'élève] school report (Brit), report card (US) ♦ **carnet à souches** counterfoil book ♦ **carnet de tickets** 10 tickets ♦ **carnet de timbres** book of stamps

carnivore /kaʀnivɔʀ/ 1 ADJ carnivorous 2 NM carnivore

Caroline /kaʀɔlin/ NF **la ~ du Nord/Sud** North/South Carolina

carotide /kaʀɔtid/ NF carotid

carotte /kaʀɔt/ NF carrot; **manier la ~ et le bâton** to use the carrot and stick approach

carotter * /kaʀɔte/ /TABLE 1/ VT (= voler) to pinch*

carpe /kaʀp/ NF (= poisson) carp

carpette /kaʀpɛt/ NF (= tapis) rug; (= personne) wimp

carre /kaʀ/ NF [de ski] edge

carré, e /kaʀe/ 1 ADJ ⓐ square; **mètre/kilomètre ~** square metre/kilometre ⓑ (= franc) straightforward 2 NM ⓐ (= surface) square; **avoir une coupe au ~** to have one's hair in a bob ⓑ (Naut) wardroom ⓒ (Math) square; **4 au ~ = 4 squared; élever au ~** to square ⓓ (Cartes) **un ~ d'as** four aces ⓔ **~ d'agneau** rack of lamb

carreau (pl **carreaux**) /kaʀo/ NM ⓐ (par terre, au mur) tile; **il est resté sur le ~*** (bagarre) he was knocked out; **se tenir à ~*** to keep one's nose clean* ⓑ (= vitre) (window) pane; **faire les ~x** to clean the windows ⓒ (sur un tissu) check; (sur du papier) square ♦ **à carreaux** [tissu] checked; [papier] squared; **veste à grands/petits ~x** jacket with a large/small check ⓓ (Cartes) diamond

carrefour /kaʀfuʀ/ NM crossroads (sg)

carrelage /kaʀlaʒ/ NM (= carreaux) tiles; **laver le ~** to wash the floor

carreler /kaʀle/ /TABLE 4/ VT [+ mur, sol] to tile

carrelet /kaʀlɛ/ NM (= poisson) plaice

carrément /kaʀemɑ̃/ ADV straight out; **il est ~ nul*** he's completely useless*

carrière /kaʀjɛʀ/ NF ⓐ (= profession) career; **militaire de ~** career soldier; **faire ~ dans l'enseignement** to make one's career in teaching ⓑ [de roches] quarry

carriériste /kaʀjeʀist/ NMF careerist

carriole /kaʀjɔl/ NF (= charrette) cart

carrossable /kaʀosabl/ ADJ [route] suitable for motor vehicles

carrosse /kaʀos/ NM horse-drawn coach

carrosserie /kaʀosʀi/ NF (= coque) body; (= métier) coachbuilding (Brit), car-body making (US); **atelier de ~** body shop

carrossier /kaʀosje/ NM (= constructeur) coachbuilder (Brit), car-body maker (US)

carrousel /kaʀuzɛl/ NM ⓐ (Équitation) carousel ⓑ [de diapositives] Carousel® ⓒ (Belg = manège) merry-go-round

carrure /kaʀyʀ/ NF ⓐ (= largeur d'épaules) build ⓑ (= envergure) calibre (Brit), caliber (US)

cartable /kaʀtabl/ NM (à poignée) schoolbag; (à bretelles) satchel

carte /kaʀt/ 1 NF ⓐ card; (de crédit) credit card; **payer par ~** to pay by credit card ⓑ (Jeux) card; **~ à jouer** playing card; **battre les ~s** to shuffle the cards; **tirer les ~s à qn** to read sb's cards; **jouer ~s sur table** to put one's cards on the table ⓒ [de pays, région] map; [de mer, ciel, météo] chart ⓓ (au restaurant) menu; **on prend le menu ou la ~?** shall we have the set menu or shall we eat à la carte?; **une très bonne ~** a very good menu

♦ **à la carte** [repas] à la carte; [retraite, voyage] tailor-made 2 COMP ♦ **carte d'abonnement** season ticket ♦ **carte bancaire** bank card ♦ **carte blanche : avoir ~ blanche** to have a free hand; **donner ~ blanche à qn** to give sb a free hand ♦ **Carte bleue**® Visa card® (functioning as a debit card) ♦ **carte de crédit** credit card ♦ **carte d'électeur** voting card ♦ **carte d'étudiant** student card ♦ **carte de fidélité** loyalty card ♦ **carte grise** car registration papers ♦ **carte d'identité** identity card ♦ **carte (à) mémoire** smart card; [d'appareil photo numérique] memory card ♦ **carte orange** season ticket for public transport in Paris ♦ **carte de paiement** credit card ♦ **carte postale** postcard ♦ **carte à puce** smart card ♦ **carte de réduction** discount card ♦ **carte de résident** residence permit ♦ **carte de séjour** residence permit ♦ **carte téléphonique ou de téléphone** phonecard ♦ **carte vermeil** ≈ senior citizen's rail card ♦ **carte verte** [de véhicule] green card (Brit), certificate of insurance (US) ♦ **carte des vins** wine list ♦ **carte de visite** visiting card ♦ **carte de vœux** greetings card (Brit), greeting card (US)

> ❶ **CARTES**
> French people over the age of eighteen are normally required to carry a "**carte d'identité**" that provides proof of identity in France and can also be used instead of a passport for travel to some countries. Foreign nationals residing in France for more than three months must have a "**carte de séjour**". All car owners must have a "**carte grise**", which provides proof of ownership and must be shown along with one's driving licence if one is stopped by the police.
> ▷ www.interieur.gouv.fr
> ▷ www.service-public.fr

cartel /kaʀtɛl/ NM cartel

carter /kaʀtɛʀ/ NM [de voiture] sump (Brit), oilpan (US)

carte-réponse (pl **cartes-réponses**) /kaʀt(ə)ʀepɔ̃s/ NF reply card

carterie /kaʀt(ə)ʀi/ NF card shop

cartésien, -ienne /kaʀtezjɛ̃, jɛn/ ADJ, NM,F Cartesian; **elle est très ~ne** she's very rational

cartilage /kaʀtilaʒ/ NM cartilage; [de viande] gristle

cartographier /kaʀtɔɡʀafje/ /TABLE 7/ VT to map

cartomancien, -ienne /kaʀtɔmɑ̃sjɛ̃, jɛn/ NM,F fortuneteller (who uses cards)

carton /kaʀtɔ̃/ 1 NM ⓐ (= matière) cardboard; **de ou en ~** cardboard ⓑ (= boîte) (cardboard) box; **le projet a dormi ou est resté dans les ~s plusieurs années** the project was shelved for several years; **faire un ~*** to do brilliantly* 2 COMP ♦ **carton à dessin** portfolio ♦ **carton d'invitation** invitation card ♦ **carton jaune** (*Football*) yellow card ♦ **carton rouge** (*Football*) red card

cartonné, e /kaʀtɔne/ ADJ [*livre*] hardback

carton-pâte /kaʀtɔpat/ NM pasteboard; **en ~** cardboard

cartouche /kaʀtuʃ/ NF cartridge; [*de cigarettes*] carton

cas /ka/ 1 NM case; **~ urgent** emergency; **~ social** person with social problems; **c'est vraiment un ~!** he's (*ou* she's) a real case!*; **au ~ par ~** case by case; **faire grand ~ de/peu de ~ de** to attach great/little importance to; **c'est (bien) le ~ de le dire!** you said it!
♦ **en aucun cas** under no circumstances
♦ **en tout cas** anyway
♦ **le cas échéant** if need be
♦ **au cas où** : **au ~ où il pleuvrait** in case it rains; **je prends un parapluie au ~ où*** I'm taking an umbrella just in case
♦ **en cas de** : **en ~ de besoin** if need be; **en ~ d'absence** in case of absence; **en ~ d'urgence** in an emergency
2 COMP ♦ **cas de conscience** moral dilemma ♦ **cas d'école** textbook case ♦ **cas de figure** scenario ♦ **cas de force majeure** case of absolute necessity; (= *événement*) act of God

casanier, -ière /kazanje, jɛʀ/ ADJ [*personne, habitudes, vie*] stay-at-home* (*avant le nom*); **il est très ~** he's a real homebody*

cascade /kaskad/ NF [*d'eau*] waterfall

cascadeur, -euse /kaskadœʀ, øz/ NM,F [*de film*] stuntman; (*femme*) stuntwoman

case /kaz/ 1 NF ⓐ (*sur papier, échiquier*) square; [*de formulaire*] box; **il lui manque une ~*** he's got a screw loose* ⓑ (= *hutte*) hut 2 COMP ♦ **case départ** start; **nous voilà revenus à la ~ départ** we're back to square one ♦ **case postale** (*Can, Helv*) PO box

caser* /kaze/ /TABLE 1/ 1 VT (= *placer*) [*+ objets*] to shove*; (= *marier*) [*+ fille*] to find a husband for; (= *pourvoir d'une situation*) to find a job for 2 VPR **se caser** [*célibataire*] to find a partner

caserne /kazɛʀn/ NF barracks; **~ de pompiers** fire station

cash* /kaʃ/ 1 ADV (= *comptant*) **payer ~** to pay cash 2 NM cash (*NonC*)

casher* /kaʃɛʀ/ ADJ INV kosher

casier /kazje/ 1 NM ⓐ (= *compartiment*) compartment; (= *tiroir*) drawer; (*fermant à clé*) locker; [*de courrier*] pigeonhole (*Brit*), mail box (*US*) ⓑ (*Pêche*) lobster pot 2 COMP ♦ **casier à bouteilles** bottle rack ♦ **casier judiciaire** criminal record; **avoir un ~ judiciaire vierge/chargé** to have a clean/long record

casino /kazino/ NM casino

Caspienne /kaspjɛn/ ADJ F, NF **la (mer) ~** the Caspian Sea

casque /kask/ 1 NM ⓐ [*de soldat, alpiniste*] helmet; [*de motocycliste*] crash helmet; [*d'ouvrier*] hard hat ⓑ (*pour sécher les cheveux*) hair-drier ⓒ (*à écouteurs*) headphones 2 COMP ♦ **les Casques bleus** the blue berets ♦ **casque de chantier** hard hat ♦ **casque intégral** full-face helmet

casquer* /kaske/ /TABLE 1/ VTI (= *payer*) to fork out*

casquette /kaskɛt/ NF cap; **avoir plusieurs ~s** (*fig*) to wear several hats

cassant, e /kasɑ̃, ɑ̃t/ ADJ ⓐ [*bois, ongles*] brittle ⓑ [*ton*] curt

casse /kas/ 1 NF ⓐ [*de voitures*]* scrapyard; **bon pour la ~** fit for the scrapheap ⓑ (*Typo*) **bas de ~** lower-case letter 2 NM (= *cambriolage*)* break-in; **faire un ~** to do a robbery

cassé, e /kase/ (*ptp de* **casser**) ADJ [*voix*] cracked; **je suis ~*** (= *fatigué*) I'm whacked

casse-cou* /kasku/ NMF INV (= *personne*) daredevil

casse-croûte /kaskʀut/ NM INV ⓐ (= *repas*) snack ⓑ (*Can* = *restaurant*) snack bar

casse-gueule /kasgœl/ ADJ INV dangerous

casse-noisette (*pl* **casse-noisettes**) /kasnwazɛt/ NM, **casse-noix** /kasnwa/ NM INV nutcrackers (*Brit*), nutcracker (*US*)

casse-pieds* /kaspje/ ADJ INV **ce qu'elle est ~!** she's such a pain!*

casser /kase/

/TABLE 1/
1 VERBE TRANSITIF	3 VERBE PRONOMINAL
2 VERBE INTRANSITIF	

1 VERBE TRANSITIF

ⓐ **= briser** [*+ objet, appareil, rythme, grève*] to break; [*+ noix*] to crack; **~ qch en deux/en morceaux** to break sth in two/into pieces; **il s'est mis à tout ~ autour de lui** he started smashing up everything in sight; **~ du facho*** to go after fascists*

ⓑ **sens figuré** [*+ volonté, moral*] to break; **~ qn** to cause sb's downfall; **~ les prix** to slash prices; **je veux ~ l'image de jeune fille sage qu'on a de moi** I want to change the "good girl" image people have of me

ⓒ **= destituer** [*+ militaire*] to reduce to the ranks; [*+ fonctionnaire*] to demote

ⓓ **= annuler** [*+ jugement*] to quash; [*+ arrêt*] to revoke; **~ un jugement pour vice de forme** to quash a sentence on a technicality

ⓔ **locutions** **~ la baraque*** (= *avoir du succès*) to bring the house down; **~ la croûte*** *ou* **la graine*** to have something to eat; **~ la figure*** *ou* **la gueule** à qn to smash sb's face in*; **~ les pieds à qn*** (= *irriter*) to get on sb's nerves; (= *ennuyer*) to bore sb stiff; **il nous les casse!** he's a pain in the neck!*; **~ sa pipe*** to kick the bucket*; **ça ne casse rien** it's nothing to write home about*; **~ du sucre sur le dos de qn** to talk about sb behind his (*ou* her) back; **il nous casse les oreilles*** he makes a terrible racket
♦ **à tout casser** (= *extraordinaire*)* fantastic*; **tu en auras pour 100 € à tout ~** (= *tout au plus*) that'll cost you 100 euros at the most

2 VERBE INTRANSITIF

ⓐ **= se briser** [*objet*] to break; **ça casse facilement** it breaks easily

ⓑ **= rompre** [*couple*] to split up

3 VERBE PRONOMINAL

se casser

ⓐ **= se briser** [*objet*] to break; **la tasse s'est cassée en tombant** the cup broke when it fell; **l'anse s'est cassée** the handle came off

ⓑ **= se blesser** [*personne*] **se ~ la jambe** to break one's leg; **se ~ une jambe** to break a leg; **se ~ la figure*** *ou* **la gueule** (= *tomber*) to fall flat on one's face; (= *faire faillite*) to go bankrupt; **se ~ le nez** (= *trouver porte close*) to find no one in

ⓒ **= se fatiguer*** **il ne s'est pas cassé pour écrire cet article** he didn't exactly overexert himself writing this article; **il ne s'est pas cassé la tête*** *ou* **le cul*!** he didn't exactly overexert himself!; **cela fait deux jours que je me casse la tête sur ce problème** I've been racking my brains over this problem for two days

ⓓ **= partir** to split*; **casse-toi!** quick, go!; (*menace*) get lost!*

casserole /kasʀɔl/ NF (= *ustensile*) saucepan

casse-tête (*pl* **casse-têtes**) /kastɛt/ NM (= *problème difficile*) headache; (= *jeu*) brain-teaser

cassette /kasɛt/ 1 NF ⓐ (= *bande*) cassette; **j'ai son album en ~** I've got his album on cassette ⓑ (= *coffret*) casket 2 COMP ♦ **cassette vidéo** video

casseur /kasœʀ/ NM ⓐ (*dans manifestation*) rioter ⓑ (= *cambrioleur*)* burglar

cassis /kasis/ NM blackcurrant; (= *liqueur*) cassis

★ *The final* **s** *is pronounced.*

cassonade /kasɔnad/ NF brown sugar

cassoulet /kasulɛ/ NM cassoulet (*meat and bean casserole, a specialty of SW France*)

cassure /kasyʀ/ NF break

castagne : /kastaɲ/ NF fighting
castagnettes /kastaɲɛt/ NFPL castanets
caste /kast/ NF caste
castor /kastɔʀ/ NM beaver
castrer /kastʀe/ /TABLE 1/ VT [+ homme, animal mâle] to castrate; [+ animal femelle] to spay; [+ cheval] to geld
cataclysme /kataklism/ NM cataclysm
catacombes /katakɔ̃b/ NFPL catacombs
catadioptre /katadjɔptʀ/ NM (sur voiture) reflector; (sur chaussée) cat's eye
catalan, e /katalɑ̃, an/ 1 ADJ Catalan 2 NM (= langue) Catalan
Catalogne /katalɔɲ/ NF Catalonia
catalogue /katalɔg/ NM catalogue, catalog (US)
cataloguer /katalɔge/ /TABLE 1/ VT [+ livres] to catalogue, to catalog (US); [+ personne] to label
catalyseur /katalizœʀ/ NM catalyst
catalytique /katalitik/ ADJ → **pot**
catamaran /katamaʀɑ̃/ NM (= voilier) catamaran
cataplasme /kataplasm/ NM poultice
catapulter /katapylte/ /TABLE 1/ VT to catapult
cataracte /kataʀakt/ NF cataract
catastrophe /katastʀɔf/ NF disaster; **atterrir en ~** to make an emergency landing; **partir en ~** to leave in a terrible rush; **scénario ~** nightmare scenario
catastrophé, e* /katastʀɔfe/ ADJ appalled
catastrophique /katastʀɔfik/ ADJ disastrous
catastrophisme /katastʀɔfism/ NM (= pessimisme) gloom-mongering; **faire du ~** to spread doom and gloom
catch /katʃ/ NM wrestling
catéchisme /kateʃism/ NM catechism; **aller au ~** to go to catechism, ≈ to go to Sunday school
catégorie /kategɔʀi/ NF category; (Boxe, Hôtellerie) class; **~ socioprofessionnelle** socioprofessional group; **hors ~** outstanding
catégorique /kategɔʀik/ ADJ categorical
catégoriquement /kategɔʀikmɑ̃/ ADV categorically; [refuser] point-blank
cathare /kataʀ/ ADJ, NM,F Cathar
cathédrale /katedʀal/ NF cathedral
catho * /kato/ ADJ, NMF ABBR = **catholique**
cathodique /katɔdik/ ADJ → **tube**
catholicisme /katɔlisism/ NM (Roman) Catholicism
catholique /katɔlik/ 1 ADJ (Roman) Catholic; **pas très ~*** a bit fishy* 2 NMF (Roman) Catholic
catimini /katimini/ LOC ADV **en ~** on the quiet
catogan /katɔgɑ̃/ NM (= nœud) bow (tying hair on the neck)
Caucase /kokaz/ NM **le ~** the Caucasus
cauchemar /koʃmaʀ/ NM nightmare; **faire des ~s** to have nightmares
causant, e* /kozɑ̃, ɑ̃t/ ADJ talkative; **il n'est pas très ~** he's not very talkative
cause /koz/ NF ⓐ (= raison) cause ⓑ (Droit) case ⓒ (= intérêts) cause; **~ perdue** lost cause; **pour la bonne ~** for a good cause ⓓ (locutions)
♦ **à cause de** because of
♦ **en cause** : **être en ~** [personne] to be involved; [intérêts] to be at stake; **son honnêteté n'est pas en ~** his honesty is not in question; **mettre en ~** [+ innocence, nécessité, capacité] to call into question; **remettre en ~** [+ principe, tradition] to question
♦ **pour cause** : **fermé pour ~ d'inventaire** closed for stock-taking (Brit) ou inventory (US); **fermé pour ~ de maladie** closed on account of illness; **et pour ~ !** and for good reason!
causer /koze/ /TABLE 1/ 1 VT ⓐ (= provoquer) to cause; (= entraîner) to bring about; **~ des ennuis à qn** to cause trouble for sb ⓑ (= parler de) to talk; **~ politique/travail** to

talk politics/shop 2 VI (= parler) to talk; **~ de qch** to talk about sth; **assez causé !** that's enough talk!
causerie /kozʀi/ NF (= discours) talk
causette /kozɛt/ NF **faire la ~** to have a chat
caustique /kostik/ ADJ caustic
cautériser /koteʀize/ /TABLE 1/ VT to cauterize
caution /kosjɔ̃/ NF ⓐ (= somme d'argent) security; (pour appartement, véhicule loué) deposit; **~ bancaire** bank guarantee; **verser une ~ de 1 000 €** to put down a deposit of €1,000 ⓑ (Droit) bail; **libérer qn sous ~** to release sb on bail; **payer la ~ de qn** to stand (Brit) ou put up (US) bail for sb ⓒ (= appui) backing; **apporter ou donner sa ~ à qn/qch** to give one's backing to sb/sth ⓓ (= personne) guarantor; **se porter ~ pour qn** to stand surety for sb
cautionner /kosjone/ /TABLE 1/ VT (= soutenir) to give one's backing to
cavalcade /kavalkad/ NF (= course) stampede
cavale * /kaval/ NF **être en ~** to be on the run
cavaler * /kavale/ /TABLE 1/ VI to rush
cavalerie /kavalʀi/ NF cavalry
cavalier, -ière /kavalje, jɛʀ/ 1 NM,F ⓐ (Équitation) rider; **faire ~ seul** to go it alone ⓑ (= danseur) partner 2 NM (Échecs) knight 3 ADJ ⓐ (= impertinent) cavalier ⓑ **allée ou piste cavalière** bridle path
cave /kav/ NF ⓐ (= pièce) cellar ⓑ (à vin) cellar; **avoir une bonne ~** to keep a good cellar ⓒ (Can, Helv) [de maison] basement
caveau (pl **caveaux**) /kavo/ NM ⓐ (= sépulture) vault ⓑ (= cave) cellar
caverne /kavɛʀn/ NF (= grotte) cave; **c'est la ~ d'Ali Baba !** it's an Aladdin's cave!
caverneux, -euse /kavɛʀnø, øz/ ADJ [voix] cavernous
caviar /kavjaʀ/ NM caviar ♦ **caviar d'aubergines** aubergine (Brit) ou eggplant (US) dip
cavité /kavite/ NF cavity
CB /sibi/ NF ⓐ (ABBR = **Citizens' Band**) **la CB** CB radio ⓑ (ABBR = **carte bancaire**) bank card
CCP /sesepe/ NM (ABBR = **compte chèque postal**) post office account
CD /sede/ NM ⓐ (ABBR = **compact disc**) CD; **double CD** double CD ⓑ (ABBR = **corps diplomatique**) CD
CDD /sedede/ NM (ABBR = **contrat à durée déterminée**) fixed-term contract
CDI /sedei/ NM ⓐ (ABBR = **compact disc interactif**) CDI ⓑ (ABBR = **contrat à durée indéterminée**) permanent contract
CD-ROM /sedeʀɔm/ NM INV (ABBR = **compact disc read only memory**) CD-ROM
CE /seə/ 1 NM ⓐ ABBR = **comité d'entreprise** ⓑ ABBR = **cours élémentaire** 2 NF (ABBR = **Communauté européenne**) EC

ce /sə/

1 ADJECTIF DÉMONSTRATIF	2 PRONOM DÉMONSTRATIF

1 ADJECTIF DÉMONSTRATIF

► Feminine = **cette**, plural = **ces**, masculine before vowel and silent **h** = **cet**.

► L'anglais distingue plus nettement que le français les objets ou personnes qui sont proches de ceux qui sont moins proches (dans l'espace ou dans le temps, ou subjectivement). Pour les objets et personnes qui sont proches, on choisira **this**, pour les moins proches, on préférera **that**.

ⓐ **dans l'espace ou subjectivement** (proche) this; (moins proche) that; **j'aime beaucoup ces boucles d'oreille** (que je porte) I really like these earrings; (que tu portes) I really like those earrings; **je ne vois rien avec ces lunettes** I can't see a thing with these glasses; **ce chapeau lui va bien** that hat suits him; **si seulement ce mal de tête s'en allait** if only this headache would go away; **que faisais-tu avec ce ty-**

pe ?* what were you doing with that guy?*; **ce Paul Durat est un drôle de personnage!** that Paul Durat is quite a character!; MAIS **ces messieurs sont en réunion** the gentlemen are in a meeting; **cette idée!** what an idea!

(b) dans le temps (*proche*) this; (*moins proche*) that; **venez cet après-midi** come this afternoon; **le 8 de ce mois** the 8th of this month; **le 8 de ce mois** (= *ce mois-là*) the 8th of that month; **il m'a semblé fatigué ces derniers jours** he's been looking tired these past few days; **ces années furent les plus heureuses de ma vie** those were the happiest years of my life; **cette nuit** (*qui vient*) tonight; (*passée*) last night

2 PRONOM DÉMONSTRATIF

► **ce** becomes **c'** before **en** and forms of the verb **être** that begin with a vowel.

► *Pour les locutions* **c'est, ce sont, c'est lui qui** *etc, voir* **être**.

♦ **ce qui** what; (*reprenant une proposition*) which; **ce qui est important, c'est ...** what really matters is ...; **nous n'avons pas de jardin, ce qui est dommage** we haven't got a garden, which is a pity

♦ **ce que** what; (*reprenant une proposition*) which; **elle fait ce qu'on lui dit** she does what she is told; **ce qu'elle m'a dit, c'est qu'elle n'a pas le temps** what she told me was that she hasn't got time; **il pleut beaucoup, ce que j'aime bien** it rains a lot, which I like; **il est resté insensible à ce que je lui ai dit** he remained unmoved by what I said; **à ce qu'on dit** from what they say; **on ne s'attendait pas à ce qu'il parle** they were not expecting him to speak; **ce que les gens sont bêtes!** people are so stupid!; **ce qu'elle joue bien!** she's such a good player!; **ce qu'il m'agace!** he's so annoying!

► **all** *n'est jamais suivi de* **what**, *mais peut être suivi de* **that**.

tout ce que je sais all (that) I know; **voilà tout ce que j'ai pu savoir** that's all (that) I managed to find out

♦ **ce dont**

► *Notez la place de la préposition en anglais.*

c'est exactement ce dont je parle that's precisely what I'm talking about; **ce dont j'ai peur** what I'm afraid of
♦ **ce faisant** in doing so
♦ **pour ce faire** to do this; **on utilise pour ce faire une pince** to do this you use a pair of pliers

ceci /səsi/ PRON DÉM this; **à ~ près que ...** except that ...

cécité /sesite/ NF blindness; **atteint de ~** blind

céder /sede/ /TABLE 6/ **1** VT (a) (= *donner*) to give up; **~ qch à qn** to let sb have sth; **et maintenant je cède l'antenne à notre correspondant à Paris** and now I'll hand you over to our Paris correspondent; **~ le passage à qn** to give way to sb; **«cédez le passage»** "give way" (b) (= *vendre*) to sell; **«bail à ~»** "lease for sale"; **«cède maison avec jardin»** "house with garden for sale" **2** VI (a) (= *capituler*) to give in (b) (= *se rompre*) to give way

cédérom /sederɔm/ NM CD-ROM

Cedex /sedɛks/ NM (ABBR = **courrier d'entreprise à distribution exceptionnelle**) *postcode used for express business service*

cédille /sedij/ NF cedilla

cèdre /sɛdʀ/ NM cedar

CEE /seəə/ NF (ABBR = **Communauté économique européenne**) EEC

Cegep /seʒɛp/ NM (*Can*) (ABBR = **Collège d'enseignement général et professionnel**) ≈ sixth-form college (*Brit*), ≈ junior college (*US*)

CEI /seai/ NF (ABBR = **Communauté des États indépendants**) CIS

ceint, e /sɛ̃, t/ ADJ (*littér*) **il avait le front ~ d'un bandeau** he was wearing a headband; **le maire, ~ de l'écharpe tricolore** the mayor, wearing a tricolour sash

ceinture /sɛ̃tyʀ/ **1** NF (a) belt; **se serrer la ~*** to tighten one's belt (b) (= *taille*) waist; [*de vêtement*] waistband; **l'eau lui arrivait à la ~** the water came up to his waist (c) [*de métro, bus*] **petite/grande ~** inner/outer circle **2** COMP
♦ **ceinture de sauvetage** lifebelt (*Brit*), life preserver (*US*)
♦ **ceinture de sécurité** seat belt

ceinturer /sɛ̃tyʀe/ /TABLE 1/ VT [+ *personne*] to grasp by the waist; [+ *ville*] to surround

ceinturon /sɛ̃tyʀɔ̃/ NM (wide) belt

cela /s(ə)la/ PRON DÉM (a) (*objet proche*) this; (*objet moins proche*) that; **qu'est-ce que c'est que ~, sur ma cravate?** what's this on my tie?; **qu'est-ce que c'est que ~, par terre?** what's that on the floor? (b) (*sujet du verbe*) it; (*ce qui a été dit*) that; **flexibilité, qu'est-ce que ~ veut dire?** flexibility, what does that mean?; **c'est ~ !** that's right; **~ dit** that said; **~ m'agace de l'entendre se plaindre** it gets on my nerves hearing him complain; **faire des études, ~ ne le tentait guère** studying didn't really appeal to him (c) (*locutions*) **quand/où ~ ?** when/where was that?; **à ~ près que ...** except that ...; **il y a deux jours de ~** two days ago

célébration /selebʀasjɔ̃/ NF celebration

célèbre /selɛbʀ/ ADJ famous

célébrer /selebʀe/ /TABLE 6/ VT to celebrate

célébrissime* /selebʀisim/ ADJ very famous

célébrité /selebʀite/ NF (a) (= *renommée*) fame (b) (= *personne*) celebrity

céleri /sɛlʀi/ NM **~ (en branches)** celery; **~(-rave)** celeriac

céleste /selɛst/ ADJ (a) (= *du ciel*) celestial (b) (= *merveilleux*) heavenly

célibat /seliba/ NM [*d'homme, femme*] single life; (*par abstinence*) celibacy

célibataire /selibatɛʀ/ **1** ADJ single; [*prêtre*] celibate; **mère/père ~** single mother/father **2** NM single man **3** NF single woman

celle /sɛl/ PRON DÉM → **celui**

celle-ci /sɛlsi/ PRON DÉM → **celui-ci**

celle-là /sɛlla/ PRON DÉM → **celui-là**

cellier /selje/ NM storeroom (*for wine and food*)

cellophane® /selɔfan/ NF Cellophane®; **sous ~** wrapped in Cellophane®

cellulaire /selylɛʀ/ ADJ (a) (*Bio, Télec*) cellular (b) (= *pénitentiaire*) **régime ~** confinement; **voiture** *ou* **fourgon ~** prison van

cellule /selyl/ NF cell; **six jours de ~** six days in the cells
♦ **cellule de crise** emergency committee ♦ **cellule familiale** family unit ♦ **cellule photoélectrique** photoelectric cell ♦ **cellule de réflexion** think tank* ♦ **cellule souche** stem cell

cellulite /selylit/ NF (= *graisse*) cellulite

celluloïd /selylɔid/ NM celluloid

cellulose /selyloz/ NF cellulose; **~ végétale** dietary fibre

Celsius /sɛlsjys/ NM **degré ~** degree Celsius

celte /sɛlt/ **1** ADJ Celtic **2** NMF **Celte** Celt

celtique /sɛltik/ ADJ Celtic

celui /səlɥi/ PRON DÉM

► *Feminine* = **celle**, *masculine plural* = **ceux**, *feminine plural* = **celles**.

cette marque est celle recommandée par les fabricants de lave-linge this brand is the one recommended by washing machine manufacturers
♦ **celui de/des** : **c'est ~ des trois frères que je connais le mieux** of the three brothers he's the one I know the best; **je n'aime pas cette version, celle de Piaf est meilleure** I don't like this version, the one by Piaf is better; **l'horloge de la mairie et celle de la gare** the town-hall clock and the one at the station; **pour ceux d'entre vous qui ...** for those of you who ...
♦ **celui qui/que/dont** : **ses romans sont ceux qui se vendent le mieux** his novels are the ones that sell best; **donnez-lui la balle rouge, c'est celle qu'il préfère** give him

the red ball, that's the one he likes best; **celui dont je t'ai parlé** the one I told you about; **ceux dont je t'ai parlé** the ones I told you about

celui-ci /səlɥisi/ PRON DÉM

> ➤ Feminine = **celle-ci**, masculine plural = **ceux-ci**, feminine plural = **celles-ci**.

ⓐ (*par opposition à celui-là*) this one; **ceux-ci** *ou* **celles-ci** these (ones); **lequel voulez-vous?** — ~ which one would you like? — this one; **celles-ci sont moins chères** these (ones) are cheaper ⓑ (*référence à un antécédent*) **elle écrivit à son frère, ~ ne répondit pas** she wrote to her brother - he did not answer

celui-là /səlɥila/ PRON DÉM

> ➤ Feminine = **celle-là**, masculine plural = **ceux-là**, feminine plural = **celles-là**.

ⓐ (= *celui-ci*) this one; **ceux-là** these (ones); **lequel voulez-vous?** — ~ which one would you like? — this one ⓑ (*par opposition à celui-ci*) **lequel voulez-vous, celui-ci?** — non, ~ which one would you like, this one? — no, that one; **celles-là sont moins chères** those (ones) are cheaper; **il a vraiment de la chance, ~!** that guy* certainly has a lot of luck!; **elle est bien bonne, celle-là!** that's a bit much!

cendre /sɑ̃dʀ/ NF ⓐ (= *substance*) ash; **réduire en ~s** to reduce to ashes; **cuire qch sous la ~** to cook sth in the embers ⓑ [*de mort*] **~s** ashes; **le mercredi des Cendres** Ash Wednesday; **les Cendres** Ash Wednesday

cendré, e /sɑ̃dʀe/ 1 ADJ (= *couleur*) ashen; **gris/blond ~** ash grey/blond 2 NF **cendrée** (= *piste*) cinder track

cendrier /sɑ̃dʀije/ NM [*de fumeur*] ashtray

Cendrillon /sɑ̃dʀijɔ̃/ NF Cinderella

cène /sɛn/ NF ⓐ **la Cène** the Last Supper ⓑ (= *communion protestante*) Communion

censé, e /sɑ̃se/ ADJ **être ~ faire qch** to be supposed to do sth; **je suis ~ travailler** I'm supposed to be working; **nul n'est ~ ignorer la loi** ignorance of the law is no excuse

censément /sɑ̃semɑ̃/ ADV supposedly

censeur /sɑ̃sœʀ/ NM (*Ciné, Presse*) censor

censure /sɑ̃syʀ/ NF (*Ciné, Presse*) censorship; (= *censeurs*) (board of) censors

censurer /sɑ̃syʀe/ /TABLE 1/ VT to censor

cent /sɑ̃/ 1 ADJ ⓐ (= 100) a hundred

> ➤ When **cent** is preceded by a plural number **s** is added, unless another number follows.

ça coûtait ~ euros et non deux ~s it was one hundred euros, not two hundred; **quatre ~ treize** four hundred and thirteen; **sept ~ un** seven hundred and one; **en l'an treize ~** in the year thirteen hundred; **~ chaises** a hundred chairs; **deux ~s chaises** two hundred chairs; **courir un ~ mètres** to run a one-hundred-metre race; (**course de**) **quatre ~s mètres haies** 400 metres hurdles; **piquer un ~ mètres*** (*pour rattraper qn*) to sprint; (*pour s'enfuir*) to leg it*; **faire les ~ pas** to pace up and down; **il vit à ~ à l'heure*** he leads a very hectic life

ⓑ (= *beaucoup de*) **je te l'ai dit ~ fois** I've told you a hundred times; **il a ~ fois raison** he's absolutely right; **~ fois mieux** a hundred times better; **c'est ~ fois trop grand** it's far too big

2 NM ⓐ (= *monnaie*) cent
ⓑ (= *nombre*) a hundred; **multiplier par ~** to multiply by a hundred; **il y a ~ contre un à parier que ...** it's a hundred to one that ...

♦ **pour cent** per cent; **cinq pour ~** five per cent; **je suis ~ pour ~ sûr** I'm a hundred per cent certain; **à ~ pour ~** a hundred per cent

> ★ The **t** is pronounced before a noun beginning with a vowel sound, eg **cent ans**.

centaine /sɑ̃tɛn/ NF ⓐ (= *environ cent*) **une ~ de** about a hundred; **plusieurs ~s (de)** several hundred; **des ~s de personnes** hundreds of people ⓑ (= *cent unités*) hundred; **10 € la ~** 10 euros a hundred

centenaire /sɑ̃t(ə)nɛʀ/ 1 ADJ hundred-year-old (*avant le*

nom); **cet arbre est ~** this tree is a hundred years old 2 NMF (= *personne*) centenarian 3 NM (= *anniversaire*) centenary

centième /sɑ̃tjɛm/ ADJ, NM hundredth; **je n'ai pas retenu le ~ de ce qu'il a dit** I scarcely remember a word of what he said → **sixième**

centigrade /sɑ̃tigʀad/ ADJ centigrade

centilitre /sɑ̃tilitʀ/ NM centilitre (*Brit*), centiliter (*US*)

centime /sɑ̃tim/ NM centime; **je n'ai pas un ~** I haven't got a penny (*Brit*) or a cent (*US*) ♦ **centime d'euro** euro cent

centimètre /sɑ̃timɛtʀ/ NM ⓐ (= *mesure*) centimetre (*Brit*), centimeter (*US*) ⓑ (= *ruban*) tape measure

centrafricain, e /sɑ̃tʀafʀikɛ̃, ɛn/ 1 ADJ from the Central African Republic; **la République ~e** the Central African Republic 2 NM,F **Centrafricain(e)** Central African

Centrafrique /sɑ̃tʀafʀik/ NM **le ~** the Central African Republic

central, e (*mpl* -**aux**) /sɑ̃tʀal, o/ 1 ADJ central; **l'Amérique/l'Asie ~e** Central America/Asia; **le personnage ~ du roman** the novel's central character 2 NM **~** (**téléphonique**) (telephone) exchange 3 NF **centrale** ⓐ (*électrique, thermique*) power station ⓑ (= *prison*) prison 4 COMP ♦ **centrale électrique** power station ♦ **centrale nucléaire** nuclear power station

centraliser /sɑ̃tʀalize/ /TABLE 1/ VT to centralize

centre /sɑ̃tʀ/ 1 NM ⓐ centre (*Brit*), center (*US*); **il habite en plein ~** he lives right in the centre; **il se croit le ~ du monde** he thinks the world revolves around him; **les grands ~s urbains/industriels** the great urban/industrial centres; **~ gauche/droit** (*Politique*) centre left/right ⓑ (*Football = passe*) centre (*Brit*) *ou* center (*US*) pass
2 COMP ♦ **centre aéré** day centre ♦ **centre d'appels** call centre ♦ **centre commercial** shopping centre ♦ **centre culturel** arts centre ♦ **centre de documentation et d'information** (school) library ♦ **centre de gravité** centre of gravity ♦ **centre hospitalier** hospital; **~ hospitalier universitaire** teaching *ou* university hospital ♦ **centre d'information et d'orientation** careers advisory centre ♦ **centre de loisirs** leisure centre ♦ **Centre national d'enseignement à distance** *centre for distance learning* ♦ **Centre national de la recherche scientifique** *scientific research body* ♦ **centre de tri** (*Poste*) sorting office

centrer /sɑ̃tʀe/ /TABLE 1/ VT ⓐ to centre (*Brit*), to center (*US*); **le sujet est mal centré sur la photo** the subject of the photo is off-centre (*Brit*) *ou* off-center (*US*) ⓑ (= *orienter*) to focus; **être centré sur** [*débat, politique*] to focus on 2 VI [*footballeur*] to centre (*Brit*) *ou* center (*US*) the ball

centre-ville (*pl* **centres-villes**) /sɑ̃tʀəvil/ NM town *ou* city centre (*Brit*) *ou* center (*US*); **au ~** in the town *ou* city centre

centrifuge /sɑ̃tʀify3/ ADJ centrifugal

centrifugeuse /sɑ̃tʀify3øz/ NF (*de cuisine*) juice extractor

centripète /sɑ̃tʀipɛt/ ADJ centripetal

centriste /sɑ̃tʀist/ ADJ, NMF centrist

centuple /sɑ̃typl/ NM **au ~** a hundredfold

cep /sɛp/ NM ~ (**de vigne**) (vine) stock

cépage /sepaʒ/ NM (variety of) grape

cèpe /sɛp/ NM cep (*kind of wild mushroom*)

cependant /s(ə)pɑ̃dɑ̃/ CONJ (= *mais*) however; **je préfère ~ rester** I'd rather stay, however

céphalée /sefale/ NF headache

céramique /seʀamik/ 1 ADJ ceramic 2 NF (= *matière, objet*) ceramic; **la ~** ceramics; **vase en ~** ceramic *ou* pottery vase

cerceau (*pl* **cerceaux**) /sɛʀso/ NM [*d'enfant, tonneau*] hoop

cercle /sɛʀkl/ 1 NM ⓐ (= *forme, figure*) circle; **l'avion décrivait des ~s** the plane was circling; **entourer d'un ~** to circle ⓑ (= *groupe*) circle; (= *club*) club; **le ~ de famille** the family circle; **un ~ d'amis** a circle of friends; **~ littéraire** literary circle 2 COMP ♦ **cercle polaire** polar circle; ♦ **polaire**

arctique/antarctique Arctic/Antarctic Circle ✦ **cercle vicieux** vicious circle

cercler /sɛʀkle/ /TABLE 1/ VT to ring; **lunettes cerclées d'écaille** horn-rimmed spectacles

cercueil /sɛʀkœj/ NM coffin, casket (US)

céréale /seʀeal/ 1 NF cereal 2 NFPL **céréales** (pour petit-déjeuner) cereal

céréalier, -ière /seʀealje, jɛʀ/ 1 ADJ cereal 2 NM (= producteur) cereal grower

cérébral, e (mpl **-aux**) /seʀebʀal, o/ ADJ (Méd) cerebral; [travail] mental; **c'est un ~** he's brainy

cérémonial (pl **cérémonials**) /seʀemɔnjal/ NM ceremonial

cérémonie /seʀemɔni/ NF ceremony; **sans ~** [recevoir] informally; [proposer] unceremoniously; [réception] informal; **ne fais pas tant de ~s** there's no need to be so formal

cérémonieux, -ieuse /seʀemɔnjø, jøz/ ADJ [ton, accueil] ceremonious; [personne] formal

cerf /sɛʀ/ NM stag

cerfeuil /sɛʀfœj/ NM chervil

cerf-volant (pl **cerfs-volants**) /sɛʀvɔlɑ̃/ NM (= jouet) kite

cerise /s(ə)ʀiz/ 1 NF cherry; **la ~ sur le gâteau** (fig) the icing on the cake 2 ADJ INV cherry-red

cerisier /s(ə)ʀizje/ NM (= arbre) cherry tree; (= bois) cherry wood

cerne /sɛʀn/ NM ring; **les ~s sous ses yeux** the rings under his eyes

cerné, e /sɛʀne/ ADJ **avoir les yeux ~s** to have rings ou shadows under one's eyes

cerneau (pl **cerneaux**) /sɛʀno/ NM shelled walnut

cerner /sɛʀne/ /TABLE 1/ VT ⓐ (= entourer) to surround; **ils étaient cernés de toutes parts** they were completely surrounded ⓑ (= comprendre) [+ problème] to identify; [+ personne] to figure out

certain, e /sɛʀtɛ̃, ɛn/ 1 ADJ ⓐ (= convaincu) [personne] sure, certain; **es-tu ~ de rentrer ce soir?** are you sure ou certain you'll be back this evening?; **elle est ~e qu'ils viendront** she's sure ou certain they'll come
ⓑ (= incontestable) certain; [indice] sure; [date, prix] definite; **il a fait des progrès ~s** he has made definite progress; **la victoire est ~e** victory is assured; **c'est une chose ~e** it's absolutely certain; **c'est ~** there's no doubt about it
ⓒ (= plus ou moins défini : avant le nom) **un ~** ... a (certain) ...; **un ~ ministre disait même que** ... a certain minister even said that ...; **un ~ M. Leblanc vous a demandé** a Mr Leblanc was asking for you; **dans une ~e mesure** to a certain extent; **dans un ~ sens** in a certain sense; **jusqu'à un ~ point** up to a point; **un ~ nombre d'éléments font penser que** ... a number of things lead one to think that ...
ⓓ (intensif : avant le nom) some; **c'est à une ~e distance d'ici** it's some distance from here; **cela demande un ~ courage** it takes some courage; **au bout d'un ~ temps** after a while; **il a un ~ âge** he's getting on; **une personne d'un ~ âge** an elderly person
ⓔ **certains** (= quelques) some, certain; **dans ~s cas** in some ou certain cases; **~es personnes ne l'aiment pas** some people don't like him; **sans ~es notions de base** without some ou certain basic notions

2 PRON INDÉF PL **certains** (= personnes) some people; (= choses) some; **dans ~s de ces cas** in some of these cases; **parmi ses récits ~s sont amusants** some of his stories are amusing; **pour ~s** for some people; **~s disent que** ... some people say that ...; **~s d'entre vous** some of you; **il y en a ~s qui** ... there are some who ...

certainement /sɛʀtɛnmɑ̃/ ADV (= très probablement) most probably; (= sans conteste, bien sûr) certainly

certes /sɛʀt/ ADV certainly

certif * /sɛʀtif/ NM ABBR = **certificat d'études primaires**

certificat /sɛʀtifika/ NM (= diplôme, attestation) certificate ✦ **certificat d'aptitude professionnelle** vocational training certificate ✦ **certificat de concubinage** document certifying that a couple are living as husband and wife ✦ **certificat de décès** death certificate ✦ **certificat d'étu-**

des primaires (autrefois) certificate obtained by pupils at the end of primary school ✦ **certificat de mariage** marriage certificate ✦ **certificat médical** medical certificate ✦ **certificat de travail** attestation of employment

certifié, e /sɛʀtifje/ (ptp de **certifier**) NM,F, ADJ (**professeur**) **~** qualified secondary school (Brit) ou high-school (US) teacher, holder of the CAPES → CAPES

certifier /sɛʀtifje/ /TABLE 7/ VT ⓐ (= assurer) **~ qch à qn** to assure sb of sth ⓑ (= authentifier) to certify; **copie certifiée conforme (à l'original)** certified copy

certitude /sɛʀtityd/ NF certainty; **avoir la ~ de qch/de faire** to be certain ou sure of sth/of doing

cérumen /seʀymɛn/ NM (ear) wax

cerveau (pl **cerveaux**) /sɛʀvo/ NM brain; **fais travailler ton ~** use your brain; **la fuite** ou **l'exode des ~x** the brain drain; **c'était le ~ de l'affaire** he was the brains behind the job

cervelas /sɛʀvəla/ NM saveloy

cervelle /sɛʀvɛl/ NF brain; (= viande) brains; **~ d'agneau** lamb's brains; **qu'est-ce que tu as dans la ~?** * are you stupid or what?*

cervical, e (mpl **-aux**) /sɛʀvikal, o/ ADJ cervical

cervoise /sɛʀvwaz/ NF barley beer

CES /seəɛs/ NM ⓐ (seəɛs) (ABBR = **collège d'enseignement secondaire**) secondary school (Brit), junior high school (US) ⓑ /sɛs/ ABBR = **contrat emploi-solidarité**

ces /se/ PRON DÉM → **ce**

César /sezaʀ/ NM ⓐ Caesar ⓑ (= prix) French film award

césarienne /sezaʀjɛn/ NF Caesarean; **ils lui ont fait une ~** they gave her a Caesarean

cessation /sesasjɔ̃/ NF (frm) cessation; **~ d'activité** [d'entreprise] closing down; (= retraite) retirement; (= chômage) redundancy; **être en ~ de paiements** to be insolvent

cesse /sɛs/ LOC ADV ✦ **sans cesse** (= tout le temps) constantly; (= sans interruption) continuously; **elle est sans ~ après lui** she nags him constantly; **la pluie tombe sans ~ depuis hier** it's been raining non-stop since yesterday

cesser /sese/ /TABLE 1/ 1 VT to stop; **~ de faire qch** to stop doing sth; **il n'a pas cessé de pleuvoir** it hasn't stopped raining; **~ le travail** to stop work; **nous avons cessé la fabrication de cet article** we have stopped making this item; **il ne cesse de m'importuner** (frm) he's constantly bothering me 2 VI to stop; **faire ~** to stop

cessez-le-feu /sesel(ə)fø/ NM INV ceasefire

cession /sesjɔ̃/ NF transfer

c'est-à-dire /sɛtadiʀ/ CONJ (= à savoir) that is, i.e.; **je n'ai plus — ~?** I haven't got it — what do you mean?; **tu viendras? — ~ que j'ai du travail** will you come? — well, actually I've got some work to do

césure /sezyʀ/ NF (fig) division

CET /seəte/ NM (ABBR = **collège d'enseignement technique**) technical school

cet /sɛt/ ADJ DÉM → **ce**

cétacé /setase/ NM cetacean

cette /sɛt/ ADJ DÉM → **ce**

ceux /sø/ PRON DÉM → **celui**

Ceylan /selɑ̃/ NM Ceylon

cf /seɛf/ (ABBR = **confer**) cf

CFDT /seɛfdete/ NF (ABBR = **Confédération française démocratique du travail**) trade union

CFF /seɛfɛf/ NMPL (ABBR = **Chemins de fer fédéraux**) (Helv) → **chemin**

CFTC /seɛftese/ NF (ABBR = **Confédération française des travailleurs chrétiens**) trade union

CGC /sezese/ NF (ABBR = **Confédération générale des cadres**) management union

CGT /sezete/ NF (ABBR = **Confédération générale du travail**) trade union

chacal (pl **chacals**) /ʃakal/ NM jackal

chacun, **e** /ʃakœ̃, yn/ PRON INDÉF (a) (d'un ensemble bien défini) each; ~ **d'entre eux** each of them; ~ **des deux** each ou both of them; **ils me donnèrent** ~ **10 €** each of them gave me 10 euros; **il leur donna (à)** ~ **10 €** he gave them 10 euros each (b) (d'un ensemble indéfini) everyone, everybody; **comme** ~ **sait** as everyone ou everybody knows; ~ **son tour!** wait your turn!; ~ **son goût** ou **ses goûts** each to his own; ~ **pour soi** every man for himself

chagrin /ʃagʀɛ̃/ NM (= affliction) grief; **avoir un** ~ **d'amour** to be disappointed in love; **faire du** ~ **à qn** to cause sb grief; **avoir du** ~ to be grieved

chagriner /ʃagʀine/ /TABLE 1/ VT (= tracasser) to bother

chahut /ʃay/ NM (= tapage) uproar; **faire du** ~ to create an uproar

chahuter /ʃayte/ /TABLE 1/ **1** VI (= faire du bruit) to make a racket; (= faire les fous) to mess around **2** VT [+ professeur] to play up; [+ ministre] to heckle; **il se fait** ~ **par ses élèves** his pupils create mayhem in his class

chahuteur, -euse /ʃaytœʀ, øz/ ADJ, NM,F rowdy

chaîne /ʃɛn/ **1** NF (a) (de métal) chain; ~ **de bicyclette** bicycle chain; **briser ses** ~**s** to throw off one's chains (b) (= ensemble, suite) chain; [de montagnes] range; **la** ~ **des Alpes** the Alpine range; **des catastrophes en** ~ a series of disasters (c) (Industrie) assembly line; **travailler à la** ~ to work on an assembly line (d) (TV) channel; **sur la première/deuxième** ~ on the first/ second channel (e) (stéréo) stereo system; ~ **hi-fi** hi-fi system **2** COMP ◆ **chaîne alimentaire** food chain ◆ **chaîne câblée** cable channel ◆ **chaîne de caractères** character string ◆ **chaîne compacte** mini-system ◆ **chaîne de fabrication, chaîne de montage** assembly line ◆ **chaîne payante** ou **à péage** pay TV channel ◆ **chaîne stéréo** stereo system

chaînette /ʃɛnɛt/ NF chain

chaînon /ʃɛnɔ̃/ NM link

chair /ʃɛʀ/ **1** NF flesh; **en** ~ **et en os** in the flesh; **avoir la** ~ **de poule** to have goosepimples; **j'en ai la** ~ **de poule** (chose effrayante) it makes my flesh creep; **bien en** ~ plump **2** ADJ INV flesh-coloured (Brit), flesh-colored (US) **3** COMP ◆ **chair à canon** cannon fodder ◆ **chair à saucisse** sausage meat

chaire /ʃɛʀ/ NF (a) (= estrade) [de prédicateur] pulpit; [de professeur] rostrum (b) (= poste universitaire) chair

chaise /ʃɛz/ NF chair; **être assis** ou **avoir le cul entre deux** ~**s** to be caught between two stools ◆ **chaise pour bébé** highchair ◆ **chaise électrique** electric chair ◆ **chaise haute** highchair ◆ **chaise longue** deckchair ◆ **chaise à porteurs** sedan-chair ◆ **chaise roulante** wheelchair

chaland /ʃalɑ̃/ NM (a) (= bateau) barge (b) (= client) customer

châle /ʃɑl/ NM shawl

chalet /ʃalɛ/ NM chalet; (Can) summer cottage

chaleur /ʃalœʀ/ NF (a) (= température) heat; (modérée) warmth; **quelle** ~! isn't it hot!; **les grandes** ~**s** the hot weather; **« craint la** ~ **»** "keep in a cool place" (b) [d'un accueil] warmth; **manquer de** ~ **humaine** to lack the human touch (c) **en** ~ [femelle] on (Brit) ou in (US) heat

chaleureusement /ʃalœʀøzmɑ̃/ ADV warmly

chaleureux, -euse /ʃalœʀø, øz/ ADJ warm

challenge /ʃalɑ̃ʒ/ NM (= épreuve) contest; (= défi) challenge

challenger /ʃalɑ̃ʒɛʀ/, **challengeur** /ʃalɑ̃ʒœʀ/ NM challenger

chaloupe /ʃalup/ NF launch; (Can: à rames)* rowing boat (Brit), rowboat (US, Can)

chalumeau (pl **chalumeaux**) /ʃalymo/ NM (a) (= outil) blowtorch (b) (= instrument de musique) pipe

chalut /ʃaly/ NM **pêcher au** ~ to trawl

chalutier /ʃalytje/ NM (a) (= bateau) trawler (b) (= pêcheur) trawlerman

chamailler (se) /ʃamaje/ /TABLE 1/ VPR to squabble

chamarré, e /ʃamaʀe/ ADJ richly coloured (Brit) ou colored (US)

chambardement* /ʃɑ̃baʀdəmɑ̃/ NM upheaval

chambarder* /ʃɑ̃baʀde/ /TABLE 1/ VT (= bouleverser) to turn upside down

chamboulement* /ʃɑ̃bulmɑ̃/ NM upheaval

chambouler* /ʃɑ̃bule/ /TABLE 1/ VT [+ maison] to turn upside down; [+ personne] to shatter; ~ **les habitudes de qn** to upset sb's routine; **ça a chamboulé tous nos projets** it upset all our plans

chambranle /ʃɑ̃bʀɑl/ NM [de porte] door frame; [de fenêtre] window frame

chambre /ʃɑ̃bʀ/ **1** NF (a) (pour dormir) bedroom; ~ **à un lit/deux lits** single/twin room; ~ **double** ou **pour deux personnes** double room; ~ **individuelle** single room; **faire** ~ **à part** to sleep in separate rooms (b) (Politique) House; **Chambre haute/basse** Upper/Lower House **2** COMP ◆ **chambre à air** inner tube; **sans** ~ **à air** tubeless ◆ **chambre d'amis** spare room ◆ **chambre de bonne** maid's room; (sous les toits) garret ◆ **chambre de commerce (et industrie)** Chamber of Commerce (and Industry) ◆ **la Chambre des communes** the House of Commons ◆ **chambre à coucher** (= pièce) bedroom; (= mobilier) bedroom furniture ◆ **la Chambre des députés** the Chamber of Deputies ◆ **chambre d'enfant** child's bedroom ◆ **chambre d'étudiant** student room ◆ **chambre frigorifique, chambre froide** cold room ◆ **chambre à gaz** gas chamber ◆ **chambre d'hôpital** hospital room ◆ **chambre d'hôte** ≈ bed and breakfast ◆ **chambre d'hôtel** hotel room ◆ **la Chambre des lords** the House of Lords ◆ **chambre noire** darkroom ◆ **la Chambre des représentants** the House of Representatives

chambrer /ʃɑ̃bʀe/ /TABLE 1/ VT (a) [+ vin] to bring to room temperature (b) (= taquiner)* to tease

chameau (pl **chameaux**) /ʃamo/ NM (a) (= animal) camel (b) (= femme)* cow‡

chamois /ʃamwa/ NM (= animal) chamois

champ[1] /ʃɑ̃/ **1** NM (a) field; ~ **de blé** field of wheat; **laisser le** ~ **libre à qn** to leave the field clear for sb (b) (= domaine) field; **élargir le** ~ **de ses recherches** to broaden the scope of one's research (c) (Photo, Ciné) field; **hors** ~ off-camera **2** NMPL **champs** (= campagne) countryside; **fleurs des** ~**s** wild flowers **3** COMP ◆ **champ d'action** ou **d'activité** sphere of activity ◆ **champ de bataille** battlefield ◆ **champ de courses** racecourse ◆ **champ de foire** fairground ◆ **champ d'honneur: mourir** ou **tomber au** ~ **d'honneur** to be killed in action ◆ **champ magnétique** magnetic field ◆ **champ des mines** minefield ◆ **champ de tir** (= terrain) shooting range ◆ **champ visuel** field of vision

champ[2]* /ʃɑ̃p/ NM (ABBR = **champagne**) bubbly*

champagne /ʃɑ̃paɲ/ **1** NM champagne; ~ **rosé** pink champagne **2** NF **la Champagne** the Champagne region

champenois, e /ʃɑ̃pənwa, waz/ ADJ from the Champagne region

champêtre /ʃɑ̃pɛtʀ/ ADJ rural; [odeur, route] country; [bal, fête] village

champignon /ʃɑ̃piɲɔ̃/ NM mushroom; (vénéneux) toadstool; (Bot, Méd) fungus; **aller aux** ~**s** to go mushroompicking; **pousser comme des** ~**s** to mushroom; **appuyer sur le** ~* to step on it* ◆ **champignon atomique** mushroom cloud ◆ **champignon hallucinogène** magic mushroom ◆ **champignon de Paris** cultivated mushroom

champion, -ionne /ʃɑ̃pjɔ̃, jɔn/ NM,F champion; ~ **du monde** world champion; ~ **du monde de boxe** world boxing champion; **se faire le** ~ **d'une cause** to champion a cause

championnat /ʃɑ̃pjɔna/ NM championship

chance /ʃɑ̃s/ NF ⓐ (= bonne fortune, hasard) luck; **avec un peu de ~** with a bit of luck; **c'est une ~ que ...** it's lucky that ...; **par ~** luckily; **quelle ~!** wasn't that lucky!; **pas de ~!** hard luck!; **un coup de ~** a stroke of luck; **ce n'est pas mon jour de ~!** it's not my day!; **courir ou tenter sa ~** to try one's luck; **la ~ a tourné** his (ou her etc) luck has changed; **la ~ lui sourit** fortune is smiling on him; **mettre toutes les ~s de son côté** to take no chances
ⓑ (= possibilité de succès) chance; **donner sa ~ ou ses ~s à qn** to give sb his chance; **quelles sont ses ~s?** what are his chances?; **c'est la ~ de ma/sa vie** it's the opportunity of a lifetime
♦ **avoir + chance(s)**: **tu as de la ~ (d'y aller)** you're lucky (to be going); **il n'a pas de ~** he's unlucky; **elle a des ~s (de gagner)** she stands a good chance (of winning); **il n'a aucune ~** he hasn't got ou doesn't stand a chance; **elle a une ~ sur deux de s'en sortir** she's got a fifty-fifty chance of pulling through; **il y a une ~ sur cent que ...** there's a one-in-a-hundred chance that ...; **il y a toutes les ~s que ...** there's every chance that ...; **il y a des ~s*** I wouldn't be surprised

chanceler /ʃɑ̃s(ə)le/ /TABLE 4/ VI [personne] to stagger; [objet] to wobble; [autorité] to falter; [régime] to totter; **il s'avança en chancelant** he staggered forward

chancelier /ʃɑ̃səlje/ NM (en Allemagne, Autriche) chancellor; [d'ambassade] secretary

chancellerie /ʃɑ̃sɛlʀi/ NF (en France) ≈ Ministry of Justice

chanceux, -euse /ʃɑ̃sø, øz/ ADJ lucky

chandail /ʃɑ̃daj/ NM sweater

Chandeleur /ʃɑ̃dlœʀ/ NF **la ~** Candlemas

chandelier /ʃɑ̃dalje/ NM (à une branche) candlestick; (à plusieurs branches) candelabra

chandelle /ʃɑ̃dɛl/ NF ⓐ (= bougie) candle; **un dîner aux ~s** a candlelit dinner; **voir trente-six ~s*** to see stars
ⓑ (= acrobatie) shoulder stand

change /ʃɑ̃ʒ/ NM [de devises] exchange; **faire le ~** to change money; **opération de ~** foreign exchange transaction; **le ~ est avantageux** the exchange rate is favourable; **au cours actuel du ~** at the current rate of exchange; **gagner/perdre au ~** to gain/lose on the deal; **donner le ~ à qn** to allay suspicion

changeant, e /ʃɑ̃ʒɑ̃, ɑ̃t/ ADJ changing; [temps] changeable

changement /ʃɑ̃ʒmɑ̃/ **1** NM ⓐ change; **il n'aime pas le ~** he doesn't like change; **il y a eu du ~** things have changed; **il y a eu un ~ de propriétaire** it has changed hands; **~ de direction** (sens) change of direction; (dirigeants) change of management; (sur un écriteau) under new management; **le ~ de température** the change in temperature; **la situation reste sans ~** the situation remains unchanged
ⓑ (Transports) **avec ~ à Paris** changing at Paris; **j'ai trois ~s** (en métro, bus) I have to change three times
2 COMP ♦ **changement d'air** change of air ♦ **changement climatique** climate change ♦ **changement de décor** (Théât) scene change; (fig) change of scene ♦ **changement de programme** [de projet] change of plan; [de spectacle] change of programme ♦ **changement de vitesse** (= dispositif) gears; (= action) change of gear

⚠ **Le mot changement n'existe pas en anglais.**

changer /ʃɑ̃ʒe/ /TABLE 3/ **1** VT ⓐ (= modifier) to change; **ce chapeau la change** that hat makes her look different; **on ne le changera pas** nothing will make him change; **ça change tout!** that changes everything!; **une promenade lui changera les idées** a walk will take his mind off things
ⓑ (= remplacer, échanger) to change; **~ 100 € contre des livres** to change €100 into pounds; **~ les draps/une ampoule** to change the sheets/a bulb
ⓒ (= déplacer) **~ qn/qch de place** to move sb/sth (to a different place); **~ qn de poste** to move sb to a different job
ⓓ (= transformer) **~ qch/qn en** to turn sth/sb into
ⓔ (= mettre d'autres vêtements à) **~ un enfant/malade** to change a child/patient; **~ un bébé** to change a baby's nappy (Brit) ou diaper (US)

ⓕ (= procurer un changement à) **ils vont en Italie, ça les changera de l'Angleterre!** they're going to Italy, it will make a change for them after England!
ⓖ ♦ **changer de** to change; **~ d'adresse/de voiture** to change one's address/car; **elle a changé de coiffure** she's changed her hairstyle; **~ d'avis** ou **d'idée** to change one's mind; **il change d'avis comme de chemise*** he's always changing his mind; **~ de train/compartiment** to change trains/compartments; **j'ai besoin de ~ d'air** I need a change of air; **changeons de sujet** let's change the subject; **~ de place avec qn** to change places with sb
2 VI ⓐ (= se transformer) to change; **il n'a pas du tout changé** he hasn't changed at all; **~ en bien/mal** to change for the better/worse
ⓑ (Transports) to change; **j'ai dû ~ à Rome** I had to change at Rome
ⓒ (= procurer un changement) **pour ~!** that makes a change!; **ça change des films à l'eau de rose** it makes a change from sentimental films
3 VPR **se changer** ⓐ (= mettre d'autres vêtements) to change; **va te ~!** go and change!
ⓑ (= se transformer) **se ~ en** to turn into

changeur /ʃɑ̃ʒœʀ/ NM **~ de monnaie** change machine

chanoine /ʃanwan/ NM canon

chanson /ʃɑ̃sɔ̃/ NF song ♦ **chanson d'amour** love song ♦ **la chanson populaire** popular songs ♦ **chanson à succès** hit (song)

> **ⓘ LA CHANSON FRANÇAISE**
> French chansons gained international renown in the forties thanks to stars like Edith Piaf and Charles Trénet, and in the fifties and sixties thanks to Yves Montand, Charles Aznavour and Juliette Gréco. **La chanson française** has always been characterized by the quality of its lyrics, exemplified by the work of singer-poets like Jacques Brel, Georges Brassens, Léo Ferré and Barbara.
> ▷ www.culture.fr

chansonnier /ʃɑ̃sɔnje/ NM (= artiste) cabaret singer

chant /ʃɑ̃/ **1** NM ⓐ [de personne, oiseau] singing; (= mélodie habituelle) song; [d'insecte] chirping; [de coq] crowing; **cours/professeur de ~** singing lesson/teacher ⓑ (= chanson) song ⓒ (= côté) edge; **de** ou **sur ~** on its edge **2** COMP ♦ **chant du cygne** swan song ♦ **chant grégorien** Gregorian chant ♦ **chant de Noël** carol

chantage /ʃɑ̃taʒ/ NM blackmail; **faire du ~** to use blackmail ♦ **chantage affectif** emotional blackmail

chantant, e /ʃɑ̃tɑ̃, ɑ̃t/ ADJ [accent, voix] lilting

chanter /ʃɑ̃te/ /TABLE 1/ **1** VT to sing; **chante-nous quelque chose!** sing us something!; **~ les louanges de qn** to sing sb's praises; **qu'est-ce qu'il nous chante là?** (= raconte) what's he on about now?* **2** VI ⓐ [personne, oiseau] to sing; [coq] to crow; **~ juste/faux** to sing in tune/out of tune ⓑ (chantage) **faire ~ qn** to blackmail sb ⓒ (= plaire)* **si ça te chante** if you feel like it; **quand ça lui chante** when he feels like it

chanterelle /ʃɑ̃tʀɛl/ NF chanterelle (kind of mushroom)

chanteur, -euse /ʃɑ̃tœʀ, øz/ NM,F singer

chantier /ʃɑ̃tje/ **1** NM ⓐ (Constr) building site; [de plombier, peintre] job; **« ~ interdit au public »** "no entry" ♦ **en chantier**: **à la maison nous sommes en ~** we've got work going on in the house; **mettre un projet en ~** to undertake a project; **il a deux livres en ~** he's working on two books
ⓑ (= entrepôt) depot
2 COMP ♦ **chantier de construction** building site ♦ **chantier naval** shipyard

chantilly /ʃɑ̃tiji/ NF **(crème) ~** whipped cream

chantonner /ʃɑ̃tɔne/ /TABLE 1/ VTI to hum

chantre /ʃɑ̃tʀ/ NM (Rel) cantor; (= poète) bard; (= laudateur) eulogist

chanvre /ʃɑ̃vʀ/ NM hemp

chaos /kao/ NM chaos

chaotique /kaɔtik/ ADJ chaotic

chaparder * /ʃapaʀde/ /TABLE 1/ VTI to pilfer

chape /ʃap/ NF **une ~ de béton** a layer of concrete

chapeau (pl **chapeaux**) /ʃapo/ NM (= coiffure) hat; **ça mérite un coup de ~** it's quite an achievement; **~, mon vieux !** * well done, mate!*; **démarrer sur les ~x de roues** * [véhicule, personne] to shoot off at top speed; [affaire] to get off to a good start ◆ **chapeau haut-de-forme** top hat ◆ **chapeau melon** bowler hat (Brit), derby (US) ◆ **chapeau de paille** straw hat ◆ **chapeau de plage** ou **de soleil** sun hat

chapeauter /ʃapote/ /TABLE 1/ VT (= superviser) to head

chapelain /ʃaplɛ̃/ NM chaplain

chapelet /ʃaplɛ/ NM rosary; **réciter** ou **dire son ~** to say a rosary; **un ~ de** (= succession) a string of

chapelle /ʃapɛl/ NF chapel ◆ **chapelle ardente** chapel of rest

chapelure /ʃaplyʀ/ NF dried breadcrumbs

chaperon /ʃapʀɔ̃/ NM (= personne) chaperone

chaperonner /ʃapʀɔne/ /TABLE 1/ VT [+ personne] to chaperone

chapiteau (pl **chapiteaux**) /ʃapito/ NM ⓐ [de colonne] capital ⓑ [de cirque] big top

chapitrage /ʃapitʀaʒ/ NM [de DVD] scene selection

chapitre /ʃapitʀ/ NM ⓐ [de livre] chapter ⓑ (= sujet) subject; **sur ce ~** on that subject ⓒ (Rel) chapter

chapitrer /ʃapitʀe/ /TABLE 1/ VT (= réprimander) to admonish; (= faire la morale à) to lecture

chapon /ʃapɔ̃/ NM capon

chaque /ʃak/ ADJ every; (= chacun en particulier) each; **~ élève** every pupil; **~ jour** every day; **elle avait choisi pour ~ enfant un cadeau différent** she had bought a carefully-chosen present for each child; **il m'interrompt à ~ instant** he keeps interrupting me; **~ chose en son temps** everything in its own time

char /ʃaʀ/ 1 NM ⓐ (= tank) tank; **arrête ton ~ :** (raconter des histoires) shut up!*; (se vanter) stop showing off! ⓑ (romain) chariot; [de carnaval] float ⓒ (Can = voiture) * car 2 COMP ◆ **char d'assaut, char de combat** tank ◆ **char à voile** land yacht; **faire du ~ à voile** to go land yachting

charabia * /ʃaʀabja/ NM gobbledygook*

charade /ʃaʀad/ NF (parlée) riddle; (mimée) charade

charançon /ʃaʀɑ̃sɔ̃/ NM weevil

charbon /ʃaʀbɔ̃/ 1 NM ⓐ (= combustible) coal (NonC); **être sur des ~s ardents** to be like a cat on hot bricks; **aller au ~** * to go to work ⓑ (= maladie) [de blé] black rust; [d'animal, homme] anthrax ⓒ (Pharm) charcoal 2 COMP ◆ **charbon de bois** charcoal; **faire cuire qch au ~ de bois** to cook sth over charcoal

charcutage /ʃaʀkytaʒ/ NM **~ électoral** gerrymandering

charcuter * /ʃaʀkyte/ /TABLE 1/ VT to butcher*

charcuterie /ʃaʀkytʀi/ NF (= magasin) pork butcher's shop and delicatessen; (= produits) cooked pork meats

> ⓘ **CHARCUTERIE**
> **Charcuterie** is a generic term referring to a wide variety of products made with pork, such as pâté, "rillettes", ham and sausages. The terms **charcuterie** or "boucherie-**charcuterie**" also refer to the shop where these products are sold. The "charcutier-traiteur" sells ready-prepared dishes to take away as well as **charcuterie**.

charcutier, -ière /ʃaʀkytje, jɛʀ/ NM,F pork butcher

chardon /ʃaʀdɔ̃/ NM (= plante) thistle

chardonneret /ʃaʀdɔnʀɛ/ NM goldfinch

charentaise /ʃaʀɑ̃tɛz/ NF carpet slipper

charge /ʃaʀʒ/ 1 NF ⓐ (= fardeau) load; (fig) burden ⓑ (= rôle) responsibility; (Admin) office; **avoir la ~ de faire qch** to have the responsibility of doing sth; **à ~ de revanche** on condition that you let me return the favour sometime ⓒ (financièrement) **il a sa mère à (sa) ~** he has a dependent mother; **enfants à ~** dependent children; **personnes à ~** dependents ⓓ (= obligation financière) **charges** expenses; [de locataire]

maintenance charges; [d'employeur] contributions ⓔ (Droit) charge; **les ~s qui pèsent contre lui** the charges against him ⓕ (= attaque) charge ⓖ (Sport) **~ irrégulière** illegal tackle ⓗ [d'explosifs, électrique] charge ⓘ (locutions) ◆ **à la charge de** : **être à la ~ de qn** [frais, réparations] to be payable by sb; [personne] to be dependent upon sb ◆ **en charge**: **être en ~ de** [+ dossier, problème, département] to be in charge of; **mettre une batterie en ~** to charge a battery; **prendre en ~** [+ frais, remboursement, personne] to take care of; [+ passager] to take on; **se prendre en ~** to take responsibility for oneself; **prise en ~** (par un taxi) (= prix) minimum fare; (par la Sécurité sociale) reimbursement of medical expenses

2 COMP ◆ **charges de famille** dependents ◆ **charge fiscale** tax burden **~s fiscales** taxes ◆ **charges locatives** maintenance charges ◆ **charges patronales** employers' contributions ◆ **charge publique** public office ◆ **charges sociales** social security contributions ◆ **charge de travail** workload ◆ **charge utile** payload

chargé, e /ʃaʀʒe/ (ptp de **charger**) 1 ADJ ⓐ [personne, véhicule] loaded (de with); **un mot ~ de sens** a word heavy with meaning; **un regard ~ de menaces** a menacing look ⓑ (= responsable de) **être ~ de** to be responsible for ⓒ [emploi du temps] full; **avoir un programme ~** to have a very busy schedule ⓓ [style] overelaborate ⓔ [langue] coated ⓕ [arme] loaded 2 COMP ◆ **chargé d'affaires** chargé d'affaires ◆ **chargé de cours** junior lecturer ◆ **chargé de mission** project leader; (Politique) representative

chargement /ʃaʀʒəmɑ̃/ NM ⓐ (= action) loading ⓑ (= marchandises) load; [de navire] freight

charger /ʃaʀʒe/ /TABLE 3/ 1 VT ⓐ to load; [+ batterie] to charge; **trop ~** to overload; **~ un client** [taxi] to pick up a passenger ⓑ (= donner une responsabilité) **~ qn de (faire) qch** to give sb the responsibility of (doing) sth; **il m'a chargé d'un petit travail** he gave me a little job to do; **il m'a chargé de mettre une lettre à la poste** he asked me to post a letter; **il m'a chargé de vous transmettre ses amitiés** he asked me to give you his regards ⓒ (= caricaturer) to overdo

2 VPR **se charger**: **se ~ de** [+ tâche] to see to; **c'est lui qui se chargera de faire les réservations** he'll deal with the reservations; **je m'en charge** I'll see to it

chargeur /ʃaʀʒœʀ/ NM [d'arme] magazine; (Photo) cartridge ◆ **chargeur de batterie** battery charger

chariot /ʃaʀjo/ NM ⓐ (= table à roulettes) trolley (Brit), cart (US) ◆ **chariot à bagages** luggage trolley (Brit) ou cart (US) ◆ **chariot élévateur** fork-lift truck

charisme /kaʀism/ NM charisma

charitable /ʃaʀitabl/ ADJ kind; (Rel) charitable; **organisation ~** charity organization

charité /ʃaʀite/ NF ⓐ (Rel) charity; (= gentillesse) kindness ⓑ (= aumône) **faire la ~ à** to give (something) to; **fête de ~** charity event

charivari /ʃaʀivaʀi/ NM hullabaloo

charlatan /ʃaʀlatɑ̃/ NM charlatan

charlot /ʃaʀlo/ NM ⓐ **Charlot** (= personnage) Charlie Chaplin; (= film) Charlie Chaplin film ⓑ (= rigolo) phoney*

charlotte /ʃaʀlɔt/ NF (= gâteau) charlotte

charmant, e /ʃaʀmɑ̃, ɑ̃t/ ADJ ⓐ (= aimable) charming ⓑ (= ravissant) lovely

charme /ʃaʀm/ NM ⓐ (= attrait) charm; **faire du ~ to** turn on the charm*; **faire du ~ à qn** to use one's charm on sb; **offensive de ~** charm offensive; **hôtel de ~** attractive privately-run hotel; **magazine de ~** girlie magazine* ⓑ (= envoûtement) spell; **le ~ est rompu** the spell is broken; **être sous le ~ de qn** to be under sb's spell; **se porter comme un ~** to be as fit as a fiddle ⓒ (= arbre) hornbeam

charmer /ʃaʀme/ /TABLE 1/ VT to charm

charmeur, -euse /ʃaʀmœʀ, øz/ 1 NM,F charmer; **~ de serpents** snake charmer 2 ADJ [*personne*] charming; [*sourire*] winning

charnel, -elle /ʃaʀnɛl/ ADJ carnal

charnier /ʃaʀnje/ NM [*de cadavres*] mass grave

charnière /ʃaʀnjɛʀ/ NF [*de porte, fenêtre*] hinge; **époque ~** pivotal period

charnu, e /ʃaʀny/ ADJ [*lèvres*] fleshy

charognard /ʃaʀɔɲaʀ/ NM carrion eater; (*péj*) vulture

charogne /ʃaʀɔɲ/ NF (= *cadavre*) decaying carcass; **~s** carrion (*NonC*)

charpente /ʃaʀpɑ̃t/ NF [*de construction*] frame; **~ métallique** metal frame

charpenté, e /ʃaʀpɑ̃te/ ADJ **bien** *ou* **solidement ~** [*personne*] well built

charpentier /ʃaʀpɑ̃tje/ NM carpenter

charpie /ʃaʀpi/ NF **mettre** *ou* **réduire en ~** to pull to bits

charrette /ʃaʀɛt/ NF ⓐ (= *char*) cart ⓑ (= *licenciements*) series of lay-offs

charrier /ʃaʀje/ /TABLE 7/ 1 VT ⓐ (= *transporter*) to cart along ⓑ (= *entraîner*) to carry along ⓒ (= *taquiner*)* to tease 2 VI (= *exagérer*)‡ to go too far

charrue /ʃaʀy/ NF plough (*Brit*), plow (*US*); **mettre la ~ avant les bœufs** to put the cart before the horse

charte /ʃaʀt/ NF (= *convention*) charter

charter /ʃaʀtɛʀ/ 1 NM (= *vol*) charter flight; (= *avion*) charter plane 2 ADJ INV charter

chas /ʃa/ NM eye (of needle)

chasse¹ /ʃas/ 1 NF ⓐ hunting; **aller à la ~** to go hunting; **aller à la ~ aux papillons** to go catching butterflies ▪ (*PROV*) **qui va à la ~ perd sa place** he who leaves his place loses it ⓑ (= *période*) hunting season; **la ~ est ouverte/fermée** it's the open/close season (*Brit*), it's open/closed season (*US*) ⓒ (= *domaine*) hunting ground ⓓ (= *poursuite*) chase; **faire la ~ à** [+ *abus, erreurs*] to track down; **prendre en ~** to give chase to

2 COMP ◆ **chasse à courre** (= *sport*) hunting with hounds; (= *partie de chasse*) hunt ◆ **chasse gardée** private hunting ground; (*fig*) exclusive preserve *ou* domain; **« ~ gardée »** (*panneau*) "private, trespassers will be prosecuted" ◆ **chasse à l'homme** manhunt ◆ **chasse aux sorcières** witch hunt ◆ **chasse sous-marine** harpooning ◆ **chasse au trésor** treasure hunt

chasse² /ʃas/ NF **~ d'eau** *ou* **des cabinets** (toilet) flush; **actionner** *ou* **tirer la ~** to flush the toilet

châsse /ʃas/ NF (= *reliquaire*) reliquary

chassé-croisé (*pl* **chassés-croisés**) /ʃasekʀwaze/ NM **avec tous ces chassés-croisés nous ne nous sommes pas vus depuis six mois** with all these to-ings and fro-ings we haven't seen each other for six months; **une période de chassés-croisés sur les routes** a period of heavy two-way traffic; **le ~ des vacanciers** the flow of holidaymakers

chasse-neige (*pl* **chasse-neige(s)**) /ʃasnɛʒ/ NM snowplough (*Brit*), snowplow (*US*); **descendre (une pente) en ~** to snowplough (*Brit*) *ou* snowplow (*US*) down a slope

chasser /ʃase/ /TABLE 1/ 1 VT ⓐ (*pour tuer*) to hunt; **~ à l'affût/au filet** to hunt from a hide (*Brit*) *ou* blind (*US*)/with a net ⓑ (= *faire partir*) [+ *importun, animal, ennemi*] to chase out; [+ *enfant*] to throw out; [+ *touristes, clients*] to drive away; [+ *nuages, pluie*] to drive ▪ (*PROV*) **chassez le naturel, il revient au galop** what's bred in the bone comes out in the flesh (*PROV*) ⓒ (= *dissiper*) to dispel; [+ *idée*] to dismiss 2 VI ⓐ (= *aller à la chasse*) to go hunting; **~ sur les terres de qn** (*fig*) to poach on sb's territory ⓑ (= *déraper*) to skid

chasseur /ʃasœʀ/ 1 NM ⓐ hunter ⓑ (= *avion*) fighter ⓒ (= *garçon d'hôtel*) porter 2 COMP ◆ **chasseur alpin** mountain infantryman ◆ **chasseur d'images** roving amateur photographer ◆ **chasseur de têtes** headhunter

châssis /ʃasi/ NM ⓐ [*de véhicule*] chassis; [*de machine*] sub-frame ⓑ [*de fenêtre*] frame; [*de toile, tableau*] stretcher ⓒ (= *corps féminin*)‡ body ⓓ (*pour plantations*) cold frame

chaste /ʃast/ ADJ chaste; (*hum*) [*oreilles*] delicate

chasteté /ʃastəte/ NF chastity

chasuble /ʃazybl/ NF chasuble; **robe ~** pinafore dress

chat¹ /ʃa/ 1 NM ⓐ (= *animal*) cat; **il n'y avait pas un ~ dehors** (= *personne*) there wasn't a soul outside; **avoir un ~ dans la gorge** to have a frog in one's throat; **jouer au ~ et à la souris** to play cat and mouse; **j'ai d'autres ~s à fouetter** I've got other fish to fry; **il n'y a pas de quoi fouetter un ~** it's nothing to make a fuss about ▪ (*PROV*) **~ échaudé craint l'eau froide** once bitten, twice shy (*PROV*) ▪ (*PROV*) **quand le ~ n'est pas là les souris dansent** when the cat's away the mice will play (*PROV*) ⓑ (= *jeu*); **jouer à ~** to play tag

2 COMP ◆ **le Chat botté** Puss in Boots ◆ **chat de gouttière** ordinary cat ◆ **chat perché** (= *jeu*) off-ground tag ◆ **chat sauvage** wildcat

chat² /tʃat/ NM (*Internet*) chat

châtaigne /ʃatɛɲ/ NF ⓐ (= *fruit*) (sweet) chestnut ⓑ (= *décharge électrique*)* (electric) shock ⓒ (= *coup*)* **il lui a filé une ~** he belted him one*

châtaignier /ʃatɛɲe/ NM (= *arbre*) (sweet) chestnut tree; (= *bois*) chestnut

châtain /ʃatɛ̃/ ADJ M [*cheveux*] chestnut (brown)

château (*pl* **châteaux**) /ʃato/ NM (= *forteresse*) castle; (= *résidence royale*) palace; (*en France*) château; **bâtir des ~x en Espagne** to build castles in Spain ◆ **château de cartes** house of cards ◆ **château d'eau** water tower ◆ **château fort** castle

châtelain, e /ʃat(ə)lɛ̃, ɛn/ NM,F lord of the manor; (*femme*) lady of the manor

châtié, e /ʃatje/ (*ptp de* **châtier**) ADJ [*langage*] refined

châtier /ʃatje/ /TABLE 7/ VT (*littér* = *punir*) to chastise

chatière /ʃatjɛʀ/ NF (= *porte*) cat-flap

châtiment /ʃatimɑ̃/ NM punishment; **~ corporel** corporal punishment

chaton /ʃatɔ̃/ NM ⓐ (= *animal*) kitten ⓑ (= *fleur*) catkin

chatouille * /ʃatuj/ NF tickle; **faire des ~s à qn** to tickle sb; **craindre les ~s** *ou* **la ~** to be ticklish

chatouiller /ʃatuje/ /TABLE 1/ VT to tickle

chatouilleux, -euse /ʃatujø, øz/ ADJ ticklish; (= *susceptible*) touchy

chatoyant, e /ʃatwajɑ̃, ɑ̃t/ ADJ glistening; [*étoffe*] shimmering

châtrer /ʃatʀe/ /TABLE 1/ VT [+ *taureau, cheval*] to geld; [+ *chat*] to neuter; [+ *homme*] to castrate

chatte /ʃat/ NF ⓐ (= *animal*) (female) cat; **ma (petite) ~** (*terme d'affection*) pet* ⓑ (= *vagin*)‡‡ pussy‡‡

chatter /tʃate/ VI (*Internet*) to chat

chaud, chaude /ʃo, ʃod/ 1 ADJ ⓐ warm; (*très chaud*) hot; **repas ~** hot meal ⓑ [*partisan*] strong; [*discussion*] heated; **la bataille a été ~e** it was a fierce battle; **je n'étais pas très ~* pour le faire** I wasn't very keen on doing it ⓒ (= *difficile*) **les banlieues ~es** problem estates; **les points ~s du globe** the world's hot spots; **la rentrée sera ~e** there's going to be a lot of trouble in the autumn; **l'alerte a été ~e** it was a close thing ⓓ (= *mal famé*) **quartier ~*** red-light district

2 NM (= *chaleur*) **le ~** the heat; **restez donc au ~** stay in the warm; **garder un plat au ~** to keep a dish warm ◆ **à chaud** : **reportage à ~** on-the-spot report; **il a été opéré à ~** he had an emergency operation

3 ADV **avoir ~** to be warm; (*très chaud*) to be hot; **on a trop ~ ici** it's too hot in here; **j'ai eu ~!*** (= *de la chance*) I had a narrow escape; **il fait ~** it's hot; **ça ne me fait ni ~ ni froid** I couldn't care less; **ça fait ~ au cœur** it's heart-warming; **manger ~** to have a hot meal; **« servir ~ »** "serve hot"

4 COMP ◆ **chaud lapin**‡ horny devil‡

chaudement /ʃodmɑ̃/ ADV warmly

chaudière /ʃodjɛʀ/ NF [*de locomotive, chauffage central*] boiler; **~ à gaz** gas-fired boiler

chaudron /ʃodʀɔ̃/ NM cauldron

chauffage /ʃofaʒ/ NM heating; **~ au charbon/au gaz/à l'électricité** solid fuel/gas/electric heating; **~ central** central heating; **~ par le sol** underfloor heating

chauffagiste /ʃofaʒist/ NM heating engineer

chauffant, e /ʃofã, ãt/ ADJ [surface, élément] heating

chauffard * /ʃofaʀ/ NM (péj) reckless driver; (qui s'enfuit) hit-and-run driver; **(espèce de) ~ !** roadhog!*

chauffe-biberon (pl **chauffe-biberons**) /ʃofbibʀɔ̃/ NM bottle-warmer

chauffe-eau /ʃofo/ NM INV water-heater; (électrique) immersion heater

chauffe-plat (pl **chauffe-plats**) /ʃofpla/ NM hot plate

chauffer /ʃofe/ /TABLE 1/ 1 VT ⓐ to heat; [soleil] to warm; [soleil brûlant] to make hot
ⓑ **(faire) ~** [+ soupe] to heat up; [+ assiette] to warm; [+ eau du bain] to heat; [+ eau du thé] to boil; **mets l'eau à ~** put the water on; (dans une bouilloire) put the kettle on
ⓒ [+ salle, public] to warm up
2 VI ⓐ (= être sur le feu) [aliment] to be heating up; [eau du thé] to be boiling
ⓑ (= devenir chaud) [moteur, télévision] to warm up; [four, chaudière] to heat up
ⓒ (= devenir trop chaud) to overheat
ⓓ (= donner de la chaleur) **le soleil chauffe** the sun's really hot; **le poêle chauffe bien** the stove gives out a lot of heat; **ils chauffent au charbon** they use coal for heating; **ça chauffe*** (= il y a de la bagarre) things are getting heated; (= il y a de l'ambiance) things are livening up; **ça va ~ !*** sparks will fly!; **tu chauffes !** (cache-tampon) you're getting warm!

3 VPR **se chauffer** ⓐ (près du feu) to warm o.s.; **se ~ au soleil** to warm o.s. in the sun
ⓑ (= avoir comme chauffage) **se ~ au bois/charbon** to use wood/coal for heating; **se ~ à l'électricité** to have electric heating

chauffeur /ʃofœʀ/ NM (= conducteur) driver; (privé) chauffeur; **~ d'autobus** bus driver; **~ de camion** lorry (Brit) ou truck driver; **~ de taxi** taxi driver

chaume /ʃom/ NM thatch

chaumière /ʃomjɛʀ/ NF cottage; (à toit de chaume) thatched cottage; **ça fait pleurer dans les ~s** it's a real tear-jerker*

chaussée /ʃose/ NF (= route) road; **l'entretien de la ~** road maintenance; **« ~ glissante »** "slippery road"; **« ~ déformée »** "uneven road surface"

chausse-pied (pl **chausse-pieds**) /ʃospje/ NM shoehorn

chausser /ʃose/ /TABLE 1/ 1 VT ⓐ [+ personne] to put shoes on ⓑ [+ chaussures, lunettes, skis] to put on 2 VI **~ du 40** to take size 40 in shoes; **ces chaussures chaussent grand** these shoes are big-fitting 3 VPR **se chausser** to put one's shoes on; **j'ai du mal à me ~** I find it difficult to get shoes to fit me

chaussette /ʃosɛt/ NF sock; **j'étais en ~s** I was in my socks; **elle m'a laissé tomber comme une vieille ~*** she ditched me*

chausseur /ʃosœʀ/ NM (= fabricant) shoemaker; (= fournisseur) footwear specialist

chausson /ʃosɔ̃/ NM ⓐ (= pantoufle) slipper; [de bébé] bootee; [de danseur] ballet shoe ⓑ (= viennoiserie) turnover; **~ aux pommes** apple turnover

chaussure /ʃosyʀ/ NF (= soulier) shoe; **rayon ~s** footwear department; **trouver ~ à son pied** to find a suitable match ✦ **chaussures basses** flat shoes ✦ **chaussures montantes** ankle boots ✦ **chaussures de ski** ski boots ✦ **chaussures de sport** sports shoes ✦ **chaussures à talon haut** high-heeled shoes ✦ **chaussures de ville** smart shoes

chauve /ʃov/ ADJ bald

chauve-souris (pl **chauves-souris**) /ʃovsuʀi/ NF bat

chauvin, e /ʃovɛ̃, in/ 1 ADJ (= nationaliste) chauvinistic; (en sport, dans ses goûts) prejudiced 2 NM,F (= nationaliste) chauvinist

chauvinisme /ʃovinism/ NM (= nationalisme) chauvinism; (en sport, dans ses goûts) prejudice

chaux /ʃo/ NF lime; **blanchi** ou **passé à la ~** whitewashed

chavirer /ʃaviʀe/ /TABLE 1/ VI [bateau] to capsize; [charrette] to overturn; **j'en étais tout chaviré*** I was quite overwhelmed

check-list (pl **check-lists**) /(t)ʃɛklist/ NF check list

check-up /(t)ʃekœp/ NM INV check-up

chef /ʃɛf/ 1 NMF ⓐ (= patron) boss; [de tribu] chief(tain); **la ~*** the boss; **grand ~*** big boss*; **faire le** ou **jouer au petit ~** to throw one's weight around
✦ **en chef** : **général en ~** general-in-chief; **ingénieur en ~** chief engineer
ⓑ [d'expédition, révolte, syndicat] leader
ⓒ (= champion)* **tu es un ~** you're the greatest*; **elle se débrouille comme un ~** she's doing a brilliant* job
ⓓ (= cuisinier) chef
ⓔ (~ d'accusation (Droit) charge
ⓕ **de son propre ~** (frm) on his own initiative
2 ADJ INV **gardien/médecin ~** chief warden/consultant
3 COMP ✦ **chef d'atelier** foreman ✦ **chef de bande** gang leader ✦ **chef de cabinet** principal private secretary ≈ (de to) ✦ **chef de chantier** foreman ✦ **chef de classe** ≈ class prefect (Brit) ou president (US) ✦ **chef d'entreprise** company director ✦ **chef d'équipe** team manager ✦ **chef d'établissement** head teacher ✦ **chef d'État** head of state; **le ~ de l'État** the Head of State ✦ **chef d'état-major** chief of staff ✦ **chef de famille** head of the family; (Admin) householder ✦ **chef de file** leader; (Politique) party leader ✦ **chef de gare** station master ✦ **chef de gouvernement** head of government ✦ **chef d'orchestre** conductor; (jazz) band leader ✦ **chef de plateau** (Ciné, TV) floor manager ✦ **chef de projet** project manager ✦ **chef de rayon** departmental manager ✦ **chef de service** departmental head; (= médecin) ≈ consultant

chef-d'œuvre (pl **chefs-d'œuvre**) /ʃedœvʀ/ NM masterpiece; **c'est un ~ d'hypocrisie** it is the ultimate hypocrisy

chef-lieu (pl **chefs-lieux**) /ʃefljø/ NM ≈ county town

cheftaine /ʃɛftɛn/ NF [de louveteaux] Akela (Brit), Den Mother (US); [de jeunes éclaireuses] Brown Owl (Brit), troop leader (US); [d'éclaireuses] guide captain

cheik /ʃɛk/ NM sheik

chelem /ʃlɛm/ NM **le grand ~** the grand slam

chemin /ʃ(ə)mɛ̃/ 1 NM ⓐ path; (= route) lane; (= piste) track
ⓑ (= parcours, trajet, direction) way (de, pour to); **demander son ~** to ask one's way; **le ~ le plus court entre deux points** the shortest distance between two points; **ils ont fait tout le ~ à pied/en bicyclette** they walked/cycled the whole way; **poursuivre son ~** to continue on one's way; **en ~** on the way; **le ~ des écoliers** the long way round; **nos ~s se sont croisés** our paths crossed ■ (PROV) **tous les ~s mènent à Rome** all roads lead to Rome (PROV)
ⓒ (locutions) **faire son ~** dans la vie to make one's way in life; **il a fait du ~ !** he has come a long way; **cette idée a fait son ~** this idea has gained ground; **il est toujours sur mon ~** he turns up wherever I go; (comme obstacle) he always stands in my way; **montrer le ~** to lead the way; **être sur le bon ~** to be on the right track; **ne t'arrête pas en si bon ~ !** don't stop now when you're doing so well; **cela n'en prend pas le ~** it doesn't look very likely
2 COMP ✦ **chemin d'accès** (Informatique) access path ✦ **chemin de croix (du Christ)** the Way of the Cross; (dans une église) the Stations of the Cross ✦ **chemin de fer** railway (Brit), railroad (US); (= moyen de transport) rail; **employé des ~s de fer** railway (Brit) ou railroad (US) worker ✦ **chemin de halage** towpath ✦ **chemin de ronde** rampart walk ✦ **chemin de terre** dirt track ✦ **chemin de traverse** path across the fields

cheminée /ʃ(ə)mine/ NF ⓐ (extérieure) [de maison, usine] chimney; [de paquebot, locomotive] funnel ⓑ (intérieure) fireplace; (= encadrement) mantelpiece ⓒ [de volcan] vent

cheminement /ʃ(ə)minmɑ̃/ NM (= progression) [de caravane, marcheurs] progress; [de sentier, eau] course; [d'idées, pensée] development; ~ **intellectuel** line of thought

cheminer /ʃ(ə)mine/ /TABLE 1/ VI (frm) ⓐ (= marcher) to walk along ⓑ [sentier] to make its way; [eau] to follow its course; [idées] to follow their course

cheminot /ʃ(ə)mino/ NM railwayman (Brit), railroad man (US); **grève des ~s** rail strike

chemise /ʃ(ə)miz/ 1 NF ⓐ [d'homme] shirt; **être en bras de ~** to be in one's shirt sleeves; **je m'en moque comme de ma première ~*** I couldn't care less* ⓑ (= dossier) folder 2 COMP ♦ **chemise de nuit** [de femme] nightdress; [d'homme] nightshirt

chemiserie /ʃ(ə)mizʀi/ NF (= magasin) shirt shop; (= rayon) shirt department

chemisette /ʃ(ə)mizɛt/ NF [d'homme] short-sleeved shirt

chemisier /ʃ(ə)mizje/ NM (= vêtement) blouse

chenal (pl **-aux**) /ʃənal, o/ NM channel; [de moulin] millrace

chenapan /ʃ(ə)napɑ̃/ NM rogue

chêne /ʃɛn/ NM oak ♦ **chêne vert** holm oak

chenet /ʃ(ə)nɛ/ NM firedog

chenil /ʃ(ə)nil/ NM kennels (Brit), kennel (US)

chenille /ʃ(ə)nij/ NF ⓐ (animal, pour véhicules) caterpillar; **véhicule à ~s** tracked vehicle ⓑ (= laine) **pull ~** chenille sweater

cheptel /ʃɛptɛl/ NM livestock

chèque /ʃɛk/ 1 NM ⓐ [de banque] cheque (Brit), check (US); **faire/toucher un ~** to write/cash a cheque; **~ de 100 €** cheque for €100 ⓑ (= bon) voucher; **~-déjeuner**® ou **~-restaurant**® luncheon voucher (Brit), meal ticket (US); **~-cadeau** gift token 2 COMP ♦ **chèque bancaire** cheque ♦ **chèque en blanc** blank cheque ♦ **chèque en bois*** rubber* cheque ♦ **chèque emploi service** pay cheque for domestic help ♦ **chèque postal** cheque drawn on a post office account; **les ~s postaux** (= service) the banking departments of the post office ♦ **chèque sans provision** bad cheque ♦ **chèque (de) voyage** traveller's cheque

chéquier /ʃekje/ NM chequebook (Brit), checkbook (US)

cher, chère[1] /ʃɛʀ/ 1 ADJ ⓐ (= coûteux) expensive; **c'est vraiment pas ~!** it's really cheap!; **la vie est chère à Paris** Paris is an expensive place to live; **c'est trop ~ pour ce que c'est** it's overpriced ⓑ (= aimé) [personne, souvenir, vœu] dear (à to); **c'est mon vœu le plus ~** it's my dearest wish; **selon une formule chère au président** as a favourite saying of the president goes ⓒ (avant le nom) dear; (mes) **~s auditeurs** dear listeners; **ses chères habitudes** the old habits she holds so dear; **~s tous** (sur lettre) dear all 2 NM,F (frm ou hum) **mon ~** ou **ma chère** my dear 3 ADV [valoir, coûter, payer] a lot; **le caviar vaut** ou **coûte ~** caviar costs a lot; **il prend ~** he charges a lot; **ça s'est vendu ~** it fetched a high price; **je l'ai eu pour pas ~*** I got it cheap*; **je donnerais ~ pour savoir ce qu'il fait*** I'd give anything to know what he's doing; **je ne donne pas ~ de sa vie/de sa réussite** I wouldn't rate his chances of survival/succeeding very highly; **son imprudence lui a coûté ~** his rashness cost him dear (Brit) ou a great deal (US); **il a payé ~ son imprudence** he paid dearly for his rashness

chercher /ʃɛʀʃe/ /TABLE 1/ 1 VT ⓐ to look for; [+ ombre, lumière, tranquillité, gloire, succès, faveur] to seek; [+ danger, mort] to court; [+ citation, heure de train] to look up; [+ nom, terme] to try to remember; **~ un mot dans un dictionnaire** to look up a word in a dictionary; **~ qch à tâtons** to grope for sth; **attends, je cherche** wait a minute, I'm trying to think; **~ partout qch/qn** to search everywhere for sth/sb; **~ sa voie** to look for a path in life; **il cherchait ses mots** he was struggling to find the right words; **~ midi à quatorze heures** to complicate the issue; **~ la petite bête** to split hairs; **~ une aiguille dans une botte** ou **meule de foin** to look for a needle in a haystack; **~ des poux dans la tête de**

qn* to try to make trouble for sb; **~ querelle à qn** to try to pick a quarrel with sb; **~ la difficulté** to look for difficulties; **~ la bagarre** to be looking for a fight; **il l'a bien cherché** he asked for it; **tu me cherches ?*** are you looking for trouble? ⓑ (= prendre, acheter) **aller ~ qch** to go for sth; **aller ~ qn** to go to get sb; **qu'est-ce que tu vas ~ là ?** how do you make that out?; **il est venu le ~ à la gare** he came to meet him at the station; **aller ~ les enfants à l'école** to pick up the children from school; **envoyer ~ le médecin** to send for the doctor; **ça va ~ dans les 300 €** it'll come to around 300 euros; **ça peut aller ~ loin** (amende) it could mean a heavy fine ⓒ (= essayer) **~ à faire qch** to try to do sth; **~ à savoir qch** to try to find out sth 2 VPR **se chercher** (= chercher sa voie) to search for an identity

chercheur, -euse /ʃɛʀʃœʀ, øz/ NM,F (= scientifique) researcher; **~ d'or** gold digger

⚠ **chercheur** ≠ **searcher**

chère[2] /ʃɛʀ/ NF **aimer la bonne ~** to love one's food

chèrement /ʃɛʀmɑ̃/ ADV dearly

chéri, e /ʃeʀi/ (ptp de **chérir**) 1 ADJ (= bien-aimé) darling; **maman ~e** dear mummy; **« à notre père ~ »** (sur tombe) "to our dearly beloved father" 2 NM,F darling; **mon ~** darling

chérir /ʃeʀiʀ/ /TABLE 2/ VT (littér) to cherish

chérot* /ʃeʀo/ ADJ M (= coûteux) expensive

cherté /ʃɛʀte/ NF [d'article] high price; **la ~ de la vie** the high cost of living

chérubin /ʃeʀybɛ̃/ NM cherub

chétif, -ive /ʃetif, iv/ ADJ scrawny

cheval (pl **-aux**) /ʃ(ə)val, o/ 1 NM ⓐ (= animal) horse; (= viande) horsemeat; **faire du ~** to go horse-riding; **monter sur ses grands chevaux** to get on one's high horse; **de ~*** [remède] drastic; [fièvre] raging ♦ **à cheval** on horseback; **à ~ sur** astride; **à ~ sur deux mois** running from one month into the next; **être (très) à ~ sur le règlement** to be a stickler for the rules ⓑ (puissance) horsepower (NonC); **elle fait combien de chevaux ?** what horsepower is it?; **c'est une 6 chevaux** it's a 6 horsepower car 2 COMP ♦ **cheval d'arçons** horse ♦ **cheval à bascule** rocking horse ♦ **cheval de bataille** hobby-horse ♦ **cheval de course** racehorse ♦ **cheval fiscal** horsepower (for tax purposes) ♦ **cheval de selle** saddle horse ♦ **cheval de trait** draught horse (Brit), draft horse (US)

chevaleresque /ʃ(ə)valʀɛsk/ ADJ [caractère, conduite] chivalrous

chevalerie /ʃ(ə)valʀi/ NF chivalry

chevalet /ʃ(ə)valɛ/ NM [de peintre] easel; [de violon] bridge

chevalier /ʃ(ə)valje/ NM knight; **~ de la Légion d'honneur** Knight of the Legion of Honour

chevalière /ʃ(ə)valjɛʀ/ NF signet ring

chevalin, e /ʃ(ə)valɛ̃, in/ ADJ of horses; **boucherie ~e** horse butcher

cheval-vapeur (pl **chevaux-vapeur**) /ʃ(ə)valvapœʀ/ NM horsepower

chevauchée /ʃ(ə)voʃe/ NF (= course) ride

chevauchement /ʃ(ə)voʃmɑ̃/ NM overlapping

chevaucher /ʃ(ə)voʃe/ /TABLE 1/ VT [+ cheval, âne] to be astride; [+ chaise] to sit astride 2 VPR **se chevaucher** [dents, tuiles, lettres] to overlap

chevelu, e /ʃəv(ə)ly/ ADJ [personne] hairy

chevelure /ʃəv(ə)lyʀ/ NF ⓐ (= cheveux) hair (NonC); **une ~ abondante** thick hair ⓑ [de comète] tail

chevet /ʃ(ə)vɛ/ NM [de lit] bedhead; **au ~ de qn** at sb's bedside

cheveu (pl **cheveux**) /ʃ(ə)vø/ NM ⓐ **cheveux** (= chevelure) hair (NonC); **une femme aux ~x blonds/frisés** a woman with fair/curly hair; **(les) ~x au vent** hair streaming in the wind; **il n'a pas un ~ sur la tête** *ou* **le caillou*** he hasn't a hair on his head ⓑ (*locutions*) **il s'en est fallu d'un ~ qu'ils ne se tuent** they escaped death by a whisker; **avoir un ~ (sur la langue)*** to have a lisp; **se faire des ~x (blancs)*** to worry o.s. sick*; **arriver comme un ~ sur la soupe*** [*personne*] to turn up at the most awkward moment; [*remarque*] to be completely irrelevant; **tiré par les ~x** [*histoire*] far-fetched

cheville /ʃ(ə)vij/ NF ⓐ [*de pied*] ankle; **aucun ne lui arrive à la ~** he's head and shoulders above the others ⓑ (= *fiche*) (*en bois*) peg; (*en métal*) pin; (*pour vis*) Rawlplug®; **~ ouvrière** (*fig*) kingpin ⓒ (*locutions*) **être en ~ avec qn pour faire qch** to be in cahoots* with sb to do sth

chèvre /ʃɛvʀ/ **1** NF goat; **devenir ~*** to go crazy **2** NM (= *fromage*) goat's cheese

chevreau (*pl* **chevreaux**) /ʃəvʀo/ NM kid

chèvrefeuille /ʃɛvʀəfœj/ NM honeysuckle

chevreuil /ʃəvʀœj/ NM roe deer; (*Can* = *cerf de Virginie*) deer; (= *viande*) venison

chevron /ʃəvʀɔ̃/ NM (= *poutre*) rafter; **à ~s** (= *motif*) herringbone

chevronné, e /ʃəvʀɔne/ ADJ experienced

chevrotant, e /ʃəvʀɔtɑ̃, ɑ̃t/ ADJ [*voix*] quavering

chevrotine /ʃəvʀɔtin/ NF buckshot (*NonC*)

chewing-gum (*pl* **chewing-gums**) /ʃwiŋɡɔm/ NM chewing gum (*NonC*)

chez /ʃe/ PRÉP ⓐ (*à la maison*) **~ soi** at home; **être/rester ~ soi** to be/stay at home, to be/stay in; **venez ~ moi** come to my place; **nous rentrons ~ nous** we are going home; **j'ai des nouvelles de ~ moi** I have news from home; **faites comme ~ vous!** make yourself at home!; **on n'est plus ~ soi avec tous ces touristes!** it doesn't feel like home any more with all these tourists around! ⓑ **~ qn** (*maison*) at sb's house; (*appartement*) at sb's flat (*Brit*) *ou* apartment (*US*); **près de ~ qn** near sb's house; **près de ~ nous** near our house; **~ moi, c'est tout petit** my place is tiny; **il séjourne ~ moi** he is staying at my house *ou* with me; **la personne ~ qui j'ai habité** the person I lived with; **~ M. Lebrun** (*sur une adresse*) c/o Mr Lebrun; **~ Rosalie** (*enseigne de café*) Rosalie's; **~ nous** at home; **~ nous au Canada** (*là-bas*) back (home) in Canada; (*ici*) here in Canada; **c'est une coutume (bien) de ~ nous** it is one of our typical local customs; **il a été élevé ~ les Jésuites** he was brought up by the Jesuits ⓒ (*avec nom de métier*) **~ l'épicier** at the grocer's; **il va ~ le dentiste** he's going to the dentist's ⓓ (*avec groupe humain ou animal*) among; **~ les Romains** among the Romans; **~ les fourmis/le singe** in ants/monkeys; **~ les jeunes** among young people; **~ les hommes/les femmes** (*Sport*) in the men's/women's event ⓔ (*avec personne, œuvre*) **~ Balzac** in Balzac; **~ un enfant de cet âge** it's rare in a child of that age; **~ lui, c'est une habitude** it's a habit with him; **~ lui c'est le foie qui ne va pas** it's his liver that gives him trouble

chez-soi /ʃeswa/ NM INV home

chiadé, e* /ʃjade/ (*ptp de* **chiader**) ADJ (= *difficile*) tough*; (= *approfondi*) thorough

chiader* /ʃjade/ /TABLE 1/ VT (= *bien préparer*) [+ *leçon*] to swot up* (*Brit*); [+ *examen*] to cram for*; [+ *exposé, lettre*] to work on

chialer* /ʃjale/ /TABLE 1/ VI (= *pleurer*) to cry

chiant, chiante* /ʃjɑ̃, ʃjɑ̃t/ ADJ (= *ennuyeux*) boring; **c'est ~** (= *pénible*) it's a real pain*; **il est ~** he's a real pain*

chiard* /ʃjaʀ/ NM brat

chiasse* /ʃjas/ NF **avoir/attraper la ~** (= *diarrhée*) to have/ get the runs*

chic /ʃik/ **1** NM (= *élégance*) [*de toilette, chapeau*] stylishness; [*de personne*] style; **avoir le ~ pour faire qch** to have the knack of doing sth **2** ADJ INV ⓐ (= *élégant, de la bonne société*) smart ⓑ (= *gentil*)* nice; **c'est une ~ fille** she's a nice girl; **c'est un ~ type** he's a nice guy*; **c'est très ~ de sa part** that's very nice of him **3** EXCL **~ (alors)!*** great!*

chicane /ʃikan/ NF ⓐ [*de circuit automobile*] chicane ⓑ (= *querelle*) squabble

chicaner /ʃikane/ /TABLE 1/ VI **~ (sur)** (= *ergoter*) to quibble (*about*)

chiche¹ /ʃiʃ/ ADJ → **pois**

chiche² /ʃiʃ/ ADJ ⓐ (= *mesquin*) mean ⓑ (= *capable*)* **tu n'es pas ~ (de le faire)** you wouldn't dare (do it); **chiche?** — **chiche!** are you on?* — you're on!*

chichi* /ʃiʃi/ NM ⓐ **~(s)** (= *manières*) fuss (*NonC*); **faire des ~s** *ou* **du ~** to make a fuss; **sans ~(s)** informally ⓑ (= *beignet*) ≈ doughnut

chicorée /ʃikɔʀe/ NF chicory

chicos* /ʃikos/ ADJ posh*

chicot /ʃiko/ NM [*de dent, arbre*] stump

chié, e* /ʃje/ ADJ ⓐ (= *bien*) great* ⓑ (= *difficile*) tough* ⓒ (= *qui exagère*) **il est ~, lui** he's a pain in the arse* (*Brit*) *ou* ass* (*US*)

chien /ʃjɛ̃/ **1** NM ⓐ (= *animal*) dog; **« (attention) ~ méchant »** "beware of the dog" ⓑ (*locutions*) **en ~ de fusil** curled up; **quel ~ de temps!** what foul weather!; **c'est une vie de ~!** it's a dog's life!; **comme un ~** [*mourir, traiter*] like a dog; **elle a du ~*** she's striking; **c'est pas fait pour les ~s!*** it's there to be used; **s'entendre comme ~ et chat** to fight all the time; **ils se sont regardés en ~s de faïence** they just glared at each other; **arriver comme un ~ dans un jeu de quilles** to turn up when least wanted; **les ~s écrasés*** human interest stories; **entre ~ et loup** at dusk **2** ADJ INV (= *avare*) mean **3** COMP ◆ **chien d'arrêt** pointer ◆ **chien d'aveugle** guide dog ◆ **chien de berger** sheepdog ◆ **chien de chasse** gun dog ◆ **chien de garde** guard dog ◆ **chien policier** police dog ◆ **chien de race** pedigree dog ◆ **chien savant** performing dog ◆ **chien de traîneau** husky

chien-assis (*pl* **chiens-assis**) /ʃjɛ̃asi/ NM ≈ dormer window (*Brit*), ≈ dormer (*US*)

chiendent /ʃjɛ̃dɑ̃/ NM couch grass; **ça pousse comme du ~** it grows like weeds

chien-loup (*pl* **chiens-loups**) /ʃjɛ̃lu/ NM wolfhound

chienne /ʃjɛn/ NF bitch; **c'est une ~** it's a she; **quelle ~ de vie!*** it's a dog's life!

chier** /ʃje/ /TABLE 7/ VI (= *déféquer*) to shit**; **faire ~ qn** [*personne*] (= *tracasser, harceler*) to piss sb off**; **ça me fait ~** it pisses me off**; **envoyer ~ qn** to tell sb to piss off**; **ça va ~!** there's going to be one hell of a row!*; **y a pas à ~, c'est lui le meilleur** say what the hell you like*, he's the best; **(nul) à ~** (= *mauvais*) crap**

chiffe /ʃif/ NF **~ (molle)** (*sans volonté*) drip*; **je suis comme une ~ (molle)** (*fatigué*) I feel like a wet rag

chiffon /ʃifɔ̃/ NM (*usagé*) rag; (*pour essuyer*) duster (*Brit*), dust cloth (*US*); **donner un coup de ~ à qch** *ou* **passer un coup de ~ sur qch** to give sth a wipe; **parler ~s*** to talk about clothes

chiffonné, e /ʃifɔne/ (*ptp de* **chiffonner**) ADJ [*visage*] worn-looking

chiffonner /ʃifɔne/ /TABLE 1/ VT ⓐ [+ *papier*] to crumple; [+ *étoffe*] to crease ⓑ (= *contrarier*) **ça me chiffonne*** it bothers me

chiffonnier /ʃifɔnje/ NM (= *personne*) ragman; **se battre comme des ~s** to fight like cat and dog

chiffre /ʃifʀ/ NM ⓐ (= *caractère*) figure; (= *nombre*) number; **donne-moi un ~ entre 1 et 8** give me a number between 1 and 8; **~ arabe/romain** Arab/Roman numeral; **numéro de 7 ~s** 7-figure number; **écrire un nombre en ~s** to write a number in figures ⓑ (= *résultat*) figure; (= *montant*) total; **je n'ai pas les ~s en tête** I can't recall the figures; **selon les ~s officiels** according to official figures; **les ~s du chômage** the number of unemployed; **en ~s ronds** in round figures ⓒ **~ (d'affaires)** turnover; **~s de vente** sales figures

chiffré, e /ʃifʀe/ (*ptp de* **chiffrer**) ADJ ⓐ (= *évalué*) backed up by figures; **données ~es** detailed facts and figures; **le**

rapport fixe des objectifs ~s the report sets targets of precise figures; **faire une proposition ~e** to propose a figure ⓑ **message ~** coded message

chiffrer /ʃifʀe/ /TABLE 1/ 1 VT (= évaluer) [+ dépenses, dommages] to assess 2 VI, VPR **se chiffrer: se ~ à** to come to; **ça commence à ~!** it's starting to mount up!

chignon /ʃiɲɔ̃/ NM bun; **~ banane** French pleat; **se faire un ~** to put one's hair into a bun

chiite /ʃiit/ ADJ, NMF Shiite

Chili /ʃili/ NM Chile

chilien, -ienne /ʃiljɛ̃, jɛn/ 1 ADJ Chilean 2 NM,F **Chilien(ne)** Chilean

chimère /ʃimɛʀ/ NF (= illusion) dream; **poursuivre** ou **caresser des ~s** to chase rainbows

chimérique /ʃimeʀik/ ADJ ⓐ (= utopique) fanciful ⓑ (= imaginaire) [personnage] imaginary

chimie /ʃimi/ NF chemistry

chimio /ʃimjo/ NF (ABBR = **chimiothérapie**) chemo*

chimiothérapie /ʃimjoteʀapi/ NF chemotherapy

chimique /ʃimik/ ADJ chemical → **produit**

chimiste /ʃimist/ NMF chemist (scientist) → **ingénieur**

chimpanzé /ʃɛ̃pɑ̃ze/ NM chimpanzee

chinchilla /ʃɛ̃ʃila/ NM chinchilla

Chine /ʃin/ NF China; **~ populaire** Communist China; **la République populaire de ~** the People's Republic of China

chiné, e /ʃine/ (ptp de **chiner**) ADJ mottled

chiner /ʃine/ /TABLE 1/ VI to hunt for antiques

chinois, e /ʃinwa, waz/ 1 ADJ Chinese → **ombre** 2 NM ⓐ (= langue) Chinese; **c'est du ~*** it's all Greek to me* ⓑ **Chinois** Chinese man; **les Chinois** the Chinese 3 NF **Chinoise** Chinese woman

chinoiser /ʃinwaze/ /TABLE 1/ VI to split hairs

chinoiserie /ʃinwazʀi/ NF ⓐ (= subtilité excessive) hairsplitting (NonC) ⓑ (= complications) **~s** unnecessary fuss ⓒ (= objet) Chinese ornament

chiot /ʃjo/ NM puppy

chiotte ⁎ /ʃjɔt/ NF ou M (= toilettes) **~s** bog‡ (Brit), john‡ (US); **avoir un goût de ~** [personne] to have crap taste‡

chiper⁎ /ʃipe/ /TABLE 1/ VT to pinch*

chipie⁎ /ʃipi/ NF vixen; **petite ~!** you little devil!*

chipoter⁎ /ʃipɔte/ /TABLE 1/ VI (= ergoter) to quibble (sur about, over); **~ sur la nourriture** to pick at one's food; **vous n'allez pas ~ pour 2 euros!** you're not going to quibble about 2 euros!

chips /ʃips/ NFPL crisps (Brit), chips (US)

chiqué⁎ /ʃike/ NM (= bluff) **c'est du ~** it's all a pretence; **ces combats de catch c'est du ~** these wrestling matches are faked

chiquenaude /ʃiknod/ NF (= pichenette) flick

chiquer /ʃike/ /TABLE 1/ 1 VT [+ tabac] to chew 2 VI to chew tobacco

chiromancie /kiʀɔmɑ̃si/ NF palmistry

chiropracteur /kiʀɔpʀaktœʀ/ NM chiropractor

chirurgical, e (mpl -aux) /ʃiʀyʀʒikal, o/ ADJ surgical; **acte ~** surgical procedure; **frappe ~e** surgical strike

chirurgie /ʃiʀyʀʒi/ NF surgery (science); **~ esthétique/ réparatrice** cosmetic/reconstructive surgery

chirurgien, -ienne /ʃiʀyʀʒjɛ̃, jɛn/ NM,F surgeon; **~-dentiste** dental surgeon

chlore /klɔʀ/ NM chlorine

chlorer /klɔʀe/ /TABLE 1/ VT to chlorinate

chlorhydrique /klɔʀidʀik/ ADJ hydrochloric

chloroforme /klɔʀɔfɔʀm/ NM chloroform

chlorophylle /klɔʀɔfil/ NF chlorophyll

chlorure /klɔʀyʀ/ NM chloride; **~ de sodium** sodium chloride

chnoque⁎ /ʃnɔk/ NM **quel vieux ~!** what an old fart!‡; **eh! du ~!** hey! you!

choc /ʃɔk/ 1 NM ⓐ (= heurt) impact; **au moindre ~** at the slightest bump; **« résiste aux ~s »** "shock-resistant"; **sous**

le ~ under the impact
◆ **de choc** [troupe, unité, traitement, tactique] shock; [patron] high-powered
ⓑ (= collision) crash
ⓒ (= affrontement) clash
ⓓ (= émotion) shock; **le ~ est rude** it's quite a shock; **il est encore sous le ~** (à l'annonce d'une nouvelle) he's still in a state of shock; (après un accident) he's still in shock; **tenir le ~*** [personne] to cope; [machine] to hold out
2 ADJ INV (= à sensation) **argument(-)choc** overwhelming argument
3 COMP ◆ **choc culturel** culture shock ◆ **choc nerveux** (nervous) shock ◆ **choc opératoire** postoperative shock ◆ **choc pétrolier** oil crisis ◆ **choc psychologique** psychological shock ◆ **choc en retour** backlash ◆ **choc thermique** thermal shock

chochotte⁎ /ʃɔʃɔt/ 1 NF fusspot* (Brit), fussbudget* (US); **arrête de faire la** ou **ta ~!** stop making such a fuss about nothing!* 2 ADJ INV **elle est très ~** she makes a great fuss about things

chocolat /ʃɔkɔla/ NM chocolate; **mousse/crème au ~** chocolate mousse/cream; **~ au lait/aux noisettes** milk/hazelnut chocolate ◆ **chocolat à croquer** plain chocolate ◆ **chocolat à cuire** cooking chocolate ◆ **chocolat liégeois** chocolate sundae ◆ **chocolat noir** dark chocolate ◆ **chocolat en poudre** drinking chocolate

chocolaté, e /ʃɔkɔlate/ ADJ chocolate-flavoured (Brit) ou -flavored (US)

chocolatier, -ière /ʃɔkɔlatje, jɛʀ/ NM,F (= fabricant) chocolate maker; (= commerçant) chocolate seller

chocottes⁎ /ʃɔkɔt/ NFPL **avoir les ~** to have the jitters*

chœur /kœʀ/ NM (= chanteurs) choir; [d'opéra, de théâtre] chorus; (= endroit) choir; (= hymne) chorale
◆ **en chœur** in chorus; **tous en ~!** all together now!

choisi, e /ʃwazi/ (ptp de **choisir**) ADJ ⓐ (= sélectionné) selected ⓑ (= raffiné) carefully chosen

choisir /ʃwaziʀ/ /TABLE 2/ VT to choose; **choisissez une carte/un chiffre** pick a card/a number; **se ~ qch** to choose sth; **on l'a choisi parmi les douzaines de candidats** he was chosen from dozens of applicants; **~ de faire qch** to choose to do sth; **à toi de ~** it's up to you to choose

choix /ʃwa/ NM ⓐ (= décision) choice; **je n'avais pas le ~** ou **d'autre ~** I had no choice; **avoir le ~** to have the choice; **faire son ~** to make one's choice; **mon ~ est fait** I've made my choice; **laisser le ~ à qn** to leave sb (free) to choose (**de faire qch** to do sth); **donner le ~ à qn** to give sb the choice (**de faire qch** of doing sth); **fixer** ou **porter son ~ sur qch** to settle on sth
ⓑ (= variété) choice; **il y a du ~** there is a big choice
ⓒ (= échantillonnage) **~ de** selection of
ⓓ (locutions)
◆ **de choix** (= de qualité) choice; **morceau de ~** (viande) prime cut
◆ **de + choix**: **de premier ~** [fruits] class one; [agneau, bœuf] prime; **de second ~** low-quality; [fruits, viande] class two (Brit), market grade (US)
◆ **au choix** as you prefer; **« dessert au ~ »** "choice of desserts"; **au ~ du client** as the customer chooses

choléra /kɔleʀa/ NM cholera

cholestérol /kɔlesteʀɔl/ NM cholesterol

chômage /ʃomaʒ/ NM unemployment; **le ~ des jeunes** youth unemployment; **le taux de ~** the unemployment rate; **être au ~** to be unemployed; **s'inscrire au ~** to apply for unemployment benefit (Brit) ou welfare (US); **toucher le ~*** to be on the dole* (Brit), to be on welfare (US) ◆ **chômage de longue durée** long-term unemployment ◆ **chômage partiel** short-time working ◆ **chômage technique: mettre en ~ technique** to lay off (temporarily)

chômé, e /ʃome/ (ptp de **chômer**) ADJ **jour ~** non-work day

chômedu‡ /ʃomdy/ NM unemployment; **être au ~** to be unemployed

chômer /ʃome/ /TABLE 1/ VI (= être inactif) to be idle; **on n'a pas chômé** we didn't just sit around doing nothing

chômeur, -euse /ʃomœʀ, øz/ NM,F unemployed person; **les ~s** the unemployed; **les ~s de longue durée** the long-term unemployed

chope /ʃɔp/ NF (= récipient) tankard

choper* /ʃɔpe/ /TABLE 1/ VT (= attraper) to catch

choquant, e /ʃɔkã, ãt/ ADJ shocking

choqué, e /ʃɔke/ ADJ shocked; **être ~** [patient] to be in shock

choquer /ʃɔke/ /TABLE 1/ VT ⓐ (= scandaliser) to shock; (plus fort) to appal; (= blesser) to offend; **ce roman risque de ~** some people may find this novel shocking ⓑ [+ délicatesse, pudeur, goût] to offend; [+ raison, goût] to go against; [+ vue] to offend; [+ oreilles] [son, musique] to jar on ⓒ (= commotionner) to shake up

choral, e (mpl **chorals**) /kɔʀal/ 1 NM choral(e) 2 NF **chorale** choir

chorégraphe /kɔʀegʀaf/ NMF choreographer

chorégraphie /kɔʀegʀafi/ NF choreography

choriste /kɔʀist/ NMF [d'église] choir member; [d'opéra] member of the chorus

chorus /kɔʀys/ NM **faire ~ (avec qn)** to be in agreement (with sb)

chose /ʃoz/ 1 NF ⓐ thing; **je viens de penser à une ~** I've just thought of something; **il a un tas de ~s à faire** he has a lot of things to do; **~ étrange ou curieuse, il a accepté** strangely ou curiously enough, he accepted; **j'ai plusieurs ~s à vous dire** I've got several things to tell you; **vous lui direz bien des ~s au point de ma part** give him my regards; **c'est ~ faite** it's done; **voilà une bonne ~ de faite** that's one thing out of the way; **c'est bien peu de ~** it's nothing really; **avant toute ~** above all else; **de deux ~s l'une : soit ... soit ...** there are two possibilities: either ..., or ... ◼ (PROV) **~ promise, ~ due** promises are made to be kept

ⓑ (= événements, activités) **les ~s** things; **les ~s se sont passées ainsi** it happened like this; **dans l'état actuel des ~s** as things stand (at present); **ce sont des ~s qui arrivent** these things happen; **regarder les ~s en face** to face up to things; **prendre les ~s à cœur** to take things to heart; **mettons les ~s au point** let's get things straight; **en mettant les ~s au mieux/au pire** at best/worst; **parler de ~(s) et d'autre(s)** to talk about this and that

ⓒ (= ce dont il s'agit) **il va vous expliquer la ~** he'll tell you what it's all about; **il a très bien pris la ~** he took it very well; **c'est la ~ à ne pas faire** that's the very thing not to do; **ils font bien les ~s** they really do things properly; **elle ne fait pas les ~s à moitié** she doesn't do things by halves

2 ADJ INV **être/se sentir tout ~*** (bizarre) to feel a bit peculiar; (malade) to be under the weather

chou (pl **choux**) /ʃu/ 1 NM ⓐ (= légume) cabbage; **faire ~ blanc** to draw a blank; **faire ses ~x gras de qch** to capitalize on sth ⓑ (= gâteau) choux bun ⓒ (= forme d'adresse) darling 2 COMP ♦ **chou de Bruxelles** Brussels sprout ♦ **chou à la crème** cream-puff ♦ **chou frisé** kale

choucas /ʃuka/ NM jackdaw

chouchou, -te /ʃuʃu, ut/ 1 NM,F (= favori)* pet 2 NM (= élastique) scrunchy

chouchouter* /ʃuʃute/ /TABLE 1/ VT to pamper

choucroute /ʃukʀut/ NF sauerkraut

chouette[1]* /ʃwɛt/ 1 ADJ ⓐ (= beau) great* ⓑ (= gentil) nice 2 EXCL **~ (alors)!** great!*

chouette[2] /ʃwɛt/ NF (= animal) owl

chou-fleur (pl **choux-fleurs**) /ʃuflœʀ/ NM cauliflower

chouïa* /ʃuja/ NM **un ~ trop grand/petit** a tad too big/small

chou-rave (pl **choux-raves**) /ʃuʀav/ NM kohlrabi

choyer /ʃwaje/ /TABLE 8/ VT (frm = dorloter) to cherish; (avec excès) to pamper

CHR /seaʃɛʀ/ NM (ABBR = **centre hospitalier régional**) regional hospital

chrétien, -ienne /kʀetjɛ̃, jɛn/ ADJ, NM,F Christian

chrétien-démocrate, chrétienne-démocrate (mpl **chrétiens-démocrates**) /kʀetjɛ̃demɔkʀat, kʀetjɛndemɔkʀat/ ADJ, NM,F Christian Democrat

chrétienté /kʀetjɛ̃te/ NF Christendom

christ /kʀist/ NM Christ; **le Christ** Christ

christianiser /kʀistjanize/ /TABLE 1/ VT to convert to Christianity

christianisme /kʀistjanism/ NM Christianity

chromatique /kʀɔmatik/ ADJ (Musique, Peinture) chromatic

chrome /kʀom/ NM (Chim) chromium; **les ~s** [de voiture] the chrome

chromé, e /kʀome/ ADJ [métal, objet] chrome

chromosome /kʀomozom/ NM chromosome

chromosomique /kʀomozomik/ ADJ [anomalie] chromosomal

chronique /kʀɔnik/ 1 ADJ chronic 2 NF (Littérat) chronicle; (Presse) column

chroniqueur, -euse /kʀɔnikœʀ, øz/ NM,F (= journaliste) columnist; **~ sportif** sports editor

chrono* /kʀono/ NM (ABBR = **chronomètre**) stopwatch; **faire du 80 (km/h) ~** ou **au ~** to be timed at 80km/h

chronologie /kʀɔnɔlɔʒi/ NF chronology

chronologique /kʀɔnɔlɔʒik/ ADJ chronological

chronomètre /kʀɔnɔmɛtʀ/ NM stopwatch

chronométrer /kʀɔnɔmetʀe/ /TABLE 6/ VT to time

chrysalide /kʀizalid/ NF chrysalis

chrysanthème /kʀizãtɛm/ NM chrysanthemum

chtarbé, e* /ʃtaʀbe/ ADJ crazy

chtimi, ch'timi* /ʃtimi/ ADJ of ou from northern France

CHU /seaʃy/ NM (ABBR = **centre hospitalier universitaire**) teaching ou university hospital

chuchotement /ʃyʃɔtmã/ NM whispering (NonC)

chuchoter /ʃyʃɔte/ /TABLE 1/ VTI to whisper

chut /ʃyt/ EXCL sh!

chute /ʃyt/ NF ⓐ fall; **faire une ~ de 3 mètres/mortelle** to fall 3 metres/to one's death; **faire une ~ de cheval** to fall off a horse; **la loi de la ~ des corps** the law of gravity; **~ libre** (en parachutisme) free fall; **être en ~ libre** [économie, ventes] to be in free fall; **« attention, ~ de pierres »** "danger, falling rocks"

ⓑ [de cheveux] loss; [de feuilles] falling; **lotion contre la ~ des cheveux** hair restorer

ⓒ [d'empire, roi, gouvernement] fall; [de monnaie, cours] fall (de in)

ⓓ **~ (d'eau)** waterfall; **de fortes ~s de pluie/neige** heavy rainfall/snowfalls

ⓔ (= déchet) offcut

ⓕ [d'histoire drôle] punch line

ⓖ **la ~ des reins** the small of the back

chuter /ʃyte/ /TABLE 1/ VI (= tomber) to fall; **faire ~ qn** to bring sb down

Chypre /ʃipʀ/ N Cyprus; **à ~** in Cyprus

chypriote /ʃipʀijɔt/ 1 ADJ Cypriot 2 NMF **Chypriote** Cypriot

ci /si/ ADV ⓐ (dans l'espace) **ce livre-ci** this book; **cette table-ci** this table; **cet enfant-ci** this child; **ces tables-ci** these tables ⓑ (dans le temps) **à cette heure-ci** at this time; (= à l'heure actuelle) by now; **ces jours-ci** (avenir) in the next few days; (passé) in the last few days; (présent) these days ⓒ **de ci de là** here and there

CIA /seia/ NF (ABBR = **Central Intelligence Agency**) CIA

ci-après /siapʀɛ/ ADV below; (Droit) hereinafter

cible /sibl/ NF target; **être la ~ de** to be a target for

cibler /sible/ /TABLE 1/ VT to target

ciboulette /sibulɛt/ NF chives

ciboulot‡ /sibulo/ NM **il n'a rien dans le ~** he's an airhead*

cicatrice /sikatʀis/ NF scar

cicatriser /sikatʀize/ /TABLE 1/ 1 VI to heal up; **je cicatrise mal** I don't heal very easily 2 VPR **se cicatriser** to heal up

ci-contre /sikɔ̃tʀ/ ADV opposite

CICR /seiseɛʀ/ NM (ABBR = **Comité international de la Croix-Rouge**) International Committee of the Red Cross

ci-dessous /sidəsu/ ADV below

ci-dessus /sidəsy/ ADV above

CIDJ /seide3i/ NM (ABBR = **centre d'information et de documentation de la jeunesse**) careers advisory centre

cidre /sidʀ/ NM cider; **~ bouché** fine bottled cider

Cie (ABBR = **compagnie**) Co

ciel /sjɛl/ NM ⓐ (pl littér **cieux**) (= espace) sky; **vers le ~** skywards; **entre ~ et terre** in mid-air; **tomber du ~** (fig) to be a godsend; **sous un ~ plus clément** in a more favourable climate; **sous le ~ de Paris** beneath the Parisian sky
♦ **à ciel ouvert** [égout] open; [piscine] open-air; [mine] opencast (Brit), open cut (US) ⓑ (pl **ciels**) (= paysage peint) sky ⓒ (pl **cieux**) (Rel) heaven; **le royaume des cieux** the kingdom of heaven ⓓ (= providence) **~!** good heavens!; **c'est le ~ qui vous envoie!** you're heaven-sent!

cierge /sjɛʀ3/ NM (= bougie) candle

cieux /sjø/ NMPL de **ciel**

cigale /sigal/ NF cicada

cigare /sigaʀ/ NM (à fumer) cigar

cigarette /sigaʀet/ NF (à fumer) cigarette; **~ bout filtre** filter-tipped cigarette

ci-gît /si3i/ ADV here lies

cigogne /sigɔɲ/ NF (= oiseau) stork

ciguë /sigy/ NF hemlock

ci-inclus, e /siɛ̃kly, yz/ ADJ enclosed

ci-joint, e (mpl **ci-joints**) /si3wɛ̃/ 1 ADJ enclosed; **les papiers ~s** the enclosed papers 2 ADV enclosed; **vous trouverez ~ ...** please find enclosed ...

cil /sil/ NM [d'œil] eyelash

ciller /sije/ /TABLE 1/ VI **~ (des yeux)** to blink (one's eyes); **il n'a pas cillé** he didn't bat an eyelid

cimaise /simez/ NF (pour tableaux) picture rail

cime /sim/ NF [de montagne] summit; (= pic) peak; [d'arbre] top

ciment /simɑ̃/ NM cement; **~ armé** reinforced concrete

cimenter /simɑ̃te/ /TABLE 1/ VT to cement

cimenterie /simɑ̃tʀi/ NF cement works

cimetière /simtjɛʀ/ NM [de ville] cemetery; [d'église] graveyard; **~ de voitures** scrapyard

ciné * /sine/ NM (ABBR = **cinéma**) cinema; (= salle) cinema (Brit), movie theater (US); **aller au ~ ou se faire un ~** * to go to the cinema (Brit) ou the movies (US)

cinéaste /sineast/ NMF film-maker; (connu) film director

ciné-club (pl **ciné-clubs**) /sineklœb/ NM film society

cinéma /sinema/ 1 NM ⓐ (= art, industrie) cinema; (= salle) cinema (Brit), movie theater (US); **faire du ~** to be a film actor (ou actress); **de ~** [studio] film; [projecteur, écran] cinema; **acteur/vedette de ~** film actor/star; **aller au ~** to go to the cinema ou movies (US); **elle se fait du ~** * she's deluding herself
ⓑ (= simagrées)* **c'est du ~** it's all an act; **arrête ton ~!** give it a rest!*; **faire tout un ~** to make a real fuss
ⓒ (= complication)* fuss; **c'est toujours le même ~!** it's always the same!
2 COMP ♦ **cinéma d'animation** (= technique) animation; (= films) animated films ♦ **cinéma d'art et d'essai** experimental cinema; (= salle) art house ♦ **cinéma à salles multiples** multiplex cinema

cinémathèque /sinematek/ NF film archive; (= salle) film theatre (Brit), movie theater (US)

cinématographie /sinematɔgʀafi/ NF film-making

ciné-parc (pl **ciné-parcs**) /sinepaʀk/ NM (Can) drive-in

cinéphile /sinefil/ 1 ADJ [public] cinemagoing; **il est très ~** he loves the cinema 2 NMF film enthusiast

cinglant, e /sɛ̃glɑ̃, ɑ̃t/ ADJ [vent] bitter; [pluie] driving; [propos, ironie] scathing

cinglé, e * /sɛ̃gle/ 1 ADJ crazy* 2 NM,F nut*

cingler /sɛ̃gle/ /TABLE 1/ VT [personne] to lash; [vent, pluie, branche] to sting; [pluie] to lash

cinoche * /sinɔʃ/ NM (= salle) cinema (Brit), movie theater (US); **aller au ~** to go to the cinema (Brit) ou movies (US)

cinq /sɛ̃k/ NOMBRE five → **six**

> ★ The **q** is not pronounced before consonants, except with months, eg **le cinq mars**.

cinquantaine /sɛ̃kɑ̃ten/ NF about fifty; **il a la ~** he's about fifty

cinquante /sɛ̃kɑ̃t/ NOMBRE fifty → **soixante**

cinquantenaire /sɛ̃kɑ̃tnɛʀ/ 1 ADJ fifty-year-old 2 NM (= anniversaire) fiftieth anniversary

cinquantième /sɛ̃kɑ̃tjem/ ADJ, NMF fiftieth → **sixième**

cinquième /sɛ̃kjem/ 1 ADJ, NMF fifth 2 NF ⓐ (Scol) ≈ second year (Brit), ≈ seventh grade (US) ⓑ (Auto) fifth gear ⓒ (TV) **la Cinquième** French cultural TV channel broadcasting in the afternoon → **sixième**

cintre /sɛ̃tʀ/ NM (= porte-manteau) coathanger

cintré, e /sɛ̃tʀe/ ADJ [veste, manteau] fitted; **chemise ~e** close-fitting shirt

CIO /seio/ NM ⓐ ABBR = **centre d'information et d'orientation** ⓑ (ABBR = **Comité international olympique**) IOC

cirage /siʀa3/ NM (= produit) polish; **être dans le ~** * to be a bit woozy*

circa /siʀka/ ADV circa

circoncire /siʀkɔ̃siʀ/ /TABLE 37/ VT to circumcise

circoncis /siʀkɔ̃si/ (ptp de **circoncire**) ADJ circumcised

circoncision /siʀkɔ̃sizjɔ̃/ NF circumcision

circonférence /siʀkɔ̃feʀɑ̃s/ NF circumference

circonflexe /siʀkɔ̃fleks/ ADJ **accent ~** circumflex

circonscription /siʀkɔ̃skʀipsjɔ̃/ NF **~ (électorale)** constituency (Brit), district (US)

circonscrire /siʀkɔ̃skʀiʀ/ /TABLE 39/ VT [+ feu, épidémie] to contain; [+ territoire] to mark out; [+ sujet] to define

circonspect /siʀkɔ̃spe(kt), ɛkt/ ADJ [personne] circumspect; [silence, remarque] cautious

circonstance /siʀkɔ̃stɑ̃s/ NF ⓐ (= occasion) **en la ~** in this case; **en pareille ~** in such circumstances ⓑ (= situation) **~s** circumstances; **étant donné les ~s** given the circumstances; **dans les ~s présentes** ou **actuelles** in the present circumstances ⓒ [de crime, accident] circumstance; **~s atténuantes** extenuating circumstances ⓓ **de ~** [parole, habit] appropriate; [œuvre, poésie] occasional; **tout le monde avait une mine de ~** everyone looked suitably solemn

circonstancié, e /siʀkɔ̃stɑ̃sje/ ADJ [rapport] detailed

circonstanciel, -ielle /siʀkɔ̃stɑ̃sjel/ ADJ (Gram) adverbial; **complément ~ de lieu/temps** adverbial phrase of place/time

circonvenir /siʀkɔ̃v(ə)niʀ/ /TABLE 22/ VT (frm) [+ personne] to get round

circuit /siʀkɥi/ 1 NM ⓐ (= itinéraire touristique) tour; **il y a un ~ joli ~ à travers bois** there's a very nice walk through the woods; **faire le ~ des volcans d'Auvergne** to tour the volcanoes in Auvergne
ⓑ (= parcours compliqué) **j'ai dû refaire tout le ~ en sens inverse** I had to go all the way back the way I'd come
ⓒ (Sport) circuit; **~ automobile** race circuit
ⓓ (Élec) circuit; **mettre hors ~** [+ appareil] to disconnect; [+ personne] to push aside; **est-ce qu'il est toujours dans le ~?** is he still around?
2 COMP ♦ **circuit de distribution** (Commerce) distribution network ♦ **circuit électrique** electrical circuit; [de jouet] track ♦ **circuit fermé** closed circuit; **vivre en ~ fermé** to live in a closed world ♦ **circuit imprimé** printed circuit

◆ **circuit intégré** integrated circuit ◆ **circuit de refroidissement** cooling system

circulaire /siʀkyleʀ/ ADJ, NF circular

circulation /siʀkylasjɔ̃/ NF [*d'air, sang, argent*] circulation; [*de marchandises*] movement; [*de voitures*] traffic; **avoir une bonne/mauvaise ~** (*Méd*) to have good/poor circulation; **la libre ~ des travailleurs** the free movement of labour; **la ~ des trains est perturbée** trains are being delayed; **route à grande ~** major road; **mettre en ~** [+ *argent*] to put into circulation; [+ *livre, produit, voiture*] to bring out; **mise en ~** [*d'argent*] circulation; [*de voiture*] registration; **retirer de la ~** [+ *argent*] to withdraw from circulation; [+ *médicament, produit, livre*] to withdraw; **~ aérienne** air traffic; **« ~ interdite »** "no vehicular traffic"; **disparaître de la ~** to be out of circulation → **accident**

circulatoire /siʀkylatwaʀ/ ADJ **troubles ~s** circulatory disorders

circuler /siʀkyle/ /TABLE 1/ VI ⓐ to circulate; **l'information circule mal entre les services** communication between departments is poor; **faire ~** [+ *argent, document*] to circulate; [+ *bruits*] to spread ⓑ [*voiture*] to go; [*train*] to run; [*plat, lettre*] to be passed round; **un bus sur trois circule** one bus in three is running; **circulez!** move along!; **faire ~** [+ *voitures, piétons*] to move on; [+ *plat, pétition*] to pass round

cire /siʀ/ NF wax; (*pour meubles, parquets*) polish; **~ d'abeille** beeswax; **~ à épiler** depilatory wax; **s'épiler les jambes à la ~** to wax one's legs; **personnage en ~** waxwork dummy

ciré /siʀe/ NM oilskin

cirer /siʀe/ /TABLE 1/ VT to polish; **j'en ai rien à ~‡** I don't give a damn‡; **~ les bottes** *ou* **pompes de qn*** to lick sb's boots* → **toile**

cireur, -euse /siʀœʀ, øz/ 1 NM,F (= *personne*) [*de chaussures*] shoe-shiner 2 NF **cireuse** (= *appareil*) floor polisher

cirque /siʀk/ NM ⓐ circus ⓑ (= *embarras*)* **quel ~ pour garer sa voiture ici!** it's such a performance* finding somewhere to park around here!; **arrête ton ~!** give it a rest!* ⓒ (*Géog*) cirque

cirrhose /siʀoz/ NF cirrhosis

cisaille(s) /sizaj/ NF(PL) (*pour métal*) shears; (*pour fil métallique*) wire cutters; [*de jardinier*] shears

cisailler /sizaje/ /TABLE 1/ VT [+ *métal*] to cut; [+ *branches*] to clip

ciseau (*pl* **ciseaux**) /sizo/ NM ⓐ **(paire de) ~x** (*pour tissu, papier*) (pair of) scissors; (*pour métal, laine*) shears; (*pour fil métallique*) wire cutters; **~x à ongles** nail scissors ⓑ (*pour bois, pierre*) chisel ⓒ (*Sport* = *prise*) scissors hold; **faire des ~x** to do scissor kicks

ciseler /siz(ə)le/ /TABLE 5/ VT to chisel

Cisjordanie /sisʒɔʀdani/ NF **la ~** the West Bank

citadelle /sitadɛl/ NF citadel

citadin, e /sitadɛ̃, in/ 1 ADJ town; [*de grande ville*] city 2 NM,F city dweller

citation /sitasjɔ̃/ NF ⓐ [*d'auteur*] quotation; **« fin de ~ »** "unquote" ⓑ **~ à comparaître** (*à accusé*) summons to appear; (*à témoin*) subpoena

cité /site/ NF (= *grande ville*) city; (= *petite ville*) town; (= *immeubles*) housing estate (*Brit*), project (*US*); **le problème des ~s** the problem of social unrest in deprived estates (*Brit*) *ou* projects (*US*); **~ universitaire** halls of residence

⚠ **cité** *ne se traduit pas toujours par* **city**.

cité-dortoir (*pl* **cités-dortoirs**) /sitedɔʀtwaʀ/ NF dormitory (*Brit*) *ou* bedroom (*US*) town

citer /site/ /TABLE 1/ VT ⓐ (= *rapporter*) [+ *texte, exemples, faits*] to quote; **il n'a pas pu ~ trois pièces de Sartre** he couldn't name three plays by Sartre ⓑ **~ (en exemple)** [+ *personne*] to hold up as an example ⓒ (*Droit*) **~ (à comparaître)** [+ *accusé*] to summon to appear; [+ *témoin*] to subpoena

citerne /sitɛʀn/ NF tank

citoyen, -yenne /sitwajɛ̃, jɛn/ 1 ADJ (= *faisant preuve de civisme*) socially aware 2 NM,F citizen

citoyenneté /sitwajɛnte/ NF citizenship

citron /sitʀɔ̃/ 1 NM (= *fruit*) lemon; **un** *ou* **du ~ pressé** a freshly-squeezed lemon juice; **~ vert** lime 2 ADJ INV lemon; **jaune ~** lemon-yellow

citronnade /sitʀɔnad/ NF still lemonade (*Brit*), lemonade (*US*)

citronné, e /sitʀɔne/ ADJ [*goût, odeur*] lemony; [*eau de toilette*] lemon-scented

citronnelle /sitʀɔnɛl/ NF lemongrass; (= *huile*) citronella

citronnier /sitʀɔnje/ NM lemon tree

citrouille /sitʀuj/ NF pumpkin; (= *tête*)‡ head; **j'ai la tête comme une ~*** I feel like my head's going to explode

citrus /sitʀys/ NM citrus

civet /sivɛ/ NM stew; **lapin en ~** *ou* **~ de lapin** rabbit stew

civette /sivɛt/ NF chives

civière /sivjɛʀ/ NF stretcher

civil, e /sivil/ 1 ADJ ⓐ [*guerre, mariage*] civil ⓑ (= *non militaire*) civilian 2 NM ⓐ (= *non militaire*) civilian; **policier en ~** plain-clothes policeman; **soldat en ~** soldier in civilian clothes; **dans le ~** in civilian life ⓑ (*Droit*) **poursuivre qn au ~** to take civil action against sb

civilement /sivilmã/ ADV (*Droit*) **être ~ responsable** to be legally responsible

civilisation /sivilizasjɔ̃/ NF civilization

civilisé, e /sivilize/ (*ptp de* **civiliser**) ADJ civilized

civiliser /sivilize/ /TABLE 1/ VT to civilize

civique /sivik/ ADJ civic; **avoir le sens ~** to be public-spirited → **instruction**

civisme /sivism/ NM public-spiritedness; **cours de ~** civics (*sg*)

cl (ABBR = **centilitre**) cl

clac /klak/ EXCL [*de porte*] slam!; [*d'élastique, stylo*] snap!; [*de fouet*] crack!

clafoutis /klafuti/ NM clafoutis (*tart made of fruit and batter*)

clair, e¹ /klɛʀ/ 1 ADJ ⓐ (= *lumineux*) bright; **par temps ~** on a clear day

ⓑ (= *pâle*) [*teint, couleur*] light; [*tissu, robe*] light-coloured (*Brit*) *ou* light-colored (*US*); **bleu ~** light blue

ⓒ (= *limpide*) [*eau, son*] clear; **d'une voix ~e** in a clear voice

ⓓ (= *peu consistant*) [*sauce, soupe*] thin

ⓔ [*exposé, pensée, position*] clear; **cette affaire n'est pas ~e** there's something suspicious about all this; **je serai ~ avec vous** I'll be frank with you; **c'est ~ et net** it's perfectly clear; **je n'y vais pas, c'est ~ et net!** I'm not going, that's for sure!

ⓕ (= *évident*) clear; **il est ~ qu'il se trompe** it is clear that he's mistaken; **c'est ~ comme de l'eau de roche** it's crystal-clear; **il passe le plus ~ de son temps à rêver** he spends most of his time daydreaming

2 ADV **il fait ~** it's light; **voir ~** to see well; **maintenant j'y vois plus ~** now I've got a better idea; **je vois ~ dans son jeu** I can see what he's up to*; **parlons ~** let's be frank

3 NM

◆ **au clair**: **il faut tirer cette affaire au ~** we must get to the bottom of this; **être au ~ sur qch** to be clear about sth; **mettre ses idées au ~** to organize one's thoughts; **mettre les choses au ~** to make things clear; **mettre les choses au ~ avec qn** to get things straight with sb

◆ **en clair** (= *c'est-à-dire*) to put it plainly; (= *non codé*) [*message*] in clear; [*émission*] unscrambled

4 COMP ◆ **clair de lune** moonlight

claire² /klɛʀ/ NF (**huître de**) **~** fattened oyster → **fine**

clairement /klɛʀmã/ ADV clearly

claire-voie (*pl* **claires-voies**) /klɛʀvwa/ NF (= *clôture*) openwork fence

clairière /klɛʀjɛʀ/ NF clearing

clair-obscur (*pl* **clairs-obscurs**) /klɛʀɔpskyʀ/ NM (*Art*) chiaroscuro

clairon /klɛRɔ̃/ NM (= *instrument*) bugle

claironner /klɛRɔne/ /TABLE 1/ VT [+ *succès, nouvelle*] to shout from the rooftops

clairsemé, e /klɛRsəme/ ADJ [*arbres, maisons, applaudissements*] scattered; [*gazon, cheveux, population*] sparse

clairvoyance /klɛRvwajãs/ NF clear-sightedness

clairvoyant, e /klɛRvwajã, ãt/ ADJ clear-sighted

clamer /klame/ /TABLE 1/ VT to proclaim

clameur /klamœR/ NF clamour; **les ~s de la foule** the clamour of the crowd

clamser⸬ /klamse/ /TABLE 1/ VI (= *mourir*) to kick the bucket⸬

clan /klɑ̃/ NM clan; **esprit de ~** clannishness

clandestin, e /klɑ̃dɛstɛ̃, in/ 1 ADJ clandestine; [*revue, organisation, imprimerie*] underground (*avant le nom*); [*travailleur, travail, immigration, avortement*] illegal 2 NM (= *ouvrier*) illegal worker; (**passager**) ~ stowaway

clandestinement /klɑ̃dɛstinmɑ̃/ ADV (= *secrètement*) secretly; (= *illégalement*) illegally; **faire entrer qn ~ dans un pays** to smuggle sb into a country

clandestinité /klɑ̃dɛstinite/ NF **dans la ~** (= *en secret*) [*travailler*] clandestinely; (= *en se cachant*) [*vivre*] underground

clap /klap/ NM (*Ciné*) clapperboard

clapet /klapɛ/ NM (*Tech*) valve; **ferme ton ~ !**⸬ shut up!*

clapier /klapje/ NM (*à lapins*) hutch

clapoter /klapɔte/ /TABLE 1/ VI [*eau*] to lap

clapotis /klapɔti/ NM lapping (*NonC*)

claquage /klakaʒ/ NM **se faire un ~** to pull a hamstring

claque /klak/ NF ⓐ (= *gifle*) slap; **donner** *ou* **flanquer*** *ou* **filer*** **une ~ à qn** to slap sb; **il a pris une ~ aux dernières élections** the last election was a slap in the face for him ⓑ (*locutions*) **il en a sa ~*** (*excédé*) he's fed up to the back teeth* (*Brit*) *ou* **to the teeth*** (*US*); (*épuisé*) he's dead beat* ⓒ (*Théât*) claque; **faire la ~** to cheer

claqué, e* /klake/ (*ptp de* **claquer**) ADJ (= *fatigué*) dead beat*

claquement /klakmɑ̃/ NM ⓐ (= *bruit répété*) [*de porte*] banging (*NonC*); [*de talons*] clicking (*NonC*); [*de dents*] chattering (*NonC*); [*de drapeau*] flapping (*NonC*) ⓑ (= *bruit isolé*) [*de porte*] bang; **la corde cassa avec un ~ sec** the rope broke with a sharp snap

claquemurer (se) /klakmyRe/ /TABLE 1/ VPR to shut o.s. away

claquer /klake/ /TABLE 1/ 1 VI ⓐ [*porte, volet*] to bang; [*drapeau*] to flap ⓑ (= *produire un bruit*) ~ **des doigts** to snap one's fingers; **il claquait des dents** his teeth were chattering; **faire ~ sa langue** to click one's tongue ⓒ (= *casser*) [*ficelle*] to snap ⓓ [*télévision, moteur, lampe*]* to conk out*; (= *mourir*)⸬ to kick the bucket⸬

2 VT ⓐ (= *gifler*) to slap ⓑ ~ **la porte** to slam the door; (*fig*) to storm out; **il m'a claqué la porte au nez** he slammed the door in my face ⓒ (= *fatiguer*)* to tire out ⓓ (= *dépenser*) [+ *argent*]⸬ to blow*

3 VPR **se claquer** (*Sport*) **se ~ un muscle** to pull a muscle

claquettes /klakɛt/ NFPL tap-dancing; **faire des ~** to tap-dance

clarification /klaRifikasjɔ̃/ NF clarification

clarifier /klaRifje/ /TABLE 7/ 1 VT to clarify 2 VPR **se clarifier** [*situation*] to become clearer

clarinette /klaRinɛt/ NF clarinet

clarinettiste /klaRinetist/ NMF clarinettist

clarté /klaRte/ NF ⓐ (= *lumière*) light; **à la ~ de la lampe** in the lamplight ⓑ (= *luminosité*) [*de pièce, jour, ciel*] brightness; [*d'eau, son, verre*] clearness ⓒ [*d'explication, pensée, attitude, conférencier*] clarity

clash /klaʃ/ NM clash

classe /klɑs/ 1 NF ⓐ (= *catégorie*) class; **les ~s moyennes** the middle classes; **la ~ politique** the political community; **société sans ~** classless society; **hôtel de première ~** first-class hotel; **hors ~** exceptional ⓑ (*Transports*) class; **compartiment de 1ère/2ème ~** 1st/2nd class compartment; **voyager en 1ère ~** to travel 1st class; **~ affaires/économique** business/economy class ⓒ (= *valeur*) class; **artiste de grande ~** artist of great distinction; **de ~ internationale** of international class; **elle a de la ~** *ou* **elle a la ~*** she's got class; **robe qui a de la ~** stylish dress; **ils sont descendus au Ritz, la ~ quoi !*** they stayed at the Ritz: classy, eh?* ⓓ (= *élèves*) class; (= *année d'études*) year; **les grandes/petites ~s** the senior/junior classes; **il est en ~ de 6ème** ≈ he is in the 1st year (*Brit*) *ou* 5th grade (*US*); **monter de ~** to go up a class; **partir en ~ de neige** ≈ to go on a school ski trip ⓔ (= *cours*) class; **aller en ~** to go to school; **pendant/après la ~** *ou* **les heures de ~** during/after school; **la ~ se termine** *ou* **les élèves sortent de ~ à 16 heures** school finishes at 4 o'clock; **il est en ~** (*en cours*) he is in class ⓕ (*Scol = salle*) classroom; (*d'une classe particulière*) form room (*Brit*), homeroom (*US*) ⓖ **militaire** *ou* **soldat de 2ème ~** (*terre*) private; (*air*) aircraftman (*Brit*), airman basic (*US*); **la ~ de 1997** (= *contingent*) the class of '97

2 ADJ INV [*personne, vêtements, voiture*]* classy*; **ça fait ~** it adds a touch of class*

classé, e /klɑse/ ADJ [*bâtiment, monument*] listed (*Brit*); [*vins*] classified; **joueur ~** (*Tennis*) ≈ ranked player

classement /klɑsmɑ̃/ NM ⓐ [*de papiers, documents*] filing; [*de livres*] classification; **~ alphabétique** alphabetical classification; **j'ai fait du ~ toute la journée** I've spent all day filing; **j'ai fait un peu de ~ dans mes factures** I've put my bills into some kind of order ⓑ (= *rang*) [*d'élève*] place (*Brit*) *ou* rank (*US*) (in class); [*de coureur*] placing; [*de joueur*] rank; **avoir un bon/mauvais ~** [*élève*] to come high/low in class (*Brit*), to be ranked high/low in class (*US*); [*coureur*] to be well/poorly placed; **le ~ des coureurs à l'arrivée** the placing of the runners at the finishing line ⓒ (= *liste*) [*d'élèves*] class list (in order of merit); [*de coureurs*] finishing list; [*d'équipes*] league table; **~ général** overall rankings; **premier au ~ général** first overall; **premier au ~ de l'étape** first for the stage ⓓ [*d'affaire, dossier*] closing

classer /klɑse/ /TABLE 1/ VT ⓐ (= *ranger*) [+ *papiers*] to file; [+ *livres*] to classify ⓑ (= *classifier*) [+ *animaux, plantes*] to classify ⓒ [+ *employé, élève, copie*] to grade; [+ *joueur*] to rank; [+ *hôtel*] to classify; **~ un édifice monument historique** to list a building (*Brit*), to put a building on the historical register (*US*) ⓓ (= *clore*) [+ *affaire, dossier*] to close; **c'est une affaire classée maintenant** the matter is now closed

2 VPR **se classer**: **se ~ premier/parmi les premiers** to come (*Brit*) *ou* come in (*US*) first/among the first; **ce livre se classe au nombre des grands chefs-d'œuvre littéraires** this book ranks among the great works of literature

classeur /klɑsœR/ NM (= *meuble*) filing cabinet; (= *dossier*) file; (*à tirette*) binder; **~ à anneaux** ring binder

classicisme /klasisism/ NM classicism

classification /klasifikasjɔ̃/ NF classification

classifier /klasifje/ /TABLE 7/ VT to classify

classique /klasik/ 1 ADJ ⓐ classic; [*produit*] ordinary; **c'est le coup ~ !*** it's the usual story; **c'est la question/la plaisanterie ~** it's the old question/joke ⓑ [*art, langue, musique*] classical ⓒ (= *littéraire*) **faire des études ~s** to study classics; **licence de lettres ~s** degree in French, with Latin and Greek 2 NM ⓐ (= *auteur*) classic; (*dans l'Antiquité*) classical author ⓑ (= *ouvrage*) classic ⓒ (= *genre*) **le ~** (= *musique*) classical music; (= *style*) the classical style

clause /kloz/ NF clause

claustro* /klostRo/ ADJ ABBR = **claustrophobe**

claustrophobe /klostRɔfɔb/ ADJ, NMF claustrophobic

claustrophobie /klostʀɔfɔbi/ NF claustrophobia

clavecin /klav(ə)sɛ̃/ NM harpsichord

clavicule /klavikyl/ NF collarbone

clavier /klavje/ NM keyboard; [de télécommande, téléphone] keypad; **aux ~s, Bob** (Musique) on keyboards, Bob

claviste /klavist/ NMF keyboarder

clé /kle/ 1 NF ⓐ [de serrure, pendule, boîte de conserve] key; **mettre la ~ sous la porte** ou **le paillasson** (= faire faillite) to shut up shop → **fermer**
ⓑ (Tech) spanner (Brit), wrench (US)
ⓒ [de guitare, violon] peg; [de clarinette] key; [de gamme] clef; **il y a trois dièses à la ~** the key signature has three sharps
ⓓ [de mystère, réussite, rêve] key (**de** to); (= indice) clue
ⓔ (Lutte) lock; **il lui a fait une ~ au bras** he got him in an armlock
ⓕ (locutions)
♦ **à la clé**: **il y a une récompense à la ~** there's a reward; **il y aura une restructuration avec des licenciements à la ~** the company is being restructured, which will mean redundancies
♦ **clé(s) en main**: **prix ~s en main** [voiture] price on the road; [appartement] price with immediate entry; **solution/ usine ~s en main** turnkey solution/factory
♦ **sous clé** under lock and key

2 ADJ INV [industrie, mot, position, rôle] key

3 COMP ♦ **clé de contact** ignition key ♦ **clé à molette** monkey wrench ♦ **clé plate** open-end spanner ♦ **clé RIB** personal code (on official slip giving bank account details) ♦ **clé universelle** adjustable spanner ♦ **clé USB** (Informatique) USB Key ♦ **clé de voûte** keystone

clean* /klin/ ADJ INV ⓐ (= BCBG) [personne] wholesome-looking; [vêtements] smart; [décor] stark ⓑ (arg Drogue) clean

clef /kle/ NF = **clé**

clématite /klematit/ NF clematis

clémence /klemɑ̃s/ NF clemency; [de juge] leniency

clément, e /klemɑ̃, ɑ̃t/ ADJ [temps] mild; [personne] lenient

clémentine /klemɑ̃tin/ NF clementine

clerc /klɛʀ/ NM (Rel) cleric; **~ de notaire** (Droit) notary's clerk

clergé /klɛʀʒe/ NM clergy

clic /klik/ 1 NM click 2 EXCL click!

cliché /kliʃe/ NM (= lieu commun) cliché; (Photo) negative

client, cliente /klijɑ̃, klijɑ̃t/ NM,F [de magasin, restaurant] customer; [d'avocat] client; [d'hôtel] guest; [de taxi] passenger; (Informatique) client; **le boucher me sert bien parce que je suis (une) ~e** the butcher gives me good service because I'm a regular customer

clientèle /klijɑ̃tɛl/ NF [de restaurant, hôtel, coiffeur] clientele; [de magasin] customers; [d'avocat] clients; [de médecin] patients; **il a une bonne ~** [commerçant] he has a lot of customers; [médecin] he has a lot of patients

clignement /kliɲ(ə)mɑ̃/ NM un **~ d'œil** a wink

cligner /kliɲe/ /TABLE 1/ VT **~ des yeux** to blink; **~ de l'œil** to wink (**en direction de** at)

clignotant, e /kliɲɔtɑ̃, ɑ̃t/ 1 ADJ (= intermittent) flashing 2 NM (Auto) indicator; **mettre son ~** to indicate (Brit), to put one's turn signal on (US)

clignoter /kliɲɔte/ /TABLE 1/ VI [étoile, guirlande] to twinkle; [feux de détresse] to flash

climat /klima/ NM climate

climatisation /klimatizasjɔ̃/ NF air conditioning

climatisé, e /klimatize/ ADJ air-conditioned

climatiseur /klimatizœr/ NM air conditioner

clin /klɛ̃/ NM **~ d'œil** wink; (fig) veiled reference; **c'est un ~ d'œil au lecteur** it's a veiled message to the reader; **faire un ~ d'œil** to wink (**à** at); **en un ~ d'œil** in a flash

clinique /klinik/ 1 ADJ clinical 2 NF (= établissement) private hospital; (= section d'hôpital) clinic

clinquant, e /klɛ̃kɑ̃, ɑ̃t/ ADJ [bijoux, décor, langage] flashy

clip /klip/ NM ⓐ (= boucle d'oreille) clip-on earring; (= broche) brooch ⓑ **~ (vidéo)** video

clique /klik/ NF (péj = bande) clique; **prendre ses ~s et ses claques (et s'en aller)*** to pack up and go

cliquer /klike/ /TABLE 1/ VI (Informatique) to click; **~ deux fois** to double-click

cliqueter /klik(ə)te/ /TABLE 4/ VI [chaînes] to clank; [couverts] to clink; [moteur] to pink

cliquetis /klik(ə)ti/, **cliquettement** /klikɛtmɑ̃/ NM [de chaînes] clanking (NonC); [de couverts] clinking (NonC); **on entend un ~ dans le moteur** the engine's pinking

clitoris /klitɔʀis/ NM clitoris

clivage /klivaʒ/ NM [de groupes, partis] split

cloaque /klɔak/ NM (Zool) cloaca; (= lieu de corruption) cesspool; (= endroit sale) pigsty

clochard, e /klɔʃaʀ, aʀd/ NM,F down-and-out

clochardiser (se) /klɔʃaʀdize/ /TABLE 1/ VPR [personne] to become a down-and-out

cloche /klɔʃ/ 1 NF ⓐ [d'église] bell ⓑ [de plat] dishcover; [de plantes, légumes] cloche; **~ à fromage** cheese cover ⓒ (= imbécile)* idiot 2 ADJ (= idiot)* idiotic; **qu'il est ~ ce type !** what an idiot!

cloche-pied /klɔʃpje/ LOC ADV ♦ **à cloche-pied**: **sauter à ~** to hop

clocher[1] /klɔʃe/ NM (en pointe) steeple; (carré) bell tower; **des querelles de ~** petty squabbling

clocher[2] /klɔʃe/ /TABLE 1/ VI **qu'est-ce qui cloche ?** what's up (with you)?*; **il y a quelque chose qui cloche** there's something not quite right; **il y a quelque chose qui cloche dans le moteur** there's something wrong with the engine

clochette /klɔʃɛt/ NF small bell; [de fleur] bell; **~s bleues** (= jacinthes des bois) bluebells

cloison /klwazɔ̃/ NF (Constr) partition; **~ mobile** screen; **~ étanche** (Naut) watertight compartment; (fig) rigid distinction

cloisonné, e /klwazɔne/ (ptp de **cloisonner**) ADJ [sciences, services] isolated from one another; **nous vivons dans une société ~e** we live in a compartmentalized society

cloisonnement /klwazɔnmɑ̃/ NM [de disciplines, tâches, société] compartmentalization; **le ~ des services** the fact that the departments work in isolation (from one another)

cloisonner /klwazɔne/ /TABLE 1/ VT [+ pièce] to partition off; [+ activités, secteurs] to compartmentalize

cloître /klwatʀ/ NM cloister

cloîtrer (se) /klwatʀe/ /TABLE 1/ VPR (= s'enfermer) to shut o.s. away; (Rel) to enter a convent ou monastery; **il est resté cloîtré dans sa chambre pendant deux jours** he stayed shut away in his room for two days; **il vit cloîtré chez lui** he spends his time shut away at home

clonage /klonaʒ/ NM cloning

clone /klon/ NM clone

cloner /klone/ /TABLE 1/ VT to clone

clope* /klɔp/ NF (= cigarette) fag* (Brit)

clope* /klɔpe/ /TABLE 1/ VI to smoke; **il était en train de ~** he was having a smoke*

clopin-clopant /klɔpɛ̃klɔpɑ̃/ ADV **marcher ~** to hobble along

clopinettes* /klɔpinɛt/ NFPL **travailler pour/gagner des ~** to work for/earn peanuts*

cloporte /klɔpɔʀt/ NM (= insecte) woodlouse; (péj) creep*

cloque /klɔk/ NF [de peau, peinture] blister; **être en ~:** to be pregnant

clore /klɔʀ/ /TABLE 45/ VT [+ liste, débat, compte] to close; [+ livre, discours, spectacle] to end; **la séance est close** the meeting is over; **l'incident est clos** the matter is closed; **les inscriptions sont closes depuis hier** yesterday was the closing date for registration; **le débat s'est clos sur cette remarque** the discussion ended with that remark

clos, close /klo, kloz/ (*ptp de* **clore**) ADJ [*système, ensemble*] closed; [*espace*] enclosed; **les yeux ~** *ou* **les paupières ~es, il ...** with his eyes closed, he ... → **huis, maison**

clôture /klotyʀ/ NF ⓐ fence; **mur de ~** outer wall ⓑ [*de congrès, liste, compte, scrutin*] closing; [*d'inscriptions*] closing date (**de** for); **séance/date de ~** closing session/date; **cette pièce sera présentée en ~ du festival** this play will close the festival

clôturer /klotyʀe/ /TABLE 1/ VT [+ *débats, liste, compte, festival, inscriptions*] to close; [+ *jardin, champ*] to enclose

clou /klu/ 1 NM ⓐ nail; (*décoratif*) stud; **le ~ de la soirée** the highlight of the evening; **c'est le ~ du spectacle** it's the star attraction ⓑ (= *mont-de-piété*) **mettre sa montre au ~*** to pawn one's watch ⓒ (**vieux**) **~*** (= *voiture*) old jalopy*; (= *vélo*) rickety old bike 2 NMPL **clous** (= *passage piétons*) **traverser aux** *ou* **dans les ~s** to cross at the pedestrian crossing; **des ~s!*** no way!* 3 COMP ♦ **clou de girofle** clove ♦ **clou de tapissier** tack

clouer /klue/ /TABLE 1/ VT ⓐ [+ *planches, caisse, tapis*] to nail down ⓑ (= *immobiliser*) **ça l'a cloué sur place** [*étonnement, peur*] it left him rooted to the spot; **il est cloué au lit/dans un fauteuil roulant** he's confined to bed/a wheelchair; **~ au sol** [+ *personne*] to pin down; [+ *avion*] to ground

clouté, e /klute/ ADJ [*ceinture, porte*] studded; [*chaussures*] hobnailed → **passage**

clown /klun/ NM clown; **faire le ~** to clown around; **c'est un vrai ~** he's a real comic

club /klœb/ NM club; **~ de gymnastique** gym; **~ de rencontre(s)** singles club; **~ du troisième âge** club for retired people; **~ de vacances** holiday centre (*Brit*), vacation center (*US*)

CM /seɛm/ NM (ABBR = **cours moyen**) *fourth or fifth year in primary school*

cm (ABBR = **centimètre**) cm; **cm²** cm²; **cm³** cm³

CMU /seɛmy/ NF (ABBR = **couverture maladie universelle**) *free health care for people on low incomes*

CNDP /seɛndepe/ NM (ABBR = **Centre national de documentation pédagogique**) *national teachers' resource centre*

CNED /knɛd/ NM (ABBR = **Centre national d'enseignement à distance**) *national centre for distance learning*

CNIL /knil/ NF (ABBR = **Commission nationale de l'informatique et des libertés**) *French data protection watchdog*

CNPF /seɛnpeef/ NM (ABBR = **Conseil national du patronat français**) ≈ CBI (*Brit*)

CNRS /seɛnɛʀɛs/ NM (ABBR = **Centre national de la recherche scientifique**) *French scientific research institute*

coagulant, e /kɔagylɑ̃, ɑ̃t/ 1 ADJ coagulative 2 NM coagulant

coagulation /kɔagylasjɔ̃/ NF coagulation

coaguler VTI, **se coaguler** VPR /kɔagyle/ /TABLE 1/ [*sang*] to clot

coaliser (se) /kɔalize/ /TABLE 1/ VPR to unite; [*pays*] to form a coalition

coalition /kɔalisjɔ̃/ NF coalition; **gouvernement de ~** coalition government

coaltar /koltaʀ/ NM coal tar; **être dans le ~:** to feel a bit groggy*

coasser /kɔase/ /TABLE 1/ VI to croak

COB /kɔb/ NF (ABBR = **Commission des opérations de Bourse**) *French stock exchange regulatory body*, ≈ SIB (*Brit*), ≈ SEC (*US*)

cobalt /kɔbalt/ NM cobalt

cobaye /kɔbaj/ NM guinea-pig

cobra /kɔbʀa/ NM cobra

coca /kɔka/ 1 NM (ABBR = **Coca-Cola** ®) Coke ® 2 NM *ou* F (= *plante*) coca

cocaïne /kɔkain/ NF cocaine

cocard * /kɔkaʀ/ NM black eye

---

cocarde /kɔkaʀd/ NF cockade

> **ⓘ COCARDE**
>
> The **cocarde** was originally a red, white and blue rosette used as an emblem by revolutionaries during the French Revolution. It became a symbol of the French republic and appears on military aircraft, uniforms and official vehicles.

cocasse /kɔkas/ ADJ funny

coccinelle /kɔksinɛl/ NF (= *insecte*) ladybird (*Brit*), ladybug (*US*)

coccyx /kɔksis/ NM coccyx

coche /kɔʃ/ NM **louper le ~** to miss one's chance

cocher /kɔʃe/ /TABLE 1/ VT (*au crayon*) to check off; (*d'une entaille*) to notch

cochère /kɔʃɛʀ/ ADJ F → **porte**

cochon, -onne /kɔʃɔ̃, ɔn/ 1 ADJ ⓐ (= *obscène*)**:** [*chanson, histoire*] dirty; [*personne*] dirty-minded ⓑ (= *sale*)* **il est ~** (*sur lui*) he's filthy; (*dans son travail*) he's a messy worker 2 NM ⓐ (= *animal*) pig; (= *viande*)* pork (*NonC*); **~ d'Inde** guinea-pig ⓑ (= *péj*)* (= *personne*) (*sale, vicieux*) dirty pig*; (= *goujat*) swine**:**; **il mange/écrit comme un ~** he's a messy eater/writer; **petit ~!** you messy thing! 3 NF **cochonne** (*péj* = *personne*)* (*sale*) dirty pig*; (*vicieuse*) dirty cow**:**

cochonner * /kɔʃɔne/ /TABLE 1/ VT [+ *travail*] to botch; [+ *vêtements, page*] to mess up

cochonnerie * /kɔʃɔnʀi/ NF (= *marchandise*) rubbish (*NonC*); (= *plaisanterie*) dirty joke; **manger des ~s** to eat junk food; **le chien a fait des ~s dans la cuisine** the dog has made a mess in the kitchen; **ne regarde pas ces ~s!** don't look at that filth!

cochonnet /kɔʃɔnɛ/ NM (= *animal*) piglet; (*Boules*) jack

cocker /kɔkɛʀ/ NM cocker spaniel

cockpit /kɔkpit/ NM cockpit

cocktail /kɔktɛl/ NM ⓐ (= *réunion*) cocktail party; (= *boisson*) cocktail; **~ de fruits/de crevettes** fruit/prawn cocktail; **~ Molotov** Molotov cocktail; **~ explosif** explosive cocktail

coco /koko/ NM ⓐ (*langage enfantin* = *œuf*) egg ⓑ (*terme d'affection*) **oui, mon ~** yes, poppet* ⓒ (*péj* = *type*)**:** guy* ⓓ (*péj* = *communiste*)* commie* ⓔ (= *noix*) **beurre de ~** coconut butter; **tapis en (fibre de) ~** coconut mat → **noix** ⓕ (= *réglisse*) liquorice powder

cocon /kɔkɔ̃/ NM cocoon; **sortir du ~ familial** to leave the family nest

cocooning /kɔkuniŋ/ NM staying at home; **j'ai envie d'une petite soirée ~** I feel like a nice cosy evening at home

cocorico /kɔkɔʀiko/ 1 NM [*de coq*] cock-a-doodle-do; (*fig*) triumphant cheer; **faire ~** to crow 2 EXCL [*de coq*] cock-a-doodle-do!

cocotier /kɔkɔtje/ NM coconut palm

cocotte /kɔkɔt/ 1 NF ⓐ (= *marmite*) casserole dish; **faire un poulet à la ~** to casserole a chicken ⓑ (*langage enfantin* = *poule*) hen ⓒ **ça sent** *ou* **pue la ~*** it smells like a perfume factory ⓓ (*à un cheval*) hue, gee up! ⓔ (*terme d'affection*) **(ma) ~*** pet* 2 COMP ♦ **Cocotte Minute** ® pressure cooker ♦ **cocotte en papier** paper hen

cocotter * /kɔkɔte/ /TABLE 1/ VI (= *sentir mauvais*) to stink

cocu, e* /kɔky/ 1 ADJ deceived; **elle l'a fait ~** she was unfaithful to him 2 NM deceived husband

codage /kɔdaʒ/ NM coding

code /kɔd/ 1 NM ⓐ (*Droit*) code; **le ~ civil** the civil code ≈ common law; **~ pénal** penal code; **~ du travail** labour regulations; **~ de la route** highway code; **il a eu le ~, mais pas la conduite** he passed the written test but failed on the driving ⓑ (= *règles*) **~ de la politesse/de l'honneur** code of politeness/honour ⓒ (= *écriture, message*) code; **~ secret** secret code ⓓ [*de voiture*] **~s** dipped headlights (*Brit*), low beams (*US*); **mettre ses ~s** *ou* **ses phares en ~(s)** *ou* **se mettre en ~(s)** to dip one's headlights (*Brit*), to put on the low beams (*US*)

2 COMP ◆ **code d'accès** (à un immeuble) entry code; (à une base de données) access code ◆ **code à barres** bar code ◆ **code confidentiel** PIN number ◆ **code génétique** genetic code ◆ **code personnel** PIN number ◆ **code postal** postcode (Brit), zip code (US)

codé, e /kɔde/ (ptp de **coder**) ADJ (Informatique) [message] coded; (TV) [émission] encrypted

code-barre(s) (pl **codes-barres**) /kɔdbaʀ/ NM bar code

coder /kɔde/ /TABLE 1/ VT to code

codétenu, e /kɔdet(ə)ny/ NM,F fellow prisoner

codirecteur, -trice /kɔdiʀɛktœʀ, tʀis/ NM,F co-director

coefficient /kɔefisjɑ̃/ NM coefficient; **cette matière est à ~ trois** (Scol) marks (Brit) ou grades (US) in this subject are weighted by a factor of three

---

> ⓘ **COEFFICIENT**
> French baccalauréat grades are weighted according to the type of baccalauréat being taken. In an arts-oriented "bac", for example, grades for arts subjects are multiplied by a set **coefficient** which gives them more weight than grades for science subjects.
> ▷ www.education.gouv.fr

---

coéquipier, -ière /koekipje, jɛʀ/ NM,F team mate

coercitif, -ive /kɔɛʀsitif, iv/ ADJ coercive

coercition /kɔɛʀsisjɔ̃/ NF coercion

---

cœur /kœʀ/

1 NOM MASCULIN	2 COMPOSÉS

1 NOM MASCULIN

ⓐ heart; **ça vient du ~!** it comes straight from the heart!; **mettre tout son ~ dans qch** to put one's heart into sth; **il travaille mais le ~ n'y est pas** he does the work but his heart isn't in it; **ce geste lui est allé droit au ~** this gesture went straight to his heart; **d'un ~ léger** light-heartedly; **serrer qn contre son ~** to hold sb to one's heart; **je ne le porte pas dans mon ~** I am not exactly fond of him; **si le ~ t'en dit** if you feel like it; **donner du ~ au ventre à qn*** to buck sb up*

◆ **avoir + cœur** : **avoir le ~ malade** to have a weak heart; **avoir bon ~** to be kind-hearted; **il a un ~ d'or** he has a heart of gold; **il n'a pas de ~** he's really heartless; **il a une pierre à la place du ~** he has a heart of stone; **avoir le ~ sur la main** to be open-handed; **je n'ai pas le ~ à rire** I don't feel like laughing; **avoir le ~ gros** ou **serré** to have a heavy heart; **je veux en avoir le ~ net** I want to be clear in my own mind; **avoir du ~ à l'ouvrage** to put one's heart into one's work; **il faut avoir le ~ bien accroché pour être infirmière** you need a strong stomach to be a nurse; **comment peut-on avoir le ~ de refuser?** how can one possibly refuse?

◆ **avoir qch sur le cœur** : **je vais lui dire ce que j'ai sur le ~** I'm going to tell him what's on my mind; (ce que je pense de lui) I'm going to give him a piece of my mind

◆ **à cœur** : **avoir à ~ de faire qch** to be very keen to do sth; **prendre les choses à ~** to take things to heart; **ce voyage me tient à ~** I've set my heart on this trip; **cette cause me tient à ~** this cause is close to my heart; **c'est un sujet qui me tient vraiment à ~** it's an issue I feel very strongly about

◆ **à cœur ouvert** : **opération à ~ ouvert** open-heart surgery; **il m'a parlé à ~ ouvert** he opened his heart to me; **nous avons eu une conversation à ~ ouvert** we had a heart-to-heart

◆ **à cœur joie** : **s'en donner à ~ joie** (= s'amuser) to have a whale of a time*; (= critiquer) to have a field day

◆ **de bon cœur** [manger, rire] heartily; [faire, accepter] willingly

◆ **de tout cœur** [remercier, souhaiter] from the bottom of one's heart; **je suis de tout ~ avec vous** my thoughts are with you

◆ **coup de cœur** : **avoir un coup de ~ pour qch** to fall in love with sth; **nos coups de ~ parmi les livres du mois** our favourites among this month's new books

ⓑ = **terme d'affection** **mon ~** sweetheart

ⓒ Cartes heart; **roi de ~** king of hearts

ⓓ = **partie centrale** heart; [de pile atomique] core; **le ~ du problème** the heart of the problem; **fromage fait à ~** fully ripe cheese

◆ **au cœur de** [de région, ville, forêt] in the heart of; **au ~ de l'été** at the height of summer; **au ~ de l'hiver** in the depths of winter

ⓔ = **mémoire**

◆ **par cœur** [réciter, apprendre] by heart; **connaître par ~** to know by heart; [+ endroit] to know like the back of one's hand; **je te connais par ~** I know you inside out; **savoir qch par ~** to know sth off by heart

2 COMPOSÉS

◆ **cœur d'artichaut** artichoke heart; **il a un ~ d'artichaut** he falls in love with every girl he meets ◆ **cœur de palmier** heart of palm

---

coexister /kɔɛgziste/ /TABLE 1/ VI to coexist

coffre /kɔfʀ/ NM ⓐ (= meuble) chest; **~ à jouets** toybox; **il a du ~*** he's got a good pair of lungs ⓑ [de voiture] boot (Brit), trunk (US) ⓒ [de banque, hôtel] safe; (individuel) safe deposit box; **les ~s de l'État** the coffers of the state; **la salle des ~s** the strongroom

coffre-fort (pl **coffres-forts**) /kɔfʀəfɔʀ/ NM safe

coffrer* /kɔfʀe/ /TABLE 1/ VT to throw in jail

coffret /kɔfʀɛ/ NM casket; [de disques, livres] (= contenant) box; (= contenu) boxed set; **~ à bijoux** jewel box

cogestion /kɔʒɛstjɔ̃/ NF joint management

cogiter /kɔʒite/ /TABLE 1/ VI (hum = réfléchir) to cogitate

cognac /kɔɲak/ NM cognac

cogner /kɔɲe/ /TABLE 1/ **1** VT ⓐ (= heurter) to knock ⓑ (= battre)* to beat up

2 VI ⓐ [personne] **~ sur** [+ clou, piquet] to hammer on; [+ mur] to knock on; (fort) to hammer on; **~ à la porte/au plafond** to knock at the door/on the ceiling; (fort) to bang at the door/on the ceiling; **~ sur qn*** to lay into sb*; **il cogne dur*** he packs a mean punch*

ⓑ [volet, branche] to bang; [grêle] to drum; **~ contre** [projectile] to hit; **un caillou est venu ~ contre le pare-brise** a stone hit the windscreen

ⓒ [soleil] **ça cogne!*** it's scorching!*

3 VPR **se cogner** : **se ~ la tête/le genou contre un poteau** to bang one's head/knee on a post; **c'est à se ~ la tête contre les murs** (fig) it's enough to drive you up the wall*; **se ~ (dessus)*** (= se battre) to lay into each other*

cohabitation /kɔabitasjɔ̃/ NF (Politique) cohabitation

> ⓘ **COHABITATION**
> This describes the situation when, as a result of a presidential or general election, the French people find themselves with a president from one political party and a government from another. A recent example of **cohabitation** is the combination of a Socialist Prime Minister, Lionel Jospin, with a Gaullist President, Jacques Chirac.
> ▷ www.ladocumentationfrancaise.fr
> ▷ www.vie-publique.fr

---

cohabiter /kɔabite/ /TABLE 1/ VI to live together; (Politique) to cohabit; [systèmes, valeurs] to exist side by side

cohérence /kɔeʀɑ̃s/ NF coherence

cohérent, e /kɔeʀɑ̃, ɑ̃t/ ADJ [ensemble, stratégie] coherent; **~ avec** consistent with; **sois ~ (avec toi-même)** be true to yourself

cohésion /kɔezjɔ̃/ NF cohesion

cohue /kɔy/ NF crowd; **c'était la ~ à l'entrée** there was such a crush at the entrance

coi, coite /kwa, kwat/ ADJ **se tenir ~** ou **rester ~** to remain silent

coiffant, e /kwafɑ̃, ɑ̃t/ ADJ [gel, mousse] hair

coiffé, e /kwafe/ (ptp de **coiffer**) ADJ **il est toujours bien/mal ~** his hair always looks nice/a mess; **il était ~ en arrière** he had his hair brushed back; **elle est ~e (trop) court** her hair's (too) short; **comment était-elle ~e ?** what was her hair like?

coiffer /kwafe/ /TABLE 1/ 1 VT ⓐ (= *peigner*) **~ qn** to do sb's hair; **cheveux difficiles à ~** unmanageable hair; **se faire ~ par qn** to have one's hair done by sb ⓑ [+ *services*] to have overall responsibility for ⓒ (= *dépasser*)* **~ qn à l'arrivée** *ou* **au poteau** to pip sb at the post* (*Brit*), to nose sb out* (*US*); **se faire ~ au poteau** to be pipped at the post (*Brit*), to be nosed out (*US*) 2 VPR **se coiffer** (= *se peigner*) to do one's hair; **elle se coiffe toujours mal** she never gets her hair to look nice; **tu t'es coiffé avec un râteau** *ou* **un clou** (*hum*) you look like you've been dragged through a hedge backwards; **tu t'es coiffé avec un pétard** (*hum*) you look like you stuck your finger in a socket

coiffeur /kwafœʀ/ NM hairdresser; **aller chez le ~** to go to the hairdresser's

coiffeuse /kwaføz/ NF (= *personne*) hairdresser; (= *meuble*) dressing table

coiffure /kwafyʀ/ NF (= *façon d'être peigné*) hairstyle; **la ~** (= *métier*) hairdressing

coin /kwɛ̃/ NM ⓐ (= *angle*) corner; **la boulangerie fait le ~** the bakery is right on the corner; **regard en ~** sidelong glance; **regarder/surveiller qn du ~ de l'œil** to look at/ watch sb out of the corner of one's eye; **au ~ du feu** by the fireside ⓑ [*de village, maison*] part; **un ~ de ciel bleu** a patch of blue sky; **un ~ de plage** a spot on the beach; **le ~ jardinerie** (*dans un magasin*) the gardening section; **~-bureau/-repas** work/dining area; **rester dans son ~** to keep to oneself; **laisser qn dans son ~** to leave sb alone; **je l'ai mis dans un ~** I put it somewhere → **petit** ⓒ (= *région*) area; **les gens du ~** the local people; **vous êtes du ~ ?** do you live locally?; **je ne suis pas du ~** I'm not from around here; **le supermarché du ~** the local supermarket; **un ~ perdu** *ou* **paumé*** a place miles from anywhere; **des quatre ~s du monde** from the four corners of the world; **des quatre ~s du pays** from all over the country ⓓ (*pour coincer, écarter*) wedge

coincé, e* /kwɛ̃se/ ADJ [*personne*] uptight*; **il est très ~** he's very uptight*

coincer /kwɛ̃se/ /TABLE 3/ 1 VT ⓐ (*intentionnellement*) to wedge; (*accidentellement*) [+ *tiroir, fermeture éclair*] to jam; **le tiroir est coincé** the drawer is stuck; **il m'a coincé entre deux portes pour me dire ...** he cornered me to tell me ...; **nous étions coincés dans l'ascenseur** we were stuck in the lift; **je suis coincé à la maison/au bureau** I'm stuck at home/at the office ⓑ (= *attraper*)* [+ *voleur*] to nab*; [+ *faussaire, fraudeur*] to catch up with; **je me suis fait ~ sur cette question** I was caught out on that question; **nous sommes coincés, nous ne pouvons rien faire** we're stuck, there's nothing we can do; **~ la bulle*:** to bum around* 2 VI [*porte, tiroir*] to stick; **ça coince au niveau de la direction*** there are problems at management level 3 VPR **se coincer** [*fermeture, tiroir*] to jam; **se ~ le doigt dans une porte** to catch one's finger in a door; **se ~ une vertèbre*** to trap a nerve in one's spine

coïncidence /kɔɛ̃sidɑ̃s/ NF coincidence

coïncider /kɔɛ̃side/ /TABLE 1/ VI [*surfaces, opinions, dates*] to coincide; [*témoignages*] to tally

coin-coin /kwɛ̃kwɛ̃/ NM INV [*de canard*] quack; **coin-coin !** quack! quack!

coing /kwɛ̃/ NM quince

coït /kɔit/ NM coitus

coite /kwat/ ADJ F → **coi**

coke* /kok/ NF (= *cocaïne*) coke*

col /kɔl/ 1 NM ⓐ [*de chemise, manteau*] collar; **pull à ~ rond** round-neck pullover ⓑ (*Géog*) pass ⓒ [*de carafe, vase*] neck; **elle s'est cassé le ~ du fémur** she has broken her hip; **~ de l'utérus** cervix

2 COMP **♦ col blanc** (= *personne*) white-collar worker **♦ col bleu** (= *ouvrier*) blue-collar worker **♦ col châle** shawl collar **♦ col cheminée** high round neck **♦ col chemisier** shirt collar **♦ col Claudine** Peter Pan collar **♦ col Mao** Mao collar **♦ col marin** sailor's collar **♦ col ras du cou** round neck **♦ col roulé** polo neck (*Brit*), turtleneck (*US*) **♦ col (en) V** V-neck

colchique /kɔlʃik/ NM autumn crocus

coléoptère /kɔleɔptɛʀ/ NM beetle

colère /kɔlɛʀ/ NF anger; **être/se mettre en ~** to be/get angry; **mettre qn en ~** to make sb angry; **passer sa ~ sur qn** to take out one's anger on sb; **avec ~** angrily; **faire** *ou* **piquer une ~** to throw a tantrum

coléreux, -euse /kɔleʀø, øz/, **colérique** /kɔleʀik/ ADJ quick-tempered

colibri /kɔlibʀi/ NM hummingbird

colin /kɔlɛ̃/ NM (= *merlu*) hake

colin-maillard /kɔlɛ̃majaʀ/ NM blind man's buff

colique /kɔlik/ NF ⓐ (= *diarrhée*) diarrhoea; **avoir la ~** to have diarrhoea ⓑ (= *douleur*) **être pris de violentes ~s** to have violent stomach pains

colis /kɔli/ NM parcel; **envoyer un ~ postal** to send a parcel through the post

colite /kɔlit/ NF colitis

collabo* /kɔ(l)labo/ NMF (ABBR = **collaborateur, -trice**) (*péj*) collaborator

collaborateur, -trice /kɔ(l)labɔʀatœʀ, tʀis/ NM,F [*de collègue*] colleague; [*de journal*] contributor; [*de livre*] collaborator; [*d'ennemi*] collaborator

collaboration /kɔ(l)labɔʀasjɔ̃/ NF collaboration (**à** on); (**à un journal**) contribution (**à** to); **en ~ (étroite) avec** in (close) collaboration with

collaborer /kɔ(l)labɔʀe/ /TABLE 1/ VI ⓐ **~ avec qn** to collaborate with sb; **~ à** [+ *travail, livre*] to collaborate on; [+ *journal*] to contribute to ⓑ (*Politique*) to collaborate

collage /kɔlaʒ/ NM (*Art*) collage

collagène /kɔlaʒɛn/ NM collagen

collant, e /kɔlɑ̃, ɑ̃t/ 1 ADJ (= *ajusté*) tight-fitting; (= *poisseux*) sticky; **être ~*** [*importun*] to cling 2 NM ⓐ (= *bas*) tights (*Brit*), pantyhose (*US*); [*de danseuse*] tights ⓑ (= *maillot*) leotard 3 NF **collante** (*arg Scol*) (= *convocation*) notification; (= *résultats*) results slip

collation /kɔlasjɔ̃/ NF (= *repas*) light meal; (= *en-cas*) snack

colle /kɔl/ NF ⓐ glue; **~ à papiers peints** wallpaper paste; **~ blanche** paste ⓑ (= *question*)* teaser; **là, vous me posez une ~** you've stumped me there* ⓒ (*arg Scol*) (= *retenue*) detention; (= *examen blanc*) mock oral exam; **mettre une ~ à qn** to put sb in detention

collecte /kɔlɛkt/ NF collection; **~ de fonds** fund-raising event

collecter /kɔlɛkte/ /TABLE 1/ VT to collect

collecteur, -trice /kɔlɛktœʀ, tʀis/ NM,F **~ d'impôts** tax collector; **~ de fonds** fund-raiser

collectif, -ive /kɔlɛktif, iv/ 1 ADJ [*travail, responsabilité, punition*] collective; [*sport*] team; [*billet, réservation*] group; [*hystérie, licenciements*] mass (*avant le nom*); [*installations*] public; [*terme, sens*] collective; **faire une démarche collective auprès de qn** to approach sb as a group; **immeuble ~** block of flats (*Brit*), apartment building (*US*) 2 NM (= *mot*) collective noun; (= *groupe de travail*) collective; **~ budgétaire** minibudget

collection /kɔlɛksjɔ̃/ NF ⓐ [*de timbres, papillons*] collection; **objet/timbre de ~** collector's item/stamp; **faire (la) ~ de** to collect; **voiture de ~** classic car; (*de l'entre-deux-guerres*) vintage car; (= *modèle réduit*) model car ⓑ (*Mode*) collection ⓒ [*de livres*] series; **notre ~ « jeunes auteurs »** our "young authors" series; **il a toute la ~ des Astérix** he's got the complete set of Asterix

collectionner /kɔlɛksjɔne/ /TABLE 1/ VT to collect

collectionneur, -euse /kɔlɛksjɔnœʀ, øz/ NM,F collector

collectivement /kɔlɛktivmɑ̃/ ADV collectively

collectivité /kɔlɛktivite/ NF group; **la ~** (= *le public*) the community; **les ~s locales** the local authorities

collège /kɔlɛʒ/ NM ⓐ (= *école*) **~ (d'enseignement secondaire)** secondary school (*Brit*), junior high school (*US*); **~ (d'enseignement) technique** technical school; **~ d'enseignement général et professionnel** (*Can*) ≈ sixth-form college (*Brit*), ≈ junior college (*US*) ⓑ (*Politique, Rel* = *assemblée*) college; **~ électoral** electoral college

> ⓘ **COLLÈGE**
> The term **collège** refers to the type of state secondary school French children attend between the ages of 11 and 15 (ie after "école primaire" and before "lycée"). **Collège** covers the school years "sixième", "cinquième", "quatrième" and "troisième". At the end of "troisième", pupils take the examination known as the "brevet des collèges". → LYCÉE
> ▷ www.education.gouv.fr

collégien /kɔleʒjɛ̃/ NM schoolboy

collégienne /kɔleʒjɛn/ NF schoolgirl

collègue /kɔ(l)lɛg/ NMF colleague; **un ~ de travail/bureau** a colleague from work/the office

coller /kɔle/ /TABLE 1/ 1 VT ⓐ to stick; (*à la colle blanche*) to paste; [+ *affiche*] to stick up (**à, sur** on); [+ *enveloppe*] to stick down; [+ *papier peint*] to hang; (*Informatique*) to paste; **~ qch à** *ou* **sur qch** to stick sth onto sth ⓑ (= *appliquer*) **~ son oreille à la porte/son nez contre la vitre** to press one's ear against the door/one's nose against the window ⓒ (= *mettre*)* to stick*; **colle tes valises dans un coin** stick* your bags in a corner ⓓ (= *donner*)* to give; **il m'a collé une contravention** he gave me a fine; **arrête de pleurer ou je t'en colle une !** stop crying or you'll get a smack! ⓔ (*arg Scol*) (= *consigner*) to put in detention ⓕ (*avec une question*)* to catch out ⓖ (= *suivre*) [+ *personne*]* to cling to; **la voiture qui nous suit nous colle de trop près** the car behind is sitting right on our tail*; **ils nous collent au train*** they're right on our tail*

2 VI ⓐ (= *être poisseux*) to be sticky; (= *adhérer*) to stick (**à** to) ⓑ **robe qui colle au corps** tight-fitting dress; **ce rôle lui colle à la peau** the part is tailor-made for him; **depuis, cette réputation lui colle à la peau** he's been stuck with this reputation ever since ⓒ (= *bien marcher*)* **ça ne colle pas entre eux** they aren't getting along; **il y a quelque chose qui ne colle pas** there's something wrong

3 VPR **se coller** ⓐ (= *se mettre*)* **ils se collent devant la télé dès qu'ils rentrent** they plonk themselves* in front of the TV as soon as they come in; **on s'y colle ?** shall we get down to it? ⓑ **se ~ à qn** [*danseur*] to cling to sb; [*importun*] to stick to sb like glue; **ces deux-là sont toujours collés ensemble*** those two always go around together

collet /kɔlɛ/ NM (= *piège*) snare; **mettre la main au ~ de qn** to collar sb

colley /kɔlɛ/ NM collie

collier /kɔlje/ NM ⓐ [*de femme*] necklace; [*de chien, chat*] collar; (*Boucherie*) neck; **~ de fleurs** garland ⓑ **~ (de barbe)** beard (*along the line of the jaw*)

collimateur /kɔlimatœʀ/ NM **avoir qn/qch dans le ~** to have sb/sth in one's sights; **être dans le ~ de qn** to be in sb's sights

colline /kɔlin/ NF hill

collision /kɔlizjɔ̃/ NF collision; **entrer en ~** to crash; **~ en chaîne** pile-up

colloque /kɔ(l)lɔk/ NM colloquium

collutoire /kɔlytwaʀ/ NM oral medication (*NonC*); (*en bombe*) throat spray

collyre /kɔliʀ/ NM eye drops

colmater /kɔlmate/ /TABLE 1/ VT [+ *fuite*] to stop; [+ *fissu-*]

re, *trou*] to fill in; [+ *déficit*] to make up

colo* /kɔlo/ NF (ABBR = **colonie de vacances**) ≈ (children's) holiday camp (*Brit*), ≈ summer camp (*US*)

colocataire /kɔlɔkatɛʀ/ NMF [*d'immeuble*] fellow tenant; [*d'appartement*] flatmate (*Brit*), roommate (*US*); [*de maison*] housemate

colombage /kɔlɔ̃baʒ/ NM **maison à ~(s)** half-timbered house

colombe /kɔlɔ̃b/ NF dove

Colombie /kɔlɔ̃bi/ NF Colombia; **~ britannique** British Columbia

colombien, -ienne /kɔlɔ̃bjɛ̃, jɛn/ 1 ADJ Colombian 2 NM,F **Colombien(ne)** Colombian

colon /kɔlɔ̃/ NM (= *pionnier*) colonist

côlon /kolɔ̃/ NM (*Anatomie*) colon

colonel /kɔlɔnɛl/ NM [*d'armée de terre*] colonel; [*d'armée de l'air*] group captain (*Brit*), colonel (*US*)

colonial, e (*mpl* **-iaux**) /kɔlɔnjal, jo/ ADJ colonial

colonialisme /kɔlɔnjalism/ NM colonialism; **~ culturel** cultural colonialism

colonialiste /kɔlɔnjalist/ ADJ, NMF colonialist

colonie /kɔlɔni/ NF colony; **~ de vacances** ≈ children's holiday camp (*Brit*), ≈ summer camp (*US*)

> ⓘ **COLONIE DE VACANCES**
> The **colonie de vacances** or **colo** is an important part of life for many French children. **Colonies de vacances** are residential centres in the countryside, in the mountains or at the seaside where children, supervised by trained "moniteurs" and "monitrices", can participate in a range of open-air activities. The **colonie de vacances** helps break up the two-month summer holiday for parents and children alike.
> ▷ www.jeunesse-sports.gouv.fr

colonisation /kɔlɔnizasjɔ̃/ NF colonization

coloniser /kɔlɔnize/ /TABLE 1/ VT to colonize

colonne /kɔlɔn/ NF column; **en ~ par deux** in twos; **mettez-vous en ~ par quatre** line up four abreast; **~ (vertébrale)** spine

colorant /kɔlɔʀɑ̃/ NM colouring (*Brit*) *ou* coloring (*US*) agent; (*pour textiles*) dye; **« sans ~s artificiels »** (*sur étiquette*) "contains no artificial colouring"

coloration /kɔlɔʀasjɔ̃/ NF ⓐ (= *teinture*) [*de substance*] colouring (*Brit*), coloring (*US*) ⓑ (*pour les cheveux*) colour (*Brit*), color (*US*); **se faire faire une ~** to have one's hair coloured (*Brit*) *ou* colored (*US*) ⓒ (= *nuance*) colouring (*Brit*), coloring (*US*)

coloré, e /kɔlɔʀe/ (*ptp de* **colorer**) ADJ [*teint*] ruddy; [*objet*] coloured (*Brit*), colored (*US*); [*foule*] colourful (*Brit*), colorful (*US*)

colorer /kɔlɔʀe/ /TABLE 1/ VT to colour (*Brit*), to color (*US*); **~ qch en bleu** to colour sth blue

coloriage /kɔlɔʀjaʒ/ NM (= *action*) colouring (*NonC*) (*Brit*), coloring (*NonC*) (*US*); (= *dessin*) coloured (*Brit*) *ou* colored (*US*) drawing; **faire du ~** *ou* **des ~s** to do some colouring in

colorier /kɔlɔʀje/ /TABLE 7/ VT to colour (*Brit*) *ou* color (*US*) in; **images à ~** pictures to colour in

coloris /kɔlɔʀi/ NM colour (*Brit*), color (*US*)

colossal, e (*mpl* **-aux**) /kɔlɔsal, o/ ADJ colossal

colosse /kɔlɔs/ NM colossus; **un ~ aux pieds d'argile** an idol with feet of clay

colporter /kɔlpɔʀte/ /TABLE 1/ VT [+ *marchandises, ragots*] to hawk

coltiner (se)* /kɔltine/ /TABLE 1/ VPR [+ *colis*] to lug around*; [+ *travail, personne*] to get stuck with*; **il va falloir se coltiner ta sœur** we'll have to put up with your sister

colvert /kɔlvɛʀ/ NM mallard

colza /kɔlza/ NM rape

coma /kɔma/ NM coma; **être/tomber dans le ~** to be in/go into a coma; **dans un ~ dépassé** brain-dead

comateux, -euse /kɔmatø, øz/ ADJ comatose

combat /kɔba/ NM ⓐ (*Mil*) battle; **les ~s continuent** the fighting goes on; **~ aérien/naval** air/naval battle; **~ d'arrière-garde** rearguard action; **~ de rues** street battle; **de ~ combat; aller au ~** to go into battle; **mort au ~** killed in action ⓑ (= *action offensive*) struggle; **la vie est un ~ quotidien** life is a daily struggle; **«étudiants, professeurs: même ~!»** "students and teachers fighting together" ⓒ (*Sport*) fight; **~ de boxe/de catch** boxing/wrestling match

combatif, -ive /kɔbatif, iv/ ADJ [*troupes*] ready to fight; [*personne*] with a fighting spirit; [*esprit, humeur*] fighting

combativité /kɔbativite/ NF fighting spirit

combattant, e /kɔbatɑ̃, ɑ̃t/ NM,F [*de guerre*] combatant; [*de bagarre*] brawler → **ancien**

combattre /kɔbatʀ/ /TABLE 41/ VT [+ *incendie, adversaire*] to fight; [+ *théorie, politique, inflation, vice*] to combat; [+ *maladie*] [*malade*] to fight against; [*médecin*] to fight

combien /kɔbjɛ̃/ 1 ADV ⓐ **~ de** (*quantité*) how much; (*nombre*) how many; **~ de bouteilles veux-tu?** how many bottles do you want?; **tu en as pour ~ de temps?** how long will you be?; **depuis ~ de temps travaillez-vous ici?** how long have you been working here?; **~ de fois?** (*nombre*) how many times?; (*fréquence*) how often? ⓑ **~ (d'entre eux)** how many (of them); **~ sont-ils?** how many of them are there? ⓒ (*frm* = *à quel point*) **si tu savais ~ ça m'a agacé!** you can't imagine how annoyed I was!; **c'est étonnant de voir ~ il a changé** it's amazing to see how much he has changed ⓓ (= *avec mesure*) **~ est-ce?** how much is it?; **~ ça coûte?** how much is it?; **ça fait ~?*** how much is it?; **~ pèse ce colis?** how much does this parcel weigh?; **~ mesures-tu?** how tall are you?; **ça va faire une différence de ~?** what will the difference be?; **ça fait ~ de haut?** how high is it? 2 NM* **on est le ~?** what's the date?; **il y en a tous les ~?** (*fréquence*) [*de trains, bus*] how often do they run?

combinaison /kɔbinɛzɔ̃/ NF ⓐ [*de coffre-fort*] combination; **la ~ gagnante** (*au loto*) the winning numbers ⓑ [*de femme*] slip; [*d'aviateur*] flying suit; [*de motard*] motorcycle suit; **~ (de ski)** ski-suit; **~ de plongée (sous-marine)** wetsuit; **~ spatiale** spacesuit ⓒ [*de facteurs*] combination

combine* /kɔbin/ NF (= *astuce*) trick (**pour faire qch** to do sth); (*péj* = *manigance*) **la ~** scheming; **il est dans la ~** he knows all about it; **toutes leurs ~s** all their little schemes

combiné /kɔbine/ NM [*de téléphone*] handset

combiner /kɔbine/ /TABLE 1/ 1 VT ⓐ (= *grouper*) to combine (**à, avec** with); **l'inquiétude et la fatigue combinées** a combination of anxiety and tiredness ⓑ [+ *affaire, mauvais coup*] to devise; [+ *horaires, emploi du temps*] to plan 2 VPR **se combiner** [*éléments*] to combine

comble /kɔbl/ 1 ADJ [*pièce, autobus*] packed 2 NM ⓐ (= *degré extrême*) height; **c'est le ~ du ridicule!** that's the height of absurdity!; **au ~ de la joie** overjoyed; **au ~ du désespoir** in the depths of despair; **être à son ~** [*joie, colère*] to be at its peak; **c'est le ou un ~!** that's the last straw!; **le ~, c'est qu'il est parti sans payer** and to top it all* he left without paying ⓑ (= *charpente*) **les ~s** the attic; **loger sous les ~s** to live in a garret

combler /kɔble/ /TABLE 1/ VT ⓐ [+ *trou, fente*] to fill in ⓑ [+ *déficit*] to make good; [+ *lacune, vide*] to fill; **~ son retard** to make up lost time ⓒ [+ *désir, espoir, besoin*] to fulfil; [+ *personne*] to gratify; **je suis comblé!** I couldn't wish for anything more! ⓓ (= *couvrir*) **~ qn de cadeaux** to shower sb with gifts

combustible /kɔbystibl/ 1 ADJ combustible 2 NM fuel

combustion /kɔbystjɔ̃/ NF combustion

come-back /kɔmbak/ NM INV comeback; **faire son ~** to make a comeback

comédie /kɔmedi/ 1 NF ⓐ (*Théât*) comedy; **~ de mœurs** comedy of manners; **~ dramatique** drama ⓑ (= *simulation*) **c'est de la ~** it's an act; **jouer la ~** to put on an act ⓒ (= *histoires*)* **faire la ~** to make a fuss; **c'est toujours la même ~** it's always the same palaver* 2 COMP **♦ comédie de boulevard** light comedy **♦ comédie musicale** musical

Comédie-Française /kɔmedifʀɑ̃sez/ NF **la ~** the Comédie-Française (*the French National Theatre*)

> ⓘ **COMÉDIE-FRANÇAISE**
> This historic theatre company, also known as "*le Théâtre-Français*" or just "*le Français*", is particularly associated with Molière. It was founded in 1680. It has a mainly classical repertoire, though contemporary plays are also staged.
> ▷ www.comedie-francaise.fr

comédien, -ienne /kɔmedjɛ̃, jɛn/ 1 NM actor; **quel ~ tu fais!** you're always putting it on!* 2 NF **comédienne** actress

> ⚠ **comédien ≠ comedian**

comédon /kɔmedɔ̃/ NM blackhead

comestible /kɔmestibl/ 1 ADJ edible 2 NMPL **comestibles** fine foods

comète /kɔmɛt/ NF comet

comique /kɔmik/ 1 ADJ [*acteur, film, genre*] comic; **c'était vraiment ~** it was really comical 2 NM ⓐ **le ~ de la chose, c'est que …** the funny thing about it is that … ⓑ (*Littérat*) **le ~** comedy; **le ~ de situation/de boulevard** situation/light comedy 3 NM,F (= *artiste*) comic; (*péj* = *charlot*)* clown

comité /kɔmite/ NM committee; **~ de défense/soutien** protection/support committee; **se réunir en petit ~** to meet in a small group; (*petite réception*) to have a small get-together **♦ comité d'entreprise** works council **♦ comité de gestion** board of management

> ⓘ **COMITÉ D'ENTREPRISE**
> All French companies with more than fifty employees must have a **comité d'entreprise**, whose members are elected by the staff and whose budget is a mandatory percentage of the wage bill. In practice, its main function is to arrange company-subsidized benefits for the staff such as canteen lunches, cutprice cinema tickets, holidays and even Christmas presents for employees' children.
> ▷ www.travail.gouv.fr

commandant /kɔmɑ̃dɑ̃/ NM commander; **«oui mon ~»** "yes Sir" **♦ commandant de bord** captain

commande /kɔmɑ̃d/ NF ⓐ [*de produit*] order; **passer (une) ~** to place an order (**de** for) ⓑ [*d'œuvre artistique*] commission; **passer une ~ à qn** to commission sb; **ouvrage de ~** commissioned work ⓒ [*d'avion, appareil*] **les ~s** the controls; **~ à distance** remote control; **à ~ vocale** voice-activated; **à ~ par effleurement** touch-controlled; **être aux/prendre les ~s** to be in/take control

commandement /kɔmɑ̃dmɑ̃/ NM ⓐ (= *direction*) [*d'armée, navire*] command; **prendre le ~ de** to take command of ⓑ (= *état-major*) command ⓒ (= *ordre*) command; (*Rel*) commandment

commander /kɔmɑ̃de/ /TABLE 1/ VT ⓐ (= *ordonner*) to order; **~ à qn de faire qch** to order sb to do sth; **sans vous ~, pourriez-vous taper cette lettre?** if it's no trouble, could you type this letter?; **l'amour ne se commande pas** you can't choose who you love ⓑ [+ *respect, admiration*] to command ⓒ [+ *marchandise, repas, boisson*] to order; (*à un artiste*) to commission; **avez-vous déjà commandé?** (*au café*) have you ordered? ⓓ [+ *armée, navire, expédition, attaque*] to command; **je n'aime pas qu'on me commande** I don't like to be ordered about; **à la maison, c'est elle qui commande** she's the boss* at home ⓔ (= *contrôler*) to control; **ce bouton commande la sirène** this switch controls the siren

commanditaire /kɔmɑ̃ditɛʀ/ NM sleeping (*Brit*) ou silent (*US*) partner

commanditer /kɔmɑ̃dite/ /TABLE 1/ VT (= *financer*) to finance; **ceux qui ont commandité l'attentat** the people behind the attack

commando /kɔmɑ̃do/ NM commando

---

comme /kɔm/

1 CONJONCTION	2 ADVERBE

1 CONJONCTION

(a) [temps] as; **elle est entrée juste ~ je sortais** she came in just as I was leaving

(b) [cause] as; **~ il pleuvait, j'ai pris la voiture** as it was raining I took the car

(c) [= en tant que] as; **nous l'avons eu ~ président** we had him as president

(d) [comparaison] like

> ▶ *Avec un nom, on utilise* like; *avec un verbe,* as *et the* way *sont plus corrects que* like, *mais* like *est couramment utilisé.*

c'est un homme ~ lui qu'il nous faut we need a man like him; **il veut une moto ~ celle de son frère** he wants a motorbike like his brother's; **il pense ~ nous** he thinks as we do, he thinks like us; **faites ~ vous voulez** do as you like; **il écrit ~ il parle** he writes the way he speaks, he writes like he speaks; *MAIS* **c'est une excuse ~ une autre** it's as good an excuse as any; **il était ~ fasciné par ces oiseaux** he seemed fascinated by these birds; **il y a ~ un problème*** there's a bit of a problem

(e) [= tel que] like; **les fleurs ~ la rose et l'iris sont fragiles** flowers like roses and irises are fragile; **bête ~ il est ...** stupid as he is ...

(f) [locutions]

♦ **comme ça** ♦ **comme cela** (= *ainsi*) like that; **il est ~ ça!** he's like that!; **il a pêché un saumon ~ ça!** he caught a salmon this big!; **on a vu un film ~ ça!** we saw a great* film!; **je l'ai enfermé, ~ ça il ne peut pas nous suivre** I locked him in - that way he can't follow us; **c'est ~ ça et pas autrement** that's just the way it is; **si c'est ~ ça, je m'en vais!** if that's the way it is, I'm leaving!; **alors, ~ ça, vous nous quittez?** so you're leaving us just like that?; **le docteur m'a dit ~ ça***, **prenez des calmants** the doctor just told me to take tranquillizers

♦ **comme quoi**: **~ quoi tout le monde peut se tromper** which just goes to show that anybody can make a mistake

♦ **comme ci comme ça** so-so*

♦ **comme il faut** properly; **mange ~ il faut** eat properly; **c'est quelqu'un de très ~ il faut*** he's very proper

♦ **comme si** as if; **il se conduit ~ si de rien n'était** he behaves as if nothing had happened; **~ si nous ne le savions pas!** as if we didn't know!; **tu n'es pas content mais tu peux faire ~ si*** you're not happy but you can pretend to be

♦ **comme tout**: **elle est gentille ~ tout** she's so nice; **c'est facile ~ tout** it's as easy as can be

♦ **comme tout le monde** like everybody else; **il fume pour faire ~ tout le monde** he smokes to be like everybody else; **je veux vivre ~ tout le monde** I want to lead a normal life

♦ **comme les autres**: **c'est un métier ~ les autres** it's just like any other job; **il n'est pas ~ les autres** he's not like the others; **faire ~ les autres** to do as everybody else does

2 ADVERBE

~ ils sont bruyants! they're so noisy!; **~ il fait beau!** isn't it a lovely day!; **tu sais ~ elle est** you know what she's like; **écoute ~ elle chante bien!** isn't she a wonderful singer!

---

commémoration /kɔmemɔʀasjɔ̃/ NF commemoration

commémorer /kɔmemɔʀe/ /TABLE 1/ VT to commemorate

commencement /kɔmɑ̃smɑ̃/ NM (= *début*) beginning; (= *départ*) start; **il y a eu un ~ d'incendie** a small fire broke out; **au/dès le ~** in/from the beginning; **il y a un ~ à tout** you've got to start somewhere

commencer /kɔmɑ̃se/ /TABLE 3/ **1** VT (a) [+ *travail, repas*] to begin, to start; **j'ai commencé un nouveau chapitre** I've

started a new chapter; **je vais ~ le judo** I'm going to take up judo

(b) (= *entamer*) [+ *bouteille, produit*] to open

(c) [*chose*] to begin; **la phrase qui commence le chapitre** the opening sentence of the chapter

2 VI (a) (= *débuter*) to begin, to start; **le concert va ~** the concert is about to start; **tu ne vas pas ~!** (*ton irrité*) don't start!; **ça commence bien!** that's a good start!; **ça commence mal!** that's not a very good start!; **pour ~** to begin ou start with; **elle commence demain chez Legrand** she is starting work tomorrow at Legrand's

(b) **~ à** (ou **de**) **faire qch** to begin ou start to do sth; **il commençait à neiger** it was starting to snow; **il commençait à s'inquiéter** he was beginning to get nervous; **je commence à en avoir assez!** I've had just about enough!; **ça commence à bien faire*** it's getting a bit much*

(c) **~ par qch/par faire qch** to begin ou start with sth/by doing sth; **commençons par le commencement** let's begin at the beginning; **ils m'ont tous déçu, à ~ par Jean** they all let me down, especially Jean

comment /kɔmɑ̃/ ADV (a) (= *de quelle façon*) how; **~ a-t-il fait?** how did he do it?; **~ s'appelle-t-il?** what's his name?; **~ appelles-tu cela?** what do you call that?; **~ vas-tu?** how are you?; **~ est-il, ce type?*** what sort of guy* is he?; **~ faire?** how shall we do it?; **~ se fait-il que ...?** how is it that ...?; **~ se peut-il que ...?** how can it be that ...?

(b) (*répétition, surprise*) **~?** I beg your pardon?; **~ ça?** what do you mean?; **~, il est mort?** what? he's dead?

commentaire /kɔmɑ̃tɛʀ/ NM (a) (= *remarque*) comment; **faire des ~s sur qch** to comment on sth; **je vous dispense de vos ~s** I can do without your comments (b) (*Radio, TV*) commentary; **faire le ~ d'un texte** to do a commentary on a text

commentateur, -trice /kɔmɑ̃tatœʀ, tʀis/ NM,F commentator

commenter /kɔmɑ̃te/ /TABLE 1/ VT to comment on; (*Radio, TV*) [+ *match*] to commentate on; [+ *cérémonie officielle*] to provide the commentary for; **le match sera commenté par André Leduc** André Leduc will be commentating on the match

commérage /kɔmeʀaʒ/ NM piece of gossip; **~s** gossip (*NonC*)

commerçant, e /kɔmɛʀsɑ̃, ɑ̃t/ **1** ADJ [*quartier, rue*] shopping (*avant le nom*); **rue très ~e** busy shopping street; **il est très ~** he's got good business sense; **ce n'est pas très ~** it's not a very good way to do business **2** NM shopkeeper **3** NF **commerçante** shopkeeper

commerce /kɔmɛʀs/ NM (a) (= *magasin*) shop; **« proche ~s »** "handy for shops"; **tenir** ou **avoir un ~** to have a shop (b) **le ~** (= *activité*) trade; **~ extérieur/international** foreign/international trade; **~ de gros/détail** wholesale/retail trade; **~ électronique** e-commerce; **~ équitable** fair trade; **faire du ~ (avec)** to trade (with); **ça se trouve dans le ~** you can buy it (ou them) in the shops (c) (= *commerçants*) **le petit ~** small shopkeepers

> ⚠ **commerce** *ne se traduit pas par le mot anglais* **commerce**.

commercer /kɔmɛʀse/ /TABLE 3/ VI to trade

commercial, e (*mpl* **-iaux**) /kɔmɛʀsjal, jo/ **1** ADJ commercial; [*déficit, stratégie, guerre*] trade; **service ~** [*d'entreprise*] sales department; **anglais ~** business English **2** NM (*marketing*) marketing man; (*ventes*) salesman **3** NF **commerciale** (= *véhicule*) estate car (*Brit*), station wagon (*US*)

commercialisation /kɔmɛʀsjalizasjɔ̃/ NF marketing

commercialiser /kɔmɛʀsjalize/ /TABLE 1/ VT to market

commère /kɔmɛʀ/ NF (*péj* = *bavarde*) gossip

commettre /kɔmɛtʀ/ /TABLE 56/ VT [+ *crime, injustice*] to commit; [+ *erreur*] to make; **il a commis deux romans** (*hum*) he's responsible for two novels (*hum*)

commis /kɔmi/ NM (= *vendeur*) shop assistant; (= *employé de bureau*) office clerk; **~ de cuisine** apprentice chef

commissaire /kɔmizɛʀ/ **1** NM (a) **~ (de police)** ≈ (police) superintendent (*Brit*), ≈ (police) captain (*US*);

principal *ou* **divisionnaire** ≈ chief superintendent (*Brit*), ≈ police chief (*US*) ⓑ [*de rencontre sportive, fête*] steward; [*d'exposition*] organizer; ~ **de courses** marshal ⓒ [*de commission*] commission member 2 COMP ♦ **commissaire aux comptes** auditor ♦ **commissaire européen** European Commissioner

commissaire-priseur (*pl* **commissaires-priseurs**) /kɔmisɛʀpʀizœʀ/ NM auctioneer

commissariat /kɔmisaʀja/ NM ~ **(de police)** police station; **Commissariat à l'énergie atomique** Atomic Energy Agency

commission /kɔmisjɔ̃/ 1 NF ⓐ (= *comité restreint*) committee; (= *bureau nommé*) commission ⓑ (= *message*) message; **est-ce qu'on vous a fait la ~ ?** were you given the message? ⓒ (= *course*) errand; **faire des ~s** to run errands ⓓ (= *emplettes*) **~s** shopping; **faire les/des ~s** to do the/some shopping; **partir en ~s** to go shopping ⓔ (= *pourcentage*) commission; **toucher 10 % de ~** to get a 10% commission; **travailler à la ~** to work on commission
2 COMP ♦ **commission d'enquête** commission of inquiry ♦ **Commission européenne** European Commission ♦ **commission d'examen** board of examiners ♦ **Commission nationale de l'informatique et des libertés** *French data protection watchdog* ♦ **Commission des opérations de Bourse** *French stock exchange regulatory body*

commissure /kɔmisyʀ/ NF [*de lèvres*] corner

commode /kɔmɔd/ 1 ADJ ⓐ (= *pratique*) convenient ⓑ (= *facile*) **ce n'est pas ~** it's not easy (**à faire** to do); **il n'est pas ~** (= *sévère*) he's so strict; (= *difficile*) he's really awkward 2 NF (= *meuble*) chest of drawers

commodité /kɔmɔdite/ NF (= *confort*) convenience

commotion /kɔmosjɔ̃/ NF ~ **cérébrale** concussion

⚠ **commotion ≠ commotion**

commuer /kɔmɥe/ /TABLE 1/ VT [+ *peine*] to commute (**en** to)

commun, e[1] /kɔmœ̃, yn/ 1 ADJ ⓐ (= *collectif, de tous*) common; (= *fait ensemble*) [*décision, effort, réunion*] joint; **dans l'intérêt ~** in the common interest; **d'un ~ accord** of one accord ⓑ (= *partagé*) [*élément*] common; [*pièce, cuisine*] communal; **le jardin est ~ aux deux maisons** the garden is shared by the two houses; **les parties ~es de l'immeuble** the communal parts of the building; **un ami ~** a mutual friend; **la vie ~e** [*de couple*] conjugal life; [*de communauté*] communal life → **point** ⓒ (= *comparable*) [*goût, intérêt, caractère*] common; **ils n'ont rien de ~** they have nothing in common ⓓ (= *ordinaire*) [*erreur*] common; [*opinion*] commonly held; **peu ~** uncommon → **lieu** ⓔ (*péj* = *vulgaire*) common
2 NM **le ~ des mortels** ordinary mortals ♦ **en commun** in common; **faire la cuisine en ~** to share the cooking; **mettre ses ressources en ~** to pool one's resources ♦ **hors du commun** extraordinary

communal, e (*mpl* **-aux**) /kɔmynal, o/ ADJ council (*Brit*), community (*US*); [*fête, école*] local

communautaire /kɔmynotɛʀ/ ADJ (*Politique*) Community

communautariste /kɔmynotaʀist/ ADJ [*modèle, politique*] communitarian

communauté /kɔmynote/ NF (= *groupe*) community; **la ~ internationale** the international community; **la ~ scientifique** the scientific community; **la Communauté économique européenne** the European Economic Community; **la Communauté des États indépendants** the Commonwealth of Independent States; **vivre en ~** to live in a commune

commune[2] /kɔmyn/ NF ⓐ (= *ville*) town; (= *village*) village; (= *administration*) town council ⓑ (*Politique*) **la Chambre des ~s** *ou* **les Communes** the House of Commons

---

ⓘ **COMMUNE**

The **commune** is the smallest administrative subdivision in France. There are 38,000 **communes**, 90% of them having less than 2,000 inhabitants. Several small villages may make up a single **commune**. Each **commune** is administered by a "maire", who is elected by the "conseil municipal". The inhabitants of the **commune** vote for the "conseil municipal" in the "élections municipales".
→ ARRONDISSEMENT ; CANTON ; DÉPARTEMENT ; ÉLECTIONS ; MAIRE

---

communément /kɔmynemɑ̃/ ADV commonly

communiant, e /kɔmynjɑ̃, jɑ̃t/ NM,F **(premier) ~** young boy making his first communion

communicatif, -ive /kɔmynikatif, iv/ ADJ [*rire, ennui*] infectious; [*personne*] communicative

communication /kɔmynikasjɔ̃/ NF ⓐ (= *relation*) communication; **être en ~ avec** [+ *ami, société savante*] to be in contact with; [+ *esprit*] to be in communication with; **entrer en ~ avec** [+ *esprit, extraterrestre*] to communicate with; [+ *personne*] to get in contact with ⓑ (= *transmission*) **demander ~ d'une pièce** to ask for a document; **~ interne** (*en entreprise*) internal communications ⓒ (= *message*) message; (*à une conférence*) paper; **j'ai une ~ importante à vous faire** I have an important announcement to make ⓓ **~ (téléphonique)** phone call; **être en ~** to be on the phone (**avec qn** to sb); **entrer en ~ avec qn** to get through to sb on the phone; **mettre qn en ~** to put sb through (**avec** to), connect sb (**avec** with); **~ interurbaine** inter-city call; **~ longue distance** long-distance call; **~ en PCV** reverse charge call (*Brit*), collect call (*US*); **je n'ai pas pu avoir la ~** I couldn't get through ⓔ (= *moyen de liaison*) communication; **moyens de ~** means of communication ⓕ (= *relations publiques*) **la ~** public relations; **conseiller en ~** communications consultant; **opération de ~** public relations exercise

communier /kɔmynje/ /TABLE 7/ VI (*Rel*) to receive communion

communion /kɔmynjɔ̃/ NF (*Rel, fig*) communion; **faire sa (première) ~** *ou* **sa ~ privée** to make one's first communion

communiqué /kɔmynike/ NM communiqué; **~ de presse** press release

communiquer /kɔmynike/ /TABLE 1/ 1 VT ⓐ [+ *nouvelle, renseignement, demande*] to pass on; [+ *dossier, document*] to give ⓑ [+ *enthousiasme, peur, maladie*] to pass on ⓒ [+ *mouvement*] to transmit 2 VI [*pièces, salles*] to communicate; **pièces qui communiquent** connecting rooms 3 VPR **se communiquer** : **se ~ à** [*feu, maladie*] to spread to

communisme /kɔmynism/ NM communism

communiste /kɔmynist/ ADJ, NMF communist

commutateur /kɔmytatœʀ/ NM switch

Comores /kɔmɔʀ/ NFPL **les (îles) ~** the Comoros Islands

compact, e /kɔ̃pakt/ 1 ADJ [*substance*] dense; [*véhicule, appareil, meuble*] compact; [*poudre*] pressed; **disque ~** *ou* **Compact Disc**® compact disc → **chaîne** 2 NM ⓐ (= *disque*) compact disc ⓑ [*de poudre*] powder compact ⓒ (= *appareil photo*) compact camera

compacter /kɔ̃pakte/ /TABLE 1/ VT to compact

compagne /kɔ̃paɲ/ NF companion; (= *petite amie*) friend

compagnie /kɔ̃paɲi/ 1 NF ⓐ (= *présence*) company; **en ~ de** with; **en bonne/mauvaise/joyeuse ~** in good/bad/cheerful company; **tenir ~ à qn** to keep sb company; **être de bonne ~** to be good company ⓑ (= *entreprise*) company; **~ d'assurances/théâtrale** insurance/theatrical company; **~ aérienne** airline company ⓒ (*Mil*) company 2 COMP ♦ **compagnies républicaines de sécurité** *state security police force in France*

compagnon /kɔ̃paɲɔ̃/ NM (= *camarade, concubin*) companion; **~ de jeu** playmate; **~ de route** fellow traveller

comparable /kɔ̃paʀabl/ ADJ comparable (à to); **ce n'est pas ~** there's no comparison

comparaison /kɔ̃paʀɛzɔ̃/ NF comparison (à to); **faire une ~ entre X et Y** to compare X and Y; **en ~ (de)** in comparison (with); **par ~** by comparison (**avec, à** with); **c'est sans ~ avec …** it cannot be compared with …; **adjectif de ~** comparative adjective

comparaître /kɔ̃paʀɛtʀ/ /TABLE 57/ VI (*Droit*) to appear in court; **~ devant un juge** to appear before a judge

comparatif, -ive /kɔ̃paʀatif, iv/ 1 ADJ [*publicité*] comparative; **essai ~** comparison test 2 NM comparative; **au ~** in the comparative; **~ d'infériorité/de supériorité** comparative of lesser/greater degree

comparativement /kɔ̃paʀativmɑ̃/ ADV comparatively; **~ à** in comparison to

comparé, e /kɔ̃paʀe/ (*ptp de* **comparer**) ADJ [*étude, littérature*] comparative

comparer /kɔ̃paʀe/ /TABLE 1/ VT ⓐ (= *confronter*) to compare (**à, avec** with); **comparé à** compared with ⓑ (= *identifier*) to compare (**à** to)

comparse /kɔ̃paʀs/ NMF (= *acteur*) walk-on; (*péj*) stooge*

compartiment /kɔ̃paʀtimɑ̃/ NM compartment; **~ à glace** freezer compartment; **dans tous les ~s du jeu** in every area of the game

compartimenter /kɔ̃paʀtimɑ̃te/ /TABLE 1/ VT to compartmentalize

comparution /kɔ̃paʀysjɔ̃/ NF appearance in court

compas /kɔ̃pa/ NM pair of compasses; [*de navigation*] compass; **~ à pointes sèches** dividers

compassé, e /kɔ̃pase/ ADJ (= *guindé*) formal

compassion /kɔ̃pasjɔ̃/ NF compassion

compatibilité /kɔ̃patibilite/ NF compatibility

compatible /kɔ̃patibl/ 1 ADJ compatible 2 NM (= *ordinateur*) compatible computer

compatir /kɔ̃patir/ /TABLE 2/ VI to sympathize

compatriote /kɔ̃patʀijɔt/ NMF compatriot

compensation /kɔ̃pɑ̃sasjɔ̃/ NF (= *dédommagement*) compensation; **en ~ de qch** in compensation for sth

compenser /kɔ̃pɑ̃se/ /TABLE 1/ VT to compensate for; **les gains et les pertes se compensent** the gains and losses cancel each other out

compète* /kɔ̃pɛt/ NF = **compétition**

compétence /kɔ̃petɑ̃s/ NF ⓐ (= *expérience*) competence (**en** in); **avoir des ~s** to be competent; **faire appel aux ~s d'un spécialiste** to call upon the skills of a specialist ⓑ (= *rayon d'activité*) scope of activities; [*de tribunal*] competence; **ce n'est pas de ma ~** that's not my area

compétent, e /kɔ̃petɑ̃, ɑ̃t/ ADJ ⓐ (= *capable*) competent; **je ne suis pas ~ pour vous répondre** I'm not qualified to answer ⓑ (= *concerné*) relevant; (*Droit*) competent; **adressez-vous à l'autorité ~e** apply to the relevant authority

compétiteur, -trice /kɔ̃petitœʀ, tʀis/ NM,F competitor

compétitif, -ive /kɔ̃petitif, iv/ ADJ competitive

compétition /kɔ̃petisjɔ̃/ NF ⓐ (*Sport* = *activité*) **la ~** competitive sport; **j'ai fait du ski de ~** I did competitive skiing; **la ~ automobile** motor racing; **sport de ~** competitive sport ⓑ (= *épreuve*) **~ (sportive)** sporting event; **une ~ automobile** a motor-racing event ⓒ (= *rivalité*) competition (*NonC*); **entrer en ~ avec** to compete with; **être en ~** to be competing

compétitivité /kɔ̃petitivite/ NF competitiveness

compil* /kɔ̃pil/ NF ABBR = **compilation**

compilation /kɔ̃pilasjɔ̃/ NF compilation; **une ~ de Brel** the best of Brel

compiler /kɔ̃pile/ /TABLE 1/ VT to compile

complainte /kɔ̃plɛ̃t/ NF lament

complaire (se) /kɔ̃plɛʀ/ /TABLE 54/ VPR **se complaire dans qch/à faire qch** to take pleasure in sth/in doing sth

complaisance /kɔ̃plɛzɑ̃s/ NF ⓐ (= *obligeance*) kindness (**envers** to, towards) ⓑ (= *indulgence coupable*) indulgence;

(= *connivence*) connivance; **sourire de ~** polite smile; **certificat de ~** medical certificate (*for sb who isn't really ill*)

complaisant, e /kɔ̃plɛzɑ̃, ɑ̃t/ ADJ ⓐ (= *obligeant*) kind; (= *arrangeant*) accommodating ⓑ (= *trop indulgent*) indulgent ⓒ (= *suffisant*) self-satisfied

complément /kɔ̃plemɑ̃/ NM complement; (= *reste*) rest; **~ d'information** additional information (*NonC*); **~ circonstanciel de lieu** adverbial phrase of place; **~ (d'objet) direct/indirect** direct/indirect object; **~ d'agent** agent; **~ de nom** possessive phrase

complémentaire /kɔ̃plemɑ̃tɛʀ/ ADJ complementary; (= *additionnel*) supplementary; **pour tout renseignement ~** for any additional information

complémentarité /kɔ̃plemɑ̃taʀite/ NF complementarity

complet, -ète /kɔ̃plɛ, ɛt/ 1 ADJ ⓐ (= *entier*) complete; (= *exhaustif*) comprehensive; **procéder à un examen ~ de qch** to make a thorough examination of sth; **il reste encore trois jours ~s** there are still three full days to go; **les œuvres complètes de Voltaire** the complete works of Voltaire → **pension, aliment, riz** ⓑ (= *total*) [*échec, obscurité, découragement*] complete; **l'aviron est un sport très ~** rowing exercises your whole body ⓒ [*homme, acteur*] complete; **un athlète ~** an all-rounder ⓓ (= *plein*) [*autobus, train*] full; (*écriteau*) «~» [*hôtel*] "no vacancies"; [*parking*] "full"; [*cinéma*] "sold out"; [*match*] "ground full"; **le théâtre affiche ~ tous les soirs** the theatre has a capacity audience every evening

2 NM (= *costume*) **~(-veston)** suit

♦ **au complet** : **maintenant que nous sommes au ~** now that we are all here; **le groupe au grand ~** the whole group

complètement /kɔ̃plɛtmɑ̃/ ADV completely; **~ équipé** fully equipped

compléter /kɔ̃plete/ /TABLE 6/ 1 VT ⓐ [+ *somme, effectifs*] to make up; [+ *mobilier, collection, dossier*] to complete ⓑ [+ *études, formation*] to complement; [+ *connaissances, documentation, collection*] to supplement; [+ *mobilier, garderobe*] to add to 2 VPR **se compléter** [*caractères, personnes, fonctions*] to complement one another

complexe /kɔ̃plɛks/ 1 ADJ complex 2 NM ⓐ (*Psych*) complex; **~ d'infériorité** inferiority complex; **il fait un ~** he's got a complex; **être bourré de ~s*** to have loads of hang-ups* ⓑ (*industriel, universitaire, touristique*) complex; **~ routier** road network; **~ hôtelier** hotel complex

complexer /kɔ̃plɛkse/ /TABLE 1/ VT **ça le complexe terriblement** it gives him a terrible complex; **être très complexé** to be very mixed up* (**par** about)

complexifier /kɔ̃plɛksifje/ /TABLE 7/*1 VT to make more complex 2 VPR **se complexifier** to become more complex

complexité /kɔ̃plɛksite/ NF complexity

complication /kɔ̃plikasjɔ̃/ NF (= *complexité*) complexity; (= *ennui*) complication; **~s** (*pendant maladie*) complications; **faire des ~s** to make life difficult

complice /kɔ̃plis/ 1 ADJ ⓐ **être ~ de qch** to be a party to sth ⓑ [*regard, sourire*] knowing; [*attitude*] conniving; **on est très ~s** [*amis*] we're very close 2 NMF ⓐ (= *criminel*) accomplice; **être ~ d'un meurtre** to be an accessory to murder ⓑ [*de farce, projet*] partner

complicité /kɔ̃plisite/ NF ⓐ (= *participation à délit*) complicity; **accusé de ~ de vol** accused of aiding and abetting a theft ⓑ (= *bonne entente*) **la ~ qui existe entre eux** the rapport they have

compliment /kɔ̃plimɑ̃/ NM ⓐ (= *félicitations*) **~s** congratulations; **faire des ~s à qn** to congratulate sb (**pour** on); **mes ~s !** well done! ⓑ (= *louange*) compliment; **faire un ~ à qn** to pay sb a compliment ⓒ (= *formule de politesse*) **~s** compliments; **faites-lui mes ~s** give him my regards

complimenter /kɔ̃plimɑ̃te/ /TABLE 1/ VT (= *féliciter*) to congratulate (**pour, sur, de** on); (= *louanger*) to compliment (**pour, sur, de** on)

compliqué, e /kɔ̃plike/ (*ptp de* **compliquer**) ADJ complicated; **ne sois pas si ~ !** don't make life so difficult!; **puisque tu refuses, ce n'est pas ~, moi je pars** since you refuse, that simplifies things - I'm leaving; **il ne m'écoute ja-**

mais, c'est pas ~!* it's quite simple, he never listens to a word I say!

compliquer /kɔ̃plike/ /TABLE 1/ **1** VT to complicate; **il nous complique l'existence** *ou* **la vie** he makes life difficult for us **2** VPR **se compliquer** [*situation, problème*] to become complicated; **ça se complique** things are getting complicated; **se ~ l'existence** to make life difficult for o.s.

complot /kɔ̃plo/ NM plot

comploter /kɔ̃plɔte/ /TABLE 1/ VTI to plot (**de faire** to do, **contre** against; **qu'est-ce que vous complotez ?*** what are you up to?*

comportement /kɔ̃pɔrtəmɑ̃/ NM [*de personne*] behaviour (*Brit*), behavior (*US*) (**envers, avec** towards); [*de matériel, pneus, monnaie*] performance

comporter /kɔ̃pɔrte/ /TABLE 1/ **1** VT ⓐ (= *consister en*) to comprise; **ce roman comporte deux parties** this novel is in two parts
ⓑ (= *être muni de*) to have; **cette règle comporte des exceptions** there are exceptions to this rule
ⓒ (= *impliquer*) [+ *inconvénients, risques*] to involve
2 VPR **se comporter** ⓐ (= *se conduire*) to behave; **il s'est comporté d'une façon odieuse** he behaved horribly (**avec** to)
ⓑ (= *réagir*) [*personne*] to behave; [*machine, voiture, monnaie*] to perform; **notre équipe s'est très bien comportée** our team played very well

composant /kɔ̃pozɑ̃/ NM component; **~s électroniques** electronic components

composante /kɔ̃pozɑ̃t/ NF component; **les diverses ~s du parti** the various elements in the party

composé, e /kɔ̃poze/ (*ptp de* **composer**) **1** ADJ ⓐ compound; [*fleur*] composite; [*salade*] mixed → **passé 2** NM compound; (*fig*) combination

composer /kɔ̃poze/ /TABLE 1/ **1** VT ⓐ (= *faire*) [+ *plat*] to make; [+ *médicament*] to make up; [+ *équipe sportive*] to put together; [+ *poème*] to write; [+ *musique*] to compose; [+ *tableau*] to paint; [+ *programme*] to work out; [+ *bouquet*] to arrange
ⓑ [+ *numéro de téléphone*] to dial; [+ *code*] to enter
ⓒ (= *constituer*) [+ *ensemble, produit, groupe*] to make up; [+ *assemblée*] to form; **composé à 50 % de papier recyclé** made of 50% recycled paper
2 VI ⓐ (= *à un examen*) to do a test; **~ en anglais** to take an English test
ⓑ (= *traiter*) to compromise
3 VPR **se composer** (= *consister en*) **se ~ de** *ou* **être composé de** to comprise; **notre équipe est composée à 70 % de femmes** 70% of our team are women

composite /kɔ̃pozit/ **1** ADJ (= *hétérogène*) composite; [*public*] mixed **2** NM (= *matériau*) composite

compositeur, -trice /kɔ̃pozitœr, tris/ NM,F (= *musicien*) composer

composition /kɔ̃pozisjɔ̃/ NF ⓐ (= *confection*) [*d'assemblée*] formation; [*d'équipe sportive*] selection; [*d'équipe de chercheurs*] setting-up; [*de bouquet*] arranging; [*de symphonie, tableau*] composition; **une œuvre de ma ~** a work of my own composition; **les boissons qui entrent dans la ~ du cocktail** the drinks that go into the cocktail
ⓑ (= *œuvre musicale, picturale*) composition; **~ florale** flower arrangement
ⓒ (= *constituants*) composition; **quelle est la ~ de l'équipe ?** who is on the team?
ⓓ (= *examen*) test; **~ de français** (*en classe*) French test; (*à l'examen*) French paper; **~ française** (= *rédaction*) French essay

compost /kɔ̃pɔst/ NM compost

compostage /kɔ̃pɔstaʒ/ NM (*avec date*) date stamping; (= *poinçonnage*) punching

composter /kɔ̃pɔste/ /TABLE 1/ VT (= *dater*) to date stamp; (= *poinçonner*) to punch; **n'oubliez pas de ~ votre billet** don't forget to get your ticket punched

composteur /kɔ̃pɔstœr/ NM (= *timbre dateur*) date stamp; (= *poinçon*) ticket punching machine

compote /kɔ̃pɔt/ NF stewed fruit; **~ de pommes** stewed apples; **j'ai les jambes en ~*** (*de fatigue*) my legs are killing me*; (*par l'émotion, la maladie*) my legs are like jelly

compréhensible /kɔ̃preɑ̃sibl/ ADJ (= *clair*) comprehensible; (= *concevable*) understandable

compréhensif, -ive /kɔ̃preɑ̃sif, iv/ ADJ (= *tolérant*) understanding

⚠ **compréhensif** ≠ **comprehensive**

compréhension /kɔ̃preɑ̃sjɔ̃/ NF (= *indulgence, intelligence*) understanding; **~ orale/écrite** listening/reading comprehension; **exercice de ~** comprehension exercise

comprendre /kɔ̃prɑ̃dr/ /TABLE 58/ VT ⓐ (= *être composé de*) to comprise; (= *être muni de, inclure*) to include; **ce manuel comprend trois parties** this textbook has three parts; **le loyer ne comprend pas le chauffage** the rent doesn't include heating
ⓑ [+ *problème, langue, plaisanterie*] to understand; **vous m'avez mal compris** you've misunderstood me; **il ne comprend pas la plaisanterie** he can't take a joke; **c'est à n'y rien ~** it's completely baffling; **se faire ~** to make o.s. understood; **j'espère que je me suis bien fait ~** I hope I've made myself quite clear; **il comprend vite** he catches on fast; **tu comprends, ce que je veux c'est ...** you see, what I want is ...; **il n'a pas encore compris la gravité de son acte** he still hasn't grasped the seriousness of what he has done; **j'ai compris ma douleur*** I realized what I'd let myself in for*

compresse /kɔ̃pres/ NF compress

compresser /kɔ̃prese/ /TABLE 1/ VT [+ *données*] to compress; [+ *fichier*] to zip

compression /kɔ̃presjɔ̃/ NF [*de dépenses, personnel*] reduction (**de** in); [*de données*] compression; **~s budgétaires** budget restrictions

comprimé /kɔ̃prime/ NM tablet

comprimer /kɔ̃prime/ /TABLE 1/ VT ⓐ (= *presser*) to compress; **ces chaussures me compriment les pieds** these shoes pinch my toes ⓑ [+ *dépenses, personnel*] to reduce; [+ *données*] to compress

compris, e /kɔ̃pri, iz/ (*ptp de* **comprendre**) ADJ ⓐ (= *inclus*) **10 € emballage ~/non ~** 10 euros including/not including packaging; **service ~/non ~** service included/not included; **tout ~** all in; **moi y ~** including me; **700 € y ~ l'électricité** 700 euros including electricity ⓑ (= *situé*) **être ~ entre** to be between; **la zone ~e entre les falaises et la mer** the area between the cliffs and the sea ⓒ (= *d'accord*) **(c'est) ~ !** agreed!; **tu t'y mets tout de suite, ~ !** start right away, OK?

compromettant, e /kɔ̃prɔmetɑ̃, ɑ̃t/ ADJ compromising

compromettre /kɔ̃prɔmetr/ /TABLE 56/ **1** VT to compromise **2** VPR **se compromettre** (= *s'avancer*) to commit o.s.; (= *se discréditer*) to compromise o.s.; **se ~ dans une affaire louche** to get involved in shady business

compromis, e /kɔ̃prɔmi, iz/ (*ptp de* **compromettre**) **1** ADJ **être ~** [*personne, réputation*] to be compromised; [*avenir, projet, chances*] to be jeopardized; **notre sortie me semble bien** *ou* **très ~e** our trip looks very doubtful to me; **un ministre serait ~ dans cette affaire** a minister is alleged to be involved in the affair **2** NM compromise; **solution de ~** compromise solution; **trouver un ~** to reach a compromise

compta* /kɔ̃ta/ NF ABBR = **comptabilité**

comptabiliser /kɔ̃tabilize/ /TABLE 1/ VT (= *compter*) to count

comptabilité /kɔ̃tabilite/ NF (= *science, profession*) accountancy; (*d'une entreprise*) book-keeping; (= *comptes*) accounts; **le service ~** the accounts department

comptable /kɔ̃tabl/ **1** ADJ **nom ~** countable noun **2** NMF accountant

comptant /kɔ̃tɑ̃/ 1 ADV [*payer*] cash; [*acheter*] for cash; **verser 100 € ~** to pay 100 euros down 2 NM (= *argent*) cash; **payer au ~** to pay cash; **acheter qch au ~** to pay cash for sth → **argent**

---

compte /kɔ̃t/

1 NOM MASCULIN	2 COMPOSÉS

1 NOM MASCULIN

(a) = calcul **faire le ~ des erreurs** to count the mistakes; **faire le ~ des dépenses** to calculate the expenditure; **comment as-tu fait ton ~ pour arriver si tard?** how did you manage to get here so late?; **prendre qch en ~** to take sth into account

(b) = nombre exact right number; **le ~ y est** (*paiement*) that's the right amount; (*inventaire*) that's the right number; **j'ai ajouté 15 € pour faire le ~** I've added 15 euros to make up the full amount

(c) Comptab account; **faire ses ~s** to do one's accounts; **tenir les ~s** to do the accounts; **être laissé pour ~** [*personne*] to be left by the wayside

(d) Banque account; **~ en banque** bank account; **avoir un ~ dans une banque** to have an account with a bank

(e) = facture invoice; [*d'hôtel, restaurant*] bill (*Brit*), check (*US*); **pourriez-vous me faire mon ~?** would you make out my bill?; **mettez-le sur mon ~** put it on my bill

(f) = dû **il y a trouvé son ~** he did well out of it; **chacun y trouve son ~** there's something in it for everybody; **il a son ~*** (*épuisé, mort*) he's had it*; (*ivre*) he's had more than he can take; **son ~ est bon** his number's up*

(g) = explication **demander des ~s à qn** to ask sb for an explanation; **rendre des ~s à qn** to explain o.s. to sb; **je n'ai de ~s à rendre à personne** I'm accountable to nobody; **rendre ~ de qch à qn** to give sb an account of sth

(h) locutions

♦ **à ce compte-là** (= *dans ce cas*) in that case; (= *à ce train-là*) at this rate

♦ **tout compte fait** all things considered

♦ **se rendre compte de qch/que** (= *réaliser*) to realize sth/that; **est-ce que tu te rends ~ de ce que tu dis?** do you realize what you are saying?; **il a osé me dire ça, à moi, tu te rends ~!** he dared say that to me - can you believe it!

♦ **tenir compte de qn/qch** to take sb/sth into account; **il n'a pas tenu ~ de nos avertissements** he didn't take any notice of our warnings

♦ **compte tenu de** considering

♦ **à son compte**: **s'installer à son ~** to set up one's own business; **travailler à son ~** to be self-employed

♦ **pour le compte de qn** (= *au nom de*) on behalf of sb

♦ **sur le compte de** (= *à propos de*) about; **on m'en a raconté de belles sur son ~!** I was told a few interesting stories about him!; **verser de l'argent sur le ~ de qn** to pay money into sb's account; **mettre qch sur le ~ de qch** (= *attribuer à*) to put sth down to sth

2 COMPOSÉS

♦ **compte chèque postal** post office account ♦ **compte chèques, compte courant** current (*Brit*) ou checking (*US*) account ♦ **compte à rebours** countdown ♦ **compte rendu** account; [*de livre, film*] review; (*sur travaux en cours*) progress report; **faire le ~ rendu d'une réunion** to give an account of a meeting ♦ **compte sur livret** deposit account

---

compte-gouttes /kɔ̃tgut/ NM INV (= *pipette*) dropper; **au ~** [*distribuer*] sparingly; [*sortir*] in dribs and drabs

---

compter /kɔ̃te/

/TABLE 1/	
1 VERBE TRANSITIF	2 VERBE INTRANSITIF

1 VERBE TRANSITIF

(a) = calculer to count; **combien en avez-vous compté?** how many did you count?; **40 cm? j'avais compté 30** 40cm? I made it 30; **on peut ~ sur les doigts de la main ceux qui comprennent vraiment** you can count on the fingers of one hand the people who really understand; **~ les points** (*fig*) to sit back and watch; **ses jours sont comptés** he hasn't long to live

(b) = prévoir to reckon; **j'ai compté qu'il nous en fallait 10** I reckoned we'd need 10; **je compte 150 grammes de pâtes par personne** I allow 150 grammes of pasta per person; **il faut bien ~ 10 jours** you must allow at least 10 days

(c) = inclure to include; **cela fait un mètre en comptant l'ourlet** that makes one metre including the hem; **nous étions dix, sans ~ le professeur** there were ten of us, not counting the teacher; **la ville compte quelques très belles églises** the town has some very beautiful churches

(d) = facturer to charge for; **~ qch à qn** to charge sb for sth; **ils n'ont pas compté le café** they didn't charge for the coffee

(e) = prendre en considération to take into account; **ta bonne volonté te sera comptée** your helpfulness will be taken into account; **il aurait dû venir, sans ~ qu'il n'avait rien à faire** he ought to have come, especially as he had nothing to do

(f) = classer to consider; **on compte ce livre parmi les meilleurs de l'année** this book is considered among the best of the year

(g) = avoir l'intention de to intend to; (= *s'attendre à*) to expect to; **ils comptent partir demain** they intend to leave tomorrow; **j'y compte bien!** I should hope so!

2 VERBE INTRANSITIF

(a) = calculer to count; **il sait ~ jusqu'à 10** he can count up to 10; **~ de tête** to count in one's head; **tu as mal compté** you counted wrong

(b) = être économe to economize; **dépenser sans ~** (= *être dépensier*) to spend extravagantly; (= *donner généreusement*) to give without counting the cost

(c) = avoir de l'importance to count; **c'est le résultat qui compte** it's the result that counts; **sa mère compte beaucoup pour lui** his mother is very important to him

(d) = valoir to count; **~ double** to count double

(e) = figurer **~ parmi** to rank among; **~ au nombre de** to be one of; **ça a compté pour beaucoup dans sa décision** that was an important factor in his decision

(f) locutions

♦ **à compter de** as from; **cette loi prendra effet à ~ du 30 septembre** this law will take effect as from 30 September

♦ **compter avec** (= *tenir compte de*) to take account of; **il faut ~ avec l'opinion** you've got to take account of public opinion; **un nouveau parti avec lequel il faut ~** a new party that has to be taken into account

♦ **compter sans**: **on avait compté sans la grève** we hadn't reckoned on there being a strike

♦ **compter sur**: **~ sur ses doigts** to count on one's fingers; **nous comptons sur vous pour demain** we're expecting you tomorrow; **ne comptez pas sur moi** (*pour agir*) don't count on me; (*pour participer*) you can count me out; **ne comptez pas trop là-dessus** don't count on it

---

compte-tours /kɔ̃ttuʀ/ NM INV rev counter

compteur /kɔ̃tœʀ/ NM meter; **~ d'eau/électrique/à gaz** water/electricity/gas meter; **~ Geiger** Geiger counter; **~ (kilométrique)** milometer (*Brit*), odometer (*US*); **~ (de vitesse)** speedometer

comptine /kɔ̃tin/ NF (= *chanson*) nursery rhyme

comptoir /kɔ̃twaʀ/ NM [*de magasin*] counter; [*de bar*] bar

comte /kɔ̃t/ NM count

comté /kɔ̃te/ NM (= *région*) county

comtesse /kɔ̃tes/ NF countess

con, conne: /kɔ̃, kɔn/ 1 ADJ (= *stupide*) damned: ou bloody: (*Brit*) stupid; **qu'il est ~!** what an idiot!; **c'est pas ~ comme idée** it's not a bad idea 2 NM,F (= *crétin*) damn fool**;** **sale ~!**** bastard!**; **faire le ~** to mess around*

conard: /kɔnaʀ/ NM stupid bastard**

conasse: /kɔnas/ NF silly bitch**

concasser /kɔkase/ /TABLE 1/ VT to crush

concave /kɔkav/ ADJ concave

concéder /kɔsede/ /TABLE 6/ VT [+ privilège, droit, exploitation] to grant; [+ point, but, corner] to concede; **je vous concède que c'est une idée originale, mais ...** I'll grant you that the idea's original, but ...

concentration /kɔsɑ̃tʀasjɔ̃/ NF concentration; **les grandes ~s urbaines des Midlands** the great conurbations of the Midlands

concentré, e /kɔsɑ̃tʀe/ (ptp de **concentrer**) 1 ADJ ⓐ [personne] **être ~** to be concentrating hard ⓑ [acide] concentrated; [lait] condensed 2 NM (chimique) concentrated solution; **~ de tomates** tomato purée

concentrer /kɔsɑ̃tʀe/ /TABLE 1/ 1 VT to concentrate; **~ son attention sur qch** to concentrate one's attention on sth 2 VPR **se concentrer** to concentrate; **je me concentre!** I'm concentrating!

concept /kɔsɛpt/ NM concept

concepteur, -trice /kɔsɛptœʀ, tʀis/ NM,F designer

conception /kɔsɛpsjɔ̃/ NF ⓐ [d'enfant, projet] conception; [de produit] design; **~ assistée par ordinateur** computer-aided design ⓑ (= idée) idea; (= réalisation) creation

conceptualiser /kɔsɛptɥalize/ /TABLE 1/ VT to conceptualize

concernant /kɔsɛʀnɑ̃/ PRÉP with regard to; **~ ce problème, des mesures seront bientôt prises par la direction** with regard to this problem, steps will soon be taken by management

concerner /kɔsɛʀne/ /TABLE 1/ VT **cela ne vous concerne pas** (= ce n'est pas votre affaire) it's no concern of yours; (= on ne parle pas de vous) it's not about you; (= ça n'a pas d'incidence sur vous) it doesn't affect you; **je ne me sens pas concerné par sa remarque** I don't feel his remark applies to me

concert /kɔsɛʀ/ NM concert; **en ~** in concert

concertation /kɔsɛʀtasjɔ̃/ NF (= échange de vues) dialogue

concerté, e /kɔsɛʀte/ (ptp de **concerter**) ADJ concerted

concerter /kɔsɛʀte/ /TABLE 1/ 1 VT [+ entreprise, projet] to devise 2 VPR **se concerter** (= délibérer) to consult each other

concertiste /kɔsɛʀtist/ NMF concert performer

concerto /kɔsɛʀto/ NM concerto

concession /kɔsesjɔ̃/ NF ⓐ (= faveur) concession (à to); **faire des ~s** to make concessions ⓑ (= exploitation, terrain) concession

concessionnaire /kɔsesjɔnɛʀ/ NMF (= marchand agréé) dealer; **~ automobile** car dealer

concevable /kɔs(ə)vabl/ ADJ conceivable; **il est très ~ que ...** it's quite conceivable that ...

concevoir /kɔs(ə)vwaʀ/ /TABLE 28/ VT ⓐ (= penser) to imagine; [+ fait, concept, idée] to conceive of; **je n'arrive pas à ~ que c'est fini** I can't believe it's finished ⓑ (= élaborer) [+ voiture, maison, produit] to design; [+ solution, projet, moyen] to devise; **bien/mal conçu** [projet, livre] well/badly thought out; [voiture, maison] well/badly designed ⓒ (= envisager) **voilà comment je conçois la chose** that's how I see it ⓓ (= comprendre) to understand; **cela se conçoit facilement** it's easy to understand ⓔ [+ enfant] to conceive

concierge /kɔsjɛʀʒ/ NMF [d'immeuble] caretaker; [d'hôtel] porter; (en France) concierge

ⓘ CONCIERGE

*Some apartment buildings in French cities still have a "loge" near the entrance where the **concierge** lives with his or her family. The stereotypical image of the **concierge** is that of an amiable busybody with a tendency to spread gossip about tenants. Nowadays the term is considered slightly demeaning, and "gardien/gardienne d'immeuble" are often preferred.*

conciliabule /kɔsiljabyl/ NM **tenir de grands ~s** (iro) to have great consultations

conciliant, e /kɔsiljɑ̃, jɑ̃t/ ADJ conciliatory

conciliation /kɔsiljasjɔ̃/ NF conciliation; (entre époux) attempt at reconciliation

concilier /kɔsilje/ /TABLE 7/ 1 VT (= rendre compatible) to reconcile 2 VPR **se concilier** [+ soutien, faveurs] to win; **se ~ les bonnes grâces de qn** to win sb's favour

concis, e /kɔsi, iz/ ADJ concise; **en termes ~** concisely

concision /kɔsizjɔ̃/ NF concision

concitoyen, -yenne /kɔsitwajɛ̃, jɛn/ NM,F fellow citizen

concluant, e /kɔklyɑ̃, ɑ̃t/ ADJ conclusive

conclure /kɔklyʀ/ /TABLE 35/ VT ⓐ (= signer) [+ affaire, accord] to conclude; **~ un marché** to conclude a deal; **marché conclu!** it's a deal! ⓑ (= terminer) [+ débat, discours, texte] to conclude ⓒ (= déduire) to conclude; **j'en conclus que ...** I therefore conclude that ...

conclusion /kɔklyzjɔ̃/ NF conclusion; [de discours] close; **~s** [d'enquête, rapport] findings; **en ~** in conclusion; **~, il n'est pas venu*** the net result was that he didn't come; **~, on s'était trompé*** in other words, we had made a mistake

concocter* /kɔkɔkte/ /TABLE 1/ VT to concoct

concombre /kɔkɔbʀ/ NM cucumber

concomitant, e /kɔkɔmitɑ̃, ɑ̃t/ ADJ concomitant

concordance /kɔkɔʀdɑ̃s/ NF [de témoignages] agreement; [de résultats] similarity

concorder /kɔkɔʀde/ /TABLE 1/ VI [faits, dates, témoignages] to tally; [idées] to coincide; **faire ~ des chiffres** to make figures tally

concourir /kɔkuʀiʀ/ /TABLE 11/ 1 VI [concurrent] to compete 2 VT INDIR **~ à qch/à faire qch** [personnes] to work towards sth/towards doing sth; [circonstances] to contribute to sth/to doing sth; **tout concourt à notre réussite** everything is working in our favour

concours /kɔkuʀ/ NM ⓐ (= jeu, compétition) competition; (= examen) competitive examination; **~ agricole** agricultural show; **~ hippique** (= sport) show-jumping; **un ~ hippique** (= épreuve) a horse show; **~ de beauté** beauty contest; **~ d'entrée (à)** competitive entrance examination (for); **être présenté hors ~** to be shown outside the competition (because of outstanding merit); **être mis hors ~** to be disqualified ⓑ (= participation) help; **prêter son ~ à qch** to lend one's support to sth; **avec le ~ de** (participation) with the participation of; (aide) with the help of ⓒ (= rencontre) **~ de circonstances** combination of circumstances

ⓘ CONCOURS

*In France, the cultural significance of competitive examinations with a predetermined quota of successful candidates is considerable. Gruelling "classes préparatoires" after secondary school level are designed to prepare high-flying students for the "grandes écoles" entrance exams, and have tended to promote a competitive and elitist approach to learning in these schools. Other examples of the importance of **concours** are the competitive recruitment procedures for public sector teaching posts ("CAPES" and "agrégation"), civil service appointments in ministries, and even jobs in the Post Office.* → AGRÉGATION ; CAPES ; GRANDES ÉCOLES

concret, -ète /kɔkʀɛ, ɛt/ 1 ADJ ⓐ [situation, détail, objet] concrete ⓑ [avantage, problème] real 2 NM **le ~ et l'abstrait** the concrete and the abstract; **je veux du ~** I want something concrete

concrètement /kɔ̃kʀetmɑ̃/ ADV in concrete terms

concrétisation /kɔ̃kʀetizasjɔ̃/ NF [de promesse] fulfilment; **la ~ du projet** the fact that the project went ahead

concrétiser /kɔ̃kʀetize/ /TABLE 1/ 1 VT ~ **un projet** to make a project happen 2 VI (Sport = marquer) to score 3 VPR **se concrétiser** [espoir, projet] to materialize; **ses promesses/menaces ne se sont pas concrétisées** his promises/threats didn't come to anything

concubin, e /kɔ̃kybɛ̃, in/ NM,F common-law husband (ou wife)

concubinage /kɔ̃kybinaʒ/ NM cohabitation; **ils vivent en ~** they're living together

concurrence /kɔ̃kyʀɑ̃s/ NF ⓐ competition; **prix défiant toute ~** unbeatable price; **~ déloyale** unfair trading ou competition; **faire ~ à qn** ou **être en ~ avec qn** to be in competition with sb ⓑ (limite) **jusqu'à ~ de 500 €** up to €500

⚠ **concurrence** ne se traduit pas par le mot anglais **concurrence**.

concurrencer /kɔ̃kyʀɑ̃se/ /TABLE 3/ VT to compete with; **leurs produits risquent de ~ les nôtres** their products could well pose a serious threat to ours

concurrent, e /kɔ̃kyʀɑ̃, ɑ̃t/ 1 ADJ (= rival) competing 2 NM,F (Commerce, Sport) competitor; [de concours] candidate

concurrentiel, -elle /kɔ̃kyʀɑ̃sjɛl/ ADJ (Commerce) competitive

condamnable /kɔ̃danabl/ ADJ [action, opinion] reprehensible

condamnation /kɔ̃danasjɔ̃/ NF ⓐ (Droit) (= action) sentencing; (= peine) sentence; **il a trois ~s à son actif** he already has three convictions; **~ à mort** death sentence; **~ à perpétuité** life sentence ⓑ [de livre, délit, conduite, idée] condemnation ⓒ (Auto) **~ centralisée des portes** central-locking device

condamné, e /kɔ̃dane/ (ptp de **condamner**) NM,F convict; **un ~ à mort** a condemned man

condamner /kɔ̃dane/ /TABLE 1/ VT ⓐ [+ coupable] to sentence (**à** to, **pour** for); **~ qn à mort/pour meurtre** to sentence sb to death/for murder; **~ qn à une amende** to impose a fine on sb; **~ qn à cinq ans de prison** to sentence sb to five years' imprisonment; **condamné pour vol** convicted of theft ⓑ (= interdire, blâmer) [+ livre, action, idées, personne] to condemn; **ces délits sont sévèrement condamnés** these offences carry heavy penalties ⓒ [+ théorie] to put an end to; **il est condamné par les médecins** the doctors have given up hope (for him) ⓓ (= obliger) **~ à** [+ silence, attente] to condemn to ⓔ (= fermer) [+ porte, fenêtre] to block; (avec briques) to brick up; (avec planches) to board up; [+ pièce] to lock up; [+ portière de voiture] to lock

condensation /kɔ̃dɑ̃sasjɔ̃/ NF condensation

condensé, e /kɔ̃dɑ̃se/ (ptp de **condenser**) 1 ADJ condensed 2 NM summary

condenser /kɔ̃dɑ̃se/ /TABLE 1/ VT to condense

condescendance /kɔ̃desɑ̃dɑ̃s/ NF condescension; **avec ~** condescendingly

condescendant, e /kɔ̃desɑ̃dɑ̃, ɑ̃t/ ADJ condescending (**avec, envers** to, towards)

condescendre /kɔ̃desɑ̃dʀ/ /TABLE 41/ VT INDIR **~ à** to condescend to; **~ à faire qch** to condescend to do sth

condiment /kɔ̃dimɑ̃/ NM seasoning

condisciple /kɔ̃disipl/ NMF (Scol) schoolmate; (Univ) fellow student

condition /kɔ̃disjɔ̃/ NF ⓐ (= stipulation) condition; **~ préalable** prerequisite; **il ne remplit pas les ~s requises (pour le poste)** he doesn't fulfil the requirements (for the job); **~s d'admission** terms ou conditions of admission (**dans** to); **à une ~** on one condition; **je le ferai, à la seule ~ que tu m'aides** I'll do it but only on one condition - you have to help me; **tu peux rester, à ~ d'être sage** you can

stay provided (that) ou so long as you're good ⓑ (= circonstances) **~s** conditions; **~s de travail/vie** working/living conditions; **dans ces ~s, je refuse** under these conditions, I refuse ⓒ (Commerce) term; **~s de paiement** terms (of payment) ⓓ (= état) condition; **en bonne ~** in good condition; **en mauvaise ~ (physique)** out of condition ♦ **mettre en condition** [+ sportif] to get fit; [+ candidat] to prepare (mentally); [+ spectateurs] to condition ⓔ (= sort) condition; **~s de vie** living conditions

conditionnel, -elle /kɔ̃disjɔnɛl/ ADJ, NM conditional; **au ~** in the conditional

conditionnement /kɔ̃disjɔnmɑ̃/ NM (= emballage) packaging; [d'air, personne] conditioning

conditionner /kɔ̃disjɔne/ /TABLE 1/ VT (= emballer) to package; (= influencer) to condition

condoléances /kɔ̃dɔleɑ̃s/ NFPL condolences; **toutes mes ~** please accept my deepest sympathy; **lettre de ~** letter of condolence

conducteur, -trice /kɔ̃dyktœʀ, tʀis/ NM,F (Auto, Rail) driver; [de machine] operator

conduire /kɔ̃dɥiʀ/ /TABLE 38/ 1 VT ⓐ (= emmener) **~ qn quelque part** to take sb somewhere; (en voiture) **~** to take ou drive sb somewhere; **~ un enfant à l'école/chez le médecin** to take a child to school/to the doctor; **il me conduisit à ma chambre** he showed me ou took me to my room ⓑ (= guider) to lead; **il nous a conduits à travers Paris** he guided us through Paris ⓒ [+ véhicule] to drive; [+ embarcation] to steer; **il conduit bien/mal** (Auto) he is a good/bad driver ⓓ (= mener) **où conduit ce chemin ?** where does this road lead ou go?; **cela nous conduit à penser que ...** that leads us to think that ... ⓔ [+ affaires, pays] to run; [+ travaux] to supervise; [+ négociations, enquête] to lead ⓕ [+ chaleur, électricité] to conduct 2 VPR **se conduire** [personne] to behave; **il s'est mal conduit** he behaved badly

conduit /kɔ̃dɥi/ NM (Tech) conduit; **~ d'aération** air duct; **~ auditif** (Anatomie) auditory canal

conduite /kɔ̃dɥit/ 1 NF ⓐ [de véhicule] driving; **~ accompagnée** driving as a learner accompanied by an experienced driver; **~ en état d'ivresse** drink driving; **en Angleterre la ~ est à gauche** in England you drive on the left ⓑ [d'affaires, pays] running; [de négociations, enquête] conducting ⓒ (= comportement) behaviour; (Scol) conduct; **quelle ~ adopter ?** what course of action shall we take?; **zéro de ~** zero ou no marks (Brit) for conduct; **relâché** ou **libéré pour bonne ~** (Prison) released for good behaviour ⓓ (= tuyau) pipe; **~ d'eau/de gaz** water/gas main 2 COMP ♦ **conduite intérieure** (Auto) saloon (car) (Brit), sedan (US)

cône /kon/ NM cone

confection /kɔ̃fɛksjɔ̃/ NF ⓐ [d'appareil, vêtement] making; **un plat de ma ~** a dish that I prepared myself ⓑ (Habillement) **la ~** (= activité) the clothing industry; (= vêtements) ready-made clothes

confectionner /kɔ̃fɛksjɔne/ /TABLE 1/ VT [+ mets] to prepare; [+ appareil, vêtement] to make

confédération /kɔ̃fedeʀasjɔ̃/ NF confederation; **la Confédération helvétique** the Swiss Confederation

Confédérés /kɔ̃fedeʀe/ NMPL (Hist US) **les ~** the Confederates

conférence /kɔ̃feʀɑ̃s/ NF ⓐ (= exposé) lecture; **faire une ~ sur qch** to give a lecture on sth ⓑ (= réunion) conference; **~ au sommet** summit (meeting); **~ de presse** press conference

conférencier, -ière /kɔ̃feʀɑ̃sje, jɛʀ/ NM,F speaker

conférer /kɔ̃feʀe/ /TABLE 6/ VT [+ dignité] to confer (**à** on); (frm) [+ autorité] to impart (**à** to); **ce titre lui confère un grand prestige** the title confers great prestige on him

confesser /kɔ̃fese/ /TABLE 1/ 1 VT [+ péchés, erreur] to confess; ~ qn (Rel) to hear sb's confession 2 VPR **se confesser**: **se ~ à** to confess to; **se ~ de** [+ péché] to confess

confession /kɔ̃fesjɔ̃/ NF (= aveu) confession; (= religion) denomination

confessionnel, -elle /kɔ̃fesjɔnɛl/ ADJ denominational

confetti /kɔ̃feti/ NM piece of confetti; **des ~s** confetti (NonC)

confiance /kɔ̃fjɑ̃s/ NF (en l'honnêteté de qn) trust; (en la valeur de qn, le succès de qch, la solidité d'un appareil) faith (**en** in); **avoir ~ en** ou **faire ~ à** to trust; **aie ~!** trust me!; **quelqu'un en qui on peut avoir ~** someone you can trust; **c'est l'homme de ~ du ministre** he's the minister's right-hand man; **voter la ~ (au gouvernement)** to pass a vote of confidence (in the government); **~ en soi** self-confidence

confiant, e /kɔ̃fjɑ̃, jɑ̃t/ ADJ ⓐ (= assuré) confident ⓑ (= sans défiance) [caractère, regard] confiding

confidence /kɔ̃fidɑ̃s/ NF (= secret) little secret; **je vais vous faire une ~** let me tell you a secret; **faire des ~s à qn** to confide in sb; **~ pour ~, je ne l'aime pas non plus** since we're speaking frankly, I don't like him either; **~s sur l'oreiller** pillow talk

confident /kɔ̃fidɑ̃, ɑ̃t/ NM,F (= homme) confidant; (= femme) confidante

confidentialité /kɔ̃fidɑ̃sjalite/ NF confidentiality

confidentiel, -ielle /kɔ̃fidɑ̃sjɛl/ ADJ (= secret) confidential; (sur une enveloppe) [caractère, regard] private (and confidential)

confier /kɔ̃fje/ /TABLE 7/ 1 VT ⓐ (= dire) to confide (à to) ⓑ (= laisser) **~ qn/qch aux soins/à la garde de qn** to confide ou entrust sb/sth to sb's care/safekeeping 2 VPR **se confier**: **se ~ à qn** to confide in sb

configuration /kɔ̃figyʀasjɔ̃/ NF ⓐ (= aspect général) configuration; **la ~ des lieux** the layout of the premises ⓑ (Informatique) configuration

configurer /kɔ̃figyʀe/ /TABLE 1/ VT (Informatique) to configure

confiné, e /kɔ̃fine/ ADJ [atmosphère] enclosed; [air] stale; **vivre ~ chez soi** to live shut away at home

confins /kɔ̃fɛ̃/ NMPL **aux ~ de la Bretagne et de la Normandie/du rêve et de la réalité** on the borders of Brittany and Normandy/dream and reality; **aux ~ de l'univers** at the outermost bounds of the universe

confirmation /kɔ̃fiʀmasjɔ̃/ NF (gén, Rel) confirmation; **apporter ~ de** to confirm

confirmer /kɔ̃fiʀme/ /TABLE 1/ VT to confirm; **il m'a confirmé que ...** he confirmed that ...; **je souhaite ~ ma réservation du ...** (dans une lettre) I wish to confirm my reservation of ...; **cela l'a confirmé dans son opinion** it strengthened his opinion; **~ qn dans ses fonctions** to confirm sb's appointment

confiscation /kɔ̃fiskasjɔ̃/ NF confiscation

confiserie /kɔ̃fizʀi/ NF (= magasin) sweetshop (Brit), candy store (US); (= bonbon) sweet (Brit), candy (NonC) (US)

confiseur, -euse /kɔ̃fizœʀ, øz/ NM,F confectioner

confisquer /kɔ̃fiske/ /TABLE 1/ VT to confiscate

confit, e /kɔ̃fi, it/ 1 ADJ [fruit] candied; **gésiers ~s** confit of gizzards 2 NM **~ d'oie/de canard** goose/duck confit

confiture /kɔ̃fityʀ/ NF jam

conflictuel, -elle /kɔ̃fliktɥɛl/ ADJ [intérêts, rapports] conflicting; **situation ~le** situation of conflict

conflit /kɔ̃fli/ NM conflict; (Industrie = grève) dispute; **entrer en ~ avec qn** to come into conflict with sb; **~ de générations** generation gap; **~ d'intérêts** conflict of interests; **~ social** industrial dispute

confondre /kɔ̃fɔ̃dʀ/ /TABLE 41/ VT ⓐ (= mêler) [+ choses, dates] to confuse; **~ qch/qn avec qch/qn d'autre** to mistake sth/sb for sth/sb else ⓑ (= déconcerter) to astound ⓒ (= démasquer) [+ ennemi, menteur] to confound ⓓ (= réunir) **toutes classes d'âge confondues** taking all age groups into account

conforme /kɔ̃fɔʀm/ ADJ ⓐ (= semblable) true (**à** to); **ce n'est pas ~ à l'original** it does not match the original; **photocopie certifiée ~** certified copy ⓑ (= fidèle) **être ~ à** [+ règle, commande, loi] to be in accordance with; **être ~ aux normes de sécurité** to conform to ou meet safety standards ⓒ (= en harmonie avec) **un niveau de vie ~ à nos moyens** a standard of living in keeping with our means; **ces mesures sont ~s à notre politique** these measures are in line with our policy

conformément /kɔ̃fɔʀmemɑ̃/ ADV **~ à** in accordance with

conformer /kɔ̃fɔʀme/ /TABLE 1/ 1 VT (= calquer) **~ qch à** to model sth on 2 VPR **se conformer**: **se ~ à** to conform to

conformisme /kɔ̃fɔʀmism/ NM conformism

conformiste /kɔ̃fɔʀmist/ ADJ, NMF conformist

conformité /kɔ̃fɔʀmite/ NF ⓐ (= fidélité) faithfulness (**à** to); **en ~ avec le plan prévu** in accordance with the proposed plan ⓑ (= harmonie) conformity; **sa conduite est en ~ avec ses idées** his conduct is in keeping with his ideas

confort /kɔ̃fɔʀ/ NM comfort; **avec tout le ~ moderne** with all modern conveniences ou mod cons (Brit); **améliorer le ~ d'écoute** (Audiovisuel) to improve the sound quality

confortable /kɔ̃fɔʀtabl/ ADJ comfortable; **peu ~** [fauteuil, situation] rather uncomfortable

confortablement /kɔ̃fɔʀtabləmɑ̃/ ADV comfortably

conforter /kɔ̃fɔʀte/ /TABLE 1/ VT [+ thèse] to back up; **ceci me conforte dans mon analyse** this backs up my analysis

confrère /kɔ̃fʀɛʀ/ NM [de profession] colleague; [d'association] fellow member; **selon notre ~ Le Monde** (= journal) according to Le Monde

confrérie /kɔ̃fʀeʀi/ NF brotherhood

confrontation /kɔ̃fʀɔ̃tasjɔ̃/ NF ⓐ [d'opinions, personnes] confrontation; **au cours de la ~ des témoins** when the witnesses were brought face to face ⓑ (= conflit) clash

confronter /kɔ̃fʀɔ̃te/ /TABLE 1/ VT [+ opinions, personnes] to confront; [+ textes] to compare; **être confronté à** to be confronted with

confus, e /kɔ̃fy, yz/ ADJ ⓐ (= peu clair) confused ⓑ (= honteux) embarrassed; **je suis ~!** (= désolé) I'm so sorry!

confusément /kɔ̃fyzemɑ̃/ ADV [distinguer, comprendre, ressentir] vaguely; [parler] confusedly

confusion /kɔ̃fyzjɔ̃/ NF ⓐ (= honte) embarrassment; **à ma grande ~** to my great embarrassment ⓑ (= erreur) [de noms, personnes, dates] confusion (**de** in); **cela peut prêter à ~** this can lead to confusion ⓒ (= désordre) [d'esprits, idées, pièce] confusion (**de** in); **mettre** ou **jeter la ~ dans les esprits** to throw people into confusion ou disarray ⓓ (Droit) **~ des peines** concurrency of sentences

congé /kɔ̃ʒe/ 1 NM ⓐ (= vacances) holiday (Brit), vacation (US); (= arrêt momentané, Mil) leave (NonC); **c'est son jour de ~** it's his day off; **avoir ~ le mercredi** to have Wednesdays off; **j'ai pris deux semaines de ~ à Noël** I took two weeks off at Christmas; **en ~** on holiday (Brit) ou vacation (US) ⓑ (= avis de départ) notice; **donner (son) ~ à qn** to give sb (his) notice ⓒ (= adieu) **prendre ~** to take one's leave (**de qn** of sb)

2 COMP ♦ **congé (individuel) de formation** (personal) training leave ♦ **congé (de) maladie** sick leave ♦ **congé (de) maternité** maternity leave ♦ **congé parental (d'éducation)** (unpaid) extended maternity (ou paternity) leave ♦ **congés payés** (annual) paid holidays (Brit) ou vacation (US) ou leave ♦ **congés scolaires** school holidays (Brit) ou vacation (US)

congédier /kɔ̃ʒedje/ /TABLE 7/ VT to dismiss

congélateur /kɔ̃ʒelatœʀ/ NM freezer

congélation /kɔ̃ʒelasjɔ̃/ NF freezing; **sac de ~** freezer bag

congeler /kɔ̃ʒ(ə)le/ /TABLE 5/ VT [+ aliments] to freeze; **produits congelés** frozen foods

congénère /kɔ̃ʒenɛʀ/ NMF (= *semblable*) fellow (creature)

congénital, e (*mpl* **-aux**) /kɔ̃ʒenital, o/ ADJ congenital

congère /kɔ̃ʒɛʀ/ NF snowdrift

congestion /kɔ̃ʒɛstjɔ̃/ NF congestion; **~ (cérébrale)** stroke; **~ (pulmonaire)** congestion of the lungs

conglomérat /kɔ̃ɡlɔmeʀa/ NM (*Écon, Géol*) conglomerate

Congo /kɔ̃ɡo/ NM **le ~** (= *pays, fleuve*) the Congo; **au ~** in the Congo; **la République démocratique du ~** the Democratic Republic of Congo

congolais, e /kɔ̃ɡɔlɛ, ɛz/ 1 ADJ Congolese 2 NM,F **Congolais(e)** Congolese 3 NM (= *gâteau*) coconut cake

congre /kɔ̃ɡʀ/ NM conger (eel)

congrégation /kɔ̃ɡʀeɡasjɔ̃/ NF (*Rel*) congregation

congrès /kɔ̃ɡʀɛ/ NM congress; (*Politique* = *conférence*) conference; **le Congrès** (*US*) Congress

congressiste /kɔ̃ɡʀesist/ NMF participant at a congress; (*Politique*) participant at a conference

conifère /kɔnifɛʀ/ NM conifer

conique /kɔnik/ ADJ conical

conjecture /kɔ̃ʒɛktyʀ/ NF conjecture; **se perdre en ~s** to lose o.s. in conjectures; **nous en sommes réduits aux ~s** we can only guess

conjecturer /kɔ̃ʒɛktyʀe/ /TABLE 1/ VT (*frm*) [+ *causes, résultat*] to speculate about; **~ que ...** to surmise that ...

conjoint, e /kɔ̃ʒwɛ̃, wɛ̃t/ NM,F (*Admin* = *époux*) spouse; **les (deux) ~s** the husband and wife

conjointement /kɔ̃ʒwɛ̃tmɔ̃/ ADV **~ avec** together with

conjonctif, -ive /kɔ̃ʒɔ̃ktif, iv/ ADJ ⓐ (*Gram*) conjunctive ⓑ (*Anatomie*) **tissu ~** connective tissue

conjonction /kɔ̃ʒɔ̃ksjɔ̃/ NF conjunction; **~ de coordination/de subordination** coordinating/subordinating conjunction

conjonctivite /kɔ̃ʒɔ̃ktivit/ NF conjunctivitis; **il a une ~** he's got conjunctivitis

conjoncture /kɔ̃ʒɔ̃ktyʀ/ NF (= *circonstances*) situation; **dans la ~ (économique) actuelle** in the present (economic) situation

conjoncturel, -elle /kɔ̃ʒɔ̃ktyʀɛl/ ADJ [*chômage*] cyclical; [*difficulté, raisons, situation*] economic

conjugaison /kɔ̃ʒyɡɛzɔ̃/ NF (*Gram*) conjugation; **tableaux de ~** conjugation tables

conjugal, e (*mpl* **-aux**) /kɔ̃ʒyɡal, o/ ADJ [*amour, devoir, union*] conjugal; **vie ~e** married life

conjuguer /kɔ̃ʒyɡe/ /TABLE 1/ VT (*Gram*) to conjugate; **ce verbe se conjugue avec « avoir »** this verb is conjugated with "avoir"

conjurer /kɔ̃ʒyʀe/ /TABLE 1/ VT ⓐ [+ *démons*] to ward off; **essayer de ~ le sort** to try to ward off ill fortune ⓑ (= *implorer*) **~ qn de faire qch** to beg sb to do sth

connaissance /kɔnɛsɔ̃s/ 1 NF ⓐ (= *savoir*) **la ~** knowledge; **la ~ de soi** self-knowledge ⓑ (= *personne*) acquaintance; **faire de nouvelles ~s** to meet new people ⓒ (= *conscience, lucidité*) consciousness; **être sans ~** to be unconscious; **perdre/reprendre ~** to lose/regain consciousness ⓓ (*locutions*) **à ma ~** as far as I know; **venir à la ~ de qn** to come to sb's knowledge; **en (toute) ~ de cause** with full knowledge of the facts; **faire la ~ de qn** to make sb's acquaintance; **(je suis) heureux de faire votre ~** (I am) pleased to meet you; **prendre ~ de** [+ *lettre*] to read; [+ *faits*] to become acquainted with 2 NFPL **connaissances** (= *choses connues*) knowledge; **avoir des ~s en** to have some knowledge of; **il a de bonnes/vagues ~s en anglais** he has a good command of/a smattering of English

connaisseur, -euse /kɔnɛsœʀ, øz/ NM,F connoisseur (**en** of); **être ~ en vins** to be a connoisseur of wines

connaître /kɔnɛtʀ/ /TABLE 57/ 1 VT ⓐ to know; **connais-tu un bon restaurant?** do you know of a good restaurant?; **~ qn de vue/nom/réputation** to know sb by

sight/name/reputation; **il l'a connu à l'université** he met ou knew her at university; **je ne lui connaissais pas ces talents** I didn't know he had these talents; **je ne lui connais pas d'ennemis** I'm not aware of his having any enemies; **tu le connais mal** ou **c'est mal le ~** you're misjudging him; **vous connaissez la dernière (nouvelle)?** have you heard the latest (news)?

ⓑ [+ *langue, science, auteur*] to know; **~ les oiseaux/les plantes** to know about birds/plants; **il n'y connaît rien** he doesn't know anything ou a thing about it; **je ne connais pas bien les coutumes du pays** I'm not really familiar with the country's customs; **il ne connaît pas son bonheur** he doesn't know how lucky he is

ⓒ (= *éprouver*) [+ *faim, privations*] to know; [+ *humiliations*] to experience; **le pays connaît une crise économique grave** the country is going through a serious economic crisis

ⓓ (= *avoir*) [+ *succès*] to enjoy; **~ un échec** to fail; **cette règle ne connaît qu'une exception** there is only one exception to this rule

ⓔ **faire ~** [+ *idée, sentiment*] to make known; [+ *décision*] to announce; **faire ~ qn à qn** to introduce sb to sb; **cette pièce l'a fait ~ en Angleterre** this play brought him to the attention of the English public; **se faire ~** (*par le succès*) to make a name for o.s.; (*aller voir qn*) to introduce o.s.

2 VPR **se connaître** ⓐ **se ~ (soi-même)** to know o.s. ⓑ (= *se rencontrer*) to meet; **ils se sont connus en Grèce** they met in Greece ⓒ **s'y ~ en qch** to know (a lot) about sth; **il s'y connaît en voitures** he knows all about cars; **quand il s'agit d'embêter les autres, il s'y connaît!*** when it comes to annoying people he's an expert!*

connard : /kɔnaʀ/ NM stupid bastard*⁑

connasse : /kɔnas/ NF silly bitch*⁑

conne : /kɔn/ ADJ F, NF → **con**

connecter /kɔnɛkte/ /TABLE 1/ 1 VT (*Élec, Informatique*) to connect (**à** to, **avec** with) 2 VPR **se connecter** (*à un serveur*) to log on (**à** to); **se ~ sur Internet** to log onto ou into the Internet

connement : /kɔnmɑ̃/ ADV stupidly

connerie : /kɔnʀi/ NF ⓐ damned ou bloody (*Brit*) stupidity⁑ ⓑ (= *livre, film*) piece of crap⁑; **arrête de dire des ~s** stop talking crap⁑; **il a encore fait une ~** he's gone and done another bloody stupid thing⁑

connexion /kɔnɛksjɔ̃/ NF connection

connivence /kɔnivɑ̃s/ NF **ils sont de ~** they're in league with each other; **un sourire de ~** a smile of complicity

connotation /kɔ(n)nɔtasjɔ̃/ NF connotation

connoter /kɔ(n)nɔte/ /TABLE 1/ VT to connote

connu, e /kɔny/ (*ptp de* **connaître**) ADJ (= *non ignoré*) [*terre, animal*] known; (= *célèbre*) [*auteur, livre*] well-known; **très ~** very well-known

conquérir /kɔ̃keʀiʀ/ /TABLE 21/ VT [+ *pays*] to conquer; [+ *part de marché*] to capture; [+ *femme, cœur*] to win; [+ *public*] to win over

conquête /kɔ̃kɛt/ NF conquest; **faire la ~ de** [+ *femme*] to win; **partir à la ~ de** to set out to conquer; [+ *record*] to set out to break

conquis, e /kɔ̃ki, kiz/ ptp de **conquérir**

consacré, e /kɔ̃sakʀe/ (*ptp de* **consacrer**) ADJ ⓐ (= *béni*) consecrated ⓑ (= *habituel*) [*coutume, écrivain*] established; **c'est l'expression ~e** it's the accepted way of saying it; **selon la formule ~e** as the expression goes

consacrer /kɔ̃sakʀe/ /TABLE 1/ VT ⓐ **~ à** (= *dédier à*) to devote to; **~ son temps à faire qch** to devote one's time to doing sth; **pouvez-vous me ~ un instant?** can you spare me a moment? ⓑ (*Rel*) to consecrate; **temple consacré à Apollon** temple dedicated to Apollo ⓒ (= *entériner*) [+ *coutume, droit*] to establish; **expression consacrée par l'usage** expression which has become accepted through use

consanguin, e /kɔ̃sɑ̃ɡɛ̃, in/ ADJ **mariage ~** intermarriage

consciemment /kɔ̃sjamɑ̃/ ADV consciously

conscience /kɔ̃sjɑ̃s/ NF ⓐ (= *faculté psychologique*) consciousness; **~ collective/politique** collective/political con-

sciousness; **~ de soi** self-awareness; **avoir ~ que ...** to be aware that ...; **prendre ~ de qch** to become aware of sth; **il faut qu'il y ait une prise de ~ du problème** people must be made aware of the problem
ⓑ (= *éveil*) consciousness; **perdre/reprendre ~** to lose/regain consciousness
ⓒ (= *faculté morale*) conscience; **avoir la ~ tranquille** to have a clear conscience; **avoir qch sur la ~** to have sth on one's conscience; **se donner bonne ~** to ease one's conscience
ⓓ **~ (professionnelle)** conscientiousness

consciencieusement /kɔ̃sjɑ̃sjøzmɑ̃/ ADV conscientiously

consciencieux, -ieuse /kɔ̃sjɑ̃sjø, jøz/ ADJ conscientious

conscient, e /kɔ̃sjɑ̃, jɑ̃t/ 1 ADJ (= *non évanoui*) conscious; (= *lucide*) [*personne*] lucid; [*décision*] conscious; **~ de/que** conscious *ou* aware of/that 2 NM (*Psych*) **le ~** the conscious

conscription /kɔ̃skʀipsjɔ̃/ NF conscription, draft (*US*)

conscrit /kɔ̃skʀi/ NM conscript, draftee (*US*)

consécration /kɔ̃sekʀasjɔ̃/ NF ⓐ (*Rel*) consecration ⓑ [*de coutume, droit, artiste*] establishment; **cette exposition fut la ~ de son œuvre** this exhibition established his reputation as an artist

consécutif, -ive /kɔ̃sekytif, iv/ ADJ (= *successif*) consecutive; **pendant trois jours ~s** for three days running; **trois victoires consécutives** three wins in a row

consécutivement /kɔ̃sekytivmɑ̃/ ADV consecutively

conseil /kɔ̃sɛj/ 1 NM ⓐ (= *recommandation*) piece of advice; **donner des ~s à qn** to give sb some advice; **demander ~ à qn** to ask sb's advice; **c'est un ~ d'ami** it's just a friendly piece of advice; **il est de bon ~** he gives good *ou* sound advice
ⓑ (= *profession*) consultancy; **cabinet** *ou* **société de ~** firm of consultants
ⓒ (= *personne*) consultant (**en** in); **~ juridique** legal consultant *ou* adviser; **~ en communication** communications *ou* media consultant; **ingénieur-~** engineering consultant
ⓓ (= *assemblée*) board
2 COMP ✦ **conseil d'administration** [*de société anonyme*] board of directors; [*d'hôpital, école*] board of governors ✦ **conseil de classe** staff meeting (*to discuss the progress of individual members of a class*) ✦ **Conseil constitutionnel** Constitutional Council ✦ **conseil de discipline** (*Scol*) disciplinary committee ✦ **conseil d'établissement** (*Scol*) ≈ governing board (*Brit*), ≈ board of education (*US*) ✦ **Conseil économique et social** Economic and Social Council ✦ **Conseil d'État** Council of State ✦ **Conseil de l'Europe** Council of Europe ✦ **Conseil européen** European Council ✦ **Conseil fédéral** (*en Suisse*) Federal Council ✦ **conseil général** (French) departmental council; ≈ county council (*Brit*), ≈ county commission (*US*) ✦ **Conseil des ministres** council of ministers ✦ **conseil municipal** town council ✦ **conseil régional** regional council ✦ **Conseil de sécurité** Security Council ✦ **Conseil supérieur de l'audiovisuel** *French broadcasting regulatory body*

ⓘ **CONSEIL**
*In France, the "***Conseil constitutionnel***" is an official body that ensures that the constitution is respected in matters of legislation and during elections. The "***Conseil d'État***" examines bills before they are submitted to the "***Conseil des ministres***", a weekly meeting which some or all ministers attend.* → ARRONDISSEMENT ; COMMUNE ; DÉPARTEMENT ; RÉGION
▷ www.conseil-etat.fr
▷ www.conseil-constitutionnel.fr
▷ www.premier-ministre.gouv.fr

conseiller¹ /kɔ̃seje/ /TABLE 1/ VT ⓐ (= *recommander*) to recommend (**à qn** to sb); **prix conseillé** recommended price; **~ à qn de faire qch** to advise sb to do sth; **il est conseillé aux parents de ...** parents are advised to ... ⓑ (= *guider*) to advise; **il a été bien/mal conseillé** he has been given good/bad advice

conseiller², -ère /kɔ̃seje, ɛʀ/ 1 NM,F ⓐ (= *expert*) consultant (**en** in) ⓑ (*Admin, Politique*) councillor 2 COMP ✦ **conseiller d'État** senior member of the Council of State ✦ **conseiller général** (French) departmental councillor ✦ **conseiller municipal** town councillor (*Brit*), city council man (*US*) ✦ **conseiller d'orientation** (*Scol*) careers adviser (*Brit*), (school) counselor (*US*) ✦ **conseiller pédagogique** educational adviser ✦ **conseiller (principal) d'éducation** year head (*Brit*), dean (*US*) ✦ **conseiller régional** regional councillor

consensuel, -elle /kɔ̃sɑ̃sɥɛl/ ADJ [*gouvernement*] consensus; [*volonté, société, accord*] consensual

consensus /kɔ̃sɛ̃sys/ NM consensus

consentant, e /kɔ̃sɑ̃tɑ̃, ɑ̃t/ ADJ [*partenaire, victime*] willing; **entre adultes ~s** between consenting adults; **si les parents sont ~s** if the parents consent to it

consentement /kɔ̃sɑ̃tmɑ̃/ NM consent

consentir /kɔ̃sɑ̃tiʀ/ /TABLE 16/ 1 VI (= *accepter*) to agree; **~ à faire qch** to agree to do sth 2 VT (= *accorder*) to grant

conséquence /kɔ̃sekɑ̃s/ NF ⓐ (= *résultat*) consequence; **cela pourrait avoir** *ou* **entraîner des ~s graves pour ...** this could have serious consequences for ...; **c'est une erreur lourde de ~s** this mistake will have serious consequences; **sans ~** (= *sans suite fâcheuse*) without repercussions; (= *sans importance*) of no consequence; **cela ne porte** *ou* **ne prête pas à ~** it's of no consequence
✦ **en conséquence** (= *donc*) consequently; (= *comme il convient*) accordingly; **en ~ de** (= *par suite de*) as a result of; (= *selon*) according to
ⓑ (= *conclusion*) conclusion (**de** to be drawn from); **tirer les ~s** to draw conclusions

conséquent, e /kɔ̃sekɑ̃, ɑ̃t/ ADJ (= *important*) sizeable
✦ **par conséquent** consequently

conservateur, -trice /kɔ̃sɛʀvatœʀ, tʀis/ 1 ADJ conservative; (*Brit*) Conservative 2 NM,F ⓐ [*de musée*] curator; [*de bibliothèque*] librarian ⓑ (*Politique*) conservative; (*Brit, Can*) Conservative 3 NM (= *produit chimique*) preservative

conservation /kɔ̃sɛʀvasjɔ̃/ NF [*d'aliments, monuments*] preserving; **date limite de ~** use-by date; [*d'aliments*] best-before date; **en bon état de ~** well-preserved

conservatisme /kɔ̃sɛʀvatism/ NM conservatism

conservatoire /kɔ̃sɛʀvatwaʀ/ NM (= *école*) school (*of music, drama etc*)

conserve /kɔ̃sɛʀv/ NF **les ~s** (*en boîtes*) canned food(s); (*en bocaux*) preserves
✦ **en conserve** (= *en boîtier*) tinned; (= *en bocaux*) bottled; **mettre en ~** to can

conserver /kɔ̃sɛʀve/ /TABLE 1/ 1 VT ⓐ (= *garder dans un endroit*) [+ *objets, papiers*] to keep; **« ~ à l'abri de la lumière »** "store away from light"; **« à ~ au froid »** "keep refrigerated" ⓑ (= *ne pas perdre*) to keep; [+ *usage*] to keep up; [+ *espoir, droits*] to retain; (*Sport*) [+ *titre*] to retain; **~ son calme** to keep calm
ⓒ (= *maintenir en bon état*) [+ *aliments, monument*] to preserve; [+ *santé*] to maintain; **bien conservé pour son âge** well-preserved for one's age
ⓓ (*en conserve*) to preserve; (*dans du vinaigre*) to pickle; (*en bocal*) to bottle
2 VPR **se conserver** [*aliments*] to keep

conserverie /kɔ̃sɛʀvəʀi/ NF (= *usine*) canning factory

considérable /kɔ̃sideʀabl/ ADJ [*somme, nombre*] considerable; [*rôle*] major; [*risque, dégâts*] significant

considérablement /kɔ̃sideʀablmɑ̃/ ADV considerably

considération /kɔ̃sideʀasjɔ̃/ NF ⓐ consideration; **ceci mérite ~** this is worth considering; **n'entrons pas dans ces ~s** let's not go into this; **~s d'ordre personnel** personal reasons
✦ **en considération**: **prendre qch en ~** to take sth into consideration; **en ~ des services rendus** for services rendered
ⓑ (= *observation*) **considérations** reflections
ⓒ (= *respect*) respect

considérer /kɔ̃sideʀe/ /TABLE 6/ VT ⓐ to consider; **il faut ~ les avantages et les inconvénients** one must consider the advantages and disadvantages; **tout bien considéré** all things considered; **je le considère comme mon fils** I think of him as my son; **je considère qu'il a raison** I think that he is right; **c'est très mal considéré (d'agir ainsi)** that's not an acceptable way to act; **considérant que …** considering that …; (*Droit*) whereas … ⓑ (= *respecter*) to respect; **il est très bien considéré au bureau** people think a lot of him at the office

consignataire /kɔ̃siɲatɛʀ/ NM [*de navire*] consignee

consigne /kɔ̃siɲ/ NF ⓐ (= *instructions*) instructions; **donner/laisser les ~s** to give/leave instructions ⓑ (*pour les bagages*) left-luggage (office) (*Brit*), checkroom (*US*); **~ automatique** left-luggage lockers ⓒ (= *punition*) detention ⓓ (= *somme remboursable*) deposit; **il y a une ~ de 2 € sur la bouteille** there's a 2-euro deposit on the bottle

consigné, e /kɔ̃siɲe/ (*ptp de* **consigner**) ADJ [*bouteille, emballage*] returnable; **les bouteilles sont ~es 2 €** there is a deposit of 2 euros on the bottles

consigner /kɔ̃siɲe/ /TABLE 1/ VT ⓐ to record; **~ qch par écrit** to put sth down in writing ⓑ [+ *troupe*] to confine to barracks ⓒ [+ *emballage, bouteille*] to put a deposit on

consistance /kɔ̃sistɑ̃s/ NF [*de sauce*] consistency; **manquer de ~** [*sauce*] to be thin; [*idée, personnage, texte, film*] to lack substance; **prendre ~** [*liquide*] to thicken; [*idée, projet, texte, personnage*] to take shape; **sans ~** [*caractère*] colourless

consistant, e /kɔ̃sistɑ̃, ɑ̃t/ ADJ [*repas*] substantial; [*nourriture*] solid; [*mélange, peinture, sirop*] thick

consister /kɔ̃siste/ /TABLE 1/ VI ⓐ (= *se composer de*) **~ en** to consist of; **en quoi consiste votre travail ?** what does your work consist of? ⓑ (= *résider dans*) **~ dans** to consist in; **~ à faire qch** to consist in doing sth

consœur /kɔ̃sœʀ/ NF (woman) colleague

consolation /kɔ̃sɔlasjɔ̃/ NF comfort (*NonC*); **lot** *ou* **prix de ~** consolation prize

console /kɔ̃sɔl/ NF console ✦ **console de jeu** games console; **~ de jeu vidéo** video game console; **~ de mixage** mixing desk

consoler /kɔ̃sɔle/ /TABLE 1/ **1** VT [+ *personne*] to console; [+ *chagrin*] to soothe; **si ça peut te ~ …** if it is any consolation to you …; **le temps console** time heals **2** VPR **se consoler** to console o.s.; **il ne s'en consolera jamais** he'll never get over it

consolidation /kɔ̃sɔlidasjɔ̃/ NF strengthening; **~ de la dette** debt consolidation

consolidé, e /kɔ̃sɔlide/ (*ptp de* **consolider**) ADJ [*bilan*] consolidated

consolider /kɔ̃sɔlide/ /TABLE 1/ **1** VT [+ *mur, meuble*] to reinforce; [+ *fracture*] to set; [+ *accord, amitié, parti, fortune*] to consolidate; [+ *monnaie*] to strengthen; **~ son avance** to extend one's lead **2** VPR **se consolider** [*régime, parti*] to strengthen its position; [*fracture*] to set

consolidation /kɔ̃sɔlidasjɔ̃/ NF strengthening; **~ de la dette** debt consolidation

consommable /kɔ̃sɔmabl/ NM consumable

consommateur, -trice /kɔ̃sɔmatœʀ, tʀis/ NM,F (= *acheteur*) consumer; (= *client d'un café*) customer; **ce sont de gros ~s d'énergie** they consume a lot of energy; **défense des ~s** consumer protection

consommation /kɔ̃sɔmasjɔ̃/ NF ⓐ consumption; **faire une grande ~ de** to get through a lot of; **~ aux 100 km** consumption per 100km; **la ~ des ménages** domestic consumption ✦ **de consommation** [*biens, société*] consumer; **produits de ~** consumer goods; **article** *ou* **produit de ~ courante** *ou* **de grande ~** staple ⓑ (*dans un café*) drink

consommé, e /kɔ̃sɔme/ (*ptp de* **consommer**) **1** ADJ [*habileté*] consummate; [*écrivain, artiste*] accomplished **2** NM (= *potage*) consommé

consommer /kɔ̃sɔme/ /TABLE 1/ VT ⓐ [+ *nourriture*] to eat; [+ *boissons*] to drink; **« à ~ de préférence avant le »** "best before"; **« à ~ avec modération »** "to be drunk in

moderation" ⓑ [+ *combustible, matière première*] to use; **elle consomme beaucoup d'huile** [*voiture*] it uses a lot of oil ⓒ (*frm* = *accomplir*) [+ *mariage*] to consummate; **la rupture est consommée** the break-up is complete

consonance /kɔ̃sɔnɑ̃s/ NF consonance (*NonC*); **un nom aux ~s étrangères** a foreign-sounding name

consonne /kɔ̃sɔn/ NF consonant

consortium /kɔ̃sɔʀsjɔm/ NM consortium

conspirateur, -trice /kɔ̃spiʀatœʀ, tʀis/ NM,F conspirator

conspiration /kɔ̃spiʀasjɔ̃/ NF conspiracy

conspirer /kɔ̃spiʀe/ /TABLE 1/ VI (= *comploter*) to conspire

conspuer /kɔ̃spɥe/ /TABLE 1/ VT to boo

constamment /kɔ̃stamɑ̃/ ADV constantly

constance /kɔ̃stɑ̃s/ NF constancy; **travailler avec ~** to work steadily

constant, e /kɔ̃stɑ̃, ɑ̃t/ **1** ADJ ⓐ (= *continu*) constant ⓑ (*littér* = *persévérant*) steadfast; **être ~ dans ses efforts** to be constant in one's efforts **2** NF **constante** (= *donnée*) constant; (= *caractéristique*) permanent feature

constat /kɔ̃sta/ NM ⓐ (= *procès-verbal*) **~ (d'huissier)** affidavit drawn up by a bailiff; **~ (d'accident)** (accident) report; **~ (à l'amiable)** jointly-agreed statement for insurance purposes ⓑ (= *constatation*) **~ d'échec/d'impuissance** acknowledgement of failure/impotence

constatation /kɔ̃statasjɔ̃/ NF (= *observation*) observation; **~s** [*d'enquête*] findings; **c'est une simple ~** it's just an observation; **procéder aux ~s d'usage** (*Police*) to make a routine report

constater /kɔ̃state/ /TABLE 1/ VT ⓐ (= *remarquer*) to notice; **je ne critique pas, je ne fais que ~** I'm not criticizing, I'm merely stating a fact; **vous pouvez ~ par vous-même** you can see for yourself ⓑ (*frm*) [+ *effraction, authenticité, dégâts*] to record; [+ *décès*] to certify

constellation /kɔ̃stelasjɔ̃/ NF constellation

constellé, e /kɔ̃stele/ ADJ **~ (d'étoiles)** star-studded

consternant, e /kɔ̃stɛʀnɑ̃, ɑ̃t/ ADJ disquieting; **d'une bêtise ~e** incredibly stupid

consternation /kɔ̃stɛʀnasjɔ̃/ NF consternation

consterner /kɔ̃stɛʀne/ /TABLE 1/ VT to dismay; **air consterné** air of dismay

constipation /kɔ̃stipasjɔ̃/ NF constipation

constipé, e /kɔ̃stipe/ ADJ constipated; **avoir l'air** *ou* **être ~** (*péj* = *guindé*) to look stiff

constituant, e /kɔ̃stitɥɑ̃, ɑ̃t/ **1** ADJ [*élément, assemblée*] constituent **2** NM (*Gram*) constituent

constituer /kɔ̃stitɥe/ /TABLE 1/ **1** VT ⓐ (= *créer*) [+ comité] to set up; [+ *gouvernement, société*] to form; [+ *collection*] to build up; [+ *dossier*] to make up ⓑ (= *composer, être, représenter*) to constitute; **ceci constitue un délit** that constitutes an offence **2** VPR **se ~ prisonnier** to give o.s. up ⓑ **se ~ en société** to form o.s. into a company ⓒ (= *amasser*) **se ~ un capital** to build up capital

constitutif, -ive /kɔ̃stitytif, iv/ ADJ constituent

constitution /kɔ̃stitysjɔ̃/ NF ⓐ (= *création*) [*de comité*] setting-up; [*de gouvernement, société*] forming; [*de dossier*] making-up; **~ de stocks** stockpiling ⓑ (= *éléments*) [*de substance, ensemble, organisation*] composition ⓒ (= *santé*) constitution ⓓ (*Politique*) constitution

constitutionnel, -elle /kɔ̃stitysjɔnɛl/ ADJ constitutional

constricteur /kɔ̃stʀiktœʀ/ ADJ M, NM (**boa**) **~** boa constrictor

constrictor /kɔ̃stʀiktɔʀ/ ADJ M, NM (**boa**) **~** (boa) constrictor

constructeur, -trice /kɔ̃stʀyktœʀ, tʀis/ NM (= *fabricant*) manufacturer; (= *bâtisseur*) builder; **~ automobile** car manufacturer

constructible /kɔ̃stʀyktibl/ ADJ **terrain ~** building land; **terrain non ~** *land where no building is permitted*

constructif, -ive /kɔ̃stʀyktif, iv/ ADJ constructive

construction /kɔ̃stʀyksjɔ̃/ NF ⓐ (= *action*) construction; **la ~ européenne** European construction; **la ~ navale** the shipbuilding industry; **entreprise de ~** construction company; **matériaux de ~** building materials; **de ~ récente** recently built; **de ~ française** French-built; **en (cours de) ~** under construction ⓑ [*de phrase*] structure; **c'est une ~ de l'esprit** it's just theory ⓒ (= *édifice, bâtiment*) building

construire /kɔ̃stʀɥiʀ/ /TABLE 38/ 1 VT to build; [+ *théorie, phrase*] to construct; [+ *famille*] to start; **~ l'Europe** to build Europe; **ils font ~** they're having a house built; **un devoir bien construit** a well-constructed essay 2 VPR **se construire**: **ça s'est beaucoup construit ici** there's been a lot of building here; **il s'est construit un personnage** he created a personality for himself; **ça se construit avec le subjonctif** [*verbe*] it takes the subjunctive

consul /kɔ̃syl/ NM consul

consulaire /kɔ̃sylɛʀ/ ADJ consular

consulat /kɔ̃syla/ NM consulate

consultable /kɔ̃syltabl/ ADJ (= *disponible*) available for consultation; **cette carte est trop grande pour être aisément ~** this map is too big to be used easily

consultant, e /kɔ̃syltɑ̃, ɑ̃t/ 1 ADJ [*avocat*] consultant; **médecin ~** consulting physician 2 NM,F (= *conseiller*) consultant

consultatif, -ive /kɔ̃syltatif, iv/ ADJ consultative

consultation /kɔ̃syltasjɔ̃/ NF ⓐ (= *action*) consulting; **~ électorale** (= *élection*) election ⓑ (= *séance: chez le médecin, un expert*) consultation; **aller à la ~** [*patient*] to go to the surgery (*Brit*) ou doctor's office (*US*); **les heures de ~** [*de médecin*] consulting ou surgery (*Brit*) hours ⓒ (= *échange de vues*) consultation

consulter /kɔ̃sylte/ /TABLE 1/ 1 VT to consult 2 VI [*médecin*] to hold surgery (*Brit*), to be in the office (*US*) 3 VPR **se consulter** (= *s'entretenir*) to confer

consumer /kɔ̃syme/ /TABLE 1/ 1 VT to consume; **des débris à demi consumés** charred debris 2 VPR **se consumer** ⓐ (= *brûler*) to burn ⓑ (*littér* = *dépérir*) to waste away (**de** with); **il se consume à petit feu** he is slowly wasting away

consumérisme /kɔ̃symeʀism/ NM consumerism

consumériste /kɔ̃symeʀist/ ADJ, NMF consumerist

contact /kɔ̃takt/ NM ⓐ contact; **le ~ de deux surfaces** contact between two surfaces; **dès le premier ~, ils ...** from their first meeting, they ...; **en ~ étroit avec** in close touch with; **garder le ~ avec qn** to keep in touch with sb; **elle a besoin de ~ humain** she needs human contact; **j'ai un bon/mauvais ~ avec eux** I have a good/bad relationship with them; **notre ~ à Moscou** our contact in Moscow; **prise de ~** (= *entrevue*) first meeting; **perdre (le) ~** to lose touch; (*Aviat, Mil, Radio*) to lose contact; **faire des ~s** (*relations*) to network

♦ **en contact**: **entrer en ~** to get in touch; (*Aviat, Mil, Radio*) to make contact; **rester en ~** to keep in touch; (*Aviat, Mil, Radio*) to remain in contact; **se mettre en ~ avec** to contact; **entrer/être en ~** [*fils électriques*] to make/be making contact; **mettre en ~** [+ *objets*] to bring into contact; [+ *relations d'affaires*] to put in touch; (*Aviat, Radio*) to put in contact

♦ **au contact de**: **au ~ de l'air** on contact with air; **au ~ des jeunes** through his contact with young people ⓑ (*Élec*) contact; **il y a un faux ~** there's a loose connection; **mettre/couper le ~** (*en voiture*) to switch on/switch off the ignition

contacter /kɔ̃takte/ /TABLE 1/ VT to get in touch with

contagieux, -ieuse /kɔ̃taʒjø, jøz/ ADJ infectious

container /kɔ̃tɛnɛʀ/ NM container

contamination /kɔ̃taminasjɔ̃/ NF contamination

contaminer /kɔ̃tamine/ /TABLE 1/ VT (= *polluer*) to contaminate

conte /kɔ̃t/ NM (= *récit*) story; **~ de fée** fairy tale

contemplatif, -ive /kɔ̃tɑ̃platif, iv/ ADJ, NM contemplative

contemplation /kɔ̃tɑ̃plasjɔ̃/ NF contemplation; **rester en ~ devant qch** to stand gazing at sth

contempler /kɔ̃tɑ̃ple/ /TABLE 1/ VT (= *regarder*) to contemplate; **se ~ dans un miroir** to gaze at o.s. in a mirror

contemporain, e /kɔ̃tɑ̃pɔʀɛ̃, ɛn/ ADJ, NM contemporary

contenance /kɔ̃t(ə)nɑ̃s/ NF ⓐ (= *capacité*) capacity ⓑ (= *attitude*) **pour se donner une ~** to try to appear at ease; **faire bonne ~** to put on a bold front; **perdre ~** to lose one's composure

contenant /kɔ̃t(ə)nɑ̃/ NM **le ~ (et le contenu)** the container (and the contents)

conteneur /kɔ̃t(ə)nœʀ/ NM container

contenir /kɔ̃t(ə)niʀ/ /TABLE 22/ 1 VT ⓐ (= *avoir une capacité de*) [*récipient*] to hold; [*cinéma, avion*] to seat ⓑ (= *renfermer*) to contain ⓒ (= *maîtriser*) [+ *colère*] to contain; [+ *larmes*] to hold back; [+ *foule*] to keep back 2 VPR **se contenir** to contain o.s.

content, e /kɔ̃tɑ̃, ɑ̃t/ ADJ (= *heureux*) pleased, happy; **avoir l'air ~** to look happy *ou* pleased

♦ **content de** (= *satisfait de*) [+ *élève, voiture, situation*] pleased *ou* happy with; **être ~ de soi** to be pleased with o.s.; **je suis très ~ d'être ici** I'm very glad to be here; **non ~ d'être ...** not content with being ...

contentement /kɔ̃tɑ̃tmɑ̃/ NM contentment

contenter /kɔ̃tɑ̃te/ /TABLE 1/ 1 VT to satisfy; **facile à ~** easy to please; **il est difficile de ~ tout le monde** it's difficult to please everyone 2 VPR **se contenter**: **se ~ de qch/de faire qch** to content o.s. with sth/with doing sth; **se ~ de peu** to be content with very little; **il se contenta de sourire** he merely smiled

contentieux /kɔ̃tɑ̃sjø/ NM (= *litige*) dispute; (*Commerce*) litigation; (= *service*) legal department

contenu, e /kɔ̃t(ə)ny/ (*ptp de* **contenir**) 1 ADJ [*colère, sentiments*] suppressed 2 NM [*de récipient, dossier*] contents; [*de loi, texte*] content

conter /kɔ̃te/ /TABLE 1/ VT [+ *histoire*] to recount

contestable /kɔ̃tɛstabl/ ADJ questionable

contestataire /kɔ̃tɛstatɛʀ/ ADJ, NMF rebel

contestation /kɔ̃tɛstasjɔ̃/ NF ⓐ (= *opposition*) **la ~** protest ⓑ (= *objection*) dispute; **donner lieu à ~** to give rise to dispute; **il n'y a aucune ~ possible** it's beyond dispute

conteste /kɔ̃tɛst/ NM **sans ~** unquestionably

contester /kɔ̃tɛste/ /TABLE 1/ 1 VT (*Droit*) [+ *droit, compétence, résultat*] to contest; [+ *légitimité, bien-fondé, fait*] to question; [+ *décision*] to challenge; **cet écrivain est très contesté** this writer is very controversial 2 VI to disagree; (*Politique*) to protest; **il ne conteste jamais** he never questions anything

conteur, -euse /kɔ̃tœʀ, øz/ NM,F (= *écrivain*) writer; (= *narrateur*) storyteller

contexte /kɔ̃tɛkst/ NM context

contigu, -uë /kɔ̃tigy/ ADJ [*maison, pièce, jardin*] adjoining; **être ~ à qch** to be next to sth

continent /kɔ̃tinɑ̃/ NM continent; (*par rapport à une île*) mainland; **le ~ noir** Africa

continental (*mpl* **-aux**) /kɔ̃tinɑ̃tal, o/ ADJ [*région, climat*] continental; (*opposé à côtier, insulaire*) mainland

contingences /kɔ̃tɛ̃ʒɑ̃s/ NFPL contingencies; **les ~ de la vie quotidienne** the chance happenings of everyday life

contingent, e /kɔ̃tɛ̃ʒɑ̃, ɑ̃t/ 1 ADJ contingent 2 NM ⓐ (= *soldats*) contingent ⓑ (= *quota*) quota

contingenter /kɔ̃tɛ̃ʒɑ̃te/ /TABLE 1/ VT [+ *importations, exportations*] to place a quota on

continu, e /kɔ̃tiny/ ADJ [*mouvement, bruit*] continuous ♦ **en continu** continuously

continuation /kɔ̃tinɥasjɔ̃/ NF continuation; **bonne ~!** all the best!

continuel, -elle /kɔ̃tinɥɛl/ ADJ (= *continu*) continuous; (= *très fréquent*) continual

continuellement /kɔ̃tinɥɛlmɑ̃/ ADV (= *sans interruption*) continuously; (= *très fréquemment*) continually; **elle se plaint ~** she's always complaining

continuer /kɔ̃tinɥe/ /TABLE 1/ 1 VT ⓐ [+ *travaux, politique*] to continue (with) ⓑ [+ *route*] to continue 2 VI ⓐ [*bruit, spectacle, guerre*] to continue; **je continuerai par le saumon** (*au restaurant*) I'll have the salmon to follow; «**mais**» **continua-t-il** "but", he continued; **si ça continue, je vais ...** if this continues, I'm going to ... ⓑ **~ de** *ou* **à faire qch** to continue doing sth

continuité /kɔ̃tinɥite/ NF [*de politique, tradition*] continuation; [*d'action*] continuity

contondant, e /kɔ̃tɔ̃dɑ̃, ɑ̃t/ ADJ [*instrument*] blunt

contorsion /kɔ̃tɔʀsjɔ̃/ NF contortion

contorsionner (se) /kɔ̃tɔʀsjɔne/ /TABLE 1/ VPR [*acrobate*] to contort o.s.

contour /kɔ̃tuʀ/ NM outline

contournement /kɔ̃tuʀnəmɑ̃/ NM [*d'obstacle*] bypassing; **autoroute de ~** bypass

contourner /kɔ̃tuʀne/ /TABLE 1/ [+ *ville*] to bypass; [+ *véhicule*] to walk (*ou* drive *etc*) round; [+ *règle, difficulté*] to get round

contraceptif, -ive /kɔ̃tʀaseptif, iv/ ADJ, NM contraceptive

contraception /kɔ̃tʀasepsjɔ̃/ NF contraception; **moyens de ~** methods of contraception; **être sous ~ orale** to use oral contraception

contractant, e /kɔ̃tʀaktɑ̃, ɑ̃t/ 1 ADJ (*Droit*) contracting 2 NM,F contracting party

contracté, e /kɔ̃tʀakte/ (*ptp de* **contracter**) ADJ tense

contracter¹ /kɔ̃tʀakte/ /TABLE 1/ 1 VT [+ *muscle*] to tense; [+ *personne*] to make tense 2 VPR **se contracter** [*muscle*] to tense up; [*gorge*] to tighten; [*traits, visage*] to tense; [*personne*] to become tense; (*Physique*) to contract

contracter² /kɔ̃tʀakte/ /TABLE 1/ VT to contract; [+ *obligation*] to incur; **~ une assurance** to take out an insurance policy; **j'ai contracté cette maladie en Afrique** I contracted the disease in Africa

contraction /kɔ̃tʀaksjɔ̃/ NF ⓐ (= *action*) contraction ⓑ (= *état*) [*de muscles, visage*] tenseness ⓒ (= *spasme*) contraction; **elle a des ~s** [*femme enceinte*] she's having contractions ⓓ (= *résumé*) **~ de texte** summary

contractuel, -elle /kɔ̃tʀaktɥel/ 1 ADJ [*obligation*] contractual 2 NM ≈ traffic warden (*Brit*), ≈ traffic policeman (*US*) 3 NF **contractuelle** ≈ traffic warden (*Brit*), ≈ meter maid* (*US*)

contracture /kɔ̃tʀaktyʀ/ NF **~ musculaire** cramp

contradiction /kɔ̃tʀadiksjɔ̃/ NF ⓐ (= *contestation*) **je ne supporte pas la ~** I can't bear to be contradicted ⓑ (= *incohérence*) contradiction; **~ dans les termes** contradiction in terms; **être en ~ avec soi-même** to contradict o.s.; **leurs témoignages sont en ~** their testimonies contradict each other

contradictoire /kɔ̃tʀadiktwaʀ/ ADJ [*idées, théories, récits*] contradictory; **débat ~** debate

contraignant, e /kɔ̃tʀɛɲɑ̃, ɑ̃t/ ADJ [*obligation*] binding; **des horaires très ~s** a very heavy schedule

contraindre /kɔ̃tʀɛ̃dʀ/ /TABLE 52/ VT **~ qn à faire qch** to force sb to do sth

contraint, e¹ /kɔ̃tʀɛ̃, ɛ̃t/ (*ptp de* **contraindre**) ADJ **~ et forcé** under duress

contrainte² /kɔ̃tʀɛ̃t/ NF ⓐ (= *violence*) constraint; **agir sous la ~** to act under duress ⓑ (= *entrave*) constraint

contraire /kɔ̃tʀɛʀ/ 1 ADJ ⓐ (= *inverse*) [*sens, effet, mouvement*] opposite; (*Naut*) [*vent*] contrary; **dans le cas ~** otherwise
♦ **contraire à** [+ *loi*] against; **c'est ~ à mes principes** it is against my principles
ⓑ (= *contradictoire*) [*opinions, propositions, intérêts*] conflicting
ⓒ (= *nuisible*) [*forces, action*] contrary; [*destin*] adverse
2 NM [*de mot, concept*] opposite; **c'est tout le ~** it's just the reverse
♦ **au contraire** on the contrary; (**bien** *ou* **tout**) **au ~** quite the reverse; **au ~ de** unlike

contrairement /kɔ̃tʀɛʀmɑ̃/ ADV **~ à** contrary to; **~ aux autres ...** (*dans une comparaison*) unlike the others ...

contralto /kɔ̃tʀalto/ NM contralto

contrariant, e /kɔ̃tʀaʀjɑ̃, jɑ̃t/ ADJ [*personne*] awkward; [*incident*] annoying

contrarier /kɔ̃tʀaʀje/ /TABLE 7/ VT ⓐ (= *irriter*) to annoy; (= *ennuyer*) to bother ⓑ (= *gêner*) [+ *projets*] to frustrate; [+ *amour*] to thwart ⓒ [+ *gaucher*] to force to write with his (*ou* her) right hand

contrariété /kɔ̃tʀaʀjete/ NF (= *irritation*) annoyance; **éprouver une ~** to feel annoyed; **j'ai eu beaucoup de ~s ces derniers temps** I've had a lot of annoying little problems lately

contraste /kɔ̃tʀast/ NM contrast; **par ~** by contrast

contrasté, e /kɔ̃tʀaste/ (*ptp de* **contraster**) ADJ [*bilan, résultats*] uneven; **couleurs très ~es** strongly contrasting colours; **ce n'est pas assez ~** there is not enough contrast

contraster /kɔ̃tʀaste/ /TABLE 1/ 1 VT [+ *éléments, caractères*] to contrast; [+ *photographie*] to give contrast to 2 VI to contrast

contrat /kɔ̃tʀa/ NM (= *convention, document*) contract; (= *accord*) agreement; **passer un ~** (**avec qn**) to sign a contract (with sb); **être sous ~** to be under contract; **remplir son ~** to keep one's promises ♦ **contrat d'assurance** insurance policy ♦ **contrat à durée déterminée** fixed-term contract ♦ **contrat à durée indéterminée** permanent contract ♦ **contrat emploi-solidarité** *government-sponsored work contract for the unemployed which includes professional training* ♦ **contrat de travail** employment contract

contravention /kɔ̃tʀavɑ̃sjɔ̃/ NF ⓐ (*pour infraction au code*) fine; (*pour stationnement interdit*) parking ticket ⓑ (*Droit = infraction*) **~ à** in contravention of

contre /kɔ̃tʀ/ 1 PRÉP ⓐ (*contact, juxtaposition*) against; **s'appuyer ~ un arbre** to lean against a tree; **il s'est cogné la tête ~ le mur** he banged his head against the wall; **face ~ terre** face downwards; **il la serrait ~ lui** he clasped her to him; **pousse la table ~ la fenêtre** push the table up against the window; **elle se blottit ~ sa mère** she cuddled up to her mother; **elle s'assit (tout) ~ lui** she sat down (right) next to him; **les voitures étaient pare-chocs ~ pare-chocs** the cars were bumper to bumper
ⓑ (*opposition, hostilité*) against; **se battre/voter ~ qn** to fight/vote against sb; **Poitiers ~ Lyon** (*Sport*) Poitiers versus Lyon; **être en colère ~ qn** to be angry with sb; **je n'ai rien ~ (cela)** *ou* **là ~** (*frm*) I have nothing against it
ⓒ (*défense, protection*) **des comprimés ~ la grippe** flu tablets; **sirop ~ la toux** cough mixture; **s'assurer ~ l'incendie** to insure (o.s.) against fire
ⓓ (*échange*) (in exchange) for; **échanger qch ~** to exchange sth for
ⓔ (*proportion, rapport*) **9 voix ~ 4** 9 votes to 4; **à 100 ~ 1** at 100 to 1
2 ADV **il a voté ~** he voted against it; **je suis ~** I'm against it
♦ **par contre** on the other hand
3 PRÉF **contre(-)** counter

contre-allée /kɔ̃tʀale/ NF *parking area parallel to a road*

contre-attaque /kɔ̃tʀatak/ NF counterattack

contre-attaquer /kɔ̃tʀatake/ /TABLE 1/ VI to counterattack

contrebalancer /kɔ̃tʀəbalɑ̃se/ /TABLE 3/ VT [*poids*] to counterbalance; (= *égaler, compenser*) to offset

contrebande /kɔ̃tʀəbɑ̃d/ NF (= *activité*) smuggling; (= *marchandises*) contraband

contrebandier, -ière /kɔ̃tʀəbɑ̃dje, jɛʀ/ NM,F smuggler

contrebas /kɔ̃tʀəba/ NM **en ~** below

contrebasse /kɔ̃tʀəbas/ NF (= *instrument*) double bass; (= *musicien*) double bass player

contrebassiste /kɔ̃tʀəbasist/ NMF double bass player

contrecarrer /kɔ̃tʀəkaʀe/ /TABLE 1/ VT [+ *projets*] to thwart

contrechamp /kɔ̃tʀəʃɑ̃/ NM (*Ciné*) reverse shot

contrecœur /kɔ̃tʀakœʀ/ LOC ADV ♦ **à contrecœur** reluctantly

contrecoup /kɔ̃tʀaku/ NM (= *répercussion*) repercussions; **par ~** as an indirect consequence

contre-courant /kɔ̃tʀəkuʀɑ̃/ NM [*de cours d'eau*] counter-current

♦ **à contre-courant** against the current; **aller à ~ de la tendance générale** to go against the general trend

contredanse* /kɔ̃tʀadɑ̃s/ NF parking ticket

contredire /kɔ̃tʀadiʀ/ /TABLE 37/ 1 VT [*personne*] ˙to contradict; [*faits*] to be at variance with 2 VPR **se contredire** [*personne*] to contradict o.s.; [*témoins, témoignages*] to contradict each other

contrée /kɔ̃tʀe/ NF (*littér*) (= *pays*) land; (= *région*) region

contre-emploi /kɔ̃tʀɑ̃plwa/ NM **il est utilisé à ~** his skills aren't being used properly

contre-exemple /kɔ̃tʀɛgzɑ̃pl/ NM counterexample

contre-expertise /kɔ̃tʀɛkspɛʀtiz/ NF second estimate · ·

contrefaçon /kɔ̃tʀafasɔ̃/ NF (= *faux*) [*de produit*] imitation; [*de billets, signature*] forgery; **méfiez-vous des ~s** beware of imitations

contrefaire /kɔ̃tʀafɛʀ/ /TABLE 60/ VT ⓐ (= *imiter*) to imitate ⓑ (= *déguiser*) [+ *voix, écriture*] to disguise ⓒ (= *falsifier*) to counterfeit

contreficher (se)* /kɔ̃tʀafiʃe/ /TABLE 1/ VPR **je m'en contrefiche** I don't give a damn*

contrefort /kɔ̃tʀafɔʀ/ NM ⓐ (*Archit*) buttress ⓑ [*de montagnes*] ~s foothills

contre-indication /kɔ̃tʀɛ̃dikasjɔ̃/ NF contraindication

contre-indiqué, e /kɔ̃tʀɛ̃dike/ ADJ **c'est ~** it is not recommended

contre-interrogatoire /kɔ̃tʀɛ̃teʀɔgatwaʀ/ NM cross-examination; **faire subir un ~ à qn** to cross-examine sb

contre-jour /kɔ̃tʀaʒuʀ/ NM (= *éclairage*) backlighting

♦ **à contre-jour** [*se profiler*] against the sunlight; [*photographier*] into the light; [*travailler*] with one's back to the light

contremaître /kɔ̃tʀametʀ/ NM foreman

contremarque /kɔ̃tʀamaʀk/ NF (*Transports*) free pass

contre-offensive /kɔ̃tʀɔfɔ̃siv/ NF counteroffensive

contre-ordre, contrordre /kɔ̃tʀɔʀdʀ/ NM counter order; **il y a ~** there has been a change of orders; **sauf ~** unless otherwise directed

contrepartie /kɔ̃tʀapaʀti/ NF (= *compensation*) compensation

♦ **en contrepartie** (= *en échange, en retour*) in return; (= *en compensation*) in compensation

contre-performance /kɔ̃tʀapɛʀfɔʀmɑ̃s/ NF (*Sport, Écon*) poor performance

contre-pied /kɔ̃tʀapje/ NM [*d'opinion, attitude*] (exact) opposite; **prendre le ~** (*d'une opinion*) to take the opposite view; (*d'une action*) to take the opposite course

♦ **à contre-pied** (*Sport*) on the wrong foot; **prendre qn à ~** to wrong-foot sb

contreplaqué /kɔ̃tʀaplake/ NM plywood; **en ~** plywood

contrepoids /kɔ̃tʀapwa/ NM counterweight; [*d'acrobate*] balancing-pole; **faire ~** to act as a counterbalance

contrepoint /kɔ̃tʀapwɛ̃/ NM counterpoint; **en ~** in counterpoint

contre-pouvoir /kɔ̃tʀapuvwaʀ/ NM opposition force

contrer /kɔ̃tʀe/ /TABLE 1/ 1 VT [+ *personne, menées*] to counter; **se faire ~** to be countered (**par** by); (*Cartes*) to double 2 VI (*Cartes*) to double

contresens /kɔ̃tʀasɑ̃s/ NM ⓐ (= *erreur*) misinterpretation; (*de traduction*) mistranslation; (= *absurdité*) nonsense (*NonC*), piece of nonsense

ⓑ (= *mauvais sens*)

♦ **à contresens** (*sur route*) the wrong way

contretemps /kɔ̃tʀatɑ̃/ NM ⓐ (= *complication, retard*) hitch

ⓑ (*Musique*) off-beat rhythm

♦ **à contretemps** off the beat; (*fig*) at the wrong moment

contre-valeur /kɔ̃tʀavalœʀ/ NF exchange value

contrevenant, e /kɔ̃tʀəv(ə)nɑ̃, ɑ̃t/ NM,F offender

contrevenir /kɔ̃tʀəv(ə)niʀ/ /TABLE 22/ VT INDIR ~ **à** [+ *loi, règlement*] to contravene

contribuable /kɔ̃tʀibɥabl/ NMF taxpayer

contribuer /kɔ̃tʀibɥe/ /TABLE 1/ VT INDIR ~ **à** [+ *résultat, effet*] to contribute to; [+ *effort, dépense*] to contribute towards

contribution /kɔ̃tʀibysjɔ̃/ NF ⓐ (= *participation*) contribution; **mettre qn à ~** to call upon sb's services; **apporter sa ~ à qch** to make one's contribution to sth ⓑ (= *impôts*) ~s **directes/indirectes** direct/indirect taxation; ~ **sociale généralisée** supplementary social security contribution in aid of the underprivileged

contrit, e /kɔ̃tʀi, it/ ADJ contrite

contrôle /kɔ̃tʀol/ NM ⓐ (= *vérification*) check; ~ **antidopage** drugs test; ~ **d'identité** identity check; ~ **de police** police check; ~ **fiscal** tax inspection; **le ~ des passeports** passport control; ~ **de qualité** quality control; ~ **sanitaire** health check

ⓑ (= *surveillance*) [*d'opérations, gestion*] supervision; [*de prix, loyers*] controlling; **sous ~ judiciaire** ≈ on probation; **sous ~ médical** under medical supervision; ~ **des changes** exchange control; ~ **des naissances** birth control; ~ **radar** radar speed trap; ~ **technique** [*de véhicule*] MOT (*Brit*), inspection (*US*)

ⓒ (= *maîtrise*) control; ~ **de soi** self-control; **garder/perdre le ~ de son véhicule** to remain in/lose control of one's vehicle; **prendre le ~ d'une entreprise** to take control of *ou* take over a firm; **sous ~ étranger** [*firme*] foreign-owned; [*territoire*] under foreign control

ⓓ (= *épreuve*) (written) test; ~ **des connaissances** assessment; **le ~ continu** continuous assessment; **avoir un ~ chimie** to have a chemistry test

contrôler /kɔ̃tʀole/ /TABLE 1/ 1 VT ⓐ (= *vérifier*) to check; [+ *billets, passeports, comptes*] to inspect; [+ *connaissances*] to test; ~ **le bon fonctionnement d'un appareil** to check that a machine is working properly ⓑ (= *surveiller*) [+ *opérations, gestion*] to supervise; [+ *prix, loyers*] to control ⓒ (= *maîtrise*) to control; [+ *véhicule, situation, pays*] to be in control of 2 VPR **se contrôler** to control o.s.

⚠ **to control** *n'est pas la traduction la plus courante de* **contrôler**.

contrôleur, -euse /kɔ̃tʀolœʀ, øz/ NM,F ⓐ (*dans le train, le métro, le bus*) ticket inspector; ~ **de la navigation aérienne** air-traffic controller ⓑ [*de contributions*] inspector; ~ **de gestion** management controller

contrordre /kɔ̃tʀɔʀdʀ/ NM = **contre-ordre**

controverse /kɔ̃tʀɔvɛʀs/ NF controversy; **prêter à ~** to be debatable

controversé, e /kɔ̃tʀɔvɛʀse/ ADJ (*très*) ~ [*théorie, question*] much debated

contumace /kɔ̃tymas/ NF **par ~** in absentia

contusion /kɔ̃tyzjɔ̃/ NF bruise

convaincant, e /kɔ̃vɛ̃kɑ̃, ɑ̃t/ ADJ convincing

convaincre /kɔ̃vɛ̃kʀ/ /TABLE 42/ VT ⓐ [+ *personne sceptique*] to convince (**de qch** of sth); [+ *personne hésitante*] to persuade (**de faire qch** to do sth); **se laisser ~** to let o.s. be persuaded ⓑ [+ *coupable*] **il a été convaincu de meurtre/de trahison** he was convicted of murder/treason

convaincu, e /kɔ̃vɛ̃ky/ (*ptp de* **convaincre**) ADJ convinced; **d'un ton ~** with conviction

convalescence /kɔ̃valesɑ̃s/ NF convalescence; **être en ~** to be convalescing

convalescent, e /kɔ̃valesɑ̃, ɑ̃t/ ADJ, NM,F convalescent

convecteur /kɔ̃vɛktœʀ/ NM convector heater

convenable /kɔ̃vnabl/ ADJ ⓐ (= *approprié*) suitable ⓑ (= *décent*) [*personne, famille*] respectable; **peu ~** inappropriate ⓒ (= *acceptable*) [*devoir*] adequate; [*salaire, logement*] decent

convenablement /kɔ̃vnabləmɑ̃/ ADV [*placé, choisi*] suitably; [*s'exprimer*] properly; [*payé, logé*] decently

convenance /kɔ̃vnɑ̃s/ NF ⓐ (*frm* = *ce qui convient*) **choisissez un jour à votre ~** choose a day to suit you; **pour ~s personnelles** for personal reasons ⓑ (= *étiquette*) **les ~s** the proprieties; **c'est contraire aux ~s** it is not socially acceptable

convenir /kɔ̃vniʀ/ /TABLE 22/

▶ **convenir** is conjugated with **avoir**, except in the case of **convenir de**, where **être** is considered more correct.

1 VT **~ que ...** to agree that ...; **il est convenu que ...** it is agreed that ...

2 VT INDIR ◆ **convenir à** to suit; **le climat ne lui convient pas** the climate doesn't suit him; **si l'heure vous convient** if the time suits you; **ça me convient tout à fait** it suits me fine; **j'espère que cela vous conviendra** I hope you will find this acceptable

3 VT INDIR ◆ **convenir de** (= *avouer*) to admit; (= *s'accorder sur*) to agree on; **tu as eu tort, conviens-en** you were wrong, admit it; **~ d'une date** to agree on a date

4 VB IMPERS **il convient de** (= *il vaut mieux*) it is advisable to; **il convient de faire remarquer** we should point out

convention /kɔ̃vɑ̃sjɔ̃/ NF convention; (= *pacte*) agreement; **~ collective** collective agreement; **les ~s sociales** social conventions; **la Convention de Genève** the Geneva Convention

conventionné, e /kɔ̃vɑ̃sjɔne/ ADJ [*établissement, médecin*] linked to the state health scheme

conventionnel, -elle /kɔ̃vɑ̃sjɔnɛl/ ADJ conventional

conventuel, -elle /kɔ̃vɑ̃tɥɛl/ ADJ [*de moines*] monastic; [*de nonnes*] convent (*avant le nom*)

convenu, e /kɔ̃vny/ (*ptp de* **convenir**) ADJ ⓐ (= *décidé*) agreed; **comme ~** as agreed ⓑ (*littér péj* = *conventionnel*) conventional

convergence /kɔ̃vɛʀʒɑ̃s/ NF convergence; **point de ~** point of convergence

convergent, e /kɔ̃vɛʀʒɑ̃, ɑ̃t/ ADJ convergent

converger /kɔ̃vɛʀʒe/ /TABLE 3/ VI [*lignes, rayons, routes*] to converge; **~ sur** [*regards*] to focus on

conversation /kɔ̃vɛʀsasjɔ̃/ NF conversation; **en (grande) ~ avec** (deep) in conversation with; **dans la ~ courante** in everyday speech; **avoir de la ~** to be a good conversationalist

converser /kɔ̃vɛʀse/ /TABLE 1/ VI to converse

conversion /kɔ̃vɛʀsjɔ̃/ NF conversion; **taux de ~** conversion rate

converti, e /kɔ̃vɛʀti/ (*ptp de* **convertir**) NM,F convert

convertible /kɔ̃vɛʀtibl/ 1 ADJ convertible (**en** into) 2 NM (= *canapé*) sofa bed

convertir /kɔ̃vɛʀtiʀ/ /TABLE 2/ 1 VT ⓐ (*à une religion*) to convert (**à** to); (*à une théorie*) to win over ⓑ (= *transformer*) to convert (**en** into) 2 VPR **se convertir** (*à une religion*) to convert

convertisseur /kɔ̃vɛʀtisœʀ/ NM converter

convexe /kɔ̃vɛks/ ADJ convex

conviction /kɔ̃viksjɔ̃/ 1 NF conviction; **j'en ai la ~** I'm convinced of it; **parler avec ~** to speak with conviction 2 NFPL **convictions** (= *opinions*) convictions

conviendra /kɔ̃vjɛ̃dʀa/ VB → **convenir**

convier /kɔ̃vje/ /TABLE 7/ VT (*frm*) **~ à** [+ *soirée, concert*] to invite to

convive /kɔ̃viv/ NMF guest (*at a meal*)

convivial, e (*mpl* -**iaux**) /kɔ̃vivjal, jo/ ADJ [*ambiance, lieu*] convivial; (*Informatique*) user-friendly

convivialité /kɔ̃vivjalite/ NF (= *rapports*) social interaction; (= *jovialité*) conviviality; (*Informatique*) user-friendliness

convoc /kɔ̃vɔk/ NF ABBR = **convocation**

convocation /kɔ̃vɔkasjɔ̃/ NF ⓐ [*d'assemblée*] convening; [*de témoin, prévenu, subordonné*] summoning ⓑ (= *lettre, carte*) (written) notification to attend; (*Droit*) summons; **je n'ai pas encore reçu ma ~** I haven't had notification yet

convoi /kɔ̃vwa/ NM ⓐ (= *cortège funèbre*) funeral procession ⓑ [*de véhicules, navires, prisonniers*] convoy; **~ exceptionnel** ≈ wide (*ou* long *ou* dangerous) load

convoiter /kɔ̃vwate/ /TABLE 1/ VT to covet

convoitise /kɔ̃vwatiz/ NF (= *désir*) longing; **regarder avec ~** to cast covetous looks at; **l'objet de toutes les ~s** the object of everyone's desire

convoler /kɔ̃vɔle/ /TABLE 1/ VI **~ en justes noces** † to be wed

convoquer /kɔ̃vɔke/ /TABLE 1/ VT [+ *assemblée*] to convene; [+ *témoin, prévenu, subordonné*] to summon; **~ qn (pour une entrevue)** to call sb for an interview; **~ un candidat (à un examen)** to send a candidate written notification (of an exam); **j'ai été convoqué à dix heures (pour mon oral)** I've been asked to attend at ten o'clock (for my oral); **le chef m'a convoqué** the boss sent for me

convoyer /kɔ̃vwaje/ /TABLE 8/ VT (= *escorter*) to escort; (= *transporter*) to convey

convoyeur /kɔ̃vwajœʀ/ NM (= *tapis roulant*) conveyor; **~ de fonds** security guard

convulsion /kɔ̃vylsjɔ̃/ NF convulsion

cookie /kuki/ NM (*Internet*) cookie

cool • /kul/ ADJ *f inv* cool•

coopérant, e /kɔɔpeʀɑ̃, ɑ̃t/ 1 ADJ cooperative 2 NM overseas development worker

coopératif, -ive /k(ɔ)ɔpeʀatif, iv/ 1 ADJ cooperative 2 NF **coopérative** (= *organisme*) cooperative; (= *magasin*) co-op

coopération /kɔɔpeʀasjɔ̃/ NF ⓐ (= *collaboration*) cooperation ⓑ (*Politique*) overseas development work

coopérer /kɔɔpeʀe/ /TABLE 6/ VI to cooperate

coordinateur, -trice /kɔɔʀdinatœʀ, tʀis/ NM,F coordinator

coordination /kɔɔʀdinasjɔ̃/ NF coordination; **~ ouvrière/étudiante** (= *syndicat*) workers'/students' committee

coordonnateur, -trice /kɔɔʀdɔnatœʀ, tʀis/ NM,F coordinator

coordonné, e /kɔɔʀdɔne/ (*ptp de* **coordonner**) 1 ADJ coordinated 2 NMPL **coordonnés** (*Habillement*) separates 3 NFPL **coordonnées** ⓐ (*Math*) coordinates ⓑ [*de personne*] **donnez-moi vos ~es** can I have your name and address *or* contact details please?

coordonner /kɔɔʀdɔne/ /TABLE 1/ VT to coordinate

copain • /kɔpɛ̃/ NM (= *ami*) friend; **son (petit) ~** (= *amoureux*) her boyfriend; **de bons ~s** good friends

copeau (*pl* **copeaux**) /kɔpo/ NM [*de bois*] shaving

Copenhague /kɔpənag/ N Copenhagen

copie /kɔpi/ NF ⓐ (= *reproduction, exemplaire*) [*de diplôme, film*] copy; [*d'œuvre d'art*] reproduction; **~ certifiée conforme** certified copy; **~ papier** (*Informatique*) hard copy ⓑ (= *reproduction frauduleuse*) fake; **une ~ a** a pale imitation ⓒ (= *devoir*) paper; **rendre ~ blanche** to hand in a blank sheet of paper; **rendre** *ou* **remettre sa ~** to hand in one's paper; (*fig*) to turn in one's report

copier /kɔpje/ /TABLE 7/ 1 VT to copy 2 VI (= *tricher*) to copy (**sur** from)

copieur, -euse /kɔpjœʀ, øz/ 1 NM,F (= *élève*) cheat 2 NM (= *machine*) copier

copieusement /kɔpjøzmɑ̃/ ADV [*manger, boire*] copiously; **le repas était ~ arrosé** the meal was washed down with lots of wine

copieux, -ieuse /kɔpjø, jøz/ ADJ [*repas*] copious; [*portion*] generous

copilote /kɔpilɔt/ NMF (*en avion*) copilot; (*en voiture*) navigator

copinage • /kɔpinaʒ/ NM nepotism

copine */kɔpin/* NF (= *amie*) friend; (= *amoureuse*) girlfriend; **~ de classe** school friend; **elles sont très ~s** they're great friends

coproduction */koprɔdyksjɔ̃/* NF joint production

copropriétaire */koprɔprijetɛr/* NMF joint owner

copropriété */koprɔprijete/* NF (= *statut*) joint ownership; (= *propriétaires*) co-owners; **immeuble en ~** jointly owned building

copuler */kɔpyle/* /TABLE 1/ VI to copulate

copyright */kɔpirajt/* NM copyright

coq */kɔk/* NM [*de basse-cour*] cock; **(poids) ~** (*Boxe*) bantam-weight; **être comme un ~ en pâte** to live the life of Riley*; **passer du ~ à l'âne** to jump from one subject to another ◆ **coq de bruyère** capercaillie ◆ **le coq gaulois** the French cockerel (*emblem of the French fighting spirit*) ◆ **coq au vin** coq au vin

coque */kɔk/* NF ⓐ [*de bateau*] hull ⓑ [*de noix, amande*] shell; **œuf à la ~** boiled egg; **~ de noix** cockleshell ⓒ (= *mollusque*) cockle

coquelet */kɔklɛ/* NM cockerel

coquelicot */kɔkliko/* NM poppy

coqueluche */kɔklyʃ/* NF whooping cough; **avoir la ~** to have whooping cough; **être la ~ de*** to be the idol of

coquet, -ette */kɔkɛ, ɛt/* ADJ ⓐ (= *soucieux de son apparence*) **elle est coquette** she likes to look nice ⓑ [*logement*] charming ⓒ [*somme d'argent, revenu*]* tidy*

coquetier */kɔk(ə)tje/* NM egg cup

coquetterie */kɔkɛtri/* NF (= *élégance*) interest in one's appearance

coquillage */kɔkijaʒ/* NM (= *mollusque*) shellfish (*NonC*); (= *coquille*) shell

coquille */kɔkij/* 1 NF ⓐ [*de mollusque, œuf, noix*] shell; **sortir de sa ~** to come out of one's shell ⓑ (= *décoration*) scallop ⓒ (*Typo*) misprint ⓓ (= *protection*) box 2 COMP ◆ **coquille d'œuf** (= *couleur*) eggshell ◆ **coquille Saint-Jacques** scallop

coquillettes */kɔkijet/* NFPL pasta shells

coquin, e */kɔkɛ̃, in/* 1 ADJ ⓐ (= *malicieux*) [*enfant, air*] mischievous ⓑ (= *polisson*) saucy 2 NM,F (= *enfant*) rascal; **tu es un petit ~ !** you little rascal!

cor */kɔr/* NM ⓐ (= *instrument*) horn; **~ anglais** cor anglais (*Brit*), English horn (*US*); **~ de chasse** hunting horn ◆ **à cor et à cri** : **réclamer qch/qn à ~ et à cri** to clamour for sth/sb ⓑ (= *cor au pied*) corn

corail (*pl* **-aux**) */kɔraj, o/* 1 NM coral 2 ADJ INV ⓐ (= *couleur*) coral pink ⓑ **(train) Corail**® ≈ express (train)

Coran */kɔrɑ̃/* NM **le ~** the Koran

corbeau (*pl* **corbeaux**) */kɔrbo/* NM (= *oiseau*) crow

corbeille */kɔrbɛj/* 1 NF ⓐ (= *panier*) basket; (*pour courrier*) tray; (*Informatique*) recycle bin; **~ arrivée/départ** in/out tray ⓑ (*Théât*) (dress) circle 2 COMP ◆ **corbeille à ouvrage** workbasket ◆ **corbeille à pain** breadbasket ◆ **corbeille à papier(s)** wastepaper bin

corbillard */kɔrbijar/* NM hearse

cordage */kɔrdaʒ/* NM ⓐ (= *corde, lien*) rope; **cordages** rigging ⓑ [*de raquette de tennis*] strings

corde */kɔrd/* 1 NF ⓐ (= *câble, cordage*) rope; **attacher qn avec une ~** to tie sb up with a piece of rope; **en ~ ou de ~** [*tapis*] whipcord; **à semelle de ~** rope-soled; **grimper ou monter à la ~** to climb a rope; **être envoyé dans les ~s** (*Boxe*) to be thrown against the ropes ⓑ (*sur instrument de musique, raquette*) string; **instruments à ~s** stringed instruments; **les ~s** the strings; **orchestre/quatuor à ~s** string orchestra/quartet ⓒ (*Courses*) rails; **à la ~** on the inside; **prendre un virage à la ~** to take a bend on the inside ⓓ (*locutions*) **être sur la ~ raide** to be walking a tightrope; **avoir plusieurs ~s à son arc** to have more than one string to one's bow; **c'est dans ses ~s** it's right up his street (*Brit*) *ou* alley (*US*); **est-ce que c'est dans ses ~s ?** is he up to it?;

ce n'est pas dans mes ~s it's not my line; **tirer sur la ~** to push one's luck*; **toucher la ~ sensible de qn** to find sb's soft spot; **il pleut** *ou* **il tombe des ~s*** it's pouring with rain 2 COMP ◆ **corde à linge** clothes line ◆ **corde lisse** (climbing) rope ◆ **corde à nœuds** knotted rope ◆ **corde à sauter** skipping rope, jump rope (*US*) ◆ **cordes vocales** vocal cords

cordeau (*pl* **cordeaux**) */kɔrdo/* NM (= *corde*) string ◆ **tiré au cordeau** as straight as a die

cordée */kɔrde/* NF [*d'alpinistes*] roped party; **premier de ~** leader

cordial, e (*mpl* **-iaux**) */kɔrdjal, jo/* ADJ [*accueil, sentiment, personne*] warm

cordialement */kɔrdjalmɑ̃/* ADV [*recevoir*] warmly; **vous êtes tous ~ invités** you are all cordially invited; **il le détestait ~** he heartily detested him; **~ (vôtre)** (*en fin de lettre*) kind regards; **bien ~** (*en fin de lettre*) kindest regards

cordialité */kɔrdjalite/* NF warmth

cordillère */kɔrdijɛr/* NF mountain range; **la ~ des Andes** the Andes cordillera

cordon */kɔrdɔ̃/* 1 NM ⓐ [*de rideau*] cord; [*de tablier*] tie; [*de sac, bourse*] string; [*de chaussures*] lace; **~ de sonnette** bell pull; **tenir les ~s de la bourse** to hold the purse strings ⓑ (= *décoration*) sash 2 COMP ◆ **cordon littoral** offshore bar ◆ **cordon ombilical** umbilical cord ◆ **cordon sanitaire** cordon sanitaire

cordonnerie */kɔrdɔnri/* NF (= *boutique*) shoe-repair shop

cordonnier, -ière */kɔrdɔnje, jɛr/* NM,F cobbler

Corée */kɔre/* NF Korea; **~ du Sud/du Nord** South/North Korea

coréen, -enne */kɔreɛ̃, ɛn/* 1 ADJ Korean 2 NM (= *langue*) Korean 3 NM,F **Coréen(ne)** Korean

coriace */kɔrjas/* ADJ tough

coriandre */kɔrjɑ̃dr/* NF coriander

cormoran */kɔrmɔrɑ̃/* NM cormorant

cornac */kɔrnak/* NM [*d'éléphant*] elephant driver

corne */kɔrn/* 1 NF ⓐ horn; [*de cerf*] antler; [*de narval*] tusk; **~s** horns; **sa femme lui fait porter des ~s*** his wife cheats on him* ⓑ (= *coin*) [*de page*] dog-ear ⓒ (= *peau dure*)* **avoir de la ~** to have patches of hard skin 2 COMP ◆ **corne d'abondance** horn of plenty ◆ **corne de brume** foghorn

cornée */kɔrne/* NF cornea

corneille */kɔrnej/* NF crow

cornélien, -ienne */kɔrneljɛ̃, jɛn/* ADJ [*situation*] where love and duty conflict

cornemuse */kɔrnəmyz/* NF bagpipes; **joueur de ~** piper

corner¹ */kɔrne/* /TABLE 1/ VT [+ *page*] to turn down the corner of

corner² */kɔrnɛr/* NM (*Football*) corner kick; **tirer un ~** to take a corner

cornet */kɔrnɛ/* NM **~ (en papier)** paper cone; **~ de frites** ≈ bag of chips; **~ de glace** ice-cream cone

corniche */kɔrniʃ/* NF [*de montagne*] ledge; (= *côte*) coast road

cornichon */kɔrniʃɔ̃/* NM gherkin; (*en condiment*) gherkin (*Brit*), pickle (*US*); (= *personne*)* nitwit*

Cornouailles */kɔrnwaj/* NF **la ~** Cornwall

cornu, e */kɔrny/* 1 ADJ [*animal, démon*] horned 2 NF **cornue** (= *récipient*) retort

corollaire */kɔrɔlɛr/* NM corollary

corolle */kɔrɔl/* NF corolla

coronaire */kɔrɔnɛr/* ADJ coronary

corporation */kɔrpɔrasjɔ̃/* NF corporate body; **dans notre ~** in our profession

corporel, -elle */kɔrpɔrɛl/* ADJ [*châtiment*] corporal; [*sévices*] physical; [*accident*] involving physical injury; [*besoin*] bodily; **lait ~** body lotion

corps */kɔr/* 1 NM ⓐ (*Anatomie*) body; (= *cadavre*) corpse;

robe près du ~ close-fitting dress
ⓑ (*Sciences*) body; **~ étranger** foreign body; **~ gras** fat
ⓒ [*d'article, ouvrage*] main body; [*de meuble*] main part
ⓓ [*de vin*] body
ⓔ (= *groupe*) body; (*Mil*) corps; **le ~ politique** the body politic; **le ~ enseignant/médical** the teaching/medical profession; **les grands ~ de l'État** the senior branches of the civil service
ⓕ (*locutions*) **se jeter** *ou* **se lancer à ~ perdu dans une entreprise** to throw o.s. wholeheartedly into a venture; **disparaître ~ et biens** to go down with all hands; (*fig*) to sink without trace; **donner ~ à qch** to give substance to sth; **il fait ~ avec sa moto** his motorbike is like an extension of his body; **prendre ~** to take shape; **il faudra qu'ils me passent sur le ~ !** over my dead body!; **faire qch à son ~ défendant** to do sth unwillingly; **ça tient au ~*** it's filling
2 COMP ♦ corps d'armée army corps **♦ corps de ballet** corps de ballet **♦ corps à corps** clinch; **se battre (au) ~ à ~** to fight hand-to-hand **♦ le corps diplomatique** the Diplomatic Corps **♦ corps électoral** electorate **♦ corps expéditionnaire** task force **♦ corps de métier** trade association

corpulence /kɔʀpylɑ̃s/ NF stoutness; **(être) de forte ~** (to be) stout

corpulent, e /kɔʀpylɑ̃, ɑ̃t/ ADJ stout

corpuscule /kɔʀpyskyl/ NM corpuscle

correct, e /kɔʀɛkt/ ADJ ⓐ (= *exact*) [*plan*] accurate; [*phrase*] correct; [*emploi, fonctionnement*] proper; **~ !** (*en réponse*) correct! ⓑ (= *convenable*) [*tenue*] proper ⓒ (= *courtois*) polite; **ce n'est pas très ~ de sa part** that's rather rude of him ⓓ (= *honnête*) correct ⓔ (= *acceptable*) [*repas, hôtel, salaire*] reasonable

correctement /kɔʀɛktəmɑ̃/ ADV [*fonctionner, parler, écrire, se nourrir*] properly; [*évaluer*] accurately; [*rémunérer*] decently; **vivre ~** to live reasonably well

correcteur, -trice /kɔʀɛktœʀ, tʀis/ 1 NM,F [*d'examen*] examiner 2 NM ♦ **d'orthographe** *ou* **orthographique** spellchecker; **~ liquide** correcting fluid

correctif /kɔʀɛktif/ NM (= *mise au point*) qualifying statement; **apporter un ~ à qch** (= *corriger*) to correct an error in sth; (= *ajouter une précision à*) to qualify sth

correction /kɔʀɛksjɔ̃/ NF ⓐ (= *action*) [*de manuscrit*] correction; [*d'examen*] marking (*Brit*), grading (*US*); **faire des ~s sur un texte** to correct a text; **apporter une ~ aux propos de qn** to amend what sb has said; **j'ai fait la ~ du devoir avec les élèves** I went through the pupils' essays with them ⓑ (= *châtiment*) (corporal) punishment; **recevoir une bonne ~** to get a good hiding* ⓒ [*de conduite*] **il a fait preuve d'une parfaite ~** he behaved impeccably; **je l'ai fait par ~** it was the polite thing to do

correctionnel, -elle /kɔʀɛksjɔnɛl/ 1 ADJ **tribunal ~** ≈ magistrate's court (*dealing with criminal matters*) 2 NF **correctionnelle** ≈ magistrate's court; **passer en ~le** to go before the magistrate

corrélation /kɔʀelasjɔ̃/ NF correlation; **être en ~ étroite avec** to be closely related to; **mettre en ~** to correlate

correspondance /kɔʀɛspɔ̃dɑ̃s/ NF ⓐ (= *échange, lettres*) correspondence ⓑ (*Transports*) connection; **vols en ~** connecting flights; **l'autobus n'assure pas la ~ avec le train** the bus does not connect with the train

correspondant, e /kɔʀɛspɔ̃dɑ̃, ɑ̃t/ 1 ADJ corresponding (**à** to) 2 NM,F ⓐ (= *élève*) penfriend; **~ de guerre/à l'étranger** war/foreign correspondent; **de notre ~ permanent à Londres** from our correspondent in London ⓑ (*Téléc*) **mon ~** (= *appelé*) the person I was calling; (= *appelant*) the caller; **le numéro de votre ~ a changé** the number you have dialled has changed; **nous recherchons votre ~** we are trying to connect you

correspondre /kɔʀɛspɔ̃dʀ/ /TABLE 41/ 1 VI (= *écrire*) to correspond 2 VT INDIR **~ à** (= *être équivalent*) to correspond to; (= *s'accorder avec*) [+ *goûts*] to suit; [+ *capacités, description*] to fit; **sa version des faits ne correspond pas à la réalité** his version of the facts doesn't tally with what really happened

corrida /kɔʀida/ NF bullfight

corridor /kɔʀidɔʀ/ NM corridor

corrigé /kɔʀiʒe/ NM [*d'exercice*] correct version; [*de traduction*] fair copy; **~s** (*en fin de manuel*) key to exercises; (*livre du professeur*) answer book; [*d'examens*] past papers

corriger /kɔʀiʒe/ /TABLE 3/ VT ⓐ [+ *dictée*] to correct; [+ *examen*] to mark (*Brit*), to grade (*US*) ⓑ [+ *erreur, défaut*] to correct; [+ *abus*] to remedy; [+ *manières*] to improve; [+ *trajectoire, vue*] to correct ⓒ **~ qn de** [+ *défaut*] to cure sb of; **tu ne le corrigeras pas à son âge** it's too late to make him change his ways ⓓ (= *punir*) to thrash

corroborer /kɔʀɔbɔʀe/ /TABLE 1/ VT to corroborate

corroder (se) /kɔʀɔde/ /TABLE 1/ VPR to corrode

corrompre /kɔʀɔ̃pʀ/ /TABLE 41/ VT to corrupt; (= *soudoyer*) to bribe

corrompu, e /kɔʀɔ̃py/ (*ptp de* **corrompre**) ADJ corrupt

corrosif, -ive /kɔʀozif, iv/ ADJ corrosive; [*ironie, œuvre, écrivain*] caustic

corrosion /kɔʀozjɔ̃/ NF corrosion

corrupteur, -trice /kɔʀyptœʀ, tʀis/ NM,F (= *qui soudoie*) briber

corruption /kɔʀypsjɔ̃/ NF corruption; (*en soudoyant*) bribery

corsage /kɔʀsaʒ/ NM (= *chemisier*) blouse; [*de robe*] bodice

corsaire /kɔʀsɛʀ/ NM ⓐ (*Hist* = *marin, navire*) privateer; (= *pirate*) pirate ⓑ (**pantalon**) **~** breeches

Corse /kɔʀs/ NF Corsica

corse /kɔʀs/ 1 ADJ Corsican 2 NMF **Corse** Corsican

corsé, e /kɔʀse/ (*ptp de* **corser**) ADJ ⓐ [*vin*] full-bodied; [*café*] (= *parfumé*) full-flavoured (*Brit*) *ou* -flavored (*US*); (= *fort*) strong ⓑ [*histoire*] spicy ⓒ [*addition*]* steep*; [*exercice*]* tough

corser /kɔʀse/ /TABLE 1/ VT [+ *difficulté*] to intensify; **l'affaire se corse !** the plot thickens!

corset /kɔʀsɛ/ NM corset

corso /kɔʀso/ NM **~ (fleuri)** flower parade

cortège /kɔʀtɛʒ/ NM [*de fête, manifestants*] procession; (*officiel*) cortège; **~ nuptial** bridal procession; **~ funèbre** funeral procession; **~ de** [+ *malheurs, faillites*] trail of

cortex /kɔʀtɛks/ NM cortex

cortisone /kɔʀtizɔn/ NF cortisone

corvée /kɔʀve/ NF (*Mil*) (= *travail*) fatigue; **être de ~** to be on fatigue; **être de ~ de vaisselle*** to be on dishwashing duty; **quelle ~ !** what a chore!

coryza /kɔʀiza/ NM head cold

cosinus /kɔsinys/ NM cosine

cosmétique /kɔsmetik/ 1 ADJ, NM cosmetic 2 NF **la ~** the cosmetics industry

cosmique /kɔsmik/ ADJ cosmic

cosmonaute /kɔsmɔnot/ NMF cosmonaut

cosmopolite /kɔsmɔpɔlit/ ADJ cosmopolitan

cosmos /kɔsmos/ NM **le ~** (= *l'univers*) the cosmos; (= *l'espace*) space

cosse /kɔs/ NF [*de pois, haricots*] pod

cossu, e /kɔsy/ ADJ [*personne*] well-off; [*maison*] grand; [*quartier*] wealthy

costar(d)* /kɔstaʀ/ NM suit

Costa Rica /kɔstaʀika/ NM Costa Rica

costaud, e* /kɔsto, od/ ADJ strong; **c'est ~ comme voiture** it's a sturdy car

costume /kɔstym/ NM ⓐ (= *complet*) suit; **~ trois pièces** three-piece suit; **en ~-cravate** in a suit and tie ⓑ (*régional, d'acteur*) costume

costumé, e /kɔstyme/ ADJ [*personne*] (*dans un bal*) in fancy dress; (*au théâtre*) in costume

cotation /kɔtasjɔ̃/ NF valuation; **~ en Bourse** listing on the stock exchange

cote /kɔt/ 1 NF ⓐ [*de valeur boursière*] quotation; [*de voi-*

ture d'occasion] quoted value; (*aux courses*) odds (**de** on); **la ~ de Banjo est de 3 contre 1** the odds on Banjo are 3 to 1 ⓑ (= *popularité*) rating; **avoir la ~*** to be very popular (**auprès de** with), to be highly rated (**auprès de** by); **elle a/ n'a pas la ~*** auprès du patron she is/isn't in the boss's good books; **~ de popularité/de confiance** popularity/ approval rating ⓒ (*pour classement*) classification mark; [*de livre de bibliothèque*] classification mark (*Brit*), call number (*US*) **2** COMP ♦ **cote d'alerte** [*de rivière*] flood level; **atteindre la ~ d'alerte** [*chômage, épidémie*] to reach crisis point; [*pollution*] to reach dangerous levels

coté, e /kɔte/ (*ptp de coter*) ADJ (= *apprécié*) **être très ~** to be highly rated

côte /kot/ **1** NF ⓐ (*Anatomie*) rib; **~ à ~** side by side ⓑ (*Boucherie*) chop; [*de bœuf*] rib; **~ première** loin chop ⓒ [*de chou, tissu*] rib; **veste à ~s** ribbed jacket; **faire les poignets en ~s** (*Tricot*) to do the cuffs in rib ⓓ (= *pente*) slope; **il a dû s'arrêter dans la ~** he had to stop on the hill ⓔ (= *littoral*) coast; (= *ligne du littoral*) coastline; **les ~s de France** the French coastline; **la Côte (d'Azur)** the (French) Riviera; **sur la ~, il fait plus frais** it is cooler on the coast; **la route qui longe la ~** the coast road **2** COMP ♦ **la Côte d'Ivoire** the Ivory Coast

côté /kote/ NM ⓐ (= *partie du corps*) side; **être couché sur le ~** to be lying on one's side; **à son ~** at his side ⓑ [*d'objet, route, feuille*] side; **de chaque ~** *ou* **des deux ~s de la cheminée** on each side *ou* on both sides of the fireplace; **il a sauté de l'autre ~ du ruisseau** he jumped across the stream; **de l'autre ~ de la barricade** *ou* **de la barrière** on the other side of the fence; **changer de ~** (*Tennis*) to change ends ⓒ (= *aspect*) side; **le ~ pratique** the practical side; **les bons et les mauvais ~s** (*de qn*) the good and bad sides; (*de qch*) the pros and cons; **il a un ~ sympathique** there's a likeable side to him; **prendre qch du bon ~** to take sth well; **par certains ~s** in some ways; (**du**) **~ santé tout va bien** healthwise everything is fine ⓓ (= *parti, branche familiale*) side; **de mon ~** on my side; **du ~ paternel** on his father's side ⓔ (*direction*) side; **de ce ~-ci** this way; **de ce ~-là** that way; **de l'autre ~** the other way; **nous habitons du ~ de la poste** we live near the post office; **ils se dirigeaient du ~ de l'église/du ~ opposé** they were heading towards the church/in the opposite direction; **venir de tous ~s** to come from all directions; **renseigne-toi de ton ~, je me renseignerai du mien** you find out what you can and I'll do the same; **voir de quel ~ vient le vent** to see which way the wind is blowing; **~ du vent** windward side; **~ sous le vent** leeward side ⓕ (= *donnant sur*) **une chambre ~ rue** a bedroom overlooking the street; **~ cour/jardin** (*Théât*) stage left/right ♦ **à côté** (*proximité*) nearby; (= *pièce ou maison adjacente*) next door; (= *en comparaison*) in comparison; **l'hôtel est à ~** the hotel is close; **la maison (d')à ~** the house next door; **nos voisins d'à ~** our next-door neighbours; **les bombes sont tombées à ~** the bombs fell wide; **je suis tombé à ~** (= *me suis trompé*) I got it all wrong; **elle a été très malade, ton rhume n'est rien à ~** she's been very ill, your cold is nothing in comparison ♦ **à côté de** (= *à proximité de*) next to; (= *en comparaison de*) compared to; **tu es passé juste à ~ du château** you were right by the castle; **à ~ de la cible** wide of the target; **il a répondu à ~ de la question** (*sans le faire exprès*) his answer was off the point; (*intentionnellement*) he avoided the question; **on passe à ~ de beaucoup de choses en ne voyageant pas** you miss a lot by not travelling; **on est passé à ~ de la médaille d'or** we just missed winning the gold medal; **leur maison est grande à ~ de la nôtre** their house is big compared to ours; **il est paresseux, à ~ de ça il aime son travail*** he's lazy, but on the other hand he does like his work ♦ **aux côtés de** (*à proximité de, avec*) by the side of; [*travailler, s'engager*] alongside

♦ **de côté** (= *de biais*) [*regarder, se tourner, faire un pas*] sideways; (= *en réserve*) [*mettre, garder*] aside; **mettre de l'argent de ~** to put money by; **laisser qn/qch de ~** (= *à l'écart*) to leave sb/sth out

coteau (*pl* **coteaux**) /kɔto/ NM (= *colline*) hill; (= *versant*) slope

côtelé, e /kot(ə)le/ ADJ ribbed

côtelette /kotlɛt/ NF cutlet

coter /kɔte/ /TABLE 1/ **1** VT **coté en Bourse** quoted on the stock exchange; **être coté (à l'Argus)** [*voiture*] to be listed (*in the secondhand car directory*) **2** VI (*Bourse*) **valeur qui cote 500 €** share quoted at €500

côtier, -ière /kotje, jɛʁ/ ADJ coastal; [*pêche*] inshore

cotillons /kɔtijɔ̃/ NMPL party novelties (*confetti, streamers, paper hats etc*)

cotisation /kɔtizasjɔ̃/ NF [*de club, syndicat*] subscription; [*de pension, mutuelle*] contributions (*pl*); **~s sociales** social security contributions

cotiser /kɔtize/ /TABLE 1/ **1** VI (*dans un club*) to pay one's subscription; (*à la Sécurité sociale*) to pay one's contributions (**à** to); **tu as cotisé pour le cadeau ?** did you chip in* for the present? **2** VPR **se cotiser**: **ils se sont cotisés pour lui faire un cadeau** they clubbed together to get him a present

coton /kɔtɔ̃/ NM ⓐ (= *plante, fil*) cotton; **~ à broder** embroidery thread; **~ à repriser** darning thread; **~ hydrophile** cotton wool (*Brit*), absorbent cotton (*US*); **robe de ~** cotton dress ⓑ (= *tampon*) swab ⓒ (*locutions*) **j'ai les jambes en ~** my legs feel like jelly; **c'est ~*** it's tricky*

Coton-tige ® (*pl* **Cotons-tiges**) /kɔtɔ̃tiʒ/ NM cotton bud (*Brit*), Q-tip ® (*US*)

côtoyer /kotwaje/ /TABLE 8/ **1** VT (= *fréquenter*) to mix with; **je l'ai peu côtoyé** I didn't see much of him; **~ le danger** to flirt with danger **2** VPR **se côtoyer** [*individus*] to mix; [*genres, extrêmes*] to meet

cou /ku/ NM neck; **porter qch au ~** to wear sth round one's neck; **endetté jusqu'au ~** up to one's eyes in debt; **il est impliqué jusqu'au ~** he's in it up to his neck*; **sauter** *ou* **se jeter au ~ de qn** to throw one's arms around sb's neck

couac /kwak/ NM false note; (*fig*) tricky moment

couchage /kuʃaʒ/ NM (= *matelas, draps*) bedding (*NonC*); **pour ~ 90** (= *matelas*) for mattress size 90cm

couchant /kuʃɑ̃/ **1** ADJ **soleil ~** setting sun; **au soleil ~** at sunset **2** NM (= *ouest*) west; (= *coucher du soleil, à l'ouest*) sunset

couche /kuʃ/ NF ⓐ [*de peinture*] coat; [*de beurre, fard, neige*] layer; **en tenir une ~*** to be really thick* ⓑ (= *zone*) layer; **la ~ d'ozone** the ozone layer; **~s sociales** social strata; **dans toutes les ~s de la société** at all levels of society ⓒ [*de bébé*] nappy (*Brit*), diaper (*US*)

couché, e /kuʃe/ (*ptp de coucher*) ADJ (= *étendu*) lying down; (*au lit*) in bed; **Rex, ~ !** lie down, Rex!

couche-culotte /kuʃkylɔt/ (*pl* **couches-culottes**) NF disposable nappy (*Brit*) ou diaper (*US*)

coucher /kuʃe/ /TABLE 1/ **1** VT ⓐ (= *mettre au lit*) to put to bed; (= *donner un lit à*) to put up ⓑ (= *étendre*) [+ *blessé*] to lay down; [+ *bouteille*] to lay on its side; **il y a un arbre couché en travers de la route** there's a tree lying across the road; **le vent a couché les blés** the wind has flattened the corn **2** VI ⓐ (= *passer la nuit*) to sleep; **nous avons couché à l'hôtel** we spent the night at a hotel; **nous couchions chez des amis** we were staying with friends; **on peut ~ à cinq dans le bateau** the boat sleeps five ⓑ (= *avoir des rapports sexuels*) **~ avec qn** to sleep with sb **3** VPR **se coucher** ⓐ (= *aller au lit*) to go to bed ⓑ (= *s'étendre*) to lie down; **un poteau s'est couché au travers de la route** there's a telegraph pole lying across the road ⓒ [*soleil, lune*] to set

4 NM ⓐ (= *moment*) **à prendre au ~** [*médicament*] to be taken at bedtime

ⓑ(= *tombée de la nuit*) ~ **de soleil** sunset; **au ~ du soleil** at sunset

couche-tard* /kuʃtaʀ/ NMF INV night owl*

couche-tôt* /kuʃto/ NMF INV **c'est un ~** he always goes to bed early

couchette /kuʃɛt/ NF (*dans un train*) berth; [*de marin*] bunk

couci-couça* /kusikusa/ ADV SO-SO*

coucou /kuku/ 1 NM ⓐ(= *oiseau*) cuckoo; (= *pendule*) cuckoo clock ⓑ(= *fleur*) cowslip ⓒ(= *bonjour*)* **faire un petit ~** to say hello (**à** to) 2 EXCL (**à** *cache-cache*) peek-a-boo!; (= *bonjour*) hello!; **~, c'est moi!** hello!, it's me!

coude /kud/ NM ⓐ[*de personne*] elbow; **se serrer les ~s** to stick together; **donner un coup de ~ à qn** (*légèrement*) to give sb a nudge; (*plus brutalement*) to elbow sb; **être au ~ à ~** [*coureurs, candidats*] to be neck and neck; **j'ai** *ou* **je garde votre dossier sous le ~** I am holding on to your file; **j'ai toujours ce dictionnaire sous le ~** I always keep this dictionary handy ⓑ[*de rivière, route, tuyau, barre*] bend

coudée /kude/ NF **avoir les ~s franches** to have elbow room

cou-de-pied (*pl* **cous-de-pied**) /kud(ə)pje/ NM instep

coudre /kudʀ/ /TABLE 48/ 1 VT to sew; [+ *pièce, bouton*] to sew on; [+ *plaie*] to sew up; [+ *vêtement*] to sew together; **~ un bouton/une pièce à une veste** to sew a button/patch on a jacket; **~ à la main/à la machine** to sew by hand/by machine 2 VI to sew

Coué /kwe/ NM **il faut pratiquer** *ou* **utiliser la méthode ~** you need to try self-persuasion

couette /kwɛt/ NF ⓐ[*de cheveux*] **~s** bunches ⓑ(= *couverture*) duvet

couffin /kufɛ̃/ NM [*de bébé*] Moses basket

couille*̈ /kuj/ NF ⓐ(= *testicule*) ball*̈; **avoir des ~s** (*courage*) to have balls*̈ ⓑ(= *erreur, problème*) balls-up*̈ (*Brit*), ball-up*̈ (*US*)

couillon*̈ /kujɔ̃/ 1 ADJ M damn*̈ stupid 2 NM damn*̈ idiot

couillonner*̈ /kujɔne/ /TABLE 1/ VT to con*

couinement /kwinmɑ̃/ NM [*de porc, freins*] squeal; [*de souris*] squeak; [*de porte, ressort*]ʿcreak

couiner* /kwine/ /TABLE 1/ VI [*porc, freins*] to squeal; [*souris*] to squeak; [*porte, ressort*] to creak

coulant ℮ /kulɑ̃, ɑ̃t/ ADJ ⓐ[*pâte, fromage*] runny ⓑ(= *indulgent*) [*personne*]* easy-going

coulé ℮ /kule/ (*ptp de* **couler**) 1 ADJ (*bataille navale*) (**touché**) **~!** she's gone under! 2 NF **coulée:** **~e de lave** lava flow; **~e de boue** mudslide; **~e de neige** snowslide; **~e verte** pedestrian zone (*with trees and grass*)

couler /kule/ /TABLE 1/ 1 VI ⓐ[*liquide, fromage*] to run; [*sang, larmes, rivière*] to flow; [*bougie*] to drip; **la sueur coulait sur son visage** he had sweat running down his face; **à flots** [*vin, champagne*] to be flowing freely; **le sang a coulé** (*fig*) blood has been shed; **~ de source** (= *être clair*) to be obvious; (= *s'enchaîner*) to follow naturally ⓑ **faire ~** [+ *eau*] to run; **faire ~ un bain** to run a bath; **faire ~ le sang** (*fig*) to cause bloodshed; **ça a fait ~ beaucoup d'encre** it has caused a lot of ink to flow ⓒ [*robinet*] to run; (= *fuir*) to leak; **il a le nez qui coule** he's got a runny nose ⓓ [*bateau, personne*] to sink; [*entreprise*] to go under; **~ à pic** to sink straight to the bottom

2 VT ⓐ [+ *cire, ciment*] to pour; [+ *métal, statue, cloche*] to cast ⓑ (= *passer*) **~ des jours heureux** to have a happy time ⓒ [+ *bateau*] to sink; (= *faire échouer*)* [+ *candidat*] to bring down; [+ *entreprise*] to wreck; **c'est la chimie qui l'a coulé*** it was the chemistry test that brought him down

3 VPR **se couler** ⓐ (= *se glisser*) **se ~ dans/à travers** to slip into/through ⓑ **se la ~ douce*** (= *avoir la belle vie*) to have an easy time of it*; (= *paresser*) to take it easy

couleur /kulœʀ/ 1 NF ⓐ(= *coloris*) colour (*Brit*), color (*US*); (= *nuance*) shade; **une robe de ~ bleue** a blue dress;

de ~ sombre dark-coloured; **film en ~s** colour film; **vêtements noirs ou de ~** dark or colourful clothes; **la ~** *ou* **les ~s** (= *linge de couleur*) coloureds; **se faire faire une ~** to have one's hair coloured ⓑ(= *peinture*) paint; **~s à l'eau** watercolours; **~s à l'huile** oils; **boîte de ~s** paintbox ⓒ(= *carnation*) **avoir des ~s** to have a good colour; **tu as pris des ~s** (*bronzage*) you've got a tan ⓓ(= *caractère*) colour (*Brit*), color (*US*); **~ politique** political colour; **ces costumes font très ~ locale** these costumes give plenty of local colour ℮(*Cartes*) suit ⓕ(*Sport*) **~s** [*de club, écurie*] colours (*Brit*), colors (*US*) ⓖ(*locutions*) **homme/femme de ~** coloured man/woman; **elle n'a jamais vu la ~ de son argent*** she's never seen the colour of his money*; **il m'a promis un cadeau mais je n'en ai jamais vu la ~*** he promised me a present but I've yet to see it

2 ADJ INV **~ mousse** moss-green; **~ prune** plum-coloured (*Brit*) *ou* colored (*US*)

couleuvre /kulœvʀ/ NF **~ (à collier)** grass snake

coulis /kuli/ NM (= *sauce*) coulis; **~ de framboises/de tomates** raspberry/tomato coulis

coulissant ℮ /kulisɑ̃, ɑ̃t/ ADJ [*porte, panneau*] sliding; **ceinture ~e** drawstring belt

coulisse /kulis/ NF ⓐ(*Théât: gén pl*) wings; **en ~** *ou* **dans les ~s** (*Théât*) in the wings; (*fig*) behind the scenes; **les ~s de la politique** what goes on behind the political scenes; **rester dans la ~** to work behind the scenes ⓑ **porte à ~** sliding door

coulisser /kulise/ /TABLE 1/ VI [*porte, tiroir*] to slide

couloir /kulwaʀ/ NM [*de bâtiment*] corridor (*Brit*), hall (*US*); [*d'avion, train*] aisle; [*de piscine, piste, bus, taxi*] lane; (*Géog*) gully; (*Tennis*) tramlines (*Brit*), alley (*US*); (*Ski*) corridor; **~ aérien** air (traffic) lane; **~ humanitaire** safe corridor; **~ d'avalanches** avalanche corridor; **bruits de ~(s)** rumours

---

coup /ku/

► *Lorsque* **coup** *est suivi d'un complément de nom désignant une partie du corps ou un instrument, par exemple* **coup de pied, coup de téléphone**, *reportez-vous à l'autre mot.*

NOM MASCULIN

ⓐ = **heurt, choc** blow; **il a pris un ~ sur la tête** (= *il s'est cogné*) he banged his head; (= *on l'a frappé*) he was hit on the head; **la voiture a reçu un ~** the car has had a bump; **donner des ~s dans la porte** to bang on the door; **en prendre un sacré ~*** [*carrosserie*] to have a nasty bang; [*personne, confiance, moral*] to take a (real) knock; **ça lui a fichu un ~*** it's given him a shock; **~ dur** hard blow; **il m'a donné un ~** he hit me; **en venir aux ~s** to come to blows; **~s et blessures** assault and battery

ⓑ **Sport, jeux** (*Cricket, Golf, Tennis*) stroke; (*Boxe*) punch; (*Tir*) shot; (*Échecs*) move; (*aux dés*) throw; **~ droit** (*Tennis*) drive; **faire un ~ droit** to do a forehand drive; **~ bas** blow below the belt; **c'était un ~ bas** it was below the belt; **~ franc** (*Football, Rugby*) free kick; (*Basket*) free-throw shot; **tous les ~s sont permis** no holds barred

ⓒ **d'arme à feu** shot; **il jouait avec le fusil quand le ~ est parti** he was playing with the rifle when it went off

ⓓ = **habileté** **avoir le ~** to have the knack; **attraper** *ou* **prendre le ~** to get the knack

℮ = **bruit** knock; **sonner 3 ~s** to ring 3 times; **les douze ~s de minuit** the twelve strokes of midnight; **sur le ~ de minuit*** on the stroke of midnight

ⓕ = **événement** **~ du sort** blow dealt by fate; **~ de chance** *ou* **de bol*** stroke of luck

ⓖ = **action** [*de cambrioleurs*] job*; **il est sur un ~*** he's up to something; **elle voulait cette maison, mais ils étaient plusieurs sur le ~*** she wanted that house but there were several people after it*; **c'est un ~ à tenter** it's worth a go*; **il a raté son ~** he blew it*; **c'est un ~ à se tuer !*** you could get yourself killed doing that!; **c'est encore un ~ de**

1 000 €* that'll be another 1,000 euros to fork out*; **~ monté** set-up*; **tu ne vas pas nous faire le ~ d'être malade** you're not going to go and be ill on us*; **il nous fait le ~ chaque fois** he always does that; **faire un ~ en vache à qn*** to pull a dirty trick on sb*

ⓗ **= fois*** time; **à tous les ~s** every time; **du même ~** at the same time; **pleurer un bon ~** to have a good cry

ⓘ **= boisson*** **aller boire un ~** to go and have something to drink; (au café) to go for a drink; **j'ai bu un ~ de rouge** I had a glass of red wine; **il a bu un ~ de trop** he's had one too many*

ⓙ **= partenaire sexuel** **::** **être un bon ~** to be a good lay**::**

ⓚ **locutions** **en mettre un ~*** to pull out all the stops*

♦ **à coup(s) de**: **le théâtre ne fonctionne qu'à ~s de subventions** (= au moyen de) the theatre can only function thanks to subsidies

♦ **à coup sûr** definitely

♦ **après coup** afterwards

♦ **au coup par coup** [agir] on an ad hoc basis; [embaucher, acheter] as and when the need arises

♦ **dans le coup**: **être dans le ~** (= impliqué) to be in on it*; (au courant) to know all about it; (à la page) to be with it*; **mettre qn dans le ~** to get sb involved

♦ **du coup** as a result

♦ **d'un seul coup** (= soudain) all at once; (= en une seule fois) in one go

♦ **du premier coup** [reconnaître, voir] straight away; **il a eu son permis de conduire du premier ~** he passed his driving test first time

♦ **pour le coup**: **là, pour le ~, il m'a étonné** he really surprised me there

♦ **sous le coup de**: **être sous le ~ d'une forte émotion** to be in a highly emotional state; **il l'a fait sous le ~ de la colère** he did it in a fit of anger; **être sous le ~ d'une condamnation** to have a current conviction; **tomber sous le ~ de la loi** to be a statutory offence

♦ **coup sur coup** in quick succession; **deux victoires ~ sur ~** two successive wins

♦ **sur le coup** (= instantanément) outright; **mourir sur le ~** to be killed outright; **sur le ~ je n'ai pas compris** at the time I didn't understand

♦ **tout à coup** all of a sudden

♦ **tout d'un coup** all of a sudden

♦ **valoir le coup**: **ça vaut le ~** it's worth it; **c'est un film qui vaut le ~** the film is worth seeing

---

coupable /kupabl/ 1 ADJ [personne, désirs, amour] guilty; [faiblesse] reprehensible 2 NMF culprit

coupant, e /kupɑ̃, ɑ̃t/ ADJ sharp

coupe[1] /kup/ NF ⓐ (à dessert, à glace) dish; **une ~ de champagne** a glass of champagne; **une ~ de fruits/de glace** a dish of fruit/of ice cream ⓑ (Sport) **la ~ du monde** the World Cup; **la ~ de France de football** the French football (Brit) ou soccer (US) cup

coupe[2] /kup/ NF ⓐ (= façon d'être coupé) cut; **robe de belle ~** beautifully cut dress; **beurre vendu à la ~** butter sold loose ⓑ [de cheveux] **~ (de cheveux)** (hair)cut; **~ au rasoir** razorcut; **faites-moi une ~ toute simple** just do something simple ⓒ (au microscope) section ⓓ (= dessin) section; **le navire vu en ~** a cross section of the ship ⓔ (= réduction) cut; **faire des ~s dans qch** to make cuts in sth; **faire des ~s claires** ou **sombres dans qch** to make drastic cuts in sth ⓕ (locutions) **être sous la ~ de qn** [personne] to be under sb's thumb

coupé, e /kupe/ (ptp de **couper**) 1 ADJ ⓐ [vêtement] **bien/mal ~** well/badly cut ⓑ [communications, routes] cut off (attrib) 2 NM (= voiture) coupé

coupe-circuit (pl **coupe-circuits**) /kupsiʀkɥi/ NM circuit breaker

coupe-coupe /kupkup/ NM INV machete

---

coupe-faim (pl **coupe-faim(s)**) /kupfɛ̃/ NM appetite suppressant

coupe-feu (pl **coupe-feu(x)**) /kupfø/ NM **porte ~** fire door

coupe-frites /kupfʀit/ NM INV chip-cutter (Brit), French-fry-cutter (US)

coupe-gorge (pl **coupe-gorge(s)**) /kupgɔʀʒ/ NM (= quartier) dangerous area; (= rue) dangerous back-alley

coupe-ongle(s) (pl **coupe-ongles**) /kupɔ̃gl/ NM nail clippers

coupe-papier /kuppapje/ NM INV paper knife

couper /kupe/ /TABLE 1/ 1 VT ⓐ (= sectionner) to cut; [+ bois] to chop; [+ arbre] to cut down; [+ rôti] to carve; **~ qch en (petits) morceaux** to cut sth into (little) pieces; **~ qch en deux** to cut sth in two; **~ coller** (Informatique) to cut and paste; **~ la tête à qn** to cut sb's head off; **se faire ~ les cheveux** to get one's hair cut ⓑ [+ vêtement] to cut out ⓒ [+ passages inutiles, émission] to cut ⓓ [+ eau, gaz, courant] to cut off; (au compteur) to turn off; [+ communications, crédits, téléphone] to cut off; **coupez!** (Ciné) cut!; **~ le contact** (Auto) to switch off the ignition; **~ l'appétit à qn** to spoil sb's appetite; **~ la route à qn** [automobiliste] to cut in front of sb ⓔ (= interrompre) **~ la parole à qn** [personne] to cut sb short; **~ le sifflet** ou **la chique à qn*** to shut sb up* ⓕ [+ voyage] to break; [+ journée] to break up ⓖ (= isoler) **~ qn de qch** to cut sb off from sth ⓗ (= traverser) [ligne] to intersect; [route] to cut across ⓘ (Cartes) [+ jeu] to cut; (avec l'atout) to trump ⓙ (Sport) [+ balle] to slice ⓚ (= mélanger) [+ lait, vin] (à table) to add water to; [+ vin] (à la production) to blend; (= altérer) [+ drogue, vin] to cut ⓛ (locutions) **~ les cheveux en quatre** to split hairs; **~ la respiration à qn** to wind sb; (fig) to take sb's breath away

2 VT INDIR ♦ **couper à qch** (= échapper à qch) to get out of sth; **tu n'y couperas pas** you won't get out of it

3 VI ⓐ [couteau, verre] to cut ⓑ (= prendre un raccourci) **~ à travers champs** to cut across country ⓒ (Cartes) (= diviser le jeu) to cut; (= jouer atout) to trump; **~ à trèfle** to trump clubs

4 VPR **se couper** ⓐ (= s'entailler) to cut o.s.; **se ~ les cheveux/les ongles** to cut one's hair/nails ⓑ **se ~ de** [+ amis, famille, pays] to cut o.s. off from ⓒ (= se trahir) to give o.s. away

couperet /kupʀɛ/ NM [de boucher] chopper; [de guillotine] blade

couperose /kupʀoz/ NF **avoir de la ~** to have blotches on one's face

couperosé, e /kupʀoze/ ADJ blotchy

coupe-vent (pl **coupe-vent(s)**) /kupvɑ̃/ NM (= vêtement) windcheater (Brit), windbreaker (US)

couple /kupl/ NM couple; [de patineurs, animaux] pair; **ils ont des problèmes de ~** things aren't going well between them

couplet /kuplɛ/ NM (= strophe) verse

coupole /kupɔl/ NF (Archit) dome; **être reçu sous la Coupole** to become a member of the Académie française → ACADÉMIE

coupon /kupɔ̃/ NM ⓐ (= reste de tissu) remnant; (= rouleau de tissu) roll ⓑ (= billet de transport) **~ hebdomadaire/mensuel** ≈ weekly/monthly pass ⓒ **~ de réduction** coupon

coupon-réponse (pl **coupons-réponse**) /kupɔ̃ʀepɔ̃s/ NM reply coupon

coupure /kupyʀ/ NF ⓐ (= blessure, suppression) cut ⓑ **~ (de presse** ou **de journal)** (newspaper) cutting ⓒ (= billet de banque) note (Brit), bill (US); **petites/grosses ~s** small/big notes ⓓ (= interruption) **~ (de courant)** power cut; **il y aura des ~s ce soir** (électricité) there'll be power cuts tonight; (gaz, eau) the gas (ou water) will be cut off tonight ⓔ (= arrêt, pause) break; **~ publicitaire** commercial break

cour /kur/ 1 NF ⓐ [de bâtiment] courtyard; ~ **d'école** schoolyard; ~ **de récréation** playground; **jouer dans la ~ des grands** (fig) to play with the big boys* ⓑ (= tribunal) court; **la Cour suprême** the Supreme Court ⓒ [de roi] court; **à la ~** at court ⓓ **faire la ~ à une femme** to court a woman

2 COMP ♦ **cour d'appel** ≈ Court of Appeal, ≈ appellate court (US) ♦ **cour d'assises** ≈ court of assizes ♦ **cour de cassation** Court of Cassation; (final) Court of Appeal ♦ **Cour européenne des droits de l'homme** European Court of Human Rights ♦ **Cour européenne de justice** European Court of Justice ♦ **cour martiale** court martial; **passer en ~ martiale** to be court-martialled

courage /kuraʒ/ NM ⓐ (= bravoure) courage; **avoir du ~** to be brave; **je n'ai pas eu le ~ de refuser** I didn't have the heart to refuse ⓑ (= ardeur) **je voudrais finir ce travail, mais je ne m'en sens pas** ou **je n'en ai pas le ~** I'd like to get this work finished, but I don't feel up to it; **~! nous y sommes presque!** take heart! we're almost there!; **avoir le ~ de ses opinions** to have the courage of one's convictions; **perdre ~** to lose heart; **reprendre ~** to take fresh heart

courageusement /kuraʒøzmã/ ADV bravely

courageux, -euse /kuraʒø, øz/ ADJ brave; **je ne suis pas très ~ aujourd'hui** I don't feel up to much today

couramment /kuramã/ ADV ⓐ (parler une langue) fluently ⓑ (= souvent) ~ **employé** commonly used; **ça se dit ~** it's a common expression; **cela arrive ~** it's a common occurrence; **cela se fait ~** it's common practice

courant, e /kurã, ãt/ 1 ADJ ⓐ (= normal) [dépenses] everyday; [modèle, taille] standard; **l'usage ~** everyday usage ⓑ (= fréquent) common; **c'est un procédé ~** it's common practice ⓒ (= en cours) [année, semaine] current; **votre lettre du 5 ~** your letter of the 5th of this month

2 NM ⓐ [de cours d'eau, mer, atmosphère] current; ~ **d'air** draught (Brit), draft (US); **plein de ~s d'air** very draughty; ~ **d'air chaud** warm air current; **il y a trop de ~** the current's too strong; **remonter le ~** to go against the current ⓑ (= mouvement) movement; **le ~ surréaliste** the surrealist movement; **les ~s de l'opinion** the trends of public opinion; **un ~ de sympathie** a wave of sympathy ⓒ (Élec) current; **il n'y a plus de ~** the electricity has gone off; **couper le ~** to cut off the power; **on s'est rencontré un soir et le ~ est tout de suite passé** we met one evening and hit it off straight away*; **le ~ ne passe pas entre nous** we don't get on ⓓ (= cours) **dans le ~ du mois** in the course of the month; **je dois le voir dans le ~ de la semaine** I'm to see him some time during the week; **dans le ~ de la conversation** in the course of the conversation; **le projet doit être fini ~ mai** the project is due to finish some time in May ⓔ ♦ **au courant** : **être au ~ de qch** to know about sth; **oui, je suis au ~** yes, I know; **mettre qn au ~ de qch** to tell sb about sth; **tenir qn au ~ de qch** to keep sb informed of sth; **si jamais ça recommence, tenez-moi au ~** if it happens again let me know

3 NF **courante⁑ : la ~e** the runs⁑

courbature /kurbatyr/ NF ache; **plein de ~s** stiff all over

courbaturé, e /kurbatyre/ ADJ stiff

courbe /kurb/ NF curve; ~ **de niveau** contour line

courber /kurbe/ /TABLE 1/ 1 VT (= pencher) ~ **la tête** to bow one's head 2 VPR **se courber** [personne] (pour entrer, passer) to bend down; (signe de déférence) to bow; **se ~ en deux** to bend double

courbure /kurbyr/ NF curve

coureur, -euse /kurœr, øz/ 1 NM,F runner; ~ **automobile** racing driver; ~ **cycliste** racing cyclist; ~ **motocycliste** motorbike racer; ~ **de fond** long-distance runner 2 NM womanizer

courge /kurʒ/ NF (= plante, fruit) gourd; (Cuisine) marrow (Brit), squash (US)

courgette /kurʒet/ NF courgette (Brit), zucchini (US)

courir /kurir/ /TABLE 11/ 1 VI ⓐ to run; (Auto, Cyclisme) to race; **entrer/sortir en courant** to run in/out; ~ **sur Ferrari** to race with Ferrari; **le voleur court toujours** the thief is still at large ⓑ (= se précipiter) to rush; ~ **chez le docteur** to rush to the doctor's; **ce spectacle fait ~ tout Paris** all Paris is rushing to see the show; **faire qch en courant** to do sth in a rush; **elle est toujours en train de ~** she's always rushing about; ~ **partout pour trouver qch** to hunt everywhere for sth; **tu peux toujours ~!** you can whistle for it!*; **pour enlever les taches, tu peux toujours ~*** if you think you'll get rid of those stains you've got another think coming* ⓒ (locutions) ~ **à l'échec** to be heading for failure; ~ **à sa perte** to be on the road to ruin; ~ **à la catastrophe** to be rushing headlong into disaster; ~ **après un ballon** to run after a ball; **les épinards, je ne cours pas après*** I'm not that keen on spinach; ~ **après qn** to run after sb; ~ **sur le système** ou **le haricot à qn⁑** to get on sb's nerves* ⓓ [nuages, reflets] to rush; [eau] to rush; **sa plume courait sur le papier** his pen was racing across the paper ⓔ (= se répandre) **le bruit court que ...** rumour has it that ...; **laisser ~*** to let things alone; **laisse ~ !*** forget it!* ⓕ [intérêt] to accrue; [bail] to run

2 VT ⓐ (Sport) [+ épreuve] to compete in; ~ **un 100 mètres** to run in a 100 metres race; ~ **le Grand Prix** to race in the Grand Prix ⓑ (= s'exposer à) ~ **de grands dangers** to be in great danger; ~ **un risque** to run a risk; **c'est un risque à ~** it's a risk we'll have to take; ~ **sa chance** to try one's luck ⓒ (= parcourir) [+ magasins, bureaux] to go round; **des gens comme lui, ça ne court pas les rues*** there aren't many like him ⓓ (= fréquenter) ~ **les filles** to chase the girls ⓔ (= ennuyer)⁑ ~ **qn** to bug sb*

couronne /kuron/ NF ⓐ [de mariée] headdress; ~ (**funéraire** ou **mortuaire**) (fleurs) (funeral) wreath; ~ **de lauriers** laurel wreath; ~ **d'épines** crown of thorns ⓑ [de roi, pape] crown; **la ~ d'Angleterre** the English crown ⓒ (= pain) ring-shaped loaf ⓓ [de dent] crown ⓔ (= périphérie) **la grande/petite ~** the outer/inner suburbs (of Paris) ⓕ (= monnaie) crown

couronnement /kuronmã/ NM [de roi, empereur] coronation; [de carrière, œuvre] crowning achievement

couronner /kurone/ /TABLE 1/ VT ⓐ [+ souverain] to crown; **on le couronna roi** he was crowned king ⓑ [+ ouvrage, auteur] to award a prize to ⓒ (= parachever) **cela couronne sa carrière** it is the crowning achievement of his career; **et pour ~ le tout** (iro) and to cap it all; **ses efforts ont été couronnés de succès** his efforts were crowned with success

courre /kur/ VT → **chasse**

courriel /kurjel/ NM e-mail; **envoyer qch par ~** to e-mail sth

courrier /kurje/ NM ⓐ (= lettres reçues) mail; (= lettres à écrire) letters; ~ **électronique** e-mail; **envoyer qch par ~ électronique** to e-mail sth ⓑ (= rubrique) column; ~ **du cœur** problem page; ~ **des lecteurs** letters to the Editor

courroie /kurwa/ NF (= attache) strap; (Tech) belt; ~ **de transmission/de ventilateur** driving/fan belt

cours /kur/ NM ⓐ (= leçon) class; (Univ = conférence) lecture; (= série de leçons) course; **faire** ou **donner un ~ sur** to give a class (ou lecture ou course) on; **il donne des ~ en fac*** he lectures at the university; **qui vous fait ~ en anglais ?** who takes you for English?; **je ne ferai pas ~ demain** I won't be teaching tomorrow; **j'ai (un) ~ d'histoire à quatorze heures** I've got a history class at two o'clock; ~ **accéléré** crash course (de in); ~ **du soir** (pl) evening classes; ~ **par correspondance** correspondence course; ~ **de vacances** summer school; **donner/prendre des ~ particuliers** to give/have private lessons; ~ **particuliers de piano** private piano lessons ⓑ (= enseignement) class; ~ **préparatoire/élémentaire/moyen** first/second or third/fourth or fifth year in primary school ⓒ (= établissement) school; ~ **de danse** dancing school

ⓓ [de rivière] **avoir un ~ rapide** to be fast-flowing; **sur une partie de son ~** on ou along part of its course; **descendre le ~ de la Seine** to go down the Seine; **~ d'eau** watercourse

ⓔ [de valeurs, matières premières] price; [de devises] rate; **avoir ~** [monnaie] to be legal tender; **ne plus avoir ~** [monnaie] to be out of circulation; [expression] to be obsolete; **~ du change** foreign exchange rate

ⓕ (= déroulement) course; **donner libre ~ à** [+ imagination] to give free rein to; [+ joie, sentiment] to give vent to; **il donna libre ~ à ses larmes** he let his tears flow freely

♦ **au cours de** during

♦ **en cours** [année] current; [affaires, essais] in progress

♦ **en cours de** in the process of; **c'est en ~ de réparation/réfection** it's being repaired/rebuilt; **le projet est en ~ d'étude** the project is under consideration; **en ~ de route** on the way

course /kuRs/ 1 NF ⓐ (= action de courir) running; **la ~ folle de la voiture s'est terminée dans le ravin** the car careered out of control and ended up in the ravine; **c'est la ~*** it's a race against the clock

ⓑ (= discipline) racing; **la ~ (à pied)** running; **~ de fond** long-distance running; **~ de demi-fond** middle-distance running; **faire la ~ avec qn** to race with sb

ⓒ (= compétition) race; **~ de fond/sur piste** long-distance/track race; **~ autour du monde (à la voile)** round-the-world (yacht) race; **les ~s** [de chevaux] horse racing; **aller aux ~s** to go to the races; **être/ne plus être dans la ~** [candidat] to be in the running/out of the running; **il n'est plus dans la ~*** (dépassé) he's out of touch

ⓓ (pour l'obtention de qch) race; **la ~ aux armements** the arms race; **la ~ au pouvoir** the race for power; **la ~ à la productivité** the drive to be ultraproductive

ⓔ (en taxi) ride; **payer (le prix de) la ~** to pay the fare

ⓕ (= commission) errand; **~s** (dans un magasin) shopping (NonC); **faire une ~** to get something from the shops (Brit) ou stores (US); **faire les ~s** to do the shopping

ⓖ [de pièce mobile] movement; **à** ou **en bout de ~** [institution, industrie, machine] on its last legs*; [personne] on one's last legs*

2 COMP ♦ **course automobile** motor race ♦ **course de chevaux** horse-race ♦ **course contre la montre** (Cyclisme) time trial; (fig) race against the clock ♦ **course de haies** hurdling (NonC) ♦ **course hippique** horse-race ♦ **course d'obstacles** (Sport) obstacle race; (Hippisme) steeplechase ♦ **course d'orientation** orienteering race ♦ **course de relais** relay race ♦ **course en sac** sack race

courser * /kuRse/ /TABLE 1/ VT to chase after

coursier, -ière /kuRsje, jɛR/ NM,F courier; (à moto) dispatch rider

court¹, e /kuR, kuRt/ 1 ADJ ⓐ short; **il connaît un chemin plus ~** he knows a shorter way; **la journée m'a paru ~e** the day seemed to go very quickly

ⓑ (= insuffisant) [avance, majorité] small; **il lui a donné 10 jours, c'est ~** he's given him 10 days, which is a bit tight

ⓒ (locutions) **tirer à la ~e paille** to draw straws; **prendre au plus ~** to go the shortest way; **aller au plus ~** to cut corners

2 ADV ⓐ [se coiffer, s'habiller] **elle s'habille très ~** she wears very short skirts; **avoir les cheveux coupés ~** to have short hair

ⓑ (locutions) **s'arrêter ~** to stop short; **couper ~ à** [+ débat, rumeur, critiques] to put a stop to; **il faut faire ~*** (= être concis) you (ou we) need to be brief; **prendre qn de ~** to catch sb unawares; **tourner ~** [projet, débat] to come to a sudden end; **être à ~ de qch** to be short of sth; **appelez-moi Bob tout ~** just call me Bob

court² /kuR/ NM (Sport) court; **~ de tennis/badminton** tennis/badminton court

court-bouillon (pl **courts-bouillons**) /kuRbuj5/ NM court-bouillon; **au ~** in a court-bouillon

court-circuit (pl **courts-circuits**) /kuRsiRkɥi/ NM short-circuit

court-circuiter /kuRsiRkɥite/ /TABLE 1/ VT (Élec) to short-circuit; [+ personne, service] to bypass

courtier, -ière /kuRtje, jɛR/ NM,F broker; **~ d'assurances** ou **en assurances** insurance broker

courtiser /kuRtize/ /TABLE 1/ VT [+ femme] to court

court-jus * (pl **courts-jus**) /kuR3y/ NM short-circuit

court-métrage (pl **courts-métrages**) /kuRmetRa3/ NM → **métrage**

courtois, e /kuRtwa, waz/ ADJ courteous

courtoisie /kuRtwazi/ NF courtesy

court-vêtu, e (mpl **court-vêtus**) /kuRvety/ ADJ wearing a short skirt

couru, e /kuRy/ (ptp de **courir**) ADJ ⓐ [restaurant, spectacle] popular ⓑ **c'est ~ (d'avance)*** it's a foregone conclusion

couscous /kuskus/ NM couscous

couscoussier /kuskusje/ NM couscous-maker

cousin¹, e /kuzɛ̃, in/ NM,F cousin; **~ germain** first cousin

cousin² /kuzɛ̃/ NM (= insecte) cranefly, daddy-longlegs (Brit)

coussin /kusɛ̃/ NM cushion; **~ d'air** air cushion

cousu, e /kuzy/ (ptp de **coudre**) ADJ sewn; **c'est ~ de fil blanc** (fig) it's so obvious; **~ main** handsewn; **c'est du ~ main*** (fig) it's top quality stuff; **~ machine** machine-sewn

coût /ku/ NM cost; **le ~ de la vie** the cost of living; **~ salarial** wage bill

coûtant, e /kutɑ̃/ ADJ M **prix ~** cost price; **vendre à prix ~** to sell at cost price

couteau (pl **couteaux**) /kuto/ NM knife; **~ à beurre/huîtres** butter/oyster knife; **vous me mettez le ~ sous** ou **sur la gorge** you're holding a gun to my head; **être à ~(x) tiré(s)** to be at daggers drawn; **remuer** ou **retourner le ~ dans la plaie** to twist the knife in the wound ♦ **couteau de cuisine** kitchen knife ♦ **couteau électrique** electric carving knife ♦ **couteau à éplucher, couteau à légumes** potato peeler ♦ **couteau à pain** breadknife

coûter /kute/ /TABLE 1/ VTI to cost; **combien ça coûte ?** how much is it?; **ça coûte cher ?** is it expensive?; **ça m'a coûté 10 €** it cost me 10 euros; **ça coûte une fortune** ou **les yeux de la tête*** it costs a fortune; **ça coûte la peau des fesses*** it costs an arm and a leg*; **ça va lui ~ cher** it'll cost him a lot; [erreur, impertinence] it will cost him dearly; **tu pourrais le faire, pour ce que ça te coûte !** you could easily do it - it wouldn't make any difference to you; **ça ne coûte rien d'essayer** it costs nothing to try; **ça lui a coûté la vie** it cost him his life

♦ **coûte que coûte** at all costs

coûteux, -euse /kutø, øz/ ADJ costly

coutume /kutym/ NF ⓐ (= usage) custom ⓑ (= habitude) **avoir ~ de** to be in the habit of; **comme de ~** as usual

coutumier, -ière /kutymje, jɛR/ ADJ **droit ~** customary law; **il est ~ du fait** (péj) that's what he usually does

couture /kutyR/ NF ⓐ (= action, ouvrage) sewing; (= profession) dressmaking; **faire de la ~** to sew; **veste/robe (haute) ~** designer jacket/dress → **haut** ⓑ (= points) seam; **sans ~(s)** seamless; **regarder qch/qn sous toutes les ~s** to examine sth/sb from every angle

couturier /kutyRje/ NM (= personne) fashion designer; **grand ~** top designer

couturière /kutyRjɛR/ NF (= personne) dressmaker

couvée /kuve/ NF [de poussins] brood; [d'œufs] clutch

couvent /kuvɑ̃/ NM ⓐ [de sœurs] convent; [de moines] monastery; **entrer au ~** to enter a convent ⓑ (= internat) convent school

couver /kuve/ /TABLE 1/ VI [feu, passion] to smoulder; [émeute] to be brewing 2 VT ⓐ [+ œufs] [poule] to sit on; [appareil] to hatch ⓑ [+ enfant] to cosset; **~ qn/qch des yeux** (tendresse) to gaze lovingly at sb/sth; (convoitise) to look longingly at sb/sth; **il couve quelque chose** (maladie) he's sickening for something

couvercle /kuvɛRkl/ NM [de casserole, boîte, bocal] lid; [d'aérosol] top

couvert, e /kuvɛR, ɛRt/ (ptp de **couvrir**) 1 ADJ ⓐ (= habillé) **tu n'es pas assez ~** you're not dressed warmly enough
ⓑ **~ de** [+ boutons, taches] covered in ou with; **~ de bleus**

covered in bruises; **pics ~s de neige** snow-covered peaks
ⓒ [*ciel*] overcast; **par temps ~** when the sky is overcast
ⓓ [*piscine, court de tennis*] indoor
ⓔ (*par une assurance*) covered → **mot**
2 NM ⓐ (= *ustensiles*) place setting; (= *couteaux, fourchettes, cuillères*) cutlery (*Brit*), silverware (*US*); **des ~s en plastique** plastic knives and forks
ⓑ (*à table*) **mettre le ~** to lay the table; **mettre quatre ~s** lay the table for four; **mets un ~ de plus** lay another place
ⓒ (*au restaurant = prix*) cover charge
ⓓ **sous (le) ~ de la plaisanterie** under the guise of a joke

couverture /kuvɛʀtyʀ/ NF ⓐ (*literie*) blanket; **~ chauffante** *ou* **électrique** electric blanket; **tirer la ~ à soi** (= *s'attribuer tout le succès*) to take all the credit; (= *monopoliser la parole*) to hog* the stage ⓑ [*de cahier, livre*] cover; (= *jaquette*) dust cover; **en ~** on the cover ⓒ (= *toiture*) roofing ⓓ (= *protection*) cover; **~ médicale universelle** universal health care; **~ sociale** social security cover ⓔ (*Journalisme*) coverage; **assurer la ~ d'un événement** to cover an event

couveuse /kuvøz/ NF [*de bébé*] incubator; **être en ~** to be in an incubator

couvre-feu (*pl* **couvre-feux**) /kuvʀəfø/ NM curfew

couvre-lit (*pl* **couvre-lits**) /kuvʀəli/ NM bedspread

couvre-livre (*pl* **couvre-livres**) /kuvʀəlivʀ/ NM book cover

couvre-pieds /kuvʀəpje/ NM INV quilt

couvre-théière (*pl* **couvre-théières**) /kuvʀətejɛʀ/ NM tea cosy

couvrir /kuvʀiʀ/ /TABLE 18/ 1 VT ⓐ to cover (**de, avec** with); **couvre bien les enfants** wrap the children up well; **un châle lui couvrait les épaules** she had a shawl around her shoulders; **~ qn** (*dans une affaire*) to cover up for sb; **~ une erreur** to cover up a mistake
ⓑ **~ qch/qn de** to cover sth/sb with; **~ qn de cadeaux** to shower sb with gifts; **~ qn de baisers** to cover sb with kisses; **~ qn d'injures/d'éloges** to heap insults/praise on sb; **cette aventure l'a couvert de ridicule** this affair has covered him with ridicule
ⓒ (= *masquer*) [+ *son, voix*] to drown out
ⓓ [+ *frais, dépenses, risque*] to cover; **~ l'enchère de qn** to make a higher bid than sb
ⓔ [+ *kilomètres, distance*] to cover
ⓕ (*Journalisme*) [+ *événement*] to cover
2 VPR **se couvrir** ⓐ [*arbre*] **se ~ de fleurs/feuilles** to come into bloom/leaf; **se ~ de gloire** to cover o.s. with glory; **se ~ de honte/ridicule** to bring shame/ridicule upon o.s.
ⓑ (= *s'habiller*) to cover up
ⓒ (= *se protéger*) to cover o.s.
ⓓ [*ciel*] to cloud over; **le temps se couvre** it's clouding over

covoiturage /kovwatyʀaʒ/ NM car sharing

cow-boy (*pl* **cow-boys**) /kɔbɔj/ NM cowboy; **jouer aux ~s et aux Indiens** to play cowboys and Indians

coyote /kɔjɔt/ NM coyote

CP /sepe/ NM (ABBR = **cours préparatoire**) *first year in primary school*

CQFD /sekyɛfde/ (ABBR = **ce qu'il fallait démontrer**) QED

crabe /kʀab/ NM crab; **marcher en ~** to walk crabwise

crac /kʀak/ EXCL [*de bois, glace*] crack; [*d'étoffe*] rip

crachat /kʀaʃa/ NM spit (*NonC*)

craché, e /kʀaʃe/ (*ptp de* **cracher**) ADJ **c'est son père tout ~** he's the spitting image of his father; **c'est lui tout ~** that's just like him

cracher /kʀaʃe/ /TABLE 1/ 1 VI ⓐ [*personne*] to spit; **~ sur qn** to spit at sb; (*fig*) to despise sb; **il ne crache pas sur le caviar*** he doesn't turn his nose up at caviar; **il ne faut pas ~ sur cette offre*** this offer is not to be sneezed at; **~ dans la soupe*** to bite the hand that feeds you ⓑ [*micro*] to crackle 2 VT ⓐ [*personne*] [+ *sang*] to spit; [+ *bouchée*] to spit out; [+ *argent*]*: to cough up* ⓑ [*cheminée, volcan*] to belch; [*dragon*] to breathe

cracheur, -euse /kʀaʃœʀ, øz/ NM,F **~ de feu** *ou* **de flammes** fire-eater

crachin /kʀaʃɛ̃/ NM drizzle

crack¹ /kʀak/ NM (= *personne*) ace; **un ~ en informatique** an ace at computing

crack² /kʀak/ NM (*Drogue*) crack

cracra *: /kʀakʀa/ ADJ INV, **crade** */kʀad/, **cradingue** */kʀadɛ̃g/, **crado** */kʀado/ ADJ [*personne, vêtement, endroit, meuble*] scuzzy*:

craie /kʀe/ NF chalk; **à la ~** in chalk

craignait /kʀɛɲɛ/ VB → **craindre**

craignos *: /kʀɛɲos/ ADJ INV [*personne, quartier*] shady*

craindre /kʀɛ̃dʀ/ /TABLE 52/ 1 VT ⓐ [*personne*] to be afraid of; **oui, je le crains !** yes, I'm afraid so!; **je crains le pire** I fear the worst; **~ de faire qch** to be afraid of doing sth; **il craint de se faire mal** he's afraid of hurting himself; **je crains d'avoir bientôt à partir** I'm afraid I'll have to leave soon; **~ que ...** to be afraid that ...; **je crains qu'il (n')attrape froid** I'm afraid he'll catch cold; **il est à ~ que ...** it is to be feared that ...; **je crains que vous ne vous trompiez** I fear you are mistaken; **~ pour** [+ *vie, réputation, personne*] to fear for
ⓑ [*aliment, produit*] **~ le froid** to be easily damaged by cold; **« craint l'humidité/la chaleur »** "keep in a dry place/ cool place"
2 VI *: **il craint, ce type** that guy's a real creep*; **ça craint dans ce quartier** (*louche*) this is a really shady* area; **ça craint, leur émission** that programme's the pits*:

crainte /kʀɛ̃t/ NF (= *peur*) fear; **soyez sans ~** have no fear; **sans ~** (*affronter, parler*) fearlessly; **(par) ~ d'être suivi, il courut** he ran for fear of being followed; **de ~ que ...** fearing that ...

craintif, -ive /kʀɛ̃tif, iv/ ADJ timid

cramé, e *: /kʀame/ 1 ADJ burnt 2 NM **ça sent le ~** I can smell burning; **ça a un goût de ~** it tastes burnt

cramer *: /kʀame/ /TABLE 1/ 1 VI [*maison, mobilier*] to go up in flames; [*tissu, papier, rôti*] to burn 2 VT to burn

cramoisi, e /kʀamwazi/ ADJ crimson

crampe /kʀɑ̃p/ NF cramp; **avoir une ~ au mollet** to have cramp (*Brit*) *ou* a cramp (*US*) in one's calf; **avoir des ~s d'estomac** to have stomach cramps

crampon /kʀɑ̃pɔ̃/ NM ⓐ [*de chaussures de football*] stud; [*d'alpiniste*] crampon ⓑ (= *personne*)* leech; **elle est ~** clings like a leech

cramponner (se) /kʀɑ̃pɔne/ /TABLE 1/ VPR (*pour ne pas tomber*) to hold on; (*dans son travail*) to stick at it*; **elle se cramponne** (= *ne vous lâche pas*) she clings like a leech; (= *ne veut pas mourir*) she's hanging on; **se cramponner à** [+ *branche, volant, bras*] to clutch; [+ *personne, vie, espoir*] to cling to

cran /kʀɑ̃/ NM ⓐ [*de pièce dentée, crémaillère*] notch; [*d'arme à feu*] catch; [*de ceinture, courroie*] hole; **~ de sûreté** safety catch; (*couteau à*) **~ d'arrêt** flick-knife
ⓑ [*de cheveux*] wave; **le coiffeur lui avait fait un ~** *ou* **des ~s** the hairdresser had waved her hair
ⓒ (= *courage*)* **il faut du ~ pour faire ça** you need guts* to do that sort of thing; **elle a un drôle de ~*** she's got a lot of guts*
ⓓ (*locutions*) **monter/descendre d'un ~** (*dans la hiérarchie*) to move up/come down a rung; **elle est monté/descendu d'un ~ dans mon estime** she's gone up/down a notch in my estimation; **être à ~** to be very edgy

crâne /kʀɑn/ NM skull; **avoir mal au ~*** to have a headache; **n'avoir rien dans le ~*** to be empty-headed

crâner * /kʀane/ /TABLE 1/ VI to show off*

crâneur, -euse * /kʀanœʀ, øz/ NM,F show-off*; **elle est un peu crâneuse** she's a bit of a show-off*

crânien, -ienne /kʀanjɛ̃, jɛn/ ADJ cranial → **boîte**

crapahuter * /kʀapayte/ /TABLE 1/ VI (= *randonner*) **on a crapahuté dans la montagne toute la journée** we trudged through the mountains all day

crapaud /kʀapo/ NM (= *animal*) toad

crapule /kʀapyl/ NF crook

crapuleux, -euse /kʀapylø, øz/ ADJ [action] motivated by a desire for gain

craquant, e* /kʀakɑ̃, ɑ̃t/ ADJ [biscuit] crunchy; (= séduisant)* lovely

craquelé, e /kʀakle/ (ptp de **craqueler**) ADJ [terre, chemin] covered with cracks; [glace, peinture, cuir] cracked

craqueler /kʀakle/ VT, **se craqueler** VPR /TABLE 4/ to crack

craquelure /kʀaklyʀ/ NF crack

craquement /kʀakmɑ̃/ NM crack; [de plancher, boiserie] creak; [de feuilles sèches] crackle; [de chaussures] squeak

craquer /kʀake/ /TABLE 1/ 1 VI ⓐ (= produire un bruit) [parquet] to creak; [feuilles mortes, disque] to crackle; [chaussures] to squeak; **faire ~ ses doigts** to crack one's knuckles
ⓑ (= céder) [collant] to rip; [bois] to crack; **ma veste craque aux coutures** my jacket is coming apart at the seams → **plein**
ⓒ (= s'écrouler) [accusé, malade] to collapse; **ils ont craqué en deuxième mi-temps** they collapsed in the second half; **je craque*** (= je n'en peux plus) I've had enough; (= je deviens fou) I'm cracking up*
ⓓ (= être enthousiasmé)* **j'ai craqué** I couldn't resist it (ou them ou him etc)
2 VT ⓐ [+ pantalon] to rip
ⓑ **~ une allumette** to strike a match

crash /kʀaʃ/ NM crash

crasher (se)* /kʀaʃe/ /TABLE 1/ VPR to crash; **se crasher en moto** to crash one's motorbike

crasse /kʀas/ 1 NF ⓐ (= saleté) grime ⓑ (= sale tour)* **faire une ~ à qn** to play a dirty trick on sb* 2 ADJ [bêtise] crass; **être d'une ignorance ~** to be pig ignorant*

crasseux, -euse /kʀasø, øz/ ADJ grimy

cratère /kʀateʀ/ NM crater

cravache /kʀavaʃ/ NF riding crop

cravacher /kʀavaʃe/ /TABLE 1/ VT ⓐ [+ cheval] to whip ⓑ (= travailler)* to work like mad*

cravate /kʀavat/ NF [de chemise] tie; **en ~** wearing a tie

cravaté /kʀavate/ ADJ M wearing a tie

crawl /kʀol/ NM (= nage) crawl; **nager le ~** to do the crawl

crawler /kʀole/ /TABLE 1/ VI to do the crawl; **dos crawlé** backstroke

crayon /kʀejɔ̃/ 1 NM ⓐ (pour écrire) pencil; **écrire au ~** to write with a pencil; **écrivez cela au ~** write that in pencil; **coup de ~** pencil stroke; **il a un bon coup de ~** he has a gift for drawing
ⓑ (= bâtonnet) pencil
ⓒ (= matière) crayon; (= dessin) crayon drawing
2 COMP ◆ **crayon de couleur** crayon ◆ **crayon feutre** felt-tip pen ◆ **crayon gomme** pencil with rubber (Brit) ou eraser (US) ◆ **crayon gras** soft lead pencil ◆ **crayon khôl** eyeliner pencil ◆ **crayon à lèvres** lip pencil ◆ **crayon noir ou à papier** lead pencil ◆ **crayon optique** light pen ◆ **crayon à sourcils** eyebrow pencil ◆ **crayon pour les yeux** eyeliner pencil

crayonner /kʀejɔne/ /TABLE 1/ VT [+ notes] to jot down; [+ dessin] to sketch

CRDP /seeʀdepe/ NM (ABBR = **Centre régional de documentation pédagogique**) national teachers' resource centre

CRDS /seeʀdeɛs/ NF (ABBR = **contribution au remboursement de la dette sociale**) tax introduced in 1996 in order to help pay off the deficit in the French social security budget

créance /kʀeɑ̃s/ NF debt (seen from the creditor's point of view); (= titre) letter of credit

créancier, -ière /kʀeɑ̃sje, jɛʀ/ NM,F creditor

créateur, -trice /kʀeatœʀ, tʀis/ 1 ADJ creative; **les secteurs ~s d'emplois** the areas in which jobs are being created 2 NM,F creator; (= artiste) designer; **~ de mode** fashion designer; **les ~s d'entreprise** people who set up companies

créatif, -ive /kʀeatif, iv/ ADJ creative

création /kʀeasjɔ̃/ NF ⓐ creation; [d'entreprise] setting up; **il y a eu 200 ~s d'emplois** 200 jobs were created ⓑ [de pièce de théâtre] first production

créativité /kʀeativite/ NF creativity

créature /kʀeatyʀ/ NF creature

crécelle /kʀesɛl/ NF rattle

crèche /kʀɛʃ/ NF ⓐ (= établissement) crèche; **~ familiale** crèche in the home of a registered child minder; **~ parentale** crèche run by parents; **mettre son bébé à la ~** to put one's baby in a crèche ⓑ (de Noël) crib (Brit), crèche (US)

crécher : /kʀeʃe/ /TABLE 6/ VI to live

crédibiliser /kʀedibilize/ /TABLE 1/ VT to lend credence to

crédibilité /kʀedibilite/ NF credibility (**auprès de** with)

crédible /kʀedibl/ ADJ credible; **peu ~** unconvincing; **il n'est plus ~** he's lost his credibility

crédit /kʀedi/ NM ⓐ (= paiement différé) credit; **faire ~ à qn** to give sb credit; **faites-moi ~, je vous paierai la semaine prochaine** let me have it on credit - I'll pay you next week; **«la maison ne fait pas ~»** "no credit"; **acheter/ vendre qch à ~** to buy/sell sth on credit
ⓑ (= prêt) loan; **~ immobilier** mortgage; **prendre un ~ sur dix ans** to take out a ten-year loan
ⓒ (= excédent d'un compte) credit; **vous avez 3 500 € à votre ~** you are 3,500 euros in credit
ⓓ (gén pl = fonds) **~s** funds; **~s budgétaires** budget allocation; **débloquer un ~ de 35 millions de euros** to release 35 million euros of funding
ⓔ (= confiance) credit; (= réputation) reputation; **ça donne du ~ à ce qu'il affirme** that lends credence to what he says; **c'est à mettre ou porter à son ~** it's to his credit; **perdre tout ~ auprès de qn** to lose all credit with sb
ⓕ (Can = unité de valeur) credit

crédit-bail (pl **crédits-bails**) /kʀedibaj/ NM (= système) leasing; (= contrat) lease

créditer /kʀedite/ /TABLE 1/ VT ⓐ **~ qn/un compte de** [+ somme] to credit sb/an account with ⓑ (= complimenter) **~ qn de qch** to give sb credit for sth

créditeur, -trice /kʀeditœʀ, tʀis/ 1 ADJ [banque, pays] creditor; **leur compte est ~** their account is in credit 2 NM,F customer in credit

credo /kʀedo/ NM (= principes) credo

crédule /kʀedyl/ ADJ credulous

crédulité /kʀedylite/ NF credulity

créer /kʀee/ /TABLE 1/ VT ⓐ to create; **~ des ennuis/ difficultés à qn** to create problems/difficulties for sb ⓑ [+ pièce de théâtre] to produce (for the first time)

crémaillère /kʀemajɛʀ/ NF ⓐ [de cheminée] hook for kettle → **pendre** ⓑ (Rail, Tech) rack

crémation /kʀemasjɔ̃/ NF cremation

crématoire /kʀematwaʀ/ 1 ADJ crematory 2 NM crematorium

crématorium /kʀematɔʀjɔm/ NM crematorium

crème /kʀɛm/ 1 NF ⓐ (= produit laitier) cream; (= peau sur le lait) skin; (= entremets) cream dessert; **~ d'asperges** (= potage) cream of asparagus (soup); **~ de cassis** crème de cassis; **~ fleurette** ≈ single cream (Brit), ≈ light cream (US); **~ de marron** sweetened chestnut purée; **fraises à la ~** strawberries and cream; **gâteau à la ~** cream cake
ⓑ [cosmétique] cream; **~ pour chaussures** shoe cream
ⓒ (= les meilleurs) **la ~** la crème de la crème
2 ADJ INV cream
3 NM (= café au lait) coffee with milk; **un grand/petit ~** a large/small cup of white coffee
4 COMP ◆ **crème anglaise** thin custard made with eggs ◆ **crème au beurre** butter cream ◆ **crème brûlée** crème brûlée ◆ **crème (au) caramel** crème caramel ◆ **crème fouettée** (sweetened) whipped cream ◆ **crème fraîche** crème fraîche; **~ fraîche épaisse** ≈ double cream (Brit), ≈ heavy cream (US) ◆ **crème glacée** ice cream ◆ **crème pâtissière** confectioner's custard ◆ **crème à raser** shaving cream ◆ **crème renversée** cup custard

crémerie /kʀemʀi/ NF *shop selling dairy products;* **changeons de ~*** let's take our custom (*Brit*) *ou* business (*US*) elsewhere!

crémeux, -euse /kʀemø, øz/ ADJ creamy

crémone /kʀemɔn/ NF window catch

créneau (*pl* **créneaux**) /kʀeno/ NM ⓐ [*de rempart*] **les ~x** the battlements; **monter au ~ pour défendre sa politique** to leap to the defence of one's policies ⓑ **faire un ~** [*conducteur*] to parallel park ⓒ (*dans un marché, un emploi du temps*) gap; **~ (horaire)** (*TV*) (time) slot; **~ de lancement** [*de fusée*] launch window

créole /kʀeɔl/ 1 ADJ creole 2 NM (= *langue*) Creole 3 NMF Creole 4 NF (= *boucle d'oreille*) large hoop earring

crêpe¹ /kʀɛp/ NF (= *galette*) pancake (*Brit*), crêpe

crêpe² /kʀɛp/ NM ⓐ (= *tissu, caoutchouc*) crepe ⓑ (*de deuil*) black mourning crepe

crêper /kʀepe/ /TABLE 1/ 1 VT [+ *cheveux*] to backcomb 2 VPR **se crêper : se ~ les cheveux** to backcomb one's hair; **se ~ le chignon*** to tear each other's hair out

crêperie /kʀɛpʀi/ NF crêperie

crépi, e /kʀepi/ (*ptp de* **crépir**) ADJ, NM roughcast

crépier, -ière /kʀepje, jɛʀ/ NM,F (= *personne*) crêpe maker

crépir /kʀepiʀ/ /TABLE 2/ VT to roughcast

crépitement /kʀepitmɑ̃/ NM [*de feu*] crackling (*NonC*), [*de bougie, friture*] sputtering (*NonC*); **sous le ~ des flashs** with flashguns going off all around

crépiter /kʀepite/ /VI [*feu, électricité*] to crackle; [*bougie, friture*] to sputter; [*pluie*] to patter; [*flashs*] to go off; [*mitrailleuse*] to rattle out; **les applaudissements crépitèrent** there was a ripple of applause

crépon /kʀepɔ̃/ NM → **papier**

crépu, e /kʀepy/ ADJ [*cheveux*] frizzy; **elle est toute ~e** her hair's all frizzy

crépuscule /kʀepyskyl/ NM dusk; **au ~** at dusk; **au ~ de sa vie** in his twilight years

crescendo /kʀeʃendo/ 1 ADV **aller ~** [*vacarme, acclamations*] to rise in a crescendo; [*colère, émotion*] to grow ever greater 2 NM crescendo

cresson /kʀesɔ̃/ NM watercress

Crète /kʀɛt/ NF Crete

crête /kʀɛt/ NF ⓐ [*de coq*] comb; [*d'oiseau*] crest ⓑ [*de toit, montagne*] ridge; [*de vague*] crest

crétin, e /kʀetɛ̃, in/ 1 ADJ (*péj*) cretinous* 2 NM,F (*péj*) cretin*

creuser /kʀøze/ /TABLE 1/ 1 VT ⓐ [+ *bois, falaise*] to hollow out; [+ *sol, roc*] to dig a hole in; (*au marteau-piqueur*) to drill a hole in
ⓑ [+ *puits, fondations, canal, tranchée*] to dig; [+ *sillon*] to plough (*Brit*), to plow (*US*); [+ *trou*] to dig; (*au marteau-piqueur*) to drill; **~ un tunnel sous une montagne** to bore a tunnel under a mountain; **~ un terrier** to make a burrow
ⓒ (= *approfondir*) [+ *problème, sujet*] to go into; **c'est une idée à ~** it's an idea worth pursuing
ⓓ **~ les reins** to throw out one's chest; **la promenade, ça creuse (l'estomac)*** walking gives you a real appetite; **~ l'écart** to establish a convincing lead (**par rapport à** over)
2 VPR **se creuser** ⓐ [*joues, visage*] to become gaunt; **la mer se creuse** there's a swell coming on; **l'écart se creuse entre eux** the gap between them is widening
ⓑ [*personne*] **se ~ (la cervelle** *ou* **la tête)*** to rack one's brains; **il ne s'est pas beaucoup creusé !*** he didn't exactly overexert himself!

creuset /kʀøze/ NM crucible; (= *lieu de brassage*) melting pot

Creutzfeldt-Jakob /kʀɔjtsfeldʒakɔb/ NM **maladie de ~** Creutzfeldt-Jakob disease

creux, creuse /kʀø, kʀøz/ 1 ADJ ⓐ [*objet, joues, paroles*] hollow; [*idées*] futile
ⓑ (= *sans activité*) **les jours ~** slack days; **les heures creuses** slack periods; (*métro, électricité, téléphone*) off-peak periods; **période creuse** low season (*Tourisme*) low season

2 NM ⓐ (= *cavité*) hole; **avoir un ~*** to feel hungry
ⓑ (= *dépression*) hollow; **ça tient dans le ~ de la main** it's small enough to hold in your hand; **les écureuils viennent manger dans le ~ de la main** squirrels eat out of your hand; **le ~ de l'estomac** the pit of the stomach; **au ~ des reins** in the small of one's back
ⓒ (= *activité réduite*) slack period; **j'ai un ~ entre 12 et 13 h** I'm free between midday and one o'clock
ⓓ [*de vague*] trough; **il y avait des ~ de 10 mètres** the waves were 10 metres high; **être au ~ de la vague** [*marché*] to have hit rock bottom; [*économie, entreprise*] to be in the doldrums; **il est au ~ de la vague** he's at his lowest ebb

crevaison /kʀəvɛzɔ̃/ NF flat tyre (*Brit*) *ou* tire (*US*)

crevant, e* /kʀəvɑ̃, ɑ̃t/ ADJ (= *fatigant*) gruelling

crevasse /kʀəvas/ NF [*de mur, rocher, sol, peau*] crack; [*de glacier*] crevasse; **avoir des ~s aux mains** to have chapped hands

crevassé, e /kʀəvase/ ADJ [*sol*] cracked; [*mains, peau*] chapped

crevé, e /kʀəve/ (*ptp de* **crever**) ADJ ⓐ [*pneu*] punctured; **j'ai un pneu (de) ~** I've got a flat tyre (*Brit*) *ou* tire (*US*)
ⓑ* (= *mort*) dead; (= *fatigué*) exhausted

crève* /kʀɛv/ NF bad cold; **j'ai la ~** I've got a bad cold

crever /kʀəve/ /TABLE 5/ 1 VT ⓐ [+ *pneu*] to puncture; [+ *ballon*] to burst; **~ un œil à qn** to poke sb's eye out; **ça crève les yeux** it's as plain as the nose on your face; **il crève l'écran** he has a tremendous screen presence
ⓑ (= *exténuer*)* **~ qn** [*personne*] to wear sb out
ⓒ **~ la faim** *ou* **la dalle*** to be starving*
2 VI ⓐ [*fruit, sac, abcès*] to burst
ⓑ **~ d'orgueil** to be bursting with pride; **~ de jalousie** to be sick with jealousy; **~ d'envie de faire qch** to be dying to do sth*
ⓒ (= *mourir*)* to die; **~ de faim/froid** to starve/freeze to death; **on crève de froid ici** it's freezing in here; **on crève de chaud ici** it's boiling in here; **je crève de faim** I'm starving*; **je crève de soif** I'm dying of thirst*
ⓓ [*automobiliste*] to have a flat tyre (*Brit*) *ou* tire (*US*); [*pneu*] to go flat
3 VPR **se crever*** (= *se fatiguer*) to kill o.s.* (**à faire qch** doing sth); **se ~ au travail** to work o.s. to death; **se ~ le cul*** to slog one's guts out* (**à faire qch** doing sth)

crevette /kʀəvɛt/ NF **~ (rose)** prawn; **~ grise** shrimp

cri /kʀi/ NM ⓐ (= *éclat de voix*) [*de personne*] cry; (*très fort*) scream; (*ton aigu*) shriek; (*de douleur, de peur*) cry; **pousser des ~s** (*de joie/triomphe*) to cry out in joy/triumph); **~ aigu** *ou* **perçant** piercing cry; **~ du cœur** cry from the heart
ⓑ [*d'animal*] noise; [*d'oiseau*] call; [*de canard*] quack; [*de cochon*] squeal ⓒ (*locutions*) **c'est le dernier ~** it's the latest thing; **~ un ordinateur dernier ~** a state-of-the-art computer

criant, e /kʀijɑ̃, ɑ̃t/ ADJ striking

criard, e /kʀijaʀ, aʀd/ ADJ [*couleurs, vêtement*] loud

crible /kʀibl/ NM riddle; **passer au ~** to put through a riddle; (*fig*) to examine closely

criblé, e /kʀible/ (*ptp de* **cribler**) ADJ **~ de** [+ *balles, flèches, trous*] riddled with; [+ *taches*] covered in; **visage ~ de boutons** face covered in spots; **~ de dettes** crippled by debt

cribler /kʀible/ /TABLE 1/ VT **~ qch/qn de balles** to riddle sth/sb with bullets; **~ qn de questions** to bombard sb with questions; **~ qn d'injures** to heap insults on sb

cric /kʀik/ NM **~ (d'automobile)** (car) jack; **soulever qch au ~** to jack sth up

★ *The second c is pronounced.*

cricket /kʀikɛt/ NM cricket

criée /kʀije/ NF (= *salle*) fish market; **(vente à la) ~** (sale by) auction

crier /kʀije/ /TABLE 7/ 1 VI ⓐ [*personne*] to shout; (*très fort*) to scream; (*ton aigu*) to shriek; (= *vagir*) to cry; (*de peur*) to cry out; **~ de douleur** to cry out in pain; **« oh non ! »** cria-t-il "oh no!", he cried; **tes parents vont ~** your parents are going to make a fuss
ⓑ [*oiseau, singe*] to call; [*mouette*] to cry; [*perroquet*] to

squawk; [*souris*] to squeak
ⓒ (*avec préposition*) ~ **contre** *ou* **après* qn** to nag sb; ~ **contre qch** to shout about sth; ~ **au scandale** to call it a scandal; ~ **au miracle** to call it a miracle; ~ **à l'assassin** *ou* **au meurtre** to shout "murder"
2 VT ⓐ [+ *ordre, injures*] to shout; [+ *indignation*] to express; [+ *innocence*] to protest
ⓑ (*locutions*) **sans ~ gare** without warning; ~ **grâce** to beg for mercy

crieur, -euse /kRijœR, øz/ NM,F ~ **de journaux** newspaper vendor

crime /kRim/ NM ⓐ (= *meurtre*) murder; **la victime/l'arme du ~** the murder victim/weapon; ~ **crapuleux** crime motivated by a desire for gain; ~ **passionnel** crime of passion; ~ **sexuel** sex crime ⓑ (= *délit grave*) crime; ~ **et délits** crimes; ~ **de guerre** war crime; ~ **contre l'humanité** crime against humanity; **il est parti avant l'heure ? ce n'est pas un ~ !** he left early? well, that's hardly a crime!

Crimée /kRime/ NF **la ~** the Crimea; **la guerre de ~** the Crimean War

criminaliser /kRiminalize/ /TABLE 1/ VT to criminalize

criminalité /kRiminalite/ NF (= *actes criminels*) crime; **la grande/petite ~** serious/petty crime

criminel, -elle /kRiminɛl/ **1** ADJ criminal **2** NM,F (= *meurtrier*) murderer; [*de délit grave*] criminal; ~ **de guerre** war criminal **3** NM (= *juridiction*) **poursuivre qn au ~** to take criminal proceedings against sb **4** NF **criminelle : la ~le** (= *police*) the crime squad

crin /kRɛ̃/ NM [*de cheval*] hair (*NonC*) → **gant**

crinière /kRinjɛR/ NF mane

crique /kRik/ NF cove

criquet /kRikɛ/ NM locust; (= *sauterelle*) grasshopper

crise /kRiz/ **1** NF ⓐ [*d'appendicite, asthme, rhumatisme*] attack; ~ **d'épilepsie** epileptic fit
ⓑ [*de colère, rage, jalousie*] fit; **être pris d'une ~ de rire** to be in fits*; **la ~ (de rire) !*** what a scream!*; **piquer une ou sa ~*** to fly off the handle
ⓒ (= *bouleversement*) crisis; ~ **de confiance/conscience** crisis of confidence/conscience; ~ **économique/d'identité** economic/identity crisis; **en période de ~** in times of crisis; **en (état de) ~** in (a state of) crisis
2 COMP ♦ **crise cardiaque** heart attack ♦ **crise de foie** bad attack of indigestion ♦ **crise du logement** housing shortage ♦ **crise de nerfs** fit of hysterics; **il nous a fait une ~ de nerfs parce qu'il n'en voulait pas** he threw a tantrum because he didn't want any ♦ **crise de la quarantaine** midlife crisis

crispant, e /kRispɑ̃, ɑ̃t/ ADJ (= *énervant*) irritating; **ce qu'il est ~ !*** he really gets on my nerves!*

crispation /kRispasjɔ̃/ NF ⓐ (= *spasme*) twitch; **des ~s nerveuses** nervous twitching ⓑ (= *tension*) tension

crispé, e /kRispe/ (*ptp de* **crisper**) ADJ tense

crisper /kRispe/ /TABLE 1/ **1** VT ⓐ (= *contracter*) **la douleur crispait son visage** his face was contorted with pain; **les mains crispées sur le volant** clutching the wheel
ⓑ (= *agacer*)* ~ **qn** to get on sb's nerves* **2** VPR **se crisper** [*visage*] to tense; [*sourire*] to become strained; [*poings*] to clench; [*personne*] to become tense; **ses mains se crispèrent sur le volant** he clutched the wheel

crissement /kRismɑ̃/ NM [*de neige, gravier*] crunch (*NonC*); [*de pneus, freins*] screech (*NonC*); **s'arrêter dans un ~ de pneus** to screech to a halt; **le ~ de la craie sur le tableau** the squeaking of chalk on the blackboard

crisser /kRise/ /TABLE 1/ VI [*neige, gravier*] to crunch; [*pneus, freins*] to screech; [*plume*] to scratch; [*craie*] to squeak

cristal (*pl* **-aux**) /kRistal, o/ NM crystal; **de ou en ~** crystal; **cristaux de givre** ice crystals; (*sur vitre*) ice patterns; **à cristaux liquides** liquid crystal; **cristaux (de soude)** washing soda

cristallin, e /kRistalɛ̃, in/ **1** ADJ crystal-clear **2** NM crystalline lens

cristallisé, e /kRistalize/ (*ptp de* **cristalliser**) ADJ [*minerai, sucre*] crystallized

cristalliser VTI, **se cristalliser** VPR /kRistalize/ /TABLE 1/ to crystallize

critère /kRitɛR/ NM ⓐ (= *référence, preuve*) criterion; ~**s de sélection** selection criteria ⓑ (= *stipulation*) requirement; ~**s de qualité** quality requirements; **il n'y a pas de ~ d'âge** there are no age requirements

critiquable /kRitikabl/ ADJ open to criticism (*attrib*)

critique /kRitik/ **1** ADJ ⓐ [*période, situation, vitesse, point*] critical
ⓑ [*jugement, notes, édition*] critical
ⓒ (= *sévère*) critical; **il s'est montré très ~ (au sujet de ...)** he was very critical (of ...)
2 NF ⓐ (= *blâme*) criticism; **il ne supporte pas la ~ ou les ~s** he can't take criticism; **une ~ que je lui ferais est qu'il ...** one criticism I would make of him is that he ...
ⓑ (= *analyse*) [*de texte, œuvre*] appreciation; [*de livre, spectacle*] review; **la ~ littéraire** literary criticism
ⓒ (= *personnes*) **la ~** the critics
3 NMF (= *commentateur*) critic

critiquer /kRitike/ /TABLE 1/ VT ⓐ (= *blâmer*) to criticize ⓑ (= *juger*) [+ *livre, œuvre*] to assess

croasser /kRɔase/ /TABLE 1/ VI to caw

croate /kRɔat/ **1** ADJ Croatian **2** NM (= *langue*) Croatian **3** NMF **Croate** Croatian

Croatie /kRɔasi/ NF Croatia

croc /kRo/ NM (= *dent*) fang; **montrer les ~s** [*animal*] to bare its teeth; **avoir les ~s*** to be starving*

croc-en-jambe (*pl* **crocs-en-jambe**) /kRɔkɑ̃ʒɑ̃b/ NM **faire un ~ à qn** to trip sb up

croche /kRɔʃ/ NF (= *note*) quaver (*Brit*), eighth (note) (*US*); **double ~** semiquaver (*Brit*), sixteenth (note) (*US*)

croche-patte* (*pl* **croche-pattes**) /kRɔʃpat/ NM **faire un ~ à qn** to trip sb up

croche-pied (*pl* **croche-pieds**) /kRɔʃpje/ NM **faire un ~ à qn** to trip sb up

crochet /kRɔʃɛ/ NM ⓐ (= *fer recourbé*) hook; ~ **de boucher** meat hook; **vivre aux ~s de qn*** to sponge off* sb ⓑ (= *aiguille*) crochet hook; (= *technique*) crochet; **faire du ~** to crochet; **faire qch au ~** to crochet sth ⓒ (*Boxe*) ~ **du gauche/du droit** left/right hook ⓓ [*de voyage*] detour; **on a fait un ~ par Caen** we make a detour through Caen; **il a fait un ~ pour éviter l'obstacle** he swerved to avoid the obstacle ⓔ (= *parenthèse*) square bracket; **entre ~s** in square brackets

crocheter /kRɔʃte/ /TABLE 5/ VT ⓐ [+ *serrure*] to pick; [+ *porte*] to pick the lock of ⓑ [+ *napperon, vêtement*] to crochet

crochu, e /kRɔʃy/ ADJ [*nez*] hooked; [*mains, doigts*] claw-like; **au nez ~** hook-nosed → **atome**

croco* /kRɔko/ NM (ABBR = **crocodile**) crocodile skin; **en ~** crocodile

crocodile /kRɔkɔdil/ NM (= *animal, peau*) crocodile; **sac en ~** crocodile handbag

crocus /kRɔkys/ NM crocus

croire /kRwaR/

/TABLE 44/	
1 VERBE TRANSITIF	**2** VERBE PRONOMINAL

1 VERBE TRANSITIF
ⓐ to believe; ~ **qn** to believe sb; **auriez-vous cru cela de lui ?** would you have believed that of him?; **je veux bien le ~** I can well believe it; **je n'en crois rien** I don't believe a word of it; **croyez moi** believe me; **on l'a cru mort** he was believed to be dead; **je vous crois !*** you bet!*

ⓑ **= penser** to think; **elle croyait avoir perdu son sac** she thought she had lost her bag; **il a cru bien faire** he thought he was doing the right thing; **je crois que oui** I think so; **je crois que non** I don't think so; **il n'est pas là ?** **— je crois que si** isn't he in? — yes I think he is; **non, mais** qu'est-ce que vous croyez? what do you think?; je ne suis pas celle que vous croyez! I'm not that sort of person!; c'est à ~ qu'il est amoureux anyone would think he was in love; il n'a pas cru utile de me prévenir he didn't think it necessary to warn me; je la croyais avec vous I thought she was with you; où vous croyez-vous? where do you think you are?

ⓒ locutions

♦ on croirait: on croirait une hirondelle it looks like a swallow; on croirait entendre une clarinette it sounds like a clarinet

♦ croire à to believe in; non, mais tu crois au Père Noël! get real!*; on a cru d'abord à un accident at first they thought it was accident; pour faire ~ à un suicide to make people think it was suicide; veuillez ~ à mes sentiments dévoués yours sincerely

♦ croire en to believe in; ~ en Dieu to believe in God

♦ en croire: à l'en ~ ... to listen to him ...; s'il faut en ~ les journaux if the papers are anything to go by; il n'en croyait pas ses oreilles he couldn't believe his ears

2 VERBE PRONOMINAL

se croire: se ~ malin to think one is clever; elle se croit tout permis she thinks she can get away with anything; on se croirait en été you'd almost think it was summer; il s'y croit* he thinks he's really something*

---

croisade /kʀwazad/ NF crusade; partir en ~ contre/pour to launch a crusade against/for

croisée /kʀwaze/ NF à la ~ des chemins at a crossroads

croisement /kʀwazmã/ NM ⓐ (= carrefour) crossroads ⓑ [de races] crossbreeding (NonC); (= résultat) cross

croiser /kʀwaze/ /TABLE 1/ 1 VT ⓐ [+ bras, jambes, fils] to cross; les jambes croisées cross-legged; ~ les doigts to cross one's fingers; (fig) to keep one's fingers crossed; croisons les doigts! fingers crossed!; se ~ les bras (fig) to lounge around ⓑ (= couper) [+ route, ligne] to cross ⓒ (= passer à côté de) [+ véhicule, passant] to pass; j'ai croisé Jean dans la rue I saw Jean in the street; son regard croisa le mien his eyes met mine; je l'ai croisé plusieurs fois dans des réunions I've seen him several times at meetings ⓓ [+ races] to crossbreed ⓔ (Sport) [+ tir, coup droit] to angle; un coup droit croisé (Tennis) a cross-court forehand drive; un tir croisé (Football) a shot to the far post

2 VI [bateau] to cruise

3 VPR se croiser ⓐ [chemins, lignes] to cross; se ~ à angle droit to cross at right angles; nos regards ou nos yeux se croisèrent our eyes met ⓑ [personnes, véhicules] to pass each other; nous nous sommes croisés plusieurs fois dans des réunions we've seen each other several times at meetings

croisière /kʀwazjɛʀ/ NF cruise; partir en ~ ou faire une ~ to go on a cruise; régime ou rythme ou vitesse de ~ cruising speed

croissance /kʀwasãs/ NF growth; en pleine ~ [économie] booming

croissant¹ /kʀwasã/ NM ⓐ (= forme) crescent; ~ de lune crescent moon ⓑ (= viennoiserie) croissant

croissant², e /kʀwasã, ãt/ ADJ [succès, intérêt] growing; [rôle] increasingly important; [nombre, tension] growing; aller ~ [peur, enthousiasme, demande, intérêt] to grow; [bruit] to grow louder; le rythme ~ des accidents the increasing number of accidents

croissanterie /kʀwasãtʀi/ NF croissant shop

croître /kʀwatʀ/ /TABLE 55/ VI ⓐ to grow; ~ en nombre/volume to increase in number/volume ⓑ [rivière] to swell; [lune] to wax; [vent] to rise

croix /kʀwa/ NF ⓐ (= objet, décoration) cross; ~ gammée swastika; mettre les bras en ~ to stretch one's arms out sideways; pour la faire sortir, c'est la ~ et la bannière it's a devil of a job to get him to go out* ⓑ (= marque) cross; faire ou mettre une ~ devant un nom to put a cross by a

---

name; si tu lui prêtes ton livre, tu peux faire une ~ dessus!* if you lend him your book, you'll never see it again! ⓒ (= souffrance) chacun a ou porte sa ~ we all have our cross to bear

Croix-Rouge /kʀwaʀuʒ/ NF la ~ the Red Cross

croquant e /kʀɔkã, ãt/ ADJ [salade] crisp; [fruit, biscuit] crunchy

croque* /kʀɔk/ NM toasted ham and cheese sandwich

croque-madame /kʀɔkmadam/ NM INV toasted ham and cheese sandwich with a fried egg on top

croque-monsieur /kʀɔkməsjø/ NM INV toasted ham and cheese sandwich

croque-mort* (pl croque-morts) /kʀɔkmɔʀ/ NM undertaker's (Brit) ou mortician's (US) assistant

croquer /kʀɔke/ /TABLE 1/ 1 VT ⓐ [+ biscuits, noisettes, bonbons] to crunch; [+ fruit] to bite into ⓑ (= dépenser)* to squander ⓒ (= dessiner) to sketch; être (joli) à ~ to be as pretty as a picture 2 VI ⓐ [fruit] to be crunchy; [salade] to be crisp ⓑ (= mordre) to bite; ~ dans une pomme to bite into an apple

croquette /kʀɔkɛt/ NF croquette; ~s pour chiens/chats dry dog food/cat food

croquis /kʀɔki/ NM sketch

cross /kʀɔs/ NM (= course) cross-country run; (= sport) cross-country running; faire du ~(-country) to do cross-country running

crosse /kʀɔs/ NF [de fusil] butt; [de revolver] grip; [de violon] head; ~ de hockey hockey stick; s'il me cherche des ~s ...* if he's looking for trouble ...

crotale /kʀɔtal/ NM rattlesnake

crotte /kʀɔt/ NF ⓐ [de brebis, lapin, souris] dropping; ~ de nez* bogey: (Brit), booger: (US); c'est plein de ~(s) de chien it's covered in dog mess; c'est de la ~! it's a load of rubbish* ⓑ (= bonbon) ~ de chocolat chocolate 2 EXCL* oh heck!*

crotté, e /kʀɔte/ ADJ muddy

crottin /kʀɔtɛ̃/ NM ⓐ [de cheval] manure (NonC) ⓑ (= fromage) small, round goat's milk cheese

croulant* /kʀulã/ NM (péj) vieux: old fogey:

crouler /kʀule/ /TABLE 1/ VI [maison, mur] to collapse; la salle croulait sous les applaudissements the auditorium resounded with applause; ~ sous le poids de qch to collapse under the weight of sth; ils croulent sous les dettes they are crippled by debts

croupe /kʀup/ NF ⓐ [de cheval] croup; monter en ~ to ride pillion ⓑ [de personne]* rump*

croupi, e /kʀupi/ (ptp de croupir) ADJ stagnant

croupier, -ière /kʀupje, jɛʀ/ NM,F croupier

croupion /kʀupjɔ̃/ NM [de volaille] parson's nose (Brit), pope's nose (US); parlement ~ rump parliament

croupir /kʀupiʀ/ /TABLE 2/ VI [eau] to stagnate; [feuilles] to rot; je n'ai pas envie de ~ dans ce bled* I don't want to stay and rot in this dump*; ~ en prison to rot in prison

CROUS /kʀus/ NM (ABBR = centre régional des œuvres universitaires et scolaires) students' welfare office

croustillant, e /kʀustijã, ãt/ ADJ ⓐ [aliment] crisp ⓑ (= grivois) spicy

croustiller /kʀustije/ /TABLE 1/ VI to be crisp

croûte /kʀut/ NF ⓐ [de pain, pâté] crust; [de fromage] rind; jambon en ~ ham en croute; ~ de (quignons) hunks of bread ⓑ (= couche) layer; (sur plaie) scab; (sur pot de peinture) skin; la ~ terrestre the earth's crust ⓒ ~ (de cuir) undressed leather; sac en ~ hide bag ⓓ (péj = tableau) lousy painting

croûton /kʀutɔ̃/ NM (= bout du pain) crust; (frit) crouton; (vieux) ~* (péj) old fuddy-duddy*

croyable /kʀwajabl/ ADJ ce n'est pas ~! it's incredible!; c'est à peine ~ it's hard to believe

croyance /kʀwajãs/ NF belief

croyant e /kʀwajã, ãt/ 1 ADJ être ~ to be a believer 2 NM,F believer; les ~s people who believe in God

CRS /seeres/ ABBR = **Compagnie républicaine de sécurité** NM ≈ member of the riot police; **les ~** ≈ the riot police

cru[1], **e**[1] /kRy/ ADJ ⓐ (= *non cuit*) raw ⓑ [*lumière, couleur*] harsh ⓒ (= *franc*) [*mot, description, réponse*] blunt ⓓ (= *choquant*) [*histoire, chanson, langage*] crude ⓔ (*à cheval*) **monter à ~** to ride bareback

cru[2] /kRy/ NM ⓐ (= *vignoble*) vineyard; **un vin d'un bon ~** a good vintage; **du ~** local ⓑ (= *vin*) wine; **un grand ~** a great wine

cru[3] /kRy/ ptp de **croire**

crû /kRy/ ptp de **croître**

cruauté /kRyote/ NF cruelty (**envers** to)

cruche /kRyʃ/ NF ⓐ (= *récipient*) jug (*Brit*), pitcher (*US*) ⓑ (= *imbécile*)* twit*

crucial, e (*mpl* -**iaux**) /kRysjal, jo/ ADJ crucial

crucifier /kRysifje/ /TABLE 7/ VT to crucify

crucifix /kRysifi/ NM crucifix

crucifixion /kRysifiksjɔ̃/ NF crucifixion

cruciforme /kRysifɔRm/ ADJ **tournevis ~** Phillips screwdriver®; **vis ~** Phillips screw®

cruciverbiste /kRysiveRbist/ NMF (= *joueur*) crossword-puzzle enthusiast

crudités /kRydite/ NFPL mixed raw vegetables

crue[2] /kRy/ NF (= *montée des eaux*) rise in the water level; (= *inondation*) flood; **en ~** in spate

cruel, -elle /kRyɛl/ ADJ cruel (**envers** towards); [*manque*] desperate

cruellement /kRyɛlmɑ̃/ ADV ⓐ (= *méchamment*) cruelly ⓑ (= *douloureusement*) [*déçu*] bitterly; [*souffrir*] terribly; **manquer ~ de qch** to be desperately short of sth; **~ éprouvé par ce deuil** greatly distressed by this loss

crûment /kRymɑ̃/ ADV (= *nettement*) bluntly; (= *grossièrement*) crudely

crustacé /kRystase/ NM crustacean; **~s** (*cuisinés*) seafood

cryogénie /kRijɔʒeni/ NF cryogenics (*sg*)

crypte /kRipt/ NF crypt

crypter /kRipte/ /TABLE 1/ VT to encrypt; **chaîne/émission cryptée** encrypted channel/programme

CSA /seesa/ NM (ABBR = **Conseil supérieur de l'audiovisuel**) *French broadcasting regulatory body*

CSG /seesʒe/ NF (ABBR = **contribution sociale généralisée**) *supplementary social security contribution*

Cuba /kyba/ N Cuba; **à ~** in Cuba

cubain, e /kybɛ̃, ɛn/ 1 ADJ Cuban 2 NM,F **Cubain(e)** Cuban

cube /kyb/ 1 NM cube; [*de jeu*] building block; **gros ~*** (= *moto*) big bike* 2 ADJ **centimètre/mètre ~** cubic centimetre/metre

cubique /kybik/ ADJ cubic

cubisme /kybism/ NM Cubism

cubiste /kybist/ ADJ, NMF Cubist

cubitus /kybitys/ NM ulna

cucu(l)* /kyky/ ADJ [*personne*] silly; [*film, livre*] corny*

cueillette /kœjɛt/ NF ⓐ [*de fleurs, fruits*] picking ⓑ (= *récolte*) harvest

cueillir /kœjiR/ /TABLE 12/ VT ⓐ [+ *fleurs, fruits*] to pick ⓑ (= *arrêter*)* to nab*; **il s'est fait ~ par la police*** he was nabbed by the police*

cui-cui /kɥikɥi/ EXCL, NM tweet-tweet; **faire ~** to go tweet-tweet

cuillère, cuiller /kɥijɛR/ NF (= *ustensile*) spoon; (= *contenu*) spoonful; **faire manger qn à la ~** to spoonfeed sb; **petite ~ ou ~ à café** teaspoon; **prenez une ~ à café de sirop** take a teaspoonful of cough mixture; **~ à dessert** dessertspoon; **~ à soupe** soup spoon; (*pour mesurer*) tablespoon

cuillerée /kɥijRe/ NF spoonful; **~ à soupe** ≈ tablespoonful; **~ à café** ≈ teaspoonful

cuir /kɥiR/ NM leather; (*sur animal vivant*) hide; (= *blouson*)* leather jacket; **de** ou **en ~** leather; **objets** ou **articles en ~** leather goods ♦ **cuir chevelu** scalp

cuirasse /kɥiRas/ NF [*de chevalier*] breastplate; (*fig*) armour (*Brit*), armor (*US*)

cuirassé /kɥiRase/ NM battleship

cuire /kɥiR/ /TABLE 38/ 1 VT (**faire**) **~** to cook; **~ à feu doux** ou **à petit feu** to cook gently; **~ au four** [+ *pain, gâteau, pommes*] to bake; [+ *viande*] to roast; [+ *pommes de terre*] (*avec matière grasse*) to roast; (*sans matière grasse*) to bake; **~ qch à la vapeur/au gril/à la poêle/à l'eau** to steam/grill/fry/boil sth; **~ au beurre/à l'huile** to cook in butter/in oil; **faire trop ~ qch** to overcook sth 2 VI ⓐ [*aliment*] to cook; **on cuit ici!*** it's boiling* in here! ⓑ (= *brûler*) **les mains/yeux me cuisaient** my hands/eyes were smarting

cuisant, e /kɥizɑ̃, ɑ̃t/ ADJ [*défaite, échec, souvenir*] bitter

cuisine /kɥizin/ 1 NF ⓐ (= *pièce*) kitchen ⓑ (= *art culinaire*) cookery; (= *préparation*) cooking; (= *nourriture apprêtée*) cooking; **la ~ française** French cooking; **~ légère** low-fat foods; **faire la ~** to do the cooking; **il sait bien faire la ~** he's a good cook; **une ~ épicée** spicy food 2 COMP ♦ **cuisine américaine** open-plan kitchen ♦ **cuisine bourgeoise** traditional cooking

cuisiner /kɥizine/ /TABLE 1/ 1 VT ⓐ [+ *plat*] to cook ⓑ [+ *personne*]* to grill* 2 VI to cook; **il cuisine bien** he's a good cook

cuisinier, -ière /kɥizinje, jɛR/ 1 NM,F (= *personne*) cook 2 NF **cuisinière** (*à gaz, électrique*) stove

cuissardes /kɥisaRd/ NFPL [*de pêcheur*] waders; [*de femme*] thigh boots

cuisse /kɥis/ NF thigh; **~ de poulet** chicken leg; **~s de grenouilles** frogs' legs

cuisson /kɥisɔ̃/ NF [*d'aliments*] cooking; [*de pain, gâteau*] baking; [*de gigot*] roasting; **temps de ~** cooking time; **~ à la vapeur/au four** steam/oven cooking; **quelle ~ ?** (*au restaurant*) how would you like it cooked?

cuistot* /kɥisto/ NM cook

cuit, e /kɥi, kɥit/ (*ptp de* **cuire**) 1 ADJ ⓐ [*aliment, plat*] cooked; [*viande*] done (*attrib*); [*pomme*] baked; **bien ~** well done; **une baguette bien ~e** a well-baked baguette; **trop ~** overdone; **pas assez ~** underdone; **~ à point** (= *peu saignant*) medium-cooked; (*parfaitement*) done to a turn ⓑ (= *perdu*)* **il est ~** he's had it*; **c'est ~ (pour ce soir)** we've had it (for tonight)* ⓒ (= *ivre*)* plastered* ⓓ (*locutions*) **c'est du tout ~*** it's a cinch*; **il attend toujours que ça lui tombe tout ~ (dans le bec)*** he expects everything to be handed to him on a plate 2 NF **cuite : prendre une ~e*** to get plastered*

cuiter (se)* /kɥite/ /TABLE 1/ VPR to get plastered*

cuivre /kɥivR/ NM ⓐ **~ (rouge)** copper; **~ jaune** brass ⓑ **~s** (= *ustensiles*) (*de cuivre*) copper; (*de cuivre et laiton*) brasses ⓒ (= *instrument*) brass instrument; **les ~s** the brass section

cuivré, e /kɥivRe/ ADJ [*reflets*] coppery; [*teint*] bronzed; [*voix*] resonant

cul /ky/ 1 NM ⓐ (= *postérieur*)** bum* (*Brit*), butt* (*US*); **~ nu** bare-bottomed; **gros ~*** (*camion*) heavy truck ⓑ [*de bouteille*] bottom ⓒ (= *sexe*)** **le ~** sex; **film de ~** porn movie*; **revue** ou **magazine de ~** porn mag*; **une histoire de ~** (= *plaisanterie*) a dirty joke ⓓ (*locutions*) **faire ~ sec*** to down one's drink in one go*; **~ sec!** bottoms up!*; **on l'a dans le ~*** that's really screwed us (up)***; **en tomber** ou **rester sur le ~*** to be gobsmacked*; **avoir du ~*** to be a lucky bastard** 2 ADJ (= *stupide*)* silly

culasse /kylas/ NF [*de moteur*] cylinder head ⓑ [*de canon, fusil*] breech

culbute /kylbyt/ NF **faire une ~** (= *cabriole*) to turn a somersault; (*chute*) to take a tumble

culbuter /kylbyte/ /TABLE 1/ VT [+ *chaise*] to knock over

cul-de-jatte (*pl* **culs-de-jatte**) /kyd(ə)ʒat/ NM legless cripple

cul-de-sac (*pl* **culs-de-sac**) /kyd(ə)sak/ NM (= *rue*) cul-de-sac; (*fig*) blind alley

culinaire /kylinɛR/ ADJ culinary; **l'art ~** cookery

culminant, e /kylminɑ̃, ɑ̃t/ ADJ point ~ [de montagne] peak; [de carrière, gloire, crise] height; [d'affaire, scandale] culmination; **c'est le point ~ du Jura** it's the highest peak in the Jura; **atteindre son point ~** [crise] to reach its height

culminer /kylmine/ /TABLE 1/ VI ⓐ [sommet] **le Mont Blanc culmine à 4 807 mètres** Mont Blanc is 4,807 metres high ⓑ [salaire, bénéfice, récession] to peak (à at) ⓒ [astre] to reach its highest point

culot /kylo/ NM ⓐ (= effronterie)* nerve*; **il a du ~** he's got a nerve*; **tu ne manques pas de ~!** you've got a nerve!*; **il y est allé au ~** he bluffed his way through it ⓑ [d'ampoule] cap

culotte /kylɔt/ 1 NF ⓐ (= slip) pants (Brit), panties (US); [d'homme] underpants; **petite ~** [de femme] panties ⓑ (locutions) **baisser sa ~** to back down; **c'est elle qui porte la ~** she wears the trousers; **faire dans sa ~** (= uriner) to wet oneself; (= déféquer) to dirty one's pants 2 COMP ◆ **culotte(s) de cheval** riding breeches; **avoir une ~ de cheval** (aux hanches) to have saddlebags ◆ **culotte(s) courte(s)** short trousers

culotté, e* /kylɔte/ ADJ (= effronté) cheeky* (Brit), sassy* (US)

culpabilisant, e /kylpabilizɑ̃, ɑ̃t/ ADJ [discours, idée] guilt-producing; **c'est un peu ~ de laisser les enfants seuls** you feel a bit guilty about leaving the children on their own

culpabilisation /kylpabilizasjɔ̃/ NF (= action) making guilty; (= état) guilt

culpabiliser /kylpabilize/ /TABLE 1/ 1 VT ~ **qn** to make sb feel guilty 2 VPR **se culpabiliser** to feel guilty

culpabilité /kylpabilite/ NF guilt

culte /kylt/ 1 NM ⓐ (= vénération) worship; ~ **de la personnalité** personality cult ⓑ (= pratiques) form of worship; (= religion) religion; **le ~ catholique** Catholic religious practice; **les objets du ~** liturgical objects; **lieu de ~** place of worship ⓒ (= office protestant) service 2 ADJ [film, livre] cult

cultivateur, -trice /kyltivatœʀ, tʀis/ 1 NM,F farmer 2 NM (= machine) cultivator

cultivé, e /kyltive/ (ptp de **cultiver**) ADJ (= instruit) cultured

cultiver /kyltive/ /TABLE 1/ 1 VT ⓐ [+ champ] to cultivate; **terres cultivées** arable land ⓑ [+ céréales, légumes, vigne] to grow; [+ moules, huîtres] to farm ⓒ [+ goût, don, image] to cultivate; **il cultive le paradoxe** he goes out of his way to do the unexpected ⓓ [+ personne, amitié] to cultivate 2 VPR **se cultiver** to improve one's mind

culture /kyltyʀ/ 1 NF ⓐ (= connaissances) **la ~** culture; **il manque de ~** he's not very cultured; **~ générale** general knowledge ⓑ [de champ] cultivation; [de légumes] growing; [de moules, huîtres] farming ⓒ (= espèce cultivée) crop; **~ vivrière** food crop ⓓ (en laboratoire) culture; **mettre en ~** to culture 2 NFPL **cultures** (= terres cultivées) arable land 3 COMP ◆ **culture physique** physical training

culturel, -elle /kyltyʀɛl/ ADJ cultural

culturisme /kyltyʀism/ NM body-building

culturiste /kyltyʀist/ NMF body-builder

cumin /kymɛ̃/ NM cumin

cumul /kymyl/ NM **pour limiter le ~ des mandats** in order to limit the number of mandates that may be held at one time; **avec ~ de peines** (Droit) sentences to run concurrently

cumuler /kymyle/ /TABLE 1/ VT [+ fonctions] to hold concurrently; [+ salaires] to draw concurrently; **intérêts cumulés** interests accrued

cumulus /kymylys/ NM ⓐ (= nuage) cumulus ⓑ (= chauffe-eau) water heater

cupide /kypid/ ADJ greedy

cupidité /kypidite/ NF greed

curable /kyʀabl/ ADJ curable

curare /kyʀaʀ/ NM curare

curatif, -ive /kyʀatif, iv/ ADJ curative

cure /kyʀ/ NF ⓐ (= traitement) course of treatment; ~ **(thermale)** ≈ course of treatment at a spa; **faire une ~ à Vi-** chy to take the waters at Vichy; **suivre une ~ d'amaigrisse-ment** to go on a slimming course (Brit), to have reducing treatment (US); **faire une ~ de sommeil** to have sleep therapy; ~ **de thalassothérapie** course of seawater therapy ⓑ (= consommation) diet; **faire une ~ de fruits** to go on a fruit diet

curé /kyʀe/ NM parish priest

cure-dent (pl **cure-dents**) /kyʀdɑ̃/ NM toothpick

curer /kyʀe/ /TABLE 1/ VT to clean out; **se ~ les dents/le nez** to pick one's teeth/nose; **se ~ les ongles/oreilles** to clean one's nails/ears

curieusement /kyʀjøzmɑ̃/ ADV curiously

curieux, -ieuse /kyʀjø, jøz/ 1 ADJ ⓐ (= intéressé, indiscret) curious; **esprit ~** inquiring mind; ~ **de tout** curious about everything; **je serais ~ de savoir** I'd be interested to know ⓑ (= bizarre) curious; **ce qui est ~, c'est que ...** the curious thing is that ... 2 NM,F ⓐ (= indiscret) inquisitive person; **petite curieuse!** nosy little thing!* ⓑ (= badaud) onlooker; **venir en ~** to come just to have a look

curiosité /kyʀjozite/ NF curiosity; **par ~** out of curiosity ■ (PROV) **la ~ est un vilain défaut** curiosity killed the cat (PROV)

curiste /kyʀist/ NMF person taking the waters (at a spa)

curriculum (vitæ) /kyʀikylɔm(vite)/ NM INV curriculum vitae (Brit), résumé (US)

curry /kyʀi/ NM curry; **poulet au ~** chicken curry

curseur /kyʀsœʀ/ NM [de règle, ordinateur] cursor

cursus /kyʀsys/ NM (Univ) ≈ degree course; [de carrière] career path

cutané, e /kytane/ ADJ skin; **affection ~e** skin trouble

cuti-réaction /kytiʀeaksjɔ̃/ NF skin test

cutter /kœtœʀ/ NM (petit) craft knife; (gros) Stanley knife®

cuve /kyv/ NF [de fermentation, teinture] vat; [de mazout, eau] tank; ~ **de développement** (Photo) developing tank

cuvée /kyve/ NF (= cru, année) vintage; [d'étudiants, films] crop; **la ~ 1937** the 1937 vintage

cuver /kyve/ /TABLE 1/ VT ~ **(son vin)** to sleep it off*

cuvette /kyvɛt/ NF ⓐ (= récipient) basin; (pour la toilette) washbowl ⓑ [de lavabo, évier] basin; [de WC] pan ⓒ (= vallée) basin

CV /seve/ NM ⓐ (ABBR = **curriculum vitæ**) CV ⓑ (ABBR = **cheval-vapeur**) hp

cyanure /sjanyʀ/ NM cyanide

cyber /sibɛʀ/ PRÉF cyber

cybercafé /sibɛʀkafe/ NM internet café

cyberculture /sibɛʀkyltyʀ/ NF cyberculture

cyberespace /sibɛʀɛspas/ NM cyberspace

cybermarchand /sibɛʀmaʀʃɑ̃/ NM e-tailer

cybermonde /sibɛʀmɔ̃d/ NM cyberspace

cybernaute /sibɛʀnot/ NMF cybernaut

cybernétique /sibɛʀnetik/ NF cybernetics (sg)

cyberpunk* /sibɛʀpœ̃k/ ADJ, NMF, NM cyberpunk

cyclable /siklabl/ ADJ **piste ~** cycle track

cyclamen /siklamɛn/ NM cyclamen

cycle /sikl/ NM ⓐ (= bicyclette) cycle; **magasin de ~s** cycle shop ⓑ (= processus) cycle; ~ **menstruel** menstrual cycle; **le ~ infernal de la violence** the cycle of violence ⓒ (Scol) **premier ~** first four years of secondary education; **second ou deuxième ~** last three years of secondary education ⓓ (Univ) **premier ~** ≈ first and second year; **deuxième ou second ~** ≈ Final Honours; **troisième ~** ≈ postgraduate studies; **diplôme de troisième ~** ≈ postgraduate degree; ≈ PhD; **étudiant de troisième ~** ≈ postgraduate student

cyclique /siklik/ ADJ cyclical

cyclisme /siklism/ NM cycling; **faire du ~** to go cycling

cycliste /siklist/ 1 ADJ **course/champion ~** cycle race/champion; **coureur ~** racing cyclist 2 NMF cyclist 3 NM (= short) cycling shorts

cyclomoteur /siklomotœʀ/ NM moped

cyclomotoriste /siklomɔtɔʀist/ NMF moped rider

cyclone /siklon/ NM (= *typhon*) cyclone; (= *basse pression*) zone of low pressure; (= *vent violent*) hurricane

cyclothymique /siklotimik/ ADJ, NMF manic-depressive

cyclotourisme /siklotuʀism/ NM bicycle touring; **faire du ~** (*vacances*) to go on a cycling holiday

cygne /siɲ/ NM swan

cylindre /silɛ̃dʀ/ NM ⓐ (= *forme*) cylinder ⓑ (= *rouleau*) roller ⓒ [*de moteur*] cylinder; **une 6 ~s** a 6-cylinder car

cylindrée /silɛ̃dʀe/ NF capacity; **une grosse/petite ~** a big-engined/small-engined car

cymbale /sɛ̃bal/ NF cymbal

cynique /sinik/ ADJ cynical

cynisme /sinism/ NM cynicism

cyprès /sipʀɛ/ NM cypress

cystite /sistit/ NF cystitis (*NonC*); **avoir une ~** to have cystitis

D

D, d /de/ NM (= *lettre*) D, d → **système**

d' /d/ → **de**

d'abord /dabɔʀ/ LOC ADV → **abord**

d'accord /dakɔʀ/ LOC ADV, LOC ADJ → **accord**

dactylo /daktilo/ NF ⓐ typist ⓑ ABBR = **dactylographie**

dactylographie /daktilɔgʀafi/ NF typing

dactylographier /daktilɔgʀafje/ /TABLE 7/ VT to type

dada /dada/ NM ⓐ (*langage enfantin* = *cheval*) horsey ⓑ (= *passe-temps*)* hobby

dadais /dade/ NM **(grand)** ~ great lump (*person*)

dague /dag/ NF (= *arme*) dagger

dahlia /dalja/ NM dahlia

daigner /deɲe/ /TABLE 1/ VT to deign; **il n'a pas daigné répondre** he didn't deign to reply

daim /dɛ̃/ NM ⓐ deer; (*mâle*) buck ⓑ (= *cuir suédé*) suede; **chaussures en** ~ suede shoes

dais /dɛ/ NM canopy

Dakar /dakaʀ/ N Dakar

dallage /dalaʒ/ NM paving

dalle /dal/ NF (= *pavement*) paving stone; (*Constr*) slab; ~ **de béton** concrete slab; ~ **funéraire** tombstone; **avoir** ou **crever la ~⁚** (= *avoir faim*) to be starving
♦ **que dalle⁚** nothing at all; **j'y pige que** ~ I don't get it*

dalmatien /dalmasjɛ̃/ NM (= *chien*) dalmatian

daltonien, -ienne /daltɔnjɛ̃, jɛn/ ADJ colour-blind (*Brit*), color-blind (*US*)

dam /dɑ̃/ NM **au grand** ~ **de qn** to sb's great displeasure

Damas /damas/ N Damascus

damassé, e /damase/ ADJ, NM damask

dame /dam/ 1 NF ⓐ (= *femme*) lady; **il y a une** ~ **qui vous attend** there is a lady waiting for you; **vous savez, ma bonne ~!*** you know, my dear!; **une grande** ~ a great lady; **la grande** ~ **du roman policier** the doyenne of crime fiction; **la première** ~ **de France** France's first lady; **la finale ~s** (*Sport*) the women's final ⓑ (*Cartes*, *Échecs*) queen; (*Dames*) crown; **le jeu de ~s** ou **les ~s** draughts (*sg*) (*Brit*), checkers (*sg*) (*US*); **jouer aux ~s** to play draughts (*Brit*) ou checkers (*US*)
2 COMP ♦ **dame de compagnie** (lady's) companion ♦ **dame d'honneur** lady-in-waiting ♦ **dame pipi*** lady toilet attendant

damer /dame/ /TABLE 1/ VT ⓐ [+ *terre, neige*] to pack ⓑ ~ **le pion à qn** to get the better of sb

damier /damje/ NM (*Dames*) draughtboard (*Brit*), checkerboard (*US*); **en** ou **à** ~ [*motif*] chequered (*Brit*), checkered (*US*)

damner /dane/ /TABLE 1/ VT to dàmn

★ *The* **mn** *is pronounced* **nn**.

dan /dan/ NM (*Arts martiaux*) dan

dancing /dɑ̃siŋ/ NM dance hall

dandiner (se) /dɑ̃dine/ /TABLE 1/ VPR to waddle; **marcher en se dandinant** to waddle along

Danemark /danmaʀk/ NM Denmark

danger /dɑ̃ʒe/ NM danger; **courir un** ~ to run a risk; **en cas de** ~ in case of emergency; **il est hors de** ~ he is out of danger; **sans** ~ [*opération, expérience*] safe; [*utiliser, agir*] safely; **c'est sans** ~ it's quite safe; **cet automobiliste est un** ~ **public** that driver is a danger to the public; **les ~s de la route** road hazards; **attention** ~! look out!; «~ **de mort**» "danger of death"; **(il n'y a) pas de** ~!* no fear!*; **pas de** ~ **qu'il vienne!*** there's no danger that he'll come
♦ **en danger**: **être en** ~ to be in danger; **ses jours sont en** ~ his life is in danger; **mettre en** ~ [+ *personne*] to put in danger; [+ *vie, espèce*] to endanger; [+ *chances, réputation, carrière*] to jeopardize; **il est en** ~ **de mort** he is in danger of his life

dangereusement /dɑ̃ʒʀøzmɑ̃/ ADV dangerously

dangereux, -euse /dɑ̃ʒʀø, øz/ ADJ dangerous; [*opération*] risky; **zone dangereuse** danger zone

danois, e /danwa, waz/ 1 ADJ Danish 2 NM (= *langue*) Danish 3 NM,F **Danois(e)** Dane

---

dans /dɑ̃/ PRÉPOSITION

► *Pour les expressions comme* **dans sa hâte, dans le temps**, *reportez-vous à l'autre mot.*

ⓐ **lieu: position** in; **mon revolver est** ~ **le tiroir** my gun is in the drawer; **il a plu** ~ **toute la France** there has been rain throughout France; **ils ont voyagé** ~ **le même train** they travelled on the same train; **ce n'est pas** ~ **ses projets** he's not planning to do that

ⓑ **lieu: mouvement** into; **mettre qch** ~ **un tiroir** to put sth into a drawer; **s'enfoncer** ~ **la forêt** to plunge deep into the forest; **verser du vin** ~ **un verre** to pour wine into a glass; **jeter l'eau sale** ~ **l'évier** to pour the dirty water down the sink

ⓒ **lieu: origine** out of; **prendre qch** ~ **un tiroir** to take sth out of a drawer; **boire du café** ~ **un verre** to drink coffee out of a glass; **il l'a copié** ~ **un livre** he copied it out of a book; **le chien a mangé** ~ **mon assiette** the dog ate off my plate

ⓓ **temps** in; ~ **ma jeunesse** in my youth; ~ **le courant de l'année** in the course of the year; **il part** ~ **une semaine** he's leaving in a week; **il sera là** ~ **un instant** he'll be here in a minute; **je l'attends** ~ **la matinée** I'm expecting him some time this morning; **il est mort** ~ **l'heure qui a suivi** he died within the hour; ~ **combien de temps serez-vous prêt?** how long will it be before you are ready?

ⓔ **= dans des limites de** within; ~ **un périmètre très restreint** within a very restricted radius

ⓕ ♦ **dans les** (= *environ*) about; **cela coûte** ~ **les 50 €** it costs about 50 euros; **il a** ~ **les 30 ans** he's about 30; **il faut compter** ~ **les trois ou quatre mois** you have to allow three to four months; **cette pièce fait** ~ **les 8 m²** this room is about 8m²

---

danse /dɑ̃s/ NF (= *valse, tango etc*) dance; **la** ~ (= *art*) dance; (= *action*) dancing; ~ **classique** ballet; ~ **de salon**

ballroom dancing; **la ~ du ventre** belly dancing; **professeur de ~** dance teacher

danser /dɑ̃se/ /TABLE 1/ ₁ VI to dance; **elle danse bien** she's a good dancer; **faire ~ qn** to dance with sb; **voulez-vous ~ (avec moi)?** ou **vous dansez?** would you like to dance?; **personne ne savait sur quel pied ~** nobody knew what to do ₂ VT to dance; **~ un rock** to jive

danseur, -euse /dɑ̃sœʀ, øz/ ₁ NM,F dancer; (= *partenaire*) partner; **~ classique** ou **de ballet** ballet dancer; **~ étoile** principal dancer; **danseuse étoile** prima ballerina ₂ NF **danseuse : pédaler en danseuse** to pedal standing up

Danube /danyb/ NM Danube

dard /daʀ/ NM [*d'animal*] sting

darder /daʀde/ /TABLE 1/ VT **le soleil dardait ses rayons sur la maison** the sun was beating down on the house

dare-dare* /daʀdaʀ/ LOC ADV double-quick*

darne /daʀn/ NF [*de poisson*] steak

darwinisme /daʀwinism/ NM Darwinism

datation /datasjɔ̃/ NF dating; **~ au carbone 14** carbon dating

date /dat/ ₁ NF date; **à quelle ~ cela s'est-il produit?** on what date did that happen?; **à cette ~-là il était déjà mort** by then he was already dead; **le comité se réunit à ~ fixe** the committee meets on a fixed date; **sans ~** undated; **le dernier en ~** the most recent; **lettre en ~ du 23 mai** letter dated 23 May
♦ **prendre date : j'ai pris ~ avec M. Lavie pour le 18 décembre** I have made a date with Mr Lavie for 18 December
♦ **faire date : cet événement fait ~ dans l'histoire** this event is a milestone in history
♦ **de longue date** [*amitié*] long-standing; **je le connais de longue ~** I've known him for a long time
♦ **de fraîche date** [*ami*] new
₂ COMP ♦ **date butoir** deadline ♦ **date limite** deadline; **~ limite de consommation** use-by date; **~ limite de fraîcheur** ou **de conservation** best-before date ♦ **date de naissance** date of birth ♦ **date de péremption** expiry date ♦ **date de valeur** [*de chèque*] processing date

dater /date/ /TABLE 1/ ₁ VT to date; **lettre datée du 6** letter dated the 6th; **non daté** undated ₂ VI ⓐ **~ de** (= *remonter à*) to date back to; **ça ne date pas d'hier** ou **d'aujourd'hui** [*amitié, situation*] it goes back a long way; [*objet*] it's far from new; **à ~ de demain** from tomorrow; **de quand date votre dernière rencontre?** when did you last meet? ⓑ (= *être démodé*) to be dated

datte /dat/ NF (= *fruit*) date

dattier /datje/ NM date palm

daube /dob/ NF ⓐ casserole; **bœuf en ~** beef casserole ⓑ **c'est de la ~:** it's crap:

dauber: /dobe/ /TABLE 1/ VI (= *puer*) to stink; **ça daube ici!** it stinks in here!

dauphin /dofɛ̃/ NM ⓐ (= *animal*) dolphin ⓑ (= *successeur*) heir apparent

daurade /dɔʀad/ NF sea bream

davantage /davɑ̃taʒ/ ADV ⓐ (= *plus*) [*gagner, acheter*] more; **bien/encore/même ~** much/still/even more; **je n'en sais pas ~** I don't know any more about it ⓑ (= *plus longtemps*) longer; **sans s'attarder ~** without lingering any longer ⓒ (= *de plus en plus*) more and more; **les prix augmentent chaque jour ~** prices go up every day ⓓ (*locutions*)
♦ **davantage de** more; **vouloir ~ de temps** to want more time; **veux-tu ~ de viande?** would you like some more meat?
♦ **davantage que** (= *plus*) more than; (= *plus longtemps*) longer than

de /das/ NF (ABBR = **Direction départementale de l'action sanitaire et sociale**) local social services department; **un enfant de la ~** (*orphelin*) an orphan; (*retiré de la garde de ses parents*) a child in care (*Brit*), a child in court custody (*US*)

---

de /də/

₁ PRÉPOSITION	₂ ARTICLE

1 PRÉPOSITION

► **de + le = du ; de + les = des ; de becomes d' before a vowel or silent h.**

► *Lorsque de fait partie d'une locution du type décider de, content de, de plus en plus, reportez-vous à l'autre mot.*

ⓐ provenance from; **s'échapper de** to escape from; **il arrive du Japon** he has just arrived from Japan; **nous recevons des amis du Canada** we've got friends from Canada staying with us; **l'avion de Londres** the plane from London; **je l'ai vu en sortant de la maison** I saw him as I was coming out of the house

ⓑ lieu in; **les magasins de Londres** the shops in London; **les voisins du 2ème étage** the neighbours on the 2nd floor

ⓒ destination to; **l'avion de Bruxelles** the plane to Brussels; **la route de Tours** the road to Tours

ⓓ appartenance of

► *Lorsque de sert à exprimer l'appartenance, il se traduit par of ; on préférera toutefois souvent le génitif lorsque le possesseur est une personne ou un animal.*

les oreilles du lapin the rabbit's ears; **la maison de David** David's house; **la maison de notre ami** our friend's house; **un ami de la famille** a friend of the family; **un ami de mon père** a friend of my father's; **la porte de la maison** the door of the house

► *Après un pluriel se terminant par un s, l'apostrophe s'utilise sans s.*

la maison de nos amis our friends' house

► *On ajoute cependant le 's après un nom commun se terminant par ss.*

la loge de l'actrice the actress's dressing-room

► *Dans le cas où le possesseur est une chose, l'anglais supprime parfois le 's.*

le pied de la table the table leg; **le bouton de la porte** the door knob; **les romanciers du 20ème siècle** 20th-century novelists

ⓔ contenu of; **une bouteille de vin** a bottle of wine; **une pincée de sel** a pinch of salt; **une collection de timbres** a collection of stamps

ⓕ matière

► *En anglais, un nom en apposition sert souvent à décrire la matière dont quelque chose est fait.*

un vase de cristal a crystal vase; **une table de chêne** an oak table

ⓖ qualité **un homme de goût** a man of taste; **quelque chose de beau** something lovely; **rien d'intéressant** nothing interesting

ⓗ agent by; **un film de Fellini** a Fellini film; **un concerto de Brahms** a concerto by Brahms; **c'est de qui?** who is it by?; **ce poème n'est pas de moi** I didn't write the poem

ⓘ = avec

► *Lorsque de signifie avec, au moyen de, à l'aide de, ou exprime la manière ou la cause, la traduction dépend du contexte ; reportez-vous à l'autre mot.*

il l'attrapa de la main gauche he caught it with his left hand; **marcher d'un pas lent** to walk slowly; **rougir de honte** to go red with embarrassment; **être fatigué de répéter** to be tired of repeating; **couvert de boue** covered in mud

ⓙ **= par** **il gagne 90 € de l'heure** he earns 90 euros an hour

ⓚ **= durant** **de jour** during the day; **de nuit** during the night; **3 heures du matin** 3 o'clock in the morning; **je ne l'ai pas vu de la soirée** I haven't seen him all evening

ⓛ |locutions| **il y a deux verres de cassés** there are two broken glasses; **j'ai une semaine de congé** I've got a week's holiday; **il est d'une bêtise!** he's so stupid!; **tu as de ces idées!** you have the strangest ideas!; **le jour de Noël** Christmas Day; **cette saleté de temps** this rotten weather; **la ville de Paris** the city of Paris; **le mois de juin** the month of June; **une pièce de 6 m²** a room 6 metres square; **un enfant de 5 ans** a 5-year-old child; **un voyage de trois jours** a three-day journey; **il y aura une attente de quelques heures** you will have to wait a few hours; **un chèque de 100 €** a cheque for 100 euros; **il est professeur d'anglais** he's an English teacher

♦ **de ... à** from ... to; **de chez moi à la gare, il y a 5 km** it's 5km from my house to the station; **du 2 au 7 mai** from 2 to 7 May; **les enfants de 9 à 12 ans** children from 9 to 12
♦ **de ... en** from ... to; **il va de village en village** he goes from village to village; **de jour en jour** from day to day; **le nombre diminue d'année en année** the number is decreasing every year; **nous allions de surprise en surprise** we had one surprise after another

2 ARTICLE
ⓐ |affirmation|

► *L'article* **de** *n'est souvent pas traduit mais il peut parfois être rendu par* some.

au déjeuner, nous avons eu du poulet we had chicken for lunch; **j'ai du travail à faire** I've got work to do; **j'ai des voisins charmants** I've got lovely neighbours; **boire de l'eau** to drink water; **ils vendent des pommes** they sell apples; **il mange des biscuits toute la journée** he eats biscuits all day; **elle a de jolies mains** she's got lovely hands; **il portait des lunettes** he was wearing glasses; **il a joué du Chopin** he played Chopin; **cela demande de la patience** it takes patience; **c'est du vol!** that's robbery!; **j'ai acheté des pommes** I bought some apples

ⓑ |interrogation, hypothèse|

► *Dans les questions et les hypothèses,* **de** *soit ne se traduit pas, soit est rendu par* any *ou* some.

accepteriez-vous de l'argent liquide? would you take cash?; **as-tu de l'argent?** have you got any money?; **as-tu rencontré des randonneurs?** did you meet any hikers?; **si tu achètes du vin, j'en prendrai aussi** if you buy some wine, I'll buy some too; **s'il y a des problèmes** if there are any problems

► *Dans les offres polies, on utilise plus souvent* some.

tu veux de l'aide? do you want any help?; (*plus poli*) would you like some help?; **voulez-vous des œufs?** would you like some eggs?; **vous ne voulez vraiment pas de vin?** are you sure you don't want some more wine?

ⓒ ♦ **pas ... de ...** not any ..., no ...; **je n'ai pas acheté de pommes** I didn't buy any apples; **je n'ai pas de voisins** I haven't got any neighbours; **il n'y a pas de pain** there isn't any bread, there's no bread

dé /de/ NM ⓐ **dé (à coudre)** thimble ⓑ (*Jeux*) dice; **dés (à jouer)** dice; **jouer aux dés** to play dice; **les dés sont jetés** the die is cast; **couper des carottes en dés** to dice carrots

DEA /deɑ/ NM (ABBR = **diplôme d'études approfondies**) *postgraduate diploma taken before completing a PhD*

dealer /dilœʀ/ NM (*Drogue*) drug dealer

déambulateur /deɑ̃bylatœʀ/ NM zimmer®

déambuler /deɑ̃byle/ /TABLE 1/ VI to wander; [*promeneur*] to stroll

débâcle /debɑkl/ NF [*d'armée*] rout; [*de régime*] collapse; [*de glaces*] breaking up; **c'est une vraie ~!** it's a complete disaster!

déballer /debale/ /TABLE 1/ VT [+ *objets*] to unpack;

[+ *marchandises*] to display; **il m'a déballé* toute l'histoire/ toute sa vie** he told me the whole story/his life story

débandade /debɑ̃dad/ NF (= *déroute*) headlong flight; (= *dispersion*) scattering

débander /debɑ̃de/ /TABLE 1/ VT to take the bandages off; **~ les yeux de qn** to remove a blindfold from sb's eyes

débarbouiller /debaʀbuje/ /TABLE 1/ **1** VT to wash (*quickly*) **2** VPR **se débarbouiller** to wash one's face

débarbouillette /debaʀbujɛt/ NF (*Can*) face cloth

débarcadère /debaʀkadɛʀ/ NM landing stage

débardeur /debaʀdœʀ/ NM (= *T-shirt*) sleeveless T-shirt

débarquement /debaʀkəmɑ̃/ NM landing; **péniche de ~** landing craft (*inv*); **le ~** (*Hist : en Normandie*) the Normandy landings

débarquer /debaʀke/ /TABLE 1/ **1** VT to land **2** VI ⓐ [*passagers*] to disembark (**de** from); [*troupes*] to land ⓑ (= *arriver subitement*)* to turn up; **il a débarqué chez moi hier soir** he turned up at my place last night ⓒ (= *ne pas être au courant*)* **tu débarques!** where have you been?*

débarras /debaʀɑ/ NM cupboard; **bon ~!** good riddance!

débarrasser /debaʀɑse/ /TABLE 1/ **1** VT [+ *local*] to clear (**de** of); **~ (la table)** to clear the table; **~ qn de** [+ *fardeau, manteau*] to relieve sb of; [+ *liens*] to release sb from **2** VPR **se débarrasser : se ~** [+ *objet, personne*] to get rid of; (= *ôter*) [+ *vêtement*] to take off; **débarrassez-vous** take your coat off

débat /deba/ NM (= *discussion*) discussion; (= *polémique*) debate; **~s** (*Droit, Politique* = *séance*) proceedings; **un grand ~ de société** a major public debate

débattre /debatʀ/ /TABLE 41/ **1** VT to discuss; **à vendre 1 000 € à ~** (*petite annonce*) for sale: 1,000 euros or nearest offer
♦ **débattre de** *ou* **sur** to discuss
2 VPR **se débattre** to struggle

débauche /deboʃ/ NF ⓐ (= *vice*) debauchery; **mener une vie de ~** to lead a life of debauchery ⓑ (= *abondance*) **~ de** wealth of; **une ~ de couleurs** a riot of colour

débauché, e† /deboʃe/ (*ptp de* **débaucher**) NM,F debauched individual

débaucher /deboʃe/ /TABLE 1/ VT ⓐ (= *embaucher un salarié d'une autre entreprise*) to poach (**de** from); [*chasseur de tête*] to head-hunt ⓑ (= *licencier*) to lay off

débecter : /debɛkte/ /TABLE 1/ VT **ça me débecte** it makes me sick

débile /debil/ **1** ADJ ⓐ (= *faible*) feeble ⓑ (= *stupide*)* [*personne*] moronic*; [*film, raisonnement*] pathetic* **2** NMF **~ mental** retarded person; **~ léger/profond** slightly/severely retarded person; **quel ~, celui-là!** what a moron!*

débilitant, e /debilitɑ̃, ɑ̃t/ ADJ (= *anémiant*) debilitating; (= *abêtissant*)* mind-numbing

débilité /debilite/ NF ⓐ **~ mentale** mental retardation ⓑ (*péj*) [*de propos, attitude*] stupidity

débiner* /debine/ /TABLE 1/ **1** VT (= *dénigrer*) to run down **2** VPR **se débiner** (= *se sauver*) to clear off*

débit /debi/ **1** NM ⓐ (*Finance*) debit; [*de relevé de compte*] debit side; **porter 100 € au ~ de qn** to charge 100 euros to sb's account ⓑ (= *vente*) turnover; **il n'y a pas assez de ~** there isn't a quick enough turnover ⓒ [*de fleuve*] (rate of) flow; [*de gaz, électricité, machine*] output; [*de pompe*] flow; [*d'eau*] pressure ⓓ (= *élocution*) delivery; **elle a un sacré ~*** she's a great talker* **2** COMP ♦ **débit de boissons** (*petit bar ou café*) bar; (*Admin*) drinking establishment ♦ **débit de tabac** tobacconist's (*Brit*), tobacco shop (*US*)

débiter /debite/ /TABLE 1/ VT ⓐ [+ *personne, compte*] to debit; **il a été débité de 300 €** 300 euros has been debited from my account ⓑ [+ *marchandises*] to sell ⓒ [*usine, machine*] to produce ⓓ (*péj* = *dire*) [+ *sottises, banalités*] to utter ⓔ (= *découper*) to cut up

débiteur, -trice /debitœʀ, tʀis/ **1** ADJ [*compte, solde*] debit; **l'organisme ~** the organization that owes the money **2** NM,F debtor; **être le ~ de qn** to be in sb's debt

déblais /deblɛ/ NMPL (= *gravats*) rubble; (= *terre*) earth

déblatérer * /deblateʀe/ /TABLE 6/ VI to rant and rave (**contre** about)

déblayer /debleje/ /TABLE 8/ VT ⓐ (= *retirer*) to clear away; [+ *pièce*] to tidy up ⓑ [+ *travail*] to prepare; **~ le terrain** to clear the ground

débloquer /deblɔke/ /TABLE 1/ 1 VT ⓐ [+ *crédits*] to release; [+ *prix*] to unfreeze; [+ *compte*] to free ⓑ (*Tech*) [+ *machine*] to unjam; [+ *écrou*] to release; [+ *négociations, situation*] to break the deadlock in 2 VI (= *dire des bêtises*)* to talk nonsense; (= *être fou*)* to be off one's rocker* 3 VPR **se débloquer** [*personne*] to loosen up; **la situation commence à se ~** things are starting to get moving again

déboires /debwaʀ/ NMPL (= *déceptions*) disappointments; (= *échecs*) setbacks; (= *ennuis*) trials

déboisement /debwazmɑ̃/ NM deforestation

déboiser /debwaze/ /TABLE 1/ VT [+ *montagne, région*] to deforest; [+ *forêt*] to clear of trees

déboîter /debwate/ /TABLE 1/ 1 VT [+ *épaule, cheville, mâchoire*] to dislocate; [+ *objet*] to dislodge 2 VI [*voiture*] to change lanes

débonnaire /debɔnɛʀ/ ADJ easy-going

débordant, e /debɔʀdɑ̃, ɑ̃t/ ADJ [*joie*] unbounded; [*imagination*] overactive; **elle était ~e de vie** she was bursting with vitality

débordé, e /debɔʀde/ (*ptp de déborder*) ADJ **~ (de travail)** snowed under with work; **les hôpitaux sont ~s** the hospitals are snowed under

débordement /debɔʀdəmɑ̃/ 1 NM ⓐ (*dans une manifestation*) **afin d'éviter les ~s** to prevent things from getting out of hand ⓑ [*de joie, violence*] outburst; [*d'énergie*] burst 2 NMPL **débordements** (= *excès*) excesses

déborder /debɔʀde/ /TABLE 1/ VI ⓐ [*récipient, liquide*] to overflow; [*fleuve*] to burst its banks; [*liquide bouillant*] to boil over; **faire ~ le lait** to let the milk boil over; **tasse/boîte pleine à ~** cup/box full to overflowing; **c'est la goutte qui a fait ~ le vase** that was the last straw ⓑ (*en coloriant*) to go over the line ⓒ **~ de santé** to be bursting with health; **~ de joie** to be bursting with joy; **~ d'activité** [*personne*] to be bursting with vitality; **~ d'imagination** to be full of imagination; **il débordait de tendresse pour elle** his heart was overflowing with tenderness for her

2 VT (= *dépasser*) to extend beyond; **cette remarque déborde le cadre du sujet** that remark goes beyond the subject in hand; **se laisser ~ sur la droite** (*Mil, Politique, Sport*) to allow o.s. to be outflanked on the right; **le service d'ordre s'est laissé ~** the police were unable to cope

débouché /debuʃe/ NM ⓐ (= *marché, créneau*) outlet; (= *carrière*) opening ⓑ (= *sortie, ouverture*) opening; **la Suisse n'a aucun ~ sur la mer** Switzerland is landlocked

déboucher /debuʃe/ /TABLE 1/ 1 VT ⓐ [+ *lavabo, tuyau*] to unblock ⓑ [+ *bouteille de vin*] to uncork; [+ *carafe, flacon*] to take the stopper out of; [+ *tube*] to take the top off 2 VI to emerge; **~ de** [*voiture*] to emerge from; **~ sur** *ou* **dans** [*rue*] to run into; [*voiture*] to come out onto; **~ sur des mesures concrètes** to lead to concrete measures; **ne ~ sur rien** to lead nowhere 3 VPR **se déboucher** [*tuyau*] to unblock

débouler /debule/ /TABLE 1/ 1 VI (= *surgir*) [*personne, animal*] to appear suddenly; [*voiture*] to come out of nowhere; **~ chez qn** to turn up at sb's home 2 VT (= *dévaler*)* to charge down; **~ l'escalier** to come charging down the stairs*

déboulonner /debulɔne/ /TABLE 1/ VT (= *dévisser*) to take the bolts out of; **~ la statue de qn** to knock sb off their pedestal

débourrer /debuʀe/ /TABLE 1/ VT [+ *cheval*] to break in 2 VI (= *dessoûler*)‡ to sober up; **il n'a pas débourré pendant trois jours** he was drunk for three days

débourser /debuʀse/ /TABLE 1/ VT to pay out

déboussoler * /debusɔle/ /TABLE 1/ VT to disorientate; **il est complètement déboussolé** he is completely lost

debout /d(ə)bu/ ADV, ADJ INV ⓐ [*personne*] (= *en position verticale*) standing; (= *levé*) up; **être** *ou* **se tenir ~** to stand;

être ~ (= *levé*) to be up; (= *guéri*) to be up and about; **se mettre ~** to stand up; **je préfère rester ~** I prefer to stand; **hier, nous sommes restés ~ jusqu'à minuit** yesterday we stayed up till midnight; **je ne tiens plus ~** I'm ready to drop*; **elle est ~ toute la journée** she's on her feet all day; **~ !** get up!; **~ là-dedans !*** get up, you guys! ⓑ [*bouteille, meuble*] standing up(right); **mettre qch ~** to stand sth up; **tenir ~** [*objet*] to stay upright ⓒ [*édifice, mur*] standing (*attrib*); **son histoire ne tient pas ~** his story doesn't make sense

débouter /debute/ /TABLE 1/ VT **~ qn de sa plainte** ≈ to dismiss sb's case

déboutonner /debutɔne/ /TABLE 1/ 1 VT to unbutton 2 VPR **se déboutonner*** (= *se confier*) to open up*

débraillé, e /debʀɑje/ ADJ [*tenue, personne*] untidy

débrancher /debʀɑ̃ʃe/ /TABLE 1/ VT [+ *appareil électrique*] to unplug; [+ *prise*] to pull out; [+ *téléphone, perfusion*] to disconnect

débrayage /debʀɛjaʒ/ NM ⓐ (= *grève*) stoppage ⓑ [*de moteur*] **au ~** when you let the clutch in

débrayer /debʀeje/ /TABLE 8/ VI ⓐ [*conducteur*] to disengage the clutch ⓑ (= *faire grève*) to stop work

débridé, e /debʀide/ ADJ unbridled

débriefer /debʀife/ /TABLE 1/ VT to debrief

débris /debʀi/ NM ⓐ (*pl* = *morceaux*) fragments; (= *décombres*) debris (*sg*); **des ~ de métal** scraps of metal ⓑ (*péj* = *personne*) **un (vieux) ~** an old wreck

débrouillard, e /debʀujaʀ, aʀd/ 1 ADJ resourceful 2 NM,F **c'est un ~** he's resourceful

débrouillardise /debʀujaʀdiz/, **débrouille*** /debʀuj/ NF resourcefulness

débrouiller /debʀuje/ /TABLE 1/ 1 VT ⓐ [+ *affaire, problème*] to sort out; [+ *énigme*] to unravel ⓑ (= *éduquer*)* **~ qn en informatique** to give sb a grounding in computing

2 VPR **se débrouiller** to manage; **il s'est débrouillé pour obtenir des billets** he managed to get tickets; **il m'a laissé me ~ tout seul** he left me to cope alone; **c'est toi qui as fait l'erreur, maintenant débrouille-toi pour la réparer** you made the mistake so now you can sort it out yourself; **elle se débrouille en allemand*** she can get by in German; **elle se débrouille bien*** (= *elle gagne bien sa vie*) she does well for herself

débroussailler /debʀusaje/ /TABLE 1/ VT [+ *terrain*] to clear

débroussailleuse /debʀusajøz/ NF edge trimmer

débusquer /debyske/ /TABLE 1/ VT [+ *animal, personne*] to drive out

début /deby/ 1 NM beginning; **j'ai un ~ de grippe** I've got a cold coming on; **un ~ de solution** the beginnings of a solution; **il y a** *ou* **il faut un ~ à tout** there's a first time for everything; **~ mai** at the beginning of May; **dès le ~** from the start; **du ~ à la fin** from start to finish; **en ~ de soirée** early on in the evening

♦ **au début** at first; **au ~ du mois prochain** at the beginning of next month

2 NMPL **débuts : à mes ~s** when I started; **ce projet n'en est qu'à ses ~s** the project is still in its early stages; **faire ses ~s sur la scène** to make one's debut on the stage

débutant, e /debytɑ̃, ɑ̃t/ 1 NM,F beginner; (= *acteur*) debutant actor; **cours pour ~s** beginners' course; **grand/faux ~ en anglais** absolute/false beginner in English 2 NF **débutante** (= *actrice*) debutant actress

débuter /debyte/ /TABLE 1/ 1 VI ⓐ [*personne*] to start out; **~ bien/mal** to start well/badly; **il a débuté comme livreur** he started his working life as a delivery boy; **elle a débuté dans mon film** she made her début in my film ⓑ [*livre, concert, manifestation*] to start, to begin (**par** with) 2 VT to start (**par** with); **il a bien débuté l'année** he has started the year well

deçà /dəsa/ ♦ **en deçà de** LOC ADV (= *de ce côté-ci de*) on this side of; [+ *limite, prévisions*] below; **ce qu'il dit est très en ~ de la vérité** what he says is well short of the truth

déca * /deka/ NM (ABBR = **décaféiné**) decaf*

décacheter /dekaʃ(ə)te/ /TABLE 4/ VT [+ *lettre*] to open

décade /dekad/ NF period of ten days

décadence /dekadɑ̃s/ NF (= *processus*) decline; (= *état*) decadence; **tomber en ~** to fall into decline

décadent, e /dekadɑ̃, ɑ̃t/ ADJ, NM,F decadent

décaféiné, e /dekafeine/ 1 ADJ decaffeinated 2 NM decaffeinated coffee

décalage /dekalaʒ/ NM ⓐ (= *écart*) gap; (*entre deux actions successives*) interval; **le ~ entre le rêve et la réalité** the gap between dream and reality; **le ~ horaire entre l'est et l'ouest des USA** the time difference between the east and west of the USA; **(fatigue due au) ~ horaire** (*en avion*) jet lag; **je supporte mal le ~ horaire** I suffer from jet lag; **ses créations sont en ~ avec son époque/par rapport aux tendances actuelles** his designs are out of step with the times/with contemporary trends
ⓑ (= *déplacement*) move forward; **il y a eu un ~ de date pour cette réunion** (*avance*) the date of this meeting has been brought forward; (*retard*) the date of this meeting has been put back

décalcifier VT, **se décalcifier** VPR /dekalsifje/ /TABLE 7/ to decalcify

décalcomanie /dekalkɔmani/ NF transfer

décaler /dekale/ /TABLE 1/ 1 VT ⓐ [+ *horaire, départ, repas*] (= *avancer*) to bring forward; (= *retarder*) to put back; **décalé d'une heure** (= *avancé*) brought forward an hour; (= *retardé*) put back an hour
ⓑ [+ *pupitre, meuble*] (= *avancer*) to move forward; (= *reculer*) to move back; **décale le tableau (de 20 cm) vers la droite** move the picture (20cm) to the right; **il est complètement décalé par rapport à la réalité** he's completely out of touch with reality
2 VPR **se décaler** : **décalez-vous d'un rang** move forward (*ou* back) a row; **décalez-vous d'une place** move up a seat

décalquer /dekalke/ /TABLE 1/ VT (= *reproduire*) (*avec papier transparent*) to trace; (*par pression, à chaud*) to transfer

décamper * /dekɑ̃pe/ /TABLE 1/ VI (= *déguerpir*) to clear out*

décan /dekɑ̃/ NM (*Astrol*) decan

décantation /dekɑ̃tasjɔ̃/ NF [*de liquide, vin*] settling (and decanting); **bassin de ~** settling *ou* sedimentation tank

décanter /dekɑ̃te/ /TABLE 1/ 1 VT [+ *liquide, vin*] to allow to settle 2 VPR **se décanter** [*liquide, vin*] to settle; [*idées*] to become clear; **attendre que la situation se décante** to wait until the situation becomes clearer

décapant /dekapɑ̃/ 1 ADJ caustic 2 NM (= *abrasif*) scouring agent; (*pour peinture, vernis*) paint stripper

décaper /dekape/ /TABLE 1/ VT (*à l'abrasif*) to scour; (*à la brosse*) to scrub; (*à la sableuse*) to sandblast; (= *enlever la peinture*) to strip

décapiter /dekapite/ /TABLE 1/ VT [+ *personne*] to behead; (*accidentellement*) to decapitate

décapotable /dekapɔtabl/ ADJ, NF (**voiture**) ~ convertible

décapsuler /dekapsyle/ /TABLE 1/ VT [+ *bouteille*] to take the top off

décapsuleur /dekapsylœʀ/ NM bottle-opener

décarcasser (se) * /dekaʀkase/ /TABLE 1/ VPR to go to a lot of trouble (**pour faire** to do)

décathlon /dekatlɔ̃/ NM decathlon

décati, e /dekati/ ADJ [*vieillard*] decrepit

décéder /desede/ /TABLE 6/ VI to die; **M. Leblanc, décédé le 14 mai** Mr Leblanc, who died on 14 May; **il est décédé depuis 20 ans** he died 20 years ago

▶ **décéder** is conjugated with **être**.

déceler /des(ə)le/ /TABLE 5/ VT ⓐ (= *repérer*) to detect ⓑ (= *indiquer*) to indicate

décélérer /deseleʀe/ /TABLE 1/ VI to decelerate

décembre /desɑ̃bʀ/ NM December → **septembre**

décemment /desamɑ̃/ ADV decently; **je ne peux ~ pas accepter** it wouldn't be right for me to accept

décence /desɑ̃s/ NF decency; **il aurait pu avoir la ~ de ...** he might have had the decency to ...

décennie /deseni/ NF decade

décent, e /desɑ̃, ɑ̃t/ ADJ (= *bienséant*) decent; (= *discret, digne*) proper; (= *acceptable*) [*logement, salaire*] decent; [*prix*] reasonable

décentralisation /desɑ̃tʀalizasjɔ̃/ NF decentralization

décentraliser /desɑ̃tʀalize/ /TABLE 1/ 1 VT to decentralize 2 VPR **se décentraliser** to be decentralized

déception /desɛpsjɔ̃/ NF disappointment; **~ sentimentale** unhappy love affair; **j'ai eu la ~ de voir que ...** I was disappointed to see that ...

décerner /deseʀne/ /TABLE 1/ VT [+ *prix, titre*] to award

décès /desɛ/ NM death; **« fermé pour cause de ~ »** "closed owing to bereavement"

décevant, e /des(ə)vɑ̃, ɑ̃t/ ADJ disappointing

décevoir /des(ə)vwaʀ/ /TABLE 28/ VT to disappoint

déchaîné, e /deʃene/ (*ptp de* **déchaîner**) ADJ [*flots, éléments*] raging; [*passion*] unbridled; [*personne, foule*] wild; [*opinion publique*] furious

déchaînement /deʃenmɑ̃/ NM outburst

déchaîner /deʃene/ /TABLE 1/ 1 VT ⓐ [+ *tempête, violence, passions, colère*] to unleash; [+ *enthousiasme*] to arouse; [+ *opinion publique*] to rouse; **~ l'hilarité générale** to cause great hilarity; **~ les huées/les cris/les rires** to raise a storm of booing/shouting/laughter; **~ les critiques** to unleash a barrage of criticism
ⓑ [+ *chien*] to let loose
2 VPR **se déchaîner** [*fureur, passions*] to explode; [*personne*] to fly into a rage; [*foule*] to go wild; **il s'est déchaîné contre elle** he let fly at her; **la presse se déchaîna contre lui** the press railed against him; **la tempête se déchaînait** the storm was raging

déchanter /deʃɑ̃te/ /TABLE 1/ VI to become disillusioned

décharge /deʃaʀʒ/ NF ⓐ **~ (électrique)** electrical discharge; **il a pris une ~ dans les doigts** he got an electric shock in his fingers; **~ d'adrénaline** rush of adrenalin ⓑ (= *salve*) volley of shots ⓒ (*Droit*) discharge; (*à l'hôpital*) (= *action*) discharge; (= *document*) discharge form; **il faut dire à sa ~ que ...** it must be said in his defence that ... → **témoin** ⓓ (= *dépôt*) **~ (publique ou municipale)** rubbish tip → **sauvage**

déchargement /deʃaʀʒəmɑ̃/ NM [*de cargaison, véhicule, arme*] unloading; **commencer le ~ d'un véhicule** to start unloading a vehicle

décharger /deʃaʀʒe/ /TABLE 3/ VT ⓐ [+ *véhicule, animal, bagages, marchandises*] to unload (**de** from); **je vais te ~ :** **donne-moi tes sacs** let me take your bags off you
ⓑ **~ qn de** [+ *responsabilité, fonction, tâche*] to relieve sb of; **le juge a été déchargé du dossier** the judge was taken off the case
ⓒ [+ *arme*] (= *enlever le chargeur*) to unload; (= *tirer*) to discharge; **il déchargea son revolver sur la foule** he emptied his revolver into the crowd
2 VPR **se décharger** ⓐ [*pile, batterie*] to run down
ⓑ **se ~ de** [+ *responsabilité, problème*] to offload (**sur qn** onto sb)

décharné, e /deʃaʀne/ ADJ emaciated

déchaussé, e /deʃose/ (*ptp de* **déchausser**) ADJ [*personne*] barefoot(ed)

déchausser /deʃose/ /TABLE 1/ 1 VT **~ qn** to take sb's shoes off; **~ ses skis** to take one's skis off 2 VI (*Ski*) to lose one's skis 3 VPR **se déchausser** [*personne*] to take one's shoes off; [*dent*] to come loose

dèche : /dɛʃ/ NF **on est dans la ~** we're flat broke*

déchéance /deʃeɑ̃s/ NF ⓐ (*morale*) decay; (*physique*) degeneration; (*intellectuelle*) decline ⓑ [*de souverain*] deposition

déchet /deʃɛ/ 1 NM ⓐ (= *reste*) [*de viande, tissu, métal*] scrap ⓑ (= *perte*) waste; **il y a du ~** (*dans une marchandise*) there is some waste; (*dans un examen*) there are some failures 2 NMPL **déchets** waste (*NonC*); **~s domestiques/industriels** household/industrial waste; **~s radioactifs/toxiques** radioactive/toxic waste

déchetterie Ⓡ /deʃetʀi/ NF waste collection centre

déchiffrer /deʃifʀe/ /TABLE 1/ VT [+ *écriture, message*] to decipher; [+ *code*] to decode; [+ *partition*] to sight-read; [+ *énigme*] to unravel

déchiqueté, e /deʃikte/ (*ptp de* **déchiqueter**) ADJ [*montagne, relief, côte*] jagged

déchiqueter /deʃikte/ /TABLE 4/ VT to tear to pieces; **elle a été déchiquetée par l'explosion** she was blown to pieces by the explosion

déchirant, e /deʃiʀɑ̃, ɑ̃t/ ADJ heartrending; [*douleur*] agonizing

déchirement /deʃiʀmɑ̃/ NM ⓐ [*de tissu, muscle, tendon*] tearing ⓑ (= *peine*) wrench; **pour lui, l'exil fut un véritable ~** exile was a heartrending experience for him ⓒ **~s** (= *divisions*) rifts

déchirer /deʃiʀe/ /TABLE 1/ 1 VT ⓐ [+ *papier*] to tear up; [+ *vêtement*] to tear; (= *arracher*) [+ *page*] to tear out (*de* from); (= *ouvrir*) [+ *sac, enveloppe*] to tear open; **~ un papier en deux** to tear a piece of paper in half
ⓑ (*fig*) **leurs cris déchirèrent le silence** their cries pierced the silence; **elle est déchirée par le remords/la douleur** she is torn by remorse/racked by pain; **les dissensions continuent à ~ le pays** dissension is still tearing the country apart
2 VPR **se déchirer** ⓐ [*vêtement*] to tear; [*sac*] to burst; **se ~ un muscle** to tear a muscle
ⓑ [*personnes*] **ils ne cessent de se ~** they are constantly tearing each other apart

déchirure /deʃiʀyʀ/ NF [*de tissu*] tear; [*de ciel*] break in the clouds; **se faire une ~ musculaire** to tear a muscle

déchoir /deʃwaʀ/ /TABLE 25/ (*frm*) VT **~ qn de sa nationalité/son titre** to strip sb of their nationality/title; **être déchu de ses droits** to be deprived of one's rights

déchu, e /deʃy/ (*ptp de* **déchoir**) ADJ [*président, champion*] deposed

décibel /desibɛl/ NM decibel

décidé, e /deside/ (*ptp de* **décider**) ADJ ⓐ (= *résolu, volontaire*) determined; (= *net, marqué*) definite; **maintenant je suis ~** now I have made up my mind; **il est bien ~ à agir** he is determined to act ⓑ (= *fixé*) **bon, c'est ~** right, that's settled then

décidément /desidemɑ̃/ ADV (= *en fait*) indeed; **c'est ~ une question de jours** it is indeed a matter of days; **~, tu m'ennuies aujourd'hui** (*intensif*) you're really annoying me today; **~, il est fou** he's really crazy

décider /deside/ /TABLE 1/ 1 VT ⓐ [*personne*] (= *déterminer, établir*) **~ qch** to decide on sth; **~ que** to decide that; **c'est à lui de ~** it's up to him to decide
◆ **décider de** to decide; **~ de faire qch** to decide to do sth; **~ de l'importance de qch** to decide how important sth is; **le sort en a décidé autrement** fate has decided otherwise
ⓑ (= *persuader*) [*personne*] to persuade; [*conseil, événement*] to decide; **~ qn à faire qch** to persuade sb to do sth
ⓒ [*chose*] (= *provoquer*) to cause
2 VPR **se décider** ⓐ [*personne*] to come to a decision; **se ~ à qch** to decide on sth; **se ~ à faire qch** to make up one's mind to do sth; **allez, décide-toi !** come on, make up your mind!; **la voiture ne se décide pas à partir** the car just won't start
ⓑ [*problème, affaire*] to be decided; **leur départ s'est décidé très vite** they very quickly decided to leave

décideur, -euse /desidœʀ, øz/ NM,F decision-maker

décimal, e /desimal, o/ (*mpl* **-aux**) 1 ADJ decimal 2 NF **décimale** decimal place; **jusqu'à la deuxième ~e** to two decimal places

décimer /desime/ /TABLE 1/ VT to decimate

décimètre /desimɛtʀ/ NM decimetre (*Brit*), decimeter (*US*)

décisif, -ive /desizif, iv/ ADJ decisive; **tournant ~** watershed; **le facteur ~** the deciding factor; **porter un coup ~ au terrorisme** to deal terrorism a decisive blow → **jeu**

décision /desizjɔ̃/ NF ⓐ (= *choix*) decision; **prendre une ~** to take *ou* make a decision; **prendre la ~ de faire qch** to take *ou* make the decision to do sth; **parvenir à une ~** to come to a decision; **la ~ t'appartient** it's your decision ⓑ (= *verdict*) decision; **par ~ de justice** by court order; **poste de ~** decision-making job; **faire la ~** (*Sport*) to win the match; **leurs trois voix ont fait la ~** their three votes swung the result

décisionnaire /desizjɔnɛʀ/ 1 ADJ decision-making 2 NMF decision-maker

déclamer /deklame/ /TABLE 1/ VT to declaim; (*péj*) to spout

déclaration /deklaʀasjɔ̃/ NF ⓐ (= *proclamation*) declaration; (= *discours, commentaire*) statement; (= *aveu*) admission; (= *révélation*) revelation; **dans une ~ télévisée** in a televised statement; **le ministre n'a fait aucune ~** the minister did not make a statement; **je n'ai aucune ~ à faire** I have no comment to make; **Déclaration (universelle) des droits de l'homme** (Universal) Declaration of Human Rights
ⓑ **~ (d'amour)** declaration of love; **faire une *ou* sa ~ à qn** to declare one's love to sb
ⓒ [*de naissance, décès*] registration; [*de vol, perte, changement de domicile*] notification; **faire une ~ d'accident** (*à l'assurance*) to file an accident claim; (*à la police*) to report an accident; **~ en douane** customs declaration; **~ de guerre** declaration of war; **~ d'impôts** *ou* **de revenus** tax declaration; (*formulaire*) tax return; **faire sa ~ d'impôts** to fill in one's tax return → **IMPÔTS**

ⓘ **LA DÉCLARATION DES DROITS DE L'HOMME**
Written in 1789, this document is of great cultural and historical significance in France, reflecting as it does the Republican ideals upon which modern France is founded. Drawing on philosophical ideas that developed during the Enlightenment, it declares the natural and inalienable right of all people to freedom, ownership of property and equality before the law, as well as the universal right of all nations to sovereignty and the separation of powers. It has always been used as a basis for the French Constitution.

déclaré, e /deklaʀe/ (*ptp de* **déclarer**) ADJ [*opinion*] professed; [*athée, révolutionnaire, intention*] declared; [*ennemi*] sworn; [*travailleur*] registered; **revenus non ~s** undeclared income

déclarer /deklaʀe/ /TABLE 1/ 1 VT ⓐ (= *annoncer, proclamer*) to declare; (= *avouer*) to admit; **~ son amour (à qn)** to declare one's love (to sb); **~ la guerre à une nation/à la pollution** to declare war on a nation/on pollution; **~ qn coupable/innocent** to find sb guilty/innocent
ⓑ [+ *naissance, décès*] to register; [+ *marchandises, revenus, employés*] to declare; **avez-vous quelque chose à ~ ?** (*à la douane*) do you have anything to declare?
2 VPR **se déclarer** ⓐ (= *se prononcer*) **se ~ satisfait** to declare o.s. satisfied; **il s'est déclaré prêt à signer ce document** he said he was ready to sign the document
ⓑ [*incendie, épidémie*] to break out
ⓒ [*amoureux*] to declare one's love

déclasser /deklɑse/ /TABLE 1/ VT ⓐ [+ *coureur*] to relegate (*in the placing*); (*dans une hiérarchie*) to lower in status; [+ *hôtel*] to downgrade ⓑ [+ *fiches, livres*] to put back in the wrong order

déclenchement /deklɑ̃ʃmɑ̃/ NM ⓐ [*de ressort, mécanisme*] release; [*de sonnerie, alarme*] setting off ⓑ [*d'insurrection*] starting; [*de catastrophe, guerre, crise, grève, processus, polémique*] triggering off; [*d'accouchement*] inducement ⓒ [*de tir*] opening; [*d'attaque*] launching

déclencher /deklɑ̃ʃe/ /TABLE 1/ 1 VT ⓐ [+ *ressort, mécanisme*] to release; [+ *sonnerie, alarme*] to set off; **ce bouton déclenche l'ouverture de la porte** this button opens the door
ⓑ (= *provoquer*) [+ *insurrection*] to start; [+ *catastrophe,*

guerre, crise, processus, polémique] to trigger off; [+ *accouchement*] to induce; ~ **une grève** [*meneur*] to start a strike; [*incident*] to trigger off a strike
ⓒ (*Mil*) [+ *attaque*] to launch
2 VPR **se déclencher** [*ressort, mécanisme*] to release itself; [*sonnerie, alarme*] to go off; [*attaque, grève*] to start
déclencheur /deklɑ̃ʃœʀ/ NM [*d'appareil-photo*] shutter release

déclic /deklik/ NM (= *bruit*) click; **ça a été le ~** (*mentalement*) it triggered something off in my (*ou* his *etc*) mind

déclin /deklɛ̃/ NM [*d'activité économique*] decline (**de** in); [*de parti*] decline (**de** of); [*de malade, santé, vue*] deterioration; [*de talent, forces, beauté, sentiment*] fading; **être sur le ~** to be in decline

déclinaison /deklinɛzɔ̃/ NF [*de mot*] declension

déclinant, e /deklinɑ̃, ɑ̃t/ ADJ [*santé*] deteriorating

décliner /dekline/ /TABLE 1/ **1** VT ⓐ [+ *offre, invitation, honneur*] to decline; **la direction décline toute responsabilité en cas de perte ou de vol** the management accepts no responsibility for loss or theft of articles
ⓑ [+ *mot*] to decline
ⓒ (*frm*) ~ **son identité** to give one's personal particulars
ⓓ [+ *produit*] to offer in a variety of forms
2 VI ⓐ (= *s'affaiblir*) to decline; [*malade, santé, vue*] to deteriorate; [*forces, beauté, sentiment, prestige, popularité*] to wane; [*ventes, marché, secteur*] to be on the decline
ⓑ [*jour*] to draw to a close; [*soleil*] to be setting

déclivité /deklivite/ NF incline

déco /deko/ **1** ADJ INV (ABBR = **décoratif**) → **art 2** NF * ABBR = **décoration**

décocher /dekɔʃe/ /TABLE 1/ VT [+ *flèche*] to shoot; [+ *coup de pied*] to give; [+ *coup de poing*] to throw; [+ *ruade*] to let fly; [+ *œillade, sourire*] to flash; [+ *remarque*] to fire

décodage /dekɔdaʒ/ NM decoding

décoder /dekɔde/ /TABLE 1/ VT to decode; [+ *poème, comportement*] to understand

décodeur /dekɔdœʀ/ NM decoder

décoiffer /dekwafe/ /TABLE 1/ VT (= *ébouriffer*) ~ **qn** to mess up sb's hair; **je suis toute décoiffée** my hair is in a mess; **ça décoiffe !** it really takes your breath away!

décoincer /dekwɛ̃se/ /TABLE 3/ **1** VT to loosen; ~ **qn*** to help sb to shake off their hang-ups* **2** VPR **se décoincer** [*objet*] to come loose; [*personne*]* to shake off one's hang-ups*

déçoit /deswa/ VB → **décevoir**

décolérer /dekɔleʀe/ /TABLE 6/ VI **il ne décolère pas depuis hier** he hasn't calmed down since yesterday

décollage /dekɔlaʒ/ NM [*d'avion*] takeoff; [*de fusée*] lift-off; **au ~** at takeoff; **depuis le ~ économique de la région** since the region's economy took off

décoller /dekɔle/ /TABLE 1/ **1** VT (= *enlever*) to unstick; (*en trempant*) to soak off; (*à la vapeur*) [+ *timbre, papier peint*] to steam off; [+ *lettre*] to steam open; ~ **qn de qn*** [+ *livre, télévision*] to drag sb away from **2** VI [*avion, pays, industrie*] to take off; [*fusée*] to lift off (**de** from) **3** VPR **se décoller** to come unstuck; [*papier peint*] to peel

décolleté, e /dekɔlte/ **1** ADJ [*robe*] low-cut; **robe ~e dans le dos** dress cut low at the back **2** NM [*de robe*] low neckline; [*de femme*] bare neck and shoulders; (*plongeant*) cleavage; ~ **en pointe** V-neck; ~ **rond** round-neck

décolorant, e /dekɔlɔʀɑ̃, ɑ̃t/ **1** ADJ bleaching **2** NM bleaching agent

décoloration /dekɔlɔʀasjɔ̃/ NF discolouration (*Brit*), discoloration (*US*); [*de tissu*] fading; **se faire faire une ~** to have one's hair lightened; (*en blond*) to have one's hair bleached

décoloré, e /dekɔlɔʀe/ (*ptp de* **décolorer**) ADJ [*cheveux*] bleached; **une blonde ~e** a peroxide blonde

décolorer /dekɔlɔʀe/ /TABLE 1/ **1** VT to discolour (*Brit*), to discolor (*US*); [+ *tissu*] to fade; [+ *cheveux*] to lighten; (*en blond*) to bleach **2** VPR **se décolorer : il s'est décoloré (les**

cheveux) he has lightened his hair; (*en blond*) he has bleached his hair

décombres /dekɔ̃bʀ/ NMPL rubble

décommander /dekɔmɑ̃de/ /TABLE 1/ **1** VT [+ *marchandise*] to cancel (an order for); [+ *invités*] to put off; [+ *invitation*] to cancel; **j'ai décommandé le restaurant** I've cancelled our reservation at the restaurant **2** VPR **se décommander** to cancel one's appointment

décomplexer /dekɔ̃plɛkse/ /TABLE 1/ VT ~ **qn** to rid sb of their complexes

décomposer /dekɔ̃poze/ /TABLE 1/ VT ⓐ (= *diviser*) to split up into its component parts; [+ *lumière*] to break up; [+ *phrase, problème*] to break down; **le professeur de danse a décomposé le mouvement devant nous** the dance teacher went through the movement slowly for us
ⓑ (= *altérer*) **la douleur décomposait ses traits** his face was contorted with pain; **il était décomposé** he looked distraught
ⓒ [+ *viande*] to cause to decompose
2 VPR **se décomposer** ⓐ [*viande, cadavre*] to decompose; [*société*] to break down; [*parti*] to break up; **à cette nouvelle son visage se décomposa** when he heard this news his face fell
ⓑ (= *être constitué*) **se ~ en trois parties** to be divided into three parts

décomposition /dekɔ̃pozisjɔ̃/ NF (= *pourriture*) decomposition; [*de société*] breakdown; **cadavre en ~** corpse in a state of decomposition; **système en complète ~** system in decay

décompresser /dekɔ̃pʀese/ /TABLE 1/ VT to decompress **2** VI (= *se détendre*)* to relax

décompression /dekɔ̃pʀesjɔ̃/ NF decompression; (= *détente*)* relaxation

décompte /dekɔ̃t/ NM ⓐ (= *calcul*) detailed account
ⓑ (= *déduction*) deduction; **faire le ~ des points** to count up the points; **faire le ~ des voix** to count the votes

déconcentration /dekɔ̃sɑ̃tʀasjɔ̃/ NF [*de personne*] loss of concentration

déconcentré, e /dekɔ̃sɑ̃tʀe/ (*ptp de* **déconcentrer**) ADJ [*personne*] **être ~** to have lost one's concentration; **j'étais un peu ~** I wasn't really concentrating

déconcentrer /dekɔ̃sɑ̃tʀe/ /TABLE 1/ VT [+ *personne*] **ça m'a déconcentré** it made me lose my concentration **2** VPR **se déconcentrer** to lose one's concentration

déconcertant, e /dekɔ̃sɛʀtɑ̃, ɑ̃t/ ADJ disconcerting

déconcerter /dekɔ̃sɛʀte/ /TABLE 1/ VT (= *décontenancer*) to disconcert

déconfit, e /dekɔ̃fi, it/ ADJ (= *dépité*) crestfallen

déconfiture /dekɔ̃fityʀ/ NF (= *déroute*) collapse; [*de parti, armée*] defeat; (*financière*) ruin

décongélation /dekɔ̃ʒelasjɔ̃/ NF defrosting

décongeler /dekɔ̃ʒ(ə)le/ /TABLE 5/ VI, VT to defrost

décongestionner /dekɔ̃ʒɛstjɔne/ /TABLE 1/ VT [+ *poumons, malade, rue*] to relieve congestion in; [+ *service, aéroport*] to relieve the pressure on

déconnecter /dekɔnɛkte/ /TABLE 1/ VT ⓐ [+ *appareil*] to disconnect ⓑ [+ *problème*] to dissociate (**de** from); **il est complètement déconnecté de la réalité** he's completely out of touch with reality **2** VI [*personne*]* to switch off* **3** VPR **se déconnecter** (*Informatique*) to log off

déconner ! /dekɔne/ /TABLE 1/ VI [*personne*] (= *faire des bêtises*) to mess around*; (= *dire des bêtises*) to talk nonsense; (= *plaisanter*) to joke; [*machine*] to act up*; **sans ~,** **c'était super !** no joke*, it was great!; **faut pas ~ !** come off it!*

déconneur ! /dekɔnœʀ/ NM fun-loving* guy

déconneuse ! /dekɔnøz/ NF fun-loving* girl

déconnexion /dekɔnɛksjɔ̃/ NF disconnection

déconseiller /dekɔ̃seje/ /TABLE 1/ VT to advise against; ~ **qch à qn/à qn de faire qch** to advise sb against sth/sb against doing sth; **c'est déconseillé** it's not advisable

déconsidérer /dekɔ̃sideʀe/ /TABLE 6/ VT to discredit

décontamination /dekɔ̃taminasjɔ̃/ NF decontamination

décontaminer /dekɔ̃tamine/ /TABLE 1/ VT to decontaminate

décontenancer /dekɔ̃t(ə)nɑ̃se/ /TABLE 3/ 1 VT to disconcert 2 VPR **se décontenancer** to lose one's composure

décontracté **e** /dekɔ̃tʀakte/ (*ptp de* **décontracter**) ADJ ⓐ[*muscles, corps*] relaxed ⓑ[*personne, atmosphère, attitude*] relaxed; (= *sans-gêne*) offhand; [*vêtements, style*] casual

décontracter (se) VPR /dekɔ̃tʀakte/ /TABLE 1/ to relax

décontraction /dekɔ̃tʀaksjɔ̃/ NF ⓐ[*de muscle, corps*] relaxation ⓑ(= *désinvolture*) **sa ~ m'a étonné** I was amazed that he was so relaxed

décor /dekɔʀ/ NM ⓐ(*Théât*) **le ~ ou les ~s** the scenery (*NonC*); **~ de cinéma** film set; **planter le ~** to set the scene; **je fais partie du ~!** I'm just part of the furniture!; **partir dans le(s) ~(s)*** [*véhicule, conducteur*] to go off the road ⓑ(= *paysage*) scenery; (= *arrière-plan*) setting; (= *intérieur de maison*) décor (*NonC*)

décorateur **-trice** /dekɔʀatœʀ, tʀis/ NM,F (*au théâtre, au cinéma*) set designer; (*d'intérieurs*) interior decorator

décoratif **-ive**/dekɔʀatif, iv/ ADJ decorative

décoration /dekɔʀasjɔ̃/ NF decoration; **~s de Noël** Christmas decorations

décoré **e**/dekɔʀe/ (*ptp de* **décorer**) ADJ decorated; **un vase très ~** an ornate vase

décorer /dekɔʀe/ /TABLE 1/ VT to decorate (**de** with)

décortiquer /dekɔʀtike/ /TABLE 1/ VT [+ *crevettes, amandes*] to shell; [+ *texte*] to dissect

décorum /dekɔʀɔm/ NM decorum

découcher /dekuʃe/ /TABLE 1/ VI to spend the night away from home

découdre /dekudʀ/ /TABLE 48/ 1 VT [+ *vêtement*] to take the stitches out of; [+ *bouton*] to take off; [+ *couture*] to take out 2 VPR **se découdre** [*vêtement*] to come unstitched; [*bouton*] to come off; [*couture*] to come apart

découler /dekule/ /TABLE 1/ VI (= *dériver*) to follow (**de** from); **il découle de cela que ...** it follows that ...

découpage /dekupaʒ/ NM ⓐ[*de papier, gâteau*] cutting; [*de viande*] carving ⓑ(= *image*) cut-out; **faire des ~s** to make cut-out figures ⓒ(*Politique*) **~ électoral** division into constituencies

découper /dekupe/ /TABLE 1/ VT to cut; [+ *viande, volaille*] to carve; [+ *papier, tissu*] to cut up; [+ *bois*] to cut to shape; [+ *images*] to cut out; **« découpez suivant le pointillé »** "cut along the dotted line"; **sa silhouette se découpait dans la lumière** his figure was silhouetted against the light

découragé **e**/dekuʀaʒe/ ADJ discouraged

décourageant **e**/dekuʀaʒɑ̃, ɑ̃t/ ADJ disheartening

découragement /dekuʀaʒmɑ̃/ NM discouragement

décourager /dekuʀaʒe/ /TABLE 3/ 1 VT to discourage; **~ qn de qch/de faire qch** to put sb off sth/doing sth 2 VPR **se décourager** to lose heart

décousu **e**/dekuzy/ (*ptp de* **découdre**) ADJ ⓐ(*vêtement*) unstitched; **ton bouton est ~** your button is coming off ⓑ[*idées*] disconnected; [*paroles*] disjointed; [*conversation*] desultory

découvert **e**[1] /dekuvɛʀ, ɛʀt/ (*ptp de* **découvrir**) 1 ADJ ⓐ(= *mis à nu*) bare ⓑ(= *sans protection*) open; **en terrain ~** in open country 2 NM (*à la banque*) overdraft; **j'ai un ~ de 700 €** I'm 700 euros overdrawn ✦ **à découvert**: **mon compte est à ~** my account is overdrawn; **agir à ~** to act openly

découverte[2]/dekuvɛʀt/ NF discovery; **partir à la ~ de** to go in search of

découvrir /dekuvʀiʀ/ /TABLE 18/ 1 VT ⓐ(= *trouver*) to discover; **~ que ...** to discover that ...; **faire ~ la musique à qn** to introduce sb to music; **quand ils découvriront le pot aux roses*** when they find out what's been going on ⓑ(= *enlever ce qui couvre*) [+ *casserole*] to take the lid off; [+ *poitrine, tête*] to bare; (= *mettre au jour*) [+ *ruines*] to uncover

ⓒ(= *laisser voir*) to reveal; **une robe qui découvre le dos** a dress cut low at the back

ⓓ(= *voir*) to see; **du haut de la falaise on découvre toute la baie** from the top of the cliff you can see the whole bay

2 VPR **se découvrir** ⓐ(= *ôter son chapeau*) to take off one's hat; (= *ôter des habits*) to take off some of one's clothes; (= *perdre ses couvertures*) to throw off the bedclothes ⓑ(*Boxe, Escrime*) to leave o.s. open; (*Mil, fig*) to expose o.s. ⓒ[*ciel, temps*] to clear; **ça va se ~** it will soon clear ⓓ(= *trouver*) **elle s'est découvert un talent pour la peinture** she discovered she had a gift for painting

décrasser /dekʀase/ /TABLE 1/ VT to clean; (*en frottant*) to scrub; **se ~ le visage** to give one's face a good wash; **le bon air, ça décrasse les poumons** fresh air cleans out the lungs

décrépit **e** /dekʀepi, it/ ADJ [*personne*] decrepit; [*maison, mur*] dilapidated

décrépitude /dekʀepityd/ NF [*de personne*] decrepitude; [*d'institution, civilisation*] decay

décret /dekʀɛ/ NM decree; **~ d'application** *decree specifying how a law should be enforced*

décréter /dekʀete/ /TABLE 6/ VT [+ *état d'urgence*] to declare; [+ *mesure*] to decree; **~ que** [*gouvernement, patron*] to decree that; **j'ai décrété que je n'irai pas** I have decided that I won't go

décrier /dekʀije/ /TABLE 7/ VT to disparage

décriminaliser /dekʀiminalize/ /TABLE 1/ VT to decriminalize

décrire /dekʀiʀ/ /TABLE 39/ VT ⓐ(= *dépeindre*) to describe ⓑ[+ *trajectoire*] to follow; [+ *cercle, ellipse*] to describe; **l'oiseau décrivait des cercles au-dessus de nos têtes** the bird circled overhead

décrochement /dekʀɔʃmɑ̃/ NM (*en retrait*) recess; (*en saillie*) projection

décrocher /dekʀɔʃe/ /TABLE 1/ 1 VT ⓐ(= *détacher*) to take down; [+ *wagon*] to uncouple ⓑ[+ *téléphone*] (*pour répondre*) to pick up; (*pour l'empêcher de sonner*) to pick up the receiver; **quand j'ai décroché** when I answered; **ne décroche pas!** don't answer it! ⓒ(= *obtenir*) [+ *prix, contrat, poste*]* to get; **~ le gros lot** to hit the jackpot 2 VI ⓐ(= *abandonner*)* to fail to keep up; (= *cesser d'écouter*)* to switch off* ⓑ(*arg Drogue*) to come off 3 VPR **se décrocher** to fall down

décroiser /dekʀwaze/ /TABLE 1/ VT [+ *jambes*] to uncross; [+ *bras*] to unfold

décroissant **e**/dekʀwasɑ̃, ɑ̃t/ ADJ decreasing; **par ordre ~** in descending order

décroître /dekʀwatʀ/ /TABLE 55/ VI to decrease; [*popularité*] to decline; [*vitesse*] to drop; [*force*] to diminish; [*lune*] to wane; [*bruit*] to die away; [*lumière*] to fade

décrotter /dekʀɔte/ /TABLE 1/ VT to scrape the mud off; [+ *rustre*] to take the rough edges off

décrue /dekʀy/ NF [*d'eaux, rivière*] drop in level

décrypter /dekʀipte/ /TABLE 1/ VT (= *décoder*) [+ *message, code*] to decipher; (*Informatique, TV*) to decrypt

déçu **e**/desy/ (*ptp de* **décevoir**) ADJ disappointed; **j'ai été très ~ d'apprendre que ...** I was very disappointed to find out that ...; **elle ne va pas être ~e du voyage!*** (*iro*) she's going to be over the moon!* (*iro*)

déculotter (se) /dekylɔte/ /TABLE 1/ VPR to take down one's trousers; (= *s'humilier*)* to lie down and take it*

déculpabiliser /dekylpabilize/ /TABLE 1/ VT **~ qn** to rid sb of their guilt

décuple /dekypl/ 1 ADJ tenfold 2 NM **il me l'a rendu au ~** he paid me back tenfold

décupler /dekyple/ /TABLE 1/ VTI to increase tenfold; **la colère décuplait ses forces** anger gave him the strength of ten

dédaignable /dedɛɲabl/ ADJ **ce n'est pas ~** it's not to be sniffed at

dédaigner /dedɛɲe/ /TABLE 1/ VT ⓐ(= *mépriser*) to scorn; **il ne dédaigne pas un verre de vin de temps à autre**

he's not averse to the occasional glass of wine ⓑ (= *négliger*) [+ *offre*] to spurn

dédaigneusement /dedɛɲøzmɑ̃/ ADV scornfully

dédaigneux, -euse /dedɛɲø, øz/ ADJ [*personne, air*] scornful

dédain /dedɛ̃/ NM contempt

dédale /dedal/ NM maze

dedans /dədɑ̃/ **1** ADV inside; **elle cherche son sac, tout son argent est ~** she is looking for her bag - it's got all her money in it; **prenez ce fauteuil, on est bien ~** have this chair, you'll find it comfortable; **de** *ou* **du ~ on n'entend rien** when you're inside you can't hear a sound; **la crise ? on est en plein ~ !** the crisis? we're right in the middle of it!; **il s'est fichu*** *ou* **foutu* ~** he got it all wrong*; **un bus lui est rentré ~*** a bus hit him

♦ **en dedans** (= *à l'intérieur*) inside; (= *vers l'intérieur*) inwards; **marcher les pieds en ~** to walk with one's toes turned in

2 NM [*d'objet, bâtiment*] inside

dédicace /dedikas/ NF dedication

dédicacer /dedikase/ /TABLE 3/ VT [+ *livre, photo*] (= *signer*) to sign (**à qn** for sb); (= *dédier*) to dedicate (**à** to)

dédié, e /dedje/ (*ptp de* **dédier**) ADJ [*équipement, ordinateur*] dedicated

dédier /dedje/ /TABLE 7/ VT to dedicate

dédire (se) /dediʀ/ /TABLE 37/ VPR ⓐ (= *manquer à ses engagements*) to go back on one's word ⓑ (= *se rétracter*) to retract

dédommagement /dedɔmaʒmɑ̃/ NM compensation; **en ~, ...** as compensation, ...

dédommager /dedɔmaʒe/ /TABLE 3/ VT (= *indemniser*) **~ qn** to compensate sb (**de** for); **~ qn d'une perte** to compensate sb for a loss

dédouaner /dedwane/ /TABLE 1/ VT [+ *objets transportés*] to clear through customs; (= *réhabiliter*) to clear

dédoublement /dedubləmɑ̃/ NM [*de classe*] dividing in two; **souffrir d'un ~ de la personnalité** to have a split personality

dédoubler /deduble/ /TABLE 1/ VT [+ *classe*] to divide in two; **~ un train** to put on another train

dédramatiser /dedʀamatize/ /TABLE 1/ VT [+ *problème*] to play down; [+ *débat*] to take the heat out of; **il faut ~ la situation** we mustn't overdramatize the situation

déductible /dedyktibl/ ADJ (*somme*) deductible (**de** from); **~ du revenu imposable** tax-deductible

déduction /dedyksjɔ̃/ NF deduction; **~ faite de** after deducting

déduire /dedɥiʀ/ /TABLE 38/ VT [+ *somme*] to deduct; (= *conclure*) to deduce; **tous frais déduits** after deduction of expenses

déesse /deɛs/ NF goddess

défaillance /defajɑ̃s/ **1** NF ⓐ (= *faiblesse*) weakness; **avoir une ~** to feel faint ⓑ (= *mauvais fonctionnement*) fault (**de** in) ⓒ (= *insuffisance*) weakness; **élève qui a des ~s en histoire**) pupil who has weak points (in history) **2** COMP ♦ **défaillance cardiaque** heart failure ♦ **défaillance mécanique** mechanical fault

défaillant, e /defajɑ̃, ɑ̃t/ ADJ ⓐ (= *affaibli*) [*santé, mémoire, raison*] failing; [*cœur*] weak ⓑ (= *tremblant*) faltering ⓒ (= *près de s'évanouir*) faint (**de** with) ⓓ [*matériel, installation*] faulty

défaillir /defajiʀ/ /TABLE 13/ VI ⓐ (= *s'évanouir*) to faint ⓑ [*forces, mémoire*] to fail; [*courage, volonté*] to falter

défaire /defɛʀ/ /TABLE 60/ **1** VT to undo; [+ *valise*] to unpack; **~ ses bagages** to unpack (one's luggage); **~ le lit** (*pour changer les draps*) to strip the bed; (*mettre en désordre*) to unmake the bed

2 VPR **se défaire** [*nœud, coiffure, couture*] to come undone

♦ **se défaire de** (= *se débarrasser de*) [+ *gêneur*] to get rid of; [+ *image, idée*] to put out of one's mind; [+ *habitude*] to break; [+ *défaut*] to cure o.s. of

défait, e¹ /defɛ, ɛt/ (*ptp de* **défaire**) ADJ ⓐ [*visage*] haggard; **il était complètement ~** he looked terribly haggard ⓑ [*lit*] unmade

défaite² /defɛt/ NF defeat

défaitiste /defetist/ ADJ, NMF defeatist

défalquer /defalke/ /TABLE 1/ VT to deduct

défausser (se) /defose/ /TABLE 1/ VPR **se défausser** (**d'une carte**) to discard

défaut /defo/ **1** NM ⓐ [*de métal, verre, système*] flaw; [*de machine, personne*] fault; [*de caractère*] defect (**de** in); **sans ~** flawless; **chacun a ses petits ~s** we've all got our faults; **~ de construction** structural defect

ⓑ (= *désavantage*) drawback; **le ~ de cette voiture, c'est que ...** the trouble with this car is that ...

ⓒ **faire ~** [*temps, argent*] to be lacking; (*Droit*) [*prévenu, témoin*] to default; **si ma mémoire ne me fait pas ~** if my memory serves me right

ⓓ (*locutions*)

♦ **à défaut** ♦ **à défaut de**: **à ~ de vin, ...** if there's no wine, ...; **une table ovale, ou, à ~, ronde** an oval table, or, failing that, a round one

♦ **en défaut**: **être en ~** to be at fault; **prendre qn en ~** to catch sb out

♦ **par défaut** by default; **juger qn par ~** (*Droit*) to judge sb in absentia; **le lecteur par ~** (*Informatique*) the default drive

2 COMP ♦ **le défaut de la cuirasse** the chink in the armour ♦ **défaut de fabrication** manufacturing defect ♦ **défaut de prononciation** speech defect

défaveur /defavœʀ/ NF disfavour (*Brit*), disfavor (*US*) (**auprès de** with)

défavorable /defavɔʀabl/ ADJ unfavourable (*Brit*), unfavorable (*US*); **voir qch d'un œil ~** to view sth with disfavour (*Brit*) *ou* disfavor (*US*)

défavorisé, e /defavɔʀize/ ADJ [*milieu, personne*] underprivileged; [*région, pays*] disadvantaged; **les classes ~es** the underprivileged

défavoriser /defavɔʀize/ /TABLE 1/ VT (= *désavantager*) [*décision, loi*] to penalize; [*défaut, timidité*] to put at a disadvantage; **j'ai été défavorisé par rapport aux autres candidats** I was put at an unfair disadvantage with respect to the other candidates

défection /defeksjɔ̃/ NF [*d'amis, alliés politiques*] defection; [*de candidats*] failure to appear; **faire ~** [*partisans*] to fail to support; [*invités*] to fail to appear; **il y a eu plusieurs ~s** (*membres d'un parti*) there have been several defections; (*invités, candidats*) several people failed to appear

défectueux, -euse /defɛktɥø, øz/ ADJ faulty

défendable /defɑ̃dabl/ ADJ [*conduite*] defensible; [*position*] tenable

défendeur, -deresse /defɑ̃dœʀ, dʀɛs/ NM,F (*Droit*) defendant

défendre /defɑ̃dʀ/ /TABLE 41/ **1** VT ⓐ (= *protéger*) to defend; (= *soutenir*) to stand up for; [+ *cause*] to champion; **~ son bifteck*** to stand up for one's rights

ⓑ (= *interdire*) **~ qch à qn** to forbid sb sth; **~ à qn de faire qch** *ou* **qu'il fasse qch** to forbid sb to do sth; **ne fais pas ça, c'est défendu** don't do that, it's not allowed; **il est défendu de fumer** smoking is not allowed

2 VPR **se défendre** ⓐ (= *se protéger*) to defend o.s.

ⓑ (= *se débrouiller*)* to manage; **elle se défend au tennis/au piano** she's not bad at tennis/on the piano

ⓒ (= *se justifier*) **se ~ d'avoir fait qch** to deny doing sth; **son point de vue se défend** his point of view is quite tenable; **ça se défend !** (*raisonnement*) it hangs together

ⓓ **se ~ de** (= *s'empêcher de*) to refrain from

défense /defɑ̃s/ NF ⓐ defence (*Brit*), defense (*US*); **~s** (= *fortifications*) defences; **prendre la ~ de qn** to stand up for sb; **~s immunitaires** immune defence system; **sans ~** (= *trop faible*) defenceless; (= *non protégé*) unprotected ⓑ (= *protection*) protection; **la ~ de l'emploi** job protection ⓒ (*Sport*) defence (*Brit*), defense (*US*); **jouer en ~** to play in defence

(d) (*Droit*) defence (*Brit*), defense (*US*); (= *avocat*) counsel for the defence (*Brit*), defense attorney (*US*); **la parole est à la ~** the counsel for the defence may now speak; **qu'avez-vous à dire pour votre ~ ?** what have you to say in your defence?

(e) (= *interdiction*) « **~ d'entrer**» "no entrance"; « **danger: ~ d'entrer**» "danger - keep out"; « **~ de fumer/stationner**» "no smoking/parking"; « **~ d'afficher**» "stick no bills"

(f) [*d'éléphant, sanglier*] tusk

défenseur /defɑ̃sœʀ/ NM defender; [*de cause*] champion; **~ de l'environnement** conservationist

défensif, -ive /defɑ̃sif, iv/ **1** ADJ defensive **2** NF **défensive: il est toujours sur la défensive** he's always on the defensive

déféquer /defeke/ /TABLE 6/ VI to defecate

déférence /defeʀɑ̃s/ NF deference; **par ~ pour** in deference to

déférent, e /defeʀɑ̃, ɑ̃t/ ADJ deferential

déférer /defeʀe/ /TABLE 6/ VT **~ un coupable à la justice** to hand a guilty person over to the law

déferlante /defɛʀlɑ̃t/ ADJ F, NF **(vague) ~** breaker

déferlement /defɛʀləmɑ̃/ NM [*de vagues*] breaking; [*de violence*] surge; [*de touristes*] flood

déferler /defɛʀle/ /TABLE 1/ VI [*vagues*] to break; **la violence déferla sur le pays** violence swept through the country; **la foule déferla dans la rue** the crowd flooded into the street

défi /defi/ NM challenge; (= *bravade*) defiance; **relever un ~** to take up a challenge; **mettre qn au ~ de challenge sb; c'est un ~ au bon sens** it goes against common sense

défiance /defjɑ̃s/ NF mistrust

déficience /defisjɑ̃s/ NF deficiency; **~ immunitaire** immunodeficiency

déficient, e /defisjɑ̃, jɑ̃t/ ADJ (*Méd*) deficient; [*raisonnement*] weak; [*matériel*] faulty

déficit /defisit/ NM deficit; **être en ~** to be in deficit; **~ en main d'œuvre** labour (*Brit*) *ou* labor (*US*) shortage; **~ en magnésium** magnesium deficiency

déficitaire /defisitɛʀ/ ADJ (*Finance*) in deficit; [*récolte, année*] poor (**en** in)

défier /defje/ /TABLE 7/ **1** VT (a) [+ *adversaire*] to challenge; **~ qn de faire qch** to defy sb to do sth (b) [+ *autorité, adversité, opinion publique*] to defy; **à des prix défiant toute concurrence** at absolutely unbeatable prices **2** VPR **se défier** (*littér*) **se ~ de** to distrust

défigurer /defigyʀe/ /TABLE 1/ VT (a) [*blessure, maladie*] to disfigure (b) (= *altérer*) [+ *vérité*] to distort; [+ *texte*] to deface; [+ *paysage*] to spoil

défilé /defile/ NM (a) (= *cortège*) procession; (= *manifestation*) march; (*militaire*) march-past; **~ de mode** fashion show (b) (= *succession*) [*de visiteurs*] stream (c) (*en montagne*) gorge

défiler /defile/ /TABLE 1/ **1** VI (a) [*soldats*] to march past; [*manifestants*] to march (**devant** past) (b) [*bande magnétique*] to unreel; **faire ~ un document** (*Informatique*) to scroll through a document; **les souvenirs défilaient dans sa tête** a succession of memories passed through his mind; **les visiteurs défilaient devant le mausolée** the visitors filed past the mausoleum **2** VPR **se défiler: il s'est défilé** (= *se dérober*) he wriggled out of it

défini, e /defini/ (*ptp de* **définir**) ADJ (a) (= *déterminé*) precise (b) (*Gram*) **article ~** definite article

définir /definiʀ/ /TABLE 2/ VT to define; [+ *conditions*] to specify; **il se définit comme un humaniste** he sees himself as a humanist

définissable /definisabl(ə)/ ADJ definable

définitif, -ive /definitif, iv/ **1** ADJ (a) (= *final*) [*résultat, solution*] final; [*mesure, fermeture*] permanent (b) (= *sans appel*) [*décision*] final; [*refus*] definite **2** NF **définitive: en définitive** eventually; (= *somme toute*) in fact

définition /definisjɔ̃/ NF definition; [*de mots croisés*] clue; **(de) haute ~** high-definition

définitivement /definitivmɑ̃/ ADV [*partir, exclure, s'installer*] for good; [*résoudre*] conclusively; [*refuser, décider*] definitely; [*nommer*] on a permanent basis

déflagration /deflagʀasjɔ̃/ NF explosion

déflation /deflasjɔ̃/ NF deflation

déflationniste /deflasjɔnist/ ADJ [*politique, effets*] deflationary

déflecteur /deflɛktœʀ/ NM (*de voiture*) quarter-light (*Brit*), vent (*US*)

déflocage /deflɔkaʒ/ NM removal of asbestos

déflorer /deflɔʀe/ /TABLE 1/ VT [+ *jeune fille*] to deflower; (*littér*) [+ *sujet, moments*] to spoil the charm of

défoncé, e /defɔ̃se/ (*ptp de* **défoncer**) ADJ (a) [*canapé, fauteuil*] sagging; [*chemin, route*] full of potholes (*attrib*) (b) (*arg Drogue*) high*; **il était complètement ~** he was completely out of it*

défoncer /defɔ̃se/ /TABLE 3/ **1** VT [+ *porte, clôture*] to smash in; [+ *route, terrain*] to plough up **2** VPR **se défoncer** (a) (= *travailler dur*)* to work like a dog* (b) (*arg Drogue*) to get high* (**à** on)

déformant, e /defɔʀmɑ̃, ɑ̃t/ ADJ [*miroir*] distorting

déformation /defɔʀmasjɔ̃/ NF (a) [*d'objet, métal*] distortion; [*de bois*] warping; **par ~ professionnelle** because of the job one does (b) (*Méd*) deformation

déformer /defɔʀme/ /TABLE 1/ **1** VT [+ *objet, métal*] to bend; [+ *chaussures, vêtements*] to stretch; [+ *corps*] to deform; [+ *visage, image, vérité, pensée*] to distort; [+ *esprit*] to warp; **mes propos ont été déformés** (*involontairement*) I've been misquoted; (*volontairement*) my words have been twisted **2** VPR **se déformer** [*objet*] to be bent; [*bois*] to warp; [*vêtement*] to lose its shape

défoulement /defulmɑ̃/ NM [*d'instincts, sentiments*] release

défouler /defule/ /TABLE 1/ **1** VT **ça (me) défoule** it helps me to unwind **2** VPR **se défouler** to let off steam*; **se ~ sur qn/qch** to take it out on sb/sth

défraîchi, e /defʀeʃi/ ADJ [*article*] shopsoiled; [*fleur, couleur*] faded; [*tissu*] worn

défraiement /defʀemɑ̃/ NM payment of expenses

défrayer /defʀeje/ /TABLE 8/ VT (a) (= *payer*) **~ qn** to pay sb's expenses (b) **~ la chronique** to be widely talked about

défricher /defʀiʃe/ /TABLE 1/ VT [+ *forêt, terrain*] to clear; [+ *sujet, question*] to open up; **~ le terrain** (*fig*) to prepare the ground

défriser /defʀize/ /TABLE 1/ VT (a) [+ *cheveux*] to straighten (b) (= *contrarier*)* to bug*; **et alors, ça te défrise ?** what's it to you?*

défroisser /defʀwase/ /TABLE 1/ VT to smooth out

défroqué, e /defʀɔke/ ADJ defrocked

défunt, e /defœ̃, œ̃t/ **1** ADJ (*frm*) [*personne*] late; **son ~ père** his late father **2** NM,F **le ~** the deceased

dégagé, e /degaʒe/ (*ptp de* **dégager**) ADJ (a) [*route, ciel*] clear; [*espace, site*] open; [*vue*] uninterrupted; [*front, nuque*] bare (b) [*ton*] airy

dégagement /degaʒmɑ̃/ NM (a) (= *action de libérer*) freeing; [*de crédits*] release (b) (= *production*) [*de fumée, gaz, chaleur*] emission (c) (*Football, Rugby*) clearance; **faire un ~ au pied** to kick a ball clear (d) (= *placard*) storage space; (= *couloir*) passage (e) (*Tech*) clearance

dégager /degaʒe/ /TABLE 3/ **1** VT (a) (= *libérer*) to free; [+ *crédits*] to release (*for a specific purpose*); **~ sa responsabilité d'une affaire** to deny responsibility in a matter (b) [+ *passage, table, gorge, nez*] to clear; **dégagez s'il vous plaît !** move away please!; **dégage !**‡ clear off!‡ (c) (= *exhaler*) [+ *odeur, fumée, chaleur*] to give off; [+ *enthousiasme*] to radiate (d) (= *extraire*) [+ *conclusion*] to draw; [+ *idée, sens*] to bring out; [+ *bénéfice, marge*] to show (e) (*Football, Rugby*) [+ *ballon*] to clear; **~ (le ballon) en touche** to kick the ball into touch **2** VPR **se dégager** (a) [*personne*] to get free (**de** from); **se ~ de** [+ *obligation*] to release o.s. from; [+ *affaire*] to get out of

ⓑ [*ciel, rue, nez*] to clear
ⓒ [*odeur, fumée, gaz, chaleur*] to be given off; [*enthousiasme*] to radiate; [*impression*] to emanate (**de** from); **il se dégage d'elle une telle vitalité** she exudes such vitality
ⓓ [*conclusion, morale*] to be drawn; [*impression, idée, sens*] to emerge (**de** from)

dégaine * /degɛn/ NF **il a une drôle de ~** he's got an odd look about him

dégainer /degene/ /TABLE 1/ VI to draw one's gun

dégarni, e /degaʀni/ (*ptp de* **dégarnir**) ADJ [*front, arbre, rayon*] bare; [*compte en banque*] low; [*portefeuille*] empty; [*tête, personne*] balding; **il est un peu ~ sur le dessus** he's a bit thin on top

dégarnir (se) /degaʀniʀ/ /TABLE 2/ VPR [*personne*] to go bald; [*arbre*] to lose its leaves; [*rayons de magasin*] to be cleared

dégât /dega/ NM damage (*NonC*); **faire beaucoup de ~(s)** [*grêle, inondation, personne etc*] to do a lot of damage; [*alcool*] to do a lot of harm

dégazer /degaze/ /TABLE 1/ VI [*navire*] to empty its tanks

dégel /deʒɛl/ NM thaw; **tu attends le ~ ou quoi?** * what on earth are you waiting for?

dégeler /deʒ(ə)le/ /TABLE 5/ 1 VT [+ *invité*] to thaw out; **pour ~ l'atmosphère** to break the ice 2 VI [*lac*] to thaw out; **faire ~** [+ *aliment*] to thaw 3 VPR **se dégeler** [*personne*] to thaw; [*public*] to warm up

dégénéré, e /deʒenere/ (*ptp de* **dégénérer**) ADJ, NM,F degenerate

dégénérer /deʒenere/ /TABLE 6/ VI to degenerate; **leur dispute a dégénéré en rixe** their quarrel degenerated into a brawl; **ça a rapidement dégénéré** [*débat, manifestation*] it soon got out of hand

dégénérescence /deʒeneʀesɑ̃s/ NF degeneracy

dégingandé, e * /deʒɛ̃gɑ̃de/ ADJ gangling

dégivrage /deʒivʀaʒ/ NM [*de réfrigérateur*] defrosting; [*de pare-brise*] de-icing; **~ automatique** auto-defrost

dégivrer /deʒivʀe/ /TABLE 1/ VT [+ *réfrigérateur*] to defrost; [+ *pare-brise*] to de-ice

déglacer /deglase/ /TABLE 3/ VT to deglaze

déglingué, e * /deglɛ̃ge/ (*ptp de* **déglinguer**) ADJ [*mécanisme*] kaput*; [*valise*] battered; **la chaise était toute ~e** the chair was falling apart; **une voiture toute ~e** a ramshackle car

déglinguer * /deglɛ̃ge/ /TABLE 1/ 1 VT [+ *objet, appareil*] to bust* 2 VPR **se déglinguer** [*appareil*] to be on the blink*; [*chaise*] to fall to pieces; [*serrure, robinet*] to break; **se ~ l'estomac/la santé** to ruin one's stomach/one's health

déglutir /deglytiʀ/ /TABLE 2/ VTI to swallow

dégobiller : /degɔbije/ /TABLE 1/ VTI (= *vomir*) to puke:

dégommer : /degɔme/ /TABLE 1/ VT [+ *avion*] to down*; [+ *quille*] to knock flying*; [+ *bille*] to knock out of the way; [+ *cible sur écran*] to zap*; [+ *cible sur stand de tir*] to hit

dégonflé, e * /degɔ̃fle/ (*ptp de* **dégonfler**) 1 ADJ ⓐ [*pneu*] flat ⓑ (= *lâche*): chicken* (*attrib*) 2 NM,F chicken*

dégonfler /degɔ̃fle/ /TABLE 1/ 1 VT [+ *pneu, ballon*] to deflate; [+ *enflure, chiffres, effectif*] to reduce 2 VI [*chiffre, effectifs*] to fall; **ses jambes ont dégonflé** the swelling in his legs has gone down 3 VPR **se dégonfler** ⓐ [*ballon, pneu*] to deflate; [*enflure*] to go down ⓑ (= *avoir peur*): to chicken out*

dégorger /degɔʀʒe/ /TABLE 3/ 1 VT (= *déverser*) [+ *eau*] to discharge 2 VI **faites ~ le concombre** sprinkle the cucumber with salt and leave to drain

dégot(t)er * /degɔte/ /TABLE 1/ VT (= *trouver*) to dig up*

dégouliner /deguline/ /TABLE 1/ VI (*en filet*) to trickle; (*goutte à goutte*) to drip; **je dégoulinais (de sueur)** * I was dripping with sweat; **un gâteau dégoulinant de crème** a cake oozing with cream

dégoupiller /degupije/ /TABLE 1/ VT [+ *grenade*] to pull the pin out of; **grenade dégoupillée** grenade with the pin pulled out

dégourdi, e * /deguʀdi/ (*ptp de* **dégourdir**) ADJ (= *malin*) smart

dégourdir /deguʀdiʀ/ /TABLE 2/ 1 VT [+ *membres*] (*ankylosés*) to bring the circulation back to; (*gelés*) to warm up 2 VPR **se dégourdir: il est sorti pour se ~ un peu (les jambes)** he went out to stretch his legs a bit

dégoût /degu/ NM (= *répugnance*) disgust (*NonC*) (**pour, de** for); **avoir du ~ pour** to feel disgust for; **il a fait une grimace de ~** he screwed up his face in disgust

dégoûtant, e /degutɑ̃, ɑ̃t/ 1 ADJ disgusting; **il a été ~ avec elle** the way he treated her was disgusting 2 NM,F (= *personne sale*) pig:; (= *personne injuste*) (*homme*) swine:; (*femme*) cow:; **espèce de vieux ~!** * you dirty old man!:

dégoûté, e /degute/ (*ptp de* **dégoûter**) 1 ADJ **je suis ~!** (*scandalisé*) I'm disgusted!; (*lassé*) I'm sick and tired of it!; **~ de la vie** weary of life; **il n'est pas ~!** (*hum*) he's not fussy!* 2 NM,F **il a fait le ~** (*devant un mets, une offre*) he turned his nose up at it

dégoûter /degute/ /TABLE 1/ VT ⓐ (= *écœurer*) to disgust ⓑ **~ qn de qch** (= *ôter l'envie de*) to put sb right off sth; (= *remplir de dégoût pour*) to make sb feel disgusted with sth; **je suis dégoûté par ces procédés** I'm disgusted by this behaviour; **ça m'a dégoûté de fumer** it put me right off smoking

dégoutter /degute/ /TABLE 1/ VI to drip; **dégouttant de sueur** dripping with sweat; **dégouttant de pluie** dripping wet

dégradant, e /degʀadɑ̃, ɑ̃t/ ADJ degrading

dégradation /degʀadasjɔ̃/ NF ⓐ [*de personne*] degradation ⓑ [*de mur, bâtiment*] damage; [*de relations, situation, qualité*] deterioration; [*de pouvoir d'achat*] weakening ⓒ (= *dégâts*) **~s** damage (*NonC*); **les ~s causées au bâtiment** the damage caused to the building

dégradé /degʀade/ NM [*de couleurs*] gradation; (*coiffure*) layered cut; **un ~ de rouges** a gradation of reds; **couper des cheveux en ~** to layer hair

dégrader /degʀade/ /TABLE 1/ 1 VT ⓐ (= *détériorer*) to damage ⓑ (= *avilir*) [+ *personne*] to degrade ⓒ **tons dégradés** shaded tones 2 VPR **se dégrader** ⓐ [*personne*] (*moralement*) to degrade o.s.; (*physiquement*) to lose one's physical powers ⓑ [*relations, situation, qualité, santé*] to deteriorate; [*mémoire*] to fail; [*pouvoir d'achat*] to shrink; **le temps se dégrade** the weather is deteriorating

dégrafer /degʀafe/ /TABLE 1/ 1 VT to unfasten; [+ *papiers*] to unstaple; **tu peux me ~?** can you undo me? 2 VPR **se dégrafer** [*vêtement, collier*] to come undone

dégraissage /degʀesaʒ/ NM [*d'effectifs*] cutback (**de** in); **opérer des ~s** to cut back the workforce

dégraisser /degʀese/ /TABLE 1/ VT [+ *personnel, effectifs*] to cut back

degré /dəgʀe/ NM ⓐ (= *niveau*) degree; (= *stade de développement*) stage; (= *échelon*) grade; **à un moindre ~** to a lesser degree; **par ~(s)** by degrees; **c'est le dernier ~ de la perfection/passion** it's the height of perfection/passion ⓑ (*de température*) degree; **il fait 20 ~s dans la chambre** it's 20 degrees (centigrade) in the room; **~ Fahrenheit/Celsius** degree Fahrenheit/Celsius ⓒ (= *proportion*) **~ d'alcool d'une boisson** proof of an alcoholic drink; **du cognac à 40 ~s** 70° proof cognac; **ce vin fait 11 ~s** this wine is 11° (*on Gay-Lussac scale*) ⓓ (*dans un classement*) degree; **brûlure du deuxième ~** second degree burn; **~ de parenté** degree of kinship; **prendre qch au premier ~** to take sth literally; **c'est à prendre au second ~** it's not to be taken literally

dégressif, -ive /degʀesif, iv/ ADJ [*impôt*] degressive; **appliquer un tarif ~** to use a sliding scale of charges

dégrèvement /degʀɛvmɑ̃/ NM **~ fiscal** tax relief

dégrever /degʀəve/ /TABLE 5/ VT [+ *produit*] to reduce the tax(es) on; [+ *contribuable*] to grant tax relief to

dégriffé, e /degʀife/ 1 ADJ **robe ~e** unlabelled designer dress; **voyage ~** discount holiday 2 NMPL **dégriffés** designer seconds

dégringolade /degRɛ̃gɔlad/ NF [de personne, objet] fall; [de prix, firme] tumble; [de cours, monnaie] collapse; **après son divorce, ça a été la ~** after his divorce he went downhill

dégringoler /degRɛ̃gɔle/ /TABLE 1/ 1 VI ⓐ [personne, objet] to tumble down; [monnaie, prix, entreprise, réputation] to take a tumble; **il a dégringolé jusqu'en bas** he tumbled all the way down; **elle a fait ~ toute la pile de livres** she brought the whole pile of books crashing down; **il a dégringolé à la 15ᵉᵐᵉ place/dans les sondages** he tumbled to 15th place/in the polls 2 VT [+ escalier, pente] (en courant) to tear down; (en tombant) to tumble down

dégriser VT, **se dégriser** VPR /degRize/ /TABLE 1/ to sober up

dégrossir /degRosiR/ /TABLE 2/ VT [+ bois] to trim; [+ projet, travail] to do the spadework on; [+ personne] to knock the rough edges off; **individu mal dégrossi** coarse individual

dégrouiller (se) * /degRuje/ /TABLE 1/ VPR (= se dépêcher) to hurry up; **se dégrouiller pour faire qch** to hurry to do sth

dégroupage /degRupaʒ/ NM (Téléc) degrouping

déguenillé, e /deg(ə)nije/ ADJ ragged

déguerpir * /degɛRpiR/ /TABLE 2/ VI to clear off*

dégueu ‡ /degø/ ADJ ABBR = **dégueulasse**

dégueulasse ‡ /degœlas/ 1 ADJ disgusting; **il est vraiment ~, ce type** he's a filthy swine‡; **il a fait un temps ~** the weather was lousy*; **c'est ~ de faire ça** that's a rotten* thing to do; **il a vraiment été ~ avec elle** he was really rotten* to her; **c'est pas ~** it's not bad at all 2 NMF [personne] (sale) dirty pig‡; (mauvais, vicieux) (homme) swine‡; (femme) bitch‡*; **c'est un vieux ~** he's a dirty old man‡

dégueulasser ‡ /degœlase/ /TABLE 1/ VT to mess up*

dégueuler ‡ /degœle/ /TABLE 1/ VTI (= vomir) to throw up*

déguisé, e /degize/ (ptp de **déguiser**) ADJ ⓐ [personne] (pour tromper) in disguise (attrib); (pour s'amuser) in fancy dress (Brit), in costume (US); **~ en** disguised as; **~ en Zorro** dressed up as Zorro ⓑ [voix, chômage, subvention, sentiment] disguised; **avec une hostilité à peine ~e** with thinly veiled hostility

déguisement /degizmã/ NM (pour tromper) disguise; (pour s'amuser) fancy dress (Brit), costume (US)

déguiser /degize/ /TABLE 1/ 1 VT [+ voix, pensée] to disguise; [+ poupée, enfant] to dress up (en as) 2 VPR **se déguiser** (pour tromper) to disguise o.s.; (pour s'amuser) to dress up; **se ~ en Zorro** to dress up as a Zorro

dégustation /degystasjɔ̃/ NF [de coquillages, fromages] sampling; **une ~ de vin(s)** a wine-tasting session

déguster /degyste/ /TABLE 1/ 1 VT [+ vins] to taste; [+ coquillages, fromages] to sample; [+ repas, café, spectacle] to enjoy 2 VI (= souffrir)* to suffer*; **il a dégusté!** he didn't half have a rough time!*; **j'ai mal aux dents, je déguste!** I've got toothache and it's agony!*

déhanchement /deãʃmã/ NM (= démarche) swaying walk; (= posture) standing with one's weight on one hip

déhancher (se) /deãʃe/ /TABLE 1/ VPR (en marchant) to sway one's hips; (immobile) to stand with one's weight on one hip

dehors /dəɔR/ 1 ADV (= à l'extérieur) outside; (= pas chez soi) out; **attendez-le ~** wait for him outside; **je serai ~ toute la journée** I'll be out all day; **il fait plus frais dedans que ~** it is cooler inside than outside; **cela ne se voit pas de ~** it can't be seen from the outside; **passez par ~ pour aller au jardin** go round the outside of the house to get to the garden; **jeter** ou **mettre** ou **foutre‡ qn ~** to chuck‡ sb out; [patron] to fire* sb

♦ **en dehors** outside; (= excepté) apart from; **en ~ de cela, il n'y a rien de neuf** apart from that there's nothing new; **il a voulu rester en ~ de cette affaire** he didn't want to get involved; **fabriquer qch en ~ de tout contrôle** to manufacture sth without any form of control

2 NM (= extérieur) outside; **on n'entend pas les bruits du ~** you can't hear the noise from outside

♦ **au-dehors** : « **défense de se pencher au-~** » "don't lean out"; **au-~, elle paraît calme, mais c'est une nerveuse** outwardly she looks relaxed, but actually she's quite highly strung

3 NMPL **dehors** (= apparences) **sous des ~ aimables, il est dur** under his friendly exterior, he's a hard man

déjà /deʒa/ ADV ⓐ (= dès maintenant, dès ce moment) already; **il a ~ fini** he has already finished; **est-il ~ rentré?** has he come home yet?; (surprise) has he come home already?; **~ à cette époque** even then

ⓑ (= auparavant) before; **je suis sûr de l'avoir ~ rencontré** I'm sure I've met him before; **c'est du ~-vu** we've seen it all before; **impression de ~-vu** sense of déjà vu

ⓒ (intensif) **1 000 €, c'est ~ pas mal*** 1,000 euros, that's not bad at all; **30 tonnes, c'est ~ un gros camion** 30 tons, that's quite a big truck

ⓓ (interrogatif)* **c'est combien, ~?** how much is it again?
→ **ores**

déjanté, e‡ /deʒãte/ (ptp de **déjanter**) ADJ [musique, film] crazy; **tu es complètement ~!** you're off your rocker‡!

déjanter ‡ /deʒãte/ /TABLE 1/ VI (= devenir fou) to go crazy*; **non mais tu déjantes!** you must be off your rocker!‡

déjeuner /deʒœne/ /TABLE 1/ 1 VI to have lunch; **nous avons déjeuné de fromage et de pain** we had bread and cheese for lunch; **rester à ~ chez qn** to stay and have lunch with sb; **inviter qn à ~** to invite sb to lunch 2 NM ⓐ (= repas de midi) lunch; **~ d'affaires** business lunch; **prendre son ~** to have lunch; **j'ai eu du poulet au ~** I had chicken for lunch ⓑ (= tasse et soucoupe) breakfast cup and saucer

déjouer /deʒwe/ /TABLE 1/ VT [+ complot, plan] to thwart; [+ surveillance] to elude

delà /dəla/ ADV

♦ **au-delà** beyond; **au-~ il y a l'Italie** beyond that is Italy; **vous avez droit à dix bouteilles mais au-~ vous payez une taxe** you're entitled to ten bottles but above that you pay duty; **n'allez pas au-~** (somme, prix) don't go beyond that

♦ **au-delà de** [+ lieu, frontière] beyond; [+ somme, limite] over; **c'est au-~ de mes forces** I'm not strong enough to do that

♦ **l'au-delà** the beyond

♦ **par-delà** beyond

délabré, e /delabRe/ (ptp de **délabrer**) ADJ [bâtiment] dilapidated

délabrement /delabRəmã/ NM dilapidation; [de santé, affaires] poor state; **dans un tel état de ~ que ...** in such a poor state that ...

délabrer /delabRe/ /TABLE 1/ VT to ruin 2 VPR **se délabrer** [maison, mur, matériel] to fall into decay

délacer /delase/ /TABLE 3/ VT [+ chaussures] to undo

délai /delɛ/ 1 NM ⓐ (= temps accordé) time limit; **vous êtes dans les ~s** you're within the time limit; **c'est un ~ trop court pour ...** it's too short a time for ...; **avant l'expiration du ~** before the deadline; **dans un ~ de six jours** within six days; **respecter** ou **tenir les ~s** to meet the deadline

ⓑ (= période d'attente) waiting period; **il faut compter un ~ de huit jours** you'll have to allow a week

ⓒ (= sursis) extension; **il va demander un ~ pour achever le travail** he's going to ask for more time to finish off the job

ⓓ (locutions) **dans les plus brefs ~s** ou **dans les meilleurs ~s** as soon as possible; **il faut payer avant le 15, dernier ~** it must be paid by the 15th at the latest; **le 15 octobre, dernier ~ pour les inscriptions** 15 October is the closing date for registration

2 COMP ♦ **délai de livraison** delivery time ♦ **délai de paiement** term of payment ♦ **délai de réflexion** (avant réponse) time to think; (avant sanctions) cooling-off period

⚠ **délai ≠ delay**

délaisser /delese/ /TABLE 1/ VT (= négliger) [+ famille, ami, travail] to neglect; **c'est un métier délaissé par les jeunes** young people don't go in for this kind of work

délassant, e /delasã, ãt/ ADJ relaxing

délassement /delɑsmɑ̃/ NM relaxation

délasser /delɑse/ /TABLE 1/ 1 VT (= reposer) [+ membres] to refresh; (= divertir) [+ personne, esprit] to entertain; **un bon bain, ça délasse** a good bath is very relaxing 2 VPR **se délasser** (= se détendre) to relax (**en faisant qch** by doing sth)

délateur, -trice /delatœʀ, tʀis/ NM,F (frm) informer

délation /delɑsjɔ̃/ NF (frm) denouncement; **lettre de ~** denunciatory letter

délavé, e /delave/ ADJ [tissu] faded; [inscription] washed-out; **jeans ~s** prewashed jeans

délayage /deleja3/ NM [de farine, poudre] mixing (to a certain consistency) (**dans** with); **faire du ~** (péj) to waffle*

délayer /deleje/ /TABLE 8/ VT [+ couleur] to thin down; [+ farine, poudre] to mix (**dans** with); (péj) [+ idée] to drag out; [+ exposé] to pad out; **~ 100 g de farine dans un litre d'eau** mix 100g of flour with a litre of water

delco /delko/ NM distributor

délectation /delektasjɔ̃/ NF delight

délecter (se) /delekte/ /TABLE 1/ VPR **se délecter de qch/à faire qch** to delight in sth/in doing sth; **il se délectait** he was thoroughly enjoying it

délégation /delegasjɔ̃/ NF (= groupe, mandat) delegation; **~ de pouvoirs** delegation of powers

délégué, e /delege/ (ptp de **déléguer**) 1 ADJ **membre ~** delegate; **producteur ~** associate producer; **~ à qch** responsible for sth → **ministre** 2 NM,F (= représentant) representative; (à une réunion, une conférence) delegate; **~ de classe/de parents d'élèves** class/parents' representative; **~ du personnel/syndical** staff/union representative

---

ⓘ DÉLÉGUÉS

At the start of the new school year in state "collèges" and "lycées", pupils elect two class representatives known as "**délégués** de classe", as well as two deputies. The role of the **délégués** is to represent the interest of the class as a whole by liaising with teachers and the school administration. The **délégués** of the whole school elect two "**délégués** d'établissement" who attend the "Conseil d'établissement", where they participate in discussions on the general running of the school and vote on decisions to be made.

---

déléguer /delege/ /TABLE 6/ VT to delegate (**à** to)

délestage /delesta3/ NM **itinéraire de ~** relief route

délester /deleste/ /TABLE 1/ VT [+ navire, ballon] to remove ballast from; **on a délesté la route nationale** a diversion has been set up to relieve traffic congestion on the main road

Delhi /deli/ N Delhi

délibération /deliberɑsjɔ̃/ NF deliberation; **après ~ du jury** after the jury's due deliberation

délibéré, e /delibere/ (ptp de **délibérer**) 1 ADJ (= intentionnel) deliberate; **de manière ~e** deliberately; **avec la volonté ~e de ...** with the deliberate intention of ... 2 NM (Droit) deliberation (of court at end of trial); **mettre un jugement en ~** to postpone a judgment

délibérément /deliberemɑ̃/ ADV (= volontairement) deliberately; (= après avoir réfléchi) with due consideration

délibérer /delibere/ /TABLE 6/ VI to deliberate (**sur** over, upon)

délicat, e /delika, at/ ADJ ⓐ (= fin, fragile, précis) delicate; [mets] dainty; **d'un geste ~** delicately ⓑ (= difficile) [situation, question, opération, sujet] delicate; **c'est ~ de lui dire ça** it's a bit awkward to tell him that ⓒ (= raffiné) [sentiment, goût, esprit, style] delicate; **c'était une attention ~e de sa part** it was very thoughtful of him ⓓ (= plein de tact) tactful (**envers** towards); **des procédés peu ~s** unscrupulous methods ⓔ (= exigeant) fussy; **faire le ~** (nourriture) to be fussy

délicatement /delikatmɑ̃/ ADV delicately

délicatesse /delikates/ delicacy NF (= tact) tact; **manquer de ~** to be tactless; **par ~ il se retira** he withdrew tactfully; **il prit le vase avec ~** he delicately picked up the vase

délice /delis/ NM (= plaisir) delight; **ce dessert est un vrai ~** this dessert is quite delicious

délicieusement /delisjøzmɑ̃/ ADV exquisitely

délicieux, -ieuse /delisjø, jøz/ ADJ [fruit, goût] delicious; [lieu, personne, sensation, anecdote] charming

délié, e /delje/ (ptp de **délier**) ADJ [doigts] nimble; **avoir la langue ~e** to be very talkative

délier /delje/ /TABLE 7/ 1 VT to untie; **~ la langue de qn** to loosen sb's tongue 2 VPR **se délier**: **sous l'effet de l'alcool les langues se délient** alcohol loosens people's tongues

délimitation /delimitasjɔ̃/ NF [de terrain, frontière, sujet, rôle] delimitation; [de responsabilités, attributions] determination

délimiter /delimite/ /TABLE 1/ VT [+ terrain, frontière, sujet, rôle] to delimit; [+ responsabilités, attributions] to determine

délinquance /delɛ̃kɑ̃s/ NF crime; **la petite/la grande ~** petty/serious crime; **~ juvénile/sexuelle** juvenile/sexual delinquency; **acte de ~** crime; **il a sombré dans la ~** he slid into crime

délinquant, e /delɛ̃kɑ̃, ɑ̃t/ 1 ADJ delinquent; **la jeunesse ~e** juvenile delinquents 2 NM,F delinquent; **~ sexuel** sex offender

déliquescence /delikesɑ̃s/ NF (= décadence) decay; **en ~** [régime, structure] in decline

délirant, e /delirɑ̃, ɑ̃t/ ADJ ⓐ (= enthousiaste) [public] frenzied; **tu n'es pas d'un optimisme ~!** you're not exactly overflowing with optimism! ⓑ (= extravagant) [idée, architecture] extraordinary; [prix, propos, projet] outrageous; [comédie, film] whacky*

délire /delir/ NM ⓐ [de malade] delirium; **~ de persécution** persecution mania; **c'est du ~!*** (= extravagant) it's sheer madness! ⓑ (= frénésie) frenzy; **une foule en ~** a frenzied crowd; **quand l'acteur parut, ce fut du ~*** when the actor appeared the crowd went crazy

délirer /delire/ /TABLE 1/ VI [malade] to be delirious; **il délire!*** he's out of his mind!*

délit /deli/ NM offence; **commettre un ~** to commit an offence; **~ de fuite** hit-and-run offence; **il a été arrêté pour ~ de faciès** they arrested him because of the colour of his skin; **~ d'ingérence** abuse of office; **~ d'initié** insider dealing; **~ sexuel** sexual offence; **être poursuivi pour ~ d'opinion** to be prosecuted for one's beliefs → **flagrant**

délivrance /delivrɑ̃s/ NF ⓐ [de prisonniers] release ⓑ (= soulagement) relief ⓒ [de passeport, reçu, ordonnance, brevet] issue

délivrer /delivre/ /TABLE 1/ VT ⓐ [+ prisonnier] to set free; **~ qn de** [+ rival, crainte] to rid sb of; [+ obligation] to free sb from ⓑ [+ passeport, reçu, ordonnance] to issue; [+ lettre, marchandise] to deliver; [+ médicament] [pharmacien] to dispense

---

⚠ **to deliver** n'est pas la traduction la plus courante de **délivrer**.

---

délocalisation /delɔkalizasjɔ̃/ NF relocation

délocaliser VT, **se délocaliser** VPR /delɔkalize/ /TABLE 1/ to relocate

déloger /delɔʒe/ /TABLE 3/ VT [+ locataire] to throw out; [+ fugitif] to flush out; [+ objet] to dislodge (**de** from)

déloyal, e /delwajal, o/ ADJ [ami, conduite] disloyal (**envers** towards); [adversaire] underhand; **concurrence ~e** unfair competition; **un coup ~** (Sport) a foul

delta /delta/ NM delta

deltaplane ® /deltaplan/ NM (= appareil) hang-glider; (= sport) hang-gliding; **faire du ~** to go hang-gliding

déluge /dely3/ NM (= pluie) deluge; [de larmes, paroles, injures] flood; [de compliments, coups] shower

déluré, e /delyre/ ADJ (= débrouillard) smart; (= impertinent) forward

démagnétiser VT, **se démagnétiser** VPR /demaɲetize/ /TABLE 1/ to demagnetize

démago• /demago/ 1 ADJ ABBR = **démagogique** 2 NMF ABBR = **démagogue**

démagogie /demagɔʒi/ NF demagogy; **ils font de la ~** they're just trying to win support

démagogique /demagɔʒik/ ADJ [discours, réforme] demagogic

démagogue /demagɔg/ 1 NMF demagogue 2 ADJ **être ~** to be a demagogue

demain /d(ə)mɛ̃/ ADV tomorrow; **à ~!** see you tomorrow; (= je téléphonerai) I'll talk to you tomorrow; **le monde de ~** tomorrow's world

demande /d(ə)mɑ̃d/ NF ⓐ (= requête) request (**de qch** for sth); (= revendication) claim (**de** for); [d'autorisation, naturalisation] application; [de dédommagement] claim; [de renseignement] enquiry; **faire une ~ de remboursement** to make a claim for reimbursement (**à qn** to sb); **~ d'adhésion** application for membership; **~ d'asile** application for asylum; **~ de rançon** ransom demand; **~ d'emploi** job application; **« ~s d'emploi »** (rubrique de journal) "situations wanted"; **~ (en mariage)** proposal (of marriage); **à** ou **sur la ~ de qn** at sb's request; **à la ~** ou **sur ~** on request; **et maintenant, à la ~ générale ...** and now, by popular request ... ⓑ (Écon) **la ~** demand (**de** for) ⓒ (= besoins) **~ d'affection** need for affection

demandé, e /d(ə)mɑ̃de/ ADJ (ptp de **demander**) in demand; **être très ~** to be very much in demand; **c'est une destination très ~e** it's a very popular destination

demander /d(ə)mɑ̃de/ /TABLE 1/ 1 VT ⓐ (= solliciter) to ask for; [+ indemnité] to claim; **~ qch à qn** to ask sb for sth; **~ un service** ou **une faveur à qn** to ask sb a favour; **~ à voir qn/à parler à qn** to ask to see sb/to speak to sb; **~ à qn de faire** ou **qu'il fasse qch** to ask sb to do sth; **puis-je vous ~ (de me passer) du pain?** would you mind passing me some bread?
ⓑ (= appeler) [+ médecin, prêtre] to send for; **qui demandez-vous?** who do you wish to speak to?; **on le demande au téléphone** he is wanted on the phone
ⓒ (au téléphone, au bureau) [+ personne, numéro] to ask for; **il vous demande** he wants you on the phone
ⓓ (= désirer) to be asking for; **ils demandent 80 € de l'heure** they are asking for 80 euros an hour; **je demande à voir!**• I'll believe it when I see it!; **il ne demande qu'à apprendre** all he wants is to learn; **je ne demande pas mieux!** I'll be only too pleased!
ⓔ (= s'enquérir de) [+ nom, chemin] to ask; **~ l'heure à qn** to ask sb the time; **~ un renseignement à qn** to ask sb for some information; **~ des nouvelles de qn** to ask after sb; **je ne t'ai rien demandé!** I didn't ask you!; **on ne t'a pas demandé l'heure qu'il est**• ou **ton avis**• who asked you?
ⓕ (= nécessiter) [travail, décision] to require; **ça demande un effort** it requires an effort; **ce travail va (lui) ~ six heures** the job will take (him) six hours
ⓖ (= exiger) **~ qch à** ou **de qn** to ask sth of sb; **il ne faut pas trop lui en ~!** you mustn't ask too much of him!
ⓗ [commerçant] **il (en) demande 500 €** he's asking 500 euros (for it); **ils demandent trois vendeuses** (par annonce) they are advertising for three shop assistants; **« on demande : électricien »** "electrician required"

2 VPR **se demander** (= douter) to wonder; **je me demandais si ...** I was wondering whether ...; **c'est à se ~ s'il a perdu la tête** it makes you wonder if he isn't out of his mind

> ⚠ **demander ≠ to demand**

demandeur, -euse /d(ə)mɑ̃dœʀ, øz/ NM,F **~ d'emploi** job seeker; **~ d'asile** asylum seeker

démangeaisons /demɑ̃ʒɛzɔ̃/ NFPL itching (NonC); **avoir des ~** to be itching; **j'ai des ~ dans le dos** my back is itching

démanger /demɑ̃ʒe/ /TABLE 3/ VT (= gratter) **où est-ce que ça vous démange?** where does it itch?; **ça me démange** it itches; **la main me démange** (fig) I'm itching• to hit him (ou her etc); **ça me démangeait de lui dire** I was itching to tell him

démantèlement /demɑ̃tɛlmɑ̃/ NM [d'armes, centrale nucléaire, entreprise] dismantling; [de gang, réseau d'espionnage, de trafiquants] breaking up

démanteler /demɑ̃t(ə)le/ /TABLE 5/ VT [+ armes, centrale nucléaire, entreprise] to dismantle; [+ gang, réseau d'espionnage, de trafiquants] to break up

démantibuler• /demɑ̃tibyle/ /TABLE 1/ VT [+ objet] to break up

démaquillant, e /demakijɑ̃, ɑ̃t/ 1 ADJ **lait** ou **lotion ~(e)** make-up remover 2 NM make-up remover

démaquiller /demakije/ /TABLE 1/ 1 VT [+ yeux, visage] to remove the make-up from; **~ qn** to take off sb's make-up 2 VPR **se démaquiller** to take one's make-up off; **se ~ les yeux** to remove one's eye make-up

démarcation /demaʀkasjɔ̃/ NF demarcation (**entre** between)

démarchage /demaʀʃaʒ/ NM (= vente) door-to-door selling; **~ électoral** canvassing; **~ téléphonique** telephone selling; **faire du ~** [de produits] to do door-to-door selling; (pour élection) to canvass

démarche /demaʀʃ/ NF ⓐ (= façon de marcher) walk; **avoir une ~ pesante** to walk heavily ⓑ (= intervention) step; **faire une ~ auprès de qn (pour obtenir qch)** to approach sb (to obtain sth); **entreprendre des ~s auprès d'un service** to apply to a department; **les ~s nécessaires pour obtenir qch** the necessary steps to obtain sth ⓒ **~ intellectuelle** intellectual reasoning; **expliquez-moi votre ~** explain your reasoning to me

démarcher /demaʀʃe/ /TABLE 1/ VT [+ clients] to canvass; [+ produit] to sell door-to-door

démarcheur, -euse /demaʀʃœʀ, øz/ NM,F (= vendeur) door-to-door salesman (ou saleswoman); (pour élection) canvasser

démarque /demaʀk/ NF [d'article] markdown

démarqué, e /demaʀke/ (ptp de **démarquer**) ADJ ⓐ (sport collectif) [joueur] unmarked ⓑ (Commerce) **robe ~e** unlabelled designer dress

démarquer /demaʀke/ /TABLE 1/ VT ⓐ (= solder) to mark down; (= retirer l'étiquette de) to remove the designer label from 2 VPR **se démarquer** ⓐ [joueur] to lose ou shake off one's marker ⓑ **se ~ de** (= marquer sa différence avec) to distinguish o.s. from

démarrage /demaʀaʒ/ NM ⓐ (de voiture) **il a calé au ~** he stalled as he moved off; **~ en côte** hill start ⓑ (= début) start

démarrer /demaʀe/ /TABLE 1/ 1 VI [moteur, conducteur] to start; [véhicule] to move off; [affaire, campagne, projet] to get going; **l'affaire a bien démarré** things got off to a good start; **~ en trombe** to shoot off; **faire ~** [+ véhicule] to start 2 VT [+ véhicule] to start; [+ travail] to get going on•; **~ qn en anglais** to get sb started in English

démarreur /demaʀœʀ/ NM [de voiture] starter

démasquer /demaske/ /TABLE 1/ 1 VT to unmask 2 VPR **se démasquer** [imposteur] to drop one's mask

démâter /demate/ /TABLE 1/ VI [bateau] to lose its mast

démazouter /demazute/ /TABLE 1/ VT [+ plage] to remove the oil from

démêlant /demɛlɑ̃/ NM hair conditioner

démêler /demele/ /TABLE 1/ VT ⓐ [+ ficelle, écheveau, cheveux] to untangle; (avec une peigne) to comb out ⓑ [+ problème, situation] to sort out; **~ le vrai du faux** to sort out the truth from the lies

démêlés /demele/ NMPL (= ennuis) problems; **il a eu des ~ avec la justice** he has had some problems with the law

démembrement /demɑ̃bʀəmɑ̃/ NM [de pays, empire] break-up

démembrer /demɑ̃bʀe/ /TABLE 1/ VT [+ pays, empire] to break up; [+ entreprise] to asset-strip

déménagement /demenaʒmɑ̃/ NM ⓐ [de meubles] moving; [de pièce] emptying (of furniture) (NonC); **camion de ~** removal (Brit) ou moving (US) van ⓑ (= changement de domicile, de bureau) move; **faire un ~** to move

déménager /demenaʒe/ /TABLE 3/ **1** VT [+ *meubles, affaires*] to move; [+ *maison, pièce*] to move the furniture out of 2 VI to move; **tu déménages !*** you're off your rocker*; **ça déménage !** (= *c'est excellent*) it's brill!* (*Brit*) ou awesome!* (*US*)

déménageur /demenaʒœʀ/ NM (= *entrepreneur*) furniture remover (*Brit*), moving company (*US*); (= *ouvrier*) removal man (*Brit*), furniture mover (*US*)

démence /demɑ̃s/ NF (*Méd*) dementia; (*Droit*) mental disorder, madness; **c'est de la ~ !** it's madness!

démener (se) /dem(ə)ne/ /TABLE 5/ VPR to exert o.s.; **se démener comme un beau diable** (*pour obtenir qch*) to move heaven and earth; **il faut que tu te démènes si tu veux des billets** you'll have to get a move on* if you want tickets

dément, e /demɑ̃, ɑ̃t/ ADJ (= *fou*) mad; (= *incroyable*) incredible; (= *extravagant*)* [*type, musique*] weird*; [*prix, projet*] mad

démenti /demɑ̃ti/ NM (= *déclaration*) denial; (*apporté par les faits, les circonstances*) refutation; **opposer un ~ à** [+ *nouvelle, allégations, rumeurs*] to deny formally

démentiel, -ielle /demɑ̃sjɛl/ ADJ [*projet, prix*] crazy

démentir /demɑ̃tiʀ/ /TABLE 16/ **1** VT ⓐ [*personne*] [+ *nouvelle, rumeur*] to deny ⓑ [*faits*] [+ *témoignage*] to refute; [+ *apparences*] to belie; [+ *espoirs*] to disappoint; **les résultats ont démenti les pronostics** the results have proved the predictions wrong **2** VPR **se démentir** (*au négatif = ne pas cesser*) **son amitié ne s'est jamais démentie** his friendship has never failed; **c'est un roman dont le succès ne s'est jamais démenti** the novel has always maintained its popularity

démerdard, e: /demɛʀdaʀ, aʀd/ ADJ resourceful

démerde : /demɛʀd/ NF **la ~** (= *ingéniosité*) resourcefulness; (= *astuce*) smartness

démerder (se) : /demɛʀde/ /TABLE 1/ VPR (= *se débrouiller*) to manage; **elle se démerde (pas mal) au ski** she's pretty good at skiing; **si je m'étais mieux démerdé, j'aurais gagné** if I'd handled things better, I'd have won; **qu'il se démerde tout seul !** just leave him to it!

démériter /demeʀite/ /TABLE 1/ **1** VI **l'équipe perdante n'a pas démérité** the losing team put up a creditable performance **2** VT INDIR ♦ **démériter de** [+ *patrie, institution*] to show o.s. unworthy of

démesure /dem(ə)zyʀ/ NF [*de personnage, propos, exigences*] outrageousness

démesuré, e /dem(ə)zyʀe/ ADJ huge; (= *excessif*) excessive

démesurément /dem(ə)zyʀemɑ̃/ ADV inordinately

démettre /demɛtʀ/ /TABLE 56/ **1** VT **~ qn de ses fonctions** to dismiss sb from his duties **2** VPR **se démettre** (= *se disloquer*) **se ~ le poignet** to dislocate one's wrist

demeurant /d(ə)mœʀɑ̃/ NM **au ~** incidentally

demeure /d(ə)mœʀ/ NF (= *maison*) residence
♦ **à demeure** [*installations*] permanent; **s'installer à ~ dans une ville** to settle permanently in a town
♦ **en demeure** : **mettre qn en ~ de faire qch** to instruct sb to do sth; **mettre qn en ~ de payer** to give sb notice to pay

demeuré, e /d(ə)mœʀe/ (*ptp de* **demeurer**) **1** ADJ (= *fou*) half-witted **2** NM,F half-wit

demeurer /d(ə)mœʀe/ /TABLE 1/

> ► When **demeurer** means **to live**, it is conjugated with **avoir**, when it means **to remain**, it is conjugated with **être**.

VI ⓐ **~ quelque part** to live somewhere ⓑ (*frm = rester*) to remain; **~ fidèle** to remain faithful

demi, e /d(ə)mi/ **1** ADJ **une heure et ~e** one and a half hours; **un kilo et ~** one and a half kilos; **à six heures et ~e** at half past six; **deux fois et ~e plus grand** two and a half times greater

2 PRÉF **demi-** ⓐ (= *moitié*) **une ~-livre** half a pound; **un ~-verre** half a glass
ⓑ (= *incomplet*) **c'est un ~-succès** it's a partial success

3 NM ⓐ (= *bière*) glass of beer, ≈ half-pint
ⓑ (*Sport*) half-back; **~ gauche/droit** left/right half; **~ de mêlée** (*Rugby*) scrum half

ⓒ ♦ **à demi** half; **il n'était qu'à ~ rassuré** he was only half reassured; **ouvrir une porte à ~** to half open a door

4 NF **demie** (*à l'horloge*) **la ~e** the half-hour; **la ~e a sonné** the half-hour has struck; **on part à la ~e** we're leaving at half past

demi-bouteille /d(ə)mibutɛj/ NF half-bottle

demi-cercle /d(ə)misɛʀkl/ NM semicircle; **en ~** semicircular

demi-douzaine /d(ə)miduzɛn/ NF **une ~** half-a-dozen

demi-échec /d(ə)mieʃɛk/ NM **c'est un ~** it's a bit of a failure

demi-écrémé /dəmiekʀeme/ ADJ M, NM (**lait**) **~** semi-skimmed milk

demi-finale /d(ə)mifinal/ NF semifinal; **arriver en ~** to reach the semifinals

demi-finaliste /d(ə)mifinalist/ NMF semifinalist

demi-fond /d(ə)mifɔ̃/ NM **le ~** middle-distance running

demi-frère /d(ə)mifʀɛʀ/ NM half-brother

demi-gros /d(ə)migʀo/ NM INV (*Commerce*) retail-wholesale

demi-heure /d(ə)mijœʀ, dəmjœʀ/ NF **une ~** half an hour

demi-journée /d(ə)miʒuʀne/ NF **une ~** half a day; **il travaille deux ~s par semaine** he works two half-days a week

démilitariser /demilitaʀize/ /TABLE 1/ VT to demilitarize

demi-litre /d(ə)militʀ/ NM **un ~ (de)** half a litre (of)

demi-longueur /d(ə)mil5gœʀ/ NF (*Sport*) **une ~** half a length

demi-mal /d(ə)mimal/ (*pl* **demi-maux** /d(ə)mimo/) NM **ce n'est que ~** it could have been worse

demi-mesure /d(ə)mim(ə)zyʀ/ NF (= *compromis*) half-measure; **elle n'aime pas les ~s** she doesn't do things by halves

demi-mot /d(ə)mimo/ NM **à ~** without having to spell things out; **ils se comprenaient à ~** they didn't have to spell things out to each other

déminage /deminaʒ/ NM mine clearance; **équipe de ~** (*pour mines*) mine-clearing team; (*pour bombes*) bomb disposal unit

déminer /demine/ /TABLE 1/ VT to clear of mines

déminéralisé, e /demineʀalize/ ADJ **eau ~e** distilled water

démineur /deminœʀ/ NM [*de mines*] mine-clearing expert; [*de bombes*] bomb disposal expert

demi-pension /d(ə)mipɑ̃sjɔ̃/ NF (*à l'hôtel*) half-board (*Brit*); (*à l'école*) half-board; **être en ~** [*élève*] to take school lunches

demi-pensionnaire /d(ə)mipɑ̃sjɔnɛʀ/ NMF day pupil; **être ~** to take school lunches

demi-point (*pl* **demi-points**) /d(ə)mipwɛ̃/ NM (*dans statistiques*) half point

démis, e /demi, iz/ (*ptp de* **démettre**) ADJ [*membre*] dislocated

demi-saison /d(ə)misɛzɔ̃/ NF spring (*ou* autumn); **un manteau de ~** a spring (*ou* an autumn) coat

demi-sel /d(ə)misɛl/ ADJ INV slightly salted

demi-sœur /d(ə)misœʀ/ NF half-sister

demi-sommeil /d(ə)misɔmɛj/ NM half-sleep

démission /demisjɔ̃/ NF (*d'un poste*) resignation; (*de ses responsabilités*) abdication; **donner sa ~** to hand in one's resignation; **la ~ des parents** the abdication of parental responsibility

démissionner /demisjɔne/ /TABLE 1/ VI [*employé*] to resign; (= *abandonner*) to give up

demi-tarif /d(ə)mitaʀif/ NM half-price; (*Transports*) half-fare; **voyager à ~** to travel half-fare

demi-teinte /d(ə)mitɛ̃t/ NF **en ~** (= *nuancé, discret*) low-key

demi-tour /d(ə)mituʀ/ NM about-turn; (*sur la route*) U-turn; **à un ~ de ses concurrents** (= *moitié d'un tour*) half a lap behind the other competitors

demi-volée /d(ə)mivɔle/ NF half-volley

démobilisation /demɔbilizasjɔ̃/ NF (*Mil*) demobilization

démobiliser /demɔbilize/ /TABLE 1/ VT (*Mil*) to demobilize; (= *démotiver*) to demotivate

démocrate /demɔkʀat/ NMF democrat

démocrate-chrétien, -ienne (*mpl* **démocrates-chrétiens**) /demɔkʀatkʀetjɛ̃, jɛn/ ADJ, NM,F Christian Democrat

démocratie /demɔkʀasi/ NF democracy; **~ populaire** people's democracy

démocratique /demɔkʀatik/ ADJ democratic

démocratiquement /demɔkʀatikmɑ̃/ ADV democratically

démocratisation /demɔkʀatizasjɔ̃/ NF democratization

démocratiser /demɔkʀatize/ /TABLE 1/ 1 VT to democratize 2 VPR **se démocratiser** to become more democratic

démodé, e /demɔde/ (*ptp de* **démoder**) ADJ old-fashioned

démoder (se) /demɔde/ /TABLE 1/ VPR [*vêtement, style*] to go out of fashion

démographe /demɔgʀaf/ NMF demographer

démographie /demɔgʀafi/ NF demography; **~ galopante** massive population growth

démographique /demɔgʀafik/ ADJ demographic; **poussée ~** increase in population

demoiselle /d(ə)mwazɛl/ NF (*jeune*) young lady; (*d'un certain âge*) single lady ◆ **demoiselle de compagnie** lady's companion ◆ **demoiselle d'honneur** (*à un mariage*) bridesmaid; (*d'une reine*) maid of honour

démolir /demɔliʀ/ /TABLE 2/ VT ⓐ (= *détruire*) [+ *maison, quartier*] to demolish ⓑ (= *abîmer*) [+ *jouet, radio, voiture*] to wreck; **cet enfant démolit tout!** that child wrecks everything! ⓒ [+ *autorité, influence*] to destroy; [+ *doctrine*] to demolish ⓓ [+ *personne*]* (= *frapper*) to bash up* (*Brit*); (= *critiquer*) to tear to pieces; **ce travail/cette maladie l'avait démoli** this work/this illness had just about done for him*; **je vais lui ~ le portrait** I'm going to smash his face in*

démolisseur, -euse /demɔlisœʀ, øz/ NM,F demolition worker

démolition /demɔlisjɔ̃/ NF [*d'immeuble, quartier*] demolition; **entreprise de ~** demolition company; (*fig*) demolition job

démon /demɔ̃/ NM demon; **petit ~** (= *enfant*) little devil; **le ~ de midi** middle-aged lust; **le ~ du jeu** gambling fever; **réveiller les vieux ~s du racisme** to reawaken the old demons of racism

démoniaque /demɔnjak/ ADJ fiendish

démonstrateur, -trice /demɔ̃stʀatœʀ, tʀis/ NM,F demonstrator (*of commercial products*)

démonstratif, -ive /demɔ̃stʀatif, iv/ ADJ demonstrative; **peu ~** undemonstrative

démonstration /demɔ̃stʀasjɔ̃/ NF ⓐ demonstration; [*de théorème*] proof; **faire une ~** to give a demonstration; **disquette de ~** demo disk ⓑ (= *manifestation*) [*de joie, tendresse*] show; **~ de force** show of force

démontable /demɔ̃tabl/ ADJ **armoire ~** wardrobe that can be taken to pieces

démonté, e /demɔ̃te/ (*ptp de* **démonter**) ADJ [*mer*] raging; [*personne*] disconcerted

démonte-pneu (*pl* **démonte-pneus**) /demɔ̃t(ə)pnø/ NM tyre lever (*Brit*), tire iron (*US*)

démonter /demɔ̃te/ /TABLE 1/ 1 VT ⓐ (= *désassembler*) [+ *échafaudage, étagères, tente*] to take down; [+ *moteur, arme*] to strip down; [+ *armoire, appareil*] to take to pieces ⓑ (= *enlever*) [+ *pneu, porte*] to take off ⓒ (= *déconcerter*) to disconcert; **il ne se laisse jamais ~** he never gets flustered ⓓ [+ *argumentation, raisonnement*] (*pour contrecarrer*) to demolish

2 VPR **se démonter** ⓐ [*assemblage, pièce*] **est-ce que ça se démonte?** can it be taken apart?

ⓑ (= *perdre son calme*) to get flustered; **répondre sans se ~** to reply without getting flustered

démontrable /demɔ̃tʀabl/ ADJ demonstrable

démontrer /demɔ̃tʀe/ /TABLE 1/ VT to demonstrate; [+ *théorème*] to prove; (= *faire ressortir*) [+ *urgence, nécessité*] to show

démoralisant, e /demɔʀalizɑ̃, ɑ̃t/ ADJ demoralizing

démoraliser /demɔʀalize/ /TABLE 1/ 1 VT to demoralize 2 VPR **se démoraliser** to lose heart

démordre /demɔʀdʀ/ /TABLE 41/ VI **il ne veut pas en ~** he won't budge an inch

démotiver /demɔtive/ /TABLE 1/ VT to demotivate

démouler /demule/ /TABLE 1/ VT [+ *gâteau*] to turn out

démultiplication /demyltiplikasjɔ̃/ NF (= *procédé*) reduction; (= *rapport*) reduction ratio

démuni, e /demyni/ (*ptp de* **démunir**) ADJ ⓐ (= *sans ressources*) destitute; **nous sommes ~s** (*sans argent*) we are destitute; (*sans défense*) we are powerless; (**devant** in the face of) ⓑ (= *privé de*) **~ de** without; **~ de tout** destitute; **les plus ~s** the very poor

démunir /demyniʀ/ /TABLE 2/ 1 VT **~ qn de** to deprive sb of; **~ qch de** to divest sth of 2 VPR **se démunir: se ~ de** (= *se défaire de*) to part with

démystifier /demistifje/ /TABLE 7/ VT (= *banaliser*) to demystify

démythifier /demitifje/ /TABLE 7/ VT to demythify

dénatalité /denatalite/ NF fall in the birth rate

dénationaliser /denasjɔnalize/ /TABLE 1/ VT to denationalize

dénaturé, e /denatyʀe/ (*ptp de* **dénaturer**) ADJ ⓐ [*alcool*] denatured ⓑ [*goût*] unnatural

dénaturer /denatyʀe/ /TABLE 1/ VT ⓐ [+ *vérité, faits*] to distort; [+ *propos*] to twist ⓑ [+ *alcool, substance alimentaire*] to denature; (= *altérer*) [+ *goût, aliment*] to alter completely

déneiger /deneʒe/ /TABLE 3/ VT to clear of snow

déni /deni/ NM denial; **~ de justice** denial of justice

dénicher* /denife/ /TABLE 1/ VT (= *trouver*) to discover

denier /dənje/ NM **le ~ du culte** the contribution to parish costs (*paid yearly*); **les ~s publics** *ou* **de l'État** public monies

dénier /denje/ /TABLE 7/ VT ⓐ to deny ⓑ (= *refuser*) **~ qch à qn** to refuse sb sth

dénigrement /denigʀəmɑ̃/ NM denigration; **campagne de ~** smear campaign

dénigrer /denigʀe/ /TABLE 1/ VT to denigrate

dénivelé /deniv(ə)le/ NM difference in height

dénivellation /denivelasjɔ̃/ NF (= *pente*) slope; (= *différence de niveau*) difference in level *ou* altitude

dénombrable /denɔ̃bʀabl/ ADJ countable; **non ~** uncountable

dénombrer /denɔ̃bʀe/ /TABLE 1/ VT (= *compter*) to count; (= *énumérer*) to list; **on dénombre trois morts et cinq blessés** there are three dead and five wounded

dénominateur /denɔminatœʀ/ NM denominator; (**plus petit**) **~ commun** (lowest) common denominator

dénomination /denɔminasjɔ̃/ NF (= *nom*) designation

dénommé, e /denɔme/ (*ptp de* **dénommer**) ADJ **le ~ X** (*parfois péj*) a certain X

dénommer /denɔme/ /TABLE 1/ VT to name

dénoncer /denɔ̃se/ /TABLE 3/ 1 VT ⓐ (= *révéler*) [+ *coupable*] to denounce; [+ *forfait, abus*] to expose; **~ qn à la police** to inform against sb ⓑ (= *signaler publiquement*) [+ *danger, injustice*] to point out ⓒ (= *annuler*) [+ *contrat, traité*] to terminate ⓓ (*littér* = *dénoter*) to announce 2 VPR **se dénoncer** [*criminel*] to give o.s. up

dénonciation /denɔ̃sjasjɔ̃/ NF ⓐ [*de criminel*] denunciation; [*de forfait, abus*] exposure (*NonC*) ⓑ [*de traité, contrat*] termination

dénoter /denɔte/ /TABLE 1/ VT (= *révéler*) to indicate

dénouement /denumɑ̃/ NM [*d'affaire, aventure*] outcome; **~ heureux** [*de film*] happy ending

dénouer /denwe/ /TABLE 1/ 1 VT ⓐ [+ nœud, lien] to untie; [+ cravate, cheveux] to undo; **elle avait les cheveux dénoués** she had her hair loose ⓑ [+ situation] to resolve 2 VPR **se dénouer** ⓐ [lien, nœud] to come undone ⓑ [intrigue, situation] to be resolved

dénoyauter /denwajote/ /TABLE 1/ VT [+ fruit] to stone (Brit), to pit (US)

denrée /dɑ̃ʀe/ NF commodity; **~s alimentaires** foodstuffs; **~s de base** basic foods; **~s périssables** perishable foodstuffs

dense /dɑ̃s/ ADJ dense; [brouillard] thick; [circulation] heavy

densité /dɑ̃site/ NF density; [de brouillard] thickness; [de circulation] heaviness; [de foule] denseness; **région à forte/faible ~ de population** densely/sparsely populated area

dent /dɑ̃/ NF ⓐ [d'homme, animal] tooth; **~s du haut/de devant** upper/front teeth; **~ de lait/de sagesse** milk/wisdom tooth; **avoir la ~*** to be hungry; **avoir la ~ dure** to be scathing (**envers** about); **garder une ~ contre qn** to hold a grudge against sb; **avoir les ~s longues** (= être ambitieux) to be very ambitious; **être sur les ~s** (fébrile) to be keyed up; (très occupé) to be under great pressure; **faire ses ~s** to teethe; **se faire les ~s** [animal] to cut its teeth; (= s'exercer) to cut one's teeth (**sur** on); **parler entre ses ~s** to talk between one's teeth; **ils n'ont rien à se mettre sous la ~** they have nothing to eat ⓑ [de fourche, fourchette] prong; [de râteau, scie, peigne, engrenage] tooth; [de feuille] serration; [de timbre] perforation
♦ **en dents de scie** [couteau] serrated; [montagne] jagged; **carrière en ~s de scie** switchback career

dentaire /dɑ̃tɛʀ/ ADJ dental

dentelé, e /dɑ̃t(ə)le/ ADJ jagged; [timbre] perforated; [feuille] dentate

dentelle /dɑ̃tɛl/ NF lace (NonC); **de** ou **en ~** lace; **crêpe ~** thin pancake; **il ne fait pas dans la ~*** he's not fussy about details

dentier /dɑ̃tje/ NM dentures (pl); **porter un ~** to wear dentures

dentifrice /dɑ̃tifʀis/ 1 NM toothpaste 2 ADJ **eau ~** mouthwash; **pâte ~** toothpaste

dentiste /dɑ̃tist/ NMF dentist

dentition /dɑ̃tisjɔ̃/ NF (= dents) teeth (pl); (= croissance) dentition

dénucléariser /denykleaʀize/ /TABLE 1/ VT to denuclearize

dénudé, e /denyde/ (ptp de **dénuder**) ADJ bare

dénuder /denyde/ /TABLE 1/ 1 VT to strip 2 VPR **se dénuder** ⓐ [personne] to strip ⓑ [arbre] to become bare; [crâne] to be balding

dénudeur /denydœʀ/ NM **~ de fil** wire stripper

dénué, e /denye/ ADJ **~ de** devoid of; **~ de bon sens** senseless; **~ d'intérêt** devoid of interest; **~ d'imagination** unimaginative; **~ de tout fondement** completely unfounded

dénuement /denymɑ̃/ NM [de personne] destitution; **dans le ~ le plus total** in utter destitution

déodorant /deɔdɔʀɑ̃/ ADJ M, NM **(produit) ~** deodorant; **~ (corporel)** deodorant

déontologie /deɔ̃tɔlɔʒi/ NF professional code of ethics

dépannage /depanaʒ/ NM [de véhicule, appareil] repair; **camion de ~** breakdown lorry (Brit), tow truck (US); **service de ~** (pour véhicules) breakdown service; (pour appareils) repair service; **c'est une lampe de ~** it's a spare lamp

dépanner /depane/ /TABLE 1/ VT ⓐ (= réparer) [+ véhicule, appareil] to repair; **~ qn** to repair sb's car; **j'ai dû me faire ~ sur l'autoroute** I had to call the breakdown service on the motorway ⓑ (= tirer d'embarras) [+ personne]* to help out; **il m'avait donné 100 € pour me ~** he had given me 100 euros to help me out

dépanneur /depanœʀ/ NM ⓐ (= personne) repairman;

(pour voitures) breakdown mechanic ⓑ (Can = épicerie) convenience store

dépanneuse /depanøz/ NF breakdown lorry (Brit), tow truck (US)

dépareillé, e /depaʀeje/ ADJ [collection] incomplete; [objet] odd; **articles ~s** oddments

déparer /depaʀe/ /TABLE 1/ VT [+ paysage] to spoil; [+ beauté, qualité] to detract from

départ /depaʀ/ NM ⓐ [de voyageur, véhicule, excursion] departure; [de fusée] launch; (= endroit) point of departure; **le ~ est à huit heures** the train (ou coach etc) leaves at eight o'clock; **être sur le ~** to be about to leave; **excursions au ~ de Chamonix** day trips from Chamonix; **« ~ des grandes lignes »** (Rail) "main-line departures"; **peu après mon ~ de l'hôtel** soon after I had left the hotel; **son ~ précipité** his hasty departure ⓑ (Sport) start; **un faux ~** a false start; **~ lancé/arrêté** flying/standing start; **donner le ~ aux coureurs** to start the race; **prendre le ~ d'une course** to take part in a race; **prendre un bon/mauvais ~** to get off to a good/bad start ⓒ [de salarié, ministre] departure; **réduire le personnel par ~s naturels** to reduce the staff gradually by natural wastage; **indemnité de ~** severance pay; **~ en préretraite** early retirement; **~ à la retraite** retirement ⓓ (= origine) [de processus, transformation] start
♦ **au départ** at the start
♦ **de départ** [hypothèse] initial; **salaire de ~** starting salary

départager /depaʀtaʒe/ /TABLE 3/ VT [+ concurrents] to decide between; [+ votes] to decide

département /depaʀtəmɑ̃/ NM department; (= division du territoire) département; **~ d'outre-mer** French overseas département

---

ⓘ DÉPARTEMENT

France is divided into 95 metropolitan **départements** and four overseas **départements**. Each is run by its own local council, the "conseil général". Every **département** has a code number which appears as the first two figures of postcodes and the last two figures on vehicle registration plates. → ARRONDISSEMENT ; CANTON ; COMMUNE ; RÉGION ; DOM-TOM

---

départemental, e (mpl **-aux**) /depaʀtəmɑ̃tal, o/ ADJ of a département; **(route) ~e** secondary road

départir (se) /depaʀtiʀ/ /TABLE 16/ VPR **se départir de** (= abandonner) to abandon; **il a répondu sans se départir de son calme** he answered without losing his composure

dépassé, e /depase/ (ptp de **dépasser**) ADJ (= périmé) out of date; (= désorienté)* out of one's depth (attrib); **il est complètement ~ par les événements** he's completely overwhelmed

dépassement /depasmɑ̃/ NM ⓐ [de véhicule] overtaking (Brit) (NonC), passing (US) (NonC); **« ~ interdit »** "no overtaking" [de limite, prix] (= action) exceeding; (= excès) excess; **~ d'honoraires** charge exceeding the statutory fee; **il a eu une amende pour ~ de vitesse** he was fined for speeding

dépasser /depase/ /TABLE 1/ VT ⓐ (= aller plus loin que) to pass; (= passer devant) [+ véhicule, personne] to pass, to overtake (Brit) ⓑ (= excéder) [+ limite, quantité mesurable] to exceed; **~ qch en hauteur/largeur** to be higher ou taller/wider than sth; **~ en nombre** to outnumber; **tout colis qui dépasse 20 kg** all parcels over 20kg; **la réunion ne devrait pas ~ trois heures** the meeting shouldn't last longer than three hours; **ça va ~ 100 €** it'll be more than 100 euros; **« ne pas ~ la dose prescrite »** "do not exceed the prescribed dose" ⓒ (= surpasser) [+ valeur, prévisions] to exceed; [+ rival] to outmatch; **~ qn en intelligence** to be more intelligent than sb; **sa bêtise dépasse tout ce qu'on peut imaginer** his stupidity beggars belief; **les résultats ont dépassé notre attente** the results exceeded our expectations; **cela dépasse toutes mes espérances** it is beyond my wildest dreams ⓓ (= outrepasser) [+ attributions] to go beyond; [+ crédits] to exceed; **il a dépassé les bornes** *ou* **la mesure** he has really gone too far; **les mots ont dû ~ sa pensée** he must have got carried away; **cela dépasse mes forces** it's too much for me ⓔ (= *dérouter*) **ça me dépasse !** it is beyond me! 2 VI ⓐ [*véhicule*] to overtake (*Brit*), to pass (*US*); **« défense de ~ »** "no overtaking" (*Brit*), "no passing" (*US*) ⓑ (= *faire saillie*) [*bâtiment, planche, balcon, rocher, clou*] to stick out; [*jupon*] to show (**de, sous** below); [*chemise*] to be hanging out (**de** of) 3 VPR **se dépasser** to excel o.s.

dépassionner /depasjɔne/ /TABLE 1/ VT [+ *débat*] to take the heat out of

dépatouiller (se)· /depatuje/ /TABLE 1/ VPR **se dépatouiller de** [+ *situation difficile*] to get out of

dépaysé, e /depeize/ (*ptp de* **dépayser**) ADJ disoriented; **il ne sera pas ~** he'll feel quite at home

dépaysement /depeizmɑ̃/ NM (= *changement salutaire*) change of scene; (= *désorientation*) disorientation

dépayser /depeize/ /TABLE 1/ VT ⓐ (= *désorienter*) to disorientate ⓑ (= *changer agréablement*) **ça nous a dépaysé** it gave us a change of scenery

dépecer /depəse/ /TABLE 5/ VT [+ *animal*] [*boucher*] to cut up; [*fauve*] to tear limb from limb

dépêche /depɛʃ/ NF dispatch; **~ (télégraphique)** telegram; **envoyer une ~ à qn** to send sb a telegram; **~ (d'agence)** (agency) story

dépêcher /depeʃe/ /TABLE 1/ 1 VT to dispatch (**auprès de** to) 2 VPR **se dépêcher** to hurry; **dépêche-toi !** hurry up!; **se ~ de faire qch** to hurry to do sth

dépeindre /depɛ̃dʀ/ /TABLE 52/ VT to depict

dépénalisation /depenalizasjɔ̃/ NF [*de délit, drogue*] decriminalization

dépénaliser /depenalize/ /TABLE 1/ VT to decriminalize

dépendance /depɑ̃dɑ̃s/ NF ⓐ (= *interdépendance*) dependence (*NonC*) ⓑ (= *asservissement, subordination*) subordination (**à l'égard de** to); **être sous la ~ de qn** to be subordinate to sb ⓒ (= *bâtiment*) outbuilding ⓓ (*Hist, Politique* = *territoire*) dependency ⓔ (*à une drogue, à l'alcool*) dependency (**à** on), addiction (**à** to)

dépendant, e /depɑ̃dɑ̃, ɑ̃t/ ADJ ⓐ (= *non autonome*) dependent (**de** (up)on); **personnes âgées ~es** elderly dependents ⓑ [*drogué*] addicted (**à** to)

dépendre /depɑ̃dʀ/ /TABLE 41/ VT INDIR ♦ **dépendre de** [*employé*] to be answerable to; [*organisation*] to be dependent on; [*territoire*] to be a dependency of; [*décision, résultat, phénomène*] to depend on; **~ (financièrement) de ses parents** to be financially dependent on one's parents; **ne ~ que de soi-même** to be answerable only to oneself; **ça va ~ du temps** it'll depend on the weather; **ça dépend** it depends

dépens /depɑ̃/ 1 NMPL **être condamné aux ~** to be ordered to pay costs 2 LOC PRÉP **aux ~ de** at the expense of; **je l'ai appris à mes ~** I learnt this to my cost

dépense /depɑ̃s/ NF ⓐ (= *argent dépensé, frais*) spending (*NonC*); **j'hésite, c'est une grosse ~** I can't decide, it's a lot of money; **~s diverses** sundries; **~s publiques/de santé** public/health spending *ou* expenditure; **pousser qn à la ~** to make sb spend money; **ne pas regarder à la ~** to spare no expense ⓑ [*d'électricité*] consumption; **~ physique** (physical) exercise

dépenser /depɑ̃se/ /TABLE 1/ 1 VT ⓐ [+ *argent*] to spend (**pour** on); [+ *électricité*] to use; **~ sans compter** to spend without counting the cost ⓑ [+ *forces, énergie*] to expend 2 VPR **se dépenser** (= *faire des efforts*) to exert o.s.; (= *se défouler*) to let off steam·; **les enfants ont besoin de se ~** children need to expend their energy

dépensier, -ière /depɑ̃sje, jɛʀ/ 1 ADJ extravagant 2 NM,F **c'est une dépensière** *ou* **elle est dépensière** she's a spendthrift

dépérir /depeʀiʀ/ /TABLE 2/ VI [*personne*] to waste away; [*santé, forces*] to fail; [*plante*] to wither; [*commerce*] to decline; [*affaire, région, économie*] to be in decline

dépersonnaliser /depɛʀsɔnalize/ 1 VT to depersonalize 2 VPR **se dépersonnaliser** [*relations, ville*] to become depersonalized

dépêtrer /depetʀe/ /TABLE 1/ 1 VT **~ qn de** to extricate sb from 2 VPR **se dépêtrer** to extricate o.s.

dépeuplement /depœpləmɑ̃/ NM [*de région, ville*] depopulation

dépeupler (se) /depœple/ /TABLE 1/ VPR [*région, ville*] to become depopulated

déphasage /defazaʒ/ NM (= *perte de contact*) **il y a ~ entre les syndicats et leurs dirigeants** the unions and their leaders are out of phase

déphasé, e /defaze/ ADJ (= *désorienté*) out of phase

dépilatoire /depilatwaʀ/ ADJ hair-removing

dépistage /depistaʒ/ NM [*de maladie, dopage*] screening (de for); **centre de ~ du sida** HIV testing centre; **examen** *ou* **test de ~** screening test; **test de ~ du sida** AIDS test

dépister /depiste/ /TABLE 1/ VT [+ *maladie, virus, dopage*] to detect; (= *faire passer un test à*) to screen

dépit /depi/ NM pique; **il l'a fait par ~** he did it in a fit of pique

♦ **en dépit de** in spite of, despite; **faire qch en ~ du bon sens** to do sth any old how

dépité, e /depite/ ADJ piqued

déplacé, e /deplase/ (*ptp de* **déplacer**) 1 ADJ ⓐ [*intervention*] misplaced; [*remarque*] uncalled-for ⓑ [*personne*] displaced 2 NM,F **les ~s** displaced persons

déplacement /deplasmɑ̃/ NM ⓐ (= *voyage*) trip; **les ~s coûtent cher** travel is expensive; **être en ~ (pour affaires)** to be away on business; **ça vaut le ~·** it's worth the trip → **frais** ⓑ [*d'objet, meuble*] moving; [*d'os, organe*] displacement; **~ d'air** displacement of air; **~ de vertèbre** slipped disc ⓒ [*de fonctionnaire*] transfer

déplacer /deplase/ /TABLE 3/ 1 VT ⓐ (= *bouger*) [+ *objet, meuble*] to move ⓑ [+ *os*] to displace ⓒ [+ *fonctionnaire*] to transfer ⓓ (= *attirer*) **le spectacle a déplacé plus de 60 000 personnes** the show attracted more than 60,000 people ⓔ [+ *problème*] to shift the emphasis of 2 VPR **se déplacer** ⓐ [*pièce mobile, air*] to move ⓑ [*personne, animal*] to move; **il est interdit de se ~ pendant la classe** no moving around during class; **pouvez-vous vous ~ sur la droite ?** can you move to the right? ⓒ (= *se déranger*) [*médecin*] to come out; **il ne s'est même pas déplacé pour le mariage de sa sœur** he didn't even bother to go to his sister's wedding ⓓ (= *voyager*) to travel; **il se déplace fréquemment** he travels a lot ⓔ **se ~ une vertèbre** to slip a disc

déplaire /deplɛʀ/ /TABLE 54/ VT INDIR ♦ **déplaire à qn** to be disliked by sb; **il déplaît à tout le monde** he is disliked by everyone; **cette ville me déplaît** I don't like this town; **ça ne me déplairait pas de le faire** I wouldn't mind doing it; **ça a profondément déplu aux professeurs** teachers did not like this at all

déplaisant, e /deplezɑ̃, ɑ̃t/ ADJ disagreeable

déplaisir /depleziʀ/ NM (= *contrariété*) displeasure; **je le ferai sans ~** I don't mind doing it

déplâtrer /deplatʀe/ /TABLE 1/ VT [+ *personne, membre*] to take the plaster cast off; **je me fais ~ lundi** I'm going to have my cast taken off on Monday

dépliant /deplijɑ̃/ NM (= *prospectus*) leaflet; (= *grande page*) fold-out page; **~ touristique** travel brochure

déplier /deplije/ /TABLE 7/ VT to unfold; **~ les jambes** to stretch one's legs out

déploiement /deplwamɑ̃/ NM [*de troupes*] deployment; [*de richesses, forces*] display; **~ de force** deployment of troops (*ou* police)

déplomber /deplɔ̃be/ /TABLE 1/ VT [+ *logiciel*] to hack into

déplorable /deplɔRabl/ ADJ deplorable; **il faisait un temps ~** the weather was appalling

déplorer /deplɔRe/ /TABLE 1/ VT (= trouver fâcheux) to deplore; **on déplore la mort de 300 personnes** 300 people have died; **aucun mort n'est à ~** there have been no fatalities; **~ que ...** to find it deplorable that ...

déployer /deplwaje/ /TABLE 8/ 1 VT ⓐ [+ carte, tissu] to open out; [+ voile, drapeau] to unfurl; [+ ailes] to spread ⓑ [+ troupes, forces de police] to deploy ⓒ [+ richesses, forces] to display; **~ beaucoup d'efforts/d'énergie** to expend a lot of effort/energy 2 VPR **se déployer** [ailes] to spread; [troupes] to deploy

déplumé, e /deplyme/ (ptp de **déplumer**) ADJ ⓐ [oiseau] featherless ⓑ (= chauve)* bald; **il est un peu ~ sur le dessus** he's a bit thin on top

déplumer (se) /deplyme/ /TABLE 1/ VPR [oiseau] to moult; (= perdre ses cheveux)* to lose one's hair

dépolluer /depɔlɥe/ /TABLE 1/ VT to clean up

dépollution /depɔlysjɔ̃/ NF getting rid of pollution (de from); **la ~ des plages souillées par le mazout** the cleaning (up) of oil-polluted beaches

déportation /depɔRtasjɔ̃/ NF (= exil) deportation; (= internement) imprisonment (in a concentration camp); **il est mort en ~** he died in a Nazi concentration camp

déporté, e /depɔRte/ (ptp de **déporter**) NM,F (= exilé) deportee; (= interné) prisoner (in a concentration camp)

déporter /depɔRte/ /TABLE 1/ VT ⓐ (= exiler) to deport; (= interner) to send to a concentration camp ⓑ (= faire dévier) to carry off course; **le vent l'a déporté** the wind blew him off course; **se ~ sur la gauche** [voiture] to swerve to the left

déposer /depoze/ /TABLE 1/ 1 VT ⓐ (= poser) to put down; [+ ordures] to dump; «**défense de ~ des ordures**» "no dumping"; **~ les armes** to lay down one's arms ⓑ (= laisser) [+ chose] to leave; [+ personne] to drop; **on a déposé un paquet pour vous** somebody left a parcel for you; **~ une valise à la consigne** to leave a suitcase at the left-luggage office (Brit) ou baggage check (US); **je te dépose à la gare** I'll drop you off at the station; **est-ce que je peux vous ~ quelque part ?** can I drop you anywhere? ⓒ [+ argent] to deposit; **~ de l'argent sur un compte** to deposit money in an account ⓓ [+ plainte] to lodge; [+ réclamation] to file; [+ conclusions] to present; [+ brevet, marque de fabrique] to register; [+ projet de loi] to bring in; **~ son bilan** to go into voluntary liquidation ⓔ [+ souverain] to depose ⓕ [+ sable, lie] to deposit ⓖ (= démonter) [+ tenture, moquette] to take up; [+ moteur] to take out

2 VI (Droit) to give evidence

3 VPR **se déposer** [poussière, sédiments] to settle

dépositaire /depoziteR/ NMF ⓐ (= agent commercial) agent (de for); **~ exclusif** sole agent (de for) ⓑ [d'objet confié] depository

déposition /depozisjɔ̃/ NF ⓐ **faire une ~** (à un procès) to give evidence; (écrite) to write a statement ⓑ [de souverain] deposition

déposséder /deposede/ /TABLE 6/ VT **~ qn de qch** [+ terres] to dispossess sb of sth; [+ place, biens] to deprive sb of sth; **ils se sentaient dépossédés** they felt dispossessed

dépôt /depo/ 1 NM ⓐ (= action de déposer) [d'argent, valeurs] deposit(ing); **~ de bilan** (voluntary) liquidation; **~ légal** catalogue record (of book)
ⓑ (= garde) **avoir qch en ~** to hold sth in trust
ⓒ **~ (bancaire)** (bank) deposit
ⓓ (= garantie) deposit; **verser un ~** to put down a deposit
ⓔ [de liquide, lie] deposit; **~ de sable** silt (NonC); **~ de tartre** fur (Brit) (NonC)
ⓕ (= entrepôt) warehouse; [d'autobus, trains] depot
ⓖ (= point de vente) **il y a un ~ de pain/de lait à l'épicerie** bread/milk can be bought at the grocer's

ⓗ (= prison) jail; **il a passé la nuit au ~** he spent the night in jail

2 COMP **♦ dépôt de marchandises** goods (Brit) ou freight (US) depot **♦ dépôt de munitions** munitions dump **♦ dépôt d'ordures** rubbish tip (Brit), garbage dump (US)

dépoter /depɔte/ /TABLE 1/ VT [+ plante] to take out of its pot

dépotoir /depɔtwaR/ NM (= décharge) dumping ground; **classe ~** class of rejects; **c'est devenu une banlieue ~** it's become a suburban dumping ground

dépôt-vente (pl **dépôts-ventes**) /depovɑ̃t/ NM secondhand shop (Brit) ou store (US) (where items are sold on commission)

dépouille /depuj/ NF ⓐ (= peau) skin; (de mue) cast; [de serpent] slough ⓑ (littér = cadavre) **~ (mortelle)** (mortal) remains

dépouillé, e /depuje/ (ptp de **dépouiller**) ADJ [décor] bare; [style] bald

dépouillement /depujmɑ̃/ NM ⓐ [de documents] going through; **le ~ du courrier a pris trois heures** it took three hours to go through the mail; **le ~ du scrutin** counting the votes; **lors du ~** when the votes are (ou were) being counted ⓑ (= pauvreté) asceticism; (= sobriété) sobriety; **vivre dans le ~** to lead an ascetic life

dépouiller /depuje/ /TABLE 1/ VT ⓐ [+ documents, courrier] to go through; **~ un scrutin** to count the votes ⓑ **~ qn/qch de** to strip sb/sth of ⓒ [+ lapin] to skin

dépourvu, e /depuRvy/ 1 ADJ **~ de** lacking in; [+ méchanceté, mauvaises intentions] without; **~ d'argent** penniless; **ce récit n'est pas ~ d'intérêt** this story is not without interest; **des gens ~s de tout** destitute people 2 NM **prendre qn au ~** to catch sb off their guard

dépoussiérer /depusjeRe/ /TABLE 6/ VT to dust; [+ texte, institution] to brush away the cobwebs from; **~ l'image d'un parti** to revamp a party's image

dépravé, e /depRave/ (ptp de **dépraver**) 1 ADJ depraved 2 NM,F depraved person

dépraver /depRave/ /TABLE 1/ VT to deprave; **les mœurs se dépravent** morals are becoming depraved

déprécier /depResje/ /TABLE 7/ 1 VT (= faire perdre de la valeur à) to depreciate; (= dénigrer) to belittle 2 VPR **se déprécier** [monnaie, objet] to depreciate; [personne] to belittle o.s.

déprédations /depRedasjɔ̃/ NFPL **commettre des ~** to cause damage

dépressif, -ive /depResif, iv/ ADJ, NM,F depressive

dépression /depResjɔ̃/ NF ⓐ **~ (atmosphérique)** (atmospheric) depression; **une ~ centrée sur le nord** an area of low pressure in the north ⓑ (= état nerveux) depression; **elle fait de la ~** she suffers from depression; **~ (nerveuse)** nervous breakdown; **il a fait une ~** he had a nervous breakdown ⓒ **~ (économique)** (economic) depression ⓓ **~ (de terrain)** depression

dépressurisation /depResyRizasjɔ̃/ NF depressurization; **en cas de ~ de la cabine** should the pressure drop in the cabin

dépressuriser /depResyRize/ /TABLE 1/ VT to depressurize

déprimant, e /depRimɑ̃, ɑ̃t/ ADJ (moralement) depressing

déprime */depRim/ NF depression; **faire de la ~** to be depressed; **c'est la ~ dans les milieux financiers** financial circles are depressed; **période de ~** low period

déprimé, e /depRime/ (ptp de **déprimer**) ADJ (moralement) depressed

déprimer /depRime/ /TABLE 1/ 1 VT (moralement) to depress; (physiquement) to debilitate 2 VI* to be depressed

déprogrammer /depRɔgRame/ /TABLE 1/ VT [+ émission] (définitivement) to take off the air; (temporairement) to cancel; [+ rendez-vous, visite] to cancel

déprotéger /depRɔteʒe/ /TABLE 6 et 3/ VT (Informatique) to remove the write protection from

dépuceler* /depys(ə)le/ /TABLE 4/ VT to take the virginity of

---

depuis /dəpųi/

1 PRÉPOSITION	2 ADVERBE

1 PRÉPOSITION

► *Notez l'emploi de* for *lorsque l'on parle d'une durée, et de* since *lorsque l'on parle d'un point de départ dans le temps.*

► *Pour exprimer une durée, le présent français devient un parfait en anglais, l'imparfait un* pluperfect.

ⓐ durée for; **il est malade ~ une semaine** he has been ill for a week; **il était malade ~ une semaine** he had been ill for a week; **elle cherche du travail ~ plus d'un mois** she's been looking for a job for over a month

► *Dans les questions,* for *est généralement omis.*

~ combien de temps travaillez-vous ici ? — ~ cinq ans how long have you been working here? — five years; **tu le connais ~ longtemps ? — ~ toujours** have you known him long? — I've known him all my life

ⓑ point de départ dans le temps since; **~ le 3 octobre** since 3 October; **il attend ~ ce matin** he has been waiting since this morning; **elle joue du violon ~ son plus jeune âge** she has played the violin since early childhood; **~ quand le connaissez-vous?** how long have you known him?; **~ cela** since then

♦ **depuis que** : **~ qu'il habite ici, il n'a cessé de se plaindre** he hasn't stopped complaining since he came to live here; **~ que je fais de la natation, je me sens mieux** I've been feeling better since I started swimming; **~ le temps qu'on ne s'était pas vus!** it's ages since we last saw each other!; **~ le temps que je dis que je vais lui écrire!** I've been saying I'll write to him for ages!

♦ **depuis peu**: **je le connais ~ peu** I haven't known him long; **~ peu nous déjeunons ensemble** we've started having lunch together

ⓒ lieu (= *à partir de*) from; **le concert est retransmis ~ Paris** the concert is broadcast from Paris; **j'ai mal au cœur ~ Dijon** I've been feeling sick since Dijon

ⓓ ♦ **depuis ... jusqu'à** from ... to; **robes ~ 200 euros jusqu'à 600 euros** dresses from 200 euros to 600 euros

2 ADVERBE

since then; **~, nous sommes sans nouvelles** since then we have had no news

députation /depytasjɔ̃/ NF [*de député*] post of deputy; **se présenter à la ~** to stand (*Brit*) *ou* run (*US*) for parliament

député /depyte/ NM (*au parlement*) deputy; (*en Grande-Bretagne*) Member of Parliament; (*en Grande-Bretagne*) Member of Parliament; **elle a été élue ~ de Metz** she has been elected as deputy *ou* member for Metz; **~ au Parlement européen** Member of the European Parliament, MEP

> ❶ **DÉPUTÉ**
>
> *577 députés, elected in the "élections législatives" held every five years, make up the lower house of the French parliament (the "Assemblée nationale"). Each député represents a constituency ("circonscription"). Their role is comparable to that of Members of Parliament in Britain and Congressmen and Congresswomen in the United States.* → ASSEMBLÉE NATIONALE ; ÉLECTIONS ; MAIRE
>
> ▷ www.assemblee-nationale.fr
> ▷ www.vie-publique.fr

déqualifié, e /dekalifje/ ADJ [*personnel, emploi*] deskilled

déracinement /deʀasinmɑ̃/ NM [*d'arbre, personne*] uprooting

déraciner /deʀasine/ /TABLE 1/ VT [+ *arbre, personne*] to uproot

déraillement /deʀajmɑ̃/ NM derailment

dérailler /deʀaje/ /TABLE 1/ VT ⓐ [*train*] to derail; **faire ~** [+ *train, négociations*] to derail ⓑ (= *divaguer*)* to talk non-

sense; (= *mal fonctionner*)* to be on the blink*; **tu dérailles!** (= *tu es fou*) you're crazy!*; (= *tu te trompes*) you're talking nonsense!; **son père déraille complètement** (= *est gâteux*) his father has lost his marbles*

dérailleur /deʀajœʀ/ NM [*de bicyclette*] derailleur

déraisonnable /deʀɛzɔnabl/ ADJ unreasonable

dérangé, e /deʀɑ̃ʒe/ (*ptp de* **déranger**) ADJ **il a l'estomac ~** he has an upset stomach; **il est (un peu) ~** he has (a bit of) diarrhoea; **il a le cerveau** *ou* **l'esprit ~** he's deranged

dérangeant, e /deʀɑ̃ʒɑ̃, ɑ̃t/ ADJ disturbing

dérangement /deʀɑ̃ʒmɑ̃/ NM ⓐ (= *gêne*) trouble; **mes excuses pour le ~** my apologies for the inconvenience ⓑ (= *déplacement*) **pour vous éviter un autre ~** to save you another trip ⓒ **en ~** [*machine, téléphone*] out of order

déranger /deʀɑ̃ʒe/ /TABLE 3/ **1** VT ⓐ [+ *papiers, affaires*] to disturb ⓑ (= *importuner*) to disturb; **je ne vous dérange pas?** I hope I'm not disturbing you?; **je viendrai demain, si cela ne vous dérange pas** I'll come tomorrow, if that's all right by you*; **ne me dérangez pas toutes les cinq minutes** don't come bothering me every five minutes; **ça vous dérange si je fume?** do you mind if I smoke?; **et alors, ça te dérange ?*** (*ton irrité*) what's it to you?*; **«ne pas ~ »** "do not disturb"; **ses films dérangent** his films are disturbing ⓒ (= *dérégler*) [+ *projets, routine*] to disrupt; **ça lui a dérangé l'esprit** it has affected his mind

2 VPR **se déranger** ⓐ [*médecin, réparateur*] to come out; **surtout, ne vous dérangez pas pour moi** (= *s'embarrasser*) please don't go to any inconvenience on my account ⓑ (*pour une démarche, une visite*) **je me suis dérangé pour rien, c'était fermé** it was a wasted trip – it was closed ⓒ (= *changer de place*) to move; **il s'est dérangé pour me laisser passer** he stepped aside to let me pass

dérapage /deʀapaʒ/ NM ⓐ [*de véhicule*] skid; (*Ski*) side-slipping; **faire un ~ contrôlé** to do a controlled skid; **descendre une piste en ~** (*Ski*) to sideslip down a slope ⓑ [*de prix*] unexpected increase; (= *propos incontrôlés*) provocative remarks; **~s budgétaires** overspending

déraper /deʀape/ /TABLE 1/ VI ⓐ [*véhicule*] to skid; [*piéton, semelles, échelle*] to slip; (*Ski*) to sideslip; **ça dérape** [*chaussée*] it's slippery ⓑ [*prix, salaires*] to soar; [*conversation*] to veer onto slippery ground; [*personne*] to make provocative statements

dératisation /deratizasjɔ̃/ NF rat extermination

derby /deʀbi/ NM (*Football, Rugby*) derby; (*Équitation*) Derby; (= *chaussure*) *lace-up shoe*

déréglé, e /deʀegle/ (*ptp de* **dérégler**) ADJ ⓐ [*mécanisme*] out of order (*attrib*); [*esprit, temps*] unsettled ⓑ (= *corrompu*) dissolute

dérèglement /deʀegləmɑ̃/ NM [*de machine*] disturbance; [*de mœurs*] dissoluteness (*NonC*); **~ hormonal** hormonal imbalance; **~ climatique** climatic upheaval

déréglementation /deʀegləmɑ̃tasjɔ̃/ NF deregulation

déréglementer /deʀegləmɑ̃te/ /TABLE 1/ VT to deregulate

dérégler /deʀegle/ /TABLE 6/ **1** VT ⓐ [+ *mécanisme, système*] to upset; [+ *machine*] to affect the working of; [+ *esprit*] to unsettle; **ça a déréglé le temps** it has affected the weather ⓑ (= *corrompre*) to make dissolute **2** VPR **se dérégler** [*mécanisme, machine, appareil*] to go wrong; **cette montre se dérègle tout le temps** this watch keeps going wrong

dérégulation /deʀegylasjɔ̃/ NF deregulation

déréguler /deʀegyle/ /TABLE 1/ VT to deregulate

déresponsabiliser /deʀɛspɔ̃sabilize/ /TABLE 1/ VT [+ *personne*] to take away responsibility from

dérider /deʀide/ /TABLE 1/ **1** VT [+ *personne*] to brighten up **2** VPR **se dérider** [*personne*] to cheer up

dérision /deʀizjɔ̃/ NF derision; **par ~** derisively; **tourner en ~** (= *ridiculiser*) to ridicule; (= *minimiser*) to make a mockery of

dérisoire /deʀizwaʀ/ ADJ derisory; **pour une somme ~** for a derisory sum

dérivatif /deʀivatif/ NM distraction; **dans son travail il cherche un ~ à sa douleur** he throws himself into his work to try and take his mind off his grief

dérivation /deʀivasjɔ̃/ NF ⓐ [*de circuit électrique*] shunt ⓑ [*de mot*] derivation

dérive /deʀiv/ NF ⓐ (= *déviation*) drift; **~ des continents** continental drift; **à la ~** adrift; **partir à la ~** (*fig*) to go drifting off; **être à la ~** [*personne*] to be drifting ⓑ (= *dispositif sur bateau*) centre-board (*Brit*), center-board (*US*) ⓒ (= *abus*) excess; (= *évolution*) drift; **~ totalitaire** drift towards totalitarianism

dérivé, e /deʀive/ (*ptp de* **dériver**) 1 ADJ derived; **produit ~** by-product 2 NM derivative; (= *produit*) by-product

dériver /deʀive/ /TABLE 1/ 1 VT ⓐ [+ *mot, produit*] to derive ⓑ (*Élec*) to shunt 2 VT INDIR ♦ **dériver de** to derive from 3 VI [*bateau, avion*] to drift; **la conversation a dérivé sur** ... the conversation drifted onto ...

dériveur /deʀivœʀ/ NM (= *bateau*) sailing dinghy (*with centre-board*)

dermato* /dɛʀmato/ 1 NMF (= *médecin*) dermatologist 2 NF (= *dermatologie*) dermatology

dermatologie /dɛʀmatɔlɔʒi/ NF dermatology

dermatologique /dɛʀmatɔlɔʒik/ ADJ dermatological

dermatologue /dɛʀmatɔlɔg/ NMF dermatologist

dernier, -ière /dɛʀnje, jɛʀ/ 1 ADJ ⓐ (*dans le temps, dans une hiérarchie*) last; **arriver ~** to come in last; **être reçu ~** (*élève*) to come last (**à** in); **le ~ détenteur du record était américain** the last record holder was American; **le mois ~** last month; **samedi ~** last Saturday; **son ~ roman** his last novel; **ces ~s jours** over the last few days; **ces ~s incidents** these latest incidents; **jusqu'à mon ~ jour** until the day I die; **après un ~ regard/effort** after one last look/effort; **c'est du ~ chic** it's the last word in elegance ⓑ (= *le plus haut, le plus bas, le plus lointain*) **le ~ étage** the top floor; **le ~ rang** the back row; **la dernière marche de l'escalier** (*en bas*) the bottom step; (*en haut*) the top step; **le ~ mouchoir de la pile** (*dessus*) the top handkerchief in the pile; (*dessous*) the bottom handkerchief in the pile; **en dernière page** (*Presse*) on the back page

▶ *Notez l'ordre des mots lorsque* **last** *est employé avec un nombre.*

les cent dernières pages the last hundred pages; **les trois ~s jours** the last three days

2 NM,F last; **sortir le ~** to leave last; **les ~s arrivés n'auront rien** the last ones to arrive will get nothing; **~ entré, premier sorti** last in, first out; **son (petit) ~** her youngest child; **il est le ~ de sa classe** he's at the bottom of the class; **ils ont été tués jusqu'au ~** every last one of them was killed; **le ~ des imbéciles** (*péj*) an absolute imbecile ♦ **ce dernier** ♦ **cette dernière** the latter; **Luc, Marc et Jean étaient là et ce ~ a dit que** ... Luc, Marc and Jean were there, and Jean said that ...; **Paul, Pierre et Maud sont venus ; cette dernière** ... Paul, Pierre and Maud came; she ...

3 NM (= *dernier étage*) top floor ♦ **en dernier** last

4 NF **dernière** ⓐ (*Théât*) last performance ⓑ (= *nouvelle*)* **vous connaissez la dernière ?** have you heard the latest?

dernièrement /dɛʀnjɛʀmɑ̃/ ADV (= *il y a peu de temps*) recently; (= *ces derniers temps*) lately

dernier-né, dernière-née /dɛʀnjene, dɛʀnjɛʀne/ NM,F (= *enfant*) youngest child; **le ~ de leurs logiciels** the latest in their line of software

dérobé, e /deʀobe/ (*ptp de* **dérober**) 1 ADJ [*escalier, porte*] secret

2 NF ♦ **à la dérobée** secretly; **regarder qch à la ~e** to sneak a look at sth

dérober /deʀobe/ /TABLE 1/ 1 VT ⓐ (= *voler*) to steal; **~ qch à qn** to steal sth from sb ⓑ (= *cacher*) **~ qch à la vue de qn** to conceal sth from sb 2 VPR **se dérober** ⓐ (= *refu-*

ser d'assumer) to shy away (**à** from); **je lui ai posé la question mais il s'est dérobé** I put the question to him but he side-stepped it ⓑ (= *se libérer*) to slip away ⓒ (= *s'effondrer*) [*sol*] to give way; **ses genoux se dérobèrent (sous lui)** his knees gave way (beneath him) ⓓ [*cheval*] to refuse

dérogation /deʀogasjɔ̃/ NF special dispensation

déroger /deʀoʒe/ /TABLE 3/ VI (= *enfreindre*) **~ à qch** to go against sth; **~ aux règles** to depart from the rules

dérouillée /deʀuje/ NF thrashing*

dérouiller /deʀuje/ /TABLE 1/ 1 VT **je vais me ~ les jambes** I'm going to stretch my legs 2 VI (= *souffrir*) ‡ to have a hard time of it; **j'ai mal aux dents, qu'est-ce que je dérouille !** I've got toothache, it's agony!*

déroulement /deʀulmɑ̃/ NM **~ de carrière** career development; **pendant le ~ des opérations** during the course of the operations; **rien n'est venu troubler le ~ de la manifestation** the demonstration passed off without incident; **veiller au bon ~ des élections** to make sure the elections go smoothly

dérouler /deʀule/ /TABLE 1/ 1 VT [+ *fil, bobine, pellicule, ruban*] to unwind; [+ *cordage*] to uncoil; [+ *tapis*] to roll out; [+ *store*] to roll down

2 VPR **se dérouler** ⓐ (= *avoir lieu*) to take place; **la ville où la cérémonie s'est déroulée** the town where the ceremony took place

ⓑ (= *progresser*) [*histoire*] to unfold

ⓒ (= *se passer*) to go; **la manifestation s'est déroulée dans le calme** the demonstration went peacefully

ⓓ [*fil, bobine, pellicule*] to unwind; [*cordage*] to unreel; [*store*] to roll down; **le paysage se déroulait devant nos yeux** the landscape unfolded before our eyes

déroutant, e /deʀutɑ̃, ɑ̃t/ ADJ disconcerting

déroute /deʀut/ NF [*d'armée, équipe*] rout; [*de régime, entreprise*] collapse; **mettre en ~** [+ *armée, adversaire*] to rout

dérouter /deʀute/ /TABLE 1/ VT [+ *avion, navire*] to reroute; [+ *personne*] to disconcert

derrick /deʀik/ NM derrick

derrière /deʀjɛʀ/ 1 PRÉP ⓐ (= *à l'arrière de, à la suite de*) behind; **passe ~ la maison** go round the back of the house; **marcher l'un ~ l'autre** to walk one behind the other; **il a laissé les autres loin ~ lui** he left the others a long way behind him

ⓑ (*fig*) behind; **le président avait tout le pays ~ lui** the president had the whole country behind him; **dire du mal ~ (le dos de) qn** to say (unkind) things behind sb's back; **il faut toujours être ~ lui ou son dos** you've always got to keep an eye on him → **idée**

2 ADV ⓐ (= *en arrière*) behind; **on l'a laissé (loin) ~** we have left him (a long way) behind; **il est assis trois rangs ~** he's sitting three rows back; **il a préféré monter ~** (*voiture*) he preferred to sit in the back; **chemisier qui se boutonne ~ blouse** which does up at the back; **regarde ~** (*au fond de la voiture*) look in the back; (*derrière un objet*) look behind it ⓑ (*dans le bateau*) aft; (*sur la mer*) astern

3 NM ⓐ [*de personne*] bottom; [*d'animal*] hindquarters; **donner un coup de pied au ~ de qn** to give sb a kick up the backside*

ⓑ [*d'objet, tête, maison*] back; **roue de ~** back wheel; **porte de ~** [*de maison*] back door; [*de véhicule*] rear door → **patte** ♦ **par-derrière : c'est fermé, passe par-~** it's locked, go in the back way; **attaquer par-~** to attack from behind; **dire du mal de qn par-~** to say unkind things behind sb's back

des /de/ → **de**

dès /dɛ/ PRÉP ⓐ (*dans le temps*) from; **~ le début** from the start; **il a été remplacé ~ son départ** he was replaced as soon as he left; **~ son enfance il a collectionné les papillons** he has collected butterflies ever since he was a child

♦ **dès que** as soon as; **~ qu'il aura fini il viendra** he'll come as soon as he's finished

ⓑ (*dans l'espace*) **~ l'entrée on voit que c'est très beau** you can see how lovely it is as soon as you walk in the door

désabusé, e /dezabyze/ ADJ [*personne, air*] disenchanted; **d'un ton ~** in a disillusioned voice

désaccord /dezakɔʀ/ NM ⓐ (= *mésentente*) discord; **être en ~ avec qn** to be at odds with sb; **les deux versions sont en ~ sur bien des points** the two versions are at variance on many points ⓑ (= *divergence*) (*entre personnes, points de vue*) disagreement; (*entre intérêts*) conflict

désaccordé, e /dezakɔʀde/ (*ptp de* **désaccorder**) ADJ [*instrument*] out of tune

désaccorder (se) /dezakɔʀde/ /TABLE 1/ VPR to go out of tune

désactiver /dezaktive/ /TABLE 1/ VT (*Informatique*) to disable

désaffecté, e /dezafɛkte/ ADJ [*usine, gare*] disused; [*église*] deconsecrated

désaffection /dezafɛksjɔ̃/ NF loss of interest (**pour** in); (*Politique*) disaffection (**pour** with)

désagréable /dezagʀeabl/ ADJ unpleasant

désagréablement /dezagʀeabləmɑ̃/ ADV unpleasantly

désagréger (se) /dezagʀeʒe/ /TABLE 3 *et* 6/ VPR to break up; [*roche*] to crumble

désagréments /dezagʀemɑ̃/ NMPL (= *inconvénients*) trouble (*NonC*); **malgré tous les ~ que cela entraîne** despite all the trouble it involves; **cette voiture m'a valu bien des ~** this car has given me a great deal of trouble

désaltérant, e /dezalteʀɑ̃, ɑ̃t/ ADJ thirst-quenching

désaltérer (se) /dezalteʀe/ /TABLE 6/ VPR to quench one's thirst

désamorcer /dezamɔʀse/ /TABLE 3/ VT [+ *bombe, situation, crise*] to defuse; [+ *mouvement de revendication*] to forestall

désappointé, e /dezapwɛ̃te/ ADJ disappointed

désapprobateur, -trice /dezapʀɔbatœʀ, tʀis/ ADJ disapproving

désapprobation /dezapʀɔbasjɔ̃/ NF disapproval

désapprouver /dezapʀuve/ /TABLE 1/ VT [+ *acte, conduite*] to disapprove of

désarçonner /dezaʀsɔne/ /TABLE 1/ VT [*cheval*] to throw; **sa réponse m'a désarçonné** I was completely thrown* by his reply

désargenté, e /dezaʀʒɑ̃te/ ADJ (= *sans un sou*) broke* (*attrib*)

désarmant, e /dezaʀmɑ̃, ɑ̃t/ ADJ disarming

désarmé, e /dezaʀme/ (*ptp de* **désarmer**) ADJ (*fig*) helpless (**devant** before)

désarmement /dezaʀməmɑ̃/ NM [*de pays*] disarmament

désarmer /dezaʀme/ /TABLE 1/ 1 VT ⓐ [+ *adversaire, pays*] to disarm ⓑ [+ *bateau*] to lay up ⓒ [*sourire, réponse*] to disarm 2 VI **il ne désarme pas** he won't give in

désarroi /dezaʀwa/ NM [*de personne*] feeling of helplessness; **être en plein ~** [*personne*] (= *être troublé*) to be utterly distraught; [*pays*] to be in total disarray

désarticuler /dezaʀtikyle/ /TABLE 1/ 1 VT [+ *membre*] to dislocate; [+ *mécanisme*] to upset 2 VPR **se désarticuler** [*acrobate*] to contort o.s.

désastre /dezastʀ/ NM disaster; **courir au ~** to be heading for disaster

désastreux, -euse /dezastʀø, øz/ ADJ [*décision, récolte, influence*] disastrous; [*bilan, conditions*] terrible

désavantage /dezavɑ̃taʒ/ NM disadvantage; **tourner au ~ de qn** to turn to sb's disadvantage

désavantager /dezavɑ̃taʒe/ /TABLE 3/ VT to put at a disadvantage; **cette mesure nous désavantage** this measure puts us at a disadvantage; **cela désavantage les plus pauvres** this penalizes the very poor; **les couches sociales les plus désavantagées** the most disadvantaged sectors of society

désavantageux, -euse /dezavɑ̃taʒø, øz/ ADJ unfavourable

désaveu /dezavø/ NM (= *reniement*) rejection

désavouer /dezavwe/ /TABLE 1/ VT to disown

désaxé, e /dezakse/ 1 ADJ [*personne*] unhinged 2 NM,F lunatic; **ce crime est l'œuvre d'un ~** this crime is the work of a lunatic

desceller /desele/ /TABLE 1/ 1 VT [+ *pierre*] to pull free; [+ *grille*] to pull up 2 VPR **se desceller** [*objet*] to come loose

descendance /desɑ̃dɑ̃s/ NF (= *enfants*) descendants; **avoir une nombreuse ~** to have lots of children

descendant, e /desɑ̃dɑ̃, ɑ̃t/ 1 ADJ **marée ~e** ebb tide; **à marée ~e** when the tide is going out 2 NM,F descendant (**de** of)

descendre /desɑ̃dʀ/ /TABLE 41/

> ► **descendre** is conjugated with **être**, unless it has an object, when the auxiliary is **avoir**.

1 VI ⓐ (= *aller vers le bas*) to go down; (*venir d'en haut*) to come down (**à, vers** to, **dans** into); **aidez-la à ~** (*de sa chaise*) help her down; (*dans l'escalier*) help her downstairs; **~ à pied/à bicyclette** to walk/cycle down; **on descend par un sentier étroit** the way down is by a narrow path; **~ en courant** to run down; **~ par l'ascenseur** to go down in the lift (*Brit*) ou elevator (*US*); **~ à Marseille** to go down to Marseilles; **~ en ville** to go into town
ⓑ (*d'un lieu élevé*) **~ de** [+ *toit, colline, échelle, arbre*] to come down from; **fais ~ le chien du fauteuil** get the dog off the chair
ⓒ (*d'un moyen de transport*) **~ de voiture** to get out of the car; **«tout le monde descend!»** "all change!"; **vous descendez à la prochaine?** are you getting off at the next stop?; **~ à terre** to go ashore; **~ de cheval** to dismount; **~ de bicyclette** to get off one's bicycle
ⓓ (= *atteindre*) [*habits, cheveux*] **à** ou **jusqu'à** to come down to
ⓔ (= *loger*) **~ dans un hôtel** ou **à l'hôtel** to stay at a hotel
ⓕ (= *s'étendre de haut en bas*) [*colline, route*] **~ en pente douce** to slope gently down; **~ en pente raide** to drop away sharply
ⓖ (= *tomber*) [*obscurité, neige*] to fall; [*soleil*] to go down; **le brouillard descend sur la vallée** the fog is coming down over the valley
ⓗ (= *baisser*) to fall; [*mer, marée*] to go out; **il est descendu à la dixième place** he's fallen back into tenth position; **l'équipe est descendue en seconde division** the team has gone down into the second division
ⓘ (= *faire irruption*) **la police est descendue dans cette boîte de nuit** the police raided the night club
ⓙ (= *être avalé ou digéré*)* **ça descend bien** [*vin, repas*] that goes down well; **il a bu une bière pour faire ~ son sandwich** he washed his sandwich down with a beer

2 VT INDIR ◆ **descendre de** (= *avoir pour ancêtre*) to be descended from; **l'homme descend du singe** man is descended from the apes

3 VT ⓐ (= *parcourir vers le bas*) [+ *escalier, colline, pente*] to go down; **~ une rivière en canoë** to go down a river in a canoe
ⓑ (= *porter, apporter en bas*) [+ *valise*] to get down; [+ *meuble*] to take down; **tu peux me ~ mes lunettes?** can you bring my glasses down for me?; **il faut ~ la poubelle tous les soirs** the rubbish (*Brit*) ou garbage (*US*) has to be taken down every night; **je te descends en ville** I'll take you into town; **le bus me descend à ma porte** the bus drops me at my front door
ⓒ (= *baisser*) [+ *étagère, rayon*] to lower; **descends les stores** pull the blinds down
ⓓ (= *tuer*) [+ *personne*]* to do in*; **l'auteur s'est fait ~ en beauté (par la critique)** the author was shot down in flames (by the critics)
ⓔ (= *boire*) [+ *bouteille*]* to down*; **qu'est-ce qu'il descend!** he drinks like a fish!*

descente /desɑ̃t/ 1 NF ⓐ (= *action*) descent; **la ~** ou **l'épreuve de ~** (*Ski*) the downhill race; **~ en slalom** slalom descent; **~ en rappel** (*Alpinisme*) abseiling; **accueillir qn à la ~ du train** to meet sb off the train ⓑ (= *raid, incursion*) raid; **~ de police** police raid ⓒ (= *partie descendante*) (downward) slope; **freiner dans les ~s** to brake going downhill;

les freins ont lâché au milieu de la ~ the brakes went halfway down 2 COMP ♦ **descente de lit** bedside rug

déscolarisé, e /deskɔlaRize/ ADJ [enfant] who is outside the school system

descriptif, -ive /deskRiptif, iv/ 1 ADJ descriptive 2 NM (= brochure) brochure; [de travaux] specifications; [de projet] outline; **les prestations ne sont pas conformes au ~** the facilities are not as described

description /deskRipsjɔ̃/ NF description; **faire la ~ de** to describe; **d'après ta ~ je le croyais plus jeune** from what you'd told me I thought he was younger

désemparé, e /dezɑ̃paRe/ (ptp de **désemparer**) ADJ [personne, air] helpless

désemparer /dezɑ̃paRe/ /TABLE 1/ VI **sans ~** without stopping

désemplir /dezɑ̃pliR/ /TABLE 2/ VI **le magasin ne désemplit jamais** the shop is never empty

désenchanté, e /dezɑ̃ʃɑ̃te/ ADJ disillusioned

désenchantement /dezɑ̃ʃɑ̃tmɑ̃/ NM (= désillusion) disillusionment

désenclaver /dezɑ̃klave/ /TABLE 1/ VT [+ région, quartier] to open up

désencombrer /dezɑ̃kɔ̃bRe/ /TABLE 1/ VT [+ passage] to clear

désendettement /dezɑ̃dɛtmɑ̃/ NM [d'entreprise, pays] reduction in debt

désenfler /dezɑ̃fle/ /TABLE 1/ VI to go down

désengagement /dezɑ̃gaʒmɑ̃/ NM withdrawal; **le ~ de l'État** the withdrawal of state funding

désengager (se) /dezɑ̃gaʒe/ /TABLE 3/ VPR to withdraw

désengorger /dezɑ̃gɔRʒe/ /TABLE 3/ VT [+ service] to relieve the burden on

désensabler /dezɑ̃sable/ /TABLE 1/ VT [+ voiture] to dig out of the sand; [+ chenal] to dredge

désensibilisation /desɑ̃sibilizasjɔ̃/ NF desensitization

désensibiliser /desɑ̃sibilize/ /TABLE 1/ VT to desensitize; **se faire ~ au pollen** to be desensitized to pollen

désépaissir /dezepesiR/ /TABLE 2/ VT [+ cheveux] to thin

désépargne /dezepaRɲ/ NF **on enregistre une tendance à la ~** there is a tendency for people to save less

désépargner /dezepaRɲe/ /TABLE 1/ VI to save less

déséquilibre /dezekilibR/ NM (= inégalité) imbalance; (mental, nerveux) unbalance; **être en ~** [objet] to be unsteady

déséquilibré, e /dezekilibRe/ (ptp de **déséquilibrer**) 1 ADJ [budget] unbalanced; [esprit] disordered 2 NM,F mentally disturbed person

déséquilibrer /dezekilibRe/ /TABLE 1/ VT to throw off balance; [+ esprit, personne] to unbalance

désert, e /dezɛR, ɛRt/ 1 ADJ deserted → **île** 2 NM desert

déserter /dezɛRte/ /TABLE 1/ VT, VI to desert

déserteur /dezɛRtœR/ NM deserter

désertification /dezɛRtifikasjɔ̃/ NF desertification; [de campagnes, région] depopulation

désertifier (se) /dezɛRtifje/ /TABLE 7/ VPR (= devenir aride) to turn into a desert; (= perdre sa population) to become depopulated

désertion /dezɛRsjɔ̃/ NF desertion

désertique /dezɛRtik/ ADJ desert; (= aride) barren; **une zone ~** an area of desert

désespérant, e /dezɛspeRɑ̃, ɑ̃t/ ADJ [lenteur, nouvelle, bêtise] appalling; [enfant] hopeless

désespéré, e /dezɛspeRe/ (ptp de **désespérer**) ADJ desperate; [cas] hopeless; **appel/regard ~** cry/look of despair

désespérément /dezɛspeRemɑ̃/ ADV (= avec acharnement) desperately; (= sans espoir de changement) hopelessly

désespérer /dezɛspeRe/ /TABLE 6/ 1 VT (= décourager) to drive to despair 2 VI (= se décourager) to despair; **c'est à ~** it's hopeless 3 VT INDIR ♦ **désespérer de** to despair of; **~ de faire qch** to despair of doing sth 4 VPR **se désespérer** to despair; **elle passe ses nuits à se ~** at night she gives way to despair

désespoir /dezɛspwaR/ NM despair; **il fait le ~ de ses parents** he is the despair of his parents; **être au ~** to be in despair

♦ **en désespoir de cause** in desperation

déshabillé /dezabije/ NM négligé

déshabiller /dezabije/ /TABLE 1/ 1 VT to undress 2 VPR **se déshabiller** to undress; (= ôter son manteau, sa veste)* to take off one's coat

déshabituer (se) /dezabitɥe/ /TABLE 1/ VPR **se déshabituer de qch/de faire qch** to break o.s. of the habit of sth/of doing sth

désherbant /dezɛRbɑ̃/ NM weed-killer

désherber /dezɛRbe/ /TABLE 1/ VT to weed

déshérité, e /dezeRite/ (ptp de **déshériter**) 1 ADJ [quartier, région] deprived; [famille, population] destitute 2 NM,F **les ~s** the underprivileged

déshériter /dezeRite/ /TABLE 1/ VT [+ héritier] to disinherit

déshonneur /dezɔnœR/ NM disgrace

déshonorant, e /dezɔnɔRɑ̃, ɑ̃t/ ADJ degrading; **être éboueur, ce n'est pas ~ !** there's nothing wrong with being a dustman!; **perdre 3 à 1, ce n'est pas ~** losing 3-1 is nothing to be ashamed of

déshonorer /dezɔnɔRe/ /TABLE 1/ 1 VT to be a disgrace to 2 VPR **se déshonorer** to disgrace o.s.

déshumaniser /dezymanize/ /TABLE 1/ VT to dehumanize

déshydratation /dezidRatasjɔ̃/ NF dehydration

déshydraté, e /dezidRate/ (ptp de **déshydrater**) ADJ [peau, aliment] dehydrated

déshydrater (se) VPR /dezidRate/ /TABLE 1/ to dehydrate

desiderata /dezideRata/ NMPL (= souhaits) wishes

design /dizajn/ 1 NM **le ~** (= style) the designer look; **le ~ industriel** industrial design 2 ADJ INV designer

désignation /deziɲasjɔ̃/ NF (= appellation) name; (= élection) naming

designer /dizajnœR/ NMF (= décorateur) designer

désigner /deziɲe/ /TABLE 1/ VT ⓐ (= montrer) to point out; **~ qn du doigt** to point sb out ⓑ (= nommer) to appoint; **le gouvernement a désigné un nouveau ministre** the government has appointed a new minister ⓒ (= qualifier) to mark out; **c'était le coupable désigné** he was the classic culprit; **être tout désigné pour faire qch** [personne] to be cut out to do sth ⓓ (= dénommer) to refer to; **~ qn par son nom** to refer to sb by name

désillusion /dezi(l)lyzjɔ̃/ NF disillusion

désincarcérer /dezɛ̃kaRseRe/ /TABLE 6/ VT [+ accidenté] to free (from a wrecked vehicle)

désincrustant, e /dezɛ̃kRystɑ̃, ɑ̃t/ ADJ [crème, masque] cleansing

désinence /dezinɑ̃s/ NF [de mot] ending

désinfectant, e /dezɛ̃fɛktɑ̃, ɑ̃t/ ADJ, NM disinfectant

désinfecter /dezɛ̃fɛkte/ /TABLE 1/ VT to disinfect

désinfection /dezɛ̃fɛksjɔ̃/ NF disinfection

désinformation /dezɛ̃fɔRmasjɔ̃/ NF disinformation

désintégration /dezɛ̃tegRasjɔ̃/ NF [de groupe] splitting-up; [de fusée] self-destructing; **la ~ de la matière** the disintegration of matter

désintégrer (se) /dezɛ̃tegRe/ /TABLE 6/ 1 VT [+ atome, matière] to disintegrate 2 VPR **se désintégrer** [groupe] to split up; [roche] to crumble; [fusée] to self-destruct

désintéressé, e /dezɛ̃teRese/ (ptp de **désintéresser**) ADJ (= généreux) unselfish; (= impartial) disinterested

désintéressement /dezɛ̃teRɛsmɑ̃/ NM (= générosité) unselfishness; (= impartialité) disinterestedness

désintéresser (se) /dezɛ̃teRese/ /TABLE 1/ VPR **se désintéresser de** to lose interest in

désintérêt /dezɛ̃teRɛ/ NM lack of interest (**pour** in)

désintoxication /dezɛ̃tɔksikasjɔ̃/ NF detoxification; **il fait une** ou **est en cure de ~** he's in detox*; **centre de ~** detoxification centre (*Brit*) ou center (*US*)

désintoxiquer /dezɛ̃tɔksike/ /TABLE 1/ VT ⓐ [+ *alcoolique*] to treat for alcoholism ⓑ [+ *drogué*] to treat for drug addiction; **pour ~ les enfants de la télévision** to wean children off the television

désinvestir (se) /dezɛ̃vestiʀ/ VPR to lose interest (**de** in)

désinvolte /dezɛ̃vɔlt/ ADJ casual

désinvolture /dezɛ̃vɔltyʀ/ NF casualness; **avec ~** casually

désir /deziʀ/ NM ⓐ (= *souhait*) wish (**de qch** for sth); **le ~ de faire qch** the desire to do sth; **vos ~s sont des ordres** your wish is my command; **prendre ses ~s pour des réalités** to indulge in wishful thinking ⓑ (= *convoitise, sensualité*) desire (**de qch** for sth); **éprouver du ~ pour qn** to feel desire for sb

désirable /deziʀabl/ ADJ desirable; **peu ~** undesirable

désirer /deziʀe/ /TABLE 1/ VT ⓐ (= *vouloir*) to want; **~ faire qch** to want to do sth; **que désirez-vous?** (*dans un magasin*) what can I do for you?; **son travail laisse à ~** his work leaves something to be desired; **ça laisse beaucoup à ~** it leaves a lot to be desired ⓑ (*sexuellement*) to desire; **se faire ~*** to play hard-to-get*

désireux, -euse /deziʀø, øz/ ADJ **~ de faire qch** anxious to do sth; **il est très ~ de faire votre connaissance** he is very anxious to make your acquaintance

désistement /dezistəmɑ̃/ NM withdrawal

désister (se) /deziste/ /TABLE 1/ VPR to withdraw (**en faveur de qn** in sb's favour)

désobéir /dezɔbeiʀ/ /TABLE 2/ VI to disobey; **~ à qn/à un ordre** to disobey sb/an order; **il désobéit tout le temps** he never does what he's told

désobéissance /dezɔbeisɑ̃s/ NF disobedience (*NonC*) (**à** to)

désobéissant, e /dezɔbeisɑ̃, ɑ̃t/ ADJ disobedient

désobligeant, e /dezɔbliʒɑ̃, ɑ̃t/ ADJ disagreeable

désodorisant, e /dezɔdɔʀizɑ̃, ɑ̃t/ 1 ADJ deodorizing; **bombe ~e** air freshener 2 NM air freshener

désodoriser /dezɔdɔʀize/ /TABLE 1/ VT to deodorize

désœuvré /dezœvʀe/ ADJ idle

désœuvrement /dezœvʀəmɑ̃/ NM idleness

désolant, e /dezɔlɑ̃, ɑ̃t/ ADJ [*nouvelle, situation, spectacle*] distressing; **ce serait ~ qu'elle ne puisse pas venir** it would be a terrible shame if she couldn't come

désolation /dezɔlasjɔ̃/ NF ⓐ (= *consternation*) grief; **être plongé dans la ~** to be grief-stricken ⓑ (= *dévastation*) devastation

désolé, e /dezɔle/ (*ptp de* **désoler**) ADJ ⓐ [*personne, air*] sorry; **(je suis) ~ de vous avoir dérangé** (I'm) sorry to have disturbed you; **~, je dois partir** sorry, I have to go ⓑ [*endroit*] desolate

désoler /dezɔle/ /TABLE 1/ VT (= *affliger*) to distress; (= *contrarier*) to upset; **cet enfant me désole!** I despair of that child!

désolidariser /dezɔlidaʀize/ /TABLE 1/ 1 VT to separate 2 VPR **se désolidariser: se ~ de** [*personne*] to dissociate o.s. from

désopilant, e /dezɔpilɑ̃, ɑ̃t/ ADJ hilarious

désordonné, e /dezɔʀdɔne/ ADJ [*personne*] untidy; [*mouvements*] uncoordinated; [*esprit*] disorganized; (*littér*) [*vie*] disorderly

désordre /dezɔʀdʀ/ 1 NM ⓐ (= *état*) [*de pièce, vêtements, cheveux*] untidiness; [*d'affaires publiques, service*] disorder; **quel ~!** what a mess!; **mettre du ~ dans une pièce** to mess up a room; **ça fait ~** it doesn't look good

♦ **en désordre: être en ~** [*pièce, affaires, cheveux, vêtements*] to be untidy; **il a tout mis en ~** he messed everything up ⓑ (= *agitation*) disorder; **arrêté pour ~ sur la voie publique** arrested for disorderly conduct ⓒ (= *problème*) **~ hépatique** liver disorder

2 NMPL **désordres** (= *émeutes*) disturbances; **~s monétaires** (= *perturbations*) monetary chaos

désorganisation /dezɔʀganizasjɔ̃/ NF disorganization

désorganiser /dezɔʀganize/ /TABLE 1/ VT to disorganize; [+ *service*] to disrupt

désorienter /dezɔʀjɑ̃te/ /TABLE 1/ VT (= *égarer*) to disorientate; (= *déconcerter*) to bewilder

désormais /dezɔʀmɛ/ ADV (*au présent*) from now on; (*au passé*) from then on

désosser /dezɔse/ /TABLE 1/ VT [+ *viande*] to bone

despote /dɛspɔt/ NM despot

despotique /dɛspɔtik/ ADJ despotic

despotisme /dɛspɔtism/ NM despotism

desquamer (se) /dɛskwame/ /TABLE 1/ VPR to flake off

desquels, desquelles /dekɛl/ → **lequel**

DESS /deəses/ NM (ABBR = **diplôme d'études supérieures spécialisées**) *one-year postgraduate diploma in an applied subject*

dessaisir /deseziʀ/ /TABLE 2/ VT **~ un tribunal d'une affaire** to remove a case from a court; **être dessaisi du dossier** to be taken off the case

dessaler /desale/ /TABLE 1/ 1 VT ⓐ [+ *eau de mer*] to desalinate; [+ *poisson*] to soak (*to remove the salt*) 2 VI [*bateau*] to capsize

dessèchement /desɛ ʃmɑ̃/ NM (= *action*) drying; (= *état*) dryness

dessécher /deseʃe/ /TABLE 6/ 1 VT ⓐ [+ *terre, végétation*] to parch; [+ *plante, feuille*] to wither; **le vent dessèche la peau** the wind dries the skin; **lèvres desséchées** parched lips; **cheveux desséchés** dry and damaged hair ⓑ [+ *cœur*] to harden 2 VPR **se dessécher** [*terre*] to dry out; [*plante, feuille*] to wither; [*aliments*] to go dry; [*peau*] to get dry

dessein /desɛ̃/ NM (*littér*) (= *intention*) intention; (= *projet*) plan; **son ~ est de partir** he intends to leave; **former le ~ de faire qch** to make up one's mind to do sth; **c'est dans ce ~ que ...** it is with this in mind that ...; **faire qch à ~** to do sth on purpose

desseller /desele/ /TABLE 1/ VT to unsaddle

desserré, e /deseʀe/ (*ptp de* **desserrer**) ADJ loose

desserrer /deseʀe/ /TABLE 1/ 1 VT [+ *nœud, ceinture, ficelle, écrou*] to loosen; [+ *poing, dents*] to unclench; [+ *frein*] to release; [+ *étreinte*] to relax; **~ sa ceinture de deux crans** to let one's belt out two notches; **~ les cordons de la bourse** to loosen the purse strings; **il n'a pas desserré les dents de toute la soirée** he didn't open his mouth all evening; **~ l'étau** (*fig*) to loosen one's grip (**autour de** on) 2 VPR **se desserrer** to come loose

dessert /desɛʀ/ NM dessert; **qu'est-ce qu'il y a en** ou **comme ~?** what's for dessert?

desserte /desɛʀt/ NF ⓐ (= *meuble*) sideboard ⓑ (*Transports*) **la ~ de la ville est assurée par un car** there is a bus service to the tówn

desservir /desɛʀviʀ/ /TABLE 14/ VT ⓐ [+ *table*] to clear away ⓑ (= *nuire à*) [+ *personne, cause*] to do a disservice to; [+ *intérêts*] to harm; **son mauvais caractère le dessert** his bad temper goes against him ⓒ (*Transports*) to serve; **ville bien desservie** a town with good public transport

dessin /desɛ̃/ 1 NM ⓐ (= *image*) drawing; **~ à la plume/au fusain** pen-and-ink/charcoal drawing ⓑ (= *art*) **le ~** drawing; **professeur de ~** art teacher; **table/planche à ~** drawing table/board ⓒ (= *motif*) pattern ⓓ (= *contour*) outline 2 COMP ♦ **dessin animé** cartoon (*film*) ♦ **dessin humoristique** cartoon (*in a newspaper or magazine*) ♦ **dessin industriel** draughtsmanship (*Brit*), draftsmanship (*US*)

dessinateur, -trice /desinatœʀ, tʀis/ NM,F (= *homme*) draughtsman (*Brit*), draftsman (*US*); (= *femme*) draughtswoman (*Brit*), draftswoman (*US*); **il est ~** (= *artiste*) he draws ♦ **dessinateur humoristique** cartoonist ♦ **dessinateur industriel** draughtsman (*Brit*), draftsman (*US*) ♦ **dessinateur de mode** fashion designer

dessiner /desine/ /TABLE 1/ 1 VT ⓐ to draw; **~ qch à grands traits** to make a rough sketch of sth; **~ au crayon/à l'encre** to draw in pencil/ink ⓑ (= *faire le plan de*) [+ *véhi-*

cule, meuble] to design; [+ maison] to draw; [+ jardin] to lay out 2 VPR **se dessiner** ⓐ [contour, forme] to stand out ⓑ [tendance] to become apparent; [projet] to take shape; **un sourire se dessina sur ses lèvres** a smile played over his lips

dessoûler* /desule/ /TABLE 1/ VTI to sober up; **il n'a pas dessoûlé depuis deux jours** he's been drunk for the past two days

dessous /d(ə)su/ 1 ADV (= sous) [placer, passer] underneath; (= plus bas) below; **mettez votre valise ~** put your suitcase underneath; **passez (par) ~** go under it; **retirer qch de ~ la table** to get sth from under the table
♦ **en dessous** (= sous) underneath; (= plus bas) below; (= hypocritement) in an underhand manner; **regarder qn en ~** to give sb a shifty look; **faire qch en ~** to do sth in an underhand manner
♦ **en dessous de** below; **il est très en ~ de la moyenne** he's well below average
2 NM ⓐ [d'objet] bottom; [de pied] sole; [de tapis] back
♦ **du dessous** [feuille, drap] bottom; **les voisins du ~** the people downstairs; **à l'étage du ~** on the floor below
ⓑ **avoir le ~** (dans une confrontation) to get the worst of it
ⓒ (= côté secret) **le ~ de l'affaire** ou **l'histoire** the hidden side of the affair; **connaître le ~ des cartes** to have inside information
ⓓ (Habillement) undergarment; **les ~** underwear
ⓔ ♦ **au-dessous** below; **ils habitent au-~** they live downstairs
♦ **au-dessous de** below; [+ possibilités, limite] below; (= indigne de) beneath; **les enfants au-~ de 7 ans ne paient pas** children under 7 don't pay; **20° au-~ de zéro** 20° below zero; **il est au-~ de tout!** he's the absolute limit!; **le service est au-~ de tout** the service is hopeless

dessous-de-plat /d(ə)sud(ə)pla/ NM INV table mat (for hot serving dishes)

dessous-de-table /d(ə)sud(ə)tabl/ NM INV bribe

dessous-de-verre /d(ə)sud(ə)vɛʁ/ NM INV coaster

dessus /d(ə)sy/ 1 ADV (= sur) [placer, poser, monter] on top; [coller, écrire, fixer] on it; [passer, lancer] over it; (= plus haut) above; **mettez votre valise ~** put your suitcase on top; **c'est écrit ~** it's written on it; **montez ~** [+ tabouret, échelle] get up on it; **passez (par) ~** go over it; **il a sauté par ~** he jumped over it; **il lui a tapé/tiré ~** he hit him/shot at him; **il nous sont tombés ~ à l'improviste** they dropped in on us unexpectedly
2 NM ⓐ [d'objet, pied, tête] top; **le ~ du panier** (= les meilleurs) the pick of the bunch; (= l'élite sociale) the upper crust
♦ **du dessus** [feuille, drap] top; **les voisins du ~** the people upstairs; **à l'étage du ~** on the floor above
♦ **au-dessus** above; (= à l'étage supérieur) upstairs; (= posé sur) on top; (= plus cher) over
♦ **au-dessus de** (= plus haut que, plus au nord que) above; (= sur) on top of; [+ prix, limite] over; [+ possibilités] beyond; **les enfants au-~ de 7 ans paient** children over 7 pay; **20° au-~ de zéro** 20° above zero; **c'est au-~ de mes moyens** (prix) it's more than I can afford; (capacités) it's more than I can manage; **c'est au-~ de mes forces** it's too much for me; **être au-~ de tout soupçon** to be above suspicion
ⓑ (dans une confrontation) **avoir/prendre le ~** to have/get the upper hand; **reprendre le ~** to get over it
3 COMP ♦ **dessus de cheminée** (= tablette) mantelpiece; (= bibelots) mantelpiece ornaments

dessus-de-lit /d(ə)syd(ə)li/ NM INV bedspread

déstabiliser /destabilize/ /TABLE 1/ VT to destabilize

destin /dɛstɛ̃/ NM (= fatalité) fate; (= avenir) destiny; **c'est le ~!** it was meant to be!

destinataire /dɛstinatɛʁ/ NMF [de lettre] addressee; [de marchandise] consignee; [de mandat] payee

destination /dɛstinasjɔ̃/ NF (= direction) destination; **à ~ de** [avion, train, bateau] bound for; [voyageur] travelling to; **arriver à ~** to reach one's destination; **train/vol 702 à ~ de Paris** train number 702/flight 702 to Paris

destiné, e[1] /dɛstine/ (ptp de **destiner**) ADJ ⓐ (= prévu pour) ~ **à faire qch** intended to do sth; **ce livre est ~ aux enfants** this book is intended for children ⓑ (= voué à) ~ **à qch** destined for sth; ~ **à faire qch** destined to do sth; **il était ~ à une brillante carrière** he was destined for a brilliant career

destinée[2] /dɛstine/ NF (= fatalité) fate; (= avenir) destiny

destiner /dɛstine/ VT ⓐ (= attribuer) **il vous destine ce poste** he means you to have this job; **cette lettre ne t'était pas destinée** the letter was not meant for you ⓑ (= affecter) ~ **une somme à qch** to earmark a sum for sth; **les fonds seront destinés à la recherche** the money will be used for research ⓒ (= vouer) to destine; ~ **qn à une fonction** to destine sb for a post; **il se destine à l'enseignement** he intends to go into teaching

destituer /dɛstitɥe/ /TABLE 1/ VT [+ ministre] to dismiss; [+ roi] to depose; [+ officier] to discharge; ~ **qn de ses fonctions** to relieve sb of his duties

destitution /dɛstitysjɔ̃/ NF [de ministre] dismissal; [d'officier] discharge; [de roi] deposition

destroy* /dɛstʁɔj/ ADJ INV [musique] wild; **il avait une allure complètement ~** he looked wild and wasted

destructeur, -trice /dɛstʁyktœʁ, tʁis/ ADJ destructive

destruction /dɛstʁyksjɔ̃/ NF destruction (NonC)

déstructurer /destʁyktyʁe/ /TABLE 1/ VT [+ société, organisation] to dismantle

désuet, -ète /dezɥɛ, ɛt/ ADJ outdated

désuétude /desɥetyd/ NF **tomber en ~** [loi] to fall into abeyance; [expression, coutume] to fall into disuse

désuni, e /dezyni/ ADJ [couple, famille] divided; [amants] estranged; **l'équipe était un peu ~e** the team wasn't really working together

détachable /detaʃabl/ ADJ detachable

détachant /detaʃɑ̃/ NM stain remover

détaché, e /detaʃe/ (ptp de **détacher**) ADJ ⓐ (= indifférent) detached; **« peut-être », dit-il d'un ton ~** "maybe", he said with detachment; **elle prit un air ~** she assumed an indifferent air ⓑ [fonctionnaire] on temporary assignment (auprès de to)

détachement /detaʃmɑ̃/ NM ⓐ (= indifférence) detachment (envers, à l'égard de from); **avec ~** with (an air of) detachment ⓑ [de soldats] detachment ⓒ [de fonctionnaire] temporary assignment; **être en ~** to be on a temporary assignment

détacher /detaʃe/ /TABLE 1/ 1 VT ⓐ (= délier) to untie; [+ wagon, remorque] to take off
ⓑ [+ vêtement] to undo
ⓒ [+ peau, papier collé] to remove (de from); [+ reçu, bon] to tear out (de of); ~ **des feuilles d'un bloc** to take some sheets out of a pad; **détachez bien les bras du corps** keep your arms well away from your body; **il ne pouvait ~ son regard du spectacle** he could not take his eyes off what was happening; **« ~ suivant le pointillé »** "tear off along the dotted line"
ⓓ (= envoyer) [+ personne] to send; (à un ministère, une organisation) to assign temporarily (à to)
ⓔ (= mettre en relief) [+ lettres] to separate; [+ syllabes, mots] to articulate
2 VPR **se détacher** ⓐ (= se délier) to free o.s. (de from); [paquet, barque] to come untied (de from)
ⓑ [ceinture, chaussure, lacet, ficelle] to come undone
ⓒ [fruit, peau, papier collé] to come off; [page, épingle] to come out; **un bloc de pierre s'est détaché de la falaise** a block of stone broke away from the cliff
ⓓ [coureur] to pull ou break away (de from)
ⓔ (= ressortir) to stand out; **la forêt se détache sur le ciel bleu** the forest stands out against the blue sky
ⓕ **se ~ de** (= renoncer à) to turn one's back on; (= se désintéresser de) to grow away from

détail /detaj/ NM ⓐ (= particularité) detail; **dans les (moindres) ~s** in (minute) detail; **entrer dans les ~s** to go into detail; **c'est un ~!** that's just a minor detail! ⓑ [de facture, compte] breakdown; **en ~** ou **dans le ~** in detail; **il ne**

fait pas de ou **le ~ !*** he doesn't make any exceptions! ⓒ (*Commerce*) retail; **vendre au ~** [+ *marchandise, vin*] to (sell) retail; [+ *articles, couverts*] to sell separately

détaillant, e /detajɑ̃, ɑ̃t/ NM,F retailer

détaillé, e /detaje/ (*ptp de* **détailler**) ADJ detailed; [*facture*] itemized

détailler /detaje/ /TABLE 1/ VT [+ *plan d'action*] to explain in detail; [+ *facture*] to itemize; [+ *incidents, raisons*] to give details of; **il m'a détaillé (de la tête aux pieds)** he examined me (from head to foot)

détaler /detale/ /TABLE 1/ VI [*lapin*] to bolt; [*personne*]* to clear off*

détartrage /detaʀtʀaʒ/ NM [*de dents*] scaling; **se faire faire un ~** to have one's teeth scaled (and polished)

détartrant /detaʀtʀɑ̃/ NM descaling agent

détartrer /detaʀtʀe/ /TABLE 1/ VT [+ *dents*] to scale (and polish); [+ *lave-vaisselle, WC*] to remove limescale from

détaxe /detaks/ NF (= *réduction*) reduction in tax; (= *suppression*) removal of tax (**de** from); (= *remboursement*) tax refund; **marchandises en ~** duty-free ou tax-free goods

détaxer /detakse/ /TABLE 1/ VT (= *réduire*) to reduce the tax on; (= *supprimer*) to remove the tax on; **produits détaxés** duty-free ou tax-free goods

détecter /detekte/ /TABLE 1/ VT to detect

détecteur /detektœʀ/ NM detector; **~ de faux billets** forged banknote detector; **~ de mensonges/de fumée** lie/smoke detector

détection /deteksjɔ̃/ NF detection

détective /detektiv/ NM **~ (privé)** private detective

déteindre /detɛ̃dʀ/ /TABLE 52/ **1** VT to take the colour out of **2** VI (*au lavage*) [*étoffe*] to lose its colour; [*couleur*] to run; (*par l'humidité*) [*couleur*] to come off; (*au soleil*) [*étoffe, couleur*] to fade; **~ sur** [*couleur*] to run into; (= *influencer*) [*trait de caractère*] to rub off on; **le pantalon a déteint sur la chemise** some of the colour has come out of the trousers onto the shirt; **elle a déteint sur sa fille** something of her character rubbed off on her daughter

dételer /det(ə)le/ /TABLE 4/ VT [+ *chevaux*] to unharness

détendre /detɑ̃dʀ/ /TABLE 41/ **1** VT [+ *ressort*] to release; [+ *corde*] to loosen; [+ *corps, esprit*] to relax; **ces vacances m'ont détendu** this holiday has made me more relaxed; **il n'arrivait pas à ~ l'atmosphère** he couldn't ease the tense atmosphere **2** VPR **se détendre** ⓐ [*visage, personne*] to relax; [*atmosphère*] to become less tense; **détendez-vous !** relax! ⓑ [*ressort*] to lose its tension; [*corde*] to become slack

détendu, e /detɑ̃dy/ (*ptp de* **détendre**) ADJ [*personne, visage, atmosphère*] relaxed; [*câble*] slack

détenir /det(ə)niʀ/ /TABLE 22/ VT to hold; [+ *prisonnier*] to detain; **~ le pouvoir** to be in power

détente /detɑ̃t/ NF ⓐ (= *délassement*) relaxation; **avoir besoin de ~** to need to relax; **la ~** (*Politique*) détente ⓑ [*de sauteur*] spring; [*de lanceur*] thrust; **avoir une bonne ~** [*sauteur*] to have plenty of spring ⓒ (= *gâchette*) trigger

détenteur, -trice /detɑ̃tœʀ, tʀis/ NM,F holder

détention /detɑ̃sjɔ̃/ NF ⓐ (= *captivité*) detention; **~ préventive** ou **provisoire** remanded in custody; **mettre** ou **placer qn en ~ préventive** to remand sb in custody ⓑ [*de drogue, faux passeport, arme*] possession; [*de titre, bien*] holding

détenu, e /det(ə)ny/ (*ptp de* **détenir**) NM,F prisoner

détergent, e /deteʀʒɑ̃, ɑ̃t/ ADJ, NM detergent

détérioration /deteʀjɔʀasjɔ̃/ NF deterioration (**de** in); [*d'objet*] damage (**de** to)

détériorer /deteʀjɔʀe/ /TABLE 1/ **1** VT to damage **2** VPR **se détériorer** to deteriorate

déterminant, e /detɛʀminɑ̃, ɑ̃t/ **1** ADJ (= *décisif*) determining (*avant le nom*); **ça a été ~** that was the determining factor **2** NM (= *article*) determiner

détermination /detɛʀminasjɔ̃/ NF ⓐ (= *résolution*) determination ⓑ [*de cause, sens, date, quantité*] determining

déterminé, e /detɛʀmine/ (*ptp de.* **déterminer**) ADJ

ⓐ [*personne, air*] determined ⓑ (= *précis*) [*but, intentions*] specific; [*quantité, distance, date*] given

déterminer /detɛʀmine/ /TABLE 1/ VT to determine; **~ qn à faire qch** to determine sb to do sth

déterminisme /detɛʀminism/ NM determinism

déterrer /detere/ /TABLE 1/ VT to dig up; (= *retrouver*)* to dig out*

détestable /detestabl/ ADJ [*personne*] detestable; [*attitude*] appalling; [*habitude, caractère*] foul

détester /deteste/ /TABLE 1/ VT to hate; **elle déteste attendre** she hates having to wait

détiendra /detjɛ̃dʀa/ VB → **détenir**

détonant, e /detɔnɑ̃, ɑ̃t/ ADJ **cocktail** ou **mélange ~** explosive mixture

détonateur /detɔnatœʀ/ NM detonator; **être le ~ de** (*fig*) to trigger off

détonation /detɔnasjɔ̃/ NF [*de bombe, obus*] detonation; [*de fusil*] report; **j'ai entendu une ~** I heard a bang

détonner /detɔne/ /TABLE 1/ VI [*couleurs*] to clash; [*meuble, bâtiment, personne*] to be out of place

détour /detuʀ/ NM ⓐ (= *déviation*) detour; **au ~ de la conversation** in the course of the conversation; **faire un ~** to make a detour (**par** via); **le musée valait le ~** the museum was worth the detour ⓑ (= *moyen indirect*) roundabout means; **explique-toi sans ~(s)** just say straight out what you mean ⓒ (= *sinuosité*) bend; **au ~ du chemin** at the bend in the path

détourné, e /detuʀne/ (*ptp de* **détourner**) ADJ [*chemin, moyen*] roundabout

détournement /detuʀnəmɑ̃/ NM [*de rivière*] diversion; **~ d'avion** hijacking; **~ de fonds** embezzlement; **~ de mineur** corruption of a minor

détourner /detuʀne/ /TABLE 1/ **1** VT ⓐ [+ *route, ruisseau, circulation*] to divert; [*pirate de l'air*] to hijack; [+ *soupçon*] to divert (**sur** on to); [+ *coup, ballon, tir*] to deflect; **~ l'attention de qn** to distract sb's attention; **~ la conversation** to change the subject

ⓑ (= *tourner d'un autre côté*) to turn away; **~ les yeux** ou **le regard** to look away; **~ la tête** to turn one's head away ⓒ (= *écarter*) to divert; **~ qn de sa route** to divert sb; **~ qn d'un projet** to dissuade sb from a plan; **~ qn de qn** to put sb off sb; **~ qn du droit chemin** to lead sb astray ⓓ [+ *loi, réglementation*] to twist; **elle a détourné le sens de mes paroles** she twisted my words ⓔ [+ *fonds*] to embezzle; [+ *marchandises*] to misappropriate

2 VPR **se détourner** to turn away (**de** from); **le public s'est détourné de ce produit** the public have lost interest in this product

détracteur, -trice /detraktœʀ, tʀis/ NM,F detractor

détraqué, e /detrake/ (*ptp de* **détraquer**) ADJ [*machine*] broken down; [*personne*]* cracked*; [*temps*] unsettled; [*nerfs, santé*] shaky; **cette horloge est ~e** this clock is on the blink*; **il a l'estomac ~** he's got an upset stomach; **c'est un ~*** he's completely crazy

détraquer /detrake/ /TABLE 1/ **1** VT [+ *machine*] to put out of order; [+ *personne*] (*physiquement*) to put out of sorts; [+ *estomac*] to upset; [+ *nerfs*] to shake up **2** VPR **se détraquer** [*machine*] to break down; **le temps se détraque** the weather is becoming unsettled

détremper /detrɑ̃pe/ /TABLE 1/ VT [+ *terre, pain*] to soak; **chemins détrempés** waterlogged paths; **ma chemise est détrempée** my shirt is soaking

détresse /detrɛs/ NF distress; **être dans la ~** to be in distress; **bateau/avion en ~** boat/plane in distress; **entreprise en ~** business in dire straits; **signal de ~** distress signal → **feu**

détriment /detrimɑ̃/ NM **au ~ de** to the detriment of

détritus /detrity(s)/ NMPL litter (*NonC*)

détroit /detrwa/ NM strait; **le ~ de Gibraltar** the Strait of Gibraltar

détromper /detʀɔpe/ /TABLE 1/ **1** VT [+ *personne*] to disabuse (**de** of) **2** VPR **se détromper**: **détrompez-vous, il n'est pas venu** you're quite mistaken, he didn't come; **si tu crois que je vais accepter, détrompe-toi!** if you think I'm going to accept, you've got another think coming*

détrôner /detʀone/ /TABLE 1/ VT [+ *champion*] to oust; [+ *mode, produit*] to supplant

détruire /detʀɥiʀ/ /TABLE 38/ VT to destroy; [+ *santé, réputation*] to ruin; **un incendie a détruit l'hôtel** the hotel was destroyed by fire; **tu te détruis la santé** you're ruining your health

dette /dɛt/ NF debt; **avoir des ~s** to be in debt; **faire des ~s** to get into debt; **avoir 10 000 € de ~s** to be 10,000 euros in debt; **la ~ publique** *ou* **de l'État** the national debt; **il a payé sa ~ envers la société** he has paid his debt to society

DEUG /døg/ NM ABBR = **diplôme d'études universitaires générales**

---

❶ DEUG, DEUST
French students sit their DEUG or their DEUST after two years of university study. Students can leave university after the DEUG or DEUST, or proceed to the "licence". The certificate obtained specifies the principle subject area studied.
→ DIPLÔMES
▷ www.etudiant.gouv.fr

---

deuil /dœj/ NM (= *perte*) bereavement; (= *affliction*) mourning (*NonC*); **en ~** in mourning; **décréter un ~ national de trois jours** to declare three days of national mourning; **faire son ~ de qch** to say goodbye to sth*

DEUST /døst/ NM ABBR = **diplôme d'études universitaires scientifiques et techniques**

deux /dø/ NOMBRE ⓐ two; **les ~ yeux** both eyes; **montrez-moi les ~** show me both of them; **~ fois** twice; **tous les ~ mois** every other month; **~ t** (*en épelant*) double t; **couper en ~** to cut in two *ou* in half
ⓑ (= *quelques*) **c'est à ~ minutes d'ici** it's just a couple of minutes from here; **vous y serez en ~ secondes** you'll be there in no time
ⓒ (= *deuxième*) second; **le ~ janvier** the second of January; **volume/acte ~** volume/act two
ⓓ (*locutions*) **marcher ~ par ~** to walk two abreast; **essayer et réussir, cela fait ~** to try is one thing but to succeed is another thing altogether; **lui et les maths, ça fait ~!*** he hasn't got a clue about maths!; **il ne reste pas les ~ pieds dans le même sabot** he doesn't just sit back and wait for things to happen ■(*PROV*) **précautions valent mieux qu'une** better safe than sorry (*PROV*) ■ (*PROV*) **~ avis valent mieux qu'un** two heads are better than one (*PROV*); **quand il y en a pour ~, il y en a pour trois** there's always enough to go around
♦ à nous deux! (= *parlons sérieusement*) let's talk!; (= *je m'occupe de vous*) I'm all yours!; (*à un ennemi*) now let's fight it out! **→ six**

deuxième /døzjɛm/ ADJ, NMF second **→ sixième**

deuxièmement /døzjɛmmɑ̃/ ADV secondly

deux-pièces /døpjɛs/ NM INV ⓐ (= *ensemble*) two-piece suit; (= *maillot*) two-piece (swimsuit) ⓑ (= *appartement*) two-room flat (*Brit*) *ou* apartment (*US*); **«à louer: ~ cuisine »** "for rent: two-room flat with separate kitchen"

deux-points /døpwɛ̃/ NM INV colon

deux-roues /døʀu/ NM INV two-wheeled vehicle; **~ motorisé** motorcycle

deux-temps /døtɑ̃/ ADJ INV [*moteur*] two-stroke

devait /d(ə)vɛ/ VB **→ devoir**

dévaler /devale/ /TABLE 1/ VT (*en courant*) to hurtle down; (*en tombant*) to tumble down; **il a dévalé les escaliers quatre à quatre** he came hurtling down the stairs four at a time

dévaliser /devalize/ /TABLE 1/ VT [+ *maison*] to burgle, to burglarize (*US*); [+ *banque*] to rob; **~ qn** to strip sb of what he has on him; **~ un magasin** [*clients*] to buy up a shop; **~**

le réfrigérateur to raid the fridge

dévalorisant, e /devalɔʀizɑ̃, ɑ̃t/ ADJ [*emploi, tâche*] demeaning

dévaloriser /devalɔʀize/ /TABLE 1/ **1** VT [+ *marchandises, collection*] to reduce the value of; [+ *monnaie, diplôme*] to undermine the value of; **son patron le dévalorise sans cesse** his boss is forever putting him down; **ce type de publicité dévalorise les femmes** this type of advertising degrades women **2** VPR **se dévaloriser** [*monnaie, marchandise*] to fall in value; [*personne*] to run o.s. down

dévaluation /devalɥasjɔ̃/ NF devaluation

dévaluer /devalɥe/ /TABLE 1/ **1** VT [+ *monnaie, métier, diplôme*] to devalue; [+ *rôle, statut*] to undermine **2** VPR **se dévaluer** [*idées*] to become devalued

devancer /d(ə)vɑ̃se/ /TABLE 3/ VT ⓐ (= *distancer*) to get ahead of; **il m'a devancé de trois minutes/points** he beat me by three minutes/points ⓑ (= *précéder*) to arrive before; **il m'a devancé aux feux** he got to the lights before me ⓒ [+ *question, désir*] to anticipate; **j'allais le faire mais il m'a devancé** I was going to do it but he got there first

devant /d(ə)vɑ̃/ **1** PRÉP ⓐ (= *en face de*) in front of; (= *le long de*) past; **ma voiture est ~ la porte** my car is just outside; **il est passé ~ moi sans me voir** he walked past me without seeing me
ⓑ (= *en avant de*) (*proximité*) in front of; (*distance*) ahead of; **il marchait ~ moi** he was walking in front of *ou* ahead of me; **il est loin ~ nous** he is a long way ahead of us; **regarde ~ toi** look in front *ou* ahead of you; **elle est passée ~ moi chez le boucher** she pushed (in) in front of me at the butcher's; **avoir du temps ~ soi** to have time to spare; **il a toute la vie ~ lui** he has his whole life ahead of him
ⓒ (= *en présence de*) in front of; **ne dis pas cela ~ les enfants** don't say that in front of the children; **cela s'est passé juste ~ nous** *ou* **nos yeux** it happened before our very eyes; **reculer ~ ses responsabilités** to shrink from one's responsibilities
ⓓ (= *face à*) faced with; (= *étant donné*) in view of; **~ la gravité de la situation** in view of the gravity of the situation; **tous égaux ~ la loi** everyone (is) equal in the eyes of the law

2 ADV ⓐ (*position*) in front; **vous êtes juste ~** you're right in front of it; **vous êtes passé ~** you came past it; **je suis garé juste ~** I'm parked just outside; **corsage qui se boutonne ~** blouse which buttons up at the front; **tu as mis ton pull ~ derrière** you've put your sweater on back-to-front (*Brit*) *ou* backwards (*US*)
ⓑ (= *en avant*) ahead; **il est parti ~** he went on ahead; **il est loin ~** he's a long way ahead; **il est assis trois rangs ~** he's sitting three rows in front of us; **il a pris des places ~** he has got seats at the front; **il a préféré monter ~** (*en voiture*) he preferred to sit in the front; **marchez ~, les enfants** walk in front, children; **passe ~, je te rejoindrai** go on ahead and I'll catch up with you; **passez ~, je ne suis pas pressé** you go first, I'm in no hurry

3 NM front; **de ~** [*roue, porte*] front **→ patte**
♦ au-devant: **je suis allé au-~ de lui** I went to meet him; **courir au-~ du danger** to court danger; **aller au-~ des ennuis** to be asking for trouble; **aller au-~ des désirs de qn** to anticipate sb's wishes

4 NMPL **devants**: **prendre les ~s** to take the initiative

devanture /d(ə)vɑ̃tyʀ/ NF ⓐ (= *étalage*) display; (= *vitrine*) shop *ou* store (*US*) window; **en ~** on display; (*dans la vitrine*) in the window ⓑ (= *façade*) (shop *ou* store) front

dévastateur, -trice /devastatœʀ, tʀis/ ADJ devastating; [*passion*] destructive

dévastation /devastasjɔ̃/ NF devastation; **les ~s de la guerre/de la tempête** the ravages of war/the storm

dévasté, e /devaste/ (*ptp de* **dévaster**) ADJ devastated; [*maison*] ruined; [*visage*] ravaged

dévaster /devaste/ /TABLE 1/ VT to devastate

déveine* /devɛn/ NF **quelle ~!** what rotten luck!*

développé, e /dev(ə)lɔpe/ (*ptp de* **développer**) ADJ [*pays*] developed; [*sens, intuition, musculature*] well-developed; **bien ~** well-developed; **peu ~** underdeveloped

développement /dev(ə)lɔpmɑ̃/ NM ⓐ (= *croissance*) development; **un secteur en plein ~** a fast-developing sector; **l'entreprise a connu un ~ important** the firm has developed greatly; **le ~ durable** sustainable development → **pays** ⓑ **~s** [*d'affaire, enquête*] developments; **cette affaire pourrait connaître de nouveaux ~s** there could be some new developments in this affair ⓒ [*de sujet*] exposition; **entrer dans des ~s inutiles** to go into unnecessary details ⓓ [*de produit*] development ⓔ [*de photos*] developing ⓕ [*de bicyclette*] **choisir un grand/petit ~** to choose a high/low gear

développer /dev(ə)lɔpe/ /TABLE 1/ **1** VT to develop; **envoyer une pellicule à ~** to send a film to be developed **2** VPR **se développer** to develop; [*habitude, procédé*] to spread

devenir /dəv(ə)niʀ/ /TABLE 22/ **1** VI ⓐ (= *passer d'un état à un autre*) to become; **~ médecin** to become a doctor; **il est devenu tout rouge** he went quite red; **il devient de plus en plus agressif** he's becoming *ou* getting more and more aggressive; **~ vieux/grand** to grow old/tall ⓑ (= *advenir de*) **bonjour, que devenez-vous ?*** hullo, how are you doing?*; **et Chantal, qu'est-ce qu'elle devient ?** what's Chantal up to these days?; **qu'étais-tu devenu ? nous te cherchions partout** where were you? we were looking for you everywhere; **que sont devenus tes grands projets ?** what has become of your great plans?; **qu'allons-nous ~ ?** what will become of us?

2 NM (= *progression*) evolution; (= *futur*) future; **quel est le ~ de l'homme ?** what is man's destiny?; **en ~** constantly evolving

dévergondé, e /devɛʀgɔ̃de/ ADJ shameless

déverrouiller /deveʀuje/ /TABLE 1/ VT ⓐ [+ *porte*] (*avec un verrou*) to unbolt; (*avec une serrure*) to unlock ⓑ [+ *mécanisme*] to release

déverser /devɛʀse/ /TABLE 1/ **1** VT [+ *sable, ordures*] to tip out; **des tonnes de pommes de terre ont été déversées sur la route** tons of potatoes were dumped on the road **2** VPR **se déverser** [*liquide*] to pour out; **la rivière se déverse dans le lac** the river flows into the lake

dévêtir /devetiʀ/ /TABLE 20/ **1** VT to undress **2** VPR **se dévêtir** to get undressed

déviant, e /devjɑ̃, jɑ̃t/ **1** ADJ [*comportement*] deviant; [*discours, opinion*] dissenting **2** NM,F **~ sexuel** sexual deviant

déviation /devjasjɔ̃/ NF ⓐ [*de projectile, navire, aiguille aimantée*] deviation; [*de circulation*] diversion; **~ par rapport à la norme** departure from the norm ⓑ (= *détour obligatoire*) diversion (*Brit*), detour (*US*)

dévider /devide/ /TABLE 1/ VT [+ *pelote, bobine*] to unwind; [+ *cordage, câble*] to unreel

dévier /devje/ /TABLE 7/ **1** VI ⓐ [*aiguille magnétique*] to deviate; [*bateau, projectile*] to veer off course ⓑ [*conversation*] to turn (**sur** to); **nous avons dévié par rapport au projet initial** we have moved away from the original plan **2** VT [+ *route, circulation*] to divert (*Brit*), to detour (*US*); [+ *projectile, coup, ballon*] to deflect

devin, devineresse /dəvɛ̃, davin(ə)ʀɛs/ NM,F soothsayer; **je ne suis pas ~ !** I can't see into the future!

deviner /d(ə)vine/ /TABLE 1/ VT ⓐ [+ *secret, raison*] to guess; [+ *avenir*] to foresee; **devine qui** guess who; **tu devines le reste** you can imagine the rest ⓑ (= *apercevoir*) [+ *forme, sourire*] to make out

devinette /d(ə)vinɛt/ NF riddle; **poser une ~ à qn** to ask sb a riddle; **jouer aux ~s** to play at riddles; **arrête de jouer aux ~s*** stop talking in riddles

devis /d(ə)vi/ NM estimate; **il a établi un ~ de 3 000 €** he drew up an estimate for 3,000 euros

dévisager /devizaʒe/ /TABLE 3/ VT to stare at

devise /dəviz/ NF ⓐ (= *monnaie*) currency; **payer en ~s**

to pay in foreign currency ⓑ (= *formule*) motto; [*de maison de commerce, parti*] slogan

dévisser /devise/ /TABLE 1/ **1** VT to unscrew; **se ~ le cou** to crane one's neck **2** VI [*alpiniste*] to fall

dévitaliser /devitalize/ /TABLE 1/ VT [+ *dent*] to remove the nerve from

dévoiler /devwale/ /TABLE 1/ VT to reveal

---

devoir /d(ə)vwaʀ/

/TABLE 28/
1 VERBE TRANSITIF	3 VERBE PRONOMINAL
2 VERBE AUXILIAIRE	4 NOM MASCULIN

▶ *The past participle* **dû** *takes a circumflex to distinguish it from the article* **du**. *Only the masculine singular has this accent.*

1 VERBE TRANSITIF

to owe; **~ qch à qn** to owe sb sth; **elle lui doit 200 €** she owes him 200 euros; **c'est à son courage qu'elle doit la vie** she owes her life to his courage; **je dois à mes parents d'avoir réussi** I owe my success to my parents; **c'est à lui que l'on doit cette découverte** it is to him that we owe this discovery; **~ obéissance à qn** to owe sb obedience; **il lui doit bien cela !** it's the least he can do for him!; **à qui doit-on la découverte du radium ?** who discovered radium?; **il ne veut rien ~ à personne** he doesn't want to be indebted to anyone

2 VERBE AUXILIAIRE

ⓐ obligation

▶ *Lorsque* **devoir** *exprime une obligation, il se traduit généralement par* to have (got) *ou* to *lorsqu'il s'agit de contraintes extérieures; notez que* to have got to *ne s'utilise qu'au présent.* must *a généralement une valeur plus impérative;* must *étant défectif, on utilise* to have to *aux temps où il ne se conjugue pas.*

je ne peux pas aller au cinéma, je dois travailler I can't go to the cinema, I've got to work; **si je rentre tard, je dois téléphoner à ma mère** if I stay out late, I have to phone my mother; **je dois téléphoner à ma mère !** I must phone my mother!; **Stéphanie doit partir ce soir** Stéphanie has to go tonight; **Martin avait promis, il devait le faire** Martin promised, so he had to do it; MAIS **David a cru ~ accepter** David thought he should agree; **dois-je comprendre par là que ...** am I to understand from this that ...

ⓑ conseil

▶ *Lorsque* **devoir** *est au conditionnel et qu'il exprime une suggestion, il se traduit par* should.

tu devrais t'habiller plus chaudement you should dress more warmly; **il aurait dû la prévenir** he should have warned her

ⓒ fatalité

▶ *Lorsque* **devoir** *exprime une fatalité, il se traduit généralement par* to be bound to.

nos chemins devaient se croiser un jour ou l'autre our paths were bound to cross some time; **cela devait arriver !** it was bound to happen!; MAIS **les choses semblent ~ s'arranger** things seem to be sorting themselves out; **elle ne devait pas les revoir vivants** she was never to see them alive again

ⓓ prévision

▶ *Lorsque* **devoir** *exprime une prévision, il est souvent traduit par* to be going to.

elle doit vous téléphoner demain she's going to ring you tomorrow

▶ *Notez l'emploi de* to be due to *dans les contextes où la notion de temps est importante.*

son train doit *ou* **devrait arriver dans cinq minutes** his train is due to arrive in five minutes; **Antoinette devait partir à six heures mais la réunion s'est prolongée**

Antoinette was due to leave at six but the meeting went on longer

ⓔ ⟦hypothèse⟧

► *Lorsque* devoir *exprime une hypothèse, il se traduit par* must *dans les phrases affirmatives.*

il doit faire froid ici en hiver it must be cold here in winter; il a dû se tromper de chemin he must have lost his way

► *Au conditionnel, on utilise* should.

ça devrait pouvoir se faire it should be feasible

► *Dans les phrases négatives, on utilise généralement* can't.

elle ne doit pas être bête she can't be stupid; il ne doit pas faire chaud en hiver it can't be warm in winter

3 VERBE PRONOMINAL

se devoir: les époux se doivent fidélité husband and wife have a duty to be faithful to one another

♦ se devoir de (= *être obligé de*) nous nous devons de le lui dire it is our duty to tell him; je me devais d'essayer I had to try for my own sake

♦ comme il se doit: j'en ai informé mon chef, comme il se doit I informed my boss, of course; on a fêté l'événement, comme il se doit and naturally, we celebrated the event

4 NOM MASCULIN

ⓐ ⟦= obligation⟧ duty; faire son ~ to do one's duty; agir par ~ to act from a sense of duty; se faire un ~ de faire qch to make it one's duty to do sth; il est de mon ~ de ... it is my duty to ...

ⓑ ⟦scolaire⟧ (= *dissertation*) essay; (= *exercice fait en classe*) exercise; (*fait à la maison*) homework (*NonC*); faire ses ~s to do one's homework; ~s de vacances holiday homework; ~ surveillé *ou* sur table written test

dévolu, e /devɔly/ 1 ADJ être ~ à qch [*budget*] to be allotted to sth 2 NM jeter son ~ sur to set one's heart on

dévorant, e /devɔʀɑ̃, ɑ̃t/ ADJ [*passion*] consuming

dévorer /devɔʀe/ /TABLE 1/ VT ⓐ (= *manger*) to devour; cet enfant dévore! this child has a huge appetite!; ~ un livre to devour a book; ~ qn/qch des yeux to eye sb/sth hungrily ⓑ [*jalousie, maladie*] to consume; dévoré par l'ambition consumed with ambition

dévot, e /devo, ɔt/ ADJ devout

dévotion /devosjɔ̃/ NF ⓐ (= *piété*) devoutness ⓑ (= *culte*) devotion; avoir une ~ pour qn to worship sb

dévoué, e /devwe/ (*ptp de* dévouer) ADJ devoted (à to)

dévouement /devumɑ̃/ NM devotion; elle a fait preuve d'un grand ~ pour lui she was very devoted to him

dévouer (se) /devwe/ /TABLE 1/ VPR ⓐ (= *se sacrifier*) to sacrifice o.s.; c'est toujours moi qui me dévoue! it's always me who makes the sacrifices! ⓑ (= *se consacrer à*) se dévouer à qn/qch to devote o.s. to sb/sth

dévoyé, e /devwaje/ (*ptp de* dévoyer) 1 ADJ [*personne*] depraved 2 NM,F corrupt person

dévoyer /devwaje/ /TABLE 8/ VT to lead astray

dextérité /dɛksteʀite/ NF skill; avec ~ skilfully

dézipper /dezipe/ VT (*Informatique*) to unzip

DG /deʒe/ 1 NM (ABBR = directeur général) → directeur 2 NF (ABBR = direction générale) (= *siège social*) head office

DGSE /deʒeɛsə/ NF (ABBR = Direction générale de la sécurité extérieure) ≈ MI6 (*Brit*), ≈ CIA (*US*)

diabète /djabɛt/ NM diabetes (*sg*); avoir du ~ to have diabetes

diabétique /djabetik/ ADJ, NMF diabetic

diable /djabl/ NM ⓐ (= *démon*) devil; le ~ the Devil; j'ai protesté comme un beau ~ I protested as loudly as I could; c'est bien le ~ si on ne trouve pas à les loger it would be very surprising if we couldn't find anywhere for them to stay; tirer le ~ par la queue* to live from hand to mouth; où/pourquoi ~ ...? where/why the devil* ...?; envoyer qn au ~ to tell sb to go to the devil*; au ~ l'avarice! hang the

expense! ⓑ (= *enfant*)* devil; pauvre ~* (= *personne*) poor devil; ce n'est pas un mauvais ~ he's not a bad sort* ⓒ (= *chariot*) hand truck; ~ (à ressort) (= *jouet*) jack-in-the-box

diablement* /djɑbləmɑ̃/ ADV (= *très*) darned*

diablotin /djɑblɔtɛ̃/ NM imp; (= *pétard*) Christmas cracker (*Brit*), favor (*US*)

diabolique /djabɔlik/ ADJ devilish

diaboliser /djabɔlize/ /TABLE 1/ VT [+ *personne, État*] to demonize

diabolo /djabɔlo/ NM ⓐ (= *jouet*) diabolo ⓑ (= *boisson*) ~ menthe mint cordial and lemonade

diacre /djakʀ/ NM deacon

diagnostic /djagnɔstik/ NM diagnosis; erreur de ~ error in diagnosis

diagnostiquer /djagnɔstike/ /TABLE 1/ VT to diagnose

diagonale /djagɔnal/ NF diagonal; couper un tissu dans la ~ to cut a fabric on the bias

♦ en diagonale diagonally; lire qch en ~ to skim through sth

diagramme /djagʀam/ NM (= *schéma*) diagram; (= *courbe, graphique*) chart; ~ à barres *ou* en tuyaux d'orgue bar chart; ~ en secteurs pie chart

dialecte /djalɛkt/ NM dialect

dialectique /djalɛktik/ 1 ADJ dialectical 2 NF dialectics (*sg*)

dialogue /djalɔg/ NM dialogue (*Brit*), dialog (*US*); le ~ social the dialogue between employers (*ou* government) and unions; c'est un homme de ~ he is a man who is prepared to discuss matters

dialoguer /djalɔge/ /TABLE 1/ VI to talk; ~ avec un ordinateur to interact with a computer

dialyse /djaliz/ NF dialysis; être en ~ to be on dialysis

diamant /djamɑ̃/ NM diamond

diamantaire /djamɑ̃tɛʀ/ NM (= *marchand*) diamond merchant

diamétralement /djametʀalmɑ̃/ ADV diametrically

diamètre /djamɛtʀ/ NM diameter; 10 m de ~ 10m in diameter

diapason /djapazɔ̃/ NM (*en métal*) tuning fork; (*à vent*) pitch pipe; il s'est vite mis au ~ he soon got in step with the others

diaphragme /djafʀagm/ NM diaphragm; [*d'appareil photo*] aperture

diapo* /djapo/ NF (ABBR = diapositive) slide

diaporama /djapɔʀama/ NM slide show

diapositive /djapozitiv/ NF slide

diarrhée /djaʀe/ NF diarrhoea (*NonC*), diarrhea (*US*) (*NonC*); avoir la ~ to have diarrhoea

diaspora /djaspɔʀa/ NF diaspora

diatribe /djatʀib/ NF diatribe

dichotomie /dikɔtɔmi/ NF dichotomy

dico* /diko/ NM ABBR = dictionnaire

dictateur /diktatœʀ/ NM dictator

dictatorial, e (*mpl* -iaux) /diktatɔʀjal, jo/ ADJ dictatorial

dictature /diktatyʀ/ NF dictatorship; c'est de la ~! this is tyranny!

dictée /dikte/ NF dictation

dicter /dikte/ /TABLE 1/ VT [+ *lettre, action*] to dictate; sa réponse (lui) est dictée par la peur his reply was dictated by fear

diction /diksjɔ̃/ NF (= *débit*) diction; (= *art*) elocution; professeur de ~ elocution teacher

dictionnaire /diksjɔnɛʀ/ NM dictionary; ~ analogique thesaurus; c'est un ~ ambulant (*personne*) he's a walking encyclopaedia

dicton /diktɔ̃/ NM saying; il y a un ~ qui dit ... there's a saying that goes ...

didacticiel /didaktisjɛl/ NM educational software (*NonC*)

didactique /didaktik/ 1 ADJ [*ouvrage*] educational; [*expo-

sé, style] didactic; **matériel ~** teaching aids 2 NF didactics *(sg)*

dièse /djɛz/ NM hash mark; (*Musique*) sharp; **sol ~ G** sharp

diesel /djezɛl/ NM diesel

diète /djɛt/ NF (= *jeûne*) starvation diet; (= *régime*) diet; **il est à la ~** he has been put on a starvation diet

diététicien, -ienne /djetetisjɛ̃, jɛn/ NM,F dietician

diététique /djetetik/ 1 ADJ health-food 2 NF dietetics *(sg)*

dieu (*pl* **dieux**) /djø/ NM god; **Dieu** God; **Dieu le père** God the Father; **le bon Dieu** the good Lord; **on lui donnerait le bon Dieu sans confession** he looks as if butter wouldn't melt in his mouth; **mon Dieu !** my God!; **grands Dieux !** good God!; **Dieu vous bénisse !** God bless you!; **Dieu seul le sait** God only knows; **Dieu merci, il n'a pas plu** it didn't rain, thank goodness

diffamation /difamasjɔ̃/ NF defamation; (*en paroles*) slander; (*par écrit*) libel; **campagne de ~** smear campaign

diffamatoire /difamatwaʀ/ ADJ defamatory; [*propos*] slanderous; [*écrit*] libellous

différé /difeʀe/ (*ptp de* **différer**) NM (**émission en**) **~** recording; **le match sera retransmis en ~** the match will be broadcast at a later time

différemment /difeʀamɑ̃/ ADV differently

différence /difeʀɑ̃s/ NF difference; **~ d'âge** difference in age; **quelle ~ avec les autres !** what a difference from the others!; **ne pas faire de ~** to make no distinction; **marquer sa ~** (= *identité*) to assert one's distinctive identity; **à cette ~ que ...** except that ...; **à la ~ de** unlike

différenciation /difeʀɑ̃sjasjɔ̃/ NF differentiation

différencier /difeʀɑ̃sje/ /TABLE 7/ VT to differentiate

différend /difeʀɑ̃/ NM difference of opinion

différent, e /difeʀɑ̃, ɑ̃t/ ADJ ⓐ (= *dissemblable*) different (**de** from) ⓑ (*avant le nom* = *divers*) various; **à ~es reprises** on various occasions; **pour ~es raisons** for various reasons

différentiel, -ielle /difeʀɑ̃sjɛl/ ADJ, NM differential

différer /difeʀe/ /TABLE 6/ 1 VI to differ (**de** from, **en, par** in); **la mode diffère de pays à pays** fashions differ from one country to the next 2 VT [+ *jugement, paiement, départ*] to defer

difficile /difisil/ ADJ ⓐ difficult; **il nous est ~ de prendre une décision** it is difficult for us to make a decision; **~ à faire** difficult to do; **ils ont des fins des mois ~s** they have a hard time making ends meet ⓑ [*personne*] (= *exigeant*) hard to please (*attrib*); **un enfant ~** a difficult child; **elle a un caractère ~** she's difficult; **être ~ sur la nourriture** to be fussy about one's food ⓒ [*banlieue, quartier*] tough

difficilement /difisilmɑ̃/ ADV [*marcher, s'exprimer*] with difficulty; **c'est ~ croyable** it's difficult to believe

difficulté /difikylte/ NF difficulty; **avoir des ~s pour faire qch** to have difficulty doing sth; **avoir des ~s financières** to be in financial difficulties; **cela ne présente aucune ~** that is no problem; **c'est là la ~** that's the problem; **sans ~** without any difficulty; **en cas de ~** in case of difficulty

◆ **en difficulté** : **être** *ou* **se trouver en ~** [*personne*] to find o.s. in difficulties; [*entreprise*] to be having problems; **navire en ~** ship in distress; **un enfant en ~** (= *Scol*) a child with learning difficulties; **mettre qn en ~** to put sb in a difficult position

difforme /difɔʀm/ ADJ deformed

diffus, e /dify, yz/ ADJ diffuse

diffuser /difyze/ /TABLE 1/ 1 VT ⓐ [+ *lumière, chaleur*] to diffuse ⓑ [+ *rumeur, nouvelle, connaissances*] to spread; [+ *signalement*] to issue ⓒ (*Radio, TV*) [+ *émission*] to broadcast; **le concert était diffusé en direct** the concert was broadcast live ⓓ (= *distribuer*) [+ *livres, revues, tracts*] to distribute; **ce magazine est diffusé à 80 000 exemplaires** this magazine has a circulation of 80,000 2 VPR **se diffuser** [*chaleur, lumière*] to be diffused; [*rumeur, nouvelle*] to spread

diffuseur /difyzœʀ/ NM ⓐ (*Presse* = *distributeur*) distributor ⓑ **~ de parfum** room fragrance

diffusion /difyzjɔ̃/ NF ⓐ [*de lumière, chaleur*] diffusion ⓑ [*de rumeur, nouvelle, connaissances*] spreading ⓒ (*Radio, TV*) broadcasting ⓓ [*de livres, revues*] distribution; [*de journaux*] circulation ⓔ [*de maladie, virus*] spread

digérer /diʒeʀe/ /TABLE 6/ VT [+ *aliment, connaissance*] to digest; **je l'ai bien digéré** I had no trouble digesting it; **je n'ai jamais digéré* ce qu'il m'avait dit** what he said still rankles with me

digeste /diʒɛst/ ADJ [*aliment*] easily digestible; **c'est un livre peu ~*** this book's rather heavy going

digestif, -ive /diʒɛstif, iv/ 1 ADJ digestive 2 NM (= *liqueur*) liqueur

digestion /diʒɛstjɔ̃/ NF digestion; **j'ai une ~ difficile** I get indigestion

digicode® /diʒikɔd/ NM door code

digital, e¹ (*mpl* **-aux**) /diʒital, o/ ADJ digital

digitale² /diʒital/ NF foxglove

digne /diɲ/ ADJ ⓐ (= *auguste*) dignified ⓑ (= *qui mérite*) **~ de** [+ *admiration, intérêt*] worthy of; **~ de ce nom** worthy of the name; **~ d'éloges** praiseworthy; **~ de foi** trustworthy ⓒ (= *à la hauteur*) worthy; **son ~ représentant** his worthy representative; **tu es ~ de ton père** you take after your father; **une attitude peu ~ d'un juge** an attitude unworthy of a judge; **un dessert ~ d'un si fin repas** a fitting dessert for such a fine meal

dignement /diɲ(ə)mɑ̃/ ADV ⓐ (= *noblement*) with dignity ⓑ (= *justement*) fittingly

dignitaire /diɲitɛʀ/ NM dignitary

dignité /diɲite/ NF dignity; **la ~ de la personne humaine** human dignity; **manquer de ~** to be undignified

digression /digʀesjɔ̃/ NF digression

digue /dig/ NF dyke; (*pour protéger la côte*) sea wall

dilapider /dilapide/ /TABLE 1/ VT [+ *héritage, fortune*] to squander; [+ *fonds publics, biens*] to embezzle

dilatation /dilatasjɔ̃/ NF [*de pupille, vaisseau*] dilation; [*de gaz, liquide*] expansion

dilater /dilate/ /TABLE 1/ 1 VT [+ *pupille, vaisseau*] to dilate; [+ *métal, gaz, liquide*] to cause to expand 2 VPR **se dilater** [*pupille, narine*] to dilate; [*métal, gaz, liquide*] to expand

dilatoire /dilatwaʀ/ ADJ **manœuvres ~s** delaying tactics

dilemme /dilɛm/ NM dilemma; **sortir du ~** to resolve the dilemma

dilettante /diletɑ̃t/ NMF dilettante; **faire qch en ~** (*en amateur*) to dabble in sth; **je fais de la peinture en ~** I do a bit of painting

dilettantisme /diletɑ̃tism/ NM amateurishness

diligence /diliʒɑ̃s/ NF ⓐ **faire ~** to make haste ⓑ (= *voiture*) stagecoach

diligent, e /diliʒɑ̃, ɑ̃t/ ADJ diligent

diluant /dilɥɑ̃/ NM thinner

diluer /dilɥe/ /TABLE 1/ VT to dilute; [+ *peinture*] to thin

dilution /dilysjɔ̃/ NF dilution

diluvien, -ienne /dilyvjɛ̃, jɛn/ ADJ [*pluie*] torrential

dimanche /dimɑ̃ʃ/ NM Sunday; **le ~ de Pâques** Easter Sunday; **mettre ses habits du ~** to put on one's Sunday best; **promenade du ~** Sunday walk; **peintre du ~** Sunday painter; **sauf ~ et jours fériés** Sundays and holidays excepted; **ici, c'est pas tous les jours ~ !** life isn't always much fun here! → **samedi**

dimension /dimɑ̃sjɔ̃/ NF ⓐ (= *taille*) [*de pièce, terrain*] size; **avoir la même ~** to be the same size; **de grande ~** large-sized; **de petite ~** small-sized

ⓑ (= *mesure*) **dimensions** dimensions; **quelles sont les ~s de la pièce ?** what are the measurements of the room?

ⓒ (= *importance*) **une entreprise de ~ internationale** a company of international standing; **une tâche à la ~ de son talent** a task to match one's talent; **prendre la ~ d'un problème** to size a problem up

ⓓ (= *valeur physique*) dimension; **la quatrième ~** the fourth dimension; **en 3 ~s** 3-dimensional

diminué, e /diminɥe/ (*ptp de* **diminuer**) ADJ (= *affaibli*) **il est très ~ depuis son accident** he's not the man he was since his accident

diminuer /diminɥe/ /TABLE 1/ 1 VT ⓐ (= *réduire*) to reduce ⓑ (= *rabaisser*) [+ *mérite, talent*] to belittle ⓒ (*Tricot*) to decrease 2 VI ⓐ [*violence, intensité, intérêt, ardeur*] to diminish; [*lumière*] to fade; [*bruit*] to die down; [*pluie*] to let up; **le bruit diminue d'intensité** the noise is dying down ⓑ [*effectifs, nombre, valeur, pression*] to decrease; [*provisions*] to run low; [*forces*] to decline; **les jours diminuent** the days are getting shorter

diminutif /diminytif/ NM diminutive; (= *petit nom*) pet name

diminution /diminysjɔ̃/ NF ⓐ reduction; **une ~ très nette du nombre des accidents** a marked decrease in the number of accidents; **être en nette ~** to be falling rapidly ⓑ [*de violence, intensité*] diminishing ⓒ [*de lumière, bruit*] fading; [*d'ardeur*] decrease (**de** in) ⓓ (*Tricot*) decreasing; **faire une ~** to decrease

dinde /dɛ̃d/ NF (= *animal*) turkey; **~ de Noël** Christmas turkey

dindon /dɛ̃dɔ̃/ NM turkey; **être le ~ (de la farce)*** to be the fall guy*

dindonneau (*pl* **dindonneaux**) /dɛ̃dɔno/ NM turkey

dîner /dine/ /TABLE 1/ 1 VI ⓐ (*le soir*) to have dinner; **avoir qn à ~** to have sb round to dinner ⓑ (*Can, Helv, Belg* = *déjeuner*) to have lunch 2 NM ⓐ (= *repas du soir*) dinner; **ils donnent un ~ demain** they are having a dinner party tomorrow; **avant le ~** before dinner ⓑ (*Can, Helv, Belg* = *déjeuner*) lunch

dînette /dinɛt/ NF (= *jeu d'enfants*) doll's tea party; **jouer à la ~** to play at having a tea party

dingue* /dɛ̃g/ ADJ [*personne*] nuts*; **tu verras les prix, c'est ~!** you should see the prices, they're crazy!; **un vent ~** a hell of* a wind; **il est ~ de cette fille** he's crazy* about that girl

dinosaure /dinɔzɔʀ/ NM dinosaur

diocèse /djɔsɛz/ NM diocese

diode /djɔd/ NF diode

dioxine /djɔksin/ NF dioxin

dioxyde /djɔksid/ NM dioxide

diphtérie /difteʀi/ NF diphtheria

diphtongue /diftɔ̃g/ NF diphthong

diplomate /diplɔmat/ 1 ADJ diplomatic 2 NMF diplomat

diplomatie /diplɔmasi/ NF diplomacy; **entrer dans la ~** to enter the diplomatic service

diplomatique /diplɔmatik/ ADJ diplomatic

diplôme /diplom/ NM (= *titre*) diploma; (*Univ*) ≈ degree; **avoir des ~s** to have qualifications

ⓘ **DIPLÔMES**
The initial university qualifications in France are the DEUG or DEUST (taken after two years), and the "licence", taken after three years. The one-year "maîtrise" follows the "licence", and involves a dissertation known as a "mémoire". Higher postgraduate study usually begins with a "DEA", a research qualification that precedes the "doctorat". → DEUG, DEUST

diplômé, e /diplome/ ADJ qualified; **il est ~ d'Harvard** he has a Harvard degree

dire /diʀ/

/TABLE 37/
1 VERBE TRANSITIF 3 NOM MASCULIN PLURIEL
2 VERBE PRONOMINAL

1 VERBE TRANSITIF

▶ **to say** *se construit, comme* **dire**, *avec un complément d'objet direct et un complément d'objet indirect :* **to say sth to sb**, *alors que* **tell** *se construit avec deux compléments d'objet directs :* **to tell sb sth ; to tell** *ne peut pas s'employer sans objet.*

ⓐ to say; [+ *mensonges, nouvelle, nom*] to tell; [+ *sentiment*] to express; **~ qch à qn** to say sth to sb, to tell sb sth; **~ bonjour à qn** to say hello to sb, to tell sb hello (*US*); **~ quelques mots à qn** to say a few words to sb; **qu'est-ce que vous avez dit?** what did you say?; **comment dit-on ça en anglais?** how do you say that in English?; **il dit qu'il nous a écrit** he says that he wrote to us; **vous nous dites dans votre lettre que ...** you say in your letter that ...; **quelque chose à vous ~** there's something I want to tell you; **je ne te le dirai pas deux fois** I won't tell you again; **je vous l'avais bien dit!** I told you so!; **dites-lui ce soir** tell him to come tonight; **fais ce qu'on te dit!** do as you are told!; **on dit que ...** people say that ...; **il faut bien ~ que ...** (= *admettre*) I must say that ...; **il sait ce qu'il dit** he knows what he's talking about; **Jean-François ne sait pas ce qu'il dit** (= *il déraisonne*) Jean-François doesn't know what he's saying; **ce n'est pas une chose à ~** you can't say that kind of thing; **venez bientôt, disons demain** let's say tomorrow; **je ne vous le fais pas ~!** you said it!; **laisser ~** to let people talk; **laisse ~!** let them talk!; **~ la messe** to say mass; **~ des bêtises** to talk nonsense; ~MAIS~ **qu'est-ce qui me dit que c'est vrai?** how do I know it's the truth?; **faire ~ qch à qn** to send word of sth to sb; **je me suis laissé ~ que ...** I heard that ...; **ça suffit, j'ai dit!** I said that's enough!

♦ **ceci dit** having said this
♦ **cela dit** having said this
♦ **cela va sans dire** it goes without saying
♦ **comme on dit** as they say

ⓑ = penser to think; **qu'est-ce que tu dis de ça?** what do you think about that?; **que diriez-vous d'une promenade?** how about a walk?; **on dirait qu'il le fait exprès!** you'd almost think he does it on purpose!; **on dirait qu'il va pleuvoir** it looks like rain; **on dirait du poulet** it tastes like chicken

ⓒ = objecter **je n'ai rien à ~ sur son travail** I can't complain about his work; **rien à ~!** you can't argue with that!; **il n'y a pas à ~*** there's no doubt about it; **c'est pas pour ~, mais il n'est pas très sympathique** I don't want to go on about him, but he's not very nice

ⓓ = évoquer **ce nom me dit quelque chose** the name rings a bell; **Lucien Josse? ça ne me dit rien du tout** Lucien Josse? I've never heard of him

ⓔ = plaire **ça vous dit de sortir?** do you feel like going out?; **ça ne me dit rien** I don't feel like it

ⓕ locutions **dis Papa, quand est-ce qu'on part?** when are we going, daddy?; **dites donc!** (= *à propos*) by the way; (= *holà*) hey!; **ça lui a rapporté 100 000 € — ben dis donc!*** that earned him 100,000 euros — goodness me!; **c'est moi qui vous le dis** take my word for it; **c'est vous qui le dites** that's what you say; **c'est beaucoup ~** that's saying a lot; **c'est peu ~** that's an understatement; **que tu dis!*** that's your story!; **à qui le dites-vous!** you're telling me!*; **qui dit mieux?** any advance?

♦ **vouloir dire** (= *signifier*) to mean; **qu'est-ce que ça veut ~?** what does that mean?; **cette phrase ne veut rien ~** this sentence doesn't mean anything; **que veux-tu ~ par là?** what do you mean?; **ça veut tout ~!** that says it all!

♦ **comment dirais-je?** how shall I put it?
♦ **soit dit en passant** by the way
♦ **entre nous soit dit** between you and me
♦ **pour tout dire** actually

2 VERBE PRONOMINAL
se dire

ⓐ = penser to think to o.s.; **je me suis dit que c'était dommage** I thought to myself it was a pity; **je me dis que j'aurais dû l'acheter** I feel now that I should have bought it; **il faut bien se ~ que ...** one has to realize that ...

ⓑ = se prétendre to claim to be; **il se dit malade** he claims to be ill

ⓒ |mutuellement| **elles se sont dit au revoir** they said goodbye
ⓓ |= être exprimé| **ça ne se dit pas** (*inusité*) you don't say that; (*impoli*) it's not polite; **comment ça se dit en français?** how do you say that in French?

3 NOM MASCULIN PLURIEL
dires : selon ses ~s according to him; **aux ~s de** according to

___

direct, e /diʀɛkt/ **1** ADJ direct; [*train*] non-stop **2** NM
ⓐ (= *train*) express train; **le ~ Paris-Dijon** the Paris-Dijon express ⓑ (*Radio, TV*) **c'est du ~** it's live; **émission en ~** live broadcast **3** ADV• straight; **on l'a emmené ~ à l'hôpital** he was taken straight to hospital
directement /diʀɛktəmɑ̃/ ADV directly; **la maison ~ en face** the house directly opposite; **~ du producteur au consommateur** direct from the producer to the consumer; **il est allé se coucher ~** he went straight to bed
directeur, -trice /diʀɛktœʀ, tʀis/ **1** ADJ [*idée, principe*] main
2 NM (= *responsable, gérant*) [*de banque, usine*] manager; **~ général** [*d'entreprise*] general manager; (*au conseil d'administration*) managing director; [*d'organisme international*] director general; **~ de département** head of department; **~ des ressources humaines/commercial** human resources/sales manager; **~ (d'école)** headmaster, principal (*US*)
3 NF **directrice** [*d'entreprise*] manageress; (= *propriétaire*) director; [*de département*] head; **directrice (d'école)** headmistress, principal (*US*)
4 COMP ◆ **directeur artistique** artistic director ◆ **directeur de cabinet** (*d'un ministre*) principal private secretary ◆ **directeur de la communication** head of communications ◆ **directeur de journal** newspaper editor ◆ **directeur de prison** prison governor (*Brit*), head warden (*US*) ◆ **directeur de théâtre** theatre (*Brit*) ou theater (*US*) manager ◆ **directeur de thèse** supervisor (*Brit*), dissertation director (*US*)
direction /diʀɛksjɔ̃/ NF ⓐ (= *sens*) direction; **vous n'êtes pas dans la bonne ~**; you're going in the wrong direction; **dans quelle ~ est-il parti?** which way did he go?; **aller en ~ de Paris** to go in the direction of Paris; **prendre la ~ Châtelet** (*en métro*) take the line that goes to Châtelet; **train en ~ de ...** train for ...; **«autres ~s»** (*panneau*) "all other routes"; **«toutes ~s»** (*panneau*) "all routes"
ⓑ (= *action de diriger*) [*d'entreprise, usine, théâtre*] management; [*de journal, pays, gouvernement, parti*] running; [*d'orchestre*] conducting; [*d'acteurs*] direction; [*d'opération, manœuvre*] supervision; **prendre la ~ de** [+ *service*] to become head of; [+ *usine, entreprise*] to become manager of; [+ *équipe, travaux*] to take charge of; [+ *mouvement, pays*] to become leader of; [+ *journal*] to take over the editorship of; **orchestre placé sous la ~ de Luc Petit** orchestra conducted by Luc Petit
ⓒ (= *personnel*) management; [*de journal*] editorial board; **la ~ générale** the general management
ⓓ [*de voiture*] steering; **~ assistée** power steering

⚠ *Un seul des sens de* **direction** *se traduit par le mot anglais* **direction**.

directive /diʀɛktiv/ NF directive
directrice /diʀɛktʀis/ NF → **directeur**
dirigeable /diʀiʒabl/ ADJ, NM (**ballon**) ~ airship
dirigeant, e /diʀiʒɑ̃, ɑ̃t/ **1** ADJ [*classe*] ruling **2** NM,F [*de parti, syndicat, pays*] leader; (= *monarche, dictateur*) ruler; **~ d'entreprise** company director
diriger /diʀiʒe/ /TABLE 3/ **1** VT ⓐ [+ *service, journal*] to run; [+ *entreprise, usine, théâtre*] to manage; [+ *pays, mouvement, parti*] to lead; [+ *orchestre*] to conduct
ⓑ [+ *opération, manœuvre*] to direct; [+ *recherches, travaux*] to supervise; [+ *enquête, procès, débat*] to conduct
ⓒ [+ *voiture*] to steer; [+ *avion*] to pilot; [+ *bateau*] to steer; [+ *cheval*] to guide
ⓓ [+ *marchandises, convoi*] to send (**vers, sur** to)

ⓔ (= *orienter*) to direct (**sur, vers** to); **~ une critique contre qn/qch** to direct a criticism at sb/sth
ⓕ (= *braquer*) **~ une arme sur qn** to point a weapon at sb; **~ un télescope sur qch** to point a telescope at sth; **~ une lampe de poche sur qch** to shine a torch on sth; **~ son attention sur qn/qch** to turn one's attention to sb/sth
ⓖ [+ *acteurs*] to direct
2 VPR **se diriger** ⓐ **se ~ vers** (= *aller vers*) to make for; **se ~ droit sur qch/qn** to make straight for sth/sb; **on se dirige vers un match nul** we seem to be heading towards a draw; **se ~ vers les sciences** [*étudiant*] to specialize in science
ⓑ (= *se guider*) to find one's way; **se ~ au radar** to navigate by radar
dirigisme /diʀiʒism/ NM (*Écon*) state intervention
disait /dizɛ/ VB → **dire**
discernement /disɛʀnəmɑ̃/ NM (= *sagesse*) discernment; **agir sans ~** to act without proper judgment
discerner /disɛʀne/ /TABLE 1/ VT ⓐ (= *distinguer*) [+ *forme*] to discern; [+ *bruit, nuance*] to detect ⓑ (= *différencier*) to distinguish (**entre** between)
disciple /disipl/ NM disciple
disciplinaire /disipliнɛʀ/ ADJ disciplinary
discipline /disiplin/ NF ⓐ (= *règle*) discipline → **conseil** ⓑ (= *matière*) discipline; (*Sport*) sport; **~ olympique** Olympic sport; **c'est le meilleur dans sa ~** he's the best in his field
discipliné, e /disipline/ (*ptp de* **discipliner**) ADJ disciplined
discipliner /disipline/ /TABLE 1/ VT to discipline; **il faut apprendre à se ~** one must learn self-discipline
disco /disko/ **1** ADJ disco **2** NM ou F **le** ou **la ~** disco **3** NF• (ABBR = **discothèque**) disco
discontinu, e /diskɔ̃tiny/ ADJ discontinuous; (= *intermittent*) [*trait*] broken; [*bruit, effort*] intermittent; **bande** ou **ligne blanche ~e** (*sur route*) broken white line
discordant, e /diskɔʀdɑ̃, ɑ̃t/ ADJ [*opinions, témoignages*] conflicting; [*sons, couleurs*] discordant; [*voix*] harsh
discorde /diskɔʀd/ NF discord; **mettre** ou **semer la ~** to sow discord (**chez, parmi** among)
discothèque /diskɔtɛk/ NF (= *club*) discotheque; (= *collection*) record collection; (= *bâtiment*) record library
discount /diskunt/ NM (= *rabais*) discount; **billets/vols en ~** discount tickets/flights; **(magasin) ~** discount store; **à des prix ~** at discount prices
discounter, discounteur /diskuntœʀ/ NM discount dealer
discourir /diskuʀiʀ/ /TABLE 11/ VI (= *faire un discours*) to make a speech (**sur, de** about); (*péj*) to hold forth
discours /diskuʀ/ NM ⓐ (= *allocution*) speech; **le ~ du trône** the Queen's (ou King's) speech; **le ~ sur l'état de l'Union** the State of the Union Address; **faire** ou **prononcer un ~** to make a speech
ⓑ (*péj*) **tous ces beaux ~ n'y changeront rien** all these fine words won't make any difference; **assez de ~, des faits!** that's enough talk, let's see some action!
ⓒ (= *idées exprimées*) views; **le ~ des intellectuels** the views expressed by intellectuals; **c'est le ~ officiel** it's the official line; **changer de ~** to change one's position; **il m'a déjà tenu ce ~** he's already told me that
ⓓ **le ~** (= *expression verbale*) speech; **au ~ direct/indirect** in direct/indirect speech
discourtois, e /diskuʀtwa, waz/ ADJ discourteous
discrédit /diskʀedi/ NM discredit; **jeter le ~ sur qch/qn** to discredit sth/sb
discréditer /diskʀedite/ /TABLE 1/ **1** VT to discredit **2** VPR **se discréditer** [*personne*] to bring discredit upon o.s. (**aux yeux de qn, auprès de qn** in sb's eyes)
discret, -ète /diskʀɛ, ɛt/ ADJ discreet
discrètement /diskʀɛtəmɑ̃/ ADV discreetly
discrétion /diskʀesjɔ̃/ NF ⓐ [*de personne*] discretion; **« ~ assurée »** "discretion assured" ⓑ **vin/pain à ~** as much

wine/bread as you want; **être à la ~ de qn** to be in sb's hands

discrimination /diskʀiminasjɔ̃/ NF discrimination (**contre, à l'égard de, envers** against); **sans ~ d'âge ni de sexe** regardless of age or sex

discriminatoire /diskʀiminatwaʀ/ ADJ [*mesures*] discriminatory

discriminer /diskʀimine/ /TABLE 1/ VT [+ *personnes*] to discriminate against

disculper /diskylpe/ /TABLE 1/ 1 VT to exonerate (**de** from) 2 VPR **se disculper** to exonerate o.s. (**auprès de qn** in sb's eyes)

discussion /diskysjɔ̃/ NF discussion; **le projet de loi est en ~** the bill is under discussion; **avoir une violente ~ avec qn** to have a violent disagreement with sb

discutable /diskytabl/ ADJ [*solution, théorie*] debatable; [*goût*] doubtful; **il est compétent — c'est tout à fait ~** he's competent — that's debatable

discuté, e /diskyte/ (*ptp de* **discuter**) ADJ **très ~** [*ministre, théorie*] very controversial; **une question très ~e** a much debated question

discuter /diskyte/ /TABLE 1/ 1 VT ⓐ (= *débattre*) to discuss; [+ *prix*] to argue about

ⓑ (= *contester*) [+ *ordre, droits de qn*] to question; **ça se discute** that's debatable

2 VI ⓐ (= *parler*) to talk (**avec** with); (= *parlementer*) to argue (**avec** with); **~ de** *ou* **sur qch** to discuss sth; **j'en ai discuté avec lui et il est d'accord** I have discussed the matter with him and he agrees; **~ politique/affaires** to discuss politics/business; **on ne peut pas ~ avec lui!** you just can't argue with him!

ⓑ (= *protester*) to argue; **suivez-moi sans ~** follow me and don't argue; **il a obéi sans ~** he obeyed without question

disette /dizɛt/ NF famine

diseuse /dizøz/ NF **~ de bonne aventure** fortune-teller

disgrâce /disgʀɑs/ NF (= *défaveur*) disgrace; **tomber en ~** to fall into disgrace

disgracieux, -ieuse /disgʀasjø, jøz/ ADJ [*geste, démarche*] awkward; [*visage, forme, objet*] ugly

disjoncter /disʒɔ̃kte/ VI **ça a disjoncté** the trip-switch has gone; **il disjoncte*** he's cracking up*

disjoncteur /disʒɔ̃ktœʀ/ NM circuit-breaker

dislocation /dislɔkasjɔ̃/ NF [*de pays, empire*] dismantling; **~ de la cellule familiale** breakdown of the family unit

disloquer /dislɔke/ /TABLE 1/ 1 VT ⓐ [+ *articulation*] to dislocate; **avoir l'épaule disloquée** to have a dislocated shoulder ⓑ [+ *pays, empire*] to dismantle 2 VPR **se disloquer** ⓐ **se ~ le bras** to dislocate one's arm ⓑ [*meuble*] to come apart; [*empire*] to break up

disparaître /dispaʀɛtʀ/ /TABLE 57/ VI ⓐ (= *ne plus être visible*) to disappear; (= *mourir*) [*personne*] to die; [*race, civilisation*] to die out; **~ à l'horizon** to disappear over the horizon; **il a disparu de la circulation*** he dropped out of circulation; **~ en mer** to be lost at sea ⓑ **faire ~** [*prestidigitateur*] to make disappear; [+ *document*] to get rid of; [+ *tache, trace, obstacle, difficulté*] to remove; [+ *personne*] to eliminate; [+ *crainte*] to dispel; **cela a fait ~ la douleur** it made the pain go away

disparate /dispaʀat/ ADJ disparate; [*couple, couleurs*] badly matched

disparité /dispaʀite/ NF disparity (**de** in); [*d'objets, couleurs*] mismatch (*NonC*); **il y a des ~s salariales entre les régions** salaries are not the same from region to region

disparition /dispaʀisjɔ̃/ NF ⓐ [*de personne, cicatrice, rougeur, tache*] disappearance ⓑ (= *mort, perte*) [*de personne*] death; [*d'espèce*] extinction; [*de coutume, langue, objet, bateau*] disappearance; **menacé** *ou* **en voie de ~** [*espèce*] endangered; [*civilisation, langue, tradition, métier*] dying

disparu, e /dispaʀy/ (*ptp de* **disparaître**) 1 ADJ ⓐ (= *révolu*) [*monde, époque*] bygone; [*bonheur, jeunesse*] lost ⓑ (= *mort*) [*personne, race, coutume, langue*] dead; [*espèce*] extinct; (= *dont on est sans nouvelles*) [*personne*] missing; **il a été**

porté ~ [*soldat*] he has been reported missing; (*dans une catastrophe*) he is missing, believed dead; **marin ~ en mer** sailor lost at sea 2 NM,F (= *mort*) dead person; (= *dont on a perdu la trace*) missing person; **le cher ~** the dear departed

dispendieux, -ieuse /dispɑ̃djø, jøz/ ADJ (*frm*) [*goûts, luxe*] expensive

dispensaire /dispɑ̃sɛʀ/ NM health centre (*Brit*) *ou* center (*US*)

dispense /dispɑ̃s/ NF (= *permission*) special permission; **les élèves demandent une ~ de cours** the pupils have asked for permission not to attend classes

dispenser /dispɑ̃se/ /TABLE 1/ 1 VT ⓐ (= *exempter*) to exempt (**de faire qch** from doing sth, **de qch** from sth); **je vous dispense de vos réflexions** I can do without your comments; **il est dispensé de gymnastique** he's excused from gym ⓑ [+ *bienfaits, lumière*] to dispense; [+ *enseignement, formation, soins*] to give 2 VPR **se dispenser: je me dispenserais bien d'y aller** I'd gladly save myself the bother of going if I could; **il peut se ~ de travailler** he doesn't need to work

dispersé, e /dispɛʀse/ (*ptp de* **disperser**) ADJ [*habitat, famille*] scattered; **en ordre ~** in a disorganised manner; **nos efforts sont trop ~s** our efforts aren't focused enough

disperser /dispɛʀse/ /TABLE 1/ 1 VT ⓐ [+ *papiers, feuilles, foule, cendres de qn*] to scatter; [+ *brouillard*] to disperse; [+ *collection*] to break up; **tous nos amis sont maintenant dispersés** all our friends are now scattered ⓑ **~ ses forces** to spread oneself too thin; **~ son attention** to lack concentration; **il ne faut pas ~ tes efforts** you shouldn't spread yourself too thin

2 VPR **se disperser** [*foule*] to scatter; [*élève, artiste*] to overdiversify; **ne vous dispersez pas trop!** don't attempt to do too many things at once!

dispersion /dispɛʀsjɔ̃/ NF [*de produit*] dispersion; [*de papiers, feuilles*] scattering; [*de collection*] breaking up; [*de foule, manifestation*] dispersal

disponibilité /dispɔnibilite/ 1 NF ⓐ [*de choses*] availability; **en fonction des ~s de chacun** depending on each person's availability ⓑ **mettre en ~** [+ *fonctionnaire*] to free from duty temporarily; [+ *officier*] to place on reserve ⓒ [*d'élève, auditoire*] receptiveness 2 NFPL **disponibilités** (*financières*) liquid assets

disponible /dispɔnibl/ ADJ ⓐ (= *libre*) available; **avez-vous des places ~s pour ce soir?** are there any seats available for this evening?; **il n'y a plus une seule place ~** there's not a single seat left; **je ne suis pas ~ ce soir** I'm not free tonight; **elle est toujours ~ pour écouter ses étudiants** she's always ready to listen to her students ⓑ [*élève, esprit, auditoire*] alert

dispos, e /dispo, oz/ ADJ → **frais**

disposé, e /dispoze/ (*ptp de* **disposer**) ADJ ⓐ (= *prêt*) **être ~/peu ~ à faire qch** to be willing/unwilling to do sth ⓑ **bien/mal ~** in a good/bad mood; **bien ~ à l'égard de** *ou* **envers qn** well-disposed towards sb; **mal ~ à l'égard de** *ou* **envers qn** ill-disposed towards sb ⓒ **pièces mal ~es** badly laid-out rooms

disposer /dispoze/ /TABLE 1/ 1 VT ⓐ (= *arranger*) to arrange; **~ des objets en cercle** to arrange things in a circle ⓑ **~ qn à faire qch/à qch** (= *engager à*) to incline sb to do sth/towards sth; (= *préparer à*) to prepare sb to do sth/for sth

2 VT INDIR ♦ **disposer de** (= *avoir l'usage de*) [+ *somme d'argent*] to have at one's disposal; [+ *matériel, voiture*] to have the use of; **il disposait de quelques heures pour visiter Lille** he had a few hours free in which to visit Lille; **il peut ~ de son temps** his time is his own; **avec les moyens dont il dispose** with the means at his disposal

3 VI (*frm* = *partir*) to leave; **vous pouvez ~** you may go now

4 VPR **se disposer: se ~ à faire qch** (= *se préparer à*) to prepare to do sth; **il se disposait à quitter le bureau** he was preparing to leave the office

⚠ **disposer de ≠ to dispose of**

dispositif /dispozitif/ NM ⓐ (= *mécanisme*) device; **~ d'alarme** alarm device; **~ de contrôle** control mechanism;

~ intra-utérin intra-uterine device ⓑ (= *moyens prévus*) **~ d'attaque** plan of attack; **~ de contrôle/défense/ surveillance** control/defence/surveillance system; **~ de lutte contre le chômage** measures to combat unemployment; **renforcer le ~ militaire** to increase the military presence; **un important ~ de sécurité a été mis en place** a major security operation has been mounted

disposition /dispozisjɔ̃/ 1 NF ⓐ (= *arrangement*) arrangement; [*de pièces d'une maison*] layout; **selon la ~ des pions** according to how the pawns are placed; **ils ont changé la ~ des objets dans la vitrine** they have changed the way the things in the window are laid out
ⓑ (= *usage*) disposal; **mettre qch/être à la ~ de qn** to put sth/be at sb's disposal; **je me tiens à votre entière ~ pour de plus amples renseignements** I am entirely at your disposal should you require further information; **il a été mis à la ~ de la justice** he was handed over to the law
ⓒ (= *mesure*) measure; **~s** (= *préparatifs*) arrangements; (= *précautions*) measures; **prendre des** *ou* **ses ~s pour que qch soit fait** to make arrangements for sth to be done
ⓓ (= *manière d'être*) mood; **être dans de bonnes ~s** to be in a good mood; **être dans de bonnes ~s pour faire qch** to be in the right mood to do sth; **est-il toujours dans les mêmes ~s à l'égard de ce projet/candidat?** does he still feel the same way about this plan/candidate?; **~ d'esprit** mood
ⓔ (= *tendance*) [*de personne*] tendency (à to); **avoir une ~ au rhumatisme** to have a tendency to rheumatism
ⓕ [*de contrat*] clause; **~s testamentaires** provisions of a will

2 NFPL **dispositions** (= *inclinations, aptitudes*) aptitude; **avoir des ~s pour la musique/les langues** to have a gift for music/languages

disproportionné, e /dispʀɔpɔʀsjɔne/ ADJ disproportionate (**par rapport à, avec** to)

dispute /dispyt/ NF (= *querelle*) argument; **~ d'amoureux** lovers' tiff

disputé, e /dispyte/ (*ptp de* **disputer**) ADJ **très ~** [*match*] close; [*course, élection, siège de député*] hotly contested

disputer /dispyte/ /TABLE 1/ 1 VT ⓐ (= *contester*) **~ qch/ qn à qn** to fight with sb over sth/sb; **~ la première place à son rival** to fight for first place with one's rival ⓑ [+ *combat*] to fight; [+ *match*] to play; **le match a été disputé en Angleterre** the match was played in England
ⓒ (= *gronder*) to tell off*; **se faire ~ par qn** to get a telling-off* from sb
2 VPR **se disputer** (= *se quereller*) to argue; (= *se brouiller*) to fall out; **se ~ qch** to fight over sth; **ils se disputent le titre de champion d'Europe** they're fighting for the title of European champion

disquaire /diskɛʀ/ NMF (= *commerçant*) record dealer

disqualification /diskalifikasjɔ̃/ NF (*Sport*) disqualification

disqualifier /diskalifje/ /TABLE 7/ VT (*Sport*) to disqualify

disque /disk/ NM disc; (*Sport*) discus; (*d'ordinateur*) disk; (*vinyle*) record; **mettre/passer un ~** (*compact*) to put on/play a CD ✦ **disque compact** compact disc ✦ **disque dur** hard disk

disquette /disket/ NF diskette

dissemblable /disɑ̃blabl/ ADJ dissimilar

disséminer /disemine/ /TABLE 1/ 1 VT [+ *graines*] to scatter; [+ *idées*] to disseminate; **les points de vente sont très disséminés** the sales outlets are scattered over a wide area
2 VPR **se disséminer** [*personnes*] to scatter

dissension /disɑ̃sjɔ̃/ NF dissension (**entre, au sein de** between)

disséquer /diseke/ /TABLE 6/ VT to dissect

dissertation /disɛʀtasjɔ̃/ NF essay

disserter /disɛʀte/ /TABLE 1/ VI **~ sur** (= *parler*) to speak on; (= *écrire*) to write an essay on

dissidence /disidɑ̃s/ NF (= *sécession*) dissidence; (= *dissidents*) dissidents

dissident, e /disidɑ̃, ɑ̃t/ 1 ADJ dissident; **une fraction ~e de l'organisation** a dissident minority in the organization; **groupe ~** breakaway group 2 NM,F dissident

dissimulation /disimylasjɔ̃/ NF (= *duplicité, cachotterie*) dissimulation; (= *action de cacher*) concealment; **~ de preuve(s)** withholding of evidence

dissimulé, e /disimyle/ (*ptp de* **dissimuler**) ADJ **sentiments mal ~s** ill-concealed feelings; **avec un plaisir non ~** with undisguised pleasure

dissimuler /disimyle/ /TABLE 1/ 1 VT (= *cacher*) to conceal (**à qn** from sb); **il parvenait mal à ~ sa joie** he had difficulty concealing how happy he was 2 VPR **se dissimuler** to hide

dissipation /disipasjɔ̃/ NF ⓐ (= *indiscipline*) misbehaviour (*Brit*), misbehavior (*US*) ⓑ [*de fumée, nuages, brouillard*] clearing; [*de craintes*] dispelling; **après ~ des brumes matinales** after the early morning fog has lifted

dissipé, e /disipe/ (*ptp de* **dissiper**) ADJ [*élève*] undisciplined

dissiper /disipe/ /TABLE 1/ 1 VT ⓐ [+ *soupçon, crainte*] to dispel; [+ *malentendu*] to clear up ⓑ **~ qn** to lead sb astray; **il dissipe ses camarades en classe** he distracts his classmates 2 VPR **se dissiper** ⓐ [*brouillard, fumée, nuages*] to clear; [*inquiétude*] to vanish; [*malaise, fatigue*] to disappear ⓑ [*élève*] to misbehave

dissocier /disɔsje/ /TABLE 7/ 1 VT to dissociate 2 VPR **se dissocier** [*éléments, groupe, équipe*] to break up; **nous tenons à nous ~ de ce groupe** we are anxious to dissociate ourselves from this group

dissolu, e /disɔly/ ADJ dissolute

dissolution /disɔlysjɔ̃/ NF ⓐ [*d'assemblée, gouvernement, mariage, parti*] dissolution ⓑ [*de substance*] dissolving; **jusqu'à ~ complète du cachet** until the tablet has completely dissolved

dissolvant /disɔlvɑ̃/ NM (= *produit*) solvent; **~ (gras)** (*pour les ongles*) nail polish remover

dissonant, e /disɔnɑ̃, ɑ̃t/ ADJ [*sons*] dissonant; [*couleurs*] clashing

dissoudre /disudʀ/ /TABLE 51/ 1 VT ⓐ (*dans un liquide*) **(faire) ~** to dissolve ⓑ [+ *assemblée, gouvernement, mariage, parti*] to dissolve 2 VPR **se dissoudre** ⓐ (*dans un liquide*) to dissolve ⓑ [*association*] to disband

dissuader /disɥade/ /TABLE 1/ VT [*personne*] to dissuade (**de qch** from sth, **de faire** from doing); [*circonstances*] to deter (**de faire** from doing); **il m'a dissuadé d'y aller** he persuaded me not to go

dissuasif, -ive /disɥazif, iv/ ADJ [*argument*] dissuasive; [*armes, mesures*] deterrent; **avoir un effet ~ sur** to have a deterrent effect on; **à un prix ~** at a prohibitive price

dissuasion /disɥazjɔ̃/ NF dissuasion; **la ~ (nucléaire)** (nuclear) deterrence; **de ~** [*mesures, force, stratégie*] deterrent

distance /distɑ̃s/ NF ⓐ (= *éloignement*) distance; **parcourir de grandes ~s** to cover great distances; **respectez les ~s (de freinage)** keep your distance; **à quelle ~ est la gare?** how far away is the station?; **c'est le meilleur sur cette ~** [*coureur*] he's the fastest over this distance; **habiter à quelques kilomètres de ~** to live a few kilometres away (**de** from); **communication/vol longue ~** long-distance call/ flight; **garder ses ~s** to keep one's distance (**vis à vis de** from); **prendre ses ~s** (*dans un rang*) to space out; (*fig*) to stand aloof (**à l'égard de** from); **tenir la ~** [*coureur*] to go the distance
✦ **à distance** from a distance; **tenir qn à ~** to keep sb at a distance; **se tenir à ~** to keep one's distance
ⓑ (= *écart*) gap

distancer /distɑ̃se/ /TABLE 3/ VT [+ *coureur, voiture*] to outdistance; [+ *concurrent, élève*] to outstrip; **se laisser** *ou* **se faire ~** to be outdistanced (*ou* outstripped) (**par** by); **ne nous laissons pas ~** let's not fall behind

distanciation /distɑ̃sjasjɔ̃/ NF distance; **sa ~ par rapport aux événements** the way he has distanced himself from events

distancier (se) /distɑ̃sje/ /TABLE 7/ VPR to distance o.s. **(de** from)

distant, e /distɑ̃, ɑ̃t/ ADJ distant; **il s'est montré très ~** he was very distant; **une ville ~e de 10 km** a town 10km away; **deux villes ~es de 10 km (l'une de l'autre)** two towns 10km apart

distendre /distɑ̃dʀ/ /TABLE 41/ 1 VT [+ *peau*] to distend; [+ *corde, pull, col*] to stretch 2 VPR **se distendre** [*lien*] to slacken; [*ventre, peau*] to become distended

distillation /distilasjɔ̃/ NF distillation

distiller /distile/ /TABLE 1/ VT [+ *alcool*] to distil; **eau distillée** distilled water

distillerie /distilʀi/ NF (= *usine*) distillery; (= *industrie*) distilling

distinct, e /distɛ̃(kt), ɛ̃kt/ ADJ (= *indépendant*) distinct (**de** from); (= *net*) distinct

distinctement /distɛ̃ktəmɑ̃/ ADV distinctly

distinctif, -ive /distɛ̃ktif, iv/ ADJ distinctive

distinction /distɛ̃ksjɔ̃/ NF distinction; **faire la ~ entre** to make a distinction between; **sans ~ de race/d'âge** irrespective of race/age

distingué, e /distɛ̃ge/ (*ptp de* **distinguer**) ADJ distinguished; **notre ~ collègue, le professeur Borel** our distinguished colleague, Professor Borel

distinguer /distɛ̃ge/ /TABLE 1/ VT ⓐ (= *repérer, différencier*) to distinguish; **~ une chose d'une autre ou d'avec une autre** to distinguish one thing from another; **~ qn dans la foule** to spot sb in the crowd; **les deux sœurs sont difficiles à ~ (l'une de l'autre)** the two sisters are difficult to tell apart

ⓑ (= *honorer*) to distinguish; **l'Académie française l'a distingué pour son œuvre poétique** the Académie Française has honoured him for his poetry

2 VPR **se distinguer** to distinguish o.s.; **il s'est distingué par ses découvertes en physique** he has become famous for his discoveries in physics; **il s'est particulièrement distingué en maths** [*étudiant*] he has done particularly well in maths

distorsion /distɔʀsjɔ̃/ NF distortion; (*entre des chiffres, salaires, taux*) imbalance (**entre** between); **~ du temps** time warp

distraction /distʀaksjɔ̃/ NF ⓐ (= *inattention*) absent-mindedness; **cette ~ lui a coûté la vie** this one lapse in concentration cost him his life ⓑ (= *passe-temps*) leisure activity; **ça manque de ~** there's not much in the way of entertainment; **c'est sa seule ~** it's his only form of entertainment

distraire /distʀɛʀ/ /TABLE 50/ 1 VT ⓐ (= *divertir*) to entertain

ⓑ (= *déranger*) to distract (**de** from); **~ l'attention de qn** to distract sb's attention; **il distrait ses camarades de classe** he distracts his classmates; **se laisser facilement ~ de son travail** to be easily distracted from one's work; **~ qn de ses soucis** to take sb's mind off his worries

2 VPR **se distraire** to amuse o.s.; **je vais au cinéma, j'ai besoin de me ~** I'm going to the cinema, I need to take my mind off things; **je lis des romans pour me ~** I read novels for entertainment

distrait, e /distʀɛ, ɛt/ (*ptp de* **distraire**) ADJ absent-minded; **d'un air ~** absent-mindedly; **d'une oreille ~e** with only half an ear

distraitement /distʀɛtmɑ̃/ ADV absent-mindedly

distrayant, e /distʀɛjɑ̃, ɑ̃t/ ADJ entertaining

distribuer /distʀibɥe/ /TABLE 1/ VT to distribute; [+ *courrier*] to deliver; [+ *cartes*] to deal

distributeur, -trice /distʀibytœʀ, tʀis/ 1 NM,F [*de films*] distributor 2 NM (= *appareil*) machine; [*de savon, papier absorbant*] dispenser; **~ (automatique)** vending machine; **~ (automatique) de billets** cash dispenser

distribution /distʀibysjɔ̃/ NF ⓐ distribution; [*de cartes*] deal; [*de courrier*] delivery; **(jour de la) ~ des prix** prize giving (day); **la grande ~** (*Commerce*) large stores ⓑ (= *acteurs*) cast ⓒ [*d'eau, électricité*] supply; **~ par câble** (*TV*) cable distribution

district /distʀikt/ NM district

dit, e /di, dit/ (*ptp de* **dire**) ADJ ⓐ (= *appelé*) **Jean Petit, ~ le Chacal** Jean Petit, also known as the Jackal; **une émission ~e culturelle** a so-called cultural programme ⓑ (= *fixé*) **à l'heure ~e** at the appointed time

dithyrambique /ditiʀɑ̃bik/ ADJ [*commentaire*] laudatory

DIU /deiy/ NM (ABBR = **dispositif intra-utérin**) IUD

diurétique /djyʀetik/ ADJ, NM diuretic

diurne /djyʀn/ ADJ diurnal

divaguer /divage/ /TABLE 1/ VI (= *délirer*) to ramble; (= *dire des bêtises*) to rave

divan /divɑ̃/ NM divan; [*de psychanalyste*] couch

divergence /divɛʀʒɑ̃s/ NF difference

divergent, e /divɛʀʒɑ̃, ɑ̃t/ ADJ differing

diverger /divɛʀʒe/ /TABLE 3/ VI ⓐ [*opinions*] to differ ⓑ [*chemins, rayons*] to diverge

divers, e /divɛʀ, ɛʀs/ ADJ ⓐ (*pl*) (= *varié*) [*couleurs, opinions*] various; [*coutumes*] diverse; (= *différent*) [*sens d'un mot, moments, occupations*] different; **frais ~** miscellaneous expenses ⓑ (*pl* = *plusieurs*) various; **à ~ endroits** in various places

diversement /divɛʀsəmɑ̃/ ADV in various ways; **son discours a été ~ apprécié** there were mixed reactions to his speech

diversification /divɛʀsifikasjɔ̃/ NF diversification

diversifier /divɛʀsifje/ /TABLE 7/ 1 VT [+ *méthodes, exercices*] to vary; [+ *activités, production*] to diversify 2 VPR **se diversifier** [*entreprise*] to diversify; [*activités*] to be diversified; [*clientèle, public*] to become more diverse

diversion /divɛʀsjɔ̃/ NF diversion; **faire ~** to create a diversion

diversité /divɛʀsite/ NF (= *grand nombre*) range; (= *variété*) variety

divertir /divɛʀtiʀ/ /TABLE 2/ 1 VT (= *amuser*) to amuse 2 VPR **se divertir** to amuse o.s.

divertissant, e /divɛʀtisɑ̃, ɑ̃t/ ADJ (= *qui fait rire*) amusing; (= *qui occupe agréablement*) entertaining

divertissement /divɛʀtismɑ̃/ NM entertainment; **la boxe est un ~ populaire** boxing is a popular form of entertainment; **les ~s sont rares dans ce village** there isn't much to do in this village

dividende /dividɑ̃d/ NM dividend

divin, e /divɛ̃, in/ ADJ divine; **la ~e Providence** divine Providence

diviniser /divinize/ /TABLE 1/ VT to deify

divinité /divinite/ NF (= *dieu*) deity

diviser /divize/ /TABLE 1/ VT ⓐ to divide; [+ *gâteau*] to cut up; **~ une somme en trois** to divide a sum of money in three; **~ une somme entre plusieurs personnes** to share a sum among several people; **« ~ pour (mieux) régner »** "divide and rule"; **une famille divisée** a broken family; **l'opinion est divisée en deux par cette affaire** opinion is divided over this matter; **~ 4 par 2** to divide 4 by 2

2 VPR **se diviser** ⓐ (= *se scinder*) [*groupe*] to split up (**en** into); [*cellules*] to divide

ⓑ [*route*] to fork; **ce livre se divise en plusieurs chapitres** this book is divided into several chapters

divisible /divizibl/ ADJ divisible

division /divizjɔ̃/ NF division; **~ cellulaire** cellular division; **faire une ~** to do a division; **club de première ~** first division club

divisionnaire /divizjɔnɛʀ/ ADJ, NM **(commissaire) ~** ≈ chief superintendent (*Brit*), ≈ police chief (*US*)

divorce /divɔʀs/ NM divorce; **demander le ~** to ask for a divorce; **~ par consentement mutuel** divorce by consent (*Brit*), no-fault divorce (*US*)

divorcé, e /divɔʀse/ (*ptp de* **divorcer**) ADJ divorced (**de** from)

divorcer /divɔʀse/ /TABLE 3/ VI to get divorced

divulgation /divylgasjɔ̃/ NF disclosure

divulguer /divylge/ /TABLE 1/ VT to divulge

dix /dis/ NOMBRE ten; **elle a eu ~ sur ~** [*élève*] she got ten out of ten; **avoir ~ dixièmes à chaque œil** to have twenty-twenty vision → **six**

★ *When* **dix** *is used alone,* **x** *is pronounced* **s**, *eg* **compter jusqu'à dix**; *it is pronounced* **z** *before a vowel sound, eg* **j'ai dix ans**, *and not pronounced at all before a consonant, eg* **dix personnes**.

dix-huit /dizɥit/ NOMBRE eighteen → **six**

dix-huitième /dizɥitjɛm/ ADJ, NMF eighteenth; **un fauteuil fin ~** a late eighteenth-century armchair → **sixième**

dixième /dizjɛm/ ADJ, NMF tenth → **sixième**

dix-neuf /diznœf/ NOMBRE nineteen → **six**

dix-neuvième /diznœvjɛm/ ADJ, NMF nineteenth; **les romans du ~** nineteenth-century novels → **sixième**

dix-sept /di(s)sɛt/ NOMBRE seventeen → **six**

dix-septième /di(s)sɛtjɛm/ ADJ, NMF seventeenth; **les auteurs du ~** seventeenth-century writers → **sixième**

dizaine /dizɛn/ NF (= *dix*) ten; (= *quantité voisine de dix*) about ten; **des ~s et des ~s de fois** over and over again

Djakarta /dʒakaʀta/ N Djakarta

djihad /dʒi(j)ad/ NF jihad

dl (ABBR = **décilitre**) dl

do /do/ NM INV (= *note*) C; (*en chantant la gamme*) doh

doc * /dɔk/ NF ABBR = **documentation**

docile /dɔsil/ ADJ docile

docilité /dɔsilite/ NF docility

dock /dɔk/ NM (= *bassin*) dock; (= *cale de construction*) dockyard

docker /dɔkɛʀ/ NM docker

docte /dɔkt/ ADJ (*littér, hum*) learned

docteur /dɔktœʀ/ NM doctor (**ès, en** of); **le ~ Lebrun** Dr Lebrun; **aller chez le ~** to go to the doctor

doctoral, e (*mpl* **-aux**) /dɔktɔʀal, o/ ADJ (*Univ*) doctoral; (*péj* = *pédant*) pompous

doctorat /dɔktɔʀa/ NM doctorate (**ès, en** in); **~ d'État** doctorate → *DIPLÔMES*

doctoresse /dɔktɔʀɛs/ NF woman doctor

doctrine /dɔktʀin/ NF doctrine

docu * /dɔky/ NM ABBR = **documentaire**

document /dɔkymã/ NM document; **~ d'information** information sheet (*ou* leaflet *etc*); **~s d'archives** (*Ciné, TV*) archive footage (*NonC*)

documentaire /dɔkymãtɛʀ/ 1 ADJ [*intérêt*] documentary; **à titre ~** for your (*ou* his *etc*) information 2 NM (= *film*) documentary

documentaliste /dɔkymãtalist/ NMF (*Presse, TV*) researcher; (*Scol*) librarian

documentation /dɔkymãtasjɔ̃/ NF documentation

documenter /dɔkymãte/ /TABLE 1/ 1 VT to document; **(bien) documenté** [+ *personne*] well-informed; [+ *livre, thèse*] well-documented 2 VPR **se documenter** to gather material (**sur** on, about)

dodeliner /dɔd(ə)line/ /TABLE 1/ VI **il dodelinait de la tête** his head was nodding gently

dodo /dodo/ NM (*langage enfantin*) beddy-byes; **il fait ~** he's sleeping; **il est temps d'aller au ~** *ou* **d'aller faire ~** it's time to go to beddy-byes

dodu, e /dody/ ADJ [*volaille*] plump; [*enfant*] chubby

dogmatique /dɔgmatik/ ADJ dogmatic

dogme /dɔgm/ NM dogma

dogue /dɔg/ NM **~ (anglais)** mastiff

doigt /dwa/ NM ⓐ [*de main, gant*] finger; [*d'animal*] digit; **~ de pied** toe; **le petit ~** the little finger; **montrer qn du ~** to point sb out; (*fig*) to point the finger at sb

ⓑ (= *mesure*) **un ~ de vin** a drop of wine; **un ~ de whisky/vodka** a finger of whisky/vodka

ⓒ (*locutions*) **il ne sait rien faire de ses dix ~s** he's useless; **mener qn au ~ et à l'œil** to keep a tight rein on sb; **avec lui, ils obéissent au ~ et à l'œil** with him, they have to toe the line; **mon petit ~ me l'a dit** a little bird told me; **se mettre le ~ dans l'œil (jusqu'au coude)** * to be kidding o.s.*; **il n'a pas levé** *ou* **bougé le petit ~ pour nous aider** he didn't lift a finger to help us; **toucher qch du ~** to touch sth (with one's finger); **faire toucher du ~ qch (à qn)** (*fig*) to bring sth home (to sb); **filer** *ou* **glisser entre les ~s de qn** to slip through sb's fingers; **il a gagné les ~s dans le nez*** he won hands down*; **être à deux ~s** *ou* **un ~ de faire qch** to come very close to doing sth

doigté /dwate/ NM ⓐ (*Musique*) fingering ⓑ (= *tact*) tact; **avoir du ~** to be tactful

doit /dwa/ VB → **devoir**

doléances /dɔleɑ̃s/ NFPL complaints

dollar /dɔlaʀ/ NM dollar

DOM /dɔm/ NM ABBR = **département d'outre-mer**

domaine /dɔmɛn/ NM ⓐ (= *propriété*) estate; **dans le ~ public/privé** in public/private ownership; **ses œuvres sont maintenant dans le ~ public** his works are now out of copyright ⓑ (= *sphère*) field; **dans tous les ~s** in every field; **c'est son ~ réservé** it's his preserve

domanial, e (*mpl* **-iaux**) /dɔmanjal, jo/ ADJ [*forêt*] national

dôme /dom/ NM dome

domestique /dɔmɛstik/ 1 NMF servant 2 ADJ ⓐ [*travaux*] domestic; [*soucis, querelle*] family; **accidents ~s** accidents in the home; **déchets ~s** kitchen waste ⓑ [*animal*] domestic

domestiquer /dɔmɛstike/ /TABLE 1/ VT [+ *animal*] to domesticate

domicile /dɔmisil/ NM place of residence; **~ légal** official domicile; **~ conjugal** marital home; **dernier ~ connu** last known address; **le travail à ~** home-working; **travailler à ~** to work from home; **jouer à ~** (*Sport*) to play at home

domicilier /dɔmisilje/ /TABLE 7/ VT **être domicilié** to live (**à** in)

dominant, e /dɔminã, ãt/ 1 ADJ dominant; [*idéologie, opinion, vent*] prevailing (*avant le nom*); [*idée, trait, préoccupation*] main (*avant le nom*); [*position*] leading (*avant le nom*) 2 NF **dominante** (= *caractéristique*) dominant characteristic; (= *couleur*) dominant colour

dominateur, -trice /dɔminatœʀ, tʀis/ ADJ domineering

domination /dɔminasjɔ̃/ NF domination; **les pays sous (la) ~ britannique** countries under British rule; **exercer sa ~ sur qn** to exert one's influence on sb; **un besoin de ~** a need to dominate

dominer /dɔmine/ /TABLE 1/ 1 VT ⓐ to dominate; [+ *adversaire, concurrent*] to outclass; [+ *sentiment*] to control; [+ *sujet*] to master; **il voulait ~ le monde** he wanted to rule the world; **se laisser ~ par ses passions** to let o.s. be ruled by one's passions; **se faire ~ par l'équipe adverse** to be outclassed by the opposing team; **elle ne put ~ son trouble** she couldn't overcome her confusion

ⓑ (= *surplomber*) to overlook; **la terrasse domine la mer** the terrace overlooks the sea; **de là-haut on domine la vallée** from there you look down over the whole valley

2 VI ⓐ (= *être le meilleur*) [*nation*] to hold sway; [*équipe sportive*] to be on top; **~ de la tête et des épaules** (*fig*) to be head and shoulders above the others

ⓑ (= *prédominer*) [*caractère, défaut, qualité*] to predominate; [*idée, théorie*] to prevail; [*préoccupation, intérêt*] to be dominant; [*couleur*] to stand out; **c'est l'ambition qui domine chez lui** ambition is his dominant characteristic; **c'est le jaune qui domine** the predominant colour is yellow

3 VPR **se dominer** to control o.s.; **il ne sait pas se ~** he has no self-control

dominicain, e /dɔminikɛ̃, ɛn/ 1 ADJ Dominican; **Républi-que ~e** Dominican Republic 2 NM,F **Dominicain(e)** Dominican

dominical, e (*mpl* **-aux**) /dɔminikal, o/ ADJ Sunday

Dominique /dɔminik/ NF (= *île*) **la ~** Dominica

domino /dɔmino/ NM ⓐ domino; **jouer aux ~s** to play dominoes ⓑ (*Élec*) connecting block

dommage /dɔmaʒ/ 1 NM (= *préjudice*) harm (*NonC*); **s'en tirer sans ~(s)** to escape unharmed; **(c'est) ~ !** *ou* **(quel) ~ !** what a pity!; **(c'est** *ou* **quel) ~ que tu ne puisses pas venir** it's a pity you can't come 2 NMPL **dommages** (= *ravages*) damage (*NonC*) 3 COMP ♦ **dommage(s) corporel(s)** physical injury ♦ **dommages de guerre** war damages ♦ **dommages et intérêts** damages

dommageable /dɔmaʒabl/ ADJ harmful (**à** to)

dommages-intérêts /dɔmaʒɛteRe/ NMPL damages

dompter /dɔ̃(p)te/ /TABLE 1/ VT [+ *fauve, nature, fleuve*] to tame; [+ *cheval*] to break in; [+ *enfant insoumis*] to subdue; [+ *sentiments, passions*] to control

dompteur, -euse /dɔ̃(p)tœR, øz/ NM,F tamer; **~ (de lions)** liontamer

DOM-TOM /dɔmtɔm/ NMPL (ABBR = **départements et territoires d'outre-mer**) French overseas departments and territories

> ⓘ **DOM-TOM, ROM and COM**
> *There are four "Départements d'outre-mer": Guadeloupe, Martinique, La Réunion and French Guyana (Guyane). They are run in the same way as metropolitan "départements" and their inhabitants are French citizens. In administrative terms they are also "Régions", and in this regard are also referred to as "ROM" (Régions d'outre-mer). The term "Dom-Tom" is still commonly used, but the term "Territoire d'outre-mer" has been superseded by that of "Collectivité d'outre-mer" (COM). The COM include French Polynesia, Wallis-and-Futuna, New Caledonia and polar territories. They are independent, but each is supervised by a representative of the French government.*
> ▷ www.outre-mer.gouv.fr
> ▷ www.rfo.fr

don /dɔ̃/ NM ⓐ (= *aptitude*) gift; **avoir des ~s** to be gifted; **elle a le ~ de m'énerver** she has a knack of getting on my nerves ⓑ (= *cadeau*) gift; (= *offrande*) donation; **~ du sang** blood donation; **faire ~ de** [+ *fortune, maison*] to donate; **faire (le) ~ de sa vie pour sauver qn** to give one's life to save sb; **c'est un ~ du ciel** it's a godsend

donateur, -trice /dɔnatœR, tRis/ NM,F donor

donation /dɔnasjɔ̃/ NF (*Droit*) ≈ settlement

donc /dɔ̃ *ou* dɔ̃k/ CONJ ⓐ (= *par conséquent: après une digression*) so; **je n'étais pas d'accord, ~ j'ai refusé** I didn't agree so I refused; **je disais ~ que ...** so, as I was saying ...; **j'étais ~ en train de travailler quand ...** so, I was working when ... ⓑ (*intensif: marque la surprise*) then; **c'était ~ un espion ?** he was a spy then? ⓒ (*de renforcement*) **allons ~ !** come on!; **écoute-moi ~** do listen to me; **demande-lui ~** go on, ask him; **tais-toi ~ !** do be quiet!; **pensez ~ !** just imagine!; **comment ~ ?** how do you mean?; **quoi ~ ?** what was that?; **dis ~** (*introduit une question*) tell me; (*introduit un avertissement*) look ...; (*ton indigné*) well really ...; **non mais dis ~, ne te gêne pas !** well, don't mind me!; **tiens ~ !** well, well!

> ★ *The* **c** *is pronounced when* **donc** *begins a phrase, comes before a vowel sound, or is being stressed.*

donjon /dɔ̃ʒɔ̃/ NM keep

don Juan /dɔ̃ʒɥɑ̃/ NM Don Juan

donnant-donnant /dɔnɑ̃dɔnɑ̃/ LOC ADV **avec lui, c'est ~** he always wants something in return; **~ : je te prête mon livre, tu me prêtes ton stylo** fair's fair - I lend you my book and you lend me your pen

donne /dɔn/ NF (*Cartes*) deal; **il y a fausse ~** it's a misdeal; **la nouvelle ~ politique** the new political order

donné, e /dɔne/ (*ptp de* **donner**) 1 ADJ ⓐ [*lieu, date*] given ♦ **étant donné** : **étant ~ la situation** given the situation

♦ **étant donné que** given that

ⓑ (= *pas cher*)* cheap

2 NFPL **données** data; **il nous manque quelques ~es** we haven't got all the data

---

donner /dɔne/

/TABLE 1/	
1 VERBE TRANSITIF	3 VERBE PRONOMINAL
2 VERBE INTRANSITIF	

1 VERBE TRANSITIF

ⓐ to give; **~ qch à qn** to give sth to sb, to give sb sth; **~ à boire à qn** to give sb something to drink; **~ son corps à la science** to donate one's body to science; **~ sa vie pour une cause** to give one's life for a cause; **donnez-moi un kilo d'oranges** I'd like a kilo of oranges; **j'ai déjà donné !** I've already made a donation!; (= *on ne m'y reprendra plus !*) I've been there! ▪ (*PROV*) **c'est ~, reprendre c'est voler** a gift is a gift; **~ quelque chose à faire à qn** to give sb something to do; **~ ses chaussures à ressemeler** to take one's shoes to be resoled; **le médecin lui donne 3 mois** the doctor has given him 3 months; **je vous le donne en mille !*** you'll never guess!; **~ une punition à qn** to punish sb; **~ un coup de balai à la pièce** to give the room a quick sweep

ⓑ = **céder** [+ *vieux vêtements*] to give away; **~ sa place à une dame** to give up one's seat to a lady

ⓒ = **distribuer** to hand out; [+ *cartes*] to deal; **c'est à vous de ~** (*les cartes*) it's your deal

ⓓ = **indiquer** [+ *détails, idée, avis, ton*] to give; [+ *sujet de devoir, tempo*] to set; **pouvez-vous me ~ l'heure ?** can you tell me the time?

ⓔ = **causer** [+ *plaisir, courage*] to give; [+ *peine, mal*] to cause; **ça donne faim** it makes you hungry; **~ le vertige à qn** to make sb giddy; **mangez ça, ça va vous ~ des forces** eat this, it'll give you some energy

ⓕ = **organiser** [+ *réception, bal*] to give; [+ *pièce*] to perform

ⓖ = **attribuer** **quel âge lui donnez-vous ?** how old would you say he was?; **je lui donne 50 ans** I'd say he was 50

ⓗ = **produire** [+ *fruits, récolte*] to yield; [+ *résultat*] to produce; **elle lui a donné un fils** she gave him a son; **cette méthode ne donne rien** this method is totally ineffective; **qu'est-ce que ça donne ?*** how's it going?

ⓘ locutions **~ un fait pour certain** to present a fact as a certainty; **on l'a donné pour mort** he was given up for dead; **tout donne à croire que ...** everything suggests that ...; **c'est ce qu'on m'a donné à entendre** that's what I was given to understand

2 VERBE INTRANSITIF

ⓐ = **produire** **les pommiers ont bien donné cette année** the apple trees have produced a good crop this year

ⓑ locutions

♦ **donner de** : **je ne sais plus où ~ de la tête** I don't know which way to turn

♦ **donner dans** [+ *piège*] to fall into; **il donne dans le sentimentalisme** he's got to be rather sentimental

♦ **donner sur** [*pièce, porte*] to open onto; [*fenêtre*] to overlook; **la maison donne sur la mer** the house overlooks the sea

3 VERBE PRONOMINAL

se donner

ⓐ = **se consacrer** **se ~ à** to devote o.s. to; **il s'est donné à fond** he gave his all

ⓑ = **échanger** **ils se donnaient des baisers** they were kissing each other

ⓒ à **soi-même** **donne-toi un coup de peigne** give your hair a comb; **se ~ bien du mal** to go to a lot of trouble; **il s'est donné la peine de me prévenir** he took the trouble to warn me; **se ~ bonne conscience** to ease one's conscience; **se ~ un président** to choose a president; **s'en ~ à cœur joie** to have a whale of a time*

donneur, -euse /dɔnœʀ, øz/ NM,F **ⓐ** giver; **~ d'ordre** (*Commerce*) principal; **~ de leçons** (*péj*) sermonizer (*péj*) **ⓑ** (= *dénonciateur*)* informer **ⓒ** [*d'organe*] donor; **~ de sang** blood donor; **~ universel** universal donor

dont /dɔ̃/ PRON REL **ⓐ** (*provenant d'un complément de nom : indique la possession, la qualité etc*) whose; **la femme ~ vous apercevez le chapeau** the woman whose hat you can see; **les enfants ~ la mère travaille sont plus indépendants** children with working mothers are more independent **ⓑ** (*indiquant la partie d'un tout*) **il y a eu plusieurs blessés, ~ son frère** there were several casualties, including his brother; **ils ont trois filles ~ deux sont mariées** they have three daughters, of whom two are married **ⓒ** (*indique la manière, la provenance*) **la façon ~ elle marche/ s'habille** the way she walks/dresses; **des mines ~ on extrait la bauxite** mines from which bauxite is extracted; **la classe sociale ~ elle est issue** the social class she came from **ⓓ** (*provenant d'un complément prépositionnel d'adjectif, de verbe : voir aussi les adjectifs et verbes en question*) **l'outil ~ il se sert** the tool he is using; **la maladie ~ elle souffre** the illness she suffers from; **le film/l'acteur ~ elle parle tant** the film/actor she talks about so much; **l'accident ~ il a été responsable** the accident he was responsible for *ou* for which he was responsible; **le collier/l'enfant ~ elle est si fière** the necklace/child she is so proud of

dopage /dɔpaʒ/ NM [*d'athlète*] illegal drug use; [*de cheval*] doping

dopant e /dɔpɑ̃, ɑ̃t/ **1** ADJ **produit ~** drug **2** NM drug

doper /dɔpe/ /TABLE 1/ **1** VT [+ *athlète, cheval*] to dope; [+ *économie, ventes*] to boost **2** VPR **se doper** to take drugs; **il se dope aux amphétamines** he takes amphetamines

dorade /dɔʀad/ NF sea bream

doré e /dɔʀe/ (*ptp de dorer*) ADJ **ⓐ** (= *couvert d'une dorure*) gilded **ⓑ** (= *couleur d'or*) [*peau*] bronzed; [*blé, cheveux, lumière*] golden

dorénavant /dɔʀenavɑ̃/ ADV from now on

dorer /dɔʀe/ /TABLE 1/ **1** VT **ⓐ** (= *couvrir d'or*) [+ *objet*] to gild; **faire ~ un cadre** to have a frame gilded; **~ la pilule à qn*** to sweeten the pill for sb **ⓑ** [+ *peau*] to tan; **se ~ au soleil** *ou* **se ~ la pilule*** to sunbathe **2** VI [*rôti*] to brown; **faire ~ un poulet** to brown a chicken

d'ores et déjà /dɔʀzedeʒa/ LOC ADV → **ores**

dorloter /dɔʀlɔte/ /TABLE 1/ VT to pamper

dormant e /dɔʀmɑ̃, ɑ̃t/ **1** ADJ [*eau*] still **2** NM [*de porte, châssis*] frame

dormeur, -euse /dɔʀmœʀ, øz/ NM,F sleeper; **c'est un gros ~** he likes his sleep

dormir /dɔʀmiʀ/ /TABLE 16/ VI **ⓐ** to sleep; (= *être en train de dormir*) to be asleep; **~ d'un sommeil léger** to sleep lightly; **parler en dormant** to talk in one's sleep; **je n'ai pas dormi de la nuit** I didn't sleep a wink; **avoir envie de ~** to feel sleepy; **ça m'empêche de ~** [*café*] it keeps me awake; [*soucis*] I'm losing sleep over it; **il n'en dort pas** *ou* **plus** he's losing sleep over it **ⓑ** (= *rester inactif*) [*eau*] to be still; [*argent, capital*] to lie idle; **ce n'est pas le moment de ~ !** this is no time for slacking!; **voilà six ans que le projet dort dans un tiroir** the project has been lying dormant for six years **ⓒ** (*locutions*) **je dors debout** I'm asleep on my feet; **une histoire à ~ debout** a cock-and-bull story; **~ comme un loir** *ou* **une souche** to sleep like a log; **il dort à poings fermés** he is sound asleep; **~ tranquille** *ou* **sur ses deux oreilles** to sleep soundly

dorsal e (*mpl* **-aux**) /dɔʀsal, o/ ADJ dorsal; [*douleur*] back

dortoir /dɔʀtwaʀ/ NM dormitory; **banlieue(-)dortoir** dormitory suburb

dorure /dɔʀyʀ/ NF gilt

doryphore /dɔʀifɔʀ/ NM Colorado beetle

dos /do/ NM **ⓐ** [*d'être animé, main, vêtement, siège*] back; [*de livre*] spine; [*de lame*] blunt edge; **couché sur le ~** lying on one's (*ou* its) back; **écrire au ~ d'une enveloppe** to write on the back of an envelope; **robe décolletée dans le ~** low-backed dress; **« voir au ~ »** "see over"; **les vivres sont portés à ~ de chameau/d'homme** the supplies are carried by camel/men; **ils partirent, sac au ~** they set off, their rucksacks on their backs; **avoir les cheveux dans le ~** to wear one's hair loose; **le chat fait le gros ~** the cat is arching its back **ⓑ** (= *nage*) **~ (crawlé)** backstroke **ⓒ** (*locutions*) **il s'est mis tout le monde à ~** he has turned everybody against him; **être ~ à ~** to be back to back; **renvoyer deux adversaires ~ à ~** to send away two opponents without pronouncing in favour of either; **ta mère a bon ~*** that's right, blame your mother! (*iro*); **il n'y a pas avec le ~ de la cuiller*** he certainly doesn't do things by halves; **faire qch dans le ~ de qn** to do sth behind sb's back; **on l'a dans le ~ !*** we've had it!*; **j'ai toujours mon patron sur le ~** my boss is always standing over me; **il s'est mis une sale affaire sur le ~** he has got himself mixed up in a nasty business; **faire des affaires sur le ~ de qn** to make money at sb's expense; **je n'ai rien à me mettre sur le ~** I haven't a thing to wear; **tomber sur le ~ de qn** (= *arriver à l'improviste*) to drop in on sb; (= *attaquer : physiquement*) to go for sb; **tourner le ~ à** to turn one's back on; **dès qu'il a le ~ tourné** as soon as his back is turned

dosage /dozaʒ/ NM [*d'ingrédient, élément*] measuring out; [*de remède*] dosage; **se tromper dans le ~ de qch** to mix sth in the wrong proportions; **tout est question de ~** (= *équilibre*) it's all a matter of striking a balance

dos-d'âne /dodan/ NM INV hump

dose /doz/ NF **ⓐ** [*de médicament*] dose; **~ mortelle** lethal dose **ⓑ** (= *proportion*) amount; **forcer la ~** (*fig*) to overdo it; **pour faire cela, il faut une ~ de courage peu commune** you need an extraordinary amount of courage to do that; **j'aime bien la poésie mais seulement à petites ~s** I like poetry but only in small doses

doser /doze/ /TABLE 1/ VT **ⓐ** (= *mesurer*) [+ *ingrédient, élément*] to measure out; [+ *remède*] to measure out a dose of **ⓑ** (= *proportionner*) [+ *mélange*] to proportion correctly; **gélules dosées à 100 mg** 100mg capsules; **pilule faiblement dosée (en œstrogènes)** low-dose (oestrogen) pill **ⓒ** (= *équilibrer*) to strike a balance between; [+ *exercices, difficultés*] to grade; **~ ses efforts** to pace o.s.

doseur /dozœʀ/ NM measure; **bouchon ~** measuring cap

dossard /dosaʀ/ NM (*Sport*) number (*worn by competitor*); **avec le ~ numéro 9** wearing number 9

dossier /dosje/ NM **ⓐ** [*de siège*] back **ⓑ** (= *documents*) file; **~ d'inscription** (*Scol, Univ*) registration forms; **~ médical** medical records; **~ de presse** press kit; **~ scolaire** school record; **connaître ses ~s** to know what one is about; **être sélectionné sur ~** to be selected on the basis of one's application **ⓒ** (*Droit* = *affaire*) case **ⓓ** (= *question à traiter*) issue; (*Scol, Univ* = *travail de recherche*) project **ⓔ** (*Presse* = *article*) special report **ⓕ** (= *classeur*) file

doter /dɔte/ /TABLE 1/ VT **ⓐ** [+ *fille à marier*] to provide with a dowry; [+ *institution*] to endow; [+ *université, organisme*] to grant money to; **doté de** [*équipement, dispositif*] equipped with **ⓑ** **~ qn/qch de** (= *pourvoir de*) to equip sb/sth with

douane /dwan/ NF **ⓐ** (= *service*) Customs; **marchandises (entreposées) en ~** bonded goods **ⓑ** (*à la frontière*) customs; **poste** *ou* **bureau de ~** customs house; **passer (à) la ~** to go through customs; **(droits de) ~** duty; **exempté de ~** duty-free

douanier, -ière /dwanje, jɛʀ/ **1** ADJ customs **2** NM,F customs officer

doublage /dublaʒ/ NM [*de film*] dubbing; **le ~ d'un acteur** (*voix*) dubbing an actor; (*rôle*) using a double for an actor

double /dubl/ **1** ADJ double; **feuille ~** double sheet of paper; **vous avez fait une ~ erreur** you have made two mistakes; **faire qch en ~ exemplaire** to make two copies of sth; **faire ~ emploi** to be redundant; **fermer une porte à ~ tour** to double-lock a door; **enfermer qn à ~ tour** to put sb under lock and key; **à ~ tranchant** double-edged; **valise à ~ fond** case with a false bottom; **accusé de jouer un ~ jeu** accused of double-dealing; **phrase à ~ sens** sentence with a double meaning; **mener une ~ vie** to lead a double life

2 NM ⓐ (= *quantité*) **gagner le ~ (de qn)** to earn twice as much (as sb); **il pèse le ~ de toi** he weighs twice as much as you do

ⓑ [*de facture, acte*] copy; [*de timbre*] duplicate; [*de personne*] double; **se faire faire un ~ de clé** to have a second key cut; **mettre un fil en ~** to use a double thread; **mettre une couverture en ~** to put a blanket on double; **il a toutes les photos en ~** he has copies of all the photos

ⓒ (*Sport*) doubles; **le ~ dames/mixte** the ladies'/mixed doubles; **faire un ~ ou jouer en ~** to play a doubles match

ⓓ [*de dés, dominos*] double

3 ADV [*payer, compter*] double

4 COMP ♦ **double page** double page spread ♦ **doubles rideaux** double curtains (*Brit*) *ou* drapes (*US*)

doublé, e /duble/ (*ptp de* **doubler**) 1 ADJ lined (**de** with) 2 NM (= *victoire, réussite*) double

double-cliquer /dublǝklike/ VI to double-click; **~ sur un dossier** to double-click on a folder

double-croche (*pl* **doubles-croches**) /dublǝkʀɔʃ/ NF semiquaver (*Brit*), sixteenth note (*US*)

double-décimètre (*pl* **doubles-décimètres**) /dublǝdesimɛtʀ/ NM ruler (*measuring 20cm*)

doublement /dublǝmã/ 1 ADV (= *pour deux raisons*) for two reasons; (= *à un degré double*) doubly 2 NM [*de somme, quantité, lettre*] doubling

doubler /duble/ /TABLE 1/ 1 VT ⓐ [+ *fortune, dose, longueur, salaire*] to double

ⓑ [+ *fil, ficelle*] to double

ⓒ [*étudiant*] [+ *classe, année*] to repeat

ⓓ [+ *film*] to dub; [+ *acteur*] (= *remplacer*) to act as an understudy for; (*dans une scène dangereuse*) to stand in for; **il s'est fait ~ par un cascadeur** a stuntman stood in for him; **~ (la voix de) qn** to dub sb's voice

ⓔ [+ *boîte, paroi, tableau, veste*] to line (**de** with)

ⓕ [+ *véhicule*] to overtake (*Brit*); [+ *cap*] to round

2 VI ⓐ (= *augmenter*) [*nombre, quantité, prix*] to double; **~ de volume/valeur** to double in size/value

ⓑ [*véhicule*] to overtake (*Brit*)

3 VPR **se doubler** : **se ~ de** to be coupled with; **ce dispositif se double d'un système d'alarme** this device works in conjunction with an alarm system

doublure /dublyʀ/ NF ⓐ (= *étoffe*) lining ⓑ (= *remplaçant*) (*au théâtre*) understudy; (*au cinéma*) stand-in; (*pour scènes dangereuses*) stuntman (*ou* stuntwoman)

douce /dus/ ADJ F, NF → **doux**

doucement /dusmã/ 1 ADV ⓐ (= *légèrement*) gently; [*éclairer*] softly; **allez-y ~!** easy does it!* ⓑ (= *graduellement*) [*monter, progresser*] gently; (= *lentement*) [*rouler, avancer*] slowly; [*démarrer*] smoothly; **la route monte ~** the road climbs gently 2 EXCL easy!; **~ avec le whisky!** go easy on the whisky!*

doucereux, -euse /dus(ǝ)ʀø, øz/ ADJ ⓐ [*goût, saveur*] sickly sweet ⓑ (*péj*) [*ton, paroles*] sugary; [*personne, manières*] suave

douceur /dusœʀ/ NF [*de peau, tissu, brosse, voix, lumière, couleur*] softness; [*de temps, saveur, fromage*] mildness; [*de parfum, fruit, liqueur, son, musique*] sweetness; [*de caractère, personne, sourire, geste*] gentleness; **c'est un homme d'une grande ~** he's a very gentle man; **prendre qn par la ~** to deal gently with sb; (*pour convaincre*) to use gentle persuasion on sb; **~ de vivre** gentle way of life

♦ **en douceur** [*démarrage*] smooth; [*démarrer*] smoothly; [*commencer, manœuvrer*] gently; **il faut y aller en ~** we must go about it gently; **ça s'est passé en ~** it went off smoothly

douche /duʃ/ NF shower; **prendre une ~** to have *ou* take a shower; **il est sous la ~** he's in the shower ♦ **douche écossaise** : **ça a été la ~ écossaise** it came as a bit of a shock

doucher /duʃe/ /TABLE 1/ 1 VT **~ qn** to give sb a shower 2 VPR **se doucher** to have *ou* take a shower

douchette /duʃɛt/ NF [*de douche*] shower rose

doué, e /dwe/ ADJ ⓐ (= *talentueux*) gifted (**en** in); **être ~ pour** to have a gift for ⓑ (= *pourvu de*) **~ de** endowed with

douille /duj/ NF [*de cartouche*] cartridge; [*de fil électrique*] socket; (= *ustensile de cuisine*) piping socket

douillet, -ette /dujɛ, ɛt/ 1 ADJ ⓐ [*personne*] soft (*péj*); **je ne suis pas ~** I can take it ⓑ (= *confortable*) cosy 2 NF **douillette** [*de bébé*] quilted coat

douillettement /dujɛtmã/ ADV cosily

douleur /dulœʀ/ NF (*physique*) pain; (*morale*) grief; « **nous avons la ~ de vous faire part du décès de ...** » "it is with great sorrow that we have to tell you of the death of ..."

douloureusement /duluʀøzmã/ ADV (= *physiquement*) painfully; (= *moralement*) grievously

douloureux, -euse /duluʀø, øz/ 1 ADJ painful; [*regard, expression*] pained 2 NF **douloureuse*** (*hum*) (= *addition*) bill (*Brit*), check (*US*); (= *facture*) bill

doute /dut/ NM doubt; **être dans le ~** to be doubtful; **dans le ~, abstiens-toi** when in doubt, don't!; **laisser qn dans le ~** to leave sb in a state of uncertainty; **je n'ai pas le moindre ~ à ce sujet** I haven't the slightest doubt about it; **avoir des ~s sur** *ou* **au sujet de qch/qn** to have one's doubts about sth/sb; **il ne fait aucun ~ que ...** there is no doubt that ...; **mettre en ~** [+ *affirmation, honnêteté de qn*] to question

♦ **sans doute** (= *sûrement*) no doubt; (= *probablement*) probably; **il s'est sans ~ trompé** he's no doubt mistaken; **il arrivera sans ~ demain** he'll probably arrive tomorrow; **tu viendras demain ? — sans ~** are you coming tomorrow — yes, probably; **sans (aucun) ~** without a doubt

▶ When **sans doute** begins a phrase, verb and subject are inverted.

sans ~ s'est-il trompé he's no doubt mistaken

♦ **hors de doute** : **il est hors de ~ qu'il a raison** he's undoubtedly right; **mettre hors de ~** [+ *authenticité*] to prove beyond doubt

douter /dute/ /TABLE 1/ 1 VT INDIR ♦ **douter de** to doubt; [+ *réussite*] to be doubtful of; **il le dit mais j'en doute** he says so but I doubt it; **je n'ai jamais douté du résultat** I never had any doubts about the result; **je doute qu'il vienne** I doubt if he'll come; **il ne doute de rien!** he's got some nerve!*; **il doute de lui(-même)** he has feelings of self-doubt

2 VPR **se douter** : **se ~ de qch** to suspect sth; **je ne m'en suis jamais douté** I never suspected it for a moment; **ça, je m'en doutais depuis longtemps** I've suspected as much for a long time; **il ne se doutait pas qu'elle serait là** he had no idea she would be there; **on s'en serait douté!** (*hum*) surprise, surprise! (*iro*)

⚠ **se douter de qch** *ne se traduit pas par* **to doubt sth**.

douteux, -euse /dutø, øz/ ADJ ⓐ (= *incertain*) doubtful; **il est ~ que ...** it is doubtful whether ...; **il n'est pas ~ que ...** there is no doubt that ...; **d'origine douteuse** of doubtful origin ⓑ (*péj*) [*propreté, qualité, mœurs*] dubious; **d'un goût ~** [*décoration, cravate, plaisanterie*] in dubious taste

Douvres /duvʀ/ N Dover

doux, douce /du, dus/ ADJ ⓐ [*peau, tissu, brosse*] soft ⓑ [*eau*] (= *non calcaire*) soft; (= *non salé*) fresh ⓒ [*temps, climat, températures*] mild; [*brise, chaleur*] gentle; **il fait ~ aujourd'hui** it's mild today ⓓ [*fruit, saveur, liqueur*] sweet; (= *pas fort*) [*moutarde, fromage, tabac, piment*] mild ⓔ [*son, musique*] sweet; [*voix, lumière, couleur*] soft ⓕ (= *modéré*) **en pente douce** gently sloping → **médecine** ⓖ (= *gentil*) [*caractère, manières, reproche, personne, sourire*] gentle; [*punition*] mild; **elle a eu une mort douce** she died peacefully ⓗ (= *agréable*) [*tranquillité, pensées*] sweet

♦ **en douce*** on the quiet*

doux-amer, douce-amère (*mpl* **doux-amers**, *fpl* **douces-amères**) /du(z)amɛʀ, dusamɛʀ/ ADJ bittersweet

douzaine /duzɛn/ NF (= *douze*) dozen; **une ~** (= *environ douze*) about twelve; **une ~ d'huîtres** a dozen oysters; **il y a une ~ d'années** about twelve years ago; **elle a une ~ d'années** she's about twelve

douze /duz/ NOMBRE twelve → **six**

douzième /duzjɛm/ ADJ, NMF twelfth → **sixième**

doyen, -enne /dwajɛ̃, jɛn/ NM,F (*Univ*) ≈ dean; [*d'équipe, groupe*] most senior member; **la doyenne des Français** France's oldest citizen

Dr (ABBR = **docteur**) Dr

draconien, -ienne /dʀakɔnjɛ̃, jɛn/ ADJ draconian; [*régime alimentaire*] strict

dragée /dʀaʒe/ NF (= *friandise*) sugared almond; (= *médicament*) sugar-coated pill; **tenir la ~ haute à qn** to hold out on sb

dragon /dʀagɔ̃/ NM dragon

drague* /dʀag/ NF (*pour séduire*) **la ~** trying to pick people up*

draguer /dʀage/ /TABLE 1/ 1 VT ⓐ [+ *rivière, port, canal*] to dredge; [+ *mines*] to sweep ⓑ (*pour séduire*)* **~ qn** to try and pick sb up*; **elle s'est fait ~ par un mec** some guy tried to pick her up* 2 VI* to try and pick up* girls (*ou guys*)

dragueur, -euse* /dʀagœʀ, øz/ NM,F **c'est un sacré ~** he's a great one for trying to pick up* girls; **quelle dragueuse!** she's always trying to pick up* guys

drain /dʀɛ̃/ NM (*Méd*) drain; **poser un ~ à qn** to insert a drain in sb

drainer /dʀene/ /TABLE 1/ VT ⓐ [+ *sol, plaie*] to drain ⓑ [+ *main-d'œuvre, capitaux*] to bring in; [+ *public, clientèle*] to attract

dramatique /dʀamatik/ 1 ADJ ⓐ (= *tragique*) tragic; **ce n'est pas ~!** it's not the end of the world! ⓑ (*Théât*) **artiste ~** stage actor (*ou* actress); **auteur ~** playwright; **centre ~** drama school; **critique ~** drama critic → **art, comédie** ⓒ (= *épique*) dramatic 2 NF (*TV*) (television) play

⚠ Lorsque l'adjectif **dramatique** signifie **tragique**, *il ne se traduit jamais par* **dramatic**.

dramatiser /dʀamatize/ /TABLE 1/ VT to dramatize; **il ne faut pas ~ (la situation)** you shouldn't dramatize things

dramaturge /dʀamatyʀʒ/ NMF playwright

drame /dʀam/ NM drama; **ce n'est pas un ~!** it's not the end of the world!

drap /dʀa/ NM ⓐ (= *pièce de tissu*) **~ (de lit)** sheet; **~ de bain** bath sheet; **~ de plage** beach towel; **être dans de beaux ou sales ~s** to be in a right mess* ⓑ (= *tissu*) woollen cloth

drapeau (*pl* **drapeaux**) /dʀapo/ NM flag; **le ~ tricolore** the (French) tricolour; **être sous les ~x** to be doing one's military service

draper /dʀape/ /TABLE 1/ 1 VT to drape; **un foulard de soie drapait ses épaules** she had a silk scarf draped over her shoulders 2 VPR **se draper: se ~ dans sa dignité** to stand on one's dignity

drap-housse (*pl* **draps-housses**) /dʀaus/ NM fitted sheet

drastique /dʀastik/ ADJ drastic

dressage /dʀesaʒ/ NM [*d'animal sauvage*] taming; [*de jeune cheval*] breaking in; (*pour le cirque*) training; **épreuve de ~** (*Équitation*) dressage event

dresser /dʀese/ /TABLE 1/ 1 VT ⓐ [+ *inventaire, liste, plan, carte*] to draw up; **il a dressé un bilan encourageant de la situation** he gave an encouraging review of the situation ⓑ [+ *échafaudage, barrière, échelle, lit, tente*] to put up; **nous avons dressé un buffet dans le jardin** we laid out a buffet in the garden; **~ le couvert** *ou* **la table** to lay *ou* set the table; **dressez les filets sur un plat** arrange the fillets on a dish ⓒ [+ *tête*] to raise; **~ l'oreille** to prick up one's ears; **~ l'oreille** *ou* **ses oreilles** [*chien*] to prick up its ears; **une histoire à faire ~ les cheveux sur la tête** a tale to make your hair stand on end ⓓ (= *braquer*) **~ qn contre** to set sb against ⓔ (= *dompter*) [+ *animal sauvage*] to tame; [+ *jeune cheval*]

to break (in); (*pour le cirque*) to train; **~ un chien à rapporter** to train a dog to retrieve

2 VPR **se dresser** ⓐ [*personne*] (*debout*) to stand up; (*assis*) to sit up straight; **se ~ sur la pointe des pieds** to stand on tiptoe; **se ~ sur ses pattes de derrière** [*cheval*] to rear up; [*autre animal*] to stand up on its hind legs ⓑ [*oreille*] to prick up ⓒ [*statue, bâtiment, obstacle*] to stand; (*de façon imposante*) to tower (up) ⓓ (= *s'insurger*) to rise up (**contre, face à** against)

dresseur, -euse /dʀesœʀ, øz/ NM,F trainer; [*d'animaux sauvages*] tamer; **~ de chevaux** (*débourrage*) horse-breaker

DRH /deɛʀaʃ/ 1 NF (ABBR = **direction des ressources humaines**) HR department 2 NMF (ABBR = **directeur, -trice des ressources humaines**) HR manager

dribble /dʀibl/ NM (*Sport*) dribble

dribbler /dʀible/ /TABLE 1/ 1 VI to dribble 2 VT [+ *joueur*] to dribble past

dring /dʀiŋ/ EXCL, NM ding!

drive /dʀajv/ NM (*Golf, Informatique*) drive

driver /dʀajve, dʀive/ /TABLE 1/ 1 VT [*jockey*] to drive 2 VI (*Golf*) to drive

drogue /dʀɔg/ NF drug; **la ~** drugs; **une ~ dure/douce** a hard/soft drug; **il prend de la ~** he takes drugs

drogué, e /dʀɔge/ (*ptp de* **droguer**) NM,F drug addict

droguer /dʀɔge/ /TABLE 1/ 1 VT to drug 2 VPR **se droguer** ⓐ (*de stupéfiants*) to take drugs; **il se drogue** he takes drugs; **se ~ à la cocaïne** to take cocaine ⓑ (*de médicaments*) to dose o.s. up (**de** with)

droguerie /dʀɔgʀi/ NF (= *magasin*) hardware shop

droguiste /dʀɔgist/ NMF owner of a hardware shop

droit¹, e¹ /dʀwa, dʀwat/ 1 ADJ right; **du côté ~** on the right-hand side → **bras**

2 NM (*Boxe* = *poing*) **crochet du ~** right hook

3 NF **droite** ⓐ (*opposé à la gauche*) **la ~e** the right; **à ~e** on the right; (*direction*) to the right; **à ma ~e** on my right; **le tiroir/chemin de ~e** the right-hand drawer/path; **à ~e de la fenêtre** to the right of the window; **de ~e à gauche** from right to left; **il a couru à ~e et à gauche pour se renseigner** he tried everywhere to get some information ⓑ (*sur route*) **rouler à ~e** to drive on the right; **garder** *ou* **tenir sa ~e** to keep to the right ⓒ (*Politique*) **la ~e** the right wing; **candidat/idées de ~e** right-wing candidate/ideas; **un homme de ~e** a man of the right; **membre de la ~e** right-winger

droit², e² /dʀwa, dʀwat/ 1 ADJ ⓐ (= *sans déviation, non courbe*) [*barre, ligne, route, nez*] straight; **ça fait 4 km en ligne ~e** it's 4km as the crow flies → **coup** ⓑ (= *vertical, non penché*) [*arbre, mur*] straight; **ce tableau n'est pas ~** this picture isn't straight; **tiens ta tasse ~e** hold your cup straight; **être** *ou* **se tenir ~ comme un i** to stand bolt upright; **tiens-toi ~** (*debout*) stand up straight; (*assis*) sit up straight ⓒ (= *honnête, loyal*) [*personne*] upright

2 NF **droite** (= *ligne*) straight line

3 ADV [*viser, couper, marcher*] straight; **aller/marcher ~ devant soi** to go/walk straight ahead; **c'est ~ devant vous** it's right in front of you; **aller ~ à la faillite** to be heading straight for bankruptcy; **aller ~ au but** *ou* **au fait** to go straight to the point

droit³ /dʀwa/ 1 NM ⓐ (= *prérogative*) right; **le ~ des peuples à disposer d'eux-mêmes** the right of peoples to self-determination; **~ de pêche/chasse** fishing/hunting rights; **le ~ au logement** the right to have somewhere to live; **~ du sang/du sol** right to nationality based on parentage/on place of birth; **avoir le ~ de faire qch** (*simple permission, possibilité*) to be allowed to do sth; (*autorisation juridique*) to have the right to do sth; **avoir ~ à** to be entitled to; **il a eu ~ à une bonne raclée*** (*hum*) he got a good hiding*; **avoir (le) ~ de vie ou de mort sur** to have power of life and death over; **avoir ~ de regard sur** [+ *documents*] to have the right to examine; [+ *affaires, décision*] to have a say in; **avoir des ~s sur** to have rights over; **cette carte**

vous donne ~ à des places gratuites this card entitles you to free seats; **être en ~ de faire qch** to be entitled to do sth; **être dans son ~** to be within one's rights; **c'est votre ~** you are perfectly entitled to do so; **de quel ~ est-il entré ?** what right did he have to come in?
ⓑ (*Droit*) **le ~** law; **faire son ~** (*Univ*) to study law; **~ civil/pénal** civil/criminal law; **~ écrit** statute law; **~ des affaires** company law
ⓒ (= *taxe*) **~ d'entrée** entrance fee; **~s d'inscription/d'enregistrement** enrolment/registration fee
2 COMP ♦ **droit d'asile** right of asylum ♦ **droit d'auteur** (= *propriété artistique, littéraire*) copyright; **~s d'auteur** (= *rémunération*) royalties ♦ **droit de cité**: **avoir ~ de cité parmi/dans** to be established among/in ♦ **droits civils** civil rights ♦ **droits civiques** civic rights ♦ **droit commun**: **condamné/délit de ~ commun** common law criminal/crime ♦ **droits de douane** customs duties ♦ **les droits de la femme** women's rights ♦ **le droit de grève** the right to strike ♦ **les droits de l'homme** human rights ♦ **droit de passage** right of way ♦ **droit de propriété** right of property ♦ **droits de reproduction** reproduction rights; **« tous ~s (de reproduction) réservés »** "all rights reserved" ♦ **droits de succession** inheritance tax ♦ **droit de visite** (right of) access ♦ **le droit de vote** the right to vote

droitier, -ière /dʀwatje, jɛʀ/ 1 ADJ (= *non gaucher*) right-handed 2 NM,F right-handed person; **c'est un ~** (= *sportif*) he's a right-handed player

droiture /dʀwatyʀ/ NF [*de personne*] uprightness

drôle /dʀol/ ADJ ⓐ (= *amusant, bizarre*) funny; **je ne trouve pas ça ~** I don't find that funny; **la vie n'est pas ~** life's no joke; **tu es ~, je ne pouvais pourtant pas l'insulter !** you must be joking - I could hardly insult him!; **avoir un ~ d'air** to look funny; **un ~ de type** a strange guy; **il a fait une ~ de tête !** he pulled such a face!; **ça me fait (tout) ~ (de le voir)*** it gives me a funny feeling (to see him)
ⓑ (*intensif*)* **un ~ d'orage** a fantastic* storm; **de ~s de muscles/progrès** fantastic* muscles/progress; **une ~ de correction** a hell of a punishment*; **on en a vu de ~s pendant la guerre** we had a hard time of it during the war

drôlement /dʀolmɑ̃/ ADV ⓐ (= *bizarrement*) strangely; **il m'a regardé ~** he gave me a strange *ou* funny look
ⓑ (= *extrêmement*) [*bon, sage, froid*]* terribly; **il est ~ musclé** he's really muscular; **il a ~ changé** he's changed an awful lot*; **ça lui a fait ~ plaisir** it pleased him no end*

drôlerie /dʀolʀi/ NF funniness; **c'est d'une ~ !** it's so funny!

dromadaire /dʀɔmadɛʀ/ NM dromedary

drop /dʀɔp/, **drop-goal** (*pl* **drop-goals**) /dʀɔpgol/ NM (= *coup de pied*) drop kick; (= *but*) drop goal; **passer un ~** to score a drop goal

dru, e /dʀy/ 1 ADJ [*herbe, barbe, haie*] thick 2 ADV [*pousser*] thickly

drug(-)store (*pl* **drug(-)stores**) /dʀœgstɔʀ/ NM drugstore

druide /dʀ[ɥ]id/ NM druid

DST /deɛste/ NF (ABBR = **Direction de la surveillance du territoire**) ≈ MI5 (*Brit*), ≈ CIA (*US*)

du /dy/ PRÉP, ART → **de**

dû, due /dy/ (*ptp de* **devoir**) 1 ADJ ⓐ (= *à restituer*) owing; (= *arrivé à échéance*) due; **la somme qui lui est due** the sum owing to him
ⓑ ♦ **dû à** due to; **ces troubles sont dus à …** these troubles are due to …
2 NM due; (= *somme*) dues

dubitatif, -ive /dybitatif, iv/ ADJ doubtful; **d'un air ~** doubtfully

Dublin /dyblɛ̃/ N Dublin

dublinois, e /dyblinwa, waz/ 1 ADJ of *ou* from Dublin 2 NM,F **Dublinois(e)** Dubliner

duc /dyk/ NM duke

duchesse /dyʃɛs/ NF (= *noble*) duchess

duel /dɥɛl/ NM duel; **se battre en ~** to fight a duel (**avec** with); **le ~ qui opposera Reims à Lyon** (*Sport*) the forthcoming battle between Reims and Lyon

dûment /dymɑ̃/ ADV duly

dumping /dœmpiŋ/ NM dumping; **faire du ~** to dump goods; **~ social** social dumping

dune /dyn/ NF dune; **~ de sable** sand dune

Dunkerque /dœkɛʀk/ N Dunkirk

duo /dɥo/ NM (= *chanson*) duet; (= *spectacle*) duo; **chanter en ~** to sing a duet

dupe /dyp/ 1 NF dupe 2 ADJ **être ~ (de)** to be taken in (by)

duper /dype/ /TABLE 1/ VT to dupe

duplex /dyplɛks/ 1 ADJ INV (*Téléc*) duplex 2 NM (= *appartement*) split-level apartment; (*Can* = *house*) maisonette (*Brit*), duplex (*US*); **(émission en) ~** link-up

duplicata /dyplikata/ NM INV duplicate

duplicité /dyplisite/ NF duplicity

dupliquer /dyplike/ /TABLE 1/ VT to duplicate

dur, e /dyʀ/ 1 ADJ ⓐ [*roche, métal, lit, crayon, sol*] hard; [*carton, col, brosse, porte*] stiff; [*viande*] tough; **être ~ d'oreille** to be hard of hearing
ⓑ [*problème, travail, parcours*] hard; **~ à manier/croire** hard to handle/believe; **c'est un enfant très ~** he's a very difficult child
ⓒ [*climat, punition, combat, couleur*] harsh; [*leçon*] hard; [*eau*] hard; **la vie est ~e** it's a hard life; **les temps sont ~s** times are hard; **il nous mène la vie ~e** he gives us a hard time; **le plus ~ est passé** the worst is over
ⓓ (= *sévère*) hard; [*loi, critique*] harsh; **être ~ avec** *ou* **pour** *ou* **envers qn** to be hard on sb
ⓔ (= *insensible*) [*personne*] hard
2 ADV [*travailler, frapper*]* hard; **croire à qch ~ comme fer** to have a blind belief in sth
3 NM **c'est un ~*** he's a tough guy*; **c'est un ~ à cuire*** he's a tough nut*; **jouer les ~s** to act tough
♦ **en dur**: **une construction en ~** a permanent structure; **un court (de tennis) en ~** a hard court
4 NF
♦ **à la dure**: **être élevé à la ~e** to be brought up the hard way; **vivre à la ~e** to live rough

durable /dyʀabl/ ADJ lasting; [*emploi*] long-term

durant /dyʀɑ̃/ PRÉP (= *pendant*) for; (= *au cours de*) during; **deux heures ~** for a full two hours; **des années ~** for years and years; **sa vie ~** throughout his life

durcir /dyʀsiʀ/ /TABLE 2/ 1 VT [+ *attitude*] to harden; [+ *contrôle, embargo, sanctions*] to tighten; **~ ses positions** to take a tougher stand; **~ le mouvement de grève** to step up strike action 2 VI **se durcir** VPR [*sol, colle, visage, attitude, ton*] to harden; [*conflit*] to become more serious; **le mouvement de grève s'est durci** the strikers have stepped up their action

durcissement /dyʀsismɑ̃/ NM [*d'attitude, positions*] hardening; [*de sanctions, embargo*] tightening; **~ des mouvements de grève** stepping up of strike action

durée /dyʀe/ NF [*de spectacle, opération*] length; [*de bail*] term; [*de prêt*] period; [*de pile, ampoule*] life; **pour une ~ illimitée** for an unlimited period; **pendant une ~ d'un mois** for one month; **pendant la ~ des réparations** while repairs are being carried out; **de courte ~** [*séjour*] short; [*bonheur, répit*] short-lived; **(de) longue ~** [*chômage, visa*] long-term; [*pile*] long-life

durement /dyʀmɑ̃/ ADV ⓐ (= *sévèrement, brutalement*) harshly; **la manifestation a été ~ réprimée** the demonstration was suppressed using force ⓑ [*éprouvé, ressenti*] sorely; **la région a été ~ touchée par la crise** the region was hard hit by the recession

durer /dyʀe/ /TABLE 1/ VI to last; **combien de temps cela dure-t-il ?** how long does it last?; **le festival dure (pendant) deux semaines** the festival lasts (for) two weeks; **la fête a duré toute la nuit/jusqu'au matin** the party went on all night/until morning; **ça fait deux mois que ça dure** it has been going on for two months

dureté /dyʀte/ NF ⓐ [*de métal, crayon*] hardness; [*de brosse*] stiffness; [*de viande*] toughness ⓑ (= *sévérité*) hardness; [*de loi, critique*] harshness; **sa ~ de ton m'a surpris** his harsh tone surprised me ⓒ (= *insensibilité*) hardheartedness; **traiter qn avec ~** to treat sb harshly ⓓ [*d'eau, problème, travail*] hardness; [*de climat, punition, combat*] harshness

durillon /dyʀijɔ̃/ NM callus

DUT /deyte/ NM (ABBR = **diplôme universitaire de technologie**) *two-year diploma taken at a technical college after the baccalauréat*

duty-free /djutifʀi/ 1 ADJ duty-free 2 NM duty-free (shop); **en ~** duty-free; **j'ai acheté du parfum en ~** I bought some duty-free perfume

duvet /dyvɛ/ NM ⓐ [*de fruit, oiseau, joues*] down ⓑ (= *sac de couchage*) sleeping bag

DVD /devede/ NM (ABBR = **digital versatile disc**) DVD; **lecteur ~** DVD drive

DVD-Rom /devedeʀɔm/ NM DVD-ROM

dynamique /dinamik/ 1 ADJ dynamic 2 NF dynamics (*sg*); (*fig*) dynamic; **créer une ~ de croissance** to create a dynamic of growth; **la ~ de groupe** group dynamics

dynamiser /dinamize/ /TABLE 1/ VT [+ *économie, marché*] to stimulate; [+ *personnel*] to energize; [+ *affiche, image de marque*] to make more dynamic

dynamisme /dinamism/ NM dynamism

dynamite /dinamit/ NF dynamite; **faire sauter qch à la ~** to blow sth up with dynamite

dynamiter /dinamite/ /TABLE 1/ VT to dynamite; (*fig*) to destroy

dynamo /dinamo/ NF dynamo

dynastie /dinasti/ NF dynasty

dysenterie /disɑ̃tʀi/ NF dysentery

dysfonctionnement /disfɔ̃ksjɔnmɑ̃/ NM [*d'organisation, système*] poor running (*NonC*); **il y a des ~s dans la gestion du service** there are problems in the management of the department

dyslexie /dislɛksi/ NF dyslexia

dyslexique /dislɛksik/ ADJ, NMF dyslexic

E

eau (pl **eaux**) /o/ **1** NF ⓐ water; (= pluie) rain; **sans ~** [alcool] neat; **passer qch sous l'~** to give sth a quick rinse; **laver à grande ~** [+ sol] to wash down; (avec un tuyau) to hose down; [+ légumes] to wash thoroughly
♦ **à l'eau**: **cuire à l'~** to boil; **se passer les mains à l'~** to rinse one's hands; **aller à l'~** to go for a dip*; **mettre à l'~** [+ bateau] to launch; **mise à l'~** launching; **se mettre à l'~** (= nager) to get into the water; **notre projet est tombé à l'~** our project has fallen through
ⓑ (locutions) **tout cela apporte de l'~ à son moulin** it's all grist to his mill; **aller sur l'~** (= flotter) to be buoyant; (= naviguer) to sail; **j'en avais l'~ à la bouche** it made my mouth water; **être en ~** to be bathed in sweat; **faire ~** to leak; **mettre de l'~ dans son vin** (= modérer ses prétentions) to climb down; (= faire des concessions) to make concessions; **prendre l'~** to let in water; **il y a de l'~ dans le gaz*** things aren't running too smoothly
2 NFPL **eaux** ⓐ [de fleuve] **basses ~x** low water; **hautes ~x** high water; **la Compagnie des Eaux et de l'Ozone** the French water utility; **dans ces ~x-là** or thereabouts; **entre deux ~x** just below the surface; **nager entre deux ~x** to keep a foot in both camps
ⓑ **elle a perdu les ~x** her waters have broken
3 COMP ♦ **eau de Cologne** eau de Cologne ♦ **eau courante** running water ♦ **eau de cuisson** cooking water ♦ **eau douce** fresh water ♦ **les Eaux et Forêts** ≈ the Forestry Commission (Brit), ≈ the Forest Service (US) ♦ **eau gazeuse** sparkling mineral water ♦ **eau de javel** bleach ♦ **eaux ménagères** household waste water ♦ **eau de mer** sea water ♦ **eau minérale** mineral water ♦ **eau oxygénée** hydrogen peroxide ♦ **eau de parfum** eau de parfum ♦ **eau plate** still water ♦ **eau de pluie** rainwater ♦ **eau potable** drinking water ♦ **eau du robinet** tap water ♦ **eau de rose** rose water; **roman à l'~ de rose** sentimental novel ♦ **eau salée** salt water ♦ **eau de source** spring water ♦ **eaux territoriales** territorial waters; **dans les ~x territoriales françaises** in French territorial waters ♦ **eaux thermales** thermal springs ♦ **eau de toilette** eau de toilette ♦ **eaux usées** waste water ♦ **eau de vaisselle** dishwater

eau-de-vie (pl **eaux-de-vie**) /od(ə)vi/ NF eau de vie; **cerises à l'~** cherries in brandy

eau-forte (pl **eaux-fortes**) /ofɔʀt/ NF etching

ébahi, e /ebai/ (ptp d'**ébahir**) ADJ dumbfounded

ébahir /ebaiʀ/ /TABLE 2/ VT to dumbfound

ébats /eba/ NMPL frolics; **~ amoureux** lovemaking

ébattre (s') /ebatʀ/ /TABLE 41/ VPR to frolic

ébauche /eboʃ/ NF [de livre, projet] outline; [de tableau, dessin] sketch; [de statue] rough shape

ébaucher /eboʃe/ /TABLE 1/ VT [+ livre, plan, tableau] to sketch out; [+ programme d'action] to outline; [+ conversation] to start up; [+ relations] to open up; **~ un sourire** to give a faint smile; **~ un geste** to start to make a movement

ébène /ebɛn/ NF ebony

ébéniste /ebenist/ NMF cabinetmaker

ébénisterie /ebenist(ə)ʀi/ NF (= métier) cabinetmaking; (= façon, meuble) cabinetwork

éberlué, e /ebɛʀlɥe/ ADJ flabbergasted

éblouir /ebluiʀ/ /TABLE 2/ VT to dazzle

éblouissant, e /ebluisɑ̃, ɑ̃t/ ADJ dazzling

éblouissement /ebluismɑ̃/ NM ⓐ [de lampe] dazzle ⓑ (= émerveillement) bedazzlement; (= spectacle) dazzling sight ⓒ (= vertige) **avoir un ~** to have a dizzy spell

éborgner /ebɔʀɲe/ /TABLE 1/ VT **~ qn** to poke sb's eye out; **j'ai failli m'~ contre la cheminée*** I nearly poked my eye out on the corner of the mantelpiece

éboueur /ebwœʀ/ NM binman (Brit), garbage man (US)

ébouillanter /ebujɑ̃te/ /TABLE 1/ **1** VT to scald; [+ théière] to warm **2** VPR **s'ébouillanter** to scald o.s.

éboulement /ebulmɑ̃/ NM ⓐ [de falaise] collapsing; [de mur] falling in; **~ de rochers** rock fall; **~ de terrain** landslide ⓑ (= éboulis) [de rochers] heap of rocks; [de terre] heap of earth

ébouler (s') /ebule/ /TABLE 1/ VPR [falaise] to collapse; [mur] to fall in; [terre] to slip

éboulis /ebuli/ NM [de rochers] mass of fallen rocks; [de terre] mass of fallen earth

ébouriffé, e /ebuʀife/ (ptp d'**ébouriffer**) ADJ [cheveux, personne] dishevelled; [plumes, poils] ruffled; **il était tout ~** his hair was all dishevelled

ébouriffer /ebuʀife/ /TABLE 1/ VT ⓐ [+ cheveux] to tousle; [+ plumes, poil] to ruffle ⓑ (= surprendre)* to amaze

ébranler /ebʀɑ̃le/ /TABLE 1/ **1** VT to shake; **le monde entier a été ébranlé par cette nouvelle** the whole world was shaken by the news; **se laisser ~ par qch** to allow o.s. to be swayed by sth **2** VPR **s'ébranler** [train, véhicule, cortège] to move off

ébréché, e /ebʀeʃe/ /TABLE 6/ ADJ [assiette] chipped; **la lame est ~e** the blade has got a nick in it

ébriété /ebʀijete/ NF **en état d'~** inebriated

ébrouer (s') /ebʀue/ /TABLE 1/ VPR [oiseau, chien] to shake itself; [cheval] to snort; [personne] to shake o.s.

ébruiter /ebʀɥite/ /TABLE 1/ VT [+ nouvelle, rumeur] to spread **2** VPR **s'ébruiter**: **il ne faut pas que ça s'ébruite** people mustn't get to know about this; **l'affaire s'est ébruitée** news of the affair got out

ébullition /ebylisjɔ̃/ NF [d'eau] boiling; (= agitation) turmoil; **avant l'~** before boiling point is reached; **portez à ~** bring to the boil; **maintenir à ~ trois minutes** simmer for three minutes
♦ **en ébullition**: **être en ~** [liquide] to be boiling; [ville, pays, maison] to be in turmoil; [personne surexcitée] to be bubbling over with excitement

écaille /ekaj/ NF scale; [de tortue, huître] shell; [de peinture] flake; **en ~** tortoiseshell; **lunettes d'~** tortoiseshell glasses

écaillé, e /ekaje/ (ptp d'**écailler**) ADJ [peinture, surface, baignoire] chipped; [façade] peeling

écailler¹ /ekaje/ /TABLE 1/ **1** VT [+ poisson] to scale; [+ huîtres] to open; [+ peinture] to chip **2** VPR **s'écailler** [peinture] to flake; [vernis à ongles] to chip

écailler², **-ère** /ekaje, jɛʀ/ NM,F (= *marchand*) oyster seller; (= *restaurateur*) owner of an oyster bar

écarlate /ekaʀlat/ ADJ scarlet; **devenir ~** to turn scarlet (**de** with)

écarquiller /ekaʀkije/ /TABLE 1/ VT **~ les yeux** to stare wide-eyed (**devant** at)

écart /ekaʀ/ 1 NM ⓐ (= *différence*) (*entre objets, dates*) gap; (*entre chiffres, températures, opinions*) difference; (*entre explications*) discrepancy; **l'~ de prix entre les deux modèles est important** there's a big difference in price between the two models; **il y a un gros ~ d'âge entre eux** there's a big age gap between them; **ils ont 11 ans d'~** there are 11 years between them; **réduire l'~ entre** to narrow the gap between; **réduire l'~ à la marque** to narrow the gap ⓑ (= *action*) **faire un ~** [*cheval*] to shy; [*voiture*] to swerve; [*personne surprise*] to jump out of the way; **faire un ~ de régime** to break one's diet; **faire le grand ~** to do the splits; (*fig*) to do a balancing act ⓒ ♦ **à l'écart** : **être à l'~** [*hameau*] to be isolated; **tirer qn à l'~** to take sb to one side; **mettre** *ou* **tenir qn à l'~** (= *empêcher de participer*) to keep sb on the sidelines; (= *empêcher d'approcher*) to hold sb back; **rester à l'~** (= *s'isoler*) to remain aloof; (= *ne pas approcher*) to stay in the background; (= *ne pas participer*) to stay on the sidelines ♦ **à l'écart de** : **la maison est à l'~ de la route** the house is off the road; **ils habitent un peu à l'~ du village** they live just outside the village; **tenir qn à l'~ d'un lieu** to keep sb away from a place; **tenir qn à l'~ d'une affaire** to keep sb out of a deal; **rester à l'~ des autres** to keep out of the way of the others; **rester à l'~ de la politique** to steer clear of politics 2 COMP ♦ **écart de conduite** misdemeanour ♦ **écart de langage** bad language (*NonC*); **faire un ~ de langage** to use unacceptable language

écarté, **e** /ekaʀte/ (*ptp d'***écarter**) ADJ [*lieu, hameau*] remote; [*yeux*] set far apart; **avoir les dents ~es** to have gappy teeth; **il se tenait debout, les jambes ~es** he stood with his legs apart

écarteler /ekaʀtəle/ /TABLE 5/ VT (= *supplicier*) to quarter; **écartelé entre ses obligations familiales et professionnelles** torn between family and professional obligations

écartement /ekaʀtəmɑ̃/ NM gap

écarter /ekaʀte/ /TABLE 1/ 1 VT ⓐ (= *séparer*) [+ *objets*] to move apart; [+ *bras, jambes, doigts*] to spread; [+ *rideaux*] to draw; **il écarta la foule pour passer** he pushed his way through the crowd ⓑ (= *rejeter*) [+ *objection, idée, candidature*] to dismiss; [+ *personne*] to remove (**de** from) ⓒ (= *éloigner*) [+ *meuble*] to move away; [+ *personne*] to push back (**de** from); **tout danger est maintenant écarté** the danger's passed now 2 VPR **s'écarter** ⓐ [*foule*] to draw aside; **la foule s'est écartée pour le laisser passer** the crowd drew aside to let him through ⓑ (= *s'éloigner*) to step back (**de** from); **écartez-vous !** move out of the way!; **s'~ de sa route** to stray from one's path; **s'~ du droit chemin** to wander from the straight and narrow; **s'~ de la norme** to deviate from the norm; **s'~ du sujet** to get off the subject

ecchymose /ekimoz/ NF bruise

ecclésiastique /eklezjastik/ NM ecclesiastic

écervelé, **e** /esɛʀvəle/ 1 ADJ (= *étourdi*) scatterbrained 2 NM,F scatterbrain

échafaud /eʃafo/ NM (*pour l'exécution*) scaffold; **monter à l'~** to mount the scaffold

échafaudage /eʃafodaʒ/ NM (*de construction*) scaffolding (*NonC*); **ils ont mis un ~** they have put up scaffolding

échafauder /eʃafode/ /TABLE 1/ VT [+ *projet, théorie*] to construct; **il a échafaudé toute une histoire pour ne pas venir** he made up a whole story so he wouldn't have to come

échalas * /eʃala/ NM (= *personne*) beanpole*

échalote /eʃalɔt/ NF shallot

échancré, **e** /eʃɑ̃kʀe/ ADJ **une robe très ~e** a dress with a plunging neckline; **une robe ~e dans le dos** a dress cut low in the back

échancrure /eʃɑ̃kʀyʀ/ NF [*de robe*] neckline

échange /eʃɑ̃ʒ/ NM ⓐ exchange; (= *troc*) swap; **~ de vues** exchange of views; **~ scolaire** school exchange; **~s de coups avec la police** scuffles with the police; **c'est un ~ de bons procédés** one good turn deserves another; **faire l'~ standard d'un moteur** to replace an engine with a new one; **~s commerciaux** trade ♦ **en échange** (= *par contre*) on the other hand; (= *en guise de troc*) in exchange; (= *pour compenser*) to make up for it; **en ~ de** in exchange for ⓑ (*Tennis, Ping-Pong*) rally; **faire des ~s** to warm up

échanger /eʃɑ̃ʒe/ /TABLE 3/ 1 VT to exchange (**contre** for); « **les articles soldés ne sont ni repris ni échangés** » "sale goods can neither be returned nor exchanged"; **ils ont échangé des remerciements** they thanked one another; **~ des balles** (*Tennis, Ping-Pong*) to warm up 2 VPR **s'échanger** : **le mark s'échangeait à 3,55 €** the mark was trading at 3.55 euros

échangeur /eʃɑ̃ʒœʀ/ NM (= *route*) interchange

échantillon /eʃɑ̃tijɔ̃/ NM sample; (*pour tester*) tester; (= *exemple*) example; **~ de sang** blood sample; **~ représentatif** representative sample

échantillonnage /eʃɑ̃tijɔnaʒ/ NM ⓐ (= *collection*) selection of samples; **~ d'outils** selection of tools ⓑ (*en statistique*) sampling

échappatoire /eʃapatwaʀ/ NF (= *faux-fuyant*) way out; **sa réponse n'était qu'une ~** his answer was just a way of evading the issue

échappé, **e** /eʃape/ (*ptp d'***échapper**) 1 NM,F (= *coureur*) breakaway; **les ~s** the breakaway group 2 NF **échappée** [*de course*] breakaway; **faire une ~e de 100 km** to be ahead of the pack for 100km

échappement /eʃapmɑ̃/ NM ⓐ [*de voiture*] exhaust; **rouler en ~ libre** to drive without a silencer (*Brit*) *ou* a muffler (*US*) ⓑ (*en informatique*) escape

échapper /eʃape/ /TABLE 1/ 1 VI to escape; **~ des mains de qn** to slip out of sb's hands; **il l'a échappé belle** he had a narrow escape ♦ **échapper à** [+ *danger, destin, punition, mort*] to escape; [+ *poursuivants*] to escape from; (*par ruse*) to evade; [+ *obligations, responsabilités*] to evade; [+ *corvée*] to get out of; [+ *ennuis*] to avoid; **~ à l'impôt** to be exempt from tax; (*illégalement*) to avoid paying tax; **~ à la règle** to be an exception to the rule; **il échappe à tout contrôle** he is beyond control; **tu ne m'échapperas pas !** you won't get away from me!; **son fils lui échappe** (*en grandissant*) her son is growing away from her; **~ aux regards de qn** to escape sb's notice; **son nom m'échappe** his name escapes me; **ce détail m'avait échappé** this detail had escaped my notice; **ce détail ne lui a pas échappé** this detail was not lost on him; **ce qu'il a dit m'a échappé** (= *je n'ai pas entendu*) I didn't catch what he said; (= *je n'ai pas compris*) I didn't understand what he said; **rien ne lui échappe** nothing escapes him; **l'intérêt de la chose m'échappe** I don't see the point; **ça m'a échappé** (*parole malheureuse*) it just slipped out; **faire ~ un prisonnier** to help a prisoner to escape ♦ **laisser échapper** [+ *gros mot, cri*] to let out; [+ *objet*] to drop; [+ *occasion*] to let slip; [+ *détail*] to overlook; **laisser ~ un prisonnier** to let a prisoner escape 2 VPR **s'échapper** ⓐ [*prisonnier*] to escape (**de** from); [*cheval*] to get out (**de** of); [*oiseau*] to fly away; **l'oiseau s'est échappé de sa cage** the bird escaped from its cage; **j'ai pu m'~ de bonne heure** I managed to get away early; **le coureur s'est échappé dans la côte** the runner drew ahead on the uphill stretch ⓑ [*gaz*] to escape; [*odeur*] to come (**de** from); **des flammes s'échappaient du toit** flames were coming out of the roof

écharde /eʃaʀd/ NF splinter

écharpe /eʃaʀp/ NF (= *cache-nez*) scarf; (= *bandage*) sling;

[de maire] sash; **avoir le bras en ~** to have one's arm in a sling

écharper /eʃaʀpe/ /TABLE 1/ VT to tear to pieces; **se faire ~** to be torn to pieces

échasse /eʃas/ NF (= bâton) stilt; **marcher avec des ~s** to walk on stilts

échassier /eʃasje/ NM wading bird

échauder /eʃode/ /TABLE 1/ VT (= faire réfléchir) **~ qn** to teach sb a lesson; **les marchés boursiers ont été échaudés par le krach** the crash left the stock markets nervous

échauffement /eʃofmɑ̃/ NM (Sport) warm-up; **exercices d'~** warm-up exercises

échauffer /eʃofe/ /TABLE 1/ 1 VT ⓐ [+ moteur, machine] to overheat ⓑ [+ imagination] to fire; **les esprits étaient échauffés** people were getting worked up*; **tu commences à m'~* les oreilles** you're getting on my nerves 2 VPR **s'échauffer** ⓐ (Sport) to warm up ⓑ (= s'animer) [personne] to get worked up*; [conversation] to become heated

échauffourée /eʃofuʀe/ NF [de soldats] skirmish; (avec la police) clash

échéance /eʃeɑ̃s/ 1 NF ⓐ (= date limite) [de délai] expiry date; [d'emprunt] redemption date; [de loyer] date of payment; [de facture, dette] due date; **venir à ~** to fall due ⓑ (= règlement à effectuer) **faire face à ses ~s** to meet one's financial obligations ⓒ (= laps de temps) term; **à longue ~** in the long run; **à brève ~** before long; **à plus ou moins brève ~** sooner or later 2 COMP ◆ **échéances politiques** elections

échéancier /eʃeɑ̃sje/ NM [d'emprunt] schedule of repayments; [de travaux] schedule

échec /eʃɛk/ 1 NM ⓐ (= insuccès) failure; (= défaite) defeat; (= revers) setback; **subir un ~** to suffer a setback; **après l'~ des négociations** after negotiations broke down; **sa tentative s'est soldée par un ~** his attempt has ended in failure; **voué à l'~** bound to fail; **avoir une conduite d'~** to be self-defeating; **être en situation d'~** to be in a hopeless situation; **l'~ scolaire** academic failure; **tenir qn en ~** to hold sb in check ⓑ (Échecs) **faire ~ au roi** to put the king in check; **~ au roi !** check!; **~ et mat** checkmate

2 NMPL **échecs** (= activité) chess; **jeu d'~s** chess set; **jouer aux ~s** to play chess

échelle /eʃɛl/ 1 NF ⓐ (= objet) ladder; **faire la courte ~ à qn** to give sb a leg up ⓑ (= dimension) scale; **à l'~ 1/100 000** on a scale of 1 to 100,000; **croquis à l'~** scale drawing; **le dessin n'est pas à l'~** the drawing is not to scale; **à l'~ mondiale** on a worldwide scale; **un monde à l'~ de l'homme** a world on a human scale ⓒ (= gradation, hiérarchie) scale; **être au sommet de l'~** to be at the top of the ladder

2 COMP ◆ **échelle d'incendie** fire escape ◆ **échelle mobile** [de pompiers] extending ladder; (Écon) sliding scale ◆ **échelle de Richter** Richter scale ◆ **échelle des salaires** salary scale ◆ **échelle sociale** social scale ◆ **échelle de valeurs** scale of values

échelon /eʃ(ə)lɔ̃/ NM ⓐ [d'échelle] rung; [de hiérarchie] grade; **monter d'un ~ dans la hiérarchie** to go up one rung in the hierarchy; **grimper rapidement les ~s** to climb the career ladder quickly ⓑ (= niveau) level; **à l'~ national** at the national level; **à tous les ~s** at every level

échelonner /eʃ(ə)lɔne/ /TABLE 1/ VT ⓐ [+ objets] to space out (sur over); **les policiers sont échelonnés tout au long du parcours** the police are positioned at intervals all along the route ⓑ [+ paiements] to spread out (sur over); [+ congés, vacances] to stagger (sur over) ⓒ [+ exercices, difficultés] (dans la complexité) to grade; (dans le temps) to introduce gradually

écheveau (pl **écheveaux**) /eʃ(ə)vo/ NM [de laine] skein

échevelé, e /eʃəv(ə)le/ ADJ ⓐ (= décoiffé) **il était tout ~** his hair was dishevelled ⓑ (= effréné) [course, danse, rythme] frenzied

échine /eʃin/ NF [de porc] loin; **côte de porc dans l'~** pork loin chop

échiner (s') /eʃine/ /TABLE 1/ VPR **s'~ à répéter qch** to wear o.s. out repeating sth

échiquier /eʃikje/ NM ⓐ (Échecs) chessboard ⓑ **l'~ politique** the political scene; **notre place sur l'~ mondial** our place in the field of world affairs ⓒ **l'Échiquier** (en Grande-Bretagne) the Exchequer

écho /eko/ NM ⓐ [de son] echo; **il y a de l'~** there's an echo; **avez-vous eu des ~s de la réunion ?** did you get any inkling of what went on at the meeting?; **se faire l'~ de** [+ souhaits, opinions, inquiétudes] to echo; [+ rumeurs] to repeat; **cette nouvelle n'a eu aucun ~ dans la presse** this item got no coverage in the press ⓑ (Presse) miscellaneous news item; **échos** (= rubrique) gossip column

échographie /ekɔgʀafi/ NF (= technique) ultrasound; (= examen) ultrasound scan, sonogram (US); **passer une ~** to have an ultrasound scan ou a sonogram (US)

échouer /eʃwe/ /TABLE 1/ 1 VI ⓐ (= ne pas réussir) [personne, tentative, plan] to fail; **~ à un examen** to fail an exam; **~ dans une tentative** to fail in an attempt; **faire ~** [+ complot] to foil; [+ projet] to ruin ⓑ (= aboutir) to end up; **nous avons échoué dans un petit hôtel** we ended up in a small hotel 2 VPR **s'échouer** [bateau] to run aground; [baleine] to be beached; **le bateau s'est échoué sur un écueil** the boat ran onto a reef; **bateau échoué** boat lying high and dry

échu, e /eʃy/ ADJ **intérêts ~s** outstanding interest; **à terme ~** at the expiry date

éclabousser /eklabuse/ /TABLE 1/ VT to splash; **~ de sang** to spatter with blood; **ils ont été éclaboussés par le scandale** their reputation has been smeared by the scandal

éclair /eklɛʀ/ 1 NM ⓐ [de foudre] flash of lightning; **des ~s lightning; passer comme un ~** to flash past; **en un ~** in a flash ⓑ [de génie, intelligence] flash; **~ de malice** mischievous glint; **dans un ~ de lucidité** in a moment of lucidity; **ses yeux lançaient des ~s** her eyes blazed with anger ⓒ (= gâteau) éclair 2 ADJ INV [attaque, partie, victoire] lightning; **voyage ~** flying visit; **son passage ~ au pouvoir** his brief spell in power

éclairage /eklɛʀaʒ/ NM ⓐ (artificiel) lighting; (= luminosité) light; **l'~ public** street lighting ⓑ (= point de vue) light; **apporter un nouvel ~ sur qch** to throw new light on sth

éclairagiste /eklɛʀaʒist/ NMF electrician; (pour concert, film etc) lighting engineer

éclaircie /eklɛʀsi/ NF (en météo) sunny spell

éclaircir /eklɛʀsiʀ/ /TABLE 2/ 1 VT ⓐ [+ teinte] to lighten; [+ pièce] to brighten up; **cela éclaircit le teint** it brightens the complexion ⓑ (= rendre moins épais) [+ soupe] to thin down; [+ plantes] to thin out; [+ arbres, cheveux] to thin ⓒ (= élucider) [+ mystère] to clear up; [+ question, situation] to clarify; [+ meurtre] to solve; **pouvez-vous nous ~ sur ce point ?** can you enlighten us on this point?

2 VPR **s'éclaircir** ⓐ [ciel] to clear; [temps] to clear up; **s'~ la voix** to clear one's throat ⓑ [cheveux] to thin ⓒ [idées, situation] to become clearer

éclaircissement /eklɛʀsismɑ̃/ NM (= explication) explanation; **j'exige des ~s** I demand some explanation

éclairé, e /eklɛʀe/ (ptp d'**éclairer**) ADJ [public, minorité, avis, despote] enlightened

éclairer /eklɛʀe/ /TABLE 1/ 1 VT ⓐ [lampe] to light up; [soleil] to shine down on; **une seule fenêtre était éclairée** there was a light in only one window; **café éclairé au néon** café with neon lights; **un sourire éclaira son visage** a smile lit up his face; **bien éclairé** well-lit; **mal éclairé** badly-lit ⓑ [+ problème, situation, texte] to throw light on; **~ qch d'un jour nouveau** to throw new light on sth ⓒ **~ qn** (en montrant le chemin) to light the way for sb;

(= *renseigner*) to enlighten sb (**sur** about); **~ la lanterne de qn** to put sb in the picture*

2 VI **~ bien** to give a good light; **~ mal** to give a poor light

3 VPR **s'éclairer** ⓐ **s'~ à l'électricité** to have electric light; **s'~ à la bougie** to use candlelight; **prends une lampe pour t'~** take a lamp to light the way
ⓑ [*visage*] to light up
ⓒ [*situation*] to get clearer; **tout s'éclaire!** it's all becoming clear!

éclaireur /eklεʀœʀ/ NM scout; **partir en ~** to go and scout around; (*fig*) to go on ahead

éclaireuse /eklεʀøz/ NF girl guide (*Brit*) *ou* scout (*US*)

éclat /ekla/ NM ⓐ [*de grenade, pierre, os, verre*] fragment; [*de bois*] splinter; **~ d'obus** piece of shrapnel
ⓑ [*de couleur, lumière, métal, soleil*] brightness; (*aveuglant*) glare; [*de diamant*] sparkle
ⓒ [*de yeux, sourire*] sparkle; [*de teint, beauté*] radiance; **dans tout l'~ de sa jeunesse** in the full bloom of her youth
ⓓ [*de cérémonie, époque*] splendour (*Brit*), splendor (*US*); [*de personnage*] glamour (*Brit*), glamor (*US*); **donner de l'~ à qch** to lend glamour to sth; **coup d'~** (= *exploit*) glorious feat
ⓔ (= *scandale*) fuss (*NonC*); **faire un ~** to make a fuss
ⓕ [*de bruit*] **~s de voix** shouts; **j'ai entendu des ~s de rire** I heard people laughing

éclatant, e /eklatɑ̃, ɑ̃t/ ADJ [*lumière*] brilliant; (= *aveuglant*) glaring; [*couleur*] bright; [*soleil*] blazing; [*blancheur, sourire, succès*] dazzling; [*teint, beauté*] radiant; [*victoire*] resounding; [*exemple*] striking

éclatement /eklatmɑ̃/ NM [*de bombe, mine*] explosion; [*de pneu, ballon*] bursting; [*de parti*] split (**de** in)

éclater /eklate/ /TABLE 1/ **1** VI ⓐ (= *exploser*) [*pneu*] to burst; [*verre*] to shatter; [*parti, ville, services, structures familiales*] to break up; **j'ai cru que ma tête allait ~** I thought my head was going to burst; **faire ~** [+ *pétard*] to let off; [+ *ballon, tuyau*] to burst; [+ *verre*] to shatter
ⓑ (= *commencer*) [*incendie, épidémie, guerre*] to break out; [*orage, scandale, nouvelle*] to break
ⓒ (= *retentir*) **un coup de fusil a éclaté** there was the crack of a rifle; **des applaudissements ont éclaté** there was a burst of applause
ⓓ (= *se manifester*) [*vérité*] to shine out; [*mauvaise foi*] to be blatant; **laisser ~ sa joie** to give free rein to one's joy
ⓔ **~ de rire** to burst out laughing; **il a éclaté** (= *s'est mis en colère*) he exploded with rage; **~ en sanglots** to burst into tears

2 VPR **s'éclater** (= *se défouler*)* to have a ball*; **s'~ en faisant qch** to get one's kicks* doing sth

éclectique /eklεktik/ ADJ eclectic

éclipse /eklips/ NF eclipse

éclipser /eklipse/ /TABLE 1/ **1** VT to eclipse **2** VPR **s'éclipser** [*personne*] to slip away

éclopé, e /eklɔpe/ ADJ lame

éclore /eklɔʀ/ /TABLE 45/

► **éclore** can be conjugated with **avoir** or **être**.

VI ⓐ [*fleur*] to open ⓑ [*œuf, poussin, larve*] to hatch; **faire ~** to hatch

éclosion /eklozjɔ̃/ NF ⓐ [*de fleur*] opening ⓑ [*d'œuf, poussin, larve*] hatching

écluse /eklyz/ NF lock

écœurant, e /ekœʀɑ̃, ɑ̃t/ ADJ ⓐ [*nourriture sucrée*] sickly; **les sauces à la crème, je trouve ça ~** I find cream sauces too rich ⓑ [*conduite*] disgusting; [*personne*] loathsome; [*richesse*] obscene; [*talent*] sickening; **elle a une chance ~e** she is so lucky it makes you sick

écœurement /ekœʀmɑ̃/ NM (= *dégoût*) nausea; (*fig*) disgust; (= *lassitude*) disillusionment

écœurer /ekœʀe/ /TABLE 1/ VT **~ qn** [*gâteau, boisson sucrée*] to make sb feel sick; [*conduite, personne*] to disgust sb; [*avantage, chance*] to make sb sick; [*échec, déception*] to sicken sb

éco-industrie (*pl* **éco-industries**) /ekoɛ̃dystʀi/ NF green-

technology industry

école /ekɔl/ **1** NF ⓐ (= *établissement*) school; **l'~ reprend dans une semaine** school starts again in a week's time; **aller à l'~** [*élève*] to go to school; [*visiteur*] to go to the school; **envoyer** *ou* **mettre un enfant à l'~** to send a child to school; **grande ~** *prestigious higher education institute with competitive entrance examination* → GRANDES ÉCOLES **il va à la grande ~*** (= *école primaire*) he goes to primary school
ⓑ (= *enseignement*) schooling; (= *système scolaire*) school system; **l'~ gratuite** free education; **l'~ en France** the French school system; **les partisans de l'~ laïque** the supporters of secular state education
ⓒ (= *mouvement artistique, de pensée*) school; **un peintre de l'~ florentine** a painter of the Florentine School
ⓓ (*sens figuré*) **être à bonne ~** to be in good hands; **il a été à rude ~** he learned about life the hard way; **faire ~** [*personne*] to acquire a following; [*théorie*] to gain widespread acceptance; **il est de la vieille ~** he is one of the old school

2 COMP ♦ **école des Beaux-Arts** ≈ art college ♦ **école buissonnière** : **faire l'~ buissonnière** to play truant (*Brit*) *ou* hooky (*US*) ♦ **École centrale** *prestigious college of engineering* ♦ **école de commerce** business school ♦ **école de conduite** driving school; (*classique*) ballet school ♦ **école de danse** dancing school ♦ **école de dessin** art school ♦ **école élémentaire** elementary school ♦ **école hôtelière** catering school ♦ **école libre** denominational school ♦ **école militaire** military academy ♦ **École nationale d'administration** *prestigious college training senior civil servants* ♦ **école de neige** ski school ♦ **École normale** ≈ teacher training college → GRANDES ÉCOLES ♦ **École normale supérieure** *grande école for training of teachers* ♦ **école de pensée** school of thought ♦ **école de police** police academy

🛈 ÉCOLE NATIONALE D'ADMINISTRATION
The École nationale d'administration *or* ÉNA, *in Strasbourg (formerly in Paris), is a competitive-entrance college training top civil servants. Because so many ministers and high-ranking decision-makers are "énarques" (ex-students of* ÉNA*), the school has often been criticized for exercising too much influence, and French political life is perceived by some as being monopolized by the so-called "énarchie".*
→ CONCOURS
▷ www.ena.fr

écolier /ekɔlje/ NM schoolboy

écolière /ekɔljεʀ/ NF schoolgirl

écolo* /ekɔlo/ **1** ADJ (ABBR = **écologique**) **il est très ~** he's very ecology-minded **2** NMF (ABBR = **écologiste**) ecologist

écologie /ekɔlɔʒi/ NF ecology

écologique /ekɔlɔʒik/ ADJ ecological; [*produit*] eco-friendly

écologiste /ekɔlɔʒist/ **1** ADJ green **2** NMF (= *spécialiste d'écologie*) ecologist; (= *partisan*) environmentalist

écomusée /ekomyze/ NM eco-museum

éconduire /ekɔ̃dɥiʀ/ /TABLE 38/ VT [+ *visiteur*] to dismiss; [+ *soupirant*] to reject; [+ *solliciteur*] to turn away

économe /ekɔnɔm/ **1** ADJ thrifty; **elle est très ~** she's very careful with money **2** NM (= *couteau*) vegetable peeler

économie /ekɔnɔmi/ **1** NF ⓐ (= *science*) economics (*sg*); (= *système*) economy
ⓑ (= *gain*) saving; **faire une ~ de temps** to save time
ⓒ (= *épargne*) **par ~** to save money; **il a le sens de l'~** he's careful with money

2 NFPL **économies** (= *gains*) savings; **avoir des ~s** to have some savings; **faire des ~s** to save up; **faire des ~s de chauffage** to economize on heating; **les ~s d'énergie sont nécessaires** energy conservation is essential; **~s budgétaires** budget savings; **faire des ~s de bouts de chandelle** to make cheeseparing economies

3 COMP ♦ **économie dirigée** state-controlled economy ♦ **économie de marché** free market economy

économique /ekɔnɔmik/ ADJ ⓐ (= *de l'économie*) economic ⓑ (= *bon marché*) economical; [*voiture*] fuel-efficient; **cycle ~** [*de machine à laver*] economy cycle; **classe ~** (*en avion*) economy class

économiquement /ekɔnɔmikmɑ̃/ ADV economically; **les ~ faibles** the lower-income groups

économiser /ekɔnɔmize/ /TABLE 1/ 1 VT [+ *électricité*] to economize on; [+ *énergie, temps*] to save; [+ *argent*] to save up; **~ ses forces** to save one's strength; **économise ta salive** don't waste your breath 2 VI **~ sur le chauffage** to economize on heating

économiseur /ekɔnɔmizœʀ/ NM **~ d'écran** screen saver

économiste /ekɔnɔmist/ NMF economist

écoper /ekɔpe/ /TABLE 1/ VTI ⓐ (*en bateau*) to bail out ⓑ (= *prendre*) **~ d'une punition*** to be punished; **~ de trois ans de prison*** to get sent down* for three years; **c'est moi qui ai écopé** I was the one that took the rap*

écoproduit /ekɔpʀɔdɥi/ NM ecofriendly product

écorce /ekɔʀs/ NF [*d'arbre*] bark; [*d'orange*] peel; **l'~ terrestre** the earth's crust

écorcher /ekɔʀʃe/ /TABLE 1/ VT ⓐ (= *égratigner*) to graze; **il s'est écorché les genoux** he grazed his knees ⓑ [+ *mot, nom*] to mispronounce; **il écorche l'allemand** his German's terrible; **~ les oreilles de qn** to grate on sb's ears

écorner /ekɔʀne/ /TABLE 1/ VT [+ *meuble*] to chip the corner of; [+ *livre*] to turn down the corner of; **livre tout écorné** dog-eared book

écossais, e /ekɔsɛ, ɛz/ 1 ADJ Scottish; [*whisky*] Scotch; [*tissu*] tartan 2 NM **Écossais** Scot; **les Écossais** the Scots 3 NF **Écossaise** Scot

Écosse /ekɔs/ NF Scotland

écosser /ekɔse/ /TABLE 1/ VT to shell; **petits pois à ~** peas in the pod

écosystème /ekosistɛm/ NM ecosystem

écouler /ekule/ /TABLE 1/ 1 VT [+ *marchandises, drogue*] to sell; **~ des faux billets** to dispose of counterfeit money 2 VPR **s'écouler** ⓐ [*liquide*] (= *couler*) to flow out; (= *fuir*) to leak out ⓑ [*temps*] to pass; **10 ans s'étaient écoulés** 10 years had passed

écourter /ekurte/ /TABLE 1/ VT to shorten

écoute /ekut/ NF ⓐ listening (**de** to); **pour une meilleure ~** (*de musique*) for better sound quality; **être à l'~ de qn** to listen to sb; **être à l'~ de France Inter** to be listening to France Inter; **heures de grande ~** (*Radio*) peak listening hours; (*TV*) peak viewing hours; **avoir une grande ~** to have a large audience; **indice d'~** audience ratings; **ils préconisent une ~ attentive du patient** they advocate listening attentively to what the patient has to say ⓑ **écoutes téléphoniques** phone-tapping; **mettre qn sur ~** to tap sb's phone

écouter /ekute/ /TABLE 1/ 1 VT to listen to; **écoute!** listen!; **allô, oui, j'écoute** hello!; **j'ai été ~ sa conférence** I went to hear his lecture; **~ qn jusqu'au bout** to hear sb out; **~ qn parler** to hear sb speak; **savoir ~** to be a good listener; **~ aux portes** to eavesdrop; **~ de toutes ses oreilles** to be all ears; **n'~ que d'une oreille** to listen with only half an ear; **faire ~ un disque à qn** to play sb a record; **bon, écoute!** listen!; **aide-moi, écoute!** come on - help me!; **écoute, c'est bien simple** listen - it's quite simple; **c'est quelqu'un de très écouté** his opinion is highly valued; **il sait se faire ~** he's good at getting people to do what he says; **il faut apprendre à ~ son corps** you must listen to what your body is telling you; **n'écoutant que son courage** letting his courage be his only guide

2 VPR **s'écouter**: **elle s'écoute trop** [*malade*] she coddles herself; **si je m'écoutais je n'irais pas** if I were to take my own advice I wouldn't go; **il aime s'~ parler** he loves the sound of his own voice

écouteur /ekutœʀ/ NM [*de téléphone*] receiver; **~s** (= *casque*) earphones

écoutille /ekutij/ NF [*de bateau*] hatch

écrabouiller* /ekʀabuje/ /TABLE 1/ VT to crush; **se faire ~ par une voiture** to get crushed by a car

écran /ekʀɑ̃/ NM screen; **télévision grand ~** large-screen television; **le petit ~** (= *la télévision*) the small screen; **une vedette du petit ~** a television star; **le grand ~** (= *le cinéma*) the big screen; **sur grand ~** on the big screen; **une vedette du grand ~** a film star; **~ de projection** projector screen; **sur ~ géant** on a giant screen; **prochainement sur vos ~s** coming soon to a cinema near you; **ce film sera la semaine prochaine sur les ~s londoniens** this film opens next week in London ♦ **écran de contrôle** monitor ♦ **écran de visualisation** display screen ♦ **écran plat** flat screen ♦ **écran solaire** (= *crème*) sun screen ♦ **écran tactile** touch screen ♦ **écran total** total sunblock

écrasant, e /ekʀazɑ̃, ɑ̃t/ ADJ overwhelming; [*impôts, mépris, poids*] crushing; **majorité ~e** landslide majority; **victoire ~e** landslide victory

écrasement /ekʀazmɑ̃/ NM crushing; [*de données, fichier*] overwriting

écraser /ekʀaze/ /TABLE 1/ 1 VT ⓐ to crush; [+ *mouche*] to squash; [+ *mégot*] to stub out; (*en purée*) to mash; (*en poudre*) to grind; (*au pilon*) to pound; (*en aplatissant*) to flatten; (*en piétinant*) to trample down; (*Tennis*) [+ *balle*] to kill; **écrasé par la foule** crushed in the crowd; **vous m'écrasez les pieds!** you're standing on my feet!; **notre équipe s'est fait ~** we were hammered*

ⓑ [*voiture, train*] to run over; **il s'est fait ~ par une voiture** he was run over by a car

ⓒ (= *accabler*) to crush; **il nous écrase de son mépris** he crushes us with his scornful attitude; **écrasé de chaleur** overcome by the heat; **écrasé de travail** snowed under* with work

ⓓ (= *effacer*) [+ *données, fichiers*] to overwrite

2 VI (= *ne pas insister*)* to drop the subject; **oh écrase!** oh shut up!*

3 VPR **s'écraser** ⓐ [*avion, voiture*] to crash; [*objet, corps*] to be crushed

ⓑ (= *ne pas protester*)* to keep quiet; **il s'écrase toujours devant son chef** he never says a word when the boss is around; **il a intérêt à s'~!** he'd better keep quiet!

écrémer /ekʀeme/ /TABLE 6/ VT ⓐ [+ *lait*] to skim; **lait écrémé** skimmed milk ⓑ **~ les candidats** to cream off the best candidates

écrevisse /ekʀəvis/ NF crayfish (*Brit*), crawfish (*US*)

écrier (s') /ekʀije/ /TABLE 7/ VPR to exclaim

écrin /ekʀɛ̃/ NM case; [*de bijoux*] casket

écrire /ekʀiʀ/ /TABLE 39/ 1 VT to write; (= *orthographier*) to spell; (= *inscrire, marquer*) to write down; **je lui ai écrit que je venais** I wrote and told him I would be coming; **c'est écrit noir sur blanc** it's written in black and white

2 VI to write; **vous écrivez très mal** your writing is really bad; **~ gros** [*personne*] to have large writing; [*stylo*] to have a broad nib; **~ au crayon** to write in pencil

3 VPR **s'écrire** ⓐ [*personnes*] to write to each other ⓑ **comment ça s'écrit?** how do you spell it?; **ça s'écrit comme ça se prononce** you write it the same way as you pronounce it

écrit, e /ekʀi, it/ (*ptp d'***écrire**) 1 ADJ **épreuve ~e** written exam 2 NM ⓐ (= *ouvrage*) piece of writing; (= *examen*) written exam; (= *document*) document; **être bon à l'~** to do well in the written papers ⓑ **par ~** in writing

écriteau (*pl* **écriteaux**) /ekʀito/ NM notice

écriture /ekʀityʀ/ NF writing (*NonC*); **se consacrer à l'~** to devote one's time to writing; **il a une ~ illisible** his handwriting's illegible

écrivain /ekʀivɛ̃/ NM writer; **femme-~** woman writer ♦ **écrivain public** public letter-writer

écrivait /ekʀivɛ/ VB → **écrire**

écrou /ekʀu/ NM ⓐ (*Tech*) nut; **~ à ailettes** wing nut ⓑ (*Droit*) **mettre qn sous ~** to enter sb on the prison register

écrouer /ekʀue/ /TABLE 1/ VT (= *incarcérer*) to imprison

écroulé, e /ekʀule/ (*ptp d'***écrouler**) ADJ [*maison, mur*] ruined

écroulement /ekʀulmɑ̃/ NM collapse

écrouler (s') /ekRule/ /TABLE 1/ VPR to collapse; **tous nos projets s'écroulent** all our plans are falling apart; **s'~ de fatigue** to be overcome with tiredness

écru, e /ekRy/ ADJ [*tissu*] raw; [*vêtement*] ecru; **couleur ~e** ecru; **toile ~e** unbleached linen; **soie ~e** raw silk

écu /eky/ NM (= *bouclier*) shield

écueil /ekœj/ NM reef; (= *piège, danger*) pitfall; (= *pierre d'achoppement*) stumbling block

éculé, e /ekyle/ ADJ [*chaussure*] down-at-heel; [*plaisanterie*] old; [*mot*] overused

écume /ekym/ NF [*de mer, bouche, bière*] foam; [*de confiture, bouillon*] scum; [*de cheval*] lather

écumer /ekyme/ /TABLE 1/ 1 VT [+ *bouillon, confiture*] to skim 2 VI [*bouche*] to froth; [*cheval*] to lather; **~ de rage** to foam at the mouth

écumoire /ekymwaR/ NF skimmer

écureuil /ekyRœj/ NM squirrel ♦ **écureuil de Corée** chipmunk ♦ **écureuil gris/roux** grey/red squirrel

écurie /ekyRi/ NF stable; **mettre un cheval à l'~** to stable a horse; **~ de course** racing stable

écusson /ekysɔ̃/ NM (= *insigne*) badge; (= *armoiries*) escutcheon

écuyer /ekɥije/ NM ⓐ (= *cavalier*) rider; **~ de cirque** circus rider ⓑ (*d'un chevalier*) squire

écuyère /ekɥijɛR/ NF rider; **~ de cirque** circus rider

eczéma /ɛgzema/ NM eczema; **avoir de l'~** to have eczema

Éden /edɛn/ NM **le jardin d'~** the garden of Eden

édenté, e /edɑ̃te/ ADJ (*totalement*) toothless; (*partiellement*) gap-toothed

EDF /ədeef/ NF (ABBR = **Électricité de France**) l'~ the French Electricity Board; **~-GDF** the French Electricity and Gas Board

édicter /edikte/ /TABLE 1/ VT [+ *loi*] to decree

édifiant, e /edifjɑ̃, jɑ̃t/ ADJ edifying

édification /edifikasjɔ̃/ NF ⓐ [*de bâtiment*] construction ⓑ [*de personne*] edification

édifice /edifis/ NM building

édifier /edifje/ /TABLE 7/ VT ⓐ (= *construire*) to build ⓑ [+ *personne*] (*moralement*) to edify; (= *éclairer*) to enlighten

Édimbourg /edɛ̃buR/ N Edinburgh

édit /edi/ NM edict

éditer /edite/ /TABLE 1/ VT ⓐ (= *publier*) to publish ⓑ (= *annoter, présenter*) to edit

éditeur, -trice /editœR, tRis/ 1 NM,F (= *annotateur*) editor 2 NM ⓐ (*qui publie*) publisher; **~ de disques** record producer ⓑ (*Informatique*) **~ de textes** text editor

⚠ **éditeur** *ne se traduit pas toujours par* **editor**.

édition /edisjɔ̃/ NF ⓐ [*de livre, journal*] edition; **~ spéciale** [*de journal*] special edition; [*de magazine*] special issue; **notre ~ de 13 heures** our 1 o'clock news bulletin; **dernière ~** (*Presse*) late edition; (*TV*) late news bulletin ⓑ [*de texte*] edition; **~ revue et corrigée** revised edition ⓒ (= *action de publier*) publishing; [*de disques*] production ⓓ (*Informatique*) editing

édito • /edito/ NM editorial

éditorial (*mpl* **-iaux**) /editɔRjal, jo/ NM editorial

éditorialiste /editɔRjalist/ NMF leader writer

édredon /edRədɔ̃/ NM eiderdown

éducateur, -trice /edykatœR, tRis/ NM,F teacher; (*en prison*) tutor; [*de maison de jeunes*] youth worker

éducatif, -ive /edykatif, iv/ ADJ educational; **système ~** education system

éducation /edykasjɔ̃/ 1 NF ⓐ (= *enseignement*) education; **les problèmes de l'~** educational problems; **il a reçu une ~ religieuse** he had a religious upbringing ⓑ (= *manières*) manners; **avoir de l'~** to be well brought up; **manquer d'~** to have bad manners; **sans ~** ill-mannered

2 COMP ♦ **l'Éducation nationale** (= *système*) state education; (= *ministère*) ≈ Department for Education and Employment (*Brit*), Department of Education (*US*) ♦ **éducation civique** civic education ♦ **éducation permanente** continuing education ♦ **éducation physique et sportive** physical education ♦ **éducation sexuelle** sex education

> ⓘ **ÉDUCATION NATIONALE**
> State education in France is divided into four levels: "maternelle" (for children 2-6 years old), "primaire" (including "école élémentaire" and "école primaire", for 7 to 11-year-olds), "secondaire" (including "collège" and "lycée", for 12 to 18-year-olds) and "supérieur" (universities and other higher education establishments).
> Private education (mainly in Catholic schools) is structured in a similar way to the state system. → ACADÉMIE ; COLLÈGE ; CONCOURS ; DIPLÔMES ; LYCÉE
> ▷ www.education.gouv.fr

édulcorant /edylkɔRɑ̃/ NM sweetener; **sans ~** unsweetened

édulcorer /edylkɔRe/ /TABLE 1/ VT [+ *doctrine, propos*] to water down; [+ *texte osé*] to tone down; **une version édulcorée des thèses de l'extrême droite** a toned-down version of the ideas of the far right

éduquer /edyke/ /TABLE 1/ VT [+ *enfant*] (*à l'école*) to educate; (*à la maison*) to bring up; [+ *peuple*] to educate; [+ *goût, volonté, œil, oreille*] to train; **bien éduqué** well brought up; **mal éduqué** badly brought up

effacé, e /efase/ (*ptp d'***effacer**) ADJ [*personne*] unassuming

effacement /efasmɑ̃/ NM ⓐ (= *suppression*) erasing ⓑ [*de personne modeste*] unassuming manner

effacer /efase/ /TABLE 3/ 1 VT ⓐ (= *enlever*) to erase; (*avec une gomme*) to rub out; (*sur ordinateur*) to delete; **cette crème efface les rides** this cream removes wrinkles; **~ une dette** to write off a debt

2 VPR **s'effacer** ⓐ to fade; **le crayon s'efface mieux que l'encre** it is easier to erase pencil than ink ⓑ [*personne*] (= *s'écarter*) to move aside; (= *se faire discret*) to keep in the background; (= *se retirer*) to withdraw; **l'auteur s'efface derrière ses personnages** the author hides behind his characters; **s'~ devant qn** to step aside in favour of sb

effaceur /efasœR/ NM **~ d'encre** ink eraser pen

effarant, e /efaRɑ̃, ɑ̃t/ ADJ [*prix*] outrageous; [*vitesse*] alarming; [*bêtise*] astounding

effaré, e /efaRe/ (*ptp d'***effarer**) ADJ **son regard ~** his look of alarm; **je suis ~ par l'ampleur du déficit budgétaire** I'm alarmed by the size of the budget deficit

effarement /efaRmɑ̃/ NM alarm

effarer /efaRe/ /TABLE 1/ VT to alarm; **cette bêtise m'effare** I find such stupidity most alarming

effaroucher /efaRuʃe/ /TABLE 1/ 1 VT to frighten; (= *choquer*) to shock 2 VPR **s'effaroucher** [*animal, personne*] to take fright (**de** at); (*par pudeur*) to be shocked (**de** by)

effectif, -ive /efektif, iv/ 1 ADJ real 2 NM [*d'armée*] strength (*NonC*); [*de classe, parti*] size; [*d'entreprise*] staff; **~s** [*d'armée*] numbers; **augmenter ses ~s** [*parti, lycée*] to increase its numbers; [*entreprise*] to increase its workforce

effectivement /efektivmɑ̃/ ADV ⓐ (= *en effet*) yes; **tu t'es trompé — ~** you made a mistake — yes, I did; **n'y a-t-il pas risque de conflit ? — ~ !** isn't there a risk of conflict? — yes, there is!; **c'est ~ plus rapide** yes, it's certainly faster; **~, quand ce phénomène se produit ...** yes, when this phenomenon occurs ... ⓑ (= *vraiment*) actually; **les heures ~ travaillées** the hours actually worked

⚠ **effectivement** ≠ **effectively**

effectuer /efektɥe/ /TABLE 1/ 1 VT to carry out; [+ *mouvement, geste, paiement, trajet*] to make 2 VPR **s'effectuer : le paiement peut s'~ de deux façons** payment may be made in two ways; **la rentrée s'est effectuée dans de bonnes conditions** the new school year got off to a good start

efféminé, e /efemine/ ADJ effeminate

effervescence /efɛʀvesɑ̃s/ NF (= *agitation*) agitation; **être en ~** to be bubbling with excitement

effervescent, e /efɛʀvesɑ̃, ɑ̃t/ ADJ [*comprimé*] effervescent

effet /efɛ/ 1 NM ⓐ (= *résultat*) effect; **produire l'~ voulu** to produce the desired effect; **créer un ~ de surprise** to create a surprise; **avoir pour ~ de faire qch** to have the effect of doing sth; **avoir pour ~ une augmentation de** to result in an increase in; **faire ~** [*médicament*] to take effect; **la bière me fait beaucoup d'~** beer goes straight to my head; **être sans ~** to have no effect; **prendre ~ le 2 juin** to take effect from 2 June

ⓑ (= *impression*) impression; **ça fait mauvais ~** it doesn't look good; **il a produit son petit ~** he managed to cause a bit of a stir; **c'est tout l'~ que ça te fait?** is that all it means to you?; **quel ~ ça te fait d'être revenu?** how does it feel to be back?; **ça m'a fait un drôle d'~ de le revoir après si longtemps** it felt really strange seeing him again after so long; **cela m'a fait de l'~ de le voir dans cet état** it really affected me to see him in that state

ⓒ (= *artifice, procédé*) effect; **~ de style** stylistic effect; **~ d'optique** visual effect; **~s spéciaux** special effects

ⓓ (*Sport*) spin; **donner de l'~ à une balle** to put spin on a ball

ⓔ (= *valeur*) **~ de commerce** bill of exchange

ⓕ (*locutions*)

♦ **à cet effet** for this purpose; **utilisez la boîte prévue à cet ~** use the box provided; **un bâtiment construit à cet ~** a building designed for that purpose

♦ **en effet** : **nous étions en ~ persuadés d'y arriver** we really thought we could manage it; **cela me plaît beaucoup, en ~** yes indeed, I like it very much; **c'est en ~ plus rapide** it's true that it's faster; **étiez-vous absent mardi dernier? — en ~, j'avais la grippe** were you absent last Tuesday? — yes, I had flu; **tu ne travaillais pas? — en ~** you weren't working? — no, I wasn't

♦ **sous l'effet de** under the effects of; **il était encore sous l'~ de la colère** he was still angry

2 NMPL **effets** (= *affaires, vêtements*) things; **~s personnels** personal effects

3 COMP ♦ **effet de serre** greenhouse effect

efficace /efikas/ ADJ [*remède, mesure*] effective; [*personne, machine*] efficient

efficacement /efikasmɑ̃/ ADV efficiently

efficacité /efikasite/ NF [*de remède, mesure*] effectiveness; [*de personne, machine*] efficiency

effigie /efiʒi/ NF effigy; **à l'~ de** bearing the effigy of; **avec Napoléon en ~** with Napoleon's picture on

effilé, e /efile/ ADJ ⓐ (= *allongé*) [*doigt, silhouette*] slender; [*lame*] thin; [*carrosserie*] streamlined ⓑ [*aliments*] **amandes ~es** flaked almonds; **poulet ~** oven-ready chicken/

effilocher (s') /efilɔʃe/ /TABLE 1/ VPR to fray; **veste effilochée** frayed jacket

efflanqué, e /eflɑ̃ke/ ADJ raw-boned

effleurement /eflœʀmɑ̃/ NM ⓐ (= *frôlement*) light touch ⓑ (*Informatique*) touch

effleurer /eflœʀe/ /TABLE 1/ VT (= *frôler*) to brush against; (= *érafler*) to graze; [+ *sujet*] to touch on; (*Informatique*) to touch; **ça ne m'a pas effleuré** it didn't cross my mind

effluent /eflyɑ̃/ NM effluent; **~s radioactifs** radioactive effluent (*NonC*)

effluves /eflyv/ NMPL (*littér*) (*agréables*) fragrance; (*désagréables*) smell

effondré, e /efɔ̃dʀe/ (*ptp d'effondrer*) ADJ (= *abattu*) shattered (**de** by); **les parents ~s** the grief-stricken parents; **il était complètement ~** he was in a terrible state

effondrement /efɔ̃dʀəmɑ̃/ NM ⓐ collapse ⓑ (= *abattement*) utter dejection

effondrer (s') /efɔ̃dʀe/ /TABLE 1/ VPR to collapse; [*espoirs*] to be dashed; [*rêves*] to come to nothing; **elle s'est effondrée en larmes** she broke down in tears; **effondré sur sa chaise** slumped on his chair

efforcer (s') /efɔʀse/ /TABLE 3/ VPR **s'~ de faire qch** to try hard to do sth

effort /efɔʀ/ NM effort; **faire un ~** to make an effort; **faire de gros ~s pour réussir** to try very hard to succeed; **faire un ~ sur soi-même pour rester calme** to make an effort to stay calm; **faire l'~ de** to make the effort to; **faire porter son ~ sur** to concentrate one's efforts on; **encore un ~!** come on, you're nearly there!; **sans ~** effortlessly; **nécessiter un gros ~ financier** to require a large financial outlay; **~ de guerre** war effort; **~ de volonté** effort of will; **cela demande un ~ de réflexion** that requires careful thought; **tu dois faire un ~ d'imagination** you should try to use your imagination

effraction /efʀaksjɔ̃/ NF breaking and entering; **entrer par ~** to break in; **~ informatique** computer hacking

effrayant, e /efʀejɑ̃, ɑ̃t/ ADJ (= *qui fait peur*) frightening; (= *alarmant*) alarming

effrayé, e /efʀeje/ (*ptp d'effrayer*) ADJ frightened; **il me regarda d'un air ~** he looked at me in alarm

effrayer /efʀeje/ /TABLE 8/ 1 VT (= *faire peur à*) to frighten 2 VPR **s'effrayer** to be frightened (**de** of)

effréné, e /efʀene/ ADJ wild

effritement /efʀitmɑ̃/ NM [*de roche, valeurs morales, majorité*] crumbling; [*de monnaie*] erosion; [*de fortune, valeurs boursières*] dwindling

effriter /efʀite/ /TABLE 1/ 1 VT [+ *biscuit*] to crumble 2 VPR **s'effriter** [*roche, valeurs morales, majorité électorale*] to crumble; [*monnaie*] to decline in value; [*fortune, valeurs boursières*] to dwindle

effroi /efʀwa/ NM terror; **saisi d'~** terror-stricken

effronté, e /efʀɔ̃te/ 1 ADJ insolent 2 NM,F insolent person; **petit ~!** you cheeky little thing!

effrontément /efʀɔ̃temɑ̃/ ADV [*mentir*] brazenly; [*sourire*] impudently

effronterie /efʀɔ̃tʀi/ NF [*de réponse, personne*] insolence; [*de mensonge*] effrontery

effroyable /efʀwajabl/ ADJ appalling

effroyablement /efʀwajabləmɑ̃/ ADV appallingly

effusion /efyzjɔ̃/ NF ⓐ **remercier qn avec ~** to thank sb effusively; **après ces ~s** after all this effusiveness ⓑ **~ de sang** bloodshed

égal, e (*mpl* **-aux**) /egal, o/ 1 ADJ ⓐ (= *de même valeur*) equal (**à** to); **à prix ~** for the same price; **à ~e distance de deux points** exactly halfway between two points; **Tours et Paris sont à ~e distance d'Orléans** Tours and Paris are the same distance from Orléans; **toutes choses ~es par ailleurs** all things being equal

♦ **être égal à qn** : **ça m'est ~** (= *je n'y attache pas d'importance*) I don't mind; (= *je m'en fiche*) I don't care; **tout lui est ~** he doesn't feel strongly about anything

ⓑ (= *sans variation*) **de caractère ~** even-tempered; **marcher d'un pas ~** to walk with an even step; **rester ~ à soi-même** to remain true to form

2 NM,F equal; **nous parlions d'~ à ~** we talked to each other as equals; **sans ~** unequalled

égalable /egalabl/ ADJ **difficilement ~** hard to match

également /egalmɑ̃/ ADV ⓐ (= *aussi*) also; **elle lui a ~ parlé** (*elle aussi*) she also spoke to him; (*à lui aussi*) she spoke to him as well ⓑ (= *sans préférence*) equally

égaler /egale/ /TABLE 1/ VT [+ *personne, record*] to equal (**en** in); **2 plus 2 égalent 4** 2 plus 2 equals 4

égalisateur, -trice /egalizatœʀ, tʀis/ ADJ **le but ~** the equalizer (*Brit*), the tying goal (*US*)

égalisation /egalizasjɔ̃/ NF (*Sport*) equalization (*Brit*), tying (*US*); **c'est l'~!** they've scored the equalizer (*Brit*) *ou* the tying goal (*US*)!

égaliser /egalize/ /TABLE 1/ 1 VT [+ *chances*] to equalize; [+ *cheveux*] to straighten up; [+ *sol, revenus*] to level out 2 VI (*Sport*) to equalize (*Brit*), to tie (*US*)

égalitaire /egalitɛʀ/ ADJ egalitarian

égalitarisme /egalitaʀism/ NM egalitarianism

égalité /egalite/ NF [*d'hommes*] equality; (*Math*) identity; **comparatif d'~** comparative of similar degree; **~ des**

chances equal opportunities; « ~ ! » (*Tennis*) "deuce!"
◆ **à égalité : être à ~** (*après un but*) to be equal; (*en fin du match*) to draw (*Brit*), to tie (*US*); (*Tennis*) to be at deuce; **ils sont à ~** [*équipe, joueurs*] the score is even; **à ~ de qualification on prend le plus âgé** in the case of equal qualifications we take the oldest

égard /egaʀ/ NM **~s** consideration; **être plein d'~s pour qn** to be very considerate towards sb; **manquer d'~s envers qn** to be inconsiderate towards sb; **vous n'avez aucun ~ pour votre matériel** you have no respect for your equipment; **par ~ pour** out of consideration for; **sans ~ pour** without considering
◆ **à + égard(s) : à cet ~** in this respect; **à certains ~s** in certain respects; **à bien des ~s** in many respects; **à tous les ~s** in all respects
◆ **à l'égard de : il est très critique à l'~ de ses collègues** he's very critical of his colleagues; **sa méfiance à notre ~** his distrust of us; **leur politique à l'~ des sans-abri** their policy on homelessness; **des mesures ont été prises à son ~** measures have been taken against him; **son attitude à mon ~** his attitude towards me

égaré, e /egaʀe/ (*ptp d'*égarer) ADJ (a) (= *perdu*) [*voyageur*] lost (b) (= *hagard*) [*air, regard*] wild

égarement /egaʀmɑ̃/ 1 NM (= *trouble*) distraction; **dans un moment d'~** in a moment of distraction 2 NMPL **égarements** (*littér* = *dérèglements*) aberrations; **elle est revenue de ses ~s** she's seen the error of her ways

égarer /egaʀe/ /TABLE 1/ 1 VT (a) [+ *objet*] to mislay (b) [+ *enquêteurs*] to mislead; (*moralement*) to lead astray 2 VPR **s'égarer** [*voyageur*] to lose one's way; [*animal, colis, lettre*] to get lost; (*du troupeau*) to stray; [*discussion, auteur*] to wander from the point; **ne nous égarons pas !** let's stick to the point!

égayer /egeje/ /TABLE 8/ VT [+ *personne*] to cheer up; [+ *pièce*] to brighten up; [+ *conversation*] to enliven

Égée /eʒe/ ADJ **la mer ~** the Aegean Sea

égérie /eʒeʀi/ NF [*de poète*] muse; (*en politique*) figurehead

égide /eʒid/ NF **sous l'~ de** under the aegis of

églantier /eglɑ̃tje/ NM wild rose

églantine /eglɑ̃tin/ NF wild rose

églefin /egləfɛ̃/ NM haddock

église /egliz/ NF church; **aller à l'~** to go to church; **il est à l'~** (*pour l'office*) he's at church; (*en curieux*) he's in the church; **se marier à l'~** to get married in church; **à l'~ Sainte Anne** at St Anne's; **l'Église** the Church

ego /ego/ NM ego

égocentrique /egosɑ̃tʀik/ 1 ADJ egocentric 2 NMF egocentric person

égocentrisme /egosɑ̃tʀism/ NM egocentricity

égocentriste /egosɑ̃tʀist/ ADJ egocentric

égoïsme /egɔism/ NM selfishness

égoïste /egɔist/ 1 ADJ selfish 2 NMF selfish person

égoïstement /egɔistəmɑ̃/ ADV selfishly

égorger /egɔʀʒe/ /TABLE 3/ VT to slit the throat of

égosiller (s') /egozije/ /TABLE 1/ VPR (= *crier*) to shout o.s. hoarse; (= *chanter fort*) to sing at the top of one's voice

égout /egu/ NM sewer; **eaux d'~** sewage; **aller à l'~** [*eaux usées*] to go down the drain

égoutter /egute/ /TABLE 1/ 1 VT [+ *légumes*] to strain; [+ *linge*] (*en la tordant*) to wring out; [+ *fromage*] to drain 2 VI [*vaisselle*] to drain; [*linge, eau*] to drip; **ne l'essore pas, laisse-le ~** don't wring it out, leave it to drip dry

égouttoir /egutwaʀ/ NM [*de vaisselle*] (*intégré dans l'évier*) draining (*Brit*) ou drain (*US*) board; (*mobile*) drainer; [*de légumes*] colander

égratigner /egʀatiɲe/ /TABLE 1/ VT [+ *peau*] to scratch; (*en tombant*) to graze; **il s'est égratigné le genou** he grazed his knee; **le film s'est fait ~ par la critique** the film was given a bit of a rough ride by the critics

égratignure /egʀatiɲyʀ/ NF [*de peau*] scratch; (*accidentelle*) graze; **il s'en est sorti sans une ~** he came out of it without a scratch

égrillard, e /egʀijaʀ, aʀd/ ADJ ribald

Égypte /eʒipt/ NF Egypt

égyptien, -ienne /eʒipsjɛ̃, jɛn/ 1 ADJ Egyptian 2 NM,F **Égyptien(ne)** Egyptian

eh /e/ EXCL hey!; **eh oui !** I'm afraid so!; **eh non !** I'm afraid not!; **eh bien** well

éhonté, e /eɔ̃te/ ADJ shameless

Eire /eʀ/ NF Eire

éjaculation /eʒakylasjɔ̃/ NF ejaculation; **~ précoce** premature ejaculation

éjaculer /eʒakyle/ /TABLE 1/ VI to ejaculate

éjecter /eʒɛkte/ /TABLE 1/ 1 VT (a) to eject; **le choc l'a éjecté de la voiture** he was thrown out of the car by the impact (b) (= *congédier*)* to sack*; (= *expulser*)* to kick out*; **se faire ~** (*de son travail*) to get the sack*; (*d'une boîte de nuit*) to get kicked out* 2 VPR **s'éjecter** [*pilote*] to eject

élaboration /elabɔʀasjɔ̃/ NF elaboration

élaboré, e /elabɔʀe/ (*ptp d'*élaborer) ADJ elaborate

élaborer /elabɔʀe/ /TABLE 1/ VT to elaborate; [+ *document*] to draw up

élaguer /elage/ /TABLE 1/ VT to prune

élan /elɑ̃/ NM (a) (= *vitesse acquise*) momentum; **prendre son ~** to take a run up; **prendre de l'~** [*coureur*] to gather speed; **il a continué sur son ~** he continued to run at the same speed (b) [*d'enthousiasme, colère*] surge; **dans un ~ de générosité** in a surge of generosity; **les rares ~s de tendresse qu'il avait vers elle** the few surges of affection he felt for her (c) (= *ardeur*) spirit; **~ patriotique** patriotic fervour (d) (= *dynamisme*) boost; **donner un nouvel ~ à une politique** to give new impetus to a policy (e) (= *animal*) moose

élancé, e /elɑ̃se/ (*ptp d'*élancer) ADJ slender

élancement /elɑ̃smɑ̃/ NM sharp pain

élancer (s') /elɑ̃se/ /TABLE 3/ VPR (= *se précipiter*) to rush forward; (= *prendre son élan*) to take a run up; **s'~ à la poursuite de qn** to rush off in pursuit of sb; **s'~ vers qn** to dash towards sb

élargir /elaʀʒiʀ/ /TABLE 2/ 1 VT (a) [+ *rue*] to widen; [+ *vêtement, chaussures*] to stretch; [+ *robe*] (= *en cousant*) to let out (b) [+ *débat, connaissances*] to broaden; **~ son horizon** to widen one's horizons; **~ le débat** to broaden the discussion (c) (= *libérer*) to release 2 VPR **s'élargir** [*vêtement*] to stretch; [*route*] to widen; [*esprit, débat, idées*] to broaden

élargissement /elaʀʒismɑ̃/ NM (a) [*de rue*] widening (b) [*de connaissances*] broadening

élasthanne ® /elastan/ NM elastane® (*Brit*), spandex® (*US*)

élasticité /elastisite/ NF (a) elasticity (b) [*de principes, règlement*] flexibility

élastique /elastik/ 1 ADJ (a) elastic (b) [*principes, règlement*] flexible 2 NM (a) (*de bureau*) rubber band (b) (*pour couture, jeu etc*) elastic (*NonC*); (*Sport*) bungee cord; **en ~** elasticated

élastomère /elastɔmɛʀ/ NM elastomer; **en ~** man-made

Eldorado /ɛldɔʀado/ NM El Dorado

électeur, -trice /elɛktœʀ, tʀis/ NM,F voter; (*dans une circonscription*) constituent; **les ~s** the electorate

élection /elɛksjɔ̃/ NF election; **se présenter aux ~s** to stand (*Brit*) ou run (*US*) as a candidate in the election; **patrie d'~** country of one's own choosing ◆ **élections législatives** legislative elections, ≈ general election ◆ **élection partielle** ≈ by-election ◆ **élection présidentielle** presidential election

❶ ÉLECTIONS
Presidential elections are held in France every seven years, while legislative elections (for the "députés" who make up the "Assemblée nationale") take place every five years.

On a local level the most important elections are the "élections municipales" for the "Conseil municipal" (or the "Conseil d'arrondissement" in Paris, Marseille and Lyon).

All public elections take place on a Sunday in France, usually in school halls and "mairies". → CANTON; COMMUNE; DÉPARTEMENT
▷ www.interieur.gouv.fr

électoral, e *(mpl* **-aux)** /elektɔʀal, o/ ADJ [*campagne, réunion, affiche*] election; **pendant la période ~e** during the run-up to the election

électoralisme /elektɔʀalism/ NM electioneering

électoraliste /elektɔʀalist/ ADJ electioneering

électorat /elektɔʀa/ NM (= *électeurs*) electorate; (*dans une circonscription*) constituency; **l'~ socialiste** the voters for the socialist party

électricien, -ienne /elektʀisjɛ̃, jɛn/ NM,F electrician

électricité /elektʀisite/ NF electricity; **allumer l'~** to switch the light on; **ça marche à l'~** it runs on electricity; **refaire l'~ d'une maison** to rewire a house; **être sans ~** to be without power; **il y a de l'~ dans l'air*** the atmosphere is electric ◆ **électricité statique** static

électrifier /elektʀifje/ /TABLE 7/ VT to electrify

électrique /elektʀik/ ADJ electric; **atmosphère ~** highly-charged atmosphere

électrocardiogramme /elektʀokaʀdjɔgʀam/ NM electrocardiogram; **faire un ~ à qn** to give sb an electrocardiogram

électrochoc /elektʀoʃɔk/ NM (= *procédé*) electric shock treatment; **on lui a fait des ~s** he was given electric shock treatment; **sa démission a provoqué un ~ dans le pays** his resignation sent shock waves through the country

électrocuter /elektʀɔkyte/ /TABLE 1/ 1 VT to electrocute 2 VPR **s'électrocuter** to electrocute o.s.

électrode /elektʀɔd/ NF electrode

électroencéphalogramme /elektʀoãsefalɔgʀam/ NM electroencephalogram

électroménager /elektʀomenaʒe/ 1 ADJ **appareil ~** electrical appliance 2 NM **l'~** (= *appareils*) electrical appliances; **magasin d'~** electrical goods retailer

électron /elektʀɔ̃/ NM electron

électronicien, -ienne /elektʀonisjɛ̃, jɛn/ NM,F electronics engineer

électronique /elektʀonik/ 1 ADJ electronic; **microscope ~** electron microscope; **industrie ~** electronics industry → **adresse, courrier** 2 NF electronics *(sg)*

électrophone /elektʀɔfɔn/ NM record player

élégamment /elegamã/ ADV elegantly

élégance /elegãs/ NF elegance; **il aurait pu avoir l'~ de s'excuser** he might have had the good grace to apologize

élégant, e /elegã, ãt/ ADJ elegant; **user de procédés peu ~s** to use crude methods

élément /elemã/ NM ⓐ element; [*d'appareil*] part; **les ~s** (*naturels*) the elements; **quand on parle d'électronique il est dans son ~*** when you talk about electronics he's in his element; **parmi ces artistes il ne se sentait pas dans son ~** he didn't feel at home among those artists
ⓑ (= *meuble*) unit; **~s de cuisine/de rangement** kitchen/storage units
ⓒ (= *fait*) fact; **aucun ~ nouveau n'est survenu** no new facts have come to light
ⓓ (= *individu*) **~s subversifs** subversive elements; **bons et mauvais ~s** good and bad elements; **c'est le meilleur ~ de ma classe** he's the best in my class

élémentaire /elemãtɛʀ/ ADJ elementary

éléphant /elefã/ NM elephant; **~ d'Asie/d'Afrique** Indian/African elephant ◆ **éléphant de mer** elephant seal

élevage /el(ə)vaʒ/ NM ⓐ [*d'animaux*] farming; [*d'animaux*

de race] breeding; **faire de l'~** to farm cattle; **truite d'~** farmed trout ⓑ (= *ferme*) [*de bétail*] cattle farm; **~ de poulets** poultry farm; **~ de chiens** breeding kennels

élévation /elevasjɔ̃/ 1 NF ⓐ (= *action de s'élever*) rise (**de** in) ⓑ (*en architecture*) elevation 2 COMP ◆ **élévation de terrain** hill

élevé, e /el(ə)ve/ (*ptp d'***élever**) ADJ ⓐ (= *haut*) high; [*pertes*] heavy; **peu ~** low; [*pertes*] slight; **occuper une position ~e** to hold a high position ⓑ (= *éduqué*) **bien ~** well-mannered; **mal ~** bad-mannered; **espèce de mal ~ !** you're so rude!; **c'est mal ~ de parler en mangeant** it's rude to talk with your mouth full

élève /elɛv/ NMF pupil; [*de Grande École*] student; **~ infirmière** student nurse; **~ officier** officer cadet

élever /el(ə)ve/ /TABLE 5/ 1 VT ⓐ [+ *enfant*] to bring up ⓑ [+ *animaux*] to farm; [+ *animaux de race*] to breed; [+ *abeilles*] to keep; **vin élevé dans nos chais** wine matured in our cellars
ⓒ [+ *mur, statue*] to erect; **~ des objections** to raise objections
ⓓ [+ *poids, objet*] to lift; [+ *niveau, taux, prix, voix*] to raise; [+ *débat*] to raise the tone of
2 VPR **s'élever** ⓐ to rise; **la tour s'élève à 50 mètres au-dessus du sol** the tower is 50 metres high; **s'~ jusqu'au sommet de l'échelle** to climb to the top of the ladder
ⓑ [*avion*] to go up; [*oiseau*] to fly up; **des voix se sont élevées** voices began to rise
ⓒ [*objections, doutes*] to be raised
ⓓ (= *protester*) **s'~ contre** to rise up against
ⓔ (= *se monter*) **s'~ à** [*prix, pertes*] to total

éleveur, -euse /el(ə)vœʀ, øz/ NM,F stockbreeder; [*de vin*] producer; [*de bétail*] cattle farmer; **~ de chevaux** horse breeder; **~ de volailles** poultry farmer

elfe /elf/ NM elf

éligibilité /eliʒibilite/ NF eligibility (**à** for)

éligible /eliʒibl/ ADJ eligible (**à** for)

élimé, e /elime/ (*ptp d'***élimer**) ADJ [*vêtement, tissu*] threadbare; **chemise ~e au col** shirt with a frayed collar

élimer (s') /elime/ /TABLE 1/ VPR [*vêtement, tissu*] to become threadbare

élimination /eliminasjɔ̃/ NF elimination; **procéder par ~** to work by a process of elimination

éliminatoire /eliminatwaʀ/ 1 ADJ [*épreuve, match*] qualifying; [*note, temps*] disqualifying 2 NFPL **éliminatoires** qualifying rounds; (*Sport*) heats

éliminer /elimine/ /TABLE 1/ VT to eliminate; **éliminé !** you're out!; **boire fait ~** drinking cleans out the system

élire /eliʀ/ /TABLE 43/ VT to elect; **il a été élu président** he was elected president; **~ domicile** to take up residence

élisabéthain, e /elizabetɛ̃, ɛn/ ADJ Elizabethan

élision /elizjɔ̃/ NF elision

élite /elit/ NF elite; **les ~s** the elite
◆ **d'élite** [*école, troupe*] élite; **un être d'~** an exceptional person; **tireur d'~** crack shot

élitisme /elitism/ NM elitism; **faire de l'~** to be elitist

élitiste /elitist/ ADJ, NMF elitist

élixir /eliksiʀ/ NM elixir; **~ de longue vie** elixir of life; **~ d'amour** love potion

elle /ɛl/ PRON PERS F ⓐ (*sujet*) (= *personne, animal femelle*) she; (= *chose; animal ou bébé dont on ignore le sexe*) it; **~ est journaliste** she is a journalist; **prends cette chaise, ~ est plus confortable** have this chair - it's more comfortable; **je me méfie de sa chienne, ~ mord** I don't trust his dog - she bites; **~, ~ n'aurait jamais fait ça** she would never have done that; **c'est ~ qui me l'a dit** she was the one who told me; **ta tante, ~ n'est pas très aimable !** your aunt isn't very nice!
◆ **elles** (*sujet*) they; **il est venu mais pas ~s** he came but they didn't
ⓑ (*objet*) (= *personne*) her; (= *chose; animal ou bébé dont on ignore le sexe*) it; **c'est ~ que j'avais invitée** it was her I had invited; **c'est à ~ que je veux parler** it's her I

want to speak to; **je les ai bien vus, ~ et lui** I definitely saw both of them; **ce poème n'est pas d'~** this poem is not by her; **il veut une photo d'~** he wants a photo of her; **ce livre est à ~** this book belongs to her; **c'est à ~ de décider** it's up to her to decide; **un ami à ~** a friend of hers; **ses enfants à ~** her children; **~ a une maison à ~** she has a house of her own; **~ ne pense qu'à ~** she only thinks of herself

♦ **elles** (*objet*) them; **ces livres sont à ~s** these books belong to them

ⓒ (*comparaisons*) her; **il est plus grand qu'~** he is taller than she is *ou* than her; **je le connais aussi bien qu'~** (*aussi bien que je la connais*) I know him as well as I know her; (*aussi bien qu'elle le connaît*) I know him as well as she does; **ne faites pas comme ~s** don't do the same as them

ⓓ (*questions*) **Alice est-~ rentrée?** is Alice back?; **sa lettre est-~ arrivée?** has his letter come?

elle-même (*pl* **elles-mêmes**) /ɛlmɛm/ PRON herself; **elles-mêmes** themselves

ellipse /elips/ NF ⓐ (= *figure géométrique*) ellipse ⓑ (*en langue*) ellipsis

elliptique /eliptik/ ADJ [*forme*] elliptical

élocution /elɔkysjɔ̃/ NF (= *débit*) delivery; (= *clarté*) diction; **défaut d'~** speech impediment

éloge /elɔʒ/ NM praise; **digne d'~** praiseworthy; **faire l'~ de** to praise

élogieux, -ieuse /elɔʒjø, jøz/ ADJ laudatory; **parler de qn/qch en termes ~** to speak very highly of sb/sth

éloigné, e /elwaɲe/ (*ptp d'éloigner*) ADJ distant; **tenir ~ de** to keep away from; **se tenir ~ du feu** to keep away from the fire; **dans un avenir peu ~** in the not-too-distant future; **un cousin ~** a distant cousin; **la famille ~e** distant relatives

♦ **être éloigné de** to be far from; **~ de 3 km** 3km away; **est-ce très ~ de la gare?** is it very far from the station?; **sa version est très ~e de la vérité** his version is very far from the truth; **je suis très ~ de ses positions** my point of view is very far removed from his

éloignement /elwaɲmã/ NM (*dans l'espace*) distance; **notre ~ de Paris complique le travail** being so far from Paris makes work more complicated; **à cause de l'~ du stade** because the stadium is so far away

éloigner /elwaɲe/ /TABLE 1/ 1 VT ⓐ [+ *objet*] to move away (**de** from); **la lentille éloigne les objets** the lens makes objects look further away

ⓑ [+ *personne*] to take away (**de** from); (= *exiler, écarter*) to send away (**de** from); **pour ~ les moustiques** to keep the mosquitoes away; **~ qn de** [+ *être aimé, compagnons*] to estrange sb from; [+ *activité, carrière*] to take sb away from; **ce chemin nous éloigne du village** this path takes us away from the village

ⓒ [+ *crainte, danger, soupçons*] to remove (**de** from)

2 VPR **s'éloigner** to go away; [*objet, véhicule en mouvement*] to move away; [*cycliste*] to ride away; (*d'un danger*) to get away from; **ne t'éloigne pas trop** don't go too far away; **vous vous éloignez du sujet** you're getting off the subject; **je la sentais s'~ de moi** I felt her becoming more and more distant; **éloignez-vous, ça risque d'éclater!** stand back, it might explode!

élongation /elɔ̃gasjɔ̃/ NF [*de muscle*] pulled muscle; **je me suis fait une ~ (à la jambe)** I've pulled a muscle (in my leg)

éloquence /elɔkɑ̃s/ NF eloquence; **avec ~** eloquently

éloquent, e /elɔkɑ̃, ɑ̃t/ ADJ eloquent; [*silence*] meaningful; **ces chiffres sont ~** the figures speak for themselves

élu, e /ely/ (*ptp d'élire*) 1 ADJ (*Rel*) chosen; (*Politique*) elected 2 NM,F ⓐ (= *député*) ≈ member of parliament; (= *conseiller*) councillor; **les nouveaux ~s** the newly elected members; **les ~s locaux** the local councillors; **les citoyens et leurs ~s** the citizens and their elected representatives ⓑ (= *fiancé*) **l'~ de son cœur** her beloved; **quelle est l'heureuse ~e?** who's the lucky girl?

élucider /elyside/ /TABLE 1/ VT to elucidate

élucubrations /elykybRasjɔ̃/ NFPL ramblings

éluder /elyde/ /TABLE 1/ VT to evade

Élysée /elize/ NM **l'~** the Élysée palace (*official residence of the French President*)

émacié, e /emasje/ ADJ emaciated

émail (*pl* **-aux**) /emaj, o/ NM enamel; **en ~** enamelled; **faire des émaux** to do enamel work

e-mail /imel/ NM e-mail; **envoyer qch par ~** to e-mail sth

émaillé, e /emaje/ ADJ ⓐ enamelled ⓑ (= *plein*) **~ de** [+ *fautes*] riddled with; [+ *citations*] peppered with; **voyage ~ d'incidents** journey punctuated by unforeseen incidents

émanations /emanasjɔ̃/ NFPL (= *odeurs*) smells; **~ toxiques** toxic fumes

émancipation /emɑ̃sipasjɔ̃/ NF emancipation

émancipé, e /emɑ̃sipe/ (*ptp d'émanciper*) ADJ emancipated

émanciper /emɑ̃sipe/ /TABLE 1/ 1 VT to emancipate 2 VPR **s'émanciper** [*personne*] to become emancipated

émaner /emane/ /TABLE 1/ VT INDIR ♦ **émaner de** to come from

émarger /emaRʒe/ /TABLE 3/ VT (= *signer*) to sign; (= *mettre ses initiales*) to initial

emballage /ɑ̃balaʒ/ NM (= *boîte, carton*) package; (= *papier*) wrapping (*NonC*); **carton d'~** cardboard packaging; **sous ~ (plastique)** plastic-wrapped

emballant, e* /ɑ̃balɑ̃, ɑ̃t/ ADJ **pas très ~** not very inspiring

emballement /ɑ̃balmɑ̃/ NM ⓐ (= *enthousiasme*)* flight of enthusiasm; (= *colère*)* flash of anger ⓑ [*de moteur*] racing; [*de cheval*] bolting; **ça a provoqué l'~ de l'économie** it caused the economy to race out of control

emballer /ɑ̃bale/ /TABLE 1/ 1 VT ⓐ [+ *objet*] to pack; (*dans du papier*) to wrap; **emballé sous vide** vacuum-packed ⓑ (= *plaire à*)* **ça m'a vraiment emballé** I thought it was great*; **je n'ai pas été très emballé par ce film** the film didn't do much for me* ⓒ (= *séduire*)* to pick up* 2 VPR **s'emballer** ⓐ [*personne*]* (*enthousiasme*) to get carried away*; (*colère*) to fly off the handle* ⓑ [*cheval*] to bolt ⓒ [*économie, monnaie*] to race out of control

embarcadère /ɑ̃baRkadɛR/ NM landing stage

embarcation /ɑ̃baRkasjɔ̃/ NF small boat

embardée /ɑ̃baRde/ NF [*de voiture*] swerve; [*de bateau*] yaw; **faire une ~** [*voiture*] to swerve; [*bateau*] to yaw

embargo /ɑ̃baRgo/ NM embargo; **lever l'~** to lift the embargo

embarquement /ɑ̃baRkəmɑ̃/ NM ⓐ [*de marchandises*] loading ⓑ [*de passagers*] boarding; **vol 134, ~ porte 11** flight 134 now boarding at gate 11; **carte d'~** boarding pass

embarquer /ɑ̃baRke/ /TABLE 1/ 1 VT ⓐ [+ *passagers*] to embark ⓑ [+ *cargaison*] to load ⓒ (= *emporter*)* to cart off*; (= *voler*)* to pinch*; **se faire ~ par la police** to get picked up by the police* ⓓ (= *entraîner*)* **~ qn dans** to get sb mixed up in; **il s'est laissé ~ dans une sale histoire** he has got himself mixed up in a nasty business 2 VI ⓐ (= *monter à bord*) to go on board ⓑ (= *partir en voyage*) to sail 3 VPR **s'embarquer** ⓐ (= *monter à bord*) to go on board ⓑ (= *s'engager*) **s'~ dans*** [+ *aventure, affaire*] to embark on; [+ *affaire louche*] to get mixed up in

embarras /ɑ̃baRa/ NM ⓐ (= *ennui*) trouble; **ne vous mettez pas dans l'~ pour moi** don't go to any trouble for me ⓑ (= *gêne*) embarrassment; **avoir l'~ du choix** to be spoilt for choice ⓒ (= *situation délicate*) **être dans l'~** (*en mauvaise position*) to be in an awkward position; (*dans un dilemme*) to be in a quandary ⓓ (*problèmes financiers*) **être dans l'~** to be in financial difficulties; **tirer qn d'~** to get sb out of an awkward position

embarrassant, e /ɑ̃baRasɑ̃, ɑ̃t/ ADJ [*situation*] embarrassing; [*problème*] awkward; [*paquets*] cumbersome

embarrassé, e /ɑ̃baRase/ (*ptp d'embarrasser*) ADJ ⓐ (= *gêné*) embarrassed; **je serais bien ~ de choisir entre les deux** I'd be hard put to choose between the two

ⓑ (= *encombré*) cluttered; **j'ai les mains ~es** my hands are full

embarrasser /ɑ̃baʀase/ /TABLE 1/ 1 VT ⓐ (= *encombrer*) [*paquets*] to clutter; [*vêtements*] to hinder; **je ne t'embarrasse pas au moins?** are you sure I'm not bothering you? ⓑ (= *gêner*) to embarrass; **~ qn par des questions indiscrètes** to embarrass sb with indiscreet questions; **sa demande m'embarrasse** his request puts me in an awkward position 2 VPR **s'embarrasser** (= *se soucier*) to trouble o.s. (**de** about); **il ne s'embarrasse pas de scrupules** he doesn't let scruples get in his way

embauche /ɑ̃boʃ/ NF (= *action d'embaucher*) hiring; (= *travail disponible*) vacancies; **pour faciliter l'~ des jeunes** to ensure that more young people get jobs; **est-ce qu'il y a de l'~?** are there any vacancies?; **bureau d'~** employment office; **salaire d'~** starting salary; **entretien d'~** job interview

embaucher /ɑ̃boʃe/ /TABLE 1/ 1 VT to hire; **je t'embauche pour nettoyer les carreaux** I'll put you to work cleaning the windows; **on embauche** [*entreprise*] we are recruiting; **on embauche** [*entreprise*] we are recruiting new staff; **le nouvel embauché** the new recruit 2 VI (= *commencer le travail*) to start work

embaumer /ɑ̃bome/ /TABLE 1/ 1 VT ⓐ (= *avoir l'odeur de*) to smell of; **l'air embaumait le lilas** the air was fragrant with lilac ⓑ (= *parfumer*) **le lilas embaumait l'air** the scent of lilac filled in the air ⓒ [+ *cadavre*] to embalm 2 VI to smell lovely; [*fromage*] to smell strong; **ça embaume!*** it stinks!

embellie /ɑ̃beli/ NF [*de temps*] slight improvement in the weather

embellir /ɑ̃beliʀ/ /TABLE 2/ 1 VT [+ *personne, jardin, ville*] to make more attractive; [+ *vérité, récit*] to embellish 2 VI [*femme, fille*] to get more attractive; [*homme, garçon*] to get better-looking

emberlificoter* /ɑ̃beʀlifikɔte/ /TABLE 1/ 1 VT (= *embrouiller*) to mix up* 2 VPR **s'emberlificoter:** **il s'emberlificote dans ses explications** he gets himself tied up in knots trying to explain things*

embêtant, e* /ɑ̃betɑ̃, ɑ̃t/ ADJ annoying; [*situation, problème*] awkward; **c'est ~!** (*ennuyeux*) what a nuisance!; (*alarmant*) it's terrible!

embêté, e* /ɑ̃bete/ (*ptp d'***embêter**) ADJ **je suis très ~** (= *je ne sais pas quoi faire*) I just don't know what to do; **elle a eu l'air ~ quand je lui ai demandé** she looked embarrassed when I asked her

embêtement* /ɑ̃betmɑ̃/ NM problem; **causer des ~s à qn** to cause problems for sb; **ce chien ne m'a causé que des ~s** this dog has been nothing but trouble

embêter* /ɑ̃bete/ /TABLE 1/ 1 VT ⓐ (= *gêner, importuner*) to bother ⓑ (= *irriter*) to annoy ⓒ (= *lasser*) to bore 2 VPR **s'embêter** ⓐ (= *s'ennuyer*) to be bored; **qu'est-ce qu'on s'embête ici!** it's so boring here! ⓑ (= *s'embarrasser*) to bother o.s. (**à faire** doing); **ne t'embête pas avec ça** don't bother about that; **pourquoi s'~ à le réparer?** why bother repairing it?; **il ne s'embête pas!** (= *il a de la chance*) he does all right for himself!*; (= *il ne se gêne pas*) he's got a nerve!*

emblée /ɑ̃ble/ ◆ **d'emblée** LOC ADV at once; **détester qn d'~** to take an instant dislike to sb

emblématique /ɑ̃blematik/ ADJ emblematic; (*fig*) symbolic; **c'est la figure ~ de l'opposition** he's the figurehead of the opposition

emblème /ɑ̃blɛm/ NM emblem

embobiner* /ɑ̃bɔbine/ /TABLE 1/ VT ⓐ (= *enjôler*) to get round* ⓑ (= *embrouiller*) to mix up* ⓒ (= *duper*) to hoodwink

emboîter /ɑ̃bwate/ /TABLE 1/ 1 VT [+ *pièces*] to fit together; **~ qch dans** to fit sth into 2 VPR **s'emboîter** [*pièces*] to fit together

embolie /ɑ̃bɔli/ NF embolism; **~ pulmonaire** pulmonary embolism; **faire une ~** to have an embolism

embonpoint /ɑ̃bɔ̃pwɛ̃/ NM stoutness; **avoir de l'~** to be rather stout

embouché, e /ɑ̃buʃe/ ADJ **mal ~** (= *grossier*) foul-mouthed; (= *de mauvaise humeur*) in a foul mood

embouchure /ɑ̃buʃyʀ/ NF ⓐ [*de fleuve*] mouth ⓑ [*de mors, instrument*] mouthpiece

embourber (s') /ɑ̃buʀbe/ /TABLE 1/ VPR [*voiture*] to get stuck in the mud

embourgeoiser (s') /ɑ̃buʀʒwaze/ /TABLE 1/ VPR to become middle-class

embout /ɑ̃bu/ NM [*de tuyau*] nozzle

embouteillage /ɑ̃buteja ʒ/ NM (*Auto*) traffic jam

embouteiller /ɑ̃buteje/ /TABLE 1/ VT **les routes étaient embouteillées** the roads were jammed (*Brit*) or gridlocked (*US*)

emboutir /ɑ̃butiʀ/ /TABLE 2/ VT (= *endommager*) to crash into; **avoir une aile emboutie** to have a dented wing; **il s'est fait ~ par une voiture** he was hit by another car

embranchement /ɑ̃bʀɑ̃ʃmɑ̃/ NM ⓐ [*de voies, routes, tuyaux*] junction; **à l'~ des deux routes** where the road forks ⓑ (= *route*) side road; (= *tuyau*) branch pipe

embraser /ɑ̃bʀaze/ /TABLE 1/ 1 VT ⓐ [+ *maison, forêt*] to set fire to; [+ *ciel*] to set ablaze ⓑ [+ *pays*] to cause unrest in 2 VPR **s'embraser** ⓐ [*maison*] to blaze up; [*ciel*] to be set ablaze ⓑ [*pays*] to be thrown into turmoil

embrassades /ɑ̃bʀasad/ NFPL hugging and kissing (*NonC*)

embrasse /ɑ̃bʀas/ NF tieback

embrasser /ɑ̃bʀase/ /TABLE 1/ 1 VT ⓐ (= *donner un baiser à*) to kiss; **je t'embrasse** (*en fin de lettre*) with love; (*au téléphone*) take care! ⓑ (*frm*) (= *cause*) to embrace; [+ *carrière*] to take up 2 VPR **s'embrasser** to kiss

embrasure /ɑ̃bʀazyʀ/ NF **dans l'~ de la porte** in the doorway; **dans l'~ de la fenêtre** in the window

embrayage /ɑ̃bʀejaʒ/ NM (= *mécanisme*) clutch

embrayer /ɑ̃bʀeje/ /TABLE 8/ 1 VI to put into gear 2 VI [*conducteur*] to let out (*Brit*) the clutch, to clutch (*US*); **~ sur un sujet** to switch to a subject

embrigader /ɑ̃bʀigade/ /TABLE 1/ VT (= *endoctriner*) to indoctrinate; (= *recruter*) to recruit (**dans** into)

embringuer* /ɑ̃bʀɛ̃ge/ /TABLE 1/ VT to mix up; **il s'est laissé ~ dans une sale histoire** he got himself mixed up in some nasty business

embrocher /ɑ̃bʀɔʃe/ /TABLE 1/ VT (*sur broche*) to put on a spit; (*sur brochette*) to skewer; **~ qn** (*avec une épée*) to run sb through; **il m'a embroché avec son parapluie** he jabbed me with his umbrella

embrouillamini* /ɑ̃bʀujamini/ NM muddle

embrouille* /ɑ̃bʀuj/ NF **il y a de l'~ là-dessous** there's something funny going on; **toutes ces ~s** all this carry-on*; **il y a eu une ~ administrative** there was an administrative mix-up*

embrouillé, e /ɑ̃bʀuje/ (*ptp d'***embrouiller**) ADJ muddled

embrouiller /ɑ̃bʀuje/ /TABLE 1/ 1 VT [+ *fils*] to tangle; [+ *personne*] to confuse; [+ *problème*] to make more complicated 2 VPR **s'embrouiller** to get in a muddle

embruns /ɑ̃bʀɛ̃/ NMPL sea spray (*NonC*)

embryon /ɑ̃bʀijɔ̃/ NM embryo; **à l'état d'~** in embryo; **un ~ de réseau** an embryonic network

embryonnaire /ɑ̃bʀijɔnɛʀ/ ADJ embryonic; **à l'état ~** in embryo

embûche /ɑ̃byʃ/ NF pitfall; **semé d'~s** full of pitfalls

embué, e /ɑ̃bɥe/ /TABLE 1/ ADJ [*vitre*] misted-up; **yeux ~s de larmes** eyes misted with tears

embuscade /ɑ̃byskad/ NF ambush; **être en ~** to lie in ambush; **tendre une ~ à qn** to lay an ambush for sb; **tomber dans une ~** to fall into an ambush

embusqué, e /ɑ̃byske/ (*ptp d'***embusquer**) ADJ **être ~** [*soldats*] to lie in ambush; **tireur ~** sniper

embusquer (s') /ɑ̃byske/ /TABLE 1/ VPR to lie in ambush

éméché, e* /emeʃe/ ADJ tipsy*

émeraude /em(ə)ʀod/ NF, ADJ INV emerald

émergent, e /emɛʀʒɑ̃, ɑ̃t/ ADJ emergent

émerger /emɛRʒe/ /TABLE 3/ VI (a) (= *apparaître*) to emerge; (= *se réveiller*)* to surface; **il a émergé de sa chambre** he emerged from his room; **le pays émerge enfin de trois ans de guerre civile** the country is at last emerging from three years of civil war (b) (= *se distinguer*) [*rocher, fait, artiste*] to stand out

émeri /em(ə)ʀi/ NM emery; **papier ~** emery paper

émérite /emeʀit/ ADJ (= *remarquable*) outstanding; **professeur ~** emeritus professor

émerveillement /emɛʀvɛjmɑ̃/ NM (= *sentiment*) wonder

émerveiller /emɛʀveje/ /TABLE 1/ 1 VT to fill with wonder 2 VPR **s'émerveiller** to be filled with wonder; **s'~ de** to marvel at

émetteur, -trice /emetœʀ, tʀis/ 1 ADJ (a) (*Radio*) transmitting (b) **banque émettrice** issuing bank 2 NM (*Radio*) transmitter 3 NM,F (*Finance*) issuer

émettre /emetʀ/ /TABLE 56/ 1 VT (a) [+ *lumière, son, radiation*] to emit; [+ *odeur*] to give off (b) (*Radio, TV*) to transmit; **son bateau n'émet plus** he's no longer sending out signals (c) [+ *monnaie, actions, emprunt*] to issue; [+ *chèque*] to draw (d) [+ *idée, hypothèse*] to put forward; [+ *doute*] to express 2 VI **~ sur ondes courtes** to broadcast on shortwave

émeute /emøt/ NF riot

émeutier, -ière /emøtje, jɛʀ/ NM,F rioter

émietter /emjete/ /TABLE 1/ VT [+ *pain, terre*] to crumble

émigrant, e /emigʀɑ̃, ɑ̃t/ NM,F emigrant

émigration /emigʀasjɔ̃/ NF emigration

émigré, e /emigʀe/ (*ptp d'*émigrer) NM,F exile; **travailleur ~** migrant worker

émigrer /emigʀe/ /TABLE 1/ VI to emigrate

émincé /emɛ̃se/ NM (= *plat*) émincé; **~ de veau** dish made with finely sliced veal

émincer /emɛ̃se/ /TABLE 3/ VT to slice thinly

éminemment /eminamɑ̃/ ADV eminently

éminence /eminɑ̃s/ NF (a) [*de qualité, rang*] eminence (b) (= *cardinal*) **Son Éminence** his Eminence

éminent, e /eminɑ̃, ɑ̃t/ ADJ eminent; **mon ~ collègue** my learned colleague

émirat /emiʀa/ NM emirate; **les Émirats arabes unis** the United Arab Emirates

émis, e /emi, emiz/ ptp d'**émettre**

émissaire /emisɛʀ/ NM emissary

émission /emisjɔ̃/ NF (a) (= *programme*) programme (*Brit*), program (*US*); **~ télévisée** ou **de télévision** television programme; **~ de radio** radio programme (b) [*de son, lumière, signaux*] emission; (= *transmission de sons, d'images*) broadcasting (c) [*de monnaie, actions, emprunt*] issue; [*de chèque*] drawing

emmagasiner /ɑ̃magazine/ /TABLE 1/ VT (= *amasser*) to store up; [+ *chaleur*] to store; [+ *souvenirs, connaissances*] to amass

emmancher /ɑ̃mɑ̃ʃe/ /TABLE 1/ VT **l'affaire est mal emmanchée*** the deal has got off to a bad start

emmanchure /ɑ̃mɑ̃ʃyʀ/ NF armhole

emmêler /ɑ̃mele/ /TABLE 1/ 1 VT [+ *cheveux, fil*] to tangle; [+ *affaire*] to confuse; **tes cheveux sont tout emmêlés** your hair is all tangled; **tu emmêles tout** you're getting everything confused 2 VPR **s'emmêler** [*corde, cheveux*] to tangle; **s'~ les pieds dans le tapis** to trip over the rug; **s'~ dans ses explications** to get in a muddle trying to explain things; **s'~ les pinceaux*** to get all confused

emménagement /ɑ̃menaʒmɑ̃/ NM moving in (*NonC*); **au moment de leur ~ dans la maison** when they moved into the house

emménager /ɑ̃menaʒe/ /TABLE 3/ VI to move in; **~ dans** to move into

emmener /ɑ̃m(ə)ne/ /TABLE 5/ VT (a) [+ *personne*] to take; (*comme otage*) to take away; **~ qn au cinéma** to take sb to the cinema; **~ qn en promenade** to take sb for a walk; **~ déjeuner qn** to take sb out for lunch; **voulez-vous que je**

vous emmène? (*en voiture*) would you like a lift (*Brit*) ou ride (*US*)? (b) [+ *chose*]* to take (c) (= *guider*) [+ *équipe*] to lead

emmerdant, e: /ɑ̃mɛʀdɑ̃, ɑ̃t/ ADJ (a) (= *irritant, gênant*) bloody annoying:; **elle n'est pas trop ~e** she isn't too much of a pain* (b) (= *ennuyeux*) bloody boring:; **qu'est-ce qu'il est ~ avec ses histoires** he's such a pain with his stories*

emmerde : /ɑ̃mɛʀd/ NF = **emmerdement**

emmerdement : /ɑ̃mɛʀdəmɑ̃/ NM hassle*; **j'ai eu telle-ment d'~s avec cette voiture** that car has been nothing but trouble; **je n'ai que des ~s en ce moment** life's just non-stop hassle at the moment*; **ça risque de m'attirer des ~s** it's likely to get me into trouble

emmerder : /ɑ̃mɛʀde/ /TABLE 1/ 1 VT **~ qn** (= *irriter*) to get on sb's nerves; (= *contrarier*) to bother sb; (= *lasser*) to bore the pants off sb:; (= *mettre dans l'embarras*) to get sb into trouble; **on n'a pas fini d'être emmerdé avec ça** we haven't heard the last of it; **je suis drôlement emmerdé** I'm in deep trouble*; **il m'emmerde à la fin, avec ses questions** he really gets on my nerves with his questions; **ça m'emmerde qu'il ne puisse pas venir** it's a damned nuisance: that he can't come; **je les emmerde!** to hell with them!:

2 VPR **s'emmerder** (= *s'ennuyer*) to be bored stiff*; (= *s'embarrasser*) to put o.s. out; **ne t'emmerde pas avec ça** don't worry about that; **on ne s'emmerde pas avec eux!** there's never a dull moment with them!; **tu ne t'emmerdes pas!** you've got a damn nerve!:; **elle a trois voitures — dis donc, elle ne s'emmerde pas!** she has three cars — it's all right for some!*

emmerdeur, -euse : /ɑ̃mɛʀdœʀ, øz/ NM,F pain in the neck*

emmitoufler /ɑ̃mitufle/ /TABLE 1/ 1 VT to wrap up warmly 2 VPR **s'emmitoufler: s'~ (dans un manteau)** to wrap o.s. up (in a coat)

emmurer /ɑ̃myʀe/ /TABLE 1/ 1 VT to wall up 2 VPR **s'emmurer: s'~ dans** [+ *silence, sentiment*] to retreat into

émoi /emwa/ NM (*littér*) (= *trouble*) emotion; (*de joie*) excitement; (= *tumulte*) commotion; **l'affaire a suscité un grand ~ dans le pays** the affair plunged the country into turmoil; **en ~** [*cœur*] in a flutter (*attrib*); [*sens*] excited; **la rue était en ~** the street was in turmoil

émoluments /emɔlymɑ̃/ NMPL [*d'officier ministériel*] fees; [*d'employé*] pay

émonder /emɔ̃de/ /TABLE 1/ VT [+ *arbre*] to prune; [+ *amandes*] to blanch

émoticone /emɔtikɔn/ NM smiley

émotif, -ive /emɔtif, iv/ 1 ADJ emotional 2 NM,F emotional person; **c'est un ~** he's very emotional

émotion /emosjɔ̃/ NF (= *sentiment*) emotion; (= *peur*) fright; **ce scandale a suscité une vive ~ dans le pays** this scandal has caused a real stir in the country; **pour nous remettre de nos ~s ...** to get over all the excitement ...; **pour les amateurs d'~s fortes** for those who are looking for thrills; **c'est avec une grande ~ que nous recevons ...** it is with great pleasure that we welcome ...

émotionnel, -elle /emosjɔnɛl/ ADJ emotional

émotivité /emɔtivite/ NF emotionality; **d'une grande ~** very emotional

émoussé, e /emuse/ (*ptp d'*émousser) ADJ [*couteau*] blunt; [*goût, sensibilité*] dulled

émousser (s') /emuse/ /TABLE 1/ VPR [*intérêt*] to wane; [*talent*] to lose its fine edge

émoustiller* /emustije/ /TABLE 1/ VT to tantalize

émouvant, e /emuvɑ̃, ɑ̃t/ ADJ (*nuance de compassion*) moving; (*nuance d'admiration*) stirring

émouvoir /emuvwaʀ/ /TABLE 27/ 1 VT [+ *personne*] to move; (= *perturber, effrayer*) to disturb; **leurs menaces ne l'émurent pas le moins du monde** their threats didn't worry him in the slightest; **~ qn jusqu'aux larmes** to move sb to tears

2 VPR **s'émouvoir** to be moved; (= *être perturbé*) to be disturbed; (= *s'inquiéter*) to be worried; **il ne s'émeut de rien**

nothing upsets him; **dit-il sans s'~** he said calmly; **s'~ à la vue de qch** to be moved at the sight of sth; **le gouvernement s'en est ému** the government was roused to action

empailler /ɑ̃paje/ /TABLE 1/ VT [+ *animal*] to stuff; [+ *chaise*] to bottom (with straw)

empaler /ɑ̃pale/ /TABLE 1/ 1 VT (= *supplicier*) to impale 2 VPR **s'empaler** to impale o.s. (**sur** on)

empaqueter /ɑ̃pakte/ /TABLE 4/ VT to wrap up; (= *conditionner*) to pack

emparer (s') /ɑ̃paRe/ /TABLE 1/ VPR ⓐ **s'~ de** [+ *objet*] to grab; [+ *ville, territoire, ennemi, pouvoir, otage*] to seize; [+ *prétexte*] to seize on; **s'~ du ballon** (*Rugby*) to get possession of the ball; **les journaux se sont emparés de l'affaire** the papers got hold of the story ⓑ **s'~ de** [*jalousie, colère, remords*] to take hold of; **la peur s'est emparée d'elle** she suddenly became afraid

empâté, e /ɑ̃pate/ (*ptp d'***empâter**) ADJ [*visage*] fleshy; [*personne, silhouette*] heavy; [*langue*] coated

empâter (s') /ɑ̃pate/ /TABLE 1/ VPR [*personne, silhouette, visage*] to thicken out; [*traits*] to thicken

empathie /ɑ̃pati/ NF empathy

empêchement /ɑ̃pɛʃmɑ̃/ NM (= *obstacle*) unexpected difficulty; **il n'est pas venu, il a eu un ~** he couldn't come - something cropped up; **en cas d'~** if there's a hitch

empêcher /ɑ̃peʃe/ /TABLE 1/ 1 VT ⓐ [+ *chose, action*] to prevent, to stop; **~ que qch (ne) se produise** *ou* **~ qch de se produire** to prevent sth from happening; **~ que qn (ne) fasse qch** to prevent sb from doing sth ◆ **empêcher qn de faire qch** to prevent sb from doing sth; **rien ne nous empêche de partir** there's nothing preventing us from going; **s'il veut le faire, on ne peut pas l'en ~** if he wants to do it, we can't stop him; **ça ne m'empêche pas de dormir** it doesn't keep me awake; (*fig*) I don't lose any sleep over it ⓑ **il n'empêche qu'il a tort** all the same, he's wrong; **j'ai peut-être tort, n'empêche, il a un certain culot!*** maybe I'm wrong, but even so he's got a nerve!*

2 VPR **s'empêcher** : **s'~ de faire qch** to stop o.s. doing sth; **il n'a pas pu s'~ de rire** he couldn't help laughing; **je ne peux m'~ de penser que ...** I cannot help thinking that ...; **je n'ai pas pu m'en ~** I couldn't help it

empêcheur, -euse /ɑ̃peʃœR, øz/ NM,F ◆ **de tourner en rond** (= *trouble-fête*) spoilsport; (= *gêneur*) troublemaker

empester /ɑ̃peste/ /TABLE 1/ VT (= *sentir*) to stink of; (= *empuantir*) [+ *pièce*] to stink out (**de** with); **ça empeste ici** it stinks in here

empêtrer (s') /ɑ̃petRe/ /TABLE 1/ VPR **s'~ dans** to get tangled up in; [+ *mensonges*] to get o.s. tangled up in; **s'~ dans des explications** to tie o.s. up in knots trying to explain*

emphase /ɑ̃faz/ NF (= *solennité*) pomposity; **avec ~** pompously

empiéter /ɑ̃pjete/ /TABLE 6/ VT INDIR ◆ **empiéter sur** to encroach on

empiffrer (s') /ɑ̃pifRe/ /TABLE 1/ VPR to stuff o.s.* (**de** with)

empiler /ɑ̃pile/ /TABLE 1/ 1 VT (= *mettre en pile*) to pile up 2 VPR **s'empiler** ⓐ (= *s'amonceler*) to be piled up (**sur** on) ⓑ (= *s'entasser*) **s'~ dans** [+ *local, véhicule*] to pile into

empire /ɑ̃piR/ NM ⓐ empire; **~ industriel/financier** industrial/financial empire; **pas pour un ~!** not for all the tea in China! ⓑ (= *autorité, emprise*) **avoir de l'~ sur** to hold sway over; **prendre de l'~ sur** to gain influence over ◆ **sous l'empire de** [+ *peur, colère*] in the grip of; [+ *jalousie*] possessed by; **sous l'~ de la boisson** under the influence of alcohol

empirer /ɑ̃piRe/ /TABLE 1/ 1 VI to get worse 2 VT to make worse

empirique /ɑ̃piRik/ ADJ empirical

emplacement /ɑ̃plasmɑ̃/ NM (= *endroit*) place; (= *site*) site; [*de parking*] parking space; **à** *ou* **sur l'~ d'une ancienne cité romaine** on the site of an ancient Roman city; **pour**

---

indiquer l'~ du chemin to show where the path is; **~ publicitaire** advertising space (*NonC*)

emplafonner : /ɑ̃plafɔne/ /TABLE 1/ VT to smash* into; **il s'est fait ~ par un camion** a lorry smashed* into his car

emplâtre /ɑ̃plɑtR/ NM plaster

emplette /ɑ̃plɛt/ NF **faire des ~s** to do some shopping

emploi /ɑ̃plwa/ 1 NM ⓐ (= *poste, travail*) job; **l'~** (*Écon*) employment; **créer de nouveaux ~s** to create new jobs; **être sans ~** to be unemployed; **la situation de l'~** the employment situation; **plein(-)emploi** full employment; **~s de service** service jobs; **avoir le physique** *ou* **la tête de l'~*** to look the part ⓑ (= *usage*) use 2 COMP ◆ **emploi du temps** timetable (*Brit*), schedule (*US*); **~ du temps chargé** busy timetable (*Brit*) *ou* schedule (*US*)

employé, e /ɑ̃plwaje/ (*ptp d'***employer**) NM,F employee; **~ de banque/de maison** bank/domestic employee; **~ de bureau/municipal** office/council worker; **~ des postes/du gaz** postal/gas worker

employer /ɑ̃plwaje/ /TABLE 8/ VT ⓐ (= *utiliser*) to use; **~ toute son énergie à faire qch** to devote all one's energies to doing sth; **~ son temps à faire qch/à qch** to spend one's time doing sth/on sth; **~ son argent à faire qch/à qch** to use one's money doing sth/on sth; **bien ~** [+ *temps, argent*] to make good use of; [+ *mot, expression*] to use properly; **mal ~** to misuse ⓑ [+ *main-d'œuvre*] to employ; **ils l'emploient comme vendeur** they employ him as a salesman

employeur, -euse /ɑ̃plwajœR, øz/ NM,F employer

empocher ✶ /ɑ̃pɔʃe/ /TABLE 1/ VT (= *obtenir*) [+ *argent*] to pocket; [+ *prix*] to carry off; [+ *médaille*] to win

empoignade /ɑ̃pwaɲad/ NF (= *bagarre*) fight; (= *altercation*) argument

empoigner /ɑ̃pwaɲe/ /TABLE 1/ VT (= *saisir*) to grab

empoisonnant, e* /ɑ̃pwazɔnɑ̃, ɑ̃t/ ADJ (= *irritant*) irritating; (= *contrariant*) aggravating*; **il est ~ avec ses questions** he's so irritating with his questions

empoisonnement /ɑ̃pwazɔnmɑ̃/ NM poisoning

empoisonner /ɑ̃pwazɔne/ /TABLE 1/ 1 VT ⓐ **~ qn** [*assassin*] to poison sb; [*aliments avariés*] to give sb food poisoning ⓑ [+ *relations, vie politique*] to poison; [+ *air*] to stink out; **elle empoisonne la vie de ses proches** she's making her family's life a misery ⓒ [*gêneur, situation*]* **~ qn** to get on sb's nerves 2 VPR **s'empoisonner** ⓐ (*volontairement*) to poison o.s.; (*par intoxication alimentaire*) to get food poisoning ⓑ (= *s'ennuyer*)* to be bored stiff*; **qu'est-ce qu'on s'empoisonne** this is such a drag*; **s'~ (l'existence) à faire qch** to go to the trouble of doing sth

emporté, e /ɑ̃pɔRte/ (*ptp d'***emporter**) ADJ [*personne*] quick-tempered

emportement /ɑ̃pɔRtəmɑ̃/ NM anger (*NonC*); **avec ~** angrily

emporte-pièce /ɑ̃pɔRt(ə)pjes/ NM INV (*Tech*) punch; (*en cuisine*) pastry cutter ◆ **à l'emporte-pièce** [*déclaration, jugement*] cut-and-dried

emporter /ɑ̃pɔRte/ /TABLE 1/ 1 VT ⓐ (= *prendre avec soi*) [+ *vivres, vêtements*] to take; **plats chauds/boissons à ~** takeaway (*Brit*) *ou* take-out (*US*) hot meals/drinks; **il ne l'emportera pas au paradis!** he'll soon be smiling on the other side of his face! ⓑ (= *enlever*) to take away ⓒ [*courant, vent, navire, train*] to carry along; **emporté par son élan** carried along by his own momentum; **emporté par son imagination/enthousiasme** carried away by his imagination/enthusiasm; **se laisser ~ par la colère** to lose one's temper ⓓ (= *arracher*) [+ *jambe, bras*] to take off; [+ *cheminée, toit*] to blow off; [+ *pont, berge*] to carry away; [*maladie*] to carry off; **ça emporte la bouche** *ou* **la gueule :** it takes the roof of your mouth off* ⓔ (= *gagner*) [+ *prix*] to carry off; **~ la décision** to win the day; **~ l'adhésion de qn** to win sb over ⓕ **l'~ (sur)** [*personne*] to get the upper hand (over); [*solu-*

tion, méthode] to prevail (over); **il a fini par l'~** he finally got the upper hand

2 VPR **s'emporter** (= *s'irriter*) to lose one's temper (**contre** with)

empoté, e* /ɑ̃pɔte/ **1** ADJ awkward **2** NM,F awkward lump*

empreint, e[1] /ɑ̃pRɛ̃, ɛ̃t/ ADJ **~ de** [+ *nostalgie, mélancolie*] tinged with; **~ de mystère/poésie** with a certain mysterious/poetic quality; **d'un ton ~ de gravité** in a somewhat solemn voice

empreinte[2] /ɑ̃pRɛ̃t/ NF ⓐ [*d'animal*] track; **~ (de pas)** footprint; **~s (digitales)** (finger)prints; **~ écologique** carbon footprint; **~ génétique** genetic fingerprint; **~ vocale** voiceprint; **prendre l'~ d'une dent** to take an impression of a tooth; **relever** *ou* **prendre des ~s digitales** to take fingerprints ⓑ(= *influence*) mark

empressement /ɑ̃pResmɑ̃/ NM ⓐ (= *hâte*) eagerness; **il montrait peu d'~ à ...** he seemed in no hurry to ...; **avec ~** eagerly ⓑ (= *prévenance*) attentiveness; [*d'admirateur, prétendant*] overattentiveness; **il me servait avec ~** he waited upon me attentively

empresser (s') /ɑ̃pRese/ /TABLE 1/ VPR ⓐ (= *se hâter*) **s'~ de faire qch** to hasten to do sth ⓑ to bustle about; **s'~ auprès** *ou* **autour de** [+ *blessé, invité*] to surround with attentions; [+ *femme courtisée*] to dance attendance upon

emprise /ɑ̃pRiz/ NF (= *influence*) ascendancy (**sur** over); **avoir beaucoup d'~ sur qn** to hold sway over sb
♦ **sous l'emprise de**: **sous l'~ de la colère** in the grip of anger; **sous l'~ de l'alcool** under the influence of alcohol

emprisonnement /ɑ̃pRizɔnmɑ̃/ NM imprisonment; **condamné à 10 ans d'~** sentenced to 10 years in prison

emprisonner /ɑ̃pRizɔne/ /TABLE 1/ VT to imprison

emprunt /ɑ̃pRœ̃/ NM ⓐ (= *demande, somme*) loan; **~ d'État/public** government/public loan; **faire un ~ pour payer sa voiture** to take out a loan to pay for one's car ⓑ (= *terme*) loan word; **c'est un ~ à l'anglais** it's a loan word from English ⓒ ♦ **d'emprunt** [*nom, autorité*] assumed

emprunté, e /ɑ̃pRœ̃te/ (*ptp d'***emprunter**) ADJ [*air, personne*] awkward

emprunter /ɑ̃pRœ̃te/ /TABLE 1/ VT ⓐ [+ *argent, objet, mot, idée*] to borrow (**à** from); **cette pièce emprunte son sujet à l'actualité** this play is based on a topical subject; **mot emprunté à l'anglais** loan word from English ⓑ [+ *escalier, route*] to follow; [+ *itinéraire*] to follow; **« empruntez le passage souterrain »** "use the underpass "

ému, e /emy/ (*ptp d'***émouvoir**) ADJ [*personne*] (*compassion*) moved; (*gratitude*) touched; (*timidité, peur*) nervous; [*voix*] emotional; **~ jusqu'aux larmes** moved to tears (**devant** by); **très ~ lors de la remise des prix** very moved at the prize giving; **dit-il d'une voix ~e** he said with emotion; **trop ~ pour les remercier** too overcome to thank them

émulation /emylasjɔ̃/ NF emulation

émule /emyl/ NMF (= *imitateur*) emulator; (= *égal*) equal; **il fait des ~s** people emulate him

émulsion /emylsjɔ̃/ NF emulsion

EN (ABBR = **Éducation nationale**) NF ≈ Department for Education and Employment (*Brit*), ≈ Department of Education (*US*)

en /ɑ̃/

1 PRÉPOSITION	2 PRONOM

▶ *Lorsque* **en** *fait partie d'une locution comme* **en retard**, **en tout**, *reportez-vous à l'autre mot.*

1 PRÉPOSITION

ⓐ lieu : situation in; **vivre en France/Normandie** to live in France/Normandy; **il habite en banlieue/ville** he lives in the suburbs/the town; **être en ville** to be in town; **il voyage en Grèce/Corse** he's travelling around Greece/Corsica

ⓑ lieu : mouvement to; **aller** *ou* **partir en Angleterre/**

Normandie to go to England/Normandy; **aller en ville** to go (in)to town

ⓒ temps in; **en été** in summer; **en mars 1999** in March 1999; **en soirée** in the evenings; **il peut le faire en trois jours** he can do it in three days; **en semaine** during the week

ⓓ moyen de transport by; **en taxi** by taxi; **en train** by train; **en avion** by plane; **ils y sont allés en voiture** they went by car; **faire une promenade en bateau** to go for a trip in a boat; **ils sont arrivés en voiture** they arrived in a car; **aller à Londres en avion** to fly to London

ⓔ = chez ce que j'aime en lui, c'est son courage what I like about him is his courage; **on voit en lui un futur champion du monde** they see him as a future world champion

ⓕ = habillé de in; **être en blanc** to be dressed in white; **la femme en manteau de fourrure** the woman in the fur coat; **être en chaussettes** to be in one's stockinged feet; **il était en pyjama** he was in his pyjamas

ⓖ description, composition in; **en cercle** in a circle; **une pièce en trois actes** a play in three acts; **ça se vend en boîtes de douze** they are sold in boxes of twelve; **c'est écrit en anglais** it's written in English; **nous avons le même article en vert** we have the same item in green; **le plat est en argent** the dish is made of silver; **l'escalier sera en marbre** the staircase will be made of marble; **c'est en quoi ?*** what's it made of?

▶ *En anglais, un nom en apposition remplace souvent l'adjectif pour décrire la matière dont quelque chose est fait.*

une bague en or a gold ring; **une jupe en soie** a silk skirt
♦ **en** + *comparatif*: **c'est son frère en mieux** he's like his brother, only better; **je veux la même valise en plus grand** I want the same suitcase only bigger

ⓗ = comme un agir en tyran to act like a tyrant; **en bon politicien, il ...** being the skilled politician he is, he ...; **je le lui ai donné en souvenir** I gave it to him as a souvenir

ⓘ = dans le domaine de en politique in politics; **ce que je préfère en musique, c'est ...** what I like best in the way of music is ...; **être bon en géographie** to be good at geography; **être nul en maths** to be hopeless at maths; **diplôme en droit/histoire** law/history degree

ⓙ mesure in; **compter en euros** to calculate in euros

ⓚ ♦ **en** + *participe présent*: **parler en mangeant** to talk while eating; **il s'est coupé en essayant d'ouvrir une boîte** he cut himself trying to open a tin; **j'ai écrit une lettre en vous attendant** I wrote a letter while I was waiting for you; **fermez la porte en sortant** shut the door when you go out; **elle est arrivée en chantant** she was singing when she arrived; **il m'a regardé en fronçant les sourcils** he looked at me with a frown; **« non » dit-il en haussant les épaules** "no", he said with a shrug; **endormir un enfant en le berçant** to rock a child to sleep; **monter en courant** to run up; **entrer en courant** to run in; **il a fait une folie en achetant cette bague** it was very extravagant of him to buy this ring

▶ *Lorsque* **en** *exprime une cause, il est traduit par* **by**.

en disant cela, il s'est fait des ennemis he made enemies by saying that

2 PRONOM

ⓐ lieu quand va-t-il à Nice ? — il en revient when is he off to Nice? — he's just come back

ⓑ cause je suis si inquiet que je n'en dors pas I am so worried that I can't sleep; **nous en avons beaucoup ri** we had a good laugh about it; **en mourir** to die of it

ⓒ quantitatif of it; **voulez-vous des pommes ? il y en a encore** would you like some apples? there are still some left; **le vin est bon mais il n'y en a pas beaucoup** the wine is good but there isn't much of it; **si j'en avais** if I had any; **il n'y en a plus** (*NonC*) there isn't any left; (*pluriel*) there aren't any left

(d) |objet| **rendez-moi mon stylo, j'en ai besoin** give me back my pen - I need it; **qu'est-ce que tu en feras?** what will you do with it (*ou* them)?; **il s'en souviendra de cette réception** he'll certainly remember that party; **tu en as eu de beaux jouets à Noël!** what lovely toys you got for Christmas!; **c'est une bonne classe, les professeurs en sont contents** they are a good class and the teachers are pleased with them; **je t'en donne 100 €** I'll give you 100 euros for it; **il en aime une autre** he loves somebody else

(e) ♦ **en être** : **en être à la page 19** to be on page 19; **où en est-il dans ses études?** how far has he got with his studies?; **il en est à sa troisième année de médecine** he is in his third year in medicine; **l'affaire en est là** that's how the matter stands; **elle, mentir? elle en est incapable** she couldn't lie if she tried; **je ne sais plus où j'en suis** I'm completely lost; **où en sommes-nous?** (*livre, leçon*) where have we got to?; (*situation*) where do we stand?; **j'en suis à me demander si j'ai bien fait** I'm beginning to wonder if I did the right thing

ENA /əna/ NF (ABBR = **École nationale d'administration**) *prestigious college training senior civil servants* → |GRANDES ÉCOLES|

énarque /enaʀk/ NMF énarque (*student or former student of the École nationale d'administration*) → |GRANDES ÉCOLES|

en-avant /ɑ̃navɑ̃/ NM INV (*Rugby*) knock-on

en-but /ɑ̃by(t)/ NM INV (*Rugby*) in-goal area

encadré /ɑ̃kadʀe/ (*ptp d'***encadrer**) NM box

encadrement /ɑ̃kadʀəmɑ̃/ NM (a) (= *embrasure*) [*de porte, fenêtre*] frame; **il se tenait dans l'~ de la porte** he stood in the doorway (b) (= *cadre*) frame (c) [*d'étudiants, débutants, recrues*] training (d) (= *instructeurs*) training personnel; (= *cadres*) managerial staff

encadrer /ɑ̃kadʀe/ /TABLE 1/ VT (a) [+ *tableau*] to frame (b) [+ *étudiants, débutants, recrues*] to train; (= *contrôler*) [+ *enfant*] to take in hand; [+ *équipe sportive, employés*] to manage (c) (= *entourer*) [+ *cour, plaine, visage*] to frame; **encadré de ses gardes du corps** surrounded by his bodyguards; **l'accusé, encadré de deux gendarmes** the accused, flanked by two policemen (d) **je ne peux pas l'~** : I can't stand* him

encaissé, e /ɑ̃kese/ (*ptp d'***encaisser**) ADJ [*rivière, route*] steep-sided

encaissement /ɑ̃kesmɑ̃/ NM [*d'argent, loyer*] receipt; [*de facture*] receipt of payment (**de** for); [*de chèque*] cashing

encaisser /ɑ̃kese/ /TABLE 1/ VT (a) [+ *argent, loyer*] to receive; [+ *facture*] to receive payment for; [+ *chèque*] to cash (b) [+ *coups, affront, défaite*]* to take; **savoir ~** [*boxeur*] to be able to take a lot of punishment; (*dans la vie*) to know how to roll with the punches; **~ le choc de qch** to come to terms with sth; **la population a du mal à ~ le choc** the population is finding it hard to come to terms with the situation (c) (= *supporter*)* **je ne peux pas ~ ce type** I can't stand* that guy; **il n'a pas encaissé cette décision** he couldn't come to terms with the decision

encart /ɑ̃kaʀ/ NM insert; **~ publicitaire** publicity insert

en-cas /ɑ̃ka/ NM INV (= *nourriture*) snack

encastrable /ɑ̃kastʀabl/ ADJ [*four, lave-vaisselle*] slot-in

encastré, e /ɑ̃kastʀe/ (*ptp d'***encastrer**) ADJ [*four, placard*] built-in; **les boutons sont ~s dans le mur** the switches are flush with the wall; **l'aquarium est ~ dans le mur** the aquarium is built into the wall

encastrer /ɑ̃kastʀe/ /TABLE 1/ VT (*dans un mur*) to embed (**dans** in(to)); (*dans un boîtier*) [+ *pièce*] to fit (**dans** into); **la voiture s'est encastrée sous le train** the car jammed itself underneath the train

encaustique /ɑ̃kostik/ NF wax polish

enceinte[1] /ɑ̃sɛ̃t/ ADJ F pregnant; **tomber ~** to get pregnant; **~ de cinq mois** five months pregnant; **j'étais ~ de Paul** (= *Paul était le bébé*) I was expecting Paul; (= *Paul était le père*) I was pregnant by Paul

enceinte[2] /ɑ̃sɛ̃t/ NF (a) (= *mur*) wall; (= *palissade*) fence; **mur d'~** outer walls (b) (= *espace clos*) enclosure; [*de*

couvent*] precinct; **dans l'~ de la ville inside the town (c) **~ (acoustique)** speaker

encens /ɑ̃sɑ̃/ NM incense

encenser /ɑ̃sɑ̃se/ /TABLE 1/ VT (= *louanger*) to heap praise on

encéphalogramme /ɑ̃sefalɔgʀam/ NM encephalogram

encéphalopathie /ɑ̃sefalɔpati/ NF encephalopathy; **~ bovine spongiforme** BSE

encercler /ɑ̃sɛʀkle/ /TABLE 1/ VT to surround

enchaînement /ɑ̃ʃɛnmɑ̃/ NM (a) [*de circonstances*] sequence; **~ d'événements** sequence of events (b) (*en danse*) enchaînement; **faire un ~** (*en gymnastique*) to do a sequence of movements

enchaîner /ɑ̃ʃene/ /TABLE 1/ 1 VT (a) (= *lier*) to chain up; **~ qn à un arbre** to chain sb to a tree (b) [+ *paragraphes, pensées, mots*] to link; **elle enchaînait réunion sur réunion** she had one meeting after another 2 VI (*Ciné, Théât*) to move on (to the next scene); **on enchaîne** let's move on; **Paul enchaîna: « d'abord ...»** Paul went on: "first ..." 3 VPR **s'enchaîner** [*épisodes, séquences*] to follow on from each other

enchanté, e /ɑ̃ʃɑ̃te/ (*ptp d'***enchanter**) ADJ (a) (= *ravi*) delighted (**de** with); **~ (de vous connaître)** pleased to meet you (b) (= *magique*) [*forêt, demeure*] enchanted

enchantement /ɑ̃ʃɑ̃tmɑ̃/ NM (a) (= *effet*) enchantment; **comme par ~** as if by magic (b) (= *ravissement*) enchantment; **ce spectacle fut un ~** it was an enchanting sight

enchanter /ɑ̃ʃɑ̃te/ /TABLE 1/ VT **ça ne m'enchante pas beaucoup** it doesn't exactly thrill me

enchère /ɑ̃ʃɛʀ/ 1 NF bid; **faire une ~** to make a bid; **faire monter les ~s** to raise the bidding; (*fig*) to raise the stakes 2 NFPL **enchères**: **mettre qch aux ~s** to put sth up for auction; **vendre aux ~s** to sell by auction

enchérir /ɑ̃ʃeʀiʀ/ /TABLE 2/ VI **~ sur une offre** to make a higher bid; **~ sur qn** to make a higher bid than sb

enchevêtrer /ɑ̃ʃ(ə)vetʀe/ /TABLE 1/ 1 VT [+ *ficelle*] to tangle (up) 2 VPR **s'enchevêtrer** (a) [*ficelles, branches*] to become entangled (b) [*situations, paroles, idées*] to become confused; **s'~ dans ses explications** to tie o.s. up in knots* explaining (something)

enclave /ɑ̃klav/ NF enclave

enclaver /ɑ̃klave/ /TABLE 1/ VT (= *entourer*) to enclose; **pays enclavé** landlocked country

enclenchement /ɑ̃klɑ̃ʃmɑ̃/ NM [*de mécanisme*] engaging; **l'~ du processus de paix** the start of the peace process

enclencher /ɑ̃klɑ̃ʃe/ /TABLE 1/ 1 VT [+ *mécanisme*] to engage; [+ *affaire, processus*] to set in motion; **j'ai laissé une vitesse enclenchée** I left the car in gear; **l'affaire est enclenchée** things are under way 2 VPR **s'enclencher** [*mécanisme*] to engage; [*processus*] to get under way

enclin, e /ɑ̃klɛ̃, in/ ADJ **~ à qch/à faire qch** inclined to sth/ to do sth; **il est peu ~ à prendre des risques** he is little inclined to take risks

enclos /ɑ̃klo/ NM (= *terrain, clôture*) enclosure; [*de chevaux*] paddock; [*de moutons*] pen

encoche /ɑ̃kɔʃ/ NF notch; **faire une ~ à ou sur qch** to make a notch in sth

encoder /ɑ̃kɔde/ /TABLE 1/ VT to encode

encodeur /ɑ̃kɔdœʀ/ NM encoder

encoller /ɑ̃kɔle/ /TABLE 1/ VT to paste

encolure /ɑ̃kɔlyʀ/ NF [*de cheval, personne, robe*] neck; [*de vêtement*] collar size

encombrant, e /ɑ̃kɔ̃bʀɑ̃, ɑ̃t/ ADJ [*paquet*] cumbersome; [*présence*] burdensome

encombre /ɑ̃kɔ̃bʀ/ ♦ **sans encombre** LOC ADV without incident

encombré, e /ɑ̃kɔ̃bʀe/ (*ptp d'***encombrer**) ADJ (a) [*pièce*] cluttered (up); [*passage*] obstructed; [*lignes téléphoniques*] overloaded; [*marché*] glutted; **table ~e de papiers** table cluttered with papers; **les bras ~s de paquets** his arms laden with parcels; **j'ai les bronches ~es** my chest is congested (b) [*espace aérien, route*] congested

encombrement /ãkɔ̃bʀəmã/ NM ⓐ (= embouteillage) traffic jam; **être pris dans un ~** to be stuck in a traffic jam ⓑ (= volume) bulk; (= taille) size; **objet de faible ~** small objet; **l'~ sur le disque** (Informatique) the amount of space used on the disk

encombrer /ãkɔ̃bʀe/ /TABLE 1/ 1 VT ⓐ [+ pièce] to clutter up (**de** with); [+ couloir] to obstruct (**de** with); [+ rue] to congest; [+ lignes téléphoniques] to jam; [+ marché] to glut (**de** with); **~ le passage** to be in the way ⓑ **il m'encombre plus qu'il ne m'aide** he's more of a hindrance than a help (to me); **je ne veux pas vous ~ avec ça** I don't want to load you down with this; **ces boîtes m'encombrent** these boxes are in my way 2 VPR **s'encombrer : il ne s'encombre pas de scrupules** he's quite unscrupulous

encontre /ãkɔ̃tʀ/ ✦ **à l'encontre de** LOC PRÉP (= contre) against; (= au contraire de) contrary to; **aller à l'~ de** [+ décision, faits] to go against; **cela va à l'~ du but recherché** it defeats the object

encore /ãkɔʀ/ ADV ⓐ (= toujours) still; **il restait ~ quelques personnes** there were still a few people left; **ça ne s'était ~ jamais vu** it had never happened before ⓑ ✦ **pas encore** not yet; **il n'est pas ~ prêt** he's not ready yet ⓒ (= pas plus tard que) only; **il me le disait hier ~** he was saying that to me only yesterday ⓓ (= de nouveau) again; **~ une fois** one more time; **~ une fois non !** how many times do I have to tell you: no!; **il a ~ laissé la porte ouverte** he has left the door open again; **~ vous !** you again!; **quoi ~ ?** what is it this time? ⓔ (= de plus, en plus) more; **~ un !** one more!; **~ une tasse ?** another cup?; **~ un peu de thé ?** more tea?; **~ quelques gâteaux ?** more cakes?; **j'en veux ~** I want some more; **~ un mot, avant de terminer** one more word before I finish; **que te faut-il ~ ?** what else do you want?; **pendant ~ deux jours** for two more days; **mais ~ ?** could you explain further? ⓕ (avec comparatif) even; **il fait ~ plus froid qu'hier** it's even colder than yesterday; **pire ~** even worse; **~ autant** as much again ⓖ (restrictif) **il en est sûrement capable, ~ faut-il qu'il le fasse** he's obviously capable, but whether he does it or not is another matter; **on t'en donnera peut-être 100 €, et ~** they might give you 100 euros for it, if that; **c'est passable, et ~ !** it's passable but only just!; **si ~ je savais où ça se trouve** if only I knew where it was ✦ **encore que** (= quoique) even though; **~ que je n'en sache rien** though I don't really know

encornet /ãkɔʀnɛ/ NM squid

encourageant, e /ãkuʀaʒã, ãt/ ADJ encouraging

encouragement /ãkuʀaʒmã/ NM (= soutien) encouragement; **message/mot d'~** message/word of encouragement; **mesures d'~** incentives

encourager /ãkuʀaʒe/ /TABLE 3/ VT to encourage (**à faire** to do); [+ équipe] to cheer; **~ qn du geste et de la voix** to cheer sb on

encourir /ãkuʀiʀ/ /TABLE 11/ VT to incur

encrasser /ãkʀase/ /TABLE 1/ 1 VT [+ arme] to foul (up); [+ cheminée, bougie de moteur] to soot up; [+ tuyau, machine] to clog up 2 VPR **s'encrasser** to get dirty; [arme] to foul up; [cheminée, bougie de moteur] to soot up; [piston, poêle, tuyau, machine] to clog up

encre /ãkʀ/ NF ink; **écrire à l'~** to write in ink; **d'un noir d'~** as black as ink; **calmars à l'~** (= plat) squid cooked in ink; **c'est la bouteille à l'~ !** the whole business is clear as mud ✦ **encre de Chine** Indian (Brit) ou India (US) ink

encrier /ãkʀije/ NM (= bouteille) inkpot (Brit), ink bottle (US); (décoratif) inkstand

encroûter (s') /ãkʀute/ /TABLE 1/ VPR [personne] to get into a rut; **s'~ dans** [+ habitudes] to become entrenched in

enculé ** /ãkyle/ NM dickhead **

enculer ** /ãkyle/ /TABLE 1/ VT to bugger** (Brit), to ream ** (US); **va te faire ~ !** fuck off!**

encyclopédie /ãsiklɔpedi/ NF encyclopedia

encyclopédique /ãsiklɔpedik/ ADJ encyclopedic

endémique /ãdemik/ ADJ endemic

endetté, e /ãdete/ (ptp d'**endetter**) ADJ in debt (attrib); **très ~** heavily in debt; **l'un des pays les plus ~s** one of the biggest debtor countries; **l'entreprise est ~e à hauteur de 3 millions d'euros** the company has a debt amounting to 3 million euros

endettement /ãdɛtmã/ NM debt; **notre ~ extérieur** our foreign debt; **le fort ~ des ménages** the high level of household debt

endetter /ãdete/ /TABLE 1/ 1 VT to put into debt 2 VPR **s'endetter** to get into debt

endeuiller /ãdœje/ /TABLE 1/ VT (= toucher par une mort) to plunge into mourning; (= attrister) to plunge into grief; [+ épreuve sportive, manifestation] to cast a pall over

endiguer /ãdige/ /TABLE 1/ VT ⓐ [+ fleuve] to dyke up ⓑ [+ foule, invasion] to hold back; [+ révolte, sentiments, progrès] to check; [+ inflation, chômage] to curb

endimanché, e /ãdimãʃe/ ADJ [personne] in one's Sunday best

endive /ãdiv/ NF chicory (Brit) (NonC), endive (US); **cinq ~s** five heads of chicory (Brit), five endives (US)

endoctrinement /ãdɔktʀinmã/ NM indoctrination

endoctriner /ãdɔktʀine/ /TABLE 1/ VT to indoctrinate

endolori, e /ãdɔlɔʀi/ ADJ painful

endommager /ãdɔmaʒe/ /TABLE 3/ VT to damage

endormi, e /ãdɔʀmi/ (ptp d'**endormir**) ADJ [personne] sleeping; (= apathique) sluggish; (= engourdi) numb; **j'ai la main tout ~e** my hand has gone to sleep; **à moitié ~** half asleep

endormir /ãdɔʀmiʀ/ /TABLE 16/ 1 VT ⓐ [somnifère, discours] to send to sleep; **j'ai eu du mal à l'~** I had a job getting him off to sleep ⓑ (= anesthésier) to put to sleep; (= hypnotiser) to hypnotise ⓒ [+ douleur] to deaden; [+ soupçons] to allay 2 VPR **s'endormir** ⓐ [personne] to fall asleep ⓑ (= se relâcher) to slacken off; **ce n'est pas le moment de nous ~** now is not the time to slacken off

endosser /ãdose/ /TABLE 1/ VT ⓐ (= revêtir) [+ vêtement] to put on; **~ l'uniforme/la soutane** to enter the army/the Church ⓑ (= assumer) [+ responsabilité] to shoulder (**de** for) ⓒ (Finance) to endorse

endroit /ãdʀwa/ NM ⓐ (= lieu) place; **à quel ~ ?** where?; **à quel ~ du récit t'es-tu arrêté ?** what part of the story did you stop at?; **à l'~ où** (at the place) where; **de/vers l'~ où** from/to where; **par ~s** in places; **au bon ~** in the right place ⓑ (= bon côté) right side ✦ **à l'endroit** [objet posé] the right way round, the right way around (US); (verticalement) the right way up; **remets tes chaussettes à l'~** put your socks on the right way out; **une maille à l'~, une maille à l'envers** knit one, purl one

enduire /ãduiʀ/ /TABLE 38/ VT **~ une surface de** to coat a surface with; **s'~ de crème** to cover o.s. with cream

enduit /ãdui/ NM (pour recouvrir, lisser) coating; (pour boucher) filler

endurance /ãdyʀãs/ NF [personne] stamina; **course d'~** [de voitures, motos] endurance race; [de coureur à pied] long-distance race

endurci, e /ãdyʀsi/ (ptp d'**endurcir**) ADJ hardened; **célibataire ~** confirmed bachelor

endurcir /ãdyʀsiʀ/ /TABLE 2/ 1 VT (physiquement) to toughen; (psychologiquement) to harden 2 VPR **s'endurcir** (physiquement) to become tough; (moralement) to become hardened

endurer /ãdyʀe/ /TABLE 1/ VT to endure

enduro /ãdyʀo/ NM enduro

énergétique /enɛʀʒetik/ ADJ energy; [aliment] energy-giving; **aliment très ~** high-energy food

énergie /enɛʀʒi/ NF energy; **dépenser beaucoup d'~ à faire qch** to use up a great deal of energy doing sth; **avec ~** energetically; **consommation d'~** [de moteur, véhicule] fuel consumption; [d'industrie, pays] energy consumption; **source d'~** source of energy ✦ **énergie atomique** atomic energy ✦ **les énergies douces** alternative energies

♦ **énergie électrique** electrical energy ♦ **énergie éolienne** wind power ♦ **les énergies fossiles** fossil fuels ♦ **énergies nouvelles** new energy sources ♦ **énergie nucléaire** nuclear energy ♦ **énergies renouvelables** renewable energy sources ♦ **énergie solaire** solar energy ♦ **les énergies de substitution** alternative energies

énergique /enɛʀʒik/ ADJ energetic; [*refus, protestation, intervention*] forceful; [*mesures*] strong

énergiquement /enɛʀʒikmɑ̃/ ADV [*agir, parler*] energetically; [*refuser*] emphatically; [*condamner*] vigorously

énergivore /enɛʀʒivɔʀ/ ADJ [*secteur, activité, produit*] energy-guzzling

énergumène /enɛʀgymɛn/ NMF bizarre individual; **qu'est-ce que c'est que cet ~ ?** who's that oddball?*

énervant, e /enɛʀvɑ̃, ɑ̃t/ ADJ irritating

énervé, e /enɛʀve/ (*ptp d'***énerver**) ADJ (= *agacé*) irritated; (= *agité*) nervous

énervement /enɛʀvəmɑ̃/ NM (= *agacement*) irritation; (= *agitation*) nervousness

énerver /enɛʀve/ /TABLE 1/ 1 VT **~ qn** (= *agiter*) to overexcite sb; (= *agacer*) to irritate sb; **ça m'énerve** it really gets on my nerves*; **ne t'énerve pas** get excited*; **ne t'énerve pas!**⁎ don't get all worked up!*

enfance /ɑ̃fɑ̃s/ NF (= *jeunesse*) childhood; **petite ~** infancy; **l'~ déshéritée** deprived children

enfant /ɑ̃fɑ̃/ 1 NMF ⓐ child; (= *garçon*) boy; (= *fille*) girl; **quand il était ~** when he was a child; **c'est un grand ~** he's a big kid*; **ne faites pas l'~** don't be so childish; **il lui a fait un ~**⁎ he got her pregnant ⓑ (= *originaire*) **c'est un ~ du pays/de la ville** he's a native of these parts/of the town ⓒ (= *adulte*)⁎ **les ~s!** folks*

2 COMP ♦ **enfant de chœur** altar boy; **ce n'est pas un ~ de chœur!**⁎ he's no angel!⁎ ♦ **enfant gâté** spoilt child ♦ **l'Enfant Jésus** the baby Jesus ♦ **enfant naturel** natural child ♦ **enfant unique** only child

enfantillage /ɑ̃fɑ̃tijaʒ/ NM childishness (*NonC*); **arrête ces ~s!** don't be so childish!

enfantin, e /ɑ̃fɑ̃tɛ̃, in/ ADJ (= *de l'enfance*) childlike; (= *puéril*) [*attitude, réaction*] childish; **c'est ~** (= *facile*) it's child's play*

enfer /ɑ̃fɛʀ/ NM **l'~** hell; **cette vie est un ~** it's a hellish life; **l'~ de l'alcoolisme** the hellish world of alcoholism; **vivre un ~** to go through hell
♦ **d'enfer: c'est d'~!**⁎ (= *super*) it's great!⁎; **la pièce est menée à un rythme d'~** the play goes along at a furious pace

enfermement /ɑ̃fɛʀməmɑ̃/ NM confinement

enfermer /ɑ̃fɛʀme/ /TABLE 1/ 1 VT ⓐ (= *mettre sous clé*) to lock up; (*par erreur*) to lock in; [+ *animaux*] to shut up; **~ qch dans** [+ *coffre*] to lock sth up in; [+ *boîte, sac*] to shut sth up in; **ne reste pas enfermé par ce beau temps** don't stay indoors in this lovely weather

2 VPR **s'enfermer** to shut o.s. in; **il s'est enfermé dans sa chambre** he shut himself away in his room; **je me suis enfermé!** (*à l'intérieur*) I've locked myself in!; (*à l'extérieur*) I've locked myself out!; **il s'est enfermé à clé dans son bureau** he has locked himself away in his office; **s'~ dans** [+ *mutisme*] to retreat into; [+ *rôle, attitude*] to stick to

enfilade /ɑ̃filad/ NF **une ~ de** a row of; **pièces/couloirs en ~** series of linked rooms/corridors; **maisons en ~** houses in a row

enfiler /ɑ̃file/ /TABLE 1/ 1 VT ⓐ [+ *aiguille, perles*] to thread; **~ des anneaux sur une tringle** to slip rings onto a rod ⓑ [+ *vêtement*] to put on ⓒ **qch dans qch**⁎ (= *fourrer*) to shove* sth into sth 2 VPR **s'enfiler:**⁎ [+ *verre de vin*] to knock back⁎; [+ *nourriture*] to wolf down*

enfin /ɑ̃fɛ̃/ ADV ⓐ (= *à la fin, finalement*) at last; **il y est ~ arrivé** he has succeeded at last; **~ seuls!** alone at last!; **~, ils se sont décidés!** they've made up their minds at last!; **ça va commencer!** at long last it's going to begin!
ⓑ (= *en dernier lieu*) finally; **~, je voudrais te remercier pour …** finally, I'd like to thank you for …
ⓒ (= *en conclusion*) in a word; **rien n'était prêt, ~ bref, la vraie pagaille!** nothing was ready - in actual fact, it was

absolute chaos!
ⓓ (= *ou plutôt*) well; **elle est assez grosse, ~, potelée** she's rather fat, well, chubby
ⓔ (= *toutefois*) still; **~, si ça vous plaît, prenez-le** still, if you like it, take it
ⓕ (*valeur exclamative*) **~! que veux-tu y faire!** still, what can you do!; **~, tu aurais pu le faire!** even so, you could have done it!; **(mais) ~! je viens de te le dire!** but I've just told you!; **~! un grand garçon comme toi!** oh, come on, a big boy like you!

enflammer /ɑ̃flame/ /TABLE 1/ 1 VT ⓐ [+ *bois*] to set fire to ⓑ [+ *foule*] to inflame; [+ *imagination*] to fire ⓒ [+ *plaie*] to inflame 2 VPR **s'enflammer** ⓐ (= *prendre feu*) to catch fire ⓑ [*regard*] to blaze; [*imagination*] to be fired; [*foule, plaie*] to inflame

enflé, e /ɑ̃fle/ (*ptp d'***enfler**) ADJ [*membre*] swollen

enfler /ɑ̃fle/ /TABLE 1/ VI [*membre*] to swell up; (= *prendre du poids*)⁎ to fill out

enflure /ɑ̃flyʀ/ NF ⓐ (*boursouflure*) swelling ⓑ (= *personne*)⁑ mean bastard⁑

enfoiré, e /ɑ̃fwaʀe/ NM,F (*homme*) bastard⁑; (*femme*) bitch⁑

enfoncer /ɑ̃fɔ̃se/ /TABLE 3/ 1 VT ⓐ (= *faire pénétrer*) [+ *pieu, clou*] to drive in; [+ *épingle, punaise*] to stick in; **~ un couteau dans qch** to stick a knife into sth; **~ le clou** (*fig*) to drive the point home
ⓑ (= *mettre*) **~ les mains dans ses poches** to thrust one's hands into one's pockets; **~ son chapeau jusqu'aux yeux** to pull one's hat down over one's eyes; **qui a bien pu lui ~ ça dans le crâne ?** *ou* **la tête ?** who on earth put that idea into his head?
ⓒ (= *défoncer*) [+ *porte*] to break down; [+ *véhicule*] to smash in; [+ *lignes ennemies*] to break through; **~ le plancher** to make the floor cave in; **il a eu les côtes enfoncées** his ribs were broken; **le devant de sa voiture a été enfoncé** the front of his car has been smashed in; **~ les portes ouvertes** (*fig*) to state the obvious
ⓓ (= *battre*)⁎ to hammer*; (= *surpasser*)⁎ to lick*; **~ un candidat** to destroy a candidate

2 VPR **s'enfoncer** ⓐ [*objet*] **s'~ dans** to plunge into
ⓑ (= *disparaître: dans l'eau, la vase etc*) to sink (**dans** into, in); **s'~ dans** [+ *forêt, rue, brume*] to disappear into; [+ *fauteuil, coussins, misère, vice*] to sink into; **à mentir, tu ne fais que t'~ davantage** by lying, you're just getting yourself into deeper and deeper water
ⓒ (= *céder*) to give way; **le sol s'enfonce sous nos pas** the ground is giving way beneath us
ⓓ (= *faire pénétrer*) **s'~ une arête dans la gorge** to get a bone stuck in one's throat; **s'~ une aiguille dans la main** to stick a needle into one's hand; **enfoncez-vous bien ça dans le crâne** now get this into your head

enfouir /ɑ̃fwiʀ/ /TABLE 2/ 1 VT to bury; **la photo était enfouie sous des livres** the photo was buried under a pile of books 2 VPR **s'enfouir: s'~ dans/sous** to bury o.s. (*ou* itself) in/under

enfouissement /ɑ̃fwismɑ̃/ NM burying; **site d'~ de déchets industriels** landfill site for industrial waste

enfourcher /ɑ̃fuʀʃe/ /TABLE 1/ VT [+ *cheval, bicyclette*] to get on; **~ son dada** to get on one's hobby-horse

enfourner /ɑ̃fuʀne/ /TABLE 1/ VT ⓐ [+ *plat*] to put in the oven; [+ *poterie*] to put in the kiln ⓑ (= *avaler*)⁎ to wolf down ⓒ (= *enfoncer*)⁎ **~ qch dans qch** to shove* sth into sth

enfreindre /ɑ̃fʀɛ̃dʀ/ /TABLE 52/ VT to infringe

enfuir (s') /ɑ̃fɥiʀ/ /TABLE 17/ VPR to run away (**de** from)

enfumer /ɑ̃fyme/ /TABLE 1/ VT [+ *pièce*] to fill with smoke; [+ *personne, animal*] to smoke out; **atmosphère/pièce enfumée** smoky atmosphere/room; **tu nous enfumes avec ta cigarette** you're smoking us out

engagé, e /ɑ̃gaʒe/ (*ptp d'***engager**) 1 ADJ [*écrivain, littérature*] (politically) committed 2 NM (= *soldat*) enlisted man; **~ volontaire** volunteer

engageant, e /ãgaʒã, ãt/ ADJ [*air, sourire, proposition*] appealing; [*repas, gâteau*] tempting

engagement /ãgaʒmã/ NM ⓐ (= *promesse*) commitment; (= *accord*) agreement; **sans ~ de votre part** without commitment on your part; **prendre l'~ de** to make a commitment to; **manquer à ses ~s** to fail to honour one's commitments; **faire face à/honorer ses ~s** to meet/honour one's commitments

ⓑ [*d'employé*] taking on; (= *recrutement*) [*de soldats*] enlistment; **lettre d'~** letter of appointment

ⓒ (= *contrat d'artiste*) engagement

ⓓ [*de capitaux*] investing; [*de dépenses*] incurring; **~s financiers** financial commitments; **faire face à ses ~s (financiers)** to meet one's (financial) commitments

ⓔ (= *coup d'envoi*) kick-off; (*au Ping-Pong*) service

ⓕ (= *prise de position*) commitment (**dans** to); **~ personnel/politique** personal/political commitment

engager /ãgaʒe/ /TABLE 3/ 1 VT ⓐ (= *lier*) to commit; **ça n'engage à rien** it doesn't commit you to anything; **~ sa parole** *ou* **son honneur** to give one's word; **les frais engagés** the expenses incurred

ⓑ [+ *employé*] to take on; [+ *artiste*] to engage; **je vous engage (à mon service)** you've got the job

ⓒ (= *entraîner*) to involve

ⓓ (= *encourager*) **~ qn à faire qch** to urge sb to do sth

ⓔ (= *introduire*) to insert; **il engagea sa clé dans la serrure** he inserted his key into the lock; **~ sa voiture dans une ruelle** to enter a lane

ⓕ (= *amorcer*) [+ *discussion*] to start; [+ *négociations*] to enter into; [+ *procédure*] to institute; **la conversation** to engage in conversation; **l'affaire semble bien/mal engagée** things seem to have got off to a good/bad start

ⓖ [+ *concurrents*] to enter; **15 chevaux sont engagés dans cette course** 15 horses are running in this race; **~ la partie** to begin the match; **la partie est bien engagée** the match is well under way

ⓗ [+ *recrues*] to enlist

2 VPR **s'engager** ⓐ (= *promettre*) to commit o.s.; **s'~ à faire qch** to commit o.s. to doing sth; **sais-tu à quoi tu t'engages?** do you know what you're letting yourself in for?

ⓑ **s'~ dans** [+ *frais*] to incur; [+ *pourparlers*] to enter into; [+ *affaire*] to become involved in

ⓒ (= *pénétrer*) **s'~ dans** [*véhicule, piéton*] to turn into; **s'~ sur la chaussée** to step onto the road; **je m'étais déjà engagé (dans la rue)** (*automobiliste*) I had already pulled out (into the street)

ⓓ [*pourparlers*] to begin; **une conversation s'engagea entre eux** they struck up a conversation

ⓔ (*Sport*) to enter (**dans** for)

ⓕ [*recrues*] to enlist; **s'~ dans l'armée de l'air** to join the air force

ⓖ (*politiquement*) to commit o.s.

engelure /ãʒ(ə)lyʀ/ NF chilblain

engendrer /ãʒãdʀe/ /TABLE 1/ VT ⓐ (*frm*) [+ *enfant*] to father ⓑ [+ *dispute, malheurs*] to breed

engin /ãʒɛ̃/ 1 NM ⓐ (= *machine*) machine; (= *outil*) tool; (= *véhicule*) heavy vehicle; (= *avion*) aircraft; (= *missile*) missile ⓑ (= *objet*)* gadget; (= *bombe*)* bomb 2 COMP ♦ **engin blindé** armoured vehicle ♦ **engin explosif** explosive device ♦ **engin spatial** spacecraft

⚠ **engin ≠ engine**

englober /ãglɔbe/ /TABLE 1/ VT (= *inclure*) to include; (= *annexer*) to take in

engloutir /ãglutiʀ/ /TABLE 2/ VT [+ *nourriture*] to wolf down; [+ *navire*] to swallow up; [+ *fortune*] [*personne*] to squander; [*dépenses*] to swallow up; **qu'est-ce qu'il peut ~!** it's amazing what he puts away!*; **la ville a été engloutie par un tremblement de terre** the town was swallowed up by an earthquake

engluer (s') /ãglye/ /TABLE 1/ VPR **s'~ dans ses problèmes/une situation** to get bogged down in one's problems/a situation

engoncé, e /ãgɔ̃se/ ADJ **~ dans ses vêtements** (looking) cramped in his clothes; **~ dans cette petite vie bourgeoise** cooped up in this petty middle-class life

engorger /ãgɔʀʒe/ /TABLE 3/ 1 VT [+ *tuyau*] to obstruct; [+ *marché*] to saturate 2 VPR **s'engorger** [*tuyau*] to become blocked; [*route*] to get congested; [*marché*] to become saturated

engouement /ãgumã/ NM fad

engouffrer /ãgufʀe/ /TABLE 1/ 1 VT [+ *fortune*] to swallow up; [+ *nourriture*] to wolf down; **qu'est-ce qu'il peut ~!** it's amazing what he puts away!* 2 VPR **s'engouffrer** [*vent*] to rush; **s'~ dans un tunnel/dans une rue** to disappear into a tunnel/up a street; **s'~ dans une voiture** to dive into a car

engourdir /ãguʀdiʀ/ /TABLE 2/ 1 VT ⓐ [+ *membres*] to numb; **être engourdi par le froid** [*membre*] to be numb with cold; [*animal*] to be sluggish with the cold; **j'ai la main engourdie** my hand is numb ⓑ [+ *esprit*] to dull; [+ *douleur*] to deaden; **la chaleur et le vin l'engourdissaient** the heat and the wine were making him sleepy 2 VPR **s'engourdir** [*corps, membre*] to go numb; [*esprit*] to grow dull

engrais /ãgʀɛ/ NM (*chimique*) fertilizer; (*animal*) manure

engraisser /ãgʀese/ /TABLE 1/ 1 VT to fatten up 2 VI [*personne*]* to get fatter 3 VPR **s'engraisser: l'État s'engraisse sur le dos du contribuable** the state grows fat at the taxpayer's expense

engranger /ãgʀãʒe/ /TABLE 3/ VT [+ *moisson*] to gather in; [+ *bénéfices*] to reap; [+ *connaissances*] to amass

engrenage /ãgʀənaʒ/ NM gears; [*d'événements*] chain; **quand on est pris dans l'~** (*fig*) when one is caught up in the system; **l'~ de la violence/de la drogue** the spiral of violence/drug-taking

engrosser: /ãgʀose/ /TABLE 1/ VT **~ qn** to get sb pregnant

engueulade: /ãgœlad/ NF (= *dispute*) row; (= *réprimande*) bawling out:; **avoir une ~ avec qn** to have a row with sb; **passer une ~ à qn** to bawl sb out:

engueuler: /ãgœle/ /TABLE 1/ VT **~ qn** to bawl sb out:; **se faire ~** to get bawled out: 2 VPR **s'engueuler** to have a row

enguirlander * /ãgiʀlãde/ /TABLE 1/ VT **~ qn** to give sb a telling-off*; **se faire ~** to get a telling-off*

enhardir /ãaʀdiʀ/ /TABLE 2/ 1 VT to make bolder; **enhardi par** emboldened by 2 VPR **s'enhardir** to become bolder

énième /enjɛm/ ADJ (*Math*) n.th; (*fig*)* umpteenth

énigmatique /enigmatik/ ADJ enigmatic

énigme /enigm/ NF (= *mystère*) enigma; (= *jeu*) riddle

enivrant, e /ãnivʀã, ãt/ ADJ intoxicating

enivrer /ãnivʀe/ /TABLE 1/ 1 VT to intoxicate; **le parfum m'enivrait** I was intoxicated by the perfume 2 VPR **s'enivrer** to get intoxicated

enjambée /ãʒãbe/ NF stride; **faire de grandes ~s** to take big strides; **il allait à grandes ~s vers ...** he was striding towards ...

enjamber /ãʒãbe/ /TABLE 1/ VT [+ *obstacle*] to step over; [+ *fossé*] to step across; [*pont*] to span

enjeu (*pl* **enjeux**) /ãʒø/ NM ⓐ [*de pari*] stake ⓑ (= *ce qui est en jeu*) what is at stake; **quel est le véritable ~ de ces élections?** what is really at stake in these elections?; **l'~ économique est énorme** there's a lot at stake in terms of the economy ⓒ (= *question*) issue; **c'est devenu un ~ politique** it's become a political issue

enjoindre /ãʒwɛ̃dʀ/ /TABLE 49/ VT (*frm*) **~ à qn de faire qch** to enjoin sb to do sth (*frm*)

enjôler /ãʒole/ /TABLE 1/ VT to seduce; **elle a si bien su l'~ qu'il a accepté** she cajoled him into accepting it

enjôleur, -euse /ãʒolœʀ, øz/ 1 ADJ [*sourire, paroles*] winning 2 NM,F (= *charmeur*) wheedler 3 NF **enjôleuse** wily woman

enjoliver /ãʒolive/ /TABLE 1/ VT to embellish

enjoliveur /ãʒolivœʀ/ NM [*de voiture*] hub cap

enjoué, e /ɑ̃ʒwe/ ADJ cheerful; **d'un ton ~** cheerfully

enlacer /ɑ̃lase/ /TABLE 3/ 1 VT (= étreindre) to embrace; **il enlaça sa cavalière** he put his arm round his partner's waist 2 VPR **s'enlacer** [amants] to embrace; **amoureux enlacés** lovers clasped in each other's arms

enlaidir /ɑ̃lediʀ/ /TABLE 2/ 1 VT [+ personne] to make look ugly; [+ paysage] to deface 2 VI [personne] to become ugly 3 VPR **s'enlaidir** to make o.s. look ugly

enlevé, e /ɑ̃l(ə)ve/ (ptp d'**enlever**) ADJ [récit] spirited; [scène, morceau de musique] played with spirit

enlèvement /ɑ̃levmɑ̃/ NM ⓐ [de personne] kidnapping; **~ de bébé** babysnatching ⓑ [de meuble, objet] removal; [de bagages, marchandises, ordures] collection; [de voiture en infraction] towing away

enlever /ɑ̃l(ə)ve/ /TABLE 5/ 1 VT ⓐ to remove; **enlève tes mains de tes poches/de là** take your hands out of your pockets/off there; **~ le couvert** to clear the table; **enlève tes coudes de la table** take your elbows off the table
ⓑ **~ à qn** [+ objet, argent] to take (away) from sb; **on lui a enlevé la garde de l'enfant** the child was taken from his care; **ça n'enlève rien à son mérite** that doesn't in any way detract from his worth; **enlève-toi cette idée de la tête** get that idea out of your head; **ça lui a enlevé tout espoir** it made him lose all hope
ⓒ (= emporter) [+ objet, meuble] to take away; [+ ordures] to collect; [+ voiture en infraction] to tow away
ⓓ (= kidnapper) to kidnap
2 VPR **s'enlever** [tache, peinture, peau, écorce] to come off; **enlève-toi de là*** get out of the way*; **comment est-ce que ça s'enlève ?** [étiquette, housse] how do you remove it?; [vêtement] how do you take it off?

enliser /ɑ̃lize/ /TABLE 1/ 1 VT **~ sa voiture** to get one's car stuck in the mud (ou sand etc) 2 VPR **s'enliser** ⓐ (dans le sable, la boue) to get stuck ⓑ (dans les détails) to get bogged down; **en mentant, tu t'enlises davantage** you're getting in deeper and deeper water with your lies

enneigé, e /ɑ̃neʒe/ ADJ [pente, montagne] snow-covered; [sommet] snow-capped; [maison, col, route] snowbound

enneigement /ɑ̃nɛʒmɑ̃/ NM snow coverage; **à cause du faible ~** because of the poor snow coverage; **bulletin d'~** snow report; **conditions d'~** snow conditions

ennemi, e /ɛn(ə)mi/ 1 ADJ enemy; **en pays ~** in enemy territory 2 NM,F enemy; **se faire des ~s** to make enemies (for o.s.); **passer à l'~** to go over to the enemy; **~ public numéro un** public enemy number one; **être ~ de qch** to be opposed to sth

ennui /ɑ̃nɥi/ NM ⓐ (= désœuvrement) boredom; (= monotonie) tedium; **écouter avec ~** to listen wearily; **c'est à mourir d'~** it's enough to bore you to tears
ⓑ (= tracas) problem; **avoir des ~s** to have problems; **il a eu des ~s avec la police** he's been in trouble with the police; **avoir des ~s de santé** to have problems with one's health; **~s d'argent** money worries; **elle a des tas d'~s** she has a great many worries; **faire ou causer des ~s à qn** to make trouble for sb; **ça peut lui attirer des ~s** that could get him into trouble; **j'ai eu un ~ avec mon vélo** I had some trouble with my bike; **l'~, c'est que ...** the trouble is that ...

ennuyant, e /ɑ̃nɥijɑ̃, ɑ̃t/ ADJ (Can) = ennuyeux

ennuyé, e /ɑ̃nɥije/ (ptp d'**ennuyer**) ADJ (= préoccupé) worried (**de** about); (= contrarié) annoyed (**de** at, about)

ennuyer /ɑ̃nɥije/ /TABLE 8/ 1 VT ⓐ (= lasser) to bore
ⓑ (= préoccuper) to worry; (= importuner) to bother; **ça m'ennuierait beaucoup de te voir fâché** I would be really upset to see you cross; **ça m'ennuie de te le dire, mais ...** I'm sorry to have to tell you but ...; **ça m'ennuierait beaucoup d'y aller** it would really put me out to go; **si cela ne vous ennuie pas trop** if it wouldn't put you to any trouble; **je ne voudrais pas vous ~** I don't want to put you to any trouble; **ça m'ennuie, ce que tu me demandes de faire** what you're asking me to do is rather awkward
ⓒ (= irriter) **~ qn** to annoy sb; **tu m'ennuies avec tes questions** I'm tired of your questions

2 VPR **s'ennuyer** ⓐ (= se morfondre) to be bored (**de, à** with); **s'~ à mourir** to be bored to tears; **on ne s'ennuie jamais avec lui** there's never a dull moment when he's around
ⓑ **s'~ de qn** to miss sb

ennuyeux, -euse /ɑ̃nɥijø, øz/ ADJ (= lassant) boring; (= qui importune) annoying; (= préoccupant) worrying; **ce qui t'arrive est bien ~** this is a very annoying thing to happen to you

énoncé /enɔ̃se/ NM ⓐ (= termes) [de sujet scolaire, loi] wording; [de problème] terms; **pendant l'~ du sujet** while the subject is being read out ⓑ (= discours) utterance

énoncer /enɔ̃se/ /TABLE 3/ VT [+ idée] to express; [+ faits, conditions] to state

énonciation /enɔ̃sjasjɔ̃/ NF [de faits] statement; [de phrase] enunciation

enorgueillir (s') /ɑ̃nɔʀɡœjiʀ/ /TABLE 2/ VPR **s'~ de** (= être fier de) to pride o.s. on; (= avoir) to boast; **la ville s'enorgueillit de deux opéras** the town boasts two opera houses

énorme /enɔʀm/ ADJ enormous; **mensonge ~** enormous lie; **ça lui a fait un bien ~** it's done him a great deal of good; **il a accepté, c'est déjà ~** he has accepted and that's quite something

énormément /enɔʀmemɑ̃/ ADV enormously; **ça m'a ~ amusé** I was greatly amused by it; **ça m'a ~ déçu** I was tremendously disappointed by it; **il boit ~** he drinks an enormous amount
♦ **énormément de** [d'argent, eau, bruit] an enormous amount of; **~ de gens** a great many people

énormité /enɔʀmite/ NF ⓐ [de poids, somme] hugeness; [de demande, injustice] enormity ⓑ (= propos inconvenant) outrageous remark; (= erreur) howler*

enquérir (s') /ɑ̃keʀiʀ/ /TABLE 21/ VPR to inquire (**de** about); **s'~ (de la santé) de qn** to inquire after sb

enquête /ɑ̃kɛt/ NF inquiry; (après un décès) inquest; [de police] investigation; (= sondage, étude) survey; **ouvrir une ~** [juge] to open an inquiry; **faire une ~** [police] to make an investigation; (sur un sujet) to do a survey; **mener ou conduire une ~** [police] to lead an investigation; **j'ai fait ou mené ma petite ~** I've done a little investigating

enquêter /ɑ̃kete/ /TABLE 1/ VI [juge] to hold an inquiry (**sur** into); [police] to investigate; (sur un sujet) to conduct a survey (**sur** on); **ils enquêtent sur sa disparition** they're investigating his disappearance

enquêteur, -trice /ɑ̃kɛtœʀ, tʀis/ NM ⓐ (= policier) officer in charge of the investigation; **les ~s poursuivent leurs recherches** the police are continuing their investigations ⓑ (pour études) investigator; (pour sondages) interviewer

enquiquinant, e* /ɑ̃kikinɑ̃, ɑ̃t/ ADJ (= qui importune) annoying; (= préoccupant) worrying; (= lassant) boring

enquiquiner* /ɑ̃kikine/ /TABLE 1/ 1 VT (= importuner) to annoy; (= préoccuper) to worry; (= lasser) to bore 2 VPR **s'enquiquiner** (= se morfondre) to be bored; **s'~ à faire** (= se donner du mal) to go to a heck of a lot of trouble to do*; **t'enquiquine pas avec ça** don't bother (yourself) with that

enquiquineur, -euse* /ɑ̃kikinœʀ, øz/ NM,F pain in the neck*

enraciner /ɑ̃ʀasine/ /TABLE 1/ 1 VT [+ idée] to cause to take root; **solidement enraciné** [préjugé] deep-rooted; [arbre] well-rooted 2 VPR **s'enraciner** [arbre, préjugé] to take root; [importun] to settle o.s. down; [immigrant] to put down roots

enragé, e* /ɑ̃ʀaʒe/ (ptp d'**enrager**) ADJ ⓐ [chasseur, joueur]* keen; **un ~ de la voiture** a car fanatic ⓑ [animal] rabid

enrager /ɑ̃ʀaʒe/ /TABLE 3/ VI ⓐ **faire ~ qn*** (= taquiner) to tease sb; (= importuner) to pester sb ⓑ (frm) to be furious

enrayer /ɑ̃ʀeje/ /TABLE 8/ 1 VT [+ maladie, processus, chômage, inflation] to check; [+ machine, arme] to jam 2 VPR **s'enrayer** [machine, arme] to jam

enrégimenter /ɑ̃ʀeʒimɑ̃te/ /TABLE 1/ VT (dans un parti) to enlist; **se laisser ~ dans un parti** to let o.s. be dragooned into a party

enregistrable /ɑ̃ʀ(ə)ʒistʀabl/ ADJ [CD, DVD] recordable, writable

enregistrement /ɑ̃ʀ(ə)ʒistʀəmɑ̃/ NM ⓐ [de son, images] recording; ~ **vidéo/magnétique** video/tape recording ⓑ ~ **des bagages** (à l'aéroport) check-in; **se présenter à l'~** to go to the check-in desk; **comptoir d'~** check-in desk

enregistrer /ɑ̃ʀ(ə)ʒistʀe/ /TABLE 1/ VT ⓐ [+ son, film] to record ⓑ [+ acte, demande] to register; [+ commande] to enter ⓒ [+ profit, perte] to show; **ils ont enregistré un bénéfice de 5 millions** they showed a profit of 5 million ⓓ (= constater) **on enregistre une progression de l'épidémie** the epidemic is spreading; **la plus forte hausse enregistrée** the biggest rise on record ⓔ (= mémoriser) [+ information] to take in; **d'accord, c'est enregistré*** all right, I'll make a mental note of it ⓕ (faire) ~ **ses bagages** (à l'aéroport) to check in (Brit) or check (US) one's luggage

enregistreur, -euse /ɑ̃ʀ(ə)ʒistʀœʀ, øz/ 1 ADJ [appareil] recording 2 NM (= instrument) recorder; ~ **de vol** flight recorder

enrhumé, e /ɑ̃ʀyme/ (ptp d'**enrhumer**) ADJ **être** ~ to have a cold; **je suis un peu/très** ~ I have a bit of a cold/a bad cold

enrhumer /ɑ̃ʀyme/ /TABLE 1/ 1 VT to give a cold to 2 VPR **s'enrhumer** to catch a cold

enrichir /ɑ̃ʀiʃiʀ/ /TABLE 2/ 1 VT [+ œuvre, esprit, langue, collection] to enrich; [+ catalogue] to expand; (financièrement) to make rich 2 VPR **s'enrichir** (financièrement) to get rich; [collection] to be enriched (**de** with)

enrichissant, e /ɑ̃ʀiʃisɑ̃, ɑ̃t/ ADJ enriching

enrichissement /ɑ̃ʀiʃismɑ̃/ NM enrichment (NonC)

enrobé, e /ɑ̃ʀɔbe/ (ptp d'**enrober**) ADJ [personne] plump

enrober /ɑ̃ʀɔbe/ /TABLE 1/ VT [+ bonbon] to coat (**de** with); [+ paroles] to wrap up (**de** in)

enrôlement /ɑ̃ʀolmɑ̃/ NM [de soldat] enlistment; (dans un parti) enrolment

enrôler (s') /ɑ̃ʀole/ /TABLE 1/ VPR (Mil) to enlist; (dans un parti) to enrol

enroué, e /ɑ̃ʀwe/ ADJ hoarse

enrouler /ɑ̃ʀule/ /TABLE 1/ 1 VT [+ tapis] to roll up; [+ cheveux] to coil; [+ corde, ruban, fil] to wind (**sur, autour de** round); ~ **une feuille autour de** to roll a sheet of paper round 2 VPR **s'enrouler** [serpent] to coil up; [film, fil] to wind; **s'~ dans une couverture** to wrap o.s. up in a blanket

ENS /əɛnɛs/ NF (ABBR = **École normale supérieure**) grande école for training of teachers → GRANDES ÉCOLES

ensabler (s') /ɑ̃sable/ /TABLE 1/ VPR [port] to silt up; [bateau] to run aground

ensanglanter /ɑ̃sɑ̃glɑ̃te/ /TABLE 1/ VT [+ visage] to cover with blood; [+ vêtement] to soak with blood; **manche ensanglantée** blood-soaked sleeve; ~ **un pays** to drown a country in blood

enseignant, e /ɑ̃seɲɑ̃, ɑ̃t/ 1 ADJ teaching 2 NM,F teacher; **poste d'~** teaching post

enseigne /ɑ̃sɛɲ/ NF shop sign; ~ **lumineuse** neon sign

enseignement /ɑ̃seɲ(ə)mɑ̃/ NM ⓐ (= cours, système scolaire) education; ~ **des langues** language teaching; **l'~ en France** education in France; ~ **par correspondance** correspondence courses; ~ **à distance** distance learning; ~ **professionnel** professional training; ~ **spécialisé** special education; ~ **technique** technical education; ~ **primaire/secondaire** primary/secondary education; ~ **supérieur** higher education; ~ **public** state education; **l'~ public et gratuit** free public education → ÉDUCATION NATIONALE ⓑ (= carrière) **l'~** teaching; **être dans l'~** to be a teacher ⓒ (donné par l'expérience) lesson; **on peut en tirer plusieurs ~s** we can draw several lessons from it

enseigner /ɑ̃seɲe/ /TABLE 1/ VT to teach; ~ **qch à qn** to teach sb sth; ~ **à qn à faire qch** to teach sb how to do sth

ensemble /ɑ̃sɑ̃bl/ 1 NM ⓐ (= totalité) whole; **l'~ du personnel** the whole staff ⓑ (= groupement) set; [de meubles] suite; [de lois] body; **tout un** ~ **de choses** a whole combination of things; **bel** ~ **architectural** fine architectural grouping; **grand** ~ high-rise estate ⓒ (= vêtement) outfit; ~ **pantalon** trouser suit ⓓ [de musiciens] ensemble ⓔ (Math) set ⓕ (locutions)
♦ **dans l'ensemble** on the whole; **dans l'~ nous sommes d'accord** on the whole we agree; **les spectateurs dans leur** ~ the audience as a whole; **examiner la question dans son** ~ to examine the question as a whole
♦ **d'ensemble** [vision, vue] overall
2 ADV together; **ils sont partis** ~ they left together; **tous** ~ all together; **ils ont répondu** ~ (deux) they both answered together; (plusieurs) they all answered together; **aller** ~ to go together; **aller bien** ~ [couple] to be well-matched; **être bien** ~ to get along together

ensevelir /ɑ̃səv(ə)liʀ/ /TABLE 2/ VT to bury; **enseveli sous la neige** buried under the snow

ensoleillé, e /ɑ̃sɔleje/ ADJ sunny

ensoleillement /ɑ̃sɔlejmɑ̃/ NM sunshine; **trois jours d'~** three days of sunshine

ensorceler /ɑ̃sɔʀsəle/ /TABLE 4/ VT to bewitch

ensuite /ɑ̃sɥit/ ADV then; **il nous dit** ~ **que ...** then he said that ...; **je le reçois d'abord et je vous verrai** ~ I'll meet him first and then I'll see you; **d'accord mais** ~? all right but what now?

ensuivre (s') /ɑ̃sɥivʀ/ /TABLE 40/ VPR **il s'ensuit que** it follows that; **et tout ce qui s'ensuit** and all that goes with it; **torturé jusqu'à ce que mort s'ensuive** tortured to death

ensuqué, e* /ɑ̃syke/ ADJ droopy

entaille /ɑ̃taj/ NF (sur le corps) cut; (profonde) gash; (petite) nick; (sur un objet) notch

entailler /ɑ̃taje/ /TABLE 1/ VT [+ corps] to cut; (profondément) to gash; (légèrement) to nick; [+ objet] to notch; **s'~ la main** to cut one's hand

entame /ɑ̃tam/ NF (= tranche) first slice

entamer /ɑ̃tame/ /TABLE 1/ VT ⓐ to start; [+ poursuites] to institute; **la boîte est à peine entamée** the box has hardly been touched; **la journée est déjà bien entamée** the day is already well advanced ⓑ [+ optimisme, moral] to wear down

entartrer /ɑ̃taʀtʀe/ /TABLE 1/ 1 VT [+ chaudière, tuyau, bouilloire] to fur up (Brit); [+ dents] to scale 2 VPR **s'entartrer** [chaudière, tuyau, bouilloire] to get covered with scale; [dents] to get covered in tartar

entasser /ɑ̃tase/ /TABLE 1/ 1 VT (= amonceler) to pile up (**sur** onto); [+ personnes, objets] to cram (**dans** into) 2 VPR **s'entasser** [déchets] to pile up; [personnes] to cram (**dans** into); **ils s'entassent à 10 dans cette pièce** there are 10 of them crammed into that room; **s'~ sur la plage** to pack onto the beach

entendement /ɑ̃tɑ̃dmɑ̃/ NM understanding; **cela dépasse l'~** that's beyond all understanding

entendre /ɑ̃tɑ̃dʀ/ /TABLE 41/ 1 VT ⓐ [+ voix, bruit] to hear; **il entendit du bruit** he heard a noise; **il entend mal de l'oreille droite** he can't hear very well with his right ear; **il ne l'entend pas de cette oreille** (fig) he's not prepared to accept that; **j'entendais quelqu'un parler** I could hear somebody talking; **faire** ~ **un son** to make a sound; **faire** ~ **sa voix** to make oneself heard; **qu'est-ce que j'entends?** am I hearing right?; **tu vas être sage, tu entends!** (menace) you're to be good, do you hear! ⓑ (par ouï-dire) ~ **parler de qn/qch** to hear of sb/sth; **on n'entend plus parler de lui** you don't hear anything of him these days; **il veut pas en** ~ **parler** he won't hear of it; ~ **dire que ...** to hear it said that ...; **d'après ce que j'ai entendu dire** from what I have heard ⓒ (= écouter) to listen to; ~ **les témoins** (au tribunal) to hear the witnesses; **à l'~, c'est lui qui a tout fait** to hear him talk you'd think he had done everything; **il ne veut rien** ~ he just won't listen; **si ça continue, il va m'~!** (menace) if he doesn't stop I'll give him a piece of my mind!

ⓓ *(frm = comprendre)* to understand; **oui, j'entends bien, mais …** yes, I quite understand but …; **laisser ~ à qn que …** to give sb to understand that …

ⓔ *(frm avec infinitif = vouloir)* to intend; **j'entends bien y aller** I certainly intend to go; **faites comme vous l'entendez** do as you see fit

ⓕ *(= vouloir dire)* to mean; **qu'entendez-vous par là?** what do you mean by that?

2 VPR **s'entendre** ⓐ *(= être en bons termes)* to get on; **ils ne s'entendent pas** they don't get on; **ils s'entendent à merveille** they get on extremely well

ⓑ *(= être d'accord)* to agree; **hier tu m'as dit le contraire, il faudrait s'~!** yesterday you told me exactly the opposite, make up your mind!

ⓒ *(soi-même)* **tu ne t'entends pas!** you don't realize what you sound like!

ⓓ *(= s'y connaître)* **s'y ~ pour faire qch** to be very good at doing sth

ⓔ *(= se comprendre)* **quand je dis magnifique, je m'entends, disons que c'est très joli** when I say it's magnificent, what I really mean is that it's very attractive; **entendons-nous bien!** let's be quite clear about this

ⓕ *(= être entendu)* **le bruit s'entendait depuis la route** the noise could be heard from the road; **on ne s'entend plus ici** you can't hear yourself think in here

entendu, e /ātādy/ *(ptp d'***entendre***)* ADJ ⓐ *(= convenu)* agreed; **il est bien ~ que vous n'en dites rien** of course you'll make no mention of it; **~!** agreed!

ⓑ *(= complice)* **d'un air ~** knowingly

ⓒ ◆ **bien entendu** *(= évidemment)* of course; **bien ~, tu dormais!** you were asleep of course!

entente /ātāt/ NF understanding; **vivre en bonne ~** to live in harmony

entériner /āteRine/ /TABLE 1/ VT to ratify

enterrement /āteRmā/ NM *[de mort]* *(= action)* burial; *(= cérémonie)* funeral; **~ civil/religieux** non-religious/religious funeral; **faire** *ou* **avoir une tête** *ou* **mine d'~** to look gloomy

enterrer /āteRe/ /TABLE 1/ VT ⓐ to bury; **hier il a enterré sa mère** yesterday he went to his mother's funeral; **tu nous enterreras tous!** you'll outlive us all! ⓑ *[+ projet]* to forget about; *[+ scandale]* to hush up; **~ son passé** to put one's past behind one; **~ sa vie de garçon** to have a stag party 2 VPR **s'enterrer: s'~ dans un trou perdu** to bury o.s. in the sticks

en-tête *(pl* **en-têtes***)* /ātɛt/ NM heading; **papier à lettres à ~** headed notepaper

entêté, e /ātete/ *(ptp d'***entêter***)* 1 ADJ stubborn 2 NM,F stubborn individual; **quel ~ tu fais!** you're so stubborn!

entêtement /ātɛtmā/ NM stubbornness

entêter (s') /ātete/ /TABLE 1/ VPR to persist **(dans qch** in sth, **à faire qch** in doing sth)

enthousiasmant, e /ātuzjasmā, āt/ ADJ *[spectacle, livre, idée]* exciting

enthousiasme /ātuzjasm/ NM enthusiasm

enthousiasmer (s') /ātuzjasme/ /TABLE 1/ VPR to get enthusiastic **(pour** about)

enthousiaste /ātuzjast/ 1 ADJ enthusiastic **(de** about) 2 NMF enthusiast

enticher (s') /ātiʃe/ /TABLE 1/ VPR *(frm, péj)* **s'~ de** *[+ personne]* to become infatuated with; *[+ activité, théorie]* to get completely hooked* on

entier, -ière /ātje, jɛR/ 1 ADJ ⓐ *(= total)* whole; **boire une bouteille entière** to drink a whole bottle; **payer place entière** to pay the full price; **des heures entières** for hours on end; **dans le monde ~** in the whole world; **dans la France entière** throughout France

◆ **tout entier: le pays tout ~** the whole country; **la France tout entière** the whole of France; **un système dominé tout ~ par les hommes** a system totally dominated by men; **il se consacre tout ~ à la cause de prisonniers politiques** he devotes all his energies to the cause of political prisoners

ⓑ *(= intact)* *[objet]* intact; **la question reste entière** the

question still remains unresolved; **c'est un miracle qu'il en soit sorti ~** it's a miracle he escaped in one piece

ⓒ *[liberté, confiance]* absolute; **donner entière satisfaction** to give complete satisfaction

ⓓ *[personne, caractère]* uncompromising

2 NM

◆ **en entier: boire une bouteille en ~** to drink a whole bottle; **lire un livre en ~** to read the whole of a book

entièrement /ātjɛRmā/ ADV completely

entomologiste /ātɔmɔlɔʒist/ NMF entomologist

entonner /ātɔne/ /TABLE 1/ VT **~ une chanson** to start singing

entonnoir /ātɔnwaR/ NM funnel

entorse /ātɔRs/ NF sprain; **se faire une ~ au poignet** to sprain one's wrist; **faire une ~ au règlement** to bend the rules

entortiller /ātɔRtije/ /TABLE 1/ VT ⓐ *[+ ruban]* to twist ⓑ *(= enjôler)** to get round; *(= embrouiller)* to mix up; *(= duper)** to hoodwink* 2 VPR **s'entortiller** *[liane]* to twist; **s'~ dans les couvertures** to get tangled up in the blankets

entourage /ātuRaʒ/ NM *(= famille)* family circle; *(= compagnie)* circle; *[de roi, président]* entourage; **les gens de son ~** people around him; **les gens dans l'~ du président** people around the president

entouré, e /āture/ *(ptp d'***entourer***)* ADJ ⓐ *(= admiré)* popular ⓑ *(= soutenu)* **elle a été très ~e lors du décès de son mari** she had a lot of support when her husband died

entourer /āture/ /TABLE 1/ VT ⓐ *(= mettre autour)* **~ de** to surround with; **~ un champ d'une clôture** to put a fence round a field ⓑ *(= être autour)* to surround; *[couverture, écharpe]* to be round; **le monde qui nous entoure** the world around us ⓒ *(= soutenir)* *[+ personne souffrante]* to rally round; **~ qn de son affection** to surround sb with love 2 VPR **s'entourer: s'~ de** *[+ amis, gardes du corps, luxe]* to surround o.s. with; **s'~ de précautions** to take a lot of precautions

entourloupe* /āturlup/ NF mean trick; **faire une ~ à qn** to play a mean trick on sb

entournure /āturnyR/ NF armhole

entracte /ātrakt/ NM *(= pause)* interval

entraide /ātrɛd/ NF mutual aid

entraider (s') /ātrede/ /TABLE 1/ VPR to help one another

entrailles /ātraj/ NFPL *[d'animal]* entrails; **les ~ de la terre** the bowels of the earth

entrain /ātrɛ̃/ NM **être plein d'~** to have plenty of drive; **avec ~** *[travailler]* enthusiastically; **sans ~** *[travailler]* half-heartedly; **ça manque d'~** *(soirée)* it's a bit dead*

entraînant, e /ātrenā, āt/ ADJ *[paroles, musique]* stirring; *[rythme]* brisk

entraînement /ātrɛnmā/ NM training; **terrain d'~** training ground; **manquer d'~** to be out of training; **il a de l'~** he's highly trained; **il est à l'~** he's training; **il est à l'~ de rugby** he's at rugby practice; **j'ai de l'~!** *(hum)* I've had lots of practice!

entraîner /ātrene/ /TABLE 1/ VT ⓐ *[+ athlète, cheval]* to train **(à** for) ⓑ *(= causer)* to bring about; *(= impliquer)* to entail ⓒ *(= emmener)* *[+ personne]* to take; **il m'a entraîné vers la sortie** he took me towards the exit ⓓ *(= influencer)* to lead; **se laisser ~ par ses camarades** to let o.s. be led by one's friends ⓔ *[rythme]* to carry along; *[passion, enthousiasme]* to carry away; **se laisser ~** to get carried away ⓕ *(= charrier)* *[+ objets arrachés]* to carry along; *(= mouvoir)* *[+ machine]* to drive; **le courant les entraîna vers les rapides** the current swept them along towards the rapids; **il a entraîné son camarade dans sa chute** he pulled his friend down with him

2 VPR **s'entraîner** to practise; *[sportif]* to train; **s'~ à utiliser l'Internet** to practise using the Internet; **s'~ à la course** to train for running

entraîneur /ãtʀɛnœʀ/ NM trainer

entraîneuse /ãtʀɛnøz/ NF [de bar] hostess; (Sport) trainer

entrapercevoir /ãtʀapɛʀsəvwaʀ/ /TABLE 28/ VT to catch a (brief) glimpse of

entrave /ãtʀav/ NF (= obstacle) hindrance (à to); ~ **à la liberté d'expression** obstacle to freedom of expression

entraver /ãtʀave/ /TABLE 1/ VT ⓐ (= gêner) [+ circulation] to hold up; [+ mouvements] to hamper; [+ action, plans, processus] to impede; ~ **la carrière de qn** to hinder sb in his career ⓑ (= comprendre)ⁱ to get*

entre /ãtʀ/ PRÉP ⓐ between; ~ **Paris et Agen** between Paris and Agen; **choisir** ~ **deux options** to choose between two options; ~ **la vie et la mort** between life and death; ~ **nous** between you and me; **qu'y a-t-il exactement** ~ **eux?** what exactly is there between them?
ⓑ (= parmi) **l'un d'~ eux** one of them; **plusieurs d'~ nous** several of us; **je le reconnaîtrais** ~ **tous** I would know him anywhere; **nous sommes** ~ **nous** ou ~ **amis** we're among friends; **ils préfèrent rester** ~ **eux** they prefer to keep themselves to themselves
♦ **entre autres**: **lui,** ~ **autres, n'est pas d'accord** he, for one, doesn't agree; ~ **autres** (choses) among other things; (personnes) among others

entrebâillé, e /ãtʀabaje/ ADJ ajar

entrechoquer (s') /ãtʀaʃɔke/ /TABLE 1/ VPR to knock together; [verres] to clink; [dents] to chatter

entrecôte /ãtʀakot/ NF entrecôte steak

entrecouper /ãtʀakupe/ /TABLE 1/ VT ~ **de** [+ citations] to intersperse with; [+ rires, haltes] to interrupt with; **voix entrecoupée de sanglots** voice broken with sobs; **parler d'une voix entrecoupée** to speak in a broken voice

entrecroiser VT, **s'entrecroiser** VPR /ãtʀakʀwaze/ /TABLE 1/ [fils, branches] to intertwine; [lignes, routes] to intersect

entre-déchirer (s') /ãtʀadeʃiʀe/ /TABLE 1/ VPR (littér) to tear one another ou each other to pieces

entre-deux-guerres /ãtʀadøgɛʀ/ NM INV **l'~** the inter-war years

entrée /ãtʀe/ 1 NF ⓐ (= arrivée) entry; **à son** ~, **tous se sont tus** when he came in, everybody fell silent; **elle a fait une** ~ **remarquée** she made quite an entrance; **faire son** ~ **dans le salon** to enter the lounge; ~ **illégale dans un pays** illegal entry into a country; **l'~ de la Finlande dans l'Union européenne** Finland's entry into the European Union; **l'~ des jeunes dans la vie active est souvent difficile** young people often find it difficult to enter the job market
ⓑ [comédien] **faire son** ~ to make one's entrance; **rater son** ~ (sur scène) to miss one's entrance
ⓒ (= accès) entry (de, dans to); **l'~ est gratuite/payante** there is no admission charge/there is an admission charge; «~» (sur pancarte) "way in"; «~ **libre**» (dans boutique) "come in and look round"; (dans musée) "admission free"; «~ **interdite**» "no entry"; «~ **interdite à tout véhicule**» "vehicles prohibited"
ⓓ (= billet) ticket; **billet d'~** entrance ticket; **ils ont fait 10 000 ~s** they sold 10,000 tickets; **le film a fait 10 000 ~s** 10,000 people went to see the film
ⓔ (= porte, portail) entrance; ~ **principale** main entrance
ⓕ (= vestibule) entrance
ⓖ (= plat) first course
ⓗ [de dictionnaire] headword (Brit), entry word (US)
ⓘ (Informatique) input; ~**sortie** input-output

2 COMP ♦ **entrée des artistes** stage door ♦ **entrée de service** [d'hôtel] service entrance; [de villa] tradesmen's entrance

entrefaites /ãtʀafɛt/ LOC ADV **sur ces** ~ at that moment

entrefilet /ãtʀafilɛ/ NM (= petit article) paragraph

entrejambe /ãtʀaʒãb/ NM crotch

entrelacer VT, **s'entrelacer** VPR /ãtʀalase/ /TABLE 3/ to intertwine; **lettres entrelacées** intertwined letters

entremêler /ãtʀamele/ /TABLE 1/ 1 VT [+ choses] to inter-

mix 2 VPR **s'entremêler** [branches, cheveux] to become entangled (à with); [idées] to become intermingled

entremets /ãtʀamɛ/ NM dessert

entremetteur /ãtʀamɛtœʀ/ NM ⓐ (péj) go-between; (= proxénète) procurer ⓑ (= intermédiaire) mediator

entremetteuse /ãtʀamɛtøz/ NF (péj) go-between; (= proxénète) procuress

entreposer /ãtʀapoze/ /TABLE 1/ VT to store

entrepôt /ãtʀapo/ NM warehouse

entreprenant, e /ãtʀapʀanã, ãt/ ADJ enterprising; (sexuellement) forward

entreprendre /ãtʀapʀãdʀ/ /TABLE 58/ VT (= commencer) to start; [+ démarche] to set about; [+ voyage] to set out on; [+ recherches] to undertake; ~ **de faire qch** to undertake to do sth

entrepreneur /ãtʀapʀanœʀ/ NM ⓐ (= patron) businessman; (en menuiserie etc) contractor; (en bâtiment) building contractor; ~ **de travaux publics** civil engineering contractor; ~ **de pompes funèbres** undertaker ⓑ (= brasseur d'affaires) entrepreneur

entrepris, e /ãtʀapʀi, pʀiz/ ptp d'**entreprendre**

entreprise /ãtʀapʀiz/ NF ⓐ (= firme) company; ~ **agricole** farming business; ~ **familiale** family business; ~ **de construction** building firm; ~ **de transport** haulage firm (Brit), trucker (US); ~ **de déménagement** removal (Brit) ou moving (US) firm; ~ **de pompes funèbres** undertaker's (Brit), funeral parlor (US); ~ **de service public** public utility; ~ **de travaux publics** civil engineering firm ⓑ (= secteur d'activité) **l'~** business; **le monde de l'~** the business world ⓒ (= dessein) enterprise

⚠ **enterprise** n'est pas la traduction la plus courante d'**entreprise**.

---

entrer /ãtʀe/

/TABLE 1/
1 VERBE INTRANSITIF   2 VERBE TRANSITIF

▶ **entrer** is conjugated with **être** unless it has an object, when the auxiliary is **avoir**.

1 VERBE INTRANSITIF

▶ **entrer** se traduira par **to come in** ou par **to go in** suivant que le locuteur se trouve ou non à l'endroit en question.

ⓐ to go (ou to come) in; ~ **dans** [+ pièce, jardin] to go (ou come) into; [+ voiture] to get into; **entrez!** come in!; **entrons voir** let's go in and see; **je ne fais qu'~ et sortir** I can't stop; ~ **en gare** to come into the station; ~ **au port** to come into the harbour; ~ **chez qn** to come (ou go) into sb's house; ~ **en courant** to run in; **ils sont entrés par la fenêtre** they got in by the window; **entrez sans frapper** come straight in without knocking; **la boule est entrée dans le trou** the ball went into the hole; **la balle est entrée dans le poumon** the bullet went into the lung; **l'eau entre par le toit** the water comes in through the roof; **la lumière entre dans la pièce** light comes into the room; **sans** ~ **dans les détails** without going into details

ⓑ |marchandises, devises| to enter; ~ **dans un fichier/système** (légalement) to enter a file/system; (illégalement) to hack into a file/system

ⓒ |Théât| « **entrent trois gardes** » "enter three guards"

ⓓ |= tenir| to go in; **ça n'entre pas dans la boîte** it won't go into the box; **ça n'entre pas** it won't go in; **nous n'entrerons jamais tous dans ta voiture** we'll never all get into your car; **il faut que je perde 3 kg pour** ~ **dans cette robe** I'll have to lose 3 kilos if I want to get into this dress

ⓔ |= devenir membre de| ~ **dans** [+ club, parti, entreprise] to join; ~ **dans l'Union européenne** to join the European Union; ~ **dans l'armée** to join the army; ~ **dans les affaires** to go into business; **on l'a fait** ~ **comme serveur** they got him taken on as a waiter; **elle entre en dernière année** [étudiante] she's just going into her final year; ~ **au lycée** to go to secondary school; ~ **à l'université** to go to university; ~ **dans l'histoire** to go down in history

(f) = **heurter** ~ **dans** [+ *arbre, poteau*] to crash into

(g) = **être une composante** ~ **dans** [+ *catégorie*] to fall into; [+ *mélange*] to go into; **tous ces frais entrent dans le prix de revient** all these costs go to make up the cost price

(h) = **commencer à être** ~ **dans** [+ *phase, période*] to enter; ~ **dans une colère noire** to get into a towering rage; ~ **dans la vie active** *ou* **dans le monde du travail** to begin one's working life

(i) |locutions|

♦ **laisser entrer** to let in; **laisser** ~ **qn dans** to let sb into
♦ **faire entrer** [+ *pièce, objet à emballer*] to fit in; (*en fraude*) [+ *marchandises, immigrants*] to smuggle in; [+ *accusé, témoin*] to bring in; [+ *invité, visiteur*] to show in; **faire** ~ **une clé dans une serrure** to put a key in a lock

2 VERBE TRANSITIF

(a) = **faire entrer** **comment allez-vous** ~ **cette armoire dans la chambre?** how are you going to get that wardrobe into the bedroom?

(b) + **données** to key in

entresol /ɑ̃trəsɔl/ NM mezzanine (*between ground floor and first floor*)

entre-temps /ɑ̃trətɑ̃/ ADV meanwhile

entretenir /ɑ̃trət(ə)niʀ/ /TABLE 22/ **1** VT (a) [+ *propriété, route, machine*] to maintain; ~ **un jardin** to look after a garden; ~ **le feu** to keep the fire going; ~ **sa forme** to keep fit (b) (*financièrement*) to support; **c'est une femme entretenue** she's a kept woman (c) (= *avoir*) [+ *relations*] to have; ~ **des rapports suivis avec qn** to be in constant contact with sb; ~ **une correspondance suivie avec qn** to keep up a regular correspondence with sb (d) (*frm* = *converser*) ~ **qn** to speak to sb; **il m'a entretenu pendant une heure** we talked for an hour **2** VPR **s'entretenir** (= *converser*) **s'**~ **avec qn** to speak to sb (**de** about); **ils s'entretenaient à voix basse** they were talking quietly

entretenu, e /ɑ̃trət(ə)ny/ (*ptp d'***entretenir**) ADJ [*personne*] kept; **jardin bien/mal** ~ well-/badly-kept garden; **maison bien** ~**e** (*propre et rangée*) well-kept house; (*en bon état*) well-maintained house; **maison mal** ~**e** (*sale et mal rangée*) badly-kept house; (*en mauvais état*) badly-maintained house

entretien /ɑ̃trətjɛ̃/ NM (a) (= *conversation*) conversation; (= *entrevue*) interview; ~**(s)** (*Politique*) talks; ~ **télévisé** televised interview; ~ **téléphonique** telephone conversation; ~ **d'embauche** job interview; **passer un** ~ to have an interview; **il est en** ~ he's in a meeting; (*avec un candidat*) he's interviewing (b) [*de jardin, maison, route*] upkeep; [*de machine, voiture*] maintenance; **cher à l'**~ expensive to maintain; **d'un** ~ **facile** [*vêtement*] easy to care for; [*surface*] easy to clean; [*voiture, appareil*] easy to maintain; **agent d'**~ cleaning operative; **le service d'**~ (*maintenance*) the maintenance services; (*nettoiement*) the cleaning service

entretuer (s') /ɑ̃trətɥe/ /TABLE 1/ VPR to kill one another

entrevoir /ɑ̃trəvwaʀ/ /TABLE 30/ VT (a) (= *voir indistinctement*) to make out; (= *pressentir*) [+ *objections, solutions, complications*] to foresee; [+ *amélioration*] to glimpse; **je commence à** ~ **la vérité** I'm beginning to see the truth (b) (= *apercevoir brièvement*) to catch a glimpse of; [+ *visiteur*] to see briefly; **vous n'avez fait qu'**~ **les difficultés** you have only got half an idea of the difficulties

entrevue /ɑ̃trəvy/ NF (= *discussion*) meeting; (= *audience*) interview; (*Politique*) talks; **se présenter à** *ou* **pour une** ~ to come for *ou* to an interview

entrouvert, e /ɑ̃truvɛʀ, ɛʀt/ (*ptp d'***entrouvrir**) ADJ half-open; **ses lèvres** ~**es** her parted lips

entrouvrir VT, **s'entrouvrir** VPR /ɑ̃truvʀiʀ/ /TABLE 18/ to half-open

entuber : /ɑ̃tybe/ /TABLE 1/ VT (= *duper*) to con**:**; **se faire** ~ to be conned**:**; **il m'a entubé de 500 €** he conned**:** me out of 500 euros

énumération /enymeʀasjɔ̃/ NF enumeration

énumérer /enymeʀe/ /TABLE 6/ VT to enumerate

env. (ABBR = **environ**) approx.

envahir /ɑ̃vaiʀ/ /TABLE 2/ VT to invade; [*sentiment*] to overcome; **le jardin est envahi par les orties** the garden is overrun with nettles; **la foule envahit la place** the crowd swept into the square; **leurs produits envahissent notre marché** our market is being flooded with their products

envahissant, e /ɑ̃vaisɑ̃, ɑ̃t/ ADJ [*personne, présence*] intrusive; [*passion*] all-consuming

envahisseur /ɑ̃vaisœʀ/ NM invader

enveloppe /ɑ̃v(ə)lɔp/ NF (a) (= *pli postal*) envelope; ~ **autocollante** self-sealing envelope; ~ **matelassée** padded envelope; **sous** ~ [*envoyer*] under cover; **mettre une lettre sous** ~ to put a letter in an envelope (b) (= *somme d'argent*) sum of money; (= *crédits*) budget; **toucher une** ~ (*pot-de-vin*) to get a bribe; (*gratification*) to get a bonus; ~ **budgétaire** budget; **le projet a reçu une** ~ **de 10 millions** the project was budgeted at 10 million

envelopper /ɑ̃v(ə)lɔpe/ /TABLE 1/ VT (a) [+ *objet, enfant*] to wrap; **voulez-vous que je vous l'enveloppe?** shall I wrap it for you?; **elle est assez enveloppée** (*hum*) she's well-padded*****; **c'était très bien enveloppé** (*propos*) it was phrased nicely (b) [*brume*] to shroud; **le silence enveloppe la ville** the town is wrapped in silence **2** VPR **s'envelopper** (*dans une couverture, un châle*) to wrap o.s.

envenimer /ɑ̃v(ə)nime/ /TABLE 1/ **1** VT [+ *querelle, situation*] to inflame **2** VPR **s'envenimer** [*blessure, plaie*] to get infected; [*querelle, situation*] to grow more bitter

envergure /ɑ̃vɛʀgyʀ/ NF (a) [*d'oiseau, avion*] wingspan; [*de voile*] breadth (b) [*de personne*] calibre; [*d'entreprise*] scale; **prendre de l'**~ [*entreprise, projet*] to expand; **personnage sans** ~ insignificant figure; **il a l'**~ **d'un chef d'État** he has the calibre of a head of state

♦ **d'envergure** ♦ **de grande envergure** [*entreprise*] large-scale; [*auteur, politicien*] of great stature; [*projet, réforme*] far-reaching; [*opération*] ambitious; **projet d'**~ **européenne** project of European dimensions

enverra /ɑ̃veʀa/ VB → **envoyer**

envers /ɑ̃vɛʀ/ **1** NM [*d'étoffe, vêtement*] wrong side; [*de papier*] back; [*de médaille*] reverse side; [*de feuille d'arbre*] underside; [*de peau d'animal*] inside; **quand on connaît l'**~ **du décor** (*fig*) when you know what is going on underneath it all

♦ **à l'envers** (*verticalement*) upside down; (*dans l'ordre inverse*) backwards; **mettre sa chemise à l'**~ (*devant derrière*) to put one's shirt on back to front; (*dedans dehors*) to put one's shirt on inside out; **tout marche à l'**~ everything is going wrong; **faire qch à l'**~ (= *à rebours*) to do sth the wrong way round; (= *mal*) to do sth all wrong

2 PRÉP to; **cruel** ~ **qn** cruel to sb; ~ **et contre tous** *ou* **tout** despite all opposition; **son attitude** ~ **moi** his attitude to me

enviable /ɑ̃vjabl/ ADJ enviable; **peu** ~ unenviable

envie /ɑ̃vi/ NF (a) (= *inclination*) **avoir** ~ **de qch** to feel like sth; **avoir** ~ **de faire qch** to feel like doing sth; **j'ai** ~ **d'une bière** I feel like a beer; **j'ai** ~ **d'y aller** I feel like going; **avoir** ~ **de rire** to feel like laughing; **avoir bien** ~ **de faire qch** to have a good mind to do sth; **ce gâteau me fait** ~ I like the look of that cake; **je vais lui faire passer l'**~ **de recommencer*** I'll make sure he thinks twice before he does it again; **avoir une furieuse** ~ **de qch** to have a craving for sth (b) (= *désir*) **des** ~**s de femme enceinte*** pregnant women's cravings; **avoir** ~ **de qn** to desire sb (c) (*euph*) **avoir** ~***** to need the toilet; **être pris d'une** ~ **pressante** to be desperate for the toilet (d) (= *convoitise*) envy (e) (*sur la peau*)***** birthmark

envier /ɑ̃vje/ /TABLE 7/ VT [+ personne, bonheur] to envy; **je vous envie (de pouvoir le faire)** I envy you (being able to do it); **ce pays n'a rien à ~ au nôtre** (il est mieux) that country has no cause to be jealous of us; (il est aussi mauvais) that country is just as badly off as we are

envieux, -ieuse /ɑ̃vjø, jøz/ **1** ADJ envious **2** NM,F envious person; **faire des ~** to arouse envy

environ /ɑ̃viʀ5/ **1** ADV about; **c'est à 100 km ~ d'ici** it's about 100km from here; **il était ~ 3 heures** it was about 3 o'clock

2 NMPL **les environs** [de ville] the surroundings; (= la banlieue) the outskirts; **les ~s sont superbes** the surrounding area is gorgeous; **dans les ~s** in the vicinity; **qu'y a-t-il à voir dans les ~s ?** what is there to see around here?

◆ **aux environs de** [+ ville] around; **aux ~ de 3 heures** some time around 3 o'clock; **aux ~s de 1 000 €** in the region of €1,000

environnant, e /ɑ̃viʀɔnɑ̃, ɑ̃t/ ADJ surrounding

environnement /ɑ̃viʀɔnmɑ̃/ NM environment; **~ économique** economic environment; **~ familial** family background

environnemental, e (pl **-aux**) /ɑ̃viʀɔnmɑ̃tal, o/ ADJ environmental

environnementaliste /ɑ̃viʀɔnmɑ̃talist(ə)/ NMF environmentalist

environner /ɑ̃viʀɔne/ /TABLE 1/ VT to surround

envisageable /ɑ̃vizaʒabl/ ADJ conceivable

envisager /ɑ̃vizaʒe/ /TABLE 3/ VT to envisage; **~ de faire qch** to be thinking of doing sth; **nous envisageons des transformations** we are thinking of making some changes

envoi /ɑ̃vwa/ NM ⓐ (= action) sending; (par bateau) shipment; **faire un ~ de vivres** to send supplies; **coup d'~** (Sport) kick-off; [de festival] opening; [de série d'événements] start; **le film qui donnera le coup d'~ du festival** the film which will open the festival ⓑ (= colis) parcel

envol /ɑ̃vɔl/ NM [d'avion] takeoff; **prendre son ~** [oiseau] to take flight; (fig) to take off

envolée /ɑ̃vɔle/ NF [de chômage, prix] surge (de in); **dans une belle ~ lyrique, il a décrit les vertus du système** he waxed lyrical about the virtues of the system

envoler (s') /ɑ̃vɔle/ /TABLE 1/ VPR ⓐ [oiseau] to fly away; [avion] to take off; **je m'envole pour Tokyo dans deux heures** I take off for Tokyo in two hours ⓑ [chapeau] to be blown off; [fumée, feuille, papiers] to blow away ⓒ [temps] to fly past; [espoirs] to vanish; (= disparaître) [portefeuille, personne]* to vanish into thin air ⓓ (= augmenter) [prix, cours, chômage] to soar; **il s'est envolé dans les sondages** his popularity rating has soared in the opinion polls

envoûtant, e /ɑ̃vutɑ̃, ɑ̃t/ ADJ entrancing

envoûter /ɑ̃vute/ /TABLE 1/ VT to cast a spell on; **être envoûté par qn** to be under sb's spell

envoyé, e /ɑ̃vwaje/ (ptp d'**envoyer**) **1** ADJ [remarque, réponse] (bien) **~** well-aimed; **ça, c'est ~ !** well said! **2** NM,F (politique) envoy; (= journaliste) correspondent; **notre ~ spécial** (= journaliste) our special correspondent; **un ~ du ministère** a government official

envoyer /ɑ̃vwaje/ /TABLE 8/ **1** VT ⓐ (= expédier) to send; (par bateau) to ship; [+ argent] to send; **~ sa candidature** to send in one's application; **envoie-moi un mot** drop me a line* ⓑ [+ personne] to send; (en vacances, en courses) to send (off) (**chez, auprès de** to); [+ émissaire, troupes] to send out; **envoie David à l'épicerie/aux nouvelles** send David to the grocer's/to see if there's any news; **ils l'avaient envoyé chez sa grand-mère pour les vacances** they had sent him off to his grandmother's for the holidays; **~ qn à la mort** to send sb to their death ⓒ (= lancer) [+ objet] to throw; [+ obus] to fire; [+ signaux] to send out; (Sport) [+ ballon] to send; **~ des baisers à qn** to blow sb kisses; **~ des sourires à qn** to smile at sb; **~ des coups de pied/poing à qn** to kick/punch sb; **ne m'envoie pas ta fumée dans les yeux** don't blow your smoke into

my eyes; **~ le ballon au fond des filets** (Football) to send the ball into the back of the net; **~ qn à terre** ou **au tapis** to knock sb down; **~ un homme sur la Lune** to send a man to the moon; **~ par le fond** (Naut) to send to the bottom ⓓ (locutions) **~ chercher qn/qch** to send for sb/sth; **~ promener qn*** ou **~ qn sur les roses*** to send sb packing*; **~ valser** ou **dinguer qch*** to send sth flying*; **il a tout envoyé promener*** he chucked the whole thing in

2 VPR **s'envoyer***: [+ corvée] to get stuck* with; [+ bouteille] to knock back*; [+ nourriture] to scoff*; **s'~ une fille/un mec** to have it off (Brit) ou get off (US) with a girl/a guy*; **s'~ en l'air** to have it off*: (Brit), to get some*: (US)

envoyeur, -euse /ɑ̃vwajœʀ, øz/ NM,F sender

éolien, -ienne /eɔljɛ̃, jɛn/ **1** ADJ wind **2** NF **éolienne** wind turbine

épagneul, e /epaɲœl/ NM,F spaniel; **~ breton** Brittany spaniel

épais, -aisse /epɛ, ɛs/ ADJ thick; **cloison épaisse de 5 cm** partition 5cm thick; **tu n'es pas bien ~** you're not exactly fat

épaisseur /epesœʀ/ NF thickness; **la neige a un mètre d'~** the snow is a metre deep; **creuser une niche dans l'~ d'un mur** to hollow out a niche in a wall; **prenez deux ~s de tissu** take two thicknesses of material; **plier une couverture en double ~** to fold a blanket double

épaissir /epesiʀ/ /TABLE 2/ **1** VT [+ substance] to thicken **2** VI to thicken; **il a beaucoup épaissi** he has filled out a lot **3** VPR **s'épaissir** [substance, brouillard] to thicken; [chevelure] to get thicker; **le mystère s'épaissit** the plot thickens

épancher /epɑ̃ʃe/ /TABLE 1/ **1** VT [+ sentiments] to pour forth **2** VPR **s'épancher** [personne] to open one's heart (**auprès de** to)

épandre /epɑ̃dʀ/ /TABLE 41/ VT [+ fumier] to spread

épanoui, e /epanwi/ (ptp d'**épanouir**) ADJ [fleur] in full bloom (attrib); [visage, sourire] radiant; **c'est quelqu'un de très ~** [personne] he's very much at one with himself

épanouir /epanwiʀ/ /TABLE 2/ **1** VT **la maternité l'a épanouie** she really blossomed when she became a mother **2** VPR **s'épanouir** [fleur] to bloom; [personne] to blossom; **il s'épanouit dans son travail** he finds his job very fulfilling

épanouissant, e /epanwisɑ̃, ɑ̃t/ ADJ fulfilling

épanouissement /epanwismɑ̃/ NM [de fleur] blooming; [de personne] blooming; **c'est une industrie en plein ~** it's a booming industry

épargnant, e /epaʀɲɑ̃, ɑ̃t/ NM,F saver; **petits ~s** small investors

épargne /epaʀɲ/ NF (= somme) savings; **l'~** (= action d'épargner) saving; **~-logement** home-buyers' savings scheme; **~-retraite** retirement savings scheme

épargner /epaʀɲe/ /TABLE 1/ VT ⓐ (= économiser) **~ sur la nourriture** to save on food ⓑ (= éviter) **~ qch à qn** to spare sb sth; **je vous épargne les détails** I'll spare you the details; **pour t'~ des explications inutiles** to save giving you useless explanations ⓒ (= ménager) [+ ennemi] to spare; **l'épidémie a épargné cette région** that region was spared the epidemic

éparpiller /epaʀpije/ /TABLE 1/ **1** VT (= disperser) to scatter; [+ efforts, talent] to dissipate; **les papiers étaient éparpillés sur la table** the papers were scattered all over the table **2** VPR **s'éparpiller** ⓐ [feuilles, foule] to scatter ⓑ [personne] **il s'éparpille beaucoup trop** he spreads himself too thin; **tu t'es trop éparpillé dans tes recherches** you've spread yourself too thin in your research

épars, e /epaʀ, aʀs/ ADJ (littér) scattered

épatant, e* /epatɑ̃, ɑ̃t/ ADJ splendid*

épate* /epat/ NF **faire de l'~** to show off*

épaté, e /epate/ (ptp d'**épater**) ADJ [nez] flat

épater /epate/ /TABLE 1/ VT (= étonner) to amaze; (= impressionner) to impress; **ça t'épate, hein !** what do you think of that!

épaulard /epolaʀ/ NM killer whale

épaule /epol/ NF shoulder; **large d'~s** broad-shouldered; **~ d'agneau** shoulder of lamb; **donner un coup d'~ à qn** to knock sb with one's shoulder; **tout repose sur vos ~s** everything rests on your shoulders; **ils n'ont pas les ~s assez larges** ou **solides** (*financièrement*) they are not in a strong enough financial position

épauler /epole/ /TABLE 1/ VT ⓐ [+ *personne*] to back up ⓑ [+ *fusil*] to raise; **il épaula puis tira** he raised his rifle and fired

épaulette /epolet/ NF (*Mil*) epaulette; (= *bretelle*) shoulder strap; (= *rembourrage d'un vêtement*) shoulder pad

épave /epav/ NF wreck

épée /epe/ NF sword; (*Escrime*) épée; **c'est un coup d'~ dans l'eau** it's a complete waste of time; **~ de Damoclès** Sword of Damocles

épeire /epɛʀ/ NF garden spider

épeler /ep(ə)le/ /TABLE 4/ VT [+ *mot*] to spell; [+ *texte*] to spell out

éperdu, e /epɛʀdy/ ADJ [*personne, regard*] distraught; [*amour*] passionate; [*fuite*] frantic; **~ de douleur** distraught with grief

éperdument /epɛʀdymɑ̃/ ADV [*aimer*] passionately; **je m'en moque ~** I couldn't care less

éperlan /epɛʀlɑ̃/ NM smelt

éperon /ep(ə)ʀɔ̃/ NM spur

éperonner /ep(ə)ʀɔne/ /TABLE 1/ VT [+ *cheval*] to spur on

épervier /epɛʀvje/ NM sparrowhawk

éphémère /efemɛʀ/ 1 ADJ [*bonheur, succès*] fleeting; [*moment*] fleeting; [*mouvement, règne, publication*] short-lived 2 NM mayfly

éphéméride /efemeʀid/ NF (= *calendrier*) tear-off calendar

épi /epi/ NM [*de blé, maïs*] ear; [*de cheveux*] tuft

épice /epis/ NF spice; **quatre ~s** allspice

épicé, e /epise/ ADJ spicy

épicéa /episea/ NM spruce

épicerie /episʀi/ NF (= *magasin*) grocery; (= *nourriture*) groceries; (= *métier*) grocery trade; **rayon ~** grocery counter; **aller à l'~** to go to the grocer's; **~ fine** delicatessen

épicier, -ière /episje, jɛʀ/ NM,F grocer; (*en fruits et légumes*) greengrocer (*Brit*), grocer (*US*)

épidémie /epidemi/ NF epidemic; **~ de grippe** flu epidemic

épiderme /epidɛʀm/ NM skin

épidermique /epidɛʀmik/ ADJ epidermal; [*réaction*] instinctive

épier /epje/ /TABLE 7/ VT [+ *personne*] to spy on; [+ *geste*] to watch closely; [+ *bruit*] to listen out for; [+ *occasion*] to be on the look-out for

épieu /epjø/ NM spear

épigraphe /epigʀaf/ NF epigraph

épilation /epilasjɔ̃/ NF removal of unwanted hair; [*de sourcils*] plucking; **~ à la cire** waxing

épilatoire /epilatwaʀ/ ADJ depilatory

épilepsie /epilɛpsi/ NF epilepsy

épiler /epile/ /TABLE 1/ 1 VT [+ *jambes*] to remove the hair from; [+ *sourcils*] to pluck; **se faire ~ les aisselles** to have one's underarm hair removed 2 VPR **s'épiler**: **s'~ les jambes** to remove the hair from one's legs; **s'~ les jambes à la cire** to wax one's legs; **s'~ les sourcils** to pluck one's eyebrows

épilogue /epilɔg/ NM (*Littérat*) epilogue; (*fig*) conclusion

épiloguer /epilɔge/ /TABLE 1/ VI to hold forth (**sur** on)

épinards /epinaʀ/ NMPL spinach (*NonC*)

épine /epin/ NF [*de buisson, rose*] thorn; [*de hérisson, oursin*] spine; [*de porc-épic*] quill; **~ dorsale** backbone

épinette /epinɛt/ NF (*Can* = *arbre*) spruce

épineux, -euse /epinø, øz/ 1 ADJ [*plante, problème*] thorny; [*situation*] tricky 2 NM prickly shrub

épingle /epɛ̃gl/ NF pin; **~ à cheveux** hairpin; **virage en ~ à cheveux** hairpin bend (*Brit*) ou curve (*US*); **~ de cravate** tiepin; **~ à linge** clothes peg (*Brit*) ou pin (*US*); **~ de nourrice** ou **de sûreté** safety pin; **tirer son ~ du jeu** (= *bien manœuvrer*) to get out while the going's good

épingler /epɛ̃gle/ /TABLE 1/ VT ⓐ (= *attacher*) to pin (on) (**à, sur** to) ⓑ (= *arrêter*)* to nab*; **se faire ~** to get nabbed* ⓒ (= *critiquer*) to criticize severely; **il a épinglé le gouvernement** he laid into* the government

épinière /epinjɛʀ/ ADJ F **moelle ~** spinal cord

Épiphanie /epifani/ NF **l'~** Epiphany, Twelfth Night; **à l'~** at Epiphany, on Twelfth Night

épique /epik/ ADJ epic

épiscopal, e (*mpl* -aux) /episkɔpal, o/ ADJ episcopal; **palais ~** Bishop's palace

épiscopat /episkɔpa/ NM episcopate

épisode /epizɔd/ NM episode; **roman/film à ~s** serialized novel/film; **~ dépressif/infectieux** depressive/infectious phase

épisodique /epizɔdik/ ADJ (= *occasionnel*) [*événement*] occasional; **de façon ~** occasionally; **nous avons eu une relation ~ pendant deux ans** we had an on-off relationship for two years; **faire des apparitions ~s** to show up from time to time

épitaphe /epitaf/ NF epitaph

épithète /epitɛt/ NF ⓐ **adjectif ~** attributive adjective ⓑ (= *qualificatif*) epithet

éploré, e /eplɔʀe/ ADJ tearful

épluche-légumes /eplyʃlegym/ NM INV peeler

éplucher /eplyʃe/ /TABLE 1/ VT ⓐ [+ *fruits, légumes, crevettes*] to peel; [+ *salade, radis*] to clean ⓑ [+ *journaux, comptes*] to go over with a fine-tooth comb

éplucheur /eplyʃœʀ/ ADJ, NM (**couteau**) **~** peeler

épluchure /eplyʃyʀ/ NF **~ de pomme de terre** piece of potato peeling; **~s** peelings

EPO /epo/ (ABBR = **érythropoïétine**) NF EPO

éponge /epɔ̃ʒ/ NF ⓐ sponge; **passer un coup d'~ sur qch** to wipe sth with a sponge; **passons l'~!** let's forget all about it!; **jeter l'~** to throw in the sponge; **~ métallique** scouring pad; **~ végétale** loofah (*Brit*), luffa (*US*) ⓑ (*tissu*) **~ towelling**

éponger /epɔ̃ʒe/ /TABLE 3/ VT [+ *liquide*] to sponge up; [+ *plancher, visage*] to mop; [+ *dette*] to soak up; **s'~ le front** to mop one's brow

épopée /epɔpe/ NF epic

époque /epɔk/ NF time; (= *période historique*) era; (*en art, géologie*) period; **à des ~s différentes** at different times; **les chansons de l'~** the songs of the time; **j'étais jeune à l'~** I was young at the time; **à cette ~(-là)** at that time; **l'~ révolutionnaire** the revolutionary era; **à l'~ des Grecs** at the time of the Greeks; **la Belle Époque** the Belle Époque; **à l'~ glaciaire** in the ice age; **documents d'~** contemporary historical documents; **instruments/meubles d'~** period instruments/furniture; **est-ce que c'est d'~?** is it a genuine antique?; **être de son ~** to be in tune with one's time; **quelle ~!** what is the world coming to!; **nous vivons une drôle d'~** these are strange times we're living in

époumoner (s') /epumɔne/ /TABLE 1/ VPR to shout o.s. hoarse

épouse /epuz/ NF wife; **voulez-vous prendre pour ~ Jeanne Dumont?** do you take Jeanne Dumont to be your lawful wedded wife?

épouser /epuze/ /TABLE 1/ VT ⓐ [+ *personne*] to marry; [+ *idée*] to embrace; [+ *cause*] to take up ⓑ [*vêtement*] to hug; [*route, tracé*] to follow; **cette robe épouse parfaitement les formes du corps** this dress hugs the curves of the body perfectly

épousseter /epuste/ /TABLE 4/ VT [+ *meubles*] to dust; [+ *saleté*] to dust off

époustouflant, e* /epustuflɑ̃, ɑ̃t/ ADJ amazing

époustoufler* /epustufle/ /TABLE 1/ VT to stagger

épouvantable /epuvɑ̃tabl/ ADJ dreadful; **il a un caractère ~** he has a foul temper

épouvantablement /epuvɑ̃tabləmɑ̃/ ADV dreadfully

épouvantail /epuvɑ̃taj/ NM (*à oiseaux*) scarecrow; **l'~ de la guerre/du chômage** the spectre of war/unemployment

épouvante /epuvɑ̃t/ NF terror; **il voyait arriver ce moment avec ~** he saw with dread the moment approaching; **roman/film d'~** horror story/film

épouvanter /epuvɑ̃te/ /TABLE 1/ VT to terrify

époux /epu/ NM husband; **les ~** the married couple; **les ~ Durand** Mr and Mrs Durand; **voulez-vous prendre pour ~ Jean Legrand ?** do you take Jean Legrand to be your lawful wedded husband?

éprendre (s') /eprɑ̃dr/ /TABLE 58/ VPR **s'~ de** to fall in love with

épreuve /eprœv/ NF ⓐ (*= essai, examen*) test; **corriger les ~s d'un examen** to mark the examination papers; **~ orale/écrite** oral/written test; **~ de force** trial of strength; **~ de vérité** litmus test
ⓑ (*Sport*) event; **~ de sélection** heat; **~ contre la montre** time trial; **~s sur piste** track events; **~ d'endurance** endurance test
ⓒ (*= malheur*) ordeal; **subir de rudes ~s** to suffer great hardships
ⓓ (*Photo*) print; (*Typo*) proof; (*= gravure*) proof
ⓔ (*locutions*)
♦ **à l'épreuve** : **mettre à l'~** to put to the test; **mise à l'~** (*Droit*) ≈ probation
♦ **à l'épreuve de** : **à l'~ du feu** fireproof; **résister à l'~ du temps** to stand the test of time
♦ **à toute épreuve** [*amitié, foi*] staunch; [*mur*] solid as a rock; **il a un courage à toute ~** he has unfailing courage

épris, e /epri, iz/ (*ptp d'***éprendre**) ADJ (*frm : d'une personne*) in love (**de** with); **être ~ de justice/liberté** to have a great love of justice/liberty

éprouvant, e /epruvɑ̃, ɑ̃t/ ADJ [*travail, climat*] trying; **~ pour les nerfs** nerve-racking

éprouvé, e /epruve/ (*ptp d'***éprouver**) ADJ proven

éprouver /epruve/ /TABLE 1/ VT ⓐ [+ *sensation, sentiment*] to feel ⓑ [+ *perte*] to suffer; [+ *difficultés*] to meet with ⓒ [+ *personne*] to test ⓓ (*frm = affliger*) to afflict; **très éprouvé par la maladie** sorely afflicted by illness (*frm*); **la ville a été durement éprouvée pendant la guerre** the city suffered greatly during the war

éprouvette /epruvɛt/ NF test tube

EPS /əpees/ NF (ABBR = **éducation physique et sportive**) PE

épuisant, e /epɥizɑ̃, ɑ̃t/ ADJ exhausting

épuisé, e /epɥize/ (*ptp d'***épuiser**) ADJ [*personne, cheval, corps*] exhausted; (*Commerce*) [*article*] sold out (*attrib*); [*stocks*] exhausted (*attrib*); [*livre*] out of print; **~ de fatigue** exhausted

épuisement /epɥizmɑ̃/ NM exhaustion; **jusqu'à ~ des stocks** while stocks last; **dans un grand état d'~** in a state of complete exhaustion

épuiser /epɥize/ /TABLE 1/ 1 VT to exhaust 2 VPR **s'épuiser** [*réserves*] to run out; [*personne*] to exhaust o.s. (**à faire qch** doing sth); **je m'épuise à vous le répéter** I'm sick and tired of telling you

épuisette /epɥizɛt/ NF (*à crevettes*) shrimping net

épuration /epyrasjɔ̃/ NF **station d'~ des eaux** water purification plant

Équateur /ekwatœr/ NM (*= pays*) Ecuador

équateur /ekwatœr/ NM equator; **sous l'~** at the equator

équation /ekwasjɔ̃/ NF equation

équatorial, e (*mpl -iaux*) /ekwatɔrjal, jo/ ADJ equatorial

équatorien, -ienne /ekwatɔrjɛ̃, jɛn/ 1 ADJ Ecuadorian 2 NM,F **Équatorien(ne)** Ecuadorian

équerre /ekɛr/ NF (*pour tracer*) (set) square; (*pour étagère*) bracket; **à l'~** *ou* **d'~** at right angles

équestre /ekɛstr/ ADJ [*statue, activités*] equestrian; **centre ~** riding school; **les sports ~s** equestrian sports

équeuter /ekøte/ /TABLE 1/ VT [+ *cerises*] to remove the stalk from; [+ *fraises*] to hull

équilibre /ekilibr/ NM ⓐ balance; **perdre/garder l'~** to lose/keep one's balance; **atteindre l'~ financier** to break even (financially); **~ des pouvoirs** balance of power; **trouver un ~ entre ... et ...** to find a balance between ... and ...
♦ **en équilibre** [*budget*] balanced; **se tenir** *ou* **être en ~ (sur)** [*personne*] to balance (on); [*objet*] to be balanced (on); **mettre qch en ~** to balance sth
ⓑ **~ (mental)** (mental) equilibrium; **il manque d'~** he's rather unstable
ⓒ (*Sciences*) equilibrium; **solution en ~** (*Chim*) balanced solution

équilibré, e /ekilibre/ (*ptp d'***équilibrer**) ADJ [*personne, régime alimentaire*] well-balanced; [*vie*] well-regulated; **mal ~** unbalanced

équilibrer /ekilibre/ /TABLE 1/ VT ⓐ (*= mettre en équilibre, harmoniser*) to balance ⓑ (*= contrebalancer*) [+ *forces, poids, poussée*] to counterbalance; **les avantages et les inconvénients s'équilibrent** the advantages and the disadvantages counterbalance each other

équilibriste /ekilibrist/ NMF (*= funambule*) tightrope walker

équinoxe /ekinɔks/ NM equinox

équipage /ekipaʒ/ NM [*d'avion, bateau*] crew

équipe /ekip/ NF ⓐ (*Sport*) team; **jeu** *ou* **sport d'~** team game; **jouer en** *ou* **par ~s** to play in teams; **il joue en ~ de France** he plays for the French team ⓑ (*= groupe*) team; **~ de secours** *ou* **de sauveteurs** *ou* **de sauvetage** rescue team; **~ pédagogique** teaching staff; **l'~ de jour** [*d'usine*] the day shift; **travailler en** *ou* **par ~s** to work in teams; (*en usine*) to work in shifts; **on travaille en ~** we work as a team; **faire ~ avec** to team up with ⓒ (*= bande*)* team; (*péj*) bunch*; **c'est la fine ~** they're a right bunch*

équipement /ekipmɑ̃/ NM ⓐ (*= matériel*) equipment ⓑ (*= aménagement*) **~ électrique** electrical fittings; **~ hôtelier** hotel facilities; **~ industriel** industrial plant; **~s collectifs** [*de ville, région*] community facilities

équiper /ekipe/ /TABLE 1/ 1 VT to equip (**de** with); **cuisine tout équipée** fully equipped kitchen; **~ une machine d'un dispositif de sécurité** to fit a machine with a safety device 2 VPR **s'équiper** to equip o.s. (**de, en** with); **l'école s'équipe en micro-ordinateurs** the school is acquiring some computers

équipier, -ière /ekipje, jɛr/ NM,F (*Sport*) team member; (*= rameur*) crew member

équitable /ekitabl/ ADJ [*partage, jugement*] fair; [*personne*] impartial

équitation /ekitasjɔ̃/ NF horse-riding; **faire de l'~** to go horse-riding; **école d'~** riding school

équité /ekite/ NF equity; **avec ~** fairly

équivalence /ekivalɑ̃s/ NF equivalence; **j'ai eu ma licence par ~** I obtained my degree by transfer of credits

équivalent, e /ekivalɑ̃, ɑ̃t/ 1 ADJ equivalent (**à** to) 2 NM equivalent (**de** of); **vous ne trouverez l'~ nulle part** you won't find the like anywhere else

équivaloir /ekivalwar/ /TABLE 29/ VI to be equivalent (**à** to); **ça équivaut à dire que ...** it amounts to saying that ...

équivaut /ekivo/ VB → **équivaloir**

équivoque /ekivɔk/ 1 ADJ (*= ambigu*) ambiguous; (*= louche*) dubious 2 NF (*= ambiguïté*) ambiguity; (*= incertitude*) doubt; (*= malentendu*) misunderstanding; **conduite sans ~** unequivocal behaviour; **pour lever l'~** to remove any doubt

érable /erabl/ NM maple

éradiquer /eradike/ /TABLE 1/ VT to eradicate

érafler /erafle/ /TABLE 1/ VT to scratch

éraflure /eraflyr/ NF scratch

éraillé, e /eraje/ ADJ [*voix*] hoarse

ère /ɛʀ/ NF era; **400 avant notre ~** 400 BC; **en l'an 1600 de notre ~** in the year 1600 AD; **une ~ nouvelle commence** it's the beginning of a new era; **l'~ Thatcher** the Thatcher era; **l'~ atomique** the atomic age

érection /eʀɛksjɔ̃/ NF erection

éreintant, e /eʀɛ̃tɑ̃, ɑ̃t/ ADJ [travail] exhausting

éreinter /eʀɛ̃te/ /TABLE 1/ VT ⓐ (= épuiser) [+ animal] to exhaust; [+ personne]* to wear out; **être éreinté** to be worn out ⓑ (= critiquer) [+ auteur, œuvre] to pull to pieces

érémiste /eʀemist/ NMF person receiving minimum welfare payment → RMI

ergonomique /ɛʀgɔnɔmik/ ADJ ergonomic

ergot /ɛʀgo/ NM [de coq] spur; [de chien] dewclaw

ergoter /ɛʀgɔte/ /TABLE 1/ VI to quibble (**sur** about)

ergothérapeute /ɛʀgoteʀapøt/ NMF occupational therapist

ériger /eʀiʒe/ /TABLE 3/ VT (frm) [+ monument, bâtiment] to erect; [+ société] to set up; **~ le dogmatisme en vertu** to make a virtue of dogmatism; **~ un criminel en héros** to set a criminal up as a hero; **il s'érige en juge** he sets himself up as a judge

ermite /ɛʀmit/ NM hermit

éroder /eʀɔde/ /TABLE 1/ VT to erode

érogène /eʀɔʒɛn/ ADJ erogenous

érosion /eʀozjɔ̃/ NF erosion; **~ monétaire** monetary depreciation

érotique /eʀɔtik/ ADJ erotic

érotisme /eʀɔtism/ NM eroticism

errant, e /eʀɑ̃, ɑ̃t/ ADJ wandering; **chien ~** stray dog

errata /eʀata/ NMPL errata

erratum /eʀatɔm/ (pl **errata** /eʀata/) NM erratum

errements /eʀmɑ̃/ NMPL (littér) transgressions

errer /eʀe/ /TABLE 1/ VI ⓐ (= se promener) to wander ⓑ (= se tromper) to err

erreur /eʀœʀ/ NF ⓐ mistake, error; (Statistiques) error; **~ de calcul** mistake in calculation; **faire ~ de date** to be mistaken with the date; **~ d'impression** ou **~ typographique** typographical error; **~ de traduction** mistranslation; **~ de jugement** error of judgment; **~ judiciaire** miscarriage of justice

ⓑ (locutions) **par suite d'une ~** due to an error ou a mistake; **sauf ~** unless I'm mistaken; **sauf ~ ou omission** errors and omissions excepted; **par ~** by mistake; **commettre ou faire une ~** to make a mistake (**sur** about); **faire ~ ou être dans l'~** to be wrong; **vous faites ~** (au téléphone) you've got the wrong number; **il y a ~** there's been a mistake; **il n'y a pas d'~** (possible) there's no mistake!; **ce serait une ~ de croire que ...** it would be a mistake to think that ...; **il n'a pas droit à l'~** he's got to get it right; **l'~ est humaine** to err is human; **il y a ~ sur la personne** you've got the wrong person

ⓒ (= dérèglements) **~s** errors; **~s de jeunesse** youthful indiscretions; **retomber dans les ~s du passé** to lapse into bad habits

erroné, e /eʀɔne/ ADJ erroneous

ersatz /ɛʀzats/ NM ersatz; **~ de café** ersatz coffee

érudit, e /eʀydi, it/ 1 ADJ erudite 2 NM,F scholar

érudition /eʀydisjɔ̃/ NF erudition

éruption /eʀypsjɔ̃/ NF ⓐ (Géol) eruption; **~ (solaire)** solar flare; **volcan en ~** erupting volcano; **entrer en ~** to erupt ⓑ (Méd) **~ de boutons** outbreak of spots; **~ cutanée** (skin) rash ⓒ (= manifestation) **~ de violence** outbreak of violence

érythème /eʀitɛm/ NM rash; **~ fessier** nappy (Brit) ou diaper (US) rash; **~ solaire** sunburn

esbroufe* /ɛsbʀuf/ NF **faire de l'~** to show off

escabeau (pl **escabeaux**) /ɛskabo/ NM (= échelle) stepladder

escadrille /ɛskadʀij/ NF ≈ squadron

escadron /ɛskadʀɔ̃/ NM squadron; **~ de gendarmerie** platoon of gendarmes; **~ de la mort** death squad

escalade /ɛskalad/ NF ⓐ (= action de gravir) climbing; **faire l'~ d'une montagne** to climb a mountain; **l'~** (= sport) (rock) climbing; **faire de l'~** to go climbing ⓑ (= aggravation) escalation; **on craint une ~ de la violence en France** an escalation of violence is feared in France; **pour éviter l'~** to stop things getting out of control

escalader /ɛskalade/ /TABLE 1/ VT to climb

escalator /ɛskalatɔʀ/ NM escalator

escale /ɛskal/ NF ⓐ (= endroit) (en bateau) port of call; (en avion) stop; **faire ~ à** [bateau] to call at; [avion] to stop over at ⓑ (= temps d'arrêt) (en bateau) call; (en avion) stop(over); **vol sans ~** nonstop flight; **faire une ~ à Marseille** [bateau] to put in at Marseilles; [avion] to stop (over) at Marseilles; **~ technique** [d'avion] refuelling stop

escalier /ɛskalje/ NM (= marches) stairs; (= cage) staircase; **assis dans l'~** sitting on the stairs; **on accède au grenier par un ~** a stairway leads to the attics ♦ **escalier mécanique** ou **roulant** escalator ♦ **escalier de secours** fire escape ♦ **escalier de service** [de maison] backstairs; [d'hôtel] service stairs

escalope /ɛskalɔp/ NF escalope

escamotable /ɛskamɔtabl/ ADJ [antenne] retractable; [lit, siège] collapsible; [escalier] foldaway

escamoter /ɛskamɔte/ /TABLE 1/ VT ⓐ [+ cartes, accessoire] to conjure away ⓑ [+ difficulté] to get round; [+ question] to dodge; [+ mot, repas] to skip

escapade /ɛskapad/ NF **faire une ~** [enfant] to run away; **~ de trois jours** (congé) three-day break; **on a fait une petite ~ ce week-end** we went for a little trip this weekend

escarbille /ɛskaʀbij/ NF bit of grit

escargot /ɛskaʀgo/ NM snail; (= lambin)* slowcoach* (Brit), slowpoke* (US); **avancer comme un ~** ou **à une allure d'~** to go at a snail's pace; **opération ~** (= manifestation) goslow (Brit), slow-down (US)

escarmouche /ɛskaʀmuʃ/ NF skirmish

escarpé, e /ɛskaʀpe/ ADJ steep

escarpement /ɛskaʀpəmɑ̃/ NM (= côte) steep slope

escarpin /ɛskaʀpɛ̃/ NM court shoe (Brit), pump (US)

escarre /ɛskaʀ/ NF bedsore

escient /ɛsjɑ̃/ NM **à bon ~** advisedly; **à mauvais ~** illadvisedly

esclaffer (s') /ɛsklafe/ /TABLE 1/ VPR to burst out laughing

esclandre /ɛsklɑ̃dʀ/ NM scandal; **faire ou causer un ~** to cause a scandal

esclavage /ɛsklavaʒ/ NM slavery; **réduire en ~** to enslave; **tomber en ~** to become enslaved

esclavagisme /ɛsklavaʒism/ NM proslavery

esclavagiste /ɛsklavaʒist/ 1 ADJ proslavery; **États ~s** slave states 2 NMF person in favour of slavery; (fig) slave driver

esclave /ɛsklav/ NMF slave; **être ~ de la mode/d'une habitude** to be a slave of fashion/to habit; **devenir l'~ de qn** to become enslaved to sb

escompte /ɛskɔ̃t/ NM discount

escompter /ɛskɔ̃te/ /TABLE 1/ VT ⓐ (= s'attendre à) to expect; **~ faire qch** to expect to do sth ⓑ (Banque) to discount

escorte /ɛskɔʀt/ NF escort; **sous bonne ~** under escort

escorter /ɛskɔʀte/ /TABLE 1/ VT to escort; **il est toujours escorté de jolies femmes** he's always surrounded by pretty women

escrime /ɛskʀim/ NF fencing; **faire de l'~** to fence

escrimer (s')* /ɛskʀime/ /TABLE 1/ VPR **s'~ à faire qch** to wear o.s. out doing sth; **s'~ sur qch** to struggle away at sth

escrimeur, -euse /ɛskʀimœʀ, øz/ NM,F fencer

escroc /ɛskʀo/ NM swindler

escroquer /ɛskʀɔke/ /TABLE 1/ VT to swindle; **~ qn de qch** to swindle sb out of sth; **se faire ~ par qn** to be swindled by sb

escroquerie /ɛskʀɔkʀi/ NF swindle; (*Droit*) fraud; **être victime d'une ~** to be swindled; (*Droit*) to be a victim of fraud; **50 € pour un café, c'est de l'~** 50 euros for a coffee is a real rip-off*

ésotérique /ezɔteʀik/ ADJ esoteric

ésotérisme /ezɔteʀism/ NM esotericism

espace /ɛspas/ 1 NM ⓐ (= *dimension, place*) space; **avoir assez d'~ pour bouger/vivre** to have enough room to move/live; **l'Espace économique européen** the European Economic Area; **~ disque** [*d'ordinateur*] disk space; **~ vital** personal space
ⓑ (= *intervalle*) space; **~ de temps** space of time; **laisser de l'~** to leave some space; **laisser un ~** to leave a space
♦ **en l'espace de**: **en l'~ de trois minutes** within three minutes; **en l'~ d'un instant** in no time at all
2 COMP ♦ **espaces verts** parks

espacé, e /ɛspase/ (*ptp d'***espacer**) ADJ [*arbres, objets*] spaced out; **des crises assez régulières ~es** attacks occurring at fairly regular intervals; **ses visites sont très ~es ces temps-ci** his visits are few and far between these days; **réunions ~es de huit à dix jours** meetings taking place every eight to ten days

espacer /ɛspase/ /TABLE 3/ 1 VT to space out 2 VPR **s'espacer** [*visites, symptômes*] to become less frequent

espadon /ɛspadɔ̃/ NM swordfish

espadrille /ɛspadʀij/ NF espadrille

Espagne /ɛspaɲ/ NF Spain

espagnol, e /ɛspaɲɔl/ 1 ADJ Spanish 2 NM ⓐ (= *langue*) Spanish ⓑ **Espagnol** Spaniard; **les Espagnols** the Spanish 3 NF **Espagnole** Spanish woman

espalier /ɛspalje/ NM espalier; **arbre en ~** espaliered tree

espèce /ɛspɛs/ 1 NF ⓐ [*d'animal, plante*] species; **~s species; ~ humaine** human race ⓑ (= *sorte*) kind; **c'est une ~ de boîte** it's a kind of box; **ça n'a aucune ~ d'importance** that is of absolutely no importance; **une ou un ~ d'excentrique est venu** some eccentric turned up; **~ de maladroit!** you clumsy oaf!* 2 NFPL **espèces** [*argent*] cash

espérance /ɛspeʀɑ̃s/ NF (= *espoir*) hope; **au delà de toute ~** [*réussir*] beyond all expectations; **ça a dépassé toutes nos ~s** it was far more than we'd hoped for ♦ **espérance de vie** life expectancy

espérer /ɛspeʀe/ /TABLE 6/ VT [+ *succès, récompense, aide*] to hope for; **~ réussir** to hope to succeed; **~ que** to hope that; **je n'en espérais pas tant** I wasn't hoping for as much; **viendra-t-il? — j'espère (bien)** will he come? — I (certainly) hope so

espiègle /ɛspjɛgl/ ADJ mischievous

espièglerie /ɛspjɛgləʀi/ NF ⓐ (= *caractère*) mischievousness ⓑ (= *tour*) piece of mischief

espion, -ionne /ɛspjɔ̃, jɔn/ NM,F spy

espionnage /ɛspjɔnaʒ/ NM espionage; **film/roman d'~** spy film/novel; **~ industriel** industrial espionage

espionner /ɛspjɔne/ /TABLE 1/ VT [+ *personne, actions*] to spy on; **~ pour le compte de qn** to spy for sb

esplanade /ɛsplanad/ NF esplanade

espoir /ɛspwaʀ/ NM ⓐ hope; **dans l'~ de vous voir bientôt** hoping to see you soon; **avoir l'~ que** to be hopeful that; **avoir bon ~ de faire/que** to have great hopes of doing/that; **reprendre ~** to begin to feel hopeful again; **sans ~** [*amour, situation*] hopeless; **l'~ fait vivre** there's always hope; **tous les ~s sont permis** there's no limit to what we can hope for ⓑ (= *personne*) **un jeune ~ du ski/de la chanson** a young hopeful of the skiing/singing world

esprit /ɛspʀi/ 1 NM ⓐ (= *pensée*) mind; **avoir l'~ large** to be broad-minded; **avoir l'~ vif** to be quick-witted; **avoir l'~ clair** to have a clear head; **avoir l'~ mal tourné** to have a dirty mind; **il a l'~ ailleurs** his mind is on other things; **dans mon ~ ça voulait dire ...** to my mind it meant ...; **il m'est venu à l'~ que ...** it crossed my mind that ...
ⓑ (= *humour*) wit; **avoir de l'~** to be witty; **faire de l'~** to try to be witty
ⓒ (= *personne*) **un des plus grands ~s du siècle** one of the

greatest minds of the century; **bel ~** wit; **les grands ~s se rencontrent** great minds think alike
ⓓ (*Rel, Spiritisme*) spirit; **~, es-tu là?** is there anybody there?
ⓔ [*de loi, époque, texte*] spirit
ⓕ (= *aptitude*) **avoir l'~ d'analyse/critique** to have an analytical/critical mind
ⓖ (= *attitude*) spirit; **l'~ de cette classe** the general attitude of this class; **avoir mauvais ~** to be negative about things; **faire du mauvais ~** to make snide remarks
2 COMP ♦ **esprit de compétition** competitive spirit ♦ **esprit d'équipe** team spirit ♦ **esprit de famille** family feeling ♦ **esprit frappeur** poltergeist ♦ **l'Esprit saint** the Holy Spirit

esquimau, -aude (*mpl* **esquimaux**) /ɛskimo, od/ 1 ADJ Eskimo 2 NM ⓐ (= *langue*) Eskimo ⓑ ® (= *glace*) choc-ice (*Brit*), ice-cream bar (*US*) 3 NM,F **Esquimau(de)** Eskimo

esquinter* /ɛskɛ̃te/ /TABLE 1/ 1 VT [+ *objet*] to mess up*; [+ *yeux, santé*] to ruin; [+ *voiture*] to smash up; **se faire ~ par une voiture** [*automobiliste*] to have one's car bashed* into by another; [*cycliste, piéton*] to get badly bashed up* by a car 2 VPR **s'esquinter** (= *se blesser*) to hurt o.s.; **s'~ le bras** to hurt one's arm; **s'~ les yeux (à lire)** to strain one's eyes (reading); **s'~ la santé à faire qch** to ruin one's health by doing sth

esquisse /ɛskis/ NF sketch

esquisser /ɛskise/ /TABLE 1/ VT to sketch; **~ un geste** to make a vague gesture

esquive /ɛskiv/ NF (*Boxe, Escrime*) dodge

esquiver /ɛskive/ /TABLE 1/ 1 VT [+ *coup, question*] to dodge; [+ *difficulté*] to skirt round 2 VPR **s'esquiver** to slip away

essai /ese/ NM ⓐ (= *tentative*) try; **coup d'~** first attempt; **faire plusieurs ~s** to have several tries
ⓑ (= *test*) test; **~s nucléaires** nuclear tests; **~s** (*sur voiture, avion*) trials
♦ **à l'essai**: **être à l'~** to be on trial; **prendre qn à l'~** to take sb on for a trial period; **mettre à l'~** to test out
ⓒ (*Rugby*) try; **marquer un ~** to score a try
ⓓ (*écrit*) essay

essaim /esɛ̃/ NM swarm

essaimer /eseme/ VI [*abeilles*] to swarm; [*famille*] to scatter

essayage /esejaʒ/ NM [*de vêtements*] fitting

essayer /eseje/ /TABLE 8/ 1 VT to try out; [+ *voiture*] to test; [+ *vêtement*] to try on; [+ *méthode*] to try; **~ de faire qch** to try to do sth; **je vais ~** I'll try; **essaie un peu pour voir** (* *si tu l'oses*) just you try!* 2 VPR **s'essayer: s'~ à qch/à faire qch** to try one's hand at sth/at doing sth

essayiste /esejist/ NMF essayist

essence /esɑ̃s/ NF ⓐ (= *carburant*) petrol (*Brit*), gas (*US*); (= *solvant*) spirit; **~ ordinaire** two-star petrol (*Brit*), regular gas (*US*); **~ sans plomb** unleaded petrol (*Brit*) ou gas (*US*); **~ de térébenthine** turpentine; **à ~** petrol-driven (*Brit*), gasoline-powered (*US*); **prendre** ou **faire* de l'~** to get petrol (*Brit*) ou gas (*US*) ⓑ [*de plantes*] essence; **~ de lavande/vanille** lavender/vanilla essence ⓒ [*de question, doctrine*] essence; [*de livre*] gist ⓓ (= *espèce d'arbre*) species

essentiel, -elle /esɑ̃sjɛl/ 1 ADJ essential 2 NM ⓐ **l'~** (= *objets nécessaires*) the essentials; **c'est l'~** that's the main thing; **l'~ est de ...** the main thing is to ... ⓑ **l'~ de** the main part of; **l'~ de ce qu'il dit** most of what he says; **l'~ de leur temps** the best part of their time

essentiellement /esɑ̃sjɛlmɑ̃/ ADV essentially

essieu (*pl* **essieux**) /esjø/ NM axle

essor /esɔʀ/ NM [*d'oiseau, imagination*] flight; [*d'entreprise, pays*] rapid development; [*d'art, civilisation*] blossoming; **entreprise en plein ~** firm in full expansion; **prendre son ~** [*d'oiseau*] to soar up into the sky; [*d'entreprise*] to develop rapidly

essorage /esɔʀaʒ/ NM (*à la main*) wringing out; (*par la force centrifuge*) spin-drying; **mettre sur la position « ~ »** to put on "spin"

essorer /esɔʀe/ /TABLE 1/ VT (à la main) to wring out; (par la force centrifuge) to spin-dry

essoreuse /esɔʀøz/ NF (à tambour) spin-dryer; **~ à salade** salad spinner

essoufflement /esuflǝmɑ̃/ NM breathlessness (NonC)

essouffler /esufle/ /TABLE 1/ 1 VT to make breathless; **il était essoufflé** he was out of breath 2 VPR **s'essouffler** [coureur] to get out of breath; [roman] to tail off; [reprise économique, mouvement de grève] to run out of steam

essuie /esɥi/ NM (Belg) (pour les mains) hand towel; (= serviette de bain) bath towel; (= torchon) cloth

essuie-glace (pl **essuie-glaces**) /esɥiglas/ NM windscreen (Brit) ou windshield (US) wiper

essuie-mains /esɥimɛ̃/ NM INV hand towel

essuie-tout /esɥitu/ NM INV kitchen paper (Brit), paper towels (US)

essuyer /esɥije/ /TABLE 8/ 1 VT ⓐ (= nettoyer) to wipe; [+ surface poussiéreuse] to dust; [+ liquide] to wipe up; **essuie-toi les pieds avant d'entrer** wipe your feet before you come in; **~ la vaisselle** to dry the dishes; **nous avons essuyé les plâtres*** we had all the initial problems to put up with
ⓑ (= subir) [+ pertes, reproches, échec, insultes] to endure; [+ refus] to meet with; [+ tempête] to weather; **~ le feu de l'ennemi** to come under enemy fire
2 VPR **s'essuyer** [personne] to dry o.s.; **s'~ les mains/les pieds** (nettoyer) to wipe one's hands/feet; (sécher) to dry one's hands/feet

est /ɛst/ 1 NM ⓐ (= point cardinal) east; **un vent d'~** an east wind; **le vent est à l'~** the wind is blowing from the east; **le soleil se lève à l'~** the sun rises in the east; **à l'~ de** to the east of; **d'~ en ouest** from east to west ⓑ (= régions orientales) east; **l'~ (de la France)** the East (of France); **les pays/le bloc de l'Est** the Eastern countries/bloc; **l'Europe de l'Est** Eastern Europe 2 ADJ INV [région, partie, versant, côte] eastern; [côté, entrée, paroi] east; [direction] easterly

est-allemand, e (mpl **est-allemands**) /ɛstalmɑ̃, ɑ̃d/ (Hist) 1 ADJ East German 2 NM,F **Est-Allemand(e)** East German

estampe /ɛstɑ̃p/ NF (= image) print

estampiller /ɛstɑ̃pije/ /TABLE 1/ VT to stamp

esthète /ɛstɛt/ NMF aesthete (Brit), esthete (US)

esthéticien, -ienne /ɛstetisjɛ̃, jɛn/ NM,F (de salon de beauté) beautician

esthétique /ɛstetik/ 1 ADJ aesthetic (Brit), esthetic (US); **ce bâtiment n'a rien d'~** there is nothing attractive about this building 2 NF (= apparence) aesthetic (Brit), esthetic (US); (= science) aesthetics (Brit) (sg), esthetics (US) (sg); **l'~ du bâtiment** the look of the building

estimable /ɛstimabl/ ADJ (= digne d'estime) estimable (frm)

estimation /ɛstimasjɔ̃/ NF ⓐ (= évaluation) [d'objet, propriété] valuation; [de dégâts, prix, distance, quantité] estimation; (= chiffre donné) estimate; **d'après mes ~s** according to my estimations ⓑ (= sondage d'opinion, prévision) **~s** projections

estime /ɛstim/ NF (= considération) esteem; **il a baissé dans mon ~** he has gone down in my estimation; **avoir de l'~ pour qn** to have respect for sb

estimer /ɛstime/ /TABLE 1/ VT ⓐ (= expertiser) [+ objet, propriété] to assess; [+ dégâts] to estimate (à at); **cette bague est estimée à 3 000 €** this ring is valued at 3,000 euros ⓑ (= calculer approximativement) [+ prix, distance, quantité] to estimate; **les pertes sont estimées à 2 000 morts** 2,000 people are estimated to have died ⓒ (= respecter) [+ personne] to respect; **notre estimé collègue** our esteemed colleague ⓓ (= considérer) **~ que ...** to consider that ...; **j'estime qu'il est de mon devoir de ...** I consider it my duty to ...; **il estime avoir raison** he considers he is right; **~ inutile de faire** to see no point in doing; **s'~ heureux d'avoir/que** to consider o.s. fortunate to have/that

estival, e (mpl **-aux**) /ɛstival, o/ ADJ summer; (= agréable) [temps, température] summery; **la période ~e** the summer season

estivant, e /ɛstivɑ̃, ɑ̃t/ NM,F summer visitor

estomac /ɛstɔma/ NM stomach; **avoir mal à l'~** to have a stomach ache; **partir l'~ vide** to set off on an empty stomach; **avoir de l'~** to have a bit of a paunch

estomaquer* /ɛstɔmake/ /TABLE 1/ VT to flabbergast

estomper /ɛstɔ̃pe/ /TABLE 1/ 1 VT [+ dessin] to shade off; [+ contours, souvenir] to blur 2 VPR **s'estomper** [contours, souvenir] to fade; [différences] to become less marked

Estonie /ɛstɔni/ NF Estonia

estouffade /ɛstufad/ NF **~ de bœuf** ≈ beef stew

estourbir* /ɛsturbir/ /TABLE 2/ VT (= assommer) to stun

estrade /ɛstrad/ NF platform

estragon /ɛstragɔ̃/ NM tarragon

estropié, e /ɛstrɔpje/ (ptp d'**estropier**) NM,F cripple

estropier /ɛstrɔpje/ /TABLE 7/ VT [+ personne] to cripple; [+ nom] to mutilate

estuaire /ɛstɥɛr/ NM estuary

estudiantin, e /ɛstydjɑ̃tɛ̃, in/ ADJ student

esturgeon /ɛstyrʒɔ̃/ NM sturgeon

et /e/ CONJ ⓐ and; **c'est vert et rouge** it's green and red; **je n'ai rien vu, et toi?** I didn't see anything, what about you?; **une belle et grande maison** a beautiful, big house; **j'ai payé et je suis parti** I paid and left; **2 et 2 font 4** 2 and 2 make 4
ⓑ (valeur emphatique) **et ensuite?** and then?; **et alors?** (= peu importe) so what?*; **et moi alors?** and what about me then?; **et après?*** so what?*; **et moi, je peux venir?** can I come too?; **et vous osez revenir?** (indignation) and you dare to come back?; **et ces livres que tu devais me prêter?** and what's happened to those books that you were supposed to lend me?; **et vous, vous y allez?** and what about you, are you going?

étable /etabl/ NF cowshed

établi /etabli/ NM workbench

établir /etablir/ /TABLE 2/ 1 VT ⓐ [+ usine] to set up; [+ liaisons, communications] to establish; **~ son domicile à** to set up house in
ⓑ [+ normes, règlement, usage] to establish; [+ gouvernement] to form
ⓒ [+ réputation] to base (sur on); [+ droits] to establish; [+ fortune] to found
ⓓ [+ autorité, paix, relations] to establish
ⓔ [+ liste, devis, plans] to draw up; [+ programme] to arrange; [+ facture, chèque] to make out
ⓕ [+ fait, comparaison] to establish; **~ l'innocence de qn** to establish sb's innocence; **il est établi que ...** it's an established fact that ...
ⓖ (Sport) **~ un record** to establish a record
2 VPR **s'établir** ⓐ [jeune couple] to settle; **une usine s'est établie dans le village** a factory has been set up in the village; **l'ennemi s'est établi sur la colline** the enemy has taken up position on the hill
ⓑ (= prendre un emploi) **s'~ boulanger** to set o.s. up as a baker; **s'~ à son compte** to set up one's own business
ⓒ [amitié, contacts] to develop; **un consensus a fini par s'~** a consensus was eventually reached

établissement /etablismɑ̃/ NM ⓐ (= bâtiment, société) establishment; (= institution) institution; **~ (scolaire)** school; **~ hospitalier** hospital; **~ pénitentiaire** prison; **~ religieux** religious institution; **~ bancaire** bank ⓑ (= mise en place) establishing; [de programme] arranging; [de gouvernement] forming; [de liste] drawing up

étage /etaʒ/ NM ⓐ [de bâtiment] floor; **au premier ~** (en France) on the first floor (Brit), on the second floor (US); (au Canada) on the ground floor (Brit), on the first floor (US); **maison à deux ~s** three-storeyed (Brit) ou three-storied (US) house; **monter à l'~** to go upstairs; **les trois ~s de la tour Eiffel** the three levels of the Eiffel Tower ⓑ [de fusée] stage; [de gâteau] tier

étagère /etaʒɛr/ NF (= tablette, rayon) shelf; **~s** (= meuble) shelves

étain /etɛ̃/ NM (= *minerai*) tin; (= *matière travaillée*) pewter; **en** *ou* **d'~** pewter

étal (*pl* **étals**) /etal/ NM [*de boucherie, marché*] stall

étalage /etalaʒ/ NM (= *devanture*) shop window; (= *tréteaux*) stall; (= *articles exposés*) display; **faire ~ de** [+ *connaissances, luxe*] to flaunt

étale /etal/ ADJ [*mer*] slack

étalement /etalmɑ̃/ NM spreading; [*de journal, tissu*] spreading out (**sur** on); [*de vacances*] staggering (**sur** over)

étaler /etale/ /TABLE 1/ 1 VT ⓐ [+ *papiers, objets*] to spread (**sur** over); [+ *journal, tissu*] to spread out (**sur** on); (*pour présenter*) to display (**sur** on); **~ son jeu** *ou* **ses cartes** (*Cartes*) to lay down one's hand
ⓑ [+ *beurre, colle*] to spread (**sur** on); [+ *peinture, crème solaire*] to apply; (*Cuisine*) [+ *pâte*] to roll out
ⓒ [+ *paiements, travaux*] to spread (**sur** over); [+ *vacances*] to stagger (**sur** over); **les paiements s'étalent sur quatre mois** payments are spread over a period of four months
ⓓ [+ *luxe, savoir, richesse*] to flaunt; [+ *malheurs*] to make a show of; **il faut toujours qu'il étale sa science** he doesn't miss an opportunity to display his knowledge
ⓔ (= *frapper*)* to floor; **se faire ~ à un examen** to flunk* an exam; **on s'est fait ~** (*Sport*) we got a real hammering*
2 VPR **s'étaler** ⓐ [*plaine, cultures*] to spread out; **le titre s'étale sur trois colonnes** the headline is spread across three columns
ⓑ (= *se vautrer*) **s'~ sur un divan** to sprawl on a divan; **étalé sur le tapis** stretched out on the carpet; **tu t'étales ! je n'ai plus de place sur la table !** stop spreading yourself, you're not leaving me any room
ⓒ (= *tomber*)* **s'~ (par terre)** to fall flat on the ground
ⓓ (= *échouer*)* **s'~ à un examen/en chimie** to flunk* an exam/one's chemistry exam

étalon /etalɔ̃/ NM ⓐ (= *cheval*) stallion ⓑ (= *mesure*) standard; (*fig*) yardstick; **~-or** gold standard

étamine /etamin/ NF [*de fleur*] stamen; (= *tissu*) muslin

étanche /etɑ̃ʃ/ ADJ [*vêtements, chaussures, montre*] waterproof; [*bateau, compartiment*] watertight; [*cuve*] leakproof; [*toit, mur*] impermeable; (*fig*) watertight; **~ à l'air** airtight

étanchéité /etɑ̃ʃeite/ NF (*à l'eau*) [*de bateau, compartiment*] watertightness; **pour assurer son ~** [*de vêtement, montre*] to make it waterproof; **~ (à l'air)** airtightness

étang /etɑ̃/ NM pond

étape /etap/ NF stage; (= *lieu d'arrêt*) stop; **faire ~ à** to stop off at; **ville-~** (*Cyclisme*) stopover town; **Valence est une ville-~ entre Lyon et Nice** Valence is a stopping-off point between Lyon and Nice; **les ~s de sa vie** the various stages of his life

état /eta/ 1 NM ⓐ [*de personne*] state; **bon ~ général** good general state of health; **~ (de santé)** health; **en ~ d'ivresse** *ou* **d'ébriété** under the influence of alcohol; **il n'est pas en ~ de le faire** he's in no fit state to do it; **être dans un triste ~** to be in a sorry state; **il ne faut pas te mettre des ~s pareils !** you mustn't get yourself into such a state; **être dans tous ses ~s** to be in a terrible state; **il n'était pas dans son ~ normal** he wasn't his usual self; **être dans un ~ second** to be in a trance; **je ne suis pas en ~ de le recevoir** I'm in no fit state to see him
ⓑ [*d'objet, article d'occasion*] condition; **en bon/mauvais ~** in good/bad condition; **en ~** in (working) order; **en (parfait) ~ de marche** in (perfect) working order; **remettre en ~** [+ *voiture*] to repair; [+ *maison*] to renovate; **à l'~ neuf** as good as new
ⓒ [*de chose abstraite, substance*] state; **~ liquide/solide** liquid/solid state; **dans l'~ actuel de nos connaissances** in the present state of our knowledge; **dans l'~ actuel des choses** as things stand at present
ⓓ (= *nation*) **État** state; **un État de droit** a constitutional state; **être un État dans l'État** to be a law unto itself; **coup d'État** coup; **l'État-providence** the welfare state
ⓔ (= *registre, comptes*) statement; (= *inventaire*) inventory
ⓕ (*locutions*) **faire ~ de** [+ *ses services*] to instance; [+ *craintes, intentions*] to state; [+ *conversation, rumeur*] to re-

port; **en tout ~ de cause** in any case; **c'est un ~ de fait** it is an established fact

2 COMP ♦ **état d'alerte** state of alert ♦ **états d'âme** (= *scrupules*) scruples; (= *hésitation*) doubts ♦ **état d'apesanteur** weightlessness; **être en ~ d'apesanteur** to be weightless ♦ **état de choc** : **être en ~ de choc** to be in a state of shock ♦ **état de choses** state of affairs ♦ **(le bureau de) l'état civil** the registry office (*Brit*), the Public Records Office (*US*) ♦ **état de crise** state of crisis ♦ **état d'esprit** frame of mind ♦ **état de grâce** (*Rel*) state of grace; **en ~ de grâce** (*fig*) inspired ♦ **état de guerre** state of war ♦ **état des lieux** inventory of fixtures ♦ **états de service** service record ♦ **état de siège** state of siege ♦ **état d'urgence** state of emergency; **décréter l'~ d'urgence** to declare a state of emergency

étatique /etatik/ ADJ [*structure, monopole, intervention*] state; **système ~** system of state control

étatiser /etatize/ /TABLE 1/ VT to bring under state control; **entreprise étatisée** state-controlled firm

état-major (*pl* **états-majors**) /etamaʒɔʀ/ NM ⓐ (= *officiers*) staff; (= *bureaux*) staff headquarters; **officier d'~** staff officer ⓑ [*de parti politique*] administrative team

États-Unis /etazyni/ NMPL **les ~ (d'Amérique)** the United States (of America)

étau (*pl* **étaux**) /eto/ NM vice; **l'~ se resserre (autour des coupables)** the noose is tightening (around the guilty men)

étayer /eteje/ /TABLE 8/ VT [+ *mur*] to prop up; [+ *théorie*] to support

etc. /ɛtsetera/ LOC (ABBR = **et cætera**) etc

et cætera, et cetera /ɛtsetera/ LOC etcetera

été¹ /ete/ NM summer; **~ indien** Indian summer; **~ comme hiver** summer and winter alike; **en ~** in summer; **jour d'~** summer's day; **mois d'~** summer month; **résidence d'~** summer residence

été² /ete/ ptp d'**être**

éteindre /etɛ̃dʀ/ /TABLE 52/ 1 VT ⓐ [+ *gaz, lampe, électricité, chauffage, radio*] to switch off; **éteins dans la cuisine** switch off the lights in the kitchen ⓑ [+ *cigarette, incendie, poêle*] to put out; [+ *bougie*] to blow out 2 VPR **s'éteindre** ⓐ [*cigarette, feu, gaz*] to go out; **la fenêtre s'est éteinte** the light at the window went out ⓑ [*mourant*] to pass away

éteint, e /etɛ̃, ɛ̃t/ (*ptp d'***éteindre**) ADJ [*race, volcan*] extinct; [*regard*] dull; [*voix*] feeble; (= *épuisé*) exhausted

étendard /etɑ̃daʀ/ NM standard; **brandir** *ou* **lever l'~ de la révolte** to raise the standard of revolt

étendoir /etɑ̃dwaʀ/ NM (= *corde*) clothes line; (*sur pied*) clotheshorse

étendre /etɑ̃dʀ/ /TABLE 41/ 1 VT ⓐ [+ *journal, tissu*] to spread out; [+ *tapis, pâte*] to roll out; [+ *ailes*] to spread; [+ *bras, jambes, blessé*] to stretch out; **~ le linge** to hang out the washing
ⓑ * (= *frapper*) [+ *adversaire*] to floor; (= *vaincre*) to thrash*; [+ *candidat*] to fail; **se faire ~** [*adversaire*] to be laid out cold; [*candidat*] to flunk it*; (*aux élections*) to be hammered*; **il s'est fait ~ en anglais** he flunked* his English exam
ⓒ [+ *pouvoirs*] to extend (**sur** over); [+ *connaissances, cercle d'amis, recherches*] to broaden; **~ ses activités** [*firme*] to expand; **~ son action à d'autres domaines** to extend one's action to other fields
ⓓ [+ *vin*] to dilute; [+ *sauce*] to thin (**de** with); **étendu d'eau** [*alcool*] watered down
2 VPR **s'étendre** ⓐ (= *s'allonger*) to stretch out (**sur** on); (= *se reposer*) to lie down; **s'~ sur son lit** to stretch out on one's bed
ⓑ [*côte, forêt, cortège*] to stretch (**jusqu'à** as far as, to); [*vacances, travaux*] to stretch (**sur** over)
ⓒ [*épidémie, feu, ville*] to spread; [*parti politique*] to expand; [*pouvoirs, domaine, fortune, connaissances*] to increase
ⓓ [*loi, mesure*] to apply (**à** to)
ⓔ (*insister*) to elaborate; **s'~ sur un sujet** to elaborate on a

subject; **ne nous étendons pas là-dessus** let's not dwell on that

étendu, e[1] /etɑ̃dy/ (*ptp d'***étendre**) ADJ ⓐ (= *vaste*) [*ville*] sprawling; [*domaine*] large; [*connaissances, pouvoirs, dégâts, vocabulaire*] extensive; [*sens d'un mot*] broad; [*famille*] extended ⓑ (= *allongé*) [*personne, jambes*] stretched out; ~ **sur l'herbe** stretched out on the grass

étendue[2] /etɑ̃dy/ NF ⓐ (= *surface*) expanse; **sur une ~ de 16 km** over an area of 16km; ~ **d'eau** an expanse of water; **grande ~ de sable** large expanse of sand ⓑ [*de vie*] length; **sur une ~ de trois ans** over a period of three years ⓒ [*de pouvoir, dégâts, connaissances*] extent; **devant l'~ du désastre** faced with the scale of the disaster

éternel, -elle /etɛʀnɛl/ 1 ADJ eternal; **je ne suis pas ~ !** I won't live forever!; **c'est un ~ insatisfait** he's never happy with anything 2 NM **l'Éternel** God; (*Bible*) the Lord; **grand joueur devant l'Éternel** (*hum*) inveterate gambler; **l'~ féminin** the eternal feminine

éternellement /etɛʀnɛlmɑ̃/ ADV eternally; [*attendre, durer, rester, jeune*] forever

éterniser (s') /etɛʀnize/ /TABLE 1/ VPR [*situation, débat, attente*] to drag on; [*visiteur*] to stay too long; **on ne peut pas s'~ ici** we can't stay here for ever; **ne nous éternisons pas sur ce sujet** let's not dwell forever on that subject

éternité /etɛʀnite/ NF eternity; **cela fait une ~ que je ne l'ai pas vu** it's ages since I last saw him; **ça a duré une ~** it lasted for ages

éternuement /etɛʀnymɑ̃/ NM sneeze

éternuer /etɛʀnɥe/ /TABLE 1/ VI to sneeze

éther /etɛʀ/ NM ether

Éthiopie /etjɔpi/ NF Ethiopia

éthiopien, -ienne /etjɔpjɛ̃, jɛn/ 1 ADJ Ethiopian 2 NM,F **Éthiopien(ne)** Ethiopian

éthique /etik/ 1 ADJ ethical 2 NF (*Philo*) ethics (*sg*); (= *code moral*) code of ethics

ethnie /etni/ NF ethnic group

ethnique /etnik/ ADJ ethnic; **minorité ~** ethnic minority; **nettoyage** *ou* **purification ~** ethnic cleansing

ethnologie /etnɔlɔʒi/ NF ethnology

ethnologue /etnɔlɔg/ NMF ethnologist

éthylique /etilik/ 1 ADJ [*coma*] alcoholic; [*délire*] alcohol-induced; **alcool ~** ethyl alcohol 2 NMF alcoholic

éthylotest /etilɔtɛst/ NM breath test

étincelant, e /etɛ̃s(ə)lɑ̃, ɑ̃t/ ADJ ⓐ [*lame, métal*] gleaming; [*étoile*] twinkling; [*diamant*] sparkling; ~ **de propreté** sparkling clean ⓑ [*yeux*] (*de colère*) flashing; (*de joie*) shining

étinceler /etɛ̃s(ə)le/ /TABLE 4/ VI ⓐ [*lame, métal*] to gleam; [*étoile*] to twinkle; [*diamant*] to sparkle ⓑ [*yeux*] ~ **de colère** to flash with anger; ~ **de joie** to sparkle with joy

étincelle /etɛ̃sɛl/ NF ⓐ [*de feu*] spark; ~ **de génie** spark of genius; **c'est l'~ qui a mis le feu aux poudres** (*fig*) it was this which sparked off the incident; **ça va faire des ~s*** sparks will fly ⓑ [*de lame, regard*] flash; **jeter** *ou* **lancer des ~s** [*diamant, regard*] to flash

étioler (s') /etjɔle/ /TABLE 1/ VPR [*plante*] to wilt; [*personne*] to decline

étiquetage /etik(ə)taʒ/ NM labelling

étiqueter /etik(ə)te/ /TABLE 4/ VT to label

étiquette /etikɛt/ NF ⓐ (*sur paquet*) label; (*de prix*) price tag; ~ **politique** political label; **les sans ~** (*Politique*) the independents; **mettre une ~ à qn** to label sb ⓑ (= *protocole*) **l'~** etiquette

étirement /etiʀmɑ̃/ NM stretching; **faire des ~s** to do stretching exercises

étirer /etiʀe/ /TABLE 1/ VT to stretch 2 VPR **s'étirer** [*personne*] to stretch; [*convoi, route*] to stretch out

étoffe /etɔf/ NF material; **avoir l'~ de** to have the makings of; **il manque d'~** he lacks personality

étoffé, e /etɔfe/ (*ptp d'***étoffer**) ADJ [*personne*] fleshy; [*discours*] meaty; [*catalogue, palmarès*] substantial

étoffer /etɔfe/ /TABLE 1/ 1 VT [+ *discours, personnage*] to fill out; [+ *équipe*] to strengthen 2 VPR **s'étoffer** [*personne*] to fill out; [*carnet de commandes*] to fill up

étoile /etwal/ NF star; **dormir** *ou* **coucher à la belle ~** to sleep under the stars; **un trois ~s** (= *restaurant*) a three-star restaurant; (= *hôtel*) a three-star hotel; ~ **du berger** evening star; ~ **du cinéma** film star; ~ **montante** rising star ♦ **étoile filante** shooting star ♦ **étoile de mer** starfish ♦ **étoile polaire** pole star

étoilé, e /etwale/ ADJ [*nuit, ciel*] starry

étonnamment /etɔnamɑ̃/ ADV surprisingly

étonnant, e /etɔnɑ̃, ɑ̃t/ ADJ ⓐ (= *surprenant*) surprising; **cela n'a rien d'~** there's nothing surprising about that; **vous êtes ~** you're incredible ⓑ (= *remarquable*) amazing

étonné, e /etɔne/ (*ptp d'***étonner**) ADJ surprised; **il a pris un air ~** *ou* **a fait l'~** he acted surprised; **j'ai été très ~ de l'apprendre** I was really surprised to hear that; **il a été le premier ~ de sa réussite** nobody was more surprised than he was at his success

étonnement /etɔnmɑ̃/ NM surprise; (*plus fort*) astonishment

étonner /etɔne/ /TABLE 1/ 1 VT to surprise; (*plus fort*) to astonish; **ça m'étonne que ...** I am surprised that ...; **ça ne m'étonne pas** I'm not surprised; **vous serez étonnés du résultat** you'll be surprised by the result; **ça m'étonnerait** I'd be very surprised; **tu m'étonnes !*** (*iro*) you don't say!* (*iro*) 2 VPR **s'étonner** to be amazed (**de qch** at sth, **de voir** at seeing); **je m'étonne que ...** I am surprised that ...; **il ne faut pas s'~ si** it's hardly surprising that

étouffant, e /etufɑ̃, ɑ̃t/ ADJ stifling

étouffée /etufe/ ♦ **à l'étouffée** LOC ADJ, LOC ADV [*poisson, légumes, viande*] stewed; **cuire à l'~** to stew

étouffement /etufmɑ̃/ NM ⓐ (= *mort*) suffocation; **mourir d'~** to die of suffocation ⓑ **sensation d'~** feeling of suffocation

étouffer /etufe/ /TABLE 1/ 1 VT ⓐ [*assassin, chaleur, atmosphère*] to suffocate; [*sanglots, aliment*] to choke; (*fig*) to suffocate; **mourir étouffé** to die of suffocation; **les scrupules ne l'étouffent pas** he isn't overburdened by scruples; **ce n'est pas la politesse qui l'étouffe !** politeness is not his forte!; **ça l'étoufferait de dire merci** it would kill him to say thank you; **ces plantes étouffent les autres** these plants choke others

ⓑ [+ *bruit*] to muffle; [+ *bâillement, sanglots, cris*] to stifle; **rires étouffés** suppressed laughter; **dit-il d'une voix étouffée** he said in a hushed tone

ⓒ [+ *scandale, affaire*] to hush up; [+ *rumeurs, scrupules, sentiments*] to smother; [+ *révolte*] to suppress

ⓓ [+ *flammes*] to smother

2 VI (= *mourir étouffé*) to die of suffocation; (= *être mal à l'aise*) to feel stifled; ~ **de chaleur** to be overcome with the heat; **on étouffe dans cette pièce** it's stifling in here

3 VPR **s'étouffer** to suffocate; **s'~ en mangeant** to choke on something

étourderie /eturdəri/ NF (= *caractère*) absent-mindedness; **faute d'étourderie** careless mistake

étourdi, e /eturdi/ (*ptp d'***étourdir**) 1 ADJ [*personne, action*] absent-minded 2 NM,F scatterbrain

étourdir /eturdir/ /TABLE 2/ VT ⓐ (= *assommer*) to stun ⓑ ~ **qn** [*bruit*] to deafen sb; [*succès, parfum, vin*] to go to sb's head; **l'altitude m'étourdit** heights make me dizzy

étourdissement /eturdismɑ̃/ NM (= *syncope*) blackout; (= *vertige*) dizzy spell; **ça me donne des ~s** it makes me feel dizzy

étourneau (*pl* **étourneaux**) /eturno/ NM starling

étrange /etrɑ̃ʒ/ 1 ADJ strange; **et chose ~** strangely enough; **cela n'a rien d'~** there is nothing strange about that 2 NM **l'~ dans tout cela, c'est que ...** the strange thing is that ...

étrangement /etrɑ̃ʒmɑ̃/ ADV (= *bizarrement*) strangely; (= *étonnamment*) surprisingly; **ressembler ~ à** to be surprisingly like

étranger, -ère /etʀɑ̃ʒe, ɛʀ/ 1 ADJ ⓐ (= *d'un autre pays*) foreign; [*politique, affaires*] foreign; **visiteurs ~s** foreign visitors
ⓑ (= *d'un autre groupe*) strange (**à** to); **être ~ à un groupe** to be an outsider
ⓒ (= *inconnu*) [*nom, usage, milieu*] strange (**à** to); [*idée*] strange; **son nom/son visage ne m'est pas ~** his name/face is not unfamiliar to me
2 NM,F ⓐ (*d'un autre pays*) foreigner; (*péj, Admin*) alien
ⓑ (= *inconnu*) stranger
3 NM (= *pays*) **l'~** foreign countries; **vivre/voyager à l'~** to live/travel abroad; **nouvelles de l'~** (*Journalisme*) news from abroad

étrangeté /etʀɑ̃ʒte/ NF [*de conduite*] strangeness

étranglement /etʀɑ̃ɡləmɑ̃/ NM ⓐ [*de victime*] strangulation ⓑ (*Judo*) stranglehold; **faire un ~ à qn** to get sb in a stranglehold

étrangler /etʀɑ̃ɡle/ /TABLE 1/ 1 VT ⓐ (= *tuer*) [+ *personne*] to strangle; [+ *poulet*] to wring the neck of; **mourir étranglé (par son écharpe)** to be strangled (by one's scarf); **la fureur l'étranglait** he was choking with rage; **voix étranglée par l'émotion** voice choking with emotion
ⓑ [+ *presse, libertés*] to stifle 2 VPR **s'étrangler** [*personne*] to strangle o.s.; **s'~ de rire/colère** to choke with laughter/anger; **s'~ en mangeant** to choke on something

étrangleur, -euse /etʀɑ̃ɡlœʀ, øz/ NM,F strangler

étrave /etʀav/ NF [*de bateau*] stem

être /etʀ/

/TABLE 61/
1 VERBE COPULE	4 VERBE IMPERSONNEL
2 VERBE AUXILIAIRE	5 NOM MASCULIN
3 VERBE INTRANSITIF	

► *Pour les locutions comme* **être en colère, c'est dommage**, *reportez-vous à l'autre mot.*

1 VERBE COPULE
ⓐ to be; **le ciel est bleu** the sky is blue; **soyez sages!** be good!; **il était fatigué** he was tired; **elle est traductrice** she's a translator; **il est tout pour elle** he's everything to her; **il n'est plus rien pour moi** he doesn't mean anything to me any more; **nous sommes dix à vouloir partir** ten of us want to go
♦ **être de** : **nous sommes de la même religion** we are of the same faith; **~ de l'expédition** to take part in the expedition; **~ de noce** to be at a wedding; **je ne serai pas du voyage** I won't be going; **elle est des nôtres** she's one of us; (= *elle vient avec nous*) she's coming with us; **serez-vous des nôtres demain?** will you be coming tomorrow?
ⓑ [date] **on est le 12 janvier** *ou* **nous sommes le 12 janvier** it's 12 January; **on était en juillet** it was in July; **quel jour sommes-nous?** (*date*) what's the date today?; (*jour*) what day is it today?

2 VERBE AUXILIAIRE
ⓐ [passif] to be; **~ fabriqué par ...** to be made by ...; **il est soutenu par son patron** he is backed up by his boss; **elle n'a pas été invitée** she hasn't been invited
ⓑ [temps composés] to have

► *Les temps composés anglais sont généralement formés avec le verbe* **to have** *et non* **to be**.

► *Les temps composés français ne se traduisent pas toujours par des temps composés anglais : le passé composé français peut se traduire soit par le prétérit, soit par le parfait anglais, selon le contexte.*

il est mort hier he died yesterday; **il est parti hier** he left yesterday; **est-il déjà passé?** has he been already?; **nous étions montés** we had gone upstairs
ⓒ [verbes pronominaux] **elle s'est regardée dans la glace** she looked at herself in the mirror; **elle s'était endormie** she had fallen asleep; **ils se sont regardés avec méfiance** they looked at each other suspiciously

3 VERBE INTRANSITIF
ⓐ to be; **elle n'est plus** she is no more; **le meilleur homme qui soit** the kindest man imaginable; **le village est à 10 km d'ici** the village is 10km from here; **où étais-tu?** where were you?
ⓑ [= aller]

► *Lorsque* **avoir été** *décrit un déplacement, il est rendu le plus souvent par* **to go**; *lorsqu'il exprime le fait de s'être trouvé quelque part, il se traduit par* **to be**.

il n'avait jamais été à Londres he'd never been to London; **as-tu déjà été à l'étranger?** — **oui j'ai été en Italie l'an dernier** have you ever been abroad? — yes I went to Italy last year; **elle a été lui téléphoner** she's gone to phone him; **il a été dire que c'était de ma faute** he went and said that it was my fault

4 VERBE IMPERSONNEL
ⓐ ♦ **il est** + *adjectif* it is; **il est étrange que ...** it's odd that ...; **il a été facile de le convaincre** it was easy to convince him
ⓑ ♦ **il est** (*pour dire l'heure*) it is; **il est 10 heures** it's 10 o'clock; **il était 8 heures quand il est arrivé** it was 8 o'clock when he arrived; **quelle heure est-il?** what time is it?
ⓒ ♦ **il est** + *nom* (*littér*) (*nom singulier*) there is; (*nom pluriel*) there are; **il est un pays où ...** there is a country where ...; **il est des gens qui ...** there are people who ...; **il était une fois ...** once upon a time there was ...
ⓓ ♦ **c'est** ♦ **ce sont** + *nom ou pronom*: **c'est le médecin** (*en désignant*) that's the doctor; (*au téléphone, à la porte*) it's the doctor; **c'est une voiture rapide** it's a fast car; **ce sont de bons souvenirs** they are happy memories

► *En anglais,* **to be** *se met au temps de l'action décrite.*

c'est une voiture rouge qui l'a renversé it was a red car which knocked him down

► *Notez l'emploi possible d'un auxiliaire en anglais pour traduire les propositions tronquées.*

qui a crié? — **c'est lui** who shouted? — he did *ou* it was him
ⓔ ♦ **c'est** + *adjectif* it is; **c'est impossible** it's impossible; **c'était formidable** it was wonderful; **c'est vrai** that's true; **ça c'est vrai!** that's true!; **un hôtel pas cher, c'est difficile à trouver** it's not easy to find a cheap hotel; **voler, c'est quelque chose que je ne ferai jamais** stealing is something I'll never do
ⓕ [locutions]
♦ **c'est ... qui**: **c'est le vent qui a emporté la toiture** it was the wind that blew the roof off; **c'est eux** *ou* **ce sont eux qui mentaient** they are the ones who were lying; **c'est toi qui le dis!** that's what you say!; **c'est moi qu'on attendait** it was me they were waiting for
♦ **c'est ... que**: **c'est une bonne voiture que vous avez là** that's a good car you've got there; **c'est ici que je l'ai trouvé** this is where I found it; **c'était elle que je voulais rencontrer** she was the one I wanted to meet; **ne partez pas, c'est à vous que je veux parler** don't go, it's you I want to talk to
♦ **c'est que** (*pour expliquer*) **quand il écrit, c'est qu'il a besoin d'argent** when he writes, it's because he needs money; **c'est que je le connais bien!** I know him so well!; **c'est qu'elle n'a pas d'argent** it's because she has no money; (*exclamatif*) but she has no money!
♦ **ce n'est pas que**: **ce n'est pas qu'il soit beau!** it's not that he's good-looking!
♦ **est-ce que?**: **est-ce que c'est vrai?** is it true?; **est-ce que vous saviez?** did you know?; **est-ce que tu m'entends?** can you hear me?; **est-ce que c'est toi qui l'as battu?** was it you who beat him?; **quand est-ce que ce sera réparé?** when will it be fixed?; **où est-ce que tu l'as mis?** where have you put it?
♦ **n'est-ce pas?** → n'est-ce pas
♦ **ne serait-ce** if only; **ne serait-ce que pour quelques jours** if only for a few days; **ne serait-ce que pour nous ennuyer** if only to annoy us

5 NOM MASCULIN
(a) **= créature** being; **~ humain** human being; **~ vivant** living being

(b) **= individu** person; **les ~s qui nous sont chers** our loved ones; **un ~ cher** a loved one; **c'était un ~ merveilleux** he was a wonderful person

étreindre /etʀɛ̃dʀ/ /TABLE 52/ VT (frm) (dans ses bras) [+ ami] to embrace; (avec les mains) to grip

étreinte /etʀɛ̃t/ NF (frm) [d'ami, amant] embrace; [de main, douleur] grip; **l'armée resserre son ~ autour de ...** the army is tightening its grip round ...

étrenner /etʀene/ /TABLE 1/ VT to use (ou wear etc) for the first time

étrennes /etʀɛn/ NFPL present given at the end of the year

étrier /etʀije/ NM stirrup; **boire le coup de l'~** to have one for the road

étriller /etʀije/ /TABLE 1/ VT [+ cheval] to curry-comb

étriper /etʀipe/ /TABLE 1/ VT [+ volaille] to draw; [+ poisson] to gut; [+ adversaire]* to cut open **2 VPR s'étriper*** to make mincemeat of each other*

étriqué, e /etʀike/ ADJ [habit] tight; [esprit, vie] narrow; **il fait tout ~ dans son manteau** his coat looks too small for him

étroit, e /etʀwa, wat/ **1 ADJ** (a) [rue, fenêtre, ruban, espace] narrow; [vêtement, chaussure] tight; **être ~ des hanches** ou **du bassin** to have narrow hips
(b) [vues] narrow; **être ~ d'esprit** to be narrow-minded
(c) (= intime) [liens] close; **en collaboration ~e avec ...** in close collaboration with ...
(d) [surveillance] close; **au sens ~ du terme** in the narrow sense of the term
2 NM
◆ **à l'étroit** cramped; **vivre** ou **être logé à l'~** to live in cramped conditions; **être à l'~ dans ses vêtements** to be wearing clothes that are too small; **il se sent un peu à l'~** he feels a bit cramped

étroitement /etʀwatmɑ̃/ ADV [lier, unir, surveiller] closely

étroitesse /etʀwates/ NF **~ d'esprit** narrow-mindedness

étude /etyd/ **1 NF** (a) (= action) study; **ce projet est à l'~** this project is under consideration; **mettre un projet à l'~** to study a project; **une ~ gratuite de vos besoins** a free assessment of your needs; **voyage/frais d'~** study trip/costs; **~ de marché** market research (NonC); **~ de cas** case study
(b) (= ouvrage) study; **~s pour piano** studies for piano
(c) (salle d')**étude** study room; **~ surveillée** study period (Brit), study hall (US); **être en ~** to have a study period
(d) (= bureau) office; (= charge, clientèle) practice
2 NFPL études studies; **~s secondaires/supérieures** secondary/higher education; **faire ses ~s à Paris** to study in Paris; **travailler pour payer ses ~s** to work to pay for one's education; **faire des ~s de droit** to study law; **quand je faisais mes ~s** when I was studying

étudiant, e /etydjɑ̃, jɑ̃t/ **1 ADJ** [vie, problèmes, mouvement] student **2 NM,F** student; **~ en médecine/en lettres** medical/arts student; **~ de première année** first-year student; **~ de troisième cycle** postgraduate student

étudié, e /etydje/ (ptp d'**étudier**) ADJ [prix] competitive; **à des prix très ~s** at the lowest possible prices

étudier /etydje/ /TABLE 7/ VT to study; **~ qch de près** to study sth closely; **c'est étudié pour*** (= conçu) that's what it's for

étui /etɥi/ NM [de violon, cigares] case; [de parapluie] cover; [de revolver] holster; **~ à lunettes** spectacle case

étuvée /etyve/ ◆ **à l'étuvée** LOC ADJ, LOC ADV [poisson, légumes, viande] braised; **cuire à l'~** to braise

étymologie /etimɔlɔʒi/ NF etymology

étymologique /etimɔlɔʒik/ ADJ etymological

EU (ABBR = **États-Unis**) US

eu, e /y/ ptp d'**avoir**

eucalyptus /økaliptys/ NM eucalyptus

Eucharistie /økaʀisti/ NF **l'~** the Eucharist

eugénisme /øʒenism/ NM eugenics (sg)

euh /ø/ EXCL er

euphémisme /øfemism/ NM euphemism

euphorie /øfɔʀi/ NF euphoria

euphorique /øfɔʀik/ ADJ euphoric

euphorisant, e /øfɔʀizɑ̃, ɑ̃t/ **1 ADJ** [atmosphère] stimulating **2 NM** (médicament) **~** antidepressant

Eurasie /øʀazi/ NF Eurasia

eurasien, -ienne /øʀazjɛ̃, jɛn/ **1 ADJ** Eurasian **2 NM,F Eurasien(ne)** Eurasian

euro /øʀo/ NM (= monnaie) euro

eurochèque /øʀoʃɛk/ NM Eurocheque

Eurocorps /øʀokɔʀ/ NM **l'~** the Eurocorps

eurodéputé /øʀodepyte/ NM Euro-MP

Euroland /øʀolɑ̃d/ NM Euroland

Europe /øʀɔp/ NF Europe; **l'~ centrale/occidentale** central/Western Europe; **l'~ de l'est** Eastern Europe; **l'~ des quinze** the fifteen countries of the European Union; **l'~ politique** political union in Europe; **il faut construire l'~ sociale** we must strive to build a Europe with a common social policy

européaniser /øʀɔpeanize/ /TABLE 1/ **1 VT** to Europeanize **2 VPR s'européaniser** to become Europeanized

européen, -enne /øʀɔpeɛ̃, ɛn/ **1 ADJ** European; **les (élections) européennes** the European elections **2 NM,F Européen(ne)** European

europhile /øʀofil/ ADJ, NMF Europhile

Europol /øʀɔpɔl/ N Europol

eurosceptique /øʀosɛptik/ ADJ, NMF Eurosceptic

Eurostar® /øʀostaʀ/ NM Eurostar®; **voyager en ~** to travel by Eurostar

Eurovision /øʀovizjɔ̃/ NF Eurovision

euthanasie /øtanazi/ NF euthanasia

eux /ø/ PRON PERS (a) (sujet) they; **nous y allons, ~ non** ou **pas ~** we are going but they aren't; **ils l'ont bien fait, ~, pourquoi pas nous?** they did it, why shouldn't we?; **~ mentir? ce n'est pas possible** them tell a lie? I can't believe it
(b) (objet) them; **les aider, ~?** jamais! help them? never!; **il n'obéit qu'à ~** they are the only ones he obeys; **cette maison est-elle à ~?** does this house belong to them?, is this house theirs?; **ils ont cette grande maison pour ~ seuls** they have this big house all to themselves; **ils ne pensent qu'à ~, ces égoïstes** those selfish people only think of themselves

eux-mêmes /ømɛm/ PRON themselves

évacuation /evakɥasjɔ̃/ NF [de pays, personnes] evacuation; [de liquide] draining; **procéder à l'~ de** to evacuate

évacué, e /evakɥe/ (ptp d'**évacuer**) NM,F evacuee

évacuer /evakɥe/ /TABLE 1/ VT [+ lieu, population] to evacuate; [+ problème]* to dispose of; **faire ~** [+ lieu] to clear

évadé, e /evade/ (ptp d'**évader**) NM,F escaped prisoner

évader (s') /evade/ /TABLE 1/ VPR (a) [prisonnier] to escape (de from); **faire s'~ qn** to help sb escape (b) (pour se distraire) **s'~ de la réalité** to escape from reality; **la musique me permet de m'~** music is an escape for me

évaluation /evalɥasjɔ̃/ NF assessment; (= expertise) valuation; **entretien d'~** [d'employé] appraisal

évaluer /evalɥe/ /TABLE 1/ VT (a) [+ risques, importance] to assess; **on évalue à 60 000 le nombre des réfugiés** the number of refugees is estimated at 60,000; **bien ~ qch** to be correct in one's assessment of sth; **mal ~ qch** to be mistaken in one's assessment of sth; **j'ai mal évalué la distance** I misjudged the distance (b) (= expertiser) [+ maison, bijou] to value (à at); [+ dégâts, prix] to assess

évangélique /evɑ̃ʒelik/ ADJ evangelic(al)

évangélisateur, -trice /evɑ̃ʒelizatœʀ, tʀis/ **1 ADJ** evangelistic **2 NM,F** evangelist

évangéliser /evɑ̃ʒelize/ /TABLE 1/ VT to evangelize

évangéliste /evɑ̃ʒelist/ NM evangelist; (*Bible*) Evangelist

évangile /evɑ̃ʒil/ NM l'**Évangile** the Gospel; l'**Évangile selon saint Jean** the Gospel according to St John; **c'est parole d'~** it's the gospel truth

évanoui, e /evanwi/ (*ptp d'***évanouir**) ADJ [*blessé*] unconscious; **tomber ~** to faint

évanouir (s') /evanwiʀ/ /TABLE 2/ VPR [*personne*] to faint; [*rêves, apparition, craintes*] to vanish

évanouissement /evanwismɑ̃/ NM blackout

évaporation /evapɔʀasjɔ̃/ NF evaporation

évaporé, e /evapɔʀe/ (*ptp d'***évaporer**) ADJ (*péj*) [*personne*] scatterbrained

évaporer (s') /evapɔʀe/ /TABLE 1/ VPR to evaporate; (= *disparaître*)* to vanish *ou* disappear (into thin air)

évasé, e /evaze/ ADJ [*conduit*] which widens out; [*manches, jupe*] flared; **verre à bords ~s** glass with a bell-shaped rim

évasif, -ive /evazif, iv/ ADJ evasive

évasion /evazjɔ̃/ 1 NF ⓐ [*de prisonnier*] escape (**de** from) ⓑ (= *divertissement*) l'**~** escape; (= *tendance*) escapism; **rechercher l'~ dans la drogue** to seek escape in drugs 2 COMP ◆ **évasion des capitaux** flight of capital ◆ **évasion fiscale** tax evasion

évasivement /evazivmɑ̃/ ADV evasively

Ève /ɛv/ NF Eve

éveil /evɛj/ NM (*littér*) [*de dormeur, intelligence*] awakening; [*de soupçons*] arousing; **être en ~** [*personne*] to be on the alert; [*sens*] to be alert; **donner l'~** to raise the alarm; **activités d'~** (*Scol*) early-learning activities

éveillé, e /eveje/ (*ptp d'***éveiller**) ADJ (= *alerte*) [*enfant, esprit, air*] alert; (= *à l'état de veille*) wide-awake; **tenir qn ~** to keep sb awake

éveiller /eveje/ /TABLE 1/ 1 VT ⓐ (= *réveiller*) to waken ⓑ [+ *curiosité, sentiment, souvenirs*] to awaken; [+ *passion*] to kindle; **pour ne pas ~ l'attention** so as not to attract attention; **sans ~ les soupçons** without arousing suspicion; **~ l'intelligence de l'enfant** to awaken the child's intelligence 2 VPR **s'éveiller** ⓐ (= *se réveiller*) to wake up ⓑ [*sentiment, curiosité, soupçons*] to be aroused; [*amour*] to be born ⓒ [*intelligence, esprit*] to develop ⓓ (*littér*) **s'~ à** [+ *amour*] to awaken to

événement, évènement /evɛnmɑ̃/ NM event; **semaine chargée en ~s** eventful week; l'**~ de la semaine** the main story of the week; **faire** *ou* **créer l'~** [*personne, film*] to be big news; **les ~s de mai 68** the events of May 1968; **film-~** blockbuster

événementiel, -ielle /evɛnmɑ̃sjɛl/ 1 ADJ factual 2 NM (= *spectacles, grandes manifestations*) events (*pl*)

éventail /evɑ̃taj/ NM ⓐ (= *instrument*) fan; **en ~** [*objet*] fan-shaped; [*plusieurs objets*] fanned out ⓑ [*de produits, prix, mesures*] range; **~ des salaires** salary range; l'**~ politique** the political spectrum; **il y a tout un ~ de possibilités** there is a whole range of possibilities

éventaire /evɑ̃tɛʀ/ NM (= *étalage*) stall

éventer /evɑ̃te/ /TABLE 1/ 1 VT ⓐ (= *rafraîchir*) to air; (*avec un éventail*) to fan ⓑ [+ *secret*] to let out 2 VPR **s'éventer** ⓐ [*boisson gazeuse*] to go flat; [*vin, parfum*] to go stale ⓑ (*avec éventail*) to fan o.s.

éventrer /evɑ̃tʀe/ /TABLE 1/ 1 VT ⓐ (*avec un couteau*) to disembowel; (*d'un coup de corne*) to gore ⓑ [+ *boîte, sac*] to tear open; [+ *muraille, coffre*] to smash open; [+ *matelas*] to rip open 2 VPR **s'éventrer** [*boîte, sac*] to burst open; [*samouraï*] to disembowel o.s.

éventreur /evɑ̃tʀœʀ/ NM **Jack l'Éventreur** Jack the Ripper

éventualité /evɑ̃tɥalite/ NF ⓐ (= *hypothèse*) possibility; **dans cette ~** if this happens; **dans l'~ d'un refus de sa part** should he refuse ⓑ (= *circonstance*) eventuality; **pour parer à toute ~** to guard against all eventualities

éventuel, -elle /evɑ̃tɥel/ ADJ (= *possible*) possible; [*client*] potential; **nous déciderons d'~les réformes plus tard** we'll decide on the possibility of reform later

⚠ **éventuel** ≠ **eventual**

éventuellement /evɑ̃tɥelmɑ̃/ ADV possibly; **~, nous pourrions ...** we could possibly ...; **~ je prendrai ma voiture** if necessary I'll take my car

⚠ **éventuellement** ≠ **eventually**

évêque /evɛk/ NM bishop

évertuer (s') /evɛʀtɥe/ /TABLE 1/ VPR **s'~ à faire qch** to strive to do sth; **j'ai eu beau m'~ à lui expliquer ...** no matter how hard I tried to explain to him ...

éviction /eviksjɔ̃/ NF (*Droit*) eviction; [*de rival*] supplanting; **procéder à l'~ de** [+ *locataires*] to evict

évidemment /evidamɑ̃/ ADV obviously; **bien ~** of course

évidence /evidɑ̃s/ NF ⓐ (= *caractère*) evidence; **c'est l'~ même** it's obvious!; **se rendre à l'~** to bow to the evidence; **nier l'~** to deny the facts
◆ **de toute évidence** quite obviously
ⓑ (= *fait*) obvious fact; **c'est une ~ que de dire ...** it's stating the obvious to say ...
ⓒ ◆ **en évidence** : (être) **en ~** (to be) in evidence; **mettre en ~** [+ *fait*] (= *souligner*) to bring to the fore; (= *révéler*) to reveal; [+ *objet*] to put in a prominent position; **se mettre en ~** to make one's presence felt; **la lettre était bien en ~** the letter was there for all to see

évident, e /evidɑ̃, ɑ̃t/ ADJ obvious; **il est ~ que** it is obvious that; **ce n'est pas ~ !*** (= *pas facile*) it's not that easy!

évider /evide/ /TABLE 1/ VT to hollow out; [+ *pomme*] to core

évier /evje/ NM sink

évincer /evɛ̃se/ /TABLE 3/ VT [+ *concurrent*] to supplant

éviscérer /evisere/ /TABLE 6/ VT to eviscerate

éviter /evite/ /TABLE 1/ 1 VT ⓐ to avoid; **~ de faire qch** to avoid doing sth; **évite de m'interrompre** try not to interrupt me ⓑ **~ qch à qn** to save sb sth; **ça lui a évité d'avoir à se déplacer** that saved him the bother of going 2 VPR **s'éviter** ⓐ (= *se fuir*) to avoid each other; **ils s'évitaient depuis quelque temps** they had been avoiding each other for some time ⓑ **je voudrais m'~ le trajet** I'd rather not have to make the trip; **s'~ toute fatigue** to avoid getting tired

évocation /evɔkasjɔ̃/ NF **la simple ~ de cette question** the mere mention of this issue; **pouvoir** *ou* **puissance d'~ d'un mot** evocative power of a word

évolué, e /evɔlɥe/ (*ptp d'***évoluer**) ADJ advanced; [*personne*] broad-minded; [*espèce animale*] evolved; [*langage informatique*] high-level

évoluer /evɔlɥe/ /TABLE 1/ VI ⓐ (= *changer*) to evolve; [*personne, goûts*] to change; [*maladie, tumeur*] to develop; **la situation évolue dans le bon sens** the situation is moving in the right direction; **voyons comment les choses vont ~** let's wait and see how things develop; **faire ~** [+ *situation, société*] to bring about some change in; [+ *réglementation*] to make changes to
ⓑ (*professionnellement*) [*personne*] to advance
ⓒ (= *se mouvoir*) [*danseur*] to move; [*avion*] to fly around; [*bateau à voile*] to sail around; [*troupes*] to manoeuvre (*Brit*), to maneuver (*US*); **le monde dans lequel il évolue** the world in which he moves

évolutif, -ive /evɔlytif, iv/ ADJ [*maladie*] progressive; [*poste*] with potential; [*structure*] (*en informatique*) upgradable

évolution /evɔlysjɔ̃/ 1 NF ⓐ evolution; [*de goûts*] change; [*de maladie, tumeur*] development; **il faut tenir compte de l'~ des prix** price trends have to be taken into account; **~ positive** positive development; (*économique*) improvement ⓑ **~ de carrière** career advancement 2 NFPL **évolutions** (= *mouvements*) movements; **il regardait les ~s du danseur/de l'avion** he watched the dancer as he moved gracefully/the plane as it circled overhead

évoquer /evɔke/ /TABLE 1/ VT ⓐ (= *remémorer*) to recall; (= *faire penser à*) to call to mind ⓑ (= *effleurer*) [+ *problème, sujet*] to bring up

ex* /eks/ NMF ex*

ex. (ABBR = **exemple**) eg

ex- /eks/ PRÉF ex-; **l'~URSS** the former Soviet Union

exacerber /ɛgzasɛʀbe/ /TABLE 1/ 1 VT [+ *douleur, problème, tensions*] to exacerbate; [+ *émotion, passion, concurrence*] to intensify; **sensibilité exacerbée** heightened sensibility 2 VPR **s'exacerber** [*concurrence, passion, polémique*] to become more intense; [*tensions*] to increase

exact, e /ɛgza(kt), ɛgzakt(ə)/ ADJ ⓐ (= *fidèle*) [*reproduction*] exact; [*compte rendu*] accurate; **réplique ~e** exact replica; **c'est l'~ vérité** that's the absolute truth ⓑ (= *correct*) [*définition, raisonnement*] exact; [*réponse, calcul*] correct; **ce n'est pas le terme ~** that's not the right word; **est-il ~ que ...?** is it true that ...?; **ce n'est pas tout à fait ~** that's not altogether correct; **~ !** exactly! ⓒ (= *précis*) [*dimension, nombre, valeur*] exact; [*donnée*] accurate; **l'heure ~e** the exact time; **la nature ~e de son travail** the precise nature of his work ⓓ (= *ponctuel*) punctual; **être ~ à un rendez-vous** to arrive at an appointment on time

exactement /ɛgzaktəmɑ̃/ ADV exactly; **c'est à 57 km ~** it's exactly 57km away; **au troisième top, il sera ~ huit heures** at the third top, it will be eight o'clock precisely; **c'est ~ ce que je pensais** that's exactly what I was thinking; **ce n'est pas ~ un expert** (*hum*) he's not exactly an expert

exactions /ɛgzaksjɔ̃/ NFPL (= *abus de pouvoir*) abuses of power; (= *violences*) acts of violence

exactitude /ɛgzaktityd/ NF ⓐ [*de reproduction, compte rendu*] accuracy ⓑ [*de définition, réponse, calcul*] correctness; **je ne mets pas en doute l'~ de vos informations** I'm not saying your information is wrong ⓒ [*de dimension, nombre, valeur*] exactness; [*de donnée, pendule*] accuracy ⓓ (= *ponctualité*) punctuality

ex æquo /ɛgzeko/ 1 ADJ INV **ils sont ~** they tied 2 NM INV **les ~** those who are (*ou* were) placed equal; **il y a deux ~ pour la deuxième place** there is a tie for second place 3 ADV **être (classé) premier ~** to tie for first place

exagération /ɛgzaʒeʀasjɔ̃/ NF exaggeration

exagéré, e /ɛgzaʒeʀe/ (*ptp de* **exagérer**) ADJ (= *excessif*) excessive; **accorder une importance ~e à** to exaggerate the importance of; **d'un optimisme ~** overly optimistic; **venir se plaindre après ça, c'est un peu ~** it was too much to come and complain after all that; **il serait ~ de dire ça** it would be an exaggeration to say that

exagérément /ɛgzaʒeʀemɑ̃/ ADV excessively

exagérer /ɛgzaʒeʀe/ /TABLE 6/ 1 VT to exaggerate; **on a beaucoup exagéré leur rôle** their role has been greatly exaggerated; **n'exagérons rien !** let's not exaggerate! 2 VI **pourquoi tu lui as dit ça ? tu exagères !** it was a bit much to say that to him!; **tu as deux heures de retard, tu exagères !** you're two hours late, this is just not on!*; **sans ~, ça a duré trois heures** without any exaggeration, it lasted three hours; **quand même il exagère !** he's gone too far!; **500 € pour ça ? ils exagèrent !** 500 euros for that? - they must be joking

exaltant, e /ɛgzaltɑ̃, ɑ̃t/ ADJ [*vie, aventure*] exciting

exaltation /ɛgzaltasjɔ̃/ NF (= *surexcitation*) intense excitement; (*joyeuse*) elation; (*Psych*) overexcitement

exalté, e /ɛgzalte/ (*ptp d'***exalter**) 1 ADJ [*imagination*] vivid 2 NM,F (= *impétueux*) hothead; (= *fanatique*) fanatic

exalter /ɛgzalte/ /TABLE 1/ 1 VT ⓐ (= *surexciter*) [+ *esprit, imagination*] to fire; **exalté par cette nouvelle** (= *très excité*) excited by this news; (= *euphorique*) overjoyed by this news ⓑ (= *glorifier*) to exalt 2 VPR **s'exalter** [*personne*] to get excited; [*imagination*] to get carried away

exam * /ɛgzam/ NM (ABBR = **examen**) exam

examen /ɛgzamɛ̃/ 1 NM ⓐ (*Scol*) exam; **~ écrit/oral** written/oral examination; **passer un ~** to take an exam ⓑ **~ (médical)** [*de patient*] (medical) examination; (= *analyse de sang etc*) (medical) test; **se faire faire des ~s** to have some tests done; **subir un ~ médical complet** to have a complete checkup ⓒ (= *analyse*) examination; **l'~ détaillé** *ou* **minutieux du rapport ...** detailed examination of the report ...; **la question est à l'~** the matter is under consideration; **son**

argument ne résiste pas à l'~ his argument doesn't stand up to scrutiny; **procéder à l'~ de** [+ *demande, question*] to look into; [+ *ordre du jour*] to go through ⓓ (*Droit*) **mettre qn en ~** to indict sb; **mise en ~** indictment 2 COMP ♦ **examen blanc** mock exam (*Brit*), practice test (*US*) ♦ **examen de conscience** self-examination ♦ **examen de passage** (*Scol*) end-of-year exam (*Brit*), final exam (*US*); (*fig*) ultimate test; **il a réussi son ~ de passage** he has proved himself ♦ **examen de santé** checkup

examinateur, -trice /ɛgzaminatœʀ, tʀis/ NM,F examiner

examiner /ɛgzamine/ /TABLE 1/ 1 VT ⓐ (= *analyser*) to examine; [+ *question, demande, cas*] to look into; [+ *projet de loi*] to discuss; **~ qch dans le** *ou* **en détail** to examine sth in detail; **~ qch de près** to look closely at sth; **~ qch de plus près** to take a closer look at sth ⓑ (= *regarder*) to examine; [+ *ciel, horizon*] to scan; [+ *appartement, pièce*] to look over; **~ les lieux** to have a look round; **se faire ~ par un spécialiste** to be examined by a specialist 2 VPR **s'examiner** [*personne*] to examine o.s.; **ils s'examinaient à la dérobée** they were looking at each other furtively

exaspérant, e /ɛgzaspeʀɑ̃, ɑ̃t/ ADJ exasperating

exaspérer /ɛgzaspeʀe/ /TABLE 6/ VT (= *irriter*) to exasperate

exaucer /ɛgzose/ /TABLE 3/ VT [+ *vœu, prière*] to grant; **~ qn** to grant sb's wish

excédant, e /ɛksedɑ̃, ɑ̃t/ ADJ (= *énervant*) exasperating

excédent /ɛksedɑ̃/ NM surplus; **~ de poids/bagages** excess weight/baggage; **il y a 2 kg d'~** *ou* **en ~** it's 2kg over (weight); **~ commercial** trade surplus

excédentaire /ɛksedɑ̃tɛʀ/ ADJ [*production*] excess; **budget ~** surplus budget; **ils ont une balance commerciale ~** they have a favourable trade balance

excéder /ɛksede/ /TABLE 6/ VT ⓐ (= *dépasser*) [+ *longueur, temps, prix*] to exceed; **le prix excédait (de beaucoup) ses moyens** the price far exceeded his means; **l'apprentissage n'excède pas trois ans** the apprenticeship doesn't last more than three years ⓑ [+ *pouvoir, droits*] to exceed; [+ *forces*] to overtax ⓒ **excédé de travail** overworked ⓓ (= *agacer*) to exasperate; **je suis excédé** I'm furious

excellence /ɛkselɑ̃s/ NF ⓐ excellence; **le poète surréaliste par ~** the surrealist poet par excellence ⓑ **Son Excellence** His (*ou* Her) Excellency

excellent, e /ɛkselɑ̃, ɑ̃t/ ADJ excellent

exceller /ɛksele/ /TABLE 1/ VI to excel (**dans** *ou* **en qch** at *ou* in sth, **à faire** in doing)

excentré, e /ɛksɑ̃tʀe/ ADJ [*quartier, région*] outlying

excentricité /ɛksɑ̃tʀisite/ NF eccentricity

excentrique /ɛksɑ̃tʀik/ ADJ, NMF eccentric

excepté, e /ɛksɛpte/ 1 ADJ **il n'a plus de famille sa mère ~e** he has no family left except his mother 2 PRÉP except; **~ que** except that; **tous ~ sa mère** everyone except his mother

exception /ɛksɛpsjɔ̃/ NF exception; **à quelques ~s près** with a few exceptions; **c'est l'~ qui confirme la règle** it's the exception which proves the rule; **~ culturelle française** the exclusion of French cinema, cheeses, and other specifically French items from the GATT trade agreement; **faire une ~ à** [+ *règle*] to make an exception to; **faire ~ (à la règle)** to be an exception (to the rule) ♦ **exception faite de** ♦ **à l'exception de** except for ♦ **sans exception** without exception ♦ **d'exception** [*tribunal, régime, mesure*] special

exceptionnel, -elle /ɛksɛpsjɔnɛl/ ADJ exceptional; **offre exceptionnelle** (*Commerce*) special offer; **d'un talent ~** exceptionally talented

exceptionnellement /ɛksɛpsjɔnɛlmɑ̃/ ADV exceptionally; **le magasin sera ~ ouvert dimanche** the store will open on Sunday just for this week; **~, je vous recevrai lundi** just this once I will see you on Monday

excès /ɛksɛ/ 1 NM ⓐ (= *surplus*) excess; [*de marchandises, produits*] surplus; **~ de zèle** overzealousness
ⓑ (= *abus*) excess; **tomber dans l'~** to go to extremes; **tomber dans l'~ inverse** to go to the opposite extreme; **~ de boisson** excessive drinking; **faire des ~ de table** to eat too much; **se laisser aller à des ~** to go overboard*
♦ **à l'excès** to excess; **généreux à l'~** overgenerous
2 COMP ♦ **excès de pouvoir** (*Droit*) abuse of power ♦ **excès de vitesse** breaking the speed limit; **coupable de plusieurs ~ de vitesse** guilty of having broken the speed limit on several occasions

excessif, -ive /ɛksesif, iv/ ADJ excessive; **300 €, c'est ~!** 300 euros, that's far too much!; **500 €, ce n'est vraiment pas ~!** 500 euros isn't what you'd call expensive!; **elle est excessive (en tout)** she takes everything to extremes

excessivement /ɛksesivmɑ̃/ ADV excessively; [*difficile, grave*] extremely

exciser /ɛksize/ /TABLE 1/ VT to excise

excision /ɛksizjɔ̃/ NF excision

excitant, e /ɛksitɑ̃, ɑ̃t/ 1 ADJ ⓐ (= *enthousiasmant*) exciting; **ce n'est pas très ~!** it's not very exciting! ⓑ (= *stimulant*) stimulating ⓒ (*sexuellement*) sexy 2 NM stimulant

excitation /ɛksitasjɔ̃/ NF ⓐ (= *enthousiasme, nervosité*) excitement; **dans un état de grande ~** in a state of great excitement ⓑ **~ (sexuelle)** (sexual) excitement ⓒ [*de nerf, muscle*] excitation

excité, e /ɛksite/ (*ptp d'***exciter**) 1 ADJ ⓐ (= *enthousiasmé*)* excited; **il ne semblait pas très ~ à l'idée de me revoir** he didn't seem too thrilled at the idea of seeing me again ⓑ (= *nerveux*) [*animal*] restless; [*enfant*] overexcited; **~ comme une puce** all excited ⓒ (= *irrité*)* worked up ⓓ (*sexuellement*) excited 2 NM,F (= *impétueux*)* hothead; (= *fanatique*)* fanatic

exciter /ɛksite/ /TABLE 1/ 1 VT ⓐ (= *provoquer*) [+ *intérêt, désir*] to arouse; [+ *curiosité*] to excite; [+ *imagination*] to stimulate
ⓑ (= *aviver*) [+ *colère*] to intensify
ⓒ (= *rendre nerveux*) **~ un animal/un enfant** to get an animal/a child excited; **le café, ça m'excite trop** coffee makes me too nervous
ⓓ (*sexuellement*) to arouse
ⓔ (= *irriter*) [*situation, réunion*]* to get worked up; **il commence à m'~** he's getting on my nerves
ⓕ (= *encourager*) to spur on; **~ qn contre qn** to set sb against sb
ⓖ [+ *nerf, muscle*] to excite
2 VPR **s'exciter** ⓐ (= *s'enthousiasmer*)* to get excited (**sur, à propos de** about, over); (= *devenir nerveux*) to get worked up*; **t'excite pas!** (= *ne te fâche pas*) calm down!
ⓑ (*sexuellement*) to get excited

exclamatif, -ive /ɛksklamatif, iv/ ADJ exclamatory

exclamation /ɛksklamasjɔ̃/ NF exclamation

exclamer (s') /ɛksklame/ /TABLE 1/ VPR to exclaim

exclu, e /ɛkskly/ 1 ADJ ⓐ (= *non accepté*) [*personne*] excluded; **se sentir ~ de la société** to feel excluded from society
ⓑ (= *hors de question*) **c'est tout à fait ~** it's completely out of the question; **aucune hypothèse n'est ~e** no possibility has been ruled out; **il n'est pas ~ que ...** it is not impossible that ...; **une défaite n'est pas ~e** defeat cannot be ruled out
ⓒ (= *excepté*) **tous les jours, mardi ~** every day, except Tuesday
2 NM,F **les ~s (de la société)** victims of social exclusion; **les ~s de la croissance économique** those left out of the economic boom

exclure /ɛksklyʁ/ /TABLE 35/ 1 VT ⓐ (*d'un parti, d'une équipe, d'un club, d'une école*) to expel; (*temporairement*) to suspend; (*d'une université*) to expel ⓑ [+ *solution*] to exclude; [+ *hypothèse*] to dismiss ⓒ (= *être incompatible avec*) to preclude 2 VPR **s'exclure** : **s'~ mutuellement** [*idées*] to be mutually exclusive; [*actions, mesures*] to be mutually incompatible

exclusif, -ive /ɛksklyzif, iv/ ADJ exclusive; [*représentant*] sole; **à l'usage/au profit ~ de** for the sole use/benefit of; **dans le but ~ de faire ...** with the sole aim of doing ...

exclusion /ɛksklyzjɔ̃/ NF (= *expulsion*) expulsion; (*temporaire*) suspension (**de** from); **l'~ (sociale)** social exclusion; **personne en voie d'~** person who is in danger of becoming a social outcast
♦ **à l'exclusion de** (= *en écartant*) to the exclusion of; (= *sauf*) with the exception of

exclusivement /ɛksklyzivmɑ̃/ ADV (= *seulement*) exclusively; **~ réservé au personnel** reserved for staff only

exclusivité /ɛksklyzivite/ NF ⓐ (*Commerce*) exclusive rights; **avoir l'~ de la couverture d'un événement** to have exclusive coverage of an event
ⓑ (= *reportage*) exclusive; (*à sensation*) scoop; **c'est une ~ de notre maison** it's exclusive to our company
♦ **en exclusivité** : **en ~ dans notre journal** exclusive to our paper; **ce film passe en ~ à ...** this film is showing only at ...

excrément /ɛkskʁemɑ̃/ NM excrement (*NonC*); **~s** excrement

excroissance /ɛkskʁwasɑ̃s/ NF growth

excursion /ɛkskyʁsjɔ̃/ NF (*en car*) excursion; (*en voiture*) drive; (*à vélo*) ride; (*à pied*) walk; **~ en mer** boat trip; **~ de trois jours** three-day tour; **partir en ~** ou **faire une ~** (*en car*) to go on an excursion; (*en voiture*) to go for a drive; (*à vélo*) to go for a ride; (*à pied*) to go for a walk

excusable /ɛkskyzabl/ ADJ [*acte*] excusable; **il n'est pas ~** what he did is unforgivable

excuse /ɛkskyz/ 1 NF excuse; **il a pris pour ~ qu'il avait à travailler** he gave the excuse that he had work to do 2 NFPL **excuses** (= *regrets*) apology; **faire des ~s** ou **présenter ses ~s** to apologize; **je vous dois des ~s** I owe you an apology

excuser /ɛkskyze/ /TABLE 1/ 1 VT ⓐ (= *pardonner*) [+ *personne, faute*] to forgive; **veuillez ~ mon retard** please forgive me for being late; **excusez-moi** (*je suis désolé*) I'm sorry; (*pour demander quelque chose*) excuse me; **vous êtes tout excusé** please don't apologize; **excusez-moi, vous avez l'heure s'il vous plaît?** excuse me, have you got the time please?
ⓑ (= *justifier*) to excuse; **cette explication n'excuse rien** this explanation is no excuse
ⓒ (= *dispenser*) to excuse; **il a demandé à être excusé pour la réunion** he asked to be excused from the meeting; **se faire ~** to ask to be excused
2 VPR **s'excuser** to apologize (**de qch** for sth, **auprès de qn** to sb)

exécrable /ɛgzekʁabl/ ADJ execrable

exécrer /ɛgzekʁe/ /TABLE 6/ VT to loathe

exécutant, e /ɛgzekytɑ̃, ɑ̃t/ NM,F [*de musique*] performer; (*péj* = *agent*) underling

exécuter /ɛgzekyte/ /TABLE 1/ VT ⓐ [+ *plan, ordre, mouvement, mission, instruction*] to carry out; [+ *travail*] to do; [+ *tâche*] to perform; (*Informatique*) [+ *programme*] to run ⓑ [+ *tableau*] to paint ⓒ [+ *morceau de musique*] to perform ⓓ (= *tuer*) to execute

exécutif, -ive /ɛgzekytif, iv/ 1 ADJ executive 2 NM **l'~** the executive

exécution /ɛgzekysjɔ̃/ NF ⓐ [*de plan, ordre, mouvement, mission, tâche*] carrying out; **~!** get on with it!; **mettre à ~** [+ *projet, menaces*] to carry out ⓑ [*de tableau*] painting ⓒ [*de morceau de musique*] performance ⓓ (= *mise à mort*) execution

exemplaire /ɛgzɑ̃plɛʁ/ 1 ADJ exemplary 2 NM ⓐ [*de livre, formulaire*] copy; **en deux ~s** in duplicate; **25 ~s de cet avion ont été vendus** 25 aeroplanes of this type have been sold ⓑ (= *échantillon*) specimen

exemple /ɛgzɑ̃pl/ NM example; **citer qn/qch en ~** to quote sb/sth as an example; **donner l'~** to set an example; **prendre ~ sur qn** to take sb as a model; **servir d'~ à qn** to serve as an example to sb; **faire un ~ de qn** (= *punir*) to make an example of sb

♦ par exemple (*explicatif*) for example; **ça par ~!** (*surprise*) well I never!; (*indignation*) well really!

exemplifier /ɛgzɑ̃plifje/ /TABLE 7/ VT to exemplify

exempt, e /ɛgzɑ̃, ɑ̃(p)t/ ADJ **~ de** exempt from; [+ *dangers*] free from; **~ de taxes** tax-free; **~ de TVA** zero-rated for VAT

exempter /ɛgzɑ̃(p)te/ /TABLE 1/ VT (= *dispenser*) to exempt (**de** from)

exercé, e /ɛgzɛʀse/ (*ptp d'***exercer**) ADJ [*œil, oreille*] trained; [*personne*] experienced

exercer /ɛgzɛʀse/ /TABLE 3/ 1 VT ⓐ [+ *métier*] to have; [+ *fonction*] to fulfil; [+ *talents*] to exercise; **dans le métier que j'exerce** in my profession; **il exerce encore** he's still practising ⓑ [+ *droit, pouvoir*] to exercise (**sur** over); [+ *contrôle, influence, pression*] to exert (**sur** on) ⓒ (= *aguerrir*) [+ *corps, mémoire, voix*] to train (**à** to, for); **~ des élèves à lire** *ou* **à la lecture** to get pupils to practise their reading 2 VPR **s'exercer** [*personne*] to practise; **s'~ à** [+ *technique, mouvement*] to practise; **s'~ à faire qch** to train o.s. to do sth

exercice /ɛgzɛʀsis/ NM ⓐ (= *travail d'entraînement*) exercise; **~s d'assouplissement** limbering up exercises; **~ d'évacuation** fire drill; **~ de style** (*littéraire*) stylistic composition ⓑ (= *activité physique*) **l'~ (physique)** (physical) exercise; **faire de l'~** to do some exercise ⓒ (= *pratique*) [*de métier*] practice; **l'~ du pouvoir** the exercise of power; **condamné pour ~ illégal de la médecine** sentenced for practising medicine illegally; **dans l'~ de ses fonctions** in the exercise of his duties **♦ en exercice**: **être en ~** [*médecin*] to be in practice; [*juge, fonctionnaire*] to be in office; **président en ~** serving chairman; **entrer en ~** to take up one's duties ⓓ (= *période*) year; **l'~ 1996** the 1996 fiscal year; **~ comptable** accounting year

exerciseur /ɛgzɛʀsizœʀ/ NM exercise machine; (*pour poitrine*) chest expander

exergue /ɛgzɛʀg/ NM **mettre en ~** (= *mettre en évidence*) [+ *idée, phrase*] to bring out; **mettre une citation en ~ à un chapitre** to head a chapter with a quotation

exfoliant, e /ɛksfɔljɑ̃, jɑ̃t/ ADJ exfoliating

exhaler /ɛgzale/ /TABLE 1/ 1 VT (*littér*) [+ *odeur, vapeur*] to give off; (= *souffler*) to exhale 2 VPR **s'exhaler** [*odeur*] to be given off (**de** by)

exhausteur /ɛgzostœʀ/ NM **~ de goût** *ou* **de saveur** flavour enhancer

exhaustif, -ive /ɛgzostif, iv/ ADJ exhaustive

exhiber /ɛgzibe/ /TABLE 1/ 1 VT ⓐ (*frm*) [+ *document*] to show ⓑ [+ *animal*] to exhibit; (*péj*) [+ *partie du corps*] to show off; [+ *savoir, richesse*] to display 2 VPR **s'exhiber** (*péj* = *parader*) to parade around; [*exhibitionniste*] to expose o.s.

exhibition /ɛgzibisjɔ̃/ NF (= *concours*) show; **match d'~** exhibition match

exhibitionnisme /ɛgzibisjɔnism/ NM exhibitionism

exhibitionniste /ɛgzibisjɔnist/ NMF exhibitionist

exhortation /ɛgzɔʀtasjɔ̃/ NF exhortation

exhorter /ɛgzɔʀte/ /TABLE 1/ VT to urge (**à faire qch** to do sth); **~ qn à la patience** to urge sb to be patient

exhumer /ɛgzyme/ /TABLE 1/ VT [+ *corps*] to exhume; [+ *ruines, vestiges*] to excavate; [+ *faits, vieux livres*] to unearth; [+ *souvenirs*] to recall

exigeant, e /ɛgziʒɑ̃, ɑ̃t/ ADJ [*client, hôte*] demanding; **il est très ~ envers lui-même** he sets very high standards for himself

exigence /ɛgziʒɑ̃s/ NF ⓐ (= *caractère*) high expectations; **il est d'une ~!** he's so demanding!; **~ morale** high moral standards ⓑ (= *revendication, condition*) demand; **les ~s du marché** the demands of the market; **~s (salariales)** salary expectations

exiger /ɛgziʒe/ /TABLE 3/ VT ⓐ (= *réclamer*) to demand (**qch de qn** sth of *ou* from sb); **j'exige que vous le fassiez** I insist that you do it; **j'exige des excuses** I demand an apology; **la loi l'exige** the law demands it ⓑ (= *nécessiter*) to require; **cette plante exige beaucoup d'eau** this plant requires a lot of water

exigible /ɛgziʒibl/ ADJ [*dette*] payable

exiguïté /ɛgzigyite/ NF [*de lieu*] smallness; [*de ressources*] meagreness

exigu, -uë /ɛgzigy/ ADJ [*lieu*] cramped

exil /ɛgzil/ NM exile; **en ~** [*personne*] in exile; **envoyer qn en ~** to send sb into exile

exilé, e /ɛgzile/ (*ptp d'***exiler**) NM,F exile

exiler /ɛgzile/ /TABLE 1/ 1 VT to exile 2 VPR **s'exiler** to go into exile; **s'~ à la campagne** to bury o.s. in the country

existant, e /ɛgzistɑ̃, ɑ̃t/ ADJ existing

existence /ɛgzistɑ̃s/ NF existence; **dans l'~** in life

existentialiste /ɛgzistɑ̃sjalist/ ADJ, NMF existentialist

existentiel, -ielle /ɛgzistɑ̃sjɛl/ ADJ existential

exister /ɛgziste/ /TABLE 1/ 1 VI ⓐ (= *vivre, être réel*) to exist; **le bonheur ça existe** there is such a thing as happiness ⓑ (= *se trouver*) to be; **ce modèle existe-t-il en rose?** is this model available in pink? 2 VB IMPERS (= *il y a*) **il existe** (*avec sg*) there is; (*avec pl*) there are; **il n'existe pas de meilleur café** there is no better coffee; **il existe d'énormes insectes** some insects are huge

exit /ɛgzit/ VI, NM (*Théât*) exit; **~ le directeur** (*hum*) out goes the manager

exode /ɛgzɔd/ NM exodus; **l'Exode** (*Bible*) the Exodus; **~ rural** rural exodus; **~ des cerveaux** brain drain; **~ des capitaux** flight of capital

exonération /ɛgzɔneʀasjɔ̃/ NF **~ fiscale** *ou* **d'impôt** tax exemption

exonérer /ɛgzɔneʀe/ /TABLE 6/ VT to exempt (**de** from); **placement exonéré d'impôts** investment free of tax

exorbitant, e /ɛgzɔʀbitɑ̃, ɑ̃t/ ADJ exorbitant

exorbité, e /ɛgzɔʀbite/ ADJ [*yeux*] bulging

exorciser /ɛgzɔʀsize/ /TABLE 1/ VT to exorcize

exorciste /ɛgzɔʀsist/ NM exorcist

exotique /ɛgzɔtik/ ADJ exotic

exotisme /ɛgzɔtism/ NM exoticism

expansif, -ive /ɛkspɑ̃sif, iv/ ADJ (*de caractère*) outgoing; **il s'est montré peu ~** he was not very forthcoming

expansion /ɛkspɑ̃sjɔ̃/ NF (= *extension*) expansion; **économie en pleine ~** booming economy

expansionniste /ɛkspɑ̃sjɔnist/ ADJ (*Politique : péj*) expansionist

expatrié, e /ɛkspatʀije/ (*ptp d'***expatrier**) NM,F expatriate

expatrier /ɛkspatʀije/ /TABLE 7/ 1 VT to expatriate 2 VPR **s'expatrier** to leave one's country

expectative /ɛkspɛktativ/ NF (= *incertitude*) state of uncertainty; (= *attente prudente*) cautious approach; **être** *ou* **rester dans l'~** (*incertitude*) to be still waiting; (*attente prudente*) to wait and see

expectorant, e /ɛkspɛktɔʀɑ̃, ɑ̃t/ ADJ, NM expectorant

expédient /ɛkspedjɑ̃/ NM expedient; **vivre d'~s** [*personne*] to live by one's wits

expédier /ɛkspedje/ /TABLE 7/ VT ⓐ [+ *lettre, paquet*] to send; **~ par la poste** to send through the post; **~ par bateau** [+ *lettres, colis*] to send surface mail; [+ *matières premières*] to ship; **je l'ai expédié en vacances chez sa grand-mère*** I sent him off to his grandmother's for the holidays ⓑ [+ *client, visiteur*] to dismiss; **~ une affaire** to dispose of a matter; **~ son déjeuner en cinq minutes** to polish off* one's lunch in five minutes ⓒ **~ les affaires courantes** to dispose of day-to-day matters

expéditeur, -trice /ɛkspeditœʀ, tʀis/ NM,F [*de courrier*] sender; [*de marchandises*] shipper

expéditif, -ive /ɛkspeditif, iv/ ADJ [*méthode, solution*] expeditious

expédition /ɛkspedisjɔ̃/ NF ⓐ (= *voyage*) expedition; **~ de police** police raid; **quelle ~!** what an expedition! ⓑ [*de lettre, colis, renforts*] dispatch; (*par bateau*) shipping; **notre service ~** our shipping department

expérience /ɛksperjɑ̃s/ NF ⓐ (= *pratique*) experience; **avoir de l'~** to have experience (**en** in); **sans ~** inexperienced; **savoir par ~** to know from experience; **il a une longue ~ de l'enseignement** he has a lot of teaching experience; **~ amoureuse** *ou* **sexuelle** sexual experience; **faire l'~ de qch** to experience sth ⓑ (= *essai scientifique*) experiment; **faire une ~ sur un cobaye** to carry out an experiment on a guinea-pig

△ *Lorsqu'une* **expérience** *est scientifique, elle ne se traduit pas par* **experience**.

expérimental, e (*mpl* **-aux**) /ɛksperimɑ̃tal, o/ ADJ experimental; **à titre ~** on an experimental basis

expérimentateur, -trice /ɛksperimɑ̃tatœʀ, tʀis/ NM,F experimenter; (*en laboratoire*) bench scientist

expérimentation /ɛksperimɑ̃tasjɔ̃/ NF experimentation; **~ animale** (= *pratique*) animal experimentation; (= *tests*) animal experiments

expérimenté, e /ɛksperimɑ̃te/ (*ptp d'***expérimenter**) ADJ experienced

expérimenter /ɛksperimɑ̃te/ /TABLE 1/ VT ⓐ (= *vivre*) to experience ⓑ [+ *appareil*] to test; [+ *remède*] to experiment with; [+ *méthode*] to test out; **~ en laboratoire** to experiment in a laboratory

expert, e /ɛkspɛʀ, ɛʀt/ 1 ADJ expert; **être ~ en la matière** to be an expert in the subject 2 NM,F expert (**en** in, at); (*pour assurances*) assessor

expert-comptable /ɛkspɛʀkɔ̃tabl/, **experte-comptable** /ɛkspɛʀtkɔ̃tabl/ (*mpl* **experts-comptables**) NM,F chartered accountant (*Brit*), certified public accountant (*US*)

expertise /ɛkspɛʀtiz/ NF ⓐ [*de bijou*] valuation; [*de dégâts*] assessment; **~ comptable** chartered accountancy (*Brit*); **~ psychiatrique** psychiatric examination; **rapport d'~** valuer's *ou* assessor's *ou* expert's report ⓑ (= *compétence*) expertise

expertiser /ɛkspɛʀtize/ /TABLE 1/ VT [+ *bijou*] to value; [+ *dégâts*] to assess

expier /ɛkspje/ /TABLE 7/ VT [+ *péchés, crime*] to expiate

expiration /ɛkspiʀasjɔ̃/ NF ⓐ (= *terme*) **venir à ~** to expire; **à l'~ du délai** when the deadline expires ⓑ (= *respiration*) exhalation

expirer /ɛkspiʀe/ /TABLE 1/ 1 VT [+ *air*] to breathe out 2 VI ⓐ [*délai, passeport*] to expire; **la carte expire le 5 mai** the card expires on 5 May ⓑ (= *respirer*) to breathe out

explicable /ɛksplikabl/ ADJ explicable; **difficilement ~** difficult to explain

explicatif, -ive /ɛksplikatif, iv/ ADJ explanatory; **proposition relative explicative** non-restrictive relative clause

explication /ɛksplikasjɔ̃/ NF ⓐ (= *explanation* (of); **~s** (= *marche à suivre*) instructions; **j'exige des ~s!** I demand an explanation ⓑ (= *discussion*) discussion; (= *dispute*) argument; (= *bagarre*) fight; **j'ai eu une petite ~ avec lui** I had a bit of an argument with him ⓒ (*Scol*) [*d'auteur, passage*] commentary (**de** on); **~ de texte** critical analysis of a text

explicite /ɛksplisit/ ADJ explicit; **il n'a pas été très ~ sur ce point** he wasn't very clear on that point

expliciter /ɛksplisite/ /TABLE 1/ VT [+ *clause*] to make explicit; [+ *pensée*] to explain

expliquer /ɛksplike/ /TABLE 1/ 1 VT ⓐ to explain; **il m'a expliqué comment faire** he explained how to do it; **explique-moi pourquoi** explain why; **cela explique qu'il ne soit pas venu** that explains why he didn't come ⓑ (= *élève*) [+ *texte*] to analyse; **~ un texte de Flaubert** to give a critical analysis of a passage from Flaubert 2 VPR **s'expliquer** ⓐ (= *donner des précisions*) to explain o.s.; **je m'explique** let me explain; **s'~ sur ses projets** to explain one's plans; **s'~ devant qn** to explain one's actions to sb ⓑ (= *comprendre*) to understand; **je ne m'explique pas bien qu'il soit parti** I can't understand why he should have left ⓒ (= *être compréhensible*) **leur attitude s'explique: ils n'ont pas reçu notre lettre** that explains their attitude: they

didn't get our letter; **tout s'explique!** it's all clear now! ⓓ (= *parler clairement*) **s'~ bien/mal** to express o.s. well/ badly; **je me suis peut-être mal expliqué** perhaps I didn't make myself clear ⓔ **s'~ avec qn** (= *discuter*) to have a talk with sb; (= *se disputer, se battre*) to have it out with sb*; **ils sont allés s'~ dehors*** they went to fight it out outside

exploit /ɛksplwa/ NM exploit; **~s amoureux** amorous exploits; **~ sportif** sporting achievement

exploitable /ɛksplwatabl/ ADJ [*gisement*] exploitable; [*données*] usable

exploitant, e /ɛksplwatɑ̃, ɑ̃t/ NM,F ⓐ (= *fermier*) **~ (agricole)** farmer; **petit ~ (agricole)** small farmer; **~ forestier** forestry developer ⓑ (*Ciné*) (= *propriétaire*) cinema owner; (= *gérant*) cinema manager

exploitation /ɛksplwatasjɔ̃/ NF ⓐ (= *entreprise*) **~ familiale** family business; **~ (agricole)** farm; **~ vinicole** vineyard; **~ commerciale/industrielle** business/industrial concern ⓑ (= *abus*) exploitation; **l'~ de l'homme par l'homme** man's exploitation of man; **l'~ sexuelle des enfants** sexual exploitation of children ⓒ [*de gisement, sol*] exploitation; [*de terres*] farming; [*d'entreprise*] running ⓓ [*d'idée, situation, renseignement*] using; **la libre ~ de l'information** the free use of information

exploiter /ɛksplwate/ /TABLE 1/ VT to exploit; [+ *sol, terres*] to farm; [+ *entreprise*] to run; [+ *ligne aérienne, réseau*] to operate; [+ *don*] to make use of; **richesses non exploitées** unexplored riches

exploiteur, -euse /ɛksplwatœʀ, øz/ NM,F exploiter

explorateur, -trice /ɛksplɔʀatœʀ, tʀis/ NM,F (= *personne*) explorer

exploration /ɛksplɔʀasjɔ̃/ NF exploration

explorer /ɛksplɔʀe/ /TABLE 1/ VT to explore

exploser /ɛksploze/ /TABLE 1/ VI ⓐ [*bombe, chaudière*] to explode; **j'ai cru que ma tête allait ~** I thought my head was going to explode; **faire ~** [+ *bombe*] to explode; [+ *bâtiment*] to blow up; [+ *monopole, système*] to break up; **~ (de colère)** to explode (with anger); **laisser ~ sa colère** to give vent to one's anger ⓑ [*chômage, demande, production, prix*] to rocket; [*marché*] to boom

explosif, -ive /ɛksplozif, iv/ 1 ADJ [*charge, situation*] explosive; **dossier ~** highly sensitive file 2 NM explosive

explosion /ɛksplozjɔ̃/ NF explosion; **~ démographique** population explosion; **~ sociale** explosion of social unrest

expo* /ɛkspo/ NF (ABBR = **exposition**) expo*

export /ɛkspɔʀ/ NM (ABBR = **exportation**) export; **se lancer dans l'~** to go into exports

exportateur, -trice /ɛkspɔʀtatœʀ, tʀis/ 1 ADJ exporting; **être ~ de** to be an exporter of 2 NM,F exporter

exportation /ɛkspɔʀtasjɔ̃/ NF export; **faire de l'~** to be in the export business; **produit d'~** export product

exporter /ɛkspɔʀte/ /TABLE 1/ VT to export; **notre mode s'exporte bien** our fashions are popular abroad

exposant, e /ɛkspozɑ̃, ɑ̃t/ 1 NM,F [*de foire, salon*] exhibitor 2 NM (= *chiffre*) exponent

exposé /ɛkspoze/ NM account; (= *conférence*) talk; (*devoir scolaire*) (*oral*) presentation; (*écrit*) written paper; **faire un ~ oral sur** to give a presentation on; **faire un ~ de la situation** to give an account of the situation

exposer /ɛkspoze/ /TABLE 1/ 1 VT ⓐ (= *exhiber*) [+ *marchandises*] to display; [+ *tableaux*] to exhibit; **elle expose dans cette galerie** she exhibits her work at that gallery; **les œuvres exposées** the works on show ⓑ [+ *faits, raisons*] to state; [+ *griefs*] to air; [+ *idées, théories*] to set out; [+ *situation*] to explain ⓒ (= *mettre en danger*) [+ *personne*] to expose (à to); [+ *vie, réputation*] to risk; **c'est une personnalité très exposée** his position makes him an easy target for criticism ⓓ (= *orienter, présenter*) to expose; **maison exposée au sud** house facing south; **endroit très exposé** very exposed place ⓔ (*Littérat*) [+ *action*] to set out; (*Musique*) [+ *thème*] to introduce

2 VPR **s'exposer** to expose o.s.; **s'~ (au soleil)** to expose o.s. (to the sun); **s'~ à** [+ *danger, sanction, critiques*] to expose o.s. to

exposition /ɛkspozisjɔ̃/ NF ⓐ (= *foire, salon*) exhibition; **l'Exposition universelle** the World Fair; **faire une ~** [*artiste*] to put on an exhibition ⓑ [*de marchandises*] display; [*de faits, raisons, situation, idées*] exposition; (*au danger, à la chaleur*) exposure (**à** to) ⓒ [*de photo*] exposure ⓓ [*de maison*] aspect

exposition-vente (*pl* **expositions-ventes**) /ɛkspozisjɔ̃vãt/ NF show (*with goods on display for sale*)

expo-vente* (*pl* **expos-ventes**) /ɛkspovãt/ NF ABBR = **exposition-vente**

exprès[1] /ɛksprɛ/ ADV (= *spécialement*) specially; (= *intentionnellement*) on purpose; **je suis venu (tout) ~** I came specially; **il ne l'a pas fait ~** he didn't do it on purpose; **c'est fait ~** it's meant to be like that

exprès[2], **-esse** /ɛksprɛs/ 1 ADJ [*interdiction, ordre*] express 2 NM, ADJ INV **(lettre/colis) ~** express (*Brit*) *ou* special delivery (*US*) letter/parcel; **envoyer qch en ~** to send sth by express post (*Brit*) *ou* special delivery (*US*)

express /ɛksprɛs/ ADJ, NM ⓐ **(train) ~** fast train ⓑ (= *café*) espresso

expressément /ɛksprɛsemã/ ADV (= *formellement*) [*dire, interdire*] expressly; (= *spécialement*) [*fait, conçu*] specially; **il ne l'a pas dit ~** he didn't say it in so many words

expressif, -ive /ɛksprɛsif, iv/ ADJ expressive

expression /ɛksprɛsjɔ̃/ NF ⓐ expression; **jouer avec beaucoup d'~** to play with great feeling; **~ corporelle** music and movement; **journal d'~ anglaise** English-language newspaper ⓑ (= *locution*) expression; **~ figée** set expression; **~ toute faite** stock phrase; **réduit à sa plus simple ~** reduced to a minimum

expressionnisme /ɛksprɛsjɔnism/ NM expressionism

expressionniste /ɛksprɛsjɔnist/ ADJ, NM,F expressionist

expresso /ɛksprɛso/ NM (= *café*) espresso

exprimer /ɛksprime/ /TABLE 1/ 1 VT to express 2 VPR **s'exprimer** [*personne*] to express o.s.; [*talent*] to express itself; **je me suis peut-être mal exprimé** perhaps I have expressed myself badly; **si je peux m'~ ainsi** if I may put it like that

exproprier /ɛksprɔprije/ /TABLE 7/ VT to expropriate; **ils ont été expropriés** their property has been expropriated

expulser /ɛkspylse/ /TABLE 1/ VT [+ *élève, étranger*] to expel (**de** from); [+ *locataire*] to evict (**de** from); [+ *joueur*] to send off

expulsion /ɛkspylsjɔ̃/ NF [*d'élève, étranger*] expulsion (**de** from); [*de locataire*] eviction (**de** from); [*de joueur*] sending off

expurgé, e /ɛkspyrʒe/ ADJ [*version*] expurgated

exquis, -ise /ɛkski, iz/ ADJ exquisite; [*personne, temps*] delightful

extase /ɛkstaz/ NF ecstasy; **il est en ~ devant sa fille** he goes into raptures over his daughter; **tomber/rester en ~ devant un tableau** to go into ecstasies at/stand in ecstasy before a painting

extasier (s') /ɛkstazje/ /TABLE 7/ VPR to go into raptures (**devant, sur** over)

extensible /ɛkstãsibl/ ADJ [*matière*] extensible; **notre budget n'est pas ~ à l'infini** our budget is not inexhaustible

extensif, -ive /ɛkstãsif, iv/ ADJ [*agriculture*] extensive

extension /ɛkstãsjɔ̃/ NF ⓐ [*de ressort, membre*] stretching; **être en ~** [*personne*] to be stretching; [*bras*] to be stretched out ⓑ [*d'épidémie, grève, incendie*] spreading; [*de domaine*] expansion; [*de pouvoirs*] extension; **prendre de l'~** [*épidémie*] to spread; [*mouvement*] to expand ⓒ [*de loi, mesure, sens d'un mot*] extension (**à** to); **par ~** by extension

exténuant, e /ɛkstenɥã, ãt/ ADJ exhausting

exténuer /ɛkstenɥe/ /TABLE 1/ 1 VT to exhaust 2 VPR **s'exténuer** to exhaust o.s. (**à faire qch** doing sth)

extérieur, e /ɛksterjœr/ 1 ADJ ⓐ (*à un lieu*) [*bruit, paroi, escalier, collaborateur*] outside; [*quartier, cour, boulevard*] outer; [*décoration*] exterior; **apparence ~e** [*de personne*] outward appearance; [*de maison*] outside ⓑ (*à l'individu*) [*monde, influences, activité, intérêt*] outside ⓒ (= *étranger*) external; [*commerce, politique, nouvelles*] foreign 2 NM ⓐ [*d'objet, maison*] outside, exterior; [*de piste, circuit*] outside

♦ **à l'extérieur** (= *au dehors*) outside; **travailler à l'~** (*hors de chez soi*) to work outside the home; **téléphoner à l'~** to make an outside call; **jouer à l'~** to play an away match; **c'est à l'~ (de la ville)** it's outside (the town)

♦ **de l'extérieur**: **juger qch de l'~** (*en tant que profane*) to judge sth from the outside ⓑ **l'~** the outside world; (= *pays étrangers*) foreign countries ⓒ (*Ciné*) outdoor shot; **tourner en ~** to shoot outdoors

extérieurement /ɛksterjœrmã/ ADV ⓐ (= *du dehors*) externally ⓑ (= *en apparence*) outwardly

extérioriser /ɛksterjɔrize/ /TABLE 1/ 1 VT [+ *sentiment*] to express; (*Psych*) to exteriorize 2 VPR **s'extérioriser** [*personne*] to express o.s.; [*sentiment*] to be expressed

exterminateur, -trice /ɛkstɛrminatœr, tris/ NM,F exterminator

extermination /ɛkstɛrminasjɔ̃/ NF extermination

exterminer /ɛkstɛrmine/ /TABLE 1/ VT to exterminate

externat /ɛkstɛrna/ NM (= *école*) day school; **faire son ~ à** [*d'étudiant en médecine*] to be a non-resident student *ou* an extern (*US*) at

externe /ɛkstɛrn/ 1 ADJ [*surface*] external, outer; [*angle*] exterior; [*candidature, recrutement, croissance*] external 2 NMF (= *élève*) day pupil; **~ (des hôpitaux)** non-resident student at a teaching hospital, extern (*US*)

extincteur /ɛkstɛ̃ktœr/ NM fire extinguisher

extinction /ɛkstɛ̃ksjɔ̃/ NF extinction; **avoir une ~ de voix** to have lost one's voice; **avant l'~ des feux** before lights out; **espèce en voie d'~** endangered species

extirper /ɛkstirpe/ /TABLE 1/ 1 VT **elle a extirpé un chéquier de son sac** she pulled a chequebook out of her bag; **~ qn de son lit** to drag sb out of bed 2 VPR **s'extirper**: **s'~ du lit** to drag o.s. out of bed

extorquer /ɛkstɔrke/ /TABLE 1/ VT to extort (**à qn** from sb)

extorsion /ɛkstɔrsjɔ̃/ NF extortion; **~ de fonds** extortion of money

extra /ɛkstra/ 1 NM (= *serveur*) catering assistant; (= *gâterie*) treat; **il fait des ~s** [*serveur*] he does part-time catering work; **s'offrir un ~** to treat o.s. to something special 2 ADJ INV (= *supérieur*) [*fromage, vin*] first-rate; (= *excellent*) [*film, personne, week-end*]* great*

extracommunautaire /ɛkstrakɔmynotɛr/ ADJ non-EU

extraconjugal, e (*mpl* **-aux**) /ɛkstrakɔ̃ʒygal, o/ ADJ extramarital

extrader /ɛkstrade/ /TABLE 1/ VT to extradite

extradition /ɛkstradisjɔ̃/ NF extradition

extrafin, e /ɛkstrafɛ̃, fin/ ADJ [*haricots, petits pois*] superfine; [*aiguille*] extra fine

extrafort, e /ɛkstrafɔr, fɔrt/ 1 ADJ [*carton, moutarde*] extrastrong 2 NM (= *ruban*) binding

extraire /ɛkstrɛr/ /TABLE 50/ 1 VT ⓐ to extract; [+ *charbon*] to mine; [+ *jus*] to extract; (*en pressant*) to squeeze out; (*en tordant*) to wring out ⓑ **~ de** [+ *placard, poche*] to take out of; **passage extrait d'un livre** passage taken from a book 2 VPR **s'extraire**: **s'~ de sa voiture** to climb out of one's car

extrait /ɛkstrɛ/ NM ⓐ [*de discours, journal*] extract; [*d'auteur, film, livre, chanson*] excerpt; **~ de naissance** birth certificate; **~ de compte** abstract of accounts; **un court ~ de l'émission** a clip from the programme ⓑ [*de plante*] extract; **~ de vanille** vanilla essence

extralucide /ɛkstralysid/ ADJ, NMF clairvoyant

extra-marital, e (*mpl* **-aux**) /ɛkstʀamaʀital, o/ ADJ extra-marital

extra-muros /ɛkstʀamyʀos/ 1 ADJ INV extramural; **Paris ~** outer Paris 2 ADV outside the town

extranet /ɛkstʀanet/ NM extranet

extraordinaire /ɛkstʀaɔʀdinɛʀ/ ADJ extraordinary; **ce roman n'est pas ~** this isn't a particularly great novel

extraordinairement /ɛkstʀaɔʀdinɛʀmɑ̃/ ADV extraordinarily

extraplat, e /ɛkstʀapla, at/ ADJ [*télévision, montre, calculatrice*] slimline; **télévision à écran ~** flat screen television

extrapolation /ɛkstʀapɔlasjɔ̃/ NF extrapolation

extrapoler /ɛkstʀapɔle/ /TABLE 1/ VTI to extrapolate (**à partir de** from)

extrascolaire /ɛkstʀaskɔlɛʀ/ ADJ [*activités*] extracurricular

extrasolaire /ɛkstʀasɔlɛʀ/ ADJ [*planète*] extrasolar

extraterrestre /ɛkstʀateʀɛstʀ/ ADJ, NMF extraterrestrial

extravagance /ɛkstʀavagɑ̃s/ NF (= *caractère*) extravagance; [*prix*] outrageous

extravagant, e /ɛkstʀavagɑ̃, ɑ̃t/ ADJ [*idée, théorie*] extravagant; [*prix*] outrageous

extraverti, e /ɛkstʀavɛʀti/ ADJ, NM,F extrovert

extrême /ɛkstʀɛm/ 1 ADJ ⓐ (*le plus éloigné*) extreme; **l'~ droite/gauche** (*Politique*) the far right/left
ⓑ (*le plus intense*) extreme; **c'est avec un plaisir ~ que** it is

with the greatest pleasure that; **il m'a reçu avec une ~ amabilité** he received me with the utmost kindness; **d'une difficulté ~** extremely difficult
ⓒ (= *radical*) [*théories, moyens*] extreme; **ça l'a conduit à des mesures ~s** that drove him into taking extreme steps
2 NM (= *opposé*) extreme; **passer d'un ~ à l'autre** to go from one extreme to the other
♦ **à l'extrême**: **cela lui répugnait à l'~** he was extremely reluctant to do it; **noircir une situation à l'~** to paint the blackest possible picture of a situation; **scrupuleux à l'~** scrupulous to a fault

extrêmement /ɛkstʀɛmmɑ̃/ ADV extremely

Extrême-Orient /ɛkstʀɛmɔʀjɑ̃/ NM INV Far East

extrémisme /ɛkstʀemism/ NM extremism

extrémiste /ɛkstʀemist/ ADJ, NMF extremist

extrémité /ɛkstʀemite/ NF ⓐ (= *bout*) end; [*d'aiguille*] point; [*d'objet mince*] tip; [*de village, île*] head ⓑ (*frm* = *action excessive*) extremes; **pousser qn à des ~s** to drive sb to extremes ⓒ (= *pieds et mains*) **~s** extremities

exubérance /ɛgzybeʀɑ̃s/ NF (= *caractère*) exuberance (*NonC*); **parler avec ~** to speak exuberantly

exubérant, e /ɛgzybeʀɑ̃, ɑ̃t/ ADJ exuberant

exulter /ɛgzylte/ /TABLE 1/ VI to exult

exutoire /ɛgzytwaʀ/ NM (= *dérivatif*) outlet (**à** for)

eye-liner (*pl* **eye-liners**) /ajlajnœʀ/ NM eyeliner

F

F /ɛf/ NM ⓐ (= *appartement*) **un F2** a 2-roomed flat (*Brit*) ou apartment (*US*) ⓑ (ABBR = **franc**) F

fa /fa/ NM INV (*Musique*) F; (*en chantant la gamme*) fa

fable /fabl/ NF (= *histoire*) fable

fabricant, e /fabʀikɑ̃, ɑ̃t/ NM,F manufacturer

fabrication /fabʀikasjɔ̃/ NF (*industrielle*) manufacture; (*artisanale, personnelle*) making; **la ~ en série** mass production; **de ~ française** made in France

fabrique /fabʀik/ NF (= *établissement*) factory

fabriquer /fabʀike/ /TABLE 1/ VT (*industriellement*) to manufacture; (*de façon artisanale, chez soi*) to make; [+ *cellules, anticorps*] to produce; [+ *faux document*] to forge; [+ *histoire*] to make up; **~ en série** to mass-produce; **qu'est-ce qu'il fabrique ?*** what on earth is he up to?*

fabuleusement /fabyløzmɑ̃/ ADV fabulously

fabuleux, -euse /fabylø, øz/ ADJ fabulous

fac * /fak/ NF ABBR = **faculté**

façade /fasad/ NF [*de maison*] façade; [*de magasin*] front; **la ~ ouest** the west wall; **sur la ~ atlantique** (*Météo*) along the Atlantic coast; **ce n'est qu'une ~** (= *apparence*) it's just a façade; **se refaire la ~*** (= *se maquiller*) to redo one's face*; (= *se faire faire un lifting*) to have a face-lift

face /fas/ NF ⓐ (= *visage, aspect*) face; **tomber ~ contre terre** to fall flat on one's face; **sauver/perdre la ~** to save/lose face; **changer la ~ du monde** to change the face of the world

ⓑ (= *côté*) [*d'objet, organe*] side; [*de médaille, pièce de monnaie*] obverse; [*de cube, figure*] side; (*Alpinisme*) face; **~ B** [*de disque*] B-side; **la ~ de la terre** the face of the earth; **~ !** heads!

ⓒ (*locutions*)

♦ **faire face** to face up to things; **faire ~ à** [+ *épreuve, adversaire, obligation*] to face up to; [+ *dette, engagement*] to meet; **se faire ~** [*maisons*] to be opposite each other

♦ **en face** (= *de l'autre côté de la rue*) across the street; **le trottoir d'en ~** the opposite pavement; **regarder la mort en ~** to look death in the face; **il faut regarder la réalité en ~** one must face facts

♦ **en face de** (= *en vis-à-vis de*) opposite; (= *en présence de*) in front of; **l'un en ~ de l'autre** ou **en ~ l'un de l'autre** opposite or facing each other

♦ **de face** [*portrait*] fullface; [*attaque*] frontal; **vu de ~** seen from the front; **avoir le vent de ~** to have the wind in one's face

♦ **face à** facing; **~ à ces problèmes** faced with such problems

♦ **face à face** [*lieux, objets*] opposite each other; [*personnes, animaux*] face to face

face-à-face /fasafas/ NM INV (= *rencontre*) face-to-face meeting; **~ télévisé** face-to-face TV debate

facétieux, -ieuse /fasesjø, jøz/ ADJ [*personne, caractère*] mischievous

facette /faset/ NF facet; **à multiples ~s** multifaceted

fâché, e /faʃe/ (*ptp de* **fâcher**) ADJ ⓐ (= *en colère*) angry (**contre** with); **elle a l'air ~(e)** she looks angry

ⓑ (= *brouillé*) **ils sont ~s** they have fallen out; **elle est ~e avec moi** she has fallen out with me; **il est ~ avec les chiffres** he's hopeless with numbers ⓒ (= *contrarié*) sorry (**de qch** about sth); **je ne suis pas ~ d'avoir fini ce travail** I'm not sorry I've finished this job

fâcher (se) /faʃe/ /TABLE 1/ VPR ⓐ (= *se mettre en colère*) to get angry; **se fâcher contre qn** to get angry with sb ⓑ (= *se brouiller*) to quarrel

fâcheux, -euse /faʃø, øz/ ADJ (= *regrettable*) unfortunate

facho * /faʃo/ ADJ, NMF fascist

faciès /fasjɛs/ NM (= *visage*) features

facile /fasil/ 1 ADJ ⓐ (= *aisé*) easy; **un livre ~ à lire** an easy book to read; **c'est** ou **il est ~ de ...** it's easy to ...; **~ d'accès** easy to get to; **avoir la vie ~** to have an easy life; **c'est ~ à dire !** that's easy to say!; **plus ~ à dire qu'à faire** easier said than done; **~ comme tout*** easy as pie*; **avoir la larme ~** to be easily moved to tears; **avoir la gâchette ~** to be trigger-happy; **l'argent ~** easy money; **ironie ~** facile irony

ⓑ [*caractère*] easy-going; **il est ~ à vivre** he's easy to get along with

ⓒ (*péj*) [*femme*] loose

2 ADV (= *facilement*)* easily; (= *au moins*)* at least

facilement /fasilmɑ̃/ ADV easily; (= *au moins*)* at least; **on met ~ dix jours** it takes at least ten days

facilité /fasilite/ 1 NF ⓐ (= *simplicité*) easiness; **d'une grande ~ d'emploi** [*outil*] very easy to use; [*logiciel*] very user-friendly ⓑ (= *aisance*) ease; [*d'expression, style*] fluency; **la ~ avec laquelle il a appris le piano** the ease with which he learnt the piano ⓒ (= *aptitude*) ability; **cet élève a beaucoup de ~** this pupil has great ability 2 COMP ♦ **facilités de paiement** easy terms

faciliter /fasilite/ /TABLE 1/ VT to make easier; **ça ne va pas ~ les choses** that's not going to make things any easier; **pour lui ~ la tâche** to make his work easier

façon /fasɔ̃/ 1 NF ⓐ (= *manière*) way; **il s'y prend d'une ~ curieuse** he has a strange way of going about things; **sa ~ d'agir** the way he behaves; **je le ferai à ma ~** I'll do it my own way; **c'est une ~ de parler** it's just a figure of speech; **je vais lui dire ma ~ de penser** I'll tell him what I think about it; **c'est une ~ de voir** it's one way of looking at things; **d'une certaine ~** in a way; **d'une ~ générale** generally speaking; **d'une ~ ou d'une autre** one way or another; **en aucune ~** in no way; **de telle ~ que ...** in such a way that ...

♦ **de façon à** : **de ~ à ne pas le déranger** so as not to disturb him; **de ~ à ce qu'il puisse regarder** so that he can watch

♦ **sans façon** : **accepter sans ~** to accept without any fuss; **merci, sans ~** no thanks, really

♦ **de toute façon** in any case

ⓑ (= *fabrication*) making; (= *facture*) workmanship; [*de vêtement*] cut

2 NFPL **façons** manners; **en voilà des ~s !** what a way to behave!; **faire des ~s** to make a fuss

façonner /fasɔne/ /TABLE 1/ VT ⓐ [+ *matière*] to shape ⓑ [+ *objet*] (*industriellement*) to manufacture; (*artisanalement*) to make ⓒ [+ *caractère, personne*] to mould (*Brit*), to mold (*US*)

fac-similé (*pl* **fac-similés**) /faksimile/ NM facsimile

facteur /faktœʀ/ NM ⓐ (*Poste*) postman (*Brit*), mailman (*US*) ⓑ (= *élément*) factor; **~ de risque** risk factor ⓒ (= *fabricant*) **~ de pianos** piano maker; **~ d'orgues** organ builder

factice /faktis/ ADJ [*beauté*] artificial; [*articles exposés*] dummy; [*enthousiasme, amabilité, barbe*] false

faction /faksjɔ̃/ NF (= *groupe*) faction; **être de** *ou* **en ~** [*soldat*] to be on guard duty; [*personne qui fait le guet*] to keep watch

factrice /faktʀis/ NF (*Poste*) postwoman (*Brit*), mailwoman (*US*)

factuel, -elle /faktɥɛl/ ADJ factual

facturation /faktyʀasjɔ̃/ NF (= *opération*) invoicing; **~ détaillée** itemized billing

facture /faktyʀ/ NF ⓐ (= *note*) bill; (*Commerce*) invoice; **~ d'électricité/de téléphone** electricity/(tele)phone bill; **fausse ~** false invoice; **payer la ~** to foot the bill ⓑ (= *style*) [*d'objet*] workmanship; **roman de ~ classique** classic novel

facturer /faktyʀe/ /TABLE 1/ VT (= *établir une facture pour*) to invoice; (= *compter*) to charge for; **~ qch 200 € (à qn)** to charge (sb) 200 euros for sth

facturette /faktyʀɛt/ NF credit card slip

facultatif, -ive /fakyltatif, iv/ ADJ optional; **arrêt ~** [*de bus*] request stop

faculté /fakylte/ NF ⓐ [*d'université*] faculty; **la ~ des sciences** the Science Faculty ⓑ (= *université*) **quand j'étais à la ~ en ~** when I was at university ⓒ (= *don*) faculty; **avoir une grande ~ de concentration** to have great powers of concentration; **avoir toutes ses ~s** to be in full possession of one's faculties ⓓ (= *droit*) right; (= *possibilité*) power

fadaises /fadɛz/ NFPL **dire des ~** to say silly things

fadasse • /fadas/ ADJ [*plat, boisson*] tasteless

fade /fad/ ADJ [*nourriture*] tasteless; [*goût*] bland; [*couleur, personnalité*] dull

fagot /fago/ NM bundle of sticks

fagoté, e • /fagɔte/ ADJ **il est drôlement ~** he's very oddly dressed

FAI /efai/ NM (ABBR = **fournisseur d'accès à internet**) ISP

faiblard, e • /fɛblaʀ, aʀd/ ADJ (*physiquement*) weak; [*démonstration*] feeble

faible /fɛbl/ **1** ADJ weak; [*lumière*] dim; [*bruit, odeur, espoir*] faint; [*vent*] light; [*rendement, revenu*] low; [*marge, quantité*] small; [*débit*] slow; [*différence, avantage*] slight; [*majorité*] narrow; **il est ~ en français** he's weak in French; **à ~ teneur en sucre** with a low sugar content ⓑ (= *personne*) weak person; **un ~ d'esprit** a feeble-minded person ⓑ (= *penchant*) weakness; **il a un ~ pour le chocolat** he has a weakness for chocolate

faiblement /fɛbləmɑ̃/ ADV ⓐ (= *sans énergie*) weakly ⓑ (= *peu*) [*éclairer*] dimly; **~ radioactif** slightly radioactive; **zones ~ peuplées** sparsely populated areas

faiblesse /fɛblɛs/ NF ⓐ (*physique, morale*) weakness; **sa ~ de caractère** his weak character; **avoir la ~ d'accepter** to be weak enough to agree; **chacun a ses petites ~s** we all have our little weaknesses ⓑ (= *niveau peu élevé*) **la ~ de la demande** the low level of demand ⓒ (= *défaut*) weak point; **le film présente quelques ~s** the film has several weak points

faiblir /fɛbliʀ/ /TABLE 2/ VI [*malade, pouls, branche*] to get weaker; [*forces, courage*] to fail; [*voix*] to get fainter; [*bruit*] to die down; [*lumière*] to dim; [*vent*] to drop; [*espoir*] to diminish; [*demande*] to weaken

faïence /fajɑ̃s/ NF (= *objets*) ceramics; **carreau de ~** ceramic tile

faille /faj/ **1** NF ⓐ (= *crevasse*) fault ⓑ (= *point faible*) flaw; **il y a une ~ dans votre raisonnement** there's a flaw in your argument; **sans ~** [*fidélité, soutien*] unfailing; [*organisa-*

tion] faultless; [*volonté, détermination*] unwavering **2** VB → **falloir**

faillible /fajibl/ ADJ fallible

faillir /fajiʀ/ VI **j'ai failli tomber** I almost fell; **sans ~** unfailingly

♦ **faillir à** (*frm*) [+ *mission, devoir*] to fail in; [+ *promesse, parole*] to fail to keep; **il n'a pas failli à sa parole** he was true to his word

faillite /fajit/ NF ⓐ (*Commerce*) bankruptcy; **en ~** [*entreprise*] bankrupt; **faire ~** to go bankrupt ⓑ (= *échec*) failure

faim /fɛ̃/ NF hunger; **j'ai une ~ de loup** *ou* **une de ces ~s*** I'm starving*; **manger à sa ~** to eat one's fill; **ça m'a donné ~** it made me hungry; **la ~ dans le monde** world hunger; **son discours a laissé les journalistes sur leur ~** his speech left the journalists unsatisfied

♦ **avoir faim** to be hungry; **je n'ai plus ~** (*après un repas*) I'm full

fainéant, e /fɛneɑ̃, ɑ̃t/ **1** ADJ idle **2** NM,F idler

fainéantise /fɛneɑ̃tiz/ NF idleness

---

faire /fɛʀ/

/TABLE 60/

1 VERBE TRANSITIF	**4** VERBE AUXILIAIRE
2 VERBE INTRANSITIF	**5** VERBE PRONOMINAL
3 VERBE IMPERSONNEL	

► *Lorsque* **faire** *est suivi d'un nom dans une locution comme* **faire une faute, se faire des idées,** *reportez-vous à l'autre mot.*

1 VERBE TRANSITIF

► *Lorsque* **faire** *est utilisé pour parler d'une activité non précisée, ou qu'il remplace un verbe plus spécifique, il se traduit par* **to do.** *Lorsque* **faire** *veut dire* **créer, préparer, fabriquer,** *il se traduit souvent par* **to make.**

ⓐ activité non précisée to do; **que fais-tu ce soir ?** what are you doing tonight?; **je n'ai rien à ~** I have nothing to do; **que voulez-vous qu'on y fasse?** what can be done about it?; **~ la chambre** to do the room; **~ 10 km** to do 10km; **~ 100 km/h** to do 100km/h; **on a fait Lyon-Paris en cinq heures** we did Lyon to Paris in five hours; **je n'en ferai rien !** I'll do nothing of the sort!

♦ **faire de** (= *utiliser*) to do with; **je ne sais pas quoi ~ de mon temps libre** I don't know what to do with my spare time; **qu'avez-vous fait de votre sac ?** what have you done with your bag?

♦ **ne faire que**: **il ne fait que se plaindre** he's always complaining; **il ne fait que bavarder** he won't stop chattering; **je ne fais que passer** I'm just passing

ⓑ Scol [+ *devoirs, matière, auteur*] to do; **~ de l'allemand** to do German; **~ l'école hôtelière** to go to a catering school

ⓒ = créer, préparer, fabriquer to make; **~ un film** to make a film; **~ de la confiture** to make jam

ⓓ = constituer **c'est ce qui fait tout son charme** that's what makes him so charming

ⓔ Sport [+ *football, tennis, rugby*] to play; [+ *sport de combat*] to do; **~ du sport** to do sport; **~ du judo** to do judo; **~ de la boxe** to box

ⓕ Musique = jouer to play; **~ du piano/du violon** to play the piano/the violin

ⓖ Méd [+ *diabète, attaque*] to have; **~ de la tension** to have high blood pressure

ⓗ = chercher dans **il a fait toute la ville pour en trouver** he's been all over town looking for some

ⓘ = vendre **nous ne faisons pas cette marque** we don't stock that make; **je vous le fais à 700 €** I'll let you have it for 700 euros

ⓙ = mesurer, peser, coûter to be; **la cuisine fait 6 mètres de large** the kitchen is 6 metres wide; **combien fait cette chaise ?** how much is this chair?; **ça fait 130 €** that's 130 euros; **deux et deux font quatre** two and two are four; **cela fait combien en tout ?** how much is that altogether?

ⓚ = agir sur, importer **ils ne peuvent rien me ~** they can't do anything to me; **on ne me la fait pas à moi !** I wasn't born yesterday!; **qu'est-ce que cela peut bien te ~ ?** what's it to you?; **qu'est-ce que ça fait ?** so what?*; **cela ne vous ferait rien de sortir ?** would you mind leaving the room?

ⓛ = imiter **il a fait celui qui ne comprenait pas** he pretended not to understand; **ne fais pas l'enfant/l'idiot** don't be so childish/so stupid

ⓜ = être, servir de [personne] to be; [acteur] to play; [objet] to be used as; **tu fais l'arbitre ?** will you be referee?; **cet hôtel fait aussi restaurant** the hotel has its own restaurant; **quel imbécile je fais !** what a fool I am!; **il fera un bon avocat** he'll make a good lawyer

ⓝ = dire to say; **« vraiment ? » fit-il** "really?", he said; **le chat fait miaou** the cat goes miaow

ⓞ Gram **« canal » fait « canaux » au pluriel** the plural of "canal" is "canaux"

2 VERBE INTRANSITIF

ⓐ remplaçant un autre verbe to do; **as-tu payé la note ? — non, c'est lui qui l'a fait** did you pay the bill? — no, he did; **puis-je téléphoner ? — faites, je vous en prie** could I use the phone? — yes, of course

ⓑ = agir **~ vite** to act quickly; **faites vite !** be quick!; **faites comme chez vous** make yourself at home

ⓒ = paraître to look; **ce vase fait bien sur la table** the vase looks nice on the table; **~ vieux** to look old; **~ jeune** to look young

ⓓ besoins naturels* [personne] to go; [animal] to do its business

3 VERBE IMPERSONNEL

♦ **il fait** : **il fait nuit** it is dark; **il fait chaud** it is hot; **il fait bon vivre ici** this is a nice place to be

▶ since et for ne se construisent pas avec le même temps.

♦ **cela** ou **ça fait ... que** : **cela fait très longtemps que je ne l'ai pas vu** I haven't seen him for a very long time, it's a long time since I saw him; **ça fait trois ans qu'il est parti** it's three years since he left, he's been gone for three years; **ça fait que ... ** that means ...

4 VERBE AUXILIAIRE

ⓐ = pousser à to make; **ça m'a fait pleurer** it made me cry; **il lui a fait boire du whisky** he made her drink some whisky; **ce genre de musique me fait dormir** that kind of music puts me to sleep; **j'ai fait démarrer la voiture** I got the car started; **~ réparer une montre** to have a watch repaired; **elle a fait tomber une tasse** she knocked a cup over

♦ **faire faire** : **~ ~ qch par qn** to get sth made (ou done) by sb; **~ ~ qch à qn** to get sb to do (ou to make) sth; (en le forçant) to make sb do (ou make) sth; **se ~ ~ une robe** to have a dress made

ⓑ = aider à **~ traverser la rue à un aveugle** to help a blind man across the road; **~ manger un patient** to feed a patient

ⓒ = laisser **~ entrer qn** (qn que l'on attendait) to let sb in; (qn que l'on n'attendait pas) to ask sb in; **~ venir le médecin** to call the doctor

5 VERBE PRONOMINAL

se faire

ⓐ pour soi **il s'est fait beaucoup d'ennemis** he has made a great many enemies

ⓑ = être fait **si ça doit se ~, ça se fera sans moi** if it's going to happen, it'll happen without me

ⓒ = être convenable, courant **ça se fait d'offrir des fleurs à un homme ?** is it OK to give flowers to a man?; **cela ne se fait pas** it's not done

ⓓ locutions

♦ **se faire** + adjectif (involontairement) to get; (volontairement) to make o.s.; **se ~ vieux** to be getting old; **il se fait tard** it's getting late; **se ~ beau** to make o.s. look nice; **sa voix se fit plus douce** his voice became softer

♦ **se faire** + infinitif : **il se faisait apporter le journal tous les matins** he had the paper brought to him every morning; **fais-toi expliquer le règlement** get someone to explain the rules to you; **se ~ couper les cheveux** to have one's hair cut;

je me suis fait couper les cheveux I've had my hair cut; **il s'est fait attaquer par deux jeunes** he was attacked by two youths; **elle s'est fait renvoyer** she was sacked; **tu vas te ~ gronder** you'll get yourself into trouble; **faut se le ~ !** he's a real pain in the neck!*

♦ **se faire à** (= s'habituer à) to get used to; **il ne se fait pas au climat** he can't get used to the climate

♦ **s'en faire** to worry; **ne t'en fais pas** don't worry; **il ne s'en fait pas !** he's got a nerve!

♦ **il se fait que** : **il pourrait se ~ qu'il pleuve** it might rain; **comment se fait-il qu'il soit absent ?** how come he's not here?*

---

faire-part /fɛʀpaʀ/ NM INV announcement; **~ de naissance/décès** birth/death announcement; **~ de mariage** wedding invitation

faire-valoir /fɛʀvalwaʀ/ NM INV **servir de ~ à qn** to act as a foil to sb

fair-play /fɛʀplɛ/ 1 NM INV fair play 2 ADJ INV **être ~** to play fair

faisabilité /fəzabilite/ NF feasibility; **étude de ~** feasibility study

faisable /fəzabl/ ADJ feasible

faisait /f(ə)zɛ/ VB → **faire**

faisan /fəzɑ̃/ NM pheasant

faisandé, e /fəzɑ̃de/ ADJ [gibier] well hung

faisceau (pl faisceaux) /fɛso/ NM (Physique) beam; **~ de preuves** body of evidence ♦ **faisceau hertzien** electromagnetic wave ♦ **faisceau laser** laser beam ♦ **faisceau lumineux** beam of light

faiseuse /fəzøz/ NF **~ d'anges** backstreet abortionist

fait, faite /fɛ, fɛt/ (ptp de **faire**) ADJ ⓐ (= constitué) **tout ~** ready-made; **bien ~** [femme] shapely; [homme] well-built; **c'est bien ~ pour toi !** it serves you right!; **le monde est ainsi ~** that's the way of the world

♦ **être fait pour** to be made for; **ces chaussures ne sont pas ~es pour la marche** these are not walking shoes; **c'est ~ pour** * that's what it's for; **ce discours n'est pas ~ pour le rassurer** this sort of speech isn't likely to reassure him; **il n'est pas ~ pour être professeur** he's not cut out to be a teacher; **ils sont ~s l'un pour l'autre** they are made for each other

ⓑ (= fini) **c'en est ~ de notre tranquillité** it's goodbye to peace and quiet; **c'est toujours ça de ~** that's one thing out of the way; **il est ~ (comme un rat)** * he's in for it now*

ⓒ [fromage] ripe; **fromage bien ~** ripe cheese

ⓓ (= maquillé) **avoir les yeux ~s** to have one's eyes made up; **avoir les ongles ~s** to have painted nails

2 NM ⓐ (= acte) **le ~ de manger/bouger** eating/moving; **~s et gestes** actions

ⓑ (= événement) event; (= donnée) fact; (= phénomène) phenomenon; **aucun ~ nouveau n'est survenu** no new facts have come to light; **reconnaissez-vous les ~s ?** do you accept the facts?; **les ~s qui lui sont reprochés** the charges against him; **les ~s sont là** there's no denying the facts; **c'est un ~** that's a fact; **c'est un ~ que** it's a fact that; **dire son ~ à qn** to tell sb what's what; **prendre ~ et cause pour qn** to take up the cudgels for sb

ⓒ (= conséquence) **c'est le ~ du hasard** it's the work of fate; **être le ~ de** (= être typique de) to be typical of; (= être le résultat de) to be the result of

ⓓ (= locutions)

♦ **au fait** (= à propos) by the way; **en venir au ~** to get to the point; **au ~ de** (= au courant) informed of

♦ **de fait** [gouvernement, dictature] de facto; (= en fait) in fact

♦ **de ce fait** for this reason

♦ **en fait** in fact

♦ **en fait de** (= en guise de) by way of; (= en matière de) as regards; **en ~ de repas on a eu droit à un sandwich** we were allowed a sandwich by way of a meal; **en ~ de spécialiste, c'est plutôt un charlatan !** as for being a specialist - charlatan more like!*

♦ **le fait est que** the fact is that

3 COMP ◆ **fait accompli** fait accompli ◆ **fait divers** (= *nouvelle*) news item; «**~s divers**» "news in brief" ◆ **fait de société** social issue

faîte /fɛt/ NM [*d'arbre*] top; [*de maison*] rooftop; **le ~ de la gloire** the height of glory

faitout /fɛtu/ NM stewpot

falaise /falɛz/ NF cliff

fallacieux, -ieuse /fa(l)lasjø, jøz/ ADJ [*prétexte, promesse*] false; [*arguments, raisonnement*] fallacious

---

falloir /falwaʀ/

/TABLE 29/

| 1 VERBE IMPERSONNEL | 2 VERBE PRONOMINAL |

1 VERBE IMPERSONNEL
ⓐ |besoin|

► *Lorsque* **falloir** *exprime un besoin, il se traduit le plus souvent par* **to need**, *avec pour sujet la personne qui a besoin de quelque chose.*

il faut de l'argent pour faire cela you need money to do that; **il va nous ~ 10 000 €** we're going to need 10,000 euros; **il vous le faudrait pour quand ?** when do you need it for?; **il t'en faudrait combien ?** how many (*ou* much) do you you need?; **c'est juste ce qu'il faut** that's just what we need; **c'est plus qu'il n'en faut** that's more than we need; |MAIS| **il me le faut absolument** I absolutely must have it; **il me faudrait trois steaks, s'il vous plaît** I'd like three steaks, please; **il faut ce qu'il faut*** you've got to do things properly

► *Lorsque* **falloir** *est suivi d'une expression de temps, il se traduit souvent par une tournure impersonnelle avec* **to take**. *Cette expression s'utilise aussi dans certaines généralisations.*

il faut du temps pour faire cela it takes time to do that; **il ne m'a pas fallu plus de dix minutes pour y aller** it didn't take me more than ten minutes to get there; **il n'en faut pas beaucoup pour qu'il se mette à pleurer** it doesn't take much to make him cry; **il faut de tout pour faire un monde** it takes all sorts to make a world
◆ **s'il le faut** ◆ **s'il le fallait** if necessary
ⓑ |obligation|

► *Lorsque* **falloir** *exprime une obligation, il se traduit généralement par* **to have to**, *avec pour sujet la personne qui doit faire quelque chose. Au présent, on peut également utiliser* **must**, *qui a une valeur plus impérative.*

tu pars déjà ? — il le faut are you leaving already? — I have to; **je le ferais s'il le fallait** I'd do it if I had to
◆ **falloir** + *infinitif*: **faut-il réserver à l'avance ?** do you have to book in advance?; **il faudra lui dire** we'll have to tell him; **il faut l'excuser, il ne savait pas** you must excuse him, he didn't know; **il a fallu le faire** we had to do it; **il va ~ le faire** we'll have to do it; **il faut bien vivre** you have to live
◆ **falloir que** (+ *subjonctif*): **il faut que je parte !** I must go!; **il faut que vous veniez nous voir à Toulouse !** you must come and see us in Toulouse!; **il va ~ qu'il parte bientôt** he'll have to go soon; **il faudra bien que tu me le dises un jour** you'll have to tell me some time
ⓒ |probabilité, hypothèse| **il faut être fou pour parler comme ça** you (*ou* he *etc*) must be mad to talk like that; **il ne faut pas être intelligent pour dire ça** that's a pretty stupid thing to say; **il faut être désespéré pour commettre un tel acte** you have to be desperate to do something like that
ⓓ |fatalité| **il a fallu qu'il arrive à ce moment-là** of course, he had to arrive just then; **il fallait bien que ça arrive** it had to happen; **il faut toujours qu'elle trouve des excuses** she always has to find some excuse
ⓔ |suggestion, exhortation| **il faut voir ce spectacle** this show must be seen; **il faut voir !** (*réserve*) we'll have to see!; **il faut le voir pour le croire** it has to be seen to be believed;

il s'est mis en colère — il faut le comprendre he got angry — that's understandable
ⓕ |regret, réprimande|

► *Pour exprimer un regret ou une réprimande, les expressions* **il fallait** *et* **il aurait fallu** *se traduisent par* **should have**, *avec pour sujet la personne qui aurait dû faire quelque chose.*

il fallait me le dire you should have told me; **il aurait fallu lui téléphoner** you (*ou* we *etc*) should have phoned him; **des fleurs ! il ne fallait pas !** flowers! you shouldn't have!
ⓖ |exclamations| **il faut le voir courir !** you should see him run!; **il faut voir comment il s'habille !** you should see the clothes he wears!; **faut le faire !*** (*admiratif*) that takes some doing!; (*péj*) that takes some beating!

2 VERBE PRONOMINAL
◆ **s'en falloir**: **loin s'en faut !** far from it!; **il a fini, ou peu s'en faut** he has just about finished
◆ **s'en falloir de**: **j'ai raté le train, il s'en est fallu de 5 minutes** I missed the train by 5 minutes; **il s'en faut de beaucoup !** far from it!; **il s'en est fallu de peu pour que ça arrive** it very nearly happened; **elle ne l'a pas injurié, mais il s'en est fallu de peu** she very nearly insulted him

---

falsification /falsifikasjɔ̃/ NF falsification; [*de signature*] forgery

falsifier /falsifje/ /TABLE 7/ VT to falsify; [+ *signature*] to forge

famé, e /fame/ ADJ **mal ~** disreputable

famélique /famelik/ ADJ scrawny

fameux, -euse /famø, øz/ ADJ ⓐ (= *célèbre*) famous; **ah, c'est ce ~ Paul dont tu m'as tant parlé** so this is the famous Paul you've told me so much about ⓑ (= *excellent*)* excellent; [*idée*] great*; **pas ~** [*mets, travail, temps*] not very good

familial, e (*mpl* **-iaux**) /familjal, o/ **1** ADJ family **2** NF **familiale** estate car (*Brit*), station wagon (*US*)

familiariser (se) /familjaʀize/ /TABLE 1/ VPR **se familiariser avec** [+ *méthode*] to familiarize o.s. with; [+ *personne*] to get to know

familiarité /familjaʀite/ **1** NF ⓐ (= *désinvolture*) (over)familiarity ⓑ (= *habitude*) **~ avec** [+ *langue, auteur, méthode*] familiarity with ⓒ (= *atmosphère amicale*) informality **2** NFPL **familiarités** (= *privautés*) familiarities

familier, -ière /familje, jɛʀ/ **1** ADJ ⓐ (= *bien connu*) familiar; **sa voix m'est familière** his voice is familiar ⓑ (= *désinvolte*) [*personne*] (over)familiar; [*surnom*] familiar; [*attitude, manières*] offhand ⓒ (= *non recherché*) [*style, registre*] informal; **expression familière** colloquialism **2** NM [*de club, théâtre*] regular visitor (**de** to)

familièrement /familjɛʀmɑ̃/ ADV ⓐ (= *cavalièrement*) [*se conduire*] familiarly; (= *sans recherche*) [*s'exprimer*] informally; **comme on dit ~** as you say colloquially

famille /famij/ **1** NF family; **~ éloignée/proche** distant/close relatives; **on a prévenu la ~** the next of kin have been informed; **~ nombreuse** large family; **comment va la petite ~ ?** how are the little ones?; **entrer dans une ~** to become part of a family; **elle fait partie de la ~** she is one of the family; **il est très ~*** he's a real family man; **c'est une ~ de musiciens** they're a family of musicians; **ils sont de la même ~ politique** they're of the same political persuasion
◆ **de famille** [*réunion, dîner*] family; **c'est de ~** it runs in the family
◆ **en famille** (= *avec la famille*) with the family; (= *comme une famille*) as a family; **il vaut mieux régler ce problème en ~** it's best to sort this problem out within the family; **passer ses vacances en ~** to spend one's holidays with the family

2 COMP ◆ **famille d'accueil** host family ◆ **famille de placement** foster family

famine /famin/ NF (= *épidémie*) famine

fan* /fan/ NMF (= *admirateur*) fan

fana* /fana/ ADJ, NMF (ABBR = **fanatique**) fanatic; **~ de ski**

skiing fanatic; ~ **d'informatique/de cinéma** computer nerd/cinema buff*

fanatique /fanatik/ 1 ADJ fanatical (**de** about) 2 NMF fanatic

fanatisé, e /fanatize/ ADJ extremist

fanatisme /fanatism/ NM fanaticism

fané, e /fane/ (*ptp de* **faner**) ADJ [*fleur, bouquet*] wilted; [*couleur, beauté*] faded

faner (se) /fane/ /TABLE 1/ VPR to wilt; [*peau*] to wither; [*teint, beauté, couleur*] to fade

fanes /fan/ NFPL [*de légume*] tops; ~ **de carottes** carrot tops

fanfare /fɑ̃faʀ/ NF (= *orchestre*) brass band; (= *musique*) fanfare

♦ **en fanfare** [*réveil, départ*] tumultuous; [*réveiller, partir*] noisily; **annoncer en ~** [+ *nouvelle, réforme*] to trumpet

fanfaron, -onne /fɑ̃faʀɔ̃, ɔn/ NM,F braggart

fanfaronner /fɑ̃faʀɔne/ /TABLE 1/ VI to brag

fanfreluches /fɑ̃fʀəlyʃ/ NFPL trimmings

fange /fɑ̃ʒ/ NF (*littér*) mire (*littér*)

fanion /fanjɔ̃/ NM pennant

fantaisie /fɑ̃tezi/ NF ⓐ (= *caprice*) whim; **elle lui passe toutes ses ~s** she gives in to his every whim; **je me suis payé une petite ~** (*bibelot, bijou*) I bought myself a little present ⓑ (= *extravagance*) extravagance ⓒ (*littér = bon plaisir*) **il lui a pris la ~ de ...** he took it into his head to ... ⓓ (= *imagination*) imagination; **manquer de ~** [*personne*] to be unimaginative; **c'est de la ~ pure** that is pure fantasy; **bijoux (de) ~** costume jewellery

fantaisiste /fɑ̃tezist/ ADJ ⓐ [*explication*] fanciful; [*horaires*] unpredictable ⓑ [*personne*] (= *bizarre*) eccentric

fantasme /fɑ̃tasm/ NM fantasy; **il vit dans ses ~s** he lives in a fantasy world

fantasmer /fɑ̃tasme/ /TABLE 1/ VI to fantasize (**sur** about)

fantasque /fɑ̃task/ ADJ capricious

fantastique /fɑ̃tastik/ 1 ADJ ⓐ (= *excellent*) fantastic*; (= *énorme, incroyable*) incredible ⓑ (= *étrange*) [*atmosphère*] eerie; **roman ~** fantasy; **film ~** fantasy film 2 NM **le ~** the fantastic

fantoche /fɑ̃tɔʃ/ NM, ADJ puppet

fantôme /fɑ̃tom/ 1 NM (= *spectre*) ghost 2 ADJ **bateau ~** ghost ship; **cabinet ~** shadow cabinet; **société ~** bogus company

faon /fɑ̃/ NM (= *animal*) fawn

FAQ /fak/ NF (ABBR = **foire aux questions**) FAQ

faramineux, -euse* /faʀaminø, øz/ ADJ [*prix*] astronomical*

farce /faʀs/ NF ⓐ (= *tour*) practical joke; **faire une ~ à qn** to play a practical joke on sb; **~s (et) attrapes** (= *objets*) (assorted) tricks ⓑ (= *comédie*) farce; **ce procès est une ~** this trial is a farce ⓒ (*Cuisine*) filling; (*dans une volaille*) stuffing

farceur, -euse /faʀsœʀ, øz/ 1 NM,F (*en actes*) practical joker; (*en paroles*) joker; **sacré ~!** you're (*ou* he's *etc*) a crafty one! 2 ADJ (= *espiègle*) mischievous; **il est très ~** he likes playing tricks

farcir /faʀsiʀ/ /TABLE 2/ 1 VT (*Cuisine*) to stuff; **tomates farcies** stuffed tomatoes; **farci de fautes** littered with mistakes 2 VPR **se farcir** ⓐ **se ~ la tête de** to fill one's head with ⓑ [+ *lessive, travail, personne*]‡ to get landed with*; [+ *gâteaux*]‡ to scoff* (*Brit*); **se ~ une fille/un mec**‡‡ to have it off with‡ (*Brit*) a girl/a guy; **il faut se le ~!** [+ *importun*] he's a real pain!*

fard /faʀ/ NM (= *maquillage*) make-up; **~ (gras)** [*d'acteur*] greasepaint; **parler sans ~** to speak openly ♦ **fard à joues** blusher ♦ **fard à paupières** eye shadow

fardé, e /faʀde/ (*ptp de* **farder**) ADJ [*personne*] wearing make-up

fardeau (*pl* **fardeaux**) /faʀdo/ NM load; (*fig*) burden

farder /faʀde/ /TABLE 1/ 1 VT [+ *acteur*] to make up 2 VPR **se farder** (= *se maquiller*) to put make-up on

farfelu, e* /faʀfəly/ ADJ [*idée, projet*] hare-brained; [*personne, conduite*] scatty* (*Brit*)

farfouiller * /faʀfuje/ /TABLE 1/ VI to rummage about

farine /faʀin/ NF [*de blé*] flour ♦ **farine complète** wholemeal flour (*Brit*) ♦ **farine de froment** wheat flour ♦ **farine de poisson** fish meal ♦ **farine de sarrasin** buckwheat flour ♦ **farines animales** bone meal

fariner /faʀine/ /TABLE 1/ VT to flour

farineux, -euse /faʀinø, øz/ ADJ [*consistance, aspect, goût*] floury; [*pomme*] dry

farniente /faʀnjɛ̃te/ NM lazing about

farouche /faʀuʃ/ ADJ ⓐ (= *timide*) shy ⓑ (= *acharné*) [*volonté*] unshakeable; [*partisan, défenseur*] staunch; [*haine, ennemi*] bitter

farouchement /faʀuʃmɑ̃/ ADV fiercely

fart /faʀt/ NM ski wax

farter /faʀte/ /TABLE 1/ VT [+ *skis*] to wax

fascicule /fasikyl/ NM instalment (*of publication*)

fascinant, e /fasinɑ̃, ɑ̃t/ ADJ fascinating

fascination /fasinasjɔ̃/ NF fascination; **exercer une grande ~ sur** to exert a great fascination over

fasciner /fasine/ /TABLE 1/ VT to fascinate

fascisme /faʃism/ NM fascism

fasciste /faʃist/ ADJ, NMF fascist

fasse /fas/ VB → **faire**

faste /fast/ 1 NM splendour (*Brit*), splendor (*US*); **sans ~** [*cérémonie*] simple; [*célébrer*] simply 2 ADJ [*année, période*] (*de chance*) lucky; (= *prospère*) prosperous; **jour ~** lucky day

fast-food (*pl* **fast-foods**) /fastfud/ NM fast-food restaurant

fastidieux, -ieuse /fastidjø, jøz/ ADJ tedious

fastueux, -euse /fastɥø, øz/ ADJ luxurious; **réception fastueuse** lavish reception

fat, e /fa(t), fat/ ADJ (*frm*) conceited

fatal, e (*mpl* **fatals**) /fatal/ ADJ ⓐ (= *funeste*) [*accident, issue, coup*] fatal; **erreur ~e!** fatal mistake!; **être ~ à qn** [*chute, accident*] to kill sb; [*erreur, bêtise*] to prove fatal to sb ⓑ (= *inévitable*) inevitable; **c'était ~** it was bound to happen ⓒ (= *marqué par le destin*) [*instant, heure*] fateful

fatalement /fatalmɑ̃/ ADV (= *inévitablement*) inevitably

⚠ **fatalement** ≠ **fatally**

fatalisme /fatalism/ NM fatalism

fataliste /fatalist/ 1 ADJ fatalistic 2 NMF fatalist

fatalité /fatalite/ NF (= *destin*) fate; **c'est la ~** it's fate; **le chômage est-il une ~?** is unemployment inevitable?

fatidique /fatidik/ ADJ fateful

fatigant, e /fatigɑ̃, ɑ̃t/ ADJ (= *épuisant*) tiring; (= *agaçant*) tiresome

fatigue /fatig/ NF [*de personne*] tiredness; **tomber** *ou* **être mort de ~** to be exhausted; **dans un état d'extrême ~** in a state of utter exhaustion; **~ oculaire** eyestrain

fatigué, e /fatige/ (*ptp de* **fatiguer**) ADJ [*personne, voix, membres, traits*] tired; [*cœur*] strained; [*vêtements, habits*] worn; **~ de** [+ *jérémiades, personne*] tired of; **~ de la vie** tired of life

fatiguer /fatige/ /TABLE 1/ 1 VT ⓐ (*physiquement*) **~ qn** [*maladie, effort, études*] to make sb tired; **ça fatigue les yeux/le moteur** it puts a strain on the eyes/the engine ⓑ (= *agacer*) to annoy; (= *lasser*) to wear out; **tu commences à me ~** you're beginning to annoy me

2 VI [*moteur*] to labour (*Brit*), to labor (*US*); [*personne*] to grow tired; **je commence à ~** I'm starting to feel tired

3 VPR **se fatiguer** to get tired; **se ~ à faire qch** to tire o.s. out doing sth; **il ne s'est pas trop fatigué** (*iro*) he didn't overdo it; **se ~ de qch/de faire qch** to get tired of sth/of doing sth; **se ~ à expliquer** to wear o.s. out explaining

fatras /fatʀɑ/ NM jumble

fatuité /fatɥite/ NF smugness

faubourg /fobuʀ/ NM (inner) suburb

fauche* /foʃ/ NF (= vol) thieving; **il y a beaucoup de ~ par ici** there are a lot of thefts round here

fauché, e* /foʃe/ (ptp de **faucher**) ADJ (= sans argent) hard up*

faucher /foʃe/ /TABLE 1/ VT ⓐ [+ blé] to reap; [+ herbe] to cut ⓑ (= abattre) [vent] to flatten; [véhicule] to knock down; **la mort l'a fauché en pleine jeunesse** he was cut down in his prime ⓒ (= voler)* to pinch*; **elle fauche dans les magasins** she pinches* things from shops

faucheuse /foʃøz/ NF (= machine) reaper

faucheux /foʃø/ NM harvest spider

faucille /fosij/ NF sickle

faucon /fokɔ̃/ NM falcon; (Politique) hawk

faudra /fodRa/ VB → **falloir**

faufiler /fofile/ /TABLE 1/ 1 VT to tack 2 VPR **se faufiler**: **se ~ dans** to worm one's way into; **se ~ entre** to dodge in and out of; **se ~ entre les chaises** to squeeze between the rows of seats; **se ~ entre les voitures** to dodge in and out of the traffic

faune NF wildlife; (péj = personnes) crowd; **la ~ et la flore de l'île** the flora and fauna of the island

faussaire /foseR/ NMF forger

fausse /fos/ ADJ F → **faux**

faussement /fosmã/ ADV wrongfully; **~ intéressé** pretending to be interested

fausser /fose/ /TABLE 1/ VT [+ jugement] to distort; [+ clé] to bend; [+ serrure] to damage

♦ fausser compagnie à qn to give sb the slip

fausset /fose/ NM **(voix de) ~** falsetto (voice)

faut /fo/ → **falloir**

faute /fot/ 1 NF ⓐ (= erreur) mistake; **faire ou commettre une ~** to make a mistake; **~ de grammaire** grammatical mistake; **~ de prononciation** mispronunciation; **une dictée sans ~** an error-free dictation

ⓑ (= mauvaise action) misdeed; (Droit) offence; **commettre une ~** to commit a misdemeanour

ⓒ (Sport) foul; (Tennis) fault; **le joueur a fait une ~** the player committed a foul; **faire une ~ de main** to handle the ball; **~ !** (pour un joueur) foul!; (pour la balle) fault!

ⓓ (= responsabilité) fault; **par sa ~** because of him; **c'est (de) la ~ de Richard/(de) sa ~** it's Richard's fault/his fault; **à qui la ~ ?** whose fault is it?; **c'est la ~ à pas de chance*** it's just bad luck

ⓔ (locutions)

♦ en faute : **prendre qn en ~** to catch sb out

♦ faute de through lack of; **~ d'argent** for want of money; **~ de temps** for lack of time; **~ de mieux** for want of anything better; **~ de quoi** otherwise; **relâché ~ de preuves** released for lack of evidence

2 COMP **♦ faute de français** grammatical mistake (in French) **♦ faute de frappe** typing error **♦ faute de goût** error of taste **♦ faute grave** (professionnelle) gross misconduct (NonC) **♦ faute d'impression** misprint **♦ faute d'orthographe** spelling mistake **♦ faute professionnelle** professional misconduct (NonC)

fauteuil /fotœj/ NM armchair; [de président] chair; [de théâtre, académicien] seat **♦ fauteuil à bascule** rocking chair **♦ fauteuil de dentiste** dentist's chair **♦ fauteuil de jardin** garden chair **♦ fauteuil d'orchestre** seat in the front stalls (Brit) ou the orchestra (US) **♦ fauteuil roulant** wheelchair

fauteur, -trice /fotœR, tRis/ NM,F **~ de troubles** troublemaker

fautif, -ive /fotif, iv/ 1 ADJ ⓐ guilty; [conducteur] at fault (attrib) ⓑ [citation] inaccurate; **le texte est très ~** the text is full of mistakes 2 NM,F **c'est moi le ~** I'm the culprit

fauve /fov/ 1 ADJ ⓐ [tissu, couleur] fawn ⓑ (Art) **la période ~** the Fauvist period 2 NM ⓐ (= animal) wildcat; (= bête sauvage) wild animal; **la chasse aux ~s** big-game hunting; **ça sent le ~ ici*** there's a strong smell of BO in here*

fauvette /fovet/ NF warbler

faux¹, fausse /fo, fos/ 1 ADJ ⓐ [billet, documents, signature] forged; [marbre, bijoux] imitation; [tableau] fake; [dent, nez, déclaration, prétexte, espoir, rumeur] false; [médecin, policier] bogus; **fausse pièce** forged coin

ⓑ (= inexact) [calcul, numéro, rue] wrong; [idée] mistaken; [affirmation] untrue; [instrument de musique, voix] out of tune; [raisonnement] faulty; **c'est ~** [résultat] that's wrong; **ce que tu dis est ~** what you're saying is untrue; **faire fausse route** to take the wrong road; (fig) to be on the wrong track; **faire un ~ pas** to stumble; **avoir tout ~*** to get everything wrong

ⓒ (= fourbe) deceitful

2 NM ⓐ (= mensonge) **le ~** falsehood; **prêcher le ~ pour savoir le vrai** to tell a lie to get at the truth

ⓑ (= contrefaçon) forgery; **~ en écriture** false entry

3 ADV [chanter, jouer] out of tune

4 COMP **♦ fausse alerte** false alarm **♦ faux ami** false friend **♦ faux bond** : **faire ~ bond à qn** to let sb down **♦ faux col** [de chemise] detachable collar; [de bière] head **♦ fausse couche** miscarriage; **faire une fausse couche** to have a miscarriage **♦ faux cul‡** two-faced individual **♦ faux départ** false start **♦ fausse fourrure** fake fur **♦ faux frais** NPL extras **♦ faux frère** false friend **♦ faux jeton*** two-faced person **♦ faux jour** : **sous un ~ jour** in a false light **♦ faux mouvement** awkward movement **♦ faux nom** assumed name **♦ fausse note** (Musique) wrong note; (fig) sour note; **la réunion s'est passée sans fausse note** the meeting went off without a hitch **♦ fausse nouvelle** false report **♦ fausse piste** : **être sur une fausse piste** to be on the wrong track **♦ faux plat** slight incline **♦ faux pli** crease **♦ faux problème** non-issue **♦ faux sens** mistranslation **♦ faux témoignage** (= déposition mensongère) false evidence (NonC); (= délit) perjury

faux² /fo/ NF (= outil) scythe

faux-filet (pl **faux-filets**) /fofile/ NM sirloin

faux-fuyant (pl **faux-fuyants**) /fofɥijã/ NM prevarication; **user de ~s** to evade the issue

faux-monnayeur (pl **faux-monnayeurs**) /fomɔnɛjœR/ NM counterfeiter

faux-semblant (pl **faux-semblants**) /fosãblã/ NM **user de ~s** to put up a pretence

faveur /favœR/ NF favour (Brit), favor (US); **fais-moi une ~** do me a favour; **gagner la ~ du public** to win public favour; **elle lui a refusé ses ~s** she refused him her favours **♦ de faveur** [prix, taux] special; **billet de ~** complimentary ticket; **traitement de ~** preferential treatment **♦ en faveur de** for; **en ma/sa ~** in my/his (ou her) favour **♦ à la faveur de** thanks to; **à la ~ de la nuit** under cover of darkness

favorable /favɔRabl/ ADJ ⓐ [moment, occasion] right; [terrain, position, vent] favourable (Brit), favorable (US); **avoir un préjugé ~ envers** to be biased in favour of; **se montrer sous un jour ~** to show o.s. in a favourable light; **voir qch d'un œil ~** to view sth favourably; **le change nous est ~** the exchange rate is in our favour ⓑ **être ~ à** [personne] to be favourable to

favorablement /favɔRabləmã/ ADV favourably (Brit), favorably (US)

favori, -ite /favɔRi, it/ 1 ADJ favourite (Brit), favorite (US) 2 NM,F ⓐ (= préféré, gagnant probable) favourite (Brit), favorite (US); **c'est le grand ~ de la course** (Sport) he's the hot favourite for the race 3 NMPL **favoris** (= barbe) sideburns

favoriser /favɔRize/ /TABLE 1/ VT ⓐ (= avantager, encourager) [+ candidat, commerce, parti] to favour (Brit), to favor (US); **les classes les plus favorisées** the most favoured classes ⓑ (= faciliter) to make easier; **ces facteurs favorisent l'apparition du cancer** these factors contribute to the development of cancer

favoritisme /favɔRitism/ NM favouritism (Brit), favoritism (US)

fax /faks/ NM (= machine) fax machine; (= document) fax; **envoyer qch par ~** to send sth by fax

faxer /fakse/ /TABLE 1/ VT to fax

fayot /fajo/ NM ⓐ (= *haricot*)* bean ⓑ (= *lèche-bottes*)**:** crawler*

FB ABBR = **franc belge**

fébrile /febʀil/ ADJ feverish; **pour états ~s** [*médicament*] for fever

fébrilement /febʀilmɑ̃/ ADV [*s'activer, attendre*] feverishly

fécal ,e (*mpl* **-aux**) /fekal, o/ ADJ **matières ~es** faeces

fécond , e /fekɔ̃, ɔ̃d/ ADJ ⓐ (= *non stérile*) fertile ⓑ [*auteur*] prolific; [*sujet, idée*] fruitful; [*esprit*] creative

fécondation /fekɔ̃dasjɔ̃/ NF [*de femme*] impregnation; [*d'animal*] fertilization; [*de fleur*] pollination; **~ in vitro** in vitro fertilization

féconder /fekɔ̃de/ /TABLE 1/ VT [+ *femme*] to impregnate; [+ *animal*] to fertilize; [+ *fleur*] to pollinate

fécondité /fekɔ̃dite/ NF fertility; [*de terre, idée*] richness

fécule /fekyl/ NF starch; **~ (de pommes de terre)** potato flour

féculent /fekylɑ̃/ NM starchy food; **évitez les ~s** avoid starchy foods

fédéral ,e (*mpl* **-aux**) /federal, o/ ADJ federal

fédération /federasjɔ̃/ 1 NF federation; **~ syndicale** trade union 2 COMP ♦ **la Fédération française de football** the French football association ♦ **la Fédération de Russie** the Russian Federation

fédérer /federe/ /TABLE 6/ VT to federate

fée /fe/ NF fairy; **une vraie ~ du logis** (*hum*) a real homebody; **la méchante ~** the wicked fairy

feeling /filiŋ/ NM feeling; **faire qch au ~** to do sth intuitively

féerie /fe(e)ʀi/ NF enchantment

féerique /fe(e)ʀik/ ADJ magical

feignant ,e /fɛɲɑ̃, ɑ̃t/ ADJ idle 2 NM,F idler

feindre /fɛ̃dʀ/ /TABLE 52/ VT (= *simuler*) [+ *enthousiasme, ignorance, innocence*] to feign; **~ la colère** to pretend to be angry; **il feint de ne pas comprendre** he pretends not to understand

feint , e /fɛ̃, fɛ̃t/ (*ptp de* **feindre**) 1 ADJ [*émotion, maladie*] feigned; **non ~** genuine 2 NF **feinte** (= *manœuvre*) dummy move; (*Football, Rugby*) dummy (*Brit*), fake (*US*); (*Boxe, Escrime*) feint

feinter /fɛ̃te/ /TABLE 1/ 1 VT (*Football, Rugby*) to dummy (*Brit*) *ou* fake (*US*) (one's way past) 2 VI (*Football, Rugby*) to dummy (*Brit*), to fake (*US*)

fêlé ,e /fele/ (*ptp de* **fêler**) ADJ [*assiette, voix*] cracked; **tu es complètement ~!** you're completely crazy!*

fêler (se) /fele/ /TABLE 1/ VPR to crack

félicitations /felisitasjɔ̃/ NFPL congratulations (**pour** on); **~!** congratulations!; **avec les ~ du jury** (*Scol, Univ*) highly commended

féliciter /felisite/ /TABLE 1/ VT to congratulate (**qn de** *ou* **sur qch** sb on sth); **je vous félicite!** congratulations! 2 VPR **se féliciter** to be very glad (**de** about); **se ~ d'une décision** to welcome a decision; **je n'y suis pas allé et je m'en félicite** I didn't go and I'm glad I didn't

félin /felɛ̃/ NM feline; **les ~s** felines; **les grands ~s** the big cats

fêlure /felyʀ/ NF crack

femelle /fəmɛl/ ADJ, NF female

féminin, e /feminɛ̃, in/ 1 ADJ feminine; [*hormone, population, sexe*] female; [*mode, magazine, équipe*] women's; **elle est peu ~e** she's not very feminine; **ses conquêtes ~es** his conquests 2 NM feminine; **au ~** in the feminine

féminiser /feminize/ /TABLE 1/ VT to feminize; [+ *mot*] to find a feminine form for; **~ une profession** to increase the number of women in a profession; **profession féminisée** largely female profession 2 VPR **se féminiser: la profession se féminise** an increasing number of women are entering the profession

féminisme /feminism/ NM feminism

féministe /feminist/ ADJ, NMF feminist

féminité /feminite/ NF femininity

femme /fam/ 1 NF ⓐ (= *individu*) woman; **la ~** (= *espèce*) woman; **une jeune ~** a young woman; **c'est la ~ de sa vie** she is the love of his life; **les ~s et les enfants d'abord!** women and children first! ⓑ (= *épouse*) wife ⓒ (*profession*) **~ médecin** woman doctor; **professeur ~** female teacher

2 ADJ INV **être très ~** (*féminine*) to be very womanly

3 COMP ♦ **femme d'affaires** businesswoman ♦ **femme battue** battered woman ♦ **femme de chambre** (*dans un hôtel*) chambermaid; (*de qn*) (lady's) maid ♦ **femme fatale** femme fatale ♦ **la femme au foyer** the housewife ♦ **femme d'intérieur** housewife; **c'est une ~ d'intérieur** she's very houseproud ♦ **femme de lettres** woman of letters ♦ **femme de ménage** cleaning lady ♦ **femme du monde** society woman ♦ **femme de service** (*nettoyage*) cleaner; (*cantine*) dinner lady ♦ **femme de tête** strong-minded intellectual woman

fémur /femyʀ/ NM thighbone

fendillé ,e /fɑ̃dije/ (*ptp de* **fendiller**) ADJ [*plâtre, porcelaine, terre*] crazed; [*bois*] sprung; [*lèvres, peau*] chapped

fendiller (se) /fɑ̃dije/ VPR [*plâtre, porcelaine, terre*] to craze; [*bois*] to spring; [*lèvres, peau*] to chap

fendre /fɑ̃dʀ/ /TABLE 41/ 1 VT ⓐ (= *couper en deux*) to split; **~ du bois** to chop wood ⓑ [+ *rochers*] to cleave; [+ *mur, plâtre, meuble*] to crack; **~ la foule** to push one's way through the crowd; **ça me fend le cœur** *ou* **l'âme** it breaks my heart; **un spectacle à vous ~ le cœur** a heartbreaking sight

2 VPR **se fendre** ⓐ (= *se fissurer*) to crack ⓑ [+ *partie du corps*] **il s'est fendu le crâne** he has cracked his skull open; **se ~ la pipe**: *ou* **la pêche**: *ou* **la poire**: *ou* **la gueule**: (= *rire*) to laugh one's head off*; (= *s'amuser*) to have a good laugh ⓒ **se ~ de**: [+ *somme*] to shell out*; [+ *bouteille, cadeau*] to lash out on*; **il ne s'est pas fendu!** he didn't exactly break himself!*

fendu ,e /fɑ̃dy/ (*ptp de* **fendre**) ADJ [*crâne*] cracked; [*lèvre*] cut; [*veste*] with a vent; [*jupe*] slit

fenêtre /f(ə)nɛtʀ/ NF window; [*de formulaire*] space; **regarder/sauter par la ~** to look/jump out of the window; **se mettre à la ~** to go to the window; **c'est une ~ ouverte sur ...** (*fig*) it's a window on ... ♦ **fenêtre de dialogue** dialogue box ♦ **fenêtre à guillotine** sash window ♦ **fenêtre de lancement** launch window

fennec /fenɛk/ NM fennec

fenouil /fənuj/ NM fennel

fente /fɑ̃t/ NF ⓐ [*de mur, terre, rocher*] crack; [*de bois*] split ⓑ [*de boîte à lettres, tirelire*] slot; [*de tête d'une vis*] groove; [*de jupe*] slit; [*de veste*] vent

féodal ,e (*mpl* **-aux**) /feodal, o/ ADJ feudal

fer /fɛʀ/ 1 NM ⓐ (= *métal*) iron; **de ~** iron; **volonté de ~** iron will; **croire qch dur comme ~** to believe sth firmly ⓑ [*de cheval*] shoe; [*de chaussure*] steel tip; [*de flèche, lance*] point ⓒ (*pour repasser*) iron; **donner un coup de ~ à qch** to give sth an iron; (*plus soigneusement*) to press sth

2 COMP ♦ **fer à cheval** horseshoe; **en ~ à cheval** [*table, bâtiment*] U-shaped ♦ **fer forgé** wrought iron ♦ **fer à friser** curling tongs (*pl*) ♦ **fer de lance** spearhead ♦ **fer à repasser** iron ♦ **fer rouge** branding iron ♦ **fer à souder** soldering iron ♦ **fer à vapeur** steam iron

fera /f(ə)ʀa/ VB → **faire**

fer-blanc (*pl* **fers-blancs**) /fɛʀblɑ̃/ NM tin; **une boîte en ~** a tin

férié, e /feʀje/ ADJ **jour ~** public holiday; **le lundi suivant est ~** the following Monday is a holiday → **FÊTES LÉGALES**

férir /feʀiʀ/ VT **sans coup ~** without encountering any opposition

ferme¹ /fɛʀm/ 1 ADJ ⓐ firm; [*style, trait*] confident; **avec la ~ intention de faire qch** with the firm intention of doing sth; **prix ~s et définitifs** firm prices; **« prix : 200 000 € ~ »** "price: 200,000 euros (not negotiable)" ADV

ⓐ (*intensif*)* [*travailler, cogner*] hard; **discuter** ~ to discuss vigorously; **s'ennuyer** ~ to be bored stiff* ⓑ **condamné à sept ans (de prison)** ~ sentenced to seven years imprisonment without remission

ferme² /fɛʀm/ NF (= *domaine*) farm; (= *habitation*) farmhouse; ~ **d'élevage** cattle farm; ~ **marine** fish farm

fermé, e /fɛʀme/ (*ptp de* **fermer**) ADJ ⓐ closed; [*porte, magasin, valise*] shut; [*espace*] closed-in; [*voiture*] locked; [*robinet*] off (*attrib*); **la porte est ~e à clé** the door is locked; **la station est ~e au public** the station is closed to the public ⓑ [*milieu, club*] exclusive ⓒ [*visage, air*] impenetrable; [*personne*] uncommunicative ♦ **être fermé à** [+ *sentiment, qualité*] to be untouched by; [+ *science, art*] to have no interest in

fermement /fɛʀməmɑ̃/ ADV firmly

ferment /fɛʀmɑ̃/ NM (= *micro-organisme*) leaven (*NonC*); (*fig*) ferment (*NonC*)

fermentation /fɛʀmɑ̃tasjɔ̃/ NF fermentation

fermenter /fɛʀmɑ̃te/ /TABLE 1/ VI to ferment

fermer /fɛʀme/ /TABLE 1/ 1 VT to close; [+ *magasin, café, musée*] (*après le travail*) to shut; (*définitivement*) to close (down); [+ *manteau, gilet*] to do up; [+ *chemin, passage*] to block; [+ *accès*] to close off; [+ *aéroport*] to close; [+ *gaz, électricité, eau, robinet*] to turn off; ~ **à clé** [+ *porte, chambre*] to lock; ~ **à double tour** to double-lock the door; ~ **la porte au nez de qn** to shut the door in sb's face; ~ **sa porte à qn** to close one's door to sb; **va** ~ go and shut the door; **on ferme!** closing time!; **on ferme en juillet** we're closed in July; **la ferme!**⁺ **ou ferme-la!**⁺ shut up!⁺; **je n'ai pas fermé l'œil de la nuit** I didn't get a wink of sleep; ~ **les yeux sur** [+ *misère, scandale*] to close one's eyes to; [+ *abus, fraude, défaut*] to turn a blind eye to; ~ **boutique** to close down; ~ **le cortège** to bring up the rear of the procession

2 VI ⓐ [*fenêtre, porte, boîte*] to close; **cette porte/boîte ferme mal** this door/box doesn't close properly; **ce robinet ferme mal** this tap doesn't turn off properly ⓑ [*magasin*] (*le soir*) to close; (*définitivement, pour les vacances*) to close down; **ça ferme à 7 heures** they close at 7 o'clock

3 VPR **se fermer** to close; **son visage se ferma** his face became expressionless; **il se ferme tout de suite** [*personne*] he just clams up*

fermeté /fɛʀməte/ NF ⓐ [*de chair, fruit, sol, voix*] firmness ⓑ [*de main, écriture*] steadiness; [*de style, trait*] confidence; **avec** ~ firmly

fermette /fɛʀmɛt/ NF (small) farmhouse

fermeture /fɛʀmətyʀ/ 1 NF ⓐ « **ne pas gêner la** ~ **des portes** » "do not obstruct the doors (when closing)" ⓑ [*de magasin, musée, aéroport*] closing; ~ **annuelle** annual closure; (*sur la devanture*) closed for the holidays; **à (l'heure de) la** ~ at closing time; « ~ **pour (cause de) travaux** » "closed for refurbishment"; **faire la** ~ to close; **on a fait la** ~ (*clients d'un bar*) we stayed until closing time; **la** ~ **de la chasse** the end of the hunting season ⓒ (= *cessation d'activité*) [*de magasin, restaurant, école*] closure; ~ **définitive** permanent closure ⓓ (= *mécanisme*) [*de vêtement, sac*] fastener

2 COMP ♦ **fermeture éclair**®, **fermeture à glissière** zip (fastener) (*Brit*), zipper (*US*)

fermier, -ière /fɛʀmje, jɛʀ/ 1 ADJ **poulet** ~ ≈ free-range chicken; **beurre** ~ dairy butter; **fromage** ~ farmhouse cheese 2 NM,F (= *cultivateur*) farmer

fermoir /fɛʀmwaʀ/ NM [*de livre, collier, sac*] clasp

féroce /feʀɔs/ ADJ fierce; [*répression, critique*] savage; [*appétit*] ravenous

férocité /feʀɔsite/ NF [*d'animal, regard, personne*] ferocity; [*de répression, critique*] savagery; [*de satire, appétit*] ferociousness; [*de concurrence*] fierceness

ferraille /feʀaj/ NF ⓐ (= *déchets de fer*) scrap (iron); **tas de** ~ scrap heap; **bruit de** ~ rattling noise; **bon à mettre à la** ~ ≈ fit for the scrap heap ⓑ (= *monnaie*)* small *ou* loose change

ferrailleur /feʀajœʀ/ NM (= *marchand de ferraille*) scrap (metal) merchant

ferré, e /feʀe/ (*ptp de* **ferrer**) ADJ ⓐ [*canne, bâton*] steel-tipped; [*chaussure*] hobnailed; [*cheval*] shod ⓑ (= *calé*)* clued up* (**en, sur** about); **être** ~ **sur un sujet** to know a subject inside out

ferrer /feʀe/ /TABLE 1/ VT ⓐ [+ *cheval*] to shoe; [+ *chaussure*] to nail ⓑ [+ *poisson*] to strike

ferreux, -euse /feʀø, øz/ ADJ ferrous

ferronnerie /feʀɔnʀi/ NF (= *métier*) ironwork; (= *objets*) ironware; **faire de la** ~ **d'art** to be a craftsman in wrought iron

ferronnier /feʀɔnje/ NM (= *artisan*) craftsman in (wrought) iron

ferroviaire /feʀɔvjɛʀ/ ADJ [*réseau, trafic*] railway (*Brit*), railroad (*US*); [*transport*] rail

ferrure /feʀyʀ/ NF (= *charnière*) (ornamental) hinge; ~**s** [*de porte*] (door) fittings

ferry (*pl* **ferries**) /feʀi/ NM ABBR = **ferry-boat**

ferry-boat (*pl* **ferry-boats**) /feʀibot/ NM [*de voitures*] (car) ferry; [*de trains*] (train) ferry

fertile /fɛʀtil/ ADJ fertile; **journée** ~ **en événements** eventful day

fertiliser /fɛʀtilize/ /TABLE 1/ VT to fertilize

fertilité /fɛʀtilite/ NF fertility

féru, e /feʀy/ ADJ (*frm*) **être** ~ **de** to be very interested in

férule /feʀyl/ NF **être sous la** ~ **de qn** to be under sb's (iron) rule

fervent, e /fɛʀvɑ̃, ɑ̃t/ 1 ADJ fervent 2 NM,F devotee

ferveur /fɛʀvœʀ/ NF fervour (*Brit*), fervor (*US*); **avec** ~ fervently

fesse /fɛs/ NF buttock; **les** ~**s** the bottom; **magazine de** ~**s**⁺ porn magazine*; **histoire de** ~**s**⁺ dirty story

fessée /fese/ NF spanking; **donner une** ~ **à qn** to smack sb's bottom

fessier, -ière /fesje, jɛʀ/ ADJ [*muscles*] buttock

festin /fɛstɛ̃/ NM feast

festival (*pl* **festivals**) /fɛstival/ NM festival

festivalier, -ière /fɛstivalje, jɛʀ/ NM,F festival-goer

festivités /fɛstivite/ NFPL festivities

festoyer /fɛstwaje/ /TABLE 8/ VI to feast

fêtard, e⁺ /fɛtaʀ, aʀd/ NM,F reveller

fête /fɛt/ 1 NF ⓐ (= *commémoration*) (*religieuse*) feast; (*civile*) holiday; **Noël est la** ~ **des enfants** Christmas is a time for children ⓑ (= *jour du prénom*) saint's day; **la** ~ **de la Saint-Jean** Saint John's day; **souhaiter bonne** ~ **à qn** to wish sb a happy saint's day ⓒ (= *congé*) holiday; **les** ~**s (de fin d'année)** the (Christmas and New Year) holidays ⓓ (= *foire, kermesse*) fair; ~ **paroissiale** parish fête; ~ **de la bière** beer festival; **c'est la** ~ **au village** the fair is on in the village ⓔ (= *réception*) party; **donner une** ~ to throw a party; **faire une** ~ **(pour son anniversaire etc)** to have a (birthday *etc*) party ⓕ (= *allégresse collective*) **la** ~ celebration; **c'est la** ~ **!** everyone's celebrating!; **toute la ville était en** ~ the whole town was celebrating; **air/atmosphère de** ~ festive air/atmosphere ⓖ (*locutions*) **je n'étais pas à la** ~ it was no picnic (for me)*; **être de la** ~ to be one of the party; **ça va être ta** ~**!** you've got it coming to you*; **faire sa** ~ **à qn!** to beat sb up*; **faire la** ~* to live it up*; **faire** ~ **à qn** to give sb a warm welcome; **elle se faisait une** ~ **d'y aller** she was really looking forward to going; **ce n'est pas tous les jours** ~ it's not every day that we have an excuse to celebrate

2 COMP ♦ **fête de famille** family celebration ♦ **fête foraine** fun fair ♦ **fête légale** public holiday ♦ **la fête des Mères** Mother's Day ♦ **fête nationale** national holiday ♦ **la fête des Pères** Father's Day ♦ **la fête des Rois**

Twelfth Night ♦ **la fête du travail** Labour Day ♦ **fête de village** village fête

---

> **ⓘ FÊTES LÉGALES**
>
> Holidays to which employees are entitled in addition to their paid leave in France are as follows:
>
> **Religious holidays**: Christmas Day, Easter Monday, Ascension Day, Pentecost, Assumption (15 August) and All Saints' Day (1 November).
>
> **Other holidays**: New Year's Day, 1 May (la fête du travail), 8 May (commemorating the end of the Second World War), 14 July (Bastille Day) and 11 November (Armistice Day).
>
> When a holiday falls on a Tuesday or a Thursday, many people take an extra day off to fill in the gap before or after the weekend. Doing this is called "faire le pont".

---

fêter /fete/ /TABLE 1/ VT [+ anniversaire, victoire] to celebrate; [+ personne] to fête; **il faut ~ cela!** this calls for a celebration!

fétiche /fetiʃ/ NM fetish; (= mascotte) mascot; **son acteur ~** his favourite actor

fétichisme /fetiʃism/ NM fetishism

fétide /fetid/ ADJ fetid

fétu /fety/ NM **~ (de paille)** wisp of straw

---

feu¹ /fø/

1 NOM MASCULIN	**3** COMPOSÉS
2 ADJECTIF INVARIABLE	

1 NOM MASCULIN

ⓐ = flammes, incendie   fire; **~ de bois** wood fire; **allumer un ~** to light a fire; **faire un ~** to make a fire; **faire du ~** to make a fire; **jeter qch au ~** to throw sth on the fire; **avoir le ~ au derrière*** to be in a hell of a hurry*; **faire ~ de tout bois** to use all available means; **mettre le ~ à qch** to set fire to sth; **ça a mis le ~ aux poudres** it sparked things off; **prendre ~** to catch fire; **au ~!** fire!; **il y a le ~** there's a fire; **il n'y a pas le ~ (au lac)!*** no panic!*; **avoir le ~ sacré** to burn with zeal

♦ **à feu et à sang: la région est à ~ et à sang** the region is being torn apart by war

♦ **en feu** burning; **sa maison était en ~** his house was on fire; **devant la maison en ~** in front of the burning house; **il avait les joues en ~** his cheeks were burning

ⓑ pour un fumeur   light; **vous avez du ~?** have you got a light?; **donner du ~ à qn** to give sb a light

ⓒ = brûleur   burner; (= plaque électrique) ring (Brit), burner (US); **cuisinière à trois ~x** stove with three rings; **faire cuire à ~ doux** to cook on a low heat; (au four) to cook in a low oven; **faire cuire à ~ vif** to cook on a high heat; (au four) to cook in a hot oven; **plat qui va au ~** flameproof dish

♦ **à petit feu** [cuire] gently; **tuer qn à petit ~** to kill sb by inches

ⓓ = sensation de brûlure   **j'ai le ~ aux joues** my cheeks are burning; **le ~ du rasoir** shaving rash

ⓔ = ardeur   **dans le ~ de la discussion** in the heat of the discussion

♦ **tout feu tout flamme** wildly enthusiastic

ⓕ = tir   fire; **faire ~** to fire; **~!** fire!; **sous le ~ de l'ennemi** under enemy fire; **être pris entre deux ~x** to be caught in the crossfire; **un ~ roulant de questions** a barrage of questions

♦ **coup de feu** shot; **c'est le coup de ~** it's all go*

ⓖ = signal lumineux   light; **le ~ était au rouge** the lights were on red; **s'arrêter aux ~x** to stop at the lights

ⓗ = éclairage   light; **les ~x de la rampe** the footlights; **pleins ~x sur ...** spotlight on ...; **être sous le ~ des projecteurs** to be in the limelight; **les ~x de l'actualité sont braqués sur eux** they are in the full glare of the media spotlight

ⓘ ♦ **mise à feu** [de fusée, moteur] firing; [d'explosif, bombe] setting off; **au moment de la mise à ~ de la fusée** at blast-off

2 ADJECTIF INVARIABLE

couleur   flame-coloured; **rouge ~** flame red

3 COMPOSÉS

♦ **feu antibrouillard** fog light ♦ **feu arrière** tail light ♦ **feu d'artifice** firework display ♦ **feu de camp** campfire ♦ **feu de cheminée** (= flambée) fire; (= incendie) chimney fire ♦ **feu clignotant** flashing light ♦ **feux de croisement** dipped headlights (Brit), low beams (US) ♦ **feux de détresse** hazard warning lights ♦ **feu follet** will-o'-the-wisp ♦ **feu de forêt** forest fire ♦ **feu de joie** bonfire ♦ **feu orange** amber light (Brit), yellow light (US) ♦ **feu de paille** (fig) flash in the pan ♦ **feu de position** sidelight ♦ **feux de recul** reversing lights (Brit), back-up lights (US) ♦ **feu rouge** (= couleur) red light; (= objet) traffic light ♦ **feux de route** headlights on full beam ♦ **feux de la Saint-Jean** bonfires lit to celebrate the summer solstice ♦ **feux de signalisation** traffic lights ♦ **feu de stop** brake light ♦ **feux tricolores** traffic lights ♦ **feu vert** green light; **donner le ~ vert à qn** to give sb the go-ahead

feu², **e** ADJ (littér ou hum = décédé) **~ ma tante** my late aunt

feuillage /fœjaʒ/ NM (sur l'arbre) foliage (NonC); (coupé) greenery (NonC)

feuille /fœj/ **1** NF ⓐ [d'arbre, plante] leaf; **~ de laurier** bay leaf; **à ~s caduques/persistantes** deciduous/evergreen ⓑ [de papier, plastique, acier] sheet; **les ~s d'un cahier** the leaves of an exercise book; **or en ~s** gold leaf; **alimentation ~ à ~** sheet feed; **~ d'aluminium** (sheet of) aluminium foil ⓒ (= bulletin) slip; (= formulaire) form; (= journal) paper ⓓ (Informatique) **~ de style** style sheet; **~ de calcul** spread sheet

2 COMP ♦ **feuille de chou** (péj = journal) rag ♦ **feuille d'impôt** tax form ♦ **feuille de maladie** form given by doctor to patient for forwarding to the Social Security ♦ **feuille de paye** ou **paie** pay slip ♦ **feuille de présence** attendance sheet ♦ **feuille de soins** form given by doctor to patient for forwarding to the Social Security ♦ **feuille de vigne** vine leaf; (Art) fig leaf ♦ **feuille volante** loose sheet

feuillet /fœjɛ/ NM [de cahier, livre] page

feuilleté, **e** /fœjte/ (ptp de **feuilleter**) **1** ADJ [verre, pare-brise] laminated → **pâte 2** NM ≈ Danish pastry; **~ au jambon/aux amandes** ham/almond pastry

feuilleter /fœjte/ /TABLE 4/ VT [+ pages, livre] to leaf through; (= lire rapidement) to skim through

feuilleton /fœjtɔ̃/ NM serial; **~ télévisé** soap

feuillu, **e** /fœjy/ **1** ADJ leafy **2** NM broad-leaved tree

feutre /føtʀ/ NM (= matière) felt; (= chapeau) felt hat; (= stylo) felt-tip pen

feutré, **e** /føtʀe/ (ptp de **feutrer**) ADJ ⓐ [lainage] matted ⓑ [atmosphère] muffled; **marcher à pas ~s** to pad along

feutrer /føtʀe/ /TABLE 1/ **1** VT [+ lainage] to mat; (= amortir) to muffle **2** VPR **se feutrer** [lainage] to become matted

feutrine /føtʀin/ NF lightweight felt

fève /fɛv/ NF ⓐ (= légume) broad bean; **~ de cacao** cocoa bean ⓑ [de galette] charm (hidden in cake for Twelfth Night) → LES ROIS

février /fevʀije/ NM February → **septembre**

FF ⓐ (ABBR = **franc français**) FF ⓑ (ABBR = **frères**) bros

FFF /ɛfɛfɛf/ NM ABBR = **Fédération française de football**

Fg ABBR = **faubourg**

fi /fi/ EXCL **faire fi de** [+ danger] to snap one's fingers at; [+ conventions, conseils] to flout

fiabilité /fjabilite/ NF reliability

fiable /fjabl/ ADJ reliable

fiacre /fjakʀ/ NM hackney cab

fiançailles /fjãsaj/ NFPL engagement

fiancé, **e** /fjãse/ (ptp de **fiancer**) **1** ADJ engaged **2** NM (= homme) fiancé; **les ~s** (= couple) the engaged couple **3** NF **fiancée** fiancée

fiancer (se) /fjãse/ /TABLE 3/ VPR to get engaged (**avec**, **à** to)

fiasco /fjasko/ NM fiasco

fibre /fibʀ/ NF fibre (Brit), fiber (US); ~ **de bois** wood fibre; ~ **de verre** fibreglass (Brit), fiberglass (US); ~ **optique** (= câble) optical fibre; (= procédé) fibre optics; **riche en ~s (alimentaires)** high in (dietary) fibre; **avoir la ~ maternelle** to be a born mother

fibreux, -euse /fibʀø, øz/ ADJ [texture] fibrous; [viande] stringy

fibrome /fibʀom/ NM fibroid

ficeler /fis(ə)le/ /TABLE 4/ VT [+ paquet, rôti] to tie up; **c'est bien ficelé** it's well put together

ficelle /fisɛl/ NF (= matière) string; (= morceau) piece of string; (= pain) stick (of French bread); **tirer les ~s** to pull the strings; **connaître les ~s du métier** to know the ropes

fiche /fiʃ/ 1 NF ⓐ (= carte) index card; (= feuille) slip; (= formulaire) form; ~ **d'inscription** enrolment form; **mettre en ~** to index; **~-cuisine** [de magazine] pull-out recipe card ⓑ (= cheville, broche) pin; (= prise électrique) plug 2 COMP ♦ **fiche d'état civil** record of civil status, ≈ birth and marriage certificate ♦ **fiche de lecture** study notes (on a set book) ♦ **fiche de paie** pay slip ♦ **fiche technique** specification sheet

ficher¹ /fiʃe/ /TABLE 1/ VT ⓐ (= mettre en fiche) [+ renseignements] to file; [+ suspects] to put on file ⓑ (= enfoncer) to drive in

ficher²* /fiʃe/ /TABLE 1/ (ptp fichu) 1 VT ⓐ (= faire) to do; **qu'est-ce qu'il fiche?** what on earth is he doing?; **il n'a rien fichu de la journée** he hasn't done a thing all day*; **j'en ai rien à fiche, de leurs histoires** I couldn't care less what they're up to*
ⓑ (= donner) to give; **ça me fiche la trouille** it gives me the jitters*; **fiche-moi la paix!** leave me alone!; **qui est-ce qui m'a fichu un idiot pareil!** how stupid can you get!*
ⓒ (= mettre) to put; ~ **qn à la porte** to kick* sb out; ~ **qch par la fenêtre** to chuck* sth out of the window; **ça fiche tout par terre** (fig) that messes everything up; ~ **qn dedans** (= faire se tromper) to get sb all confused; **ça m'a fichu en colère** that made me really mad*
ⓓ ♦ **ficher le camp** ⓐ to clear off*

2 VPR **se ficher** ⓐ **je me suis fichu dedans** (= me suis trompé) I (really) boobed*
ⓑ **se ~ de qn** (= rire de) to make fun of sb; (= raconter des histoires à) to pull sb's leg; **se ~ de qch** to make fun of sth; **se ~ de qn/de qch/de faire qch** (= être indifférent) not to give a damn about sth/about doing sth*; **là, ils ne se sont vraiment pas fichus de nous** they really did us proud!; **je m'en fiche pas mal!** I couldn't care less!; **il s'en fiche comme de sa première chemise** ou **comme de l'an quarante** he couldn't care two hoots* (about it), what the heck does he care!*; **j'ai essayé, mais je t'en fiche!**: **ça n'a pas marché** I did try but blow me* (Brit), it didn't work, I did try but I'll be darned* (US) if it worked

fichier /fiʃje/ NM file; [de bibliothèque] catalogue (Brit), catalog (US); ~ **d'adresses** mailing list; ~ **(des) clients** customer file; ~ **(informatisé)** data file

fichu, -e* /fiʃy/ (ptp de ficher) ADJ ⓐ (avant le nom = mauvais) rotten*; **il a un ~ caractère** he's got a rotten* temper; ~ **téléphone!** that damn phone!* ⓑ (= perdu, détruit) done for* ⓒ (= habillé) **regarde comme il est ~!** look at the way he's dressed! ⓓ (= bâti) **elle est bien ~e** she's got a nice body; **c'est bien ~, cette table pliante** that folding table is well designed ⓔ **être mal ~** ou **pas bien ~** [malade] to feel rotten* ⓕ (= capable) **il est ~ d'y aller, tel que je le connais** knowing him he's quite capable of going; **il n'est même pas ~ de réparer ça** he can't mend the darned thing*

fictif, -ive /fiktif, iv/ ADJ fictitious

fiction /fiksjɔ̃/ NF fiction; (= film de télévision) TV drama; **livre de ~** work of fiction

fidèle /fidɛl/ 1 ADJ ⓐ (= loyal) faithful; **demeurer ~ au poste** to be faithful to one's post; ~ **à lui-même** ou **à son habitude, il est arrivé en retard** true to form he arrived late ⓑ (= habituel) [lecteur, client, spectateur] regular ⓒ (= exact) [récit, portrait, traduction] accurate 2 NMF ⓐ (Rel) believer;

les ~s (= croyants) the faithful ⓑ (= client) regular (customer); (= lecteur) regular reader

fidèlement /fidɛlmɑ̃/ ADV faithfully

fidéliser /fidelize/ /TABLE 1/ VT ~ **un public** to build up a loyal audience; ~ **sa clientèle** to build up customer loyalty

fidélité /fidelite/ NF (= loyauté) faithfulness; **la ~ (conjugale)** fidelity

Fidji /fidʒi/ NFPL **les (îles) ~** Fiji

fiduciaire /fidysjɛʀ/ ADJ fiduciary; **monnaie ~** paper money

fief /fjɛf/ NM (Hist) fief; [de parti] stronghold

fieffé, e /fjefe/ ADJ **un ~ menteur** an out-and-out liar

fiente /fjɑ̃t/ NF [d'oiseau] droppings

fier, fière /fjɛʀ/ ADJ proud; ~ **comme Artaban** ou **comme un coq** as proud as a peacock; **faire le ~** (= être méprisant) to be aloof; (= faire le brave) to be full of o.s.; **c'est quelqu'un de pas ~*** he's not stuck-up*; **avoir fière allure** to cut a fine figure; ~ **de qch/de faire qch** proud of sth/to do sth; **il n'y a pas de quoi être ~** there's nothing to be proud of; **je n'étais pas ~ de moi** I didn't feel very proud of myself; **je te dois une fière chandelle** I'm extremely indebted to you

fier (se) /fje/ /TABLE 7/ VPR **se fier à** [+ promesses, discrétion, collaborateur, instinct, mémoire] to trust; [+ destin, hasard] to trust to; **il a l'air calme mais il ne faut pas s'y fier** he looks calm but that's nothing to go by

fièrement /fjɛʀmɑ̃/ ADV (= dignement) proudly

fierté /fjɛʀte/ NF pride; **tirer ~ de** to get a sense of pride from

fiesta* /fjɛsta/ NF rave-up*; **faire la** ou **une ~** to have a rave-up*

fièvre /fjɛvʀ/ NF ⓐ (= température) temperature; **accès de ~** bout of fever; **avoir (de) la ~/beaucoup de ~** to have a temperature/a high temperature; **avoir 39 de ~** to have a temperature of 104(°F) ou 39(°C); **une ~ de cheval*** a raging fever ⓑ (= maladie) fever; **jaune/typhoïde** yellow/ typhoid fever ⓒ (= agitation) **dans la ~ du départ** in the excitement of going away

fiévreusement /fjevʀøzmɑ̃/ ADV excitedly

fiévreux, -euse /fjevʀø, øz/ ADJ feverish

figé, e /fiʒe/ (ptp de figer) ADJ [société, mœurs] rigid; [attitude, sourire] fixed; [forme, expression] set

figer /fiʒe/ /TABLE 3/ 1 VI [sauce, huile] to congeal; [sang] to clot 2 VPR **se figer** [sauce, huile] to congeal; [sourire, regard, visage] to freeze; **son sang se figea dans ses veines** his blood froze in his veins

fignoler* /fiɲɔle/ /TABLE 1/ VT (= soigner) to put the finishing touches to

figue /fig/ NF fig ♦ **figue de Barbarie** prickly pear

figuier /figje/ NM fig tree

figurant, e /figyʀɑ̃, ɑ̃t/ NM,F [d'un film] extra; [d'une pièce] walk-on

figuratif, -ive /figyʀatif, iv/ ADJ (Art) representational

figuration /figyʀasjɔ̃/ NF **faire de la ~** (au théâtre) to do walk-on parts; (au cinéma) to work as an extra

figure /figyʀ/ 1 NF ⓐ (= visage, mine) face; **sa ~ s'allongea** his face fell
ⓑ (= personnage) figure; **les grandes ~s de l'histoire** the great figures of history
ⓒ (= image: en danse, en patinage) figure; ~ **géométrique** geometrical figure; **prendre ~** to take shape
ⓓ ♦ **faire figure**: **faire ~ de favori** to be looked on as the favourite; **faire bonne ~** to put up a good show; **faire triste** ou **piètre ~** to look a sorry sight

2 COMP ♦ **figures imposées** compulsory figures ♦ **figures libres** freestyle (skating) ♦ **figure de proue** figurehead; (= chef) key figure ♦ **figure de style** stylistic device

figuré, e /figyʀe/ (ptp de figurer) ADJ [sens] figurative; **au propre comme au ~** both literally and figuratively

figurer /figyʀe/ /TABLE 1/ 1 VT to represent 2 VI (= être mentionné) to appear; ~ **sur une liste/dans le directory** to appear on a list/in the directory; **cet article ne figure plus sur votre catalogue** this item is no longer listed in your cata-

FIG

222

logue 3 VPR **se figurer** to imagine; **figurez-vous que j'allais justement vous téléphoner** it so happens I was just about to phone you; **je ne tiens pas à y aller, figure-toi!** believe it or not, I've no particular desire to go!

figurine /figyʀin/ NF figurine

fil /fil/ 1 NM

★ *The l is pronounced.*

ⓐ (= *brin*) [*de coton, nylon*] thread; [*de laine*] yarn; [*de cuivre, acier*] wire; [*de marionnette, haricot*] string; [*d'araignée*] silk; [*d'appareil électrique*] cord; **~ de trame/de chaîne** weft/warp yarn; **j'ai tiré un ~ à mon collant** I've laddered my tights (*Brit*), my hose have a run in them (*US*); **~ (à pêche)** (fishing) line

ⓑ (= *téléphone*) **j'ai ta mère au bout du ~** I have your mother on the phone

◆ **coup de fil** (phone) call; **donner** *ou* **passer un coup de ~ à qn** to give sb a call; **il faut que je passe un coup de ~** I've got to make a phone call

ⓒ (= *matière*) linen; **chaussettes pur ~ (d'Écosse)** lisle socks

ⓓ (= *tranchant*) edge; **être sur le ~ du rasoir** to be on a razor-edge

ⓔ (= *cours*) [*de discours, pensée*] thread; **suivre le ~ de ses pensées** to follow the thread of one's thoughts; **au ~ des jours/des ans** as the days/years go (*ou* went) by; **suivre le ~ de l'eau** to follow the current

ⓕ (*locutions*) **donner du ~ à retordre à qn** to make life difficult for sb; **avoir un ~ à la patte*** to be tied down; **ne tenir qu'à un ~** to hang by a thread; **de ~ en aiguille** one thing leading to another

2 COMP ◆ **fil conducteur** [*de récit*] main theme ◆ **fil à coudre** (sewing) thread ◆ **fil dentaire** dental floss ◆ **fil électrique** electric wire ◆ **fil de fer** wire ◆ **fil de fer barbelé** barbed wire ◆ **fil à plomb** plumbline ◆ **fils de la vierge** gossamer (*NonC*)

filament /filamɑ̃/ NM filament

filandreux, -euse /filɑ̃dʀø, øz/ ADJ [*viande, légume*] stringy

filasse /filas/ 1 NF tow 2 ADJ INV **cheveux (blond) ~** tow-coloured hair

filature /filatyʀ/ NF ⓐ (= *usine*) mill ⓑ (= *surveillance*) **prendre qn en ~** to shadow sb

file /fil/ NF [*de personnes, objets*] line; **~ (d'attente)** queue (*Brit*), line (*US*); **~ de voitures** line of cars; **prendre la ~ de gauche** [*véhicule*] to move into the left-hand lane; **se garer en double ~** to double-park; **prendre la ~** to join the queue (*Brit*) *ou* the line (*US*); **en ~ indienne** in single file ◆ **à la file** : **chanter plusieurs chansons à la ~** to sing several songs in a row

filer /file/ /TABLE 1/ 1 VT ⓐ [+ *laine, coton, acier, verre*] to spin; **~ un mauvais coton** to get into bad ways

ⓑ (= *prolonger*) [+ *image, métaphore*] to extend; [+ *son, note*] to draw out; **~ le parfait amour** to spin out love's sweet dream

ⓒ (= *suivre*) to tail*; **~ le train à qn*** to be hard on sb's heels

ⓓ **navire qui file 20 nœuds** ship doing 20 knots

ⓔ (= *donner*)* **~ qch à qn** to give sb sth; **il m'a filé son rhume** he's given me his cold; **~ un coup de poing à qn** to punch sb

ⓕ (= *démailler*) [+ *bas, collant*] to get a run in

2 VI ⓐ (= *courir, passer*)* [*personne*] to dash; [*temps*] to fly (by); **~ à toute allure** to go at top speed; **~ à la poste** to dash to the post office

ⓑ (= *s'en aller*)* to go off; **le voleur avait déjà filé** the thief had already made off*; **il faut que je file** I must dash; **~ à l'anglaise** to run off; **~ entre les doigts de qn** to slip through sb's fingers; **~ doux** to toe the line

ⓒ (= *se démailler*) [*bas, collant*] to run

filet /file/ NM ⓐ [*d'eau, sang*] trickle; [*de lumière*] thin shaft; **arrosez d'un ~ d'huile d'olive** drizzle with olive oil

ⓑ [*de poisson*] fillet; [*de viande*] fillet (*Brit*) *ou* filet (*US*) steak; **~ mignon** pork tenderloin

ⓒ [*de pas de vis*] thread

ⓓ (*Pêche, Sport*) net; **~ (à provisions)** string bag; **~ (à bagages)** (luggage) rack; **~ de pêche** fishing net; **~ dérivant** drift net; **~!** (*Tennis*) let!; **monter au ~** to go up to the net; **travailler sans ~** [*acrobates*] to perform without a safety net; (*fig*) to be out on one's own; **le ~ se resserre** the net is closing in

◆ **coup de filet** haul

fileter /filte/ /TABLE 5/ VT [+ *vis, tuyau*] to thread

filial, e [1] (*mpl* **-iaux**) /filjal, jo/ ADJ filial

filiale [2] /filjal/ NF **(société) ~** subsidiary (company)

filiation /filjasjɔ̃/ NF [*de personnes*] filiation; [*d'idées, mots*] relation

filière /filjɛʀ/ NF ⓐ (= *succession d'étapes*) [*de carrière*] path; [*d'administration*] channels; **il a suivi la ~ classique pour devenir professeur** he followed the classic route into teaching ⓑ (= *domaine d'études spécifique*) course; **~s scientifiques/artistiques** science/arts courses; **nouvelles ~s** new subjects ⓒ (= *réseau*) network ⓓ (= *secteur d'activité*) industry; **~ agroalimentaire** food-processing industry

filiforme /filifɔʀm/ ADJ threadlike; [*corps*] lanky

filigrane /filigʀan/ NM [*de papier, billet*] watermark ◆ **en filigrane** as a watermark; **être en ~** (*fig*) to be implicit

filin /filɛ̃/ NM rope

fille /fij/ 1 NF ⓐ (*dans une famille*) daughter; **c'est bien la ~ de sa mère** she's very much her mother's daughter ⓑ (= *enfant*) girl; (= *femme*) woman; **c'est une grande/petite ~** she's a big/little girl; **c'est une brave ~** she's a nice girl ⓒ (= *prostituée*) † whore 2 COMP ◆ **fille de joie** prostitute ◆ **fille publique** streetwalker

fillette /fijet/ NF (= *petite fille*) (little) girl; **rayon ~s** girls' department

filleul /fijœl/ NM godson

filleule /fijœl/ NF goddaughter

film /film/ 1 NM ⓐ (= *pellicule, œuvre*) film; **le ~ d'avant-garde** (*genre*) avant-garde films; **le ~ des événements de la journée** the sequence of the day's events ⓑ (= *mince couche*) **~ alimentaire** Clingfilm® (*Brit*), Saran Wrap® (*US*) 2 COMP ◆ **film d'animation** animated film ◆ **film d'épouvante** *ou* **d'horreur** horror film ◆ **film muet** silent film ◆ **film parlant** talkie* ◆ **film policier** detective film

filmer /filme/ /TABLE 1/ VT to film

filon /filɔ̃/ NM [*de minerai*] seam; **trouver le ~*** to strike it lucky; **c'est un bon ~*** there's a lot of money to be made in it

filou /filu/ NM crook

fils /fis/ NM son; **M. Martin ~** young Mr Martin; **le ~ Martin** the Martin boy; **elle est venue avec ses deux ~** she came with her two sons; **c'est bien le ~ de son père** he's just like his father; **fils de famille** young man of means

filtrant, e /filtʀɑ̃, ɑ̃t/ ADJ [*substance*] filtering; [*verre*] filter

filtre /filtʀ/ NM filter; [*de cigarette*] filter tip; **~ à air/huile/café** air/oil/coffee filter; **~ solaire** sunscreen

filtrer /filtʀe/ /TABLE 1/ 1 VT [+ *liquide, lumière, son*] to filter; [+ *appels téléphoniques*] to screen 2 VI [*liquide*] to seep through; [*information*] to filter through; **rien n'a filtré de leur conversation** none of their conversation got out

fin [1], **fine** [1] /fɛ̃, fin/ 1 ADJ ⓐ (= *mince*) thin; [*cheveux, sable, poudre, pointe, pinceau*] fine; [*taille, doigt, jambe*] slender; **petits pois très ~s** top-quality garden peas; **une petite pluie ~e** a fine drizzle

ⓑ (= *raffiné*) [*lingerie, porcelaine, silhouette, membres*] delicate; [*traits, visage, or*] fine; [*produits, aliments*] top-quality; [*mets*] exquisite; **faire un repas ~** to have a gourmet meal; **vins ~s** fine wines; **la ~e fleur de l'armée française** the pride of the French army; **le ~ du ~** the ultimate (**de** in)

ⓒ (= *très sensible*) [*vue, ouïe*] sharp; [*goût, odorat*] discriminating

ⓓ (= *subtil*) [*personne*] astute; [*esprit, observation*] sharp; [*allusion, nuance*] subtle; **il n'est pas très ~** he's not very bright; **ce n'est pas très ~ de sa part** that's not very clever of him; **comme c'est ~!** very clever!; **tu as l'air ~!** you look a right idiot!*; **jouer au plus ~ avec qn** to try to outsmart sb

ⓔ *(avant le nom = habile)* expert; **~ connaisseur** connoisseur; **~ gourmet** gourmet; **~ stratège** expert strategist

ⓕ *(avant le nom : intensif)* **au ~ fond de la campagne** right in the heart of the country; **savoir le ~ mot de l'histoire** to know the real story

2 ADV *[moudre, tailler]* finely; **~ prêt** all ready

3 COMP ◆ **fines herbes** fines herbes ◆ **fin limier** sleuth

fin² /fɛ̃/ 1 NF ⓐ end; **«Fin»** *[de film, roman]* "The End"; **vers** *ou* **sur la ~** towards the end; **~ juin** *ou* **à la ~ (de) juin** at the end of June; **jusqu'à la ~** to the very end; **la ~ du monde** the end of the world; **avoir des ~s de mois difficiles** to have difficulty making ends meet; **on n'en verra jamais la ~** we'll never see the end of this; **à la ~ il a réussi à se décider** in the end he managed to make up his mind; **tu m'ennuies, à la ~!*** you're beginning to get on my nerves!; **en ~ d'après-midi** in the late afternoon; **sans ~** *[discussion, guerre]* endless; *[errer, tourner]* endlessly; **un chômeur en ~ de droits** an unemployed person no longer entitled to benefit; **prendre ~** *[réunion]* to come to an end; *[contrat]* to expire **(le on)**; **toucher à** *ou* **tirer à sa ~** to be coming to an end; **mettre ~ à** to put an end to ◆ **en fin de compte** *(= tout bien considéré)* at the end of the day; *(= en conclusion)* finally

ⓑ *(= mort)* end; **il a eu une belle ~** he had a fine end ⓒ *(= but)* aim; **ce n'est pas une ~ en soi** it's not an end in itself; **il est arrivé à ses ~s** he achieved his aim; **à cette ~** to this end; **à toutes ~s utiles** for your information

2 COMP ◆ **fin de semaine** *(Can)* weekend ◆ **fin de série** end-of-line stock *(NonC)*

final, e /final/ *(mpl* **finals** *ou* **-aux)** /final, o/ 1 ADJ final; **la scène ~e** the final scene 2 NF **au ~** in the end 3 NF **finale** *(Sport)* final; **quart de ~e** quarterfinal; **demi-~e** semifinal; **il jouera la ~e** he's through to the final

finalement /finalmɑ̃/ ADV in the end; **ce n'est pas si mal ~** *(= après tout)* it's not so bad after all

⚠ **finalement** ≠ **finally**

finaliser /finalize/ /TABLE 1/ VT *(= achever)* to finalize

finaliste /finalist/ NMF finalist

finalité /finalite/ NF *(= but)* aim; *(= fonction)* purpose

finance /finɑ̃s/ 1 NF finance; **le monde de la ~** the financial world 2 NFPL **finances** *(= recettes et dépenses)* finances; **~s publiques** public funds; **l'état de mes ~s*** the state of my finances

financement /finɑ̃smɑ̃/ NM financing

financer /finɑ̃se/ /TABLE 3/ VT to finance

financier, -ière /finɑ̃sje, jɛR/ 1 ADJ financial; **soucis ~s** financial worries 2 NM *(= personne)* financier

financièrement /finɑ̃sjɛRmɑ̃/ ADV financially

finasser* /finase/ /TABLE 1/ VI to employ trickery

finaud, e /fino, od/ 1 ADJ wily 2 NM,F **c'est un petit ~** he's a crafty one*

fine² /fin/ NF ⓐ *(= alcool)* liqueur brandy ⓑ *(= huître)* **~ de claire** green oyster

finement /finmɑ̃/ ADV *[ciselé, brodé]* finely; *[faire remarquer]* subtly; *[agir, manœuvrer]* shrewdly

finesse /fines/ 1 NF ⓐ *(= minceur)* *[de cheveux, poudre, pointe]* fineness; *[de taille]* slenderness; *[de couche, papier]* thinness ⓑ *(= raffinement)* delicacy ⓒ *(= sensibilité)* *[de sens]* sharpness ⓓ *(= subtilité)* *[d'esprit, observation]* subtlety 2 NFPL **finesses** *[de langue, art]* finer points

fini, e /fini/ *(ptp de* **finir)** 1 ADJ ⓐ *(= terminé)* finished; **~e la rigolade!*** the fun is over!; **ça n'est pas un peu ~ ce bruit?** will you stop that noise! ⓑ *[acteur, homme politique]* finished ⓒ *(= complet)* *[menteur, salaud]* downright; *[ivrogne]* complete 2 NM *[d'ouvrage]* finish; **ça manque de ~** it needs a few finishing touches

finir /finiR/ /TABLE 2/ 1 VT ⓐ *(= achever)* to finish; *[+ discours, affaire]* to end; **~ son verre** to finish one's glass; **finis ton pain!** finish your bread!

ⓑ *(= arrêter)* to stop **(de faire qch** doing sth); **tu as fini de te plaindre?** have you quite finished?

2 VI ⓐ *(= se terminer)* to finish; **le sentier finit ici** the path comes to an end here; **il est temps que cela finisse** it is time it stopped; **tout cela va mal ~** it will all end in disaster; **et pour ~** and finally; **~ en qch** to end in sth; **mots finissant en «ble»** words ending in "ble"; **~ par une dispute** to end in an argument; **~ par un concert** to end with a concert

ⓑ *[personne]* to end up; **il finira mal** he will come to a bad end; **il a fini directeur/en prison** he ended up as director/in prison; **~ troisième/cinquième** to finish third/fifth; **ils vont ~ par avoir des ennuis** they'll end up getting into trouble; **il a fini par se décider** he eventually made up his mind

ⓒ *(= mourir)* to die

ⓓ ◆ **en finir** : **~ en ~ avec qch/qn** to be done with sth/sb; **j'en aurai bientôt fini** I'll soon be finished with it; **qui n'en finit pas** *ou* **à n'en plus ~** *[route, discours, discussion]* endless

finition /finisjɔ̃/ NF *(= action)* finishing; *(= résultat)* finish; **faire les ~s** to finish off

finlandais, e /fɛ̃lɑ̃dɛ, ɛz/ 1 ADJ Finnish 2 NM *(= langue)* Finnish 3 NM,F **Finlandais(e)** Finn

Finlande /fɛ̃lɑ̃d/ NF Finland

finnois, e /finwa, waz/ 1 ADJ Finnish 2 NM *(= langue)* Finnish

fiole /fjɔl/ NF *(= flacon)* flask

fioriture /fjɔRityR/ NF *[de dessin]* flourish; **sans ~s** plain

fioul /fjul/ NM *(= carburant)* fuel oil; **~ domestique** heating oil

firmament /fiRmamɑ̃/ NM **au ~ de** at the height of

firme /fiRm/ NF firm

fisc /fisk/ NM ≈ Inland Revenue *(Brit)*, ≈ Internal Revenue Service *(US)*; **avoir des ennuis avec le ~** to have tax problems

fiscal, e /fiskal/ *(mpl* **-aux)** /fiskal, o/ ADJ fiscal; *[abattement, avantage]* tax

fiscaliser /fiskalize/ /TABLE 1/ VT *[+ revenus]* to make subject to tax; *[+ prestation sociale]* to fund by taxation

fiscalité /fiskalite/ NF *(= système)* tax system; *(= impôts)* taxes

fission /fisjɔ̃/ NF fission

fissure /fisyR/ NF crack

fissurer (se) /fisyRe/ /TABLE 1/ VPR to crack

fiston* /fistɔ̃/ NM son

FIVETE, Fivete /fivet/ NF (ABBR = **fécondation in vitro et transfert d'embryon)** GIFT

fixateur /fiksatœR/ NM *(Art)* fixative; *(Photo)* fixer

fixation /fiksasjɔ̃/ NF ⓐ *(= obsession)* fixation; **faire une ~ sur qch** to have a fixation about sth ⓑ *(= attache)* fastening; **~s (de sécurité)** *[de ski]* (safety) bindings

fixe /fiks/ 1 ADJ ⓐ *(= immobile)* *[point, panneau, regard]* fixed; *[personnel]* permanent; *[emploi]* steady; **~!** *(commandement)* eyes front! ⓑ *(= prédéterminé)* *[revenu]* fixed; *[jour, date]* set 2 NM ⓐ *(= salaire)* basic salary ⓑ *(= téléphone)* landline; **appeler qn sur son ~** to call sb on their landline

fixement /fiksemɑ̃/ ADV *[regarder]* fixedly

fixer /fikse/ /TABLE 1/ 1 VT ⓐ *(= attacher)* to fix **(à, sur** to) ⓑ *(= décider)* *[+ date]* to set; **mon choix s'est fixé sur celui-ci** I settled on this one; **je ne suis pas encore fixé sur ce que je ferai** I haven't made up my mind what to do yet; **à l'heure fixée** at the appointed time

ⓒ *[+ regard, attention]* to fix; **~ les yeux sur qn/qch** to stare at sb/sth; **tous les regards étaient fixés sur lui** all eyes were on him; **~ son attention sur** to focus one's attention on

ⓓ *(= déterminer)* *[+ prix, impôt, délai]* to set; *[+ règle, principe, conditions]* to lay down

ⓔ *(= renseigner)* **être fixé sur le compte de qn** to be wise to sb*; **alors, tu es fixé maintenant?*** have you got the picture now?*

2 VPR **se fixer** ⓐ *(= s'installer)* to settle; **il s'est fixé à Lyon** he settled in Lyon

ⓑ *(= s'assigner)* **se ~ un objectif** to set o.s. a target

fjord /fjɔR(d)/ NM fjord

flacon /flakɔ̃/ NM (small) bottle

flagada* /flagada/ ADJ INV **être ~** to be washed-out*

flageller /flaʒele/ /TABLE 1/ VT to flog

flageoler /flaʒɔle/ /TABLE 1/ VI **il flageolait (sur ses jambes)** ou **ses jambes flageolaient** his legs were trembling

flageolet /flaʒɔlɛ/ NM flageolet

flagornerie /flagɔRnəRi/ NF (frm, hum) fawning (NonC)

flagrant, e /flagRɑ̃, ɑ̃t/ ADJ [mensonge] blatant; [erreur, injustice] glaring; **prendre qn en ~ délit** to catch sb in the act

flair /flɛR/ NM [de chien] sense of smell; [de personne] intuition; **il a du ~ pour les affaires** he's got a flair for business

flairer /flɛRe/ /TABLE 1/ VT ⓐ (= humer) to smell ⓑ (= deviner) to sense; **~ le danger** to sense danger

flamand, e /flamɑ̃, ɑ̃d/ 1 ADJ Flemish 2 NM (= langue) Flemish 3 NM,F **Flamand(e): les Flamands** the Flemish

flamant /flamɑ̃/ NM **~ (rose)** flamingo

flambant /flɑ̃bɑ̃, ɑ̃t/ ADJ INV **~ neuf** brand new

flambeau (pl **flambeaux**) /flɑ̃bo/ NM (= torche) (flaming) torch; **reprendre le ~** (fig) to take up the torch

flambée /flɑ̃be/ NF ⓐ (= feu) blazing fire; **faire une ~ dans la cheminée** to light a fire in the fireplace ⓑ [de violence] outburst; [de cours, prix] explosion

flamber /flɑ̃be/ /TABLE 1/ 1 VI ⓐ [bois] to burn; [feu, incendie] to blaze ⓑ [joueur]* to gamble huge sums ⓒ [cours, prix, Bourse] to rocket 2 VT [+ aliment] to flambé

flambeur, -euse* /flɑ̃bœR, øz/ NM,F big-time gambler

flamboyant, e /flɑ̃bwajɑ̃, ɑ̃t/ ADJ ⓐ [lumière, ciel] blazing ⓑ [gothique] flamboyant

flamenco /flamenko/ ADJ, NM flamenco

flamme /flam/ NF ⓐ [de feu] flame; **être en ~s** ou **être la proie des ~s** to be on fire; **la ~ olympique** the Olympic flame ⓑ (= ardeur) fervour (Brit), fervor (US); **un discours plein de ~** a passionate speech; **il lui a déclaré sa ~** (littér ou hum) he declared his undying love to her ⓒ (= éclat) brilliance

flammèche /flamɛʃ/ NF spark

flan /flɑ̃/ NM (= crème) custard tart; **c'est du ~!*** it's a load of rubbish!*

flanc /flɑ̃/ NM [d'animal, armée] flank; [de navire, montagne] side; **à ~ de coteau** ou **de colline** on the hillside; **tirer au ~*** to skive* (Brit)

flancher* /flɑ̃ʃe/ /TABLE 1/ VI [cœur] to give out; **c'est le moral qui a flanché** he lost his nerve; **ce n'est pas le moment de ~** this is no time for weakness

Flandre /flɑ̃dR/ NF **la ~** ou **les ~s** Flanders

flanelle /flanɛl/ NF (= tissu) flannel

flâner /flɑne/ /TABLE 1/ VI to stroll

flânerie /flɑnRi/ NF stroll

flâneur, -euse /flɑnœR, øz/ NM,F **les ~s dans le parc** the people strolling in the park

flanquer /flɑ̃ke/ /TABLE 1/ VT ⓐ (= jeter)* **~ qch par terre** to fling sth to the ground; [+ projet] to mess sth up; **~ qn à la porte** to chuck sb out*; (= licencier) to fire sb ⓑ (= donner)* **~ une gifle à qn** to give sb a slap; **~ la trouille à qn** to give sb a scare ⓒ (= être à côté de) to flank; **flanqué de ses gardes du corps** flanked by his bodyguards

flaque /flak/ NF **~ de sang/d'huile** pool of blood/oil; **~ d'eau** puddle

flash (pl **flashs** ou **flashes**) /flaʃ/ NM ⓐ (Photo) flash; **au ~** using a flash ⓑ **~ (d'informations)** (Radio, TV) newsflash; **~ publicitaire** (Radio) commercial break

flasher* /flaʃe/ /TABLE 1/ 1 VI **j'ai flashé pour** ou **sur cette robe** I fell in love with this dress; **elle a tout de suite flashé sur lui** she was attracted to him straight away 2 VT **se faire ~** [voiture] to be caught on a speed camera

flasque /flask/ 1 ADJ [peau] flabby 2 NF (= bouteille) flask

flatter /flate/ /TABLE 1/ 1 VT to flatter; **sans vous ~** without

out meaning to flatter you 2 VPR **se flatter: se ~ de qch** to pride o.s. on sth; **et je m'en flatte!** and I'm proud of it!

flatterie /flatRi/ NF flattery (NonC); **je n'aime pas les ~s** I don't like flattery

flatteur, -euse /flatœR, øz/ 1 ADJ flattering; **comparaison flatteuse** flattering comparison; **faire un tableau ~ de la situation** to paint a rosy picture of the situation 2 NM,F flatterer

flatulence /flatylɑ̃s/ NF wind

fléau (pl **fléaux**) /fleo/ NM (= calamité) scourge

fléchage /fleʃaʒ/ NM signposting (with arrows)

flèche /flɛʃ/ NF ⓐ arrow; **monter en ~** [prix] to rocket; **partir comme une ~** to be off like a shot ⓑ [d'église] spire; [de grue] jib; **faire ~ de tout bois** to use all available means

fléché, e /fleʃe/ (ptp de **flécher**) ADJ **parcours ~** course signposted with arrows

flécher /fleʃe/ /TABLE 1/ VT [+ parcours] to signpost with arrows

fléchette /fleʃɛt/ NF dart; **jouer aux ~s** to play darts

fléchir /fleʃiR/ /TABLE 2/ 1 VT ⓐ (= plier) to bend; [+ articulation] to flex ⓑ (= faire céder) to sway; **il s'est laissé ~** he let himself be swayed 2 VI ⓐ (= plier) to bend; [poutre, genoux] to sag ⓑ (= faiblir) to weaken; **sans ~** with unflinching determination ⓒ (= diminuer) [attention] to flag; [cours de Bourse] to drop ⓓ (= céder) to yield ⓔ **forme fléchie** [de mot] inflected form

fléchissement /fleʃismɑ̃/ NM ⓐ [objet, membre] bending ⓑ [de volonté] weakening ⓒ [d'attention] flagging; [de cours de Bourse, natalité, exportations] drop (**de** in)

flegmatique /flɛgmatik/ ADJ phlegmatic

flegme /flɛgm/ NM composure; **le ~ britannique** (hum) the British stiff upper lip

flémingite /flemɛ̃ʒit/ NF (hum) bone idleness; **il a une ~ aiguë** he's suffering from acute inertia

flemmard, e* /flemaR, aRd/ 1 ADJ lazy 2 NM,F lazybones

flemmarder* /flemaRde/ /TABLE 1/ VI to loaf about

flemme* /flɛm/ NF laziness; **j'ai la ~ de le faire** I can't be bothered

flétan /fletɑ̃/ NM halibut

flétrir /fletRiR/ /TABLE 2/ 1 VT (= faner) to wither 2 VPR **se flétrir** [fleur] to wilt; [beauté] to fade; [peau, visage] to become wizened

fleur /flœR/ 1 NF ⓐ flower; [d'arbre] blossom; **en ~(s)** [plante] in bloom; [arbre] in blossom; **papier à ~s** flowery paper; **« ni ~s ni couronnes »** "no flowers by request" ⓑ **cuir pleine ~** finest quality leather ⓒ (= le meilleur) **la ~ de** the flower of; **dans la ~ de l'âge** in one's prime ⓓ (locutions) **comme une ~*** (= sans effort) without trying; (= sans prévenir) unexpectedly; **à ~ de terre** just above the ground; **j'ai les nerfs à ~ de peau** I'm all on edge; **il a une sensibilité à ~ de peau** he's very touchy; **faire une ~ à qn*** to do sb a favour; **lancer des ~s à qn** (fig) to shower praise on sb; **s'envoyer des ~s** to pat o.s. on the back*; **~ bleue** (hum) naïvely sentimental

2 COMP ♦ **fleur de lys** (= symbole) fleur-de-lis ♦ **fleur d'oranger** orange blossom; (eau de) **~ d'oranger** orange flower water ♦ **fleur de sel** best quality unrefined salt

fleurdelisé /flœRdəlize/ NM (Can) **le ~** the Quebec flag

fleurer /flœRe/ /TABLE 1/ VT (littér) to smell of; **~ bon la lavande** to smell of lavender

fleuret /flœRɛ/ NM (= épée) foil

fleuri, e /flœRi/ (ptp de **fleurir**) ADJ ⓐ [fleur] in bloom; [branche] in blossom; [jardin, pré] in flower; [tissu, papier] flowery; **« Annecy, ville ~e »** "Annecy, town in bloom" ⓑ [style] flowery

fleurir /flœRiR/ /TABLE 2/ 1 VI ⓐ [arbre] to blossom; [fleur] to bloom ⓑ [commerce, arts] to thrive 2 VT [+ salon] to decorate with flowers; **~ une tombe** to put flowers on a grave

fleuriste /flœRist/ NMF (= personne) florist; (= boutique) florist's

fleuron /flœʀɔ̃/ NM [de collection] jewel; **l'un des ~s de l'industrie française** a flagship of French industry

fleuve /flœv/ 1 NM river (flowing into the sea); **~ de boue/ de lave** river of mud/of lava 2 ADJ INV [discours, film] marathon

flexibilité /flɛksibilite/ NF flexibility

flexible /flɛksibl/ ADJ flexible; [branche, roseau] pliable

flexion /flɛksjɔ̃/ NF (a) [de membre] bending (NonC); (Ski) knee-bend; **faites quelques ~s** do a few knee-bends (b) [de mot] inflection

flibustier /flibystje/ NM (= pirate) buccaneer

flic * /flik/ NM cop*; **les ~s** the cops*

flicaille ‡ /flikaj/ NF **la ~** the police

flingue ‡ /flɛ̃g/ NM gun

flinguer ‡ /flɛ̃ge/ /TABLE 1/ VT (= tuer) to gun down

flipper [1] /flipœʀ/ NM (= billard électrique) pinball machine

flipper [2] * /flipe/ /TABLE 1/ VI (= être déprimé) to feel down*; (= avoir peur) to be scared stiff*; **ça fait ~** (= ça déprime) it's so depressing; (= ça fait peur) it's really scary

fliqué, e ‡ /flike/ ADJ [endroit] crawling with cops*

fliquer ‡ /flike/ /TABLE 1/ VT (a) [police] [+ quartier] to bring the cops* into (b) [+ personne] to keep under close surveillance; **ma mère n'arrête pas de me ~** my mother watches my every move

flirt /flœʀt/ NM (a) (= amourette) brief romance (b) (= amoureux) boyfriend (ou girlfriend)

flirter /flœʀte/ /TABLE 1/ VI to flirt

flocage /flɔkaʒ/ NM **~ à l'amiante** asbestos fireproofing

flocon /flɔkɔ̃/ NM **~ de neige** snowflake; **~s d'avoine** oatflakes; **~s de pommes de terre** instant mashed potato mix

flop * /flɔp/ NM flop*

flopée * /flɔpe/ NF **une ~ de** loads of*

floraison /flɔʀɛzɔ̃/ NF (a) (= épanouissement) flowering; (= époque) flowering time (b) [de talents] blossoming; [d'articles] crop

floral, e (mpl -aux) /flɔʀal, o/ ADJ flower; **parc ~** flower garden

floralies /flɔʀali/ NFPL flower show

flore /flɔʀ/ NF (= plantes) flora; **~ intestinale** intestinal flora

Florence /flɔʀɑ̃s/ N (= ville) Florence

florentin, e /flɔʀɑ̃tɛ̃, in/ 1 ADJ Florentine 2 NM,F **Florentin(e)** Florentine

Floride /flɔʀid/ NF Florida

florilège /flɔʀilɛʒ/ NM anthology

florin /flɔʀɛ̃/ NM guilder

florissant, e /flɔʀisɑ̃, ɑ̃t/ ADJ [pays, économie, théorie] flourishing; [santé, teint] blooming

flot /flo/ NM (a) (= grande quantité) [de véhicules, paroles, informations] stream; [de souvenirs, larmes, lettres] flood; **l'argent coule à ~s** there's plenty of money around (b) [de lac, mer] **flots** waves (c) **à flot: être à ~** [bateau] to be afloat; [entreprise] to be on an even keel; [personne] to have one's head above water; **remettre à ~** [+ bateau] to refloat; [+ entreprise] to bring back onto an even keel

flottaison /flɔtɛzɔ̃/ NF (a) **(ligne de) ~** waterline (b) (Finance) flotation

flottant, e /flɔtɑ̃, ɑ̃t/ ADJ (a) [bois, glace] floating (b) [cheveux, cape] flowing; [vêtement] loose (c) [capitaux] floating; **électorat ~** floating voters

flotte /flɔt/ NF (a) [de navires, avions] fleet; **~ marchande ou de commerce** merchant fleet (b) (= pluie)* rain; (= eau)* water

flottement /flɔtmɑ̃/ NM (a) (= hésitation) hesitation (b) (= relâchement) imprecision

flotter /flɔte/ /TABLE 1/ 1 VI (a) (sur l'eau) to float; **faire ~ qch sur l'eau** to float sth on the water (b) [parfum] to hang; [cheveux] to stream (out); [drapeau] to fly; **~ au vent** to flap in the wind (c) (= être trop grand) [vêtement] to hang loose;

il flotte dans ses vêtements his clothes are too big for him (d) (= hésiter) to hesitate 2 VB IMPERS (= pleuvoir)* to rain

flotteur /flɔtœʀ/ NM float

flottille /flɔtij/ NF [de bateaux] flotilla

flou, e /flu/ 1 ADJ (a) [dessin, trait, photo] blurred; [image, contour] hazy (b) [idée, pensée, théorie] woolly 2 NM [de photo, tableau] fuzziness; [de contours] haziness; **c'est le ~ artistique !** it's all very vague!; **~ juridique** vagueness of the law; **sur ses intentions, il est resté dans le ~** he remained vague about his intentions

flouer * /flue/ /TABLE 1/ VT (= duper) to swindle; **se faire ~** to be had*

floutage /flutaʒ/ NM [d'image] blurring

flouter /flute/ /TABLE 1/ VT [+ image] to blur

fluctuant, e /flyktɥɑ̃, ɑ̃t/ ADJ [prix, monnaie] fluctuating; [humeur] changing

fluctuation /flyktɥasjɔ̃/ NF [de prix] fluctuation; [d'opinion publique] swing (**de** in)

fluctuer /flyktɥe/ /TABLE 1/ VI to fluctuate

fluet, -ette /flye, ɛt/ ADJ [personne] slender; [voix] reedy

fluide /flɥid/ 1 ADJ [liquide, substance] fluid; [style, mouvement, ligne, silhouette, robe] flowing; **la circulation est ~** the traffic is moving freely 2 NM (a) (= gaz, liquide) fluid (b) (= pouvoir) (mysterious) power

fluidité /flɥidite/ NF [de liquide, style] fluidity; [de circulation] free flow

fluo * /flyo/ ADJ INV (ABBR = **fluorescent**) fluorescent

fluor /flyɔʀ/ NM fluorine; **dentifrice au ~** fluoride toothpaste

fluoré, e /flyɔʀe/ ADJ [dentifrice] fluoride; [eau] fluoridated

fluorescent, e /flyɔʀesɑ̃, ɑ̃t/ ADJ fluorescent

flûte /flyt/ 1 NF (= instrument) flute; (= verre) flute (glass); (= pain) baguette 2 EXCL * drat!* 3 COMP **• flûte à bec** recorder **• flûte de Pan** panpipes **• flûte traversière** flute

flûtiste /flytist/ NMF flautist, flutist (US)

fluvial, e (mpl -iaux) /flyvjal, jo/ ADJ [eaux, pêche, navigation] river

flux /fly/ NM (a) [de récriminations] stream; [de personnes] influx; **~ de capitaux** capital flow; **~ monétaire** flow of money; **~ de trésorerie** cash flow; **travailler en ~ tendus** to use just-in-time methods (b) (= marée) **le ~** the incoming tide; **le ~ et le reflux** the ebb and flow (c) (Physique) flux; **~ magnétique** magnetic flux (d) (Méd) **~ menstruel** menstrual flow

FM /ɛfɛm/ NF (ABBR = **fréquence modulée**) FM

FMI /ɛfɛmi/ NM (ABBR = **Fonds monétaire international**) IMF

FO /ɛfo/ NF (ABBR = **Force ouvrière**) French trade union

foc /fɔk/ NM jib

focal, e (mpl -aux) /fɔkal, o/ 1 ADJ focal 2 NF **focale** focal length

focaliser (se) /fɔkalize/ /TABLE 1/ VPR [personne] to focus (**sur** on); [attention] to be focused (**sur** on)

fœtus /fetys/ NM foetus (Brit), fetus (US)

foi /fwa/ NF (a) (= croyance, confiance) faith; **perdre la ~** to lose one's faith; **sans ~ ni loi** fearing neither God nor man; **avoir ~ en l'avenir** to have faith in the future; **digne de ~** reliable (b) (= assurance) word; **cette lettre en fait ~** this letter proves it; **sous la ~ du serment** under oath; **sur la ~ des témoins** on the testimony of witnesses; **être de bonne ~** to be sincere; **faire qch en toute bonne ~** to do sth in all good faith; **tu es de mauvaise ~** you're being dishonest (c) **• ma foi ...** well ...; **ça, ma ~, je n'en sais rien** well, I don't know anything about that

foie /fwa/ NM liver; **~ de veau/de volaille** calves'/chicken liver; **~ gras** foie gras

foin /fwɛ̃/ NM hay; **faire du ~*** (= faire un scandale) to kick up a fuss; **ça a fait du ~*** it caused a fuss

foire /fwaʀ/ NF (= marché, fête foraine) fair; (= exposition commerciale) trade fair; **~ exposition** expo; **faire la ~*** to have a ball*; **c'est la ~ ici!** it's bedlam in here!*; **~ d'empoigne** free-for-all

foirer• /fwaʀe/ /TABLE 1/ VI [projet] to fall through

foireux, -euse: /fwaʀø, øz/ ADJ [idée, projet] useless

fois /fwa/ NF time; **une ~** once; **deux ~** twice; **trois ~** three times; **une ~, deux ~, trois ~, adjugé!** (aux enchères) going, going, gone!; **pour la toute première ~** for the very first time; **cette ~-ci** this time; **cette ~-là** that time; **plusieurs ~** several times; **bien des ~** many times; **autant de ~ que** as often as; **y regarder à deux ~ avant d'acheter qch** to think twice before buying sth; **s'y prendre à deux ~ pour faire qch** to take two goes to do sth; **payer en plusieurs ~** to pay in several instalments; **une ~ tous les deux jours** every second day; **trois ~ par an** three times a year; **neuf ~ sur dix** nine times out of ten; **quatre ~ plus d'eau/de voitures** four times as much water/as many cars; **quatre ~ moins de voitures** a quarter the number of cars; **3 ~ 5** 3 times 5; **3 ~ 5 font 15** 3 times 5 is 15; **il était une ~ ...** once upon a time there was ...; **pour une ~!** for once!; **en une ~** in one go; **une ~ pour toutes** once and for all; **une ~ qu'il sera parti** once he has left ■ (PROV) **une ~ n'est pas coutume** just the once won't hurt
♦ **des fois•** (= parfois) sometimes; **non mais, des ~!** (scandalisé) do you mind!; **des ~ que** just in case
♦ **à la fois** at the same time; **il était à la ~ grand et gros** he was both tall and fat; **faire deux choses à la ~** to do two things at the same time

foison /fwazɔ̃/ NF **à ~** in plenty

foisonner /fwazɔne/ /TABLE 1/ VI [idées, erreurs] to abound; **un texte foisonnant d'idées** a text packed with ideas

fol /fɔl/ ADJ M → **fou**

folâtrer /fɔlɑtʀe/ VI to frolic

folichon, -onne /fɔliʃɔ̃, ɔn/ ADJ **ce n'est pas ~** it's nothing to write home about•

folie /fɔli/ NF ⓐ (= maladie) insanity; **il a un petit grain de ~•** there's something eccentric about him; **c'est de la ~ douce ou furieuse** it's sheer madness; **~ meurtrière** killing frenzy; **avoir la ~ des grandeurs** to have delusions of grandeur; **aimer qn à la ~** to be madly in love with sb ⓑ (= bêtise, erreur, dépense) extravagance; **vous avez fait des ~s en achetant ce cadeau** you have been far too extravagant in buying this present

folk /fɔlk/ 1 NM folk music 2 ADJ **musique ~** folk music

folklo• /fɔlklo/ ADJ (ABBR = **folklorique**) (= excentrique) weird; **c'est très ~ chez eux** they're a crazy bunch

folklore /fɔlklɔʀ/ NM folklore

folklorique /fɔlklɔʀik/ ADJ ⓐ [chant, costume] folk ⓑ (= excentrique)• weird

folle /fɔl/ ADJ F, NF → **fou**

follement /fɔlmɑ̃/ ADV madly; **~ amoureux** madly in love

fomenter /fɔmɑ̃te/ /TABLE 1/ VT to stir up

foncé, e /fɔ̃se/ (ptp de **foncer**) ADJ dark

foncer¹ /fɔ̃se/ /TABLE 3/ VI ⓐ (= aller à vive allure)• [conducteur, voiture] to tear• along; [coureur] to charge• along; (dans un travail) to get a move on•; **maintenant, il faut que je fonce** I must dash now• ⓑ (= se précipiter) to charge (**vers** at, **dans** into); **le camion a foncé sur moi** the truck drove straight at me; **~ sur un objet** to make straight for an object

foncer² /fɔ̃se/ /TABLE 3/ 1 VT [+ couleur] to make darker 2 VI [couleur, cheveux] to go darker

fonceur, -euse• /fɔ̃sœʀ, øz/ NM,F go-getter•

foncier, -ière /fɔ̃sje, jɛʀ/ ADJ ⓐ [impôt] property; **propriétaire ~** property owner ⓑ [qualité, différence] basic

foncièrement /fɔ̃sjɛʀmɑ̃/ ADV fundamentally

fonction /fɔ̃ksjɔ̃/ NF ⓐ function; **remplir une ~** to fulfil a function; **être ~ de** to be a function of
♦ **en fonction de** according to
ⓑ (= métier) office; **~s** (= tâches) duties; **entrer en ~(s)** ou **prendre ses ~s** [employé] to take up one's post; [maire, prési-

dent] to take office; **ça n'entre pas dans mes ~s** it's not part of my duties; **faire ~ de directeur** to act as manager; **la ~ publique** the civil service; **logement de ~** [de concierge, fonctionnaire] on-site accommodation (with low or free rent); **avoir une voiture de ~** to have a company car

> ⓘ **FONCTION PUBLIQUE**
> The term **la fonction publique** has great cultural significance in France, and covers a much broader range of activities than the English term "civil service". There are almost three million "fonctionnaires" (also known as "agents de l'État") in France. They include teachers, social services staff, post office workers and employees of the French rail service.
> Because this status theoretically guarantees total job security, "fonctionnaires" are sometimes stereotyped as being unfairly privileged compared to private sector employees. → CONCOURS
>
> ▷ www.fonction-publique.gouv.fr
> ▷ www.service-public.fr

fonctionnaire /fɔ̃ksjɔnɛʀ/ NMF state employee; (dans l'administration) civil servant; **haut ~** high-ranking civil servant

fonctionnalité /fɔ̃ksjɔnalite/ NF practicality; (Informatique) functionality

fonctionnel, -elle /fɔ̃ksjɔnɛl/ ADJ functional

fonctionnement /fɔ̃ksjɔnmɑ̃/ NM [d'appareil, organisme] functioning; [d'entreprise, institution] running; **pour assurer le bon ~ du service** to ensure the smooth running of the department; **dépenses** ou **frais de ~** running costs

fonctionner /fɔ̃ksjɔne/ /TABLE 1/ VI [mécanisme, machine] to work; [personne]• to function; **faire ~** [+ machine] to operate; **notre télévision fonctionne mal** our television isn't working properly; **le courrier fonctionne mal** the mail isn't reliable; **ça ne fonctionne pas** it's out of order; **~ sur piles** to be battery-operated

fond /fɔ̃/ 1 NM ⓐ [de récipient, vallée, jardin] bottom; [de pièce] back; **être au ~ de l'eau** to be at the bottom of the river (ou lake etc); **le ~ de la gorge** the back of the throat; **envoyer un navire par le ~** to send a ship to the bottom; **l'épave repose par 10 mètres de ~** the wreck is lying 10 metres down; **les grands ~s** the ocean depths; **au ~ de la boutique** at the back of the shop; **sans ~** bottomless; **le ~ de l'air est frais** there's a nip in the air; **toucher le ~** (dans l'eau) to touch the bottom; (= déprimer) to hit rock bottom ⓑ (= tréfonds) **merci du ~ du cœur** I thank you from the bottom of my heart; **il pensait au ~ de lui(-même) que ...** deep down he thought that ...; **je vais vous dire le ~ de ma pensée** I shall tell you what I really think; **il a un bon ~** he's basically a good person; **il y a un ~ de vérité dans ce qu'il dit** there's an element of truth in what he says ⓒ (= essentiel) [d'affaire, question, débat] heart; **c'est là le ~ du problème** that's the core of the problem; **aller au ~ des choses** to do things thoroughly; **débat de ~** fundamental discussion; **problème de ~** basic problem; **article de ~** feature article ⓓ (= contenu) content; **le ~ et la forme** content and form; **le ~ de l'affaire** the substance of the case ⓔ (= arrière-plan) background; **~ sonore** ou **musical** background music ⓕ (= petite quantité) drop; **il va falloir racler les ~s de tiroirs** we'll have to scrape together what we can ⓖ (Sport) **le ~** long-distance running; **de ~** [course, coureur] long-distance ⓗ [de pantalon] seat ⓘ (locutions) **de ~ en comble** [fouiller] from top to bottom; [détruire] completely
♦ **au fond** ♦ **dans le fond** (= en fait) basically
♦ **à fond** [visser] tightly; [étudier] thoroughly; **respirer à ~** to breathe deeply; **à la caisse•** at top speed; **à ~ de train** at top speed

2 COMP ♦ **fond d'artichaut** artichoke heart ♦ **fond de court : joueur de ~ de court** baseline player ♦ **les fonds marins** the sea bed ♦ **fond de tarte** (= pâte) pastry base;

(= *crème*) custard base ♦ **fond de teint** foundation (cream)

fondamental, e (*mpl* **-aux**) /fɔ̃damɑ̃tal, o/ ADJ fundamental; [*vocabulaire*] basic; [*couleurs*] primary

fondamentalement /fɔ̃damɑ̃talmɑ̃/ ADV [*vrai, faux*] fundamentally; [*modifier, opposer*] radically; ~ **méchant/ généreux** basically malicious/generous

fondamentalisme /fɔ̃damɑ̃talism/ NM fundamentalism

fondamentaliste /fɔ̃damɑ̃talist/ ADJ, NMF fundamentalist

fondant, e /fɔ̃dɑ̃, ɑ̃t/ ADJ [*neige*] melting; [*fruit*] luscious; [*viande*] tender

fondateur, -trice /fɔ̃datœʀ, tʀis/ 1 ADJ [*mythe, texte, idée*] seminal 2 NM,F founder

fondation /fɔ̃dasjɔ̃/ NF foundation

fondé, e /fɔ̃de/ (*ptp de* **fonder**) 1 ADJ [*crainte, réclamation*] justified; **non ~** groundless 2 NM ~ **de pouvoir** authorized representative

fondement /fɔ̃dmɑ̃/ NM (= *base*) foundation; **sans ~** unfounded; **jeter les ~s de qch** to lay the foundations of sth

fonder /fɔ̃de/ /TABLE 1/ 1 VT ⓐ [+ *ville, parti*] to found; [+ *famille*] to start; «**maison fondée en 1850**» "Established 1850" ⓑ (= *baser*) to found; ~ **tous ses espoirs sur qch/qn** to pin all one's hopes on sth/sb ⓒ (= *justifier*) [+ *réclamation*] to justify 2 VPR **se fonder: se ~ sur** [*personne*] to go by; [*théorie, décision*] to be based on

fonderie /fɔ̃dʀi/ NF foundry

fondeur, -euse /fɔ̃dœʀ, øz/ NM,F (*Ski*) cross-country skier

fondre /fɔ̃dʀ/ /TABLE 41/ 1 VT ⓐ (= *liquéfier*) to melt; [+ *minerai*] to smelt ⓑ [+ *cloche, statue*] to cast ⓒ (= *réunir*) to combine ⓓ [+ *couleur, ton*] to blend

2 VI ⓐ (*à la chaleur*) to melt; (*dans l'eau*) to dissolve; **faire ~** [+ *beurre, neige*] to melt; [+ *sel, sucre*] to dissolve; **ça fond dans la bouche** it melts in your mouth ⓑ [*provisions, réserves*] to vanish; ~ **comme neige au soleil** to melt away; ~ **en larmes** to burst into tears ⓒ (= *maigrir*)* to slim down ⓓ (= *s'attendrir*) to melt ⓔ (= *s'abattre*) ~ **sur qn** [*vautour, ennemi*] to swoop down on sb

3 VPR **se fondre** (= *disparaître*) **se ~ dans le décor** [*personne*] to melt into the background; [*appareil, objet*] to blend in with the decor

fonds /fɔ̃/ NM ⓐ (*Commerce*) ~ **de commerce** business; (= *source de revenus*) moneymaker ⓑ [*de musée, bibliothèque*] collection ⓒ (= *organisme*) ~ **de pension** pension fund; ~ **de prévoyance** contingency fund ⓓ (*pluriel*) (= *argent*) money; (= *capital*) capital; (*pour une dépense précise*) funds; **mise de ~** capital outlay; **je lui ai prêté de l'argent à ~ perdus** I lent him some money, but I never got it back; ~ **publics** (= *recettes de l'État*) public funds

fondu, e /fɔ̃dy/ (*ptp de* **fondre**) ADJ ⓐ [*beurre*] melted; [*métal*] molten; **neige ~e** slush ⓑ [*couleurs*] blending 2 NM ~ **enchaîné** (*Ciné*) fade in-fade out 3 NF **fondue** cheese fondue; ~**e savoyarde** cheese fondue; ~**e bourguignonne** *fondue made with cubes of meat dipped in boiling oil*

fongicide /fɔ̃ʒisid/ NM fungicide

fontaine /fɔ̃tɛn/ NF (*ornementale*) fountain; (*naturelle*) spring

fonte /fɔ̃t/ NF ⓐ [*de neige*] melting; **à la ~ des neiges** when the snow melts ⓑ (= *métal*) cast iron; **en ~** [*tuyau, radiateur*] cast-iron

fonts /fɔ̃/ NMPL ~ **baptismaux** (baptismal) font

foot • /fut/ NM ABBR = **football**

football /futbol/ NM football (*Brit*), soccer; ~ **américain** American football (*Brit*), football (*US*); **jouer au ~** to play football

footballeur, -euse /futbolœʀ, øz/ NM,F football (*Brit*) *ou* soccer player

footing /futiŋ/ NM jogging (*NonC*); **faire du ~** to go jogging

for /fɔʀ/ NM **en mon ~ intérieur** in my heart of hearts

forage /fɔʀaʒ/ NM [*de roche, paroi*] drilling; [*de puits*] boring

forain, e /fɔʀɛ̃, ɛn/ 1 ADJ → **fête** 2 NM stallholder; **les ~s** (*fête foraine*) fairground people

forçat /fɔʀsa/ NM (= *bagnard*) convict; **travailler comme un ~** to work like a slave

force /fɔʀs/ 1 NF ⓐ (= *vigueur*) strength; **avoir de la ~** to be strong; **je n'ai plus la ~ de parler** I have no strength left to talk; **à la ~ du poignet** [*obtenir qch, réussir*] by the sweat of one's brow; **c'est une ~ de la nature** he's a real Goliath; **dans la ~ de l'âge** in the prime of life; **c'est ce qui fait sa ~** that is where his great strength lies; **être en position de ~** to be in a position of strength; **coup de ~** takeover by force; **affirmer avec ~** to state firmly; **insister avec ~ sur un point** to emphasize a point strongly; **vouloir à toute ~** to want at all costs

ⓑ (= *violence*) force; **recourir à la ~**.to resort to force

ⓒ (= *ressources physiques*) ~**s** strength; **reprendre des ~s** to get one's strength back; **c'est au-dessus de mes ~s** it's too much for me; **frapper de toutes ses ~s** to hit as hard as one can; **désirer qch de toutes ses ~s** to want sth with all one's heart

ⓓ [*de coup, vent*] force; [*d'argument, de sentiment, alcool, médicament*] strength; **vent de ~ 4** force 4 wind; **la ~ de l'habitude** force of habit; **par la ~ des choses** by force of circumstance; (= *nécessairement*) inevitably; **les ~s vives du pays** the lifeblood of the country; **avoir ~ de loi** to have force of law

ⓔ (*Mil*) ~**s** forces; **d'importantes ~s de police** large numbers of police

ⓕ (*Physique*) force; ~ **de gravité** force of gravity

ⓖ (*locutions*)

♦ **à force**: **à ~ de chercher on va bien trouver** if we keep on looking we'll find it eventually; **à ~, tu vas le casser** you'll end up breaking it

♦ **de force**: **faire entrer qch de ~ dans qch** to force sth into sth

♦ **en force**: **arriver** *ou* **venir en ~** to arrive in force

2 COMP ♦ **les forces armées** the armed forces ♦ **force de caractère** strength of character ♦ **force de dissuasion** deterrent power ♦ **force de frappe** strike force ♦ **force d'inertie** force of inertia ♦ **forces d'intervention** rapid deployment force ♦ **forces de maintien de la paix** peace-keeping forces ♦ **les forces de l'ordre** the police

forcé, e /fɔʀse/ (*ptp de* **forcer**) ADJ forced; **atterrissage ~** emergency landing; **c'est ~ !** it's inevitable

forcément /fɔʀsemɑ̃/ ADV inevitably; **il le savait ~** he obviously knew; **c'est voué à l'échec — pas ~** it's bound to fail — not necessarily

forcené, e /fɔʀsəne/ 1 ADJ (= *fou*) deranged; (= *acharné*) frenzied 2 NM,F maniac

forcer /fɔʀse/ /TABLE 3/ 1 VT ⓐ (= *contraindre*) to force; ~ **qn à faire qch** to force sb to do sth; **sa conduite force le respect** his behaviour commands respect

ⓑ [+ *coffre, serrure, barrage*] to force; [+ *porte, tiroir*] to force open; ~ **le passage** to force one's way through; ~ **la porte** to force one's way in

ⓒ [+ *fruits, plantes*] to force; [+ *talent, voix*] to strain; [+ *allure*] to increase; [+ *destin*] to tempt; ~ **le pas** to quicken one's pace; **il a forcé la dose*** he overdid it

2 VI to overdo it; **ne force pas, tu vas casser la corde** don't force it or you'll break the rope; **il avait un peu trop forcé sur l'alcool*** he'd had a few too many*

3 VPR **se forcer** to force o.s. (**pour faire qch** to do sth)

forcing /fɔʀsiŋ/ NM **faire le ~** to pile on the pressure; **faire du ~ auprès de qn** to put the pressure on sb

forcir /fɔʀsiʀ/ /TABLE 2/ VI [*personne*] to broaden out; [*vent*] to strengthen

forer /fɔʀe/ /TABLE 1/ VT to drill

forestier, -ière /fɔʀɛstje, jɛʀ/ 1 ADJ [*région, chemin*] forest; **sauce forestière** mushroom sauce 2 NM forester

foret /fɔʀɛ/ NM (= *outil*) drill

forêt /fɔʀɛ/ NF forest; ~ **vierge** virgin forest; ~ **domaniale** national forest

forêt-noire (*pl* **forêts-noires**) /fɔʀɛnwaʀ/ NF ⓐ (= *gâteau*) Black Forest gâteau ⓑ **la Forêt-Noire** the Black Forest

forfait /fɔʀfɛ/ NM ⓐ (= *prix fixe*) fixed price; (= *prix tout compris*) all-inclusive price; (= *ensemble de prestations*) package; **travailler au** *ou* **à** ~ to work for a flat rate; ~ **avion-hôtel** flight and hotel package; **~-skieur(s)** ski-pass ⓑ (= *abandon*) withdrawal; **déclarer** ~ [*sportif*] to withdraw; (*fig*) to give up ⓒ (*littér* = *crime*) crime

forfaitaire /fɔʀfɛtɛʀ/ ADJ (= *fixe*) [*somme*] fixed; (= *tout compris*) inclusive; **prix** ~ fixed price

forfaitiser /fɔʀfɛtize/ /TABLE 1/ VT ~ **les coûts** to charge a flat rate; **les communications locales sont forfaitisées** there is a flat-rate charge for local calls

forge /fɔʀʒ/ NF forge

forger /fɔʀʒe/ /TABLE 3/ 1 VT ⓐ [+ *métal*] to forge; ~ **des liens** to forge links ■ (*PROV*) **c'est en forgeant qu'on devient forgeron** practice makes perfect (*PROV*) ⓑ [+ *caractère*] to form ⓒ (= *inventer*) [+ *mot*] to coin; **cette histoire est forgée de toutes pièces** this story is a complete fabrication 2 VPR **se forger**: **il s'est forgé une solide réputation** he has earned himself quite a reputation

forgeron /fɔʀʒəʀɔ̃/ NM blacksmith

formaliser /fɔʀmalize/ /TABLE 1/ 1 VT to formalize 2 VPR **se formaliser** to take offence (**de** at)

formaliste /fɔʀmalist/ ADJ (*péj*) formalistic

formalité /fɔʀmalite/ NF formality; **les ~s à accomplir** the necessary procedures; **ce n'est qu'une** ~ it's a mere formality; **sans autre** ~ without any further ado

format /fɔʀma/ NM format; [*d'objet*] size; **papier** ~ **A4** A4 paper; **enveloppe grand** ~ large envelope

formater /fɔʀmate/ /TABLE 1/ VT to format

formateur, -trice /fɔʀmatœʀ, tʀis/ 1 ADJ formative 2 NM,F trainer

formation /fɔʀmasjɔ̃/ NF ⓐ (= *développement*) formation ⓑ (= *apprentissage*) training; (= *stage, cours*) training course; **il a reçu une** ~ **littéraire** he received a literary education; ~ **pédagogique** *ou* **des maîtres** teacher training (*Brit*) *ou* education (*US*); **je suis juriste de** ~ I trained as a lawyer; ~ **professionnelle** vocational training; ~ **permanente** continuing education; ~ **continue** in-house training; ~ **en alternance** [*d'élève en apprentissage*] school course combined with work experience; **stage de** ~ **accélérée** intensive training course ⓒ (= *groupe*) formation; ~ **musicale** music group; ~ **politique** political formation

⚠ *Lorsque* **formation** *se réfère à une activité professionnelle, il se traduit par* **training**.

forme /fɔʀm/ 1 NF ⓐ (= *contour, apparence*) shape; **en** ~ **de poire** pear-shaped; **en** ~ **de cloche** bell-shaped; **prendre la** ~ **d'un entretien** to take the form of an interview; **prendre** ~ [*statue, projet*] to take shape; **sous** ~ **de comprimés** in tablet form; **sous toutes ses** ~**s** in all its forms ⓑ [*de civilisation, gouvernement*] form; ~ **d'énergie** form of energy ⓒ (*Art, Droit, Littérat, Philo*) form; **soigner la** ~ to be careful about style; **mettre en** ~ [+ *texte*] to finalize the layout of; [+ *idées*] to formulate; **de pure** ~ [*aide, soutien*] token; **pour la** ~ as a matter of form; **en bonne (et due)** ~ in due form; **sans autre** ~ **de procès** without further ado ⓓ [*de verbe*] form; **mettre à la** ~ **passive** to put in the passive ⓔ (*physique*) form; **être en (pleine** *ou* **grande)** ~ to be on top form; (*physiquement*) to be very fit; **il n'est pas en** ~ he's not on top form; [*sportif*] he's not on form; **ce n'est pas la grande** ~* I'm (*ou* he's *etc*) not feeling too good*; **centre de remise en** ~ ≈ health spa

2 NFPL **formes**: **respecter les ~s** (= *convenances*) to respect the conventions; **faire une demande dans les ~s** to make a request in the proper way

formel, -elle /fɔʀmɛl/ ADJ ⓐ (= *catégorique*) definite; **interdiction formelle d'en parler à quiconque** you mustn't talk about this to anyone; **je suis** ~ **!** I'm absolutely sure! ⓑ (*qui concerne la forme*) formal

formellement /fɔʀmɛlmɑ̃/ ADV ⓐ (= *catégoriquement*) [*démentir, contester*] categorically; [*identifier*] positively; [*interdire*] strictly ⓑ (= *officiellement*) [*condamner*] officially

former /fɔʀme/ /TABLE 1/ 1 VT ⓐ [+ *liens d'amitié*] to form; [+ *équipe*] to set up; ~ **le projet de faire qch** to have the idea of doing sth ⓑ (= *être le composant de*) to make up; **ceci forme un tout** this forms a whole; **ils forment un beau couple** they make a nice couple ⓒ (= *dessiner*) to form; **ça forme un rond** it makes a circle ⓓ (= *éduquer*) to train; [+ *caractère, goût*] to form; **les voyages forment la jeunesse** travel broadens the mind 2 VPR **se former** ⓐ (= *se développer*) to form ⓑ (= *apprendre un métier*) to train o.s.; (= *éduquer son goût, son caractère*) to educate o.s.

formidable /fɔʀmidabl/ ADJ ⓐ (= *très important*) [*obstacle, bruit*] tremendous ⓑ (= *très bien*) great* ⓒ (= *incroyable*)* incredible

formidablement /fɔʀmidabləmɑ̃/ ADV (= *très bien*) fantastically*

formol /fɔʀmɔl/ NM formalin

formulaire /fɔʀmylɛʀ/ NM (*à remplir*) form; ~ **de demande** application form

formulation /fɔʀmylasjɔ̃/ NF formulation

formule /fɔʀmyl/ NF ⓐ (*Chim, Math*) formula; **une (voiture de)** ~ **1** a Formula-One car ⓑ (= *expression*) phrase; (*magique*) formula; ~ **heureuse** happy turn of phrase; ~ **de politesse** polite phrase; (*en fin de lettre*) letter ending ⓒ (= *méthode*) system; ~ **de paiement** method of payment; ~ **de vacances** holiday schedule; **c'est la** ~ **idéale** it's the ideal solution; **~s de crédit** credit options

formuler /fɔʀmyle/ /TABLE 1/ VT [+ *plainte, requête*] to make; [+ *critiques, sentiment*] to express; **il a mal formulé sa question** he didn't phrase his question very well

---

fort, e /fɔʀ, fɔʀt/

1 ADJECTIF	3 NOM MASCULIN
2 ADVERBE	

1 ADJECTIF

ⓐ strong; **il est** ~ **comme un bœuf** he's as strong as an ox; **le dollar est une monnaie ~e** the dollar is a strong currency; **de la moutarde ~e** strong mustard; **un ~ accent anglais** a strong English accent; **un** ~ **vent du sud** a strong southerly wind; **c'est plus** ~ **que moi** I can't help it; **c'est une ~e tête** he (*ou* she) is a rebel

◆ **fort de**: **une équipe ~e de 15 personnes** a team of 15 people; ~ **de son expérience, il …** wiser for this experience, he …

ⓑ = **gros** [*personne, poitrine*] large; [*hanches*] broad

ⓒ = **intense** [*bruit, voix*] loud; [*dégoût, crainte*] great; [*douleur, chaleur*] intense; [*fièvre*] high; **il y a quelques moments ~s dans son film** there are some powerful scenes in his film; **au sens** ~ **du terme** in the strongest sense of the term

ⓓ = **raide** [*pente*] steep

ⓔ = **violent** [*secousse, coup*] hard; [*houle, pluies*] heavy; **mer très ~e** very rough sea

ⓕ = **excessif*** **c'est trop** ~ **!** that's going too far!; **c'est un peu** ~* that's going a bit far; **et le plus** ~, **c'est que …** and the best part of it is that …

ⓖ = **important** (*avant le nom*) [*somme, dose*] large; [*baisse, différence, augmentation*] big; [*consommation*] high

ⓗ = **doué** good (**en** at); **il est** ~ **en histoire** he's good at history; **être** ~ **sur un sujet** to be good at a subject; **ce n'est pas très** ~ **de sa part** that's not very clever of him; **c'est trop** ~ **pour moi** it's beyond me

2 ADVERBE
ⓐ = intensément [lancer, serrer, souffler, frapper] hard; **sentir** ~ to have a strong smell; **respirez bien** ~ take a deep breath; **son cœur battait très** ~ his heart was pounding; **le feu marche trop** ~ the fire is burning too fast; **tu as fait** ~ **!*** that was a bit much!*

ⓑ = bruyamment loudly; **parlez plus** ~ speak up; **mets la radio moins** ~ turn the radio down; **mets la radio plus** ~ turn the radio up

ⓒ = beaucoup greatly; **j'en doute** ~ I very much doubt it; **j'ai** ~ **à faire avec lui** I've got my work cut out with him

ⓓ = très (frm) very; **c'est** ~ **bon** it is exceedingly good; **il y avait** ~ **peu de monde** there were very few people
◆ **fort bien** [dessiné, dit, conservé] extremely well; **je peux** ~ **bien m'en passer** I can quite easily do without it; ~ **bien!** excellent!

ⓔ◆ **se faire fort de** to be confident that; **nos champions se font** ~ **de remporter la victoire** our champions are confident they will win; **je me fais** ~ **de le convaincre** I have every confidence I can convince him

3 NOM MASCULIN
ⓐ = forteresse fort
ⓑ = personne **un** ~ **en thème** a swot* (Brit), a grind* (US)
ⓒ = spécialité forte; **l'amabilité n'est pas son** ~ kindness is not his strong point
ⓓ◆ **au plus fort de ...** at the height of ...

fortement /fɔʀtəmɑ̃/ ADV [conseiller] strongly; [serrer] tightly; ~ **marqué/attiré** strongly marked/attracted; **il en est** ~ **question** it is being seriously considered

forteresse /fɔʀtəʀɛs/ NF fortress; (fig) stronghold

fortifiant /fɔʀtifjɑ̃/ NM (= médicament) tonic

fortifier /fɔʀtifje/ /TABLE 7/ VT to strengthen; [+ ville] to fortify

fortiori /fɔʀsjɔʀi/ → a fortiori

fortuit, e /fɔʀtɥi, it/ ADJ fortuitous

fortune /fɔʀtyn/ NF ⓐ (= richesse) fortune; **ça coûte une (petite)** ~ it costs a fortune; **faire** ~ to make one's fortune ⓑ (= chance) luck (NonC), fortune (NonC); (= destinée) fortune; **chercher** ~ to seek one's fortune; **connaître des** ~**s diverses** (sujet pluriel) to enjoy varying fortunes; (sujet singulier) to have varying luck; **faire contre mauvaise** ~ **bon cœur** to make the best of it
◆ **de fortune** [moyen, réparation, installation] makeshift; [compagnon] chance

fortuné, e /fɔʀtyne/ ADJ wealthy

forum /fɔʀɔm/ NM (= place, colloque) forum ◆ **forum de discussion** (Internet) message board; **participer à un** ~ **de discussion** to post a message (on a message board)

fosse /fos/ NF (= trou) pit; (= tombe) grave ◆ **fosse commune** communal grave ◆ **fosse aux lions** lions' den ◆ **fosse d'orchestre** orchestra pit ◆ **fosse septique** septic tank

fossé /fose/ NM ditch; (fig) gulf; ~ **culturel** cultural gap; **le** ~ **entre les générations** the generation gap

fossette /fosɛt/ NF dimple

fossile /fosil/ NM, ADJ fossil

fossoyeur /foswajœʀ/ NM gravedigger

fou, folle /fu, fɔl/ (devant voyelle ou h muet **fol**) **1** ADJ ⓐ mad; ~ **furieux** raving mad; **ça l'a rendu** ~ it drove him mad; **c'est à devenir** ~ it's enough to drive you mad; ~ **de colère/de joie** out of one's mind with anger/with joy; **amoureux** ~ **(de)** madly in love (with); **elle est folle de lui** she's mad* about him
ⓑ [rage, course] mad; [amour, joie, espoir] insane; [idée, désir, tentative, dépense] crazy; [imagination] wild; **avoir le** ~ **rire** to have the giggles
ⓒ (= énorme)* [courage, énergie, succès, peur] tremendous; **j'ai eu un mal** ~ **pour venir** I had a terrible job* getting here; **tu as mis un temps** ~ it took you ages*; **gagner un argent** ~ to earn loads of money*; **payer un prix** ~ to pay a ridiculous price; **il y a un monde** ~ it's terribly crowded;

c'est ~ **ce qu'on s'amuse !** we're having such a great time!*; **c'est** ~ **ce qu'il a changé** it's incredible how much he has changed
ⓓ [véhicule] runaway; [mèche de cheveux] unruly
2 NM ⓐ lunatic; **courir comme un** ~ to run like a lunatic; **travailler comme un** ~ to work like mad*; **arrêtez de faire les** ~**s** stop messing about*
ⓑ (= fanatique)* fanatic; **c'est un** ~ **de jazz/tennis** he's a jazz/tennis fanatic
3 NF **folle** ⓐ lunatic
ⓑ (péj = homosexuel)**‼** **(grande) folle** queen**‼**

foudre /fudʀ/ NF lightning; **ce fut le coup de** ~ it was love at first sight; **s'attirer les** ~**s de qn** to provoke sb's anger

foudroyant, e /fudʀwajɑ̃, ɑ̃t/ ADJ [progrès, vitesse, attaque] lightning; [poison, maladie] violent; [mort] instant; [succès] stunning

foudroyer /fudʀwaje/ /TABLE 8/ VT [foudre] to strike; [coup de feu, maladie] to strike down; ~ **qn du regard** to glare at sb

fouet /fwɛ/ NM (= cravache) whip; (= ustensile de cuisine) whisk; **coup de** ~ lash; (fig) boost; **donner un coup de** ~ **à l'économie** to give the economy a boost

fouetter /fwete/ /TABLE 1/ VT to whip; [+ blanc d'œuf] to whisk; **la pluie fouettait les vitres** the rain lashed against the window panes

fougère /fuʒɛʀ/ NF fern

fougue /fug/ NF [de personne] spirit; [de discours, attaque] fieriness; **plein de** ~ fiery; **la** ~ **de la jeunesse** the hotheadedness of youth; **avec** ~ spiritedly

fougueux, -euse /fugø, øz/ ADJ [tempérament, cheval] fiery

fouille /fuj/ **1** NF [de personne, maison, bagages] searching; ~ **corporelle** body search **2** NFPL **fouilles** (archéologiques) excavation(s); **faire des** ~**s** to carry out excavations

fouiller /fuje/ /TABLE 1/ **1** VT [+ pièce, mémoire, personne] to search; [+ poches] to go through; [+ terrain] to excavate; **étude/analyse très fouillée** very detailed study/analysis **2** VI ~ **dans** [+ tiroir, armoire] to rummage in; [+ poches, bagages] to go through; [+ mémoire] to delve into; **qui a fouillé dans mes affaires ?** who's been rummaging about in my things?; ~ **dans le passé de qn** to delve into sb's past

fouillis /fuji/ NM [de papiers, objets] jumble; [d'idées] hotchpotch (Brit), hodgepodge (US); **il y avait un** ~ **indescriptible** everything was in an indescribable mess

fouine /fwin/ NF (= animal) stone marten

fouiner /fwine/ /TABLE 1/ VI to nose around

fouineur, -euse /fwinœʀ, øz/ NM,F nosey parker*

foulant, e* /fulɑ̃, ɑ̃t/ ADJ **ce n'est pas trop** ~ it won't kill you (ou him etc)*

foulard /fulaʀ/ NM scarf; ~ **islamique** chador

foule /ful/ NF crowd; (péj = populace) mob; **la** ~ **des badauds** the crowd of onlookers; **il y avait** ~ **à la réunion** there were lots of people at the meeting; **il n'y avait pas** ~* there was hardly anyone there!; **une** ~ **de** [+ livres, questions] loads* of; **ils sont venus en** ~ **à l'exposition** they flocked to the exhibition

foulée /fule/ NF stride; **courir à petites** ~**s** to jog along; **dans la** ~ while I'm (ou he's etc) at it

fouler /fule/ /TABLE 1/ **1** VT [+ raisins] to press; ~ **le sol d'un pays** (littér) to tread the soil of a country **2** VPR **se fouler** ⓐ **se** ~ **la cheville** to sprain one's ankle ⓑ (= travailler dur)* **il ne se foule pas beaucoup** he doesn't exactly strain himself

foulure /fulyʀ/ NF sprain

four /fuʀ/ NM ⓐ [de boulangerie, cuisinière] oven; [de potier] kiln; [d'usine] furnace; **plat allant au** ~ ovenproof dish; ~ **à micro-ondes** microwave oven ⓑ (= échec) flop; **cette pièce a fait un** ~ the play is a complete flop ⓒ (= gâteau) (petit) ~ small pastry

fourbe /fuʀb/ ADJ deceitful

fourbi * /fuʀbi/ NM (= attirail) gear* (NonC); (= fouillis) mess

fourbu, e /fuʀby/ ADJ exhausted

fourche /fuʀʃ/ NF fork

fourcher /fuʀʃe/ /TABLE 1/ VI **ma langue a fourché** it was a slip of the tongue

fourchette /fuʀʃɛt/ NF ⓐ (pour manger) fork; **il a un bon coup de ~** he has a hearty appetite ⓑ (= amplitude) **~ d'âge** age bracket; **~ de prix** price range

fourchu, e /fuʀʃy/ ADJ [langue, branche] forked; **cheveux ~s** split ends

fourgon /fuʀɡɔ̃/ NM (large) van; **~ blindé** armoured van; **~ cellulaire** police van (Brit), patrol wagon (US); **~ postal** mail van

fourgonnette /fuʀɡɔnɛt/ NF delivery van

fourguer * /fuʀɡe/ /TABLE 1/ VT (= vendre) to flog* (à to); (= donner) to unload (à onto)

fourmi /fuʀmi/ NF ant; **avoir des ~s dans les jambes** to have pins and needles in one's legs

fourmilière /fuʀmiljɛʀ/ NF (= monticule) ant hill; (fig) hive of activity

fourmillement /fuʀmijmɑ̃/ 1 NM [d'insectes, personnes] swarming; **un ~ d'idées** a welter of ideas 2 NMPL **fourmillements** (= picotement) pins and needles

fourmiller /fuʀmije/ /TABLE 1/ VI [insectes, personnes] to swarm; **~ de** [+ insectes, personnes] to be swarming with; [+ idées, erreurs] to be teeming with

fournaise /fuʀnɛz/ NF (= feu) blaze; (= endroit surchauffé) oven

fourneau (pl **fourneaux**) /fuʀno/ NM stove; **être aux ~x** to do the cooking

fournée /fuʀne/ NF batch

fourni, e /fuʀni/ (ptp de **fournir**) ADJ [cheveux] thick; [barbe, sourcils] bushy

fournir /fuʀniʀ/ /TABLE 2/ 1 VT ⓐ (= procurer) to supply; [+ pièce d'identité] to produce; [+ prétexte, exemple] to give; **~ qch à qn** to provide sb with sth; **~ du travail à qn** to provide sb with work ⓑ [+ effort] to put in; [+ prestation] to give 2 VPR **se fournir** to provide o.s. (de with); **je me fournis toujours chez le même épicier** I always shop at the same grocer's

fournisseur /fuʀnisœʀ/ NM supplier; (= détaillant) retailer; **chez votre ~ habituel** at your local retailer's ♦ **fournisseur d'accès (à Internet)** Internet service provider

fourniture /fuʀnityʀ/ NF ⓐ [de matériel] supply(ing) ⓑ (= objet) **~s (de bureau)** office supplies; **~s scolaires** school stationery

fourrage /fuʀaʒ/ NM fodder

fourrager[1] /fuʀaʒe/ /TABLE 3/ VI **~ dans** [+ papiers, tiroir] to rummage through

fourrager[2], **-ère** /fuʀaʒe, ɛʀ/ ADJ **betterave/culture fourragère** fodder beet/crop

fourré[1] /fuʀe/ NM thicket

fourré[2], **e** /fuʀe/ (ptp de **fourrer**) ADJ [bonbon, chocolat] filled; [manteau, gants] fur-lined; (= molletonné) fleecy-lined; **gâteau ~ à la crème** cream cake; **coup ~** underhand trick

fourreau (pl **fourreaux**) /fuʀo/ NM [d'épée] sheath; **(robe) ~** sheath dress

fourrer /fuʀe/ /TABLE 1/ VT ⓐ (= mettre)* to stick*; **où ai-je bien pu le ~ ?** where on earth did I put it?*; **qui t'a fourré ça dans le crâne?** who put that idea into your head?; **~ son nez partout** to stick* one's nose into everything ⓑ [+ gâteau] to fill ⓒ [+ manteau] to line with fur 2 VPR **se fourrer** * : **se ~ une idée dans la tête** to get an idea into one's head; **où a-t-il encore été se ~ ?** where has he got to now?; **il ne savait plus où se ~** he didn't know where to put himself; **il est toujours fourré chez eux** he's always round at their place

fourre-tout /fuʀtu/ NM INV (= sac) holdall

fourreur /fuʀœʀ/ NM furrier

fourrière /fuʀjɛʀ/ NF pound; [de chiens] dog pound; **emmener une voiture à la ~** to tow away a car

fourrure /fuʀyʀ/ NF (= pelage) coat; (= matériau, manteau) fur

fourvoyer /fuʀvwaje/ /TABLE 8/ 1 VT **~ qn** to mislead sb 2 VPR **se fourvoyer** to go astray; **dans quelle aventure s'est-il encore fourvoyé?** what has he got involved in now?

foutaise : /futɛz/ NF **(c'est de la) ~ !** (that's) bullshit!*:

foutoir : /futwaʀ/ NM shambles (sg); **sa chambre est un vrai ~** his bedroom is a pigsty

foutre : /futʀ/ 1 VT ⓐ (= faire) to do; **il n'a rien foutu de la journée** he hasn't done a damned: thing all day; **qu'est-ce que ça peut me ~ ?** what the hell do I care?: ⓑ (= donner) **ça me fout la trouille** it gives me the creeps*; **fous-moi la paix !** piss off!*: ⓒ (= mettre) **~ qn à la porte** to give sb the boot*; **ça fout tout par terre** that screws*: everything up; **ça la fout mal** it looks pretty bad* ⓓ **~ le camp** [personne] to piss off*:; [bouton, rimmel, vis] to come off; **fous-moi le camp!** get lost!:; **tout fout le camp** everything's falling apart

2 VPR **se foutre** ⓐ (= se mettre) **je me suis foutu dedans** I really screwed up*: ⓑ (= se moquer) **se ~ de qn/qch** to take the mickey* out of sb/sth; (= être indifférent) not to give a damn about sb/sth:; **se ~ de qn** (= dépasser les bornes) to mess* sb about; **100 € pour ça, ils se foutent du monde** 100 euros for that! - what the hell do they take us for!:; **ça, je m'en fous pas mal** : about that ⓒ **va te faire ~ !**:* fuck off!*:

foutu, e : /futy/ (ptp de **foutre**) ADJ ⓐ (avant le nom: intensif) [objet, appareil] damned:; (= mauvais) [temps, pays, travail] damned awful:; **il a un ~ caractère** he's got one hell of a temper: ⓑ [malade, vêtement] done for* (attrib); [appareil] buggered: (Brit); **il est ~** he's had it* ⓒ (= bâti, conçu) **bien ~** well-made; **mal ~** badly-made; **elle est bien ~e** she's got a nice body ⓓ (= malade) **être mal ~e** to feel lousy* ⓔ (= capable) **il est ~ de le faire** he's liable to go and do it; **il est même pas ~ de réparer ça** he can't even mend the damned thing:

fox-terrier (pl **fox-terriers**) /fɔksteʀje/ NM fox terrier

foyer /fwaje/ NM ⓐ (= maison) home; (= famille) family; **~ fiscal** household (as defined for tax purposes) ⓑ (= âtre) hearth ⓒ (= résidence) [de vieillards] home; [de jeunes] hostel; **~ socio-éducatif** community home ⓓ (= lieu de réunion) [de jeunes, retraités] club; [de théâtre] foyer ⓔ (optique) focus; **verres à double ~** bifocal lenses ⓕ **~ de** [+ incendie, agitation] centre of; [+ lumière, infection] source of

fracas /fʀaka/ NM [d'objet qui tombe] crash; [de train, tonnerre, vagues] roar; **la nouvelle a été annoncée à grand ~** the news was announced amid a blaze of publicity; **démissionner avec ~** to resign dramatically

fracassant, e /fʀakasɑ̃, ɑ̃t/ ADJ [déclaration] sensational; [succès] resounding

fracasser /fʀakase/ /TABLE 1/ VT [+ objet, mâchoire, épaule] to shatter; [+ porte] to smash down

fraction /fʀaksjɔ̃/ NF fraction; [de groupe, somme, terrain] (small) part; **en une ~ de seconde** in a split second

fractionner /fʀaksjɔne/ /TABLE 1/ VT to divide (up)

fracture /fʀaktyʀ/ NF fracture; (fig) split (entre between); **~ du crâne** fractured skull; **la ~ sociale** the gap between the haves and the have-nots

fracturer /fʀaktyʀe/ /TABLE 1/ VT to fracture; [+ coffre-fort, porte] to break open

fragile /fʀaʒil/ ADJ fragile; [organe, peau, tissu, équilibre] delicate; [santé] frail; [surface, revêtement] easily damaged; **« attention ~ »** (sur étiquette) "fragile, handle with care"; **être ~ de l'estomac** to have a weak stomach; **être de constitution ~** to have a weak constitution

fragiliser /fʀaʒilize/ /TABLE 1/ VT [+ position, secteur] to weaken; [+ régime politique] to undermine

fragilité /fraʒilite/ NF fragility; [*d'organe, peau*] delicacy; [*de santé*] frailty; [*de construction*] flimsiness

fragment /fragmɑ̃/ NM ⓐ [*de vase, roche, os, papier*] fragment; [*de vitre*] bit ⓑ [*de conversation*] snatch

fragmentaire /fragmɑ̃tɛʀ/ ADJ [*connaissances, études, exposé*] sketchy

fragmenter /fragmɑ̃te/ /TABLE 1/ VT [+ *matière*] to break up; [+ *étude, travail*] to divide (up)

fraîche /fʀɛʃ/ ADJ, NF → **frais**

fraîchement /fʀɛʃmɑ̃/ ADV ⓐ (= *récemment*) newly; **~ arrivé** just arrived; **fruit ~ cueilli** freshly picked fruit ⓑ (= *froidement*) coolly; **comment ça va? — ~!*** how are you? — a bit chilly!*

fraîcheur /fʀɛʃœʀ/ NF ⓐ [*de boisson*] coolness; [*de pièce*] (*agréable*) coolness; (*trop froid*) chilliness; **la ~ du soir** the cool of the evening ⓑ [*d'aliment*] freshness; **de première ~** very fresh ⓒ [*d'accueil*] coolness ⓓ [*de sentiment, jeunesse, teint, couleurs*] freshness

fraîchir /fʀɛʃiʀ/ /TABLE 2/ VI [*temps, température*] to get cooler; [*vent*] to freshen

frais¹, fraîche /fʀɛ, fʀɛʃ/ 1 ADJ ⓐ (= *légèrement froid*) cool; [*vent*] fresh; **vent ~** (*en météo marine*) strong breeze ⓑ (= *sans cordialité*) chilly ⓒ (= *sain, éclatant*) fresh; **un peu d'air ~** a breath of fresh air ⓓ (= *récent*) recent; [*peinture*] wet ⓔ [*aliment*] fresh ⓕ (= *reposé*) fresh; **~ et dispos** fresh (as a daisy); **je ne suis pas très ~ ce matin** I'm feeling a bit under the weather this morning; **eh bien, nous voilà ~!** well, we're in a fine mess now!*

2 ADV ⓐ **il fait ~** (*agréable*) it's cool; (*froid*) it's chilly; **« servir ~ »** "serve chilled" ⓑ (= *récemment*) newly; **~ émoulu de l'université** fresh from university; **rasé de ~** freshly shaven

3 NM ⓐ (= *fraîcheur*) **prendre le ~** to take a breath of fresh air; **mettre (qch) au ~** [+ *aliment, boisson*] to put (sth) in a cool place ⓑ (= *vent*) **bon ~** strong breeze; **grand ~** near gale

4 NF **fraîche**: **à la fraîche** in the cool of evening

frais² /fʀɛ/ NMPL (= *débours*) expenses; (*facturés*) charges; **tous ~ compris** inclusive of all costs; **avoir de gros ~** to have heavy outgoings; **se mettre en ~** to go to great expense; **se mettre en ~ pour qn/pour recevoir qn** to put o.s. out for sb/to entertain sb; **faire les ~ de la conversation** (= *parler*) to keep the conversation going; (= *être le sujet*) to be the (main) topic of conversation; **rentrer dans ses ~** to recover one's expenses; **aux ~ de la maison** at the firm's expense; **à ses ~** at one's own expense; **aux ~ de la princesse*** (*de l'État*) at the taxpayer's expense; (*de l'entreprise*) at the hot expense; **à peu de ~** cheaply ♦ **frais d'agence** agency fees ♦ **frais de déplacement** travelling expenses ♦ **frais divers** miscellaneous expenses ♦ **frais d'entretien** [*de jardin, maison*] (cost of) upkeep; [*de machine, équipement*] maintenance costs ♦ **frais d'envoi, frais d'expédition** forwarding charges ♦ **frais financiers** interest charges; [*de crédit*] loan charges ♦ **frais fixes** fixed charges ♦ **frais de fonctionnement** running costs ♦ **frais de garde** [*d'enfant*] childminding costs; [*de malade*] nursing fees ♦ **frais généraux** overheads (*Brit*), overhead (*US*) ♦ **frais d'hospitalisation** hospital fees ♦ **frais d'hôtel** hotel expenses ♦ **frais d'inscription** registration fees ♦ **frais médicaux** medical expenses ♦ **frais de notaire** legal fees ♦ **frais de port et d'emballage** postage and packing ♦ **frais professionnels** business expenses ♦ **frais réels** allowable expenses ♦ **frais de représentation** entertainment expenses ♦ **frais de scolarité** (*à l'école, au lycée*) school fees (*Brit*), tuition fees (*US*); (*pour un étudiant*) tuition fees ♦ **frais de transport** transportation costs

fraise /fʀɛz/ NF ⓐ (= *fruit*) strawberry; **~ des bois** wild strawberry ⓑ [*de dentiste*] drill

fraiser /fʀɛze/ /TABLE 1/ VT (= *agrandir*) to ream

fraisier /fʀɛzje/ NM ⓐ (= *plante*) strawberry plant ⓑ (= *gâteau*) strawberry gâteau

framboise /fʀɑ̃bwaz/ NF raspberry

framboisier /fʀɑ̃bwazje/ NM ⓐ (= *plante*) raspberry bush ⓑ (= *gâteau*) raspberry gateau

franc¹, franche /fʀɑ̃, fʀɑ̃ʃ/ 1 ADJ ⓐ (= *loyal*) frank; [*rire*] hearty; **pour être ~ avec vous** to be frank with you ⓑ (= *net*) [*cassure*] clean; [*couleur*] pure; **cinq jours ~s** five clear days ⓒ (= *libre*) free; **boutique franche** duty-free shop; **~ de** (*Commerce*) free of; **(livré) ~ de port** [*marchandises*] carriage-paid; [*paquet*] postage paid 2 ADV **à vous parler ~** to be frank with you

franc² /fʀɑ̃/ NM (= *monnaie*) franc; **~ français** French franc; **~ belge** Belgian franc; **~ suisse** Swiss franc; **~ CFA** CFA franc; **obtenir le ~ symbolique** to obtain token damages; **acheter qch pour un ~ symbolique** to buy sth for a nominal sum

français, e /fʀɑ̃sɛ, ɛz/ 1 ADJ French 2 ADV **acheter ~** to buy French 3 NM ⓐ (= *langue*) French; **c'est une faute de ~** ≈ it's a grammatical mistake ⓑ **Français** Frenchman; **les Français** the French; **le Français moyen** the average Frenchman 4 NF **française** ⓐ **Française** Frenchwoman ⓑ **à la ~e** French-style

France /fʀɑ̃s/ NF France; **histoire/équipe/ambassade de ~** French history/team/embassy; **le roi de ~** the King of France; **~2 ou ~3** *state-owned channels on French television*

ⓘ FRANCE TÉLÉVISION

There are two state-owned television channels in France: France 2 and France 3, a regionally-based channel. Broadly speaking, France 2 is a general-interest and light entertainment channel, while France 3 offers more cultural and educational viewing as well as the regional news.

Francfort /fʀɑ̃kfɔʀ/ N Frankfurt; **~-sur-le-Main** Frankfurt am Main

franche /fʀɑ̃ʃ/ ADJ → **franc**

franchement /fʀɑ̃ʃmɑ̃/ ADV ⓐ (= *honnêtement*) frankly; **pour vous parler ~** to be frank with you; **~, j'en ai assez!** quite frankly, I've had enough!; **~ non** frankly no ⓑ (= *sans ambiguïté*) clearly; (= *nettement*) definitely; **dis-moi ~ ce que tu veux** tell me straight out what you want; **c'est ~ au-dessous de la moyenne** it's definitely below average ⓒ (*intensif = tout à fait*) really; **ça m'a ~ dégoûté** it really disgusted me; **c'est ~ trop (cher)** it's much too expensive

franchir /fʀɑ̃ʃiʀ/ /TABLE 2/ VT [+ *obstacle*] to get over; [+ *rivière, ligne d'arrivée, seuil*] to cross; [+ *porte*] to go through; [+ *distance*] to cover; [+ *mur du son*] to break through; [+ *borne, limite*] to overstep; **~ le cap de la soixantaine** to turn sixty; **le pays vient de ~ un cap important** the country has just passed an important milestone; **ne pas réussir à ~ la barre de ...** [*chiffres, vote*] to fall short of ...; **sa renommée a franchi les frontières** his fame has spread far and wide

franchise /fʀɑ̃ʃiz/ NF ⓐ [*de personne*] frankness; **en toute ~** quite frankly ⓑ (= *exemption*) exemption; **~ (douanière)** exemption from (customs) duties; **importer qch en ~** to import sth duty-free; **« ~ postale »** ≈ "official paid"; **~ de bagages** baggage allowance ⓒ [*d'assurances*] excess (*Brit*), deductible (*US*) ⓓ (*Commerce*) franchise; **magasin en ~** franchised shop (*Brit*) ou store (*US*)

franchissable /fʀɑ̃ʃisabl/ ADJ surmountable

francilien, -ienne /fʀɑ̃siljɛ̃, jɛn/ 1 ADJ from the Île-de-France 2 NM,F **Francilien(ne)** inhabitant of the Île-de-France 3 NF **la Francilienne** (= *autoroute*) *motorway that encircles the Paris region*

franciser /fʀɑ̃size/ /TABLE 1/ VT to Frenchify

franc-jeu /fʀɑ̃ʒø/ NM fair-play; **jouer ~** to play fair

franc-maçon, -onne (*mpl* **francs-maçons**, *fpl* **franc-maçonnes**) /fʀɑ̃masɔ̃, ɔn/ NM,F freemason

franc-maçonnerie (*pl* **franc-maçonneries**) /fʀɑ̃masɔnʀi/ NF freemasonry

franco /fʀɑ̃ko/ ADV ~ **de port** carriage-paid; ~ **de port et d'emballage** free of charge; **y aller ~*** to go straight to the point

franco-canadien, -ienne /fʀɑ̃kokanadjɛ̃, jɛn/ ADJ, NM,F French Canadian

francophile /fʀɑ̃kɔfil/ ADJ, NMF francophile

francophone /fʀɑ̃kɔfɔn/ 1 ADJ French-speaking 2 NMF French speaker

francophonie /fʀɑ̃kɔfɔni/ NF French-speaking world

franco-québécois /fʀɑ̃kɔkebekwa/ NM (= *langue*) Quebec French

franc-parler /fʀɑ̃paʀle/ NM INV outspokenness; **avoir son ~** to speak one's mind

franc-tireur (*pl* **francs-tireurs**) /fʀɑ̃tiʀœʀ/ NM (= *combattant*) irregular; (*fig*) maverick; **agir en ~** to act independently

frange /fʀɑ̃ʒ/ NF ⓐ [*de tissu*] fringe; [*de cheveux*] fringe (*Brit*), bangs (*US*) ⓑ (= *minorité*) fringe (group)

frangin* /fʀɑ̃ʒɛ̃/ NM brother

frangine* /fʀɑ̃ʒin/ NF sister

frangipane /fʀɑ̃ʒipan/ NF almond paste

franquette* /fʀɑ̃kɛt/ NF **à la bonne ~** [*inviter*] informally; [*recevoir*] without any fuss

frappant, e /fʀapɑ̃, ɑ̃t/ ADJ striking

frappe /fʀap/ NF ⓐ [*de dactylo, pianiste*] touch ⓑ (= *voyou*) **petite ~** young thug ⓒ [*de boxeur*] punch; [*de footballeur*] kick; [*de joueur de tennis*] stroke ⓓ (*militaire*) (military) strike; **~ aérienne** airstrike

frappé, e /fʀape/ (*ptp de* **frapper**) ADJ ⓐ (= *saisi*) struck; **j'ai été (très) ~ de voir que ...** I was (quite) amazed to see that ... ⓑ [*champagne, café*] iced

frapper /fʀape/ /TABLE 1/ 1 VT ⓐ (= *cogner*) (*avec le poing, un projectile*) to strike; (*avec un couteau*) to stab; **~ qn à coups de poing/de pied** to punch/kick sb; **~ un grand coup** (*fig*) to pull out all the stops ⓑ [*maladie*] to strike (down); [*coïncidence, détail*] to strike; **frappé par le malheur** stricken by misfortune; **cela l'a frappé de stupeur** he was dumbfounded; **~ l'imagination** to catch the imagination; **ce qui (me) frappe** what strikes me ⓒ [*mesures, impôts*] to hit; **jugement frappé de nullité** judgment declared null and void ⓓ [+ *monnaie, médaille*] to strike

2 VI to strike; **~ dans ses mains** to clap one's hands; **~ du pied** to stamp (one's foot); **~ à la porte** to knock at the door; **on a frappé** there was a knock at the door; **frappez avant d'entrer** knock before you enter; **~ à toutes les portes** to try every door; **~ dur** *ou* **fort** to hit hard; **~ fort** (*pour impressionner*) to pull out all the stops

3 VPR **se frapper** ⓐ **se ~ le front** to tap one's forehead ⓑ (= *se tracasser*)* **ne te frappe pas !** don't worry!

frasques /fʀask/ NFPL **faire des ~** to get up to mischief

fraternel, -elle /fʀatɛʀnɛl/ ADJ brotherly

fraterniser /fʀatɛʀnize/ /TABLE 1/ VI [*pays, personnes*] to fraternize

fraternité /fʀatɛʀnite/ NF ⓐ (= *amitié*) fraternity (*NonC*) ⓑ (*religieuse*) brotherhood

fratricide /fʀatʀisid/ ADJ fratricidal

fraude /fʀod/ NF fraud; (*à un examen*) cheating; **en ~** [*fabriquer, vendre*] fraudulently; **passer qch/faire passer qn en ~** to smuggle sth/sb in; **~ électorale** electoral fraud; **~ fiscale** tax evasion

frauder /fʀode/ /TABLE 1/ 1 VT to defraud; **~ le fisc** to evade taxation 2 VI to cheat; **il fraude souvent dans l'autobus** he often takes the bus without paying

fraudeur, -euse /fʀodœʀ, øz/ NM,F person guilty of fraud; (*à la douane*) smuggler; (*envers le fisc*) tax evader; (*dans les transports*) fare dodger

frauduleux, -euse /fʀodylø, øz/ ADJ [*pratiques, concurrence*] fraudulent

frayer /fʀeje/ /TABLE 8/ 1 VPR **se frayer un passage (dans la foule)** to force one's way through (the crowd); **se frayer**

un chemin dans la jungle to cut a path through the jungle 2 VI ⓐ [*poisson*] to spawn ⓑ **frayer avec** to associate with

frayeur /fʀejœʀ/ NF fright; **cri de ~** cry of fear; **se remettre de ses ~s** to recover from one's fright

fredonner /fʀədɔne/ /TABLE 1/ VT to hum

free-lance (*pl* **free-lances**) /fʀilɑ̃s/ 1 ADJ INV freelance 2 NMF freelance; **travailler en ~** to work freelance

freezer /fʀizœʀ/ NM freezer compartment

frégate /fʀegat/ NF frigate

frein /fʀɛ̃/ NM brake; **coup de ~** brake; **donner un coup de ~** to brake; **donner un coup de ~ à** [+ *dépenses, inflation*] to curb; **c'est un ~ à l'expansion** it acts as a brake on expansion **♦ frein à disques** disc brake **♦ frein à main** handbrake **♦ frein moteur** engine braking **♦ frein à tambour** drum brake

freinage /fʀɛnaʒ/ NM (*de véhicule*) braking

freiner /fʀɛne/ /TABLE 1/ 1 VT to slow down; [+ *dépenses, inflation, chômage*] to curb; [+ *enthousiasme*] to put a damper on 2 VI to brake; (*à ski, en patins*) to slow down; **~ à bloc** *ou* **à mort*** to slam on the brakes

frelaté, e /fʀəlate/ ADJ [*aliment, drogue*] adulterated

frêle /fʀɛl/ ADJ [*tige*] fragile; [*personne, corps, voix*] frail

frelon /fʀəlɔ̃/ NM hornet

frémir /fʀemiʀ/ /TABLE 2/ VI ⓐ (*d'horreur*) to shudder; (*de fièvre*) to shiver; (*de colère*) to shake; (*d'impatience*) to quiver (**de** with); **histoire à vous faire ~** spine-chilling tale ⓑ [*lèvres, feuillage*] to quiver; [*eau chaude*] to simmer

frémissement /fʀemismɑ̃/ NM ⓐ [*de corps*] trembling; [*de lèvres, narines*] quivering; (*de fièvre*) shivering; (*de colère, d'impatience*) trembling; **un ~ parcourut la salle** a frisson ran through the room ⓑ [*d'eau chaude*] simmering ⓒ (= *reprise*) **un ~ de l'économie** signs of economic recovery

frêne /fʀɛn/ NM (= *arbre*) ash (tree); (= *bois*) ash

frénésie /fʀenezi/ NF frenzy

frénétique /fʀenetik/ ADJ [*applaudissements, rythme*] frenzied; [*activité*] frantic

fréquemment /fʀekamɑ̃/ ADV frequently

fréquence /fʀekɑ̃s/ NF frequency; **~ radio** radio frequency

fréquent, e /fʀekɑ̃, ɑ̃t/ ADJ frequent; **il est ~ de voir ...** it is not uncommon to see ...

fréquentable /fʀekɑ̃tabl/ ADJ **c'est quelqu'un de pas très ~** he's a bit of a dubious character

fréquentation /fʀekɑ̃tasjɔ̃/ 1 NF (= *action*) **la ~ des églises** church attendance; **la ~ des salles de cinéma augmente** the number of people going to the cinema is rising 2 NFPL **fréquentations** (= *relations*) **il a de mauvaises ~s** he's in with a bad crowd

fréquenté, e /fʀekɑ̃te/ (*ptp de* **fréquenter**) ADJ [*lieu, établissement*] busy; **c'est un établissement bien/mal ~** the right/wrong kind of people go there

fréquenter /fʀekɑ̃te/ /TABLE 1/ 1 VT ⓐ [+ *école, musée*] to go to; [+ *lieu, milieu*] to frequent ⓑ [+ *voisins*] to do things with; **~ la bonne société** to move in fashionable circles; **il les fréquente peu** he doesn't see them very often ⓒ (= *courtiser*)† to go around with 2 VPR **se fréquenter** [*amoureux*] to go out together; **nous nous fréquentons beaucoup** we see quite a lot of each other

frère /fʀɛʀ/ NM ⓐ brother; **ils sont devenus ~s ennemis** they've become rivals ⓑ (= *moine*) brother; **mes bien chers ~s** dearly beloved brethren; **on l'a mis en pension chez les ~s** he has been sent to a Catholic boarding school

fresque /fʀɛsk/ NF fresco

fret /fʀɛ(t)/ NM ⓐ (= *prix*) freightage; (*en camion*) carriage ⓑ (= *cargaison*) freight; (*de camion*) load; **~ aérien** air freight

frétiller /fʀetije/ /TABLE 1/ VI to wriggle; **le chien frétillait de la queue** the dog was wagging its tail; **~ d'impatience** to quiver with impatience

fretin /fʀətɛ̃/ NM → **menu**

friable /fʀijabl/ ADJ crumbly

friand, e /fʀijɑ̃, ɑ̃d/ 1 ADJ ~ **de** [+ nourriture, compliments] fond of 2 NM (à la viande) ≈ sausage roll (Brit)

friandises /fʀijɑ̃diz/ NFPL sweet things

fric* /fʀik/ NM (= argent) money; **il a du ~** he's loaded*

fricassée /fʀikase/ NF fricassee

friche /fʀiʃ/ NF fallow land (NonC); **en ~** (lying) fallow; **être en ~** to lie fallow; [talent, intelligence] to go to waste; [économie, pays] to be neglected; **~ industrielle** industrial wasteland

fricoter* /fʀikɔte/ /TABLE 1/ 1 VT to cook up*; **qu'est-ce qu'il fricote?** what's he up to?* 2 VI ~ **avec qn** (= avoir une liaison) to sleep with sb

friction /fʀiksjɔ̃/ NF ⓐ (= désaccord) friction ⓑ (= massage) rubdown; **point de ~** point of friction

frictionner /fʀiksjɔne/ /TABLE 1/ VT to rub

frigidaire ® /fʀiʒidɛʀ/ NM refrigerator; **mettre qch au ~** to put sth in the refrigerator

frigide /fʀiʒid/ ADJ frigid

frigidité /fʀiʒidite/ NF frigidity

frigo* /fʀigo/ NM fridge

frigorifié, e* /fʀigɔʀifje/ ADJ **être ~** (= avoir froid) to be frozen stiff

frigorifique /fʀigɔʀifik/ ADJ [camion, wagon] refrigerated

frileux, -euse /fʀilø, øz/ ADJ ⓐ [personne] sensitive to the cold; **il est très ~** he feels the cold ⓑ (= trop prudent) overcautious

frime* /fʀim/ NF **c'est de la ~** it's all put on*; **c'est pour la ~** it's just for show

frimer* /fʀime/ /TABLE 1/ VI to show off*

frimeur, -euse* /fʀimœʀ, øz/ NM,F show-off*

frimousse /fʀimus/ NF sweet little face

fringale* /fʀɛ̃gal/ NF (= faim) raging hunger; **j'ai la ~** I'm ravenous*

fringant, e /fʀɛ̃gɑ̃, ɑ̃t/ ADJ [cheval] frisky; [personne, allure] dashing

fringuer (se)* /fʀɛ̃ge/ VPR (= s'habiller) to get dressed; (élégamment) to do o.s. up*; **mal fringué** badly-dressed

fringues* /fʀɛ̃g/ NFPL clothes

friper /fʀipe/ /TABLE 1/ VT to crumple

friperie /fʀipʀi/ NF (= boutique) secondhand clothes shop

fripes* /fʀip/ NFPL (d'occasion) secondhand clothes

fripon, -onne /fʀipɔ̃, ɔn/ 1 ADJ [air, allure] mischievous 2 NM,F* rascal; **petit ~!** you little rascal!

fripouille /fʀipuj/ NF (péj) scoundrel

friqué, e* /fʀike/ ADJ rich

frire /fʀiʀ/ VTI **(faire) ~** to fry; (en friteuse) to deep-fry

frisbee ® /fʀizbi/ NM Frisbee®

frise /fʀiz/ NF frieze

frisé, e /fʀize/ (ptp de friser) 1 ADJ [cheveux] curly; [personne] curly-haired 2 NF **frisée** (= chicorée) curly endive

friser /fʀize/ /TABLE 1/ 1 VT ⓐ [+ cheveux] to curl; [+ moustache] to twirl ⓑ [+ catastrophe, mort] to be within a hair's breadth of; [+ insolence, ridicule] to verge on; ~ **la soixantaine** to be getting on for sixty 2 VI [cheveux] to be curly; [personne] to have curly hair

frisette /fʀizɛt/ NF ⓐ (= cheveux) little curl ⓑ (= lambris) panel; ~ **de pin** pine panel

frison, -onne /fʀizɔ̃, ɔn/ ADJ Frisian

frisquet, -ette* /fʀiskɛ, ɛt/ ADJ [vent] chilly; **il fait ~** it's chilly

frisson /fʀisɔ̃/ NM [de froid, fièvre] shiver; [de répulsion, peur] shudder; **ça me donne le ~** it makes me shudder

frissonner /fʀisɔne/ VI (de peur) to quake; (d'horreur) to shudder; (de fièvre, froid) to shiver (**de** with)

frit, e /fʀi, fʀit/ (ptp de frire) 1 ADJ fried 2 NF **frite** ⓐ (pommes) **~es** French fries, chips (Brit) ⓑ (= forme) **avoir la ~e*** to be feeling great*

friterie /fʀitʀi/ NF (= boutique) ≈ chip shop (Brit), ≈ hamburger stand (US)

friteuse /fʀitøz/ NF chip pan (Brit); ~ **électrique** electric fryer

friture /fʀityʀ/ NF (= graisse) fat (for frying); (= poisson, mets) fried fish (NonC); **il y a de la ~ sur la ligne*** there's interference on the line

frivole /fʀivɔl/ ADJ [personne, occupation] frivolous; [argument] trivial

frivolité /fʀivɔlite/ NF [de personne] frivolity

froc /fʀɔk/ NM ⓐ [de moine] habit ⓑ (= pantalon)* trousers, pants (US); **baisser son ~** to take it lying down*

froid, e /fʀwa, fʀwad/ 1 ADJ cold; **il fait ~** it's cold; **d'un ton ~** coldly; **ça me laisse ~** it leaves me cold; **garder la tête ~e** to keep a cool head

2 NM ⓐ **le ~** the cold; **j'ai ~** I'm cold; **j'ai ~ aux pieds** my feet are cold; **il fait ~/un ~ de canard*** it's cold/perishing*; **ça me fait ~ dans le dos** it sends shivers down my spine; **prendre (un coup de) ~** to catch a chill; **vague de ~** cold spell; **n'avoir pas ~ aux yeux** to be adventurous

• **à froid** : « **laver** ou **lavage à ~** » "wash in cold water"; **opérer à ~** to let things cool down before acting; **cueillir qn à ~*** to catch sb off guard

ⓑ (= brouille) coolness; **nous sommes en ~** things are a bit strained between us

froidement /fʀwadmɑ̃/ ADV [accueillir, remercier] coldly; [calculer, réfléchir] coolly; [tuer] in cold blood

froideur /fʀwadœʀ/ NF coldness

froisser /fʀwase/ /TABLE 1/ 1 VT ⓐ [+ tissu, papier] to crumple; [+ herbe] to crush ⓑ [+ personne] to hurt 2 VPR **se froisser** [tissu] to crease; [personne] to take offence (**de** at); **se ~ un muscle** to strain a muscle

frôler /fʀole/ /TABLE 1/ VT ⓐ (= toucher) to brush against; (= passer près de) to skim; ~ **la catastrophe** to come within a hair's breadth of a catastrophe; ~ **la victoire** to come close to victory ⓑ (= confiner à) to border on

fromage /fʀomaʒ/ NM cheese; **il en a fait tout un ~*** he made a great song and dance about it • **fromage blanc** fromage blanc • **fromage de chèvre** goat's milk cheese • **fromage frais** fromage frais • **fromage à pâte cuite** cooked cheese • **fromage à pâte molle** soft cheese • **fromage à pâte persillée** veined cheese • **fromage à tartiner** cheese spread • **fromage de tête** pork brawn, head-cheese (US)

fromager, -ère /fʀomaʒe, ɛʀ/ 1 ADJ [industrie, production] cheese 2 NM,F (= commerçant) cheese seller

fromagerie /fʀomaʒʀi/ NF (= fabrique) cheese dairy; (= magasin) cheese shop; (= rayon) cheese counter

froment /fʀomɑ̃/ NM wheat

froncement /fʀɔ̃smɑ̃/ NM ~ **de sourcils** frown

froncer /fʀɔ̃se/ /TABLE 3/ VT (Couture) to gather; ~ **les sourcils** to frown

fronces /fʀɔ̃s/ NFPL gathers; **ça fait des ~** it's all puckered

fronde /fʀɔ̃d/ NF ⓐ (= arme) sling; (= jouet) catapult (Brit), slingshot (US) ⓑ (= révolte) revolt

frondeur, -euse /fʀɔ̃dœʀ, øz/ ADJ rebellious

front /fʀɔ̃/ 1 NM ⓐ (de personne) forehead; **il peut marcher le ~ haut** he can hold his head up high

ⓑ (Mil, Politique, Météo) front; **tué au ~** killed in action; **attaquer qn de ~** to attack sb head-on; **se heurter de ~** to collide head-on; (fig) to clash head-on; **marcher (à) trois de ~** to walk three abreast; **mener plusieurs tâches de ~** to have several tasks in hand; **aborder de ~ un problème** to tackle a problem head-on; **faire ~ aux difficultés** to face up to the difficulties; **faire ~ commun contre qn/qch** to take a united stand against sb/sth

ⓒ ~ **(de taille)** face; [de houillère] coalface

2 COMP • **front de mer** sea front

frontal, e /fʀɔ̃tal, o/ ADJ [mpl -aux] **choc ~** head-on crash

frontalier, -ière /fʀɔ̃talje, jɛʀ/ ADJ [ville, zone] border; **travailleurs ~s** people who cross the border every day to work

frontière /fʀɔ̃tjɛʀ/ **1** NF border; **~ naturelle/linguistique** natural/linguistic boundary; **à la ~ du rêve et de la réalité** on the borderline between dream and reality **2** ADJ INV **ville/zone ~** border town/zone

frontispice /fʀɔ̃tispis/ NM frontispiece

frontiste /fʀɔ̃tist/ (Pol) **1** ADJ (du Front National) National Front **2** NMF National Front supporter

fronton /fʀɔ̃tɔ̃/ NM pediment

frottement /fʀɔtmɑ̃/ NM rubbing; (Tech) friction

frotter /fʀɔte/ /TABLE 1/ **1** VT ⓐ [+ peau] to rub; **frotte tes mains avec du savon** scrub your hands with soap; **~ une allumette** to strike a match
ⓑ (pour nettoyer) [+ cuivres, meubles, chaussures] to shine; [+ plancher, casserole, linge] to scrub
2 VI to rub; **la porte frotte** the door is rubbing
3 VPR **se frotter** ⓐ (= se laver) to rub o.s.; **se ~ les mains** to rub one's hands
ⓑ **se ~ à** (= attaquer) **se ~ à qn** to cross swords with sb; **il vaut mieux ne pas s'y ~** I wouldn't cross swords with him

frottis /fʀɔti/ NM (Méd) smear

froufrous /fʀufʀu/ NMPL (= dentelles) frills

froussard, e* /fʀusaʀ, aʀd/ NM,F (péj) chicken*, coward

frousse* /fʀus/ NF **avoir la ~** to be scared stiff*

fructifier /fʀyktifje/ /TABLE 7/ VI [arbre, idée] to bear fruit; [investissement] to yield a profit; **faire ~ son argent** to make one's money work for one

fructueux, -euse /fʀyktɥø, øz/ ADJ [collaboration, recherches] fruitful; [commerce] profitable

frugal, e (mpl -aux) /fʀygal, o/ ADJ frugal

fruit /fʀɥi/ NM fruit (NonC); **il y a des ~s/trois ~s dans la coupe** there is some fruit/there are three pieces of fruit in the bowl; **passez-moi un ~** pass me a piece of fruit; **c'est le ~ de l'expérience** it is the fruit of experience; **porter ses ~s** to bear fruit ♦ **fruits confits** candied fruits ♦ **fruit défendu** forbidden fruit ♦ **fruits de mer** seafood ♦ **fruit de la passion** passion fruit ♦ **fruits rouges** red berries ♦ **fruit sec** dried fruit

fruité, e /fʀɥite/ ADJ fruity

fruitier, -ière /fʀɥitje, jɛʀ/ **1** ADJ fruit **2** NM,F (= marchand de fruits) fruit seller; (= fromager) cheese maker

frusques /fʀysk/ NFPL (péj = vêtements) gear* (NonC)

fruste /fʀyst/ ADJ coarse

frustrant, e /fʀystʀɑ̃, ɑ̃t/ ADJ frustrating

frustration /fʀystʀasjɔ̃/ NF frustration

frustré, e /fʀystʀe/ (ptp de frustrer) ADJ frustrated

frustrer /fʀystʀe/ /TABLE 1/ VT ⓐ (= priver) **~ qn de** to deprive sb of ⓑ (= décevoir) [+ attente, espoir] to thwart ⓒ (Psych) to frustrate

FS (ABBR = franc suisse) SF

fuel /fjul/ NM (= carburant) fuel oil; **~ domestique** heating oil

fugace /fygas/ ADJ fleeting

fugitif, -ive /fyʒitif, iv/ **1** ADJ (= fugace) fleeting **2** NM,F fugitive

fugue /fyg/ NF ⓐ (= fuite) **faire une ~** to run away ⓑ (Musique) fugue

fuguer /fyge/ /TABLE 1/ VI to run away

fuir /fɥiʀ/ /TABLE 17/ **1** VT ⓐ [+ personne, danger] to avoid; [+ responsabilité] to evade; **~ qn comme la peste** to avoid sb like the plague ⓑ [+ lieu] to flee from **2** VI ⓐ [prisonnier] to escape; **~ devant** [+ danger, obligations] to run away from ⓑ [récipient, robinet, liquide, gaz] to leak

fuite /fɥit/ NF ⓐ [de fugitif] flight; **~ des capitaux** flight of capital; **~ des cerveaux** brain drain; **dans sa ~** as he ran away; **prendre la ~** [personne] to run away; [conducteur, voiture] to drive away; **mettre qn en ~** to put sb to flight ⓑ (littér) [de temps, heures, saisons] (swift) passing ⓒ (= perte de liquide) leakage; **~ de gaz/d'huile** gas/oil leak ⓓ (= indiscrétion) leak ⓔ (= trou) [de récipient, tuyau] leak

fulgurant, e /fylgyʀɑ̃, ɑ̃t/ ADJ [vitesse, progrès] lightning; [succès, carrière] dazzling; [ascension] meteoric

fulminer /fylmine/ /TABLE 1/ VI (= pester) to thunder forth; **~ contre** to fulminate against

fumant, e /fymɑ̃, ɑ̃t/ ADJ (= chaud) [cendres, cratère] smoking; [soupe] steaming; **un coup ~** a master stroke

fumasse* /fymas/ ADJ livid*

fumé, e¹ /fyme/ (ptp de fumer) ADJ [jambon, saumon, verre] smoked; **verres ~s** [de lunettes] tinted lenses

fume-cigarette (pl **fume-cigarettes**) /fymsigaʀɛt/ NM cigarette holder

fumée /fyme/ NF [de combustion] smoke; **la ~ ne vous gêne pas ?** do you mind my smoking?; **~s** [d'usine] fumes; **partir en ~** to go up in smoke

fumer /fyme/ /TABLE 1/ **1** VI to smoke; [soupe] to steam; **~ comme un pompier** to smoke like a chimney **2** VT ⓐ [+ tabac, hachisch] to smoke; **~ la cigarette/la pipe** to smoke cigarettes/a pipe ⓑ [+ aliments] to smoke ⓒ [+ sol, terre] to manure

fumerolles /fymʀɔl/ NFPL (= gaz) smoke and gas (coming from a volcano)

fumet /fymɛ/ NM aroma

fumeur, -euse /fymœʀ, øz/ NM,F smoker; **(compartiment) ~s** smoking compartment (Brit) ou car (US); **~ ou non-~ ?** smoking or non-smoking?

fumeux, -euse /fymø, øz/ ADJ [idées, explication] woolly

fumier /fymje/ NM ⓐ (= engrais) manure ⓑ (péj = salaud)⁑ bastard⁑

fumigène /fymiʒɛn/ ADJ [engin, grenade*] smoke

fumiste /fymist/ **1** NM (= réparateur, installateur) heating engineer; (= ramoneur) chimney sweep **2** NMF (péj = paresseux)* skiver⁑ (Brit)

fumisterie /fymistʀi/ NF **c'est une** ou **de la ~** it's a con⁑

funambule /fynɑ̃byl/ NMF tightrope walker

funèbre /fynɛbʀ/ ADJ ⓐ (= de l'enterrement) funeral ⓑ [ton, silence, allure] funereal; [atmosphère, décor] gloomy

funérailles /fyneʀaj/ NFPL funeral

funéraire /fyneʀɛʀ/ ADJ funerary

funeste /fynɛst/ ADJ (= désastreux) disastrous; [influence] harmful

funiculaire /fynikylɛʀ/ NM funicular railway

fur /fyʀ/ NM **au ~ et à mesure** [classer, nettoyer] as one goes along; [dépenser] as fast as one earns; **passe-moi les assiettes au ~ et à mesure** pass the plates to me as you go along; **donnez-les-nous au ~ et à mesure que vous les recevez** give them to us as you receive them; **au ~ et à mesure de leur progression** as they advanced

furax⁑ /fyʀaks/ ADJ INV (= furieux) livid*

furet /fyʀɛ/ NM (= animal) ferret

fureter /fyʀ(ə)te/ /TABLE 5/ VI to rummage about

fureur /fyʀœʀ/ NF fury; **accès de ~** fit of rage; **avoir la ~ de vivre** to have a passion for life; **faire ~** to be all the rage

furibond, e /fyʀibɔ̃, ɔ̃d/ ADJ [personne] furious; **il lui a lancé un regard ~** he glared at him

furie /fyʀi/ NF ⓐ (= mégère) shrew ⓑ (= violence, colère) fury; **en ~** [personne] in a rage; [mer] raging

furieusement /fyʀjøzmɑ̃/ ADV (= avec fureur) furiously; (hum = extrêmement) amazingly

furieux, -ieuse /fyʀjø, jøz/ ADJ ⓐ (= en colère) furious (contre with, at) ⓑ (= violent) fierce; **avoir une furieuse envie de faire qch** to be dying to do sth*

furoncle /fyʀɔ̃kl/ NM boil

furtif, -ive /fyʀtif, iv/ ADJ furtive; **avion ~** stealth bomber

furtivement /fyʀtivmɑ̃/ ADV furtively

fusain /fyzɛ̃/ NM (= crayon) charcoal crayon

fuseau (pl **fuseaux**) /fyzo/ NM ⓐ [de fileuse] spindle; [de dentellière] bobbin ⓑ **(pantalon) ~** ou **~x** stretch ski pants (Brit), stirrup pants (US) ⓒ **~ horaire** time zone

fusée /fyze/ NF (space) rocket ♦ **fusée de détresse** distress rocket

fuselage /fyz(ə)laʒ/ NM fuselage

fuselé, e /fyz(ə)le/ ADJ [*jambes*] spindly; [*colonne*] spindle-shaped; [*doigts*] tapering

fuser /fyze/ /TABLE 1/ VI [*cris, rires*] to burst forth; [*questions*] to come from all sides; [*vapeur*] to spurt out; **les plaisanteries fusaient** the jokes came thick and fast

fusible /fyzibl/ NM fuse; **les ~s ont sauté** the fuses have blown

fusil /fyzi/ 1 NM ⓐ (= *arme*) (*de guerre, à canon rayé*) rifle; (*de chasse, à canon lisse*) shotgun; **changer son ~ d'épaule** (*fig*) to have a change of heart ⓑ (= *instrument à aiguiser*) steel 2 COMP ◆ **fusil à air comprimé** airgun ◆ **fusil à canon rayé** rifle ◆ **fusil à canon scié** sawed-off (*Brit*) ou sawed-off (*US*) shotgun ◆ **fusil de chasse** shotgun ◆ **fusil à lunette** rifle with telescopic sight ◆ **fusil sous-marin** underwater speargun

fusillade /fyzijad/ NF (= *bruit*) shooting (*NonC*); (= *combat*) shoot-out

fusiller /fyzije/ /TABLE 1/ VT (= *exécuter*) to shoot; **~ qn du regard** to look daggers at sb

fusil-mitrailleur (*pl* **fusils-mitrailleurs**) /fyzimitʀɑjœʀ/ NM machine gun

fusion /fyzjɔ̃/ NF ⓐ [*de métal*] melting; **en ~** molten ⓑ (*Physique, Bio*) fusion; **~ nucléaire** nuclear fusion ⓒ [*de partis, fichiers*] merging; [*de systèmes, philosophies*] uniting; [*de sociétés*] merger

fusionner /fyzjɔne/ /TABLE 1/ VTI to merge

fustiger /fystiʒe/ /TABLE 3/ VT (*littér*) [+ *adversaire*] to flay; [+ *pratiques, mœurs*] to denounce

fût /fy/ NM ⓐ [*d'arbre*] trunk; [*de colonne*] shaft ⓑ (= *tonneau*) barrel

futaie /fyte/ NF forest (*of tall trees*)

futal • (*pl* **futals**) /fytal/, **fute•** /fyt/ NM trousers (*Brit*), pants (*US*)

futé, e /fyte/ ADJ crafty; **il n'est pas très ~** he's not very bright

futile /fytil/ ADJ [*entreprise, tentative*] futile; [*occupation, propos*] trivial; [*personne, esprit*] frivolous

futilité /fytilite/ NF ⓐ [*d'entreprise, tentative*] futility; [*d'occupation, propos*] triviality ⓑ (= *propos, action*) **~s** trivialities

futur, e /fytyʀ/ 1 ADJ (= *prochain*) future; **dans la vie ~e** in the afterlife; **~ mari** husband-to-be; **les ~s époux** the bride-and-groom-to-be; **~ directeur** future director; **~ client** prospective customer 2 NM ⓐ (= *avenir*) future; **le ~ proche** the immediate future ⓑ (*en grammaire*) **le ~** the future tense

futuriste /fytyʀist/ ADJ futuristic

fuyait /fɥiɛ/ VB → **fuir**

fuyant, e /fɥijɑ̃, ɑ̃t/ ADJ ⓐ [*regard, air*] evasive; [*personne, caractère*] elusive ⓑ [*menton, front*] receding

fuyard, e /fɥijaʀ, aʀd/ NM,F runaway

G

G /ʒe/ NM **le G-8** the G8 nations

g (ABBR = **gramme**) g

gabardine /gabardin/ NF gabardine

gabarit /gabaʀi/ NM ⓐ (= *dimension*) size ⓑ [*de personne*]* (= *taille*) size; (= *valeur*) calibre (*Brit*), caliber (*US*); **ce n'est pas le petit ~!** he's not exactly small! ⓒ (= *maquette*) template

gabegie /gabʒi/ NF bad management; **quelle ~!** what a waste!

Gabon /gabɔ̃/ NM Gabon

gabonais, e /gabɔnɛ, ɛz/ 1 ADJ Gabonese 2 NM,F **Gabonais(e)** Gabonese

gâcher /gɑʃe/ /TABLE 1/ VT ⓐ to waste; [+ *jeunesse, séjour, chances*] to ruin; **une vie gâchée** a wasted life; **il nous a gâché le plaisir** he spoiled it for us ⓑ [+ *mortier, plâtre*] to mix

gâchette /gɑʃɛt/ NF [*d'arme*] trigger; **appuyer sur la ~** to pull the trigger; **il a la ~ facile** he's trigger-happy

gâchis /gɑʃi/ NM ⓐ (= *désordre*) mess ⓑ (= *gaspillage*) waste (*NonC*); **quel ~!** what a waste!

gadget /gadʒɛt/ NM (= *ustensile*) gadget; (= *procédé*) gimmick

gadin* /gadɛ̃/ NM **prendre un ~** to fall flat on one's face

gadoue /gadu/ NF (= *boue*) mud; (= *neige*) slush

gaélique /gaelik/ ADJ, NM Gaelic

gaffe /gaf/ NF ⓐ (= *bévue*) blunder; **faire une ~** (*action*) to make a blunder; (*parole*) to say the wrong thing
ⓑ ♦ **faire gaffe*** : **désolé, j'avais pas fait ~** sorry, I wasn't paying attention; **eh bien, tu as gaffé!** (*iro*) well, you've got what you asked for!*

gaffer /gafe/ /TABLE 1/ VI (*bévue*) to blunder; (*paroles*) to say the wrong thing; **j'ai gaffé?** did I say the wrong thing?

gaffeur, -euse /gafœʀ, øz/ NM,F blundering idiot

gag /gag/ NM joke; [*de comique*] gag; **ce n'est pas un ~** it's not a joke

gaga* /gaga/ ADJ [*vieillard*] gaga*; **être ~ de qn** to be crazy about sb*

gage /gaʒ/ NM ⓐ (à *un créancier, arbitre*) security; (à *un prêteur*) pledge; **mettre qch en ~** to pawn sth; **laisser qch en ~** to leave sth as ⓐ security ⓑ (= *garantie*) guarantee ⓒ (= *témoignage*) proof (*NonC*); **donner à qn un ~ d'amour** to give sb a token of one's love; **en ~ de notre amitié** as a token *ou* in token of our friendship ⓓ (*Jeux*) forfeit

gager /gaʒe/ /TABLE 1/ VT (*frm*) **gageons que ...** (= *parier*) I bet (you) that ...

gageure /gaʒyʀ/ NF (= *entreprise difficile*) **c'est une véritable ~** it's a real challenge

gagnant, e /gaɲɑ̃, ɑ̃t/ 1 ADJ [*numéro, combinaison*] winning; **il part ~ dans cette affaire** he's bound to be the winner in this deal 2 NM,F winner

gagne-pain* /gaɲpɛ̃/ NM INV source of income; **c'est son ~** it's his bread and butter*

gagner /gaɲe/ /TABLE 1/ VT ⓐ (= *acquérir par le travail*) to earn; **~ sa vie** to earn one's living (**en faisant qch** (by) doing sth); **elle gagne bien sa vie** she earns a good living;

elle gagne bien* she earns good money*; **~ de l'argent** (*par le travail*) to earn; (*dans une affaire*) to make money; **il ne gagne pas des mille et des cents*** he doesn't exactly earn a fortune; **~ sa croûte*** to earn one's crust; **j'ai gagné ma journée!** (*iro*) that really made my day! (*iro*)
ⓑ (= *mériter*) to earn; **il a bien gagné ses vacances** he's really earned his holiday
ⓒ (= *acquérir par le hasard*) [+ *prix*] to win; **~ le gros lot** to hit the jackpot
ⓓ (= *obtenir*) to gain; [+ *parts de marché*] to win; **avoir tout à ~ et rien à perdre** to have everything to gain and nothing to lose; **chercher à ~ du temps** (= *temporiser*) to play for time; **cela fait ~ beaucoup de temps** it saves a lot of time; **~ de la place** to save space; **c'est toujours ça de gagné!** that's always something!; **je n'y ai gagné que des ennuis** I only made trouble for myself
ⓔ (= *augmenter de*) **~ dix centimètres** [*plante, enfant*] to grow ten centimetres; **l'indice CAC 40 gagne 4 points** the CAC 40 index is up 4 points; **il a gagné 3 points dans les sondages** he has gained 3 points in the opinion polls
ⓕ (= *être vainqueur de*) to win; **ce n'est pas gagné d'avance** it's far from certain; **~ haut la main** to win hands down
ⓖ (= *se concilier*) [+ *gardiens, témoins*] to win over; **~ la confiance de qn** to win sb's confidence; **~ qn à sa cause** to win sb over
ⓗ (= *envahir*) to spread to; **le feu gagna rapidement les rues voisines** the fire quickly spread to the neighbouring streets; **~ du terrain** to gain ground; **la grève gagne tous les secteurs** the strike is spreading to all sectors
ⓘ (= *atteindre*) to reach; **~ le large** to get out into the open sea

2 VI ⓐ (= *être vainqueur*) to win; **~ aux courses** to win on the horses; **il gagne sur tous les tableaux** he's winning on all fronts; **eh bien, tu as gagné!** (*iro*) well, you've got what you asked for!*
ⓑ (= *trouver un avantage*) **vous y gagnez** it's in your interest; **qu'est-ce que j'y gagne?** what do I get out of it?; **tu aurais gagné à te taire!** you would have done better to keep quiet!; **elle a gagné au change** she ended up better off
ⓒ (= *s'améliorer*) **~ en hauteur** to increase in height; **ce vin gagnera à vieillir** this wine will improve with age; **il gagne à être connu** he improves on acquaintance
ⓓ (= *s'étendre*) [*incendie, épidémie*] to spread

gagneur, -euse /gaɲœʀ, øz/ NM,F (= *battant*) go-getter*

gai, e /ge/ 1 ADJ ⓐ cheerful; [*couleur, pièce*] bright; **on annonce une nouvelle grève des transports, c'est ~ ou ça va être ~!** there's going to be another strike - just what we needed!; **c'est un ~ luron** he's a cheerful fellow; **~ comme un pinson** happy as a lark ⓑ (= *ivre*) merry ⓒ (= *homosexuel*) gay 2 NM (= *homosexuel*) gay

gaiement /gemɑ̃/ ADV ⓐ (= *joyeusement*) cheerfully ⓑ (= *avec entrain*) **allons-y ~!** come on then, let's get on with it!

gaieté /gete/ NF [*de personne, caractère, conversation*] cheerfulness; [*de couleur*] brightness; **plein de ~** cheerful; **retrouver sa ~** to recover one's good spirits; **ce n'est pas de ~ de**

cœur qu'il a accepté it was with some reluctance that he accepted

gaillard /gajaʀ/ NM (a) (= costaud) **(grand ou beau) ~** strapping fellow (b) (= type)* guy*; **toi, mon ~, je t'ai à l'œil!** I've got my eye on you, chum!* (c) [de bateau] **~ d'avant** fo'c'sle; **~ d'arrière** quarter-deck

gain /gɛ̃/ NM (a) (= bénéfice) [de société] profit; (au jeu) winnings (b) (= salaire) earnings (c) (= lucre) **le ~** gain (d) (= économie) saving; **le ~ de place est énorme** it saves a considerable amount of space; **ça permet un ~ de temps** it saves time (e) (= accroissement) gain; **~ de productivité** productivity gain; **~ de poids** weight gain (f) **avoir ou obtenir ~ de cause** (Droit) to win the case; (fig) to be proved right; **donner ~ de cause à qn** (Droit) to decide in sb's favour; (fig) to agree that sb is right

gaine /gɛn/ NF (a) (= vêtement) girdle (b) (= fourreau) sheath; **~ d'aération ou de ventilation** ventilation shaft

gainer /gene/ /TABLE 1/ VT to cover; [+ fil électrique] to sheathe; **jambes gainées de soie** legs sheathed in silk

gaîté /gete/ NF = **gaieté**

gala /gala/ NM **~ de bienfaisance** charity gala; **soirée de ~** gala evening

galant, e /galã, ãt/ ADJ (a) (= courtois) polite; **c'est un ~ homme** he is a gentleman (b) [scène] romantic; [poésie] love; **en ~e compagnie** [homme] with a lady friend; [femme] with a gentleman friend; **rendez-vous ~** tryst

galanterie /galãtʀi/ NF (= courtoisie) gallantry

Galapagos /galapagɔs/ NFPL **les îles ~** the Galapagos Islands

galaxie /galaksi/ NF galaxy; (= monde, domaine) world

galbe /galb/ NM [de meuble, mollet] curve

galbé, e /galbe/ ADJ [meuble] with curved outlines; [mollet] rounded; **bien ~** [corps] shapely

gale /gal/ NF scabies; [de chien, chat] mange; [de mouton] scab; **je n'ai pas la ~!** I haven't got the plague!

galère /galɛʀ/ NF (a) (= bateau) galley; **qu'est-il allé faire dans cette ~?** why on earth did he have to get involved in that business? (b) (= ennui, problème)* **quelle ~!** ou **c'est (la) ~!** what a drag!*; **c'était (vraiment) la ~** it was a nightmare

galérer* /galeʀe/ /TABLE 6/ VI (a) (= travailler dur) to sweat blood* (b) (= avoir des difficultés) to have a lot of hassle*

galerie /galʀi/ 1 NF (a) [de mine] level; [de fourmilière] gallery; [de taupinière] tunnel (b) (= magasin) gallery (c) (Théât = balcon) circle; **pour épater la ~** to show off*, to impress people (d) [de voiture] roof rack 2 COMP ◆ **galerie d'art** art gallery ◆ **la galerie des Glaces** the Hall of Mirrors ◆ **galerie marchande** shopping mall ◆ **galerie de peinture** art gallery

galet /galɛ/ NM (= pierre) pebble; **plage de ~s** shingle beach

galette /galɛt/ NF (= gâteau) round, flat biscuit; **~ (de sarrasin)** (= crêpe) (buckwheat) pancake; **~ de maïs** tortilla; **~ des Rois** cake eaten in France on Twelfth Night → LES ROIS

galeux, -euse /galø, øz/ ADJ [personne] affected with scabies; [chien] mangy; **il m'a traité comme un chien ~** he treated me like dirt

galimatias /galimatja/ NM (= propos) gibberish (NonC); (= écrit) rubbish

galipette* /galipɛt/ NF (= cabriole) somersault; **faire des ~s** (cabrioles) to do somersaults; (hum: ébats) to have a romp

Galles /gal/ NFPL → **pays, prince**

gallicisme /ga(l)lisism/ NM (= idiotisme) French idiom; (dans une langue étrangère = calque) Gallicism

gallois, e /galwa, waz/ 1 ADJ Welsh 2 NM (a) (= langue) Welsh (b) **Gallois** Welshman; **les Gallois** the Welsh 3 NF **Galloise** Welshwoman

galon /galɔ̃/ NM (Couture) braid (NonC); (Mil) stripe; **il a gagné ses ~s d'homme d'État en faisant ...** he won his stripes as a statesman doing ...; **prendre du ~** to get promoted

galop /galo/ NM gallop; **cheval au ~** galloping horse; **prendre le ~** to break into a gallop; **partir au ~** [cheval] to set off at a gallop; [personne] to go off like a shot; **au triple ~** [partir, arriver] at top speed ◆ **galop d'essai** trial gallop; (fig) trial run

galopant, e /galɔpã, ãt/ ADJ [inflation] galloping; **démographie ~e** population explosion

galoper /galɔpe/ /TABLE 1/ VI [cheval] to gallop; [imagination] to run wild; [enfant] to run; **~ ventre à terre** to go at full gallop; **j'ai galopé toute la journée!*** I've been rushing around all day!

galopin* /galɔpɛ̃/ NM (= polisson) urchin; **petit ~!** you little rascal!

galvaniser /galvanize/ /TABLE 1/ VT to galvanize

galvaudé, e /galvode/ ADJ [expression] hackneyed; [mot] overused

gambader /gãbade/ /TABLE 1/ VI [animal] to gambol; [personne, enfant] to caper (about); [esprit] to flit from one idea to another

gambas /gãbas/ NFPL Mediterranean prawns

gamberger* /gãbɛʀʒe/ /TABLE 3/ VI (= réfléchir) to think hard; (= se faire du souci) to brood

gambette* /gãbɛt/ NF (= jambe) leg

Gambie /gãbi/ NF Gambia

gamelle /gamɛl/ NF [d'ouvrier, campeur] billy-can; [de chien] bowl; (hum = assiette) dish; **(se) prendre une ~*** to come a cropper* (Brit)

gamin, e /gamɛ̃, in/ 1 ADJ (= puéril) childish 2 NM,F (= enfant)* kid*; **quand j'étais ~** when I was a kid*

gaminerie /gaminʀi/ NF (= espièglerie) playfulness (NonC); (= puérilité) childishness (NonC); **arrête tes ~s** stop being so childish

gamme /gam/ NF (a) [de couleurs, articles] range; [de sentiments] gamut; **haut de ~** upmarket; **bas de ~** downmarket (b) (Musique) scale; **faire des ~s** to practise scales

gammée /game/ NF, ADJ F → **croix**

Gand /gã/ N Ghent

gang /gãg/ NM gang (of crooks)

ganglion /gãglijɔ̃/ NM ganglion; **~ lymphatique** lymph node; **il a des ~s** he has swollen glands

gangrène /gãgʀɛn/ NF gangrene; **avoir la ~** to have gangrene

gangster /gãgstɛʀ/ NM (= criminel) gangster; (péj = escroc) crook

gangstérisme /gãgsteʀism/ NM gangsterism

gangue /gãg/ NF [de minerai, pierre] gangue

gant /gã/ NM glove; **~s de caoutchouc** rubber gloves; **cette robe lui va comme un ~** that dress fits her like a glove; **prendre des ~s avec qn** to go carefully with sb; **il va falloir prendre des ~s pour lui annoncer la nouvelle** we'll have to break the news to him gently; **relever le ~** to take up the gauntlet ◆ **gants de boxe** boxing gloves ◆ **gant de crin** massage glove ◆ **gant de toilette** ≈ facecloth (Brit), ≈ wash cloth (US)

garage /gaʀaʒ/ NM garage; **as-tu rentré la voiture au ~?** have you put the car in the garage?

garagiste /gaʀaʒist/ NMF (= propriétaire) garage owner; (= mécanicien) garage mechanic; **emmener sa voiture chez le ~** to take one's car to the garage

garant, e /gaʀã, ãt/ NM,F (= personne, état) guarantor (**de** for); (= chose) guarantee; **se porter ~ de qch** to vouch for sth; (Droit) to be answerable for sth

garanti, e /gaʀãti/ (ptp de **garantir**) 1 ADJ guaranteed; **trois ans** guaranteed for three years

2 NF **garantie** (a) guarantee; (= gage) security; (= protection) safeguard; **sous ~** under guarantee; **donner des ~es** to give guarantees; **il faut prendre des ~es** we have to take out some sureties; **cette entreprise présente toutes les ~es de sérieux** there is every indication that the firm is reliable; **je**

vous dis ça, mais c'est sans ~e I can't guarantee that what I'm telling you is right
ⓑ [*de police d'assurance*] cover (*NonC*)
3 COMP ◆ **garantie de l'emploi** job security

garantir /gaʀɑ̃tiʀ/ /TABLE 2/ VT ⓐ (= *assurer*) to guarantee; [+ *emprunt*] to secure; **~ que** to guarantee that; **se ~ contre** [+ *vol, incendie, risque*] to insure o.s. against; **je te garantis que ça ne se passera pas comme ça !** I can assure you things won't turn out like that! ⓑ (= *protéger*) **~ qch de** to protect sth from

garce : /gaʀs/ NF (*péj*) (= *méchante*) bitch**;** (= *dévergondée*) slut**;**

garçon /gaʀsɔ̃/ 1 NM ⓐ (= *enfant, fils*) boy; **tu es un grand ~ maintenant** you're a big boy now; **c'est un ~ manqué** she's a real tomboy ⓑ (= *jeune homme*) young man; **il est beau** *ou* **joli ~** he's good-looking; **c'est un brave ~** he's a nice guy; **ce ~ ira loin** that young man will go far ⓒ (= *serveur*) waiter
2 COMP ◆ **garçon d'ascenseur** lift (*Brit*) *ou* elevator (*US*) attendant; (= *jeune homme*) lift (*Brit*) *ou* elevator (*US*) boy ◆ **garçon de café** waiter ◆ **garçon de courses** messenger; (= *jeune homme*) errand boy ◆ **garçon d'écurie** stable boy ◆ **garçon d'honneur** best man

garçonnet /gaʀsɔnɛ/ NM small boy; **taille ~** boy's size; **rayon ~** boys' department

garçonnière /gaʀsɔnjɛʀ/ NF bachelor flat (*Brit*) *ou* apartment (*US*)

garde¹ /gaʀd/ 1 NF ⓐ (= *surveillance*) **confier qch/qn à la ~ de qn** to entrust sth/sb to sb's care; **ils nous ont laissé leur enfant en ~** they left their child in our care; **être sous la ~ de la police** to be under police guard; **être sous bonne ~** to be under guard ⓑ (*après divorce*) custody; **elle a eu la ~ des enfants** she got custody of the children; **~ alternée** alternating custody ⓒ (= *veille*) [*de soldat*] guard duty; [*d'infirmière*] ward duty; [*de médecin*] duty period; **être de ~** to be on duty; (*avec un bip*) to be on call; **pharmacie de ~** duty chemist (*Brit*) *ou* pharmacist (*US*) ⓓ (= *groupe, escorte*) guard; **~ rapprochée** [*de président*] personal bodyguard ⓔ (= *infirmière*) nurse; **~ de jour/de nuit** day/night nurse ⓕ (*Boxe, Escrime*) guard; **en ~ !** on guard! ⓖ **page de ~** flyleaf ⓗ (*locutions*)
◆ **en garde** : **mettre qn en ~** to warn sb; **mise en ~** warning
◆ **prendre garde** : **prendre ~ de** *ou* **à ne pas faire qch** to be careful not to do sth; **prends ~ à toi** watch yourself; **prends ~ aux voitures** mind the cars; **sans y prendre ~** without realizing it
◆ **sur ses gardes** : **être/se tenir sur ses ~s** to be/stay on one's guard
2 COMP ◆ **garde d'enfants** child minder (*Brit*), daycare worker (*US*) ◆ **garde d'honneur** guard of honour ◆ **garde mobile** antiriot police ◆ **garde républicaine** Republican Guard ◆ **garde à vue** ≈ police custody; **être mis** *ou* **placé en ~ à vue** ≈ to be kept in police custody

garde² /gaʀd/ NM [*de locaux, prisonnier*] guard; [*de domaine, château*] warden (*Brit*), keeper (*US*); [*de jardin public*] keeper ◆ **garde champêtre** rural policeman ◆ **garde du corps** bodyguard ◆ **garde forestier** forest warden (*Brit*), (park) ranger (*US*) ◆ **garde mobile** member of the antiriot police ◆ **garde municipal** municipal guard ◆ **garde républicain** Republican guard ◆ **Garde des Sceaux** French Minister of Justice

garde-à-vous /gaʀdavu/ NM INV (= *cri*) **~ fixe !** attention!; **se mettre au ~** to stand to attention

garde-barrière (*pl* **gardes-barrières**) /gaʀd(ə)baʀjɛʀ/ NMF level-crossing keeper

garde-boue /gaʀdəbu/ NM INV mudguard (*Brit*), fender (*US*)

garde-chasse (*pl* **gardes-chasse(s)**) /gaʀdəʃas/ NM gamekeeper

garde-corps /gaʀdəkɔʀ/ NM INV (= *rambarde*) (*en fer*) railing; (*en pierre*) parapet

garde-côte (*pl* **garde-côtes**) /gaʀdəkot/ NM (= *navire*) coastguard ship; (= *personne*) coastguard

garde-fou (*pl* **garde-fous**) /gaʀdəfu/ NM (*en fer*) railing; (*en pierre*) parapet; (*fig*) safeguard

garde-frontière (*pl* **gardes-frontières**) /gaʀd(ə)fʀɔ̃tjɛʀ/ NMF border guard

garde-malade (*pl* **gardes-malades**) /gaʀd(ə)malad/ NMF home nurse

garde-manger /gaʀd(ə)mɑ̃ʒe/ NM INV (= *armoire*) meat safe (*Brit*), cooler (*US*); (= *pièce*) pantry

garde-meuble (*pl* **garde-meubles**) /gaʀdəmœbl/ NM storehouse

garde-pêche /gaʀdəpɛʃ/ 1 NM (= *personne*) water bailiff (*Brit*), fish and game warden (*US*) 2 NM INV (= *frégate*) fisheries protection vessel

garder /gaʀde/ /TABLE 1/ 1 VT ⓐ to keep; [+ *droits*] to retain; [+ *habitudes, apparences*] to keep up; [*police*] to detain; **gardez la monnaie** keep the change; **gardez donc votre chapeau** (*sur vous*) do keep your hat on; **~ qn à vue** (*Droit*) ≈ to keep sb in custody; **~ qn à déjeuner** to have sb stay for lunch; **j'ai gardé de la soupe pour demain** I've kept some soup for tomorrow; **~ le meilleur pour la fin** to keep the best till the end; **~ les yeux baissés** to keep one's eyes down; **~ un chien en laisse** to keep a dog on a lead; **~ le secret** to keep the secret; **gardez cela pour vous** keep it to yourself; **il a gardé toutes ses facultés** *ou* **toute sa tête** he still has all his faculties; **~ son calme** to keep calm; **~ la tête froide** to keep one's head; **~ ses distances** to keep one's distance; **~ un bon souvenir de qch** to have happy memories of sth; **~ le silence** to keep silent; **~ l'espoir** to keep hoping; **~ l'anonymat** to remain anonymous; **~ la ligne** to keep one's figure; **j'ai eu du mal à ~ mon sérieux** I had a job keeping a straight face; **~ les idées claires** to keep a clear head
ⓑ (= *surveiller*) to look after; [+ *trésor, prisonnier, frontière, porte*] to guard; **le chien garde la maison** the dog guards the house; **~ des enfants** (*métier*) to be a child minder (*Brit*) *ou* daycare worker (*US*); **toutes les issues sont gardées** all the exits are guarded; **Dieu vous garde** God be with you
ⓒ (= *ne pas quitter*) **~ la chambre** to stay in one's room; **le lit** to stay in bed
2 VPR **se garder** ⓐ [*denrées*] to keep; **ça se garde bien** it keeps well
ⓑ **se ~ de faire qch** to be careful not to do sth; **je m'en garderai bien !** that's the last thing I'd do!

garderie /gaʀdəʀi/ NF **~ (d'enfants)** (*jeunes enfants*) day nursery (*Brit*), daycare center (*US*); (*à l'école*) ≈ after-school club (*Brit*), ≈ after-school center (*US*: *childminding service operating outside school hours while parents are working*)

garde-robe (*pl* **garde-robes**) /gaʀdəʀɔb/ NF (= *habits*) wardrobe

gardian /gaʀdjɑ̃/ NM herdsman (*in the Camargue*)

gardien, -ienne /gaʀdjɛ̃, jɛn/ 1 NM,F ⓐ [*de prisonnier, usine, locaux*] guard; [*de propriété, château*] warden (*Brit*), keeper (*US*); [*d'hôtel*] night porter; [*de jardin public, zoo*] keeper; [*d'immeuble*] caretaker ⓑ (= *défenseur*) guardian; **la constitution, gardienne des libertés** the constitution, guardian of freedom
2 COMP ◆ **gardien de but** goalkeeper ◆ **gardienne (d'enfants)** child minder (*Brit*), daycare worker (*US*) ◆ **gardien d'immeuble** caretaker (*of a block of flats*) (*Brit*), (apartment house) manager (*US*) ◆ **gardien ´de musée** museum attendant ◆ **gardien de nuit** night watchman ◆ **gardien de la paix** policeman ◆ **gardien (de prison)** prison officer

gardiennage /gaʀdjenaʒ/ NM [*d'immeuble*] caretaking; [*de locaux*] guarding; **société de ~ et de surveillance** security company

gardon /gaʀdɔ̃/ NM roach

gare¹ /gaʀ/ NF station; **le train entre en ~** the train is coming in; **le train est en ~** the train is in; **roman/**

littérature de ~ (*péj*) pulp novel/literature ♦ **gare de marchandises** goods (*Brit*) *ou* freight (*US*) station ♦ **gare maritime** harbour station ♦ **gare routière** [*de camions*] haulage depot; [*d'autocars*] coach (*Brit*) *ou* bus (*US*) station ♦ **gare de triage** marshalling yard ♦ **gare de voyageurs** passenger station

gare² /gaʀ/ EXCL (= *attention*) ~ **à toi!** watch it!*; **et fais ce que je dis, sinon ~!** and do what I say, or else!*; **~ aux conséquences** beware of the consequences

garenne /gaʀɛn/ NF rabbit warren

garer /gaʀe/ /TABLE 1/ VT [+ *véhicule*] to park 2 VPR **se garer** ⓐ [*automobiliste*] to park ⓑ (= *se ranger de côté*) [*véhicule, automobiliste*] to pull over; [*piéton*] to move aside

gargantuesque /gaʀgɑ̃tɥɛsk/ ADJ [*appétit, repas*] gargantuan

gargariser (se) /gaʀgaʀize/ /TABLE 1/ VPR to gargle; **se gargariser de grands mots** to revel in big words

gargarisme /gaʀgaʀism/ NM gargle; **se faire un ~** to gargle

gargote /gaʀgɔt/ NF cheap restaurant

gargouille /gaʀguj/ NF gargoyle

gargouillement /gaʀgujmɑ̃/ NM = **gargouillis**

gargouiller /gaʀguje/ /TABLE 1/ VI [*eau*] to gurgle; [*intestin*] to rumble

gargouillis /gaʀguji/ NMPL [*d'eau*] gurgling (*NonC*); [*d'intestin*] rumbling (*NonC*)

garnement /gaʀnəmɑ̃/ NM (= *gamin*) scamp; (= *adolescent*) tearaway (*Brit*), hellion (*US*); **petit ~!** you little rascal!

garni, e /gaʀni/ (*ptp de* **garnir**) ⓐ (= *rempli*) **bien ~** [*réfrigérateur, bibliothèque*] well-stocked; [+ *portefeuille*] well-lined ⓑ [*plat, viande*] served with vegetables

garnir /gaʀniʀ/ /TABLE 2/ VT ⓐ (= *protéger, équiper*) **~ de** to fit out with
ⓑ [*chose*] (= *couvrir*) to cover; **le cuir qui garnit la poignée** the leather covering the handle; **coffret garni de velours** casket lined with velvet
ⓒ (= *remplir*) [+ *boîte, caisse, rayon*] to fill (**de** with); [+ *réfrigérateur*] to stock (**de** with); (= *recouvrir*) [+ *surface*] to cover; **boîte garnie de chocolats** box full of chocolates; **plats garnis de tranches de viande** plates of sliced meat
ⓓ [+ *siège*] (= *rembourrer*) to pad
ⓔ [+ *vêtement*] to trim; [+ *étagère*] to decorate; [+ *aliment*] to garnish (**de** with); **~ une jupe d'un volant** to trim a skirt with a frill; **~ une table de fleurs** to decorate a table with flowers; **des côtelettes garnies de cresson** chops garnished with cress

garnison /gaʀnizɔ̃/ NF (= *troupes*) garrison; **être en ~ à** to be stationed at

garniture /gaʀnityʀ/ NF (= *décoration*) [*de robe, chapeau*] trimming (*NonC*); [*de table*] set of table linen; [*de coffret*] lining; (= *légumes*) vegetables; (= *sauce à vol-au-vent*) filling; [*de chaudière*] lagging (*NonC*); [*de boîte*] covering (*NonC*); **~ d'embrayage/de frein** clutch/brake lining

garrigue /gaʀig/ NF scrubland

garrot /gaʀo/ NM ⓐ [*de cheval*] withers; **le cheval fait 1 m 10 au ~** the horse is 10 hands ⓑ (*Méd*) tourniquet; **poser un ~** to apply a tourniquet

garrotter /gaʀote/ /TABLE 1/ VT (= *attacher*) to tie up

gars* /ga/ NM ⓐ (= *enfant, fils*) boy; **les ~ du quartier** the local youths; **dis-moi mon ~** tell me son ⓑ (= *type*) guy*

gaspillage /gaspijaʒ/ NM (= *action*) wasting; (= *résultat*) waste; **quel ~!** what a waste!

gaspiller /gaspije/ /TABLE 1/ VT to waste

gaspilleur, -euse /gaspijœʀ, øz/ NM,F waster; **quel ~** he's so wasteful

gastrique /gastʀik/ ADJ gastric

gastroentérite /gastʀoɑ̃teʀit/ NF gastroenteritis (*NonC*)

gastro-intestinal, e (*mpl* **-aux**) /gastʀoɛ̃testinal, o/ ADJ gastrointestinal

gastronome /gastʀɔnɔm/ NMF gourmet

gastronomie /gastʀɔnɔmi/ NF gastronomy

gastronomique /gastʀɔnɔmik/ ADJ gastronomic → **menu**

gâté, e /gate/ (*ptp de* **gâter**) ADJ [*enfant, fruit*] spoilt; **dent ~e** bad tooth

gâteau (*pl* **gâteaux**) /gato/ 1 NM (= *pâtisserie*) cake; (*au restaurant*) gateau; (*Helv* = *tarte*) tart; **~ d'anniversaire** birthday cake; **se partager le ~*** to share out the loot*; **c'est du ~*** it's a piece of cake*; **c'est pas du ~*** it's no picnic* 2 ADJ INV* **c'est un papa ~** he's a real softie* of a dad 3 COMP ♦ **gâteau apéritif** (small) savoury biscuits ♦ **gâteau de riz** rice pudding ♦ **gâteaux secs** biscuits (*Brit*), cookies (*US*) ♦ **gâteau de semoule** semolina pudding

gâter /gate/ /TABLE 1/ VT ⓐ (= *abîmer*) [+ *paysage, plaisir*] to ruin; [+ *esprit, jugement*] to have a harmful effect on; **et, ce qui ne gâte rien, elle est jolie** and she's pretty, which is an added bonus ⓑ (= *choyer*) [+ *enfant*] to spoil; **il pleut, on est gâté!** (*iro*) just our luck! - it's raining!; **il n'est pas gâté par la nature** he hasn't been blessed by nature; **la vie ne l'a pas gâté** life hasn't been very kind to him
2 VPR **se gâter** [*viande, fruit*] to go bad; [*temps, ambiance, relations*] to take a turn for the worse

gâterie /gatʀi/ NF little treat

gâteux, -euse* /gatø, øz/ 1 ADJ (= *sénile*) [*vieillard*] senile 2 NM (**vieux**) ~ (= *sénile*) doddering old man; (*péj* = *radoteur, imbécile*) silly old duffer* 3 NF (**vieille**) **gâteuse** (= *sénile*) doddering old woman; (*péj*) silly old bag*

gâtisme /gatism/ NM [*de vieillard*] senility

gauche /goʃ/ 1 ADJ ⓐ (*opposé à droit*) left; **du côté ~** on the left-hand side
ⓑ (= *maladroit*) awkward
2 NM (*Boxe* = *coup*) left; **direct du ~** straight left; **crochet du ~** left hook
3 NF ⓐ (= *côté*) **la ~** the left, the left-hand side; **à ~** on the left, to the left; **à ma/sa ~** on my/his left, on my/his left-hand side; **le tiroir de ~** the left-hand drawer; **rouler à ~** *ou* **sur la ~** to drive on the left; **de ~ à droite** from left to right → **droit**
ⓑ (*Politique*) **la ~** the left; **la ~ caviar** champagne socialists; **homme de ~** left-winger; **candidat de ~** left-wing candidate; **elle est très à ~** she's very left-wing

gaucher, -ère /goʃe, ɛʀ/ 1 ADJ left-handed 2 NM,F left-handed person; (*Sport*) left-hander; **~ contrarié** left-handed person forced to use his right hand

gauchisme /goʃism/ NM leftism

gauchiste /goʃist/ ADJ, NMF leftist

gaufre /gofʀ/ NF (= *gâteau*) waffle

gaufrer /gofʀe/ /TABLE 1/ VT [+ *papier, cuir*] (*en relief*) to emboss; (*en creux*) to figure; [+ *tissu*] to goffer

gaufrette /gofʀɛt/ NF wafer

gaufrier /gofʀije/ NM waffle iron

gaule /gol/ NF (= *perche*) (long) pole; (*Pêche*) fishing rod

gauler /gole/ /TABLE 1/ VT [+ *fruits*] to bring down (*with a pole*); **il s'est fait ~*** he got caught

gaullisme /golism/ NM Gaullism

gaulliste /golist/ ADJ, NMF Gaullist

gaulois, e /golwa, waz/ 1 ADJ Gallic; **esprit ~** bawdy Gallic humour 2 NM,F **Gaulois(e)** Gaul

gauloiserie /golwazʀi/ NF (= *propos*) bawdy story

gausser (se) /gose/ /TABLE 1/ VPR **se gausser de** to deride

gaver /gave/ /TABLE 1/ VT [+ *animal*] to force-feed; [+ *personne*] to fill up (**de** with); **on les gave de connaissances inutiles** they cram their heads with useless knowledge; **ça me gave*** it really hacks me off* 2 VPR **se gaver: se ~ de** [+ *nourriture*] to stuff o.s. with; [+ *romans*] to devour

gay* /gɛ/ ADJ, NM gay

gaz /gaz/ NM INV gas; **l'employé du ~** the gasman; **se chauffer au ~** to have gas heating; **faire la cuisine au ~** to cook with gas; **suicide au ~** suicide by gassing; **mettre les ~*** (*en avion*) to throttle up; **avoir des ~** to have wind ♦ **gaz asphyxiant** poison gas ♦ **gaz carbonique** carbon dioxide ♦ **gaz de combat** poison gas (*for use in warfare*) ♦ **gaz**

d'échappement exhaust ♦ **gaz hilarant** laughing gas ♦ **gaz lacrymogène** teargas ♦ **gaz des marais** marsh gas ♦ **gaz naturel** natural gas ♦ **gaz de pétrole liquéfié** liquid petroleum gas ♦ **gaz de ville** town gas

Gaza /gaza/ N **la bande de ~** the Gaza Strip

gaze /gaz/ NF gauze; **compresse de ~** gauze

gazelle /gazɛl/ NF gazelle

gazer /gaze/ /TABLE 1/ 1 VI (= aller)* **ça gaze ?** (affaires, santé) how's things?*; **ça ne gaze pas fort** (santé) I'm not feeling too great*; (affaires) things aren't going too well 2 VT (Mil) to gas

gazeux, -euse /gazø, øz/ ADJ gaseous; **boisson gazeuse** fizzy drink (Brit), soda (US)

gazinière /gazinjɛʀ/ NF gas cooker

gazoduc /gazodyk/ NM gas main

gazole /gazɔl/ NM diesel oil

gazomètre /gazɔmɛtʀ/ NM gasometer

gazon /gazɔ̃/ NM (= pelouse) lawn; **le ~** (= herbe) the grass

gazonner /gazɔne/ /TABLE 1/ VT [+ talus, terrain] to plant with grass

gazouillement /gazujmɑ̃/ NM [d'oiseau] chirping (NonC); [de bébé] gurgling (NonC)

gazouiller /gazuje/ /TABLE 1/ VI [oiseau] to chirp; [ruisseau] to babble; [bébé] to gurgle

gazouillis /gazuji/ NM [d'oiseau] chirping; [de bébé] gurgling

GDF /ʒedeɛf/ NM (ABBR = **Gaz de France**) French gas company

geai /ʒɛ/ NM jay

géant, e /ʒeɑ̃, ɑ̃t/ 1 ADJ [objet, animal, plante] gigantic; [écran] giant; **c'est ~ !*** it's great!* 2 NM giant

geindre /ʒɛ̃dʀ/ /TABLE 52/ VI to moan (de with)

gel /ʒɛl/ NM ⓐ (= temps) frost; « **craint le ~** » "keep away from extreme cold" ⓑ [de salaires, programme] freeze ⓒ (= substance) gel; **~ coiffant** hair styling gel

gélatine /ʒelatin/ NF gelatine

gélatineux, -euse /ʒelatinø, øz/ ADJ gelatinous

gelé, e /ʒ(ə)le/ (ptp de **geler**) 1 ADJ ⓐ [eau, rivière, sol, tuyau] frozen ⓑ [membre] frostbitten ⓒ (= très froid) **je suis ~** I'm frozen ⓓ [crédits, prix, projet] frozen 2 NF **gelée** ⓐ (= gel) frost; **~e blanche** white frost ⓑ [de fruits, viande] jelly; **~e royale** royal jelly

geler /ʒ(ə)le/ /TABLE 5/ 1 VT to freeze; [+ terres agricoles] to set aside 2 VPR **se geler*** (= avoir froid) to freeze; **on se gèle ici** it's freezing here 3 VI ⓐ [eau, lac, sol, linge, conduit] to freeze; [récoltes] to be hit by frost; [doigt, membre] to be freezing ⓑ (= avoir froid) to be freezing; **on gèle ici** it's freezing here 4 VB IMPERS **il gèle** it's freezing

gélule /ʒelyl/ NF capsule

Gémeaux /ʒemo/ NMPL Gemini; **il est (du signe des) ~** he's (a) Gemini

gémir /ʒemiʀ/ /TABLE 2/ VI ⓐ (= geindre) to groan; **~ sur son sort** to bemoan one's fate ⓑ [ressort, gonds, plancher] to creak; [vent] to moan

gémissement /ʒemismɑ̃/ NM [de voix] groan; (prolongé) groaning (NonC); [de vent] moaning (NonC)

gemme /ʒɛm/ NF (= pierre) gem

gênant, e /ʒɛnɑ̃, ɑ̃t/ ADJ ⓐ (= irritant) annoying; **c'est vraiment ~** it's a real nuisance; **ce n'est pas ~** it's OK ⓑ (= embarrassant) awkward

gencive /ʒɑ̃siv/ NF gum; **il a pris un coup dans les ~s*** he got a sock on the jaw*

gendarme /ʒɑ̃daʀm/ NM (= policier) policeman; (en France) gendarme; **faire le ~** to play the role of policeman; **jouer aux ~s et aux voleurs** to play cops and robbers; **~ mobile** member of the antiriot police

gendarmerie /ʒɑ̃daʀməʀi/ NF police; (= bureaux) police station; **~ mobile** antiriot police

gendre /ʒɑ̃dʀ/ NM son-in-law

gêne /ʒɛn/ NF ⓐ (= malaise physique) discomfort; **~ respiratoire** respiratory problems ⓑ (= désagrément, dérange-

ment) trouble; « **nous vous prions de bien vouloir excuser la ~ occasionnée** » "we apologize to customers for any inconvenience caused" ⓒ (= manque d'argent) financial difficulties ⓓ (= confusion, trouble) embarrassment; **un moment de ~** a moment of embarrassment

gène /ʒɛn/ NM gene

gêné, e /ʒene/ (ptp de **gêner**) ADJ ⓐ (= à court d'argent) short of money (attrib) ⓑ (= embarrassé) [personne, sourire, air] embarrassed; [silence] awkward; **j'étais ~ !** I was so embarrassed!; **il n'est pas ~ !** he's got a nerve!* ⓒ (physiquement) uncomfortable; **êtes-vous ~ pour respirer ?** do you have trouble breathing?

généalogie /ʒenealɔʒi/ NF genealogy

généalogique /ʒenealɔʒik/ ADJ genealogical

gêner /ʒene/ /TABLE 1/ 1 VT ⓐ (physiquement) [fumée, bruit] to bother; [vêtement étroit, obstacle] to hamper; **cela vous gêne-t-il si je fume ?** do you mind if I smoke?; **~ le passage** to be in the way; **le bruit me gêne pour travailler** noise bothers me when I'm trying to work; **ces travaux gênent la circulation** these roadworks are holding up the traffic

ⓑ (= déranger) [+ personne] to bother; [+ projet] to hinder; **je ne voudrais pas (vous) ~** I don't want to bother you; **cela vous gênerait de ne pas fumer ?** would you mind not smoking?; **ce qui me gêne, c'est que ...** what bothers me is that ...; **et alors, ça te gêne ?*** so what?*

ⓒ (financièrement) to put in financial difficulties ⓓ (= mettre mal à l'aise) to make feel uncomfortable; **ça me gêne de vous dire ça mais ...** I hate to tell you but ...; **sa présence me gêne** I feel uncomfortable when he's around

2 VPR **se gêner** ⓐ (= se contraindre) to put o.s. out; **ne vous gênez pas pour moi** don't mind me; **ne vous gênez pas !** (iro) do you mind!; **non mais ! je vais me ~ !** why shouldn't I!; **il y en a qui ne se gênent pas !** some people just don't care!

ⓑ (dans un lieu) **on se gêne à trois dans ce bureau** this office is too small for the three of us

général, e (mpl **-aux**) /ʒeneʀal, o/ 1 ADJ general; **un tableau ~ de la situation** a general picture of the situation; **remarques d'ordre très ~** comments of a very general nature; **d'une façon ou manière ~e** in general; **dans l'intérêt ~** in the common interest; **devenir ~** [crise, peur] to become widespread; **à la surprise ~e** to everyone's surprise; **à la demande ~e** in response to popular demand

2 NM ⓐ [d'armée] general; **oui mon ~** yes sir ⓑ ♦ **en général** (= habituellement) usually; (= de façon générale) in general; **je parle en ~** I'm speaking in general terms

3 NF **générale** (= répétition) dress rehearsal

4 COMP ♦ **général de brigade** brigadier (Brit), brigadier general (US) ♦ **général en chef** general-in-chief ♦ **général de corps d'armée** lieutenant-general ♦ **général de division** major general

généralement /ʒeneʀalmɑ̃/ ADV generally

généralisation /ʒeneʀalizasjɔ̃/ NF ⓐ (= extension) [de maladie, grève] spread; [de mesures] general implementation; **on craint une ~ du mouvement de grève** it is feared that the strike will spread ⓑ (= énoncé) generalization; **~s hâtives/abusives** hasty/excessive generalizations

généraliser /ʒeneʀalize/ /TABLE 1/ 1 VT ⓐ (= étendre) [+ méthode] to bring into general use ⓑ (= globaliser) to generalize; **il ne faut pas ~** we mustn't generalize 2 VPR **se généraliser** [infection, conflit] to spread; [procédé] to become widespread; **l'usage du produit s'est généralisé** use of this product has become widespread; **crise généralisée** general crisis; **infection généralisée** systemic infection

généraliste /ʒeneʀalist/ 1 ADJ [radio, télévision] general-interest; [ingénieur] non-specialized 2 NM (**médecin**) **~** general practitioner

généralités /ʒeneʀalite/ NFPL (= introduction) general points; (péj = banalités) general remarks

générateur, -trice /ʒeneʀatœʀ, tʀis/ 1 ADJ [force] generating; [fonction] generative; **secteur ~ d'emplois** job-generating sector 2 NM generator; ~ **électrique** electric generator 3 NF **génératrice** generator

génération /ʒeneʀasjɔ̃/ NF generation; **la jeune** ~ the younger generation; **immigré de la deuxième** ~ second-generation immigrant

générer /ʒeneʀe/ /TABLE 6/ VT to generate

généreusement /ʒeneʀøzmɑ̃/ ADV generously

généreux, -euse /ʒeneʀø, øz/ ADJ ⓐ (= *large*) generous; **c'est très ~ de sa part** it's very generous of him ⓑ (= *noble, désintéressé*) [*caractère*] generous; [*sentiment, idée*] noble ⓒ [*poitrine*] ample; **formes généreuses** generous curves

générique /ʒeneʀik/ 1 ADJ generic; [*produit*] unbranded 2 NM (*Ciné*) credits; **il est au** ~ his name appears in the credits

générosité /ʒeneʀozite/ NF generosity; **avec** ~ generously

Gênes /ʒɛn/ N Genoa

genèse /ʒənɛz/ NF genesis; **(le livre de) la Genèse** (the Book of) Genesis

genêt /ʒ(ə)nɛ/ NM (= *plante*) broom; **~s** broom

généticien, -ienne /ʒenetisjɛ̃, jɛn/ NM,F geneticist

génétique /ʒenetik/ 1 ADJ genetic; **affection d'origine** ~ genetically-transmitted disease 2 NF genetics (*sg*)

Genève /ʒ(ə)nɛv/ N Geneva

genevois, e /ʒ(ə)n(ə)vwa, waz/ 1 ADJ Genevan 2 NM,F **Genevois(e)** Genevan

genévrier /ʒ(ə)nevʀije/ NM juniper

génial, e /ʒenjal, jo/ (*mpl* **-iaux**) ADJ ⓐ (= *inspiré*) [*écrivain*] of genius; [*plan, idée, invention*] inspired ⓑ (= *formidable*)* [*atmosphère, soirée, personne*] great*; [*plan*] brilliant*; **c'est** ~ **!** that's great!*

génie /ʒeni/ 1 NM ⓐ (= *aptitude, personne*) genius; **trait de** ~ stroke of genius; **idée de** ~ brilliant idea; **ce n'est pas un** ~ **!** he's no genius!; **le** ~ **de la langue française** the genius of the French language

ⓑ (= *allégorie, être mythique*) spirit; [*de contes arabes*] genie; **être le bon/mauvais** ~ **de qn** to be sb's good/evil genius

ⓒ (*Mil*) **le** ~ ≈ the Engineers; **soldat du** ~ engineer

ⓓ (= *technique*) engineering

2 COMP ♦ **génie civil** (*branche*) civil engineering; (*corps*) civil engineers ♦ **génie génétique** genetic engineering ♦ **génie mécanique** mechanical engineering ♦ **génie rural** agricultural engineering

genièvre /ʒənjɛvʀ/ NM (= *arbre*) juniper; (= *fruit*) juniper berry

génisse /ʒenis/ NF heifer

génital, e /ʒenital, o/ (*mpl* **-aux**) ADJ genital; **parties ~es** genitals

géniteur /ʒenitœʀ/ NM father

génitif /ʒenitif/ NM genitive; **au** ~ in the genitive

génocide /ʒenɔsid/ NM genocide

génois, e /ʒenwa, waz/ 1 ADJ Genoese 2 NM,F **Génois(e)** Genoese 3 NF **génoise** (= *gâteau*) sponge cake

génome /ʒenɔm/ NM **le** ~ **humain** the human genome

genou (*pl* **genoux**) /ʒ(ə)nu/ NM knee; **dans l'eau jusqu'aux ~x** up to one's knees in water; **prendre qn sur ses ~x** to take sb on one's lap; **écrire sur ses ~x** to write on one's lap; **il m'a donné un coup de** ~ **dans le ventre** he kneed me in the stomach; **faire du** ~ **à qn*** to play footsie with sb*

♦ **à genoux : il était à ~x** he was kneeling; **être à ~x devant qn** (*fig*) to idolize sb; **se mettre à ~x** to kneel down

♦ **sur les genoux* : être sur les ~x** [*personne*] to be ready to drop

genouillère /ʒ(ə)nujɛʀ/ NF (*Sport*) kneepad

genre /ʒɑ̃ʀ/ 1 NM ⓐ (= *espèce*) kind, type; ~ **de vie** lifestyle; **elle n'est pas du** ~ **à se laisser faire** she's not the kind to let people push her around; **c'est bien son** ~ **!** that's just like him!; **tu vois le** ~ **!** you know the type!; **les rousses, ce n'est pas mon** ~ redheads aren't my type; **c'est le** ~ **grognon*** he's the grumpy sort*; **il n'est pas mal dans son** ~ he's quite attractive in his way; **ce qui se fait de mieux dans le** ~ the best of its kind; **réparations en tout** ~ *ou* **en tous ~s** all kinds of repairs undertaken; **quelque**

chose de ce ~ something of the kind; **des remarques de ce** ~ comments like that; **la plaisanterie était d'un** ~ **douteux** the joke was in dubious taste

ⓑ (= *allure*) appearance; **avoir bon/mauvais** ~ to look respectable/disreputable; **je n'aime pas son** ~ I don't like his style; **il a un drôle de** ~ he's a bit weird; **c'est un ~ qu'il se donne** it's just something he puts on; **ce n'est pas le ~ de la maison*** that's not the way we (*ou* they) do things

ⓒ (= *style artistique*) genre; **tableau de** ~ (*Peinture*) genre painting

ⓓ [*de mot*] gender; **s'accorder en** ~ to agree in gender

2 COMP ♦ **le genre humain** the human race

gens /ʒɑ̃/ 1 NMPL ⓐ people; **les ~ sont fous !** people are crazy!; **les ~ de la ville** the townsfolk; **les ~ du pays** *ou* **du coin*** the local people ⓑ (*avec accord féminin de l'adjectif antéposé*) **ce sont de petites ~** they are people of modest means; **vieilles/braves ~** old/good people 2 COMP ♦ **gens de lettres** men of letters ♦ **gens de mer** sailors ♦ **les gens de théâtre** the acting profession ♦ **les gens du voyage** (= *gitans*) travellers

gentiane /ʒɑ̃sjan/ NF gentian

gentil, -ille /ʒɑ̃ti, ij/ ADJ ⓐ (= *aimable*) kind, nice (**avec,** **pour** to); **vous serez ~ de me le rendre** would you mind giving it back to me; **c'est ~ à toi** *ou* **de ta part de ...** it's very kind of you to ...; **tout ça, c'est bien ~ mais ...** that's all very well but ...; **elle est bien gentille avec ses histoires mais ...** what she has to say is all very well but ...; **sois ~, va me le chercher** be a dear and go and get it for me

ⓑ (= *sage*) good; **il n'a pas été** ~ he hasn't been a good boy

ⓒ (= *joli*) nice; **c'est ~ comme tout chez vous** you've got a lovely little place

★ The **l** is not pronounced.

gentilhommière /ʒɑ̃tijɔmjɛʀ/ NF country house

gentillesse /ʒɑ̃tijɛs/ NF kindness; **auriez-vous la ~ de faire ...** would you be so kind as to do ...; **remercier qn de toutes ses ~s** to thank sb for all his kindness

gentillet, -ette /ʒɑ̃tijɛ, ɛt/ ADJ **c'est ~** (= *mignon*) [*appartement*] it's a nice little place; (= *insignifiant*) [*film, roman*] it's nice enough

gentiment /ʒɑ̃timɑ̃/ ADV (= *aimablement*) kindly; (= *gracieusement*) nicely; **on m'a ~ fait comprendre que ...** (*iro*) they made it quite clear to me that ...

génuflexion /ʒenyflɛksjɔ̃/ NF genuflexion

géographe /ʒeɔgʀaf/ NMF geographer

géographie /ʒeɔgʀafi/ NF geography; ~ **humaine/physique** human/physical geography

géographique /ʒeɔgʀafik/ ADJ geographical

géologie /ʒeɔlɔʒi/ NF geology

géologique /ʒeɔlɔʒik/ ADJ geological

géologue /ʒeɔlɔg/ NMF geologist

géomètre /ʒeɔmɛtʀ/ NM (= *arpenteur*) surveyor

géométrie /ʒeɔmetʀi/ NF geometry; **c'est à ~ variable** it changes according to the circumstances

géométrique /ʒeɔmetʀik/ ADJ geometric

géopolitique /ʒeopolitik/ 1 ADJ geopolitical 2 NF geopolitics (*sg*)

Géorgie /ʒeɔʀʒi/ NF Georgia; ~ **du Sud** South Georgia

géostationnaire /ʒeostasjɔnɛʀ/ ADJ geostationary

gérable /ʒeʀabl/ ADJ manageable; **difficilement** ~ hard to handle

gérance /ʒeʀɑ̃s/ NF [*de commerce, immeuble*] management; **prendre un commerce en** ~ to take over the management of a business

géranium /ʒeʀanjɔm/ NM geranium

gérant, e /ʒeʀɑ̃, ɑ̃t/ NM,F [*d'usine, café, magasin, banque*] manager; [*d'immeuble*] managing agent

gerbe /ʒɛʀb/ NF [*de blé*] sheaf; [*de fleurs*] spray; [*d'étincelles*] shower; **déposer une ~ sur une tombe** to place a spray of flowers on a grave

gerber /ʒɛʀbe/ /TABLE 1/ VI (= *vomir*) to throw up⁏

gercer /ʒɛʀse/ /TABLE 3/ VT [+ *peau, lèvres*] to chap; **avoir les lèvres gercées** to have chapped lips

gerçure /ʒɛʀsyʀ/ NF small crack; **pour éviter les ~s** to avoid chapping

gérer /ʒeʀe/ /TABLE 6/ VT to manage; **~ la crise** to handle the crisis

gériatrie /ʒeʀjatʀi/ NF geriatrics (*sg*); **service de ~** geriatric ward

gériatrique /ʒeʀjatʀik/ ADJ geriatric

germain, e /ʒɛʀmɛ̃, ɛn/ ADJ → **cousin**

germanique /ʒɛʀmanik/ 1 ADJ Germanic 2 NM (= *langue*) Germanic

germaniste /ʒɛʀmanist/ NMF (= *spécialiste*) German scholar; (= *étudiant*) German student

germanophone /ʒɛʀmanɔfɔn/ 1 ADJ [*personne*] German-speaking; [*littérature*] in German 2 NMF German speaker

germe /ʒɛʀm/ NM germ; [*de pomme de terre*] sprout; **~s de blé** wheatgerm (*NonC*); **~s de soja** bean sprouts; **~s pathogènes** pathogenic bacteria

germer /ʒɛʀme/ /TABLE 1/ VI [*bulbe*] to sprout; [*graine*] to germinate; [*idée*] to form

gérondif /ʒeʀɔ̃dif/ NM gerund

gérontologie /ʒeʀɔ̃tɔlɔʒi/ NF gerontology

gésier /ʒezje/ NM gizzard

gésir /ʒeziʀ/ VI to lie

gestation /ʒɛstasjɔ̃/ NF gestation; **être en ~** [*roman, projet*] to be in the pipeline

geste /ʒɛst/ NM gesture; **~ d'approbation/d'effroi** gesture of approval/of terror; **pas un ~ ou je tire !** one move and I'll shoot!; **il parlait en faisant de grands ~s** he waved his hands about as he spoke; **il refusa d'un ~** he made a gesture of refusal; **faire un ~ de la main** to gesture with one's hand; **s'exprimer par ~s** to use one's hands to express o.s.; **~ de défi** gesture of defiance; **~ politique** political gesture; **beau ~** noble gesture; **dans un ~ de désespoir** out of sheer desperation

gesticuler /ʒɛstikyle/ /TABLE 1/ VI to gesticulate

gestion /ʒɛstjɔ̃/ NF management; [*de pays*] running; **mauvaise ~** bad management; **~ des stocks** inventory (*US*) ou stock (*Brit*) control; **~ de fichiers/base de données** file/database management; **la ~ des affaires publiques** the conduct of public affairs

gestionnaire /ʒɛstjɔnɛʀ/ 1 NMF administrator 2 NM (= *logiciel*) manager; **~ de base de données/de fichiers** database/file manager; **~ d'impression** print monitor

gestuelle /ʒɛstɥɛl/ NF body movements

geyser /ʒezɛʀ/ NM geyser

Ghana /gana/ NM Ghana

ghanéen, -enne /ganeɛ̃, ɛn/ 1 ADJ Ghanaian 2 NM,F **Ghanéen(ne)** Ghanaian

ghetto /geto/ NM ghetto

gibet /ʒibe/ NM gallows

gibier /ʒibje/ NM game; **gros ~** big game; **~ d'eau** waterfowl; **~ à plume** game birds

giboulée /ʒibule/ NF sudden downpour; **~ de mars** ≈ April shower

giboyeux, -euse /ʒibwajø, øz/ ADJ [*pays, forêt*] abounding in game

Gibraltar /ʒibraltaʀ/ NM Gibraltar

GIC /ʒeise/ NM (ABBR = **grand invalide civil**) disabled person

gicler /ʒikle/ /TABLE 1/ VI ⓐ (= *jaillir*) to spurt ⓑ (= *être renvoyé*) [*personne*]⁏ to get the boot⁏

gicleur /ʒiklœʀ/ NM [*de moteur*] jet

GIE /ʒeia/ NM (ABBR = **groupement d'intérêt économique**) economic interest group

gifle /ʒifl/ NF slap in the face; **flanquer* une ~ à qn** to give sb a slap in the face

gifler /ʒifle/ /TABLE 1/ VT to slap

GIG /ʒeiʒe/ NM (ABBR = **grand invalide de guerre**) disabled war veteran

gigantesque /ʒigɑ̃tɛsk/ ADJ huge

gigantisme /ʒigɑ̃tism/ NM (= *grandeur*) gigantic size

GIGN /ʒeiʒeɛn/ NM (ABBR = **Groupe d'intervention de la Gendarmerie nationale**) special task force of the Gendarmerie, ≈ SAS (*Brit*), ≈ SWAT (*US*)

gigogne /ʒigɔɲ/ ADJ → **lit, table**

gigolo * /ʒigɔlo/ NM gigolo

gigot /ʒigo/ NM **~ d'agneau** leg of lamb

gigoter * /ʒigɔte/ /TABLE 1/ VI to wriggle

gigue /ʒig/ NF ⓐ (= *air, danse*) jig ⓑ **grande ~*** (= *fille*) beanpole* (*Brit*), string bean* (*US*) ⓒ **~ de chevreuil** haunch of venison

gilet /ʒilɛ/ NM (*de complet*) waistcoat (*Brit*), vest (*US*); (= *cardigan*) cardigan; **~ (de corps ou de peau)** vest (*Brit*), undershirt (*US*); **~ pare-balles** bulletproof jacket; **~ de sauvetage** life jacket; (*en avion*) life vest

gin /dʒin/ NM gin; **~ tonic** gin and tonic

gingembre /ʒɛ̃ʒɑ̃bʀ/ NM ginger

gingivite /ʒɛ̃ʒivit/ NF gingivitis

ginseng /ʒinsɛŋ/ NM ginseng

girafe /ʒiʀaf/ NF giraffe

giratoire /ʒiʀatwaʀ/ ADJ → **sens**

girofle /ʒiʀɔfl/ NM clove; **clou de ~** clove

giroflée /ʒiʀɔfle/ NF wallflower

girolle /ʒiʀɔl/ NF chanterelle

giron /ʒiʀɔ̃/ NM (= *genoux*) lap; (= *sein*) bosom; **l'entreprise restera dans le ~ de l'État** the company will remain under state control; **quitter le ~ de l'Église** to leave the Church

girouette /ʒiʀwɛt/ NF weather vane; **c'est une vraie ~** (*fig*) he changes his mind depending on which way the wind is blowing

gisait, gisaient /ʒize/ VB → **gésir**

gisement /ʒizmɑ̃/ NM deposit; **~ de pétrole** oilfield; **~ d'emplois** source of employment; **~ d'informations** mine of information

gisent /ʒiz/, **gît** /ʒi/ VB → **gésir**

gitan, e /ʒitɑ̃, an/ 1 ADJ gipsy 2 NM,F **Gitan(e)** gipsy

gîte¹ /ʒit/ 1 NM ⓐ (= *abri*) shelter; (*Tourisme*) gîte; **rentrer au ~** to return home; **le ~ et le couvert** board and lodging (*Brit*) ⓑ (*Boucherie*) **~ (à la noix)** topside (*Brit*), bottom round (*US*) 2 COMP ♦ **gîte d'étape** (*pour randonneurs*) accommodation ♦ **gîte rural** gîte

gîte² /ʒit/ NF **donner de la ~** to list

givre /ʒivʀ/ NM (= *gelée blanche*) frost

givré, e /ʒivʀe/ ADJ [*arbre*] covered in frost; [*fenêtre, hélice*] iced-up; **orange ~e** orange sorbet served in the orange skin ⓑ (= *fou*)* nuts*

glabre /glabʀ/ ADJ hairless

glace /glas/ 1 NF ⓐ (= *eau congelée*) ice (*NonC*); **~ pilée** crushed ice; **sports de ~** ice sports; **briser ou rompre la ~** to break the ice; **rester de ~** to remain unmoved ⓑ (= *dessert*) ice cream; **~ à la vanille/au café** vanilla/coffee ice cream ⓒ (= *miroir*) mirror; (= *vitre*) window 2 NFPL **glaces** (*Géog*) ice field(s); **bateau pris dans les ~s** icebound ship

glacé, e /glase/ (*ptp de* **glacer**) ADJ [*neige, lac*] frozen; [*vent, eau, chambre*] icy; [*boisson*] ice-cold; [*fruit*] glacé; [*accueil, attitude, sourire*] frosty; **j'ai les mains ~es** my hands are frozen; **à servir ~** to be served ice-cold; **café/thé ~** iced coffee/tea

glacer /glase/ /TABLE 3/ 1 VT ⓐ (*de froid*) [+ *personne, membres*] to freeze; **ce vent vous glace** this wind chills you to the bone ⓑ **~ qn** (= *intimider*) to turn sb cold; **cela l'a glacé d'horreur** he was frozen with terror; **son attitude vous glace** he has a chilling way about him ⓒ [+ *viande, papier*] to glaze; [+ *gâteau*] (*au sucre*) to ice (*Brit*), to frost (*US*) 2 VPR **se glacer** [*eau*] to freeze; **mon sang se glaça dans mes veines** my blood ran cold

glaciaire /glasjɛʀ/ ADJ [*période, calotte*] ice; [*relief, vallée, érosion*] glacial

glacial, e (*mpl* **glacials** *ou* **glaciaux**) /glasjal, jo/ ADJ [*froid*] icy; [*accueil, silence, regard*] frosty; «**non**», **dit-elle d'un ton ~** "no", she said frostily

glacier /glasje/ NM ⓐ (*Géog*) glacier ⓑ (= *fabricant*) ice-cream maker; (= *vendeur*) ice-cream man

glacière /glasjɛʀ/ NF cool box (*Brit*), cooler (*US*)

glaçon /glasɔ̃/ NM [*de toit*] icicle; [*de boisson*] ice cube; **avec ou sans ~?** (*boisson*) with or without ice?

glaïeul /glajœl/ NM gladiolus; **des ~s** gladioli

glaire /glɛʀ/ NF phlegm; **~ cervicale** cervical mucus

glaise /glɛz/ NF clay

glaive /glɛv/ NM two-edged sword

glamour* /glamuʀ/ ADJ [*personne, tenue*] glamorous; [*émission*] glitzy*

gland /glɑ̃/ NM [*de chêne*] acorn; (*Anatomie*) glans; (= *ornement*) tassel; **quel ~!*** what a prick!*

glande /glɑ̃d/ NF gland

glander* /glɑ̃de/ /TABLE 1/ VI (= *traînailler*) to fart around* (*Brit*), to screw around* (*US*); **qu'est-ce que tu glandes?** what the hell are you doing?*

glandeur, -euse* /glɑ̃dœʀ, øz/ NM,F **c'est un vrai ~** he's a lazy slob*

glaner /glane/ /TABLE 1/ VT to glean

glapir /glapiʀ/ /TABLE 2/ VI to yelp

glas /glɑ/ NM knell (*NonC*); **sonner le ~ de** (*fig*) to sound the knell of

glauque /glok/ ADJ ⓐ (= *louche*)* [*quartier, hôtel*] shabby; [*atmosphère*] murky; [*individu*] shifty* ⓑ (= *lugubre*) dreary

glissade /glisad/ NF (*par jeu*) slide; (= *chute*) slip; **faire des ~s sur la glace** to slide on the ice

glissant, e /glisɑ̃, ɑ̃t/ ADJ slippery

glisse /glis/ NF (*Ski*) glide; **sports de ~** sports which involve sliding or gliding (*eg skiing, surfing, skating*)

glissement /glismɑ̃/ NM [*de porte, rideau*] sliding; **~ électoral (à gauche)** electoral swing (to the left); **~ de sens** shift in meaning ♦ **glissement de terrain** landslide

glisser /glise/ /TABLE 1/ 1 VI ⓐ (= *avancer*) to slide along; [*voilier, nuages, patineurs*] to glide along; **le pays glisse vers la droite** the country is moving towards the right

ⓑ (= *tomber*) to slide; **il se laissa ~ le long du mur** he slid down the wall; **une larme glissa le long de sa joue** a tear trickled down his cheek

ⓒ (= *déraper*) [*personne, objet*] to slip; [*véhicule, pneus*] to skid; **son pied a glissé** his foot slipped

ⓓ (= *être glissant*) [*parquet*] to be slippery; **attention, ça glisse** be careful, it's slippery

ⓔ (= *coulisser*) [*tiroir, rideau, curseur, anneau*] to slide

ⓕ (= *s'échapper*) **~ des mains** to slip out of one's hands; **le voleur leur a glissé entre les mains** the thief slipped through their fingers

ⓖ (= *effleurer*) **~ sur** [+ *sujet*] to skate over; **ses doigts glissaient sur les touches** his fingers slid over the keys; **glissons!** let's not dwell on that!

2 VT (= *introduire*) **~ qch sous/dans qch** to slip sth under/into sth; **~ une lettre sous la porte** to slip a letter under the door; **il me glissa un billet dans la main** he slipped me a note into my hand; **~ un mot à l'oreille de qn** to whisper a word in sb's ear

3 VPR **se glisser** [*personne, animal*] **se ~ quelque part** to slip somewhere; **le chien s'est glissé sous le lit** the dog crept under the bed; **se ~ dans les draps** to slip between the sheets; **une erreur s'est glissée dans le texte** there's a mistake in the text

glissière /glisjɛʀ/ NF slide; **porte à ~** sliding door; **~ de sécurité** (*sur une route*) crash barrier

global, e (*mpl* **-aux**) /glɔbal, o/ ADJ [*somme*] total; [*résultat, idée*] overall; [*perspective, vue*] global

globalement /glɔbalmɑ̃/ ADV (= *en bloc*) globally; (= *pris dans son ensemble*) taken as a whole; **~ nous sommes d'accord** by and large we are in agreement; **les résultats sont ~ encourageants** by and large, the results are encouraging

globalisation /glɔbalizasjɔ̃/ NF globalization

globalité /glɔbalite/ NF **regardons le problème dans sa ~** let us look at the problem from every angle

globe /glɔb/ NM ⓐ (= *sphère, monde*) globe; **~ oculaire** eyeball; **le ~ terrestre** the globe; **faire le tour du ~** to go around the world ⓑ (*pour recouvrir*) glass cover

globule /glɔbyl/ NM globule; [*de sang*] corpuscle; **~s rouges/blancs** red/white cells

globuleux, -euse /glɔbylø, øz/ ADJ [*forme*] globular; [*œil*] protruding

gloire /glwaʀ/ NF ⓐ (= *renommée*) fame; [*de vedette*] stardom; **être au sommet de la ~** to be at the height of one's fame; **elle a eu son heure de ~** she has had her hour of glory; **faire la ~ de qn** to make sb famous; **ce n'est pas la ~*** it's nothing to write home about*

ⓑ (= *mérite*) **(faire qch) pour la ~** (to do sth) for the glory of it; **s'attribuer toute la ~ de qch** to give o.s. all the credit for sth; **tirer ~ de qch** to revel in sth

ⓒ (= *louange*) praise; **~ à Dieu** praise be to God; **poème à la ~ de qn/qch** poem in praise of sb/sth; **célébrer** *ou* **chanter la ~ de qn/qch** to sing the praises of sb/sth

ⓓ (*personne* = *célébrité*) celebrity; **cette pièce est la ~ du musée** this piece is the pride of the museum

glorieux, -ieuse /glɔʀjø, jøz/ ADJ [*exploit, mort, personne, passé*] glorious; **ce n'est pas très ~!** it's nothing to be proud of!

glorifier /glɔʀifje/ /TABLE 7/ 1 VT to extol 2 VPR **se glorifier: se ~ de** to glory in

gloriole /glɔʀjɔl/ NF misplaced vanity

glose /gloz/ NF (= *annotation, commentaire*) gloss

glossaire /glɔsɛʀ/ NM glossary

glotte /glɔt/ NF glottis

glouglouter /gluglute/ /TABLE 1/ VI [*eau*] to gurgle

glousser /gluse/ /TABLE 1/ VI [*poule*] to cluck; (*péj*) [*personne*] to chuckle

glouton, -onne /glutɔ̃, ɔn/ 1 ADJ [*personne*] gluttonous 2 NM,F glutton

gloutonnerie /glutɔnʀi/ NF gluttony

glu /gly/ NF (*pour prendre les oiseaux*) birdlime; **quelle ~, ce type!*** (= *personne*) the guy's such a leech!*

gluant, e /glyɑ̃, ɑ̃t/ ADJ ⓐ [*substance*] sticky ⓑ (= *répugnant*) [*personne*] slimy

glucide /glysid/ NM carbohydrate

glucose /glykoz/ NM glucose

gluten /glytɛn/ NM gluten

glycémie /glisemi/ NF **taux de ~** blood sugar level

glycérine /gliseʀin/ NF glycerine

glycéro* /gliseʀo/ ADJ [*peinture*] oil-based

glycérophtalique /gliseʀoftalik/ ADJ [*peinture*] oil-based

glycine /glisin/ NF (= *plante*) wisteria

gnangnan* /ɲɑ̃ɲɑ̃/ ADJ INV [*film, roman*] silly

gnognote* /ɲɔɲɔt/ NF **c'est pas de la ~!** that's really something!*

gnôle* /ɲol/ NF (= *eau-de-vie*) hooch*

gnome /gnom/ NM gnome

gnon* /ɲɔ̃/ NM (= *coup*) bash*; (= *marque*) dent

Go (ABBR = **gigaoctet**) Gb

goal /gol/ NM goalkeeper

gobelet /gɔblɛ/ NM cup; **~ en plastique/papier** plastic/paper cup

gober /gɔbe/ /TABLE 1/ VT [+ *huître, œuf*] to swallow whole; [+ *mensonge, histoire*]* to swallow hook, line and sinker

godasse* /gɔdas/ NF shoe

godet /gɔdɛ/ NM ⓐ (= *récipient*) pot ⓑ (*Couture*) gore ⓒ (*Tech*) bucket

godiche /gɔdiʃ/ ADJ awkward; **quel ~!** you oaf!

godiller /gɔdije/ /TABLE 1/ VI (Ski) to wedeln

godillot* /gɔdijo/ NM (= chaussure) clumpy shoe

goéland /gɔelã/ NM seagull

goélette /gɔelɛt/ NF schooner

goémon /gɔemɔ̃/ NM wrack

gogo* /gogo/ NM (= personne crédule) sucker*
♦ **à gogo** (= en abondance) galore

goguenard, e /gɔg(ə)naʀ, aʀd/ ADJ mocking

goguette* /gɔget/ NF **des touristes en ~** tourists out for a good time

goinfre* /gwɛ̃fʀ/ ADJ, NMF **il est ~, c'est un ~** he's greedy

goinfrer (se)* /gwɛ̃fʀe/ /TABLE 1/ VPR to stuff o.s.*

goitre /gwatʀ/ NM goitre

golf /gɔlf/ NM golf; **jouer au ~** to play golf

golfe /gɔlf/ NM gulf; (petit) bay; **le ~ de Gascogne** the Bay of Biscay; **les États du Golfe** the Gulf States

golfeur, -euse /gɔlfœʀ, øz/ NM,F golfer

gominé, e /gɔmine/ ADJ slicked-back

gommage /gɔmaʒ/ NM (= exfoliation) exfoliation; **se faire un ~** (visage) to use a facial scrub; (corps) to use a body scrub

gomme /gɔm/ NF (= substance) gum; (pour effacer) rubber (Brit), eraser (US)

gommer /gɔme/ /TABLE 1/ VT ⓐ [+ mot, trait] to rub out; [+ souvenir] to erase ⓑ **gommé** [enveloppe, papier] gummed

gond /gɔ̃/ NM hinge; **sortir de ses ~s** to fly off the handle

gondole /gɔ̃dɔl/ NF (= bateau) gondola; [de supermarché] (supermarket) shelf

gondoler /gɔ̃dɔle/ /TABLE 1/ 1 VI [papier] to crinkle; [planche] to warp; [tôle] to buckle 2 VPR **se gondoler*** (= rire) to split one's sides laughing*

gonflable /gɔ̃flabl/ ADJ inflatable

gonflage /gɔ̃flaʒ/ NM **vérifier le ~ des pneus** to check the tyre (Brit) ou tire (US) pressures

gonflé, e /gɔ̃fle/ (ptp de **gonfler**) ADJ ⓐ [pieds] swollen; [yeux] puffy; [ventre] (par un repas) bloated ⓑ **il est ~!*** (= impertinent) he's got a nerve!*

gonfler /gɔ̃fle/ /TABLE 1/ 1 VT ⓐ [+ pneu, ballon] (avec une pompe) to pump up; (en soufflant) to blow up; [+ joues] to puff out; **le vent gonfle les voiles** the wind fills out the sails ⓑ (= dilater) to swell; **son cœur était gonflé d'indignation** his heart was bursting with indignation; **il nous les gonfle !*** he's a pain in the neck* ⓒ (= grossir) [+ prix, résultat] to inflate; [+ effectif] (= augmenter) to swell; (= exagérer) to exaggerate; [+ moteur] to soup up* 2 VI (= enfler) [genou, cheville, bois] to swell; [pâte] to rise

gonflette* /gɔ̃flɛt/ NF body building

gong /gɔ̃(g)/ NM gong; (Boxe) bell

gonzesse* /gɔ̃zɛs/ NF (péj) girl

googler ⓡ /gug(ə)le/ /TABLE 1/ VT to Google®

goret /gɔʀɛ/ NM piglet

gorge /gɔʀʒ/ NF ⓐ (= cou, gosier) throat; (= poitrine) breast; **rire à ~ déployée** to roar with laughter; **prendre qn à la ~** [créancier] to put a gun to sb's head; [agresseur] to grab sb by the throat; [fumée, odeur] to catch in sb's throat; [peur] to grip sb by the throat; **ça lui est resté en travers de la ~** (fig) he found it hard to take; **faire des ~s chaudes de qch** to laugh sth to scorn ⓑ (= vallée, défilé) gorge

gorgé, e¹ /gɔʀʒe/ ADJ **la terre est ~e d'eau** the earth is saturated with water; **fruits ~s de soleil** fruit full of sunshine

gorgée² /gɔʀʒe/ NF mouthful; **juste une ~** just a drop

gorille /gɔʀij/ NM gorilla; (= garde du corps)* bodyguard

gosier /gozje/ NM throat; **chanter à plein ~** to sing at the top of one's voice; **avoir le ~ sec*** to be parched*

gosse* /gɔs/ NMF kid*; **sale ~** little brat*; **il est beau ~** he's good-looking

gotha /gɔta/ NM (= aristocratie) **le ~** high society

gothique /gɔtik/ ADJ Gothic

gouache /gwaʃ/ NF gouache

gouaille /gwaj/ NF cheeky humour

goudron /gudʀɔ̃/ NM tar

goudronner /gudʀɔne/ /TABLE 1/ VT [+ route, toile] to tar

gouffre /gufʀ/ NM gulf; **c'est un ~ (financier)** it just swallows up money; **nous sommes au bord du ~** we are on the edge of the abyss

gouine: /gwin/ NF dyke:

goujat /guʒa/ NM boor

goujon /guʒɔ̃/ NM ⓐ (= poisson) gudgeon ⓑ (= cheville) pin

goulet /gulɛ/ NM ~ **d'étranglement** bottleneck

goulot /gulo/ NM [de bouteille] neck; **boire au ~** to drink out of the bottle; **~ d'étranglement** bottleneck

goulu, e /guly/ ADJ [personne] greedy

goulûment /gulymɑ̃/ ADV greedily

goupille /gupij/ NF pin

goupillé, e* /gupije/ (ptp de **goupiller**) ADJ (= arrangé) **bien/mal ~** well/badly thought out

goupiller* /gupije/ /TABLE 1/ VT (= combiner) to fix*; **il a bien goupillé son affaire** he did alright for himself there* 2 VPR **se goupiller** (= s'arranger) **tout s'est bien goupillé** everything went well

gourde /guʀd/ NF ⓐ [d'eau] water bottle ⓑ (= empoté)* dope*

gourdin /guʀdɛ̃/ NM club

gourer (se): /guʀe/ /TABLE 1/ VPR to boob* (Brit), to goof up: (US); **se gourer de jour** to get the day wrong

gourmand, e /guʀmɑ̃, ɑ̃d/ 1 ADJ [personne] greedy; **cette voiture est gourmande** ~ this car's heavy on petrol (Brit) ou gas (US) 2 NM,F gourmand (frm); **tu n'es qu'un ~ !** (enfant) you greedy thing!*

gourmandise /guʀmɑ̃diz/ NF fondness for food; (péj) greed

gourmet /guʀmɛ/ NM gourmet

gourmette /guʀmɛt/ NF chain bracelet

gourou /guʀu/ NM guru

gousse /gus/ NF [de vanille, petits pois] pod; **~ d'ail** clove of garlic

goût /gu/ NM ⓐ (= sens) taste ⓑ (= saveur) taste; **ça a bon/mauvais ~** it tastes nice/nasty; **la soupe a un drôle de ~** the soup tastes funny; **sans ~** tasteless; **ça a un ~ de fraise** it tastes of strawberries; **donner du ~ à qch** [épice, condiment] to add flavour to sth ⓒ (= jugement) taste; **(bon) ~** (good) taste; **avoir du/manquer de ~** to have/lack taste; **homme/femme de ~** man/woman of taste; **de bon ~** tasteful; **de mauvais ~** tasteless; **c'est une plaisanterie de mauvais ~** this joke is in bad taste ⓓ (= penchant) taste **(de, pour** for); **salez à votre ~** salt according to taste; **il a le ~ du risque** he likes taking risks; **faire qch par ~** to do sth because one likes doing it; **prendre ~ à qch** to get ou acquire a taste for sth; **elle a repris ~ à la vie** she has started to enjoy life again; **il n'avait ~ à rien** he didn't feel like doing anything; **à mon/son ~** for my/his taste; **ce n'est pas du ~ de tout le monde** it's not to everybody's taste; **avoir des ~s de luxe** to have expensive tastes ■ (PROV) **des ~s et des couleurs (on ne discute pas)** there's no accounting for taste(s) ⓔ (= style) **ou quelque chose dans ce ~-là** or something of that sort; **au ~ du jour** in accordance with current tastes

goûter¹ /gute/ /TABLE 1/ 1 VT ⓐ [+ aliment] to taste
♦ **goûter à** to taste; **il y a à peine goûté** he's hardly touched it; **goûtez-y** taste it
♦ **goûter de** (= faire l'expérience de) to have a taste of ⓑ [+ repos] to enjoy 2 VI (= faire une collation) to have an after-school snack

goûter² /gute/ NM [d'enfants] after-school snack; [d'adultes] afternoon tea; **l'heure du ~** afternoon snack time

goutte /gut/ 1 NF ⓐ drop; **gouttes** (= médicament) drops; **suer à grosses ~s** to be running with sweat; **pleu-**

voir à grosses ~s to rain heavily; **il est tombé quelques ~s** there were a few drops of rain; **du lait ? — une ~** milk? — just a drop; **avoir la ~ au nez** to have a runny nose ⓑ (= *maladie*) gout 2 COMP ♦ **goutte d'eau** drop of water; **c'est la ~ (d'eau) qui fait déborder le vase** it's the last straw

goutte-à-goutte /gutagut/ NM INV drip (*Brit*), IV (*US*)

gouttelette /gut(ə)lɛt/ NF droplet

goutter /gute/ /TABLE 1/ VI to drip

gouttière /gutjɛʀ/ NF (*horizontale*) gutter; (*verticale*) drainpipe

gouvernail /guvɛʀnaj/ NM (= *pale*) rudder; (= *barre*) tiller

gouvernance /guvɛʀnɑ̃s/ NF governance

gouvernant, e /guvɛʀnɑ̃, ɑ̃t/ 1 ADJ [*parti, classe*] ruling 2 NF **gouvernante** (= *institutrice*) governess

gouverne /guvɛʀn/ NF **pour ta ~** for your guidance

gouvernement /guvɛʀnəmɑ̃/ NM (= *régime*) government; (= *ensemble des ministres*) Cabinet; **former un ~** to form a government; **il est au ~** he's a member of the government; **sous un ~ socialiste** under socialist rule

gouvernemental, e (*mpl* -**aux**) /guvɛʀnəmɑ̃tal, o/ ADJ [*organe, politique*] government; **l'équipe ~e** the government

gouverner /guvɛʀne/ /TABLE 1/ VT ⓐ (*Politique*) to govern; **l'intérêt gouverne le monde** self-interest rules the world ⓑ [+ *bateau*] to steer

gouverneur /guvɛʀnœʀ/ NM governor; **~ général** (*Can*) governor general

goyave /gɔjav/ NF (= *fruit*) guava

GPL /ʒepeɛl/ NM (ABBR = **gaz de pétrole liquéfié**) LPG

GPS /ʒepeɛs/ NM (ABBR = **global positioning system**) (**système**) **GPS** GPS (system), satnav (system)

GR /ʒeɛʀ/ NM (ABBR = **sentier de) grande randonnée**) way-marked route

Graal /gʀal/ NM Grail; **la quête du ~** the quest for the Holy Grail

grabataire /gʀabatɛʀ/ NMF bedridden invalid

grabuge* /gʀaby3/ NM **faire du ~** to create havoc

grâce /gʀas/ NF ⓐ (= *charme*) grace; **plein de ~** graceful; **avec ~** gracefully ⓑ (= *faveur*) favour (*Brit*), favor (*US*); **trouver ~ aux yeux de qn** to find favour with sb; **être dans les bonnes ~s de qn** to be in sb's good books*; **délai de ~** days of grace ⓒ (= *miséricorde*) mercy; (*Droit*) pardon; **~ présidentielle** presidential pardon; **demander ~** to beg for mercy; **de ~, laissez-le dormir** for pity's sake, let him sleep; **je vous fais ~ des détails** I'll spare you the details; **donner le coup de ~** to give the coup de grâce ⓓ (*Rel*) grace; **à la ~ de Dieu !** it's in God's hands! ⓔ (*locutions*) **faire qch de** *ou* **avec bonne/mauvaise ~** to do sth with good/bad grace; **il y a mis de la mauvaise ~** he did it very reluctantly; **il aurait mauvaise ~ à refuser** it would be bad form for him to refuse ♦ **grâce à** thanks to

gracier /gʀasje/ /TABLE 7/ VT to grant a pardon to

gracieusement /gʀasjøzmɑ̃/ ADV ⓐ (= *élégamment*) gracefully ⓑ (= *aimablement*) kindly ⓒ (= *gratuitement*) free of charge

gracieux, -ieuse /gʀasjø, jøz/ ADJ ⓐ (= *élégant*) graceful ⓑ (= *aimable*) kindly

gracile /gʀasil/ ADJ slender

gradation /gʀadasjɔ̃/ NF gradation

grade /gʀad/ NM ⓐ (*Admin, Mil*) rank; **monter en ~** to be promoted; **en prendre pour son ~*** to be hauled over the coals ⓑ (*Math, Tech*) grade

gradé, e /gʀade/ NM,F officer

gradins /gʀadɛ̃/ NMPL [*de stade*] terraces

graduation /gʀadɥasjɔ̃/ NF [*d'instrument*] graduation

gradué, e /gʀadɥe/ (*ptp de* **graduer**) ADJ [*exercices*] graded; [*règle, thermomètre*] graduated

graduel, -elle /gʀadɥɛl/ ADJ gradual

graduer /gʀadɥe/ /TABLE 1/ VT [+ *exercices*] to make gradually more difficult; [+ *difficultés, efforts*] to step up

gradually; [+ *règle, thermomètre*] to graduate

graffiti /gʀafiti/ NM graffiti (*NonC*)

graillon /gʀajɔ̃/ NM **ça sent le ~** there's a smell of burnt fat

grain /gʀɛ̃/ 1 NM ⓐ grain; [*de poussière*] speck; [*de café*] bean; **café en ~s** coffee beans; **~ de raisin** grape; **~ de poivre** peppercorn; **mettre son ~ de sel*** to put in one's two penn'orth (*Brit*) *ou* cents (*US*)*; **~ de sable** (*fig*) blip*; **un ~ de** (= *un peu de*) [+ *fantaisie*] a touch of; [+ *bon sens*] a grain of; **il a un ~*** he's a bit touched* ⓑ [*de peau*] texture; (*Photo*) grain ⓒ (= *averse brusque*) heavy shower; (*en mer*) squall 2 COMP ♦ **grain de beauté** mole

graine /gʀɛn/ NF seed; **monter en ~** to go to seed; **prends-en de la ~*** (= *ne le fais pas*) let that be a lesson to you*

graisse /gʀɛs/ NF fat; [*de viande cuite*] dripping (*Brit*), drippings (*US*); (= *lubrifiant*) grease

graisser /gʀese/ /TABLE 1/ VT (= *lubrifier*) to grease; (= *salir*) to make greasy; **~ la patte à qn*** to grease sb's palm*

graisseux, -euse /gʀesø, øz/ ADJ [*main, objet*] greasy; [*tissu, tumeur*] fatty

graminée /gʀamine/ NF **une ~** a grass

grammaire /gʀamɛʀ/ NF (= *science, livre*) grammar; **faute de ~** grammatical mistake

grammatical, e (*mpl* -**aux**) /gʀamatikal, o/ ADJ grammatical

gramme /gʀam/ NM gram(me); **je n'ai pas perdu un ~** (*de mon poids*) I haven't lost an ounce

grand, e /gʀɑ̃, gʀɑ̃d/ 1 ADJ ⓐ (= *de haute taille*) tall ⓑ (= *plus âgé*) **son ~ frère** his older *ou* big* brother; **ils ont deux ~s enfants** they have two grown-up children; **quand il sera ~** when he grows up; **il est assez ~ pour savoir** he's old enough to know; **tu es ~/~e maintenant** you're a big boy/girl now ⓒ (*en dimensions*) big, large; [*bras, distance, voyage, enjambées*] long; [*avenue, marge*] wide; **ouvrir de ~s yeux** to open one's eyes wide; **l'amour avec un ~ A** love with a capital L ⓓ (*en nombre, en quantité*) [*vitesse, poids, valeur, puissance*] great; [*nombre, quantité*] large; [*famille*] large, big; **la ~e majorité des gens** the great majority of people ⓔ (= *intense*) [*bruit, cri*] loud; [*froid, chaleur*] intense; [*vent*] strong; [*danger, plaisir, pauvreté*] great; **avec un ~ rire** with a loud laugh; **à ma ~e surprise** to my great surprise ⓕ (= *riche, puissant*) [*pays, firme, banquier, industriel*] leading ⓖ (= *important*) great; [*ville, travail*] big; **je t'annonce une ~e nouvelle !** I've got some great news!; **c'est un ~ jour pour nous** this is a great day for us ⓗ (= *principal*) main; **c'est la ~e nouvelle du jour** it's the main news of the day; **la ~e difficulté consiste à …** the main difficulty lies in … ⓘ (*intensif*) [*travailleur, collectionneur, ami, rêveur*] great; [*buveur, fumeur*] heavy; [*mangeur*] big; **un ~ verre d'eau** a large glass of water; **les ~s malades** the very ill; **un ~ invalide** a seriously disabled person ⓙ (= *remarquable*) great; **un ~ vin** a great wine; **un ~e année** a vintage year; **c'est du ~ jazz*** it's jazz at its best ⓚ (= *de gala*) [*réception, dîner*] grand; **en ~e pompe** with great pomp ⓛ (= *noble*) [*âme*] noble; [*pensée, principe*] lofty ⓜ (= *exagéré*) **faire de ~es phrases** to voice high-flown sentiments; **tous ces ~s discours** all these high-flown speeches ⓝ (= *beaucoup de*) **cela te fera (le plus) ~ bien** it'll do you the world of good; **~ bien vous fasse !** much good may it do you!

2 ADV ⓐ (*en taille*) **ces sandales chaussent ~** these sandals are big-fitting (*Brit*) *ou* run large (*US*) ⓑ (= *largement*) **ouvrir (en) ~** [+ *porte*] to open wide; [+ *robinet*] to turn full on; **la fenêtre était ~(e) ouverte** the window was wide open; **voir ~** to think big; **il a vu trop ~** he was over-ambitious; **il fait toujours les choses en ~** he always does things on a large scale

3 NM ⓐ (= *élève*) senior boy; **jeu pour petits et ~s** game for old and young alike
ⓑ (*terme d'affection*) **viens, mon ~** come here, son
ⓒ (= *personne puissante*) **les ~s de ce monde** men in high places; **Alexandre le Grand** Alexander the Great

4 NF **grande** ⓐ (= *élève*) senior girl; **elle parle comme une ~e** she talks like a much older child
ⓑ (*terme d'affection*) **ma ~e** (my) dear

5 COMP ♦ **la grande Bleue** *ou* **bleue** the Med* ♦ **grande personne** grown-up ♦ **la grande vie** the good life; **mener la ~e vie** to live the good life

---

ⓘ **GRANDES ÉCOLES**
The *grandes écoles* are competitive-entrance higher education establishments where engineering, business administration and other subjects are taught to a very high standard. The most prestigious include "l'École Polytechnique" (engineering), the three "Écoles normales supérieures" (arts and sciences), "l'ÉNA" (the civil service college), and "HEC" (business administration).
Pupils prepare for entrance to the grandes écoles after their "baccalauréat" in two years of "classes préparatoires". → CLASSES PRÉPARATOIRES ; CONCOURS ; ÉCOLE NATIONALE D'ADMINISTRATION
▷ www.education.gouv.fr

---

grand-angle (*pl* **grands-angles**) /gʀɑ̃tɑ̃gl, gʀɑ̃zɑ̃gl/ NM wide-angle lens

grand-chose /gʀɑ̃ʃoz/ PRON INDÉF **pas ~** not much; **cela ne vaut pas ~** it's not worth much; **il n'y a pas ~ à dire** there's not a lot to say; **il n'en sortira pas ~ de bon** not much good will come of this

grand-duché (*pl* **grands-duchés**) /gʀɑ̃dyʃe/ NM grand duchy

Grande-Bretagne /gʀɑ̃dbʀətaɲ/ NF Great Britain

grandement /gʀɑ̃dmɑ̃/ ADJ (= *largement*) [*aider, contribuer*] a great deal; **il a ~ le temps** he has plenty of time

grandeur /gʀɑ̃dœʀ/ NF ⓐ (= *dimension*) size; **ils sont de la même ~** they are the same size; **~ nature** [*statue*] life-size; [*expérience*] in real conditions ⓑ (= *importance*) [*de sacrifice, œuvre, amour*] greatness; **avoir des idées de ~** to have delusions of grandeur ⓒ (= *dignité*) greatness; (= *magnanimité*) magnanimity; **~ d'âme** generosity of spirit ⓓ (= *gloire*) greatness; **~ et décadence de** rise and fall of

grandiloquent, e /gʀɑ̃dilɔkɑ̃, ɑ̃t/ ADJ grandiloquent

grandiose /gʀɑ̃djoz/ ADJ [*œuvre, spectacle*] magnificent; [*paysage*] spectacular

grandir /gʀɑ̃diʀ/ /TABLE 2/ **1** VI ⓐ to grow; [*bruit*] to grow louder; [*firme*] to expand; **il a grandi de 10 cm** he has grown 10cm; **en grandissant tu verras que ...** as you grow up you'll see that ...; **~ en sagesse** to grow in wisdom **2** VT ⓐ [*microscope*] to magnify; **ces chaussures te grandissent** those shoes make you look taller ⓑ (= *rendre prestigieux*) **la France n'en est pas sortie grandie** it did little for France's reputation

grandissant, e /gʀɑ̃disɑ̃, ɑ̃t/ ADJ [*foule, bruit, sentiment*] growing

grand-mère (*pl* **grands-mères**) /gʀɑ̃mɛʀ/ NF (= *aïeule*) grandmother

grand-oncle (*pl* **grands-oncles**) /gʀɑ̃tɔ̃kl, gʀɑ̃zɔ̃kl/ NM great-uncle

grand-peine /gʀɑ̃pɛn/ NF **à ~** with great difficulty

grand-père (*pl* **grands-pères**) /gʀɑ̃pɛʀ/ NM (= *aïeul*) grandfather

grand-route (*pl* **grand-routes**) /gʀɑ̃ʀut/ NF main road

grand-rue (*pl* **grand-rues**) /gʀɑ̃ʀy/ NF **la ~** the high street (*Brit*), main street (*US*)

grands-parents /gʀɑ̃paʀɑ̃/ NMPL grandparents

grand-tante (*pl* **grands-tantes**) /gʀɑ̃tɑ̃t/ NF great-aunt

grand-voile (*pl* **grands-voiles**) /gʀɑ̃vwal/ NF mainsail

grange /gʀɑ̃ʒ/ NF barn

granit(e) /gʀanit/ NM granite

granitique /gʀanitik/ ADJ granite

---

granule /gʀanyl/ NM granule; (= *médicament*) small pill

granulé /gʀanyle/ NM granule; **~s** (= *nourriture pour animaux*) pellets

granuleux, -euse /gʀanylø, øz/ ADJ [*surface*] gritty

graphie /gʀafi/ NF written form

graphique /gʀafik/ **1** ADJ graphic **2** NM (= *courbe*) graph; **~ en barres** bar chart; **~ à secteurs** pie chart

graphisme /gʀafism/ NM (= *technique*) graphic arts; (= *style*) [*de peintre, dessinateur*] style of drawing

graphiste /gʀafist/ NMF graphic designer

graphite /gʀafit/ NM graphite

graphologie /gʀafɔlɔʒi/ NF graphology

graphologue /gʀafɔlɔg/ NMF graphologist

grappe /gʀap/ NF [*de fleurs*] cluster; [*de groseilles*] bunch; **~ de raisin** bunch of grapes; **en** *ou* **par ~s** in clusters

grappiller /gʀapije/ /TABLE 1/ **1** VI (= *picorer*) **arrête de ~, prends la grappe** stop picking at it and take the whole bunch **2** VT [+ *renseignements, informations*] to glean; [+ *idées*] to lift; **~ quelques sous** to fiddle a few euros*; **réussir à ~ quelques voix/sièges** to manage to pick up a few votes/seats

grappin /gʀapɛ̃/ NM [*de bateau*] grapnel; **mettre le ~ sur qn*** to grab sb

gras, grasse /gʀa, gʀas/ **1** ADJ ⓐ [*substance, aliment*] fatty; **fromage ~** full fat cheese; **crème grasse pour la peau** rich moisturizing cream
ⓑ (= *gros*) [*personne, animal, bébé*] fat; [*volaille*] plump
ⓒ (= *graisseux, huileux*) [*mains, cheveux, surface*] greasy; [*boue, sol*] sticky
ⓓ [*toux*] loose; [*voix, rire*] throaty
ⓔ (= *vulgaire*) [*mot, plaisanterie*] crude
ⓕ **faire la grasse matinée** to have a lie-in

2 NM ⓐ [*de viande*] fat
ⓑ [*de jambe, bras*] **le ~ de** the fleshy part of
ⓒ (*Typo*) **en (caractères) ~** in bold (type)

3 ADV **manger ~** to eat fatty foods

grassement /gʀasmɑ̃/ ADV [*rétribuer*] handsomely; **~ payé** highly paid

grassouillet, -ette /gʀasujɛ, ɛt/ ADJ plump

gratifiant, e /gʀatifjɑ̃, jɑ̃t/ ADJ [*expérience, travail*] rewarding

gratification /gʀatifikasjɔ̃/ NF ⓐ (= *prime*) bonus ⓑ (= *satisfaction*) gratification

gratifier /gʀatifje/ /TABLE 7/ VT **~ qn de** [+ *sourire, bonjour*] to favour (*Brit*) *ou* favor (*US*) sb with

gratin /gʀatɛ̃/ NM ⓐ (*Cuisine* = *plat*) gratin; **~ de pommes de terre** potatoes au gratin; **~ dauphinois** *potatoes cooked in cream with a crispy topping* ⓑ (= *haute société*) **le ~** the upper crust*

gratiné, e /gʀatine/ ADJ ⓐ (*Cuisine*) au gratin ⓑ (*intensif*) [*épreuve*] stiff; [*plaisanterie*] outrageous

gratis* /gʀatis/ ADJ, ADV free

gratitude /gʀatityd/ NF gratitude

grattage /gʀataʒ/ NM **j'ai gagné au ~** I won on the scratch cards

gratte-ciel (*pl* **gratte-ciel(s)**) /gʀatsjɛl/ NM skyscraper

gratte-papier (*pl* **gratte-papier(s)**) /gʀatpapje/ NM (*péj*) penpusher (*Brit*), pencil pusher (*US*)

gratter /gʀate/ /TABLE 1/ **1** VT ⓐ [+ *surface*] (*avec un ongle, une pointe*) to scratch; (*avec un outil*) to scrape; [+ *guitare*] to strum; [+ *allumette*] to strike ⓑ (= *enlever*) [+ *tache*] to scratch off ⓒ (= *irriter*) **ça (me) gratte** I've got an itch ⓓ (= *grappiller*)* **~ quelques euros** to make a bit extra on the side ⓔ (= *dépasser*)* to overtake **2** VI ⓐ [*plume*] to scratch; **ça gratte!** it's really itchy! ⓑ (= *écrire*)* to scribble **3** VPR **se gratter** to scratch (o.s.); **se ~ la tête** to scratch one's head

grattoir /gʀatwaʀ/ NM scraper

gratuit, e /gʀatɥi, ɥit/ ADJ ⓐ (= *non payant*) free; **entrée ~e** admission free; **à titre ~** (*frm*) free of charge ⓑ (= *non* motivé) [supposition, affirmation] unwarranted; [accusation] unfounded; [cruauté, insulte, violence] gratuitous

gratuité /gʀatɥite/ NF (= caractère non payant) **grâce à la ~ de l'éducation** thanks to free education

gratuitement /gʀatɥitmɑ̃/ ADV ⓐ (= gratis) [entrer, participer, soigner] free (of charge) ⓑ (= sans raison) [agir] gratuitously

gravats /gʀava/ NMPL rubble

grave /gʀav/ 1 ADJ ⓐ (= solennel) solemn ⓑ (= important) serious; **ce n'est pas ~!** it doesn't matter! ⓒ (= alarmant) serious; **il n'y a rien de ~** it's nothing serious ⓓ (= bas) [note] low; [son, voix] deep 2 NM (= notes) low register; (Radio) bass

gravement /gʀavmɑ̃/ ADV ⓐ [parler, regarder] gravely ⓑ (= de manière alarmante) [blesser, offenser] seriously; **être ~ malade** to be gravely ill

graver /gʀave/ /TABLE 1/ VT ⓐ [+ signe, inscription, médaille] to engrave ⓑ [+ disque] to cut; [+ CD, DVD] to burn

graveur, -euse /gʀavœʀ, øz/ 1 NM,F (sur pierre, métal, papier, bois) engraver 2 NM **~ de CD/DVD** CD/DVD burner

gravier /gʀavje/ NM (= caillou) bit of gravel; **allée de ~** gravel path

gravillon /gʀavijɔ̃/ NM bit of gravel; **«~s»** (sur route) "loose chippings"

gravir /gʀaviʀ/ /TABLE 2/ VT to climb

gravissime /gʀavisim/ ADJ extremely serious

gravitation /gʀavitasjɔ̃/ NF gravitation

gravité /gʀavite/ NF ⓐ [de problème, situation, blessure] seriousness; **c'est un accident sans ~** it was a minor accident ⓑ [d'air, ton] gravity; **plein de ~** very solemn ⓒ (Physique) gravity; **les lois de la ~** the laws of gravity

graviter /gʀavite/ /TABLE 1/ VI **~ autour de** [astre] to revolve round; [personne] to hang around; **il gravite dans les milieux diplomatiques** he moves in diplomatic circles

gravure /gʀavyʀ/ 1 NF ⓐ (= estampe) engraving ⓑ (= reproduction) (dans une revue) plate; (au mur) print 2 COMP ♦ **gravure sur bois** wood engraving ♦ **gravure de mode** fashion plate ♦ **gravure sur pierre** stone carving

gré /gʀe/ NM
♦ **au gré de**: flottant au ~ de l'eau drifting with the current; **au ~ des événements** according to how things go; **au ~ des saisons** with the seasons
♦ **bon gré mal gré** whether you (ou we etc) like it or not
♦ **contre le gré de qn** against sb's will
♦ **de gré ou de force**: il le fera de ~ ou de force he'll do it whether he likes it or not
♦ **de bon gré** willingly
♦ **de son plein gré** of one's own free will

grec, grecque /gʀɛk/ 1 ADJ [île, langue] Greek; [profil, traits] Grecian 2 NM (= langue) Greek 3 NM,F **Grec(que)** Greek

Grèce /gʀɛs/ NF Greece

gréco-romain, e (mpl **gréco-romains**) /gʀekoʀɔmɛ̃, ɛn/ ADJ Graeco-Roman (Brit), Greco-Roman (US)

gréement /gʀemɑ̃/ NM rigging; **les vieux ~s** (= voiliers) old sailing ships

greffe¹ /gʀɛf/ NF ⓐ [d'organe] transplant; [de tissu] graft ⓑ [d'arbre] (= action) grafting; (= pousse) graft

greffe² /gʀɛf/ NM (au tribunal) Clerk's Office

greffer /gʀefe/ /TABLE 1/ 1 VT [+ organe] to transplant; [+ tissu, arbre] to graft 2 VPR **se greffer**: **se ~ sur** [problèmes] to come on top of

greffier, -ière /gʀefje, jɛʀ/ NM,F clerk (of the court)

greffon /gʀefɔ̃/ NM graft

grégaire /gʀegɛʀ/ ADJ gregarious; **avoir l'instinct ~** to be naturally gregarious

grège /gʀɛʒ/ ADJ [soie] raw

grégorien, -ienne /gʀegɔʀjɛ̃, jɛn/ ADJ Gregorian

grêle¹ /gʀɛl/ ADJ [jambes, tige] spindly; [voix] shrill

grêle² /gʀɛl/ NF hail; **averse de ~** hailstorm

grêlé, e /gʀele/ (ptp de **grêler**) ADJ [visage] pockmarked

grêler /gʀele/ /TABLE 1/ VB IMPERS **il grêle** it is hailing

grêlon /gʀɛlɔ̃/ NM hailstone

grelot /gʀəlo/ NM (small) bell

grelotter /gʀələte/ /TABLE 1/ VI to shiver (**de** with)

Grenade /gʀənad/ 1 N (= ville) Granada 2 NF (= État) Grenada

grenade /gʀənad/ NF ⓐ (= fruit) pomegranate ⓑ (= explosif) grenade; **~ lacrymogène** teargas grenade

grenadier /gʀənadje/ NM ⓐ (= arbre) pomegranate tree ⓑ (= soldat) grenadier

grenadine /gʀənadin/ NF (= sirop) grenadine

grenaille /gʀənaj/ NF **de la ~** (= projectiles) shot

grenat /gʀəna/ 1 ADJ INV dark red 2 NM (= pierre) garnet

grenier /gʀənje/ NM attic; (pour conserver le grain) loft; **~ à blé** granary

grenouille /gʀənuj/ NF frog; **~ de bénitier** churchy old man (ou woman)

grenouillère /gʀənujɛʀ/ NF (= pyjama) sleepsuit

grenu, e /gʀəny/ ADJ [peau] coarse-grained; [cuir] grained

grès /gʀɛ/ NM ⓐ (= pierre) sandstone ⓑ (Poterie) stoneware

grésil /gʀezil/ NM hail

grésillement /gʀezijmɑ̃/ NM [de friture] sizzling; [de poste de radio] crackling

grésiller /gʀezije/ /TABLE 1/ 1 VI [friture] to sizzle; [poste de radio] to crackle 2 VB IMPERS **il grésille** it's hailing

grève /gʀɛv/ 1 NF ⓐ (= arrêt du travail) strike; **se mettre en ~** to go on strike; **être en ~ ou faire ~** to be on strike ⓑ (= rivage) shore 2 COMP ♦ **grève de la faim** hunger strike ♦ **grève générale** general strike ♦ **grève perlée** ≈ go-slow (Brit), ≈ slowdown strike (US) ♦ **grève sauvage** wildcat strike ♦ **grève de solidarité** sympathy strike ♦ **grève surprise** lightning strike ♦ **grève sur le tas** sit-down strike ♦ **grève du zèle** ≈ work-to-rule; **faire la ~ du zèle** to work to rule

grever /gʀəve/ /TABLE 5/ VT [+ budget] to put a strain on; **sa maison est grevée d'hypothèques** his house is mortgaged to the hilt

gréviste /gʀevist/ NMF striker

gribiche /gʀibiʃ/ ADJ **sauce ~** vinaigrette sauce with chopped boiled eggs, gherkins, capers and herbs

gribouillage /gʀibujaʒ/ NM (= écriture) scribble; (= dessin) doodle

gribouiller /gʀibuje/ /TABLE 1/ 1 VT (= écrire) to scribble; (= dessiner) to scrawl 2 VI (= dessiner) to doodle

gribouillis /gʀibuji/ NM (= écriture) scribble; (= dessin) doodle

grief /gʀijɛf/ NM grievance; **faire ~ à qn de qch** to hold sth against sb

grièvement /gʀijɛvmɑ̃/ ADV **~ blessé** seriously injured

griffe /gʀif/ NF ⓐ [de mammifère, oiseau] claw; **rentrer/sortir ses ~s** to draw in/show one's claws; **arracher qn des ~s d'un ennemi** to snatch sb from the clutches of an enemy; **coup de ~** scratch; (fig) dig ⓑ (= signature) signature; (= étiquette de couturier) maker's label (inside garment) ⓒ (sur bijou) claw

griffé, e /gʀife/ ADJ [accessoire, vêtement] designer

griffer /gʀife/ /TABLE 1/ VT [chat] to scratch

griffon /gʀifɔ̃/ NM (= chien) griffon

griffonnage /gʀifɔnaʒ/ NM (= écriture) scribble; (= dessin) hasty sketch

griffonner /gʀifɔne/ /TABLE 1/ VT (= écrire) to scribble

griffure /gʀifyʀ/ NF scratch

grignoter /gʀiɲɔte/ /TABLE 1/ 1 VT ⓐ (= manger) to nibble ⓑ (= réduire) to erode gradually; **~ du terrain** to gradually gain ground 2 VI (= manger peu) to pick at one's food; **~ entre les repas** to snack between meals

gril /gʀil/ NM grill pan; **être sur le ~*** [personne] to be on tenterhooks; **faire cuire au ~** to grill

grillade /gʀijad/ NF (= viande) grilled meat; ~ **d'agneau** grilled lamb

grillage /gʀijaʒ/ NM (= treillis métallique) wire netting (NonC); (= clôture) wire fencing (NonC)

grillager /gʀijaʒe/ /TABLE 3/ VT (avec un treillis métallique) to put wire netting on; (= clôturer) to put wire fencing around; **un enclos grillagé** an area fenced off with wire netting

grille /gʀij/ NF ⓐ [de parc] (= clôture) railings; (= portail) gate; [de magasin] shutter; [de cellule, fenêtre] bars; [d'égout, trou] grating ⓑ [de salaires, tarifs] scale; [de programmes de radio, horaires] schedule; ~ **de mots croisés** crossword puzzle grid; ~ **de loto** loto card

grillé, e• /gʀije/ (ptp de **griller**) ADJ **il est** ~ his name is mud•; [espion] his cover's been blown•

grille-pain /gʀijpɛ̃/ NM INV toaster

griller /gʀije/ /TABLE 1/ 1 VT ⓐ [+ pain, amandes] to toast; [+ poisson, viande] to grill; [+ café, châtaignes] to roast ⓑ [+ visage, corps] to burn; **se ~ au soleil** to roast in the sun ⓒ (= fumer)• ~ **une cigarette** ou **en ~ une** to have a smoke• ⓕ (= ne pas respecter)• ~ **un feu rouge** to go through a red light; ~ **un stop** to fail to stop (at a stop sign) 2 VI **faire ~** [+ pain] to toast; [+ viande] to grill; **on a mis les steaks à ~** we've put the steaks on to grill

grillon /gʀijɔ̃/ NM cricket

grimace /gʀimas/ NF grimace; (pour faire rire) funny face; **faire des ~s** to make faces; **avec une ~ de dégoût** with a disgusted expression; **il a fait la ~ quand il a appris la décision** he pulled a long face when he heard the decision

grimacer /gʀimase/ /TABLE 1/ VI (= sourire) to grin sardonically; ~ **(de douleur)** to wince; ~ **(de dégoût)** to pull a wry face (in disgust); ~ **(sous l'effort)** to screw one's face up (with the effort)

grimer /gʀime/ /TABLE 1/ 1 VT (= maquiller) to make up 2 VPR **se grimer** to make o.s. up

grimoire /gʀimwaʀ/ NM (vieux) ~ book of magic spells

grimpant, e /gʀɛ̃pɑ̃, ɑ̃t/ ADJ **plante ~e** climbing plant

grimper /gʀɛ̃pe/ /TABLE 1/ 1 VI ⓐ [personne, animal] to climb (up); ~ **aux rideaux** [chat] to climb up the curtains; **ça le fait ~ aux rideaux•** [de colère] it drives him up the wall•; ~ **aux arbres** to climb trees; **allez, grimpe!** (dans une voiture) come on, get in! ⓑ [route, plante] to climb; **ça grimpe dur** it's a stiff climb ⓒ [fièvre, prix]• to soar 2 VT [+ montagne, côte] to climb

grimpeur, -euse /gʀɛ̃pœʀ, øz/ NM,F (= varappeur) rock-climber; (= cycliste) hill specialist

grinçant, e /gʀɛ̃sɑ̃, ɑ̃t/ ADJ [comédie] darkly humorous; **ironie ~e** dark irony

grincement /gʀɛ̃smɑ̃/ NM [d'objet métallique] grating; [de plancher, porte, ressort] creaking; [de freins] squealing; **il y aura des ~s de dents** there will be gnashing of teeth

grincer /gʀɛ̃se/ /TABLE 3/ VI [objet métallique] to grate; [plancher, porte, ressort] to creak; [freins] to squeal; ~ **des dents (de colère)** to grind one's teeth (in anger); **ce bruit vous fait ~ les dents** that noise really sets your teeth on edge

grincheux, -euse /gʀɛ̃ʃø, øz/ ADJ grumpy

gringalet /gʀɛ̃galɛ/ NM (péj) **(petit) ~** puny little thing

griotte /gʀijɔt/ NF (= cerise) Morello cherry

grippal, e /gʀipal, o/ ADJ (mpl -aux) flu; **pour états grippaux** for flu

grippe /gʀip/ NF flu; **avoir la ~** to have flu; ~ **aviaire** bird flu; ~ **intestinale** gastric flu
♦ prendre qn/qch en grippe to take a sudden dislike to sb/sth

grippé, e /gʀipe/ ADJ **il est ~** he's got flu

gripper /gʀipe/ /TABLE 1/ 1 VT to jam 2 VI (= se bloquer) to seize up

grippe-sou• /gʀipsu/ (pl **grippe-sous**) NM skinflint

gris, e /gʀi, gʀiz/ 1 ADJ ⓐ [couleur, temps] grey (Brit), gray (US); ~ **anthracite** anthracite grey; ~ **vert** green-grey; ~-**bleu** blue-grey; **aux cheveux** ~ grey-haired; **il fait** ~ it's a grey day; **faire ~e mine** to pull a long face ⓑ (= morne) colourless (Brit), colorless (US) ⓒ (= éméché) tipsy• 2 NM grey (Brit), gray (US)

► When **gris** is combined with another word, such as **vert**, to indicate a shade, there is no agreement with the noun, eg **une chemise gris vert**.

grisaille /gʀizaj/ NF [de temps, paysage] greyness (Brit), grayness (US); **pour échapper à la ~** to get away from the miserable weather

grisant, e /gʀizɑ̃, ɑ̃t/ ADJ exhilarating

grisâtre /gʀizatʀ/ ADJ greyish (Brit), grayish (US)

griser /gʀize/ /TABLE 1/ VT [alcool, vitesse] to intoxicate; **se laisser ~ par le succès** to let success go to one's head

griserie /gʀizʀi/ NF intoxication

grisonnant, e /gʀizɔnɑ̃, ɑ̃t/ ADJ greying (Brit), graying (US); **la cinquantaine ~e, il ...** a greying fifty-year-old; **he ...**

grisonner /gʀizɔne/ /TABLE 1/ VI to be going grey (Brit) ou gray (US)

Grisons /gʀizɔ̃/ NMPL **viande des ~** dried beef served in thin slices

grisou /gʀizu/ NM firedamp; **coup de ~** firedamp explosion

grive /gʀiv/ NF (= oiseau) thrush

grivois, e /gʀivwa, waz/ ADJ saucy

grivoiserie /gʀivwazʀi/ NF (= attitude) sauciness

grizzli, grizzly /gʀizli/ NM grizzly bear

Groenland /gʀɔɛnlɑ̃d/ NM Greenland

grog /gʀɔg/ NM ≈ toddy (usually made with rum)

groggy• /gʀɔgi/ ADJ INV (= assommé) groggy; **être ~** (de fatigue) to be completely washed out

grogne• /gʀɔɲ/ NF **la ~ des syndicats** the simmering discontent in the unions

grognement /gʀɔɲmɑ̃/ NM [de personne] grunt; [de cochon] grunting (NonC); [d'ours, chien] growling (NonC); **il m'a répondu par un ~** he grunted in reply

grogner /gʀɔɲe/ /TABLE 1/ VI to grunt; [ours, chien] to growl; (= se plaindre) to grumble; **les syndicats grognent** there are rumblings of discontent among the unions

grognon, -onne /gʀɔɲɔ̃, ɔn/ ADJ [air] grumpy; [enfant] grouchy

groin /gʀwɛ̃/ NM snout

grommeler /gʀɔm(ə)le/ /TABLE 4/ VI [personne] to mutter to o.s.

grondement /gʀɔ̃dmɑ̃/ NM [de canon, orage] rumbling (NonC); [de torrent] roar; [de chien] growling (NonC); [de foule] muttering

gronder /gʀɔ̃de/ /TABLE 1/ 1 VT (= réprimander) to tell off 2 VI ⓐ [canon, orage] to rumble; [torrent] to roar; [chien] to growl; [foule] to mutter ⓑ [émeute] to be brewing; **la colère gronde chez les infirmières** nursing staff are getting increasingly angry

groom /gʀum/ NM bellboy

---

gros, grosse /gʀo, gʀos/

1 ADJECTIF	4 ADVERBE
2 NOM MASCULIN	5 COMPOSÉS
3 NOM FÉMININ	

1 ADJECTIF

ⓐ dimension big, large; [personne, ventre, bébé] fat; [lèvres, corde, pull, manteau] thick; [chaussures, averse] heavy; **le ~ bout** the thick end; **il pleut à grosses gouttes** it's raining heavily; ~ **comme une tête d'épingle** the size of a pinhead; **je l'ai vu venir ~ comme une maison•** I could see it coming a mile off•

ⓑ = **important** [travail, problème, ennui, erreur] big; [somme, entreprise] large; [soulagement, progrès] great; [dégâts] extensive; [fièvre] high; [rhume] bad; **une grosse affaire** a large business; **un ~ industriel** a big industrialist; **pendant les grosses chaleurs** in the hottest part of the summer; **c'est un ~ morceau*** (= travail) it's a big job; (= obstacle) it's a big obstacle; **il a un ~ appétit** he has a big appetite; **acheter en grosses quantités** to buy in bulk

ⓒ = **houleux** [mer] rough

ⓓ = **sonore** [soupir] deep; **une grosse voix** a booming voice

ⓔ **intensif** **un ~ buveur** a heavy drinker; **un ~ mangeur** a big eater; **tu es un ~ paresseux*** you're such a lazybones; **~ nigaud !*** you big ninny!*

ⓕ = **rude** [drap, laine, vêtement, plaisanterie, traits] coarse; **le ~ travail** the heavy work; **nous dire ça, c'est un peu ~** saying that to us was a bit thick*

ⓖ **locutions** **faire les ~ yeux** (à un enfant) to glower (at a child); **faire la grosse voix*** to speak gruffly; **c'est une grosse tête*** he's brainy*; **avoir la grosse tête*** to be bigheaded; **faire une grosse tête à qn** to bash sb up*

2 NOM MASCULIN

ⓐ = **personne** fat man; **un petit ~*** a fat little man

ⓑ = **principal** **le ~ du travail est fait** the bulk of the work is done; **le ~ de l'orage est passé** the worst of the storm is over; **j'ai fait le plus ~** I've done the bulk of it

ⓒ **Commerce** **le commerce de ~** the wholesale business; **prix de ~** wholesale price

ⓓ **♦ en gros** : **c'est écrit en ~** it's written in big letters; **papetier en ~** (Commerce) wholesale stationer; **commande en ~** bulk order; **acheter en ~** to buy wholesale; **évaluer en ~ la distance** to make a rough estimate of the distance; **dites-moi, en ~, ce qui s'est passé** tell me roughly what happened

3 NOM FÉMININ

grosse (= personne) fat woman; **ma grosse*** old girl*

4 ADVERBE

ⓐ **dimension** **écrire ~** to write in large letters

ⓑ = **beaucoup** **il risque ~** he's risking a lot; **je donnerais ~ pour ...** I'd give a lot to ...; **il y a ~ à parier que ...** it's a safe bet that ...; **jouer ~** to play for high stakes; **en avoir ~ sur la patate** to be upset*

5 COMPOSÉS

♦ gros bonnet* bigwig* **♦ grosse caisse** (= instrument) bass drum **♦ grosse légume*** bigwig* **♦ gros mot** swearword; **il dit des ~ mots** he swears **♦ gros œuvre** shell (of a building) **♦ gros plan** (Photo) close-up **♦ gros porteur** (= avion) jumbo jet **♦ gros rouge*** rough red wine **♦ gros sel** cooking salt **♦ gros temps** rough weather

groseille /gʀozɛj/ NF **~ (rouge)** red currant; **~ blanche** white currant; **~ à maquereau** gooseberry

groseillier /gʀozeje/ NM currant bush

grossesse /gʀosɛs/ NF pregnancy; **~ nerveuse** phantom pregnancy

grosseur /gʀosœʀ/ NF ⓐ [d'objet] size; [de fil, bâton] thickness; [de personne] weight ⓑ (= tumeur) lump

grossier, -ière /gʀosje, jɛʀ/ ADJ ⓐ [matière] coarse; [ornement, instrument] crude ⓑ (= sommaire) [travail] sketchy; [imitation] crude; [dessin, estimation] rough ⓒ (= lourd) [manières] unrefined; [ruse] crude; [plaisanterie, traits du visage] coarse; [erreur] stupid ⓓ (= insolent, vulgaire) [personne] rude; **il s'est montré très ~ envers eux** he was very rude to them

grossièrement /gʀosjɛʀmɑ̃/ ADV ⓐ (= de manière sommaire) [réaliser] sketchily; [imiter] crudely; [hacher] coarsely ⓑ (= de manière vulgaire) coarsely; (= insolemment) rudely ⓒ (= lourdement) **se tromper ~** to be grossly mistaken

grossièreté /gʀosjɛʀte/ NF ⓐ (= insolence) rudeness ⓑ (= vulgarité) coarseness; **une ~** a coarse remark

grossir /gʀosiʀ/ /TABLE 2/ 1 VI [personne] to put on weight; [fruit] to swell; [tumeur] to get bigger; [foule] to

grow; [bruit] to get louder; **j'ai grossi de trois kilos** I've put on three kilos 2 VT ⓐ (= faire paraître plus gros) to make look fatter ⓑ to magnify ⓒ (= exagérer volontairement) to exaggerate ⓓ [+ foule] to swell; **~ les rangs de** to swell the ranks of

grossissant, e /gʀosisɑ̃, ɑ̃t/ ADJ [verre] magnifying

grossissement /gʀosismɑ̃/ NM (= pouvoir grossissant) magnification

grossiste /gʀosist/ NMF wholesaler

grosso modo /gʀosomodo/ ADV roughly

grotesque /gʀotɛsk/ 1 ADJ (= ridicule) [personnage, idée] ridiculous 2 NM (Littérat) **le ~** the grotesque

grotte /gʀot/ NF cave

grouiller /gʀuje/ /TABLE 1/ 1 VI **~ de** [+ monde, insectes] to be swarming with 2 VPR **se grouiller** to get a move on*

groupe /gʀup/ 1 NM ⓐ group; [de touristes] party; [de musiciens] band, group; **~ de maisons** cluster of houses; **psychologie de ~** group psychology; **~ de rock** rock group ou band; **travailler en ~** to work in a group; **billet de ~** group ticket ⓑ **~ nominal/verbal** noun/verb phrase

2 COMP **♦ groupe d'âge** age group **♦ groupe armé** armed group **♦ groupe électrogène** generator **♦ groupe d'intervention de la Gendarmerie nationale** crack unit of the Gendarmerie **♦ groupe de mots** word group **♦ groupe parlementaire** parliamentary group **♦ groupe de parole** support group **♦ groupe de presse** publishing conglomerate; (spécialisé dans la presse) press group **♦ groupe de pression** pressure group **♦ groupe sanguin** blood group **♦ groupe scolaire** (= établissement) school complex **♦ groupe de tête** (Sport) leaders; (= élèves) top pupils (in the class); (= entreprises) leading firms **♦ groupe de travail** working party

groupement /gʀupmɑ̃/ NM (= groupe) group; (= organisation) organization **♦ groupement d'achats** bulk-buying organization **♦ groupement d'intérêt économique** economic interest group

grouper /gʀupe/ /TABLE 1/ 1 VT to group (together); [+ efforts, ressources, moyens] to pool 2 VPR **se grouper** [foule] to gather; (= se coaliser) to form a group; **restez groupés** keep together; **se ~ en associations** to form associations; **on s'est groupé pour lui acheter un cadeau** we all got together to buy him a present

groupuscule /gʀupyskyl/ NM small group

grue /gʀy/ NF (= oiseau) crane

gruger /gʀyʒe/ /TABLE 3/ VT **se faire ~** (= se faire duper) to be duped; (= se faire escroquer) to be swindled

grumeau (pl **grumeaux**) /gʀymo/ NM [de sauce] lump

grumeleux, -euse /gʀym(ə)lø, øz/ ADJ [sauce] lumpy

grutier, -ière /gʀytje, jɛʀ/ NM,F crane driver

gruyère /gʀyjɛʀ/ NM gruyère (Brit), Swiss cheese (US)

Guadeloupe /gwadlup/ NF Guadeloupe

guadeloupéen, -enne /gwadlupeɛ̃, ɛn/ 1 ADJ Guadelupian 2 NM,F **Guadeloupéen(ne)** inhabitant ou native of Guadeloupe

Guatemala /gwatemala/ NM Guatemala

gué /ge/ NM ford; **passer une rivière à ~** to ford a river

guenille /gənij/ NF rag; **en ~s** in rags

guenon /gənɔ̃/ NF (= animal) female monkey

guépard /gepaʀ/ NM cheetah

guêpe /gɛp/ NF wasp

guêpier /gepje/ NM (= piège) trap

guère /gɛʀ/ ADV hardly

♦ ne ... guère (= pas beaucoup) not much; (= pas souvent) hardly ever; (= pas longtemps) not long; **elle ne va ~ mieux** she's hardly any better; **il n'est ~ poli** he's not very polite; **il n'y a ~ plus de 2 km** there is not much more than 2km to go; **il n'a ~ le temps** he has hardly any time; **il n'en reste plus ~** there's hardly any left; **il ne tardera ~** he won't be long now; **il n'y a ~ de monde** there's hardly ou scarcely anybody there; **il n'y a ~ que lui qui ...** he's about the only one who ...

guéridon /geʀidɔ̃/ NM pedestal table

guérilla /geʀija/ NF guerrilla war

guérillero /geʀijeʀo/ NM guerrilla

guérir /geʀiʀ/ /TABLE 2/ 1 VT to cure 2 VI ⓐ [malade, maladie] to get better; [blessure] to heal; **il est guéri (de son angine)** he has recovered (from his throat infection) ⓑ [chagrin, passion] to go 3 VPR **se guérir** [malade, maladie] to get better; **se ~ par les plantes** to cure o.s. by taking herbs; **se ~ d'une habitude** to cure o.s. of a habit

guérison /geʀizɔ̃/ NF [de malade] recovery; [de maladie] curing (NonC); [de membre, plaie] healing (NonC); **sa ~ a été rapide** he made a rapid recovery; **~ par la foi** faith healing

guérissable /geʀisabl/ ADJ curable

guérisseur, -euse /geʀisœʀ, øz/ NM,F healer

guérite /geʀit/ NF ⓐ [de sentinelle] sentry box ⓑ (sur chantier) workman's hut

Guernesey /gɛʀn(ə)zɛ/ NF Guernsey

guerre /gɛʀ/ 1 NF ⓐ (= conflit) war; **correspondant/ criminel de ~** war correspondent/criminal; **~ civile/sainte** civil/holy war; **~ de religion/de libération** war of religion/ of liberation; **la Première/Deuxième Guerre mondiale** the First/Second World War; **entre eux c'est la ~ (ouverte)** it's open war between them; **faire la ~ à** (Mil) to wage war on; **faire la ~ à l'injustice** to wage war on injustice
♦ **en guerre** at war; **dans les pays en ~** in the warring countries; **partir en ~ contre** to wage war on
♦ **de guerre lasse** weary of resisting
♦ **c'est de bonne guerre** that's fair enough
ⓑ (= technique) warfare; **la ~ atomique/psychologique/ chimique** atomic/psychological/chemical warfare
2 COMP ♦ **la guerre de Cent Ans** the Hundred Years' War ♦ **guerre éclair** blitzkrieg ♦ **guerre économique** economic warfare ♦ **guerre d'embuscade** guerrilla warfare ♦ **la guerre des étoiles** Star Wars ♦ **guerre froide** cold war ♦ **la guerre du Golfe** the Gulf War ♦ **guerre des nerfs** war of nerves ♦ **la guerre de quatorze** the 1914-18 war ♦ **la guerre de quarante** the Second World War ♦ **la guerre de Sécession** the American Civil War ♦ **guerre de tranchées** trench warfare ♦ **guerre d'usure** war of attrition

guerrier, -ière /geʀje, jɛʀ/ 1 ADJ [nation, air] warlike; [danse, chants, exploits] war 2 NM,F warrior

guerroyer /geʀwaje/ /TABLE 8/ VI (littér) to wage war (**contre** on)

guet /gɛ/ NM **faire le ~** to be on the lookout

guet-apens (pl **guets-apens**) /gɛtapɑ̃/ NM (= embuscade) ambush; (fig) trap; **tomber dans un ~** to be caught in an ambush; (fig) to fall into a trap

guetter /gete/ /TABLE 1/ VT ⓐ (= épier) to watch ⓑ (= attendre) to watch out for; **~ le passage du facteur** to watch out for the postman ⓒ (= menacer) to threaten; **la crise cardiaque le guette** he's heading for a heart attack; **c'est le sort qui nous guette tous** it's the fate that's in store for all of us

guetteur /getœʀ/ NM (Mil, Naut) lookout

gueulante‡ /gœlɑ̃t/ NF **pousser une ~** to kick up a stink*

gueule /gœl/ 1 NF ⓐ (= bouche)‡ mouth; (ferme) **ta ~!** shut your trap!‡; **s'en mettre plein la ~** to stuff o.s.*; **il nous laisserait crever la ~ ouverte** he wouldn't give a damn what happened to us‡; **il est connu pour ses coups de ~*** he's known as a loudmouth
ⓑ (= figure)* face; **il a une bonne ~** I like the look of him; **avoir une sale ~** [aliment] to look horrible; **avoir la ~ de l'emploi** to look the part; **faire la ~** to sulk; **faire la ~ à qn** to be in a huff* with sb; **faire une ~ d'enterrement** to look really miserable; **il a fait une sale ~ quand il a appris la nouvelle‡** he didn't half pull a face when he heard the news*; **bien fait pour sa ~!‡** serves him right!*; **un fort en ~** ou **une grande ~** a loudmouth; **avoir de la ~** to look great ⓒ [d'animal] mouth; **se jeter dans la ~ du loup** to throw o.s. into the lion's jaws

2 COMP ♦ **gueule de bois*** hangover; **avoir la ~ de bois** to have a hangover

gueule-de-loup (pl **gueules-de-loup**) /gœldəlu/ NF snapdragon

gueuler‡ /gœle/ /TABLE 1/ VI (= crier) to shout; (= parler fort) to bawl; (= chanter fort) to bawl; (= protester) to kick up a stink*; **il fait ~ sa radio** he has his radio on full blast*; **~ après qn** to bawl sb out*

gueuleton * /gœltɔ̃/ NM slap-up meal*

gui /gi/ NM mistletoe

guibol(l)e * /gibɔl/ NF (= jambe) leg

guichet /giʃɛ/ NM (= comptoir) window; (= bureau) **~(s)** [de banque, poste] counter; [de théâtre] box office; [de gare] ticket office; **adressez-vous au ~ d'à côté** inquire at the next window; **« ~ fermé »** "position closed"; **on joue à ~s fermés** the performance is fully booked; **~ automatique (de banque)** cash dispenser

guichetier, -ière /giʃ(ə)tje, jɛʀ/ NM,F [de banque] counter clerk

guide /gid/ 1 NM ⓐ (= livre) guide(book); **~ touristique/ gastronomique** tourist/restaurant guide; **~ de voyage** travel guide ⓑ (= idée, sentiment) guide 2 NMF (= personne) guide; **~ (de montagne)** (mountain) guide; **« n'oubliez pas le ~ »** "please remember the guide"; **« suivez le ~ ! »** "this way, please!" 3 NFPL **guides** (= rênes) reins 4 NF (= éclaireuse) ≈ guide (Brit), ≈ girl scout (US)

guider /gide/ /TABLE 1/ VT (= conduire) to guide; **il m'a guidé dans mes recherches** he guided me in my research; **se laissant ~ par son instinct** letting his instinct be his guide

guidon /gidɔ̃/ NM handlebars

guigne /giɲ/ NF ⓐ (= cerise) type of cherry ⓑ (= malchance)* rotten luck*; **avoir la ~** to be jinxed*

guignol /giɲɔl/ NM ⓐ (= marionnette) popular French glove puppet; (= spectacle) puppet show; **c'est du ~!** it's a farce! ⓑ (péj = personne) clown; **arrête de faire le ~!** stop acting the clown!

guillemet /gijmɛ/ NM quotation mark; **les gens entre ~s intellos*** so-called intellectuals

guilleret, -ette /gijʀɛ, ɛt/ ADJ (= enjoué) perky

guillotine /gijɔtin/ NF guillotine

guillotiner /gijɔtine/ /TABLE 1/ VT to guillotine

guimauve /gimov/ NF (= friandise) marshmallow; **c'est de la ~** (sentimental) it's sentimental twaddle

guimbarde /gɛ̃baʀd/ NF (= instrument) Jew's harp; (vieille) ~* (= voiture) jalopy

guindé, e /gɛ̃de/ ADJ [personne, air] stiff; [style] stilted

Guinée /gine/ NF Guinea

Guinée-Bissau /ginebiso/ NF Guinea-Bissau

guinéen, -enne /gineɛ̃, ɛn/ 1 ADJ Guinean 2 NM,F **Guinéen(ne)** Guinean

guingois * /gɛ̃gwa/ ♦ **de guingois** LOC ADV, LOC ADJ (= de travers) askew; **tout va de ~** everything's going haywire*

guinguette /gɛ̃gɛt/ NF open-air café with a dance floor

guirlande /giʀlɑ̃d/ NF [de fleurs] garland; **~ de Noël** tinsel garland; **~ électrique** string of Christmas lights

guise /giz/ NF **n'en faire qu'à sa ~** to do as one pleases; **à ~ !** as you wish!
♦ **en guise de** by way of

guitare /gitaʀ/ NF guitar; **~ électrique** electric guitar; **~ acoustique** ou **sèche** acoustic guitar; **jouer de la ~** to play the guitar

guitariste /gitaʀist/ NMF guitarist

gustatif, -ive /gystatif, iv/ ADJ → **papille**

guttural, e (mpl **-aux**) /gytyʀal, o/ ADJ guttural

guyanais, e /gɥijanɛ, ɛz/ 1 ADJ Guyanese 2 NM,F **Guyanais(e)** Guyanese

Guyane /gɥijan/ NF Guiana; **~ française** French Guiana; **~ britannique** (British) Guiana

gym * /ʒim/ NF (ABBR = **gymnastique**) gym; (Scol) PE; **je vais**

à la ~ I go to the gym; **faire de la ~** (*sport*) to do gym; (*chez soi*) to do exercises

gymkhana /ʒimkana/ NM rally

gymnase /ʒimnɑz/ NM ⓐ (*Sport*) gym ⓑ (*Helv* = *lycée*) secondary school (*Brit*), high school (*US*)

gymnaste /ʒimnast/ NMF gymnast

gymnastique /ʒimnastik/ NF gymnastics *(sg)*; **~ intellectuelle** *ou* **de l'esprit** mental gymnastics *(sg)* ♦ **gymnastique aquatique** aquaerobics *(sg)* ♦ **gymnastique corrective** remedial gymnastics ♦ **gymnastique douce** ≈ Callanetics® ♦ **gymnastique oculaire** eye exercises ♦ **gymnastique au sol** floor exercises

gynéco ♦ /ʒineko/ NMF (ABBR = **gynécologue**) gynaecologist (*Brit*), gynecologist (*US*)

gynécologie /ʒinekɔlɔʒi/ NF gynaecology (*Brit*), gynecology (*US*)

gynécologique /ʒinekɔlɔʒik/ ADJ gynaecological (*Brit*), gynecological (*US*)

gynécologue /ʒinekɔlɔg/ NMF gynaecologist (*Brit*), gynecologist (*US*); **~ obstétricien** obstetrician

gypse /ʒips/ NM gypsum

gyrophare /ʒiʀofaʀ/ NM revolving light (*on vehicle*)

H

H, h /aʃ/ NM **h aspiré** aspirate h; **h muet** silent h; **à l'heure H** at zero hour

ha /'a/ EXCL oh!; **ha, ha!** (= *rire*) ha-ha!

habile /abil/ ADJ skilful (*Brit*), skillful (*US*); [*manœuvre*] clever; **il est ~ de ses mains** he's good with his hands; **ce n'était pas bien ~ de sa part** that wasn't very clever of him

habilement /abilmɑ̃/ ADV skilfully (*Brit*), skillfully (*US*); [*répondre, dissimuler*] cleverly; **il fit ~ remarquer que ...** he cleverly pointed out that ...

habileté /abilte/ NF ⓐ [*de personne*] skill (**à faire** at doing); **faire preuve d'une grande ~ politique** to show considerable political skill ⓑ [*de tactique, manœuvre*] skilfulness (*Brit*), skillfulness (*US*)

habiliter /abilite/ /TABLE 1/ VT **être habilité à faire qch** to be authorized to do sth

habillage /abijaʒ/ NM [*de personne*] dressing; **~ intérieur** [*de voiture*] interior trim

habillé, e /abije/ (*ptp d'***habiller**) ADJ ⓐ (= *vêtu*) [*personne*] dressed; **bien ~** well dressed; **mal ~** badly dressed; **~ de noir** dressed in black ⓑ (= *chic*) smart

habillement /abijmɑ̃/ NM (= *toilette*) clothes

habiller /abije/ /TABLE 1/ 1 VT ⓐ (= *vêtir*) to dress (**de** in); **un rien l'habille** she looks good in anything
ⓑ (= *fournir en vêtements*) to clothe; **Mlle Lenoir est habillée par Givenchy** (*dans un générique*) Miss Lenoir's wardrobe by Givenchy
ⓒ [+ *mur, fauteuil, livre*] to cover (**de** with); [+ *machine, radiateur*] to encase (**de** in)
2 VPR **s'habiller** [*personne*] to get dressed; **aider qn à s'~** to help sb get dressed; **s'~ chaudement** to dress warmly; **faut-il s'~ pour la réception?** do we have to dress up for the reception?; **comment t'habilles-tu ce soir?** what are you wearing tonight?; **elle ne sait pas s'~** she has no dress sense

habit /abi/ 1 NM ⓐ (= *costume*) outfit; **~ d'arlequin** Harlequin suit ⓑ (= *jaquette*) morning coat; (= *queue-de-pie*) tails; **en ~** in evening dress ⓒ (*Rel*) habit 2 NMPL **habits** clothes

habitable /abitabl/ ADJ habitable; **35 m² ~s** *ou* **de surface ~** 35 m² living space

habitacle /abitakl/ NM [*de voiture*] passenger compartment; [*de bateau*] binnacle; [*d'avion*] cockpit; [*de véhicule spatial*] cabin

habitant, e /abitɑ̃, ɑ̃t/ NM,F [*de maison*] occupant; [*de ville, pays*] inhabitant; **une ville de trois millions d'~s** a city with three million inhabitants; **les ~s du village** the people who live in the village; **loger chez l'~** [*touristes*] to stay with local people in their own homes

habitat /abita/ NM habitat

habitation /abitasjɔ̃/ NF (= *bâtiment*) house; **des ~s modernes** modern housing ◆ **habitation à loyer modéré** (= *appartement*) ≈ council flat (*Brit*), ≈ public housing unit (*US*); (= *immeuble*) ≈ council flats (*Brit*), ≈ housing project (*US*)

habité, e /abite/ (*ptp d'***habiter**) ADJ [*maison*] occupied; [*planète, région*] inhabited; [*vol, engin, station orbitale*] manned; **cette maison est-elle ~e?** does anyone live in this house?

habiter /abite/ /TABLE 1/ 1 VT ⓐ to live in; [+ *planète*] to live on; **cette région était habitée par les Celtes** this region was inhabited by the Celts ⓑ [*sentiment*] to haunt; **habité par la jalousie** filled with jealousy 2 VI to live; **~ à la campagne** to live in the country; **~ chez des amis** to live with friends; **~ en ville** to live in town; **il habite 17 rue Leblanc** he lives at number 17 rue Leblanc

habitude /abityd/ NF (= *accoutumance*) habit; **avoir l'~ de faire qch** to be used to doing sth; **prendre l'~ de faire qch** to get used to doing sth; **prendre de mauvaises ~s** to get into bad habits; **perdre une ~** to get out of a habit; **ce n'est pas dans ses ~s de faire cela** he doesn't usually do that; **j'ai l'~!** I'm used to it!; **je n'ai pas l'~ de cette voiture** I'm not used to this car; **il a ses petites ~s** he has his own little routine; **par ~** out of habit
◆ **d'habitude** usually; **c'est meilleur que d'~** it's better than usual; **comme d'~** as usual

habitué, e /abitɥe/ (*ptp d'***habituer**) NM,F [*de maison, musée, bibliothèque*] regular visitor; [*de café, hôtel*] regular customer

habituel, -elle /abitɥɛl/ ADJ usual

habituellement /abitɥɛlmɑ̃/ ADV usually

habituer /abitɥe/ /TABLE 1/ 1 VT **~ qn à qch** (= *accoutumer*) to get sb used to sth; (= *apprendre*) to teach sb sth; **~ qn à faire qch** (= *accoutumer*) to get sb used to doing sth; (= *apprendre*) to teach sb to do sth; **être habitué à qch** to be used to sth; **être habitué à faire qch** to be used to doing sth 2 VPR **s'habituer: s'~ à qch** to get used to sth; **s'~ à faire qch** to get used to doing sth; **je ne m'y habituerai jamais** I'll never get used to it

hache /'aʃ/ NF axe (*Brit*), ax (*US*) ◆ **hache de guerre** hatchet; [*d'indien*] tomahawk; **déterrer la ~ de guerre** to take up the hatchet; **enterrer la ~ de guerre** to bury the hatchet

haché, e /'aʃe/ (*ptp de* **hacher**) 1 ADJ ⓐ [*viande*] minced (*Brit*), ground (*US*); **bifteck ~** mince (*Brit*), ground beef (*US*) ⓑ [*phrases*] broken 2 NM mince (*Brit*), ground beef (*US*)

hacher /'aʃe/ /TABLE 1/ VT (= *couper*) (*au couteau*) to chop; (*avec un appareil*) to mince (*Brit*), to grind (*US*); **~ menu** to chop finely

hachich /'aʃiʃ/ NM hashish

hachis /'aʃi/ NM [*de légumes*] chopped vegetables; [*de viande*] mince (*Brit*), ground meat (*US*) ◆ **hachis Parmentier** ≈ shepherd's pie

hachisch /'aʃiʃ/ NM hashish

hachoir /'aʃwaʀ/ NM (= *couteau*) chopper; (= *appareil*) mincer (*Brit*), grinder (*US*)

hachurer /'aʃyʀe/ /TABLE 1/ VT to hatch

hachures /'aʃyʀ/ NFPL hatching

haddock /'adɔk/ NM smoked haddock

hagard, e /'agaʀ, aʀd/ ADJ [*yeux*] wild; [*visage, air, gestes*] distraught

haie /'ɛ/ NF ⓐ (= clôture) hedge ⓑ (pour coureurs) hurdle; (pour chevaux) fence; **course de ~s** (coureur) hurdles race; (chevaux) steeplechase; **110 mètres ~s** 110 metres hurdles ⓒ [de spectateurs, policiers] line; **faire une ~ d'honneur** to form a guard of honour

haillons /'ajɔ̃/ NMPL rags

haine /'ɛn/ NF hatred; **incitation à la ~ raciale** incitement to racial hatred; **avoir de la ~ pour** to feel hatred for; **j'avais vraiment la ~*** I was so angry; **des jeunes qui ont la ~*** angry young people

haineux, -euse /'ɛnø, øz/ ADJ [propos, personne] full of hatred; **regard ~** look of hatred

haïr /'aiʀ/ /TABLE 10/ VT to hate

haïssable /'aisabl/ ADJ hateful

Haïti /aiti/ NM Haiti

haïtien, -ienne /aisjɛ̃, jɛn/ 1 ADJ Haitian 2 NM,F **Haïtien(ne)** Haitian

hâle /'ɑl/ NM suntan

hâlé, e /'ɑle/ (ptp de **hâler**) ADJ suntanned

haleine /alɛn/ NF breath; **retenir son ~** to hold one's breath; **être hors d'~** to be out of breath; **reprendre ~** to get one's breath back; **avoir l'~ fraîche** to have fresh breath; **avoir mauvaise ~** to have bad breath; **tenir qn en ~** (attention) to hold sb spellbound; (incertitude) to keep sb in suspense; **travail de longue ~** long-term job

hâler /'ɑle/ /TABLE 1/ VT to tan

haletant, e /'al(ə)tɑ̃, ɑ̃t/ ADJ panting

haleter /'al(ə)te/ /TABLE 5/ VI to pant

hall /'ol/ NM [d'immeuble] hall; [d'hôtel, cinéma, théâtre] foyer; [de gare, lycée, université] concourse ◆ **hall d'accueil** reception hall ◆ **hall d'arrivée** arrivals lounge ◆ **hall des départs** departure lounge ◆ **hall d'entrée** entrance hall ◆ **hall d'exposition** exhibition hall

hallali /alali/ NM **sonner l'~** (fig) to go in for the kill

halle /'al/ 1 NF ⓐ (= marché) covered market ⓑ (= grande salle) hall 2 NFPL **halles** covered market; (pour alimentation en gros) central food market

hallucinant, e /a(l)lysinɑ̃, ɑ̃t/ ADJ incredible

hallucination /a(l)lysinasjɔ̃/ NF hallucination; **avoir des ~s** to hallucinate

halluciner* /a(l)lysine/ /TABLE 1/ VI **j'hallucine!** I must be seeing things!

hallucinogène /a(l)lysinɔʒɛn/ 1 ADJ [drogue] hallucinogenic 2 NM hallucinogen

halo /'alo/ NM halo; **~ de lumière** halo of light; **~ de mystère** aura of mystery

halogène /alɔʒɛn/ 1 ADJ **lampe ~** halogen lamp 2 NM (= lampe) halogen lamp

halte /'alt/ NF ⓐ (= pause) break; **faire ~** to stop (à in) ◆ **halte!** stop!; (Mil) halt!; **~ aux essais nucléaires!** no more nuclear testing! ⓑ (= endroit) stopping place

halte-garderie (pl **haltes-garderies**) /'alt(ə)gaʀdəʀi/ NF crèche

haltère /altɛʀ/ NM (à boules) dumbbell; (à disques) barbell; **faire des ~s** to do weight lifting

haltérophile /alteʀɔfil/ NMF weight lifter

haltérophilie /alteʀɔfili/ NF weight lifting; **faire de l'~** to do weight lifting

hamac /'amak/ NM hammock

hamburger /'ɑ̃buʀɡœʀ/ NM hamburger

hameau (pl **hameaux**) /'amo/ NM hamlet

hameçon /ams ɔ̃/ NM fish hook

hammam /'amam/ NM hammam

hampe /'ɑ̃p/ NF [de drapeau] pole

hamster /'amstɛʀ/ NM hamster

hanche /'ɑ̃ʃ/ NF [de personne] hip; **les mains sur les ~s, il ...** with his hands on his hips, he ...

hand* /'ɑ̃d/ NM handball

handball /'ɑ̃dbal/ NM handball

handicap /'ɑ̃dikap/ NM handicap; **avoir un sérieux ~** to be seriously handicapped

handicapant, e /'ɑ̃dikapɑ̃, ɑ̃t/ ADJ [maladie] disabling; **c'est assez ~** (= gênant) it's a bit of a handicap

handicapé, e /'ɑ̃dikape/ (ptp de **handicaper**) 1 ADJ disabled; **très ~** severely handicapped 2 NM,F disabled person 3 COMP ◆ **handicapé mental** mentally handicapped person ◆ **handicapé moteur** person with motor disability ◆ **handicapé physique** physically handicapped person

handicaper /'ɑ̃dikape/ /TABLE 1/ VT to handicap

handisport /'ɑ̃dispɔʀ/ ADJ [tennis, basket-ball] wheelchair (avant le nom); [natation] for the disabled

hangar /'ɑ̃ɡaʀ/ NM [de marchandises] warehouse; [de matériel] shed; [de fourrage] barn; [d'avions] hangar ◆ **hangar à bateaux** boathouse

hanneton /'an(ə)tɔ̃/ NM cockchafer

hanter /'ɑ̃te/ /TABLE 1/ VT to haunt; **maison hantée** haunted house; **cette question hante les esprits** this question is preying on people's minds

hantise /'ɑ̃tiz/ NF obsessive fear; **avoir la ~ de la maladie** to have an obsessive fear of illness; **vivre dans la ~ du chômage** to live in dread of unemployment

happer /'ape/ /TABLE 1/ VT (avec la gueule, le bec) to snap up; (avec la main) to snatch; **être happé par une voiture** to be hit by a car

harangue /'aʀɑ̃ɡ/ NF harangue

haranguer /'aʀɑ̃ɡe/ /TABLE 1/ VT to harangue

haras /'aʀɑ/ NM stud farm

harassant, e /'aʀasɑ̃, ɑ̃t/ ADJ exhausting

harassé, e /'aʀase/ ADJ exhausted; **~ de travail** overwhelmed with work

harcèlement /'aʀsɛlmɑ̃/ NM [de personne] harassment; **guerre de ~** guerrilla warfare ◆ **harcèlement policier** police harassment ◆ **harcèlement sexuel** sexual harassment

harceler /'aʀsəle/ /TABLE 5/ VT ⓐ [+ personne] (de critiques, d'attaques) to harass (**de** with); (de questions, de réclamations) to plague (**de** with); **elle a été harcelée de coups de téléphone anonymes** she has been plagued by anonymous phone calls ⓑ [+ ennemi] to harry

hard* /'aʀd/ 1 NM ⓐ (Musique) hard rock ⓑ (= pornographie) hard porn* 2 ADJ (= pornographique) hard-core

hardi, e /'aʀdi/ ADJ daring

hardiesse /'aʀdjɛs/ NF ⓐ (= audace, originalité) boldness; **avoir la ~ de faire qch** to be bold enough to do sth ⓑ (= effronterie) audacity

hardware /'aʀdwɛʀ/ NM hardware

hareng /'aʀɑ̃/ NM herring ◆ **hareng saur** kipper

hargne /'aʀɲ/ NF ⓐ (= colère) spiteful anger ⓑ (= ténacité) fierce determination

hargneux, -euse /'aʀɲø, øz/ ADJ [personne, caractère] bad-tempered; [animal] vicious; **un petit chien ~** a snappy little dog

haricot /'aʀiko/ 1 NM ⓐ (= plante) bean ⓑ (= ragoût) **~ de mouton** lamb stew 2 COMP ◆ **haricot beurre** type of yellow French bean, wax bean (US) ◆ **haricot blanc** haricot bean ◆ **haricots à écosser** fresh beans (for shelling) ◆ **haricot grimpant** runner bean ◆ **haricot à rame** runner bean ◆ **haricot rouge** red kidney bean ◆ **haricot sec** dried bean ◆ **haricot vert** French bean

harissa /'aʀisa, aʀisa/ NF harissa (hot chilli sauce)

harki /'aʀki/ NM Algerian soldier loyal to the French during the Algerian War of Independence

harmonica /aʀmɔnika/ NM harmonica

harmonie /aʀmɔni/ NF ⓐ harmony; **être en ~ avec** to be in harmony with; **vivre en bonne ~** to live together in harmony ⓑ (= fanfare) wind band

harmonieusement /aʀmɔnjøzmɑ̃/ ADV harmoniously

harmonieux, -ieuse /aʀmɔnjø, jøz/ ADJ harmonious; [couleurs] well-matched

harmonisation /aʀmɔnizasjɔ̃/ NF harmonization

harmoniser /aʀmɔnize/ /TABLE 1/ VT to harmonize; **il faut ~ nos règlements avec les normes européennes** we must bring our rules into line with European regulations

harmonium /aʀmɔnjɔm/ NM harmonium

harnachement /ˈaʀnaʃmɑ̃/ NM [de cheval de monte] tack; [de personne]* gear*

harnacher /ˈaʀnaʃe/ /TABLE 1/ 1 VT [+ alpiniste] to harness; **~ un cheval de monte** to saddle up a horse 2 VPR **se harnacher** [alpiniste, parachutiste] to put one's harness on

harnais /ˈaʀnɛ/ NM [de cheval de trait, bébé, alpiniste] harness; [de cheval de monte] tack ♦ **harnais de sécurité** safety harness

harpe /ˈaʀp/ NF harp

harpiste /ˈaʀpist/ NMF harpist

harpon /ˈaʀpɔ̃/ NM (Pêche) harpoon

harponner /ˈaʀpɔne/ /TABLE 1/ VT [+ poisson] to harpoon

hasard /ˈazaʀ/ NM ⓐ (= événement fortuit) **un ~ heureux** a piece of luck; **un ~ malheureux** a piece of bad luck; **quel ~ de vous rencontrer ici!** what a coincidence meeting you here!; **par un curieux ~** by a curious coincidence; **on l'a retrouvé par le plus grand des ~s** it was quite by chance that they found him; **les ~s de la vie** life's changing circumstances ⓑ (= destin) **le ~ chance; le ~ fait bien les choses!** what a stroke of luck!; **le ~ a voulu qu'il soit absent** as luck would have it he wasn't there ⓒ (= risque) **hasards** hazards ⓓ (locutions)
♦ **au hasard** [tirer, choisir] at random; **j'ai répondu au ~** I gave an answer off the top of my head*; **voici des exemples au ~** here are some random examples; **il ne laisse jamais rien au ~** he never leaves anything to chance
♦ **à tout hasard** (= en cas de besoin) just in case; (= espérant trouver ce qu'on cherche) on the off chance; **on avait emporté une tente à tout ~** we'd taken a tent just in case; **je suis entré à tout ~** I went in on the off chance
♦ **par hasard** by chance; **si par ~ tu le vois** if you happen to see him; **je passais par ~** I happened to be passing by; **comme par ~!** what a coincidence!; **comme par ~, il était absent** he just happened to be away

hasarder /ˈazaʀde/ /TABLE 1/ 1 VT [+ remarque, hypothèse] to hazard 2 VPR **se hasarder: se ~ dans un endroit dangereux** to venture into a dangerous place; **se ~ à faire qch** to risk doing sth

hasardeux, -euse /ˈazaʀdø, øz/ ADJ [entreprise] hazardous; **il serait ~ de prétendre que ...** it would be rash to claim that ...

hasch* /ˈaʃ/ NM hash*

haschisch /ˈaʃiʃ/ NM hashish

hâte /ˈɑt/ NF (= empressement) haste; (= impatience) impatience; **à la ~** hurriedly; **en ~** hurriedly; **avoir ~ de faire qch** to be eager to do sth; **je n'ai qu'une ~, c'est d'avoir terminé ce travail** I can't wait to get this work finished

hâter /ˈɑte/ /TABLE 1/ 1 VT [+ fin, développement] to hasten; [+ départ] to bring forward; **~ le pas** to quicken one's pace 2 VPR **se hâter** to hurry; **se ~ de faire qch** to hurry to do sth; **je me hâte de dire que ...** I hasten to say that ...; **ne nous hâtons pas de juger** let's not be too hasty in our judgments

hâtif, -ive /ˈɑtif, iv/ ADJ ⓐ [développement] precocious; [fruit, saison] early ⓑ [décision, jugement] hasty; **ne tirons pas de conclusions hâtives** let's not jump to conclusions

hâtivement /ˈɑtivmɑ̃/ ADV hastily; **dire qch un peu ~** to say sth rather hastily

hauban /ˈobɑ̃/ NM (Naut) shroud; [de pont] stay; **pont à ~s** cable-stayed bridge

hausse /ˈos/ NF rise (de in); **~ de salaire** pay rise (Brit) ou raise (US); **être en ~** [monnaie, prix, actions, marchandises] to be going up; **marché à la ~** bull market; **une ~ à la pompe** a rise in pump prices; **revoir à la ~** to revise upwards

hausser /ˈose/ /TABLE 1/ 1 VT to raise; **~ les épaules** to shrug 2 VPR **se hausser: se ~ sur la pointe des pieds** to stand on tiptoe; **se ~ au niveau de qn** to raise o.s. up to sb's level

---

haut, e /ˈo, ˈot/

1 ADJECTIF	4 NOM FÉMININ
2 NOM MASCULIN	5 ADVERBE
3 NOM MASCULIN PLURIEL	6 COMPOSÉS

1 ADJECTIF
ⓐ high; [herbe, arbre, édifice] tall; **un mur ~ de 3 mètres** a wall 3 metres high; **une pièce ~e de plafond** a room with a high ceiling; **avoir une ~e opinion de soi-même** to have a high opinion of o.s.; **c'est du plus ~ comique** it's highly amusing; **être ~ en couleur** (= rougeaud) to have a high colour; (= coloré, pittoresque) to be colourful; **la ~e couture** haute couture; **~ personnage** high-ranking person; **la mer est ~e** the tide is in; **pousser des ~s cris** to make a terrible fuss; **athlète de ~ niveau** top athlete; **discussions au plus ~ niveau** top-level discussions
ⓑ = ancien **le ~ Moyen Âge** the Early Middle Ages
ⓒ Geog **le Haut Rhin** the Upper Rhine

2 NOM MASCULIN
ⓐ = hauteur **le mur a 3 mètres de ~** the wall is 3 metres high; **combien fait-il de ~?** how high is it?
ⓑ = partie supérieure top; **le ~ du visage** the top part of the face; **« haut »** "this way up"
ⓒ = vêtement top; **je cherche un ~ assorti à ce pantalon** I'm looking for a top to go with these trousers
ⓓ locutions
♦ **au plus haut**: **être au plus ~** (dans les sondages) [personne] to be riding high; [cote, popularité] to be at its peak; **le prix de l'or était au plus ~** the price of gold had reached a peak
♦ **de haut**: **voir les choses de ~** (= avec détachement) to take a detached view of things; **prendre qch de ~** (= avec mépris) to react indignantly to sth; **prendre qn de ~** to look down on sb
♦ **de haut en bas** ♦ **du haut en bas** [couvrir, fouiller] from top to bottom; [s'ouvrir] from the top downwards; **regarder qn de ~ en bas** to look sb up and down; **couvert de graffitis de ~ en bas** covered in graffiti from top to bottom; **ça se lit de ~ en bas** it reads vertically; **du ~ en bas de la hiérarchie** at all levels of the hierarchy
♦ **du haut** [tiroir, étagère, dents] top; **les pièces du ~** the upstairs rooms; **les voisins du ~** the neighbours upstairs; **du ~ d'un arbre** from the top of a tree; **parler du ~ d'un balcon** to speak from a balcony
♦ **d'en haut**: **les chambres d'en ~** the upstairs bedrooms; **des ordres qui viennent d'en ~** orders from above
♦ **en haut** (= au sommet) at the top; (dans un immeuble) upstairs; **il habite en ~** he lives upstairs; **il habite tout en ~** he lives right at the top; **écris l'adresse en ~ à gauche** write the address in the top left-hand corner; **son manteau était boutonné jusqu'en ~** his coat was buttoned right up to the top; **en ~ de** [+ immeuble, escalier, côte, écran] at the top of; **en ~ de l'échelle sociale** high up the social ladder

3 NOM MASCULIN PLURIEL
hauts: **des ~s et des bas** ups and downs

4 NOM FÉMININ
haute: **la ~e*** the upper crust*; **les gens de la ~e*** the upper crust*

5 ADVERBE
ⓐ = en hauteur [monter, sauter, voler] high; **mettez vos livres plus ~** put your books higher up; **c'est lui qui saute le plus ~** he can jump the highest; **~ les mains!** hands up!
ⓑ = fort **lire tout ~** to read aloud; **penser tout ~** to think aloud; **mettez la radio plus ~** turn up the radio; **~ et fort** loud and clear
ⓒ = dans les aigus **monter ~** to hit the top notes; **chanter trop ~** to sing sharp
ⓓ socialement **des gens ~ placés** people in high places

ⓔ = en arrière voir plus ~ see above; **comme je l'ai dit plus ~** as I said previously

6 COMPOSÉS
♦ **haut commandement** high command ♦ **le Haut commissariat des Nations unies pour les réfugiés** the UN High Commission for Refugees ♦ **haut débit** broadband ♦ **haut lieu : un ~ lieu de la musique** a Mecca for music; **en ~ lieu** in high places ♦ **haute trahison** high treason

hautain, e /'otɛ̃, ɛn/ ADJ haughty

hautbois /'obwa/ NM (= *instrument*) oboe

haut-commissaire (*pl* **hauts-commissaires**) /'okɔmisɛʀ/ NM high commissioner (à for); **~ des Nations unies pour les réfugiés** United Nations High Commissioner for Refugees

haut-commissariat (*pl* **hauts-commissariats**) /'okɔmisaʀja/ NM (= *ministère*) high commission (à of)

haut-de-forme (*pl* **hauts-de-forme**) /'od(ə)fɔʀm/ NM top hat

haute-fidélité (*pl* **hautes-fidélités**) /'otfidelite/ 1 ADJ [*chaîne, son*] high-fidelity 2 NF high-fidelity

hautement /'otmɑ̃/ ADV highly

hauteur /'otœʀ/ NF ⓐ (= *taille*) height; [*de son*] pitch; **un mur d'une ~ de 4 mètres** a wall 4 metres high; **il l'a lâché d'une ~ de 150 mètres** he dropped it from a height of 150 metres; **« ~ maximum 3 mètres »** "headroom 3 metres"; **tomber de toute sa ~** [*personne*] to fall headlong; **perdre de la ~** to lose height; **prendre de la ~** to gain height; (*fig*) to distance o.s.; **à ~ des yeux** at eye level; **à ~ de 10 000 €** up to €10,000
♦ **à la hauteur : arriver à la ~ de qn** to draw level with sb; **nous habitons à la ~ de la mairie** we live up by the town hall; **un accident à la ~ de Tours** an accident near Tours; **être à la ~ de la situation** to be equal to the situation; **il s'est vraiment montré à la ~*** he proved he was up to it*; **il ne se sent pas à la ~*** he doesn't feel up to it*
ⓑ (= *colline*) hill; **gagner les ~s** to make for the hills
ⓒ (= *arrogance*) **parler avec ~** to speak haughtily

haut-fond (*pl* **hauts-fonds**) /'ofɔ̃/ NM shallow

haut-le-cœur /'ol(ə)kœʀ/ NM INV **avoir un ~** to retch

haut-parleur (*pl* **haut-parleurs**) /'opaʀlœʀ/ NM speaker; **~ aigu** tweeter; **~ grave** woofer

haut-relief (*pl* **hauts-reliefs**) /'oʀaljef/ NM high relief

havre /'avʀ/ NM haven; **~ de paix** haven of peace

Hawaï /awai/ N Hawaii

hawaïen, -ienne /awajɛ̃, jɛn/ ADJ Hawaiian

Haye /'ɛ/ NF **La ~** The Hague

hayon /'ɛjɔ̃/ NM [*de camion*] tailboard; [*de voiture*] tailgate
♦ **hayon arrière** tailgate; **modèle avec ~ arrière** hatchback

HCR /'aʃseɛʀ/ NM (ABBR = **Haut Commissariat des Nations Unies pour les réfugiés**) UNHCR

hé /'e/ EXCL (*pour appeler*) hey!; (*pour renforcer*) well; **hé ! hé !** well, well!; **hé non !** nope!*; **tu l'as fait ? — hé oui !** did you do it? — I certainly did!

heavy metal /evimetal/ NM heavy metal

hebdo */ɛbdo/ NM weekly

hebdomadaire /ɛbdɔmadɛʀ/ ADJ, NM weekly

hébergement /ebɛʀʒəmɑ̃/ NM ⓐ (= *lieu*) accommodation; **le prix comprend l'~** the price includes accommodation ⓑ (= *action*) housing; [*d'ami*] putting up; [*de réfugiés*] taking in; [*de site Web*] hosting

héberger /ebɛʀʒe/ /TABLE 3/ VT ⓐ (= *loger*) to house; [+ *ami*] to put up; [+ *touristes*] to accommodate; **il est hébergé par un ami** he's staying with a friend ⓑ (= *accueillir*) [+ *réfugiés*] to take in ⓒ [+ *site internet*] to host

hébergeur /ebɛʀʒœʀ/ NM (*Internet*) host

hébété, e /ebete/ ADJ ⓐ (= *étourdi*) dazed ⓑ (= *stupide*) [*regard, air*] vacant

hébraïque /ebʀaik/ ADJ Hebrew

hébreu (*pl* **hébreux**) /ebʀø/ 1 ADJ M Hebrew 2 NM (= *langue*) Hebrew; **pour moi, c'est de l'~** it's all Greek to me!* 3 NM **Hébreu** Hebrew

HEC /'aʃese/ NF (ABBR = **Hautes études commerciales**) *top French business school* → GRANDES ÉCOLES

hécatombe /ekatɔ̃b/ NF (= *tuerie*) slaughter; **quelle ~ sur les routes ce week-end !** it was absolute carnage on the roads this weekend!

hectare /ɛktaʀ/ NM hectare

hégémonie /eʒemɔni/ NF hegemony

hein */'ɛ̃/ EXCL what?; **qu'est-ce que tu feras, ~ ?** what are you going to do then, eh?*; **tu veux partir, ~, tu veux t'en aller ?** you want to go, is that it, you want to leave?; **ça suffit, ~ !** that's enough, OK?*; **arrête ~ !** stop it, will you!

hélas /elas/ EXCL alas!; **~ non !** I'm afraid not!; **~ oui !** I'm afraid so!; **~, ils n'ont pas pu en profiter** unfortunately they were unable to reap the benefits

héler /'ele/ /TABLE 6/ VT to hail

hélice /elis/ NF [*d'avion, bateau*] propeller

hélico */eliko/ NM chopper*

hélicoptère /elikɔptɛʀ/ NM helicopter

héliport /elipɔʀ/ NM heliport

héliporté, e /elipɔʀte/ ADJ [*troupes*] helicopter-borne; [*évacuation, opération*] helicopter

hélitreuiller /elitʀœje/ /TABLE 1/ VT **les passagers ont pu être hélitreuillés** they managed to winch the passengers into a helicopter

hélium /eljɔm/ NM helium

helvète /elvɛt/ 1 ADJ Swiss 2 NMF **Helvète** Swiss

helvétique /elvetik/ ADJ Swiss

helvétisme /elvetism/ NM Swiss idiom

hématome /ematom/ NM bruise

hémicycle /emisikl/ NM ⓐ semicircle ⓑ (= *salle*) amphitheatre; **dans l'~ (de l'Assemblée nationale)** on the benches of the French National Assembly

hémiplégie /emipleʒi/ NF hemiplegia

hémiplégique /emipleʒik/ ADJ, NMF hemiplegic

hémisphère /emisfɛʀ/ NM hemisphere

hémoglobine /emɔglɔbin/ NF haemoglobin (*Brit*), hemoglobin (*US*)

hémophile /emɔfil/ NMF haemophiliac (*Brit*), hemophiliac (*US*)

hémorragie /emɔʀaʒi/ 1 NF ⓐ [*de sang*] haemorrhage (*Brit*), hemorrhage (*US*); **il a eu une ~ interne** he suffered internal bleeding ⓑ [*de capitaux*] massive drain; [*de cadres, talents*] mass exodus 2 COMP ♦ **hémorragie cérébrale** brain haemorrhage

hémorroïdes /emɔʀɔid/ NFPL haemorrhoids (*Brit*), hemorrhoids (*US*); **avoir des ~** to have piles

henné /'ene/ NM henna; **se faire un ~** to henna one's hair; **cheveux teints au ~** hennaed hair

hennir /'eniʀ/ /TABLE 2/ VI to neigh

hennissement /'enismɑ̃/ NM [*de cheval*] neigh

hep /'ɛp/ EXCL hey!

hépatique /epatik/ ADJ liver

hépatite /epatit/ NF hepatitis

héraldique /eʀaldik/ 1 ADJ heraldic 2 NF heraldry

herbe /ɛʀb/ NF ⓐ (= *plante*) grass (*NonC*); **arracher une ~** to pick a blade of grass; **le jardin est envahi par les ~s** the garden is overrun with weeds; **couper l'~ sous le pied de qn** to cut the ground from under sb's feet; **en ~** [*artiste, champion*] budding ⓑ (*comestible, médicale*) herb; **omelette aux ~s** omelette with herbs; **~s de Provence** ≈ mixed herbs ⓒ (= *drogue*)* grass*

herbicide /ɛʀbisid/ NM weedkiller

herbier /ɛʀbje/ NM (= *collection*) collection of dried flowers

herbivore /ɛʀbivɔʀ/ 1 ADJ herbivorous 2 NM herbivore

herboriste /ɛʀbɔʀist/ NMF herbalist

herboristerie /ɛʀbɔʀistəʀi/ NF (= *magasin*) herbalist's

héréditaire /eʀediteʀ/ ADJ hereditary; **c'est ~** it runs in the family

hérédité /eʀedite/ NF heredity (*NonC*)

hérésie /eʀezi/ NF (*Rel*) heresy; (*fig*) sacrilege; **c'est une véritable ~!** it's absolute sacrilege!

hérétique /eʀetik/ **1** ADJ heretical **2** NMF heretic

hérissé, e /'eʀise/ (*ptp de* **hérisser**) ADJ ⓐ [*poils, cheveux*] standing on end; [*barbe*] bristly ⓑ (= *garni*) **~ de poils** bristling with hairs; **~ de clous** spiked with nails; **traduction ~e de difficultés** translation riddled with difficulties

hérisser /'eʀise/ /TABLE 1/ **1** VT **~ qn** (= *mettre en colère*) to get sb's back up* **2** VPR **se hérisser** [*personne*] to bridle

hérisson /'eʀisɔ̃/ NM (= *animal*) hedgehog

héritage /eʀitaʒ/ NM [*d'argent, biens*] inheritance; [*de coutumes, système*] heritage; **faire un ~** to come into an inheritance; **laisser qch en ~ à qn** to leave sth to sb; **l'~ du passé** the heritage of the past

hériter /eʀite/ /TABLE 1/ VT to inherit; **elle a hérité de son oncle** she inherited her uncle's property; **ils ont hérité d'une situation catastrophique** they inherited a disastrous situation

héritier /eʀitje/ NM heir (**de** to)

héritière /eʀitjeʀ/ NF heiress (**de** to)

hermétique /eʀmetik/ ADJ ⓐ (*à l'air*) airtight; (*à l'eau*) watertight; **cela assure une fermeture ~ de la porte** this makes the door close tightly ⓑ (= *impénétrable*) **visage ~** impenetrable expression; **être ~ à** to be impervious to; **il est ~ à ce genre de peinture** this kind of painting is a closed book to him ⓒ (= *obscur*) abstruse

hermétiquement /eʀmetikmɑ̃/ ADV hermetically; **emballage ~ fermé** hermetically sealed package; **pièce ~ close** sealed room

hermine /eʀmin/ NF (*brune*) stoat; (*blanche*) ermine

hernie /'eʀni/ NF hernia ♦ **hernie discale** slipped disc

héro * /eʀo/ NF heroin

héroïne /eʀɔin/ NF ⓐ (= *femme*) heroine ⓑ (= *drogue*) heroin

héroïnomane /eʀɔinɔman/ **1** ADJ addicted to heroin **2** NMF heroin addict

héroïnomanie /eʀɔinɔmani/ NF heroin addiction

héroïque /eʀɔik/ ADJ heroic; **l'époque ~** the pioneering days

héroïquement /eʀɔikmɑ̃/ ADV heroically

héroïsme /eʀɔism/ NM heroism

héron /'eʀɔ̃/ NM heron

héros /'eʀo/ NM hero; **mourir en ~** to die a hero's death; **ils ont été accueillis en ~** they were given a hero's welcome

herpès /eʀpɛs/ NM herpes; **avoir de l'~** (*autour de la bouche*) to have a cold sore

herse /'eʀs/ NF (*agricole*) harrow

hertz /eʀts/ NM hertz

hertzien, -ienne /eʀtsjɛ̃, jɛn/ ADJ [*ondes*] Hertzian; [*chaîne, diffusion, télévision*] terrestrial; **réseau ~** (*TV*) terrestrial network; (*Radio*) radio-relay network

hésitant, e /ezitɑ̃, ɑ̃t/ ADJ hesitant

hésitation /ezitasjɔ̃/ NF hesitation; **sans ~** without hesitation; **après bien des ~s** after much hesitation; **il a eu un moment d'~** he hesitated for a moment

hésiter /ezite/ /TABLE 1/ VI to hesitate; **sans ~** without hesitating; **tu y vas? — j'hésite** are you going? — I'm not sure; **il n'y a pas à ~** you shouldn't hesitate; **~ en récitant un poème** to recite a poem hesitantly

hétéro * /etero/ ADJ, NMF straight*

hétéroclite /eteʀɔklit/ ADJ [*architecture, œuvre*] heterogeneous; [*objets*] ill-assorted; **pièce meublée de façon ~** room filled with an ill-assorted collection of furniture

hétérogène /eteʀɔʒɛn/ ADJ heterogeneous

hétérogénéité /eteʀɔʒeneite/ NF heterogeneousness

hétérosexualité /eteʀɔsɛksɥalite/ NF heterosexuality

hétérosexuel, -elle /eteʀɔsɛksɥɛl/ ADJ, NM,F heterosexual

hêtre /'ɛtʀ/ NM (= *arbre*) beech tree; (= *bois*) beech

heu /'ø/ EXCL (*doute*) h'm!; (*hésitation*) um!

heure /œʀ/ NOM FÉMININ

ⓐ **= 60 minutes** hour; **les ~s passaient lentement** the hours passed slowly; **il a parlé des ~s** he spoke for hours; **~ de cours** lesson; **une ~ de géographie** a geography lesson; **pendant les ~s de classe** during school hours; **pendant les ~s de bureau** during office hours; **gagner 80 € de l'~** to earn 80 euros an hour; **faire beaucoup d'~s** to put in long hours; **24 ~s sur 24** 24 hours a day; **c'est à une ~ de Paris** it's an hour from Paris

ⓑ **sur une montre** time; **savez-vous l'~?** do you know the time?; **quelle ~ est-il?** what time is it?; **quelle ~ as-tu?** what time do you make it?; **avez-vous l'~?** have you got the time?; **tu as vu l'~?** do you realize what time it is?; **il est six ~s** it's six o'clock; **il est six ~s dix** it's ten past (*Brit*) *ou* after (*US*) six; **il est six ~s moins dix** it's ten to (*Brit*) *ou* of (*US*) six; **il est six ~s et demie** it's six-thirty; **dix ~s du matin** ten in the morning; **dix ~s du soir** ten at night; **à 16 ~s 30** at 4.30 pm; **à 4 ~s juste** at 4 sharp; **les bus passent à l'~ et à la demie** there's a bus on the hour and on the half hour; **à une ~ avancée de la nuit** late at night; **demain, à la première ~** first thing in the morning

ⓒ **= moment** time; **c'est l'~!** (*de rendre un devoir*) time's up!; **c'est l'~ d'aller au lit!** it's time for bed!; **~ de Greenwich** Greenwich Mean Time; **il est midi, ~ locale** it's noon, local time; **nous venons de passer à l'~ d'hiver** we have just put the clocks back; **passer à l'~ d'été** to put the clocks forward; **l'~ du déjeuner** lunchtime; **l'~ d'aller se coucher** bedtime; **l'~ du biberon** feeding time; **aux ~s des repas** at mealtimes; **à ~s fixes** at set times; **~s d'ouverture** opening times; **~s de fermeture** closing times; **l'~ de la sortie** going home time; **avant l'~** early; **un cubiste avant l'~** a cubist before the term was ever invented; **ce doit être Paul, c'est son ~** it must be Paul, it's his usual time; **votre ~ sera la mienne** name a time; **elle a eu son ~ de gloire** she has had her hour of glory; **la France à l'~ de l'ordinateur** France in the computer age

ⓓ **locutions**

♦ **d'heure en heure** hour by hour; **son inquiétude grandissait d'~ en ~** as the hours went by he grew more and more anxious

♦ **de bonne heure** (*dans la journée*) early

♦ **à l'heure** : **être payé à l'~** to be paid by the hour; **faire du 100 à l'~** to do 100 km an hour; **arriver à l'~** to arrive on time; **être à l'~** to be on time; **ma montre n'est pas à l'~** my watch is wrong; **mettre sa montre à l'~** to put one's watch right

♦ **à l'heure qu'il est** ♦ **à cette heure** at this moment in time; **à l'~ qu'il est, il devrait être rentré** he should be home by now

♦ **à toute heure** at any time; **repas chauds à toute ~** hot meals all day

♦ **à la bonne heure!** that's excellent!

♦ **pour l'heure** for the time being

heureusement /øʀøzmɑ̃/ ADV (= *par bonheur, tant mieux*) luckily; **~ pour lui!** luckily for him!; **~ qu'il est parti** thank goodness he's gone

heureux, -euse /øʀø, øz/ **1** ADJ ⓐ happy; **un homme ~** a happy man; **il a une heureuse nature** he's got a happy nature; **ils vécurent ~** they lived happily ever after; **~ comme un poisson dans l'eau** happy as a lark; **par un ~ hasard** by a happy coincidence; **attendre un ~ événement** to be expecting a happy event

ⓑ (= *satisfait*) pleased; **je suis très ~ d'apprendre la nouvelle** I am very pleased to hear the news; **M. et Mme Durand sont ~ de vous annoncer ...** Mr and Mrs Durand are pleased to announce ...

ⓒ (= *chanceux*) lucky; **~ au jeu** lucky at cards; **encore ~**

que je m'en sois souvenu!* it's just as well I remembered! (d) [décision, choix] fortunate

2 NM **ces jouets vont faire des ~!** these toys will make some children very happy!; **cette réforme ne fera pas que des ~** this reform won't make everybody happy

heurt /ˈœʀ/ NM (= conflit) clash; **il y a eu des ~s entre la police et les manifestants** there were clashes between the police and the demonstrators; **se passer sans ~s** to go off smoothly

heurter /ˈœʀte/ /TABLE 1/ VT (a) (= cogner) [+ objet] to hit; [+ personne] to collide with; [+ voiture] to bump into; (= bousculer) to jostle; **la voiture a heurté un arbre** the car ran into a tree
(b) (= choquer) [+ personne, préjugés] to offend; [+ bon goût, bon sens] to go against; [+ amour-propre] to injure; [+ opinions] to clash with; **~ qn de front** to clash head-on with sb
2 VPR **se heurter** (a) (= s'entrechoquer) to collide
(b) (= s'opposer) [personnes, opinions] to clash
(c) (= rencontrer) **se ~ à un problème** to come up against a problem

hexagonal, e (mpl **-aux**) /ɛgzagɔnal, o/ ADJ (a) (Math) hexagonal (b) (= français) [politique, frontière] national; (péj) [conception] chauvinistic

hexagone /ɛgzagɔn/ NM (a) (Math) hexagon (b) **l'Hexagone** France

hiatus /ˈjatys/ NM hiatus; (= incompatibilité) discrepancy

hibernation /ibɛʀnasjɔ̃/ NF hibernation

hiberner /ibɛʀne/ /TABLE 1/ VI to hibernate

hibiscus /ibiskys/ NM hibiscus

hibou (pl **hiboux**) /ˈibu/ NM owl

hic • /ˈik/ NM **c'est là le ~** that's the trouble; **il y a un ~** there's a slight problem

hideux, -euse /ˈidø, øz/ ADJ hideous

hier /jɛʀ/ ADV yesterday; **~ soir** yesterday evening; **toute la journée d'~** all day yesterday

hiérarchie /ˈjeʀaʀʃi/ NF hierarchy; (= supérieurs) superiors

hiérarchique /ˈjeʀaʀʃik/ ADJ hierarchical; **supérieur ~** superior

hiérarchiquement /ˈjeʀaʀʃikmɑ̃/ ADV hierarchically

hiérarchiser /ˈjeʀaʀʃize/ /TABLE 1/ VT (a) [+ tâches] to prioritize (b) **société hiérarchisée** hierarchical society

hiéroglyphe /ˈjeʀɔglif/ NM hieroglyphic

hi-fi /ˈifi/ ADJ, NF INV hi-fi

high-tech /ˈajtɛk/ ADJ, NM INV hi-tech

hilare /ilaʀ/ ADJ beaming

hilarité /ilaʀite/ NF hilarity; **déclencher l'~ générale** to cause great hilarity

Himalaya /imalaja/ NM **l'~** the Himalayas

himalayen, -yenne /imalajɛ̃, jɛn/ ADJ Himalayan

hindou, e /ɛ̃du/ **1** ADJ Hindu **2** NM,F (= croyant) Hindu

hindouisme /ɛ̃duism/ NM Hinduism

hindouiste /ɛ̃duist/ ADJ, NMF Hindu

hip /ˈip/ EXCL **hip hip hip hourra!** hip hip hurray!

hippie /ˈipi/ ADJ, NMF hippy

hippique /ipik/ ADJ horse

hippisme /ipism/ NM horse riding

hippocampe /ipɔkɑ̃p/ NM (= poisson) sea horse

hippodrome /ipodʀom/ NM (= champ de courses) racecourse (Brit), racetrack (US)

hippopotame /ipɔpɔtam/ NM hippopotamus; **c'est un vrai ~*** he is like a hippo*

hippy (pl **hippies**) /ˈipi/ ADJ, NMF hippy

hirondelle /iʀɔ̃dɛl/ NF swallow

hirsute /iʀsyt/ ADJ (= ébouriffé) [tête] tousled; [personne] shaggy-haired; [barbe] shaggy

hispanique /ispanik/ ADJ Hispanic

hispano-américain, e (mpl **hispano-américains**) /ispano-ameʀikɛ̃, ɛn/ ADJ Spanish-American

hispanophone /ispanɔfɔn/ **1** ADJ Spanish-speaking; [littérature] Spanish-language **2** NMF Spanish speaker

hisser /ˈise/ /TABLE 1/ **1** VT to hoist; **hissez les voiles!** hoist the sails! **2** VPR **se hisser** to heave o.s. up; **se ~ sur la pointe des pieds** to stand on tiptoe

histoire /istwaʀ/ NF (a) (= science, événements) **l'~** history; **tout cela, c'est de l'~ ancienne** all that's ancient history; **l'~ de l'art** art history; **pour la petite ~** incidentally
(b) (= leçon) history lesson
(c) (= récit, conte) story; **une ~ vraie** a true story; **~ de revenants** ghost story; **~ d'amour** love story; **~ drôle** funny story; **~ à dormir debout** tall story; **c'est une ~ de fous!** it's absolutely crazy!; **qu'est-ce que c'est que cette ~?** just what is all this about?
(d) (= mensonge)* story; **tout ça, ce sont des ~s** that's just a lot of fibs*; **tu me racontes des ~s** you're pulling my leg
(e) (= affaire, incident)* **il vient de lui arriver une drôle d'~** something funny has just happened to him; **ils se sont disputés pour une ~ d'argent** they quarrelled about money; **ça, c'est une autre ~!** that's another story!; **j'ai pu avoir une place mais ça a été toute une ~** I managed to get a seat but it was a real struggle; **faire des ~s à qn** to make trouble for sb; **sans ~s** [personne] ordinary; [vie, enfance] uneventful; [se dérouler] uneventfully
(f) (= chichis) fuss; **quelle ~ pour si peu!** what a fuss over so little!*; **faire un tas d'~s** to make a whole lot of fuss; **au lit, et pas d'~s!** off to bed, and I don't want any fuss!
(g) (locutions)* **~ de faire** just to do; **~ de prendre l'air** just for a breath of fresh air; **~ de rire** just for a laugh

historien, -ienne /istɔʀjɛ̃, jɛn/ NM,F historian

historique /istɔʀik/ **1** ADJ [étude, vérité, roman, temps] historical; [personnage, événement, monument] historic **2** NM history; **faire l'~ de** to trace the history of

hit • /ˈit/ NM hit*

hit-parade (pl **hit-parades**) /ˈitpaʀad/ NM [de chansons] **le ~** the charts; **premier au ~** number one in the charts

hittite /ˈitit/ ADJ Hittite

HIV /aʃive/ NM (ABBR = **human immunodeficiency virus**) HIV; **virus ~** HIV virus

hiver /ivɛʀ/ NM winter

hivernal, e (mpl **-aux**) /ivɛʀnal, o/ ADJ (= de l'hiver) winter; (= comme en hiver) wintry; **un paysage ~** a winter landscape; **un temps ~** wintry weather

hiverner /ivɛʀne/ /TABLE 1/ VI to winter

HLM /ˈaʃɛlɛm/ NM ou F (ABBR = **habitation à loyer modéré**) **cité ~** council flats (Brit), housing project (US)

ho /ˈo/ EXCL (appel) hey!; (surprise, indignation) oh!

hobby (pl **hobbies**) /ˈɔbi/ NM hobby

hochement /ˈɔʃmɑ̃/ NM **~ de tête** (affirmatif) nod; (négatif) shake of the head

hocher /ˈɔʃe/ /TABLE 1/ VT **~ la tête** (affirmativement) to nod; (négativement) to shake one's head

hochet /ˈɔʃɛ/ NM [de bébé] rattle

hockey /ˈɔkɛ/ NM hockey; **faire du ~** to play hockey
♦ **hockey sur gazon** hockey (Brit), field hockey (US)
♦ **hockey sur glace** ice hockey

holà /ˈɔla/ **1** EXCL (pour attirer l'attention) hello!; (pour protester) hang on a minute! **2** NM **mettre le ~ à qch** to put a stop to sth

holding /ˈɔldiŋ/ NM holding company

hold-up /ˈɔldœp/ NM INV hold-up; **faire un ~** to stage a hold-up

hollandais, e /ˈɔ(l)lɑ̃dɛ, ɛz/ **1** ADJ Dutch **2** NM (a) (= langue) Dutch (b) (= personne) **Hollandais** Dutchman; **les Hollandais** the Dutch **3** NF **Hollandaise** Dutchwoman

Hollande /ˈɔ(l)lɑ̃d/ NF Holland

hollywoodien, -ienne /ˈɔliwudjɛ̃, jɛn/ ADJ Hollywood

holocauste /ɔlokost/ NM (= sacrifice) sacrifice; **l'Holocauste** the Holocaust

hologramme /ɔlɔgʀam/ NM hologram

homard /ˈɔmaʀ/ NM lobster

homéopathe /ɔmeɔpat/ NMF homeopath

homéopathie /ɔmeɔpati/ NF homeopathy; **se soigner à l'~** to take homeopathic medicine

homéopathique /ɔmeɔpatik/ ADJ homoeopathic; **à dose ~** in small doses

homicide /ɔmisid/ NM (= *crime*) murder ♦ **homicide involontaire** manslaughter ♦ **homicide volontaire** murder

hommage /ɔmaʒ/ 1 NM (= *marque d'estime*) tribute; **rendre ~ à qn** to pay tribute to sb; **en ~ de ma gratitude** as a token of my gratitude 2 NMPL **hommages** (= *civilités*) (*frm*) respects; **mes ~s, Madame** my humble respects, madam; **présenter ses ~s à une dame** to pay one's respects to a lady; **présentez mes ~s à votre femme** give my regards to your wife

homme /ɔm/ NM man; **les premiers ~s** early man; **approche si tu es un ~!** come on if you're a man!; **vêtements d'~** men's clothes; **montre d'~** man's watch; **métier d'~** male profession; **rayon ~s** menswear department; **elle a rencontré l'~ de sa vie** she's found Mr Right; **c'est l'~ de ma vie** he's the man of my life; **c'est l'~ de la situation** he's the right man for the job; **parler d'~ à ~** to have a man-to-man talk ▪ (*PROV*) **un ~ averti en vaut deux** forewarned is forearmed (*PROV*); **son ~** (= *mari*) her man• ♦ **homme d'action** man of action ♦ **homme d'affaires** businessman ♦ **homme des cavernes** caveman ♦ **homme d'équipage** crew member ♦ **homme d'esprit** man of wit ♦ **homme d'État** statesman ♦ **homme à femmes** ladies' man ♦ **homme au foyer** househusband ♦ **homme de paille** front man ♦ **l'homme de la rue** the man in the street ♦ **homme à tout faire** odd-job man

homme-grenouille (*pl* **hommes-grenouilles**) /ɔmgʀənuj/ NM frogman

homme-orchestre (*pl* **hommes-orchestres**) /ɔmɔʀkɛstʀ/ NM (= *musicien*) one-man band; **c'est l'~ de l'entreprise** he's the man who looks after everything in the company

homme-sandwich (*pl* **hommes-sandwichs**) /ɔmsɑ̃dwitʃ/ NM sandwich man

homo• /ɔmo/ ADJ, NM gay

homogène /ɔmɔʒɛn/ ADJ homogeneous; **pour obtenir une pâte ~** to obtain a mixture of an even consistency; **c'est une classe ~** they are all about the same level in that class

homogénéiser /ɔmɔʒeneize/ /TABLE 1/ VT to homogenize

homogénéité /ɔmɔʒeneite/ NF homogeneity

homographe /ɔmɔgʀaf/ NM homograph

homologation /ɔmɔlɔgasjɔ̃/ NF approval; (*Sport*) ratification

homologue /ɔmɔlɔg/ NM (= *personne*) counterpart

homologuer /ɔmɔlɔge/ /TABLE 1/ VT [+ *record*] to ratify; [+ *appareil, établissement*] to approve; **record homologué** official record

homonyme /ɔmɔnim/ 1 ADJ homonymous 2 NM (= *mot*) homonym; (= *personne*) namesake

homophobe /ɔmɔfɔb/ 1 ADJ [*personne*] homophobic 2 NMF homophobe

homophobie /ɔmɔfɔbi/ NF homophobia

homosexualité /ɔmɔseksɥalite/ NF homosexuality

homosexuel, -elle /ɔmɔseksɥɛl/ ADJ, NM,F homosexual

Honduras /ɔ̃dyʀas/ NM Honduras

Hongkong /ɔ̃gkɔ̃g/ N Hong Kong

Hongrie /ɔ̃gʀi/ NF Hungary

hongrois, e /ɔ̃gʀwa, waz/ 1 ADJ Hungarian 2 NM (= *langue*) Hungarian 3 NM,F **Hongrois(e)** Hungarian

honnête /ɔnɛt/ ADJ ⓐ (= *intègre, franc*) honest; **ce sont d'~s gens** they are decent people; **des procédés peu ~s** dishonest practices; **pour être parfaitement ~** to be perfectly honest ⓑ (= *correct*) [*marché, prix, résultats*] fair; [*repas*] reasonable

honnêtement /ɔnɛtmɑ̃/ ADV ⓐ honestly; [*agir*] fairly; **~, vous le saviez bien!** come on, you knew!; **~, qu'en penses-tu?** be honest, what do you think? ⓑ (= *correctement*) reasonably; **il gagne ~ sa vie** he makes a decent living

honnêteté /ɔnɛtte/ NF honesty; **~ intellectuelle** intellectual honesty; **en toute ~** in all honesty; **il a l'~ de reconnaître que ...** he is honest enough to admit that ...

honneur /ɔnœʀ/ 1 NM ⓐ honour (*Brit*), honor (*US*); **mettre un point d'~ à faire qch** to make it a point of honour to do sth; **invité d'~** guest of honour; **président d'~** honorary president; **votre Honneur** Your Honour; **être à l'~** [*personne, pays*] to have the place of honour; [*mode, style, produit*] to be much in evidence; **en l'~ de** in honour of ⓑ (= *mérite*) credit; **avec ~** creditably; **c'est tout à son ~** it does him credit

ⓒ (*formules de politesse*) **je suis ravi de vous rencontrer — tout l'~ est pour moi** delighted to meet you — the pleasure is all mine; **j'ai l'~ de solliciter ...** I am writing to ask ...; **j'ai l'~ de vous informer** I am writing to inform you; **à vous l'~** after you; **à qui ai-je l'~?** who am I speaking to, please?; **faire ~ à** [+ *engagements, signature, traite*] to honour; [+ *sa famille*] to be a credit to; [+ *repas*] to do justice to

2 NMPL **honneurs** (= *marques de distinction*) honours; **faire les ~s de la maison à qn** to show sb round the house

honorable /ɔnɔʀabl/ ADJ ⓐ (= *respectable*) honourable (*Brit*), honorable (*US*); **à cet âge ~** at this grand old age ⓑ (= *suffisant*) [*notes, résultats*] respectable

honorablement /ɔnɔʀabləmɑ̃/ ADV ⓐ (= *de façon respectable*) honourably (*Brit*), honorably (*US*) ⓑ (= *convenablement*) decently; **il gagne ~ sa vie** he makes a decent living; **l'équipe s'est comportée ~** the team put up a creditable performance

honoraire /ɔnɔʀɛʀ/ 1 ADJ [*membre, président*] honorary; **professeur ~** emeritus professor 2 NMPL **honoraires** fees

honorer /ɔnɔʀe/ /TABLE 1/ VT ⓐ to honour (*Brit*), to honor (*US*); **mon honoré collègue** my esteemed colleague; **~ qn de qch** to honour sb with sth; **je suis très honoré** I am greatly honoured ⓑ (= *faire honneur à*) to do credit to; **cette franchise l'honore** this frankness does him credit; **il honore sa profession** he's a credit to his profession

honorifique /ɔnɔʀifik/ ADJ [*fonction*] honorary; **à titre ~** on an honorary basis

honoris causa /ɔnɔʀiskoza/ ADJ **il a été nommé docteur ~** he has been awarded an honorary doctorate

honte /ɔ̃t/ NF shame; **couvrir qn de ~** to bring shame on sb; **être la ~ de la famille** to be the disgrace of one's family; **c'est une ~!** it's disgraceful!; **c'est la ~!•** it's awful!•; **à ma grande ~** to my great shame; **avoir ~ (de)** to be ashamed (of); **tu devrais avoir ~!** you should be ashamed of yourself!; **tu me fais ~!** you make me feel so ashamed!

honteusement /ɔ̃tøzmɑ̃/ ADV ⓐ (= *scandaleusement*) shamefully; [*exploiter*] shamelessly ⓑ (= *avec gêne*) [*cacher*] in shame

honteux, -euse /ɔ̃tø, øz/ ADJ ⓐ (= *déshonorant*) shameful; (= *scandaleux*) disgraceful; **c'est ~!** it's disgraceful! ⓑ (= *qui a honte*) ashamed (**de** of); **d'un air ~** shamefacedly

hop /ɔp/ EXCL **~ là!** (*pour faire sauter*) hup!; (*pour faire partir*) off you go!

hôpital (*pl* **-aux**) /ɔpital, o/ NM hospital; **être à l'~** (*en visite*) to be at the hospital; [*patient*] to be in hospital (*Brit*), to be in the hospital (*US*); **aller à l'~** to go to hospital; **entrer à l'~** to go into hospital ♦ **hôpital de jour** day hospital

hoquet /ɔkɛ/ NM **avoir le ~** to have the hiccups

hoqueter /ɔk(ə)te/ /TABLE 4/ VI (= *avoir le hoquet*) to hiccup; (= *pleurer*) to gasp

horaire /ɔʀɛʀ/ 1 NM ⓐ [*de bus, train*] timetable (*Brit*), schedule (*US*); [*de bateau, vols*] schedule ⓑ [*d'élèves*] timetable; [*de personnel*] working hours; **quand on est directeur, on n'a pas d'~** when you are a manager, you don't have set working hours 2 ADJ hourly; **vitesse ~** speed per hour 3 COMP ♦ **horaires de bureau** office hours ♦ **horaires à la carte** : **avoir des ~s à la carte** to have flexible working hours ♦ **horaires flexibles** : **avoir des ~s flexibles** to have flexible working hours ♦ **horaires de travail** working hours

horde /ˈɔrd/ NF horde

horizon /ɔriz5/ NM ⓐ horizon; **la ligne d'~** the horizon; **un bateau à l'~** a boat on the horizon; **personne à l'~?** on y **va!** nobody in sight? let's go then!; **se profiler à l'~** to loom on the horizon; **ça lui a ouvert de nouveaux ~s** it opened up new horizons for him; **l'~ économique du pays** the country's economic prospects; **à l'~ 2010** by the year 2010 ⓑ (= paysage) **changer d'~** to have a change of scenery; **venir d'~s divers** to come from different backgrounds

horizontal, e (mpl **-aux**) /ɔriz5tal, o/ **1** ADJ horizontal; **être en position ~e** to be in a horizontal position **2** NF **horizontale** horizontal; **placer qch à l'horizontale** to put sth in a horizontal position; **tendez vos bras à l'horizontale** stretch your arms out in front of you

horizontalement /ɔriz5talmɑ̃/ ADV horizontally; (dans mots croisés) across

horloge /ɔrlɔʒ/ NF clock ✦ **l'horloge parlante** the speaking clock (Brit), Time (US)

horloger, -ère /ɔrlɔʒe, er/ NM,F watchmaker; **~ bijoutier** jeweller (specializing in clocks and watches)

horlogerie /ɔrlɔʒri/ NF (= secteur) watch-making

hormis /ˈɔrmi/ PRÉP (frm) apart from; **personne ~ ses fils** nobody apart from his sons

hormonal, e (mpl **-aux**) /ɔrmɔnal, o/ ADJ hormonal; **traitement ~** hormone treatment

hormone /ɔrmɔn/ NF hormone; **veau aux ~s*** hormone-fed veal

horodateur /ɔrɔdatœr/ NM [de parking] ticket machine .

horoscope /ɔrɔskɔp/ NM horoscope

horreur /ɔrœr/ NF ⓐ horror; **je me suis aperçu avec ~ que ...** to my horror I realized that ...; **l'esclavage dans toute son ~** slavery in all its horror; **les ~s de la guerre** the horrors of war; **c'est une ~*** [tableau] it's hideous; [personne méchante] he's (ou she's) ghastly*; **quelle ~!** how dreadful!; **cet individu me fait ~** that man disgusts me; **le mensonge me fait ~** I detest lying; **avoir en ~** to detest; **avoir ~ de** to detest ⓑ (= acte, propos)* **horreurs** dreadful things; **dire des ~s sur qn** to say dreadful things about sb

horrible /ɔribl/ ADJ ⓐ horrible; **il a été ~ avec moi** he was horrible to me ⓑ [chaleur, peur, temps, travail] terrible

horriblement /ɔriblamɑ̃/ ADV horribly

horrifier /ɔrifje/ /TABLE 7/ VT to horrify

horripilant, e /ɔripilɑ̃, ɑ̃t/ ADJ exasperating

horripiler /ɔripile/ /TABLE 1/ VT to exasperate

hors /ˈɔr/ **1** PRÉP (= excepté) except for ✦ **hors de** (position) outside; (mouvement) out of; **vivre ~ de la ville** to live outside the town; **le choc l'a projeté ~ de la voiture** the impact threw him out of the car; **vivre ~ de la réalité** to live in a dream world; **~ du temps** [personnage, univers] timeless; **~ d'ici!** get out of here!; **il est ~ d'affaire** he's over the worst; **mettre qn ~ d'état de nuire** to render sb harmless; **être ~ de soi** to be beside o.s.; **cette remarque l'a mise ~ d'elle** this remark enraged her **2** COMP ✦ **hors jeu** [joueur] offside; [ballon] out of play ✦ **hors ligne** (Informatique) off line ✦ **hors pair** outstanding ✦ **hors tout** overall; **longueur ~ tout** overall length

hors-bord /ˈɔrbɔr/ NM INV (= moteur) outboard motor; (= bateau) speedboat

hors-d'œuvre /ˈɔrdœvr/ NM INV hors d'œuvre; **~ variés** assorted hors-d'œuvre

hors-jeu /ˈɔrʒø/ NM INV offside; **être en position de ~** to be offside → **hors**

hors-la-loi /ˈɔrlalwa/ NMF INV outlaw

hors-piste /ˈɔrpist/ **1** ADV, ADJ INV off-piste **2** NM INV off-piste skiing; **faire du ~** to ski off piste

hors-série /ˈɔrseri/ NM INV (= magazine) special edition

hortensia /ɔrtɑ̃sja/ NM hydrangea

horticole /ɔrtikɔl/ ADJ horticultural

horticulteur, -trice /ɔrtikyltœr, tris/ NM,F horticulturist

horticulture /ɔrtikyltyr/ NF horticulture

hospice /ɔspis/ NM [de vieillards] old people's home

hospitalier, -ière /ɔspitalje, jɛr/ ADJ ⓐ (= d'hôpital) [service, personnel, médecine] hospital; **centre ~** hospital; **établissement ~** hospital ⓑ (= accueillant) hospitable

hospitalisation /ɔspitalizasj5/ NF hospitalization; **~ à domicile** home medical care

hospitaliser /ɔspitalize/ /TABLE 1/ VT to hospitalize; **être hospitalisé** to be admitted to hospital; **elle a été hospitalisée d'urgence** she was rushed to hospital

hospitalité /ɔspitalite/ NF hospitality; **offrir l'~ à qn** to offer sb hospitality

hospitalo-universitaire (mpl **hospitalo-universitaires**) /ɔspitaloyniversitɛr/ ADJ **centre ~** teaching hospital

hostie /ɔsti/ NF host

hostile /ɔstil/ ADJ hostile (à to)

hostilité /ɔstilite/ NF hostility; **reprendre les ~s** to reopen hostilities

hosto* /ɔsto/ NM hospital

hot-dog (pl **hot-dogs**) /ˈɔtdɔg/ NM hot dog

hôte /ot/ **1** NM (qui reçoit) host **2** NMF (= invité) guest

⚠ **hôte** ne se traduit pas toujours par **host.**

hôtel /otel/ NM hotel; **aller à l'~** to stay at a hotel; **descendre à l'~** to stay at a hotel ✦ **hôtel particulier** town house ✦ **hôtel de police** police station ✦ **hôtel des ventes** saleroom ✦ **hôtel de ville** town hall

hôtelier, -ière /otalje, jɛr/ **1** ADJ hotel → **école 2** NM,F hotel-keeper **3** COMP ✦ **hôtelier restaurateur** hotel-and-restaurant owner

hôtellerie /otɛlri/ NF (= profession) hotel business; (= matière enseignée) hotel management ✦ **hôtellerie de plein air** camping and caravanning

hôtel-restaurant (pl **hôtels-restaurants**) /otɛlrɛstɑrɑ̃/ NM hotel with restaurant

hôtesse /otɛs/ NF (= maîtresse de maison) hostess ✦ **hôtesse d'accueil** [d'hôtel, bureau] receptionist; [d'exposition, colloque] hostess ✦ **hôtesse de l'air** flight attendant

hotte /ˈɔt/ NF ⓐ (= panier) basket (carried on the back); **la ~ du Père Noël** Santa Claus's sack ⓑ [de cheminée, laboratoire] hood; **~ aspirante** extractor hood

hou /ˈu/ EXCL boo!

houblon /ˈubl5/ NM (= plante) hop; (= ingrédient de la bière) hops

houille /ˈuj/ NF coal ✦ **houille blanche** hydroelectric power

houiller, -ère /ˈuje, jɛr/ **1** ADJ [bassin, industrie] coal **2** NF **houillère** coalmine

houle /ˈul/ NF swell

houlette /ˈulet/ NF **sous la ~ de** under the leadership of

houleux, -euse /ˈulø, øz/ ADJ [mer, séance] stormy; [salle, foule] turbulent

hourra /ˈura/ **1** EXCL hurrah! **2** NM **pousser des ~s** to cheer; **salué par des ~s** greeted by cheers

house music /ausmjuzik/ NF house music

houspiller /ˈuspije/ /TABLE 1/ VT (= réprimander) to scold

housse /ˈus/ NF cover; **~ de couette** quilt cover

houx /ˈu/ NM holly

hovercraft /ovœrkraft/ NM hovercraft

HS /aʃɛs/ ADJ INV ⓐ* (ABBR = **hors service**) [appareil] kaput*; [personne] (par fatigue) beat*; (par maladie) out of it* ⓑ (ABBR = **haute saison**) high season

HT (ABBR = **hors taxes**) exclusive of VAT

huard /ˈɥar/ NM (Can = oiseau) diver (Brit), loon (US)

hublot /ˈyblo/ NM [de bateau] porthole; [d'avion, machine à laver] window

huche /ˈyʃ/ NF (= coffre) chest ✦ **huche à pain** bread bin

hue /ˈy/ EXCL gee up!

huées /ɥe/ NFPL (de dérision) boos; **il est sorti de scène sous les ~ du public** he was booed off the stage

huer /ˈɥe/ /TABLE 1/ **1** VT (par dérision) to boo **2** VI [chouette] to hoot

huile /ʮil/ 1 NF ⓐ (= *liquide*) oil; **cuit à l'~** cooked in oil; **thon à l'~** tuna in oil; **vérifier le niveau d'~** [*de voiture*] to check the oil; **verser de l'~ sur le feu** to add fuel to the flames; **mer d'~** glassy sea
ⓑ (= *notable*)* bigwig*
ⓒ (= *tableau, technique*) oil painting; **peint à l'~** painted in oils
2 COMP ◆ **huile d'arachide** groundnut (*Brit*) *ou* peanut (*US*) oil ◆ **huile de colza** rapeseed oil ◆ **huile de coude*** elbow grease* ◆ **huile essentielle** essential oil ◆ **huile de foie de morue** cod-liver oil ◆ **huile de lin** linseed oil ◆ **huile d'olive** olive oil ◆ **huile de ricin** castor oil ◆ **huile solaire** suntan oil ◆ **huile vierge** virgin olive oil

huiler /ʮile/ /TABLE 1/ VT to oil; **la mécanique est parfaitement huilée** it's a well-oiled machine

huileux, -euse /ʮilø, øz/ ADJ oily

huis /ʮi/ NM **à ~ clos** in camera

huissier /ʮisje/ NM [*de justice*] ≈ bailiff

ⓘ HUISSIER

The main function of a **huissier** *is to carry out decisions made in the courts, for example evictions for non-payment of rent and seizure of goods following bankruptcy proceedings. Huissiers can also be called upon to witness the signature of important documents, and to ensure that public competitions are judged fairly.*
▷ www.justice.gouv.fr

---

huit /'ʮi(t)/ NOMBRE eight; **~ jours** (= *une semaine*) a week; **dans ~ jours** in a week; **lundi en ~** a week on (*Brit*) *ou* from (*US*) Monday → **six**

★ *The* **t** *is not pronounced before consonants, except with months, eg* **le huit mars**.

huitaine /'ʮiten/ NF **une ~ de** about eight; **dans une ~ de jours** in a week or so

huitième /'ʮitjɛm/ 1 ADJ, NMF eighth; **la ~ merveille du monde** the eighth wonder of the world 2 NF (*Scol*) penultimate class of primary school, fifth grade (*US*) 3 NMPL **huitièmes** (*Sport*) **être en ~s de finale** to be in the last sixteen → **sixième**

huitièmement /'ʮitjɛmmɑ̃/ ADV eighthly

huître /ʮitʀ/ NF oyster

hululer /'ylyle/ /TABLE 1/ VI to hoot

hum /'œm/ EXCL hem!

humain, e /ymɛ̃, ɛn/ 1 ADJ ⓐ human; **il s'est sauvé — c'est ~** he ran away — it was only natural ⓑ (= *compatissant*) humane 2 NM (= *être*) human being

humainement /ymɛnmɑ̃/ ADV humanly; **ce n'est pas ~ possible** it's not humanly possible; **une situation ~ insupportable** an unbearable situation for people to be in

humanisation /ymanizasjɔ̃/ NF humanization

humaniser /ymanize/ /TABLE 1/ 1 VT to humanize 2 VPR **s'humaniser** to become more human

humanisme /ymanism/ NM humanism

humaniste /ymanist/ ADJ, NMF humanist

humanitaire /ymanitɛʀ/ ADJ humanitarian; **organisation ~** humanitarian organization

humanité /ymanite/ NF ⓐ (= *genre humain*) **l'~** humanity ⓑ (= *bonté*) humaneness

humanoïde /ymanɔid/ ADJ, NM humanoid

humble /œbl(ə)/ ADJ humble; **à mon ~ avis** in my humble opinion

humblement /œbləmɑ̃/ ADV humbly

humecter /ymɛkte/ /TABLE 1/ 1 VT [+ *linge, herbe*] to dampen; [+ *front*] to moisten 2 VPR **s'humecter: s'~ les lèvres** to moisten one's lips; **ses yeux s'humectèrent** his eyes grew moist with tears

humer /'yme/ /TABLE 1/ VT [+ *plat*] to smell; [+ *air, parfum*] to breathe in

humérus /ymeʀys/ NM humerus

humeur /ymœʀ/ NF ⓐ (= *disposition momentanée*) mood; **être de bonne ~** to be in a good mood; **être de mauvaise ~** to be in a bad mood; **il est d'une ~ massacrante** he's in a foul mood; **~ noire** black mood ⓑ (= *tempérament*) temper; **d'~ changeante** moody; **d'~ égale** even-tempered ⓒ (= *irritation*) **mouvement d'~** fit of bad temper; **dire qch avec ~** to say sth with irritation

humide /ymid/ ADJ damp; [*région ou climat chaud*] humid; [*saison, route*] wet; **il y règne une chaleur ~** it's very hot and humid there; **temps lourd et ~** muggy weather; **temps froid et ~** cold wet weather

humidificateur /ymidifikatœʀ/ NM [*d'air*] humidifier

humidifier /ymidifje/ /TABLE 7/ VT [+ *air*] to humidify; [+ *linge*] to dampen

humidité /ymidite/ NF [*d'air, climat*] humidity; (*plutôt froide*) dampness; **air saturé d'~** air saturated with moisture; **dégâts causés par l'~** damage caused by damp; **taches d'~** damp patches; **« craint l'~ »** "keep in a dry place"

humiliant, e /ymiljɑ̃, jɑ̃t/ ADJ humiliating

humiliation /ymiljasjɔ̃/ NF humiliation

humilier /ymilje/ /TABLE 7/ VT to humiliate

humilité /ymilite/ NF humility; **en toute ~** in all humility

humoriste /ymɔʀist/ NMF humorist

humoristique /ymɔʀistik/ ADJ humorous → **dessin**

humour /ymuʀ/ NM humour (*Brit*), humor (*US*); **l'~ britannique** British humour; **avoir de l'~** to have a sense of humour; **manquer d'~** to have no sense of humour; **faire de l'~** to try to be funny ◆ **humour noir** black humour

humus /ymys/ NM humus

huppé, e /'ype/ ADJ ⓐ [*oiseau*] crested ⓑ (= *riche*)* posh*

hurlement /'yʀləmɑ̃/ NM [*de loup, chien*] howl; [*de vent*] howling (*NonC*); [*de sirènes*] wailing (*NonC*); [*de pneus, freins*] screech; **pousser des ~s** (*de douleur, de rage*) to howl; (*de joie*) to whoop; **des ~s de rire** gales of laughter

hurler /'yʀle/ /TABLE 1/ VI ⓐ [*personne*] to scream; (*de rage*) to roar; [*foule*] to roar; **~ de rire** to roar with laughter; **cette réforme va faire ~ l'opposition** this reform will enrage the opposition ⓑ [*chien, vent*] to howl; [*freins*] to screech; [*sirène*] to wail; [*radio*] to blare; **faire ~ sa télé** to have the TV on full blast* [+ *injures, slogans, ordres*] to yell; **« jamais ! »** hurla-t-il "never!" he yelled

hurluberlu, e /yʀlybɛʀly/ NM,F crank*

husky (*pl* **huskies**) /'œski/ NM husky

hutte /'yt/ NF hut

hybride /ibʀid/ ADJ, NM hybrid

hydratant, e /idʀatɑ̃, ɑ̃t/ 1 ADJ moisturizing 2 NM moisturizer

hydratation /idʀatasjɔ̃/ NF hydration; [*de peau*] moisturizing

hydrate /idʀat/ NM hydrate ◆ **hydrate de carbone** carbohydrate

hydrater /idʀate/ /TABLE 1/ 1 VT to hydrate; [+ *peau*] to moisturize 2 VPR **s'hydrater** (= *boire*) to take lots of fluids

hydraulique /idʀolik/ ADJ hydraulic; **station ~** waterworks (*sg*)

hydravion /idʀavjɔ̃/ NM seaplane

hydrocarbure /idʀokaʀbyʀ/ NM hydrocarbon

hydroélectricité /idʀoelektʀisite/ NF hydroelectricity

hydroélectrique /idʀoelektʀik/ ADJ hydroelectric

hydrogène /idʀoʒɛn/ NM hydrogen

hydroglisseur /idʀoglisœʀ/ NM jet-foil

hydrosoluble /idʀosɔlybl/ ADJ water-soluble

hyène /jɛn/ NF hyena

hygiaphone ® /iʒjafɔn/ NM Hygiaphone ® (*for speaking through at ticket counters*)

hygiène /iʒjɛn/ NF hygiene; **n'avoir aucune ~** to have no awareness of hygiene; **ça manque d'~** it's not very hygienic; **pour une meilleure ~ de vie** for a healthier life ◆ **hygiène alimentaire** food hygiene ◆ **hygiène corporelle** personal hygiene ◆ **hygiène mentale** mental health ◆ **hygiène publique** public health

hygiénique /iʒjenik/ ADJ hygienic → **papier, serviette**

hymne /imn/ NM hymn ✦ **hymne national** national anthem

hyper /ipɛʀ/ 1 PRÉF **hyper(-)** hyper; (= *très*)* really; **~-riche** mega* rich 2 NM (= *hypermarché*)* hypermarket

hyperactif, -ive /ipɛʀaktif, iv/ ADJ hyperactive

hyperlien /ipɛʀljɛ̃/ NM hyperlink

hypermarché /ipɛʀmaʀʃe/ NM hypermarket

hypermétrope /ipɛʀmetʀɔp/ 1 ADJ long-sighted 2 NMF long-sighted person

hypernerveux, -euse /ipɛʀnɛʀvø, øz/ ADJ very highly (*Brit*) ou high (*US*) strung

hypersensible /ipɛʀsɑ̃sibl/ ADJ hypersensitive

hypersympa /ipɛʀsɛ̃pa/ ADJ really nice

hypertension /ipɛʀtɑ̃sjɔ̃/ NF (*artérielle*) high blood pressure; **faire de l'~** to suffer from high blood pressure

hypertexte /ipɛʀtɛkst/ NM hypertext; **lien ~** hypertext link; **navigation en ~** browsing hypertext

hypertrophié, e /ipɛʀtʀɔfje/ ADJ [*muscle*] abnormally enlarged; [*bureaucratie, secteur*] overdeveloped

hypnose /ipnoz/ NF hypnosis; **sous ~** under hypnosis

hypnotique /ipnɔtik/ ADJ hypnotic

hypnotiser /ipnɔtize/ /TABLE 1/ VT to hypnotize

hypnotiseur /ipnɔtizœʀ/ NM hypnotist

hypnotisme /ipnɔtism/ NM hypnotism

hypocalorique /ipokalɔʀik/ ADJ low-calorie

hypocondriaque /ipɔkɔ̃dʀijak/ ADJ, NMF hypochondriac

hypocrisie /ipɔkʀizi/ NF hypocrisy

hypocrite /ipɔkʀit/ 1 ADJ hypocritical 2 NMF hypocrite

hypocritement /ipɔkʀitmɑ̃/ ADV hypocritically

hypoglycémie /ipoglisemi/ NF hypoglycaemia (*Brit*), hypoglycemia (*US*); **faire une crise d'~** to suffer an attack of hypoglycaemia

hypokhâgne /ipɔkaɲ/ NF *preparatory course for the École normale supérieure* → GRANDES ÉCOLES ; CLASSES PRÉPARATOIRES ; CONCOURS

hypotension /ipotɑ̃sjɔ̃/ NF low blood pressure

hypoténuse /ipɔtenyz/ NF hypotenuse

hypothécaire /ipɔtekɛʀ/ ADJ [*garantie, prêt*] mortgage

hypothèque /ipɔtɛk/ NF ⓐ mortgage ⓑ (= *obstacle*) obstacle; **faire peser une ~ sur qch** to put an obstacle in sth's way

hypothéquer /ipɔteke/ /TABLE 6/ VT [+ *maison*] to mortgage

hypothermie /ipɔtɛʀmi/ NF hypothermia

hypothèse /ipɔtɛz/ NF hypothesis; **émettre l'~ que ...** to suggest the possibility that ...; (*dans un raisonnement scientifique*) to theorize that ...; **prenons comme ~ que** let's suppose that; **l'~ du suicide n'a pas été écartée** the possibility of suicide has not been ruled out; **dans l'~ où ...** in the event that ...; **dans la pire des ~s** at worst

hypothétique /ipɔtetik/ ADJ hypothetical

hystérie /isteʀi/ NF (*Méd*) hysteria; **c'était l'~ dans le public** the audience went wild

hystérique /isteʀik/ 1 ADJ hysterical 2 NMF **c'est un ~** he tends to get hysterical

Hz (ABBR = **hertz**) Hz

ibérique /iberik/ ADJ Iberian

iceberg /ajsberg/ NM iceberg; **la partie cachée de l'~** the invisible part of the iceberg; (fig) the hidden aspects of the problem; **la partie visible de l'~** the tip of the iceberg

ici /isi/ ADV ⓐ (dans l'espace) here; **loin d'~** a long way from here; **près d'~** near here; **il y a 10 km d'~ à Paris** it's 10km from here to Paris; **c'est à 10 minutes d'~** it's 10 minutes away; **passez par ~** come this way; **par ~** around here; **par ~, s'il vous plaît** this way please; **~ même** on this very spot; **c'est ~ que ...** this is the place where ...; **vous êtes ~ chez vous** make yourself at home; **~ Chantal Barry** (au téléphone) Chantal Barry speaking; **~ et là** here and there; **~ comme ailleurs** here as elsewhere
ⓑ (dans le temps) **jusqu'~** until now
ⓒ ◆ **d'ici** : **d'~ demain/la fin de la semaine** by tomorrow/the end of the week; **d'~ peu** before long; **d'~ là** before then; **d'~ à l'an 2050** by the year 2050; **d'~ (à ce) qu'il se retrouve en prison, il n'y a pas loin** it won't be long before he lands up in jail; **le projet lui plaît, mais d'~ à ce qu'il accepte !** he likes the plan, but liking it isn't the same as agreeing to it!; **ils sont d'~/ne sont pas d'~** they are/aren't from around here; **les gens d'~** the people here; **je vois ça d'~ !** I can just see that!

icône /ikon/ NF icon

iconoclaste /ikɔnɔklast/ 1 ADJ iconoclastic 2 NMF iconoclast

iconographie /ikɔnɔgrafi/ NF (= étude) iconography; (= images) illustrations

id (ABBR = **idem**) ditto

idéal, e (mpl **-als** ou **-aux**) /ideal, o/ ADJ, NM ideal; **l'~ serait qu'elle l'épouse** the ideal thing would be for her to marry him; **ce n'est pas l'~** it's not ideal; **dans l'~** ideally

idéalement /idealmɑ̃/ ADV ideally

idéaliser /idealize/ /TABLE 1/ VT to idealize

idéaliste /idealist/ 1 ADJ idealistic 2 NMF idealist

idée /ide/ 1 NF ⓐ idea; **l'~ que les enfants se font du monde** the idea children have of the world; **il a eu l'~ d'écrire** he had the idea of writing; **à l'~ de faire qch/de qch** at the idea of doing sth/of sth; **avoir une ~ derrière la tête** to have something at the back of one's mind; **tu te fais des ~s** you're imagining things; **ça pourrait lui donner des ~s** it might give him ideas; **quelle ~ !** the idea!; **il a de ces ~s !** the things he thinks up!; **quelle bonne ~ !** what a good idea!; **donner à qn/se faire une ~ des difficultés** to give sb/get an idea of the difficulties; **avez-vous une ~ de l'heure ?** have you got any idea of the time?; **je n'en ai pas la moindre ~** I haven't the faintest idea; **j'ai mon ~** ou **ma petite ~ sur la question** I have my own ideas on the subject; **agir selon** ou **à son ~** to do as one sees fit; **il y a de l'~** (dessin, projet) there's something in it
ⓑ (= esprit) **avoir dans l'~ que** to have it in one's mind that; **cela ne lui viendrait jamais à l'~** it would never occur to him; **il s'est mis dans l'~ de ...** he took it into his head to ...
2 NFPL **idées** (= opinions) ideas; **~s politiques** political

ideas; **avoir des ~s avancées** to have progressive ideas; **avoir les ~s larges** to be broad-minded
3 COMP ◆ **idée directrice** driving principle ◆ **idée fixe** idée fixe ◆ **idée de génie, idée lumineuse** brilliant idea ◆ **idées noires** black thoughts ◆ **idée reçue** generally held belief ◆ **idée toute faite** preconception

idem /idɛm/ ADV ditto; **il a mauvais caractère et son frère ~** he's bad-tempered and so is his brother ou and his brother's the same; **une bière — ~ pour moi !*** a beer — same for me!

identifiant /idɑ̃tifjɑ̃/ NM (Informatique) username

identification /idɑ̃tifikasjɔ̃/ NF identification (à with)

identifier /idɑ̃tifje/ /TABLE 7/ 1 VT to identify (à with) 2 VPR **s'identifier : s'~ à** to identify with

identique /idɑ̃tik/ ADJ identical (à to)

identitaire /idɑ̃titer/ ADJ **crise ~** identity crisis; **quête ~** search for identity; **sentiment ~** sense of identity; **les revendications ~s des multiples ethnies** the various ethnic groups' demands for recognition

identité /idɑ̃tite/ NF identity

idéogramme /ideɔgram/ NM ideogram

idéologie /ideɔlɔʒi/ NF ideology

idéologique /ideɔlɔʒik/ ADJ ideological

idiomatique /idjɔmatik/ ADJ idiomatic

idiosyncrasie /idjɔsɛ̃krazi/ NF idiosyncrasy

idiot, e /idjo, idjɔt/ 1 ADJ stupid 2 NM,F idiot; **ne fais pas l'~** stop acting stupid*; **l'~ du village** the village idiot

idiotie /idjɔsi/ NF idiocy; **ne va pas voir ces ~s** don't go and see such trash; **ne fais pas d'~s** don't do anything stupid; **ne dis pas d'~s !** don't talk rubbish!

idolâtrer /idɔlɑtre/ /TABLE 1/ VT to idolize

idole /idɔl/ NF idol; **il est devenu l'~ des jeunes** he's become a teenage idol

idylle /idil/ NF idyll

idyllique /idilik/ ADJ idyllic

if /if/ NM yew

IFOP /ifɔp/ NM (ABBR = **Institut français d'opinion publique**) French public opinion research institute

igloo /iglu/ NM igloo

igname /iɲam/ NF yam

ignare /iɲar/ (péj) 1 ADJ ignorant 2 NMF ignoramus

ignifuge /iɲifyʒ/ ADJ [produit] fire-retardant

ignifuger /iɲifyʒe/ /TABLE 3/ VT to fireproof

ignoble /iɲɔbl/ ADJ appalling

ignorance /iɲɔrɑ̃s/ NF ignorance; **tenir qn/être dans l'~ de qch** to keep sb/be in the dark about sth

ignorant, e /iɲɔrɑ̃, ɑ̃t/ 1 ADJ ignorant; **~ de** unaware of 2 NM,F ignoramus; **ne fais pas l'~** stop pretending you don't know

ignorer /iɲɔre/ /TABLE 1/ VT ⓐ (= ne pas connaître) not to know; [+ incident, fait] to be unaware of; **j'ignore comment/si ...** I don't know how/if ...; **vous n'ignorez pas que ...** you doubtless know that ...; **j'ignore tout de**

cette affaire I don't know anything about this; **il ignore la souffrance** he has never experienced suffering ⓑ (= *être indifférent à*) [+ *personne, remarque, avertissement*] to ignore 2 VPR **s'ignorer** ⓐ **c'est un poète qui s'ignore** he should have been a poet ⓑ (*l'un l'autre*) to ignore each other

iguane /igwan/ NM iguana

il /il/ PRON PERS M ⓐ he; (= *chose, animal ou bébé dont on ignore le sexe*) it; **il était journaliste** he was a journalist; **prends ce fauteuil, il est plus confortable** have this chair - it's more comfortable; **ne touche pas ce chien, peut-être qu'il mord** don't touch this dog - it might bite; **le Japon a décidé qu'il n'accepterait pas** Japan decided they wouldn't agree
♦ **ils** they
ⓑ (*dans une question*) **est-il rentré?** is he back?; **Paul est-il rentré?** is Paul back?; **le courrier est-il arrivé?** has the mail come?
ⓒ (*impersonnel*) it; **il fait beau** it's a fine day; **il est vrai que ...** it is true that ...; **il faut que je le fasse** I've got to do it

île /il/ NF island; **~ déserte** desert island ♦ **les îles Anglo-Normandes** the Channel Islands ♦ **l'île de Beauté** Corsica ♦ **les îles Britanniques** the British Isles ♦ **île flottante** (= *dessert*) île flottante ♦ **l'île de Man** the Isle of Man ♦ **l'île Maurice** Mauritius ♦ **les îles Sous-le-Vent/du Vent** the Leeward/Windward Islands ♦ **les îles Vierges** the Virgin Islands

Île-de-France /ildəfrɑ̃s/ NF **l'~** the Île-de-France (*Paris and the surrounding departments*)

iliaque /iljak/ ADJ **os ~** hip bone

illégal, e (*mpl* **-aux**) /i(l)legal, o/ ADJ illegal; **c'est ~** it's against the law

illégalement /i(l)legalmɑ̃/ ADV illegally

illégalité /i(l)legalite/ NF illegality; **se mettre dans l'~** to break the law

illégitime /i(l)leʒitim/ ADJ ⓐ [*enfant, gouvernement*] illegitimate ⓑ [*prétention, revendication*] unjustified

illettré, e /i(l)letre/ ADJ, NM,F illiterate; **les ~s** illiterate people

illettrisme /i(l)letrism/ NM illiteracy; **campagne contre l'~** literacy campaign

illicite /i(l)lisit/ ADJ illicit

illico* /i(l)liko/ ADV **~ (presto)** pronto*

illimité, e /i(l)limite/ ADJ [*moyen, ressource*] unlimited; [*confiance*] unbounded; [*congé, durée*] indefinite

illisible /i(l)lizibl/ ADJ (= *indéchiffrable*) illegible

illogique /i(l)lɔʒik/ ADJ illogical

illumination /i(l)lyminasjɔ̃/ NF ⓐ (= *éclairage*) lighting; (*avec des projecteurs*) floodlighting; **les ~s de Noël** the Christmas lights ⓑ (= *inspiration*) flash of inspiration

illuminé, e /i(l)lymine/ (*ptp d'***illuminer**) 1 ADJ lit up; (*avec des projecteurs*) floodlit 2 NM,F (*péj = visionnaire*) crank

illuminer /i(l)lymine/ /TABLE 1/ 1 VT to light up; (*avec des projecteurs*) to floodlight; **un sourire illumina son visage** a smile lit up her face 2 VPR **s'illuminer** [*rue, vitrine*] to be lit up; [*visage*] to light up (**de** with)

illusion /i(l)lyzjɔ̃/ NF illusion; **tu te fais des ~s** you're deluding yourself; **ça lui donne l'~ de servir à quelque chose** it makes him feel he's doing something useful; **ce stratagème ne fera pas ~ longtemps** this tactic won't fool people for long; **il a perdu ses ~s** he's become disillusioned ♦ **illusion d'optique** optical illusion

illusionner (s') /i(l)lyzjɔne/ /TABLE 1/ VPR to delude o.s. (**sur qch** about sth)

illusionniste /i(l)lyzjɔnist/ NMF conjurer

illusoire /i(l)lyzwaR/ ADJ (= *trompeur*) illusory

illustrateur, -trice /i(l)lystratœr, tris/ NM,F illustrator

illustration /i(l)lystrasjɔ̃/ NF illustration; **l'~ par l'exemple** illustration by example

illustre /i(l)lystr/ ADJ illustrious

illustré, e /i(l)lystre/ 1 ADJ illustrated 2 NM (= *journal*) comic

illustrer /i(l)lystre/ /TABLE 1/ 1 VT to illustrate; **ça illustre bien son caractère** that's a good example of what he's like 2 VPR **s'illustrer** [*personne*] to become famous

/ilo/ NM small island; **~ de verdure** oasis of greenery; **~ de résistance** pocket of resistance

îlotier /ilɔtje/ NM ≈ community policeman

ils /il/ PRON PERS → **il**

image /imaʒ/ 1 NF ⓐ picture; **l'~ est floue** the picture is fuzzy; **apparaître à l'~** (*TV*) to appear on screen ⓑ (= *métaphore*) image; **s'exprimer par ~s** to express o.s. in images ⓒ (= *reflet*) reflection; (*Physique*) image; **regarder son ~ dans l'eau** to gaze at one's reflection in the water; **~ virtuelle** virtual image ⓓ (= *vision mentale*) image; **~ de soi** self-image; **l'~ du père** the father figure; **une ~ fidèle de la France** an accurate picture of France; **se faire une ~ fausse de qch** to have a false picture of sth; **le pays veut améliorer son ~ à l'étranger** the country wants to improve its image abroad 2 COMP ♦ **images d'archives** archive pictures ♦ **image de marque** public image ♦ **image satellite** satellite picture ♦ **image de synthèse** computer-generated image

> ❶ IMAGES D'ÉPINAL
>
> *Distinctive prints depicting a variety of scenes in a realistic but stereotypical manner were produced in the town of Épinal, in the Vosges, in the early nineteenth century. The prints became so popular that the term* image d'Épinal *has passed into the language, and is now used to refer to any form of stereotypical representation.*

imagé, e /imaʒe/ ADJ [*langage, expression*] vivid

imagiciel /imaʒisjel/ NM graphics software

imaginable /imaʒinabl/ ADJ conceivable; **un tel comportement n'était pas ~ il y a 50 ans** such behaviour was inconceivable 50 years ago

imaginaire /imaʒinɛR/ 1 ADJ imaginary 2 NM **dans l'~ de Joyce** in Joyce's imaginative world; **l'~ collectif** the collective psyche

imaginatif, -ive /imaʒinatif, iv/ ADJ imaginative

imagination /imaʒinasjɔ̃/ NF imagination; **avoir de l'~** to be imaginative

imaginer /imaʒine/ /TABLE 1/ 1 VT ⓐ to imagine; **tu imagines la scène!** you can imagine the scene!; **on imagine mal leurs conditions de travail** their working conditions are hard to imagine; **je l'imaginais plus vieux** I pictured him as being older ⓑ (= *inventer*) [+ *système, plan*] to devise; **qu'est-il encore allé ~?*** now what has he dreamed up? 2 VPR **s'imaginer** ⓐ to imagine; **imagine-toi une île** imagine an island; **il s'imaginait pouvoir faire cela** he imagined he could do that; **si tu t'imagines que je vais te laisser faire!** don't think I'm going to let you get away with that!

imbattable /ɛ̃batabl/ ADJ unbeatable

imbécile /ɛ̃besil/ 1 ADJ stupid 2 NMF idiot; **ne fais pas l'~*** stop acting stupid*; **le premier ~ venu te le dira** any fool will tell you

imbécillité /ɛ̃besilite/ NF idiocy; **tu racontes des ~s** you're talking nonsense

imberbe /ɛ̃bɛRb/ ADJ beardless

imbiber /ɛ̃bibe/ /TABLE 1/ 1 VT **~ qch de qch** to soak sth with sth; **~ une compresse d'antiseptique** to soak a compress with antiseptic 2 VPR **s'imbiber**: **s'~ de** to become soaked with

imbriqué, e /ɛ̃bRike/ (*ptp d'***imbriquer**) ADJ [*plaques, tuiles*] overlapping; [*problèmes*] interlinked; [*souvenirs*] interwoven

imbriquer (s') /ɛ̃bRike/ /TABLE 1/ VPR [*problèmes, affaires*] to be linked; [*plaques*] to overlap; [*lego*] to fit together

imbroglio /ɛ̃bRɔljo/ NM imbroglio

imbu, e /ɛ̃by/ ADJ **~ de lui-même** ou **de sa personne** full of himself

imbuvable /ɛ̃byvabl/ ADJ [*boisson*] undrinkable; [*personne*]* unbearable

imitateur, -trice /imitatœʀ, tʀis/ NM,F imitator; [*de voix, personne*] impersonator

imitation /imitasjɔ̃/ NF ⓐ (= *reproduction*) imitation; [*de personnage célèbre*] impersonation ⓑ (= *contrefaçon*) forgery ⓒ (= *copie*) [*de bijou, fourrure*] imitation; [*de meuble, tableau*] copy

imiter /imite/ /TABLE 1/ VT ⓐ to imitate; [+ *personnage célèbre*] to impersonate; **il se leva et tout le monde l'imita** he got up and everybody did likewise ⓑ [+ *signature*] to forge ⓒ (= *avoir l'aspect de*) [*matière, revêtement*] to look like; **un lino qui imite le marbre** marble-effect lino

immaculé, e /imakyle/ ADJ spotless; **l'Immaculée Conception** the Immaculate Conception

immanent, e /imanɑ̃, ɑ̃t/ ADJ immanent (**à** in)

immangeable /ɛ̃mɑ̃ʒabl/ ADJ uneatable

★ *The first syllable, im, is pronounced like in in* vin.

immanquablement /ɛ̃mɑ̃kabləmɑ̃/ ADV inevitably

immatriculation /imatʀikylasjɔ̃/ NF registration

🛈 **IMMATRICULATION**
The last two digits on vehicle number plates in France refer to the code number of the département where they were registered (cars registered in the Dordogne bear the number 24, for example).
▷ www.equipement.gouv.fr

immatriculer /imatʀikyle/ /TABLE 1/ VT [+ *véhicule*] to register; **voiture immatriculée dans le Var** car with a Var registration (*Brit*) *ou* with a Var license plate (*US*)

immature /imatyʀ/ ADJ immature

immédiat, e /imedja, jat/ 1 ADJ immediate 2 NM **dans l'~** for the time being

immédiatement /imedjatmɑ̃/ ADV immediately

immense /i(m)mɑ̃s/ ADJ [*espace, désert*] vast; [*foule, fortune, pays*] huge; [*personne*] gigantic; [*sagesse*] boundless; [*avantage, succès, talent, chagrin*] tremendous; **dans l'~ majorité des cas** in the vast majority of cases

immensément /i(m)mɑ̃semɑ̃/ ADV immensely

immensité /i(m)mɑ̃site/ NF [*d'espace, horizon*] immensity; [*d'océan, désert, fortune, pays*] enormous size

immerger /imɛʀʒe/ /TABLE 3/ 1 VT to immerse 2 VPR **s'immerger** : **s'~ dans son travail** to immerse o.s. in one's work

immersion /imɛʀsjɔ̃/ NF immersion; **par ~ totale dans la langue** by immersing oneself totally in the language

immettable /ɛ̃metabl/ ADJ unwearable

immeuble /imœbl/ NM building ♦ **immeuble de bureaux** office block (*Brit*) *ou* building (*US*) ♦ **immeuble d'habitation** block of flats (*Brit*), apartment building (*US*)

immigrant, e /imigʀɑ̃, ɑ̃t/ ADJ, NM,F immigrant

immigration /imigʀasjɔ̃/ NF immigration; **~ clandestine** illegal immigration

immigré, e /imigʀe/ (*ptp d'***immigrer**) ADJ, NM,F immigrant; **~ de la deuxième génération** second-generation immigrant; **~ clandestin** illegal immigrant

immigrer /imigʀe/ /TABLE 1/ VI to immigrate

imminence /iminɑ̃s/ NF imminence

imminent, e /iminɑ̃, ɑ̃t/ ADJ imminent

immiscer (s') /imise/ /TABLE 3/ VPR **s'~ dans** to interfere in

immobile /i(m)mɔbil/ ADJ motionless; [*visage*] immobile; **rester ~** to stay still

immobilier, -ière /imɔbilje, jɛʀ/ 1 ADJ property; **marché ~** property market; **biens ~s** real estate → **agent** 2 NM **l'~** (= *commerce*) the property business; **investir dans l'~** to invest in property

immobilisation /imɔbilizasjɔ̃/ NF immobilization; **attendez l'~ complète de l'appareil** wait until the aircraft has come to a complete standstill; **la réparation nécessite l'~ de la voiture/l'avion** the car will have to be taken off the road/the plane will have to be grounded to be repaired; **~s** (*Finance*) fixed assets

immobiliser /imɔbilize/ /TABLE 1/ 1 VT to immobilize; (*avec un sabot de Denver*) to clamp; (*Finance*) to tie up; **avions immobilisés par la neige** planes grounded by snow 2 VPR **s'immobiliser** [*personne*] to stop; [*véhicule, échanges commerciaux*] to come to a halt

immobilisme /imɔbilism/ NM [*de gouvernement, entreprise*] failure to act; **faire de l'~** to try to maintain the status quo

immobilité /imɔbilite/ NF stillness; **le médecin lui a ordonné l'~ complète** the doctor ordered him not to move at all

immodéré, e /imɔdeʀe/ ADJ immoderate

immoler /imɔle/ /TABLE 1/ 1 VT (= *sacrifier*) to sacrifice (**à** to) 2 VPR **s'immoler** to sacrifice o.s.; **s'~ par le feu** to set fire to o.s.

immonde /i(m)mɔ̃d/ ADJ [*taudis*] squalid; [*action*] vile; [*crime*] hideous; [*personne*] (= *laid*) hideous; (= *ignoble*) vile

immondices /i(m)mɔ̃dis/ NFPL filth (*NonC*)

immoral, e (*mpl* **-aux**) /i(m)mɔʀal, o/ ADJ immoral

immortaliser /imɔʀtalize/ /TABLE 1/ VT to immortalize

immortel, -elle /imɔʀtɛl/ 1 ADJ immortal 2 NM,F **Immortel(le)** *member of the Académie française* → ACADÉMIE FRANÇAISE 3 NF **immortelle** (= *fleur*) everlasting flower

immuable /imɥabl/ ADJ immutable

immunisation /imynizasjɔ̃/ NF immunization

immuniser /imynize/ /TABLE 1/ VT to immunize; **je suis immunisé** (*fig*) it no longer has any effect on me

immunitaire /imynitɛʀ/ ADJ immune; [*défenses*] immunological

immunité /imynite/ NF immunity

immunodéficience /imynodefisjɑ̃s/ NF immunodeficiency

immunologique /imynɔlɔʒik/ ADJ immunological

impact /ɛ̃pakt/ NM impact; **le mur est criblé d'~s de balles** the wall is riddled with bullet holes

impacter /ɛ̃pakte/ /TABLE 1/ VT INDIR **~ sur** [+ *résultats, situation*] to impact on, to have an impact on

impair, e /ɛ̃pɛʀ/ 1 ADJ [*nombre, jour*] odd; [*page*] odd-numbered; **côté ~ d'une rue** side of the street with odd numbers 2 NM (= *gaffe*) blunder; **commettre un ~** to blunder

imparable /ɛ̃paʀabl/ ADJ ⓐ [*coup, tir*] unstoppable ⓑ [*argument, riposte, logique*] unanswerable

impardonnable /ɛ̃paʀdɔnabl/ ADJ unforgivable

imparfait, e /ɛ̃paʀfɛ, ɛt/ 1 ADJ imperfect 2 NM (= *temps*) imperfect tense

impartial, e (*mpl* **-iaux**) /ɛ̃paʀsjal, jo/ ADJ impartial

impartialité /ɛ̃paʀsjalite/ NF impartiality; **faire preuve d'~** to show impartiality

impartir /ɛ̃paʀtiʀ/ /TABLE 2/ VT [+ *mission*] to assign; **~ des pouvoirs à** to invest powers in; **dans les délais impartis** within the time allowed; **le temps qui vous était imparti est écoulé** your time is up

impasse /ɛ̃pɑs/ NF ⓐ (= *rue*) cul-de-sac; « **impasse** » "no through road" ⓑ (= *situation sans issue*) impasse; **être dans l'~** [*négociations*] to have reached an impasse; [*relation*] to have reached a dead end; **pour sortir les négociations de l'~** to break the deadlock in the negotiations; **faire l'~ sur qch** to choose to overlook sth

impassible /ɛ̃pasibl/ ADJ impassive

impatiemment /ɛ̃pasjamɑ̃/ ADV impatiently

impatience /ɛ̃pasjɑ̃s/ NF impatience

impatient, e /ɛ̃pasjɑ̃, jɑ̃t/ ADJ impatient; **~ de faire qch** eager to do sth; **je suis si ~ de vous revoir** I can't wait to see you again

impatienter /ɛ̃pasjɑ̃te/ /TABLE 1/ VT to irritate 2 VPR **s'impatienter** to get impatient (**contre qch** at sth)

impayable* /ɛ̃pɛjabl/ ADJ priceless*

impayé, e /ɛ̃peje/ 1 ADJ unpaid 2 NMPL **impayés** outstanding payments

impeccable /ɛ̃pekabl/ ADJ impeccable; **parler un français ~** to speak perfect French; (**c'est**) **~ !*** great!*

impeccablement /ɛ̃pekabləmɑ̃/ ADV impeccably; [*rangé, coupé, entretenu*] beautifully

impénétrable /ɛ̃penetʀabl/ ADJ ⓐ (= *inaccessible*) impenetrable; **un marché quasi ~ pour les Européens** a market almost impossible for Europeans to break into ⓑ (= *insondable*) [*mystère, desseins*] impenetrable; [*personnage, caractère, visage, air*] inscrutable

impénitent, e /ɛ̃penitɑ̃, ɑ̃t/ ADJ unrepentant; **fumeur ~** unrepentant smoker

impensable /ɛ̃pɑ̃sabl/ ADJ unthinkable

imper * /ɛ̃pɛʀ/ NM raincoat

impératif, -ive /ɛ̃peʀatif, iv/ 1 ADJ [*besoin, consigne*] urgent; [*ton*] commanding; **il est ~ de .../que ...** it is absolutely essential to .../that ... 2 NM ⓐ (= *prescription*) [*de fonction, charge*] requirement; [*de mode*] demand; (= *nécessité*) [*de situation*] necessity; **des ~s d'horaire nous obligent à ...** we are obliged by the demands of our timetable to ... ⓑ (= *mode*) imperative mood; **à l'~** in the imperative (mood)

impérativement /ɛ̃peʀativmɑ̃/ ADV **les personnes âgées doivent ~ se faire vacciner** it is imperative that old people get vaccinated; **je le veux ~ pour demain** it is imperative that I have it for tomorrow

impératrice /ɛ̃peʀatʀis/ NF empress

imperceptible /ɛ̃pɛʀsɛptibl/ ADJ imperceptible (**à** to)

imperceptiblement /ɛ̃pɛʀsɛptibləmɑ̃/ ADV imperceptibly

imperfection /ɛ̃pɛʀfɛksjɔ̃/ NF imperfection; [*de personne, caractère*] shortcoming; [*d'ouvrage, dispositif, mécanisme*] defect; [*de peau*] blemish

impérial, e (*mpl* **-iaux**) /ɛ̃peʀjal, jo/ 1 ADJ imperial 2 NF **impériale : autobus à ~e** ≈ double-decker bus

impérialisme /ɛ̃peʀjalism/ NM imperialism

impérialiste /ɛ̃peʀjalist/ ADJ, NMF imperialist

impérieusement /ɛ̃peʀjøzmɑ̃/ ADV imperiously; **avoir ~ besoin de qch** to need sth urgently

impérieux, -ieuse /ɛ̃peʀjø, jøz/ ADJ [*personne, ton, caractère*] imperious; [*besoin, nécessité*] urgent

impérissable /ɛ̃peʀisabl/ ADJ [*œuvre*] enduring; [*souvenir, gloire*] undying

imperméabiliser /ɛ̃pɛʀmeabilize/ /TABLE 1/ VT to waterproof

imperméable /ɛ̃pɛʀmeabl/ 1 ADJ [*terrain, roches*] impermeable; [*revêtement, tissu*] waterproof 2 NM (= *manteau*) raincoat

impersonnel, -elle /ɛ̃pɛʀsɔnɛl/ ADJ impersonal

impertinence /ɛ̃pɛʀtinɑ̃s/ NF cheek; **répondre avec ~** to reply cheekily; **arrête tes ~s !** that's enough of your cheek!

impertinent, e /ɛ̃pɛʀtinɑ̃, ɑ̃t/ ADJ cheeky

imperturbable /ɛ̃pɛʀtyʀbabl/ ADJ [*sang-froid, sérieux*] unshakeable; **rester ~** to remain calm

impétueux, -euse /ɛ̃petɥø, øz/ ADJ [*caractère, jeunesse*] impetuous; [*orateur*] fiery; [*torrent, vent*] raging

impitoyable /ɛ̃pitwajabl/ ADJ merciless

impitoyablement /ɛ̃pitwajabləmɑ̃/ ADV mercilessly

implacable /ɛ̃plakabl/ ADJ implacable

implant /ɛ̃plɑ̃/ NM implant; **~ capillaire** hair graft

implantation /ɛ̃plɑ̃tasjɔ̃/ NF ⓐ [*d'immigrants*] settlement; [*d'usine, industrie*] setting up; **nous bénéficions d'une solide ~ à l'étranger** we have a number of offices abroad; **la forte ~ du parti dans la région** the party's strong presence in the region ⓑ [*de dents*] arrangement; **l'~ des cheveux** the way the hair grows

implanter /ɛ̃plɑ̃te/ /TABLE 1/ 1 VT [+ *usage, mode*] to introduce; [+ *usine, industrie*] to set up; **une société implantée dans la région depuis plusieurs générations** a company that has been established in the area for generations; **la gauche est fortement implantée ici** the left is well-established here 2 VPR **s'implanter** [*usine, industrie*] to be set up; [*parti politique*] to become established

implémenter /ɛ̃plemɑ̃te/ /TABLE 1/ VT to implement

implication /ɛ̃plikasjɔ̃/ NF implication

implicite /ɛ̃plisit/ ADJ implicit

implicitement /ɛ̃plisitmɑ̃/ ADV implicitly

impliquer /ɛ̃plike/ /TABLE 1/ 1 VT ⓐ (= *supposer*) to imply ⓑ (= *nécessiter*) to entail ⓒ (= *mettre en cause*) **~ qn dans** to involve sb in 2 VPR **s'impliquer : s'~ dans un projet** to get involved in a project; **s'~ beaucoup dans qch** to put a lot into sth

implorer /ɛ̃plɔʀe/ /TABLE 1/ VT to implore; **~ le pardon de qn** to beg sb's forgiveness; **~ qn de faire qch** to implore sb to do sth

imploser /ɛ̃ploze/ /TABLE 1/ VI to implode

implosion /ɛ̃plozjɔ̃/ NF implosion

impoli, e /ɛ̃pɔli/ ADJ rude (**envers** to)

impoliment /ɛ̃pɔlimɑ̃/ ADV rudely

impolitesse /ɛ̃pɔlitɛs/ NF rudeness

impondérable /ɛ̃pɔ̃deʀabl/ ADJ, NM imponderable

impopulaire /ɛ̃pɔpylɛʀ/ ADJ unpopular (**auprès de** with)

importance /ɛ̃pɔʀtɑ̃s/ NF ⓐ importance; **avoir de l'~** to be important; **ça a beaucoup d'~ pour moi** it's very important to me; **accorder beaucoup/peu d'~ à qch** to attach a lot/little importance to sth; **sans ~** unimportant; **c'est sans ~** ou **ça n'a pas d'~** it doesn't matter; **quelle ~ ?** does it really matter?; **prendre de l'~** to become more important; **se donner de l'~** to act important ⓑ (= *taille*) [*de somme, effectif*] size; (= *ampleur*) [*de dégâts, désastre, retard*] extent

important, e /ɛ̃pɔʀtɑ̃, ɑ̃t/ 1 ADJ ⓐ important; **rien d'~** nothing important; **quelqu'un d'~** somebody important ⓑ (*quantitativement*) [*somme*] large; [*différence*] big; [*retard*] considerable; [*dégâts*] extensive; **malgré une ~e présence policière** despite a large police presence ⓒ (= *prétentieux*) self-important

2 NM **l'~ est de ...** the important thing is to ...; **ce n'est pas le plus ~** that's not what's most important

3 NM,F **faire l'~(e)** (*péj*) to act important

⚠ *Lorsque l'adjectif* **important** *indique une quantité, il ne se traduit pas par* **important**.

importateur, -trice /ɛ̃pɔʀtatœʀ, tʀis/ 1 ADJ importing; **pays ~ de blé** wheat-importing country 2 NM,F importer

importation /ɛ̃pɔʀtasjɔ̃/ NF import; **produits/articles d'~** imported products/items

importer¹ /ɛ̃pɔʀte/ /TABLE 1/ VT to import (**de** from)

importer² /ɛ̃pɔʀte/ /TABLE 1/ VI (= *être important*) to matter; **les conventions importent peu à ces gens-là** conventions matter little to those people; **peu importe** it doesn't matter; **qu'importe** it doesn't matter; **peu importe le temps, nous sortirons** we'll go out whatever the weather; **achetez des pêches ou des poires, peu importe** buy peaches or pears - it doesn't matter which

♦ **n'importe** + *adverbe/pronom*: **n'importe comment** anyhow; **il a fait cela n'importe comment !** he did it any old how* (*Brit*) ou any which way* (*US*); **n'importe lequel d'entre nous** any one of us; **n'importe où** anywhere; **n'importe quel docteur vous dira la même chose** any doctor will tell you the same thing; **venez à n'importe quelle heure** come at any time; **il cherche un emploi, mais pas n'importe lequel** he's looking for a job, but not just any job; **n'importe qui** anybody, anyone; **ce n'est pas n'importe qui** he's not just anybody; **n'importe quoi** anything; **il fait/dit n'importe quoi !** he has no idea what he's doing!/saying!

import-export /ɛ̃pɔʀɛkspɔʀ/ NM import-export; **société d'~** import-export company

importun, e /ɛ̃pɔʀtœ̃, yn/ 1 ADJ (*frm*) [*présence*] troublesome; [*visite*] ill-timed 2 NM,F troublesome individual

importuner /ɛ̃pɔʀtyne/ /TABLE 1/ VT to bother; **je ne veux pas vous ~** I don't want to bother you

imposable /ɛ̃pozabl/ ADJ [*personne, revenu*] taxable

imposant, e /ɛ̃pozɑ̃, ɑ̃t/ ADJ ⓐ (= *majestueux*) [*personnage*] imposing ⓑ (= *impressionnant*) impressive; **un ~ service d'ordre** a large contingent of police

imposé, e /ɛ̃poze/ (ptp ADJ ⓐ [personne, revenu] taxable ⓑ (Sport) [exercices, figures] compulsory; **prix ~** fixed price

imposer /ɛ̃poze/ /TABLE 1/ **1** VT ⓐ [+ règle, conditions] to lay down; **~ ses idées/sa présence à qn** to force one's ideas/one's company on sb; **~ des conditions à qch** to impose conditions on sth; **la décision leur a été imposée par les événements** the decision was forced on them by events; **il/sa conduite impose le respect** he/his behaviour compels respect
ⓑ (= taxer) [+ marchandise, revenu] to tax
ⓒ **~ les mains** [guérisseur] to lay on hands
ⓓ **en ~ à qn** to impress sb; **il en impose** he's an impressive individual
2 VPR **s'imposer** ⓐ (= être nécessaire) [action] to be essential; **une décision s'impose** a decision must be taken; **ces mesures ne s'imposaient pas** these measures were unnecessary; **quand on est à Paris une visite au Louvre s'impose** if you're in Paris, a visit to the Louvre is a must*
ⓑ (= montrer sa supériorité) to assert o.s.; **s'~ par ses qualités** to stand out because of one's qualities; **il s'est imposé dans sa discipline** he has made a name for himself in his field; **le skieur s'est imposé dans le slalom géant** the skier won the giant slalom event
ⓒ (= imposer sa présence à) **je ne voudrais pas m'~** I don't want to impose

imposition /ɛ̃pozisjɔ̃/ NF (Finance) taxation

impossibilité /ɛ̃pɔsibilite/ NF impossibility; **l'~ de réaliser ce plan** the impossibility of carrying out this plan; **en cas d'~** should it prove impossible; **être dans l'~ de faire qch** to be unable to do sth

impossible /ɛ̃pɔsibl/ **1** ADJ impossible; **~ à faire** impossible to do; **il est ~ de …/que …** it is impossible to …/that …; **il est ~ qu'il soit déjà arrivé** he cannot possibly have arrived yet; **cela m'est ~** it's impossible for me to do it; **ce n'est pas ~** ou **ça n'a rien d'~** (= c'est probable) it may well be the case; **rendre l'existence ~ à qn** to make sb's life a misery; **elle a des horaires ~s** she has terrible hours; **se lever à des heures ~s** to get up at a ridiculous time; **il lui arrive toujours des histoires ~s** impossible things are always happening to him
2 NM **l'~** the impossible; **demander/tenter l'~** to ask for/ attempt the impossible; **je ferai l'~ (pour venir)** I'll do my utmost (to come); ■ (PROV) **à l'~ nul n'est tenu** no one can be expected to do the impossible

imposteur /ɛ̃pɔstœʀ/ NM impostor

imposture /ɛ̃pɔstyʀ/ NF imposture; **c'est une ~!** it's a sham!

impôt /ɛ̃po/ NM (= taxe) tax; **payer des ~s** to pay tax; **je paye plus de 10 000 € d'~s** I pay more than 10,000 euros in tax; **~ indirect/indirect/caché** direct/indirect/hidden tax; **~ retenu à la source** tax deducted at source; **faire un bénéfice de 10 000 € avant ~** to make a profit of 10,000 euros before tax ◆ **impôt sur les bénéfices** tax on profits ◆ **impôt sur le chiffre d'affaires** tax on turnover ◆ **impôt foncier** ≈ land tax ◆ **impôt sur les grandes fortunes** wealth tax ◆ **impôts locaux** local taxes ◆ **impôt sur les plus-values** ≈ capital gains tax ◆ **impôt sur le revenu** income tax ◆ **impôt sur les sociétés** corporation tax

> ⓘ IMPÔTS
> *The main taxes in France are income tax (**l'impôt sur le revenu**), value-added tax on consumer goods (**la TVA**), local taxes funding public amenities (**les impôts locaux**) and two kinds of company tax (**la taxe professionnelle**, **l'impôt sur les sociétés**).*
> *Income tax can either be paid in three instalments (the first two, known as "tiers provisionnels", are estimates based on the previous year's tax, while the third makes up the actual tax due), or in monthly instalments (an option known as "mensualisation"). Late payment incurs a 10% penalty known as a "majoration".*
> ▷ www.impots.gouv.fr
> ▷ www.service-public.fr

impotent, e /ɛ̃pɔtɑ̃, ɑ̃t/ **1** ADJ disabled; **l'accident l'a**

rendu ~ the accident left him unable to walk **2** NM,F disabled person

impraticable /ɛ̃pʀatikabl/ ADJ [idée] impracticable; [route, piste] impassable

imprécation /ɛ̃pʀekasjɔ̃/ NF curse; **se répandre en des ~s contre** to inveigh against

imprécis, e /ɛ̃pʀesi, iz/ ADJ vague; [tir] inaccurate; **les causes du décès restent encore ~es** the cause of death remains unclear

imprécision /ɛ̃pʀesizjɔ̃/ NF vagueness

imprégner /ɛ̃pʀeɲe/ /TABLE 6/ **1** VT ⓐ [+ tissu, matière] (de liquide) to soak (**de** with); [+ pièce, air] (d'une odeur, de fumée) to fill (**de** with); **l'odeur imprégnait toute la rue** the smell filled the whole street ⓑ [+ esprit] to imbue (**de** with) **2** VPR **s'imprégner : s'~ de** (de liquide) to become soaked with; (d'une odeur, de fumée) to become impregnated with; [pièce, air] to be filled with; [élèves] to become imbued with

imprenable /ɛ̃pʀənabl/ ADJ [forteresse] impregnable; **vue ~** unrestricted view

imprésario /ɛ̃pʀesaʀjo/ NM [d'acteur, chanteur] manager; [de troupe de théâtre, ballet] impresario

imprescriptible /ɛ̃pʀeskʀiptibl/ ADJ [droit] inalienable; **c'est un crime ~** it is a crime to which the statute of limitations does not apply

impression /ɛ̃pʀesjɔ̃/ NF ⓐ impression; **se fier à sa première ~** to trust one's first impressions; **quelles sont vos ~s sur la réunion ?** what did you think of the meeting?; **faire bonne/mauvaise/forte ~** to make a good/bad/strong impression; **avoir l'~ que …** to have a feeling that … ⓑ [de livre, tissu, motif] printing; «**~ écran**» (Informatique) "print screen"; **ce livre en est à sa 3ème ~** this book is in its 3rd reprint; **le livre est à l'~** the book is being printed

impressionnable /ɛ̃pʀesjɔnabl/ ADJ [personne] impressionable

impressionnant, e /ɛ̃pʀesjɔnɑ̃, ɑ̃t/ ADJ impressive; (= effrayant) frightening

impressionner /ɛ̃pʀesjɔne/ /TABLE 1/ VT ⓐ to impress; **ne te laisse pas ~** don't let yourself be overawed; **tu ne m'impressionnes pas!** you don't scare me! ⓑ (= effrayer) to frighten ⓒ [+ rétine] to act on; [+ pellicule, photo] to expose

impressionnisme /ɛ̃pʀesjɔnism/ NM impressionism

impressionniste /ɛ̃pʀesjɔnist/ ADJ, NMF impressionist

imprévisible /ɛ̃pʀevizibl/ ADJ unforeseeable; [personne] unpredictable

imprévoyant, e /ɛ̃pʀevwajɑ̃, ɑ̃t/ ADJ lacking in foresight; (en matière d'argent) improvident

imprévu, e /ɛ̃pʀevy/ **1** ADJ unexpected; [dépenses] unforeseen **2** NM **l'~** the unexpected; **j'aime l'~** I like the unexpected; **vacances pleines d'~** holidays full of surprises; **en cas d'~** if anything unexpected happens; **sauf ~** unless anything unexpected happens

imprimante /ɛ̃pʀimɑ̃t/ NF printer; **~ matricielle** dot-matrix printer; **~ à jet d'encre** ink-jet printer

imprimé, e /ɛ̃pʀime/ (ptp d'**imprimer**) **1** ADJ [tissu, feuille] printed **2** NM ⓐ (= formulaire) form; «**~s**» (Poste) "printed matter"; **~ publicitaire** advertising leaflet ⓑ (= tissu) printed material

imprimer /ɛ̃pʀime/ /TABLE 1/ VT ⓐ [+ livre, tissu] to print ⓑ (= communiquer) [+ impulsion] to transmit

imprimerie /ɛ̃pʀimʀi/ NF (= firme, usine) printing works; (= atelier) printing house; **l'~** (= technique) printing; **en caractères** ou **lettres d'~** in block capitals

imprimeur /ɛ̃pʀimœʀ/ NM printer; **~-éditeur** printer and publisher

improbable /ɛ̃pʀɔbabl/ ADJ unlikely

improductif, -ive /ɛ̃pʀɔdyktif, iv/ ADJ [travail, terrain] unproductive; [capitaux] non-productive

impromptu, e /ɛ̃pʀɔ̃pty/ **1** ADJ impromptu; **faire un discours ~ sur un sujet** to speak off the cuff on a subject **2** NM (= œuvre) impromptu

imprononçable /ɛ̃pʀɔnɔ̃sabl/ ADJ unpronounceable

impropre /ɛ̃prɔpr/ ADJ [*terme*] inappropriate
♦ **impropre à** unsuitable for; ~ **à la consommation** unfit for human consumption

improvisation /ɛ̃prɔvizasjɔ̃/ NF improvisation; **faire une** ~ to improvise

improvisé, e /ɛ̃prɔvize/ (*ptp d'***improviser**) ADJ [+ *conférence de presse, pique-nique, représentation*] impromptu; [*discours*] off-the-cuff

improviser /ɛ̃prɔvize/ /TABLE 1/ VTI to improvise; **être menuisier, ça ne s'improvise pas** you don't just suddenly become a carpenter

improviste /ɛ̃prɔvist/ ♦ **à l'improviste** LOC ADV unexpectedly; **prendre qn à l'**~ to catch sb unawares

imprudemment /ɛ̃prydamɑ̃/ ADV carelessly; [*parler*] unwisely

imprudence /ɛ̃prydɑ̃s/ NF ⓐ [*de conducteur, geste, action*] carelessness; **il a eu l'**~ **de mentionner ce projet** he was foolish enough to mention the project; **blessures par** ~ injuries through negligence ⓑ (= *action, propos*) **(ne fais) pas d'**~**s** don't do anything foolish

imprudent, e /ɛ̃prydɑ̃, ɑ̃t/ 1 ADJ [*conducteur, geste, action*] careless; [*remarque*] foolish 2 NM,F careless person

impubliable /ɛ̃pyblijabl/ ADJ unpublishable

impudence /ɛ̃pydɑ̃s/ NF (*frm*) effrontery; **il a eu l'**~ **d'exiger des excuses!** he had the effrontery to demand an apology!

impudent, e /ɛ̃pydɑ̃, ɑ̃t/ (*frm*) 1 ADJ brazen 2 NM,F impudent person

impudique /ɛ̃pydik/ ADJ shameless; [*décolleté*] daring

impuissance /ɛ̃pɥisɑ̃s/ NF powerlessness; (*sexuelle*) impotence; **réduire qn à l'**~ to render sb powerless

impuissant, e /ɛ̃pɥisɑ̃, ɑ̃t/ ADJ powerless; (*sexuellement*) impotent

impulsif, -ive /ɛ̃pylsif, iv/ 1 ADJ impulsive 2 NM,F impulsive person

impulsion /ɛ̃pylsjɔ̃/ NF ⓐ impulse; ~**s nerveuses** nerve impulses ⓑ (= *élan*) impetus; **l'**~ **donnée à l'économie** the boost given to the economy; **sous l'**~ **de leurs chefs/des circonstances** spurred on by their leaders/by circumstances

impulsivité /ɛ̃pylsivite/ NF impulsiveness

impunément /ɛ̃pynemɑ̃/ ADV with impunity

impuni, e /ɛ̃pyni/ ADJ unpunished

impunité /ɛ̃pynite/ NF impunity; **en toute** ~ with complete impunity

impur, e /ɛ̃pyr/ ADJ impure; (*Rel*) unclean

impureté /ɛ̃pyrte/ NF impurity

imputable /ɛ̃pytabl/ ADJ ⓐ [*faute, accident*] ~ **à** attributable to ⓑ (*Finance*) ~ **sur** chargeable to

imputer /ɛ̃pyte/ /TABLE 1/ VT ⓐ (= *attribuer à*) ~ **à** to impute to ⓑ (*Finance*) ~ **à** *ou* **sur** to charge to

imputrescible /ɛ̃pytresibl/ ADJ rotproof

INA /ina/ NM (ABBR = **Institut national de l'audiovisuel**) *library of radio and television archives*

inabordable /inabɔrdabl/ ADJ [*prix*] prohibitive; **les fruits sont** ~**s** fruit is terribly expensive

inacceptable /inakseptabl/ ADJ unacceptable

inaccessible /inaksesibl/ ADJ [*montagne, personne, but, endroit*] inaccessible

inachevé, e /inaʃ(ə)ve/ ADJ unfinished; **une impression d'**~ a feeling of incompleteness

inactif, -ive /inaktif, iv/ 1 ADJ [*vie, personne, capitaux*] inactive; [*marché*] slack; [*population*] non-working 2 NMPL **les** ~**s** those not in active employment

inaction /inaksjɔ̃/ NF inactivity

inactivité /inaktivite/ NF inactivity

inadaptation /inadaptasjɔ̃/ NF (*psychologique, sociale*) maladjustment; ~ **à** failure to adjust to

inadapté, e /inadapte/ ADJ [*personne, enfance*] maladjusted; [*outil, moyens*] unsuitable (**à** for); ~ **à** not adapted to; **un**

genre de vie complètement ~ **à ses ressources** a way of life quite inappropriate to his resources

inadéquat, e /inadekwa(t), kwat/ ADJ inadequate

inadéquation /inadekwasjɔ̃/ NF inadequacy

inadmissible /inadmisibl/ ADJ intolerable; [*propos*] unacceptable; **il est** ~ **de/que ...** it is unacceptable to/that ...

inadvertance /inadvertɑ̃s/ NF oversight; **par** ~ inadvertently

inaliénable /inaljenabl/ ADJ inalienable

inaltérable /inalterabl/ ADJ ⓐ [*métal, substance*] stable; [*ciel, cycle*] unchanging; ~ **à l'air** unaffected by exposure to the air; ~ **à la chaleur** heat-resistant ⓑ [*sentiments*] unchanging; [*principes, espoir*] steadfast

inamovible /inamɔvibl/ ADJ [*juge, fonctionnaire*] irremovable

inanimé, e /inanime/ ADJ [*matière*] inanimate; [*personne, corps*] unconscious

inanité /inanite/ NF [*de conversation*] inanity; [*de querelle, efforts*] pointlessness

inanition /inanisjɔ̃/ NF *weakness caused by lack of food*; **tomber/mourir d'**~ to faint with/die of hunger

inaperçu, e /inapɛrsy/ ADJ unnoticed; **passer** ~ to go unnoticed

inapplicable /inaplikabl/ ADJ [*loi*] unenforceable; **dans ce cas, la règle est** ~ in this case, the rule cannot be applied (**à** to)

inappréciable /inapresjabl/ ADJ [*aide, service*] invaluable; [*avantage*] inestimable

inapproprié, e /inaprɔprije/ ADJ [*terme, mesure, équipement*] inappropriate

inapte /inapt/ ADJ (= *incapable*) incapable; ~ **aux affaires/à certains travaux** unsuited to business/certain kinds of work; ~ **(au service)** (*Mil*) unfit (for military service)

inaptitude /inaptityd/ NF incapacity (**à qch** for sth, **à faire qch** for doing sth)

inarticulé, e /inartikyle/ ADJ [*mots, cris*] inarticulate

inassouvi, e /inasuvi/ ADJ [*haine, colère, désir*] unappeased

inattaquable /inatakabl/ ADJ unassailable; [*preuve*] irrefutable; [*conduite, réputation*] irreproachable

inattendu, e /inatɑ̃dy/ ADJ unexpected

inattentif, -ive /inatɑ̃tif, iv/ ADJ inattentive

inattention /inatɑ̃sjɔ̃/ NF lack of attention; **moment d'**~ momentary lapse of concentration

inaudible /inodibl/ ADJ inaudible

inaugural, e /inogyral, o/ ADJ (*mpl* **-aux**) [*séance, cérémonie*] inaugural; [*vol, voyage*] maiden; **discours** ~ opening speech

inauguration /inogyrasjɔ̃/ NF [*de monument, plaque*] unveiling; [*de route, bâtiment, manifestation, exposition*] opening; **cérémonie/discours d'**~ inaugural ceremony/lecture

inaugurer /inogyre/ /TABLE 1/ VT ⓐ [+ *monument, plaque*] to unveil; [+ *route, bâtiment, manifestation, exposition*] to open ⓑ (= *commencer*) [+ *politique, période*] to inaugurate; ~ **la saison** [*spectacle*] to open the season

inavouable /inavwabl/ ADJ [*procédé, motifs*] shameful

INC /iɛnse/ NM (ABBR = **Institut national de la consommation**) ≈ CA (*Brit*), ≈ CPSC (*US*)

incalculable /ɛ̃kalkylabl/ ADJ incalculable; **un nombre** ~ **de** countless numbers of

incandescence /ɛ̃kɑ̃desɑ̃s/ NF incandescence; **porter qch à** ~ to heat sth white-hot

incandescent, e /ɛ̃kɑ̃desɑ̃, ɑ̃t/ ADJ white-hot

incantation /ɛ̃kɑ̃tasjɔ̃/ NF incantation

incapable /ɛ̃kapabl/ 1 ADJ ~ **de faire qch** incapable of doing sth; **j'étais** ~ **de bouger** I was unable to move 2 NMF incompetent person; **c'est un** ~ he's useless*; **bande d'**~**s!** you useless lot!*

incapacité /ɛ̃kapasite/ NF ⓐ ~ **de** *ou* **à faire qch** inability to do sth; **être dans l'**~ **de faire qch** to be unable to do sth ⓑ (= *invalidité*) disability; ~ **totale/partielle/permanente**

total/partial/permanent disability; **~ de travail** industrial disablement ⓒ (*Droit*) incapacity

incarcération /ɛ̃kaʀseʀasjɔ̃/ NF imprisonment

incarcérer /ɛ̃kaʀseʀe/ /TABLE 6/ VT to incarcerate

incarnation /ɛ̃kaʀnasjɔ̃/ NF incarnation; **être l'~ de** to be the embodiment of

incarné, e /ɛ̃kaʀne/ (*ptp d'***incarner**) ADJ ⓐ incarnate ⓑ [*ongle*] ingrown

incarner /ɛ̃kaʀne/ /TABLE 1/ VT ⓐ (*Rel*) to incarnate ⓑ (= *représenter*) [*personne, œuvre*] to embody; [*acteur*] to play

incartade /ɛ̃kaʀtad/ NF unacceptable behaviour (*NonC*)

incassable /ɛ̃kasabl/ ADJ unbreakable

incendiaire /ɛ̃sɑ̃djɛʀ/ 1 NMF arsonist 2 ADJ [*balle, bombe*] incendiary; [*discours, article*] inflammatory; [*lettre d'amour, œillade*] passionate

incendie /ɛ̃sɑ̃di/ NM fire; **un ~ s'est déclaré dans …** a fire broke out in … ◆ **incendie criminel** arson (*NonC*) ◆ **incendie de forêt** forest fire

incendier /ɛ̃sɑ̃dje/ /TABLE 7/ VT ⓐ [+ *bâtiment*] to burn down; [+ *voiture, ville, récolte, forêt*] to burn ⓑ (= *réprimander*)* **~ qn** to give sb a thorough telling-off* (*Brit*)

incertain, e /ɛ̃sɛʀtɛ̃, ɛn/ ADJ uncertain; **~ de qch** uncertain about sth; **encore ~ sur la conduite à suivre** still uncertain about which course to follow

incertitude /ɛ̃sɛʀtityd/ NF uncertainty; **être dans l'~** to feel uncertain; **être dans l'~ sur ce qu'on doit faire** to be uncertain about what one should do

incessamment /ɛ̃sesamɑ̃/ ADV shortly; **il doit arriver ~** he'll be here any minute

incessant, e /ɛ̃sesɑ̃, ɑ̃t/ ADJ (= *continuel*) constant

inceste /ɛ̃sɛst/ NM incest

incestueux, -euse /ɛ̃sɛstɥø, øz/ ADJ [*relations, personne*] incestuous; [*enfant*] born of incest

inchangé, e /ɛ̃ʃɑ̃ʒe/ ADJ unchanged

incidemment /ɛ̃sidamɑ̃/ ADV in passing; (= *à propos*) by the way

incidence /ɛ̃sidɑ̃s/ NF (= *conséquence*) effect; **avoir une ~ sur** to affect

incident /ɛ̃sidɑ̃/ NM incident; **~ imprévu** unexpected incident; **c'est un ~ sans gravité** it was not a serious incident; **l'~ est clos** that's the end of the matter; **se dérouler sans ~(s)** to go off without incident ◆ **incident cardiaque** slight heart attack ◆ **incident diplomatique** diplomatic incident ◆ **incident de frontière** border incident ◆ **incident de parcours** minor setback ◆ **incident technique** technical hitch

incinérateur /ɛ̃sineʀatœʀ/ NM incinerator; **~ à ordures** refuse incinerator

incinération /ɛ̃sineʀasjɔ̃/ NF incineration; (*au crématorium*) cremation

incinérer /ɛ̃sineʀe/ /TABLE 6/ VT to incinerate; (*au crématorium*) to cremate; **se faire ~** to be cremated

inciser /ɛ̃size/ /TABLE 1/ VT to make an incision in; [+ *abcès*] to lance

incisif, -ive /ɛ̃sizif, iv/ 1 ADJ [*ton, style, réponse*] cutting 2 NF **incisive** (= *dent*) incisor

incision /ɛ̃sizjɔ̃/ NF [*d'écorce, arbre*] incision; [*d'abcès*] lancing; **pratiquer une ~ dans** to make an incision in

incitation /ɛ̃sitasjɔ̃/ NF (*au meurtre, à la révolte*) incitement (**à** to); (*à l'effort, au travail*) incentive (**à** to, **à faire qch** to do sth); **~ à la haine raciale** incitement to racial hatred; **~ financière/fiscale** financial/tax incentive

inciter /ɛ̃site/ /TABLE 1/ VT **~ qn à faire qch** to encourage sb to do sth; **cela les incite à la violence** that incites them to violence

incivilité /ɛ̃sivilite/ 1 NF (= *grossièreté*) incivility 2 **incivilités** antisocial behaviour (*sg*)

inclassable /ɛ̃klasabl/ ADJ unclassifiable

inclinaison /ɛ̃klinɛzɔ̃/ NF ⓐ (= *déclivité*) incline; [*de toit, barre, tuyau*] slope ⓑ (= *aspect*) [*de mur, mât, tour*] lean; [*d'appareil, de tête*] tilt; [*de navire*] list

inclination /ɛ̃klinasjɔ̃/ NF (= *penchant*) inclination; **suivre son ~** to follow one's own inclination

incliné, e /ɛ̃kline/ (*ptp d'***incliner**) ADJ [*toit*] sloping; [*mur*] leaning; [*siège*] tilted

incliner /ɛ̃kline/ /TABLE 1/ 1 VT ⓐ (= *pencher*) [+ *appareil, bouteille, dossier de siège*] to tilt; **~ la tête** to tilt one's head; (*pour saluer*) to give a slight bow

2 VI (*frm*) **~ à** to be inclined towards; **~ à penser/croire que …** to be inclined to think/believe that …

3 VPR **s'incliner** ⓐ to bow (**devant** before); **s'~ jusqu'à terre** to bow to the ground ⓑ (= *rendre hommage à*) **s'~ devant la supériorité de qn** to bow to sb's superiority; **il est venu s'~ devant la dépouille mortelle du président** he came to pay his last respects at the coffin of the president ⓒ (= *céder*) **s'~ devant l'autorité/la volonté de qn** to bow to sb's authority/wishes ⓓ (= *s'avouer battu*) **Marseille s'est incliné devant Saint-Étienne (par) 2 buts à 3** Marseilles lost to Saint-Étienne by 2 goals to 3 ⓔ [*arbre*] to bend over; [*mur*] to lean; [*navire*] to heel; [*toit*] to be sloping

inclure /ɛ̃klyʀ/ /TABLE 35/ VT to include; (= *joindre à un envoi*) [+ *billet, chèque*] to enclose

inclus, e /ɛ̃kly, yz/ (*ptp d'***inclure**) ADJ ⓐ (= *joint à un envoi*) enclosed ⓑ (= *compris*) [*frais*] included; **jusqu'au 10 mars ~** until March 10 inclusive; **jusqu'au 3ème chapitre ~** up to and including the 3rd chapter ⓒ (*Math*) **~ dans** [*ensemble*] included in; **A est ~ dans B** A is the subset of B

inclusion /ɛ̃klyzjɔ̃/ NF inclusion

incognito /ɛ̃kɔɲito/ 1 ADV incognito 2 NM **garder l'~ ou rester dans l'~** to remain incognito

incohérence /ɛ̃kɔeʀɑ̃s/ NF ⓐ [*de geste, propos, texte*] incoherence ⓑ (= *propos, acte, erreur*) inconsistency

incohérent, e /ɛ̃kɔeʀɑ̃, ɑ̃t/ ADJ [*geste, propos, texte*] incoherent; [*comportement, politique*] inconsistent

incollable /ɛ̃kɔlabl/ ADJ ⓐ **riz ~** non-stick rice ⓑ (= *imbattable*)* unbeatable; **il est ~** [*candidat*] he's got all the answers

incolore /ɛ̃kɔlɔʀ/ ADJ [*liquide*] colourless; [*verre, vernis*] clear; [*cirage*] neutral

incomber /ɛ̃kɔ̃be/ /TABLE 1/ VT INDIR ◆ **incomber à** (*frm*) [*devoirs, responsabilité*] to be incumbent upon; [*frais, réparations, travail*] to be the responsibility of

incombustible /ɛ̃kɔ̃bystibl/ ADJ incombustible

incommensurable /ɛ̃kɔmɑ̃syʀabl/ ADJ (= *immense*) huge

incommodant, e /ɛ̃kɔmɔdɑ̃, ɑ̃t/ ADJ [*odeur*] unpleasant; [*bruit*] annoying; [*chaleur*] uncomfortable

incommode /ɛ̃kɔmɔd/ ADJ [*position, situation*] awkward

incommoder /ɛ̃kɔmɔde/ /TABLE 1/ VT **~ qn** [*bruit*] to disturb sb; [*odeur, chaleur*] to bother sb; **être incommodé par** to be bothered by

incomparable /ɛ̃kɔ̃paʀabl/ ADJ incomparable

incompatibilité /ɛ̃kɔ̃patibilite/ NF incompatibility; **il y a ~ d'humeur entre les membres de cette équipe** the members of this team are temperamentally incompatible

incompatible /ɛ̃kɔ̃patibl/ ADJ incompatible

incompétence /ɛ̃kɔ̃petɑ̃s/ NF (= *incapacité*) incompetence; (= *ignorance*) ignorance

incompétent, e /ɛ̃kɔ̃petɑ̃, ɑ̃t/ 1 ADJ incompetent; (= *ignorant*) ignorant 2 NM,F incompetent

incomplet, -ète /ɛ̃kɔ̃plɛ, ɛt/ ADJ incomplete

incompréhensible /ɛ̃kɔ̃pʀeɑ̃sibl/ ADJ incomprehensible

incompréhensif, -ive /ɛ̃kɔ̃pʀeɑ̃sif, iv/ ADJ unsympathetic; **il s'est montré totalement ~** he was totally unsympathetic

incompréhension /ɛ̃kɔ̃pʀeɑ̃sjɔ̃/ NF lack of understanding (**envers** of); **cet article témoigne d'une ~ totale du problème** the article shows a total lack of understanding of the problem; **~ mutuelle** mutual incomprehension

incompressible /ɛ̃kɔ̃pʀesibl/ ADJ (*Droit*) [*peine*] to be served in full; **nos dépenses sont ~s** our expenses cannot be reduced

incompris, e /ɛ̃kɔ̃pʀi, iz/ ADJ misunderstood

inconcevable /ɛ̃kɔ̃s(ə)vabl/ ADJ inconceivable

inconciliable /ɛ̃kɔ̃siljabl/ ADJ incompatible

inconditionnel, -elle /ɛ̃kɔ̃disjɔnɛl/ 1 ADJ unconditional; **nous avons son appui ~** we have his wholehearted support 2 NM,F [d'homme politique, doctrine] ardent supporter; [d'écrivain, chanteur] ardent admirer; **les ~s des sports d'hiver** winter sports enthusiasts

inconfort /ɛ̃kɔ̃fɔʀ/ NM [de logement] lack of comfort; [de situation, position] unpleasantness; **vivre dans l'~** to live in uncomfortable surroundings

inconfortable /ɛ̃kɔ̃fɔʀtabl/ ADJ ⓐ [maison, meuble, position] uncomfortable ⓑ [situation] awkward

inconfortablement /ɛ̃kɔ̃fɔʀtabləmɑ̃/ ADV uncomfortably

incongru, e /ɛ̃kɔ̃gʀy/ ADJ ⓐ (= déplacé) [attitude, bruit] unseemly; [remarque] inappropriate ⓑ (= bizarre) [objet] incongruous; [situation] strange

incongruité /ɛ̃kɔ̃gʀyite/ NF ⓐ (= caractère déplacé) unseemliness; [de propos] incongruity ⓑ (= bizarrerie) [de situation] strangeness

inconnu, e /ɛ̃kɔny/ 1 ADJ unknown (**de** to); [odeur, sensation] unfamiliar; **son visage ne m'est pas ~** I know his face; **~ à cette adresse** not known at this address 2 NM,F stranger; **ne parle pas à des ~s** don't talk to strangers 3 NM **l'~** the unknown 4 NF **inconnue** (= élément inconnu) unknown factor; (Math) unknown

inconsciemment /ɛ̃kɔ̃sjamɑ̃/ ADV unconsciously

inconscience /ɛ̃kɔ̃sjɑ̃s/ NF ⓐ (physique) unconsciousness; **sombrer dans l'~** to lose consciousness ⓑ (morale) thoughtlessness; **c'est de l'~!** that's sheer madness!

inconscient, e /ɛ̃kɔ̃sjɑ̃, jɑ̃t/ 1 ADJ (= évanoui) unconscious; (= échappant à la conscience) [sentiment] subconscious; (= machinal) [mouvement] unconscious; (= irréfléchi) [décision, action, personne] thoughtless; **~ de** [événements extérieurs, danger] unaware of 2 NM (Psych) **l'~** the unconscious; **l'~ collectif** the collective unconscious 3 NM,F reckless person; **c'est un ~!** he must be mad!

inconséquent, e /ɛ̃kɔ̃sekɑ̃, ɑ̃t/ ADJ (= illogique) [comportement, personne] inconsistent; (= irréfléchi) [démarche, décision, personne] thoughtless

inconsidéré, e /ɛ̃kɔ̃sideʀe/ ADJ [action, promesse] rash; [démarche] ill-considered; [propos] thoughtless; **l'usage ~ d'engrais** the indiscriminate use of fertilizers; **prendre des risques ~s** to take unnecessary risks

inconsidérément /ɛ̃kɔ̃sideʀemɑ̃/ ADV thoughtlessly

inconsistant, e /ɛ̃kɔ̃sistɑ̃, ɑ̃t/ ADJ [idée] flimsy; [argumentation, intrigue, personnage, caractère] weak; [personne] colourless (Brit), colorless (US)

⚠ **inconsistant ≠ inconsistent**

inconsolable /ɛ̃kɔ̃sɔlabl/ ADJ [personne] inconsolable

inconstance /ɛ̃kɔ̃stɑ̃s/ NF (en amour) fickleness

inconstant, e /ɛ̃kɔ̃stɑ̃, ɑ̃t/ ADJ fickle

inconstitutionnel, -elle /ɛ̃kɔ̃stitysjɔnɛl/ ADJ unconstitutional

inconstructible /ɛ̃kɔ̃stʀyktibl/ ADJ [zone, terrain] unsuitable for building development

incontestable /ɛ̃kɔ̃tɛstabl/ ADJ indisputable

incontestablement /ɛ̃kɔ̃tɛstabləmɑ̃/ ADV unquestionably

incontesté, e /ɛ̃kɔ̃tɛste/ ADJ [autorité, fait] undisputed; **le maître ~** the undisputed master

incontinence /ɛ̃kɔ̃tinɑ̃s/ NF incontinence

incontinent, e /ɛ̃kɔ̃tinɑ̃, ɑ̃t/ ADJ [personne] incontinent

incontournable /ɛ̃kɔ̃tuʀnabl/ ADJ [réalité, fait] inescapable; [personnage, interlocuteur] key; [œuvre d'art] major; **un argument ~** an argument that can't be ignored; **c'est un livre ~** the book is essential reading

incontrôlable /ɛ̃kɔ̃tʀolabl/ ADJ (= irrépressible) uncontrollable

incontrôlé, e /ɛ̃kɔ̃tʀole/ ADJ uncontrolled

inconvenance /ɛ̃kɔ̃v(ə)nɑ̃s/ NF impropriety

inconvenant, e /ɛ̃kɔ̃v(ə)nɑ̃, ɑ̃t/ ADJ [comportement, parole, question] improper; [personne] ill-mannered

inconvénient /ɛ̃kɔ̃venjɑ̃/ NM drawback; **les avantages et les ~s** the advantages and disadvantages (**de** of); **l'~ c'est que ...** the one drawback is that ...; **il n'y a qu'un ~, c'est le prix!** there's only one drawback and that's the price; **si vous n'y voyez pas d'~ ...** if you have no objections ...

incorporation /ɛ̃kɔʀpɔʀasjɔ̃/ NF ⓐ (= mélange) [de substance, aliment] mixing ⓑ (= intégration) incorporation

incorporer /ɛ̃kɔʀpɔʀe/ /TABLE 1/ 1 VT ⓐ (= mélanger) [+ substance, aliment] to mix (**à, avec** with, into) ⓑ (= intégrer) to incorporate (**dans** into); **appareil photo avec flash incorporé** camera with built-in flash 2 VPR **s'incorporer** to integrate

incorrect, e /ɛ̃kɔʀɛkt/ ADJ ⓐ [terme] incorrect; [interprétation] faulty ⓑ (= impoli) [propos] rude; **il a été très ~ avec moi** he was very rude to me

incorrectement /ɛ̃kɔʀɛktəmɑ̃/ ADV [prononcer] incorrectly

incorrection /ɛ̃kɔʀɛksjɔ̃/ NF ⓐ (= terme impropre) impropriety ⓑ (= action inconvenante) improper behaviour (NonC) (Brit) ou behavior (NonC) (US)

incorrigible /ɛ̃kɔʀiʒibl/ ADJ [enfant, distraction] incorrigible; **être d'une ~ paresse** to be incorrigibly lazy

incorruptible /ɛ̃kɔʀyptibl/ 1 ADJ incorruptible 2 NMF incorruptible person

incrédule /ɛ̃kʀedyl/ ADJ incredulous; **d'un air ~** incredulously

incrédulité /ɛ̃kʀedylite/ NF incredulity

increvable /ɛ̃kʀəvabl/ ADJ ⓐ [pneu] puncture-proof ⓑ [personne]* tireless; [moteur]* indestructible

incriminer /ɛ̃kʀimine/ /TABLE 1/ VT [+ personne] to incriminate

incrochetable /ɛ̃kʀɔʃ(ə)tabl/ ADJ [serrure] burglar-proof

incroyable /ɛ̃kʀwajabl/ ADJ incredible

incroyablement /ɛ̃kʀwajabləmɑ̃/ ADV incredibly

incroyant, e /ɛ̃kʀwajɑ̃, ɑ̃t/ NM,F non-believer

incrustation /ɛ̃kʀystasjɔ̃/ NF ⓐ (= technique) inlaying; (= ornement) inlay ⓑ (TV) overlay

incruster /ɛ̃kʀyste/ /TABLE 1/ 1 VT ⓐ (Art) **~ qch de** to inlay sth with; **incrusté de** inlaid with ⓑ (TV) [+ nom, numéro] to superimpose 2 VPR **s'incruster** ⓐ **~ dans** to become embedded in ⓑ (= ne plus partir) [invité]* to take root ⓒ [radiateur, conduite] to become incrusted (**de** with) ⓓ (TV) [nom, numéro] to be superimposed

incubateur /ɛ̃kybatœʀ/ NM incubator

incubation /ɛ̃kybasjɔ̃/ NF [d'œuf, maladie] incubation; **période d'~** incubation period

inculpation /ɛ̃kylpasjɔ̃/ NF (= chef d'accusation) charge; **sous l'~ de** on a charge of; **notifier à qn son ~** to inform sb of the charge against him

inculper /ɛ̃kylpe/ /TABLE 1/ VT to charge (**de** with)

inculquer /ɛ̃kylke/ /TABLE 1/ VT **~ qch à qn** [+ principes, politesse, notions] to instil (Brit) ou instill (US) sth into sb

inculte /ɛ̃kylt/ ADJ ⓐ [terre] unfarmable ⓑ [esprit, personne] uneducated

incurable /ɛ̃kyʀabl/ ADJ incurable; **les malades ~s** the incurably ill

incursion /ɛ̃kyʀsjɔ̃/ NF foray (**en, dans** into)

incurvé, e /ɛ̃kyʀve/ (ptp d'**incurver**) ADJ curved

incurver /ɛ̃kyʀve/ /TABLE 1/ 1 VT to curve 2 VPR **s'incurver** to curve

Inde /ɛ̃d/ NF India

indécelable /ɛ̃des(ə)labl/ ADJ undetectable

indécemment /ɛ̃desamɑ̃/ ADV indecently

indécence /ɛ̃desɑ̃s/ NF [de posture, tenue, geste] indecency

indécent, e /ɛ̃desɑ̃, ɑ̃t/ ADJ ⓐ [posture, tenue, geste] indecent ⓑ [luxe] obscene; **avoir une chance ~e** to be disgustingly lucky

indéchiffrable /ɛ̃deʃifʀabl/ ADJ [code, écriture, partition] indecipherable; [personne, regard] inscrutable

indécis, e /ɛ̃desi, iz/ 1 ADJ ⓐ [personne] (par nature) indecisive; (temporairement) undecided (**sur, quant à** about) ⓑ (= vague) [sourire, pensée] vague; [contour] indistinct 2 NM,F indecisive person; (dans une élection) floating voter

indécision /ɛ̃desizjɔ̃/ NF (chronique) indecisiveness; (temporaire) indecision

indécrottable * /ɛ̃dekʀɔtabl/ ADJ (= incorrigible) **c'est un paresseux ~** he's hopelessly lazy

indéfendable /ɛ̃defɑ̃dabl/ ADJ indefensible

indéfini, e /ɛ̃defini/ ADJ [quantité, durée] indeterminate; (en grammaire) indefinite

indéfiniment /ɛ̃definimɑ̃/ ADV indefinitely; **je ne peux pas attendre ~** I can't wait forever

indéfinissable /ɛ̃definisabl/ ADJ indefinable

indélébile /ɛ̃delebil/ ADJ indelible

indélicat, e /ɛ̃delika, at/ ADJ (= grossier) tactless; (= malhonnête) dishonest

indélicatesse /ɛ̃delikatɛs/ NF (= grossièreté) tactlessness (NonC); (= acte malhonnête) indiscretion; **commettre des ~s** to do something dishonest

indemne /ɛ̃dɛmn/ ADJ (= sain et sauf) unscathed; **il est sorti ~ de l'accident** he came out of the accident unscathed

indemnisation /ɛ̃dɛmnizasjɔ̃/ NF (= action) indemnification; (= somme) indemnity; **l'~ a été fixée à 1 000 €** the indemnity was fixed at €1,000

indemniser /ɛ̃dɛmnize/ /TABLE 1/ VT (d'une perte) to compensate (**de** for); (de frais) to reimburse (**de** for); **se faire ~** to get compensation; **les victimes seront indemnisées** the victims will receive compensation

indemnité /ɛ̃dɛmnite/ NF (= dédommagement) compensation (NonC); [de frais] allowance ♦ **indemnité de chômage** unemployment benefit ♦ **indemnités journalières** daily allowance (of sickness benefit) ♦ **indemnité de licenciement** redundancy money ♦ **indemnité parlementaire** MP's salary ♦ **indemnité de rupture de contrat** contract termination penalty ♦ **indemnité de vie chère** cost of living allowance

indémodable /ɛ̃demɔdabl/ ADJ [livre] classic; **des vêtements ~s** clothes that will never go out of fashion

indéniable /ɛ̃denjabl/ ADJ undeniable; **c'est ~** there's no doubt about it

indéniablement /ɛ̃denjabləmɑ̃/ ADV undeniably

indépendamment /ɛ̃depɑ̃damɑ̃/ ADV **~ de** irrespective of

indépendance /ɛ̃depɑ̃dɑ̃s/ NF independence (**par rapport à** from); **~ d'esprit** independence of mind

indépendant, e /ɛ̃depɑ̃dɑ̃, ɑ̃t/ 1 ADJ ⓐ independent (**de** of); **pour des raisons ~es de ma volonté** for reasons beyond our control ⓑ (= séparé) **« à louer : chambre ~e »** "to let: self-contained room" ⓒ **travailleur ~** (non salarié) freelancer; (qui est son propre patron) self-employed person 2 NM,F (= non salarié) freelancer; (= petit patron) self-employed person

indépendantisme /ɛ̃depɑ̃dɑ̃tism/ NM separatism

indépendantiste /ɛ̃depɑ̃dɑ̃tist/ ADJ **le mouvement/le parti ~** the independence movement/party; **le leader ~** the leader of the independence movement

indéracinable /ɛ̃deʀasinabl/ ADJ [sentiment] ineradicable

indescriptible /ɛ̃dɛskʀiptibl/ ADJ indescribable

indésirable /ɛ̃deziʀabl/ ADJ, NMF undesirable; **effets ~s** [de médicament] side effects

indestructible /ɛ̃dɛstʀyktibl/ ADJ [objet, sentiment] indestructible

indétectable /ɛ̃detɛktabl/ ADJ undetectable

indéterminé, e /ɛ̃detɛʀmine/ ADJ ⓐ (= non précisé) [date, cause, nature] unspecified; [forme, longueur, quantité] indeterminate; **pour des raisons ~es** for reasons which were not specified ⓑ (= imprécis) [impression, sentiment] vague; [contours, goût] indeterminable

index /ɛ̃dɛks/ NM ⓐ (= doigt) index finger ⓑ (= liste alphabétique) index; **mettre à l'~** (fig) to blacklist

indexation /ɛ̃dɛksasjɔ̃/ NF indexation

indexé, e /ɛ̃dɛkse/ (ptp d'**indexer**) ADJ [prix] indexed (**sur** to); **salaire ~ sur l'inflation** salary index-linked to inflation

indexer /ɛ̃dɛkse/ /TABLE 1/ VT to index

indicateur, -trice /ɛ̃dikatœʀ, tʀis/ 1 NM,F (police) informer 2 NM (= compteur, cadran) gauge; (Écon, Finance) indicator; **~ économique** economic indicator 3 COMP ♦ **indicateur des chemins de fer** railway timetable

indicatif, -ive /ɛ̃dikatif, iv/ 1 ADJ indicative (**de** of); (en grammaire) indicative 2 NM ⓐ (Radio = mélodie) theme tune; **~ téléphonique** dialling code (Brit) ⓑ (en grammaire) **l'~** the indicative; **à l'~** in the indicative

indication /ɛ̃dikasjɔ̃/ NF ⓐ (= renseignement) information (NonC) ⓑ (= mention) **sans ~ de date/de prix** without a date stamp/price label ⓒ (= directive) instruction; **sauf ~ contraire** unless otherwise stated ⓓ **indications** [de médicament] indications

indice /ɛ̃dis/ 1 NM ⓐ (= élément d'information) clue ⓑ (en sciences, économie) index 2 COMP ♦ **indice du coût de la vie** cost of living index ♦ **indice d'écoute** audience rating ♦ **indice des prix** price index

indien, -ienne /ɛ̃djɛ̃, jɛn/ 1 ADJ Indian 2 NM,F **Indien(ne)** (d'Inde) Indian; (d'Amérique) Native American

indifféremment /ɛ̃difeʀamɑ̃/ ADV (= sans faire de distinction) indiscriminately; **fonctionner ~ au gaz ou à l'électricité** to run on either gas or electricity

indifférence /ɛ̃difeʀɑ̃s/ NF indifference (**à, pour** to); **avec ~** indifferently; **il a été renvoyé dans l'~ générale** nobody showed the slightest interest when he was dismissed

indifférenciable /ɛ̃difeʀɑ̃sjabl/ ADJ indistinguishable

indifférent, e /ɛ̃difeʀɑ̃, ɑ̃t/ ADJ [spectateur] indifferent (**à** to, towards); **ça le laisse ~** he is quite unconcerned about it; **leur souffrance ne peut laisser personne ~** it's impossible to be unmoved by their suffering

indifférer /ɛ̃difeʀe/ /TABLE 6/ VT **ça/il m'indiffère totalement** I'm totally indifferent to it/him

indigence /ɛ̃diʒɑ̃s/ NF ⓐ (= misère) destitution; **tomber/être dans l'~** to become/be destitute ⓑ (= médiocrité) [de scénario] mediocrity; **~ intellectuelle** intellectual poverty; **~ d'idées** dearth of ideas

indigène /ɛ̃diʒɛn/ 1 NMF native; (hum = personne du pays) local 2 ADJ [coutume] native; [animal, plante] indigenous; [population] local

indigent, e /ɛ̃diʒɑ̃, ɑ̃t/ 1 ADJ ⓐ (matériellement) [personne] destitute ⓑ (intellectuellement) [film] poor; [imagination] mediocre 2 NM,F pauper; **les ~s** the destitute

indigeste /ɛ̃diʒɛst/ ADJ indigestible; **son livre est totalement ~** his book is really heavy going

indigestion /ɛ̃diʒɛstjɔ̃/ NF indigestion (NonC); **j'ai une ~ de films policiers** I've been watching too many detective films

indignation /ɛ̃diɲasjɔ̃/ NF indignation; **avec ~** indignantly

indigne /ɛ̃diɲ/ ADJ ⓐ **~ de** [+ amitié, confiance, personne] unworthy of; **c'est ~ de vous** [travail, emploi] it's beneath you; [conduite, attitude] it's unworthy of you ⓑ (= abject) [acte] shameful; [mère] unworthy

indigné, e /ɛ̃diɲe/ (ptp d'**indigner**) ADJ indignant; **je suis ~ !** I am outraged!

indigner /ɛ̃diɲe/ /TABLE 1/ 1 VT **~ qn** to make sb indignant 2 VPR **s'indigner** to get indignant (**de** about)

indigo /ɛ̃digo/ ADJ INV indigo

indiqué, e /ɛ̃dike/ (ptp d'**indiquer**) ADJ ⓐ (= conseillé) advisable; **ce n'est pas très ~** it's not really advisable

ⓑ (= *adéquat, prescrit*) [*médicament, traitement*] appropriate; **pour ce travail M. Legrand est tout ~** Mr Legrand is the obvious choice for the job; **c'était un sujet tout ~** it was obviously an appropriate subject

indiquer /ɛ̃dike/ /TABLE 1/ VT ⓐ (= *désigner*) to point out; **~ le chemin à qn** to give directions to sb
ⓑ (= *montrer*) [*flèche, voyant, écriteau*] to show
ⓒ (= *dire*) [*personne*] [+ *heure, solution*] to tell; **il m'a indiqué le mode d'emploi** he told me how to use it
ⓓ (= *fixer*) [+ *heure, date, rendez-vous*] to give; **à l'heure indiquée, je ...** at the appointed time, I ...; **à la date indiquée** on the agreed day
ⓔ (= *faire figurer*) [*étiquette, plan, carte*] to show; **c'est indiqué sur la facture ?** is it given on the invoice?
ⓕ (= *dénoter*) to indicate; **tout indique que les prix vont augmenter** everything indicates that prices are going to rise; **cela indique une certaine hésitation de sa part** it shows a certain hesitation on his part

indirect, e /ɛ̃diʀɛkt/ ADJ indirect; **d'une manière ~e** in a roundabout way

indirectement /ɛ̃diʀɛktəmɑ̃/ ADV indirectly; [*savoir, apprendre*] in a roundabout way

indiscipline /ɛ̃disiplin/ NF lack of discipline

indiscipliné, e /ɛ̃disipline/ ADJ [*troupes, élève*] undisciplined

indiscret, -ète /ɛ̃diskʀɛ, ɛt/ ADJ ⓐ (= *trop curieux*) [*personne*] inquisitive; [*question*] indiscreet; **à l'abri des regards ~s** away from prying eyes; **serait-ce ~ de vous demander ...?** would it be indiscreet to ask you ...?
ⓑ (= *bavard*) [*personne*] indiscreet

indiscrétion /ɛ̃diskʀesjɔ̃/ NF ⓐ (= *curiosité*) [*de question*] indiscretion; [*de personne*] inquisitiveness; **excusez mon ~, mais quel âge avez-vous ?** I hope you don't mind me asking, but how old are you?; **elle pousse l'~ jusqu'à lire mon courrier** she's so inquisitive she even reads my mail; **sans ~, combien l'avez-vous payé ?** would you mind if I asked how much you paid for it?
ⓑ (= *tendance à trop parler*) indiscretion
ⓒ (= *parole*) indiscreet remark; (= *action*) indiscretion; **commettre une ~** to commit an indiscretion; **les ~s de la presse à scandale** tabloid revelations

indiscutable /ɛ̃diskytabl/ ADJ indisputable

indiscutablement /ɛ̃diskytabləmɑ̃/ ADV unquestionably

indiscuté, e /ɛ̃diskyte/ ADJ undisputed

indispensable /ɛ̃dispɑ̃sabl/ ADJ indispensable; **ces outils/précautions sont ~s** these tools/precautions are essential; **il est ~ que/de** it is vital that/to; **savoir se rendre ~** to make o.s. indispensable

indisponible /ɛ̃dispɔnibl/ ADJ not available (*attrib*)

indisposé, e /ɛ̃dispoze/ (*ptp d'***indisposer**) ADJ indisposed

indisposer /ɛ̃dispoze/ /TABLE 1/ VT (= *rendre malade*) [*aliment, chaleur*] to upset; (= *mécontenter*) [*personne, remarque*] to antagonize; **tout l'indispose !** everything annoys him!

indisposition /ɛ̃dispozisjɔ̃/ NF **elle a eu une légère ~** she didn't feel very well

indissociable /ɛ̃disɔsjabl/ ADJ [*éléments, problèmes*] indissociable (**de** from); **être un élément ~ de qch** to be an integral part of sth

indissoluble /ɛ̃disɔlybl/ ADJ indissoluble

indistinct, e /ɛ̃distɛ̃(kt), ɛ̃kt/ ADJ indistinct; **des voix ~es** a confused murmur of voices

indistinctement /ɛ̃distɛ̃ktəmɑ̃/ ADV ⓐ (= *confusément*) indistinctly ⓑ (= *ensemble*) indiscriminately; **tuant ~ femmes et enfants** killing women and children indiscriminately

individu /ɛ̃dividy/ NM individual; **c'est un drôle d'~** he's an odd sort

individualiser /ɛ̃dividɥalize/ /TABLE 1/ VT [+ *solutions, horaire, enseignement*] to tailor to suit individual needs

individualiste /ɛ̃dividɥalist/ 1 ADJ individualistic 2 NMF individualist

individuel, -elle /ɛ̃dividɥɛl/ ADJ (= *propre à l'individu*) individual; [*responsabilité, ordinateur*] personal; **propriété individuelle** personal property; **chambre individuelle** (*dans un hôtel*) single room; **sport ~** individual sport

individuellement /ɛ̃dividɥɛlmɑ̃/ ADV individually; **pris ~, ils sont très sages** taken individually, they're very well-behaved

indivisible /ɛ̃divizibl/ ADJ indivisible

Indochine /ɛ̃dɔʃin/ NF **l'~** Indo-China

indo-européen, -enne /ɛ̃doøʀɔpeɛ̃, ɛn/ ADJ Indo-European

indolence /ɛ̃dɔlɑ̃s/ NF idleness

indolent, e /ɛ̃dɔlɑ̃, ɑ̃t/ ADJ [*personne*] idle; [*air, geste, regard*] indolent

indolore /ɛ̃dɔlɔʀ/ ADJ painless

indomptable /ɛ̃dɔ̃(p)tabl/ ADJ [*animal*] untameable; [*caractère, courage, volonté*] invincible

indompté, e /ɛ̃dɔ̃(p)te/ ADJ [*animal*] untamed; [*cheval*] unbroken; [*énergie*] unharnessed

Indonésie /ɛ̃dɔnezi/ NF Indonesia

indonésien, -ienne /ɛ̃dɔnezjɛ̃, jɛn/ 1 ADJ Indonesian 2 NM (= *langue*) Indonesian 3 NM,F **Indonésien(ne)** Indonesian

indu, e /ɛ̃dy/ ADJ [*avantage*] unwarranted; **à une heure ~e** at some ungodly hour

indubitable /ɛ̃dybitabl/ ADJ [*preuve*] indubitable; **c'est ~** there is no doubt about it

indubitablement /ɛ̃dybitabləmɑ̃/ ADV undoubtedly

induction /ɛ̃dyksjɔ̃/ NF induction

induire /ɛ̃dɥiʀ/ /TABLE 38/ VT ⓐ **~ qn en erreur** to mislead sb ⓑ (= *occasionner*) to lead to

induit, e /ɛ̃dɥi, it/ ADJ **effet ~** side-effect; **emplois ~s** spinoff jobs

indulgence /ɛ̃dylʒɑ̃s/ NF [*de parent, critique, commentaire*] indulgence; [*de juge, examinateur*] leniency; **il a demandé l'~ des jurés** he asked the jury to show leniency; **avec ~** leniently; **sans ~** [*jugement*] stern; [*portrait, critique*] brutally frank

indulgent, e /ɛ̃dylʒɑ̃, ɑ̃t/ ADJ [*parent, juge, examinateur*] lenient (**envers** towards); [*critique, commentaire, regard*] indulgent; **se montrer ~** [*juge*] to show leniency; [*examinateur, parent*] to be lenient

indûment /ɛ̃dymɑ̃/ ADV [*protester*] unduly; [*détenir*] wrongfully

industrialisation /ɛ̃dystʀijalizasjɔ̃/ NF industrialization

industrialisé, e /ɛ̃dystʀijalize/ (*ptp d'***industrialiser**) ADJ industrialized; **région fortement ~e** heavily industrialized area

industrialiser /ɛ̃dystʀijalize/ /TABLE 1/ VT to industrialize 2 VPR **s'industrialiser** to become industrialized

industrie /ɛ̃dystʀi/ NF industry; **~ légère/lourde** light/heavy industry ♦ **l'industrie aéronautique** the aviation industry ♦ **l'industrie automobile** the car *ou* automobile (*US*) industry ♦ **l'industrie chimique** the chemical industry ♦ **l'industrie cinématographique** the film industry ♦ **l'industrie du luxe** the luxury goods industry ♦ **l'industrie pharmaceutique** the pharmaceutical industry ♦ **l'industrie du spectacle** the entertainment business

industriel, -elle /ɛ̃dystʀijɛl/ 1 ADJ industrial; **aliments ~s** mass-produced food; **pain ~** factory-baked bread; **équipement à usage ~** heavy-duty equipment; **élevage ~** (= *système*) factory farming 2 NM (= *fabricant*) industrialist

inébranlable /inebʀɑ̃labl/ ADJ [*personne, foi, résolution*] unshakeable; [*certitude*] unwavering; [*conviction*] steadfast

inédit, e /inedi, it/ ADJ ⓐ (= *non publié*) previously unpublished; **ce film est ~ en France** this film has never been released in France ⓑ (= *nouveau*) new

ineffable /inefabl/ ADJ ineffable

ineffaçable /inefasabl/ ADJ indelible

inefficace /inefikas/ ADJ [*remède, mesure, traitement*] ineffective; [*employé, machine*] inefficient

inefficacité /inefikasite/ NF [*de remède, mesure*] ineffectiveness; [*de machine, employé*] inefficiency

inégal, e (*mpl* **-aux**) /inegal, o/ ADJ ⓐ (= *différent*) unequal; **de force ~e** of unequal strength ⓑ (= *irrégulier*) [*sol, répartition*] uneven; [*sportif*] erratic; **de qualité ~e** of varying quality ⓒ (= *disproportionné*) [*lutte, partage*] unequal

inégalable /inegalabl/ ADJ incomparable

inégalé, e /inegale/ ADJ [*record*] unequalled; [*charme, beauté*] unrivalled

inégalité /inegalite/ NF ⓐ (= *différence*) inequality; **l'~ de traitement entre hommes et femmes** the unequal treatment of men and women; **les ~s sociales** social inequalities ⓑ (= *irrégularité*) [*de sol, répartition*] unevenness

inélégance /inelegãs/ NF [*de procédé*] discourtesy

inélégant, e /inelegã, ãt/ ADJ [*procédé*] discourteous

inéligibilité /inelijibilite/ NF ineligibility

inéligible /inelijibl/ ADJ ineligible

inéluctable /inelyktabl/ ADJ inescapable

inéluctablement /inelyktabləmã/ ADV inescapably

inénarrable /inenaʀabl/ ADJ (= *désopilant*) hilarious

inenvisageable /inãvizaʒabl/ ADJ unthinkable

inepte /inɛpt/ ADJ inept

ineptie /inɛpsi/ NF ineptitude; (= *idée*) nonsense (*NonC*); **dire des ~s** to talk nonsense

inépuisable /inepɥizabl/ ADJ inexhaustible; **il est ~ sur ce sujet** he could talk for ever on that subject

inéquitable /inekitabl/ ADJ inequitable

inerte /inɛʀt/ ADJ (= *immobile*) lifeless; (= *sans réaction*) passive; [*gaz*] inert

inertie /inɛʀsi/ NF [*de personne*] inertia; [*d'administration*] apathy

inespéré, e /inɛspeʀe/ ADJ unexpected

inesthétique /inɛstetik/ ADJ [*construction, cicatrice*] unsightly

inestimable /inɛstimabl/ ADJ [*objet, tableau*] priceless; [*aide*] invaluable

inévitable /inevitabl/ ADJ [*accident*] unavoidable; **c'était ~!** it was inevitable!

inévitablement /inevitabləmã/ ADV inevitably

inexact, e /inɛgza(kt), akt/ ADJ [*renseignement, calcul, traduction*] inaccurate; **non, c'est ~** no, that's wrong

inexactitude /inɛgzaktityd/ NF inaccuracy

inexcusable /inɛkskyzabl/ ADJ [*faute, action*] inexcusable; **vous êtes ~** it was inexcusable of you

inexistant, e /inɛgzistã, ãt/ ADJ [*service d'ordre, réseau téléphonique, aide*] nonexistent; **quant à son mari, il est ~** (*péj*) as for her husband, he's a complete nonentity

inexorable /inɛgzɔʀabl/ ADJ inexorable

inexorablement /inɛgzɔʀabləmã/ ADV inexorably

inexpérience /inɛkspeʀjãs/ NF inexperience

inexpérimenté, e /inɛkspeʀimãte/ ADJ [*personne*] inexperienced; [*gestes*] inexpert

inexplicable /inɛksplikabl(ə)/ ADJ, NM inexplicable

inexplicablement /inɛksplikabləmã/ ADV inexplicably

inexpliqué, e /inɛksplike/ ADJ unexplained

inexploitable /inɛksplwatabl/ ADJ unexploitable; [*filon*] unworkable

inexploité, e /inɛksplwate/ ADJ unexploited; [*talent, ressources*] untapped

inexplorable /inɛksplɔʀabl/ ADJ unexplorable

inexploré, e /inɛksplɔʀe/ ADJ unexplored

inexpressif, -ive /inɛkspʀesif, iv/ ADJ [*visage, regard*] expressionless

inexprimable /inɛkspʀimabl/ ADJ, NM inexpressible

in extenso /inɛkstɛ̃so/ LOC ADV [*publier*] in full

in extremis /inɛkstʀemis/ **1** LOC ADV [*sauver, arriver*] at the last minute **2** LOC ADJ [*sauvetage, succès*] last-minute

inextricable /inɛkstʀikabl/ ADJ inextricable

infaillible /ɛ̃fajibl/ ADJ [*méthode, remède, personne*] infallible; [*instinct*] unerring

infailliblement /ɛ̃fajibləmã/ ADV (= *à coup sûr*) without fail

infaisable /ɛ̃fəzabl/ ADJ impossible

infamant, e /ɛ̃famã, ãt/ ADJ [*accusation*] libellous; [*propos*] defamatory

infâme /ɛ̃fam/ ADJ loathsome; [*action*] unspeakable; [*personne*] despicable; [*nourriture, odeur, taudis*] disgusting

infamie /ɛ̃fami/ NF (= *honte*) infamy; **c'est une ~** it's absolutely scandalous; **dire des ~s sur le compte de qn** to make slanderous remarks about sb

infanterie /ɛ̃fãtʀi/ NF infantry

infantile /ɛ̃fãtil/ ADJ (= *puéril*) childish; **maladies ~s** childhood illnesses

infantiliser /ɛ̃fãtilize/ /TABLE 1/ VT to infantilize

infarctus /ɛ̃faʀktys/ NM coronary; **~ du myocarde** coronary thrombosis

infatigable /ɛ̃fatigabl/ ADJ [*personne*] tireless

infect, e /ɛ̃fɛkt/ ADJ [*goût, nourriture, vin*] revolting; [*temps, odeur*] foul

infecter /ɛ̃fɛkte/ /TABLE 1/ **1** VT [+ *atmosphère, eau*] to contaminate; [+ *personne*] to infect **2** VPR **s'infecter** [*plaie*] to become infected

infectieux, -ieuse /ɛ̃fɛksjø, jøz/ ADJ infectious

infection /ɛ̃fɛksjɔ̃/ NF infection; **quelle ~!** (= *puanteur*) what a stench!

inférer /ɛ̃feʀe/ /TABLE 6/ VT to infer (**de** from)

inférieur, e /ɛ̃feʀjœʀ/ **1** ADJ ⓐ (*dans l'espace, dans une hiérarchie*) lower ⓑ [*qualité*] inferior (**à** to); [*nombre, quantité*] smaller; **~ à** less than; **il habite à l'étage ~** he lives on the floor below; **les notes ~es à 10** marks below 10 **2** NM,F inferior

infériorité /ɛ̃feʀjɔʀite/ NF inferiority; **en position d'~** in an inferior position

infernal, e (*mpl* **-aux**) /ɛ̃fɛʀnal, o/ ADJ ⓐ (= *intolérable*) [*bruit, chaleur*] infernal; [*allure, cadence*] furious; [*enfant*] impossible; **c'est ~!** it's sheer hell! ⓑ [*spirale, engrenage*] vicious ⓒ (= *de l'enfer*) [*divinité, puissances*] of hell

infertile /ɛ̃fɛʀtil/ ADJ infertile

infester /ɛ̃fɛste/ /TABLE 1/ VT to infest; **infesté de moustiques** infested with mosquitoes

infichu, e* /ɛ̃fify/ ADJ **~ de faire qch** totally incapable of doing sth; **je suis ~ de me rappeler où je l'ai mis** I can't remember where the hell I put it*

infidèle /ɛ̃fidɛl/ **1** ADJ unfaithful (**à qn** to sb) **2** NMF (*Rel*) infidel

infidélité /ɛ̃fidelite/ NF infidelity (**à** to); **elle lui a pardonné ses ~s** she forgave him his infidelities; **faire une ~ à qn** to be unfaithful to sb

infiltration /ɛ̃filtʀasjɔ̃/ NF [*d'espions*] infiltration; [*de liquide*] seepage; **il y a des ~s dans la cave** water is leaking into the cellar

infiltrer /ɛ̃filtʀe/ /TABLE 1/ **1** VT [+ *groupe, réseau*] to infiltrate **2** VPR **s'infiltrer** [*liquide*] to seep in; [*lumière*] to filter through; [*espions, idées*] to infiltrate

infime /ɛ̃fim/ ADJ (= *minuscule*) tiny

infini, e /ɛ̃fini/ **1** ADJ infinite; **avec d'~es précautions** with infinite precautions
2 NM **l'~** (*Philo*) the infinite; (*Math, Photo*) infinity
♦ **à l'infini** [*multiplier*] to infinity; [*se diversifier, faire varier*] infinitely

infiniment /ɛ̃finimã/ ADV ⓐ (= *immensément*) infinitely ⓑ (= *beaucoup*) **~ long** immensely long; **je vous suis ~ reconnaissant** I am extremely grateful; **je regrette ~** I'm extremely sorry

infinité /ɛ̃finite/ NF infinity

infinitésimal, e (*mpl* **-aux**) /ɛ̃finitezimal, o/ ADJ infinitesimal

infinitif, -ive /ɛ̃finitif, iv/ ADJ, NM infinitive; **à l'~** in the infinitive

infirme /ɛ̃fiʀm/ 1 ADJ [*personne*] disabled; (*avec l'âge*) infirm; **l'accident l'avait rendu ~** the accident had left him crippled; **être ~ de naissance** to be disabled from birth 2 NMF disabled person; **les ~s** the disabled

infirmer /ɛ̃fiʀme/ /TABLE 1/ VT (= *démentir*) to invalidate; (*Droit*) [+ *jugement*] to quash

infirmerie /ɛ̃fiʀməʀi/ NF infirmary; [*d'école*] sickroom; [*de navire*] sick bay

infirmier, -ière /ɛ̃fiʀmje, jɛʀ/ NM,F nurse; **infirmière chef** sister (*Brit*), head nurse (*US*)

infirmité /ɛ̃fiʀmite/ NF (= *invalidité*) disability

inflammable /ɛ̃flamabl/ ADJ inflammable

inflammation /ɛ̃flamasjɔ̃/ NF (*Méd*) inflammation

inflation /ɛ̃flasjɔ̃/ NF inflation

inflationniste /ɛ̃flasjɔnist/ ADJ inflationary

infléchir /ɛ̃fleʃiʀ/ /TABLE 2/ 1 VT [+ *politique*] to change the emphasis of; [+ *tendance, stratégie*] to modify; [+ *position*] to soften; [+ *décision*] to affect; **pour ~ la courbe du chômage** to bring down unemployment 2 VPR **s'infléchir** [*politique*] to shift

inflexibilité /ɛ̃fleksibilite/ NF inflexibility

inflexible /ɛ̃fleksibl/ ADJ inflexible

inflexion /ɛ̃fleksjɔ̃/ NF [*de voix, courbe*] inflexion; [*de politique*] reorientation

infliger /ɛ̃fliʒe/ /TABLE 3/ VT [+ *défaite, punition, supplice*] to inflict (**à** on); [+ *amende*] to impose (**à** on)

influençable /ɛ̃flyɑ̃sabl/ ADJ easily influenced

influence /ɛ̃flyɑ̃s/ NF influence; **avoir beaucoup d'~ sur qn** to have a lot of influence with sb; **avoir une ~ bénéfique/néfaste sur** [*climat, médicament*] to have a beneficial/harmful effect on; **sous l'~ de** under the influence of; **zone/sphère d'~** area/sphere of influence

influencer /ɛ̃flyɑ̃se/ /TABLE 3/ VT to influence; **ne te laisse pas ~** don't let yourself be influenced

influent, e /ɛ̃flyɑ̃, ɑ̃t/ ADJ influential

influer /ɛ̃flye/ /TABLE 1/ VT INDIR ◆ **influer sur** to influence

info * /ɛ̃fo/ NF (ABBR = **information**) **les ~s** (*Presse, TV*) the news

infobulle /ɛ̃fobyl/ NF (*Ordin*) tooltip

infographie ® /ɛ̃fografi/ NF computer graphics

infondé, e /ɛ̃fɔ̃de/ ADJ unfounded

informateur, -trice /ɛ̃fɔʀmatœʀ, tʀis/ NM,F informant; (*Police*) informer; (*Presse*) source

informaticien, -ienne /ɛ̃fɔʀmatisjɛ̃, jɛn/ NM,F computer scientist

information /ɛ̃fɔʀmasjɔ̃/ NF ⓐ (= *renseignement*) piece of information; (*Presse, TV = nouvelle*) news item; **voilà une ~ intéressante** here's an interesting piece of information; **écouter/regarder les ~s** to listen to/watch the news; **nous recevons une ~ de dernière minute** we're just getting some breaking news; **bulletin/flash d'~s** news bulletin/flash ⓑ (= *action d'informer*) information; **pour votre ~, sachez que je suis avocat** for your information, I'm a lawyer; **réunion d'~** briefing; **journal d'~** quality newspaper ⓒ (*Informatique*) **traitement de l'~** data processing ⓓ **~ judiciaire** inquiry

informatique /ɛ̃fɔʀmatik/ 1 NF computing; (= *sujet d'études*) computer studies; **il est dans l'~** he's in computers 2 ADJ computer

informatisation /ɛ̃fɔʀmatizasjɔ̃/ NF computerization

informatiser /ɛ̃fɔʀmatize/ /TABLE 1/ VT to computerize

informe /ɛ̃fɔʀm/ ADJ shapeless

informel, -elle /ɛ̃fɔʀmel/ ADJ informal

informer /ɛ̃fɔʀme/ /TABLE 1/ 1 VT to inform; **~ qn de qch** to inform sb of sth; **nous vous informons que nos bureaux ouvrent à 8 heures** for your information our offices open at 8 a.m.; **on vous a mal informé** you've been misinformed 2 VPR **s'informer** to find out (**de** about)

infortune /ɛ̃fɔʀtyn/ NF misfortune; **le récit de ses ~s** his tale of woes; **compagnon/frère/sœur d'~** companion/ brother/sister in misfortune

infortuné, e /ɛ̃fɔʀtyne/ ADJ [*personne*] hapless

infra /ɛ̃fʀa/ ADV **voir ~** see below

infraction /ɛ̃fʀaksjɔ̃/ NF (= *délit*) offence; **~ à** [+ *loi, règlement, sécurité*] breach of; **~ au code de la route** driving offence; **être en ~** [*automobiliste*] to be committing an offence; **~ fiscale** breach of the tax code

infranchissable /ɛ̃fʀɑ̃ʃisabl/ ADJ impassable; [*obstacle*] insurmountable

infrarouge /ɛ̃fʀaʀuʒ/ ADJ infrared

infrastructure /ɛ̃fʀastʀyktyʀ/ NF infrastructure

infréquentable /ɛ̃fʀekɑ̃tabl/ ADJ **ce sont des gens ~s** they're people you don't want anything to do with

infroissable /ɛ̃fʀwasabl/ ADJ crease-resistant

infructueux, -euse /ɛ̃fʀyktɥø, øz/ ADJ [*tentative, démarche*] unsuccessful

infuser /ɛ̃fyze/ /TABLE 1/ VI (**faire**) **~** [+ *tisane*] to infuse; [+ *thé*] to brew

infusion /ɛ̃fyzjɔ̃/ NF herb tea; **~ de tilleul** lime tea; **boire une ~** to drink some herb tea

ingénier (s') /ɛ̃ʒenje/ /TABLE 7/ VPR **s'~ à faire qch** to do one's utmost to do sth

ingénierie /ɛ̃ʒeniʀi/ NF engineering

ingénieur /ɛ̃ʒenjœʀ/ NM engineer; **~ agronome/en génie chimique** agricultural/chemical engineer; **~ système** systems engineer; **~ du son** sound engineer; **~ des travaux publics** civil engineer

ingénieux, -ieuse /ɛ̃ʒenjø, jøz/ ADJ clever

ingéniosité /ɛ̃ʒenjozite/ NF cleverness

ingénu, e /ɛ̃ʒeny/ 1 ADJ ingenuous 2 NM,F ingenuous person 3 NF **ingénue** (*Théât*) ingénue; **jouer les ~es** (*fig*) to pretend to be all sweet and innocent

ingénuité /ɛ̃ʒenɥite/ NF naivety; **en toute ~** in all innocence

ingérable /ɛ̃ʒeʀabl/ ADJ unmanageable

ingérence /ɛ̃ʒeʀɑ̃s/ NF interference; **le devoir d'~** the duty to intervene

ingérer /ɛ̃ʒeʀe/ /TABLE 6/ VT to ingest

ingrat, e /ɛ̃gʀa, at/ 1 ADJ [*personne*] ungrateful (**envers** towards); [*tâche, métier, sujet*] unrewarding; [*sol*] barren; [*visage*] unprepossessing 2 NM,F ungrateful person; **tu n'es qu'un ~!** how ungrateful of you!

ingratitude /ɛ̃gʀatityd/ NF ingratitude (**envers** towards)

ingrédient /ɛ̃gʀedjɑ̃/ NM ingredient

ingurgiter /ɛ̃gyʀʒite/ /TABLE 1/ VT [+ *nourriture*] to swallow; [+ *vin*] to gulp down; **faire ~ de la nourriture/une boisson à qn** to force food/a drink down sb; **faire ~ des connaissances à qn** to stuff knowledge into sb

inhabitable /inabitabl/ ADJ uninhabitable

inhabité, e /inabite/ ADJ [*région*] uninhabited; [*maison*] unoccupied

inhabituel, -elle /inabitɥel/ ADJ unusual

inhalation /inalasjɔ̃/ NF inhalation; **faire des ~s** to use steam inhalations

inhaler /inale/ /TABLE 1/ VT to inhale

inhérent, e /ineʀɑ̃, ɑ̃t/ ADJ inherent (**à** in)

inhiber /inibe/ /TABLE 1/ VT (*Physiol, Psych*) to inhibit

inhibition /inibisjɔ̃/ NF inhibition

inhospitalier, -ière /inɔspitalje, jɛʀ/ ADJ inhospitable

inhumain, e /inymɛ̃, ɛn/ ADJ inhuman

inhumation /inymasjɔ̃/ NF burial

inhumer /inyme/ /TABLE 1/ VT to bury

inimaginable /inimaʒinabl/ ADJ unimaginable; **c'est ~ ce qu'il peut être têtu!** he's unbelievably stubborn!

inimitable /inimitabl/ ADJ inimitable

inimitié /inimitje/ NF enmity

ininflammable /inɛ̃flamabl/ ADJ nonflammable

inintelligible /inɛ̃teliʒibl/ ADJ unintelligible

inintéressant, e /inɛ̃teʀesɑ̃, ɑ̃t/ ADJ uninteresting

ininterrompu, e /inɛ̃teʀɔ̃py/ ADJ [suite, ligne, file de voitures] unbroken; [flot, vacarme] nonstop; [effort, travail] unremitting; **12 heures de sommeil ~** 12 hours' uninterrupted sleep

inique /inik/ ADJ iniquitous

iniquité /inikite/ NF iniquity

initial, e (mpl **-iaux**) /inisjal, jo/ 1 ADJ initial 2 NF **initiale** initial; **mettre ses ~es sur qch** to initial sth

initialement /inisjalmɑ̃/ ADV initially

initialiser /inisjalize/ /TABLE 1/ VT (Informatique) to initialize

initiateur, -trice /inisjatœʀ, tʀis/ NM,F initiator

initiation /inisjasjɔ̃/ NF initiation (**à** into); **~ à la linguistique** (titre d'ouvrage) introduction to linguistics; **stage d'~ à l'informatique** introductory course in computing

initiatique /inisjatik/ ADJ [rite, cérémonie] initiation; **parcours** ou **voyage ~** initiatory voyage ou journey

initiative /inisjativ/ NF initiative; **prendre l'~ de qch/de faire qch** to take the initiative for sth/in doing sth; **avoir de l'~** to have initiative; **~ de paix** peace initiative; **à** ou **sur l'~ de qn** on sb's initiative; **de sa propre ~** on his own initiative

initié, e /inisje/ (ptp d'**initier**) 1 ADJ initiated 2 NM,F initiated person; **les ~s** the initiated

initier /inisje/ /TABLE 7/ 1 VT ⓐ [+ personne] to initiate (**à** into); **~ qn aux joies de la voile** to introduce sb to the joys of sailing ⓑ [+ enquête, dialogue, politique] to initiate 2 VPR **s'initier** to become initiated (**à** into)

injectable /ɛ̃ʒɛktabl/ ADJ injectable

injecté, e /ɛ̃ʒɛkte/ (ptp d'**injecter**) ADJ **yeux ~s de sang** bloodshot eyes

injecter /ɛ̃ʒɛkte/ /TABLE 1/ VT to inject; **~ des fonds dans une entreprise** to inject money into a project

injection /ɛ̃ʒɛksjɔ̃/ NF injection; **il s'est fait une ~ d'insuline** he injected himself with insulin; **~ d'argent frais** injection of fresh money; **moteur à ~** fuel-injection engine

injoignable /ɛ̃ʒwaɲabl/ ADJ **il était ~** it was impossible to contact him

injonction /ɛ̃ʒɔ̃ksjɔ̃/ NF order; **sur son ~** on his orders

injouable /ɛ̃ʒwabl/ ADJ [pièce] unperformable; [terrain] unplayable

injure /ɛ̃ʒyʀ/ NF ⓐ (= insulte) term of abuse; **bordée d'~s** stream of abuse ⓑ (littér = affront) **faire ~ à qn** to offend sb

injurier /ɛ̃ʒyʀje/ /TABLE 7/ VT to abuse

injurieux, -ieuse /ɛ̃ʒyʀjø, jøz/ ADJ offensive

injuste /ɛ̃ʒyst/ ADJ (= inéquitable) unjust; (= partial) unfair (**avec, envers** to); **ne sois pas ~!** be fair!

injustement /ɛ̃ʒystəmɑ̃/ ADV [accuser, punir] unjustly

injustice /ɛ̃ʒystis/ NF (= iniquité) injustice; (= partialité) unfairness; **il a éprouvé un sentiment d'~** he felt how unjust it was

injustifiable /ɛ̃ʒystifjabl/ ADJ unjustifiable

injustifié, e /ɛ̃ʒystifje/ ADJ unjustified

inlassable /ɛ̃lasabl/ ADJ [personne] tireless

inlassablement /ɛ̃lasabləmɑ̃/ ADV [répéter] endlessly

inné, e /i(n)ne/ 1 ADJ innate 2 NM **l'~ et l'acquis** ≈ nature and nurture

innocemment /inɔsamɑ̃/ ADV innocently

innocence /inɔsɑ̃s/ NF innocence; **il l'a fait en toute ~** he did it in all innocence

innocent, e /inɔsɑ̃, ɑ̃t/ 1 ADJ innocent; **être ~ de qch** to be innocent of sth; **remarque/petite farce bien ~e** harmless remark/prank 2 NM,F ⓐ (Droit) innocent person ⓑ (= candide) innocent; **ne fais pas l'~** don't act the innocent

innocenter /inɔsɑ̃te/ /TABLE 1/ VT to clear (**de** of)

innocuité /inɔkɥite/ NF (frm) harmlessness

innombrable /i(n)nɔ̃bʀabl/ ADJ [détails, péripéties, variétés] innumerable; [foule] vast

innommable /i(n)nɔmabl/ ADJ [conduite, action] unspeakable; [nourriture, ordures] foul

innovant, e /inɔvɑ̃, ɑ̃t/ ADJ innovative

innovateur, -trice /inɔvatœʀ, tʀis/ NM,F innovator

innovation /inɔvasjɔ̃/ NF innovation

innover /inɔve/ /TABLE 1/ VI to innovate

inoccupé, e /inɔkype/ ADJ [appartement] unoccupied; [siège, emplacement, poste] vacant

inoculer /inɔkyle/ /TABLE 1/ VT **~ un virus/une maladie à qn** (volontairement) to inoculate sb with a virus/a disease; (accidentellement) to infect sb with a virus/a disease; **~ un malade** to inoculate a patient

inodore /inɔdɔʀ/ ADJ [gaz] odourless; [fleur] scentless

inoffensif, -ive /inɔfɑ̃sif, iv/ ADJ harmless

inondation /inɔ̃dasjɔ̃/ NF flood; **la fuite a provoqué une ~ dans la salle de bains** the leak flooded the bathroom

inonder /inɔ̃de/ /TABLE 1/ VT (= submerger) to flood; **inondé de soleil** bathed in sunshine; **la joie inonda son cœur** he was overcome with joy; **la sueur/le sang inondait son visage** the sweat/blood was pouring down his face; **inondé de larmes** [+ visage] streaming with tears

inopérable /inɔpeʀabl/ ADJ inoperable

inopiné, e /inɔpine/ ADJ unexpected

inopinément /inɔpinemɑ̃/ ADV unexpectedly

inopportun, e /inɔpɔʀtœ̃, yn/ ADJ [remarque] ill-timed; **le moment est ~** it's not the right moment

inoubliable /inublijabl/ ADJ unforgettable

inouï, e /inwi/ ADJ [événement] unprecedented; [nouvelle] extraordinary; [vitesse, audace, force] incredible; **c'est/il est ~ !** it's/he's incredible!

inox /inɔks/ NM (ABBR = **inoxydable**) stainless steel; **couteau/évier (en) ~** stainless steel knife/sink

inoxydable /inɔksidabl/ ADJ [acier, alliage] stainless; [couteau] stainless steel

inqualifiable /ɛ̃kalifjabl/ ADJ [conduite, propos] unspeakable

inquiet, inquiète /ɛ̃kjɛ, ɛ̃kjɛt/ ADJ [personne] worried; [regards] uneasy; **je suis ~ de ne pas le voir** I'm worried not to see him

inquiétant, e /ɛ̃kjetɑ̃, ɑ̃t/ ADJ [situation, tendance] worrying; [signe, phénomène, propos, personnage] disturbing

inquiéter /ɛ̃kjete/ /TABLE 6/ 1 VT to worry; **la santé de mon fils m'inquiète** I'm worried about my son's health; **ils n'ont jamais pu ~ leurs adversaires** (Sport) they never presented a real threat to their opponents; **il n'a pas été inquiété (par la police)** he wasn't bothered by the police 2 VPR **s'inquiéter** ⓐ (= s'alarmer) to worry; **ne t'inquiète pas** don't worry; **il n'y a pas de quoi s'~** there's nothing to worry about ⓑ (= s'enquérir) **s'~ de** to inquire about; **s'~ de l'heure/de la santé de qn** to inquire what time it is/about sb's health ⓒ (= se soucier) **s'~ de** to bother about; **sans s'~ de savoir si ...** without bothering to find out if ...

inquiétude /ɛ̃kjetyd/ NF anxiety; **sujet d'~** cause for concern; **soyez sans ~** have no fear; **fou d'~** worried sick

inquisiteur, -trice /ɛ̃kizitœʀ, tʀis/ 1 ADJ inquisitive 2 NM inquisitor

Inquisition /ɛ̃kizisjɔ̃/ NF (Hist) **l'~** the Inquisition

INRA /inʀa/ NM (ABBR = **Institut national de la recherche agronomique**) national institute for agronomic research

insaisissable /ɛ̃sezisabl/ ADJ [fugitif, ennemi] elusive; [personnage] enigmatic

insalubre /ɛ̃salybʀ/ ADJ [climat] unhealthy; [logement] unfit for habitation

insalubrité /ɛ̃salybʀite/ NF unhealthiness; **l'immeuble a été démoli pour cause d'~** the building was demolished because it was unfit for habitation

insanité /ɛ̃sanite/ NF insanity; **proférer des ~s** to talk nonsense

insatiable /ɛ̃sasjabl/ ADJ insatiable

insatisfaction /ɛ̃satisfaksjɔ̃/ NF dissatisfaction

insatisfait, e /ɛ̃satisfɛ, ɛt/ ADJ [*personne*] unsatisfied (**de** with); [*désir, passion*] unsatisfied; **c'est un éternel ~** he's never satisfied

inscription /ɛ̃skʀipsjɔ̃/ NF ⓐ (= *texte*) inscription; **le mur était couvert d'~s racistes** the wall was covered in racist graffiti ⓑ (= *action*) **l'~ d'une question à l'ordre du jour** putting a question on the agenda ⓒ (= *immatriculation*) registration (**à** at); **l'~ à un parti/club** joining a party/club; **dossier d'~** registration form; (*Univ*) admission form; **droits d'~** registration fees; **~ électorale** registration on the electoral roll (*Brit*), voter registration (*US*)

⚠ **inscription** *ne se traduit pas par le mot anglais* **inscription** *lorsqu'il désigne l'action d'inscrire.*

inscrire /ɛ̃skʀiʀ/ /TABLE 39/ 1 VT ⓐ (= *marquer*) [+ *nom, date*] to note down; [+ *but*] to score; **~ des dépenses au budget** to list expenses in the budget; **~ une question à l'ordre du jour** to put a question on the agenda ⓑ (= *enregistrer*) [+ *étudiant*] to register; **~ qn sur une liste d'attente** to put sb on a waiting list; **~ un enfant à l'école** to put a child's name down for school

2 VPR **s'inscrire** ⓐ [*personne*] to register (**à** at); **s'~ à un parti/club** to join a party/club; **je me suis inscrit pour des cours du soir** I've enrolled for some evening classes ⓑ (= *apparaître*) **un message s'est inscrit sur l'écran** a message came up on the screen ⓒ (= *s'insérer*) **cette mesure s'inscrit dans un ensemble** the measure is part of a package ⓓ **s'~ en faux contre qch** to strongly deny sth

inscrit, e /ɛ̃skʀi, it/ (*ptp d'***inscrire**) 1 ADJ [*étudiant, candidat, électeur*] registered 2 NM,F (= *électeur*) registered elector

insecte /ɛ̃sɛkt/ NM insect

insecticide /ɛ̃sɛktisid/ 1 NM insecticide 2 ADJ insecticidal

insécurité /ɛ̃sekyʀite/ NF insecurity

INSEE /inse/ NM (ABBR = **Institut national de la statistique et des études économiques**) *French national institute of economic and statistical information*

insémination /ɛ̃seminasjɔ̃/ NF insemination; **~ artificielle** artificial insemination

insensé, e /ɛ̃sɑ̃se/ ADJ (= *fou*) crazy

insensibiliser /ɛ̃sɑ̃sibilize/ /TABLE 1/ VT to anaesthetize (*Brit*), to anesthetize (*US*)

insensibilité /ɛ̃sɑ̃sibilite/ NF (*morale*) insensitivity; (*physique*) numbness; **~ à la douleur** insensitivity to pain

insensible /ɛ̃sɑ̃sibl/ ADJ ⓐ (*moralement*) insensitive (**à** to); (*physiquement*) numb; **~ au froid/à la douleur/à la poésie** insensitive to cold/pain/poetry; **~ à la critique** impervious to criticism; **il n'est pas resté ~ à son charme** he was not impervious to her charm ⓑ (= *imperceptible*) imperceptible

inséparable /ɛ̃sepaʀabl/ ADJ inseparable (**de** from); **ils sont ~s** they are inseparable

insérer /ɛ̃seʀe/ /TABLE 6/ 1 VT [+ *feuillet, clause, objet*] to insert (**dans** into, **entre** between); **~ une annonce dans un journal** to put an ad in a newspaper 2 VPR **s'insérer** (= *faire partie de*) **s'~ dans** to fit into

insertion /ɛ̃sɛʀsjɔ̃/ NF insertion; **l'~ (sociale)** social integration

insidieusement /ɛ̃sidjøzmɑ̃/ ADV insidiously

insidieux, -ieuse /ɛ̃sidjø, jøz/ ADJ [*maladie*] insidious; **une question insidieuse** a trick question

insigne /ɛ̃siɲ/ NM (= *cocarde*) badge; **l'~ de** **ou les ~s de** (*frm* = *emblème*) the insignia of

insignifiant, e /ɛ̃siɲifjɑ̃, jɑ̃t/ ADJ ⓐ (= *quelconque*) [*personne, œuvre*] insignificant ⓑ (= *dérisoire*) [*affaire, somme, détail, propos*] trivial

insinuation /ɛ̃sinɥasjɔ̃/ NF insinuation

insinuer /ɛ̃sinɥe/ /TABLE 1/ 1 VT to insinuate; **que voulez-vous ~?** what are you insinuating? 2 VPR **s'insinuer**: **s'~ dans** [*personne*] to worm one's way into; [*eau, odeur*] to seep into

insipide /ɛ̃sipid/ ADJ ⓐ [*plat, boisson*] tasteless ⓑ (= *ennuyeux*) insipid

insistance /ɛ̃sistɑ̃s/ NF insistence (**sur qch** on sth, **à faire qch** on doing sth); **avec ~** [*répéter, regarder*] insistently

insistant, e /ɛ̃sistɑ̃, ɑ̃t/ ADJ insistent

insister /ɛ̃siste/ /TABLE 1/ VI ⓐ **~ sur** [+ *sujet, détail*] to stress; **j'insiste beaucoup sur la ponctualité** I attach great importance to punctuality; **frottez en insistant (bien) sur les taches** rub hard, paying particular attention to stains ⓑ (= *s'obstiner*) to be insistent; **il insiste pour vous parler** he is insistent about wanting to talk to you; **comme ça ne l'intéressait pas, je n'ai pas insisté** since it didn't interest him, I didn't press the matter; **j'avais dit non, mais il a insisté** I had said no, but he wouldn't let the matter drop; **j'a dit non, n'insistez pas!** I said no, don't pester me!

insolation /ɛ̃sɔlasjɔ̃/ NF (= *malaise*) sunstroke (*NonC*); **attraper une ~** to get sunstroke

insolence /ɛ̃sɔlɑ̃s/ NF insolence (*NonC*); **répondre/rire avec ~** to reply/laugh insolently; **il a eu l'~ de la contredire** he was insolent enough to contradict her

insolent, e /ɛ̃sɔlɑ̃, ɑ̃t/ ADJ (= *impertinent*) insolent

insolite /ɛ̃sɔlit/ 1 ADJ unusual 2 NM **elle aime l'~** she likes things which are out of the ordinary

insoluble /ɛ̃sɔlybl/ ADJ insoluble

insolvable /ɛ̃sɔlvabl/ ADJ insolvent

insomniaque /ɛ̃sɔmnjak/ ADJ, NMF insomniac; **c'est un ~ ou il est ~** he's an insomniac

insomnie /ɛ̃sɔmni/ NF insomnia (*NonC*); **ses ~s** his insomnia; **souffrir d'~** to suffer from insomnia

insondable /ɛ̃sɔ̃dabl/ ADJ [*gouffre, mystère, douleur*] unfathomable; [*stupidité*] immense

insonoriser /ɛ̃sɔnɔʀize/ /TABLE 1/ VT to soundproof

insouciance /ɛ̃susjɑ̃s/ NF (= *nonchalance*) unconcern; (= *manque de prévoyance*) heedlessness; **vivre dans l'~** to live a carefree life

insouciant, e /ɛ̃susjɑ̃, jɑ̃t/ ADJ (= *sans souci*) carefree; (= *imprévoyant*) heedless

insoumis, e /ɛ̃sumi, iz/ 1 ADJ [*caractère, enfant*] rebellious; [*tribu, peuple, région*] undefeated; **soldat ~** draft-dodger 2 NM (= *soldat*) draft-dodger

insoumission /ɛ̃sumisjɔ̃/ NF insubordination

insoupçonné, e /ɛ̃supsɔne/ ADJ unsuspected

insoutenable /ɛ̃sut(ə)nabl/ ADJ [*spectacle, douleur, chaleur, odeur*] unbearable

inspecter /ɛ̃spɛkte/ /TABLE 1/ VT to inspect

inspecteur, -trice /ɛ̃spɛktœʀ, tʀis/ NM,F inspector; **~ des impôts** tax inspector; **~ de police (judiciaire)** ≈ police lieutenant (*US*); **~ d'Académie** chief education officer; **~ du travail** health and safety officer

inspection /ɛ̃spɛksjɔ̃/ NF ⓐ (= *examen*) inspection; **faire l'~ de** to inspect; **soumettre qch à une ~ en règle** to give sth a thorough inspection ⓑ (= *inspectorat*) inspectorship; **~ académique** (= *service*) school inspectors; **~ du travail** Health and Safety Executive

inspirateur, -trice /ɛ̃spiʀatœʀ, tʀis/ NM,F inspirer

inspiration /ɛ̃spiʀasjɔ̃/ NF inspiration; **selon l'~ du moment** according to the mood of the moment; **je manque d'~** I don't feel very inspired; **mouvement d'~ communiste** communist-inspired movement

inspiré, e /ɛ̃spiʀe/ (*ptp d'***inspirer**) ADJ inspired; **je ne suis pas très ~** I'm not very inspired; **j'ai été bien ~ de refuser** I was truly inspired when I refused

inspirer /ɛ̃spiʀe/ /TABLE 1/ 1 VT to inspire; **le sujet ne m'a pas vraiment inspiré** I didn't find the subject very inspiring; **~ un sentiment à qn** to inspire sb with a feeling; **il ne m'inspire pas confiance** he doesn't inspire me with confidence; **l'horreur qu'il m'inspire** the horror he fills me with

2 VI (= *respirer*) to breathe in

3 VPR **s'inspirer**: **s'~ de** [*artiste*] to draw one's inspiration from; [*mode, tableau, loi*] to be inspired by; **une mode inspirée des années cinquante** a style inspired by the Fifties

instabilité /ɛ̃stabilite/ NF instability; **l'~ du temps** the unsettled weather

instable /ɛ̃stabl/ ADJ unstable; [*meuble*] unsteady; [*temps*] unsettled

installateur /ɛ̃stalatœʀ/ NM fitter; **~ de cuisine** kitchen fitter

installation /ɛ̃stalasjɔ̃/ NF ⓐ (= *mise en service, pose*) [*de chauffage central, téléphone, eau courante*] installation; [*de rideaux, étagère*] putting up; **frais/travaux d'~** installation costs/work
ⓑ (= *aménagement*) [*de pièce, appartement*] fitting out
ⓒ (= *établissement*) [*d'artisan, commerçant*] setting up
ⓓ (*dans un logement*) settling; (= *emménagement*) settling in; **ils sont en pleine ~** they're moving in at the moment
ⓔ (= *équipement*) (*gén pl*) fittings; (= *usine*) plant (*NonC*); **~s sanitaires** sanitary fittings; **~s électriques** electrical fittings; **~s sportives** sports facilities; **~s portuaires** port facilities; **l'~ téléphonique** the phone system; **l'~ électrique est défectueuse** the wiring is faulty

installé, e /ɛ̃stale/ (*ptp d'installer*) ADJ (= *aménagé*) **bien/ mal ~** [*appartement*] well/badly fitted out; [*atelier, cuisine*] well/badly equipped; **ils sont très bien ~s** they have a nice home

installer /ɛ̃stale/ /TABLE 1/ 1 VT ⓐ (= *mettre en service*) to put in; **faire ~ le téléphone** to have the telephone put in
ⓑ (= *aménager*) to fit out; **ils ont très bien installé leur appartement** they've got their flat (*Brit*) *ou* apartment (*US*) well fitted out; **comment la cuisine est-elle installée ?** what appliances does the kitchen have?
ⓒ (*Informatique*) to install
2 VPR **s'installer** ⓐ (= *s'établir*) [*artisan, commerçant*] to set o.s. up (**comme** as); [*dentiste, médecin*] to set up one's practice; **s'~ à son compte** to set up on one's own; **ils se sont installés à la campagne** (= *se sont fixés*) they've settled in the country
ⓑ (= *se loger*) to settle; (= *emménager*) to settle in; **laisse-leur le temps de s'~** give them time to settle in; **ils sont bien installés dans leur nouvelle maison** they have made themselves very comfortable in their new house
ⓒ (*sur un siège, à un emplacement*) to settle down; **s'~ par terre/dans un fauteuil** to settle down on the floor/in an armchair; **installe-toi comme il faut** (*confortablement*) make yourself comfortable; (= *tiens-toi bien*) sit properly; **les forains se sont installés sur un terrain vague** the fairground people have set themselves up on a piece of wasteland
ⓓ [*grève, maladie*] to take hold; **s'~ dans** [*personne*] [+ *inertie*] to sink into; **s'~ dans la guerre** to become accustomed to a state of war; **le doute s'installa dans mon esprit** I began to have doubts

instamment /ɛ̃stamɑ̃/ ADV insistently

instance /ɛ̃stɑ̃s/ NF ⓐ (= *autorité*) authority; **les ~s communautaires** the EU authorities; **la plus haute ~ judiciaire du pays** the country's highest legal authorities; **les plus hautes ~s du parti** the party leadership; **les ~s dirigeantes du football** football's governing bodies
ⓑ (= *prière, insistance*) **il l'a fait sur les ~s de ses parents** he did it because of pressure from his parents
ⓒ ♦ **en instance** (= *en cours*) **l'affaire est en ~** the matter is pending; **être en ~ de divorce** to be waiting for a divorce; **le train est en ~ de départ** the train is on the point of departure; **courrier en ~** mail ready for posting

instant /ɛ̃stɑ̃/ NM moment, instant; **j'ai cru (pendant) un ~ que** I thought for a moment that; **(attendez) un ~ !** wait a moment!; **dans un ~** in a moment; **dès l'~ où je l'ai vu** (*dès que*) from the moment I saw him; **il faut vivre dans l'~** (= *le présent*) you must live in the present
♦ **à l'instant** : **je l'ai vu à l'~** I've just this minute seen him; **on me l'apprend à l'~** (*même*) I've just heard about it; **à l'~ (présent)** at this very moment; **à l'~ où je vous parle** as I speak
♦ **à tout instant** (= *d'un moment à l'autre*) at any minute; (= *tout le temps*) all the time
♦ **d'un instant à l'autre** any minute now
♦ **en un instant** in no time (at all)

♦ **de tous les instants** constant
♦ **pour l'instant** for the time being

instantané, e /ɛ̃stɑ̃tane/ 1 ADJ [*lait, café*] instant; [*mort, réponse, effet*] instantaneous 2 NM snapshot

instantanément /ɛ̃stɑ̃tanemɑ̃/ ADV instantaneously

instar /ɛ̃staʀ/ NM **à l'~ de** (*frm*) like

instauration /ɛ̃stɔʀasjɔ̃/ NF [*de pratique*] institution; [*de régime, dialogue*] establishment; [*d'état d'urgence*] imposition

instaurer /ɛ̃stɔʀe/ /TABLE 1/ VT [+ *usage, pratique*] to institute; [+ *paix, régime, dialogue*] to establish; [+ *méthode, quotas, taxe*] to introduce; [+ *couvre-feu, état d'urgence*] to impose

instigateur, -trice /ɛ̃stigatœʀ, tʀis/ NM,F instigator

instigation /ɛ̃stigasjɔ̃/ NF instigation; **à l'~ de qn** at sb's instigation

instiller /ɛ̃stile/ /TABLE 1/ VT to instil (*Brit*), to instill (*US*)

instinct /ɛ̃stɛ̃/ NM instinct; **~ maternel** maternal instinct; **~ de mort** death wish; **~ de vie** will to live; **~ grégaire** herd instinct; **~ de conservation** instinct of self-preservation; **il l'a fait d'~** he did it instinctively

instinctif, -ive /ɛ̃stɛ̃ktif, iv/ ADJ instinctive

instinctivement /ɛ̃stɛ̃ktivmɑ̃/ ADV instinctively

instit ♦ /ɛ̃stit/ NMF (ABBR = **instituteur, -trice**) primary school teacher

instituer /ɛ̃stitɥe/ /TABLE 1/ VT [+ *règle, pratique, organisation*] to institute; [+ *relations commerciales*] to establish; [+ *impôt*] to introduce

institut /ɛ̃stity/ NM institute; **~ de beauté** beauty salon *ou* parlor (*US*); **~ de sondage** polling organization
♦ **Institut national de l'audiovisuel** library of radio and television archives ♦ **Institut universitaire de formation des maîtres** teacher training college ♦ **Institut universitaire de technologie** ≈ polytechnic (*Brit*), ≈ technical institute (*US*)

instituteur, -trice /ɛ̃stitytœʀ, tʀis/ NM,F primary school teacher

institution /ɛ̃stitysjɔ̃/ NF ⓐ (= *organisme, structure*) institution; (= *école*) private school; **~ religieuse** denominational school; (*catholique*) Catholic school, parochial school (*US*) ⓑ (= *instauration*) [*de pratique*] institution; [*de relations*] establishment

institutionnaliser /ɛ̃stitysjɔnalize/ /TABLE 1/ VT to institutionalize

institutionnel, -elle /ɛ̃stitysjɔnɛl/ ADJ institutional

instructeur /ɛ̃stʀyktœʀ/ NM, ADJ (*juge*) **~** examining magistrate

instructif, -ive /ɛ̃stʀyktif, iv/ ADJ instructive

instruction /ɛ̃stʀyksjɔ̃/ 1 NF ⓐ (= *éducation*) education; **l'~ que j'ai reçue** the education I received; **niveau d'~** academic standard; **~ civique** civics (*sg*); **~ religieuse** religious education ⓑ (*Droit*) pretrial investigation of a case; **ouvrir une ~** to initiate an investigation into a crime ⓒ (= *directive*) directive ⓓ (*Informatique*) instruction 2 NFPL **instructions** (= *directives, mode d'emploi*) instructions; **conformément à vos ~s** in accordance with your instructions

instruire /ɛ̃stʀɥiʀ/ /TABLE 38/ 1 VT ⓐ (= *former*) to teach; [+ *recrue*] to train ⓑ (*Droit*) [+ *affaire, dossier*] to conduct an investigation into 2 VPR **s'instruire** (= *apprendre*) to educate o.s.; **on s'instruit à tout âge** (*hum*) it's never too late to learn

instruit, e /ɛ̃stʀɥi, it/ (*ptp d'instruire*) ADJ educated; **peu ~** uneducated

instrument /ɛ̃stʀymɑ̃/ NM instrument; **~ de musique/de mesure/à vent** musical/measuring/wind instrument; **~s de bord** controls; **~ de travail** tool; **être l'~ de qn** to be sb's tool

instrumental, e (*mpl* **-aux**) /ɛ̃stʀymɑ̃tal, o/ ADJ instrumental

instrumentiste /ɛ̃stʀymɑ̃tist/ NMF instrumentalist

insu /ɛ̃sy/ NM **à l'~ de qn** without sb knowing; **à mon** (*ou* **ton** *etc*) **~** (= *inconsciemment*) without me (*ou* you *etc*) knowing it

insubmersible /ɛ̃sybmɛʀsibl/ ADJ unsinkable

insubordination /ɛ̃sybɔʀdinasjɔ̃/ NF insubordination

insubordonné, e /ɛ̃sybɔʀdɔne/ ADJ insubordinate

insuffisamment /ɛ̃syfizamɑ̃/ ADV (*en quantité*) insufficiently; (*en qualité, intensité, degré*) inadequately

insuffisance /ɛ̃syfizɑ̃s/ NF ⓐ (= *médiocrité, manque*) inadequacy; **l'~ de nos ressources** the shortfall in our resources ⓑ **~(s) cardiaque(s)/thyroïdienne(s)** cardiac/thyroid insufficiency (*NonC*); **~ rénale/respiratoire** kidney/respiratory failure

insuffisant, e /ɛ̃syfizɑ̃, ɑ̃t/ 1 ADJ ⓐ (*en quantité*) insufficient ⓑ (*en qualité, intensité, degré*) inadequate; (*Scol: sur une copie*) poor 2 NM **les ~s cardiaques** people with cardiac insufficiency

insuffler /ɛ̃syfle/ /TABLE 1/ VT ⓐ (= *inspirer*) **~ le courage à qn** to inspire sb with courage ⓑ [+ *air*] to blow (**dans** into)

insulaire /ɛ̃sylɛʀ/ 1 ADJ [*administration, population*] island; [*conception, attitude*] insular 2 NMF islander

insuline /ɛ̃sylin/ NF insulin

insultant, e /ɛ̃syltɑ̃, ɑ̃t/ ADJ insulting (**pour** to)

insulte /ɛ̃sylt/ NF insult

insulter /ɛ̃sylte/ /TABLE 1/ 1 VT to insult 2 VPR **s'insulter** to insult one another

insupportable /ɛ̃sypɔʀtabl/ ADJ unbearable

insurgé /ɛ̃syʀʒe/ NM rebel

insurger (s') /ɛ̃syʀʒe/ /TABLE 3/ VPR to rebel

insurmontable /ɛ̃syʀmɔ̃tabl/ ADJ [*difficulté, obstacle*] insurmountable

insurrection /ɛ̃syʀɛksjɔ̃/ NF insurrection; (*fig*) revolt

intact, e /ɛ̃takt/ ADJ intact (*attrib*); **son enthousiasme reste ~** he's still as enthusiastic as ever

intangible /ɛ̃tɑ̃ʒibl/ ADJ intangible

intarissable /ɛ̃taʀisabl/ ADJ inexhaustible; **il est ~** he could talk for ever (**sur** about)

intégral, e (*mpl* **-aux**) /ɛ̃tegʀal, o/ 1 ADJ full; **version ~e** [*de film*] uncut version; **texte ~** unabridged version; **« texte ~ »** "unabridged" 2 NF **intégrale** (*Musique*) complete works

intégralement /ɛ̃tegʀalmɑ̃/ ADV in full

intégralité /ɛ̃tegʀalite/ NF whole; **l'~ de mon salaire** the whole of my salary; **le match sera retransmis dans son ~** the match will be broadcast in full

intégration /ɛ̃tegʀasjɔ̃/ NF integration

intègre /ɛ̃tegʀ/ ADJ **être ~** to have integrity

intégré, e /ɛ̃tegʀe/ (*ptp d'***intégrer**) ADJ [*circuit, système*] integrated; [*lecteur CD-ROM*] built-in; **cuisine ~e** fitted kitchen

intégrer /ɛ̃tegʀe/ /TABLE 6/ 1 VT ⓐ to integrate (**à, dans** into) ⓑ (= *entrer dans*) [+ *entreprise, club*] to join 2 VPR **s'intégrer** to become integrated (**à, dans** into); **cette maison s'intègre mal dans le paysage** this house doesn't really fit into the surrounding countryside

intégrisme /ɛ̃tegʀism/ NM fundamentalism

intégriste /ɛ̃tegʀist/ ADJ, NMF fundamentalist

intégrité /ɛ̃tegʀite/ NF integrity

intellect /ɛ̃telɛkt/ NM intellect

intellectuel, -elle /ɛ̃telɛktɥɛl/ 1 ADJ intellectual; [*fatigue*] mental 2 NM,F intellectual

intellectuellement /ɛ̃telɛktɥɛlmɑ̃/ ADV intellectually

intelligemment /ɛ̃teliʒamɑ̃/ ADV intelligently; **c'est fait très ~** it's very cleverly done

intelligence /ɛ̃teliʒɑ̃s/ NF ⓐ (= *facultés mentales*) intelligence; **faire preuve d'~** to show intelligence; **avoir l'~ de faire qch** to have the intelligence to do sth; **~ artificielle** artificial intelligence ⓑ (= *compréhension*) **pour l'~ du texte** for a clear understanding of the text; **vivre en bonne/mauvaise ~ avec qn** to be on good/bad terms with sb

intelligent, e /ɛ̃teliʒɑ̃, ɑ̃t/ ADJ intelligent; **supérieurement ~** of superior intelligence; **c'est ~ !** (*iro*) very clever! (*iro*)

intelligible /ɛ̃teliʒibl/ ADJ intelligible; **à haute et ~ voix** loudly and clearly

intello ⚹ /ɛ̃telo/ ADJ, NMF intellectual

intempéries /ɛ̃tɑ̃peʀi/ NFPL bad weather; **affronter les ~** to brave the weather

intempestif, -ive /ɛ̃tɑ̃pɛstif, iv/ ADJ untimely; **pas de zèle ~ !** let's not go too far!

intenable /ɛ̃t(ə)nabl/ ADJ [*chaleur, situation*] unbearable; [*position, théorie*] untenable

intendance /ɛ̃tɑ̃dɑ̃s/ NF [*d'école*] school administration; **les problèmes d'~** the day-to-day problems of running a house (*ou* a company); (*Mil*) the problems of supply; **l'~ suivra** all material support will be provided

intense /ɛ̃tɑ̃s/ ADJ intense; [*froid, douleur*] severe; [*circulation*] heavy

intensément /ɛ̃tɑ̃semɑ̃/ ADV intensely

intensif, -ive /ɛ̃tɑ̃sif, iv/ ADJ intensive

intensification /ɛ̃tɑ̃sifikasjɔ̃/ NF intensification

intensifier /ɛ̃tɑ̃sifje/ /TABLE 7/ 1 VT to intensify 2 VPR **s'intensifier** to intensify; **le froid va s'~** it's going to get colder

intensité /ɛ̃tɑ̃site/ NF ⓐ [*de lumière, moment, activité*] intensity; [*de froid, douleur*] severity; **un moment d'une grande ~** a very intense moment ⓑ [*de courant électrique*] strength

intensivement /ɛ̃tɑ̃sivmɑ̃/ ADV intensively

intenter /ɛ̃tɑ̃te/ /TABLE 1/ VT **~ un procès contre qn** to take sb to court; **~ une action contre qn** to bring an action against sb

intention /ɛ̃tɑ̃sjɔ̃/ NF ⓐ (= *dessein*) intention; **c'est l'~ qui compte** it's the thought that counts; **avoir l'~ de faire qch** to intend to do sth; **dans l'~ de faire qch** with the intention of doing sth; **dans l'~ de tuer** with intent to kill; **déclaration d'~** declaration of intent ⓑ ♦ **à l'intention de qn** [*collecte, cadeau, prière, messe*] for sb; [*fête*] in sb's honour; **je l'ai acheté à votre ~** I bought it specially for you

intentionné, e /ɛ̃tɑ̃sjɔne/ ADJ **bien ~** well-meaning; **mal ~** ill-intentioned

intentionnel, -elle /ɛ̃tɑ̃sjɔnɛl/ ADJ intentional

intentionnellement /ɛ̃tɑ̃sjɔnɛlmɑ̃/ ADV intentionally

interactif, -ive /ɛ̃teʀaktif, iv/ ADJ interactive

interaction /ɛ̃teʀaksjɔ̃/ NF interaction

intercalaire /ɛ̃teʀkalɛʀ/ NM (= *feuillet*) insert; (= *fiche*) divider

intercaler /ɛ̃teʀkale/ /TABLE 1/ 1 VT to insert 2 VPR **s'intercaler : s'~ entre** to come in between

intercéder /ɛ̃teʀsede/ /TABLE 6/ VI to intercede (**en faveur de** on behalf of, **auprès de** with)

intercepter /ɛ̃teʀsɛpte/ /TABLE 1/ VT to intercept

interception /ɛ̃teʀsɛpsjɔ̃/ NF interception

interchangeable /ɛ̃teʀʃɑ̃ʒabl/ ADJ interchangeable

interclasse /ɛ̃teʀklɑs/ NM break (*between classes*); **à l'~** during the break

interclubs /ɛ̃teʀklœb/ ADJ INV [*tournoi*] interclub

intercommunautaire /ɛ̃teʀkɔmynotɛʀ/ ADJ intercommunity

interconnexion /ɛ̃teʀkɔnɛksjɔ̃/ NF interconnection

intercontinental, e (*mpl* **-aux**) /ɛ̃teʀkɔ̃tinɑ̃tal, o/ ADJ intercontinental

intercostal, e (*mpl* **-aux**) /ɛ̃teʀkɔstal, o/ ADJ intercostal

intercours /ɛ̃teʀkuʀ/ NM break (*between classes*); **à l'~** during the break

interdépendance /ɛ̃teʀdepɑ̃dɑ̃s/ NF interdependence

interdépendant, e /ɛ̃teʀdepɑ̃dɑ̃, ɑ̃t/ ADJ interdependent

interdiction /ɛ̃teʀdiksjɔ̃/ NF ban (**de faire qch** on doing sth); **l'~ de servir de l'alcool** the ban on serving alcohol; **l'~ de ce film en France** the banning of the film in France; **« ~ de coller des affiches »** "no bills"; **« ~ de tourner à droi-**

te » "no right turn"; **« ~ de stationner »** "no parking"; **« ~ de déposer des ordures »** "no dumping"; **enfreindre une ~** to break a ban; **il a garé sa voiture malgré le panneau d'~** he parked his car in spite of the no parking sign ◆ **interdiction de séjour** *order denying former prisoner access to specified places*

interdire /ɛ̃tɛʀdiʀ/ /TABLE 37/ 1 VT ⓐ (= *prohiber*) to forbid; [+ *stationnement, circulation*] to prohibit; **~ l'alcool à qn** to forbid sb to drink; **~ à qn de faire qch** to forbid sb to do sth; **elle nous a interdit d'y aller seuls** she forbade us to go on our own ⓑ [*contretemps, difficulté*] to prevent; **son état de santé lui interdit de voyager** his state of health prevents him from travelling ⓒ [+ *film, réunion, journal*] to ban 2 VPR **s'interdire** : **s'~ toute remarque** to refrain from making any remark

interdisciplinaire /ɛ̃tɛʀdisiplinɛʀ/ ADJ interdisciplinary

interdit, e /ɛ̃tɛʀdi, it/ (*ptp d'***interdire***) 1 ADJ ⓐ (= *non autorisé*) banned; **film ~ aux moins de 18 ans** ≈ 18 (film) (*Brit*), ≈ NC-17 film (*US*); **film ~ aux moins de 13 ans** ≈ 12 (film) (*Brit*), ≈ PG-13 film (*US*); **«stationnement ~»** "no parking"; **il est strictement ~ de ...** it is strictly prohibited to ... ⓑ (= *stupéfait*) dumbfounded 2 NM ⓐ (= *interdiction*) ban; (*social*) prohibition; **~s alimentaires** dietary restrictions; **transgresser les ~s** to break taboos 3 COMP ◆ **interdit de séjour** *banned from entering specified areas*; (*fig*) persona non grata

intéressant, e /ɛ̃teʀesɑ̃, ɑ̃t/ ADJ ⓐ (= *captivant*) [*livre, détail*] interesting; **peu ~** uninteresting; **personnage peu ~** worthless individual; **il faut toujours qu'il cherche à se rendre ~** *ou* **qu'il fasse son ~** he always has to draw attention to himself ⓑ (= *avantageux*) [*offre, affaire, prix*] attractive; **ce n'est pas très ~ pour nous** it's not really worth our while

⚠ *Dans le sens financier,* **intéressant** *ne se traduit pas par* **interesting**.

intéressé, e /ɛ̃teʀese/ (*ptp d'***intéresser***) ADJ ⓐ (= *qui est en cause*) concerned; **les ~s** the interested parties ⓑ (= *qui cherche son intérêt personnel*) [*personne*] self-interested; [*motif*] interested; **sa visite était ~e** his visit was motivated by self-interest

intéressement /ɛ̃teʀesmɑ̃/ NM (= *système*) profit-sharing scheme

intéresser /ɛ̃teʀese/ /TABLE 1/ 1 VT ⓐ (= *captiver*) to interest; **~ qn à qch** to interest sb in sth; **cela m'intéresserait de le faire** I would be interested in doing it; **ça ne m'intéresse pas** I'm not interested; **rien ne l'intéresse** he isn't interested in anything; **ça pourrait vous ~** this might be of interest to you; **cette question n'intéresse pas (beaucoup) les jeunes** this matter is of no (great) interest to young people ⓑ (= *concerner*) to concern; **la nouvelle loi intéresse les petits commerçants** the new law concerns small shopkeepers 2 VPR **s'intéresser** : **s'~ à qch/qn** to be interested in sth/sb; **il ne s'intéresse à rien** he isn't interested in anything

intérêt /ɛ̃teʀɛ/ NM ⓐ interest; **écouter avec ~/(un) grand ~** to listen with interest/with great interest; **prendre ~ à qch** to take an interest in sth; **il a perdu tout ~ à son travail** he has lost all interest in his work; **porter/témoigner de l'~ à qn** to take/show an interest in sb; **ce n'est pas (dans) leur ~ de le faire** it is not in their interest to do it; **agir dans/contre son ~** to act in/against one's own interests; **dans l'~ général** in the general interest; **il y trouve son ~** he finds it worth his while; **il sait où est son ~** he knows where his interest lies; **il a (tout) ~ à accepter** it's in his interest to accept; **quel ~ aurait-il à faire cela ?** why would he want to do that?; **la défense de nos ~s** the defence of our interests; **il a des ~s dans l'affaire** he has a financial interest in the deal ⓑ (= *recherche d'avantage personnel*) self-interest; **agir par ~** to act out of self-interest ⓒ (= *importance*) importance; **une découverte du plus haut ~** a discovery of the utmost importance; **être déclaré d'~ public** to be officially recognized as being beneficial to the general public

interethnique /ɛ̃tɛʀɛtnik/ ADJ inter-ethnic

interface /ɛ̃tɛʀfas/ NF interface

interférence /ɛ̃tɛʀfeʀɑ̃s/ NF interference

interférer /ɛ̃tɛʀfeʀe/ /TABLE 6/ VI to interfere

intérieur, e /ɛ̃teʀjœʀ/ 1 ADJ ⓐ [*paroi, escalier*] interior; [*cour*] inner; **mer ~e** inland sea; **la poche ~e de son manteau** the inside pocket of his coat ⓑ [*vie, monde, voix*] inner ⓒ [*politique, dette, marché, vol*] domestic; [*communication, navigation*] inland; **le commerce ~** domestic trade; **les affaires ~es** domestic affairs 2 NM ⓐ [*de tiroir, piste, maison*] inside; **à l'~** inside; **à l'~ de l'entreprise** [*promotion, corruption*] within the company; [*stage, formation*] in-house; **rester à l'~** to stay inside; **fermé/vu de l'~** locked/viewed from the inside; **scènes tournées en ~** interior scenes ⓑ [*de pays*] interior; **l'~ (du pays) est montagneux** the interior is mountainous; **en allant vers l'~** going inland; **à l'~ de nos frontières** within our frontiers ⓒ (= *décor, mobilier*) interior; **un ~ douillet** a cosy interior

intérieurement /ɛ̃teʀjœʀmɑ̃/ ADV inwardly; **rire ~** to laugh to o.s.

intérim /ɛ̃teʀim/ NM ⓐ (= *période*) interim period; **président/ministre par ~** interim president/minister ⓑ (= *travail*) temping; **agence d'~** temping agency; **faire de l'~** to temp

intérimaire /ɛ̃teʀimɛʀ/ 1 ADJ [*directeur, ministre*] interim; [*secrétaire, personnel, fonctions, mesure, solution*] temporary 2 NMF temporary worker (*recruited from an employment agency*); (= *secrétaire*) temp; **travailler comme ~** to temp

intérioriser /ɛ̃teʀjɔʀize/ /TABLE 1/ VT to internalize

interjection /ɛ̃tɛʀʒɛksjɔ̃/ NF interjection

interjeter /ɛ̃tɛʀʒəte/ /TABLE 4/ VT **~ appel** to lodge an appeal

interligne /ɛ̃tɛʀliɲ/ NM (= *espace*) space between the lines; **double ~** double spacing

interlocuteur, -trice /ɛ̃tɛʀlɔkytœʀ, tʀis/ NM,F speaker; **son/mon ~** the person he/I was speaking to; **~ valable** valid negotiator

interlope /ɛ̃tɛʀlɔp/ ADJ ⓐ (= *équivoque*) shady ⓑ (= *illégal*) illicit

interloqué, e /ɛ̃tɛʀlɔke/ ADJ taken aback

interlude /ɛ̃tɛʀlyd/ NM interlude

intermède /ɛ̃tɛʀmɛd/ NM interlude

intermédiaire /ɛ̃tɛʀmedjɛʀ/ 1 ADJ [*niveau, choix, position*] intermediate; **trouver une solution ~** to find a compromise 2 NM **par l'~ de qn** through sb; **sans ~** [*vendre, négocier*] directly 3 NMF (= *médiateur*) intermediary; (*dans le commerce*) middleman

interminable /ɛ̃tɛʀminabl/ ADJ never-ending

interministériel, -elle /ɛ̃tɛʀministeʀjɛl/ ADJ interdepartmental

intermittence /ɛ̃tɛʀmitɑ̃s/ NF **par ~** [*travailler*] sporadically; [*pleuvoir*] on and off

intermittent, e /ɛ̃tɛʀmitɑ̃, ɑ̃t/ 1 ADJ intermittent; [*travail*] sporadic; **pluies ~es sur le nord** scattered showers in the north 2 NM,F contract worker; **les ~s du spectacle** *workers in the entertainment industry without steady employment*

internat /ɛ̃tɛʀna/ NM ⓐ (= *école*) boarding school ⓑ (= *stage : à l'hôpital*) hospital training (*as a doctor*)

international, e (*mpl* **-aux**) /ɛ̃tɛʀnasjɔnal, o/ 1 ADJ international 2 NM,F (*Sport*) international player; (*Athlétisme*) international athlete 3 NMPL **internationaux** (*Sport*) internationals; **les Internationaux d'Australie de tennis** the Australian Open

internationalisation /ɛ̃tɛʀnasjɔnalizasjɔ̃/ NF internationalization

internaute /ɛ̃tɛʀnot/ NMF Internet surfer

interne /ɛ̃tɛʀn/ 1 ADJ [*partie, politique, organe, hémorragie*] internal; [*oreille*] inner; **médecine ~** internal medicine

2 NMF ⓐ (= *élève*) boarder; **être ~** to be at boarding school ⓑ **~ (des hôpitaux)** houseman (*Brit*), intern (*US*) ⓒ **travail réalisé en ~** work carried out in-house

internement /ɛ̃tɛʀnəmɑ̃/ NM (*Politique*) internment; (*Méd*) confinement (to a mental hospital)

interner /ɛ̃tɛʀne/ /TABLE 1/ VT (*Politique*) to intern; **~ qn (dans un hôpital psychiatrique)** to institutionalize sb

Internet /ɛ̃tɛʀnɛt/ NM (**l'**)**Internet** (the) Internet; **sur ~** on the Internet

interpellation /ɛ̃tɛʀpelasjɔ̃/ NF (*Police*) **il y a eu une dizaine d'~s** about ten people were taken in for questioning

interpeller /ɛ̃tɛʀpəle/ /TABLE 1/ VT ⓐ (= *appeler*) to call out to ⓑ (*au cours d'un débat*) to question ⓒ (*Police*) to take in for questioning ⓓ (= *concerner*) [*problème, situation*] to concern; **ça m'interpelle** I can relate to that

interphone /ɛ̃tɛʀfɔn/ NM intercom

interplanétaire /ɛ̃tɛʀplanetɛʀ/ ADJ interplanetary

Interpol /ɛ̃tɛʀpɔl/ NM (ABBR = **International Criminal Police Organization**) Interpol

interposé, e /ɛ̃tɛʀpoze/ (*ptp d'***interposer**) ADJ **par personne ~e** through an intermediary

interposer (s') /ɛ̃tɛʀpoze/ /TABLE 1/ VPR [*personne*] to intervene

interposition /ɛ̃tɛʀpozisjɔ̃/ NF (= *médiation*) intervention; **force d'~** intervention force

interprétariat /ɛ̃tɛʀpʀetaʀja/ NM interpreting

interprétation /ɛ̃tɛʀpʀetasjɔ̃/ NF [*de pièce, film*] performance; [*de musique*] interpretation ⓑ (= *explication*) interpretation ⓒ (= *métier d'interprète*) interpreting; **~ simultanée** simultaneous translation

interprète /ɛ̃tɛʀpʀɛt/ NMF ⓐ (= *musicien*) performer; (= *chanteur*) singer; (= *acteur*) performer ⓑ (= *traducteur*) interpreter; **servir d'~** to act as an interpreter

interpréter /ɛ̃tɛʀpʀete/ /TABLE 6/ VT ⓐ [+ *musique, rôle*] to play; [+ *chanson*] to sing; **je vais maintenant vous ~ une sonate** I'm now going to play a sonata for you ⓑ (= *comprendre*) to interpret; **il a mal interprété mes paroles** he misinterpreted my words; **~ qch en bien/mal** to take sth the right/wrong way ⓒ (= *traduire*) to interpret

interreligieux, -euse /ɛ̃tɛʀʀəliʒjø, øz/ ADJ [*relations, dialogue*] interfaith

interrogateur, -trice /ɛ̃tɛʀɔgatœʀ, tʀis/ ADJ [*regard*] inquiring; **d'un air ou ton ~** inquiringly

interrogatif, -ive /ɛ̃tɛʀɔgatif, iv/ ADJ ⓐ [*air, regard*] inquiring ⓑ [*forme verbale*] interrogative

interrogation /ɛ̃tɛʀɔgasjɔ̃/ NF ⓐ (= *examen*) examination; **~ (écrite)** short test (*Brit*), quiz (*US*) ⓑ (*Téléc*) **système d'~ à distance** remote access system ⓒ (= *question*) question; **~ directe** (*Gram*) direct question ⓓ (= *réflexions*) **~s** questioning

interrogatoire /ɛ̃tɛʀɔgatwaʀ/ NM (*Police*) questioning; (*au tribunal*) cross-examination

interrogeable /ɛ̃tɛʀɔʒabl/ ADJ **répondeur ~ à distance** answering machine with a remote access facility

interroger /ɛ̃tɛʀɔʒe/ /TABLE 3/ **1** VT ⓐ (= *questionner*) to question; (*pour obtenir un renseignement*) to ask; (*Police*) to interview; (*sondage*) to poll; **15% des personnes interrogées** 15% of those polled; **~ qn du regard** to give sb a questioning look ⓑ (= *tester*) **~ un élève** to examine a pupil; **je vous interrogerai sur toute la leçon** I'm going to test you on the whole lesson ⓒ [+ *base de données*] to query; **~ son répondeur** to check calls on one's answering machine **2** VPR **s'interroger** (*sur un problème*) to wonder (**sur** about)

interrompre /ɛ̃tɛʀɔ̃pʀ/ /TABLE 41/ **1** VT ⓐ [+ *voyage*] to break; [+ *conversation, émission*] to interrupt; [+ *études, négociations, traitement médical*] to break off; **le match a été interrompu par la pluie** the match was halted by rain ⓑ (= *couper la parole à, déranger*) **~ qn** to interrupt sb **2** VPR **s'interrompre** [*personne, conversation*] to break off

interrupteur /ɛ̃tɛʀyptœʀ/ NM (*électrique*) switch

interruption /ɛ̃tɛʀypsjɔ̃/ NF (= *action*) interruption (**de** of); (= *état*) break (**de** in); [*de négociations*] breaking off (**de** of); **une ~ de deux heures** a break of two hours; **~ (volontaire) de grossesse** termination; **sans ~** [*parler*] without a break; [*pleuvoir*] continuously; **« ouvert sans ~ de 9 h à 19 h »** "open all day from 9am to 7pm"

intersection /ɛ̃tɛʀsɛksjɔ̃/ NF [*de routes*] intersection (*US*), junction (*Brit*)

interstice /ɛ̃tɛʀstis/ NM crack

intertitre /ɛ̃tɛʀtitʀ/ NM (*Presse*) subheading

interurbain, e /ɛ̃tɛʀyʀbɛ̃, ɛn/ ADJ interurban

intervalle /ɛ̃tɛʀval/ NM (= *espace*) space; (= *temps*) interval; **c'est arrivé à deux jours d'~** it happened after an interval of two days; **ils sont nés à trois mois d'~** they were born three months apart; **à ~s réguliers** at regular intervals; **dans l'~** meanwhile

intervenant, e /ɛ̃tɛʀvənɑ̃, ɑ̃t/ NM,F (= *conférencier*) contributor

intervenir /ɛ̃tɛʀvəniʀ/ /TABLE 22/ VI ⓐ (= *entrer en action*) to intervene; (= *contribuer*) to play a part; (= *faire une conférence*) to give a talk; **il est intervenu en notre faveur** he intervened on our behalf; **~ militairement** to intervene militarily; **les pompiers n'ont pas pu ~** the firemen were unable to do anything ⓒ (= *opérer*) to operate ⓒ (= *survenir*) [*fait, événement*] to occur; [*accord*] to be reached; [*élément nouveau*] to arise

intervention /ɛ̃tɛʀvɑ̃sjɔ̃/ NF ⓐ intervention; (= *discours*) speech; **son ~ en notre faveur** his intervention on our behalf; **~ armée** armed intervention; **plusieurs ~s aériennes** several air strikes; **~ de l'État** state intervention ⓑ (= *opération chirurgicale*) operation

interventionniste /ɛ̃tɛʀvɑ̃sjɔnist/ ADJ, NMF interventionist

intervertir /ɛ̃tɛʀvɛʀtiʀ/ /TABLE 2/ VT to reverse the order of; **~ les rôles** to reverse roles

interview /ɛ̃tɛʀvju/ NF interview

interviewer¹ /ɛ̃tɛʀvjuve/ /TABLE 1/ VT to interview

interviewer² /ɛ̃tɛʀvjuvœʀ/ NMF (= *journaliste*) interviewer

intestin¹ /ɛ̃tɛstɛ̃/ NM intestine; **~s** intestines; **~ grêle** small intestine; **gros ~** large intestine

intestin², e /ɛ̃tɛstɛ̃, in/ ADJ [*lutte, rivalité*] internecine

intestinal, e (*mpl* **-aux**) /ɛ̃tɛstinal, o/ ADJ intestinal

intime /ɛ̃tim/ **1** ADJ ⓐ (= *privé*) [*hygiène*] personal; [*vie*] private; [*confidences*] intimate; [*salon, atmosphère*] cosy; **dîner ~** (*entre amis*) dinner with friends; (*entre amoureux*) romantic dinner ⓑ (= *étroit*) [*mélange, relation, rapport*] intimate; [*ami*] close; **avoir des relations ~s avec qn** to be on intimate terms with sb ⓒ (= *profond*) [*nature, sentiment*] innermost; **j'ai l'~ conviction que …** I'm absolutely convinced that … **2** NMF close friend

intimement /ɛ̃timmɑ̃/ ADV intimately; **~ persuadé** firmly convinced; **être ~ mêlé à qch** to be closely involved in sth

intimer /ɛ̃time/ /TABLE 1/ VT **~ à qn (l'ordre) de faire qch** to order sb to do sth

intimidant, e /ɛ̃timidɑ̃, ɑ̃t/ ADJ intimidating

intimidation /ɛ̃timidasjɔ̃/ NF intimidation

intimider /ɛ̃timide/ /TABLE 1/ VT to intimidate

intimité /ɛ̃timite/ NF ⓐ (= *vie privée*) privacy; **la cérémonie a eu lieu dans la plus stricte ~** the ceremony took place in the strictest privacy ⓑ (= *familiarité*) intimacy; **dans l'~ conjugale** in the intimacy of one's married life ⓒ [*d'atmosphère, salon*] cosiness

intitulé /ɛ̃tityle/ NM title

intituler /ɛ̃tityle/ /TABLE 1/ VT to title **2** VPR **s'intituler** to be titled

intolérable /ɛ̃tɔleʀabl/ ADJ intolerable; [*douleur*] unbearable

intolérance /ɛ̃tɔleʀɑ̃s/ NF intolerance

intolérant, e /ɛ̃tɔleʀɑ̃, ɑ̃t/ ADJ intolerant

intonation /ɛ̃tɔnasjɔ̃/ NF intonation

intouchable /ɛ̃tuʃabl/ ADJ, NMF untouchable

intox(e) • /ɛ̃tɔks/ NF (ABBR = **intoxication**) (*Politique*) brainwashing; (= *désinformation*) disinformation

intoxication /ɛ̃tɔksikasjɔ̃/ NF ⓐ (= *empoisonnement*) poisoning (*NonC*); ~ **alimentaire** food poisoning (*NonC*) ⓑ (*Politique*) brainwashing

intoxiquer /ɛ̃tɔksike/ /TABLE 1/ 1 VT ⓐ [*substance toxique*] to poison ⓑ [*propagande, publicité*] to brainwash 2 VPR **s'intoxiquer** to be poisoned

intraduisible /ɛ̃tʀadɥizibl/ ADJ untranslatable

intraitable /ɛ̃tʀɛtabl/ ADJ uncompromising

intra-muros /ɛ̃tʀamyʀos/ ADV **habiter** ~ to live inside the town; **Paris** ~ inner Paris

intramusculaire /ɛ̃tʀamyskylɛʀ/ ADJ intramuscular

intranet /ɛ̃tʀanɛt/ NM intranet

intransigeance /ɛ̃tʀɑ̃ziʒɑ̃s/ NF intransigence; **faire preuve d'~** to be intransigent

intransigeant, e /ɛ̃tʀɑ̃ziʒɑ̃, ɑ̃t/ ADJ [*personne, attitude*] intransigent; [*morale*] uncompromising; **se montrer ~ envers qn** to take a hard line with sb

intransitif, -ive /ɛ̃tʀɑ̃zitif, iv/ ADJ intransitive

intransportable /ɛ̃tʀɑ̃spɔʀtabl/ ADJ [*objet*] untransportable; **elle est ~** [*malade*] she cannot be moved

intraveineux, -euse /ɛ̃tʀavɛnø, øz/ 1 ADJ intravenous 2 NF **intraveineuse** intravenous injection

intrépide /ɛ̃tʀepid/ ADJ intrepid

intrépidité /ɛ̃tʀepidite/ NF intrepidity

intrigant, e /ɛ̃tʀigɑ̃, ɑ̃t/ NM,F schemer

intrigue /ɛ̃tʀig/ NF (= *manœuvre*) intrigue; [*de film, roman*] plot

intriguer /ɛ̃tʀige/ /TABLE 1/ VT to puzzle; **cela m'intrigue** it puzzles me

intrinsèque /ɛ̃tʀɛ̃sɛk/ ADJ intrinsic

introduction /ɛ̃tʀɔdyksjɔ̃/ NF ⓐ introduction; **en (guise d')introduction** by way of introduction; **lettre d'~** letter of introduction ⓑ [*d'objet*] insertion ⓒ (= *lancement*) launching

introduire /ɛ̃tʀɔdɥiʀ/ /TABLE 38/ 1 VT ⓐ (= *faire entrer*) [+ *objet*] to place; [+ *visiteur*] to show in; **il a introduit sa clé dans la serrure** he put his key in the lock; **on m'a introduit dans le salon** I was shown into the lounge ⓑ (= *lancer*) [+ *mode*] to launch; [+ *idées nouvelles*] to bring in ⓒ (= *présenter*) to introduce; **il m'a introduit auprès du directeur** he introduced me to the manager 2 VPR **s'introduire** ⓐ (= *pénétrer*) **s'~ chez qn par effraction** to break into sb's home; **s'~ dans une pièce** to get into a room ⓑ [*usage, mode, idée*] to be adopted

introduit, e /ɛ̃tʀɔdɥi, it/ (*ptp d'*introduire) ADJ (*frm*) **être bien ~ dans un milieu** to be well connected in a certain milieu

introspection /ɛ̃tʀɔspɛksjɔ̃/ NF introspection

introuvable /ɛ̃tʀuvabl/ ADJ **il reste ~** he has still not been found; **ces meubles sont ~s aujourd'hui** furniture like this is impossible to find these days

introverti, e /ɛ̃tʀɔvɛʀti/ 1 ADJ introverted 2 NM,F introvert

intrus, e /ɛ̃tʀy, yz/ 1 ADJ intruding 2 NM,F intruder; **cherchez l'~** (*jeu*) find the odd one out

intrusion /ɛ̃tʀyzjɔ̃/ NF intrusion

intuitif, -ive /ɛ̃tɥitif, iv/ ADJ intuitive; **c'est un ~** he's very intuitive

intuition /ɛ̃tɥisjɔ̃/ NF intuition

intuitivement /ɛ̃tɥitivmɑ̃/ ADV intuitively

inusable /inyzabl/ ADJ [*vêtement*] hard-wearing

inusité, e /inyzite/ ADJ [*mot*] uncommon

inutile /inytil/ ADJ ⓐ (= *qui ne sert pas*) [*objet*] useless; [*effort, parole, démarche*] pointless; **connaissances ~s** useless knowledge; **~ d'insister !** there's no point insisting!; **je me sens ~** I feel so useless; **vous voulez de l'aide ? — non, c'est ~** do you want some help? — no, there's no need ⓑ (= *superflu*) [*travail, effort, dépense, bagages*] unnecessary; **évitez toute fatigue ~** avoid tiring yourself unnecessarily;

~ **de vous dire que je ne suis pas resté** needless to say I didn't stay

inutilement /inytilmɑ̃/ ADV unnecessarily

inutilisable /inytilizabl/ ADJ unusable

inutilisé, e /inytilize/ ADJ unused

inutilité /inytilite/ NF [*d'objet*] uselessness; [*d'effort, travail, démarche*] pointlessness

invaincu, e /ɛ̃vɛ̃ky/ ADJ undefeated

invalide /ɛ̃valid/ 1 NMF disabled person; ~ **de guerre** disabled ex-serviceman 2 ADJ disabled

invalider /ɛ̃valide/ /TABLE 1/ VT to invalidate

invalidité /ɛ̃validite/ NF disablement

invariable /ɛ̃vaʀjabl/ ADJ invariable

invariablement /ɛ̃vaʀjabləmɑ̃/ ADV invariably

invasion /ɛ̃vazjɔ̃/ NF invasion

invective /ɛ̃vɛktiv/ NF invective; **~s** abuse

invectiver /ɛ̃vɛktive/ /TABLE 1/ VT to hurl abuse at

invendable /ɛ̃vɑ̃dabl/ ADJ unsaleable

invendu /ɛ̃vɑ̃dy/ NM unsold item

inventaire /ɛ̃vɑ̃tɛʀ/ NM ⓐ inventory ⓑ [*de marchandises*] stocklist (*Brit*), inventory (*US*); **faire un ~** to do the stocktaking (*Brit*) *ou* inventory (*US*) ⓒ [*de monuments, souvenirs*] survey

inventer /ɛ̃vɑ̃te/ /TABLE 1/ 1 VT to invent; [+ *moyen, procédé*] to devise; [+ *jeu, mot*] to make up; **qu'est-ce que tu vas ~ là !** whatever can you be thinking of! 2 VPR **s'inventer : ce sont des choses qui ne s'inventent pas** people don't make up that sort of thing

inventeur, -trice /ɛ̃vɑ̃tœʀ, tʀis/ NM,F inventor

inventif, -ive /ɛ̃vɑ̃tif, iv/ ADJ inventive

invention /ɛ̃vɑ̃sjɔ̃/ NF invention; (= *ingéniosité*) inventiveness; **un cocktail de mon ~** a cocktail of my own creation

inventivité /ɛ̃vɑ̃tivite/ NF inventiveness

inventorier /ɛ̃vɑ̃tɔʀje/ /TABLE 7/ VT to make an inventory of

invérifiable /ɛ̃veʀifjabl/ ADJ unverifiable; **des chiffres ~** figures that cannot be checked

inverse /ɛ̃vɛʀs/ 1 ADJ opposite; (*Logique, Math*) inverse; **arriver en sens ~** to arrive from the opposite direction; **dans l'ordre ~** in reverse order; **dans le sens ~ des aiguilles d'une montre** anticlockwise (*Brit*), counterclockwise (*US*) 2 NM **l'~** the opposite; (*Philo*) the converse; **à l'~** conversely

inversement /ɛ̃vɛʀsəmɑ̃/ ADV conversely; (*Math*) inversely; **... et ~** ... and vice versa

inverser /ɛ̃vɛʀse/ /TABLE 1/ VT to reverse

inversion /ɛ̃vɛʀsjɔ̃/ NF inversion

invertébré, e /ɛ̃vɛʀtebʀe/ ADJ, NM invertebrate

investigation /ɛ̃vɛstigasjɔ̃/ NF investigation; **champ d'~** [*de chercheur*] field of research

investir /ɛ̃vɛstiʀ/ /TABLE 2/ 1 VT ⓐ [+ *capital*] to invest ⓑ [*armée, police*] to surround 2 VPR **s'investir : s'~ dans son travail/une relation** to put a lot into one's work/a relationship; **s'~ beaucoup pour faire qch** to put a lot of effort into doing sth

investissement /ɛ̃vɛstismɑ̃/ NM investment; (= *efforts*) contribution

investisseur /ɛ̃vɛstisœʀ/ NM investor

investiture /ɛ̃vɛstityʀ/ NF [*de candidat*] nomination; **recevoir l'~ de son parti** to be endorsed by one's party; (*Politique US*) to be nominated by one's party

invétéré, e /ɛ̃vetere/ ADJ [*fumeur, joueur*] inveterate; [*menteur*] downright

invincible /ɛ̃vɛ̃sibl/ ADJ invincible

inviolable /ɛ̃vjɔlabl/ ADJ [*droit*] inviolable; [*serrure*] burglar-proof

invisible /ɛ̃vizibl/ ADJ (= *impossible à voir*) invisible; (= *minuscule*) barely visible (**à** to)

invitation /ɛ̃vitasjɔ̃/ NF invitation; **carton d'~** invitation card; **« sur ~ (uniquement) »** "by invitation only"; **sur son ~** at his invitation; **ses photos sont une ~ au voyage** his pictures make us dream of faraway places

invité, e /ɛ̃vite/ *(ptp d'***inviter***)* NM,F guest; **~ de marque** distinguished guest

inviter /ɛ̃vite/ /TABLE 1/ VT to invite (**à** to); **~ qn chez soi/à dîner** to invite sb to one's house/to dinner; **c'est moi qui invite** (= *qui paie*) it's on me*

invivable /ɛ̃vivabl/ ADJ unbearable

involontaire /ɛ̃vɔlɔ̃tɛʀ/ ADJ [*sourire, mouvement*] involuntary; [*faute*] unintentional; [*héros, témoin*] unwitting

involontairement /ɛ̃vɔlɔ̃tɛʀmɑ̃/ ADV [*sourire*] involuntarily; [*bousculer qn*] unintentionally

invoquer /ɛ̃vɔke/ /TABLE 1/ VT [+ *argument*] to put forward; [+ *témoignage, Dieu*] to call upon; [+ *excuse, jeunesse, ignorance*] to plead; [+ *loi, texte*] to cite; **les raisons invoquées** the reasons given

invraisemblable /ɛ̃vʀɛsɑ̃blabl/ ADJ [*histoire, nouvelle*] unlikely; [*argument*] implausible; [*insolence*] incredible; **c'est ~ !** it's incredible!

invraisemblance /ɛ̃vʀɛsɑ̃blɑ̃s/ NF [*de fait, nouvelle*] improbability; **plein d'~s** full of implausibilities

invulnérable /ɛ̃vylneʀabl/ ADJ invulnerable

iode /jɔd/ NM iodine

iodé, e /jɔde/ ADJ [*air, sel*] iodized

ion /jɔ̃/ NM ion

iota /jɔta/ NM iota; **il n'a pas bougé d'un ~** he didn't move an inch

IRA /iʀa/ NF (ABBR = **Irish Republican Army**) IRA

irait /iʀɛ/ VB → **aller**

Irak /iʀak/ NM Iraq

irakien, -ienne /iʀakjɛ̃, jɛn/ 1 ADJ Iraqi 2 NM (= *langue*) Iraqi 3 NM,F **Irakien(ne)** Iraqi

Iran /iʀɑ̃/ NM Iran

iranien, -ienne /iʀanjɛ̃, jɛn/ 1 ADJ Iranian 2 NM (= *langue*) Iranian 3 NM,F **Iranien(ne)** Iranian

Iraq /iʀak/ NM Iraq

irascible /iʀasibl/ ADJ short-tempered

iris /iʀis/ NM iris

irisé, e /iʀize/ ADJ iridescent

irlandais, e /iʀlɑ̃dɛ, ɛz/ 1 ADJ Irish 2 NM ⓐ (= *langue*) Irish ⓑ **Irlandais** Irishman; **les Irlandais** the Irish; **les Irlandais du Nord** the Northern Irish 3 NF **Irlandaise** Irishwoman

Irlande /iʀlɑ̃d/ NF (= *pays*) Ireland; (= *État*) Irish Republic; **l'~ du Nord** Northern Ireland; **de l'~ du Nord** Northern Irish; **~ du Sud** Southern Ireland

ironie /iʀɔni/ NF irony; **par une curieuse ~ du sort** by a strange irony of fate

ironique /iʀɔnik/ ADJ ironic

ironiser /iʀɔnize/ /TABLE 1/ VI to be ironic (**sur** about)

irradiation /iʀadjasjɔ̃/ NF irradiation

irradier /iʀadje/ /TABLE 7/ 1 VT (*Physique*) to irradiate; **combustible irradié** spent fuel 2 VI [*lumière, mal*] to radiate

irrationnel, -elle /iʀasjɔnɛl/ 1 ADJ irrational 2 NM **l'~** the irrational

irréalisable /iʀealizabl/ ADJ unrealizable; [*projet*] impracticable; **c'est ~** it's not feasible

irréaliste /iʀealist/ ADJ unrealistic

irrecevable /iʀəs(ə)vabl/ ADJ ⓐ (= *inacceptable*) [*argument, demande*] unacceptable ⓑ (*Droit*) inadmissible

irrécupérable /iʀekypeʀabl/ ADJ irretrievable; [*créance*] irrecoverable; **il est ~** [*personne*] he's beyond redemption

irréductible /iʀedyktibl/ ADJ [*volonté, opposition, ennemi*] implacable; **les ~s du parti** the hard core of the party

irréel, -elle /iʀeɛl/ 1 ADJ unreal 2 NM **l'~** the unreal

irréfléchi, e /iʀefleʃi/ ADJ [*geste, paroles, action*] thoughtless; [*personne*] impulsive

irréfutable /iʀefytabl/ ADJ [*preuve, logique*] irrefutable; [*signe*] undeniable

irrégularité /iʀegylaʀite/ NF irregularity; [*de terrain, travail, qualité, résultats*] unevenness; **des ~s ont été commises lors du scrutin** irregularities occurred during the ballot

irrégulier, -ière /iʀegylje, jɛʀ/ ADJ irregular; [*travail, résultats*] uneven; [*élève, athlète*] erratic; **étranger en situation irrégulière** foreign national whose papers are not in order

irrégulièrement /iʀegyljɛʀmɑ̃/ ADV irregularly; (= *sporadiquement*) sporadically; (= *illégalement*) illegally

irrémédiable /iʀemedjabl/ ADJ ⓐ (= *irréparable*) irreparable ⓑ (= *incurable*) incurable ⓒ (= *irréversible*) irreversible

irrémédiablement /iʀemedjabləmɑ̃/ ADV irreparably

irremplaçable /iʀɑ̃plasabl/ ADJ irreplaceable; **nul ou personne n'est ~** nobody is irreplaceable

irréparable /iʀepaʀabl/ ADJ ⓐ [*objet*] beyond repair (*attrib*) ⓑ [*dommage, perte, impair*] irreparable; **pour éviter l'~** to avoid doing something that can't be undone

irrépressible /iʀepʀesibl/ ADJ irrepressible

irréprochable /iʀepʀɔʃabl/ ADJ [*travail*] perfect; [*moralité, conduite*] irreproachable; [*tenue*] impeccable

irrésistible /iʀezistibl/ ADJ irresistible; [*besoin, désir, logique*] compelling; **il est ~ !** (= *amusant*) he's hilarious!

irrésistiblement /iʀezistibləmɑ̃/ ADV irresistibly

irrésolu, e /iʀezɔly/ ADJ [*personne*] irresolute

irrespectueux, -euse /iʀɛspɛktɥø, øz/ ADJ disrespectful (**envers** to, towards)

irrespirable /iʀɛspiʀabl/ ADJ unbreathable

irresponsabilité /iʀɛspɔ̃sabilite/ NF irresponsibility

irresponsable /iʀɛspɔ̃sabl/ ADJ irresponsible (**de** for); **c'est un ~ !** he's totally irresponsible!

irrévérencieux, -ieuse /iʀeveʀɑ̃sjø, jøz/ ADJ irreverent (**envers, à l'égard de** towards)

irréversible /iʀeveʀsibl/ ADJ irreversible

irrévocable /iʀevɔkabl/ ADJ irrevocable

irrigation /iʀigasjɔ̃/ NF irrigation

irriguer /iʀige/ /TABLE 1/ VT to irrigate

irritabilité /iʀitabilite/ NF irritability

irritable /iʀitabl/ ADJ irritable

irritant, e /iʀitɑ̃, ɑ̃t/ ADJ (= *agaçant*) irritating; (*Méd*) irritant

irritation /iʀitasjɔ̃/ NF irritation

irrité, e /iʀite/ *(ptp d'***irriter***)* ADJ irritated; **être ~ contre qn** to be annoyed with sb

irriter /iʀite/ /TABLE 1/ VT to irritate

irruption /iʀypsjɔ̃/ NF [*de nouvelles technologies, doctrine*] sudden emergence

Islam /islam/ NM **l'~** Islam

islamique /islamik/ ADJ Islamic; **la République ~ de ...** the Islamic Republic of ...

islamiste /islamist/ 1 ADJ Islamic 2 NMF Islamist

islamophobie /islamɔfɔbi/ NF Islamophobia

islandais, e /islɑ̃dɛ, ɛz/ 1 ADJ Icelandic 2 NM (= *langue*) Icelandic 3 NM,F **Islandais(e)** Icelander

Islande /islɑ̃d/ NF Iceland

isolant, e /izɔlɑ̃, ɑ̃t/ 1 ADJ insulating 2 NM insulator; **~ phonique** soundproofing material

isolation /izɔlasjɔ̃/ NF insulation; **~ phonique** ou **acoustique** soundproofing; **~ thermique** heat insulation

⚠ **isolation** *ne se traduit pas par le mot anglais* **isolation**.

isolé, e /izɔle/ *(ptp d'***isoler***)* ADJ ⓐ isolated; **se sentir ~** to feel isolated; **vivre ~** to live in isolation; **phrase ~e de son contexte** sentence taken out of context ⓑ (*en électricité*) insulated

isolement /izɔlmɑ̃/ NM isolation; [*de câble électrique*] insulation

isolément /izɔlemɑ̃/ ADV in isolation; **chaque élément pris ~** each element considered separately

isoler /izɔle/ /TABLE 1/ 1 VT ⓐ to isolate; [+ prisonnier] to place in solitary confinement; [+ lieu] to cut off ⓑ (contre le froid, en électricité) to insulate; (contre le bruit) to sound-proof 2 VPR **s'isoler** (dans un coin) to isolate o.s.

isoloir /izɔlwaʀ/ NM polling booth

isotherme /izɔtɛʀm/ ADJ **sac** ~ cool bag; **camion** ~ refrigerated lorry (Brit) ou truck (US)

Israël /isʀael/ NM Israel; **l'État d'~** the state of Israel

israélien, -ienne /isʀaeljɛ̃, jɛn/ 1 ADJ Israeli 2 NM,F **Israélien(ne)** Israeli

israélite /isʀaelit/ 1 ADJ Jewish 2 NM Jew; (Hist) Israelite 3 NF Jewess; (Hist) Israelite

issu, e[1] /isy/ ADJ **être ~ de** (= résulter de) to stem from; (= être né de) [+ parents] to be born of; [+ milieu familial] to come from

issue[2] /isy/ NF ⓐ (= sortie) exit; [d'eau, vapeur] outlet; **voie sans** ~ dead end; (panneau) "no through road"; **~ de secours** emergency exit; (fig) fallback option ⓑ (= solution) way out ⓒ (= fin) outcome; **heureuse** ~ happy outcome; **à l'~ de** at the end of

Istanbul /istɑ̃bul/ N Istanbul

isthme /ism/ NM isthmus

Italie /itali/ NF Italy

italien, -ienne /italjɛ̃, jɛn/ 1 ADJ Italian 2 NM (= langue) Italian 3 NM,F **Italien(ne)** Italian

italique /italik/ NM italics; **en ~(s)** in italics

itinéraire /itineʀɛʀ/ NM (= chemin) route; ~ **bis** ou **de délestage** alternative route

itinérant, e /itineʀɑ̃, ɑ̃t/ ADJ travelling; **exposition ~e** travelling exhibition; **bibliothèque ~e** mobile library

IUT /iyte/ NM (ABBR = **Institut universitaire de technologie**) ≈ polytechnic (Brit), ≈ technical school ou institute (US)

IVG /iveʒe/ NF (ABBR = **interruption volontaire de grossesse**) termination

ivoire /ivwaʀ/ NM ⓐ [d'éléphant] (= matière, objet) ivory; **en** ~ ivory ⓑ [de dent] dentine

ivoirien, -ienne /ivwaʀjɛ̃, jɛn/ 1 ADJ of ou from the Ivory Coast 2 NM,F **Ivoirien(ne)** Ivorian

ivre /ivʀ/ ADJ drunk; ~ **mort** blind drunk

ivresse /ivʀes/ NF (= ébriété) drunkenness; **l'~ de la vitesse** the thrill of speed

ivrogne /ivʀɔɲ/ NMF drunkard

J

J /ʒi/ NM **le jour J** D-day

j' /ʒ/ → **je**

jacasser /ʒakase/ /TABLE 1/ VI to chatter

jachère /ʒaʃɛʀ/ NF **laisser une terre en ~** to let a piece of land lie fallow

jacinthe /ʒasɛ̃t/ NF hyacinth ◆ **jacinthe des bois** bluebell

jackpot /(d)ʒakpɔt/ NM jackpot; (= *machine*) slot machine; **toucher* le ~** to hit the jackpot

jacuzzi ®/ʒakyzi/ NM Jacuzzi®

jade /ʒad/ NM jade

jadis /ʒadis/ ADV in times past

jaguar /ʒagwaʀ/ NM (= *animal*) jaguar

jaillir /ʒajiʀ/ /TABLE 2/ VI ⓐ [*liquide, sang*] (*par à-coups*) to spurt out; (*abondamment*) to gush out; [*larmes*] to flow; [*vapeur, source*] to gush forth; [*flammes*] to shoot up; [*étincelles*] to fly out; [*lumière*] to flash; [*cris, rires*] to ring out; [*idée*] to occur ⓑ [*personne*] to spring out; [*voiture*] to shoot out; **des tours qui jaillissent de terre** soaring tower blocks

jais /ʒɛ/ NM jet; **cheveux de ~** jet-black hair

jalon /ʒalɔ̃/ NM ⓐ (= *piquet*) pole ⓑ (= *point de référence*) landmark; **poser les premiers ~s de qch** to prepare the ground for sth

jalonner /ʒalɔne/ /TABLE 1/ VT ⓐ (*pour tracer*) to mark out ⓑ (= *border, s'espacer sur*) to line ⓒ (= *marquer*) **sa vie a été jalonnée de drames** there was a succession of tragedies in his life; **sa carrière a été jalonnée d'obstacles** he encountered many obstacles in the course of his career

jalousement /ʒaluzmɑ̃/ ADV jealously

jalouser /ʒaluze/ /TABLE 1/ VT to be jealous of

jalousie /ʒaluzi/ NF jealousy; **être malade de ~** [*amant*] to be mad with jealousy; [*envieux*] to be green with envy

jaloux, -ouse /ʒalu, uz/ 1 ADJ jealous 2 NM **c'est un ~** he's the jealous type; **faire des ~** to make people jealous

jamaïcain, e /ʒamaikɛ̃, ɛn/ 1 ADJ Jamaican 2 NM,F **Jamaïcain(e)** Jamaican

Jamaïque /ʒamaik/ NF Jamaica

jamais /ʒamɛ/ ADV (= *un jour, une fois*) ever; **avez-vous ~ vu ça?** have you ever seen such a thing?; **c'est le plus grand que j'aie ~ vu** it's the biggest I've ever seen; **une symphonie ~ jouée** an unperformed symphony; **presque ~** hardly ever; **c'est maintenant ou ~** it's now or never; **~ deux sans trois!** (*choses agréables*) good things happen in threes!; (*malheurs*) bad things happen in threes!; **à tout ~** for ever; **leur amitié est à ~ compromise** their friendship will never be the same again

◆ **ne ... jamais** (= *à aucun moment*) never; **il n'a ~ avoué** he never confessed; **n'a-t-il ~ avoué?** didn't he ever confess?; **je n'ai vu un homme si égoïste** I've never seen such a selfish man; **il n'est ~ trop tard** it's never too late; **il ne lui a ~ plus écrit** he's never written to her since; **ça ne fait ~ que deux heures qu'il est parti** he hasn't been gone more than two hours ■ (*PROV*) **il ne faut ~ dire ~** never say never

◆ **plus jamais** never again; **je ne lui ai plus ~ parlé** I nev-

er spoke to him again; **plus ~!** never again!

◆ **jamais plus!** never again!

◆ **si jamais**: **si ~ vous passez par Londres, venez nous voir** if ever you're passing through London come and see us; **si ~ tu rates le train, reviens** if by any chance you miss the train, come back here; **si ~ tu recommences, gare à toi!** don't ever do that again or you'll be in trouble!

◆ **c'est le moment ou jamais** it's now or never; **c'est le moment ou ~ d'acheter** now is the time to buy

◆ **jamais de la vie**: **~ de la vie je n'y retournerai** I shall never ever go back there; **viendrez-vous? — ~ de la vie!** will you come? — never!

jambe /ʒɑ̃b/ NF leg; **ça me fait une belle ~!** a fat lot of good that does me!*; **se mettre en ~s** to warm up; **traîner la ~** (*par fatigue*) to drag one's feet; (= *boiter*) to limp along; **elle ne tient plus sur ses ~s** she can hardly stand; **prendre ses ~s à son cou** to take to one's heels; **traiter qn par-dessus la ~** to be offhand with sb; **il m'a tenu la ~ pendant des heures*** he kept me hanging about talking for hours*; **elle est toujours dans mes ~s*** she's always under my feet; **j'en ai eu les ~s coupées!** it knocked me sideways*

jambon /ʒɑ̃bɔ̃/ NM ham; **un ~-beurre*** a ham sandwich (*made from baguette*) ◆ **jambon blanc** boiled ham ◆ **jambon cru** cured ham ◆ **jambon cuit, jambon de Paris** boiled ham ◆ **jambon de Parme** Parma ham ◆ **jambon de pays** cured ham

jambonneau (*pl* **jambonneaux**) /ʒɑ̃bɔno/ NM knuckle of ham

jante /ʒɑ̃t/ NF [*de bicyclette, voiture*] rim; **~s en alliage** alloy wheels

janvier /ʒɑ̃vje/ NM January → **septembre**

Japon /ʒapɔ̃/ NM Japan

japonais, e /ʒapɔnɛ, ɛz/ 1 ADJ Japanese 2 NM (= *langue*) Japanese 3 NM,F **Japonais(e)** Japanese

japper /ʒape/ /TABLE 1/ VI to yap

jaquette /ʒakɛt/ NF ⓐ [*d'homme*] morning coat; [*de femme*] jacket ⓑ [*de livre*] jacket; [*de cassette vidéo*] insert

jardin /ʒaʀdɛ̃/ NM garden; **c'est mon ~ secret** those are my private secrets ◆ **jardin d'acclimatation** zoological gardens ◆ **jardin à l'anglaise** landscaped garden ◆ **jardin botanique** botanical garden ◆ **jardin d'enfants** kindergarten ◆ **jardin à la française** formal garden ◆ **jardin d'hiver** [*de château*] winter garden; [*de maison*] conservatory ◆ **jardin potager** vegetable garden ◆ **jardin public** park ◆ **jardin zoologique** zoological gardens

jardinage /ʒaʀdinaʒ/ NM gardening; **faire du ~** to do some gardening

jardiner /ʒaʀdine/ /TABLE 1/ VI to garden; **il aime ~** he likes gardening

jardinerie /ʒaʀdinʀi/ NF garden centre

jardinet /ʒaʀdinɛ/ NM small garden

jardinier, -ière /ʒaʀdinje, jɛʀ/ 1 NM,F gardener 2 NF **jardinière** ⓐ (= *caisse à fleurs*) window box; (*d'intérieur*) jardinière ⓑ **jardinière de légumes** mixed vegetables

jargon /ʒaʀgɔ̃/ NM ⓐ (= *langue professionnelle*) jargon (*NonC*); ~ **administratif** official jargon; ~ **journalistique** journalese (*NonC*) ⓑ (= *baragouin*) gibberish (*NonC*)

jarret /ʒaʀɛ/ NM back of knee; ~ **de veau** knuckle of veal

jarretelle /ʒaʀtɛl/ NF suspender (*Brit*), garter (*US*)

jarretière /ʒaʀtjɛʀ/ NF garter

jaser /ʒaze/ /TABLE 1/ VI (= *médire*) to gossip; **cela va faire ~ les gens** that'll set tongues wagging

jasmin /ʒasmɛ̃/ NM jasmine

jatte /ʒat/ NF bowl

jauge /ʒoʒ/ NF (= *instrument*) gauge ♦ **jauge d'essence** petrol gauge ♦ **jauge d'huile** dipstick

jauger /ʒoʒe/ /TABLE 3/ VT [+ *personne*] to size up; **il le jaugea du regard** he looked him up and down

jaunâtre /ʒonɑtʀ/ ADJ yellowish

jaune /ʒon/ 1 ADJ yellow; ~ **d'or** golden yellow 2 NM (= *couleur*) yellow; [*d'œuf*] egg yolk

> ► When *jaune* is combined with another word, such as *citron*, to indicate a shade, there is no agreement with the noun, eg **des chaussettes jaune citron**.

jaunir /ʒoniʀ/ /TABLE 2/ 1 VT [+ *feuillage, draps*] to turn yellow; **doigts jaunis par la nicotine** nicotine-stained fingers; **photos jaunies** yellowed photos 2 VI to turn yellow

jaunisse /ʒonis/ NF jaundice

java /ʒava/ NF popular waltz; **faire la ~*** to live it up*

Javel /ʒavɛl/ NF **eau de ~** bleach

javelliser /ʒavelize/ /TABLE 1/ VT to chlorinate; **eau très javellisée** heavily chlorinated water

javelot /ʒavlo/ NM javelin

jazz /dʒaz/ NM jazz

J.-C. (ABBR = **Jésus-Christ**) **en 300 av./ap. ~** in 300 BC/AD

je, j' /ʒ(ə)/ PRON PERS *f*; **je sais** I know; **j'aime** I like

jean /dʒin/ NM (= *tissu*) denim; (= *vêtement*) jeans

Jeanne /ʒan/ NF ~ **d'Arc** Joan of Arc; **coiffure à la ~ d'Arc** page boy haircut

Jéhovah /ʒeova/ NM Jehovah

je-m'en-foutisme : /ʒ(ə)mɑ̃futism/ NM don't-give-a-damn attitude :

je-m'en-foutiste : (*pl* **je-m'en-foutistes**) /ʒ(ə)mɑ̃futist/ 1 ADJ don't-give-a-damn : 2 NMF don't-give-a-damn type :

je-ne-sais-quoi /ʒən(ə)sɛkwa/ NM INV **un ~** a certain something; **un ~ de magique** a sort of magic

jérémiades */ʒeremjad/ NFPL moaning

jerrycan /(d)ʒeʀikan/ NM jerry can

Jersey /ʒɛʀze/ NF Jersey

jersey /ʒɛʀze/ NM ⓐ (= *vêtement*) sweater ⓑ (= *tissu*) jersey; **point de ~** stocking stitch

Jérusalem /ʒeʀyzalɛm/ N Jerusalem

jésuite /ʒezɥit/ ADJ, NM Jesuit

Jésus /ʒezy/ NM Jesus; **le petit ~** baby Jesus

Jésus-Christ /ʒezyjʀist/ NM Jesus Christ; **en 300 avant/ après ~** in 300 BC/AD

jet¹ /ʒɛ/ 1 NM ⓐ [*d'eau, liquide, gaz*] jet; [*de sang*] spurt; ~ **de lumière** beam of light; **ça se trouve à un ~ de pierre du centre** it's a stone's throw away from the centre ⓑ **premier ~** [*de lettre, livre*] rough draft; [*de dessin*] rough sketch; **écrire d'un seul ~** to write in one go 2 COMP ♦ **jet d'eau** (= *fontaine*) fountain; (= *gerbe*) spray

jet² /dʒɛt/ NM (= *avion*) jet

jetable /ʒ(ə)tabl/ ADJ disposable

jeté, e¹ : /ʒ(ə)te/ ADJ (= *fou*) crazy*

jetée² /ʒ(ə)te/ NF jetty; (*grande*) pier

jeter /ʒ(ə)te/ /TABLE 4/ 1 VT ⓐ (= *lancer*) to throw; ~ **qch à qn** (*pour qu'il l'attrape*) to throw sth to sb; (*agressivement*) to throw sth at sb; **le cheval l'a jeté à terre** the horse threw him; ~ **dehors** to throw out; ~ **qn en prison** to throw sb into prison; ~ **qch par la fenêtre** to throw sth out of the window; ~ **un papier par terre** to throw a piece of paper on the ground; **il a jeté son sac par terre** he threw down

his bag; ~ **les bras autour du cou de qn** to throw one's arms round sb's neck; **elle lui jeta un regard plein de mépris** she cast a withering look at him

ⓑ (= *mettre au rebut*) to throw away; ~ **qch à la poubelle** to throw sth in the dustbin; **jette l'eau sale dans l'évier** pour the dirty water down the sink; **se faire ~*** (*d'une réunion, entreprise*) to get thrown out (**de** of); (*lors d'une requête*) to be sent packing*

ⓒ (= *mettre rapidement*) ~ **des vêtements dans un sac** to throw some clothes into a bag; ~ **une veste sur ses épaules** to throw a jacket over one's shoulders; ~ **une idée sur le papier** to jot down an idea

ⓓ (= *établir*) [+ *fondations*] to lay; [+ *pont*] to build (**sur** over, across); ~ **les bases d'une nouvelle Europe** to lay the foundations of a new Europe

ⓔ (= *répandre*) [+ *lueur*] to give out; [+ *ombre*] to cast; [+ *cri*] to utter; ~ **l'effroi parmi** to sow alarm and confusion among; ~ **le trouble dans les esprits** (= *perturber*) to disturb people; (= *rendre perplexe*) to sow confusion in people's minds; **sa remarque a jeté un froid** his remark put a damper on things; **elle en jette, cette voiture !*** that's some car !*

ⓕ (= *dire*) to say; **« et pourquoi pas ? »** jeta-t-il "and why not?", he said

2 VPR **se jeter** ⓐ (= *s'élancer*) **se ~ par la fenêtre** to throw o.s. out of the window; **se ~ à l'eau** to jump into the water; (*fig*) to take the plunge; **se ~ à la tête de qn** to throw o.s. at sb; **se ~ dans les bras/aux pieds de qn** to throw o.s. into sb's arms/at sb's feet; **un chien s'est jeté sous mes roues** a dog ran out in front of my car; **il s'est jeté sous un train** he threw himself under a train

♦ **se jeter sur** [+ *personne*] to rush at; [+ *lit*] to throw o.s. onto; [+ *téléphone*] to rush to; [+ *journal, roman*] to pounce on; [+ *occasion, solution*] to jump at

ⓑ [*rivière*] to flow (**dans** into); **l'Arve se jette dans le Rhône** the Arve flows into the Rhône

ⓒ [+ *projectiles*] to throw at each other

ⓓ (= *boire*) : **on va s'en ~ un ?** let's have a quick one*

jeton /ʒ(ə)tɔ̃/ NM ⓐ (= *pièce*) token; [*de jeu*] counter; [*de roulette*] chip; ~ **de téléphone** telephone token; **avoir les ~s :** to have the jitters* ⓑ (= *coup*) : **ma voiture a pris un ~** my car was dented

jet-set (*pl* **jet-sets**) /dʒɛsɛt/ NF jet set; **membre de la ~** jet setter

jeu (*pl* **jeux**) /ʒø/ 1 NM ⓐ (*avec règles*) game; ~ **d'adresse** game of skill; ~ **de cartes** card game; ~ **d'échecs** chess set; ~ **de boules** bowls set; ~ **de 52 cartes** pack (*Brit*) ou deck (*US*) of 52 cards; ~ **à 13** rugby league; ~ **à 15** rugby union; **ce n'est pas du ~*** that's not fair; **le ~ n'en vaut pas la chandelle** the game is not worth the candle (*PROV*); ~**, set, et match** game, set and match; **faire ~ égal avec qn** to be evenly matched; **j'ai compris son petit ~ !** I know his little game!; **à quel ~ joues-tu ?** what are you playing at?; **entrer dans le ~ de qn** to play along with sb; **faire le ~ de qn** to play into sb's hands; **il s'est piqué au ~** he got hooked*

ⓑ (= *fait de jouer*) **le ~** play; **c'est un ~ d'enfant** it's child's play; **par ~** for fun

ⓒ (*Casino*) gambling; **il a perdu toute sa fortune au ~** he has gambled away his entire fortune; **faites vos ~x** place your bets; **les ~x sont faits** (*fig*) the die is cast

ⓓ (= *cartes*) hand; **je n'ai jamais de ~** I never have a good hand; **il a beau ~ de protester maintenant** it's easy for him to complain now

ⓔ (= *façon de jouer*) [*d'acteur*] acting; [*de sportif*] game; [*de musicien*] technique

ⓕ (= *fonctionnement*) working; **le ~ des pistons** the action of the pistons; **le ~ des alliances** the interplay of alliances

ⓖ (= *espace*) play; **donner du ~ à qch** to loosen sth up a bit; **la vis a du ~** the screw has worked loose; **la porte ne ferme pas bien, il y a du ~** the door isn't a tight fit

ⓗ [*de clés, aiguilles*] set

ⓘ ♦ **en jeu** (*Sport*) in play; **mettre en ~** [+ *balle*] to throw in; (*en action*) to bring into play; **mise en ~** (*Tennis*) serve; (*Hockey*) bully-off; (*sur glace*) face-off; **remettre en ~** [+ *balle*] to throw in; **les forces en ~** the forces at work; **en-**

trer en ~ to come into play; **mettre en** ~ to bring into play; **être en** ~ (= *en cause*) to be at stake; **les intérêts en** ~ **sont considérables** there are considerable interests at stake

2 COMP ◆ **jeu d'arcade** video game ◆ **jeu d'argent** game played for money ◆ **jeu de construction** building set ◆ **jeu décisif** (*Tennis*) tie-break ◆ **jeux d'eau** fountains ◆ **jeu électronique** electronic game ◆ **jeu de hasard** game of chance ◆ **jeu de jambes** footwork ◆ **jeux de lumière** (*artificiels*) lighting effects; (*naturels*) play of light (*NonC*) ◆ **jeu de massacre** (*à la foire*) Aunt Sally; (*fig*) wholesale massacre ◆ **jeu de mots** play on words; **sans** ~ **de mots!** no pun intended! ◆ **jeu de l'oie** ≈ snakes and ladders ◆ **Jeux olympiques** Olympic Games; **les Jeux olympiques d'hiver** the Winter Olympics; **les Jeux olympiques handisports** the Paralympics ◆ **jeu de patience** puzzle ◆ **jeu de piste** treasure hunt ◆ **jeu radiophonique** radio game ◆ **jeu en réseau** (*Informatique*) multiplayer (online) game ◆ **jeu de rôles** role play ◆ **jeu de société** parlour game; (*avec dés, pions*) board game ◆ **jeu télévisé** television game (*avec questions*) quiz show ◆ **jeu vidéo** video game

jeu-concours (*pl* **jeux-concours**) /ʒøkɔ̃kuʀ/ NM competition; (*avec questions*) quiz

jeudi /ʒødi/ NM Thursday; **le** ~ **de l'Ascension** Ascension Day → **samedi**

jeun /ʒœ̃/ NM **être à** ~ (= *n'avoir rien mangé*) to have eaten nothing; (= *n'avoir rien bu*) to have drunk nothing; **à prendre à** ~ to be taken on an empty stomach; **venez à** ~ don't eat or drink anything before you come

jeune /ʒœn/ 1 ADJ ⓐ (*en années*) young; **vu son** ~ **âge** in view of his youth; **il n'est plus tout** ~ he's not as young as he used to be; **il est plus** ~ **que moi de cinq ans** he's five years younger than me; **il fait plus** ~ **que son âge** he doesn't look his age
ⓑ [*apparence, visage*] youthful; [*couleur, vêtement*] young; **être** ~ **d'allure** to be young-looking; **être** ~ **de caractère** to be young in spirit
ⓒ (= *cadet*) younger; **Durand** ~ Durand junior; **mon** ~ **frère** my younger brother; **mon plus** ~ **frère** my youngest brother

2 NMF ⓐ (= *personne*) youngster; **un petit** ~ a young lad; **une bande de** ~s a gang of youths; **les** ~s **d'aujourd'hui** young people today; **club de** ~s youth club
ⓑ (= *animal*) young animal
ⓒ ◆ **donner un coup de jeune à** [+ *bâtiment, local*] to give a face-lift to; [+ *émission*] to give a new look to

3 NF girl; **une petite** ~ a young girl

4 ADV **s'habiller** ~ to dress young

5 COMP ◆ **jeune femme** young woman ◆ **jeune fille** girl ◆ **jeune garçon** boy ◆ **jeune génération** younger generation ◆ **jeunes gens** young people; (= *garçons*) boys ◆ **jeune homme** young man ◆ **jeune loup** go-getter; (= *politicien*) young Turk ◆ **jeune marié** bridegroom; **les** ~s **mariés** the newlyweds ◆ **jeune mariée** bride ◆ **jeune premier** romantic male lead; **il a un physique de** ~ **premier** he has film-star looks

jeûne /ʒøn/ NM fast

jeûner /ʒøne/ /TABLE 1/ VI to fast

jeunesse /ʒœnɛs/ NF ⓐ (= *période*) youth; **dans ma** ~ in my youth; **erreur de** ~ youthful mistake; **péché de** ~ youthful indiscretion; **il n'est plus de la première** ~ he's not as young as he was ⓑ (= *personnes jeunes*) young people; **la** ~ **dorée** the gilded youth; **la** ~ **ouvrière** the young workers; **la** ~ **étudiante** young people at university; **livres pour la** ~ books for young people

jeuniste /ʒønist/ ADJ (*en faveur des jeunes*) pro-youth; (*contre les jeunes*) anti-youth

jeunot * /ʒœno/ NM young guy*

jf ⓐ ABBR = **jeune fille** ⓑ ABBR = **jeune femme**

jh ABBR = **jeune homme**

jihad /ʒi(j)ad/ NM jihad

JO /ʒio/ NMPL (ABBR = **Jeux olympiques**) Olympics

joaillerie /ʒɔajʀi/ NF ⓐ (= *magasin*) jeweller's (*Brit*) *ou* jeweler's (*US*) (shop) ⓑ (= *objets*) jewellery (*Brit*), jewelry (*US*) ⓒ (= *travail*) jewellery (*Brit*) *ou* jewelry (*US*) making

joaillier, -ière /ʒɔaje, jɛʀ/ NM,F jeweller (*Brit*), jeweler (*US*)

job /dʒɔb/ 1 NM* job; **il a trouvé un petit** ~ **pour l'été** he's found a summer job 2 NF (*Can*) job

jockey /ʒɔkɛ/ NM jockey

Joconde /ʒɔkɔ̃d/ NF **la** ~ the Mona Lisa

jodhpurs /dʒɔdpyʀ/ NMPL jodhpurs

joggeur, -euse /dʒɔgœʀ, øz/ NM,F jogger

jogging /dʒɔgiŋ/ NM ⓐ (= *sport*) jogging; **faire du** ~ to go jogging ⓑ (= *survêtement*) jogging suit

joie /ʒwa/ 1 NF ⓐ joy; **à ma grande** ~ to my great delight; **fou de** ~ wild with joy; **quand aurons-nous la** ~ **de vous revoir?** when shall we have the pleasure of seeing you again?; ~ **de vivre** joie de vivre; **il se faisait une telle** ~ **d'y aller** he was so looking forward to going; **je me ferai une** ~ **de le faire** I shall be delighted to do it; **c'est pas la** ~ **!** it's no fun! 2 NFPL **joies** (= *les* ~**s du mariage** the joys of marriage; **ce sont les** ~**s de la voiture!** that's the joy of car travel!

joignable /ʒwaɲabl/ ADJ **être difficilement** ~ to be difficult to contact; **il est** ~ **à tous moments** he can be contacted at any time

joindre /ʒwɛ̃dʀ/ /TABLE 49/ 1 VT ⓐ (= *contacter*) to get in touch with; **essayez de le** ~ **par téléphone** try to get in touch with him by phone
ⓑ (= *ajouter*) to add (**à** to); (= *inclure*) to enclose (**à** with); **pièce jointe** [*de lettre*] enclosure; (*Informatique*) attachment
ⓒ (= *mettre ensemble, relier*) to join; ~ **deux tables** to put two tables together; **les mains jointes** with his (*ou* her *etc*) hands together
ⓓ (= *combiner*) to combine; ~ **l'utile à l'agréable** to combine business with pleasure; ~ **les deux bouts** * to make ends meet

2 VI **la fenêtre joint mal** the window doesn't shut properly

3 VPR **se joindre**: **se** ~ **à** to join; **voulez-vous vous** ~ **à nous?** would you like to join us?; **se** ~ **à la discussion** to join in the discussion; **mon mari se joint à moi pour vous exprimer notre sympathie** my husband joins me in offering our sympathy

joint, e /ʒwɛ̃, ʒwɛ̃t/ (*ptp de* **joindre**) 1 NM ⓐ (= *assemblage, articulation*) joint; (= *ligne de jonction*) join ⓑ (*Drogue*) joint*; **se faire un** ~ to roll a joint* 2 COMP ◆ **joint d'étanchéité** seal ◆ **joint de robinet** washer

jointure /ʒwɛ̃tyʀ/ NF joint; (= *ligne de jonction*) join; ~ **du genou** knee joint

jojo * /ʒɔʒo/ 1 ADJ **il est pas** ~ [*personne, objet*] he's (*ou* it's) not much to look at 2 NM **affreux** ~ (= *enfant*) little horror; (= *adulte*) nasty piece of work*

joker /(d)ʒɔkɛʀ/ NM (*aux cartes*) joker; (*en informatique*) wild card; **jouer son** ~ to play one's joker; (*fig*) to play one's trump card

joli, e /ʒɔli/ ADJ ⓐ [*enfant, femme, chanson, objet*] pretty; [*promenade, appartement*] nice; **il est** ~ **garçon** he's quite good-looking; **tout ça c'est bien** ~ **mais ...** that's all very well but ...; **vous avez fait du** ~ **!** you've made a fine mess of things! ⓑ (= *non négligeable*) [*revenu, profit, résultat*]* nice; **ça fait une** ~**e somme** it's quite a tidy sum

joliment /ʒɔlimã/ ADV nicely

jonc /ʒɔ̃/ NM (= *plante*) rush; (= *canne*) cane

joncher /ʒɔ̃ʃe/ /TABLE 1/ VT [*papiers*] to litter; [*cadavres, détritus, fleurs*] to be strewn over; **jonché de** littered with

jonction /ʒɔ̃ksjɔ̃/ NF junction; **à la** ~ **des deux routes** at the junction of the two roads

jongler /ʒɔ̃gle/ /TABLE 1/ VI to juggle

jonglerie /ʒɔ̃gləʀi/ NF juggling

jongleur, -euse /ʒɔ̃glœʀ, øz/ NM,F juggler

jonquille /ʒɔ̃kij/ NF daffodil

Jordanie /ʒɔʀdani/ NF Jordan

jouable /ʒwabl/ ADJ playable; **ce sera difficile, mais c'est** ~ [*projet*] it'll be difficult, but it's worth a try

joue /ʒu/ NF cheek; **~ contre ~** cheek to cheek; **tendre l'autre ~** to turn the other cheek; **en ~ !** take aim!; **mettre en ~** to take aim at; **tenir qn en ~** to keep one's gun trained on sb

---

jouer /ʒwe/

/TABLE 1/
1 VERBE INTRANSITIF
2 VERBE TRANSITIF
3 VERBE PRONOMINAL

1 VERBE INTRANSITIF

ⓐ to play; **les enfants aiment ~** children like playing; **faire qch pour ~** to do sth for fun; **à qui de ~ ?** whose go is it?; **bien joué!** well played!; (fig) well done!

♦ **jouer avec** to play with; **elle jouait avec son collier** she was fiddling with her necklace; **~ avec les sentiments de qn** to play with sb's feelings; **~ avec sa santé** to put one's health at stake; **~ avec le feu** to play with fire; **on ne joue pas avec ces choses-là** matters like these are not to be treated lightly

♦ **jouer à** : **~ à la poupée** to play with dolls; **~ au ping-pong** to play table tennis; **~ aux échecs** to play chess; **~ au docteur** to play doctors; **~ au chat et à la souris** to play cat and mouse; **~ au héros** to play the hero; **à quoi joues-tu ?** what are you playing at?; **n'essaie pas de ~ au plus malin avec moi** don't try to be clever with me

♦ **jouer de** : **~ d'un instrument** to play an instrument; **~ du piano** to play the piano; **~ de son influence pour obtenir qch** to use one's influence to get sth; **~ des coudes pour entrer** to elbow one's way in; **~ de malchance** to be dogged by ill luck

♦ **jouer sur** : **~ sur les mots** to play with words; **~ sur l'effet de surprise** to use the element of surprise; **il a réussi en jouant sur les différences de législation** he succeeded by exploiting differences in legislation

ⓑ pour de l'argent to gamble; **~ aux courses** to bet on the horses; **~ en Bourse** to gamble on the Stock Exchange

ⓒ acteur, musicien to play; **il joue dans « Hamlet »** he's in "Hamlet"; **il joue au Théâtre des Mathurins** he's appearing at the Théâtre des Mathurins; **elle joue très bien** (actrice) she acts very well; **la troupe va ~ à Arles** the company is going to perform in Arles

ⓓ = bouger **faire ~ un ressort** to activate a spring

ⓔ = intervenir **l'âge ne joue pas** age doesn't come into it; **ses relations ont joué pour beaucoup dans la décision** his connections were an important factor in the decision; **cet élément a joué en ma faveur** this factor worked in my favour; **le temps joue contre lui** time is against him; **les distributeurs font ~ la concurrence** the distributors are playing the competitors off against each other; **il a fait ~ ses appuis politiques pour obtenir ce poste** he made use of his political connections to get this post

2 VERBE TRANSITIF

ⓐ to play; **il joue une pièce de Brecht** he's in a play by Brecht; **on joue « Macbeth » ce soir** "Macbeth" is on this evening; **~ les victimes** to play the victim; **~ la surprise** to act surprised; **~ un double jeu** to play a double game; **il va ~ du Bach** he is going to play some Bach; **~ la belle** to play the decider; **~ pique** to play a spade; **~ la montre** to play for time; **il faut ~ le jeu** you've got to play the game; **~ franc jeu** (sur) to back; **~ gros jeu** to play for high stakes; **~ la prudence** to be cautious; **~ la sécurité** to play safe

♦ **jouer + tour(s)** : **~ un tour à qn** to play a trick on sb; **~ un mauvais tour à qn** to play a dirty trick on sb; **cela te jouera un mauvais tour** you'll be sorry; **ma mémoire me joue des tours** my memory's playing tricks on me

ⓑ = mettre en jeu [+ argent] (au casino) to stake; (aux courses) to bet (sur on); [+ cheval] to back; **~ gros jeu** to play for high stakes; **son poste sur qch** to stake one's job on sth; **il joue sa tête** he's risking his neck; **rien n'est encore joué** (= décidé) nothing is settled yet

3 VERBE PRONOMINAL
se jouer

ⓐ = être joué **ce jeu se joue à quatre** this is a game for four people; **la pièce se joue au Théâtre des Mathurins** the play is on at the Théâtre des Mathurins

ⓑ = être décidé **tout va se ~ demain** everything will be decided tomorrow; **c'est l'avenir de l'entreprise qui se joue** the future of the company is at stake; **son sort se joue en ce moment** his fate is hanging in the balance at the moment

ⓒ = se moquer **se ~ de qn** to deceive sb; **se ~ des difficultés** to make light of the difficulties

---

jouet /ʒwe/ NM ⓐ [d'enfant] toy ⓑ (= victime) plaything; **être le ~ des événements** to be at the mercy of events

joueur, joueuse /ʒwœʀ, ʒwøz/ 1 ADJ playful 2 NM,F player; (aux jeux d'argent) gambler; **~ de cricket** cricketer; **~ de golf** golfer; **~ de cornemuse** piper; **être beau ~** to be a good loser; **être mauvais ~** to be a bad loser; **sois beau ~ !** be a sport!

joufflu, e /ʒufly/ ADJ chubby

joug /ʒu/ NM yoke; **tomber sous le ~ de** to come under the yoke of

jouir /ʒwiʀ/ /TABLE 2/ 1 VI (sexuellement)* to come; 2 VT INDIR ♦ **jouir de** to enjoy; [+ bien] to have the use of; **~ de toutes ses facultés** to be in full possession of one's faculties; **la région jouit d'un bon climat** the region has a good climate; **il jouissait de leur embarras évident** he delighted in their obvious embarrassment

jouissance /ʒwisãs/ NF ⓐ (= volupté) pleasure; (= orgasme) orgasm ⓑ (= usage) use

jouisseur, -euse /ʒwisœʀ, øz/ 1 ADJ sensual 2 NM,F sensualist

jouissif, -ive‡ /ʒwisif, iv/ ADJ fun

joujou* (pl joujoux) /ʒuʒu/ NM toy; **faire ~ avec** to play with

---

jour /ʒuʀ/

1 NOM MASCULIN
2 NOM MASCULIN PLURIEL
3 COMPOSÉS

1 NOM MASCULIN

ⓐ day; **trois fois par ~** three times a day; **c'est à deux ~s de marche** it's a two-day walk; **faire 30 ~s** (de prison) to do 30 days*; **quel ~ sommes-nous ?** what day is it today?; **le ~ de Noël** Christmas Day; **un ~ il lui a écrit** one day he wrote to her; **un ~ viendra où ...** the day will come when ...; **ils s'aiment comme au premier ~** they're as much in love as ever; **dès le premier ~** from day one; **être dans un bon ~** to be in a good mood; **décidément ce n'est pas mon ~ !** it's just not my day today!; **ce n'est vraiment pas le ~ !** you've (ou we've etc) picked the wrong day!; **au ~ d'aujourd'hui** in this day and age; **du ~ où sa femme l'a quitté, il s'est mis à boire** he started drinking the day his wife left him; **il y a deux ans ~ pour ~** two years ago to the day; **tes deux enfants, c'est le ~ et la nuit** your two children are chalk and cheese; **c'est le ~ et la nuit !** there's no comparison!

♦ **à jour** : **être à ~** to be up to date; **mettre à ~** to bring up to date; **tenir à ~** to keep up to date; **ce tarif n'est plus à ~** this price list is out of date; **se mettre à ~ dans son travail** to catch up with one's work

♦ **du jour** : **un œuf du ~** a new-laid egg; **les nouvelles du ~** the day's news; **le héros du ~** the hero of the day; **l'homme du ~** the man of the moment

♦ **de jour** [crème, équipe, service] day; **hôpital de ~** (pour traitement) outpatient clinic; (psychiatrique) day hospital; (pour activités) daycare centre; **être de ~** to be on day duty; **il travaille de ~ cette semaine** he's on day shifts this week; **voyager de ~** to travel by day; **de ~ comme de nuit** night and day

♦ **jour et nuit** day and night; **ils ont travaillé ~ et nuit** they worked day and night

◆ **tous les jours** every day; **de tous les ~s** everyday; **dans la vie de tous les ~s** in everyday life; **mon manteau de tous les ~s** my everyday coat

◆ **un beau jour** (*passé*) one fine day; (*futur*) one of these days

◆ **un de ces jours** one of these days; **à un de ces ~s!** see you again sometime!

◆ **un jour ou l'autre** sooner or later

◆ **à ce jour** to date; **il n'existe à ce ~ aucun traitement efficace** no effective treatment has been found to date

◆ **au jour le jour** [*existence, gestion*] day-to-day; **vivre au ~ le ~** (= *sans souci*) to live from day to day; (= *pauvrement*) to live from hand to mouth

◆ **jour après jour** day after day

◆ **de jour en jour** day by day

◆ **d'un jour à l'autre**: **on l'attend d'un ~ à l'autre** (= *incessamment*) he's expected any day now; **il change d'avis d'un ~ à l'autre** (= *très rapidement*) he changes his mind from one day to the next

◆ **du jour au lendemain** overnight; **ça ne se fera pas du ~ au lendemain** it won't happen overnight

ⓑ = **lumière, éclairage** light; **il fait ~** it's light; **demain, il fera ~ à 7 heures** tomorrow it'll be light at 7; **je fais ça le ~** I do it during the day; **se lever avant le ~** to get up before dawn

◆ **au petit jour** at dawn

◆ **jeter un jour nouveau sur** to throw new light on

◆ **mettre au jour** to bring to light

◆ **se faire jour** to become clear

◆ **sous un jour favorable**: **montrer qch sous un ~ favorable** to show sth in a favourable light; **voir qch sous un ~ favorable** to see sth in a favourable light; **se présenter sous un ~ favorable** [*projet*] to look promising

ⓒ = **naissance** **donner le ~ à** to give birth to; **voir le ~ à** to be born; [*projet*] to see the light

ⓓ = **ouverture** gap

2 NOM MASCULIN PLURIEL
jours

ⓐ = **période** days; **il faut attendre des ~s meilleurs** we must wait for better days; **aux beaux ~s** in the summertime; **ces vedettes ont fait les beaux ~s de Broadway** these were the stars of the golden age of Broadway; **du Moyen Âge à nos ~s** from the Middle Ages right up until today; **de nos ~s** these days

◆ **ces jours-ci**: **il a fait très beau ces ~s-ci** the weather's been very nice lately; **elle doit arriver ces ~s-ci** she'll be here any day now; **ceux qui veulent prendre l'avion ces ~s-ci** people wanting to fly now

ⓑ = **vie** **jusqu'à la fin de mes ~s** until I die; **finir ses ~s à l'hôpital** to end one's days in hospital; **mettre fin à ses ~s** to put an end to one's life; **nous gardons cela pour nos vieux ~s** we're keeping that for our old age

3 COMPOSÉS
◆ **le jour de l'An** New Year's Day ◆ **jour de congé** day off ◆ **jour de deuil** day of mourning ◆ **jour férié** public holiday ◆ **jour de fête** (= *férié*) holiday; (= *de joie*) day of celebration ◆ **jour de maladie** day off sick ◆ **jour mobile** discretionary holiday (*granted by company*) ◆ **le jour des Morts** All Souls' Day ◆ **jour de repos** [*de salarié*] day off; **après deux ~s de repos, il est reparti** after a two-day break, he set off again ◆ **le jour des Rois** Twelfth Night ◆ **jour de sortie** [*de domestique*] day off; [*d'élève*] day out ◆ **jour de travail** working day

journal (*pl* **-aux**) /ʒuʀnal, o/ **1 NM** ⓐ (*Presse*) newspaper; (= *magazine*) magazine; (= *bulletin*) journal; **grand** ~ national paper ⓑ (= *émission*) news bulletin; **le ~ de 20 h** the 8 o'clock news ⓒ (*intime*) diary; **tenir un** *ou* **son ~ intime** to keep a diary **2 COMP** ◆ **journal de bord** log; (*fig*) record; **tenir un ~ de bord** to keep a log ◆ **journal électronique** electronic newspaper ◆ **le Journal officiel** *official bulletin giving details of laws and official announcements* ◆ **journal télévisé** television news

---

ⓘ **JOURNAUX**
The main national dailies are "Le Monde" (centre-left) "Libération" (centre-left) and "Le Figaro" (right). "Le Canard Enchaîné" is a satirical weekly. There are also important regional papers, such as "Ouest-France". Although some newspapers are tabloid format, the British and American tabloid press has no real equivalent in France.
▷ www.lemonde.fr
▷ www.liberation.fr
▷ www.lefigaro.fr
▷ www.canardenchaine.com
▷ www.ouest-france.fr

journalier, -ière /ʒuʀnalje, jɛʀ/ **ADJ** (= *de chaque jour*) daily (*avant le nom*); **c'est ~** it happens every day

journalisme /ʒuʀnalism/ **NM** journalism; **~ d'investigation** investigative journalism

journaliste /ʒuʀnalist/ **NMF** journalist ◆ **journaliste d'investigation** investigative journalist ◆ **journaliste parlementaire** parliamentary correspondent ◆ **journaliste de presse** newspaper journalist ◆ **journaliste sportif** sports correspondent ◆ **journaliste de télévision** television journalist

journalistique /ʒuʀnalistik/ **ADJ** journalistic

journée /ʒuʀne/ **NF** day; **dans la ~** during the day; **pendant la ~** during the day; **passer sa ~ à faire qch** to spend the day doing sth; **une ~ d'action dans les transports publics** a day of action organized by the public transport unions; **~ de travail** day's work; **faire la ~ continue** [*bureau, magasin*] to remain open all day; [*personne*] to work over lunch; **~ de repos** day off

journellement /ʒuʀnɛlmɑ̃/ **ADV** (= *quotidiennement*) every day; (= *souvent*) all the time

joute /ʒut/ **NF** joust; **~s électorales** pre-election skirmishing; **~ oratoire** (= *compétition*) debate; (*entre avocats, députés*) verbal jousting

jouxter /ʒukste/ /TABLE 1/ **VT** to be next to

jovial, e (*mpl* **-iaux** *ou* **jovials**) /ʒɔvjal, jo/ **ADJ** jovial; **d'humeur ~e** in a jovial mood

joyau (*pl* **joyaux**) /ʒwajo/ **NM** jewel; **les ~x de la couronne** the crown jewels; **~ de l'art gothique** jewel of Gothic art

joyeusement /ʒwajøzmɑ̃/ **ADV** [*célébrer*] joyfully; [*accepter*] gladly; **ils reprirent ~ le travail** they cheerfully went back to work

joyeux, -euse /ʒwajø, øz/ **ADJ** [*personne, groupe, repas*] cheerful; [*cris, musique*] joyful; **c'est un ~ luron** he's a jolly fellow; **être un joyeux compagnie** to be in cheerful company; **c'est ~!*** great!*; **joyeuses Pâques!** Happy Easter!

JT /ʒite/ **NM** (ABBR = *journal télévisé*) television news

jubilation /ʒybilasjɔ̃/ **NF** jubilation

jubilé /ʒybile/ **NM** jubilee

jubiler • /ʒybile/ /TABLE 1/ **VI** to be jubilant

jucher (se) /ʒyʃe/ /TABLE 1/ **VPR** to perch; **juchée sur les épaules de son père** perched on her father's shoulders; **juchée sur des talons aiguilles** teetering on stiletto heels

judaïque /ʒydaik/ **ADJ** [*loi*] Judaic; [*religion*] Jewish

judaïsme /ʒydaism/ **NM** Judaism

judas /ʒyda/ **NM** [*de porte*] spyhole

judéo-chrétien(ne) /ʒydeɔkretjɛ̃/ **ADJ** Judeo-Christian

judiciaire /ʒydisjɛʀ/ **1 ADJ** judicial; **l'autorité ~** (= *concept*) the judiciary; (= *tribunal*) the judicial authority; **pouvoir ~** judicial power; **poursuites ~s** legal proceedings; **enquête ~** legal inquiry; **procédure ~** legal procedure; → **casier, erreur, police 2 NM le ~** the judiciary

judicieusement /ʒydisjøzmɑ̃/ **ADV** judiciously

judicieux, -ieuse /ʒydisjø, jøz/ **ADJ** [*choix, idée, remarque*] judicious; [*conseils*] wise

judo /ʒydo/ **NM** judo; **faire du ~** to do judo

judoka /ʒydɔka/ **NMF** judoka

juge /ʒyʒ/ **NM** judge; **oui, Monsieur le Juge** yes, your Honour; **madame le ~ Ledoux** Mrs Justice Ledoux; **monsieur le ~ Ledoux** Mr Justice Ledoux; **prendre qn pour**

~ to ask sb to be the judge; **être mauvais** ~ to be a bad judge (**en matière de** of); **être à la fois** ~ **et partie** to be both judge and judged; **il est seul** ~ **en la matière** he is the only one who can judge; **aller devant le** ~ to go before the judge ♦ **juge des enfants** children's judge ♦ **juge d'instruction** examining magistrate ♦ **juge de ligne** line judge ♦ **juge de touche** (*Rugby*) touch judge; (*Football*) linesman

jugé /ʒyʒe/ NM **au** ~ by guesswork; **tirer au** ~ to fire blind

juge-arbitre (*pl* **juges-arbitres**) /ʒyʒaʀbitʀ/ NM referee

jugement /ʒyʒmɑ̃/ NM ⓐ [*d'affaire criminelle*] sentence; [*d'affaire civile*] decision; **prononcer un** ~ to pass sentence; **rendre un** ~ to pass sentence; **passer en** ~ [*personne*] to stand trial; [*affaire*] to come to court ⓑ (= *opinion*) judgment; ~ **de valeur** value judgment; **porter un** ~ **sur** to pass judgment on; **le Jugement dernier** the Last Judgment ⓒ (= *discernement*) judgment; **manquer de** ~ to lack judgment

jugeote* /ʒyʒɔt/ NF common sense; **un peu de** ~! use your head!

juger /ʒyʒe/ /TABLE 3/ VT ⓐ to judge; [+ *accusé*] to try; **le tribunal jugera** the court will decide; **être jugé pour meurtre** to be tried for murder; **le jury a jugé qu'il n'était pas coupable** the jury found him not guilty; **l'affaire doit se** ~ **à l'automne** the case is to come before the court in the autumn; **à vous de** ~ it's up to you to judge; ~ **qn d'après les résultats** to judge sb on his results; **il ne faut pas** ~ **d'après les apparences** you mustn't judge by appearances; ~ **qch à sa juste valeur** to recognize the true value of sth ⓑ (= *estimer*) ~ **qch/qn ridicule** to consider sth/sb ridiculous; ~ **que** to consider that; **si vous le jugez bon** if you think it's a good idea; **il se juge capable de le faire** he thinks he is capable of doing it; **je n'ai pas jugé utile de le prévenir** I didn't think it was worth telling him ⓒ (*locutions*)
♦ **juger de** to judge
♦ **à en juger par qch** judging by sth; **à en** ~ **par ce résultat** if this result is anything to go by

juguler /ʒygyle/ /TABLE 1/ VT [+ *maladie*] to halt; [+ *envie, désirs*] to repress; [+ *inflation*] to curb

juif juive /ʒɥif, ʒɥiv/ 1 ADJ Jewish 2 NM Jew 3 NF **juive** Jew

juillet /ʒɥijɛ/ NM July → **septembre**

ⓘ LE QUATORZE JUILLET

Bastille Day, commemorating the fall of the Bastille in 1789, is the most important day of national celebration in France. The festivities actually begin on 13 July, with dances organized in the streets of large towns. On the day itself there is a large military parade in Paris in the morning, and firework displays take place throughout France in the evening.

---

juin /ʒɥɛ̃/ NM June → **septembre**

juive /ʒɥiv/ ADJ F, NF → **juif**

juke-box (*pl* **juke-boxes**) /ʒykbɔks/ NM jukebox

jules* /ʒyl/ NM (= *amoureux*) boyfriend; (= *proxénète*) pimp

jumbo-jet (*pl* **jumbo-jets**) /dʒœmbodʒɛt/ NM jumbo jet

jumeau -elle (*mpl* **jumeaux**) /ʒymo, ɛl/ 1 ADJ [*frère, sœur*] twin; **c'est mon frère** ~ he's my twin brother; **maison jumelle** semi-detached house (*Brit*), duplex (*US*) 2 NM,F ⓐ (= *personne*) twin; **vrais** ~**x** identical twins; **faux** ~**x** fraternal twins ⓑ (= *sosie*) double 3 NF(PL) **jumelle(s)**: **(paire de) jumelles** (pair of) binoculars; **observer qch à la jumelle** to look at sth through binoculars

jumelage /ʒym(ə)laʒ/ NM twinning

jumelé e /ʒym(ə)le/ (*ptp de* **jumeler**) ADJ twin; **être** ~ **avec** [*ville*] to be twinned with

jumeler /ʒym(ə)le/ /TABLE 4/ VT [+ *villes*] to twin

jumelle /ʒymɛl/ ADJ, NF → **jumeau**

jument /ʒymɑ̃/ NF mare

jungle /ʒœ̃gl/ NF jungle; ~ **urbaine** urban jungle

---

junior /ʒynjɔʀ/ 1 ADJ junior; **Dupont** ~ Dupont junior; **mode** ~ junior fashion 2 NMF (*Sport*) junior

junkie‡ /dʒœnki/ ADJ, NMF junkie*

junte /ʒœ̃t/ NF junta

jupe /ʒyp/ NF skirt; ~ **plissée** pleated skirt; ~ **portefeuille** wrap-around skirt

jupe-culotte (*pl* **jupes-culottes**) /ʒypkylɔt/ NF culottes

jupon /ʒypɔ̃/ NM petticoat

Jura /ʒyʀa/ NM **le** ~ the Jura

juré, e /ʒyʀe/ (*ptp de* **jurer**) 1 ADJ (= *qui a prêté serment*) sworn; **ennemi** ~ sworn enemy; **promis ? — ~, craché !*** do you promise? — cross my heart! 2 NM,F juror; **Mesdames et Messieurs les** ~**s apprécieront** the members of the jury will bear that in mind; **être convoqué comme** ~ to be called for jury service

jurer /ʒyʀe/ /TABLE 1/ 1 VT ⓐ (= *promettre*) to swear; ~ **de** to swear to; ~ **fidélité à qn** to swear loyalty to sb; **je jure que je me vengerai** I swear I'll get my revenge; **faire** ~ **à qn de garder le secret** to swear sb to secrecy; **jure-moi que tu reviendras** swear you'll come back; ~ **sur la Bible** to swear on the Bible; ~ **sur la tête de ses enfants** to swear by all that one holds dear; **je vous jure que ce n'est pas facile !** I can assure you that it isn't easy!; **ah ! je vous jure !** honestly!; **on ne jure plus que par ce nouveau remède** everyone swears by this new medicine; **j'en jurerais** I could swear to it ■ (*PROV*) **il ne faut** ~ **de rien** you never can tell

2 VI ⓐ (= *pester*) to swear
ⓑ [*couleurs*] to clash; [*propos*] to jar

3 VPR **se jurer** ⓐ (*à soi-même*) to vow; **il se jura que c'était la dernière fois** he vowed it was the last time
ⓑ (*réciproquement*) to vow; **ils se sont juré un amour éternel** they vowed eternal love

juridiction /ʒyʀidiksjɔ̃/ NF (= *compétence*) jurisdiction; (= *tribunal*) court of law

juridique /ʒyʀidik/ ADJ legal; **études** ~**s** law studies

juridiquement /ʒyʀidikmɑ̃/ ADV legally

jurisprudence /ʒyʀispʀydɑ̃s/ NF (= *source de droit*) ≈ jurisprudence; (= *décisions*) precedents; **faire** ~ to set a precedent

juriste /ʒyʀist/ NMF (= *auteur, légiste*) jurist; ~ **d'entreprise** corporate lawyer

juron /ʒyʀɔ̃/ NM swearword

jury /ʒyʀi/ NM ⓐ (*au tribunal*) jury ⓑ [*d'enseignants*] jury; (*à un concours, pour un prix*) panel of judges; ~ **de thèse** PhD examining board

jus /ʒy/ NM ⓐ (= *liquide*) juice; ~ **de fruit** fruit juice; ~ **de viande** meat juices; **plein de** ~ juicy ⓑ (= *café*)* coffee; **c'est du** ~ **de chaussette** it's dishwater ⓒ (= *courant*)* juice*; **prendre un coup de** ~ to get a shock

jusqu'au-boutisme /ʒyskobutism/ NM (= *politique*) hardline policy; (= *attitude*) extremist attitude

jusqu'au-boutiste (*pl* **jusqu'au-boutistes**) /ʒyskobutist/ 1 NMF extremist; **c'est un** ~ he takes things to the bitter end 2 ADJ [*attitude*] hardline; [*théorie*] extremist

jusque /ʒysk(ə)/ PRÉP ⓐ (*lieu*) **j'ai couru jusqu'à la maison** I ran all the way home; **j'ai marché jusqu'au village** I walked as far as the village; **ils sont montés jusqu'à 2 000 mètres** they climbed up to 2,000 metres; **il s'est avancé jusqu'au bord** he went up to the edge; **il avait de la neige jusqu'au genoux** he had snow up to his knees
ⓑ (*temps*) **jusqu'à** until; **jusqu'en** until; **jusqu'à samedi** until Saturday; **jusqu'à cinq ans, il a vécu à la campagne** he lived in the country until he was five; **marchez jusqu'à ce que vous arriviez à la mairie** keep going until you get to the town hall; **rester jusqu'au bout** to stay till the end; **jusqu'à pas d'heure*** into the wee small hours; **de la Révolution jusqu'à nos jours** from the Revolution to the present day; **jusqu'au moment où** until
ⓒ (*limite*) **jusqu'à 20 kg** up to 20 kg; **aller jusqu'à faire qch** to go so far as to do sth; **vrai jusqu'à un certain point** true up to a point
ⓓ (= *y compris*) even; **ils ont regardé** ~ **sous le lit** they even looked under the bed; **tous jusqu'au dernier l'ont cri-**

tiqué every single one of them criticized him ⓔ (*avec préposition ou adverbe*) **accompagner qn ~ chez lui** to take sb home; **jusqu'où?** how far?; **jusqu'à quand?** until when?; **jusqu'ici** (*présent*) until now; (*passé*) until then; (*lieu*) up to here; **~-là** (*temps*) until then; (*lieu*) up to there; **j'en ai ~-là!** I'm sick and tired of it!; **jusqu'alors** until then; **jusqu'à maintenant** up to now; **jusqu'à présent** up to now
♦ **jusqu'à ce que** until; **il faudra le lui répéter jusqu'à ce qu'il ait compris** you'll have to keep on telling him until he understands

justaucorps /ʒystokɔʀ/ NM [*de gymnaste*] leotard

juste /ʒyst/ **1** ADJ ⓐ (= *équitable*) [*personne, notation*] fair; [*sentence, guerre, cause*] just; **être ~ envers qn** to be fair to sb ⓑ (= *légitime*) [*revendication, vengeance, fierté*] just; [*colère*] justifiable; **la ~ récompense de son travail** the just reward for his work; **à ~ titre** rightly; **il en est fier, et à ~ titre** he's proud of it and rightly so ⓒ (= *précis*) right; [*appareil, montre*] accurate; **à l'heure ~** right on time; **à 6 heures ~s** at 6 o'clock sharp*; **le mot ~** the right word ⓓ (= *pertinent*) [*idée, raisonnement*] sound; [*remarque, expression*] apt; **il a dit des choses très ~s** he made some good points; **très ~!** good point!; **c'est ~** that's right ⓔ [*note, voix*] true; [*instrument*] in tune ⓕ (= *insuffisant*) [*vêtement, chaussure*] tight; (*en longueur, hauteur*) on the short side; **1 kg pour six, c'est un peu ~** 1 kg for six people is not really enough; **trois heures pour faire cette traduction, c'est ~** three hours to do that translation is not really enough; **elle n'a pas raté son train mais c'était ~** she didn't miss her train but it was a close thing; **je suis un peu ~ actuellement*** I'm a bit strapped for cash* at the moment; **ses notes sont trop ~s** [*d'élève*] his marks aren't good enough

2 ADV ⓐ (= *avec précision*) [*compter, viser*] accurately; [*raisonner*] soundly; [*deviner*] correctly; [*chanter*] in tune; **tomber ~** (= *deviner*) to be right; [*calculs*] to come out right; **~ à temps** [*arriver*] just in time
ⓑ (= *exactement*) just; **~ au-dessus** just above; **~ au coin** just on the corner; **~ au moment où je suis entré** just when I came in; **j'arrive ~** I've only just arrived; **je suis arrivé ~ quand il sortait** I arrived just when he was leaving; **3 kg ~** 3 kg exactly; **que veut-il au ~?** what exactly does he want?
ⓒ (= *seulement*) just; **j'ai ~ à passer un coup de téléphone** I just have to make a telephone call
ⓓ (= *pas assez*) [*compter, prévoir*] not quite enough
ⓔ ♦ **tout juste** (= *seulement*) only just; (= *à peine*) hardly; (= *exactement*) exactly; **c'est tout ~ s'il ne m'a pas frappé** he came this close to hitting me

justement /ʒystəmɑ̃/ ADV ⓐ (= *précisément*) just; **on parlait ~ de vous** we were just talking about you; **~, j'allais le dire** yes, that's what I was going to say; **tu n'étais pas obligé d'accepter — si, ~!** you didn't have to agree — that's the problem, I did have to! ⓑ (= *avec justesse*) right-ly; **comme l'a rappelé fort ~ Paul** as Paul has quite rightly pointed out ⓒ (= *à juste titre*) justly; **~ puni** justly pun-ished; **~ fier** justifiably proud

justesse /ʒystɛs/ NF ⓐ (= *exactitude*) accuracy; [*de réponse*] correctness; [*de comparaison*] exactness ⓑ [*de note, voix, instrument*] accuracy ⓒ (= *pertinence*) [*d'idée, raisonnement*] soundness; [*de re-marque, expression*] appropriateness ⓓ ♦ **de justesse** justice; **gagner de ~** to win by a nar-row margin; **rattraper qn de ~** to catch sb just in time; **il s'en est tiré de ~** he got out of it by the skin of his teeth; **il a eu son examen de ~** he only just passed his exam

justice /ʒystis/ NF ⓐ justice; **en toute ~** in all fairness; **ce n'est que ~** it's only fair; **~ sociale** social justice; **rendre la ~** to dispense justice; **passer en ~** to stand trial; **décision de ~** judicial decision; **aller en ~** to go to court; **demander/obtenir ~** to demand/obtain justice; **se faire ~** (= *se venger*) to take the law into one's own hands; (= *se suicider*) to take one's own life; **rendre ~ à qn** to do sb jus-tice; **il faut lui rendre cette ~ que ...** in fairness to him it must be said that ...; **on n'a jamais rendu ~ à son talent** his talent has never been properly recognized ⓑ (= *loi*) **la ~** the law; **la ~ le recherche** he is wanted by the law

justicier, -ière /ʒystisje, jɛʀ/ NM,F upholder of the law; (*dans les westerns*) lawman; **il veut jouer au ~** he wants to take the law into his own hands

justifiable /ʒystifjabl/ ADJ justifiable; **cela n'est pas ~** that is unjustifiable

justificatif, -ive /ʒystifikatif, iv/ **1** ADJ [*document*] support-ing; **pièce justificative** (*officielle*) written proof; (= *reçu*) re-ceipt **2** NM (= *pièce officielle*) written proof; (= *reçu*) receipt; **~ de domicile** proof of address

justification /ʒystifikasjɔ̃/ NF ⓐ (= *explication*) justifica-tion ⓑ (= *preuve*) proof

justifier /ʒystifje/ /TABLE 7/ **1** VT to justify; **rien ne justi-fie cette colère** such anger is quite unjustified; **craintes parfaitement justifiées** perfectly justified fears; **pouvez-vous ~ ce que vous affirmez?** can you prove what you are saying? **2** VT INDIR ♦ **justifier de** : **~ de son identité** to prove one's identity; **~ de son domicile** to show proof of one's address **3** VPR **se justifier** to justify o.s.; **se ~ d'une accusation** to clear o.s. of an accusation

jute /ʒyt/ NM jute

juteux, -euse /ʒytø, øz/ ADJ ⓐ [*fruit*] juicy ⓑ [*affaire*]* lucrative

juvénile /ʒyvenil/ ADJ youthful; [*délinquance*] juvenile; **son allure ~** his youthful appearance; **plein de fougue ~** full of youthful enthusiasm

juxtaposer /ʒykstapoze/ /TABLE 1/ VT to juxtapose

juxtaposition /ʒykstapozisjɔ̃/ NF juxtaposition

K

K 7 /kaset/ NF (ABBR = **cassette**) cassette

kabyle /kabil/ 1 ADJ Kabyle 2 NM (= *langue*) Kabyle 3 NMF **Kabyle** Kabyle

Kabylie /kabili/ NF Kabylia

kaki /kaki/ 1 ADJ INV khaki 2 NM (= *fruit*) persimmon

kaléidoscope /kaleidɔskɔp/ NM kaleidoscope

kamikaze /kamikaz/ 1 NM kamikaze 2 ADJ **opération ~** kamikaze mission; **il est ~*** he has a death wish; **ce serait ~ !** it would be suicide!

kanak, e /kanak/ ADJ Kanak

kangourou /kãguʀu/ NM kangaroo; **poche ~** baby carrier

kaput * /kaput/ ADJ [*personne*] shattered*; [*machine*] kaput*

karaoké /kaʀaɔke/ NM karaoke; **bar ~** karaoke bar

karaté /kaʀate/ NM karate

kart /kaʀt/ NM go-cart

karting /kaʀtiŋ/ NM go-carting; **faire du ~** to go-cart

kascher /kaʃeʀ/ ADJ kosher

kayak /kajak/ NM ⓐ kayak ⓑ (= *sport*) canoeing; **faire du ~** to go canoeing

kayakiste /kajakist/ NMF kayaker

kebab /kebab/ NM kebab

kendo /kendo/ NM kendo

Kenya /kenja/ NM Kenya

képi /kepi/ NM kepi

kermesse /kɛʀmɛs/ NF (= *fête populaire*) fair; (= *fête de charité*) charity fête

kérosène /keʀozɛn/ NM [*d'avion*] kerosene; [*de jet*] jet fuel; [*de fusée*] rocket fuel

ketchup /ketʃœp/ NM ketchup

keuf : /kœf/ NM cop*

kg (ABBR = **kilogramme**) kg

khmer, -ère /kmeʀ/ 1 ADJ Khmer 2 NM **Khmer** Khmer

khôl /kol/ NM kohl

kick /kik/ NM kick-starter

kidnapper /kidnape/ /TABLE 1/ VT to kidnap

kidnappeur, -euse /kidnapœʀ, øz/ NM,F kidnapper

kidnapping /kidnapiŋ/ NM kidnapping

kif(f)ant, e : /kifã, ãt/ ADJ **c'est ~** it's great!

kif-kif * /kifkif/ ADJ INV **c'est ~** it's all the same

kilo /kilo/ NM kilo

kilobit /kilɔbit/ NM kilobit

kilogramme /kilɔgʀam/ NM kilogramme

kilométrage /kilɔmetʀaʒ/ NM ≈ mileage

kilomètre /kilɔmetʀ/ NM kilometre (*Brit*), kilometer (*US*); **200 ~s à l'heure** 200 kilometres an hour; **des ~s de** [+ *pellicule*] rolls and rolls of; [+ *tissu*] yards and yards of

kilomètre-heure /kilɔmetʀœʀ/ (*pl* **kilomètres-heure**) NM kilometres per hour; **120 kilomètres-heure** 120 kilometres per hour

kilométrique /kilɔmetʀik/ ADJ **borne ~** ≈ milestone; **distance ~** distance in kilometres (*Brit*) *ou* kilometers (*US*)

kilo-octet (*pl* **kilo-octets**) /kilɔɔkte/ NM kilobyte

kilowatt /kilɔwat/ NM kilowatt

kilt /kilt/ NM kilt; (*pour femme*) pleated skirt

kimono /kimɔno/ NM kimono

kiné * /kine/, **kinési*** /kinezi/ NMF physio*

kinésithérapeute /kineziteʀapøt/ NMF physiotherapist (*Brit*), physical therapist (*US*)

kiosque /kjɔsk/ NM [*de jardin*] summerhouse; **~ à musique** bandstand; **~ à journaux** newspaper kiosk; **en vente en ~** on sale at newsstands

kir /kiʀ/ NM kir (*white wine with blackcurrant liqueur*); **~ royal** kir royal

kirsch /kiʀʃ/ NM kirsch

kit /kit/ NM kit; **en ~** in kit form; **~ piéton** *ou* **mains libres** hands-free kit

kitch /kitʃ/ ADJ INV, NM kitsch

kitchenette /kitʃ(ə)nɛt/ NF kitchenette

kitsch /kitʃ/ ADJ INV, NM kitsch

kiwi /kiwi/ NM ⓐ (= *fruit*) kiwi fruit ⓑ (= *oiseau*) kiwi

klaxon ® /klaksɔn/ NM horn; **coup de ~** hoot; (*léger*) toot

klaxonner /klaksɔne/ /TABLE 1/ 1 VI to hoot one's horn; (*doucement*) to toot the horn 2 VT **~ qn** to hoot at sb

Kleenex ® /klineks/ NM tissue

kleptomane /kleptɔman/ ADJ, NMF kleptomaniac

km (ABBR = **kilomètre**) km

km/h (ABBR = **kilomètres/heure**) km/h

KO /kao/ 1 NM (*Boxe*) KO; **perdre par KO** to be knocked out; **gagner par KO** to win by a knockout; **mettre KO** to knock out; **être KO** to be out for the count 2 ADJ (= *fatigué*)* shattered*

Ko (ABBR = **kilo-octet**) kb

koala /kɔala/ NM koala

kosovar /kɔsɔvaʀ/ 1 ADJ Kosovar 2 NMF **Kosovar** Kosovar

Kosovo /kɔsɔvo/ NM Kosovo

Koweït /kɔwet/ NM Kuwait

koweïtien, -ienne /kɔwetjɛ̃, jɛn/ 1 ADJ Kuwaiti 2 NM,F **Koweïtien(ne)** Kuwaiti

krach /kʀak/ NM crash; **~ boursier** stock market crash

kumquat /kɔmkwat/ NM kumquat

kung-fu /kuŋfu/ NM INV (= *art*) kung fu; **il est ~** he does kung fu

kurde /kyʀd/ 1 ADJ Kurdish 2 NMF **Kurde** Kurd

Kurdistan /kyʀdistɑ̃/ NM Kurdistan

kW (ABBR = **kilowatt**) kW

K-way ® /kawe/ NM cagoule

kyrielle /kiʀjɛl/ NF [*d'injures, réclamations*] string; [*de personnes*] crowd; [*d'objets*] pile

kyste /kist/ NM cyst

L

l' /l/ → **le**

la¹ /la/ → **le**

la² /la/ NM INV (*Musique*) A; (*en chantant la gamme*) lah; **donner le la** to give an A

---

là /la/

1 ADVERBE	2 EXCLAMATION

1 ADVERBE

(a) **par opposition à « ici »** there; **je le vois là, sur la table** I can see it over there, on the table; **c'est là que je suis né** that's where I was born; **c'est là! je reconnais le portail!** there it is! I recognize the gate!

(b) **= ici** here; **n'ayez pas peur, je suis là** don't be afraid, I'm here; **qui est là?** who's there?; **M. Roche n'est pas là** Mr Roche isn't in; **c'est là qu'il est tombé** this is where he fell

(c) **dans le temps** then; **c'est là qu'il a compris que ...** that was when he realized that ...

(d) **= à ce stade** **restons-en là** we'll have to leave it at that; **les choses en sont là** that's how things stand at the moment; **ils en sont là** that's how far they've got; (*péj*) that's how low they've sunk; **je n'en suis pas encore là** I haven't got that far yet; (*péj*) I haven't come to that yet

(e) **= en cela** **c'est là que nous ne sommes plus d'accord** that's where I disagree with you; **là, ils exagèrent!** now they're really going too far!; **tout est là** that's the whole question

(f) **intensif** **que me racontes-tu là?** what on earth are you saying?; **que faites-vous là?** what on earth are you doing?

(g) **locutions**
• **ce ...-là** that ...; **ce jour-là** that day; **en ce temps-là** in those days
• **cette ...-là** that ...; **cette robe-là** that dress
• **ces ...-là** those ...; **ces gens-là** those people → **celui-là, celle-là**
• **de là**: **il est allé à Paris, et de là à Londres** he went to Paris, and from there to London; **c'est à 3 km de là** it's 3km away; **à partir de là** (*dans le temps*) from then on; **de là vient que nous ne le voyons plus** that's why we no longer see him; **oui, mais de là à prétendre qu'il a tout fait!** there's a big difference between saying that and claiming that he did it all!
• **par là**: **quelque part par là** somewhere near there; **passez par là** go that way; **c'est par là?** is it that way?; **que veux-tu dire par là?** what do you mean by that?

2 EXCLAMATION

hé là! (*appel*) hey!; (*surprise*) good grief!; **là, là, du calme!** now, now, calm down!; **alors là, ça ne m'étonne pas** now, that doesn't surprise me
• **oh là là!** (*surprise*) oh my goodness!; (*consternation*) oh dear!; **oh là là!, ce que j'ai froid!** God*, I'm so cold!; **oh là là! quel désastre!** oh no! what a disaster!

---

là-bas /laba/ ADV over there; **~ aux USA** over in the USA;

~ dans le nord up in the north; **~ dans la plaine** down there in the plain

label /labɛl/ NM label; **~ de qualité** quality label; (*fig*) guarantee of quality

labo * /labo/ NM (ABBR = **laboratoire**) lab*; **~ photo** photo lab

laborantin, e /labɔʀɑ̃tɛ̃/ NM,F laboratory assistant

laboratoire /labɔʀatwaʀ/ NM laboratory; **~ d'analyses (médicales)** (medical) analysis laboratory; **~ de langues** language laboratory

laborieusement /labɔʀjøzmɑ̃/ ADV laboriously

laborieux, -ieuse /labɔʀjø, jøz/ ADJ (a) [*recherches, style*] laborious; **il s'exprimait dans un français ~** his French was very laboured; **il a enfin fini, ça a été ~ !** he's finished at long last but he certainly made heavy weather of it! (b) (= *travailleur*) **les classes laborieuses** the working classes

labour /labuʀ/ NM (= *champ*) ploughed (*Brit*) ou plowed (*US*) field

labourer /labuʀe/ /TABLE 1/ VT (*avec une charrue*) to plough (*Brit*), to plow (*US*)

labrador /labʀadɔʀ/ NM (= *chien*) Labrador

labyrinthe /labiʀɛ̃t/ NM maze

lac /lak/ NM lake; **le ~ Léman** Lake Geneva; **le ~ Majeur** Lake Maggiore; **les Grands Lacs** the Great Lakes

lacer /lase/ /TABLE 3/ VT to tie

lacérer /laseʀe/ /TABLE 6/ VT to tear to shreds; [+ *tableau*] to slash; [+ *corps, visage*] to lacerate; **il avait été lacéré de coups de couteau** he had been slashed with a knife

lacet /lasɛ/ NM (a) [*de chaussure, botte*] lace; **chaussures à ~s** lace-up shoes (b) [*de route*] **en ~s** winding; **la route monte en ~s** the road winds steeply upwards

lâche /laʃ/ 1 ADJ (a) (= *peu courageux*) cowardly; [*attentat*] despicable; [*procédé*] low; **se montrer ~** to be a coward; **c'est assez ~ de sa part d'avoir fait ça** it was pretty cowardly of him to do that (b) (= *peu serré*) [*corde*] slack; [*nœud, vêtement, canevas*] loose (c) (= *peu sévère*) [*discipline, morale*] lax; [*règlement*] loose 2 NMF coward

lâchement /laʃmɑ̃/ ADV (= *sans courage*) **il a ~ refusé** like a coward, he refused; **il a été ~ assassiné** he was killed in the most cowardly way

lâcher /laʃe/ /TABLE 1/ VT (a) [+ *main, proie*] to let go of; [+ *bombes*] to drop; [+ *pigeon, ballon*] to release; [+ *chien*] to unleash; [+ *frein*] to release; [+ *juron*] to come out with; **lâche-moi!** let go of me!; **le prof nous a lâchés à 4 heures*** the teacher let us out at 4; **~ un chien sur qn** to set a dog on sb; **~ prise** to let go (*fig*), to loosen one's grip; **tu me lâches!*** leave me alone!; **lâche-moi les baskets!*** get off my back!*

(b) (= *abandonner*) [+ *ami*] to drop; [+ *études*] to give up; **il ne l'a pas lâché** [*importun, représentant*] he wouldn't leave him alone; **il nous a lâchés en plein travail** he walked out on us right in the middle of the work; **ma voiture m'a lâché** my car gave up on me*

lâcheté /laʃte/ NF (= *couardise*) cowardice; **par ~** out of cowardice; **je trouve ça d'une ~ !** that's so cowardly!

lâcheur ,-euse * /laʃœʀ, øz/ NM,F unreliable so-and-so*; **alors, tu n'es pas venu, ~ !** so you didn't come then, you old so-and-so!*

laconique /lakɔnik/ ADJ [personne, réponse] laconic; [style] terse

lacté ,e /lakte/ ADJ **régime ~** milk diet

lacune /lakyn/ NF [de texte, connaissances] gap; [de loi] loophole; **les ~s du système éducatif** the shortcomings of the education system; **elle a de grosses ~s en histoire** there are big gaps in her knowledge of history

lacustre /lakystʀ/ ADJ **cité ~** lakeside village (on piles)

là-dedans /lad(ə)dɑ̃/ ADV inside; **il y a du vrai ~** there's some truth in that; **il n'a rien à voir ~** it's nothing to do with him

là-dessous /lad(ə)su/ ADV under there; **il y a quelque chose ~** (fig) there's something odd about it

là-dessus /lad(ə)sy/ ADV (= sur cet objet) on there; (= sur ces mots) at that point; (= à ce sujet) on that point

Lady /ledi/ NF Lady

lagon /lagɔ̃/ NM lagoon

Lagos /lagos/ N Lagos

lagune /lagyn/ NF lagoon

là-haut /lao/ ADV up there; (= dessus) up on top; (= à l'étage) upstairs; (= au ciel) on high; **tout ~, au sommet de la montagne** way up there, at the top of the mountain; **~ dans les nuages** above in the clouds

laïc /laik/ ADJ, NM = **laïque**

laïciser /laisize/ VT to secularize

laïcité /laisite/ NF (= caractère) secularity

laid ,e /lɛ, lɛd/ ADJ ugly

laideur /lɛdœʀ/ NF ugliness; **c'est d'une ~ !** it's so ugly!

lainage /lɛnaʒ/ NM ⓐ (= vêtement) woollen ou woolen (US) garment ⓑ (= étoffe) woollen material

laine /lɛn/ NF wool ♦ **laine à tricoter** knitting wool ♦ **laine de verre** glass wool ♦ **laine vierge** new wool

laïque /laik/ 1 ADJ secular; **l'enseignement ou l'école ~** secular education; (en France) state education 2 NM layman; **les ~s** laymen

laisse /lɛs/ NF [de chien] lead; **tenir en ~** to keep on a lead

laisser /lese/ /TABLE 1/ 1 VT to leave; **~ sa clé au voisin** to leave one's key with the neighbour; **laisse-lui du gâteau** leave him some cake; **il m'a laissé ce vase pour 100 €** he let me have this vase for 100 euros; **laissez, je vais le faire!** c'est moi qui paie leave that, I'll do it/I'm paying; **laisse-moi devant la banque** leave me at the bank; **laisse-moi !** leave me alone!; **~ qn dans le doute** to leave sb in doubt; **~ qn debout** to keep sb standing; **vous laissez le village sur votre droite** you go past the village on your right; **~ la vie à qn** to spare sb's life; **~ la porte ouverte** to leave the door open; **~ le meilleur pour la fin** to leave the best till last

2 VB AUX to let; **~ qn faire qch** to let sb do sth; **laisse-le partir** let him go; **laissez-moi rire !** don't make me laugh!; **il n'en a rien laissé voir** he showed no sign of it; **laisse-le faire** (à sa manière) let him do it his own way; **on ne va pas le ~ faire sans réagir !** we're not going to let him get away with that!

3 VPR **se laisser**: **se ~ persuader** to let o.s. be persuaded; **il ne faut pas se ~ décourager** you mustn't let yourself become discouraged; **ce petit vin se laisse boire*** this wine goes down nicely; **se ~ aller** to let o.s. go; **je n'ai pas l'intention de me ~ faire** I'm not going to let myself be pushed around

laisser-aller /leseale/ NM INV carelessness; [de travail, langage, vêtements] sloppiness; **il y a beaucoup de ~ dans ce service** things are very lax in this department

laisser-faire /lesefɛʀ/ NM INV (Écon) laissez-faire

laissés-pour-compte /lesepurkɔ̃t/ NMPL **les ~ de la société** society's rejects; **ce sont les ~ de la reprise économique** the economic recovery has left these people out in the cold

laissez-passer /lesepase/ NM INV pass

lait /lɛ/ 1 NM ⓐ milk; **~ entier** whole milk ⓑ (cosmétique) lotion; **~ solaire** sun lotion 2 COMP ♦ **lait concentré sucré** condensed milk ♦ **lait fraise** strawberry-flavoured milk ♦ **lait en poudre** powdered milk

laitage /lɛtaʒ/ NM (= produit laitier) dairy product

laiteux ,-euse /lɛtø, øz/ ADJ milky

laitier ,-ière /lɛtje, jɛʀ/ 1 ADJ dairy 2 NM (= livreur) milkman

laiton /lɛtɔ̃/ NM (= alliage) brass

laitue /lety/ NF lettuce

laïus * /lajys/ NM INV (= discours) long-winded speech

lama /lama/ NM (= animal) llama; (= religieux) lama

lambeau (pl **lambeaux**) /lɑ̃bo/ NM [de papier, tissu] scrap; **~x de chair** strips of flesh; **en ~x** in tatters

lambin ,e /lɑ̃bɛ̃, in/ 1 ADJ slow; **que tu es ~ !** you're such a dawdler! 2 NM,F dawdler

lambiner /lɑ̃bine/ /TABLE 1/ VI to dawdle

lambris /lɑ̃bʀi/ NM (en bois) panelling (NonC)

lambrisser /lɑ̃bʀise/ * /TABLE 1/ VT (avec du bois) to panel; **lambrissé de chêne** oak-panelled

lame /lam/ 1 NF ⓐ (= tranchant) [de couteau, scie] blade ⓑ (= bande) strip; [de store] slat; (pour microscope) slide; **~ de parquet** floorboard ⓒ (= vague) wave 2 COMP ♦ **lame de fond** (lit) ground swell (NonC) ♦ **lame de rasoir** razor blade

lamelle /lamɛl/ NF (small) strip; [de persiennes] slat; **couper en ~s** to cut into thin strips

lamentable /lamɑ̃tabl/ ADJ appalling; **cette émission est ~ !** what a pathetic* programme!

lamentablement /lamɑ̃tabləmɑ̃/ ADV [échouer] miserably

lamentations /lamɑ̃tasjɔ̃/ NFPL (= cris de désolation) wailing (NonC); (= jérémiades) moaning (NonC)

lamenter (se) /lamɑ̃te/ /TABLE 1/ VPR to moan; **se lamenter sur son sort** to moan about one's fate

laminer /lamine/ /TABLE 1/ VT [+ métal] to laminate; **ils ont été laminés aux dernières élections** they were practically wiped out in the last election

lampadaire /lɑ̃padɛʀ/ NM [d'intérieur] standard lamp; [de rue] street lamp; (= pied) lamppost

lampe /lɑ̃p/ NF lamp; (= ampoule) bulb ♦ **lampe de bureau** desk lamp ♦ **lampe de chevet** bedside lamp ♦ **lampe électrique** torch (Brit), flashlight (US) ♦ **lampe à pétrole** oil lamp ♦ **lampe de poche** torch (Brit), flashlight (US) ♦ **lampe à souder** blowtorch ♦ **lampe témoin** warning light; [de magnétoscope etc] light

lampion /lɑ̃pjɔ̃/ NM Chinese lantern

lance /lɑ̃s/ NF ⓐ (= arme) spear ⓑ (= tuyau) **~ à eau** hose; **~ d'arrosage** garden hose; **~ à incendie** fire hose

lancée /lɑ̃se/ NF **continuer sur sa ~** to keep going

lance-fusées /lɑ̃sfyze/ NM INV (Mil) rocket launcher; [de fusée éclairante] flare gun

lance-grenades /lɑ̃sgʀənad/ NM INV grenade launcher

lancement /lɑ̃smɑ̃/ NM ⓐ [d'entreprise, campagne] launching; [de fusée, produit] launch; [de processus] starting; [d'emprunt] issuing; **lors du ~ du nouveau produit** when the new product was launched; **fenêtre ou créneau de ~** launch window ⓑ (Sport) throwing; **~ du disque/javelot/marteau** throwing the discus/javelin/hammer; **~ du poids** putting the shot

lance-missiles /lɑ̃smisil/ NM INV missile launcher

lance-pierre (pl **lance-pierres**) /lɑ̃spjɛʀ/ NM catapult; **manger avec un ~*** to grab a quick bite to eat*

lancer /lɑ̃se/ /TABLE 3/ 1 VT ⓐ (= jeter) to throw; **~ qch à qn** (pour qu'il l'attrape) to throw sth to sb; (agressivement) to throw sth at sb; **lance-moi mes clés** throw me my keys; **~ sa ligne** to cast one's line; **lance ta jambe en avant** kick your leg up; **~ le poids** to put the shot ⓑ [+ flèche, obus] to fire; [+ bombe] to drop; [+ fusée, torpille] to launch; **ses yeux lançaient des éclairs** his eyes blazed with anger; **elle lui lança un coup d'œil furieux** she darted a furious glance at him

ⓒ (= *émettre*) [+ *accusations, injures*] to hurl; [+ *avertissement, mandat d'arrêt*] to issue; [+ *théorie*] to put forward; [+ *appel*] to launch; [+ *SOS, signal, invitation*] to send out; **~ un cri** to cry out

ⓓ (= *faire démarrer, déclencher*) [+ *navire, projet, entreprise, attaque*] to launch; [+ *voiture*] to get up to speed; [+ *processus, discussion, programme*] to start; [+ *emprunt*] to issue; [+ *idée*] to come up with; **une fois lancé, on ne peut plus l'arrêter!** once he gets warmed up there's no stopping him!

ⓔ (= *faire connaître*) to launch; **~ qn dans la politique** to launch sb into politics; **c'est ce film qui l'a lancé** it was this film that launched his career

2 VPR se lancer ⓐ (*mutuellement*) [+ *balle*] to throw to each other; [+ *injures, accusations*] to exchange

ⓑ (= *sauter*) to leap; (= *se précipiter*) to rush; **se ~ dans le vide** to leap into space; **se ~ à l'assaut** to leap to the attack

ⓒ (= *s'engager*) **se ~ à la recherche de** to go off in search of; **se ~ dans** [+ *aventure, dépenses, travaux, grève*] to embark on; [+ *discussion*] to launch into; [+ *métier, politique*] to go into; [+ *bataille*] to pitch into; **se ~ dans la production de qch** to start producing sth

3 NM (*Sport*) throw; **~ franc** free throw; **le ~ du disque/du javelot/du marteau** the discus/javelin/hammer; **le ~ du poids** putting the shot; **pêche au ~** casting

lance-roquettes /lɑ̃sʀɔkɛt/ NM INV rocket launcher

lance-torpilles /lɑ̃stɔʀpij/ NM INV torpedo tube

lanceur, -euse /lɑ̃sœʀ, øz/ **1** NM,F [*de disque, javelot, marteau, pierres*] thrower; (*Cricket*) bowler; (*Base-ball*) pitcher; **~ de poids** shot putter **2** NM (= *engin*) launcher; **~ d'engins/de satellites** missile/satellite launcher

lancinant, e /lɑ̃sinɑ̃, ɑ̃t/ ADJ ⓐ [*douleur*] shooting ⓑ [*souvenir, musique*] haunting; [*question*] nagging

landau /lɑ̃do/ NM (= *voiture d'enfant*) pram (*Brit*), baby carriage (*US*)

lande /lɑ̃d/ **1** NF moor **2** NFPL **les Landes** the Landes (*area in south-west France*)

langage /lɑ̃gaʒ/ NM language; **~ parlé** spoken language; **tenir un double ~** to use double talk ♦ **langage machine** machine language ♦ **langage de programmation** programming language

langer /lɑ̃ʒe/ /TABLE 3/ VT [+ *bébé*] to change; **table/matelas à ~** changing table/mat

langoureusement /lɑ̃guʀøzmɑ̃/ ADV languorously

langoureux, -euse /lɑ̃guʀø, øz/ ADJ languorous

langouste /lɑ̃gust/ NF lobster

langoustine /lɑ̃gustin/ NF langoustine

langue /lɑ̃g/ **1** NF ⓐ (= *organe*) tongue; **tirer la ~** to stick out one's tongue; **le chien lui a donné un coup de ~** the dog licked him; **avoir la ~ bien pendue** to be a bit of a gossip; **il ne sait pas tenir sa ~** he can't hold his tongue; **il n'a pas la ~ dans sa poche** he's never at a loss for words; **tu as avalé ta ~?** has the cat got your tongue?; **je donne ma ~ au chat!** I give in!; **je l'ai sur le bout de la ~** it's on the tip of my tongue; **je ne voudrais pas être mauvaise ~ mais ...** I don't want to gossip but ...; **elle a une ~ de vipère** she's got a vicious tongue

ⓑ (= *langage*) language; **~ étrangère/parlée** foreign/ spoken language; **elle a pris allemand en première ~** she's taken German as her first foreign language; **les gens de ~ anglaise** English-speaking people

2 COMP ♦ **langue de bois** waffle* ♦ **langue maternelle** mother tongue ♦ **langue populaire** (*idiome*) popular language; (*usage*) popular speech ♦ **langue de terre** strip of land ♦ **langue verte** slang

languette /lɑ̃gɛt/ NF [*de bois, cuir*] tongue; [*de papier*] narrow strip

languir /lɑ̃giʀ/ /TABLE 2/ VI ⓐ (= *dépérir*) to languish; **~ d'amour pour qn** to be languishing with love for sb
ⓑ (= *attendre*) **faire ~ qn** to keep sb waiting

lanière /lanjɛʀ/ NF [*de cuir*] strap; [*d'étoffe*] strip; **découper qch en ~s** to cut sth into strips; **sandales à ~s** strappy sandals

lanterne /lɑ̃tɛʀn/ NF lantern; (*électrique*) lamp; **éclairer la ~ de qn** to enlighten sb ♦ **lanterne magique** magic lantern ♦ **lanterne rouge**: **être la ~ rouge** to lag behind

Laos /laɔs/ NM Laos

lapalissade /lapalisad/ NF **c'est une ~** it's stating the obvious

laper /lape/ /TABLE 1/ VT to lap up

lapidaire /lapidɛʀ/ ADJ [*style, formule*] terse

lapider /lapide/ /TABLE 1/ VT (= *tuer*) to stone to death; (= *attaquer*) to throw stones at

lapin /lapɛ̃/ NM (= *animal*) rabbit; (= *fourrure*) rabbit skin; **mon petit ~** my lamb; **poser un ~ à qn** to stand sb up*

lapis-lazuli /lapislazyli/ NM INV lapis lazuli

laps /laps/ NM **~ de temps** period of time; **pendant ce ~ de temps** during this period

lapsus /lapsys/ NM (*parlé*) slip of the tongue; (*écrit*) slip of the pen; **~ révélateur** Freudian slip; **faire un ~** to make a slip of the tongue (*ou* of the pen)

laque /lak/ NF (= *vernis*) lacquer; (*pour les cheveux*) hairspray; (*pour les ongles*) nail varnish; (= *peinture*) gloss paint

laqué, e /lake/ ADJ [*peinture*] gloss; **meubles (en) ~ blanc** furniture with a white gloss finish

laquelle /lakɛl/ → **lequel**

larbin* /laʀbɛ̃/ NM (*péj*) servant; **je ne suis pas ton ~!** I'm not your slave!

lard /laʀ/ NM (= *gras*) pork fat; (= *viande*) bacon; **~ fumé** ≈ smoked bacon; **un gros ~** a fat lump*

larder /laʀde/ /TABLE 1/ VT [+ *viande*] to lard

lardon /laʀdɔ̃/ NM (= *tranche de lard*) lardon; **petits ~s** diced bacon

largage /laʀgaʒ/ NM dropping (*NonC*); [*d'étage de fusée*] jettisoning (*NonC*); [*de module, satellite*] release; **opération de ~** drop; **ils ont cessé les ~s de vivres** they are no longer dropping supplies

large /laʀʒ/ **1** ADJ ⓐ (= *grand*) wide; [*lame, dos, visage, main, nez, front*] broad; [*jupe*] full; [*chemise*] loose-fitting; [*pantalon*] baggy; **~ de 3 mètres** 3 metres wide; **~ sourire** with a broad smile; **ce veston est trop ~** this jacket is too big across the shoulders; **être ~ d'épaules** to be broad-shouldered; **être ~ de hanches** to have wide hips

ⓑ [*pouvoirs, diffusion, extraits*] extensive; [*choix, gamme*] wide; **une ~ majorité** a big majority; **destiné à un ~ public** designed for a wide audience; **au sens ~ du terme** in the broad sense of the term

ⓒ (= *généreux*) generous

ⓓ (= *tolérant*) **il est ~ d'esprit** *ou* **il a les idées ~s** he's very broad-minded

2 ADV calculer ~ to allow a bit extra in one's calculations; **prends plus d'argent, il vaut mieux prévoir ~** take a bit more money, it's better to allow a bit extra

3 NM ⓐ (= *largeur*) **une avenue de 8 mètres de ~** an avenue 8 metres wide

ⓑ (= *haute mer*) **le ~** the open sea; **le grand ~** the high seas; **gagner le ~** to reach the open sea; **au ~ de Calais** off Calais; **prendre le ~*** to clear off*

largement /laʀʒəmɑ̃/ ADV ⓐ [*répandre, diffuser*] widely; **idée ~ répandue** widely held view ⓑ (= *amplement, de beaucoup*) greatly; **~ battu** heavily defeated; **ce succès dépasse ~ nos prévisions** this success greatly exceeds our expectations; **ce problème dépasse ~ ses compétences** this problem is way beyond his capabilities; **elle vaut ~ son frère** she's every bit as good as her brother; **vous avez ~ le temps** you have plenty of time; **c'est ~ suffisant** that's plenty ⓒ (= *au moins*) at least; **il a ~ 50 ans** he's at least fifty

largeur /laʀʒœʀ/ NF width; [*de lame, dos, visage, main, nez, front*] breadth; **sur toute la ~** all the way across; **dans le**

sens de la ~ widthwise; **quelle est la ~ de la fenêtre ?** how wide is the window?; **~ d'esprit** broad-mindedness

largué *, e /laʀge/ (*ptp de* **larguer**) ADJ **être ~** to be all at sea*; **je suis complètement ~ en maths** I haven't got a clue about maths

larguer /laʀge/ /TABLE 1/ VT ⓐ [+ *voile*] to let out; **~ les amarres** to cast off ⓑ [+ *parachutiste, bombe, vivres, tracts*] to drop; [+ *étage de fusée*] to jettison; [+ *cabine spatiale, satellite*] to release ⓒ (= *se débarrasser de*)* to drop; **il s'est fait ~** he was dumped*

larme /laʀm/ NF tear; **en ~s** in tears; **avoir les ~s aux yeux** to have tears in one's eyes; **~s de crocodile** crocodile tears; **un peu de vin ? — juste une ~** some wine? — just a drop

larve /laʀv/ NF larva; (= *asticot*) grub; **~ humaine** worm

larvé, e /laʀve/ ADJ latent

laryngite /laʀɛ̃ʒit/ NF laryngitis (*NonC*); **il a une ~** he's got laryngitis

larynx /laʀɛ̃ks/ NM larynx

las, lasse /lɑ, lɑs/ ADJ (*frm*) weary; **~ de faire qch** tired of doing sth

lasagnes /lazaɲ/ NFPL lasagne

lascif, -ive /lasif, iv/ ADJ lascivious

laser /lazɛʀ/ NM laser; **disque/rayon ~** laser disc/beam; **au ~** [*nettoyer, détruire, découper*] using a laser; **guidé au ~** laser-guided

lassant, e /lɑsɑ̃, ɑ̃t/ ADJ tiresome

lasser /lɑse/ /TABLE 1/ VT [+ *personne*] to tire 2 VPR **se lasser : se ~ de qch/de faire qch** to grow tired of sth/of doing sth

lassitude /lɑsityd/ NF weariness (*NonC*); **avec ~** wearily

lasso /lɑso/ NM lasso; **prendre au ~** to lasso

latent, e /latɑ̃, ɑ̃t/ ADJ latent; **à l'état ~** latent

latéral, e (*mpl* **-aux**) /lateʀal, o/ ADJ side

latéralement /lateʀalmɑ̃/ ADV laterally; [*être situé*] on the side; [*arriver, souffler*] from the side

latex /latɛks/ NM INV latex

latin, e /latɛ̃, in/ 1 ADJ Latin 2 NM (= *langue*) Latin

latiniste /latinist/ NMF (= *spécialiste*) Latin scholar; (= *enseignant*) Latin teacher

latino * /latino/ ADJ, NMF Latino

latino-américain, e (*mpl* **latino-américains**) /latino-ameʀikɛ̃, ɛn/ 1 ADJ Latin-American 2 NM,F **Latino-Américain(e)** Latin-American

latitude /latityd/ NF ⓐ (= *position*) latitude; **Paris est à 48° de ~ nord** Paris is situated at latitude 48° north ⓑ (= *liberté*) **avoir toute ~ pour faire qch** to have a free hand to do sth; **laisser/donner toute ~ à qn** to allow/give sb a free hand; **on a une certaine ~** we have some leeway

latte /lat/ NF [*de plancher*] board; [*de fauteuil, sommier, store*] slat

laudatif, -ive /lodatif, iv/ ADJ laudatory

lauréat, e /lɔʀea, at/ 1 ADJ prize-winning 2 NM,F prize-winner; **les ~s du prix Nobel** the Nobel laureates

laurier /lɔʀje/ NM (= *arbre*) bay tree; **feuille de ~** bayleaf; **se reposer sur ses ~s** to rest on one's laurels

laurier-rose (*pl* **lauriers-roses**) /lɔʀjeʀoz/ NM oleander

lavable /lavabl/ ADJ washable; **~ en machine** machine-washable

lavabo /lavabo/ 1 NM washbasin (*Brit*), washbowl (*US*) 2 NMPL **les ~s** the toilets

lavage /lavaʒ/ NM wash; **on a dû faire trois ~s** it had to be washed three times; **«~ à la main»** "hand wash only"; **«~ en machine»** "machine wash"; **ça a rétréci au ~** it shrunk in the wash; **ton chemisier est au ~** your blouse is in the wash; **on lui a fait un ~ d'estomac** he had his stomach pumped ♦ **lavage de cerveau** brainwashing

lavande /lavɑ̃d/ NF lavender; **bleu ~** lavender blue

lave /lav/ NF lava (*NonC*)

lave-auto (*pl* **lave-autos**) /lavoto/ NM (*Can*) car wash

lave-glace (*pl* **lave-glaces**) /lavglas/ NM windscreen (*Brit*) *ou* windshield (*US*) washer

lave-linge /lavlɛ̃ʒ/ NM INV washing machine; **~ séchant** washer-dryer

lave-mains /lavmɛ̃/ NM INV small washbasin (*Brit*) *ou* washbowl (*US*)

lavement /lavmɑ̃/ NM enema

laver /lave/ /TABLE 1/ 1 VT ⓐ (= *nettoyer*) to wash; [+ *plaie*] to clean; **~ à grande eau** [+ *sol*] to wash down; [+ *trottoir, pont de navire*] to sluice down; **~ la vaisselle** to wash the dishes; **il faut ~ son linge sale en famille** it doesn't do to wash one's dirty linen in public ⓑ [+ *affront, injure*] to avenge; [+ *péchés, honte*] to expiate; **~ qn d'une accusation/d'un soupçon** to clear sb of an accusation/of suspicion

2 VPR **se laver** ⓐ [*personne*] to wash; **se ~ la figure/les mains** to wash one's face/one's hands; **se ~ les dents** to clean one's teeth; **se ~ d'une accusation** to clear o.s. of a charge; **je m'en lave les mains** I wash my hands of it ⓑ [*vêtement, tissu*] **ça se lave en machine** it's machine-washable; **ça se lave à la main** it has to be hand-washed

laverie /lavʀi/ NF laundry; **~ (automatique)** Launderette® (*Brit*), Laundromat® (*US*)

lavette /lavɛt/ NF ⓐ (= *chiffon*) dishcloth; (*Belg, Helv* = *gant de toilette*) face flannel (*Brit*), washcloth (*US*) ⓑ (= *lâche*) wimp*

laveur /lavœʀ/ NM **~ de carreaux** window cleaner

laveuse /lavøz/ NF (*Can* = *lave-linge*) washing machine

lave-vaisselle /lavvɛsɛl/ NM INV dishwasher

lavis /lavi/ NM wash drawing

lavoir /lavwaʀ/ NM (*découvert*) washing-place; (= *édifice*) wash house; (= *bac*) washtub

laxatif, -ive /laksatif, iv/ ADJ, NM laxative

laxisme /laksism/ NM (= *laisser-aller*) spinelessness; **le gouvernement est accusé de ~ à l'égard des syndicats** the government is accused of being too lax with the trade unions

laxiste /laksist/ ADJ lax

layette /lejet/ NF baby clothes; **rayon ~** [*de magasin*] babywear department; **bleu ~** baby blue

---

le /lə/, **la** /la/

1 ARTICLE	2 PRONOM

1 ARTICLE

▶ **à + le = au, à + les = aux, de + le = du, de + les = des**

ⓐ the; **le propriétaire de la voiture** the owner of the car; **les parcs de la ville** the parks in the town; **l'hiver 1998** the winter of 1998; **le premier lundi du mois** the first Monday in the month; **il est parti le 5 mai** he left on 5 May

ⓑ **= par** a; **50 € le mètre** 50 euros a metre; **50 € le litre** 50 euros a litre; **deux fois l'an** twice a year

ⓒ **fraction** a; **le quart de la population** a quarter of the population; **j'en ai fait à peine le dixième** I have hardly done a tenth of it

ⓓ **dans les généralisations, avec les noms non comptables**

▶ *L'article défini français n'est pas traduit en anglais dans les généralisations, avec les noms non comptables et dans certaines expressions de temps.*

j'aime la musique I like music; **le thé et le café sont chers** tea and coffee are expensive; **je déteste le whisky** I hate whisky; **l'hiver dernier** last winter; **l'hiver prochain** next winter; **il ne travaille pas le samedi** he doesn't work on Saturdays

ⓔ **possession**

▶ *Lorsque l'article se réfère à une partie du corps d'une personne définie, il se traduit généralement par le possessif, sauf après* **to have**.

elle a ouvert les yeux she opened her eyes; **il s'est cassé la jambe** he broke his leg; MAIS **il a les cheveux noirs** he has black hair

2 PRONOM

> ► *L'anglais utilise* it *et non* him *ou* her *pour parler d'objets.*

ⓐ objet direct (= *chose, animal dont on ignore le sexe*) it; (= *homme, enfant ou animal mâle*) him; (= *femme, enfant ou animal femelle*) her; **une araignée ! tue-la !** a spider! kill it!; **je te prête cette robe, mets-la pour aller à la fête** I'll lend you this dress, you can wear it to the party; **je ne le connais pas** I don't know him; **je ne la connais pas** I don't know her; **voilà Jean, regarde-le, il est en pyjama** there's Jean, look at him, he's in his pyjamas

ⓑ = cela it; **il ne l'envisage plus** he's no longer considering it; **demande-le-lui** ask him; **il était ministre, il ne l'est plus** he used to be a minister but he isn't any longer

ⓒ ◆ **les** them; **je ne les connais pas** I don't know them; **appelle-les !** call them!

lé /le/ NM [*de papier peint*] length

LEA /ɛlɛa/ NM (ABBR = **langues étrangères appliquées**) modern languages

leader /lidœʀ/ NM leader; **cette entreprise est ~ sur son marché** this company is the market leader

leadership /lidœʀʃip/ NM [*de parti*] leadership; [*d'entreprise*] leading position; (= *dirigeants*) leaders; **ils ont pris le ~ dans ce secteur** they have taken the lead in this sector

leasing /liziŋ/ NM leasing; **acheter qch en ~** to buy sth leasehold

lèche : /lɛʃ/ NF **faire de la ~** to be a bootlicker*; **faire de la ~ à qn** to lick sb's boots*

lèche-botte * (*pl* **lèche-bottes**) /lɛʃbɔt/ NMF bootlicker*

lèche-cul ** (*pl* **lèche-culs**) /lɛʃky/ NMF arse-licker** (*Brit*), ass-kisser** (*US*)

lèchefrite /lɛʃfʀit/ NF roasting tin

lécher /leʃe/ /TABLE 6/ VT ⓐ (= *sucer*) to lick; [*vagues*] to lap against; **se ~ les doigts** to lick one's fingers; **~ les bottes de qn*** to lick sb's boots*; **~ le cul à qn** to lick sb's arse** (*Brit*), to kiss sb's ass** (*US*) ⓑ (= *fignoler*)* **un article bien léché** a polished article; **trop léché** overpolished

lèche-vitrines * /lɛʃvitʀin/ NM INV window-shopping; **faire du ~** to go window-shopping

leçon /l(ə)sɔ̃/ NF ⓐ (*Scol*) (= *cours*) lesson; (= *devoirs*) homework (*NonC*); **~ de piano** piano lesson; **~s particulières** private lessons; **elle a bien appris sa ~** she's learnt her homework thoroughly; **il pourrait vous donner des ~s** he could teach you a thing or two

ⓑ (= *conseil*) advice; **je n'ai pas de ~ à recevoir de toi** I don't need your advice; **je n'ai pas besoin de tes ~s de morale** I don't need your moralizing; **faire la ~ à qn** (= *le réprimander*) to give sb a lecture

ⓒ (= *enseignement*) lesson; **que cela te serve de ~** let that be a lesson to you; **cela m'a servi de ~** it taught me a lesson; **nous avons tiré la ~ de notre échec** we learnt a lesson from our failure; **ça a échoué, il faut en tirer la ~** it failed and we should learn from that

lecteur, -trice /lɛktœʀ, tʀis/ 1 NM,F ⓐ [*de livre, magazine*] reader ⓑ (*à l'université*) foreign language assistant 2 NM **~ de cassettes/de CD/(de) MP3** cassette/CD/MP3 player; **~ de disquettes/de CD-ROM** disk/CD-ROM drive; **~ de DVD** [*de salon*] DVD player; [*d'ordinateur*] DVD drive; **~ optique** optical scanner

lectorat /lɛktɔʀa/ NM [*de magazine*] readership

lecture /lɛktyʀ/ NF ⓐ [*de document, livre*] reading; **faire la ~ à qn** to read to sb; **le projet a été accepté en seconde ~** the bill passed its second reading ⓑ (= *livre*) **apportez-moi de la ~** bring me something to read; **quelles sont vos ~s favorites ?** what do you like reading? ⓒ [*de CD, cassette, disque dur*] **appuyer sur « ~ »** press "play"; **~ optique** (= *procédé*) optical character recognition; (= *action*) optical scanning; **en ~ seule** read-only

> ⚠ **lecture** *ne se traduit pas par le mot anglais* **lecture**.

légal, e (*mpl* **-aux**) /legal, o/ ADJ legal; **cours ~ d'une**

monnaie official rate of exchange of a currency; **monnaie ~e** legal tender → **fête, médecine**

légalement /legalmɑ̃/ ADV legally

légalisation /legalizasjɔ̃/ NF legalization

légaliser /legalize/ /TABLE 1/ VT to legalize

légalité /legalite/ NF legality; **rester dans la ~** to keep within the law; **en toute ~** quite legally

légendaire /leʒɑ̃dɛʀ/ ADJ legendary

légende /leʒɑ̃d/ NF ⓐ (= *histoire, mythe*) legend; **entrer dans la ~** to become a legend ⓑ [*de dessin*] caption; [*de carte*] key; **« sans ~ »** "no caption"

léger, -ère /leʒe, ɛʀ/ 1 ADJ ⓐ (= *de faible poids, délicat*) light; **cuisine légère** low-fat cooking; **~ comme une plume** as light as a feather; **je me sens plus ~** (= *moins lourd*) I feel lighter; (= *soulagé*) that's a weight off my mind; **il est parti d'un pas ~** he walked away with a spring in his step

ⓑ (= *faible*) [*brise, accent, augmentation, amélioration*] slight; [*bruit*] faint; [*thé*] weak; [*vin, coup, maquillage*] light; [*blessure*] minor; [*punition, tabac*] mild

ⓒ (= *superficiel*) [*preuve, argument*] flimsy

ⓓ (= *frivole*) [*personne*] fickle; [*propos*] ribald; [*livre*] light

◆ **à la légère** [*parler, agir*] thoughtlessly; **il prend toujours tout à la légère** he never takes anything seriously

2 ADV **voyager ~** to travel light; **manger ~** to avoid fatty foods

légèrement /leʒɛʀmɑ̃/ ADV ⓐ [*maquillé, parfumé*] lightly ⓑ (= *un peu*) slightly; **~ plus grand** slightly bigger; **~ surpris** slightly surprised; **il boite ~** he has a slight limp ⓒ (= *à la légère*) thoughtlessly

légèreté /leʒɛʀte/ NF ⓐ [*d'objet, style, repas*] lightness ⓑ [*de punition*] mildness ⓒ [*de conduite, propos*] thoughtlessness; **faire preuve de ~** to behave thoughtlessly

légiférer /leʒifeʀe/ /TABLE 6/ VI to legislate (**en matière de** on)

légion /leʒjɔ̃/ NF legion; **la Légion (étrangère)** the Foreign Legion; **Légion d'honneur** Legion of Honour

ⓘ **LÉGION D'HONNEUR**

Created by Napoleon in 1802, the **Légion d'honneur** *is a prestigious order awarded for either civil or military achievements. The order is divided into five "classes" : "chevalier" (the lowest), "officier", "commandeur", "grand officier" and "grand-croix" (the highest). Full regalia consists of medals and sashes but on less formal occasions these are replaced by a discreet red ribbon or rosette (according to rank) worn on the lapel.*

▷ www.legiondhonneur.fr

légionnaire /leʒjɔnɛʀ/ NM legionnaire

législateur, -trice /leʒislatœʀ, tʀis/ NM,F (= *personne*) legislator

législatif, -ive /leʒislatif, iv/ 1 ADJ legislative 2 NF **les législatives** the legislative elections 3 NM **le ~** legislature → ELECTIONS

législation /leʒislasjɔ̃/ NF legislation; **~ du travail** labour laws

législature /leʒislatyʀ/ NF (= *durée*) term of office; (= *corps*) legislature

légitime /leʒitim/ ADJ legitimate; [*union, femme*] lawful; [*colère*] justified; **en état de ~ défense** in self-defence

légitimement /leʒitimmɑ̃/ ADV rightfully; (= *juridiquement*) legitimately

légitimer /leʒitime/ /TABLE 1/ VT to legitimate

légitimité /leʒitimite/ NF legitimacy

legs /leg/ NM legacy; **faire un ~ à qn** to leave sb a legacy

léguer /lege/ /TABLE 6/ VT to bequeath; [+ *tradition*] to hand down

légume /legym/ 1 NM vegetable; **~s secs** pulses; **~s verts** green vegetables 2 NF (= *personne*) **grosse ~*** bigwig*

leitmotiv /lɛtmotiv, lajtmotif/ NM leitmotif

Léman /lemɑ̃/ NM **le ~** Lake Geneva

lemme /lɛm/ NM lemma

lémurien /lemyʀjɛ̃/ NM lemur

lendemain /lɑ̃dmɛ̃/ NM **le ~** the next day; **le ~ de son arrivée** the day after his arrival; **le ~ matin** the next morning; **au ~ des élections** just after the election; **penser au ~** to think of tomorrow; **succès sans ~** short-lived success

lénifiant, e /lenifjɑ̃, ɑ̃t/ ADJ [*discours, propos*] emollient

lent, e[1] /lɑ̃, lɑ̃t/ ADJ slow; **les résultats sont ~s à venir** the results are slow coming; **«véhicules ~s»** "slow-moving vehicles"

lente[2] /lɑ̃t/ NF [*de pou*] nit

lentement /lɑ̃tmɑ̃/ ADV slowly; **~ mais sûrement** slowly but surely

lenteur /lɑ̃tœʀ/ NF slowness; **avec ~** slowly; **ce train est d'une ~!** this train is so slow!; **des retards dus à des ~s administratives** delays due to slow administrative procedures

lentille /lɑ̃tij/ 1 NF ⓐ (= *graine*) lentil; **~s d'eau** duckweed ⓑ (*optique*) lens 2 COMP ♦ **lentilles de contact** contact lenses ♦ **lentilles dures** hard contact lenses ♦ **lentilles souples** soft contact lenses

léopard /leɔpaʀ/ NM leopard

lèpre /lɛpʀ/ NF leprosy

lépreux, -euse /lepʀø, øz/ NM,F leper

lequel /ləkɛl/, **laquelle** /lakɛl/

> ► *Masculine plural =* **lesquels**, *feminine plural =* **lesquelles**.

> ► *à + lequel =* **auquel**, *à + lesquel(le)s =* **auxquel(le)s**, *de + lequel =* **duquel**, *de + lesquel(le)s =* **desquel(le)s**

PRON ⓐ (*relatif*) (*personne : sujet*) who; (*personne : objet*) whom; (*chose*) which; **j'ai écrit au directeur, ~ n'a jamais répondu** I wrote to the manager, who never answered; **la patience avec laquelle il écoute** the patience with which he listens

> ► **lequel** *n'est souvent pas traduit en anglais lorsqu'il accompagne une préposition ; sans pronom relatif, la préposition est souvent renvoyée en fin de phrase.*

c'est un problème auquel je n'avais pas pensé that's a problem I hadn't thought of; **les gens chez lesquels j'ai logé** the people I stayed with ⓑ (*interrogatif*) which; **~ des deux préférez-vous ?** which of the two do you prefer?; **dans ~ de ces hôtels avez-vous logé ?** which of these hotels did you stay in?; **laquelle des chambres est la sienne ?** which of the rooms is his?; **donnez-moi deux melons — lesquels ?** give me two melons — which ones?

les /le/ → **le**

lesbien, -ienne /lesbjɛ̃, jɛn/ ADJ, NF lesbian

léser /leze/ /TABLE 6/ VT ⓐ [+ *personne*] to wrong; [+ *intérêts*] to damage; **la partie lésée** the injured party; **se sentir lésé** to feel cheated ⓑ [+ *organe*] to injure

lésiner /lezine/ /TABLE 1/ VI **ne pas ~ sur les moyens** to use all the means at one's disposal; (*pour mariage, repas*) to pull out all the stops*

lésion /lezjɔ̃/ NF lesion; **~s internes** internal injuries

lessivable /lesivabl/ ADJ washable

lessive /lesiv/ NF ⓐ (= *poudre*) washing powder (*Brit*), laundry detergent (*US*); (= *liquide*) liquid detergent ⓑ (= *lavage*) washing (*NonC*); **faire la ~** to do the washing; **faire quatre ~s par semaine** to do four washes a week ⓒ (= *linge*) washing (*NonC*)

lessiver /lesive/ /TABLE 1/ VT ⓐ (= *laver*) to wash ⓑ (= *fatiguer*)* to tire out; **être lessivé** to be dead-beat*

lest /lest/ NM ballast; **lâcher du ~** to dump ballast, to make concessions

leste /lest/ ADJ ⓐ (= *agile*) nimble ⓑ (= *grivois*) risqué

lester /leste/ /TABLE 1/ VT ⓐ (= *garnir de lest*) to ballast ⓑ (= *remplir*) [+ *poches*]* to fill

let /lɛt/ NM (*Tennis*) let; **balle ~** let ball

létal, e (*mpl* **-aux**) /letal, o/ ADJ lethal

léthargie /letaʀʒi/ NF lethargy

léthargique /letaʀʒik/ ADJ lethargic

Lettonie /letɔni/ NF Latvia

lettre /lɛtʀ/ 1 NF ⓐ (= *caractère*) letter; **écrivez la somme en (toutes) ~s** write out the sum in full; **c'est en toutes ~s dans les journaux** it's there in black and white in the newspapers ⓑ (= *missive*) letter; **prendre qch au pied de la ~** to take sth literally; **rester ~ morte** to go unheeded; **Anne Lemoine, féministe avant la ~** Anne Lemoine, a feminist before the term existed

2 NFPL **lettres** ⓐ (= *littérature*) **les (belles) ~s** literature ⓑ (*à l'université, au collège*) arts subjects; (= *français*) French; **professeur de ~s** French teacher; **~s classiques** classics (*sg*); **~s modernes** (= *discipline*) French

3 COMP ♦ **lettre d'amour** love letter ♦ **lettre de change** bill of exchange ♦ **lettres de noblesse** : **donner ses ~s de noblesse à** to lend credibility to ♦ **lettre ouverte** open letter ♦ **lettre de rappel** reminder ♦ **lettre de recommandation** letter of recommendation ♦ **lettre de rupture** letter ending a relationship

lettré, e /letʀe/ 1 ADJ well-read 2 NM,F man (*ou* woman) of letters

leucémie /løsemi/ NF leukaemia (*Brit*), leukemia (*US*)

leucocyte /løkɔsit/ NM white blood cell

leur /lœʀ/ 1 PRON PERS them; **je le ~ ai dit** I told them; **il ~ est facile de le faire** it is easy for them to do it

2 ADJ POSS their; **~ jardin est très beau** their garden is very beautiful; **ils ont passé tout ~ dimanche à travailler** they spent all Sunday working

3 PRON POSS **le leur** *ou* **la leur** theirs; **les leurs** theirs

4 NM ⓐ (= *énergie, volonté*) **ils y ont mis du ~** they pulled their weight ⓑ **les ~s** (= *famille*) their family; (= *partisans*) their people; **nous étions des ~s** we were with them; **l'un des ~s** one of their people

leurre /lœʀ/ NM (= *illusion*) delusion; (= *piège*) trap; (*Pêche*) lure; (*Chasse, Mil*) decoy

leurrer /lœʀe/ /TABLE 1/ VT [+ *personne*] to delude; **ne vous leurrez pas** don't delude yourself

levain /ləvɛ̃/ NM leaven; **sans ~** unleavened; **pain au ~** traditionally made bread

levant /ləvɑ̃/ 1 NM (= *est*) east 2 ADJ **soleil ~** rising sun

levé, e[1] /l(ə)ve/ (*ptp de* **lever**) ADJ (= *sorti du lit*) **être ~** to be up; **il n'est pas encore ~** he isn't up yet

levée[2] /l(ə)ve/ 1 NF ⓐ [*de blocus, siège*] raising; [*de séance*] closing; [*d'interdiction, punition*] lifting; **ils ont voté la ~ de son immunité parlementaire** they voted to take away his parliamentary immunity ⓑ (*Poste*) collection ⓒ (*Cartes*) trick; **faire une ~** to take a trick 2 COMP ♦ **levée de boucliers** outcry

lever /l(ə)ve/ /TABLE 5/ 1 VT ⓐ (= *soulever*) [+ *poids, objet*] to lift; [+ *main, bras, tête*] to raise; [+ *vitre*] to wind up; **levez la main** put your hand up; **lève les pieds quand tu marches** pick your feet up when you walk; **~ les yeux** to look up; **~ l'ancre** to weigh anchor; (*fig*)* to make tracks*; **~ les yeux au ciel** to raise one's eyes heavenwards; **~ le camp** to break camp; (= *partir*) to clear off*; **~ le siège** to raise the siege; (= *partir*) to clear off*; **~ la patte** (*pour uriner*) to lift its leg; **~ le pied** (= *ralentir*) to slow down; **~ la main sur qn** to raise one's hand to sb; **~ le rideau** to raise the curtain; **~ son verre à la santé de qn** to raise one's glass to sb

ⓑ (= *arrêter*) [+ *blocus*] to raise; [+ *séance, audience*] to bring to an end; [+ *obstacle, difficulté, scellés*] to remove; [+ *interdiction, sanction, restriction*] to lift; [+ *ambiguïté*] to clear up; [+ *immunité parlementaire*] to take away; **on lève la séance ?*** shall we call it a day?

ⓒ (= *prélever*) [+ *impôts*] to levy; [+ *fonds*] to raise; (*Cartes*) [+ *pli*] to take; [+ *morceau de viande*] to remove; **~ les filets d'un poisson** to fillet a fish

ⓓ (= *chasser*) [+ *lapin*] to start; [+ *perdrix*] to flush; [+ *femme*]* to pick up*

2 VI [*plante, blé*] to come up; [*pâte*] to rise

3 VPR **se lever** ⓐ (= *se mettre debout*) to stand up; **se ~ de table/de sa chaise** to get down from the table/get up from

one's chair; **le professeur les fit se ~** the teacher made them stand up; **levez-vous !** stand up!

ⓑ (= *sortir du lit*) to get up; **se ~ tôt** to get up early; **ce matin, il s'est levé du pied gauche** he got out of bed on the wrong side this morning; **il faut se ~ de bonne heure pour le convaincre !*** you'll have your work cut out to persuade him

ⓒ [*soleil, lune*] to rise; [*jour*] to break; [*vent*] to get up; [*brume*] to lift; [*rideau, main*] to go up; **le soleil n'était pas encore levé** the sun had not yet risen; **ça se lève** the weather is clearing

4 NM ⓐ **~ de soleil** sunrise; **le ~ du jour** daybreak; **il partit dès le ~ du jour** he left at daybreak; **le ~ du rideau** (= *commencement d'une pièce*) curtain up; **en ~ de rideau** as a curtain-raiser

ⓑ (= *réveil*) **prenez trois comprimés au ~** take three tablets when you get up

lève-tard /lɛvtaʀ/ NMF INV late riser

lève-tôt /lɛvto/ NMF INV early riser

lève-vitre (*pl* **lève-vitres**) /lɛvvitʀ/ NM window winder; **~ électrique** electric window

levier /ləvje/ NM lever; **~ de commande** control lever; **~ de changement de vitesse** gear lever (*Brit*), gearshift (*US*)

lévitation /levitasjɔ̃/ NF levitation; **être en ~** to be levitating

lèvre /lɛvʀ/ NF lip; [*de plaie*] edge; **le sourire aux ~s** with a smile on one's lips; **la cigarette aux ~s** with a cigarette between one's lips; **son nom est sur toutes les ~s** his name is on everyone's lips

lévrier /levʀije/ NM greyhound

levure /l(ə)vyʀ/ NF (= *ferment*) yeast; **~ de boulanger** baker's yeast; **~ chimique** baking powder

lexical, e (*mpl* **-aux**) /lɛksikal, o/ ADJ lexical

lexique /lɛksik/ NM (= *ouvrage*) glossary; (= *mots*) lexicon

lézard /lezaʀ/ NM (= *animal*) lizard; (= *peau*) lizardskin; **y a pas de ~ !*** no problem!*

lézarde /lezaʀd/ NF (= *fissure*) crack

lézarder* /lezaʀde/ /TABLE 1/ 1 VI to bask in the sun 2 VPR **se lézarder** (= *craquer*) to crack

liaison /ljɛzɔ̃/ NF ⓐ (*amoureuse*) affair; **avoir une ~ (avec qn)** to have an affair (with sb)

ⓑ (= *contact*) **assurer la ~ entre les différents services** to liaise between the different departments; **être en ~ avec qn** to be in contact with sb; **travailler en ~ étroite avec qn** to work closely with sb; **agent de ~** liaison officer

ⓒ (= *communication*) link; **~ aérienne/ferroviaire** air/rail link; **les ~s téléphoniques avec le Japon** telephone links with Japan; **je suis en ~ avec notre envoyé spécial à Moscou** I have our special correspondent on the line from Moscow

ⓓ (*entre des mots*) liaison; **faire la ~** to make a liaison

liane /ljan/ NF creeper

liant, liante /ljɑ̃, ljɑ̃t/ ADJ [*personne*] sociable

liasse /ljas/ NF [*de billets*] wad; [*de papiers*] bundle

Liban /libɑ̃/ NM **le ~** Lebanon

libanais, e /libanɛ, ɛz/ 1 ADJ Lebanese 2 NM,F **Libanais(e)** Lebanese

libellé /libele/ NM wording; **quel est le ~ du chèque ?** who is the cheque made out to?

libeller /libele/ /TABLE 1/ VT [+ *chèque*] to make out (**à l'ordre de** to); **sa lettre était ainsi libellée** so went his letter

libellule /libelyl/ NF dragonfly

libéral, e (*mpl* **-aux**) /liberal, o/ 1 ADJ ⓐ (*Politique*) Liberal ⓑ **économie ~e** free-market economy; **travailler en ~** to be self-employed; [*médecin*] to have a private practice → **profession** ⓒ (= *tolérant*) liberal 2 NM,F (*Politique*) Liberal

libéralisation /liberalizasjɔ̃/ NF liberalization

libéraliser /liberalize/ /TABLE 1/ VT to liberalize; **~ la vente des seringues** to lift restrictions on the sale of syringes

libéralisme /liberalism/ NM liberalism

libérateur, -trice /liberatœʀ, tʀis/ NM,F liberator

libération /liberasjɔ̃/ NF ⓐ [*de prisonnier, otage*] release; [*de soldat*] discharge; [*de pays, peuple*] liberation; **mouvement de ~** liberation movement; **la Libération** the Liberation (*of France after WW2*); **~ conditionnelle** release on parole; **la ~ de la femme** Women's Liberation; **~ sexuelle** sexual liberation ⓑ **~ des prix** price deregulation ⓒ [*d'énergie, électrons*] release

libéré, e /libere/ (*ptp de* **libérer**) ADJ liberated

libérer /libere/ /TABLE 6/ 1 VT ⓐ [+ *prisonnier, otage*] to release; [+ *soldat*] to discharge; [+ *élèves, employés*] to let go; [+ *pays, peuple, ville*] to liberate; **être libéré sur parole** to be released on parole

ⓑ **~ qn de** [+ *liens, dette*] to free sb from; [+ *promesse*] to release sb from; **ça m'a libéré de lui dire ce que je pensais** it was a relief to tell him what I thought

ⓒ [+ *appartement*] to vacate; [+ *étagère*] to clear; [+ *tiroir*] to empty; **nous libérerons la salle à 11 heures** we'll clear the room at 11 o'clock; **~ le passage** to clear the way; **ça a libéré trois postes** it made three jobs available

ⓓ [+ *échanges commerciaux*] to ease restrictions on; [+ *prix*] to decontrol

ⓔ [+ *énergie, gaz*] to release

2 VPR **se libérer** ⓐ [*personne*] (*de ses liens*) to free o.s.; **désolé, jeudi je ne peux pas me ~** I'm sorry, I'm not free on Thursday; **je n'ai pas pu me ~ plus tôt** I couldn't get away any earlier

ⓑ [*appartement*] to become vacant; [*place, poste*] to become available

Libéria /libeʀja/ NM Liberia

libériste /libeʀist/ NMF (= *sportif*) hang-glider

libéro /libeʀo/ NM libero

liberté /libɛʀte/ 1 NF ⓐ freedom; **rendre la ~ à un prisonnier** to release a prisoner; **elle a quitté son mari et repris sa ~** she has left her husband and regained her freedom; **laisser en ~** to allow to remain at liberty; **mise en ~** [*de prisonnier*] release; **être/remettre en ~** to be/set free; **les animaux sont en ~ dans le parc** the animals roam free in the park; **~ de la presse** freedom of the press; **~ d'expression** freedom of thought; **~, égalité, fraternité** liberty, equality, fraternity; **~ d'association** right of association; **~s individuelles** individual freedoms; **~s civiles** civil liberties

ⓑ (= *loisir*) **moments de ~** free moments; **son travail ne lui laisse pas beaucoup de ~** his work doesn't leave him much free time

ⓒ (= *absence de contrainte*) **~ de langage** freedom of language; **la ~ de ton de l'émission a choqué** the frank approach of the programme shocked people; **prendre la ~ de faire qch** to take the liberty of doing sth; **prendre des ~s avec** to take liberties with

2 COMP ♦ **liberté conditionnelle** parole; **être mis en ~ conditionnelle** to be granted parole ♦ **liberté provisoire** temporary release ♦ **liberté surveillée** release on probation; **être en ~ surveillée** to be on probation

libido /libido/ NF libido

libraire /libʀɛʀ/ NMF bookseller; **en vente chez votre ~** available in all good bookshops

librairie /libʀɛʀi/ NF bookshop (*Brit*), bookstore (*US*); **~-papeterie** bookseller's and stationer's

⚠ **librairie ≠ library**

libre /libʀ/ 1 ADJ ⓐ (= *sans contrainte*) free; (= *non marié*) unattached; **être ~ de ses mouvements** to be free to do what one pleases; **la ~ circulation des personnes** free movement of people; **le monde ~** the free world; **~ de faire qch** free to do sth; **être très ~ avec qn** to be very free with sb; **donner ~ cours à sa colère** to give free rein to one's anger; **le sujet de la dissertation est ~** students are free to choose the subject of the essay

ⓑ (= *non occupé*) [*passage, voie*] clear; [*taxi*] for hire; [*personne, place, salle*] free; [*toilettes*] vacant; **poste ~** vacancy; **la ligne n'est pas ~** the line is busy; **heure ~ ou de ~*** free hour; (*à l'école*) free period; **avoir du temps ~ ou de ~***

to have some free time; **êtes-vous ~ ce soir?** are you free this evening?
ⓒ (= *non étatisé*) [*enseignement*] private and Roman Catholic; **école ~** private Roman Catholic school → ÉDUCATION NATIONALE

2 COMP ♦ **libre arbitre** NM free will; **avoir son ~ arbitre** to have free will ♦ **libre concurrence, libre entreprise** NF free enterprise

libre-échange (*pl* **libres-échanges**) /libʀeʃɑ̃ʒ/ NM free trade

librement /libʀəmɑ̃/ ADV freely; **~ adapté** freely adapted

libre-service (*pl* **libres-services**) /libʀəsɛʀvis/ NM (= *restaurant*) self-service restaurant; (= *magasin*) self-service store

Libye /libi/ NF Libya

libyen, -enne /libjɛ̃, ɛn/ 1 ADJ Libyan 2 NM,F **Libyen(ne)** Libyan

lice /lis/ NF **entrer en ~** to come into contention; **les candidats encore en ~** candidates still in contention

licence /lisɑ̃s/ NF ⓐ (= *diplôme*) degree; **~ ès lettres** Arts degree; **~ ès sciences** Science degree; **faire une ~ d'anglais** to do a degree in English → DIPLÔMES ⓑ (= *autorisation*) licence (*Brit*), license (*US*); (*Sport*) membership card ⓒ (= *liberté*) **~ poétique** poetic licence

⚠ *Dans le sens de* **diplôme**, **licence** *ne se traduit pas par* **licence**.

licencié, e /lisɑ̃sje/ 1 ADJ **professeur ~** graduate teacher; **elle est ~e** she is a graduate 2 NM,F ⓐ **~ ès lettres/en droit** arts/law graduate ⓑ (*Sport*) member

licenciement /lisɑ̃simɑ̃/ NM redundancy; (*pour faute professionnelle*) dismissal; **lettre de ~** letter of dismissal ♦ **licenciement abusif** unfair dismissal ♦ **licenciement économique** lay-off

licencier /lisɑ̃sje/ /TABLE 7/ VT to lay off; (*pour faute*) to dismiss

licencieux, -ieuse /lisɑ̃sjø, jøz/ ADJ (*littér*) licentious

lichen /likɛn/ NM lichen

licite /lisit/ ADJ lawful

licorne /likɔʀn/ NF unicorn

lie /li/ NF [*de vin*] sediment; **la ~ de l'humanité** the scum of the earth ♦ **lie de vin** ADJ INV wine-coloured

lié, e /lje/ (*ptp de* **lier**) ADJ **être très ~ avec qn** to be very close to sb

Liechtenstein /liʃtɛnʃtajn/ NM Liechtenstein

liège /ljɛʒ/ NM cork; **bouchon de ~** cork

liégeois, e /ljeʒwa, waz/ 1 ADJ of *ou* from Liège; **café ~** coffee sundae 2 NM,F **Liégeois(e)** inhabitant *ou* native of Liège

lien /ljɛ̃/ NM ⓐ (= *attache*) bond ⓑ (= *corrélation*) link; **il y a un ~ entre les deux événements** there's a link between the two events ⓒ (= *relation*) **avoir un ~ de parenté avec qn** to be related to sb; **~s du mariage** marriage bonds; **le ~ social** social cohesion

lier /lje/ /TABLE 7/ 1 VT ⓐ (= *attacher*) to tie; **~ qn à un arbre** to tie sb to a tree ⓑ (= *relier*) to link; **tous ces événements sont étroitement liés** all these events are closely linked ⓒ (= *unir*) to unite; **l'amitié qui les lie** the friendship which unites them; **~ amitié/conversation** to strike up a friendship/a conversation ⓓ (= *obliger*) [*contrat, promesse*] to bind [+ *sauce*] to thicken

2 VPR **se lier: se ~ d'amitié avec qn** to strike up a friendship with sb; **il ne se lie pas facilement** he doesn't make friends easily

lierre /ljɛʀ/ NM ivy

liesse /ljɛs/ NF **en ~** jubilant

lieu¹ (*pl* **lieux**) /ljø/ 1 NM ⓐ (= *endroit*) place; [*d'événement*] scene; **adverbe de ~** adverb of place; **~ de résidence** place of residence; **sur le ~ de travail** in the workplace; **le club est devenu un ~ de vie important dans le quartier** the club has become a major social centre in the area; **en tous ~x** everywhere; **en ~ sûr** in a safe place

ⓑ (*locutions*) **en premier ~** in the first place; **en dernier ~** lastly; **donner ~ à des critiques** to give rise to criticism

♦ **avoir lieu** (= *se produire*) to take place; **il y a ~ d'être inquiet** there is cause for anxiety; **vous appellerez le médecin, s'il y a ~** send for the doctor if necessary

♦ **tenir lieu de**: **elle lui a tenu ~ de mère** she was like a mother to him; **ce manteau tient ~ de couverture** this overcoat serves as a blanket

♦ **au lieu de** instead of; **tu devrais téléphoner au ~ d'écrire** you should phone instead of writing

2 NMPL **lieux** (= *locaux*) premises; **se rendre sur les ~x du crime** to go to the scene of the crime; **être sur les ~x de l'accident** to be at the scene of the accident

3 COMP ♦ **lieu commun** cliché ♦ **lieu de naissance** birthplace; (*Admin*) place of birth ♦ **lieu de passage** (*entre régions*) crossroads; (*dans un bâtiment*) place where there's a lot of coming and going ♦ **lieu de rendez-vous** meeting place

lieu² (*pl* **lieux**) /ljø/ NM (= *poisson*) **~ jaune** pollack; **~ noir** coley

lieu-dit (*pl* **lieux-dits**) /ljødi/ NM place

lieutenant /ljøt(ə)nɑ̃/ NM (*armée de terre*) lieutenant (*Brit*), first lieutenant (*US*); (*armée de l'air*) flying officer (*Brit*), first lieutenant (*US*); (= *adjoint*) second in command; **oui, mon ~!** yes sir!

lieutenant-colonel (*pl* **lieutenants-colonels**) /ljøt(ə)nɑ̃kɔlɔnɛl/ NM (*armée de terre*) lieutenant colonel; (*armée de l'air*) wing commander (*Brit*), lieutenant colonel (*US*)

lièvre /ljɛvʀ/ NM (= *animal*) hare; **courir deux ~s à la fois** to try to do two things at once

lift /lift/ NM (*Sport*) topspin

liftier, -ière /liftje, jɛʀ/ NM,F lift (*Brit*) *ou* elevator (*US*) attendant

lifting /liftiŋ/ NM face-lift; **se faire faire un ~** to have a face-lift

ligament /ligamɑ̃/ NM ligament

light /lajt/ ADJ INV light; [*boisson, chocolat*] diet

---

ligne /liɲ/

1 NOM FÉMININ	2 COMPOSÉS

1 NOM FÉMININ

ⓐ line; (= *rangée*) row; **~ pointillée** dotted line; **~ droite** straight line; **donner des ~s à faire à un élève** to give a pupil lines to do; **~ de conduite** line of conduct; **~ politique** political line; **c'est dans la droite ~ de leur politique** it's exactly in line with their policy; **~ d'arrivée** finishing line; **la ~ des 22 mètres** (*Rugby*) the 22 metre line; **passer la ~** to cross the line; **la première ~ de mêlée** the front row of the scrum; **la troisième ~ de mêlée** the back row of the scrum; **la dernière ~ droite avant l'arrivée** the home straight

ⓑ **= contours** [*de meuble, voiture*] lines; **voiture aux ~s aérodynamiques** streamlined car; **garder la ~** to keep one's figure; **les grandes ~s d'un programme** the broad outline of a programme

ⓒ **= liaison** **~ d'autobus** (= *service*) bus service; (= *parcours*) bus route; **~ aérienne** (= *compagnie*) airline; (= *service*) air link; **~ de chemin de fer** railway (*Brit*) *ou* railroad (*US*) line; **les grandes ~s** (= *voies*) main lines; (= *services*) main-line services; **~s intérieures/internationales** (*aériennes*) domestic/international flights; **nous espérons vous revoir prochainement sur nos ~s** we hope that you will fly with us again soon; **il faut prendre la ~ 12** (*en autobus*) you have to take the number 12 bus

ⓓ **locutions**

♦ **à la ligne**: «**à la ~**» "new paragraph"; **aller à la ~** to start a new paragraph

♦ **en ligne** (*en informatique*) on-line; **services en ~** on-line services; **réseaux en ~** on-line networks; **les coureurs sont en ~ pour le départ** the runners are lined up on the starting line; **se mettre en ~** to line up; **vous êtes en ~** (= *au téléphone*) you're through now; **merci de rester en ~** please hold the line; **il est en ~** (= *occupé*) his line is busy; (= *il veut vous parler*) I have him on the line for you; **descendre** en **~ directe de ...** to be a direct descendant of ...; **en première ~** on the front line

♦ **en ligne de compte**: **entrer en ~ de compte** to be taken into account; **prendre qch en ~ de compte** to take sth into account

♦ **sur toute la ligne**: **il m'a menti sur toute la ~** he lied to me all along the line; **c'est une réussite sur toute la ~** it's a complete success

2 COMPOSÉS

♦ **ligne blanche** white line ♦ **ligne continue** [de route] solid line ♦ **ligne de crédit** line of credit ♦ **ligne de défense** line of defence (Brit) ou defense (US) ♦ **ligne de démarcation** boundary ♦ **ligne directrice** guiding line ♦ **ligne discontinue** broken line ♦ **ligne fixe** (Téléc) fixed line (phone) ♦ **ligne de flottaison** water line ♦ **ligne de fond** (Pêche) ledger line; (Basket) end line; (Tennis) baseline ♦ **ligne à haute tension** high-voltage line ♦ **ligne d'horizon** skyline ♦ **ligne médiane** centre line; (Football, Rugby) halfway line ♦ **ligne de mire** line of sight; **être dans la ~ de mire de qn** (fig) to be in sb's sights ♦ **ligne de partage des eaux** watershed ♦ **ligne de service** (Tennis) service line ♦ **ligne de touche** sideline; (Football, Rugby) touchline; (Basket) boundary line

lignée /liɲe/ NF (= postérité) descendants; (= race, famille) line; **le dernier d'une longue ~** the last of a long line; **dans la ~ des grands romanciers** in the tradition of the great novelists

ligoter /ligɔte/ /TABLE 1/ VT [+ personne] to bind hand and foot; **~ qn à un arbre** to tie sb to a tree

ligue /lig/ NF league; **la Ligue des droits de l'homme** the League of Human Rights

liguer (se) /lige/ /TABLE 1/ VPR to league (**contre** against)

lilas /lila/ NM, ADJ INV lilac

limace /limas/ NF slug; **quelle ~!** (= personne) what a slowcoach! (Brit)* ou slowpoke (US)*

limande /limɑ̃d/ NF (= poisson) dab; **~-sole** lemon sole

limbes /lɛ̃b/ NMPL limbo; **dans les ~** in limbo

lime /lim/ NF ⓐ (= outil) file; **~ à ongles** nail file ⓑ (= fruit) lime

limer /lime/ /TABLE 1/ VT [+ ongles] to file; [+ métal] to file down; [+ aspérité] to file off

limier /limje/ NM (= chien) bloodhound; (= détective) sleuth

limitation /limitasjɔ̃/ NF limitation; **un accord sur la ~ des armements** an agreement on arms limitation; **~ des naissances** birth control; **sans ~ de durée** with no time limit; **une ~ de vitesse (à 60 km/h)** a (60km/h) speed limit; **~ de la circulation automobile** traffic restrictions

limite /limit/ **1** NF limit; [de pays, jardin] boundary; **~ d'âge** age limit; **ma patience a des ~s!** there's a limit to my patience!; **la bêtise a des ~s!** you can only be so stupid!; **il dépasse les ~s!** he's going too far!; **sans ~(s)** [patience, joie, confiance] boundless; [pouvoir] unlimited; **tu peux t'inscrire jusqu'à demain dernière ~** you have until tomorrow to register

♦ **à la limite**: **à la ~, j'accepterais 500 F, mais pas moins** at a pinch, I'd take 500F but no less; **à la ~ tout roman est réaliste** at a pinch you could say any novel is realistic; **c'est à la ~ de l'insolence** it verges on insolence; **jusqu'à la ~ de ses forces** to the point of exhaustion

♦ **dans + limite(s)**: **dans une certaine ~** up to a point; **«dans la ~ des stocks disponibles»** "while stocks last"; **dans les ~s du possible/du sujet** within the limits of what is possible/of the subject; **l'entrée est gratuite dans la ~ des places disponibles** admission is free subject to availability

2 ADJ ⓐ (= extrême) **cas ~** borderline case; **âge/hauteur ~** maximum age/height

ⓑ (= juste)* **elle a réussi son examen, mais c'était ~** she passed her exam, but only just; **ils ne se sont pas battus, mais c'était ~** they didn't actually come to blows but they came fairly close; **l'acoustique était ~** the acoustics were OK but only just

limité, e /limite/ (ptp de **limiter**) ADJ limited; **je n'ai qu'une confiance ~e en lui** I only trust him so far; **il est un peu ~*** (intellectuellement) he's not very bright

limiter /limite/ /TABLE 1/ **1** VT to limit (**à** to); **on a réussi à ~ les dégâts** we managed to limit the damage; **la vitesse est limitée à 50 km/h** the speed limit is 50km/h **2** VPR **se limiter** ⓐ [personne] **il faut savoir se ~** you have to know when to stop; **je me limite à cinq cigarettes par jour** I only allow myself five cigarettes a day ⓑ [connaissance, sanctions] **se ~ à** to be limited to

limitrophe /limitʀɔf/ ADJ neighbouring

limogeage /limɔʒaʒ/ NM dismissal

limoger /limɔʒe/ /TABLE 3/ VT to dismiss

limon /limɔ̃/ NM silt

limonade /limɔnad/ NF lemonade

limousine /limuzin/ NF (= voiture) limousine

limpide /lɛ̃pid/ ADJ [eau, air, regard, explication] clear; **tu as compris? — c'était ~!** do you get it? — it was crystal-clear!

limpidité /lɛ̃pidite/ NF [d'eau, air, regard] clearness; [d'explication] clarity

lin /lɛ̃/ NM (= plante, fibre) flax; (= tissu) linen

linceul /lɛ̃sœl/ NM shroud

linéaire /lineɛʀ/ ADJ linear

linge /lɛ̃ʒ/ NM ⓐ (= draps, serviettes) linen; (= sous-vêtements) underwear; **~ de toilette** bathroom linen ⓑ (= lessive) **le ~** the washing; **étendre le** ou **son ~** to hang out the ou one's washing ⓒ (= morceau de tissu) cloth; **blanc** ou **pâle comme un ~** as white as a sheet ⓓ (Helv = serviette de toilette) towel

lingerie /lɛ̃ʒʀi/ NF (= sous-vêtements féminins) women's underwear; **~ fine** lingerie; **rayon ~** lingerie department

lingette /lɛ̃ʒɛt/ NF wipe

lingot /lɛ̃go/ NM **~ (d'or)** (gold) ingot

linguiste /lɛ̃gɥist/ NMF linguist

★ The **gui** is pronounced **gwee**.

linguistique /lɛ̃gɥistik/ **1** NF linguistics (sg) **2** ADJ linguistic; [barrière, politique] language; **communauté ~** speech community

★ The **gui** is pronounced **gwee**.

lino * /lino/ NM lino

linoléum /linɔleɔm/ NM linoleum

linteau /lɛ̃to/ (pl **linteaux**) NM lintel

lion /ljɔ̃/ NM ⓐ (= animal) lion; **~ de mer** sea lion ⓑ (Astron) **le Lion** Leo; **il est Lion** he's a Leo

lionceau (pl **lionceaux**) /ljɔ̃so/ NM lion cub

lionne /ljɔn/ NF lioness

lipide /lipid/ NM lipid

liposuccion /liposy(k)sjɔ̃/ NF liposuction

liquéfier /likefje/ /TABLE 7/ **1** VT (Chim) to liquefy **2** VPR **se liquéfier** to liquefy; (= avoir peur, être ému)* to turn to jelly; (= avoir chaud)* to be melting

liquette /likɛt/ NF [d'homme]* shirt; [de femme]* (woman's) shirt

liqueur /likœʀ/ NF (= boisson) liqueur

liquidation /likidasjɔ̃/ NF ⓐ [de dettes, compte, succession] settlement; [de société] liquidation; **~ judiciaire** compulsory liquidation; **«50% de rabais jusqu'à ~ du stock»** "stock clearance, 50% discount" ⓑ (= vente) sale

liquide /likid/ **1** ADJ liquid; [sauce, peinture] runny **2** NM ⓐ (= substance) liquid; **~ de refroidissement** coolant; **~ vaisselle*** washing-up liquid (Brit), dish soap (US) ⓑ (= argent) cash; **je n'ai pas beaucoup de ~** I haven't much cash; **payer en ~** to pay cash

liquider /likide/ /TABLE 1/ VT ⓐ [+ compte, succession, dettes] to settle; [+ société, biens, stock] to liquidate ⓑ (= vendre) to sell ⓒ (= tuer)‡ to liquidate ⓓ (= régler)* to get rid of; (= *finir*)* to finish off; **c'est liquidé maintenant** it's all finished now

liquoreux, -euse /likɔʀø, øz/ ADJ [*vin*] syrupy

lire[1] /liʀ/ /TABLE 43/ VT to read; [+ *message enregistré*] to listen to; **il sait ~ l'heure** he can tell the time; **là où il y a 634, ~ 643** for 634 read 643; **nous espérons vous ~ bientôt** we hope to hear from you soon; **ce roman se lit facilement/très vite** the novel is easy/quick to read; **~ entre les lignes** to read between the lines; **la peur se lisait dans ses yeux** fear showed in his eyes; **elle m'a lu les lignes de la main** she read my palm

lire[2] /liʀ/ NF (= *argent*) lira

lis /lis/ NM lily

lisait /lizɛ/ VB → **lire**

Lisbonne /lisbɔn/ N Lisbon

liseré /liz(ə)ʀe/ NM border

liseron /lizʀɔ̃/ NM bindweed

lisibilité /lizibilite/ NF [*d'écriture*] legibility

lisible /lizibl/ ADJ [*écriture*] legible; **une carte peu ~** a map that is difficult to read; **pour rendre leur stratégie plus ~** to make their strategy clearer

lisiblement /lizibləmɑ̃/ ADV legibly

lisière /lizjɛʀ/ NF [*de bois, village*] edge; **à la ~ de** *ou* **en ~ de la forêt** on the edge of the forest

lisse /lis/ ADJ [*peau, surface, cheveux*] smooth; [*pneu*] bald

lisser /lise/ /TABLE 1/ VT [+ *cheveux, moustache*] to smooth; [+ *papier, drap froissé*] to smooth out; **l'oiseau lisse ses plumes** the bird is preening its feathers

liste /list/ NF list; **faire** *ou* **dresser une ~** to make *ou* draw up a list; **faire la ~ de** to draw up a list of; **~ des courses** shopping list; **être inscrit sur les ~s électorales** to be on the electoral roll; **la ~ de la gauche** the list of left-wing candidates; **~ commune** joint list ♦ **liste d'attente** waiting list ♦ **liste de contrôle** checklist ♦ **liste de mariage** wedding list ♦ **liste noire** blacklist; (*pour élimination*) hit list ♦ **liste rouge**: **il est sur ~ rouge** he's ex-directory (*Brit*), he's unlisted (*US*) ♦ **liste de vérification** checklist

lister /liste/ /TABLE 1/ VT to list

listeria /listeʀja/ NF INV listeria

listing /listiŋ/ NM printout

lit /li/ 1 NM ⓐ (= *meuble*) bed; **~ d'une personne** *ou* **à une place** single bed; **~ de deux personnes** *ou* **à deux places** double bed; **être au ~** to be in bed; **aller** *ou* **se mettre au ~** to go to bed; **garder le ~** to stay in bed; **mettre un enfant au ~** to put a child to bed; **faire le ~** to make the bed; **au ~, les enfants!** to bed children!; **tirer qn du ~** to drag sb out of bed; **tu es tombé du ~!** you're up bright and early!; **sur un ~ de salade** on a bed of lettuce

ⓑ (= *mariage*) **enfants du premier ~** children of the first marriage

ⓒ [*de rivière*] bed; **les pluies ont fait sortir le fleuve de son ~** the heavy rain has made the river burst its banks

2 COMP ♦ **lit à baldaquin** canopied four-poster bed ♦ **lit de camp** campbed ♦ **lit conjugal** marriage bed ♦ **lit d'enfant** cot ♦ **lit gigogne** pullout bed ♦ **lits jumeaux** twin beds ♦ **lit de mort** deathbed ♦ **lit pliant** folding bed ♦ **lits superposés** bunk beds

litchi /litʃi/ NM lychee

literie /litʀi/ NF bedding

lithographie /litɔgʀafi/ NF (= *technique*) lithography; (= *image*) lithograph

litière /litjɛʀ/ NF litter (*NonC*); (*pour cheval*) bedding

litige /litiʒ/ NM (= *conflit*) dispute; (= *procès*) lawsuit; **être en ~** (*en conflit*) to be in dispute; (*en procès*) to be in litigation

litigieux, -ieuse /litiʒjø, jøz/ ADJ [*point*] contentious; [*document*] controversial; **cas ~** contentious issue

litote /litɔt/ NF understatement

litre /litʀ/ NM (= *mesure*) litre (*Brit*), liter (*US*)

littéraire /liteʀɛʀ/ 1 ADJ literary; **faire des études ~s** to study literature NMF (*par don, goût*) literary person; (= *étudiant*) arts student; (= *enseignant*) arts teacher

littéral, e (*mpl* **-aux**) /liteʀal, o/ ADJ literal

littéralement /liteʀalmɑ̃/ ADV literally

littérature /liteʀatyʀ/ NF literature; (= *profession*) writing; **il existe une abondante ~ sur ce sujet** there's a wealth of literature on the subject

littoral, e (*mpl* **-aux**) /litɔʀal, o/ 1 ADJ coastal 2 NM coast

Lituanie /lituani/ NF Lithuania

lituanien, -ienne /lituanjɛ̃, jɛn/ 1 ADJ Lithuanian 2 NM,F **Lituanien(ne)** Lithuanian

liturgie /lityʀʒi/ NF liturgy

liturgique /lityʀʒik/ ADJ liturgical

livide /livid/ ADJ pallid; (*de peur*) white

living /liviŋ/ NM (= *pièce*) living room

livraison /livʀɛzɔ̃/ NF delivery; **« ~ à domicile »** "we deliver"; **prendre ~ de qch** to take delivery of sth

livre[1] /livʀ/ NM book; **~ de géographie** geography book; **il a toujours le nez dans les ~s** he's always got his nose in a book ♦ **livre de bord** logbook ♦ **livre de chevet** bedside book ♦ **livre de classe** schoolbook ♦ **livre de cuisine** cookbook ♦ **livre électronique** e-book ♦ **livre d'enfant** children's book ♦ **livre d'images** picture book ♦ **livre de lecture** reading book ♦ **livre d'or** visitors' book ♦ **livre de poche** paperback

livre[2] /livʀ/ NF ⓐ (= *poids*) half a kilo; (*Can*) pound ⓑ (= *monnaie*) pound; **~ sterling** pound sterling; **ça coûte 6 ~s** it costs £6

livre-cassette (*pl* **livres-cassettes**) /livʀkaset/ NM talking book

livrer /livʀe/ /TABLE 1/ 1 VT ⓐ [+ *commande, marchandises*] to deliver; **se faire ~ qch** to have sth delivered; **nous livrons à domicile** we deliver

ⓑ (*à la police, à l'ennemi*) to hand over (*à* to); **~ qn à la mort** to send sb to their death; **le pays a été livré à l'anarchie** the country had descended into anarchy; **être livré à soi-même** to be left to one's own devices

ⓒ [+ *secret*] to tell

ⓓ **~ bataille** to do battle (*à* with)

2 VPR **se livrer** ⓐ (= *se rendre*) to give o.s. up (*à* to)

ⓑ (= *se confier*) to open up; **il ne se livre pas facilement** he doesn't open up easily

ⓒ (= *faire*) **se ~ à** [+ *exercice, analyse, expérience*] to do; [+ *recherches, étude*] to carry out

livresque /livʀɛsk/ ADJ [*connaissances*] academic

livret /livʀɛ/ 1 NM ⓐ (*Musique*) **~ d'opéra** libretto ⓑ (= *catalogue*) catalogue 2 COMP ♦ **livret de caisse d'épargne** (= *carnet*) bankbook; (= *compte*) savings account ♦ **livret de famille** records of marriage, divorce, births and deaths ♦ **livret scolaire** school report; **il a un bon ~ scolaire** his school reports are good

livreur /livʀœʀ/ NM delivery man

livreuse /livʀøz/ NF delivery woman

lob /lɔb/ NM (*Tennis*) lob; **faire un ~** to hit a lob

lobby (*pl* **lobbies**) /lɔbi/ NM (*Politique*) lobby

lobbying /lɔbiiŋ/ NM lobbying

lobe /lɔb/ NM **~ de l'oreille** earlobe

lober /lɔbe/ /TABLE 1/ VI, VT to lob

local, e (*mpl* **-aux**) /lɔkal, o/ 1 ADJ local; **averses ~es** scattered showers 2 NM (= *salle*) premises; **~ professionnel** business premises; **il a un ~ dans la cour qui lui sert d'atelier** he's got a place in the yard which he uses as a workshop 3 NMPL **locaux** (= *bureaux*) offices; **dans les locaux de la police** on police premises

localement /lɔkalmɑ̃/ ADV (= *ici*) locally; (= *par endroits*) in places

localisation /lɔkalizasjɔ̃/ NF location; **système de ~ par satellite** satellite locating system

localisé, e /lɔkalize/ (*ptp de* **localiser**) ADJ localized

localiser /lɔkalize/ /TABLE 1/ VT (= *repérer*) to locate

localité /lɔkalite/ NF (= *ville*) town; (= *village*) village

locataire /lɔkatɛʀ/ NMF tenant; (*habitant avec le propriétaire*) lodger; **nous sommes ~s de nos bureaux** we rent our office space; **le nouveau ~ de Matignon** the new French Prime Minister

locatif, -ive /lɔkatif, iv/ ADJ [*marché, valeur*] rental; **local à usage ~** premises for rent

location /lɔkasjɔ̃/ NF ⓐ (*par le locataire*) [*de maison, terrain*] renting; [*de matériel, voiture*] rental; **prendre en ~** [+ *maison*] to rent; [+ *voiture, matériel*] to rent, to hire (*Brit*); **habiter en ~** to live in rented accommodation ⓑ (*par le propriétaire*) [*de maison, terrain*] renting out; [*de matériel, véhicule*] renting; **mettre en ~** [+ *maison*] to rent out; [+ *véhicule*] to rent; **« ~ de voitures »** "car rental"; **contrat de ~** [*de logement*] lease ⓒ [*de spectacle*] reservation; **bureau de ~** booking office

⚠ **location** *ne se traduit pas par le mot anglais* **location**.

location-vente (*pl* **locations-ventes**) /lɔkasjɔ̃vɑ̃t/ NF instalment (*Brit*) *ou* installment (*US*) plan

locomotive /lɔkɔmɔtiv/ NF (= *engin*) locomotive; (*fig*) driving force

locuteur, -trice /lɔkytœʀ, tʀis/ NM,F speaker; **~ natif** native speaker

locution /lɔkysjɔ̃/ NF phrase; **~ figée** set phrase

lof /lɔf/ NM (*Naut*) windward side

loft /lɔft/ NM loft

log /lɔg/ NM (ABBR = **logarithme**) log

logarithme /lɔgaʀitm/ NM logarithm

loge /lɔʒ/ NF ⓐ [*de concierge, francs-maçons*] lodge ⓑ [*d'artiste*] dressing room; [*de spectateur*] box; **être aux premières ~s** (*fig*) to have a ringside seat

logé, e /lɔʒe/ (*ptp de* **loger**) ADJ **être ~, nourri, blanchi** to get board and lodging and one's laundry done; **être bien ~** to be comfortably housed; **les personnes mal ~es** people in poor housing; **être ~ à la même enseigne** to be in the same boat

logement /lɔʒmɑ̃/ NM ⓐ (= *appartement*) flat (*Brit*), apartment (*US*); **je cherche un ~** I'm looking for somewhere to live; **~s sociaux** ≈ social housing ⓑ (= *hébergement*) **le ~** housing; **problèmes de ~** housing problems

loger /lɔʒe/ /TABLE 3/ **1** VI to live; **~ à l'hôtel** to live in a hotel; **~ chez l'habitant** to stay with the family **2** VT to accommodate; [+ *amis*] to put up; **l'hôtel peut ~ 500 personnes** the hotel can accommodate 500 people **3** VPR **se loger** to find somewhere to live; [*touristes*] to find accommodation; **il a trouvé à se ~ chez un ami** a friend put him up; **va-t-on tous pouvoir se ~ dans la voiture ?** will we all fit into the car?

logeur /lɔʒœʀ/ NM landlord

logeuse /lɔʒøz/ NF landlady

loggia /lɔdʒja/ NF (= *balcon*) [*d'immeuble*] small balcony

logiciel, -ielle /lɔʒisjɛl/ NM piece of software; **~s de jeu** game software (*NonC*); **~ gratuit** freeware (*NonC*); **~ partagé** shareware program

logique /lɔʒik/ **1** NF logic; **c'est dans la ~ des choses** it's in the nature of things; **en toute ~** logically; **le pays est entré dans une ~ de guerre** the country has embarked on a course that will inevitably lead to war **2** ADJ ⓐ logical; **tu n'es pas ~** you're not being logical; **il ne serait pas ~ de refuser** it wouldn't make sense to refuse ⓑ (= *normal*) **c'est toujours moi qui fais tout, ce n'est pas ~ !** I'm the one who does everything, it's not fair!

logiquement /lɔʒikmɑ̃/ ADV ⓐ (= *rationnellement*) logically ⓑ (= *normalement*) **~, il devrait faire beau** the weather should be good

logistique /lɔʒistik/ **1** ADJ logistic **2** NF logistics (*sg*)

logithèque /lɔʒitɛk/ NF software library

logo /lɔgo/ NM logo

loi /lwa/ NF law; **la ~** the law; **la ~ du plus fort** the law of the strongest; **c'est la ~ de la jungle** it's the law of the jungle; **la ~ de l'offre et de la demande** the law of supply and demand; **la ~ du silence** the law of silence; **faire la ~** to lay

down the law; **tomber sous le coup de la ~** to be a criminal offence; **être hors la ~** to be outlawed; **mettre hors la ~** to outlaw ✦ **loi martiale** martial law

loin /lwɛ̃/ ADV ⓐ (*en distance*) far; **est-ce ~ ?** is it far?; **c'est assez ~ d'ici** it's quite a long way from here; **plus ~** further; **il est ~ derrière** he's a long way behind ⓑ (*dans le temps*) **le temps est ~ où cette banlieue était un village** it's a long time since this suburb was a village; **c'est ~ tout cela !** (*passé*) that was a long time ago!; (*futur*) that's a long way off!; **Noël est encore ~** Christmas is still a long way off; **voir ~** (*fig*) to be farsighted; **ne pas voir plus ~ que le bout de son nez** to see no further than the end of one's nose; **d'aussi ~ que je me rappelle** for as long as I can remember; **au ~** in the distance; **d'ici à l'accuser de vol il n'y a pas ~** it's practically an accusation of theft ⓒ (*locutions*)

✦ **aller loin** to go a long way; **il est doué, il ira ~** he's very gifted, he'll go far; **tu vas trop ~ !** you're going too far!; **on ne va pas ~ avec 100 €** 100 euros doesn't go very far

✦ **de loin** (*dans l'espace*) from a distance; **de très ~** from a great distance; **il voit mal de ~** he can't see distant objects clearly; **il est de (très) ~ le meilleur** (*pour insister*) he is by far the best; **c'est celui que je préfère, et de ~** it's by far the one I prefer

✦ **loin de** (*en distance*) far from; (*dans le temps*) a long way off from; **~ de là** (*lieu*) far from there; (*fig*) far from it; **non ~ de là** not far from there; **on est encore ~ d'un accord** we're still a long way from reaching an agreement; **on est ~ du compte** we're far short of the target; **être très ~ du sujet** to be way off the subject; **il ne doit pas être ~ de 5 km** it can't be much less than 5km; **il n'est pas ~ de 10 heures** it's getting on for 10 o'clock; **il leur doit pas ~ de 1 000 €** he owes them not far off 1,000 euros; **il n'y a pas ~ de cinq ans qu'ils sont partis** it's not far off five years since they left ◾ (*PROV*) **~ des yeux, ~ du cœur** out of sight, out of mind (*PROV*)

lointain, e /lwɛ̃tɛ̃, ɛn/ **1** ADJ distant; [*région*] remote **2** NM **dans le ~** in the distance

loir /lwaʀ/ NM dormouse

Loire /lwaʀ/ NF **la ~** (= *fleuve, département*) the Loire

loisir /lwaziʀ/ NM ⓐ (= *temps libre*) leisure (*NonC*); **pendant mes heures de ~** in my spare time; **avoir le ~ de faire qch** (*frm*) to have time to do sth ⓑ (= *activités*) **~s** leisure activities; **la société de ~s** the leisure society

lombaire /lɔ̃bɛʀ/ NF lumbar vertebra

lombalgie /lɔ̃balʒi/ NF lumbago

lombric /lɔ̃bʀik/ NM earthworm

londonien, -ienne /lɔ̃dɔnjɛ̃, jɛn/ **1** ADJ London (*avant le nom*) **2** NM,F **Londonien(ne)** Londoner

Londres /lɔ̃dʀ/ N London

long, longue /lɔ̃, lɔ̃g/ **1** ADJ long; [*amitié*] long-standing; **un pont ~ de 30 mètres** a bridge 30 metres long; **trop ~ de 2 cm** 2cm too long; **version longue** [*de film*] uncut version; **lait longue conservation** longlife milk; **cinq heures, c'est ~** five hours is a long time; **ne sois pas trop ~** don't be too long; **capitaine au ~ cours** seagoing captain; **il n'a pas fait ~ feu à la tête du service** he didn't last long as head of department

✦ **long à : c'est ~ à faire** it takes a long time; **il fut ~ à s'habiller** he took a long time to get dressed; **la réponse était longue à venir** the reply was a long time coming

2 ADV **s'habiller ~** to wear long clothes; **en savoir trop ~** to know too much; **en dire ~** [*attitude*] to speak volumes; [*images, regard*] to be eloquent; **son silence en dit ~** his silence speaks for itself

3 NM **un bateau de 7 mètres de ~** a boat 7 metres long; **en ~ lengthways**; **(tout) le ~ de la route** (all) along the road; **tout au ~ de sa carrière** throughout his career; **tout du ~** (*dans le temps*) all along; **tout au ~ du parcours** all along the route; **de ~ en large** back and forth; **en ~ et en large** in great detail; **je lui ai expliqué en ~, en large et en travers** I explained it to him over and over again; **écrire qch au ~** to write sth in full

4 NF
- **à la longue** : **à la longue, ça a fini par coûter cher** in the long run it turned out very expensive; **à la longue, il va s'user** it will wear out eventually

long-courrier (pl **long-courriers**) /lɔ̃kuʀje/ **1** ADJ [avion, vol] long-haul, long distance **2** NM (= avion) long-haul aircraft; (= bateau) ocean liner

longe /lɔ̃ʒ/ NF ⓐ (pour attacher) tether; (pour mener) lead ⓑ (= viande) loin

longer /lɔ̃ʒe/ /TABLE 3/ VT ⓐ [mur, sentier, voie ferrée] to run alongside; **la voie ferrée longe la route** the railway line runs alongside the road ⓑ [personne, voiture] to go along; **naviguer en longeant la côte** to sail along the coast

longévité /lɔ̃ʒevite/ NF ⓐ (= longue vie) longevity ⓑ (= durée de vie) life expectancy

longiligne /lɔ̃ʒiliɲ/ ADJ [objet, forme] slender; [personne] tall and slender

longitude /lɔ̃ʒityd/ NF longitude; **à** ou **par 50° de ~ ouest** at 50° longitude west

longtemps /lɔ̃tɑ̃/ ADV for a long time; (dans phrase négative ou interrogative) for long; **pendant ~** for a long time; **absent pendant ~** absent for a long time; **~ avant/après** long before/after; **il n'en a plus pour ~** (pour finir) it won't be long before he's finished; (avant de mourir) he hasn't got long; **je n'en ai pas pour ~** it won't be long; **il a mis ~** it took him a long time; **tu peux le garder aussi ~ que tu veux** you can keep it as long as you want
- **depuis longtemps** : **il habite ici depuis ~** he has been living here for a long time; **j'ai fini depuis ~** I finished a long time ago
- **ça fait** ou **il y a longtemps que** : **ça fait** ou **il y a ~ qu'il habite ici** he has been living here for a long time; **il y a ~ que j'ai fini** I finished a long time ago; **ça fait ~ qu'il n'est pas venu** he hasn't come for a long time

longue /lɔ̃g/ ADJ, NF → **long**

longuement /lɔ̃gmɑ̃/ ADV (= longtemps) for a long time; (= en détail) at length; **elle a ~ insisté sur le fait que ... she** strongly emphasized the fact that ...; **je t'écrirai plus ~ plus tard** I'll write to you more fully later

longuet, -ette∗ /lɔ̃gɛ, ɛt/ ADJ [film, discours] a bit long; **tu as été ~ !** you took your time!

longueur /lɔ̃gœʀ/ NF ⓐ (= espace) length; **la pièce fait trois mètres de** ou **en ~** the room is three metres long; **dans le sens de la ~** lengthways; **pièce tout en ~** long, narrow room; **nous ne sommes pas sur la même ~ d'onde** we're not on the same wavelength; **ce film/livre a des ~s** parts of this film/book are overlong; **à ~ de journée** all day long; **traîner en ~** to drag on; **faire des ~s** [nageur] to do lengths; **avoir une ~ d'avance (sur qn)** to be one length ahead (of sb); (fig) to be ahead (of sb) ◆ **longueur d'onde** wavelength

longue-vue (pl **longues-vues**) /lɔ̃gvy/ NF telescope

loofa(h) /lufa/ NM loofah

look∗ /luk/ NM look; **il a un ~ d'enfer** he looks so cool∗

looké, e /luke/ ADJ [produit] sexy∗; **la pochette de l'album est ~e** sixties the album cover has got a very sixties look; **je veux pas être ~ impeccable** I don't want to look too well-groomed

looping /lupiŋ/ NM **faire des ~s** to loop the loop

looser /luzœʀ/ NM loser

lopin /lɔpɛ̃/ NM **~ de terre** plot of land

loquace /lɔkas/ ADJ talkative

loque /lɔk/ NF ⓐ (= vêtements) **loques** rags ⓑ (= personne) **~ humaine** wreck

loquet /lɔkɛ/ NM latch

lorgner∗ /lɔʀɲe/ /TABLE 1/ 1 VT to peer at; (avec concupiscence) to ogle∗; [+ poste, décoration, héritage, pays] to have one's eye on 2 VI **~ sur** [+ journal, copie] to sneak a look at; [+ entreprise, marché] to have one's eye on

lorgnette /lɔʀɲɛt/ NF opera glasses

lorrain, e /lɔʀɛ̃, ɛn/ 1 ADJ of ou from Lorraine 2 NM,F

Lorrain(e) inhabitant ou native of Lorraine 3 NF **Lorraine** (= région) Lorraine

lors /lɔʀ/ ADV **~ de** (= au moment de) at the time of; (= durant) during; **~ de sa mort** at the time of his death

lorsque /lɔʀsk(ə)/ CONJ when; **lorsqu'il est entré/entrera** when he came in/comes in

losange /lɔzɑ̃ʒ/ NM diamond; **en forme de ~** diamond-shaped

loser∗ /luzœʀ/ NM loser∗

lot /lo/ NM ⓐ (à la loterie) prize; **le gros ~** the jackpot ⓑ (= portion) share; **chaque jour apporte son ~ de surprises** every day brings its share of surprises ⓒ [de tablettes de chocolat, cassettes] pack; [de livres] batch; [de draps, vaisselle] set; (aux enchères) lot; (en informatique) batch; **dans le ~, il n'y avait que deux candidats valables** in the whole batch there were only two worthwhile applicants; **se détacher du ~** to stand out ⓓ (= destin) lot

loterie /lɔtʀi/ NF lottery; (dans une kermesse) raffle; **la Loterie nationale** the French national lottery; **gagner à la ~** to win the lottery

loti, e /lɔti/ (ptp de **lotir**) ADJ **être mal ~** to be badly off; **être bien ~** to be well-off

lotion /losjɔ̃/ NF lotion; **~ après rasage** after-shave lotion

lotir /lɔtiʀ/ /TABLE 2/ VT **terrains à ~** plots for sale

lotissement /lɔtismɑ̃/ NM (= maisons) housing estate; (= parcelle) plot

loto /lɔto/ NM (= jeu de société) lotto; (= loterie à numéros) national lottery; **gagner au ~** to win the Lottery

lotte /lɔt/ NF monkfish

louable /lwabl/ ADJ praiseworthy

louange /lwɑ̃ʒ/ NF praise; **chanter les ~s de qn** to sing sb's praises

loubard, e∗ /lubaʀ, aʀd/ NM,F hooligan

louche[1] /luʃ/ ADJ (= suspect) shady; [histoire, conduite, acte] dubious; [bar, hôtel] seedy; **c'est ~ !** very suspicious!

louche[2] /luʃ/ NF (= ustensile) ladle; (= quantité) ladleful; **il y en a environ 3 000, à la ~**∗ there are about 3,000 of them, roughly

loucher /luʃe/ /TABLE 1/ VI to squint; **~ sur**∗ [+ objet] to eye; [+ poste, héritage] to have one's eye on

louer /lwe/ /TABLE 1/ VT ⓐ [propriétaire] [+ logement] to rent out; [+ équipement, véhicule] to hire out (Brit) ⓑ [locataire] [+ logement] to rent; [+ équipement, véhicule] to hire (Brit); [+ place] to reserve; **à ~** [appartement, bureau] to let (Brit), for rent (US); [véhicule] for hire, for rent (US) ⓒ (= faire l'éloge de) to praise; **Dieu soit loué !** thank God!

loueur, -euse /lwœʀ, øz/ NM,F (= entreprise) rental ou hire (Brit) company; **~ de bateaux** (= personne) person who rents ou hires (Brit) out boats

loufoque∗ /lufɔk/ ADJ zany∗

loufoquerie /lufɔkʀi/ NF zaniness∗

Louisiane /lwizjan/ NF Louisiana

loukoum /lukum/ NM **un ~** a piece of Turkish delight; **j'adore les ~s** I love Turkish delight

loup /lu/ NM ⓐ (= carnassier) wolf; **le grand méchant ~** the big bad wolf ■ (PROV) **quand on parle du ~ (on en voit la queue)!** talk of the devil! ⓑ (= poisson) bass ⓒ (= masque) eye mask

loupe /lup/ NF magnifying glass; **examiner qch à la ~** to look at sth through a magnifying glass; (fig) to examine sth in great detail

loupé∗ /lupe/ (ptp de **louper**) NM (= échec) failure; (= défaut) defect

louper∗ /lupe/ /TABLE 1/ 1 VT ⓐ [+ occasion, train, balle, personne] to miss; **loupé !** missed!; **il n'en loupe pas une !** he's forever putting his big foot in it!∗; **la prochaine fois, je ne te louperai pas !** I'll get you next time! ⓑ [+ travail, gâteau] to make a mess of; [+ examen] to flunk∗; **il a loupé son coup** he bungled it
2 VI **je t'ai dit qu'il ferait une erreur, ça n'a pas loupé !** I

told you that he'd make a mistake and sure enough he did!; **ça va tout faire ~** that'll muck everything up*

3 VPR **se louper*** ⓐ (= *ne pas se rencontrer*) **nous nous sommes loupés de peu** we just missed each other ⓑ **il s'est loupé** (= *a raté son suicide*) he bungled his suicide attempt; **tu ne t'es pas loupée !** (*accident*) that's a nasty cut (*ou* bruise *etc*)!

loup-garou (*pl* **loups-garous**) /lugaʀu/ NM werewolf

lourd, e /luʀ, luʀd/ **1** ADJ ⓐ heavy; [*chagrin*] deep; [*plaisanterie*] unsubtle; [*faute*] serious; [*chirurgie*] extensive; **terrain ~** heavy ground; **c'est trop ~ à porter** it's too heavy to carry; **c'est ~ (à digérer)** it's heavy (on the stomach); **se sentir ~** to feel bloated; **j'ai les jambes ~es** my legs feel heavy; **j'ai la tête ~e** my head feels fuzzy ⓑ (*temps*) **il fait ~** the weather is close; **marcher d'un pas ~** to walk with a heavy step; **tu es un peu ~*** you're just not funny ⓒ (= *difficile à gérer*) [*dispositif*] unwieldy; **35 enfants par classe, c'est trop ~** 35 children per class is too much; **cette décision est ~e de conséquences** the decision is fraught with consequences

2 ADV **il n'en fait pas ~** he doesn't do much; **il ne gagne pas ~** he doesn't earn much; **ça ne fait pas ~** it doesn't amount to much

lourdaud, e* /luʀdo, od/ **1** ADJ clumsy **2** NM,F oaf

lourdement /luʀdəmɑ̃/ ADV heavily; **se tromper ~** to make a big mistake; **insister ~ sur qch** to insist strenuously on sth

lourder : /luʀde/ /TABLE 1/ VT to kick out*; **se faire ~** to get kicked out*

lourdeur /luʀdœʀ/ NF [*d'objet, responsabilité*] weight; [*d'édifice, démarche, style*] heaviness; [*de bureaucratie, infrastructure*] cumbersome nature; **les ~s administratives** administrative red tape; **avoir des ~s d'estomac** to have indigestion; **j'ai des ~s dans les jambes** my legs feel heavy

loustic * /lustik/ NM **un drôle de ~** (= *type*) an oddball*

loutre /lutʀ/ NF (= *animal*) otter; (= *fourrure*) otter-skin; **~ de mer** sea otter

louve /luv/ NF she-wolf

louveteau (*pl* **louveteaux**) /luv(ə)to/ NM ⓐ (= *animal*) wolf cub ⓑ (= *scout*) cub scout

louvoyer /luvwaje/ /TABLE 8/ VI ⓐ (*Naut*) to tack ⓑ (= *tergiverser*) to dither

lover (se) /lɔve/ /TABLE 1/ VPR [*serpent*] to coil up; [*personne*] to curl up

loyal, e (*mpl* **-aux**) /lwajal, o/ ADJ ⓐ (= *fidèle*) loyal; **après 50 ans de bons et loyaux services** after 50 years of good and faithful service ⓑ (= *honnête*) fair; **se battre à la ~e** to fight cleanly

loyalement /lwajalmɑ̃/ ADV [*agir*] fairly; [*servir*] loyally; [*se battre*] cleanly

loyaliste /lwajalist/ ADJ, NMF loyalist

loyauté /lwajote/ NF (= *fidélité*) loyalty

loyer /lwaje/ NM rent

LP /ɛlpe/ NM ABBR = **lycée professionnel**

LSD /ɛlɛsde/ NM (ABBR = **Lysergsäure Diethylamid**) LSD

lu, e /ly/ (*ptp de* **lire**) ADJ read; **lu et approuvé** read and approved; **elle est très lue en Europe** she is widely read in Europe

lubie /lybi/ NF (= *passe-temps*) fad; (= *idée*) hare-brained idea; (= *mode*) craze; **encore une de ses ~s !** another of his hare-brained ideas!

lubrifiant /lybʀifjɑ̃/ NM lubricant

lubrifier /lybʀifje/ /TABLE 7/ VT to lubricate

lubrique /lybʀik/ ADJ [*personne, regard*] lecherous; [*propos*] lewd; **regarder qch d'un œil ~** to look at sth lecherously

lucarne /lykaʀn/ NF [*de toit*] skylight; (*en saillie*) dormer window; **envoyer la balle dans la ~** (*Football*) to send the ball into the top corner of the net

lucide /lysid/ ADJ lucid; [*accidenté*] conscious; **il a une vi-**

sion plus ~ **des choses** he has a clearer view of things; **sois ~ !** don't delude yourself!

lucidement /lysidmɑ̃/ ADV lucidly

lucidité /lysidite/ NF lucidity; [*d'accidenté*] consciousness; **il a des moments de ~** he has moments of lucidity; **il a analysé la situation avec ~** he gave a very clear-headed analysis of the situation

luciole /lysjɔl/ NF firefly

lucratif, -ive /lykʀatif, iv/ ADJ lucrative; **association à but non ~** non-profit-making organization

ludique /lydik/ ADJ playful; **activité ~** recreational activity; (*à l'école*) play activity; **il veut une émission plus ~** he wants the programme to be more entertaining

ludo-éducatif, -ive (*mpl* **ludo-éducatifs**) /lydoedykatif, iv/ ADJ **CD ~** edutainment CD

ludothèque /lydɔtɛk/ NF games library

lueur /lɥœʀ/ NF ⓐ [*d'étoile, lune, lampe*] faint light; [*de braises*] glow (*NonC*); **à la ~ d'une bougie** by candlelight; **les premières ~s du jour** the first light of day ⓑ [*de colère*] gleam; [*d'intelligence*] glimmer; **pas la moindre ~ d'espoir** not the faintest glimmer of hope ⓒ (= *connaissances*) **il a quelques ~s sur le sujet** he knows a bit about the subject

luge /lyʒ/ NF sledge (*Brit*), sled (*US*); **faire de la ~** to sledge (*Brit*), to sled (*US*)

lugubre /lygybʀ/ ADJ [*pensée, ambiance, récit, maison*] gloomy; [*paysage*] dreary; [*musique, cri*] mournful; **d'un ton ~** in a funereal voice

lui /lɥi/ **1** PRON PERS (= *personne ou animal mâle*) him; (= *personne ou animal femelle*) her; (= *chose, animal dont on ne connaît pas le sexe*) it; **je le ~ ai dit** (*à un homme*) I told him; (*à une femme*) I told her; **tu ~ as donné de l'eau ?** (*à un animal*) have you given it (*ou* him *ou* her) some water?; (*à une plante*) have you watered it?

2 PRON M ⓐ (*objet*) (= *personne*) him; (= *chose*) it; **si j'étais ~, j'accepterais** if I were him I would accept ⓑ (*sujet*) (= *personne*) he; (= *chose*) it; **elle est vendeuse, ~ est maçon** she's a saleswoman and he's a bricklayer; **le Japon, ~, serait d'accord** Japan, for its part, would agree; **elle est venue mais pas ~** she came but he didn't; **mon frère et ~ sont partis ensemble** my brother and he went off together; **il n'aurait jamais fait ça, ~** he would never have done that; **~, se marier ? jamais !** him get married? that'll be the day! ⓒ (*comparaisons*) him; **elle est plus mince que ~** she is slimmer than him; **je ne la connais pas aussi bien que ~** (*que je le connais*) I don't know her as well as him; (*qu'il la connaît*) I don't know her as well as he does ⓓ (*avec « qui », « que »*) **c'est à ~ que je veux parler** it's him I want to speak to; **ils ont trois chats, et ~ qui ne voulait pas d'animaux !** they have three cats and to think that he didn't want any animals!

lui-même /lɥimɛm/ PRON himself

luire /lɥiʀ/ /TABLE 38/ VI [*métal*] to shine; [*surface mouillée*] to glisten; (*en scintillant*) to glimmer; [*reflet intermittent*] to glint; [*étoile*] to twinkle; (*en rougeoyant*) to glow; **l'herbe luisait au soleil** the grass glistened in the sunlight; **yeux qui luisent de colère** eyes gleaming with anger

luisant, e /lɥizɑ̃, ɑ̃t/ ADJ [*métal*] shining; [*surface mouillée*] glistening; (*reflet intermittent*) glinting; (*en scintillant*) glimmering; (*en rougeoyant*) glowing; **front ~ de sueur** forehead glistening with sweat; **yeux ~s de fièvre** eyes bright with fever

lumbago /lɔ̃bago/ NM lumbago

lumière /lymjɛʀ/ NF ⓐ (= *clarté*) light; **la ~ du jour** daylight; **la ~ du soleil** sunlight; **il y a de la ~ dans sa chambre** there's a light on in his room; **ce n'est pas une ~** (*personne*) he's no genius; **mettre qch en ~** to bring sth to light; **à ~ des récents événements** in the light of recent events; **faire la ~ sur qch** to get to the bottom of sth ⓑ (= *connaissances*) **avoir des ~s sur** to know something about

luminaire /lyminɛʀ/ NM light; **magasin de ~s** lighting shop

lumineux, -euse /lyminø, øz/ ADJ ⓐ luminous; [*fontaine, enseigne*] illuminated; [*rayon*] of light; **source lumineuse** light source ⓑ [*teint*] radiant; [*ciel, couleur*] luminous; [*pièce, appartement*] bright

luminosité /lyminozite/ NF ⓐ [*de teint*] radiance; [*de ciel, couleur*] luminosity ⓑ (*en photo, science*) luminosity

lump /lœp/ NM lumpfish

lunaire /lynɛʀ/ ADJ lunar; [*visage*] moonlike; **roche ~** moon rock

lunatique /lynatik/ ADJ moody

lundi /lœdi/ NM Monday; **le ~ de Pâques/de Pentecôte** Easter/Whit Monday → **samedi**

lune /lyn/ NF, NF (= *astre*) moon; **pleine ~** full moon; **nouvelle ~** new moon; **être dans la ~** to have one's head in the clouds; **demander la ~** to ask for the moon ◆ **lune de miel** honeymoon

luné, e* /lyne/ ADJ **être bien/mal ~** to be in a good/bad mood; **comment est-elle ~e ce matin?** what sort of a mood is she in this morning?

lunetier, -ière /lyn(ə)tje, jɛʀ/ NM,F (= *vendeur*) optician; (= *fabricant*) spectacle manufacturer

lunette /lynet/ 1 NF ⓐ (= *télescope*) telescope; [*de fusil*] sights ⓑ **~ des WC** (= *cuvette*) toilet bowl; (= *siège*) toilet rim 2 NFPL **lunettes** (*correctives*) glasses; (*de protection*) goggles; **mets tes ~s!** put your glasses on! 3 COMP ◆ **lunette arrière** [*de voiture*] rear window ◆ **lunettes de soleil** sunglasses

lurette /lyʀet/ NF **il y a belle ~!*** that was ages ago!

luron* /lyʀɔ̃/ NM **joyeux ~** likely lad

lustre /lystʀ/ NM ⓐ (= *luminaire*) centre light (*with several bulbs*); (*très élaboré*) chandelier ⓑ [*d'objet, personne, cérémonie*] lustre (*Brit*), luster (*US*)

lustrer /lystʀe/ /TABLE 1/ VT (= *faire briller*) to shine; (*par l'usure*) to make shiny; **le chat lustre son poil** the cat is licking its fur

luth /lyt/ NM lute

luthérien, -ienne /lyteʀjɛ̃, jɛn/ 1 ADJ Lutheran 2 NM,F Lutheran

luthier, -ière /lytje, jɛʀ/ NM,F stringed-instrument maker

lutin, e /lytɛ̃, in/ NM imp

lutrin /lytʀɛ̃/ NM (*sur pied*) lectern; (*sur table*) book-rest

lutte /lyt/ 1 NF ⓐ (= *combat*) struggle; **~s politiques** political struggles; **la ~ antidrogue** the fight against drugs; **conquérir qch de haute ~** to win sth after a brave fight; **être en ~ (contre qn)** to be in conflict (with sb); **travailleurs en ~** (*en grève*) striking workers ⓑ (= *sport*) wrestling; **faire de la ~** to wrestle 2 COMP ◆ **lutte armée** armed struggle ◆ **lutte des classes** class struggle ◆ **lutte d'influence** struggle for influence ◆ **lutte d'intérêts** conflict of interests

lutter /lyte/ /TABLE 1/ VI ⓐ (= *se battre*) to fight; **~ contre un incendie** to fight a fire; **~ contre le sommeil** to fight off sleep; **~ contre la mort** to fight for one's life; **~ pour ses droits** to fight for one's rights ⓑ (*Sport*) to wrestle

lutteur, -euse /lytœʀ, øz/ NM,F (*Sport*) wrestler

luxation /lyksasjɔ̃/ NF dislocation; **elle a une ~ de l'épaule** she has dislocated her shoulder

luxe /lyks/ NM ⓐ (= *richesse*) luxury; [*de maison, objet*] luxuriousness; **vivre dans le ~** to live in the lap of luxury; **produits de ~** de luxe products; **voiture de ~** luxury car; **modèle grand ~** de luxe model; **boutique de ~** shop selling

luxury goods; **j'ai lavé la cuisine, ce n'était pas du ~!** I washed the kitchen floor, it badly needed it; **un ~ de détails** a wealth of detail ⓑ (= *plaisir*) luxury; **je ne peux pas me payer le ~ d'être malade** I can't afford the luxury of being ill

Luxembourg /lyksãbuʀ/ NM Luxembourg; **le palais du ~** *the seat of the French Senate*

luxembourgeois, e /lyksãbuʀʒwa, waz/ 1 ADJ of *ou* from Luxembourg 2 NM,F **Luxembourgeois(e)** inhabitant *ou* native of Luxembourg

luxer /lykse/ /TABLE 1/ VT to dislocate; **se ~ un membre** to dislocate a limb; **avoir l'épaule luxée** to have a dislocated shoulder

luxueusement /lyksɥøzmã/ ADV luxuriously

luxueux, -euse /lyksɥø, øz/ ADJ luxurious

luxure /lyksyʀ/ NF lust

luxuriant, e /lyksyʀjã, jãt/ ADJ [*végétation*] luxuriant

luzerne /lyzɛʀn/ NF lucerne

lycée /lise/ NM ≈ secondary school (*Brit*), ≈ high school (*US*); **~ professionnel** *secondary school for vocational training*

> ⓘ **LYCÉE**
> Lycées *are state secondary schools where pupils study for their "baccalauréat" after leaving the "collège". The* **lycée** *covers the school years known as "seconde" (15-16 year-olds), "première" (16-17 year-olds) and "terminale" (up to leaving age at 18). The term* **lycée professionnel** *refers to a* **lycée** *which provides vocational training as well as the more traditional core subjects.* → BACCALAURÉAT; COLLÈGE; ÉDUCATION NATIONALE
> ▷ www.education.gouv.fr

lycéen, -éenne /liseɛ̃, eɛn/ NM,F secondary school (*Brit*) *ou* high-school (*US*) student; **lorsque j'étais ~** when I was at secondary school (*Brit*) *ou* in high school (*US*); **quelques ~s étaient là** some students were there; **les ~s sont en grève** secondary school students are on strike

lychee /litʃi/ NM lychee

Lycra ® /likʀa/ NM Lycra ®; **en ~** Lycra

lymphatique /lɛ̃fatik/ ADJ ⓐ (*Bio*) lymphatic ⓑ (= *phlegmatique*) lethargic

lymphe /lɛ̃f/ NF lymph

lynchage /lɛ̃ʃaʒ/ NM (= *exécution, pendaison*) lynching; (= *coups*) beating; **il a fait l'objet d'un ~ médiatique** he was torn to pieces by the media

lyncher /lɛ̃ʃe/ /TABLE 1/ VT (= *tuer, pendre*) to lynch; (= *malmener*) to beat up; **je vais me faire ~ si je rentre en retard*** they'll lynch me if I come home late

lynx /lɛ̃ks/ NM lynx

Lyon /ljɔ̃/ N Lyon

lyonnais, e /ljɔnɛ, ɛz/ 1 ADJ of *ou* from Lyon 2 NM,F **Lyonnais(e)** inhabitant *ou* native of Lyon

lyophilisé /ljɔfilize/ ADJ freeze-dried

lyre /liʀ/ NF lyre

lyrique /liʀik/ 1 ADJ ⓐ (*Poésie*) lyric ⓑ (= *d'opéra*) [*ouvrage, répertoire, ténor*] operatic; **l'art ~** opera; **théâtre ~** opera house; **spectacle ~** opera ⓒ (= *exalté*) lyrical; **il a été ~ sur le sujet** he waxed lyrical on the topic 2 NM **le ~** opera

lyrisme /liʀism/ NM lyricism; **plein de ~** lyrical

lys /lis/ NM lily

M

M. (ABBR = **Monsieur**) Mr; **M. Martin** Mr Martin

m' /m/ → **me**

MA /ɛma/ NMF (ABBR = **maître auxiliaire**) non-certified teacher

ma /ma/ ADJ POSS → **mon**

Maastricht /mastriʃt/ N **le traité de ~** the Maastricht Treaty

macabre /makabʀ/ ADJ macabre

macadam /makadam/ NM [de goudron] tarmac® (Brit), blacktop (US)

macareux /makaʀø/ NM puffin

macaron /makaʀɔ̃/ NM ⓐ (= gâteau) macaroon ⓑ (= autocollant) sticker; (publicitaire)* publicity badge; (sur voiture) advertising sticker

maccarthysme /makkaʀtism/ NM McCarthyism

Macédoine /masdewan/ NF Macedonia

macédoine /masedwan/ NF **~ de légumes** diced mixed vegetables; **~ de fruits** fruit salad; (en boîte) fruit cocktail

macérer /maseʀe/ /TABLE 6/ VTI to macerate; **(faire) ~** to macerate; **laisser ~ qn*** (= le faire attendre) to let sb stew in his own juice*

mâche /maʃ/ NF lamb's lettuce

mâcher /maʃe/ /TABLE 1/ VT to chew; (bruyamment) to munch; **il faut lui ~ tout le travail** you have to do half his work for him; **il ne mâche pas ses mots** he doesn't mince his words

machette /maʃɛt/ NF machete

machiavélique /makjavelik/ ADJ Machiavellian

machin* /maʃɛ̃/ NM ⓐ (= chose) thing; **passe-moi le ~** give me the thingy* ⓑ (= personne) **Machin** what's-his-name*; **Machin chouette** what's-his-name*; **hé! Machin!** hey you, what's-your-name!*

machinal, e (mpl **-aux**) /maʃinal, o/ ADJ automatic

machinalement /maʃinalmɑ̃/ ADV (= automatiquement) automatically; (= instinctivement) unconsciously; **il regarda ~ sa montre** he looked at his watch without thinking

machination /maʃinasjɔ̃/ NF (= complot) plot; (= coup monté) put-up job*; **je suis victime d'une ~** I've been framed*

machine /maʃin/ 1 NF ⓐ (= appareil) machine **♦ à la machine**: fait à la **~** machine-made; **tricoté à la ~** machine-knitted
ⓑ (= lave-linge) machine; **faire une ~** to do a load of washing; **laver qch en** ou **à la ~** to wash sth in the machine
ⓒ (= processus) machinery; **la ~ politique** the political machine; **la ~ de l'État** the machinery of state
ⓓ [de navire] engine; **faire ~ arrière** to go astern; (fig) to back-pedal
ⓔ (= personne) **Machine** what's-her-name*; **hé! Machine!** hey! you - what's-your-name!*

2 COMP **♦ machine à café** coffee machine **♦ machine à calculer** calculating machine **♦ machine à coudre** sew-

ing machine **♦ machine à écrire** typewriter **♦ machine à laver** washing machine **♦ machine à sous** (= jeu) slot machine **♦ machine à tricoter** knitting machine

machine-outil /maʃinutil/ (pl **machines-outils**) NF machine tool

machiniste /maʃinist/ NMF ⓐ (au théâtre) scene shifter; (au cinéma) grip ⓑ (= conducteur) driver; **« faire signe au ~ »** ≈ "request stop"

machisme /ma(t)ʃism/ NM (= sexisme) male chauvinism

machiste /ma(t)ʃist/ ADJ male chauvinist

macho* /matʃo/ 1 ADJ [comportement] macho; **il est ~** he's a male chauvinist* 2 NM (d'apparence physique) macho man; (sexiste) male chauvinist; **sale ~!** male chauvinist pig!*

mâchoire /maʃwaʀ/ NF jaw

mâchonner /maʃɔne/ /TABLE 1/ VT to chew

mâchouiller* /maʃuje/ /TABLE 1/ VT to chew on

maçon /masɔ̃/ NM builder; (qui travaille la pierre) mason; (qui pose les briques) bricklayer

maçonnerie /masɔnʀi/ NF [de pierres] masonry; [de briques] brickwork; **entreprise de ~** building firm

maçonnique /masɔnik/ ADJ Masonic

macramé /makʀame/ NM macramé; **en ~** macramé

macrobiotique /makʀɔbjɔtik/ 1 ADJ macrobiotic 2 NF macrobiotics (sg)

macrocosme /makʀɔkɔsm/ NM macrocosm

maculer /makyle/ /TABLE 1/ VT to stain (**de** with); **chemise maculée de sang** shirt spattered with blood

Madagascar /madagaskaʀ/ N Madagascar

Madame /madam/ (pl **Mesdames** /medam/) NF ⓐ (suivi d'un nom de famille) Mrs

> ► En anglais, on utilise de plus en plus **Ms** à la place de **Miss** et de **Mrs** pour éviter la distinction traditionnelle entre femmes mariées et femmes non mariées.

entrez, ~ Smith come in, Mrs Smith ou Ms Smith; **~ Dubois vous recevra** Mrs Dubois will see you, Ms Dubois will see you
ⓑ (sans nom de famille)

> ► Lorsque **Madame** n'est pas suivi d'un nom de famille, il ne se traduit généralement pas; l'anglais **madam**, un peu désuet, s'utilise par exemple pour s'adresser à une cliente dans un restaurant ou dans un hôtel. À la troisième personne, on peut utiliser **the lady**.

merci, ~ thank you; (au restaurant, à l'hôtel) thank you, madam; **~, vous avez oublié quelque chose** excuse me, you've left something; **et pour ~?** (au restaurant) and for you, madam?; **~!** (en classe) please Miss!; **~ dit que c'est à elle** the lady says it belongs to her
♦ Mesdames (devant un auditoire) ladies; **merci, Mesdames** thank you; **Mesdames, Mesdemoiselles, Messieurs** ladies and gentlemen
ⓒ (suivi d'un titre) **~ la Présidente, je proteste** Madam Chairman, I object; **~ la Présidente a levé la séance** the

Chairman closed the meeting
ⓓ (*en début de lettre*)

► *Le français épistolaire est moins direct que l'anglais et l'équivalent anglais des formules de début de lettre sera donc toujours plus personnel que le français :* **Madame** *devient* **Dear Madam,** *si l'on ne connaît pas le nom de la dame, ou* **Dear Mrs + nom de famille ; Chère Madame** *devient* **Dear Mrs + nom de famille,** *par exemple* **Dear Mrs Smith.**

Madame Dear Madam; **Chère ~** Dear Mrs + *nom de famille;* **~, Mademoiselle, Monsieur** Dear Sir or Madam

madeleine /madlɛn/ NF madeleine

Mademoiselle /madmwazɛl/ (*pl* **Mesdemoiselles** /medmwazɛl/) NF ⓐ (*suivi d'un nom de famille*) Miss

► *En anglais, on utilise de plus en plus* **Ms** *à la place de* **Miss** *et de* **Mrs** *pour éviter la distinction traditionnelle entre femmes mariées et femmes non mariées.*

entrez, ~ Smith come in, Miss Smith *ou* Ms Smith; **~ Dubois vous recevra** Miss *ou* Ms Dubois will see you ⓑ (*sans nom de famille*)

► *Lorsque* **Mademoiselle** *n'est pas suivi d'un nom de famille, il ne se traduit généralement pas ; l'anglais* **madam,** *un peu désuet, s'utilise par exemple pour s'adresser à une cliente dans un restaurant ou dans un hôtel. À la troisième personne, on peut utiliser* **the lady,** *ou* **the young lady** *lorsque l'on parle d'une fillette.*

merci, ~ thank you; **~, vous avez oublié quelque chose** excuse me, you've left something; **et pour ~ ?** (*au restaurant*) and for you, madam?; (*à une enfant*) and for you, young lady?; **~ dit que c'est à elle** the lady says it belongs to her
♦ **Mesdemoiselles** (*devant un auditoire*) girls; **merci, Mesdemoiselles** thank you
ⓒ (*en début de lettre*)

► *Le français épistolaire est moins direct que l'anglais et l'équivalent anglais des formules de début de lettre sera donc toujours plus personnel que le français :* **Mademoiselle** *devient* **Dear Madam,** *si l'on ne connaît pas le nom de la dame, ou* **Dear Miss + nom de famille ; Chère Mademoiselle** *devient* **Dear Miss + nom de famille** *ou* **Dear Ms + nom de famille,** *par exemple* **Dear Miss Smith** *ou* **Dear Ms Smith.**

Mademoiselle Dear Madam; **Chère ~** Dear Miss *ou* Ms + *nom de famille*

madère /madɛR/ 1 NM Madeira 2 NF **Madère** (= *île*) Madeira

Madone /madɔn/ NF Madonna

Madrid /madRid/ N Madrid

madrier /madRije/ NM beam

madrilène /madRilɛn/ ADJ *ou* from Madrid

maelström, maelstrom /malstRɔm/ NM maelstrom

maestria /maɛstRija/ NF skill; **avec ~** brilliantly

mafia /mafja/ NF ⓐ **la Mafia** the Mafia ⓑ [*de bandits, trafiquants*] gang; **c'est une vraie ~ !** what a bunch* of crooks!

mafieux, -ieuse /mafjø, jøz/ 1 ADJ Mafia; **pratiques mafieuses** Mafia-like practices 2 NM,F mafioso

mafioso /mafjozo/ (*pl* **mafiosi** /mafjozi/) NM mafioso

magasin /magazɛ̃/ NM ⓐ (= *boutique*) shop; **grand ~** department store; **faire les ~s** to go shopping ⓑ (= *entrepôt*) warehouse ⓒ [*de fusil, appareil-photo*] magazine

magasinage /magazinaʒ/ NM (*Can*) shopping

magasiner /magazine/ /TABLE 1/ VI (*Can*) to go shopping

magasinier /magazinje/ NM [*d'usine*] storekeeper; [*d'entrepôt*] warehouseman

magazine /magazin/ NM magazine; **~ d'actualités** news magazine; **~ d'information** current affairs programme

mage /maʒ/ NM **les Rois ~s** the Wise Men

Maghreb /magRɛb/ NM **le ~** North Africa

maghrébin, e /magRebɛ̃, in/ 1 ADJ of *ou* from North Africa 2 NM,F **Maghrébin(e)** North African

magicien, -ienne /maʒisjɛ̃, jɛn/ 1 NM,F magician 2 NF **magicienne** (= *sorcière*) enchantress

magie /maʒi/ NF magic; **comme par ~** as if by magic; **c'est de la ~** it's magic; **faire de la ~** [*prestidigitateur*] to perform magic tricks

magique /maʒik/ ADJ magic; (= *enchanteur*) magical

magistère /maʒistɛR/ NM ≈ master's degree

magistral, e (*mpl* **-aux**) /maʒistRal, o/ ADJ ⓐ [*œuvre*] masterly; [*réussite, démonstration*] brilliant; [*victoire*] magnificent; **elle est ~e dans le rôle de Phèdre** she's brilliant as Phèdre ⓑ **cours ~** lecture

magistrat /maʒistRa/ NM magistrate; (= *juge*) judge

magistrature /maʒistRatyR/ NF ⓐ (*Droit*) magistrature; **la ~ assise** the judges; **la ~ debout** the state prosecutors; **entrer dans la ~** (= *devenir juge*) to be appointed a judge ⓑ (*Admin, Politique*) public office

magma /magma/ NM magma; (= *mélange*) jumble

magnanime /maɲanim/ ADJ magnanimous

magnat /magna/ NM magnate; **~ de la presse** press baron; **~ du pétrole** oil magnate

magner (se) ‡ /maɲe/ /TABLE 1/ VPR to get a move on*

magnésium /maɲezjɔm/ NM magnesium

magnétique /maɲetik/ ADJ magnetic

magnétiseur, -euse /maɲetizœR, øz/ NM,F (= *hypnotiseur*) hypnotist

magnétisme /maɲetism/ NM magnetism

magnéto * /maɲeto/ NM ABBR = **magnétophone**

magnétophone /maɲetɔfɔn/ NM tape recorder; **~ à cassettes** cassette recorder; **enregistré au ~** taped

magnétoscope /maɲetɔskɔp/ NM video recorder; **enregistrer au ~** to video

magnifier /maɲifje/ /TABLE 7/ VT (= *louer*) to magnify; (= *idéaliser*) to idealize

magnifique /maɲifik/ ADJ magnificent; **~ !** fantastic!

magnifiquement /maɲifikmɑ̃/ ADV magnificently

magnolia /maɲɔlja/ NM magnolia

magot * /mago/ NM (= *somme*) pile of money; (= *argent volé*) loot; (= *économies*) savings; **ils ont amassé un joli ~** they've made a nice little pile*; (*économies*) they've got a tidy sum put by

magouille * /maguj/ NF scheming; **ça sent la ~** there's some funny business* going on; **~s politiques** political skulduggery; **~s financières** financial wheeling and dealing*

magouiller * /maguje/ /TABLE 1/ 1 VI to wheel and deal*; **il a dû ~ pour avoir le permis de construire** he had to do a bit of wheeling and dealing* to get planning permission 2 VT **qu'est-ce qu'il magouille ?** what's he up to?*

magouilleur, -euse * /magujœR, øz/ NM,F schemer

magret /magRɛ/ NM **~ de canard** duck breast

Mahomet /maɔmɛt/ NM Mohammed

mai /mɛ/ NM May → **septembre**

ⓘ **MAI 68**

In 1968, unrest in French industry and among students resulted in huge demonstrations in May followed by a general strike. The events were perceived as a challenge to the established order and a cry for freedom. The government was not in fact overthrown and order soon returned. The term "*soixante-huitard*" literally means a person who participated in the events, but as an adjective it also describes the kind of ideals held by many of the demonstrators.

maïeuticien /majøtisjɛ̃/ NM male midwife

maigre /mɛgR/ 1 ADJ ⓐ [*personne, animal, membre*] thin; **~ comme un clou** thin as a rake ⓑ [*viande*] lean; [*fromage*] low-fat ⓒ (= *peu important*) meagre; [*espoir, chance*] slim; [*végétation*] thin; **comme dîner, c'est un peu ~** it's not much of a dinner 2 NMF **grand ~** tall thin person; **c'est une fausse ~** she's not as thin as she looks 3 NM ⓐ (= *viande*) lean meat ⓑ (*Rel*) **faire ~** to abstain from meat

maigreur /mɛgʀœʀ/ NF [de personne, animal] thinness; **il est d'une ~ !** he's so thin!

maigrichon, -onne• /megʀiʃɔ̃, ɔn/ ADJ skinny

maigrir /megʀiʀ/ /TABLE 2/ VI to lose weight; **il a maigri de 5 kg** he has lost 5kg

mail /mɛl/ NM (= courrier électronique) e-mail

mailing /melin/ NM mailing

maille /maj/ NF ⓐ (de tricot) stitch; **~ filée** run; **~ à l'endroit** plain stitch; **~ à l'envers** purl stitch; **une ~ à l'endroit, une ~ à l'envers** knit one, purl one ⓑ [de filet] mesh; **passer à travers les ~s du filet** to slip through the net; **avoir ~ à partir avec qn** to get into trouble with sb

maillet /majɛ/ NM mallet

maillon /majɔ̃/ NM link; **il n'est qu'un ~ de la chaîne** he's just one link in the chain

maillot /majo/ NM vest; [de danseur] leotard; [de footballeur] shirt; [de coureur, basketteur] singlet; **~ jaune** yellow jersey; **~ une pièce** one-piece swimsuit; **~ deux pièces** two-piece swimsuit ◆ **maillot de bain** [d'homme] swimming trunks; [de femme] swimsuit ◆ **maillot de corps** vest (Brit), undershirt (US)

---

main /mɛ̃/

| 1 NOM FÉMININ | 3 COMPOSÉS |
| 2 ADVERBE | |

1 NOM FÉMININ

hand; **donner la ~ à qn** to hold sb's hand; **donne-moi la ~ pour traverser** give me your hand while we're crossing; **tenir la ~ de qn** to hold sb's hand; **ils se tenaient par la ~** they were holding hands; **il m'a pris le plateau des ~s** he took the tray from me; **~ dans la ~** hand in hand; **les ~s dans les poches** with one's hands in one's pockets; (= sans rien faire) without any effort; **les ~s vides** empty-handed; **être adroit de ses ~s** to be clever with one's hands; **si vous portez la ~ sur elle** if you lay a hand on her; **on reconnaît la ~ de l'artiste** it is easy to recognize the artist's touch; **il y a ~ !** (Football) hand ball!; **les ~s en l'air !** hands up!; **haut les ~s !** hands up!; **avoir tout sous la ~** to have everything to hand; **j'ai pris ce qui m'est tombé sous la ~** I took whatever came to hand; **laisser les ~s libres à qn** to give sb a free hand; **il n'y va pas de ~ morte** he doesn't pull his punches; **demander la ~ d'une jeune fille** to ask for a girl's hand in marriage; **une ~ de fer dans un gant de velours** an iron hand in a velvet glove; **tomber aux ~s de l'ennemi** to fall into the hands of the enemy; **faire ~ basse sur qch** to help o.s. to sth; (et prendre la fuite) to run off with sth; **être entre les ~s de qn** to be in sb's hands; **se faire la ~** to get one's hand in; **garder la ~** to keep one's hand in; **perdre la ~** to lose one's touch; **à 65 ans, il est temps qu'il passe la ~** at 65 it's time he made way for someone else

◆ **coup de main** (= aide) helping hand; (= habileté) knack; (= attaque) raid; **donne-moi un coup de ~** give me a hand; **avoir le coup de ~ (pour faire qch)** to have the knack (of doing sth)

◆ **avoir + main(s)**: **avoir la ~** (= jouer le premier) to lead; (= distribuer les cartes) to deal; **avoir la haute ~ sur qch** to have supreme control of sth; **il a eu la ~ heureuse** he was lucky; **avoir les ~s liées** to have one's hands tied; **le juge a eu la ~ lourde** the judge handed down a stiff sentence; **avoir la ~ verte** to have green fingers (Brit), to have a green thumb (US)

◆ **mettre + main(s)**: **il lui a mis la ~ aux fesses•** he groped her behind•; **j'en mettrais ma ~ au feu** I'd stake my life on it; **mettre la ~ à la pâte** to lend a hand; **mettre la dernière ~ à qch** to put the finishing touches to sth; **mettre la ~ sur** to lay hands on; **ce livre n'est pas à mettre entre toutes les ~s** this book is not suitable for the general public

◆ **prendre + main**: **il va prendre ma ~ sur la figure !•** he's going to get a smack in the face!; **prendre qn par la ~** to take sb by the hand; **tu n'as qu'à te prendre par la ~** you'll just have to sort things out yourself; **on l'a pris la ~ dans le sac** he was caught red-handed; **prendre qn/qch en ~** to take sb/sth in hand

◆ **à la main**: **il entra le chapeau à la ~** he came in with his hat in his hand; **fait à la ~** handmade; **écrit à la ~** hand-written; **cousu à la ~** hand-sewn

◆ **à main armée**: **attaque à ~ armée** armed attack; **vol à ~ armée** armed robbery

◆ **à main levée** [vote, voter] by a show of hands; [dessin, dessiner] freehand

◆ **à mains nues** [combattre] with one's bare hands; [combat] bare-fisted

◆ **de + main**: **il me salua de la ~** he waved to me; **payer de la ~ à la ~** to pay cash in hand; **dessin de la ~ de Cézanne** drawing by Cézanne; **c'était écrit de sa ~** it was in his handwriting; **une lettre signée de sa ~** a personally signed letter; **de ~ de maître** masterfully; **de ~ en ~** [passer, circuler] from hand to hand; **de première ~** firsthand; **de seconde ~** secondhand; **acheter une voiture de première ~** to buy a car secondhand (which has only had one previous owner)

◆ **en + main(s)**: **il se promenait, micro en ~** he walked around holding the microphone; **ce livre est en ~** (= non disponible) this book is in use; **avoir une voiture bien en ~** to have the feel of a car; **avoir la situation bien en ~** to have the situation well in hand; **être en de bonnes ~s** to be in good hands; **il me l'a remis en ~s propres** he gave it to me personally

2 ADVERBE

fait ~ handmade

3 COMPOSÉS

◆ **main courante** (= câble) handrail ◆ **mains libres** ADJ INV **kit mains libres** hands-free kit

---

mainate /mɛnat/ NM mynah bird

main-d'œuvre (pl **mains-d'œuvre**) /mɛ̃dœvʀ/ NF (= travail) labour (Brit), labor (US); (= personnes) workforce

mainmise /mɛ̃miz/ NF (= prise de contrôle) takeover; (= emprise) grip; (autoritaire) stranglehold; **avoir la ~ sur** to have a stranglehold on

maint, mainte /mɛ̃, mɛ̃t/ ADJ (frm : avec pluriel) numerous; **~ exemples** numerous examples; **à ~es reprises** time and time again; **en ~es occasions** on numerous occasions

maintenance /mɛ̃t(ə)nɑ̃s/ NF maintenance; **assurer la ~ d'une machine** to service a machine

maintenant /mɛ̃t(ə)nɑ̃/ ADV ⓐ now; **que fait-il ~?** what's he doing now?; **il doit être arrivé ~** he must have arrived by now; **~ qu'il est arrivé** now that he's here; **ils marchaient ~ depuis deux heures** by now they had been walking for two hours ⓑ (= actuellement) today; **les jeunes de ~** young people today ⓒ (= ceci dit) now; **~ ce que j'en dis, c'est pour ton bien** now what I'm saying is for your own good

maintenir /mɛ̃t(ə)niʀ/ /TABLE 22/ **1** VT ⓐ (= soutenir) to support; **~ qch en équilibre** to keep sth balanced ⓑ (= garder) to keep; [+ statu quo, tradition, décision, candidature] to maintain; **~ qn en vie** to keep sb alive; **~ l'ordre** to maintain law and order; **~ les prix** to keep prices steady ⓒ (= affirmer) to maintain; **je l'ai dit et je le maintiens** I've said it and I'm sticking to it; **~ que ...** to maintain that ...

2 VPR **se maintenir** [temps] to hold; [amélioration] to persist; **se ~ en bonne santé** to keep in good health; **il se maintient dans la moyenne** (élève) he gets average marks

maintien /mɛ̃tjɛ̃/ NM ⓐ (= sauvegarde) [de tradition] maintenance; **assurer le ~ de** [+ tradition] to maintain; **le ~ de l'ordre** the maintenance of law and order; **ils veulent le ~ du pouvoir d'achat** they want purchasing power to be maintained ⓑ (= soutien) support ⓒ (= posture) bearing

maire /mɛʀ/ NM mayor; **passer devant monsieur le ~** (= se marier) to get married

ⓘ MAIRE

Each French "commune" has its maire, *elected by the "conseil municipal". He or she has a wide range of administrative duties as the chief civic representative of the "commune", including maintaining public order through the municipal police. As a representative of the State, the* maire *is empowered to perform marriages.*

The maire *is assisted in his or her functions by one or several "adjoints" (deputies). Note that a "député-*maire*" is not a deputy mayor but a* maire *who is also a member of parliament.* → CONSEIL ; COMMUNE

▷ www.dgcl.interieur.gouv.fr
▷ www.interieur.gouv.fr
▷ www.vie-publique.fr

mairie /meʀi/ NF (= *bâtiment*) town hall; (= *administration*) town council

mais /mɛ/ **1** CONJ ⓐ (*opposition*) but; **il est gros ~ souple** he's big, but supple; **il est parti ? ~ tu m'avais promis qu'il m'attendrait !** he's left? but you promised he'd wait for me!

ⓑ (*renforcement*) **tu me crois ? — ~ oui** *ou* **bien sûr** do you believe me? — of course; **~ je te jure que c'est vrai !** but I swear it's true!; **~ ne te fais pas de souci !** don't you worry!; **je vous dérange ? — ~ pas du tout** am I disturbing you? — not at all

ⓒ (*surprise*) **~ alors qu'est-ce qui est arrivé ?** so what happened?; **~ dites-moi, c'est intéressant tout ça !** well now that's all very interesting!

ⓓ (*protestation*) **non ~ !*** for goodness sake!*; **~ enfin, tu vas te taire ?*** look here, are you going to shut up?*

2 NM **il y a un ~** there's one snag; **il n'y a pas de ~ qui tienne** there are no buts about it

maïs /mais/ NM maize (*Brit*), corn (*US*); (*en conserve*) sweet corn; **~ en épi** corn on the cob

maison /mɛzɔ̃/ **1** NF ⓐ (= *bâtiment*) house; **~ individuelle** house

ⓑ (= *foyer*) home; **rester à la ~** to stay at home; **rentrer à la ~** to go home; **nous sommes sept à la ~** there are seven of us at home

ⓒ (= *entreprise*) company; **il a 15 ans de ~** he's been with the firm for 15 years; **la ~ n'est pas responsable de ...** the company accepts no responsibility for ...; **c'est offert par la ~** it's on the house; **« la ~ ne fait pas crédit »** "no credit"

ⓓ (= *famille royale*) **la ~ de Hanovre** the House of Hanover

2 ADJ INV ⓐ [*gâteau, confiture*] home-made; [*personne*] (= *formé sur place*)* trained by the firm; (= *travaillant exclusivement pour l'entreprise*)* in-house; **pâté ~** chef's own pâté; **est-ce que c'est fait ~ ?** do you make it yourself?

ⓑ (*intensif*)* first-rate; **il y a eu une bagarre quelque chose de ~** there was an almighty* fight; **il s'est fait engueuler* quelque chose de ~ !** he got one hell of a row!*

3 COMP **♦ maison d'arrêt** prison **♦ la Maison Blanche** the White House **♦ maison de campagne** house in the country **♦ maison close** brothel **♦ maison de couture** couture house **♦ maison de la culture** arts centre **♦ maison de disques** record company **♦ maison d'édition** publishing house **♦ maison d'éducation surveillée** ≈ approved school (*Brit*), ≈ reform school (*US*) **♦ maison de jeu** gambling club **♦ maison des jeunes et de la culture** ≈ community arts centre **♦ maison de maître** mansion **♦ maison mère** parent company **♦ maison de passe** brothel **♦ maison de poupée** doll's house **♦ maison de la presse** ≈ newsagent's (*Brit*), ≈ newsdealer (*US*) **♦ maison de repos** convalescent home **♦ maison de retraite** old people's home **♦ maison de santé** (= *clinique*) nursing home; (= *asile*) mental home

maisonnette /mɛzɔnɛt/ NF small house

maître, maîtresse /mɛtʀ, mɛtʀɛs/ **1** NM ⓐ (= *patron*) master; **le ~ des lieux** the master of the house; **coup de ~** masterstroke; **rester ~ de soi** to keep one's self-control

♦ être + maître : **être son propre ~** to be one's own master; **être ~ de refuser** to be free to refuse; **être ~ de soi** to be in control; **être ~ de la situation** to be in control of the situation; **être ~ de sa destinée** to be the master of one's

fate; **il est passé ~ dans l'art de mentir** he's a past master in the art of lying

ⓑ (= *enseignant*) teacher; **~ d'anglais** English teacher

ⓒ (= *titre*) **Maître** *term of address to lawyers etc*; (*à un musicien*) Maestro; **Maître X** (= *avocat*) Mr (*or* Mrs) X

2 NF **maîtresse** ⓐ (= *amante*) mistress

ⓑ (= *enseignante*) teacher; **maîtresse !** please Miss!

3 ADJ ⓐ (= *principal*) main; [*carte*] master; **c'est son œuvre maîtresse** it's his masterwork; **c'est la pièce maîtresse de la collection** it's the jewel of the collection; **idée maîtresse** principal idea; **c'est le ~ mot** it's the key word; **en mode ~-esclave** (*en informatique*) in master-slave mode

4 COMP **♦ maître d'armes** fencing master **♦ maître artisan** master craftsman; (= *boulanger*) master baker **♦ maître auxiliaire** non-certified teacher **♦ maître/maîtresse de ballet** ballet master/mistress **♦ maître de cérémonies** master of ceremonies **♦ maître chanteur** blackmailer **♦ maître de conférences** (*Univ*) ≈ lecturer (*Brit*), ≈ assistant professor (*US*) **♦ maître/maîtresse d'école** teacher **♦ maître d'hôtel** [*de maison*] butler; [*d'hôtel, restaurant*] head waiter **♦ maître de maison** host **♦ maîtresse de maison** housewife; (= *hôtesse*) hostess **♦ maître nageur** swimming teacher **♦ maître d'œuvre** (*Constr*) project manager **♦ maître d'ouvrage** (*Constr*) owner

maître-autel (*pl* **maîtres-autels**) /mɛtʀotɛl/ NM high altar

maître-chien (*pl* **maîtres-chiens**) /mɛtʀəʃjɛ̃/ NM dog handler

maîtrise /mɛtʀiz/ NF ⓐ [*de domaine*] mastery; [*de budget*] control; **sa ~ du français** his command of French; **avoir la ~ d'un marché** to have control of a market ⓑ (= *sang-froid*) **~ de soi** self-control ⓒ (= *habileté*) skill ⓓ (= *diplôme*) ≈ master's degree → DIPLÔMES

maîtriser /mɛtʀize/ /TABLE 1/ **1** VT ⓐ (= *dompter*) to control; [+ *adversaire*] to overcome; [+ *émeute*] to bring under control; [+ *inflation*] to curb; **nous maîtrisons la situation** the situation is under control ⓑ [+ *langue, technique*] to master; **il ne maîtrise pas du tout cette langue** he has no command of the language **2** VPR **se maîtriser** to control o.s.; **elle ne sait pas se ~** she has no self-control

maïzena ® /maizena/ NF cornflour (*Brit*), cornstarch (*US*)

majesté /maʒɛste/ NF majesty; **Sa Majesté** (= *roi*) His Majesty; (= *reine*) Her Majesty

majestueux, -euse /maʒɛstɥø, øz/ ADJ majestic; [*taille*] imposing

majeur, e /maʒœʀ/ **1** ADJ ⓐ (= *important*) major; **ils ont rencontré une difficulté ~e** they came up against a major difficulty; **c'est son œuvre ~e** it's his greatest work; **en ~e partie** for the most part; **la ~e partie des gens sont restés** the majority have stayed on ⓑ (*Droit*) of age (*attrib*); **il sera ~ en l'an 2005** he will come of age in the year 2005; **il n'est pas encore ~** he's not yet of age ⓒ (*Musique*) major; **en sol ~** in G major **2** NM (= *doigt*) middle finger **3** NF **majeure** (= *matière*) main subject (*Brit*), major (*US*)

major /maʒɔʀ/ NM ⓐ (= *sous-officier*) ≈ warrant officer ⓑ (= *premier*) **être ~ de promotion** ≈ to be first in one's year

majoration /maʒɔʀasjɔ̃/ NF (= *hausse*) increase (**de** in); (= *supplément*) surcharge → IMPÔTS

majorer /maʒɔʀe/ /TABLE 1/ VT to increase (**de** by)

majorette /maʒɔʀɛt/ NF majorette

majoritaire /maʒɔʀitɛʀ/ ADJ **les femmes sont ~s dans cette profession** women are in the majority in this profession; **les socialistes sont ~s dans le pays** the socialists have most support in the country; **ils sont ~s à l'assemblée** they are the majority party

majoritairement /maʒɔʀitɛʀmɑ̃/ ADV [*choisir, voter*] by a majority; **le lectorat est ~ féminin** the readership is predominantly female

majorité /maʒɔʀite/ NF ⓐ (*électorale*) majority ⓑ (= *parti majoritaire*) party in power; **la ~ et l'opposition** the party in power and the opposition ⓒ (= *majeure partie*) majority; **il y a des mécontents, mais ce n'est pas la ~** there are some dissatisfied people, but they're not in the majority; **être en ~** to be in the majority; **les étudiants dans leur grande ~** the great majority of students; **dans la ~ des cas** in the majority of cases; **groupe composé en ~ de ...** group mainly composed of ...; **les enseignants sont en ~ des femmes** the majority of teachers are women

(d) (= *âge légal*) **atteindre sa ~** to come of age; **jusqu'à sa ~** until he comes of age

Majorque /maʒɔʀk/ NF Majorca

majuscule /maʒyskyl/ 1 ADJ capital; **A ~** capital A; **lettre ~** capital letter 2 NF (= *lettre*) capital letter; **en ~s d'imprimerie** in block letters; **mettre une ~ à qch** to write sth with a capital

---

mal /mal/ (*pl* **maux**)

1 ADVERBE	3 NOM MASCULIN
2 ADJECTIF INVARIABLE	4 COMPOSÉS

1 ADVERBE

▶ *Lorsque* **mal** *est suivi d'un participe passé ou d'un adjectif, par exemple* **mal logé, mal aimé,** *reportez-vous à l'autre mot.*

(a) = de façon défectueuse [*organisé*] badly; [*entretenu*] poorly; **ce travail est ~ fait** this work hasn't been done properly; **il se nourrit ~** he doesn't eat properly; **il travaille ~** he doesn't do his work properly; **cette porte ferme ~** this door doesn't shut properly; **j'ai ~ dormi** I didn't sleep well; **il parle ~ l'anglais** his English is poor; **tout va ~** everything's going wrong

(b) = de façon répréhensible [*se conduire*] badly; **tu trouves ça ~ qu'il y soit allé ?** do you think it was wrong of him to go?

(c) = de façon peu judicieuse **~ choisi** ill-chosen; **~ inspiré** ill-advised; **cette annonce tombe ~** this announcement couldn't have come at a worse moment

(d) = avec difficulté **il respire ~** he has difficulty in breathing; **ils vivent très ~ avec un seul salaire** they have difficulty living on a single income; **on s'explique ~ pourquoi** it is not easy to understand why

(e) locutions

♦ **pas mal** (= *assez bien*) quite well; (= *assez*) quite; **il ne s'est pas trop ~ débrouillé** he managed quite well; **on n'est pas ~ dans ces fauteuils** these armchairs are quite comfortable; **ça va ? — pas ~** how are you? — not bad; **on a pas ~ travaillé aujourd'hui** we've done a lot of work today; **il a pas ~ vieilli** he's aged

♦ **pas mal de** (= *beaucoup*) a lot of; **pas ~ de gens pensent que ...** quite a lot of people think that ...; **il y a pas ~ de temps qu'il est parti** he's been away for quite a time

2 ADJECTIF INVARIABLE

(a) = contraire à la morale wrong; **c'est ~ de mentir** it is wrong to lie

(b) = laid **ce tableau n'est pas ~** this picture is quite nice; **tu n'es pas ~ sur cette photo** you look quite nice in this photo

(c) = malade ill; **j'ai été ~ toute la matinée** I felt ill all morning; **le malade est au plus ~** the patient's condition couldn't be worse; **je me sens ~ quand il fait trop chaud** too much heat doesn't agree with me; **elle s'est sentie ~** she felt faint; **~ en point** in a bad way

(d) = mal à l'aise uncomfortable; **vous devez être ~ sur ce banc** you can't be comfortable on that seat

(e) = en mauvais termes **se mettre ~ avec qn** to get on the wrong side of sb

3 NOM MASCULIN

(a) opposé au bien **le ~** evil; **distinguer le bien du ~** to tell right from wrong; **c'est un ~ nécessaire** it's a necessary evil; **les maux dont souffre notre société** the ills afflicting our society; **dire du ~ de** to speak ill of; **sans penser à ~** without meaning any harm

(b) = souffrance pain; (= *maladie*) illness; **faire du ~ à qn** to harm sb; **il ne ferait pas de ~ à une mouche** he wouldn't

hurt a fly; **~ de tête** headache; **des maux d'estomac** stomach pains; **le ~ du siècle** (= *fléau*) the scourge of the age

♦ **avoir mal** : **je suis tombé — tu as ~ ?** I've fallen — does it hurt?; **où avez-vous ~ ?** where does it hurt?; **avoir ~ partout** to be aching all over; **avoir ~ au cœur** to feel sick (*Brit*) *ou* nauseous (*US*); **avoir ~ à la gorge** to have a sore throat; **avoir ~ à la tête** to have a headache; **j'ai ~ au pied** my foot hurts; **j'ai ~ au dos** I've got backache

♦ **faire mal** to hurt; **des critiques qui font ~** hurtful criticism; **ça va faire ~ !*** (*confrontation, match*) it's going to be tough!

♦ **faire mal à** to hurt; **ces chaussures me font ~ au pied** these shoes hurt my feet; **se faire ~ au genou** to hurt one's knee; **ça me fait ~ au cœur** (= *ça me rend malade*) it makes me feel sick; (= *ça me fait de la peine*) it breaks my heart; (= *ça me révolte*) it makes me sick

(c) = dommage harm; **excusez-moi — il n'y a pas de ~** I'm sorry — no harm done; **il n'y a pas de ~ à ça** there's no harm in that; **ça fait du ~ au commerce** it's not good for business; **vouloir du ~ à qn** to wish sb ill; **mettre à ~** to harm

(d) = difficulté difficulty; **on n'a rien sans ~** you don't get anything without effort; **faire qch sans trop de ~** to do sth without undue difficulty; **j'ai obtenu son accord, mais non sans ~ !** I got him to agree, but it wasn't easy!; **il a dû prendre son ~ en patience** (= *attendre*) he had to put up with the delay; (= *supporter*) he had to grin and bear it; **j'ai du ~** I find it hard

♦ **avoir du mal à faire qch** to have trouble doing sth
♦ **donner du mal à qn** to give sb trouble; **ce travail m'a donné bien du ~** this job gave me a lot of trouble; **se donner du ~ pour faire qch** to take trouble over sth; **ne vous donnez pas ce ~** don't bother

♦ **en mal de** [+ *argent, idées*] short of; [+ *tendresse, amour*] yearning for; **être en ~ d'inspiration** to be lacking in inspiration

4 COMPOSÉS

♦ **mal de l'air** airsickness ♦ **mal de l'espace** space sickness ♦ **mal de mer** seasickness; **avoir le ~ de mer** to be seasick ♦ **mal des montagnes** mountain sickness ♦ **mal du pays** homesickness; **avoir le ~ du pays** to be homesick ♦ **mal des transports** travel sickness; **pilule contre le ~ des transports** travel-sickness pill ♦ **mal de vivre** profound discontent

---

malabar * /malabaʀ/ NM muscle man*

malade /malad/ 1 ADJ (a) (= *atteint*) [*personne*] ill; [*organe, plante*] diseased; **être gravement ~** to be seriously ill; **être ~ du cœur** to have heart trouble; **avoir le cœur ~** to have heart trouble; **tomber ~** to fall ill; **j'ai été ~** I was ill; (= *j'ai vomi*) I was sick; **être ~ comme un chien*** to be really ill; (= *vomir*) to be as sick as a dog*; **être ~ à crever*** to be dreadfully ill; **être ~ d'inquiétude** to be sick with worry; **rien qu'à y penser j'en suis ~*** the very thought of it makes me sick

(b) (= *fou*) mad; **t'es ~ ?*** are you out of your mind?

(c) (= *en mauvais état*) [*pays*] in a sorry state; **notre économie est bien ~** our economy is in bad shape

2 NMF (a) (= *personne malade*) sick person; (*d'un médecin*) patient; **les ~s** the sick; **grand ~** seriously ill person; **faux ~** malingerer

(b) (= *fanatique*)* **un ~ de la moto** a motorbike fanatic*

(c) (= *fou*) maniac*; **il conduit comme un ~** he drives like a maniac*; **elle frappait comme une ~** she was knocking like mad*

3 COMP ♦ **malade imaginaire** hypochondriac ♦ **malade mental** mentally ill person

maladie /maladi/ NF illness; [*de plante*] disease; **~ bénigne** minor illness; **~ grave** serious illness; **~ mortelle** fatal illness; **elle est en ~*** she's off sick*; **en longue ~** on extended sick leave; **c'est une ~ chez lui** it's a mania with him; **tu ne vas pas en faire une ~ !*** don't get in such a state over it!; **mes rosiers ont la ~*** my rose bushes are in a bad way* ♦ **maladie infantile** childhood disease

◆ **maladie du légionnaire** legionnaires' disease ◆ **maladie mentale** mental illness ◆ **maladie de peau** skin disease ◆ **maladie professionnelle** occupational disease ◆ **maladie sexuellement transmissible** sexually transmitted disease

maladif, -ive /maladif, iv/ ADJ ⓐ [*personne*] sickly ⓑ [*obsession, peur*] pathological; **il est d'une timidité maladive** he's pathologically shy

maladresse /maladʀɛs/ NF ⓐ (= *gaucherie, indélicatesse*) clumsiness ⓑ (= *bévue*) blunder; **~s de style** awkward turns of phrase

maladroit, e /maladʀwa, wat/ 1 ADJ ⓐ (= *malhabile*) clumsy; **il est vraiment ~ de ses mains** he's really clumsy ⓑ (= *inconsidéré*) **ce serait ~ de lui en parler** it would be tactless to mention it to him 2 NM,F (= *malhabile*) clumsy person; **quel ~ je fais!** how clumsy of me!

maladroitement /maladʀwatmɑ̃/ ADV clumsily

mal-aimé, e (*mpl* **mal-aimés**) /maleme/ NM,F unpopular figure; **il est devenu le ~ de la presse** he has come to be the man the press love to hate

malaise /malɛz/ NM ⓐ (= *étourdissement*) dizzy spell; **~ cardiaque** mild heart attack; **être pris d'un ~** to feel faint; **avoir un ~** to feel faint ⓑ (= *trouble*) uneasiness; **éprouver un ~** to feel uneasy; **il y a comme un ~*** there seems to be a bit of a problem ⓒ (= *crise*) **le ~ étudiant** student unrest; **~ social** social malaise

malaisé, e /maleze/ ADJ difficult

Malaisie /malɛzi/ NF Malaysia

malaisien, -ienne /malɛzjɛ̃, jɛn/ 1 ADJ Malaysian 2 NM,F **Malaisien(ne)** Malaysian

malappris, e /malapʀi, iz/ NM lout

malaria /malaʀja/ NF malaria (*NonC*)

malavisé, e /malavize/ ADJ ill-advised

Malawi /malawi/ NM Malawi

malaxer /malakse/ /TABLE 1/ VT ⓐ [+ *pâte*] to knead; [+ *muscle*] to massage ⓑ (= *mélanger*) to blend

malbouffe* /malbuf/ NF **la ~** junk food

malchance /malʃɑ̃s/ NF (= *déveine*) bad luck; (= *mésaventure*) misfortune; **il a eu beaucoup de ~** he's had a lot of bad luck; **j'ai eu la ~ de ...** I had the misfortune to ...; **par ~** as ill luck would have it; **il a joué de ~** he was out of luck; (*de manière répétée*) he had one bit of bad luck after another

malchanceux, -euse /malʃɑ̃sø, øz/ ADJ unlucky

Maldives /maldiv/ NFPL **les ~** the Maldives

maldonne /maldɔn/ NF (*aux cartes*) misdeal

mâle /mal/ 1 ADJ male; (= *viril*) manly 2 NM male; **c'est un beau ~*** he's a real hunk*

malédiction /malediksjɔ̃/ NF curse

maléfice /malefis/ NM evil spell

maléfique /malefik/ ADJ evil; **les puissances ~s** the forces of evil

malencontreusement /malɑ̃kɔ̃tʀøzmɑ̃/ ADV [*arriver*] at the wrong moment

malencontreux, -euse /malɑ̃kɔ̃tʀø, øz/ ADJ ⓐ (= *malheureux*) unfortunate; [*geste*] awkward ⓑ (= *à contretemps*) untimely

malentendants /malɑ̃tɑ̃dɑ̃/ NMPL **les ~** hearing-impaired people

malentendu /malɑ̃tɑ̃dy/ NM misunderstanding

mal-être /malɛtʀ/ NM INV malaise

malfaçon /malfasɔ̃/ NF fault (*due to poor workmanship*)

malfaisant, e /malfəzɑ̃, ɑ̃t/ ADJ [*personne, influence*] evil; [*théories*] harmful

malfaiteur /malfɛtœʀ/ NM criminal; (= *gangster*) gangster; (= *voleur*) burglar

malformation /malfɔʀmasjɔ̃/ NF malformation

malgache /malgaʃ/ 1 ADJ Malagasy 2 NMF **Malgache** Malagasy

malgré /malgʀe/ PRÉP (= *en dépit de*) in spite of; **j'ai signé ce contrat ~ moi** (*en hésitant*) I signed the contract against

my better judgment; (*contraint et forcé*) I signed the contract against my will; **j'ai fait cela presque ~ moi** I did it almost in spite of myself; **il est devenu célèbre ~ lui** he became famous in spite of himself

◆ **malgré tout** (= *en dépit de tout*) in spite of everything; (= *quand même*) all the same; **il a continué ~ tout** he went on in spite of everything; **je le ferai ~ tout** I'll do it all the same

◆ **malgré que** (+ *subjonctif*)* in spite of the fact that

malhabile /malabil/ ADJ clumsy; **~ à faire qch** bad at doing sth

malheur /malœʀ/ NM ⓐ (= *événement pénible*) misfortune; (= *événement très grave*) calamity; (= *épreuve*) ordeal; (= *accident*) **un ~ est si vite arrivé** accidents happen so easily; **en cas de ~** if anything happens; **cela a été le grand ~ de sa vie** it was the great tragedy of his life; **par ~** unfortunately; **le ~ c'est que ...** the trouble is that ...; **faire le ~ de ses parents** to bring grief to one's parents; **faire un ~** (= *avoir un gros succès*) to be a big hit; **s'il continue, je fais un ~!*** if he carries on like that, I'll do something I might regret; **quel ~ qu'il ne soit pas venu!** what a shame he didn't come!; **il a eu le ~ de dire que cela ne lui plaisait pas** he made the big mistake of saying he didn't like it; **ne parle pas de ~!** God forbid!

◆ **de malheur*** (= *maudit*) wretched; **cette pluie de ~ a tout gâché** this wretched rain has spoilt everything

ⓑ **le ~** (= *l'adversité*) adversity; (= *la malchance*) misfortune; **dans son ~** amid all his misfortune; **ils ont eu le ~ de perdre leur mère** they had the misfortune to lose their mother; **le ~ a voulu qu'un policier le voie** as ill luck would have it a policeman saw him ■ (*PROV*) **le ~ des uns fait le bonheur des autres** it's an ill wind that blows nobody any good (*PROV*)

malheureusement /malœʀøzmɑ̃/ ADV unfortunately

malheureux, -euse /malœʀø, øz/ 1 ADJ ⓐ (= *infortuné*) unfortunate ⓑ (= *regrettable*) unfortunate; **pour un mot ~** because of an unfortunate remark; **c'est bien ~ qu'il ne puisse pas venir** it's most unfortunate that he can't come; **si c'est pas ~ d'entendre ça!*** it makes you sick to hear that!* ⓒ (= *triste, qui souffre*) unhappy; **rendre qn ~** to make sb unhappy ⓓ (= *malchanceux: toujours après le nom*) [*candidat, tentative*] unsuccessful; **être ~ au jeu** to be unlucky at gambling; **amour ~** unhappy love affair ⓔ (= *insignifiant: toujours avant le nom*) wretched; **toute une histoire pour un ~ billet de 10 euros** such a fuss about a wretched 10-euro note; **toute une histoire pour une malheureuse erreur** such a fuss about a minor mistake; **il y avait deux ou trois ~ spectateurs** there was a miserable handful of spectators

2 NM,F (= *infortuné*) poor wretch; (= *indigent*) needy person; **il a tout perdu? le ~!** did he lose everything? the poor man!; **ne fais pas cela, ~!** don't do that, you fool!

malhonnête /malɔnɛt/ 1 ADJ (= *déloyal*) dishonest; (= *crapuleux*) crooked 2 NMF (= *personne déloyale*) dishonest person; (= *escroc*) crook

malhonnêtement /malɔnɛtmɑ̃/ ADV dishonestly

malhonnêteté /malɔnɛtte/ NF (= *improbité*) dishonesty

Mali /mali/ NM Mali

malice /malis/ NF ⓐ (= *espièglerie*) mischievousness; **... dit-il non sans ~** ... he said somewhat mischievously ⓑ (= *méchanceté*) malice; **elle a dit ça sans ~** she meant no harm by it

malicieusement /malisjøzmɑ̃/ ADV mischievously

malicieux, -ieuse /malisjø, jøz/ ADJ mischievous

⚠ **malicieux ≠ malicious**

malien, -enne /maljɛ̃, ɛn/ 1 ADJ Malian 2 NM,F **Malien(ne)** Malian

maligne /maliɲ/ → **malin**

malin /malɛ̃/, **maligne, maline*** /maliɲ, malin/ 1 ADJ ⓐ (= *astucieux*) smart; (= *rusé*) crafty; **il est ~ comme un singe** [*adulte*] he's a crafty old devil*; [*enfant*] he's a crafty little devil*; **il n'est pas bien** ~ he isn't very bright; **c'est ~ !** oh, very clever! ⓑ (= *mauvais*) **prendre un ~ plaisir à faire qch** to take malicious pleasure in doing sth; **l'esprit ~** the devil ⓒ (*Méd*) malignant 2 NM,F **c'est un petit ~** he's a crafty one; **ne fais pas le ~*** don't try to show off

malingre /malɛ̃gʀ/ ADJ puny

malintentionné, e /malɛ̃tɑ̃sjɔne/ ADJ malicious

malle /mal/ NF ⓐ (= *valise*) trunk; **ils se sont fait la ~ :** they've cleared off* ⓑ [*de voiture*] boot (*Brit*), trunk (*US*)

malléable /maleabl/ ADJ malleable

mallette /malɛt/ NF ⓐ (= *valise*) small suitcase; (= *porte-documents*) briefcase; **~ de voyage** overnight case ⓑ (*Belg* = *cartable*) schoolbag

mal-logé, e /mallɔʒe/ NM,F *person living in substandard housing*

malmener /malməne/ /TABLE 5/ VT [+ *personne*] to man-handle; [+ *adversaire*] to give a rough time; **être malmené par la critique** to be given a rough ride by the critics

malnutrition /malnytʀisjɔ̃/ NF malnutrition

malodorant, e /malɔdɔʀɑ̃, ɑ̃t/ ADJ smelly

malotru /malɔtʀy/ NM lout

Malouines /malwin/ NFPL **les ~** the Falkland Islands

malpoli, e /malpɔli/ ADJ impolite

malpropre /malpʀɔpʀ/ ADJ ⓐ (= *sale*) dirty; [*travail*] shoddy ⓑ (= *indécent*) smutty

malproprement /malpʀɔpʀəmɑ̃/ ADV in a dirty way; **manger ~** to be a messy eater

malsain, e /malsɛ̃, ɛn/ ADJ unhealthy; **ce travail est ~** this work is hazardous to health; **c'est un film ~** it's a pretty sick film; **l'atmosphère devient ~e au bureau** things are getting a bit unpleasant at work; **c'est quelqu'un de ~** he's an unsavoury character

malt /malt/ NM malt; **whisky pur ~** malt whisky

maltais, e /maltɛ, ɛz/ 1 ADJ Maltese 2 NM,F **Maltais(e)** Maltese

Malte /malt/ NF Malta

maltraitance /maltʀɛtɑ̃s/ NF **~ d'enfants** ill-treatment of children; (*sexuelle*) child abuse

maltraitant, e /maltʀɛtɑ̃, ɑ̃t/ ADJ abusive

maltraiter /maltʀete/ /TABLE 1/ VT ⓐ (= *brutaliser*) to ill-treat; [+ *enfant*] to abuse ⓑ [+ *langue, grammaire*] to misuse ⓒ (= *critiquer*) to tear apart

malus /malys/ NM surcharge (*for vehicle insurance*)

malveillance /malvɛjɑ̃s/ NF (= *méchanceté*) malevolence; (= *désobligeance*) ill will; **acte de ~** malevolent action; **c'est par ~ qu'il a agi ainsi** he did that out of sheer nastiness

malveillant, e /malvɛjɑ̃, ɑ̃t/ ADJ malevolent

malvenu, e /malvəny/ ADJ = *déplacé*) inappropriate

malversations /malvɛʀsasjɔ̃/ NFPL embezzlement (*NonC*)

mal-vivre /malvivʀ/ NM INV malaise

malvoyant, e /malvwajɑ̃, ɑ̃t/ NM,F person who is partially sighted; **les ~s** the partially sighted

maman /mamɑ̃/ NF mum* (*Brit*), mom* (*US*)

mamelle /mamɛl/ NF teat

mamelon /mam(ə)lɔ̃/ NM [*de sein*] nipple

mamie * /mami/ NF (= *grand-mère*) granny*

mammifère /mamifɛʀ/ NM mammal

mammographie /mamɔgʀafi/ NF mammography

mammouth /mamut/ NM mammoth

mammy * /mami/ NF granny*

Man /mɑ̃/ NF **l'île de ~** the Isle of Man

management /manadʒmɛnt/ NM management

manager¹ /manadʒɛʀ/ NM manager; [*d'acteur*] agent

manager² /mana(d)ʒe/ /TABLE 3/ VT to manage

Manche /mɑ̃ʃ/ NF **la ~** (= *mer*) the English Channel; **des deux côtés de la ~** on both sides of the Channel; **de l'autre côté de la ~** across the Channel

manche¹ /mɑ̃ʃ/ NF ⓐ [*de vêtement*] sleeve; **à ~s courtes** short-sleeved; **à ~s longues** long-sleeved; **sans ~s** sleeveless; **retrousser ses ~s** to roll up one's sleeves; **faire la ~***

[*mendiant*] to beg; [*artiste*] to perform in the streets ⓑ (= *partie*) round; (*Bridge*) game; (*Tennis*) set; **~ décisive** tiebreak; **on a gagné la première ~** we've won the first round

manche² /mɑ̃ʃ/ 1 NM ⓐ [*d'outil*] handle; (*long*) shaft; [*d'instrument de musique*] neck; **il ne faut pas jeter le ~ après la cognée !** don't give up so easily! ⓑ (= *incapable*)* **conduire comme un ~** to be a hopeless driver; **tu t'y prends comme un ~ !** you're making a real mess of it!* 2 COMP **♦ manche à balai** broomstick; [*d'avion, de jeux*] joystick

manchette /mɑ̃ʃɛt/ NF ⓐ [*de chemise*] cuff ⓑ (= *titre*) headline; **mettre en ~** to headline ⓒ (= *coup*) forearm blow

manchon /mɑ̃ʃɔ̃/ NM ⓐ (*pour les mains*) muff ⓑ [*de volaille*] **~s de canard** duck wings (*preserved in fat*)

manchot, e /mɑ̃ʃo, ɔt/ 1 NM,F **il est ~** (= *n'a qu'un bras*) he's only got one arm 2 NM (= *animal*) penguin; **~ royal** king penguin

mandarin /mɑ̃daʀɛ̃/ NM mandarin; (= *langue*) Mandarin

mandarine /mɑ̃daʀin/ NF satsuma

mandat /mɑ̃da/ 1 NM ⓐ (= *fonction*) mandate; **donner à qn ~ de faire qch** to give sb a mandate to do sth; **obtenir le renouvellement de son ~** to be re-elected; **la durée du ~ présidentiel** the president's term of office ⓑ **~ postal** money order ⓒ (= *procuration*) proxy 2 COMP **♦ mandat d'amener** (*Droit*) ≈ summons **♦ mandat d'arrêt** ≈ warrant for arrest **♦ mandat de dépôt** ≈ committal order **♦ mandat d'expulsion** eviction order **♦ mandat de perquisition** search warrant

mandataire /mɑ̃datɛʀ/ NMF proxy; (= *représentant*) representative

mandater /mɑ̃date/ /TABLE 1/ VT [+ *personne*] to appoint; [+ *député*] to elect

mandoline /mɑ̃dɔlin/ NF mandolin

mandrin /mɑ̃dʀɛ̃/ NM (*pour serrer*) chuck

manège /manɛʒ/ NM ⓐ [*de fête foraine*] fairground attraction; (*de chevaux de bois*) merry-go-round ⓑ (= *piste, salle d'équitation*) indoor school; **faire du ~** to do exercises in the indoor school ⓒ (= *agissements*) game; **j'ai deviné son petit ~** I guessed what he was up to

manette /manɛt/ NF lever; **~ des gaz** throttle lever; **~ de jeux** joystick; **être aux ~s*** to be in charge

mangeable /mɑ̃ʒabl/ ADJ edible

mangeoire /mɑ̃ʒwaʀ/ NF (*pour bétail*) trough

manger /mɑ̃ʒe/ /TABLE 3/ 1 VT ⓐ to eat; **~ dans un bol** to eat out of a bowl; **il ne mange rien en ce moment** he's off his food at present; **faire ~ qn** to feed sb; **faire ~ qch à qn** to give sb sth to eat; **donner à ~ à un bébé** to feed a baby; **finis de ~ !** eat up!; **on mange bien ici** the food is good here; **on mange mal ici** the food is bad here; **les enfants ne mangent pas à leur faim à l'école** the children don't get enough to eat at school; **~ au restaurant** to eat out; **c'est l'heure de ~** (*midi*) it's lunchtime; (*soir*) it's dinnertime; **inviter qn à ~** to invite sb for a meal; **boire en mangeant** to drink with one's meal; **~ à tous les râteliers** to cash in in every way possible*; **~ le morceau*** (= *parler*) to spill the beans ;

ⓑ [+ *fortune, économies*] to squander; **l'entreprise mange de l'argent** the business is swallowing up money; **~ ses mots** to swallow one's words

2 VPR **se manger** ⓐ (= *être mangé*) **le concombre se mange en salade** cucumbers are usually eaten as a salad; **cela se mange ?** can you eat it?; **ce plat se mange très chaud** this dish should be eaten piping hot

ⓑ (= *se cogner dans*) **se ~ une porte :** to walk into a door

mange-tout /mɑ̃ʒtu/ NM INV (= *pois*) mangetout peas; (= *haricots*) string beans

mangeur, -euse /mɑ̃ʒœʀ, øz/ NM,F eater; **c'est un gros ~ de pain** he eats a lot of bread

mangouste /mɑ̃gust/ NF (= *animal*) mongoose

mangue /mɑ̃g/ NF mango

maniabilité /manjabilite/ NF [d'objet] manageability; [de voiture] driveability; [d'avion, bateau] manoeuvrability; **c'est une voiture d'une grande ~** this car is very easy to handle

maniable /manjabl/ ADJ ⓐ [objet, taille] manageable; [véhicule] manoeuvrable; **peu ~** [objet] awkward; [véhicule] difficult to handle ⓑ (= influençable) [personne] impressionable

maniacodépressif, -ive (mpl **maniacodépressifs**) /manjakodepResif, iv/ ADJ, NM,F manic-depressive

maniaque /manjak/ 1 ADJ [personne] fussy 2 NMF ⓐ (= fou) maniac; **~ sexuel** sex maniac ⓑ (= fanatique) fanatic ⓒ (= méticuleux) **quel ~ tu fais!** you're so fussy!; **c'est un ~ de la propreté** he's fanatical about cleanliness

maniaquerie /manjakRi/ NF fussiness

manichéen, -enne /manikeɛ̃, ɛn/ ADJ, NM,F Manich(a)ean

manie /mani/ NF ⓐ (= habitude) odd habit; **avoir ses petites ~s** to have one's little ways; **mais quelle ~ tu as de te ronger les ongles!** you've got a terrible habit of biting your nails! ⓑ (= obsession) mania; **~ de la persécution** persecution complex

maniement /manimɑ̃/ NM handling; **d'un ~ difficile** difficult to handle

manier /manje/ /TABLE 7/ VT to handle; (péj) to manipulate; **voiture facile à ~** car which is easy to handle; **savoir ~ la plume** to be a good writer; **savoir ~ l'ironie** to make skilful use of irony

manière /manjɛR/ 1 NF (= façon) way; **sa ~ d'agir/de parler** the way he behaves/speaks; **il le fera à sa ~** he'll do it his own way; **~ de voir les choses** outlook on things; **c'est sa ~ d'être habituelle** that's just the way he is; **à la ~ de Racine** in the style of Racine; **démocrate nouvelle ~** new-style democrat; **employer la ~ forte** to use strong-arm methods

♦ **de + manière** : adverbe de ~ adverb of manner; **de toute ~** in any case; **de cette ~** in this way; **d'une ~ générale** generally speaking; **de telle ~ que ...** in such a way that ...; **de quelle ~ as-tu fait cela?** how did you do that?; **d'une ~ ou d'une autre** somehow or other; **d'une certaine ~** in a way; **de ~ à faire** so as to do; **de ~ à ce que nous arrivions à l'heure** so that we get there on time

2 NFPL **manières** manners; **avoir de bonnes ~s** to have good manners; **avoir de mauvaises ~s** to have bad manners; **il n'a pas de ~s** he has no manners; **en voilà des ~s!** what a way to behave!; **je n'aime pas ces ~s!** I don't like this kind of behaviour!; **faire des ~s** (minauderies) to put on airs; (chichis) to make a fuss; **ne fais pas de ~s avec nous** you needn't stand on ceremony with us

maniéré, e /manjere/ ADJ (= affecté) affected

manif[*] /manif/ NF demo[*]

manifestant, e /manifestɑ̃, ɑ̃t/ NM,F demonstrator

manifestation /manifestasjɔ̃/ NF ⓐ (= protestation) demonstration ⓑ (= réunion, fête) event; **~ culturelle/sportive** cultural/sporting event ⓒ [de sentiment] expression; [de maladie] (= apparition) appearance; (= symptômes) sign; **~ de mauvaise humeur** show of bad temper; **~ de joie** expression of joy

manifeste /manifɛst/ 1 ADJ [vérité, injustice] manifest; [sentiment, différence] obvious; **erreur ~** glaring error; **il est ~ que ...** it is quite obvious that ... 2 NM manifesto

manifestement /manifɛstəmɑ̃/ ADV obviously; **~, ça n'a servi à rien** it was obviously a waste of time; **il est ~ ivre** he's obviously drunk

manifester /manifɛste/ /TABLE 1/ 1 VT to show; **il m'a manifesté son désir de venir** he indicated to me that he wanted to come

2 VI (= protester) to demonstrate

3 VPR **se manifester** ⓐ [émotion] to express itself; [phénomène] to be apparent; **cette maladie se manifeste par l'apparition de boutons** the appearance of a rash is the first symptom of this disease; **la violence se manifeste partout** violence occurs everywhere

ⓑ [personne] to appear; (par écrit, par téléphone) to get in touch; [bénévole, candidat, témoin] to come forward
ⓒ [élève] to participate

manigancer /manigɑ̃se/ /TABLE 3/ VT to plot; **qu'est-ce qu'il manigance maintenant?** what's he up to now?; **c'est lui qui a tout manigancé** he set the whole thing up[*]

manigances /manigɑ̃s/ NFPL schemes

manioc /manjɔk/ NM manioc

manip[*] /manip/ NF ABBR = **manipulation**

manipulateur, -trice /manipylatœR, tRis/ 1 ADJ [personne] manipulative 2 NM,F ⓐ (= technicien) technician; **~ radio** radiographer ⓑ (= malhonnête) manipulator

manipulation /manipylasjɔ̃/ NF ⓐ (= maniement) handling ⓑ (= expérience) experiment; **~ génétique** genetic manipulation ⓒ (malhonnête) manipulation (NonC); **il y a eu des ~s électorales** there's been some vote-rigging

manipuler /manipyle/ /TABLE 1/ VT ⓐ [+ objet, produit] to handle ⓑ (malhonnêtement) [+ électeurs, presse, information] to manipulate; [+ statistiques] to doctor

Manitoba /manitɔba/ NM Manitoba

manivelle /manivɛl/ NF handle; [de voiture] crank

mannequin /mankɛ̃/ NM ⓐ (= personne) model; **être ~ chez qn** to model for sb ⓑ (= objet) dummy; [de peintre] model

manœuvre /manœvR/ 1 NF manoeuvre (Brit), maneuver (US); (= machination) ploy; **faire une ~** to do a manoeuvre; **je ne sais pas faire les ~s** (en voiture) I'm not good at parking (ou reversing etc); **fausse ~** mistake; (fig) wrong move; **terrain de ~s** parade ground; **être en ~s** to be on manoeuvres; **il a toute liberté de ~** he has complete freedom of manoeuvre; **~ de diversion** diversionary tactic; **~s électorales** vote-catching ploys; **les grandes ~s politiques** intense political manoeuvring 2 NM labourer; (en usine) unskilled worker

manœuvrer /manœvre/ /TABLE 1/ VT ⓐ [+ véhicule] to manoeuvre (Brit), to maneuver (US); [+ machine] to operate ⓑ [+ personne] to manipulate 2 VI to manoeuvre

manoir /manwaR/ NM manor house

manquant, e /mɑ̃kɑ̃, kɑ̃t/ ADJ missing

manque /mɑ̃k/ 1 NM ⓐ lack; **par ~ de** through lack of; **c'est un ~ de respect** it shows a lack of respect; **son ~ de sérieux au travail** his unreliability at work; **~ de chance!** ou **de bol!**[*] what bad luck!
ⓑ (= vide) gap; (Drogue) withdrawal; **être en ~** to be suffering from withdrawal symptoms
ⓒ ♦ **à la manque**[‡] crummy[‡]

2 COMP ♦ **manque à gagner** loss of earnings; **cela représente un sérieux ~ à gagner pour les cultivateurs** that means a serious loss of income for the farmers

manqué, e /mɑ̃ke/ (ptp de **manquer**) ADJ ⓐ [essai] failed; [vie] wasted; **occasion ~e** wasted opportunity; **c'est un écrivain ~** (vocation ratée) he should have been a writer ⓑ **gâteau ~** ≈ sponge cake

manquement /mɑ̃kmɑ̃/ NM (frm) **~ à** [+ règle] breach of; **~ au devoir** dereliction of duty; **~ au respect des droits de l'homme** breach of human rights

manquer /mɑ̃ke/ /TABLE 1/ 1 VT ⓐ [+ but, occasion, personne, train] to miss; **la gare est sur la place, tu ne peux pas la ~** the station's right on the square, you can't miss it; **~ une marche** to miss a step; **il l'a manqué de peu** he just missed him; **c'est un film à ne pas ~** it's a film that's not to be missed; **il n'en manque jamais une!**[*] he puts his foot in it every time![*]
ⓑ [+ photo, gâteau] to spoil; **il a manqué sa vie** he has wasted his life
ⓒ (= être absent de) to miss; **~ l'école** to miss school

2 VT INDIR ♦ **manquer de** (= être dépourvu de) to lack; **elle a manqué de se faire écraser** she nearly got run over; **nous manquons de personnel** we're short-staffed; **ils ne manquent de rien** they want for nothing; **la ville ne manque pas d'un certain charme** the town is not without a certain charm; **on manque d'air ici** there's no air in here; **tu ne manques pas de culot!**[*] you've got some nerve![*]; **je**

ne manquerai pas de le lui dire I'll be sure to tell him; **remerciez-la — je n'y manquerai pas** thank her — I won't forget

3 VI ⓐ (= *faire défaut*) to be lacking; **l'argent vint à ~** money ran out; **les occasions ne manquent pas** there is no shortage of opportunities; **ce qui lui manque, c'est l'imagination** what he lacks is imagination; **les mots me manquent pour exprimer ...** I can't find the words to express ...; **j'irais bien, ce n'est pas l'envie qui m'en manque** I would like to go, it's not that I don't want to; **un carreau manquait à la fenêtre** there was a pane missing from the window

ⓑ (= *être absent*) to be absent; (= *avoir disparu*) to be missing; **il a souvent manqué l'an dernier** [*élève*] he was often absent last year; **~ à l'appel** to be absent from roll call; (*fig*) to be missing

ⓒ (= *être regretté*)

► *Le sujet du verbe français devient l'objet du verbe anglais.*

il nous manque we miss him; **la campagne me manque** I miss the country

4 VB IMPERS **il manque un pied à la chaise** there's a leg missing from the chair; **il manque dix personnes** (= *elles ont disparu*) there are ten people missing; (= *on en a besoin*) we are ten people short; **il ne lui manque que la parole** if only he could talk; **il ne manquait plus que ça!** that's all we needed!; **il ne manquerait plus que ça!** that really would be the end!*; **j'avais prévu qu'il serait furieux, et ça n'a pas manqué!** I knew he'd be angry and sure enough he was!

5 VPR **se manquer** ⓐ **il s'est manqué** (= *a raté son suicide*) he bungled his suicide attempt; **cette fois-ci, il ne s'est pas manqué** he made a good job of it this time

ⓑ (*à un rendez-vous*) to miss each other; **ils se sont manqués à la gare** they missed each other at the station

mansardé, e /mãsaʀde/ ADJ [*chambre, étage*] attic (*avant le nom*); **la chambre est ~e** the room has a sloping ceiling

manteau (*pl* **manteaux**) /mãto/ **1** NM ⓐ (= *vêtement*) coat; **sous le ~** on the sly ⓑ [*de neige*] blanket **2** COMP ♦ **manteau de cheminée** mantelpiece

manucure /manykyʀ/ **1** NMF (= *personne*) manicurist **2** NM *ou* F (= *soins*) manicure

manucurer /manykyʀe/ /TABLE 1/ VT to manicure; **se faire ~** to have a manicure

manuel, -elle /manɥɛl/ **1** ADJ manual; **passer en ~** (*en avion*) to switch over to manual; (*sur appareil photo*) to switch to manual **2** NM,F (= *travailleur*) manual worker; **ce n'est pas un ~** he's not very good with his hands **3** NM (= *livre*) manual **4** COMP ♦ **manuel de lecture** reader ♦ **manuel scolaire** textbook ♦ **manuel d'utilisation** instruction manual ♦ **manuel de l'utilisateur** user's manual

manuellement /manɥɛlmã/ ADV manually

manufacture /manyfaktyʀ/ NF ⓐ (= *usine*) factory ⓑ (= *fabrication*) manufacture

manufacturer /manyfaktyʀe/ /TABLE 1/ VT to manufacture

manu militari /manymilitaʀi/ ADV by force

manuscrit, e /manyskʀi, it/ **1** ADJ (= *écrit à la main*) handwritten; **pages ~es** manuscript pages **2** NM manuscript

manutention /manytãsjɔ̃/ NF (= *opération*) handling

manutentionnaire /manytãsjɔnɛʀ/ NMF packer

maous, -ousse＊ /maus/ ADJ [*personne*] hefty; [*animal, objet*] enormous

mappemonde /mapmɔ̃d/ NF (= *carte*) map of the world; (= *sphère*) globe

maqué, e‡ /make/ ADJ **il est déjà ~** he's already got a girlfriend

maquereau (*pl* **maquereaux**) /makʀo/ NM ⓐ (= *poisson*) mackerel ⓑ (= *proxénète*)‡ pimp

maquette /makɛt/ NF model; (= *mise en page*) layout

maquettiste /makɛtist/ NMF [*de modèles réduits*] model maker; [*de livre*] dummy maker

maquillage /makijaʒ/ NM (= *cosmétiques*) make-up

maquiller /makije/ /TABLE 1/ **1** VT ⓐ [+ *visage, personne*] to make up; **très maquillé** heavily made-up ⓑ [+ *document, vérité, faits*] to fake; [+ *résultats, chiffres*] to massage; [+ *voiture*] to disguise; **le meurtre avait été maquillé en accident** the murder had been made to look like an accident **2** VPR **se maquiller** to put on one's make-up; **se ~ les yeux** to put eye make-up on

maquilleur, -euse /makijœʀ, øz/ NM,F make-up artist

maquis /maki/ NM scrub; (*deuxième guerre mondiale*) maquis; **prendre le ~** to go underground

maquisard /makizaʀ/ NM member of the Resistance

marabout /maʀabu/ NM ⓐ (= *oiseau*) marabou ⓑ (= *sorcier*) marabout; (= *envoûteur*) witch doctor

maraîcher, -ère /maʀeʃe, ɛʀ/ **1** NM,F market gardener (*Brit*), truck farmer (*US*) **2** ADJ **culture maraîchère** market gardening (*NonC*) (*Brit*), truck farming (*NonC*) (*US*); **jardin ~** market garden (*Brit*), truck farm (*US*)

marais /maʀɛ/ NM (= *terrain*) marsh; **~ salant** salt marsh; (*exploité*) saltern

marasme /maʀasm/ NM slump

marathon /maʀatɔ̃/ NM marathon; **réunion-~** marathon meeting; **négociations-~** marathon talks

marathonien, -ienne /maʀatɔnjɛ̃, jɛn/ NM,F marathon runner

marauder /maʀode/ /TABLE 1/ VI [*personne*] to pilfer; [*taxi*] to cruise for fares

marbre /maʀbʀ/ NM ⓐ (= *pierre*) marble; **de** *ou* **en ~** marble; **rester de ~** to remain stony-faced; **ça l'a laissé de ~** it left him cold ⓑ (= *surface*) marble top; (= *statue*) marble statue

marbré, e /maʀbʀe/ ADJ [*papier*] marbled; [*peau*] blotchy; [*fromage*] veined; **gâteau ~** marble cake

marbrure /maʀbʀyʀ/ NF [*de papier, cuir*] marbling; **~s** [*de peau*] (*par le froid*) blotches; (*par un coup*) marks; [*de bois, surface*] mottling

marc /maʀ/ NM marc; **~ de café** (coffee) grounds; (= *eau de vie*) marc brandy

marcassin /maʀkasɛ̃/ NM young wild boar

marchand, e /maʀʃã, ãd/ **1** ADJ [*valeur*] market; [*prix*] trade; [*rue*] shopping; **navire ~** merchant ship

2 NM,F ⓐ (= *boutiquier*) shopkeeper; (*sur un marché*) stallholder; [*de vins, fruits*] merchant; [*de meubles, bestiaux, cycles*] dealer; **la ~e de chaussures me l'a dit** the woman in the shoe shop told me; **jouer à la ~e** to play shop (*Brit*) *ou* store (*US*)

ⓑ (= *boutique*) shop (*Brit*), store (*US*); **rapporte-le chez le ~** take it back to the shop

3 COMP ♦ **marchand ambulant** door-to-door salesman ♦ **marchand d'armes** arms dealer ♦ **marchand d'art** art dealer ♦ **marchand de biens** property agent ♦ **marchand de canons** arms dealer ♦ **marchand de frites** (= *camionnette*) chip van (*Brit*); (= *magasin*) chip shop (*Brit*) ♦ **marchand de fromages** cheese vendor ♦ **marchand de fruits** fruit seller ♦ **marchand de glaces** ice cream vendor ♦ **marchand de journaux** newsagent (*Brit*), newsdealer (*US*) ♦ **marchand de légumes** greengrocer (*Brit*), produce dealer (*US*) ♦ **marchand de meubles** furniture dealer ♦ **marchand de poissons** fish seller, fishmonger (*Brit*) ♦ **marchand des quatre saisons** stallholder selling fresh fruit and vegetables ♦ **marchand de sable** : **le ~ de sable est passé** it's bedtime ♦ **marchand de tableaux** art dealer ♦ **marchand de tapis** carpet dealer; **c'est un vrai ~ de tapis** he drives a really hard bargain

marchandage /maʀʃãdaʒ/ NM haggling

marchander /maʀʃãde/ /TABLE 1/ **1** VT [+ *objet*] to haggle over **2** VI to haggle

marchandise /maʀʃãdiz/ NF ⓐ (= *article, unité*) commodity; **~s** goods; **il a de la bonne ~** he has *ou* sells good stuff ⓑ (= *cargaison, stock*) **la ~** the merchandise; **vanter la ~** to show o.s. off to advantage

marche /maʀʃ/ **1** NF ⓐ (= *activité, Sport*) walking; **il fait de la ~** he goes walking; **chaussures de ~** walking shoes

(b) (= *trajet*) walk; **faire une longue ~** to go for a long walk; **le village est à deux heures de ~ d'ici** the village is a two-hour walk from here

(c) (= *mouvement*) march; **fermer la ~** to bring up the rear; **ouvrir la ~** to lead the way

(d) (= *fonctionnement*) running; **en état de ~** in working order; **en bon état de ~** in good working order; **assurer la bonne ~ d'un service** to ensure the smooth running of a service; **~/arrêt** on/off

(e) [*d'événements, opérations*] course; [*d'histoire, temps, progrès*] march

(f) (= *musique*) march

(g) (*d'escalier*) step; **attention à la ~** mind (*Brit*) *ou* watch (*US*) the step; **sur les ~s** (*de l'escalier*) on the stairs; (*de l'escalier extérieur, de l'escabeau*) on the steps

(h) ♦ **en marche**: **être en ~** [*personnes, armées*] to be on the move; [*moteur*] to be running; [*machine*] to be on; **se mettre en ~** [*personne*] to get moving; [*machine*] to start; **mettre en ~** [+ *moteur, voiture*] to start; [+ *machine*] to turn on; **remettre en ~** [+ *usine, machine*] to restart; **ne montez pas dans un véhicule en ~** do not board a moving vehicle; **j'ai pris le bus en ~** I jumped onto the bus while it was moving

2 COMP ♦ **marche arrière** (*sur voiture*) reverse; **entrer en ~ arrière** to reverse in; **sortir en ~ arrière** to reverse out; **faire ~ arrière** [*en voiture*] to reverse; (*fig*) to back-pedal ♦ **marche avant** forward ♦ **marche forcée** (*Mil*) forced march; **l'entreprise se modernise à ~ forcée** the company is undergoing a rapid modernization programme ♦ **marche à suivre** (= *procédure*) correct procedure; (= *mode d'emploi*) directions for use

marché /maʁʃe/ 1 NM (a) market; **~ aux fleurs** flower market; **~ au poissons** fish market; **aller au ~** to go to the market; **aller faire son ~** to go to the market; (*plus général*) to go shopping; **faire les ~s** to go round the markets; **lancer qch sur le ~** to launch sth on the market

(b) (= *transaction, contrat*) deal; **conclure un ~ avec qn** to make a deal with sb; **passer un ~ avec qn** to make a deal with sb; **~ conclu!** it's a deal!; **mettre le ~ en main à qn** to give sb an ultimatum

♦ **bon marché** cheap

♦ **meilleur marché** cheaper

2 COMP ♦ **marché des changes** foreign exchange market ♦ **le Marché commun** the Common Market ♦ **marché de devises** foreign exchange market ♦ **marché noir** black market; **faire du ~ noir** to buy and sell on the black market ♦ **marché aux puces** flea market ♦ **le marché du travail** the labour market ♦ **le marché unique européen** the single European market

marchepied /maʁʃəpje/ NM [*de train*] step; **servir de ~ à qn** to be a stepping stone for sb

marcher /maʁʃe/ /TABLE 1/ VI (a) to walk; [*soldats*] to march; **on marche sur la tête !** it's crazy!; **venez, on va ~ un peu** come on, let's go for a walk; **faire ~ un bébé** to help a baby walk; **c'est marche ou crève !** it's sink or swim!; **~ dans une flaque d'eau** to step in a puddle; « **défense de ~ sur les pelouses** » "keep off the grass"; **~ sur les pieds de qn** to tread on sb's toes; **ne te laisse pas ~ sur les pieds** don't let anyone tread on your toes

(b) (= *progresser*) **~ vers le succès** to be on the road to success; **~ sur une ville** to advance on a town

(c) (= *être dupe*)* **on lui raconte n'importe quoi et il marche** you can tell him anything and he'll swallow it*; **il n'a pas voulu ~ dans la combine** he didn't want to be involved in the affair; **faire ~ qn** (= *taquiner*) to pull sb's leg; (= *tromper*) to take sb for a ride*

(d) (= *fonctionner*) to work; [*affaires, études*] to go well; [*train*] to run; **faire ~** [+ *appareil*] to work; [+ *entreprise*] to run; **ça fait ~ les affaires** it's good for business; **ça marche à l'électricité** it's electric; **est-ce que le métro marche aujourd'hui ?** is the underground running today?; **les affaires marchent mal** business is bad; **son restaurant marche bien** his restaurant does good business; **le film a bien marché en Europe** the film was a big success in Europe; **il marche au whisky*** whisky keeps him going; **les études, ça marche ?***

how's college going?; **ça marche !** (*dans un restaurant*) coming up!; (= *c'est d'accord*) OK!*; **ça marche pour lundi*** Monday is fine

marcheur, -euse /maʁʃœʁ, øz/ NM,F walker

mardi /maʁdi/ NM Tuesday; **Mardi gras** Shrove Tuesday, Mardi Gras → **samedi**

mare /maʁ/ NF (a) (= *étang*) pond (b) (= *flaque*) pool; **~ de sang** pool of blood

marécage /maʁekaʒ/ NM marsh

marécageux, -euse /maʁekaʒø, øz/ ADJ [*terrain, zone*] marshy

maréchal (*pl* **-aux**) /maʁeʃal, o/ NM (*armée française*) marshal; (*armée britannique*) field marshal

maréchal-ferrant /maʁeʃalfeʁɑ̃/ (*pl* **maréchaux-ferrants** /maʁeʃofeʁɑ̃/) NM blacksmith

marée /maʁe/ NF (a) [*de mer*] tide; **à ~ montante** when the tide comes in; **à ~ descendante** when the tide goes out; **à ~ haute** at high tide; **à ~ basse** at low tide; **grande ~ spring** tide; **~ noire** oil slick; **ça sent la ~** it smells of the sea (b) [*de produits, touristes*] flood; **~ humaine** great flood of people (c) **poissons de mer** *ou* **la ~** the fresh catch

marelle /maʁɛl/ NF (= *jeu*) hopscotch

margarine /maʁgaʁin/ NF margarine

marge /maʁʒ/ 1 NF (a) [*de feuille*] margin; **dans la ~** in the margin

♦ **en marge** (*de page*) in the margin; **vivre en ~ de la société** to live on the fringe of society; **des réunions se sont déroulées en ~ de la conférence** fringe meetings took place during the conference; **événements en ~ du festival** fringe events

(b) (= *latitude*) **il y a de la ~** (*du temps*) there's time to spare; (*de l'espace*) there's plenty of room; (*de l'argent*) there's enough left over; **c'est une taille 42, j'ai de la ~ !** it's size 14, it's easily big enough for me!

2 COMP ♦ **marge bénéficiaire** profit margin ♦ **marge d'erreur** margin of error ♦ **marge de manœuvre** room for manoeuvre ♦ **marge de sécurité** safety margin

marginal, e (*mpl* **-aux**) /maʁʒinal, o/ 1 ADJ (a) (= *secondaire*) marginal; **ces critiques restent ~es** only a minority of people make these criticisms (b) (= *non conformiste*) unconventional; **groupe ~** marginal group; **les partis politiques plus marginaux** the more marginal political parties 2 NM,F (= *déshérité*) dropout; (= *non-conformiste*) unconventional figure

marginaliser /maʁʒinalize/ /TABLE 1/ 1 VT to marginalize 2 VPR **se marginaliser** to become marginalized

marginalité /maʁʒinalite/ NF marginality; **sombrer dans la ~** to become a dropout

marguerite /maʁgəʁit/ NF (= *fleur*) daisy

mari /maʁi/ NM husband

mariage /maʁjaʒ/ 1 NM (a) (= *cérémonie*) wedding; **grand ~** society wedding; **cadeau de ~** wedding present

(b) (= *institution, union*) marriage; **ils ont fêté leurs 20 ans de ~** they celebrated their 20th wedding anniversary; **il l'a demandée en ~** he asked if he could marry her; **donner qn en ~ à** to give sb in marriage to; **faire un riche ~** to marry into money; **hors ~** [*cohabitation*] outside of marriage; [*naissance, né*] out of wedlock; [*relations sexuelles*] extramarital

(c) [*de couleurs, parfums, matières*] blend; [*d'entreprises*] merger

2 COMP ♦ **mariage d'amour** love match; **faire un ~ d'amour** to marry for love ♦ **mariage d'argent** marriage for money ♦ **mariage blanc** (*non consommé*) unconsummated marriage; (*de convenance*) marriage of convenience ♦ **mariage en blanc** white wedding ♦ **mariage civil** civil wedding ♦ **mariage de raison** marriage of convenience ♦ **mariage religieux** church wedding

ⓘ **MARIANNE**
Marianne, a woman wearing a red cap of liberty, is the personification of the French republic. She appears on stamps, and there are busts of her in all town halls. Her features vary - film stars have been used as models for her.
▷ www.diplomatie.gouv.fr
▷ www.elysee.fr

marié, e /maʀje/ (*ptp de* **marier**) 1 ADJ married; **non ~** unmarried 2 NM groom; **les ~s** (*jour du mariage*) the bride and groom; (*après le mariage*) the newlyweds 3 NF **mariée** bride; **robe de ~e** wedding dress

marier /maʀje/ /TABLE 7/ 1 VT ⓐ [*maire, prêtre*] to marry; **demain, je marie mon frère** my brother's getting married tomorrow; **nous sommes mariés depuis 15 ans** we have been married for 15 years ⓑ [+ *couleurs, goûts, parfums, styles*] to blend 2 VPR **se marier** ⓐ [*personne*] to get married; **se ~ à** *ou* **avec qn** to get married to sb ⓑ [*couleurs, goûts, parfums, styles*] to blend; **le rose se marie très bien avec le noir** pink goes very well with black

marihuana, marijuana /maʀiʀwana/ NF marijuana

marin, e¹ /maʀɛ̃, in/ 1 ADJ [*air*] sea; [*carte*] maritime; [*faune, flore*] marine; **costume ~** sailor suit 2 NM sailor; **~ pêcheur** fisherman

marina /maʀina/ NF marina

marinade /maʀinad/ NF marinade; **~ de viande** meat in a marinade

marine² 1 NF ⓐ (= *flotte, administration*) navy; **terme de ~** nautical term; **au temps de la ~ à voiles** in the days of sailing ships; **~ marchande** merchant navy ⓑ (= *tableau*) seascape 2 NM (= *soldat*) (*britannique*) Royal Marine; (*américain*) Marine; **les ~s** the Marines 3 ADJ INV (*couleur*) navy blue

mariner /maʀine/ /TABLE 1/ 1 VT to marinade; (*dans la saumure*) to pickle; **harengs marinés** pickled herrings 2 VI ⓐ to marinade; **faire ~** to marinade ⓑ (= *attendre*)* to hang about*; **~ en prison** to stew* in prison; **faire ~ qn** (*à un rendez-vous*) to keep sb hanging about*; (*pour une décision*) to let sb stew*

maringouin /maʀɛ̃gwɛ̃/ NM (*Can*) mosquito

mariolle • /maʀjɔl/ NM **c'est un ~** (*qui plaisante*) he's a bit of a joker; (*incompétent*) he's a bungling idiot*; **fais pas le ~!** stop trying to be clever!

marionnette /maʀjɔnɛt/ NF (= *pantin*) puppet; **~ à fils** marionette; **~ à gaine** glove puppet; **(spectacle de) ~s** puppet show

marionnettiste /maʀjɔnetist/ NMF puppeteer

maritalement /maʀitalmɑ̃/ ADV **vivre ~** to live as husband and wife

maritime /maʀitim/ ADJ ⓐ (= *de bord de mer*) [*climat, province*] maritime; [*ville*] seaside ⓑ (= *de mer*) [*navigation*] maritime; [*commerce, agence, droit*] shipping; [*assurance*] marine; **une grande puissance ~** a great sea power

marjolaine /maʀʒɔlɛn/ NF marjoram

marketing /maʀketiŋ/ NM marketing; **~ téléphonique** telemarketing

marmaille • /maʀmɑj/ NF gang of kids; **toute la ~ était là** (*péj*) the whole brood was there

marmelade /maʀməlad/ NF stewed fruit; **~ de poires** stewed pears; **~ d'oranges** marmalade
♦ **en marmelade** [*légumes, fruits*] (*cuits*) cooked to a mush; (*crus*) reduced to a pulp; **avoir le nez en ~** to have one's nose reduced to a pulp

marmite /maʀmit/ NF pot; **une ~ de soupe** a pot of soup

marmonner /maʀmɔne/ /TABLE 1/ VTI to mutter; **~ dans sa barbe** to mutter into one's beard

marmot • /maʀmo/ NM kid

marmotte /maʀmɔt/ NF (= *animal*) marmot; (= *personne*) sleepyhead*

marmotter /maʀmɔte/ /TABLE 1/ VTI to mutter; **qu'est-ce que tu marmottes ?*** what are you muttering about?

Maroc /maʀɔk/ NM Morocco

marocain, e /maʀɔkɛ̃, ɛn/ 1 ADJ Moroccan 2 NM,F **Maro-**

cain(e) Moroccan

maroquin /maʀɔkɛ̃/ NM (= *cuir*) morocco leather

maroquinerie /maʀɔkinʀi/ NF (= *boutique*) shop selling fine leather goods; (= *métier*) fine leather craft; (= *préparation*) tanning; (= *articles*) fine leather goods

maroquinier /maʀɔkinje/ NM (= *marchand*) dealer in fine leather goods; (= *fabricant*) leather craftsman

marotte /maʀɔt/ NF (= *dada*) hobby; **encore une de ses ~s** another one of his daft ideas*

marquant, e /maʀkɑ̃, ɑ̃t/ ADJ [*figure, événement*] outstanding; [*souvenir*] vivid; **le fait le plus ~** the most significant fact

marque /maʀk/ 1 NF ⓐ (= *repère, trace*) mark; (= *preuve*) token; [*de livre*] bookmark; [*de linge*] name tab; **~s de doigts** fingermarks; **il portait des ~s de coups** he showed signs of having been beaten; **~ de confiance** mark of confidence
ⓑ (= *estampille*) [*d'or, argent*] hallmark; [*de meubles, œuvre d'art*] mark; [*de viande, œufs*] stamp; **la ~ du génie** the hallmark of genius
ⓒ (*Commerce*) [*de nourriture, produits chimiques*] brand; [*d'automobiles, produits manufacturés*] make; **une grande ~ de vin** a well-known brand of wine; **produits de ~** high-class products; **personnage de ~** VIP; **visiteur de ~** important visitor
ⓓ (= *décompte de points*) **la ~** the score; **tenir la ~** to keep the score; **mener à la ~** to be in the lead; **ouvrir la ~** to open the scoring
ⓔ (*Sport*) **à vos ~s ! prêts ! partez !** (*athlètes*) on your marks! get set! go!; (*enfants*) ready, steady, go! (*Brit*), ready, set, go! (*US*); **prendre ses ~s** (*fig*) to get one's bearings
2 COMP ♦ **marque de fabrique** trademark ♦ **marque d'origine** maker's mark ♦ **marque déposée** registered trademark

marqué, e /maʀke/ (*ptp de* **marquer**) ADJ ⓐ (= *accentué*) marked ⓑ (= *signalé*) **le prix ~** the price on the label; **c'est un homme ~** he's a marked man

marque-page (*pl* **marque-pages**) /maʀk(ə)paʒ/ NM bookmark

marquer /maʀke/ /TABLE 1/ VT ⓐ (*par un signe distinctif*) [+ *objet*] to mark; [+ *animal, criminel*] to brand; [+ *marchandise*] to label
ⓑ (= *indiquer*) to mark; [*thermomètre*] to show; [*balance*] to register; **~ sa page (avec un signet)** to mark one's page (with a bookmark); **j'ai marqué ce jour-là d'une pierre blanche** I'll remember it as a red-letter day; **marquez d'une croix l'emplacement du véhicule** mark the position of the vehicle with a cross; **la pendule marque 6 heures** the clock shows 6 o'clock; **robe qui marque la taille** dress which shows off the waistline; **~ sa désapprobation** to show one's disapproval
ⓒ (= *écrire*) to write down; **~ les points** to keep the score; **j'ai marqué 3 heures sur mon agenda** I've got 3 o'clock down in my diary; **qu'y a-t-il de marqué ?** what does it say?
ⓓ (= *affecter*) to mark; **il a marqué son époque** he really left his mark; **la souffrance l'a marqué** suffering has left its mark on him; **il est marqué par la vie** life has left its mark on him
ⓔ (*Sport*) [+ *joueur*] to mark; [+ *but, essai*] to score
ⓕ (*locutions*) **~ le coup*** (= *fêter un événement*) to mark the occasion; **~ un point (sur qn)** to score a point (against sb); **~ la mesure** to keep the beat; **~ le pas** to mark time; **~ un temps d'arrêt** to pause momentarily
2 VI [*événement, personnalité*] to stand out; **ne pose pas le verre sur la table, ça marque** don't put the glass down on the table, it will leave a mark

marqueté, e /maʀkəte/ ADJ [*bois*] inlaid

marqueterie /maʀkɛtʀi/ NF marquetry; **table en ~** marquetry table

marqueur, -euse /maʀkœʀ, øz/ 1 NM,F [*de points*] scorekeeper; (= *buteur*) scorer 2 NM ⓐ (= *stylo*) felt-tip pen; (*indélébile*) marker pen ⓑ (= *substance radioactive*) tracer; **~ génétique** genetic marker

marquis /maʀki/ NM marquis

marquise /maʀkiz/ NF ⓐ (= *noble*) marchioness ⓑ (= *auvent*) glass canopy; (= *tente de jardin*) marquee (*Brit*), garden tent (*US*) ⓒ (= *gâteau*) chocolate charlotte

marraine /maʀɛn/ NF [*d'enfant*] godmother; [*de navire*] christener; (*dans un club*) sponsor

marrant, e* /maʀɑ̃, ɑ̃t/ ADJ funny; **il n'est pas ~** (*ennuyeux, triste*) he's not much fun; (*empoisonnant*) he's a pain in the neck*; **tu es ~, toi! comment vais-je faire sans voiture?** come on! what am I going to do without a car?

marre: /maʀ/ ADV **en avoir ~** to be fed up* (**de** with); **il y en a ~!** that's enough!

marrer (se): /maʀe/ /TABLE 1/ VPR to laugh; **on s'est bien marré!** (= *on a ri*) we had a good laugh!*; (= *on s'est bien amusés*) we had a great time!; **on ne se marre pas tous les jours au boulot!** work isn't always a laugh a minute!; **faire marrer qn** to make sb laugh

marron /maʀɔ̃/ 1 NM ⓐ (= *fruit*) chestnut; **~s chauds** roast chestnuts ⓑ (= *couleur*) brown ⓒ (= *coup*): thump; **tu veux un ~?** do you want a thick ear?* (*Brit*) 2 ADJ INV (= *couleur*) brown 3 COMP ♦ **marron glacé** marron glacé ♦ **marron d'Inde** horse chestnut

marronnier /maʀɔnje/ NM chestnut tree; **~ d'Inde** horse chestnut tree

Mars /maʀs/ NM Mars

mars /maʀs/ NM (= *mois*) March → **septembre**

marseillais, e /maʀsɛjɛ, ɛz/ 1 ADJ of *ou* from Marseilles 2 NM,F **Marseillais(e)** inhabitant *ou* native of Marseilles 3 NF **la Marseillaise** the Marseillaise (*French national anthem*)

Marseille /maʀsɛj/ N Marseilles

marsouin /maʀswɛ̃/ NM (= *animal*) porpoise

marsupial (*mpl* **-iaux**) /maʀsypjal, jo/ NM marsupial

marte /maʀt/ NF marten

marteau (*pl* **marteaux**) /maʀto/ NM (= *outil*) hammer; [*de président, juge*] gavel; **il l'a cassé à coups de ~** he broke it with a hammer; **donner un coup de ~ sur qch** to hit sth with a hammer; **enfoncer qch à coups de ~** to hammer sth in ♦ **marteau pneumatique** pneumatic drill

marteau-pilon (*pl* **marteaux-pilons**) /maʀtopilɔ̃/ NM power hammer

marteau-piqueur (*pl* **marteaux-piqueurs**) /maʀtopikœʀ/ NM pneumatic drill

marteler /maʀtəle/ /TABLE 5/ VT to hammer; [+ *thème, message*] to drum out; **~ ses mots** to hammer out one's words

martial, e (*mpl* **-iaux**) /maʀsjal, jo/ ADJ [*art*] martial

martien, -ienne /maʀsjɛ̃, jɛn/ ADJ, NM,F Martian

martinet /maʀtinɛ/ NM (= *oiseau*) swift

martiniquais, e /maʀtinikɛ, ɛz/ 1 ADJ of *ou* from Martinique 2 NM,F **Martiniquais(e)** inhabitant *ou* native of Martinique

Martinique /maʀtinik/ NF Martinique

martin-pêcheur (*pl* **martins-pêcheurs**) /maʀtɛ̃pɛʃœʀ/ NM kingfisher

martre /maʀtʀ/ NF marten

martyr, e¹ /maʀtiʀ/ 1 ADJ martyred; **enfant ~** battered child 2 NM,F martyr; **c'est le ~ de la classe** he's always being bullied by the rest of the class

martyre² /maʀtiʀ/ NM (= *supplice*) martyrdom; **mettre au ~** to torture

martyriser /maʀtiʀize/ /TABLE 1/ VT ⓐ [+ *personne, animal*] to torture; [+ *élève*] to bully; [+ *enfant, bébé*] to batter ⓑ (*Rel*) to martyr

marxisme /maʀksism/ NM Marxism

marxiste /maʀksist/ ADJ, NMF Marxist

mas /mɑ(s)/ NM *house in Provence*

mascara /maskaʀa/ NM mascara

mascarade /maskaʀad/ NF (= *tromperie*) masquerade; **ce procès est une ~** this trial is a farce

mascotte /maskɔt/ NF mascot

masculin, e /maskylɛ̃, in/ 1 ADJ ⓐ (= *d'homme*) male; [*mode*] men's; [*femme, silhouette*] masculine; **voix ~e** [*d'homme*] male voice; (*virile*) manly voice; [*de femme*] masculine voice; **l'équipe ~e** the men's team ⓑ (*Gram*) masculine 2 NM masculine; **«fer» est ~** "fer" is masculine

maso* /mazo/ 1 ADJ masochistic; **il est complètement ~!** he's a glutton for punishment! 2 NMF masochist

masochisme /mazɔʃism/ NM masochism

masochiste /mazɔʃist/ 1 ADJ masochistic 2 NMF masochist

masque /mask/ NM ⓐ (= *objet*) mask; **~ de plongée** diving mask; **~ à gaz** gas mask; **~ à oxygène** oxygen mask ⓑ (= *cosmétique*) **~ de beauté** face pack; **~ nettoyant** cleansing mask; **se faire un ~** to put on a face pack

masqué, e /maske/ (*ptp de* **masquer**) ADJ [*bandit*] masked; [*personne déguisée*] wearing a mask; **s'avancer ~** (*fig*) to hide one's hand; **virage ~** blind corner

masquer /maske/ /TABLE 1/ VT (= *cacher*) to mask (**à qn** from sb); [+ *lumière*] to screen; [+ *vue*] to block out; **ça masque le goût du poisson** it masks the fishy flavour

massacre /masakʀ/ NM [*de personnes*] massacre; [*d'animaux*] slaughter (*NonC*); **ce fut un véritable ~** it was sheer butchery; **envoyer des soldats au ~** to send soldiers to the slaughter; **le ~ des bébés phoques** seal culling; **c'est un vrai ~!*** (= *défaite sportive*) what a massacre!*; **faire un ~*** [*spectacle, chanteur*] to be a roaring success*; **je vais faire un ~!*** I'm going to kill somebody!

massacrer /masakʀe/ /TABLE 1/ 1 VT ⓐ (= *tuer*) [+ *personnes*] to massacre; [+ *animaux*] to slaughter ⓑ (= *saboter*)* [+ *opéra, pièce*] to murder; [+ *travail*] to make a mess of; (= *mal découper, scier*) [+ *viande, planche*] to hack to bits ⓒ (= *vaincre*) [+ *adversaire*]* to massacre ⓓ (= *éreinter*) [+ *œuvre, auteur*]* to tear to pieces 2 VPR **se massacrer** to massacre one another

massage /masaʒ/ NM massage; **faire un ~ à qn** to give sb a massage

masse /mas/ 1 NF ⓐ (= *volume*) mass; (= *forme*) massive shape; **~ d'eau** [*de lac*] expanse of water; [*de chute*] mass of water; **~ de nuages** bank of clouds; **~ d'air** air mass; **~ musculaire** muscle mass; **taillé dans la ~** carved from the block; **tomber comme une ~** to slump down in a heap ⓑ (= *foule*) **les ~s** the masses; **les ~s populaires** the masses; **la grande ~ des étudiants** the great majority of students; **psychologie des ~s** mass psychology; **tourisme de ~** mass tourism; **production de ~** mass production ⓒ (*Élec*) earth (*Brit*), ground (*US*); **mettre à la ~** to earth (*Brit*), to ground (*US*); **faire ~** to act as an earth (*Brit*) *ou* a ground (*US*); **être à la ~*** (= *fatigué*) to be out of it* ⓓ (= *maillet*) sledgehammer; **ça a été le coup de ~!** (*choc émotif*) it was quite a blow!; (*prix excessif*) it cost a bomb!* ⓔ (*locutions*)

♦ **des masses*** masses of; **tu as aimé ce film? — pas des ~s!** did you like that film? — not much!; **il n'y en a pas des ~s** [*d'eau, argent*] there isn't much; [*de chaises, spectateurs*] there aren't many

♦ **en masse** [*exécutions, production*] mass (*avant le nom*); **arrivée en ~** arrival en masse; **produire en ~** to mass-produce; **acheter en ~** to buy in huge quantities; **protester en ~** to hold a mass protest; **ils sont venus en ~ à son concert** people flocked to his concert

2 COMP ♦ **masse monétaire** money supply ♦ **masse salariale** wage bill

masser /mase/ /TABLE 1/ 1 VT ⓐ (= *faire un massage à*) [+ *personne, muscle*] to massage; **se faire ~** to have a massage ⓑ (= *grouper*) to gather together; [+ *troupes*] to mass 2 VPR **se masser** ⓐ [*personne*] to massage o.s.; **se ~ la cheville** to massage one's ankle ⓑ [*foule*] to gather

masseur /masœʀ/ NM (= *personne*) masseur; (= *machine*) massager; **~-kinésithérapeute** physiotherapist

masseuse /masøz/ NF masseuse

massif, -ive /masif, iv/ 1 ADJ ⓐ (*d'aspect*) [*meuble, bâtiment, porte*] massive; [*personne*] sturdily built ⓑ (= *pur*) **or ~** solid gold; **chêne ~** solid oak ⓒ (= *en masse*) [*afflux, bombardements, dose, vote*] massive ⓓ (= *de nombreuses personnes*) [*arrestations, licenciements, exode, manifestation*] mass; **armes de destruction massive** weapons of mass destruction; **l'arrivée massive des réfugiés** the mass influx of refugees

2 NM ⓐ (*montagneux*) massif; **le Massif central** the Massif Central ⓑ [*d'arbres*] clump; **~ de fleurs** flower bed

massivement /masivmã/ ADV ⓐ [*démissionner, partir, répondre*] en masse; **ils ont ~ approuvé le projet** the overwhelming majority was in favour of the project ⓑ [*injecter, administrer*] in massive doses; [*investir*] heavily

mass media /masmedja/ NMPL mass media

massue /masy/ NF club; **ça a été le coup de ~!** (*très cher*) it cost a bomb!*; (*choc émotif*) it was quite a blow!

mastère /mastɛʀ/ NM ≈ master's degree

mastic /mastik/ NM [*de vitrier*] putty; [*de menuisier*] filler

mastiquer /mastike/ /TABLE 1/ VT (= *mâcher*) to chew

mastoc * /mastɔk/ ADJ INV hefty*

mastodonte /mastɔdɔ̃t/ NM (= *personne*) colossus; (= *animal*) monster; (= *véhicule*) huge vehicle; (= *firme*) mammoth company

masturbation /mastyʀbasjɔ̃/ NF masturbation

masturber (se) /mastyʀbe/ /TABLE 1/ VPR to masturbate

m'as-tu-vu, e * /matyvy/ NM,F INV show-off*; **il est du genre ~** he's a real show-off*

mat¹ /mat/ ADJ INV (*aux échecs*) **être ~** to be in checkmate; **~!** checkmate!; **il a fait ~ en 12 coups** he got checkmate in 12 moves

mat², e /mat/ ADJ (= *sans éclat*) matt; **bruit ~** dull noise; **avoir la peau ~e** to have a dark complexion; **avoir le teint ~** to have a dark complexion

mat' * /mat/ NM ABBR = **matin**

mât /mɑ/ NM [*de bateau*] mast; **grand ~** mainmast

match /matʃ/ NM (*Sport*) match; **~ aller** first-leg match; **~ retour** return match; **~ nul** tie; **ils ont fait ~ nul** they tied; **ils ont fait ~ nul 0 à 0** it was a nil-nil (*Brit*) draw, they tied at zero all (*US*); **ils ont fait ~ 2 à 2** it was a 2-all draw (*Brit*), they tied at 2-all (*US*); **~ à l'extérieur** away match; **~ à domicile** home match; **faire un ~ de volley-ball** to play a volleyball match

matelas /mat(ə)la/ NM [*de lit*] mattress; **~ à ressorts** sprung mattress; **~ pneumatique** (= *lit*) air bed; (*de plage*) Lilo® (*Brit*), air mattress (*US*)

matelassé, e /mat(ə)lase/ ADJ [*vêtement*] quilted

matelot /mat(ə)lo/ NM (= *marin*) sailor

mater /mate/ /TABLE 1/ VT ⓐ (= *réprimer*) [+ *rebelles*] to subdue; [+ *enfant*] to take in hand; [+ *révolution*] to suppress ⓑ (= *regarder*)‡ to eye up*

matérialiser /mateʀjalize/ /TABLE 1/ VT ⓐ [+ *projet*] to carry out; [+ *promesse, doute*] to realize ⓑ [+ *frontière*] to mark; **« chaussée non matérialisée »** "unmarked road" 2 VPR **se matérialiser** to materialize

matérialisme /mateʀjalism/ NM materialism

matérialiste /mateʀjalist/ ADJ materialistic

matériau (*pl* **matériaux**) /mateʀjo/ NM material; **~x de construction** building materials

matériel, -elle /mateʀjɛl/ 1 ADJ ⓐ [*dégâts, monde, preuve, bien-être, confort*] material; [*plaisirs, biens, préoccupations*] worldly ⓑ (= *financier*) [*gêne, problèmes*] financial; (= *pratique*) [*organisation, obstacles*] practical; **aide matérielle** material aid; **de nombreux avantages ~s** a large number of material advantages

2 NM equipment (*NonC*); (= *documentation*) material; **~ de camping** camping equipment; **~ de bureau** office equipment; **~ pédagogique** teaching aids; **~ scolaire** (= *livres, cahiers*) school materials; (= *pupitres, projecteurs*) school equipment

3 COMP ♦ **matériel informatique** hardware

matériellement /mateʀjɛlmã/ ADV ⓐ (= *physiquement*) physically ⓑ (= *financièrement*) financially

maternel, -elle /mateʀnɛl/ 1 ADJ ⓐ (= *d'une mère*) [*instinct, amour*] maternal; (= *comme d'une mère*) [*geste, soin*]

motherly; **lait ~** mother's milk; **école ~le** nursery school ⓑ (= *de la mère*) **du côté ~** on one's mother's side; **mon grand-père ~** my grandfather on my mother's side 2 NF **maternelle** (= *école*) nursery school; **il est à la** *ou* **en ~le** he's at nursery school

materner /mateʀne/ /TABLE 1/ VT (= *dorloter*) to mother; (= *mâcher le travail à*) to spoonfeed

maternité /mateʀnite/ NF ⓐ (= *hôpital*) maternity hospital ⓑ (= *état de mère*) maternity; (= *période*) pregnancy

math * /mat/ NFPL (ABBR = **mathématiques**) maths* (*Brit*), math* (*US*); **être en ~ sup** to be in the first year advanced maths class preparing for the Grandes Écoles; **être en ~ spé** to be in the second year advanced maths class preparing for the Grandes Écoles

mathématicien, -ienne /matematisjɛ̃, jɛn/ NM,F mathematician

mathématique /matematik/ 1 ADJ mathematical; **c'est ~!** (= *sûr*) it's bound to happen!; (= *logique*) it's logical! 2 NF mathematics (*sg*) 3 NFPL **mathématiques** mathematics (*sg*)

mathématiquement /matematikmã/ ADV mathematically; **~, il n'a aucune chance** statistically he hasn't a hope

matheux, -euse * /matø, øz/ NM,F (= *étudiant*) maths (*Brit*) *ou* math (*US*) student; **je ne suis pas un ~** I'm no good at maths

maths * /mat/ NFPL = **math**

Mathusalem /matyzalɛm/ NM Methuselah; **ça date de ~*** [*situation*] it goes back a long way; [*objet*] it's as old as the hills

matière /matjɛʀ/ 1 NF ⓐ (= *substance*) **la ~** matter; **~s dangereuses** hazardous materials ⓑ (= *sujet*) matter ⓒ (= *discipline scolaire*) subject; **il est bon dans toutes les ~s** he is good at all subjects; **il est très ignorant en la ~** he is completely ignorant on the subject; **en ~ commerciale** as far as trade is concerned; **il y a là ~ à réflexion** this is a matter for serious thought; **entrée en ~** introduction; **~ principale** (*à l'université*) main subject (*Brit*), major (*US*); **~ secondaire** subsidiary (*Brit*), minor (*US*)

2 COMP ♦ **matière(s) grasse(s)** fat; **yaourt à 15% de ~ grasse** yoghurt with 15% fat content ♦ **matière grise** grey (*Brit*) *ou* gray (*US*) matter; **faire travailler sa ~ grise** to use one's grey matter ♦ **matière plastique** plastic; **en ~ plastique** plastic ♦ **matière première** raw material

Matignon /matiɲɔ̃/ NM *the offices of the French Prime Minister*

matin /matɛ̃/ NM morning; **par un ~ de juin** one June morning; **le 10 au ~** on the morning of the 10th; **2 heures du ~** 2 am; **je suis du ~** (= *actif dès le matin*) I'm a morning person; (= *de l'équipe du matin*) I work mornings; **du ~ au soir** from morning till night; **je ne travaille que le ~** I only work in the morning; **à prendre ~, midi et soir** to be taken three times a day; **jusqu'au ~** until morning; **de bon ~** early in the morning; **nous avons parlé jusqu'au petit ~** we talked into the small hours

matinal, e (*mpl* **-aux**) /matinal, o/ ADJ ⓐ [*tâches, toilette*] morning; **gelée ~e** early-morning frost; **heure ~e** early hour ⓑ **être ~** to be up early; **il est bien ~ aujourd'hui** he's up early today

matinée /matine/ NF ⓐ (= *matin*) morning; **je le verrai demain dans la ~** I'll see him sometime tomorrow morning; **en début de ~** at the beginning of the morning; **en fin de ~** at the end of the morning ⓑ (*Ciné, Théât*) matinée; **j'irai en ~** I'll go to the matinée; **~ enfantine** children's matinée

matos * /matos/ NM equipment (*NonC*)

matou /matu/ NM tomcat

matraquage /matrakaʒ/ NM ⓐ (*par la police*) beating (*with a truncheon*) ⓑ (*par les médias*) plugging; **le ~ publicitaire** media hype*

matraque /matrak/ NF [*de police*] baton; [*de malfaiteur*] club; **coup de ~** blow with a baton; **ça a été le coup de ~***

(*cher*) it cost a bomb*; (*inattendu*) it was a bolt from the blue

matraquer /matʀake/ /TABLE 1/ VT ⓐ [*police*] to beat up (with *a truncheon*); [*malfaiteur*] to club ⓑ (= *escroquer*)* ~ **le client** to fleece* customers; **se faire ~*** to get ripped off* ⓒ (*Presse, Radio*) [+ *chanson, produit, publicité*] to plug; [+ *public*] to bombard (**de** with)

matriarcal, e (*mpl* **-aux**) /matʀijaʀkal, o/ ADJ matriarchal

matrice /matʀis/ NF (= *utérus*) womb

matricule /matʀikyl/ NM reference number; [*de soldat*] regimental number

matrimonial, e (*mpl* **-iaux**) /matʀimɔnjal, jo/ ADJ matrimonial → **agence**

Matthieu /matjø/ NM Matthew

matu• /maty/ NF ABBR (*Helv Scol*) = **maturité**

mature /matyʀ/ ADJ [*personne*] mature

maturité /matyʀite/ NF ⓐ [*de personne*] maturity; **arriver à ~** [*fruit*] to become ripe; [*plante*] to reach maturity; [*idée*] to come to maturity; **manquer de ~** to be immature; **il fait preuve d'une grande ~** he's very mature ⓑ (*Helv* = *baccalauréat*) ≈ A-levels (*Brit*), ≈ high school diploma (*US*)

maudire /modiʀ/ /TABLE 2/ VT to curse; **maudit soit le jour où …** cursed be the day on which …; **soyez maudit !** curse you!

maudit, e /modi, it/ (*ptp de* **maudire**) 1 ADJ ⓐ (= *fichu*: *avant le nom*)* blasted* ⓑ **poète ~** accursed poet 2 NM,F damned soul; **les ~s** the damned

maugréer /mogʀee/ /TABLE 1/ VI to grumble (**contre** about)

maul /mol/ NM (*Rugby*) maul; **faire un ~** to maul

maure, mauresque /mɔʀ, mɔʀesk/ ADJ Moorish

mauricien, -ienne /mɔʀisjɛ̃, jɛn/ 1 ADJ Mauritian 2 NM,F **Mauricien(ne)** Mauritian

Mauritanie /mɔʀitani/ NF Mauritania

mauritanien, -ienne /mɔʀitanjɛ̃, jɛn/ 1 ADJ Mauritanian 2 NM,F **Mauritanien(ne)** Mauritanian

mausolée /mozole/ NM mausoleum

maussade /mosad/ ADJ [*personne*] sullen; [*ciel, temps, paysage*] gloomy; [*conjoncture*] bleak; [*marché*] sluggish; **d'un air ~** sullenly

mauvais, e /mɔvɛ, ɛz/ 1 ADJ ⓐ bad; **~e excuse** poor excuse; **un ~ contact** a faulty connection; **la balle est ~e** the ball is out; **il est ~ en géographie** he's bad at geography; **ce n'est pas ~ !** it's not bad!; **la soupe a un ~ goût** the soup has an unpleasant taste; **ce n'est qu'un ~ moment à passer** it's just a bad patch you've got to get through; **la mer est ~e** the sea is rough; **c'est ~ pour la santé** it's bad for your health; **il a fait une ~e grippe** he's had a bad attack of flu; **il l'a trouvé ~e*** he didn't appreciate it one little bit; **il fait ~ aujourd'hui** the weather's bad today ⓑ (= *faux*) [*méthode, moyens, direction, date, choix*] wrong; **il roulait sur le ~ côté de la route** he was driving on the wrong side of the road; **il a choisi le ~ moment** he picked the wrong time ⓒ (= *méchant*) [*sourire, regard*] nasty; [*personne, joie*] malicious; **ce n'est pas un ~ garçon** he's not a bad boy

2 COMP ♦ **mauvais coup : recevoir un ~ coup** to get a nasty blow; **faire un ~ coup** to play a mean trick (**à qn** on sb) ♦ **mauvaise graine : c'est de la ~e graine** he's (*ou* she's *ou* they're) a bad lot (*Brit*) *ou* seed (*US*) ♦ **mauvaise herbe** weed; **enlever** *ou* **arracher les ~es herbes du jardin** to weed the garden ♦ **mauvais pas : tirer qn d'un ~ pas** to get sb out of a tight spot ♦ **mauvais plaisant** hoaxer ♦ **mauvaise plaisanterie** rotten trick ♦ **mauvais sort** misfortune ♦ **mauvaise tête : c'est une ~ tête** he's headstrong; **faire la ~e tête** (= *être difficile*) to be awkward ♦ **mauvais traitement** ill treatment; **subir de ~ traitements** to be ill-treated; **~ traitements à enfants** child abuse; **faire subir des ~ traitements à** to ill-treat

mauve /mov/ ADJ, NM (= *couleur*) mauve

mauviette /movjɛt/ NF wimp*

maux /mo/ NMPL → **mal**

max• /maks/ 1 ADV max*; **à 8 heures ~** at 8 o'clock at the latest

2 NM **il a pris le ~** [*condamné*] they threw the book at him* ♦ **un max** [*dépenser*] a hell of a lot*; **ça coûte un ~** it costs a packet*; **il se fait un ~ de fric** he makes loads* of money; **il m'agace un ~** he drives me up the wall*

maxi /maksi/ 1 PRÉF **maxi(-)** maxi; **~bouteille** giant-size bottle 2 ADJ INV ⓐ (= *maximum*)* maximum ⓑ (= *long*) **jupe ~** maxi-skirt 3 NM (= *mode*) maxi; (= *disque*) EP

maximal, e (*mpl* **-aux**) /maksimal, o/ ADJ maximum; **il a été condamné à la peine ~e** he was given the maximum sentence; **la température ~e a été de 33 degrés** the maximum temperature was 33° C

maxime /maksim/ NF maxim

maximiser /maksimize/ /TABLE 1/ VT to maximize

maximum /maksimɔm/ 1 ADJ maximum; **la température ~** the maximum temperature; **j'en ai pour deux heures ~** I'll be two hours maximum; **dans un délai ~ de dix jours** within ten days at the latest

2 NM maximum; (= *peine*) maximum sentence; **faire son ~** to do one's utmost (**pour** to); **atteindre son ~** [*production*] to reach its maximum; [*valeur*] to reach its maximum point; **il y a un ~ de frais sur un bateau** boats cost a fortune to run ♦ **au maximum** at the maximum; **sa radio était au ~** his radio was on full; **au ~ de ses capacités** [*employé, sportif*] stretched to one's limits; [*usine, chaîne hi-fi*] at maximum capacity

3 ADV at the maximum; **à six heures ~** at six o'clock at the latest

maya /maja/ ADJ Mayan

mayonnaise /majɔnɛz/ NF mayonnaise; **œufs ~** eggs mayonnaise

mazout /mazut/ NM heating oil; **poêle à ~** oil-fired stove

mazouté, e /mazute/ ADJ [*mer, plage*] oil-polluted; [*oiseaux*] oil-covered

MCJ /ɛmseʒi/ NF (ABBR = **maladie de Creutzfeldt-Jakob**) CJD

Me (ABBR = **Maître**) *barrister's title*; **Me Marlon** ≈ Mr (*ou* Mrs) Marlon QC (*Brit*)

me, m' /m(ə)/ PRON PERS ⓐ (*objet*) me; **me voyez-vous ?** can you see me?; **elle m'attend** she is waiting for me; **il me l'a dit** he told me about it; **il me l'a donné** he gave it to me; **va me fermer cette porte !** shut the door, would you! ⓑ (*réfléchi*) myself; **je me regardais dans le miroir** I was looking at myself in the mirror

méandre /meɑ̃dʀ/ NM [*de fleuve*] meander; **se perdre dans les ~s administratifs** to get lost in the maze of the administrative system

mec: /mɛk/ NM ⓐ (= *homme*) guy*; **ça va, les ~s ?** how's it going guys?*; **ça c'est un ~ !** he's a real man!; **c'est des histoires de ~s** it's man talk* ⓑ (= *compagnon*) **son ~** her man*

mécanicien, -ienne /mekanisjɛ̃, jɛn/ NM,F ⓐ [*de voitures*] mechanic; **ouvrier ~** garage hand; **ingénieur ~** mechanical engineer ⓑ [*d'avion, bateau*] engineer ⓒ [*de train*] train driver (*Brit*), engineer (*US*)

mécanique /mekanik/ 1 ADJ mechanical; [*jouet*] clockwork; **les industries ~s** mechanical engineering industries; **avoir des ennuis ~s** (*sur voiture*) to have engine trouble; (*sur avion*) to have mechanical problems; **sports ~s** motor sports; **un geste ~** a mechanical gesture 2 NF ⓐ (= *activité, discipline*) mechanical engineering; (= *système*) mechanics (*sg*); **il fait de la ~** (*sur sa voiture*) he's tinkering with his car ⓑ (= *mécanisme*) **c'est une belle ~** this car is a fine piece of engineering

mécaniquement /mekanikmɑ̃/ ADV mechanically

mécanisation /mekanizasjɔ̃/ NF mechanization

mécaniser /mekanize/ /TABLE 1/ VT to mechanize

mécanisme /mekanism/ NM mechanism

mécano• /mekano/ NM ABBR = **mécanicien**

mécénat /mesena/ NM patronage; ~ **d'entreprise** corporate sponsorship

mécène /mesɛn/ NM patron

méchamment /meʃamɑ̃/ ADV ⓐ (= *cruellement*) spitefully ⓑ (= *très*)* ~ **bon** fantastically* good; ~ **abîmé** really badly damaged; **il a été ~ surpris** he got one hell* of a surprise

méchanceté /meʃɑ̃ste/ NF ⓐ (= *caractère*) nastiness; **faire qch par ~** to do sth out of spite ⓑ (= *action*) nasty action; (= *parole*) nasty remark; **dire des ~s à qn** to say nasty things to sb

méchant, e /meʃɑ̃, ɑ̃t/ 1 ADJ ⓐ [*personne*] nasty; [*enfant*] naughty; [*intention*] malicious; **devenir ~** to turn nasty; **arrête, tu es ~** stop it, you're being nasty; **il n'est pas ~** he's not such a bad fellow ⓑ (= *dangereux, désagréable*) **ce n'est pas bien ~*** it's nothing to worry about; **de ~e humeur** in a foul mood 2 NM,F **tais-toi, ~!** be quiet you naughty boy!; **les ~s** the wicked; (*dans un film*) the bad guys*

mèche /mɛʃ/ NF ⓐ [*de cheveux*] tuft of hair; (*sur le front*) lock of hair; **~s folles** straggling wisps of hair; **~ rebelle** stray lock of hair; **se faire faire des ~s** to have highlights put in one's hair ⓑ [*de bougie, briquet, lampe*] wick; [*de bombe, mine*] fuse; [*de canon*] match ⓒ [*de perceuse*] bit ⓓ (*locutions*) **il a vendu la ~** he gave the game away*; **être de ~ avec qn*** to be in cahoots with sb*; **un employé de la banque devait être de ~** a bank employee must have been in on it*

méchoui /meʃwi/ NM (= *repas*) barbecue of a whole roast sheep

méconnaissable /mekɔnesabl/ ADJ unrecognizable

méconnaissance /mekɔnesɑ̃s/ NF (= *ignorance*) ignorance; **il fait preuve d'une ~ totale de la situation** he knows absolutely nothing about the situation

méconnaître /mekɔnɛtʀ/ /TABLE 57/ VT (*frm*) ⓐ (= *ignorer*) [+ *faits*] to be unaware of ⓑ (= *mésestimer*) to misjudge; [+ *mérites*] to underrate

méconnu, e /mekɔny/ (*ptp de* **méconnaître**) ADJ [*talent, génie*] unrecognized; [*musicien, écrivain*] underrated

mécontent, e /mekɔ̃tɑ̃, ɑ̃t/ 1 ADJ (= *insatisfait*) dissatisfied (**de** with); (= *contrarié*) annoyed (**de** with); **il a l'air très ~** he looks very annoyed; **je ne suis pas ~ de cette voiture** I'm quite happy with this car 2 NM,F **cette décision va faire des ~s** this decision is going to make some people very unhappy

mécontentement /mekɔ̃tɑ̃tmɑ̃/ NM discontent; (= *déplaisir*) dissatisfaction; (= *irritation*) annoyance; **motif de ~** cause for dissatisfaction; **provoquer un vif ~** to cause considerable discontent (**chez** among)

mécontenter /mekɔ̃tɑ̃te/ /TABLE 1/ VT to displease

Mecque /mɛk/ NF **La ~** Mecca; **ces îles sont la ~ des surfeurs** these islands are a Mecca for surfers

médaille /medaj/ NF ⓐ (= *pièce, décoration*) medal; **elle est ~ d'argent** she's a silver medallist ⓑ [*de chien*] identification disc

médaillé, e /medaje/ 1 ADJ decorated (*with a medal*); [*sportif*] holding a medal 2 NM,F medal-holder; **il est ~ olympique** he is an Olympic medallist

médaillon /medajɔ̃/ NM ⓐ (= *portrait*) medallion; (= *bijou*) locket ⓑ (= *viande*) medallion

médecin /med(ə)sɛ̃/ NM doctor; **femme ~** woman doctor; **votre ~ traitant** your doctor ◆ **médecin de famille** GP ◆ **médecin généraliste** general practitioner ◆ **médecin légiste** forensic scientist ◆ **médecin scolaire** school doctor ◆ **médecin du travail** company doctor

médecine /med(ə)sin/ NF medicine; **faire des études de ~** to study *ou* do medicine; **faire (sa) ~** to study *ou* do medicine ◆ **médecine douce** alternative medicine ◆ **médecine générale** general medicine ◆ **médecine légale** forensic medicine ◆ **médecine libérale** *medicine as practised by doctors in private practice* ◆ **médecine du travail** occupational medicine ◆ **médecine de ville** *medicine as practised in general practices in towns*

média /medja/ NM medium; **les ~s** the media

médiateur, -trice /medjatœʀ, tʀis/ NM,F mediator; (*entre partenaires sociaux*) arbitrator

médiathèque /medjatɛk/ NF multimedia library

médiation /medjasjɔ̃/ NF mediation; (*entre partenaires sociaux*) arbitration; **tenter une ~ entre deux parties** to attempt to mediate between two parties

médiatique /medjatik/ ADJ [*image, couverture, battage*] media (*avant le nom*); **c'est quelqu'un de très ~** he comes across really well in the media; **sport très ~** sport that lends itself to media coverage

médiatisation /medjatizasjɔ̃/ NF media coverage

médiatiser /medjatize/ /TABLE 1/ VT **cet événement a été très médiatisé** the event was given a lot of media coverage

médical, e (*mpl* -**aux**) /medikal, o/ ADJ medical

médicalement /medikalmɑ̃/ ADV medically

médicaliser /medikalize/ /TABLE 1/ VT ⓐ [+ *région, population*] to provide with medical care; **la distribution médicalisée de la drogue** the distribution of drugs under medical supervision; **en milieu médicalisé** in a medical environment; **maison de retraite médicalisée** nursing home ⓑ [+ *problème, grossesse*] to medicalize

médicament /medikamɑ̃/ NM medicine; **prendre des ~s** to take medication; **~ de confort** ≈ pain-relieving medicine

médicinal, e (*mpl* -**aux**) /medisinal, o/ ADJ [*plante, substance*] medicinal

médicolégal, e (*mpl* -**aux**) /medikolegal, o/ ADJ [*expert, rapport*] forensic; **expertise ~e** forensic examination; **institut ~** mortuary (*where autopsies and forensic examinations are carried out*)

médicopédagogique /medikopedagɔʒik/ ADJ **centre** *ou* **institut ~** special school (*for physically or mentally handicapped children*)

médicosocial, e /medikosɔsjal/ ADJ [*mesure, structure*] for health care and social welfare

médiéval, e (*mpl* -**aux**) /medjeval, o/ ADJ medieval

médiocre /medjɔkʀ/ 1 ADJ mediocre; [*résultats, revenu*] poor; **«~»** "poor" 2 NMF nonentity

médiocrement /medjɔkʀəmɑ̃/ ADV [*intéressé, intelligent*] not very; **gagner ~ sa vie** to earn a poor living; **~ satisfait** barely satisfied

médiocrité /medjɔkʀite/ NF mediocrity; [*de copie d'élève*] poor standard

médire /mediʀ/ /TABLE 37/ VI **elle est toujours en train de ~** she's always saying nasty things about people

médisance /medizɑ̃s/ 1 NF **la ~** gossiping 2 NFPL **médisances** gossip (*NonC*); **ce sont des ~s!** that's just malicious gossip!

médisant, e /medizɑ̃, ɑ̃t/ ADJ [*personne*] malicious; **les gens sont ~s** people say nasty things

méditation /meditasjɔ̃/ NF meditation; **après de longues ~s sur le sujet** after giving the subject much thought

méditer /medite/ /TABLE 1/ 1 VT [+ *pensée*] to meditate on; [+ *livre, projet, vengeance*] to plan 2 VI to meditate; **~ sur qch** to ponder over sth

Méditerranée /mediteʀane/ NF **la ~** the Mediterranean

méditerranéen, -enne /mediteʀaneɛ̃, ɛn/ 1 ADJ Mediterranean 2 NM,F **Méditerranéen(ne)** inhabitant of a Mediterranean country

médium /medjɔm/ NM medium

médius /medjys/ NM middle finger

méduse /medyz/ NF (= *animal*) jellyfish

méduser /medyze/ /TABLE 1/ VT to transfix; **je suis resté médusé par ce spectacle** I was dumbfounded by what I saw

meeting /mitiŋ/ NM meeting ◆ **meeting aérien** air show ◆ **meeting d'athlétisme** athletics meeting

méfait /mefɛ/ 1 NM (= *faute*) wrongdoing 2 NMPL **méfaits** (= *ravages*) ravages; **les ~s de l'alcoolisme** the ill effects of alcohol

méfiance /mefjɑ̃s/ NF mistrust; **regarder qn/qch avec ~** to look at sb/sth suspiciously

méfiant, e /mefjɑ̃, jɑ̃t/ ADJ [*personne*] mistrustful; **air ~** look of mistrust

méfier (se) /mefje/ /TABLE 7/ VPR ⓐ (= *ne pas avoir confiance*) **se méfier de qn/qch** to mistrust sb/sth; **je me méfie de lui** I don't trust him ⓑ (= *faire attention*) **se méfier de qch** to be careful about sth; **méfiez-vous des contrefaçons** beware of imitations; **méfie-toi, tu vas tomber** be careful or you'll fall

méforme /mefɔʀm/ NF lack of fitness

méga /mega/ NM megabyte

mégabit /megabit/ NM megabit

mégalo* /megalo/ ADJ [*personne*] megalomaniac; [*projet*] self-indulgent; **il est complètement ~** he thinks he's God

mégalomane /megalɔman/ 1 ADJ [*personne*] megalomaniac; [*projet*] self-indulgent 2 NMF megalomaniac

mégalomaniaque /megalɔmanjak/ ADJ (*Méd*) megalomaniac; [*projet*] self-indulgent

mégalomanie /megalɔmani/ NF megalomania

méga-octet (*pl* **méga-octets**) /megaɔktɛ/ NM megabyte

mégapole /megapɔl/ NF megalopolis

mégarde /megaʀd/ NF **par ~** (= *par erreur*) by mistake; (= *par négligence*) accidentally; **un livre que j'avais emporté par ~** a book that I had accidentally taken away with me

mégère /meʒɛʀ/ NF bitch

mégot* /mego/ NM [*de cigarette*] cigarette butt

mégoter* /megɔte/ /TABLE 1/ VI to skimp

meilleur, e /mejœʀ/ 1 ADJ ⓐ (*comparatif de* **bon**) better; **il est ~ que moi** (= *plus doué*) he's better than I am (**en** at); (= *plus charitable*) he's a better person than I am; **avoir ~ goût** [*aliment*] to taste better; **ce gâteau est ~ avec du rhum** this cake tastes better with rum; **il est ~ chanteur que compositeur** he is better at singing than at composing; **de ~e qualité** of better quality; **~ marché** cheaper; **~s vœux** best wishes; **ce sera pour des jours ~s** that will be for better days

ⓑ (*superlatif de* **bon**) **le ~, la ~e** the best; **le ~ joueur** the best player; **son ~ ami** his best friend; **le ~ des deux** the better of the two; **la ~e de toutes** the best of all; **c'est le ~ des hommes** he is the best of men; **les ~s spécialistes** the top specialists; **le ~ marché** the cheapest; **acheter au ~ prix** to buy at the best price

2 ADV **il fait ~ qu'hier** it's better weather than yesterday; **sentir ~** to smell better

3 NM,F (= *personne*) **le ~ ou la ~e** the best one; **que le ~ gagne** may the best man win

4 NM (= *partie, chose*) **le ~** the best; **pour le ~ et pour le pire** for better or for worse; **garder le ~ pour la fin** to keep the best till last; **et le ~ dans tout ça, c'est qu'il avait raison!** and the best bit about it all was that he was right!

5 NF **meilleure*** : **ça, c'est la ~e !** that's the best one yet!; **tu connais la ~e ? il n'est même pas venu !** haven't you heard the best bit though? he didn't even come!

mél /mel/ NM (ABBR = **message électronique**) e-mail

mélancolie /melɑ̃kɔli/ NF melancholy

mélancolique /melɑ̃kɔlik/ ADJ melancholy

Mélanésie /melanezi/ NF Melanesia

mélange /melɑ̃ʒ/ NM ⓐ (= *opération*) mixing; [*de vins, tabacs*] blending; **quand on boit il ne faut pas faire de ~s** you shouldn't mix your drinks ⓑ (= *résultat*) mixture; [*de vins, tabacs, cafés*] blend; **~ détonant ou explosif** explosive mixture

mélanger /melɑ̃ʒe/ /TABLE 3/ 1 VT ⓐ to mix; [+ *couleurs, vins, parfums, tabacs*] to blend; [+ *cartes*] to shuffle; **mélangez le beurre et la farine** mix the butter and flour together; **un public très mélangé** a very varied audience ⓑ (= *confondre*) to mix up; **tu mélanges tout !** you're getting it all mixed up! 2 VPR **se mélanger** ⓐ [*produits, personnes*] to mix ⓑ **se ~ les pédales*** to get mixed up

mélangeur /melɑ̃ʒœʀ/ NM mixer; (= *robinet*) mixer tap (*Brit*), mixing faucet (*US*)

mélasse /melas/ NF ⓐ (= *aliment*) treacle (*Brit*), molasses (*US*) ⓑ (= *boue*)* muck; (= *brouillard*)* murk; **être dans la ~** (= *avoir des ennuis*) to be in a sticky situation*

Melba /melba/ ADJ INV **pêche ~** peach Melba

mêlé, e /mele/ (*ptp de* **mêler**) 1 ADJ mixed; [*couleurs, tons*] mingled 2 NF **mêlée** ⓐ (= *bataille*) **~e générale** free-for-all; **se jeter dans la ~e** to plunge into the fray; **rester au-dessus de la ~e** to keep out of the fray ⓑ (*Rugby*) scrum; **faire une ~e** to go into a scrum

mêler /mele/ /TABLE 1/ 1 VT ⓐ (= *unir*) to mix; **vin mêlé d'eau** wine mixed with water; **~ à ou avec** to mix with; **joie mêlée de remords** pleasure tinged with remorse

ⓑ (= *impliquer*) **~ qn à** to involve sb in; **il est mêlé au scandale** he is mixed up in the scandal; **~ qn à la conversation** to draw sb into the conversation

2 VPR **se mêler** (= *se mélanger*) [*odeurs, voix*] to mingle; [*cultures, races*] to mix

♦ **se mêler à** (= *se joindre à*) to join; (= *s'associer à*) to mix with; [*cris, sentiments*] to mingle with; (= *s'impliquer dans*) to get involved in; (= *s'ingérer dans*) to interfere with; **se ~ à la conversation** to join in the conversation; **il s'est mêlé à la foule** he mingled with the crowd; **il ne se mêle jamais aux autres enfants** he never mixes with other children; **des rires se mêlaient aux applaudissements** there was laughter mingled with the applause; **je ne veux pas me ~ de politique** I don't want to get involved in politics; **se ~ des affaires des autres** to interfere in other people's business; **mêle-toi de ce qui te regarde !** mind your own business!; **mêle-toi de tes oignons !*** mind your own business!; **de quoi je me mêle !*** what business is it of yours?; **quand l'amour s'en mêle** when love comes into it

mélèze /melɛz/ NM larch

méli-mélo* (*pl* **mélis-mélos**) /melimelo/ NM [*de situation*] mess; [*d'objets*] jumble

mélo* /melo/ 1 ADJ [*film, roman*] sentimental 2 NM melodrama

mélodie /melɔdi/ NF ⓐ (= *chanson*) melody ⓑ (= *qualité*) melodiousness

mélodieux, -ieuse /melɔdjø, jøz/ ADJ melodious

mélodramatique /melɔdramatik/ ADJ melodramatic

mélodrame /melɔdram/ NM melodrama

mélomane /melɔman/ 1 ADJ music-loving (*avant le nom*); **être ~** to be a music lover 2 NMF music lover

melon /m(ə)lɔ̃/ NM ⓐ (*Bot*) melon; **~ d'Espagne** ≈ honeydew melon ⓑ (**chapeau**) **~** bowler hat (*Brit*), derby hat (*US*)

membrane /mɑ̃bʀan/ NF membrane; [*de haut-parleur*] diaphragm

membre /mɑ̃bʀ/ NM ⓐ [*de corps*] limb ⓑ [*de famille, groupe*] member; [*d'académie*] fellow; **devenir ~ d'un club** to join a club; **pays ~s** member countries; **États ~s de l'Union européenne** member states of the European Union

même /mɛm/ 1 ADJ ⓐ (= *identique*) (*avant le nom*) same; **des bijoux de ~ valeur** jewels of the same value; **ils ont la ~ taille** they are the same size; **ils sont de la ~ couleur** they are the same colour; **ils ont la ~ voiture que nous** they have the same car as us; **c'est la ~ chose** (= *c'est équivalent*) it amounts to the same; **c'est toujours la ~ chose !** it's always the same!; **arriver en ~ temps** to arrive at the same time; **en ~ temps que** at the same time as

ⓑ (= *exact, personnifié*) very; **ce sont ses paroles ~s** those are his very words; **il est la gentillesse ~** he is kindness itself

ⓒ **moi-~** myself; **toi-~** yourself; **lui-~** himself; **elle-~** herself; **nous-~s** ourselves; **vous-~** yourself; **vous-~s** yourselves; **eux-~s** themselves; **elles-~s** themselves; **s'apitoyer sur soi-~** to feel sorry for oneself; **elle fait ses habits elle-~** she makes her own clothes

2 PRON INDÉF **le ~ ou la ~** the same; **ce n'est pas le ~** it's not the same; **la réaction n'a pas été la ~ qu'à Paris** the reaction was not the same as in Paris

3 ADV ⓐ even; **ils sont tous malades, ~ les enfants** they are all ill, even the children; **il n'a ~ pas de quoi écrire** he

hasn't even got anything to write with; **il est intéressant et ~ amusant** he's interesting and amusing too; **elle ne me parle ~ plus** she no longer even speaks to me; **personne ne sait, ~ pas lui** nobody knows, not even him; **~ si** even if; **c'est vrai, ~ que je peux le prouver!** it's true, and what's more I can prove it!
(b) (= précisément) **aujourd'hui ~** this very day; **ici ~** in this very place; **c'est cela ~** that's exactly it
(c) (locutions)
♦ **à même** : **coucher à ~ le sol** to lie on the bare ground; **à ~ la peau** next to the skin; **être à ~ de faire qch** to be able to do sth; **je ne suis pas à ~ de juger** I'm in no position to judge
♦ **de même** : **il fera de ~** he'll do the same; **vous le détestez? moi de ~** you hate him? so do I; **de ~ qu'il nous a dit que ...** just as he told us that ...; **il en est de ~ pour moi** it's the same for me
♦ **quand même** ♦ **tout de même** (= en dépit de cela) all the same; **tout de ~ !** honestly!; **merci quand ~** thanks all the same; **c'est quand ~ agaçant** all the same it is annoying; **il a tout de ~ réussi à s'échapper** he managed to escape all the same; **c'est tout de ~ étonnant** it's quite surprising

mémé * /meme/ NF (= grand-mère) grandma; (= vieille dame) granny*; **ça fait ~** it looks dowdy

mémento /memɛ̃to/ NM (= aide-mémoire) summary

mémère * /memɛʀ/ NF granny*

mémo * /memo/ NM memo

mémoire¹ /memwaʀ/ NF memory; **citer de ~** to quote from memory; **~ visuelle** visual memory; **avoir de la ~** to have a good memory; **avoir une très bonne ~** to have a very good memory; **si j'ai bonne ~** if I remember right; **avoir la ~ courte** to have a short memory; **avoir une ~ d'éléphant** to have a memory like an elephant; **je n'ai pas la ~ des dates** I can never remember dates; **garder qch en ~** to remember sth; **son nom restera dans notre ~** his name will remain in our memories; **salir la ~ de qn** to sully the memory of sb; **à la ~ de** to the memory of; **mettre qch en ~** to store sth; **mise en ~** storage ♦ **mémoire morte** read-only memory ♦ **mémoire vive** random access memory

mémoire² /memwaʀ/ 1 NM (= requête) memorandum; (= rapport) report; (= exposé) paper; **~ de maîtrise** ≈ master's thesis → DIPLÔMES 2 NMPL **mémoires** (= souvenirs) memoirs

mémorable /memɔʀabl/ ADJ memorable

mémorial (pl **-iaux**) /memɔʀjal, jo/ NM memorial

mémorisation /memɔʀizasjɔ̃/ NF memorization

mémoriser /memɔʀize/ /TABLE 1/ VT to memorize

menaçant, e /mənasɑ̃, ɑ̃t/ ADJ threatening; **elle se fit ~e** she started to make threats

menace /mənas/ NF threat; **la ~ nucléaire** the nuclear threat; **~ d'épidémie** threat of an epidemic; **il y a des ~s de grève** there's a threat of strike action; **signer sous la ~** to sign under duress; **sous la ~ d'un couteau** at knifepoint; **sous la ~ d'un pistolet** at gunpoint; **être sous la ~ d'une expulsion** to be threatened with expulsion; **recevoir des ~s de mort** to receive death threats

menacer /mənase/ /TABLE 3/ VT (a) (= faire peur à) to threaten; **~ qn de mort** to threaten sb with death; **~ qn d'un revolver** to threaten sb with a gun; **~ de faire qch** to threaten to do sth (b) [+ équilibre, projet] to jeopardize; **espèces menacées** endangered species; **le processus de paix est menacé** the peace process is in jeopardy (c) [chômage, grève, guerre] to loom large; **la pluie menace** it looks like rain; **l'orage menace** the storm is about to break; **cette chaise menace de se casser** this chair looks like it will break

ménage /menaʒ/ NM (a) (= nettoyage) housework; **faire du ~** to do some housework; **faire le ~** (= nettoyer) to do the housework; (= licencier) to get rid of the deadwood; **faire le ~ dans ses archives** to tidy one's files; **faire des ~s** to work as a cleaning woman (b) (= couple, communauté familiale) household; **~ à trois** ménage à trois; **cela ne va pas dans leur ~** their marriage isn't working; **être heureux en ~** to have a happy married life; **se mettre en ~ avec qn** to set up house with sb; **faire bon ~** to go together well

ménagement /menaʒmɑ̃/ NM (= douceur) care; (= attention) attention; **traiter qn avec ~** to treat sb considerately; **traiter qn sans ~** to show no consideration towards sb; (avec brutalité) to manhandle sb; **annoncer qch sans ~ à qn** to break the news of sth bluntly to sb

ménager¹, -ère /menaʒe, ɛʀ/ 1 ADJ [ustensiles, appareils] household; **travaux ~s** housework; **tâches ménagères** housework 2 NF **ménagère** (a) (= femme d'intérieur) housewife (b) (= couverts) canteen of cutlery

ménager² /menaʒe/ /TABLE 3/ 1 VT (a) (= traiter avec prudence) [+ personne] to handle carefully; [+ sentiments] to show consideration for; [+ appareil] to go easy on; **elle est très sensible, il faut la ~** she's very sensitive, you must treat her gently; **afin de ~ les susceptibilités** so as not to offend people's sensibilities; **la chèvre et le chou** (= être conciliant) to keep both parties sweet* (b) (= épargner) **~ ses forces** to save one's strength; **~ sa santé** to look after o.s.; **il n'a pas ménagé ses efforts** he spared no effort (c) (= préparer) [+ entretien, rencontre] to arrange; [+ transition] to bring about; **il nous ménage une surprise** he's got a surprise in store for us; **il sait ~ ses effets** [orateur] he knows how to make the most of his effects (d) (= pratiquer) **~ un espace entre** to make a space between; **~ une place pour** to make room for
2 VPR **se ménager** (a) (= ne pas abuser de ses forces) to take it easy; **vous devriez vous ~ un peu** you should take things easy (b) (= se réserver) **se ~ une marge de manœuvre** to leave o.s. room for manoeuvre

ménagerie /menaʒʀi/ NF menagerie

mendiant, e /mɑ̃djɑ̃, jɑ̃t/ NM,F beggar

mendicité /mɑ̃disite/ NF begging; **être réduit à la ~** to be reduced to begging

mendier /mɑ̃dje/ /TABLE 7/ VI to beg

mener /m(ə)ne/ /TABLE 5/ VT (a) (= conduire) to lead; (= accompagner) to take; **~ un enfant à l'école** to take a child to school; **~ un enfant chez le médecin** to take a child to see the doctor; **cette route mène à Chartres** this road goes to Chartres; **où tout cela va-t-il nous ~?** where does all this lead us?; **cela ne mène à rien** this won't get us anywhere; **le journalisme mène à tout** all roads are open to you in journalism; **~ qn par le bout du nez** to lead sb by the nose (b) (= commander) [+ cortège] to lead; [+ pays, entreprise] to run; **~ la danse** to call the tune; **~ les débats** to chair the discussion (c) (= être en tête) to lead; **il mène 3 jeux à 1** he's leading 3 games to 1 (d) [+ vie] to lead; [+ négociations, lutte, conversation] to carry on; [+ enquête] to carry out; [+ affaires] to run; [+ carrière] to manage; **~ qch à bien** to see sth through; **~ qch à terme** to see sth through; **~ la vie dure à qn** to rule sb with an iron hand; **il n'en menait pas large** his heart was in his boots

meneur, -euse /mənœʀ, øz/ NM,F (= chef) leader; (= agitateur) agitator; **~ d'hommes** born leader; (Sport) team leader ♦ **meneur de jeu** [de spectacles, variétés] master of ceremonies; [de jeux-concours] quizmaster

menhir /meniʀ/ NM standing stone

méninges /menɛ̃ʒ/ NFPL **se creuser les ~** to rack one's brains

méningite /menɛ̃ʒit/ NF meningitis (NonC)

ménopause /menopoz/ NF menopause

menottes /mənɔt/ NFPL handcuffs; **passer les ~ à qn** to handcuff sb

mensonge /mɑ̃sɔ̃ʒ/ NM lie; **dire des ~s** to tell lies

mensonger, -ère /mɑ̃sɔ̃ʒe, ɛʀ/ ADJ false; [publicité] misleading

menstruation /mɑ̃stʀyasjɔ̃/ NF menstruation

menstruel, -elle /mɑ̃stʀyɛl/ ADJ menstrual

mensualisation /mɑ̃syalizasjɔ̃/ NF [*de salaires, impôts, factures*] monthly payment → IMPÔTS

mensualiser /mɑ̃syalize/ /TABLE 1/ VT [+ *employé*] to pay on a monthly basis

mensualité /mɑ̃syalite/ NF (= *traite*) monthly payment; (= *salaire*) monthly salary; **payer par ~s** to pay in monthly instalments

mensuel, -elle /mɑ̃syɛl/ 1 ADJ monthly 2 NM monthly magazine

mensurations /mɑ̃syʀasjɔ̃/ NFPL (= *mesures*) vital statistics

mental, e (*mpl* -**aux**) /mɑ̃tal, o/ ADJ mental

mentalement /mɑ̃talmɑ̃/ ADV mentally; **calculer qch ~** to calculate sth in one's head

mentalité /mɑ̃talite/ NF mentality; **les ~s ont changé** attitudes have changed; **jolie ~!** what an attitude!; **avoir une sale ~!** to be a nasty piece of work*

menteur, -euse /mɑ̃tœʀ, øz/ 1 NM,F liar; **sale ~!** you dirty liar! 2 NM (*Cartes*) cheat

menthe /mɑ̃t/ NF ⓐ (= *plante*) mint; **à la** *ou* **de ~** mint ⓑ (= *boisson froide*) peppermint cordial; **une ~ à l'eau** a glass of peppermint cordial

menthol /mɑ̃tɔl/ NM menthol

mention /mɑ̃sjɔ̃/ NF ⓐ (= *note brève*) mention; **faire ~ de** to mention
ⓑ (= *annotation*) note; **« rayer la ~ inutile »** "delete as appropriate"
ⓒ (*à l'école, à l'université*) grade; **~ très honorable** [*de doctorat*] with distinction; **être reçu avec ~** to pass with distinction; **être reçu sans ~** to get a pass; **~ passable** ≈ pass; **~ assez bien** (*à l'école*) ≈ B; (*à l'université*) ≈ lower second class honours (*Brit*), ≈ B (*US*); **~ bien** (*à l'école*) ≈ B+ *ou* A-; (*à l'université*) ≈ upper second class honours (*Brit*), cum laude (*US*); **~ très bien** (*à l'école*) ≈ A *ou* A+; (*à l'université*) ≈ first class honours (*Brit*), magna cum laude (*US*); **son film a obtenu une ~ spéciale lors du dernier festival** his film received a special award at the last festival

mentionner /mɑ̃sjɔne/ /TABLE 1/ VT to mention; **l'île n'est pas mentionnée sur la carte** the island doesn't appear on the map

mentir /mɑ̃tiʀ/ /TABLE 16/ 1 VI ⓐ to lie (**sur** about); **tu mens !** you're lying!; **je t'ai menti** I lied to you; **sans ~** honestly; **il ment comme il respire** he's a compulsive liar; **ne me fais pas ~ !** don't prove me wrong! 2 VPR **se mentir** : **~ à soi-même** to fool o.s.

menton /mɑ̃tɔ̃/ NM chin

menu[1] /məny/ 1 NM ⓐ (= *carte*) menu; **quel est le ~ ?** what's on the menu?; **qu'y a-t-il au ~ ?** what's on the menu?; **vous prenez le ~ ou la carte ?** are you having the set menu or the à la carte? ⓑ (= *programme*) **quel est le ~ de la réunion ?** what's the agenda for the meeting?; **au ~ de l'émission, il y a ...** lined up for you on the programme (*Brit*) *ou* program (*US*) is ... ⓒ (*informatique*) menu 2 COMP ◆ **menu déroulant** pull-down menu ◆ **menu enfant** children's menu ◆ **menu gastronomique** gourmet menu ◆ **menu touristique** set menu

menu[2]**, e** /məny/ 1 ADJ ⓐ [*personne*] slim; [*pied*] slender; [*écriture*] small; **en ~s morceaux** in tiny pieces ⓑ [*difficultés, incidents, préoccupations*] minor; [*détail*] minute; **~ fretin** small fry; **raconter qch par le ~** to relate sth in great detail 2 ADV finely

menuiserie /mənɥizʀi/ NF ⓐ (= *métier*) joinery; (*dans le bâtiment*) carpentry; **~ d'art** cabinetwork; **faire de la ~** (*comme passe-temps*) to do woodwork ⓑ (= *atelier*) joiner's workshop

menuisier /mənɥizje/ NM [*de meubles*] joiner; [*de bâtiment*] carpenter

méprendre (se) /mepʀɑ̃dʀ/ /TABLE 58/ VPR to be mistaken (**sur** about); **ils se ressemblent à s'y méprendre** they are so alike that you can't tell them apart

mépris /mepʀi/ NM contempt; **avoir du ~ pour qn** to despise sb; **avec ~** contemptuously; **au ~ des lois** regardless of the law

méprisable /mepʀizabl/ ADJ despicable

méprisant, e /mepʀizɑ̃, ɑ̃t/ ADJ contemptuous; (= *hautain*) disdainful

méprise /mepʀiz/ NF (= *erreur*) mistake; (= *malentendu*) misunderstanding

mépriser /mepʀize/ /TABLE 1/ VT [+ *personne*] to despise; [+ *danger, conseil*] to scorn

mer /mɛʀ/ NF sea; **en ~** at sea; **en haute ~** out at sea; **en pleine ~** out at sea; **prendre la ~** to put out to sea; **mettre une embarcation à la ~** to launch a boat; **par ~** by sea; **ce n'est pas la ~ à boire !*** it's no big deal!; **nous avons navigué sur une ~ d'huile** the sea was as calm as a millpond; **aller à la ~** to go to the seaside; **vent de ~** sea breeze; **coup de ~** heavy swell; **la ~ est basse** the tide is low ◆ **la mer des Antilles** the Caribbean Sea ◆ **la mer des Caraïbes** the Caribbean ◆ **la mer Caspienne** the Caspian Sea ◆ **la mer Égée** the Aegean Sea ◆ **la mer Morte** the Dead Sea ◆ **la mer Noire** the Black Sea ◆ **la mer du Nord** the North Sea ◆ **la mer Rouge** the Red Sea ◆ **les mers du Sud** the South Seas

mercenaire /mɛʀsənɛʀ/ NM mercenary

mercerie /mɛʀsəʀi/ NF (= *boutique*) haberdasher's shop (*Brit*), notions store (*US*); (= *articles*) haberdashery (*Brit*), notions (*US*)

merci /mɛʀsi/ 1 EXCL thank you; **~ beaucoup** thank you very much; **~ de** *ou* **pour votre carte** thank you for your card; **~ d'avoir répondu** thank you for replying; **sans même me dire ~** without even saying thank you; **du lait ? — (oui) ~** some milk? — (yes) please; **cognac ? — non ~** cognac? — no thank you
2 NM thank you; **je n'ai pas eu un ~** I didn't get a word of thanks; **et encore un grand ~ pour votre cadeau** and once again thank you so much for your present
3 NF (= *pitié*) mercy; **crier ~** to cry for mercy; **sans ~** [*concurrence*] merciless; [*guerre, lutte*] ruthless
◆ **à la merci de** : **à la ~ de qn** at sb's mercy; **tout le monde est à la ~ d'une erreur** anyone can make a mistake; **nous sommes toujours à la ~ d'un accident** accidents can happen at any time

mercier, -ière /mɛʀsje, jɛʀ/ NM,F haberdasher (*Brit*), notions dealer (*US*)

mercredi /mɛʀkʀədi/ NM Wednesday; **~ des Cendres** Ash Wednesday → **samedi**

mercure /mɛʀkyʀ/ NM mercury

mercurochrome ®/mɛʀkyʀɔkʀɔm/ NM liquid antiseptic

merde : /mɛʀd/ 1 NF ⓐ (= *excrément*) shit :; (= *crotte*) turd :; **une ~ de chien** a dog turd :; (= *chose sans valeur*) crap :; **son dernier bouquin est de la vraie ~** his latest book is a load of crap :; **quelle voiture de ~ !** what a shitty car! :; **il ne se prend pas pour de la ~** he thinks the sun shines out of his arse : (*Brit*) *ou* ass : (*US*) ⓒ (= *ennuis*) **quelle ~ !** shit! :; **on est dans la ~** we're really in the shit :; **ils sont venus pour foutre la ~** they came to cause trouble; **il a foutu la ~ dans mes affaires** he messed up* my things; **foutre qn dans la ~** to land sb in the shit :; **il ne m'arrive que des ~s** I've had one goddamn : problem after another 2 EXCL shit! :; **~ alors !** damn ! :; **je te dis ~ !** you can go to hell! :; (*bonne chance*) good luck!

merder : /mɛʀde/ /TABLE 1/ VI [*personne*] to cock up :; **le projet a merdé du début à la fin** the project was a bloody : (*Brit*) *ou* goddamn : (*US*) mess from start to finish; **j'ai merdé à l'écrit** I fucked up : the written paper

merdeux, -euse : /mɛʀdø, øz/ NM,F twerp*

merdier : /mɛʀdje/ NM (= *situation*) fuck-up :; (= *désordre*) shambles (*sg*); **être dans un beau ~** to be really in the shit :; **c'est le ~ dans ses dossiers** his files are an absolute shambles

merdique : /mɛʀdik/ ADJ [*film, discours, idée*] pathetic; **c'était ~, cette soirée** that party was the pits :

mère /mɛʀ/ 1 NF ⓐ mother; **elle est ~ de quatre enfants** she is the mother of four children; **la ~ Morand*** (*péj*) Mrs Morand; **oui, ma ~** (= *mère supérieure*) yes, Mother 2 COMP ◆ **mère biologique** biological mother ◆ **mère célibataire**

single mother ♦ **mère de famille** mother ♦ **mère patrie** motherland ♦ **mère porteuse** surrogate mother ♦ **mère poule*** mother hen ♦ **mère de substitution** surrogate mother ♦ **Mère supérieure** Mother Superior

merguez /mɛʀgɛz/ NF merguez sausage

méridien, -ienne /meʀidjɛ̃, jɛn/ NM meridian; **le ~ de Greenwich** the Greenwich meridian

méridional, e (*mpl* **-aux**) /meʀidjɔnal, o/ 1 ADJ (= *du Sud*) southern; (= *du sud de la France*) Southern French 2 NM,F **Méridional(e)** (= *du sud de la France*) Southern Frenchman (*ou* Frenchwoman)

meringue /mǝʀɛ̃g/ NF meringue

merise /mǝʀiz/ NF wild cherry

merisier /mǝʀizje/ NM (= *arbre*) wild cherry tree; (= *bois*) cherry

méritant, e /meʀitɑ̃, ɑ̃t/ ADJ deserving

mérite /meʀit/ NM ⓐ (= *vertu intrinsèque*) merit; (= *respect accordé*) credit; **il n'y a aucun ~ à cela** there's no merit in that; **tout le ~ lui revient** he deserves all the credit; **il a au moins le ~ d'être franc** at least he's frank; **elle a bien du ~ de le supporter** she deserves a lot of credit for putting up with him ⓑ (= *valeur*) merit; (= *qualité*) quality; **promotion au ~** promotion on merit

mériter /meʀite/ /TABLE 1/ VT to deserve; (= *exiger*) to call for; **tu mériterais qu'on t'en fasse autant** you deserve the same treatment; **cette action mérite une punition** this action merits punishment; **tu n'as que ce que tu mérites** you've got just what you deserved; **il mérite la prison** he deserves to go to prison; **repos bien mérité** well-deserved rest; **ça se mérite !** you have to earn it!; **le fait mérite d'être noté** the fact is worth noting; **cela mérite réflexion** (*exiger*) this calls for careful thought; (*valoir*) this deserves careful thought

merlan /mɛʀlɑ̃/ NM (= *poisson*) whiting

merle /mɛʀl/ NM (= *oiseau*) blackbird

merlu /mɛʀly/ NM hake

mérou /meʀu/ NM (= *poisson*) grouper

merveille /mɛʀvɛj/ NF (= *chose exceptionnelle*) marvel; **les ~s de la nature** the wonders of nature; **regarde ma bague — quelle ~ !** look at my ring — it's beautiful!; **faire des ~s** to work wonders

♦ **à merveille** marvellously; **cela te va à ~** it suits you perfectly; **se porter à ~** to be in excellent health; **ça tombe à ~** this comes at an ideal moment

merveilleusement /mɛʀvɛjøzmɑ̃/ ADV wonderfully; [*interpréter*] brilliantly; **l'endroit se prête ~ à ce genre de festival** the place is wonderful for this kind of festival

merveilleux, -euse /mɛʀvɛjø, øz/ ADJ wonderful; (= *surnaturel*) magic

mes /me/ ADJ POSS → **mon**

mésange /mezɑ̃ʒ/ NF **~ bleue** blue tit; **~ charbonnière** great tit

mésaventure /mezavɑ̃tyʀ/ NF misfortune

mesclun /mɛsklœ̃/ NM mixed green salad

Mesdames /medam/ NFPL → **Madame**

mesdames /medam/ NFPL → **madame**

Mesdemoiselles /medmwazɛl/ NFPL → **Mademoiselle**

mésentente /mezɑ̃tɑ̃t/ NF (= *désaccord*) disagreement; (= *incompréhension*) misunderstanding; **il y a eu une ~ entre les deux joueurs** there was a misunderstanding between the two players

mésestimer /mezɛstime/ /TABLE 1/ VT (= *sous-estimer*) to underestimate

mesquin, e /mɛskɛ̃, in/ ADJ (= *avare*) stingy; (= *vil*) petty; **le repas faisait un peu ~** the meal was a bit stingy

mesquinerie /mɛskinʀi/ NF (= *bassesse*) pettiness; (= *avarice*) stinginess

message /mesaʒ/ NM message; **~ publicitaire** advertisement; **~ SMS** text message; **film à ~** film with a message; **j'ai compris le ~ !** I've got the message!

messager, -ère /mesaʒe, ɛʀ/ NM,F messenger

messagerie /mesaʒʀi/ NF **service de ~s** parcel service; **~ électronique** electronic mail; (*Internet*) bulletin board; **~ instantanée** instant messenger; **~ vocale** voice mail

messe /mɛs/ NF mass; **aller à la ~** to go to mass

messie /mesi/ NM messiah; **le Messie** the Messiah

Messieurs /mesjø/ NMPL → **Monsieur**

messieurs /mesjø/ NMPL → **monsieur**

mesure /m(ǝ)zyʀ/ NF ⓐ (= *disposition, moyen*) measure; **~s d'hygiène** hygiene measures; **par ~ d'hygiène** in the interest of hygiene; **~s de rétorsion** reprisals; **prendre des ~s d'urgence** to take emergency action; **il faut prendre les ~s nécessaires pour ...** the necessary steps must be taken to ...; **être en ~ de faire qch** to be in a position to do sth ⓑ (= *évaluation, dimension*) measurement; **appareil de ~** measuring instrument; **prendre les ~s de qch** to take the measurements of sth; **prendre les ~s de qn** to take sb's measurements; **ce costume est-il bien à ma ~ ?** is this suit my size?; **c'est du sur ~** it's made to measure; **trouver un adversaire à sa ~** to find one's match; **le résultat n'est pas à la ~ de nos espérances** the result is not up to our expectations; **prendre la ~ de qn/qch** to size sb/sth up; **cela ne me gêne pas outre ~** that doesn't bother me overmuch ⓒ (= *unité, récipient*) measure; **pour faire bonne ~** for good measure ⓓ (= *modération*) moderation; **avec ~** with moderation ⓔ (= *cadence*) time; (= *division*) bar; (*en poésie*) metre; **en ~** in time; **être en ~** to be in time; **ne pas être en ~** to be out of time; **jouer quelques ~s** to play a few bars ⓕ (*locutions*)

♦ **dans + mesure** : **dans la ~ de mes moyens** as far as I am able; **dans la ~ du possible** as far as possible; **dans la ~ où** inasmuch as; **dans une certaine ~** to some extent; **dans une large ~** to a great extent

♦ **au fur et à mesure** : **il les pliait et me les passait au fur et à ~** he folded them and handed them to me one by one; **au fur et à ~ que** as

mesuré, e /mǝzyʀe/ (*ptp de* **mesurer**) ADJ ⓐ [*pas*] measured ⓑ (= *modéré*) [*personne, ton, propos*] moderate

mesurer /mǝzyʀe/ /TABLE 1/ 1 VT ⓐ [+ *chose, personne*] to measure; **il a mesuré 3 cl d'acide** he measured out 3cl of acid ⓑ (= *avoir pour taille*) to measure; **cette pièce mesure 3 mètres sur 10** this room measures 3 metres by 10; **il mesure 1 mètre 80** [*personne*] he's 1 metre 80 tall; [*objet*] (*en longueur*) it's 1 metre 80 long; (*en hauteur*) it's 1 metre 80 high ⓒ (= *évaluer*) to assess; **vous n'avez pas mesuré la portée de vos actes !** you did not weigh up the consequences of your actions! ⓓ (= *modérer*) **~ ses paroles** (= *savoir rester poli*) to moderate one's language; (= *être prudent*) to weigh one's words

2 VPR **se mesurer** : **se ~ à** [+ *personne*] to pit o.s. against; [+ *difficulté*] to confront

métal (*pl* **-aux**) /metal, o/ NM metal; **le ~ jaune** gold; **en ~ argenté** silver-plated; **en ~ doré** gold-plated

métallique /metalik/ ADJ metallic; (= *en métal*) metal

métallisé, e /metalize/ ADJ metallic

métallurgie /metalyʀʒi/ NF (= *industrie*) metallurgical industry; (= *technique, travail*) metallurgy

métallurgiste /metalyʀʒist/ NM ⓐ (= *ouvrier*) steelworker ⓑ (= *industriel*) metallurgist

métamorphose /metamɔʀfoz/ NF metamorphosis

métamorphoser /metamɔʀfoze/ /TABLE 1/ 1 VT to transform (**en** into); **son succès l'a métamorphosé** his success has completely transformed him 2 VPR **se métamorphoser** to be transformed (**en** into)

métaphore /metafɔʀ/ NF metaphor

métaphorique /metafɔʀik/ ADJ metaphorical

métaphysique /metafizik/ 1 ADJ metaphysical 2 NF metaphysics (*sg*)

métastase /metastɑz/ NF metastasis; **il a des ~s** he's got secondaries

métayer /meteje/ NM sharecropper

météo /meteo/ 1 ADJ ABBR = **météorologique** 2 NF ⓐ (= *science*) meteorology ⓑ (= *bulletin*) weather forecast; **la ~ marine** the shipping forecast; **présentateur de la ~** weatherman

météore /meteɔʀ/ NM meteor

météorite /meteɔʀit/ NM ou F meteorite

météorologie /meteɔʀɔlɔʒi/ NF meteorology; **la Météorologie nationale** the meteorological office

météorologique /meteɔʀɔlɔʒik/ ADJ [*phénomène, observation*] meteorological; [*conditions, carte, prévisions, bulletin, station*] weather

météorologue /meteɔʀɔlɔg/ NMF meteorologist

méthadone /metadɔn/ NF methadone

méthane /metan/ NM methane

méthode /metɔd/ NF ⓐ (= *moyen*) method; **la ~ douce** the softly-softly approach; **avoir une bonne ~ de travail** to have a good way of working; **avoir sa ~ pour faire qch** to have one's own way of doing sth; **elle n'a pas vraiment la ~ avec les enfants** she doesn't really know how to handle children ⓑ (= *ordre*) **il n'a aucune ~** he's not in the least methodical; **faire qch avec ~** to do sth methodically ⓒ (= *livre*) manual; **~s de langues** language courses

méthodique /metɔdik/ ADJ methodical

méthodiste /metɔdist/ ADJ, NMF Methodist

méthodologie /metɔdɔlɔʒi/ NF methodology

méthodologique /metɔdɔlɔʒik/ ADJ methodological

méticuleux, -euse /metikylø, øz/ ADJ meticulous

métier /metje/ 1 NM ⓐ (= *travail*) job; (*terme administratif*) occupation; (*commercial*) trade; (*artisanal*) craft; (*intellectuel*) profession; **manuel** manual job; **il a fait tous les ~s** he's done all sorts of jobs; **les ~s du livre** the publishing industry; **homme de ~** professional; **il est plombier de son ~** he is a plumber by trade; **il est du ~** he is in the trade; **il connaît son ~** he knows his job ⓑ (= *technique*) skill; (= *expérience*) experience; **avoir du ~** to have practical experience

2 COMP ◆ **métier à tisser** loom

métis, -isse /metis/ NM,F (= *personne*) person of mixed race

métissé, e /metise/ ADJ **une population fortement ~e** a very mixed population

métrage /metʀaʒ/ NM ⓐ [*de tissu*] length; **quel ~ vous faut-il ?** how many metres do you need? ⓑ (*Ciné*) footage; **court ~** short film; **long ~** feature film

mètre /mɛtʀ/ 1 NM ⓐ metre (*Brit*), meter (*US*) ⓑ (= *instrument*) metre (*Brit*) ou meter (*US*) rule; **~ à ruban** tape measure ⓒ (*Sport*) **le 100/400 ~s** the 100/400 metres (*Brit*) ou meters (*US*); **les 22 ~s** the 22 metre (*Brit*) ou meter (*US*) line; **les 50 ~s** the halfway line 2 COMP ◆ **mètre carré** square metre ◆ **mètre cube** cubic metre

métro /metʀo/ NM underground (*Brit*), subway (*US*); (*à Paris*) metro; (= *station*) underground (*Brit*) ou subway (*US*) station; **~ aérien** elevated railway; **le ~ de Paris** the Paris metro; **le ~ de Londres** the London underground; **j'irai en ~** I'll go by underground; **le dernier ~** the last train; **c'est ~, boulot, dodo*** it's the same old routine day in day out; **il a toujours un ~ de retard*** he's always one step behind

métronome /metʀɔnɔm/ NM metronome; **avec une régularité de ~** with clockwork regularity

métropole /metʀɔpɔl/ NF ⓐ (= *ville*) metropolis; **~ régionale** large regional centre ⓑ **la Métropole** France (*as opposed to overseas territories*); **en ~ comme à l'étranger** at home and abroad

métropolitain, e /metʀɔpɔlitɛ̃, ɛn/ ADJ metropolitan; **la France ~e** France (*as opposed to overseas territories*)

mets /mɛ/ NM (*frm*) dish

mettable /metabl/ ADJ wearable; **je n'ai rien de ~** I've got nothing to wear

metteur /metœʀ/ NM **~ en ondes** producer; **~ en scène** director

mettre /mɛtʀ/

/TABLE 56/	
1 VERBE TRANSITIF	2 VERBE PRONOMINAL

1 VERBE TRANSITIF

▶ *Lorsque* **mettre** *s'emploie dans des expressions telles que* **mettre qch en place**, **se mettre à table**, *reportez-vous à l'autre mot.*

ⓐ = **placer** to put; **~ du sucre dans son thé** to put sugar in one's tea; **~ la balle dans le filet** to put the ball into the net; **~ qch debout** to stand sth up; **~ qch à terre** to put sth down; **~ qn dans le train** to put sb on the train; **mets le chat dehors** put the cat out; **~ qn au régime** to put sb on a diet; **cela m'a mis dans une situation difficile** that has put me in a difficult position; **où mets-tu tes verres ?** where do you keep your glasses?; **~ un enfant à l'école** to send a child to school; **~ qn au pas** to bring sb into line; **il met qu'il est bien arrivé** he says that he arrived safely; **~ son poing sur la figure de qn** to punch sb in the face

◆ **mettre qch à** (+ *infinitif*) : **~ qch à cuire** to put sth on to cook; **~ qch à chauffer** to put sth on to heat; **~ du linge à sécher** (*à l'intérieur*) to hang washing up to dry; (*à l'extérieur*) to hang washing out to dry

ⓑ = **revêtir** to put on; **~ une robe** to put on a dress; **~ du maquillage** to put on some make-up; **mets-lui son chapeau** put his hat on; **il avait mis un manteau** he was wearing a coat

ⓒ = **consacrer** to take; **j'ai mis deux heures à le faire** I took two hours to do it; **le train met trois heures** the train takes three hours; **il y a mis le temps !** he's taken his time!; **y ~ le prix** to pay the price; **~ de l'argent dans une affaire** to put money into a business; **je suis prêt à ~ 500 €** I'm willing to give 500 euros

ⓓ = **faire fonctionner** to put on; **~ le chauffage** to put the heating on; **~ les informations** to put the news on; **~ le réveil à 7 heures** to set the alarm for 7 o'clock; **mets France Inter** put on France Inter

ⓔ = **installer** [+ *eau*] to lay on; [+ *placards*] to put in; [+ *étagères, rideaux*] to put up; [+ *moquette*] to lay; **~ du papier peint** to hang wallpaper

ⓕ = **supposer** **mettons que je me sois trompé** let's say I've got it wrong; **si un pays, mettons la Norvège, décide ...** if a country, Norway say, decides ...

ⓖ **locutions** **~ les bouts** to clear off*; **~ les voiles*** to clear off*; **qu'est-ce qu'ils nous ont mis !*** (*bagarre, match*) they gave us a real hammering!*; **va te faire ~ !***** fuck off!**

2 VERBE PRONOMINAL

se mettre

ⓐ = **se placer** [*objet*] to go; **mets-toi là** (*debout*) stand there; (*assis*) sit there; **se ~ au piano** to sit down at the piano; **se ~ à l'ombre** to go into the shade; **elle ne savait plus où se ~** she didn't know where to put herself; **il s'est mis dans une situation délicate** he's put himself in an awkward situation; **ces verres se mettent dans le placard** these glasses go in the cupboard; **il y a un bout de métal qui s'est mis dans l'engrenage** a piece of metal has got caught in the works

ⓑ = **s'habiller** **se ~ en short** to put on a pair of shorts; **se ~ une robe** to put on a dress; **elle n'a plus rien à se ~** she's got nothing left to wear

ⓒ = **s'ajouter** **il s'est mis de l'encre sur les doigts** he's got ink on his fingers; **il s'en est mis partout** he's covered in it

ⓓ = **se grouper** **ils se sont mis à plusieurs pour pousser la voiture** several of them joined forces to push the car; **se ~ avec qn** (= *faire équipe*) to team up with sb; (*en ménage*)* to move in with sb*; **se ~ mal avec qn** to get on the wrong side of sb

ⓔ = **commencer** to start; **il est temps de s'y ~** it's time we got down to it; **qu'est-ce que tu es énervant quand tu t'y mets !*** you can be a real pain once you get started!*

♦ **se mettre à** + *nom* : **se ~ à une traduction** to start a translation; **se ~ à la peinture** to take up painting; **il s'est bien mis à l'anglais** he's really taken to English
♦ **se mettre à** + *infinitif* : **se ~ à rire** to start laughing; **se ~ à traduire** to start translating; **voilà qu'il se met à pleuvoir !** and now it's starting to rain!

meuble /mœbl/ 1 NM ⓐ (= *objet*) piece of furniture; **les ~s** the furniture (*NonC*); **~ de rangement** storage unit; **il fait partie des ~s** he's part of the furniture ⓑ (*Droit*) movable 2 ADJ [*terre, sol*] soft

meublé, e /mœble/ (*ptp de* **meubler**) 1 ADJ furnished; **non ~** unfurnished 2 NM (= *appartement*) furnished apartment; **habiter en ~** to live in furnished accommodation

meubler /mœble/ /TABLE 1/ VT [+ *pièce, appartement*] to furnish (**de** with); [+ *loisirs*] to fill (**de** with); [+ *dissertation*] to pad out (**de** with); **~ la conversation** to keep the conversation going

meuf /mœf/ NF woman

meugler /møgle/ /TABLE 1/ VI to moo

meuh /mø/ EXCL moo; **faire ~** to moo

meule /møl/ NF ⓐ (*à moudre*) millstone; (*de dentiste*) wheel; (*à aiguiser*) grindstone ⓑ **~ de foin** haystack; **~ de paille** stack of straw ⓒ (*de fromage*) **~ de gruyère** round of Gruyère ⓓ (= *motocyclette*) bike

meuler /møle/ /TABLE 1/ VT to grind down

meunier, -ière /mønje, jɛʀ/ 1 NM miller 2 NF **meunière truite meunière** trout meunière (*with butter and lemon sauce*)

meurette /mœʀɛt/ NF **œufs en ~** eggs in red wine sauce

meurt /mœʀ/ VB → **mourir**

meurtre /mœʀtʀ/ NM murder; **crier au ~** to scream blue murder

meurtrier, -ière /mœʀtʀije, ijɛʀ/ 1 NM murderer 2 NF **meurtrière** ⓐ (= *criminelle*) murderess ⓑ [*de mur*] arrow slit 3 ADJ [*intention, fureur*] murderous; [*arme, combat*] deadly; [*épidémie*] fatal; **week-end ~** weekend of carnage on the roads; **c'est le séisme le plus ~ depuis 1995** it's the deadliest earthquake since 1995

meurtrir /mœʀtʀiʀ/ /TABLE 2/ VT [+ *chair, fruit*] to bruise; **être tout meurtri** to be covered in bruises

meute /møt/ NF pack

mexicain, e /mɛksikɛ̃, ɛn/ 1 ADJ Mexican 2 NM,F **Mexicain(e)** Mexican

Mexico /mɛksiko/ N Mexico City

Mexique /mɛksik/ NM Mexico

mézigue : /mezig/ PRON PERS yours truly*; **c'est pour ~** it's for yours truly*

mezzanine /mɛdzanin/ NF mezzanine; (= *fenêtre*) mezzanine window

MF (ABBR = **modulation de fréquence**) FM

mi /mi/ NM (*Musique*) E; (*en chantant la gamme*) mi

mi- /mi/ PRÉF **la ~janvier** the middle of January; **à ~cuisson** half way through cooking

miam-miam* /mjammjam/ EXCL yum-yum!*

miaou /mjau/ EXCL miaow; **faire ~** to miaow

miaulement /mjolmɑ̃/ NM meowing

miauler /mjole/ /TABLE 1/ VI to meow

mi-bas /miba/ NM INV (*pour homme*) knee-length sock; (*pour femme*) pop sock (*Brit*), knee-high (*US*)

mi-carême /mikaʀɛm/ NF **la ~** the third Thursday in Lent

miche /miʃ/ 1 NF [*de pain*] round loaf 2 NFPL **miches** (= *fesses*) : bum* (*Brit*), butt : (*US*)

micheline /miʃlin/ NF railcar

mi-chemin /miʃ(ə)mɛ̃/ ♦ **à mi-chemin** LOC ADV **je l'ai rencontré à ~** I met him halfway there; **la poste est à ~** the post office is halfway there; **à ~ entre ...** halfway between ...

mi-clos, e /miklo, kloz/ ADJ half-closed; **les yeux ~** with one's eyes half-closed

micmac* /mikmak/ NM ⓐ (= *intrigue*) funny business*; **je devine leur petit ~** I can guess their little game* ⓑ (= *confusion*) mix-up; **tu parles d'un ~ pour aller jusqu'à chez elle !** it's such a hassle getting to her place!

micro¹ /mikʀo/ NM ⓐ microphone; **ils l'ont dit au ~** (*dans un aéroport, une gare*) they announced it over the PA; **il était au ~ de France Inter** he was on France Inter ⓑ microcomputer

micro² /mikʀo/ PRÉF micro; **~séisme** microseism

microbe /mikʀɔb/ NM ⓐ germ ⓑ (= *enfant*)* pipsqueak*

microclimat /mikʀoklima/ NM microclimate

microcosme /mikʀɔkɔsm/ NM microcosm

micro-cravate (*pl* **micros-cravates**) /mikʀokʀavat/ NM clip-on microphone

microédition /mikʀoedisjɔ̃/ NF desktop publishing

microfibre /mikʀofibʀ/ NF microfibre; **en ~s** microfibre

microfilm /mikʀofilm/ NM microfilm

micro-informatique /mikʀoɛ̃fɔʀmatik/ NF microcomputing

micro-ondes /mikʀoɔ̃d/ NM INV (= *four*) microwave; **four à ~** microwave

micro-ordinateur (*pl* **micro-ordinateurs**) /mikʀoɔʀdinatœʀ/ NM microcomputer

microphone /mikʀɔfɔn/ NM microphone

microprocesseur /mikʀopʀɔsesœʀ/ NM microprocessor

microscope /mikʀɔskɔp/ NM microscope; **examiner qch au ~** to examine sth under a microscope; (*fig*) to put sth under the microscope; **~ électronique** electron microscope

microscopique /mikʀɔskɔpik/ ADJ microscopic

microsillon /mikʀosijɔ̃/ NM (= *disque*) LP

micro-trottoir (*pl* **micros-trottoirs**) /mikʀotʀɔtwaʀ/ NM **faire un ~** to interview people in the street

mi-cuisses /mikyis/ ♦ **à mi-cuisses** LOC ADV **ses bottes lui arrivaient à ~** his boots came up to his thighs; **l'eau leur arrivait à ~** they were thigh-deep in water

midi /midi/ 1 NM ⓐ (= *heure*) 12 o'clock; **~ dix** 10 past 12; **de ~ à 2 heures** from 12 to 2; **hier à ~** yesterday at 12 o'clock ⓑ (= *période du déjeuner*) lunchtime; (= *mi-journée*) midday; **à ~** at lunchtime; **demain ~** tomorrow lunchtime; **tous les ~s** every lunchtime; **le repas de ~** the midday meal; **qu'est-ce que tu as eu à ~ ?** what did you have for lunch?; **à ~ on va au restaurant** we're going to a restaurant for lunch ⓒ (= *sud*) south; **le Midi** the South of France; **le ~ de la France** the South of France

2 ADJ INV [*chaîne, jupe*] midi

midinette /midinɛt/ NF **elle a des goûts de ~** she has the tastes of a sixteen-year-old schoolgirl

mi-distance /midistɑ̃s/ ♦ **à mi-distance (entre)** LOC ADV halfway (between)

mie /mi/ NF inside of loaf; (*Cuisine*) bread with crusts removed; **faire une farce avec de la ~ de pain** to make stuffing with fresh white breadcrumbs

miel /mjɛl/ NM honey

mielleux, -euse /mjɛlø, øz/ ADJ [*personne*] slimy; [*paroles, ton*] honeyed

mien, mienne /mjɛ̃, mjɛn/ 1 PRON POSS **le mien** *ou* **la mienne** mine; **les miens** mine; **ce n'est pas le ~** this is not mine; **ton prix sera le ~** name your price
2 NMPL
♦ **les miens** (= *ma famille*) my family; (= *mon peuple*) my people

miette /mjɛt/ NF crumb; **~s de thon** flaked tuna; **il ne perdait pas une ~ de la conversation** he didn't miss a scrap of the conversation
♦ **en miettes** in pieces; **leur voiture est en ~s** there's nothing left of their car; **mettre qch en ~s** to smash sth to bits

mieux /mjø/ (*comparatif et superlatif de* **bien**) 1 ADV ⓐ better; **aller ~** to be better; **plus il s'entraîne, ~ il joue** the more he practises the better he plays; **elle joue ~ que lui** she plays better than him; **il n'écrit pas ~ qu'il ne parle** he writes no better than he speaks; **s'attendre à ~** to expect something better; **espérer ~** to hope for better things; **il peut faire ~** he can do better; **tu ferais ~ de te taire** you'd better shut up*; **~ vaut trop de travail que pas assez** too much work is better than not enough ■ (PROV) **~ vaut tard que jamais** better late than never (PROV) ■ (PROV) **~ vaut prévenir que guérir** prevention is better than cure (PROV)

♦ **de mieux en mieux**: **il va de ~ en ~** he's getting better and better; **de ~ en ~!** that's great!

ⓑ **le ~, la ~** (de plusieurs) (the) best; (de deux) (the) better; **les ~** (de plusieurs) (the) best; (de deux) (the) better; **c'est ici qu'il dort le ~** this is where he sleeps best; **tout va le ~ du monde** everything's going beautifully; **j'ai fait du ~ que j'ai pu** I did the best I could; **des deux, c'est elle la ~ habillée** she is the better dressed of the two

2 ADJ INV ⓐ (= plus satisfaisant) better; **le ~ ou la ~ ou les ~** (de plusieurs) the best; (de deux) the better; **c'est la ~ de nos secrétaires** (de toutes) she is the best of our secretaries; (de deux) she's the better of our secretaries; **le ~ serait de ...** the best thing would be to ...; **c'est ce qu'il pourrait faire de ~** it's the best thing he could do; **c'est ce qui se fait de ~** it's the best there is; **tu n'as rien de ~ à faire?** haven't you got anything better to do?; **ce n'est pas mal, mais il y a ~** it's not bad, but I've seen better

ⓑ (= en meilleure santé) better; (= plus à l'aise) better; **je le trouve ~ aujourd'hui** I think he is looking better today; **ils seraient ~ à la campagne** they would be better off in the country

ⓒ (= plus beau) better looking; **elle est ~ avec les cheveux longs** she looks better with her hair long; **il est ~ que son frère** he's better looking than his brother; **c'est son frère, en ~** it's like his brother only better looking

3 NM ⓐ (= ce qui est préférable) **le ~ serait d'accepter** it would be best to agree; **j'ai fait pour le ~** I did it for the best; **tout allait pour le ~ avant qu'il n'arrive** everything was perfectly fine before he came

ⓑ (avec adjectif possessif) **faire de son ~** to do one's best; **aider qn de son ~** to do one's best to help sb; **j'ai essayé de répondre de mon ~ aux questions** I tried to answer the questions to the best of my ability

ⓒ (= progrès) improvement; **il y a un ~** there's been some improvement

ⓓ ♦ **au mieux** at best; **utiliser au ~ les ressources** to make best use of one's resources; **pour apprécier au ~ les charmes de la ville** to best enjoy the charms of the town; **il sera là au ~ à midi** he'll be there by midday at the earliest; **faites au ~** do what you think best; **au ~ de sa forme** in peak condition; **au ~ de nos intérêts** in our best interests

mieux-être /mjøzɛtʀ/ NM INV greater welfare; (matériel) improved standard of living; **ils ressentent un ~ psychologique** they feel better in themselves

mièvre /mjɛvʀ/ ADJ [paroles, musique, roman, sourire] soppy; [tableau] pretty-pretty*; **elle est un peu ~** she's a bit insipid

mi-figue mi-raisin /mifigmiʀɛzɛ̃/ ADJ INV [sourire, remarque] wry; **on leur fit un accueil ~** they received a mixed reception

mignon, -onne /miɲɔ̃, ɔn/ ADJ (= joli) cute; [femme] pretty; (= gentil, aimable) nice; **donne-le-moi, tu seras mignonne** give it to me, there's a dear*; **c'est ~ chez vous** you've got a nice little place

migraine /migʀɛn/ NF migraine; (= mal de tête) headache; **j'ai la ~** I've got a bad headache

migrant, e /migʀɑ̃, ɑ̃t/ ADJ, NM,F migrant

migrateur, -trice /migʀatœʀ, tʀis/ ADJ migratory

migration /migʀasjɔ̃/ NF migration

migrer /migʀe/ /TABLE 1/ VI to migrate

mi-hauteur /mihotœʀ/ ♦ **à mi-hauteur** LOC ADV halfway up (ou down)

mi-jambe /miʒɑ̃b/ ♦ **à mi-jambe** LOC ADV up (ou down) to the knees; **l'eau leur arrivait à ~** they were knee-deep in water

mijaurée /miʒɔʀe/ NF affected woman; **regarde-moi cette ~!** just look at her with her airs and graces!

mijoter /miʒɔte/ /TABLE 1/ 1 VT ⓐ [+ plat, soupe] to simmer; (= préparer avec soin) to cook lovingly; **il lui mijote des petits plats** he cooks tempting dishes for her ⓑ (= tramer)* to cook up*; **il mijote un mauvais coup** he's cooking up* some mischief; **qu'est-ce qu'il peut bien ~?** what's he up to?* 2 VI [plat, soupe] to simmer; **laissez ~ 20 minutes** leave to simmer for 20 minutes; **laisser qn ~ dans son jus*** to let sb stew in his own juice*

mikado /mikado/ NM (= jeu) jackstraws (sg); **jouer au ~** to play jackstraws

mildiou /mildju/ NM mildew

mile /majl/ NM mile

milice /milis/ NF militia; **la Milice** the Milice (collaborationist militia during the German occupation of France during World War II)

milicien /milisjɛ̃/ NM militiaman

milieu (pl **milieux**) /miljø/ NM ⓐ (= centre) middle; **couper qch par le ~** to cut sth down the middle; **la porte du ~** the middle door; **je prends celui du ~** I'll take the one in the middle; **~ de terrain** midfield player; **le ~ du terrain** (Football) the midfield; **vers le ~ du 15ème siècle** towards the mid-15th century; **en plein ~ de** right in the middle of

♦ **au milieu** in the middle

♦ **au milieu de** (= au centre de) in the middle of; (= parmi) among; **il est venu au ~ de la matinée** he came mid-morning; **au ~ de toutes ces difficultés** amidst all these difficulties; **au ~ de la nuit** in the middle of the night; **au ~ de la descente** halfway down; **au ~ de l'hiver** in mid-winter; **au ~ de l'été** in mid-summer; **au beau ~ de** right in the middle of; **il est parti au beau ~ de la réception** he left right in the middle of the party

ⓑ (= état intermédiaire) **il n'y a pas de ~** there is no middle way; **avec lui, il n'y a pas de ~** there's no in-between with him; **il faut trouver le juste ~** we must find a happy medium

ⓒ (= environnement) environment; (Chim, Physique) medium; **~ géographique** geographical environment; **les animaux dans leur ~ naturel** animals in their natural surroundings

ⓓ (= entourage social, moral) milieu; (= groupe restreint) circle; (= provenance) background; **le ~ familial** the family circle; (Sociol) the home environment; **il ne se sent pas dans son ~** he doesn't feel at home; **les ~x financiers** financial circles; **dans les ~x autorisés** in official circles; **dans les ~x bien informés** in well-informed circles; **c'est un ~ très fermé** it is a very closed circle; **il vient d'un ~ très modeste** he comes from a very humble background

ⓔ (Crime) **le ~** the underworld

militaire /militɛʀ/ 1 ADJ military 2 NM soldier

militant, e /militɑ̃, ɑ̃t/ ADJ, NM,F militant; **~ de base** grassroots militant; **~ pour les droits de l'homme** human rights activist

militariser /militaʀize/ /TABLE 1/ 1 VT to militarize 2 VPR **se militariser** to become militarized

militariste /militaʀist/ 1 ADJ militaristic 2 NMF militarist

militer /milite/ /TABLE 1/ VI ⓐ [personne] to be a militant; **il milite au parti communiste** he is a communist party militant; **~ pour les droits de l'homme** to campaign for human rights ⓑ [arguments, raisons] **~ en faveur de** ou **pour** to militate in favour of; **~ contre** to militate against

mille¹ /mil/ 1 ADJ INV ⓐ (= nombre) a thousand; **~ un** a thousand and one; **trois ~** three thousand; **deux ~ neuf cents** two thousand nine hundred; **page ~** page one thousand; **l'an ~** the year one thousand; **l'an deux ~** the year two thousand

ⓑ (= beaucoup de) **je lui ai dit ~ fois** I've told him a thousand times; **tu as ~ fois raison** you're absolutely right; **c'est ~ fois trop grand** it's far too big; **~ excuses** I'm terribly sorry; **le vase était en ~ morceaux** the vase was in smithereens; **~ et un problèmes** a thousand and one problems; **je vous le donne en ~*** you'll never guess

2 NM INV ⓐ(= *nombre*) a thousand; **cinq enfants sur ~** five children in every thousand ⓑ[*de cible*] bull's-eye; **mettre dans le ~** to score a bull's-eye; **tu as mis dans le ~ en lui faisant ce cadeau** you were bang on target* with the present you gave him ⓒ(= *mesure*) (= *mille marin*) nautical mile; (*Can* = *mile*) mile

mille² /mil/ NM ⓐ(= *mesure*) **~ marin** nautical mile ⓑ(*Can* = *1 609 m*) mile

millefeuille /milfœj/ NM ≈ cream slice (*Brit*), ≈ napoleon (*US*)

millénaire /milenɛʀ/ NM (= *période*) millennium; **nous entrons dans le troisième ~** we're beginning the third millennium

millénariste /milenaʀist/ ADJ, NMF millenarian

millénium /milenjɔm/ NM millennium

mille-pattes /milpat/ NM INV centipede

millésime /milezim/ NM [*de vin*] year; **un vin d'un bon ~** a wine from a good vintage

millésimé, e /milezime/ ADJ vintage; **bouteille ~e** bottle of vintage wine

millet /mijɛ/ NM millet

milliard /miljaʀ/ NM billion; **un ~ de personnes** a billion people; **10 ~s d'euros** 10 billion euros; **des ~s de** billions of

milliardaire /miljaʀdɛʀ/ 1 NMF multimillionaire 2 ADJ **il est ~** he's a multimillionaire

millibar /milibaʀ/ NM millibar

millième /miljɛm/ ADJ, NM thousandth; **c'est la ~ fois que je te le dis !** I've told you a thousand times!

millier /milje/ NM (= *mille*) thousand; (= *environ mille*) about a thousand; **par ~s** in their thousands; **il y en a des ~s** there are thousands of them

milligramme /miligʀam/ NM milligramme

millilitre /mililitʀ/ NM millilitre (*Brit*), milliliter (*US*)

millimètre /milimɛtʀ/ NM millimetre (*Brit*), millimeter (*US*)

millimétré, e /milimetʀe/ ADJ ⓐ**papier ~** graph paper ⓑ(= *précis*) [*passe, tir*] right on target

million /miljɔ̃/ NOMBRE million; **2 ~s d'euros** 2 million euros; **ça a coûté des ~s** it cost millions

millionnaire /miljɔnɛʀ/ 1 NMF millionaire 2 ADJ **il est plusieurs fois ~** he's a millionaire several times over

milliseconde /milis(ə)gɔ̃d/ NF millisecond

mi-long, mi-longue /milɔ̃, milɔ̃g/ ADJ [*manteau, jupe*] calf-length; [*manche*] elbow-length; [*cheveux*] shoulder-length

mi-lourd /miluʀ/ NM, ADJ (*Boxe*) light heavyweight

mime /mim/ NM ⓐ(= *personne*) mime artist ⓑ(= *art, action*) mime; **il fait du ~** he's a mime artist; **spectacle de ~** mime show

mimer /mime/ /TABLE 1/ VT to mime; (= *singer*) to mimic; (*pour ridiculiser*) to take off

mimétisme /mimetism/ NM mimicry

mimi* /mimi/ 1 NM (*langage enfantin*) (= *baiser*) little kiss; (= *câlin*) cuddle; **faire des ~s à qn** to kiss and cuddle sb 2 ADJ INV (= *mignon*) cute

mimique /mimik/ NF ⓐ(= *grimace comique*) comical expression; **ce singe a de drôles de ~s !** that monkey makes such funny faces! ⓑ(= *gestes*) gesticulations

mi-mollet /mimɔlɛ/ ♦ **à mi-mollet** LOC ADJ, LOC ADV [*jupe*] calf-length; **j'avais de l'eau jusqu'à ~** the water came up to just below my knees

mimosa /mimoza/ NM mimosa

mi-moyen /mimwajɛ̃/ NM, ADJ (*Boxe*) welterweight

minable /minabl/ 1 ADJ ⓐ(= *décrépit*) shabby ⓑ(= *médiocre*) [*devoir, film, personne*] pathetic*; [*salaire, vie*] miserable; [*voyou*] wretched; **habillé de façon ~** shabbily dressed 2 NMF dead loss*; **espèce de ~ !** you're so pathetic!*

minaret /minaʀɛ/ NM minaret

minauder /minode/ /TABLE 1/ VI to simper; **« oh oui », dit-elle en minaudant** "oh yes," she simpered

mince /mɛ̃s/ 1 ADJ ⓐ(= *peu épais*) thin; [*personne*] slim; **avoir la taille ~** to be slim ⓑ(= *faible, insignifiant*) [*profit*] slender; [*chances*] slim; **l'intérêt du film est bien ~** the film is of very little interest; **ce n'est pas une ~ affaire** it's no easy task 2 ADV [*couper*] thinly 3 EXCL **~ !** (*contrariété*) drat!*; (*admiration*) wow!*

minceur /mɛ̃sœʀ/ NF thinness; [*de personne*] slimness; **cuisine ~** cuisine minceur; **régime ~** slimming diet; **produits ~** slimming products

mincir /mɛ̃siʀ/ /TABLE 2/ 1 VI to get slimmer 2 VT **cette robe te mincit** this dress makes you look slimmer

mine¹ /min/ NF (= *physionomie*) expression; **... dit-il, la ~ réjouie** ... he said with a cheerful expression on his face; **ne fais pas cette ~-là** stop making that face; **tu as bonne ~** you're looking well; **ton rôti a bonne ~** your roast looks good; **tu as bonne ~ maintenant !** now you look a complete idiot!; **il a mauvaise ~** he doesn't look well; **avoir une sale ~*** to look awful*; **il a meilleure ~ qu'hier** he looks better than he did yesterday; **tu as une ~ superbe** you look wonderful

♦ **faire mine de** to pretend to; **faire ~ de faire qch** to pretend to do sth; **j'ai fait ~ de le croire** I pretended to believe it; **j'ai fait ~ de lui donner une gifle** I made as if to slap him

♦ **mine de rien*** : **il est venu nous demander comment ça marchait, ~ de rien** he came and asked us all casually* how things were going; **~ de rien, il n'est pas bête** you wouldn't think it to look at him but he's no fool*; **~ de rien, ça nous a coûté 1 500 euros** believe it or not it cost us 1,500 euros

mine² /min/ 1 NF ⓐ(= *gisement*) mine; **~ d'or** gold mine; **région de ~s** mining area; **travailler à la ~** to work in the mines ⓑ(= *source*) [*de renseignements*] mine; **une ~ inépuisable de documents** an inexhaustible source of documents; **cette bibliothèque est une vraie ~** this library is a real treasure trove ⓒ[*de crayon*] lead; **~ de plomb** graphite ⓓ(= *explosif*) mine 2 COMP ♦ **mine de charbon** coalmine ♦ **mine à ciel ouvert** opencast mine

miner /mine/ /TABLE 1/ VT ⓐ(= *garnir d'explosifs*) to mine; **ce pont est miné** this bridge has been mined ⓑ(= *ronger*) [+ *falaise, fondations*] to erode; [+ *société, autorité, santé*] to undermine; **la maladie l'a miné** his illness has left him drained; **miné par l'inquiétude** worn down by anxiety; **miné par la jalousie** eaten up with jealousy; **tout ça le mine** all this is eating into him; **c'est un terrain miné** (*fig*) it's a highly sensitive area

minerai /minʀɛ/ NM ore; **~ de fer** iron ore

minéral, e (*mpl* **-aux**) /mineʀal, o/ 1 ADJ mineral; [*chimie*] inorganic; [*paysage*] stony 2 NM mineral

minéralogique /mineʀalɔʒik/ ADJ ⓐ(*Géol*) mineralogical ⓑ**numéro ~** registration (*Brit*) *ou* license (*US*) number → **plaque**

minerve /minɛʀv/ NF surgical collar

minet, -ette /minɛ, ɛt/ 1 NM,F (= *chat : langage enfantin*) pussycat 2 NM (= *jeune homme*) young trendy* (*Brit*) 3 NF **minette** (= *jeune fille**) cute chick*

mineur¹, e /minœʀ/ 1 ADJ minor; **enfant ~** minor; **être ~** to be under age 2 NM,F minor; **« établissement interdit aux ~s »** "no person under 18 allowed on the premises"; **le film est interdit aux ~s de moins de 12 ans** the film is unsuitable for children under 12 3 NF **mineure** (= *matière*) subsidiary (*Brit*), minor (*US*)

mineur² /minœʀ/ NM (= *ouvrier*) miner; **~ de fond** miner at the pitface

mini /mini/ 1 ADJ INV ⓐ**la mode ~** the fashion for minis ⓑ(= *très petit*) **c'est ~ chez eux*** they've got a tiny little place 2 NM INV **elle s'habille en ~** she wears minis 3 PRÉF **mini(-)** mini; **~-conférence de presse** mini press-conference; **~-budget** shoestring budget

miniature /minjatyʀ/ 1 NF miniature; **en ~** in miniature; **cette région, c'est la France en ~** this region is like France in miniature 2 ADJ miniature; **train ~** miniature train

miniaturiser /minjatyʀize/ /TABLE 1/ **1** vt to miniaturize **2** vpr **se miniaturiser**: **les ordinateurs se miniaturisent** computers are getting smaller and smaller

minibar /minibaʀ/ NM (= *réfrigérateur*) minibar; (= *chariot*) refreshments trolley (*Brit*) ou cart

minibus /minibys/ NM minibus

minicassette /minikaset/ NF minicassette

minichaîne /miniʃɛn/ NF mini music system

minidosée /minidoze/ ADJ F **pilule ~** minipill

minier, -ière /minje, jɛʀ/ ADJ mining

minigolf /minigɔlf/ NM (= *jeu*) mini-golf; (= *lieu*) mini-golf course

minijupe /miniʒyp/ NF miniskirt

minimal, e (*mpl* **-aux**) /minimal, o/ ADJ (= *minimum*) minimum

minime /minim/ **1** ADJ (= *très petit*) minimal; [*somme*] paltry **2** NMF (*Sport*) junior (*13-15 years*)

minimiser /minimize/ /TABLE 1/ VT [+ *risque, rôle*] to minimize; [+ *incident, importance*] to play down

minimum /minimɔm/ (*f* **minimum**) **1** ADJ minimum; **la température ~** the minimum temperature; **assurer un service ~** (*Transports*) to run a reduced service; **programme ~** restricted service

2 NM minimum; (*Droit*) minimum sentence; **en un ~ de temps** in the shortest time possible; **il faut un ~ de temps pour le faire** you need a minimum amount of time to be able to do it; **il faut un ~ d'intelligence pour le faire** you need a modicum of intelligence to be able to do it; **il faut quand même travailler un ~** you still have to do a minimum amount of work; **il n'a pris que le ~ de précautions** he took only minimal precautions; **c'est vraiment le ~ que tu puisses faire** it's the very least you can do; **dépenses réduites au ~** expenditure cut down to the minimum; **avoir tout juste le ~ vital** (*salaire*) to earn barely a living wage; (*subsistance*) to live at subsistence level; **il faut rester le ~ de temps au soleil** you must stay in the sun as little as possible

♦ **au minimum** at least; **ça coûte au ~ 100 €** it costs at least 100 euros

3 ADV at least; **ça dure quinze jours ~** it lasts at least fifteen days

4 COMP ♦ **minimum vieillesse** (= *allocation*) basic old age pension

mini-ordinateur (*pl* **mini-ordinateurs**) /miniɔʀdinatœʀ/ NM minicomputer

minipilule /minipilyl/ NF minipill

ministère /ministɛʀ/ **1** NM ⓐ (= *département*) ministry; **~ de l'Agriculture** Ministry of Agriculture ⓑ (= *cabinet*) government ⓒ (*Droit*) **le ~ public** (= *partie*) the Prosecution; (= *service*) the public prosecutor's office

2 COMP ♦ **ministère des Affaires étrangères** Ministry of Foreign Affairs ♦ **ministère des Affaires européennes** Ministry of European Affairs ♦ **ministère des Affaires sociales** Social Services Ministry ♦ **ministère du Commerce et de l'Industrie** Department of Trade and Industry ♦ **ministère du Commerce extérieur** Ministry of Foreign Trade ♦ **ministère de la Culture** Ministry for the Arts ♦ **ministère de la Défense nationale** Ministry of Defence (*Brit*), Department of Defense (*US*) ♦ **ministère de l'Économie et des Finances** Ministry of Finance, ≈ Treasury (*Brit*) ♦ **ministère de l'Éducation nationale** Ministry of Education ♦ **ministère de l'Intérieur** Ministry of the Interior, ≈ Home Office (*Brit*) ♦ **ministère de la Justice** Ministry of Justice

ministériel, -elle /ministeʀjɛl/ ADJ [*document, solidarité*] ministerial; [*crise, remaniement*] cabinet; **département ~** ministry

ministre /ministʀ/ **1** NMF [*de gouvernement*] minister; **Premier ~** Prime Minister; **les ~s** the members of the cabinet; **~ de l'Agriculture** minister of Agriculture; **le ~ délégué à la coopération et au développement** minister of state for cooperation and development; **le ~ délégué au-**

près du Premier ~ chargé des droits de l'homme the human rights minister, reporting to the Prime Minister; **~ d'État** (*sans portefeuille*) minister without portfolio; (*de haut rang*) senior minister

2 NM (*Rel*: *protestant*) minister

3 COMP ♦ **ministre des Affaires étrangères** Minister of Foreign Affairs ♦ **ministre des Affaires européennes** Minister of European Affairs ♦ **ministre des Affaires sociales** Social Services Minister ♦ **ministre du Commerce et de l'Industrie** Trade and Industry Minister (*Brit*), Secretary of Commerce (*US*) ♦ **ministre des Finances** Finance Minister ♦ **ministre de l'Éducation nationale** Minister of Education ♦ **ministre de l'Intérieur** Minister of the Interior ♦ **ministre de la Justice** Minister of Justice

Minitel® /minitel/ NM Minitel®; **obtenir un renseignement par ~** to get information on Minitel®

ⓘ MINITEL

The **Minitel** has been widely used in French businesses and households for many years, and despite the growing importance of the Internet it remains a familiar feature of daily life. **Minitel** is a public-access information system consisting of a small terminal with a built-in modem, screen and keyboard. Users key in the access code for the service they require, and pay for the time spent linked to the server as part of their regular telephone bill.

---

minois /minwa/ NM (= *visage*) **son joli ~** her pretty little face

minoration /minɔʀasjɔ̃/ NF (= *réduction*) reduction; **une ~ de 5 % des impôts** a 5% reduction in tax

minorer /minɔʀe/ /TABLE 1/ VT [+ *taux, impôts*] to reduce (**de** by)

minoritaire /minɔʀitɛʀ/ ADJ minority (*avant le nom*); **groupe ~** minority group; **ils sont ~s** they are a minority

minorité /minɔʀite/ NF minority; **pendant sa ~** while he is under age; **~ nationale** national minority; **dans la ~ des cas** in the minority of cases; **je m'adresse à une ~ d'auditeurs** I'm speaking to a minority of listeners

♦ **en minorité**: **être en ~** to be in the minority; **le gouvernement a été mis en ~ sur la question du budget** the government was defeated on the budget

Minorque /minɔʀk/ NF Minorca

minoterie /minɔtʀi/ NF (*usine*) flour-mill

minou /minu/ NM (= *chat*: *langage enfantin*) pussycat

minuit /minɥi/ NM midnight; **à ~** at midnight; **~ vingt** twenty past midnight; **soleil de ~** midnight sun; **messe de ~** midnight mass

minus＊ /minys/ NMF dead loss＊; **viens ici, ~!** come over here, you wimp!＊

minuscule /minyskyl/ **1** ADJ ⓐ (= *très petit*) minuscule ⓑ [*lettre*] small; **h ~** small h **2** NF **en ~s** in small letters

minutage /minytaʒ/ NM timing

minute /minyt/ **1** NF minute; **une ~ de silence** a minute's silence; **je n'ai pas une ~ à moi** I don't have a minute to myself; **une ~ d'inattention** a moment's inattention; **~ papillon!**＊ hey, just a minute!＊; **une ~, j'arrive!** just a minute, I'm coming!; **une petite ~! je n'ai jamais dit ça!** hang on a minute! I never said that!; **elle va arriver d'une ~ à l'autre** she'll be here any minute now

♦ **à la minute**: **20 commandes à la ~** 20 orders a minute; **on me l'a apporté à la ~** it has just this moment been brought to me; **on n'est pas à la ~ près** there's no rush

2 NFPL **minutes** (= *compte rendu*) **les ~s de la réunion** the minutes of the meeting; **rédiger les ~s de qch** to minute sth

minuter /minyte/ /TABLE 1/ VT (= *chronométrer, limiter*) to time; **dans son emploi du temps tout est minuté** everything's timed down to the last second in his timetable; **mon temps est minuté** I've got an extremely tight schedule

minuterie /minytʀi/ NF [*de lumière*] time switch; [*d'horloge*] regulator; [*de four, bombe*] timer

minuteur /minytœʀ/ NM [de cafetière, four] timer

minutie /minysi/ NF [de personne, travail] meticulousness; **avec ~** (= avec soin) meticulously; (= dans le détail) in minute detail

minutieusement /minysjøzmɑ̃/ ADV (avec soin) meticulously; (dans le détail) in minute detail

minutieux, -ieuse /minysjø, jøz/ ADJ [personne, soin] meticulous; [dessin] minutely detailed; [description, inspection] minute; **c'est un travail ~** it's a job that demands painstaking attention to detail

mioche * /mjɔʃ/ NMF (= gosse) kid*; **sale ~!** horrible little brat!*

mirabelle /miʀabɛl/ NF ⓐ (= prune) yellow cherry plum ⓑ (= alcool) plum brandy

miracle /miʀakl/ 1 NM ⓐ miracle; **cela tient du ~** it's a miracle; **faire des ~s** to work miracles; **par ~** miraculously ⓑ (= pièce de théâtre) miracle play 2 ADJ INV **solution ~** miracle solution; **il n'y a pas de recette ~** there's no miracle solution; **remède ~** miracle cure

miraculé, e /miʀakyle/ NM,F person who has been miraculously cured; **les trois ~s de la route** the three people who miraculously survived the accident

miraculeusement /miʀakyløzmɑ̃/ ADV miraculously

miraculeux, -euse /miʀakylø, øz/ ADJ ⓐ [guérison] miraculous ⓑ [progrès, réussite] wonderful

mirador /miʀadɔʀ/ NM watchtower; (pour l'observation d'animaux) raised observation hide

mirage /miʀaʒ/ NM mirage

miraud, e * /miʀo, od/ ADJ (= myope) short-sighted; **tu es ~!** you need glasses!; **il est complètement ~** he's as blind as a bat

mire /miʀ/ NF **point de ~** target; (fig) focal point

mirobolant, e * /miʀɔbɔlɑ̃, ɑ̃t/ ADJ [contrat, salaire] fantastic; [résultats] brilliant

miroir /miʀwaʀ/ NM mirror; **un roman n'est jamais le ~ de la réalité** a novel is never a true reflection of reality ♦ **miroir aux alouettes** con* ♦ **miroir de courtoisie** (Auto) vanity mirror ♦ **miroir déformant** distorting mirror

miroiter /miʀwate/ /TABLE 1/ VI (= étinceler) to sparkle; (= chatoyer) to shimmer; **il lui a fait ~ les avantages du poste** he described in glowing terms the advantages of the job

mis, e /mi, miz/ ptp de **mettre**

misaine /mizɛn/ NF **voile de ~** foresail

mise /miz/ 1 NF ⓐ (= enjeu) stake; (Commerce) outlay; **gagner 1 000 euros pour une ~ de 100 euros** to make 1,000 euros on an outlay of 100 euros ⓑ (= habillement) clothing; **juger qn à sa ~** to judge sb by what he wears; **ces propos ne sont pas de ~** those remarks are out of place

2 COMP ♦ **mise à l'épreuve** probation ♦ **mise de fonds** capital outlay ♦ **mise à jour** (Informatique) update ♦ **mise en ondes** production ♦ **mise en page** layout ♦ **mise à pied** dismissal ♦ **mise en plis** set; **se faire faire une ~ en plis** to have one's hair set ♦ **mise au point** (Photo) focusing; (Tech) adjustment; [de procédé technique] perfecting; (= explication, correction) clarification; **publier une ~ au point** to issue a clarification ♦ **mise à prix** (enchères) reserve price (Brit), upset price (US) ♦ **mise en scène** (Ciné, Théât) production

miser /mize/ /TABLE 1/ VT ⓐ (= parier) [+ argent] to bet (sur on); **~ sur un cheval** to bet on a horse; **~ à 8 contre 1** to bet at odds of 8 to 1; **il a misé sur le mauvais cheval** he backed the wrong horse ⓑ (= compter sur) **~ sur** to bank on

misérabiliste /mizeʀabilist/ ADJ [livre, film] miserablist

misérable /mizeʀabl/ ADJ ⓐ (= pauvre) [famille, personne] destitute; [région] impoverished; [logement] seedy; [vêtements] shabby; **d'aspect ~** shabby-looking ⓑ (= pitoyable) [existence, conditions] miserable; [personne] pitiful ⓒ (= faible) [somme] miserable; **un salaire ~** a miser-

able salary

misérablement /mizeʀabləmɑ̃/ ADV ⓐ (= pitoyablement) miserably ⓑ (= pauvrement) in great poverty

misère /mizeʀ/ NF ⓐ (= pauvreté) extreme poverty; **être dans la ~** to be destitute; **vivre dans la ~** to live in extreme poverty; **salaire de ~** starvation wage; **~ noire** utter destitution ⓑ (= carence) **~ culturelle** lack of culture; **~ sexuelle** sexual deprivation ⓒ (= malheur) **~s** miseries; (= ennuis*) **petites ~s** little problems; **faire des ~s à qn*** to be nasty to sb; **quelle ~!** what a wretched shame! ⓓ (= somme négligeable) **il l'a eu pour une ~** he got it for next to nothing ⓔ (= plante) tradescantia

miséreux, -euse /mizeʀø, øz/ NM,F destitute person; **les ~** the destitute

miséricorde /mizeʀikɔʀd/ NF (= pitié) mercy; **la ~ divine** divine mercy

misogyne /mizɔʒin/ 1 ADJ misogynous 2 NMF misogynist

misogynie /mizɔʒini/ NF misogyny

miss /mis/ NF [de concours de beauté] beauty queen; **Miss France** Miss France

missile /misil/ NM missile ♦ **missile balistique** ballistic missile ♦ **missile à longue portée** long-range missile ♦ **missile à moyenne portée** medium-range missile ♦ **missile nucléaire** nuclear missile

mission /misjɔ̃/ NF ⓐ mission; [d'intérimaire] assignment; **partir en ~** to go on an assignment; [prêtre] to go on a mission; **~ accomplie** mission accomplished; **~ impossible** mission impossible; **il s'est donné pour ~ de faire cela** he has made it his mission to do it

missionnaire /misjɔnɛʀ/ ADJ, NMF missionary

mistral /mistʀal/ NM mistral

mite /mit/ NF clothes moth; **mangé aux ~s** moth-eaten

mité, e /mite/ ADJ moth-eaten

mi-temps /mitɑ̃/ 1 NF INV ⓐ (= période) half; **première ~** first half; **seconde ~** second half; **l'arbitre a sifflé la ~** the referee blew the whistle for half-time; **la troisième ~** the post-match celebrations ⓑ (= repos) half-time; **à la ~** at half-time 2 NM **travail à ~** part-time work; **avoir un ~** to work part-time; **à ~** part-time; **travailler à ~** to work part-time; **elle est serveuse à ~** she's a part-time waitress

miteux, -euse /mitø, øz/ ADJ [lieu] seedy; [vêtement, personne] shabby

mitigé, e /mitiʒe/ ADJ [accueil, enthousiasme] half-hearted; **sentiments ~s** mixed feelings

mitigeur /mitiʒœʀ/ NM mixer tap (Brit) ou faucet (US)

mitonner /mitɔne/ /TABLE 1/ 1 VT (à feu doux) to simmer; (avec soin) to cook with loving care; **elle lui mitonne des petits plats** she cooks tasty dishes for him 2 VI to simmer

mitoyen, -yenne /mitwajɛ̃, jɛn/ ADJ [bâtiments, jardins] adjoining; **mur ~** party wall; **maisons mitoyennes** (deux) semi-detached houses (Brit), duplex houses (US); (plus de deux) terraced houses (Brit), town houses (US)

mitraillade /mitʀajad/ NF (= coups de feu) volley of shots; (= échauffourée) exchange of shots

mitrailler /mitʀaje/ /TABLE 1/ VT ⓐ [soldat] to machine-gun; **~ qn de cailloux** to pelt sb with stones; **~ qn de questions** to bombard sb with questions ⓑ (= photographier) [+ monument]* to take shot after shot of; **les touristes mitraillaient la cathédrale** the tourists' cameras were clicking away madly at the cathedral; **se faire ~ par des photographes** to be mobbed by photographers

mitraillette /mitʀajɛt/ NF submachine gun; **tirer à la ~** to shoot with a submachine gun

mitrailleuse /mitʀajøz/ NF machine gun

mi-voix /mivwa/ ♦ **à mi-voix** LOC ADV in a low voice

mixage /miksaʒ/ NM sound mixing

mixer[1] /mikse/ /TABLE 1/ VT [+ son, image] to mix; [+ aliments] to blend

mixer[2], **mixeur** /miksœʀ/ NM (= machine) blender

mixité /miksite/ NF (Scol) coeducation; **la ~ sociale** social diversity

mixte /mikst/ ADJ ⓐ (= *des deux sexes, de races différentes*) mixed ⓑ (= *d'éléments divers*) [*équipe*] combined; [*tribunal, commission*] joint; [*rôle*] dual; **peau ~** combination skin; **cuisinière ~** combined gas and electric stove

mixture /mikstyʀ/ NF concoction

MJC /ɛmʒise/ NF (ABBR = **maison des jeunes et de la culture**) ≈ community arts centre

ml (ABBR = **millilitre**) ml

MLF /ɛmɛlɛf/ NM (ABBR = **Mouvement de libération de la femme**) Women's Liberation Movement

Mlle (ABBR = **Mademoiselle**) **~ Martin** Miss Martin

Mlles ABBR = **Mesdemoiselles**

MM (ABBR = **Messieurs**) Messrs

mm (ABBR = **millimètre**) mm

Mme (ABBR = **Madame**) Mrs; **~ Martin** Mrs Martin

Mmes ABBR = **Mesdames**

MMS /ɛmɛmɛs/ NM (ABBR = **multimedia messaging service**) MMS

mn (ABBR = **minute**) min

mnémonique /mnemɔnik/ ADJ mnemonic

mnémotechnique /mnemoteknik/ 1 ADJ mnemonic 2 NF mnemonics (*sg*)

Mo (ABBR = **mégaoctet**) Mb

mob • /mɔb/ NF (ABBR = **mobylette**) moped

mobile /mɔbil/ 1 ADJ ⓐ (= *qui bouge*) moving ⓑ (= *qui peut bouger*) movable ⓒ [*main-d'œuvre, population, téléphone*] mobile 2 NM ⓐ (= *motif*) motive (**de** for); **quel était le ~ de son action ?** what was the motive for what he did?; **chercher le ~ du crime** to look for a motive ⓑ (= *objet*) mobile ⓒ (= *téléphone*) mobile phone (*Brit*), cellphone (*US*) 3 COMP **♦ mobile home** motorhome

mobilier, -ière /mɔbilje, jɛʀ/ 1 ADJ [*propriété, bien*] movable; [*valeurs*] transferable 2 NM (= *ameublement*) furniture; **le ~ du salon** the lounge furniture; **nous avons un ~ Louis XV** our furniture is Louis XV; **il fait partie du ~** he's part of the furniture; **~ de bureau** office furniture

mobilisation /mɔbilizasjɔ̃/ NF mobilization; **il appelle à la ~ contre le racisme** he's calling on people to join forces to fight racism

mobiliser /mɔbilize/ /TABLE 1/ 1 VT to mobilize; **tout le monde était mobilisé pour l'aider** everyone rallied round to help her 2 VPR **se mobiliser** [*personnes*] to join forces; **il faut se ~ contre le chômage** we must join forces and fight unemployment

mobilité /mɔbilite/ NF mobility; **~ géographique** geographical mobility

mobylette ® /mɔbilɛt/ NF moped

mocassin /mɔkasɛ̃/ NM moccasin

moche • /mɔʃ/ ADJ ⓐ (= *laid*) ugly; **~ comme un pou** as ugly as sin ⓑ (= *mauvais, méchant*) rotten*; **tu es ~ avec elle** you're rotten* to her; **c'est ~ ce qu'il a fait** that was a nasty thing he did; **c'est ~ ce qui lui arrive** it's awful what's happening to him

modal, e (*mpl* **-aux**) /mɔdal, o/ 1 ADJ modal 2 NM (= *verbe*) modal verb

modalité /mɔdalite/ NF ⓐ (= *formule*) mode; (= *méthode*) method; **~ d'application de la loi** mode of enforcement of the law; **~s de paiement** modes of payment ⓑ **adverbe de ~** modal adverb

mode¹ /mɔd/ 1 NF fashion; **la ~ des années 60** Sixties' fashions; **c'est la dernière ~** it's the latest fashion; **c'est passé de ~** [*vêtement*] it's gone out of fashion; [*pratique*] it's outdated; **c'est la ~ des talons hauts** high heels are in fashion; **rédactrice de ~** fashion editor

♦ à la mode fashionable; **les jupes sont à la ~** skirts are in fashion; **être habillé à la ~** to be fashionably dressed; **très à la ~** very fashionable; **mettre qch à la ~** to make sth fashionable; **revenir à la ~** to come back into fashion

2 ADJ INV fashionable

mode² /mɔd/ 1 NM ⓐ (= *moyen*) mode; **~ de transport** mode of transport; **~ de paiement** mode of payment; **~ de vie** way of life; **~ de scrutin** voting system; **je ne**

comprends pas le **~ de fonctionnement de cette organisation** I don't understand how this organization works; **quel est le ~ d'action de ce médicament ?** how does this medicine work? ⓑ (*en grammaire*) mood; **au ~ subjonctif** in the subjunctive mood 2 COMP **♦ mode d'emploi** directions for use; (= *document*) instructions leaflet

modelage /mɔd(ə)laʒ/ NM (= *activité*) modelling

modèle /mɔdɛl/ 1 NM model; (*de vêtement*) design; (= *corrigé de devoir*) fair copy; **son courage devrait nous servir de ~** his courage should be an example to us; **il restera pour nous un ~** he will remain an example to us; **prendre qn pour ~** to model o.s. upon sb 2 ADJ [*conduite, ouvrier, mari, usine*] model; **maison ~** (= *de référence*) show house; **petite fille ~** model child 3 COMP **♦ modèle déposé** registered design **♦ modèle réduit** small-scale model; **~ réduit d'avion** model plane

modeler /mɔd(ə)le/ /TABLE 5/ 1 VT to model; [+ *corps, caractère*] to shape 2 VPR **se modeler**: **se ~ sur** to model o.s. on

modélisme /mɔdelism/ NM model making

modem /mɔdɛm/ NM modem

modération /mɔdeʀasjɔ̃/ NF ⓐ (= *retenue*) moderation; **avec ~** [*utiliser*] sparingly; [*consommer*] in moderation; **faire preuve de ~ dans ses propos** to weigh one's words ⓑ [*d'impôt, vitesse*] reduction (**de** in)

modéré, e /mɔdeʀe/ (*ptp de* **modérer**) ADJ moderate

modérément /mɔdeʀemɑ̃/ ADV [*boire, manger*] in moderation; [*satisfait*] moderately; **je n'apprécie que ~ ses plaisanteries** I don't find his jokes particularly funny; **je suis ~ optimiste** I'm cautiously optimistic

modérer /mɔdeʀe/ /TABLE 6/ 1 VT [+ *colère, passion*] to restrain; [+ *ambitions, exigences*] to moderate; [+ *dépenses, désir, appétit*] to curb; [+ *vitesse, impact*] to reduce; **modérez vos propos !** mind your language! 2 VPR **se modérer** ⓐ (= *s'apaiser*) to calm down ⓑ (= *montrer de la mesure*) to restrain o.s.

moderne /mɔdɛʀn/ 1 ADJ modern; **le héros ~** the modern-day hero; **la femme ~** the woman of today 2 NM ⓐ **le ~** (= *style*) the modern style; (= *meubles*) modern furniture ⓑ (= *peintre*) modern painter

modernisation /mɔdɛʀnizasjɔ̃/ NF modernization

moderniser /mɔdɛʀnize/ /TABLE 1/ 1 VT to modernize 2 VPR **se moderniser** to be modernized

modernité /mɔdɛʀnite/ NF modernity; **ce texte est d'une ~ surprenante** this text is amazingly modern

modeste /mɔdɛst/ ADJ modest; **être d'origine ~** to come from a modest background; **faire le ~** to put on a show of modesty

modestement /mɔdɛstəmɑ̃/ ADV modestly

modestie /mɔdɛsti/ NF ⓐ (= *absence de vanité*) modesty; (= *réserve*) self-effacement; **en toute ~** with all modesty; **fausse ~** false modesty

modicité /mɔdisite/ NF lowness

modification /mɔdifikasjɔ̃/ NF modification; **apporter des ~s à** to modify

modifier /mɔdifje/ /TABLE 7/ 1 VT to modify 2 VPR **se modifier** to change

modique /mɔdik/ ADJ [*prix*] modest; **pour la ~ somme de** for the modest sum of

modulable /mɔdylabl/ ADJ [*mesure, siège, espace, salle*] adjustable; [*horaire, prêt*] flexible; [*tarif*] variable

modulaire /mɔdylɛʀ/ ADJ modular

modulation /mɔdylasjɔ̃/ NF modulation; [*de tarif, mesure*] adjustment **♦ modulation de fréquence** frequency modulation

module /mɔdyl/ NM module

moduler /mɔdyle/ /TABLE 1/ VT [+ *voix*] to modulate; [+ *tarif, mesure*] to adjust

moelle /mwal/ NF marrow **♦ moelle épinière** spinal cord **♦ moelle osseuse** bone marrow

★ **moelle** is pronounced **mwall**.

moelleux, -euse /mwalø, øz/ ADJ [*tapis, lit*] soft; [*viande*] tender; [*gâteau*] moist; [*couleur, son*] mellow; **vin ~** sweet wine

---
★ **moelleux** *is pronounced* **mwalluh.**
---

mœurs /mœr(s)/ NFPL ⓐ (= *habitudes*) [*de peuple*] customs; **c'était les ~ de l'époque** that was the way people lived then; **les ~ de la bourgeoisie** the lifestyle of the middle class; **c'est entré dans les ~** it's become normal practice; **les ~ politiques** political practices; **l'évolution des ~** (*comportement*) changes in behaviour; (*mentalités*) changes in the way people think; **ils ont de drôles de ~ !** they have some peculiar ways! ⓑ (= *morale*) **affaire de ~** sex case; **la police des ~** ≈ the vice squad

mohair /mɔɛr/ NM mohair; **en ~** mohair

Mohammed /mɔamed/ NM Mohammed

Mohican /mɔikɑ̃/ NM Mohican

moi /mwa/ **1** PRON PERS ⓐ (*sujet*) me; **pas ~ !*** not me!*; **qui a fait cela ? — ~** who did this? — I did *ou* me; **mon mari et ~ pensons que c'est une bonne idée** my husband and I think it is a good idea; **~, je pense qu'il va neiger** I think that it is going to snow; **c'est ~ qui l'ai fait** I did it; **merci — c'est ~** thank you — thank you; **et ~ qui te croyais parti !** and I thought you'd gone!

ⓐ (*objet*) me; **aide-~** help me; **donne-~ ton livre** give me your book; **donne-le-~** give it to me; **elle l'a dit à mon mari et à ~** she told my husband and me; **c'est ~ qu'elle veut voir** it's me she wants to see; **écoute-~ ça !*** just listen to that!

◆ **à moi !** (= *au secours*) help!; (*dans un jeu*) my turn!; (*passe de ballon*) over here!

ⓒ (*comparaisons*) me; **il est plus grand que ~** he is taller than me; **fais comme ~** do the same as me; **il skie mieux que ~** he skis better than I do; **il l'aime plus que ~** (*plus qu'il ne m'aime*) he loves her more than me; (*plus que je ne l'aime*) he loves her more than I do

2 NM **le ~** the ego

moignon /mwaɲɔ̃/ NM stump

moi-même /mwamɛm/ PRON myself

moindre /mwɛ̃dr/ ADJ ⓐ (*comparatif*) (= *moins grand*) less; (= *inférieur*) lower; **à ~ prix** at a lower price; **de ~ qualité** of lower quality; **c'est un ~ mal** it's the lesser evil ⓑ (*superlatif*) **le ~** *ou* **la ~** the least; (*de deux*) the lesser; **les ~s** the least; **le ~ bruit** the slightest noise; **pas la ~ chance** not the slightest chance; **pas la ~ idée** not the slightest idea; **sans se faire le ~ souci** without worrying in the slightest; **merci — c'est la ~ des choses !** thank you — not at all!; **il n'a pas fait le ~ commentaire** he didn't make a single comment; **de deux maux il faut choisir le ~** you must choose the lesser of two evils

moine /mwan/ NM (= *religieux*) monk

moineau (*pl* **moineaux**) /mwano/ NM sparrow

---
moins /mwɛ̃/

| 1 ADVERBE | 3 NOM MASCULIN |
| 2 PRÉPOSITION | 4 COMPOSÉS |

1 ADVERBE

ⓐ comparatif less; **beaucoup ~** much less; **un peu ~** a little less; **tellement ~** so much less; **encore ~** even less; **trois fois ~** three times less; **non ~ célèbre** no less famous; **nous sortons ~** we go out less

► *moins se traduit souvent par* **not as.**

c'est ~ rapide it's not as fast; **il fait ~ chaud ici** it's not as hot in here

◆ **moins ... que** less ... than; **il est ~ intelligent qu'elle** he's less intelligent than her; **cela m'a coûté ~ que rien** it cost me next to nothing; **je l'ai eu pour ~ que rien** I got it for next to nothing

► *Les expressions du type* **moins ... que** *sont souvent traduites par l'équivalent anglais de* **pas aussi ... que.**

c'est ~ grand que je ne croyais it's not as big as I thought it was; **il travaille ~ que vous** he doesn't work as hard as

you; **j'aime ~ la campagne en hiver qu'en été** I don't like the countryside as much in winter as in summer

◆ **moins de** + *nom non comptable* less; **je mange ~ de pain qu'avant** I eat less bread than I used to

◆ **moins de** + *nom comptable*

► *Avec un nom comptable, la traduction correcte est* **fewer**, *mais la plupart des gens disent* **less.**

fewer, less; **il y aura ~ de monde demain** there'll be fewer people tomorrow, there'll be less people tomorrow; **mange ~ de bonbons** don't eat so many sweets

◆ **moins de** + *nombre*: **les ~ de 25 ans** the under-25s; **les enfants de ~ de quatre ans** children under four; **nous l'avons fait en ~ de cinq minutes** we did it in less than five minutes; **il y a ~ de deux ans qu'il vit ici** he's been living here for less than two years; **il était un peu ~ de 6 heures** it was just before 6 o'clock; **la frontière est à ~ de 3 km** the border is less than 3km away

◆ **deux fois moins**

► **deux fois moins** *se traduit souvent par* **half.**

c'est deux fois ~ grand it's half the size; **cela coûtait deux fois ~** it was half the price

◆ **moins ... moins** the less ... the less; (*avec nom comptable*) the fewer ... the fewer; **~ je mange, ~ j'ai d'appétit** the less I eat, the less hungry I feel; **~ il y a de clients, ~ j'ai de travail** the fewer customers I have, the less work I have to do

◆ **moins ... plus**: **~ je fume, plus je mange** the less I smoke, the more I eat

◆ **moins ... mieux**: **~ je fume, mieux je me porte** the less I smoke, the better I feel; **~ j'ai de coups de fil, mieux je travaille** the fewer phone calls I get, the more work I can do

◆ **à moins**: **vous ne l'obtiendrez pas à ~** you won't get it for less; **il est fatigué — on le serait à ~** he's tired — that's hardly surprising

◆ **à moins de**: **à ~ d'un accident, ça devrait marcher** barring accidents, it should work; **il jouera, à ~ d'un imprévu** he'll be playing unless something unexpected happens; **à ~ de faire une bêtise, il devrait gagner** unless he does something silly he should win

◆ **à moins que**: **à ~ qu'il ne vienne** unless he comes

◆ **de moins**: **il gagne 500 euros de ~ qu'elle** he earns 500 euros less than she does; **vous avez cinq ans de ~ qu'elle** you're five years younger than her

◆ **de moins en moins** less and less; **c'est de ~ en ~ utile** it's less and less useful; **il entend de ~ en ~ bien** his hearing is getting worse and worse; **il a de ~ en ~ de clients** he has fewer and fewer customers; **j'ai de ~ en ~ de temps libre** I have less and less free time

◆ **en moins**: **il y a trois verres en ~** there are three glasses missing; **ça me fera du travail en ~ !** that'll be less work for me!; **en ~ de rien** in next to no time; **en ~ de deux*** in next to no time

◆ **pas moins**: **pas ~ de 40 km les séparent de la ville la plus proche** they're at least 40km from the nearest town; **gravement malade, il n'en continue pas ~ d'écrire** despite being seriously ill, he still continues to write; **il n'en reste pas ~ que ...** the fact remains that ...; **il n'en est pas ~ vrai que ...** it is no less true that ...

ⓑ superlatif least; **le ~** the least

◆ **le moins** ◆ **la moins** ◆ **les moins** (*de plusieurs*) the least; (*de deux*) the less; **c'est le ~ doué de mes élèves** he's the least gifted of my pupils; **c'est le ~ doué des deux** he's the less gifted of the two; **les fleurs les ~ chères** the least expensive flowers

◆ **le moins** + *verbe* the least; **c'est celle que j'aime le ~** it's the one I like the least; **l'émission que je regarde le ~** the programme I watch least often; **c'est bien le ~ qu'on puisse faire** it's the least one can do; **c'est le ~ qu'on puisse dire !** that's putting it mildly!

◆ **le moins possible** as little as possible; **je lui parle le ~ possible** I talk to him as little as possible; **j'y resterai le ~ de temps possible** I won't stay there any longer than I have to

2 PRÉPOSITION

ⓐ soustraction, nombre négatif minus; **6 ~ 2 font 4** 6 minus 2 equals 4; **il fait ~ 5** it's minus 5°

ⓑ heure to; **il est 4 heures ~ 5** it's 5 to 5; **il est ~ 10*** it's 10 to*

3 NOM MASCULIN

♦ **au moins** at least; **elle a payé cette robe au ~ 3 000 F** she paid at least 3,000 francs for that dress; **600 au ~** at least 600

♦ **du moins** (restriction) at least; **il ne pleuvra pas, du ~ c'est ce qu'annonce la radio** it's not going to rain, at least that's what it says on the radio; **j'arriverai vers 4 heures, du ~ si l'avion n'a pas de retard** I'll be there around 4 o'clock - if the plane's on time, that is

♦ **pour le moins** to say the least; **sa décision est pour le ~ bizarre** his decision is odd to say the least

4 COMPOSÉS

♦ **moins que rien*** NM (= minable) complete loser*; **on les traite comme des ~ que rien** they're treated like scum

♦ **moins-value** NF depreciation

moiré, e /mwaʀe/ ADJ [tissu, papier peint] moiré; [papier] marbled

mois /mwa/ NM ⓐ month; **au ~ de janvier** in January; **dans un ~** in a month; **le 10 de ce ~** the 10th of this month; **au ~** (payer, louer) monthly; **un bébé de 6 ~** a 6-month-old baby; **devoir trois ~ de loyer** to owe three months' rent ⓑ (= salaire) monthly pay; **~ double** extra month's pay (as end-of-year bonus)

Moïse /mɔiz/ NM Moses

moisi, e /mwazi/ (ptp de **moisir**) **1** ADJ mouldy **2** NM mould (NonC); **odeur de ~** musty smell; **goût de ~** musty taste; **ça sent le ~** it smells musty

moisir /mwaziʀ/ /TABLE 2/ **1** VI ⓐ (= se gâter) to go mouldy ⓑ [personne] (dans une prison, une entreprise) to rot; (= attendre) to hang around; **on ne va pas ~ ici jusqu'à la nuit !*** we're not going to hang around here all day!* **2** VT to make mouldy

moisissure /mwazisyʀ/ NF mould (NonC); **enlever les ~s sur un fromage** to scrape the mould off a piece of cheese

moisson /mwasɔ̃/ NF harvest; **ils font la ~** they're harvesting; **la ~ de médailles a été excellente** they got a good crop of medals

moissonner /mwasɔne/ /TABLE 1/ VT [+ céréale] to harvest; [+ récompenses] to carry off; [+ renseignements] to gather

moissonneuse /mwasɔnøz/ NF (= machine) harvester

♦ **moissonneuse-batteuse** combine harvester

moite /mwat/ ADJ [peau, mains] sweaty; [atmosphère, chaleur] sticky

moitié /mwatje/ NF half; **partager qch en deux ~s** to divide sth into halves; **quelle est la ~ de 40 ?** what is half of 40?; **donne-m'en la ~** give me half; **faire la ~ du chemin avec qn** to go halfway with sb; **la ~ des habitants** half the inhabitants; **la ~ du temps** half the time; **~ anglais, ~ français** half-English, half-French; **parvenu à la ~ du trajet** having completed half the journey; **arrivé à la ~ du travail** having done half the work; **de ~** by half; **réduire de ~** [+ trajet, production, coût] to reduce by half

♦ **moitié moitié**: **on a partagé le pain ~ ~** we shared the bread between us; **ils ont fait ~ ~** they went halves

♦ **à moitié** half; **il a fait le travail à ~** he has only half done the work; **il a mis la table à ~** he's half set the table; **il ne fait jamais rien à ~** he never does things by halves; **à ~ plein** half-full; **à ~ prix** at half-price

moka /mɔka/ NM ⓐ (= gâteau à la crème) cream cake; (= gâteau au café) mocha cake ⓑ (= café) mocha coffee

mol /mɔl/ ADJ M → **mou**

molaire /mɔlɛʀ/ NF molar

Moldavie /mɔldavi/ NF Moldavia

môle /mol/ NM (= digue) breakwater

molécule /mɔlekyl/ NF molecule

molester /mɔleste/ /TABLE 1/ VT to manhandle; **molesté par la foule** mauled by the crowd

mollah /mɔ(l)la/ NM mullah

mollasson, -onne* /mɔlasɔ̃, ɔn/ (péj) **1** ADJ slow **2** NM,F great lump*

molle /mɔl/ ADJ F → **mou**

mollement /mɔlmɑ̃/ ADV [tomber] softly; [défendre, protester] feebly

mollesse /mɔlɛs/ NF [de marché] sluggishness; **il est d'une ~ !** he's so slow!

mollet /mɔlɛ/ NM [de jambe] calf

molletonné, e /mɔltɔne/ ADJ quilted

mollir /mɔliʀ/ /TABLE 2/ VI ⓐ (= devenir mou) [substance] to soften ⓑ (= céder) [ennemi] to yield; [père, créancier] to relent; [courage, personne] to flag; **ce n'est pas le moment de ~ !*** you (ou we etc) mustn't weaken now! ⓒ (= devenir moins fort) [vent] to die down

mollo ‡ /mɔlo/ ADV **vas-y ~ !** take it easy!*

mollusque /mɔlysk/ NM mollusc

molosse /mɔlɔs/ NM big ferocious dog

môme * /mom/ NMF (= enfant) kid*; **quels sales ~s !** horrible little brats!*

moment /mɔmɑ̃/ NM ⓐ (= court instant) moment; **il réfléchit pendant un ~** he thought for a moment; **je n'en ai que pour un petit ~** it'll only take me a moment; **j'ai eu un ~ de panique** I had a moment's panic; **un ~, il arrive !** just a moment, he's coming!

ⓑ (= longtemps) while; **je ne l'ai pas vu depuis un ~** I haven't seen him for a while; **j'en ai pour un bon ~** it'll take me quite a while

ⓒ (= période) time; **le ~ présent** the present time; **à ses ~s perdus** in his spare time; **à quel ~ est-ce arrivé ?** when did this happen?; **passer de bons ~s** to spend some happy times; **les ~s que nous avons passés ensemble** the times we spent together; **il a passé un mauvais ~** he had a rough time; **je n'ai pas un ~ à moi** I haven't got a moment to myself; **le succès du ~** the success of the moment; **n'attends pas le dernier ~** don't wait till the last minute

ⓓ (= occasion) time; **ce n'est pas le ~** this is not the right time; **tu arrives au bon ~** you've come just at the right time; **c'était le ~ de réagir** it was time to react

ⓔ (locutions)

♦ **d'un moment à l'autre** [changer] from one moment to the next; **on l'attend d'un ~ à l'autre** he is expected any moment now

♦ **du moment où** (dans le temps) since; (pourvu que) as long as

♦ **du moment que** (dans le temps) since; (pourvu que) as long as; **je m'en fiche, du ~ que c'est fait** I don't care, as long as it's done

♦ **en ce moment** at the moment

♦ **le moment venu** when the time comes; **il se prépare afin de savoir quoi dire le ~ venu** he's getting ready so that he'll know what to say when the time comes

♦ **par moments** now and then

♦ **pour le moment** for the moment

♦ **sur le moment** at the time

♦ **à + moment**: **à ce ~-là** (temps) at that time; (circonstance) in that case; **à un ~ donné** at one point; **à un ~ donné j'ai cru que c'était fini** at one point, I thought it was over; **à tout ~** [se produire] any time; **il peut arriver à tout ~** he could arrive any time; **des voitures arrivaient à tout ~** cars were constantly arriving

♦ **au + moment**: **au ~ de l'accident** at the time of the accident; **au ~ de partir** just as I (ou he etc) was about to leave; **au ~ où elle entrait, lui sortait** as she was going in he was coming out; **au ~ où il s'y attendait le moins** just when he was least expecting it

momentané, e /mɔmɑ̃tane/ ADJ [gêne] momentary; [espoir, effort, absence, arrêt] brief

momentanément /mɔmɑ̃tanemɑ̃/ ADV ⓐ (= en ce moment) for the moment ⓑ (= un court instant) momentarily

momie /mɔmi/ NF mummy

mon /mɔ̃/, **ma** /ma/ (*pl* **mes** /me/) ADJ POSS my; **~ fils et ma fille** my son and daughter; **mes amis** my friends; **j'ai eu ~ lundi** I got Monday off

monacal, e (*pl* **-aux**) /mɔnakal, o/ ADJ monastic

Monaco /mɔnako/ NM Monaco; **la principauté de ~** the principality of Monaco

monarchie /mɔnaʀʃi/ NF monarchy

monarchiste /mɔnaʀʃist/ ADJ, NMF monarchist

monarque /mɔnaʀk/ NM monarch

monastère /mɔnasteʀ/ NM monastery

monceau (*pl* **-aux**) /mɔ̃so/ NM heap

mondain, e /mɔ̃dɛ̃, ɛn/ 1 ADJ [*réunion, vie*] society; **plaisirs ~s** pleasures of society; **chronique ~e** gossip column; **mener une vie ~e** to be a socialite; **leurs obligations ~es** their social obligations 2 NMF socialite

mondanités /mɔ̃danite/ NFPL ⓐ (= *politesses*) polite small talk ⓑ (= *divertissements*) society life; **toutes ces ~ me fatiguent** I'm exhausted by this social whirl

monde /mɔ̃d/ NM ⓐ world; **dans le ~ entier** all over the world; **le ~ des vivants** the land of the living; **si je suis encore de ce ~** if I'm still alive; **elle n'est plus de ce ~** she is no longer with us; **elle vit dans un ~ à elle** she lives in a world of her own; **où va le ~ ?** whatever is the world coming to?; **le Nouveau Monde** the New World; **l'autre ~** the next world; **envoyer** *ou* **expédier qn dans l'autre ~** to send sb to meet his (*ou* her) maker; **c'est le ~ à l'envers !** whatever next!; **le ~ est petit !** it's a small world!; **se faire tout un ~ de qch** to get worked up about sth; **c'est un ~ !*** it's just not right!

♦ **du monde** in the world; **ce produit est parmi les meilleurs du ~** this product is among the best in the world; **tout s'est passé le mieux du ~** everything went off perfectly; **pas le moins du ~ !** not at all!; **il n'était pas le moins du ~ anxieux** he was not the slightest bit worried; **pour tout l'or du ~** for all the tea in China

♦ **au monde** in the world; **je ne m'en séparerais pour rien au ~** I wouldn't part with it for anything in the world; **venir au ~** to be born; **mettre un enfant au ~** to bring a child into the world

♦ **le bout du monde** : **ce village, c'est le bout du ~** that village is in the middle of nowhere; **il irait au bout du ~ pour elle** he would go to the ends of the earth for her; **ce n'est pas le bout du ~ !** (= *ce n'est rien*) it won't kill you!

ⓑ (= *gens*) **est-ce qu'il y a du ~ ?** (= *qn*) is there anybody there?; (= *foule*) are there many people there?; **il y a du ~** (= *des gens*) there are some people there; (= *foule*) there's quite a crowd; **il y avait un ~ fou !*** the place was packed!; **ils voient beaucoup de ~** they have a busy social life; **ils reçoivent beaucoup de ~** they entertain a lot; **ce week-end nous avons du ~** we have people coming this weekend; **il se fout du ~ !*** he's got a nerve*

ⓒ (= *milieu social*) set; **le ~** (= *la bonne société*) society; **nous ne sommes pas du même ~** we don't move in the same circles; **cela ne se fait pas dans le ~** that isn't done in polite society; **femme du ~** society woman; **se conduire en parfait homme du ~** to be a perfect gentleman

mondé, e /mɔ̃de/ ADJ [*amandes, noisettes*] blanched

mondial, e (*mpl* **-iaux**) /mɔ̃djal, jo/ 1 ADJ [*guerre, population, production*] world; [*épidémie, tendance, réseau, crise*] worldwide; **une célébrité ~e** a world-famous celebrity 2 NM **le Mondial** the World Cup

mondialement /mɔ̃djalmɑ̃/ ADV throughout the world; **~ connu** known throughout the world

mondialisation /mɔ̃djalizasjɔ̃/ NF globalization; **pour éviter la ~ du conflit** to prevent the conflict from spreading throughout the world

mondialiser /mɔ̃djalize/ /TABLE 1/ 1 VT to globalize 2 VPR **se mondialiser** [*économie, offre*] to become globalized; **ce phénomène se mondialise** this is becoming a worldwide phenomenon

mond(i)ovision /mɔ̃d(j)ɔvizjɔ̃/ NF worldwide satellite television broadcast; **retransmis en ~** broadcast by satellite worldwide

monégasque /mɔnegask/ 1 ADJ of *ou* from Monaco 2 NMF **Monégasque** person from *or* inhabitant of Monaco

monétaire /mɔnetɛʀ/ ADJ monetary; **le marché ~** the money market

mongol, e /mɔ̃gɔl/ 1 ADJ (= *handicapé*) with Down's syndrome 2 NM,F **Mongol(e)** (= *handicapé*) person with Down's syndrome; (= *habitant ou originaire de la Mongolie*) Mongolian

Mongolie /mɔ̃gɔli/ NF Mongolia

moniteur, -trice /mɔnitœʀ/ 1 NM,F (= *personne* : Sport) instructor; [*de colonie de vacances*] supervisor (*Brit*), camp counselor (*US*) 2 NM (= *appareil*) monitor 3 COMP ♦ **moniteur d'auto-école** driving instructor ♦ **moniteur de ski** skiing instructor

monitorat /mɔnitɔʀa/ NM (= *fonction*) instructorship; **il prépare son ~ de ski** he's training to be a ski instructor

monnaie /mɔnɛ/ 1 NF ⓐ (= *espèces, devises*) currency; **la ~ américaine** the American dollar; **c'est ~ courante** [*fait, événement*] it's a common occurrence; [*action, pratique*] it's common practice; **les otages servent de ~ d'échange** the hostages are being used as bargaining chips

ⓑ (= *pièce*) coin

ⓒ (= *appoint, pièces*) change; **petite ~** small change; **vous n'avez pas de ~ ?** (*pour payer*) don't you have any change?; **faire de la ~** to get some change; **faire la ~ de 100 euros** to get change for a 100-euro note; **elle m'a rendu la ~ sur 50 euros** she gave me the change from 50 euros; **rendre à qn la ~ de sa pièce** to pay sb back in his own coin

2 COMP ♦ **monnaie électronique** plastic money ♦ **monnaie légale** legal tender ♦ **monnaie unique** single currency

monnayer /mɔneje/ /TABLE 8/ VT [+ *titres*] to convert into cash; **~ ses capacités** to make money from one's abilities; **~ son silence** to sell one's silence

mono* /mɔno/ NMF (ABBR = **moniteur, -trice**) [*de sport*] instructor; [*de colonie de vacances*] supervisor (*Brit*), camp counselor (*US*)

monochrome /mɔnokʀom/ ADJ monochrome

monocoque /mɔnokɔk/ 1 ADJ monocoque; [*yacht*] monohull 2 NM (= *voilier*) monohull

monocorde /mɔnokɔʀd/ ADJ [*voix*] monotonous; **sur un ton ~** in a monotonous voice

monogame /mɔnogam/ ADJ monogamous

monogamie /mɔnogami/ NF monogamy

monologue /mɔnolɔg/ NM monologue; **~ intérieur** stream of consciousness

mononucléose /mɔnonykleoz/ NF **~ infectieuse** glandular fever (*Brit*), mono* (*US*)

monoparental, e (*mpl* **-aux**) /mɔnopaʀɑ̃tal, o/ ADJ **famille ~e** single-parent family

monoplace /mɔnoplas/ ADJ, NM single-seater

monopole /mɔnopɔl/ NM monopoly; **avoir le ~ de** to have the monopoly of; [+ *vérité, savoir*] to have a monopoly on; **être en situation de ~** to have a monopoly

monopoliser /mɔnopɔlize/ /TABLE 1/ VT to monopolize; **il a monopolisé la parole toute la soirée** he monopolized the conversation all evening

monoski /mɔnoski/ NM monoski; **faire du ~** to go monoskiing

monospace /mɔnospas/ NM people carrier (*Brit*), minivan (*US*)

monotone /mɔnotɔn/ ADJ monotonous

monotonie /mɔnotɔni/ NF monotony

Monseigneur /mɔ̃sɛɲœʀ/ (*pl* **Messeigneurs** /mesɛɲœʀ/) NM (*à archevêque, duc*) Your Grace; (*à cardinal*) Your Eminence; (*à évêque*) Your Lordship; (*à prince*) Your Highness

Monsieur /məsjø/ (*pl* **Messieurs** /mesjø/) NM ⓐ (*suivi d'un nom de famille*) Mr; **entrez, ~ Smith** come in, Mr Smith; **~ Dubois vous recevra** Mr Dubois will see you

ⓑ (*sans nom de famille*)

► *Lorsque* **Monsieur** *n'est pas suivi d'un nom de famille, il ne se traduit généralement pas; l'anglais* **sir** *s'utilise pour s'adresser à quelqu'un qu'on ne connaît pas, par exemple un client dans un restaurant ou dans un hôtel. À la troisième personne, on peut utiliser* **the gentleman**.

merci, ~ thank you; **~, vous avez oublié quelque chose** excuse me, you've left something; **et pour ~ ?** *(au restaurant)* and for you, sir?; **~ !** *(en classe)* please sir!; **~ dit que c'est à elle** the gentleman says it belongs to him
♦ **Messieurs** *(devant un auditoire)* gentlemen; **merci, Messieurs** thank you
♦ **Messieurs Dames** *(devant un auditoire)* ladies and gentlemen; **bonsoir, Messieurs Dames** good evening
ⓒ *(suivi d'un titre)* **~ le Président, je proteste** Mr Chairman, I object; **~ le Président a levé la séance** the Chairman closed the meeting
ⓓ *(en début de lettre)*

► *Le français épistolaire est moins direct que l'anglais et l'équivalent anglais des formules de début de lettre sera donc toujours plus personnel que le français:* **Monsieur** *devient* **Dear Sir**, *si l'on ne connaît pas le nom du monsieur, ou* **Dear Mr + nom de famille**; **Cher Monsieur** *devient* **Dear Mr + nom de famille**, *par exemple* **Dear Mr Smith**.

Monsieur Dear Sir; **Cher ~** Dear Mr + *nom de famille*; **Messieurs** Dear Sir
ⓔ *(= homme)* gentleman; **demande au monsieur** ask the gentleman; **ces messieurs désirent ?** what would you like, gentlemen?; **~ Tout-le-monde** the man in the street; **~ Météo** the weatherman

★ *The* **on** *is pronounced like the* **e** *in* **the**.

monstre /mɔ̃stʀ/ **1** NM monster; **c'est un ~** *(laid)* he's really ugly; *(méchant)* he's an absolute monster; **petit ~!*** you little monster!* **2** ADJ* massive; **succès ~** runaway success; **elle a un culot ~** she's got a hell of a nerve*; **j'ai un boulot ~** I've got loads* of work to do **3** COMP ♦ **monstre sacré: un ~ sacré du cinéma** a screen legend

monstrueusement /mɔ̃stʀyøzmɑ̃/ ADV *[laid]* monstrously; *[intelligent]* prodigiously; *[riche]* enormously

monstrueux, -euse /mɔ̃stʀyø, øz/ ADJ ⓐ *(= difforme)* *[bête]* monstrous; *[personne]* freakish; *[bâtiment]* hideous ⓑ *(= abominable)* *[guerre, massacre]* horrendous; *[crime]* monstrous ⓒ *(= gigantesque)* *[erreur, bruit]** horrendous

mont /mɔ̃/ NM *(= montagne)* mountain; **être toujours par ~s et par vaux*** to be always on the move* ♦ **le mont Blanc** Mont Blanc

montage /mɔ̃taʒ/ NM ⓐ *[d'appareil]* assembly; *[de tente]* pitching; **~ financier** financial arrangement; **le ~ de l'opération a pris trois mois** it took three months to set up the operation ⓑ *[de film]* editing; **~ photographique** photomontage; **table de ~** cutting table

montagnard, e /mɔ̃taɲaʀ, aʀd/ **1** ADJ mountain **2** NM,F mountain dweller

montagne /mɔ̃taɲ/ NF mountain; **la ~** *(= région)* the mountains; **vivre à la ~** to live in the mountains; **une ~ de** *(sens figuré)* a mountain of; **il se fait une ~ de cet examen** he's blown this exam out of all proportion; **déplacer des ~s** to move mountains; **c'est gros comme une ~*** it's plain for all to see ♦ **montagnes russes** roller-coaster

montagneux, -euse /mɔ̃taɲø, øz/ ADJ mountainous; *(= accidenté)* hilly

montant, e /mɔ̃tɑ̃, ɑ̃t/ **1** ADJ *[mouvement]* upward; *[col]* high **2** NM ⓐ *(= somme)* sum total; **le ~ s'élevait à ...** the total was ...; **chèque d'un ~ de 500 €** cheque for 500 euros; **emprunt d'un ~ de 2 millions de euros** loan of 2 million euros ⓑ *[d'échelle, fenêtre]* upright; *[de lit, but]* post; *[de porte]* jamb; *[d'échafaudage]* pole

mont-de-piété *(pl* **monts-de-piété)** /mɔ̃d(ə)pjete/ NM pawnshop; **mettre qch au ~** to pawn sth

monte-charge *(pl* **monte-charges)** /mɔ̃tʃaʀʒ/ NM hoist

montée /mɔ̃te/ NF ⓐ *(= augmentation)* rise **(de** in); **la ~ des eaux** the rise in the water level ⓑ *[de ballon, avion]* as-

cent; **pendant la ~ de l'ascenseur** while the lift is *(ou* was) going up ⓒ *(= escalade)* climb ⓓ *(= pente)* uphill slope

Monténégro /mɔ̃tenegʀo/ NM Montenegro

monte-plats /mɔ̃tpla/ NM INV dumbwaiter

monter /mɔ̃te/ /TABLE 1/

► *When* **monter** *has an object it is conjugated with* **avoir**; *otherwise, the auxiliary is* **être**.

1 VI ⓐ to go up **(dans** into); *[avion]* to climb; **~ à pied** to walk up; **~ en courant** to run up; **~ en titubant** to stagger up; **~ dans sa chambre** to go up to one's room; **monte me voir** come up and see me; **monte le prévenir** go up and tell him; **faites-le ~** *(visiteur)* ask him to come up; **~ aux arbres** to climb trees; **~ à Paris** to go up to Paris
♦ **monter sur** *[+ table, rocher, toit]* to climb onto; **monté sur une chaise, il accrochait un tableau** he was standing on a chair hanging a picture; **~ sur une colline** to go up a hill; **~ sur une bicyclette** to get on a bicycle; **monté sur un cheval gris** riding a grey horse
ⓑ *(dans un véhicule)* **~ en voiture** to get into a car; **~ dans un avion** to get on an aircraft; **je suis monté à Lyon** I got on at Lyon; **~ à bord (d'un navire)** to go on board (a ship); **~ à bicyclette** *(= faire du vélo)* to ride a bicycle; **~ à cheval** *(= se mettre en selle)* to get on a horse; *(= faire de l'équitation)* to ride; **elle monte bien** she rides well
ⓒ *(= s'élever)* to rise; *[mer, marée]* to come in; *[voix]* to go up; **~ à** *ou* **jusqu'à** to come up to; **la vase lui montait jusqu'aux genoux** the mud came right up to his knees; **le chemin monte en lacets** the path winds upwards; **jusqu'où monte le téléphérique ?** where does the cable car go up to?; **une odeur montait de la cave** there was a smell coming from the cellar; **le lait monte** *(sur le feu)* the milk's about to boil over; **ça a fait ~ les prix** it sent prices up; **la tension monte** tension is rising; **le ton monte** *(colère)* the discussion is getting heated; **la voiture peut ~ jusqu'à 250 km/h** the car can do up to 250km/h; **ce tableau peut ~ jusqu'à 30 000 €** this painting could fetch up to 30,000 euros; **les blancs n'arrivent pas à ~** the egg whites won't go stiff; **elle sentait la colère ~ en elle** she could feel herself getting angry; **les larmes lui montaient aux yeux** tears were welling up in her eyes; **le vin lui monte à la tête** wine goes to his head; **le succès lui monte à la tête** success is going to his head; **c'est l'artiste qui monte** he's the up-and-coming artist
2 VT ⓐ *(= gravir)* to go up; **~ l'escalier précipitamment** to rush upstairs; **~ une côte** *(en marchant)* to walk up a hill
ⓑ *(= porter)* to take up; **montez-lui son petit déjeuner** take his breakfast up to him; **faire ~ ses valises** to have one's luggage taken up
ⓒ **~ un cheval** to ride a horse
ⓓ *(= augmenter)* **~ le son** to turn the sound up
ⓔ *(= exciter)* **~ qn contre qn** to set sb against sb; **~ la tête à qn** to get sb worked up; **quelqu'un lui a monté la tête contre moi** someone has set him against me
ⓕ **~ la garde** *[soldat]* to mount guard; *[chien]* to be on guard; **« je monte la garde ! »** "beware of the dog!"
ⓖ *[+ machine]* to assemble; *[+ tente]* to pitch; *[+ film]* to edit; *[+ robe]* to sew together; **~ des mailles** to cast on stitches
ⓗ *[+ pièce de théâtre]* to put on; *[+ affaire, opération, campagne publicitaire]* to set up; *[+ canular]* to play; *[+ complot]* to hatch
ⓘ *[+ diamant, perle]* to mount; *[+ pneu]* to put on; **~ qch en épingle** to blow sth up out of all proportion
3 VPR **se monter** ⓐ **se ~ à** *[+ prix]* to amount to
ⓑ **se ~ la tête** to get all worked up

monteur, -euse /mɔ̃tœʀ, øz/ NM,F ⓐ *(Tech)* fitter ⓑ *(Ciné)* editor

montgolfière /mɔ̃gɔlfjɛʀ/ NF hot-air balloon

monticule /mɔ̃tikyl/ NM mound

montre /mɔ̃tʀ/ **1** NF ⓐ watch; **~ de plongée** diver's watch; **il est 2 heures à ma ~** it is 2 o'clock by my watch; **j'ai mis deux heures ~ en main** it took me exactly two hours ⓑ **faire ~ de** to show **2** COMP ♦ **montre-bracelet** wrist watch

Montréal /mɔ̃real/ N Montreal

montrer /mɔ̃tre/ /TABLE 1/ 1 VT to show (**à** to); (*par un geste*) to point to; (= *faire remarquer*) to point out (**à** to); **~ un enfant au docteur** to let the doctor see a child; **~ à qn comment faire qch** to show sb how to do sth; **l'aiguille montre le nord** the needle points north; **je l'ai ici — montre!** I've got it here — show me!; **ce qui montre bien que j'avais raison** which just goes to show that I was right

2 VPR **se montrer** ⓐ (= *être vu*) to appear; **elle ne s'est pas montrée au dîner** she didn't appear at dinner; **montrez-vous!** come out where we can see you!; **il n'aime pas se ~ avec elle** he doesn't like to be seen with her; **j'y vais juste pour me ~** I'm going there just to put in an appearance ⓑ (= *s'avérer*) **il s'est montré très désagréable** he was very unpleasant

monture /mɔ̃tyr/ NF ⓐ [*de lunettes*] frame; **lunettes à ~ d'écaille** horn-rimmed glasses ⓑ (= *cheval*) mount

monument /mɔnymɑ̃/ NM monument; **~ aux morts** war memorial; **~ historique** ancient monument; **la maison est classée ~ historique** the house is a listed building (*Brit*), the house is on the historical register (*US*); **visiter les ~s de Paris** to go sightseeing in Paris

monumental, e (*mpl* **-aux**) /mɔnymɑ̃tal, o/ ADJ monumental; **d'une bêtise ~e** incredibly stupid

moquer (se) /mɔke/ /TABLE 1/ VPR **se moquer de** ⓐ (= *ridiculiser*) to make fun of; **on va se moquer de toi** people will make fun of you; **vous vous moquez du monde!** you've got a nerve!; **je n'aime pas qu'on se moque de moi!** I don't like being made a fool of; **le réparateur s'est vraiment moqué de nous** the repairman really took us for a ride*; **du champagne? ils ne se sont pas moqués de vous!*** champagne? they really treat you right!* ⓑ (= *être indifférent*) **je m'en moque** I don't care; **je m'en moque pas mal*** I couldn't care less*; **je me moque de ne pas être cru** I don't care if nobody believes me

moquerie /mɔkri/ NF (= *sarcasme*) mockery (*NonC*); **les ~s continuelles de sa sœur** his sister's constant mockery

moquette /mɔket/ NF (= *tapis*) carpet; **faire poser de la ~** to have a wall-to-wall carpet laid

moquetter /mɔkete/ /TABLE 1/ VT to carpet; **chambre moquettée** bedroom with wall-to-wall carpet

moqueur, -euse /mɔkœr, øz/ ADJ [*remarque, sourire*] mocking; **il est très ~** he's always making fun of people

moral, e (*mpl* **-aux**) /mɔral, o/ 1 ADJ moral; **j'ai pris l'engagement ~ de le faire** I'm morally committed to doing it; **n'avoir aucun sens ~** to have no sense of right and wrong; **sur le plan ~** mentally

2 NM ⓐ (= *état d'esprit*) morale; **les troupes ont bon ~** the morale of the troops is high; **avoir le ~** to be in good spirits; **il n'a pas le ~** he is in low spirits; **avoir le ~ à zéro*** to be down in the dumps*; **garder le ~** to keep one's spirits up; **remonter le ~ de qn** to cheer sb up; **il faut remonter le ~ de l'équipe** we need to boost the team's morale ⓑ (= *plan moral*) **au ~ comme au physique** mentally as well as physically

3 NF **morale** ⓐ (= *doctrine*) moral code; (= *mœurs*) morals; (= *valeurs traditionnelles*) morality; **la ~e** ethics; **faire la ~e à qn** to lecture sb ⓑ [*de fable*] moral; **la ~e de cette histoire** the moral of this story

moralement /mɔralmɑ̃/ ADV morally; **soutenir qn ~** to give moral support to sb; **physiquement et ~** physically and mentally

moralisateur, -trice /mɔralizatœr, tris/ ADJ [*discours, ton*] sanctimonious

moraliser /mɔralize/ /TABLE 1/ 1 VI to moralize 2 VT (= *rendre plus moral*) [+ *société*] to improve the morals of; [+ *vie politique, profession*] to make more ethical

moraliste /mɔralist/ NMF moralist

moralité /mɔralite/ NF ⓐ (= *mœurs*) morals; **d'une ~ douteuse** [*personne*] of doubtful morals; **il n'a aucune ~** he has no sense of right or wrong ⓑ [*d'histoire*] moral; **~ : il**

ne faut jamais mentir! the moral is: never tell lies!; **~, j'ai eu une indigestion*** the result was that I had indigestion

moratoire /mɔratwar/ NM moratorium

morbide /mɔrbid/ ADJ morbid

morceau (*pl* **morceaux**) /mɔrso/ NM ⓐ (= *bout*) piece; [*de sucre*] lump; **manger un ~** to have a bite to eat; **cracher le ~* ** (= *dénoncer*) to spill the beans*; (= *avouer*) to come clean*

♦ en morceaux in pieces; **couper en ~x** to cut into pieces; **mettre qch en ~x** to pull sth to pieces ⓑ (= *œuvre*) piece; (= *extrait*) passage; **~x choisis** selected passages; **c'est un ~ d'anthologie** it's a classic

morceler /mɔrsəle/ /TABLE 4/ VT to divide up

mordant, e /mɔrdɑ̃, ɑ̃t/ ADJ ⓐ (= *caustique*) scathing; **avec une ironie ~e** with caustic irony ⓑ [*froid*] biting

mordicus* /mɔrdikys/ ADV stubbornly

mordiller /mɔrdije/ /TABLE 1/ VT to nibble at

mordoré, e /mɔrdɔre/ ADJ bronze

mordre /mɔrdr/ /TABLE 41/ 1 VT ⓐ to bite; **~ qn à la main** to bite sb's hand; **il s'est fait ~ à la jambe par un chien** a dog bit him on the leg; **~ une pomme** to bite into an apple; **~ un petit bout de qch** to bite off a small piece of sth ⓑ (= *toucher*) **la balle a mordu la ligne** the ball just touched the line; **~ la ligne blanche** to go over the white line

2 VT INDIR **♦ mordre sur** (= *empiéter sur*) [+ *vacances*] to eat into; [+ *espace*] to encroach onto; **ça va ~ sur l'autre semaine** that will go over into the following week

3 VI to bite (**dans** into); (= *être pris*) to rise to the bait; **ça mord aujourd'hui?** are the fish biting today?; **il a mordu aux maths*** he's taken to maths

4 VPR **se mordre : se ~ la joue** to bite the inside of one's mouth; **se ~ la langue** to bite one's tongue; (= *se retenir*) to hold one's tongue; **maintenant il s'en mord les doigts** he could kick himself now*

mordu, e /mɔrdy/ (*ptp de* **mordre**) 1 ADJ ⓐ (= *amoureux*)* smitten; **il est vraiment ~** he's crazy* about her ⓑ (= *fanatique*)* **~ de jazz** crazy* about jazz 2 NM,F (= *fanatique*)* enthusiast; **~ de la voile** sailing enthusiast; **~ d'informatique** computer freak*; **c'est un ~ de football** he's crazy about football

morfler* /mɔrfle/ /TABLE 1/ VI (= *souffrir*) to have a hard time of it; **j'ai une rage de dents, qu'est-ce que je morfle!** I've got toothache, it's agony!*; **ça va ~!** there's going to be trouble!

morfondre (se) /mɔrfɔ̃dr/ /TABLE 41/ VPR (*tristement*) to languish

morgue /mɔrg/ NF [*de police*] morgue; [*d'hôpital*] mortuary

moribond, e /mɔribɔ̃, ɔ̃d/ 1 ADJ [*personne*] dying; [*économie, marché, institution*] moribund 2 NM,F dying man (*ou* woman)

morille /mɔrij/ NF morel

mormon, e /mɔrmɔ̃, ɔn/ ADJ, NM,F Mormon

morne /mɔrn/ ADJ [*personne, visage*] glum; [*temps, silence*] gloomy; [*conversation, vie, paysage, ville*] dull

morose /mɔroz/ ADJ [*humeur, personne, ton*] morose; [*marché, Bourse*] sluggish; [*journée*] dull

morosité /mɔrozite/ NF [*de personne*] moroseness; [*de temps*] dullness; [*de marché, économie*] sluggishness; **climat de ~ économique** gloomy economic climate

morphine /mɔrfin/ NF morphine

morphologie /mɔrfɔlɔʒi/ NF morphology

morpion /mɔrpjɔ̃/ NM ⓐ (= *jeu*) ≈ noughts and crosses (*Brit*), ≈ tic-tac-toe (*US*) ⓑ (= *pou*)** crab* ⓒ (= *gamin*)* brat*

mors /mɔr/ NM bit; **prendre le ~ aux dents** to take the bit between one's teeth; (= *s'emporter*) to fly off the handle*

morse[1] /mɔrs/ NM (= *animal*) walrus

morse[2] /mɔrs/ NM (= *code*) Morse (code)

morsure /mɔrsyr/ NF bite; **~ de serpent** snakebite

mort, e /mɔʀ, mɔʀt/ (ptp de **mourir**) **1** ADJ dead; [yeux] lifeless; **il est ~ depuis deux ans** he's been dead for two years; **~ au combat** killed in action; **tu es un homme ~!*** you're a dead man!*; **la ville est ~e le dimanche** the town is dead on a Sunday; **je suis ~ de fatigue!** I'm dead tired!; **il était ~ de peur** he was frightened to death; **ils étaient ~s de rire** they were doubled up with laughter

2 NM dead man; **les ~s** the dead; **il y a eu un ~** one person was killed; **l'accident a fait cinq ~s** five people were killed in the accident; **fête des ~s** All Souls' Day; **c'est un ~ vivant** he's more dead than alive; **faire le ~** to pretend to be dead; (= ne pas se manifester) to lie low

3 NF death; **tu veux ma ~?** do you want to kill me or what?*; **trouver la ~ dans un accident** to be killed in an accident; **souhaiter la ~ de qn** to wish sb were dead; **se donner la ~** to take one's own life; **mourir de ~ violente** to die a violent death; **c'est une belle ~** it is a good way to go; **à la ~ de sa mère** when his mother died; **il a vu la ~ de près** he has looked death in the face; **il n'y a pas eu ~ d'homme** no one was killed; **~ au tyran!** death to the tyrant!; **ça coûte 100 €, ce n'est pas la ~!*** it's only 100 euros, it won't kill you (ou me etc)!*; **la ~ dans l'âme** with a heavy heart; **silence de ~** deathly hush; **d'une pâleur de ~** deathly pale; **engin de ~** deadly weapon

♦ **à mort**: **lutte à ~** fight to the death; **blessé à ~** (dans un combat) mortally wounded; (dans un accident) fatally injured; **mise à ~** [de taureau] kill; **nous sommes fâchés à ~** we're at daggers drawn; **il m'en veut à ~** he hates me for it; **freiner à ~*** to jam on the brakes

4 NF **morte** dead woman

5 COMP ♦ **mort subite du nourrisson** sudden infant death syndrome

mortadelle /mɔʀtadɛl/ NF mortadella

mortalité /mɔʀtalite/ NF mortality ♦ **mortalité infantile** infant mortality

mort-aux-rats /mɔʀ(t)oʀa/ NF INV rat poison

mortel, -elle /mɔʀtɛl/ **1** ADJ ⓐ (= qui meurt) mortal ⓑ (= entraînant la mort) fatal; [poison] deadly; **danger ~** mortal danger; **coup ~** fatal blow ⓒ (= intense) [pâleur, silence, haine] deadly; [ennemi] mortal; **allons, ce n'est pas ~!** come on, it won't kill you! ⓓ (= ennuyeux) [livre, soirée]* deadly **2** NM,F mortal; **simple ~** mere mortal

mortellement /mɔʀtɛlmɑ̃/ ADV mortally; **~ blessé** mortally wounded; (dans un accident) fatally injured; **~ ennuyeux** deadly boring

morte-saison (pl **mortes-saisons**) /mɔʀt(ə)sɛzɔ̃/ NF off-season; **à la ~** in the off-season

mortier /mɔʀtje/ NM mortar; **attaque au ~** mortar attack

mort-né, mort-née (mpl **mort-nés**, fpl **mort-nées**) /mɔʀne/ ADJ stillborn

mortuaire /mɔʀtɥɛʀ/ ADJ [cérémonie] funeral

morue /mɔʀy/ NF (= poisson) cod

morve /mɔʀv/ NF snot*

morveux, -euse /mɔʀvø, øz/ **1** ADJ [enfant] snotty-nosed* **2** NM,F (= enfant)‡ nasty little brat*

mosaïque /mɔzaik/ NF mosaic; [d'idées, peuples] medley

Moscou /mɔsku/ N Moscow

moscovite /mɔskɔvit/ ADJ of ou from Moscow

mosquée /mɔske/ NF mosque

mot /mo/ **1** NM ⓐ (= terme) word; **ce ne sont que des ~s** it's just talk; **je n'en crois pas un ~** I don't believe a word of it; **paresseux, c'est bien le ~!** lazybones is the right word to describe him!; **tout de suite les grands ~s!** you always overdramatize things!; **génie, c'est un bien grand ~!** genius, that's a big word!; **à ces ~s** at that; **sur ces ~s** with that; **à ~s couverts** in veiled terms; **en un ~** in a word; **traduire ~ à ~** to translate word for word; **c'est du ~ à ~** it's a word for word translation; **rapporter une conversation ~ pour ~** to give a word for word report of a conversation; **avoir des ~s avec qn** to have words with sb; **avoir toujours le ~ pour rire** to be a born joker; **avoir le dernier ~** to have the last word; **c'est votre dernier ~?** (dans négociations) is that your final offer?; **je n'ai pas dit mon dernier ~** you (ou

they etc) haven't heard the last of me; **sans ~ dire** without saying a word; **j'estime avoir mon ~ à dire dans cette affaire** I think I'm entitled to have my say in this matter; **je vais lui dire deux ~s!** I'll give him a piece of my mind!; **prendre qn au ~** to take sb at his word; **il ne sait pas le premier ~ de sa leçon** he doesn't know a word of his lesson; **il ne sait pas un ~ d'allemand** he doesn't know a word of German; **je n'ai pas pu lui tirer un ~** I couldn't get a word out of him; **il lui a dit le ~ de Cambronne** ≈ he said a four-letter word to him; **pas un ~ à qui que ce soit** don't breathe a word of this to anyone; **il n'a jamais un ~ plus haut que l'autre** he's very even-tempered; **j'ai dû dire un ~ de travers** I must have said something wrong; **au bas ~** at the very least ■ (PROV) **qui ne dit ~ consent** silence gives consent

ⓑ (= message) word; (= courte lettre) note; **je vais lui en toucher un ~** I'll have a word with him about it; **se donner le ~** to pass the word round; **il ne m'a même pas dit un ~ de remerciement** he didn't even thank me

ⓒ (= expression frappante) saying; **bon ~** witty remark

2 COMP ♦ **mot d'auteur** witty remark from the author ♦ **mot composé** compound ♦ **mots croisés** crossword; **faire des ~s croisés** to do crosswords ♦ **mot d'emprunt** loan word ♦ **mot d'enfant** child's funny remark ♦ **mot d'esprit** witty remark ♦ **mot d'excuse** letter of apology; [d'élève] absence note; (pour maladie) sick note ♦ **mots fléchés** crossword (with clues given inside the boxes) ♦ **mot d'ordre** slogan ♦ **mot de passe** password

motard /mɔtaʀ/ NM motorcyclist; (= policier) motorcycle policeman

mot-clé (pl **mots-clés**) /mokle/ NM keyword

motel /mɔtɛl/ NM motel

moteur, -trice /mɔtœʀ, tʀis/ **1** NM ⓐ (= appareil) engine; (électrique) motor; **à ~** power-driven; **~!** (Ciné) action!; **~ de recherche** search engine ⓑ (= force) mover; **être le ~ de qch** to be the driving force behind sth **2** ADJ [muscle, nerf, troubles] motor; **force motrice** driving force

motif /mɔtif/ NM ⓐ (= raison) motive (de for); (= but) purpose (de of); **quel est le ~ de votre visite?** what is the purpose of your visit?; **quel ~ as-tu de te plaindre?** what grounds have you got for complaining?; **~ d'inquiétude** cause for concern; **donner des ~s de satisfaction à qn** to give sb grounds for satisfaction ⓑ (= ornement) motif; **tissu à ~s** patterned material

motion /mosjɔ̃/ NF motion; **déposer une ~ de censure** to raise a censure motion; **voter la ~ de censure** to pass a vote of no confidence

motivant, e /mɔtivɑ̃, ɑ̃t/ ADJ [travail] rewarding; **rémunération ~e** attractive salary

motivation /mɔtivasjɔ̃/ NF motivation (de for); **quelles sont ses ~s?** (raisons personnelles) what are his motives?; **lettre de ~** covering letter

motivé, e /mɔtive/ (ptp de **motiver**) ADJ ⓐ [personne] motivated ⓑ [action] (= légitime) well-founded; **non ~** unexplained; **absence ~e** genuine absence

motiver /mɔtive/ /TABLE 1/ VT ⓐ (= justifier) to justify; **rien ne peut ~ une telle conduite** nothing can justify such behaviour ⓑ (= pousser à agir) to motivate

moto /moto/ **1** NF ⓐ (= véhicule) motorbike; **je viendrai à ou en ~** I'll come on my bike* ⓑ (= activité) **la ~** motorcycling **2** COMP ♦ **moto de course** racing motorcycle ♦ **moto de trial** trail bike (Brit), dirt bike (US)

motocross, moto-cross /motokʀɔs/ NM INV (= sport) motocross; (= épreuve) motocross race

motoculteur /mɔtɔkyltœʀ/ NM motorized cultivator

motocyclette /mɔtɔsiklɛt/ NF motorcycle

motocyclisme /mɔtɔsiklism/ NM motorcycle racing

motocycliste /mɔtɔsiklist/ NMF motorcyclist

motoneige /motonɛʒ/ NF snow-bike

motorisé, e /mɔtɔʀize/ ADJ [patrouille] motorized; **sports ~s** motor sports; **être ~*** (= posséder un véhicule) to have a car; (= être en voiture) to have transport (Brit) ou transportation (*US*); **tu es ~? sinon je te ramène** have you got any transport? if not I'll drop you home

motoriste /mɔtɔʀist/ NM (= *constructeur*) engine manufacturer

mot-outil (*pl* **mots-outils**) /mouti/ NM grammatical word

motrice /mɔtʀis/ ADJ → **moteur**

motricité /mɔtʀisite/ NF motivity

motte /mɔt/ NF [*de terre*] lump; **~ de gazon** turf; **~ de beurre** block of butter

motus • /mɔtys/ EXCL **~ et bouche cousue!** don't breathe a word!

mou, molle /mu, mɔl/

► **mou** *becomes* **mol** *before a vowel or silent* **h.**

1 ADJ [*substance, oreille*] soft; [*tige, tissu, geste, poignée de main*] limp; **j'ai les jambes molles** my legs feel weak; **il est ~ comme une chique** he's spineless

2 NM ⓐ (= *personne*) (*sans caractère*) spineless character; (*apathique*) lethargic person; (*trop indulgent*) soft person ⓑ [*de corde*] **avoir du ~** to be slack; **donner du ~** to give some slack; **donne un peu de ~ pour que je puisse faire un nœud** let the rope out a bit so that I can make a knot

mouchard /muʃaʀ/ NM ⓐ (= *indicateur de police*) informer ⓑ (= *rapporteur*)* sneak* ⓒ (= *appareil*) [*d'avion, train*] black box; [*de camion*] tachograph

moucharder • /muʃaʀde/ /TABLE 1/ 1 VT [*enfant*] to sneak on*; [*indicateur*] to inform on 2 VI to tell tales

mouche /muʃ/ 1 NF ⓐ (= *insecte*) fly; **quelle ~ t'a piqué?** what's got into you?; **prendre la ~** to go into a huff*
ⓑ **faire ~** [*tireur*] to score a bull's-eye; [*remarque*] to hit home 2 COMP ♦ **mouche à feu** (*Can*) firefly

moucher /muʃe/ /TABLE 1/ 1 VT ⓐ **~ (le nez de) qn** to blow sb's nose; **mouche ton nez** blow your nose ⓑ (= *remettre à sa place*)* **~ qn** to put sb in his place ⓒ [+ *chandelle*] to snuff out 2 VPR **se moucher** to blow one's nose

moucheron /muʃʀɔ̃/ NM (= *insecte*) small fly

moucheté, e /muʃ(ə)te/ ADJ [*œuf*] speckled; [*poisson*] spotted

mouchoir /muʃwaʀ/ NM (*en tissu*) handkerchief; **~ en papier** tissue; **leur jardin est grand comme un ~ de poche** their garden is tiny

moudjahiddin /mudʒa(j)idin/ NMPL mujaheddin

moudre /mudʀ/ /TABLE 47/ VT to grind

moue /mu/ NF pout; **faire la ~** to pout; (= *faire la grimace*) to pull a face; **faire une ~ de dédain** to give a disdainful pout

mouette /mwɛt/ NF sea gull

mouffette /mufɛt/ NF skunk

moufle /mufl/ NF (= *gant*) mitten; (*pour plats chauds*) oven glove

mouflet, -ette • /muflɛ, ɛt/ NM,F kid*

mouflon /muflɔ̃/ NM mouflon

mouillage /mujaʒ/ NM (= *abri*) anchorage; **au ~** lying at anchor

mouillé, e /muje/ (*ptp de* **mouiller**) ADJ wet; **tout ~** all wet

mouiller /muje/ /TABLE 1/ 1 VT ⓐ **~ qch** [+ *linge, sol*] to dampen sth; (*accidentellement*) to get sth wet; **~ son doigt pour tourner la page** to moisten one's finger to turn the page; **se faire ~** to get wet; **~ sa chemise** to put in some hard work; **~ l'ancre** to drop anchor
ⓑ [+ *vin*] to water down; [+ *rôti*] to baste
ⓒ (= *compromettre*)* **plusieurs personnes ont été mouillées dans l'histoire** several people were mixed up in the affair

2 VI [*bateau*] to drop anchor; **ils ont mouillé à Papeete** they anchored at Papeete

3 VPR **se mouiller** ⓐ (= *se tremper*) to get o.s. wet; **se ~ les pieds** to get one's feet wet
ⓑ (= *prendre des risques*)* to commit o.s.; (= *se compromettre*)* to get involved

mouillette /mujɛt/ NF finger of bread

mouise : /mwiz/ NF **être dans la ~** (*misère*) to be flat broke*; (*ennuis*) to be up the creek*

moulage /mulaʒ/ NM ⓐ (= *reproduction*) cast; **~ en plâtre** plaster ⓑ (= *fabrication*) casting

moulant, e /mulɑ̃, ɑ̃t/ ADJ [*robe*] figure-hugging; [*pantalon, pull*] tight-fitting

moule¹ /mul/ 1 NM ⓐ (= *forme*) mould (*Brit*), mold (*US*); **se couler dans un ~** to conform to a norm ⓑ (*pour gâteaux*) tin (*Brit*), pan (*US*) 2 COMP ♦ **moule à cake** loaf tin ♦ **moule à gâteaux** cake tin (*Brit*), cake pan (*US*) ♦ **moule à gaufres** waffle-iron ♦ **moule à tarte** pie dish

moule² /mul/ NF (= *coquillage*) mussel; **~s marinières** moules marinières

mouler /mule/ /TABLE 1/ VT ⓐ [+ *statue, buste*] to cast ⓑ [+ *corps*] **une robe qui moule** a figure-hugging dress; **pantalon qui moule** tight-fitting trousers

moulin /mulɛ̃/ NM mill; **~ à paroles** chatterbox ♦ **moulin à café** coffee mill ♦ **moulin à eau** water mill ♦ **moulin à légumes** vegetable mill ♦ **moulin à poivre** pepper mill ♦ **moulin à vent** windmill

mouliner /muline/ /TABLE 1/ VT ⓐ [+ *légumes, viande*] to put through a vegetable mill ⓑ (*Pêche*) to reel in ⓒ (*en informatique*)* to process

moulinette ® /mulinɛt/ NF vegetable mill; **passer qch à la ~** [+ *légumes*] to put sth through the vegetable mill; (*fig*) to subject sth to close scrutiny; (*en informatique*)* to process sth

moulu, e /muly/ (*ptp de* **moudre**) ADJ ⓐ [*café, poivre*] ground ⓑ (*de fatigue*)* dead-beat*

moulure /mulyʀ/ NF moulding (*Brit*), molding (*US*)

moumoute • /mumut/ NF (= *postiche pour hommes*) toupee

mourant, e /muʀɑ̃, ɑ̃t/ ADJ,F **un ~** a dying man; **une ~e** a dying woman; **les ~s** the dying

mourir /muʀiʀ/ /TABLE 19/

► **mourir** *is conjugated with* **être.**

VI to die; [*civilisation, empire, coutume, feu*] to die out; **~ avant l'âge** to die young; **~ assassiné** to be murdered; **~ empoisonné** (*crime*) to be poisoned; (*accident*) to die of poisoning; **~ en héros** to die a hero's death; **faire ~ qn** to kill sb; **c'est une simple piqûre, tu n'en mourras pas!** it's only a little injection, it won't kill you!; **s'ennuyer à ~** to be bored to death; **plus bête que lui, tu meurs!*** he's as stupid as they come!*

♦ **mourir de** to die of; **~ de vieillesse** to die of old age; **~ de chagrin** to die of grief; **~ d'une maladie** to die of a disease; **~ de froid** to die of exposure; **on meurt de froid ici** it's freezing in here; **je meurs de sommeil** I'm dead on my feet; **~ de faim** to starve to death; (= *avoir très faim*) to be starving; **~ de soif** to die of thirst; (= *avoir très soif*) to be parched; **~ de sa belle mort** to die a natural death; **il me fera ~ d'inquiétude** he'll drive me to my death with worry; **~ d'ennui** to be bored to death; **il meurt d'envie de le faire** he's dying to do it

mouron /muʀɔ̃/ NM **se faire du ~*** to worry o.s. sick*

mourra /muʀʀa/ VB → **mourir**

mousquetaire /muskətɛʀ/ NM musketeer

mousse¹ /mus/ 1 NF ⓐ (= *plante*) moss ⓑ [*de bière, café, lait*] froth; [*de savon*] lather; [*de champagne*] bubbles; **la ~ sur le verre de bière** the head on the beer ⓒ (= *bière*)* pint* ⓓ (= *plat*) mousse; **~ au chocolat** chocolate mousse; **~ d'avocat** avocado mousse ⓔ (= *caoutchouc*) foam rubber; **balle ~** rubber ball; **collant ~** stretch tights (*Brit*) *ou* pantyhose (*US*) 2 COMP ♦ **mousse coiffante** styling mousse ♦ **mousse à raser** shaving foam

mousse² /mus/ NM (= *marin*) ship's boy

mousseline /muslin/ NF ⓐ (= *coton*) muslin; (= *soie*) chiffon ⓑ (= *mousse*) mousseline

mousser /muse/ /TABLE 1/ VI [*bière*] to froth; [*champagne*] to bubble; [*savon, shampooing, crème à raser*] to lather; **faire ~** [+ *savon, détergent*] to lather up; **se faire ~*** to blow one's own trumpet (**auprès de** to); (*auprès d'un supérieur*) to sell o.s. hard* (**auprès de** to)

mousseux, -euse /musø, øz/ 1 ADJ [*vin*] sparkling; [*bière, chocolat*] frothy 2 NM sparkling wine

mousson /musɔ̃/ NF monsoon

moustache /mustaʃ/ NF moustache; **~s** [d'animal] whiskers; **porter la ~** to have a moustache; **avoir de la ~** to have a moustache

moustachu, e /mustaʃy/ ADJ with a moustache; **c'est un ~** he has a moustache

moustiquaire /mustikɛʀ/ NF (= rideau) mosquito net; [de fenêtre, porte] mosquito screen

moustique /mustik/ NM ⓐ (= insecte) mosquito ⓑ (= enfant)* little kid*

moutard • /mutaʀ/ NM brat*

moutarde /mutaʀd/ 1 NF mustard; **il a senti la ~ lui monter au nez** he felt his temper flaring 2 ADJ INV mustard

mouton /mutɔ̃/ 1 NM ⓐ (= animal) sheep; **revenons à nos ~s** let's get back to the subject ⓑ (= viande) mutton ⓒ (= peau) sheepskin ⓓ (= personne)* **c'est un ~** (= grégaire) he's easily led; **ils se comportent comme des ~s de Panurge** they behave like sheep 2 NMPL **moutons** (sur la mer) white horses (Brit), white caps (US); (sur le plancher) fluff; (dans le ciel) fleecy clouds 3 COMP ♦ **mouton à cinq pattes** rare bird ♦ **mouton retourné** sheepskin

mouture /mutyʀ/ NF ⓐ [de café] **une ~ fine** finely ground coffee ⓑ [d'article, rapport] **c'est la première ~** it's the first draft

mouvance /muvɑ̃s/ NF **au sein de la ~ écologiste** among the different ecological parties

mouvant, e /muvɑ̃, ɑ̃t/ ADJ [situation] unsettled; [frontières, terrain] shifting; **être sur un terrain ~** to be on shaky ground

mouvement /muvmɑ̃/ NM ⓐ movement; **~s de gymnastique** physical exercises; **il approuva d'un ~ de tête** he gave a nod of approval; **elle refusa d'un ~ de tête** she shook her head in refusal; **elle eut un ~ de recul** she started back; **faire un ~** to move; **elle ne pouvait plus faire le moindre ~** she could no longer move at all; **suivre le ~** to follow the crowd; **presser le ~** to step up the pace; **le ~ perpétuel** perpetual motion; **~ de foule** movement in the crowd; **~s de population** shifts in population; **d'importants ~s de troupes à la frontière** large-scale troop movements along the border; **~ politique** political movement; **le ~ ouvrier** the labour movement; **Mouvement de libération de la femme** Women's Liberation Movement; **~ de grève** strike action (NonC); **~ de protestation** protest movement

♦ **en mouvement** : **être sans cesse en ~** to be constantly on the move; **mettre qch en ~** to set sth in motion; **se mettre en ~** to set off

ⓑ (= impulsion, réaction) **dans un ~ de colère** in a fit of anger; **des ~s dans l'auditoire** a stir in the audience; **allons, un bon ~ !** come on, just a small gesture!

ⓒ (= activité) **une rue pleine de ~** a busy street; **il aime le ~** (= il est dynamique) he likes to be on the go; **il n'y a pas beaucoup de ~ le dimanche** not much happens on Sundays

ⓓ (= évolution) **un parti du ~** a party in favour of change; **être dans le ~** to keep up-to-date; **un ~ d'opinion** a trend of opinion

mouvementé, e /muvmɑ̃te/ ADJ ⓐ [terrain] rough ⓑ [vie, récit] eventful; [séance] stormy; **j'ai eu une journée assez ~e** I've had quite a hectic day

mouvoir /muvwaʀ/ /TABLE 27/ 1 VT [+ personne] to drive 2 VPR **se mouvoir** to move

moyen¹, -yenne /mwajɛ̃, jɛn/ 1 ADJ ⓐ (= ni grand ni petit) [taille] medium; [ville, maison] medium-sized; [prix] moderate; **les moyennes entreprises** medium-sized companies ⓑ (= intermédiaire) middle; **il doit exister une voie moyenne** there must be a middle way ⓒ (= du type courant) average; **le Français ~** the average Frenchman ⓓ (= ni bon ni mauvais) average; **il est ~ en géographie** he is average at geography; **son devoir est très ~** his essay is pretty poor*; **comment as-tu trouvé le spectacle ? — très ~** what did you think of the show? — pretty average ⓔ (d'après des calculs) average

2 NF **moyenne** average; (= vitesse) average speed; **la ~ne d'âge** the average age; **~ne générale de l'année** average for the year; **avoir la ~ne** (à un devoir) to get fifty per cent; (à un examen) to get a pass; **améliorer sa ~ne** to improve one's marks (Brit) ou grades (US); **cet élève est dans la ~ne** this pupil is about average; **cet élève est dans la bonne ~ne** this pupil is above average; **faire du 100 de ~ne** to average 100km/h; **en ~ne** on average; **l'usine produit en ~ne 500 voitures par jour** the factory turns out 500 cars a day on average

moyen² /mwajɛ̃/ 1 NM ⓐ (= procédé, manière) way; **il y a toujours un ~** there's always a way; **par quel ~ allez-vous le convaincre ?** how will you manage to convince him?; **c'est le meilleur ~ de rater ton examen** it's the best way to fail your exam; **c'est l'unique ~ de s'en sortir** it's the only way out; **tous les ~s lui sont bons** he'll stop at nothing; **tous les ~s seront mis en œuvre pour réussir** we shall use all possible means to succeed; **se débrouiller avec les ~s du bord** to get by as best one can; **employer les grands ~s** to resort to drastic measures; **trouver le ~ de faire qch** to find some means of doing sth; **il a trouvé le ~ de se perdre** he managed to get lost; **adverbe de ~** adverb of means; **au ~ de** by means of

♦ **par tous les moyens** by all possible means; (même malhonnêtes) by fair means or foul; **j'ai essayé par tous les ~s de le convaincre** I've done everything to try and convince him

ⓑ ♦ **moyen de** means of; **~ d'action** means of action; **~ de communication** means of communication; **~ d'expression** means of expression; **~ de production** means of production; **~ de locomotion** means of transport; **~ de transport** means of transport; **~ de paiement** means of payment; **~ de pression** means of applying pressure; **nous n'avons aucun ~ de pression sur lui** we have no means of putting pressure on him; **est-ce qu'il y a ~ de lui parler ?** is it possible to speak to him?; **pas ~ d'avoir une réponse claire !** there's no way you can get a clear answer!

2 NMPL **moyens** ⓐ (= capacités intellectuelles, physiques) **ça lui a fait perdre tous ses ~s** it left him completely at a loss; **il était en pleine possession de ses ~s** his powers were at their peak; [personne âgée] he was in full possession of his faculties; **par ses propres ~s** [réussir] all by oneself; **ils ont dû rentrer par leurs propres ~s** they had to make their own way home ⓑ (= ressources financières) means; **il a les ~s** he can afford it; **c'est dans mes ~s** I can afford it; **il vit au-dessus de ses ~s** he lives beyond his means; **il n'a pas les ~s de s'acheter une voiture** he can't afford to buy a car; **c'est au-dessus de ses ~s** he can't afford it

Moyen Âge /mwajɛnɑʒ/ NM **le ~** the Middle Ages; **au ~** in the Middle Ages

moyenâgeux, -euse /mwajɛnɑʒø, øz/ ADJ ⓐ [ville, costumes] medieval ⓑ (péj) [pratiques, théorie] antiquated

moyen-courrier (pl **moyens-courriers**) /mwajɛ̃kuʀje/ 1 ADJ [vol] medium-haul 2 NM medium-haul aircraft

moyennant /mwajɛnɑ̃/ PRÉP [+ argent] for; [+ service] in return for; [+ travail, effort] with; **~ finances** for a fee; **~ quoi** in return for which

moyennement /mwajɛnmɑ̃/ ADV ⓐ (= médiocrement) **c'est ~ bon** it's pretty average; **c'est ~ intéressant** it's not that interesting; **c'est très ~ payé** it's poorly paid; **j'ai réussi ~ en anglais** I didn't do that well in English; **j'aime ~ ça** I don't like it that much; **ça va ? — ~*** how are things? — could be worse* ⓑ (= dans la moyenne) [radioactif, sucré] moderately; **~ intelligent** of average intelligence

Moyen-Orient /mwajɛnɔʀjɑ̃/ NM **le ~** the Middle East; **au ~** in the Middle East; **les pays du ~** Middle Eastern countries

moyeu (pl **moyeux**) /mwajø/ NM [de roue] hub

Mozambique /mɔzɑ̃bik/ NM Mozambique

MRAP /mʀap/ NM (ABBR = **mouvement contre le racisme, l'antisémitisme et pour l'amitié des peuples**) French antiracist and peace movement

MST /ɛmɛste/ NF (ABBR = **maladie sexuellement transmissible**) STD

mû, mue¹ /my/ ptp de **mouvoir**

mue² /my/ NF (= transformation) [d'oiseau] moulting (Brit), molting (US); [de serpent] sloughing; **la ~ intervient vers 14 ans** the voice breaks (Brit) ou changes (US) at about 14 years of age

muer /mɥe/ /TABLE 1/ 1 VI [oiseau, mammifère] to moult (Brit), to molt (US); [serpent] to slough; **sa voix mue** his voice is breaking (Brit) ou changing (US); **il mue** his voice is breaking (Brit) ou changing (US) 2 VT ~ **qch en** to change sth into 3 VPR **se muer : se ~ en** to change into

muesli /myysli/ NM muesli

muet, muette /mɥe, mɥet/ 1 ADJ ⓐ mute; ~ **de colère** speechless with anger; ~ **de peur** dumb with fear; **rester ~** to remain silent ⓑ [film, cinéma] silent; [rôle] non-speaking 2 NM ⓐ (= infirme) mute ⓑ (Ciné) **le ~** silent movies 3 NF **muette** mute

mufle /myfl/ 1 NM ⓐ [de bovin] muffle; [de chien, lion] muzzle ⓑ (= goujat)* lout 2 ADJ **ce qu'il est ~!** he's such a lout!

mugir /myʒiʀ/ /TABLE 2/ VI ⓐ [vache] to moo; [bœuf] to bellow ⓑ [vent] to howl

muguet /mygɛ/ NM lily of the valley

mulâtre, mulâtresse /mylɑtʀ, mylɑtʀɛs/ NM,F mulatto

mule /myl/ NF ⓐ (= animal) female mule ⓑ (= pantoufle) mule

mulet /mylɛ/ NM ⓐ (= mammifère) male mule ⓑ (= poisson) mullet

mulot /mylo/ NM field mouse

multicolore /myltikɔlɔʀ/ ADJ multicoloured (Brit), many-colored (US)

multicoque /myltikɔk/ NM multihull

multiculturel, -elle /myltikyltyʀɛl/ ADJ multicultural

multifonction /myltifɔ̃ksjɔ̃/ ADJ multifunction; (en informatique) multitasking

multilingue /myltilɛ̃g/ ADJ multilingual

multimédia /myltimedja/ 1 ADJ multimedia 2 NM **le ~** multimedia

multimédiatique /myltimedjatik/ ADJ multimedia

multimilliardaire /myltimiljaʀdɛʀ/ NMF multimillionaire

multinational, e (mpl **-aux**) /myltinasjɔnal, o/ 1 ADJ multinational 2 NF **multinationale** multinational

multipartisme /myltipaʀtism/ NM multiparty system

multiple /myltipl/ 1 ADJ ⓐ (= nombreux) numerous; [fracture, grossesse] multiple; **pour de ~s raisons** for many reasons; **à de ~s reprises** time and again; **outil à usages ~s** multipurpose tool; **choix ~** multiple choice (= complexe) [problème] many-sided 2 NM multiple

multiplex /myltiplɛks/ ADJ, NM multiplex; **émission en ~** multiplex programme

multiplexe /myltiplɛks/ NM (Ciné) multiplex cinema

multiplication /myltiplikasjɔ̃/ NF multiplication; (= prolifération) increase in the number of; **la ~ des accidents** the growing number of accidents

multiplicité /myltiplisite/ NF multiplicity

multiplier /myltiplije/ /TABLE 7/ 1 VT to multiply; **les prix ont été multipliés par trois** prices have tripled; **les autorités multiplient les appels au calme** the authorities are issuing repeated appeals for calm; **je pourrais ~ les exemples** I could give you hundreds of examples 2 VPR **se multiplier** to multiply

multiprise /myltipʀiz/ NF adaptor

multiprocesseur /myltipʀɔsesœʀ/ NM multiprocessor

multipropriété /myltipʀɔpʀijete/ NF timesharing; **acheter un appartement en ~** to buy a timeshare in a flat

multiracial, e (mpl **-iaux**) /myltiʀasjal, jo/ ADJ multiracial

multirécidiviste /myltiʀesidivist/ 1 NMF persistent offender 2 ADJ [personne] who has committed several criminal offences

multirisques /myltiʀisk/ ADJ **assurance ~** ≈ comprehensive insurance

multisalles /myltisal/ ADJ (**cinéma** ou **complexe**) ~ multiplex cinema

multitude /myltityd/ NF **une ~ de** a vast number of

municipal, e (mpl **-aux**) /mynisipal, o/ 1 ADJ municipal 2 NFPL **municipales : les ~es** the local elections

municipalité /mynisipalite/ NF ⓐ (= ville) town ⓑ (= conseil) town council

munir /myniʀ/ /TABLE 2/ 1 VT ~ **de** to provide with; ~ **une machine de** to equip a machine with; **muni d'un bon dictionnaire** equipped with a good dictionary 2 VPR **se munir : se ~ de** [+ papiers] to take with one; [+ imperméable] to take; [+ argent, nourriture] to take a supply of; **se ~ de courage** to pluck up courage

munitions /mynisjɔ̃/ NFPL munitions

muqueuse /mykøz/ NF mucous membrane

mur /myʀ/ NM wall; **mettre qch au ~** to put sth on the wall; **faire le ~*** to go over the wall; **on va droit dans le ~** we're heading straight for disaster; **les ~s ont des oreilles!** walls have ears!; **faire le ~** (Sport) to make a wall; **faire du ~** (Tennis) to practise against a wall; **se heurter à un ~** to come up against a brick wall; **avoir le dos au ~** to have one's back to the wall; **on parle à un ~** it's like talking to a brick wall ♦ **le mur de Berlin** the Berlin Wall ♦ **mur d'escalade** climbing wall ♦ **mur pare-feu** (Internet) firewall ♦ **le mur du son** the sound barrier; **franchir le ~ du son** to break the sound barrier

mûr, e¹ /myʀ/ ADJ ⓐ [fruit, projet] ripe; **fruit pas ~** unripe fruit; **fruit trop ~** overripe fruit; **après ~e réflexion** after much thought ⓑ [personne] (= sensé) mature; (= âgé) middle-aged; **il est ~ pour le mariage** he is ready for marriage; **leur pays est-il ~ pour la démocratie?** is their country ripe for democracy?

muraille /myʀɑj/ NF wall; **la Grande Muraille de Chine** the Great Wall of China

mural, e (mpl **-aux**) /myʀal, o/ ADJ wall; **peinture ~e** mural

mûre² /myʀ/ NF blackberry

mûrement /myʀmɑ̃/ ADV **une décision ~ réfléchie** a carefully thought out decision; **après avoir ~ réfléchi** after much thought

murène /myʀɛn/ NF moray eel

murer /myʀe/ /TABLE 1/ 1 VT [+ ouverture] to wall up; [+ lieu] to wall in 2 VPR **se murer** (chez soi) to shut o.s. away; **se ~ dans son silence** to lock o.s. in silence; **se ~ dans la solitude** to retreat into solitude

mûrier /myʀje/ NM blackberry bush

mûrir /myʀiʀ/ /TABLE 2/ 1 VI [fruit] to ripen; [idée, personne] to mature; [abcès, bouton] to come to a head; **faire ~** [+ fruit] to ripen 2 VT ⓐ [+ personne] to make mature ⓑ [+ idée, projet] to nurture

murmure /myʀmyʀ/ 1 NM murmur 2 NMPL **murmures** (= protestations) murmurings; (= objections) objections; (= rumeurs) rumours (Brit), rumors (US)

murmurer /myʀmyʀe/ /TABLE 1/ VI ⓐ (= chuchoter) to murmur; **on murmure que ...** rumour has it that ... ⓑ (= protester) to mutter (**contre** about)

musaraigne /myzaʀɛɲ/ NF shrew

musarder /myzaʀde/ /TABLE 1/ VI (en se promenant) to dawdle; (en perdant son temps) to idle about

musc /mysk/ NM musk

muscade /myskad/ NF nutmeg

muscat /myska/ NM ⓐ (= raisin) muscat grape ⓑ (= vin) muscat

muscle /myskl/ NM muscle; **il a des ~s*** he's muscular

musclé, e /myskle/ (ptp de **muscler**) ADJ ⓐ [corps, personne] muscular; **elle est très ~e des jambes** she's got very muscular legs ⓑ [régime] strong-arm; [interrogatoire] violent; **une intervention ~e de la police** a forceful intervention by the police

muscler /myskle/ /TABLE 1/ VT ⓐ [+ corps, personne] to develop the muscles of ⓑ [+ économie, industrie] to strengthen 2 VPR **se muscler** [personne] to develop one's muscles; **pour que vos jambes se musclent** to develop your leg muscles

muscu* /mysky/ NF ABBR = **musculation**

musculaire /myskylɛʀ/ ADJ [force] muscular; **fibre ~** muscle fibre

musculation /myskylasjɔ̃/ NF body building; **exercices de ~** muscle-development exercises; **salle de ~** weights room; **faire de la ~** to do body building

musculature /myskylatyʀ/ NF muscle structure; **il a une ~ imposante** he has an impressive set of muscles

muse /myz/ NF Muse

museau (pl **museaux**) /myzo/ NM ⓐ [de chien] muzzle; [de bovin] muffle; [de porc] snout; [de souris] nose ⓑ (= plat) brawn (Brit), headcheese (US) ⓒ (= bouche)* **essuie ton ~** wipe your mouth

musée /myze/ NM [d'art, peinture] art gallery; (technique, scientifique) museum; **~ de cire** wax museum; **Nîmes est une ville-~** Nîmes is a historical town; **pièce de ~** museum piece

museler /myz(ə)le/ /TABLE 4/ VT to muzzle

muselière /myzəljɛʀ/ NF muzzle; **mettre une ~ à** to muzzle

muséum /myzeɔm/ NM natural history museum

musical, e (mpl **-aux**) /myzikal, o/ ADJ music (avant le nom); **l'œuvre ~e de Debussy** Debussy's musical works; **avoir l'oreille ~e** to have a good ear for music; **spectacle ~** music show; (= comédie) musical

music-hall (pl **music-halls**) /myzikol/ NM music hall; **faire du ~** to do variety; **spectacle de ~** variety show

musicien, -ienne /myzisjɛ̃, jɛn/ NM,F musician

musique /myzik/ NF music; (= morceau) piece of music; **~ folklorique** folk music; **~ sacrée** sacred music; **elle fait de la ~** she plays a musical instrument; **mettre un poème en ~** to set a poem to music; **travailler en ~** to work to music; **qui a écrit la ~ du film?** who wrote the film score?; **il compose beaucoup de ~s de film** he composes a lot of film music ✦ **musique d'ambiance** background music ✦ **musique d'ascenseur** elevator music ✦ **musique de chambre** chamber music ✦ **musique classique** classical music ✦ **musique de fond** background music; [de film] incidental music ✦ **musique légère** light music ✦ **musique de supermarché** elevator music

musli /mysli/ NM muesli

must* /mœst/ NM **c'est un ~** it's a must*

musulman, e /myzylmɑ̃, an/ ADJ, NM,F Muslim

mutant, e /mytɑ̃, ɑ̃t/ ADJ, NM,F mutant

mutation /mytasjɔ̃/ NF ⓐ (= transfert) transfer ⓑ (= changement) transformation; [d'animal, cellule] mutation; **société en ~** changing society; **entreprise en pleine ~** company undergoing massive changes

muter /myte/ /TABLE 1/ 1 VT to transfer; **il a été muté à Caen** he has been transferred to Caen 2 VI to mutate

mutilation /mytilasjɔ̃/ NF mutilation

mutilé, e /mytile/ (ptp de mutiler) NM,F (= infirme) disabled person; **les grands ~s** the severely disabled ✦ **mutilé de guerre** disabled ex-serviceman

mutiler /mytile/ /TABLE 1/ 1 VT to mutilate 2 VPR **se mutiler** to mutilate o.s.

mutin, e /mytɛ̃, in/ 1 ADJ (= espiègle) mischievous 2 NM (= soldat, marin) mutineer; (= prisonnier) rioter

mutiner (se) /mytine/ /TABLE 1/ VPR (= soldat, marin) to mutiny; (= prisonniers) to riot

mutinerie /mytinʀi/ NF [de soldats, marins] mutiny; [de prisonniers] riot

mutisme /mytism/ NM ⓐ (= silence) silence; **elle s'enferma dans un ~ total** she withdrew into total silence ⓑ (maladif) mutism

mutuel, -elle /mytɥɛl/ 1 ADJ (= réciproque) mutual 2 NF **mutuelle** mutual society; **prendre une mutuelle*** to take out supplementary private health insurance

---

ⓘ MUTUELLE

In addition to standard health cover provided by the "Sécurité sociale", many French people contribute to complementary insurance schemes run by mutual benefit organizations known as **mutuelles**, often linked to specific professions. The **mutuelle** reimburses some or all of the medical expenses that cannot be met by the "Sécurité sociale". → SÉCURITÉ SOCIALE

▷ www.sante.gouv.fr

---

mutuellement /mytɥɛlmɑ̃/ ADV [s'accuser, se renforcer] one another; **s'aider ~** to help one another; **ces options s'excluent ~** these options are mutually exclusive

mycose /mikoz/ NF fungal disease

mygale /migal/ NF trap-door spider

myopathie /mjɔpati/ NF ≈ muscular dystrophy

myope /mjɔp/ 1 ADJ short-sighted; **~ comme une taupe*** blind as a bat* 2 NMF short-sighted person

myopie /mjɔpi/ NF short-sightedness

myosotis /mjɔzɔtis/ NM forget-me-not

myrtille /miʀtij/ NF bilberry (Brit), blueberry (US)

mystère /mistɛʀ/ NM ⓐ mystery; **pas tant de ~s!** don't be so mysterious!; **faire ~ de** to make a mystery out of; **~ et boule de gomme!*** who knows!; **ce n'est un ~ pour personne** it's no secret; **il n'y a pas de ~!*** it's as simple as that!* ⓑ (= pièce de théâtre) mystery

mystérieusement /misteʀjøzmɑ̃/ ADV mysteriously

mystérieux, -ieuse /misteʀjø, jøz/ ADJ (= secret, bizarre) mysterious; (= cachottier) secretive

mystifier /mistifje/ /TABLE 7/ VT to deceive

mystique /mistik/ 1 ADJ mystical 2 NMF (= personne) mystic

mythe /mit/ NM myth

mythifier /mitifje/ /TABLE 7/ VT [+ passé, personne] to glamorize

mythique /mitik/ ADJ mythical

mytho* /mito/ ADJ, NMF ABBR = **mythomane**

mythologie /mitɔlɔʒi/ NF mythology

mythologique /mitɔlɔʒik/ ADJ mythological

mythomane /mitɔman/ ADJ, NMF **elle est un peu ~** she has a tendency to embroider the truth; **il est complètement ~** he makes up the most incredible stories

N

n' /n/ → **ne**

na * /na/ EXCL so there!

nacelle /nasɛl/ NF [*de montgolfière*] gondola

nacre /nakʀ/ NF mother-of-pearl

nacré, e /nakʀe/ ADJ pearly

nage /naʒ/ NF (= *activité*) swimming; (= *manière*) stroke; **~ sur le dos** backstroke; **~ indienne** sidestroke; **faire un 100 mètres ~ libre** to swim a 100 metres freestyle; **se sauver à la ~** to swim away; **traverser une rivière à la ~** to swim across a river; **écrevisses à la ~** crayfish cooked in a court-bouillon; **cela m'a mis en ~** it made me sweat

nageoire /naʒwaʀ/ NF [*de poisson*] fin; [*de phoque, dauphin*] flipper

nager /naʒe/ /TABLE 3/ 1 VI to swim; [*objet*] to float; **elle nage bien** she's a good swimmer; **il nage dans le bonheur** he is overjoyed; **il nage dans ses vêtements** his clothes are miles too big for him; **en allemand, je nage complètement*** I'm completely at sea* in German 2 VT to swim; **~ le 100 mètres** to swim the 100 metres

nageur, -euse /naʒœʀ, øz/ NM,F swimmer

naguère /nagɛʀ/ ADV (*frm*) (= *il y a peu de temps*) not long ago; (= *autrefois*) formerly

naïf, naïve /naif, naiv/ 1 ADJ naïve 2 NM,F **c'est un ~** he's naïve

nain, e /nɛ̃, nɛn/ 1 ADJ dwarf 2 NM,F dwarf; **~ de jardin** garden gnome

naissance /nesɑ̃s/ NF (a) birth; **à la ~** at birth; **il est aveugle de ~** he has been blind from birth; **français de ~** French by birth; **nouvelle ~** new baby; **donner ~ à** [+ *enfant*] to give birth to; [+ *rumeurs, mouvement*] to give rise to (b) [*de rivière*] source; [*d'ongles*] root; [*de cou*] base; **à la ~ des cheveux** at the roots of the hair; **la ~ des seins** the top of the cleavage; **la ~ du jour** daybreak; **prendre ~** [*projet, idée*] to originate; [*soupçon, sentiment*] to arise

naissant, e /nesɑ̃, ɑ̃t/ ADJ [*calvitie*] incipient; [*passion, industrie, démocratie, talent*] burgeoning; **une barbe ~e** the beginnings of a beard

naître /nɛtʀ/ /TABLE 59/

▶ **naître** is conjugated with **être**.

VI (a) to be born; **quand l'enfant doit-il ~ ?** when is the baby due?; **il vient tout juste de ~** he has only just been born; **il est né le 4** he was born on the 4th; **il est né poète** he is a born poet; **être né de parents français** to be born of French parents; **être né sous une bonne étoile** to be born under a lucky star; **il n'est pas né d'hier** he wasn't born yesterday; **il n'est pas né de la dernière pluie** he wasn't born yesterday; **je l'ai vu ~ !** I've known him since he was a baby!

(b) [*sentiment, craintes, difficultés*] to arise; [*ville, industrie*] to spring up; [*jour*] to break; **faire ~** [+ *soupçons, désir*] to arouse; **~ de** to spring from; **de cette rencontre est né ...** from this meeting sprang ...

naïvement /naivmɑ̃/ ADV naïvely

naïveté /naivte/ NF naïvety; **il a eu la ~ de ...** he was naïve enough to ...; **d'une grande ~** very naïve

---

Namibie /namibi/ NF Namibia

nana * /nana/ NF (= *femme*) woman; (= *petite amie*) girlfriend

nanti, e /nɑ̃ti/ (*ptp de* **nantir**) 1 ADJ rich 2 NMPL **les ~s** the rich

nantir /nɑ̃tiʀ/ /TABLE 2/ 1 VT (= *munir*) **~ qn de** to provide sb with; **nanti de** equipped with 2 VPR **se nantir: se ~ de** to equip o.s. with

naphtaline /naftalin/ NF (= *antimite*) mothballs

nappe /nap/ 1 NF (a) [*de table*] tablecloth (b) (= *couche*) layer; **~ d'eau** expanse of water 2 COMP **◆ nappe de brouillard** blanket of fog; **des ~s de brouillard** fog patches **◆ nappe de mazout** oil slick **◆ nappe de pétrole** oil slick **◆ nappe phréatique** ground water (*NonC*)

napper /nape/ /TABLE 1/ VT to top (**de** with); **nappé de chocolat** topped with chocolate

napperon /napʀɔ̃/ NM (*de table*) tablemat; (*pour vase, lampe*) mat

narcisse /narsis/ NM (= *fleur*) narcissus

narcissique /narsisik/ ADJ narcissistic

narcissisme /narsisism/ NM narcissism

narcodollars /narkodɔlaʀ/ NMPL drug money; **3 millions de ~** 3 million dollars' worth of drug money

narcotique /narkɔtik/ ADJ, NM narcotic

narcotrafic /narkotrafik/ NM drug trafficking

narcotrafiquant, e /narkotrafikɑ̃, ɑ̃t/ NM,F drug trafficker

narguer /narge/ /TABLE 1/ VT (a) [+ *personne*] to scoff at (b) [+ *danger*] to scorn

narine /narin/ NF nostril

narquois, e /narkwa, waz/ ADJ mocking

narrateur, -trice /naratœr, tris/ NM,F narrator

narration /narasjɔ̃/ NF narration

NASA /naza/ NF (ABBR = **National Aeronautics and Space Administration**) NASA

nasal, e (*mpl* **-aux**) /nazal, o/ ADJ nasal

nase : /naz/ ADJ (a) (= *hors d'usage*) kaput* (*attrib*); (= *exténué*) exhausted (b) (= *nul*) useless

naseau (*pl* **naseaux**) /nazo/ NM [*de cheval, bœuf*] nostril

nasillard, e /nazijar, ard/ ADJ [*voix*] nasal

nasse /nas/ NF (*de pêche*) fish trap

natal, e (*mpl* **natals**) /natal/ ADJ native; **ma maison ~e** the house where I was born; **ma terre ~e** my native soil

nataliste /natalist/ ADJ [*politique, argument*] pro-birth

natalité /natalite/ NF (*chiffre*) birth rate; **taux de ~** birth rate

natation /natasjɔ̃/ NF swimming; **faire de la ~** to go swimming

Natel ® /natel/ NM (*Helv* = *téléphone portable*) mobile

natif, -ive /natif, iv/ ADJ, NM,F native; **je suis ~ de Nice** I was born in Nice; **locuteur ~** native speaker; **les ~s du Lion** people born under the sign of Leo

nation /nasjɔ̃/ NF nation; **les Nations unies** the United Nations

national, e (*mpl* **-aux**) /nasjɔnal, o/ 1 ADJ national; [*économie, monnaie*] domestic; **au plan ~ et international** at home and abroad; **entreprise ~e** state-owned company; **obsèques ~es** state funeral; **route ~e** ≈ A road (*Brit*), ≈ state highway (*US*) 2 NF **nationale** (= *route*) ≈ A road (*Brit*), ≈ state highway (*US*)

nationalisation /nasjɔnalizasjɔ̃/ NF nationalization

nationaliser /nasjɔnalize/ /TABLE 1/ VT to nationalize; **entreprises nationalisées** nationalized companies

nationalisme /nasjɔnalism/ NM nationalism

nationaliste /nasjɔnalist/ ADJ, NMF nationalist

nationalité /nasjɔnalite/ NF nationality; **les personnes de ~ française** French citizens; **il a la double ~, française et suisse** he has dual French and Swiss nationality

nativité /nativite/ NF nativity; (*Art*) nativity scene

natte /nat/ NF (= *tresse*) plait (*Brit*), braid (*US*); **se faire des ~s** to plait (*Brit*) *ou* braid (*US*) one's hair

natter /nate/ /TABLE 1/ VT [+ *cheveux*] to plait (*Brit*), to braid (*US*)

naturalisation /natyralizasjɔ̃/ NF ⓐ naturalization ⓑ [*d'animaux morts*] stuffing

naturaliser /natyralize/ /TABLE 1/ VT ⓐ to naturalize; **se faire ~ français** to be granted French citizenship; **il est naturalisé américain** he has American citizenship ⓑ [+ *animal mort*] to stuff

naturaliste /natyralist/ NMF ⓐ (= *scientifique*) naturalist ⓑ (= *empailleur*) taxidermist

nature /natyʀ/ 1 NF ⓐ (= *monde physique*) **la ~** nature; **peindre d'après la ~** to paint from life; **plus grand que ~** larger than life; **vivre dans la ~** to live in the country; **en pleine ~** in the middle of nowhere; **lâcher qn dans la ~*** to leave sb to their own devices; **s'évanouir dans la ~*** to vanish into thin air; **crimes contre ~** unnatural crimes
ⓑ (= *caractère*) nature; **la ~ humaine** human nature; **ce n'est pas dans sa ~** it is not in his nature; **il a une heureuse ~** he has a happy disposition; **quelle petite ~ tu fais!** what a weakling you are!; **c'est dans la ~ des choses** it's in the nature of things; **il est arrogant de ~** he is arrogant by nature; **ce n'est pas de ~ à arranger les choses** it's not likely to make things easier
ⓒ (= *sorte*) kind; **il y a un problème — de quelle ~?** there's a problem — what kind of problem?; **de toute ~** of all kinds; **en ~** in kind
2 ADJ INV ⓐ (= *sans adjonction*) [*café*] black; [*eau, crêpe, omelette*] plain; [*thé*] without milk; [*yaourt*] natural; [*salade*] without dressing; **riz ~** boiled rice
ⓑ (= *sans artifice*) [*personne*]* natural
3 COMP ♦ **nature morte** still life

naturel, -elle /natyʀɛl/ 1 ADJ natural; [*besoins, fonction*] bodily (*avant le nom*); [*soie, laine*] pure; **je vous remercie! — c'est tout ~** thank you! — you're welcome!; **il trouve ça tout ~** he thinks it the most natural thing in the world; **il trouve tout ~ de ...** he thinks nothing of ...
2 NM ⓐ (= *caractère*) nature; **être d'un ~ optimiste** to be naturally optimistic
ⓑ (= *absence d'affectation*) naturalness; **avec ~** naturally; **il manque de ~** he's not very natural
ⓒ ♦ **au naturel** (= *sans assaisonnement*) [*thon*] in brine; [*salade, asperges*] without any dressing; **pêches au ~** peaches in natural fruit juice

naturellement /natyʀɛlmɑ̃/ ADV naturally

naturisme /natyʀism/ NM (= *nudisme*) naturism

naturiste /natyʀist/ ADJ, NMF (= *nudiste*) naturist

naturopathe /natyʀɔpat/ NMF naturopath

naturopathie /natyʀɔpati/ NF naturopathy

naufrage /nofʀaʒ/ NM ⓐ [*de bateau*] wreck; **le ~ du Titanic** the sinking of the Titanic; **ils ont trouvé la mort dans un ~** they drowned in a shipwreck; **faire ~** [*bateau*] to be wrecked; [*personne*] to be shipwrecked ⓑ [*de projet, pays*]

foundering; [*d'entreprise*] collapse; **sauver du ~** [+ *argent, biens*] to salvage; [+ *entreprise*] to save from collapse

naufragé, e /nofʀaʒe/ 1 ADJ [*marin*] shipwrecked; [*bateau*] wrecked 2 NM,F shipwrecked person; (*sur une île*) castaway; **les ~s de la croissance économique** the casualties of economic growth

nauséabond, e /nozeabɔ̃, ɔ̃d/ ADJ [*odeur*] nauseating; [*effluves, fumées*] foul-smelling

nausée /noze/ NF (= *sensation*) nausea (*NonC*); (= *haut-le-cœur*) bout of nausea; **avoir la ~** to feel sick; **avoir des ~s** to have bouts of nausea; **ça me donne la ~** it makes me sick

nauséeux, -euse /nozeø, øz/ ADJ sickening

nautique /notik/ ADJ [*science, mille*] nautical; **ballet ~** water ballet; **club ~** watersports centre; **loisirs ~s** water sports; **salon ~** boat show

nautisme /notism/ NM (= *sports*) water sports; (= *navigation de plaisance*) boating

naval, e (*mpl* **navals**) /naval/ ADJ [*bataille, force, base*] naval; [*industrie*] shipbuilding; **école ~e** naval college → **chantier, construction**

navarin /navaʀɛ̃/ NM ≈ mutton stew

navel /navɛl/ NF navel orange

navet /navɛ/ NM ⓐ (= *légume*) turnip ⓑ (= *film*)* third-rate film; **quel ~!** what a load of trash!

navette /navɛt/ NF ⓐ (= *service de transport*) shuttle service; **~ diplomatique** diplomatic shuttle; **faire la ~ entre** [*banlieusard, homme d'affaires*] to commute between; [*véhicule*] to operate a shuttle service between; [*bateau*] to ply between; [*projet de loi, circulaire*] to be sent backwards and forwards between; **elle fait la ~ entre la cuisine et la chambre** she comes and goes between the kitchen and the bedroom ⓑ (= *véhicule*) shuttle; **~ spatiale** space shuttle

navigable /navigabl/ ADJ [*rivière*] navigable

navigant, e /navigɑ̃, ɑ̃t/ 1 ADJ **le personnel ~** [*d'avion*] flying crew; [*de bateau*] seagoing personnel 2 NMPL **les ~s** [*d'avion*] flying personnel; [*de bateau*] seagoing personnel

navigateur, -trice /navigatœʀ, tʀis/ 1 NM,F (= *marin*) sailor; (*chargé de l'itinéraire*) navigator 2 NM (*en informatique*) browser

navigation /navigasjɔ̃/ NF (= *trafic*) traffic (*NonC*); (= *pilotage*) navigation (*NonC*); **canal fermé à la ~** canal closed to shipping; **terme de ~** nautical term; **~ sur Internet** browsing the Internet ♦ **navigation aérienne** aerial navigation ♦ **navigation côtière** coastal navigation ♦ **navigation de plaisance** pleasure boating

naviguer /navige/ /TABLE 1/ VI ⓐ (= *voyager*) [*bateau, passager, marin*] to sail; [*avion, passager, pilote*] to fly; **~ à la voile** to sail; **~ sur Internet** to surf the Internet ⓑ (= *piloter*) to navigate; **~ à travers Detroit** (*en voiture*) to find one's way through Detroit

navire /naviʀ/ NM (= *bateau*) ship ♦ **navire de guerre** warship ♦ **navire marchand** merchant ship

navire-école (*pl* **navires-écoles**) /naviʀekɔl/ NM training ship

navire-usine (*pl* **navires-usines**) /naviʀyzin/ NM factory ship

navrant, e /navʀɑ̃, ɑ̃t/ ADJ (= *attristant*) [+ *spectacle, conduite, nouvelle*] distressing; (= *regrettable*) [*contretemps, malentendu*] unfortunate; **tu es ~!** you're hopeless!; **un spectacle ~ de bêtise** a depressingly silly show; **il n'écoute personne, c'est ~** he won't listen to anybody, it's such a shame

navré, e /navʀe/ (*ptp de* **navrer**) ADJ sorry (*de* to); **je suis (vraiment) ~** I'm (terribly) sorry; **~ de vous décevoir** sorry to disappoint you; **avoir l'air ~** to look sorry; **d'un ton ~** (*pour s'excuser*) apologetically; (*pour compatir*) in a sympathetic tone

navrer /navʀe/ /TABLE 1/ VT (= *consterner*) to dismay

naze : /naz/ ADJ = **nase**

nazi, e /nazi/ ADJ, NM,F Nazi

nazisme /nazism/ NM Nazism

NB /ɛnbe/ NM (ABBR = **nota bene**) NB

NDLR (ABBR = **note de la rédaction**) editor's note

ne /nə/ ADV

> ► **ne** becomes **n'** before a vowel or silent **h**.

> ► Pour les structures de type **ne ... pas, ne ... plus, rien ne**, reportez-vous aussi à l'autre mot.

(a) (négatif) **je ne sais pas** I don't know; **je n'aime pas les bananes** I don't like bananas; **il n'habite plus ici** he doesn't live here any more; **il ne cesse de se plaindre** he never stops complaining; **cela fait des années que je n'ai plus été au cinéma** it's years since I last went to the cinema; **il n'a rien dit** he didn't say anything; **personne n'a compris** nobody understood

♦ **ne ... que** only; **elle n'a confiance qu'en nous** she only trusts us; **c'est mauvais de ne manger que des conserves** it's bad to eat only canned foods; **il n'y a que lui pour dire des choses pareilles!** only he would say such things!

(b) (après « que ») **je crains qu'il ne soit vexé** I am afraid he is offended

né, e /ne/ (ptp de **naître**) ADJ (a) [femme mariée] née; **Mme Durand, née Dupont** Mme Durand née Dupont (b) **acteur-né** born actor; **Paul est son dernier-né** Paul is her youngest child

néanmoins /neɑ̃mwɛ̃/ ADV (= pourtant) nevertheless; **il était malade, il est ~ venu** he was ill, but nevertheless he came; **c'est incroyable mais ~ vrai** it's incredible but nonetheless true

néant /neɑ̃/ NM **le ~** nothingness (NonC); **et après c'est le ~** then there's a total blank; **signes particuliers : ~** distinguishing marks: none; **surgir du ~** to spring up out of nowhere

Nebraska /nebraska/ NM Nebraska

nébuleux, -euse /nebylø, øz/ 1 ADJ [projet, idée, discours] nebulous 2 NF **nébuleuse** (a) (en astronomie) nebula (b) (de sociétés) cluster

nécessaire /neseseʀ/ 1 ADJ necessary; **il est ~ de le faire** it needs to be done; **il est ~ qu'on le fasse** we need to do it; **avoir le temps ~** to have the time; **avoir le temps ~ pour qch** to have the time for sth; **avoir le temps ~ pour faire qch** to have the time to do sth; **faire les démarches ~s** to take the necessary steps

2 NM **emporter le strict ~** to take the bare necessities; **faire le ~** to do what is necessary; **j'ai fait le ~** I've done what was necessary; **je vais faire le ~** I'll make the necessary arrangements

3 COMP ♦ **nécessaire de couture** sewing kit ♦ **nécessaire à ongles** manicure set ♦ **nécessaire de voyage** overnight bag

nécessairement /neseseʀmɑ̃/ ADV necessarily; **dois-je ~ m'en aller?** must I leave?; **passeras-tu par Londres? — non, pas ~** will you go via London? — no, not necessarily; **il y a ~ une raison** there must be a reason

nécessité /nesesite/ 1 NF (= obligation) necessity; **je n'en vois pas la ~** I don't see the need for it; **être dans la ~ de faire qch** to have no choice but to do sth; **je l'ai fait par ~** I did it because I had to; **articles de première ~** essentials 2 NFPL **nécessités** necessities; **pour les ~s de l'enquête** for the purposes of the inquiry

nécessiter /nesesite/ /TABLE 1/ VT (= requérir) to require; **l'intervention nécessite plusieurs jours d'hospitalisation** the operation involves a hospital stay of several days

nec plus ultra /nɛkplysyltra/ NM **c'est le ~ (de)** it's the last word (in)

nécrologie /nekʀɔlɔʒi/ NF obituary

nécrologique /nekʀɔlɔʒik/ ADJ obituary

nécropole /nekʀɔpɔl/ NF necropolis

nectar /nɛktaʀ/ NM nectar

nectarine /nɛktaʀin/ NF nectarine

néerlandais, e /neɛʀlɑ̃dɛ, ɛz/ 1 ADJ Dutch 2 NM (a) (= langue) Dutch (b) **Néerlandais** Dutchman; **les Néerlandais** the Dutch 3 NF **Néerlandaise** Dutch woman

nef /nɛf/ NF [d'église] nave

néfaste /nefast/ ADJ (= nuisible) harmful

négatif, -ive /negatif, iv/ 1 ADJ negative 2 NM negative; **au ~** in the negative 3 NF **négative : répondre par la négative** to reply in the negative

négation /negasjɔ̃/ NF negation; (dans une phrase) negative; **double ~** double negative

négationniste /negasjɔnist/ ADJ, NMF revisionist

négativement /negativmɑ̃/ ADV [réagir] negatively; **répondre ~** to reply in the negative; **juger qch ~** to be critical of sth

négativité /negativite/ NF negativity

négligé, e /negliʒe/ (ptp de **négliger**) 1 ADJ (a) (= abandonné) [épouse, ami] neglected (b) (= peu soigné) [personne, tenue] slovenly; [travail] careless 2 NM (a) (= laisser-aller) slovenliness (b) (= déshabillé) négligée

négligeable /negliʒabl/ ADJ negligible; [détail] unimportant; **non ~** [facteur, élément, détail, rôle, nombre] not inconsiderable; [aide, offre] by no means insignificant; **une quantité non ~** an appreciable amount

négligemment /negliʒamɑ̃/ ADV (a) (= sans soin) negligently (b) (= nonchalamment) casually

négligence /negliʒɑ̃s/ NF (a) (= manque de soin) negligence; **il est d'une telle ~!** he's so careless!; **faire preuve de ~** to be negligent (b) (= faute) act of negligence; (= délit) criminal negligence; **c'est une ~ de ma part** it's an oversight on my part

négligent, e /negliʒɑ̃, ɑ̃t/ ADJ (a) (= sans soin) negligent (b) (= nonchalant) casual

négliger /negliʒe/ /TABLE 3/ 1 VT to neglect; [+ style, tenue] to be careless about; [+ conseil] to pay no attention to; **un rhume négligé peut dégénérer en bronchite** a cold that's not treated can turn into bronchitis; **ce n'est pas à ~** (offre) it's not to be sneezed at; (difficulté) it mustn't be overlooked; **rien n'a été négligé** nothing has been left to chance; **~ de faire qch** to neglect to do sth 2 VPR **se négliger** (sa santé) to neglect o.s.; (sa tenue) to neglect one's appearance

négoce /negɔs/ NM (= commerce) trade (**de** in)

négociable /negɔsjabl/ ADJ negotiable

négociant, e /negɔsjɑ̃, jɑ̃t/ NM,F merchant; **~ en vins** wine merchant

négociateur, -trice /negɔsjatœʀ, tʀis/ NM,F negotiator

négociation /negɔsjasjɔ̃/ NF negotiation; **engager des ~s** to enter into negotiations; **~s commerciales** trade talks; **~s salariales** wage negotiations

négocier /negɔsje/ /TABLE 7/ VI, VT to negotiate

nègre /negʀ/ NM (a) (injurieux) Negro (b) (= écrivain) ghost writer

négrier /negʀije/ NM (= marchand d'esclaves) slave trader; (= patron) slave driver*

neige /nɛʒ/ NF snow; **le temps est à la ~** it looks like it's going to snow; **aller à la ~*** to go on a skiing holiday; **battre les blancs en ~** to whisk egg whites to form stiff peaks; **œufs battus en ~** stiffly beaten egg whites ♦ **neige carbonique** dry ice ♦ **neiges éternelles** eternal snows ♦ **neige fondue** (= pluie) sleet; (par terre) slush

neiger /neʒe/ /TABLE 3/ VB IMPERS to snow; **il neige** it's snowing

nem /nɛm/ NM Vietnamese spring roll

néné * /nene/ NM tit*

nénette * /nenɛt/ NF (= jeune femme) chick*

nénuphar /nenyfaʀ/ NM water lily

néo-calédonien, -ienne /neokaledɔnjɛ̃, jɛn/ 1 ADJ New Caledonian 2 NM,F **Néo-Calédonien(ne)** New Caledonian

néofasciste /neofaʃist/ ADJ, NMF neofascist

néologisme /neɔlɔʒism/ NM neologism

néon /neɔ̃/ NM (a) (= gaz) neon (b) (= éclairage) neon lighting (NonC); **des ~s** neon lights

néonazi, e /neonazi/ ADJ, NM,F neo-Nazi

néophyte /neɔfit/ 1 ADJ novice 2 NMF (= nouvel adepte) novice

néo-zélandais, e /neozelɑ̃dɛ, ɛz/ **1** ADJ New Zealand **2** NM,F **Néo-Zélandais(e)** New Zealander

Népal /nepal/ NM Nepal

népalais, e /nepalɛ, ɛz/ **1** ADJ Nepalese **2** NM,F **Népalais(e)** Nepalese

nerf /nɛʀ/ NM ⓐ nerve; **avoir les ~s fragiles** to be highly strung (*Brit*) ou high-strung (*US*); **avoir les ~s à vif** to be very edgy; **avoir des ~s d'acier** to have nerves of steel; **être sur les ~s** to be all keyed up*; **taper sur les ~s de qn*** to get on sb's nerves; **passer ses ~s sur qn** to take it out on sb; **ça va te calmer les ~s** that will calm your nerves ⓑ (= *vigueur*) **allons, du ~!** come on, buck up!* ⓒ (= *tendon*)* nerve; [*de viande*] **~s** gristle (*NonC*)

nerveusement /nɛʀvøzmɑ̃/ ADV (= *d'une manière excitée*) nervously; (= *de façon irritable*) irritably

nerveux, -euse /nɛʀvø, øz/ **1** ADJ ⓐ [*tension, dépression, fatigue, système*] nervous; [*cellule, centre, tissu*] nerve; **pourquoi pleures-tu? — c'est ~!** why are you crying? — it's nerves! ⓑ (= *agité*) nervous; **ça me rend ~** (= *anxieux*) it makes me nervous; (= *excité, tendu*) it puts me on edge ⓒ [*moteur, voiture*] responsive; [*style*] energetic; **il n'est pas très ~** he's not very energetic ⓓ (= *sec*) [*personne, main*] wiry; [*viande*] gristly

2 NM,F **c'est un grand ~** he's very highly strung (*Brit*) ou high-strung (*US*)

⚠ **nerveux** ne se traduit pas toujours par **nervous**.

nervosité /nɛʀvozite/ NF ⓐ (= *agitation*) nervousness; **dans un état de grande ~** in a highly nervous state ⓑ [*de voiture*] responsiveness

nervure /nɛʀvyʀ/ NF [*de feuille*] vein

Nescafé ® /nɛskafe/ NM instant coffee

n'est-ce pas /nɛspɑ/ ADV

▶ *Il n'y a pas en anglais d'expression figée pour traduire* **n'est-ce pas?**. *L'anglais utilise au mode interrogatif l'auxiliaire (exprimé ou non, modal ou non) du verbe de la phrase auquel se rapporte* **n'est-ce pas**, *et le met au négatif si la phrase est affirmative, à l'affirmatif si la phrase est négative.*

il est fort, ~? he's strong, isn't he?; **il ne gagne pas beaucoup d'argent, ~?** he doesn't earn much, does he?; **elle aime les fleurs, ~?** she likes flowers, doesn't she?; **cela risque d'être dangereux, ~?** that might be risky, mightn't it?; **il n'est pas trop tard, ~?** it's not too late, is it?; **tu iras, ~?** you will go, won't you?; **~ que c'est difficile?** it's difficult, isn't it?

Net /nɛt/ NM (ABBR = **Internet**) **le ~** the Net

net, nette /nɛt/ **1** ADJ

▶ **net** follows the noun except when it means **marked**.

ⓐ (= *propre*) [*surface, ongles, mains*] clean; [*intérieur, travail, copie*] neat
♦ **mettre au net** [*rapport, devoir*] to copy out; [*plan, travail*] to tidy up
ⓑ (*opposé à « brut »*) [*bénéfice, prix, poids*] net; **~ de** free of; **revenu ~** net income
ⓒ (= *clair*) clear; [*refus*] flat; (= *net*) clear-cut; [*ligne, contour, image*] sharp; [*cassure, coupure*] clean; **j'ai un souvenir très ~ de sa visite** I have a very clear memory of his visit; **ce type n'est pas très ~*** (= *bizarre*) that guy's slightly odd
ⓓ (= *marqué*) marked; **une ~te amélioration** a marked improvement; **on observe une ~te diminution du chômage** there has been a marked fall in unemployment; **il y a une très nette odeur de brûlé** there's a distinct smell of burning

2 ADV ⓐ (= *brusquement*) [*s'arrêter*] dead; **se casser ~** to snap in two; **il a été tué ~** he was killed instantly
ⓑ (= *franchement*) [*refuser*] flatly; **je vous le dis tout ~** I'm telling you straight*
ⓒ (*Commerce*) net; **il gagne 4 000 € ~** he earns 4,000 euros net

nettement /nɛtmɑ̃/ ADV ⓐ (= *clairement*) clearly; **je lui ai dit ~ ce que j'en pensais** I told him frankly what I thought

of it ⓑ (= *incontestablement*) [*s'améliorer, se différencier*] distinctly; [*mériter*] definitely; **j'aurais ~ préféré ne pas venir** I would have definitely preferred not to come; **ça va ~ mieux** things are distinctly better; **coûter ~ moins cher** to cost much less; **ils sont ~ moins nombreux** there are far fewer of them; **arriver ~ en avance** to arrive well in advance

netteté /nɛtte/ NF ⓐ (= *propreté*) neatness ⓑ (= *clarté*) clarity; [*d'écriture*] clearness

nettoiement /nɛtwamɑ̃/ NM cleaning

nettoyage /nɛtwajaʒ/ NM cleaning; **un ~ complet** a thorough cleanup; **entreprise de ~** cleaning firm; **produit de ~** cleaning agent; **faire le ~ par le vide*** to throw everything out; **ils ont fait du ~ dans l'entreprise** they've got rid of the deadwood in this company ♦ **nettoyage de peau** skin cleansing ♦ **nettoyage de printemps** spring-cleaning ♦ **nettoyage à sec** dry cleaning → **ethnique**

nettoyant, e /nɛtwajɑ̃, ɑ̃t/ **1** ADJ cleaning **2** NM (= *produit*) cleaner

nettoyer /nɛtwaje/ /TABLE 8/ VT ⓐ to clean; **~ à l'eau** to wash in water; **~ avec du savon** to wash with soap; **~ à la brosse** to brush; **~ à l'éponge** to sponge; **~ à sec** to dry-clean ⓑ (= *ruiner*) [+ *personne*]* to clean out

nettoyeur, -euse /nɛtwajœʀ, øz/ NM,F cleaner

neuf[1] /nœf/ NOMBRE nine → **six**

neuf[2], **neuve** /nœf, nœv/ **1** ADJ new; **« TV (état ~) »** "TV (as new)"; **c'est tout ~** it's brand new; **regarder qch d'un œil ~** to look at sth with new eyes **2** NM new; **il y a du ~** something new has turned up; **quoi de ~?** what's new?; **remettre** ou **refaire qch à ~** to make sth as good as new; **remise à ~** restoration

neuroleptique /nøʀɔlɛptik/ ADJ, NM neuroleptic

neurologie /nøʀɔlɔʒi/ NF neurology

neurologique /nøʀɔlɔʒik/ ADJ neurological

neurologue /nøʀɔlɔg/ NMF neurologist

neurone /nøʀɔn/ NM neuron

neutralisation /nøtʀalizasjɔ̃/ NF neutralization

neutraliser /nøtʀalize/ /TABLE 1/ VT to neutralize; [+ *gardien, agresseur*] to overpower

neutralité /nøtʀalite/ NF neutrality

neutre /nøtʀ/ **1** ADJ neutral; [*genre*] neuter **2** NM ⓐ (= *genre*) neuter; (= *nom*) neuter noun ⓑ (*Élec*) neutral

neutron /nøtʀɔ̃/ NM neutron

neuve /nœv/ ADJ → **neuf**

neuvième /nœvjɛm/ ADJ, NMF ninth → **sixième**

neuvièmement /nœvjɛmmɑ̃/ ADV ninthly

neveu (*pl* **neveux**) /n(ə)vø/ NM nephew

névralgie /nevʀalʒi/ NF neuralgia (*NonC*); (= *mal de tête*) headache

névralgique /nevʀalʒik/ ADJ neuralgic; **centre** ou **point ~** nerve centre

névrose /nevʀoz/ NF neurosis

névrosé, e /nevʀoze/ ADJ, NM,F neurotic

New York /njujɔʀk/ **1** N (= *ville*) New York **2** NM **l'État de ~** New York State

new-yorkais, e /njujɔʀkɛ, ɛz/ **1** ADJ New-York **2** NM,F **New-Yorkais(e)** New Yorker

nez /ne/ NM ⓐ nose; **ça se voit comme le ~ au milieu de la figure** it's as plain as the nose on your face; **cela sent le brûlé à plein ~** there's a strong smell of burning; **où est mon sac? — sous ton ~!** where's my bag? — right under your nose!; **le ~ dans son assiette** with his head bent over his plate; **il ne lève jamais le ~ de ses livres** he's always got his nose in a book; **mettre le ~ à la fenêtre** to show one's face at the window; **je n'ai pas mis le ~ dehors hier** I didn't put my nose outside the door yesterday; **rire au ~ de qn** to laugh in sb's face; **fermer la porte au ~ de qn** to shut the door in sb's face; **elle m'a raccroché au ~** she hung up on me; (*avec colère*) she slammed the phone down on me; **se trouver ~ à ~ avec qn** to find o.s. face to face with sb ⓑ (= *flair*) **il a du ~** he has good instincts; **en affaires, il a**

le ~ fin he has a flair for business

ⓒ (*sens figuré*) **avoir qn dans le ~*** to have it in for sb*; **avoir un verre dans le ~*** to have had one too many*; **se bouffer le ~*** to be at each others' throats; **mettre son ~ dans qch** to poke one's nose into sth; **l'affaire lui est passée sous le ~*** the deal slipped through his fingers; **je vais lui mettre le ~ dans sa merde*** I'll rub his (*ou* her) nose in it*; **montrer le bout de son ~** (= *se manifester*) to make an appearance

NF /ɛnɛf/ (ABBR = **norme française**) **avoir le label NF** *to comply with French standards*

ni /ni/ CONJ (*après négation*) or; **sans amour ni affection** without love or affection; **personne ne l'a aidé ni même encouragé** nobody helped or even encouraged him; **il ne veut pas, ni moi non plus** he doesn't want to and neither do I

♦ **ni ... ni ...** neither ... nor ...; **il ne pouvait ni parler ni entendre** he could neither speak nor hear; **ni lui ni moi** neither of us; **ni l'un ni l'autre** neither of them; **il n'a dit ni oui ni non** he didn't say either yes or no; **elle est secrétaire, ni plus ni moins** she's just a secretary, no more no less; **ni vu ni connu** no-one'll be any the wiser*

niais, niaise /nje, njɛz/ 1 ADJ silly 2 NM,F simpleton; **pauvre ~!** poor fool!

niaiserie /njɛzʀi/ NF ⓐ (= *caractère*) silliness ⓑ **dire des ~s** to talk rubbish; **ils regardent des ~s à la télé** they're watching some rubbish on TV

niaiseux, -euse /njɛzø, øz/ ADJ (*Can*) stupid

Nicaragua /nikaʀagwa/ NM Nicaragua

niche /niʃ/ NF ⓐ [*de chien*] kennel; **à la ~!** into your kennel! ⓑ (= *alcôve*) niche ⓒ (*dans un marché*) niche

nichée /niʃe/ NF [*d'oiseaux*] brood; **~ de chiens** litter of puppies

nicher /niʃe/ /TABLE 1/ 1 VI [*oiseau*] to nest; [*personne*]* to hang out* 2 VPR **se nicher** [*oiseau*] to nest; [*village, maison*] to nestle

nichon : /niʃɔ̃/ NM boob:

nickel /nikɛl/ 1 NM nickel 2 ADJ (= *impeccable*)* spotless; **chez eux, c'est ~** their home is always spick and span

niçois, e /niswa, waz/ ADJ of *ou* from Nice

nicotine /nikɔtin/ NF nicotine

nid /ni/ NM [*d'oiseau*] nest; **un ~ douillet** a cosy little nest ♦ **nid d'aigle** eyrie ♦ **nid de poule** pothole

nièce /njɛs/ NF niece

nième /ɛnjɛm/ ADJ umpteenth; **pour la ~ fois** for the umpteenth time

nier /nje/ /TABLE 7/ VT to deny; **il nie les avoir vus** he denies having seen them; **~ l'évidence** to deny the obvious; **l'accusé a nié** the accused denied the charges

nigaud, e /nigo, od/ 1 ADJ silly 2 NM,F simpleton; **grand ~!** you big silly!

Niger /niʒɛʀ/ NM Niger

Nigéria /niʒeʀja/ NM Nigeria

nigérian, e /niʒeʀjɑ̃, an/ ADJ Nigerian

nigérien, -ienne /niʒeʀjɛ̃, jɛn/ ADJ of *ou* from Niger

night-club (*pl* **night-clubs**) /najtklœb/ NM nightclub

nihiliste /niilist(ə)/ ADJ nihilistic

Nil /nil/ NM **le ~** the Nile

n'importe /nɛ̃pɔʀt(ə)/ → **importer**

nippé, e * /nipe/ ADJ **bien ~** well dressed

nippes * /nip/ NFPL **de vieilles ~** old clothes

nippon, e *ou* **-onne** /nipɔ̃, ɔn/ ADJ Japanese

niquer :: /nike/ VT (*sexuellement*) to fuck::; [+ *machine, ordinateur*] to fuck up::; **se faire ~** to get screwed::

nirvana /niʀvana/ NM nirvana

nitrate /nitʀat/ NM nitrate

nitroglycérine /nitʀogliseʀin/ NF nitroglycerine

niveau (*pl* **niveaux**) /nivo/ 1 NM ⓐ level; **le ~ de l'eau** the water level; **cent mètres au-dessus du ~ de la mer** a hundred metres above sea level; **de ~** level; **de ~ avec** level with; **au même ~ que** level with; **mettre qch de ~** to make

sth level; **il faut se mettre au ~ des enfants** you have to put yourself on the same level as the children; **au ~ européen** at the European level; **négociations au plus haut ~** top-level negotiations; **athlète de haut ~** top athlete; **des candidats ayant le ~ licence** candidates at degree level; **le euro a atteint son ~ le plus haut depuis trois ans** the euro has reached its highest point for three years

♦ **au niveau de** : **au ~ du sol** at ground level; **la neige m'arrivait au ~ des genoux** the snow came up to my knees; **une tache au ~ du coude** a mark on the elbow; **il s'arrêta au ~ du village** he stopped once he got to the village

ⓑ [*de connaissances, études*] standard; **le ~ d'instruction baisse** educational standards are falling; **cet élève est d'un bon ~** this pupil's work is of a high standard; **il n'est pas au ~** he isn't up to standard; **ils ne sont pas du même ~** they're not of the same standard; **il n'y a pas de cours à son ~** there are no courses at his level; **remettre à ~** to bring up to standard; **stage de remise à ~** refresher course; **les préparatifs de passage à l'euro au ~ de l'entreprise** preparations at company level for adopting the euro

ⓒ (= *instrument*) level; (= *jauge*) gauge

2 COMP ♦ **niveau de langue** register ♦ **niveau social** social standing ♦ **niveau sonore** noise level ♦ **niveau de vie** standard of living

niveler /niv(ə)le/ /TABLE 4/ VT [+ *surface*] to level; [+ *fortunes, conditions sociales*] to level out; **~ par le bas** to level down

nivellement /nivɛlmɑ̃/ NM [*de surface*] levelling; [*de fortunes, conditions sociales*] levelling out; **~ par le bas** levelling down

Nobel /nɔbɛl/ NM **le prix ~** the Nobel prize

noble /nɔbl/ 1 ADJ noble 2 NM nobleman; **les ~s** the nobility 3 NF noblewoman

noblesse /nɔbles/ NF nobility; **la petite ~** the minor nobility; **la ~ terrienne** the landed gentry

noce /nɔs/ NF ⓐ (= *cérémonie*) wedding; **repas de ~s** wedding banquet; **nuit de ~s** wedding night; **~s d'argent** silver wedding; **~s d'or** golden wedding; **il l'avait épousée en premières ~s** she was his first wife; **faire la ~*** to live it up*; **je n'étais pas à la ~*** I wasn't exactly enjoying myself ⓑ (= *cortège, participants*) wedding party

nocif, -ive /nɔsif, iv/ ADJ harmful (**pour** to)

nocivité /nɔsivite/ NF harmfulness

noctambule /nɔktɑ̃byl/ 1 NMF (*qui veille la nuit*) night owl 2 ADJ **il est ~** he's a night owl

nocturne /nɔktyʀn/ 1 ADJ [*animal*] nocturnal; [*visite, sortie*] night; **la vie ~ à Paris** Parisian nightlife 2 NF (*Sport*) evening fixture; [*de magasin*] late night opening; **réunion en ~** evening meeting; **la rencontre sera jouée en ~** the game will be played under floodlights; **le magasin est ouvert en ~ le vendredi** the shop is open late on Fridays

Noé /noe/ NM Noah

Noël /nɔɛl/ NM Christmas; **à ~** at Christmas; **joyeux ~!** happy Christmas!

nœud /nø/ 1 NM ⓐ knot; (*ornemental*) bow; **avoir un ~ dans la gorge** to have a lump in one's throat ⓑ **le ~ de** [*de problème, débat*] the crux of 2 COMP ♦ **nœud autoroutier** interchange ♦ **nœud coulant** slipknot ♦ **nœud de cravate** tie knot; **faire son ~ de cravate** to knot one's tie ♦ **nœud pap*** bow tie ♦ **nœud papillon** bow tie

noir, e /nwaʀ/ 1 ADJ ⓐ black; [*yeux*] dark; **c'est écrit ~ sur blanc** it is in black and white; **les murs étaient ~s de crasse** the walls were black with dirt; **avoir les ongles ~s** to have dirty fingernails

ⓑ (= *obscur*) dark; **la rue était ~e de monde** the street was teeming with people

ⓒ (= *triste*) [*humeur, colère*] black; [*idée*] gloomy; [*jour, année*] dark

ⓓ (= *hostile*) **regarder qn d'un œil ~** to give sb a black look; **nourrir de ~s desseins** to be plotting dark deeds

ⓔ (= *policier*) **roman ~** thriller; **film ~** film noir

2 NM ⓐ (= *couleur*) black; **photo en ~ et blanc** black and white photo; **voir les choses en ~** to take a black view of

things; **il voit tout en ~** he sees the black side of everything

(b) (= *matière*) **elle avait du ~ sur le menton** she had a black mark on her chin; **se mettre du ~ aux yeux** to put black eyeliner on

(c) (= *obscurité*) dark; **avoir peur du ~** to be afraid of the dark; **dans le ~** in the dark

(d) (= *café*)* **petit ~** cup of black coffee

(e) ♦ **au noir**: **travailler au ~** (*deuxième emploi*) to moonlight; [*clandestin*] to work illegally; **le travail au ~** working on the side; (= *deuxième emploi*) moonlighting; **il se fait payer au ~** he gets paid cash in hand; **embaucher qn au ~** to hire sb without declaring him

3 NM,F **Noir(e)** black person; **les Noirs américains** black Americans

4 NF **noire** (= *note*) crotchet (*Brit*), quarter note (*US*)

noirâtre /nwaʀɑtʀ/ ADJ blackish

noiraud, e /nwaʀo, od/ ADJ swarthy

noirceur /nwaʀsœʀ/ NF blackness

noircir /nwaʀsiʀ/ /TABLE 2/ 1 VT (a) (= *salir*) [*fumée*] to blacken; [*encre, charbon*] to dirty; **murs noircis par la crasse** walls black with dirt (b) (= *colorer*) to blacken; (*à la cire, à la peinture*) to darken 2 VI [*ciel*] to darken

noise /nwaz/ NF **chercher ~ à qn** to try to pick a quarrel with sb

noisetier /nwaz(ə)tje/ NM hazel tree

noisette /nwazɛt/ 1 NF (a) (= *fruit*) hazelnut (b) (= *morceau*) **~ de beurre** knob of butter; **~ d'agneau** noisette of lamb 2 ADJ INV [*couleur, yeux*] hazel

noix /nwa/ NF (= *fruit*) walnut; **à la ~*** pathetic* ♦ **noix de beurre** knob of butter ♦ **noix du Brésil** Brazil nut ♦ **noix de cajou** cashew nut ♦ **noix de coco** coconut ♦ **noix de muscade** nutmeg ♦ **noix de pécan** pecan nut

nom /nɔ̃/ 1 NM (a) (= *appellatif*) name; **vos ~ et prénom ?** your surname and first name, please?; **un homme du ~ de Dupont** a man called Dupont; **je le connais de ~** I know him by name; **je n'arrive pas à mettre un ~ sur son visage** I can't put a name to his (*ou* her) face; **se faire un ~** to make a name for o.s.; **il appelle les choses par leur ~** he's not afraid to call a spade a spade; **il n'est spécialiste que de ~** he is an expert in name only; **crime sans ~** unspeakable crime; **en mon ~** in my name; **~ d'un chien !** heck!*; **~ de Dieu !** God damn it!*

♦ **au nom de**: **il a parlé au ~ de tous les employés** he spoke on behalf of all the employees; **au ~ de la loi, ouvrez !** open up in the name of the law!

(b) (*en grammaire*) noun

2 COMP ♦ **nom de baptême** Christian name ♦ **nom commun** common noun ♦ **nom déposé** registered trade name ♦ **nom d'emprunt** alias; [*d'écrivain*] pen name ♦ **nom de famille** surname ♦ **nom de guerre** nom de guerre ♦ **nom de jeune fille** maiden name ♦ **nom de lieu** place name ♦ **nom de marque** trade name ♦ **nom de plume** pen name ♦ **nom propre** proper noun

nomade /nɔmad/ 1 ADJ [*peuple, vie*] nomadic 2 NMF nomad; (= *gitan*) traveller

no man's land /nomanslɑ̃d/ NM no-man's-land

nombre /nɔ̃bʀ/ NM number; **s'accorder en ~** [*terme*] to agree in number; **dans bon ~ de pays** in a good many countries; **les gagnants sont au ~ de trois** there are three winners; **être supérieur en ~** to be superior in numbers; **être en ~ suffisant** to be in sufficient numbers; **venir en ~** to come in large numbers; **faire ~** to make up the numbers; **il y en avait dans le ~ qui riaient** there were some among them who were laughing; **pour le plus grand ~** for the great majority of people; **je le compte au ~ de mes amis** I consider him one of my friends; **est-il du ~ des reçus ?** is he among those who passed?

nombreux, -euse /nɔ̃bʀø, øz/ ADJ many; [*foule, assistance, collection*] large; **de ~ accidents** many accidents; **les cambriolages sont très ~ dans ce quartier** there are a great many burglaries in that area; **~ furent ceux qui ...** there were many who ...; **les gens étaient venus ~** a great number of people had come; **venez ~ !** all welcome!; **peu ~** few; **le public était moins ~ hier** there were fewer spectators yesterday; **le public était plus ~ hier** there were more spectators yesterday; **nous ne sommes pas si ~** there aren't so many of us; **ils étaient plus ~ que nous** there were more of them than of us; **parmi les nombreuses personnalités** amongst the many personalities

nombril /nɔ̃bʀi(l)/ NM [*de personne*] navel; **se regarder le ~*** to contemplate one's navel

nombrilisme* /nɔ̃bʀilism/ NM navel-gazing; **faire du ~** to contemplate one's navel

nomenclature /nɔmɑ̃klatyʀ/ NF (= *liste*) list; [*de dictionnaire*] word list

nominal, e (*mpl* **-aux**) /nɔminal, o/ ADJ nominal; [*groupe, phrase*] noun (*avant le nom*); **liste ~e** list of names; **procéder à l'appel ~** to call the register

nominatif, -ive /nɔminatif, iv/ ADJ **liste nominative** list of names; **carte nominative** non-transferable card; **l'invitation n'est pas nominative** the invitation doesn't specify a name

nomination /nɔminasjɔ̃/ NF (= *promotion*) nomination (à to); **obtenir sa ~** to be nominated; **le film a reçu six ~s aux Oscars** the film has received six Oscar nominations

nominé, e /nɔmine/ ADJ [*film, acteur, auteur*] nominated; **être ~ à qch** to be nominated for sth

nommément /nɔmemɑ̃/ ADV (a) (= *par son nom*) by name (b) (= *spécialement*) notably

nommer /nɔme/ /TABLE 1/ 1 VT (a) [+ *fonctionnaire*] to appoint; [+ *candidat*] to nominate; **~ qn à un poste** to appoint sb to a post; **il a été nommé ministre** he was appointed minister

(b) (= *appeler, citer*) to name; **ils l'ont nommé Richard** they named him Richard; **un homme nommé Martin** a man named Martin; **M. Sartin, pour ne pas le ~, ...** without mentioning any names, Mr Sartin ...; **quelqu'un que je ne nommerai pas** somebody who shall remain nameless

2 VPR **se nommer** (= *s'appeler*) to be called; **comment se nomme-t-il ?** what is his name?; **il se nomme Paul** his name is Paul

non /nɔ̃/

1 ADVERBE	3 COMPOSÉS
2 NOM MASCULIN INV	

1 ADVERBE

(a) **réponse négative** no; **le connaissez-vous ? — ~** do you know him? — no; **est-elle chez elle ? — ~** is she at home? — no; **je ne dis pas ~** I wouldn't say no; **~ et ~ !** no, no, no!; **répondre par ~ à toutes les questions** to answer no to all the questions; **faire ~ de la tête** to shake one's head

(b) **remplaçant une proposition** **est-ce que c'est nécessaire ? — je pense que ~** is that necessary? — I don't think so; **je crains que ~** I'm afraid not; **je lui ai demandé s'il aimait le chocolat, il m'a répondu que ~** I asked him if he liked chocolate and he said he didn't; **je le crois — moi ~** I believe him — well, I don't; **il se demandait s'il irait ou ~** he wondered whether to go or not; **ah ça ~ !** certainly not!

(c) **= pas** not; **c'est de la paresse et ~ de la prudence** it's laziness, not caution

(d) **locutions** **~ loin d'ici** not far from here; **~ pas que j'aie peur, mais ...** not that I'm afraid, but ...; **~ sans raison** not without reason; **~ qu'il soit stupide, mais ...** not that he's stupid, but ...

♦ **non plus** (= *ne plus*) no longer; (= *pas non plus*) neither; **il y avait ~ plus trois mais quinze personnes** there were now no longer three but fifteen people there; **ils sont désormais associés, et ~ plus rivaux** they're no longer rivals but associates; **nous ne l'avons pas vu — nous ~ plus** we didn't see him — neither did we; **il n'a pas compris lui ~ plus** he didn't understand either

♦ **non mais !*** oh for goodness sake!*; **~ mais des fois, tu me prends pour qui ?*** look here*, what do you take me for?

2 NOM MASCULIN INV
no; **il y a eu 30 ~** there were 30 noes
3 COMPOSÉS

> ► *Nouns starting with* **non** *are hyphenated, eg* **non-agression**, *adjectives are not, eg* **non spécialisé**.

♦ **non-dit** NM unspoken fact ♦ **non existant**, **e** nonexistent ♦ **non réclamé: les objets ~ réclamés** unclaimed items ♦ **non-réponse** NF **en cas de ~-réponse** if there is no reply ♦ **non réservé: toutes les places ~ réservées** all the unreserved seats ♦ **non-respect** NM **le ~-respect de cette règle** non-observance of this rule ♦ **non spécialisé** non-specialized ♦ **non vérifié** unverified

non-agression /nɔnagʀesjɔ̃/ NF non-aggression
non aligné, **e** /nɔnaliɲe/ ADJ nonaligned
nonante /nɔnɑ̃t/ NOMBRE (*Belg, Helv*) ninety → **soixante**
non-assistance /nɔnasistɑ̃s/ NF **à personne en danger** failure to assist a person in danger
nonchalance /nɔ̃ʃalɑ̃s/ NF nonchalance
nonchalant /nɔ̃ʃalɑ̃, ɑ̃t/ ADJ nonchalant
non-combattant, **e** /nɔ̃kɔ̃batɑ̃, ɑ̃t/ NM,F noncombatant
non conformiste /nɔ̃kɔ̃fɔʀmist/ ADJ nonconformist
non-croyant, **e** /nɔ̃kʀwajɑ̃, ɑ̃t/ NM,F non-believer
non-droit /nɔ̃dʀwa/ NM **zone de ~** ≈ no-go area*
non-fumeur, **-euse** /nɔ̃fymœʀ, øz/ NM,F non-smoker; **compartiment ~s** non-smoking compartment (*Brit*) ou car (*US*); **place fumeur ou ~?** smoking or non-smoking?
non-initié, **e** /nɔninisje/ NM,F lay person; **pour les ~s** for the uninitiated
non-intervention /nɔ̃ɛ̃tɛʀvɑ̃sjɔ̃/ NF nonintervention
non-lieu (*pl* **non-lieux**) /nɔ̃ljø/ NM **il y a eu un ~** the case was dismissed; **bénéficier d'un ~** to have one's case dismissed for lack of evidence
non-paiement /nɔ̃pemɑ̃/ NM nonpayment
non-prolifération /nɔ̃pʀɔliferasjɔ̃/ NF nonproliferation
non-résident, **e** /nɔ̃ʀezidɑ̃, ɑ̃t/ NM,F nonresident
non-respect /nɔ̃ʀɛspe/ NM [*de droit, engagement, règle*] failure to respect; **en cas de ~ des délais** if the deadlines are not met
non-salarié, **e** /nɔ̃salaʀje/ NM,F self-employed person
non-sens /nɔ̃sɑ̃s/ NM INV (= *absurdité*) piece of nonsense; (= *erreur de traduction*) unclear translation
non-spécialiste /nɔ̃spesjalist/ NMF nonspecialist
non-stop /nɔnstɔp/ ADJ INV, ADV non-stop
non-violence /nɔ̃vjɔlɑ̃s/ NF nonviolence
non voyant, **e** /nɔ̃vwajɑ̃, ɑ̃t/ ADJ visually handicapped
non-voyant, **e** /nɔ̃vwajɑ̃, ɑ̃t/ NM,F visually handicapped person
nord /nɔʀ/ **1** NM north; **le vent du ~** the north wind; **au ~** (*situation*) in the north; (*direction*) to the north; **au ~ de** north of; **la maison est en plein ~** the house faces due north; **pays du ~** northern countries; **l'Europe du ~** Northern Europe; **la mer du Nord** the North Sea; **le ~ de la France** the North of France; **le Nord** the North of France; **les gens du Nord** Northerners; **le Grand Nord** the far North **2** ADJ INV northern; [*entrée, paroi*] north
nord-africain, **e** (*mpl* **nord-africains**) /nɔʀafʀikɛ̃, ɛn/ **1** ADJ North African **2** NM,F **Nord-Africain(e)** North African

> ★ *The* **d** *is not pronounced.*

nord-américain, **e** (*mpl* **nord-américains**) /nɔʀamerikɛ̃, ɛn/ ADJ North American

> ★ *The* **d** *is not pronounced.*

nord-est /nɔʀɛst/ ADJ INV, NM northeast

> ★ *The* **d** *is not pronounced.*

nordique /nɔʀdik/ ADJ Nordic
nordiste /nɔʀdist/ **1** ADJ Northern **2** NMF Northerner
nord-ouest /nɔʀwɛst/ ADJ INV, NM northwest

> ★ *The* **d** *is not pronounced.*

normal, **e** (*mpl* **-aux**) /nɔʀmal, o/ **1** ADJ ⓐ normal; (= *habituel*) **c'est une chose très ~e** that's quite normal ⓑ (= *correct, logique*) **c'est ~!** it's quite natural!; **ce n'est pas ~** (= *c'est bizarre*) there must be something wrong; (= *ce n'est pas juste*) that's not right
2 NF **normale** ⓐ **revenir à la ~e** to get back to normal; **au-dessus de la ~e** above average ⓑ **Normale sup** (ABBR = **École normale supérieure**) *grande école for training teachers* → GRANDES ÉCOLES

> ⚠ *Lorsque* **normal** *signifie* **correct, logique**, *il ne se traduit pas par* **normal**.

normalement /nɔʀmalmɑ̃/ ADV [*se dérouler, fonctionner*] normally; **~ il vient le jeudi** he normally comes on a Thursday; **tu pourras venir? — ~, oui** will you be able to come? — probably, yes; **~, il devrait être là demain** he should be here tomorrow

> ⚠ **normalement** *ne se traduit pas toujours par* **normally**.

normalien, **-ienne** /nɔʀmaljɛ̃, jɛn/ NM,F (= *futur professeur*) *student at the École normale supérieure*; (= *diplômé*) *graduate of the École normale supérieure*
normalisation /nɔʀmalizasjɔ̃/ NF ⓐ [*de situation, relations*] normalization; **on espère une ~ des relations diplomatiques** we are hoping diplomatic relations will be back to normal soon ⓑ [*de produit*] standardization
normaliser /nɔʀmalize/ TABLE 1 **1** VT ⓐ [+ *situation, relations*] to normalize ⓑ [+ *produit*] to standardize **2** VPR **se normaliser** to get back to normal
normalité /nɔʀmalite/ NF normality
normand, **e** /nɔʀmɑ̃, ɑ̃d/ **1** ADJ ⓐ (= *de Normandie*) Normandy ⓑ (= *des Normands*) Norman **2** NM **Normand** (= *de Normandie*) **il est Normand** he's from Normandy **3** NF **Normande: elle est Normande** she's from Normandy
Normandie /nɔʀmɑ̃di/ NF Normandy
normatif, **-ive** /nɔʀmatif, iv/ ADJ normative
norme /nɔʀm/ NF norm; [*de production*] standard; **hors ~s** [*personnage*] unconventional ♦ **normes de fabrication** manufacturing standards ♦ **normes de sécurité** safety standards
Norvège /nɔʀvɛʒ/ NF Norway
norvégien, **-ienne** /nɔʀveʒjɛ̃, jɛn/ **1** ADJ Norwegian **2** NM,F **Norvégien(ne)** Norwegian
nos /no/ ADJ POSS → **notre**
nostalgie /nɔstalʒi/ NF nostalgia; **avoir la ~ de ...** to feel nostalgic for ...
nostalgique /nɔstalʒik/ **1** ADJ nostalgic **2** NMF **les ~s des années 60** those who feel nostalgic for the 1960s; **les ~s de la monarchie** those who look back nostalgically to the monarchy
notable /nɔtabl/ **1** ADJ notable **2** NM notable
notaire /nɔtɛʀ/ NM notary
notamment /nɔtamɑ̃/ ADV notably; **toutes les grandes maisons d'édition, ~ HarperCollins** all the big publishers, such as HarperCollins
notation /nɔtasjɔ̃/ NF ⓐ (= *symboles, système*) notation ⓑ (= *évaluation*) [*de devoir*] marking (*Brit*), grading (*US*); [*d'employé*] assessment
note /nɔt/ **1** NF ⓐ (= *annotation, communication*) note; **prendre des ~s** to take notes; **prendre bonne ~ de qch** to take note of sth
ⓑ (= *appréciation chiffrée*) mark (*Brit*), grade (*US*); **mettre une ~ à** [+ *dissertation*] to mark (*Brit*), to grade (*US*); [+ *élève*] to give a mark to (*Brit*), to grade (*US*); **avoir une mauvaise ~ à un devoir** to get a bad mark for a homework exercise; **avoir une bonne ~ en histoire** to get a good mark for history
ⓒ (= *facture*) bill; [*de restaurant, hôtel*] bill (*Brit*), check (*US*); **~ de frais** (= *argent dépensé*) expenses; **~ d'honoraires** bill
ⓓ (*Musique*) note; **donner la ~** (*fig*) to set the tone
ⓔ (= *touche*) note; **mettre une ~ de tristesse dans qch** to lend a note of sadness to sth
2 COMP ♦ **note en bas de page** footnote ♦ **note de service** memorandum

noter /nɔte/ /TABLE 1/ VT ⓐ (= *inscrire*) to write down ⓑ (= *remarquer*) to notice; **on note une certaine amélioration** there has been some improvement; **notez bien que je n'ai rien dit** note that I didn't say anything ⓒ (= *évaluer*) [+ *devoir*] to mark (*Brit*), to grade (*US*); [+ *élève*] to give a mark to (*Brit*), to grade (*US*); [+ *employé*] to assess; **~ sur 20** to mark out of 20; **elle note large** she is an easy marker

notice /nɔtis/ NF (= *préface, résumé*) note; (= *mode d'emploi*) instructions ◆ **notice d'emploi** directions for use ◆ **notice explicative** directions for use ◆ **notice technique** specification sheet

notification /nɔtifikasjɔ̃/ NF notification

notifier /nɔtifje/ /TABLE 7/ VT to notify; **~ qch à qn** to notify sb of sth; **il s'est vu ~ son licenciement** he received notice of his dismissal

notion /nosjɔ̃/ NF ⓐ (= *conscience*) notion; **perdre la ~ du temps** to lose track of the time ⓑ (= *connaissance*) notions basic knowledge; **anglais : ~s** basic knowledge of English

notoire /nɔtwar/ ADJ [*criminel, méchanceté*] notorious; [*fait, vérité*] well-known

notoirement /nɔtwarmɑ̃/ ADV [*insuffisant*] manifestly; **~ connu pour** notorious for

notoriété /nɔtɔrjete/ NF [*de personne*] fame; **c'est de ~ publique** that's common knowledge

notre (*pl* **nos**) /nɔtr, no/ ADJ POSS our; **~ fils et ~ fille** our son and daughter; **nos amis** our friends

nôtre /notr/ 1 PRON POSS

► *When* **nôtre** *is a pronoun it is spelled with a circumflex.*

le nôtre *ou* **la nôtre** ours; **les nôtres** ours; **ce n'est pas la ~** it's not ours; **leurs enfants et les ~s** their children and ours

2 NM ⓐ **nous y mettrons du ~** we'll do our bit* ⓑ ◆ **les nôtres** (= *famille*) our family; (= *partisans*) our own people; **il est des ~s** he's one of us; **j'espère que vous serez des ~s ce soir** I hope you will join us tonight

Notre-Dame /nɔtrdam/ NF **~ de Chartres** Our Lady of Chartres; **~ de Paris** (= *cathédrale*) Notre Dame

nouer /nwe/ /TABLE 1/ 1 VT ⓐ (= *faire un nœud avec*) to tie; **avoir la gorge nouée** to have a lump in one's throat; **j'ai l'estomac noué** my stomach is in knots ⓑ (= *entourer d'une ficelle*) to tie up ⓒ [+ *relations*] to strike up; [+ *amitié*] to form 2 VPR **se nouer** [*amitié*] to be formed; **sa gorge se noua** a lump came to his throat

noueux, -euse /nwø, øz/ ADJ gnarled

nougat /nuga/ NM nougat

nouille /nuj/ NF ⓐ (= *pâte*) noodle; **nouilles** pasta; (*en rubans*) noodles ⓑ (= *imbécile*)* idiot; (= *mollasson*)* big lump*

nounou */nunu/ NF nanny

nounours /nunurs/ NM teddy bear

nourri, e /nuri/ (*ptp de* **nourrir**) ADJ [*applaudissements*] hearty

nourrice /nuris/ NF (= *gardienne*) childminder

nourrir /nurir/ /TABLE 2/ 1 VT ⓐ [+ *animal, personne*] to feed; [+ *peau*] to nourish; **~ au biberon** to bottle-feed; **~ au sein** to breast-feed; **~ à la cuiller** to spoon-feed ⓑ [+ *désir, espoir, illusion*] to cherish; [+ *haine*] to feel; [+ *rancune*] to harbour (*Brit*), to harbor (*US*); **~ le projet de faire qch** to plan to do sth 2 VI to be nourishing 3 VPR **se nourrir** to eat; **se ~ de** to live on; **il se nourrit de frites** he lives on chips

nourrissant, e /nurisɑ̃, ɑ̃t/ ADJ nourishing

nourrisson /nurisɔ̃/ NM infant

nourriture /nurityr/ NF food; **il lui faut une ~ saine** he needs a healthy diet; **il ne supporte aucune ~ solide** he can't take solids; **~ pour animaux** pet food

nous /nu/ PRON PERS ⓐ (*sujet*) we; **~ vous écrirons** we'll write to you; **eux ont accepté, pas ~** they agreed but we didn't; **qui l'a vu ? — pas ~** who saw him? — not us; **~, ~ le connaissons bien — ~ aussi** we know him well — so do

we; **merci — c'est ~ qui vous remercions !** thank you — it's we who should thank you! ⓑ (*objet*) us; **écoutez-~** listen to us; **il ~ l'a donné** he gave it to us; **c'est ~ qu'elle veut voir** it's us she wants to see; **l'idée vient de ~** the idea comes from us; **l'un d'entre ~ doit le savoir** one of us must know; **nous avons une maison à ~** we have a house of our own; **un élève à ~** one of our pupils ⓒ (*dans comparaisons*) us; **il est aussi fort que ~** he is as strong as us *ou* as we are; **faites comme ~** do the same as us, do as we do ⓓ (*verbe pronominal*) **~ ~ sommes bien amusés** we had a good time; **~ ~ connaissons depuis le lycée** we have known each other since we were at school; **asseyons-~** let's sit down

nous-même (*pl* **nous-mêmes**) /numɛm/ PRON ourselves

nouveau, nouvelle /nuvo, nuvɛl/ (*mpl* **nouveaux**)

► **nouvel**, *instead of* **nouveau**, *is used before a masculine noun beginning with a vowel or silent* **h**.

1 ADJ ⓐ new; **pommes de terre nouvelles** new potatoes; **tout ~** brand-new; **les ~x pauvres** the new poor ⓑ (= *autre, supplémentaire*) another; **il y a eu un ~ tremblement de terre** there has been another earthquake; **c'est là une nouvelle preuve que** it's fresh proof that

2 NM ⓐ (= *homme*) new man; (= *élève*) new boy ⓑ (= *nouveauté*) **y a-t-il du ~ à ce sujet ?** is there anything new on this?; **il y a du ~ dans cette affaire** there has been a new development in this business; **à ~** again; **de ~** again; **faire qch de ~** to do sth again

3 NF **nouvelle** ⓐ (= *femme*) new woman; (= *élève*) new girl ⓑ (= *événement*) news (*NonC*); **une nouvelle** a piece of news; **une bonne nouvelle** some good news; **une mauvaise nouvelle** some bad news; **ce n'est pas une nouvelle !** that's nothing new!; **vous connaissez la nouvelle ?** have you heard the news?; **première nouvelle !** that's the first I've heard about it! ⓒ (= *court récit*) short story

4 NFPL **nouvelles** news (*NonC*); **les nouvelles** (*dans les médias*) the news (*NonC*); **les nouvelles sont bonnes** the news is good; **voici les nouvelles** here is the news; **les dernières nouvelles** the latest news; **quelles nouvelles ?** what's new?; **aller aux nouvelles** to go and find out what is happening; **aux dernières nouvelles, il était à Paris** the last I (*ou* we *etc*) heard he was in Paris; **avez-vous de ses nouvelles ?** have you heard from him?; (*par un tiers*) have you had any news of him?; **j'irai prendre de ses nouvelles** I'll go and see how he's doing; **il ne donne plus de ses nouvelles** you never hear from him any more; **je suis sans nouvelles de lui depuis huit jours** I haven't heard anything of him for a week; **il aura de mes nouvelles !*** I'll give him a piece of my mind!

5 COMP ◆ **Nouvel An, Nouvelle Année** New Year ◆ **nouvelle cuisine** nouvelle cuisine ◆ **nouvelle lune** new moon ◆ **nouveaux mariés** newlyweds ◆ **le Nouveau Monde** the New World ◆ **nouveaux pays industrialisés** newly industrialized countries ◆ **nouveau riche** nouveau riche ◆ **nouveau venu, nouvelle venue** newcomer

Nouveau-Mexique /nuvomeksik/ NM New Mexico

nouveau-né, nouveau-née (*mpl* **nouveau-nés**, *fpl* **nouveau-nées**) /nuvone/ 1 ADJ newborn 2 NM,F (= *enfant*) newborn baby; **les ~s de notre gamme** the newest additions to our range

nouveauté /nuvote/ NF ⓐ (= *objet*) new thing; **les ~s du mois** (= *disques*) the month's new releases; (= *livres*) the month's new titles; **les ~s du printemps** (= *vêtements*) new spring fashions; **les ~s du salon** (= *voitures*) the new models in the show; **la grande ~ de cet automne** the latest thing this autumn ⓑ (= *caractéristique*) novelty; **l'attrait de la ~** the charm of novelty; **il n'aime pas la ~** he hates anything new; **ce n'est pas une ~ !** that's nothing new!

nouvel /nuvɛl/ ADJ M → **nouveau**

nouvelle /nuvɛl/ NF → **nouveau**

Nouvelle-Angleterre /nuvelɑ̃glətɛʀ/ NF New England

Nouvelle-Calédonie /nuvɛlkaledɔni/ NF New Caledonia

Nouvelle-Écosse /nuvelekɔs/ NF Nova Scotia

Nouvelle-Guinée /nuvɛlgine/ NF New Guinea

nouvellement /nuvɛlmɑ̃/ ADV newly

Nouvelle-Orléans /nuvɛlɔʀleɑ̃/ NF **La ~** New Orleans

Nouvelles-Galles du Sud /nuvɛlgaldysyd/ NF New South Wales

Nouvelle-Zélande /nuvɛlzelɑ̃d/ NF New Zealand

nouvelliste /nuvelist/ NMF short story writer

novateur, -trice /nɔvatœʀ, tʀis/ ADJ innovative

novembre /nɔvɑ̃bʀ/ NM November → **septembre**

novice /nɔvis/ 1 ADJ inexperienced 2 NMF novice

noyade /nwajad/ NF drowning; **il y a eu de nombreuses ~s à cet endroit** many people have drowned here

noyau (pl **noyaux**) /nwajo/ NM ⓐ [de fruit] stone; [de cellule, atome] nucleus ⓑ (= personnes) nucleus; (= groupe de fidèles, de manifestants, d'opposants) small group; **~ de résistance** hard core of resistance; **~ dur** (= irréductibles) hard core; **le ~ familial** the family unit

noyauter /nwajote/ /TABLE 1/ VT to infiltrate

noyé, e /nwaje/ (ptp de **noyer**) NM,F drowned person; **il y a eu beaucoup de ~s ici** a lot of people have drowned here

noyer[1] /nwaje/ NM (= arbre) walnut tree; (= bois) walnut

noyer[2] /nwaje/ /TABLE 8/ 1 VT to drown; [+ moteur] to flood; **les yeux noyés de larmes** eyes brimming with tears; **~ son chagrin dans l'alcool** to drown one's sorrows; **~ le poisson** to evade the issue; **quelques bonnes idées noyées dans des détails inutiles** a few good ideas lost in a mass of irrelevant detail; **être noyé dans la brume** to be shrouded in mist; **être noyé dans la foule** to be lost in the crowd

2 VPR **se noyer** (accidentellement) to drown; (volontairement) to drown o.s.; **se ~ dans les détails** to get bogged down in details; **se ~ dans la foule** to disappear into the crowd; **se ~ dans un verre d'eau** to make a mountain out of a molehill

nu, e /ny/ 1 ADJ ⓐ (= sans vêtement) naked; [crâne] bald; **tout nu** stark naked; **pieds nus** barefoot; **la tête nue** bareheaded; **les jambes nues** barelegged; **les bras nus** barearmed; **torse nu** naked from the waist up; **se mettre nu** to take one's clothes off; **poser nu** to pose nude ⓑ [mur, chambre, plaine, fil électrique] bare ⓒ **♦ mettre à nu** [+ fil électrique] to strip; [+ erreurs, vices] to lay bare; **mettre son cœur à nu** to lay bare one's heart

2 NM nude

nuage /nɥaʒ/ NM cloud; **il y a des ~s noirs à l'horizon** there are dark clouds on the horizon; **le ciel se couvre de ~s** the sky is clouding over; **juste un ~ de lait** just a drop of milk; **il vit sur un petit ~** he's got his head in the clouds; **sans ~s** [ciel] cloudless; [bonheur] unclouded

nuageux, -euse /nɥaʒø, øz/ ADJ cloudy; **zone nuageuse** area of cloud

nuance /nɥɑ̃s/ NF ⓐ (= degré) [de couleur] shade; **~ de sens** nuance; **~ politique** shade of political opinion; **tout en ~s** very subtle; **sans ~** unsubtle ⓑ (= différence) slight difference; **il y a une ~ entre mentir et se taire** there's a slight difference between lying and keeping quiet; **tu saisis la ~?** do you see the difference? ⓒ (= petit élément) touch; **avec une ~ de tristesse** with a touch of sadness

nuancé, e /nɥɑ̃se/ (ptp de **nuancer**) ADJ [opinion] qualified; [attitude] balanced

nuancer /nɥɑ̃se/ /TABLE 3/ VT [+ propos] to qualify

nucléaire /nykleɛʀ/ 1 ADJ nuclear 2 NM **le ~** (= énergie) nuclear energy; (= technologie) nuclear technology

nudisme /nydism/ NM nudism

nudiste /nydist/ ADJ, NMF nudist

nudité /nydite/ NF [de personne] nudity; [de mur] bareness

nuée /nɥe/ NF [d'insectes] cloud; [de personnes] horde

nues /ny/ NFPL **porter qn aux ~** to praise sb to the skies; **je suis tombé des ~** I was completely taken aback

nuire /nɥiʀ/ /TABLE 38/ 1 VT INDIR ♦ **nuire à** [+ personne, santé, réputation] to harm; [+ action] to prejudice; **chercher à ~ à qn** to try to harm sb 2 VPR **se nuire** (à soi-même) to do o.s. a lot of harm

nuisances /nɥizɑ̃s/ NFPL nuisance (NonC); **les ~ sonores** noise pollution

nuisette /nɥizɛt/ NF short nightdress

nuisible /nɥizibl/ ADJ harmful (à to); **animaux ~s** vermin; **insectes ~s** pests; **~ à la santé** harmful to health

nuit /nɥi/ 1 NF night; **il fait ~** it's dark; **il fait ~ à 5 heures** it gets dark at 5 o'clock; **il fait ~ noire** it's pitch dark; **la ~ tombe** night is falling; **à la ~ tombante** at nightfall; **rentrer avant la ~** to come home before dark; **dans la ~ de jeudi à vendredi** during Thursday night; **bonne ~!** goodnight!; **~ blanche** sleepless night; **au milieu de la ~** in the middle of the night; **en pleine ~** in the middle of the night; **ouvert la ~** open at night; **travailler la ~** to work at night; **ça remonte à la ~ des temps** that's as old as the hills; **leur bébé fait ses ~s*** their baby sleeps right through the night ▪ (PROV) **la ~ porte conseil** it's best to sleep on it

♦ **nuit et jour** night and day

♦ **cette nuit** (passée) last night; (qui vient) tonight

♦ **de nuit** [service, travail, garde, infirmière] night; **conduire de ~ ne me gêne pas** I don't mind driving at night; **voyager de ~** to travel by night; **elle est de ~ cette semaine** she's working nights this week

2 COMP ♦ **nuit d'hôtel** night spent in a hotel ♦ **nuit de noces** wedding night ♦ **nuit de Noël** Christmas Eve

nuitée /nɥite/ NF (Tourisme) night; **trois ~s** three nights

nul, nulle /nyl/ 1 ADJ INDÉF ⓐ (= aucun) no; **il n'avait nulle envie de sortir** he had no desire to go out at all; **sans ~ doute** without any doubt

♦ **nulle part** nowhere; **il ne l'a trouvé nulle part** he couldn't find it anywhere; **je n'ai nulle part où aller** I've got nowhere to go

ⓑ (= zéro) [résultat, différence, risque] nil; (= invalidé) [testament, bulletin de vote] null and void; **~ et non avenu** null and void

ⓒ (Sport) **le score est ~** (pour l'instant) there's no score; (en fin de match) the match has ended in a nil-nil draw

ⓓ (= qui ne vaut rien) useless; **être ~ en géographie** to be useless at geography; **c'est ~ de lui avoir dit ça*** it was really stupid to tell him that

2 NM,F (= imbécile)* idiot

3 PRON INDÉF no one; **~ d'entre vous n'ignore que …** none of you is ignorant of the fact that …; **n'est censé ignorer la loi** ignorance of the law is no excuse; **à ~ autre pareil** unrivalled

nullard, e* /nylaʀ, aʀd/ NM,F numskull*

nullement /nylmɑ̃/ ADV not at all; **cela n'implique ~ que …** this doesn't at all imply that …

nullité /nylite/ NF ⓐ [de document] nullity; **frapper de ~** to render void ⓑ (= médiocrité) uselessness; **ce film est d'une ~ affligeante** the film is absolutely dreadful ⓒ (= personne) waste of space

numéraire /nymeʀɛʀ/ NM cash

numéral, e (mpl **-aux**) /nymeʀal, o/ ADJ, NM numeral

numérique /nymeʀik/ 1 ADJ numerical; [affichage, son, télévision] digital 2 NM **le ~** digital technology

numériser /nymeʀize/ /TABLE 1/ VT to digitize

numéro /nymeʀo/ 1 NM ⓐ number; **j'habite au ~ 6** I live at number 6; **notre problème ~ un** our number one problem; **le ~ un du textile** the number one textile producer; **le ~ deux du parti** the party's number two; **le bon ~** the right number; **le mauvais ~** the wrong number; **tirer le bon ~** (dans une loterie) to draw the lucky number; (fig) to strike lucky; **tirer le mauvais ~** to draw the short straw; **vieux ~** (de journal) back number; **~ spécial** special issue; **il nous a fait son petit ~** he put on his usual act

ⓑ (= personne) **quel ~!*** what a character!; **c'est un sacré ~!*** what a character!

2 COMP ♦ **numéro d'immatriculation** registration (Brit) ou license (US) number; **~ d'immatriculation à la Sécurité so-**

ciale National Insurance number (*Brit*), Social Security number (*US*) ◆ **numéro minéralogique** registration (*Brit*) *ou* license (*US*) number ◆ **numéro de téléphone** telephone number ◆ **numéro® vert** Freefone® (*Brit*) *ou* tollfree (*US*) number

numérologie /nymeʀɔlɔʒi/ NF numerology

numérotation /nymeʀɔtasjɔ̃/ NF numbering; **~ téléphonique** telephone number system; **~ à 10 chiffres** 10-digit dialling

numéroter /nymeʀɔte/ /TABLE 1/ VT to number

numerus clausus /nymeʀysklozys/ NM restricted intake

Nunavut /nunavut/ NM Nunavut

nunuche• /nynyʃ/ ADJ silly

nu-pieds /nypje/ 1 NM (= *sandale*) flip-flop (*Brit*), thong (*US*) 2 ADV barefoot

nuptial, e (*mpl* **-iaux**) /nypsjal, jo/ ADJ [*robe, marche, anneau, cérémonie*] wedding; [*lit, chambre*] bridal

nuque /nyk/ NF nape of the neck; **j'ai mal à la ~** my neck hurts; **tué d'une balle dans la ~** killed by a bullet in the back of the neck

nurse /nœʀs/ NF nanny

nursery (*pl* **nurseries**) /nœʀsəʀi/ NF nursery

nutriment /nytʀimɑ̃/ NM nutriment

nutritif, -ive /nytʀitif, iv/ ADJ ⓐ (= *nourrissant*) nourishing ⓑ [*besoins, fonction, appareil*] nutritive; **valeur nutritive** nutritional value

nutrition /nytʀisjɔ̃/ NF nutrition

nutritionniste /nytʀisjɔnist/ NMF nutritionist

nylon® /nilɔ̃/ NM nylon; **bas ~** nylon stockings

nymphe /nɛ̃f/ NF nymph

nymphéa /nɛ̃fea/ NM water lily

nymphomane /nɛ̃fɔman/ ADJ, NF nymphomaniac

ô /o/ EXCL oh!

oasis /ɔazis/ NF oasis

obédience /ɔbedjɑ̃s/ NF **d'~ communiste** of Communist allegiance

obéir /ɔbeiʀ/ /TABLE 2/ VT INDIR ♦ **obéir à** [+ *personne, ordre, principe, règle*] to obey; [+ *critère*] to meet; [+ *conscience, mode*] to follow; **il sait se faire ~ de ses élèves** he knows how to make his pupils obey him; **obéissez!** do as you're told!; **~ à une impulsion** to act on an impulse; **son comportement n'obéit à aucune logique** his behaviour is completely illogical

obéissance /ɔbeisɑ̃s/ NF obedience (**à** to)

obéissant, e /ɔbeisɑ̃, ɑ̃t/ ADJ obedient

obélisque /ɔbelisk/ NM (= *monument*) obelisk

obèse /ɔbɛz/ 1 ADJ obese 2 NMF obese person

obésité /ɔbezite/ NF obesity

objecter /ɔbʒɛkte/ /TABLE 1/ VT **~ que** to object that; **il m'a objecté que ...** he objected to me that ...; **il m'a objecté mon manque d'expérience** he objected on the grounds of my lack of experience

objecteur /ɔbʒɛktœʀ/ NM **~ de conscience** conscientious objector

objectif, -ive /ɔbʒɛktif, iv/ 1 ADJ objective 2 NM ⓐ (= *but, cible*) objective ⓑ [*de caméra, télescope*] lens

objection /ɔbʒɛksjɔ̃/ NF objection; **ne faire aucune ~** to make no objection; **si vous n'y voyez pas d'~** if you've no objection

objectivement /ɔbʒɛktivmɑ̃/ ADV objectively

objectivité /ɔbʒɛktivite/ NF objectivity; **juger en toute ~** to judge with complete objectivity

objet /ɔbʒɛ/ 1 NM ⓐ (= *chose*) object; **emporter quelques ~s de première nécessité** to take a few basic essentials; **je ne veux pas être une femme-~** I don't want to be a sex object; **~ sexuel** sex object
ⓑ [*de méditation, rêve, désir, mépris*] object; [*de discussion, recherches, science*] subject; **un ~ de raillerie** a laughing stock
ⓒ **faire** *ou* **être l'~ de** [+ *discussion, recherches*] to be the subject of; [+ *surveillance, enquête*] to be subjected to; [+ *pressions*] to be under; [+ *soins, dévouement*] to be given; **faire l'~ d'une attention particulière** to receive particular attention
ⓓ (= *but*) [*de visite, réunion, démarche*] purpose; **votre plainte est dès lors sans ~** you therefore have no grounds for complaint

2 COMP ♦ **objets trouvés** lost property (office) (*Brit*), lost and found (*US*) ♦ **objets de valeur** valuables ♦ **objet volant non identifié** unidentified flying object

obligation /ɔbligasjɔ̃/ 1 NF ⓐ (= *contrainte*) obligation; **avoir l'~ de faire qch** to be obliged to do sth; **être dans l'~ de faire qch** to be obliged to do sth; **sans ~ d'achat** without obligation to buy
ⓑ (= *dette*) obligation; **faire face à ses ~s** (*financières*) to meet one's liabilities
ⓒ (= *titre*) bond

2 NFPL **obligations** (= *devoirs*) obligations; (= *engagements*) commitments; **~s professionnelles** professional obligations; **être dégagé des ~s militaires** to have completed one's military service; **~s familiales** family commitments; **avoir des ~s envers une autre entreprise** to have a commitment to another firm

obligatoire /ɔbligatwaʀ/ ADJ ⓐ (= *à caractère d'obligation*) compulsory; **la scolarité est ~ jusqu'à 16 ans** schooling is compulsory until 16; **réservation ~** reservations required ⓑ (= *inévitable*)* inevitable; **c'était ~ qu'il rate son examen** it was inevitable that he would fail his exam

obligatoirement /ɔbligatwaʀmɑ̃/ ADV ⓐ (= *nécessairement*) necessarily; **il doit ~ passer une visite médicale** he's got to have a medical examination ⓑ (= *forcément*)* inevitably; **il aura ~ des ennuis** he's bound to have trouble

obligé, e /ɔbliʒe/ (*ptp d'*obliger) ADJ ⓐ (= *redevable*) **être ~ à qn** to be indebted to sb (**de qch** for sth) ⓑ (= *inévitable*) inevitable; **c'était ~!** it was bound to happen! ⓒ (= *indispensable*) necessary; **le parcours ~ pour devenir ministre** the track record necessary to become a minister

obligeance /ɔbliʒɑ̃s/ NF **il a eu l'~ de me reconduire en voiture** he was kind enough to drive me back; **ayez l'~ de vous taire pendant que je parle** would you be good enough to keep quiet while I'm speaking

obliger /ɔbliʒe/ /TABLE 3/ VT ⓐ (= *forcer*) **~ qn à faire qch** [*règlement, autorités*] to require sb to do sth; [*principes, circonstances, agresseur*] to oblige sb to do sth; **le règlement vous y oblige** you are required to by the regulations; **ses parents l'obligent à travailler dur** his parents make him work hard; **rien ne l'oblige à partir** he's under no obligation to leave; **je suis obligé de vous laisser** I must leave you; **il va accepter? — il est bien obligé!** is he going to agree? — he has no choice!; **crise économique oblige** given the constraints of the economic crisis; **prudence oblige, les gens mettent de l'argent de côté** people have to be cautious and put money aside
ⓑ (= *rendre service à*) (*frm*) to oblige; **je vous serais très obligé de bien vouloir ...** I should be greatly obliged if you would kindly ...

oblique /ɔblik/ ADJ oblique; **regard ~** sidelong glance

obliquer /ɔblike/ /TABLE 1/ VI to turn off; **~ à droite** to bear right

oblitération /ɔbliteʀasjɔ̃/ NF [*de timbre*] cancelling; **cachet d'~** postmark

oblitérer /ɔblitere/ /TABLE 6/ VT [+ *timbre*] to cancel

obnubiler /ɔbnybile/ /TABLE 1/ VT to obsess; **obnubilée par** obsessed with

obole /ɔbɔl/ NF (= *contribution*) offering; **verser son ~ à qch** to make one's small financial contribution to sth

obscène /ɔpsɛn/ ADJ obscene; **il est si riche que c'en est ~*** he's obscenely rich

obscénité /ɔpsenite/ NF obscenity; **dire des ~s** to make obscene remarks

obscur, e /ɔpskyʀ/ ADJ ⓐ (= *sombre*) dark ⓑ (= *incompréhensible, mystérieux*) obscure; **pour des raisons ~es** for some obscure reason; **forces ~es** dark forces ⓒ [*pressentiment*] vague ⓓ (= *méconnu*) [*œuvre, auteur*] obscure

obscurcir /ɔpskyrsir/ /TABLE 2/ 1 VT (= *assombrir*) to darken; **des nuages obscurcissaient le ciel** the sky was dark with clouds; **le second élément qui est venu ~ l'horizon pour le président** the second cloud on the horizon for the President 2 VPR **s'obscurcir** [*ciel, regard*] to darken

obscurément /ɔpskyremɑ̃/ ADV obscurely

obscurité /ɔpskyrite/ NF ⓐ [*de nuit*] darkness; **dans l'~** in the dark; **la maison fut soudain plongée dans l'~** the house was suddenly plunged into darkness ⓑ (= *anonymat*) obscurity

obsédant, e /ɔpsedɑ̃, ɑ̃t/ ADJ [*musique, souvenir*] haunting; [*question, idée*] obsessive

obsédé, e /ɔpsede/ (*ptp d'***obséder**) NM,F obsessive; **c'est un ~ de propreté** he's obsessed with cleanliness ♦ **obsédé sexuel** sex maniac

obséder /ɔpsede/ /TABLE 6/ VT to obsess; **cette pensée l'obsédait** he was obsessed by this thought; **être obsédé par** to be obsessed by; **il est obsédé!** (*sexuellement*) he's obsessed!

obsèques /ɔpsɛk/ NFPL funeral

obséquieux, -ieuse /ɔpsekjø, jøz/ ADJ obsequious

observateur, -trice /ɔpsɛrvatœr, tris/ 1 ADJ observant 2 NM,F observer

observation /ɔpsɛrvasjɔ̃/ NF ⓐ (= *chose observée*) observation ⓑ (= *remarque*) observation; (= *objection*) remark; (= *reproche*) reproof; (= *avertissement*) warning; **je lui en fis l'~** I pointed it out to him; **faire une ~ à qn** to reprove sb; **~s du professeur** teacher's comments ⓒ [*de règle*] observance ⓓ (= *surveillance*) observation; **mettre en ~** to put under observation

observatoire /ɔpsɛrvatwar/ NM (*d'astronomie*) observatory ♦ **observatoire économique** economic research institute

observer /ɔpsɛrve/ /TABLE 1/ 1 VT to observe; [+ *adversaire, proie*] to watch; (*au microscope*) to examine; **se sentant observée, elle s'est retournée** feeling she was being watched, she turned round; **faire ~ que ...** to observe that ...; **«vous êtes en retard» observa-t-il** "you're late", he observed; **~ une minute de silence** to observe a minute's silence; **faire ~ un règlement** to enforce a rule 2 VPR **s'observer** ⓐ (*mutuellement*) to observe each other ⓑ [*maladie, phénomène*] to occur

obsession /ɔpsesjɔ̃/ NF obsession; **ça tourne à l'~!** it's becoming an obsession!

obsessionnel, -elle /ɔpsesjɔnɛl/ ADJ obsessive

obsolète /ɔpsɔlɛt/ ADJ obsolete

obstacle /ɔpstakl/ NM obstacle; (*Hippisme*) fence; **~ juridique** legal obstacle; **faire ~ à un projet** to hinder a project

obstétricien, -ienne /ɔpstetrisjɛ̃, jɛn/ NM,F obstetrician

obstétrique /ɔpstetrik/ NF obstetrics (*sg*)

obstination /ɔpstinasjɔ̃/ NF obstinacy; **~ à faire qch** obstinate determination to do sth

obstiné, e /ɔpstine/ (*ptp d'***obstiner**) ADJ [*personne, caractère, travail*] obstinate; [*refus, silence*] stubborn

obstinément /ɔpstinemɑ̃/ ADV stubbornly; **le téléphone reste ~ muet** the telephone stubbornly refuses to ring

obstiner (s') /ɔpstine/ /TABLE 1/ VPR to persist; **s'~ à faire qch** to persist in doing sth

obstruction /ɔpstryksjɔ̃/ NF obstruction; **faire de l'~** (*en politique*) to obstruct legislation; (*en sport*) to obstruct

obstruer /ɔpstrye/ /TABLE 1/ 1 VT to block 2 VPR **s'obstruer** [*passage*] to get blocked up; [*artère*] to become blocked

obtempérer /ɔptɑ̃pere/ /TABLE 6/ VT INDIR ♦ **obtempérer à** to obey; **il a refusé d'~** he refused to obey

obtenir /ɔptənir/ /TABLE 22/ VT ⓐ (= *avoir*) to get; **je peux vous ~ ce livre rapidement** I can get you this book quite quickly ⓑ (= *parvenir à*) [+ *résultat, température*] to obtain; [+ *total*] to reach; **~ un succès aux élections** to

achieve success in the elections; **en additionnant tout cela, on obtient 2 000** when you add it all up you get 2,000

obtention /ɔptɑ̃sjɔ̃/ NF obtaining; **pour l'~ du visa** to obtain the visa; **mélangez le tout jusqu'à ~ d'une pâte onctueuse** mix everything together until the mixture is smooth

obtiendra /ɔptjɛ̃dra/ VB → **obtenir**

obturation /ɔptyrasjɔ̃/ NF **vitesse d'~** (*Photo*) shutter speed

obturer /ɔptyre/ /TABLE 1/ VT to block

obtus, e /ɔpty, yz/ ADJ obtuse

obus /ɔby/ NM shell

occase: /ɔkaz/ NF ABBR = **occasion**

occasion /ɔkazjɔ̃/ NF ⓐ (= *circonstance*) occasion; **pour les grandes ~s** for special occasions; **je l'ai rencontré à plusieurs ~s** I've met him on several occasions ⓑ (= *conjoncture favorable*) opportunity; **avoir l'~ de faire qch** to have the opportunity to do sth; **sauter sur* l'~** to seize the opportunity; **manquer une ~ de faire qch** to miss an opportunity to do sth; **tu as raté* une belle ~ de te taire** you'd have done better to have kept quiet; **c'est l'~ rêvée** it's an ideal opportunity; **si l'~ se présente** if the opportunity arises; **à la première ~** at the earliest opportunity ⓒ (*locutions*)

♦ **à l'occasion** : **à l'~ venez dîner** come and have dinner some time; **tu me le rendras à l'~** give it back when you can; **à l'~ de son anniversaire** on the occasion of his birthday

♦ **par la même occasion** at the same time; **j'irai à Paris et, par la même ~, je leur rendrai visite** I'll go to Paris and while I'm there I'll go and see them ⓓ (= *achat*) secondhand buy; **le marché de l'~** the secondhand market; **d'~** secondhand

occasionnel, -elle /ɔkazjɔnɛl/ ADJ ⓐ (= *non régulier*) occasional; [*travaux, emploi*] casual ⓑ (= *fortuit*) [*incident, rencontre*] chance

occasionnellement /ɔkazjɔnɛlmɑ̃/ ADV occasionally

occasionner /ɔkazjɔne/ /TABLE 1/ VT to cause; **cet accident va m'~ beaucoup de frais** this accident is going to cause me a great deal of expense

Occident /ɔksidɑ̃/ NM **l'~** the West

occidental, e (*mpl* **-aux**) /ɔksidɑ̃tal, o/ 1 ADJ western 2 NM,F **Occidental(e)** Westerner; **les Occidentaux** Westerners

occidentaliser /ɔksidɑ̃talize/ /TABLE 1/ 1 VT to westernize 2 VPR **s'occidentaliser** to become westernized

occulte /ɔkylt/ ADJ ⓐ (= *surnaturel*) occult ⓑ (= *secret*) [+ *financement, fonds, pouvoir, rôle*] secret; [+ *commission, prime*] hidden

occulter /ɔkylte/ /TABLE 1/ VT to conceal; **n'essayez pas d'~ le problème** don't try to hide the problem

occupant, e /ɔkypɑ̃, ɑ̃t/ 1 NM,F occupant 2 NM **l'~** (= *armée*) the occupying forces

occupation /ɔkypasjɔ̃/ NF ⓐ occupation; **l'armée d'~** the occupying army; **l'Occupation** the Occupation (*of France during World War II*); **~ : boulanger** occupation: baker ⓑ [*de logement*] occupancy

occupé, e (*ptp d'***occuper**) ADJ ⓐ (= *affairé*) busy; **je suis très ~ en ce moment** I'm very busy at the moment ⓑ [*ligne téléphonique*] engaged (*Brit*), busy (*US*); [*toilettes*] occupied; [*places, sièges*] taken; **ça sonne ~*** it's engaged (*Brit*) ou busy (*US*) ⓒ [*pays, territoire, usine*] occupied

occuper /ɔkype/ /TABLE 1/ 1 VT ⓐ [+ *appartement, place, surface*] to occupy; **leurs bureaux occupent tout l'étage** their offices occupy the whole floor; **l'appartement qu'ils occupent est trop exigu** the flat they are living in is too small ⓑ [+ *moment, temps*] to occupy; **la lecture occupe une grande partie de mon temps** reading occupies a great deal of my time; **comment ~ ses loisirs?** how should one occu-

py one's free time?
(c) [+ *poste, fonction, rang*] to hold
(d) [+ *personne*] to keep busy; **mon travail m'occupe beaucoup** my work keeps me very busy; **le sujet qui nous occupe aujourd'hui** the matter which concerns us today
(e) (= *envahir*) [+ *bâtiment, territoire*] to occupy; **~ le terrain** to get a lot of media attention

2 VPR **s'occuper** (a) **s'~ de qch** (= *se charger de*) to deal with sth; (= *être chargé de*) to be in charge of sth; (= *s'intéresser à*) to take an interest in sth; **je vais m'~ de ce problème** I'll deal with this problem; **c'est lui qui s'occupe de cette affaire** he's the one who is dealing with this; **je m'occuperai des boissons** I'll look after the drinks; **ne t'occupe pas de ça, c'est leur problème** don't worry about that, it's their problem; **occupe-toi de tes oignons*** mind your own business; **t'occupe !*** none of your business!*
(b) **s'~ de qn** (= *se charger de*) [+ *enfants, malades*] to look after sb; [+ *client*] to attend to sb; (= *être responsable de*) [+ *enfants, malades*] to be in charge of sb; **je m'occupe de vous tout de suite** I'll be with you in a moment; **est-ce qu'on s'occupe de vous, Madame ?** are you being served?
(c) (= *s'affairer*) to occupy o.s.; **s'~ à faire qch** to busy o.s. doing sth; **s'~ à qch** to busy o.s. with sth; **il y a de quoi s'~** there is plenty to do; **s'~ l'esprit** to keep one's mind occupied

occurrence /ɔkyrɑ̃s/ NF **en l'~** as it happens

OCDE /ɔsedeə/ NF (ABBR = **Organisation de coopération et de développement économique**) OECD

océan /ɔseɑ̃/ NM ocean; **l'Océan** (= *l'Atlantique*) the Atlantic Ocean

Océanie /ɔseani/ NF **l'~** Oceania

océanien, -ienne /ɔseanjɛ̃, jɛn/ ADJ Oceanian

océanique /ɔseanik/ ADJ oceanic

océanographe /ɔseanɔgraf/ NMF oceanographer

ocre /ɔkr/ NMF, ADJ INV ochre

octane /ɔktan/ NM octane

octave /ɔktav/ NF octave

octet /ɔktɛ/ NM byte

octobre /ɔktɔbr/ NM October → **septembre**

octogénaire /ɔktɔʒenɛr/ ADJ, NMF octogenarian

octogonal, e (*mpl* **-aux**) /ɔktɔgɔnal, o/ ADJ octagonal

octogone /ɔktɔgɔn/ NM octagon

octroi /ɔktrwa/ NM [*de permission, délai*] granting; **l'~ d'une bourse n'est pas automatique** grants are not given automatically

octroyer /ɔktrwaje/ /TABLE 8/ 1 VT (*frm*) to grant (**à** to); [+ *bourse*] to give (**à** to) 2 VPR **s'octroyer** [+ *droit, pouvoirs*] to claim; (*Sport*) [+ *médaille, place*] to win; **s'~ une augmentation** to give o.s. a pay rise; **je vais m'~ quelques jours de congé** I'm going to allow myself a few days off

oculaire /ɔkylɛr/ ADJ ocular

oculiste /ɔkylist/ NMF eye specialist

ode /ɔd/ NF ode

odeur /ɔdœr/ NF smell; **sans ~** odourless (*Brit*), odorless (*US*); **mauvaise ~** bad smell; **~ de brûlé** smell of burning; **~ de renfermé** musty smell; **avoir une mauvaise ~** to smell bad

odieusement /ɔdjøzmɑ̃/ ADV odiously

odieux, -ieuse /ɔdjø, jøz/ ADJ (a) (= *infâme*) odious; **tu as été ~ avec elle** you were horrible to her; **c'est ~ ce que tu viens de dire !** that's a horrible thing to say! (b) (= *insupportable*) unbearable; **cette femme m'est odieuse** I can't bear that woman

odorant, e /ɔdɔrɑ̃, ɑ̃t/ ADJ scented; [*herbes, essences*] aromatic

odorat /ɔdɔra/ NM sense of smell; **avoir l'~ fin** to have a keen sense of smell

odyssée /ɔdise/ NF odyssey

œcuménique /ekymenik/ ADJ oecumenical

œdème /edɛm/ NM oedema

œil /œj/ (*pl* **yeux**)

1 NOM MASCULIN	2 COMPOSÉS

1 NOM MASCULIN

(a) = **organe** eye; **il a les yeux bleus** he has blue eyes; **elle a les yeux faits** she's wearing eye make-up; **avoir un ~ au beurre noir*** to have a black eye; **je l'ai vu de mes yeux** I saw it with my own eyes; **regarde-moi dans les yeux** look me in the eye; **il a les yeux plus gros que le ventre** (*gloutonnerie*) his eyes are bigger than his belly ■ (*PROV*) **~ pour ~, dent pour dent** an eye for an eye, a tooth for a tooth (*PROV*); **à l'~ nu** [*visible, identifiable, invisible*] to the naked eye; **se regarder les yeux dans les yeux** to gaze into each other's eyes; **ouvrir des yeux ronds** to stare wide-eyed; **ouvrir de grands yeux** to stare wide-eyed

(b) = **regard** **attirer l'~ de qn** to catch sb's eye; **n'avoir d'yeux que pour qn/qch** to have one's attention focussed on sb/sth; **il n'a d'yeux que pour elle** he only has eyes for her; **jeter un ~*** à to have a look at; **vous avez l'article sous les yeux** the article is right there in front of you; **sous l'~ vigilant de** under the watchful eye of; **il le regardait l'~ mauvais** he gave him a nasty look; **faire les yeux doux à qn** to look amorously at sb; **faire de l'~ à qn*** to make eyes at sb; **garder un ~ sur** to keep an eye on; **je vous ai à l'~ !** I've got my eye on you!

(c) = **faculté de voir** **avoir de bons yeux** to have good eyesight; **avoir de mauvais yeux** to have bad eyesight; **il a l'~*** he has sharp eyes; **il n'a pas les yeux dans sa poche** he doesn't miss a thing

(d) = **jugement** **voir qch d'un bon ~** to view sth favourably; **voir qch d'un mauvais ~** to view sth unfavourably; **aux yeux de l'opinion publique** in the eyes of the public; **à mes yeux** in my opinion

(e) **locutions** **coûter les yeux de la tête** to cost a fortune
♦ **mon œil !*** (= *je n'y crois pas*) my eye!*; (= *je ne le ferai pas*) not likely!*
♦ **les yeux fermés** (= *sans regarder*) with one's eyes closed; (= *avec confiance*) with complete confidence
♦ **à l'œil*** (= *gratuitement*) for nothing
♦ **coup d'œil** (= *regard rapide*) glance; (= *vue*) view; **d'ici, le coup d'~ est joli** there's a lovely view from here; **ça vaut le coup d'~** it's worth seeing; **au premier coup d'~** at first glance; **avoir le coup d'~ pour** to have an eye for; **jeter un coup d'~ à** to glance at; **allons jeter un coup d'~** let's go and have a look

2 COMPOSÉS
♦ **l'œil du cyclone** the eye of the cyclone; (*fig*) the eye of the storm

œillade /œjad/ NF wink; **décocher une ~ à qn** to wink at sb

œillères /œjɛr/ NFPL [*de cheval*] blinkers; **avoir des ~** to be blinkered

œillet /œjɛ/ NM (= *fleur*) carnation ♦ **œillet d'Inde** French marigold

œnologue /enɔlɔg/ NMF oenologist

œsophage /ezɔfaʒ/ NM oesophagus (*Brit*), esophagus (*US*)

œstrogène /ɛstrɔʒɛn/ NM oestrogen (*Brit*), estrogen (*US*)

œuf (*pl* **œufs**) /œf, ø/ 1 NM

★ *The f of* **œuf** *is pronounced, but the fs of* **œufs** *is silent.*

(a) [*d'animal*] egg; **étouffer qch dans l'~** to nip sth in the bud; **mettre tous ses ~s dans le même panier** to put all one's eggs in one basket; **c'est l'~ et la poule** it's a chicken and egg situation; **va te faire cuire un ~ !*** get lost!*
(b) (= *télécabine*) egg-shaped cablecar

2 COMP ♦ **œufs brouillés** scrambled eggs ♦ **œuf à la coque** soft-boiled egg ♦ **œuf dur** hard-boiled egg ♦ **œuf mimosa** hors d'oeuvre made with chopped egg yolks ♦ **œuf mollet** soft-boiled egg ♦ **œufs à la neige** floating islands

♦ **œuf de Pâques** Easter egg ♦ **œuf sur le plat** *ou* **au plat** fried egg ♦ **œuf poché** poached egg

œuvre /œvʀ/ NF ⓐ (= *livre, tableau, film*) work; (= *ensemble d'une production*) works; **~ d'art** work of art ⓑ (= *tâche*) undertaking; (= *travail achevé*) work (*NonC*); **ce beau gâchis, c'est l'~ des enfants** this fine mess is the children's doing; **se mettre à l'~** to get down to work; **voir qn à l'~** to see sb at work; (*iro*) to see sb in action; **faire ~ de pionnier** to be a pioneer; **mettre en ~** [+ *moyens*] to make use of; **il avait tout mis en ~ pour les aider** he had done everything possible to help them ⓒ (= *organisation*) **~ de bienfaisance** charity; **~ de charité** charity; **les ~s** charities

œuvrer /œvʀe/ /TABLE 1/ VI to work (**à** for)

off /ɔf/ ADJ INV [*festival, spectacle*] alternative; **voix ~** voice-over

offensant, e /ɔfɑ̃sɑ̃, ɑ̃t/ ADJ offensive

offense /ɔfɑ̃s/ NF (= *affront*) insult; **faire ~ à** to offend

offensé, e /ɔfɑ̃se/ (*ptp d'***offenser**) ADJ offended

offenser /ɔfɑ̃se/ /TABLE 1/ 1 VT to offend; **je n'ai pas voulu vous ~** I didn't want to offend you 2 VPR **s'offenser** to take offence (**de qch** at sth)

offensif, -ive /ɔfɑ̃sif, iv/ 1 ADJ (*Mil*) offensive; **ils ont un jeu très ~** they play an attacking game 2 NF **offensive** offensive; **passer à l'offensive** to go on the offensive; **l'offensive de l'hiver** the onslaught of winter

offert, e /ɔfɛʀ, ɔfɛʀt/ *ptp d'***offrir**

office /ɔfis/ NM ⓐ (= *tâche*) office; **~ ministériel** ministerial office; **bons ~s** good offices ⓑ (= *usage*) **faire ~ de** [*personne*] to act as; [*objet*] to serve as; **faire ~ de chauffeur** to act as a chauffeur; **remplir son ~** [*appareil, loi*] to serve its purpose ⓒ (= *bureau*) office; **~ du tourisme** tourist office ⓓ (= *messe*) service ⓔ (= *pièce de rangement*) pantry ⓕ ♦ **d'office** [*nommer, qualifier*] automatically; [*inscription, taxation*] automatic; **avocat commis d'~** ≈ legal-aid lawyer

officialiser /ɔfisjalize/ /TABLE 1/ VT to make official

officiel, -elle /ɔfisjɛl/ 1 ADJ official; **rendre ~** to make official; **à titre ~** officially 2 NM,F official

officiellement /ɔfisjɛlmɑ̃/ ADV officially

officier¹ /ɔfisje/ NM officer; **~ de marine** naval officer; **~ de police** senior police officer; **~ de l'état civil** registrar (*usually the mayor*)

officier² /ɔfisje/ /TABLE 7/ VI to officiate

officieusement /ɔfisjøzmɑ̃/ ADV unofficially

officieux, -ieuse /ɔfisjø, jøz/ ADJ unofficial; **à titre ~** unofficially

officine /ɔfisin/ NF (= *laboratoire*) dispensary; (= *pharmacie*) pharmacy

offrande /ɔfʀɑ̃d/ NF (= *don*) offering; **l'~** (*pendant la messe*) the offertory

offrant /ɔfʀɑ̃/ NM **au plus ~** to the highest bidder

offre /ɔfʀ/ NF offer; (*aux enchères*) bid; **l'~ et la demande** supply and demand; **il m'a fait une ~** he made me an offer; **~ spéciale** special offer ♦ **offre d'emploi** job offer; **~s d'emploi** (*dans journal*) job advertisements; **il y a plusieurs ~s d'emploi pour des ingénieurs** there are several jobs advertised for engineers ♦ **offre publique d'achat** takeover bid (*Brit*), tender offer (*US*)

offrir /ɔfʀiʀ/ /TABLE 18/ 1 VT ⓐ (= *donner*) to give (**à** to); **c'est pour ~ ?** is it for a present?; **il nous a offert à boire** (*chez lui*) he gave us a drink; (*au café*) he bought us a drink; **c'est moi qui offre !** [+ *tournée*] it's my round!; [+ *repas*] this is on me! ⓑ (= *proposer*) to offer; **~ de faire qch** to offer to do sth; **combien m'en offrez-vous ?** how much are you offering for it? ⓒ (= *présenter*) [+ *spectacle, image, résistance*] to offer; **ces ruines n'offrent guère d'intérêt** these ruins are of little interest ⓓ (= *apporter*) [+ *avantage, inconvénient*] to have

2 VPR **s'offrir** ⓐ (= *se présenter*) **s'~ aux regards** [*personne*] to expose o.s. to the public gaze; [*spectacle*] to present itself; **il a saisi l'occasion qui s'offrait à lui** he seized the opportunity presented to him; **s'~ pour faire qch** to offer to do sth ⓑ (= *se payer*) to treat o.s. to; **s'~ un vison** to buy o.s. a mink

⚠ *Lorsque l'on parle d'un cadeau,* **offrir** *n'est jamais traduit par* **to offer**.

offshore /ɔfʃɔʀ/ 1 ADJ INV offshore 2 NM INV ⓐ (= *bateau*) powerboat ⓑ (= *activité*) powerboat racing; **faire du ~** to go powerboat racing

offusquer /ɔfyske/ /TABLE 1/ 1 VT to offend 2 VPR **s'offusquer** to take offence (**de** at)

ogive /ɔʒiv/ 1 NF ⓐ [*de voûte*] diagonal rib ⓑ [*de missile*] nose cone 2 COMP ♦ **ogive nucléaire** nuclear warhead

OGM /ɔʒeɛm/ NM (ABBR = **organisme génétiquement modifié**) GMO

ogre /ɔgʀ/ NM ogre

oh /o/ EXCL oh!; **pousser des oh !** to exclaim

ohé /ɔe/ EXCL hey!

oie /wa/ NF ⓐ (= *oiseau*) goose ⓑ (= *femme niaise*) silly goose

oignon /ɔɲɔ̃/ NM ⓐ (= *légume*) onion; (= *bulbe de fleur*) bulb; **petits ~s** pickling onions; **ce ne sont pas mes ~s*** it's none of my business; **occupe-toi de tes ~s*** mind your own business ⓑ (*Méd*) bunion

oiseau (*pl* **oiseaux**) /wazo/ NM (= *animal*) bird; **trouver l'~ rare** to find the man (*ou* woman) in a million; **le petit ~ va sortir !** watch the birdie! ♦ **oiseau de malheur** bird of ill omen ♦ **oiseau de mauvais augure** bird of ill omen ♦ **oiseau de paradis** bird of paradise ♦ **oiseau de proie** bird of prey

oiseau-mouche (*pl* **oiseaux-mouches**) /wazomuʃ/ NM hummingbird

oisellerie /wazɛlʀi/ NF (= *magasin*) pet shop (*selling birds*)

oiseux, -euse /wazø, øz/ ADJ pointless

oisif, -ive /wazif, iv/ ADJ idle

oisiveté /wazivte/ NF idleness

OK * /oke/ EXCL, ADJ INV OK*

ola /ɔla/ NF (*Sport*) Mexican wave

olé /ɔle/ 1 EXCL olé! 2 ADJ INV **olé olé*** risqué

oléoduc /ɔleɔdyk/ NM oil pipeline

olfactif, -ive /ɔlfaktif, iv/ ADJ olfactory

oligoélément /ɔligoelemɑ̃/ NM trace element

olive /ɔliv/ 1 NF (= *fruit*) olive 2 ADJ INV olive-green

oliveraie /ɔlivʀɛ/ NF olive grove

olivette /ɔlivɛt/ NF (= *tomate*) plum tomato

olivier /ɔlivje/ NM (= *arbre*) olive tree; (= *bois*) olive wood

OLP /ɔɛlpe/ NF (ABBR = **Organisation de libération de la Palestine**) PLO

olympique /ɔlɛ̃pik/ ADJ Olympic; **il est dans une forme ~** he's in great shape

ombilical, e (*mpl* **-aux**) /ɔ̃bilikal, o/ ADJ umbilical

ombragé, e /ɔ̃bʀaʒe/ ADJ shady

ombrageux, -euse /ɔ̃bʀaʒø, øz/ ADJ [*personne*] easily offended

ombre /ɔ̃bʀ/ 1 NF ⓐ (= *obscurité*) shade (*NonC*); [*de personne, objet*] shadow; **25° à l'~** 25° in the shade; **tapi dans l'~** lurking in the shadows; **faire de l'~ à qn** (*fig*) to overshadow sb ⓑ (= *anonymat*) **rester dans l'~** [*artiste*] to remain in obscurity; [*meneur*] to keep in the background; **laisser une question dans l'~** to leave a question unresolved ⓒ (= *soupçon*) **ça ne fait pas l'~ d'un doute** there's not the shadow of a doubt; **tu n'as pas l'~ d'une chance** you haven't got a ghost of a chance; **sans l'~ d'une hésitation** without a moment's hesitation 2 COMP ♦ **ombres chinoises** shadow theatre ♦ **ombre à paupières** eye shadow

ombrelle /ɔ̃bʀɛl/ NF (= *parasol*) parasol

omelette /ɔmlɛt/ NF omelette; **~ aux champignons** mushroom omelette; **~ norvégienne** baked Alaska ■ (*PROV*) **on ne fait pas d'~ sans casser des œufs** you can't make an omelette without breaking eggs (*PROV*)

omettre /ɔmɛtʀ/ /TABLE 56/ VT to leave out; **~ de faire qch** to omit to do sth

omission /ɔmisjɔ̃/ NF omission

omnibus /ɔmnibys/ 1 NM (= *train*) local train 2 ADJ **le train est ~ jusqu'à Paris** the train stops at every station until Paris

omniprésence /ɔmnipʀezɑ̃s/ NF omnipresence

omniprésent, e /ɔmnipʀezɑ̃, ɑ̃t/ ADJ omnipresent; **son influence est ~e** his influence is felt everywhere

omnisports /ɔmnispɔʀ/ ADJ INV [*terrain*] general-purpose; **salle ~** games hall; **palais ~** sports centre

omnivore /ɔmnivɔʀ/ 1 ADJ omnivorous 2 NM omnivore

omoplate /ɔmɔplat/ NF shoulder blade

OMS /ɔɛmɛs/ NF (ABBR = **Organisation mondiale de la santé**) WHO

┌───┐
on /ɔ̃/ PRONOM

ⓐ **= quelqu'un** someone; **on vous demande au téléphone** there's someone on the phone for you; **on sonne !** there's someone at the door!; **qu'est-ce que je dis si on demande à vous parler ?** what shall I say if someone asks to speak to you?; **on ne nous a pas demandé notre avis** nobody asked our opinion

► *Lorsque* **on** *est indéterminé, l'anglais préfère souvent une tournure passive.*

on les attendait they were expected; **«on demande serveuse»** "waitress wanted"

ⓑ **= nous** * we; **on est partis** we left; **on est censé s'habiller pour le dîner ?** are we expected to dress for dinner?; **on l'a fait tous les trois** the three of us did it; **on mange ?** shall we have something to eat?; **on commence ?** shall we begin?

ⓒ **= les gens** people; **en Chine on mange avec des baguettes** in China people eat with chopsticks; **je ne comprends pas qu'on ne vote pas** I don't understand why people don't vote; **on n'a pas un sou mais on s'achète une voiture !** they haven't a penny to their name but they go and buy a car!

ⓓ **généralisations** you; **de la fenêtre, on voit les collines** from the window, you can see the hills; **il est fâché et on comprend pourquoi** he's angry and you can see why; **on ne pense jamais à tout** you can't think of everything

ⓔ **= tu, vous** * alors, **on est content ?** well, are you pleased?; **alors, on ne dit plus bonjour aux amis ?** don't we say hello to our friends any more?
└───┘

oncle /ɔ̃kl/ NM uncle

onctueux, -euse /ɔ̃ktɥø, øz/ ADJ ⓐ [*crème*] smooth ⓑ [*manières, voix*] unctuous

onde /ɔ̃d/ NF wave; **~s courtes** short waves; **grandes ~s** long waves; **~ de choc** shock wave; **sur les ~s et dans la presse** on the radio and in the press

ondée /ɔ̃de/ NF shower

on-dit /ɔ̃di/ NM INV rumour; **ce ne sont que des ~** it's only hearsay

ondoyer /ɔ̃dwaje/ /TABLE 8/ VI to ripple

ondulant, e /ɔ̃dylɑ̃, ɑ̃t/ ADJ [*ligne, surface*] undulating; [*démarche*] supple

ondulation /ɔ̃dylasjɔ̃/ NF [*de vagues, blés, terrain*] undulation; **ondulations** [*de cheveux*] waves

ondulé, e /ɔ̃dyle/ ADJ [*surface*] undulating; [*cheveux*] wavy; [*carton, tôle*] corrugated

onéreux, -euse /ɔneʀø, øz/ ADJ expensive

ONG /ɔɛnʒe/ NF (ABBR = **organisation non gouvernementale**) NGO

ongle /ɔ̃gl/ NM [*de personne*] nail; [*d'animal*] claw; **~ de**

pied toenail; **se faire les ~s** to do one's nails

onglet /ɔ̃glɛ/ NM ⓐ [*de livre*] (*dépassant*) tab; (*en creux*) thumb index ⓑ (= *viande*) prime cut of beef ⓒ (*en informatique*) thumbnail

onguent /ɔ̃gɑ̃/ NM ointment

onirique /ɔniʀik/ ADJ dreamlike

onomatopée /ɔnɔmatɔpe/ NF onomatopoeia

ont /ɔ̃/ VB → **avoir**

Ontario /ɔ̃taʀjo/ NM Ontario; **le lac ~** Lake Ontario

ONU /ɔny/ NF (ABBR = **Organisation des Nations unies**) UNO; **l'~** the UN

onyx /ɔniks/ NM onyx

onze /'ɔ̃z/ NOMBRE eleven; **le ~ novembre** Armistice Day; **le ~ de France** the French eleven → **six**

onzième /'ɔ̃zjɛm/ ADJ, NMF eleventh → **sixième**

OPA /ɔpea/ ´ NF (ABBR = **offre publique d'achat**) takeover bid (*Brit*), tender offer (*US*); **faire une ~ sur** to take over

opale /ɔpal/ NF opal

opaline /ɔpalin/ NF opaline

opaque /ɔpak/ ADJ opaque; [*brouillard, nuit, forêt*] impenetrable

open /ɔpɛn/ 1 ADJ INV open 2 NM (= *tournoi*) open tournament

OPEP /ɔpɛp/ NF (ABBR = **Organisation des pays exportateurs de pétrole**) OPEC

opéra /ɔpeʀa/ NM opera; (= *édifice*) opera house

opérable /ɔpeʀabl/ ADJ operable; **le malade est-il ~** can the patient be operated on?; **ce cancer n'est plus ~** this cancer is too far advanced for an operation

opérateur, -trice /ɔpeʀatœʀ, tʀis/ 1 NM,F operator **♦ opérateur de saisie** keyboarder 2 NM (*Téléc*) **~ (de téléphone mobile)** network provider

opération /ɔpeʀasjɔ̃/ NF ⓐ operation; **subir une ~ chirurgicale** to have an operation; **tu as fini tes ~s ?** have you done your sums?; **~ de sauvetage** rescue operation; **~ promotionnelle** promotional campaign ⓑ (= *tractation*) transaction; **~ bancaire** banking transaction; **~ immobilière** property deal; **~s de Bourse** stock-exchange transactions; **notre équipe a réalisé une bonne ~** (*en affaires*) our team got a good deal; (*en sport*) our team did a really good job

opérationnel, -elle /ɔpeʀasjɔnɛl/ ADJ operational

opercule /ɔpeʀkyl/ NM (*de protection*) protective cover; [*de pot de crème, carton de lait*] seal

opérer /ɔpeʀe/ /TABLE 6/ 1 VT ⓐ [+ *malade, organe*] to operate on (**de** for); [+ *tumeur*] to remove; **~ qn de l'appendicite** to remove sb's appendix; **se faire ~** to have an operation ⓑ (= *exécuter*) to make; [+ *transformation, réforme*] to carry out; **un changement considérable s'était opéré** a major change had taken place 2 VI [*remède, charme*] to work; [*photographe, technicien*] to proceed; **les cambrioleurs qui opèrent dans cette région** the burglars who work this area

opérette /ɔpeʀɛt/ NF operetta

ophtalmo • /ɔftalmo/ 1 NMF (ABBR = **ophtalmologiste**) ophthalmologist 2 NF (ABBR = **ophtalmologie**) ophthalmology

ophtalmologie /ɔftalmɔlɔʒi/ NF ophthalmology

ophtalmologiste /ɔftalmɔlɔʒist/, **ophtalmologue** /ɔftalmɔlɔg/ NMF ophthalmologist

opinel ® /ɔpinɛl/ NM wooden-handled pen-knife

opiniâtre /ɔpinjɑtʀ/ ADJ stubborn

opiniâtreté /ɔpinjɑtʀəte/ NF stubbornness; **avec ~** stubbornly

opinion /ɔpinjɔ̃/ NF ⓐ (= *jugement, conviction, idée*) opinion (**sur** about); **se faire une ~** to form an opinion (**sur** on), make up one's mind (**sur** about); **avoir bonne ~ de qn** to have a good opinion of sb; **avoir une mauvaise ~ de qn** to have a bad opinion of sb; **~s politiques** political beliefs ⓑ (= *manière générale de penser*) **l'~ publique** public opinion; **alerter l'~** to alert the public ⓒ (*dans sondage*) **le nombre d'~s favorables** the number of people who agreed

opium /ɔpjɔm/ NM opium

opportun, e /ɔpɔʀtœ̃, yn/ ADJ [démarche, visite, remarque] timely; **il serait ~ de ...** it would be appropriate to ...; **en temps ~** at the appropriate time

opportunisme /ɔpɔʀtynism/ NM opportunism

opportuniste /ɔpɔʀtynist/ 1 ADJ ⓐ [personne] opportunist ⓑ [maladie, infection] opportunistic 2 NMF opportunist

opportunité /ɔpɔʀtynite/ NF ⓐ [de mesure, démarche] (qui vient au bon moment) timeliness; (qui est approprié) appropriateness ⓑ (= occasion) opportunity

opposant, e /ɔpozɑ̃, ɑ̃t/ NM,F opponent (**à** of)

opposé, e /ɔpoze/ (ptp d'**opposer**) 1 ADJ ⓐ [rive, direction] opposite; [parti, équipe] opposing; **venant en sens ~** coming in the opposite direction; **l'équipe ~e à la nôtre** the team playing against ours
ⓑ (= contraire) [intérêts, forces, opinions] conflicting; [caractères, angles] opposite; [couleurs, styles] contrasting; **ils sont d'un avis ~** (au nôtre) they are of the opposite opinion; (l'un à l'autre) they have conflicting opinions
ⓒ (= hostile) **~ à** opposed to; **j'y suis tout à fait ~** I'm completely opposed to it
2 NM **l'~** the opposite
✦ **à l'opposé** (= dans l'autre direction) the opposite way (**de** from); (= de l'autre côté) on the opposite side (**de** from); **ils sont vraiment à l'~ l'un de l'autre** they are totally unalike

opposer /ɔpoze/ /TABLE 1/ 1 VT ⓐ [+ équipes, joueurs] to bring together; [+ rivaux, pays] to bring into conflict (**à** with); [+ idées, personnages, couleurs] to contrast (**à** with); **le match opposant l'équipe de Lyon à celle de Caen** the match in which the Lyon team is pitted against Caen; **des questions d'intérêt les opposent** matters of personal interest divide them
ⓑ (= utiliser comme défense) [+ raisons] to put forward (**à** to); **~ qch à qn/qch** [+ armée, tactique] to set sth against sb/sth; **~ son refus le plus net** to give an absolute refusal (**à** to); **il nous a opposé une résistance farouche** he fiercely resisted us; **que va-t-il ~ à notre proposition?** what objections will he make to our proposal?
2 VPR **s'opposer** ⓐ (mutuellement) [équipes, joueurs] to confront each other; [rivaux, partis] to clash (**à** with); [opinions, théories] to conflict; [couleurs, styles] to contrast (**à** with); [immeubles] to face each other
ⓑ (= se dresser contre) **s'~ à** [+ parents] to rebel against; [+ mesure, mariage, progrès] to oppose; **je m'oppose formellement à ce que vous y alliez** I am not going to allow you to go

opposition /ɔpozisjɔ̃/ NF ⓐ (= résistance) opposition (**à** to); **faire ~ à** [+ loi, décision] to oppose; [+ chèque] to stop ⓑ (= conflit, contraste) opposition; [d'idées, intérêts] conflict; [de couleurs, styles, caractères] contrast; **mettre en ~** [+ théories, styles] to oppose; **par ~** in contrast; **par ~ à** as opposed to ⓒ (en politique) **l'~** the opposition; **les élus de l'~** the members of the opposition parties

oppressant, e /ɔpʀesɑ̃, ɑ̃t/ ADJ oppressive

oppresser /ɔpʀese/ /TABLE 1/ VT [chaleur, ambiance, angoisse] to oppress; **se sentir oppressé** to feel suffocated

oppresseur /ɔpʀesœʀ/ NM oppressor

oppression /ɔpʀesjɔ̃/ NF (= asservissement) oppression; (= malaise) feeling of oppression

opprimé, e /ɔpʀime/ (ptp d'**opprimer**) 1 ADJ oppressed 2 NM,F **les ~s** the oppressed

opprimer /ɔpʀime/ /TABLE 1/ VT to oppress

opter /ɔpte/ /TABLE 1/ VI **~ pour** to opt for

opticien, -ienne /ɔptisjɛ̃, jɛn/ NM,F dispensing optician

optimal, e /ɔptimal, o/ (mpl **-aux**) ADJ optimal

optimiser /ɔptimize/ /TABLE 1/ VT to optimize

optimisme /ɔptimism/ NM optimism; **faire preuve d'~** to be optimistic

optimiste /ɔptimist/ 1 ADJ optimistic 2 NMF optimist

optimum (pl **optimums** ou **optima**) /ɔptimɔm, a/ 1 NM optimum 2 ADJ optimum

option /ɔpsjɔ̃/ NF ⓐ (= choix) option; **matière à ~** optional subject (Brit), elective (US) ⓑ (= accessoire auto) optional extra; **climatisation en ~** air-conditioning available as an optional extra

optionnel, -elle /ɔpsjɔnɛl/ ADJ optional; **matière ~le** optional subject (Brit), elective (US)

optique /ɔptik/ 1 ADJ [verre, disque] optical; [nerf] optic 2 NF ⓐ (= science, lentilles) optics (sg) ⓑ (= point de vue) perspective; **dans cette ~** seen from this point of view

opulence /ɔpylɑ̃s/ NF wealth; **vivre dans l'~** to live an opulent life

opulent, e /ɔpylɑ̃, ɑ̃t/ ADJ ⓐ (= riche) [pays, personne] wealthy; [luxe, vie] opulent ⓑ (= ample) [formes] full; [poitrine] ample

or¹ /ɔʀ/ 1 NM gold; **bijoux en or massif** solid gold jewellery; **pour tout l'or du monde** for all the money in the world
✦ **en or** [objet] gold; [occasion] golden; [mari, enfant, sujet] marvellous; **c'est une affaire en or** (achat) it's a real bargain; (commerce, magasin) it's a gold mine
2 COMP ✦ **or noir** (= pétrole) black gold

or² /ɔʀ/ CONJ ⓐ (mise en relief) **or, ce jour-là, il n'était pas là** now, on that particular day, he wasn't there; **il m'a téléphoné hier, or je pensais justement à lui** he phoned me yesterday, and it just so happened that I'd been thinking about him ⓑ (opposition) but; **nous l'attendions, or il n'est pas venu** we waited for him but he didn't come

orage /ɔʀaʒ/ NM (= tempête) thunderstorm; **il va y avoir de l'~** there's going to be a thunderstorm; **il y a de l'~ dans l'air** there's a storm brewing; **laisser passer l'~** to let the storm blow over ✦ **orage de chaleur** summer storm

orageux, -euse /ɔʀaʒø, øz/ ADJ ⓐ [ciel, temps] stormy ⓑ [vie, discussion] turbulent

oral, e (mpl **-aux**) /ɔʀal, o/ 1 ADJ oral 2 NM (= examen) oral; **il est meilleur à l'~ qu'à l'écrit** his oral work is better than his written work

oralement /ɔʀalmɑ̃/ ADV orally

orange /ɔʀɑ̃ʒ/ 1 NF orange 2 NM (= couleur) orange; **le feu était à l'~** the lights were on amber (Brit), the light was yellow (US) 3 ADJ INV orange 4 COMP ✦ **orange sanguine** blood orange

orangé, e /ɔʀɑ̃ʒe/ ADJ orangey

orangeade /ɔʀɑ̃ʒad/ NF orangeade

oranger /ɔʀɑ̃ʒe/ NM orange tree → **fleur**

orangeraie /ɔʀɑ̃ʒʀɛ/ NF orange grove

orangiste /ɔʀɑ̃ʒist/ NM Orangeman

orang-outang (pl **orangs-outangs**) /ɔʀɑ̃utɑ̃/ NM orangoutang

orateur, -trice /ɔʀatœʀ, tʀis/ NM,F speaker

orbite /ɔʀbit/ NF ⓐ [de yeux] eye-socket ⓑ (en astronomie, physique) orbit; **être sur ~** [satellite] to be in orbit; **un satellite en ~ à 900 km de la Terre** a satellite orbiting 900km above the earth; **mettre sur ou en ~** to put into orbit; (fig) to launch; **tomber dans l'~ d'un pays** to fall into a country's sphere of influence

orbiter /ɔʀbite/ /TABLE 1/ VI [satellite] to orbit; **~ autour de la Terre** to orbit the earth

orchestre /ɔʀkɛstʀ/ 1 NM ⓐ [de musique classique, bal] orchestra; [de jazz, danse] band ⓑ (au cinéma, au théâtre = emplacement) stalls (Brit), orchestra (US) 2 COMP ✦ **orchestre de chambre** chamber orchestra ✦ **orchestre symphonique** symphony orchestra

orchestrer /ɔʀkɛstʀe/ VT to orchestrate

orchidée /ɔʀkide/ NF orchid

ordi ✦ /ɔʀdi/ NM computer

ordinaire /ɔʀdinɛʀ/ 1 ADJ ⓐ (= habituel) ordinary; **un personnage peu ~** an unusual character ⓑ (= courant) [vin] ordinary; [service de table] everyday; [qualité] standard; **croissant ~** croissant made with margarine instead of butter; **un vin très ~** a very indifferent wine; **mener une existence**

très ~ to lead a humdrum existence 2 NM **ça sort de l'~** it's out of the ordinary; **il sort de l'~** he's one of a kind; **d'~** ordinarily

ordinal, e (*mpl* **-aux**) /ɔʀdinal, o/ 1 ADJ ordinal 2 NM ordinal number

ordinateur /ɔʀdinatœʀ/ NM computer; **~ de bord** onboard computer; **mettre sur ~** [+ *données*] to enter into a computer; [+ *système*] to computerize; **simulation par ~** computer simulation ◆ **ordinateur de bureau** desktop computer ◆ **ordinateur portable** laptop (computer)

ordination /ɔʀdinasjɔ̃/ NF ordination

ordonnance /ɔʀdɔnɑ̃s/ NF ⓐ [*de médicaments*] prescription; **faire une ~** to write a prescription; **délivré sur ~** available on prescription; **médicament vendu sans ~** over-the-counter medicine ⓑ (= *arrêté*) order

ordonné, e /ɔʀdɔne/ (*ptp d'ordonner*) 1 ADJ [*enfant, maison*] tidy; [*employé*] methodical; [*vie*] ordered; [*idées, discours*] well-ordered 2 NF **ordonnée** ordinate; **axe des ~es** Y-axis

ordonner /ɔʀdɔne/ /TABLE 1/ VT ⓐ (= *arranger*) to organize ⓑ (= *commander*) to order; **~ à qn de faire qch** to order sb to do sth ⓒ [+ *prêtre*] to ordain

ordre /ɔʀdʀ/ 1 NM ⓐ (= *succession régulière*) order; **par ~ alphabétique** in alphabetical order; **par ~ d'importance** in order of importance; **dans l'~** in order
ⓑ (= *catégorie*) order; **c'est dans l'~ des choses** it's in the order of things; **dans le même ~ d'idées** similarly; **pour des motifs d'~ personnel** for reasons of a personal nature; **un chiffre du même ~** a figure of the same order; **un chiffre de l'~ de 2 millions** a figure of the order of 2 million; **donnez-nous un ~ de grandeur** give us a rough estimate; **considérations d'~ pratique** considerations of a practical nature
ⓒ (= *légalité*) **l'~** order; **l'~ public** law and order; **quand tout fut rentré dans l'~** when order had been restored
ⓓ (= *bonne organisation*) [*de personne, chambre*] tidiness; **avoir de l'~** (*rangements*) to be orderly; (*travail*) to be methodical; **mettre de l'~ dans** to tidy up
◆ **en ordre** [*tiroir, maison, bureau*] tidy; [*comptes*] in order; **tenir en ~** [+ *chambre*] to keep tidy; [+ *comptes*] to keep in order; **mettre en ~** to tidy up
ⓔ (= *commandement*) order; **donner l'~ de** to give the order to; **j'ai reçu l'~ de ...** I've been given orders to ...; **je n'ai d'~ à recevoir de personne** I don't take orders from anyone; **être aux ~s de qn** to be at sb's disposal; **combattre sous les ~s de qn** to fight under sb's command; **~ de grève** strike call; **à l'~ de** (*Finance*) payable to
ⓕ (= *association*) order; **~ de chevalerie** order of chivalry; **les ~s** (*religieux*) holy orders
2 COMP ◆ **ordre du jour** [*de conférence, réunion*] agenda; **être à l'~ du jour** to be on the agenda; (= *être d'actualité*) to be topical

ordure /ɔʀdyʀ/ 1 NF (= *saleté*) filth (*NonC*); **ce type est une ~!** that guy's a real bastard!**!** 2 NFPL **ordures** (= *détritus*) rubbish (*NonC*) (*Brit*), garbage (*NonC*) (*US*); **jeter qch aux ~s** to throw sth into the dustbin (*Brit*) ou into the garbage can (*US*)

ordurier, -ière /ɔʀdyʀje, jɛʀ/ ADJ [*propos*] filthy

oreille /ɔʀɛj/ NF ear; **tirer les ~s à qn** (*fig*) to give sb a good telling off*****; **se faire tirer l'~** to take a lot of persuading; **avoir l'~ fine** to have keen hearing; **avoir de l'~** to have a good ear; **n'écouter que d'une ~** to listen with half an ear; **écouter d'une ~ distraite** to listen with half an ear; **ouvre bien tes ~s** listen carefully; **dire qch à l'~ de qn** to whisper sth in sb's ear; **venir aux ~s de qn** to come to sb's attention

oreiller /ɔʀeje/ NM pillow

oreillette /ɔʀɛjɛt/ NF ⓐ (= *écouteur*) earphone ⓑ [*de cœur*] auricle

oreillons /ɔʀɛjɔ̃/ NMPL **les ~** mumps

ores /ɔʀ/ ADV **d'~ et déjà** already

orfèvre /ɔʀfɛvʀ/ NM (*d'argent*) silversmith; (*d'or*) goldsmith; **il est ~ en la matière** he's an expert (on the subject)

orfèvrerie /ɔʀfɛvʀəʀi/ NF ⓐ (= *art, commerce*) silversmith's (*ou* goldsmith's) trade ⓑ (= *magasin*) silversmith's (*ou* goldsmith's) shop ⓒ (= *ouvrage*) silver (*ou* gold) plate

organe /ɔʀgan/ 1 NM ⓐ (*du corps*) organ ⓑ (= *organisme*) organization ⓒ (= *porte-parole*) spokesman; (= *journal*) mouthpiece 2 COMP ◆ **organes génitaux** genitals ◆ **organe de presse** newspaper

organigramme /ɔʀganigʀam/ NM organization chart; (*informatique*) flow chart

organique /ɔʀganik/ ADJ organic

organisateur, -trice /ɔʀganizatœʀ, tʀis/ NM,F organizer

organisation /ɔʀganizasjɔ̃/ NF organization; **il manque d'~** he's not very organized; **une ~ sociale encore primitive** a still rather basic social structure ◆ **organisation humanitaire** humanitarian organization ◆ **Organisation de libération de la Palestine** Palestine Liberation Organization ◆ **Organisation des Nations unies** United Nations Organization ◆ **organisation non gouvernementale** non-governmental organization ◆ **organisation syndicale** trade union (*Brit*), labor union (*US*)

organisé, e /ɔʀganize/ (*ptp d'organiser*) ADJ organized; **personne bien ~e** well-organized person → **voyage**

organiser /ɔʀganize/ /TABLE 1/ VT to organize; **j'organise une petite fête** I'm having a little party 2 VPR **s'organiser** [*personne*] to organize o.s.; **je m'organiserai en fonction de toi** I'll just fit in with you; **ils se sont organisés en association** they set up an association

organiseur /ɔʀganizœʀ/ NM personal organizer

organisme /ɔʀganism/ 1 NM ⓐ (= *corps*) body; (*animal, végétal*) organism ⓑ (= *institution*) organization 2 COMP ◆ **organisme génétiquement modifié** genetically modified organism

orgasme /ɔʀgasm/ NM orgasm

orge /ɔʀʒ/ NM barley

orgelet /ɔʀʒəlɛ/ NM stye

orgie /ɔʀʒi/ NF orgy

orgue /ɔʀg/ 1 NM organ 2 NFPL **orgues** organ 3 COMP ◆ **orgue de Barbarie** barrel organ

orgueil /ɔʀgœj/ NM pride; **tirer ~ de qch** to take pride in sth

orgueilleux, -euse /ɔʀgœjø, øz/ 1 ADJ proud 2 NM,F proud person

Orient /ɔʀjɑ̃/ NM **l'~** the East; **les pays d'~** Eastern countries; **tapis d'~** Oriental rugs

orientable /ɔʀjɑ̃tabl/ ADJ adjustable

oriental, e (*mpl* **-aux**) /ɔʀjɑ̃tal, o/ 1 ADJ ⓐ (= *de l'est*) [*côte, frontière, région*] eastern ⓑ (= *de l'Orient*) [*langue, produits, musique, arts*] oriental 2 NMPL **les Orientaux** people from Asia

orientation /ɔʀjɑ̃tasjɔ̃/ NF ⓐ (= *ajustement*) adjusting ⓑ [*de touristes, voyageurs, recherches, enquête*] directing; **en ville, j'ai des problèmes d'~** I have problems finding my way around town
ⓒ (*Scol*) **l'~ professionnelle** careers advice; **l'~ scolaire** advice on courses to be followed; **ils lui suggèrent une ~ vers un lycée professionnel** they're suggesting he should go to a technical college; **ils lui suggèrent une ~ vers les sciences** they're suggesting he should specialize in science; **il veut changer d'~** he wants to change courses
ⓓ (= *position*) [*de maison*] aspect; [*de phare, antenne*] direction; **l'~ du jardin au sud** the fact that the garden faces south
ⓔ (= *tendance*) trend; [*de magazine*] leanings; **~ à la hausse** upward trend; **~ à la basse** downward trend

orienté, e /ɔʀjɑ̃te/ (*ptp d'orienter*) ADJ ⓐ (= *disposé*) **~ au sud** facing south; **bien ~** well positioned; **mal ~** badly positioned ⓑ (= *tendancieux*) [*article*] biased ⓒ (*Bourse*) **bien ~** [*marché*] on a rising trend; **mal ~** [*marché*] on a falling trend ⓓ (*en informatique*) **~ objet** object-oriented

orienter /ɔʀjɑ̃te/ /TABLE 1/ VT ⓐ [+ *lampe, rétroviseur, miroir, antenne*] to adjust; **~ qch vers qch** to turn sth towards sth; **~ une maison au sud** to build a house facing south

ⓑ [+ *touristes, voyageurs*] to direct (**vers** to); [+ *enquête, recherches*] to direct (**vers** towards); ~ **un élève** to advise a pupil on what courses to follow; **il a été orienté vers un lycée professionnel** he was advised to go to a technical college; **le patient a été orienté vers un service de cardiologie** the patient was referred to a cardiology unit

2 VPR **s'orienter** ⓐ (= *se repérer*) to find one's bearings ⓑ (= *se diriger vers*) **s'~ vers** to turn towards; [*parti, société*] to move towards; **s'~ vers les sciences** to specialize in science

orifice /ɔʀifis/ NM opening

origami /ɔʀigami/ NM origami

origan /ɔʀigɑ̃/ NM oregano

originaire /ɔʀiʒinɛʀ/ ADJ **il est ~ de Lille** he is from Lille

original, e (*mpl* **-aux**) /ɔʀiʒinal, o/ 1 ADJ ⓐ original; **cela n'a rien d'~** there's nothing original about that ⓑ (= *bizarre*) odd 2 NM,F (= *excentrique*) eccentric; **c'est un ~** he's a real character 3 NM original; **l'~ est au Louvre** the original is in the Louvre

originalité /ɔʀiʒinalite/ NF ⓐ (= *nouveauté*) originality; **d'une grande ~** very original ⓑ (= *particularité*) original feature

origine /ɔʀiʒin/ NF origin; **les ~s de la vie** the origins of life; **tirer son ~ de** to originate in; **avoir son ~ dans** to originate in; **avoir pour ~** to be caused by
♦ **d'origine** of origin; [*langue, pays*] native; [*emballage*] original; **d'~ française** of French origin; **les pneus sont d'~** it still has its original tyres
♦ **à l'origine** originally; **être à l'~ de** to be the cause of; [+ *proposition, initiative, projet, attentat*] to be behind

originel, le (*mpl* **-aux**) /ɔʀiʒinɛl, o/ ADJ original

orignal (*pl* **-aux**) /ɔʀiɲal, o/ NM moose

ORL /ɔɛʀɛl/ 1 NF (ABBR = **oto-rhino-laryngologie**) ENT 2 NMF (ABBR = **oto-rhino-laryngologiste**) ENT specialist

orme /ɔʀm/ NM elm

ornement /ɔʀnəmɑ̃/ NM ornament; **sans ~** unadorned; **plante d'~** ornamental plant

ornementer /ɔʀnəmɑ̃te/ /TABLE 1/ VT to ornament

orner /ɔʀne/ /TABLE 1/ VT to decorate (**de** with)

ornière /ɔʀnjɛʀ/ NF rut; **il est sorti de l'~** he's out of the woods now

ornithologie /ɔʀnitɔlɔʒi/ NF ornithology

ornithologique /ɔʀnitɔlɔʒik/ ADJ ornithological; **réserve ~** bird reserve

ornithologiste /ɔʀnitɔlɔʒist/, **ornithologue** /ɔʀnitɔlɔg/ NMF ornithologist

orphelin, e /ɔʀfəlɛ̃, in/ 1 ADJ orphaned; **être ~ de père** to have lost one's father 2 NM,F orphan

orphelinat /ɔʀfəlina/ NM orphanage

orque /ɔʀk/ NF killer whale

orteil /ɔʀtɛj/ NM toe; **gros ~** big toe; **petit ~** little toe

orthodontiste /ɔʀtɔdɔ̃tist/ NMF orthodontist

orthodoxe /ɔʀtɔdɔks/ 1 ADJ ⓐ Orthodox ⓑ **pas très ~** [*méthode, pratiques*] rather unorthodox 2 NMF (*Rel*) Orthodox

orthodoxie /ɔʀtɔdɔksi/ NF orthodoxy

orthographe /ɔʀtɔgʀaf/ NF spelling; **ce mot a deux ~s** this word has two different spellings

orthographier /ɔʀtɔgʀafje/ /TABLE 7/ VT to spell; **mal orthographié** wrongly spelt

orthopédie /ɔʀtɔpedi/ NF orthopaedics (*sg*) (*Brit*), orthopedics (*sg*) (*US*)

orthopédique /ɔʀtɔpedik/ ADJ orthopaedic (*Brit*), orthopedic (*US*)

orthophonie /ɔʀtɔfɔni/ NF (= *traitement*) speech therapy

orthophoniste /ɔʀtɔfɔnist/ NMF speech therapist

ortie /ɔʀti/ NF stinging nettle ♦ **ortie blanche** white dead-nettle

orvet /ɔʀvɛ/ NM slow worm

OS /ɔɛs/ NM (ABBR = **ouvrier spécialisé**) semiskilled worker

os (*pl* **os**) /ɔs, o/ 1 NM ⓐ bone; **trempé jusqu'aux os** soaked to the skin ⓑ (= *problème*)* **il y a un os** there's a snag 2 COMP ♦ **os à moelle** marrowbone ♦ **os de seiche** cuttlebone

oscar /ɔskaʀ/ NM (*Ciné*) Oscar (**de** for)

oscarisé, e /ɔskaʀize/ ADJ (*Ciné*) Oscar-winning

oscillation /ɔsilasjɔ̃/ NF oscillation; [*de cours, taux, opinion*] fluctuation (**de** in)

osciller /ɔsile/ /TABLE 1/ VI to oscillate; **~ entre** (= *hésiter*) to waver between; [*prix, température*] to fluctuate between

osé, e /oze/ (*ptp d'***oser**) ADJ daring

oseille /ozɛj/ NF ⓐ (= *plante*) sorrel ⓑ (= *argent*)* dough*

oser /oze/ /TABLE 1/ VT to dare; **~ faire qch** to dare to do sth; **si j'ose dire** if I may say so; **j'ose espérer que ...** I hope that ...; **je n'ose y croire** it seems too good to be true; **il l'a fait — il fallait ~ !** he did it — that was brave!

osier /ozje/ NM (= *fibres*) wicker (*NonC*); **en ~** wicker

Oslo /ɔslo/ N Oslo

osmose /ɔsmoz/ NF osmosis; **vivre en ~ avec** to live in harmony with

ossature /ɔsatyʀ/ NF [*de corps*] frame

osselets /ɔslɛ/ NMPL jacks

ossements /ɔsmɑ̃/ NMPL bones

osseux, -euse /ɔsø, øz/ ADJ ⓐ [*greffe, tissu, maladie*] bone ⓑ [*main, visage*] bony

ossifier (s') /ɔsifje/ /TABLE 7/ to ossify

ostensible /ɔstɑ̃sibl/ ADJ conspicuous; **de façon ~** conspicuously

ostensiblement /ɔstɑ̃sibləmɑ̃/ ADV conspicuously

ostentation /ɔstɑ̃tasjɔ̃/ NF ostentation; **avec ~** ostentatiously

ostéopathe /ɔsteɔpat/ NMF osteopath

ostéopathie /ɔsteɔpati/ NF (= *pratique*) osteopathy

ostéoporose /ɔsteɔpoʀoz/ NF osteoporosis

ostraciser /ɔstʀasize/ /TABLE 1/ VT to ostracize

ostracisme /ɔstʀasism/ NM ostracism; **être frappé d'~** to be ostracized

ostréicole /ɔstʀeikɔl/ ADJ [*production*] oyster; [*techniques*] oyster-farming

ostréiculteur, -trice /ɔstʀeikyltœʀ, tʀis/ NM,F oyster-farmer

ostréiculture /ɔstʀeikyltyʀ/ NF oyster-farming

otage /ɔtaʒ/ NM hostage; **prendre qn en ~** to take sb hostage; **être pris en ~** to be held hostage; **prise d'~s** hostage-taking

OTAN /ɔtɑ̃/ NF (ABBR = **Organisation du traité de l'Atlantique Nord**) NATO

otarie /ɔtaʀi/ NF sea-lion

ôter /ote/ /TABLE 1/ VT ⓐ (= *enlever*) to take off (**de** from); **ôte tes pieds de là !** get your feet off that!; **on lui a ôté ses menottes** they took his handcuffs off
ⓑ [+ *somme*] to take away; **5 ôté de 8 égale 3** 5 from 8 equals 3
ⓒ (= *prendre*) **~ qch à qn** to take sth away from sb; **~ à qn ses illusions** to rob sb of his illusions; **ôte-lui le couteau des mains** take the knife away from him; **on ne m'ôtera pas de l'idée que ...** I can't get it out of my mind that ...
2 VPR **s'ôter**: **ôtez-vous de là** move yourself!; **je ne peux pas m'~ ça de l'idée** I can't get it out of my mind

otite /ɔtit/ NF ear infection

oto-rhino-laryngologiste (*pl* **oto-rhino-laryngologistes**) /ɔtɔʀinolaʀɛ̃gɔlɔʒist/ NMF ear, nose and throat specialist

ou /u/ CONJ or; **aujourd'hui ou demain** today or tomorrow; **avec ou sans sucre ?** with or without sugar?; **as-tu des frères ou des sœurs ?** have you got any brothers or sisters?; **à 5 ou 6 km d'ici** 5 or 6km from here; **donne-moi ça ou je me fâche** give me that or I'll get cross

♦ **ou ... ou** either ... or; **ou il est malade ou bien il est fou** either he's sick or he's crazy

où /u/ 1 PRON ⓐ (*lieu*) where; **la ville où j'habite** the town where I live; **le tiroir où tu a pris le livre** the drawer you took the book out of; **le chemin par où il est passé** the road he took; **l'endroit d'où je viens** the place I come from; **la pièce d'où il sort** the room he's just come out of; **dans l'état où il est** in the state he's in; **voilà où nous en sommes** that's where we stand at the moment

ⓑ (*temps*) **le jour où je l'ai rencontré** the day I met him; **à l'instant où il est arrivé** the moment he arrived; **mais là où je me suis fâché, c'est quand il a recommencé** but what made me mad was when he started doing it again

2 ADV REL where; **j'irai où il veut** I'll go where he wants; **je ne sais pas d'où il vient** I don't know where he comes from; **où cela devient grave, c'est lorsqu'il prétend que ...** where it gets serious is when he claims that ...; **d'où ma méfiance** hence my wariness

♦ **où que** (+ *subjonctif*) wherever; **où que tu ailles** wherever you go; **d'où que l'on vienne** wherever you come from

3 ADV INTERROG where; **où vas-tu?** where are you going?; **d'où viens-tu?** where have you come from?; **où ça?** where?; **j'ai trouvé ton parapluie — où ça?** I found your umbrella — where?; **où en étais-je?** where was I?; **où en êtes-vous?** (*dans un travail*) where have you got to?; (*dans un couple, une négociation etc*) how do things stand?; **où voulez-vous en venir?** what are you getting at?

ouah /'wa/ EXCL ⓐ (*joie*)* wow!* ⓑ (*aboiement*) **ouah! ouah!** woof! woof!

ouais * /'wɛ/ EXCL ⓐ (= *oui*) yeah*; ⓑ (*sceptique*) oh yeah?*

ouaouaron * /wawaʀɔ̃/ NM (*Can*) bullfrog

ouate /'wat/ NF cotton wool (*Brit*), cotton (*US*); (*pour rembourrage*) wadding

oubli /ubli/ NM ⓐ (= *omission*) oversight ⓑ (= *trou de mémoire*) lapse of memory ⓒ **l'~** oblivion; **tomber dans l'~** to sink into oblivion; **l'~ de soi** selflessness

oublier /ublije/ /TABLE 7/ VT to forget; [+ *fautes d'orthographe*] to miss; (= *omettre*) [+ *virgule, phrase*] to leave out; **~ de faire qch** to forget to do sth; **~ pourquoi** to forget why; **j'ai oublié qui je dois prévenir** I've forgotten who I'm supposed to tell; **n'oublie pas que nous sortons ce soir** don't forget we're going out tonight; **j'oubliais, il faut que tu rappelles ton frère** I almost forgot, you've got to phone your brother; **c'est oublié, n'y pensons plus** it's all forgotten now, let's not think about it any more; **il essaie de se faire ~** he's trying to keep a low profile; **j'ai oublié mon parapluie** I forgot my umbrella, I left my umbrella behind; **j'ai oublié mon parapluie dans le train** I left my umbrella on the train; **tu as oublié de laver une vitre** you've missed a pane; **il ne faut pas ~ que ...** we must not forget that ...; **on l'a oublié sur la liste** he's been left off the list

oubliettes /ublijɛt/ NFPL oubliettes; **ce projet est tombé aux ~** this plan has been abandoned

oued /wɛd/ NM wadi

ouest /wɛst/ 1 NM ⓐ (= *point cardinal*) west; **le vent d'~** the west wind; **un vent d'~** a westerly wind; **à l'~** (*situation*) in the west; (*direction*) to the west; **le soleil se couche à l'~** the sun sets in the west; **à l'~ de** to the west of; **la maison est exposée à l'~** the house faces west ⓑ **l'Ouest** the West 2 ADJ INV [*région, partie, versant, côte*] western; [*entrée, paroi*] west; [*côté*] westward; [*direction*] westerly

ouest-allemand, e /wɛstalmɑ̃, ɑ̃d/ ADJ (*Hist*) West German

ouf /'uf/ EXCL, NM phew; **pousser un ~ de soulagement** to breathe a sigh of relief

Ouganda /ugɑ̃da/ NM Uganda

oui /'wi/ 1 ADV ⓐ yes; **~ et non** yes and no; **il n'a pas encore dit ~** he hasn't said yes yet; **dire ~** (*pendant le mariage*) to say "I do"; **faire ~ de la tête** to nod; **ah ~?** really?

ⓑ (*remplaçant une proposition*) **est-il chez lui? — je pense que ~** is he at home? — I think so

ⓒ (*intensif*) **je suis surprise, ~ très surprise** I'm surprised, very surprised; **c'est un escroc, ~, un escroc** he's a rogue, an absolute rogue; **tu vas cesser de pleurer, ~?** will you stop crying?; **tu te presses, ~ ou non?** will you please hurry up?

2 NM INV yes; **il y a eu 30 ~** there were 30 yes votes; **pleurer pour un ~ ou pour un non** to cry over the slightest thing

oui-dire /'widiʀ/ NM INV hearsay (*NonC*); **par ~** by hearsay

ouïe /wi/ NF hearing (*NonC*); **avoir l'~ fine** to have sharp hearing; **être tout ~** to be all ears

ouïes /wi/ NFPL [*de poisson*] gills

ouille /'uj/ EXCL ouch!

ouistiti /'wistiti/ NM (= *animal*) marmoset

ouragan /uʀagɑ̃/ NM hurricane

ourlet /uʀlɛ/ NM (*Couture*) hem; **faire un ~ à** to hem

ours /uʀs/ 1 NM ⓐ (= *animal*) bear; **il est un peu ~** he's a bit gruff ⓑ (= *jouet*) **~ en peluche** teddy bear 2 COMP ♦ **ours blanc** polar bear ♦ **ours brun** brown bear ♦ **ours polaire** polar bear

ourse /uʀs/ NF ⓐ (= *animal*) she-bear ⓑ (= *constellation*) **la Grande Ourse** the Great Bear

oursin /uʀsɛ̃/ NM sea urchin

ourson /uʀsɔ̃/ NM bear cub

outil /uti/ NM tool; **~ de travail** tool; **~ pédagogique** teaching aid; **l'~ informatique** computers

outillage /utijaʒ/ NM tools

outiller /utije/ /TABLE 1/ VT [+ *atelier*] to equip; **je suis mal outillé pour ce genre de travail** I'm poorly-equipped for this kind of work

outrage /utʀaʒ/ NM insult; **faire ~ à** [+ *réputation, mémoire*] to dishonour (*Brit*), to dishonor (*US*); [+ *pudeur, honneur*] to outrage; **~ au bon sens** insult to common sense; **les ~s du temps** the ravages of time ♦ **outrage à agent** insulting behaviour to police officer ♦ **outrage aux bonnes mœurs** offence against public decency ♦ **outrage à magistrat** contempt of court ♦ **outrage à la pudeur** gross indecency

outragé, e /utʀaʒe/ ADJ [*personne*] deeply offended; **d'un air ~** indignantly; **d'un ton ~** indignantly

outrageant, e /utʀaʒɑ̃, ɑ̃t/ ADJ offensive

outrance /utʀɑ̃s/ NF (= *excès*) excess; **pousser le raffinement à l'~** to take refinement to extremes

♦ **à outrance** [*urbanisation, automatisation*] excessive; [*raffiné*] excessively; **spécialisé à ~** over-specialized

outrancier, -ière /utʀɑ̃sje, jɛʀ/ ADJ [*personne, propos*] extreme

outre [1] /utʀ/ NF goatskin (*for carrying wine or water*)

outre [2] /utʀ/ 1 PRÉP (= *en plus de*) as well as; **~ le fait que ...** besides the fact that ...; **passer ~** to carry on regardless; **en ~** moreover

♦ **outre mesure** particularly; **cela ne lui plaît pas ~ mesure** he doesn't like that particularly; **ma décision ne l'a pas étonné ~ mesure** he wasn't particularly surprised by my decision

2 COMP ♦ **outre-tombe**: **d'une voix d'~-tombe** in a lugubrious voice

outré, e /utʀe/ (*ptp d'outrer*) ADJ ⓐ (= *indigné*) outraged ⓑ (= *exagéré*) exaggerated

outre-Atlantique /utʀatlɑ̃tik/ ADV across the Atlantic; **les films d'~** American films

outrecuidance /utʀəkɥidɑ̃s/ NF ⓐ (= *présomption*) presumptuousness ⓑ (= *effronterie*) impertinence; **avec ~** impertinently

outre-Manche /utʀəmɑ̃ʃ/ ADV across the Channel; **nos voisins d'~** our British neighbours

outremer /utʀəmɛʀ/ 1 NM (= *pierre*) lapis lazuli; (= *couleur*) ultramarine 2 ADJ INV ultramarine

outre-mer /utʀəmɛʀ/ **1** ADV overseas **2** NM overseas territories

outrepasser /utʀəpase/ /TABLE 1/ VT [+ *droits*] to go beyond; [+ *pouvoir, ordres*] to exceed; [+ *limites*] to overstep

outrer /utʀe/ /TABLE 1/ VT (= *indigner*) to outrage; **ça m'a outré d'entendre ça** I was outraged when I heard it

outre-Rhin /utʀəʀɛ̃/ ADV across the Rhine; **d'~** (= *allemand*) German

outsider /autsajdœʀ/ NM outsider

ouvert, e /uvɛʀ, ɛʀt/ (*ptp d'ouvrir*) ADJ open; [*angle*] wide; [*série, ensemble*] open-ended; **elle est restée la bouche ~e** she stood there open-mouthed; **entrez, c'est ~!** come in, it's not locked!; **laisser le gaz ~** to leave the gas on; **il a le crâne ~** he's split his head open; **c'est un match très ~** the match could go either way; **~ au public** open to the public; **je suis ~ à toute discussion** I'm open to discussion

ouvertement /uvɛʀtəmɑ̃/ ADV openly

ouverture /uvɛʀtyʀ/ NF ⓐ opening; [*de porte fermée à clé, verrou*] unlocking; **à ~ facile** easy to open; **l'~ de la porte est automatique** the door opens automatically; **les documents nécessaires à l'~ d'un compte bancaire** the papers required to open a bank account; **ils réclament l'~ immédiate de négociations** they want talks to be started immediately; **il a demandé l'~ d'une enquête** he has requested an enquiry; **c'est demain l'~ de la chasse** tomorrow sees the opening of the shooting season; **cérémonie d'~** opening ceremony; **match d'~** opening match; **jours d'~** days of opening; **heures d'~** opening hours; **il y a de petites ~s sur le couvercle** there are little holes in the lid; **il y a peut-être une ~ dans notre filiale** there may be an opening in our subsidiary; **avoir l'~** (*Échecs*) to have the opening move ⓑ (= *proposition*) overture; **faire des ~s à qn** to make overtures to sb ⓒ (= *tolérance*) **~ d'esprit** open-mindedness ⓓ (= *rapprochement*) **leur manque d'~ sur le monde menace leur communauté** their reluctance to open up to other cultures poses a threat to their community; **être partisan de l'~ au centre** to be in favour of an alliance with the centre; **adopter une politique de plus grande ~ avec l'Ouest** to open up more to the West ⓔ (*Musique*) overture ⓕ (*Photo*) aperture

ouvrable /uvʀabl/ ADJ **jour ~** weekday; **heures ~s** business hours

ouvrage /uvʀaʒ/ NM ⓐ (= *œuvre*) work; (= *livre*) book ⓑ (= *travail*) **se mettre à l'~** to set to work ⓒ (*Constr*) work

ouvragé, e /uvʀaʒe/ ADJ [*meuble, bois*] finely carved; [*métal, bijou*] finely worked

ouvré, e /uvʀe/ ADJ **jour ~** working day

ouvre-boîte (*pl* **ouvre-boîtes**) /uvʀəbwat/ NM can-opener

ouvre-bouteille (*pl* **ouvre-bouteilles**) /uvʀəbutɛj/ NM bottle opener

ouvreur, -euse /uvʀœʀ, øz/ NM,F [*de cinéma, théâtre*] usher; (*femme*) usherette

ouvrier, -ière /uvʀije, ijɛʀ/ **1** NM worker; (= *membre du personnel*) workman; (*d'usine*) factory worker **2** NF **ouvrière** female worker; (*d'usine*) female factory worker **3** ADJ [*éducation, quartier*] working-class; [*conflit, agitation, législation*] industrial; [*questions, mouvement*] labour; **association ouvrière** workers' association **4** COMP ◆ **ouvrier agricole**

farm worker ◆ **ouvrier qualifié** skilled workman ◆ **ouvrier spécialisé** semiskilled worker

ouvrir /uvʀiʀ/ /TABLE 18/ **1** VT ⓐ to open; [+ *verrou, porte fermée à clé*] to unlock; [+ *veste*] to undo; [+ *horizons, perspectives*] to open up; [+ *procession*] to lead; [+ *eau, électricité, gaz, radio, télévision*] to turn on; **~ la porte toute grande** to open the door wide; **il a ouvert brusquement la porte** he flung the door open; **~ sa maison à qn** to throw one's house open to sb; **ils ont ouvert le manoir au public** they have opened the house to the public; **~ le jeu** to open up the game; **~ la voie** to lead the way; **~ le feu** to open fire; **~ la marque** to open the scoring; **il a ouvert à pique** he opened with spades; **l'~** to open one's mouth; **~ sa gueule** to open one's mouth; **~ l'œil** (*fig*) to keep one's eyes open; **ce voyage en Asie m'a ouvert les yeux** my trip to Asia was a real eye-opener; **~ les oreilles** to pin back one's ears*; **elle m'a ouvert son cœur** she opened her heart to me; **ça m'a ouvert l'appétit** that whetted my appetite; **ce séjour à l'étranger lui a ouvert l'esprit** that time he spent abroad has widened his horizons

2 VI to open; **on a frappé, va ~!** there's someone at the door, go and open it!; **le boulanger ouvre de 7 heures à 19 heures** the baker is open from 7 am till 7 pm

3 VPR **s'ouvrir** ⓐ to open; [*récit, séance*] to open (**par** with); **la porte s'ouvrit violemment** the door flew open ⓑ (= *se blesser*) to cut open; **elle s'est ouvert les veines** she slashed her wrists ⓒ (= *devenir accessible*) **s'~ à** [+ *amour, art, problèmes économiques*] to open one's mind to; **pays qui s'ouvre sur le monde extérieur** country which is opening up to the outside world ⓓ (= *se confier*) **s'~ à qn de qch** to open up to sb about sth; **il s'en est ouvert à un ami** he opened up to a friend about it

ovaire /ɔvɛʀ/ NM ovary

ovale /ɔval/ ADJ, NM oval

ovation /ɔvasjɔ̃/ NF ovation; **faire une ~ à qn** to give sb an ovation; **sous les ~s du public** to rapturous applause

ovationner /ɔvasjɔne/ /TABLE 1/ VT **~ qn** to give sb an ovation

overdose /ɔvœʀdoz/ NF overdose

ovins /ɔvɛ̃/ NMPL sheep

ovni /ɔvni/ NM (ABBR = **objet volant non identifié**) UFO

ovulation /ɔvylasjɔ̃/ NF ovulation

ovule /ɔvyl/ NM (*Physiol*) ovum

ovuler /ɔvyle/ /TABLE 1/ VI to ovulate

oxydable /ɔksidabl/ ADJ liable to rust

oxydation /ɔksidasjɔ̃/ NF oxidization

oxyde /ɔksid/ NM oxide; **~ de carbone** carbon monoxide

oxyder /ɔkside/ /TABLE 1/ **1** VT to oxidize **2** VPR **s'oxyder** to become oxidized

oxygénation /ɔksiʒenasjɔ̃/ NF oxygenation

oxygène /ɔksiʒɛn/ NM oxygen; **je sors, j'ai besoin d'~** I'm going out, I need some fresh air; **apporter une bouffée d'~ à l'économie** to give the economy a shot in the arm

oxygéner /ɔksiʒene/ /TABLE 6/ **1** VT to oxygenate; [+ *cheveux*] to peroxide **2** VPR **s'oxygéner** to get some fresh air

ozone /ozon/ NM ozone; **la couche d'~** the ozone layer; **«préserve la couche d'~»** "ozone-friendly"

P

PAC /pak/ NF (ABBR = **politique agricole commune**) CAP

pacha /paʃa/ NM pasha

pachyderme /paʃidɛʀm/ NM elephant

pacification /pasifikasjɔ̃/ NF pacification

pacifier /pasifje/ /TABLE 7/ VT to pacify

pacifique /pasifik/ 1 ADJ ⓐ [coexistence, règlement, intention] peaceful; [personne, peuple] peace-loving ⓑ [océan] Pacific 2 NM **le Pacifique** the Pacific

pacifiste /pasifist/ NMF pacifist

pack /pak/ NM ⓐ [de bière, yaourts] pack ⓑ (Rugby) pack

pacotille /pakɔtij/ NF (de mauvaise qualité) cheap junk*; **de ~** cheap

PACS /paks/ NM (ABBR = **pacte civil de solidarité**) ≈ civil partnership (Brit)

pacser (se) /pakse/ VPR ≈ to form a civil partnership (Brit) (**avec qn** with sb)

pacte /pakt/ NM pact

pactiser /paktize/ /TABLE 1/ VI (péj = se liguer) to make a deal; **~ avec l'ennemi** to collude with the enemy

pactole* /paktɔl/ NM (= argent) fortune; **un bon ~** a tidy sum*

PAF /paf/ NM (ABBR = **Paysage audiovisuel français**) → **paysage**

paf: /paf/ ADJ INV (= ivre) drunk

pagaie /pagɛ/ NF paddle

pagaille* /pagaj/ NF (= désordre) mess; (= manque d'organisation) chaos (NonC); **mettre/semer la ~** to mess things up; **il y en a en ~*** (= beaucoup) there are loads* of them

paganisme /paganism/ NM paganism

pagayer /pageje/ /TABLE 8/ VI to paddle

page¹ /paʒ/ NF page; **(à la) ~ 35** (on) page 35; **~ suivante/précédente** (sur écran) page down/up; **~ d'accueil/Web** (Informatique) home/web page; **tourner la ~** to turn the page; **mise en ~** layout; **être à la ~** to be with it* ◆ **page blanche** blank page ◆ **page de publicité** commercial break

page² /paʒ/ NM (= garçon) page (boy)

pagination /paʒinasjɔ̃/ NF (= numérotation) pagination; (Informatique) paging

paginer /paʒine/ /TABLE 1/ VT to paginate

pagne /paɲ/ NM (en tissu) loincloth

pagode /pagɔd/ NF pagoda

paie /pɛ/ NF pay; **feuille de ~** payslip; **toucher sa ~** to be paid

paiement /pɛmɑ̃/ NM payment (**de** for); **~ à la livraison** cash on delivery; **~ comptant** payment in full; **~ échelonné** payment in instalments

païen, païenne /pajɛ̃, pajɛn/ ADJ, NM,F pagan

paillard, e* /pajaʀ, aʀd/ ADJ bawdy

paillasse /pajas/ NF ⓐ (= matelas) straw mattress ⓑ [d'évier] draining board, drainboard (US)

paillasson /pajasɔ̃/ NM doormat

paille /paj/ NF straw; **chapeau de ~** straw hat; **boire avec une ~** to drink through a straw; **être sur la ~*** to be penniless ◆ **paille de fer** steel wool ◆ **paille de riz** rice straw

paillé, e /paje/ ADJ [chaise] straw-bottomed

paillette /pajɛt/ NF ⓐ (sur vêtement) sequin ⓑ [d'or] speck; [de lessive] flake; **savon en ~s** soapflakes

paillote /pajɔt/ NF straw hut

pain /pɛ̃/ 1 NM ⓐ bread (NonC); **du ~ frais/dur/rassis** fresh/dry/stale bread; **on a du ~ sur la planche*** we've got a lot to do; **ôter le ~ de la bouche de qn** to take the bread out of sb's mouth

ⓑ (= miche) loaf; **un ~ (de 2 livres)** a (2-lb) loaf; **deux ~s** two loaves (of bread)

ⓒ [de cire] bar; **~ de poisson** fish loaf

2 COMP ◆ **pain azyme** unleavened bread ◆ **pain bis** brown bread ◆ **pain brioché** brioche; (= miche) brioche loaf ◆ **pain de campagne** farmhouse bread; (= miche) farmhouse loaf ◆ **pain complet** wholemeal (Brit) ou wholewheat (US) bread; (= miche) wholemeal (Brit) ou wholewheat (US) loaf ◆ **pain d'épice(s)** gingerbread ◆ **pain grillé** toast ◆ **pain au levain** leavened bread ◆ **pain de mie** sandwich bread; (= miche) sandwich loaf ◆ **pain perdu** French toast ◆ **pain de seigle** rye bread; (= miche) rye loaf ◆ **pain de son** bran bread; (= miche) bran loaf

pair¹ /pɛʀ/ 1 NM ⓐ (= dignitaire) peer
◆ **aller de pair avec** to go hand in hand with
ⓑ ◆ **au pair**: **travailler au ~** to work as an au pair; **jeune fille au ~** au pair (girl)
2 NMPL **pairs** (= égaux) peers

pair², e¹ /pɛʀ/ ADJ [nombre] even; **jours ~s** even dates

paire² /pɛʀ/ NF pair; **les deux font la ~** (personnes) they're two of a kind; **c'est une autre ~ de manches*** that's another kettle of fish

paisible /pezibl/ ADJ quiet

paisiblement /peziblǝmɑ̃/ ADV peacefully

paître /pɛtʀ/ /TABLE 57/ VI to graze; **envoyer ~ qn:** to send sb packing*

paix /pɛ/ NF peace; **signer la ~** to sign a peace treaty; **en temps de ~** in peacetime; **pourparlers de ~** peace talks; **faire la ~ avec qn** to make up with sb; **est-ce qu'on pourrait avoir la ~?** could we have a bit of peace and quiet?; **~ à son âme** God rest his soul; **avoir la conscience en ~** ou **être en ~ avec sa conscience** to have a clear conscience; **qu'il repose en ~** may he rest in peace; **laisser qn en ~** to leave sb alone; **fiche-moi la ~ !*** stop pestering me!

Pakistan /pakistɑ̃/ NM Pakistan

pakistanais, e /pakistanɛ, ɛz/ 1 ADJ Pakistani 2 NM,F **Pakistanais(e)** Pakistani

palabrer /palabʀe/ /TABLE 1/ VI (= bavarder) to chat away; (= parlementer) to argue endlessly

palabres /palabʀ/ NFPL never-ending discussions

palace /palas/ NM luxury hotel

palais /palɛ/ 1 NM ⓐ (= édifice) palace ⓑ (dans la bouche) palate; **avoir le ~ fin** to have a discerning palate 2 COMP ◆ **palais des congrès** convention centre ◆ **Palais de justice** law courts ◆ **le palais du Luxembourg** the seat of the French Senate ◆ **Palais des sports** sports stadium

Palais-Bourbon /palebuʀbɔ̃/ NM **le ~** (the seat of) the French National Assembly

palan /palɑ̃/ NM hoist

pale /pal/ NF [d'hélice] blade

pâle /pal/ ADJ pale; **~ comme un linge** as white as a sheet; **se faire porter ~*** to go sick*

palefrenier, -ière /palfʀənje, jɛʀ/ NM,F groom

paléolithique /paleɔlitik/ NM **le ~** the Palaeolithic (Brit) ou Paleolithic (US)

paléontologie /paleɔ̃tɔlɔʒi/ NF palaeontology (Brit), paleontology (US)

Palerme /palɛʀm/ N Palermo

Palestine /palestin/ NF Palestine

palestinien, -ienne /palestinjɛ̃, jɛn/ 1 ADJ Palestinian 2 NM,F **Palestinien(ne)** Palestinian

palet /palɛ/ NM (metal ou stone) disc

paletot /palto/ NM thick cardigan

palette /palɛt/ NF ⓐ (Peinture) palette ⓑ [de produits, services] range ⓒ (= viande) shoulder ⓓ [de chargement] pallet

palétuvier /paletyvje/ NM mangrove

pâleur /palœʀ/ NF paleness

pâlichon, -onne* /paliʃɔ̃, ɔn/ ADJ [personne] a bit pale

palier /palje/ NM ⓐ [d'escalier] landing; **être voisins de ~** to live on the same landing ⓑ (= étape) stage; [de graphique] plateau; **procéder par ~s** to proceed in stages

pâlir /paliʀ/ /TABLE 2/ VI [personne] to go pale; **faire ~ qn d'envie** to make sb green with envy

palissade /palisad/ NF boarding

palissandre /palisɑ̃dʀ/ NM rosewood

palliatif /paljatif/ NM palliative (**à** to, for)

pallier /palje/ /TABLE 7/ VT [+ difficulté] to overcome; [+ manque] to compensate for

palmarès /palmaʀɛs/ NM ⓐ (= classement) [de lauréats] (list of) prizewinners; [de sportifs] (list of) medal winners; [de chansons] charts ⓑ (= liste de victoires, de titres etc) record of achievements; **il a de nombreuses victoires à son ~** he has a number of victories to his credit

palme /palm/ NF ⓐ (= feuille) palm leaf; (= symbole) palm ⓑ (= distinction) prize; **la ~ revient à ...** the prize goes to ...; **remporter la ~** to win; **~s académiques** decoration for services to education in France ⓒ [de nageur] flipper

palmé, e /palme/ ADJ [oiseau] webfooted; **avoir les pieds ~s** to have webbed feet

palmeraie /palməʀɛ/ NF palm grove

palmier /palmje/ NM palm tree; **~-dattier** date palm

palombe /palɔ̃b/ NF woodpigeon

pâlot, -otte* /palo, ɔt/ ADJ [personne] a bit pale

palourde /paluʀd/ NF clam

palper /palpe/ /TABLE 1/ VT [+ objet] to feel; (Méd) to palpate

palpitant, e /palpitɑ̃, ɑ̃t/ ADJ (= passionnant) exciting

palpitations /palpitasjɔ̃/ NFPL **avoir des ~** to have palpitations

palpiter /palpite/ /TABLE 1/ VI [cœur] (= battre rapidement) to race

paluche : /palyʃ/ NF (= main) hand

paludisme /palydism/ NM malaria

pâmer (se) /pame/ /TABLE 1/ VPR **se pâmer devant qch** to swoon over sth; **se pâmer d'admiration** to be overcome with admiration

pampa /pɑ̃pa/ NF pampas (pl)

pamphlet /pɑ̃flɛ/ NM satirical tract

pamplemousse /pɑ̃pləmus/ NM grapefruit

pan¹ /pɑ̃/ 1 NM ⓐ (= morceau) piece; (= face, côté) side ⓑ [d'économie, industrie] area; [de société] section; **un ~ de ma vie** a chapter of my life 2 COMP **♦ pan de chemise** shirt-tail **♦ pan de mur** section of wall

pan² /pɑ̃/ EXCL (coup de feu) bang!

panacée /panase/ NF panacea

panachage /panaʃaʒ/ NM ⓐ (Politique) voting for candidates from different parties instead of for the set list of one party ⓑ (= mélange) combination

panache /panaʃ/ NM ⓐ (= plumet) plume; **~ de fumée** plume of smoke ⓑ (= brio) panache

panaché, e /panaʃe/ 1 ADJ ⓐ [fleur] many-coloured (Brit), many-colored (US); [feuilles] variegated ⓑ [glace] mixed-flavour (Brit), mixed-flavor (US); [salade] mixed 2 NM (= boisson) shandy

panade : /panad/ NF **on est dans la ~** we're in a real mess*

panais /panɛ/ NM parsnip

Panama /panama/ NM **le ~** Panama

panard : /panaʀ/ NM foot

panaris /panaʀi/ NM whitlow

pancarte /pɑ̃kaʀt/ NF sign; (sur la route) roadsign

pancréas /pɑ̃kʀeas/ NM pancreas

panda /pɑ̃da/ NM panda

pané, e /pane/ ADJ [escalope, poisson] coated with breadcrumbs

panégyrique /paneʒiʀik/ NM (frm) panegyric; **faire le ~ de qn** to extol sb's merits

panel /panɛl/ NM (= jury) panel; (= échantillon) sample group

panier /panje/ 1 NM ⓐ basket; **mettre qch au ~** to throw sth out; **marquer un ~** to score a basket ⓑ (pour diapositives) magazine 2 COMP **♦ panier de crabes : c'est un ~ de crabes** they're always at each other's throats **♦ le panier de la ménagère** the housewife's shopping basket **♦ panier à provisions** shopping basket **♦ panier à salade** salad basket; (= camion)* police van

panier-repas (pl **paniers-repas**) /panjeʀəpa/ NM packed lunch

panique /panik/ 1 NF panic; **pris de ~** panic-stricken; **pas de ~!*** don't panic! 2 ADJ **peur ~** panic

paniquer /panike/ /TABLE 1/ VI to panic; **commencer à ~** to get panicky; **être paniqué à l'idée de faire qch** to be scared stiff at the idea of doing sth

panne /pan/ NF (= incident) breakdown; **~ de courant** power failure; **~ de secteur** local mains failure **♦ en panne : être** ou **tomber en ~** [machine] to break down; **je suis tombé en ~** (en voiture) my car has broken down; **je suis tombé en ~ sèche** ou **en ~ d'essence** I have run out of petrol (Brit) ou gas (US); **«en ~»** [machine] "out of order"; [voiture] "broken-down"; **le projet est en ~** work is at a standstill on this project; **je suis en ~ d'inspiration** I've run out of inspiration

panneau (pl **panneaux**) /pano/ NM (= surface) panel; (= écriteau) sign; (préfabriqué) prefabricated section; **tomber dans le ~*** to fall for it* **♦ panneau d'affichage** notice board (Brit), bulletin board (US); (pour publicité) billboard **♦ panneau indicateur** signpost **♦ panneau lumineux** electronic display board **♦ panneau de particules** chipboard (NonC) **♦ panneau publicitaire** billboard **♦ panneau de signalisation (routière)** roadsign **♦ panneau solaire** solar panel

panoplie /panɔpli/ NF ⓐ (= jouet) outfit ⓑ (= gamme) range

panorama /panɔʀama/ NM panorama

panoramique /panɔʀamik/ ADJ [appareil-photo, photo] panoramic; [restaurant] with a panoramic view; **écran ~** wide screen

panse /pɑ̃s/ NF paunch; **s'en mettre plein la ~*** to stuff o.s.*

pansement /pɑ̃smɑ̃/ NM [de plaie, membre] dressing; (= bandage) bandage; (= sparadrap) plaster (Brit), Band Aid®; **faire un ~** to dress a wound; (sur une dent) to put in a temporary filling

panser /pɑ̃se/ /TABLE 1/ VT ⓐ [+ plaie] to dress; (avec un bandage) to bandage; [+ blessé] to dress the wounds of; **~ ses blessures** (fig) to lick one's wounds ⓑ [+ cheval] to groom

pantacourt /pɑ̃takuʀ/ NM three-quarter length trousers (pl)

pantalon /pɑ̃talɔ̃/ NM trousers (*Brit*), pants (*US*); **~ de golf** plus fours; **~ de pyjama** pyjama (*Brit*) *ou* pajama (*US*) bottoms; **~ de ski** ski pants

pantelant, e /pɑ̃t(ə)lɑ̃, ɑ̃t/ ADJ panting

panthéon /pɑ̃teɔ̃/ NM pantheon

panthère /pɑ̃tɛʀ/ NF panther

pantin /pɑ̃tɛ̃/ NM (= *jouet*) jumping jack; (*péj* = *personne*) puppet

pantois, e /pɑ̃twa, az/ ADJ stunned; **j'en suis resté ~** I was stunned

pantomime /pɑ̃tɔmim/ NF (= *art*) mime (*NonC*); (= *spectacle*) mime show

pantouflard, e* /pɑ̃tuflaʀ, aʀd/ ADJ **être ~** to be the stay-at-home type

pantoufle /pɑ̃tufl/ NF slipper

pantoufler /pɑ̃tufle/ /TABLE 1/ VI *to leave the civil service to work in the private sector*

panure /panyʀ/ NF breadcrumbs

PAO /peao/ NF (ABBR = **publication assistée par ordinateur**) DTP

paon /pɑ̃/ NM peacock

papa /papa/ NM dad; (*langage enfantin*) daddy; **la musique de ~*** old-fashioned music

papauté /papote/ NF papacy

pape /pap/ NM pope; **du ~** papal

paperasse /papʀas/ NF **~(s)** (= *documents*) bumf* (*Brit*); (*à remplir*) forms; **j'ai de la ~ à faire** I've got some paperwork to do

paperasserie /papʀasʀi/ NF (= *travail*) paperwork; **~ administrative** red tape

papeterie /papetʀi/ NF (= *magasin*) stationer's (shop); (= *fourniture*) stationery

papetier, -ière /pap(ə)tje, jɛʀ/ NM,F stationer

papi /papi/ NM (*langage enfantin*) grandad*, grandpa*; (= *vieil homme*)* old man

papier /papje/ 1 NM ⓐ (= *matière*) paper; **bout de ~** bit of paper; **de** *ou* **en ~** paper; **mets-moi cela sur ~** let me have that in writing; **sur le ~** (= *théoriquement*) on paper ⓑ (= *feuille écrite*) paper; (= *feuille blanche*) sheet of paper; (= *article de presse*) article; **être dans les petits ~s de qn** to be in sb's good books; **un ~ à signer** a form to be signed ⓒ (= *emballage*) paper ⓓ **~s (d'identité)** (identity) papers; **ses ~s ne sont pas en règle** his papers are not in order

2 COMP ✦ **papier absorbant** kitchen paper ✦ **papier alu***, **papier aluminium** tinfoil ✦ **papier (de) brouillon** rough paper ✦ **papier buvard** blotting paper ✦ **papier cadeau** wrapping paper ✦ **papier calque** tracing paper ✦ **papier à cigarettes** cigarette paper ✦ **papier crépon** crêpe paper ✦ **papier à dessin** drawing paper ✦ **papier d'emballage** wrapping paper; (*brun, kraft*) brown paper ✦ **papier à entête** headed notepaper ✦ **papier glacé** glazed paper ✦ **papiers gras** (= *ordures*) litter ✦ **papier hygiénique** toilet paper ✦ **papier journal** newspaper ✦ **papier kraft**® brown wrapping paper ✦ **papier à lettres** writing paper ✦ **papier libre** plain unheaded paper ✦ **papier mâché** papier-mâché; **avoir une mine de ~ mâché** to have a pasty complexion ✦ **papier millimétré** graph paper ✦ **papier à musique** manuscript (*Brit*) *ou* music (*US*) paper ✦ **papier paraffiné** wax paper; (*de cuisine*) greaseproof (*Brit*) *ou* wax (*US*) paper ✦ **papier peint** wallpaper ✦ **papier sulfurisé** wax paper ✦ **papier toilette** toilet paper ✦ **papier de verre** sandpaper

papille /papij/ NF **~s (gustatives)** taste buds

papillon /papijɔ̃/ NM ⓐ (= *insecte*) butterfly; **~ de nuit** moth ⓑ (= *contravention*)* parking ticket; (= *autocollant*)* sticker ⓒ **(brasse) ~** (= *nage*) butterfly (stroke)

papillonner /papijɔne/ /TABLE 1/ VI ⓐ (= *voltiger*) to flit about ⓑ (*entre activités diverses*) to switch back and forth; (*en amour*) to flit from one person to the other

papillote /papijɔt/ NF (= *papier aluminium*) tinfoil; **poisson en ~** fish cooked in a parcel

papotage /papɔtaʒ/ NM idle chatter (*NonC*)

papoter /papɔte/ /TABLE 1/ VI to chatter

papou, e /papu/ 1 ADJ Papuan 2 NM,F **Papou(e)** Papuan

Papouasie-Nouvelle-Guinée /papwazinuvɛlgine/ NF Papua New Guinea

paprika /papʀika/ NM paprika

papy-boom /papibum/ NM *population boom among the over-50s*

papyrus /papiʀys/ NM papyrus

pâque /pak/ NF **la ~ juive** Passover

paquebot /pak(ə)bo/ NM liner

pâquerette /pakʀɛt/ NF daisy

Pâques /pak/ 1 NM Easter; **le lundi de ~** Easter Monday; **l'île de ~** Easter Island 2 NFPL **bonnes** *ou* **joyeuses ~!** Happy Easter!

paquet /pakɛ/ NM ⓐ (*pour emballer*) [*de café, biscuits, pâtes, riz, farine, lessive*] packet (*Brit*), package (*US*); [*de cigarettes*] packet, pack (*US*); [*de linge*] bundle; **c'est un vrai ~ de nerfs** he's a bundle of nerves; **c'est un vrai ~ de muscles** he's really muscly ⓑ (= *colis*) parcel; **faire un ~** to make up a parcel; **mettre le ~*** (*efforts, moyens*) to pull out all the stops ⓒ **~ de mer** big wave

paquet-cadeau (*pl* **paquets-cadeaux**) /pakekado/ NM giftwrapped parcel; **vous voulez un ~?** would you like it gift-wrapped?

---

par /paʀ/ PRÉPOSITION

▸ *Lorsque* **par** *fait partie d'une locution comme* **par cœur, un par un,** *reportez-vous à l'autre mot.*

ⓐ **agent** by; **le carreau a été cassé ~ un enfant** the pane was broken by a child; **la découverte de la pénicilline ~ Fleming** Fleming's discovery of penicillin

ⓑ **moyen, manière** **~ le train** by train; **communiquer ~ fax** to communicate by fax; **communiquer ~ Internet** to communicate via the Internet; **~ la poste** by mail; **il a appris la nouvelle ~ le journal** he learned the news from the paper, through the post; **obtenir qch ~ la force** to obtain sth by force; **obtenir qch ~ la ruse** to obtain sth through cunning; **ils diffèrent ~ bien des côtés** they differ in many aspects

ⓒ **motif** **faire qch ~ plaisir** to do sth for pleasure; **~ manque de temps** owing to lack of time; **~ habitude** out of habit

ⓓ **lieu, direction** (= *en passant par*) by; (= *en traversant*) through; (*suivi d'un nom propre*) via; (= *en longeant*) along; **nous sommes venus ~ un autre chemin** we came by a different route; **il est sorti ~ la fenêtre** he went out through the window; **nous sommes venus ~ la côte** we came along the coast; **nous sommes venus ~ Lyon** we came via Lyon; **sortez ~ ici** go out this way; **sortez ~ là** go out that way; **~ où sont-ils entrés?** how did they get in?; **~ où est-il venu?** which way did he come?; **l'épave repose ~ 20 mètres de fond** the wreck is lying 20 metres down; **arriver ~ la gauche** to arrive from the left

ⓔ **distribution** **gagner tant ~ mois** to earn so much a month; **trois fois ~ jour** three times a day; **marcher deux ~ deux** to walk in twos

ⓕ **= pendant** **~ une belle nuit d'été** on a beautiful summer night; **ne restez pas dehors ~ ce froid** don't stay out in this cold; **sortir ~ moins 10°** to go out when it's minus 10°

ⓖ ✦ **de par** (*frm*): **de ~ le monde** throughout the world; **de ~ ses activités** because of his activities

---

parabole /paʀabɔl/ NF ⓐ (= *figure*) parabola; (*TV*) satellite dish ⓑ (*dans la bible*) parable

parabolique /paʀabɔlik/ ADJ parabolic; **antenne ~** satellite dish

parachever /paʀaʃ(ə)ve/ /TABLE 5/ VT to put the finishing touches to

parachute /paʀaʃyt/ NM parachute; **~ ventral/dorsal** lap-pack/back-pack parachute; **~ de secours** reserve parachute; **descendre en ~** to parachute down

parachuter /paraʃyte/ /TABLE 1/ VT to drop by parachute; **~ qn à un poste** to pitchfork sb into a job; **~ un candidat dans une circonscription** to field a candidate from outside a constituency

parachutisme /paraʃytism/ NM parachuting; **~ ascensionnel** (*avec voiture*) parascending; **faire du ~** to go parachuting

parachutiste /paraʃytist/ NMF (*Sport*) parachutist; (*Mil*) paratrooper

parade /parad/ NF ⓐ (= *spectacle*) parade; **~ nuptiale** courtship display; **de ~** [*uniforme, épée*] ceremonial ⓑ (*Escrime, Boxe*) parry; **il faut trouver la (bonne) ~** we must find the (right) answer ⓒ (= *ostentation*) show; **faire ~ de qch** to show sth off

parader /parade/ /TABLE 1/ VI (*péj*) to strut about

paradis /paradi/ NM heaven; **le Paradis terrestre** the Garden of Eden; (*fig*) heaven on earth; **~ fiscal** tax haven

paradisiaque /paradizjak/ ADJ heavenly

paradoxal, e (*mpl* **-aux**) /paradɔksal, o/ ADJ paradoxical

paradoxalement /paradɔksalmɑ̃/ ADV paradoxically

paradoxe /paradɔks/ NM paradox

paraffine /parafin/ NF (*solide*) paraffin wax

parages /paraʒ/ NMPL **dans les ~** (= *dans la région*) in the area; (= *pas très loin*)* round about; **est-ce que Sylvie est dans les ~ ?*** is Sylvie about?

paragraphe /paragraf/ NM paragraph

Paraguay /paragwɛ/ NM Paraguay

paraguayen, -enne /paragwajɛ̃, ɛn/ ¹ ADJ Paraguayan ² NM,F **Paraguayen(ne)** Paraguayan

paraître /parɛtr/ /TABLE 57/

▶ **paraître** *can be conjugated with* **être** *or* **avoir**.

¹ VI ⓐ (= *se montrer*) to appear; **~ en public** to appear in public ⓑ (= *sembler*) to seem; **elle paraît heureuse** she seems happy; **cela me paraît être une erreur** it looks like a mistake to me; **le voyage a paru long** the journey seemed long ⓒ [*journal, livre*] to be published; **faire ~ qch** [*éditeur*] to publish sth; [*auteur*] to have sth published; **« vient de ~ »** "just out"; **« à ~ »** "forthcoming" ⓓ (= *briller*) to be noticed; **le désir de ~** the desire to be noticed ⓔ (= *être visible*) to show; **laisser ~ son irritation** to let one's annoyance show

² VB IMPERS

♦ **il paraît : il me paraît difficile qu'elle puisse venir** it seems to me that it will be difficult for her to come; **il va se marier, paraît-il** *ou* **à ce qu'il paraît** apparently he's getting married; **il paraît que oui** so it seems; **il paraît que non** apparently not; **il n'y paraîtra bientôt plus** (*tache, cicatrice*) there will soon be no trace of it left; (*maladie*) soon no one will ever know you've had it

parallèle /paralɛl/ ¹ ADJ ⓐ parallel (**à** to) ⓑ (= *non officiel*) [*marché, police, économie*] unofficial; [*société, médecine*] alternative ⓒ (= *indépendant*) [*circuit*] parallel; [*vie*] separate ² NF parallel ³ NM parallel; **mettre en ~** to compare; **faire un ~ entre X et Y** to draw a parallel between X and Y

parallèlement /paralɛlmɑ̃/ ADV parallel (**à** to); (= *en même temps*) at the same time

parallélisme /paralelism/ NM parallelism; [*de voiture*] wheel alignment

paralysé, e /paralize/ (*ptp de* **paralyser**) ADJ paralyzed

paralyser /paralize/ /TABLE 1/ VT to paralyze; **paralysé par la grève** strike-bound

paralysie /paralizi/ NF paralysis

paralytique /paralitik/ ADJ, NMF paralytic

paramédical, e (*mpl* **-aux**) /paramedikal, o/ ADJ paramedical

paramètre /paramɛtr/ NM parameter

parano ♦ /parano/ ADJ paranoid

paranoïaque /paranɔjak/ ADJ, NMF paranoid

paranormal, e (*mpl* **-aux**) /paranɔrmal, o/ ADJ paranormal

parapente /parapɑ̃t/ NM (= *sport*) **le ~** paragliding; **faire du ~** to go paragliding

parapet /parapɛ/ NM parapet

parapharmacie /parafarmasi/ NF personal hygiene products (*sold in pharmacies*)

paraphe /paraf/ NF (= *initiales*) initials

parapher /parafe/ /TABLE 1/ VT [+ *document*] to initial

paraphrase /parafrɑz/ NF paraphrase; **faire de la ~** to paraphrase

paraphraser /parafrɑze/ /TABLE 1/ VT to paraphrase

paraplégique /parapleʒik/ ADJ, NMF paraplegic

parapluie /paraplɥi/ NM umbrella

parapsychologie /parapsikɔlɔʒi/ NF parapsychology

parapublic, -ique /parapyblik/ ADJ (= *semi-public*) semi-public

parascolaire /paraskɔlɛr/ ADJ extracurricular

parasite /parazit/ ¹ NM parasite ² NMPL **parasites** (*Radio, TV*) interference

parasiter /parazite/ VT (*fig*) to get in the way of

parasol /parasɔl/ NM parasol

paratonnerre /paratɔnɛr/ NM lightning conductor

paravent /paravɑ̃/ NM screen

parc /park/ ¹ NM ⓐ (= *jardin public*) park; [*de château*] grounds ⓑ (= *ensemble*) stock; **~ automobile** [*de pays*] number of vehicles on the road; [*d'entreprise*] fleet; **~ immobilier** housing stock; **le ~ français des ordinateurs individuels** the total number of personal computers owned in France ² COMP ♦ **parc d'attractions** amusement park ♦ **parc à bébé** playpen ♦ **parc des expositions** exhibition centre ♦ **parc à huîtres** oyster bed ♦ **parc de loisirs** leisure park ♦ **parc naturel** nature reserve ♦ **parc de stationnement** car park (*Brit*), parking lot (*US*)

parcelle /parsɛl/ NF bit; (*sur un cadastre*) parcel (*of land*); **~ de vérité** grain of truth

parce que /pars(ə)kə/ CONJ because; **c'est bien ~ c'est toi !** only because it's you!; **pourquoi tu ne veux pas y aller ? — ~ !*** why don't you want to go? — because!

parchemin /parʃəmɛ̃/ NM parchment

parcimonie /parsimɔni/ NF **avec ~** sparingly

parcimonieux, -ieuse /parsimɔnjø, jøz/ ADJ [*personne*] parsimonious; [*distribution*] miserly

par-ci par-là /parsiparla/ ADV (*espace*) here and there; (*temps*) now and then

parcmètre /parkmɛtr/ NM parking meter

parcourir /parkurir/ /TABLE 11/ VT ⓐ [+ *trajet, distance*] to cover; [+ *lieu*] to go all over; [+ *pays*] to travel up and down ⓑ (= *regarder rapidement*) to glance through

parcours /parkur/ ¹ NM ⓐ (= *distance*) distance; (= *trajet*) journey; (= *itinéraire*) route; [*de fleuve*] course ⓑ (*Sport*) course; **~ de golf** (= *terrain*) golf course; (= *partie, trajet*) round of golf ⓒ (= *activités, progression*) **son ~ politique** his political career ² COMP ♦ **parcours du combattant** (*fig*) obstacle course ♦ **parcours de santé** fitness trail

par-delà /pardəla/ PRÉP [+ *dans l'espace*] beyond; [+ *dans le temps*] across

par-derrière /parderjɛr/ ADV [*passer*] round the back; [*attaquer, emboutir*] from behind

par-dessous /pard(ə)su/ PRÉP, ADV underneath

par-dessus /pard(ə)sy/ ¹ PRÉP over; **il a mis un pullover ~ sa chemise** he has put a pullover over his shirt; **~ tout** above all; **en avoir ~ la tête*** to be fed up to the back teeth*; **~ bord** overboard

♦ **par-dessus le marché** on top of all that

² ADV over

pardessus /pardəsy/ NM overcoat

par-devant /paʀd(ə)vɑ̃/ **1** PRÉP ~ **notaire** before a lawyer **2** ADV [passer] round the front; [attaquer, emboutir] from the front

pardon /paʀdɔ̃/ NM ⓐ (= grâce) forgiveness; **demander ~ à qn d'avoir fait qch** to apologize to sb for doing sth; **demande ~!** say you're sorry!; **(je vous demande) ~** (I'm) sorry; **c'est Maud — ~?** it's Maud — pardon? ⓑ (= fête religieuse) pardon (religious festival); **le Grand ~ ou le jour du Pardon** (= fête juive) the Day of Atonement ⓒ (intensif)* **je suis peut-être un imbécile mais alors lui, ~!** maybe I'm stupid but he's even worse

pardonnable /paʀdɔnabl/ ADJ pardonable; **tu n'es pas ~** what you've done is inexcusable

pardonner /paʀdɔne/ /TABLE 1/ **1** VT to forgive; **~ (à) qn** to forgive sb; **~ qch à qn/à qn d'avoir fait qch** to forgive sb for sth/for doing sth; **pardonnez-moi de vous avoir dérangé** excuse me for disturbing you; **on lui pardonne tout** he gets away with everything; **je ne me le pardonnerai jamais** I'll never forgive myself; **pardonnez-moi, mais je crois que …** excuse me but I think that … **2** VI to forgive; **c'est une erreur qui ne pardonne pas** it's a fatal mistake

paré, e /paʀe/ (ptp de **parer**) ADJ (= prêt) ready; (= préparé) prepared

pare-balles /paʀbal/ ADJ INV bulletproof

pare-brise NM INV, **parebrise** NM /paʀbʀiz/ windscreen (Brit), windshield (US)

pare-chocs /paʀʃɔk/ NM INV [de voiture] bumper (Brit), fender (US)

pare-feu /paʀfø/ NM INV ⓐ (en forêt) firebreak; [de foyer] fireguard ⓑ (Internet) firewall

pareil, -eille /paʀɛj/ **1** ADJ ⓐ (= identique) the same; **il n'y en a pas deux ~s** no two are the same; **~ que ou à** the same as; **c'est toujours ~** it's always the same; **il est ~ à lui-même** he's the same as ever; **tu as vu son sac? j'en ai un ~** have you seen her bag? I've got one the same ⓑ (= tel) such (a); **je n'ai jamais entendu un discours ~** I've never heard a speech like it; **en ~ cas** in such a case **2** NM,F **nos ~s** (= nos semblables) our fellows; (= nos égaux) our equals; **ne pas avoir son ~ (ou sa pareille)** to be second to none; **sans ~** unequalled **3** ADV [s'habiller] the same; **faire ~** to do the same thing **(que)** as)

pareillement /paʀɛjmɑ̃/ ADV **~!** the same to you!

parement /paʀmɑ̃/ NM (Constr, Couture) facing

parent, e /paʀɑ̃, ɑ̃t/ **1** NM,F ⓐ (= personne apparentée) relative; **être ~ de qn** to be related to sb; **nous sommes ~s par alliance** we are related by marriage; **~s proches** close relatives; **~s et amis** friends and relatives; **~s d'élèves** parents; **~ pauvre** (fig) poor relation **(de** to) ⓑ (biologique) parent; **~ unique** single parent **2** ADJ related **3** NMPL **parents** (= père et mère) parents

parental, e (mpl **-aux**) /paʀɑ̃tal, o/ ADJ parental

parenté /paʀɑ̃te/ NF (= rapport) relationship

parenthèse /paʀɑ̃tɛz/ NF (= digression) digression; (= signe) parenthesis; **ouvrir/fermer la ~** to open/close the parentheses; **ouvrir une ~** (fig) to digress; **entre ~s** in brackets; (fig) incidentally

parer /paʀe/ /TABLE 1/ **1** VT ⓐ (= orner) to adorn ⓑ (= préparer) to dress ⓒ (= se protéger de) [+ coup, attaque] to parry **2** VT INDIR ♦ **parer à** [+ inconvénient] to deal with; [+ éventualité] to prepare for; **~ au plus pressé** to attend to the most urgent things first

pare-soleil /paʀsɔlɛj/ NM INV [de voiture] sun visor

paresse /paʀɛs/ NF [de personne] laziness; (= péché) sloth; **~ intestinale** sluggishness of the digestive system

paresser /paʀɛse/ /TABLE 1/ VI to laze about

paresseusement /paʀɛsøzmɑ̃/ ADV (= avec indolence) lazily; (= avec lenteur) sluggishly

paresseux, -euse /paʀɛsø, øz/ **1** ADJ lazy **2** NM,F lazy person

parfaire /paʀfɛʀ/ /TABLE 60/ VT [+ connaissances] to perfect

parfait, e /paʀfɛ, ɛt/ (ptp de **parfaire**) **1** ADJ ⓐ (= impeccable) perfect; (péj) [crétin, crapule] utter; **~ homme du monde** perfect gentleman; **(c'est) ~!** (that's) excellent!; (iro) (that's) great!*; **vous avez été ~!** you were fantastic! ⓑ (= absolu) [bonne foi] complete; [ressemblance] perfect **2** NM (Cuisine) parfait

parfaitement /paʀfɛtmɑ̃/ ADV ⓐ (= très bien, tout à fait) perfectly; [hermétique] completely; **je comprends ~** I understand perfectly; **cela m'est ~ égal** it makes absolutely no difference to me ⓑ (= certainement) certainly; **tu as fait ce tableau tout seul? — ~!** you did this picture all on your own? — I certainly did!

parfois /paʀfwa/ ADV sometimes

parfum /paʀfœ̃/ NM ⓐ (= substance) perfume; **mettre du ~** to put perfume on ⓑ (= odeur) [de fleur, herbe] scent; [de tabac, café, savon] smell; [de vin] bouquet; [de glace] flavour (Brit), flavor (US); **être au ~*** to be in the know*

parfumé, e /paʀfyme/ (ptp de **parfumer**) ADJ [savon] scented; [air, fleur, vin, fruit] fragrant; [bougie] perfumed; **~ au citron** [glace] lemon-flavour (Brit) ou lemon-flavor (US); [savon] lemon-scented

parfumer /paʀfyme/ /TABLE 1/ **1** VT [+ pièce, air] [fleurs] to perfume; [café, tabac] to fill with its aroma; (Cuisine) to flavour (Brit), to flavor (US) **(à** with) **2** VPR **se parfumer** to wear perfume

parfumerie /paʀfymʀi/ NF (= boutique) perfume shop; (= produits) perfumes

pari /paʀi/ NM bet; **faire un ~** to make a bet; **~ mutuel (urbain)** ≈ Tote®; **c'est un ~ sur l'avenir** it's a gamble on the future

paria /paʀja/ NM outcast

parier /paʀje/ /TABLE 7/ VT to bet; **qu'est-ce que tu paries?** what do you bet?; **je l'aurais parié** I might have known; **~ aux courses** to bet on the races

parieur, -ieuse /paʀjœʀ, jøz/ NM,F punter

Paris /paʀi/ N Paris

parisien, -ienne /paʀizjɛ̃, jɛn/ **1** ADJ Paris (avant le nom), of Paris; [société, goûts, ambiance] Parisian **2** NM,F **Parisien(ne)** Parisian

paritaire /paʀitɛʀ/ ADJ [commission] joint; [représentation] equal

parité /paʀite/ NF parity; **la ~ (hommes-femmes)** male-female parity

parjure /paʀʒyʀ/ NM betrayal

parjurer (se) /paʀʒyʀe/ /TABLE 1/ VPR to break one's promise

parka /paʀka/ NF parka

parking /paʀkiŋ/ NM car park (Brit), parking lot (US)

⚠ **parking** ne se traduit pas par le mot anglais **parking**.

parlant, e /paʀlɑ̃, ɑ̃t/ ADJ ⓐ [horloge] speaking; **les films ~s** the talkies ⓑ [exemple] eloquent; **les chiffres sont ~s** the figures speak for themselves

parlé, e /paʀle/ (ptp de **parler**) ADJ [langue] spoken; (= familier) colloquial

parlement /paʀləmɑ̃/ NM parliament

parlementaire /paʀləmɑ̃tɛʀ/ **1** ADJ parliamentary **2** NMF member of Parliament; (aux USA) member of Congress

parlementer /paʀləmɑ̃te/ /TABLE 1/ VI (= négocier) to negotiate

parler /paʀle/

/TABLE 1/	
1 VERBE INTRANSITIF	3 VERBE PRONOMINAL
2 VERBE TRANSITIF	4 NOM MASCULIN

1 VERBE INTRANSITIF

ⓐ to speak; **~ avec les mains** to speak with one's hands; **~ distinctement** to speak distinctly; **~ du nez** to speak through one's nose; **parlez plus fort!** speak up!; **~ franc** to speak frankly; **les faits parlent d'eux-mêmes** the facts speak for themselves; **~ bien** to be a good speaker; **~ mal** not to be a very good speaker; **parle pour toi!** speak for yourself!; **il aime s'écouter ~** he likes the sound of his own voice; **~ à tort et à travers** to blether; **~ par gestes** to use sign language; **scientifiquement parlant** scientifically speaking; **n'en parlons plus !** let's forget about it!; **sans ~ de ...** not to mention ...; **~ à l'imagination** to appeal to the imagination

♦ **parler de qch à qn** to speak to sb about sth; (= *l'informer*) to tell sb about sth; **je lui parlerai de cette affaire** I'll speak to him about this; **il n'en a parlé à personne** he didn't tell anybody about it; **on m'a beaucoup parlé de vous** I've heard a lot about you; **ne m'en parlez pas !** you're telling me!*

♦ **tu parles !*** come off it!*; **tu parles d'une brute !** talk about a brute!; **tu parles si c'est pratique !*** a fat lot of use that is!*

ⓑ **= faire la conversation** to talk; **il ne me parle jamais** he never talks to me; **j'en ai parlé avec Marie** I talked to Marie about it; **les enfants commencent à ~ au cours de leur seconde année** babies start talking in their second year; **~ pour ne rien dire** to talk for the sake of talking; **tu peux ~ !*** you can talk!*

♦ **parler à qn** to talk to sb; **moi qui vous parle** I myself; **trouver à qui ~** (*fig*) to meet one's match

♦ **parler de qch/qn** to talk about sth/sb; **~ de la pluie et du beau temps** to talk about this and that; **faire ~ de soi** to get o.s. talked about; **on ne parle que de ça** it's the only topic of conversation; **tout le monde en parle** everybody's talking about it; **il n'en parle jamais** he never mentions it; **de quoi ça parle, ton livre ?** what is your book about?

♦ **parler de faire qch** to talk about doing sth; **on parle de construire une route** there's talk about building a road

ⓒ **= révéler des faits** to talk; **faire ~ qn** [+ *suspect*] to make sb talk; [+ *introverti, timide*] to draw sb out

2 VERBE TRANSITIF

ⓐ **langue** to speak; **~ anglais** *ou* **~ l'anglais** to speak English

ⓑ **avec qn** to talk; **~ politique** to talk politics; **~ boutique*** to talk shop

3 VERBE PRONOMINAL
se parler

ⓐ **à soi-même** to talk to o.s.

ⓑ **les uns aux autres** to talk to each other

4 NOM MASCULIN

ⓐ **= manière de parler** speech; **le ~ vrai** straight talking; **le ~ de tous les jours** everyday speech

ⓑ **= langue régionale** dialect

parleur /paʀlœʀ/ NM **beau ~** smooth talker

parloir /paʀlwaʀ/ NM [*d'école, prison*] visiting room

Parme /paʀm/ 1 N (= *ville*) Parma 2 ADJ (= *couleur*) **parme** violet

Parmentier /paʀmɑ̃tje/ NM **hachis ~** shepherd's *ou* cottage pie (*Brit*)

parmesan /paʀməzɑ̃/ NM (= *fromage*) Parmesan

parmi /paʀmi/ PRÉP among; **je passerai ~ vous distribuer les questionnaires** I'll come round and give you each a questionnaire; **c'est un cas ~ d'autres** it's one case among many

parodie /paʀɔdi/ NF parody; **une ~ de procès** a travesty of a trial

parodier /paʀɔdje/ /TABLE 7/ VT to parody

paroi /paʀwa/ NF wall; **~ rocheuse** rock face

paroisse /paʀwas/ NF parish

paroissial, e (*mpl* -iaux) /paʀwasjal, jo/ ADJ parish; **salle ~e** church hall

paroissien, -ienne /paʀwasjɛ̃, jɛn/ NM,F parishioner

parole /paʀɔl/ 1 NF ⓐ (= *mot*) word; **prêcher la bonne ~** to spread the word; **ce sont des ~s en l'air** it's just idle talk ⓑ (= *promesse*) word; **tenir ~** to keep one's word; **c'est un homme de ~** *ou* **il n'a qu'une ~** he's a man of his word; **je l'ai cru sur ~** I took his word for it; **manquer à sa ~** to fail to keep one's word; **ma ~ !*** (upon) my word!; **tu es fou ma**

~ !* heavens - you're mad!

ⓒ (= *faculté d'expression*) speech; **doué de ~** capable of speech; **avoir la ~ facile** to have the gift of the gab*; **il n'a jamais droit à la ~** he's never allowed to get a word in edgeways

ⓓ (*dans un débat, une discussion*) **temps de ~** speaking time; **puis-je avoir la ~ ?** could I say something?; **vous avez la ~** it's your turn to speak; (*au parlement etc*) you have the floor; **prendre la ~** to speak

2 NFPL **paroles** (= *texte*) [*de chanson*] words; **« sans ~s »** "no caption"

parolier, -ière /paʀɔlje, jɛʀ/ NM,F lyric writer

paroxysme /paʀɔksism/ NM [*de maladie*] crisis; [*de crise, sentiment*] height; **le bruit était à son ~** the noise was at its loudest; **la crise avait atteint son ~** the crisis had reached a climax

parpaing /paʀpɛ̃/ NM (*aggloméré*) breeze-block

parquer /paʀke/ /TABLE 1/ VT [+ *moutons, bétail*] to pen up; (*péj*) [+ *personnes*] to pack in; **on les parquait dans des réserves** they were herded into reservations

parquet /paʀkɛ/ NM ⓐ (= *plancher*) wooden floor; (*à chevrons etc*) parquet ⓑ **le ~** (*Droit*) public prosecutor's department

parrain /paʀɛ̃/ NM ⓐ (*Rel, Mafia*) godfather ⓑ (*qui introduit dans un cercle, un club*) proposer; (*qui aide financièrement*) sponsor; [*d'entreprise, initiative*] promoter; [*d'œuvre, fondation*] patron

parrainer /paʀene/ /TABLE 1/ VT ⓐ (= *introduire dans un cercle, un club*) to propose for membership; **se faire ~ par qn** to be proposed by sb ⓑ (= *aider financièrement*) to sponsor; [+ *entreprise, initiative*] to promote; (= *patronner*) [+ *œuvre, fondation, association*] to be the patron of

parricide /paʀisid/ NM (= *crime*) parricide

parsemé, e /paʀsəme/ ADJ **un ciel ~ d'étoiles** a star-studded sky; **un champ ~ de fleurs** a field dotted with flowers; **~ de difficultés** riddled with difficulties

parsemer /paʀsəme/ /TABLE 5/ VT **~ de** to sprinkle with; **~ un texte de citations** to scatter a text with quotations

part /paʀ/ NOM FÉMININ

ⓐ **dans un partage** share; (= *portion*) portion; (= *tranche*) slice; **sa ~ d'héritage** his share of the inheritance; **chacun paie sa ~** everyone pays his share; **prendre une ~ de gâteau** to take a piece *ou* slice of cake; **faire huit ~s dans un gâteau** to cut a cake into eight slices; **la ~ du lion** the lion's share; **la ~ du pauvre** the crumbs; **~ de marché** market share; **faire la ~ belle à qn** to give pride of place to sb

ⓑ **= participation, partie** part; **~ patronale** employer's contribution; **~ salariale** employee's contribution; **prendre une ~ importante dans ...** to play an important part in ...

ⓒ **locutions**

♦ **à part** (= *de côté*) on one side; (= *séparément*) separately; (= *excepté*) apart from; (= *exceptionnel*) special; **prendre qn ~** to take sb on one side; **à ~ cela** apart from that; **un cas à ~** a special case; **c'est un homme à ~** he's in a class of his own

♦ **à part entière : membre à ~ entière** full member

♦ **autre part** somewhere else

♦ **d'autre part** (= *de plus*) moreover; (= *par ailleurs*) on the other hand; **d'une ~ ... d'autre ~** on the one hand ... on the other hand

♦ **de la part de** (*provenance*) from; (= *au nom de*) on behalf of; **je viens de la ~ de Guy** I've been sent by Guy; **cela m'étonne de sa ~** I'm surprised at that from him; **dites-lui bonjour de ma ~** give him my regards; **c'est gentil de sa ~** that's nice of him; **c'est de la ~ de qui ?** (*au téléphone*) who's speaking?

♦ **de part en part** right through

♦ **de part et d'autre** on both sides

♦ **de toutes parts** from all sides

♦ **pour ma part** for my part; **pour ma ~ je considère que ...** for my part, I consider that ...

♦ **faire part de qch à qn** to announce sth to sb; **il**

m'a fait ~ de son inquiétude he told me how worried he was

♦ **faire la part de qch**: **faire la ~ du hasard** to take chance into account; **faire la ~ des choses** to make allowances

♦ **prendre part à** [+ *travail, débat*] to take part in; [+ *manifestation*] to join in

♦ **prendre qch en mauvaise part** to take offence at sth

---

partage /paʀtaʒ/ NM ⓐ (= *division*) [*de terrain, surface*] division; [*de gâteau*] cutting; **le ~ du pays en deux camps** the division of the country into two camps; **~ du travail** job sharing ⓑ (= *distribution*) [*de butin, héritage*] sharing out; **en cas de ~ des voix** (*dans un vote*) in the event of a tie in the voting; **donner/recevoir qch en ~** to give/receive sth in a will

partagé, e /paʀtaʒe/ (*ptp de* **partager**) ADJ (= *divisé*) [*avis, opinion*] divided; **les experts sont très ~s sur la question** the experts are divided on the question; **~ entre l'amour et la haine** torn between love and hatred

partager /paʀtaʒe/ /TABLE 3/ 1 VT ⓐ (= *fractionner*) [+ *terrain, feuille, gâteau*] to divide up; **~ en deux** to divide sth in two

ⓑ (= *distribuer, répartir*) [+ *butin, gâteau*] to share out; [+ *frais*] to share; **il partage son temps entre son travail et sa famille** he divides his time between his work and his family

ⓒ (= *avoir en commun*) [+ *héritage, gâteau, appartement, sentiments, goûts*] to share; **~ le lit de qn** to share sb's bed; **les torts sont partagés** there is fault on both (*ou* all) sides; **je partage votre surprise** I share your surprise; **amour partagé** mutual love

ⓓ (= *diviser*) to divide; **ce débat partage le monde scientifique** the scientific community is divided over this issue

2 VPR **se partager** ⓐ (= *se fractionner*) **le pouvoir ne se partage pas** power cannot be shared; **il se partage entre son travail et son jardin** he divides his time between his work and his garden

ⓑ (= *se distribuer*) **nous nous sommes partagé le travail** we shared the work between us

partageur, -euse /paʀtaʒœʀ, øz/ ADJ **il n'est pas ~** he doesn't like sharing

partance /paʀtɑ̃s/ NF **en ~** [*train*] due to leave; [*bateau*] sailing (*attrib*); **le train en ~ pour Londres** the London train; **un avion en ~ pour Athènes** a plane bound for Athens

partant, e /paʀtɑ̃, ɑ̃t/ 1 NM,F (= *coureur*) starter; (= *cheval*) runner; **tous ~s** all horses running; **non-~** non-runner 2 ADJ **je suis ~** count me in; **Philippe est toujours ~ pour un bon repas*** Philippe is always up for a good meal

partenaire /paʀtənɛʀ/ NMF partner; **les ~s sociaux** ≈ unions and management

partenariat /paʀtənaʀja/ NM partnership

parterre /paʀtɛʀ/ NM ⓐ (= *plate-bande*) flowerbed ⓑ (= *public*) stalls (*Brit*), orchestra (*US*)

parti¹ /paʀti/ 1 NM ⓐ (= *groupe*) party

ⓑ (= *solution*) option; **prendre un ~** to make up one's mind; **prendre le ~ de faire qch** to make up one's mind to do sth; **prendre le ~ de qn** *ou* **prendre ~ pour qn** (= *donner raison à qn*) to stand up for sb; **prendre ~ (dans une affaire)** (= *dire ce qu'on pense*) to take a stand (on an issue); **prendre son ~ de qch** to come to terms with sth

ⓒ (= *personne à marier*) match; **beau** *ou* **bon** *ou* **riche ~** good match

ⓓ (*locutions*) **tirer ~ de** [+ *situation*] to take advantage of

2 COMP ♦ **parti pris** (= *préjugé*) prejudice; **il est de ~ pris** he's prejudiced; **~ pris artistique/esthétique** (= *choix*) artistic/aesthetic choice

---

ⓘ **PARTIS POLITIQUES FRANÇAIS**

Among the many active right-wing parties in France, the most prominent are the RPR (le Rassemblement pour la République), the UDF (l'Union pour la démocratie française), and the extreme right-wing Front national (FN). On the left, the Parti socialiste (PS) is the most influential party, though the Parti communiste français (PCF) continues to draw a significant number of votes. Of the various ecological parties, Les Verts is the most prominent.

→ *ELECTIONS*

parti², e¹ /paʀti/ (*ptp de* **partir**) ADJ (= *ivre*) tipsy

partial, e (*mpl* **-iaux**) /paʀsjal, jo/ ADJ biased (**envers qn** against sb)

partialité /paʀsjalite/ NF bias (**envers** *ou* **contre** against)

participant, e /paʀtisipɑ̃, ɑ̃t/ NM,F (*à un concours, une course*) entrant (**à** in); (*à un débat, un projet*) participant (**à** in); (*à une cérémonie, un complot*) person taking part (**à** in)

participation /paʀtisipasjɔ̃/ NF ⓐ (= *action*) participation (**à** in); [+ *aventure, complot*] involvement (**à** in); **avec la ~ de Deneuve** with guest appearance by Deneuve; **~ électorale** turnout at the polls (*Brit*), voter turnout (*US*); **fort/faible taux de ~** high/low turnout at the polls ⓑ (= *détention d'actions*) interest; **prise de ~s** acquisition of holdings ⓒ (*financière*) contribution; **~ aux frais : 50 €** contribution towards costs: 50 euros; **~ aux bénéfices** profit-sharing

participe /paʀtisip/ NM participle; **~ passé/présent** past/present participle

participer /paʀtisipe/ /TABLE 1/ VT INDIR ♦ **participer à** (= *prendre part à*) to take part in; [+ *aventure, complot*] to be involved in; (= *payer sa part de*) [+ *frais, dépenses*] to share in; **on demande aux élèves de ~ davantage pendant le cours** pupils are asked to take a more active part in class; **~ financièrement à** to make a financial contribution to

particularisme /paʀtikylaʀism/ NM (= *particularité*) **~(s)** specific characteristic; **~s régionaux** regional idiosyncrasies

particularité /paʀtikylaʀite/ NF feature; **la ~ du logiciel réside dans …** what makes this software different is …

particule /paʀtikyl/ NF particle

particulier, -ière /paʀtikylje, jɛʀ/ 1 ADJ ⓐ (= *spécifique*) [*aspect, point, exemple*] particular; [*trait, style, manière de parler*] characteristic; **dans ce cas ~** in this particular case; **signes ~s** (*sur un passeport*) distinguishing marks ⓑ (= *spécial*) exceptional; **la situation est un peu particulière** the situation is somewhat exceptional; **rien de ~ à signaler** nothing special to report ⓒ (= *étrange*) odd ⓓ (= *privé*) private

2 NM ⓐ (= *personne*) person; (*Admin, Commerce*) private individual; **comme un simple ~** like any ordinary person; **vente de ~ à ~** (*petites annonces*) private sale ⓑ (= *chose*) **le ~** the particular; **du général au ~** from the general to the particular

♦ **en particulier** (= *spécialement*) in particular

particulièrement /paʀtikyljɛʀmɑ̃/ ADV particularly; **~ bon** particularly good; **je ne le connais pas ~** I don't know him particularly well; **~ difficile** particularly difficult; **~ drôle** exceptionally funny; **voulez-vous du café ? — je n'y tiens pas ~** (*would you like a coffee? — not particularly*)

partie² /paʀti/ 1 NF ⓐ (= *part*); **diviser qch en trois ~s** to divide sth into three parts; **~s communes** (*d'un bâtiment*) common areas; **une bonne ~ du travail** a large part of the work; **la majeure** *ou* **du pays** most of the country

♦ **faire partie de** [+ *ensemble, obligations, risques*] to be part of; [+ *club, association, catégorie, famille*] to belong to; [+ *élus, gagnants*] to be one of; **elle fait ~ de notre groupe** she belongs to our group; **faire ~ intégrante de** to be an integral part of

♦ **en partie** partly

♦ **en grande** *ou* **majeure partie** largely

ⓑ (= *spécialité*) field; **il n'est pas de la ~** it's not his field ⓒ (*Cartes, Sport*) game; (*Golf*) round; (= *lutte*) fight; **faisons** une ~ de ... let's have a game of ...; **abandonner la ~** *(fig)* to give up the fight; **avoir la ~ belle** to be sitting pretty*; **je veux être de la ~** I don't want to miss this; **ce n'est que ~ remise** it will be for another time; **prendre qn à ~** (= *apostropher*) to take sb to task; (= *malmener*) to set on sb ⓓ *[de contrat]* party; *[de procès]* litigant; **les ~s en présence** the parties; **avoir affaire à forte ~** to have a strong opponent to contend with; **être ~ prenante dans une négociation** to be a party to a negotiation

2 COMP ♦ **partie civile**: **se constituer ~ civile** *to associate in a court action with the public prosecutor* ♦ **partie de plaisir**: **ce n'est pas une ~ de plaisir!** it's no picnic!* ♦ **partie de pêche** fishing trip

partiel, -elle /paʁsjɛl/ 1 ADJ partial; **(élections) partielles** by-elections → **temps** 2 NM (= *examen*) mid-term exam

partiellement /paʁsjɛlmɑ̃/ ADV partially

partir /paʁtiʁ/ /TABLE 16/

► **partir** is conjugated with **être**.

VI ⓐ (= *aller, quitter un lieu*) to go; (= *s'éloigner*) to go away; **il est parti** he's gone; **il est parti en Irlande** he has gone to Ireland; **ils doivent être partis** they must have gone away; **il a fini par ~** he eventually went away; **es-tu prêt à ~?** are you ready to go?; **nos voisins sont partis il y a six mois** our neighbours left *ou* went six months ago; **quand partez-vous pour Paris?** when are you leaving for Paris?; **il est parti acheter du pain** he has gone to buy some bread; **~ faire des courses** to go shopping; **~ en voyage** to go on a trip; **ma lettre ne partira pas ce soir** my letter won't go this evening; **sa femme est partie avec un autre** his wife has gone off with another man; **~ à pied** to set off on foot; **il est parti en courant** he ran off; **les voilà partis!** they're off! ♦ **partir de** *[personne]* to leave; **elle est partie de Nice à 9 heures** she left Nice at 9 o'clock; **un chemin qui part de l'église** a path leading from the church; **c'est le troisième en partant de la droite** it's the third from the right; **il est parti de rien** he started from nothing; **c'est de là que part notre analyse** this is what our analysis is based on; **partons de l'hypothèse que ...** let's assume that ...; **en partant de ce principe ...** on that basis ...; **cela part d'un bon sentiment** it's well meant ⓑ (= *démarrer*) *[moteur]* to start; *[train]* to leave; **c'est parti!*** here we go!* ⓒ (= *être lancé*) *[fusée]* to go up; *[coup de feu]* to go off; **le coup est parti tout seul** the gun went off accidentally; **faire ~** *[+ fusée]* to launch; *[+ pétard]* to set off ⓓ (= *être engagé*) **~ sur une mauvaise piste** to start off on the wrong track; **~ mal** to get off to a bad start; **le pays est mal parti** the country is in a bad way; **~ bien** to get off to a good start; **son affaire est bien partie** his business has got off to a good start; **il est bien parti pour gagner** he seems all set to win; **quand ils sont partis à discuter, il y en a pour des heures*** once they've got going on one of their discussions, they're at it for hours*; **la pluie est partie pour (durer) toute la journée** the rain has set in for the day ⓔ (= *disparaître*) *[tache]* to come out; *[bouton de vêtement]* to come off; *[douleur, rougeurs, boutons, odeur]* to go; **la tache est partie au lavage** the stain came out in the wash; **faire ~** *[+ tache]* to remove; *[+ odeur]* to get rid of ⓕ ♦ **à partir de** from; **à ~ d'aujourd'hui** from today; **à ~ de 4 heures** from 4 o'clock onwards; **à ~ de maintenant** from now on; **à ~ de ce moment-là** from then on; **à ~ du moment où ...** (= *dès que*) as soon as ...; (= *pourvu que*) as long as ...; **c'est le troisième à ~ de la gauche** it's the third from the left; **pantalons à ~ de 300 €** trousers from 300 euros; **c'est fait à ~ de produits chimiques** it's made from chemicals

partisan, e /paʁtizɑ̃, an/ 1 ADJ ⓐ (= *partial*) partisan ⓑ **être ~ de qch** to be in favour *(Brit)* ou favor *(US)* of sth 2 NM,F supporter; *[de doctrine, réforme]* supporter; **c'est un ~ de la fermeté** he's a believer in firm measures

partition /paʁtisjɔ̃/ NF ⓐ *[de musique]* score ⓑ (= *division*) partition

partout /paʁtu/ ADV everywhere; **~ où** everywhere

(that); **avoir mal ~** to ache all over; **2/15 ~** *(Sport)* 2/15 all; **40 ~** *(Tennis)* deuce

parure /paʁyʁ/ NF (= *bijoux*) jewels; *(littér)* finery *(NonC)*; **~ de lit** set of bed linen; **~ de diamants** set of diamond jewellery

parution /paʁysjɔ̃/ NF publication

parvenir /paʁvəniʁ/ /TABLE 22/

► **parvenir** is conjugated with **être**.

VT INDIR ♦ **parvenir à qn/qch** to reach sb/sth; **~ aux oreilles de qn** to reach sb's ears; **ma lettre lui est parvenue** my letter reached him; **faire ~ qch à qn** to send sth to sb; **~ à ses fins** to achieve one's ends ♦ **parvenir à faire qch** to manage to do sth

parvenu, e /paʁvəny/ (*ptp de* **parvenir**) NM,F *(péj)* parvenu

parvis /paʁvi/ NM square (*in front of church or public building*)

pas¹ /pa/ 1 NM ⓐ step; (= *bruit*) footstep; (= *trace*) footprint; **faire un ~ en arrière** *ou* **reculer d'un ~** to step back; **faire un ~ en avant** *ou* **avancer d'un ~** to step forward; **revenir** *ou* **retourner sur ses ~** to retrace one's steps; **marcher à grands ~** to stride along; **~ à ~** step by step; **à chaque ~** at every step; **ne le quittez pas d'un ~** follow him wherever he goes; **faire ses premiers ~** to start walking; **~ de danse** dance step ⓑ (= *distance*) pace; **c'est à deux ~ d'ici** it's only a minute away ⓒ (= *vitesse*) pace; *(Mil)* step; **marcher d'un bon ~** to walk at a brisk pace; **presser le ~** to quicken one's pace; **ralentir le ~** to slow down; **marcher au ~** to march; **« roulez au ~ »** "dead slow"; **au ~ de course** at a run ⓓ (= *démarche*) **d'un ~ lourd** with a heavy tread ⓔ *(locutions)* **la science avance à grands ~** science is taking great steps forward; **faire le(s) premier(s) ~** to take the initiative; **il n'y a que le premier ~ qui coûte** the first step is the hardest; **à ~ de loup** stealthily; **j'y vais de ce ~** I'll go at once; **prendre le ~ sur** *[+ considérations, préoccupations]* to override; *[+ théorie, méthode]* to supplant; *[+ personne]* to steal a march over; **sauter le ~** to take the plunge

2 COMP ♦ **le pas de Calais** (= *détroit*) the Straits of Dover ♦ **pas de l'oie** goose-step ♦ **le pas de la porte** the doorstep ♦ **pas de vis** thread (*of screw*)

pas² /pa/ ADV NÉG ⓐ (*avec ne*: *formant négation verbale*) not; **ce n'est ~ vrai** *ou* **c'est ~ vrai*** it's not true; **il n'est ~ allé à l'école** he didn't go to school; **je ne trouve ~ mon sac** I can't find my bag; **ils n'ont ~ de voiture/d'enfants** they don't have a car/any children; **il m'a dit de (ne) ~ le faire** he told me not to do it; **je pense qu'il ne viendra ~** I don't think he'll come; **il n'y a ~ que ça** it's not just that; **il n'y a ~ que lui** he's not the only one; **je n'en sais ~ plus que vous** I don't know any more about it than you; **il n'y avait ~ plus de 20 personnes** there were no more than 20 people there; **ne me parle ~ sur ce ton** don't speak to me like that ⓑ (*indiquant ou renforçant opposition*) **elle travaille, (mais) lui ~** she works, but he doesn't; **il aime ça, ~ toi?** he likes it, don't you? ⓒ (*dans réponses négatives*) not; **~ de sucre, merci!** no sugar, thanks!; **~ du tout** not at all; **~ encore** not yet; **~ tellement*** *ou* **~ tant que ça** not that much; **qui l'a prévenu? — ~ moi** who told him? — not me ⓓ (*devant adjectif, nom, dans exclamations*)* **il est dans une situation ~ ordinaire** he's in an unusual situation; **~ un n'est venu** not one came; **~ possible!** no!; **~ vrai?** isn't that so?; **tu es content? eh bien ~ moi!** are you satisfied? well I'm not!; **t'es ~ un peu fou?** you're crazy!*; **si c'est ~ malheureux!** isn't that disgraceful!; **de ça!** we'll have none of that!; **ah non, ~ lui!** oh no, not him!

pas-de-porte /padpɔʁt/ NM INV (= *argent*) ≈ key money (*for shop, flat etc*)

passable /pasabl/ ADJ (*sur copie d'élève*) fair; **mention ~** ≈ pass

passablement /pasabləmɑ̃/ ADV (= *assez*) rather

passade /pasad/ NF passing fancy

passage /pasaʒ/ 1 NM ⓐ (= *venue*) **guetter le ~ du facteur** to watch for the postman; **observer le ~ des oiseaux dans le ciel** to watch the birds fly over; **lors d'un récent ~ à Paris** on a recent trip to Paris; **« ~ interdit »** "no entry"; **il y a beaucoup de ~ l'été** a lot of people pass through here in the summer

♦ **de passage** : **clients de ~** passing trade; **il est de ~ à Paris** he is in Paris at the moment

ⓑ (= *transfert*) **le ~ de l'enfance à l'adolescence** the transition from childhood to adolescence; **son ~ en classe supérieure est problématique** he may have to stay down; **~ à l'acte** taking action

ⓒ (= *lieu*) passage; (= *chemin*) way; (= *rue*) passage; **un ~ dangereux sur la falaise** a dangerous section of the cliff; **on se retourne sur son ~** people turn round and look when he goes past; **l'ouragan dévasta tout sur son ~** the hurricane demolished everything in its path; **va plus loin, tu gênes le ~** move along, you're blocking the way; **ne laissez pas vos valises dans le ~** don't leave your cases in the way

ⓓ (= *fragment*) [*de livre, symphonie*] passage; **il a eu un ~ à vide** (*baisse de forme*) he went through a bad patch; **j'ai toujours un petit ~ à vide vers 16 h** I always start to flag around 4 o'clock

ⓔ (= *traversée*) [*de rivière, limite, montagnes*] crossing

2 COMP ♦ **passage clouté** pedestrian crossing ♦ **passage à niveau** level crossing (*Brit*), grade crossing (*US*) ♦ **passage obligé** : **cette école est le ~ obligé pour les hauts fonctionnaires** this school is the place to go if you want to be a top civil servant ♦ **passage (pour) piétons** pedestrian walkway ♦ **passage protégé** (*Auto*) right of way (*over secondary roads*) ♦ **passage souterrain** underground passage; (*pour piétons*) underpass

passager, -ère /pasaʒe, ɛʀ/ 1 ADJ ⓐ [*malaise, bonheur*] brief; [*inconvénient*] temporary; **pluies passagères** occasional showers ⓑ [*rue*] busy 2 NM,F passenger; **~ clandestin** stowaway

passagèrement /pasaʒɛʀmɑ̃/ ADV temporarily

passant, e /pasɑ̃, ɑ̃t/ 1 ADJ [*rue*] busy 2 NM,F passer-by

passation /pasasjɔ̃/ NF **~ de pouvoirs** transfer of power

passe¹ /pas/ NF ⓐ (*Sport*) pass; **faire une ~ (à qn)** to pass (à to) ⓑ [*de prostituée*] **c'est 200 € la ~** it is 200 euros a time ⓒ (*locutions*) **être en ~ de faire qch** to be on one's way to doing sth; **être dans une bonne ~** to be in a healthy situation; **traverser une mauvaise ~** to be having a rough time; (*santé*) to be in a poor state

passe²* /pas/ NM ABBR = **passe-partout**

passé, e /pase/ (*ptp de* **passer**) 1 ADJ ⓐ (= *dernier*) last; **au cours des semaines ~es** over the last few weeks

ⓑ (= *révolu*) [*action, conduite*] past; **ce qui est ~ est ~** what's done is done; **il a 60 ans ~s** he's over 60; **il se rappelait le temps ~** he was thinking back to times gone by

ⓒ (= *fané*) [*couleur, fleur*] faded

ⓓ (= *plus de*) **il est 8 heures ~es** it's past 8 o'clock

2 NM ⓐ **le ~** the past; **il faut oublier le ~** we should forget the past; **c'est du ~** it's all in the past now

ⓑ (= *vie écoulée*) past

ⓒ (*Gram*) past tense; **les temps du ~** the past tenses; **~ composé** perfect; **~ simple** past historic

3 PRÉP after; **~ 6 heures on ne sert plus les clients** after 6 o'clock we stop serving

passe-droit (*pl* **passe-droits**) /pasdʀwa/ NM favour (*Brit*), favor (*US*)

passéiste /paseist/ ADJ backward-looking

passementerie /pasmɑ̃tʀi/ NF (= *objets*) soft furnishings

passe-montagne (*pl* **passe-montagnes**) /pasmɔ̃taɲ/ NM balaclava

passe-partout /paspaʀtu/ 1 ADJ INV [*tenue*] for all occasions; [*formule*] all-purpose 2 NM INV ⓐ (= *clé*) master key ⓑ (= *encadrement*) passe-partout

passe-passe /paspas/ NM INV **tour de ~** trick

passeport /paspɔʀ/ NM passport

passer /pase/

/TABLE 1/
1 VERBE INTRANSITIF	3 VERBE PRONOMINAL
2 VERBE TRANSITIF	

► **passer** is conjugated with **être** unless it has an object, when the auxiliary is **avoir**.

► Lorsque **passer** fait partie d'une locution comme **passer sous le nez de qn**, reportez-vous à l'autre mot.

1 VERBE INTRANSITIF

ⓐ **d'un endroit à un autre** to go; **l'autobus vient de ~** the bus has just gone past; **~ en courant** to run past; **faire ~ les piétons** to let the pedestrians cross; **la balle n'est pas passée loin** the bullet didn't miss by much; **où passe la route ?** where does the road go?

♦ **passer à** (= *passer par, aller à*) **la Seine passe à Paris** the Seine flows through Paris; **si nous passions au salon ?** shall we go into the sitting room?; **~ à table** to sit down to eat; **~ à l'ennemi** to go over to the enemy; **~ d'un extrême à l'autre** to go from one extreme to the other

♦ **passer après** : **le confort, ça passe après** comfort is less important

♦ **passer avant** : **le travail passe avant tout** work comes first

♦ **passer dans** : **les camions ne passent pas dans notre rue** lorries don't go along our street; **~ d'une pièce dans une autre** to go from one room to another; **~ dans les mœurs** to become the custom; **~ dans la langue** to enter the language; **l'alcool passe dans le sang** alcohol enters the bloodstream

♦ **passer derrière** to go behind

♦ **passer devant** to go in front of; **~ devant la maison de qn** to go past sb's house; **je passe devant vous pour vous montrer le chemin** I'll go in front to show you the way; **passez donc devant !** you go first!; **~ devant Monsieur le maire** to get married; **il est passé devant le conseil de discipline** he came up before the disciplinary committee

♦ **passer par** to go through; **pour y aller, je passe par Amiens** I go there via Amiens; **par où êtes-vous passé ?** (*pour venir ici*) which way did you come?; (*pour aller ailleurs*) which way did you go?; **pour téléphoner, il faut ~ par le standard** you have to go through the switchboard to make a call; **il est passé par des moments difficiles** he's been through some hard times; **~ par un lycée technique** to go through technical college; **nous sommes tous passés par là** we've all been through that; **il faudra bien en ~ par là** there's no way round it; **une idée m'est passée par la tête** an idea occurred to me; **ça fait du bien par où ça passe !*** that's just what the doctor ordered!*

♦ **passer sous** to go under; **il est passé sous l'autobus** he was run over by the bus; **l'air passe sous la porte** there's a draught from under the door

♦ **passer sur** to go over; (= *ignorer*) to ignore; **passons sur les détails** let's not worry about the details; **et je passe sur la saleté du lieu !** not to mention how dirty the place was!

♦ **laisser passer** [+ *air, lumière*] to let in; [+ *personne, procession*] to let through; [+ *erreur, occasion*] to miss; **nous ne pouvons pas laisser ~ ça** we cannot let this pass

ⓑ **= faire une halte rapide** **~ au bureau** to call in at the office; **~ chez un ami** to call in at a friend's; **je ne fais que ~** (*chez qn*) I can't stay long; (*dans une ville*) I'm just passing through; **le facteur est passé** the postman has been

♦ **passer** + *infinitif* : **~ prendre qn** to call for sb; **~ chercher qn** to call for sb; **~ voir qn** to call on sb; **puis-je ~ te voir en vitesse ?** can I pop round?

♦ **en passant** (= *sur le chemin*) on the way; (= *dans la conversation*) in passing; **j'irai le voir en passant** I'll call in and see him on the way; **il l'a dit en passant** he mentioned it in passing; **il aime tous les sports, du football à la boxe en passant par le golf** he likes all sports, from football to golf to boxing

ⓒ Auto les vitesses passent mal the gears are stiff; ~ en première to go into first; ~ en marche arrière to go into reverse

ⓓ = franchir un obstacle [véhicule] to get through; [cheval, sauteur] to get over; ça passe ? (en manœuvrant) have I got enough room?

ⓔ = s'écouler [temps] to go by; comme le temps passe ! how time flies!

ⓕ = être digéré to go down; ça ne passe pas [repas] I've got indigestion

ⓖ = être accepté [demande, proposition] to be accepted; je ne pense pas que ce projet de loi passera I don't think this bill will be passed; il est passé de justesse à l'examen he only just passed the exam; il est passé dans la classe supérieure he's moved up to the next class (Brit), he's been promoted to the next grade (US); l'équipe est passée en 2ᵉᵐᵉ division the team have moved up to the second division; ça passe ou ça casse it's make or break time

ⓗ = devenir to become; ~ directeur to become director

ⓘ = être montré [film, émission, personne] to be on; ~ à la radio to be on the radio; ~ à la télévision to be on television

ⓙ = disparaître [douleur] to pass; [orage] to blow over; [beauté, couleur] to fade; [colère] to subside; [mode] to die out; faire ~ à qn l'envie de faire qch to cure sb of doing sth; cela fera ~ votre rhume that will help get rid of your cold; le plus dur est passé the worst is over; il voulait être pompier mais ça lui est passé he wanted to be a fireman but he grew out of it

ⓚ Cartes to pass

ⓛ locutions qu'il soit menteur, passe encore, ... he may be a liar, that's one thing, ...

♦ passer pour : il pourrait ~ pour un Allemand you could take him for a German; il passe pour intelligent he's supposed to be intelligent; se faire ~ pour to pass o.s. off as; tu veux me faire ~ pour un idiot ! do you want to make me look stupid?

♦ y passer* : on a eu la grippe, tout le monde y est passé we've all had flu; toute sa fortune y est passée he spent all his fortune on it; si elle veut une promotion, il faudra bien qu'elle y passe (sexuellement) if she wants to be promoted, she'll have to sleep with the boss

♦ passons let's say no more about it

2 VERBE TRANSITIF

ⓐ = franchir [+ frontière] to cross; [+ porte] to go through; ~ la douane to go through customs; ~ une rivière à la nage to swim across a river

ⓑ = donner, transmettre to give; [+ consigne, message] to pass on; ~ qch à qn to give sth to sb; passe-moi une cigarette give me a cigarette; ~ le ballon à qn to pass the ball to sb; tu fais ~ pass it round; il m'a passé un livre he's lent me a book; je vous passe M. Duroy [standard] I'm putting you through to Mr Duroy; (= je lui passe l'appareil) here's Mr Duroy; ~ qch en fraude to smuggle sth; sa mauvaise humeur sur qn to take one's bad temper out on sb

ⓒ = mettre [+ vêtement] to put on; ~ la tête à la porte to poke one's head round the door

ⓓ = dépasser [+ gare, maison] to pass; tu as passé l'âge you're too old; il ne passera pas la nuit he won't last the night

ⓔ = omettre [+ mot, ligne] to leave out; ~ son tour to miss one's turn; et j'en passe ! and that's not all!

ⓕ = permettre ~ un caprice à qn to humour sb; on lui passe tout [+ bêtises] he gets away with anything; [+ désirs] he gets everything he wants; passez-moi l'expression if you'll pardon the expression

ⓖ + examen to take; ~ son permis (de conduire) to take one's driving test; ~ une visite médicale to have a medical

ⓗ + temps, vacances to spend; ~ sa vie à faire to spend one's life doing; j'ai passé la soirée chez Luc I spent the evening at Luc's; ça fait ~ le temps it passes the time

ⓘ + film, diapositives to show; [+ disque] to play

ⓙ + commande to place; ~ un accord avec qn to reach an agreement with sb; ~ un marché avec qn to do a deal with sb

ⓚ à la passoire to sieve; (au mixer) to blend

ⓛ locutions ~ la serpillière dans la cuisine to wash the kitchen floor; ~ le balai dans une pièce to sweep a room; ~ l'aspirateur dans une pièce to vacuum a room; ~ une couche de peinture sur qch to give sth a coat of paint; passe-toi de l'eau sur le visage splash your face with water; qu'est-ce qu'il lui a passé comme savon !* he gave him a really rough time!*

3 VERBE PRONOMINAL

se passer

ⓐ = avoir lieu to happen; qu'est-ce qui s'est passé ? what happened?; que se passe-t-il ? what's going on?; tout s'est bien passé everything went off smoothly; ça s'est mal passé it turned out badly; ça ne se passera pas comme ça ! I won't stand for that!

ⓑ = se mettre à soi-même elle s'est passé de la crème solaire sur les épaules she put some sun cream on her shoulders; se ~ les mains sous l'eau to rinse one's hands

ⓒ se transmettre [+ ballon] to pass to each other; [+ notes de cours, livre, plat] to pass around

ⓓ = finir il faut attendre que ça se passe you'll have to wait till it's over

ⓔ ♦ se passer de [+ chose] to do without; [+ personne] to manage without; je peux me ~ de ta présence I can manage without you around; on peut se ~ d'aller au théâtre we can do without going to the theatre

⚠ La traduction la plus courante de passer n'est pas to pass ; passer un examen se traduit par to take an exam.

passerelle /pasʀɛl/ NF (= pont) footbridge; (= pont supérieur d'un bateau) bridge; (= voie d'accès) gangway; (fig) bridge; (Informatique) gateway

passe-temps /pɑstɑ̃/ NM INV hobby

passette /pasɛt/ NF tea strainer

passeur /pasœʀ/ NM [de rivière] ferryman; [de frontière] smuggler (of drugs, refugees etc)

passible /pasibl/ ADJ ~ d'une amende [personne] liable to a fine; [délit] punishable by a fine

passif, -ive /pasif, iv/ 1 ADJ passive 2 NM ⓐ (= mode) passive ⓑ [financier] liabilities

passion /pasjɔ̃/ NF passion; le tennis est une ~ chez lui he is crazy* about tennis; déclarer sa ~ to declare one's love; débat sans ~ lifeless debate

passionnant, e /pasjɔnɑ̃, ɑ̃t/ ADJ [personne] fascinating; [livre, film] gripping; [métier, match] exciting

passionné, e /pasjɔne/ (ptp de passionner) 1 ADJ [personne, tempérament, haine] passionate; [description] impassioned; être ~ de qch to have a passion for sth; un photographe ~ a keen photographer; débat ~ heated debate 2 NM,F ⓐ (= personne exaltée) passionate person ⓑ (= amateur) enthusiast; c'est un ~ de jazz he's a jazz enthusiast

passionnel, -elle /pasjɔnɛl/ ADJ passionate

passionnément /pasjɔnemɑ̃/ ADV passionately

passionner /pasjɔne/ /TABLE 1/ 1 VT [+ personne] [mystère, sujet] to fascinate; [livre, match] to grip; [sport, science] to be a passion with; ce roman m'a passionné I found that novel fascinating; la musique le passionne music is his passion 2 VPR se passionner: se ~ pour [+ sport, science] to have a passion for; [+ métier, sujet] to be deeply interested in

passivité /pasivite/ NF passivity

passoire /paswaʀ/ NF sieve; [de thé] strainer; [de légumes] colander

pastel /pastɛl/ NM, ADJ INV pastel

pastèque /pastɛk/ NF watermelon

pasteur /pastœʀ/ NM minister; le Bon Pasteur the Good Shepherd

pasteuriser /pastœʀize/ /TABLE 1/ VT to pasteurize

pastiche /pastiʃ/ NM (= *imitation*) pastiche

pastille /pastij/ NF [*de médicament*] pastille; **~s pour la gorge** throat lozenges

pastis /pastis/ NM (= *boisson*) pastis

pastoral, e (*mpl* **-aux**) /pastɔʀal, o/ ADJ pastoral

patate• /patat/ NF (= *pomme de terre*) potato; **~ douce** sweet potato

patati• /patati/ ♦ **et patati et patata** EXCL and so on and so forth

pataud, e /pato, od/ ADJ clumsy

pataugeoire /patoʒwaʀ/ NF paddling pool

patauger /patoʒe/ /TABLE 3/ VI ⓐ (= *marcher: avec plaisir*) to paddle ⓑ (*dans un discours*) to get bogged down; (*dans une matière*) to struggle

patch /patʃ/ NM patch

patchwork /patʃwœʀk/ NM patchwork

pâte /pat/ 1 NF ⓐ (*à tarte*) pastry; (*à gâteaux*) mixture; (*à pain*) dough; (*à frire*) batter
ⓑ (**fromage à**) **~ dure/molle/fermentée** hard/soft/fermented cheese
ⓒ **~s (alimentaires)** pasta; (*dans la soupe*) noodles
ⓓ (= *substance*) paste; (= *crème*) cream

2 COMP ♦ **pâte d'amandes** marzipan ♦ **pâte brisée** shortcrust (*Brit*) *ou* pie crust (*US*) pastry ♦ **pâte dentifrice** toothpaste ♦ **pâte feuilletée** puff pastry ♦ **pâte à frire** batter ♦ **pâte de fruits** fruit jelly ♦ **pâte à modeler** modelling clay ♦ **pâte à papier** wood pulp ♦ **pâte sablée** sweet pastry ♦ **pâte de verre** molten glass

pâté /pate/ NM ⓐ (*Cuisine*) pâté; **~ en croûte** ≈ pork pie ⓑ (= *tache d'encre*) blot ⓒ **~ de maisons** block (*of houses*) ⓓ **~ (de sable)** sandcastle

pâtée /pate/ NF **~ pour chiens** dog food

patelin• /patlɛ̃/ NM village

patent, e¹ /patã, ãt/ ADJ obvious

patente² /patãt/ NF (= *licence*) trading licence

patenté, e /patãte/ ADJ licensed; **c'est un imbécile ~** he's an utter idiot

patère /pateʀ/ NF (= *portemanteau*) peg

paternalisme /patɛʀnalism/ NM paternalism

paternaliste /patɛʀnalist/ ADJ paternalistic

paternel, -elle /patɛʀnɛl/ ADJ [*autorité, descendance*] paternal; **du côté ~** on one's father's side

paternité /patɛʀnite/ NF paternity

pâteux, -euse /patø, øz/ ADJ pasty; [*langue*] coated; [*voix*] thick

pathétique /patetik/ 1 ADJ ⓐ (= *émouvant*) moving; (= *affligeant*) pathetic 2 NM **le ~** pathos

pathologie /patɔlɔʒi/ NF pathology

pathologique /patɔlɔʒik/ ADJ pathological; **c'est un cas ~•** he's (*ou* she's) sick•

patibulaire /patibylɛʀ/ ADJ [*personnage*] sinister-looking

patiemment /pasjamɑ̃/ ADV patiently

patience /pasjɑ̃s/ NF ⓐ patience; **perdre ~** to lose patience; **s'armer de ~** to be patient; **~, j'arrive !** wait a minute, I'm coming!; **encore un peu de ~** wait a bit longer ⓑ (*jeu de cartes*) game of patience (*Brit*) *ou* solitaire (*US*)

patient, e /pasjɑ̃, jɑ̃t/ ADJ, NM,F patient

patienter /pasjɑ̃te/ /TABLE 1/ VI to wait; **si vous voulez ~ un instant** could you wait a moment?; **patientez encore un peu** just wait a bit longer

patin /patɛ̃/ NM [*de patineur*] skate; **~s à glace** ice-skates; **~s à roulettes** roller skates

patinage /patinaʒ/ NM skating; **~ artistique** figure skating; **~ à roulettes** roller-skating; **~ sur glace** ice skating; **~ de vitesse** speed skating

patine /patin/ NF (= *dépôt naturel*) patina; (= *coloration, vernis*) sheen; **la ~ du temps** the patina of age

patiner /patine/ /TABLE 1/ VI ⓐ (*Sport*) to skate ⓑ [*roue*] to spin 2 VT [+ *bois, bronze, meuble*] to give a patina to

patinette /patinɛt/ NF scooter; **~ à pédale** pedal scooter; **faire de la ~** to ride a scooter

patineur, -euse /patinœʀ, øz/ NM,F skater

patinoire /patinwaʀ/ NF skating rink

pâtir /patiʀ/ /TABLE 2/ VI (*littér*) to suffer (**de** because of, on account of)

pâtisserie /patisʀi/ NF ⓐ (= *magasin*) cake shop; (= *gâteau*) cake; (*avec pâte à tarte*) pastry ⓑ **la ~** (= *art ménager*) cake-making; (= *métier, commerce*) ≈ confectionery

pâtissier, -ière /patisje, jɛʀ/ NM,F pastrycook, ≈ confectioner; **~-glacier** confectioner and ice-cream maker

patois /patwa/ NM patois

patraque• /patʀak/ ADJ **être/se sentir ~** to be/feel off-colour• (*Brit*) *ou* peaked• (*US*)

patriarcal, e (*mpl* **-aux**) /patʀijaʀkal, o/ ADJ patriarchal

patriarche /patʀijaʀʃ/ NM patriarch

patrie /patʀi/ NF [*de personne*] (= *pays*) native land; (= *région*) native region; (= *ville*) native town

patrimoine /patʀimwan/ NM inheritance; (*Droit*) patrimony; (*Finance* = *biens*) property; (= *bien commun*) heritage; **~ génétique** genetic inheritance; **~ culturel/naturel** cultural/natural heritage

> ⓘ **JOURNÉES DU PATRIMOINE**
>
> The term **les Journées du patrimoine** *refers to an annual cultural event held throughout France, during which state properties are opened to the public for the weekend. The rare opportunity to visit the inside of such prestigious institutions as ministries and the Élysée Palace has made the* **Journées du patrimoine** *extremely popular.*

patriote /patʀijɔt/ 1 ADJ patriotic 2 NMF patriot

patriotique /patʀijɔtik/ ADJ patriotic

patriotisme /patʀijɔtism/ NM patriotism

patron /patʀɔ̃/ 1 NM ⓐ (= *propriétaire*) owner; (= *gérant*) boss; (= *employeur*) employer; **le ~ est là ?** is the boss in?; **le ~ du restaurant** the restaurant owner; **un petit ~** a boss of a small company ⓑ (*Hist, Rel* = *protecteur*) patron; **saint ~** patron saint ⓒ (*Couture*) pattern; **(taille) demi-~/~/grand ~** small/medium/large (size) 2 COMP ♦ **patron d'industrie** captain of industry ♦ **patron de presse** press baron ♦ **patron de thèse** (*Univ*) supervisor (*of a doctoral thesis*)

patronage /patʀɔnaʒ/ NM ⓐ (= *protection*) patronage; **sous le (haut) ~ de** under the patronage of ⓑ (= *organisation*) youth club; (*Rel*) youth fellowship

patronal, e (*mpl* **-aux**) /patʀɔnal, o/ ADJ employer's

patronat /patʀɔna/ NM **le ~** the employers

patronne /patʀɔn/ NF ⓐ (= *propriétaire*) owner; (= *gérante*) boss ⓑ (= *sainte*) patron saint

patronner /patʀɔne/ /TABLE 1/ VT to support; (*financièrement*) to sponsor

patronyme /patʀɔnim/ NM patronymic

patrouille /patʀuj/ NF patrol

patrouiller /patʀuje/ /TABLE 1/ VI to patrol

patte /pat/ 1 NF ⓐ (= *jambe d'animal*) leg; (= *pied*) [*de chat, chien*] paw; [*d'oiseau*] foot; **~s de devant** forelegs; **~s de derrière** hindlegs; **faire ~ de velours** to be all sweetness and light; **montrer ~ blanche** to show one's credentials ⓑ (= *jambe*)• leg; **à ~s** on foot; **bas sur ~s** [*personne*] short-legged; **il est toujours dans mes ~s** he's always under my feet; **traîner la ~** to hobble along ⓒ (= *style*) [*d'auteur, peintre*] style ⓓ [*de poche*] flap; [*de vêtement*] strap

2 COMP ♦ **pattes d'éléphant, pattes d'ef•**: **pantalon ~s d'éléphant** *ou* **d'ef** flares ♦ **pattes de mouche** (= *écriture*) spidery scrawl

patte-d'oie (*pl* **pattes-d'oie**) /patdwa/ NF (= *rides*) crow's foot; (= *carrefour*) branching crossroads *ou* junction

pâturage /patyʀaʒ/ NM pasture

pâture /patyʀ/ NF ⓐ (= *nourriture*) food; **donner qn en ~ aux fauves** to throw sb to the lions ⓑ (= *pâturage*) pasture

paume /pom/ NF [*de main*] palm

paumé, e: /pome/ (*ptp de* **paumer**) 1 ADJ (*dans un lieu, une explication*) lost; (*dans un milieu inconnu*) bewildered; **habiter un trou ~** to live in a godforsaken place; **il est complètement ~** (= *socialement inadapté*) he's totally lost 2 NM,F (= *marginal*) misfit

paumer : /pome/ /TABLE 1/ 1 VT (= *perdre*) to lose 2 VPR **se paumer** to get lost

paupière /popjɛʀ/ NF eyelid

paupiette /popjɛt/ NF **~ de veau** veal olive

pause /poz/ NF (= *arrêt*) break; (*en parlant*) pause; (*Sport*) half-time; **faire une ~** to have a break; **~-café** coffee break; **la ~ de midi** the lunch break; **~ publicitaire** commercial break

pauvre /povʀ/ 1 ADJ ⓐ poor; **l'air est ~ en oxygène** the air is low in oxygen; **le pays est ~ en ressources** the country is short of resources; **une nourriture ~ en calcium** (*par manque*) a diet lacking in calcium; (*par ordonnance*) a low-calcium diet

ⓑ (*avant le nom*) poor; **~ type !*** (= *malheureux*) poor guy!*; (= *crétin*) stupid bastard!**; **c'est un ~ type*** (= *mal adapté*) he's a sad case; (= *minable*) he's a dead loss*; **~ con !** you stupid bastard!**; **tu es bien naïve ma ~ fille !** poor girl, you're so naïve!; **c'est une ~ fille** she's a sad case; **~ petit !** poor thing!; **mon ~ ami** my dear friend

2 NMF ⓐ (= *personne pauvre*) poor man *ou* woman; **les ~s** the poor

ⓑ (*marquant commisération*) **le ~, il a dû en voir !*** the poor guy*, he must have had a hard time of it!; **les ~s !** the poor things!

pauvreté /povʀəte/ NF poverty

pavaner (se) /pavane/ /TABLE 1/ VPR to strut about

pavé, e /pave/ 1 ADJ (*cour, rue*) cobbled 2 NM ⓐ [*de chaussée, cour*] cobblestone; **être sur le ~** (= *sans domicile*) to be homeless; (= *sans emploi*) to be out of a job; **jeter un ~ dans la mare** to set the cat among the pigeons ⓑ [*= livre épais*)* massive tome ⓒ (*Informatique*) **~ numérique** numeric keypad

paver /pave/ /TABLE 1/ VT (*avec des pavés*) to cobble; (*avec des dalles*) to pave

pavillon /pavijɔ̃/ 1 NM ⓐ (= *villa*) house; (= *section d'hôpital*) ward; (= *corps de bâtiment*) wing ⓑ (= *drapeau*) flag 2 COMP ◆ **pavillon de banlieue** suburban house ◆ **pavillon de chasse** hunting lodge ◆ **pavillon de complaisance** flag of convenience ◆ **pavillon de détresse** distress flag

pavillonnaire /pavijɔnɛʀ/ ADJ **lotissement ~** private housing estate; **banlieue ~** residential suburb (*consisting of houses rather than apartment blocks*)

pavoiser /pavwaze/ /TABLE 1/ VI to put out flags; **il n'y a pas de quoi ~ !** it's nothing to get excited about!

pavot /pavo/ NM poppy

payable /pɛjabl/ ADJ payable; **~ en trois fois** [*somme*] payable in three instalments

payant, e /pɛjɑ̃, ɑ̃t/ ADJ [*spectateur*] paying; **« entrée ~e »** "admission fee payable"; **c'est ~ ?** do you have to pay?; **ce spectacle est ~** you have to pay to get in to this show; **ses efforts n'ont pas été ~s** his efforts didn't pay off

payer /peje/ /TABLE 8/ 1 VT ⓐ [+ *facture, dette*] to pay; **~ comptant** to pay cash; **c'est lui qui paie** he's paying ⓑ [+ *employé*] to pay; [+ *tueur*] to hire; **être payé par chèque/en espèces/en nature** to be paid by cheque/in cash/in kind; **il est payé pour le savoir !** (*fig*) he should know!

ⓒ [+ *travail, maison, marchandise*] to pay for; **il m'a fait ~ 50 €** he charged me 50 euros; **~ les pots cassés** to carry the can*; **travail mal payé** badly-paid work

ⓓ (= *offrir*) **~ qch à qn** to buy sth for sb; **~ à boire à qn** to buy sb a drink

ⓔ (= *récompenser*) to reward; **il a été payé de ses efforts** he was rewarded for his efforts

ⓕ (= *expier*) [+ *faute, crime*] to pay for; **il l'a payé de sa santé** it cost him his health; **il me le paiera !** (*en menace*) he'll pay for this!

2 VI ⓐ [*effort, tactique*] to pay off; [*métier*] to be well-paid; **~ pour qn** to pay for sb; (*fig*) to take the blame instead of sb

ⓑ (*locutions*) **~ de sa personne** to make sacrifices; **l'hôtel ne paie pas de mine** the hotel isn't much to look at

3 VPR **se payer** (= *s'offrir*) [+ *objet*] to treat o.s. to; **on va se ~ le restaurant** we're going to treat ourselves to a meal out; **se ~ la tête de qn** (= *ridiculiser*) to make fun of sb; (= *tromper*) to take sb for a ride*; **se ~ une bonne grippe*** to have a bad dose of flu; **il s'est payé un arbre*** he wrapped his car round a tree

payeur, -euse /pɛjœʀ, øz/ NM,F payer; **mauvais ~** bad debtor

pays /pei/ 1 NM ⓐ (= *contrée, habitants*) country; **des ~ lointains** far-off countries; **la France est le ~ du vin** France is the land of wine

ⓑ (= *région*) region; **c'est le ~ de la tomate** it's tomato-growing country; **revenir au ~** to go back home; **les gens du ~** the local people; **vin de ~** local wine

ⓒ (*locutions*) **voir du ~** to travel around; **être en ~ de connaissance** (*dans une réunion*) to be among friends; (*sur un sujet, dans un lieu*) to be on home ground

2 COMP ◆ **pays d'accueil** host country ◆ **le Pays basque** the Basque Country ◆ **le pays de Galles** Wales ◆ **les pays les moins avancés** less developed countries ◆ **pays en développement** developing country

paysage /peizaʒ/ NM ⓐ landscape; **ce bâtiment nous gâche le ~** that building spoils our view; **le ~ urbain** the urban landscape; **mode ~** (*Informatique*) landscape ⓑ (= *situation*) scene; **le ~ politique** the political scene; **dans le ~ audiovisuel français** in French broadcasting

paysagé, e /peizaʒe/, **paysager, -ère** /peizaʒe, ɛʀ/ ADJ **parc ~** landscaped garden; **bureau ~** open-plan office

paysagiste /peizaʒist/ NMF (= *peintre*) landscape painter; (= *jardinier*) landscape gardener; **architecte ~** landscape architect

paysan, -anne /peizɑ̃, an/ 1 ADJ [*monde, problème*] farming; [*vie, coutumes*] country 2 NM farmer 3 NF **paysanne** farmer

Pays-Bas /peiba/ NMPL **les ~** the Netherlands

PC /pese/ NM ⓐ ABBR = **parti communiste** ⓑ (*Informatique*) (ABBR = **personal computer**) PC

PCV /peseve/ NM **appel en ~** reverse-charge call (*Brit*), collect call (*US*); **appeler en ~** to make a reverse-charge call (*Brit*), to call collect (*US*)

PDA /pedea/ NM (ABBR = **personal digital assistant**) PDA

PDG /pedeʒe/ NM INV (ABBR = **président-directeur général**) chairman and managing director (*Brit*), chief executive officer (*US*)

péage /peaʒ/ NM (= *droit*) toll; (= *barrière*) tollgate; **autoroute à ~** toll motorway (*Brit*), turnpike (*US*); **poste de ~** tollbooth; **chaîne à ~** (*TV*) pay channel

peau (*pl* **peaux**) /po/ 1 NF ⓐ [*de personne*] skin; **maladie de ~** skin disease; **faire ~ neuve** to adopt a new image ⓑ (= *corps, vie*)* **risquer sa ~** to risk one's neck*; **tenir à sa ~** to value one's life; **je ne donnerai pas cher de sa ~** he's dead meat*; **j'aurai sa ~ !** I'll kill him!; **être bien dans sa ~** to be happy in o.s.; **il est mal dans sa ~** he's not a happy person; **se mettre dans la ~ de qn** to put o.s. in sb's place; **avoir la ~ dure*** (= *être solide*) to be hardy; (= *résister à la critique*) [*personne*] to be thick-skinned; [*idées, préjugés*] to be difficult to get rid of

ⓒ [*d'animal*] skin; (= *cuir*) hide; (= *fourrure*) pelt; **vêtements de ~** leather clothes

ⓓ [*de fruit, lait, peinture*] skin; [*de fromage*] rind; (= *épluchure*) peel

2 COMP ◆ **peau de chagrin : diminuer comme une ~ de chagrin** to shrink away ◆ **peau de mouton** sheepskin; **en ~ de mouton** sheepskin ◆ **peau d'orange** (= *cellulite*) orange peel effect ◆ **peau de vache*** (= *homme*) bastard**; (= *femme*) bitch**

peaufiner /pofine/ /TABLE 1/ VT [+ *travail*] to put the finishing touches to; [+ *style*] to polish

Peau-Rouge (*pl* **Peaux-Rouges**) /poʀuʒ/ NMF Red Indian

peccadille /pekadij/ NF (= *vétille*) trifle

péché /peʃe/ NM sin; **commettre un ~** to sin ♦ **péché capital** deadly sin ♦ **péché mignon** : **le whisky, c'est son ~ mignon** he's rather partial to whisky ♦ **le péché originel** original sin

pêche /pɛʃ/ 1 NF ⓐ (= fruit) peach ⓑ (= vitalité)* **avoir la ~** to be on form; **il n'a pas la ~** he's feeling a bit low ⓒ (= activité) fishing; (= saison) fishing season; **la ~ à la ligne** (en mer) line fishing; (en rivière) angling; **la ~ aux moules** mussel gathering; **la ~ à la baleine** whaling; **la ~ à la crevette** shrimping; **aller à la ~** to go fishing; **aller à la ~ aux informations** to go fishing for information; **filet de ~** fishing net 2 ADJ peach-coloured

pécher /peʃe/ /TABLE 6/ VI to sin; **~ par négligence** to be careless; **ça pèche par bien des points** it has a lot of weaknesses

pêcher¹ /peʃe/ /TABLE 1/ 1 VT (= être pêcheur de) to fish for; (= attraper) to catch; **~ des coquillages** to gather shellfish; **~ la truite/la morue** to fish for trout/cod; **où as-tu été ~ cette idée ?*** where did you dig that idea up from?* 2 VI to fish, to go fishing; (avec un chalut) to trawl; **~ à la ligne** to go angling; **~ à la mouche** to fly-fish

pêcher² /peʃe/ NM (= arbre) peach tree

pécheur, pécheresse /peʃœʀ, peʃʀɛs/ NM,F sinner

pêcheur /peʃœʀ/ NM fisherman; (à la ligne) angler; **~ de perles** pearl diver

pectoral, e (mpl **-aux**) /pɛktɔʀal, o/ 1 ADJ ⓐ (= du buste) pectoral ⓑ [sirop, pastille] cough 2 NM pectoral muscle; **avoir des pectoraux** to have pecs*

pécule /pekyl/ NM (= économies) nest egg; **se constituer un petit ~** to build up a little nest egg

pécuniaire /pekynjɛʀ/ ADJ financial

pédagogie /pedagɔʒi/ NF (= éducation) education; (= art d'enseigner) teaching skills; (= méthodes d'enseignement) educational methods

pédagogique /pedagɔʒik/ ADJ educational; **outils ~s** teaching aids; **stage (de formation) ~** teacher-training course; **une approche plus ~** a more pupil-oriented approach

pédagogue /pedagɔg/ NMF (= professeur) teacher; **il est bon ~** he's a good teacher

pédale /pedal/ NF ⓐ pedal; **~ douce** soft pedal; **mettre la ~ douce*** to soft-pedal* ⓑ (péj = homosexuel)** queer**

pédaler /pedale/ /TABLE 1/ VI to pedal; **~ dans la choucroute**** (= ne rien comprendre) to be all at sea*; (= ne pas progresser) to get nowhere (fast)*

pédalier /pedalje/ NM pedal and gear mechanism

pédalo ® /pedalo/ NM pedalo; **faire du ~** to go out in a pedalo

pédant, e /pedɑ̃, ɑ̃t/ 1 ADJ pedantic 2 NM,F pedant

pédantisme /pedɑ̃tism/ NM pedantry

pédé ** /pede/ NM queer**

pédestre /pedɛstʀ/ ADJ **circuit ~** walk; **sentier ~** footpath

pédiatre /pedjatʀ/ NMF paediatrician (Brit), pediatrician (US)

pédiatrie /pedjatʀi/ NF paediatrics (sg) (Brit), pediatrics (sg) (US)

pédicure /pedikyʀ/ NMF chiropodist

pedigree /pedigʀe/ NM pedigree

pédophile /pedɔfil/ NM pedophile (US), paedophile (Brit)

pédopornographie /pedɔpɔʀnɔgʀafi/ NF child pornography

peeling /piliŋ/ NM (= gommage) facial scrub

pègre /pɛgʀ/ NF **la ~** the underworld

peignait /pɛɲɛ/ VB → **peindre**

peigne /pɛɲ/ NM comb; **passer qch au ~ fin** to go through sth with a fine-tooth comb; **se donner un coup de ~** to run a comb through one's hair

peigner /peɲe/ /TABLE 1/ 1 VT [+ cheveux] to comb 2 VPR **se peigner** to comb one's hair

peignoir /peɲwaʀ/ NM dressing gown; **~ (de bain)** bathrobe

peinard, e* /penaʀ, aʀd/ ADJ ⓐ (= sans tracas) [travail, vie] cushy*; **se tenir ~** to keep out of trouble ⓑ (= au calme) [coin] quiet; **on va être ~s** (pour se reposer) we'll have a bit of peace; (pour agir) we'll be left in peace

peindre /pɛ̃dʀ/ /TABLE 52/ VT to paint; (= décrire) to depict; **~ qch en jaune** to paint sth yellow; **~ au pinceau/au rouleau** to paint with a brush/a roller

peine /pɛn/ NF ⓐ (= chagrin) sorrow; **avoir de la ~** to be sad; **faire de la ~ à qn** to upset sb; **avoir des ~s de cœur** to have an unhappy love life; **cela fait ~ à voir** it's sad to see that; **il faisait ~ à voir** he was a pitiful sight

ⓑ (= effort) effort; **se donner de la ~ pour faire qch** to go to a lot of trouble to do sth; **donnez-vous la ~ d'entrer** please come in; **c'est ~ perdue** it's a waste of time; **on lui a donné 5€ pour sa ~** he was given 5 euros for his trouble

♦ **être** ou **valoir la peine** : **est-ce que c'est la ~ d'y aller ?** is it worth going?; **ce n'est pas la ~** don't bother; **c'était bien la ~ !** (iro) after all that trouble!; **cela vaut la ~** it's worth it; **cela ne vaut pas la ~ d'en parler** it's not worth mentioning

ⓒ (= difficulté) difficulty; **j'ai ~ à croire que …** I find it hard to believe that …; **avec ~** with difficulty; **sans ~** without difficulty; **j'ai eu toutes les ~s du monde à le convaincre** I had a real job convincing him; **je serais bien en ~ de vous le dire** I'd be hard pushed* to tell you

ⓓ (= punition) punishment; (Droit) sentence; **~ capitale** capital punishment; **~ de mort** death sentence; **~ de prison** prison sentence; **~ de substitution** alternative sentence; **« défense d'entrer sous ~ de poursuites »** "trespassers will be prosecuted"

ⓔ ♦ **à peine** hardly; **c'est à ~ si on l'entend** you can hardly hear him; **il est à ~ 2 heures** it's only just 2 o'clock; **il gagne à ~ de quoi vivre** he hardly earns enough to live on; **il était à ~ rentré qu'il a dû ressortir** he had only just got in when he had to go out again

peiner /pene/ /TABLE 1/ 1 VI [personne] to work hard; [moteur] to labour (Brit), to labor (US); **~ sur un problème** to struggle with a problem; **le coureur peinait dans les derniers mètres** the runner was struggling over the last few metres 2 VT to sadden; **j'ai été peiné de l'apprendre** I was sad to hear it

peint, e /pɛ̃, pɛ̃t/ ptp de **peindre**

peintre /pɛ̃tʀ/ NMF painter; **~ en bâtiment** house painter

peinture /pɛ̃tyʀ/ 1 NF ⓐ (= action, art) painting; **faire de la ~ (à l'huile/à l'eau)** to paint (in oils/in watercolours) ⓑ (= ouvrage) painting ⓒ (= surface peinte) paintwork (NonC); **toutes les ~s sont à refaire** all the paintwork needs redoing ⓓ (= matière) paint; **« ~ fraîche »** "wet paint" ⓔ (= description, action) portrayal; (= résultat) portrait; **c'est une ~ des mœurs de l'époque** it depicts the social customs of the period

2 COMP ♦ **peinture à l'eau** water-based paint ♦ **peinture à l'huile** (= tableau) oil painting; (= matière) oil paint; (pour le bâtiment) oil-based paint ♦ **peinture laquée** gloss paint ♦ **peinture mate** matt emulsion ♦ **peinture métallisée** metallic paint ♦ **peinture satinée** satin-finish paint ♦ **peinture sur soie** silk painting

peinturer /pɛ̃tyʀe/ /TABLE 1/ VT (Can) to paint

péjoratif, -ive /peʒɔʀatif, iv/ ADJ derogatory

Pékin /pekɛ̃/ N Peking

pékinois /pekinwa/ NM (= chien) pekinese

PEL /peɛl/ NM (ABBR = **plan d'épargne-logement**) savings plan for property purchase

pelage /pəlaʒ/ NM [d'animal] coat

pelé, e /pəle/ (ptp de **peler**) 1 ADJ [animal] hairless; [terrain, montagne] bare 2 NM **il n'y avait que trois ~s et un tondu*** there was hardly anyone there

pêle-mêle /pɛlmɛl/ ADV any old how; **les livres étaient entassés ~** the books were in an untidy heap

peler /pəle/ /TABLE 5/ VTI to peel; **je pèle dans le dos** my back is peeling; **on se les pèle !*** it's freezing!

pèlerin /pelʀɛ̃/ NM pilgrim

pèlerinage /pelʀinaʒ/ NM (= voyage) pilgrimage; **faire un ~ à Lourdes** to go on a pilgrimage to Lourdes

pèlerine /pelʀin/ NF cape

pélican /pelikɑ̃/ NM pelican

pelle /pel/ NF shovel; [d'enfant] spade; **ramasser qch à la ~** to shovel sth up; **il y en a à la ~** there are loads of them*; **rouler une ~ à qn:** to give sb a French kiss ♦ **pelle mécanique** mechanical digger ♦ **pelle à tarte** cake slice

pelletée /pelte/ NF shovelful; **des ~s de** masses of

pelleter /pelte/ /TABLE 4/ VT to shovel up

pelleteuse /peltøz/ NF mechanical digger

pellicule /pelikyl/ 1 NF (= couche fine) film; (Photo) film 2 NFPL **pellicules** (= dans les cheveux) dandruff (NonC)

pelote /p(ə)lɔt/ 1 NF ⓐ [de laine] ball ⓑ (Sport) **~ (basque)** pelota 2 COMP ♦ **pelote à épingles** pin cushion

peloter* /p(ə)lɔte/ /TABLE 1/ VT to feel up*; **ils se pelotaient** they were petting*

peloton /p(ə)lɔtɔ̃/ NM [de pompiers, gendarmes] squad ♦ **peloton d'exécution** firing squad ♦ **peloton de tête** (Sport) leaders; **être dans le ~ de tête** (Sport) to be up with the leaders; (en classe) to be among the top few; [pays, entreprise] to be one of the front runners

pelotonner (se) /p(ə)lɔtɔne/ /TABLE 1/ VPR to curl (o.s.) up; **se pelotonner contre qn** to snuggle up to sb

pelouse /p(ə)luz/ NF lawn; (Football, Rugby) field; **« ~ interdite »** "keep off the grass"

peluche /p(ə)lyʃ/ NF ⓐ (= poil) fluff (NonC), bit of fluff ⓑ **(jouet en) ~** soft toy; **lapin en ~** stuffed rabbit

pelucher /p(ə)lyʃe/ /TABLE 1/ VI (par l'aspect) to pill; (= perdre des poils) to leave fluff

pelucheux, -euse /p(ə)lyʃø, øz/ ADJ fluffy

pelure /p(ə)lyʀ/ NF ⓐ (= épluchure) peel (NonC); **~ d'oignon** (Bot) onion skin ⓑ **(papier) ~** flimsy paper

pénal, e /penal, o/ (mpl **-aux**) ADJ criminal; **le droit ~** criminal law; **poursuivre qn au ~** to sue sb

pénalisant, e /penalizɑ̃, ɑ̃t/ ADJ [mesure, réforme] disadvantageous

pénalisation /penalizasjɔ̃/ NF (Sport) (= action) penalization; (= sanction) penalty; **points de ~** penalty points

pénaliser /penalize/ /TABLE 1/ VT to penalize

pénalité /penalite/ NF (= sanction) penalty; **coup de pied de ~** (Football, Rugby) penalty (kick)

penalty /penalti/ (pl **penalties** /penaltiz/) NM (Football) (= coup de pied) penalty kick; (= sanction) penalty; **tirer un ~** to take a penalty kick

pénates /penat/ NMPL (hum) **regagner ses ~** to go back home

penaud, e /pəno, od/ ADJ sheepish; **d'un air ~** sheepishly

penchant /pɑ̃ʃɑ̃/ NM (= tendance) tendency (à faire qch to do sth); (= faible) liking; **avoir un ~ pour la boisson** to be partial to a drink; **mauvais ~s** baser instincts

penché, e /pɑ̃ʃe/ (ptp de **pencher**) ADJ [tableau] lopsided; [poteau, arbre, colonne] leaning; [écriture] sloping; [tête] tilted; **le corps ~ en avant** leaning forward

pencher /pɑ̃ʃe/ /TABLE 1/ 1 VT [+ meuble, bouteille] to tip up; **~ la tête** (en avant) to bend one's head forward; (sur le côté) to tilt one's head

2 VI ⓐ (= être incliné) [mur, arbre] to lean; [navire] to list; [objet en déséquilibre] to tilt; **faire ~ la balance** to tip the scales

ⓑ (= être porté à) **je penche pour la première hypothèse** I lean towards the first hypothesis

3 VPR **se pencher** ⓐ (= s'incliner) to lean over; (= se baisser) to bend down; **se ~ en avant** to lean forward; **se ~ par-dessus bord** to lean overboard

ⓑ (= examiner) **se ~ sur un problème/cas** to look into a problem/case

pendaison /pɑ̃dɛzɔ̃/ NF hanging; **~ de crémaillère** house-warming party

pendant¹, e /pɑ̃dɑ̃, ɑ̃t/ ADJ ⓐ (= qui pend) [bras, jambes] dangling; [langue] hanging out ⓑ (= en instance) [question] outstanding; [affaire] pending

pendant² /pɑ̃dɑ̃/ NM ⓐ **~ (d'oreille)** drop earring ⓑ (= contrepartie) **le ~ de** [+ œuvre d'art, meuble] the matching piece to; [+ personne, institution] the counterpart of

pendant³ /pɑ̃dɑ̃/ PRÉP (durée) for; (= au cours de) during; **~ la journée** during the day; **~ son séjour** during his stay; **qu'est-ce qu'il faisait ~ ce temps-là?** what was he doing in the meantime?; **il a vécu en France ~ plusieurs années** he lived in France for several years; **~ quelques mois, il n'a pas pu travailler** for several months he was unable to work; **~ un moment on a cru qu'il n'y arriverait pas** for a while we thought he would not succeed

♦ **pendant que** while; **~ que vous serez à Paris** while you're in Paris; **~ que j'y pense** while I think of it; **arrosez le jardin et, ~ que vous y êtes, arrachez les mauvaises herbes** water the garden and do some weeding while you're at it; **finissez le plat ~ que vous y êtes!** (iro) why don't you eat it all while you're at it! (iro)

pendentif /pɑ̃dɑ̃tif/ NM (= bijou) pendant

penderie /pɑ̃dʀi/ NF (= meuble) wardrobe (with hanging space only)

pendouiller* /pɑ̃duje/ /TABLE 1/ VI to dangle

pendre /pɑ̃dʀ/ /TABLE 41/ 1 VT to hang; [+ tableau] to hang up (à on); [+ lustre] to hang (up) (à from); **~ le linge** (dans la maison) to hang up the washing; (dehors) to hang out the washing; **~ la crémaillère** to have a housewarming party; **qu'il aille se faire ~ ailleurs!*** he can take a running jump!*

2 VI ⓐ (= être suspendu) to hang; **ça lui pend au nez*** he's got it coming to him*

ⓑ [jambes] to dangle; [bras, robe] to hang; [langue] to hang out

3 VPR **se pendre** ⓐ (= se tuer) to hang o.s.

ⓑ (= se suspendre) **se ~ à une branche** to hang from a branch; **se ~ au cou de qn** to throw one's arms round sb's neck

pendu, e /pɑ̃dy/ (ptp de **pendre**) 1 ADJ (= accroché) hung up; **~ à** (lit) hanging from; **être toujours ~ aux basques de qn** to keep pestering sb; **elle est toujours ~e au téléphone** she spends all her time on the phone 2 NM,F hanged man (ou woman); **jouer au ~** to play hangman

pendulaire /pɑ̃dylɛʀ/ ADJ pendular; **train ~** tilting train

pendule /pɑ̃dyl/ 1 NF clock; **remettre les ~s à l'heure*** (fig) to set the record straight 2 NM pendulum

pêne /pen/ NM [de serrure] bolt

pénétrant, e /penetʀɑ̃, ɑ̃t/ ADJ penetrating; [pluie] drenching; [froid] biting

pénétration /penetʀasjɔ̃/ NF (= action) penetration

pénétré, e /penetʀe/ (ptp de **pénétrer**) ADJ **être ~ de son importance** to be full of self-importance; **~ de son sujet, il ...** totally engrossed in his subject, he ...

pénétrer /penetʀe/ /TABLE 6/ 1 VI to enter; **personne ne doit ~ ici** nobody must be allowed to enter; **~ chez qn par la force** to break into sb's house; **faire ~ une crème** to rub a cream in

♦ **pénétrer dans** [personne, véhicule] [+ lieu] to enter; [+ groupe, milieu] to penetrate; [soleil] to shine into; [vent] to blow into; [air, liquide, insecte] to come into; [crème, balle] to penetrate; [aiguille] to go into; [huile, encre] to soak into; **des voleurs ont pénétré dans la maison** thieves broke into the house

2 VT ⓐ (= percer) [froid, air] to penetrate; [odeur] to fill; [liquide] to soak through

ⓑ (= découvrir) [+ mystère, secret] to fathom

ⓒ [+ marché] to break into

ⓓ (sexuellement) to penetrate

3 VPR **se pénétrer**: **se ~ d'une idée** to get an idea firmly fixed in one's mind

pénible /penibl/ ADJ ⓐ (= fatigant, difficile) [travail, voyage] hard; [personne] tiresome; **~ à lire** hard to read; **ce bruit est ~ à supporter** this noise is difficult to put up with; **les derniers kilomètres ont été ~s** the last few kilometres were hard going; **tout effort lui est ~** he finds it hard to make the slightest effort; **il est vraiment ~** [*enfant*] he's a real nuisance; [*adulte*] he's a real pain in the neck*

ⓑ (= *douloureux*) [*sujet, séparation, moment, maladie*] painful (**à** to); [*nouvelle, spectacle*] sad; **il m'est ~ d'avoir à vous dire que ...** I'm sorry to have to tell you that ...

péniblement /peniblǝmɑ̃/ ADV (= *difficilement*) with difficulty; (= *tout juste*) only just

péniche /penif/ NF (= *bateau*) barge; **~ de débarquement** landing craft

pénicilline /penisilin/ NF penicillin

péninsulaire /penɛ̃sylɛʀ/ ADJ peninsular

péninsule /penɛ̃syl/ NF peninsula; **la ~ Ibérique** the Iberian Peninsula

pénis /penis/ NM penis

pénitence /penitɑ̃s/ NF (= *repentir*) penitence; (= *peine, sacrement*) penance; **faire ~** to repent (**de** of); **pour ta ~** as a punishment (to you)

pénitencier /penitɑ̃sje/ NM (= *prison*) prison

pénitent, e /penitɑ̃, ɑ̃t/ ADJ, NM,F penitent

pénitentiaire /penitɑ̃sjɛʀ/ ADJ penitentiary; **établissement ~** prison

pénombre /penɔ̃bʀ/ NF (= *faible clarté*) half-light; (= *obscurité*) darkness

pense-bête (*pl* **pense-bêtes**) /pɑ̃sbɛt/ NM reminder

pensée /pɑ̃se/ NF ⓐ (= *idée*) thought; **la ~ marxiste** Marxist thought; **plongé dans ses ~s** deep in thought; **avoir une ~ pour qn** to think of sb; **j'ai eu une ~ émue pour toi** I spared a thought for you; **aller jusqu'au bout de sa ~** (= *raisonner*) to take one's line of thought to its logical conclusion; (= *dire ce qu'on pense*) to say what one thinks; **à la ~ de faire qch** at the thought of doing sth; **à la ~ que ...** to think that ...; **se représenter qch en ~** to conjure up a mental picture of sth; **j'ai essayé de chasser ce souvenir de ma ~** I tried to banish this memory from my mind

ⓑ (= *fleur*) pansy

penser /pɑ̃se/ /TABLE 1/ 1 VI to think; **façon de ~** way of thinking; **~ tout haut** to think out loud; **ça me fait ~ qu'il ne m'a toujours pas répondu** that reminds me that he still hasn't replied; **il vient ? — penses-tu !** is he coming? — you must be joking!*; **mais vous n'y pensez pas, c'est bien trop dangereux !** don't even think about it, it's much too dangerous!

♦ **penser à** [+ *ami, problème, offre*] to think about; (= *prévoir*) to think of; (= *se souvenir de*) to remember; **~ aux autres** to think of others; **tu vois à qui/à quoi je pense ?** you see who/what I'm thinking of?; **faire ~ à** to make one think of; **il ne pense qu'à jouer** playing is all he ever thinks about; **il pense à tout** he thinks of everything; **~ à l'avenir** to think of the future; **pense à l'anniversaire de ta mère** remember your mother's birthday; **faire/dire qch sans y ~** to do/say sth without thinking; **n'y pensons plus !** let's forget it!; **c'est simple mais il fallait y ~** it's simple when you know how; **fais m'y ~** remind me

2 VT ⓐ (= *avoir une opinion*) to think (**de** of, about); **~ du bien/du mal de qn** to have a high/poor opinion of sb; **que pense-t-il du film ?** what does he think of the film?; **je pense comme toi** I agree with you; **je ne dis rien mais je n'en pense pas moins** I am not saying anything but that doesn't mean that I don't have an opinion

ⓑ (= *supposer, imaginer*) to think; **je pense que non** I don't think so; **je pense que oui** I think so; **pensez-vous qu'il viendra ?** do you think he'll come?; **c'est bien ce que je pensais !** I thought as much!; **vous pensez bien qu'elle a refusé** as you might have thought, she refused; **j'ai pensé mourir** I thought I was going to die

ⓒ **~ faire qch** (= *avoir l'intention de*) to be thinking of doing sth; (= *espérer*) to hope to do sth; **il pense partir jeudi** he's thinking of going on Thursday

ⓓ (= *concevoir*) [+ *problème, projet*] to think out; **c'est bien pensé** it's well thought out

penseur /pɑ̃sœʀ/ NM thinker

pensif, -ive /pɑ̃sif, iv/ ADJ thoughtful; **d'un air ~** pensively

pension /pɑ̃sjɔ̃/ 1 NF ⓐ (= *allocation*) pension; **~ d'invalidité** disablement pension; **~ de retraite** retirement pension ⓑ (= *hôtel*) boarding house ⓒ (= *école*) (boarding) school; **mettre qn en ~** to send sb to boarding school ⓓ (= *hébergement*) board and lodging; **chambre avec ~ complète** full board 2 COMP ♦ **pension alimentaire** [*de personne divorcée*] alimony ♦ **pension de famille** ≈ boarding house

pensionnaire /pɑ̃sjɔnɛʀ/ NMF (= *élève*) boarder; (*dans une famille*) lodger; [*d'hôtel*] resident

pensionnat /pɑ̃sjɔna/ NM boarding school

pentagone /pɛ̃tagɔn/ NM pentagon; **le Pentagone** the Pentagon

pente /pɑ̃t/ NF slope; **être en ~ douce/raide** to slope gently/steeply; **~ à 4%** [*de route*] 4% gradient; **être sur une mauvaise ~** to be going downhill; **remonter la ~** (*fig*) to get back on one's feet again

♦ **en pente** sloping

Pentecôte /pɑ̃tkot/ NF (= *dimanche*) Whit Sunday; (= *période*) Whit; **lundi de ~** Whit Monday

pénurie /penyʀi/ NF shortage; **~ de main-d'œuvre/sucre** labour/sugar shortage

pépé * /pepe/ NM grandad*

pépée ‡ /pepe/ NF (= *fille*) girl

pépère * /pepɛʀ/ ADJ [*vie*] quiet; [*travail*] easy

pépier /pepje/ /TABLE 7/ VI to chirp

pépin /pepɛ̃/ NM ⓐ [*de fruit*] pip; **sans ~s** seedless ⓑ (= *ennui*)* snag; **avoir un ~** to hit a snag*; **petit ~ de santé** slight health problem ⓒ (= *parapluie*)* umbrella

pépinière /pepinjɛʀ/ NF tree nursery

pépiniériste /pepinjeʀist/ 1 NM nurseryman 2 NF nurserywoman

pépite /pepit/ NF [*d'or*] nugget; **~s de chocolat** chocolate chips

péplum /peplɔm/ NM (= *film*) epic (*set in Roman times*)

péquenaud, e ‡ /pɛkno, od/ NM,F country bumpkin

perçant, e /pɛʀsɑ̃, ɑ̃t/ ADJ [*cri, voix, regard*] piercing; [*froid*] bitter; [*vue*] keen

percée /pɛʀse/ NF breakthrough

perce-neige (*pl* **perce-neige(s)**) /pɛʀsǝnɛʒ/ NM *ou* F snowdrop

perce-oreille (*pl* **perce-oreilles**) /pɛʀsɔʀɛj/ NM earwig

percepteur, -trice /pɛʀsɛptœʀ, tʀis/ NM,F tax collector

perceptible /pɛʀsɛptibl/ ADJ [*son, ironie*] perceptible (**à** to)

perception /pɛʀsɛpsjɔ̃/ NF ⓐ perception; **nous n'avons pas la même ~ de la situation** we don't perceive the situation in quite the same way ⓑ [*d'impôt, amende, péage*] collection; (= *bureau*) tax office

percer /pɛʀse/ /TABLE 3/ 1 VT ⓐ (= *perforer*) to pierce; (*avec perceuse*) to drill through; [+ *chaussette, chaussure*] to wear a hole in; [+ *coffre-fort*] to break open; [+ *abcès*] to lance; **avoir une poche percée** to have a hole in one's pocket

ⓑ [+ *fenêtre, ouverture*] to make; [+ *tunnel*] to bore (**dans** through)

ⓒ (= *traverser*) **~ les nuages** to break through the clouds

ⓓ (= *découvrir*) [+ *mystère*] to penetrate; **~ qch à jour** to see through sth

ⓔ [*bébé*] **~ ses dents** to be teething

2 VI ⓐ [*soleil*] to come out; **il a une dent qui perce** he's got a tooth coming through

ⓑ [*sentiment, émotion*] to show; **un ton où perçait l'ironie** a tone tinged with irony

ⓒ (= *réussir, acquérir la notoriété*) to make a name for o.s.

perceuse /pɛʀsøz/ NF drill; **~ à percussion** hammer drill

percevoir /pɛʀsəvwaʀ/ /TABLE 28/ VT ⓐ (= *ressentir*) [+ *objet, son, couleur*] to perceive; [+ *nuance, changement*] to detect; [+ *douleur, émotion*] to feel; **j'ai cru ~ une légère hésitation dans sa voix** I thought I detected a slight note of hesitation in his voice ⓑ (= *comprendre*) [+ *situation*] to perceive; **son action a été mal perçue** what he did was not well received ⓒ (= *faire payer*) [+ *taxe, loyer*] to collect; (= *recevoir*) [+ *indemnité, revenu*] to be paid

perche /pɛʀʃ/ NF ⓐ (= *poisson*) perch ⓑ (= *bâton*) pole; [*de tuteur*] stick; (*pour prise de son*) boom ⓒ (= *personne*)* **(grande) ~** beanpole* (*Brit*), stringbean* (*US*)

perché, e /pɛʀʃe/ (*ptp de* **percher**) ADJ **voix haut ~e** high-pitched voice; **~ sur des talons aiguillé** teetering on stilettos; **un village ~ sur la montagne** a village set high up *ou* perched in the mountains

percher /pɛʀʃe/ /TABLE 1/ 1 VI [*oiseau*] to perch 2 VT to stick; **~ qch sur une armoire** to stick sth up on top of a cupboard 3 VPR **se percher** [*oiseau*] to perch

perchiste /pɛʀʃist/ NMF (*Sport*) pole vaulter

perchoir /pɛʀʃwaʀ/ NM perch; [*de volailles*] roost; (*Politique*) seat of the president of the French National Assembly

perclus, e /pɛʀkly, yz/ ADJ (= *paralysé*) crippled (**de** with)

percolateur /pɛʀkɔlatœʀ/ NM coffee machine

percussion /pɛʀkysjɔ̃/ NF percussion; **les ~s** (= *instruments*) the percussion

percussionniste /pɛʀkysjɔnist/ NMF percussionist

percutant, e /pɛʀkytɑ̃, ɑ̃t/ ADJ [*slogan, titre*] snappy; [*réponse*] trenchant; [*analyse*] incisive; [*argument, discours, pensée, images*] powerful

percuter /pɛʀkyte/ /TABLE 1/ 1 VT to strike; [*conducteur, véhicule*] to smash into 2 VI (= *comprendre*)* to twig*; **il percute vite** he catches on fast

perdant, e /pɛʀdɑ̃, ɑ̃t/ 1 ADJ [*numéro, cheval*] losing; **je suis ~** I've lost out 2 NM,F loser; **être mauvais ~** to be a bad loser

perdition /pɛʀdisjɔ̃/ NF ⓐ perdition; **lieu de ~** den of iniquity
ⓑ ♦ **en perdition** [*bateau*] in distress; [*jeunesse*] on the wrong path

perdre /pɛʀdʀ(ə)/ /TABLE 41/ 1 VT ⓐ to lose; (= *égarer*) to mislay; [+ *habitude*] to get out of; (*volontairement*) to break; **il a perdu son père à la guerre** he lost his father in the war; **j'ai perdu le goût de rire** I don't feel like laughing any more; **n'avoir rien à ~** to have nothing to lose; **le Président perd trois points dans le dernier sondage** the President is down three points in the latest poll; **~ sa page** (*en lisant*) to lose one's place; **~ du poids** to lose weight; **~ l'appétit/la mémoire/la vie** to lose one's appetite/one's memory/one's life; **~ l'équilibre** to lose one's balance; **~ espoir/patience** to lose hope/patience; **il perd son pantalon** his trousers are falling down
ⓑ (= *gaspiller*) [+ *temps, peine, argent*] to waste (**à qch** on sth; **à faire** doing); [+ *aliments*] to spoil; **tu as du temps/de l'argent à ~!** you've got time to waste/money to burn!; **sans ~ une minute** without wasting a minute
ⓒ (= *manquer*) [+ *occasion*] to miss; **il n'a pas perdu une miette de la conversation** he didn't miss a single syllable of the conversation; **il ne perd rien pour attendre!** he's got it coming to him!*; **rien n'est perdu!** nothing is lost!
ⓓ (= *porter préjudice à*) to ruin; **son ambition l'a perdu** ambition was his downfall; **ta bonté te perdra!** (*iro*) you're too kind! (*iro*)
ⓔ (*locutions*) **~ le nord*** to lose one's way; **il ne perd pas le nord*** he keeps his wits about him; **~ les pédales*** (= *s'affoler*) to lose one's head; **~ ses moyens** to crack up*; **~ la tête** (= *s'affoler*) to lose one's head; [*vieillard*] to lose one's marbles*

2 VI to lose; **vous y perdez** (*dans une transaction*) you lose by it

3 VPR **se perdre** ⓐ (= *s'égarer*) to get lost; **se ~ dans les détails** to get bogged down in details; **je m'y perds** I'm all

confused
ⓑ (= *disparaître*) to disappear; [*coutume*] to be dying out; **se ~ dans la foule** to disappear into the crowd
ⓒ (= *devenir inutilisable*) to be wasted; [*denrées*] to go bad; **rien ne se perd** nothing is wasted

perdreau (*pl* **perdreaux**) /pɛʀdʀo/ NM partridge

perdrix /pɛʀdʀi/ NF partridge

perdu, e /pɛʀdy/ (*ptp de* **perdre**) ADJ ⓐ lost; [*balle, chien*] stray; **~ dans ses pensées** (= *absorbé*) lost in thought; **il est ~** [*malade*] there's no hope for him; **je suis ~!** I'm done for!; **rien n'est ~** there's no harm done; **ce n'est pas ~ pour tout le monde** somebody's made good use of it
ⓑ (= *gaspillé*) [*occasion, temps*] wasted; **il y a trop de place ~e** there's too much space wasted; **à ses moments ~s** in his spare time
ⓒ (= *abîmé*) [*aliment*] spoilt; [*récolte*] ruined
ⓓ (= *écarté*) [*pays, endroit*] out-of-the-way
ⓔ (= *non consigné*) [*emballage, verre*] non-returnable

perdurer /pɛʀdyʀe/ /TABLE 1/ VI (*frm*) [*situation*] to continue; [*tradition, phénomène*] to endure

père /pɛʀ/ 1 NM ⓐ father; **marié et ~ de trois enfants** married with three children; **il est ~ depuis hier** he became a father yesterday; **de ~ en fils** from father to son; **le ~ de la bombe H** the father of the H-bomb; **le ~ Benoit*** old Benoit* ⓑ (= *enfant*)* **un brave petit ~** a fine little fellow* 2 NMPL **pères** (= *ancêtres*) forefathers 3 COMP ♦ **père de famille** father ♦ **le père Noël** Father Christmas

péremption /peʀɑ̃psjɔ̃/ NF (*Droit*) limitation period; **date de ~** (*d'un aliment*) sell-by date

péremptoire /peʀɑ̃ptwaʀ/ ADJ [*argument, ton*] peremptory

pérennité /peʀenite/ NF [*d'institution, goûts*] durability; [*de tradition*] continuity

perfection /pɛʀfɛksjɔ̃/ NF perfection; **atteindre la ~** to attain perfection
♦ **à la perfection** [*jouer, fonctionner*] to perfection; [*connaître*] perfectly

perfectionné, e /pɛʀfɛksjɔne/ (*ptp de* **perfectionner**) ADJ [*dispositif, machine*] sophisticated

perfectionnement /pɛʀfɛksjɔnmɑ̃/ NM improvement (**de** in); **des cours de ~ en anglais** an advanced English course; **les derniers ~s techniques** the latest technical developments

perfectionner /pɛʀfɛksjɔne/ /TABLE 1/ 1 VT (= *améliorer*) to improve 2 VPR **se perfectionner** [*technique*] to improve; **se ~ en anglais** to improve one's English

perfectionniste /pɛʀfɛksjɔnist/ 1 NMF perfectionist 2 ADJ **être ~** to be a perfectionist; **tu es trop ~** you're too much of a perfectionist

perfide /pɛʀfid/ ADJ (*littér*) treacherous

perfidie /pɛʀfidi/ NF treachery

perforation /pɛʀfɔʀasjɔ̃/ NF perforation; (= *trou*) punched hole

perforer /pɛʀfɔʀe/ /TABLE 1/ VT (= *percer*) to pierce; (*Méd*) to perforate; (= *poinçonner*) to punch

performance /pɛʀfɔʀmɑ̃s/ NF ⓐ [*de voiture, machine, économie, industrie*] performance (*NonC*) ⓑ (= *résultat*) result; (= *exploit*) feat; **c'était une vraie ~** it was quite a feat

performant, e /pɛʀfɔʀmɑ̃, ɑ̃t/ ADJ [*machine, voiture*] high-performance; [*entreprise, économie*] successful; [*administrateur, procédé*] effective

perfusion /pɛʀfyzjɔ̃/ NF drip (*Brit*), IV (*US*); **être sous ~** to be on a drip (*Brit*) ou an IV (*US*)

péricliter /peʀiklite/ /TABLE 1/ VI [*affaire, économie*] to be in a state of collapse

péridurale /peʀidyʀal/ NF epidural

péril /peʀil/ NM (*littér*) peril; **au ~ de sa vie** at the risk of one's life
♦ **en péril** [*monument, institution*] in peril; **mettre en ~** to imperil

périlleux, -euse /peʀijø, øz/ ADJ perilous

périmé, e /peʁime/ ADJ [*billet, bon*] out-of-date; [*nourriture*] past its use-by date; **ce passeport est ~** this passport has expired

périmètre /peʁimɛtʁ/ NM perimeter; (= *zone*) area; **dans un ~ de 3 km** within a 3km radius; **~ de sécurité** safety zone

période /peʁjɔd/ NF period; **par ~s** from time to time; **en ~ scolaire** during termtime (*Brit*), while school is in session (*US*); **pendant la ~ électorale** at election time; **~ d'essai** trial period; **~ ensoleillée** sunny spell; **elle a traversé une ~ difficile** she has been through a difficult patch; **~ bleue/blanche** (*Transports*) *slack/relatively slack period when discounts are available on tickets*; **~ rouge** *peak period when tickets are most expensive*

périodique /peʁjɔdik/ **1** ADJ periodic; (*Presse*) periodical **2** NM (= *journal*) periodical

périodiquement /peʁjɔdikmɑ̃/ ADV periodically

péripétie /peʁipesi/ NF (= *épisode*) event; **le voyage était plein de ~s** it was an eventful journey

périphérie /peʁifeʁi/ NF (= *limite*) periphery; (= *banlieue*) outskirts; **la proche ~** (= *banlieue*) the inner suburbs; **à la ~ de la ville** on the outskirts

périphérique /peʁifeʁik/ **1** ADJ peripheral; [*quartier*] outlying; [*activités*] associated **2** NM ⓐ (*Informatique*) peripheral ⓑ (**boulevard**) **~** ring road (*Brit*), beltway (*US*)

périphrase /peʁifʁaz/ NF circumlocution

périple /peʁipl/ NM (*par mer*) voyage; (*par terre*) tour

périr /peʁiʁ/ /TABLE 2/ VI (*littér*) to perish; **~ noyé** to drown

périscolaire /peʁiskɔlɛʁ/ ADJ extracurricular

périscope /peʁiskɔp/ NM periscope

périssable /peʁisabl/ ADJ perishable

péritel® /peʁitel/ ADJ F, NF (**prise**) **~** SCART (socket)

péritonite /peʁitɔnit/ NF peritonitis

perle /peʁl/ NF ⓐ (= *bijou*) pearl; (= *boule*) bead; **~ de culture** cultured pearl; **~ fine** real pearl ⓑ (*littér*) [*d'eau, sang*] drop; [*de sueur*] bead ⓒ (= *personne, chose de valeur*) gem; **vous êtes une ~ rare** you're a gem ⓓ (= *erreur*) howler

perler /peʁle/ /TABLE 1/ VI **la sueur perlait sur son front** there were beads of sweat on his forehead

perm* /peʁm/ NF ⓐ ABBR = **permanence** ⓑ (*arg Mil*) ABBR = **permission**

permanence /peʁmanɑ̃s/ NF ⓐ (= *durée*) permanence ◆ **en permanence** [*siéger*] permanently; [*crier*] continuously ⓑ (= *service*) **être de ~** to be on duty; **une ~ est assurée le dimanche** there is someone on duty on Sundays ⓒ (= *bureau*) duty office; (*Politique*) committee room; (*Scol*) study room *ou* hall (*US*); **heure de ~** (*Scol*) private study period

permanent, e /peʁmanɑ̃, ɑ̃t/ **1** ADJ permanent; [*armée, comité*] standing (*avant le nom*); [*spectacle, angoisse*] continuous; [*conflit, effort*] ongoing **2** NM (*Politique*) official (*of union, political party*); (*dans une entreprise*) permanent employee **3** NF **permanente** (*Coiffure*) perm; **se faire faire une ~e** to have one's hair permed

perméable /peʁmeabl/ ADJ ⓐ (*Physique*) permeable (**à** to) ⓑ (= *ouvert*) [*frontière*] open (**à** to); **~ à** [*personne*] receptive to

permettre /peʁmɛtʁ/ /TABLE 56/ **1** VT ⓐ to allow; **~ à qn de faire qch** to allow sb to do sth; **il se croit tout permis** he thinks he can do what he likes; **est-il permis d'être aussi bête!** how can anyone be so stupid!; **ce diplôme va lui ~ de trouver du travail** this qualification will help him to find a job; **mes moyens ne me le permettent pas** I can't afford it; **mes occupations ne me le permettent pas** I'm too busy to do that; **sa santé ne le lui permet pas** his state of health makes it impossible; **si le temps le permet** weather permitting ⓑ (*sollicitation*) **vous permettez?** may I?; **permettez-moi de vous présenter ma sœur** may I introduce my sister?; **vous**

permettez que je fume? do you mind if I smoke?; **permets-moi de te le dire** let me tell you

2 VPR **se permettre** ⓐ (= *s'offrir*) to allow o.s.; **je ne peux pas me ~ d'acheter ce manteau** I can't afford to buy this coat ⓑ (= *risquer*) [+ *grossièreté, plaisanterie*] to dare to make; **il se permet bien des choses** he takes a lot of liberties; **je me permettrai de vous faire remarquer que ...** I'd like to point out (to you) that ...; **je me permets de vous écrire au sujet de ...** (*formule épistolaire*) I am writing to you in connection with ...

permis, e /peʁmi, miz/ (*ptp de* **permettre**) NM permit; **~ de chasse** hunting licence; **~ (de conduire)** (= *carte*) driving licence (*Brit*), driver's license (*US*); **à points** *driving licence with a penalty point system*; **~ de construire** planning permission (*NonC*); **~ de séjour** residence permit; **~ de travail** work permit

permissif, -ive /peʁmisif, iv/ ADJ permissive

permission /peʁmisjɔ̃/ NF ⓐ (= *autorisation*) permission; **demander la ~** to ask permission (**de** to); **je lui ai demandé la ~** I asked his permission (**de** to) ⓑ (*Mil* = *congé*) leave; **~ de minuit** late pass

permuter /peʁmyte/ /TABLE 1/ **1** VT to change round; (*Math*) to permutate **2** VI to change (seats *ou* positions *ou* jobs *etc*)

pernicieux, -ieuse /peʁnisjø, jøz/ ADJ pernicious

pérorer /peʁɔʁe/ /TABLE 1/ VI to hold forth (*péj*)

Pérou /peʁu/ NM Peru

perpendiculaire /peʁpɑ̃dikylɛʁ/ ADJ, NF perpendicular (**à** to)

perpendiculairement /peʁpɑ̃dikylɛʁmɑ̃/ ADV perpendicularly; **~ à** at right angles to

perpète /peʁpɛt/ **à ~*** LOC ADV (= *longtemps*) forever; (= *loin*) miles away◆

perpétrer /peʁpetʁe/ /TABLE 6/ VT to perpetrate

perpétuel, -elle /peʁpetɥel/ ADJ perpetual

perpétuellement /peʁpetɥelmɑ̃/ ADV (= *constamment*) constantly

perpétuer /peʁpetɥe/ /TABLE 1/ **1** VT to perpetuate **2** VPR **se perpétuer** [*usage, abus*] to be perpetuated

perpétuité /peʁpetɥite/ NF perpetuity; **à ~** [*condamnation*] for life; [*concession*] in perpetuity

perplexe /peʁpleks/ ADJ perplexed

perplexité /peʁpleksite/ NF perplexity

perquisition /peʁkizisjɔ̃/ NF search

perquisitionner /peʁkizisjɔne/ /TABLE 1/ **1** VI to carry out a search **2** VT to search

perron /peʁɔ̃/ NM steps (*leading to entrance*); **sur le ~ de l'Élysée** on the steps of the Élysée Palace

perroquet /peʁɔkɛ/ NM (= *oiseau*) parrot

perruche /peʁyʃ/ NF budgerigar

perruque /peʁyk/ NF (= *coiffure*) wig

persan, e /peʁsɑ̃, an/ ADJ Persian

perse /peʁs/ **1** ADJ Persian **2** NMF **Perse** Persian **3** NF **Perse** (= *région*) Persia

persécuter /peʁsekyte/ /TABLE 1/ VT (= *opprimer*) to persecute; (= *harceler*) to harass

persécution /peʁsekysjɔ̃/ NF persecution; (= *harcèlement*) harassment

persévérance /peʁseveʁɑ̃s/ NF perseverance

persévérant, e /peʁseveʁɑ̃, ɑ̃t/ ADJ persevering

persévérer /peʁseveʁe/ /TABLE 6/ VI to persevere; **~ dans** [+ *effort, entreprise, recherches*] to persevere with; [+ *erreur, voie*] to persevere in

persienne /peʁsjen/ NF (louvred) shutter

persiflage /peʁsiflaʒ/ NM mockery (*NonC*)

persifleur, -euse /peʁsiflœʁ, øz/ ADJ mocking

persil /peʁsi/ NM parsley

persillade /peʁsijad/ NF (= *sauce*) parsley vinaigrette; (= *viande*) *cold beef served with parsley vinaigrette*

persillé, e /pɛʀsije/ ADJ [*plat*] sprinkled with chopped parsley; [*viande*] marbled; [*fromage*] veined

persistance /pɛʀsistɑ̃s/ NF persistence (**à faire** in doing)

persistant, e /pɛʀsistɑ̃, ɑ̃t/ ADJ persistent; [*feuilles*] evergreen

persister /pɛʀsiste/ /TABLE 1/ VI [*pluie*] to keep up; [*fièvre, douleur, odeur*] to linger; [*symptôme, personne*] to persist; **~ à faire qch** to persist in doing sth; **il persiste dans son refus** he's sticking to his refusal; **je persiste à croire que ...** I still believe that ...; **il persiste un doute** some doubt remains

personnage /pɛʀsɔnaʒ/ NM ⓐ (= *individu*) character; **c'est un ~ !** he's (*ou* she's) quite a character!; **jouer un ~** to play a part ⓑ (= *célébrité*) important person; **~ influent/ haut placé** influential/highly placed person

personnaliser /pɛʀsɔnalize/ /TABLE 1/ VT to personalize; [+ *voiture, appartement*] to give a personal touch to; **crédit/ service personnalisé** personalized loan/service

personnalité /pɛʀsɔnalite/ NF personality; **avoir une forte ~** to have a strong personality; **sans ~** lacking in personality

personne /pɛʀsɔn/ **1** NF ⓐ (= *être humain*) person; **deux ~s** two people; **grande ~** adult; **le respect de la ~ humaine** respect for human dignity; **les ~s qui ...** those who ...; **trois gâteaux par ~** three cakes each; **100 € par ~** 100 euros each; **par ~ interposée** through an intermediary; **être bien de sa ~** to be good-looking

♦ en personne: **je l'ai vu en ~** I saw him in person; **je m'en occupe en ~** I'll see to it personally; **c'est la bonté en ~** he's *ou* she's kindness itself

ⓑ (*Gram*) person; **à la première ~** in the first person

2 PRON ⓐ (= *quelqu'un*) anyone, anybody; **elle le sait mieux que ~** she knows that better than anyone *ou* anybody; **elle sait faire le café comme ~** she makes better coffee than anyone

ⓑ (*avec ne* = *aucun*) no one, nobody; **~ ne l'a vu** no one *ou* nobody saw him; **il n'a vu ~ d'autre** he didn't see anyone *ou* anybody else; **~ d'autre que lui** no one *ou* nobody but him; **il n'y a ~** there's no one *ou* nobody in; **presque ~** hardly anyone *ou* anybody; **ce n'est la faute de ~** it's no one's *ou* nobody's fault

3 COMP **♦ personne âgée** elderly person **♦ personne à charge** dependent **♦ personne morale** (*Droit*) legal entity

personnel, -elle /pɛʀsɔnɛl/ **1** ADJ ⓐ (= *particulier, privé*) personal; [*appel téléphonique*] private; **fortune personnelle** personal fortune; **il a des idées très personnelles sur la question** he has his own ideas on the subject ⓑ (= *égoïste*) selfish ⓒ [*pronom, nom, verbe*] personal **2** NM staff; [*d'usine, service public*] personnel; **manquer de ~** to be short-staffed; **faire partie du ~** to be on the staff; **~ de maison** domestic staff; **~ à terre** ground personnel; **~ navigant** flight personnel

personnellement /pɛʀsɔnɛlmɑ̃/ ADV personally

personnifier /pɛʀsɔnifje/ /TABLE 7/ VT to personify; **être la bêtise personnifiée** to be stupidity itself

perspective /pɛʀspɛktiv/ NF ⓐ (*Art*) perspective ⓑ (= *point de vue*) view; (*fig*) viewpoint; **dans une ~ historique** from a historical viewpoint ⓒ (= *événement en puissance*) prospect; **il y a du travail en ~** there's a lot of work ahead; **des ~s d'avenir** future prospects; **quelle ~ !** what a thought!

perspicace /pɛʀspikas/ ADJ clear-sighted

perspicacité /pɛʀspikasite/ NF clear-sightedness

persuader /pɛʀsɥade/ /TABLE 1/ **1** VT (= *convaincre*) to convince (**qn de qch** sb of sth); **~ qn (de faire qch)** to persuade sb (to do sth); **j'en suis persuadé** I'm quite sure (of it) **2** VPR **se persuader**: **se ~ de qch** to convince o.s. of sth; **il s'est persuadé de l'innocence de son fils** he convinced himself his son was innocent

persuasif, -ive /pɛʀsɥazif, iv/ ADJ persuasive

persuasion /pɛʀsɥazjɔ̃/ NF persuasion

perte /pɛʀt/ **1** NF ⓐ loss; **vendre à ~** to sell at a loss; **essuyer une ~ importante** to suffer heavy losses; **ce n'est**

pas une grosse ~ it's not a serious loss

♦ à perte de vue as far as the eye can see; (*fig*) interminably

ⓑ (= *ruine*) ruin; **elle a juré sa ~** she has sworn she'll ruin him; **il court à sa ~** he is on the road to ruin

ⓒ (= *gaspillage*) waste; **c'est une ~ de temps/d'énergie** it's a waste of time/of energy

2 COMP **♦ pertes blanches** vaginal discharge **♦ perte de poids** weight loss **♦ perte sèche** absolute loss **♦ perte de vitesse**: **être en ~ de vitesse** [*mouvement*] to be losing momentum; [*entreprise, vedette*] to be going downhill

pertinemment /pɛʀtinamɑ̃/ ADV **savoir ~ que ...** to know for a fact that ...

pertinence /pɛʀtinɑ̃s/ NF pertinence

pertinent, e /pɛʀtinɑ̃, ɑ̃t/ ADJ [*remarque, question, idée, analyse*] pertinent

perturbant, e /pɛʀtyʀbɑ̃, ɑ̃t/ ADJ disturbing

perturbateur, -trice /pɛʀtyʀbatœʀ, tʀis/ ADJ disruptive

perturbation /pɛʀtyʀbasjɔ̃/ NF disruption; **semer la ~ dans** to disrupt; **~ (atmosphérique)** (atmospheric) disturbance

perturber /pɛʀtyʀbe/ /TABLE 1/ VT ⓐ to disrupt ⓑ (= *déstabiliser*) [+ *personne*] to upset; **elle est très perturbée en ce moment** she's very upset at the moment

péruvien, -ienne /peʀyvjɛ̃, jɛn/ **1** ADJ Peruvian **2** NM,F **Péruvien(ne)** Peruvian

pervenche /pɛʀvɑ̃ʃ/ NF (= *fleur*) periwinkle; (= *contractuelle*)* female traffic warden (*Brit*), meter maid (*US*)

pervers, e /pɛʀvɛʀ, ɛʀs/ **1** ADJ ⓐ (= *diabolique*) perverse; (= *vicieux*) perverted; **les effets ~ de la publicité** the pernicious effects of advertising **2** NM,F pervert

perversion /pɛʀvɛʀsjɔ̃/ NF perversion

perversité /pɛʀvɛʀsite/ NF perversity

pervertir /pɛʀvɛʀtiʀ/ /TABLE 2/ VT (= *dépraver*) to corrupt; (= *altérer*) to pervert

pesamment /pǝzamɑ̃/ ADV [*marcher*] with a heavy step

pesant, e /pǝzɑ̃, ɑ̃t/ ADJ heavy; [*sommeil*] deep; [*présence*] burdensome

pesanteur /pǝzɑ̃tœʀ/ NF ⓐ (*Physique*) gravity ⓑ (= *lourdeur*) heaviness; **les ~s administratives** cumbersome administrative procedures

pèse-bébé (*pl* **pèse-bébés**) /pɛzbebe/ NM baby scales

pesée /pǝze/ NF (= *action*) weighing

pèse-personne (*pl* **pèse-personnes**) /pɛzpɛʀsɔn/ NM scales; (*dans une salle de bains*) bathroom scales

peser /pǝze/ /TABLE 5/ **1** VT to weigh; **se faire ~** [*sportif*] to get weighed in; **~ le pour et le contre** to weigh the pros and cons; **~ ses mots/chances** to weigh one's words/ chances; **tout bien pesé** all things considered

2 VI ⓐ to weigh; [*sportif*] to weigh in; **~ 60 kg** to weigh 60kg; **~ lourd** to be heavy

ⓑ (= *appuyer*) to press; **cela lui pèse sur le cœur** it makes him heavy-hearted; **la menace qui pèse sur sa tête** the threat which hangs over him; **toute la responsabilité pèse sur ses épaules** all the responsibility is on his shoulders ⓒ (= *accabler*) **la solitude lui pèse** solitude is getting him down*

ⓓ (= *avoir de l'importance*) to carry weight; **cela va ~ (dans la balance)** that will carry some weight

3 VPR **se peser** to weigh o.s.

pessimisme /pesimism/ NM pessimism

pessimiste /pesimist/ **1** ADJ pessimistic (**sur** about) **2** NMF pessimist

peste /pɛst/ NF plague; (*péj* = *personne*) pest

pester /pɛste/ /TABLE 1/ VI to curse; **~ contre qn/qch** to curse sb/sth

pesticide /pɛstisid/ NM pesticide

pestiféré, e /pɛstifeʀe/ NM,F plague victim

pestilentiel, -elle /pɛstilɑ̃sjɛl/ ADJ stinking

pet ⁑ /pe/ NM (= *gaz*) fart⁑; **lâcher un ~** to fart⁑

pétale /petal/ NM petal

pétanque /petɑ̃k/ NF petanque (*type of bowls played in the South of France*) → BOULES

pétant, e* /petɑ̃, ɑ̃t/ ADJ **à 2 heures ~(es)** at 2 on the dot*

pétarader /petaʀade/ /TABLE 1/ VI [*moteur, véhicule*] to backfire

pétard /petaʀ/ NM ⓐ (= *feu d'artifice*) banger (*Brit*); (= *accessoire de cotillon*) cracker; **être en ~** to be raging mad* (**contre** at) ⓑ (= *revolver*)‡ gun ⓒ (= *derrière*)‡ bottom* ⓓ (*Drogue*)* joint*

pété, e‡ /pete/ (*ptp de* **péter**) ADJ (= *ivre*) plastered‡

péter /pete/ /TABLE 6/ 1 VI ⓐ [*personne*]‡ to fart‡ ⓑ [*détonation*]* to go off; [*tuyau, ballon*]* to burst; [*ficelle*]* to snap; **un jour ça va ~** (= *mal aller*) one day all hell's going to break loose* 2 VT* ⓐ [+ *ficelle*] to snap; **~ la gueule à qn‡** to smash sb's face in*; **se ~ la gueule‡** (= *tomber*) to fall flat on one's face; (= *s'enivrer*) to get plastered‡ ⓑ (*locutions*) **~ le feu** [*personne*] to be full of go*; **~ la santé** to be bursting with health; **il pète la forme*** he's on top form; **ça va ~ des flammes** there's going to be a heck of a row*

pète-sec* /pɛtsɛk/ NMF INV, ADJ INV **il est très ~** he has a very abrupt manner

péteux, -euse* /petø, øz/ NM,F (= *prétentieux*) pretentious twit*

pétillant, e /petijɑ̃, ɑ̃t/ ADJ sparkling

pétiller /petije/ /TABLE 1/ VI [*feu*] to crackle; [*champagne, vin, eau, yeux*] to sparkle (**de** with); **~ d'intelligence** to sparkle with intelligence

---

petit, e /p(ə)ti, it/

1	ADJECTIF	4	NOM FÉMININ
2	ADVERBE	5	COMPOSÉS
3	NOM MASCULIN		

1 ADJECTIF

▶ *Lorsque* **petit** *fait partie d'une locution comme* **entrer par la petite porte,** *reportez-vous à l'autre mot.*

ⓐ dimension [*personne, objet*] small; (*plus positif*) little; **la maison est trop ~e** the house is too small; **mon jardin est tout ~** my garden is very small; **j'ai un joli ~ jardin** I've got a pretty little garden; **les ~s voitures sont plus économiques** small cars are more economical; **il est ~ et gros** he's short and fat; **se faire tout ~** to keep a low profile

ⓑ = jeune little; **quand il était ~** when he was little; **un ~ Anglais** an English boy; **les ~s Anglais** English children; **tu es encore trop ~ pour comprendre** you're still too little to understand; **dans sa ~e enfance** when he was very young; **~ garçon** little boy; **je ne suis plus un ~ garçon !** I'm not a child anymore!

ⓒ = cadet **son ~ frère** his little brother; (*très petit*) his baby brother

ⓓ = mince [*tranche*] thin; **une ~e pluie (fine) tombait** a (fine) drizzle was falling

ⓔ = court [*promenade, voyage*] short; **sur une ~e distance** over a short distance; **il en a pour une ~e heure** it will take him an hour at the most

ⓕ = miniature, jouet toy; **~e voiture** toy car

ⓖ = faible [*bruit, cri*] faint; [*coup, tape*] gentle; [*somme d'argent*] small; [*loyer*] low; **il a un ~ appétit** he has a small appetite; **film à ~ budget** low-budget film

ⓗ = peu important [*commerçant, pays, entreprise, groupe*] small; [*opération, détail, romancier*] minor; [*amélioration, changement, inconvénient, odeur, rhume*] slight; [*espoir, chance*] faint; [*cadeau, soirée*] little; **le ~ commerce** small businesses; **les ~es et moyennes entreprises** small and medium-sized businesses; **avec un ~ effort** with a little effort

ⓘ = maladif **avoir une ~e mine** to look pale; **tu as de ~s yeux ce matin** you're a bit bleary-eyed this morning

ⓙ = mesquin [*attitude, action*] mean

ⓚ locutions **vous prendrez bien un ~ verre ?** you'll have a little drink, won't you?; **juste une ~e signature** can I just have your signature; **un ~ coin tranquille** a nice quiet spot; **cela coûte une ~e fortune** it costs a small fortune; **il y a un**

~ vent (*agréable*) there's a bit of a breeze; (*désagréable*) it's a bit windy; **~ con !‡** stupid jerk!‡; **ce n'est pas de la ~e bière** it's no small matter; **être aux ~s soins pour qn** to wait on sb hand and foot

2 ADVERBE

petit à petit little by little

3 NOM MASCULIN

ⓐ = enfant little boy; **les ~s** the children; **pauvre ~** poor little thing; **c'est un jeu pour ~s et grands** it's a game for old and young alike

ⓑ Scol junior (boy)

ⓒ = jeune animal **les ~s** the young; **la chatte et ses ~s** the cat and her kittens; **faire des ~s** to have kittens (*ou* puppies *ou* lambs *etc*)

ⓓ = homme de petite taille small man

4 NOM FÉMININ

petite (= *enfant*) little girl; (= *femme*) small woman; **pauvre ~e** poor little thing

5 COMPOSÉS

◆ **petit ami** boyfriend ◆ **petite amie** girlfriend ◆ **le petit coin*** the smallest room* ◆ **petit déjeuner** breakfast ◆ **petit gâteau** biscuit ◆ **petit nom*** first name ◆ **petit pain** ≈ bread roll; **ça se vend comme des ~s pains*** they're selling like hot cakes* ◆ **petit pois** pea ◆ **le Petit Poucet** Tom Thumb ◆ **la petite reine** (= *vélo*) the bicycle ◆ **petit salé** (= *porc*) salt pork

---

petite-fille (*pl* **petites-filles**) /p(ə)titfij/ NF granddaughter

petitesse /p(ə)tites/ NF smallness; [*d'esprit, acte*] meanness (*NonC*)

petit-fils (*pl* **petits-fils**) /p(ə)tifis/ NM grandson

pétition /petisjɔ̃/ NF (= *demande, requête*) petition; **faire signer une ~** to set up a petition

petit-lait /p(ə)tile/ NM whey

petit-nègre /pətinɛɡʀ/ NM (*péj*) pidgin French

petits-enfants /p(ə)tizɑ̃fɑ̃/ NMPL grandchildren

petit-suisse (*pl* **petits-suisses**) /p(ə)tisɥis/ NM petit-suisse (*kind of cream cheese eaten as a dessert*)

pétoche‡ /petɔʃ/ NF **avoir la ~** to be scared stiff*

pétoncle /petɔ̃kl/ NM queen scallop

pétri, e /petʀi/ (*ptp de* **pétrir**) ADJ **~ d'orgueil** filled with pride

pétrifier /petʀifje/ /TABLE 7/ 1 VT [+ *personne*] to paralyze; **être pétrifié de terreur** to be petrified 2 VPR **se pétrifier** [*sourire*] to freeze; [*personne*] to be petrified

pétrin /petʀɛ̃/ NM ⓐ (= *ennui*)* mess*; **être dans le ~** to be in a mess*; **se mettre dans un beau ~** to get into a fine mess* ⓑ (*Boulangerie*) kneading trough

pétrir /petʀiʀ/ /TABLE 2/ VT to knead

pétrochimie /petʀoʃimi/ NF petrochemistry

pétrole /petʀɔl/ NM (*brut*) oil; **~ brut** crude oil

⚠ **pétrole** ≠ **petrol**

pétrolier, -ière /petʀɔlje, jɛʀ/ 1 ADJ [*industrie, produits*] petroleum; [*port, société*] oil 2 NM (= *navire*) oil tanker

pétulant, e /petylɑ̃, ɑ̃t/ ADJ exuberant

pétunia /petynja/ NM petunia

---

peu /pø/

1	ADVERBE	3 NOM MASCULIN
2	PRONOM INDÉFINI	

▶ *Lorsque* **peu** *fait partie d'une locution comme* **avant peu, sous peu,** *reportez-vous à l'autre mot.*

1 ADVERBE

▶ **peu** *se traduit souvent par l'équivalent anglais de* **pas beaucoup.**

ⓐ = pas beaucoup not much; **il mange ~** he doesn't eat much; **il lit ~** he doesn't read much; **il lit assez ~** he doesn't read very much; **il lit très ~** he reads very little; **je** le connais trop ~ I don't know him well enough

♦ **peu de** (*quantité*) not much; (*nombre*) not many; **nous avons eu ~ de soleil** we didn't have much sunshine; **nous avons eu très ~ de pluie** we've had very little rain; **~ de gens connaissent cet endroit** not many people know this place; **il y a ~ d'enfants dans cet immeuble** there aren't many children in this building; **en ~ de mots** in a few words; **il est ici pour ~ de temps** he's not staying long; **il faut ~ de chose pour le choquer** it doesn't take much to shock him; **~ de monde** few people

ⓑ = **pas très** not very; **il est ~ sociable** he's not very sociable; **c'est ~ probable** it's not very likely; **ils sont trop ~ nombreux** there are too few of them; **un auteur assez ~ connu** a relatively unknown author

ⓒ = **pas longtemps** shortly; **elle est arrivée ~ après** she arrived shortly afterwards; **~ avant 11 heures** shortly before 11 o'clock

ⓓ = **rarement** ils se voient ~ they don't see each other very often; **elle sort ~** she doesn't go out much

ⓔ **locutions**

♦ **peu à peu** little by little; **~ à ~, l'idée a gagné du terrain** little by little the idea gained ground

♦ **à peu près** about; **il pèse à ~ près 50 kilos** he weighs about 50 kilos

♦ **de peu : il est plus âgé de ~** he's a little older; **il l'a battu de ~** he just beat him; **il a manqué le train de ~** he just missed the train

♦ **pour peu que** (+ *subjonctif*) if; **pour ~ qu'il soit sorti sans sa clé ...** if he should have come out without his key ...

2 PRONOM INDÉFINI

bien ~ le savent very few people know; **~ d'entre eux sont restés** not many of them stayed

3 NOM MASCULIN

= **petite quantité** little; **j'ai oublié le ~ de français que j'avais appris** I've forgotten the little French I'd learnt; **le ~ de cheveux qui lui reste** what little hair he has left

♦ **un (petit) peu** a bit, a little

► **un peu** *se traduit souvent par l'expression* **a bit***, qui est plus familière que* **a little** *; de même, on peut dire* **a bit of** *au lieu de* **a little** *pour traduire* **un peu de***.*

il te ressemble un ~ he looks a bit like you; **restez encore un ~** stay a bit longer; **essaie de manger un ~** try to eat a little; **il travaille un ~ trop** he works a bit too much; **c'est un ~ fort !** that's a bit much!*; **c'est un ~ grand** it's a a bit big; **il y a un ~ moins de bruit** it is a little less noisy; **donnez-m'en juste un petit ~** just give me a little bit; **elle va un tout petit ~ mieux** she's a little better; MAIS **il y a un ~ plus d'un an** just over a year ago; **on trouve ce produit un ~ partout** you can get this product just about anywhere; **un ~ plus et il oubliait son rendez-vous** he very nearly forgot his appointment; **je me demande un ~ où sont les enfants** I'm just wondering where the children are; **un ~ !*** and how!*; **il nous a menti, et pas qu'un ~ !*** he lied to us bigtime!*

♦ **un peu de** a little, a bit of; **un ~ d'eau** a little water; **un ~ de patience** a little patience; **un ~ de silence, s'il vous plaît !** can we have a bit of quiet please!

♦ **pour un peu** : **pour un ~, il m'aurait accusé** he all but accused me

peuplade /pœplad/ NF people

peuple /pœpl/ NM ⓐ (= *communauté*) people; **les ~s d'Europe** the peoples of Europe ⓑ (= *prolétariat*) **le ~** the people; **que demande le ~ !** (*hum*) what more could anyone want! ⓒ (= *foule*) crowd (of people); **il y a du ~ !*** there's a big crowd!

peuplé, e /pœple/ (*ptp de* **peupler**) ADJ [*ville, région*] populated; **très/peu ~** densely/sparsely populated

peupler /pœple/ /TABLE 1/ VT to populate; **peuplé de** populated with; **les souvenirs qui peuplent mon esprit** the memories that fill my mind

peuplier /pøplije/ NM poplar tree

peur /pœR/ NF fear; **être mort de ~** to be scared out of one's wits; **prendre ~** to take fright; **la ~ du gendarme*** the fear of being caught; **il a eu une ~ bleue** he had a bad fright; **il a une ~ bleue de sa femme** he's scared stiff* of his wife; **il m'a fait une de ces ~s !** he didn't half* give me a fright!

♦ **avoir peur** to be frightened (**de** of); **avoir ~ pour qn** to be afraid for sb; **n'ayez pas ~** (*craindre*) don't be afraid; (*s'inquiéter*) don't worry; **il n'a ~ de rien** he's afraid of nothing; **j'ai bien ~/très ~ qu'il ne pleuve** I'm afraid/very much afraid it's going to rain; **il va échouer ? — j'en ai (bien) ~** is he going to fail? — I'm afraid he is; **j'ai ~ qu'il ne vous ait menti** I fear that he might have lied to you; **il a eu plus de ~ que de mal** he was more frightened than hurt

♦ **faire peur à qn** (= *intimider*) to frighten sb; (= *causer une frayeur à*) to give sb a fright; **tout lui fait ~** he's frightened of everything; **le travail ne lui fait pas ~** he's not afraid of hard work

♦ **de peur de** for fear of; **il a accepté de ~ de les vexer** he accepted for fear of annoying them

peureux, -euse /pøRø, øz/ 1 ADJ fearful 2 NM,F **c'est un ~** he's afraid of everything

peut /pø/ VB → **pouvoir**

peut-être /pøtɛtR/ ADV perhaps, maybe

► *When* **peut-être** *starts a phrase, subject and verb are inverted.*

il est ~ fou *ou* **~ est-il fou** maybe he's mad; **il n'est ~ pas beau mais il est intelligent** he may not be handsome but he is clever; **~ bien** it could well be; **~ pas** perhaps *ou* maybe not; **~ bien mais ...** that's as may be but ...; **~ que ...** perhaps ...; **~ bien qu'il pleuvra** it may well rain; **~ que oui** perhaps so; **tu le sais mieux que moi ~ ?** so you think you know more about it than I do, do you?

peuvent /pøv/ VB → **pouvoir**

phagocyter /fagɔsite/ /TABLE 1/ VT (*fig*) to engulf

phalange /falɑ̃ʒ/ NF [*de doigt*] phalanx

phallique /falik/ ADJ phallic

phallocrate /falɔkRat/ 1 ADJ chauvinist 2 NM (male) chauvinist

phallus /falys/ NM (= *pénis*) phallus

pharaon /faRaɔ̃/ NM Pharaoh

phare /faR/ 1 NM ⓐ (= *tour*) lighthouse; (*Aviat*) beacon ⓑ [*de voiture*] headlight; **~ antibrouillard** fog lamp; **rouler en ~s** to drive with one's headlights on full beam (*Brit*) *ou* with high beams on (*US*) 2 ADJ INV [*entreprise, produit, secteur, pays, titre boursier*] leading; **c'est l'épreuve ~ de cette compétition** it's the main event of the competition

pharmaceutique /faRmasøtik/ ADJ pharmaceutical

pharmacie /faRmasi/ NF ⓐ (= *magasin*) pharmacy; [*d'hôpital*] dispensary ⓑ (= *produits*) medicines; **(armoire à) ~** medicine cabinet

pharmacien, -ienne /faRmasjɛ̃, jɛn/ NM,F pharmacist

pharyngite /faRɛ̃ʒit/ NF pharyngitis (*NonC*); **avoir une ~** to have pharyngitis

pharynx /faRɛ̃ks/ NM pharynx

phase /faz/ ⓐ NF phase; **~ terminale** (*Méd*) terminal stage; **être en ~** [*personnes*] to be on the same wavelength ⓑ (*en électricité*) **la ~** the live wire

phasme /fasm/ NM stick insect

phénix /feniks/ NM (*Mythol*) phoenix; **ce n'est pas un ~ !** he's no genius

phénoménal, e (*mpl* **-aux**) /fenɔmenal, o/ ADJ phenomenal

phénomène /fenɔmɛn/ NM ⓐ phenomenon; **~s** phenomena; **~ de société/de mode** social/fashion phenomenon ⓑ (= *personne*)* (*génial*) phenomenon; (*excentrique*) character*

philanthrope /filɑ̃tRɔp/ NMF philanthropist

philatélie /filateli/ NF philately, stamp collecting

philatéliste /filatelist/ NMF philatelist

philharmonique /filaRmɔnik/ ADJ philharmonic

philippin, e /filipɛ̃, in/ 1 ADJ Philippine 2 NM,F **Philippin(e)** Filipino

Philippines /filipin/ NFPL **les ~** the Philippines

philo * /filo/ NF ABBR = **philosophie**

philologie /filɔlɔʒi/ NF philology

philosophe /filɔzɔf/ 1 NMF philosopher 2 ADJ philosophical

philosophie /filɔzɔfi/ NF philosophy; **il l'a accepté avec ~** he was philosophical about it

philosophique /filɔzɔfik/ ADJ philosophical

philtre /filtʀ/ NM philtre; **~ d'amour** love potion

phishing /fiʃiŋ/ NM (*Informatique*) phishing

phlébologue /flebɔlɔg/ NMF vein specialist

phobie /fɔbi/ NF phobia; **avoir la ~ de** to have a phobia about

phocéen, -enne /fɔseɛ̃, ɛn/ ADJ **la cité phocéenne** Marseilles

phonétique /fɔnetik/ 1 NF phonetics (*sg*) 2 ADJ phonetic

phonologie /fɔnɔlɔʒi/ NF phonology

phonothèque /fɔnɔtɛk/ NF sound archives

phoque /fɔk/ NM (= *animal*) seal; (= *fourrure*) sealskin

phosphate /fɔsfat/ NM phosphate

phosphore /fɔsfɔʀ/ NM phosphorus

phosphorescent, e /fɔsfɔʀesɑ̃, ɑ̃t/ ADJ luminous

photo /fɔto/ NF ABBR = **photographie** ⓐ (= *image*) photo; (*instantané, d'amateur*) snap; [*de film*] still; **faire une ~ de qn/qch** ou **prendre qn/qch en ~** to take a photo of sb/sth; **ça rend bien en ~** it looks good in a photo; **elle est bien en ~** she looks good in photos; **~ d'identité** passport photo; **il n'y a pas ~*** there's no question about it ⓑ (= *art*) photography

photocompositeur /fɔtokɔ̃pozitœʀ/ NM typesetter

photocomposition /fɔtokɔ̃pozisjɔ̃/ NF filmsetting (*Brit*), photocomposition (*US*)

photocopie /fɔtɔkɔpi/ NF photocopy

photocopier /fɔtɔkɔpje/ /TABLE 7/ VT to photocopy; **~ qch en trois exemplaires** to make three photocopies of sth

photocopieur /fɔtɔkɔpjœʀ/ NM, **photocopieuse** /fɔtɔkɔpjøz/ NF photocopier

photogénique /fɔtoʒenik/ ADJ photogenic

photographe /fɔtɔgʀaf/ NMF (= *artiste*) photographer; (= *commerçant*) camera dealer; **~ de mode** fashion photographer

photographie /fɔtɔgʀafi/ NF ⓐ (= *art*) photography ⓑ (= *image*) photograph

photographier /fɔtɔgʀafje/ /TABLE 7/ VT to take a photo of; **se faire ~** to have one's photograph taken

photographique /fɔtɔgʀafik/ ADJ photographic

Photomaton ® /fɔtɔmatɔ̃/ 1 NM automatic photo booth 2 NF photo (*taken in a photo booth*)

photophone /fɔtɔfɔn/ NM camera phone

photoreportage /fɔtoʀəpɔʀtaʒ/ NM photo story

photosynthèse /fɔtosɛ̃tɛz/ NF photosynthesis

photothèque /fɔtɔtɛk/ NF picture library

phrase /fʀɑz/ NF ⓐ (*Gram*) sentence; (= *propos*) words; **~ toute faite** stock phrase; **petite ~** (= *remarque*) soundbite ⓑ (*Musique*) phrase

phréatique /fʀeatik/ ADJ → **nappe**

physicien, -ienne /fizisjɛ̃, jɛn/ NM,F physicist

physiologie /fizjɔlɔʒi/ NF physiology

physiologique /fizjɔlɔʒik/ ADJ physiological

physionomie /fizjɔnɔmi/ NF (= *traits du visage*) facial appearance (*NonC*); (= *aspect*) appearance; **la ~ de l'Europe a changé** the face of Europe has changed

physionomiste /fizjɔnɔmist/ ADJ **il est (très) ~** he has a (very) good memory for faces

physiothérapie /fizjoteʀapi/ NF natural medicine

physique /fizik/ 1 ADJ physical 2 NM (= *aspect*) physical appearance; (= *stature, corps*) physique; **avoir un ~ agréable**

to be good-looking; **avoir le ~ de l'emploi** to look the part 3 NF physics (*sg*)

physiquement /fizikmɑ̃/ ADV physically; **il est plutôt bien ~** he's quite attractive

phytosanitaire /fitosanitɛʀ/ ADJ **produit ~** (*de soins*) plant-care product; (= *pesticide*) pesticide; (= *herbicide*) weedkiller

phytothérapie /fitoteʀapi/ NF herbal medicine

piaf * /pjaf/ NM sparrow

piaffer /pjafe/ /TABLE 1/ VI [*cheval*] to stamp; **~ d'impatience** [*personne*] to be champing at the bit

piaillement * /pjajmɑ̃/ NM cheeping

piailler * /pjaje/ /TABLE 1/ VI [*oiseau*] to cheep; [*enfant*] to whine

pianiste /pjanist/ NMF pianist

piano /pjano/ 1 NM piano; **~ droit/à queue** upright/grand piano; **jouer du ~** to play the piano; **se mettre au ~** (= *apprendre*) to take up the piano; (= *s'asseoir*) to sit down at the piano 2 ADV (*Musique*) piano; (*fig*)* gently

pianoter /pjanɔte/ /TABLE 1/ VI (= *tapoter*) to drum one's fingers; (*sur un clavier*) to tap away

piastre /pjastʀ/ NF (*Can*) dollar

piaule * /pjol/ NF (= *chambre louée*) room

PIB /peibe/ NM (ABBR = **produit intérieur brut**) GDP

pic /pik/ NM ⓐ [*de montagne, courbe*] peak; **atteindre un ~** to peak

  ♦ à pic [*rochers*] sheer; [*mont, chemin*] steep; **le chemin monte à ~** the path rises steeply; (= *s'asseoir*) **arriver** ou **tomber à ~*** to come just at the right time

  ⓑ (= *pioche*) pickaxe; **~ à glace** ice pick

  ⓒ (= *oiseau*) **~(-vert)** (green) woodpecker

pichenette * /piʃnɛt/ NF flick; **il me l'a envoyé d'une ~** he flicked it over to me

pichet /piʃɛ/ NM pitcher; **un ~ de vin** (*dans un restaurant*) ≈ a carafe of wine

pickpocket /pikpɔkɛt/ NM pickpocket

picoler ‡ /pikɔle/ /TABLE 1/ VI to booze*

picorer /pikɔʀe/ /TABLE 1/ VI to peck; (= *manger très peu*) to nibble

picotement /pikɔtmɑ̃/ NM [*de peau, membres*] tingling; **j'ai des ~s dans les yeux** my eyes are stinging; **j'ai des ~s dans la gorge** I've got a tickle in my throat

picoter /pikɔte/ /TABLE 1/ VI [*gorge*] to tickle; [*peau*] to tingle; [*yeux*] to sting

pictural, e (*mpl* **-aux**) /piktyʀal, o/ ADJ pictorial

pie /pi/ 1 NF (= *oiseau*) magpie 2 ADJ INV [*cheval*] piebald

pièce /pjɛs/ 1 NF ⓐ (= *fragment*) piece; **en ~s** in pieces; **c'est inventé de toutes ~s** it's a complete fabrication

  ⓑ (= *unité, objet*) piece; **se vendre à la ~** to be sold separately; **2 € ~** 2 euros each; **travail à la ~** piecework; **on n'est pas aux ~s !*** there's no rush!; **un deux-~s** (= *costume, tailleur*) a two-piece suit; (= *maillot de bain*) a two-piece swimsuit

  ⓒ [*de machine, voiture*] component; **~s (de rechange)** (spare) parts

  ⓓ [*de maison*] room; **un deux ~s** a two-room apartment (*US*) ou flat (*Brit*); **un deux ~s cuisine** a two-room apartment (*US*) ou flat (*Brit*) with kitchen

  ⓔ [*de théâtre*] play; **monter une ~ de Racine** to put on a play by Racine

  ⓕ **~ (de monnaie)** coin; **une ~ de 5 euros** a 5-euro coin

  ⓖ [*document*] paper; **juger sur ~s** to judge on actual evidence; **~s justificatives** written proof

  ⓗ (*en couture*) patch

2 COMP **♦ pièce d'artillerie** gun **♦ pièce de collection** collector's item **♦ pièce à conviction** exhibit **♦ pièce détachée** (spare) part **♦ pièce d'eau** ornamental lake; (*petit*) ornamental pond **♦ pièce d'identité** identity paper; **avez-vous une ~ d'identité ?** have you any identification? **♦ pièce maîtresse** showpiece **♦ pièce montée** (*à un mariage*) ≈ wedding cake (*made of caramelized profiteroles piled up into a pyramid*) **♦ pièce rapportée** (*Couture*) patch; (*hum*

= *belle-sœur, beau-frère etc*)* in-law* ◆ **pièce de théâtre** play

---

pied /pje/

1 NOM MASCULIN	2 COMPOSÉS

1 NOM MASCULIN

ⓐ de personne, animal foot; **avoir de petits ~s** to have small feet; **j'ai mal au ~ droit** my right foot is hurting; **avoir ~** [*nageur*] to be able to touch the bottom; **je n'ai plus ~** I'm out of my depth; **perdre ~** to be out of one's depth; **avoir bon ~ bon œil** to be as fit as a fiddle; **avoir le ~ marin** to be a good sailor; **avoir les ~s sur terre** to have one's feet firmly on the ground; **faire le ~ de grue** to stand about waiting; **faire des ~s et des mains pour obtenir qch*** to move heaven and earth to get sth; **ça lui fera les ~s*** that'll teach him*; **mettre les ~s chez qn** to set foot in sb's house; **mettre les ~s dans le plat*** to put one's foot in it; **partir du bon ~** to get off to a good start; **je ne sais pas sur quel ~ danser** I don't know what to do; **« au ~ ! »** (*à un chien*) "heel!"

◆ **coup de pied** kick; **un coup de ~ au derrière*** a kick up the backside*; **donner un coup de ~ à** *ou* **dans** to kick

◆ **à pied** on foot; **aller à ~** to walk; **aller à Chamonix à ~** to walk to Chamonix; **faire de la marche à ~** to go walking; **faire de la course à ~** to go running

◆ **à pied sec** without getting one's feet wet

◆ **sauter à pieds joints** to jump with one's feet together; **sauter à ~s joints dans qch** to jump into sth with both feet

ⓑ = partie inférieure [*d'arbre, colline, échelle, lit, mur*] foot; [*de table*] leg; [*d'appareil photo*] tripod; [*de lampe*] base; [*de verre*] stem; **être au ~ du mur** (*fig*) to have one's back to the wall

ⓒ Agric [*de salade, tomate*] plant; **~ de vigne** vine

ⓓ Boucherie **~ de porc** pig's trotter

ⓔ mesure, en poésie foot

ⓕ = plaisir ⦂ **prendre son ~** (= *s'amuser*) to have fun*; **c'est le ~ !** it's brilliant!*; **ce n'est pas le ~** it's no picnic*

ⓖ locutions

◆ **pied à pied** [*se défendre, lutter*] every inch of the way

◆ **à pied d'œuvre** ready to get down to the job

◆ **au pied levé : remplacer qn au ~ levé** to stand in for sb at a moment's notice

◆ **au pied de la lettre** literally

◆ **comme un pied* : jouer comme un ~** to be a useless* player; **il conduit comme un ~** he's a lousy* driver

◆ **de pied ferme** resolutely

◆ **en pied : un portrait en ~** a full-length portrait

◆ **sur pied : être sur ~** [*personne, malade*] to be up and about; **mettre qch sur ~** to set sth up

◆ **sur le pied de guerre** ready for action

◆ **sur un pied d'égalité** [*être, mettre*] on an equal footing; [*traiter*] as equals

2 COMPOSÉS

◆ **pied de lit** footboard ◆ **pied de nez : faire un ~ de nez à qn** to thumb one's nose at sb

---

pied-à-terre /pjetatɛʀ/ NM INV pied-à-terre

pied-de-biche (*pl* **pieds-de-biche**) /pjed(ə)biʃ/ NM (= *arrache-clous*) nail extractor

pied-de-poule (*pl* **pieds-de-poule**) /pjed(ə)pul/ NM hound's-tooth check (*NonC*)

piédestal (*pl* **-aux**) /pjedestal, o/ NM pedestal; **placer qn sur un ~** to put sb on a pedestal

pied-noir (*pl* **pieds-noirs**) /pjenwaʀ/ NMF pied-noir (*French colonial born in Algeria*)

piège /pjɛʒ/ NM trap; (= *fosse*) pit; (= *collet*) snare; **~ à touristes** tourist trap; **prendre au ~** to (catch in a) trap; **tendre un ~ (à qn)** to set a trap (for sb); **dictée pleine de ~s** dictation full of pitfalls

piégé, e /pjeʒe/ (*ptp de* **piéger**) ADJ **engin ~** booby trap;

lettre ~e letter bomb; **colis** *ou* **paquet ~** parcel *ou* mail bomb; **voiture ~e** car bomb

piéger /pjeʒe/ /TABLE 3 et 6/ VT ⓐ to trap; (*par une question*) to trick; **l'eau se retrouve piégée dans la roche** the water gets trapped in the rock ⓑ (*avec des explosifs*) to booby-trap

piégeux, -euse /pjeʒø,øz/ ADJ [*question*] tricky

pierraille /pjeʀaj/ NF loose stones

pierre /pjɛʀ/ NF stone; **maison en ~** house built of stone; **jeter la première ~** to cast the first stone; **je ne veux pas lui jeter la ~** I don't want to be too hard on him; **investir dans la ~** (= *immobilier*) to invest in bricks and mortar; **faire d'une ~ deux coups** to kill two birds with one stone; **jour à marquer d'une ~ blanche** red-letter day; **apporter sa ~ à qch** to add one's contribution to sth ◆ **pierre à aiguiser** whetstone ◆ **pierre angulaire** cornerstone ◆ **pierre à briquet** flint ◆ **pierre ponce** pumice stone ◆ **pierre précieuse** precious stone ◆ **pierre de taille** freestone ◆ **pierre tombale** tombstone ◆ **pierre de touche** touchstone

pierreries /pjeʀʀi/ NFPL precious stones

pierreux, -euse /pjeʀø, øz/ ADJ [*terrain*] stony

piété /pjete/ NF piety; **~ filiale** filial devotion

piétiner /pjetine/ /TABLE 1/ 1 VI ⓐ (= *trépigner*) to stamp (one's feet) ⓑ (= *ne pas avancer*) [*personne*] to stand about; [*discussion*] to make no progress 2 VT [+ *sol*] to trample on; [+ *parterres, fleurs*] to tread on

piéton, -onne /pjetɔ̃, ɔn/ 1 ADJ pedestrian; **zone piétonne** pedestrian precinct 2 NM,F pedestrian

piétonnier, -ière /pjetɔnje, jɛʀ/ ADJ pedestrian

piètre /pjɛtʀ/ ADJ (*frm*) very poor; [*excuse*] lame; **dans un ~ état** in a very poor state; **faire ~ figure** to cut a sorry figure

pieu (*pl* **pieux**) /pjø/ NM ⓐ (= *poteau*) post; (*pointu*) stake; [*de construction*] pile ⓑ (= *lit*) ⦂ bed

pieuter (se) ⦂ /pjøte/ VPR to hit the sack*

pieuvre /pjœvʀ/ NF (= *animal*) octopus

pieux, pieuse /pjø, pjøz/ ADJ pious; **~ mensonge** white lie

pif /pif/ NM (= *nez*) conk⦂ (*Brit*), schnozzle⦂ (*US*)

◆ **au pif** (= *approximativement*) at a rough guess; (= *au hasard*) [*répondre, choisir*] at random; **faire qch au ~** to do sth by guesswork; **j'ai dit ça au ~** I was just guessing

pifomètre ⦂ /pifɔmɛtʀ/ NM instinct

◆ **au pifomètre : faire qch au ~** to do sth by guesswork; **j'y suis allé au ~** I followed my nose*

pige /piʒ/ NF ⓐ (= *année*) ⦂ **il a 50 ~s** he's 50 ⓑ **faire des ~s pour un journal** to do freelance work for a newspaper

pigeon /piʒɔ̃/ 1 NM ⓐ (= *oiseau*) pigeon ⓑ (= *dupe*)* sucker⦂ 2 COMP ◆ **pigeon ramier** wood pigeon ◆ **pigeon voyageur** carrier pigeon

pigeonnant, e /piʒɔnɑ̃, ɑ̃t/ ADJ **soutien-gorge ~** uplift bra

pigeonner ⦂ /piʒɔne/ /TABLE 1/ VT **se faire ~** to be done⦂

pigeonnier /piʒɔnje/ NM pigeon loft

piger ⦂ /piʒe/ /TABLE 3/ VI (= *comprendre*) to get it*; **il a pigé** he's got it*

pigiste /piʒist/ NMF (= *journaliste*) freelance journalist

pigment /pigmɑ̃/ NM pigment

pignon /piɲɔ̃/ NM ⓐ [*de bâtiment*] gable; **avoir ~ sur rue** to be well-established ⓑ (= *petite roue*) pinion ⓒ **~ (de pin)** pine kernel

Pilates /pilates/ NM **le** *ou* **la méthode ~** Pilates

pile /pil/ 1 NF ⓐ (= *tas*) pile

ⓑ [*de pont*] support

ⓒ (*électrique*) battery; **à ~(s)** battery-operated; **~ bouton** watch battery; **appareil fonctionnant sur ~s** battery-operated appliance

ⓓ [*de pièce*] **~ ou face ?** heads or tails?; **tirer à ~ ou face pour savoir si ...** to toss up to find out if ...

2 ADV (= *net*)* **s'arrêter ~** to stop dead*; **je suis tombé ~ sur le numéro** I came up with the number right away; **tomber ~** [*personne*] to turn up* just at the right moment; [*chose*] to come just at the right time; **ça tombe ~ !** that's exactly what I (*ou* we *etc*) need(ed)!; **il est 11 heures ~** it's 11 o'clock exactly

piler /pile/ /TABLE 1/ 1 VT [+ *glace, graines*] to crush 2 VI (= *freiner*)* to slam on the brakes

pilier /pilje/ NM pillar; [*d'organisation, parti*] mainstay ♦ **pilier de bar** barfly*

pillage /pijaʒ/ NM [*de ville*] plundering; [*de magasin, maison*] looting

pillard, e /pijaʀ, aʀd/ NM,F looter

piller /pije/ /TABLE 1/ VT [+ *ville*] to pillage; [+ *magasin, maison*] to loot

pilleur, -euse /pijœʀ, øz/ NM,F looter; **~ d'épaves** looter (*of wrecked ships*)

pilon /pilɔ̃/ NM (= *instrument*) pestle; [*de poulet*] drumstick; **mettre un livre au ~** to pulp a book

pilonnage /pilɔnaʒ/ NM (*Mil*) shelling

pilonner /pilɔne/ /TABLE 1/ VT (*Mil*) to shell

pilori /pilɔʀi/ NM pillory; **mettre au ~** (*fig*) to pillory

pilotage /pilɔtaʒ/ NM ⓐ [*d'avion*] flying; [*de bateau*] piloting ⓑ [*d'entreprise, économie, projet*] running

pilote /pilɔt/ 1 NM ⓐ [*d'avion, bateau*] pilot; [*de voiture*] driver ⓑ (*en apposition = expérimental*) [*école, ferme*] experimental; [*projet, entreprise, usine*] pilot 2 COMP ♦ **pilote automatique** automatic pilot ♦ **pilote automobile** racing driver ♦ **pilote de chasse** fighter pilot ♦ **pilote de course** racing driver ♦ **pilote d'essai** test pilot ♦ **pilote de ligne** airline pilot

piloter /pilɔte/ /TABLE 1/ VT [+ *avion, navire*] to pilot; [+ *entreprise, projet*] to run; **~ qn** (*fig*) to show sb round; **je l'ai piloté dans Paris** I showed him round Paris

pilotis /pilɔti/ NM pile

pilule /pilyl/ NF pill; **prendre la ~** (*contraceptive*) to be on the pill; **il a eu du mal à avaler la ~** (*fig*) he found it a bitter pill to swallow

pimbêche /pɛ̃bɛʃ/ NF stuck-up thing*

piment /pimɑ̃/ NM ⓐ (= *plante*) pepper; **~ rouge** chilli ⓑ (*fig*) spice; **ça donne du ~ à la vie** it adds a bit of spice to life

pimenter /pimɑ̃te/ /TABLE 1/ VT to put chilli in; (*fig*) to add spice to

pimpant, e /pɛ̃pɑ̃, ɑ̃t/ ADJ [*robe, personne*] spruce

pin /pɛ̃/ NM (= *arbre*) pine tree; (= *bois*) pine

pinacle /pinakl/ NM pinnacle; **porter qn au ~** to praise sb to the skies

pinacothèque /pinakɔtɛk/ NF art gallery

pinailler* /pinaje/ /TABLE 1/ VI to split hairs

pinard : /pinaʀ/ NM wine

pince /pɛ̃s/ 1 NF ⓐ (= *outil*) **~(s)** pliers; (*à charbon*) tongs ⓑ [*de crabe, homard*] pincer; **aller à ~s*** to hoof it! ⓒ (*Couture*) dart; **pantalon à ~s** front-pleated trousers 2 COMP ♦ **pince à cheveux** hair clip ♦ **pince coupante** wire cutters ♦ **pince à épiler** tweezers ♦ **pince à escargot** snail tongs ♦ **pince à linge** clothes peg (*Brit*), clothespin (*US, Scot*) ♦ **pince à sucre** sugar tongs ♦ **pince universelle** pliers ♦ **pince à vélo** bicycle clip

pincé, e[1] /pɛ̃se/ (*ptp de* **pincer**) ADJ [*personne, air, sourire*] stiff; **d'un air ~** stiffly

pinceau (*pl* **pinceaux**) /pɛ̃so/ NM brush; (*Peinture*) paintbrush

pincée[2] /pɛ̃se/ NF [*de sel, poivre*] pinch

pincement /pɛ̃smɑ̃/ NM **elle a eu un ~ de cœur** she felt a twinge of sorrow

pincer /pɛ̃se/ /TABLE 3/ VT ⓐ (*accidentellement, pour faire mal*) to pinch; [*froid*] to nip; **se ~ le doigt dans une porte** to catch one's finger in a door ⓑ (= *tenir, serrer*) to grip; **se ~ le nez** to hold one's nose ⓒ [+ *cordes de guitare*] to pluck ⓓ (= *arrêter, prendre*)* to catch; **se faire ~** to get caught ⓔ **en ~ pour qn*** to be mad about sb*

pince-sans-rire /pɛ̃sɑ̃ʀiʀ/ ADJ INV deadpan

pincettes /pɛ̃sɛt/ NFPL (*pour le feu*) tongs; **il n'est pas à prendre avec des ~** he's like a bear with a sore head

pinçon /pɛ̃sɔ̃/ NM pinch-mark

pinède /pined/ NF pine forest

pingouin /pɛ̃gwɛ̃/ NM auk; (= *manchot*) penguin

ping-pong /piŋpɔ̃g/ NM INV table tennis; **faire du ~** to play table tennis

pingre /pɛ̃gʀ/ ADJ stingy

pin's /pins/ NM INV lapel badge

pinson /pɛ̃sɔ̃/ NM chaffinch

pintade /pɛ̃tad/ NF guinea-fowl

pinte /pɛ̃t/ NF pint

pinter (se) : /pɛ̃te/ VPR /TABLE 1/ to booze*

pin up /pinœp/ NF INV (= *personne*) sexy-looking girl; (= *photo*) pinup

pioche /pjɔʃ/ NF pickaxe

piocher /pjɔʃe/ /TABLE 1/ 1 VT [+ *terre*] to pickaxe; (= *étudier*) [+ *sujet*]* to swot up* (*Brit*); (*Jeux*) [+ *carte, domino*] to take (from the pile) 2 VI (= *creuser*) to dig (with a pick); (*Jeux*) to pick up; **~ dans le tas** (*objets*) to dig into the pile; (*nourriture*) to dig in*

piolet /pjɔlɛ/ NM ice axe

pion, pionne /pjɔ̃, pjɔn/ 1 NM,F (*arg : Scol = surveillant*) supervisor (*student paid to supervise schoolchildren*) 2 NM (*Échecs*) pawn; (*Dames*) draught (*Brit*), checker (*US*)

pioncer : /pjɔ̃se/ /TABLE 3/ VI to get some shut-eye*

pionnier, -ière /pjɔnje, jɛʀ/ NM,F pioneer

pipe /pip/ NF ⓐ (*à fumer*) pipe; **fumer la ~** to smoke a pipe ⓑ (= *acte sexuel*) :: blow job ::

pipeau (*pl* **pipeaux**) /pipo/ NM reed-pipe; **c'est du ~*** that's a load of rubbish*

pipelette* /piplɛt/ NF chatterbox

piper /pipe/ /TABLE 1/ VT [+ *dés*] to load; **il n'a pas ~ (mot)*** he didn't breathe a word

pipi* /pipi/ NM wee-wee (*langage enfantin*); **faire ~** to have a wee-wee (*langage enfantin*); **faire ~ au lit** to wet the bed

piquant, e /pikɑ̃, ɑ̃t/ 1 ADJ ⓐ [*barbe*] prickly; [*tige*] thorny ⓑ [*goût, radis, sauce, moutarde*] hot; [*vin*] tart ⓒ [*air, froid*] biting ⓓ [*détail*] surprising 2 NM ⓐ [*de hérisson, oursin*] spine; [*de chardon*] prickle; [*de barbelé*] barb ⓑ **l'anecdote ne manque pas de ~** it's quite a funny story

pique /pik/ 1 NF (= *arme*) pike; (= *parole blessante*) cutting remark 2 NM (= *carte*) spade; (= *couleur*) spades

piqué, e /pike/ (*ptp de* **piquer**) 1 ADJ ⓐ (= *cousu*) machine-stitched ⓑ (= *aigre*) [*vin*] sour; **~ de rouille** [*métal*] pitted with rust; [*linge*] covered in rust spots; **pas ~ des vers*** (= *excellent*) brilliant*; (= *excentrique*) wild* 2 NM (*en avion*) dive; **descendre en ~** to dive

pique-assiette* (*pl* **pique-assiettes**) /pikasjɛt/ NMF scrounger

pique-nique (*pl* **pique-niques**) /piknik/ NM picnic; **faire un ~** to have a picnic; **partir en ~** to go for a picnic

pique-niquer /piknike/ /TABLE 1/ VI to have a picnic

piquer /pike/ /TABLE 1/ 1 VT ⓐ [*guêpe, ortie*] to sting; [*moustique, serpent*] to bite; (*avec une épingle, une pointe*) to prick; [*barbe*] to prickle; (*Méd*) to give an injection to; **faire ~ un chien** to have a dog put down; **la fumée me pique les yeux** the smoke is making my eyes sting; **j'ai les yeux qui piquent** my eyes are stinging; **attention, ça pique** [*alcool sur une plaie*] careful, it's going to sting ⓑ [+ *aiguille, fléchette*] to stick (**dans** into); **piquez la viande avec une fourchette** prick the meat with a fork ⓒ (*Couture*) **~ qch (à la machine)** to machine-stitch sth ⓓ [+ *curiosité, intérêt*] to arouse; **~ qn au vif** to cut sb to the quick ⓔ (= *faire*)* **~ un sprint** to sprint; **~ un roupillon*** to have a nap; **~ une crise** to throw a fit ⓕ (= *voler*)* to pinch* (**à qn** from sb) 2 VI ⓐ [*avion*] to go into a dive; [*oiseau*] to swoop down; **~ du nez** [*avion*] to nosedive; [*fleurs*] to droop; [*personne*] to fall headfirst; (*de sommeil*) to nod off* ⓑ [*moutarde, radis*] to be hot; [*vin*] to have a sour taste; [*fromage*] to be sharp; **de l'eau qui pique*** fizzy water

3 VPR **se piquer** ⓐ (= *se blesser*) (*avec une aiguille*) to prick o.s.; (*dans les orties*) to get stung ⓑ [*morphinomane*] to shoot up ⓒ (= *prétendre pouvoir*) **se ~ de faire qch** to pride o.s. on one's ability to do sth; **il s'est piqué au jeu** he became quite taken with it

piquet /pikɛ/ NM ⓐ (= *pieu*) post; [*de tente*] peg ⓑ **(de grève)** picket line

piquette∗ /pikɛt/ NF (= *mauvais vin*) cheap wine

piqûre /pikyʀ/ NF ⓐ [*d'insecte, moustique*] bite; [*de guêpe, ortie*] sting; **~ d'épingle** pinprick ⓑ (*Méd*) injection; **faire une ~ à qn** to give sb an injection; **~ de rappel** booster ⓒ [*de moisi, rouille*] speck ⓓ (*Couture*) (= *point*) stitch; (= *rang*) stitching (*NonC*)

piratage /piʀataʒ/ NM [*de cassette, vidéo*] pirating; **~ (informatique)** (computer) hacking

pirate /piʀat/ 1 ADJ [*bateau, émission, radio*] pirate 2 NM pirate; **~ de l'air** hijacker; **~ (informatique)** hacker

pirater /piʀate/ /TABLE 1/ VT [+ *disque, logiciel*] to make a pirate copy of

piraterie /piʀatʀi/ NF piracy; (= *acte*) act of piracy

pire /piʀ/ 1 ADJ ⓐ (*comparatif*) worse; **c'est bien ~** it's much worse; **c'est ~ que jamais** it's worse than ever; **c'est ~ que tout** it's the worst thing you can imagine; **c'est de ~ en ~** it's getting worse and worse; **j'ai déjà entendu ~ !** I've heard worse! ⓑ (*superlatif*) **le ~ ou la ~** the worst; **les ~s difficultés** the most severe difficulties 2 NM **le ~** the worst; **le ~ c'est que ...** the worst of it (all) is that ...; **je m'attends au ~** I expect the worst

pirogue /piʀɔg/ NF dugout

pirouette /piʀwɛt/ NF [*de danseuse, cheval*] pirouette; **répondre par une ~** to cleverly side-step the question

pis¹ /pi/ NM [*de vache*] udder

pis² /pi/ (*littér*) 1 ADJ worse; **qui ~ est** what is worse 2 ADV worse; **aller de ~ en ~** to get worse and worse

pis-aller /pizale/ NM INV stopgap

pisciculture /pisikyltyʀ/ NF fish breeding

piscine /pisin/ NF (= *bassin*) swimming pool; [*de réacteur nucléaire*] cooling pond

pisse∗ /pis/ NF pee∗, piss∗∗

pissenlit /pisɑ̃li/ NM dandelion

pisser∗ /pise/ /TABLE 1/ VI (= *uriner*) [*personne*] to have a pee∗; [*animal*] to pee∗; (= *couler*) to gush; **il ne se sent plus ~** (*péj*) he thinks the sun shines out of his arse∗∗ (*Brit*) ou ass∗∗ (*US*); **ça pisse** (= *il pleut*) it's pissing down∗∗ (*Brit*) 2 VT **~ du sang** to pass blood (with the urine); **il pissait le sang** the blood was gushing out of him

pistache /pistaʃ/ NF pistachio

piste /pist/ 1 NF ⓐ (= *traces*) [*d'animal, suspect*] track; **perdre la ~** to lose the trail; **être sur la (bonne) ~** to be on the right track ⓑ (*Police* = *indice*) lead ⓒ [*d'hippodrome*] course; [*de vélodrome, autodrome, stade*] track; [*de patinage*] rink; [*de danse*] dance floor; [*de cirque*] ring; **en ~ !** into the ring!; (*fig*) off you go! ⓓ (*Ski*) piste; [*de ski de fond*] trail; **~ artificielle** dry ski slope; **ski hors ~** off-piste skiing ⓔ (*d'aéroport*) runway; [*de petit aéroport*] airstrip ⓕ (= *sentier*) track; [*de désert*] trail ⓖ [*de magnétophone*] track

2 COMP ♦ **piste cavalière** bridle path ♦ **piste cyclable** cycle path

pistil /pistil/ NM pistil

pistolet /pistɔlɛ/ NM (= *arme*) gun; (= *jouet*) toy gun ♦ **pistolet d'alarme** alarm gun ♦ **pistolet à eau** water pistol ♦ **pistolet à peinture** spray gun

piston /pistɔ̃/ NM ⓐ (*Tech*) piston ⓑ (= *aide*)∗ string-pulling∗; **avoir du ~** to have friends in the right places∗ ⓒ (= *instrument de musique*) cornet

pistonner∗ /pistɔne/ /TABLE 1/ VT to pull strings for∗; **il était pistonné** someone pulled strings for him

piteux, -euse /pitø, øz/ ADJ (= *minable*) [*apparence*] pitiful; (= *honteux*) [*personne, air*] shamefaced; **en ~ état** in a sorry state; **avoir piteuse mine** to be shabby-looking

pitié /pitje/ NF ⓐ (= *compassion*) pity; **avoir ~ de qn** to feel pity for sb; **il me fait ~** I feel sorry for him; **quelle ~ de voir ça** it's pitiful to see (that) ⓑ (= *miséricorde*) pity; **avoir ~ de qn** to take pity on sb; **~ !** have mercy!; (= *assez*)∗ for goodness' sake!∗; **par ~ !** for pity's sake!; **faire qch sans ~** to do sth pitilessly; **un monde sans ~** a cruel world

piton /pitɔ̃/ NM ⓐ (*à anneau*) eye; (*à crochet*) hook; (*Alpinisme*) peg ⓑ (= *sommet*) peak

pitonner /pitɔne/ /TABLE 1/ (*Can*) 1 VI ⓐ (= *zapper*) to zap from channel to channel ⓑ (= *taper*) to keyboard; **~ sur un clavier** to tap away on a keyboard 2 VT [+ *numéro de téléphone*] to dial

pitonneuse /pitɔnøz/ NF (*Can* = *télécommande*) zapper∗

pitoyable /pitwajabl/ ADJ pitiful

pitre /pitʀ/ NM clown; **faire le ~** to clown around

pitrerie /pitʀəʀi/ NF tomfoolery (*NonC*)

pittoresque /pitɔʀɛsk/ ADJ [*site*] picturesque; [*personnage, récit, style, détail*] colourful (*Brit*), colorful (*US*)

pivert /pivɛʀ/ NM green woodpecker

pivoine /pivwan/ NF peony

pivot /pivo/ NM pivot; (= *chose essentielle*) linchpin; [*de dent*] post

pivoter /pivɔte/ /TABLE 1/ VI [*porte, siège*] to revolve

pizza /pidza/ NF pizza

pizzeria /pidzeʀja/ NF pizzeria

PJ /peʒi/ NF (ABBR = **police judiciaire**) ≈ CID (*Brit*), ≈ FBI (*US*)

placage /plakaʒ/ NM (*en bois*) veneer

placard /plakaʀ/ NM ⓐ (= *armoire*) cupboard; **~ à balai** broom cupboard ⓑ **~ publicitaire** display advertisement

placarder /plakaʀde/ /TABLE 1/ VT [+ *affiche*] to put up

placardiser /plakaʀdize/ /TABLE 1/ VT [+ *personne*] to sideline

---

place /plas/ NOM FÉMININ

ⓐ = **esplanade** square; **la ~ du marché** the market square; **porter le débat sur la ~ publique** to bring the discussion into the public arena

ⓑ = **emplacement** place; (*assise*) seat; **changer qch de ~** to move sth; **ça n'a pas changé de ~** it hasn't moved; **changer de ~ avec qn** to change places with sb; **laisser sa ~ à qn** to give up one's seat to sb; (*fig*) to hand over to sb; **prenez ~** take a seat; **prendre la ~ de qn** to take sb's place; (= *remplacer qn*) to take over from sb; **trouver ~ parmi** to find a place among; **~ d'honneur** place of honour; **~s assises 20, ~s debout 40** seating capacity 20, standing passengers 40; **une tente à 4 ~s** a tent that sleeps 4; **elle tient une grande ~ dans ma vie** she means a great deal to me

ⓒ = **espace** room; (= *emplacement réservé*) space; **prendre de la ~** to take up a lot of room; **faire de la ~** to make room; **gagner de la ~** to save space; **~ de parking** parking space; **j'ai trouvé de la ~ pour me garer** I've found a parking place; **j'ai trois ~s dans ma voiture** I've room for three in my car; **~ aux jeunes !** make way for the younger generation!; **faire ~ nette** to make a clean sweep

ⓓ = **billet** seat; (= *prix, trajet*) fare; **réserver sa ~** to book one's seat; **il n'a pas payé sa ~** he hasn't paid for his seat; **payer ~ entière** (*au cinéma*) to pay full price; (*dans le bus*) to pay full fare

ⓔ = **rang** **il a eu une ~ de premier en histoire** he was first in history; **l'entreprise occupe la seconde ~ sur le marché des ordinateurs** the company ranks second in the computer market; **figurer en bonne ~** [*personne*] to be prominent

ⓕ = **emploi** job; (*de domestique*) position; **une ~ de serveuse** a job as a waitress; **dans les médias, les ~s sont chères** there's a lot of competition for jobs in the media

ⓖ Mil **~ forte** fortified town; **~ d'armes** parade ground; **s'introduire dans la ~** to get contacts on the inside

ⓗ Finance **~ boursière** stock market

(i) | locutions |

◆ **à la place** (= *en échange*) instead
◆ **à la place de** (= *au lieu de*) instead of; **se mettre à la ~ de qn** to put o.s. in sb's shoes
◆ **à sa** *etc* **place** (= *à l'endroit habituel*) **cette lampe n'est pas à sa ~** this lamp isn't in the right place; **remettre qch à sa ~** to put sth back where it belongs; **remettre qn à sa ~** to put sb in his place; **j'y suis allé à sa ~** I went instead of him; **je n'aimerais pas être à sa ~** I wouldn't like to be him; **à ma ~, tu aurais accepté?** if you were me, would you have agreed?; **à votre ~** if I were you
◆ **en place**: **il ne tient pas en ~** he's always fidgeting; **les gens en ~** influential people; **le pouvoir en ~** (*maintenant*) the current government; (*à l'époque*) the government at the time; **être en ~** [*plan*] to be ready; **tout le monde est en ~** everyone is seated; **en ~ pour la photo!** everybody take up your positions for the photograph!; **mettre en ~** [+ *service d'ordre*] to deploy; [+ *mécanisme, dispositif*] to install; **mise en ~** [*de projet*] setting up
◆ **sur place** on the spot; **être sur ~** to be there; **se rendre sur ~** to go there; **les sauveteurs sont déjà sur ~** rescuers are already at the scene; **la situation sur ~** the situation on the ground; **vous trouverez des brochures sur ~** leaflets are available on site; **(à consommer) sur ~ ou à emporter?** sit in or take away?

placé, e /plase/ (*ptp de* **placer**) ADJ (a) **être bien/mal ~** [*terrain*] to be well/badly situated; [*objet, concurrent*] to be well/badly placed; [*spectateur*] to have a good/a poor seat; **il est bien ~ pour le savoir** he should know (b) (*Courses*) **arriver ~** to be placed

placebo /plasebo/ NM placebo

placement /plasmᾶ/ NM (a) (*financier*) investment (b) [*d'employés*] placing; **~ d'office** compulsory admission

placenta /plasɛ̃ta/ NM placenta

placer /plase/ /TABLE 3/ 1 VT (a) (= *assigner une place à*) [+ *objet, personne*] to put; [+ *invité, spectateur*] to seat; **~ sa voix** to pitch one's voice
(b) (= *situer*) to place, to put; **il a placé l'action de son roman en Provence** he has set the action of his novel in Provence; **~ ses espérances en qn/qch** to pin one's hopes on sb/sth
(c) (= *introduire*) [+ *remarque, plaisanterie*] to get in; **il n'a pas pu ~ un mot** he couldn't get a word in (edgeways)
(d) [+ *ouvrier, malade, écolier*] to place; **~ qn à la tête d'une entreprise** to put sb in charge of a business; **~ qn sous l'autorité de** to place sb under the authority of
(e) (= *vendre*) [+ *marchandise*] to sell
(f) [+ *argent*] (*à la Bourse*) to invest; (*à la caisse d'épargne*) to deposit; **~ une somme sur son compte** to pay a sum into one's account

2 VPR **se placer** (a) [*personne*] to take up a position; (*debout*) to stand; (*assis*) to sit; **se ~ de face/contre le mur** to stand facing/against the wall
(b) [*cheval*] to be placed; **se ~ 2ème** to be 2nd

placide /plasid/ ADJ placid

Placoplâtre ® /plakoplatʀ/ NM plasterboard

plafond /plafɔ̃/ NM (a) [*de salle*] ceiling; [*de voiture*] roof; **la pièce est haute de ~** the room has a high ceiling
(b) (= *limite*) (*de prix, loyer*) ceiling; (= *nuages*) cloud cover; **âge(-)plafond** maximum age

plafonnement /plafɔnmᾶ/ NM **il y a un ~ des salaires/cotisations** there is an upper limit on salaries/contributions

plafonner /plafɔne/ /TABLE 1/ 1 VI [*prix, écolier, salaire*] to reach a ceiling; **les ventes plafonnent** sales have reached a ceiling 2 VT [+ *salaires, loyers*] to put an upper limit on

plafonnier /plafɔnje/ NM [*de voiture*] interior light; [*de chambre*] ceiling light

plage /plaʒ/ 1 NF (a) [*de mer, rivière, lac*] beach; **~ de sable/de galets** sandy/pebble beach; **sac/robe de ~** beach bag/robe (b) (= *zone*) (*dans un barème, une progression*) range; (*dans un horaire*) (time) slot (c) [*de disque*] track

2 COMP ◆ **plage arrière** [*de voiture*] parcel shelf ◆ **plage horaire** time slot ◆ **plage musicale** musical interval ◆ **plage publicitaire** commercial break

plagiat /plaʒja/ NM plagiarism

plagier /plaʒje/ /TABLE 7/ VT to plagiarize

plagiste /plaʒist/ NM beach attendant

plaid /plɛd/ NM (= *couverture*) car rug, lap robe (*US*)

plaider /plede/ /TABLE 1/ 1 VT to plead; **~ coupable/non coupable** to plead guilty/not guilty; **~ la cause de qn** (*fig*) to argue in favour of sb 2 VI [*avocat*] to plead; **~ pour ou en faveur de qn/qch** (*fig*) to speak in favour of sb/sth

plaideur, -euse /pledœʀ, øz/ NM,F litigant

plaidoirie /pledwaʀi/ NF speech for the defence

plaidoyer /pledwaje/ NM speech for the defence; (*fig*) defence

plaie /plɛ/ NF (*physique, morale*) wound; (= *coupure*) cut; (= *fléau*) scourge; **quelle ~!** (*personne*) he's such a nuisance!; (*chose*) what a nuisance!; **remuer le fer dans la ~** to rub salt in the wound

plaignant, e /plɛɲᾶ, ᾶt/ NM,F plaintiff

plaindre /plɛ̃dʀ/ /TABLE 52/ 1 VT [+ *personne*] to feel sorry for; **il est bien à ~** he is to be pitied; **elle n'est pas à ~** (= *elle a de la chance*) she's got nothing to complain about
2 VPR **se plaindre** (= *protester*) to complain (**de** about); (= *gémir*) to moan; **se ~ de** (= *souffrir*) [+ *maux de tête etc*] to complain of; **se ~ de qn/qch à qn** to complain to sb about sb/sth

plaine /plɛn/ NF plain

plain-pied /plɛ̃pje/ ◆ **de plain-pied** LOC ADJ, LOC ADV [*maison*] (built) at street-level; **entrer de ~ dans le sujet** to come straight to the point

plainte /plɛ̃t/ NF (a) (= *doléance*) complaint; **porter ~ contre qn** to register a complaint against sb; **~ contre X** complaint against person or persons unknown (b) (= *gémissement*) moan

plaintif, -ive /plɛ̃tif, iv/ ADJ plaintive

plaire /plɛʀ/ /TABLE 54/ 1 VI (a) (= *être apprécié*) **ce garçon me plaît** I like that boy; **ce livre m'a beaucoup plu** I enjoyed that book a lot; **ton nouveau travail te plaît?** how do you like your new job?; **on ne peut pas ~ à tout le monde** you can't please everyone; **c'est le genre d'homme qui plaît aux femmes** he's the sort of man that women like; **le désir de ~** the desire to please
(b) (= *convenir à*) **ça te plairait d'aller au théâtre?** would you like to go to the theatre?; **j'irai si ça me plaît** I'll go if I feel like it; **je fais ce qui me plaît** I do as I please

2 VB IMPERS **comme il vous plaira** just as you like
◆ **s'il te plaît** ◆ **s'il vous plaît** please

3 VPR **se plaire** (a) (= *se sentir bien, à l'aise*) **il se plaît à Londres** he likes being in London; **se ~ avec qn** to enjoy being with sb
(b) (= *s'apprécier*) **je ne me plais pas en robe** I don't like myself in a dress

plaisance /plɛzᾶs/ NF **la (navigation de) ~** boating; (*à voile*) sailing

plaisancier /plɛzᾶsje/ NM yachtsman

plaisant, e /plɛzᾶ, ᾶt/ ADJ (a) (= *agréable*) pleasant; **c'est une ville très ~e à vivre** it's a very pleasant town to live in (b) (= *amusant*) amusing

plaisanter /plɛzᾶte/ /TABLE 1/ VI to joke (**sur** about); **je ne suis pas d'humeur à ~** I'm in no mood for joking; **vous plaisantez** you must be joking; **on ne plaisante pas avec cela** this is no laughing matter

plaisanterie /plɛzᾶtʀi/ NF (a) (= *blague*) joke (**sur** about); **aimer la ~** to be fond of a joke; **faire une ~** to tell a joke; **la ~ a assez duré!** this has gone beyond a joke! (b) (= *raillerie*) joke; **il comprend bien la ~** he can take a joke

plaisantin /plɛzᾶtɛ̃/ NM (= *blagueur*) joker

plaisir /plɛziʀ/ NM (a) (= *joie*) pleasure; **avoir du ~ à faire qch** to take pleasure in doing sth; **j'ai le ~ de vous annoncer que ...** I am pleased to inform you that ...; **par ~ ou pour le ~** for pleasure; [*bricoler, peindre*] as a hobby; **je**

vous souhaite bien du ~ ! (iro) good luck to you! (iro); **les ~s de la table** good food
♦ **au plaisir !** (I'll) see you again sometime
♦ **faire plaisir** : faire ~ à qn to please sb; **son cadeau m'a fait** ~ I was very pleased with his present; **cela fait ~ à voir** it is a pleasure to see; **pour me faire** ~ (just) to please me; **il se fera un ~ de vous reconduire** he'll be (only too) pleased to drive you back; **bon, c'est bien pour vous faire ~ ou si cela peut vous faire ~** all right, if it will make you happy; **se faire** ~ (= s'amuser) to enjoy o.s.
ⓑ (sexuel) pleasure; **avoir du ~** to experience pleasure
ⓒ (= distraction) pleasure; **les ~s de la vie** life's (little) pleasures

plan¹ /plɑ̃/ 1 NM ⓐ [de maison, machine, dissertation] plan; [de ville, région] map; **faire un ~** to draw a plan
ⓑ (= surface) plane
ⓒ (Ciné, Photo) shot; **premier ~** foreground; **ce problème est au premier ~ de nos préoccupations** this problem is uppermost in our minds; **personnalité de premier ~** key figure; **une personnalité de second ~** a minor figure
ⓓ (= niveau) level; **au ~ national/international** at the national/international level; **sur le ~ intellectuel** intellectually speaking; **sur tous les ~s** in every way
ⓔ (= projet) plan; **~ de carrière** career path; **~ de relance ou de redressement de l'économie** economic recovery plan; **laisser en ~*** [+ personne] to leave in the lurch; [+ affaires, projet, travail] to abandon
ⓕ (= idée)* idea; **c'est un super ~ !** it's a great idea!
2 COMP ♦ **plan directeur** master plan ♦ **plan d'eau** (= lac) lake ♦ **plan d'épargne-logement** savings plan for property purchase ♦ **plan de financement** financing plan ♦ **plan d'occupation des sols** zoning regulations ♦ **plan ORSEC** scheme set up to deal with major civil emergencies ♦ **plan social** redundancy plan ♦ **plan de travail** (dans une cuisine) worktop ♦ **plan de vol** flight path

plan², **e** /plɑ̃, plan/ ADJ ⓐ (= plat) flat ⓑ (Math) plane
planant, **e*** /planɑ̃, ɑ̃t/ ADJ [musique] mind-blowing*
planche /plɑ̃ʃ/ 1 NF ⓐ (en bois) plank; (plus large) board; (= ski)* ski; **faire la ~** to float on one's back
ⓑ (= illustration) plate
2 NFPL **les planches** (= scène) the stage (NonC)
3 COMP ♦ **planche à billets** : faire marcher la ~ à billets to print money ♦ **planche à découper** [de cuisinière] chopping board ♦ **planche à dessin** drawing board ♦ **planche à pain** breadboard ♦ **planche à repasser** ironing board ♦ **planche à roulettes** (= objet) skateboard; (= sport) skateboarding; **faire de la ~ à roulettes** to go skateboarding ♦ **planche de salut** (= appui) mainstay; (= dernier espoir) last hope ♦ **planche de surf** surfboard ♦ **planche à voile** (= objet) windsurfing board; (= sport) windsurfing; **faire de la ~ à voile** to go windsurfing
plancher¹ /plɑ̃ʃe/ NM ⓐ floor ⓑ (= limite) lower limit
plancher²* /plɑ̃ʃe/ /TABLE 1/ VI (= travailler) **~ sur un rapport** to work on a report
planchiste /plɑ̃ʃist/ NMF windsurfer
plancton /plɑ̃ktɔ̃/ NM plankton
planer /plane/ /TABLE 1/ VI ⓐ [oiseau, avion] to glide; [brume, fumée] to hang ⓑ [danger, soupçons] **~ sur** to hang over; **laisser ~ le doute (sur)** to allow some doubt to remain (about); **il faisait ~ la menace d'un licenciement** he was using the threat of redundancy ⓒ (= se détacher) [personne]* to have one's head in the clouds ⓓ [drogué] to be high*
planétaire /planetɛʀ/ ADJ (= mondial) global; **à l'échelle ~** on a global scale
planète /planɛt/ NF planet; **sur toute la ~** all over the world
planeur /planœʀ/ NM glider
planification /planifikasjɔ̃/ NF planning
planifier /planifje/ /TABLE 7/ VT to plan; **économie planifiée** planned economy
planning /planiŋ/ NM programme; **avoir un ~ très serré** to have a very tight schedule; **~ familial** family planning

planque* /plɑ̃k/ NF (= cachette) hideaway; (= travail tranquille) cushy number*
planqué, **e*** /plɑ̃ke/ NM,F (péj) **c'est un ~** he's got a cushy job*
planquer : /plɑ̃ke/ /TABLE 1/ 1 VT to stash away* 2 VPR **se planquer** to hide
plant /plɑ̃/ NM [de légume] seedling; [de fleur] bedding plant; **un ~ de vigne** a young vine
plantage* /plɑ̃taʒ/ NM [d'ordinateur] crash
plantaire /plɑ̃tɛʀ/ ADJ → voûte
plantation /plɑ̃tasjɔ̃/ NF (= action) planting; (= culture) plant; (= terrain) [de légumes] (vegetable) patch; [de fleurs] (flower) bed; [d'arbres, café, coton] plantation
plante /plɑ̃t/ 1 NF ⓐ plant; **~s médicinales** medicinal plants; **c'est une belle ~** (femme) she's a fine specimen ⓑ **~ (des pieds)** sole (of the foot) 2 COMP ♦ **plante d'appartement** house plant ♦ **plante fourragère** fodder plant ♦ **plante grasse** succulent (plant) ♦ **plante grimpante** creeper ♦ **plante verte** house plant
planter /plɑ̃te/ /TABLE 1/ VT ⓐ [+ plante, graine] to plant; [+ jardin] to put plants in; **avenue plantée d'arbres** tree-lined avenue
ⓑ [+ clou] to hammer in; [+ pieu] to drive in; **se ~ une épine dans le doigt** to get a thorn stuck in one's finger
ⓒ (= mettre)* to stick; **il nous a plantés sur le trottoir** he left us standing on the pavement; **~ là** (= laisser sur place) [+ personne] to leave behind; [+ travail, outils] to dump*; (= délaisser) [+ épouse] to walk out on*; **ne restez pas planté là à ne rien faire !** don't just stand there doing nothing!; **~ le décor** (pour une histoire) to set the scene
2 VI [ordinateur]* to crash
3 VPR **se planter*** ⓐ (= se tromper) to mess up*; **il s'est planté dans ses calculs** he got his calculations wrong; **l'ordinateur s'est planté** the computer crashed
ⓑ (= avoir un accident) to crash
planteur /plɑ̃tœʀ/ NM (= colon) planter
planton /plɑ̃tɔ̃/ NM orderly; **faire le ~*** to hang about*
plantureux, **-euse** /plɑ̃tyʀø, øz/ ADJ [femme] buxom; [poitrine] ample
plaquage /plakaʒ/ NM ⓐ (de bois) veneering; (de métal) plating ⓑ (Rugby) tackle
plaque /plak/ 1 NF ⓐ [de métal, verre, verglas] sheet; [de marbre, chocolat, beurre] slab; (= revêtement) covering ⓑ (portant une inscription) plaque; **~ de rue** street sign; **il est à côté de la ~*** he hasn't got a clue* 2 COMP ♦ **plaque chauffante** [de cuisinière] hotplate ♦ **plaque de cheminée** fireback ♦ **plaque de cuisson** (= table de cuisson) hob ♦ **plaque dentaire** dental plaque ♦ **plaque d'identité** [de soldat] ID tag ♦ **plaque d'immatriculation ou minéralogique** number plate ♦ **plaque tournante** hub; (= personne) linchpin
plaqué, **e** /plake/ (ptp de **plaquer**) 1 ADJ [bracelet] plated; **~ chêne** oak-veneered 2 NM plate; **c'est du ~ or** it's gold-plated
plaquer /plake/ /TABLE 1/ VT ⓐ [+ bois] to veneer; [+ bijoux] to plate ⓑ (= abandonner) [+ fiancé, époux]* to ditch*; **elle a tout plaqué pour le suivre** she gave up everything to be with him ⓒ (= aplatir) [+ cheveux] to plaster down ⓓ (Rugby) to tackle ⓔ [+ accord] to play
plaquette /plakɛt/ NF [de métal] plaque; [de chocolat] bar; [de pilules] bubble pack; [de beurre] pack (Brit), ≈ stick (US); **~ de frein** brake pad
plasma /plasma/ NM plasma
plastic /plastik/ NM plastic explosive
plastifier /plastifje/ /TABLE 7/ VT to coat with plastic; **plastifié** plastic-coated
plastique /plastik/ 1 ADJ ⓐ [art] plastic; **chirurgie ~** plastic surgery ⓑ **en matière ~** plastic 2 NM plastic; **en ~** plastic
plastiquer /plastike/ /TABLE 1/ VT to blow up
plastronner /plastʀɔne/ /TABLE 1/ VI to swagger

plat, plate /pla, plat/ 1 ADJ ⓐ flat; **chaussure ~e** *ou* **à talon ~** flat shoe
ⓑ [*style*] dull
ⓒ (= *obséquieux*) **il nous a fait ses plus ~es excuses** he made the humblest of apologies to us
2 NM ⓐ (= *récipient, mets*) dish; (= *partie du repas*) course; (= *contenu*) plate(ful); **il en a fait tout un ~*** he made a song and dance about it*; **il lui prépare de bons petits ~s** he makes tasty little dishes for her
ⓑ (= *partie plate*) flat (part); [*de main*] flat; **course de ~** flat race; **il y a 3 km de ~** there's a 3km flat stretch; **faire du ~ à qn*** [+ *femme*] to try to pick sb up
♦ **à plat**: **mettre qch à ~** to lay sth down flat; (*fig*) to have a close look at sth; **remise à ~** [*de dossier, problème, situation*] thorough review; **être à ~** [*pneu, batterie*] to be flat; [*personne*]* to be run down; **tomber à ~** [*remarque, plaisanterie*] to fall flat
ⓒ (*en plongeant*) **faire un ~** to do a belly flop
3 COMP ♦ **plat cuisiné** (*chez un traiteur*) ready-made meal ♦ **plat du jour**: **quel est le ~ du jour?** what's today's special? ♦ **plat de résistance** main course; (*fig*) pièce de résistance

platane /platan/ NM plane tree

plateau (*pl* **plateaux**) /plato/ NM ⓐ tray; **~ de fromages** cheeseboard; **~ de fruits de mer** seafood platter ⓑ [*de balance*] pan; [*de table*] top; [*de graphique*] plateau; **arriver à un ~** to reach a plateau ⓒ (*Géog*) plateau; **~ continental** continental shelf ⓓ (*Ciné, TV*) set; **~ de tournage** film set; **nous avons un ~ exceptionnel ce soir** (= *invités*) we have an exceptional line-up this evening

plateau-repas (*pl* **plateaux-repas**) /platoʀəpa/ NM tray meal

plate-bande (*pl* **plates-bandes**), **platebande** /platbɑ̃d/ NF (*de fleurs*) flower bed

platée /plate/ NF plateful

plate-forme (*pl* **plates-formes**), **plateforme** /platfɔʀm/ NF platform; **~ (de forage en mer)** oil rig

platement /platmɑ̃/ ADV [*s'excuser*] humbly

platine[1] /platin/ NM platinum

platine[2] /platin/ NF [*d'électrophone*] turntable; **~ laser** CD player

platitude /platityd/ NF (= *propos*) platitude

platonique /platɔnik/ ADJ [*amour*] platonic

plâtre /plɑtʀ/ NM ⓐ (= *matière*) plaster ⓑ (= *objet*) plaster cast

plâtrer /plɑtʀe/ /TABLE 1/ VT [+ *membre*] to set in plaster; **ils m'ont plâtré la cheville** they've put my ankle in plaster

plâtrier /plɑtʀije/ NM plasterer

plausible /plozibl/ ADJ plausible

play-back /plebak/ NM INV lip-synching; **c'est du ~** he's (*ou* she's *etc*) lip-synching; **chanter en ~** to lip-synch

plébiscite /plebisit/ NM plebiscite

plébisciter /plebisite/ /TABLE 1/ VT **se faire ~** [*candidat*] to be elected by an overwhelming majority; **le public a plébiscité ce nouveau magazine** this new magazine has proved a tremendous success with the public

pléiade /plejad/ NF (= *groupe*) group; **une ~ d'artistes** a whole host of stars

plein, pleine /plɛ̃, plɛn/

| 1 ADJECTIF | 3 NOM MASCULIN |
| 2 ADVERBE | |

► *Lorsque* **plein** *fait partie d'une locution comme en* **plein air***, en mettre* **plein la vue***, reportez-vous aussi à l'autre mot.*

1 ADJECTIF
ⓐ = rempli full; **j'ai les mains ~es** my hands are full; **~ à craquer** crammed full; **être ~ aux as*** to be rolling in it*
♦ **plein de** (= *rempli de*) full of; [*taches*] covered in; **il est ~ d'idées** he's bursting with ideas; **elle est ~e de bonne volonté** she's very willing

♦ **en plein** + *nom* in the middle of; **arriver en ~ milieu du cours** to arrive right in the middle of the class; **c'est arrivé en ~e rue** it happened out in the street; **en ~ jour** in broad daylight; **en ~e nuit** in the middle of the night; **en ~ hiver** in the middle of winter; **je suis en ~ travail** I'm in the middle of something; **en ~e poitrine** right in the chest; **cette affaire est en ~ essor** this is a rapidly expanding business
ⓑ = complet [*succès, confiance, satisfaction*] complete; **absent un jour ~** absent for a whole day; **avoir les ~s pouvoirs** to have full powers; **~e lune** full moon; **c'est la ~e mer** the tide is in; **avoir ~e conscience de qch** to be fully aware of sth; **heurter qch de ~ fouet** to crash headlong into sth; **prendre qch à ~es mains** to grasp sth firmly
ⓒ = non creux [*paroi, porte, pneu*] solid; [*joues*] chubby; [*voix*] rich; [*trait*] unbroken
ⓓ = enceinte [*vache*] in calf; [*jument*] in foal; [*brebis*] in lamb
ⓔ = ivre ‡ plastered‡

2 ADVERBE
ⓐ = beaucoup* **tu as des romans? — j'en ai ~** have you any novels? — I've got loads
♦ **plein de** (= *beaucoup de*) lots of; **il y a ~ de gens dans la rue** the street is full of people; **un gâteau avec ~ de crème** a cake with lots of cream
ⓑ = exactement vers **se diriger ~ ouest** to head due west; **donner ~ ouest** to face due west
ⓒ locutions
♦ **plein le(s)**: **il a des bonbons ~ les poches** his pockets are full of sweets; **en avoir ~ le dos* de qch** be sick and tired of sth*; **en avoir ~ les jambes*** to be exhausted
♦ **à plein** [*fonctionner, tourner*] at full capacity; [*exploiter*] to the full; **il faut profiter à ~ de ces jours de congé** you should make the very most of your time off
♦ **en plein** + *préposition ou adverbe*: **en ~ dans l'eau** right in the water; **en ~ dans l'œil** right in the eye; **j'ai marché en ~ dedans** I stepped right in it

3 NOM MASCULIN
ⓐ **le théâtre fait le ~ tous les soirs** the theatre has a full house every night; **j'ai fait le ~ de souvenirs** I came back with lots of memories
ⓑ d'essence **faire le ~** to fill up; **le ~, s'il vous plaît** fill up please

pleinement /plɛnmɑ̃/ ADV [*approuver*] wholeheartedly; **jouir ~ de qch** to enjoy full use of sth; **~ satisfait de** fully satisfied with

plein-temps (*pl* **pleins-temps**) /plɛ̃tɑ̃/ NM (= *emploi*) full-time job; **je fais un ~** I work full time

plénier, -ière /plenje, jɛʀ/ ADJ plenary

plénitude /plenityd/ NF (= *bonheur*) fulfilment

pléonasme /pleɔnasm/ NM pleonasm

pléthorique /pletɔʀik/ ADJ [*nombre*] excessive; [*effectifs, documentation*] overabundant; [*classe*] overcrowded

pleurer /plœʀe/ /TABLE 1/ 1 VI ⓐ (= *larmoyer*) [*personne*] to cry; [*yeux*] to water; **~ de rire** to laugh until one cries; **~ de joie** to cry for joy; **faire ~ qn** to bring tears to sb's eyes; **~ comme une Madeleine** to cry one's eyes out; **être sur le point de ~** to be almost in tears; **bête à (faire) ~** pitifully stupid ⓑ **~ sur** to lament (over); **~ sur son propre sort** to bemoan one's lot 2 VT [+ *personne*] to mourn (for); [+ *chose*] to bemoan; **~ toutes les larmes de son corps** to cry one's eyes out

pleurésie /plœʀezi/ NF pleurisy

pleureur /plœʀœʀ/ ADJ → **saule**

pleurnichard, e /plœʀniʃaʀ, aʀd/ NM,F crybaby*

pleurnicher /plœʀniʃe/ /TABLE 1/ VI to snivel*, to whine

pleurs /plœʀ/ NMPL **en ~** in tears

pleutre /pløtʀ/ (*littér*) 1 ADJ cowardly 2 NM coward

pleuvait /pløvɛ/ VB → **pleuvoir**

pleuvoir /pløvwaʀ/ /TABLE 23/ 1 VB IMPERS **il pleut** it's raining; **on dirait qu'il va ~** it looks like rain; **il pleut à**

grosses gouttes it's raining heavily; **il pleut à torrents** ou **à verse** ou **il pleut des cordes** it's pouring with rain 2 VI [*coups, projectiles*] to rain down; [*critiques, invitations*] to shower down

pli /pli/ 1 NM ⓐ fold; [*de genou, bras*] bend; [*de bouche, yeux*] crease; [*de front*] line; (*Couture*) pleat; **(faux) ~** crease; **son manteau est plein de ~s** his coat is all creased; **il va refuser, cela ne fait pas un ~*** he'll refuse, no doubt about it ⓑ (= *habitude*) **prendre le ~ de faire qch** to get into the habit of doing sth; **c'est un ~ à prendre!** you get used to it! ⓒ (= *enveloppe*) envelope; (= *lettre*) letter ⓓ (*Cartes*) trick; **faire un ~** to take a trick

2 COMP ♦ **pli d'aisance** inverted pleat ♦ **pli de pantalon** trouser crease

pliage /plijaʒ/ NM (= *feuille*) folded piece of paper; **l'art du ~** origami

pliant, e /plijɑ̃, ɑ̃t/ 1 ADJ [*lit, table, vélo, mètre*] folding 2 NM campstool

plie /pli/ NF plaice

plier /plije/ /TABLE 7/ 1 VT ⓐ [+ *papier, tissu*] to fold; **~ le coin d'une page** to fold down the corner of a page ⓑ (= *rabattre*) [+ *lit, table, tente*] to fold up; **~ bagage** to pack up (and go) ⓒ (= *ployer*) [+ *branche, genou, bras*] to bend; **être plié (en deux)** ou **être plié de rire** to be doubled up with laughter

2 VI ⓐ [*arbre, branche*] to bend over; [*plancher*] to sag ⓑ (= *céder*) [*personne*] to give in; [*résistance*] to give way; **faire ~ qn** to make sb give in

3 VPR **se plier** ⓐ [*meuble, objet*] to fold ⓑ **se ~ à** [+ *règle, discipline*] to submit o.s. to; [+ *désirs, caprices de qn*] to give in to

plinthe /plɛ̃t/ NF skirting board

plissé, e /plise/ (*ptp de plisser*) ADJ [*jupe*] pleated; [*peau*] wrinkled

plisser /plise/ /TABLE 1/ 1 VT ⓐ [+ *jupe*] to pleat ⓑ [+ *lèvres, bouche*] to pucker up; [+ *yeux*] to screw up; [+ *nez*] to wrinkle; **il plissa le front** he knitted his brow 2 VPR **se plisser** (= *se froisser*) to become creased

pliure /plijyʀ/ NF fold; [*de bras, genou*] bend

plomb /plɔ̃/ NM ⓐ (= *métal*) lead; **de ~** [*tuyau*] lead; [*soldat*] tin; [*soleil*] blazing; [*sommeil*] deep; **sans ~** [*essence*] unleaded; **il n'a pas de ~ dans la cervelle*** he's featherbrained ⓑ (*Chasse*) lead shot (*NonC*); **avoir du ~ dans l'aile*** to be in a bad way ⓒ (*Pêche*) sinker ⓓ (= *fusible*) fuse; **les ~s ont sauté** the fuses have blown

plombage /plɔ̃baʒ/ NM [*de dent*] filling

plombe: /plɔ̃b/ NF hour; **ça fait trois ~s qu'on attend** we've been waiting three hours

plomber /plɔ̃be/ /TABLE 1/ VT [+ *dent*] to fill

plomberie /plɔ̃bʀi/ NF (= *métier, installations*) plumbing

plombier /plɔ̃bje/ NM (= *ouvrier*) plumber

plonge* /plɔ̃ʒ/ NF washing-up (*in restaurant*); **faire la ~** to do the washing-up

plongé, e¹ /plɔ̃ʒe/ (*ptp de plonger*) ADJ **~ dans** [+ *obscurité, désespoir, misère*] plunged in; [+ *méditation, pensées*] deep in; **~ dans la lecture d'un livre** buried in a book

plongeant, e /plɔ̃ʒɑ̃, ɑ̃t/ ADJ [*décolleté, tir*] plunging; **vue ~e** view from above

plongée² /plɔ̃ʒe/ NF [*de nageur, sous-marin, gardien de but*] dive; **faire de la ~** to go diving; **~ sous-marine** diving; (*avec scaphandre autonome*) scuba diving; **~ avec tuba** snorkelling

plongeoir /plɔ̃ʒwaʀ/ NM diving board

plongeon /plɔ̃ʒɔ̃/ NM dive; **faire un ~** [*nageur*] to dive; [*gardien de but*] to make a dive

plonger /plɔ̃ʒe/ /TABLE 3/ 1 VI [*personne, sous-marin*] to dive (**dans** into, **sur** onto); [*avion, oiseau*] to swoop; [*gardien de but*] to make a dive; [*prix, valeurs*] to plummet; **l'oiseau a plongé sur sa proie** the bird swooped down onto its prey; **il a plongé dans la dépression** he sank into a deep depression

2 VT **~ qn dans** [+ *obscurité, misère, sommeil*] to plunge sb into; **vous me plongez dans l'embarras** you're putting me

in a difficult position; **il plongea son regard dans mes yeux** he looked deeply into my eyes

3 VPR **se plonger : se ~ dans** [+ *études, lecture*] to throw o.s. into; [+ *dossier, eau, bain*] to plunge into

plongeur, -euse /plɔ̃ʒœʀ, øz/ 1 ADJ diving 2 NM,F ⓐ (*Sport*) diver ⓑ [*de restaurant*] dishwasher

plot /plo/ NM ⓐ (*sur trottoir*) bollard; **~ de départ** (*Sport*) starting block ⓑ (*électrique*) contact ⓒ (*de billard électrique*) pin

plouc* /pluk/ NM (*péj* = *paysan*) country bumpkin

plouf /pluf/ EXCL splash!

ployer /plwaje/ /TABLE 8/ (*littér*) VI [*branche, dos*] to bend; [*poutre, plancher*] to sag; [*genoux, jambes*] to give way

plu /ply/ *ptp de pleuvoir*

pluches /plyʃ/ NFPL **être de (corvée de) ~** to be on potato-peeling duty

pluie /plɥi/ NF rain; (= *averse*) shower; **la saison des ~s** the rainy season; **le temps est à la ~** we're in for some rain; **jour/temps de ~** rainy day/weather; **sous la ~** in the rain; **~ battante** lashing rain; **~ diluvienne** downpour; **~ fine** drizzle; **~s acides** acid rain; **ajouter la farine en ~** gradually add the flour; **faire la ~ et le beau temps** to call the shots*; **il n'est pas né de la dernière ~** he wasn't born yesterday

plumage /plymaʒ/ NM plumage (*NonC*)

plumard: /plymaʀ/ NM bed

plume /plym/ NF ⓐ [*d'oiseau*] feather; **chapeau à ~s** hat with feathers; **il y a laissé des ~s*** he came off badly; (*financièrement*) he got his fingers burnt ⓑ (*pour écrire*) [*d'oiseau*] quill; (*en acier*) nib; (= *stylo*) fountain pen; **écrire à la ~** to write with a fountain pen; **dessin à la ~** pen-and-ink drawing

plumeau (*pl* **plumeaux**) /plymo/ NM feather duster

plumer /plyme/ /TABLE 1/ VT ⓐ [+ *volaille*] to pluck ⓑ [+ *personne*]* to fleece*

plumier /plymje/ NM pencil box

plumitif /plymitif/ NM (*péj*) (= *employé*) penpusher (*péj*); (= *écrivain*) scribbler (*péj*)

plupart /plypaʀ/ NF **la ~ des gens** most people; **dans la ~ des cas** in most cases; **pour la ~** mostly; **la ~ du temps** most of the time

pluralisme /plyralism/ NM pluralism

pluralité /plyralite/ NF plurality

pluridisciplinaire /plyʀidisiplinɛʀ/ ADJ multidisciplinary

pluriel, -elle /plyʀjɛl/ 1 ADJ plural; **la gauche ~le** (*Politique*) the French left (*made up of different left-wing tendencies*) 2 NM plural; **au ~** in the plural; **la première personne du ~** the first person plural; **le ~ de majesté** the royal "we"

pluriethnique /plyʀjɛtnik/ ADJ multiethnic

plurilinguisme /plyʀilɛ̃gɥism/ NM multilingualism

plus /ply/		
1 ADVERBE DE NÉGATION	3	ADVERBE SUPERLATIF
2 ADVERBE DE COMPARAISON	4	CONJONCTION
	5	NOM MASCULIN

► *Lorsque* **plus** *fait partie d'une locution comme* **d'autant plus, non ... plus,** *reportez-vous aussi à l'autre mot.*

1 ADVERBE DE NÉGATION

♦ **ne ... plus** not any more; **il ne la voit ~** he doesn't see her any more; **il n'a ~ à s'inquiéter maintenant** he doesn't need to worry any more now; **je ne reviendrai ~/~ jamais** I won't/I'll never come back again; **il n'a ~ dit un mot** he didn't say another word; **il n'est ~ là** he isn't here anymore; **elle n'est ~ très jeune** she's not as young as she used to be

♦ **plus de** + *nom* : **elle ne veut ~ de pain** she doesn't want any more bread; **elle n'a ~ d'argent** she's got no money left; **il n'y a ~ beaucoup de pain** there's hardly any bread left; **t'as ~ de pain ?*** haven't you got any bread left?

♦ **plus que** (= *seulement*) **il ne nous reste ~ qu'à attendre** all we've got to do now is wait; **il ne me reste ~ qu'à vous dire au revoir** it only remains for me to say goodbye; **~ que 5 km** only another 5km

♦ **plus rien** : **il n'y a ~ rien** there's nothing left; **on n'y voit presque ~ rien** you can hardly see anything now

♦ **plus aucun** : **il n'a ~ aucun ami** he hasn't a single friend left; **il n'y a ~ aucun espoir** there's no hope left

♦ **plus personne** : **il n'y a ~ personne** there's nobody left; **~ personne ne lit ~ Boileau** nobody reads Boileau these days

2 ADVERBE DE COMPARAISON

(a) **avec verbe** more; **il devrait lire ~** he should read more; **vous travaillez ~ que nous** you work harder than us; **il ne gagne pas ~ que vous** he doesn't earn any more than you

(b) **avec adjectif ou adverbe court**

> ► *Lorsque l'adjectif ou l'adverbe est court (une ou deux syllabes), son comparatif se forme généralement avec la terminaison* **er.**

ce fauteuil est ~ large this chair is wider; **il court ~ vite qu'elle** he runs faster than her; **une heure ~ tôt** an hour earlier; **une heure ~ tard** an hour later; **elle n'est pas ~ grande que sa sœur** she isn't any taller than her sister

> ► *Lorsque l'adjectif se termine par* y, *son comparatif est formé avec* ier.

elle est ~ jolie she's prettier; **elle est ~ bête** she's sillier; **c'était ~ drôle** it was funnier

> ► *Lorsque l'adjectif n'a qu'une syllabe brève et se termine par une seule consonne, cette consonne est doublée.*

il est ~ gros he's bigger; **il est ~ mince** he's slimmer

> ► *Les mots de deux syllabes se terminant en* **ing, ed, s, ly** *forment leur comparatif avec* **more** *plutôt qu'en ajoutant la terminaison* **er.**

il est ~ malin he's more cunning; **pour y arriver ~ rapidement** to get there more quickly; **prends-le ~ doucement** hold it more gently

> ► *Attention aux comparatifs irréguliers.*

c'est ~ loin it's further; **c'est ~ grave** it's worse

(c) **avec adjectif ou adverbe long**

> ► *Lorsque l'adjectif ou l'adverbe est long (au moins trois syllabes), son comparatif se forme généralement avec* **more** *plutôt qu'en ajoutant la terminaison* **er.**

il est ~ compétent que moi he is more competent than me; **beaucoup ~ facilement** much more easily

(d) **locutions**

♦ **plus de** (= *davantage de*) more; (= *plus que*) over; **~ de pain** more bread; **il y aura beaucoup ~ de monde demain** there will be a lot more people tomorrow; **il y aura ~ de 100 personnes** there will be more *ou* over 100 people; **il roulait à ~ de 100 km/h** he was driving at more than *ou* over 100km per hour; **les enfants de ~ de 4 ans** children over 4; **les ~ de 30 ans** the over 30s; **il n'y avait pas ~ de 10 personnes** there were no more than 10 people; **il est ~ de 9 heures** it's after 9 o'clock

♦ **à plus tard !** see you later!

♦ **à plus !** * see you later!

♦ **plus que** + *adjectif ou adverbe* : **un résultat ~ qu'honorable** a more than honourable result; **~ que jamais** more than ever; **j'en ai ~ qu'assez !** I've had more than enough of this!

♦ **de plus** (= *en outre*) (*en tête de phrase*) moreover; **c'est dangereux, de ~ d'est illégal** it's dangerous, and what's more, it's illegal; **elle a 10 ans de ~** she's 10 years older; **il y a dix personnes de ~ qu'hier** there are ten more people than yesterday; **il me faut une heure de ~** I need one more hour; **une fois de ~** once again

♦ **de plus en plus** more and more; **je l'admire de ~ en ~** I admire her more and more; **aller de ~ en ~ vite** to go faster and faster; **de ~ en ~ drôle** funnier and funnier

♦ **en plus** (= *en supplément*) **les frais d'envoi sont en ~** postal charges are not included; **on nous a donné deux** verres **en ~** we were given two extra glasses; **vous n'avez pas une chaise en ~ ?** you wouldn't have a spare chair?; **en ~ de cela** on top of that

♦ **en plus** + *adjectif* : **il ressemble à sa mère, mais en ~ blond** he's like his mother only fairer; **je cherche le même genre de maison en ~ grand** I'm looking for the same kind of house only bigger

♦ **... et plus** : **les enfants de six ans et ~** children aged six and over

♦ **ni plus ni moins** : **il est compétent, mais ni ~ ni moins que sa sœur** he's competent, but neither more nor less so than his sister

♦ **plus ... moins** the more ... the less; **~ on le connaît, moins on l'apprécie** the more you get to know him, the less you like him

♦ **plus ... plus** the more ... the more; **~ il en a, ~ il en veut** the more he has, the more he wants

♦ **plus ou moins** (= *à peu près, presque*) more or less; **~ ou moins réussi** more or less successful; **à ~ ou moins long terme** sooner or later; **il supporte ~ ou moins bien cette situation** he just about puts up with the situation; **ils utilisent cette méthode avec ~ ou moins de succès** they use this method with varying degrees of success

♦ **qui plus est** moreover

3 ADVERBE SUPERLATIF

(a) ♦ **le plus** + *verbe* most; **ce qui m'a frappé le ~** what struck me most; **ce qui les a le ~ étonnés** what surprised them the most

(b) ♦ **le plus** + *adjectif ou adverbe court*

> ► *Lorsque l'adjectif ou l'adverbe est court (une ou deux syllabes), son superlatif se forme avec la terminaison* **est.**

c'est le ~ grand peintre qui ait jamais vécu he is the greatest painter that ever lived

> ► *Lorsque l'adjectif se termine par* y, *son superlatif se forme avec la terminaison* **iest.**

c'est la ~ jolie she's the prettiest; **c'est la ~ bête** she's the silliest; **c'est le moment le ~ drôle du film** it's the funniest bit of the film

> ► *Lorsque l'adjectif n'a qu'une syllabe brève et se termine par une seule consonne, cette consonne est doublée.*

c'est le ~ gros he's the biggest; **c'est le ~ mince** he's the slimmest

> ► *Les mots de deux syllabes se terminant en* **ing, ed, s, ly** *forment leur superlatif avec* **most** *plutôt qu'en ajoutant la terminaison* **est.**

l'enfant le ~ doué que je connaisse the most gifted child I know; **c'est la partie la ~ ennuyeuse** it's the most boring part; **c'est ce que j'ai de ~ précieux** it's the most precious thing I possess

> ► *Lorsque la comparaison se fait entre deux personnes ou deux choses, on utilise le comparatif au lieu du superlatif.*

le ~ petit des deux the smaller of the two; **le ~ gentil des jumeaux** the nicer of the twins

(c) ♦ **le plus** + *adjectif ou adverbe long*

> ► *Lorsque l'adjectif ou l'adverbe est long (au moins trois syllabes), son superlatif se forme avec* **the most** *plutôt qu'en ajoutant la terminaison* **est.**

c'est le ~ intéressant it's the most interesting; **la ~ belle de toutes mes photos** the most beautiful of all my photographs; **MAIS c'est la personne la ~ désordonnée que je connaisse** she's the untidiest person I know

> ► *Lorsque la comparaison se fait entre deux personnes ou deux choses, on utilise le comparatif au lieu du superlatif.*

le ~ beau des deux the more beautiful of the two

(d) ♦ **le plus de** + *nom* the most; **c'est le samedi qu'il y a le ~ de monde** Saturday is when there are most people; **ce qui m'a donné le ~ de mal** the thing I had most difficulty with; **celui qui a le ~ de chances de gagner** the one with the best chance of winning

ⓔ |locutions|

♦ **le plus ... possible** : **pour y arriver le ~ rapidement possible** to get there as quickly as possible; **prends-en le ~ possible** take as much (*ou* as many) as possible

♦ **au plus** at the most; **ça vaut 100 € au ~** it's worth 100 euros at the most; **tout au ~** at the very most; **il a trente ans, tout au ~** he's thirty at most; **rappelle-moi au ~ vite** call me back as soon as possible

♦ **des plus** + *adjectif* : **une situation des ~ embarrassantes** a most embarrassing situation

4 CONJONCTION

plus; **deux ~ deux font quatre** two plus two make four; **tous les voisins, ~ leurs enfants** all the neighbours, plus their children; **il fait ~ deux aujourd'hui** it's plus two today

5 NOM MASCULIN

ⓐ |Math| **(signe) ~** plus (sign)

ⓑ **= avantage** plus; **ici, parler breton est un ~ indéniable** being able to speak Breton is definitely a plus here

> ★ *The* s *of* plus *is never pronounced when used in negatives, eg* il ne la voit plus. *When used in comparatives the* s *is generally pronounced* s, *eg* il devrait lire plus, *although there are exceptions, notably* plus *preceding an adjective or adverb, eg* plus grand, plus vite. *Before a vowel sound, the comparative* plus *is pronounced* z, *eg* plus âgé.

plusieurs /plyzjœʀ/ 1 ADJ INDÉF PL several; **on ne peut pas être en ~ endroits à la fois** you can't be in more than one place at once; **ils sont ~ à vouloir venir** several of them want to come; **un ou ~** one or more; **~ fois** *ou* **à ~ reprises** on several occasions; **payer en ~ fois** to pay in instalments 2 PRON INDÉF PL several (people); **~ (d'entre eux)** several (of them); **ils se sont mis à ~ pour ...** several people got together to ...

plus-que-parfait /plyskəpaʀfɛ/ NM pluperfect

plus-value (*pl* **plus-values**) /plyvaly/ NF (= *accroissement de valeur*) increase in value; (= *bénéfice réalisé*) capital gain; (= *excédent*) profit; **réaliser une ~** to make a profit

plutonium /plytɔnjɔm/ NM plutonium

plutôt /plyto/ ADV ⓐ (= *de préférence*) rather; (= *à la place*) instead; **ne lis pas ce livre, prends ~ celui-ci** don't read that book, take this one instead; **~ que de me regarder, viens m'aider** instead of just watching me, come and help; **~ mourir (que de ...)!** I'd sooner die (than ...)! ⓑ (= *plus exactement*) rather; **... ou ~, c'est ce qu'il pense** ... or rather that's what he thinks; **c'est un journaliste ~ qu'un romancier** he's more of a journalist than a novelist ⓒ (= *assez*) [*chaud, bon*] quite; **il remange, c'est ~ bon signe** he's eating again - that's quite a good sign; **un homme brun, ~ petit** a dark-haired man, somewhat on the short side; **qu'est-ce qu'il est pénible ! — ah oui, ~ !*** what a pain in the neck he is!* — you said it!*

pluvial, e (*mpl* **-iaux**) /plyvjal, jo/ ADJ **eaux ~es** rainwater

pluvieux, -ieuse /plyvjø, øz/ ADJ rainy

pluviosité /plyvjozite/ NF (= *pluie tombée*) rainfall

PME /peema/ NF INV (ABBR = **petite et moyenne entreprise**) small (*ou* medium-sized) business

PMU /peemy/ NM (ABBR = **Pari mutuel urbain**) pari-mutuel, ≈ tote* → **pari**

> ⓘ **PMU**
> The **PMU** (*pari mutuel urbain*) is a government-regulated network of horse-racing betting counters run from bars displaying the **PMU** sign. Punters buy fixed-price tickets predicting winners or finishing positions. The traditional bet is a triple forecast (*tiercé*).

PNB /peenbe/ NM (ABBR = **Produit national brut**) GNP

pneu /pnø/ NM (ABBR = **pneumatique**) [*de véhicule*] tyre (*Brit*), tire (*US*); **~ clouté** studded tyre

pneumatique /pnømatik/ ADJ (= *gonflable*) inflatable

pneumologue /pnømɔlɔg/ NMF lung specialist

pneumonie /pnømɔni/ NF pneumonia (*NonC*)

poche[1] /pɔʃ/ NF pocket; **~ d'air** air pocket; **~ de résistance** pocket of resistance; **faire des ~s** [*veste*] to lose its shape; **avoir des ~s sous les yeux** to have bags under one's eyes; **se remplir les ~s*** to line one's pockets; **en être de sa ~*** to be out of pocket; **il a payé de sa ~** he paid for it out of his (own) pocket; **c'est dans la ~ !*** it's in the bag!*; **connaître un endroit comme sa ~** to know a place like the back of one's hand

♦ **en poche** : **je n'avais pas un sou en ~** I didn't have a penny on me; **sans diplôme en ~, on ne peut rien faire** you can't do anything without qualifications

♦ **de poche** [*collection, livre*] paperback; [*couteau, mouchoir*] pocket

poche[2] /pɔʃ/ NM (= *livre*) paperback; **ce roman est paru en ~** this novel has come out in paperback

pocher /pɔʃe/ /TABLE 1/ VT [+ *œuf, poisson*] to poach; **~ un œil à qn** to give sb a black eye

pochette /pɔʃɛt/ NF (= *mouchoir*) pocket handkerchief; (= *sac*) clutch bag; [*de photos*] wallet; [*de disque*] sleeve

pochette-surprise (*pl* **pochettes-surprises**) /pɔʃɛtsyʀpʀiz/ NF lucky bag

pochoir /pɔʃwaʀ/ NM stencil; **peindre qch au ~** to stencil sth

podcast /pɔdkast/ NM podcast

podcaster /pɔdkaste/ /TABLE 1/ VI to podcast

podium /pɔdjɔm/ NM (= *estrade*) podium; [*de défilé de mode*] catwalk; **monter sur le ~** to mount the podium

poêle[1] /pwal/ NF **~ (à frire)** frying pan; (= *détecteur de métaux*)* metal detector; **~ à crêpes** crêpe pan

poêle[2] /pwal/ NM stove; **~ à mazout** oil stove; **~ à bois** wood-burning stove

poêlon /pwalɔ̃/ NM casserole

poème /pɔɛm/ NM poem; **c'est tout un ~*** (= *c'est compliqué*) it's a real palaver* (*Brit*)

poésie /pɔezi/ NF (= *art, qualité*) poetry; (= *poème*) poem; **film plein de ~** poetic film

poète /pɔɛt/ 1 NM poet 2 ADJ [*tempérament*] poetic

poétique /pɔetik/ ADJ poetic; **il m'a dit des choses très ~s** he said very romantic things to me

pognon /pɔɲɔ̃/ NM money; **ils sont pleins de ~*** they're loaded*

poids /pwa/ 1 NM ⓐ weight; **prendre du ~** [*adulte*] to put on weight; [*bébé*] to gain weight; **perdre du ~** to lose weight; **vendu au ~** sold by weight; **la branche pliait sous le ~ des fruits** the branch was bending beneath the weight of the fruit; **il ne fait vraiment pas le ~** he really doesn't measure up; **enlever un ~ (de la conscience) à qn** to take a weight off sb's mind; **c'est un ~ sur sa conscience** it's a weight on his conscience; **argument de ~** weighty argument; **ses arguments ont eu beaucoup de ~** his arguments carried a lot of weight

ⓑ (*Sport*) shot; **lancer le ~** to put(t) the shot

2 COMP ♦ **poids brut** gross weight ♦ **poids coq** bantamweight ♦ **poids et haltères** NMPL (*Sport*) weights ♦ **poids léger** lightweight ♦ **poids lourd** (= *boxeur*) heavyweight; (= *camion*) heavy goods vehicle; (= *entreprise*) big name* ♦ **poids et mesures** NMPL weights and measures ♦ **poids mort** dead weight ♦ **poids mouche** flyweight ♦ **poids moyen** middleweight ♦ **poids net** net weight ♦ **poids plume** featherweight ♦ **poids à vide** [*de véhicule*] tare

poignant, e /pwaɲɑ̃, ɑ̃t/ ADJ [*spectacle*] harrowing; [*musique, atmosphère, témoignage*] poignant

poignard /pwaɲaʀ/ NM dagger; **on l'a tué à coups de ~** he was stabbed to death

poignarder /pwaɲaʀde/ /TABLE 1/ VT to stab; **~ qn dans le dos** to stab sb in the back

poigne /pwaɲ/ NF hand; (= *autorité*) firm-handedness; **à ~** [*personne, gouvernement*] firm-handed; **il a de la ~** he has a firm grip; (*fig*) he has a firm hand

poignée /pwaɲe/ NF ⓐ (= *quantité*) handful; [*de billets de banque*] fistful; (= *petit nombre*) handful; **ajoutez une ~ de sel** add a handful of salt; **par ~s** in handfuls ⓑ [*de porte, tiroir, valise*] handle

ⓒ ✦ **poignée de main** handshake; **donner une ~ de main à qn** to shake hands with sb

poignet /pwaɲɛ/ NM (= os) wrist; [de vêtement] cuff

poil /pwal/ 1 NM ⓐ [de personne, animal] hair; (= pelage) coat; **sans ~s** [poitrine, bras] hairless; **il n'a pas un ~ sur le caillou*** he's as bald as a coot*; **animal à ~ court/long** short-haired/long-haired animal; **à ~ de chameau** camelhair; **caresser dans le sens du ~** [+ chat] to stroke the right way; [+ personne] to butter up

✦ **à poil:** (= nu) stark naked; **se mettre à ~** to strip off
✦ **de tout poil** of all sorts; **des artistes de tout ~** all sorts of artists

ⓑ [de brosse à dents, pinceau] bristle; [de tapis, étoffe] strand
ⓒ (= un petit peu)* **s'il avait un ~ de bon sens** if he had an iota of good sense; **il n'y a pas un ~ de différence entre les deux** there isn't the slightest difference between the two; **il s'en est fallu d'un ~** it was a close thing
ⓓ (locutions) **avoir un ~ dans la main*** to be bone-idle*; **être de bon/de mauvais ~*** to be in a good/bad mood; **reprendre du ~ de la bête*** [malade] to pick up again; **au (quart de) ~*** (= magnifique) great*; (= précisément) [réglé, convenir] perfectly; **ça me va au ~*** it suits me fine*

2 COMP ✦ **poil de carotte** [personne] red-headed; [cheveux] carroty

poiler (se): /pwale/ /TABLE 1/ VPR to kill o.s. laughing*
poilu, e /pwaly/ ADJ hairy

poinçon /pwɛ̃sɔ̃/ NM ⓐ (= outil) [de graveur] style; (pour bijoux) stamp; [de cordonnier] awl ⓑ (= estampille) hallmark

poinçonner /pwɛ̃sɔne/ /TABLE 1/ VT [+ pièce d'orfèvrerie] to hallmark; [+ billet] to punch a hole in

poindre /pwɛ̃dʀ/ /TABLE 49/ VI (littér) [plante] to appear; **quand le jour point** at dawn

poing /pwɛ̃/ NM fist; **montrer le ~** to shake one's fist; **menacer qn du ~** to shake one's fist at sb; **taper du ~ sur la table** to bang one's fist on the table; (fig) to put one's foot down; **il est entré, revolver au ~** he came in carrying a revolver; **coup de ~** punch; **donner un coup de ~ à qn** to punch sb; **opération coup de ~** (= raid) lightning raid; (= action d'envergure) blitz; **« opération coup de ~ sur les prix »** "prices slashed"

---

point /pwɛ̃/

1 NOM MASCULIN	2 COMPOSÉS

1 NOM MASCULIN

ⓐ point; **~ d'ébullition** boiling point; **~ de congélation** freezing point; **~ de détail** point of detail; **sa cote de popularité a baissé de trois ~s** his popularity rating has fallen by three points; **gagner aux ~s** (Boxe) to win on points; **nous abordons maintenant un ~ capital** we now come to a crucial point; **exposé en trois ~s** three-point presentation; **ils sont d'accord sur ce ~** they agree on this point; **passons au ~ suivant de l'ordre du jour** let us move on to the next item on the agenda

ⓑ = endroit place; (Astron, Math) point; **pour aller d'un ~ à un autre** to get from one place to another

ⓒ = position (Aviat, Naut) position; **et maintenant, le ~ sur la grève des transports** and now, the latest on the transport strike

ⓓ = marque (Mus, morse, sur i) dot; (= ponctuation) full stop (Brit), period (US); (= petite tache) spot; **mettre les ~s sur les i** (fig) to spell it out; **~, à la ligne** new paragraph; (fig) full stop (Brit), period (US); **tu n'iras pas, un ~ c'est tout** you're not going and that's all there is to it

ⓔ sur devoir mark; **enlever un ~ par faute** (sur devoir) to take a mark off for every mistake; **bon ~** good mark (for conduct etc); (fig) plus; **mauvais ~** bad mark (for conduct etc); (fig) minus; **c'est un bon ~ pour vous** that's a point in your favour!

ⓕ de couture, tricot stitch

ⓖ locutions **avoir des ~s communs** to have things in common; **nous en sommes toujours au même ~** we're no further forward

✦ **faire le point** to take a bearing; **faire le ~ de la situation** (= examiner) to take stock of the situation; (= faire un compte rendu) to sum up the situation

✦ **à point** [fruit] just ripe; [fromage] just right for eating; [viande] medium; **le rôti est cuit à ~** the roast is done to a turn

✦ **à point (nommé)** [arriver, venir] just at the right moment; **cela tombe à ~ (nommé)** that comes just at the right moment

✦ **à ce point** ✦ **à tel point** : **est-il possible d'être bête à ce ~ !** how stupid can you get?*; **vous voyez à quel ~ il est généreux** you see the extent of his generosity; **elles se ressemblent à tel ~ ou à ce ~ qu'on pourrait les confondre** they look so alike that you could easily mistake one for the other

✦ **au point** [photo] in focus; [affaire] completely settled; [technique, machine] perfected; **ce n'est pas encore au ~** it isn't quite up to scratch yet

✦ **au point de** + infinitif so much that; **il aimait le Québec au ~ d'y passer toutes ses vacances** he loved Quebec so much that he spent all his holidays there; **tirer sur une corde au ~ de la casser** to pull on a rope so hard that it breaks

✦ **au point que** : **il se détestent au ~ qu'ils ne se parlent plus** they hate each other so much that they've stopped speaking

✦ **au point où** : **en être arrivé au ~ où ...** to have reached the point where ...; **au ~ où nous en sommes** considering the situation we're in; **on continue ? — au ~ où on en est !** shall we go on? — we've got this far so we might as well!

✦ **au plus haut point** [détester, admirer] intensely; **se méfier au plus haut ~ de qch** to be highly sceptical about sth

✦ **mettre au point** [+ photo, caméra] to focus; [+ stratégie, technique] to perfect; [+ médicament, invention, système] to develop; [+ projet] to finalize; **mettre une affaire au ~ avec qn** to finalize all the details of a matter with sb

✦ **mise au point** [d'appareil photo, caméra] focusing; [de stratégie, technique] perfecting; [de médicament, invention, système] development; [de moteur] tuning; [d'affaire, projet] finalizing; (= explication, correction) clarification; **publier une mise au ~** to issue a statement (setting the record straight)

✦ **en tout point** ✦ **en tous points** in every respect
✦ **jusqu'à un certain point** up to a point
✦ **point par point** point by point
✦ **être sur le point de faire qch** to be about to do sth

2 COMPOSÉS

✦ **point d'appui** [de levier] fulcrum; [de personne] support; **chercher un ~ d'appui** to look for something to lean on
✦ **points cardinaux** cardinal points ✦ **point chaud** trouble spot ✦ **point de chute** : **vous avez un ~ de chute à Rome ?** do you have somewhere to stay in Rome? ✦ **point commun** : **nous avons beaucoup de ~s communs** we have a lot in common ✦ **point de côté** stitch ✦ **point critique** critical point ✦ **point de croix** cross-stitch ✦ **point culminant** [de montagne] peak; [de carrière] height ✦ **point de départ** point of departure; **revenir à son ~ de départ** to come back to where one started; **nous voilà revenus au ~ de départ** so we're back to square one* ✦ **point de distribution** [d'eau] supply point; (Commerce) distribution outlet ✦ **point de droit** point of law ✦ **point d'eau** (= source) watering place; [de camping] water point ✦ **point d'exclamation** exclamation mark (Brit) ou point (US) ✦ **point faible** weak point ✦ **point final** full stop (Brit), period (US) ✦ **point fort** strong point ✦ **point d'honneur** : **mettre un ~ d'honneur à faire qch** to make it a point of honour to do sth ✦ **point d'interrogation** question mark ✦ **point d'intersection** point of intersection ✦ **point de jersey** stocking stitch ✦ **point lumineux** spot of light ✦ **point mort** (dans véhicule) neutral; (Finance) break-even point; **au ~ mort** [voiture] in neutral; [de négociations, affaires] at a standstill ✦ **point mousse** garter stitch ✦ **point névralgique** (fig) sensitive spot ✦ **point noir** (= comédon) blackhead; (= problème) problem ✦ **point de non-retour** point of no return ✦ **point de rassemblement** meeting point ✦ **point de ravitaillement** (en nourriture) refresh-

ment point; (en essence) refuelling point ♦ **points de re-traite** points based on social security contributions that count towards one's pension ♦ **point sensible** (sur la peau) tender spot; (fig) sore point ♦ **point stratégique** key point ♦ **points de suspension** suspension points; (en dictant) dot, dot, dot ♦ **point de suture** stitch; **faire des ~s de suture à qch** to stitch sth up ♦ **point de vente** sales outlet; **liste des ~s de vente** list of retailers ♦ **point de vue** viewpoint; (fig) point of view; **du ~ de vue moral** from a moral point of view; **quel est votre ~ de vue sur ce sujet?** what's your point of view on this matter?

pointage /pwɛtaʒ/ NM ⓐ (= fait de cocher) ticking off; [de personnel] (à l'arrivée) clocking in; (au départ) clocking out ⓑ (= contrôle) check

pointe /pwɛt/ 1 NF ⓐ [de grillage] spike; [de côte] headland; [d'aiguille, épée] point; [de flèche, lance] head; [de couteau, crayon, clocher, clou] tip; **à la ~ de l'île** at the tip of the island; **en ~** [barbe, col] pointed; **décolleté en ~** V-neckline ⓑ (= clou) tack; [de chaussure de foot] stud; [d'alpiniste] spike ⓒ (= allusion ironique) pointed remark; (= trait d'esprit) witticism ⓓ (= petite quantité) **une ~ d'ail/d'ironie** a hint of garlic/of irony; **il a une ~ d'accent** he has a very slight accent ⓔ (= maximum) peak; **pousser une ~ de vitesse** [athlète, cycliste, automobiliste] to put on a burst of speed; **à la ~ du progrès** in the front line of progress

♦ **de pointe** [industrie] high-tech; [technique] latest; [vitesse] top; **heure de ~** (gaz, électricité, téléphone) peak period; (circulation) rush hour; (magasin) busy period

2 COMP ♦ **pointe d'asperge** asparagus tip ♦ **pointe Bic**® Biro® (Brit), Bic (pen)® (US) ♦ **la pointe des pieds** the toes; **entrer sur la ~ des pieds** to tiptoe in ♦ **pointe du sein** nipple

pointer /pwɛte/ /TABLE 1/ 1 VT ⓐ (= cocher) to tick off ⓑ [personnel] (à l'arrivée) to clock in; (au départ) to clock out ⓒ [+ fusil] to point (**vers, sur** at) 2 VI ⓐ [employé] (à l'arrivée) to clock in; (au départ) to clock out; **~ à l'ANPE** to sign on (at the national employment agency); **il pointe au chômage depuis trois mois** he's been on the dole* (Brit) ou on welfare (US) for three months ⓑ **le jour pointait** day was breaking 3 VPR **se pointer*** (= arriver) to turn up*

pointeur /pwɛtœR/ NM (Informatique) cursor

pointeuse /pwɛtøz/ NF (horloge) ~ time clock

pointillé, e /pwɛtije/ 1 ADJ dotted

2 NM (= trait) dotted line; «**découper suivant le ~**» "tear along the dotted line"

♦ **en pointillé** dotted; [sous-entendu] hinted at; (= discontinu) [carrière, vie] marked by stops and starts

pointilleux, -euse /pwɛtijø, øz/ ADJ pernickety (**sur** about)

pointu, e /pwɛty/ ADJ ⓐ (= en forme de pointe) pointed; (= aiguisé) sharp ⓑ [voix, ton] shrill; **accent ~** accent of the Paris area ⓒ [analyse] in-depth; [sujet] specialized

pointure /pwɛtyR/ NF ⓐ [de gant, chaussure] size; **quelle est votre ~?** what size are you? ⓑ (= personne) big name

point-virgule (pl **points-virgules**) /pwɛ̃viRgyl/ NM semicolon

poire /pwaR/ NF ⓐ (= fruit) pear; **il m'a dit cela entre la ~ et le fromage** he told me that quite casually over lunch (ou dinner); **en pleine ~*** right in the face ⓑ (= dupe)* sucker*; **c'est une bonne ~** he's a real sucker* ⓒ [de vaporisateur] squeezer

poireau (pl **poireaux**) /pwaRo/ NM leek

poireauter* /pwaRote/ /TABLE 1/ VI to hang about*; **faire ~ qn** to leave sb hanging about*

poirier /pwaRje/ NM ⓐ (= arbre) pear tree; **faire le ~** (= acrobatie) to do a headstand

pois /pwa/ 1 NM ⓐ (= légume) pea; **petits ~** garden peas ⓑ (Habillement) dot; **robe à ~** polka dot dress 2 COMP ♦ **pois cassés** split peas ♦ **pois chiche** chickpea ♦ **pois de senteur** sweet pea

poison /pwazɔ̃/ NM poison

poisse : /pwas/ NF rotten luck*; **avoir la ~** to have rotten* luck; **quelle ~!** ou **c'est la ~!** just my (ou our) luck!*

poisseux, -euse /pwasø, øz/ ADJ [mains, surface] sticky

poisson /pwasɔ̃/ 1 NM ⓐ fish; **pêcher du ~** to fish; **deux ~s** two fish; **couteau à ~** fish knife; **être comme un ~ dans l'eau** to be in one's element; **engueuler qn comme du ~ pourri:** to call sb all the names under the sun ⓑ (Astrol) **les Poissons** Pisces; **il est Poissons** he's Pisces 2 COMP ♦ **poisson d'avril!** April fool! ♦ **poisson d'eau douce** freshwater fish ♦ **poisson de mer** saltwater fish ♦ **poisson rouge** goldfish ♦ **poisson volant** flying fish

> ⓘ **POISSON D'AVRIL**
> In France, as in Britain, 1 April is a day for playing practical jokes. The expression **poisson d'avril** comes from the tradition of pinning or sticking a paper fish on the back of an unsuspecting person, though by extension it can also refer to any form of practical joke played on 1 April.

poissonnerie /pwasɔnRi/ NF (= boutique) fish shop; (= métier) fish trade

poissonneux, -euse /pwasɔnø, øz/ ADJ well-stocked with fish

poissonnier, -ière /pwasɔnje, jɛR/ NM,F fishmonger (Brit), fish merchant (US)

poitrail /pwatRaj/ NM [d'animal] breast

poitrine /pwatRin/ NF chest; (= seins) bust; (Cuisine) [de veau, mouton] breast; [de porc] belly; **~ salée** (ou **fumée**) ≈ streaky bacon; **elle n'a pas de ~** she's flat-chested

poivre /pwavR/ NM pepper; **~ blanc** white pepper; **~ gris** ou **noir** black pepper ♦ **poivre en grains** whole pepper ♦ **poivre moulu** ground pepper ♦ **poivre et sel** ADJ INV [cheveux] pepper-and-salt

poivré, e /pwavRe/ (ptp de **poivrer**) ADJ [plat, goût, odeur] peppery; [histoire] juicy*

poivrer /pwavRe/ /TABLE 1/ VT to pepper

poivrier /pwavRije/ NM (= récipient) pepperpot

poivron /pwavRɔ̃/ NM (sweet) pepper; **~ (vert)** green pepper; **~ rouge** red pepper

poivrot, e* /pwavRo, ɔt/ NM,F drunkard

poix /pwa/ NF pitch (tar)

poker /pɔkɛR/ NM (= jeu) poker; (= partie) game of poker; **jouer au ~** to play poker; **coup de ~** gamble; **tenter un coup de ~** to take a gamble

polaire /pɔlɛR/ 1 ADJ ⓐ polar; **froid ~** arctic cold ⓑ **laine ~** (= tissu, sweat) fleece 2 NF (= vêtement) fleece jacket (ou sweatshirt etc)

polar* /pɔlaR/ NM (= roman) detective novel

polariser /pɔlaRize/ /TABLE 1/ 1 VT ⓐ (Élec, Physique) to polarize ⓑ (= faire converger sur soi) to attract ⓒ (= concentrer) **~ son attention sur qch** to focus one's attention on sth 2 VPR **se polariser: se ~ sur qch** [personne] to focus one's attention on sth

polarité /pɔlaRite/ NF polarity

pôle /pol/ NM ⓐ pole; **le ~ Nord/Sud** the North/South Pole; **~ magnétique** magnetic pole ⓑ (= centre) **~ d'activité** [d'entreprise] area of activity; **~ universitaire** university centre; **~ d'attraction** magnet; **~ économique** economic hub

polémique /pɔlemik/ 1 ADJ [sujet] controversial; [écrit, article] polemical 2 NF (= controverse) controversy (**sur** about, over); **engager une ~ avec qn** to enter into an argument with sb

polémiquer /pɔlemike/ /TABLE 1/ VI to argue (**sur** about)

poli, e /pɔli/ (ptp de **polir**) 1 ADJ ⓐ [personne, refus, silence] polite; **ce n'est pas ~ de parler la bouche pleine** it's bad manners to talk with your mouth full; **soyez ~!** don't be rude!; **elle a été tout juste ~ e avec moi** she was barely civil to me ⓑ [bois, ivoire, métal] polished; [caillou] smooth 2 NM shine

police /pɔlis/ 1 NF ⓐ (= corps) police (NonC); **voiture de ~** police car; **être de la ~** to be in the police; **vous êtes de la ~?** are you from the police?; **la ~ est à ses trousses** the police are after him

ⓑ (= *maintien de l'ordre*) policing; **faire la ~** to keep law and order

ⓒ (*Assurances*) insurance policy

ⓓ (*Typo, Informatique*) **~ (de caractères)** font

2 COMP ♦ **police de l'air et des frontières** border police ♦ **police judiciaire** ≈ Criminal Investigation Department ♦ **police des mœurs, police mondaine** ≈ vice squad ♦ **police montée** mounted police ♦ **police municipale** ≈ local police ♦ **police nationale** national police force ♦ **police parallèle** ≈ secret police ♦ **la police des polices** Complaints and Discipline Branch (*Brit*), Internal Affairs (*US*) ♦ **police secours** ≈ emergency services; **appeler ~ secours** ≈ to call the emergency services

polichinelle /pɔliʃinɛl/ NM ⓐ (*Théât*) **Polichinelle** Punchinello ⓑ (= *marionnette*) Punch

policier, -ière /pɔlisje, jɛʀ/ 1 ADJ [*chien, enquête, régime*] police; [*film, roman*] detective 2 NM ⓐ (= *agent*) police officer; **femme ~** woman police officer ⓑ (= *roman*) detective novel

poliment /pɔlimɑ̃/ ADV politely

polio /pɔljo/ NF polio

polir /pɔliʀ/ /TABLE 2/ VT to polish

polisson, -onne /pɔlisɔ̃, ɔn/ 1 ADJ (= *espiègle, grivois*) naughty 2 NM,F (= *enfant*) little rascal

politesse /pɔlitɛs/ NF (= *savoir-vivre*) politeness; **par ~** to be polite; **je vais t'apprendre la ~!** I'll teach you some manners!; **ce serait la moindre des ~s** it's the least you (*ou* he *etc*) can do

politicien, -ienne /pɔlitisjɛ̃, jɛn/ 1 ADJ (*péj*) [*manœuvre, querelle*] (petty) political; **la politique politicienne** politicking 2 NM,F politician

politique /pɔlitik/ 1 ADJ political

2 NF ⓐ (= *science, carrière*) politics (*sg*); **parler ~** to talk politics; **faire de la ~** (*militantisme*) to be a political activist; (*métier*) to be in politics

ⓑ (= *ligne de conduite, mesures*) policy; (= *manière de gouverner*) policies; **~ intérieure** domestic policy; **avoir une ~ de gauche** to follow left-wing policies; **déclaration de ~ générale** policy speech; **~ agricole commune** Common Agricultural Policy

ⓒ (= *manière d'agir*) policy; **la ~ du moindre effort** the principle of least effort; **la ~ du pire** *making things worse in order to further one's own ends*; **c'est la ~ de l'autruche** it's like burying one's head in the sand

3 NMF (= *politicien*) politician

politiquement /pɔlitikmɑ̃/ ADV politically; **~ correct** politically correct

politiser /pɔlitize/ /TABLE 1/ VT [+ *débat*] to politicize; [+ *événement*] to make a political issue of; **être très politisé** [*personne*] to be politically aware

pollen /pɔlɛn/ NM pollen

polluant, e /pɔlɥɑ̃, ɑ̃t/ 1 ADJ polluting; **non ~** non-polluting 2 AM pollutant

polluer /pɔlɥe/ /TABLE 1/ VT to pollute

pollueur, -euse /pɔlɥœʀ, øz/ NM,F (= *industrie, personne*) polluter

pollution /pɔlysjɔ̃/ NF pollution; **~ de l'air/des eaux/de l'environnement** air/water/environmental pollution; **~ sonore** noise pollution

polo /pɔlo/ NM ⓐ (*Sport*) polo ⓑ (= *chemise*) polo shirt

Pologne /pɔlɔɲ/ NF Poland

polonais, e /pɔlɔnɛ, ɛz/ 1 ADJ Polish 2 NM (= *langue*) Polish 3 NM,F **Polonais(e)** Pole

poltron, -onne /pɔltʀɔ̃, ɔn/ NM,F coward

polyamide /pɔliamid/ NM polyamide

polyclinique /pɔliklinik/ NF private general hospital

polycopier /pɔlikɔpje/ /TABLE 7/ VT to duplicate; **cours polycopiés** duplicated lecture notes

polyculture /pɔlikyltyʀ/ NF mixed farming

polyester /pɔliɛstɛʀ/ NM polyester

polyéthylène /pɔlietilɛn/ NM polyethylene

polygamie /pɔligami/ NF polygamy

polyglotte /pɔliglɔt/ ADJ, NMF polyglot

Polynésie /pɔlinezi/ NF Polynesia; **~ française** French Polynesia

polynésien, -ienne /pɔlinezjɛ̃, jɛn/ 1 ADJ Polynesian 2 NM (= *langue*) Polynesian 3 NM,F **Polynésien(ne)** Polynesian

polystyrène /pɔlistiʀɛn/ NM polystyrene; **~ expansé** expanded polystyrene

polytechnicien, -ienne /pɔliteknisjɛ̃, jɛn/ NM,F *student or ex-student of the École polytechnique*

polytechnique /pɔliteknik/ 1 ADJ **l'École ~** the École polytechnique 2 NF **Polytechnique** the École polytechnique

> ⓘ **POLYTECHNIQUE**
>
> The **Polytechnique**, also known as "*l'X*", is one of the most prestigious engineering schools in France. Admission to the school is via a competitive examination, taken by students who have done two years' preparatory study
> → GRANDES ÉCOLES
> ▷ www.polytechnique.fr

polyuréthan(n)e /pɔliyʀetan/ NM polyurethane; **mousse de ~** polyurethane foam

polyvalence /pɔlivalɑ̃s/ NF [*de personne*] versatility

polyvalent, e /pɔlivalɑ̃, ɑ̃t/ 1 ADJ [*sérum, vaccin*] polyvalent; [*salle*] multipurpose; [*personne*] versatile; **formation ~** comprehensive training; **nous recherchons une personne ~** we're looking for a good all-rounder (*Brit*) *ou* for someone who's good all-around (*US*) 2 NF **polyvalente** (*Can*) *secondary school teaching academic and vocational subjects*

pommade /pɔmad/ NF (*pour peau*) ointment; **~ pour les lèvres** lip salve; **passer de la ~ à qn** to butter sb up*

pomme /pɔm/ 1 NF ⓐ (= *fruit*) apple; (= *pomme de terre*) potato; **tomber dans les ~s*** to faint ⓑ [*d'arrosoir*] rose; **~ de douche** showerhead 2 COMP ♦ **pomme d'Adam** Adam's apple ♦ **pommes allumettes** matchstick potatoes ♦ **pomme à couteau** eating apple ♦ **pomme à cuire** cooking apple ♦ **pomme de discorde** bone of contention ♦ **pommes à l'huile** potato salad ♦ **pommes mousseline** mashed potatoes ♦ **pomme de pin** fir cone ♦ **pomme de terre** potato ♦ **pommes vapeur** boiled potatoes

pommé, e /pɔme/ ADJ [*chou*] firm and round; [*laitue*] with a good heart

pommeau (*pl* **pommeaux**) /pɔmo/ NM [*de canne*] knob

pommelé, e /pɔm(ə)le/ ADJ [*cheval*] dappled; [*ciel*] full of fleecy clouds

pommette /pɔmɛt/ NF cheekbone; **~s saillantes** high cheekbones

pommier /pɔmje/ NM apple tree

pompe /pɔ̃p/ 1 NF ⓐ (= *machine*) pump; **~ de bicyclette** bicycle pump

ⓑ (= *chaussure*)* shoe; **être bien dans ses ~s** (*fig*) to feel good; **ce type est vraiment à côté de ses ~s** that guy's really out of it*

ⓒ (= *exercice*)* **faire des ~s** to do press-ups (*Brit*) *ou* push-ups (*US*)

ⓓ (= *solennité*) pomp; **en grande ~** with great pomp

ⓔ (*locutions*) **j'ai eu un coup de ~*** I felt drained ♦ **à toute pompe*** flat out*

2 COMP ♦ **pompe à chaleur** heat pump ♦ **pompe à essence** (= *distributeur*) petrol (*Brit*) *ou* gas(oline) (*US*) pump; (= *station*) petrol (*Brit*) *ou* gas (*US*) station ♦ **pompes funèbres** undertaker's; **entreprise de ~s funèbres** funeral director's (*Brit*), funeral parlor (*US*) ♦ **pompe à incendie** fire engine (*apparatus*)

pomper /pɔ̃pe/ /TABLE 1/ VT ⓐ [+ *air, liquide*] to pump; (= *évacuer*) to pump out; (= *faire monter*) to pump up; **tu me pompes (l'air)!** you're getting on my nerves ⓑ (= *copier*)* to crib* (**sur** from); **il m'a pompé toutes mes idées** he copied all my ideas ⓒ (= *épuiser*)* to tire out; **tout ce travail m'a pompé** I'm worn out* after all that work

pompette* /pɔ̃pɛt/ ADJ tipsy*

pompeux, -euse /pɔ̃pø, øz/ ADJ (= *ampoulé*) pompous

pompier, -ière /pɔ̃pje, jɛʀ/ 1 ADJ (*péj*) [*style, écrivain*] pompous; [*morceau de musique*] slushy*; **art ~** official art 2 NM (= *personne*) firefighter; **appeler les ~s** to call the fire brigade (*Brit*) *ou* department (*US*)

pompiste /pɔ̃pist/ NMF petrol pump (*Brit*) *ou* gas station (*US*) attendant

pompon /pɔ̃pɔ̃/ NM [*de chapeau, coussin*] pompom; **c'est le ~!*** it's the last straw!; **décerner le ~ à qn** to give first prize to sb

pomponner /pɔ̃pɔne/ /TABLE 1/ 1 VT to titivate 2 VPR **se pomponner** to get dressed up

ponce /pɔ̃s/ NF **(pierre) ~** pumice (stone)

poncer /pɔ̃se/ /TABLE 3/ VT to sand

ponceuse /pɔ̃søz/ NF sander

poncif /pɔ̃sif/ NM (= *cliché*) cliché

ponction /pɔ̃ksjɔ̃/ NF ⓐ (*lombaire*) puncture; (*pulmonaire*) tapping ⓑ[*d'argent*] draining; **~ fiscale** (tax) levy

ponctionner /pɔ̃ksjɔne/ /TABLE 1/ VT [+ *contribuable, entreprise*] to tax

ponctualité /pɔ̃ktɥalite/ NF punctuality

ponctuation /pɔ̃ktɥasjɔ̃/ NF punctuation

ponctuel, -elle /pɔ̃ktɥɛl/ ADJ ⓐ (= *à l'heure*) punctual ⓑ [*intervention, contrôles, aide*] (= *limité*) limited; (= *ciblé*) selective; [*problème*] isolated; **je n'ai fait que quelques modifications ponctuelles** I've only changed a few things here and there

⚠ **ponctuel** *ne se traduit par* **punctual** *que lorsqu'on parle de l'heure.*

ponctuellement /pɔ̃ktɥɛlmɑ̃/ ADV ⓐ (= *avec exactitude*) [*arriver*] punctually ⓑ (= *ici et là*) here and there; (= *de temps en temps*) from time to time

ponctuer /pɔ̃ktɥe/ /TABLE 1/ VT to punctuate (**de** with)

pondéré, e /pɔ̃dere/ (*ptp de* **pondérer**) ADJ ⓐ [*personne, attitude*] level-headed ⓑ **indice ~** weighted index

pondérer /pɔ̃dere/ /TABLE 6/ VT (= *équilibrer*) to balance; [+ *indice*] to weight

pondéreux /pɔ̃derø/ NMPL heavy goods

pondeuse /pɔ̃døz/ NF (**poule**) **~** good layer

pondre /pɔ̃dʀ/ /TABLE 41/ 1 VT [+ *œuf*] to lay; [+ *texte*]* to produce 2 VI [*poule*] to lay; [*poisson, insecte*] to lay its eggs

poney /pɔnɛ/ NM pony; **faire du ~** to go pony riding

pongiste /pɔ̃ʒist/ NMF table tennis player

pont /pɔ̃/ 1 NM ⓐ (= *bassin*) bridge; **passer un ~** to cross a bridge; **coucher sous les ~s** to sleep rough; **faire un ~ d'or à qn** (*pour l'employer*) to offer sb a fortune (*to join a company*); **couper les ~s avec qn** to sever all links with sb ⓑ (*sur bateau*) deck; **~ avant/arrière** fore/rear deck; **tout le monde sur le ~!** all hands on deck! ⓒ (*dans garage*) ramp; **mettre une voiture sur le ~** to put a car on the ramp ⓓ (= *vacances*) extra day(s) off (*taken between two public holidays or a public holiday and a weekend*); **faire le ~** to make a long weekend of it → FÊTES LÉGALES

2 COMP ◆ **pont aérien** airlift ◆ **les Ponts et Chaussées** (= *école*) prestigious school of civil engineering; **ingénieur des ~s et chaussées** civil engineer ◆ **pont flottant** pontoon bridge ◆ **pont à péage** tollbridge ◆ **pont suspendu** suspension bridge

pontage /pɔ̃taʒ/ NM **~ (cardiaque)** (heart) bypass operation

ponte¹ /pɔ̃t/ NF laying (of eggs)

ponte² /pɔ̃t/ NM (= *personne importante*) bigwig*

pontifical, e (*mpl* **-aux**) /pɔ̃tifikal, o/ ADJ [*siège, gardes, États*] papal

pontifier /pɔ̃tifje/ /TABLE 7/ VI to pontificate

pont-levis (*pl* **ponts-levis**) /pɔ̃l(ə)vi/ NM drawbridge

ponton /pɔ̃tɔ̃/ NM (= *plate-forme*) pontoon

pop /pɔp/ ADJ INV [*musique, art*] pop

pop-corn /pɔpkɔʀn/ NM INV popcorn

pope /pɔp/ NM Orthodox priest

popote* /pɔpɔt/ NF (= *cuisine*) cooking; **faire la ~** to cook

popotin* /pɔpɔtɛ̃/ NM bottom*

populace /pɔpylas/ NF (*péj*) mob

populaire /pɔpylɛʀ/ ADJ ⓐ (= *du peuple*) popular; **la République ~ de ...** the People's Republic of ... ⓑ (= *pour la masse*) [*roman, art, chanson*] popular ⓒ (= *ouvrier*) working-class; **les classes ~s** the working classes ⓓ (= *qui plaît*) popular; **très ~ auprès des jeunes** very popular with young people ⓔ [*mot, expression*] vernacular; (= *familier*) slang

populariser /pɔpylaʀize/ /TABLE 1/ 1 VT to popularize 2 VPR **se populariser** to become more (and more) popular

popularité /pɔpylaʀite/ NF popularity

population /pɔpylasjɔ̃/ NF population; **région à ~ musulmane** area with a large Muslim population; **~ active/agricole** working/farming population; **~ carcérale/civile/scolaire** prison/civilian/school population

populiste /pɔpylist/ ADJ, NMF populist

porc /pɔʀ/ NM ⓐ (= *animal*) pig; (= *viande*) pork; (= *peau*) pigskin ⓑ (= *homme*)* pig*

★ *The final* **c** *is not pronounced.*

porcelaine /pɔʀsəlɛn/ NF (= *matière*) porcelain; **de** *ou* **en ~** porcelain

porcelet /pɔʀsəlɛ/ NM (= *animal*) piglet; (= *viande*) sucking pig

porc-épic (*pl* **porcs-épics**) /pɔʀkepik/ NM porcupine

porche /pɔʀʃ/ NM porch; **sous le ~ de l'immeuble** in the entrance to the building

porcherie /pɔʀʃəʀi/ NF pigsty

porcin, e /pɔʀsɛ̃, in/ ADJ **l'élevage ~** pig breeding; **race ~e** breed of pig

pore /pɔʀ/ NM pore

poreux, -euse /pɔʀø, øz/ ADJ porous

porno* /pɔʀno/ 1 ADJ (ABBR = **pornographique**) porn* 2 NM (ABBR = **pornographie**) porn*

pornographie /pɔʀnɔɡʀafi/ NF pornography

pornographique /pɔʀnɔɡʀafik/ ADJ pornographic

port /pɔʀ/ 1 NM ⓐ (= *bassin*) harbour (*Brit*), harbor (*US*); (*commercial*) port; (= *ville*) port; **sortir du ~** to leave port *ou* harbour; **arriver à bon ~** to arrive safe and sound ⓑ (*Informatique*) port; **~ parallèle/série** parallel/serial port ⓒ (= *fait de porter*) carrying; **le ~ du casque est obligatoire sur le chantier** hard hats must be worn on the building site; **~ d'armes prohibé** illegal carrying of firearms ⓓ (= *prix*) (*poste*) postage; (*transport*) carriage; **franco de ~** carriage paid

2 COMP ◆ **port d'attache** [*de bateau*] port of registry; (*fig*) home base ◆ **port autonome** (= *gestion*) port authority; (= *lieu*) port (*publicly managed*) ◆ **port fluvial** river port ◆ **port franc** free port ◆ **port maritime, port de mer** sea port ◆ **port de pêche** fishing port ◆ **port pétrolier** oil terminal ◆ **port de plaisance** (= *bassin*) marina; (= *ville*) sailing resort

portable /pɔʀtabl/ 1 ADJ [*vêtement*] wearable; (= *portatif*) portable; [*téléphone*] mobile (*Brit*), cellular (*US*) 2 NM (= *ordinateur*) laptop; (= *téléphone*) mobile (phone) (*Brit*), cell(phone) (*US*)

portail /pɔʀtaj/ NM gate; (= *site d'entrée Internet*) gateway

portant, e /pɔʀtɑ̃, ɑ̃t/ 1 ADJ **être bien/mal ~** to be in good/poor health 2 NM (= *support*) rack

portatif, -ive /pɔʀtatif, iv/ ADJ portable

porte /pɔʀt/ 1 NF ⓐ [*de maison, voiture, meuble*] door; [*de jardin, stade, ville*] gate; (= *seuil*) doorstep; (= *embrasure*) doorway; **passer la ~** to go through the door; **sonner à la ~** to ring the doorbell; **c'est à ma ~** it's close by; **une 5 ~s** a 5-door car; **j'ai mis deux heures (de) ~ à ~** it took me two hours from door to door; **Dijon, ~ de la Bourgogne** Dijon, the gateway to Burgundy

ⓑ [d'aéroport] gate
ⓒ (locutions) **ce n'est pas la ~ à côté*** it's not exactly on our (ou my etc) doorstep; **la ~ !*** shut the door!; **être à la ~** to be locked out; **mettre ou flanquer qn à la ~*** (licencier) to fire sb*; (éjecter) to boot* sb out; **claquer la ~ au nez de qn** to slam the door in sb's face; **entrer par la petite/la grande ~** (fig) to start at the bottom/at the top; **j'ai trouvé ~ close** (maison) no one answered the door; (magasin, bâtiment public) it was closed; **vous avez frappé à la bonne/mauvaise ~** (fig) you've come to the right/wrong place; **c'est la ~ ouverte à tous les abus** it means leaving the door wide open to all sorts of abuses; **journée ~(s) ouverte(s)** open day (Brit), open house (US); **parler à qn entre deux ~s** to have a quick word with sb; **prendre la ~** to leave

2 COMP ♦ porte battante swinging door **♦ porte cochère** carriage entrance **♦ porte d'embarquement** departure gate **♦ porte d'entrée** front door **♦ porte palière** front door (of an apartment) **♦ porte de secours** emergency exit **♦ porte de service** rear entrance **♦ porte de sortie** exit; (fig) way out; **se ménager une ~ de sortie** to leave o.s. a way out **♦ porte à tambour** revolving door

porté, e[1] /pɔʀte/ (ptp de **porter**) ADJ **être ~ à faire qch** to be inclined to do sth; **être ~ sur la chose*** to have a one-track mind*

porte-à-faux /pɔʀtafo/ NM INV **en ~** [mur, construction] slanting; [personne] in an awkward position

porte-à-porte /pɔʀtapɔʀt/ NM INV **faire du ~** (= vendre) to be a door-to-door salesman; (= chercher du travail) to go around knocking on doors

porte-avions /pɔʀtavjɔ̃/ NM INV aircraft carrier

porte-bagages /pɔʀt(ə)bagaʒ/ NM INV rack

porte-bébé (pl **porte-bébés**) /pɔʀt(ə)bebe/ NM (= nacelle) carrycot (Brit); (à bretelles) baby sling

porte-bonheur /pɔʀt(ə)bɔnœʀ/ NM INV lucky charm

porte-bouteilles /pɔʀt(ə)butɛj/ NM (= casier) wine rack

porte-cartes /pɔʀt(ə)kaʀt/ NM INV [de papiers d'identité] card holder

porte-clés /pɔʀt(ə)kle/ NM INV key ring

porte-couteau (pl **porte-couteaux**) /pɔʀt(ə)kuto/ NM knife rest

porte-documents /pɔʀt(ə)dɔkymɑ̃/ NM INV briefcase

porte-drapeau (pl **porte-drapeaux**) /pɔʀt(ə)dʀapo/ NM standard bearer

portée[2] /pɔʀte/ NF ⓐ (= distance) reach; [de fusil, radar] range; **missile de moyenne ~** intermediate-range weapon; **à ~ de la main** at hand; **restez à ~ de voix** stay within earshot; **restez à ~ de vue** don't go out of sight; **cet hôtel n'est pas à la ~ de toutes les bourses** this hotel is not within everyone's means; **hors de ~** out of reach; (fig) beyond reach
ⓑ (= capacité) **être à la ~ de qn** to be understandable to sb
ⓒ (= effet) [de parole, écrit] impact; [d'acte] consequences; **il ne mesure pas la ~ de ses paroles/ses actes** he doesn't think about the implications of what he's saying/the consequences of his actions
ⓓ (Musique) stave
ⓔ (= bébés) litter

porte-fenêtre (pl **portes-fenêtres**) /pɔʀt(ə)fənɛtʀ/ NF French window (Brit) ou door (US)

portefeuille /pɔʀtəfœj/ NM [d'argent] wallet; (Assurances, Bourse, Politique) portfolio

porte-flingue ‡ /pɔʀtəflɛ̃g/ NM INV henchman

portemanteau (pl **portemanteaux**) /pɔʀt(ə)mɑ̃to/ NM (= cintre) coat hanger; (accroché au mur) coat rack; (sur pied) hat stand

portemine /pɔʀtəmin/ NM propelling pencil

porte-monnaie /pɔʀt(ə)mɔnɛ/ NM INV purse (Brit), coin purse (US); (pour homme) wallet

porte-parapluies /pɔʀt(ə)paʀaplɥi/ NM INV umbrella stand

porte-parole /pɔʀt(ə)paʀɔl/ NMF INV spokesperson; (= homme) spokesman; (= femme) spokeswoman; **le ~ du gouvernement** the government spokesperson

porte-plume (pl **porte-plumes**) /pɔʀtəplym/ NM penholder

porter /pɔʀte/ /TABLE 1/ **1** VT ⓐ [+ parapluie, paquet, valise] to carry; [+ responsabilité] to bear; **cette poutre porte tout le poids du plafond** this beam bears the whole weight of the ceiling
ⓑ (= apporter) to take; **~ qch à qn** to take sth to sb; **porte-lui ce livre** take him this book; **je vais ~ la lettre à la boîte** I'm going to take the letter to the postbox; **~ la main à son front** to put one's hand to one's brow; **~ de l'argent à la banque** to take some money to the bank; **~ l'affaire sur la place publique/devant les tribunaux** to take the matter into the public arena/before the courts; **~ une œuvre à l'écran/à la scène** to make a film/stage a play based on a work
ⓒ [+ vêtement, bague, laine, lunettes] to wear; [+ barbe] to have; [+ nom] to bear; **les cheveux longs** to wear one's hair long; **elle porte bien son âge** she looks good for her age; **on lui a fait ~ le chapeau*** he took the rap*
ⓓ (= montrer) [+ signe, trace, blessure, inscription, date] to bear
ⓔ (= inscrire) [+ nom] to put down; **~ de l'argent au crédit d'un compte** to credit an account with some money; **se faire ~ malade** to go sick; **porté disparu** reported missing
ⓕ (= ressentir) [+ amour, haine] to feel (**à** for)
ⓖ (en soi) [+ enfant] to carry; [+ graines, fruit] to bear; **~ ses fruits** to bear fruit
ⓗ (= conduire, amener) to carry; (= entraîner) [foi] to carry along; **~ qn au pouvoir** to bring sb to power; **~ qch à sa perfection** to bring sth to perfection; **cela porte le nombre de blessés à 20** that brings the number of casualties (up) to 20
ⓘ (= inciter) **~ qn à faire qch** to lead sb to do sth; **tout (nous) porte à croire que ...** everything leads us to believe that ...

2 VI ⓐ [bruit, voix, canon] to carry
ⓑ [reproche, coup] to hit home
ⓒ (= frapper) **c'est la tête qui a porté** his head took the blow
ⓓ (= reposer) [poids] **~ sur** to be supported by
ⓔ **♦ porter sur** (= concerner) [débat, cours] to be about; [revendications, objection] to concern; [étude, effort] to be concerned with; [accent] to fall on

3 VPR **se porter** ⓐ [personne] **se ~ bien/mal** to be well/unwell; **se ~ comme un charme** to be fighting fit; **et je ne m'en suis pas plus mal porté** and I was no worse off for it
ⓑ (= se présenter comme) **se ~ candidat** to run as a candidate; **se ~ acquéreur (de)** to put in a bid (for)
ⓒ (= aller) to go; **se ~ sur** (= se diriger vers) [soupçon, choix] to fall on
ⓓ (= être porté) [vêtement] **les jupes se portent très courtes** the fashion is for very short skirts; **ça ne se porte plus** that's out of fashion

porte-revues /pɔʀt(ə)ʀəvy/ NM INV magazine rack

porte-savon (pl **porte-savons**) /pɔʀt(ə)savɔ̃/ NM soapdish

porte-serviettes /pɔʀt(ə)sɛʀvjɛt/ NM INV towel rail

porte-skis /pɔʀtəski/ NM INV ski rack

porteur, -euse /pɔʀtœʀ, øz/ **1** ADJ [mur] load-bearing; **thème ~** key theme; **marché ~** growth market **2** NM,F ⓐ [de valise, colis] porter; [de message] messenger; [de chèque] bearer; [de titre, actions] holder; **~ de journaux** paperboy; **être ~ d'espoir** to bring hope; **payable au ~** payable to bearer; **les petits/gros ~s** (= actionnaires) small/big shareholders ⓑ (Méd) carrier; **il est ~ du virus** he is carrying the virus

porte-vélos /pɔʀtəvelo/ NM INV bicycle rack

porte-voix /pɔʀtəvwa/ NM INV megaphone; (électrique) loudhailer

portier /pɔʀtje/ NM porter

portière /pɔʀtjɛʀ/ NF [de véhicule] door

portillon /pɔʀtijɔ̃/ NM gate; [de métro] barrier; **~ automatique** automatic ticket barrier

portion /pɔʀsjɔ̃/ NF portion; **fromage en ~s** cheese portions; **être réduit à la ~ congrue** to get the smallest share

portique /pɔʀtik/ NM **~ électronique** ou **de sécurité** ou **de détection** metal detector

porto /pɔʀto/ NM port

portoricain, e /pɔʀtɔʀikɛ̃, ɛn/ 1 ADJ Puerto Rican 2 NM,F **Portoricain(e)** Puerto Rican

Porto Rico /pɔʀtɔʀiko/ NF Puerto Rico

portrait /pɔʀtʀɛ/ NM ⓐ (= peinture) portrait; (= photo) photograph; **~ fidèle** good likeness; **~ de famille** family portrait; **~ en pied** full-length portrait; **~ en buste** head-and-shoulders portrait; **c'est tout le ~ de son père** he's the spitting image of his father; **se faire abîmer le ~*** to get one's head smashed in* ⓑ (= description) [de personne] description; [de situation] picture; **faire le ~ de qn** to paint a portrait of sb; (= dessin) to draw a portrait of sb

portraitiste /pɔʀtʀetist/ NMF portrait painter

portrait-robot (pl **portraits-robots**) /pɔʀtʀɛʀɔbo/ NM Photofit®; **faire le ~ du Français moyen** to draw the profile of the average Frenchman

portuaire /pɔʀtɥɛʀ/ ADJ harbour (Brit), harbor (US)

portugais, e /pɔʀtygɛ, ɛz/ 1 ADJ Portuguese 2 NM (= langue) Portuguese 3 NM,F **Portugais(e)** Portuguese

Portugal /pɔʀtygal/ NM Portugal

POS /peoɛs/ NM (ABBR = **plan d'occupation des sols**) zoning regulations

pose /poz/ NF ⓐ (= installation) [de tableau, rideaux] hanging; [de moquette, serrure] fitting ⓑ (= attitude) pose; **prendre une ~** to strike a pose ⓒ (Photo = vue) exposure; **un film (de) 36 ~s** a 36-exposure film

posé, e /poze/ (ptp de **poser**) ADJ (= pondéré) [personne] level-headed; **d'un ton ~ mais ferme** calmly but firmly

posément /pozemã/ ADV calmly

poser /poze/ /TABLE 1/ 1 VT ⓐ (= placer) [+ objet] to put down; (debout) to stand; **~ qch sur une table/par terre** to put sth on a table/on the floor; **~ sa tête sur l'oreiller** to lay one's head on the pillow; **~ une échelle contre un mur** to lean a ladder against a wall
ⓑ (= installer) [+ tableau, rideaux] to hang; [+ carrelage, moquette] to lay; [+ vitre] to put in; [+ serrure] to fit; [+ bombe] to plant; **~ la première pierre** to lay the foundation stone
ⓒ [+ chiffres] to set down; **je pose 4 et je retiens 3** put down 4 and carry 3
ⓓ (= énoncer) [+ condition] to set; [+ question] to ask; (à un examen) to set; **~ sa candidature à un poste** to apply for a post
ⓔ (= demander) **~ des jours de congé** to put in a request for leave
ⓕ (= donner de l'importance) **~ qn** to establish sb's reputation; **ça vous pose** people really think you're somebody
2 VI (pour portrait) to sit; (= chercher à se faire remarquer) to show off
3 VPR **se poser** ⓐ [insecte, oiseau, avion] to land; **se ~ en catastrophe/sur le ventre** [avion] to make an emergency landing/a belly-landing; **pose-toi là*** sit down here; **son regard s'est posé sur elle** his eyes fell on her
ⓑ [question, problème] to arise
ⓒ (= se présenter) **se ~ comme victime** to claim to be a victim; **comme menteur, vous vous posez (un peu) là!*** you're a terrible liar!

poseur, -euse /pozœʀ, øz/ NM,F ⓐ (péj) show-off ⓑ **~ d'affiches** billposter; **~ de bombes** bomber

positif, -ive /pozitif, iv/ 1 ADJ positive 2 NM ⓐ (= réel) **je veux du ~!** I want something positive! ⓑ (Photo) positive

position /pozisjɔ̃/ NF ⓐ position; [de navire] bearings; **rester sur ses ~s** to stand one's ground; **avoir une ~ de repli** to have a fallback position; **arriver en première/deuxième/dernière ~** to come first/second/last; **être assis dans une mauvaise ~** to be sitting in an awkward position; **se mettre en ~** to take up one's position; **en ~ allongée/assise/verticale** in a reclining/sitting/upright position; **être dans une ~ délicate** to be in a difficult position; **être**

en ~ de faire qch to be in a position to do sth; **il occupe une ~ importante** he holds an important position
ⓑ (= attitude) stance; **prendre ~** to take a stand; **prendre (fermement) ~ en faveur de qch** to come down (strongly) in favour of sth; **prise de ~** stand

positionner /pozisjɔne/ /TABLE 1/ 1 VT ⓐ (= placer) to position ⓑ (= repérer) to locate 2 VPR **se positionner** to position o.s.; (dans un débat) to take a stand; **comment se positionne ce produit sur le marché?** what slot does this product fill in the market?

positivement /pozitivmã/ ADV positively

positiver /pozitive/ /TABLE 1/ VI to think positive

posologie /pozɔlɔʒi/ NF (= indications) directions for use

posséder /posede/ /TABLE 6/ VT ⓐ to have; [+ bien, maison] to own; **c'est tout ce que je possède** it's all I've got; **il croit ~ la vérité** he believes that he possesses the truth ⓑ (= bien connaître) [+ métier] to know inside out; [+ langue] to have a good command of ⓒ (= duper)* **~ qn** to take sb in*; **se faire ~** to be taken in*

possesseur /posesœʀ/ NM [de bien] owner; [de diplôme, titre, secret, billet de loterie] holder

possessif, -ive /posesif, iv/ ADJ possessive

possession /posesjɔ̃/ NF ⓐ (= fait de posséder) [de bien] ownership; [de diplôme, titre, billet de loterie] holding; **nos ~s à l'étranger** our overseas possessions
♦ **en possession de** : **être en ~ de qch** to be in possession of sth; **il était en pleine ~ de ses moyens** he was in full possession of his faculties
♦ **prendre possession de** [+ fonction] to take up; [+ bien, héritage, appartement] to take possession of; [+ voiture] to take delivery of
ⓑ (= chose possédée) possession

possibilité /posibilite/ 1 NF possibility; **je ne vois pas d'autre ~ (que de …)** I don't see any other possibility (than to …) 2 NFPL **possibilités** (= moyens) means; (= potentiel) potential; **quelles sont vos ~s financières?** what is your financial situation?

possible /posibl/ 1 ADJ possible; [projet, entreprise] feasible; **il est ~/il n'est pas ~ de …** it is possible/impossible to …; **arrivez tôt si ~** arrive early if possible; **ce n'est pas ~** it's not possible; **c'est dans les choses ~s** it's a possibility; **c'est (bien) ~/très ~** possibly/very possibly; **dans le meilleur des mondes ~s** in the best of all possible worlds; **venez aussi vite/aussitôt que ~** come as quickly/as soon as possible; **venez le plus vite/tôt ~** come as quickly/as soon as you (possibly) can; **il sort le moins (souvent) ~** he goes out as little as possible; **il n'est pas ~ de travailler dans ce bruit** it just isn't possible to work in this noise; **un bruit pas ~*** an incredible racket*; **est-ce ~!** I don't believe it!; **c'est pas ~!*** (faux) that can't be right!; (étonnant) well I never!*; (irréalisable) it's out of the question!; **ce n'est pas ~ d'être aussi bête!** how stupid can you get!*
♦ **il est possible que** : **il est ~ qu'il vienne** he might come; **il est ~ qu'il ne vienne pas** he might not come; **il est bien ~ qu'il se soit perdu en route** he may very well have lost his way
2 NM **faire reculer les limites du ~** to push back the frontiers of what is possible; **essayons, dans les limites du ~, de …** let's try, as far as possible, to …; **faire (tout) son ~** to do one's utmost (pour to, pour que to make sure that); **c'est énervant au ~** it's extremely annoying

postal, e (mpl **-aux**) /postal, o/ ADJ [service, taxe] postal; [train, avion, voiture] mail; [colis] sent by mail; **code ~** postcode (Brit), zip code (US)

poste¹ /post/ 1 NF ⓐ (= administration, bureau) post office; **employé des ~s** post office worker; **La Poste** the French Post Office; **les Postes, Télécommunications et Télédiffusion†** French post office and telecommunications service ⓑ (= service postal) mail; **envoyer qch par la ~** to send sth by post; **mettre une lettre à la ~** to post a letter 2 COMP ♦ **poste aérienne** airmail ♦ **poste restante** poste restante (Brit), general delivery (US)

poste² /post/ 1 NM ⓐ (= emplacement) post; **~ de douane** customs post; **rester à son ~** to stay at one's post

ⓑ ~ **(de police)** (police) station; **emmener qn au ~** to take sb to the police station; **il a passé la nuit au ~** he spent the night in the cells
ⓒ (= *emploi*) job; [*de fonctionnaire*] post; (*dans une hiérarchie*) position; (= *nomination*) appointment; **être en ~ à Paris** to hold an appointment *ou* a post in Paris; **il a trouvé un ~ de bibliothécaire** he has found a job as a librarian
ⓓ (*Radio, TV*) set; **~ de radio/de télévision** radio/television
ⓔ (*Téléc = ligne*) extension
ⓕ [*de budget*] item

2 COMP ◆ **poste d'aiguillage** signal box ◆ **poste budgétaire** budget item ◆ **poste de commandement** head-quarters ◆ **poste de contrôle** checkpoint ◆ **poste d'équipage** crew's quarters ◆ **poste frontière** border post ◆ **poste d'incendie** fire point ◆ **poste d'observation** observation post ◆ **poste de péage** toll booth ◆ **poste de pilotage** cockpit ◆ **poste de police** police station ◆ **poste de secours** first-aid post ◆ **poste téléphonique** telephone ◆ **poste de travail** (*Informatique*) work station; (= *emploi*) job

posté, e /pɔste/ (*ptp de* **poster**) ADJ **travail ~** shift work
poster¹ /pɔste/ /TABLE 1/ 1 VT ⓐ [+ *lettre*] to post (*Brit*), to mail (*US*) ⓑ [+ *sentinelle*] to post 2 VPR **se poster** to take up a position
poster² /pɔstɛʀ/ NM (= *affiche*) poster
postérieur, e /pɔsteʀjœʀ/ 1 ADJ (*dans le temps*) [*date, document*] later; [*événement*] subsequent; (*dans l'espace*) [*partie*] back; [*membre*] hind; **l'événement est ~ à 1850** the event took place after 1850 2 NM (= *fesses*)* behind*
postérieurement /pɔsteʀjœʀmɑ̃/ ADV subsequently; **~ à** after
posteriori /pɔsteʀjɔʀi/ → **a posteriori**
postériorité /pɔsteʀjɔʀite/ NF posteriority
postérité /pɔsteʀite/ NF (= *descendants*) descendants; (= *avenir*) posterity; **passer à la ~** to go down in history
posthume /pɔstym/ ADJ posthumous; **à titre ~** posthumously
postiche /pɔstiʃ/ 1 ADJ [*cheveux, moustache*] false 2 NM (*pour homme*) toupee; (*pour femme*) hairpiece
postier, -ière /pɔstje, jɛʀ/ NM,F post office worker; **grève des ~s** postal strike
postillon * /pɔstijɔ̃/ NM (= *salive*) sputter; **il m'envoyait des ~s** he was spluttering
postillonner * /pɔstijɔne/ /TABLE 1/ VI to splutter
postopératoire /pɔstɔpeʀatwaʀ/ ADJ postoperative
post-scriptum /pɔstskʀiptɔm/ NM INV postscript
postsynchroniser /pɔstsɛ̃kʀɔnize/ /TABLE 1/ VT [+ *film*] to dub
postulant, e /pɔstylɑ̃, ɑ̃t/ NM,F applicant
postulat /pɔstyla/ NM premise; (*Philo*) postulate; **~ de base** *ou* **de départ** basic premise
postuler /pɔstyle/ /TABLE 1/ 1 VT [+ *principe*] to postulate 2 VI **~ à** *ou* **pour un emploi** to apply for a job
posture /pɔstyʀ/ NF position; **être en bonne ~** to be in a good position
pot /po/ 1 NM ⓐ (= *récipient*) (*en verre*) jar; (*en terre*) pot; (*en métal*) can; (*en carton*) carton; **petit ~** (**pour bébé**) jar of baby food; **~ à confiture** jamjar; **~ de confiture** jar of jam; **plantes en ~** pot plants; **tourner autour du ~** to beat about the bush

◆ **plein pot** * : **payer plein ~** to pay the full whack*
ⓑ (= *boisson*)* drink; (= *réunion*)* drinks party; **~ d'adieu** farewell party; **~ de départ** (*à la retraite etc*) leaving party
ⓒ (= *chance*)* luck; **avoir du ~** to be lucky; **pas de** *ou* **manque de ~ !** just his (*ou* your *etc*) luck!; **c'est un vrai coup de ~ !** what a stroke of luck!

2 COMP ◆ **pot catalytique** catalytic converter ◆ **pot de chambre** chamberpot ◆ **pot de colle** pot of glue; (*péj = personne*) leech ◆ **pot à eau** water jug ◆ **pot d'échappement** exhaust pipe; (*silencieux*) silencer (*Brit*), muffler (*US*) ◆ **pot de fleurs** (= *récipient*) flowerpot; (= *fleurs*) pot plant

◆ **pot de peinture** pot of paint; (*péj*) **c'est un vrai ~ de peinture*** she wears far too much make-up
potable /pɔtabl/ ADJ drinkable; (= *acceptable*)* passable; **eau ~** drinking water; **il ne peut pas faire un travail ~*** he can't do a decent piece of work
potache * /pɔtaʃ/ NM schoolkid*; **des plaisanteries de ~** schoolboy pranks
potage /pɔtaʒ/ NM soup
potager, -ère /pɔtaʒe, ɛʀ/ 1 ADJ [*plante*] edible; **jardin ~** vegetable garden 2 NM vegetable garden
potasse /pɔtas/ NF potash
potasser * /pɔtase/ /TABLE 1/ 1 VT [+ *sujet*] to swot up (on)* (*Brit*) 2 VI to cram
potassium /pɔtasjɔm/ NM potassium
pot-au-feu /pɔtofø/ NM INV (= *plat*) hotpot (*made with beef*)
pot-de-vin (*pl* **pots-de-vin**) /pod(ə)vɛ̃/ NM bribe
pote * /pɔt/ NM pal*
poteau (*pl* **poteaux**) /pɔto/ NM (= *pilier*) post; **~ (d'exécution)** execution post ◆ **poteau d'arrivée** finishing post ◆ **poteau électrique** electricity pole ◆ **poteau indicateur** signpost ◆ **poteau télégraphique** telegraph pole
potée /pɔte/ NF ≈ hotpot (*of pork and cabbage*)
potelé, e /pɔt(ə)le/ ADJ [*enfant*] chubby; [*bras*] plump
potence /pɔtɑ̃s/ NF ⓐ (= *gibet*) gallows (*sg*) ⓑ (= *support*) bracket
potentiel, -ielle /pɔtɑ̃sjɛl/ 1 ADJ [*marché, risque, client*] potential 2 NM potential; **ce pays a un énorme ~ économique** this country has huge economic potential
potentiellement /pɔtɑ̃sjɛlmɑ̃/ ADV potentially
poterie /pɔtʀi/ NF (= *atelier, art*) pottery; (= *objet*) piece of pottery
potiche /pɔtiʃ/ NF oriental vase; (*péj = prête-nom*) figure-head; **il ne veut pas être un président ~** he doesn't want to be a mere figurehead president
potier, -ière /pɔtje, jɛʀ/ NM,F potter
potin * /pɔtɛ̃/ NM ⓐ (= *vacarme*) racket*; **faire du ~** to make a noise ⓑ (= *commérage*) piece of gossip; **des ~s** gossip
potion /posjɔ̃/ NF potion; **~ amère** bitter pill
potiron /pɔtiʀɔ̃/ NM pumpkin
pot-pourri (*pl* **pots-pourris**) /popuʀi/ NM [*de chansons*] medley
pou (*pl* **poux**) /pu/ NM louse
pouah /pwɑ/ EXCL yuk!
poubelle /pubɛl/ NF dustbin (*Brit*), garbage can (*US*); **descendre la ~** to take down the bin (*Brit*) *ou* the garbage (*US*); **les ~s sont passées ?*** have the binmen (*Brit*) *ou* the garbage men (*US*) been?; **allez, hop ! à la ~ !** right! let's throw it out!; **mettre qch à la ~** to put sth in the dustbin (*Brit*) *ou* garbage can (*US*); **faire les ~s** to rummage through bins (*Brit*) *ou* garbage cans (*US*); **la mer est une vraie ~** the sea is just used as a dustbin
pouce /pus/ NM ⓐ [*de main*] thumb; [*de pied*] big toe; **se tourner les ~s** to twiddle one's thumbs; **~ !** (*jeu*) truce!; **on a déjeuné sur le ~*** we had a bite to eat*; **coup de ~** (*pour aider qn*) nudge in the right direction; **faire du ~*** (*Can*) to hitch* ⓑ (= *mesure*) inch; **son travail n'a pas avancé d'un ~** he hasn't made the least bit of progress in his work; **la situation n'a pas changé d'un ~** the situation hasn't changed in the slightest
Poucet /puse/ NM **le Petit ~** Tom Thumb
poudre /pudʀ/ NF powder; **réduire qch en ~** to grind sth to powder; **en ~** [*lait, œufs*] powdered; **se mettre de la ~ to** powder one's nose; **prendre la ~ d'escampette*** to take to one's heels; **de la ~ de perlimpinpin** a magical cure; **c'est de la ~ aux yeux** it's all just for show ◆ **poudre à canon** gunpowder ◆ **poudre à laver** washing powder (*Brit*), laundry detergent (*US*) ◆ **poudre à récurer** scouring powder
poudrer (se) /pudʀe/ /TABLE 1/ VPR to powder one's nose

poudrerie /pudʀəʀi/ NF (*Can*) blizzard

poudreux, -euse /pudʀø, øz/ 1 ADJ (= *poussiéreux*) dusty 2 NF **poudreuse** (= *neige*) powder snow

poudrier /pudʀije/ NM (powder) compact

poudrière /pudʀijɛʀ/ NF (= *situation explosive*) powder keg

pouf /puf/ 1 NM pouffe 2 EXCL thud!

pouffer /pufe/ /TABLE 1/ VI ◆ **(de rire)** to burst out laughing

pouf(f)iasse ✲ /pufjas/ NF (*péj*) bitch✲

pouilleux, -euse /pujø, øz/ ADJ (= *sordide*) seedy

poulailler /pulaje/ NM henhouse; **le ~** (*au théâtre*) the gallery

poulain /pulɛ̃/ NM (= *animal*) colt; (*fig*) promising youngster; (= *protégé*) protégé

poule /pul/ 1 NF ⓐ (= *animal*) hen; (= *viande*) fowl ⓑ (= *maîtresse*)✲ mistress; (= *fille*)✲ bird* (*Brit*), chick* (*US*) ⓒ (= *terme affectueux*) **ma ~*** my pet ⓓ (= *tournoi*) tournament; (*Escrime*) pool; (*Rugby*) group 2 COMP ◆ **poule d'eau** moorhen ◆ **poule mouillée** (= *lâche*) coward ◆ **poule pondeuse** laying hen ◆ **poule au pot** boiled chicken

poulet /pulɛ/ NM ⓐ (= *animal, viande*) chicken ⓑ (= *policier*)✲ cop✲

poulette /pulɛt/ NF (= *animal*) pullet; **ma ~!*** (my) love!

pouliche /pulif/ NF filly

poulie /puli/ NF pulley; (*avec sa caisse*) block

poulpe /pulp/ NM octopus

pouls /pu/ NM pulse; **prendre le ~ de qn** to take sb's pulse; **prendre le ~ de** [+ *opinion publique*] to sound out

poumon /pumɔ̃/ NM lung; **respirer à pleins ~s** to breathe deeply; **~ artificiel/d'acier** artificial/iron lung; **cette région est le ~ économique du pays** this region is the hub of the country's economy

poupe /pup/ NF [*de bateau*] stern

poupée /pupe/ NF ⓐ (= *jouet*) doll; **elle joue à la ~** she's playing with her doll(s) ⓑ (= *jolie femme*)* doll* ⓒ (= *pansement*) finger bandage

poupon /pupɔ̃/ NM babe-in-arms

pouponner /pupɔne/ /TABLE 1/ VI **elle/il adore ~** she/he loves to look after the kids (*ou* her/his son *etc*)

pouponnière /pupɔnjɛʀ/ NF day nursery

---

pour /puʀ/

1 PRÉPOSITION	2 NOM MASCULIN

1 PRÉPOSITION

ⓐ = en faveur de for; **manifester ~ la paix** to march for peace; **je suis ~ !*** I'm all for it!*

ⓑ lieu for; **partir ~ l'Espagne** to leave for Spain

ⓒ temps for; **il est absent ~ deux jours** he's away for two days; **~ le moment** for the moment; **~ l'instant** for the moment; **~ toujours** for ever; **tu en as ~ combien de temps ?** how long are you going to be?; **ne m'attendez pas, j'en ai encore ~ une heure** don't wait for me, I'll be another hour

ⓓ = à la place de for; **payer ~ qn** to pay for sb; **signez ~ moi** sign for me

ⓔ rapport for; **il est petit ~ son âge** he is small for his age; **c'est bien trop cher ~ ce que c'est !** it's far too expensive for what it is!; **~ un Anglais, il parle bien le français** he speaks French well for an Englishman

◆ **pour cent** per cent
◆ **pour mille** per thousand

ⓕ intention, but for; **faire qch ~ qn** to do sth for sb; **c'est fait ~ !*** that's what it's meant for!; **c'est bon ~ la santé** it's good for you; **son amour ~ les bêtes** his love of animals; **coiffeur ~ dames** ladies' hairdresser; **pastilles ~ la gorge** throat tablets

◆ **pour** + *infinitif* to; **creuser ~ trouver de l'eau** to dig to find water; **il sera d'accord ~ nous aider** he'll agree to help us; **je n'ai rien dit ~ ne pas le blesser** I didn't say anything so as not to hurt him; **ce n'est pas ~ arranger les choses** this isn't going to help matters

◆ **pour que** (+ *subjonctif*) so that; **écris vite ta lettre ~ qu'elle parte ce soir** write your letter quickly so that it will

go this evening; **il est trop tard ~ qu'on le prévienne** it's too late to warn him

ⓖ cause ~ **quelle raison ?** for what reason?; **être condamné ~ vol** to be convicted of theft; **il est connu ~ sa générosité** he is known for his generosity; **pourquoi se faire du souci ~ ça ?** why worry about that?

◆ **pour** + *infinitif passé* : **elle a été punie ~ avoir menti** she was punished for lying

◆ **pour peu que** (+ *subjonctif*) : **~ peu qu'il ait un peu bu, il va raconter n'importe quoi** if he's had even the smallest drink he'll say anything

ⓗ = du point de vue de, concernant ~ **moi, elle était déjà au courant** if you ask me, she already knew; **sa fille est tout ~ lui** his daughter is everything to him; **ça ne change rien ~ nous** that makes no difference as far as we're concerned; **et ~ les billets, c'est toi qui t'en charges ?** so, you'll take care of the tickets, will you?; **le plombier est venu ~ la chaudière** the plumber came about the boiler

ⓘ = en échange de **donnez-moi ~ 20 € de cerises** give me 20 euros' worth of cherries, please; **il l'a eu ~ 10 €** he got it for 10 euros; **j'en ai eu ~ 50 € de photocopies** it cost me 50 euros to do the photocopies

ⓙ = comme as; **prendre qn ~ femme** to take sb as one's wife; **il a ~ adjoint son cousin** he has his cousin as his deputy; **ça a eu ~ effet de changer son comportement** this had the effect of changing his behaviour; **~ un sale coup, c'est un sale coup !*** of all the awful things to happen!; **~ une surprise, c'est une surprise !** this really is a surprise!

2 NOM MASCULIN
le ~ et le contre the arguments for and against; **il y a du ~ et du contre** there are arguments on both sides

---

pourboire /puʀbwaʀ/ NM tip; **donner 10 € de ~ à qn** to give sb a 10 euro tip

pourcentage /puʀsɑ̃taʒ/ NM percentage; **toucher un ~ sur les bénéfices** to get a share of the profits

pourchasser /puʀʃase/ /TABLE 1/ VT to pursue

pourparlers /puʀpaʀle/ NMPL talks; **entrer en ~ avec qn** to start talks with sb; **être en ~ avec qn** to be having talks with sb

pourpre /puʀpʀ/ 1 ADJ, NM (= *couleur*) crimson 2 NF (= *matière colorante, symbole*) purple; (= *couleur*) scarlet

pourquoi /puʀkwa/ 1 CONJ why; **tu viens ? — ~ pas ?** are you coming? — why not?; **allez savoir ~ !*** I can't imagine why! 3 NM INV (= *raison*) reason (**de** for); **il veut toujours savoir le ~ et le comment** he always wants to know the whys and wherefores

pourrait /puʀɛ/ VB → **pouvoir**

pourri, e /puʀi/ (*ptp de* **pourrir**) 1 ADJ ⓐ [*fruit, bois*] rotten; [*feuille*] rotting; [*viande, œuf*] bad; **être ~** [*pomme*] to have gone bad ⓑ [*temps, été, personne, société*] rotten; **flic ~**✲ bent copper✲ (*Brit*), dirty cop* (*US*) 2 NM (= *partie gâtée*) bad part; **sentir le ~** to smell bad

pourriel /puʀjɛl/ NM (*Informatique*) spam

pourrir /puʀiʀ/ /TABLE 2/ 1 VI [*fruit*] to go rotten; [*bois*] to rot; [*œuf*] to go bad; **la récolte pourrit sur pied** the harvest is rotting on the stalk; **laisser ~ la situation** to let the situation deteriorate; **laisser ~ une grève** to let a strike peter out 2 VT ⓐ [+ *fruit*] to rot ⓑ (= *gâter*) [+ *enfant*] to spoil rotten; (= *corrompre*) [+ *personne*] to corrupt

pourriture /puʀityʀ/ NF ⓐ rot; **odeur de ~** putrid smell ⓑ (*péj*)✲ (= *homme*) swine✲; (= *femme*) bitch✲

poursuite /puʀsɥit/ 1 NF ⓐ [*de voleur, animal, bonheur, gloire*] pursuit (**de** of); **se lancer à la ~ de qn** to chase after sb; (*course*) **~** (*Sport*) track race; (*Police*) pursuit; **~ en voiture** car chase ⓑ (= *continuation*) continuation; **ils ont voté la ~ de la grève** they voted to continue the strike 2 NFPL **poursuites** legal proceedings; **s'exposer à des ~s** to run the risk of prosecution

poursuivant, e /puʀsɥivɑ̃, ɑ̃t/ NM,F (= *ennemi*) pursuer

poursuivre /puʀsɥivʀ/ /TABLE 40/ 1 VT ⓐ (= *courir après*)

[+ *fugitif, ennemi, malfaiteur, rêve*] to pursue; [+ *but, idéal*] to strive towards
ⓑ (= *harceler*) [*importun, souvenir*] to hound; **~ une femme de ses assiduités** to force one's attentions on a woman; **cette idée le poursuit** he can't get the idea out of his mind
ⓒ (= *continuer*) to continue; **~ sa marche** to carry on walking
ⓓ **~ qn (en justice)** (*au pénal*) to prosecute sb; (*au civil*) to sue sb; **être poursuivi pour vol** to be prosecuted for theft
2 VI ⓐ (= *continuer*) to go on; **poursuivez** (*à personne qui raconte*) please go on
ⓑ (= *persévérer*) to keep at it
3 VPR **se poursuivre** [*négociations, débats*] to go on; [*enquête, recherches, travail*] to be going on

pourtant /puʀtɑ̃/ ADV yet; **et ~** and yet; **frêle et ~ résistant** frail but resilient; **c'est ~ facile!** but it's easy!; **on lui a ~ dit de faire attention** we did tell him to be careful

pourtour /puʀtuʀ/ NM (= *bord*) surround; **le ~ méditerranéen** the Mediterranean region

pourvoi /puʀvwa/ NM (*Droit*) appeal; **former un ~ en cassation** to appeal

pourvoir /puʀvwaʀ/ /TABLE 25/ 1 VT ⓐ **~ qn de qch** to provide sb with sth ⓑ [+ *poste*] to fill; **il y a deux postes à ~** there are two posts to fill 2 VT INDIR ♦ **pourvoir à** [+ *éventualité, besoins*] to provide for; **j'y pourvoirai** I'll see to it 3 VPR **se pourvoir** (*Droit*) to appeal; **se ~ en appel** to take one's case to the Court of Appeal

pourvoyeur, -euse /puʀvwajœʀ, øz/ NM,F supplier

pourvu¹, e /puʀvy/ (*ptp de* **pourvoir**) ADJ **être ~ de** to have; [+ *intelligence, imagination*] to be gifted with; **avec ces provisions nous voilà ~s pour l'hiver** with these provisions we've got what we need for the winter

pourvu² /puʀvy/ ADV
♦ **pourvu que** (*souhait*) let's hope; (*condition*) provided that; **~ que ça dure!** let's hope it lasts!

pousse /pus/ NF (= *bourgeon*) shoot; **~s de bambou** bamboo shoots; **~s de soja** beansprouts

poussé, e¹ /puse/ (*ptp de* **pousser**) ADJ [*études*] advanced; [*interrogatoire*] intensive; **très ~** [*organisation, technique, dessin*] elaborate

pousse-café * /puskafe/ NM INV liqueur

poussée² /puse/ NF ⓐ (= *pression*) [*de foule*] pressure; (*Archit, Aviat, Physique*) thrust (*NonC*) ⓑ (= *éruption*) [*d'acné*] attack; **~ de fièvre** sudden high temperature

pousse-pousse /puspus/ NM INV rickshaw

pousser /puse/ /TABLE 1/ 1 VT ⓐ to push; [+ *verrou*] to slide; [+ *objet gênant, pion*] to move; **~ une chaise contre le mur** to push a chair against the wall; **~ la porte/la fenêtre** to push the door/window shut; **le vent nous poussait vers la côte** the wind was blowing us towards the shore; **peux-tu me ~?** (*balançoire, voiture en panne*) can you give me a push?; **~ un peu loin le bouchon** to go a bit far
ⓑ (= *stimuler*) [+ *élève, employé*] to push; [+ *moteur*] (*techniquement*) to soup up; (*en accélérant*) to drive hard; [+ *voiture*] to drive hard; [+ *feu*] to stoke up; [+ *chauffage*] to turn up; **c'est l'ambition qui le pousse** he is driven by ambition
ⓒ (= *mettre en valeur*) [+ *candidat, protégé*] to push; [+ *dossier*] to help along
ⓓ **~ qn à faire qch** [*faim, curiosité*] to drive sb to do sth; [*personne*] (= *inciter*) to press sb to do sth; (= *persuader*) to talk sb into doing sth; **c'est elle qui l'a poussé à acheter cette maison** she talked him into buying this house; **~ qn au désespoir** to drive sb to despair; **~ qn à la consommation** to encourage sb to buy (*ou* eat *ou* drink *etc*); **~ qn à la dépense** to encourage sb to spend money
ⓔ (= *poursuivre*) [+ *études, discussion*] to continue; [+ *affaire*] to follow up; **~ l'enquête/les recherches plus loin** to carry on with the inquiry/the research; **~ la plaisanterie un peu (trop) loin** to take the joke a bit too far; **il a poussé la gentillesse jusqu'à m'y conduire** he was kind enough to take me there; **~ qn à bout** to push sb to breaking point

ⓕ [+ *cri, hurlement*] to give; [+ *soupir*] to heave; **~ des cris** to scream; **~ des rugissements** to roar
2 VI ⓐ [*plante*] (= *sortir de terre*) to sprout; (= *se développer*) to grow; [*barbe, enfant*] to grow; [*dent*] to come through; **ils font ~ des tomates par ici** they grow tomatoes around here; **il se laisse ~ la barbe** he's growing a beard; **il a une dent qui pousse** he's cutting a tooth
ⓑ (= *faire un effort : pour accoucher, aller à la selle*) to push
ⓒ (= *aller*) **nous allons ~ un peu plus avant** we're going to go on a bit further; **~ jusqu'à Lyon** to go on as far as Lyon
ⓓ (= *exagérer*)* to go too far; **tu pousses!** that's going a bit far!; **faut pas ~!** that's going a bit far!
3 VPR **se pousser** (= *se déplacer*) to move; **pousse-toi de là!** shift yourself!

poussette /puset/ NF (*pour enfant*) pushchair (*Brit*), stroller (*US*); (*à provisions*) shopping trolley (*Brit*), shopping cart (*US*)

poussière /pusjɛʀ/ NF dust; **faire de la ~** to raise a lot of dust; **couvert de ~** dusty; **avoir une ~ dans l'œil** to have a speck of dust in one's eye; **tomber en ~** to crumble into dust; **100 € et des ~s** * just over 100 euros

poussiéreux, -euse /pusjeʀø, øz/ ADJ dusty; (*fig*) fusty

poussif, -ive /pusif, iv/ ADJ [*personne*] wheezy; [*moteur*] wheezing; [*style*] laboured (*Brit*), labored (*US*)

poussin /pusɛ̃/ NM ⓐ (= *animal*) chick; **mon ~!*** (*terme affectueux*) pet! ⓑ (*Sport*) junior

poutre /putʀ/ NF beam; **~s apparentes** exposed beams

poutrelle /putʀɛl/ NF (*en métal*) girder

poutser*, poutzer* /putse/ /TABLE 1/ VT (*Helv*) to clean

---

pouvoir /puvwaʀ/

/TABLE 33/	
1 VERBE AUXILIAIRE	4 VERBE PRONOMINAL
2 VERBE IMPERSONNEL	5 NOM MASCULIN
3 VERBE TRANSITIF	6 COMPOSÉS

1 VERBE AUXILIAIRE
ⓐ permission

▶ *Lorsque* **pouvoir** *sert à donner la permission de faire quelque chose, il peut se traduire par* can *ou* may ; can *est le plus courant et couvre la majorité des cas.*

tu peux le garder si tu veux you can keep it if you like; **maintenant, tu peux aller jouer** now you can go and play; **vous pouvez desservir** you can clear the table

▶ *On emploie* can *lorsque la permission dépend d'une tierce personne ou d'une autorité;* can *étant un verbe défectif,* to be able to *le remplace aux temps où il ne peut être conjugué.*

sa mère a dit qu'il ne pouvait pas rester his mother said he couldn't stay; **elle ne pourra lui rendre visite qu'une fois par semaine** she'll only be able to visit him once a week
♦ **pouvoir ne pas** : **il peut ne pas venir** he doesn't have to come; **tu peux très bien ne pas venir** you don't have to come
ⓑ demande

▶ *Lorsque l'on demande à quelqu'un la permission de faire quelque chose, qu'on lui demande un service ou qu'on lui donne un ordre poli, on utilise* can *ou la forme plus polie* could.

est-ce que je peux fermer la fenêtre? can I shut the window?; **puis-je emprunter votre stylo?** could I borrow your pen?; **pourrais-je vous parler?** could I have a word with you?; **puis-je vous être utile?** can I be of assistance?; **tu peux m'ouvrir la porte, s'il te plaît?** can you *ou* could you open the door for me, please?; **pourriez-vous nous apporter du thé?** could you bring us some tea?
ⓒ possibilité

▶ *Lorsque* **pouvoir** *exprime une possibilité ou une capacité, il se traduit généralement par* can *ou par* to be able to ; can *étant un verbe défectif,* to be able to *le remplace aux temps où il ne peut être conjugué.*

peut-il venir? can he come?; **ne peut-il pas venir?** can't he come?; **il ne peut pas venir** he can't come; **il ne pourra plus jamais marcher** he will never be able to walk again; **je ne peux que vous féliciter** I can only congratulate you; **je voudrais ~ vous aider** I wish I could help you; **il n'a pas pu venir** he couldn't come; **la salle peut contenir 100 personnes** the auditorium can seat 100 people

> ► *Lorsque* **pouvoir** *implique la notion de réussite, on emploie* to manage.

il a pu réparer la machine à laver he managed to fix the washing machine; **tu as pu lui téléphoner?** did you manage to phone him?; **j'ai essayé de le joindre, mais je n'ai pas pu** I tried to get in touch with him but I didn't manage to

ⓓ probabilité, hypothèse

> ► *Lorsque* **pouvoir** *exprime une probabilité, une éventualité ou une hypothèse, il se traduit par* could; might *implique une plus grande incertitude.*

il pourrait être italien he could ou might be Italian; **ça peut laisser une cicatrice** it might leave a scar; **ça aurait pu être un voleur!** it could ou might have been a burglar!
♦ **bien + pouvoir: où ai-je bien pu mettre mon stylo?** where on earth can I have put my pen?; **qu'est-ce qu'il peut bien faire?** what can he be doing?; **il a très bien pu entrer sans qu'on le voie** he could very well have come in without anyone seeing him; **qu'est-ce que cela peut bien lui faire?*** what's it to him?*

ⓔ suggestion could; **je pourrais venir te chercher** I could come and pick you up; **tu aurais pu me dire ça plus tôt!** you could have told me sooner!

ⓕ souhaits **puisse-t-il guérir rapidement!** let's hope he makes a speedy recovery!; **puissiez-vous dire vrai!** let's hope you're right!

2 VERBE IMPERSONNEL

> ► *La probabilité, l'éventualité, l'hypothèse ou le risque sont rendus par* may; might *implique une plus grande incertitude.*

il peut pleuvoir it may rain; **il pourrait pleuvoir** it might rain; **il pourrait s'agir d'un assassinat** it might be murder

3 VERBE TRANSITIF
est-ce qu'on peut quelque chose pour lui? is there anything we can do for him?; **il fait ce qu'il peut** he does what he can; **il a fait tout ce qu'il a pu** he did all he could; **que puis-je pour vous?** what can I do for you?; **je ne peux rien faire pour vous** I can't do anything for you; **on n'y peut rien** nothing can be done about it; **désolé, mais je n'y peux rien** I'm sorry, but there's nothing I can do about it
♦ **on ne peut plus: il a été on ne peut plus aimable** he couldn't have been kinder; **il a été on ne peut plus clair** he couldn't have made it clearer
♦ **n'en pouvoir plus: je n'en peux plus** *(fatigue)* I'm worn out; *(énervement)* I've had enough; *(désespoir)* I can't take it any longer; **il n'en peut plus d'attendre** he's fed up with waiting*

4 VERBE PRONOMINAL
se pouvoir: ça se peut* it's possible; **tu crois qu'il va pleuvoir? — ça se pourrait bien** do you think it's going to rain? — it might; **ça ne se peut pas*** that's not possible
♦ **il se peut que** *(+ subjonctif)*: **il se peut qu'elle vienne** she may come
♦ **il se pourrait que** *(+ subjonctif)*: **il se pourrait qu'elle vienne** she might come; **il se pourrait bien qu'il pleuve** it might ou could well rain

5 NOM MASCULIN
power; *(= capacité)* ability; *(= influence)* influence; **avoir le ~ de faire qch** to have the power to do sth; **il a un extraordinaire ~ de conviction** he has remarkable powers of persuasion; **il fera tout ce qui est en son ~** he will do everything in his power; **~ absorbant** absorbency; **avoir beaucoup de ~** to have a lot of power; **avoir du ~ sur qn** to have power over sb; **n'avoir aucun ~ sur qn** to have no influence over sb; **tenir qn en son ~** to hold sb in one's power; **le quatrième ~** *(= presse)* the press; **en vertu des ~s qui me sont**

conférés by virtue of the power which has been vested in me; **séparation des ~s** separation of powers; **avoir ~ de faire qch** *(autorisation)* to have authority to do sth; *(droit)* to have the right to do sth; **~ central** central government; **le parti au ~** the party in power; **avoir le ~** to have power; **exercer le ~** to rule; **prendre le ~** *(légalement)* to come to power; *(illégalement)* to seize power; **des milieux proches du ~** sources close to the government

6 COMPOSÉS
♦ **pouvoir d'achat** purchasing power ♦ **pouvoir de décision** decision-making powers ♦ **le pouvoir exécutif** executive power ♦ **le pouvoir judiciaire** judicial power

PQ /peky/ **1** NM ABBR = **Parti québécois** *et* **Province de Québec 2** NM *(= papier)* loo paper* *(Brit)*, TP* *(US)*

pragmatique /pʀagmatik/ ADJ pragmatic

pragmatisme /pʀagmatism/ NM pragmatism

praire /pʀɛʀ/ NF clam

prairie /pʀeʀi/ NF meadow; **des hectares de ~** acres of grassland

praline /pʀalin/ NF *(à la cacahuète)* peanut brittle; *(Belg = chocolat)* chocolate

praliné, e /pʀaline/ **1** ADJ [amande] sugared; [glace, crème] praline **2** NM praline ice cream

praticable /pʀatikabl/ ADJ [projet, moyen, opération] practicable; [chemin] passable

praticien, -ienne /pʀatisjɛ̃, jɛn/ NM,F practitioner

pratiquant, e /pʀatikɑ̃, ɑ̃t/ **1** ADJ practising, practicing *(US)*; **catholique/juif/musulman ~** practising Catholic/Jew/Muslim **2** NM,F practising Christian *(ou* Catholic *etc)*; *(qui va à l'église)* (regular) churchgoer

pratique /pʀatik/ **1** ADJ practical; [instrument] handy; [emploi du temps] convenient; **c'est très ~, j'habite à côté du bureau** it's very convenient, I live next door to the office; **considération d'ordre ~** practical consideration; **avoir le sens ~** to be practical-minded
2 NF ⓐ *(= application, procédé)* practice; **dans la ~** in practice; **mettre qch en ~** to put sth into practice; **des ~s malhonnêtes** dishonest practices
ⓑ *(= expérience)* practical experience
ⓒ *(= exercice, observance)* [de règle] observance; [de médecine] practising; [de sport] practising; **la ~ de l'escrime développe les réflexes** fencing develops the reflexes; **~ (religieuse)** religious practice; **condamné pour ~ illégale de la médecine** convicted of practising medicine illegally

pratiquement /pʀatikmɑ̃/ ADV *(= en pratique, en réalité)* in practice; *(= presque)* practically; **c'est ~ la même chose** it's practically the same thing; **il n'y en a ~ plus** there are hardly any left; **je ne les ai ~ pas vus** I hardly saw them

pratiquer /pʀatike/ /TABLE 1/ **1** VT ⓐ *(= mettre en pratique)* [+ philosophie, politique] to put into practice; [+ charité, religion] to practise *(Brit)*, to practice *(US)*
ⓑ *(= exercer)* [+ profession, art] to practise *(Brit)*, to practice *(US)*; [+ football, golf] to play; **~ un sport est bon pour la santé** doing a sport is good for your health
ⓒ *(= faire)* [+ ouverture, trou] to make; [+ intervention] to carry out
ⓓ *(= utiliser)* [+ méthode, système] to use; **~ le chantage** to use blackmail
2 VI ⓐ [croyant] to practise *(Brit)* ou practice *(US)* one's religion; *(= aller à l'église)* to go to church
ⓑ [médecin] to be in practice
3 VPR **se pratiquer**: [méthode] to be used; [sport] to be played; **comme cela se pratique en général** as is the usual practice; **les prix qui se pratiquent à Paris** Paris prices

⚠ **pratiquer** *ne se traduit pas toujours par* **to practise**.

pré /pʀe/ NM meadow ♦ **pré carré** private preserve

préados /pʀeado/ NMPL preteens

préalable /pʀealabl/ **1** ADJ [entretien, condition, étude] preliminary; [accord, avis] prior; **sans avis** ou **avertissement ~** without prior notice

2 NM (= *condition*) precondition
♦ **au préalable** first

préalablement /pʀealabləmɑ̃/ ADV first

préambule /pʀeɑ̃byl/ NM [*de discours, loi*] preamble (**de** to); (= *prélude*) prelude (**à** to); **sans** ~ without any preliminaries

préau (*pl* **préaux**) /pʀeo/ NM [*d'école*] covered playground

préavis /pʀeavi/ NM notice; **un** ~ **d'un mois** a month's notice; ~ **de grève** strike notice; **sans** ~ [*faire grève, partir*] without notice; [*retirer de l'argent*] on demand

précaire /pʀekɛʀ/ ADJ precarious; [*emploi*] insecure

précariser /pʀekaʀize/ /TABLE 1/ VT [+ *situation, statut*] to jeopardize; [+ *emploi*] to make insecure

précarité /pʀekaʀite/ NF precariousness; ~ **de l'emploi** lack of job security

précaution /pʀekosjɔ̃/ NF ⓐ (= *disposition*) precaution; **prendre des** *ou* **ses** ~**s** to take precautions; **faire qch avec les plus grandes** ~**s** to do sth with the utmost care; ~**s d'emploi** (*pour appareil*) safety instructions; (*pour médicament*) instructions for use ⓑ (= *prudence*) caution; **avec** ~ cautiously; **« à manipuler avec** ~ **»** "handle with care"; **par** ~ as a precaution; (**contre** against); **pour plus de** ~ to be on the safe side; **sans** ~ carelessly

précautionneux, -euse /pʀekosjɔnø, øz/ ADJ (= *prudent*) cautious; (= *soigneux*) careful

précédemment /pʀesedamɑ̃/ ADV previously

précédent, e /pʀesedɑ̃, ɑ̃t/ **1** ADJ previous; **le jour/mois** ~ the previous day/month **2** NM (= *fait, décision*) precedent; **sans** ~ unprecedented; **créer un** ~ to create a precedent

précéder /pʀesede/ /TABLE 6/ **1** VT to precede; (*dans une file de véhicules*) to be in front; (*dans une carrière etc*) to get ahead of; **il m'a précédé de cinq minutes** he got there five minutes before me; **dans le mois qui a précédé son départ** in the month leading up to his departure **2** VI to precede; **les jours qui ont précédé** the preceding days

précepte /pʀesɛpt/ NM precept

précepteur, -trice /pʀesɛptœʀ, tʀis/ NM,F private tutor

préchauffer /pʀeʃofe/ /TABLE 1/ VT to preheat

prêcher /pʀeʃe/ /TABLE 1/ **1** VT ⓐ [+ *personne*] to preach to; ~ **un converti** to preach to the converted ⓑ [+ *modération, non-violence, tolérance*] to advocate; ~ **le faux pour savoir le vrai** to make false statements in order to discover the truth **2** VI to preach; ~ **dans le désert** to cry in the wilderness

précieusement /pʀesjøzmɑ̃/ ADV (= *soigneusement*) carefully

précieux, -ieuse /pʀesjø, jøz/ ADJ ⓐ (= *de valeur*) precious ⓑ (= *très utile*) invaluable (**à** to); **votre aide m'est précieuse** your help is invaluable to me ⓒ (= *cher*) valued ⓓ (= *affecté*) precious

préciosité /pʀesjozite/ NF (= *affectation*) affectation

précipice /pʀesipis/ NM (= *gouffre*) chasm; (= *paroi abrupte*) precipice; (*fig*) abyss; **être au bord du** ~ to be on the edge of the abyss

précipitamment /pʀesipitamɑ̃/ ADV hurriedly

précipitation /pʀesipitasjɔ̃/ **1** NF (= *hâte*) haste; (= *hâte excessive*) great haste **2** NFPL **précipitations** (= *pluies*) rainfall; **de fortes** ~**s** heavy rainfall

précipité, e /pʀesipite/ (*ptp de* **précipiter**) **1** ADJ [*départ, décision*] hasty; [*fuite*] headlong **2** NM precipitate

précipiter /pʀesipite/ /TABLE 1/ **1** VT ⓐ [+ *personne, objet*] to throw ⓑ (= *hâter*) [+ *pas*] to quicken; [+ *événement*] to precipitate; [+ *départ*] to hasten; **il ne faut rien** ~ we mustn't be too hasty

2 VPR **se précipiter** ⓐ [*personne*] **se** ~ **dans le vide** to hurl o.s. into space; **se** ~ **du haut d'une falaise** to jump off a cliff; **se** ~ **vers** to rush towards; **se** ~ **sur** to rush at; **se** ~ **au devant de qn** to throw o.s. in front of sb; **il se précipita à la porte pour ouvrir** he rushed to open the door ⓑ (= *se dépêcher*) to hurry; **ne nous précipitons pas** let's not rush things

précis, e /pʀesi, iz/ ADJ precise; [*description, calcul, instrument, tir, montre*] accurate; [*fait, raison*] particular; [*souvenir*] clear; [*contours*] distinct; **sans raison** ~**e** for no particular reason; **sans but** ~ with no particular aim in mind; **je ne pense à rien de** ~ I'm not thinking of anything in particular; **au moment** ~ **où** ... at the precise moment when ...; **à 4 heures** ~**es** at 4 o'clock precisely

précisément /pʀesizemɑ̃/ ADV ⓐ [*décrire*] accurately; [*définir, déterminer, expliquer*] clearly; **ou plus** ~ or more precisely ⓑ (= *justement*) **c'est** ~ **pour cela que je viens vous voir** that's precisely why I've come to see you; **mais je ne l'ai pas vu!** — ~! but I didn't see him! — precisely! ⓒ (= *exactement*) exactly; **c'est** ~ **ce que je cherchais** that's exactly what I was looking for

préciser /pʀesize/ /TABLE 1/ **1** VT [+ *idée, intention*] to make clear; [+ *fait, point*] to be more specific about; **je vous préciserai la date de la réunion plus tard** I'll let you know the exact date of the meeting later; **il a précisé que ...** he explained that ...; **je dois** ~ **que ...** I must point out that ... **2** VPR **se préciser** [*idée*] to take shape; [*danger, intention*] to become clear; **la situation commence à se** ~ we are beginning to see the situation more clearly

précision /pʀesizjɔ̃/ NF ⓐ precision; [*de description*] accuracy; [*de contours*] distinctness; **avec** ~ precisely; **de** ~ precision; **de haute** ~ high-precision ⓑ (= *détail*) point; **j'aimerais vous demander une** ~**/des** ~**s** I'd like to ask you to explain one thing/to give some further information; **il n'a donné aucune** ~ he didn't go into any detail; **encore une** ~ one more thing

précoce /pʀekɔs/ ADJ early; [*calvitie, sénilité*] premature; [*enfant*] precocious

précocité /pʀekɔsite/ NF [*d'un enfant*] precociousness

préconçu, e /pʀekɔ̃sy/ ADJ preconceived; **idée** ~**e** preconceived idea

préconiser /pʀekɔnize/ /TABLE 1/ VT [+ *remède*] to recommend; [+ *méthode, mode de vie, solution*] to advocate

précuit, e /pʀekɥi, it/ ADJ precooked

précurseur /pʀekyʀsœʀ/ **1** ADJ M precursory **2** NM (= *personne*) forerunner

prédateur /pʀedatœʀ/ NM predator

prédécesseur /pʀedesesœʀ/ NM predecessor

prédestiner /pʀedɛstine/ /TABLE 1/ VT to predestine (**à qch** for sth, **à faire qch** to do sth); **rien ne le prédestinait à devenir président** nothing about him suggested he was a future president

prédicateur /pʀedikatœʀ/ NM preacher

prédiction /pʀediksjɔ̃/ NF prediction

prédilection /pʀedilɛksjɔ̃/ NF (*pour qn, qch*) predilection; **avoir une** ~ **pour qch** to be partial to sth; **de** ~ favourite

prédire /pʀediʀ/ /TABLE 37/ VT to predict; [*prophète*] to foretell; ~ **l'avenir** to predict the future; ~ **qch à qn** to predict sth for sb

prédisposer /pʀedispoze/ /TABLE 1/ VT to predispose (**à qch** to sth, **à faire qch** to do sth)

prédisposition /pʀedispozisjɔ̃/ NF predisposition (**à qch** to sth, **à faire qch** to do sth); **avoir une** ~ **à l'obésité/à l'hypertension** to have a tendency to put on weight/to high blood pressure; **elle avait des** ~**s pour la peinture** she showed a talent for painting

prédominance /pʀedɔminɑ̃s/ NF predominance; **population à** ~ **protestante** predominantly Protestant population

prédominant, e /pʀedɔminɑ̃, ɑ̃t/ ADJ predominant; [*avis, impression*] prevailing

prédominer /pʀedɔmine/ /TABLE 1/ VI to predominate; [*avis, impression*] to prevail

préembauche /pʀeɑ̃boʃ/ NF INV pre-recruitment

prééminent, e /pʀeeminɑ̃, ɑ̃t/ ADJ pre-eminent

préemption /pʀeɑ̃psjɔ̃/ NF pre-emption; **droit de** ~ pre-emptive right

préenregistré, e /pʀeɑ̃ʀ(ə)ʒistʀe/ ADJ [*émission*] prerecorded

préétabli, e /pʀeetabli/ ADJ pre-established

préexistant, e /pʀeɛgzistɑ̃, ɑ̃t/ ADJ pre-existent

préexister /pʀeɛgziste/ /TABLE 1/ VI to pre-exist; **~ à** to exist before

préfabriqué, e /pʀefabʀike/ 1 ADJ prefabricated 2 NM (= *construction*) prefabricated building; **en ~** prefabricated

préface /pʀefas/ NF preface

préfacer /pʀefase/ /TABLE 3/ VT [+ *livre*] to write a preface for

préfectoral, e (*mpl* **-aux**) /pʀefɛktɔʀal, o/ ADJ prefectorial

préfecture /pʀefɛktyʀ/ NF prefecture; **~ de police** police headquarters; **~ maritime** *police port authority*

> ❶ **PRÉFECTURE, PRÉFET**
>
> In France, a **préfet** is a high-ranking civil servant who represents the State at the level of the "*département*". Besides a range of important administrative duties, the role of the **préfet** is to ensure that government decisions are carried out properly at local level. The term **préfecture** refers to the area over which the **préfet** has authority (in effect, the "*département*"), to the town where the administrative offices of the **préfet** are situated, and to these offices themselves. Official documents such as driving licences are issued by the **préfecture**. → *DÉPARTEMENT* ; *RÉGION*
> ▷ www.interieur.gouv.fr
> ▷ www.service-public.fr

préférable /pʀefeʀabl/ ADJ preferable (**à qch** to sth); **il est ~ de ...** it is preferable to ...

préféré, e /pʀefeʀe/ (*ptp de* **préférer**) ADJ, NM,F favourite (*Brit*), favorite (*US*)

préférence /pʀefeʀɑ̃s/ NF preference; **donner la ~ à** to give preference to; **je n'ai pas de ~** I have no preference ♦ **de préférence** preferably; **de ~ à** in preference to

préférentiel, -ielle /pʀefeʀɑ̃sjɛl/ ADJ preferential

préférer /pʀefeʀe/ /TABLE 6/ VT to prefer (**à** to); **je préfère ce manteau à l'autre** I prefer this coat to the other one; **je te préfère avec les cheveux courts** I prefer you with short hair; **je préfère aller au cinéma** I would rather go to the cinema; **nous avons préféré attendre** we thought it better to wait; **si tu préfères** if you'd rather

préfet /pʀefɛ/ NM prefect

préfigurer /pʀefigyʀe/ /TABLE 1/ VT to prefigure

préfixe /pʀefiks/ NM prefix

préhistoire /pʀeistwaʀ/ NF prehistory; **depuis la ~** since prehistoric times

préhistorique /pʀeistɔʀik/ ADJ prehistoric

préinscription /pʀeɛ̃skʀipsjɔ̃/ NF (*à l'université*) preregistration (**à** at); (*à un concours*) preregistration (**à** for)

préjudice /pʀeʒydis/ NM [*matériel, financier*] loss; (*moral*) harm (*NonC*); **subir un ~** (*matériel*) to sustain a loss; (*moral*) to be wronged; **porter ~ à qn** to do sb harm; [*décision*] to be detrimental to sb; **ce supermarché a porté ~ aux petits commerçants** this supermarket has harmed small businesses

préjudiciable /pʀeʒydisjabl/ ADJ detrimental (**à** to)

préjugé /pʀeʒyʒe/ NM prejudice; **avoir un ~ contre** to be prejudiced against; **sans ~** unbiased; **bénéficier d'un ~ favorable** to be favourably considered

préjuger /pʀeʒyʒe/ /TABLE 3/ VT INDIR ♦ **préjuger de** to prejudge

prélasser (se) /pʀelase/ /TABLE 1/ VPR (*dans un fauteuil*) to lounge; (*au soleil*) to bask

prélavage /pʀelavaʒ/ NM prewash

prélèvement /pʀelɛvmɑ̃/ NM ⓐ [*d'échantillon*] taking (*NonC*); [*d'organe*] removal ⓑ [*de somme*] deduction; **~ automatique** direct debit ⓒ [*d'impôt*] levying (*NonC*); **~s obligatoires** tax and social security deductions

prélever /pʀel(ə)ve/ /TABLE 5/ VT ⓐ [+ *échantillon*] to take (**sur** from); [+ *sang*] to take; [+ *organe*] to remove

ⓑ (*Finance*) to deduct (**sur** from); (*sur un compte*) to debit ⓒ [+ *impôt*] to levy (**sur** on)

préliminaire /pʀeliminɛʀ/ 1 ADJ preliminary 2 NMPL **préliminaires** preliminaries

prélude /pʀelyd/ NM prelude (**à** to)

préluder /pʀelyde/ /TABLE 1/ VT INDIR ♦ **préluder à** to be a prelude to

prématuré, e /pʀematyʀe/ 1 ADJ [*bébé, nouvelle, mort*] premature 2 NM,F premature baby

prématurément /pʀematyʀemɑ̃/ ADV prematurely

préméditation /pʀemeditasjɔ̃/ NF premeditation; **faire qch avec ~** to do sth deliberately

préméditer /pʀemedite/ /TABLE 1/ VT to premeditate; **~ de faire qch** to plan to do sth

prémices /pʀemis/ NFPL first signs

premier, -ière¹ /pʀəmje, jɛʀ/ 1 ADJ ⓐ (*dans le temps, un ordre*) first; (*en importance*) leading; **les premières heures du jour** the early hours; **dès les ~s jours** from the earliest days; **ses ~s poèmes** his early poems; **les premières années de sa vie** the first few years of his life; **le ~ constructeur automobile européen** the leading European car manufacturer; **le ~ personnage de l'État** the country's leading statesman; **arriver/être ~** to arrive/be first; **il est toujours ~ en classe** he's always top of the class; **être reçu ~** to come first; **il est sorti ~ à l'examen** he came top in the exam

ⓑ (*dans l'espace*) [*branche*] bottom; [*rangée*] front; **la première marche de l'escalier** (*en bas*) the bottom step; (*en haut*) the top step; **les 100 premières pages** the first 100 pages; **en première page** (*Presse*) on the front page; **lire un livre de la première à la dernière ligne** to read a book from cover to cover

ⓒ (= *de base*) [*échelon, grade*] bottom; [*ébauche, projet*] first; **quel est votre ~ prix pour ce type de voyage ?** what do your prices start at for this kind of trip?

ⓓ (= *originel, fondamental*) [*cause, donnée, principe*] basic; [*objectif*] primary; [*état*] initial, original

2 NM,F ⓐ (*dans le temps, l'espace*) first; **parler/passer/sortir le ~** to speak/go/go out first; **arriver les ~s** to arrive first; **arriver dans les ~s** to be one of the first to arrive; **il a été le ~ à reconnaître ses torts** he was the first to admit that he was in the wrong; **elle fut l'une des premières à ...** she was one of the first to ...

ⓑ (*dans une hiérarchie, un ordre*) **il a été reçu dans les ~s** he was in the top few; **il est le ~ de sa classe** he is top of his class

ⓒ (*dans une série, une comparaison*) **Pierre et Paul sont cousins, le ~ est médecin** Peter and Paul are cousins, the former is a doctor

3 NM ⓐ first; **c'est leur ~** (= *enfant*) it's their first child; **mon ~ est ...** (*charade*) my first is in ...
♦ **en premier** [*arriver, parler*] first; **je l'ai servi en ~** I served him first; **pour lui, la famille vient toujours en ~** his family always comes first

ⓑ (= *étage*) first floor (*Brit*), second floor (*US*)

4 COMP ♦ **le premier de l'an** New Year's Day

première² /pʀəmjɛʀ/ NF ⓐ first; (= *vitesse*) first gear ⓑ (*Théât*) first night; (*Ciné*) première; **c'est une ~ mondiale** it's a world first ⓒ (*Aviat, Rail*) first class; **voyager en ~** to travel first-class ⓓ (**classe de**) **~** ≈ lower sixth (form) (*Brit*), ≈ eleventh grade (*US*)

premièrement /pʀəmjɛʀmɑ̃/ ADV (= *d'abord*) first; (= *en premier lieu*) in the first place

premier-né /pʀəmjene/, **première-née** /pʀəmjɛʀne/ (*mpl* **premiers-nés**) ADJ, NM,F first-born

prémisse /pʀemis/ NF premise

prémonition /pʀemɔnisjɔ̃/ NF premonition

prémonitoire /pʀemɔnitwaʀ/ ADJ premonitory

prémunir (se) /pʀemyniʀ/ /TABLE 2/ VPR to protect o.s. (**contre** from)

prenant, e /pʀənɑ̃, ɑ̃t/ ADJ ⓐ (= *captivant*) compelling ⓑ (= *qui prend du temps*) time-consuming

prénatal, e (*mpl* **prénatals**) /pʀenatal/ ADJ antenatal

---

prendre /pʀɑ̃dʀ/

/TABLE 58/
1 VERBE TRANSITIF   3 VERBE PRONOMINAL
2 VERBE INTRANSITIF

► *Lorsque* **prendre** *fait partie d'une locution comme* **prendre en photo, prendre en charge,** *reportez-vous aussi à l'autre mot.*

1 VERBE TRANSITIF

ⓐ to take (**dans** out of); **il l'a pris dans le tiroir** he took it out of the drawer; **il prit un journal sur la table** he took a newspaper off the table; **il a pris le bleu** he took the blue one; **~ qn par le bras** to take sb by the arm; **c'est toujours ça de pris** that's something at least; **c'est à ~ ou à laisser** take it or leave it; **avec lui, il faut en ~ et en laisser** you can't believe half of what he says; **je prends** (*dans un jeu*) I'll answer; **tiens, prends ce marteau** here, use this hammer; **si tu sors, prends ton parapluie** if you go out, take your umbrella; **j'ai pris l'avion/le train de 4 heures** I caught the 4 o'clock plane/train; **je prends quelques jours à Noël** I'm taking a few days off at Christmas; **cela me prend tout mon temps** it takes up all my time; **la réparation a pris des heures** the repair took hours; **il prend une commission sur la vente** he takes a commission on the sale; **il a pris sur son temps pour venir m'aider** he gave up some of his time to help me; **je prends du 38** I take a size 38

ⓑ **= aller chercher** [+ *chose*] to get; [+ *personne*] to pick up; (= *emmener*) to take; **passer ~ qn à son bureau** to pick sb up at his office; **je passerai les ~ chez toi** I'll come and get them from your place

ⓒ **= s'emparer de, surprendre** [+ *poisson, voleur*] to catch; **se faire ~** [*voleur*] to be caught; **il fut pris d'un doute** he suddenly had a doubt; **qu'est-ce qui te prend ?*** what's the matter with you?; **ça te prend souvent ?*** are you often like this?; **je vous y prends !** caught you!; **si je t'y prends** don't let me catch you doing that; **~ qn sur le fait** to catch sb in the act

ⓓ **= duper** to take in; **on ne m'y prendra plus** I won't be had a second time*

ⓔ **= manger, boire** [+ *aliment, boisson*] to have; [+ *médicament*] to take; **prenez-vous du sucre ?** do you take sugar?; **est-ce que vous prendrez du café ?** would you like some coffee?; **à ~ avant les repas** to be taken before meals; **il n'a rien pris depuis hier** he hasn't eaten anything since yesterday

ⓕ **= acheter** [+ *billet, essence*] to get; (= *réserver*) [+ *couchette, place*] to book; **peux-tu me ~ du pain ?** can you get me some bread?

ⓖ **= accepter** [+ *client, locataire*] to take; [+ *passager*] to pick up; **l'école ne prend plus de pensionnaires** the school no longer takes boarders

ⓗ **= noter** [+ *renseignement, adresse, nom, rendez-vous*] to write down; [+ *mesures, température, empreintes*] to take; **~ des notes** to take notes

ⓘ **= adopter** [+ *air, ton*] to put on; [+ *décision, risque, mesure*] to take; **il prit un ton menaçant** his voice took on a threatening tone

ⓙ **= acquérir** **~ de l'autorité** to gain authority; **cela prend un sens particulier** it takes on a particular meaning

ⓚ **= faire payer** to charge; **ce spécialiste prend très cher** this specialist charges very high fees

ⓛ **= subir*** [+ *coup, choc*] to get; **il a pris la porte en pleine figure** the door hit him right in the face; **qu'est-ce qu'on a pris !** (*reproches*) we really got it in the neck!*; (*averse*) we got drenched!*; **il a pris pour les autres** he took the rap*

ⓜ **= réagir à** [+ *nouvelle*] to take; **si vous le prenez ainsi** if that's how you want it; **il a bien pris la chose** he took it well; **il l'a bien pris** he took it well; **il a mal pris la chose** he took it badly; **il l'a mal pris** he took it badly; **il a mal pris ce que je lui ai dit** he took exception to what I said to him; **~ qch avec bonne humeur** to take sth in good part; **~ les cho-** ses comme elles sont to take things as they come; **~ la vie comme elle vient** to take life as it comes

ⓝ **= manier** [+ *personne*] to handle; [+ *problème*] to deal with; **elle sait le ~** she knows how to handle him

ⓞ **locutions**

♦ **prendre qn/qch pour** (= *considérer comme*) to take sb/sth for; (= *utiliser comme*) to take sb/sth as; **pour qui me prenez-vous ?** what do you take me for?; **~ qch pour prétexte** to take sth as a pretext; **~ qch pour cible** to make sth a target

♦ **prendre sur soi** (= *se maîtriser*) to grin and bear it; (= *assumer*) to take responsibility; **savoir ~ sur soi** to keep a grip on o.s.; **~ sur soi de faire qch** to take it upon o.s. to do sth

♦ **à tout prendre** on the whole

2 VERBE INTRANSITIF

ⓐ **= durcir** [*ciment, pâte, crème*] to set

ⓑ **= réussir** [*mouvement, mode*] to catch on; **le lilas a bien pris** the lilac's doing really well; **avec moi, ça ne prend pas*** it doesn't work with me*

ⓒ **= commencer à brûler** [*feu*] to take; (*accidentellement*) to start; [*allumette*] to light; [*bois*] to catch fire; **le feu ne veut pas ~** the fire won't burn

ⓓ **= passer** to go; **~ par les petites rues** to keep to the side streets

3 VERBE PRONOMINAL

se prendre

ⓐ **= se considérer** **il se prend pour un intellectuel** he thinks he's an intellectual; **pour qui se prend-il ?** who does he think he is?; **se ~ au sérieux** to take o.s. seriously

ⓑ **= accrocher, coincer** to catch; **mon manteau s'est pris dans la porte** my coat got caught in the door

ⓒ **locutions**

♦ **s'en prendre à** (= *passer sa colère sur*) to take it out on; (= *blâmer*) to put the blame on; (= *attaquer*) to attack; **tu ne peux t'en ~ qu'à toi** you've only got yourself to blame

♦ **s'y prendre** to go about it; **il ne sait pas s'y ~** he doesn't know how to go about it; **je ne sais pas comment tu t'y prends** I don't know how you manage it; **il faut s'y ~ à l'avance** you have to do it in advance; **il s'y est mal pris** he went about it the wrong way; **savoir s'y ~ avec qn** to handle sb the right way; **il sait s'y ~ avec les enfants** he really knows how to deal with children

---

preneur, -euse /pʀənœʀ, øz/ NM,F (= *acheteur*) buyer; **trouver ~** to find a buyer; **je suis ~ à 100 €** I'll take it for 100 euros; **je ne suis pas ~** I'm not interested ♦ **preneur de son** (*Ciné*) sound engineer

prénom /pʀenɔ̃/ NM first name; (*Admin*) forename, given name (*US*)

prénommer /pʀenɔme/ /TABLE 1/ **1** VT to call **2** VPR **se prénommer** to be called

prénuptial, e (*mpl* **-aux**) /pʀenypsjal, o/ ADJ premarital

préoccupant, e /pʀeɔkypɑ̃, ɑ̃t/ ADJ worrying

préoccupation /pʀeɔkypasjɔ̃/ NF ⓐ (= *souci*) worry ⓑ (= *priorité*) concern; **sa seule ~ était de ...** his one concern was to ...

préoccupé, e /pʀeɔkype/ (*ptp de* **préoccuper**) ADJ (= *soucieux*) worried (**de qch** about sth); **tu as l'air ~** you look worried

préoccuper /pʀeɔkype/ /TABLE 1/ **1** VT (= *inquiéter*) to worry; **il y a quelque chose qui le préoccupe** something is worrying him **2** VPR **se préoccuper** to worry (**de** about); **se ~ de la santé de qn** to show concern about sb's health; **il ne s'en préoccupe guère** he hardly gives it a thought

préparateur, -trice /pʀepaʀatœʀ, tʀis/ NM,F assistant

préparatifs /pʀepaʀatif/ NMPL preparations (**de** for)

préparation /pʀepaʀasjɔ̃/ NF preparation

préparatoire /pʀepaʀatwaʀ/ ADJ [*travail, conversation*] preliminary; **classe ~ (aux Grandes Écoles)** *class which prepares students for the entry exams to the Grandes Écoles*

ℹ️ CLASSES PRÉPARATOIRES
Classes préparatoires *is the term given to the two years of intensive study required to sit the entrance examinations to the "grandes écoles". They are extremely demanding post-baccalauréat courses, usually taken in a "lycée".*
→ BACCALAURÉAT ; CONCOURS ; GRANDES ÉCOLES ; LYCÉE

préparer /prepare/ /TABLE 1/ **1** VT ⓐ (= *confectionner, apprêter*) to prepare; [+ *complot*] to hatch; [+ *table*] to lay; **elle nous prépare une tasse de thé** she's making us a cup of tea; **plat préparé** ready meal; **~ l'avenir** to prepare for the future; **~ le terrain** to prepare the ground
ⓑ [+ *examen*] to study for; **~ Normale Sup** to study for entrance to the École normale supérieure
ⓒ (= *habituer, entraîner*) **~ qn à qch/à faire qch** to prepare sb for sth/to do sth; **~ les esprits** to prepare people (**à qch** for sth); **~ qn à un examen** to prepare sb for an exam; **je n'y étais pas préparé** I wasn't prepared for it
ⓓ (= *réserver*) **~ qch à qn** to have sth in store for sb; **il nous prépare une surprise** he has a surprise in store for us; **il nous prépare un bon rhume** he's getting a cold
2 VPR **se préparer** ⓐ (= *s'apprêter*) to prepare (**à qch** for sth, **à faire qch** to do sth); **préparez-vous au pire** prepare for the worst; **je ne m'y étais pas préparé** I wasn't prepared for it; **se ~ pour sortir dîner en ville** to get ready to go out to dinner
ⓑ (= *approcher*) [*orage*] to be brewing; **il se prépare quelque chose de louche** there's something fishy going on*

prépondérance /prepɔ̃derɑ̃s/ NF supremacy (**sur** over)

prépondérant, e /prepɔ̃derɑ̃, ɑ̃t/ ADJ [*rôle*] dominating; **voix ~e** (*Politique*) casting vote

préposé /prepoze/ NM employee; (= *facteur*) postman (*Brit*), mailman (*US*); [*de vestiaire*] attendant

préposer /prepoze/ /TABLE 1/ VT to appoint (**à** to); **préposé à** in charge of

préposition /prepozisjɔ̃/ NF preposition

prérentrée /prerɑ̃tre/ NF (*Scol*) preparatory day for teachers before school term starts

préretraite /prer(ə)trɛt/ NF (= *état*) early retirement; **partir en ~** to take early retirement

prérogative /prerɔgativ/ NF prerogative

près /prɛ/ ADV (*dans l'espace, dans le temps*) close; **la gare est tout ~** we're very close to the station; **il habite assez/ tout ~** he lives quite/very near *ou* close; **ne te mets pas trop ~** don't get too close; **c'est plus/moins ~ que je ne croyais** (*espace*) it's nearer than/further than I thought; (*temps*) it's sooner than/further off than I thought; **c'est terminé à peu de chose ~** it's more or less finished; **je vais vous donner le chiffre à un centimètre ~** I'll give you the figure to within about a centimetre; **cela fait 100 € à peu de chose(s) ~** that comes to 100 euros, or as near as makes no difference; **il n'est plus à 10 minutes ~** he can wait another 10 minutes
♦ **de près** : **il voit mal/bien de ~** he can't see very well/he can see all right close to; **surveiller qn de ~** to keep a close watch on sb; **il faudra examiner cette affaire de plus ~** we must take a closer look at this business; **on a frôlé de très ~ la catastrophe** we came within an inch of disaster; **de ~ ou de loin** [*ressembler*] more or less; **tout ce qui touche de ~ ou de loin au cinéma** everything remotely connected with cinema
♦ **près de** near, close to; **leur maison est ~ de l'église** their house is near the church; **le plus ~ possible de la porte** as near the door as possible; **une robe ~ du corps** a close-fitting dress; **ils étaient très ~ l'un de l'autre** they were very close to each other; **elle est ~ de sa mère** she's with her mother; **être très ~ du but** to be very close to *ou* near one's goal; **être ~ de son argent** *ou* **de ses sous*** to be tight-fisted; **il est ~ de la retraite** he's close to *ou* near retirement; **il est ~ de la cinquantaine** he's nearly fifty
♦ **ne pas être près de** + *infinitif* : **je ne suis pas ~ de partir/de réussir** at this rate, I'm not likely to be going/to

succeed; **je ne suis pas ~ de recommencer** I won't do that again in a hurry

présage /prezaʒ/ NM omen

présager /prezaʒe/ /TABLE 3/ VT (= *annoncer*) to be a sign of; **cela ne présage rien de bon** nothing good will come of it; **rien ne laissait ~ que ...** there was nothing to suggest that ...

presbyte /prɛsbit/ ADJ long-sighted (*Brit*), far-sighted (*US*)

presbytère /prɛsbiter/ NM presbytery

presbytérien, -ienne /prɛsbiterjɛ̃, jɛn/ ADJ, NM,F Presbyterian

presbytie /prɛsbisi/ NF long-sightedness (*Brit*), far-sightedness (*US*)

préscolaire /preskɔlɛr/ ADJ preschool

prescription /prɛskripsjɔ̃/ NF ⓐ prescription; (= *recommandation*) recommendation; **~s techniques** technical requirements; **vendu sur ~ médicale** available on prescription ⓑ (*Droit*) prescription; **il y a ~ maintenant ...** (*hum*) it's ancient history now ...

prescrire /prɛskrir/ /TABLE 39/ VT (*Méd, Droit*) to prescribe; [+ *objet, méthode*] to recommend; [*livre*] to set; [*morale, loi*] to lay down; **à la date prescrite** on the date stipulated; **« ne pas dépasser la dose prescrite »** "do not exceed the prescribed dose"

préséance /preseɑ̃s/ NF precedence (*NonC*)

présélection /preselɛksjɔ̃/ NF preselection; **touche de ~** (*Radio*) preset button

présélectionner /preselɛksjɔne/ /TABLE 1/ VT [+ *candidats*] to short-list (*Brit*); [+ *stations de radio*] to preset

présence /prezɑ̃s/ **1** NF ⓐ [*de personne, chose, pays*] presence; (*au bureau, à l'école*) attendance; **la ~ aux cours est obligatoire** attendance at classes is compulsory; **~ policière** police presence
♦ **en présence** : **les forces en ~** the opposing armies; **les parties en ~** (*Droit*) the opposing parties; **en ~ de** in the presence of
ⓑ (= *personnalité*) presence; **avoir de la ~** to have great presence
2 COMP ♦ **présence d'esprit** presence of mind

présent¹, e /prezɑ̃, ɑ̃t/ **1** ADJ present; **répondre ~** to answer "present"; **il a toujours répondu ~ quand j'ai eu besoin de lui** he was always there when I needed him; **je suis ~ en pensée** I'm thinking of you (*ou* him *etc*); **ils sont très ~s dans le secteur informatique** they are major players in the computer sector; **avoir qch ~ à l'esprit** to have sth fresh in one's mind; **gardez ceci ~ à l'esprit** keep this in mind; **le ~ récit** this account
2 NM ⓐ (= *époque*) **le ~** the present
♦ **à présent** at present, presently (*US*); (= *maintenant*) now
ⓑ (*Gram*) present (tense); **au ~** in the present (tense); **~ de l'indicatif** present indicative
ⓒ (= *personne*) **les ~s et les absents** those present and those absent
3 NF **présente** (*Admin* = *lettre*) **nous vous signalons par la ~e que ...** we hereby inform you that ...

présent² /prezɑ̃/ NM (*littér*) gift

présentable /prezɑ̃tabl/ ADJ presentable

présentateur, -trice /prezɑ̃tatœr, tris/ NM,F (*Radio, TV*) [*de jeu, causerie, variétés*] host; [*de débat*] presenter; [*de nouvelles*] newscaster

présentation /prezɑ̃tasjɔ̃/ NF ⓐ [*de document, objet*] presentation; **sur ~ d'une pièce d'identité** on presentation of proof of identity; **~ de mode** fashion show ⓑ [*de nouveau venu, conférencier*] introduction; **faire les ~s** to make the introductions

présentement /prezɑ̃tmɑ̃/ ADV (*Can* = *en ce moment*) at present, presently (*US*)

présenter /prezɑ̃te/ /TABLE 1/ **1** VT ⓐ [+ *personne*] to introduce (**à** to, **dans** into); **je vous présente ma femme** this is my wife

ⓑ [+ *billet, passeport*] to show
ⓒ (= *proposer au public*) [+ *marchandises, pièce, émission, jeux*] to present
ⓓ (= *exposer*) [+ *problème*] to explain; [+ *idées*] to present; **un travail mal présenté** a badly presented piece of work; **présentez-lui cela avec tact** put it to him tactfully
ⓔ (= *exprimer*) [+ *excuses, condoléances, félicitations*] to offer
ⓕ (= *comporter*) [+ *avantage, intérêt*] to have; [+ *différences*] to reveal; [+ *risque, difficulté*] to entail; **cette méthode présente de nombreux défauts** this method has a number of flaws; **la situation présente un caractère d'urgence** the situation is urgent
ⓖ (= *soumettre*) [+ *note, facture, devis, bilan, projet de loi*] to present; [+ *thèse*] to submit; **sa candidature à un poste** to apply for a job; **il a présenté sa démission** he has handed in his resignation; **à l'examen, il a présenté un texte de Camus** [*élève*] he chose a text by Camus for the exam
2 VI [*personne*] **~ bien** to come over well
3 VPR **se présenter** ⓐ (= *se rendre*) to appear; **se ~ chez qn** to go to sb's house; **je ne peux pas me ~ dans cette tenue** I can't appear dressed like this; **« ne pas écrire, se ~ »** (*dans une annonce*) "applicants should apply in person"; **se ~ à l'audience** to appear in court
ⓑ (= *être candidat*) **se ~ à** [+ *examen*] to take; [+ *concours*] to go in for; **se ~ aux élections** to stand (*Brit*) *ou* run (*US*) for election
ⓒ (= *se faire connaître*) to introduce o.s. (**à** to)
ⓓ (= *surgir*) [*occasion*] to arise; [*difficulté*] to crop up; [*solution*] to present itself; **il faut attendre que quelque chose se présente** we must wait until something turns up
ⓔ (= *apparaître*) **l'affaire se présente bien/mal** things are looking good/aren't looking good; **comment se présente le problème ?** what exactly is the problem?

présentoir /pʀezɑ̃twaʀ/ NM (= *étagère*) display

préservatif /pʀezɛʀvatif/ NM **~ (masculin)** condom; **~ féminin** female condom

préservation /pʀezɛʀvasjɔ̃/ NF preservation

préserver /pʀezɛʀve/ /TABLE 1/ VT to preserve; [+ *emploi, droits*] to safeguard

présidence /pʀezidɑ̃s/ NF [*de tribunal, État*] presidency; [*de comité, réunion*] chairmanship; [*d'université*] vice-chancellorship (*Brit*), presidency (*US*)

président /pʀezidɑ̃/ **1** NM ⓐ (*Politique*) president; **Monsieur/Madame le ~** Mr/Madam President ⓑ [*de comité, réunion, conseil d'administration, commission, jury d'examen*] chairman; [*de club, société savante, firme*] president; [*d'université*] vice-chancellor (*Brit*), president (*US*) ⓒ (*Droit*) [*de tribunal*] presiding judge; [*de jury*] foreman **2** COMP **♦ président-directeur général** chairman and managing director (*Brit*), chief executive officer (*US*)

présidente /pʀezidɑ̃t/ NF ⓐ (*Politique*) president ⓑ [*de comité, réunion, conseil d'administration, commission*] chairwoman; [*de club, société savante, firme*] president; [*de jury d'examen*] chairwoman; [*d'université*] vice-chancellor (*Brit*), president (*US*) ⓒ (*Droit*) [*de tribunal*] presiding judge; [*de jury*] forewoman

présidentiable /pʀezidɑ̃sjabl/ ADJ **être ~** to be a possible presidential candidate

présidentiel, -ielle /pʀezidɑ̃sjɛl/ ADJ presidential
→ ÉLECTIONS

présider /pʀezide/ /TABLE 1/ **1** VT ⓐ [+ *tribunal, conseil, assemblée*] to preside over; [+ *comité, débat, séance*] to chair **2** VT INDIR **♦ présider à** [+ *préparatifs*] to direct; [+ *destinées*] to rule over

présomption /pʀezɔ̃psjɔ̃/ NF ⓐ (= *supposition*) presumption; **de lourdes ~s pèsent sur lui** he is under grave suspicion; **~ d'innocence** presumption of innocence ⓑ (= *prétention*) presumptuousness

présomptueux, -euse /pʀezɔ̃ptɥø, øz/ ADJ presumptuous

presque /pʀɛsk/ ADV ⓐ (*contexte positif*) almost; **j'ai ~ terminé** I've almost finished; **~ à chaque pas** at almost every step; **c'est ~ impossible** it's almost impossible

ⓑ (*contexte négatif*) hardly; **~ personne/rien** hardly anyone/anything; **a-t-il dormi ? — ~ pas** did he sleep? — hardly at all; **il n'y a ~ plus de vin** there's hardly any wine left; **ça n'arrive ~ jamais** it hardly ever happens ⓒ (*avant le nom*) **la ~ totalité des lecteurs** almost all the readers

presqu'île /pʀɛskil/ NF peninsula

pressant, e /pʀɛsɑ̃, ɑ̃t/ ADJ [*besoin, invitation, désir, demande*] urgent; [*personne*] insistent

presse /pʀɛs/ NF ⓐ (= *institution*) press; **la ~ à grand tirage** the popular press; **la ~ écrite** the press; **c'est dans toute la ~** it's in all the papers; **la ~ périodique** periodicals; **~ régionale** regional press; **~ féminine/automobile** women's/car magazines; **~ à scandale** gutter press; **avoir bonne/mauvaise ~** to be well/badly thought of; **agence/conférence de ~** press agency/conference ⓑ (= *machine*) press; **mettre sous ~** [+ *livre*] to send to press; [+ *journal*] to put to bed

pressé, e /pʀese/ (*ptp de* **presser**) ADJ ⓐ [*pas*] hurried; **je suis ~** I'm in a hurry; **je ne suis pas ~** I'm not in any hurry; **être ~ de partir** to be in a hurry to leave ⓑ (= *urgent*) [*travail, lettre*] urgent; **c'est ~ ?** is it urgent?; **si tu n'as rien de plus ~ à faire** if you have nothing more urgent to do

presse-citron (*pl* **presse-citrons**) /pʀɛsitʀɔ̃/ NM lemon squeezer

pressentiment /pʀesɑ̃timɑ̃/ NM (= *intuition*) premonition; (= *idée*) feeling; **j'ai comme un ~ qu'il ne viendra pas** I've got a feeling he won't come

pressentir /pʀesɑ̃tiʀ/ /TABLE 16/ VT ⓐ [+ *danger*] to sense; **~ que ...** to have a feeling that ... ⓑ [+ *personne*] to sound out; **il a été pressenti pour le poste** he has been sounded out about taking the job

presse-papiers /pʀɛspapje/ NM INV paperweight

presser /pʀese/ /TABLE 1/ **1** VT ⓐ [+ *éponge, fruit*] to squeeze; [+ *raisin*] to press; **un citron pressé** (= *boisson*) a glass of freshly-squeezed lemon juice
ⓑ (= *façonner*) [+ *disque, pli de pantalon*] to press
ⓒ (= *hâter*) [+ *affaire*] to speed up; **~ le pas** *ou* **l'allure** to speed up; **~ le mouvement** to hurry up
ⓓ (= *harceler*) [+ *débiteur*] to put pressure on; **~ qn de questions** to ply sb with questions
2 VI (= *être urgent*) to be urgent; **l'affaire presse** it's urgent; **le temps presse** time is short; **cela ne presse pas** *ou* **rien ne presse** there's no hurry
3 VPR **se presser** (= *se hâter*) to hurry up; **pressez-vous, il est tard** hurry up, it's getting late; **il faut se ~** we must hurry up; **allons, pressons !** come on, come on!

pressing /pʀesiŋ/ NM ⓐ (= *établissement*) dry-cleaner's ⓑ (*Sport*) pressure; **faire le ~** to pile on the pressure

pression /pʀesjɔ̃/ NF ⓐ pressure; **~ atmosphérique** atmospheric pressure; **à haute/basse ~** high/low pressure (*avant le nom*); **être sous ~** [*personne*] to be tense; **mettre sous ~** to pressurize; **je suis sous ~ en ce moment** (*excès de travail*) I am under pressure just now; **sous la ~ des événements** under the pressure of events; **mettre la ~ sur qn** to pressurize sb; **faire ~ sur qn (pour qu'il fasse qch)** to put pressure on sb (to do sth); **être soumis à des ~s** to be under pressure
ⓑ **bière à la ~** draught (*Brit*) *ou* draft (*US*) beer; **deux ~(s)*, s'il vous plaît** two beers, please

pressoir /pʀeswaʀ/ NM [*de vin*] wine press; [*de cidre*] cider press; [*d'huile*] oil press

pressurer /pʀesyʀe/ /TABLE 1/ VT [+ *fruit*] to press; [+ *personne*] to pressurize

pressuriser /pʀesyʀize/ /TABLE 1/ VT to pressurize

prestance /pʀɛstɑ̃s/ NF presence; **avoir de la ~** to have style

prestataire /pʀɛstatɛʀ/ NM [*d'allocations*] person receiving benefits; **~ de services** service provider

prestation /pʀɛstasjɔ̃/ **1** NF ⓐ (= *allocation*) benefit ⓑ **prestations** (= *services*) [*d'hôtel, restaurant*] service; **« ~s luxueuses »** (*de maison*) "luxuriously appointed" ⓒ (= *performance*) [*d'artiste, sportif*] performance; **faire une bonne ~** to put up a good performance **2** COMP **♦ prestation de**

service provision of a service ♦ **prestations sociales** social security benefits (*Brit*), welfare payments (*US*)

prestidigitateur, -trice /pʀɛstidiʒitatœʀ, tʀis/ NM,F conjurer

prestidigitation /pʀɛstidiʒitasjɔ̃/ NF conjuring

prestige /pʀɛstiʒ/ NM prestige; **le ~ de l'uniforme** the glamour of uniforms; **de ~** [*politique, voiture*] prestige

prestigieux, -ieuse /pʀɛstiʒjø, jøz/ ADJ prestigious

présumer /pʀezyme/ /TABLE 1/ **1** VT to presume; **le meurtrier présumé** the alleged killer **2** VT INDIR ♦ **présumer de** to overestimate; **~ de ses forces** to overestimate one's strength; **trop ~ de qch/qn** to overestimate sth/sb

présupposé /pʀesypoze/ NM presupposition

prêt¹, prête /pʀɛ, pʀɛt/ ADJ (a) (= *préparé*) ready; **~ à qch/ à faire qch** ready for sth/to do sth; **~ à l'emploi** ready for use; **~ à partir** ready to go; **tout est (fin) ~** everything is (quite) ready; **se tenir ~ à qch/à faire qch** to be ready for sth/to do sth; **il est ~ à tout** (*criminel*) he'll do anything; **toujours ~!** (*devise scoute*) be prepared! (b) (= *disposé*) **~ à** willing to; **est-ce que tu serais ~ à m'aider?** would you be willing to help me?

prêt² /pʀɛ/ NM (= *somme*) loan; **~ inter-bibliothèques** inter-library loan ♦ **prêt à la construction** building loan ♦ **prêt immobilier** ≈ mortgage ♦ **prêt relais** bridging loan

prêt-à-porter (*pl* **prêts-à-porter**) /pʀɛtapɔʀte/ NM ready-to-wear clothes; **acheter qch en ~** to buy sth off the peg (*Brit*) *ou* off the rack (*US*)

prétendant /pʀetɑ̃dɑ̃/ NM (= *prince*) pretender; (*littér* = *galant*) suitor

prétendre /pʀetɑ̃dʀ/ /TABLE 41/ **1** VT (a) (= *affirmer*) to claim; **il se prétend insulté/médecin** he claims he's been insulted/he's a doctor; **à ce qu'il prétend** according to what he says; **à ce qu'on prétend** allegedly (b) (= *avoir la prétention de*) **tu ne prétends pas le faire tout seul?** you don't imagine you can do it on your own? **2** VT INDIR ♦ **prétendre à** [+ *honneurs, emploi*] to aspire to

prétendu, e /pʀetɑ̃dy/ (*ptp de* **prétendre**) ADJ [*ami, expert*] so-called; [*alibi, preuves*] supposed

prétendument /pʀetɑ̃dymɑ̃/ ADV supposedly

prête-nom (*pl* **prête-noms**) /pʀɛtnɔ̃/ NM frontman

prétentieux, -ieuse /pʀetɑ̃sjø, jøz/ **1** ADJ pretentious **2** NM,F conceited person; **c'est un petit ~!** he's so conceited!

prétention /pʀetɑ̃sjɔ̃/ NF (a) (= *exigence*) claim; **avoir des ~s à** *ou* **sur** to lay claim to; **quelles sont vos ~s?** (= *salaire*) what level of salary do you expect?; **écrire avec CV et ~s** write enclosing CV and stating expected salary (b) (= *ambition*) pretension (**à** to); **sans ~** [*maison, repas*] unpretentious; [*robe*] simple (c) (= *vanité*) pretentiousness; **quelle ~!** how pretentious!

prêter /pʀete/ /TABLE 1/ **1** VT (a) [+ *objet, argent*] to lend; **~ qch à qn** to lend sth to sb; **peux-tu me ~ ton stylo?** can you lend me your pen?
(b) (= *attribuer*) [+ *sentiment, facultés*] to attribute
(c) (= *apporter, offrir*) [+ *aide, appui*] to give; **~ assistance/ secours à qn** to go to sb's assistance/aid; **~ main forte à qn** to lend sb a hand; **~ son concours à** to give one's assistance to; **~ attention à** to pay attention to; **~ le flanc à la critique** to lay o.s. open to criticism; **~ l'oreille** to listen (**à** to); **~ serment** to take an oath
2 VT INDIR ♦ **prêter à** : **son attitude prête à équivoque** his attitude is ambiguous; **sa conduite prête à rire** his behaviour is laughable
3 VPR **se prêter** (a) (= *consentir*) **se ~ à** [+ *expérience*] to participate in
(b) (= *s'adapter*) **se ~ à qch** to lend itself to sth

prétérit /pʀeteʀit/ NM preterite (tense); **au ~** in the preterite (tense)

prêteur, -euse /pʀetœʀ, øz/ **1** ADJ unselfish; **il n'est pas très ~** he doesn't like lending people things **2** NM,F lender; **~ sur gages** pawnbroker

prétexte /pʀetɛkst/ NM pretext; **mauvais ~** lame excuse;

sous ~ d'aider son frère on the pretext of helping his brother; **sous aucun ~** on no account; **tous les ~s sont bons pour ne pas aller chez le dentiste** any excuse will do not to go to the dentist; **ce n'est qu'un ~** it's just an excuse

prétexter /pʀetɛkste/ /TABLE 1/ VT to give as a pretext; **en prétextant que ...** on the pretext that ...

prétimbré, e /pʀetɛ̃bʀe/ ADJ [*enveloppe*] stamped

prêtre /pʀɛtʀ/ NM priest

preuve /pʀœv/ NF proof; **faire la ~ de qch/que** to prove sth/that; **avoir la ~ de/que** to have proof of/that; **c'est la ~ que ...** that proves that ...; **jusqu'à ~ (du) contraire** until we find proof to the contrary; **je n'ai pas de ~s** I have no proof; **affirmer qch ~s en mains** to back sth up with solid evidence; **c'est une ~ de bonne volonté/d'amour** it's proof of his good intentions/of his love
♦ **faire preuve de** to show
♦ **faire ses preuves** [*personne*] to prove o.s.; [*voiture*] to prove itself; **cette nouvelle technique n'a pas encore fait ses ~s** this new technique hasn't yet proved its worth

prévaloir /pʀevalwaʀ/ /TABLE 29/ **1** VI (*littér*) to prevail; **faire ~ ses droits** to insist upon one's rights **2** VPR **se prévaloir** : **se ~ de** to pride o.s. on

prévenance /pʀev(ə)nɑ̃s/ NF consideration (*NonC*)

prévenant, e /pʀev(ə)nɑ̃, ɑ̃t/ ADJ considerate (**envers** to)

prévenir /pʀev(ə)niʀ/ /TABLE 22/ VT (a) (= *avertir*) to warn (**de qch** about sth); (= *aviser*) to inform (**de qch** about sth); **~ le médecin** to call the doctor; **~ la police** to call the police; **tu es prévenu!** you've been warned!; **partir sans ~** to leave without warning; **il aurait pu ~** he could have let us know (b) (= *empêcher*) to prevent (c) (= *devancer*) [+ *désir*] to anticipate; [+ *objection*] to forestall

préventif, -ive /pʀevɑ̃tif, iv/ ADJ [*mesure, médecine*] preventive; **à titre ~** as a precaution

prévention /pʀevɑ̃sjɔ̃/ NF prevention; **~ routière** road safety; **mesures de ~** preventive measures

préventivement /pʀevɑ̃tivmɑ̃/ ADV **agir ~** to take preventive measures

prévenu, e /pʀev(ə)ny/ NM,F (*Droit*) defendant

prévisible /pʀevizibl/ ADJ [*réaction, résultat, personne*] predictable; [*événement, évolution*] foreseeable; **difficilement ~** difficult to foresee; **dans un avenir ~** in the foreseeable future

prévision /pʀevizjɔ̃/ NF **prévisions** (= *prédictions*) expectation; (*Finance*) forecast; **~s budgétaires** budget estimates; **~s météorologiques** weather forecast
♦ **en prévision de** in anticipation of; **en ~ de son arrivée** in anticipation of his arrival

prévisionnel, -elle /pʀevizjɔnɛl/ ADJ [*budget*] projected

prévisualiser /pʀevizɥalize/ **1** VT (*Informatique*) to preview

prévoir /pʀevwaʀ/ /TABLE 24/ VT (a) (= *anticiper*) [+ *événement, conséquence*] to foresee; [+ *temps*] to forecast; [+ *réaction, contretemps*] to expect; **~ le pire** to expect the worst; **nous n'avions pas prévu qu'il refuserait** we hadn't anticipated that he'd refuse; **rien ne laissait ~ que ...** there was nothing to suggest that ...; **on ne peut pas tout ~** you can't think of everything; **plus tôt que prévu** earlier than expected
(b) (= *projeter*) [+ *voyage, construction*] to plan; **~ de faire qch** to plan to do sth; **au moment prévu** at the appointed time; **comme prévu** as planned
(c) (= *préparer, envisager*) to allow; **il vaut mieux ~ quelques bouteilles de plus** you'd better allow a few extra bottles; **il faudrait ~ un repas** you ought to organize a meal; **tout est prévu pour l'arrivée de nos hôtes** we're all set for the arrival of our guests; **déposez vos lettres dans la boîte prévue à cet effet** put your letters in the box provided
(d) (*Droit*) [*loi, règlement*] to make provision for; **ce n'est pas prévu dans le contrat** the contract makes no provision for it

prévoyance /pʀevwajɑ̃s/ NF foresight; **caisse de ~** contingency fund

prévoyant, e /pʀevwajɑ̃, ɑ̃t/ ADJ provident

prévu, e /pʀevy/ ptp de **prévoir**

prier /pʀije/ /TABLE 7/ 1 VT (a) [+ Dieu, saint] to pray to (b) (= implorer) to beg; **elle le pria de rester** she begged him to stay; **il ne s'est pas fait ~** he was only too willing ♦ **je vous en prie** ♦ **je t'en prie** (= faites/fais donc) of course; (= après vous/toi) after you; (idée d'irritation) do you mind!; **merci beaucoup — je vous en prie** thank you — you're welcome; **je t'en prie, ne sois pas en colère!** please don't be angry!; **je t'en prie, ça suffit!** please, that's quite enough! (c) (= inviter) to ask; **vous êtes prié de vous présenter à 9 heures** you are asked to present yourself at 9 o'clock (d) (= ordonner) **je vous prie de sortir** will you please leave the room

2 VI to pray (**pour** for)

prière /pʀijɛʀ/ NF (a) prayer; **dire** ou **faire ses ~s** to say one's prayers (b) (= demande) entreaty; **il est resté sourd à mes ~s** he wouldn't do what I asked him to ♦ **prière de ...** please ...; **«~ de ne pas fumer»** "no smoking (please)"

primaire /pʀimɛʀ/ 1 ADJ (a) primary; **école ~** primary school (b) (péj = simpliste) [personne] simple-minded; [raisonnement] simplistic 2 NM (= cycle) primary school; **au** ou **en ~** at primary school 3 NF (= élection) primary

primat /pʀima/ NM (Rel) primate

primate /pʀimat/ NM (= animal) primate

primauté /pʀimote/ NF primacy (**sur** over)

prime¹ /pʀim/ NF (a) (= cadeau) free gift; **donné en ~ avec qch** given away with sth (b) (= bonus) bonus; (= subvention) subsidy; (= indemnité) allowance; **~ d'ancienneté** seniority bonus; **~ de départ** bonus paid to an employee when leaving a job; (importante) golden handshake; **~ de fin d'année/de rendement** Christmas/productivity bonus; **~ de licenciement** redundancy payment; **~ de risque** danger money (NonC) (c) (Assurances, Bourse) premium; **~ d'assurances** insurance premium

prime² /pʀim/ ADJ (a) (= premier) **dès sa ~ jeunesse** from his earliest youth ♦ **de prime abord** at first glance (b) (Math) prime; **n ~** n prime

primer /pʀime/ /TABLE 1/ 1 VT (a) (= surpasser) to prevail over (b) (= récompenser) to award a prize to 2 VI (= dominer) to be the prime feature; (= compter, valoir) to be of prime importance

primesautier, -ière /pʀimsotje, jɛʀ/ ADJ impulsive

primeur /pʀimœʀ/ 1 NF (Presse) **avoir la ~ d'une nouvelle** to be the first to hear a piece of news 2 NFPL **primeurs** early fruit and vegetables

primevère /pʀimvɛʀ/ NF primrose

primitif, -ive /pʀimitif, iv/ ADJ primitive; (= originel) original

primo /pʀimo/ ADV first

primordial, e (mpl **-iaux**) /pʀimɔʀdjal, jo/ ADJ (= vital) [élément, question] essential; [objectif, préoccupation] chief; [rôle] key; **d'une importance ~e** of the utmost importance

prince /pʀɛ̃s/ NM prince; **se montrer bon ~** to behave generously ♦ **le Prince charmant** Prince Charming ♦ **prince de Galles** Prince of Wales; (= tissu) Prince of Wales check ♦ **prince héritier** crown prince

princesse /pʀɛ̃sɛs/ NF princess

princier, -ière /pʀɛ̃sje, jɛʀ/ ADJ princely

principal, e (mpl **-aux**) /pʀɛ̃sipal, o/ 1 ADJ main: [personnage, rôle] leading 2 NM (a) [d'établissement scolaire] headmaster (Brit), principal (US); [de service administratif] chief clerk (b) (= chose importante) **le ~** the most important thing; **c'est le ~** that's the main thing 3 NF **principale** (a) (= proposition) main clause (b) [d'établissement scolaire] headmistress (Brit), principal (US)

principalement /pʀɛ̃sipalmɑ̃/ ADV principally

principauté /pʀɛ̃sipote/ NF principality

principe /pʀɛ̃sip/ NM (a) (= règle) principle; **le ~ d'Archimède** Archimedes' principle; **il a des ~s** he's got principles; **avoir pour ~ de faire qch** to make it a principle to do sth; **il n'est pas dans mes ~s de ...** it's against my principles to ...; **faire qch pour le ~** to do sth on principle ♦ **par principe** on principle ♦ **en principe** (= d'habitude, en général) as a rule; (= théoriquement) in principle ♦ **de principe** [hostilité, objection, opposition, soutien] automatic; **décision de ~** decision in principle; **c'est une question de ~** it's a matter of principle (b) (= hypothèse) assumption; **partir du ~ que ...** to work on the assumption that ...

printanier, -ière /pʀɛ̃tanje, jɛʀ/ ADJ spring; [atmosphère] spring-like

printemps /pʀɛ̃tɑ̃/ NM spring; **au ~** in spring

prioritaire /pʀijɔʀitɛʀ/ ADJ (a) [projet, opération] priority (avant le nom); **être ~** [personne, projet] to have priority (b) (sur la route) [véhicule, personne] **être ~** to have right of way

priorité /pʀijɔʀite/ NF (a) priority; **donner la ~ absolue à qch** to give top priority to sth; **venir en ~** to come first (b) (sur la route) right of way; **avoir la ~** to have right of way (**sur** over); **~ à droite** (principe) system of giving way to traffic coming from the right; (panneau) give way to the vehicles on your right

pris, prise¹ /pʀi, pʀiz/ (ptp de **prendre**) ADJ (a) [place] taken; **avoir les mains ~es** to have one's hands full; **toutes les places sont ~es** all the seats are taken; **ça me fera 250 €, c'est toujours ça de ~*** I'll get 250 euros, that's better than nothing (b) [personne] busy; **le directeur est très ~ cette semaine** the manager is very busy this week; **désolé, je suis ~** sorry, I'm busy (c) [nez] blocked; [gorge] hoarse; **j'ai le nez ~** my nose is blocked (d) [crème, mayonnaise] set; **la mer est ~e par les glaces** the sea is frozen (e) (= envahi par) **~ de remords** overcome with remorse; **~ de boisson** (frm) the worse for drink

prise² /pʀiz/ 1 NF (a) (= moyen d'empoigner, de prendre) hold (NonC); (pour soulever, faire levier) purchase (NonC); **faire une ~ de judo à qn** to get sb in a judo hold; **on n'a aucune ~ sur lui** no one has any influence over him ♦ **donner prise à** to give rise to ♦ **aux prises avec**: **être** ou **se trouver aux ~s avec des difficultés** to be grappling with difficulties ♦ **en prise**: **être/mettre en ~** [conducteur] to be in/put the car into gear; **en ~ (directe) avec** ou **sur** [+ problème, société] tuned into (b) (Chasse, Pêche = butin) catch; (= saisie) [de contrebande, drogue] seizure (c) **~ (de courant)** (mâle) plug; (femelle, au mur) socket; **~ multiple** adaptor; (avec rallonge) trailing socket; **~ pour rasoir électrique** razor point (d) [de ciment, enduit] setting; **à ~ rapide** quick-setting

2 COMP ♦ **prise d'air** air inlet ♦ **prise d'armes** military parade ♦ **prise de bec*** row* ♦ **prise d'eau** water supply point; (= robinet) tap (Brit), faucet (US) ♦ **prise de guerre** spoils of war ♦ **prise de sang** blood test; **faire une ~ de sang à qn** to take a blood sample from sb ♦ **prise de son** sound recording ♦ **prise de terre** earth (Brit), ground (US) ♦ **prise de vue** (= photographie) shot; **~ de vues** (Ciné, TV) filming

priser /pʀize/ /TABLE 1/ 1 VT (a) (littér) to prize; **très prisé** highly prized (b) [+ tabac] to take 2 VI to take snuff

prisme /pʀism/ NM prism

prison /pʀizɔ̃/ NF prison; **mettre qn en ~** to send sb to prison; **peine de ~** prison sentence; **faire de la ~** to go to ou be in prison; **condamné à trois mois de ~ ferme** sentenced to three months' imprisonment

prisonnier, -ière /pʀizɔnje, jɛʀ/ 1 ADJ [soldat] captive; **être ~** (= enfermé) to be trapped; (= en prison) to be imprisoned **2** NM,F prisoner; **~ d'opinion** prisoner of conscience; **faire qn ~** to take sb prisoner

privatif, -ive /pʀivatif, iv/ ADJ (= *privé*) private; **avec jardin ~** with private garden

privation /pʀivasjɔ̃/ NF ⓐ (= *suppression*) deprivation; **la ~ de sommeil** sleep deprivation ⓑ **privations** (= *sacrifices*) privation; **souffrir de ~s** to endure hardship

privatisation /pʀivatizasjɔ̃/ NF privatization

privatiser /pʀivatize/ /TABLE 1/ VT to privatize; **entreprise privatisée** privatized company

privautés /pʀivote/ NFPL liberties

privé, e /pʀive/ **1** ADJ private; (*Presse*) [*source*] unofficial; (*Droit*) [*droit*] civil; [*télévision, radio*] independent **2** NM ⓐ **le ~** (= *secteur*) the private sector ⓑ (= *détective*)* private eye* ⓒ **♦ en privé** in private

priver /pʀive/ /TABLE 1/ **1** VT **~ qn de qch** to deprive sb of sth; **il a été privé de dessert** he wasn't allowed dessert; **nous avons été privés d'électricité pendant trois jours** we were without electricity for three days; **il a été privé de sommeil** he didn't get any sleep; **cela ne me prive pas du tout** (*de vous le donner*) I can easily spare it; (*de ne plus en manger*) I don't miss it at all; (*de ne pas y aller*) I don't mind at all **2** VPR **se priver** ⓐ (*par économie*) to go without; **se ~ de qch** to go without sth ⓑ (= *se passer de*) **se ~ de** to forego; **se ~ de cigarettes** to cut out cigarettes; **il ne s'est pas privé de le dire** he didn't hesitate to say it

privilège /pʀivilɛʒ/ NM privilege

privilégié, e /pʀivileʒje/ (*ptp de* **privilégier**) **1** ADJ [*personne, site, climat*] privileged **2** NM,F privileged person; **quelques ~s** a privileged few

privilégier /pʀivileʒje/ /TABLE 7/ VT to favour (*Brit*), to favor (*US*); **privilégié par le sort** fortunate

prix /pʀi/ **1** NM ⓐ (= *coût*) [*d'objet, produit*] price; [*de location, transport*] cost; **je l'ai payé 600 €** — **c'est le ~** I paid 600 euros for it — that's the going rate; **votre ~ sera le mien** name your price; **quel est votre dernier ~ ?** (*pour vendre*) what's the lowest you'll go?; (*pour acheter*) what's your final offer?; **acheter qch à ~ d'or** to pay a fortune for sth; **payer le ~ fort** to pay the full price; **à bas ~** [*produit, terrain*] cheap; [*acheter, vendre*] cheaply; **ça n'a pas de ~** it's priceless; **je vous fais un ~ (d'ami)** I'll let you have it cheap; **il faut y mettre le ~** you have to be prepared to pay for it; **je cherche une robe — dans quels ~ ?** I'm looking for a dress — in what price range?; **c'est dans mes ~** that's within my price range; **c'est hors de ~** it's outrageously expensive; **mise à ~ : 1 000 €** (*enchères*) reserve (*Brit*) *ou* upset (*US*) price: 1,000 euros; **le ~ du succès** the price of success

♦ à tout prix at all costs

♦ à aucun prix on no account

♦ au prix de : au ~ de grands sacrifices after many sacrifices

ⓑ (= *récompense, Scol*) prize; **le ~ Nobel de la paix** the Nobel Peace Prize; **~ d'interprétation féminine** prize for best actress

ⓒ (= *personne*) prizewinner; (= *livre*) prizewinning book; **premier ~ du Conservatoire** first prize winner at the Conservatoire

ⓓ (*Courses*) race; **Grand Prix (automobile)** Grand Prix

2 COMP **♦ prix d'achat** purchase price **♦ prix d'appel** introductory price **♦ prix conseillé** recommended retail price **♦ prix coûtant** cost price **♦ prix de détail** retail price **♦ prix d'excellence** prize for coming first in the class **♦ prix fixe** set price; (*menu*) set menu **♦ prix forfaitaire** contract price **♦ prix de gros** wholesale price **♦ prix imposé** (*Commerce*) regulation price **♦ prix de lancement** introductory price **♦ prix à la production** farm gate price **♦ prix public** retail price **♦ prix de revient** cost price **♦ prix sortie d'usine** factory price **♦ prix de vente** selling price

---

pro • /pʀo/ **1** NMF (ABBR = **professionnel**) pro*; **c'est un travail de ~** it's a professional job **2** PRÉF **pro(-)** pro-; **~-américain** pro-American; **~gouvernemental** pro-government

probabilité /pʀɔbabilite/ NF probability; **selon toute ~** in all probability; **calcul des ~s** probability calculus

probable /pʀɔbabl/ ADJ probable; **il est ~ qu'il gagnera** he'll probably win; **il est peu ~ qu'il vienne** he's unlikely to come; **c'est (très) ~** it's (very) probable

probablement /pʀɔbabləmɑ̃/ ADV probably; **~ pas** probably not

probant, e /pʀɔbɑ̃, ɑ̃t/ ADJ convincing

probatoire /pʀɔbatwaʀ/ ADJ [*examen, test*] preliminary; **stage ~** trial period

probité /pʀɔbite/ NF probity

problématique /pʀɔblematik/ **1** ADJ problematic **2** NF (= *problème*) problem

problème /pʀɔblɛm/ NM problem; (= *question débattue*) issue; **le ~ du logement** the housing problem; **~ de santé** health problem; **soulever un ~** to raise a problem; **faire ~** to pose problems; **(il n'y a) pas de ~ !** no problem!; **ça lui pose un ~ de conscience** this is troubling his conscience; **son cas nous pose un sérieux ~** his case presents us with a difficult problem; **le ~ qui se pose** the problem we are faced with; **le ~ ne se pose pas dans ces termes** that isn't the problem

♦ à problèmes [*peau, cheveux, enfant*] problem; **quartier à ~s** problem area (*in which there is a lot of crime*)

procédé /pʀɔsede/ NM ⓐ (= *méthode*) process ⓑ **procédés** (= *conduite*) behaviour (*Brit*) (*NonC*), behavior (*US*) (*NonC*); **ce sont là des ~s peu recommandables** that's pretty disreputable behaviour

procéder /pʀɔsede/ /TABLE 6/ **1** VI to proceed; (*moralement*) to behave; **~ par ordre** to take things one by one; **~ avec prudence** to proceed with caution; **je n'aime pas sa façon de ~ (envers les gens)** I don't like the way he behaves (towards people) **2** VT INDIR **♦ procéder à** [+ *enquête, expérience*] to conduct; [+ *dépouillement*] to start; **~ au vote** to take a vote (**sur** on); **~ à l'élection du nouveau président** to hold an election for the new president

procédure /pʀɔsedyʀ/ NF procedure; **ils demandent une ~ accélérée pour les réfugiés politiques** they are calling for the procedure to be speeded up for political refugees

procès /pʀɔsɛ/ NM proceedings; [*de cour d'assises*] trial; **intenter un ~ à qn** to start proceedings against sb; **gagner/perdre son ~** to win/lose one's case; **faire le ~ de qn** to put sb on trial; **faire le ~ de qch** to pick holes in sth

processeur /pʀɔsesœʀ/ NM processor

procession /pʀɔsesjɔ̃/ NF procession

processus /pʀɔsesys/ NM process; **~ de paix** peace process

procès-verbal (*pl* **procès-verbaux**) /pʀɔsɛvɛʀbal, o/ NM (= *compte rendu*) minutes; (*de contravention*) statement

prochain, e /pʀɔʃɛ̃, ɛn/ **1** ADJ ⓐ (= *suivant*) [*réunion, numéro, semaine*] next; **lundi ~** next Monday; **la ~e fois que tu viendras** next time you come; **à la ~e occasion** at the next opportunity; **je descends à la ~e*** I'm getting off at the next stop (*ou* station *etc*); **au ~ (client) !** next please!

♦ à la prochaine !* see you!*

ⓑ (= *proche*) [*arrivée, départ*] impending; [*mort*] imminent; **un jour ~** soon; **un de ces ~s jours** before long

2 NM fellow man; (*Rel*) neighbour (*Brit*), neighbor (*US*)

prochainement /pʀɔʃɛnmɑ̃/ ADV soon; **~ (sur vos écrans) ...** (*au cinéma*) coming soon ...

proche /pʀɔʃ/ **1** ADJ ⓐ (*dans l'espace*) [*village*] nearby (*avant le nom*); **être (tout) ~** to be (very) near; **le magasin le plus ~** the nearest shop

♦ de proche en proche step by step

ⓑ (= *imminent*) [*mort, départ*] imminent; **dans un ~ avenir** in the near future; **être ~** [*fin, but*] to be drawing near; **être ~ de** [+ *fin, victoire*] to be nearing; [+ *dénouement*] to be reaching

ⓒ [*ami, parent*] close; **mes plus ~s parents** my closest rela-

tives; **je me sens très ~ d'elle** I feel very close to her; **les ~s collaborateurs du président** the president's closest associates
ⓓ **~ de** (= *avoisinant*) close to; (= *parent de*) closely related to; **l'italien est ~ du latin** Italian is closely related to Latin; **selon des sources ~s de l'ONU** according to sources close to the UN
2 NM close relation; **les ~s** close relations

Proche-Orient /pʀɔʃɔʀjɑ̃/ NM **le ~** the Near East; **du ~** Near Eastern

proclamation /pʀɔklamasjɔ̃/ NF [*de résultats*] announcement; **~ de l'indépendance** declaration of independence

proclamer /pʀɔklame/ /TABLE 1/ VT [+ *république, état d'urgence, indépendance, innocence*] to proclaim; [+ *résultats*] to announce

procréation /pʀɔkʀeasjɔ̃/ NF (*littér*) procreation (*littér*), reproduction; **~ médicale(ment) assistée** assisted reproduction

procréer /pʀɔkʀee/ /TABLE 1/ VT (*littér*) to procreate

procuration /pʀɔkyʀasjɔ̃/ NF (*pour voter, représenter qn*) proxy; (*pour toucher de l'argent*) power of attorney; **donner (une) ~ à qn** to give sb power of attorney; **par ~** by proxy; [*vivre, voyager*] vicariously

procurer /pʀɔkyʀe/ /TABLE 1/ 1 VT ⓐ (= *faire obtenir*) **~ qch à qn** to get sth for sb ⓑ [+ *joie, ennuis*] to bring 2 VPR **se procurer** to get

procureur /pʀɔkyʀœʀ/ NM **~ (de la République)** public prosecutor; **~ général** public prosecutor (*in appeal courts*)

prodige /pʀɔdiʒ/ 1 NM (= *événement*) wonder; (= *personne*) prodigy; **tenir du ~** to be astounding; **faire des ~s** to work wonders 2 ADJ **enfant ~** child prodigy

prodigieusement /pʀɔdiʒjøzmɑ̃/ ADV incredibly; **cela nous a agacé ~** we found it incredibly irritating

prodigieux, -ieuse /pʀɔdiʒjø, jøz/ ADJ prodigious

prodigue /pʀɔdig/ ADJ (= *dépensier*) extravagant; (= *généreux*) generous; **être ~ de conseils** to be full of advice; **être ~ de son temps** to be unstinting of one's time; **le fils ~** the prodigal son

prodiguer /pʀɔdige/ /TABLE 1/ VT [+ *argent*] to be lavish with; **~ des compliments à qn** to shower sb with compliments; **~ des conseils à qn** to give sb lots of advice; **elle me prodigua ses soins** she lavished care on me

producteur, -trice /pʀɔdyktœʀ, tʀis/ 1 ADJ **pays ~ de pétrole** oil-producing country 2 NM,F producer

productif, -ive /pʀɔdyktif, iv/ ADJ productive

production /pʀɔdyksjɔ̃/ NF production; **notre ~ est inférieure à nos besoins** our output is insufficient for our needs; **~ brute** gross output

productivité /pʀɔdyktivite/ NF productivity

produire /pʀɔdɥiʀ/ /TABLE 38/ 1 VT to produce; [+ *intérêt*] to yield; [+ *sensation*] to cause; **un poète qui produit pas beaucoup** a poet who doesn't write much; **~ une bonne/mauvaise impression sur qn** to make a good/bad impression on sb 2 VPR **se produire** ⓐ (= *survenir*) to happen; **ce cas ne s'était jamais produit** this kind of case had never come up before ⓑ [*acteur, chanteur*] to perform; **se ~ sur scène** to appear live

produit /pʀɔdɥi/ NM product; **~s** (*agricoles*) produce; (*industriels*) goods; **c'est le (pur) ~ de ton imagination** it's a (pure) figment of your imagination; **le ~ de la collecte sera donné à une bonne œuvre** the proceeds from the collection will be given to charity **♦ produits alimentaires** foodstuffs **♦ produit d'appel** loss leader **♦ produits de beauté** cosmetics **♦ produit chimique** chemical **♦ produit de consommation courante** basic consumable **♦ produits dérivés** derivatives **♦ produit d'entretien** cleaning product **♦ produit intérieur brut** gross domestic product **♦ produits manufacturés** manufactured goods **♦ produit national brut** gross national product **♦ produits de première nécessité** basic commodities **♦ produit pour la vaisselle** washing-up liquid (*Brit*), dish soap (*US*) **♦ produit des ventes** income from sales

proéminent, e /pʀɔeminɑ̃, ɑ̃t/ ADJ prominent

prof ♦ /pʀɔf/ NMF (ABBR = **professeur**) (*Scol*) teacher; (*Univ*) ≈ lecturer (*Brit*), ≈ instructor (*US*)

profanation /pʀɔfanasjɔ̃/ NF [*de sépulture*] desecration

profane /pʀɔfan/ 1 ADJ ⓐ (= *non spécialiste*) **je suis ~ en la matière** I don't know much about the subject ⓑ (= *non religieux*) secular 2 NMF layman; **aux yeux du ~** to the layman

profaner /pʀɔfane/ /TABLE 1/ VT ⓐ [+ *sépulture*] to desecrate ⓑ [+ *souvenir, nom*] to defile

proférer /pʀɔfeʀe/ /TABLE 6/ VT to utter

professer /pʀɔfese/ /TABLE 1/ VT to profess

professeur, ♦ /pʀɔfesœʀ/ NM,F teacher; (*Univ*) ≈ lecturer (*Brit*), ≈ instructor (*US*); (*avec chaire*) professor; **le ~ Durand** (*Univ*) Professor Durand; **~ de piano** piano teacher; **~ de chant** singing teacher; **~ de droit** lecturer in law; (*avec chaire*) professor of law **♦ professeur agrégé** qualified teacher (*who has passed the agrégation*); (*en médecine*) professor of medicine (*holder of the agrégation*); (*Can*) associate professor **♦ professeur certifié** qualified teacher (*who has passed the CAPES*) **♦ professeur des écoles** primary school teacher

profession /pʀɔfesjɔ̃/ NF occupation; (*libérale*) profession; « **sans ~** » (*Admin*) "unemployed"; (*femme mariée*) "housewife"; **(les gens de) la ~** the profession; (= *artisans*) the trade **♦ profession de foi** profession of faith **♦ profession libérale** profession

professionnaliser /pʀɔfesjɔnalize/ /TABLE 1/ VT to professionalize

professionnalisme /pʀɔfesjɔnalism/ NM professionalism

professionnel, -elle /pʀɔfesjɔnɛl/ 1 ADJ ⓐ [*activité, maladie*] occupational; [*école*] technical; **formation professionnelle** vocational training; **(être tenu par) le secret ~** (to be bound by) professional secrecy ⓑ [*écrivain, sportif*] professional; **il est très ~** he's very professional
2 NM,F professional; **c'est un travail de ~** (= *qui a été fait par un professionnel*) it's a very professional job; (= *pour un professionnel*) it's a job for a professional; **les ~s du tourisme** people in the tourist industry

professoral, e (*mpl* -**aux**) /pʀɔfesɔʀal, o/ ADJ professorial; **le corps ~** the teaching profession

professorat /pʀɔfesɔʀa/ NM **le ~** the teaching profession

profil /pʀɔfil/ NM ⓐ (= *silhouette*) [*de personne*] profile; [*d'édifice*] outline; [*de voiture*] line; **de ~** in profile ⓑ (*psychologique*) profile; **il a le bon ~ pour le métier** his previous experience seems right for the job

profilé, ♦ /pʀɔfile/ (*ptp de **profiler***) ADJ streamlined

profiler /pʀɔfile/ /TABLE 1/ 1 VT (= *rendre aérodynamique*) to streamline 2 VPR **se profiler** [*objet*] to stand out (**sur, contre** against); [*ennuis, solution*] to emerge; **les obstacles qui se profilent à l'horizon** the obstacles looming on the horizon

profit /pʀɔfi/ NM ⓐ (= *gain*) profit
ⓑ (= *avantage*) benefit; **être d'un grand ~ à qn** to be of great benefit to sb; **ses vacances lui ont été d'un grand ~** his holiday did him a lot of good; **il a suivi ses cours avec ~** he attended the classes and got a lot out of them; **tirer ~ de** [+ *leçon, affaire*] to benefit from
ⓒ (*locutions*)
♦ à profit : **mettre à ~** [+ *idée, invention*] to turn to account; [+ *temps libre*] to make the most of
♦ au profit de for; (= *pour aider*) in aid of; **collecte au ~ des aveugles** collection in aid of the blind

profitable /pʀɔfitabl/ ADJ beneficial; **le stage lui a été très ~** he got a lot out of the course

profiter /pʀɔfite/ /TABLE 1/ 1 VT INDIR **♦ profiter de** (= *tirer avantage de*) [+ *situation, occasion, crédulité*] to take advantage of; (= *jouir de*) [+ *jeunesse, vacances*] to make the most of; **elle en a profité pour se sauver** she took advantage of the opportunity to slip away; **profitez de la vie !** make the most of life! 2 VT INDIR **♦ profiter à qn** to be of benefit to sb; **à qui profite le crime ?** who would benefit from the crime?

profiteur, -euse /pʀɔfitœʀ, øz/ NM,F profiteer

profond, e /pʀɔfɔ̃, 5d/ 1 ADJ ⓐ deep; **peu ~** [*eau, vallée, puits*] shallow; [*coupure*] superficial; **~ de 3 mètres** 3 metres deep ⓑ (= *grand, extrême*) deep; [*malaise, changement, foi, différence, influence, ignorance*] profound ⓒ (= *caché, secret*) [*cause, signification*] underlying; [*tendance*] deep-seated; **la France ~e** the broad mass of French people; (*des campagnes*) rural France ⓓ (= *pénétrant*) [*réflexion, remarque*] profound

2 ADV [*creuser*] deep

3 NM

♦ **au plus profond de** in the depths of

profondément /pʀɔfɔ̃demɑ̃/ ADV deeply; [*bouleversé, convaincu*] utterly; [*différent, influencer, se tromper*] profoundly; [*creuser, pénétrer*] deep; **il dort ~** (*en général*) he sleeps soundly; (*en ce moment*) he's fast asleep

profondeur /pʀɔfɔ̃dœʀ/ NF ⓐ depth; **avoir 10 mètres de ~** to be 10 metres deep; **à 10 mètres de ~** 10 metres down; **~ de champ** depth of field ⓑ [*de personne, esprit, remarque*] profundity; [*de sentiment*] depth; [*de sommeil*] soundness

♦ **en profondeur** [*agir, exprimer*] in depth; [*réformer*] radically; [*nettoyage*] thorough; [*réforme*] radical

profusion /pʀɔfyzjɔ̃/ NF [*de fleurs*] profusion; [*d'idées, conseils, lumière*] abundance

♦ **à profusion** : **nous en avons à ~** we've got plenty

progéniture /pʀɔʒenityʀ/ NF offspring

progiciel /pʀɔʒisjɛl/ NM software package

programmable /pʀɔgʀamabl/ ADJ programmable; **touche ~** user-definable key

programmateur, -trice /pʀɔgʀamatœʀ, tʀis/ 1 NM,F (*Radio, TV*) programme (*Brit*) *ou* program (*US*) planner 2 NM (= *appareil*) time switch; [*de four*] timer

programmation /pʀɔgʀamasjɔ̃/ NF programming

programme /pʀɔgʀam/ NM ⓐ [*de cinéma, concert, radio, télévision*] programme (*Brit*), program (*US*); **au ~** on the programme ⓑ (= *brochure*) [*de cinéma, théâtre, concert*] programme (*Brit*), program (*US*); [*de radio, télévision*] guide; (= *section de journal*) listings ⓒ (*Scol*) [*de matière*] syllabus; [*de classe, école*] curriculum; **le ~ de français** the French syllabus; **quel est le ~ cette année ?** what's on the curriculum this year?; **les œuvres au ~** the set (*Brit*) *ou* assigned (*US*) books ⓓ (= *projet*) programme (*Brit*), program (*US*); **~ d'action** programme of action; **~ de travail** work plan; **~ électoral** election platform; **c'est tout un ~ !** that'll take some doing! ⓔ (= *calendrier*) programme (*Brit*), program (*US*); **j'ai un ~ très chargé** I have a very busy timetable; **ce n'était pas prévu au ~** that wasn't on the agenda ⓕ [*de machine à laver*] programme (*Brit*), program (*US*); (*Informatique*) program ⓖ (*Sport*) programme (*Brit*), program (*US*); **~ libre** [*de patinage artistique*] free skating

programmer /pʀɔgʀame/ /TABLE 1/ 1 VT ⓐ [+ *émission*] to schedule; [+ *machine*] to programme (*Brit*), to program (*US*); [+ *magnétoscope*] to set; [+ *ordinateur*] to program ⓑ (= *prévoir, organiser*) to plan 2 VI [*informaticien*] to program

programmeur, -euse /pʀɔgʀamœʀ, øz/ NM,F programmer

progrès /pʀɔgʀɛ/ NM ⓐ (= *amélioration*) progress (*NonC*); **faire des ~** to make progress; **il y a du ~ !** there is some progress; (*iro*) you're (*ou* he's *etc*) improving!; **c'est un grand ~** it's a great step forward; **nos ventes ont enregistré un net ~** our sales have increased sharply; **les ~ de la médecine** advances in medicine

♦ **en progrès** : **être en ~** [*élève, résultats*] to be improving; **hier, le dollar était en net ~** yesterday the dollar rose sharply; **il est en net ~ dans les sondages** he's gaining a lot of ground in the polls

ⓑ **le ~** (= *évolution*) progress (*NonC*); **le ~ social** social progress; **c'est le ~ !** that's progress!

progresser /pʀɔgʀese/ /TABLE 1/ VI ⓐ (= *s'améliorer*) [*élève*] to make progress ⓑ (= *augmenter*) [*prix, ventes, production, chômage*] to rise; [*criminalité, délinquance*] to be on the increase; **il a progressé dans les sondages** he has gained ground in the polls; **la Bourse progresse de 2 points** the stock market is up 2 points ⓒ (= *avancer*) [*ennemi, recherches, science, sauveteurs*] to advance; [*maladie*] to progress

progressif, -ive /pʀɔgʀesif, iv/ ADJ progressive

progression /pʀɔgʀesjɔ̃/ NF ⓐ [*d'élève, maladie*] progress; [*d'ennemi, idées*] advance; **il faut stopper la ~ du racisme** we must stop the growth of racism

♦ **en progression** : **être en ~** [*chiffre d'affaires, ventes*] to be increasing; **le chômage est en ~ constante** unemployment is steadily increasing; **le chiffre d'affaires est en ~ par rapport à l'année dernière** turnover is up on last year ⓑ (*Math*) progression; **~ arithmétique** arithmetic progression

progressiste /pʀɔgʀesist/ ADJ, NMF progressive

progressivement /pʀɔgʀesivmɑ̃/ ADV gradually

prohiber /pʀɔibe/ /TABLE 1/ VT to prohibit; **armes prohibées** illegal weapons

prohibitif, -ive /pʀɔibitif, iv/ ADJ [*prix*] prohibitive

prohibition /pʀɔibisjɔ̃/ NF prohibition (**de** of); **~ du port d'armes** ban on the carrying of weapons

proie /pʀwa/ NF prey (*NonC*); **être la ~ de** to fall victim to; **la maison était la ~ des flammes** the house was engulfed in flames

♦ **en proie à** : **être en ~ à** [+ *guerre, crise, violence, difficultés financières*] to be plagued by; [+ *doute, émotion*] to be prey to; [+ *douleur, désespoir*] to be racked by; **il était en ~ au remords** he was overcome by remorse

projecteur /pʀɔʒɛktœʀ/ NM ⓐ [*de diapositives, film*] projector ⓑ (= *lumière*) [*de théâtre*] spotlight; [*de prison, bateau*] searchlight; [*de monument public, stade*] floodlight; **braquer les ~s de l'actualité sur qch** to turn the spotlight on sth

projectile /pʀɔʒɛktil/ NM projectile; (= *missile*) missile

projection /pʀɔʒɛksjɔ̃/ NF ⓐ [*de film*] screening; **conférence avec des ~s (de diapositives)** lecture with slides ⓑ (= *lancement*) [*de liquide, vapeur*] discharge; [*de pierre*] throwing (*NonC*) (= *prévision*) forecast ⓓ (*Math, Psych*) projection

projectionniste /pʀɔʒɛksjɔnist/ NMF projectionist

projet /pʀɔʒɛ/ NM ⓐ (= *dessein, intention*) plan; **~s criminels/de vacances** criminal/holiday plans; **faire des ~s d'avenir** to make plans for the future; **c'est encore à l'état de ~** ou **en ~** it's still only at the planning stage; **j'ai un roman en ~** I'm working on a novel ⓑ (= *ébauche*) [*de roman*] draft; [*de maison, ville*] plan; **~ de budget** budget proposal; **~ de loi** bill; **~ de réforme** reform bill; **~ de résolution de l'ONU** UN draft resolution; **~ de société** vision of society; **~ de vie** life plan ⓒ (= *travail en cours*) project

projeter /pʀɔʒ(ə)te/ /TABLE 4/ 1 VT ⓐ (= *envisager*) to plan (**de faire** to do) ⓑ (= *jeter*) [+ *gravillons*] to throw up; [+ *étincelles*] to throw off ⓒ (= *envoyer*) [+ *ombre, reflet*] to cast; [+ *film, diapositive*] to show; **on nous a projeté des diapositives** we were shown some slides ⓓ (*Math, Psych*) to project (**sur** onto) 2 VPR **se projeter** [*ombre*] to be cast (**sur** on); **il se projette sur ses enfants** he projects his own feelings onto his children

prolétaire /pʀɔletɛʀ/ NMF proletarian

prolétariat /pʀɔletaʀja/ NM proletariat

prolifération /pʀɔlifeʀasjɔ̃/ NF proliferation

proliférer /pʀɔlifeʀe/ /TABLE 6/ VI to proliferate

prolifique /pʀɔlifik/ ADJ prolific

prolixe /pʀɔliks/ ADJ [*orateur, discours*] verbose

prolo • /pʀɔlo/ ABBR = **prolétaire** NMF working-class person

prologue /pʀɔlɔg/ NM prologue (**à** to)

prolongateur /prɔlɔ̃gatœr/ NM extension cable

prolongation /prɔlɔ̃gasjɔ̃/ NF 1 NF extension 2 NFPL **prolongations** (*Football*) extra time (*NonC*) (*Brit*), overtime (*NonC*) (*US*); **jouer les ~s** (*fig*) to spin things out

prolongé, e /prɔlɔ̃ʒe/ (*ptp de* **prolonger**) ADJ prolonged; **exposition ~e au soleil** prolonged exposure to the sun; **week-end ~** long weekend; **« pas d'utilisation ~e sans avis médical »** "not for prolonged use without medical advice"

prolongement /prɔlɔ̃ʒmɑ̃/ NM ⓐ [*de ligne de métro, route, période*] extension; **cette rue se trouve dans le ~ de l'autre** this street is the continuation of the other ⓑ (= *suite*) [*d'affaire, politique, rapport*] repercussion; **dans le ~ de ce que je disais ce matin** following on from what I was saying this morning

prolonger /prɔlɔ̃ʒe/ /TABLE 3/ 1 VT to extend; [+ *vie*] to prolong; (*Math*) [+ *ligne*] to produce; **nous ne pouvons ~ notre séjour** we can't stay any longer 2 VPR **se prolonger** (= *continuer*) [*attente, situation*] to go on; [*effet, débat*] to last; [*maladie*] to persist

promenade /prɔm(ə)nad/ NF ⓐ (*à pied*) walk; (*en voiture*) drive; (*en bateau*) sail; (*en vélo, à cheval*) ride; **partir en ~ ou faire une ~** to go for a walk (*ou* drive *etc*) ⓑ (= *avenue*) walk; (= *front de mer*) promenade

promener /prɔm(ə)ne/ /TABLE 5/ 1 VT (**emmener**) **~ qn** to take sb for a walk; **~ le chien** to walk the dog; **~ des amis à travers une ville** to show friends round a town; **cela te promènera** it will get you out for a while; **~ son regard sur qch** to cast one's eyes over sth 2 VPR **se promener** ⓐ (= *aller en promenade*) to go for a walk (*ou* drive *etc*); **aller se ~** to go for a walk (*ou* drive *etc*) ⓑ [*pensées, regard, doigts*] to wander

promeneur, -euse /prɔm(ə)nœr, øz/ NM,F walker

promesse /prɔmes/ NF promise; **~ de mariage** promise of marriage; **~ en l'air** empty promise; **~ de vente** sales agreement; **faire une ~** to make a promise; **manquer à sa ~** to break one's promise; **tenir sa ~** to keep one's promise; **j'ai sa ~** he has promised me; **auteur plein de ~s** very promising writer

prometteur, -euse /prɔmetœr, øz/ ADJ promising

promettre /prɔmetr/ /TABLE 56/ 1 VT to promise; **je lui ai promis un cadeau** I promised him a present; **je te le promets** I promise you; **il n'a rien osé ~** he couldn't promise anything; **il a promis de venir** he promised to come; **on nous promet du beau temps** we are promised some fine weather; **cela ne nous promet rien de bon** this doesn't look at all hopeful; **cet enfant promet** this child shows promise; **ça promet !** (*iro*) that's a good start! (*iro*) 2 VPR **se promettre** : **se ~ de faire qch** to resolve to do sth; **je me suis bien promis de ne jamais plus l'inviter** I vowed never to invite him again

promis, e /prɔmi, iz/ (*ptp de* **promettre**) ADJ ⓐ (= *assuré*) promised; **chose ~e, chose ~** a promise is a promise; ⓑ **tu le feras ? — ~, juré !** you'll do it? — yes, I promise! ⓑ (= *destiné*) **être ~ à un bel avenir** [*personne*] to be destined for great things; **quartier ~ à la démolition** area scheduled for demolition

promiscuité /prɔmiskɥite/ NF lack of privacy (*NonC*)

promo * /prɔmo/ NF ABBR = **promotion**

promontoire /prɔmɔ̃twar/ NM headland

promoteur, -trice /prɔmɔtœr, tris/ NM,F (= *instigateur*) promoter; **~ (immobilier)** property developer

promotion /prɔmosjɔ̃/ NF ⓐ (= *avancement*) promotion (**à un poste** to a job) ⓑ (*Scol*) year (*Brit*), class (*US*) ⓒ (*Commerce = réclame*) special offer; **article en ~** item on special offer ⓓ (= *encouragement*) promotion; **faire la ~ de** [+ *politique, idée, technique*] to promote

promotionnel, -elle /prɔmosjɔnɛl/ ADJ **tarif ~** special offer; **offre promotionnelle** special offer (*Brit*), special (*US*); **matériel ~** publicity material

promouvoir /prɔmuvwar/ /TABLE 27/ VT to promote; **il a été promu directeur** he was promoted to manager

prompt, prompte /prɔ̃(pt), prɔ̃(p)t/ ADJ prompt; **je vous souhaite un ~ rétablissement** get well soon

promptement /prɔ̃ptəmɑ̃/ ADV [*réagir*] quickly

prompteur /prɔ̃ptœr/ NM Autocue® (*Brit*), teleprompter® (*US*)

promptitude /prɔ̃(p)tityd/ NF [*de répartie, riposte*] quickness; [*de réaction*] swiftness

promulguer /prɔmylge/ /TABLE 1/ VT to promulgate

prôner /prone/ /TABLE 1/ VT to advocate

pronom /prɔnɔ̃/ NM pronoun

pronominal, e (*mpl* **-aux**) /prɔnɔminal, o/ ADJ pronominal; (**verbe**) **~** reflexive (verb)

prononcé, e /prɔnɔ̃se/ (*ptp de* **prononcer**) ADJ [*accent, goût*] strong

prononcer /prɔnɔ̃se/ /TABLE 3/ 1 VT ⓐ (= *articuler*) to pronounce; **comment est-ce que ça se prononce ?** how is it pronounced?; **mal ~ un mot** to mispronounce a word ⓑ (= *dire*) [+ *parole, nom*] to say; [+ *discours*] to make; **sortir sans ~ un mot** to go out without saying a word ⓒ [+ *sentence*] to pass

2 VPR **se prononcer** (= *se décider*) to come to a decision (**sur** on, about); (= *s'exprimer*) to express an opinion (**sur** on); **le médecin ne s'est toujours pas prononcé** the doctor still hasn't given an opinion; **« ne se prononcent pas »** (*sondage*) "don't know"

prononciation /prɔnɔ̃sjasjɔ̃/ NF pronunciation; **il a une bonne/mauvaise ~** his pronunciation is good/poor; **faute ou erreur de ~** error of pronunciation

pronostic /prɔnɔstik/ NM forecast; (*Méd*) prognosis; (*Courses*) tip; **quels sont vos ~s ?** what's your forecast?; **se tromper dans ses ~s** to get one's forecasts wrong

pronostiquer /prɔnɔstike/ /TABLE 1/ VT to forecast

propagande /prɔpagɑ̃d/ NF propaganda; **discours de ~ électorale** electioneering speech

propagation /prɔpagasjɔ̃/ NF propagation; [*de nouvelle, rumeur*] spreading; [*de maladie, épidémie*] spread

propager /prɔpaʒe/ /TABLE 3/ 1 VT to propagate; [+ *nouvelle, maladie, rumeur*] to spread 2 VPR **se propager** ⓐ (= *se répandre*) to spread ⓑ [*onde*] to be propagated ⓒ [*espèce*] to propagate

propension /prɔpɑ̃sjɔ̃/ NF propensity (**à qch** for sth, **à faire qch** to do sth)

prophète /prɔfet/ NM prophet; **~ de malheur** prophet of doom

prophétie /prɔfesi/ NF prophecy

prophétique /prɔfetik/ ADJ prophetic

prophétiser /prɔfetize/ /TABLE 1/ VT to prophesy

propice /prɔpis/ ADJ favourable (*Brit*), favorable (*US*); **attendre le moment ~** to wait for the right moment; **être ~ à qch** to favour sth; **un climat ~ à la négociation** an atmosphere conducive to negotiation

proportion /prɔpɔrsjɔ̃/ NF proportion; **hors de (toute) ~** out of (all) proportion; **toute(s) ~(s) gardée(s)** relatively speaking; **il faut ramener l'affaire à de justes ~s** this matter must be put into perspective

◆ **à proportion de** in proportion to

◆ **en proportion** proportionately; **il a un poste élevé et un salaire en ~** he has a top position and a correspondingly high salary

◆ **en proportion de** proportionally to; **c'est bien peu, en ~ du service qu'il m'a rendu** it's nothing, compared to all the favours he has done me

proportionné, e /prɔpɔrsjɔne/ ADJ **~ à** proportionate to; **bien ~** well-proportioned

proportionnel, -elle /prɔpɔrsjɔnɛl/ 1 ADJ proportional; **~ à** in proportion to; **directement ~ à** in direct proportion to; **inversement ~ à** in inverse proportion to 2 NF **proportionnelle** proportional; **élu à la proportionnelle** elected by proportional representation

proportionnellement /prɔpɔrsjɔnɛlmɑ̃/ ADV proportionately

propos /prɔpo/ NM ⓐ (*gén pl*) words; **tenir des ~ désobligeants à l'égard de qn** to make offensive remarks about sb

ⓑ (*littér* = *intention*) intention; **faire qch de ~ délibéré** to do sth deliberately

ⓒ (*locutions*)

♦ **à propos** [*décision*] well-timed; [*remarque*] apposite; [*arriver*] at the right moment; **voilà qui tombe à ~/mal à ~ !** it couldn't have come at a better/worse time!; **à ~, dismoi ...** incidentally *ou* by the way, tell me ...

♦ **à propos de** : **à ~ de ta voiture** about your car; **je vous écris à ~ de l'annonce** I am writing regarding the advertisement; **c'est à quel ~ ?** what is it about?

♦ **à ce propos** in this connection

♦ **hors de propos** irrelevant

♦ **à tout propos** (= *sans arrêt*) every other minute; **il se plaint à tout ~** he complains at the slightest thing

proposer /pʀɔpoze/ /TABLE 1/ 1 VT ⓐ (= *suggérer*) to suggest; **~ qch à qn** to suggest sth to sb; **~ de faire qch** to suggest doing sth; **le film que nous vous proposons ce soir** (*TV*) our film this evening; **je vous propose de passer me voir** I suggest you come round and see me

ⓑ (= *offrir*) to offer; **~ qch à qn** to offer sb sth; **~ de faire qch** to offer to do sth; **je lui ai proposé de la raccompagner** I offered to see her home

2 VPR **se proposer** ⓐ (= *offrir ses services*) to offer one's services; **elle s'est proposée pour garder les enfants** she offered to look after the children

ⓑ (= *envisager*) [+ *but*, *tâche*] to set o.s.; **se ~ de faire qch** to intend to do sth

proposition /pʀɔpozisjɔ̃/ NF ⓐ (= *suggestion*) proposal; **~s de paix** peace proposals; **~ de loi** private bill, private member's bill (*Brit*); **sur (la) ~ de** at the suggestion of; **faire une ~ (à qn)** to make (sb) a proposition; **faire des ~s (malhonnêtes) à une femme** to proposition a woman

ⓑ (= *phrase*) clause; **~ subordonnée** subordinate clause

propre¹ /pʀɔpʀ/ 1 ADJ ⓐ (= *pas sali*, *nettoyé*) clean; **des draps bien ~s** nice clean sheets; **ce n'est pas ~ de manger avec ses doigts** it's dirty to eat with your fingers ⓑ (= *soigné*) [*travail*, *exécution*] neat ⓒ (= *qui ne salit pas*) [*chien*, *chat*] house-trained; [*enfant*] toilet-trained; (= *non polluant*) [*moteur*, *voiture*, *produit*] clean 2 NM **sentir le ~*** to smell clean; **recopier qch au ~** to copy sth out neatly; **c'est du ~ !*** (*gâchis*) what a mess!; (*comportement*) what a way to behave!

propre² /pʀɔpʀ/ 1 ADJ ⓐ (*intensif possessif*) own; **il a sa ~ voiture** he's got his own car; **ce sont ses ~s mots** those are his very words; **de mes ~s yeux** with my own eyes; **ils ont leurs qualités ~s** they have their particular qualities

ⓑ (= *particulier*, *spécifique*) **les coutumes ~s à certaines régions** the customs characteristic of certain regions; **biens ~s** (*Droit*) personal property

ⓒ (= *qui convient*) suitable (**à** for); **le mot ~** the right word

ⓓ (= *de nature à*) **une musique ~ au recueillement** a type of music conducive to meditation

2 NM ⓐ (= *qualité distinctive*) **la parole est le ~ de l'homme** speech is the distinguishing feature of human beings ⓑ **au ~** (= *non figuré*) in the literal sense

proprement /pʀɔpʀəmɑ̃/ ADV ⓐ (= *avec propreté*) cleanly; (= *avec netteté*) neatly; (= *comme il faut*) properly; **mange ~ !** don't make such a mess! ⓑ (= *exactement*) exactly; (= *exclusivement*) specifically; (= *vraiment*) absolutely; **à ~ parler** strictly speaking; **le village ~ dit** the actual village; **c'est un problème ~ français** it's a specifically French problem; **c'est ~ scandaleux** it's absolutely disgraceful

propreté /pʀɔpʀəte/ NF [*de linge*, *mains*, *maison*, *personne*] cleanliness; [*de travail*, *exécution*] neatness; **l'apprentissage de la ~ chez l'enfant** toilet-training in children; **d'une ~ douteuse** not very clean

propriétaire /pʀɔpʀijetɛʀ/ 1 NM owner; [*de location*] landlord; **mis à la porte par son ~** thrown out by his landlord; **~ récoltant** grower; **~ terrien** landowner 2 NF [*d'hôtel*, *entreprise*] owner; [*de location*] landlady

propriété /pʀɔpʀijete/ 1 NF ⓐ (= *droit*) ownership; (= *possession*) property; **~ de l'État** state ownership ⓑ (= *immeuble*, *maison*) property; (= *terres*) land (*NonC*) ⓒ (= *qualité*) property; **~s thérapeutiques** therapeutic

properties 2 COMP ♦ **propriété artistique** artistic copyright ♦ **propriété foncière** property ownership ♦ **propriété industrielle** patent rights ♦ **propriété intellectuelle** intellectual property ♦ **propriété littéraire** author's copyright ♦ **propriété privée** private property

propulser /pʀɔpylse/ /TABLE 1/ VT ⓐ [+ *missile*] to propel ⓑ (= *projeter*) to hurl; **il a été propulsé contre le mur** he was hurled against the wall ⓒ (= *promouvoir*) **le voilà propulsé à la tête du parti** and now he's suddenly become the leader of the party

propulseur /pʀɔpylsœʀ/ NM [*de fusée*] thruster; **~ d'appoint** booster

propulsion /pʀɔpylsjɔ̃/ NF propulsion; **à ~ nucléaire** nuclear-powered

prorata /pʀɔʀata/ NM INV proportional share; **au ~ de** in proportion to

prorogation /pʀɔʀɔgasjɔ̃/ NF extension

proroger /pʀɔʀɔʒe/ /TABLE 3/ VT (= *prolonger*) [+ *délai*, *durée*] to extend; (= *reporter*) [+ *échéance*] to defer

prosaïque /pʀɔzaik/ ADJ mundane

proscrire /pʀɔskʀiʀ/ /TABLE 39/ VT ⓐ [+ *idéologie*] to proscribe; [+ *activité*, *drogue*] to ban; [+ *mot*] to prohibit the use of ⓑ [+ *personne*] (= *mettre hors la loi*) to outlaw; (= *exiler*) to banish

proscrit, e /pʀɔskʀi, it/ (*ptp de* **proscrire**) NM,F (= *hors-la-loi*) outlaw; (= *exilé*) exile

prose /pʀoz/ NF prose

prosélytisme /pʀɔzelitism/ NM proselytism; **faire du ~** to preach

prospecter /pʀɔspɛkte/ /TABLE 1/ VT ⓐ (*pour minerai*) to prospect ⓑ [+ *marché*] to explore; [+ *région*, *clientèle*] to canvass; **j'ai prospecté le quartier pour trouver une maison** I scoured the area to find a house

prospection /pʀɔspɛksjɔ̃/ NF ⓐ (*minière*) prospecting ⓑ [*de marché*] exploring; **~ téléphonique** telephone canvassing

prospective /pʀɔspɛktiv/ NF futurology; (*Écon*) economic forecasting

prospectus /pʀɔspɛktys/ NM leaflet

prospère /pʀɔspɛʀ/ ADJ prosperous

prospérer /pʀɔspeʀe/ /TABLE 6/ VI [*commerce*, *personne*] to prosper; [*animal*, *activité*, *plante*] to thrive

prospérité /pʀɔspeʀite/ NF prosperity

prostate /pʀɔstat/ NF prostate

prosterner (se) /pʀɔstɛʀne/ /TABLE 1/ VPR (= *s'incliner*) to bow low (**devant** before)

prostituée /pʀɔstitɥe/ NF prostitute

prostituer (se) /pʀɔstitɥe/ /TABLE 1/ VPR to prostitute o.s.

prostitution /pʀɔstitysjɔ̃/ NF prostitution

prostré, e /pʀɔstʀe/ ADJ prostrate

protagoniste /pʀɔtagɔnist/ NMF protagonist

protecteur, -trice /pʀɔtɛktœʀ, tʀis/ 1 ADJ ⓐ protective (**de** of); **crème protectrice** barrier cream ⓑ [*ton*, *air*] patronizing 2 NM,F (= *défenseur*) protector; **~ de la nature** protector of nature

protection /pʀɔtɛksjɔ̃/ 1 NF ⓐ (= *défense*) protection; **assurer la ~ de** to protect; **zone sous ~ militaire** area under military protection; **sous la ~ de** under the protection of; **prendre qn sous sa ~** to take sb under one's wing; **crème solaire haute ~** high-protection sun cream; **indice haute ~** high-protection factor; **rapports sexuels sans ~** unprotected sex

ⓑ **de ~** [*équipement*, *grille*, *lunettes*, *mesures*] protective; **système de ~** security system

ⓒ (= *patronage*) protection; [*de personne puissante*, *mécène*] patronage; **prendre qn sous sa ~** to take sb under one's wing

2 COMP ♦ **protection civile** (*lors de catastrophes*) disaster and emergency services; (*en temps de guerre*) civil defence ♦ **protection de l'enfance** child welfare ♦ **protection maternelle et infantile** *mother and child care*

♦ **protection de la nature** nature conservation ♦ **protection périodique** sanitary towel (*Brit*) *ou* napkin (*US*) ♦ **protection sociale** social welfare ♦ **protection solaire** (= *produit*) sun cream

protectionnisme /pʀɔteksjɔnism/ NM protectionism

protégé, e /pʀɔteʒe/ (*ptp de* **protéger**) 1 ADJ ⓐ [*espèce, site, zone, secteur*] protected; [*disquette*] write-protected; [*logiciel*] copy-protected; **rapports sexuels ~s** safe sex; **rapports sexuels non ~s** unprotected sex ⓑ (*pour handicapé*) **atelier ~** sheltered workshop 2 NM protégé; (= *favori*)* pet* 3 NF **protégée** protégée; (= *favorite*)* pet*

protège-cahier (*pl* **protège-cahiers**) /pʀɔteʒkaje/ NM exercise-book cover

protège-dents /pʀɔteʒdɑ̃/ NM INV gum shield

protéger /pʀɔteʒe/ /TABLE 6 *et* 3/ 1 VT to protect (**de, contre** from); **~ les intérêts de qn** to protect sb's interests 2 VPR **se protéger** to protect o.s. (**de** from, **contre** against); **se ~ contre le** *ou* **du soleil** to protect o.s. against the sun

protège-slip (*pl* **protège-slips**) /pʀɔteʒslip/ NM panty liner

protège-tibia (*pl* **protège-tibias**) /pʀɔteʒtibja/ NM shin guard

protéine /pʀɔtein/ NF protein

protestant, e /pʀɔtestɑ̃, ɑ̃t/ ADJ, NM,F Protestant

protestantisme /pʀɔtestɑ̃tism/ NM Protestantism

protestataire /pʀɔtestatɛʀ/ NMF protester

protestation /pʀɔtestasjɔ̃/ NF ⓐ (= *plainte*) protest; **en signe de ~** as a sign of protest; **lettre/mouvement de ~** protest letter/movement ⓑ (*souvent pl* = *déclaration*) protestation

protester /pʀɔteste/ /TABLE 1/ VI to protest; **~ de son innocence** to protest one's innocence; **« mais non »**, **protesta-t-il** "no", he protested

prothèse /pʀɔtɛz/ NF (= *membre artificiel*) artificial limb; **~ dentaire** false teeth; **~ auditive** hearing aid

protocolaire /pʀɔtɔkɔlɛʀ/ ADJ [*invitation, cérémonie*] formal; **ce n'est pas très ~ !** it doesn't show much regard for protocol!

protocole /pʀɔtɔkɔl/ NM ⓐ (= *étiquette*) etiquette; (*Politique*) protocol ⓑ (= *résolutions*) agreement; **~ d'accord** draft agreement ⓒ (*Informatique, Sciences*) protocol

prototype /pʀɔtɔtip/ NM prototype

protubérance /pʀɔtybeʀɑ̃s/ NF bulge

protubérant, e /pʀɔtybeʀɑ̃, ɑ̃t/ ADJ [*ventre, yeux*] bulging; [*nez, menton*] protruding

proue /pʀu/ NF bow

prouesse /pʀuɛs/ NF feat; **faire des ~s** to work miracles

prouver /pʀuve/ VT to prove; **il est prouvé que ...** it has been proved that ...; **cela prouve que ...** it proves that ...; **sa culpabilité reste à ~** it has yet to be proved that he is guilty; **il a voulu se ~ (à lui-même) qu'il en était capable** he wanted to prove to himself that he was capable of it

provenance /pʀɔv(ə)nɑ̃s/ NF origin; **j'ignore la ~ de cette lettre** I don't know where this letter came from ♦ **en provenance de** from; **le train en ~ de Cherbourg** the train from Cherbourg

provençal, e (*mpl* **-aux**) /pʀɔvɑ̃sal, o/ 1 ADJ Provençal; **(à la) ~e** (*Cuisine*) (à la) Provençale 2 NM (= *dialecte*) Provençal 3 NM,F **Provençal(e)** Provençal

Provence /pʀɔvɑ̃s/ NF Provence

provenir /pʀɔv(ə)niʀ/ /TABLE 22/ VT INDIR ♦ **provenir de** (= *venir de*) to be from; (= *résulter de*) to be the result of; **je me demande d'où provient sa fortune** I wonder where he got his money from

proverbe /pʀɔvɛʀb/ NM proverb; **comme dit le ~** as the saying goes

proverbial, e (*mpl* **-iaux**) /pʀɔvɛʀbjal, jo/ ADJ proverbial

providence /pʀɔvidɑ̃s/ NF (*Rel*) providence

providentiel, -ielle /pʀɔvidɑ̃sjɛl/ ADJ providential; **voici l'homme ~** here's the man we need

province /pʀɔvɛ̃s/ NF (= *région*) province; **Paris et la ~** Paris and the provinces; **vivre en ~** to live in the provinces; **ville de ~** provincial town

provincial, e (*mpl* **-iaux**) /pʀɔvɛ̃sjal, jo/ ADJ, NM,F provincial; **les provinciaux** people who live in the provinces

proviseur /pʀɔvizœʀ/ NM [*de lycée*] principal

provision /pʀɔvizjɔ̃/ NF ⓐ (= *réserve*) [*de vivres, cartouches, eau*] supply; **faire (une) ~ de** [+ *nourriture, papier*] to stock up with ⓑ (= *vivres*) **~s** provisions; **faire ses ~s** to go shopping for groceries; **faire des ~s pour l'hiver** to stock up with food for the winter; **filet/panier à ~s** shopping bag/basket

provisionnel, -elle /pʀɔvizjɔnɛl/ ADJ **tiers ~** provisional payment (*towards one's income tax*) → **IMPÔTS**

provisoire /pʀɔvizwaʀ/ 1 ADJ [*mesure, solution, installation*] temporary; [*gouvernement*] interim (*avant le nom*); **à titre ~** temporarily 2 NM **c'est du ~** it's a temporary arrangement

provisoirement /pʀɔvizwaʀmɑ̃/ ADV (= *momentanément*) temporarily; (= *pour l'instant*) for the time being

provocant, e /pʀɔvɔkɑ̃, ɑ̃t/ ADJ provocative

provocateur, -trice /pʀɔvɔkatœʀ, tʀis/ 1 ADJ provocative 2 NM agitator

provocation /pʀɔvɔkasjɔ̃/ NF ⓐ (= *défi*) provocation; **il l'a fait par pure ~** he did it just to be provocative; **il a multiplié les ~s à l'égard des autorités** he has increasingly tried to provoke the authorities ⓑ **~ à la haine raciale** incitement to racial hatred

provoquer /pʀɔvɔke/ /TABLE 1/ VT ⓐ (= *défier*) to provoke; **~ qn en duel** to challenge sb to a duel; **elle aime ~ les hommes** she likes to provoke men ⓑ (= *causer*) to cause; [+ *réaction, changement d'attitude*] to bring about; [+ *colère, curiosité*] to arouse; [+ *accouchement*] to induce; **l'accident a provoqué la mort de six personnes** six people were killed in the accident

proxénète /pʀɔksenɛt/ NMF procurer

proxénétisme /pʀɔksenetism/ NM procuring

proximité /pʀɔksimite/ NF ⓐ (*dans l'espace*) proximity; **de ~** (*emploi, services*) community-based; **commerce de ~** local shop (*Brit*) *ou* store (*US*); **il faut développer les services de ~** we need to develop local community-based services ♦ **à proximité** nearby; **à ~ de** close to ⓑ (*dans le temps*) closeness; **à cause de la ~ des élections** because the elections are so close

prude /pʀyd/ 1 ADJ prudish 2 NF prude

prudemment /pʀydamɑ̃/ ADV [*conduire*] carefully; [*avancer, répondre*] cautiously

prudence /pʀydɑ̃s/ NF caution; **~ ! ça glisse** careful! it's slippery; **faire preuve de ~** to be cautious

prudent, e /pʀydɑ̃, ɑ̃t/ ADJ ⓐ careful; **soyez ~ !** take care!; (*sur la route*) drive carefully!; **soyez plus ~ à l'avenir** be more careful in future ⓑ (= *sage*) sensible; **il serait ~ d'écrire** it would be wise to write; **ce n'est pas ~** it's not advisable; **c'est plus ~** it's wiser; **il jugea plus ~ de se taire** he thought it wiser to keep quiet

prud'homme /pʀydɔm/ NM **les ~s** ≈ industrial tribunal (*Brit*), ≈ labor relations board (*US*) (*with wide administrative and advisory powers*)

prune /pʀyn/ 1 NF (= *fruit*) plum; (= *alcool*) plum brandy; **pour des ~s*** for nothing 2 ADJ INV plum-coloured (*Brit*) *ou* plum-colored (*US*)

pruneau (*pl* **pruneaux**) /pʀyno/ NM ⓐ (= *fruit sec*) prune ⓑ (= *balle*)* slug*

prunelle /pʀynɛl/ NF ⓐ (= *fruit*) sloe ⓑ (= *pupille*) pupil; (= *œil*) eye

prunier /pʀynje/ NM plum tree

prurit /pʀyʀit/ NM itching

Prusse /pʀys/ NF Prussia

PS /peɛs/ NM (ABBR = **parti socialiste**) *French political party*

psalmodier /psalmɔdje/ /TABLE 7/ VI to chant

psaume /psom/ NM psalm

pseudo- /psødo/ PRÉF pseudo-

pseudonyme /psødɔnim/ NM [*d'écrivain*] pen name; [*de comédien*] stage name

psy * /psi/ 1 ADJ psychological 2 NMF (ABBR = **psychiatre, psychologue, psychothérapeute, psychanalyste**) **il va chez son ~ toutes les semaines** he goes to see his shrink* every week 3 NF ABBR = **psychologie, psychiatrie**

psychanalyse /psikanaliz/ NF psychoanalysis; **il fait une ~** he's in analysis

psychanalyser /psikanalize/ /TABLE 1/ VT to psychoanalyze

psychanalyste /psikanalist/ NMF psychoanalyst

psychanalytique /psikanalitik/ ADJ psychoanalytical

psychédélique /psikedelik/ ADJ psychedelic

psychiatre /psikjatʀ/ NMF psychiatrist

psychiatrie /psikjatʀi/ NF psychiatry

psychiatrique /psikjatʀik/ ADJ psychiatric

psychique /psiʃik/ ADJ psychological

psychisme /psiʃism/ NM psyche

psychologie /psikɔlɔʒi/ NF psychology; **la ~ de l'enfant** child psychology; **il faut faire preuve de ~** you have to have good insight into people; **il manque complètement de ~** he's got absolutely no insight into people

psychologique /psikɔlɔʒik/ ADJ psychological; **c'est ~ !** it's all in the mind!

psychologiquement /psikɔlɔʒikmɑ̃/ ADV psychologically

psychologue /psikɔlɔg/ 1 ADJ (= *intuitif*) **il est/il n'est pas très ~** he's very/he's not very perceptive about people 2 NMF psychologist; **~ scolaire** educational psychologist

psychométrique /psikɔmetʀik/ ADJ psychometric

psychomoteur, -trice /psikɔmɔtœʀ, tʀis/ ADJ psychomotor

psychopathe /psikɔpat/ NMF psychopath; **tueur ~** psychopathic killer

psychopédagogie /psikopedagɔʒi/ NF educational psychology

psychose /psikoz/ NF (*Psych*) psychosis; (= *obsession*) obsessive fear; **~ collective** collective hysteria

psychosomatique /psikosɔmatik/ ADJ psychosomatic

psychothérapeute /psikoteʀapøt/ NMF psychotherapist

psychothérapie /psikoteʀapi/ NF psychotherapy; **suivre une ~** to undergo a course of psychotherapy

psychotique /psikɔtik/ ADJ, NMF psychotic

pu /py/ ptp de **pouvoir**

puant, e * /pɥɑ̃, ɑ̃t/ ADJ [*personne, attitude*] arrogant; **c'est un type ~** he's an arrogant creep*

puanteur /pɥɑ̃tœʀ/ NF stink

pub¹ /pœb/ NM (= *bar*) pub

pub²* /pyb/ NF (= *annonce*) ad*; (*Ciné, TV*) commercial; **la ~** (*métier*) advertising; **faire de la ~ pour qch** (*Commerce*) to advertise sth; (= *inciter à acheter qch*) to give sth a plug*; **ça lui a fait de la ~** it brought him a lot of attention; **coup de ~** publicity stunt

pubère /pybeʀ/ ADJ pubescent

puberté /pybeʀte/ NF puberty

public, -ique /pyblik/ 1 ADJ ⓐ (= *non privé*) public; **danger ~** public danger; **ennemi ~** public enemy; **homme ~** public figure

ⓑ (= *de l'État*) [*services, secteur, finances*] public; [*école, instruction*] State (*avant le nom*), public (*US*)

2 NM ⓐ (= *population*) **le ~** the (general) public; **« interdit au ~ »** "no admittance to the public"

ⓑ (= *audience, assistance*) audience; **le ~ parisien est très exigeant** Paris audiences are very demanding; **ce livre s'adresse à un vaste ~** this book aims at a wide readership; **cet acteur a son ~** this actor has his fans; **en ~** in public; **le grand ~** the general public; **appareils électroniques grand ~** consumer electronics; **film grand ~** film with mass ap-

peal; **être bon/mauvais ~** to be easy/hard to please

ⓒ (= *secteur*) **le ~** the public sector

publication /pyblikasjɔ̃/ NF (= *action*) publishing; (= *écrit publié*) publication; **~ assistée par ordinateur** desktop publishing

publiciste /pyblisist/ NMF (= *publicitaire*) advertising executive

publicitaire /pyblisiteʀ/ 1 ADJ [*budget, affiche, agence, campagne*] advertising; **annonce ~** advertisement; **matériel ~** publicity material 2 NMF advertising executive

publicité /pyblisite/ NF ⓐ (= *méthode, profession*) advertising; **il travaille dans la ~** he's in advertising; **faire de la ~ pour qch** (*Commerce*) to advertise sth; (= *inciter à acheter*) to plug sth*; **il sait bien faire sa propre ~** he's good at selling himself; **oui, ma ~*** yes, pet* ⓑ (*Informatique*) silicon chip; **~ électronique** microchip

ⓑ (= *annonce*) advertisement; (*Ciné, TV*) commercial

ⓒ (= *révélations*) publicity; **on a fait trop de ~ autour de cette affaire** this affair has been given too much publicity

publier /pyblije/ /TABLE 7/ VT to publish; **~ un communiqué** to release a statement (**au sujet de** about)

publiphone ® /pyblifɔn/ NM public telephone

publipostage /pyblipɔstaʒ/ NM mailshot

publiquement /pyblikmɑ̃/ ADV publicly

puce /pys/ NF ⓐ (= *animal*) flea; **ça m'a mis la ~ à l'oreille** that got me thinking; **le marché aux ~s** *ou* **les ~s** the flea market; **oui, ma ~*** yes, pet* ⓑ (*Informatique*) silicon chip; **~ électronique** microchip

puceau * (*pl* **puceaux**) /pyso/ ADJ M **être ~** to be a virgin

pucelle †† /pysel/ NF virgin; **la Pucelle d'Orléans** the Maid of Orleans

puceron /pys(ə)ʀɔ̃/ NM aphid

pudding /pudiŋ/ NM *close-textured fruit sponge*

pudeur /pydœʀ/ NF ⓐ (*concernant le corps*) modesty; **elle n'a aucune ~** she has no modesty; **expliquer qch sans fausse ~** to explain sth quite openly ⓑ (= *délicatesse*) sense of propriety

pudibond, e /pydibɔ̃, ɔ̃d/ ADJ prim and proper

pudique /pydik/ ADJ ⓐ (= *chaste*) [*personne*] modest ⓑ (= *discret*) [*allusion*] discreet; **un terme ~ pour désigner ...** a euphemism for ...

pudiquement /pydikmɑ̃/ ADV ⓐ (= *chastement*) modestly ⓑ (= *avec tact, par euphémisme*) discreetly; **cela désigne ~ ...** it's a euphemism for ...

puer /pɥe/ /TABLE 1/ VTI to stink; **ça pue !** it stinks!; **ça pue l'argent** it stinks of money

puéricultrice /pɥeʀikyltʀis/ NF (*dans une crèche*) nursery nurse

puériculture /pɥeʀikyltyʀ/ NF infant care; (*dans une crèche*) nursery nursing

puéril, e /pɥeʀil/ ADJ puerile

puérilement /pɥeʀilmɑ̃/ ADV childishly

puérilité /pɥeʀilite/ NF (= *caractère*) childishness; (= *acte*) childish behaviour (*Brit*) *ou* behavior (*US*) (*NonC*)

pugilat /pyʒila/ NM fist fight

puis /pɥi/ ADV then; (= *en outre*) **et ~** and besides; **et ~ ensuite** *ou* **après** and then; **et ~ après tout** and after all; **et ~ quoi ?** (= *quoi d'autre*) and then what?; (= *et alors ?*) so what?*; **et ~ quoi encore ?** (= *tu exagères*) whatever next?

puiser /pɥize/ /TABLE 1/ VT [+ *eau*] to draw (**dans** from); [+ *exemple, inspiration*] to draw (**dans** from); **les deux auteurs ont puisé aux mêmes sources** the two authors drew on the same sources; **~ dans ses économies** to dip into one's savings

puisque /pɥisk(ə)/ CONJ since; **ça doit être vrai, puisqu'il le dit** it must be true since he says so; **~ vous êtes là, venez m'aider** since you're here come and help me; **~ c'est comme ça, je ne viendrai plus !** if that's how it is, I won't come anymore!; **~ je te le dis !** I'm telling you!; **~ je te dis que c'est vrai !** I'm telling you it's true!

puissamment /pɥisamɑ̃/ ADV (= *fortement*) powerfully; ~ **raisonné !** (*iro*) what brilliant reasoning! (*iro*)

puissance /pɥisɑ̃s/ 1 NF (a) (= *force*) strength (b) (*Élec, Physique, Math*) power; ~ **en watts** wattage; **10 ~ 4** 10 to the power of 4; ~ **de calcul** computing capacity; ~ **de traitement** processing capacity; **bombe de faible ~** low-power bomb (c) (= *capacité*) power; **la ~ d'évocation de la musique** the evocative power of music; **la ~ d'attraction de la capitale** the pull of the capital; **avoir une grande ~ de travail** to have a great capacity for work (d) (= *pouvoir, pays*) power; **grande ~** superpower; **la première ~ économique mondiale** the world's leading economic power (e) ◆ **en puissance** [*délinquant, dictateur*] potential; **c'est là en ~** it is potentially present; **monter en ~** [*idée, théorie*] to gain ground; **montée en ~** [*de pays, mouvement, personne*] increase in power; [*de secteur*] increase in importance

2 COMP ◆ **puissance fiscale** engine rating ◆ **la puissance publique** the public authorities

puissant, e /pɥisɑ̃, ɑ̃t/ 1 ADJ powerful 2 NM **les ~s** the powerful

puisse /pɥis/ VB → **pouvoir**

puits /pɥi/ NM [*d'eau, pétrole*] well; (*Mines, Constr*) shaft ◆ **puits de mine** mine shaft ◆ **puits de pétrole** oil well ◆ **puits de science** fount of knowledge

pull /pyl/, **pull-over** (*pl* **pull-overs**) /pylɔvɛʀ/ NM pullover

pulluler /pylyle/ /TABLE 1/ VI (= *grouiller*) to swarm; [*erreurs, contrefaçons*] to abound

pulmonaire /pylmɔnɛʀ/ ADJ [*maladie*] pulmonary

pulpe /pylp/ NF pulp

pulpeux, -euse /pylpø, øz/ ADJ [*lèvres*] full; [*femme*] curvaceous

pulsation /pylsasjɔ̃/ NF pulsation; ~**s (du cœur)** (= *rythme cardiaque*) heartbeat; (= *battements*) heartbeats

pulsion /pylsjɔ̃/ NF drive; ~**s sexuelles** sexual urges; ~ **de mort** death wish; ~ **meurtrière** murderous impulse

pulvérisateur /pylveʀizatœʀ/ NM (*à parfum*) spray; (*pour médicament*) vaporizer

pulvériser /pylveʀize/ /TABLE 1/ VT (a) (= *broyer*) to reduce to powder (b) [+ *liquide, insecticide*] to spray (c) (= *anéantir*) [+ *adversaire*] to demolish; [+ *record*] to smash*; **le bâtiment a été pulvérisé par l'explosion** the building was reduced to rubble by the explosion

puma /pyma/ NM puma

punaise /pynɛz/ NF (a) (= *animal*) bug; ~ **!*** well! (b) (= *clou*) drawing pin (*Brit*), thumbtack (*US*)

punch[1] /pɔ̃ʃ/ NM (= *boisson*) punch

punch[2] /pœnʃ/ NM (= *énergie*) punch; **avoir du ~** [*personne*] to have a lot of get up and go; **manquer de ~** to lack dynamism

punching-ball (*pl* **punching-balls**) /pœnʃiŋbol/ NM punchball; **je lui sers de ~** he uses me as a punching bag

punir /pyniʀ/ /TABLE 2/ VT to punish; **il a été puni de son imprudence** he suffered for his recklessness; **ce crime est puni par la loi** this crime is punishable by law; **ce crime est puni de mort** this crime is punishable by death

punitif, -ive /pynitif, iv/ ADJ **expédition punitive** [*d'armée, rebelles*] punitive raid; [*de criminels, gang*] revenge killing

punition /pynisjɔ̃/ NF punishment (**de qch** for sth); **avoir une ~** [*élève*] to be given a punishment; **pour ta ~** as a punishment

punk /pœ̃k/ ADJ INV, NMF punk

pupille /pypij/ 1 NF [*de oeil*] pupil 2 NMF (= *enfant*) ward; ~ **de l'État** child in local authority care; ~ **de la Nation** war orphan

pupitre /pypitʀ/ NM [*de professeur*] desk; [*de musicien*] music stand; [*de piano*] music rest; [*de chef d'orchestre*] rostrum

pur, e /pyʀ/ 1 ADJ pure; [*vin*] undiluted; [*whisky, gin*] straight; [*ciel*] clear; ~ **fruit** [*confiture*] real fruit; ~ **beurre** [*gâteau*] all butter; **un ~ produit de la bourgeoisie** a typical product of the middle class; **l'air ~ de la campagne** the fresh country air; **elle parle un français très ~** she speaks very pure French; **c'est de la folie ~e** it's utter madness; **c'était du racisme ~ et simple** *ou* **c'était du racisme à l'état ~** it was plain racism; **cela relève de la ~e fiction** it's pure fiction; **c'est une question de ~e forme** it's purely a question of form; **c'est par ~ hasard que je l'ai vu** I saw it by sheer chance; **en ~e perte** for absolutely nothing; **par ~e ignorance** out of sheer ignorance; ~ **et dur** (*Politique*) hardline

2 NM,F (*Politique*) ~ **(et dur)** hard-liner

purée /pyʀe/ NF purée; ~ **(de pommes de terre)** mashed potatoes; ~ **de marrons/de tomates** chestnut/tomato purée; **c'est de la ~ de pois** (= *brouillard*) it's murky fog; **~, je l'ai oublié !*** darn*, I forgot!

purement /pyʀmɑ̃/ ADV purely; ~ **et simplement** purely and simply

pureté /pyʀte/ NF purity; [*d'air, eau, son*] pureness; (= *perfection*) [*de traits*] perfection; [*de voix*] clarity

purgatif, -ive /pyʀgatif, iv/ 1 ADJ purgative 2 NM purge

purgatoire /pyʀgatwaʀ/ NM purgatory

purge /pyʀʒ/ NF (*Méd, Politique*) purge; [*de conduite*] draining; [*de freins, radiateur*] bleeding

purger /pyʀʒe/ /TABLE 3/ VT (a) (= *vidanger*) to bleed (b) (*Droit*) [+ *peine*] to serve

purification /pyʀifikasjɔ̃/ NF purification; ~ **ethnique** ethnic cleansing

purifier /pyʀifje/ /TABLE 7/ 1 VT to purify; [+ *métal*] to refine 2 VPR **se purifier** to cleanse o.s.

purin /pyʀɛ̃/ NM slurry

puriste /pyʀist/ ADJ, NMF purist

puritain, e /pyʀitɛ̃, ɛn/ 1 ADJ puritanical 2 NM,F puritan

puritanisme /pyʀitanism/ NM puritanism

pur-sang /pyʀsɑ̃/ NM INV thoroughbred

purulent, e /pyʀylɑ̃, ɑ̃t/ ADJ purulent

pus /py/ NM pus

pusillanime /pyzi(l)lanim/ ADJ (*littér*) fainthearted

pustule /pystyl/ NF pustule

putain : /pytɛ̃/ NF (a) (= *prostituée*) whore (b) (*en exclamation*) ~ **!:** bloody hell!: (*Brit*), goddammit!: (*US*); **cette ~ de voiture** (*intensif*) this bloody: (*Brit*) *ou* goddamn: (*US*) car

pute :: /pyt/ NF whore

putois /pytwa/ NM polecat

putréfaction /pytʀefaksjɔ̃/ NF putrefaction

putréfier (se) /pytʀefje/ /TABLE 7/ VPR to go rotten

putride /pytʀid/ ADJ putrid

putsch /putʃ/ NM putsch

puzzle /pœzl/ NM jigsaw

p.-v. * /peve/ NM (ABBR = **procès-verbal**) fine; (*pour stationnement interdit*) parking ticket; (*pour excès de vitesse*) speeding ticket

pygmée /pigme/ ADJ, NMF pygmy

pyjama /piʒama/ NM pyjamas (*Brit*), pajamas (*US*)

pylône /pilon/ NM pylon; ~ **électrique** electricity pylon

pyramidal, e (*mpl* **-aux**) /piʀamidal, o/ ADJ pyramid-shaped; **vente en ~** pyramid selling

pyramide /piʀamid/ NF pyramid; ~ **humaine** human pyramid; **organisation en ~** pyramidal organization

Pyrénées /piʀene/ NFPL **les ~** the Pyrenees

pyrex ® /piʀɛks/ NM Pyrex ®; **assiette en ~** Pyrex dish

pyromane /piʀɔman/ NMF arsonist

pyrotechnique /piʀɔteknik/ ADJ **spectacle ~** fireworks display

python /pitɔ̃/ NM python

Q

Q, q /ky/ NM (= *lettre*) Q, q

qch (ABBR = **quelque chose**) sth

QCM /kyseɛm/ NM (ABBR = **questionnaire à choix multiple**) multiple choice question paper

QG /kyʒe/ NM (ABBR = **quartier général**) HQ

QI /kyi/ NM (ABBR = **quotient intellectuel**) IQ

qn (ABBR = **quelqu'un**) sb

qu' /k/ → **que**

quadra * /k(w)adRa/ NMF (ABBR = **quadragénaire**) person in his (*ou* her) forties; **les ~s** forty somethings*

quadragénaire /k(w)adRaʒeneR/ **1** ADJ (= *de quarante ans*) forty-year-old (*avant le nom*); **il est ~** (= *de quarante à cinquante ans*) he's in his forties **2** NMF forty-year-old man (*ou* woman)

quadriceps /k(w)adRiseps/ NM quadriceps

quadrillage /kadRijaʒ/ NM ⓐ (= *dessin*) [*de papier*] square pattern; [*de tissu*] check pattern ⓑ [*de ville, pays*] covering; **la police a établi un ~ serré du quartier** the area is under tight police control

quadrillé, e /kadRije/ (*ptp de* **quadriller**) ADJ [*papier, feuille*] squared

quadriller /kadRije/ /TABLE 1/ VT [+ *papier*] to mark out in squares; [+ *ville, région*] to comb; **la ville est quadrillée par la police** the town is under police control

quadruple /k(w)adRypl/ **1** ADJ quadruple; **la ~ championne d'Europe** the European champion four times over **2** NM quadruple

quadrupler /k(w)adRyple/ /TABLE 1/ VTI to quadruple

quadruplés, -ées /k(w)adRyple/ (*ptp de* **quadrupler**) NM,F PL quadruplets

quai /ke/ NM [*de port*] quay; [*de gare*] platform; [*de rivière*] bank; (= *route*) riverside road; **être à ~** [*bateau*] to be alongside the quay; [*train*] to be in the station ◆ **le Quai des Orfèvres** police headquarters (*in Paris*) ◆ **le Quai (d'Orsay)** *the French Foreign Office*

> ⓘ **QUAI**
> In French towns, the word **quai** *refers to a street running along the river, and appears in the street name itself. In Paris, some of these street names are used by extension to refer to the famous institutions situated there : the* **Quai Conti** *refers to the* **Académie française**, *the* **Quai des Orfèvres** *to the headquarters of the police force, and the* **Quai d'Orsay** *to the Foreign Office.*

quaker, quakeresse /kwekœR, kwekRes/ NM,F Quaker

qualifiant, e /kalifjã, jãt/ ADJ [*formation*] leading to a qualification

qualificatif, -ive /kalifikatif, iv/ **1** ADJ [*adjectif*] qualifying; **épreuves qualificatives** (*Sport*) qualifying heats **2** NM (*Gram*) qualifier; (= *mot*) term

qualification /kalifikasjɔ̃/ NF ⓐ (*Sport*) **obtenir sa ~** to qualify (**en, pour** for); **épreuves de ~** qualifying heats ⓑ (= *aptitude*) skill; (= *diplôme*) qualification; **~ professionnelle** professional qualification; **sans ~** [*personne*] (= *sans compétence*) unskilled; (= *sans diplômes*) unqualified;

ce travail demande un haut niveau de ~ this is highly skilled work

qualifié, e /kalifje/ (*ptp de* **qualifier**) ADJ ⓐ (= *compétent*) qualified; [*emploi, main-d'œuvre, ouvrier*] skilled; **non ~** [*emploi, main-d'œuvre, ouvrier*] unskilled; **emploi/ouvrier très ~** highly skilled job/worker; **il n'est pas ~ pour ce poste/ gérer le service** he isn't qualified for this post/to manage the department ⓑ (*Sport*) **les joueurs ~s pour la finale** the players who have qualified for the final ⓒ [*vol, délit*] aggravated

qualifier /kalifje/ /TABLE 7/ **1** VT ⓐ [+ *conduite, projet*] to describe (**de** as); **cet accord a été qualifié d'historique** this agreement has been described as historic ⓑ (*Sport*) **le but qui les a qualifiés** the qualifying goal ⓒ [*mot*] to qualify **2** VPR **se qualifier** (*Sport*) to qualify (**pour** for)

qualitatif, -ive /kalitatif, iv/ ADJ qualitative

qualité /kalite/ NF ⓐ [*de marchandise*] quality; **la ~ de (la) vie** the quality of life; **de ~** [*article, ouvrage, spectacle*] quality; **c'est de bonne/mauvaise ~** it's good/poor quality; **article de première ~** top-quality article

ⓑ [*de personne*] (= *vertu*) quality; (= *don*) skill; **~s humaines/personnelles** human/personal qualities; **~s professionnelles** professional skills; **~s de gestionnaire** management skills

ⓒ (= *fonction*) position; **sa ~ de directeur** his position as manager; **en sa ~ de maire** in his capacity as mayor; **en (ma) ~ d'auteur** as an author; **vos nom, prénom et ~** surname, forename *ou* given name (*US*) and occupation

qualiticien, -ienne /kalitisjɛ̃, jɛn/ NM,F quality controller (*Brit*) *ou* controler (*US*)

quand /kã/ **1** CONJ

> ★ *The* **d** *is silent, except before a vowel sound, when it is pronounced* **t**, *eg* **quand elle m'a vu**.

when; **~ ce sera fini, nous irons prendre un café** when it's finished we'll go and have a coffee; **sais-tu de ~ était sa dernière lettre?** do you know when his last letter was written?; **~ je pense que ...!** when I think that ...!; **pourquoi vivre ici ~ tu pourrais avoir une belle maison?** why live here when you could have a beautiful house?; **~ bien même** even if → **même**

2 ADV when; **~ pars-tu?** *ou* **~ est-ce que tu pars?** *ou* **tu pars ~?** when are you leaving?; **dis-moi ~ tu pars** tell me when you're leaving; **c'est pour ~?** (*devoir*) when is it for?; (*rendez-vous*) when is it?; (*naissance*) when is it to be?; **ça date de ~?** (*événement*) when did it take place?; (*lettre*) when was it written?

quant /kã/ ADV **~ à** as for; **~ à moi, je pars** as for me, I'm leaving

quanta /k(w)ãta/ *pl de* **quantum**

quantifier /kãtifje/ /TABLE 7/ VT to quantify

quantitatif, -ive /kãtitatif, iv/ ADJ quantitative

quantitativement /kãtitativmã/ ADV quantitatively

quantité /kãtite/ NF ⓐ (= *nombre, somme*) quantity, amount; (*dans des mesures*) quantity; **la ~ d'eau nécessaire** the amount *ou* quantity of water necessary; **en ~s indus-**

trielles in vast quantities *ou* amounts; **en grande/petite ~** in large/small quantities *ou* amounts; **en ~ suffisante** in sufficient quantities; **considérer qn comme ~ négligeable** to consider sb as totally insignificant
ⓑ (= *grand nombre*) **(une) ~ de** [+ *raisons, personnes*] a lot of; **des ~s de gens croient que ...** a lot of people believe that ...; **~ d'indices révèlent que ...** many signs indicate that ...; **il y a des fruits en ~** fruit is in plentiful supply

quantum /k(w)ɑ̃tɔm/ (*pl* **quanta** /k(w)ɑ̃ta/) NM quantum; **la théorie des quanta** quantum theory

quarantaine /kaʀɑ̃ten/ NF ⓐ (= *âge, nombre*) about forty → **soixantaine** ⓑ (= *isolement*) quarantine; **mettre en ~** [+ *animal, malade, navire*] to put in quarantine; (= *ostraciser*) [+ *personne, pays*] to blacklist

quarante /kaʀɑ̃t/ NOMBRE forty; **les Quarante** *the members of the French Academy*; **un ~-cinq tours** (= *disque*) a single → **soixante**; → ACADÉMIE

quarantième /kaʀɑ̃tjem/ ADJ, NMF fortieth; **les ~s rugissants** the Roaring Forties

quart /kaʀ/ 1 NM ⓐ (= *fraction*) quarter; **un ~ de poulet** a quarter chicken; **un ~ de beurre** 250 g of butter; **un ~ de vin** a quarter-litre carafe of wine; **c'est réglé au ~ de poil*** [*mécanique*] it's perfectly tuned; [*événement*] it's beautifully organized
ⓑ (*dans le temps*) **~ d'heure** quarter of an hour; **3 heures moins le ~** (a) quarter to *ou* of (*US*) 3; **3 heures et ~** *ou* **3 heures un ~** (a) quarter past *ou* after (*US*) 3; **il est le ~/moins le ~** it's (a) quarter past/(a) quarter to; **passer un mauvais** *ou* **sale ~ d'heure** to have a hard time of it; **un ~ de siècle** a quarter of a century
ⓒ (= *veille*) watch; **être de ~** to keep the watch; **de ~** [*homme, matelot*] on watch
2 COMP ◆ **quarts de finale** quarter finals; **être en ~s de finale** to be in the quarter finals ◆ **quart de tour** quarter turn; **démarrer** *ou* **partir au ~ de tour** [*engin*] to start (up) first time; [*personne*]* to have a short fuse; **comprendre au ~ de tour*** to understand straight off*

quarté /k(w)aʀte/ NM *French system of forecast betting on four horses in a race*

quartette /k(w)aʀtet/ NM jazz quartet

quartier /kaʀtje/ 1 NM ⓐ [*de ville*] (= *division administrative*) district; (= *partie*) neighbourhood (*Brit*), neighborhood (*US*); **le ~ chinois** the Chinese quarter; **les ~s (difficiles)** deprived areas; **les vieux ~s de la ville** the old part of the town; **les gens du ~** the local people; **vous êtes du ~ ?** do you live around here?; **le ~ est/ouest de la ville** the east/west end of town; **~ commerçant** shopping area; **le ~ des affaires** the business district; **le Quartier latin** the Latin Quarter
◆ **de quartier** [*cinéma, épicier*] local; **association/maison de ~** community association/centre; **la vie de ~** community life
ⓑ [*de bœuf*] quarter; [*de viande*] large piece; [*de fruit*] piece; **ne pas faire de ~** to give no quarter; **pas de ~ !** show no mercy!
ⓒ (*Mil*) **~(s)** quarters; **avoir ~(s) libre(s)** [*soldat*] to have leave from barracks; [*élèves, touristes*] to be free (for a few hours)
2 COMP ◆ **quartier général** headquarters ◆ **quartier de haute sécurité** [*de prison*] maximum security wing

quart-monde (*pl* **quarts-mondes**) /kaʀmɔ̃d/ NM **le ~** (= *démunis*) the underclass; (= *pays*) the Fourth World

quartz /kwaʀts/ NM quartz

quasi /kazi/ 1 ADV almost 2 PRÉF **quasi(-)** near, quasi-; **~-certitude** near certainty; **~-collision** [*d'avions*] near miss; **la ~-totalité des dépenses** almost all (of) the expenditure

quasiment /kazimɑ̃/ ADV (*dans une affirmation*) practically; **c'est ~ fait** it's as good as done; **~ jamais** hardly ever; **il n'a ~ pas parlé/dormi** he hardly said a word/slept; **je n'y vais ~ plus** I hardly ever go there anymore

quatorze /katɔʀz/ NOMBRE fourteen; **la guerre de ~** the First World War; **le ~ juillet** the Fourteenth of July (*French national holiday*) → **six**; → LE QUATORZE JUILLET

quatorzième /katɔʀzjem/ ADJ INV, NMF fourteenth → **sixième**

quatre /katʀ/ NOMBRE ⓐ four; **aux ~ coins de** in the four corners of; **marcher à ~ pattes** to walk on all fours; **nos amis à ~ pattes** our four-legged friends; **descendre l'escalier ~ à ~** to rush down the stairs four at a time; **entre ~ murs** between four walls
ⓑ (*locutions*) **manger comme ~** to eat like a horse; **un de ces ~ (matins)*** one of these days; **être tiré à ~ épingles** to be dressed up to the nines; **faire les ~ cents coups** to lead a wild life; **faire les ~ volontés de qn** to satisfy sb's every whim; **dire à qn ses ~ vérités** to tell sb a few plain *ou* home truths; **se mettre en ~ pour (aider) qn** to bend over backwards to help sb*; **je n'irai pas par ~ chemins** I'm not going to beat about the bush; **je n'ai pas ~ bras !*** I've only got one pair of hands!; **entre ~ z'yeux*** (= *directement*) face to face; (= *en privé*) in private → **six**

quatre-épices /katʀepis/ NM INV allspice

quatre-heures • /katʀœʀ/ NM INV (= *goûter*) afternoon snack

quatre-quarts /kat(ʀə)kaʀ/ NM INV pound cake

quatre-quatre /kat(ʀə)katʀ/ ADJ INV, NM INV four-wheel drive

quatre-vingt-dix /katʀəvɛ̃dis/ ADJ INV, NM INV ninety

quatre-vingts /katʀəvɛ̃/ ADJ INV, NM INV eighty

quatre-vingt-un /katʀəvɛ̃ɛ̃/ ADJ INV, NM INV eighty-one

quatrième /katʀijem/ 1 ADJ fourth; **le ~ âge** (= *personnes*) the over 75s; **faire qch en ~ vitesse** to do sth at top speed 2 NF (= *vitesse*) fourth gear; (= *classe*) ≈ third year; **~ de couverture** [*de livre*] back cover → **sixième**

quatrièmement /katʀijemmɑ̃/ ADV fourthly

quatuor /kwatɥɔʀ/ NM quartet(te)

---

que /kə/

1	CONJONCTION	**3**	PRONOM RELATIF
2	ADVERBE	**4**	PRONOM INTERROGATIF

▶ **que** *becomes* **qu'** *before a vowel or silent* **h.**

1 CONJONCTION

▶ *Lorsque* **que** *fait partie d'un locution comme* **afin que, dès que,** *reportez-vous à l'autre mot.*

ⓐ completive that

▶ *that introduisant une subordonnée complétive est souvent sous-entendu en anglais.*

elle sait ~ tu es prêt she knows (that) you're ready; **tu crois qu'il réussira ?** do you think he'll succeed?; **je pense ~ oui** I think so; **je pense ~ non** I don't think so; **mais il n'a pas de voiture ! — il dit ~ si** but he has no car! — he says he has

▶ *Avec un verbe de volonté, l'anglais emploie une proposition infinitive. Si le sujet de cette infinitive est un pronom, l'anglais utilise la forme objet du pronom.*

je veux ~ Raoul vienne I want Raoul to come; **j'aimerais qu'il vienne** I would like him to come; **je ne veux pas qu'il vienne** I don't want him to come

ⓑ remplaçant une autre conjonction

▶ *Lorsque* **que** *remplace une conjonction comme* **si, quand, comme, que,** *la conjonction est soit répétée soit omise en anglais.*

si vous êtes sages et qu'il fait beau, nous sortirons if you are good and (if) the weather is fine, we'll go out; **comme la maison est petite et qu'il n'y a pas de jardin ...** as the house is small and there's no garden ...

ⓒ hypothèse whether; **il ira, qu'il le veuille ou non** he'll go whether he wants to or not; **qu'il parte ou qu'il reste, ça m'est égal** whether he leaves or stays, it's all the same to me

ⓓ but **tenez-le, qu'il ne tombe pas** hold him so he doesn't fall

ⓔ |temps| **elle venait à peine de sortir qu'il se mit à pleuvoir** she had no sooner gone out than it started raining; **ils ne se connaissaient pas depuis 10 minutes qu'ils étaient déjà amis** they had only known each other for 10 minutes and already they were friends

ⓕ |souhait| **qu'il se taise!** I wish he would be quiet!; **eh bien, qu'il vienne!** all right, he can come!; **qu'il essaie seulement!** just let him try!

ⓖ |reprenant ce qui vient d'être dit| **~ tu crois!*** that's what you think!; **~ je l'aide? tu plaisantes!** me, help him? you must be joking!; **«viens ici!»** qu'il me crie* "come here", he shouted; **«et pourquoi?»** **~ je lui fais*** "why's that?", I go to him*

ⓗ |locutions|
◆ **que … ne : ils pourraient me supplier ~ je n'accepterais pas** even if they begged me I wouldn't accept; **j'avais déjà fini de déjeuner qu'elle n'avait pas commencé** I'd already finished my lunch and she hadn't even started
◆ **que oui!** yes indeed!; **il était fâché? — ~ oui!** was he angry? — he certainly was!
◆ **que non!** certainly not!; **tu viens? — ~ non!** are you coming? — no I am not!

2 ADVERBE
~ tu es lent! you're so slow!; **~ de voitures!** there's so much traffic!; **~ d'erreurs!** there are so many mistakes!
◆ **qu'est-ce que** (exclamatif) **qu'est-ce qu'il est bête!** he's such an idiot!; **qu'est-ce qu'il joue bien!** doesn't he play well!

3 PRONOM RELATIF
ⓐ |antécédent personne|
▶ *Le pronom relatif* **que** *n'est souvent pas traduit.*

la fille qu'il a rencontrée là-bas the girl he met there; **les enfants que tu vois là-bas** the children you see there
▶ *Lorsque l'on utilise un pronom relatif pour désigner une personne en anglais, il y a trois possibilités :* whom, *qui est d'un registre soutenu,* who *qui n'est pas correct, mais très fréquemment utilisé, et* that.

le philosophe qu'il admirait the philosopher whom he admired; **les ouvriers qu'ils vont licencier** the workers that or who* they're going to sack
ⓑ |antécédent animal ou chose|
▶ *Le pronom relatif* **que** *n'est souvent pas traduit.*

j'ai déjà les livres qu'il m'a offerts I've already got the books he gave me
▶ *Lorsque l'on utilise un pronom relatif pour désigner un animal ou une chose en anglais, il y a deux possibilités :* that *et* which, *qui s'utilise surtout pour les choses.*

le chaton qu'il a trouvé the kitten (that) he found; **la raison qu'il a donnée** the reason (that ou which) he gave
ⓒ |en incise|
▶ *Lorsque la relative est en incise, on n'emploie jamais* that, *mais* which *pour une chose et* who(m) *pour une personne.*

un certain M. Leduc, ~ je ne connais pas, m'a appelé a certain Mr Leduc, who* ou whom I don't know, called me; **la lettre, ~ j'ai postée lundi, est arrivée vendredi** the letter, which I posted on Monday, arrived on Friday
ⓓ |temps| when; **un jour ~ le soleil brillait** one day when the sun was shining
ⓔ |autres| **quel homme charmant ~ votre voisin!** what a charming man your neighbour is!; **tout distrait qu'il est, il s'en est aperçu** absent-minded though he is, he still noticed it; **c'est un inconvénient ~ de ne pas avoir de voiture** it's a disadvantage not to have a car

4 PRONOM INTERROGATIF
what; **qu'fais-tu?** what are you doing?; **qu'en sais-tu?** what do you know about it?
▶ *Dans les cas où il y a un choix, on emploie* which.

~ préfères-tu, de la compote ou un crème caramel? which would you prefer, stewed fruit or crème caramel?

◆ **qu'est-ce que** (interrogatif) what; **qu'est-ce ~ tu fais?** what are you doing?; **qu'est-ce ~ tu préfères, le rouge ou le noir?** which do you prefer, the red one or the black one?
◆ **qu'est-ce qui** what; **qu'est-ce qui l'a mis en colère?** what made him so angry?

Québec /kebek/ **1** N (= *ville*) Quebec (City) **2** NM **le ~** (= *province*) Quebec

ⓘ **QUÉBEC**
Quebec's history as a French-speaking province of Canada has meant that the French spoken there has developed many distinctive characteristics. Since the 1970s, the government of Quebec has been actively promoting the use of French terms instead of Anglicisms in everyday life in order to preserve the Francophone identity of the province, over 80% of whose inhabitants have French as their mother tongue. → |LA RÉVOLUTION TRANQUILLE|
▷ www.ville.quebec.qc.ca
▷ www.gouv.qc.ca

québécisme /kebesism/ NM *expression or word used in Quebec*

québécois, e /kebekwa, waz/ **1** ADJ Quebec; **le Parti ~** the Parti Québécois **2** NM Quebec French **3** NM,F **Québécois(e)** Québécois

quel, quelle /kɛl/ **1** ADJ ⓐ (*interrog*) (*être animé*) who; (*chose*) what; **~ est cet auteur?** who is that author?; **quelles ont été les raisons de son départ?** what were the reasons for his leaving?; **j'ignore ~ est l'auteur de ces poèmes** I don't know who wrote these poems
ⓑ (*interrog discriminatif*) which; **~ acteur préférez-vous?** which actor do you prefer?; **~ est le vin le moins cher des trois?** which wine is the cheapest of the three?
ⓒ (*excl*) what; **quelle surprise!** what a surprise!; **~ courage!** what courage!; **~ imbécile je suis!** what a fool I am!; **~ (sale) temps!** what rotten weather!
ⓓ (*relatif*) (*être animé*) whoever; (*chose*) whatever; (*discriminatif*) whatever; **quelle que soit votre décision, écrivez-nous** write to us whatever you decide; **quelles que soient les conséquences** whatever the consequences may be; **quelle que soit la personne qui vous répondra** whoever answers you; **les hommes, ~s qu'ils soient** all men, irrespective of who they are
2 PRON INTERROG which; **de tous ces enfants, ~ est le plus intelligent?** of all these children, which is the most intelligent?; **des deux solutions quelle est celle que vous préférez?** of the two solutions, which do you prefer?

quelconque /kɛlkɔ̃k/ ADJ ⓐ (= *n'importe quel*) **une lettre envoyée par un ami ~** a letter sent by some friend or other; **choisis un stylo ~ parmi ceux-là** choose any one of those pens; **pour une raison ~** for some reason
ⓑ (= *moindre*) **il n'a pas manifesté un désir ~ d'y aller** he didn't show the slightest desire to go; **avez-vous une ~ idée de l'endroit où ça se trouve?** have you any idea where it might be?
ⓒ (= *médiocre*) poor; **c'est quelqu'un de très ~** (*laid*) he's not very good-looking at all; (*ordinaire*) he's a very ordinary sort of person

quelque /kɛlk(ə)/

| **1 ADJECTIF INDÉFINI** | **2 ADVERBE** |

1 ADJECTIF INDÉFINI
ⓐ |au singulier| some; **il habite à ~ distance d'ici** he lives some distance from here; **j'ai ~ peine à croire cela** I find that rather difficult to believe
◆ **quelque temps** a while; **dans ~ temps** in a while; **attendre ~ temps** to wait a while
◆ **quelque chose** something; **~ chose d'extraordinaire** something extraordinary; **~ chose d'autre** something else; **puis-je faire ~ chose pour vous?** is there something I can do for you?; **il a ~ chose** (*qui ne va pas*) (*maladie*) there's something wrong with him; (*ennuis*) there's something the matter with him; **vous prendrez bien ~ chose** do have

something to drink; **il y est pour ~ chose** he has got something to do with it; **ça y est pour ~ chose** it has got something to do with it; **il y a ~ chose comme une semaine** something like a week ago; **je t'ai apporté un petit ~ chose** I've brought you a little something; **ça m'a fait ~ chose d'apprendre sa mort** I was upset when I heard he had died; **il a plu ~ chose de bien!** it rained like anything!*; **ça alors, c'est ~ chose!** that's a bit too much!

♦ **quelque part** somewhere; **je vous ai déjà vue ~ part** I've seen you somewhere; **posez votre paquet ~ part dans un coin** put your parcel down in a corner somewhere

♦ **quelque ... que** (*frm*) whatever; **de ~ façon que l'on envisage le problème** whatever way you look at the problem; **il veut l'acheter, à ~ prix que ce soit** he wants to buy it no matter how much it costs

♦ **en quelque sorte** (= *pour ainsi dire*) as it were; (= *d'une certaine manière*) in a way; **le liquide s'était en ~ sorte solidifié** the liquid had solidified as it were; **on pourrait dire en ~ sorte que ...** you could say in a way that ...

ⓑ **au pluriel** quelques a few; **M. Dupont va vous dire ~s mots** Mr Dupont is going to say a few words to you; **~s milliers** a few thousand; **il ne peut rester que ~s instants** he can only stay for a few moments; **~s autres** a few others

♦ **et quelques** *: **20 kg et ~s** a bit* over 20kg; **il doit être trois heures et ~s** it must be a bit* after three

♦ **les quelques** : **les ~s enfants qui étaient venus** the few children who had come; **les ~s centaines de personnes qui lisent ses romans** the few hundred people who read his novels

2 ADVERBE

= **environ** about; **il y a ~ 20 ans qu'il enseigne ici** he has been teaching here for about 20 years; **ça a augmenté de ~ 50 euros** it's gone up by about 50 euros

♦ **quelque peu** rather; **~ peu déçu** rather disappointed

quelquefois /kɛlkəfwa/ ADV sometimes

quelques-uns, -unes /kɛlkəzœ̃, yn/ PRON INDÉF PL some; **~ de nos lecteurs/ses amis** some of our readers/his friends

quelqu'un /kɛlkœ̃/ PRON INDÉF ⓐ somebody, someone; (*avec interrog*) anybody, anyone; **~ d'autre** somebody *ou* someone else; **c'est ~ de sûr/d'important** he's a reliable/an important person; **Claire, c'est ~ de bien** Claire is a nice person; **il faudrait ~ de plus** we need one more person; **~ pourrait-il répondre ?** could somebody answer?; **il y a ~ ?** is there anybody there? ⓑ (*intensif*) **c'est vraiment ~ cette fille** that girl's really something else*; **c'est ~ (d'important) dans le monde du cinéma** she's really somebody in cinema

quémander /kemɑ̃de/ /TABLE 1/ VT to beg for

qu'en-dira-t-on /kɑ̃diRatɔ̃/ NM INV (= *commérage*) **le ~** gossip

quenelle /kənɛl/ NF quenelle

quéquette * /keket/ NF (*langage enfantin*) willy* (*Brit*), peter* (*US*)

querelle /kəʀɛl/ NF ⓐ (= *dispute*) quarrel; **~ d'amoureux** lovers' tiff ⓑ (= *polémique*) dispute (**sur** over, about)

quereller (se) /kəʀele/ /TABLE 1/ VPR to quarrel

question /kɛstjɔ̃/ NF ⓐ (= *demande*) question; **~ piège** (*d'apparence facile*) trick question; (*pour nuire à qn*) loaded question; **~ subsidiaire** tiebreaker; **évidemment! cette ~!** *ou* **quelle ~!** obviously! what a question!; **c'est la ~ à mille euros** * (*interrogation*) it's the sixty-four thousand dollar question*
ⓑ (= *problème*) question; **~s économiques/sociales** economic/social questions; **pour des ~s de sécurité/ d'hygiène** for reasons of security/hygiene; **~ d'actualité** topical question; **la ~ est de savoir si ...** the question is whether ...; **la ~ n'est pas là** *ou* **là n'est pas la ~** that's not the point; **c'est toute la ~** that's the big question; **c'est une ~ de temps/d'habitude** it's a question of time/of habit; **c'est une ~ de principe** it's a matter of principle; **« autres ~s »** (*ordre du jour*) "any other business"
ⓒ (= *en ce qui concerne*)* **~ argent** as far as money goes; **~ bêtise, il se pose là!** he's a prize idiot!; **~ cuisine, elle est**

nulle when it comes to cooking, she's useless*
ⓓ (*avec poser, se poser*) **poser une ~ à qn** to ask sb a question; **la ~ me semble mal posée** I think the question is badly put; **poser la ~ de confiance** (*Politique*) to ask for a vote of confidence; **la ~ qui se pose est ...** the question is ...; **il y a une ~ que je me pose** there's one thing I'd like to know; **je me pose la ~** that's what I'm wondering; **il commence à se poser des ~s** he's beginning to wonder; **il l'a fait sans se poser de ~s** he did it without a second thought
ⓔ **de quoi est-il ~ ?** what is it about?; **il fut d'abord ~ du budget** they spoke about the budget; **il est ~ de lui comme ministre** *ou* **qu'il soit ministre** there's some question of his being a minister; **il n'est pas ~ que nous renoncions/de renoncer** there's no question of our giving up/of giving up; **il n'en est pas ~ !** that's out of the question!; **moi y aller ? pas ~ !*** me go? no way!*; **c'est hors de ~** it is out of the question
ⓕ ♦ **en question** (= *dont on parle*) in question; **mettre** *ou* **remettre en ~** [+ *autorité, théorie, compétence, honnêteté, pratique*] to question; **cela remet sa compétence en ~** this puts a question mark over his competence; **le projet est sans cesse remis en ~** the project is continually being called into question; **il faut se remettre en ~ de temps en temps** it's important to take a good look at oneself from time to time; **elle ne se remet jamais en ~** she never questions herself

questionnaire /kɛstjɔnɛʀ/ NM questionnaire; **~ à choix multiple** multiple choice question paper

questionnement /kɛstjɔnmɑ̃/ NM questioning

questionner /kɛstjɔne/ /TABLE 1/ VT (= *interroger*) to question

quête /kɛt/ NF ⓐ (= *collecte*) collection; **faire la ~** (*à l'église*) to take the collection; [*artiste de rue*] to go round with the hat; [*association caritative*] to collect for charity
ⓑ **se mettre en ~ de** to go in search of; [+ *appartement, travail*] to start looking for

quetsche /kwɛtʃ/ NF *kind of dark purple plum*

queue /kø/ 1 NF ⓐ [*d'animal, avion, comète, lettre, note*] tail; [*de classement*] bottom; [*de casserole, poêle*] handle; [*de feuille, fruit, fleur*] stalk; [*de colonne, train*] rear; **en ~ de phrase** at the end of the sentence; **en ~ de liste** at the bottom of the list; **être en ~ de peloton** to be at the back of the pack; (*fig*) to be lagging behind; **en ~ (de train)** at the rear of the train
ⓑ (= *file de personnes*) queue (*Brit*), line (*US*); **faire la ~** to queue (up) (*Brit*), to stand in line (*US*); **il y a trois heures de ~** there's a three-hour queue (*Brit*) *ou* line (*US*); **mettez-vous à la ~** join the queue (*Brit*) *ou* line (*US*)
ⓒ (= *pénis*)** cock**
ⓓ (*locutions*) **la ~ basse** * *ou* **entre les jambes** * with one's tail between one's legs; **à la ~ leu leu** [*arriver, marcher*] in single file; **histoire sans ~ ni tête** * cock-and-bull story
2 COMP ♦ **queue de billard** billiard cue ♦ **queue de cheval** ponytail ♦ **queue de poisson** : **faire une ~ de poisson à qn** to cut in front of sb; **finir en ~ de poisson** to come to an abrupt end

queue-de-pie (*pl* **queues-de-pie**) /kød(ə)pi/ NF (= *habit*) tail coat

---

qui /ki/

1 PRONOM INTERROGATIF	**2 PRONOM RELATIF**

► *Pour les proverbes commençant par* **qui**, *reportez-vous aussi à l'autre mot.*

1 PRONOM INTERROGATIF
ⓐ **sujet**

► *Lorsque* **qui** *ou* **qui est-ce qui** *sont sujets, ils se traduisent par* **who**.

~ l'a vu ? who saw him?; **~ manque ?** who's not here?

► *Notez l'emploi de* **which** *lorsqu'il y a choix entre plusieurs personnes.*

~ d'entre eux saurait? which of them would know?; **~, parmi les candidats, pourrait répondre?** which of the candidates could reply?

♦ **qui est-ce qui** (*sujet*) who; **~ est-ce ~ l'a vu?** who saw him?; **~ est-ce ~ a téléphoné?** who phoned?

♦ **qui ça?** who?; **on me l'a dit ― ~ ça?** somebody told me ― who?

ⓑ objet

► *Lorsque* **qui** *est objet, il se traduit par* **who** *dans la langue courante et par* **whom** *dans une langue plus soutenue.*

~ a-t-elle vu? who *ou* whom (*frm*) did she see?; **elle a vu ~?*** who did she see?; **je me demande ~ il a invité** I wonder who he has invited

♦ **qui est-ce que?** who?, whom? (*frm*); **~ est-ce qu'il a embrassé?** who did he kiss?

ⓒ avec préposition

► *Notez la place de la préposition en anglais : avec* **who** *et* **whose**, *elle est rejetée en fin de proposition.*

à ~ parlais-tu? who were you talking to?; **à ~ est ce sac?** who does this bag belong to?; **chez ~ allez-vous?** whose house are you going to?; **de ~ parles-tu?** who are you talking about?; **pour ~ ont-ils voté?** who did they vote for?, for whom (*frm*) did they vote?

♦ **c'est à qui?** (*possession*) whose is it?; (= *à qui le tour?*) whose turn is it?

2 PRONOM RELATIF

ⓐ sujet

► *Lorsque* **qui** *est sujet, il se traduit par* **who** *ou* **that** *quand l'antécédent est une personne.*

je connais des gens ~ se plaindraient I know some people who *ou* that would complain; **un homme ~ fait la cuisine** a man who cooks; **j'ai rencontré Luc ~ m'a raconté que ...** I met Luc, who told me that ...; **les amis ~ viennent ce soir sont américains** the friends (who *ou* that are) coming tonight are American; MAIS **moi ~ espérais rentrer tôt!** and there I was thinking I was going to get home early tonight!

► **qui** *sujet se traduit par* **that** *ou* **which** *quand l'antécédent est un animal ou une chose.*

prends le plat ~ est sur la table take the dish that *ou* which is on the table; **il a un perroquet ~ parle** he's got a parrot that *ou* which talks

► *Lorsque la relative est en incise, on n'emploie jamais* **that**.

Tom, ~ travaille à la poste, me l'a dit Tom, who works at the post office, told me; **la table, ~ était en acajou, était très lourde** the table, which was mahogany, was very heavy

ⓑ avec préposition

► *En anglais, le pronom relatif est parfois omis.*

► *Notez la place de la préposition en anglais : avec* **who** *et* **whose**, *elle est rejetée en fin de proposition.*

la personne à ~ j'ai parlé the person I spoke to; **le patron pour ~ il travaille** the employer (that *ou* who) he works for, the employer for whom (*frm*) he works

ⓒ = celui qui anyone who; **ira ~ voudra** anyone who wants to go can go; **pour ~ s'intéresse à la physique, ce livre est indispensable** for anyone who is interested in physics this book is indispensable

♦ **c'est à qui** (= *c'est à celui qui*) **c'est à ~ des deux mangera le plus vite** each tries to eat faster than the other; **c'est à ~ criera le plus fort** each tries to shout louder than the other

♦ **à qui mieux mieux** each one more so than the other; (*crier*) each one louder than the other; (*frapper*) each one harder than the other

♦ **qui de droit** : « **à ~ de droit** » "to whom it may concern"; **je le dirai à ~ de droit** I'll tell anyone it concerns; **je remercierai ~ de droit** I'll thank anyone that thanks are owed to

♦ **qui que ce soit** anybody, anyone; **j'interdis à ~ que ce soit d'entrer ici** I forbid anybody *ou* anyone to come in here

♦ **qui vous savez** : **cela m'a été dit par ~ vous savez** I was told that by you-know-who*

quiche /kiʃ/ NF **~ (lorraine)** quiche (Lorraine)

quick /kwik/ NM **court** *ou* **terrain (de tennis) en ~** hard court

quiconque /kikɔ̃k/ **1** PRON REL (= *celui qui*) whoever; **la loi punit ~ est coupable** the law punishes anyone who is guilty **2** PRON INDÉF (= *n'importe qui, personne*) anyone, anybody; **je le sais mieux que ~** I know better than anyone

quiétude /kjetyd/ NF **en toute ~** with complete peace of mind

quignon /kiɲɔ̃/ NM **~ (de pain)** (= *croûton*) crust of bread; (= *morceau*) hunk of bread

quille /kij/ NF ⓐ (*Jeux*) skittle; **(jeu de) ~s** skittles ⓑ [*de bateau*] keel ⓒ (*arg Mil*) **la ~** demob (*Brit*)

quincaillerie /kɛ̃kajʀi/ NF (= *métier, ustensiles*) hardware; (= *magasin*) hardware shop; (= *bijoux*) cheap jewellery (*Brit*) *ou* jewelry (*US*)

quincaillier, -ière /kɛ̃kaje, jɛʀ/ NM,F hardware dealer

quinconce /kɛ̃kɔ̃s/ NM **en ~** in staggered rows

quinine /kinin/ NF quinine

quinqua* /kɛ̃ka/ NMF (ABBR = **quinquagénaire**) person in his (*ou* her) fifties; **les ~s** fifty somethings*

quinquagénaire /kɛ̃kaʒenɛʀ/ **1** ADJ (= *de 50 ans*) fifty-year-old (*avant le nom*); **il est ~** (= *de 50 à 60 ans*) he is in his fifties **2** NMF fifty-year-old man (*ou* woman)

quinquennal, e (*mpl* **-aux**) /kɛ̃kenal, o/ ADJ five-year (*avant le nom*), quinquennial

quinquennat /kɛ̃kena/ NM (*Politique, de président*) five year term (of office); **au cours de son ~** during his time in office

quinte /kɛ̃t/ NF **~ (de toux)** coughing fit

quinté /kɛ̃te/ NM *French forecast system involving betting on five horses*

quintet /k(ɥ)ɛ̃te/ NM jazz quintet

quintette /k(ɥ)ɛ̃tet/ NM quintet(te)

quintuple /kɛ̃typl/ **1** ADJ [*quantité, rangée, nombre*] quintuple; **en ~ exemplaire/partie** in five copies/parts; **le ~ champion du monde** the world champion five times over **2** NM quintuple (**de** of); **augmenter au ~** to increase fivefold

quintupler /kɛ̃typle/ /TABLE 1/ VTI to increase fivefold

quintuplés, -ées /kɛ̃typle/ (*ptp de* **quintupler**) NM,F PL quintuplets

quinzaine /kɛ̃zɛn/ NF (= *nombre*) about fifteen; (= *deux semaines*) **une ~ (de jours)** two weeks; **~ publicitaire** *ou* **commerciale** two-week sale; **«~ des soldes»** "two-week sale"

quinze /kɛ̃z/ NOMBRE fifteen; **le ~ de France** (*Rugby*) the French fifteen

♦ **quinze jours** two weeks; **dans ~ jours** in two weeks, in a fortnight (*Brit*); **tous les ~ jours** every two weeks

♦ **en quinze** : **demain en ~** a fortnight tomorrow (*Brit*), two weeks from tomorrow (*US*); **lundi en ~** a fortnight on Monday (*Brit*), two weeks from Monday (*US*) → **six**

quinzième /kɛ̃zjɛm/ ADJ, NMF fifteenth → **sixième**

quiproquo /kipʀɔko/ NM ⓐ (= *sur une personne*) mistake; (= *sur un sujet*) misunderstanding; **le ~ durait depuis un quart d'heure** they had been talking at cross-purposes for a quarter of an hour ⓑ (*au théâtre*) case of mistaken identity

quittance /kitɑ̃s/ NF (= *reçu*) receipt; (= *facture*) bill; **~ d'électricité** receipt (*to show one has paid one's electricity bill*); **~ de loyer** rent receipt

quitte /kit/ ADJ **être ~ envers qn** to be all square with sb; **être ~ envers la société** to have paid one's debt to society; **nous sommes ~s** we're quits*; **nous en sommes ~s pour la peur** we got off with a fright

♦ **quitte à** (*idée de risque*) even if it means; ~ **à s'ennuyer, ils préfèrent rester chez eux** they prefer to stay at home even if it means getting bored; ~ **à aller au restaurant, autant en choisir un bon** (*idée de nécessité*) if we're going to a restaurant, we might as well go to a good one

♦ **quitte ou double** (= *jeu*) double or quits; **c'est ~ ou double** (*fig*) it's a big gamble

quitter /kite/ /TABLE 1/ **1** VT ⓐ to leave; **il n'a pas quitté la maison depuis trois jours** he hasn't left the house for three days; **je suis pressé, il faut que je vous quitte** I'm in a hurry so I must leave you; **il a quitté sa femme** he's left his wife; **ne pas ~ la chambre** to be confined to one's room; ~ **l'autoroute à Lyon** to leave the motorway at Lyon; **le camion a quitté la route** the lorry left the road; **il a quitté ce monde** (*euph*) he has departed this world; **si je le quitte des yeux une seconde** if I take my eyes off him for a second; **ne quittez pas** (*au téléphone*) hold on a moment

ⓑ (*Informatique*) to quit

2 VPR **se quitter** [*couple*] to split up; **nous nous sommes quittés bons amis** we parted good friends; **ils ne se quittent pas** they are always together; **nous sommes quittés à 11 heures** we left each other at 11

qui-vive /kiviv/ NM INV **être sur le ~** to be on the alert

quoi /kwa/ PRON ⓐ (*interrog*) what; **de ~ parles-tu ?** *ou* **tu parles de ~ ?*** what are you talking about?; **on joue ~ au cinéma ?*** what's on at the cinema?; **en ~ puis-je vous aider ?** how can I help you?; **en ~ est cette statue ?** what is this statue made of?; **à ~ reconnaissez-vous le cristal ?** how can you tell that something is crystal?; ~ **faire/lui dire ?** what are we going to do/to say to him?; ~ **encore ?** what else?; (*exaspération*) what is it now?; ~ **de neuf ?** what's new?; **à ~ bon ?** what's the use? (**faire** of doing)

ⓑ (*interrog indir*) what; **dites-nous à ~ cela sert** tell us what that's for; **il voudrait savoir de ~ il est question** he would like to know what it's about; **je ne sais ~ lui donner** I don't know what to give him

ⓒ (*relatif*) **je sais à ~ tu fais allusion** I know what you're referring to; **as-tu de ~ écrire ?** have you got a pen?; **ils n'ont même pas de ~ vivre** they haven't even got enough to live on; **il n'y a pas de ~ pleurer** there's nothing to cry about; **ils ont de ~ occuper leurs vacances** they've got enough to occupy them on their holiday; **avoir/emporter de ~ manger** to have/take something to eat → **comme, sans**

ⓓ ~ **qu'il arrive** whatever happens; ~ **qu'il en soit** be that as it may; ~ **qu'on en dise/qu'elle fasse** whatever what people say/she does; **si vous avez besoin de ~ que ce soit** if there's anything you need

ⓔ (*locutions*) ~ **! tu oses l'accuser ?** what! you dare to accuse him!; ~ **? qu'est-ce qu'il a dit ?** (*pour faire répéter*) what was it he said?; **et puis ~ encore !** (*iro*) what next!; **de ~ !*** what's all this nonsense!; **merci beaucoup ! — il n'y a pas de ~** many thanks! — don't mention it; **ils n'ont pas de ~ s'acheter une voiture** they can't afford to buy a car

quoique /kwak(ə)/ CONJ (= *bien que*) although, though; **quoiqu'il soit malade et qu'il n'ait pas d'argent** although *ou* though he is ill and has no money; **je ne pense pas qu'il faisait semblant, ~ ...** I don't think he was pretending, but then again ...

quota /k(w)ɔta/ NM quota

quote-part (*pl* **quotes-parts**) /kɔtpaʀ/ NF share

quotidien, -ienne /kɔtidjɛ̃, jɛn/ **1** ADJ daily; **dans la vie quotidienne** in daily life **2** NM ⓐ (= *journal*) daily paper; **les grands ~s** the big national dailies ⓑ (= *routine*) **le ~** everyday life; **la pratique médicale/l'enseignement au ~** day-to-day medical practice/teaching

quotidiennement /kɔtidjɛnmɑ̃/ ADV every day

quotient /kɔsjɑ̃/ NM quotient; ~ **intellectuel** intelligence quotient

R

rab* /Rab/ NM ⓐ [de nourriture] extra; **est-ce qu'il y a du ~ ?** is there any more?; **qui veut du ~ ?** anyone for seconds? ⓑ [de temps] extra time; **faire du ~** (travail) to do extra time

rabâcher /Rabaʃe/ /TABLE 1/ VT [+ histoire] to keep repeating; **il rabâche toujours la même chose** he keeps going on about the same thing

rabais /Rabɛ/ NM reduction; **faire un ~ de 20 € sur qch to** knock 20 euros off the price of sth
♦ **au rabais** [acheter, vendre] at a reduced price; (péj) [acteur, journaliste] third-rate; **je ne veux pas travailler au ~** I won't work for a pittance

rabaisser /Rabese/ /TABLE 1/ 1 VT ⓐ [+ personne, efforts, talent, travail] to disparage ⓑ [+ prix] to reduce; **il voulait 50 000 € par mois, mais il a dû ~ ses prétentions** he wanted 50,000 euros a month but he had to lower his sights 2 VPR **se rabaisser** to put o.s. down*; **elle se rabaisse toujours** she's always putting herself down; **se ~ devant qn** to humble o.s. before sb

rabat /Raba/ NM [de table, poche, enveloppe] flap

rabat-joie /Rabaʒwa/ NM INV killjoy; **faire le ~** to spoil the fun

rabattable /Rabatabl/ ADJ [siège] folding

rabattre /Rabatr/ /TABLE 41/ 1 VT ⓐ [+ capot, clapet, couvercle] to close; [+ drap] to fold back; [+ col] to turn down; [+ strapontin] (= ouvrir) to pull down; (= fermer) to put up; [+ jupe] to pull down; **le vent rabat la fumée** the wind blows the smoke back down; **il entra, le chapeau rabattu sur les yeux** he came in with his hat pulled down over his eyes; **~ les couvertures** (pour couvrir) to pull the blankets up; (pour découvrir) to throw back the blankets ⓑ [+ gibier] to drive ⓒ (Tricot) **~ des mailles** to cast off ⓓ [+ arbre] to cut back ⓔ ♦ **en rabattre** (de ses prétentions) to climb down; (de ses ambitions) to lower one's sights; (de ses illusions) to lose one's illusions → **caquet**
2 VPR **se rabattre** ⓐ [voiture, coureur] to cut in; **se ~ devant qn** to cut in front of sb ⓑ **se ~ sur** to fall back on ⓒ [porte] to slam shut; **le siège se rabat** the seat folds down

rabbin /Rabɛ̃/ NM rabbi; **grand ~** chief rabbi

rabibocher* /Rabibɔʃe/ /TABLE 1/ 1 VT (= réconcilier) [+ amis, époux] to bring together again 2 VPR **se rabibocher** to make it up

râble /Rabl/ NM **~ de lapin** saddle of rabbit; **tomber ou sauter sur le ~ de qn*** to go for sb*

râblé, e /Rable/ ADJ [homme] stocky

rabot /Rabo/ NM plane; **passer qch au ~** to plane sth down

raboter /Rabɔte/ /TABLE 1/ VT to plane down

rabougri, e /Rabugri/ ADJ (= chétif) [plante, personne] stunted; (= desséché) [plante] shrivelled; [vieillard] wizened

rabrouer /Rabrue/ /TABLE 1/ VT to shout at; **se faire ~** to get shouted at

racaille /Rakaj/ NF riffraff

raccommodage /Rakɔmɔdaʒ/ NM **faire du ~** to do some mending

raccommoder /Rakɔmɔde/ /TABLE 1/ 1 VT to mend 2 VPR **se raccommoder*** [personnes] to make it up

raccompagner /Rakɔ̃paɲe/ /TABLE 1/ VT to take back (à to); **~ qn (chez lui)** to take sb home; **~ qn au bureau en voiture/à pied** to drive sb back/walk back with sb to the office; **~ qn à la gare** to take sb to the station; **~ qn (jusqu')à la porte** to see sb to the door

raccord /Rakɔr/ NM ⓐ [de papier peint] join; **faire un ~ de peinture/de maquillage** to touch up the paintwork/one's makeup; **papier peint sans ~s** random match wallpaper ⓑ (= pièce, joint) link

raccordement /Rakɔrdəmɑ̃/ NM connection; **ils ont fait le ~** (au téléphone) they've connected the phone; (à l'électricité) they've connected the electricity

raccorder /Rakɔrde/ /TABLE 1/ VT to connect (à with, to) **~ qn au réseau** (téléphonique) to connect sb's phone; (électrique) to connect sb to the mains; **quand les deux tuyaux seront raccordés** when the two pipes are connected

raccourci /Rakursi/ NM (= chemin) short cut

raccourcir /Rakursir/ /TABLE 2/ 1 VT to shorten; **j'ai raccourci le chapitre de trois pages** I shortened the chapter by three pages; **ça raccourcit le trajet de 5 km** it knocks 5 km off the journey 2 VI [jours] to grow shorter

raccroc /Rakro/ NM **par ~** (= par hasard) by chance; (= par un heureux hasard) by a stroke of good luck

raccrocher /Rakrɔʃe/ /TABLE 1/ VI ⓐ (au téléphone) to hang up; **~ au nez de qn*** to hang up on sb ⓑ (arg Sport) to retire 2 VT ⓐ [+ vêtement, tableau] to hang back up; [+ combiné] to put down; **j'avais mal raccroché** I hadn't put the receiver down properly; **~ les gants** [boxeur] to hang up one's gloves ⓑ (= relier) [+ wagons, faits] to connect (à to, with) 3 VPR **se raccrocher : se ~ à** [+ branche, rampe] to grab hold of; [+ espoir, personne] to hang on to

race /Ras/ NF ⓐ (= ethnie) race; **la ~ humaine** the human race; **un individu de ~ blanche/noire** a white/black person; **lui et les gens de sa ~** (péj = catégorie) he and people like him ⓑ [d'animaux] breed; **la ~ chevaline** horses; **de ~** pedigree; [cheval] thoroughbred

racé, e /Rase/ ADJ [animal] pedigree; [cheval] thoroughbred; [personne] distinguished; [voiture, voilier, ligne] sleek

rachat /Raʃa/ NM [d'objet que l'on possédait avant] buying back; [d'objet d'occasion] buying; **~ d'entreprise par les salariés** employee buyout; **après le ~ du journal par le groupe** after the group bought the paper back

racheter /Raʃ(ə)te/ /TABLE 5/ 1 VT ⓐ [+ objet que l'on possédait avant] to buy back; [+ nouvel objet] to buy another; [+ pain, lait] to buy some more; [+ objet d'occasion] to buy; [+ entreprise, usine en faillite] to buy out; **je lui ai racheté son vieux vélo** I bought his old bike off him; **j'ai dû ~ du**

tissu I had to buy some more material ⓑ (= *réparer*) [+ *péché, crime*] to atone for; [+ *mauvaise conduite, faute*] to make amends for; **il n'y en a pas un pour ~ l'autre*** they're both as bad as each other

2 VPR **se racheter** [*criminel*] to make amends; **se ~ aux yeux de qn** to redeem o.s. in sb's eyes

rachitique /raʃitik/ ADJ (= *maigre*) puny; [*arbre, poulet*] scraggy

racial, e (*mpl* **-iaux**) /rasjal, jo/ ADJ racial; [*émeutes, relations*] race (*avant le nom*)

racine /rasin/ NF root; **prendre ~** [*plante*] to take root; (= *s'établir*)* to put down roots; (*chez qn, à attendre*)* to take root*; **prendre le mal à la ~** to get to the root of the problem; **je n'ai pas de ~s** I'm rootless; **retrouver ses ~s** to go back to one's roots

racisme /rasism/ NM racism; **~ antijeunes** anti-youth prejudice; **~ antivieux** ageism

raciste /rasist/ ADJ, NMF racist

racket /raket/ NM (= *activité*) racketeering (*NonC*); (= *vol*) racket; **~ scolaire** schoolchildren bullying other children for money etc; **faire du ~** (*contre protection*) to run a protection racket; **c'est du ~!** it's daylight robbery!

racketter /rakete/ /TABLE 1/ VT **~ qn** to extort money from sb; **il se fait ~ à l'école** children bully him into giving them things at school

racketteur /raketœr/ NM racketeer

raclée* /rakle/ NF thrashing; **flanquer une bonne ~ à qn** to give sb a good hiding; **il a pris une bonne ~ aux élections** he got thrashed* in the elections

racler /rakle/ /TABLE 1/ VT to scrape; [+ *fond de casserole*] to scrape out; [+ *tache, croûte, peinture, écailles*] to scrape off; **ce vin racle le gosier** this wine is really rough; **se ~ la gorge** to clear one's throat; **~ la boue de ses semelles** to scrape the mud off one's shoes

raclette /raklet/ NF ⓐ (= *outil*) scraper ⓑ (= *plat*) raclette (*melted cheese served with boiled potatoes*)

racloir /raklwar/ NM scraper

racolage /rakɔlaʒ/ NM soliciting; **faire du ~** to solicit

racoler /rakɔle/ /TABLE 1/ VT to solicit; **~ des clients** [*prostituée*] to solicit for clients

racoleur, -euse /rakɔlœr, øz/ ADJ [*publicité*] eye-catching; [*slogan politique*] vote-catching

racontar /rakɔ̃tar/ NM piece of gossip; **ce ne sont que des ~s!** it's just gossip!

raconter /rakɔ̃te/ /TABLE 1/ 1 VT ⓐ [+ *histoire*] to tell; **~ qch à qn** to tell sb sth; **~ sa vie** to tell one's life story; **il nous a raconté ses malheurs** he told us about his misfortunes; **elle m'a raconté qu'elle t'avait rencontré** she told me that she had met you; **on raconte que ...** people say that ...; **le témoin a raconté ce qui s'était passé** the witness described what had happened; **il raconte bien** he tells a good story; **alors, raconte!** come on, tell me!; **je te raconte pas!*** you wouldn't believe it!
ⓑ (= *dire de mauvaise foi*) **qu'est-ce que tu racontes?** what on earth are you talking about?; **il raconte n'importe quoi** he's talking nonsense; **~ des histoires** to tell stories; **il a été ~ qu'on allait divorcer** he's been telling people we're getting divorced

2 VPR **se raconter** [*écrivain*] to talk about o.s.; **se ~ des histoires** (= *se leurrer*) to lie to o.s.

racorni, e /rakɔrni/ ADJ [*peau, cuir*] hard; [*ratatiné*] shrivelled up

radar /radar/ NM radar; **contrôle ~** (*sur route*) speed check; **il s'est fait prendre au ~** he was caught by a speed trap; **marcher au ~*** to be on automatic pilot*

rade /rad/ NF (= *port*) natural harbour (*Brit*) *ou* harbor (*US*)
♦ en rade [*bateau*] in harbour; **en ~ de Brest** in Brest harbour; **laisser en ~*** [+ *personne*] to leave in the lurch; [+ *projet*] to shelve; **elle est restée en ~*** she was left stranded; **tomber en ~*** to break down

radeau (*pl* **radeaux**) /rado/ NM raft; **~ de sauvetage/ pneumatique** rescue/inflatable raft

radiateur /radjatœr/ NM heater; (*à eau, à huile, de voiture*) radiator; **~ électrique** electric heater; **~ soufflant** fan heater

radiation /radjasjɔ̃/ NF ⓐ (= *rayons*) radiation ⓑ [*de personne*] **on a demandé sa ~ du club** they want to withdraw his club membership

radical, e (*mpl* **-aux**) /radikal, o/ 1 ADJ radical; **une rupture ~e avec les pratiques passées** a complete break with past practices; **essayez ce remède, c'est ~*** try this remedy, it works like a charm 2 NM,F radical

radicalement /radikalmɑ̃/ ADV [*changer, différer, opposé*] radically; [*faux, nouveau*] completely

radicalisation /radikalizasjɔ̃/ NF [*de position*] toughening; [*de revendications*] stepping up; [*de régime, parti*] radicalization

radicaliser /radikalize/ /TABLE 1/ 1 VT [+ *position, politique*] to toughen 2 VPR **se radicaliser** to become more radical

radier /radje/ /TABLE 7/ VT [+ *mention, nom*] to strike off; **il a été radié de l'Ordre des médecins** he has been struck off the medical register

radieux, -ieuse /radjø, jøz/ ADJ radiant; [*journée, temps*] glorious

radin, e* /radɛ̃, in/ 1 ADJ stingy 2 NM,F skinflint

radiner (se) /radine/ /TABLE 1/ VPR (= *arriver*) to turn up; **allez, radine(-toi)!** come on, hurry up!*

radio /radjo/ NF ⓐ (= *poste, radiodiffusion*) radio; **passer à la ~** to be on the radio; **travailler à la ~** to work for a radio station; **message ~** radio message ⓑ (= *station*) radio station; **~ libre** *ou* **locale privée** independent local radio station ⓒ (= *radiographie*) X-ray; **passer une ~** to have an X-ray; **on lui a fait passer une ~** he had an X-ray

radioactif, -ive /radjoaktif, iv/ ADJ radioactive; **déchets faiblement/hautement ~s** low-level/high-level radioactive waste

radioactivité /radjoaktivite/ NF radioactivity

radioamateur /radjoamatœr/ NM radio ham*

radiocassette /radjokaset/ NF cassette radio

radiodiffuser /radjodifyze/ /TABLE 1/ VT to broadcast; **interview radiodiffusée** radio interview

radioélectrique /radjoelektrik/ ADJ radio

radiographie /radjɔgrafi/ NF ⓐ (= *technique*) radiography; **passer une ~** to have an X-ray ⓑ (= *photographie*) X-ray

radiographier /radjɔgrafje/ /TABLE 7/ VT to X-ray

radioguidage /radjogidaʒ/ NM [*d'avions*] radio control; **le ~ des automobilistes** traffic reports for motorists

radioguider /radjogide/ /TABLE 1/ VT to radio-control

radiologie /radjɔlɔʒi/ NF radiology

radiologique /radjɔlɔʒik/ ADJ radiological; **examen ~** X-ray

radiologue /radjɔlɔg/ NMF radiologist

radio-moquette* /radjomɔket/ NF rumours (*Brit*), rumors (*US*)

radiophonique /radjɔfɔnik/ ADJ radio

radio-réveil (*pl* **radio-réveils**) /radjorevej/ NM clock-radio

radio-taxi (*pl* **radio-taxis**) /radjotaksi/ NM radio taxi

radiotélévisé, e /radjotelevize/ ADJ broadcast on radio and television

radiotélévision /radjotelevizjɔ̃/ NF radio and television

radiothérapeute /radjoterapøt/ NMF radiotherapist

radiothérapie /radjoterapi/ NF radiotherapy

radis /radi/ NM radish; **je n'ai pas un ~** I haven't got a penny to my name (*Brit*) *ou* a cent (*US*)*

radium /radjɔm/ NM radium

radoter /radɔte/ /TABLE 1/ VI (*péj*) to ramble on; **tu radotes*** you're talking a load of drivel*

radoucir (se) /ʀadusiʀ/ /TABLE 2/ VPR [*personne*] (*après une colère*) to calm down; (*avec l'âge*) to mellow; [*voix*] to soften; [*temps*] to become milder

radoucissement /ʀadusismɑ̃/ NM ~ (**de la température**) rise in temperature; **on prévoit un léger/net ~** the forecast is for slightly/much milder weather

rafale /ʀafal/ NF [*de vent*] gust; [*de pluie*] sudden shower; [*de neige*] flurry; **une soudaine ~ (de vent)** a sudden gust of wind; **~ de mitrailleuse** burst of machine gun fire; **une ~ ou des ~s de balles** a volley of shots
♦ **en** *ou* **par rafales** [*souffler*] in gusts; [*tirer*] in bursts

raffermir /ʀafɛʀmiʀ/ /TABLE 2/ 1 VT ⓐ [+ *muscle, peau*] to tone up; [+ *chair*] to firm up ⓑ [+ *prix, marché, cours*] to steady; [+ *courage, résolution*] to strengthen 2 VPR **se raffermir** ⓐ [*muscle*] to harden; [*chair*] to firm up ⓑ [*autorité*] to strengthen; [*prix, marché, cours, voix*] to become steadier

raffermissement /ʀafɛʀmismɑ̃/ NM [*de cours, monnaie*] steadying; **la nouvelle a provoqué un ~ de l'euro** the news steadied the euro

raffinage /ʀafinaʒ/ NM refining

raffiné, e /ʀafine/ (*ptp de* **raffiner**) ADJ refined

raffinement /ʀafinmɑ̃/ NM refinement

raffiner /ʀafine/ /TABLE 1/ 1 VT to refine 2 VI (*dans le raisonnement*) to make fine distinctions

raffinerie /ʀafinʀi/ NF refinery; **~ de pétrole/de sucre** oil/sugar refinery

raffoler /ʀafɔle/ /TABLE 1/ VT INDIR ♦ **raffoler de** to be mad about; **le chocolat, j'en raffole!** I'm mad about chocolate!

raffut * /ʀafy/ NM (= *vacarme*) row; **faire du ~** (= *être bruyant*) to make a row; (= *protester*) to kick up a fuss; **sa démission va faire du ~** his resignation will cause a row

rafiot * /ʀafjo/ NM (= *bateau*) old tub*

rafistolage * /ʀafistɔlaʒ/ NM **ce n'est que du ~** it's only a makeshift repair; (*fig*) it's just a stopgap solution

rafistoler * /ʀafistɔle/ /TABLE 1/ VT (= *réparer*) to patch up

rafle /ʀafl/ NF roundup; **la police a fait une ~** the police rounded up some suspects

rafler /ʀafle/ /TABLE 1/ VT (= *prendre*) [+ *récompenses*] to run off with; [+ *place*] to bag*; (= *voler*) [+ *bijoux*] to swipe*; **les clients avaient tout raflé** the customers had snaffled* everything; **le film a raflé sept Oscars** the film scooped seven Oscars

rafraîchir /ʀafʀeʃiʀ/ /TABLE 2/ 1 VT ⓐ [+ *air*] to cool down; [+ *vin*] to chill; [+ *boisson*] to cool; [+ *haleine*] to freshen
ⓑ [+ *visage, corps*] to freshen up
ⓒ (= *désaltérer*) to refresh
ⓓ [+ *appartement*] to do up; [+ *connaissances*] to brush up; **« à ~ »** [*appartement*] "needs some work"; **~ la mémoire** *ou* **les idées de qn** to refresh sb's memory
ⓔ [+ *écran d'ordinateur*] to refresh
2 VI [*vin, air*] to cool down; **mettre à ~** [+ *vin, dessert*] to chill
3 VPR **se rafraîchir** (*en se lavant*) to freshen up; (*en buvant*) to refresh o.s.; **le temps/ça se rafraîchit** the weather's/it's getting cooler

rafraîchissant, e /ʀafʀeʃisɑ̃, ɑ̃t/ ADJ refreshing

rafraîchissement /ʀafʀeʃismɑ̃/ NM ⓐ (= *boisson*) cool drink; **~s** (= *glaces, fruits*) refreshments ⓑ [*de température*] cooling; **on s'attend à un ~ de la température** we expect temperatures to drop

rafting /ʀaftiŋ/ NM rafting; **faire du ~** to go rafting

ragaillardir /ʀagajaʀdiʀ/ /TABLE 2/ VT (*physiquement*) to perk up; **il était tout ragaillardi par la nouvelle** the news really cheered him up

rage /ʀaʒ/ 1 NF ⓐ (= *colère*) rage; **la ~ au cœur** seething with rage; **mettre qn en ~** to infuriate sb; **être dans une ~ folle** *ou* **être fou de ~** to be mad with rage; **être en ~** to be absolutely furious; **avoir la ~ :** to be raging* ⓑ (= *envie*) **sa ~ de vaincre** his dogged determination to win; **sa ~ de**

vivre his voracious appetite for life ⓒ **faire ~** [*guerre, incendie, tempête, polémique*] to rage; [*concurrence*] to be fierce ⓓ (= *maladie*) **la ~** rabies (*sg*) 2 COMP ♦ **rage de dents** raging toothache

rageant, e * /ʀaʒɑ̃, ɑ̃t/ ADJ infuriating; **ce qui est ~ avec lui, c'est que ...** the infuriating thing about him is that ...

rager /ʀaʒe/ /TABLE 3/ VI to fume; **ça (me) fait ~!** it makes me furious!

ragot * /ʀago/ NM piece of malicious gossip; **~s** gossip

ragoût /ʀagu/ NM stew; **~ de mouton** lamb stew; **en ~** stewed

raï /ʀaj/ ADJ INV, NM INV rai (*Algerian pop music*)

raid /ʀɛd/ NM (*Mil*) raid; **~ aérien** air raid; **~ automobile** long-distance car trek; **~ à skis** long-distance ski trek; **~ boursier** raid

raide /ʀɛd/ 1 ADJ ⓐ [*corps, membre, geste, étoffe*] stiff; [*cheveux*] straight; **être** *ou* **se tenir ~ comme un échalas** *ou* **un piquet** *ou* **un manche à balai** to be as stiff as a poker → **corde**
ⓑ [*pente, escalier*] steep
ⓒ [*vin*]* strong
ⓓ (= *inacceptable*)* **c'est un peu ~!** that's a bit much!
ⓔ (= *osé*)* **assez** *ou* **un peu ~** [*propos, passage, scène*] daring; **il en raconte de ~s** he tells some pretty daring stories
ⓕ (= *sans argent*): broke*
ⓖ (= *drogué*): stoned:
2 ADV ⓐ (= *en pente*) **ça montait/descendait ~** it climbed/fell steeply
ⓑ (= *net*) **tomber ~** to drop to the ground; **quand elle m'a dit ça, j'en suis tombé ~*** I was stunned when she told me; **tomber ~ mort** to fall down dead

raideur /ʀɛdœʀ/ NF [*de corps, membre*] stiffness; **j'ai une ~ dans la nuque** I've got a stiff neck

raidir /ʀediʀ/ /TABLE 2/ 1 VT **~ ses muscles** to tense one's muscles 2 VPR **se raidir** ⓐ [*corde*] to grow taut; [*position*] to harden ⓑ [*personne*] (= *perdre sa souplesse*) to become stiff; (= *bander ses muscles*) to stiffen

raie /ʀɛ/ NF ⓐ (= *bande*) stripe; (= *trait*) line; **chemise avec des ~s** striped shirt; **la ~ des fesses** the cleft between the buttocks ⓑ (*dans les cheveux*) parting (*Brit*), part (*US*); **avoir la ~ au milieu/sur le côté** to have a centre/side parting (*Brit*) *ou* part (*US*) ⓒ (= *poisson*) ray; (*cuisiné*) skate

rail /ʀaj/ NM (= *barre*) rail; **~ de sécurité** guardrail; **être sur les ~s** (*fig*) to be under way; **remettre sur les ~s** to put back on the rails; **quitter les ~s** *ou* **sortir des ~s** to go off the rails

railler /ʀaje/ /TABLE 1/ VT (*frm*) [+ *personne, chose*] to scoff at

raillerie /ʀajʀi/ NF (*frm*) (= *ironie*) scoffing; (= *remarque*) gibe

rainure /ʀenyʀ/ NF (*longue, formant glissière*) groove; (*courte, pour emboîtage*) slot; **les ~s du parquet** the gaps between the floorboards

raisin /ʀezɛ̃/ NM (= *espèce*) grape; **du ~** *ou* **des ~s** (= *fruit*) grapes; **~ noir/blanc** black/white grape ♦ **raisins de Corinthe** currants ♦ **raisins secs** raisins ♦ **raisins de Smyrne** sultanas ♦ **du raisin de table** dessert grapes

raison /ʀezɔ̃/ 1 NF ⓐ (= *discernement*) reason; **il a perdu la ~** he has taken leave of his senses; **manger/boire plus que de ~** to eat/drink more than is sensible → **mariage**
ⓑ (= *motif*) reason; **la ~ pour laquelle je suis venu** the reason I came; **pour quelles ~s l'avez-vous renvoyé?** what were your reasons for firing him?; **la ~ de cette réaction** the reason for this reaction; **il n'y a pas de ~ de s'arrêter** there's no reason to stop; **pour ~s familiales/de santé** for family/health reasons; **il a refusé pour la simple ~ que ...** he refused simply because ...; **j'ai de bonnes ~s de penser que ...** I have good reason to think that ...
ⓒ (= *argument*) reason; **ce n'est pas une ~!** that's no excuse! ■(PROV) **la ~ du plus fort est toujours la meilleure** might is right (PROV)
ⓓ (*locutions*) **se faire une ~** to accept it; **faire entendre ~ à**

qn *ou* ramener qn à la ~ to make sb see reason; à plus forte ~ si/quand … all the more so if/when …; pour une ~ ou pour une autre for some reason or other
ⓔ (*locutions*)
♦ **avoir raison** to be right (**de faire qch** to do sth); **tu as bien ~!** you're absolutely right!; **avoir ~ de qn/qch** to get the better of sb/sth
♦ **donner raison à qn** [*événement*] to prove sb right; **tu donnes toujours ~ à ta fille** you're always siding with your daughter; **la justice a fini par lui donner ~** the court eventually decided in his favour
♦ **raison de plus** all the more reason (**pour faire qch** for doing sth)
♦ **à raison de**: **à ~ de 100 € par caisse** at the rate of 100 euros per crate; **à ~ de 3 fois par semaine** 3 times a week
♦ **avec raison** ♦ **à juste raison** rightly
♦ **en raison de**: **en ~ du froid** because of the cold weather; **en ~ de son jeune âge** because of his youth
♦ **sans raison**: **rire sans ~** to laugh for no reason; **non sans ~** not without reason
2 COMP ♦ **la raison d'État** reasons of state ♦ **raison d'être** raison d'etre; **cet enfant est toute sa ~ d'être** that child is her whole life ♦ **raison sociale** corporate name ♦ **raison de vivre** reason for living

raisonnable /ʀɛzɔnabl/ ADJ ⓐ (= *sensé*) [*personne, solution, conduite*] reasonable; [*conseil, opinion, propos*] sensible; **elle devrait être plus ~ à son âge** she should know better at her age; **est-ce bien ~?** (*hum*) is it wise? ⓑ (= *décent*) reasonable

raisonnablement /ʀɛzɔnabləmɑ̃/ ADV [*conseiller*] sensibly; [*agir*] reasonably; [*boire*] in moderation; [*dépenser*] moderately; [*travailler, rétribuer*] reasonably well; **on peut ~ espérer que …** one can reasonably hope that …

raisonnement /ʀɛzɔnmɑ̃/ NM ⓐ (= *activité*) reasoning (*NonC*); (= *façon de réfléchir*) way of thinking; (= *cheminement de la pensée*) thought process; ♦ **économique/politique** economic/political thinking ⓑ (= *argumentation*) argument; **il tient le ~ suivant** his reasoning is as follows; **si tu tiens ce ~** if this is the view you take; **j'ai du mal à suivre son ~** I'm having trouble following his argument

raisonner /ʀɛzɔne/ /TABLE 1/ 1 VI ⓐ (= *réfléchir*) to reason (**sur** about); **il raisonne juste/mal** his reasoning is sound/isn't very sound ⓑ (= *argumenter*) to argue (**sur** about); **on ne peut pas ~ avec lui** you can't reason with him 2 VT [*personne*] to reason with; **inutile d'essayer de le ~** it's useless to try and reason with him 3 VPR **se raisonner** to reason with o.s.

rajeunir /ʀaʒœniʀ/ /TABLE 2/ 1 VT ⓐ **~ qn** [*cure*] to rejuvenate sb; [*repos, expérience*] to make sb feel younger; [*soins de beauté, vêtement*] to make sb look younger ⓑ [+ *institution, installation, mobilier*] to modernize; [+ *manuel, image de marque*] to update; [+ *personnel, entreprise*] to bring new blood into; **ils cherchent à ~ leur clientèle/public** they're trying to attract younger customers/a younger audience
2 VI [*personne*] (= *se sentir plus jeune*) to feel younger; (= *paraître plus jeune*) to look younger; [*institution, quartier*] (= *se moderniser*) to be modernized; (= *avec des gens plus jeunes*) to have a younger feel; **notre public rajeunit** our audience is getting younger
3 VPR **se rajeunir** (= *se prétendre moins âgé*) to make o.s. younger than one is; (= *se faire paraître moins âgé*) to make o.s. look younger

rajeunissement /ʀaʒœnismɑ̃/ NM [*de personne*] rejuvenation; **~ du personnel** injection of new blood into the staff; **nous assistons à un ~ de la population/clientèle** the population is/the customers are getting younger

rajouter /ʀaʒute/ /TABLE 1/ VT [+ *du sucre*] to add some more; [+ *un sucre*] to add another; **en ~*** to exaggerate

râlant, e* /ʀɑlɑ̃, ɑ̃t/ ADJ **c'est ~** it's infuriating

râle /ʀɑl/ NM [*de blessé*] groan; [*de mourant*] death rattle

ralenti, e /ʀalɑ̃ti/ (*ptp de* **ralentir**) 1 ADJ slow
2 NM (*Ciné*) slow motion; **régler le ~** (*Auto*) to adjust the idle

♦ **au ralenti** [*filmer, projeter*] in slow motion; **tourner au ~** to idle; **vivre au ~** to live at a slower pace; **l'usine tourne au ~** production at the factory has slowed down; **ça tourne au ~ chez lui!** (*péj*) he's a bit slow!*

ralentir /ʀalɑ̃tiʀ/ /TABLE 2/ 1 VT to slow down; **~ l'allure** to slow down; **~ le pas** to slacken one's pace; **il ne faut pas ~ nos efforts** we mustn't let up 2 VI [*marcheur, véhicule, automobiliste*] to slow down; **« ralentir »** "slow" 3 VPR **se ralentir** to slow down

ralentissement /ʀalɑ̃tismɑ̃/ NM slowing down; **il y a eu un ~ de la production** production has slowed down; **un ~ de l'activité économique** a slowdown in economic activity; **un ~ sur 3 km** (= *embouteillage*) a 3km tailback (*Brit*) *ou* hold-up (*US*)

ralentisseur /ʀalɑ̃tisœʀ/ NM ⓐ (*sur route*) speed bump ⓑ [*de camion*] speed limiter

râler /ʀɑle/ /TABLE 1/ VI (= *protester*) to moan; **il râlait contre** *ou* **après moi** he was moaning* about me

râleur, -euse* /ʀɑlœʀ, øz/ NM,F moaner; **quel ~, celui-là!** he never stops moaning!

ralliement /ʀalimɑ̃/ NM [*de forces*] rallying; **après leur ~ au parti** after they joined the party; **signe/cri de ~** rallying sign/cry; **point de ~** rallying point

rallier /ʀalje/ /TABLE 7/ 1 VT ⓐ to rally; [+ *suffrages*] to win; **~ qn à son avis/sa cause** to win sb over to one's way of thinking/one's cause ⓑ (= *rejoindre*) to rejoin; **~ la majorité** (*Politique*) to rejoin the majority; **~ la côte** *ou* **la terre** to make landfall 2 VPR **se rallier** ⓐ **se ~ à** [+ *parti*] to join; [+ *ennemi*] to go over to; [+ *chef*] to rally round; [+ *avis*] to come round to; [+ *doctrine, cause*] to be won over to ⓑ (= *se regrouper*) to rally

rallonge /ʀalɔ̃ʒ/ NF ⓐ [*de table*] leaf; [*de fil électrique*] extension lead; **table à ~(s)** extendable table ⓑ (= *supplément*)* **une ~** (*argent*) a bit of extra money; **une ~ de deux jours** an extra two days

rallonger /ʀalɔ̃ʒe/ /TABLE 3/ 1 VT to lengthen; [+ *vacances, fil, table, bâtiment*] to extend; **~ une robe de 2 cm** to let down a dress by 2cm; **j'ai rallongé le texte de trois pages** I added three pages to the text; **par ce chemin, ça me rallonge de 10 minutes*** this way, it takes me 10 minutes longer 2 VI **les jours rallongent** the days are getting longer 3 VPR **se rallonger** [*personne*] to lie down again

rallumer /ʀalyme/ /TABLE 1/ 1 VT ⓐ [+ *feu*] to light again; [+ *cigarette*] to relight; [+ *lampe*] to switch on again; **~ (l'électricité** *ou* **la lumière)** to switch the lights on again ⓑ [+ *haine, querelle*] to revive 2 VPR **se rallumer** [*incendie*] to flare up again; [*lampe*] to come on again

rallye /ʀali/ NM rally; (*mondain*) series of society parties organized to enable young people to meet suitable friends

RAM /ʀam/ NF (ABBR = **Random Access Memory**) RAM

ramadan /ʀamadɑ̃/ NM Ramadan; **faire** *ou* **observer le ~** to observe Ramadan

ramassage /ʀamasaʒ/ NM [*d'objets, poubelles*] collection; **~ scolaire** (= *service*) school bus service

ramasser /ʀamase/ /TABLE 1/ VT ⓐ (= *prendre*) [+ *objet, personne*] to pick up; **~ une bûche*** *ou* **un gadin*** *ou* **une gamelle*** to fall flat on one's face
ⓑ (= *collecter*) to pick up; [+ *copies, cahiers, cotisations, ordures*] to collect
ⓒ (= *récolter*) to gather; [+ *pommes de terre*] to dig up
ⓓ (= *attraper*)* [+ *rhume, maladie*] to catch; [+ *coups, amende, mauvaise note*] to get; **où as-tu ramassé ce mec?*** where the hell did you find that guy?*
ⓔ **se faire ~*** (= *échouer*) [*candidat*] to fail; [*dragueur*] to get the brush-off*; **il s'est fait ~ en anglais** he failed his English; **se faire ~ dans une manif*** to get picked up at a demo*
2 VPR **se ramasser** ⓐ (= *se pelotonner*) to curl up; (*pour bondir*) to crouch
ⓑ (= *tomber*)* to fall over; (= *échouer*) [*candidat*]* to come a cropper* (*Brit*), to take a flat beating (*US*)

ramassis /ʀamasi/ NM **~ de** [+ *voyous*] pack of; [+ *objets*] jumble of

rambarde /ʀɑ̃baʀd/ NF guardrail

rame /ʀam/ NF (a) (= *aviron*) oar; **il n'en fiche pas une ~:** he doesn't do a stroke of work (b) **~ (de métro)** (underground (*Brit*) *ou* subway (*US*)) train (c) [*de feuilles*] ream → **haricot**

rameau (*pl* **rameaux**) /ʀamo/ NM branch; **(dimanche des) Rameaux** Palm Sunday

ramée /ʀame/ NF **il n'en fiche pas une ~:** he doesn't do a stroke of work

ramener /ʀam(ə)ne/ /TABLE 5/ 1 VT (a) [+*personne*] to bring back; [+ *paix, ordre*] to restore; **ramène les enfants** bring the children back (**de** from); **je ramènerai ton livre*** I'll bring your book back (b) (= *tirer*) **il a ramené la couverture sur lui** he pulled the blanket up; **~ ses cheveux sur son front/en arrière** to brush one's hair forward/back (c) (= *faire revenir à*) **~ à** to bring back to; **~ à la vie** [+ *personne*] to revive; **il ramène toujours tout à lui** he always brings everything back to himself; **~ la conversation sur un sujet** to bring the conversation back to a subject; **cela nous ramène 20 ans en arrière** it takes us back 20 years (d) (= *réduire à*) **~ à** to reduce to; **~ l'inflation à moins de 3%** to bring inflation back down to below 3% (e) (*locutions*) **la ~: ou ~ sa fraise:** (= *protester*) to kick up a fuss; (= *intervenir*) to interfere

2 VPR **se ramener:** (= *arriver*) to turn up*

ramer /ʀame/ /TABLE 1/ VI (a) (*Sport*) to row (b) (= *travailler dur*)* to work hard; **elle a ramé six mois avant de trouver du travail** (= *eu des difficultés*) she struggled for six long hard months before she found a job; **on a ramé pour gagner ce match** we won the match but it was a real struggle; **il rame en maths** he's struggling in maths

rameur /ʀamœʀ/ NM (= *sportif*) oarsman; (= *appareil*) rowing machine

rameuter /ʀamøte/ /TABLE 1/ VT [+ *foule, partisans*] to gather together

rami /ʀami/ NM rummy

ramier /ʀamje/ NM **(pigeon) ~** woodpigeon

ramification /ʀamifikasjɔ̃/ NF [*de branche, nerf*] ramification; [*de voie ferrée*] branch line; [*de réseau, organisation*] branch

ramolli, e /ʀamɔli/ (*ptp de* **ramollir**) ADJ [*biscuit, beurre*] soft; [*personne*] (= *avachi*) soft; **il a le cerveau ~** (*péj*) he has gone soft in the head*

ramollir /ʀamɔliʀ/ /TABLE 2/ 1 VT [+ *matière*] to soften; **~ qn** [*climat*] to enervate sb 2 VI **se ramollir** VPR [*beurre, argile*] to go soft; [*personne*] to go to seed; **son cerveau se ramollit** (*hum*) he's going soft in the head*

ramoner /ʀamɔne/ /TABLE 1/ VT [+ *cheminée*] to sweep

ramoneur /ʀamɔnœʀ/ NM (chimney) sweep

rampant, e /ʀɑ̃pɑ̃, ɑ̃t/ ADJ [*animal*] crawling; [*plante, inflation*] creeping

rampe /ʀɑ̃p/ 1 NF (a) (= *voie d'accès*) ramp (b) [*d'escalier*] banister(s); [*de chemin*] handrail; **lâcher la ~*** to kick the bucket (c) (= *projecteurs de théâtre*) **la ~** the footlights 2 COMP ♦ **rampe d'accès** approach ramp ♦ **rampe de lancement** launching pad

ramper /ʀɑ̃pe/ /TABLE 1/ VI (a) [*serpent, quadrupède, homme*] to crawl; [*plante, ombre*] to creep; [*sentiment, mal, maladie*] to lurk; **entrer/sortir en rampant** to crawl in/out (b) (*péj* = *s'abaisser*) to crawl (**devant** to)

rancard: /ʀɑ̃kaʀ/ NM (a) (= *rendez-vous*) meeting; [*d'amoureux*] date; **donner (un) ~ à qn** to arrange to meet sb; **avoir (un) ~ avec qn** to have a meeting with sb; **j'ai ~ avec lui dans une heure** I'm meeting him in an hour (b) (= *renseignement*) tip

rancarder: /ʀɑ̃kaʀde/ /TABLE 1/ 1 VT (= *renseigner*) to tip off; **il m'a rancardé sur le voyage** he told me about the trip 2 VPR **se rancarder** (= *s'informer*) **se ~ sur qch** to get information on sth

rancart: /ʀɑ̃kaʀ/ NM **mettre au ~** [+ *objet, idée, projet*] to chuck out:; [+*personne*] to throw on the scrap heap*

rance /ʀɑ̃s/ ADJ rancid

rancir /ʀɑ̃siʀ/ /TABLE 2/ VI [*beurre*] to go rancid

rancœur /ʀɑ̃kœʀ/ NF resentment (*NonC*); **avoir de la ~ contre qn** to feel resentment against sb

rançon /ʀɑ̃sɔ̃/ NF ransom; **c'est la ~ de la gloire/du progrès** that's the price of fame/of progress

rancune /ʀɑ̃kyn/ NF grudge; **garder ~ à qn** to bear sb a grudge (**de qch** for sth); **sans ~ !** no hard feelings!

rancunier, -ière /ʀɑ̃kynje, jɛʀ/ ADJ **être ~** to bear grudges

randomiser /ʀɑ̃dɔmize/ /TABLE 1/ VT to randomize

randonnée /ʀɑ̃dɔne/ NF (a) (= *promenade*) (*en voiture*) drive; **~ (à bicyclette)** ride; **~ pédestre** (*courte, à la campagne*) walk; (*longue, en montagne*) hike; **faire une ~ à ski** to go ski-touring; **~ équestre** *ou* **à cheval** pony trek; **partir en ~** (*courte*) to go for a walk; (*longue*) to go walking (b) (= *activité*) **la ~** (*à pied*) walking; **la ~ équestre** pony trekking; **chaussures de ~** walking boots; **ski de ~** ski-touring; **sentier de grande ~** hiking trail

randonner /ʀɑ̃dɔne/ /TABLE 1/ VI to go walking; (*en terrain accidenté*) to go hiking

randonneur, -euse /ʀɑ̃dɔnœʀ, øz/ NM,F hiker

rang /ʀɑ̃/ NM (a) (= *rangée*) [*de maisons, personnes, objets, tricot*] row; (= *file*) (*Mil*) rank; **assis au troisième ~** sitting in the third row; **en ~ par deux/quatre** two/four abreast; **se mettre sur un ~** to get into a line; **se mettre en ~s par quatre** [*élèves*] to line up in fours; **plusieurs personnes se sont mises sur les ~s pour l'acheter** several people have indicated an interest in buying it; **servir dans les ~s de** [*soldat*] to serve in the ranks of; **grossir les ~s de** to swell the ranks of (b) (*Can*) country road; **les ~s** the country (c) (= *condition*) station; **de haut ~** (= *noble*) noble; **tenir** *ou* **garder son ~** to maintain one's rank (d) (*hiérarchique* = *grade, place*) rank; **ce pays se situe au troisième ~ mondial des exportateurs de pétrole** this country is the third largest oil exporter in the world; **mettre un écrivain au ~ des plus grands** to rank a writer among the greatest

> ⓘ **LES RANGS**
>
> *In Quebec, rural areas are divided into districts known as* **rangs**. *The word* **rang** *refers to a series of rectangular fields (each known as a "lot"), usually laid out between a river and a road (the road itself also being called a* **rang**)*. The* **rangs** *are numbered or given names so that they can be easily identified and used in addresses (eg "le deuxième* **rang**", "le **rang** Saint-Claude"). In Quebec, the expression *"dans les* **rangs**" means "in the countryside".

rangé, e [1] /ʀɑ̃ʒe/ (*ptp de* **ranger**) ADJ (= *ordonné*) orderly; **il est ~ maintenant** [*escroc*] he's going straight now; [*séducteur*] he's settled down now; **petite vie bien ~e** well-ordered existence

range-CD /ʀɑ̃ʒ(ə)sede/ NM INV CD rack

rangée [2] /ʀɑ̃ʒe/ NF row

rangement /ʀɑ̃ʒmɑ̃/ NM (a) (= *action*) [*d'objets, linge*] putting away; [*de pièce, meuble*] tidying up; **faire du ~** to do some tidying up (b) (= *espace*) [*d'appartement*] storage space; **la maison manque d'espaces de ~** the house lacks storage space → **meuble**

ranger [1] /ʀɑ̃ʒe/ /TABLE 3/ 1 VT (a) (= *mettre en ordre*) to tidy up; [+ *mots, chiffres*] to arrange; **tout est toujours bien rangé chez elle** her place is always tidy; **rangé par ordre alphabétique** arranged alphabetically (b) (= *mettre à sa place*) [+ *papiers, vêtements*] to put away; [+ *voiture, vélo*] (*au garage*) to put in the garage; (*dans la rue*) to park; **où rangent les tasses ?** where do the cups go?; **je le range parmi les meilleurs** I rank it among the best

2 VPR **se ranger** (a) [*automobiliste*] (= *stationner*) to park; (= *venir s'arrêter*) to pull in (b) (= *se mettre en rang*) to line up; **se ~ par deux/quatre** to line up in twos/fours (c) **il se rangea pour la laisser passer** he stepped aside to let her go by (d) (= *se rallier à*) **se ~ à** [+ *décision*] to go along with;

[+ *avis*] to come round to; **se ~ du côté de qn** to side with sb

ⓔ (= *cesser son activité*)* [*escroc*] to go straight; [*séducteur*] to settle down

ranger² /ʀɑ̃dʒɛʀ/ NM (= *garde*) ranger; (= *chaussure*) heavy boot

ranimer /ʀanime/ /TABLE 1/ VT [+ *blessé, douleur, souvenir, conversation, querelle*] to revive; [+ *feu, amour, haine, espoir*] to rekindle; [+ *forces, ardeur*] to renew

rapace /ʀapas/ NM bird of prey; (*péj*) vulture

rapatrié, e /ʀapatʀije/ (*ptp de* **rapatrier**) NM,F repatriate; **les ~s d'Algérie** *French settlers repatriated after Algerian independence*

rapatriement /ʀapatʀimɑ̃/ NM repatriation; **~ sanitaire** repatriation on medical grounds

rapatrier /ʀapatʀije/ /TABLE 7/ VT [+ *personne, capitaux*] to repatriate; [+ *objet*] to send back home; **il a fait ~ le corps de son fils** he got his son's body brought back home

râpe /ʀɑp/ NF (= *ustensile de cuisine*) grater; (*pour le bois*) rasp; **~ à fromage** cheese grater

râpé, e /ʀɑpe/ (*ptp de* **râper**) 1 ADJ ⓐ (= *usé*) [*veste*] threadbare; [*coude*] worn ⓑ [*carottes, fromage*] grated ⓒ (= *raté*) **c'est ~ pour ce soir*** we've had it for tonight*! 2 NM (= *fromage*) grated cheese

râper /ʀɑpe/ /TABLE 1/ VT [+ *carottes, fromage*] to grate; [+ *bois*] to rasp; **vin qui râpe la gorge** *ou* **le gosier** rough wine

rapetisser /ʀap(ə)tise/ /TABLE 1/ VI [*jours*] to get shorter; **les objets rapetissent à distance** objects look smaller from a distance

raphia /ʀafja/ NM raffia

rapide /ʀapid/ 1 ADJ ⓐ fast; [*intervention, visite, fortune, recette, mouvement, coup d'œil, esprit*] quick; [*pouls, rythme, respiration*] fast; [*poison*] fast-acting; [*accord*] swift; **décision trop ~** hasty decision; **faire un calcul ~** to do a quick calculation; **c'est ~ à faire** (*plat*) it's very quick to make; **~ comme une flèche** *ou* **l'éclair** incredibly fast; **il est ~ à la course** he's a fast runner; **c'est une ~** (*qui agit vite*) she's a fast worker; (*qui comprend vite*) she's quick on the uptake; **ce n'est pas un ~** he's a bit slow

ⓑ [*pente, descente*] steep

2 NM ⓐ (= *train*) express; **le ~ Paris-Nice** the Paris-Nice express

ⓑ [*de cours d'eau*] rapids; **descendre des ~s en kayak** to canoe down some rapids

rapidement /ʀapidmɑ̃/ ADV quickly; **les pompiers sont intervenus ~** the fire brigade arrived very quickly; **la situation se dégrade ~** the situation is rapidly degenerating; **il faut mettre ~ un terme à ce conflit** we must put a swift end to the conflict

rapidité /ʀapidite/ NF speed; [*de réponse, geste*] quickness; [*de pouls*] quickness; **~ d'esprit** quickness of mind; **la ~ d'adaptation est essentielle dans ce métier** the ability to adapt quickly is essential in this profession; **avec ~** quickly; **avec la ~ de l'éclair** with lightning speed

rapido* /ʀapido/, **rapidos*** /ʀapidos/ ADV pronto*

rapiécer /ʀapjese/ /TABLE 3 et 6/ VT [+ *vêtement*] to patch up; **une veste toute rapiécée** a patched-up old jacket

rappel /ʀapɛl/ NM ⓐ [*d'événement*] reminder; [*de référence*] quote; (= *deuxième avis*) reminder; (= *somme due*) back pay (*NonC*); (= *vaccination*) booster; **toucher un ~ (de salaire)** to get some back pay; **~ des titres de l'actualité** summary of the day's headlines; **~ à l'ordre** call to order ⓑ [*d'ambassadeur*] recalling; **il y a eu trois ~s** (*Théât*) there were three curtain calls; (*à un concert*) they (*ou* he *etc*) came back for three encores ⓒ (*Alpinisme*) **descendre en ~** to abseil

rappeler /ʀap(ə)le/ /TABLE 4/ 1 VT ⓐ (= *faire revenir*) [+ *personne, acteur, chien*] to call back; [+ *réservistes, classe, diplomate*] to recall; **ses affaires l'ont rappelé à Paris** he was called back to Paris on business

ⓑ **~ qch à qn** (= *remettre en mémoire*) to remind sb of sth; **faut-il ~ que ...?** must I remind you that ...?; **le motif**

des poches **rappelle** celui du col the design on the collar is repeated on the pockets; **tu me rappelles ma tante** you remind me of my aunt; **rappelle-moi mon rendez-vous** remind me about my appointment; **rappelez-moi votre nom** sorry - could you tell me your name again?; **ça me rappelle quelque chose** it rings a bell

ⓒ **~ qn à la vie** *ou* **à lui** to bring sb back to life; **~ qn à l'ordre** to call sb to order; **~ qn à son devoir** to remind sb of their duty

ⓓ (= *retéléphoner à*) to phone back; **il vient de ~** he's just phoned back

ⓔ [+ *référence*] to quote

2 VPR **se rappeler** to remember; **se ~ que ...** to remember that ...; **autant que je me rappelle** as far as I can remember; **il ne se rappelle plus (rien)** he can't remember a thing

rappeur, -euse /ʀapœʀ, øz/ NM,F rapper

rappliquer: /ʀaplike/ /TABLE 1/ VI (= *revenir*) to come back; (= *arriver*) to turn up; **rapplique tout de suite à la maison !** get yourself back here right away!*

rapport /ʀapɔʀ/ 1 NM ⓐ (= *lien, corrélation*) connection; **établir un ~ entre deux incidents** to establish a connection between two incidents; **avoir un certain ~ avec qch** to have some connection with sth; **avoir ~ à qch** to be connected with sth; **n'avoir aucun ~ avec** *ou* **être sans ~ avec qch** to have no connection with sth; **les deux incidents n'ont aucun ~** the two incidents are not connected; **je ne vois pas le ~** I don't see the connection

♦ **rapport à*** about; **je viens vous voir ~ à votre annonce*** I've come (to see you) about your advertisement

♦ **en rapport**: **être en ~ avec qch** (= *lié*) to be in keeping with sth; **un poste en ~ avec ses goûts** a job in line with his tastes; **son train de vie n'est pas en ~ avec son salaire** his lifestyle doesn't match his salary; **être en ~ avec qn** (= *en contact*) to be in touch with sb; **nous n'avons jamais été en ~ avec cette société** we have never had any dealings with that company; **se mettre en ~ avec qn** to get in touch with sb; **mettre qn en ~ avec qn d'autre** to put sb in touch with sb else

♦ **par rapport à** (= *comparé à*) in comparison with; (= *en fonction de*) in relation to; (= *envers*) with respect to; **le cours de la livre par ~ à l'euro** the price of the pound against the euro

ⓑ (= *relation personnelle*) relationship (**à, avec** with); **~s** relations; **~s sociaux/humains** social/human relations; **les ~s d'amitié entre les deux peuples** the friendly relations between the two nations; **les ~s entre professeurs et étudiants** relations between teachers and students; **son ~ à l'argent est bizarre** he has a strange relationship with money; **avoir** *ou* **entretenir de bons/mauvais ~s avec qn** to be on good/bad terms with sb

ⓒ **~ (sexuel)** sexual intercourse (*NonC*); **avoir des ~s (sexuels)** to have sex; **~s protégés** safe sex; **~s non protégés** unprotected sex

ⓓ (= *exposé, compte rendu*) report; **~ de police** police report

ⓔ (= *revenu, profit*) return; **~s** [*de tiercé*] winnings; **être d'un bon ~** to give a good return

ⓕ (*Math, Tech*) ratio; **le ~ qualité-prix** the quality-price ratio; **il y a un bon ~ qualité-prix** it's good value for money

ⓖ (= *aspect*) **jeune homme bien sous tous ~s** (*hum*) clean-living young man

2 COMP ♦ **rapport de forces** (= *équilibre*) balance of power; (= *conflit*) power struggle

rapporté, e /ʀapɔʀte/ (*ptp de* **rapporter**) ADJ (*Gram*) **discours ~** reported speech

rapporter /ʀapɔʀte/ /TABLE 1/ 1 VT ⓐ (= *apporter*) [+ *objet, souvenir, réponse*] to bring back; [*chien*] [+ *gibier*] to retrieve; **Toby, rapporte !** (*à un chien*) fetch, Toby!; **~ qch à qn** to bring *ou* take sth back to sb

▶ **rapporter** *se traduira ou par* **to bring back** *ou par* **to take back** *suivant que le locuteur se trouve ou non à l'endroit en question.*

il prend les choses et il ne les rapporte jamais he takes things and never brings them back; **je vais ~ ce CD au ma-**

gasin I'm going to take this CD back to the shop; **il rapportera du pain pour le déjeuner** he'll bring some bread for lunch; **quand doit-il ~ la réponse ?** when does he have to come back with the answer?

ⓑ [*actions, terre*] to yield; [*métier, vente*] to bring in; **placement qui rapporte du 5%** investment that yields 5%; **ça rapporte beaucoup d'argent** it brings in a lot of money; **ça ne lui rapportera que des ennuis** it'll only bring him problems

ⓒ (= *faire un compte rendu de*) [+ *fait*] to report; (= *mentionner*) to mention; (= *citer*) [+ *mot célèbre*] to quote; (= *répéter pour dénoncer*) to report; **il a rapporté à la maîtresse ce qu'avaient dit ses camarades** he told the teacher what his classmates had said

ⓓ (= *ajouter*) to add; **c'est un élément rapporté** it's been added on

ⓔ (= *rattacher à*) **~ à** to relate to; **il rapporte tout à lui** he brings everything back to himself

2 VI ⓐ [*chien*] to retrieve

ⓑ [*investissement*] to give a good return; **ça rapporte bien** [*domaine d'activité*] it brings in a lot of money; [*travail*] it pays very well

ⓒ (= *moucharder*) to tell tales

3 VPR **se rapporter** ⓐ **se ~ à qch** to relate to sth; **se ~ à** [*antécédent*] to relate to; **ce paragraphe ne se rapporte pas du tout au sujet** this paragraph bears no relation at all to the subject; **ça se rapporte à ce que je disais tout à l'heure** that relates to what I was saying just now

ⓑ **s'en ~ au jugement/témoignage de qn** to rely on sb's judgment/account

rapporteur, -euse /ʀapɔʀtœʀ, øz/ 1 NM,F (= *mouchard*) telltale 2 NM ⓐ [*de commission*] rapporteur ⓑ (= *instrument*) protractor

rapproché, e /ʀapʀɔʃe/ (*ptp de* **rapprocher**) ADJ ⓐ (= *proche*) [*échéance, objet, bruit*] close; **surveillance ~e** close surveillance → **garde** ⓑ (= *répété*) [*incidents*] frequent; **des crises de plus en plus ~es** increasingly frequent crises; **trois explosions très ~es** three explosions in quick succession; **à intervalles ~s** in quick succession; **des grossesses ~es** frequent pregnancies

rapprochement /ʀapʀɔʃmɑ̃/ NM ⓐ (= *action de rapprocher*) [*de partis, factions*] bringing together; [*de points de vue, textes*] comparison ⓑ (= *action de se rapprocher*) [*d'ennemis, famille*] reconciliation; [*de partis, factions*] rapprochement; **ce ~ avec la droite nous inquiète** (*Politique*) their moving closer to the right worries us ⓒ (= *lien, rapport*) parallel; **je n'avais pas fait le ~ (entre ces deux incidents)** I hadn't made the connection (between the two incidents)

rapprocher /ʀapʀɔʃe/ /TABLE 1/ 1 VT ⓐ (= *approcher*) to bring closer (**de** to); **rapprochez votre chaise** bring your chair closer; **~ deux objets l'un de l'autre** to move two objects closer together; **il a changé d'emploi, ça le rapproche de chez lui** he has changed jobs, so now he's nearer home

ⓑ (= *réconcilier, réunir*) [+ *personnes*] to bring together; **cette expérience m'a rapproché d'elle** the experience brought me closer to her

ⓒ [+ *indices, textes*] (= *confronter*) to put side by side; (= *établir un lien entre*) to establish a connection between; **c'est à ~ de ce qu'on disait tout à l'heure** that relates to what we were saying earlier

2 VPR **se rapprocher** ⓐ (= *approcher*) [*échéance, personne, véhicule, orage*] to get closer; **rapproche-toi (de moi)** come closer (to me); **il se rapprocha d'elle sur la banquette** he drew closer to her on the bench; **pour se ~ de chez lui, il a changé d'emploi** to be nearer home he changed jobs; **plus on se rapprochait de l'examen ...** the closer we came to the exam ...; **se ~ de la vérité** to come close to the truth

ⓑ (*dans le temps*) [*crises, bruits*] to become more frequent

ⓒ [*personnes*] to be reconciled; [*points de vue*] to draw closer together; [*sociétés*] to form links; **il s'est rapproché de ses parents** he became closer to his parents; **leur position s'est rapprochée de la nôtre** their position has drawn closer to ours

rapt /ʀapt/ NM (= *enlèvement*) abduction

raquer : /ʀake/ /TABLE 1/ VTI (= *payer*) to fork out*

raquette /ʀaket/ NF ⓐ [*de badminton, tennis, squash*] racket; [*de Ping-Pong*] bat ⓑ (*à neige*) snowshoe

rare /ʀɑʀ/ ADJ ⓐ (= *peu commun*) [*objet, mot, édition*] rare; **ça n'a rien de ~** there's nothing unusual about it; **il n'était pas ~ de le rencontrer** it was not unusual to meet him; **c'est ~ de le voir fatigué** you don't often see him tired → **oiseau, perle**

ⓑ (= *peu nombreux*) [*cas, exemples, visites*] rare; [*passants, voitures*] few; **les ~s voitures qui passaient** the few cars that went by; **les ~s amis qui lui restent** the few friends still left to him; **les ~s fois où ...** on the rare occasions when ...; **il est l'un des ~s qui ...** he's one of the few people who ...; **à cette heure les clients sont ~s** at this time of day there are few customers; **à de ~s exceptions près** with very few exceptions

ⓒ (= *peu abondant*) [*nourriture, main d'œuvre*] scarce; [*cheveux*] thin; [*végétation*] sparse; **se faire ~** [*argent, légumes*] to become scarce; **vous vous faites ~** we haven't seen much of you recently

ⓓ (= *exceptionnel*) [*talent, qualité, sentiment, beauté*] rare; [*homme, énergie*] exceptional; [*saveur, moment*] exquisite; **une attaque d'une ~ violence** an exceptionally violent attack; **d'une ~ beauté** exceptionally beautiful; **il est d'une ~ stupidité** he's utterly stupid

ⓔ [*gaz*] rare

raréfaction /ʀaʀefaksjɔ̃/ NF [*d'oxygène*] rarefaction; [*de denrées*] scarcity

raréfier (se) /ʀaʀefje/ /TABLE 7/ VPR [*oxygène*] to rarefy; [*produit*] to become scarce

rarement /ʀaʀmɑ̃/ ADV rarely; **le règlement est ~ respecté** the rule is rarely observed; **cela arrive plus ~** it happens less often

rareté /ʀaʀte/ NF ⓐ [*d'édition, objet, mot, cas*] rarity; [*de vivres, argent*] scarcity; **se plaindre de la ~ des lettres/visites de qn** to complain of the infrequency of sb's letters/visits ⓑ (= *élément unique*) rarity

rarissime /ʀaʀisim/ ADJ extremely rare

R.A.S. /ɛʀaɛs/ (ABBR = **rien à signaler**) nothing to report

ras, e /ʀɑ, ʀɑz/ ADJ ⓐ [*poil, herbe*] short; [*cheveux*] close-cropped; [*étoffe*] with a short pile; [*tasse*] full; **à poil ~** [*chien*] short-haired; **ongles/cheveux coupés ~ ou à ~** nails/hair cut short

ⓑ (*locutions*) **en ~e campagne** in open country; **pull ~ du cou** crew-neck sweater; **j'en ai ~ le bol* ou le cul*:** (*de tout ça*) I'm sick to death of it* → **ras-le-bol**

✦ **à ras bord(s)** to the brim; **remplir un verre à ~ bord** to fill a glass to the brim; **plein à ~ bord** [*verre*] full to the brim; [*baignoire*] full to overflowing

✦ **à** ou **au ras de** (= *au niveau de*) **au ~ de la terre** ou **du sol/de l'eau** level with the ground/the water; **ses cheveux lui arrivent au ~ des fesses** she can almost sit on her hair; (= *tout près de*) **voler au ~ du sol/au ~ de l'eau** to fly close to the ground/the water; **le projectile lui est passé au ~ de la tête** the projectile skimmed his head; **la discussion est au ~ des pâquerettes*** the discussion is pretty lowbrow

rasage /ʀazaʒ/ NM [*de barbe*] shaving

rasant, e /ʀazɑ̃, ɑ̃t/ ADJ ⓐ (= *ennuyeux*)* boring; **qu'il est ~ !** he's a real bore! ⓑ [*lumière*] low-angled

rasé, e /ʀaze/ (*ptp de* **raser**) ADJ [*menton*] clean-shaven; [*tête*] shaved; **être bien/mal ~** to be shaved/unshaven; **~ de près** close-shaven; **~ de frais** freshly shaved; **avoir les cheveux ~s** to have a shaven head; **les crânes ~s** skinheads

rase-mottes /ʀazmɔt/ NM INV **faire du ~** ou **voler en ~** to hedgehop; **vol en ~** hedgehopping flight

raser /ʀaze/ /TABLE 1/ 1 VT ⓐ [+ *barbe, cheveux*] to shave off; [+ *menton, tête*] to shave; **à ~** [*crème, gel, mousse*] shaving (*avant le nom*) ⓑ (= *effleurer*) [*projectile, véhicule*] to scrape; [*oiseau, balle de tennis*] to skim over; **~ les murs** to hug the walls ⓒ (= *abattre*) [+ *maison*] to raze to the ground ⓓ (= *ennuyer*)* to bore; **ça me rase !** it bores me to tears!* 2 VPR **se raser** ⓐ (*toilette*) to shave; **se ~ la tête/les**

jambes to shave one's head/one's legs ⓑ (= *s'ennuyer*)* to be bored stiff*

raseur, -euse* /ʀɑzœʀ, øz/ NM,F bore; **quel ~!** what a bore!

ras-le-bol* /ʀɑl(ə)bɔl/ 1 EXCL enough is enough! 2 NM INV (= *mécontentement*) discontent; **provoquer le ~ général** to cause widespread discontent; **le ~ étudiant** student unrest

rasoir /ʀɑzwaʀ/ 1 NM razor; **~ électrique** electric razor; **~ mécanique** *ou* **de sûreté** safety razor; **~ jetable** disposable razor 2 ADJ (= *ennuyeux*) [*film, livre*]* dead boring*; **qu'il est ~!** what a bore he is!

rassasier /ʀasazje/ /TABLE 7/ (*frm*) 1 VT ⓐ [+ *faim, curiosité, désirs*] to satisfy ⓑ (= *nourrir*) **~ qn** [*aliment*] to satisfy sb's appetite; **être rassasié** to be satisfied 2 VPR **se rassasier** (= *se nourrir*) to satisfy one's hunger; **se ~ d'un spectacle** to feast one's eyes on a sight; **je ne me rassasierai jamais de ...** I'll never tire of ...

rassemblement /ʀasãbləmã/ NM (= *réunion, attroupement*) gathering; [*de manifestants*] rally; **~ à 9 heures sur le quai** we'll meet at 9 o'clock on the platform; **~ pour la paix** peace rally

rassembler /ʀasãble/ /TABLE 1/ 1 VT ⓐ (= *regrouper*) [+ *personnes*] to assemble; [+ *troupes*] to muster; [+ *troupeau*] to round up; [+ *objets épars*] to gather together; **il rassembla les élèves dans la cour** he assembled the pupils in the playground; **le festival rassemble les meilleurs musiciens** the festival brings together the best musicians; **toute la famille était rassemblée** the whole family was gathered together

ⓑ (= *rallier*) to rally; **cette cause a rassemblé des gens de tous horizons** people from all walks of life have rallied to this cause

ⓒ [+ *documents, manuscrits, notes*] to gather together

ⓓ [+ *idées, souvenirs*] to collect; [+ *courage, forces*] to summon up; **~ ses esprits** to collect one's thoughts

2 VPR **se rassembler** ⓐ [*se regrouper*] to gather; [*soldats, participants*] to assemble

ⓑ (= *s'unir*) **nous devons nous ~ autour du président** we must unite behind the president

rasseoir /ʀaswaʀ/ /TABLE 26/ 1 VT [+ *bébé*] to sit back up 2 VPR **se rasseoir** to sit down again; **rassieds-toi!** sit down!

rasséréné, e /ʀaseʀene/ ADJ [*personne, visage*] serene

rassir VI, **se rassir** VPR /ʀasiʀ/ /TABLE 2/ to go stale

rassis, e /ʀasi, iz/ (*ptp de* **rassir, rasseoir**) ADJ [*pain*] stale

rassurant, e /ʀasyʀã, ãt/ ADJ reassuring; **« ne vous inquiétez pas », dit-il d'un ton ~** "don't worry", he said reassuringly; **il a tenu des propos peu ~s** he said some rather worrying things

rassurer /ʀasyʀe/ /TABLE 1/ 1 VT **~ qn** to reassure sb; **le médecin m'a rassuré sur son état de santé** the doctor reassured me about the state of his health; **je ne me sentais pas rassuré dans sa voiture** I felt nervous in his car; **je ne suis pas très rassuré** (*danger, situation inattendue*) I feel rather uneasy; (*examen, entretien*) I feel a bit nervous; **me voilà rassuré maintenant** that's put my mind at rest

2 VPR **se rassurer**: **il essayait de se ~ en se disant que c'était impossible** he tried to reassure himself by saying it was impossible; **rassure-toi** don't worry

rat /ʀa/ NM (= *animal*) rat; **ce type est un vrai ~** that guy's really stingy*; **s'emmerder* comme un ~ mort** to be bored stiff*; **petit ~ de l'Opéra** pupil of the Opéra de Paris ballet class ✦ **rat de bibliothèque** bookworm (*who spends all his time in libraries*)

ratage* /ʀataʒ/ NM (= *échec*) failure; **son film a été un ~ complet** his film was a complete flop

ratatiné, e /ʀatatine/ (*ptp de* **ratatiner**) ADJ ⓐ [*pomme*] shrivelled; [*personne*] wizened ⓑ [*voiture*]* smashed-up*; [*personne*]* exhausted

ratatiner /ʀatatine/ /TABLE 1/ VT (= *détruire*)* [+ *maison*] to wreck; [+ *machine, voiture*] to smash to pieces; **se faire ~** (*battre*) to get a thrashing; (*tuer*) to get done in*; **sa voiture**

a été complètement ratatinée his car was a complete write-off (*Brit*), his car was totaled* (*US*) 2 VPR **se ratatiner** [*pomme*] to shrivel up; [*personne*] (*par l'âge*) to become wizened

ratatouille /ʀatatuj/ NF **~ (niçoise)** ratatouille

rate /ʀat/ NF (= *organe*) spleen

raté, e /ʀate/ (*ptp de* **rater**) 1 ADJ [*tentative, mariage, artiste*] failed; [*vie*] wasted; [*départ*] poor; **un film ~** a flop; **ma mayonnaise/la dernière scène est complètement ~e** my mayonnaise/the last scene is a complete disaster; **encore une occasion ~e!** another missed opportunity! 2 NM,F (= *personne*)* failure 3 NM **avoir des ~s** [*moteur*] to backfire; **il y a eu des ~s dans les négociations** there were some hiccups in the negotiations

râteau (*pl* **râteaux**) /ʀɑto/ NM rake

râtelier* /ʀɑtəlje/ NM rack; (= *dentier*) false teeth

rater /ʀate/ /TABLE 1/ 1 VI [*projet, affaire*] to fail; **ça risque de tout rater ~** it could well ruin everything; **je t'avais dit qu'il le casserait, ça n'a pas raté*** I told you he'd break it and sure enough he did!; **ça ne rate jamais!** it never fails!

2 VT ⓐ (= *manquer*) [+ *balle, cible, occasion, train, rendez-vous, spectacle, personne*] to miss; **c'est une occasion à ne pas ~** it's an opportunity not to be missed; **raté!** missed!; **ils se sont ratés de peu** they just missed each other; **si tu croyais m'impressionner, c'est raté** if you were trying to impress me, it hasn't worked!; **il n'en rate pas une!** (*iro*) he's always doing stupid things; **je ne te raterai pas!** (= *je me vengerai*) I'll show you!

ⓑ (= *ne pas réussir*) [+ *travail, affaire*] to mess up; [+ *mayonnaise, sauce, plat*] to make a mess of; [+ *examen*] to fail; **ces photos sont complètement ratées** these photos are a complete disaster; **un écrivain raté** a failed writer; **~ son entrée** to miss one's entrance; **~ sa vie** to make a mess of one's life; **il a raté son coup** he didn't pull it off; **il s'est raté** (*suicide*) he bungled his suicide attempt

ratier /ʀatje/ NM (**chien**) **~** ratter

ratification /ʀatifikasjɔ̃/ NF ratification

ratifier /ʀatifje/ /TABLE 7/ VT to ratify

ratio /ʀasjo/ NM ratio

ration /ʀasjɔ̃/ NF (= *portion limitée*) ration; [*de soldat*] rations; **~ alimentaire** food intake; **~ de survie** survival rations; **il a eu sa ~ d'épreuves/de soucis** he had his share of trials/of worries

rationalisation /ʀasjɔnalizasjɔ̃/ NF rationalization

rationaliser /ʀasjɔnalize/ /TABLE 1/ VT to rationalize

rationnel, -elle /ʀasjɔnɛl/ ADJ rational

rationnellement /ʀasjɔnɛlmã/ ADV rationally

rationnement /ʀasjɔnmã/ NM rationing

rationner /ʀasjɔne/ /TABLE 1/ VT to ration 2 VPR **se rationner** to ration o.s.

ratisser /ʀatise/ /TABLE 1/ VT [+ *gravier*] to rake; [+ *feuilles*] to rake up; (*Mil, Police*) to comb; (*Rugby*) [+ *ballon*] to heel; **~ large** to cast the net wide; **il s'est fait ~ (au jeu)*** he was cleaned out* at the gambling table

raton /ʀatɔ̃/ NM **~ laveur** racoon

RATP /ɛʀatepe/ NF (ABBR = **Régie autonome des transports parisiens**) *the Paris city transport authority*

rattachement /ʀataʃmã/ NM **le ~ de la Savoie à la France** the incorporation of Savoy into France; **demander son ~ à** to ask to be united with

rattacher /ʀataʃe/ /TABLE 1/ VT ⓐ [+ *animal, prisonnier*] to tie up again; [+ *ceinture, lacets, jupe*] to do up (again)

ⓑ [+ *territoire*] to incorporate (à into); [+ *commune, service*] to join (à to); [+ *employé, fonctionnaire*] to attach (à to)

ⓒ [+ *problème, question*] to link (à with); [+ *fait*] to relate (à to)

ⓓ (= *relier*) [+ *personne*] to tie (à to); **rien ne le rattache plus à sa famille** he no longer has any ties with his family

rattrapage /ʀatʀapaʒ/ NM **le ~ du retard** [*d'élève*] catching up; [*de conducteur*] making up for lost time; **~ scolaire** remedial classes; **cours de ~** remedial class; **suivre des cours de ~** to go to remedial classes; **épreuve de ~** *additional exam for borderline cases*; **session de ~** retakes; **pour**

permettre le ~ économique de certains pays européens to allow certain European economies to catch up; **le ~ des salaires sur les prix** an increase in salaries to keep pace with prices

rattraper /Ratrape/ /TABLE 1/ 1 VT ⓐ [+ *animal échappé, prisonnier*] to recapture
ⓑ [+ *objet, personne qui tombe*] to catch
ⓒ [+ *maille*] to pick up; [+ *mayonnaise*] to salvage; [+ *erreur, parole malheureuse, oubli*] to make up for
ⓓ (= *regagner*) [+ *sommeil*] to catch up on; [+ *temps perdu*] to make up for; **le conducteur a rattrapé son retard** the driver made up the lost time; **cet élève ne pourra jamais ~ son retard** this pupil will never be able to catch up
ⓔ (= *rejoindre*) **~ qn** to catch sb up; **le coût de la vie a rattrapé l'augmentation de salaire** the cost of living has caught up with the increase in salaries
ⓕ (*Scol = repêcher*) **~ qn** to let sb get through
2 VPR **se rattraper** ⓐ (= *reprendre son équilibre*) to stop o.s. falling; **se ~ à la rampe/à qn** to catch hold of the banister/of sb to stop o.s. falling; **j'ai failli gaffer, mais je me suis rattrapé in extremis** I nearly put my foot in it but stopped myself just in time
ⓑ (= *compenser*) to make up for it; **les plats ne sont pas chers mais ils se rattrapent sur les vins** the food isn't expensive but they make up for it on the wine

rature /RatyR/ NF deletion; **faire une ~** to make a deletion

raturer /RatyRe/ /TABLE 1/ VT (= *barrer*) to delete; (= *corriger*) to alter

rauque /Rok/ ADJ [*voix*] hoarse; (*de chanteuse de blues*) husky; [*cri*] raucous

ravagé, e /Ravaʒe/ (*ptp de* **ravager**) ADJ ⓐ (= *tourmenté*) [*visage*] haggard; **avoir les traits ~s** to have haggard features ⓑ (= *fou*)* **il est complètement ~** he's completely nuts*

ravager /Ravaʒe/ /TABLE 3/ VT to ravage; [*chagrin, soucis*] to harrow; [+ *personne, vie*] to devastate

ravages /Ravaʒ/ NMPL (= *dégâts*) ravages
♦ **faire des ravages** [*séducteur*] to be a real heartbreaker; [*doctrine, drogue*] to do a lot of harm; [*guerre*] to wreak havoc; **la grêle a fait des ~ dans les vignes** the hailstorm wrought havoc in the vineyards

ravageur, -euse /RavaʒœR, øz/ ADJ [*passion, sourire*] devastating; [*humour*] scathing; **les effets ~s de la drogue** the devastating effects of drugs

ravalement /Ravalmɑ̃/ NM (= *nettoyage extérieur*) [*de façade, mur, immeuble*] cleaning; **faire le ~ de** to clean

ravaler /Ravale/ /TABLE 1/ 1 VT ⓐ (= *nettoyer, repeindre*) [+ *façade, mur, immeuble*] to clean and repaint; **se faire ~ la façade*** to have a face-lift
ⓑ [+ *salive*] to swallow; [+ *larmes*] to choke back; [+ *colère*] to stifle; **faire ~ ses paroles à qn** to make sb swallow their words
ⓒ [+ *dignité, personne, mérite*] to lower; **ce genre d'acte ravale l'homme au rang de la bête** this kind of behaviour brings man down to the level of animals
2 VPR **se ravaler** ⓐ (= *s'abaisser*) to lower o.s.; **se ~ au rang de ...** to reduce o.s. to the level of ...
ⓑ **se ~ la façade*** to slap on* some make-up

ravi, e /Ravi/ (*ptp de* **ravir**) ADJ (= *enchanté*) delighted; **je n'étais pas franchement ~ de sa décision** I wasn't exactly overjoyed about his decision; **~ de vous connaître** delighted to meet you

ravigoter* /Ravigɔte/ /TABLE 1/ VT to buck up*; **(tout) ravigoté par le verre de vin** gingered up by the glass of wine

ravin /Ravɛ̃/ NM gully; (*encaissé*) ravine

raviner /Ravine/ /TABLE 1/ VT [+ *visage, chemin*] to furrow; [+ *versant*] to gully

ravir /RaviR/ /TABLE 2/ VT ⓐ (= *charmer*) to delight; **cela lui va à ~** that suits her beautifully; **il danse à ~** he's a beautiful dancer ⓑ (= *enlever*) **~ à qn** [+ *trésor, être aimé, honneur*] to rob sb of; **elle lui a ravi son titre de**

championne d'Europe she took the European championship title off her

raviser (se) /Ravize/ /TABLE 1/ VPR to change one's mind; **il s'est ravisé** he decided against it

ravissant, e /Ravisɑ̃, ɑ̃t/ ADJ [*beauté, femme, robe*] ravishing; [*maison, tableau*] beautiful

ravissement /Ravismɑ̃/ NM rapture

ravisseur, -euse /RavisœR, øz/ NM,F kidnapper

ravitaillement /Ravitajmɑ̃/ NM ⓐ (*en vivres, munitions*) [*d'armée, ville, navire*] resupplying; [*de coureurs, skieurs*] getting fresh supplies to; (*en carburant*) refuelling; **~ en vol** in-flight refuelling; **le ~ des troupes (en vivres/munitions)** supplying the troops (with food/ammunition); **aller au ~** to go for fresh supplies; **les voies de ~ sont bloquées** supply routes are blocked ⓑ (= *provisions*) supplies

ravitailler /Ravitaje/ /TABLE 1/ 1 VT (*en vivres, munitions*) to provide with fresh supplies; (*en carburant*) to refuel 2 VPR **se ravitailler** [*ville, armée, coureurs, skieurs*] to get fresh supplies; [*véhicule, avion*] to refuel; (= *faire des courses*) to stock up

raviver /Ravive/ /TABLE 1/ VT [+ *feu, sentiment, douleur*] to revive; [+ *couleur*] to brighten up

ravoir /RavwaR/ /TABLE 34/ VT ⓐ (= *recouvrer*) to get back ⓑ (= *nettoyer*) [+ *tissu, métal*]* to get clean; **cette casserole est difficile à ~** this saucepan is hard to clean

rayé, e /Reje/ (*ptp de* **rayer**) ADJ ⓐ [*tissu, pelage*] striped; [*papier à lettres*] lined ⓑ [*surface, disque*] scratched

rayer /Reje/ /TABLE 8/ VT ⓐ (= *érafler*) to scratch ⓑ (= *biffer*) to cross out ⓒ (= *exclure*) **~ qn de** to cross sb off; **il a été rayé de la liste** he has been crossed off the list; **« ~ la mention inutile »** "delete where inapplicable"; **~ qch de sa mémoire** to erase sth from one's memory; **~ un pays/une ville de la carte** to wipe a country/a town off the map

rayon /Rɛjɔ̃/ 1 NM ⓐ (= *faisceau*) ray; **~ d'espoir** ray of hope; **on lui fait des ~s** he's having radiation treatment
ⓑ [*de cercle*] radius
ⓒ [*de roue*] spoke
ⓓ (= *planche*) shelf; **le livre n'est pas en ~** the book is not on display
ⓔ [*de magasin*] department; **le ~ alimentation/parfumerie** the food/perfume department; **ce n'est pas son ~*** that isn't his line; **il en connaît un ~*** he knows masses about it*
ⓕ [*de ruche*] honeycomb
ⓖ (= *périmètre*) radius; **dans un ~ de 10 km** within a radius of 10km
2 COMP ♦ **rayon d'action** range; (*fig*) field of action ♦ **rayon laser** laser beam ♦ **rayon de soleil** ray of sunshine ♦ **rayons X** X-rays

rayonnages /Rɛjɔnaʒ/ NMPL shelving

rayonnant, e /Rɛjɔnɑ̃, ɑ̃t/ ADJ [*beauté, air, personne, sourire*] radiant; [*visage*] beaming; **visage ~ de joie/santé** face radiant with joy/with health

rayonnement /Rɛjɔnmɑ̃/ NM ⓐ [*de culture, civilisation*] influence; [*d'astre, personnalité, beauté*] radiance ⓑ (= *radiations*) [*de chaleur, lumière, astre*] radiation

rayonner /Rɛjɔne/ /TABLE 1/ VI ⓐ [*influence, culture, personnalité*] to shine forth; **~ sur/dans** (= *se répandre*) [*influence, prestige, culture*] to extend over/in; [*personnalité*] to be influential over/in
ⓑ [*joie, bonheur, beauté*] to shine forth; [*visage, personne*] to be radiant (**de** with); **~ de bonheur** to be radiant with happiness; **~ de beauté** to be radiantly beautiful
ⓒ [*chaleur, énergie, lumière*] to radiate
ⓓ (= *faire un circuit*) **~ autour d'une ville** [*touristes*] to use a town as a base for touring; [*cars*] to service the area around a town; **~ dans une région** [*touristes*] to tour around a region; [*cars*] to service a region

rayure /RɛjyR/ NF (= *dessin*) stripe; (= *éraflure*) scratch; **papier/tissu à ~s** striped paper/material; **costume à ~s fines** pinstriped suit

raz-de-marée, **raz de marée** /ʀɑdmaʀe/ NM INV tidal wave; **~ électoral** (= *victoire*) landslide election victory; (= *changement*) big swing (*to a party in an election*)

razzia /ʀa(d)zja/ NF raid; **faire une ~ dans une maison/le frigo*** to raid a house/the fridge

rdc ABBR = **rez-de-chaussée**

ré /ʀe/ NM (*Musique*) D; (*en chantant la gamme*) re; **en ré mineur** in D minor

réabonner /ʀeabɔne/ /TABLE 1/ 1 VT **~ qn** to renew sb's subscription (**à** to) 2 VPR **se réabonner** to renew one's subscription (**à** to)

réac * /ʀeak/ ADJ, NMF (ABBR = **réactionnaire**) reactionary

réaccoutumer /ʀeakutyme/ /TABLE 1/ 1 VT to reaccustom 2 VPR **se réaccoutumer** to reaccustom o.s. (**à** to)

réacteur /ʀeaktœʀ/ NM [*d'avion*] jet engine; **~ nucléaire** nuclear reactor

réaction /ʀeaksjɔ̃/ NF reaction; **être** *ou* **rester sans ~** to show no reaction; **~ de défense/en chaîne** defence/chain reaction; **la ~ des marchés boursiers a été immédiate** the stock markets reacted immediately; **moteur à ~** jet engine ◆ **en réaction** : **être en ~ contre** to be in reaction against; **en ~ contre les abus, ils …** as a reaction against the abuses, they …; **en ~ à** [*propos, décision*] in response to

réactionnaire /ʀeaksjɔneʀ/ ADJ, NMF reactionary

réactiver /ʀeaktive/ /TABLE 1/ VT [+ *processus, mesures, projet*] to revive; [+ *machine, système*] to reactivate

réactualiser /ʀeaktɥalize/ /TABLE 1/ VT to update

réadaptation /ʀeadaptasjɔ̃/ NF [*de personne*] readjustment; [*de handicapé*] rehabilitation

réadapter VT, **se réadapter** VPR /ʀeadapte/ /TABLE 1/ [+ *personne*] to readjust (**à** to)

réaffirmer /ʀeafiʀme/ /TABLE 1/ VT to reaffirm

réagir /ʀeaʒiʀ/ /TABLE 2/ VI to react (**à** to, **contre** against); (= *répondre*) to respond (**à** to); **il a réagi positivement à ma proposition** he reacted positively to my proposal; **ils ont assisté à la scène sans ~** they witnessed the scene and did nothing; **il faut ~ !** you have to do something!; **il réagit bien au traitement** he's responding well to treatment

réajustement /ʀeaʒystəmɑ̃/ NM adjustment

réajuster /ʀeaʒyste/ /TABLE 1/ VT [+ *salaires, retraites*] to adjust

réalisable /ʀealizabl/ ADJ [*projet*] feasible; [*rêve*] attainable

réalisateur, -trice /ʀealizatœʀ, tʀis/ NM,F director

réalisation /ʀealizasjɔ̃/ NF ⓐ [*de projet*] realization; [*d'exploit*] achievement; **plusieurs projets sont en cours de ~** several projects are under way; **c'est la ~ d'un rêve** it's a dream come true ⓑ [*de meuble, bijou*] making; [*de sondage*] carrying out; **j'étais chargé de la ~ de cette étude** I was asked to carry out this study ⓒ (= *création*) achievement; **c'est la plus belle ~ de l'architecte** it is the architect's finest achievement ⓓ [*de film*] direction; [*d'émission de radio, de télévision*] production; **« ~ : John Huston »** "directed by John Huston"

réaliser /ʀealize/ /TABLE 1/ 1 VT ⓐ [+ *ambition, désir*] to realize; [+ *effort*] to make; [+ *exploit*] to achieve; [+ *projet, étude, sondage*] to carry out; **~ un rêve** to make a dream come true; **il a réalisé le meilleur temps aux essais** [*coureur*] he got the best time in the qualifying session ⓑ [+ *meuble, bijou*] to make ⓒ (= *comprendre*)* to realize; **~ l'importance de qch** to realize the importance of sth; **je n'ai pas encore réalisé** it hasn't sunk in yet ⓓ [+ *film*] to direct; [+ *émission*] to produce; **il vient de ~ son premier film** he's just made his first film ⓔ [+ *achat, vente, bénéfice, économie*] to make; **l'entreprise réalise un chiffre d'affaires de 100 000 € par semaine** the firm has a turnover of 100,000 euros a week

2 VPR **se réaliser** [*rêve, vœu*] to come true; [*prédiction*] to be fulfilled; [*projet*] to be carried out; **il s'est complètement réalisé dans son métier** he's completely fulfilled in his job

réalisme /ʀealism/ NM realism

réaliste /ʀealist/ 1 ADJ realistic; [*artiste*] realist 2 NMF realist

réalité /ʀealite/ NF reality; **~ virtuelle** virtual reality; **c'est une ~ incontournable** it's an inescapable fact; **parfois la ~ dépasse la fiction** truth can be stranger than fiction; **ce sont les dures ~s de la vie** those are the harsh realities of life; **son rêve est devenu ~** his dream became a reality ◆ **en réalité** in reality

reality-show (*pl* **reality-shows**) /ʀealitiʃo/ NM studio discussion programme (*focusing on real-life dramas*), reality show (*US*)

réaménagement /ʀeamenaʒmɑ̃/ NM [*de site, espace*] redevelopment; [*de pièce*] refitting; [*de calendrier, horaires, structure, service*] reorganization

réaménager /ʀeamenaʒe/ /TABLE 3/ VT [+ *site*] to redevelop; [+ *appartement, bâtiment*] to refurbish; [+ *horaires, structure, service*] to reorganize

réamorcer /ʀeamɔʀse/ /TABLE 3/ VT ⓐ [+ *pompe*] to prime again; **~ la pompe** (*fig*) to get things going again; **ces investissements permettront de ~ la pompe de l'économie** these investments will give the economy a kickstart ⓑ [+ *dialogue, négociations, processus*] to start again

réanimation /ʀeanimasjɔ̃/ NF resuscitation; **être en (service de) ~** to be in intensive care

réanimer /ʀeanime/ /TABLE 1/ VT [+ *personne*] to resuscitate

réapparaître /ʀeapaʀɛtʀ/ /TABLE 57/

▶ **réapparaître** *can be conjugated with* **avoir** *or* **être**.

VI to reappear

réapparition /ʀeapaʀisjɔ̃/ NF reappearance; [*d'artiste*] comeback; **la mode des chapeaux a fait sa ~** hats have come back into fashion

réapprendre /ʀeapʀɑ̃dʀ/ /TABLE 58/ VT to learn again; **~ qch à qn** to teach sth to sb again; **~ à faire qch** to learn to do sth again

réapprovisionner /ʀeapʀɔvizjɔne/ /TABLE 1/ 1 VT ⓐ [+ *compte en banque*] to put money into ⓑ (= *ravitailler*) to resupply ⓒ [+ *magasin*] to restock (**en** with) 2 VPR **se réapprovisionner** to stock up again (**en** with)

réarmement /ʀeaʀməmɑ̃/ NM ⓐ [*de pays*] rearmament; **politique de ~** policy of rearmament ⓑ [*de fusil*] reloading; [*d'appareil-photo*] winding on ⓒ [*de navire*] refitting

réarmer /ʀeaʀme/ /TABLE 1/ VT ⓐ [+ *pays*] to rearm ⓑ [+ *fusil*] to reload; [+ *appareil-photo*] to wind on ⓒ [+ *bateau*] to refit

réassortir /ʀeasɔʀtiʀ/ /TABLE 2/ 1 VT [+ *magasin*] to restock (**en** with); [+ *stock*] to replenish 2 VPR **se réassortir** (*Commerce*) to stock up again (**de** with)

rebaisser /ʀ(ə)bese/ /TABLE 1/ VI to fall again

rebaptiser /ʀ(ə)batize/ /TABLE 1/ VT [+ *rue*] to rename; [+ *navire*] to rechristen

rébarbatif, -ive /ʀebaʀbatif, iv/ ADJ (= *rebutant*) forbidding; [*style*] off-putting

rebâtir /ʀ(ə)batiʀ/ /TABLE 2/ VT to rebuild

rebattre /ʀ(ə)batʀ/ /TABLE 41/ VT **il m'en a rebattu les oreilles de son succès** he kept harping on about it

rebattu, e /ʀ(ə)baty/ (*ptp de* **rebattre**) ADJ [*sujet, citation*] hackneyed

rebelle /ʀəbɛl/ 1 ADJ ⓐ [*troupes, soldat*] rebel; [*enfant, esprit*] rebellious; [*fièvre, maladie*] stubborn; [*mèche, cheveux*] unruly ⓑ **~ à** [+ *discipline*] unamenable to; **il est ~ à la géographie** (= *il n'y comprend rien*) geography is a closed book to him; (= *il ne veut pas apprendre*) he doesn't want to know about geography; **ce virus est ~ à certains remèdes** the virus is resistant to certain medicines 2 NMF rebel

rebeller (se) /ʀ(ə)bele/ /TABLE 1/ VPR to rebel

rébellion /ʀebeljɔ̃/ NF rebellion

rebeu ‡ /ʀabø/ NM *second-generation North African living in France*

rebiffer (se) /R(ə)bife/ /TABLE 1/ VPR (= *résister*) [*personne*] to hit back (**contre** at)

rebiquer /R(ə)bike/ /TABLE 1/ VI [*mèche de cheveux*] to stick up; [*col*] to curl up at the ends

reboisement /R(ə)bwazmɑ̃/ NM reforestation

reboiser /R(ə)bwaze/ /TABLE 1/ VT to reforest

rebond /R(ə)bɔ̃/ NM ⓐ [*de balle*] (*sur le sol*) bounce; (*contre un mur*) rebound; **rattraper une balle au ~** to catch a ball on the bounce ⓑ [*d'histoire*] development ⓒ [*d'activité économique, marché*] recovery

rebondi, e /R(ə)bɔ̃di/ (*ptp de* **rebondir**) ADJ [*objet, bouteille, forme*] potbellied; [*poitrine*] well-developed; [*ventre*] fat; [*joues, visage*] chubby

rebondir /R(ə)bɔ̃diR/ /TABLE 2/ VI ⓐ [*balle*] (*sur le sol*) to bounce; (*contre un mur*) to rebound; **faire ~ une balle par terre/contre un mur** to bounce a ball on the ground/against a wall

ⓑ [*conversation*] to get going again; [*procès*] to be revived; [*action, intrigue*] to get moving again; **l'affaire n'en finit pas de ~** there are new developments all the time; **faire ~** [+ *conversation*] to get going again; [+ *action d'une pièce*] to get moving again; [+ *scandale, procès*] to revive

ⓒ [*économie, marché, actions*] to pick up again; **ça l'a aidé à ~ après son licenciement** it helped him get back on his feet again after he lost his job

rebondissement /R(ə)bɔ̃dismɑ̃/ NM (= *développement*) sudden new development (**de** in); **feuilleton à ~s** action-packed serial; **l'affaire vient de connaître un nouveau ~** there has been a new development

rebord /R(ə)bɔR/ NM edge; [*d'assiette, tuyau, plat, pot*] rim; [*de puits*] edge; **le ~ de la cheminée** the mantelpiece; **le ~ de la fenêtre** the windowsill

reboucher /R(ə)buʃe/ /TABLE 1/ VT [+ *trou*] to fill in again; [+ *bouteille*] to recork; [+ *tube*] to put the cap back on

rebours /R(ə)buR/ NM ♦ **à rebours** LOC ADV **compter à ~** to count backwards; **discrimination à ~** reverse discrimination; **snobisme à ~** inverted snobbery

rebouteux, -euse /R(ə)butø, øz/ NM,F bonesetter

reboutonner /R(ə)butɔne/ /TABLE 1/ VT to button up again

rebrousse-poil /RəbRuspwal/ ♦ **à rebrousse-poil** LOC ADV [*caresser*] the wrong way; **prendre qn à ~** to rub sb up the wrong way

rebrousser /R(ə)bRuse/ /TABLE 1/ VT **~ chemin** to turn back

rébus /Rebys/ NM (= *jeu*) rebus

rebut /Rəby/ NM (= *déchets*) scrap; **mettre** ou **jeter au ~** to throw out; **le ~ de la société** (*péj*) the scum of society

rebutant, e /R(ə)bytɑ̃, ɑ̃t/ ADJ (= *dégoûtant*) repellent; (= *décourageant*) off-putting

rebuter /R(ə)byte/ /TABLE 1/ VT (= *décourager*) to put off; (= *répugner*) to repel

recadrer /R(ə)kadRe/ /TABLE 1/ VT ⓐ [+ *image, sujet*] to reframe ⓑ [+ *politique*] to refocus; [+ *action, projet*] to redefine the terms of

récalcitrant, e /Rekalsitrɑ̃, ɑ̃t/ ADJ (= *indocile*) [*animal*] stubborn; [*personne*] recalcitrant; [*appareil*] unmanageable

recalculer /R(ə)kalkyle/ /TABLE 1/ VT to recalculate

recalé, e /R(ə)kale/ (*ptp de* **recaler**) ADJ [*étudiant*] unsuccessful; **les (étudiants) ~s à la session de juin** the exam candidates who were failed in June

recaler /R(ə)kale/ /TABLE 1/ VT to fail; **se faire ~** ou **être recalé en histoire** to fail in history; **il a été recalé trois fois au permis de conduire** he failed his driving test three times

recapitaliser /Rəkapitalize/ /TABLE 1/ VT [+ *entreprise*] to recapitalize

récapitulatif, -ive /Rekapitylatif, iv/ 1 ADJ [*tableau*] summary (*avant le nom*) 2 NM summary

récapituler /Rekapityle/ /TABLE 1/ VT to recapitulate

recaser /R(ə)kaze/ /TABLE 1/ VT [+ *chômeur*] to find a new job for; **il a pu se ~** [*veuf, divorcé*] he managed to get hitched* again; [*chômeur*] he managed to find a new job

recel /Rəsɛl/ NM **~ (d'objets volés)** (= *action*) receiving (stolen goods); (= *résultat*) possession of stolen goods; **~ de malfaiteur** harbouring a criminal

receler /R(ə)səle/ /TABLE 5/ VT ⓐ [+ *objet volé*] to receive; [+ *malfaiteur*] to harbour ⓑ [+ *secret, erreur, trésor*] to conceal

receleur, -euse /R(ə)səlœR, øz/ NM,F receiver of stolen goods

récemment /Resamɑ̃/ ADV recently; **~ publié** recently published; **l'as-tu vu ~ ?** have you seen him recently?

recensement /R(ə)sɑ̃smɑ̃/ NM [*de population*] census; [*d'objets*] inventory; **faire le ~ de la population** to take a census of the population; **faire le ~ des besoins** to make an inventory of requirements

recenser /R(ə)sɑ̃se/ /TABLE 1/ VT [+ *population*] to take a census of; [+ *objets*] to make an inventory of; [+ *malades, victimes*] to make a list of; **on recense trois millions de chômeurs** there are three million people registered as unemployed

récent, e /Resɑ̃, ɑ̃t/ ADJ (= *survenu récemment*) [*événement, traces*] recent; (= *nouveau*) [*propriétaire*] new; **les chiffres les plus ~s montrent que ...** the latest figures show that ...; **jusqu'à une période ~e** up until recently

recentrer /R(ə)sɑ̃tRe/ /TABLE 1/ VT [+ *politique*] to redefine; [+ *débat*] to refocus

récepteur /ResɛptœR/ NM **~ téléphonique** (telephone) receiver

réceptif, -ive /Reseptif, iv/ ADJ receptive (**à** to)

réception /Resɛpsjɔ̃/ NF ⓐ (= *réunion, gala*) reception ⓑ (= *accueil*) reception; **heures de ~ de 14 à 16 heures** consultations between 2 and 4 p.m. ⓒ [*d'hôtel*] (= *entrée*) entrance hall; (= *bureau*) reception; **salle de ~** function room; **salons de ~** reception rooms; **adressez-vous à la ~** ask at reception ⓓ [*de paquet, lettre*] receipt; [*d'ondes, émission*] reception; **il s'occupe de la ~ des marchandises** he takes delivery of the goods → **accusé, accuser** ⓔ [*de sauteur, parachutiste*] landing; **il a manqué sa ~** [*sauteur*] he landed badly ⓕ (*Constr*) **~ des travaux** acceptance of work done (*after verification*)

réceptionner /Resɛpsjɔne/ /TABLE 1/ 1 VT to receive 2 VPR **se réceptionner** (*en tombant*) to land

réceptionniste /Resɛpsjɔnist/ NMF receptionist

récession /Resesjɔ̃/ NF recession

recette /R(ə)sɛt/ NF ⓐ [*de cuisine, truc, secret*] recipe (**de** for); [*de produit*] formula ⓑ (= *encaisse*) takings; **faire ~** (= *avoir du succès*) to be a big success ⓒ (= *rentrées d'argent*) **~s** receipts ⓓ (= *recouvrement d'impôts*) collection

receveur /R(ə)səvœR/ NM ⓐ [*de greffe*] recipient ⓑ **~ (d'autobus)** (bus) conductor; **~ (des contributions)** tax collector; **~ (des postes)** postmaster

receveuse /R(ə)səvøz/ NF ⓐ [*de greffe*] recipient ⓑ **~ (des contributions)** tax collector; **~ (des postes)** postmistress

recevoir /R(ə)səvwaR/ /TABLE 28/ 1 VT ⓐ to receive; [+ *confession*] to hear; **~ les ordres** [*religieux*] to take holy orders; **je vous reçois cinq sur cinq** I'm receiving you loud and clear; **le procédé a reçu le nom de son inventeur** process got its name from the inventor; **j'ai reçu un caillou sur la tête** I got hit on the head by a stone; **il a reçu un coup de poing dans la figure** he got punched in the face; **recevez, Monsieur (ou Madame), l'expression de mes sentiments distingués** (*formule épistolaire*) yours faithfully (*Brit*) ou truly (*US*)

ⓑ [+ *personne*] (*en entrevue*) to see; [+ *invité*] (= *accueillir*) to receive; (= *traiter*) to entertain; (= *loger*) to receive; [+ *Jeux olympiques, championnat*] to host; [+ *demande, déposition, plainte*] to receive; **~ qn à dîner** to have sb to dinner; **être bien/mal reçu** [*proposition, nouvelles*] to be well/badly received; [*personne*] to get a good/bad reception; **on est tou-jours bien reçu chez eux** they always make you feel welcome; **~ qn à bras ouverts** to welcome sb with open arms; **les Dupont reçoivent beaucoup** the Duponts entertain a lot; **le directeur reçoit le jeudi** the principal receives visitors on Thursdays; **~ la visite de qn/d'un cambrioleur** to receive a visit from sb/from a burglar; **se faire ~*** to get shouted at

ⓒ [*+ candidat à un examen*] to pass; **être reçu à un examen** to pass an exam; **il a été reçu dans les premiers/dans les derniers** he was near the top/bottom in the exam; **il a été reçu premier** he came first in the exam

ⓓ [*hôtel, lycée*] to accommodate; **~ un affluent** [*rivière*] to be joined by a tributary; **leur chambre ne reçoit jamais le soleil** their room never gets any sun

2 VPR se recevoir (= *tomber*) to land; **il s'est mal reçu** he landed badly

rechange /ʀ(ə)ʃɑ̃ʒ/ NM **de rechange** [*solution, politique*] alternative; [*outil*] spare; **avoir du linge de ~** to have a change of clothes; **j'ai apporté des chaussures de ~** I brought a spare pair of shoes → **pièce**

réchapper /ʀeʃape/ /TABLE 1/ VI **~ de** *ou* **à** [*+ accident, maladie*] to come through; **tu as eu de la chance d'en ~** you were lucky to escape with your life; **si jamais j'en réchappe** if ever I come through this

recharge /ʀ(ə)ʃaʀʒ/ NF [*d'arme*] reload; [*de stylo, agenda*] refill

rechargeable /ʀ(ə)ʃaʀʒabl/ ADJ [*stylo, vaporisateur, aérosol, briquet*] refillable; [*batterie, pile, appareil électrique, carte à puce*] rechargeable

recharger /ʀ(ə)ʃaʀʒe/ /TABLE 3/ VT [*+ arme, appareil-photo*] to reload; [*+ stylo, briquet*] to refill; [*+ batterie, pile*] to recharge; [*+ mobile*] (*en crédit*) to top up; **~ ses batteries** *ou* **ses accus*** to recharge one's batteries

réchaud /ʀeʃo/ NM (= *appareil de cuisson*) (portable) stove; **~ à gaz** gas stove

réchauffement /ʀeʃofmɑ̃/ NM warming; **le ~ climatique** *ou* **de la planète** global warming; **on constate un ~ de la température** the temperature is rising

réchauffer /ʀeʃofe/ /TABLE 1/ **1 VT** ⓐ [*+ aliment*] to reheat; **réchauffe** *ou* **fais ~ la soupe** reheat the soup ⓑ [*+ personne*] to warm up; **une bonne soupe, ça réchauffe** a nice bowl of soup warms you up ⓒ [*soleil*] to heat up; **le soleil réchauffe la terre** the sun warms the earth; **les tons bruns réchauffent la pièce** the browns make the room seem warmer **2 VPR se réchauffer** ⓐ [*temps, température*] to get warmer ⓑ [*personne*] to warm o.s. up

rechausser /ʀ(ə)ʃose/ /TABLE 1/ **1 VT ~ ses skis** to put one's skis back on **2 VPR se rechausser** to put one's shoes back on

rêche /ʀɛʃ/ ADJ rough

recherche /ʀ(ə)ʃɛʀʃ/ NF ⓐ (= *action de rechercher*) search (**de** for)

♦ **à la recherche de** in search of; **être/se mettre à la ~ de qch/qn** to be/go in search of sth/sb; **je suis à la ~ de mes lunettes** I'm looking for my glasses; **ils sont à la ~ d'une maison** they're looking for a house

ⓑ (= *enquête*) **~s** investigations; **faire des ~s** to make investigations; **toutes nos ~s pour retrouver l'enfant sont demeurées vaines** all our attempts to find the child remained fruitless; **jusqu'ici il a échappé aux ~s de la police** until now he has escaped the police search

ⓒ (= *poursuite*) search (**de** for); **la ~ des plaisirs** pleasure-seeking; **la ~ de la gloire** the pursuit of glory; **la ~ de la perfection** the search for perfection

ⓓ (= *métier, spécialité*) **la ~** research; **~s** (= *études*) research; **faire des ~s sur un sujet** to carry out research into a subject; **être dans la ~** *ou* **faire de la ~** to be engaged in research; **allocation de ~** research grant; **travail de ~** research work

ⓔ (= *raffinement*) [*de tenue*] studied elegance; (*péj* = *affectation*) affectation; **être habillé avec ~/sans ~** to be dressed with studied elegance/carelessly

recherché, e /ʀ(ə)ʃɛʀʃe/ (*ptp de rechercher*) ADJ ⓐ [*objet, acteur*] much sought-after; (= *apprécié des connaisseurs*) [*morceau délicat*] choice ⓑ [*style*] mannered; [*expression*] studied; [*vocabulaire*] carefully chosen; [*tenue*] (*péj*) affected

rechercher /ʀ(ə)ʃɛʀʃe/ /TABLE 1/ VT ⓐ (= *chercher à trouver*) [*+ objet égaré ou désiré, enfant perdu*] to search for; [*+ coupable, témoin*] to look for; [*+ cause d'accident*] to try to determine; **~ l'albumine dans le sang** to look for albumin in the blood; **~ un mot dans un fichier** (*Informatique*) to search a file for a word; **« on recherche femme de ménage »** (*dans une annonce*) "cleaning lady required"; **recherché pour meurtre** wanted for murder

ⓑ (= *viser à*) [*+ honneurs, compliment*] to seek; [*+ danger*] to court; [*+ succès, plaisir*] to pursue; **~ la perfection** to strive for perfection; **~ l'amitié/la compagnie de qn** to seek sb's friendship/company

ⓒ (= *reprendre*) [*+ personne*] to collect

rechigner /ʀ(ə)ʃiɲe/ /TABLE 1/ VI (= *renâcler*) to balk (**à, devant** at sth, **à faire** at doing); **faire qch en rechignant** to do sth reluctantly

rechute /ʀ(ə)ʃyt/ NF [*de malade*] relapse

rechuter /ʀ(ə)ʃyte/ /TABLE 1/ VI [*malade*] to have a relapse

récidive /ʀesidiv/ NF second offence (*Brit*) *ou* offense (*US*)

récidiver /ʀesidive/ /TABLE 1/ VI [*criminel*] to reoffend; **il a récidivé 15 minutes plus tard avec un second but** he did it again* 15 minutes later with a second goal

récidiviste /ʀesidivist/ NMF second offender; (*plusieurs répétitions*) habitual offender

récif /ʀesif/ NM reef; **~ corallien** *ou* **de corail** coral reef

récipient /ʀesipjɑ̃/ NM container

réciproque /ʀesipʀɔk/ **1 ADJ** [*sentiments, confiance, tolérance, concessions*] reciprocal; **je lui fais confiance et c'est ~** I trust him and he trusts me; **il la déteste et c'était ~** he hated her and the feeling was mutual **2 NF la ~** (= *l'inverse*) the opposite; (= *la pareille*) the same

réciproquement /ʀesipʀɔkmɑ̃/ ADV (= *l'un l'autre*) each other, one another; **ils se félicitaient ~** they congratulated each other *ou* one another ⓑ (= *vice versa*) vice versa; **il me déteste et ~** he hates me and the feeling is mutual

récit /ʀesi/ NM story; **~ autobiographique** autobiographical account; **~ de voyage** travel story; **faire le ~ de** to give an account of

récital (*pl* **récitals**) /ʀesital/ NM recital

récitation /ʀesitasjɔ̃/ NF (= *texte*) recitation

réciter /ʀesite/ /TABLE 1/ VT to recite

réclamation /ʀeklamasjɔ̃/ NF (= *plainte*) complaint; (*Sport*) objection; **faire/déposer une ~** to make/lodge a complaint; **adressez vos ~ à ...** *ou* **pour toute ~ s'adresser à ...** all complaints should be referred to ...; **« bureau** *ou* **service des) ~s** "complaints department *ou* office"; **téléphonez aux ~s** (*au téléphone*) ring the engineers

réclame /ʀeklam/ NF (= *annonce publicitaire*) advertisement; **la ~** (= *publicité*) advertising; **faire de la ~ pour un produit** to advertise a product; **en ~** on (special) offer

réclamer /ʀeklame/ /TABLE 1/ **1 VT** ⓐ (= *demander*) to ask for; **je lui ai réclamé mon stylo** I asked him for my pen back; **il m'a réclamé à boire/un jouet** he asked me for a drink/a toy; **je n'aime pas les enfants qui réclament** I don't like children who are always asking for things

ⓑ [*+ droit, dû, part*] to claim; [*+ rançon*] to demand; **~ la démission du ministre** to call for the minister's resignation

ⓒ (= *nécessiter*) [*+ patience, soin*] to require

2 VPR se réclamer : se ~ de [*+ parti, organisation*] to claim to represent; [*+ théorie, principe*] to claim to adhere to; [*+ personne*] to claim to be a follower of; **il se réclame de l'école romantique** he claims to take his inspiration from the romantic school

reclassement /ʀ(ə)klasmɑ̃/ NM [*de salarié*] redeployment; [*de chômeur*] placement; [*d'ex-prisonnier*] rehabilitation; **~ externe** outplacement

reclasser /R(ə)klase/ /TABLE 1/ VT ⓐ [+ *salarié*] to re-deploy; [+ *chômeur*] to place ⓑ [+ *objet, dossier*] to reclassify

reclus, e /Rəkly, yz/ **1** ADJ **il vit ~** *ou* **il mène une vie ~e** he leads the life of a recluse **2** NM,F recluse

réclusion /Reklyzjɔ̃/ NF **~ (criminelle)** imprisonment; **~ criminelle à perpétuité** life imprisonment; **condamné à dix ans de ~** sentenced to ten years' imprisonment

recoiffer /R(ə)kwafe/ /TABLE 1/ **1** VT **~ ses cheveux** to do one's hair; **~ qn** to do sb's hair **2** VPR **se recoiffer** (= *se peigner*) to do one's hair

recoin /Rəkwɛ̃/ NM nook; (*fig*) innermost recess; **il connaît les moindres ~s des Pyrénées** he knows the Pyrenees like the back of his hand

recoller /R(ə)kɔle/ /TABLE 1/ **1** VT ⓐ [+ *étiquette, enveloppe*] to restick; [+ *morceaux, vase*] to stick back together; **~ les morceaux** (= *réconcilier*) to patch things up ⓑ (= *redonner*)* **~ une amende à qn** to give another fine to sb; **on nous a recollé le même moniteur que l'année dernière** we got stuck with the same group leader as last year; **arrête ou je t'en recolle une*** stop it or you'll get another slap ⓒ (*Cyclisme*) **le coureur a recollé au peloton** the runner caught up with the rest of the pack **2** VPR **se recoller*: on va se ~ au boulot** let's get back down to work; **allez, on s'y recolle!** come on, let's get back to it!

récoltant, e /Rekɔltɑ̃, ɑ̃t/ ADJ, NM,F **(propriétaire) ~** grower

récolte /Rekɔlt/ NF ⓐ (= *activité*) harvesting; **il y a deux ~s par an** there are two harvests a year; **faire la ~ des pommes de terre** to harvest potatoes ⓑ (= *produit*) [*de blé, maïs*] harvest; [*de pommes de terre, fraises, raisin, miel*] crop ⓒ (= *argent récolté*) takings; **la ~ est maigre** (= *documents*) I didn't get much information

récolter /Rekɔlte/ /TABLE 1/ VT ⓐ [*agriculteur*] to harvest; [*particulier*] to pick ⓑ [+ *documents, signatures*] to collect; [+ *argent*] to collect; [+ *renseignements*] to gather; [+ *contravention, coups, mauvaise note*]* to get; [+ *suffrages, points, voix*] to gain; **je n'ai récolté que des ennuis** all I got was a lot of trouble

recommandable /R(ə)kɔmɑ̃dabl/ ADJ (= *estimable*) commendable; **peu ~** [*personne*] disreputable; [*comportement, moyen*] not very commendable

recommandation /R(ə)kɔmɑ̃dasjɔ̃/ NF recommendation; **faire des ~s à qn** to make recommendations to sb; **sur la ~ de qn** on sb's recommendation

recommandé, e /R(ə)kɔmɑ̃de/ (*ptp de* **recommander**) ADJ ⓐ [*lettre, paquet*] recorded; (*avec valeur assurée*) registered; **« envoi (en) ~ »** "recorded delivery" (*Brit*), "certified mail" (*US*); **envoyer qch en ~** to send sth recorded delivery (*Brit*) *ou* by certified mail (*US*); (*avec valeur assurée*) to send sth by registered mail (*US*) ⓑ (= *conseillé*) [*produit, hôtel*] recommended; **est-ce bien ~?** is it advisable? (**de faire qch** to do sth); **il est ~ de ...** it's advisable to ...

recommander /R(ə)kɔmɑ̃de/ /TABLE 1/ VT to recommend (**à** to); **~ à qn de faire qch** to advise sb to do sth; **le médecin lui a recommandé le repos** the doctor advised him to rest; **je te recommande la discrétion** I advise you to be discreet; **je te recommande (de lire) ce livre** I recommend (that you read) this book

recommencement /R(ə)kɔmɑ̃smɑ̃/ NM **l'histoire/la vie est un éternel ~** history/life is a process of constant renewal

recommencer /R(ə)kɔmɑ̃se/ /TABLE 3/ **1** VT to start again; **~ à faire qch** to start to do sth again; **il recommence à neiger** it's starting to snow again; **tout est à ~** we (*ou* I *etc*) will have to start all over again **2** VI [*combat*] to start up again; **la pluie recommence** it's starting to rain again; **l'école recommence en septembre** school starts again in September; **ça y est, ça recommence!*** here we go again!; **il m'a promis qu'il ne recommencerait plus** he promised he wouldn't do it again

récompense /Rekɔ̃pɑ̃s/ NF reward; (= *prix*) award; **en ~ de** in return for

récompenser /Rekɔ̃pɑ̃se/ /TABLE 1/ VT to reward; **être récompensé d'avoir fait qch** to be rewarded for having done sth; **ce prix récompense le premier roman d'un auteur** this prize is awarded for an author's first novel

recomposer /R(ə)kɔ̃poze/ /TABLE 1/ VT ⓐ to put together (again); **une famille recomposée** a blended family ⓑ (*Téléc*) [+ *numéro*] to redial

recompter /R(ə)kɔ̃te/ /TABLE 1/ VT to recount

réconciliation /Rekɔ̃siljasjɔ̃/ NF reconciliation

réconcilier /Rekɔ̃silje/ /TABLE 7/ **1** VT to reconcile (**avec** with) **2** VPR **se réconcilier** to be *ou* become reconciled; **ils se sont réconciliés** they've patched things up

reconduction /R(ə)kɔ̃dyksjɔ̃/ NF renewal; **tacite ~** renewal by tacit agreement

reconduire /R(ə)kɔ̃dɥiR/ /TABLE 38/ VT ⓐ (= *raccompagner*) **~ qn chez lui/à la gare** to take sb home/to the station; **il a été reconduit à la frontière par les policiers** he was escorted back to the frontier by the police; **~ qn à pied/en voiture chez lui** to walk/drive sb home; **il m'a reconduit à la porte** he showed me to the door ⓑ [+ *politique, bail*] to renew

reconduite /R(ə)kɔ̃dɥit/ NF **~ (à la frontière)** escorting back to the border

reconfigurer /R(ə)kɔ̃figyRe/ /TABLE 1/ VT (*Informatique*) to reconfigure

réconfort /Rekɔ̃fɔR/ NM comfort; **avoir besoin de ~** to need comforting; **ça m'a apporté un grand ~** it was a great comfort to me; **~ moral** solace

réconfortant, e /Rekɔ̃fɔRtɑ̃, ɑ̃t/ ADJ [*parole, idée*] comforting

réconforter /Rekɔ̃fɔRte/ /TABLE 1/ VT [*paroles, présence*] to comfort; [*alcool, aliment*] to fortify

reconnaissable /R(ə)kɔnɛsabl/ ADJ recognizable (**à** by, **from**)

reconnaissance /R(ə)kɔnɛsɑ̃s/ **1** NF ⓐ gratitude; **avoir de la ~ pour qn** to be grateful to sb ⓑ [*de État, indépendance, droit, diplôme*] recognition ⓒ (= *identification*) recognition; **~ vocale** speech recognition; **~ optique de caractères** optical character recognition ⓓ (= *exploration*) reconnaissance; **envoyer en ~** to send out on reconnaissance; **partir en ~** to go and reconnoitre the ground **2** COMP ♦ **reconnaissance de dette** acknowledgement of debt

reconnaissant, e /R(ə)kɔnɛsɑ̃, ɑ̃t/ ADJ grateful (**à qn de qch** to sb for sth); **se montrer ~ envers qn** to show one's gratitude to sb; **je vous serais ~ de me répondre rapidement** I would be grateful if you would reply quickly

reconnaître /R(ə)kɔnɛtR/ /TABLE 57/ **1** VT ⓐ (= *identifier*) to recognize; **je l'ai reconnu à sa voix** I recognized him by his voice; **je le reconnaîtrais entre mille** I'd recognize him anywhere; **~ le corps** (*d'un mort*) to identify the body; **les jumeaux sont impossibles à ~** the twins are impossible to tell apart; **je le reconnais bien là!** that's just like him!; **on ne le reconnaît plus** you wouldn't recognize him now ⓑ [+ *innocence, supériorité, valeur, torts*] to recognize; **il faut ~ qu'il faisait très froid** admittedly it was very cold; **il a reconnu s'être trompé** *ou* **qu'il s'était trompé** he admitted that he had made a mistake; **je reconnais que j'avais tout à fait oublié** I must admit that I had completely forgotten ⓒ [+ *maître, chef, État, gouvernement, diplôme*] to recognize; (*Droit*) [+ *enfant, dette*] to acknowledge; **~ qn pour** *ou* **comme chef** to recognize sb as one's leader; **~ qn coupable** to find sb guilty ⓓ (*Mil*) [+ *terrain*] to reconnoitre; **les gangsters étaient certainement venus ~ les lieux auparavant** the gangsters had probably been to look over the place beforehand **2** VPR **se reconnaître** ⓐ (*dans la glace*) to recognize o.s.; (*entre personnes*) to recognize each other ⓑ (= *se retrouver*) to find one's way around; **je commence à me ~** I'm beginning to find my bearings ⓒ (= *être reconnaissable*) to be recognizable (**à** by)

reconnecter VT, **se reconnecter** VPR /R(ə)kɔnɛkte/ /TABLE 1/ to reconnect (**à** to)

reconnu, e /R(ə)kɔny/ (*ptp de* **reconnaître**) ADJ [*auteur, chef, diplôme*] recognized; **c'est un fait ~ que ...** it's a recognized fact that ...; **il est ~ que ...** it is recognized that ...

reconquérir /R(ə)kɔ̃keRiR/ /TABLE 21/ VT (*Mil*) to reconquer; [+ *personne, titre, siège de député*] to win back; [+ *dignité, liberté*] to recover

reconquête /R(ə)kɔ̃kɛt/ NF (*Mil*) reconquest; [*de droit, liberté*] recovery

reconsidérer /R(ə)kɔ̃sidere/ /TABLE 6/ VT to reconsider

reconstituer /R(ə)kɔ̃stitɥe/ /TABLE 1/ 1 VT ⓐ [+ *parti, armée, association*] to re-form; [+ *fortune, capital, réserves*] to build up again ⓑ [+ *crime, faits, histoire*] to reconstruct; [+ *décor*] to recreate; [+ *fichier*] to rebuild; [+ *texte*] to reconstitute 2 VPR **se reconstituer** [*équipe, parti*] to re-form; [*réserves*] to be built up again

reconstitution /R(ə)kɔ̃stitysjɔ̃/ NF ⓐ [*de parti, armée, association*] re-forming; [*de fortune, capital, réserves*] rebuilding ⓑ [*de faits, histoire*] reconstruction; [*de fichier*] rebuilding; [*de texte*] reconstitution; **la ~ du crime** the reconstruction of the crime (*in the presence of the examining magistrate and the accused*)

reconstruction /R(ə)kɔ̃stRyksjɔ̃/ NF [*de maison, ville, fortune*] rebuilding; [*de pays*] reconstruction

reconstruire /R(ə)kɔ̃stRɥiR/ /TABLE 38/ VT [+ *maison, ville*] to rebuild; [+ *pays*] to reconstruct; [+ *fortune*] to build up again; **il a dû ~ sa vie** he had to rebuild his life

recontacter /R(ə)kɔ̃takte/ /TABLE 1/ VT ~ **qn** to get in touch with sb again; **je vous recontacterai quand j'aurai pris ma décision** I'll get in touch with you again when I've made a decision

reconversion /R(ə)kɔ̃vɛRsjɔ̃/ NF [*d'usine*] reconversion; [*de personnel*] retraining; **stage/plan de ~** retraining course/scheme

reconvertir /R(ə)kɔ̃vɛRtiR/ /TABLE 2/ 1 VT [+ *personnel*] to retrain; [+ *région*] to redevelop; **la fabrique a été reconvertie en école** the factory has been converted into a school 2 VPR **se reconvertir** [*personne*] to move into a new type of employment; [*entreprise*] to change activity; **il s'est reconverti dans la publicité** he has changed direction and gone into advertising; **nous nous sommes reconvertis dans le textile** we have moved over into textiles

recopier /R(ə)kɔpje/ /TABLE 7/ VT (= *transcrire*) to copy out; (= *recommencer*) to copy out again; **~ ses notes au propre** to write up one's notes

record /R(ə)kɔR/ 1 NM record; **~ de vitesse** speed record; **~ du monde** world record; **le dollar a battu un ~ historique** the dollar has hit a record high; **le ministre bat tous les ~s d'impopularité** the minister breaks all the records for unpopularity; **ça bat (tous) les ~s !** that beats everything!; **ce film a connu des ~s d'affluence** the film broke box-office records; **un ~ d'abstentions** a record number of abstentions

2 ADJ INV [*chiffre, niveau, production, taux*] record; **les bénéfices ont atteint un montant ~ de 5 milliards** profits reached a record total of 5 billion; **en un temps ~** in record time

recordman /R(ə)kɔRdman/ (*pl* **recordmen** /R(ə)kɔRdmɛn/) NM (men's) record holder

recordwoman /R(ə)kɔRdwuman/ (*pl* **recordwomen** /R(ə)kɔRdwumɛn/) NF (women's) record holder

recoucher /R(ə)kuʃe/ /TABLE 1/ 1 VT [+ *enfant*] to put back to bed 2 VPR **se recoucher** to go back to bed

recoudre /R(ə)kudR/ /TABLE 48/ VT [+ *ourlet*] to sew up again; [+ *bouton*] to sew back on; [+ *plaie, opéré*] to stitch up

recoupement /R(ə)kupmɑ̃/ NM **par ~** by cross-checking; **faire des ~s** to cross-check

recouper /R(ə)kupe/ /TABLE 1/ 1 VT ⓐ to cut again; **~ du pain** to cut some more bread; **elle m'a recoupé une tranche de viande** she cut me another slice of meat

ⓑ [*témoignage*] to confirm 2 VPR **se recouper** [*faits*] to confirm one another; [*chiffres, résultats*] to add up

recourbé, e /R(ə)kuRbe/ ADJ curved; **nez ~** hooknose

recourir /R(ə)kuRiR/ /TABLE 11/ 1 VI (*Sport*) to race again 2 VT INDIR ♦ **recourir à** to resort to; [+ *personne*] to turn to; **j'ai recouru à son aide** I turned to him for help

recours /R(ə)kuR/ 1 NM recourse; (*Droit*) appeal; **le ~ à la violence ne sert à rien** resorting to violence doesn't do any good; **en dernier ~** as a last resort

♦ **avoir recours à** [+ *mesure, solution, force*] to resort to; [+ *personne*] to turn to

2 COMP ♦ **recours en cassation** appeal to the supreme court ♦ **recours en grâce** (= *remise de peine*) plea for pardon; (= *commutation de peine*) plea for clemency

recouvrer /R(ə)kuvRe/ /TABLE 1/ VT ⓐ [+ *santé, vue*] to recover; [+ *liberté*] to regain; **~ la raison** to recover one's senses ⓑ [+ *cotisation, impôt*] to collect

recouvrir /R(ə)kuvRiR/ /TABLE 18/ 1 VT (*entièrement*) to cover; **recouvert d'écailles/d'eau** covered in scales/water; **le sol était recouvert d'un tapis** there was a carpet on the floor 2 VPR **se recouvrir** (= *être recouvert*) **se ~ d'eau/de terre** to become covered in water/earth

recracher /R(ə)kRaʃe/ /TABLE 1/ 1 VT to spit out; **l'usine recrachait ses eaux usées dans la rivière** the factory poured its waste water into the river 2 VI to spit again

récré* /RekRe/ NF ABBR = **récréation**

récréation /RekReasjɔ̃/ NF (*à l'école*) break; **aller en ~** to go out for the break

recréer /R(ə)kRee/ /TABLE 1/ VT to recreate

récrimination /RekRiminasjɔ̃/ NF recrimination

récriminer /RekRimine/ /TABLE 1/ VI to recriminate

récrire /RekRiR/ /TABLE 39/ VT = **réécrire**

recroquevillé, e /R(ə)kRɔk(ə)vije/ (*ptp de* **recroqueviller**) ADJ [*feuille, fleur*] shrivelled up; [*personne*] hunched up

recroqueviller (se) /R(ə)kRɔk(ə)vije/ /TABLE 1/ VPR [*feuille, fleur*] to shrivel up; [*personne*] to huddle o.s. up

recrudescence /R(ə)kRydesɑ̃s/ NF outbreak; **devant la ~ des vols** in view of the increasing number of thefts

recrue /RəkRy/ NF recruit

recrutement /R(ə)kRytmɑ̃/ NM recruitment

recruter /R(ə)kRyte/ /TABLE 1/ VT to recruit; **se ~ dans** *ou* **parmi** to be recruited from

recruteur, -euse /R(ə)kRytœR, øz/ NM,F (*Mil*) recruiting officer; (*pour cadres*) headhunter

rectangle /Rɛktɑ̃gl/ NM rectangle

rectangulaire /Rɛktɑ̃gylɛR/ ADJ rectangular

recteur /RɛktœR/ NM **~ (d'académie)** ≈ chief education officer (*Brit*), ≈ commissioner of education (*US*) → ACADÉMIE

rectificatif /Rɛktifikatif/ NM correction; **apporter un ~ to** make a correction (**à** to)

rectification /Rɛktifikasjɔ̃/ NF ⓐ [*d'erreur*] rectification; [*de paroles, texte*] correction; **permettez-moi une petite ~** if I might make a small rectification; **apporter des ~s to** make some corrections ⓑ [*de route, tracé, virage*] straightening; [*de mauvaise position*] correction

rectifier /Rɛktifje/ /TABLE 7/ VT ⓐ (= *corriger*) [+ *calcul, erreur*] to rectify; [+ *paroles, texte*] to correct; [+ *facture*] to amend ⓑ (= *ajuster*) to adjust; [+ *route, tracé*] to straighten; [+ *mauvaise position*] to correct; **~ le tir** to adjust the fire; (*fig*) to change one's tack ⓒ [+ *pièce*] to adjust ⓓ (= *tuer*)**:** **il a été rectifié** *ou* **il s'est fait ~** he got himself bumped off

rectiligne /Rɛktiliɲ/ ADJ straight; [*mouvement*] rectilinear

recto /Rɛkto/ NM front of a page; **~ verso** on both sides of the page; **voir au ~** see other side

rectorat /RɛktɔRa/ NM (= *bureaux*) education offices; (= *administration*) education authority

reçu, e /R(ə)sy/ (*ptp de* **recevoir**) 1 ADJ [*candidat*] successful 2 NM,F (= *candidat*) successful candidate; **il y a eu 50 ~s**

there were 50 passes *ou* successful candidates **3** NM (= *quittance*) receipt

recueil /Rǝkœj/ NM collection; **~ de poèmes** collection of poems

recueillement /R(ǝ)kœjmã/ NM contemplation; **écouter avec un grand ~** to listen reverently

recueillir /R(ǝ)kœjiR/ /TABLE 12/ **1** VT ⓐ [+ *argent, documents, liquide*] to collect; [+ *suffrages*] to win; **il a recueilli 100 voix** he got 100 votes ⓑ (= *accueillir*) [+ *enfant, réfugié, animal*] to take in ⓒ (= *enregistrer*) to record **2** VPR **se recueillir** to collect one's thoughts; **aller se ~ sur la tombe de qn** to go and meditate at sb's grave

recuire /R(ǝ)kɥiR/ /TABLE 38/ VI **faire ~** to cook a little longer

recul /R(ǝ)kyl/ NM ⓐ [d'*armée*] retreat; [*de patron, négociateur*] climb-down* (**par rapport à** from); **avoir un mouvement de ~** to recoil (**devant** from)
ⓑ [*de civilisation, langue, épidémie*] decline (**de** of); [d'*investissements, ventes, prix, taux*] fall (**de** in); **~ de la majorité aux élections** setback for the government in the election; **le ~ de l'euro par rapport au dollar** the fall of the euro against the dollar
♦ **en recul** : **être en ~** [*épidémie, chômage*] to be on the decline; [*monnaie*] to be falling; [*parti*] to be losing ground; **le dollar est en net ~ par rapport à hier** the dollar has dropped sharply since yesterday
ⓒ (= *éloignement dans le temps, l'espace*) distance; **avec le ~, on juge mieux les événements** with the passing of time one can stand back and judge events better; **on voit mieux le tableau avec le ~** you can see the painting better if you stand back; **avec du** *ou* **le ~** with hindsight; **prendre du ~** to step back; (*fig*) to stand back (**par rapport à** from); **après cette dispute, j'ai besoin de prendre un peu de ~** after that quarrel I need to take stock; **il manque de ~** (*pour faire demi-tour*) he hasn't got enough room; (*pour prendre une photo*) he's too close; (*pour juger objectivement*) he's not objective enough; **nous manquons de ~ pour mesurer les effets à long terme** it is still too soon for us to assess the long-term effects
ⓓ [d'*arme à feu*] recoil
ⓔ (= *déplacement*) [*de véhicule*] backward movement

reculé, e /R(ǝ)kyle/ (*ptp de* **reculer**) ADJ remote; **en ces temps ~s** in those far-off times

reculer /R(ǝ)kyle/ /TABLE 1/ **1** VI ⓐ [*personne*] to move back; (*par peur*) to back away; [*automobiliste, automobile*] to reverse; [*cheval*] to back; **~ de deux pas** to move back two paces; **~ devant l'ennemi** to retreat from the enemy; **c'est ~ pour mieux sauter** it's just putting off the evil day; **faire ~** [+ *ennemi, foule*] to force back; [+ *cheval*] to move back; [+ *désert*] to drive back
ⓑ (= *hésiter*) to shrink back; (= *changer d'avis*) to back down; **tu ne peux plus ~ maintenant** you can't back out now; **~ devant la dépense/difficulté** to shrink from the expense/difficulty; **je ne reculerai devant rien** I'll stop at nothing
ⓒ (= *diminuer*) to be on the decline; [*eaux, incendie*] to subside; **faire ~ l'épidémie** to get the epidemic under control; **faire ~ le chômage** to reduce the number of unemployed; **faire ~ l'inflation** to curb inflation
2 VT ⓐ [+ *chaise, meuble, frontières*] to push back; [+ *véhicule*] to reverse
ⓑ (*dans le temps*) to postpone
3 VPR **se reculer** to take a step back

reculons /R(ǝ)kylɔ̃/ ♦ **à reculons** LOC ADV [*aller, marcher*] backwards; **sortir à ~ d'une pièce** to back out of a room; **ce pays entre à ~ dans l'Europe** this country is reluctant about going into Europe; **ils y vont à ~** (*fig*) they're dragging their feet

récup* /Rekyp/ NF ABBR = **récupération**

récupération /RekypeRasjɔ̃/ NF ⓐ [d'*argent, biens, forces, données*] recovery; [*de données informatiques*] retrieval; **la capacité de ~ de l'organisme** the body's powers of recovery
ⓑ [*de ferraille, chiffons, emballages*] salvage; [*de déchets*] retrieval; [*de chaleur, énergie*] recovery; **matériaux de ~** sal-

vaged materials ⓒ [*de journées de travail*] making up
ⓓ (*Politique, péj*) [*de mouvement, personnes*] hijacking

récupérer /RekypeRe/ /TABLE 6/ **1** VT ⓐ [+ *argent, biens, territoire, objet prêté, forces*] to get back; (*sur ordinateur*) to retrieve; (= *aller chercher*) [+ *enfant, bagages*] to collect; (= *reprendre à un autre*) [+ *sièges, voix*] to take; **il a récupéré son siège** (*Politique*) he won back his seat
ⓑ [+ *ferraille, chiffons, emballages*] to salvage; [+ *chaleur, énergie*] to recover; [+ *déchets*] to retrieve; **regarde si tu peux ~ quelque chose dans ces habits** have a look and see if there's anything you can rescue from among these clothes
ⓒ [+ *journées de travail*] to make up
ⓓ (*Politique : péj*) [+ *personne, mouvement*] to hijack; **se faire ~ par la droite** to find o.s. hijacked by the right; **~ une situation à son profit** to cash in on a situation
2 VI (*après des efforts, une maladie*) to recuperate

récurer /RekyRe/ /TABLE 1/ VT to scour

récurrence /RekyRɑ̃s/ NF recurrence

récurrent, e /RekyRɑ̃, ɑ̃t/ ADJ recurrent; **de façon ~e** over and over again

récuser /Rekyze/ /TABLE 1/ **1** VT [+ *témoin, juge, juré, témoignage*] to challenge; [+ *accusation*] to deny; **~ un argument** (*Droit*) to make objection to an argument; **~ la compétence d'un tribunal** to challenge the competence of a court **2** VPR **se récuser** (= *ne pas donner son avis*) to decline to give an opinion; (= *refuser une responsabilité*) to decline to accept responsibility

recyclable /R(ǝ)siklabl/ ADJ recyclable

recyclage /R(ǝ)siklaʒ/ NM ⓐ [*de déchets, papiers*] recycling ⓑ [d'*employé*] retraining; **stage de ~** refresher course

recycler /R(ǝ)sikle/ /TABLE 1/ **1** VT ⓐ [+ *employé*] (*dans son domaine*) to send on a refresher course; (*pour un nouveau métier*) to retrain ⓑ [+ *déchets, eaux usées*] to recycle; **papier recyclé** recycled paper **2** VPR **se recycler** [*personne*] (*dans son domaine*) to go on a refresher course; (*pour un nouveau métier*) to retrain; **elle s'est recyclée dans la restauration** she changed direction and went into catering; **je ne peux pas me ~ à mon âge** I can't learn a new job at my age; **il a besoin de se ~ !*** he needs to get with it!*

rédacteur, -trice /RedaktœR, tRis/ NM,F ⓐ [*de journal, magazine*] sub-editor; [d'*article*] writer; [d'*encyclopédie, dictionnaire*] editor; **~ politique/sportif** political/sports editor ♦ **rédacteur en chef** editor ♦ **rédacteur publicitaire** copywriter

rédaction /Redaksjɔ̃/ NF ⓐ [*de contrat, projet*] drafting; [*de thèse, article*] writing; [d'*encyclopédie, dictionnaire*] compiling ⓑ (*Presse = personnel*) editorial staff → **secrétaire** ⓒ (*Scol*) essay

reddition /Redisjɔ̃/ NF (*Mil*) surrender; **~ sans conditions** unconditional surrender

redécoupage /Rǝdekupaʒ/ NM **effectuer un ~ électoral** to make boundary changes

redécouverte /Rǝdekuvɛrt/ NF rediscovery

redécouvrir /R(ǝ)dekuvRiR/ /TABLE 18/ VT to rediscover

redéfinir /R(ǝ)definiR/ /TABLE 2/ VT to redefine

redemander /Rǝd(ǝ)mɑ̃de/ /TABLE 1/ VT [+ *adresse*] to ask again for; [+ *aliment*] to ask for more; [+ *bouteille*] to ask for another; **redemande-le-lui** (*une nouvelle fois*) ask him for it again; (*récupère-le*) ask him to give it back to you; **~ du poulet** to ask for more chicken; **en ~*** to ask for more*

redémarrage /R(ǝ)demaRaʒ/ NM ⓐ [*de moteur, réacteur, usine*] starting up again ⓑ (= *reprise*) [d'*économie, activité, ventes*] resurgence; [*de croissance*] pickup (**de** in)

redémarrer /R(ǝ)demaRe/ /TABLE 1/ VI ⓐ [*moteur*] to start up again; [*véhicule*] to move off again ⓑ [*processus*] to start again; [*économie*] to get going again; [*croissance*] to pick up again; [*inflation*] to rise again

redéploiement /R(ǝ)deplwamɑ̃/ NM [d'*armée, effectifs*] redeployment; [*de groupe industriel, activités, crédits*] restructuring

redéployer /R(ǝ)deplwaje/ /TABLE 8/ **1** VT to redeploy; **l'entreprise a redéployé ses activités autour de trois pôles**

the company has reorganized its operations around three core areas 2 VPR **se redéployer** [*armée, effectifs*] to redeploy; [*entreprise*] to reorganize its operations

redescendre /ʀ(ə)desɑ̃dʀ/ /TABLE 41/

> ► When **redescendre** has an object it is conjugated with **avoir**, otherwise the auxiliary is **être**.

1 VT ⓐ [+ *objet*] to bring *ou* take down (again)

> ► **redescendre** se traduira par **to bring down (again)** *ou* par **to take down (again)** suivant que le locuteur se trouve ou non à l'endroit en question.

pourrais-tu ~ cette malle à la cave ? - **je n'en ai plus besoin** could you take this trunk down to the cellar? - I don't need it any more; **redescendez-moi le dossier quand vous viendrez me voir** bring the file back down for me when you come and see me; **~ qch d'un cran** to put sth one notch lower down
ⓑ [+ *escalier*] to go *ou* come down (again); **j'ai monté toutes ces marches et maintenant il faut que je redescende** I've climbed all these stairs and now I've got to go down again
2 VI

> ► **redescendre** se traduira par **to come down (again)** *ou* par **to go down (again)** suivant que le locuteur se trouve ou non à l'endroit en question.

ⓐ (*d'une colline, d'un endroit élevé*) to go *ou* come down (again); (*dans l'escalier*) to go *ou* come downstairs (again); **~ de voiture** to get out of the car again; **redescendez tout de suite les enfants !** come down at once, children!
ⓑ [*ascenseur, avion, chemin*] to go down again; [*baromètre, fièvre*] to fall again

redessiner /ʀ(ə)desine/ /TABLE 1/ VT [+ *paysage, jardin*] to redesign; [+ *frontière*] to redraw

redevable /ʀ(ə)dəvabl/ ADJ **~ de l'impôt** liable for tax; **être ~ à qn de qch/d'avoir fait qch** to be indebted to sb for qch/for having done sth

redevance /ʀ(ə)dəvɑ̃s/ NF (= *impôt*) tax; (*pour télévision*) licence fee (*Brit*); (*pour téléphone*) rental charge

redevenir /ʀ(ə)dəv(ə)niʀ/ /TABLE 22/

> ► **redevenir** is conjugated with **être**.

VI to become again; **il est redevenu lui-même** he is his old self again

rédhibitoire /ʀedibitwaʀ/ ADJ damning; **un échec n'est pas forcément ~** one failure does not necessarily spell the end of everything

rediffuser /ʀ(ə)difyze/ /TABLE 1/ VT [+ *émission*] to repeat

rediffusion /ʀ(ə)difyzjɔ̃/ NF [*d'émission*] repeat

rédiger /ʀediʒe/ /TABLE 3/ VT [+ *article, lettre*] to write; (*à partir de notes*) to write up; [+ *encyclopédie, dictionnaire*] to compile; [+ *contrat*] to draw up; **bien rédigé** well-written

redingote /ʀ(ə)dɛ̃gɔt/ NF **(manteau) ~** fitted coat

redire /ʀ(ə)diʀ/ /TABLE 37/ VT ⓐ [+ *affirmation*] to say again; [+ *histoire*] to tell again; **~ qch à qn** to say sth to sb again; **je te l'ai dit et redit** I've told you that over and over again ⓑ (= *critiquer*) **avoir** *ou* **trouver à ~ à qch** to find fault with sth; **on ne peut rien trouver à ~ là-dessus** there's nothing to say to that; **je ne vois rien à ~ (à cela)** I can't see anything wrong with that

rediscuter /ʀ(ə)diskyte/ /TABLE 1/ VT to discuss again

redistribuer /ʀ(ə)distʀibɥe/ /TABLE 1/ VT [+ *biens*] to redistribute; [+ *emplois, rôles, tâches*] to reallocate; [+ *cartes*] to deal again

redistribution /ʀ(ə)distʀibysjɔ̃/ NF [*de richesses, revenus, pouvoirs*] redistribution; [*de rôles, terres*] reallocation

redite /ʀ(ə)dit/ NF needless repetition

redondance /ʀ(ə)dɔ̃dɑ̃s/ NF ⓐ redundancy (*NonC*) ⓑ (= *expression*) unnecessary repetition

redondant, e /ʀ(ə)dɔ̃dɑ̃, ɑ̃t/ ADJ [*style*] redundant

redonner /ʀ(ə)dɔne/ /TABLE 1/ VT ⓐ (= *rendre*) to give back; **cela te redonnera des forces** that will build your strength back up; **~ de la confiance/du courage à qn** to give sb new confidence/courage ⓑ (= *donner de nouveau*) [+ *adresse*] to give again; [+ *pain, eau*] to give some more; **~ une couche de peinture** to give another coat of paint; **tu peux me ~ de la viande/des carottes ?** can you give me some more meat/some more carrots?; **redonne-lui une bière/à boire** give him another beer/another drink

redorer /ʀ(ə)dɔʀe/ /TABLE 1/ VT **~ son blason** to regain prestige

redoublant, e /ʀ(ə)dublɑ̃, ɑ̃t/ NM,F (= *élève*) pupil who is repeating (*ou* has repeated) a year at school

redoublement /ʀ(ə)dubləmɑ̃/ NM ⓐ [*d'élève*] **les professeurs demandent son ~** the teachers want him to repeat the year ⓑ (= *accroissement*) increase (**de** in)

redoubler /ʀ(ə)duble/ /TABLE 1/ 1 VT ⓐ (= *accroître*) to increase ⓑ [+ *syllabe*] to reduplicate ⓒ **~ (une classe)** [*élève*] to repeat a year 2 VT INDIR ♦ **redoubler de** : **~ d'efforts** to increase one's efforts; **~ de prudence/de vigilance** to be extra careful/vigilant; **le vent redouble de violence** the wind is getting even stronger 3 VI to increase; [*cris*] to get even louder

redoutable /ʀ(ə)dutabl/ ADJ [*arme, adversaire, concurrence, problème*] formidable; [*maladie*] dreadful; [*question*] tough; **son charme ~** his devastating charm; **elle est d'une efficacité ~** she's frighteningly efficient

redoutablement /ʀ(ə)dutabləmɑ̃/ ADV [*agile, efficace*] formidably; [*dangereux*] extremely

redouter /ʀ(ə)dute/ /TABLE 1/ VT to dread

redoux /ʀədu/ NM (= *temps plus chaud*) spell of milder weather; (= *dégel*) thaw

redressement /ʀ(ə)dʀɛsmɑ̃/ NM [*d'économie, entreprise*] recovery; **plan de ~** recovery package; **~ économique** economic recovery; **être mis** *ou* **placé en ~ judiciaire** to be put into receivership; **~ fiscal** tax adjustment

redresser /ʀ(ə)dʀese/ /TABLE 1/ 1 VT ⓐ [+ *arbre, statue, poteau*] to set upright; [+ *tôle cabossée*] to straighten out; **~ un malade dans son lit** to sit a patient up in bed; **~ les épaules** to straighten one's shoulders; **~ le corps** to stand up straight; **~ la tête** to lift up one's head; (*fig*) to hold one's head up high; **se faire ~ les dents** to have one's teeth straightened
ⓑ [+ *avion, roue, voiture*] to straighten up; [+ *bateau*] to right
ⓒ [+ *économie*] to redress; [+ *entreprise déficitaire*] to turn round; **~ le pays** to put the country on its feet again; **~ la situation** to put the situation right
2 VPR **se redresser** ⓐ (= *se mettre assis*) to sit up; (= *se mettre droit*) to stand up straight; (*après s'être courbé*) to straighten up; **redresse-toi !** sit *ou* stand up straight!
ⓑ [*bateau*] to right itself; [*avion, voiture*] to straighten up; [*pays, économie*] to recover; [*situation*] to put itself to rights

redresseur /ʀ(ə)dʀɛsœʀ/ NM **~ de torts** righter of wrongs

réduc* /ʀedyk/ NF ABBR = **réduction**

réducteur, -trice /ʀedyktœʀ, tʀis/ 1 ADJ [*analyse, concept*] simplistic 2 NM **~ (de vitesse)** speed reducer

réduction /ʀedyksjɔ̃/ NF reduction (**de** in); **~ de salaire/d'impôts** wage/tax cut; **~ du temps de travail** reduction in working hours; **obtenir une ~ de peine** to get a reduction in one's sentence; **~ pour les étudiants/chômeurs** concessions for students/the unemployed; **bénéficier d'une carte de ~ dans les transports** to have a discount travel card

réduire /ʀedɥiʀ/ /TABLE 38/ 1 VT (= *diminuer*) to reduce; [+ *texte*] to shorten; **il va falloir ~ notre train de vie** we'll have to cut down on our spending
♦ **réduire à** (= *ramener à*) to reduce to; (= *limiter à*) to limit to; **en être réduit à** to be reduced to; **~ à sa plus simple expression** [+ *mobilier, repas*] to reduce to the absolute minimum; **~ qch à néant** to reduce sth to nothing
♦ **réduire en** to reduce to; **~ qn en esclavage** to reduce sb to slavery; **~ qch en miettes/en morceaux** to smash sth to tiny pieces/to pieces; **~ qch en poudre** to reduce sth to a powder; **sa maison était réduite en cendres** his house was reduced to ashes

2 VI [*sauce*] to reduce; **faire** *ou* **laisser ~ la sauce** cook the sauce to reduce it

3 VPR **se réduire : se ~ à** [*affaire, incident*] to boil down to; [*somme, quantité*] to amount to; **je me réduirai à quelques exemples** I'll limit myself to a few examples

réduit, e /ʀedɥi, it/ (*ptp de* **réduire**) **1** ADJ ⓐ (= *petit*) small; **de taille ~e** small; **reproduction à échelle ~e** small-scale reproduction → **modèle** ⓑ (= *diminué*) [*tarif, prix, taux*] reduced; [*délai*] shorter; [*débouchés*] limited; **livres à prix ~s** cut-price books; **avancer à vitesse ~e** to move forward at low speed; **«service ~ le dimanche»** "reduced service on Sundays" **2** NM (= *pièce*) tiny room

redynamiser /ʀ(ə)dinamize/ /TABLE 1/ VT [+ *économie, secteur, tourisme*] to give a new boost to

rééchelonner /ʀeef(a)lɔne/ /TABLE 1/ VT [+ *dette*] to reschedule

réécrire /ʀeekʀiʀ/ /TABLE 39/ VT [+ *roman, inscription*] to rewrite; [+ *lettre*] to write again; **il m'a réécrit** he has written to me again

rééditer /ʀeedite/ /TABLE 1/ VT [+ *livre*] to republish; **il a réédité l'exploit trois semaines plus tard** he did it again three weeks later

réédition /ʀeedisjɔ̃/ NF [*de livre*] new edition

rééducation /ʀeedykasjɔ̃/ NF [*de malade, délinquant*] rehabilitation; [*de membre*] re-education; **faire de la ~** to have physiotherapy; **centre de ~** rehabilitation centre

rééduquer /ʀeedyke/ /TABLE 1/ VT to re-educate; [+ *malade, délinquant*] to rehabilitate; [+ *membre*] to re-educate

réel, -elle /ʀeel/ **1** ADJ real **2** NM **le ~** reality

réélection /ʀeeleksjɔ̃/ NF re-election

réélire /ʀeeliʀ/ /TABLE 43/ VT to re-elect

réellement /ʀeelmɑ̃/ ADV really

réembaucher /ʀeɑ̃boʃe/ /TABLE 1/ VT to re-employ

réemploi /ʀeɑ̃plwa/ NM ⓐ (= *nouvelle embauche*) re-employment ⓑ [*de méthode, produit*] re-use

réemployer /ʀeɑ̃plwaje/ /TABLE 8/ VT ⓐ [+ *méthode, produit*] to re-use ⓑ (= *réembaucher*) to re-employ

réemprunter /ʀeɑ̃pʀœ̃te/ /TABLE 1/ VT ⓐ [+ *argent, objet*] to borrow again ⓑ **~ le même chemin** to take the same road again

réentendre /ʀeɑ̃tɑ̃dʀ/ /TABLE 41/ VT to hear again

rééquilibrage /ʀeekilibʀaʒ/ NM [*de budget, finances, comptes*] rebalancing; **le ~ des forces au sein du gouvernement** the redistribution of power within the government

rééquilibrer /ʀeekilibʀe/ /TABLE 1/ VT [+ *économie*] to restabilize; [+ *budget, comptes, finances*] to rebalance; **~ les pouvoirs/la balance commerciale** to restore the balance of power/the balance of trade

réessayer /ʀeeseje/ /TABLE 8/ VT [+ *vêtement*] to try on again; **je réessaierai plus tard** I'll try again later

réétudier /ʀeetydje/ /TABLE 7/ VT [+ *dossier, question*] to re-examine

réévaluer /ʀeevalɥe/ /TABLE 1/ VT ⓐ [+ *monnaie*] to revalue (**par rapport à** against); [+ *salaire*] (*à la hausse*) to upgrade; (*à la baisse*) to downgrade ⓑ [+ *situation, place, méthode*] to reappraise

réexamen /ʀeegzamɛ̃/ NM [*de situation, dossier, candidature, décision*] reconsideration; **demander un ~ de la situation** to ask for the situation to be reconsidered

réexaminer /ʀeegzamine/ /TABLE 1/ VT [+ *problème, situation, candidature, décision*] to reconsider

réexpédier /ʀeekspedje/ /TABLE 7/ VT ⓐ (= *retourner, renvoyer*) to send back; **on l'a réexpédié dans son pays** he was sent back to his country ⓑ (= *faire suivre*) to forward

réexpédition /ʀeekspedisjɔ̃/ NF [*de courrier*] forwarding; **enveloppe/frais de ~** forwarding envelope/charges

réf. (ABBR = **référence**) ref.

refaire /ʀ(ə)fɛʀ/ /TABLE 60/ **1** VT ⓐ (= *recommencer*) to do again; [+ *nœud, paquet*] to do up again; **elle a refait sa vie avec lui** she started a new life with him; **tu refais toujours la même faute** you always make the same mistake; **il a re-**

fait de la fièvre he has had another bout of fever; **il refait du vélo** he has taken up cycling again; **il va falloir tout ~ depuis le début** it will have to be done all over again; **si vous refaites du bruit** if you start making a noise again; **il va falloir ~ de la soupe** we'll have to make some more soup; **je vais me ~ une tasse de café** I'm going to make myself another cup of coffee; **~ le monde** (*en parlant*) to try to solve the world's problems; **si c'était à ~ !** if I had to do it again!

ⓑ (= *retaper*) [+ *toit, route, mur*] to repair; [+ *meuble*] to restore; [+ *chambre*] to redecorate; **on refera les peintures/les papiers au printemps** we'll repaint/repaper in the spring; **nous allons faire ~ le carrelage du salon** we're going to have the tiles in the lounge done again; **se faire ~ le nez** to have a nose job*; **~ qch à neuf** to do sth up like new; **~ ses forces** to recover one's strength; **à son âge, tu ne la referas pas** at her age, you won't change her

ⓒ (= *duper*)* to take in; **il a été refait** *ou* **il s'est fait ~** he has been taken in; **il m'a refait de 50€** he did* me out of 50 euros

2 VPR **se refaire** (= *regagner son argent*) to make up one's losses; **se ~ une santé** to recuperate; **se ~ une beauté** to freshen up; **que voulez-vous, on ne se refait pas !** what can you expect - you can't change how you're made!*

réfection /ʀefeksjɔ̃/ NF repairing; **la ~ de la route va durer trois semaines** the road repairs will take three weeks

réfectoire /ʀefɛktwaʀ/ NM canteen

référé /ʀefeʀe/ NM (*action ou procédure en*) ~ summary proceedings; (*jugement en*) ~ interim ruling; **assigner qn en ~** to apply for summary judgment against sb

référence /ʀefeʀɑ̃s/ NF reference; **en ~ à votre courrier du 2 juin** with reference to your letter of 2 June; **période/prix de ~** reference period/price; **prendre qch comme point de ~** to use sth as a point of reference; **faire ~ à** to refer to; **servir de ~** [*chiffres, indice, taux*] to be used as a benchmark; [*personne*] to be a role model; **lettre de ~** letter of reference; **il a un doctorat, c'est quand même une ~** he has a doctorate which is not a bad recommendation; **ce n'est pas une ~** that's no recommendation

référencer /ʀefeʀɑ̃se/ /TABLE 3/ VT to reference

référendum /ʀefeʀɛ̃dɔm/ NM referendum; **faire** *ou* **organiser un ~** to hold a referendum

référer /ʀefeʀe/ /TABLE 6/ **1** VT INDIR ♦ **en référer à qn** to refer a matter to sb **2** VPR **se référer : se ~ à** (= *consulter*) to consult; (= *faire référence à*) to refer to; **si l'on s'en réfère à son dernier article** if we refer to his most recent article

refermable /ʀəfɛʀmabl/ ADJ [*sachet*] resealable

refermer /ʀ(ə)fɛʀme/ /TABLE 1/ **1** VT to shut again; **peux-tu ~ la porte ?** can you shut the door?; **~ un dossier** to close a file **2** VPR **se refermer** [*plaie, fleur*] to close up; [*fenêtre, porte*] to shut; **le piège se referma sur lui** the trap closed on him

refiler : /ʀ(ə)file/ /TABLE 1/ VT to give (**à qn** to sb); **refile-moi ton livre** give me your book; **il m'a refilé la rougeole** I've caught measles off him

réfléchi, e /ʀefleʃi/ (*ptp de* **réfléchir**) ADJ ⓐ (= *pondéré*) [*action*] well thought out; [*personne, air*] thoughtful; **tout bien ~** after careful consideration; **c'est tout ~** my mind is made up ⓑ [*pronom, verbe*] reflexive

réfléchir /ʀefleʃiʀ/ /TABLE 2/ **1** VI to think; **prends le temps de ~** take time to think about it; **cela donne à ~** it's food for thought; **cet accident, ça fait ~** an accident like that makes you think; **je demande à ~** I'd like time to think things over; **la prochaine fois, tâche de ~** next time just try and think a bit; **j'ai longuement réfléchi et je suis arrivé à cette conclusion** I have given it a lot of thought and have come to this conclusion

♦ **réfléchir que** to realize that; **il n'avait pas réfléchi qu'il ne pourrait pas venir** it hadn't occurred to him that he wouldn't be able to come

2 VT INDIR ♦ **réfléchir à** *ou* **sur qch** to think about sth; **réfléchissez-y** think about it; **y ~ à deux fois** to think twice about it

3 VT [+ *lumière, son*] to reflect; **les arbres se réfléchissent dans le lac** the trees are reflected in the lake

reflet /ʀ(ə)flɛ/ NM reflection; **se faire faire des ~s (dans les cheveux)** to have one's hair highlighted

refléter /ʀ(ə)flete/ /TABLE 6/ **1** VT to reflect **2** VPR **se refléter** to be reflected

refleurir /ʀ(ə)flœʀiʀ/ /TABLE 2/ VI to flower again

reflex /ʀeflɛks/ **1** ADJ reflex **2** NM reflex camera

réflexe /ʀeflɛks/ **1** ADJ reflex **2** NM reflex; **~ conditionné** conditioned reflex; **~ de défense** defensive reaction; [*de corps*] defence reflex; **~ de survie** instinct for survival; **avoir de bons/mauvais ~s** to have good/poor reflexes; **manquer de ~** to be slow to react; **son premier ~ a été d'appeler la police** his first reaction was to call the police

réflexion /ʀeflɛksjɔ̃/ NF ⓐ (= *méditation*) thought; **ceci donne matière à ~** this is food for thought; **ceci mérite ~** this is worth thinking about; **~ faite** ou **à la ~, je reste** on reflection, I'll stay; **à la ~, on s'aperçoit que c'est faux** when you think about it you can see that it's wrong; **groupe** ou **cellule** ou **cercle de ~** think tank; **laissez-moi un délai** ou **un temps de ~** give me some time to think about it; **après un temps de ~, il ajouta ...** after a moment's thought, he added ...; **nous organiserons une journée de ~ sur ce thème** we will organize a one-day conference on this topic ⓑ (= *remarque*) remark; (= *idée*) thought; **garde tes ~s pour toi** keep your comments to yourself; **les clients commencent à faire des ~s** the customers are beginning to make comments; **on m'a fait des ~s sur son travail** people have complained to me about his work

réflexologie /ʀeflɛksɔlɔʒi/ NF reflexology

refluer /ʀ(ə)flye/ /TABLE 1/ VI [*liquide*] to flow back; [*marée*] to go back; [*foule*] to surge back; [*sang, souvenirs*] to rush back; [*fumée*] to blow back down

reflux /ʀəfly/ NM [*de foule*] backward surge; [*de marée*] ebb → **flux**

refondre /ʀ(ə)fɔ̃dʀ/ /TABLE 41/ VT [+ *texte, dictionnaire*] to revise; [+ *système, programme*] to overhaul; **édition entièrement refondue et mise à jour** completely revised and updated edition

reforestation /ʀ(ə)fɔʀɛstasjɔ̃/ NF reforestation

reformater /ʀ(ə)fɔʀmate/ /TABLE 1/ VT to reformat

réformateur, -trice /ʀefɔʀmatœʀ, tʀis/ NM,F reformer

réforme /ʀefɔʀm/ NF reform

réformé, e /ʀefɔʀme/ (*ptp de* **réformer**) **1** ADJ ⓐ (*Rel*) Reformed; **la religion ~e** the Protestant Reformed religion ⓑ [*appelé*] declared unfit for service; [*soldat*] discharged **2** NM,F (*Rel*) Protestant

reformer VT, **se reformer** VPR /ʀ(ə)fɔʀme/ /TABLE 1/ to re-form

réformer /ʀefɔʀme/ /TABLE 1/ VT ⓐ (= *changer*) to reform ⓑ [+ *appelé*] to declare unfit for service; [+ *soldat*] to discharge

reformuler /ʀ(ə)fɔʀmyle/ /TABLE 1/ VT [+ *proposition, théorie*] to reformulate; [+ *demande, plainte*] to change the wording of; [+ *question*] to rephrase

refoulé, e /ʀ(ə)fule/ (*ptp de* **refouler**) ADJ repressed

refoulement /ʀ(ə)fulmɑ̃/ NM [*de manifestants*] driving back; [*d'immigrés, étrangers*] turning back ⓑ [*de désir, instinct, souvenir*] repression

refouler /ʀ(ə)fule/ /TABLE 1/ **1** VT ⓐ [+ *envahisseur, attaque, manifestants*] to drive back; [+ *immigrés, étrangers*] to turn back; **les clandestins ont été refoulés à la frontière** the illegal immigrants were turned back at the border ⓑ [+ *larmes*] to hold back; [+ *désir, instinct, souvenir, colère*] to repress **2** VI [*siphon, tuyauterie*] to flow back; [*cheminée*] to smoke

refourguer* /ʀ(ə)fuʀge/ /TABLE 1/ VT (= *vendre*) to flog* (**à** to); **~ à qn** (= *donner, se débarrasser de*) [+ *problème*] to unload onto sb; **il m'a refourgué un faux billet** he palmed a forged banknote off onto me*

réfractaire /ʀefʀaktɛʀ/ ADJ ⓐ **~ à** [+ *autorité, virus, influ-*

ence] resistant to; [+ *musique*] impervious to; **maladie ~** stubborn illness ⓑ [*brique*] fire (*avant le nom*); [*plat*] ovenproof

refrain /ʀ(ə)fʀɛ̃/ NM (*en fin de couplet*) chorus; (= *chanson*) tune; **c'est toujours le même ~*** it's always the same old story; **change de ~!** change the record!*

refréner /ʀ(ə)fʀene/ /TABLE 6/ VT [+ *désir, impatience*] to curb

réfrigérateur /ʀefʀiʒeʀatœʀ/ NM refrigerator

réfrigéré, e /ʀefʀiʒeʀe/ /TABLE 6/ ADJ [*véhicule, vitrine*] refrigerated

refroidir /ʀ(ə)fʀwadiʀ/ /TABLE 2/ **1** VT ⓐ [+ *nourriture*] to cool down ⓑ (= *calmer l'enthousiasme de*) [+ *personne*] to put off ⓒ (= *tuer*)‡ to bump off‡ **2** VI (= *cesser d'être trop chaud*) to cool down; (= *devenir trop froid*) to get cold; **laisser ~** [+ *mets trop chaud*] to leave to cool; (*involontairement*) to let get cold; [+ *moteur*] to let cool **3** VPR **se refroidir** [*plat, personne*] to get cold; [*temps*] to get cooler

refroidissement /ʀ(ə)fʀwadismɑ̃/ NM [*d'air, liquide*] cooling; **~ de la température** drop in temperature; **on observe un ~ du temps** the weather is getting cooler; **on note un ~ des relations entre les deux pays** relations between the two countries are cooling

refuge /ʀ(ə)fyʒ/ NM refuge; **valeur ~** (*Bourse*) safe investment; **chercher/trouver ~** to seek/find refuge (**auprès de** with)

réfugié, e /ʀefyʒje/ (*ptp de* **réfugier**) ADJ, NM,F refugee

réfugier (se) /ʀefyʒje/ /TABLE 7/ VPR to take refuge

refus /ʀ(ə)fy/ NM refusal; **~ de comparaître** refusal to appear in court; **~ de priorité** refusal to give way (*Brit*) ou to yield (*US*); **~ d'obéissance** refusal to obey; [*de soldat*] insubordination; **ce n'est pas de ~*** I wouldn't say no

refuser /ʀ(ə)fyze/ /TABLE 1/ **1** VT ⓐ to refuse; [+ *marchandise, racisme, inégalité*] to refuse to accept; **~ le combat** to refuse to fight; **le cheval a refusé (l'obstacle)** the horse refused (the fence); **~ l'entrée à qn** to refuse admission to sb; **il m'a refusé la priorité** he didn't give me right of way (*Brit*), he didn't yield to me (*US*); **elle est si gentille, on ne peut rien lui ~** she's so nice, you just can't say no to her; **~ de faire qch** to refuse to do sth; **il a refusé net (de le faire)** he refused point-blank (to do it); **la voiture refuse de démarrer** the car won't start ⓑ [+ *client*] to turn away; [+ *candidat*] (*à un examen*) to fail; (*à un poste*) to turn down; **on a dû ~ du monde** they had to turn people away

2 VPR **se refuser** ⓐ (= *se priver de*) to refuse o.s.; **tu ne te refuses rien!** you certainly spoil yourself! ⓑ **ça ne se refuse pas** [*offre*] it is not to be refused ⓒ **se ~ à** [+ *méthode, solution*] to refuse; **se ~ à tout commentaire** to refuse to comment; **se ~ à faire qch** to refuse to do sth

réfutable /ʀefytabl/ ADJ refutable; **facilement ~** easily refuted

réfuter /ʀefyte/ /TABLE 1/ VT to refute

regagner /ʀ(ə)gaɲe/ /TABLE 1/ VT ⓐ (= *récupérer*) [+ *amitié, faveur, confiance, parts de marché*] to regain; [+ *argent perdu au jeu*] to win back; **~ du terrain** to regain ground; **~ le terrain perdu** to win back lost ground ⓑ (= *lieu*) to go back to; [+ *pays*] to arrive back in; **les sinistrés ont pu ~ leur domicile** the disaster victims were allowed to return to their homes; **~ sa place** to return to one's place

regain /ʀ(ə)gɛ̃/ NM revival; **un ~ d'intérêt/d'optimisme/ d'énergie** renewed interest/optimism/energy; **~ de violence** renewed violence; **~ de tension** rise in tension

régal (*pl* **régals**) /ʀegal/ NM treat; **ce gâteau est un ~!** this cake is absolutely delicious!

régaler /ʀegale/ /TABLE 1/ VT **~ qn** to treat sb to a delicious meal; **c'est moi qui régale*** it's my treat; **c'est le patron qui régale*** it's on the house **2** VPR **se régaler** (= *bien manger*) to have a delicious meal; (= *éprouver du plaisir*) to have a wonderful time; **on s'est régalé** (*au repas*) it was delicious; (*au cinéma, théâtre*) we really enjoyed ourselves

regard /ʀ(ə)gaʀ/ NM ⓐ (= *yeux*) eyes; **son ~ se posa sur moi** his eyes came to rest on me; **soustraire qch aux ~s** to hide sth from sight; **tous les ~s étaient fixés sur elle** all eyes were on her; **il restait assis, le ~ perdu (dans le vide)** he was sitting there, staring into space; **son ~ était dur/tendre** he had a hard/tender look in his eye; **il avançait, le ~ fixe** he was walking along with a fixed stare; **sous le ~ attentif de sa mère** under his mother's watchful eye; **sous le ~ des caméras** in front of the cameras
ⓑ (= *coup d'œil*) look; **échanger des ~s avec qn** to exchange looks with sb; **échanger des ~s d'intelligence** to exchange knowing looks; **au premier ~** at first glance; **~ en coin** sidelong glance; **il lui lança un ~ noir** he shot him a black look; **il jeta un dernier ~ en arrière** he took one last look behind him
ⓒ (= *point de vue*) **porter** *ou* **jeter un ~ critique sur qch** to take a critical look at sth
ⓓ [*d'égout*] manhole
ⓔ (*locutions*)
♦ **au regard de** : **au ~ de la loi** in the eyes of the law
♦ **en regard** : **mettre en ~** [+ *théories, œuvres, situations*] to compare
♦ **en regard de** compared to; **ce n'est rien en ~ de ce qu'il a subi** it's nothing compared to what he has suffered

regardant, e /ʀ(ə)gaʀdɑ̃, ɑ̃t/ ADJ careful with money; **il n'est pas ~** he's quite free with his money; **il n'est pas très ~ sur la propreté** he's not very particular about cleanliness

regarder /ʀ(ə)gaʀde/ /TABLE 1/ 1 VT ⓐ (= *diriger son regard vers*) [+ *paysage, scène*] to look at; [+ *action en déroulement, film, match*] to watch; **~ tomber la pluie** *ou* **la pluie tomber** to watch the rain falling; **il regarda sa montre** he looked at his watch; **regarde, il pleut** look, it's raining; **regarde bien, il va sauter** look, he's going to jump; **~ la télévision/une émission à la télévision** to watch television/ a programme on television; **~ par la fenêtre** (*du dedans*) to look out of the window; (*du dehors*) to look in through the window; **regarde devant toi** look in front of you; **regarde où tu marches** look where you're going; **regarde voir* dans l'armoire** have a look in the wardrobe; **regarde voir* s'il arrive** look and see if he's coming; **attends, je vais ~** hang on, I'll go and look; **regardez-moi ça** just look at that; **tu ne m'as pas regardé !*** what do you take me for!*; **regardez-le faire** watch him do it; (*pour apprendre*) watch how he does it; **sans ~** [*traverser*] without looking
ⓑ (*rapidement*) to glance at; (*longuement*) to gaze at; (*fixement*) to stare at; **~ qch de près/de plus près** to have a close/closer look at sth; **~ qn avec méfiance** to eye sb suspiciously; **~ qn de haut** to give sb a scornful look; **~ qn droit dans les yeux/bien en face** to look sb straight in the eye/straight in the face
ⓒ (= *vérifier*) [+ *appareil, huile, essence*] to look at; **peux-tu ~ la lampe ? elle ne marche pas** can you have a look at the lamp? it doesn't work; **regarde dans l'annuaire** look in the phone book; **~ un mot dans le dictionnaire** to look up a word in the dictionary
ⓓ (= *considérer*) [+ *situation, problème*] to view; **il ne regarde que son propre intérêt** he is only concerned with his own interests
ⓔ (= *concerner*) to concern; **cette affaire me regarde quand même un peu** this business does concern me a little; **en quoi cela te regarde-t-il ?** (= *de quoi te mêles-tu ?*) what business is it of yours?; (= *en quoi es-tu touché ?*) how does it affect you?; **que vas-tu faire ? — ça me regarde** what will you do? — that's my business; **cela ne le regarde pas** *ou* **en rien** that's none of his business; **mêlez-vous de ce qui vous regarde** mind your own business

2 VT INDIR ♦ **regarder à** to think about; **y ~ à deux fois avant de faire qch** to think twice before doing sth; **quand il fait un cadeau, il ne regarde pas à la dépense** when he gives somebody a present he doesn't worry how much he spends; **sans ~ à la dépense** without worrying about the expense

3 VPR **se regarder** ⓐ **se ~ dans une glace** to look at o.s. in a mirror; **il ne s'est pas regardé !** he should take a look at himself!

ⓑ (*mutuellement*) [*personnes*] to look at each other; **se ~ dans les yeux** to look into each other's eyes

régate /ʀegat/ NF **~(s)** regatta

régence /ʀeʒɑ̃s/ 1 NF regency 2 ADJ INV [*meuble*] Regency

régénérant, e /ʀeʒeneʀɑ̃, ɑ̃t/ ADJ [*lait, crème*] regenerating; **soin du visage ~** regenerating facial

régénérateur, -trice /ʀeʒeneʀatœʀ, tʀis/ ADJ regenerative

régénérer /ʀeʒeneʀe/ /TABLE 6/ VT to regenerate; [+ *personne, forces*] to revive

régenter /ʀeʒɑ̃te/ /TABLE 1/ VT to rule over; [+ *personne*] to dictate to; **il veut tout ~** he wants to run the whole show*

régie /ʀeʒi/ NF ⓐ (= *société*) **~ (d'État)** state-owned company; **la Régie autonome des transports parisiens** the Paris city transport authority; **~ publicitaire** advertising sales division ⓑ (*Ciné, Théât, TV*) production department; (= *salle de contrôle*) control room

régime /ʀeʒim/ NM ⓐ (= *système*) system of government; (= *gouvernement*) government; (*péj*) régime
ⓑ (= *système administratif*) system; (= *règlements*) regulations; **~ de la Sécurité sociale** Social Security system; **~ maladie** health insurance scheme (*Brit*) *ou* plan (*US*); **~ vieillesse** pension scheme
ⓒ **~ (matrimonial)** marriage settlement; **se marier sous le ~ de la communauté/de la séparation de biens** to opt for a marriage settlement based on joint ownership of property/on separate ownership of property
ⓓ (*diététique*) diet; **être/mettre qn au ~** to be/put sb on a diet; **suivre un ~ (alimentaire)** to be on a diet; **~ sans sel/ basses calories** salt-free/low-calorie diet; **~ amaigrissant** slimming (*Brit*) *ou* reducing (*US*) diet
ⓔ [*de moteur*] speed; **à ce ~, nous n'aurons bientôt plus d'argent** at this rate we'll soon have no money left; **fonctionner** *ou* **marcher** *ou* **tourner à plein ~** [*moteur*] to run at top speed; [*usine*] to run at full capacity; **baisse de ~** (= *ralentissement*) slowdown
ⓕ [*de pluies, fleuve*] régime
ⓖ [*de dattes, bananes*] bunch

régiment /ʀeʒimɑ̃/ NM regiment; **être au ~*** to be doing one's national service

région /ʀeʒjɔ̃/ NF (*étendue*) region; (*limitée*) area; [*de corps*] region; **la ~ parisienne/londonienne** the Paris/ London region; **Toulouse et sa ~** Toulouse and the surrounding area; **ça se trouve dans la ~ de Lyon** it's in the region of Lyon; **si vous passez dans la ~, allez les voir** if you are in the area, go and see them; **les habitants de la ~** the local inhabitants; **je ne suis pas de la ~** I'm not from around here; **en ~** in the provinces

---

ⓘ **RÉGION**
The 22 **régions** are the largest administrative divisions in France, each being made up of several "*départements*". Each **région** is administered by a "*conseil régional*", whose members (les conseillers régionaux) are elected for a six-year term in the "*élections régionales*". The expression **la région** is also used by extension to refer to the regional council itself. → *DÉPARTEMENT* ; *ÉLECTIONS*

---

régional, e (*mpl* **-aux**) /ʀeʒjɔnal, o/ 1 ADJ [*presse, élections*] regional 2 NFPL **régionales** (= *élections*) regional elections

régir /ʀeʒiʀ/ /TABLE 2/ VT to govern

régisseur, -euse /ʀeʒisœʀ, øz/ NM,F [*de propriété*] steward; (*Théât*) stage manager; (*Ciné, TV*) assistant director; **~ de plateau** studio director

registre /ʀeʒistʀ/ NM ⓐ (= *livre*) register; **~ de l'état civil** register of births, marriages and deaths; **~ d'hôtel/du commerce** hotel/trade register; **~ de notes** (*Scol*) mark book (*Brit*), grade book (*US*) ⓑ [*d'orgue*] stop; [*de voix*] register ⓒ (= *niveau, style*) register ⓓ (= *genre, ton*) mood; **il a complètement changé de ~** [*écrivain*] he's completely changed his style

réglage /ʀeglaʒ/ NM [*d'appareil, siège*] adjustment; [*de moteur*] tuning

réglé, e /Regle/ (*ptp de* **régler**) ADJ ⓐ (= *régulier*) [*vie*] well-ordered; **~ comme du papier à musique*** as regular as clockwork; **être ~ comme une horloge** to be as regular as clockwork ⓑ [*adolescente*] **elle n'est pas encore ~e** she hasn't started having periods yet; **elle est bien ~e** her periods are regular ⓒ [*papier*] ruled

règle /Regl/ NF ⓐ (= *loi*) rule; **~ de conduite** rule of conduct; **~ d'or** golden rule; **~s de sécurité** safety regulations; **respecter les ~s élémentaires d'hygiène** to observe the basic hygiene rules; **c'est la ~ du jeu** those are the rules of the game; **se plier aux ~s du jeu** to play the game according to the rules; **cela n'échappe pas à la ~** that's no exception to the rule; **laisser jouer la ~ de l'avantage** (*Sport*) to play the advantage rule
ⓑ (= *instrument*) ruler; **~ à calcul** slide rule
ⓒ (= *menstruation*) **~s** period; **avoir ses ~s** to have one's period; **avoir des ~s douloureuses** to suffer from period pain
ⓓ (*locutions*) **dans ce métier, la prudence est de ~** in this profession, caution is the rule; **il faut faire la demande dans** *ou* **selon les ~s** you must make the request through the proper channels; **dans les ~s de l'art** (*hum*) according to the rule book; **effectué dans les ~s de l'art** carried out professionally
♦ **en règle** [*comptabilité, papiers*] in order; [*attaque, critique*] all-out (*avant le nom*); **être en ~ avec les autorités** to be in order with the authorities; **je ne suis pas en ~** my papers are not in order
♦ **en règle générale** as a general rule

règlement /Reglǝmɑ̃/ NM ⓐ (= *réglementation*) rules; **c'est contraire au ~** it's against the rules; **~ intérieur** [*d'école*] school rules; [*d'entreprise*] policies and procedures; **d'après le ~ européen du 2 mars** (*Europe*) under the European regulation of 2 March ⓑ [*d'affaire, conflit, facture, dette*] settlement; **faire un ~ par chèque** to pay by cheque; **être mis en ~ judiciaire** to be put into receivership; **~ de compte(s)** settling of scores; (*de gangsters*) gangland killing

réglementaire /Reglǝmɑ̃tɛʀ/ ADJ [*uniforme, taille*] regulation (*avant le nom*); [*procédure*] statutory; **ça n'est pas très ~** that's really against the rules; **dans le temps ~** in the prescribed time; **ce certificat n'est pas ~** this certificate doesn't conform to the regulations; **dispositions ~s** regulations

réglementation /Reglǝmɑ̃tasjɔ̃/ NF (= *règles*) regulations; [*de prix, loyers*] regulation; **~ des changes** exchange control regulations

réglementer /Reglǝmɑ̃te/ /TABLE 1/ VT to regulate; **la vente des médicaments est très réglementée** the sale of medicines is strictly controlled

régler /Regle/ /TABLE 6/ VT ⓐ (= *conclure*) [+ *affaire, conflit, problème*] to settle; [+ *dossier*] to deal with; **alors, c'est une affaire réglée** *ou* **c'est réglé, vous acceptez?** that's settled then - you agree?; **on va ~ ça tout de suite** we'll get that settled straightaway
ⓑ (= *payer*) [+ *note, dette, compte*] to settle; [+ *commerçant, créancier*] to settle up with; [+ *travaux*] to pay for; **est-ce que je peux ~?** can I settle up with you?; **~ qch en espèces** to pay for sth in cash; **est-ce que je peux ~ par chèque?** can I pay by cheque?; **j'ai un compte à ~ avec lui** I've got a bone to pick with him; **on lui a réglé son compte!*** (*vengeance*) they've settled his hash*; (*assassinat*) they've taken care of him (*euph*)
ⓒ [+ *mécanisme, débit, machine*] to regulate; [+ *allumage, ralenti, dossier de chaise, tir*] to adjust; [+ *moteur*] to tune; [+ *réveil*] to set; **~ le thermostat à 18°** to set the thermostat to 18°; **~ une montre** to put a watch right
ⓓ [+ *modalités, programme*] to settle on
ⓔ (= *prendre comme modèle*) **~ sa conduite sur les circonstances** to adjust one's conduct to the circumstances; **il essaya de ~ son pas sur celui de son père** he tried to walk in step with his father; **~ sa vitesse sur celle de l'autre voiture** to match one's speed to that of the other car

réglisse /Reglis/ NF *ou* M liquorice; **bâton/rouleau de ~** liquorice stick/roll

régio* /Reglo/ ADJ INV [*personne*] dependable; **c'est ~** it's O.K.*; **ce n'est pas très ~** it's not really right

régnant, e /Reɲɑ̃, ɑ̃t/ ADJ [*famille, prince*] reigning

règne /Rɛɲ/ NM ⓐ [*de roi, tyran*] reign; **sous le ~ de Louis XIV** in the reign of Louis XIV ⓑ (= *monde*) kingdom; **~ animal/végétal** animal/plant kingdom

régner /Reɲe/ /TABLE 6/ VI ⓐ (= *être sur le trône*) to reign; (= *exercer sa domination*) to rule (**sur** over) ⓑ [*paix, silence, peur*] to reign (**sur** over); [*confiance*] to prevail; **la confusion la plus totale régnait dans la chambre** the room was in utter confusion; **faire ~ l'ordre** to maintain law and order; **faire ~ la terreur/le silence** to make terror/silence reign

regonfler /R(ǝ)gɔ̃fle/ /TABLE 1/ VT ⓐ (= *gonfler à nouveau*) to reinflate; (*avec une pompe à main*) to pump up again ⓑ (= *gonfler davantage*) to blow up harder ⓒ **il est regonflé (à bloc)** he's back on top of things*

regorger /R(ǝ)gɔRʒe/ /TABLE 3/ VI **~ de** [*région, pays*] to abound in; [*maison, magasin*] to be packed with; **le pays regorge d'argent** the country has enormous financial assets; **sa maison regorgeait de livres/d'invités** his house was packed with books/guests; **la ville regorge de festivaliers** the town is swarming with festivalgoers; **son livre regorge de bonnes idées/de fautes** his book is packed with good ideas/is riddled with mistakes

régresser /Regrese/ /TABLE 1/ VI [*science, enfant*] to regress; [*douleur, épidémie*] to recede; [*chiffre d'affaires, ventes*] to fall; **le taux de chômage a nettement régressé** the rate of unemployment has dropped sharply

régression /Regresjɔ̃/ NF regression; **être en (voie de) ~** to be on the decline

regret /R(ǝ)gRɛ/ NM regret; **sans ~** with no regrets; **je te le donne — sans ~s?** take this — are you sure?; **~s éternels** (*sur une tombe*) sorely missed; **j'ai le ~ de vous informer que ...** I regret to inform you that ...; **je suis au ~ de ne pouvoir ...** I regret that I am unable to ...; **à mon grand ~** to my great regret
♦ **à regret** [*accepter*] with regret

regrettable /R(ǝ)gRɛtabl/ ADJ regrettable; **il est ~ que ...** it's regrettable that ...

regretter /R(ǝ)gRɛte/ /TABLE 1/ VT ⓐ [+ *personne, pays natal, jeunesse*] to miss; **nous avons beaucoup regretté votre absence** we were very sorry that you weren't able to join us; **notre regretté président** our late lamented president; **on le regrette beaucoup dans le village** he is greatly missed in the village
ⓑ (= *se repentir de*) [+ *décision, imprudence, péché*] to regret; **tu le regretteras** you'll regret it; **tu ne le regretteras pas** you won't regret it; **je ne regrette rien** I have no regrets; **je regrette mon geste** I'm sorry
ⓒ (= *désapprouver*) [+ *mesure, décision hostile*] to regret
ⓓ (= *être désolé*) to be sorry; **je regrette, mais il est trop tard** I'm sorry, but it's too late; **je regrette de vous avoir fait attendre** I'm sorry to have kept you waiting

regroupement /R(ǝ)gRupmɑ̃/ NM ⓐ [*d'objets, pièces de collection*] bringing together; [*d'industries, partis, parcelles*] grouping together; **~s de sociétés** groupings of companies ⓑ (= *fait de réunir de nouveau*) [*d'armée, personnes*] reassembling; [*de bétail*] rounding up again; **~ familial** family reunification ⓒ [*de coureurs*] bunching together; [*de rugbymen*] loose scrum

regrouper /R(ǝ)gRupe/ /TABLE 1/ 1 VT [+ *objets, industries, partis, parcelles*] to group together; [+ *pièces de collection*] to bring together; [+ *territoires*] to consolidate; [+ *services, classes*] to merge 2 VPR **se regrouper** ⓐ (= *se réunir*) [*personnes*] to gather; [*entreprises*] to group together; **se ~ autour d'une cause** to unite behind a cause ⓑ [*coureurs*] to bunch together again; [*rugbymen*] to form a loose scrum

régularisation /Regylarizasjɔ̃/ NF ⓐ [*de situation*] regularization; [*de passeport, papiers*] sorting out ⓑ [*de mécanisme, débit*] regulation ⓒ (*Finance*) equalization

régulariser /Regylarize/ /TABLE 1/ VT ⓐ [+ *passeport, papiers*] to sort out; **~ sa situation** to get one's situation sorted out; [*immigré*] to get one's papers in order; **faire ~**

ses papiers to have one's papers put in order ⓑ [+ *respiration, rythme cardiaque, circulation*] to regulate

régularité /ʀegylaʀite/ NF ⓐ regularity; [*de résultats*] consistency; [*de vitesse, vent*] steadiness; **avec ~** [*se produire*] regularly; [*progresser*] steadily ⓑ (= *uniformité*) [*de répartition, couche, ligne*] evenness; [*de traits, écriture*] regularity ⓒ [*d'élection, procédure*] legality

régulateur /ʀegylatœʀ/ NM regulator; **~ de vitesse** speed regulator

régulation /ʀegylasjɔ̃/ NF regulation; **~ des naissances** birth control; **~ de la circulation** traffic control

réguler /ʀegyle/ /TABLE 1/ VT [+ *flux, marché, taux*] to regulate; **~ la circulation routière** to regulate the flow of traffic

régulier, -ière /ʀegylje, jɛʀ/ **1** ADJ ⓐ (*en fréquence, en force*) regular; [*qualité, résultats*] consistent; [*progrès, vitesse*] steady; (*Transports*) [*ligne, vol*] scheduled; **à intervalles ~s** at regular intervals; **prendre ses repas à heures régulières** to eat at regular intervals
ⓑ (= *uniforme*) [*répartition, couche, ligne, humeur*] even; [*façade, traits*] regular; [*écriture*] neat; **il est ~ dans son travail** he's a steady worker
ⓒ (= *légal*) [*élection, procédure*] in order (*attrib*); **être en situation régulière** to have one's papers in order
ⓓ (= *honnête*) [*opération, coup*] above board (*attrib*); [*homme d'affaires*] straightforward; **être ~ en affaires** to be honest in business; **coup ~** (*Boxe*) fair blow
ⓔ [*armée, clergé, ordre*] regular
ⓕ [*vers, verbe, pluriel*] regular
ⓖ (*Can* = *normal*) normal
2 NF **à la régulière*** [*battre*] fair and square

régulièrement /ʀegyljɛʀmɑ̃/ ADV ⓐ [*rencontrer, se réunir, organiser, réviser*] regularly; **il est ~ en retard** he's habitually late ⓑ [*répartir, disposer*] evenly ⓒ [*progresser*] steadily ⓓ (= *selon les règles*) properly

réhabilitation /ʀeabilitasjɔ̃/ NF ⓐ [*de condamné*] rehabilitation; **obtenir la ~ de qn** to get sb's name cleared ⓑ [*de profession, art, idéologie*] restoring to favour ⓒ [*de quartier, immeuble*] rehabilitation; **~ des sites** site remediation

réhabiliter /ʀeabilite/ /TABLE 1/ VT ⓐ [+ *condamné*] to rehabilitate ⓑ [+ *profession, art, idéologie*] to bring back into favour ⓒ [+ *quartier, immeuble*] to rehabilitate; [+ *sites*] to remediate

réhabituer /ʀeabitye/ /TABLE 1/ **1** VT **~ qn à (faire) qch** to get sb used to (doing) sth again **2** VPR **se réhabituer : se ~ à (faire) qch** to get used to (doing) sth again

rehausser /ʀəose/ /TABLE 1/ VT ⓐ [+ *mur, clôture*] to make higher; [+ *plafond, chaise*] to raise; **on va le ~ avec un coussin** [+ *enfant*] we'll put a cushion under him so he's sitting up a bit higher ⓑ [+ *beauté, couleur, image de marque, prestige*] to enhance; [+ *goût*] to bring out; [+ *détail*] to accentuate; **les épices rehaussent la saveur d'un plat** spices bring out the flavour of a dish

réhydrater /ʀeidʀate/ /TABLE 1/ VT to rehydrate; [+ *peau*] to moisturize

réimplanter /ʀeɛ̃plɑ̃te/ /TABLE 1/ VT [+ *entreprise existante*] to relocate; [+ *embryon, organe*] to re-implant **2** VPR **se réimplanter** [*entreprise*] to relocate; [*personne*] to re-establish o.s.

réimpression /ʀeɛ̃pʀesjɔ̃/ NF (= *action*) reprinting; (= *livre*) reprint; **l'ouvrage est en cours de ~** the book is being reprinted

réimprimer /ʀeɛ̃pʀime/ /TABLE 1/ VT to reprint

rein /ʀɛ̃/ **1** NM (= *organe*) kidney; **~ artificiel** kidney machine **2** NMPL **reins** (= *région*) small of the back; (= *taille*) waist; **avoir mal aux ~s** to have backache (*in the lower back*); **ses cheveux tombent sur ses ~s** her hair comes down to her waist; **ils n'ont pas les ~s assez solides** (*fig*) they aren't in a strong enough financial position

réincarnation /ʀeɛ̃kaʀnasjɔ̃/ NF reincarnation

réincarner (se) /ʀeɛ̃kaʀne/ /TABLE 1/ VPR to be reincarnated (**en** as)

reine /ʀɛn/ NF queen; **la ~ d'Angleterre** the Queen of England; **la ~ Élisabeth** Queen Elizabeth; **la ~ mère** the Queen Mother; **la ~ du bal** the belle of the ball; **~ de beauté** beauty queen; **comme une ~** [*vivre*] in the lap of luxury; [*traiter*] like a queen; **c'est la ~ des idiotes*** she's a prize idiot* → **petit**

reine-claude (*pl* **reines-claudes**) /ʀɛnklod/ NF greengage

reine-marguerite (*pl* **reines-marguerites**) /ʀɛnmaʀgəʀit/ NF aster

réinitialiser /ʀeinisjalize/ /TABLE 1/ VT (*Informatique*) to reboot

réinjecter /ʀeɛ̃ʒɛkte/ /TABLE 1/ VT [+ *produit*] to re-inject; **~ des fonds dans une entreprise** to pump more money into a company; **ils ont réinjecté une partie des bénéfices dans la recherche** they put some of the profits back into research

réinscriptible /ʀeɛ̃skʀiptibl/ ADJ [*disque*] rewriteable

réinscription /ʀeɛ̃skʀipsjɔ̃/ NF reregistration

réinscrire /ʀeɛ̃skʀiʀ/ /TABLE 39/ **1** VT [+ *épitaphe*] to reinscribe; [+ *date, nom*] to put down again; [+ *élève*] to reregister; **je n'ai pas réinscrit mon fils à la cantine cette année** I haven't put my son's name down for school meals this year **2** VPR **se réinscrire** to reregister (**à** for)

réinsérer /ʀeɛ̃seʀe/ /TABLE 6/ VT ⓐ [+ *publicité, feuillet*] to reinsert ⓑ [+ *délinquant, handicapé*] to rehabilitate; **se ~ dans la société** to rehabilitate o.s. in society

réinsertion /ʀeɛ̃sɛʀsjɔ̃/ NF [*de délinquant, handicapé*] rehabilitation; **la ~ sociale des anciens détenus** the rehabilitation of ex-prisoners; **il est en ~ professionnelle après 20 ans de bâtiment** he is retraining after 20 years in the building trade

réinstallation /ʀeɛ̃stalasjɔ̃/ NF ⓐ (= *remise en place*) [*de cuisinière*] putting back; [*d'étagère*] putting up again; [*de téléphone*] reinstallation ⓑ (= *réaménagement*) **notre ~ à Paris va poser des problèmes** settling back in Paris is going to create problems for us

réinstaller /ʀeɛ̃stale/ /TABLE 1/ **1** VT [+ *pièce, appartement*] to refurnish; **les bureaux ont été réinstallés à Paris** the offices were moved back to Paris ⓑ (= *rétablir*) **~ qn chez lui** to move sb back into their own home; **~ qn dans ses fonctions** to give sb their job back **2** VPR **se réinstaller** (*dans un fauteuil*) to settle down again; (*dans une maison*) to settle back; **il s'est réinstallé à Paris** he's gone back to live in Paris; [*commerçant*] he's set up in business again in Paris

réintégration /ʀeɛ̃tegʀasjɔ̃/ NF ⓐ [*d'employé*] reinstatement ⓑ (= *retour*) return (**de** to)

réintégrer /ʀeɛ̃tegʀe/ /TABLE 6/ VT **~ qn (dans ses fonctions)** to restore sb to their former position; **~ qn dans ses droits** to restore sb's rights

réintroduction /ʀeɛ̃tʀɔdyksjɔ̃/ NF reintroduction

réinventer /ʀeɛ̃vɑ̃te/ /TABLE 1/ VT to reinvent

réinvestir /ʀeɛ̃vɛstiʀ/ /TABLE 2/ VT [+ *argent*] to reinvest

réitérer /ʀeiteʀe/ /TABLE 6/ VT [+ *promesse, ordre, question*] to reiterate; [+ *demande, exploit*] to repeat; **attaques réitérées** repeated attacks

rejaillir /ʀ(ə)ʒajiʀ/ /TABLE 2/ VI ⓐ [*liquide*] to splash back (**sur** onto, at); (*avec force*) to spurt back (**sur** onto, at); [*boue*] to splash up (**sur** onto, at) ⓑ (= *retomber*) **~ sur qn** [*scandale, honte*] to rebound on sb; [*gloire*] to be reflected on sb

rejet /ʀəʒɛ/ NM ⓐ [*de fumée, gaz, déchets*] discharge; [*de lave*] throwing out ⓑ (= *refus*) rejection ⓒ [*de greffe*] rejection; **phénomène de ~** rejection; **faire un ~** to reject a transplant ⓓ (*Gram*) **le ~ de la préposition à la fin de la phrase** putting the preposition at the end of the sentence ⓔ [*de plante*] shoot

rejeter /ʀaʒ(ə)te, ʀ(ə)ʒəte/ /TABLE 4/ **1** VT ⓐ (= *relancer*) [+ *objet*] to throw back (**à** to); **~ un poisson à l'eau** to throw a fish back
ⓑ [+ *fumée, gaz, déchets*] to discharge; **le volcan rejette de la lave** the volcano is throwing out lava
ⓒ (= *refuser*) to reject; [+ *accusation*] to deny; [+ *indésirable*] to expel; [+ *envahisseur*] to push back

(d) (= *faire porter*) ~ **une faute sur qn/qch** to put the blame on sb/sth; **il rejette la responsabilité sur moi** he blames me **(e)** (= *placer*) **la préposition est rejetée à la fin** the preposition is put at the end; ~ **la tête en arrière** to throw one's head back; ~ **ses cheveux en arrière** to push one's hair back; (*d'un mouvement de la tête*) to toss one's hair back **(f)** [+ *greffon*] to reject

2 VPR **se rejeter (a)** (= *se reculer*) **se ~ en arrière** to jump backwards

(b) (= *se renvoyer*) **ils se rejettent (mutuellement) la responsabilité de la rupture** they lay the responsibility for the break-up at each other's door

rejeton * /R(ə)ʒ(ə)tɔ̃, R(ə)ʒətɔ̃/ NM (= *enfant*) kid*

rejoindre /R(ə)ʒwɛ̃dR/ /TABLE 49/ **1** VT **(a)** [+ *lieu*] to get back to; [+ *route, personne*] to join; [+ *poste, régiment*] to return to **(b)** (= *rattraper*) to catch up with **(c)** [+ *parti*] to join; [+ *point de vue*] to agree with; **je vous rejoins sur ce point** I agree with you on that point **2** VPR **se rejoindre** [*routes*] to join; [*idées*] to concur; [*personnes*] (*pour rendez-vous*) to meet up again; (*sur point de vue*) to agree

rejouer /R(ə)ʒwe/ /TABLE 1/ **1** VT to play again; [+ *match*] to replay; ~ **une pièce** [*acteurs*] to perform a play again; [*théâtre*] to put on a play again **2** VI to play again

réjoui, e /Reʒwi/ (*ptp de* **réjouir**) ADJ [*air, mine*] joyful

réjouir /ReʒwiR/ /TABLE 2/ **1** VT [+ *personne, regard*] to delight; **cette idée ne me réjouit pas beaucoup** I don't find the thought particularly appealing

2 VPR **se réjouir** to be delighted (**de faire** to do); **se ~ de** [+ *nouvelle, événement*] to be delighted about; [+ *malheur*] to take delight in; **vous avez gagné et je m'en réjouis pour vous** you've won and I'm delighted for you; **se ~ (à la pensée) que ...** to be delighted (at the thought) that ...; **je me réjouis à l'avance de les voir** I am greatly looking forward to seeing them; **réjouissez-vous !** rejoice!

réjouissance /Reʒwisãs/ NF rejoicing; ~**s** festivities; **quel est le programme des ~s pour la journée ?** (*hum*) what's on the agenda for today?*

réjouissant, e /Reʒwisã, ãt/ ADJ [*histoire*] amusing; [*nouvelle*] cheering; **les prévisions ne sont guère ~es** (*iro*) the forecasts aren't very encouraging

rejuger /R(ə)ʒyʒe/ /TABLE 3/ VT [+ *affaire, accusé*] to retry

relâche /Rəlɑʃ/ NM *ou* F [*de théâtre*] closure; **faire ~** to be closed; **« relâche »** "no performance today"

♦ sans relâche relentlessly

relâché, e /R(ə)lɑʃe/ (*ptp de* **relâcher**) ADJ [*conduite, discipline, autorité, prononciation*] lax; [*style*] loose

relâchement /R(ə)lɑʃmã/ NM **(a)** [*de lien*] loosening; [*de muscle*] relaxation; [*de ressort*] release **(b)** [*de discipline, effort*] slackening; [*de surveillance*] relaxation; [*d'attention*] flagging; **il y a du ~ dans la discipline** discipline is getting lax; ~ **des mœurs** slackening of moral standards

relâcher /R(ə)lɑʃe/ /TABLE 1/ **1** VT **(a)** [+ *étreinte, muscle*] to relax; [+ *lien*] to loosen; [+ *ressort*] to release

(b) [+ *discipline, surveillance, effort*] to relax; **ils relâchent leur attention** their attention is wandering

(c) [+ *prisonnier, otage, gibier*] to release

2 VPR **se relâcher (a)** [*courroie*] to loosen; [*muscle*] to relax **(b)** [*surveillance, discipline, mœurs*] to become lax; [*style*] to become sloppy; [*courage, attention*] to flag; [*effort*] to let up; **ne te relâche pas maintenant !** don't let up now!; **il se relâche dans son travail** he's growing slack in his work

relais /R(ə)lɛ/ NM **(a)** (*Sport*) relay; ~ **4 fois 100 mètres** 4 by 100 metres (relay); **passer le ~ à son coéquipier** to hand over to one's team-mate **(b)** (*Industrie*) **ouvriers/équipe de ~** shift workers/team; **passer le ~ à qn** to hand over to sb; **prendre le ~ (de qn)** to take over (from sb); **servir de ~** (*dans une transaction*) to act as an intermediary → **prêt (c)** ~ **routier** transport café (*Brit*), truck stop (*US*); **ville ~** stopover **(d)** (*Élec, Radio, Téléc*) (= *dispositif*) relay; ~ **de télévision** television relay station; ~ **hertzien** radio relay

relance /Rəlãs/ NF **(a)** (= *reprise*) [*d'économie, industrie, emploi*] boosting; [*d'idée, projet*] revival; [*de négociations*] re-

opening; (*Écon*) reflation; **pour permettre la ~ du processus de paix** in order to restart the peace process; **provoquer la ~ de** [+ *économie*] to give a boost to; [+ *projet*] to revive; **mesures/politique de ~** reflationary measures/policy **(b)** **lettre de ~** reminder

relancer /R(ə)lãse/ /TABLE 3/ VT **(a)** (= *renvoyer*) [+ *objet, ballon*] to throw back **(b)** (= *faire repartir*) [+ *idée, projet*] to revive; [+ *polémique, dialogue, négociations*] to reopen; [+ *économie, industrie, emploi*] to boost; ~ **la machine économique** to kick-start the economy **(c)** (= *harceler*) [+ *débiteur*] to chase up; [+ *personne*] to pester; ~ **un client par téléphone** to make a follow-up call to a customer **(d)** (*Informatique*) to rerun

relater /R(ə)late/ /TABLE 1/ VT [+ *événement, aventure*] to relate; (*Droit*) [+ *pièce, fait*] to record; **le journaliste relate que ...** the journalist says that ...

relatif, -ive /R(ə)latif, iv/ **1** ADJ relative; **tout est ~** everything is relative; **discussions relatives à un sujet** discussions relative to a subject; **faire preuve d'un enthousiasme tout ~** to be less than enthusiastic **2** NM (= *pronom*) relative pronoun **3** NF **relative** (= *proposition*) relative clause

relation /R(ə)lasjɔ̃/ **1** NF **(a)** (= *rapport*) relationship; ~ **de cause à effet** relationship of cause and effect; **c'est sans ~ avec ...** it bears no relation to ...; **faire la ~ entre deux événements** to make the connection between two events **(b)** (= *personne*) acquaintance; **une de mes ~s** an acquaintance of mine; **avoir des ~s** to know the right people

2 NFPL **relations** relations; (*sur le plan personnel*) relationship; ~**s diplomatiques** diplomatic relations; ~**s patronat-syndicats** union-management relations; ~**s humaines** human relationships; ~**s publiques** public relations; **avoir des ~s (sexuelles) avec qn** to have sexual relations with sb; **avoir des ~s amoureuses avec qn** to have an affair with sb; **avoir de bonnes ~s/des ~s amicales avec qn** to have a good/friendly relationship with sb; **être en ~s d'affaires avec qn** to have a business relationship with sb; **être/rester en ~(s) avec qn** to be/keep in touch with sb; **entrer** *ou* **se mettre en ~(s) avec qn** to get in touch with sb

relationnel, -elle /R(ə)lasjɔnɛl/ ADJ **il a des problèmes ~s** he has problems relating to other people; **ce poste réclame des qualités relationnelles** strong interpersonal skills are required for this post; **base de données relationnelle** relational data base

relativement /R(ə)lativmã/ ADV relatively

♦ relativement à (= *par comparaison à*) in relation to; (= *concernant*) with regard to

relativiser /R(ə)lativize/ /TABLE 1/ VT (= *mettre en perspective*) to put into perspective; (= *minimiser*) to play down; **il faut ~** you have to put things into perspective

relativité /R(ə)lativite/ NF relativity

relaver /R(ə)lave/ /TABLE 1/ VT to wash again

relax * /Rəlaks/ ADJ (= *acquittement*) acquittal; (= *libération*) release

relaxant, e /R(ə)laksã, ãt/ ADJ relaxing

relaxation /R(ə)laksasjɔ̃/ NF relaxation; **faire de la ~** to do relaxation exercises

relaxe¹ /Rəlaks/ NF (= *acquittement*) acquittal; (= *libération*) release

relaxe² /Rəlaks/ ADJ [*ambiance, personne*] relaxed; [*tenue*] casual; [*vacances*] relaxing

relaxer¹ /R(ə)lakse/ /TABLE 1/ VT (= *acquitter*) to acquit; (= *libérer*) to release

relaxer² /R(ə)lakse/ /TABLE 1/ **1** VT [+ *muscles*] to relax **2** VPR **se relaxer** to relax

relayer /R(ə)leje/ /TABLE 8/ **1** VT **(a)** [+ *personne*] to take over from; [+ *initiative*] to take over; ~ **l'information** to pass the message on; **se faire ~** to get somebody to take over **(b)** [+ *émission*] to relay **2** VPR **se relayer** to take it in turns (**pour faire qch** to do sth)

relecture /R(ə)lɛktyR/ NF rereading

relégation /R(ə)legasjɔ̃/ NF relegation (**en** to)

reléguer /R(ə)lege/ /TABLE 6/ VT to relegate (**à** to); ~ **qch/qn au second plan** to relegate sth/sb to a position of secondary importance; **ils se trouvent relégués en deuxième division** they have been relegated to the second division

relent /ʀəlɑ̃/ NM stench (NonC); **un ~ ou des ~s de poisson pourri** a stench of rotten fish; **ça a des ~s de racisme** it smacks of racism

relevé, e /ʀəl(ə)ve/ (ptp de **relever**) 1 ADJ ⓐ [col] turned-up; [virage] banked; **chapeau à bords ~s** hat with a turned-up brim
ⓑ [style, langue, sentiments] elevated; [conversation] refined
ⓒ [sauce, plat] spicy
2 NM [de dépenses] statement; [d'adresses] list; (= facture) bill; [de construction, plan] layout; **faire un ~ de** [+ citations, erreurs] to list; [+ notes] to take down; [+ compteur] to read; **~ de gaz/de téléphone** gas/telephone bill; **~ bancaire ou ~ de compte** bank statement; **~ d'identité bancaire** particulars of one's bank account; **~ de notes** marks sheet (Brit), grade sheet (US)

relève /ʀ(ə)lɛv/ NF relief; **la ~ de la garde** the changing of the guard; **assurer ou prendre la ~ de qn** to relieve sb; (dans une fonction) to take over from sb

relèvement /ʀ(ə)lɛvmɑ̃/ NM ⓐ (= redressement) recovery; **on assiste à un ~ spectaculaire de l'économie** the economy is making a spectacular recovery
ⓑ [de niveau, cours, salaires] raising; **ils demandent le ~ du salaire minimum** they want the minimum wage to be raised

relever /ʀəl(ə)ve, ʀ(ə)ləve/ /TABLE 5/ 1 VT ⓐ [+ statue, meuble, chaise] to stand up again; [+ véhicule, bateau] to right; [+ personne] to help up; [+ blessé] to pick up; **~ une vieille dame tombée dans la rue** to help up an old lady who has fallen in the street; **~ la tête** to raise one's head; (= être fier) to hold one's head up
ⓑ (= remonter) [+ col] to turn up; [+ jupe] to raise; [+ pantalon] to roll up; [+ cheveux] to put up; [+ vitre] (en poussant) to push up; (avec bouton ou manivelle) to wind up; [+ store] to roll up; [+ manette] to push up; **relevez le dossier de votre siège** put your seat in the upright position; **lorsqu'il releva les yeux** when he looked up
ⓒ (= mettre plus haut) to raise
ⓓ [+ économie] to rebuild; [+ pays, entreprise] to put back on its feet
ⓔ [+ salaire, impôts, niveau de vie] to raise; [+ chiffre d'affaires] to increase; **j'ai dû ~ toutes les notes de deux points** I had to raise all the marks by two points; **il n'y en a pas un pour ~ l'autre*** (péj) they're both as bad as one another; **pour ~ le moral des troupes** to boost the morale of the troops
ⓕ [+ sauce, plat] to flavour (with spices)
ⓖ [+ sentinelle] to relieve; **~ la garde** to change the guard
ⓗ [+ faute, fait, contradiction, empreintes] to find; **les charges relevées contre l'accusé** the charges brought against the accused
ⓘ [+ adresse, renseignement] to note down; [+ notes] to take down; [+ plan] to copy out; [+ compteur, électricité, gaz] to read; **les températures relevées sous abri** temperatures recorded in the shade; **~ des empreintes digitales** to take fingerprints
ⓙ (= réagir à) [+ injure, calomnie] to react to; **il a dit un gros mot mais je n'ai pas relevé** he said a rude word but I didn't react; **~ le gant** ou **le défi** to take up the challenge
ⓚ [+ copies, cahiers] to collect
ⓛ **~ un fonctionnaire de ses fonctions** to relieve an official of his duties
2 VT INDIR **♦ relever de** (= se rétablir de) to recover from; (= être du ressort de) to be a matter for; (= être sous la tutelle de) to come under; **~ de maladie** to recover from an illness; **elle relève de couches** she's just had a baby; **son cas relève de la psychanalyse** he needs to see a psychoanalyst; **ce service relève du ministère** this department comes under the authority of the ministry; **cette affaire ne relève pas de ma compétence** this matter does not come within my remit; **ça relève de l'imagination la plus fantaisiste** that is a product of pure fancy
3 VPR **se relever** ⓐ (= se remettre debout) to stand up again; **il l'a aidée à se ~** he helped her up
ⓑ (= sortir du lit) to get up
ⓒ [strapontin] to tip up
ⓓ **se ~ de** [+ deuil, chagrin, honte] to recover from; **se ~ de ses ruines/cendres** to rise from its ruins/ashes; **il ne s'en est jamais relevé** he never got over it

relief /ʀəljɛf/ NM [de région] relief; **avoir un ~ accidenté** to be hilly
♦ en relief [motif] in relief; [caractères] raised; [carte de visite] embossed; [photographie, cinéma] three-dimensional; **carte en ~** relief map; **mettre en ~** [+ intelligence, idée] to bring out; [+ beauté, qualités] to set off

relier /ʀəlje/ /TABLE 7/ VT ⓐ [+ points, mots] to join together; [+ câbles, faits] to connect; [+ villes, idées] to link; **~ deux choses entre elles** to link two things; **des vols fréquents relient Paris à New York** frequent flights link Paris and New York ⓑ [+ livre] to bind; **livre relié** hardback book; **livre relié cuir** leather-bound book

religieusement /ʀ(ə)liʒjøzmɑ̃/ ADV religiously; **conserver** ou **garder ~** [+ objet] to keep lovingly; **se marier ~** to get married in church

religieux, -ieuse /ʀ(ə)liʒjø, jøz/ 1 ADJ religious; [école, mariage, musique] church (avant le nom) 2 NM (= moine) monk 3 NF **religieuse** ⓐ (= nonne) nun ⓑ (= gâteau) iced cream puff

religion /ʀ(ə)liʒjɔ̃/ NF religion; **entrer en ~** to take one's vows

reliquat /ʀəlika/ NM remainder

relique /ʀəlik/ NF relic

relire /ʀ(ə)liʀ/ /TABLE 43/ VT to reread; **je n'arrive pas à me ~** I can't read what I've written; **relis-moi sa lettre** read his letter to me again

reliure /ʀəljyʀ/ NF (= couverture) binding; (= action) bookbinding

reloger /ʀ(ə)lɔʒe/ /TABLE 3/ VT to rehouse

relooker* /ʀ(ə)luke/ /TABLE 1/ VT to give a new look to; (changer son image de marque) to revamp the image of

relou: /ʀəlu/ ADJ (= bête) stupid; **t'es ~ avec tes questions!** you're a real pain* with all your questions!

relouer /ʀəlwe/ /TABLE 1/ VT [locataire] to rent again; [propriétaire] to rent out again

relu, e /ʀəly/ ptp de **relire**

reluire /ʀ(ə)lɥiʀ/ /TABLE 38/ VI to shine; (sous la pluie) to glisten; **faire ~ qch** to make sth shine

reluisant, e /ʀ(ə)lɥizɑ̃, ɑ̃t/ ADJ [meubles, parquet, cuivres] shiny; **de graisse** shiny with grease; **~ de propreté** spotless; **peu** ou **pas très ~** [avenir, résultat, situation] far from brilliant (attrib); [personne] despicable

reluquer* /ʀ(ə)lyke/ /TABLE 1/ VT [+ personne] to eye*; [+ objet, poste] to have one's eye on

remake /ʀimɛk/ NM (= film) remake; [de livre, spectacle] new version

remanger /ʀ(ə)mɑ̃ʒe/ /TABLE 3/ 1 VT (= manger de nouveau) to have again; (= reprendre) to have some more; **on a remangé du poulet aujourd'hui** we had chicken again today; **j'en remangerais bien** I'd like to have that again 2 VI to eat again

remaniement /ʀ(ə)manimɑ̃/ NM [de roman, discours] reworking; [de programme] modification; [de plan, constitution] revision; [d'équipe] reorganization; **~ ministériel** cabinet reshuffle

remanier /ʀ(ə)manje/ /TABLE 7/ VT [+ texte] to rework; [+ programme] to modify; [+ plan, constitution] to revise; [+ équipe] to reorganize; [+ cabinet, ministère] to reshuffle

remaquiller /ʀ(ə)makije/ /TABLE 1/ 1 VT **~ qn** to make sb up again 2 VPR **se remaquiller** (complètement) to make o.s. up again; (rapidement) to touch up one's make-up

remarcher /ʀ(ə)maʀʃe/ /TABLE 1/ VI [personne] to walk again; [appareil] to work again

remariage /ʀ(ə)maʀjaʒ/ NM remarriage

remarier (se) /ʀ(ə)maʀje/ /TABLE 7/ VPR to remarry

remarquable /ʀ(ə)maʀkabl/ ADJ remarkable

remarquablement /ʀ(ə)maʀkabləmā/ ADV remarkably

remarque /ʀ(ə)maʀk/ NF remark; **il m'en a fait la ~** he remarked on it to me; **je m'en suis moi-même fait la ~** that occurred to me as well; **faire une ~ à qn** to make a comment to sb; (*critiquer*) to criticize sb; **il m'a fait des ~s sur ma tenue** he remarked on the way I was dressed

remarqué, e /ʀ(ə)maʀke/ ADJ [*ptp de* **remarquer**) ADJ [*entrée, absence*] conspicuous; **il a fait une intervention très ~e** his speech attracted a lot of attention

remarquer /ʀ(ə)maʀke/ /TABLE 1/ **1** VT ⓐ (= *apercevoir*) to notice; **il entra sans qu'on le remarque** *ou* **sans se faire ~** he came in without being noticed; **il aime se faire ~** he likes to be noticed; **faire ~** [+ *détail, erreur*] to point out; **il me fit ~ qu'il était tard** he pointed out to me that it was late
ⓑ (= *faire une remarque*) to remark; **il remarqua qu'il faisait froid** he remarked that it was cold; **remarquez (bien) que je n'en sais rien** I don't really know though; **ça m'est tout à fait égal, remarque!** I couldn't care less, I can tell you! *ou* mind you!* (*Brit*)
ⓒ (= *marquer de nouveau*) to mark again
2 VPR **se remarquer** [*défaut, gêne, jalousie*] to be obvious; **cette tache se remarque beaucoup/à peine** this stain is quite/hardly noticeable; **ça ne se remarquera pas** no one will notice it

rembarrer */ʀɑ̃baʀe/ /TABLE 1/ VT ~ **qn** (= *recevoir avec froideur*) to brush sb aside; (= *remettre à sa place*) to put sb in their place; **on s'est fait ~** we were sent packing*

remblai /ʀɑ̃blɛ/ NM embankment

remblayer /ʀɑ̃bleje/ /TABLE 8/ VT [+ *route, voie ferrée*] to bank up; [+ *fossé*] to fill in

rembobiner /ʀɑ̃bɔbine/ /TABLE 1/ VT to rewind

rembourrage /ʀɑ̃buʀaʒ/ NM [*de fauteuil, matelas*] stuffing; [*de vêtement*] padding

rembourrer /ʀɑ̃buʀe/ /TABLE 1/ VT [+ *fauteuil, matelas*] to stuff; [+ *vêtement*] to pad; **bien rembourré** [+ *coussin*] well-filled; [+ *personne*]* well-padded*

remboursable /ʀɑ̃buʀsabl/ ADJ [*billet, médicament*] refundable; [*emprunt*] repayable

remboursement /ʀɑ̃buʀsəmā/ NM [*de dette, emprunt, créancier*] repayment; [*de somme, frais médicaux*] reimbursement; **obtenir le ~ de son repas** to get a refund on one's meal; **(contribution au) ~ de la dette sociale** *tax to help pay off the deficit in the French social security budget*

rembourser /ʀɑ̃buʀse/ /TABLE 1/ VT to reimburse; [+ *dette, emprunt*] to repay; [+ *article acheté*] to refund the price of; **~ qn de qch** to reimburse sb for sth; **je te rembourserai demain** I'll pay you back tomorrow; **je me suis fait ~ mon repas/voyage** I got the cost of my meal/journey refunded; **est-ce remboursé par la Sécurité sociale?** ≈ can I get my money back from the NHS (*Brit*) *ou* from Medicaid (*US*)?; **« satisfait ou remboursé »** "satisfaction or your money back"

rembrunir (se) /ʀɑ̃bʀyniʀ/ /TABLE 2/ VPR [*visage*] to darken; [*personne*] to stiffen

remède /ʀ(ə)mɛd/ NM (= *traitement*) cure; (= *médicament*) medicine; **~ de bonne femme** folk cure *ou* remedy; **~ de cheval*** drastic remedy; **la situation est sans ~** there is no remedy for the situation; **le ~ est pire que le mal** the cure is worse than the disease

remédier /ʀ(ə)medje/ /TABLE 7/ VT INDIR ♦ **remédier à** [+ *maladie*] to cure; [+ *mal, situation, abus, besoin, inconvénient*] to remedy; [+ *difficulté*] to find a solution for

remémorer (se) /ʀ(ə)memɔʀe/ /TABLE 1/ VPR to recall

remerciement /ʀ(ə)mɛʀsimā/ NM (= *action*) thanks (*pl*); **~s** (*dans un livre, film*) acknowledgements; **lettre de ~** thank-you letter; **en ~, il m'a envoyé des fleurs** he sent me some flowers to thank me; **avec tous mes ~s** with many thanks; **adresser ses ~s à qn** to express one's thanks to sb

remercier /ʀ(ə)mɛʀsje/ /TABLE 7/ VT ⓐ (= *dire merci*) to thank (**de, pour** for); **je vous remercie** thank you; **tu peux me ~!** you've got me to thank for that!; **vous voulez boire? — je vous remercie** (= *pour refuser*) would you like a

drink? — no thank you ⓑ (*euph* = *renvoyer*) [+ *employé*] to dismiss (*from his job*)

remettre /ʀ(ə)mɛtʀ/ /TABLE 56/ **1** VT ⓐ (= *replacer*) [+ *objet*] to put back; **~ un enfant au lit** to put a child back to bed; **~ qch à cuire** to put sth on to cook again; **~ debout** [+ *enfant*] to stand back on his feet; [+ *objet*] to stand up again; **~ qch droit** to set sth straight again; **~ un bouton à une veste** to put a button back on a jacket; **il a remis l'étagère qu'il avait enlevée** he put the shelf that he had taken down back up
ⓑ [+ *vêtement, chapeau*] to put back on; **j'ai remis mon manteau d'hiver** I'm wearing my winter coat again
ⓒ (= *replacer dans une situation*) **~ un appareil en marche** to restart a machine; **~ un moteur en marche** to start up an engine again; **~ une pendule à l'heure** to set a clock right; **~ les pendules à l'heure*** (*fig*) to set the record straight
ⓓ [+ *lettre, paquet*] to deliver; [+ *clés, rançon*] to hand over; [+ *récompense*] to present; [+ *devoir, démission*] to hand in (**à** to); **il s'est fait ~ les clés par la concierge** he got the keys from the concierge; **~ un criminel à la justice** to hand a criminal over to the law
ⓔ [+ *date, décision, réunion*] to postpone (**à** until); (*Droit*) to adjourn (**à** until); **~ un rendez-vous à jeudi/au 8** to postpone an appointment till Thursday/the 8th ▪ (*PROV*) **il ne faut jamais ~ à demain** *ou* **au lendemain ce qu'on peut faire le jour même** never put off till tomorrow what you can do today (*PROV*)
ⓕ (= *se rappeler*) to remember; **je ne le remets pas** I can't place him; **~ qch en esprit** *ou* **en mémoire à qn** (= *rappeler*) to remind sb of sth
ⓖ [+ *vinaigre, sel*] to add more; [+ *verre, coussin*] to add; [+ *maquillage*] to put on some more; **j'ai froid, je vais ~ un tricot** I'm cold - I'll go and put another jersey on; **~ de l'huile dans un moteur** to top up an engine with oil; **il faut ~ de l'argent sur le compte** we'll have to put some money into the account; **en ~*** to lay it on a bit thick*
ⓗ [+ *radio, chauffage*] to switch on again; **~ le contact** to turn the ignition on again
ⓘ (= *confier*) **~ sa vie entre les mains de qn** to put one's life into sb's hands; **~ son âme à Dieu** to commit one's soul to God
ⓙ ♦ **remettre ça*** (= *recommencer*) **on remet ça?** [+ *partie de cartes*] shall we have another game?; (*au café*) shall we have another drink?; **garçon, remettez-nous ça!** the same again please!*; **les voilà qui remettent ça!** there they go again!*
2 VPR **se remettre** ⓐ (= *recouvrer la santé*) to recover; **se ~ d'une maladie/d'un accident** to recover from an illness/an accident; **remettez-vous!** pull yourself together!; **elle ne s'en remettra pas** she won't get over it
ⓑ (= *recommencer*) **se ~ à (faire) qch** to start (doing) sth again; **se ~ à fumer** to start smoking again; **il s'est remis au tennis** he has taken up tennis again; **après leur départ il se remit à travailler** *ou* **au travail** after they had gone he started working again; **le temps s'est remis au beau** the weather has turned fine again; **se ~ debout** to get back to one's feet
ⓒ (= *se confier*) **je m'en remets à vous** I'll leave it up to you; **s'en ~ à la décision de qn** to leave it to sb to decide
ⓓ (= *se réconcilier*) **se ~ avec qn** to make it up with sb; **ils se sont remis ensemble** they're back together again

remeubler /ʀ(ə)mœbl/ /TABLE 1/ VT to refurnish

réminiscence /ʀeminisās/ NF reminiscence

remis, e /ʀ(ə)mi, miz/ *ptp de* **remettre**

remise /ʀ(ə)miz/ NF ⓐ [*de lettre, paquet*] delivery; [*de clés, rançon*] handing over; [*de récompense*] presentation; [*de devoir, rapport*] handing in; [*d'armes*] surrender; **la ~ des prix** the prize-giving ceremony; **la ~ des diplômes** the graduation ceremony ⓑ (= *rabais*) discount; **ils font une ~ de 5% sur les livres scolaires** they're giving a 5% discount on schoolbooks ⓒ (= *réduction*) [*de peine*] reduction (**de** of, in) ⓓ (= *local*) shed

rémission /ʀemisjɔ̃/ NF [*de maladie*] remission

remixer /ʀ(ə)mikse/ /TABLE 1/ VT [+ *chanson*] to remix; **version remixée** remix version

remmener /ʀɑ̃m(ə)ne/ /TABLE 5/ VT to take back; **~ qn chez lui** to take sb back home; **~ qn à pied** to walk sb back; **~ qn en voiture** to give sb a lift back

remodeler /ʀ(ə)mɔd(ə)le/ /TABLE 5/ VT [+ *silhouette*] to remodel; [+ *nez, joues*] to reshape

remontant, e /ʀ(ə)mɔ̃tɑ̃, ɑ̃t/ **1** ADJ ⓐ [*boisson*] invigorating ⓑ [*fraisier, framboisier*] double-cropping **2** NM tonic

remonté, e¹* ʀ(ə)mɔ̃te/ (*ptp de* **remonter**) ADJ ⓐ (= *en colère*) furious (**contre qn** with sb); **être ~ contre qch** to be wound up* about sth; **être ~ contre qn** to be furious with sb ⓑ (= *dynamique*) **je suis ~ à bloc*** I'm on top form; (*avant un examen, un entretien*) I'm all keyed up*

remontée² /ʀ(ə)mɔ̃te/ NF [*de prix, taux d'intérêt*] rise; **la ~ de l'or à la Bourse** the rise in the price of gold on the stock exchange; **faire une belle ~ (de la 30ᵉᵐᵉ à la 2ᵉᵐᵉ place)** to make a good recovery (from 30th to 2nd place); **le président effectue une ~ spectaculaire dans les sondages** the president is rising swiftly in the opinion polls ◆ **remontée mécanique** ski-lift

remonte-pente (*pl* **remonte-pentes**) /ʀ(ə)mɔ̃tpɑ̃t/ NM ski tow

remonter /ʀ(ə)mɔ̃te/ /TABLE 1/

▸ **remonter** *is conjugated with* **être**, *unless it has an object, when the auxiliary is* **avoir**.

1 VI ⓐ (= *monter à nouveau*) to go *ou* come back up; **il remonta à pied** he walked back up; **remonte me voir** come back up and see me; **je remonte demain à Paris (en voiture)** I'm driving back up to Paris tomorrow; **~ sur les planches** [*comédien*] to go back on the stage
ⓑ (*dans un moyen de transport*) **~ en voiture** to get back into one's car; **~ à cheval** (= *se remettre en selle*) to get back onto one's horse; **~ à bord** (*bateau*) to go back on board
ⓒ (= *s'élever de nouveau*) [*prix, température, baromètre*] to rise again; **les bénéfices ont remonté au dernier trimestre** profits were up again in the last quarter; **les prix ont remonté en flèche** prices shot up again; **il remonte dans mon estime** my opinion of him is improving again; **il est remonté de la 7ᵉᵐᵉ à la 3ᵉᵐᵉ place** he has come up from 7th to 3rd place
ⓓ (= *réapparaître*) to come back; **~ à la surface** to come back up to the surface; **une mauvaise odeur remontait de l'égout** a bad smell was coming up out of the drain
ⓔ (= *retourner*) to return; **~ à la source/cause** to go back to the source/cause; **il faut ~ plus loin pour comprendre l'affaire** you must look further back to understand this business; **~ jusqu'au coupable** to trace the guilty person; **aussi loin que remontent ses souvenirs** as far back as he can remember; **~ dans le temps** to go back in time
ⓕ **~ à** (= *dater de*) **cette histoire remonte à plusieurs années** all this goes back several years

2 VT ⓐ [+ *étage, côte, marche*] to go *ou* come back up; **~ l'escalier en courant** to run back upstairs; **~ le courant/une rivière** (*à la nage*) to swim back upstream/up a river; (*en barque*) to sail back upstream/up a river
ⓑ (= *rattraper*) [+ *adversaire*] to catch up with; **se faire ~ par un adversaire** to let o.s. be caught up by an opponent
ⓒ [+ *mur, tableau, étagère*] to raise; [+ *vitre*] (*en poussant*) to push up; (*avec bouton ou manivelle*) to wind up; [+ *store*] to raise; [+ *pantalon, manche*] to pull up; (*en roulant*) to roll up; [+ *chaussettes*] to pull up; [+ *col*] to turn up; [+ *jupe*] to pick up; [+ *mauvaise note*] to raise; **il s'est fait ~ les bretelles par le patron*** the boss gave him a real tongue-lashing*
ⓓ (= *reporter*) to take *ou* bring back up; **~ une malle au grenier** to take a trunk back up to the attic
ⓔ [+ *montre, mécanisme*] to wind up
ⓕ [+ *machine, moteur, meuble*] to put together again; [+ *robinet, tuyau*] to put back; **ils ont remonté une usine à Lyon** they have set up another factory in Lyon; **il a eu du mal à ~ les roues de sa bicyclette** he had a job putting the wheels back on his bicycle
ⓖ (= *remettre en état*) [+ *personne*] to buck* up again; [+ *entreprise*] to put back on its feet; [+ *mur en ruines*] to re-

build → **moral**
ⓗ [+ *pièce de théâtre, spectacle*] to restage
3 VPR **se remonter** to buck* o.s. up

remontoir /ʀ(ə)mɔ̃twaʀ/ NM [*de montre*] winder; [*de jouet, horloge*] winding mechanism

remontrance /ʀ(ə)mɔ̃tʀɑ̃s/ NF (= *reproche*) remonstrance; **faire des ~s à qn (au sujet de qch)** to remonstrate with sb (about sth)

remontrer /ʀ(ə)mɔ̃tʀe/ /TABLE 1/ VT (= *montrer de nouveau*) to show again; **remontrez-moi la bleue** show me the blue one again
◆ **en remontrer à qn** to teach sb a thing or two; **dans ce domaine, il pourrait t'en ~** he could teach you a thing or two about this

remords /ʀ(ə)mɔʀ/ NM remorse (*NonC*); **avoir des ~** to feel remorse; **être pris de ~** to be stricken with remorse; **n'avoir aucun ~** to feel no remorse

remorquage /ʀ(ə)mɔʀkaʒ/ NM [*de bateau, voiture, caravane*] towing; [*de train*] pulling

remorque /ʀ(ə)mɔʀk/ NF (= *véhicule*) trailer; (= *câble*) towrope; **prendre une voiture en ~** to tow a car; **« en ~ »** "on tow"; **être à la ~** to trail behind; **être à la ~ de** to tag along behind

remorquer /ʀ(ə)mɔʀke/ /TABLE 1/ VT [+ *bateau, voiture, caravane*] to tow; [+ *train*] to pull; **je suis tombé en panne et j'ai dû me faire ~ jusqu'au village** I had a breakdown and had to get a tow as far as the village

remorqueur /ʀ(ə)mɔʀkœʀ/ NM (= *bateau*) tug

remous /ʀəmu/ NM ⓐ [*de bateau*] backwash (*NonC*); [*d'eau*] eddy ⓑ (= *agitation*) stir (*NonC*); **l'affaire a provoqué de vifs ~ politiques** the affair caused a stir in political circles

rempailler /ʀɑ̃paje/ /TABLE 1/ VT [+ *chaise*] to reseat

rempaqueter /ʀɑ̃pak(ə)te/ /TABLE 4/ VT to rewrap

rempart /ʀɑ̃paʀ/ NM **~s** [*de ville*] ramparts; **le dernier ~ contre** (*fig*) the last bastion against

rempiler /ʀɑ̃pile/ /TABLE 1/ **1** VT [+ *objets*] to pile up again **2** VI (*arg Mil*) to join up again

remplaçant, e /ʀɑ̃plasɑ̃, ɑ̃t/ NM,F replacement; (*sportif*) reserve; (*pendant un match*) substitute; (= *comédien*) understudy; (= *enseignant*) supply (*Brit*) *ou* substitute (*US*) teacher; **être le ~ de qn** to stand in for sb

remplacement /ʀɑ̃plasmɑ̃/ NM ⓐ (= *intérim*) standing in (**de** for); **assurer le ~ d'un collègue pendant sa maladie** to stand in for a colleague during his illness; **faire des ~s** [*secrétaire*] to do temporary work; [*professeur*] to work as a supply (*Brit*) *ou* substitute (*US*) teacher
ⓑ (= *substitution*) replacement; **effectuer le ~ d'une pièce défectueuse** to replace a faulty part; **film présenté en ~ d'une émission annulée** film shown in place of a cancelled programme; **une solution de ~** an alternative solution; **produit/matériel de ~** substitute product/material

remplacer /ʀɑ̃plase/ /TABLE 3/ VT ⓐ (= *assurer l'intérim de*) to stand in for; **je me suis fait ~** I got someone to stand in for me
ⓑ (= *succéder à*) to replace; **son fils l'a remplacé comme directeur** his son has replaced him as director
ⓒ (= *tenir lieu de*) to replace; **le miel peut ~ le sucre** honey can be used in place of sugar; **le pronom remplace le nom dans la phrase** the pronoun replaces the noun in the sentence; **rien ne remplace le vrai beurre** there's nothing like real butter
ⓓ (= *changer*) [+ *employé*] to replace; [+ *objet usagé*] to replace

rempli, e /ʀɑ̃pli/ (*ptp de* **remplir**) ADJ full (**de** of); **avoir l'estomac bien ~** to have a full stomach; **texte ~ de fautes** text riddled with mistakes

remplir /ʀɑ̃pliʀ/ /TABLE 2/ **1** VT ⓐ (= *emplir*) to fill (**de** with); (*à nouveau*) to refill; [+ *questionnaire*] to fill in; **~ qch à moitié** to half fill sth; **ce résultat me remplit d'admiration** this result fills me with admiration
ⓑ (= *s'acquitter de*) [+ *contrat, mission, obligation*] to fulfil; [+ *devoir*] to carry out; [+ *rôle*] to fill; **~ ses engagements** to

meet one's commitments; **~ ses fonctions** to do one's job; **vous ne remplissez pas les conditions** you do not fulfil the conditions

2 VPR **se remplir** [*récipient, salle*] to fill (**de** with)

remplissage /rɑ̃plisaʒ/ NM [*de tonneau, bassin*] filling; **faire du ~** to pad out one's work (*ou* speech *etc*); **taux de ~ des avions/hôtels** air passenger/hotel occupancy rate

remplumer (se)* /rɑ̃plyme/ /TABLE 1/ VPR (*physiquement*) to fill out again; (*financièrement*) to get back on one's feet

rempocher /rɑ̃pɔʃe/ /TABLE 1/ VT to put back in one's pocket

remporter /rɑ̃pɔʀte/ /TABLE 1/ VT ⓐ (= *reprendre*) to take away again ⓑ [+ *championnat, élections, contrat, prix*] to win; **~ la victoire** to win; **~ un (vif) succès** to achieve (great) success

rempoter /rɑ̃pɔte/ /TABLE 1/ VT to repot

remuant, e /rəmɥɑ̃, ɑ̃t/ ADJ [*enfant*] (= *agité*) fidgety; (= *turbulent*) boisterous

remue-ménage /r(ə)mymenaʒ/ NM INV (= *bruit*) commotion (*NonC*); (= *activité*) hustle and bustle (*NonC*); **faire du ~** to make a commotion

remue-méninges /r(ə)mymenɛ̃ʒ/ NM INV brainstorming

remuer /rəmɥe/ /TABLE 1/ **1** VT ⓐ (= *bouger*) to move; **~ la queue** [*vache, écureuil*] to flick its tail; [*chien*] to wag its tail
ⓑ [+ *objet*] (= *déplacer*) to move; (= *secouer*) to shake
ⓒ (= *brasser*) [+ *café*] to stir; [+ *sable*] to stir up; [+ *salade*] to toss; [+ *terre*] to turn over; **il a remué la sauce/les braises** he stirred the sauce/poked the fire; **la brise remuait les feuilles** the breeze stirred the leaves; **~ de l'argent (à la pelle)** to deal with vast amounts of money; **~ ciel et terre pour** to move heaven and earth to; **~ des souvenirs** [*personne nostalgique*] to turn over old memories in one's mind; [*évocation*] to stir up old memories
ⓓ [+ *personne*] (= *émouvoir*) to move; (= *bouleverser*) to upset; **ça vous remue les tripes*** it really tugs at your heartstrings

2 VI (= *bouger*) [*personne*] to move; [*dent, tuile*] to be loose; **cesse de ~ !** keep still!; **le vent faisait ~ les branchages** the wind was stirring the branches; **ça a remué pendant la traversée*** the crossing was pretty rough*; **il a remué toute la nuit** he tossed and turned all night

3 VPR **se remuer** ⓐ (= *bouger*) to move; (= *se déplacer*) to move about
ⓑ (= *se mettre en route*)* to get going; (= *s'activer*)* to get a move on*; **il ne s'est pas beaucoup remué** he didn't exactly strain himself

rémunération /Remyneʀasjɔ̃/ NF [*de personne*] payment; **toucher une ~ de 10 000 €** to be paid 10,000 euros

rémunérer /RemyneRe/ /TABLE 6/ VT [+ *personne*] to pay; **~ le travail de qn** to pay sb for their work; **travail bien/mal rémunéré** well-paid/badly-paid job

renâcler /R(ə)nɑkle/ /TABLE 1/ VI [*personne*] to grumble; **~ à faire qch** to do sth reluctantly

renaissance /R(ə)nɛsɑ̃s/ **1** NF rebirth; **la Renaissance** the Renaissance **2** ADJ INV [*mobilier, style*] Renaissance

renaître /R(ə)nɛtR/ /TABLE 59/

► **renaître** *is conjugated with* **être**.

VI ⓐ [*joie, conflit*] to spring up again; [*espoir, doute*] to be revived; [*économie*] to revive; **la nature renaît au printemps** nature comes back to life in spring; **faire ~** [+ *sentiment, passé, sourire*] to bring back; [+ *espoir*] to revive ⓑ (= *revivre*) to come to life again; (*Rel*) to be born again; **~ de ses cendres** to rise from one's ashes; **je me sens ~** I feel as if I've been given a new lease of life

rénal, e /mpl -**aux**/ /Renal, o/ ADJ kidney

renard /R(ə)naR/ NM fox; **c'est un vieux ~** he's a sly old fox

renchérir /Rɑ̃ʃeRiR/ /TABLE 2/ VI ⓐ (*en paroles, en actes*) to go one better; **~ sur ce que qn dit** to add something to what sb says; **«et je n'en ai nul besoin» renchérit-il** "and I don't need it in the least", he added ⓑ (*dans une vente: sur*

l'offre de qn) to make a higher bid (**sur** than); (*sur son offre*) to raise one's bid

rencontre /Rɑ̃kɔ̃tR/ NF ⓐ [*d'amis, diplomates, étrangers, idées*] meeting; **faire la ~ de qn** to meet sb; **j'ai peur qu'il ne fasse de mauvaises ~s** I am afraid that he might meet the wrong sort of people; **~ au sommet** summit meeting; **aller à la ~ de qn** to go and meet sb; **(partir) à la ~ des Incas** (to go) in search of the Incas; **point de ~** meeting point; **amours/amis de ~** casual love affairs/friends
ⓑ (= *débat*) discussion; **~s musicales/théâtrales** (= *festival*) music/theatre festival
ⓒ [*d'athlétisme*] meeting; (= *match*) fixture; **~ de boxe** boxing match

rencontrer /Rɑ̃kɔ̃tRe/ /TABLE 1/ **1** VT ⓐ to meet; **mon regard rencontra le sien** our eyes met
ⓑ (= *trouver*) [+ *expression*] to find; [+ *occasion*] to meet with; **des gens comme on n'en rencontre plus** the sort of people you don't find any more; **arrête-toi au premier garage que nous rencontrerons** stop at the first garage you come across
ⓒ [+ *obstacle, difficulté, opposition*] to encounter
ⓓ (= *heurter*) to strike; (= *toucher*) to meet; **la lame rencontra un os** the blade struck a bone; **sa main ne rencontra que le vide** his hand met with nothing but empty space
ⓔ [+ *équipe, joueur*] to meet

2 VPR **se rencontrer** ⓐ [*personnes*] to meet; **faire /se ~ deux personnes** to arrange for two people to meet; **nous nous sommes déjà rencontrés** we have already met
ⓑ (= *exister*) to be found; **c'est une maladie qui se rencontre surtout chez les femmes** it's an illness found mainly in women

rendement /Rɑ̃dmɑ̃/ NM [*de champ*] yield; [*de machine, personne*] output; [*d'entreprise*] (= *productivité*) productivity; (= *production*) output; [*d'investissement*] return (**de** on); **l'entreprise marche à plein ~** the business is working at full capacity

rendez-vous /Rɑ̃devu/ NM INV appointment; (*d'amoureux*) date; **donner un ~ à qn** *ou* **prendre ~ avec qn** (*pour affaires, consultation*) to make an appointment with sb; (*entre amis*) to arrange to meet sb; **j'ai ~ à 10 heures** I have an appointment at 10 o'clock; **nous nous étions donné ~ à l'aéroport** we had arranged to meet at the airport; **~ d'affaires** business appointment; **prendre (un) ~ chez le dentiste/coiffeur** to make a dental/hair appointment; **j'ai ~ chez le médecin** I've got a doctor's appointment; **le médecin ne reçoit que sur ~** the doctor only sees patients by appointment; **votre ~ est arrivé** the person you're waiting for has arrived; **ce match sera le grand ~ sportif de l'année** this match will be the big sporting event of the year; **la croissance espérée n'est pas au ~** the expected growth has not materialized

rendormir /Rɑ̃dɔRmiR/ /TABLE 16/ **1** VT to put to sleep again **2** VPR **se rendormir** to go back to sleep

rendre /Rɑ̃dR/ /TABLE 41/ **1** VT ⓐ (= *restituer*) to give back; [+ *marchandises défectueuses, bouteille vide*] to return; [+ *argent*] to pay back; (*Scol*) [+ *copie*] to hand in; **~ son devoir en retard** to hand in one's essay late; **~ la liberté à qn** to set sb free; **~ la vue à qn** to restore sb's sight
ⓑ [+ *jugement, arrêt*] to render; [+ *verdict*] to return
ⓒ (= *donner en retour*) [+ *invitation, salut, coup, baiser*] to return; **~ coup pour coup** to return blow for blow; **~ la politesse à qn** to return sb's kindness; **il la déteste, et elle le lui rend bien** he hates her and she feels exactly the same way about him; **il m'a donné 10 €** and I gave him 5 euros change; **~ la pareille à qn** to pay sb back in his own coin
ⓓ (*avec adjectif*) to make; **~ qn heureux** to make sb happy; **~ qch public** to make sth public; **son discours l'a rendu célèbre** his speech has made him famous; **c'est à vous ~ fou !** it's enough to drive you mad!
ⓔ [+ *mot, expression, atmosphère*] to render; **cela ne rend pas bien sa pensée** that doesn't convey his thoughts very well
ⓕ [+ *liquide*] to give out; [+ *son*] to produce; **le concombre**

rend beaucoup d'eau cucumbers give out a lot of water; **ça ne rend pas grand-chose** [*photo, décor, musique*] it's a bit disappointing
(g) (= *vomir*) to bring up
(h) (*Mil*) ~ **les armes** to lay down one's arms
(i) (*locutions*) ~ **l'âme** *ou* **le dernier soupir** [*personne*] to breathe one's last; **ma voiture/mon frigo a rendu l'âme*** my car/my fridge has given up the ghost*; ~ **gloire à** [+ *Dieu*] to glorify; [+ *personne*] to pay homage to; ~ **grâce(s) à qn** to give thanks to sb
2 VI (a) (= *vomir*) to be sick; **avoir envie de** ~ to feel sick
(b) (= *produire un effet*) **la pendule rendrait mieux dans l'entrée** the clock would look better in the hall; **ça rend mal en photo** a photograph doesn't do it justice
3 VPR **se rendre** (a) [*soldat, criminel*] to surrender; **se ~ à l'avis de qn** to bow to sb's opinion; **se ~ à l'évidence** to face facts; **se ~ aux raisons de qn** to bow to sb's reasons
(b) (= *aller*) **se ~ à** to go to; **il se rend à son travail à pied/en voiture** he walks/drives to work
(c) (*avec adjectif*) **se ~ utile/indispensable** to make o.s. useful/indispensable; **il se rend ridicule** he's making a fool of himself; **vous allez vous ~ malade** you're going to make yourself ill

rêne /Ren/ NF rein; **prendre les ~s d'une affaire** to take over a business; **c'est lui qui tient les ~s du gouvernement** it's he who holds the reins of government

renfermé, e /RãfεRme/ (*ptp de* **renfermer**) 1 ADJ [*personne*] withdrawn 2 NM **ça sent le ~** it smells musty in here

renfermer /RãfεRme/ /TABLE 1/ 1 VT (= *contenir*) to contain 2 VPR **se renfermer** [*personne*] to withdraw into o.s.

renflé, e /Rãfle/ ADJ bulging

renflement /Rãfləmã/ NM bulge

renflouer /Rãflue/ /TABLE 1/ 1 VT [+ *navire, entreprise*] to refloat; [+ *personne*] to bail out 2 VPR **se renflouer** [*personne*] to get back on one's feet again (*financially*)

renfoncement /Rãfõsmã/ NM recess; **caché dans le ~ d'une porte** hidden in a doorway

renforcement /Rãfɔʀsəmã/ NM (a) [*de mur, équipe, armée*] reinforcement; [*de régime, position, monnaie, amitié*] strengthening; [*de paix, pouvoir*] consolidating; ~ **des effectifs de la police** increasing the number of police officers (b) [*de pression, effort, surveillance, contrôle*] intensification; **un ~ des sanctions économiques** toughening economic sanctions

renforcer /Rãfɔʀse/ /TABLE 3/ 1 VT (a) [+ *mur, équipe*] to reinforce; [+ *régime, position, monnaie, amitié*] to strengthen; [+ *paix, pouvoir*] to consolidate; **talon renforcé** [*de collant*] reinforced heel; **ils sont venus ~ nos effectifs** they came to swell our numbers
(b) [+ *argument, crainte, soupçon*] to reinforce; ~ **qn dans une opinion** to confirm sb's opinion; **ça renforce ce que je dis** that backs up what I'm saying
(c) [+ *pression, effort, surveillance, contrôle*] to intensify; **(cours d')anglais renforcé** remedial English (class)
2 VPR **se renforcer** [*craintes, amitié*] to strengthen; [*pression*] to intensify

renfort /Rãfɔʀ/ NM help; ~**s** (*Mil*) (*en hommes*) reinforcements; (*en matériel*) (further) supplies
♦ **en renfort** : **envoyer qn en** ~ to send sb to augment the numbers; **les 500 soldats appelés en** ~ the 500 soldiers called in as reinforcements
♦ **à grand renfort de** : **produit lancé à grand ~ de publicité** product launched amid a blaze of publicity; **à grand ~ de gestes/d'explications** with a great many gestures/explanations; **à grand ~ de citations/d'arguments** with the help of a great many quotations/arguments

renfrogné, e /Rãfʀɔɲe/ ADJ sullen

rengager (se) /Rãgaʒe/ /TABLE 3/ VPR (= *soldat*) to re-enlist

rengaine /Rãgεn/ NF (= *formule*) hackneyed expression; (= *chanson*) old melody; **c'est toujours la même ~*** it's always the same old refrain (*Brit*) *ou* song* (*US*)

rengainer /Rãgene/ /TABLE 1/ VT [+ *épée*] to sheathe; [+ *revolver*] to put back in its holster

renier /Rənje/ /TABLE 7/ 1 VT [+ *foi, opinion*] to renounce; [+ *personne, œuvre, patrie, cause, parti*] to disown; [+ *promesse, engagement*] to go back on 2 VPR **se renier** to go back on what one has said *ou* done

reniflement /R(ə)nifləmã/ NM (= *bruit*) sniff; (*plus fort*) snort

renifler /R(ə)nifle/ /TABLE 1/ 1 VT (a) [+ *cocaïne*] to snort; [+ *colle, fleur, objet, odeur*] to sniff (b) (= *pressentir*) [+ *bonne affaire, arnaque*]* to sniff out* 2 VI [*personne*] to sniff

renne /Rεn/ NM reindeer

renom /Rənõ/ NM (= *notoriété*) renown; **vin de grand ~** famous wine

renommé, e /R(ə)nɔme/ (*ptp de* **renommer**) 1 ADJ renowned 2 NF **renommée** (= *célébrité*) renown; **marque/savant de ~e mondiale** world-famous make/scholar; **de grande ~e** of great renown

renommer /R(ə)nɔme/ /TABLE 1/ VT (a) [+ *personne*] to reappoint (b) (*Informatique*) [+ *fichier, répertoire*] to rename

renoncement /R(ə)nõsmã/ NM renouncement (~ à *of*)

renoncer /R(ə)nõse/ /TABLE 3/ VT INDIR ♦ **renoncer à** [+ *projet, lutte, habitude*] to give up; [+ *fonction, héritage, titre, pouvoir, trône*] to renounce; ~ **à un voyage/au mariage** to give up the idea of a journey/of marriage; ~ **à qn** to give sb up; ~ **au tabac** to give up smoking; ~ **à lutter/à comprendre** to give up struggling/trying to understand; **je renonce** I give up

renoncule /Rənõkyl/ NF (*sauvage*) buttercup; (*cultivée*) globeflower

renouer /Rənwe/ /TABLE 1/ 1 VT [+ *lacet, nœud*] to tie again; [+ *cravate*] to knot again; [+ *conversation, liaison*] to resume 2 VI ~ **avec qn** to become friends with sb again; ~ **avec une habitude** to take up a habit again; ~ **avec une tradition** to revive a tradition

renouveau (*pl* **renouveaux**) /R(ə)nuvo/ NM revival

renouvelable /R(ə)nuv(ə)labl/ ADJ [*bail, contrat, énergie, passeport*] renewable; [*expérience*] which can be repeated; **le mandat présidentiel est ~ tous les sept ans** the president must run for re-election every seven years; **ressources naturelles non ~s** non-renewable natural resources

renouveler /R(ə)nuv(ə)le/ /TABLE 4/ 1 VT (a) to renew; [+ *conseil d'administration*] to re-elect; **la chambre doit être renouvelée tous les cinq ans** (*Politique*) the house must be re-elected every five years; **cette découverte a complètement renouvelé notre vision des choses** this discovery has given us a whole new insight into things
(b) [+ *expérience, exploit*] to repeat; **la chambre a renouvelé sa confiance au gouvernement** the house reaffirmed its confidence in the government
2 VPR **se renouveler** (a) [*incident*] to happen again; **et que ça ne se renouvelle plus !** and don't let it happen again!
(b) (= *être remplacé*) **les hommes au pouvoir ne se renouvellent pas assez** men in power aren't replaced often enough
(c) (= *innover*) [*auteur, peintre*] to try something new

renouvellement /R(ə)nuvεlmã/ NM renewal; [*d'expérience, exploit*] repetition; [*d'incident*] recurrence; **solliciter le ~ de son mandat** to run for re-election

rénovation /Renɔvasjõ/ NF (a) [*de maison*] renovation; (= *nouvelle décoration*) refurbishment; [*de quartier*] renovation; [*de meuble*] restoration; **en (cours de)** ~ under renovation; **travaux de** ~ renovation work (b) [*d'enseignement, institution, méthode*] reform

rénover /Renɔve/ /TABLE 1/ VT (a) [+ *maison, quartier*] to renovate; (*nouvelle décoration*) to refurbish; [+ *meuble*] to restore (b) [+ *enseignement, institution, méthode, parti*] to reform

renseignement /Rãsεɲmã/ NM (a) (= *information*) piece of information; **un ~ intéressant** an interesting piece of information; **demander un ~** *ou* **des ~s à qn** to ask sb for some information; **il est allé aux ~s** he has gone to make inquiries; **prendre des ~s sur qn** to make inquiries about sb; ~**s pris** upon inquiry; **veuillez m'envoyer de plus amples**

~s sur ... please send me further information about ...; **je peux vous demander un ~?** can you give me some information?; **merci pour le ~** thanks for the information; **guichet/bureau des ~s** information desk/office; **«renseignements»** "information"; **(service des) ~s** (*Téléc*) directory inquiries (*Brit*), information (*US*)
ⓑ (*Mil*) intelligence (*NonC*); **agent de ~s** intelligent agent; **les ~s généraux** *the security branch of the police force*

renseigner /ʀɑ̃seɲe/ /TABLE 1/ 1 VT **~ un client/un touriste** to give some information to a customer/a tourist; **~ la police/l'ennemi** to give information to the police/the enemy (**sur** about); **~ un passant** to give directions to a passer-by; **qui pourrait me ~ sur le prix de la voiture/sur lui?** who could tell me the price of the car/something about him?; **pouvez-je vous ~?** can I help you?; **il a l'air bien renseigné** he seems to be well informed; **j'ai été mal renseigné** I was given the wrong information

2 VPR **se renseigner** (= *demander des renseignements*) to ask for information (**sur** about); (= *obtenir des renseignements*) to find out (**sur** about); **je vais me ~ auprès de lui** I'll ask him for information; **renseignez-vous auprès de l'office du tourisme** enquire at the tourist office; **j'essaierai de me ~** I'll try to find out; **je vais me ~ sur son compte** I'll make enquiries about him; **je voudrais me ~ sur les caméscopes** I'd like some information about camcorders

rentabilisation /ʀɑ̃tabilizasjɔ̃/ NF [*de produit, entreprise*] making profitable; **la ~ des investissements** securing a return on investments

rentabiliser /ʀɑ̃tabilize/ /TABLE 1/ VT [+ *entreprise, activité*] to make profitable; [+ *investissements*] to secure a return on; [+ *équipements*] to make cost-effective; **notre investissement a été très vite rentabilisé** we got a quick return on our investment; **~ son temps** to make the best use of one's time

rentabilité /ʀɑ̃tabilite/ NF profitability; **~ des investissements** return on investments

rentable /ʀɑ̃tabl/ ADJ [*entreprise, activité*] profitable

rente /ʀɑ̃t/ NF (= *pension*) annuity; (*fournie par la famille*) allowance; **vivre de ses ~s** to live off one's private income

rentier, -ière /ʀɑ̃tje, jɛʀ/ NM,F person of independent means

rentre-dedans: /ʀɑ̃t(ʀə)dədɑ̃/ NM INV **il m'a fait du ~** he came on really strong to me*

rentrée /ʀɑ̃tʀe/ NF ⓐ **~ (scolaire ou des classes)** start of the new school year; **~ universitaire** start of the new academic year; (*du trimestre*) start of the new term; **la ~ aura lieu lundi** the new term begins on Monday; **la ~ s'est bien passée** the term began well; **cette langue sera enseignée à partir de la ~ 2004** this language will be part of the syllabus as from autumn 2004
ⓑ **la ~ parlementaire aura lieu cette semaine** the new session of parliament starts this week; **les députés font leur ~ aujourd'hui** the deputies are returning today for the start of the new session; **faire sa ~ politique** to start the new political season; **la ~ littéraire** the start of the literary season; **on craint une ~ sociale agitée** it is feared that there will be some social unrest this autumn; **la mode de la ~** the autumn fashions; **on verra ça à la ~** we'll see about that after the holidays
ⓒ [*d'acteur, sportif*] comeback
ⓓ (= *retour*) return; **~ dans l'atmosphère** (*Espace*) re-entry into the atmosphere
ⓔ (*d'argent*) **~s** income; **je compte sur une ~ d'argent très prochaine** I'm expecting some money very soon

---
ⓘ **RENTRÉE**
La **rentrée** *in September each year is not only the time when French children and teachers go back to school; it is also the time when political and social life begins again after the long summer break. The expression* **la rentrée** *is thus not restricted to an educational context, but can refer in general to the renewed activity that takes place throughout the country in the autumn.*
▷ www.education.gouv.fr

---

rentrer /ʀɑ̃tʀe/

/TABLE 1/
1 VERBE INTRANSITIF   3 VERBE PRONOMINAL
2 VERBE TRANSITIF

▶ **rentrer** *is conjugated with* **être,** *unless it has an object, when the auxiliary is* **avoir.**

1 VERBE INTRANSITIF
ⓐ = **entrer de nouveau** to go (*ou* come) back in

▶ **rentrer** *se traduira par* to come back in *ou par* to go back in *suivant que le locuteur se trouve ou non à l'endroit en question.*

rentrez tout de suite, les enfants! come in at once children!; **il commence à faire froid, rentrons!** it's getting cold, let's go in!; **il est rentré dans la pièce** he went back (*ou* came back) into the room; **la navette est rentrée dans l'atmosphère** the shuttle re-entered the atmosphere; **~ à sa base** [*avion*] to go back to base
ⓑ = **à la maison** to go (*ou* come) back home; (= *arriver chez soi*) to get back home; **~ déjeuner** to go home for lunch; **les enfants rentrent de l'école à 17 heures** the children get back from school at 5 o'clock; **est-ce qu'il est rentré?** is he back?; **je l'ai rencontré en rentrant** I met him on my way home; **il a dû ~ de voyage d'urgence** he had to come back from his trip in a hurry; **~ à Paris** to come (*ou* go) back to Paris; **~ de Paris** to come back from Paris; **je rentre en voiture** I'm driving back
ⓒ = **entrer*** to go in; **il pleuvait, nous sommes rentrés dans un café** it was raining so we went into a café; **~ dans la police** to go into the police; **~ dans la fonction publique** to join the civil service; **son père l'a fait ~ dans l'usine** his father helped him to get a job in the factory; **elle rentre à l'université l'année prochaine** she's starting university next year; **faire ~ qch dans la tête de qn** to get sth into sb's head
ⓓ = **reprendre ses activités** [*élèves*] to go back to school; [*parlement*] to reassemble; [*députés*] to return; **les enfants rentrent en classe lundi** the children go back to school on Monday
ⓔ = **tenir** to go in; **cette clé ne rentre pas dans la serrure** this key won't go in the lock; **je ne rentre plus dans cette jupe** I can't get into this skirt any more; **tout cela ne rentrera pas dans ta valise** that won't all go into your suitcase
ⓕ = **heurter** **~ dans** to crash into; **il voulait lui ~ dedans*** *ou* **dans le chou*** he was so furious he felt like smashing his head in*; **il lui est rentré dans le lard:** he beat him up*
ⓖ = **être une composante** **~ dans** to be part of; **cela ne rentre pas dans ses attributions** that is not part of his duties; **~ dans une catégorie** to fall into a category
ⓗ **argent** to come in; **l'argent ne rentre pas en ce moment** the money isn't coming in at the moment; **faire ~ les impôts** to collect the taxes
ⓘ **connaissances*** **l'anglais, ça commence à ~** I'm (*ou* he is *etc*) beginning to get the hang of English; **les maths, ça ne rentre pas** I (*ou* he *etc*) can't get the hang of maths*
ⓙ **locutions** **~ dans son argent** to recover one's money; **~ dans ses frais** to recover one's expenses; **~ dans ses fonds** to recoup one's costs; **tout est rentré dans l'ordre** everything is back to normal again; **~ dans le rang** to come back into line

2 VERBE TRANSITIF
ⓐ to get in; **~ la récolte avant les premières pluies** to get the harvest in before the rainy weather; **c'est l'heure de ~ les bêtes** it's time to get the animals in; **~ sa voiture (au garage)** to put the car away (in the garage); **ne laisse pas ton vélo sous la pluie, rentre-le** don't leave your bicycle out in the rain, put it away; **~ des marchandises en fraude** to smuggle goods in
ⓑ = **faire disparaître** [+ *train d'atterrissage*] to raise; [+ *griffes*] to draw in; **~ sa chemise (dans son pantalon)** to tuck one's shirt in (one's trousers); **~ le** *ou* **son ventre** to pull one's stomach in

ⓒ **+ données** to enter
3 VERBE PRONOMINAL
se rentrer: **ils se sont rentrés dedans** (= *heurtés*) they crashed into each other; (= *battus*)* they laid into each other

renverra /Rɑ̃veʀa/ VB → **renvoyer**
renversant, e• /Rɑ̃veʀsɑ̃, ɑ̃t/ ADJ [*nouvelle*] staggering*
renverse /Rɑ̃veʀs/ NF **tomber à la ~** to fall flat on one's back
renversé, e /Rɑ̃veʀse/ (*ptp de* **renverser**) ADJ ⓐ (= *à l'envers*) [*objet*] upside down (*attrib*); [*image*] reversed → **crème** ⓑ (= *stupéfait*) **être ~** to be staggered*
renversement /Rɑ̃veʀsəmɑ̃/ NM [*de situation, alliances, valeurs, rôles*] reversal; [*de gouvernement*] (*par un coup d'État*) overthrow; (*par un vote*) defeat; **un ~ de tendance de l'opinion publique** a swing in public opinion
renverser /Rɑ̃veʀse/ /TABLE 1/ **1** VT ⓐ (= *faire tomber*) [+ *personne, chaise, vase, bouteille*] to knock over; [+ *liquide*] to spill; [+ *piéton*] to run over; **un camion a renversé son chargement sur la route** a lorry has shed its load; **~ du vin sur la nappe** to spill some wine on the tablecloth
ⓑ (= *mettre à l'envers*) to turn upside down
ⓒ [+ *obstacle*] to knock down; [+ *ordre établi, tradition, royauté*] to overthrow; [+ *ministre*] to remove from office; **~ le gouvernement** (*par un coup d'État*) to overthrow the government; (*par un vote*) to defeat the government
ⓓ (= *pencher*) **la tête en arrière** to tip one's head back
ⓔ [+ *ordre des mots, courant*] to reverse; **~ la situation** to reverse the situation; **il ne faudrait pas ~ les rôles** don't try to turn the situation round; **~ la vapeur** [*bateau*] to go astern; (*fig*) to change tack
ⓕ (= *étonner*)* to stagger
2 VPR **se renverser** ⓐ **se ~ en arrière** to lean back; **se ~ sur le dos** to lie down; **se ~ sur sa chaise** to lean back on one's chair
ⓑ [*voiture, camion*] to overturn; [*bateau*] to capsize; [*verre, vase*] to fall over
renvoi /Rɑ̃vwa/ NM ⓐ [*d'employé*] dismissal; [*d'étudiant*] (*définitif*) expulsion; (*temporaire*) suspension; **j'ai demandé son ~ du club** I asked for him to be expelled from the club
ⓑ [*de troupes*] discharge
ⓒ [*de lettre, colis, cadeau*] sending back
ⓓ (*Sport*) [*de balle*] sending back; (*au pied*) kicking back; (*à la main*) throwing back; **~ aux 22 mètres** (*Rugby*) drop-out; **à la suite d'un mauvais ~ du gardien, la balle a été interceptée** as a result of a poor return by the goalkeeper the ball was intercepted
ⓔ [*de rendez-vous*] postponement; **~ à date ultérieure** postponement to a later date
ⓕ (= *référence*) cross-reference; (*en bas de page*) footnote; **faire un ~ à** to cross-refer to
ⓖ (= *rot*) burp; **avoir un ~** to burp; **avoir des ~s** to have wind (*Brit*) *ou* gas (*US*)
renvoyer /Rɑ̃vwaje/ /TABLE 8/ VT ⓐ [+ *employé*] to dismiss; [+ *membre d'un club*] to expel; [+ *élève, étudiant*] (*définitivement*) to expel; (*temporairement*) to suspend
ⓑ (= *faire retourner*) to send back; (= *faire repartir*) to send away; (= *libérer*) [+ *troupes*] to discharge; **je l'ai renvoyé chez lui** I sent him back home; **~ dans leurs foyers** to send home
ⓒ (= *réexpédier*) [+ *lettre, colis*] to send back; **je te renvoie le compliment!** and the same to you!
ⓓ (= *relancer*) [+ *balle*] to send back; (*au pied*) to kick back; (*à la main*) to throw back; (*Tennis*) to return (**à** to); **ils se renvoient la balle** (*argument*) they come back at each other with the same argument; (*responsabilité*) they each refuse to take responsibility; **~ l'ascenseur** (*fig*) to return the favour
ⓔ (= *référer*) [+ *lecteur*] to refer (**à** to); **~ qn de service en service** to send sb from one department to another; **cela (nous) renvoie à l'Antiquité/à la notion d'éthique** this takes us back to ancient times/to the notion of ethics
ⓕ [+ *lumière, image*] to reflect; [+ *son*] to echo

réopérer /Reɔpeʀe/ /TABLE 1/ VT to operate again; **elle s'est fait ~** she had another operation
réorganisation /Reɔʀganizasjɔ̃/ NF reorganization
réorganiser /Reɔʀganize/ /TABLE 1/ **1** VT to reorganize
2 VPR **se réorganiser** [*pays, parti*] to reorganize itself
réorientation /Reɔʀjɑ̃tasjɔ̃/ NF [*de politique*] reorientation
réorienter /Reɔʀjɑ̃te/ /TABLE 1/ VT [+ *politique*] to reorient; [+ *élève*] to put into a new stream
réouverture /Reuveʀtyʀ/ NF reopening
repaire /ʀ(ə)pɛʀ/ NM den
répandre /Repɑ̃dʀ/ /TABLE 41/ **1** VT ⓐ [+ *soupe, vin*] to spill; [+ *grains*] to scatter; (*volontairement*) [+ *sciure, produit*] to spread; **le camion a répandu son chargement sur la chaussée** the truck shed its load; **~ du sable sur le sol** to spread sand on the ground
ⓑ [+ *lumière, chaleur*] to give out; [+ *odeur*] to give off
ⓒ [+ *nouvelle, mode, terreur*] to spread
2 VPR **se répandre** ⓐ (= *couler*) [*liquide*] to spill; [*grains*] to scatter (**sur** over)
ⓑ [*chaleur, odeur, lumière*] to spread (**dans** through)
ⓒ [*doctrine, mode, nouvelle*] to spread (**dans, à travers** through); [*méthode, opinion, coutume, pratique*] to become widespread
ⓓ **se ~ en excuses** to apologize profusely; **se ~ en invectives** to let out a torrent of abuse
répandu, e /Repɑ̃dy/ (*ptp de* **répandre**) ADJ [*opinion, préjugé, méthode*] widespread; **idée très ~e** widely held idea; **une pratique largement ~e dans le monde** a practice that is very common throughout the world; **profession peu ~e** rather unusual profession
réparable /Repaʀabl/ ADJ [*objet*] repairable; [*erreur*] which can be put right; [*perte, faute*] which can be made up for; **ce n'est pas ~** [*objet*] it is beyond repair
reparaître /ʀ(ə)paʀɛtʀ/ /TABLE 57/
► **reparaître** can be conjugated with **avoir** or **être**.
VI to reappear; [*roman, texte*] to be republished; [*journal, magazine*] to be back in print
réparateur, -trice /Repaʀatœʀ, tʀis/ **1** ADJ [*sommeil*] refreshing; **faire ~** [*peinture réparatrice*] conditioning cream → **chirurgie 2** NM,F repairer; **le ~ de télévision** the TV repairman
réparation /Repaʀasjɔ̃/ NF ⓐ [*de machine, montre, chaussures, voiture, objet d'art*] repairing; [*d'accroc, fuite*] mending; (= *résultat*) repair; **la voiture est en ~** the car is being repaired; **pendant les ~s** during the repairs ⓑ [*de tort*] redress; **obtenir ~ (d'un affront)** to obtain redress (for an insult) ⓒ (*Football*) **surface de ~** penalty area ⓓ (= *dommages-intérêts*) compensation
réparer /Repaʀe/ /TABLE 1/ VT ⓐ [+ *chaussures, montre, machine, voiture, route, maison, objet d'art*] to repair; [+ *accroc, fuite*] to mend; **donner qch à ~** to take sth to be mended *ou* repaired; **faire ~ qch** to have sth mended *ou* repaired; **j'ai emmené la voiture à ~*** I took the car in (to be repaired) ⓑ [+ *erreur*] to correct; [+ *oubli, négligence*] to rectify ⓒ (= *compenser*) [+ *faute*] to make up for; [+ *tort*] to put right
reparler /ʀ(ə)paʀle/ /TABLE 1/ **1** VI **~ de qch** to talk about sth again; **~ à qn** to speak to sb again; **nous en reparlerons** we'll talk about it again later; (*dit avec scepticisme*) we'll see about that; **c'est un romancier dont on reparlera** he's a very promising novelist; **il commence à ~** [*accidenté, malade*] he's starting to speak again **2** VPR **se reparler** to speak to each other again
repartie, répartie /Repaʀti/ NF retort; **avoir de la ~** *ou* **le sens de la ~** to be good at repartee
repartir /ʀ(ə)paʀtiʀ/ /TABLE 16/
► **repartir** is conjugated with **être**.
VI [*voyageur*] to set off again; [*machine*] to start up again; [*affaire, discussion*] to get going again; **~ chez soi** to go back home; **il est reparti hier** he left again yesterday; **~ sur des bases nouvelles** to make a fresh start; **la croissance repart** growth is picking up again; **ça y est, les voilà repartis sur**

la politique ! there they go again, talking politics!; **c'est reparti pour un tour !*** here we go again!; **faire ~** [+ *entreprise, économie*] to get going again; [+ *moteur*] to start up again

répartir /ʀepaʀtiʀ/ /TABLE 2/ 1 VT ⓐ [+ *ressources, travail, butin*] to share out (**entre** among); [+ *impôts, charges*] to share out (**en** into, **entre** among); [+ *rôles*] to distribute (**entre** among); [+ *poids, volume, chaleur*] to distribute; **répartissez le mélange dans des coupelles** divide the mixture equally into small bowls

ⓑ [+ *paiement, cours, horaire*] to spread (**sur** over); **le programme est réparti sur deux ans** the programme is spread over a two-year period

2 VPR **se répartir** ⓐ (= *se décomposer*) **les charges se répartissent comme suit** the expenses are divided up as follows; **ils se sont répartis en deux groupes** they divided themselves into two groups

ⓑ (= *se partager*) **ils se sont réparti le travail** they shared the work out among themselves

répartition /ʀepaʀtisjɔ̃/ NF ⓐ [*de ressources, travail, impôts, charges, butin*] sharing out (*NonC*); [*de poids, volume, chaleur, population, richesses, rôles*] distribution; **~ par âge/sexe** distribution by age/sex ⓑ (= *agencement*) [*de pièces*] distribution ⓒ [*de paiement, cours, horaires*] spreading (*NonC*)

repas /ʀ(ə)pɑ/ NM meal; **~ d'affaires** (= *déjeuner*) business lunch; (= *dîner*) business dinner; **~ de midi/du soir** midday/evening meal; **~ de noces** wedding reception; **~ de Noël** Christmas dinner; **~ scolaire** school lunch; **il prend tous ses ~ au restaurant** he always eats out; **faire trois ~ par jour** to have three meals a day; **~ complet** three-course meal; **médicament à prendre à chaque ~** medicine to be taken with meals; **à l'heure du ~** *ou* **aux heures des ~** at mealtimes; **manger en dehors des ~** *ou* **entre les ~** to eat between meals

repassage /ʀ(ə)pɑsaʒ/ NM [*de linge*] ironing; **faire le ~** to do the ironing

repasser /ʀ(ə)pɑse/ /TABLE 1/

► repasser *is conjugated with* **avoir**, *except when it is a verb of movement, when the auxiliary is* **être**.

1 VT ⓐ (*au fer à repasser*) to iron

ⓑ [+ *examen, permis de conduire*] to take again; **~ une visite médicale** to have another medical

ⓒ [+ *plat*] to hand round again; [+ *film*] to show again; [+ *émission*] to repeat; [+ *disque, chanson*] to play again; **~ un plat au four** to put a dish back in the oven

ⓓ (= *transmettre*)* [+ *affaire, travail*] to hand over; [+ *maladie*] to pass on (**à qn** to sb); **je te repasse ta mère** (*au téléphone*) I'll hand you back to your mother; **je vous repasse le standard** I'll put you back through to the operator

ⓔ [+ *rivière, montagne, frontière*] to cross again

2 VI ⓐ **je repasserai** I'll come back; **si vous repassez par Paris** (*au retour*) if you come back through Paris; (*une autre fois*) if you're passing through Paris again; **ils sont repassés en Belgique** they crossed back into Belgium; **tu peux toujours ~ !*** you'll be lucky!*

ⓑ (*devant un même lieu*) to go *ou* come past again; (*sur un même trait*) to go over again; **je passai et repassai devant la vitrine** I kept walking backwards and forwards in front of the shop window; **quand il fait un travail, il faut toujours ~ derrière lui** when he does some work you always have to go over it again

ⓒ (= *faire du repassage*) to iron; **elle repassait en regardant la télé** she ironed while watching TV

repayer /ʀ(ə)peje/ /TABLE 8/ VT to pay again

repêchage /ʀ(ə)pɛʃaʒ/ NM ⓐ [*d'objet, noyé*] recovery ⓑ [*de candidat*] **épreuve/question de ~** exam/question to give candidates a second chance

repêcher /ʀ(ə)peʃe/ /TABLE 1/ VT ⓐ [+ *objet, noyé*] to recover; **je suis allé ~ la lettre dans la poubelle** I went and fished the letter out of the bin ⓑ [+ *candidat*] to pass (*with less than the official pass mark*); **il a été repêché à l'oral** he scraped through thanks to the oral

repeindre /ʀ(ə)pɛ̃dʀ/ /TABLE 52/ VT to repaint

repenser /ʀ(ə)pɑ̃se/ /TABLE 1/ 1 VT to rethink; **il faut ~ tout l'enseignement** the whole issue of education will have to be rethought 2 VT INDIR ♦ **repenser à qch** to think about sth again; **plus j'y repense** the more I think of it; **je n'y ai plus repensé** (*plus avant*) I haven't thought about it again since; (= *j'ai oublié*) it completely slipped my mind

repenti, e /ʀ(ə)pɑ̃ti/ (*ptp de* **repentir**) NM,F (= *ancien malfaiteur*) criminal turned informer; **un ~ de la Mafia** a Mafia turncoat

repentir /ʀ(ə)pɑ̃tiʀ/ NM (*Rel*) repentance (*NonC*); (= *regret*) regret

repentir (se) /ʀ(ə)pɑ̃tiʀ/ /TABLE 16/ VPR ⓐ (*Rel*) to repent ⓑ (= *regretter*) **se repentir de qch/d'avoir fait qch** to regret sth/having done sth; **tu t'en repentiras !** you'll be sorry!

repérage /ʀ(ə)peʀaʒ/ NM location; **faire des ~s** (*Ciné*) to research locations

répercussion /ʀepɛʀkysjɔ̃/ NF repercussion (**sur, dans** on); **la hausse des taux d'intérêt a eu des ~s sur l'économie** the rise in interest rates has had a knock-on effect on the economy

répercuter /ʀepɛʀkyte/ /TABLE 1/ 1 VT ⓐ [+ *son*] to echo; [+ *écho*] to send back ⓑ (= *transmettre*) **~ une augmentation sur le client** to pass an increase in cost on to the customer 2 VPR **se répercuter**: **se ~ sur** to have repercussions on

reperdre /ʀ(ə)pɛʀdʀ/ /TABLE 41/ VT to lose again

repère /ʀ(ə)pɛʀ/ NM (= *marque, trait*) mark; (= *jalon, balise*) marker; (= *monument, accident de terrain, événement*) landmark; (= *date*) reference point; **perdre ses ~s** [*personne*] to lose one's bearings; [*société*] to lose its points of reference; **dans un monde sans ~s** in a world that has lost its way; **point de ~** point of reference; (*dans l'espace*) landmark

repérer /ʀ(ə)peʀe/ /TABLE 6/ 1 VT ⓐ [+ *erreur, personne*] to spot; [+ *endroit, chemin*] to locate; **se faire ~** to be spotted; (*fig*) to be found out; **il avait repéré un petit restaurant** he had discovered a little restaurant ⓑ (*Mil*) to locate 2 VPR **se repérer** (= *se diriger*) to find one's way around; (= *établir sa position*) to get one's bearings

répertoire /ʀepɛʀtwaʀ/ 1 NM ⓐ (= *carnet*) notebook with alphabetical thumb index; (= *liste*) (alphabetical) list; (= *catalogue*) catalogue ⓑ [*d'acteur, chanteur, musicien*] repertoire; **les plus grandes œuvres du ~ classique** the greatest classical works; **jouer une pièce du ~** to put on a stock play ⓒ (*Informatique*) directory, folder 2 COMP ♦ **répertoire d'adresses** address book ♦ **répertoire des rues** (*sur un plan*) street index

répertorier /ʀepɛʀtɔʀje/ /TABLE 7/ VT [+ *information*] to list; [+ *cas, maladie*] to record; **les restaurants sont répertoriés par quartiers** the restaurants are listed by area

repeser /ʀ(ə)pəze/ /TABLE 5/ VT to weigh again

répète* /ʀepɛt/ NF ABBR = **répétition**

répéter /ʀepete/ /TABLE 6/ 1 VT ⓐ (= *redire*) [+ *explication, question, mot, histoire*] to repeat; **~ à qn que ...** to tell sb again that ...; **pourriez-vous me ~ cette phrase ?** could you repeat that sentence?; **répète-moi le numéro du code** give me the code number again; **je te l'ai répété dix fois** I've told you that a dozen times; **il répète toujours la même chose** he keeps repeating the same thing; **répète !** (*ton de menace*) say that again!; **il ne le lui est pas fait ~** (**deux fois**) he didn't have to be told twice

ⓑ (= *rapporter*) [+ *calomnie, histoire*] to repeat; **elle est allée tout ~ à son père** she went and repeated everything to her father; **c'est un secret, ne le répétez pas !** it's a secret, don't repeat it!

ⓒ (= *refaire*) [+ *expérience, exploit, proposition*] to repeat; **tentatives répétées de suicide** repeated suicide attempts

ⓓ [+ *pièce, symphonie, émission*] to rehearse; [+ *rôle, leçon*] to learn; [+ *morceau de piano*] to practise; **ma mère m'a fait ~ ma leçon/mon rôle** I went over my homework/my part with my mother

ⓔ (= *reproduire*) [+ *motif, thème*] to repeat

2 VPR **se répéter** ⓐ [*personne*] to repeat o.s.; **je ne voudrais pas me ~, mais …** I don't want to repeat myself, but …
ⓑ [*événement*] to recur; **ces incidents se répétèrent fréquemment** these incidents occurred repeatedly

répétitif, -ive /ʀepetitif, iv/ ADJ repetitive

répétition /ʀepetisjɔ̃/ NF ⓐ (= *redite*) repetition; **il y a beaucoup de ~s** there is a lot of repetition
ⓑ (= *révision*) repetition; [*de pièce, symphonie*] rehearsal; [*de rôle*] learning; [*de morceau de piano*] practising; **~ générale** (final) dress rehearsal; **la chorale est en ~** the choir is rehearsing
ⓒ (= *nouvelle occurrence*) **pour éviter la ~ d'une telle mésaventure** to prevent such a mishap happening again
♦ **à répétition**: **scandales/grèves à ~** one scandal/strike after another; **faire des angines à ~** to have one sore throat after another

repeupler /ʀ(ə)pœple/ /TABLE 1/ **1** VT [+ *région*] to repopulate (**de** with) **2** VPR **se repeupler** [*région*] to be repopulated; **le village commence à se ~** people have started moving back into the village

repiquer /ʀ(ə)pike/ /TABLE 1/ VT ⓐ [+ *plante*] to prick out; [+ *riz*] to transplant; **plantes à ~** bedding plants
ⓑ (= *réenregistrer*) to rerecord; (= *faire une copie de*) to record; [+ *logiciel*] to make a copy of ⓒ (= *reprendre*)* to catch again; **il s'est fait ~ à la frontière** the police caught up with him again at the border

répit /ʀepi/ NM (= *rémission*) respite (*frm*); (= *repos*) rest; **s'accorder un peu de ~** to have a bit of a rest
♦ **sans répit** [*travailler*] continuously; [*combattre*] relentlessly; **une lutte sans ~ contre le terrorisme** a relentless fight against terrorism

replacement /ʀ(ə)plasmɑ̃/ NM [*d'employé*] redeployment

replacer /ʀ(ə)plase/ /TABLE 3/ **1** VT ⓐ (= *remettre*) [+ *objet*] to replace; **~ une vertèbre** to put a vertebra back into place ⓑ (= *resituer*) **il faut ~ les choses dans leur contexte** we must put things back in their context ⓒ [+ *employé*] to find a new job for ⓓ [+ *plaisanterie, expression*] **il faudra que je la replace, celle-là!*** I must remember to use that one again! **2** VPR **se replacer** ⓐ [*employé*] to find a new job ⓑ (= *s'imaginer*) **se ~ dans les mêmes conditions** to put o.s. in the same situation

replanter /ʀ(ə)plɑ̃te/ /TABLE 1/ VT [+ *plante*] to replant

repleuvoir /ʀ(ə)plœvwaʀ/ /TABLE 23/ VB IMPERS **il repleut** it is raining again

repli /ʀəpli/ NM ⓐ [*de terrain, papier, peau, tissu*] fold (**de** in) ⓑ [*d'armée*] withdrawal; **position de ~** fallback position ⓒ [*de valeurs boursières*] fall; **le dollar est en ~ à 5 €** the dollar has fallen back to 5 euros ⓓ (= *réserve*) **~ sur soi(-même)** withdrawal

replier /ʀ(ə)plije/ /TABLE 7/ **1** VT ⓐ [+ *carte, journal, robe*] to fold up; [+ *coin de feuille*] to fold over; [+ *ailes*] to fold; [+ *jambes*] to tuck up; [+ *couteau*] to close; **les jambes repliées sous lui** sitting back with his legs tucked under him
ⓑ [+ *troupes*] to withdraw **2** VPR **se replier** [*soldats*] to withdraw (**sur** to); (*Bourse*) [*valeurs*] to fall; **se ~ (sur soi-même)** to withdraw into oneself; **communauté repliée sur elle-même** inward-looking community

réplique /ʀeplik/ NF ⓐ (= *réponse*) retort; **il a la ~ facile** he's always ready with a quick answer; **argument sans ~** unanswerable argument ⓑ (= *contre-attaque*) counterattack; **la ~ ne se fit pas attendre** they weren't slow to retaliate ⓒ (*Théât*) line; **oublier sa ~** to forget one's lines; **Belon vous donnera la ~** (*pour répéter*) Belon will give you your cue; (*dans une scène*) Belon will play opposite you ⓓ (*Art*) replica ⓔ [*de tremblement de terre*] aftershock

répliquer /ʀeplike/ /TABLE 1/ **1** VT to reply; **il (lui) répliqua que …** he retorted that … **2** VI ⓐ (= *répondre*) to reply ⓑ (= *contre-attaquer*) to retaliate

replonger /ʀ(ə)plɔ̃ʒe/ /TABLE 3/ **1** VT [+ *rame, cuillère*] to dip back (**dans** into); **ce film nous replonge dans l'univers des années 30** this film takes us right back to the 1930s **2** VI* [*drogué*] to become hooked* again; [*délinquant*] to go

back to one's old ways; [*alcoolique*] to go back to drinking **3** VPR **se replonger** to dive back (**dans** into); **il se replongea dans sa lecture** he went back to his reading; **se ~ dans les études** to throw o.s. into one's studies again

répondant /ʀepɔ̃dɑ̃/ NM **il a du ~** (*compte approvisionné*) he has money behind him; (*sens de la répartie*)* he has a talent for repartee

répondeur /ʀepɔ̃dœʀ/ NM answering machine; **je suis tombé sur un ~** I got a recorded message

répondre /ʀepɔ̃dʀ/ /TABLE 41/ **1** VT to answer; **il m'a répondu oui/non** he answered yes/no; **il a répondu qu'il le savait** he replied that he knew; **il m'a répondu qu'il viendrait** he told me that he would come; **~ présent à l'appel** to answer present at roll call; (*fig*) to make o.s. known; **réponds quelque chose, même si c'est faux** give an answer, even if it's wrong; **qu'avez-vous à ~ ?** what have you got to say in reply?

2 VI ⓐ to answer; **~ par oui ou par non** to answer yes or no; **~ par un sourire/en hochant la tête** to smile/nod in reply
♦ **répondre à** [+ *personne, question, besoin, signalement*] to answer; [+ *attaque, avances*] to respond to; [+ *salut*] to return; (= *correspondre à*) [+ *norme, condition*] to meet; **~ à une convocation** to answer a summons; **peu de gens ont répondu à cet appel** few people responded to this appeal; **~ à la force par la force** to answer force with force; **ça répond tout à fait à l'idée que je m'en faisais** that corresponds exactly to what I imagined it to be like; **ça ne répond pas à mon attente** *ou* **à mes espérances** it falls short of my expectations
ⓑ (*à la porte*) to answer the door; (*au téléphone*) to answer the telephone; **personne ne répond** *ou* **ça ne répond pas** there's no answer; **on a sonné, va ~** there's the doorbell - go and see who it is
ⓒ (= *être impertinent*) to answer back
ⓓ [*voiture, commandes, membres*] to respond

3 VT INDIR ♦ **répondre de** [+ *personne*] to answer for; [+ *actes, décision*] to be accountable for; **~ de l'innocence/l'honnêteté de qn** to answer for sb's innocence/honesty; **si vous agissez ainsi, je ne réponds plus de rien** if you behave like that, I'll accept no further responsibility; **~ de ses crimes** to answer for one's crimes

réponse /ʀepɔ̃s/ NF ⓐ (*à demande, lettre, objection*) reply; (*à coup de sonnette, prière, énigme, examen, problème*) answer (**à** to); **en ~ à votre question** in answer to your question; **en ~ aux accusations portées contre lui** in response to the accusations brought against him; **ma lettre est restée sans ~** my letter remained unanswered; **sa demande est restée sans ~** there has been no response to his request; **apporter une ~ au problème de la délinquance** to find an answer to the problem of delinquency; **avoir ~ à tout** to have an answer for everything
ⓑ (= *réaction à un appel, un sentiment*) response; **~ immunitaire** immune response

report /ʀəpɔʀ/ NM ⓐ [*de match, procès*] postponement; [*de décision, date*] putting off; **« report »** (*en bas de page*) "carried forward"; (*en haut de page*) "brought forward" ⓑ [*de chiffres, indications*] copying out; **les ~s de voix entre les deux partis se sont bien effectués au deuxième tour** the votes were satisfactorily transferred to the party with more votes after the first round of the election

reportage /ʀ(ə)pɔʀtaʒ/ NM report (**sur** on); (*sur le vif*) commentary; **~ en direct** live commentary; **faire un ~ sur** (*Presse*) to write a report on; (*Radio, TV*) to report on

reporter[1] /ʀ(ə)pɔʀte/ /TABLE 1/ **1** VT ⓐ (= *différer*) [+ *match*] to postpone; [+ *décision, date*] to put off; **la réunion est reportée à demain/d'une semaine** the meeting has been postponed until tomorrow/for a week
ⓑ [+ *chiffres, indications*] to copy out (**sur** on); **~ une somme sur la page suivante** to carry an amount forward to the next page
ⓒ (= *transférer*) **~ son affection/son vote sur** to transfer one's affection/one's vote to

2 VPR **se reporter** ⓐ (= *se référer à*) **se ~ à** to refer to; **reportez-vous à la page 5** see page 5

ⓑ (*par la pensée*) **se ~ à** to think back to; **reportez-vous (par l'esprit) aux années 50** cast your mind back to the fifties

reporter² /ʀ(ə)pɔʀtɛʀ/ NM reporter; **grand ~** special correspondent; **(-)photographe** reporter and photographer

repos /ʀ(ə)po/ NM ⓐ (= *détente*) rest; **prendre du ~/un peu de ~** to have a rest/a bit of a rest; **le médecin lui a ordonné le ~ complet** the doctor has ordered him to rest; **~!** (*Mil*) stand at ease!

♦ **au repos** [*soldat*] standing at ease; [*masse, machine, animal*] at rest; **muscle au ~** relaxed muscle

♦ **de repos**: **être de ~** to be off

♦ **de tout repos** [*entreprise, placement*] safe; [*travail*] easy; **ce n'est pas de tout ~!** it's not exactly restful!

ⓑ (= *congé*) **avoir droit à deux jours de ~ hebdomadaire** to be entitled to two days off a week; **le médecin lui a donné huit jours de ~** the doctor has signed him off for a week

ⓒ (= *tranquillité*) peace and quiet; (*littér = sommeil, mort*) rest; **il n'y aura pas de ~ pour lui tant que ...** he won't get any rest until ...; **le ~ éternel** eternal rest

reposant, e /ʀ(ə)pozã, ãt/ ADJ restful

reposé, e /ʀ(ə)poze/ (*ptp de* **reposer**) ADJ [*air, teint, cheval*] rested (*attrib*); **elle avait le visage ~** she looked rested; **maintenant que vous êtes bien ~ ...** now that you've had a good rest ... → **tête**

repose-pied (*pl* **repose-pieds**) /ʀ(ə)pozpje/ NM footrest

reposer /ʀ(ə)poze/ /TABLE 1/ **1** VT ⓐ (= *poser à nouveau*) [*+ verre, livre*] to put back down; **va ~ ce livre où tu l'as trouvé** go and put that book back where you found it

ⓑ [*+ yeux, corps, membres*] to rest; **les lunettes de soleil reposent les yeux** *ou* **la vue** sunglasses rest the eyes; **~ sa tête/jambe sur un coussin** to rest one's head/leg on a cushion

ⓒ (= *répéter*) [*+ question*] to repeat

2 VI ⓐ (= *être étendu, dormir, être enterré*) to rest; **ici repose ...** here lies ...; **l'épave repose par 20 mètres de fond** the wreck is lying 20 metres down

ⓑ **laisser ~** [*+ liquide*] to leave to settle; [*+ pâte à pain*] to leave to rise; [*+ pâte feuilletée*] to allow to rest; [*+ pâte à crêpes*] to leave to stand

ⓒ ♦ **reposer sur** [*bâtiment*] to be built on; [*supposition*] to rest on; [*résultat*] to depend on; **tout repose sur son témoignage** everything rests on his evidence

3 VPR **se reposer** ⓐ (= *se délasser*) to rest; **se ~ sur ses lauriers** to rest on one's laurels; **se ~ l'esprit** to rest one's mind

ⓑ **se ~ sur qn** to rely on sb; **elle se repose sur lui pour tout** she relies on him for everything

ⓒ [*oiseau, poussière*] to settle again; [*problème*] to crop up again

repose-tête (*pl* **repose-têtes**) /ʀ(ə)poztɛt/ NM headrest

repositionner /ʀ(ə)pozisjɔne/ /TABLE 1/ VT to reposition; **nous cherchons à nous ~ dans le haut de gamme** we are seeking to position ourselves at the higher end of the market

repoussant, e /ʀ(ə)pusã, ãt/ ADJ repulsive

repousse /ʀ(ə)pus/ NF [*de cheveux, gazon*] regrowth; **pour accélérer la ~ des cheveux** to help the hair grow again

repousser /ʀ(ə)puse/ /TABLE 1/ **1** VT ⓐ [*+ objet encombrant*] to push out of the way; [*+ ennemi, attaque*] to drive back; [*+ importun*] to turn away; **~ qch du pied** to kick sth out of the way; **elle parvint à ~ son agresseur** she managed to beat off her attacker

ⓑ [*+ conseil, aide*] to turn down; [*+ tentation, projet de loi*] to reject; [*+ objections, arguments*] to brush aside

ⓒ [*+ meuble*] to push back; [*+ tiroir*] to push back in; [*+ porte*] to push to; **repousse la table contre le mur** push the table back against the wall

ⓓ [*+ date, réunion*] to put off; **la date de l'examen a été repoussée (à huitaine/à lundi)** the exam has been put off (for a week/till Monday)

ⓔ (= *dégoûter*) to repel

2 VI [*feuilles, cheveux*] to grow again; **laisser ~ sa barbe** to let one's beard grow again

répréhensible /ʀepʀeãsibl/ ADJ [*acte, personne*] reprehensible; **je ne vois pas ce qu'il y a de ~ à ça!** I don't see what's wrong with that!

reprendre /ʀ(ə)pʀãdʀ/ /TABLE 58/ **1** VT ⓐ [*+ ville, prisonnier*] to recapture; [*+ employé, objet prêté*] to take back; **~ sa place** (*sur un siège*) to go back to one's seat; (*dans un emploi*) to go back to work; **passer ~ qn** to go back or come back for sb; **j'irai ~ mon manteau chez le teinturier** I'll go and get my coat from the cleaner's; **~ son nom de jeune fille** to take one's maiden name again

ⓑ [*+ plat*] to have some more; **voulez-vous ~ des légumes?** would you like some more vegetables?

ⓒ (= *retrouver*) [*+ espoir, droits, forces*] to regain; **~ des couleurs** to get some colour back in one's cheeks; **~ confiance/courage** to regain one's confidence/courage; **~ ses droits** to reassert itself; **~ ses habitudes** to get back into one's old habits; **~ contact avec qn** to get in touch with sb again; **~ ses esprits** to regain consciousness; **~ sa liberté** to regain one's freedom; **~ haleine** *ou* **son souffle** to get one's breath back

ⓓ [*+ marchandise*] to take back; (*contre un nouvel achat*) to take in part exchange; [*+ fonds de commerce, entreprise*] to take over; **les articles en solde ne sont pas repris** sale goods cannot be returned; **ils m'ont repris ma vieille télé** they bought my old TV set off me (in part exchange); **j'ai acheté une voiture neuve et ils ont repris la vieille** I bought a new car and traded in the old one

ⓔ (= *recommencer, poursuivre*) [*+ travaux, études, fonctions, lutte*] to resume; [*+ livre, lecture*] to go back to; [*+ conversation, récit*] to carry on with; [*+ promenade*] to continue; [*+ hostilités*] to reopen; [*+ pièce de théâtre*] to put on again; **~ la route** [*voyageur*] to set off again; [*routier*] to go back on the road again; **~ la mer** [*marin*] to go back to sea; **après déjeuner ils reprirent la route** after lunch they set off again; **~ la plume** to take up the pen again; **reprenons les faits un par un** let's go over the facts again one by one; **~ le travail** (*après maladie, grève*) to go back to work; (*après le repas*) to get back to work; **la vie reprend son cours** life is back to normal again; **il a repris le rôle de Hamlet** he has taken on the role of Hamlet

ⓕ (= *saisir à nouveau*) **ses douleurs l'ont repris** he is in pain again; **ça le reprend!** there he goes again!

ⓖ (= *attraper à nouveau*) to catch again; **on ne m'y reprendra plus** I won't let myself be caught out again; **que je ne t'y reprenne pas!** (*menace*) don't let me catch you doing that again!

ⓗ (= *retoucher*) [*+ tableau*] to touch up; [*+ article, chapitre*] to go over again; [*+ manteau*] to alter; (*trop grand*) to take in; (*trop petit*) to let out; (*trop long*) to take up; (*trop court*) to let down; **il y a beaucoup de choses à ~ dans ce travail** there are lots of improvements to be made to this work

ⓘ [*+ élève*] to correct; (*pour faute de langue*) to pull up

ⓙ [*+ refrain*] to take up; **il reprend toujours les mêmes arguments** he always repeats the same arguments

ⓚ [*+ idée, suggestion*] to use again; **l'incident a été repris par les journaux** the incident was taken up by the newspapers

2 VI ⓐ [*plante*] to recover; [*affaires*] to pick up

ⓑ [*bruit, pluie, incendie, grève*] to start again; [*fièvre, douleur*] to come back again; **l'école reprend** *ou* **les cours reprennent le 5 septembre** school starts again on 5 September; **je reprends lundi** [*employé, étudiant*] I'm going back on Monday

ⓒ (= *dire*) **« ce n'est pas moi », reprit-il** "it's not me", he went on

3 VPR **se reprendre** ⓐ (= *se corriger*) to correct o.s.; (= *s'interrompre*) to stop o.s.; **il allait plaisanter, il s'est repris à temps** he was going to make a joke but he stopped himself in time

ⓑ (= *recommencer*) **s'y ~ à plusieurs fois pour faire qch** to make several attempts to do sth; **il a dû s'y ~ à deux fois**

pour ouvrir la porte he had to make two attempts before he could open the door ⓒ (= *se ressaisir*) to get a grip on o.s.

représailles /ʀ(ə)pʀezaj/ NFPL reprisals; **exercer des ~** to take reprisals (**envers, contre, sur** against); **mesures de ~** retaliatory measures

représentant, e /ʀ(ə)pʀezɑ̃tɑ̃, ɑ̃t/ NM,F representative; **~ syndical** union representative; **~ de commerce** sales representative; **~ des forces de l'ordre** police officer; **il est ~ en cosmétiques** he's a rep* for a cosmetics firm

représentatif, -ive /ʀ(ə)pʀezɑ̃tatif, iv/ ADJ representative

représentation /ʀ(ə)pʀezɑ̃tasjɔ̃/ NF ⓐ [*d'objet, phénomène, son, faits*] representation; [*de paysage, société*] portrayal ⓑ [*de pièce de théâtre*] performance ⓒ [*de pays, citoyens, mandat*] representation ⓓ (= *réception*) entertainment

représentativité /ʀ(ə)pʀezɑ̃tativite/ NF representativeness

représenter /ʀ(ə)pʀezɑ̃te/ /TABLE 1/ 1 VT ⓐ [*peintre, romancier*] to depict; [*photographie*] to show; **la scène représente une rue** (*Théât*) the scene represents a street ⓑ (= *symboliser, signifier*) to represent; **les parents représentent l'autorité** parents represent authority; **ce poste représente beaucoup pour moi** this job means a lot to me; **ça va ~ beaucoup de travail** that will mean a lot of work; **ça représente une part importante des dépenses** it accounts for a large part of the costs; **ils représentent 12% de la population** they represent 12% of the population ⓒ (= *jouer*) to perform; (= *mettre à l'affiche*) to perform; **«Hamlet» fut représenté pour la première fois en 1603** "Hamlet" was first performed in 1603 ⓓ (= *agir au nom de*) [+ *ministre, pays*] to represent; **il s'est fait ~ par son notaire** he was represented by his lawyer ⓔ **~ une maison de commerce** to represent a firm

2 VPR **se représenter** ⓐ (= *s'imaginer*) to imagine; **je ne pouvais plus me ~ son visage** I could no longer visualize his face ⓑ (= *survenir à nouveau*) **si l'occasion se représente** if the occasion presents itself; **le même problème va se ~** the same problem will crop up again ⓒ (*à une élection*) to run again; **se ~ à une élection** to run for re-election; **se ~ à un examen** to retake an exam

répressif, -ive /ʀepʀesif, iv/ ADJ repressive

répression /ʀepʀesjɔ̃/ NF repression; **prendre des mesures de ~ contre le crime** to crack down on crime; **le service de la ~ des fraudes** the Fraud Squad

réprimande /ʀepʀimɑ̃d/ NF reprimand; **faire des ~s à qn** to reprimand sb

réprimander /ʀepʀimɑ̃de/ /TABLE 1/ VT to reprimand

réprimer /ʀepʀime/ /TABLE 1/ VT [+ *insurrection, sentiment, désir*] to repress; [+ *crimes, abus*] to crack down on; [+ *rire, bâillement, larmes, colère*] to suppress

repris[1] /ʀ(ə)pʀi/ NM INV **un dangereux ~ de justice** a dangerous known criminal

repris[2], e /ʀ(ə)pʀi, pʀiz/ (*ptp de* **reprendre**) NF ⓐ [*d'activité, cours, travaux, hostilités*] resumption; [*de pièce de théâtre*] revival; [*de film*] rerun; (*Musique* = *passage répété*) repeat; (= *rediffusion*) repeat; **les ouvriers ont décidé la ~e du travail** the workers have decided to go back to work; **on espère une ~e des affaires** we're hoping that business will pick up again; **la ~e (économique) est assez forte dans certains secteurs** the (economic) revival is quite marked in certain sectors ⓑ **avoir de bonnes ~es** *ou* **de la ~e** [*voiture*] to have good acceleration; **sa voiture n'a pas de ~e** his car has no acceleration ⓒ (*Boxe*) round; **à la ~e** (*Football*) at the start of the second half; **faire une ~e de volée** (*Tennis*) to strike the ball on the volley ⓓ [*de marchandise*] taking back; (*pour nouvel achat*) trade-in; **nous vous offrons une ~e de 5 000 €** **pour l'achat d'une nouvelle voiture** we'll give you 5,000 euros when you trade your old car in; **~e des bouteilles vides** return of empties ⓔ [*de chaussette*] darn; [*de drap, chemise*] mend; **faire une**

~e *ou* **des ~es à un drap** to mend a sheet ⓕ (*locutions*) **à deux ou trois ~es** two or three times; **à maintes/plusieurs ~es** many/several times

repriser /ʀ(ə)pʀize/ /TABLE 1/ VT [+ *chaussette, lainage*] to darn; [+ *collant, drap*] to mend

réprobateur, -trice /ʀepʀɔbatœʀ, tʀis/ ADJ reproachful; **d'un ton ~** reproachfully

réprobation /ʀepʀɔbasjɔ̃/ NF (= *blâme*) disapproval; **air/ ton de ~** reproachful look/tone

reproche /ʀ(ə)pʀɔʃ/ NM reproach; **faire** *ou* **adresser des ~s à qn** to criticize sb; **ton/regard de ~** reproachful tone/ look; **il est sans ~** he's beyond reproach; **je ne vous fais pas de ~ mais …** I'm not blaming you but …; **ce n'est pas un ~!** I'm not criticizing!; **le seul ~ que je ferais à …** the only criticism I have to make about …

reprocher /ʀ(ə)pʀɔʃe/ /TABLE 1/ VT ⓐ **~ qch à qn** to criticize sb for sth; **~ à qn de faire qch** to criticize sb for doing sth; **les faits qui lui sont reprochés** (*Droit*) the charges against him; **on lui a reproché sa maladresse** they criticized him for being clumsy; **il me reproche mon succès** he resents my success; **je ne te reproche rien** I'm not blaming you for anything; **je n'ai rien à me ~** I've nothing to be ashamed of; **qu'est-ce qu'elle lui reproche?** what has she got against him?; **qu'est-ce que tu me reproches?** what have I done wrong? ⓑ (= *critiquer*) **qu'as-tu à ~ à mon plan?** what have you got against my plan?; **je ne vois rien à ~ à son travail** I can't find anything to criticize in his work

reproducteur, -trice /ʀ(ə)pʀɔdyktœʀ, tʀis/ 1 ADJ reproductive 2 NM (= *animal*) breeder

reproduction /ʀ(ə)pʀɔdyksjɔ̃/ NF ⓐ [*de son, mouvement, modèle, tableau*] reproduction; [*de texte*] reprinting; **«~ interdite»** "all rights (of reproduction) reserved" ⓑ (= *copie*) reproduction; **ce n'est qu'une ~** it's only a copy ⓒ [*d'organisme*] reproduction; **organes de ~** reproductive organs

reproduire /ʀ(ə)pʀɔdɥiʀ/ /TABLE 38/ 1 VT ⓐ (= *restituer, copier*) to reproduce; **la photo est reproduite en page trois** the picture is reproduced on page three ⓑ [+ *erreur, expérience*] to repeat ⓒ (= *imiter*) to copy 2 VPR **se reproduire** ⓐ [*organisme*] to reproduce ⓑ [*phénomène*] to happen again; [*erreur*] to reappear; **et que cela ne se reproduise plus!** and don't let it happen again!; **ce genre d'incident se reproduit régulièrement** this kind of thing happens quite regularly

reprogrammer /ʀ(ə)pʀɔgʀame/ /TABLE 1/ VT [+ *ordinateur, magnétoscope*] to reprogram; [+ *émission, film*] to reschedule

reprographie /ʀ(ə)pʀɔgʀafi/ NF photocopying

réprouver /ʀepʀuve/ /TABLE 1/ VT [+ *personne, attitude, comportement*] to reprove; [+ *projet*] to condemn; **des actes que la morale réprouve** immoral acts

reptile /ʀɛptil/ NM reptile

repu, e /ʀəpy/ ADJ [*animal*] sated; [*personne*] full up* (*attrib*); **je suis ~** I'm full

républicain, e /ʀepyblikɛ̃, ɛn/ ADJ, NM,F republican; (*Politique US*) Republican

république /ʀepyblik/ NF republic; **on est en ~!** it's a free country!; **la République française/d'Irlande** the French/Irish Republic; **la Cinquième République** the Fifth Republic

> ❶ **LA CINQUIÈME RÉPUBLIQUE**
> *The term "la Cinquième République" refers to the French Republic since the presidency of General de Gaulle (1959-1969), during which a new Constitution was established.*
> ▷ www.vie-publique.fr

répudier /ʀepydje/ /TABLE 7/ VT [+ *épouse*] to repudiate; [+ *opinion, foi*] to renounce

répugnance /ʀepyɲɑ̃s/ NF ⓐ (= *répulsion*) (*pour personnes*) repugnance (**pour** for); (*pour nourriture, mensonge*) disgust (**pour** for); **avoir de la ~ pour** to loathe ⓑ (= *hésitation*) reluctance (**à faire qch** to do sth); **il éprou-**

vait une certaine ~ à nous le dire he was rather reluctant to tell us; **faire qch avec ~** to do sth reluctantly

répugnant, e /Repyɲɑ̃, ɑ̃t/ ADJ disgusting; [*individu*] repugnant

répugner /Repyɲe/ /TABLE 1/ VT INDIR ♦ **répugner à** (= *dégoûter*) to repel; **cet individu me répugne profondément** I find that man quite repugnant; **~ à faire qch** (= *hésiter*) to be reluctant to do sth; **il répugnait à parler en public** he was reluctant to speak in public

répulsion /Repylsjɔ̃/ NF repulsion; **éprouver** ou **avoir de la ~ pour** to feel repulsion for

réputation /Repytasjɔ̃/ NF reputation; **avoir bonne/ mauvaise ~** to have a good/bad reputation; **se faire une ~** to make a reputation for o.s.; **sa ~ n'est plus à faire** his reputation is firmly established; **produit de ~ mondiale** product which has a world-wide reputation; **connaître qn/qch de ~ (seulement)** to know sb/sth (only) by repute; **il a la ~ d'être avare** he has a reputation for being miserly

réputé, e /Repyte/ ADJ ⓐ (= *célèbre*) well-known; **l'un des médecins les plus ~s de la ville** one of the town's best-known doctors; **la ville est ~e pour sa cuisine** the town is renowned for its food ⓑ (= *considéré comme*) **c'est un remède ~ infaillible** this cure is reputed to be infallible; **ce professeur est ~ pour être très sévère** this teacher has the reputation of being very strict

requérir /Rəkerir/ /TABLE 21/ VT ⓐ (= *nécessiter*) [*+ soins, prudence*] to require; **ceci requiert toute notre attention** this requires our full attention ⓑ (= *solliciter*) [*+ aide, service*] to request; (= *exiger*) [*+ justification*] to require; **~ l'intervention de la police** to require police intervention ⓒ (*Droit*) [*+ peine*] to call for

requête /Rəkɛt/ NF ⓐ (*Droit*) petition; **adresser une ~ à un juge** to petition a judge ⓑ (= *supplique*) request; **à** ou **sur la ~ de qn** at sb's request

requin /Rəkɛ̃/ NM shark

requinquer* /R(ə)kɛ̃ke/ /TABLE 1/ **1** VT to buck up* **2** VPR **se requinquer** to perk up*

requis, e /Rəki, iz/ (*ptp de* **requérir**) ADJ required; **satisfaire aux conditions ~es** to meet the requirements; **avoir l'âge ~** to meet the age requirements

réquisition /Rekizisjɔ̃/ NF ⓐ [*de personnes, matériel*] requisitioning ⓑ (= *plaidoirie*) **~s** summing-up for the prosecution

réquisitionner /Rekizisjɔne/ /TABLE 1/ VT to requisition; **j'ai été réquisitionné pour faire la vaisselle** I have been requisitioned to do the dishes

réquisitoire /Rekizitwar/ NM (= *plaidoirie*) summing-up for the prosecution (*specifying appropriate sentence*); **son discours est un ~ contre le capitalisme** his speech is an indictment of capitalism

RER /ɛRøɛR/ NM (ABBR = **réseau express régional**) *rapid-transit train service between Paris and the suburbs*

rescapé, e /Reskape/ **1** ADJ [*personne*] surviving **2** NM,F survivor (**de** of, from)

rescolariser /R(ə)skɔlarize/ /TABLE 1/ VT [*+ enfant*] to send back to school

rescousse /Reskus/ NF **venir** ou **aller à la ~ de qn** to go to sb's rescue; **appeler qn à la ~** to call to sb for help

réseau (*pl* **réseaux**) /Rezo/ NM ⓐ network; **~ routier/ ferroviaire/téléphonique** road/rail/telephone network; **~ de communication/d'information/ de distribution** communications/information/distribution network; **~ commercial** ou **de vente** sales network; **~ électrique** electricity network; **~ express régional** *rapid-transit train service between Paris and the suburbs*; **les abonnés du ~ sont avisés que ...** (*Téléc*) telephone subscribers are advised that ...
♦ **en réseau** : **être en ~** [*personnes, entreprises*] to be on the network; **mettre les ordinateurs en ~** to network computers; **travailler en ~** to work on a network; **la mise en ~ de l'information** information networking
ⓑ [*de prostitution, trafiquants, terroristes*] ring; **~ d'espionnage/de résistants** spy/resistance network; **~ d'influence** network of influence

réservation /Rezɛrvasjɔ̃/ NF (*à l'hôtel*) reservation; **bureau de ~** booking office; **faire une ~ dans un hôtel/restaurant** to make a reservation in a hotel/restaurant

réserve /Rezɛrv/ NF ⓐ (= *provision*) reserve; **les enfants ont une ~ énorme d'énergie** children have enormous reserves of energy; **faire des ~s de sucre** to get in a stock of sugar
♦ **en réserve** : **avoir des provisions en ~** to have provisions in reserve; **mettre qch en ~** to put sth by; **avoir/ garder qch en ~** to have/keep sth in reserve; [*commerçant*] to have/keep sth in stock
ⓑ (= *restriction*) reservation; **faire** ou **émettre des ~s sur qch** to have reservations about sth; **sans ~** [*soutien, admiration*] unreserved; [*approuver, accepter*] unreservedly
♦ **sous réserve que** : **le projet est accepté sous ~ que les délais soient respectés** the project has been approved on condition that the deadlines are met
♦ **sous toutes réserves** [*publier*] with all proper reserves; **je vous le dis sous toutes ~s** I can't guarantee the truth of what I'm telling you; **tarif publié sous toutes ~s** prices correct at time of going to press
ⓒ (= *prudence, discrétion*) reserve; **être/se tenir sur la ~** to be/remain very reserved; **devoir** ou **obligation de ~** duty to preserve secrecy
ⓓ (*Mil*) **la ~** the reserve; **officiers/armée de ~** reserve officers/army
ⓔ (*Sport*) **équipe/joueur de ~** reserve team/player
ⓕ [*de nature, animaux*] reserve; [*de Indiens*] reservation; **~ de pêche/chasse** fishing/hunting preserve; **~ naturelle** nature reserve; **~ ornithologique** ou **d'oiseaux** bird sanctuary
ⓖ [*de bibliothèque, musée*] reserve collection; **le livre est à la ~** the book is in reserve
ⓗ (= *entrepôt*) storehouse; (= *pièce*) storeroom; (*d'un magasin*) stockroom

réservé, e /Rezɛrve/ (*ptp de* **réserver**) ADJ ⓐ [*place, salle*] reserved (**à** qn/qch for sb/sth); **chasse/pêche ~e** private hunting/fishing; **j'ai une table ~e** I've got a table reserved; **tous droits ~s** all rights reserved ⓑ (= *discret*) [*caractère, personne*] reserved ⓒ (= *dubitatif*) **il s'est montré très ~ sur la faisabilité du projet** he sounded very doubtful as to the feasibility of the project

réserver /Rezɛrve/ /TABLE 1/ **1** VT ⓐ (= *mettre à part*) [*+ objets*] to save, to reserve; [*+ marchandises*] to keep; **il nous a réservé deux places à côté de lui** he's kept us two seats beside him; **on vous a réservé ce bureau** we've set this office aside for you; **~ le meilleur pour la fin** to save the best till last
ⓑ (= *louer*) [*+ billet, place, chambre, table*] to reserve
ⓒ [*+ dangers, désagréments, joies*] to have in store (**à** for); **ils nous ont réservé un accueil chaleureux** they gave us a warm welcome; **nous ne savons pas ce que l'avenir nous réserve** we don't know what the future has in store for us
ⓓ (= *remettre à plus tard*) [*+ réponse, opinion*] to reserve; **le médecin préfère ~ son diagnostic** the doctor would rather reserve his diagnosis
2 VPR **se réserver** ⓐ (= *prélever*) to keep for o.s.; **il s'est réservé le meilleur morceau** he kept the best bit for himself; **se ~ le droit de faire qch** to reserve the right to do sth
ⓑ (= *se ménager*) to save o.s.

réservoir /Rezɛrvwar/ NM (= *cuve*) tank; (= *plan d'eau*) reservoir; **le pays est un ~ de talents/de main-d'œuvre** this country has a wealth of talent/a huge pool of labour to draw on; **~ d'eau** water tank; (*pour une maison*) water cistern; (*pour eau de pluie*) water tank; **~ d'essence** petrol (*Brit*) ou gas (*US*) tank

résidence /Rezidɑ̃s/ NF residence; (= *immeuble*) block of residential flats (*Brit*), residential apartment building (*US*); **~ principale/secondaire** main/second home; **en ~ surveillée** under house arrest ♦ **résidence universitaire** university halls of residence

résident, e /Rezidɑ̃, ɑ̃t/ **1** NM,F (= *étranger*) foreign national **2** ADJ (*Informatique*) resident

résidentiel, -ielle /ʀezidɑ̃sjɛl/ ADJ (= riche) [banlieue, quartier] affluent

résider /ʀezide/ /TABLE 1/ VI to reside; [difficulté] to lie (**dans** in); **après avoir résidé quelques temps en France** after living in France for some time

résidu /ʀezidy/ NM residue (NonC); **~s** residue (NonC); **~s industriels** industrial waste

résignation /ʀeziɲasjɔ̃/ NF resignation (**à** to)

résigné, e /ʀeziɲe/ (ptp de **résigner**) ADJ [air, geste, ton] resigned; **il est ~** he is resigned to it; **dire qch d'un air ~** to say sth resignedly

résigner (se) /ʀeziɲe/ /TABLE 1/ VPR to resign o.s. (**à** to)

résiliation /ʀeziljasjɔ̃/ NF [de contrat, bail, marché, abonnement] (à terme) termination; (en cours) cancellation

résilier /ʀezilje/ /TABLE 7/ VT [+ contrat, bail, marché, abonnement] (à terme) to terminate; (en cours) to cancel

résille /ʀezij/ NF (pour les cheveux) hairnet

résine /ʀezin/ NF resin

résineux, -euse /ʀezinø, øz/ 1 ADJ resinous 2 NM coniferous tree

résistance /ʀezistɑ̃s/ NF ⓐ (= opposition) resistance (NonC) (**à, contre** to); **la Résistance** (Hist) the (French) Resistance; **opposer une ~ farouche à un projet** to put up a fierce resistance to a project; **malgré les ~s des syndicats** in spite of resistance from the trade unions
ⓑ (= endurance) stamina; **il a une grande ~ ou beaucoup de ~** he has a lot of stamina; **coureur qui a de la ~** runner who has lots of staying power; **ce matériau offre une grande ~ au feu/aux chocs** this material is very heat-resistant/shock-resistant
ⓒ [de réchaud, radiateur] element; (= mesure) resistance
ⓓ (Physique = force) resistance; **~ des matériaux** strength of materials; **quand il voulut ouvrir la porte, il sentit une ~** when he tried to open the door he felt some resistance

résistant, e /ʀezistɑ̃, ɑ̃t/ 1 ADJ [personne] tough; [plante] hardy; [tissu, vêtements] hard-wearing; [couleur] fast; [métal, bois] resistant; **il est très ~** he has a lot of stamina; (athlète) he has lots of staying power; **~ à la chaleur** heatproof; **~ aux chocs** shockproof; **bactéries ~es aux antibiotiques** bacteria that are resistant to antibiotics 2 NM,F (Hist) (French) Resistance fighter; **il a été ~** he was in the Resistance

résister /ʀeziste/ /TABLE 1/ VT INDIR ♦ **résister à** to resist; [+ fatigue, émotion, privations, chagrin, douleur] to withstand; **il n'ose pas ~ à sa fille** he doesn't dare stand up to his daughter; **je n'ai pas résisté à cette petite robe** I couldn't resist this dress; **ça a bien résisté à l'épreuve du temps** it has really stood the test of time; **le plancher ne pourra pas ~ au poids** the floor won't take the weight; **la porte a résisté** the door held; **ça n'a pas résisté longtemps** it didn't hold out for long; **cette vaisselle résiste au feu** this crockery is heatproof; **ce raisonnement ne résiste pas à l'analyse** this reasoning does not stand up to analysis

résolu, e /ʀezɔly/ (ptp de **résoudre**) ADJ [personne, ton, air] resolute; **il est bien ~ à partir** he is determined to leave

résolument /ʀezɔlymɑ̃/ ADV resolutely; **je suis ~ contre** I'm resolutely opposed to it

résolution /ʀezɔlysjɔ̃/ NF ⓐ (= décision) resolution; **prendre la ~ de faire qch** to make a resolution to do sth; **la ~ 240 du Conseil de sécurité** Security Council resolution 240 ⓑ (= énergie) resolve ⓒ (= solution) solution; **la ~ du conflit** the resolution of the conflict; **~ d'une équation** (re)solution of an equation ⓓ [d'image] resolution; **image de haute ~** high-resolution image

résonance /ʀezɔnɑ̃s/ NF resonance (NonC); (fig) echo; **~ magnétique nucléaire** nuclear magnetic resonance → **caisse**

résonner /ʀezɔne/ /TABLE 1/ VI [son] to resonate; [pas] to resound; [salle] to be resonant; **ne parle pas trop fort, ça résonne** don't speak too loudly because it echoes

résorber /ʀezɔʀbe/ /TABLE 1/ 1 VT ⓐ [+ tumeur, épanchement] to resorb ⓑ [+ chômage, inflation] to bring down; [+ déficit, surplus] to absorb; [+ stocks] to reduce 2 VPR **se résorber** ⓐ [hématome] to be resorbed

ⓑ [chômage] to be brought down; [déficit] to be absorbed; **l'embouteillage se résorbe peu à peu** the traffic jam is gradually breaking up

résorption /ʀezɔʀpsjɔ̃/ NF [de chômage, inflation] gradual reduction (**de** in); [de déficit, surplus] absorption

résoudre /ʀezudʀ/ /TABLE 51/ 1 VT ⓐ (= trouver une solution à) to solve; [+ conflit] to resolve ⓑ (= décider) to decide on; **~ de faire qch** to decide to do sth; **~ qn à faire qch** to induce sb to do sth 2 VPR **se résoudre : se ~ à faire qch** (= se décider) to decide to do sth; (= se résigner) to resign o.s. to doing sth; **il n'a pas pu se ~ à la quitter** he couldn't bring himself to leave her

respect /ʀɛspɛ/ NM ⓐ (= considération) respect (**de, pour** for); **~ de soi** self-respect; **avoir du ~ pour qn** to respect sb; **manquer de ~ à ou envers qn** to be disrespectful towards sb; **agir dans le ~ des règles/des droits de l'homme** to act in accordance with the rules/with human rights; **malgré ou sauf le ~ que je vous dois** with all due respect ⓑ (= formule de politesse) **présenter ses ~s à qn** to pay one's respects to sb; **présentez mes ~s à votre femme** give my regards to your wife ⓒ **tenir qn en ~** to keep sb at bay

respectabilité /ʀɛspɛktabilite/ NF respectability

respectable /ʀɛspɛktabl/ ADJ respectable

respecter /ʀɛspɛkte/ /TABLE 1/ 1 VT [+ personne] to respect; [+ interdiction] to observe; [+ parole donnée, promesse] to keep; **se faire ~** to be respected; **~ ses engagements** to honour one's commitments; **respectez son sommeil** don't disturb him while he's asleep; **respectez le matériel !** treat the equipment with respect!; **lessive qui respecte les couleurs** washing powder that is kind on colours; **« respectez les pelouses »** "keep off the grass"; **~ une minute de silence** to observe a minute's silence; **faire ~ la loi** to enforce the law; **le programme a été scrupuleusement respecté** the programme was strictly adhered to
2 VPR **se respecter** to respect o.s.; **tout professeur/ plombier qui se respecte** (hum) any self-respecting teacher/plumber

respectif, -ive /ʀɛspɛktif, iv/ ADJ respective

respectivement /ʀɛspɛktivmɑ̃/ ADV respectively; **ils ont ~ 9 et 12 ans** they are 9 and 12 years old respectively

respectueusement /ʀɛspɛktɥøzmɑ̃/ ADV respectfully

respectueux, -euse /ʀɛspɛktɥø, øz/ ADJ [langage, personne, silence] respectful; **se montrer ~ du bien d'autrui** to show respect for other people's property; **~ de la loi** respectful of the law; **projet ~ de l'environnement** environment-friendly project; **veuillez agréer, Monsieur (ou Madame), mes salutations respectueuses** yours sincerely

respirateur /ʀɛspiʀatœʀ/ NM **~ (artificiel)** respirator; (pour malade dans le coma) ventilator

respiration /ʀɛspiʀasjɔ̃/ NF breathing; (= souffle) breath; **~ courte** shortness of breath

respiratoire /ʀɛspiʀatwaʀ/ ADJ respiratory

respirer /ʀɛspiʀe/ /TABLE 1/ 1 VI ⓐ to breathe; **« respirez ! »** (chez le médecin) "breathe in!"; **~ par la bouche/le nez** to breathe through one's mouth/one's nose; **~ avec difficulté** to have difficulty breathing; **~ profondément** to take a deep breath; **~ à pleins poumons** to breathe deeply ⓑ (= se détendre) to get one's breath; (= se rassurer) to breathe again; **ouf, on respire !** phew, we can breathe again! 2 VT ⓐ (= inhaler) to breathe in ⓑ [+ calme, bonheur, santé] to radiate; [+ honnêteté, franchise] to exude

resplendir /ʀɛsplɑ̃diʀ/ /TABLE 2/ VI **le lac resplendissait sous le soleil** the lake glittered in the sun; **il resplendissait de joie** he was radiant with joy

resplendissant, e /ʀɛsplɑ̃disɑ̃, ɑ̃t/ ADJ ⓐ [soleil, ciel] radiant; [lac, neige] glittering ⓑ [beauté, santé] radiant; [visage, yeux] shining; **avoir une mine ~** to look radiant; **être ~ de santé** to be glowing with health

responsabiliser /ʀɛspɔ̃sabilize/ /TABLE 1/ VT **~ qn** to give sb a sense of responsibility

responsabilité /ʀɛspɔ̃sabilite/ 1 NF ⓐ (légale) liability (**de** for); (morale) responsibility (**de** for); (financière) (financial) accountability; **porter la ~ de qch** to take responsibility for sth; **faire porter la ~ de qch à** ou **sur qn** to hold sb responsible for sth; **ces élèves sont sous ma ~** I'm responsible for these pupils

ⓑ (= *charge*) responsibility; **avoir la ~ de qn** to take ou have responsibility for sb; **avoir la ~ de la gestion** to be responsible for management; **il fuit les ~s** he shuns (any) responsibility; **il serait temps qu'il prenne ses ~s** it's (high) time he faced up to his responsibilities; **il a un poste de ~** he's in a position of responsibility

2 COMP ♦ **responsabilité civile** civil liability

responsable /ʀɛspɔ̃sabl/ 1 ADJ responsible (**de** for, **devant qn** to sb); **civilement/pénalement ~** liable in civil/criminal law; **agir de manière ~** to behave responsibly

2 NMF ⓐ (= *coupable*) person responsible; **le seul ~ est l'alcool** alcohol alone is to blame ⓑ (= *personne compétente*) person in charge; **adressez-vous au ~** see the person in charge ⓒ (= *dirigeant*) official; **les ~s du parti** the party officials; **des ~s de l'industrie** heads of industry; **~ syndical** trade union official; **~ politique** politician

resquiller* /ʀɛskije/ /TABLE 1/ 1 VI (= *ne pas payer*) (*dans l'autobus, le métro*) to sneak a free ride; (*au match, cinéma*) to sneak in; (= *ne pas faire la queue*) to jump the queue (*Brit*), to cut in at the beginning of the line (*US*) 2 VT [+ *place*] to wangle*

resquilleur, -euse* /ʀɛskijœʀ, øz/ NM,F (= *qui n'attend pas son tour*) queue-jumper (*Brit*); (= *qui ne paie pas*) (*dans l'autobus*) fare-dodger*; **les ~s** (*au stade*) the people who have sneaked in without paying

ressac /ʀəsak/ NM **le ~** (= *mouvement*) the undertow

ressaisir (se) /ʀ(ə)seziʀ/ /TABLE 2/ VPR (= *reprendre son sang-froid*) to regain one's self-control; (*Sport: après avoir flanché*) to recover; **ressaisissez-vous !** pull yourself together!; **le coureur s'est bien ressaisi sur la fin** the runner recovered well towards the end

ressasser /ʀ(ə)sase/ /TABLE 1/ VT [+ *pensées, regrets*] to keep turning over; [+ *plaisanteries, conseil*] to keep trotting out

ressayer /ʀeseje/ /TABLE 8/ VTI to try again; [+ *vêtement*] to try on again

ressemblance /ʀ(ə)sɑ̃blɑ̃s/ NF (= *similitude visuelle*) resemblance; (= *analogie de composition*) similarity; **toute ~ avec des personnes existant ou ayant existé est purement fortuite** any resemblance to any person living or dead is purely accidental

ressemblant, e /ʀ(ə)sɑ̃blɑ̃, ɑ̃t/ ADJ [*photo, portrait*] lifelike; **il a fait d'elle un portrait très ~** he painted a very good likeness of her

ressembler /ʀ(ə)sɑ̃ble/ /TABLE 1/ 1 VT INDIR ♦ **ressembler à** (= *être semblable à*) [*personne*] (*physiquement*) to look like; (*moralement, psychologiquement*) to be like; [*choses*] (*visuellement*) to look like; (*par la composition*) to resemble, to be like; [*faits, événements*] to be like; **il me ressemble beaucoup physiquement/moralement** he is very like me in looks/in character; **à quoi ressemble-t-il ?*** what does he look like?; **ça ne ressemble à rien !*** it makes no sense at all!; **cela lui ressemble bien de dire ça** it's just like him to say that; **cela ne te ressemble pas** that's not like you

2 VPR **se ressembler** (*physiquement, visuellement*) to look alike; (*moralement, par ses éléments*) to be alike; **ils se ressemblent comme deux gouttes d'eau** they're as like as two peas in a pod; **aucune ville ne se ressemble** no two towns are alike

ressemeler /ʀ(ə)səm(ə)le/ /TABLE 4/ VT to resole

ressentiment /ʀ(ə)sɑ̃timɑ̃/ NM resentment; **éprouver du ~** to feel resentful (**à l'égard de** towards); **il en a gardé du ~** it has remained a sore point with him

ressentir /ʀ(ə)sɑ̃tiʀ/ /TABLE 16/ 1 VT to feel 2 VPR **se ressentir**: **se ~ de** [*travail, qualité*] to show the effects of; [*personne, communauté*] to feel the effects of; **la qualité/son travail s'en ressent** the quality/his work is affected

resserre /ʀəseʀ/ NF (= *cabane*) shed; (= *réduit*) storeroom

resserré, e /ʀ(ə)seʀe/ (*ptp de* **resserrer**) ADJ [*chemin, vallée*] narrow; **veste ~e à la taille** jacket fitted at the waist

resserrement /ʀ(ə)seʀmɑ̃/ NM· ⓐ [*de liens, amitié*] strengthening ⓑ (= *goulet*) [*de route, vallée*] narrow part

resserrer /ʀ(ə)seʀe/ /TABLE 1/ 1 VT ⓐ [+ *vis*] to tighten (up); [+ *nœud, ceinture, étreinte*] to tighten ⓑ [+ *discipline*] to tighten up; [+ *cercle, filets, crédits*] to tighten; [+ *liens, amitié*] to strengthen 2 VPR **se resserrer** ⓐ [*nœud, étreinte*] to tighten; [*pores*] to close; [*chemin, vallée*] to narrow ⓑ [*liens affectifs*] to grow stronger; [*cercle, groupe*] to draw in; **le filet/l'enquête se resserrait autour de lui** the net/the inquiry was closing in on him

resservir /ʀ(ə)seʀviʀ/ /TABLE 14/ 1 VT ⓐ [+ *plat*] to serve up again (**à** to); [+ *dîneur*] to give another helping to; **~ de la soupe/viande** to give another helping of soup/meat ⓑ [+ *thème, histoire*] to trot out again

2 VI ⓐ [*vêtement usagé, outil*] to be used again; **ça peut toujours ~** it may come in handy again; **cet emballage peut ~** this packaging can be used again; **ce manteau pourra te ~** you may find this coat useful again some time ⓑ (*Tennis*) to serve again

3 VPR **se resservir** ⓐ [*dîneur*] to help o.s. again; **se ~ de fromage/viande** to help o.s. to some more cheese/meat ⓑ (= *réutiliser*) **se ~ de** to use again

ressort /ʀ(ə)sɔʀ/ NM ⓐ (= *pièce de métal*) spring; **à ~** [*mécanisme, pièce*] spring-loaded

ⓑ (= *énergie*) spirit; **avoir du/manquer de ~** to have/lack spirit

ⓒ (= *motivation*) **les ~s psychologiques de qn** sb's psychological motives

ⓓ (= *compétence*) **être du ~ de** to be ou fall within the competence of; **c'est du ~ de la justice** that is for the law to deal with; **ce n'est pas de mon ~** this is not my responsibility

ⓔ ♦ **en dernier ressort** (= *en dernier recours*) as a last resort; (= *finalement*) in the last resort

ressortir /ʀ(ə)sɔʀtiʀ/ /TABLE 16/

► *When* **ressortir** *has an object, it is conjugated with* **avoir**, *when it has no object the auxiliary is* **être**.

1 VI ⓐ [*personne*] to go (ou come) (back) out; [*objet*] to come (back) out; (*une nouvelle fois*) to go (ou come) (back) out again

► **ressortir** *se traduira par* **to come (back) out** *ou par* **to go (back) out** *suivant que le locuteur se trouve ou non à l'endroit en question.*

tu ressors jouer avec nous ? are you coming back out to play with us?; **je suis ressorti faire des courses** I went out shopping again; **ce film ressort sur nos écrans** this film has been rereleased

ⓑ (= *contraster*) [*détail, couleur, qualité*] to stand out; **faire ~ qch** to make sth stand out

2 VT INDIR ♦ **ressortir de** (= *résulter de*) to be the result of; **il ressort de tout cela que personne ne savait** what emerges from all that is that no one knew

3 VT (*à nouveau*) [+ *vêtements d'hiver, outil*] to take out again; [+ *film*] to rerelease; [+ *modèle*] to bring out again; **il (nous) ressort toujours les mêmes blagues** he always trots out the same old jokes; **~ un vieux projet d'un tiroir** to dust off an old project

ressortissant, e /ʀ(ə)sɔʀtisɑ̃, ɑ̃t/ NM,F national; **~ français** French national

ressouder (se) /ʀ(ə)sude/ /TABLE 1/ VPR [*os, fracture*] to mend

ressource /ʀ(ə)suʀs/ 1 NF ⓐ (= *recours*) **sa seule ~ était de ...** the only way open to him was to ...; **vous êtes ma dernière ~** you are my last resort

ⓑ **avoir de la ~** [*cheval, sportif*] to have strength in reserve

2 NFPL **ressources** ⓐ (= *moyens matériels, financiers*) resources; **avoir de maigres ~s** to have limited means; **une famille sans ~s** a family with no means of support; **~s naturelles/pétrolières** ·natural/petroleum resources; **directeur des ~s humaines** director of human resources

ⓑ (= *possibilités*) [*d'artiste, aventurier, sportif*] resources; [*d'art,*

technique, système] possibilities; **les ~s de son talent/
imagination** the resources of one's talent/imagination;
homme/femme de ~(s) resourceful man/woman

ressourcer (se) /ʀ(ə)suʀse/ /TABLE 3/ VPR (= retrouver ses
racines) to go back to one's roots; (= recouvrer ses forces) to
recharge one's batteries

ressurgir /ʀ(ə)syʀʒiʀ/ /TABLE 2/ VI to resurface

ressusciter /ʀesysite/ /TABLE 1/

> ► When **ressusciter** has no object it is conjugated with **être**, when it has an object, the auxiliary is **avoir**.

1 VI [mort] to rise from the dead 2 VT ⓐ [+ mourant] to resuscitate; [+ mort] to raise (from the dead) ⓑ [+ sentiment,
passé, coutume] to revive; [+ héros, mode] to bring back

restant, e /ʀɛstɑ̃, ɑ̃t/ 1 ADJ remaining; **le seul cousin ~**
the one remaining cousin 2 NM ⓐ (= l'autre partie) **le ~**
the rest; **pour le ~ de mes jours** ou **de ma vie** for the rest of
my life ⓑ (= ce qui est en trop) **accommoder un ~ de poulet**
to make a dish with some left-over chicken; **faire une
écharpe dans un ~ de tissu** to make a scarf out of some
left-over material

restaurant /ʀɛstɔʀɑ̃/ NM restaurant; **on va au ~?** shall
we go to a restaurant?; **on mange au ~ une fois par semaine**
we eat out once a week ♦ **restaurant d'entreprise** staff
canteen ♦ **restaurant rapide** fast-food restaurant
♦ **restaurant scolaire** school canteen ♦ **restaurant universitaire** university cafeteria

restaurateur, -trice /ʀɛstɔʀatœʀ, tʀis/ NM,F ⓐ (= aubergiste) restaurant owner ⓑ [de tableau, dynastie] restorer

restauration /ʀɛstɔʀasjɔ̃/ NF ⓐ (= rénovation) restoration; **la ~ de la démocratie est en bonne voie dans ce pays**
democracy is well on the way to being restored in this
country ⓑ (= hôtellerie) catering; **la ~ rapide** the fast-food
industry

restaurer /ʀɛstɔʀe/ /TABLE 1/ 1 VT ⓐ [+ monarchie, paix,
tableau] to restore ⓑ (= nourrir) to feed ⓒ (Informatique) to
restore 2 VPR **se restaurer** to have something to eat

reste /ʀɛst/ 1 NM ⓐ (= l'autre partie) **le ~** the rest; **le ~ de
sa vie/du temps** the rest of his life/of the time; **préparez
les bagages, je m'occupe du ~** get the luggage ready and
I'll see to the rest; **avec la grève, la neige et (tout) le ~, ils
ne peuvent pas venir** what with the strike, the snow and
everything else, they can't come; **pour le ~ nous verrons
bien** as for the rest we'll have to see
♦ **du reste** besides; **du ~, nous la connaissons très peu**
besides, we hardly know her at all
ⓑ (= ce qui est en trop) **il y a un ~ de fromage/de tissu**
there's some cheese/material left over; **ce ~ de poulet ne
suffira pas** this left-over chicken won't be enough
ⓒ (Math) remainder
2 NMPL **restes** (= nourriture) leftovers; (frm = dépouille
mortelle) mortal remains; **les ~s de** the remains of; **donner
les ~s au chien** to give the leftovers to the dog; **elle a de
beaux ~** (hum) she's still a fine-looking woman

rester /ʀɛste/ /TABLE 1/

> ► **rester** is conjugated with **être**.

1 VI ⓐ (dans un lieu) to stay; **~ au lit** to stay in bed; **~ à la
maison** to stay in the house; **~ chez soi** to stay at home; **~
(à) dîner/déjeuner** to stay for dinner/lunch; **la voiture est
restée dehors/au garage** the car stayed outside/in the garage; **ça m'est resté là*** ou **en travers de la gorge** it stuck in
my throat; **~ à regarder la télévision** to stay watching television; **naturellement, ça reste entre nous** of course this is
strictly between ourselves; **il ne peut pas ~ en place** he
can't keep still
ⓑ (dans un état) to stay; **~ éveillé/immobile** to stay awake/
still; **~ indifférent devant qch/insensible à qch** to remain
indifferent to sth/impervious to sth; **~ célibataire** to stay
single; **~ handicapé à vie** to be handicapped for life; **~ debout** to stand; (= ne pas se coucher) to stay up; **il est resté
très timide** he is still very shy
ⓒ (= subsister) to remain; **rien ne reste de l'ancien château**
nothing remains of the old castle; **c'est le seul parent qui
leur reste** he's their only remaining relative; **c'est tout**

l'argent qui leur reste that's all the money they have left
ⓓ (= durer) to last; **le surnom lui est resté** the nickname
stuck
ⓔ (= mourir)* **y ~** to die; **il a bien failli y ~** that was nearly
the end of him
ⓕ (locutions)
♦ **rester sur** [+ impression] to retain; **je suis resté sur ma
faim** (après un repas) I still felt hungry; (à la fin d'une histoire,
d'un film) I felt there was something missing; **sa remarque
m'est restée sur le cœur** his remark still rankles in my
mind; **mon déjeuner m'est resté sur l'estomac** my lunch is
still sitting there; **ça m'est resté sur l'estomac*** (fig) it still
riles me*; **ne restons pas sur un échec** let's not give up just
because we failed
♦ **en rester à** (= ne pas dépasser) to go no further than;
les pourparlers en sont restés là that is as far as they got in
their discussions; **où en étions-nous restés dans notre
lecture?** where did we leave off in our reading?; **restons-
en là** let's leave it at that

2 VB IMPERS **il reste encore un peu de pain** there's still a little bread left; **il leur reste juste de quoi vivre** they have
just enough left to live on; **il me reste à faire ceci** I still
have this to do; **il reste beaucoup à faire** there's a lot left
to do; **il ne me reste que toi** you're all I have left; **il n'est
rien resté de leur maison** nothing was left of their house;
le peu de temps qu'il lui restait à vivre the short time that
he had left to live; **il ne me reste qu'à vous remercier** it
only remains for me to thank you; **il restait à faire 50 km**
there were 50km left to go; **(il) reste à savoir si …** it remains to be seen if …; **il n'en reste pas moins que …** the
fact remains that …

restituer /ʀɛstitɥe/ /TABLE 1/ VT ⓐ (= redonner) to return
(à qn to sb) ⓑ (= reconstituer) [+ fresque, texte] to restore;
[+ son] to reproduce; [+ atmosphère] to recreate; **appareil
qui restitue fidèlement les sons** apparatus which gives
faithful sound reproduction

restitution /ʀɛstitysjɔ̃/ NF ⓐ [d'objet volé, argent] return;
pour obtenir la ~ des territoires to secure the return of the
territories ⓑ [de fresque, texte] restoration; [de son] reproduction

resto * /ʀɛsto/ NM (ABBR = **restaurant**) restaurant; **~ U** university cafeteria; **les Restos du cœur** charity set up to provide food for the homeless during the winter

restreindre /ʀɛstʀɛ̃dʀ/ /TABLE 52/ 1 VT to restrict 2 VPR
se restreindre ⓐ (dans ses dépenses, sur la nourriture) to cut
down ⓑ [production] to decrease; [champ d'action] to narrow

restreint, e /ʀɛstʀɛ̃, ɛ̃t/ (ptp de **restreindre**) ADJ restricted
(à to); [espace, moyens, nombre, personnel] limited

restrictif, -ive /ʀɛstʀiktif, iv/ ADJ restrictive

restriction /ʀɛstʀiksjɔ̃/ NF ⓐ (= réduction) restriction; **~s
budgétaires** budget restrictions; **prendre des mesures de ~**
to adopt restrictive measures
ⓑ (= condition) qualification; (= réticence) reservation; **faire
ou émettre des ~s** to express some reservations; **avec ~ ou
des ~s** with some qualification(s) ou reservation(s)
♦ **sans restriction** [soutien, attachement] unqualified;
[accepter, soutenir] unreservedly

restructuration /ʀəstʀyktyʀasjɔ̃/ NF restructuring; **notre
groupe est en pleine ~** our company is going through a
major restructuring (programme)

restructurer /ʀəstʀyktyʀe/ /TABLE 1/ VT, VPR **se restructurer** to restructure

résultat /ʀezylta/ NM ⓐ result; **on l'a laissé seul : ~, il
a fait des bêtises** we left him alone, and what happens? -
he goes and does something silly; **il essaya, sans ~, de le
convaincre** he tried to convince him but to no effect; **le
traitement fut sans ~** the treatment had no effect; **et
maintenant, les ~s sportifs** and now for the sports results;
le ~ des courses (Sport) the racing results; (fig) the upshot
ⓑ (= chiffres) figures; (= bénéfices) profit; (= revenu) income; (= gains) earnings; **~ net** net profit

résulter /ʀezylte/ /TABLE 1/ 1 VI **~ de** to result from; **les
avantages économiques qui en résultent** the resulting eco-

nomic benefits **2** VB IMPERS **il résulte de tout ceci que ...** the result of all this is that ...

résumé /Rezyme/ NM summary; **« ~ des chapitres précédents »** "the story so far"; **~ des informations** (*Radio, TV*) news roundup; **faire un ~ de** (*oralement*) to sum up; (*à l'écrit*) to write a summary of
♦ **en résumé** (= *en bref*) in brief; (= *pour conclure*) to sum up

résumer /Rezyme/ /TABLE 1/ **1** VT (= *abréger*) to summarize; (= *récapituler*) to sum up; (= *symboliser*) to epitomize **2** VPR **se résumer** ⓐ [*personne*] to sum up (one's ideas) ⓑ (= *être contenu*) **les faits se résument en quelques mots** the facts can be summed up in a few words ⓒ (= *se réduire à*) **se ~ à** to amount to; **l'affaire se résume à peu de chose** there's not much to the affair really

⚠ **résumer ≠ to resume**

résurgence /RezyRʒɑ̃s/ NF [*d'idée, mythe*] resurgence
resurgir /R(ə)syRʒiR/ /TABLE 2/ VI to resurface
résurrection /RezyReksjɔ̃/ NF [*de mort*] resurrection; (= *renouveau*) revival

rétablir /Retabliʀ/ /TABLE 2/ **1** VT ⓐ to restore; [+ *fait, vérité*] to re-establish; [+ *cessez-le-feu*] to reinstate; **~ la situation** to get the situation back to normal; **il était mené cinq jeux à rien mais il a réussi à ~ la situation** he was losing five games to love but managed to pull back
ⓑ (= *réintégrer*) to reinstate; **~ qn dans ses fonctions** to reinstate sb in their post; **~ qn dans ses droits** to restore sb's rights
2 VPR **se rétablir** ⓐ [*personne, économie*] to recover
ⓑ (*silence, calme*) to return
ⓒ (*après perte d'équilibre*) to regain one's balance

rétablissement /Retablismɑ̃/ NM ⓐ restoration; [*de courant, communications*] restoring; [*de fait, vérité*] re-establishment; [*de cessez-le-feu*] reinstatement; **~ des relations diplomatiques** restoring diplomatic relations ⓑ [*de personne, économie*] recovery; **en vous souhaitant un prompt ~** hoping you will be better soon

retailler /R(ə)taje/ /TABLE 1/ VT [+ *diamant, vêtement*] to recut; [+ *crayon*] to sharpen; [+ *arbre*] to prune

rétamé, e⁑ /Retame/ (*ptp de* **rétamer**) ADJ (= *fatigué*) knackered⁑ (*Brit*); (= *ivre*) plastered⁑

rétamer⁑ /Retame/ /TABLE 1/ VT (= *fatiguer*) to knacker⁑ (*Brit*); (= *rendre ivre*) to knock out⁑; (= *démolir*) to wipe out; (*à un examen*) to flunk* **2** VPR **se rétamer** [*candidat*] to flunk*; **se ~ (par terre)** to take a dive*

retaper /R(ə)tape/ /TABLE 1/ **1** VT (= *remettre en état*)* [+ *maison*] to do up; [+ *voiture*] to fix up; [+ *lit*] to straighten; [+ *malade, personne fatiguée*] to buck up*; **la maison a été entièrement retapée** the house has been done up completely **2** VPR **se retaper*** ⓐ (= *guérir*) to get back on one's feet; **il va se ~ en quelques semaines** he'll be back on his feet in a few weeks ⓑ (= *refaire*) **j'ai dû me ~ la vaisselle** I got lumbered with the washing-up again

retapisser /R(ə)tapise/ /TABLE 1/ VT (*de papier peint*) to repaper; (*de tissu*) to reupholster

retard /R(ə)taR/ **1** NM ⓐ delay; **il avait un ~ scolaire considérable** he had fallen a long way behind at school; **il doit combler son ~ en anglais** he has a lot of ground to make up in English; **j'ai pris du ~ dans mes révisions** I have fallen behind in my revision; **cette montre a du ~** this watch is slow; **la pendule prend du ~** the clock is slow; **avoir deux secondes de ~ sur le champion/le record** to be two seconds behind the champion/outside the record; **elle a un ~ de règles** her period's late; **sans ~** without delay
ⓑ [*de personne attendue*] lateness (*NonC*); **il a eu quatre ~s** [*élève*] he was late four times; **son ~ m'inquiète** I'm worried that he hasn't arrived yet; **vous avez du ~** you're late; **vous avez deux heures de ~ *ou* un ~ de deux heures *ou* vous êtes en ~ de deux heures** you're two hours late
ⓒ (*dans son développement*) [*de pays, peuple*] backwardness; **~ industriel** industrial backwardness; **~ mental** backwardness

♦ **en retard** : **il est en ~ pour son âge** he's backward for his age; **ce pays est en ~ de cent ans du point de vue économique** this country's economy is one hundred years behind; **être en ~ sur son temps** to be behind the times
ⓓ ♦ **en retard** : **tu es en ~** you're late; **ça/il m'a mis en ~** it/he made me late; **je me suis mis en ~** I made myself late; **vous êtes en ~ pour les inscriptions *ou* pour vous inscrire** you are late (in) registering; **il est toujours en ~ pour payer sa cotisation** he is always behind with his subscription; **payer/livrer qch en ~** to pay/deliver sth late; **nous sommes en ~ sur le programme** we are behind schedule; **j'ai du travail en ~** I'm behind with my work; **le train est en ~ sur l'horaire** the train is running behind schedule; **être en ~ de 2 heures/2 km sur le peloton** [*coureur*] to be 2 hours/2km behind the pack; **tu es en ~ d'un métro *ou* d'un train !*** (= *tu n'es pas au courant*) you must have been asleep!; (= *tu es lent à comprendre*) you're slow on the uptake!

2 ADJ INV **effet ~** delayed effect

retardataire /R(ə)taRdatɛR/ **1** ADJ [*arrivant*] late **2** NMF latecomer

retardé, e /R(ə)taRde/ (*ptp de* **retarder**) ADJ [*enfant, pays*] backward

retardement /R(ə)taRdəmɑ̃/ NM [*de processus, train*] delaying; **manœuvres de ~** delaying tactics
♦ **à retardement** [*engin, torpille*] with a timing device; [*dispositif*] delayed-action (*avant le nom*); (*Photo*) [*mécanisme*] self-timing; [*excuses*]* belated; [*comprendre, se fâcher, rire*] after the event

retarder /R(ə)taRde/ /TABLE 1/ **1** VT ⓐ (= *mettre en retard sur un horaire*) to delay; **je ne veux pas vous ~** I don't want to delay you; **ne te retarde pas (pour ça)** don't make yourself late for that
ⓑ (= *mettre en retard sur un programme*) [+ *employé, élève*] to hinder; [+ *opération, vendange, chercheur*] to delay; **ça l'a retardé dans ses études** this has set him back in his studies
ⓒ (= *remettre*) [+ *départ, moment, opération*] to delay; [+ *date*] to put back; **~ son départ d'une heure** to delay one's departure for an hour
ⓓ [+ *montre, réveil*] to put back; **~ l'horloge d'une heure** to put the clock back an hour
2 VI [*montre*] to be slow; (*régulièrement*) to lose time; **je retarde (de 10 minutes)** my watch is (10 minutes) slow

retéléphoner /R(ə)telefɔne/ /TABLE 1/ VI to call back; **je lui retéléphonerai demain** I'll call him back tomorrow

retenir /Rət(ə)niR, R(ə)təniR/ /TABLE 22/ **1** VT ⓐ (= *maintenir*) [+ *personne, foule, objet qui glisse, chien, cheval*] to hold back; **~ qn par le bras** to hold sb back by the arm; **le barrage retient l'eau** the dam holds back the water; **retenez-moi ou je fais un malheur !*** hold me back or I'll do something I'll regret!; **~ qn de faire qch** to keep sb from doing sth; **je ne sais pas ce qui me retient de lui filer une claque !*** I don't know what stops me from hitting him!
ⓑ (= *garder*) **~ qn à dîner** to have sb stay for dinner; **j'ai été retenu** I was held up; **il m'a retenu une heure** he kept me for an hour; **si tu veux partir, je ne te retiens pas** if you want to leave, I won't hold you back; **son travail le retenait ailleurs** his work detained him elsewhere
ⓒ [+ *liquide, odeur*] to retain; [+ *chaleur*] to keep in
ⓓ [*clou, nœud*] to hold; **c'est un simple clou qui retient le tableau au mur** there's just a nail holding the picture on the wall; **un ruban retenait ses cheveux** her hair was tied up with a ribbon
ⓔ **~ l'attention de qn** to hold sb's attention; **votre demande a retenu toute notre attention** your request has been given full consideration
ⓕ (= *réserver*) [+ *chambre, place, table, date*] to reserve
ⓖ (= *se souvenir de*) [+ *donnée, leçon, nom*] to remember; **je n'ai pas retenu son nom** I can't remember his name; **retenez bien ce qu'on vous a dit** don't forget what you were told; **ah ! toi, je te retiens*, avec tes idées lumineuses !** you and your bright ideas!
ⓗ (= *contenir*) [+ *cri, larmes, colère*] to hold back; **~ son souffle *ou* sa respiration** to hold one's breath; **il ne put ~ un sourire** he could not help smiling

ⓘ (*Math*) to carry; **je pose 4 et je retiens 2** 4 down and carry 2

ⓙ (= *prélever*) to deduct; **ils nous retiennent 1 000 € (sur notre salaire)** they deduct 1,000 euros (from our wages); **~ les impôts à la base** to deduct taxes at source

ⓚ (= *accepter*) to accept; **c'est notre projet qui a été retenu** it's our project that has been accepted

2 VPR **se retenir** ⓐ (= *s'accrocher*) **se ~ à qch** to hold on to sth

ⓑ (= *se contenir*) to restrain o.s.; (= *s'abstenir*) to stop o.s. (**de faire qch** doing sth); (*de faire ses besoins naturels*) to hold on; **se ~ de pleurer** *ou* **pour ne pas pleurer** to hold back one's tears

retenter /ʀ(ə)tɑ̃te/ /TABLE 1/ VT to try again; [+ *action, opération*] to reattempt; **~ sa chance** to try one's luck again; **~ de faire qch** to try to do sth again

rétention /ʀetɑ̃sjɔ̃/ NF retention; **~ d'eau** retention of water; **~ d'informations** withholding information

retentir /ʀ(ə)tɑ̃tiʀ/ /TABLE 2/ ⓐ [*sonnerie*] to ring; [*bruit métallique, cris*] to ring out; [*écho, tonnerre*] to reverberate; **à minuit, des explosions retentirent** explosions were heard at midnight ⓑ (= *résonner de*) **~ de** to ring with ⓒ (= *affecter*) **~ sur** to have an effect upon

retentissant, e /ʀ(ə)tɑ̃tisɑ̃, ɑ̃t/ ADJ ⓐ [*son, voix*] ringing (*avant le nom*); [*bruit, choc, claque*] resounding (*avant le nom*) ⓑ [*échec, succès*] resounding; [*scandale*] tremendous; [*procès*] spectacular; [*déclaration, discours*] sensational

retentissement /ʀ(ə)tɑ̃tismɑ̃/ NM ⓐ (= *répercussion*) repercussion ⓑ (= *éclat*) **cette nouvelle eut un grand ~ dans l'opinion** this piece of news created a considerable stir in public opinion; **l'affaire a eu un énorme ~ médiatique** the affair created a media sensation

retenue /ʀət(ə)ny/ NF ⓐ (= *prélèvement*) deduction; **opérer une ~ de 10% sur un salaire** to deduct 10% from a salary; **système de ~ à la source** *system of deducting income tax at source*, ≈ pay-as-you-earn system (*Brit*) ⓑ (= *modération*) self-restraint; (= *réserve*) reserve; **faire preuve de ~** to show restraint; **parler/s'exprimer sans ~** to talk/express o.s. quite openly; **rire sans ~** to laugh unrestrainedly ⓒ (*Scol*) detention; **être en ~** to be in detention; **il les a mis en ~** he gave them detention; **il a eu deux heures de ~** he got two hours' detention

réticence /ʀetisɑ̃s/ NF reluctance; **avec ~** reluctantly

réticent, e /ʀetisɑ̃, ɑ̃t/ ADJ (= *hésitant*) reluctant; **se montrer ~** to be reluctant (**pour faire qch** to do sth)

rétine /ʀetin/ NF retina

retirage /ʀ(ə)tiʀaʒ/ NM [*de photo*] reprint

retiré, e /ʀ(ə)tiʀe/ (*ptp de* **retirer**) ADJ [*lieu*] remote; [*maison*] isolated; **il vivait ~ du reste du monde** he lived cut off from the rest of the world; **~ des affaires** retired from business

retirer /ʀ(ə)tiʀe/ /TABLE 1/ **1** VT ⓐ [+ *gants, lunettes, manteau*] to take off; [+ *privilèges*] to withdraw; **retire-lui ses chaussures** take his shoes off for him; **~ son permis (de conduire) à qn** to take away sb's driving licence; **~ une pièce de l'affiche** to close a play; **on lui a retiré la garde des enfants** he was deprived of custody of the children ⓑ (= *sortir*) to take out (**de** from); **~ un bouchon** to take out a cork; **~ un corps de l'eau/qn de dessous les décombres** to pull a body out of the water/sb out from under the rubble; **~ un plat du four** to take a dish out of the oven; **ils ont retiré leur fils du lycée** they have taken their son away from the school; **retire les mains de tes poches** take your hands out of your pockets; **on lui retirera difficilement l'idée** *ou* **de la tête qu'il est menacé*** we'll have difficulty convincing him that he's not being threatened ⓒ [+ *bagages, billets réservés*] to collect; [+ *argent en dépôt*] to withdraw; **~ de l'argent (de la banque)** to withdraw money (from the bank) ⓓ (= *ramener en arrière*) to withdraw ⓔ [+ *candidature, accusation, plainte*] to withdraw; **je retire ce que j'ai dit** I take back what I said; **~ un produit du commerce** *ou* **du marché** to take a product off the market

ⓕ (= *obtenir*) [+ *avantages*] to get (**de** from); **les bénéfices qu'on en retire** the profits to be had from it

ⓖ [+ *photo*] to reprint; **faire ~ des photos** to have reprints of one's photographs done

2 VPR **se retirer** ⓐ (= *partir, retirer sa candidature*) to withdraw; (*frm* = *aller se coucher*) to go to bed; **ils se sont retirés dans un coin pour discuter affaires** they withdrew to a corner to talk business; **se ~ dans sa chambre** to go to one's room; **ils ont décidé de se ~ à la campagne** they've decided to retire to the country

ⓑ (= *reculer : pour laisser passer qn, éviter un coup*) to move out of the way; [*troupes*] to withdraw; [*marée, mer, eaux d'inondation*] to recede; **retire-toi de là, tu me gênes** stand somewhere else - you're in my way

ⓒ (= *quitter*) **se ~ de** to withdraw from; **se ~ d'une compétition/d'un marché** to withdraw from a competition/from a market; **se ~ des affaires** to retire from business; **se ~ du monde** to withdraw from society; **se ~ de la partie** to drop out

retombée /ʀ(ə)tɔ̃be/ NF ⓐ **~s (radioactives** *ou* **atomiques)** (radioactive) fallout (*NonC*) ⓑ **retombées** (= *répercussions*) [*de scandale*] consequences; [*d'invention*] spin-off; **les ~s financières d'une opération** the financial spin-offs of a deal; **l'accord a eu des ~s économiques immédiates** the agreement had an immediate knock-on effect on the economy

retomber /ʀ(ə)tɔ̃be/ /TABLE 1/

► **retomber** *is conjugated with* **être.**

VI ⓐ (= *faire une nouvelle chute*) to fall again

ⓑ (= *redevenir*) **~ amoureux/enceinte/malade** to fall in love/get pregnant/fall ill again

ⓒ [*neige, pluie*] to fall again

ⓓ (*après s'être élevé*) [*personne*] to land; [*chose lancée, liquide*] to come down; [*gâteau, soufflé*] to collapse; [*abattant, capot*] to fall back down; [*fusée*] to come back to earth; [*conversation*] to fall away; [*intérêt*] to fall off; [*vent*] to subside; **il retombera toujours sur ses pieds** he'll always land on his feet; **ça lui est retombé sur le nez*** it backfired on him; **l'inflation est retombée à 4%** inflation has fallen to 4%

ⓔ [*cheveux, rideaux*] to fall; **de petites boucles retombaient sur son front** she had a tumble of little curls over her forehead

ⓕ (= *échoir à*) **la responsabilité retombera sur toi** the responsibility will fall on you; **faire ~ sur qn la responsabilité de qch** to pass the responsibility for sth on to sb; **ça va me ~ dessus*** I'll get the blame (for it); [*travail*] I'll get lumbered with it*

ⓖ **~ en enfance** to lapse into second childhood

ⓗ ♦ **retomber sur** : **je suis retombé sur lui le lendemain, au même endroit** I came across him again the next day in the same place; **je suis retombé sur le même prof l'année suivante** I got the same teacher the following year

rétorquer /ʀetɔʀke/ /TABLE 1/ VT to retort

rétorsion /ʀetɔʀsjɔ̃/ NF retortion; **user de ~ envers un État** to retaliate against a state **~ mesure**

retouche /ʀ(ə)tuʃ/ NF [*de photo, peinture*] touching up (*NonC*); [*de texte, vêtement*] alteration; **faire une ~** (*à une photo, une peinture*) to do some touching up; (*à un vêtement*) to make an alteration

retoucher /ʀ(ə)tuʃe/ /TABLE 1/ **1** VT ⓐ (= *améliorer*) [+ *peinture, photo*] to touch up; [+ *texte, vêtement*] to alter ⓑ (= *toucher de nouveau*) to touch again **2** VI **~ à qch** to touch sth again; **je n'ai plus jamais retouché à l'alcool** I never touched a drop of alcohol again

retour /ʀ(ə)tuʀ/ **1** NM ⓐ (= *fait d'être revenu*) return; (= *billet*) return ticket; **être sur le (chemin du) ~** to be on one's way back; **pendant le ~** on the way back; **(être) de ~ (de)** (to be) back (from); **à votre ~, écrivez-nous** write to us when you get back; **de ~ à la maison** back home; **au ~ de notre voyage** when we got back from our trip; **à son ~ d'Afrique/du service militaire** when he got back from Africa/from military service

ⓑ (*à un état antérieur*) **~ à** return to; **le ~ à une vie normale** the return to normal life; **~ à la nature/la terre** return to

nature/the land; **~ aux sources** (*aux origines*) return to basics; (*à la nature*) return to the basic life; (*à son village natal*) return to one's roots; **~ à la normale** return to normal; **~ au calme** return to a state of calm; **son ~ à la politique** his return to politics
ⓒ (= *réapparition*) return; **le ~ du printemps/de la paix** the return of spring/of peace
ⓓ [*d'emballage, objets invendus*] return; **~ à l'envoyeur** *ou* **à l'expéditeur** return to sender
ⓔ (= *partie de bureau*) (desk) extension
ⓕ (*Informatique*) **touche ~** return key
ⓖ (*Tennis*) return; **~ de service** return of service; **match ~** (*Sport*) return match
ⓗ (*Finance*) **~ sur investissements** return on investments
ⓘ (*locutions*) **par un juste ~ des choses, il a été cette fois récompensé** things went his way this time and he got his just reward; **par un juste ~ des choses, il a été puni** he was punished, which served him right; **par ~ (du courrier)** by return (of post); **en ~** in return; **choc** *ou* **effet en ~** backlash
2 COMP ✦ **retour d'âge** change of life ✦ **retour en arrière** (*Ciné, Littérat*) flashback; (= *souvenir*) look back; (= *mesure rétrograde*) retreat; **faire un ~ en arrière** to look back; (*Ciné*) to flash back ✦ **retour de bâton** backlash ✦ **retour en force**: **il y a eu un ~ en force du racisme** racism is back with a vengeance; **on assiste à un ~ en force de leur parti sur la scène politique** their party is making a big comeback ✦ **retour de manivelle**: **il y aura un ~ de manivelle** it'll backfire

retournement /ʀ(ə)tuʀnəmɑ̃/ NM [*de situation*] turnaround (**de** in); **il y a eu un ~ spectaculaire de l'opinion publique** there's been a spectacular swing in public opinion

retourner /ʀ(ə)tuʀne/ /TABLE 1/

► *When* **retourner** *has an object it is conjugated with* avoir; *otherwise the auxiliary is* être.

1 VT ⓐ (= *mettre dans l'autre sens*) [+ *caisse, seau*] to turn upside down; [+ *matelas, carte, omelette*] to turn over; **~ un tableau contre le mur** to turn a picture against the wall; **~ la situation** to turn the situation round
ⓑ [+ *terre*] to turn over
ⓒ (= *mettre l'intérieur à l'extérieur*) [+ *parapluie, sac, vêtement*] to turn inside out; [+ *col*] to turn; **~ ses poches pour trouver qch** to turn one's pockets inside out to find sth
ⓓ (= *orienter dans le sens opposé*) [+ *mot, phrase*] to turn round; **~ un argument contre qn** to turn an argument against sb; **~ un compliment** to return a compliment; **je pourrais vous ~ votre critique** I could criticize you in the same way
ⓔ (= *renvoyer*) [+ *lettre, marchandise*] to return
ⓕ (= *bouleverser*) [+ *maison, pièce*] to turn upside down; [+ *personne*] to shake; **il a tout retourné dans la maison pour retrouver ce livre** he turned the whole house upside down to find that book; **la nouvelle l'a complètement retourné** the news has severely shaken him; **ce spectacle m'a retourné** seeing it gave me quite a turn*
ⓖ (= *tourner plusieurs fois*) **~ une idée dans sa tête** to turn an idea over in one's mind; **~ le couteau dans la plaie** to twist the knife in the wound

2 VI ⓐ (= *aller à nouveau*) to return, to go back; **~ en Italie/à la mer** to go back to Italy/to the seaside; **~ en arrière** *ou* **sur ses pas** to turn back; **il retourne demain à son travail/à l'école** he's going back to work/to school tomorrow; **elle est retournée chez elle** she went back home
ⓑ (= *à un état antérieur*) **~ à** to go back to; **il est retourné à son ancien métier** he has gone back to his old job

3 VB IMPERS **nous voudrions bien savoir de quoi il retourne** we'd really like to know what is going on

4 VPR **se retourner** ⓐ [*personne couchée, automobiliste, véhicule*] to turn over; [*bateau*] to capsize; **se ~ dans son lit toute la nuit** to toss and turn all night in bed; **la voiture s'est retournée (dans un fossé)** the car overturned (into a ditch); **laissez-lui le temps de se ~** (*fig*) give him time to sort himself out; **il doit se ~ dans sa tombe !** he must be turning in his grave!

ⓑ (= *tourner la tête*) to turn round; **partir sans se ~** to leave without looking back; **tout le monde se retournait sur lui** *ou* **sur son passage** everyone turned round as he went by
ⓒ [*situation*] to be turned round; **se ~ contre qn** [*personne*] to turn against sb; [*acte, situation*] to backfire on sb; (= *poursuivre en justice*) to take court action against sb

⚠ **to return** *n'est pas la traduction la plus courante de* **retourner**.

retracer /ʀ(ə)tʀase/ /TABLE 3/ VT (= *raconter*) [+ *histoire, vie*] to relate; **le film retrace la carrière de l'artiste** the film goes back over the artist's career

rétracter /ʀetʀakte/ /TABLE 1/ 1 VT to retract 2 VPR **se rétracter**: **il s'est rétracté** he withdrew what he had said

retrait /ʀ(ə)tʀɛ/ NM withdrawal; [*de bagages*] collection; **~ du permis (de conduire)** disqualification from driving; **on vient d'annoncer le ~ du marché de ce produit** it's just been announced that this product has been withdrawn from sale; **faire un ~ de 500 €** to withdraw 500 euros; **il a eu un ~ de deux points (sur son permis)** his licence was endorsed with two points; **les étudiants réclament le ~ du projet de loi** the students are demanding that the bill be withdrawn
✦ **en retrait**: **situé en ~** set back; **se tenant en ~** standing back; **en ~ de** set back from; **rester en ~** [*personne*] to stay in the background; **notre chiffre d'affaires est en léger ~ par rapport aux années précédentes** our turnover is slightly down compared to previous years

retraite /ʀ(ə)tʀɛt/ 1 NF ⓐ (= *cessation de travail*) retirement; **être en** *ou* **à la ~** to be retired; **mettre qn à la ~** to pension sb off; **mise à la ~ (d'office)** (compulsory) retirement; **prendre sa ~** to retire; **prendre une ~ anticipée** to take early retirement ⓑ (= *pension*) pension → **caisse, maison** ⓒ [*de soldats*] retreat; **battre en ~** to beat a retreat
2 COMP ✦ **retraite aux flambeaux** torchlight procession

retraité, e /ʀ(ə)tʀete/ 1 ADJ [*personne*] retired 2 NM,F pensioner

retraitement /ʀ(ə)tʀɛtmɑ̃/ NM reprocessing; **usine de ~ des déchets nucléaires** nuclear reprocessing plant

retraiter /ʀ(ə)tʀɛte/ /TABLE 1/ VT to reprocess

retranchement /ʀ(ə)tʀɑ̃ʃmɑ̃/ NM **pousser qn dans ses derniers ~s** to drive sb into a corner

retrancher /ʀ(ə)tʀɑ̃ʃe/ /TABLE 1/ 1 VT [+ *quantité*] to take away (**de** from); [+ *somme d'argent*] to deduct; [+ *passage, mot*] to remove (**de** from); **~ une somme d'un salaire** to deduct a sum from a salary 2 VPR **se retrancher**: **se ~ sur une position** (*Mil*) to entrench o.s. in a position; **se ~ dans son mutisme** to take refuge in silence; **se ~ derrière la loi** to hide behind the law

retransmettre /ʀ(ə)tʀɑ̃smɛtʀ/ /TABLE 56/ VT (*Radio, TV*) to broadcast; **~ qch en différé** to broadcast a recording of sth; **~ qch en direct** to broadcast sth live; **retransmis par satellite** relayed by satellite

retransmission /ʀ(ə)tʀɑ̃smisjɔ̃/ NF (*Radio, TV*) broadcast; **~ en différé** live/recorded broadcast; **la ~ du match aura lieu à 23 heures** the match will be shown at 11 p.m.

retravailler /ʀ(ə)tʀavaje/ /TABLE 1/ 1 VI (= *recommencer le travail*) to start work again; **il retravaille depuis le mois dernier** he has been back at work since last month 2 VT [+ *question*] to give some more thought to; [+ *discours, ouvrage*] to work on again

retraverser /ʀ(ə)tʀavɛʀse/ /TABLE 1/ VT (*de nouveau*) to recross; (*dans l'autre sens*) to cross back over

rétrécir /ʀetʀesiʀ/ /TABLE 2/ 1 VT [+ *vêtement*] to take in; [+ *tissu*] to shrink; [+ *conduit, orifice, rue*] to make narrower; [+ *bague*] to make smaller; [+ *champ d'activité*] to narrow 2 VI [*laine, tissu*] to shrink; [*rue, vallée*] to become narrower; [*cercle d'amis*] to grow smaller; **~ au lavage** to shrink in the wash; **faire ~** [+ *tissu*] to shrink

rétrécissement /ʀetʀesismɑ̃/ NM [*de laine, tricot*] shrinkage; **il y a un ~ de chaussée** the road narrows

rétribuer /ʀetʀibɥe/ /TABLE 1/ VT [+ *personne*] to pay; **~ le travail/les services de qn** to pay sb for their work/their services

rétribution /ʀetʀibysjɔ̃/ NF (= *paiement*) payment; (= *récompense*) reward (**de** for)

rétro¹ /ʀetʀo/ NM (ABBR = **rétroviseur**) rear-view mirror

rétro² /ʀetʀo/ 1 ADJ INV **la mode/le style** ~ retro fashions/style; **robe** ~ retro-style dress 2 NM **le** ~ retro

rétroactif, -ive /ʀetʀoaktif, iv/ ADJ retroactive; **mesure avec effet** ~ retroactive measure; **loi à effet** ~ ex post facto law

rétrograde /ʀetʀogʀad/ ADJ ⓐ (*péj = arriéré*) [*esprit*] reactionary; [*idées, mesures, politique*] retrograde ⓑ (= *de recul*) [*mouvement, sens*] backward

rétrograder /ʀetʀogʀade/ /TABLE 1/ 1 VI ⓐ [*conducteur*] to change down; ~ **de troisième en seconde** to change down from third to second ⓑ (*dans une hiérarchie*) to move down; (= *perdre son avance*) to fall back 2 VT [+ *officier, fonctionnaire*] to demote

rétroprojecteur /ʀetʀopʀɔʒektœʀ/ NM overhead projector

rétrospectif, -ive /ʀetʀɔspektif, iv/ 1 ADJ [*étude, peur*] retrospective 2 NF **rétrospective** (= *exposition*) retrospective; **rétrospective Buster Keaton** (= *films*) Buster Keaton season

rétrospectivement /ʀetʀɔspektivmɑ̃/ ADV in retrospect

retroussé, e /ʀ(ə)tʀuse/ (*ptp de* **retrousser**) ADJ [*manche, pantalon*] rolled up; [*nez*] turned-up

retrousser /ʀ(ə)tʀuse/ /TABLE 1/ VT [+ *jupe*] to hitch up; [+ *pantalon*] to roll up; ~ **ses manches** to roll up one's sleeves

retrouvailles /ʀ(ə)tʀuvaj/ NFPL (*après une séparation*) reunion

retrouver /ʀ(ə)tʀuve/ /TABLE 1/ 1 VT ⓐ (= *récupérer*) to find; ~ **son chemin** to find one's way again; **on les a retrouvés vivants** they were found alive; **après sa maladie, il a retrouvé son poste** he got his job back again after his illness

ⓑ (= *se remémorer*) to remember; **je ne retrouve plus son nom** I can't remember his name

ⓒ (= *revoir*) [+ *personne*] to meet again; **je l'ai retrouvé par hasard en Italie** I met him again by chance in Italy

ⓓ (= *rejoindre*) to join; **je vous retrouve à 5 heures au Café de la Poste** I'll join you at 5 o'clock at the Café de la Poste ⓔ [+ *forces, santé, calme*] to regain; [+ *joie, foi*] to find again; ~ **le sommeil** to get back to sleep again

ⓕ [+ *secret*] to rediscover; [+ *article en vente, situation, poste*] to find again; **je voudrais** ~ **des rideaux de la même couleur** I'd like to find curtains in the same colour again; ~ **du travail** to find work again

ⓖ (= *reconnaître*) to recognize; **je n'ai pas retrouvé le village que je connaissais** I didn't recognize the village I had known

ⓗ (= *rencontrer*) to find; **on retrouve sans cesse les mêmes thèmes dans ses romans** the same themes are found everywhere in his novels

2 VPR **se retrouver** ⓐ (= *se réunir*) to meet; (= *se revoir après une absence*) to meet again; **après le travail, ils se sont tous retrouvés au café** after work they all met in the café; **ils se sont retrouvés par hasard à Paris** they met again by chance in Paris; **on se retrouvera!** (*menace*) I'll get even with you!

ⓑ (= *être de nouveau*) to find o.s. back; **se** ~ **dans la même situation** to find o.s. back in the same situation; **se** ~ **seul** to be left on one's own

ⓒ (= *finir*) **il s'est retrouvé en prison/dans le fossé** he ended up in prison/in the ditch

ⓓ (= *faire un retour sur soi-même*) to find o.s. again

ⓔ (= *être présent*) **ces caractéristiques se retrouvent aussi chez les cervidés** these characteristics are also found in the deer family

ⓕ ♦ **s'y retrouver** (= *faire un bénéfice*) to make a profit; (= *trouver son chemin*) to find one's way; **on s'y retrouve** (= *on ne perd pas d'argent*) we are not out of pocket; **tout le monde s'y retrouve** (*dans un partage, une négociation*) nobody loses out; **je ne m'y retrouve plus** (*dans des dossiers*) I'm completely lost; (*dans un désordre*) I can't find anything; **comment le consommateur peut-il s'y** ~ **avec tous**

ces étiquetages? how can the consumer cope with all these different labels?

rétrovirus /ʀetʀoviʀys/ NM retrovirus

rétroviseur /ʀetʀɔvizœʀ/ NM rear-view mirror; ~ **latéral** wing mirror (*Brit*), side-view mirror (*US*)

réunification /ʀeynifikasjɔ̃/ NF reunification

réunifier /ʀeynifje/ /TABLE 7/ 1 VT to reunify; **l'Allemagne réunifiée** reunified Germany 2 VPR **se réunifier** to reunify

Réunion /ʀeynjɔ̃/ NF (**l'île de**) **la** ~ Réunion (Island)

réunion /ʀeynjɔ̃/ NF ⓐ (= *séance*) meeting; **dans une** ~ at a meeting; ~ **d'information/de travail** briefing/work session; ~ **syndicale** union meeting; **être en** ~ to be at a meeting

ⓑ [*de faits, objets*] collection; [*d'amis, membres d'une famille, d'un club*] bringing together; [*d'éléments*] combination; **la** ~ **d'une province à un État** the union of a province with a state; ~ **de famille** family gathering

ⓒ (*Sport*) ~ **cycliste** cycle rally; ~ **d'athlétisme** athletics meeting; ~ **hippique** (= *concours*) horse show; (= *course*) race meeting; ~ **sportive** sports meeting

réunionnais, e /ʀeynjɔnɛ, ɛz/ 1 ADJ from Réunion 2 NM,F **Réunionnais(e)** inhabitant of Réunion

réunir /ʀeyniʀ/ /TABLE 2/ 1 VT ⓐ (= *rassembler*) to collect; [+ *fonds*] to raise

ⓑ (= *cumuler*) to combine; **ces trois facteurs réunis** these three factors combined; ~ **toutes les conditions exigées** to meet all the requirements

ⓒ [+ *amis, famille*] to get together; [+ *anciens amis*] to reunite; [*congrès*] to bring together; **nous réunissons nos amis tous les mercredis** we have our friends over every Wednesday

ⓓ (= *raccorder, relier*) to join

ⓔ (= *rattacher à*) ~ **à** [+ *province*] to unite to

2 VPR **se réunir** ⓐ (= *se rencontrer*) to meet; **se** ~ **entre amis** to get together with some friends; **le petit groupe se réunissait dans un bar** the little group would meet in a bar

ⓑ (= *s'associer*) [*entreprises*] to merge; [*États*] to unite

réussi, e /ʀeysi/ (*ptp de* **réussir**) ADJ good; **eh bien, c'est** ~ ! (*iro*) well that's just great!⁺ (*iro*)

réussir /ʀeysiʀ/ /TABLE 2/ 1 VI ⓐ [*affaire, entreprise, projet*] to succeed; [*culture, plantation*] to thrive; [*manœuvre, ruse*] to pay off; **tout lui/rien ne lui réussit** everything/nothing goes right for him; **cela ne lui a pas réussi** that didn't do him any good

ⓑ [*personne*] (*dans une entreprise*) to succeed; (*à un examen*) to pass; ~ **dans la vie** to succeed in life; ~ **dans les affaires/dans ses études** to succeed in business/in one's studies; **il a réussi/il n'a pas réussi à l'examen** he passed/he failed the exam; **il réussit bien en anglais/à l'école** he does well at English/at school

ⓒ ~ **à faire qch** to succeed in doing sth; **il a réussi à les convaincre** he succeeded in convincing them

ⓓ (= *être bénéfique à*) ~ **à** to agree with; **le curry ne me réussit pas** curry doesn't agree with me

2 VT ⓐ [+ *entreprise, film*] to make a success of; ~ **sa carrière** to have a successful career; ~ **sa vie** to make a success of one's life; **ce plat est difficile à** ~ this dish is difficult to make; **elle a bien réussi sa sauce** her sauce was a great success; **vont-ils** ~ **leur coup?** will they manage to pull it off?; ~ **l'impossible** to manage to do the impossible

ⓑ [+ *essai*] to bring off

réussite /ʀeysit/ NF ⓐ success; **c'est un signe de** ~ **sociale** it's a sign of social success; ~ **scolaire** academic success; **le taux de** ~ **au concours est de 10%** there is a 10% success rate in the exam ⓑ (= *jeu*) patience; **faire une** ~ to play patience

réutilisable /ʀeytilizabl/ ADJ reusable; **emballage non-**~ disposable packaging

réutiliser /ʀeytilize/ /TABLE 1/ VT to reuse

revaloir /ʀ(ə)valwaʀ/ /TABLE 29/ VT **je te revaudrai ça** (*hostile*) I'll get even with you for this; (*reconnaissant*) I'll repay you some day

revaloriser /ʀ(ə)valɔʀize/ /TABLE 1/ VT [+ *monnaie*] to re-value; [+ *salaire*] to raise; [+ *conditions de travail*] to improve; [+ *institution, tradition*] to reassert the value of; **l'entreprise veut ~ son image** the company wants to boost its image

revanche /ʀ(ə)vɑ̃ʃ/ NF (*après défaite, humiliation*) revenge; (*Sport*) revenge match; (*Jeux*) return game; **prendre sa ~ (sur qn)** to take one's revenge (on sb)
♦ **en revanche** on the other hand

rêvasser /ʀevase/ /TABLE 1/ VI to daydream

rêve /ʀɛv/ **1** NM dream; **mauvais ~** bad dream; **faire un ~** to have a dream; **faites de beaux ~s!** sweet dreams!; **il est perdu dans ses ~s** he's dreaming; **c'est le ~ de leur vie** it's their lifelong dream; **mon ~ s'est enfin réalisé** my dream has finally come true; **la voiture/la femme de ses ~s** the car/the woman of his dreams; **voir/entendre qch en ~** to see/hear sth in a dream; **ça, c'est le ~*** that would be ideal
♦ **de rêve**: **voiture/maison de ~** dream car/house; **créature de ~** gorgeous creature; **il mène une vie de ~** he leads an idyllic life; **il a un corps de ~** he's got a superb body

2 COMP ♦ **le rêve américain** the American dream ♦ **rêve éveillé** daydream

rêvé, e /ʀeve/ (*ptp de* **rêver**) ADJ ideal; **c'est l'occasion ~e!** it's the ideal opportunity!

revêche /ʀəvɛʃ/ ADJ surly

réveil /ʀevɛj/ NM ⓐ (= *réveille-matin*) alarm clock; **mets le ~ à 8 heures** set the alarm for 8 o'clock ⓑ [*de dormeur*] waking up (*NonC*); (= *retour à la réalité*) awakening; **à mon ~, je vis qu'il était parti** when I woke up I found he was already gone; **~ téléphonique** alarm call; **le ~ fut pénible** (*fig*) he (*ou* I *etc*) had a rude awakening ⓒ [*de nature, sentiment, souvenir*] reawakening; [*de volcan*] fresh stirrings; [*de douleur*] return

réveillé, e /ʀeveje/ (*ptp de* **réveiller**) ADJ (= *à l'état de veille*) awake; **à moitié ~** half asleep; **il était mal ~** he was still half asleep

réveille-matin /ʀevɛjmatɛ̃/ NM INV alarm clock

réveiller /ʀeveje/ /TABLE 1/ **1** VT ⓐ [+ *dormeur, rêveur*] to wake up; **réveillez-moi à 5 heures** wake me up at 5 o'clock; **voulez-vous qu'on vous réveille?** (*dans un hôtel*) would you like a wake-up call? ⓑ [+ *douleur physique*] to start up again; [+ *douleur mentale*] to revive; [+ *jalousie, rancune*] to reawaken; [+ *souvenir*] to awaken **2** VPR **se réveiller** ⓐ [*dormeur, rêveur*] to wake up; **réveille-toi!** wake up! ⓑ [*douleur*] to return ⓒ [*nature*] to reawaken; [*volcan*] to stir again

réveillon /ʀevɛjɔ̃/ NM **~ (de Noël/du Nouvel An)** (= *repas*) Christmas Eve/New Year's Eve dinner; (= *fête*) Christmas Eve/New Year's Eve party; (= *date*) Christmas/New Year's Eve

réveillonner /ʀevɛjɔne/ /TABLE 1/ VI to celebrate Christmas *ou* New Year's Eve (*with a dinner and a party*)

révélateur, -trice /ʀevelatœʀ, tʀis/ ADJ revealing; **c'est ~ d'un malaise profond** it reveals a deep malaise

révélation /ʀevelasjɔ̃/ NF revelation

révélé, e /ʀevele/ (*ptp de* **révéler**) ADJ (*Rel*) [*dogme, religion*] revealed

révéler /ʀevele/ /TABLE 6/ **1** VT ⓐ to reveal ⓑ [+ *artiste*] [*imprésario*] to discover; [*œuvre*] to bring to fame; **le roman qui l'a révélé au public** the novel that introduced him to the public

2 VPR **se révéler** ⓐ [*vérité, talent, tendance*] to be revealed; **des sensations nouvelles se révélaient à lui** he was becoming aware of new feelings
ⓑ [*artiste*] to come into one's own; **il ne s'est révélé que vers la quarantaine** he didn't really come into his own until he was nearly forty
ⓒ **se ~ cruel/ambitieux** to show o.s. to be cruel/ambitious; **se ~ difficile/aisé** to prove difficult/easy; **son hypothèse s'est révélée fausse** his hypothesis proved to be false

revenant, e /ʀ(ə)vənɑ̃, ɑ̃t/ NM,F ghost; **tiens, un ~!*** hello stranger!*

revendeur, -euse /ʀ(ə)vɑ̃dœʀ, øz/ NM,F (= *détaillant*) retailer; (*d'occasion*) secondhand dealer; **chez votre ~ habituel** at your local dealer; **~ de drogue** drug-dealer

revendicatif, -ive /ʀ(ə)vɑ̃dikatif, iv/ ADJ [*mouvement*] protest; **action revendicative** protest campaign; **organiser une journée d'action revendicative** to organize a day of protest (in support of one's claims)

revendication /ʀ(ə)vɑ̃dikasjɔ̃/ NF ⓐ (= *action*) claiming; **il n'y a pas eu de ~ de l'attentat** no one claimed responsibility for the attack ⓑ (= *demande*) demand; **journée de ~** day of protest (in support of one's claims); **mouvement de ~** protest movement; **~s salariales/territoriales** wage/territorial claims; **~s sociales** workers' demands

revendiquer /ʀ(ə)vɑ̃dike/ /TABLE 1/ VT ⓐ [+ *chose due, droits*] to demand; **ils passent leur temps à ~** they're forever making demands ⓑ [+ *paternité, responsabilité*] to claim; [+ *attentat, explosion*] to claim responsibility for; **l'attentat n'a pas été revendiqué** no one has claimed responsibility for the attack

revendre /ʀ(ə)vɑ̃dʀ/ /TABLE 41/ VT (*d'occasion ou au détail*) to sell; [+ *actions, terres, filiale*] to sell off; **il a revendu sa voiture pour payer ses dettes** he sold his car to pay off his debts; **avoir de l'énergie/de l'intelligence à ~** to have energy/brains to spare; **prends des cerises, on en a à ~** take some cherries, we've got lots of them

---

revenir /ʀəv(ə)niʀ, ʀ(ə)vəniʀ/ /TABLE 22/

▶ revenir *is conjugated with* **être**.

VERBE INTRANSITIF

ⓐ **= venir de nouveau** to come back; [*calme, ordre, oiseaux*] to return; [*soleil*] to reappear; [*fête, date*] to come round again; [*thème, idée*] to recur; **il doit ~ nous voir demain** he's coming back to see us tomorrow; **pouvez-vous ~ plus tard?** can you come back later?; **cette expression revient souvent dans ses livres** that expression often crops up in his books

ⓑ **= rentrer** to come back, to return; **~ à Paris** to return to Paris; **~ de quelque part** to return from somewhere; **~ chez soi** to come back home; **~ à la hâte** to hurry back; **~ de voyage** to return from a trip; **en revenant de l'école** on the way back from school; **je lui téléphonerai en revenant** I'll phone him when I get back; **je reviens dans un instant** I'll be back in a minute

ⓒ **= retourner** **~ en arrière** to go back; **on ne peut pas ~ en arrière** (*dans le temps*) you can't turn back the clock

ⓓ **= coûter** **ça revient cher** it's expensive; **ça reviendrait moins cher d'en acheter trois** it would be cheaper to buy three

ⓔ **= cuire** **faire ~** to brown; **faites ~ les oignons dans le beurre** brown the onions gently in the butter

ⓕ **locutions**

♦ **revenir à qch** (= *reprendre*) to return to sth; (= *équivaloir à*) to amount to sth; (= *totaliser*) to come to sth; **~ à de meilleurs sentiments** to return to a better frame of mind; **~ à la vie** to come back to life; **nous y reviendrons dans un instant** we'll come back to that in a moment; **j'en reviens toujours là, il faut ...** I still come back to this, we must ...; **il n'y a pas à y ~** there's no going back on it; **~ à la charge** to return to the attack; **cela revient à dire que ...** it amounts to saying that ...; **ça revient au même** it comes to the same thing; **ça revient à 100 €** it comes to €100; **à combien est-ce que cela va vous ~?** how much will that cost you?; **~ à la marque** to draw; **~ au score** to draw

♦ **revenir à qn** [*courage, appétit, parole*] to return to sb; [*droit, honneur, responsabilité*] to fall to sb; [*biens, somme d'argent*] to come to sb; [*souvenir, idée*] to come back to sb; **ça me revient!** it's coming back to me now!; **~ aux oreilles de qn** to get back to sb; **tout le mérite vous revient** all the credit goes to you; **là-dessus, 100 € me reviennent** 100 euros of that comes to me; **il a une tête qui ne me revient pas*** I don't like the look of him; **elle ne me revient pas du tout, cette fille*** I don't like that girl at all

♦ **revenir à soi** [*personne*] to come to

◆ **revenir de** [+ *surprise*] to get over; [+ *erreurs*] to leave behind; **il revient de loin** he had a close shave; **je n'en reviens pas !** I can't get over it!

◆ **revenir sur** [+ *affaire, problème*] to go back over; [+ *promesse, décision*] to go back on; (= *rattraper*) to catch up with; **ne revenons pas là-dessus** let's not go back over that

revente /R(ə)vɑ̃t/ NF resale

revenu /Rəv(ə)ny/ NM [*de particulier, domaine*] income (*NonC*) (**de** from); [*de capital, investissement*] yield (**de** from, on); **ménage à ~s modestes** low-income household; **avoir de gros ~s** to have a large income ◆ **revenus de l'État** public revenue ◆ **revenu fiscal** tax revenue ◆ **revenu intérieur brut** gross domestic income ◆ **revenu minimum d'insertion** *minimum welfare payment given to those who are not entitled to unemployment benefit* ◆ **revenu net d'impôts** disposable income

rêver /Reve/ /TABLE 1/ 1 VI ⓐ to dream (**de, à** of, about); **~ que** to dream that; **j'ai rêvé de toi** I dreamt about you; **il en rêve la nuit** he dreams about it at night; **~ tout éveillé** to be lost in a daydream; **travaille au lieu de ~ !** get on with your work instead of daydreaming!; **je ne rêve pas, c'est bien vrai ?** I'm not dreaming, am I? - it's really true!; **on croit ~ !*** I can hardly believe it!; **non, mais je rêve !*** he (*ou* they *etc*) can't be serious!; **(il ne) faut pas ~*** I wouldn't count on it*

ⓑ (= *désirer*) **~ de qch/de faire qch** to dream of sth/of doing sth; **des images qui font ~** pictures that fire the imagination; **ça fait ~ de l'entendre parler de ses voyages** hearing him talk about his travels really gets the imagination going

2 VT (*en dormant*) to dream

réverbère /RevɛRbɛR/ NM (*d'éclairage*) street lamp

réverbérer /RevɛRbeRe/ /TABLE 6/ 1 VT [+ *son*] to reverberate; [+ *chaleur, lumière*] to reflect 2 VPR **se réverbérer** to be reflected

révérence /RevaRɑ̃s/ NF (= *salut*) [*d'homme*] bow; [*de femme*] curtsey; **faire une ~** [*homme*] to bow; [*femme*] to curtsey (**à qn** to sb); **tirer sa ~** (*fig*) to take one's leave

révérend, e /RevaRɑ̃, ɑ̃d/ ADJ, NM reverend; **le Révérend Père Martin** Reverend Father Martin

révérer /RevaRe/ /TABLE 6/ VT to revere

rêverie /RevRi/ NF (= *rêve*) daydream

revers /R(ə)vɛR/ NM ⓐ [*de main*] back; [*d'étoffe*] wrong side; [*de médaille, pièce d'argent*] reverse; **c'est le ~ de la médaille** (*fig*) that's the other side of the coin; **prendre l'ennemi à ~** to take the enemy from the rear ⓑ (*Tennis*) backhand; **faire un ~** to play a backhand shot; **volée de ~** backhand volley; **à deux mains** double-handed backhand ⓒ [*de manteau, veste*] lapel; [*de pantalon*] turn-up (*Brit*), cuff (*US*); [*de manche*] cuff ⓓ (= *coup du sort*) setback; **~ (de fortune)** reverse (of fortune)

reverser /R(ə)vɛRse/ /TABLE 1/ VT ⓐ [+ *liquide*] to pour out some more; **reverse-moi du vin/un verre de vin** pour me some more wine/another glass of wine ⓑ [+ *excédent, somme*] to pay back

réversible /RevɛRsibl/ ADJ reversible

revêtement /R(ə)vɛtmɑ̃/ NM (= *enduit*) coating; [*de route*] surface; [*de mur extérieur*] facing; [*de mur intérieur*] covering; **~ de sol** flooring (*NonC*); **~ mural** wall-covering (*NonC*)

revêtir /R(ə)vetiR/ /TABLE 20/ VT ⓐ [+ *uniforme, habit*] to put on ⓑ [+ *caractère, apparence, forme*] to take on; **une rencontre qui revêt une importance particulière** a meeting which is especially important

revêtu, e /R(ə)vety/ (*ptp de* **revêtir**) ADJ **~ de** (= *habillé de*) dressed in

rêveur, -euse /RevœR, øz/ 1 ADJ [*air, personne*] dreamy; **ça vous laisse ~** it makes you wonder 2 NM,F dreamer

reviendra /R(ə)vjɛ̃dRa/ VB → **revenir**

revient /Rəvjɛ̃/ NM → **prix**

revigorant, e /R(ə)vigɔRɑ̃, ɑ̃t/ ADJ [*vent, air frais*] invigorating; [*repas, boisson*] reviving

revigorer /R(ə)vigɔRe/ /TABLE 1/ VT [*vent, air frais*] to invigorate; [*repas, boisson*] to revive; [*discours*] to cheer

revirement /R(ə)viRmɑ̃/ NM (= *changement d'avis*) change of mind; (= *changement brusque*) [*de tendances*] reversal; **~ d'opinion** swing in public opinion; **un ~ soudain de la situation** a sudden reversal of the situation

réviser /Revize/ /TABLE 1/ VT ⓐ [+ *matière scolaire*] to revise; **~ son histoire** to do one's history revision; **commencer à ~** to start revising

ⓑ (= *mettre à jour, corriger*) [+ *texte, estimation*] to revise; **~ à la hausse/à la baisse** to revise upwards/downwards; **nouvelle édition complètement révisée** new and completely revised edition

ⓒ [+ *procès, règlement, constitution, opinion*] to review; **j'ai révisé mon jugement sur lui** I've revised my opinion of him ⓓ [+ *comptes*] to audit; [+ *moteur, installation*] to overhaul; [+ *montre*] to service; **faire ~ sa voiture** to have one's car serviced; **j'ai fait ~ les freins** I've had the brakes looked at

révision /Revizjɔ̃/ NF ⓐ [*de matière scolaire*] revising; **je commence mes ~s lundi** I'm starting my revision on Monday ⓑ [*de texte*] revision ⓒ [*de procès, règlement, constitution*] review ⓓ [*de comptes*] auditing (*NonC*); [*de moteur, installation*] overhaul (*NonC*); **prochaine ~ dans 10 000 km** next major service after 10,000km

révisionniste /Revizjɔnist/ ADJ, NMF revisionist

revisiter /R(ə)vizite/ /TABLE 1/ VT [+ *musée, ville*] to revisit; **la mode des années 30/la pièce de Molière revisitée par Anne Morand** thirties fashions/Molière's play reinterpreted by Anne Morand

revisser /R(ə)vise/ /TABLE 1/ VT to screw back again

revitalisant, e /R(ə)vitaliza, ɑ̃t/ ADJ [*crème, shampooing*] revitalizing

revivre /R(ə)vivR/ /TABLE 46/ 1 VI ⓐ (= *être ressuscité*) to live again ⓑ (= *être revigoré*) to come alive again; **je me sentais ~** I felt alive again ⓒ **faire ~** [+ *mode, époque, usage*] to revive 2 VT [+ *passé, période*] to relive

révocation /Revɔkasjɔ̃/ NF ⓐ [*de magistrat, fonctionnaire*] removal from office ⓑ [*de contrat, édit*] revocation

revoilà* /R(ə)vwala/ PRÉP **~ Paul !** here's Paul again!; **me ~ !** it's me again!; **nous ~ à la maison/en France** here we are, back home/in France again

revoir /R(ə)vwaR/ /TABLE 30/ 1 VT ⓐ to see again; [+ *patrie, village*] to see again; **je l'ai revu deux ou trois fois depuis** I've seen him two or three times since; **quand tu revois-tu ?** when are you seeing him again?; **filez, et qu'on ne vous revoie plus ici !** clear off, and don't show your face here again!

◆ **au revoir !** goodbye!; **dire au ~ à qn** to say goodbye to sb; **faire au ~ de la main** to wave goodbye

ⓑ (= *réviser*) [+ *édition, texte, leçons*] to revise; [+ *position, stratégie*] to review; **édition revue et corrigée/augmentée** revised and updated/expanded edition; **l'histoire de France revue et corrigée par A. Leblanc** the history of France revised by A. Leblanc; **nos tarifs/objectifs ont été revus à la baisse/hausse** our prices/targets have been revised downwards/upwards; **~ sa copie** to go back to the drawing board

2 VPR **se revoir** (*réciproque*) to see each other again; **on se revoit quand ?** when shall we see each other again?

révoltant, e /Revɔltɑ̃, ɑ̃t/ ADJ revolting

révolte /Revɔlt/ NF revolt; **être en ~ contre** to be in revolt against; [*adolescent*] to rebel against; **adolescent en ~** rebellious adolescent

révolté, e /Revɔlte/ (*ptp de* **révolter**) 1 ADJ rebellious; (= *outré*) outraged 2 NM,F rebel

révolter /Revɔlte/ /TABLE 1/ VT (= *indigner*) to revolt; **ça me révolte** I'm revolted by this 2 VPR **se révolter** (= *s'insurger*) to revolt; (= *se cabrer*) to rebel; (= *s'indigner*) to be revolted (**contre** by)

révolu, e /Revɔly/ ADJ ⓐ (= *fini*) [*époque, jours*] past; **cette époque est ~** that era is in the past ⓑ (= *complété*) **avoir 20 ans ~s** to be over 20 years of age; **après deux ans ~s** when two full years had (*ou* have) passed

révolution /Revɔlysjɔ̃/ NF ⓐ (= changement) revolution; **la Révolution (française)** the French Revolution; **la ~ sexuelle** the sexual revolution; **ce nouveau produit est une véritable ~** this new product is truly revolutionary; **notre profession a subi une véritable ~** our profession has been revolutionized; **créer une petite ~** [idée, invention, procédé] to cause a stir ⓑ (= rotation) revolution

> ***ⓘ* LA RÉVOLUTION TRANQUILLE**
> *The term* **la Révolution tranquille** *refers to the important social, political and cultural transition that took place in Quebec from the early 1960s. As well as rapid economic expansion and a reorganization of political institutions, there was a growing sense of pride among Québécois in their specific identity as French-speaking citizens. The* **Révolution tranquille** *is thus seen as a strong affirmation of Quebec's identity as a French-speaking province.*
> → QUÉBEC

révolutionnaire /RevɔlysjɔnɛR/ ADJ, NMF revolutionary; (Hist) Revolutionary (in the French Revolution)

révolutionner /Revɔlysjɔne/ /TABLE 1/ VT ⓐ (= transformer radicalement) to revolutionize ⓑ (= bouleverser) [+ personnes]* to stir up; **son arrivée a révolutionné le quartier** his arrival stirred up the whole neighbourhood

revolver /RevɔlvɛR/ NM (= pistolet) pistol; (à barillet) revolver; **coup de ~** pistol shot; **tué de plusieurs coups de ~** gunned down

révoquer /Revɔke/ /TABLE 1/ VT ⓐ [+ magistrat, fonctionnaire] to remove from office ⓑ [+ contrat, édit] to revoke

revoter /R(ə)vɔte/ /TABLE 1/ VI to vote again

revouloir• /R(ə)vulwaR/ /TABLE 31/ VT [+ pain] to want more; [+ orange] to want another; **qui en reveut?** who wants some more?; **tu reveux du café/un morceau de gâteau?** would you like some more coffee/another slice of cake?

revu, e /R(ə)vy/ (ptp de **revoir**) 1 NF **revue** ⓐ (= magazine) magazine; (savante) review; **~e automobile/de mode** car/fashion magazine; **~e littéraire/scientifique** literary/scientific review ⓑ (= spectacle) (satirique) revue; (de variétés) variety show; **~e à grand spectacle** extravaganza ⓒ (= examen, inspection, parade) review; **passer en ~e** [+ soldats] to review; (= énumérer mentalement) to go over in one's mind 2 COMP ◆ **revue de presse** review of the press

révulsé, e /Revylse/ (ptp de **révulser**) ADJ [yeux] rolled upwards (attrib); [visage] contorted

révulser /Revylse/ /TABLE 1/ VT (= dégoûter) to disgust; **ça me révulse** I find it disgusting

rez-de-chaussée /Red(ə)ʃose/ NM INV ground floor (Brit), first floor (US); **au ~** on the ground floor

rez-de-jardin /Red(ə)ʒaRdɛ̃/ NM INV garden level; **appartement en ~** garden flat (Brit) ou apartment (US)

RF /ɛRɛf/ NF (ABBR = **République française**) the French Republic

RFA /ɛRɛfa/ NF (ABBR = **République fédérale d'Allemagne**) FRG

Rh (ABBR = **rhésus**) Rh

rhabiller /Rabije/ /TABLE 1/ 1 VT **~ qn** to put sb's clothes back on 2 VPR **se rhabiller** to put one's clothes back on; **va te ~!•** (= retourner au vestiaire) forget it!

rhésus /Rezys/ NM rhesus; **~ positif/négatif** rhesus positive/negative

rhétorique /RetɔRik/ 1 NF rhetoric 2 ADJ rhetorical

Rhin /Rɛ̃/ NM **le ~** the Rhine

rhinite /Rinit/ NF rhinitis (NonC)

rhinocéros /RinɔseRɔs/ NM rhinoceros

rhinopharyngite /RinɔfaRɛ̃ʒit/ NF throat infection

rhododendron /RɔdɔdɛdRɔ̃/ NM rhododendron

Rhône /Ron/ NM (= fleuve) **le ~** the (river) Rhone

rhubarbe /RybaRb/ NF rhubarb

rhum /Rɔm/ NM rum

rhumatisme /Rymatism/ NM rheumatism (NonC); **avoir des ~s dans le bras** to have rheumatism in one's arm

rhumatologue /Rymatɔlɔg/ NMF rheumatologist

rhume /Rym/ NM cold; **attraper un (gros) ~** to catch a (bad) cold; **~ des foins** hay fever

RIB /Rib/ NM (ABBR = **relevé d'identité bancaire**) particulars of one's bank account

ribambelle /Ribãbɛl/ NF **une ~ de** [+ enfants] a swarm of; [+ objets] a row of

ricanement /Rikanmã/ NM (méchant) sniggering (NonC); (sot) giggling (NonC); **j'ai entendu des ~s** I heard someone sniggering (ou giggling)

ricaner /Rikane/ /TABLE 1/ VI (méchamment) to snigger; (sottement) to giggle

richard, e• /RiʃaR, aRd/ NM,F (péj) rich person

riche /Riʃ/ 1 ADJ ⓐ rich; **~ comme Crésus** fabulously rich; **nous ne sommes pas ~s** we're not very well-off; **ça fait ~*** it looks expensive; **le français est une langue ~** French is a rich language; **c'est une ~ idée*** that's a great idea*

◆ **riche de** [+ possibilités] full of; **c'est une expérience ~ d'enseignements** you learn a great deal from this experience; **bibliothèque ~ de plusieurs millions d'ouvrages** library boasting several million books; **~ de cette expérience, il ...** thanks to this experience, he ...

◆ **riche en** [calories, gibier, monuments] rich in; **alimentation ~ en protéines** high-protein diet; **région ~ en pétrole** region with copious oil reserves; **année ~ en événements spectaculaires** action-packed year

ⓑ [collection] large; **il y a une documentation très ~ sur ce sujet** there is a wealth of information on this subject

2 NMF rich person; **les ~s** the rich; **on ne prête qu'aux ~s** only the rich can get loans; **de ~(s)** [maison, voiture, nourriture] fancy

richement /Riʃmã/ ADV richly; **~ illustré** richly illustrated

richesse /Riʃɛs/ 1 NF ⓐ [de pays, personne] wealth; **le tourisme est notre principale (source de) ~** tourism is our greatest asset; **notre ferme, c'est notre seule ~** this farm is all we have ⓑ [d'aliment, collection, sol, texte, vocabulaire, végétation] richness; **la ~ de cette documentation** the abundance of the information; **une culture d'une grande ~** an extraordinarily rich culture 2 NFPL **richesses** wealth; (= trésors) treasures; **~s naturelles** natural resources

richissime /Riʃisim/ ADJ fabulously rich

ricin /Risɛ̃/ NM castor oil plant

ricocher /Rikɔʃe/ /TABLE 1/ VI [balle de fusil] to ricochet (sur off); [pierre] to rebound (sur off); (sur l'eau) to bounce (sur on); **faire ~ un galet sur l'eau** to skim a pebble across the water

ricochet /Rikɔʃe/ NM rebound; [de balle de fusil] ricochet; [de caillou sur l'eau] bounce; **faire des ~s** to skim pebbles

ric-rac• /Rikrak/ ADV **côté finances, ce mois-ci, c'est ~** money is going to be tight this month

rictus /Riktys/ NM (grimaçant) grin; (effrayant) snarl

ride /Rid/ NF [de peau, pomme] wrinkle (de in); **elle n'a pas pris une ~** she hasn't aged a bit; **ce roman n'a pas pris une ~** this novel hasn't dated at all

ridé, e /Ride/ (ptp de **rider**) ADJ [peau, fruit] wrinkled

rideau (pl **rideaux**) /Rido/ NM (= draperie) curtain; [de boutique] shutter ◆ **rideau de fer** [de boutique] metal shutter; **le ~ de fer** (Hist) the Iron Curtain

rider (se) /Ride/ /TABLE 1/ VPR [peau, fruit, visage] to become wrinkled

ridicule /Ridikyl/ 1 ADJ ridiculous; **se rendre ~** to make o.s. look ridiculous; **ne sois pas ~** don't be ridiculous 2 NM **tomber dans le ~** [personne] to make o.s. ridiculous; [film] to become ridiculous; **tourner qn/qch en ~** to ridicule sb/sth; **couvrir qn de ~** to make sb look ridiculous

ridiculement /Ridikylmã/ ADV [bas, faible, petit] ridiculously

ridiculiser /ʀidikylize/ /TABLE 1/ **1** VT to ridicule **2** VPR **se ridiculiser** to make o.s. look ridiculous

---

rien /ʀjɛ̃/

1 PRONOM INDÉFINI	**2** NOM MASCULIN

1 PRONOM INDÉFINI

ⓐ nothing; **qu'est-ce qui ne va pas ? — ~** what's wrong? — nothing; **ça ou ~, c'est pareil** it makes no odds

◆ **ne ... rien** not ... anything, nothing; **il n'a ~ fait** he didn't do anything, he did nothing; **je n'ai ~ entendu** I didn't hear anything; **il n'y a plus ~** there's nothing left; **elle ne mange presque ~** she hardly eats anything; **il n'en sait ~** he has no idea; **je n'en sais trop ~** I haven't a clue ■(PROV) **on n'a ~ sans ~** nothing ventured, nothing gained (PROV)

◆ **avoir + rien** : **ils n'ont ~** (possessions) they haven't got anything, they have nothing; (maladie, blessure) they're OK; **ça va, tu n'as ~ ?** are you OK?; **n'avoir ~ contre qn/qch** to have nothing against sb/sth; **il n'a ~ d'un politicien** he's got nothing of the politician about him; **il n'y a ~ à manger** there's nothing to eat; **j'en ai ~ à foutre‡** I don't give a damn‡; **on n'a ~ sans ~** you don't get anything for nothing

◆ **être + rien** : **n'être ~** [personne] to be a nobody; [chose] to be nothing; **pour lui, 50 km à vélo, ce n'est ~** cycling 50 kilometres is nothing for him; **il n'est plus ~ pour moi** he means nothing to me anymore; **il n'en est ~** it's nothing of the sort; **élever quatre enfants, ce n'est pas ~** bringing up four children is quite something; **tu t'es fait mal ? — non, c'est ~*** did you hurt yourself? — no, it's nothing; **pardon ! — c'est ~*** ou **ce n'est ~** sorry! — it doesn't matter

◆ **faire + rien** : **il ne fait ~** he does nothing; (= ne travaille pas) he doesn't work; **huit jours sans ~ faire** a week doing nothing; **il ne nous a ~ fait** he hasn't done anything to us; **ça ne lui fait ~** he doesn't care; **ça ne fait ~** it doesn't matter; **il n'y a ~ à faire** there's nothing we can do; **~ à faire !** it's no good!; **~ n'y fait !** nothing's any good!

◆ **en rien** : **il n'est en ~ responsable de la situation** he's not in any way responsible for the situation; **ce tableau ne ressemble en ~ au reste de son œuvre** this picture is nothing like his other work

◆ **rien de** + adjectif ou adverbe nothing; **~ d'autre** nothing else; **je ne veux ~ d'autre** I don't want anything else; **je t'achèterai le journal, ~ d'autre ?** I'll get you a newspaper - do you want anything else?; **~ de neuf** nothing new; **~ de plus** nothing else; **~ de plus facile** nothing easier; **nous n'avons ~ de plus à ajouter** we have nothing further to add; **ça n'a ~ d'impossible** it's perfectly possible; **~ de tel qu'une bonne douche chaude !** there's nothing like a nice hot shower!

ⓑ = quelque chose anything; **as-tu jamais ~ vu de pareil ?** have you ever seen anything like it?

ⓒ Sport nil; **il mène par deux sets à ~** he's leading by two sets to love

ⓓ locutions **~ à signaler** nothing to report; **~ à déclarer** nothing to declare; **c'est mieux que ~** it's better than nothing; **c'est ça ou ~** it's that or nothing; **deux fois ~** next to nothing; **trois fois ~** next to nothing; **il ne comprend ~ à ~** he hasn't got a clue; **ça ne me dit ~ qui vaille** I don't like the look of that

◆ **de rien !** : **je vous remercie — de ~ !*** thank you — you're welcome!; **excusez-moi ! — de ~ !*** sorry! — no trouble!

◆ **rien au monde** nothing on earth; **il ne quitterait son pays pour ~ au monde** he wouldn't leave his country for anything

◆ **rien du tout** nothing at all; **qu'as-tu vu ? — ~ du tout** what did you see? — nothing at all; **une petite éraflure de ~ du tout** a tiny little scratch; **qu'est-ce que c'est que ce cadeau de ~ du tout ?** what on earth can I (ou you etc) do with this stupid little present?

◆ **rien de rien*** absolutely nothing; **il ne fait ~, mais ~ de ~*** he does nothing, and I mean nothing

◆ **pour rien** (= inutilement) for nothing; (= pour peu d'argent) for next to nothing; **pourquoi tu dis ça ? — pour ~** why do you say that? — no reason; **ce n'est pas pour ~ que ...** it's not for nothing that ...

◆ **rien que** : **la vérité, ~ que la vérité** the truth and nothing but the truth; **~ que la chambre coûte déjà très cher** the room alone already costs a lot; **~ qu'à le voir, j'ai deviné** I guessed by just looking at him; **je voudrais vous voir, ~ qu'une minute** could I see you just for a minute?; **il le fait ~ que pour t'embêter** he just does it to annoy you; **c'est à moi, ~ qu'à moi** it's mine and mine alone; **il voulait 500 €, ~ que ça !** he wanted a mere 500 euros!; **elle veut être actrice, ~ que ça !** she wants to be an actress, no less!

2 NOM MASCULIN

◆ **un rien** a mere nothing; (avec adjectif) a tiny bit; **un ~ l'effraie** the slightest thing frightens him; **un ~ la fait rire** she laughs at every little thing; **un ~ l'habille** she looks good in anything; **j'ai failli rater le train, il s'en est fallu d'un ~** I came within a hair's breadth of missing the train; **il pourrait te casser le bras comme un ~*** he could break your arm, no trouble; **un ~ plus grand** a tiny bit bigger; **un ~ plus petit** a tiny bit smaller; **«moi pas» dit-elle un ~ insolente** "I'm not", she said rather insolently

◆ **un rien de** a touch of; **avec un ~ d'ironie** with a touch of irony; **en un ~ de temps** in no time

◆ **pour un rien** : **il pleure pour un ~** he cries at the slightest little thing; **il s'inquiète pour un ~** he worries about the slightest little thing

◆ **des riens** trivia

---

rieur, rieuse /ʀ(i)jœʀ, ʀ(i)jøz/ ADJ cheerful

rigide /ʀiʒid/ ADJ ⓐ [armature, tige] rigid; [muscle, col, carton] stiff; **livre à couverture ~** hardback book ⓑ (= strict) rigid; [classification, éducation] strict

rigidité /ʀiʒidite/ NF ⓐ [d'armature, tige] rigidity; [de muscle, carton, col] stiffness ⓑ [de personne, règle, morale] rigidity; [de classification, éducation] strictness

rigolade */ʀigolad/ NF ⓐ (= amusement) **il aime la ~** he likes a bit of fun; **quelle ~, quand il est entré !** what a laugh* when he came in!; **il prend tout à la ~** he makes a joke of everything ⓑ **démonter ça, c'est de la ~** taking it to pieces is child's play; **ce qu'il dit là, c'est de la ~** what he says is a lot of hooey‡

rigole /ʀigol/ NF channel; **~ d'irrigation** irrigation channel; **~ d'écoulement** drain

rigoler* /ʀigole/ /TABLE 1/ VI ⓐ (= rire) to laugh; **quand il l'a su, il a bien rigolé** when he found out, he had a good laugh*; **il nous a bien ~** he had us all in stitches*; **il n'y a pas de quoi ~ !** that's nothing to laugh about!; **quand tu verras les dégâts, tu rigoleras moins** you'll be laughing on the other side of your face when you see the damage ⓑ (= s'amuser) to have a bit of fun; **on a bien rigolé** we had great fun ⓒ (= plaisanter) to joke; **tu rigoles !** you're kidding!*; **le patron est quelqu'un qui ne rigole pas** the boss won't take any nonsense; **il ne faut pas ~ avec ces médicaments** you need to be careful with medicines like these; **il ne faut pas ~ avec ce genre de maladie** an illness like this has to be taken seriously; **j'ai dit ça pour ~** it was only a joke

rigolo, -ote* /ʀigolo, ɔt/ **1** ADJ funny; **vous êtes ~, vous, mettez-vous à ma place !** (iro) it's all right for you to say that, but put yourself in my shoes! **2** NM,F ⓐ (= comique) comic; (péj = fumiste) phoney; **c'est un sacré ~** he likes a good laugh*; (péj) he's a fraud

rigoureusement /ʀiguʀøzmɑ̃/ ADV ⓐ (= absolument) [authentique, exact, vrai, identique] absolutely; [interdit] strictly; [impossible] utterly; **ça ne changera ~ rien** that'll change absolutely nothing ⓑ (= strictement) strictly; **respecter ~ les consignes** to observe the regulations strictly

rigoureux, -euse /ʀiguʀø, øz/ ADJ ⓐ rigorous; [maître] strict; **hiver ~** harsh winter; **avoir l'esprit ~** to have a rigorous mind; **de façon rigoureuse** rigorously ⓑ [interdiction] strict; **ce n'est pas une règle rigoureuse** it's not a hard-and-fast rule

rigueur /Rigœr/ NF ⓐ [de condamnation, discipline] severity; [de mesures] rigour; [de climat, hiver] harshness; **traiter qn avec la plus grande ~** to treat sb with the utmost severity; **les ~s de l'hiver** the rigours of winter
ⓑ [de morale] rigour; [de personne] strictness; **la politique de ~ du gouvernement** the government's austerity measures; **la ~ économique** economic austerity
ⓒ [de raisonnement] rigour; [de calcul] precision; [de classification, définition] strictness; **manquer de ~** to lack rigour
ⓓ (locutions) **tenir ~ à qn** to hold it against sb
♦ **à la rigueur** at a pinch; **on peut à la ~ remplacer le curry par du poivre** at a pinch you can use pepper instead of curry powder; **un délit, à la ~, mais un crime non : le mot est trop fort** an offence possibly, but not a crime - that's too strong a word

rikiki • /Rikiki/ ADJ INV → **riquiqui**

rillettes /Rijɛt/ NFPL rillettes (type of potted meat or fish)

rime /Rim/ NF rhyme

rimer /Rime/ /TABLE 1/ VI [mot] to rhyme; **ça ne rime à rien!** it doesn't make any sense!; **à quoi ça rime ?** what's the point of it?

rimmel® /Rimɛl/ NM mascara

rinçage /Rɛ̃saʒ/ NM ⓐ rinsing; **cette machine à laver fait trois ~s** this washing machine does three rinses; **ajouter du vinaigre dans la dernière eau de ~** add some vinegar in the final rinse ⓑ (pour cheveux) (colour (Brit) ou color (US)) rinse

rince-doigts /Rɛ̃sdwa/ NM INV (= bol) finger bowl; (en papier) finger wipe

rincer /Rɛ̃se/ /TABLE 3/ 1 VT to rinse 2 VPR **se rincer** (= laver) **se ~ la bouche** to rinse out one's mouth; **se ~ les mains/les cheveux** to rinse one's hands/one's hair; **se ~ l'œil**• to get an eyeful•

ring /Riŋ/ NM boxing ring

ringard, e• /Rɛ̃gaR, aRd/ 1 ADJ (= dépassé) [personne] square•; [vêtement] dowdy; (= de piètre qualité) [film, roman, chanson] corny•; [décor] tacky• 2 NM,F (dépassé) square•; (médiocre) loser•

riper /Ripe/ /TABLE 1/ VI (= déraper) to slip

riposte /Ripɔst/ NF (= réponse) riposte; (= contre-attaque) counterattack; **en ~ à** in reply to; **la ~ ne s'est pas fait attendre** the reaction was not long in coming

riposter /Ripɔste/ /TABLE 1/ 1 VI (= contre-attaquer) to retaliate; (= répondre) to answer back; **~ à une attaque** to counter an attack 2 VT **~ que** to retort that

ripou : (pl **ripous, ripoux**) /Ripu/ NM crooked cop•

riquiqui • /Rikiki/ ADJ INV tiny; **ça fait un peu ~** [portion] it's a bit stingy•; [manteau] it's much too small

rire /RiR/ /TABLE 36/ 1 VI ⓐ to laugh; **~ aux éclats** to roar with laughter; **~ aux larmes** to laugh until one cries; **~ franchement** ou **de bon cœur** to laugh heartily; **~ bruyamment** to roar with laughter; **c'est à mourir** ou **crever**• **de ~** ; **ça ne me fait pas ~** I don't find it funny; **ça m'a bien fait ~** it really made me laugh; **il vaut mieux en ~ qu'en pleurer** you should look on the bright side; **il n'y a pas de quoi ~** it's no laughing matter; **~ dans sa barbe** ou **tout bas** to laugh to o.s.; **au nez de qn** to laugh in sb's face; **vous me faites ~ !** ou **laissez-moi ~ !** (iro) don't make me laugh! ■ (PROV) **rira bien qui rira le dernier** he who laughs last laughs longest (Brit) ou best (US) (PROV)
♦ **rire de** [+ personne, défaut, crainte] to laugh at
ⓑ (= plaisanter) to be joking; **vous voulez ~ !** you're joking!; **il a dit cela pour ~** he was only joking; **il a fait cela pour ~** he did it for a joke; **sans ~, c'est vrai ?** seriously, is it true?

2 NM (= façon de rire) laugh; (= éclat de rire) laughter (NonC); **~s** laughter; **le ~** laughter; **~s préenregistrés** canned laughter

ris /Ri/ NM **~ de veau** calf's sweetbread; (sur un menu) calves' sweetbreads

risée /Rize/ NF **être un objet de ~** to be an object of ridicule

risette /Rizɛt/ NF (langage enfantin) **faire (une) ~ à qn** to give sb a nice smile; **fais ~ (au monsieur)** smile nicely (at the gentleman)

risible /Rizibl/ ADJ laughable

risque /Risk/ NM risk; **entreprise pleine de ~s** high-risk business; **c'est un ~ à courir** it's a risk one has to take; **le goût du ~** a taste for danger; **on n'a rien sans ~** nothing ventured, nothing gained (PROV); **il y a un ~ d'épidémie** there's a risk of an epidemic; **à cause du ~ d'incendie** because of the fire risk; **cela constitue un ~ pour la santé** this is a health hazard; **prendre des ~s** to take risks; **ne prendre aucun ~** to play safe; **prise de ~(s)** risk-taking; **ce sont les ~s du métier** that's an occupational hazard; **au ~ de ~ de mécontenter/de sa vie** at the risk of displeasing him/of his life; **c'est à tes ~s et périls** you do it at your own risk
♦ **à risque** [groupe] high-risk; [placement] risky

risqué, e /Riske/ (ptp de **risquer**) ADJ (= hasardeux) risky; (= licencieux) risqué

risquer /Riske/ /TABLE 1/ VT ⓐ [+ fortune, réputation, vie] to risk
ⓑ [+ ennuis, prison, renvoi] to risk; **il risque la mort** he risks being killed; **tu risques gros** you're taking a big risk; **tu risques qu'on te le vole** you risk having it stolen; **qu'est-ce qu'on risque ?** (= quels sont les risques ?) what do we risk?; (= c'est sans danger) what have we got to lose?; **bien emballé, ce vase ne risque rien** packed like this the vase will be quite safe
ⓒ (= tenter) to risk; [+ allusion, regard] to venture; **~ le tout pour le tout** to risk the lot; **risquons le coup** let's chance it ■ (PROV) **qui ne risque rien n'a rien** nothing ventured, nothing gained (PROV)
ⓓ (pour exprimer la possibilité) **tu risques de le perdre** you might lose it; **il risque de pleuvoir** it could rain; **le feu risque de s'éteindre** the fire may well go out; **on risque fort d'être en retard** we're very likely to be late; **ça ne risque pas (d'arriver) !** there's no chance of that (happening)!; **il ne risque pas de gagner** he hasn't got much chance of winning

2 VPR **se risquer** : **se ~ à faire qch** to venture to do sth; **à ta place, je ne m'y risquerais pas** if I were you, I wouldn't risk it

rissoler /Risɔle/ /TABLE 1/ VT **(faire) ~** to brown; **pommes rissolées** fried potatoes

ristourne /RistuRn/ NF (sur achat) discount; (= commission) commission; **faire une ~ à qn** to give sb a discount

rital ¨ /Rital/ NM (injurieux = Italien) wop¨ (injurieux)

rite /Rit/ NM rite; (= habitude) ritual; **~s initiatiques** initiation rites; **~ de passage** rite of passage

rituel, -elle /Rityɛl/ ADJ, NM ritual

rivage /Rivaʒ/ NM shore

rival, e (mpl **-aux**) /Rival, o/ ADJ, NM,F rival

rivaliser /Rivalize/ /TABLE 1/ VI **~ avec** [personne] to rival; [chose] to hold its own against

rivalité /Rivalite/ NF rivalry; **~s de personnes** rivalry between people

rive /Riv/ NF [de mer, lac] shore; [de rivière] bank; **la ~ gauche/droite (de la Seine)** the left/right bank (of the Seine)

ⓘ RIVE GAUCHE, RIVE DROITE
The terms **rive gauche** and **rive droite** are social and cultural notions as well as geographical ones. The Left Bank of the Seine (ie the southern half of Paris) is traditionally associated with the arts (especially literature), with students and with a somewhat Bohemian lifestyle. The Right Bank is generally viewed as being more traditionalist, commercially-minded and conformist.
▷ www.paris.fr

---

rivé, e /Rive/ ADJ **~ à** [+ bureau, travail] tied to; [+ chaise] glued to; **les yeux ~s sur moi** (with) his eyes riveted on me; **rester ~ sur place** to be riveted to the spot; **~ à la télé**• glued to the TV•

riverain, e /Riv(ə)Rɛ̃, ɛn/ NM,F resident; **« stationnement interdit sauf aux ~s »** "resident parking only"

rivière /ʁivjɛʁ/ NF river; **~ de diamants** diamond necklace

rixe /ʁiks/ NF brawl

Riyad /ʁijad/ N Riyadh

riz /ʁi/ NM rice; **~ sauvage** wild rice; **~ brun** *ou* **complet** brown rice; **~ cantonais** fried rice; **~ au lait** rice pudding

rizière /ʁizjɛʁ/ NF paddy-field

RMI /ɛʁɛmi/ NM (ABBR = **revenu minimum d'insertion**) ≈ income support (*Brit*), ≈ welfare (*US*)

RMiste, rmiste /ɛʁɛmist/ NMF *person on welfare*

RN /ɛʁɛn/ NF (ABBR = **route nationale**) main road

robe /ʁɔb/ 1 NF ⓐ [*de femme*] dress; [*de magistrat, prélat*] robe; [*de professeur*] gown
ⓑ [*de cheval, fauve*] coat
ⓒ [*de vin*] colour (*Brit*), color (*US*)
2 COMP ✦ **robe bain de soleil** sundress ✦ **robe de bal** ball gown ✦ **robe bustier** off-the-shoulder dress ✦ **robe de chambre** dressing gown; **pommes de terre en ~ de chambre** *ou* **des champs** baked potatoes ✦ **robe chasuble** pinafore dress ✦ **robe chemisier** shirtwaister dress (*Brit*), shirtwaist dress (*US*) ✦ **robe de communion** *ou* **de communiante** first communion dress ✦ **robe d'hôtesse** hostess gown ✦ **robe d'intérieur** housecoat ✦ **robe de mariée** wedding dress ✦ **robe du soir** evening dress

robinet /ʁɔbinɛ/ NM ⓐ [*d'évier, baignoire, tonneau*] tap (*Brit*), faucet (*US*); **~ d'eau chaude/froide** hot/cold tap (*Brit*) *ou* faucet (*US*); **~ du gaz** gas tap ⓑ (*langage enfantin = pénis*) willy* (*Brit*), peter* (*US*)

Robinson Crusoé /ʁɔbɛ̃sɔ̃kʁyzɔe/ NM Robinson Crusoe

robot /ʁɔbo/ NM robot; **~ ménager** *ou* **de cuisine** food processor

robotique /ʁɔbɔtik/ NF robotics (*sg*)

robotisation /ʁɔbɔtizasjɔ̃/ NF [*d'atelier, usine*] automation

robotiser /ʁɔbɔtize/ /TABLE 1/ VT [+ *atelier, usine*] to automate; **des gens complètement robotisés** people who have been turned into robots

robuste /ʁɔbyst/ ADJ robust; [*voiture*] solid

robustesse /ʁɔbystɛs/ NF robustness; [*de voiture*] solidity

roc /ʁɔk/ NM rock

rocade /ʁɔkad/ NF (= *route*) bypass

rocaille /ʁɔkaj/ 1 ADJ [*objet, style*] rocaille 2 NF ⓐ (= *cailloux*) loose stones; (= *terrain*) rocky ground ⓑ (= *jardin*) rockery; **plantes de ~** rock plants

rocailleux, -euse /ʁɔkajø, øz/ ADJ [*terrain*] rocky; [*son, voix*] harsh

rocambolesque /ʁɔkɑ̃bɔlɛsk/ ADJ [*aventures, péripéties*] fantastic

roche /ʁɔʃ/ NF rock

rocher /ʁɔʃe/ NM (= *bloc*) rock; (*gros, lisse*) boulder; **le ~ de Gibraltar** the Rock (of Gibraltar)

rocheux, -euse /ʁɔʃø, øz/ 1 ADJ rocky; **paroi rocheuse** rock face 2 NFPL **Rocheuses** : **les (montagnes) Rocheuses** the Rocky Mountains

rock /ʁɔk/ (*Musique*) 1 ADJ rock 2 NM (= *musique*) rock; (= *danse*) jive; **danser le ~** to jive; **~ and roll** *ou* **'n' roll** rock 'n' roll; **~ acrobatique** acrobatic dancing

rockeur, -euse /ʁɔkœʁ, øz/ NM,F (= *chanteur*) rock singer; (= *musicien*) rock musician; (= *fan*) rocker

rocking-chair (*pl* **rocking-chairs**) /ʁɔkiŋ(t)ʃɛʁ/ NM rocking chair

rococo /ʁɔkoko/ NM, ADJ INV (*Art*) rococo

rodage /ʁɔdaʒ/ NM ⓐ [*de véhicule, moteur*] running in (*Brit*), breaking in (*US*); **la voiture était en ~** the car was being run in (*Brit*) *ou* broken in (*US*) ⓑ (= *mise au point*) **on a dû prévoir une période de ~** we had to allow some time to get up to speed; **ce spectacle a demandé un certain ~** the show took a little while to get over its teething troubles

rodéo /ʁɔdeo/ NM (= *sport*) rodeo; (= *poursuite*) high-speed car chase

roder /ʁɔde/ /TABLE 1/ VT ⓐ [+ *véhicule, moteur*] to run in (*Brit*), to break in (*US*) ⓑ (= *mettre au point*) **il faut ~ ce spectacle** we have to give this show time to get over its teething troubles; **ce spectacle est maintenant bien rodé** all the initial problems in the show have been ironed out; **il n'est pas encore rodé** [*personne*] he hasn't quite got the hang of it yet

rôder /ʁode/ /TABLE 1/ VI (*au hasard*) to wander about; (*de façon suspecte*) to loiter; (= *être en maraude*) to prowl about; **~ autour de qn** to hang around sb

rôdeur, -euse /ʁodœʁ, øz/ NM,F prowler

rogne* /ʁɔɲ/ NF **être en ~** to be really mad; **se mettre en ~** to get really mad

rogner /ʁɔɲe/ /TABLE 1/ VT ⓐ [+ *ongle, page, plaque*] to trim ⓑ **~ sur** [+ *dépense, prix, salaires*] to cut back on

rognon /ʁɔɲɔ̃/ NM kidney

roi /ʁwa/ NM king; **le ~ des animaux** the king of the beasts; **~ du pétrole** oil king; **tu es vraiment le ~ (des imbéciles)!*** you really are a prize idiot!*; **c'est le ~ des cons**** he's an utter cretin* (*Brit*) *ou* a total asshole** (*US*); **le jour des Rois** Twelfth Night; (*Rel*) Epiphany; **tirer les ~s** to eat Twelfth Night cake

---

> ❶ **LES ROIS**
>
> *At Epiphany, it is traditional for French people to get together and share a "galette des rois", a round, flat pastry filled with almond paste. A small figurine (la fève) is baked inside the pastry, and the person who finds it in his or her portion is given a cardboard crown to wear. This tradition is known as "tirer les rois". In some families, a child goes under the table while the pastry is being shared out and says who should receive each portion.*

Roi-Soleil /ʁwasɔlɛj/ NM **le ~** the Sun King

roitelet /ʁwat(ə)lɛ/ NM (= *oiseau*) wren

rôle /ʁol/ NM ⓐ [*d'acteur*] role; **jouer un ~** [*acteur*] to play a part; (*fig*) to put on an act; [*fait, circonstance*] to play a part; **premier ~** leading role; **jouer les seconds ~s** [*acteur*] to play minor parts; (*fig*) to play second fiddle; **~ de composition** character role; **savoir son ~** to know one's lines; **distribuer les ~s** to cast the parts; **inverser** *ou* **renverser les ~s** to reverse the roles; **avoir le beau ~** to have it easy
ⓑ (= *fonction, statut*) role; (= *contribution*) part; (= *devoir, travail*) job; **il a un ~ important dans l'organisation** he has an important role in the organization; **quel a été son ~ dans cette affaire?** what part did he play in this business?; **la télévision a pour ~ de ...** the role of television is to ...

rôle-titre (*pl* **rôles-titres**) /ʁoltitʁ/ NM title role

roller /ʁɔlœʁ/ NM roller skate; **~ en ligne** in-line roller skate; **faire du ~** to roller-skate; **faire du ~ en ligne** to rollerblade

Rolls ® /ʁɔls/ NF Rolls; (*fig*) Rolls Royce

ROM /ʁɔm/ NF (ABBR = **Read Only Memory**) ROM

romain, e /ʁɔmɛ̃, ɛn/ 1 ADJ Roman 2 NM,F **Romain(e)** Roman 3 NF **romaine** romaine lettuce

roman[1] /ʁɔmɑ̃/ NM novel; **ça n'arrive que dans les ~s** it only happens in novels; **sa vie est un vrai ~** his life is like something out of a novel ✦ **roman d'amour** love story ✦ **roman d'aventures** adventure story ✦ **roman de cape et d'épée** swashbuckler ✦ **roman à clés** roman à clés ✦ **roman d'espionnage** spy story ✦ **roman de gare** airport novel ✦ **roman noir** gritty thriller ✦ **roman policier** detective novel

roman[2], **e** /ʁɔmɑ̃, an/ 1 ADJ (*Archit*) Romanesque; (*en Grande-Bretagne*) Norman 2 NM (*Archit*) **le ~** the Romanesque

romancer /ʁɔmɑ̃se/ /TABLE 3/ VT (= *présenter sous forme de roman*) to make into a novel; (= *agrémenter*) to romanticize; **histoire romancée** fictionalized history

romancier, ière /ʁɔmɑ̃sje, jɛʁ/ NM,F novelist

romand, e /ʁɔmɑ̃, ɑ̃d/ ADJ of French-speaking Switzerland; **les Romands** the French-speaking Swiss

romanesque /ʀɔmanɛsk/ ADJ ⓐ [*aventures, histoire*] fabulous; [*amours*] storybook; [*imagination, personne*] romantic ⓑ (*de fiction*) **œuvre ~** novel

roman-feuilleton (*pl* **romans-feuilletons**) /ʀɔmãfœjtɔ̃/ NM serialized novel

roman-fleuve (*pl* **romans-fleuves**) /ʀɔmãflœv/ NM saga

romanichel, -elle: /ʀɔmaniʃɛl/ NM,F (*injurieux*) gipsy

roman-photo (*pl* **romans-photos**) /ʀɔmãfɔto/ NM photo romance

romantique /ʀɔmãtik/ ADJ, NMF romantic

romantisme /ʀɔmãtism/ NM romanticism; **le ~** (*mouvement artistique*) the Romantic Movement

romarin /ʀɔmaʀɛ̃/ NM rosemary

Rome /ʀɔm/ N Rome

Roméo /ʀɔmeo/ NM Romeo

rompre /ʀɔ̃pʀ/ /TABLE 41/ **1** VT to break; [+ *fiançailles, pourparlers, relations diplomatiques*] to break off; [+ *solitude, isolement*] to put an end to; **~ l'équilibre** to upset the balance; **~ le charme** to break the spell; **rompez (les rangs)!** (*Mil*) fall out! **2** VI ⓐ (= *se séparer de*) **~ avec qn** to break with sb; **il n'a pas le courage de ~** he hasn't got the courage to break it off; **~ avec de vieilles habitudes/la tradition** to break with old habits/tradition ⓑ [*corde, digue*] to break

rompu, e /ʀɔ̃py/ (*ptp de* **rompre**) ADJ (= *expérimenté*) **être ~ aux affaires** to have wide business experience

romsteck /ʀɔmstɛk/ NM rumpsteak (*NonC*)

ronce /ʀɔ̃s/ NF ⓐ (= *branche*) bramble branch; **~s** (= *buissons*) brambles ⓑ (= *bois de menuiserie*) burr

ronchon, -onne /ʀɔ̃ʃɔ̃, ɔn/ **1** ADJ grumpy **2** NM,F grumbler

ronchonner /ʀɔ̃ʃɔne/ /TABLE 1/ VI to grumble (**après** at)

ronchonneur, -euse /ʀɔ̃ʃɔnœʀ, øz/ **1** ADJ grumpy **2** NM,F grumbler

rond, e¹ /ʀɔ̃, ʀɔ̃d/ **1** ADJ ⓐ round; [*épaules*] fleshy; [*fesses*] plump; [*poitrine*] full; **une petite femme toute ~e** a plump little woman; **un petit homme ~** a tubby little man; **regarder qn avec des yeux ~s** to stare wide-eyed at sb ⓑ (= *net*) round; **ça fait un compte ~** it makes a round number ⓒ (= *soûl*)* drunk; **être ~ comme une bille** *ou* **comme une queue de pelle** to be blind drunk*

2 NM ⓐ (= *cercle*) ring; **faire des ~s de fumée** to blow smoke rings; **faire des ~s dans l'eau** to make rings in the water; **faire des ~s de jambes** (*péj*) to bow and scrape; **~ de serviette** napkin ring

♦ **en rond** in a circle; **s'asseoir/danser en ~** to sit/dance in a circle; **tourner en ~** (*à pied*) to walk round and round; (*en voiture*) to drive round in circles; (*enquête, discussion*) to go round in circles

ⓑ (= *sou*)* **~s** cash* (*NonC*); **avoir des ~s** to be loaded*; **il n'a pas le** *ou* **un ~** he hasn't got a penny to his name; **il n'a plus un ~** he's broke*; **ça doit valoir des ~s!** that must be worth a mint!*

3 ADV **tourner ~** to run smoothly; **ça ne tourne pas ~ chez elle*** she's got a screw loose*; **qu'est-ce qui ne tourne pas ~ ?*** what's the matter?

♦ **tout rond** : **ça fait 50 € tout ~** it comes to exactly 50 euros; **avaler qch tout ~** to swallow sth whole

ronde² /ʀɔ̃d/ NF ⓐ (= *surveillance*) patrol; **faire sa ~** to be on patrol ⓑ (= *danse*) round; **faites la ~** dance round in a circle ⓒ (= *note*) semibreve (*Brit*), whole note (*US*) ⓓ ♦ **à la ronde** : **à 10 km à la ~** within a 10km radius; **à des kilomètres à la ~** for miles around

rondelet, -ette /ʀɔ̃dlɛ, ɛt/ ADJ [*adulte*] plumpish; [*enfant*] chubby; [*somme*] tidy

rondelle /ʀɔ̃dɛl/ NF [*de carotte, saucisson*] slice; **couper en ~s** to slice

rondement /ʀɔ̃dmã/ ADV **une enquête ~ menée** an investigation that was conducted efficiently

rondeur /ʀɔ̃dœʀ/ NF [*de joues, visage, personne*] chubbiness; **les ~s d'une femme** a woman's curves; **pour gommer vos ~s** to give you a slimmer figure

rondin /ʀɔ̃dɛ̃/ NM log

rondouillard, e* /ʀɔ̃dujaʀ, aʀd/ ADJ tubby

rond-point (*pl* **ronds-points**) /ʀɔ̃pwɛ̃/ NM roundabout (*Brit*), traffic circle (*US*)

ronflant, e /ʀɔ̃flã, ãt/ ADJ [*discours*] high-flown; [*titre*] grand; [*style*] bombastic

ronflement /ʀɔ̃fləmã/ NM [*de dormeur*] snoring (*NonC*); **j'entendais des ~s** I could hear somebody snoring

ronfler /ʀɔ̃fle/ /TABLE 1/ VI ⓐ [*dormeur*] to snore; **faire ~ son moteur** to rev up one's engine ⓑ (= *dormir*)* to snore away

ronger /ʀɔ̃ʒe/ /TABLE 3/ **1** VT ⓐ [*souris*] to gnaw away at; [*acide, pourriture, rouille*] to eat into; **~ un os** [*chien*] to gnaw at a bone; **rongé par les vers** worm-eaten; **rongé par la rouille** eaten into by rust; **fresques rongées par l'humidité** mildewed frescoes; **~ son frein** to champ at the bit ⓑ [*chagrin, pensée*] to gnaw away at; **rongé par la maladie** sapped by illness **2** VPR **se ronger** : **se ~ les ongles** to bite one's nails

rongeur /ʀɔ̃ʒœʀ/ NM rodent

ronronnement /ʀɔ̃ʀɔnmã/ NM purring (*NonC*)

ronronner /ʀɔ̃ʀɔne/ /TABLE 1/ VI to purr

roque /ʀɔk/ NM (*Échecs*) castling; **grand/petit ~** castling queen's/king's side

roquet /ʀɔkɛ/ NM (nasty little) dog

rosace /ʀozas/ NF [*de cathédrale*] rose window

rosâtre /ʀozatʀ/ ADJ pinkish

rosbif /ʀɔsbif/ NM ⓐ (= *rôti*) roast beef (*NonC*); (*à rôtir*) roasting beef (*NonC*); **un ~** a joint of beef ⓑ (‡†, *péj* = *Anglais*) Brit*

rose /ʀoz/ **1** NF (= *fleur*) rose

2 NM (= *couleur*) pink

3 ADJ ⓐ [*joues, teint*] rosy; **~ bonbon** candy pink; **~ saumon** salmon pink; **tout n'est pas ~ !** it's no bed of roses; **voir la vie en ~** to see life through rose-tinted glasses; **découvrir le pot aux ~s** to discover what's been going on ⓑ (*hum* = *socialiste*) left-wing ⓒ (= *érotique*) **messageries ~s** sex chatlines (*on Minitel*); **téléphone ~** phone sex

4 COMP ♦ **rose des sables** gypsum flower ♦ **rose trémière** hollyhock ♦ **rose des vents** compass rose

> ► When **rose** is combined with another word, such as **bonbon**, to indicate a shade, there is no agreement with the noun: **des rideaux roses**, but **des rideaux rose bonbon**.

rosé, e¹ /ʀoze/ **1** ADJ [*couleur*] pinkish; [*vin*] rosé; [*viande cuite*] pink **2** NM (= *vin*) rosé

roseau (*pl* **roseaux**) /ʀozo/ NM reed

rosée² /ʀoze/ NF dew

rosette /ʀozɛt/ NF (= *nœud*) rosette; **avoir la ~** to be an officer of the Légion d'honneur → [LÉGION D'HONNEUR]

rosier /ʀozje/ NM rosebush

rosse /ʀɔs/ ADJ nasty; **tu as vraiment été ~ (avec lui)** you were really nasty (to him)

rossignol /ʀɔsiɲɔl/ NM (= *oiseau*) nightingale

rot /ʀo/ NM (= *renvoi*) burp

rotation /ʀɔtasjɔ̃/ NF ⓐ (= *mouvement*) rotation; **mouvement de ~** rotating movement ⓑ (*de matériel, stock*) turnover; **taux de ~ du personnel** staff turnover rate

roter* /ʀɔte/ /TABLE 1/ VI to burp

rôti /ʀoti/ NM joint; **un ~ de bœuf/porc** a joint of beef/pork

rotin /ʀɔtɛ̃/ NM rattan; **chaise de** *ou* **en ~** rattan chair

rôtir /ʀotiʀ/ /TABLE 2/ **1** VT (*faire*) **~** to roast; **poulet rôti** roast chicken **2** VI (*Cuisine*) to roast; (= *bronzer*)* to roast; **mettre un canard à ~** to put a duck in the oven to roast **3** VPR **se rôtir** : **se ~ au soleil*** to bask in the sun

rôtisserie /ʀotisʀi/ NF (*dans nom de restaurant*) grill; (= *boutique*) shop selling roast meat

rôtissoire /ʀotiswaʀ/ NF rotisserie

rotule /ʀotyl/ NF kneecap; **être sur les ~s** to be dead beat*

rouage /ʀwaʒ/ NM [*d'engrenage*] cogwheel; [*de montre*] part; **il n'est qu'un ~ dans cette organisation** he's merely a cog in this organization; **les ~s de l'État** the machinery of state

roubignoles ⁑ /ʀubiɲɔl/ NFPL balls⁑

roublard, e* /ʀublaʀ, aʀd/ 1 ADJ crafty 2 NM,F crafty devil*

rouble /ʀubl/ NM rouble

roucouler /ʀukule/ /TABLE 1/ 1 VI [*oiseau*] to coo; [*amoureux*]* to bill and coo; [*chanteur*] to croon 2 VT [+ *mots d'amour*] to coo

roudoudou /ʀududu/ NM *sweet in the form of a small shell filled with hard confectionery*

roue /ʀu/ NF [*de véhicule, loterie, moulin*] wheel; [*d'engrenage*] cogwheel; **il s'est jeté sous les ~s de la voiture** he threw himself under the car; **véhicule à deux ~s** two-wheeled vehicle; **la ~ tourne!** things change!; **faire la ~** [*paon*] to spread its tail; [*gymnaste*] to do a cartwheel; **la grande ~** (= *manège*) the big wheel (*Brit*), the Ferris Wheel (*US*) ♦ **roue à aubes** [*de bateau*] paddle wheel ♦ **roue dentée** cogwheel ♦ **roue libre: descendre une côte en ~ libre** to freewheel down a hill ♦ **roue motrice** driving wheel; **véhicule à 4 ~s motrices** 4-wheel drive vehicle ♦ **roue de secours** spare wheel (*Brit*) *ou* tire (*US*)

rouer /ʀwe/ /TABLE 1/ VT **~ qn de coups** to give sb a beating

rouge /ʀuʒ/ 1 ADJ red; **~ de colère/confusion/honte** red with anger/embarrassment/shame; **~ d'émotion** flushed with emotion; **devenir ~ comme une pivoine** to blush; **il est ~ comme un un homard** *ou* **une pivoine** *ou* **une écrevisse** *ou* **une tomate** he's as red as a beetroot

2 ADV **voir ~** to see red

3 NM ⓐ (= *couleur*) red; **le feu est au ~** the lights are red; **passer au ~** [*feu*] to change to red; [*conducteur*] to go through a red light; **être dans le ~*** to be in the red*
ⓑ (= *vin*) red wine;* **boire un coup de ~*** to have a glass of red wine
ⓒ (*à lèvres*) lipstick

4 NMF (*péj* = *communiste*) Red* (*péj*)

5 COMP ♦ **rouge cerise** ADJ INV cherry-red ♦ **rouge à joues** blusher ♦ **rouge à lèvres** lipstick

> ► When **rouge** is combined with another word, such as **foncé**, to indicate a shade, there is no agreement with the noun: **des rideaux rouges**, but **des rideaux rouge foncé**.

rougeâtre /ʀuʒatʀ/ ADJ reddish

rougeaud, e /ʀuʒo, od/ ADJ red-faced

rouge-gorge (*pl* **rouges-gorges**) /ʀuʒgɔʀʒ/ NM robin

rougeole /ʀuʒɔl/ NF **la ~** (the) measles (*sg*); **il a eu la ~** he had measles

rougeoyer /ʀuʒwaje/ /TABLE 8/ VI [*couchant, feu, braises*] to glow red

rouget /ʀuʒɛ/ NM red mullet

rougeur /ʀuʒœʀ/ NF red blotch

rougir /ʀuʒiʀ/ /TABLE 2/ 1 VI ⓐ (*de honte, gêne*) to blush (**de** with); (*de plaisir, d'émotion*) to flush (**de** with); **à ces mots, elle rougit** she blushed at the words; **faire ~ qn** to make sb blush; **je n'ai pas à ~ de cela** that is nothing for me to be ashamed of ⓑ (*après un coup de soleil*) to go red ⓒ [*feuille*] to go red; [*métal*] to become red-hot; [*fraises, tomates*] to turn red 2 VT **les yeux rougis** (*par les larmes*) with red eyes; (*par l'alcool, la drogue*) with bloodshot eyes

rouille /ʀuj/ 1 NF ⓐ (= *sauce*) spicy Provençal sauce eaten with fish 2 ADJ INV rust-coloured

rouillé, e /ʀuje/ (*ptp de* **rouiller**) ADJ ⓐ [*objet, métal*] rusty ⓑ [*personne*] (*intellectuellement*) rusty; (*physiquement*) out of practice; [*mémoire*] rusty; [*muscles*] stiff

rouiller /ʀuje/ /TABLE 1/ 1 VI to rust 2 VT [+ *objet, métal*] to make rusty

roulade /ʀulad/ NF ⓐ (= *plat*) roulade; **~ de veau** veal roulade ⓑ (= *saut*) roll

roulant, e /ʀulɑ̃, ɑ̃t/ ADJ ⓐ (= *mobile*) [*meuble*] on wheels; [*trottoir*] moving ⓑ (*Rail*) **matériel ~** rolling stock; **personnel ~** train crews

roulé, e /ʀule/ (*ptp de* **rouler**) 1 ADJ **elle est bien ~e*** she's got all the right curves in all the right places 2 NM (= *gâteau*) Swiss roll

rouleau (*pl* **rouleaux**) /ʀulo/ 1 NM ⓐ (= *bande, cylindre*) roll; **~ de papier/tissu/pellicule** roll of paper/material/film ⓑ (= *outil, ustensile*) roller; **avoir des ~x dans les cheveux** to have one's hair in curlers *ou* rollers; **peindre au ~** to paint with a roller ⓒ (= *vague*) roller ⓓ (= *saut*) roll 2 COMP ♦ **rouleau compresseur** steamroller ♦ **rouleau de papier hygiénique** toilet roll ♦ **rouleau de parchemin** scroll of parchment ♦ **rouleau à pâtisserie** rolling pin ♦ **rouleau de printemps** spring roll

roulement /ʀulmɑ̃/ 1 NM ⓐ [*d'équipe, ouvriers*] rotation; **travailler par ~** to work in rotation; **pour le ménage, on fait un ~** we take it in turns to do the housework ⓑ [*de capitaux*] circulation 2 COMP ♦ **roulement (à billes)** ball bearings ♦ **roulement de tambour** drum roll ♦ **roulement de tonnerre** roll of thunder

rouler /ʀule/ /TABLE 1/ 1 VT ⓐ (= *pousser, tourner*) to roll; [+ *ficelle, tapis, tissu, carte*] to roll up; **~ qn dans une couverture** to roll sb up in a blanket
ⓑ [+ *pâte*] to roll out
ⓒ (= *duper*)* to con*; (*sur le prix, le poids*) to do* (**sur** over); **elle m'a roulé de 50 €** she's done* me out of 50 euros; **se faire ~** to be done*; **il s'est fait ~ dans la farine*** he was had*
ⓓ **~ des mécaniques**⁑ (*en marchant*) to swagger; (= *montrer sa force, ses muscles*) to show off one's muscles; (*intellectuellement*) to show off; **il a roulé sa bosse*** he's been around*

2 VI ⓐ [*voiture, train*] to run; **le train roulait à vive allure à travers la campagne** the train was racing along through the countryside; **cette voiture a très peu/beaucoup roulé** this car has a very low/high mileage; **le véhicule roulait à gauche** the vehicle was driving on the left; **~ au pas** (*par prudence*) to go dead slow (*Brit*); (*dans un embouteillage*) to crawl along; **le train roulait à 150 à l'heure** the train was doing 150 kilometres an hour; **sa voiture roule au gazole** his car runs on diesel
ⓑ [*passager, conducteur*] to drive; **~ à 80 km à l'heure** to drive at 80km per hour; **on a bien roulé*** we made good time; **ça roule/ça ne roule pas bien** the traffic is/is not flowing well; **il roule en 2CV** he drives a 2CV
ⓒ [*boule, bille, dé*] to roll; **une larme roula sur sa joue** a tear rolled down his cheek; **il a roulé en bas de l'escalier** he rolled right down the stairs; **il a roulé sous la table** (*ivre*) he was under the table; **faire ~** [+ *boule*] to roll
ⓓ [*bateau*] to roll
ⓔ (= *aller bien*)* **ça roule ?** how's things?*; **c'est une affaire qui roule** it's going well
ⓕ **~ sur l'or** to be rolling in money*

3 VPR **se rouler** ⓐ (*allongé sur le sol ou sur qch*) to roll; **se ~ par terre/dans l'herbe** to roll on the ground/in the grass; **se ~ par terre de rire** to fall about* laughing
ⓑ (= *s'enrouler*) **se ~ dans une couverture/en boule** to roll o.s. up in a blanket/into a ball

roulette /ʀulɛt/ NF ⓐ [*de meuble*] caster; **fauteuil à ~s** armchair on casters; **ça a marché comme sur des ~s*** it went very smoothly ⓑ **~ de dentiste** dentist's drill ⓒ (= *jeu*) roulette; **jouer à la ~** to play roulette; **~ russe** Russian roulette

roulis /ʀuli/ NM rolling (*NonC*); **il y a beaucoup de ~** the ship is rolling a lot; **coup de ~** roll

roulotte /ʀulɔt/ NF caravan (*Brit*), trailer (*US*)

roumain, e /ʀumɛ̃, ɛn/ 1 ADJ Romanian 2 NM (= *langue*) Romanian 3 NM,F **Roumain(e)** Romanian

Roumanie /ʀumani/ NF Romania

round /ʀaund/ NM (Boxe) round

roupiller * /ʀupije/ /TABLE 1/ VI (= dormir) to sleep; (= faire un petit somme) to have a snooze*; **je n'arrive pas à ~** I can't sleep; **secouez-vous, vous roupillez !** pull yourself together - you're half asleep!

roupillon * /ʀupijɔ̃/ NM snooze*; **piquer** ou **faire un ~** to have a snooze*

rouquin, e /ʀukɛ̃, in/ **1** ADJ [personne] ginger; [cheveux] ginger-haired **2** NM,F redhead

rouspéter * /ʀuspete/ /TABLE 6/ VI to moan* (**après, contre** at)

rouspéteur, -euse * /ʀuspetœʀ, øz/ NM,F moaner*

rousse /ʀus/ ADJ → roux

roussi /ʀusi/ NM **ça sent le ~ !** (le brûlé) there's a smell of burning; (ennuis) I can smell trouble

roussir /ʀusiʀ/ /TABLE 2/ **1** VT [fer à repasser] to singe; [soleil] to scorch **2** VI [feuilles] to go brown

routard, e /ʀutaʀ, aʀd/ NM,F backpacker

route /ʀut/ NF (a) (= voie de communication) road; **~ nationale** main road; **~ départementale** ou **secondaire** minor road; **prenez la ~ de Lyon** take the road to Lyon; **«~ barrée »** "road closed"
(b) (= chemin à suivre) way; (= direction, cap) course; **je t'emmène, c'est (sur) ma ~** I'll take you - it's on my way; **indiquer la ~ à qn** to show the way to sb
(c) (= ligne de communication) route; **~ aérienne/maritime** air/sea route; **la ~ de la soie** the Silk Road; **la ~ des vins/du whisky** the wine/whisky trail
(d) (= trajet) trip; **bonne ~ !** have a good trip!; **il y a trois heures de ~** (en voiture) it's a three-hour drive; (à bicyclette) it's a three-hour ride; **ils ont fait toute la ~ à pied/à bicyclette** they walked/cycled the whole way
(e) (= ligne de conduite) route; **la ~ à suivre** the road to follow; **votre ~ est toute tracée** your path is set out for you; **être sur la bonne ~** (dans la vie) to be on the right road; (dans un problème) to be on the right track; **nos ~s se sont croisées** our paths crossed
(f) (locutions) **faire ~ vers** to be bound for; **prendre la ~** to set off; **tenir la ~** [voiture] to hold the road; [argument, raisonnement]* to hold water; [solution, politique] to be viable
♦ **en route** on the way; **en ~ !** let's go!; **en ~ pour** bound for; **avoir plusieurs projets en ~** to have several projects on the go; **mettre en ~** [+ machine, moteur] to start; [+ processus, projet, réforme] to set in motion; **mise en ~** [de machine] starting up; [de processus, projet] setting in motion; **se mettre en ~** to set off; **se remettre en ~** to set off again

routier, -ière /ʀutje, jɛʀ/ **1** ADJ [carte, circulation, réseau, transport] road **2** NM (= camionneur) long-distance truck driver; (= restaurant) ≈ transport café (Brit), ≈ truckstop (US); **un vieux ~ de la politique** an old hand at politics **3** NF **routière** (= voiture) touring car; (= moto) road bike

routine /ʀutin/ NF routine; **tomber dans la ~** to fall into a routine; **contrôle/opération de ~** routine check/operation

routinier, -ière /ʀutinje, jɛʀ/ ADJ [procédé, travail, vie] routine; [personne] routine-minded

rouvrir /ʀuvʀiʀ/ /TABLE 18/ VT, VI to reopen

roux, rousse /ʀu, ʀus/ **1** ADJ [cheveux, barbe] (foncé) red; (clair) ginger; [pelage, feuilles] reddish-brown **2** NM,F redhead **3** NM (a) (= couleur) red; (= orangé) ginger; [de pelage, feuille] reddish-brown (b) (Cuisine) roux

royal, e /ʀwajal, o/ ADJ (mpl **-aux**) royal; (= superbe) [cadeau, demeure, repas] fit for a king (attrib); [salaire] princely; [indifférence, mépris] majestic; **il m'a fichu une paix ~e** * he left me in perfect peace

royalement /ʀwajalmɑ̃/ ADV [recevoir, vivre] in royal fashion; **je m'en moque ~** * I couldn't care less*; **il m'a ~ offert 100 € d'augmentation** (iro) he offered me a princely 100-euro rise (iro)

royaliste /ʀwajalist/ ADJ, NMF royalist

royalties /ʀwajalti/ NFPL royalties; **toucher des ~** to receive royalties

royaume /ʀwajom/ NM kingdom; **le ~ céleste** ou **des cieux** ou **de Dieu** the kingdom of heaven ou God

Royaume-Uni /ʀwajomyni/ NM **le ~ (de Grande-Bretagne et d'Irlande du Nord)** the United Kingdom (of Great Britain and Northern Ireland)

royauté /ʀwajote/ NF (= régime) monarchy; (= fonction, dignité) kingship

RP NFPL (ABBR = **relations publiques**) PR

RPR /ɛʀpeɛʀ/ NM (ABBR = **Rassemblement pour la République**) former French political party

RSVP /ɛʀɛsvepe/ (ABBR = **répondez s'il vous plaît**) RSVP

RTT NF (ABBR = **réduction du temps de travail**) reduction of working hours

RU /ʀy/ NM (ABBR = **restaurant universitaire**) university refectory

ruade /ʀɥad/ NF kick; **lancer une ~** to kick out

ruban /ʀybɑ̃/ NM ribbon; **le ~ (rouge)** (de la Légion d'honneur) the ribbon of the Légion d'Honneur → LÉGION D'HONNEUR ♦ **ruban adhésif** adhesive tape

rubéole /ʀybeɔl/ NF German measles (sg); **il a la ~** he has German measles

rubis /ʀybi/ ADJ INV, NM ruby

rubrique /ʀybʀik/ NF (a) (= article, chronique) column; **~ sportive/littéraire/mondaine/nécrologique** sports/literary/social/obituary column (b) (= catégorie, titre) heading; **sous cette même ~** under the same heading

ruche /ʀyʃ/ NF (bee)hive

rude /ʀyd/ ADJ (a) [adversaire métier, vie, combat] tough; [climat, hiver] harsh; **c'est un ~ coup pour elle** it's a severe blow for her; **être mis à ~ épreuve** [personne] to be severely tested; [appareil, tissu] to receive rough treatment; **mes nerfs ont été mis à ~ épreuve** it was a great strain on my nerves (b) [surface, barbe, peau] rough; [voix] harsh (c) (= fruste) [manières] crude; [traits] rugged (d) (= bourru) [personne, caractère] hard; [manières] rough

rudement /ʀydmɑ̃/ ADV (a) [heurter, tomber] hard; [répondre] harshly; [traiter] roughly (b) (= très)* really; **elle danse ~ bien** she dances awfully well; **il avait ~ changé** he had really changed; **j'ai eu ~ peur** it gave me a dreadful fright

rudesse /ʀydɛs/ NF (a) [d'adversaire, métier, vie, combat] toughness; [de climat, hiver] harshness (b) [de surface, barbe, peau] roughness; **dit-il avec ~** he said harshly (c) [de personne] hardness; [de manières] roughness; **traiter qn avec ~** to treat sb roughly

rudimentaire /ʀydimɑ̃tɛʀ/ ADJ rudimentary; **les installations de l'hôpital sont très ~s** the hospital facilities are very basic

rudiments /ʀydimɑ̃/ NMPL [de discipline] rudiments; [de système, théorie] principles; **avoir quelques ~ de chimie** to have some basic knowledge of chemistry

rue /ʀy/ NF street; **~ à sens unique** one-way street; **scènes de la ~** street scenes; **élevé dans la ~** brought up in the street; **être à la ~** to be on the streets; **jeter qn à la ~** to throw sb out into the street; **descendre dans la ~** (pour protester) to take to the streets

> **🛈 RUE**
>
> *Many Paris street names are used, especially in the press, to refer to the famous institutions that have their homes there. The Ministry of Education is on the rue de Grenelle; the rue de Solférino refers to Socialist Party headquarters; the rue d'Ulm is where the "École normale supérieure" is situated, and the rue de Valois is the home of the Ministry of Culture. → QUAI*
>
> ▷ www.paris.fr
> ▷ www.parisinfo.com

ruée /ʀɥe/ NF rush; **à l'ouverture, ce fut la ~ dans le magasin** when the shop opened, there was a great rush for the entrance; **la ~ vers l'or** the gold rush

ruelle /ʀɥɛl/ NF (= rue) alleyway

ruer /ʀɥe/ /TABLE 1/ **1** VI [cheval] to kick out; **~ dans les brancards** (fig) to kick over the traces **2** VPR **se ruer: se ~**

sur [+ *article en vente, nourriture, personne*] to pounce on; [+ *emplois vacants*] to pounce at; **se ~ vers** [+ *porte, sortie*] to dash towards; **se ~ dans/hors de** [+ *maison, pièce*] to dash into/out of

rugby /ʀygbi/ NM rugby; **~ à quinze/treize** Rugby Union/League; **jouer au ~** *ou* **faire du ~** to play rugby

rugbyman /ʀygbiman/ (*pl* **rugbymen** /ʀygbimɛn/) NM rugby player

rugir /ʀyʒiʀ/ /TABLE 2/ VI to roar; **~ de colère** to roar with anger

rugissement /ʀyʒismɑ̃/ NM [*de fauve, mer, moteur*] roar; [*de vent, tempête*] howl; **~ de colère** roar of anger

rugosité /ʀygozite/ NF ⓐ [*de surface, peau, tissu*] roughness ⓑ (= *aspérité*) rough patch

rugueux, -euse /ʀygø, øz/ ADJ rough

ruine /ʀɥin/ NF (= *décombres, perte de fortune*) ruin; **causer la ~ de** to ruin; **courir** *ou* **aller à sa ~** to be on the road to ruin; **cette voiture est une vraie ~** that car will ruin me; **50 €, c'est pas la ~!*** 50 euros won't break the bank!* ♦ **en ruine(s)** in ruins; **tomber en ~** to fall in ruins

ruiner /ʀɥine/ /TABLE 1/ **1** VT to ruin; **ça ne va pas te ~!*** it won't ruin you! **2** VPR **se ruiner** (= *dépenser tout son argent*) to ruin o.s.; (= *dépenser trop*) to spend a fortune

ruineux, -euse /ʀɥinø, øz/ ADJ [*goût*] ruinously expensive; [*dépense*] ruinous

ruisseau (*pl* **ruisseaux**) /ʀɥiso/ NM (= *cours d'eau*) stream

ruisselant, e /ʀɥis(ə)lɑ̃, ɑ̃t/ ADJ streaming; **le visage ~ de larmes** his face streaming with tears; **son front ~ de sueur** his forehead dripping with sweat

ruisseler /ʀɥis(ə)le/ /TABLE 4/ VI ⓐ (= *couler*) to stream ⓑ (= *être couvert d'eau*) **~ (d'eau)** [*visage*] to stream with water; **le mur ruisselait** there was water running down the wall

ruissellement /ʀɥisɛlmɑ̃/ NM **le ~ de la pluie/de l'eau sur le mur** the rain/water streaming down the wall; **eaux de ~** run-off

rumeur /ʀymœʀ/ NF ⓐ (= *nouvelle imprécise*) rumour; **selon certaines ~s, elle …** rumour has it that she …; **il dément les ~s selon lesquelles …** he denies the rumours that …; **si l'on en croit la ~ publique, il …** if you believe what is publicly rumoured, he …; **faire courir de fausses ~s** to spread rumours ⓑ (= *protestation*) rumblings

ruminer /ʀymine/ /TABLE 1/ **1** VT (*Zool*) to ruminate; [+ *projet*] to ruminate on; [+ *chagrin*] to brood over; [+ *vengeance*] to ponder; **toujours dans son coin à ~ (ses pensées)** always in his corner chewing things over **2** VI to ruminate

rumsteck /ʀɔmstɛk/ NM rumpsteak (*NonC*)

rupin, e: /ʀypɛ̃, in/ **1** ADJ [*appartement, quartier*] plush*; [*personne*] filthy rich* **2** NM,F rich person; **c'est un ~** he's rolling in it*; **les ~s** the rich

rupture /ʀyptyʀ/ **1** NF ⓐ [*de relations diplomatiques, fiançailles, pourparlers*] breaking off; **la ~ du traité par ce pays** the breach of the treaty by this country; **après la ~ des négociations** after negotiations broke down
ⓑ (= *séparation amoureuse*) split; **sa ~ (d')avec Louise** his split with Louise

ⓒ [*de câble, branche, corde, poutre*] breaking; [*de digue, veine*] bursting; **en cas de ~ du barrage** should the dam burst; **point de ~** breaking point; (*Informatique*) breakpoint
ⓓ (= *solution de continuité*) break; **~ entre le passé et le présent** break between the past and the present; **~ de rythme** break in rhythm; **~ de ton** abrupt change of tone
ⓔ ♦ **en rupture** : **il est en ~ avec son parti** he's at odds with his party; **être en ~ avec le monde/les idées de son temps** to be at odds with the world/the ideas of one's time; **il est en ~ avec sa famille** he's estranged from his family

2 COMP ♦ **rupture de ban** : **en ~ de ban (avec la société)** at odds with society ♦ **rupture de contrat** breach of contract ♦ **rupture de stock** stock shortage; **être en ~ de stock** to be out of stock

rural, e (*mpl* **-aux**) /ʀyʀal, o/ **1** ADJ rural; **le monde ~** rural society; (= *agriculteurs*) the farming community **2** NM,F country person; **les ruraux** country people

ruse /ʀyz/ NF ⓐ (*pour gagner, obtenir un avantage*) cunning; (*pour tromper*) trickery ⓑ (= *subterfuge*) trick; **~ de guerre** stratagem

rusé, e /ʀyze/ (*ptp de* **ruser**) ADJ [*personne*] cunning; **~ comme un renard** as cunning as a fox; **c'est un ~** he's a crafty one

ruser /ʀyze/ /TABLE 1/ VI (= *être habile*) (*pour gagner, obtenir un avantage*) to use cunning; (*pour tromper*) to use trickery; **il va falloir ~ si l'on veut entrer** we'll have to use a bit of cunning if we want to get in

rush /ʀœʃ/ NM rush

russe /ʀys/ **1** ADJ Russian → **montagne 2** NM (= *langue*) Russian **3** NMF **Russe** Russian

Russie /ʀysi/ NF Russia

rustine Ⓡ /ʀystin/ NF rubber repair patch (*for bicycle tyre*)

rustique /ʀystik/ **1** ADJ rustic; [*plante*] hardy **2** NM (= *style*) rustic style

rustre /ʀystʀ/ **1** NM brute **2** ADJ brutish

rut /ʀyt/ NM **être en ~** [*mâle*] to be rutting; [*femelle*] to be on (*Brit*) *ou* in (*US*) heat

rutabaga /ʀytabaga/ NM swede, rutabaga (*US*)

rutilant, e /ʀytilɑ̃, ɑ̃t/ ADJ (= *brillant*) gleaming

Rwanda /ʀwɑ̃da/ NM Rwanda

rythme /ʀitm/ NM ⓐ [*cadence*] rhythm; **marquer le ~** to beat time; **au ~ de** [+ *musique*] to the rhythm of; **avoir le sens du ~** to have a sense of rhythm; **pièce qui manque de ~** slow-moving play
ⓑ (= *vitesse*) [*de production, battements du cœur, respiration*] rate; [*de travail, vie*] pace; **à un ~ infernal/régulier** at a phenomenal steady rate; **~ cardiaque** (rate of) heartbeat; **les ~s scolaires** the way the school year is divided up; **à ce ~-là, il ne va plus en rester** at that rate there won't be any left; **il n'arrive pas à suivre le ~** he can't keep up (the pace)

rythmé, e /ʀitme/ (*ptp de* **rythmer**) ADJ rhythmical; **bien ~** highly rhythmical

rythmer /ʀitme/ /TABLE 1/ VT (= *cadencer*) [+ *phrase, prose, travail*] to punctuate

rythmique /ʀitmik/ ADJ rhythmical

S

S (ABBR = **Sud**) S

S (ABBR = **seconde**) s

s' /s/ → **se, si**

s/ ABBR = **sur**

SA /ɛsa/ NF (ABBR = **société anonyme**) limited company; **Raymond SA** Raymond Ltd (*Brit*), Raymond Inc. (*US*)

sa /sa/ ADJ POSS → **son**

sabayon /sabajɔ̃/ NM zabaglione

sabbatique /sabatik/ ADJ sabbatical; **prendre une année ~** [*professeur*] to take a sabbatical year; [*étudiant, employé*] to take a year off; **être en congé ~** [*professeur*] to be on sabbatical; [*employé*] to be taking a year off

sable /sabl/ 1 NM sand; **de ~** [*dune*] sand; [*fond, plage*] sandy; **~s mouvants** quicksand 2 ADJ INV sandy

sablé /sable/ (*ptp de* **sabler**) NM (**gâteau**) **~** shortbread biscuit (*Brit*) ou cookie (*US*)

sabler /sable/ /TABLE 1/ VT ⓐ [*+ route*] to sand ⓑ **~ le champagne** to celebrate with champagne

sablier /sablije/ NM hourglass; (*pour cuisine*) egg-timer

saborder /sabɔrde/ /TABLE 1/ 1 VT [*+ entreprise*] to wind up; [*+ bateau, négociations, projet*] to scupper 2 VPR **se saborder** to scupper one's ship; [*candidat*] to ruin one's chances; [*parti, entreprise*] to wind itself up

sabot /sabo/ NM ⓐ (= *chaussure*) clog ⓑ hoof; **animal à ~s** hoofed animal; **le cheval lui donna un coup de ~** the horse kicked out at him; **~ de Denver** wheel clamp, Denver boot (*US*); **mettre un ~ à une voiture** to clamp a car

sabotage /sabɔtaʒ/ NM ⓐ (= *action*) sabotage; (= *acte*) act of sabotage ⓑ (= *bâclage*) botching

saboter /sabɔte/ /TABLE 1/ VT to sabotage; (= *bâcler*) to botch; (= *abîmer*) to ruin

saboteur, -euse /sabɔtœr, øz/ NM,F saboteur

sabre /sabr/ NM sabre (*Brit*), saber (*US*)

sabrer /sabre/ /TABLE 1/ VT ⓐ (*Mil*) to sabre (*Brit*), to saber (*US*), to cut down; **~ le champagne** to open a bottle of champagne using a big knife or a sabre ⓑ [*+ texte*]* to slash chunks out of*; [*+ passage, phrase*]* to cut out; [*+ projet*]* to axe ⓒ [*+ étudiant*]* to flunk*; [*+ employé*]* to fire*; **se faire ~** [*étudiant*] to be flunked*; [*employé*] to get fired* ⓓ [*+ devoir*]* to tear to pieces; [*+ livre, pièce*]* to pan*

sac¹ /sak/ 1 NM ⓐ bag; (*de grande taille, en toile*) sack; (= *cartable*) (school)bag; (*à bretelles*) satchel; (*pour achats*) shopping bag; **~ (en) plastique** plastic bag; **ils sont tous à mettre dans le même ~*** they're all as bad as each other; **l'affaire est** ou **c'est dans le ~*** it's in the bag*

ⓑ (= *10 francs*)✱ **dix/trente ~s** one hundred/three hundred euros

2 COMP ◆ **sac à bandoulière** shoulder bag ◆ **sac de couchage** sleeping bag ◆ **sac à dos** rucksack ◆ **sac à main** handbag, purse (*US*) ◆ **sac de plage** beach bag ◆ **sac polochon** sausage bag ◆ **sac à provisions** shopping bag ◆ **sac de sport** sports bag ◆ **sac de voyage** travelling bag; (*pour l'avion*) flight bag

sac² /sak/ NM (**mise à**) **~** [*de ville*] sacking (*NonC*); [*de maison, pièce*] ransacking (*NonC*); **mettre à ~** [*+ ville*] to sack; [*+ maison, pièce*] to ransack

saccade /sakad/ NF jerk; **avancer par ~s** to move along in fits and starts

saccadé, e /sakade/ ADJ [*démarche, gestes, style*] jerky; [*débit, respiration*] halting; [*bruit*] staccato; [*sommeil*] fitful

saccage /sakaʒ/ NM (= *destruction*) [*de pièce, bâtiment*] ransacking; [*de jardin*] wrecking; [*de forêt, littoral, planète*] destruction; (= *pillage*) [*de pays, ville*] sacking (*NonC*); [*de maison*] ransacking

saccager /sakaʒe/ /TABLE 3/ VT ⓐ (= *dévaster*) to wreck; [*+ forêt, littoral, planète*] to destroy; **ils ont tout saccagé dans la maison** they turned the whole house upside down; **champ saccagé par la grêle** field laid waste by the hail ⓑ (= *piller*) [*+ pays, ville*] to sack; [*+ maison*] to ransack

saccharine /sakarin/ NF saccharine

SACEM /sasɛm/ NF (ABBR = **Société des auteurs, compositeurs et éditeurs de musique**) *French body responsible for collecting and distributing music royalties*

sacerdoce /saserdɔs/ NM (*Rel*) priesthood; (*fig*) vocation

sache /saʃ/ VB → **savoir**

sachet /saʃɛ/ NM [*de bonbons, thé*] bag; [*de levure, sucre vanillé*] sachet; [*dé drogue*] small bag; [*de soupe*] packet; **~ d'aspirine** sachet of aspirin; **soupe en ~(s)** packet soup; **thé en ~(s)** tea bags; **café en ~s individuels** individual sachets of coffee

sacoche /sakɔʃ/ NF bag; (*pour outils*) toolbag; [*de cycliste*] (*de selle*) saddlebag; (*de porte-bagages*) pannier

sac-poubelle, **sac poubelle** (*pl* **sacs(-)poubelles**) /sakpubɛl/ NM bin liner (*Brit*), garbage bag (*US*)

sacquer✱ /sake/ /TABLE 1/ VT ⓐ [*+ employé*] to fire; **se faire ~** to get the push✱ ⓑ [*+ élève*] to mark (*Brit*) ou grade (*US*) strictly; **je me suis fait ~ à l'examen** the examiner gave me lousy* marks (*Brit*) ou grades (*US*) ⓒ (= *détester*) **je ne peux pas le ~** I can't stand him

sacre /sakr/ NM ⓐ [*de roi*] coronation; [*d'évêque*] consecration ⓑ (*Can = juron*) swearword

sacré, e /sakre/ (*ptp de* **sacrer**) 1 ADJ ⓐ (= *saint, inviolable*) sacred; **son sommeil, c'est ~** his sleep is sacred ⓑ (*avant le nom = maudit*)* blasted*; **elle a un ~ caractère** she's got a lousy* temper ⓒ (*avant le nom*)* **c'est un ~ imbécile** he's a real idiot; **c'est un ~ menteur** he's a terrible liar; **il a un ~ culot** he's got a heck* of a nerve; **elle a eu une ~e chance** she was damned lucky✱; **~ farceur !** you old devil!* 2 NM **le ~** the sacred

sacrement /sakrəmɑ̃/ NM sacrament; **recevoir les derniers ~s** to receive the last rites

sacrément✱ /sakremɑ̃/ ADV [*froid, intéressant, laid*] damned✱; **j'ai eu ~ peur** I was damned✱ scared

sacrer /sakre/ /TABLE 1/ VT [*+ roi*] to crown; [*+ évêque*] to consecrate; **il a été sacré champion du monde/meilleur joueur** he was crowned world champion/best player

sacrifice /sakrifis/ NM sacrifice; **faire des ~s** to make sacrifices; **être prêt à tous les ~s pour qn/qch** to be prepared to sacrifice everything for sb/sth; **~ de soi** self-sacrifice

sacrifié, e /sakʀifje/ (*ptp de* **sacrifier**) ADJ ⓐ [*peuple, troupe*] sacrificed; **les ~s du plan de restructuration** the victims of the restructuring plan ⓑ (*Commerce*) **articles ~s** items at knockdown prices; **« prix ~s »** "prices slashed"

sacrifier /sakʀifje/ /TABLE 7/ 1 VT ⓐ to sacrifice; (= *abandonner*) to give up; **il a dû ~ ses vacances** he had to give up his holidays

♦ **sacrifier à** [+ *mode, préjugés, tradition*] to conform to

2 VPR **se sacrifier** to sacrifice o.s. (**à** to, **pour** for); **il ne reste qu'un chocolat … je me sacrifie !** (*iro*) there's only one chocolate left … I'll just have to eat it myself!

sacrilège /sakʀilɛʒ/ 1 ADJ sacrilegious 2 NM sacrilege; **ce serait un ~ de …** it would be sacrilege to …

sacristie /sakʀisti/ NF (*catholique*) sacristy; (*protestante*) vestry

sacro-saint, e /sakʀosɛ̃, sɛ̃t/ ADJ sacrosanct

sadique /sadik/ 1 ADJ sadistic 2 NMF sadist

sadisme /sadism/ NM sadism

sado* /sado/ 1 ADJ sadistic; **il est ~-maso** he's into S&M 2 NMF sadist

sadomasochisme /sadomazɔʃism/ NM sadomasochism

sadomasochiste /sadomazɔʃist/ 1 ADJ sadomasochistic 2 NMF sadomasochist

safari /safaʀi/ NM safari; **faire un ~** to go on safari

safari-photo (*pl* **safaris-photos**) /safaʀifɔto/ NM photo safari

safran /safʀɑ̃/ 1 NM (= *couleur, épice*) saffron 2 ADJ INV saffron; **jaune ~** saffron yellow

saga /saga/ NF saga

sagace /sagas/ ADJ shrewd

sagacité /sagasite/ NF shrewdness

sage /saʒ/ 1 ADJ ⓐ (= *avisé*) wise; [*conseil*] sound; **il serait plus ~ de …** it would be wiser to … ⓑ [*animal, enfant*] good; **sois ~** be good; **~ comme une image** as good as gold; **est-ce que tu as été ~ ?** have you been a good boy (*ou* girl)? ⓒ [*vêtement*] sensible 2 NM wise man

sage-femme (*pl* **sages-femmes**) /saʒfam/ NF midwife

sagement /saʒmɑ̃/ ADV ⓐ (= *avec bon sens*) wisely ⓑ (= *docilement*) quietly; **il est resté ~ assis sans rien dire** [*enfant*] he sat quietly and said nothing

sagesse /saʒɛs/ NF ⓐ (= *bon sens*) wisdom; **faire preuve de ~** to be sensible; **il a eu la ~ de …** he had the good sense to …; **écouter la voix de la ~** to listen to the voice of reason; **la ~ populaire** popular wisdom ⓑ [*d'enfant*] good behaviour (*Brit*) *ou* behavior (*US*)

Sagittaire /saʒitɛʀ/ NM **le ~** Sagittarius; **il est ~** he's a Sagittarius

Sahara /saaʀa/ NM **le ~** the Sahara (desert); **au ~** in the Sahara

saharien, -ienne /saaʀjɛ̃, jɛn/ 1 ADJ Saharan 2 NF **saharienne** (= *veste*) safari jacket; (= *chemise*) safari shirt

Sahel /sael/ NM **le ~** the Sahel

saignant, e /sɛɲɑ̃, ɑ̃t/ ADJ [*plaie*] bleeding; [*entrecôte*] rare; [*critique*]* scathing

saignement /sɛɲmɑ̃/ NM bleeding (*NonC*); **~ de nez** nosebleed

saigner /sɛɲe/ /TABLE 1/ 1 VI to bleed; **il saignait du nez** he had a nosebleed; **ça va ~ !*** (*fig*) the fur will fly!* 2 VT [+ *animal*] to kill (*by bleeding*); **~ qn à blanc** to bleed sb dry 3 VPR **se saigner**: **se ~ (aux quatre veines) pour qn** to bleed o.s. dry for sb

saillant, e /sajɑ̃, ɑ̃t/ ADJ ⓐ [*menton, front, pommette, muscle, veine*] prominent; [*yeux*] bulging ⓑ [*événement, point, trait*] outstanding

saillie /saji/ NF ⓐ (= *aspérité*) **faire ~** to jut out ⓑ (= *accouplement*) serving

sain, saine /sɛ̃, sɛn/ ADJ ⓐ healthy; **être/arriver ~ et sauf** to be/arrive safe and sound; **il est sorti ~ et sauf de l'accident** he escaped unharmed from the accident; **~ de corps et d'esprit** sound in body and mind; (*dans testament*) being of sound mind; **être ~ d'esprit** to be of sound mind

ⓑ [*fondations, mur, affaire, économie, gestion*] sound; **établir qch sur des bases ~es** to establish sth on a sound basis ⓒ (*moralement*) [*personne*] sane; [*jugement, politique*] sound; [*lectures*] wholesome; **ce n'est pas ~ pour la démocratie** it's not healthy for democracy

saindoux /sɛ̃du/ NM lard

sainement /sɛnmɑ̃/ ADV [*manger*] healthily; [*juger*] sanely; [*raisonner*] soundly

saint, sainte /sɛ̃, sɛ̃t/ 1 ADJ ⓐ (= *sacré*) holy; **la semaine ~e** Holy Week; **le vendredi ~** Good Friday; **toute la ~e journée*** the whole blessed day*; **avoir une ~e horreur de qch** to have a holy horror of sth*

ⓑ (*devant prénom*) Saint; **~ Pierre** (*apôtre*) Saint Peter; **Saint-Pierre** (*église*) Saint Peter's

ⓒ [*action, pensée, personne, vie*] saintly

2 NM,F saint; **se faire passer pour un ~** to appear to be perfect; **il vaut mieux s'adresser au bon Dieu qu'à ses ~s** it's better to go straight to the top

3 COMP ♦ **sainte nitouche** goody-two-shoes; **c'est une ~e nitouche** she's a real goody two-shoes ♦ **la Sainte Vierge** the Blessed Virgin

saint-bernard (*pl* **saint(s)-bernard(s)**) /sɛ̃bɛʀnaʀ/ NM (= *chien*) St Bernard

Saint-Cyr /sɛ̃siʀ/ N *French military academy*; **pas besoin de sortir de ~ pour faire ça** you don't need to be a rocket scientist to be able to do that

Saint-Domingue /sɛ̃dɔmɛ̃g/ N Santo Domingo

Sainte-Hélène /sɛ̃telɛn/ N Saint Helena

Sainte-Lucie /sɛ̃tlysi/ N Saint Lucia

Saint-Esprit /sɛ̃tɛspʀi/ NM **le ~** the Holy Spirit

sainteté /sɛ̃tte/ NF ⓐ [*de personne*] saintliness; [*de Vierge, lieu*] holiness; [*de mariage*] sanctity ⓑ **Sa Sainteté (le pape)** His Holiness (the Pope)

Saint-Jean /sɛ̃ʒɑ̃/ NF **la ~** Midsummer's Day; **les feux de la ~** bonfires lit *to celebrate Midsummer Night*

Saint-Laurent /sɛ̃lɔʀɑ̃/ NM **le ~** the St Lawrence

Saint-Marin /sɛ̃maʀɛ̃/ NM San Marino

Saint-Nicolas /sɛ̃nikɔla/ NF **la ~** St Nicholas's Day

Saint-Père /sɛ̃pɛʀ/ NM **le ~** the Holy Father

Saint-Pierre-et-Miquelon /sɛ̃pjɛʀemiklɔ̃/ N Saint Pierre and Miquelon

Saint-Siège /sɛ̃sjɛʒ/ NM **le ~** the Holy See

Saint-Sylvestre /sɛ̃silvɛstʀ/ NF **la ~** New Year's Eve

Saint-Valentin /sɛ̃valɑ̃tɛ̃/ NF **la ~** Saint Valentine's Day

saisie /sezi/ NF ⓐ [*de biens, documents, drogue*] seizure ⓑ **~ de données** data capture; (*sur clavier*) keyboarding

saisir /seziʀ/ /TABLE 2/ 1 VT ⓐ (= *prendre*) to take hold of; (= *s'emparer de*) to seize; **~ un ballon au vol** to catch a ball (in mid air)

ⓑ [+ *occasion, prétexte*] to seize; **~ sa chance** to seize one's chance; **~ l'occasion au vol** to jump at the opportunity; **~ la balle au bond** to jump at the opportunity (*while the going is good*)

ⓒ [+ *nom, mot*] to catch; [+ *explications*] to grasp; **tu saisis*** **?** do you get what I mean?

ⓓ [*peur*] to grip; [*malaise*] to come over; **il a été saisi par le froid** he was gripped by the cold; **saisi d'horreur** horror-stricken

ⓔ [+ *biens, documents, drogue, personne*] to seize

ⓕ [+ *juridiction*] to refer a case to; **~ la Cour de justice** to complain to the Court of Justice; **la cour a été saisie de l'affaire** *ou* **du dossier** the case has been referred to the court

ⓖ (*en cuisant*) [+ *viande*] to seal

ⓗ [+ *données*] to capture; (*sur clavier*) to key

2 VPR **se saisir**: **se ~ de qch/qn** to seize sth/sb; **le gouvernement s'est saisi du dossier** the government has taken up the issue

saisissant, e /sezisɑ̃, ɑ̃t/ ADJ [*spectacle*] gripping; [*contraste, ressemblance*] striking; [*froid*] biting

saison /sɛzɔ̃/ NF season; **la belle/mauvaise ~** the summer/winter months; **en cette ~** at this time of year;

en toutes ~s all year round; **~ des amours/des fraises/théâtrale** mating/strawberry/theatre season; **la ~ des pluies/sèche** the rainy/dry season; **haute/basse ~** high/low season; **en (haute) ~ les prix sont plus chers** in the high season prices are higher; **en pleine ~** at the height of the season

♦ **de saison** [fruits, légumes] seasonal; **il fait un temps de ~** the weather is what one would expect for the time of year
♦ **hors saison** [tarif] low-season; **prendre ses vacances hors ~** to go on holiday in the low season

saisonnier, -ière /sezɔnje, jɛʀ/ **1** ADJ seasonal; **variations saisonnières** seasonal variations **2** NM,F (= ouvrier) seasonal worker

sait /sɛ/ VB → **savoir**

salace /salas/ ADJ salacious

salade /salad/ NF ⓐ (= plante) lettuce; **la laitue est une ~** lettuce is a salad vegetable ⓑ (= plat) green salad; **~ de tomates/de fruits** tomato/fruit salad; **~ niçoise** salade niçoise; **~ composée** mixed salad; **haricots en ~** bean salad ⓒ (= confusion)* muddle ⓓ (= mensonges)* **~s** stories*; **raconter des ~s** to tell stories*; **vendre sa ~** [représentant] to make one's sales pitch*

saladier /saladje/ NM (= récipient) salad bowl; (= contenu) bowlful

salaire /salɛʀ/ NM (mensuel, annuel) salary; (journalier, hebdomadaire) wages; **famille à ~ unique** single income family; **(allocations de) ~ unique** ≈ income support (Brit); **~ minimum** minimum wage; **~ minimum agricole garanti** guaranteed minimum agricultural wage; **~ d'embauche** starting salary; **~ de base** basic salary; **~ brut/net** gross/take-home pay; **les petits ~s** (= personnes) low-wage earners; **les gros ~s** (= personnes) high earners

salami /salami/ NM salami

salant /salɑ̃/ ADJ M, NM (marais) **~** salt marsh

salarial, e (mpl **-iaux**) /salaʀjal, jo/ ADJ wage (avant le nom); **cotisations ~es** employee contributions; **charges ~es** wage costs

salariat /salaʀja/ NM (= salariés) wage-earners; **le ~ et le patronat** employees and employers

salarié, e /salaʀje/ **1** ADJ [travailleur] (au mois) salaried; (à la journée, à la semaine) wage-earning; [travail, emploi] paid; **elle est ~e** she gets a salary; **travailleur non ~** non-salaried worker **2** NM,F (payé au mois) salaried employee; (payé au jour, à la semaine) wage earner; **le statut de ~** employee status; **notre entreprise compte 55 ~s** our company has 55 employees on the payroll

salarier /salaʀje/ /TABLE 7/ VT to put on a salary; **la direction a salarié cinq personnes** management have put five people on the payroll

salaud ‡ /salo/ **1** NM bastard‡‡; **quel beau ~!** what an absolute bastard!‡‡; **eh bien mon ~!** well you old bugger‡‡!; **10 000 € ? ben, mon ~!** 10,000 euros? I'll be damned* **2** ADJ **il a été ~ avec elle** he was a real bastard to her‡‡; **c'est d'avoir fait ça** that was a shitty‡ thing to do; **sois pas ~!** don't be so mean!

sale /sal/ **1** ADJ ⓐ (= crasseux) dirty; **~ comme un cochon** ou **un porc** filthy
ⓑ (= douteux) [blanc, gris] dirty; **argent ~** dirty money
ⓒ (avant le nom = mauvais)* [affaire, maladie, habitude] nasty; [guerre] dirty; **~ coup** (= mauvais tour) dirty trick; (= choc) terrible blow; **faire un ~ coup à qn** to play a dirty trick on sb; **c'est un ~ coup pour l'entreprise** it's bad news for the company; **~ tour** dirty trick; **~ temps** filthy* weather; **avoir une ~ tête*** (= sembler malade) to look awful; (= sembler antipathique) to be nasty-looking; **faire une ~ tête** (= être mécontent) to look furious; **il a fait une ~ tête** (= il était dépité) his face fell; **il m'est arrivé une ~ histoire** something nasty happened to me; **faire le ~ travail** ou **boulot*** to do the dirty work

2 NM **mettre qch au ~** to put sth in the wash; **aller/être au ~** to go/be in the wash

salé, e /sale/ (ptp de **saler**) **1** ADJ ⓐ (= contenant du sel) salty; (= additionné de sel) salted; [gâteau] (= non sucré) sa-

voury (Brit), savory (US); (= au goût salé) salty → **eau**
ⓑ (= grivois)* spicy; **plaisanterie ~e** dirty joke ⓒ [punition]* stiff; [facture]* steep **2** NM **petit ~** (= porc) salt pork
3 ADV **manger ~** to like a lot of salt on one's food; **il ne peut pas manger trop ~** he can't have his food too salty

salement /salmɑ̃/ ADV ⓐ (= malproprement, bassement) dirtily ⓑ [dur, embêtant]‡ damned‡; **j'ai eu ~ peur** I had one hell of a fright‡

saler /sale/ /TABLE 1/ VT [+ plat, soupe] to put salt in; (pour conserver, déneiger) to salt; **tu ne sales pas assez** you don't use enough salt

saleté /salte/ NF ⓐ (= malpropreté) [de lieu, personne] dirtiness; **il est/c'est d'une ~ incroyable** he's/it's absolutely filthy
ⓑ (= crasse) dirt; **murs couverts de ~** walls covered in dirt; **vivre dans la ~** to live in squalor; **le chauffage au charbon fait de la ~** coal heating makes a lot of mess
ⓒ (= ordure, impureté) dirt (NonC); **il y a une ~ par terre** there's some dirt on the floor; **j'ai une ~ dans l'œil** I've got some dirt in my eye; **tu as fait des ~s partout en perçant le mur** you've made a mess all over the place drilling the wall; **le chat a fait des ~s** ou **ses ~s dans le salon** the cat has made a mess in the lounge
ⓓ (= chose sans valeur)* piece of junk*; **il se bourre de ~s avant le repas** he stuffs himself* with junk food before meals
ⓔ (= maladie)* **j'ai attrapé une ~** I caught something
ⓕ (= obscénité)* dirty thing (to say)*; **dire des ~s** to say filthy things*
ⓖ (= méchanceté)* dirty trick*; **faire une ~ à qn** to play a dirty trick on sb
ⓗ (= personne méprisable)* nasty piece of work*
ⓘ (intensif)* **~ de virus!** this blasted virus!; **~ de guerre!** damn this war!‡

salière /saljɛʀ/ NF saltcellar (Brit), salt shaker (US)

saligaud ‡ /saligo/ NM (= salaud) swine‡

salir /saliʀ/ /TABLE 2/ **1** VT ⓐ [+ objet, lieu] to make dirty ⓑ [+ réputation] to tarnish; **~ qn** to tarnish sb's reputation **2** VPR **se salir** [tissu, personne] to get dirty; **le blanc se salit facilement** white shows the dirt; **se ~ les mains** to get one's hands dirty

salissant, e /salisɑ̃, ɑ̃t/ ADJ [étoffe] which shows the dirt; [travail] messy

salive /saliv/ NF saliva; **avaler sa ~** to gulp; **épargne** ou **ne gaspille pas ta ~** don't waste your breath

saliver /salive/ VI to salivate; (péj) to drool; **ça le faisait ~** [aliment] it made his mouth water; [spectacle] it made him drool

salle /sal/ **1** NF ⓐ [de café, musée] room; [de château] hall; [de restaurant] dining room; [d'hôpital] ward; **en ~** [record, athlétisme, football] indoor
ⓑ (= auditorium) auditorium; (= cinéma) cinema (Brit), movie theater (US); (= public) audience; **faire ~ comble** [comédien, spectacle] to play to a full house; **cinéma à plusieurs ~s** cinema with several screens; **le film sort en ~** ou **dans les ~s mercredi prochain** the film will be on general release next Wednesday

2 COMP ♦ **salle d'attente** waiting room ♦ **salle d'audience** courtroom ♦ **salle de bain(s)** bathroom ♦ **salle de bal** ballroom ♦ **salle de cinéma** cinema (Brit), movie theater (US) ♦ **salle de classe** classroom ♦ **salle des coffres** strongroom ♦ **salle de concert** concert hall ♦ **salle de conférences** lecture room; (grande) lecture theatre ♦ **salle de cours** classroom ♦ **salle d'eau** shower-room ♦ **salle d'embarquement** departure lounge ♦ **salle d'étude(s)** prep room ♦ **salle d'exposition** showroom ♦ **salle des fêtes** village hall ♦ **salle de jeu** (pour enfants) playroom; [de casino] gaming room ♦ **salle de lecture** reading room ♦ **salle à manger** (pièce) dining room; (= meubles) dining-room suite ♦ **salle d'opération** operating theatre (Brit) ou room (US) ♦ **salle de permanence** prep room ♦ **salle des professeurs** staffroom ♦ **salle de projection** film theatre ♦ **salle de rédaction** newspaper office

◆ **salle de réunion** meeting room ◆ **salle de séjour** living room ◆ **salle de spectacle** (= *cinéma*) cinema (*Brit*), movie theater (*US*); (= *théâtre*) theatre (*Brit*), theater (*US*) ◆ **salle de sport** gym ◆ **salle des ventes** saleroom

salon /salɔ̃/ **1** NM ⓐ [*de maison*] living room; [*de navire*] saloon; **coin** ~ living area
ⓑ [*d'hôtel*] (*pour les clients*) lounge; (*pour conférences, réceptions*) function room
ⓒ (= *meubles*) living-room suite; (= *canapé et deux fauteuils*) three-piece suite; ~ **de jardin** set of garden furniture
ⓓ (= *exposition*) exhibition
ⓔ (= *cercle littéraire*) salon

2 COMP ◆ **le Salon de l'Auto** the Motor Show ◆ **salon de beauté** beauty salon ◆ **salon de coiffure** hairdressing salon ◆ **salon de discussion** (*Internet*) chatroom ◆ **salon d'essayage** fitting room ◆ **salon funéraire** (*Can*) funeral parlour (*Brit*) ou parlor (*US*) ◆ **le Salon du Livre** the Book Fair ◆ **salon-salle à manger** living-cum-dining room (*Brit*), living room-dining room (*US*) ◆ **salon de thé** tearoom

salop ⁑ /salo/ NM = **salaud**

salopard ⁑ /salɔpaʀ/ NM bastard⁑

salope ⁑ ⁑ /salɔp/ NF (= *déloyale, méchante*) bitch⁑ ⁑; (= *dévergondée, sale*) slut⁑

saloper ⁑ /salɔpe/ /TABLE 1/ VT (= *bâcler*) to make a mess of; (= *salir*) to mess up*

saloperie ⁑ /salɔpʀi/ NF ⓐ (= *chose sans valeur*) piece of junk*; **le grenier est plein de ~s** the attic is full of junk ⓑ (= *mauvaise nourriture*) muck* (*NonC*); **il se bourre de ~s avant le repas** he stuffs himself* with junk food before meals ⓒ (= *maladie*) **il a dû attraper une ~** he must have caught something ⓓ (= *ordure*) muck* (*NonC*) ⓔ (= *action*) dirty trick; (= *parole*) bitchy remark⁑; **faire une ~ à qn** to play a dirty trick on sb ⓕ (= *obscénités*) **~s** dirty remarks; **dire des ~s** to talk dirty*

salopette /salɔpɛt/ NF [*d'ouvrier*] overalls; [*d'enfant, femme*] dungarees; (*de ski*) ski pants, salopettes (*Brit*)

salsifis /salsifi/ NM salsify

salubre /salybʀ/ ADJ [*air, climat*] healthy; [*logement*] salubrious (*frm*)

saluer /salɥe/ /TABLE 1/ VT ⓐ (= *dire bonjour à*) to greet; ~ **qn** to wave to sb (in greeting); ~ **qn d'un signe de tête** to nod (a greeting) to sb; **saluez-le de ma part** give him my regards ⓑ (= *dire au revoir à*) to say goodbye to; **il salua** (*le public*) he bowed (to the audience) ⓒ [+ *officier, supérieur, drapeau, navire*] to salute ⓓ (= *témoigner son respect pour*) to salute; ~ **les efforts de qn** to pay tribute to sb's efforts ⓔ [+ *initiative*] to welcome; (= *acclamer*) to hail; ~ **qch comme une victoire** to hail sth as a victory

salut /saly/ **1** NM ⓐ (*de la main*) wave; (*de la tête*) nod; (*du buste*) bow; (*à officier*) salute; **faire un ~** (*de la main*) to wave; (*de la tête*) to nod; (*du buste*) to bow; **faire le ~ militaire** to give the military salute ⓑ (= *sauvegarde*) safety; **mesures de ~ public** state security measures; **planche de ~** sheet anchor ⓒ (= *rédemption*) salvation **2** EXCL (= *bonjour*)* hi!*; (= *au revoir*)* bye!*

salutaire /salytɛʀ/ ADJ ⓐ [*effet, choc, avertissement*] salutary; **cette déception lui a été ~** that disappointment was good for him ⓑ [*air*] healthy; [*remède*] beneficial; **ce petit repos m'a été ~** that little rest did me good

salutation /salytasjɔ̃/ NF greeting

salvadorien, -ienne /salvadɔʀjɛ̃, jɛn/ **1** ADJ Salvadorian **2** NM,F **Salvadorien(ne)** Salvadorian

salve /salv/ NF [*d'artillerie, roquettes*] salvo; **une ~ d'applaudissements** a round of applause

samaritain, e /samaʀitɛ̃, ɛn/ **1** ADJ Samaritan **2** NM,F **Samaritain(e)** Samaritan; **bon Samaritain** good Samaritan

samedi /samdi/ NM Saturday; **nous irons ~** we'll go on Saturday; ~ **nous sommes allés ...** on Saturday we went ...; **ce ~(-ci)** ou ~ **qui vient** this Saturday; **pas ~ qui vient mais l'autre** not this Saturday but the next; **un ~ sur deux** every other Saturday; **nous sommes ~ (aujourd'hui)** it's Saturday (today); **le ~ 23 janvier** on Saturday 23 January; ~ **matin/après-midi** Saturday morning/afternoon; ~ **soir** Saturday evening ou night; **dans la nuit de ~ à dimanche** on Saturday night

SAMU /samy/ NM (ABBR = **Service d'assistance médicale d'urgence**) emergency medical service; ~ **social** emergency medical service for homeless people

sanction /sɑ̃ksjɔ̃/ NF (= *condamnation*) sanction; (*économique, politique*) sanction; (*à élève*) punishment; (= *conséquence*) penalty (**de** for); ~ **pénale** penalty; **prendre des ~s contre** ou **à l'encontre de** [+ *pays*] to impose sanctions against; [+ *joueur, club*] to take disciplinary action against; [+ *élève*] to punish

sanctionner /sɑ̃ksjɔne/ /TABLE 1/ VT ⓐ [+ *faute, personne*] to punish; [+ *joueur, club sportif*] to take disciplinary action against; [+ *pays*] to impose sanctions on; **les électeurs ont sanctionné la politique du gouvernement** the electorate rejected the policy of the government ⓑ (= *consacrer*) to sanction; **ce diplôme sanctionne les études secondaires** this diploma recognizes the successful conclusion of secondary education

sanctuaire /sɑ̃ktɥeʀ/ NM sanctuary

sandale /sɑ̃dal/ NF sandal

sandwich (*pl* **sandwiches** ou **sandwichs**) /sɑ̃dwi(t)ʃ/ NM sandwich; ~ **au jambon** ham sandwich; **pris en ~ (entre)*** sandwiched (between)

sandwicherie /sɑ̃dwi(t)ʃʀi/ NF sandwich bar

sang /sɑ̃/ NM blood; ~ **contaminé** contaminated blood; **animal à ~ froid/chaud** cold-/warm-blooded animal; **verser** ou **faire couler le ~** to shed blood; **il était en ~** he was covered in blood; **mordre qn jusqu'au ~** to bite sb and draw blood; **un apport de ~ neuf** an injection of new blood (**dans** into); **se faire du mauvais ~** to worry; **avoir du ~ dans les veines** to have courage; **il a le jeu/le jazz dans le ~** he's got gambling/jazz in his blood; **bon ~!*** dammit!⁑

sang-froid /sɑ̃fʀwa/ NM INV calm; **garder/perdre son ~** to keep/lose one's cool*; **faire qch de ~** to do sth in cold blood; **crime commis de ~** cold-blooded murder

sanglant, e /sɑ̃glɑ̃, ɑ̃t/ ADJ blood; [*reproche, défaite*] cruel

sangle /sɑ̃gl/ NF strap; [*de selle*] girth

sangler /sɑ̃gle/ /TABLE 1/ VT [+ *cheval*] to girth; [+ *colis, corps*] to strap up

sanglier /sɑ̃glije/ NM wild boar

sanglot /sɑ̃glo/ NM sob; **avec des ~s dans la voix** in a voice choked with emotion

sangloter /sɑ̃glɔte/ /TABLE 1/ VI to sob

sangsue /sɑ̃sy/ NF leech

sanguin, e /sɑ̃gɛ̃, in/ **1** ADJ blood; [*caractère, personne*] fiery; [*visage*] ruddy **2** NF **sanguine** ⓐ (**orange**) ~**e** blood orange ⓑ (= *dessin*) red chalk drawing; (= *crayon*) red chalk

sanguinaire /sɑ̃gineʀ/ ADJ [*personne*] bloodthirsty; [*combat, dictature*] bloody

sanitaire /saniteʀ/ **1** ADJ ⓐ [*services, mesures*] health; [*conditions*] sanitary → **cordon** ⓑ (*Plomberie*) **appareil ~** sanitary appliance **2** NM **le ~** bathroom installations; **les ~s** (= *lieu*) the bathroom; (= *appareils*) the bathroom suite; (= *plomberie*) the bathroom plumbing

sans /sɑ̃/ **1** PRÉP ⓐ without; **je suis sorti ~ manteau** I went out without a coat; **nous avons trouvé sa maison ~ difficulté** we found his house without difficulty; **non ~ peine** ou **mal** not without difficulty; ~ **moi, il ne les aurait jamais retrouvés** without me, he would never have found them; **ils sont ~ argent** they have no money; **repas à 60 € ~ le vin** meal at 60 euros not including wine; **être ~ abri** to be homeless; **je le connais, ~ plus** I know him but no more than that; **tu as aimé ce film?** — ~ **plus** did you like the film? — it was all right (I suppose); ~ **cette réunion, il aurait pu partir ce soir** if it had not been for this meeting he could have left tonight

◆ **sans ça** * ◆ **sans quoi** * otherwise; **si on m'offre un bon prix je vends ma voiture, ~ ça** ou ~ **quoi je la garde** I'll sell my car if I'm offered a good price for it but otherwise, I'll keep it; **sois sage, ~ ça ...!** be good or else ...!

ⓑ (avec infinitif) without; **je n'irai pas ~ être invité** I won't go without being invited; **j'y crois ~ y croire** I believe it and I don't

ⓒ ◆ **sans que** (+subjonctif): **il est entré ~ que je l'entende** he came in without my hearing him

2 ADV* **votre parapluie! vous alliez partir ~** your umbrella! you were going to go off without it; **il a oublié ses lunettes et il ne peut pas conduire ~** he's forgotten his glasses, and he can't drive without them

3 COMP ◆ **sans domicile fixe** ADJ INV of no fixed abode ◆ NMF INV homeless person; **les ~ domicile fixe** the homeless ◆ **sans faute** [téléphoner, prévenir] without fail

sans-abri /sɑ̃zabʀi/ NMF INV homeless person; **les ~** the homeless

sans-cœur /sɑ̃kœʀ/ NMF INV heartless person

sans-emploi /sɑ̃zɑ̃plwa/ NMF INV unemployed person; **les ~** the unemployed

sans-faute /sɑ̃fot/ NM INV (Équitation) clear round; (Sport) faultless performance; **faire un ~** (Équitation) to do a clear round; (Sport) to put up a faultless performance; **jusqu'à présent, il a réussi un ~** he hasn't put a foot wrong so far; (dans un jeu avec questions) he has got all the answers right so far

sans-fil /sɑ̃fil/ 1 NM (= téléphone) cordless telephone 2 ADJ INV [technologie, réseau] wireless

sans-gêne /sɑ̃ʒɛn/ 1 ADJ INV inconsiderate; **il est vraiment ~!** he's got a nerve!* 2 NM INV lack of consideration; **elle est d'un ~ incroyable!** she's got a nerve!*

sans-logis /sɑ̃lɔʒi/ NMF homeless person; **les ~** the homeless

sans-papiers /sɑ̃papje/ NMF INV immigrant without proper identity or working papers

sans-travail /sɑ̃tʀavaj/ NMF INV unemployed person; **les ~** the unemployed

sans-voix /sɑ̃vwa/ NMPL **les ~s** people with no voice

santal /sɑ̃tal/ NM (**bois de**) ~ sandalwood

santé /sɑ̃te/ NF ⓐ [de personne, pays] health; **en bonne/ mauvaise ~** in good/bad health; **avoir des problèmes** ou **ennuis de ~** to have health problems; **c'est bon/mauvais pour la ~** it's good/bad for the health; **être en pleine ~** to be in perfect health; **avoir la ~** to be healthy; **il a la ~!*** he must have lots of energy!; **comment va la ~?*** how are you doing?*

ⓑ (Admin) **la ~ publique** public health; **les dépenses de ~** health spending; **le système de ~** the health system

ⓒ (en trinquant) **à votre ~!** ou **~!*** cheers!; **à la ~ de Paul!** (here's) to Paul!; **boire à la ~ de qn** to drink to sb's health

santiag /sɑ̃tjag/ NM cowboy boot

saoudien, -ienne /saudjɛ̃, jɛn/ 1 ADJ Saudi Arabian 2 NM,F **Saoudien(ne)** Saudi Arabian

saoul, e /su, sul/ ADJ drunk

saouler /sule/ VT, **se saouler** VPR = **soûler**

sape /sap/ NF undermining; **travail de ~** (fig) chipping away

saper /sape/ /TABLE 1/ 1 VT to undermine; **~ le moral à qn*** to knock the stuffing out of sb* 2 VPR **se saper:** to get all dressed up*; **bien sapé** well-dressed

sapeur-pompier (pl **sapeurs-pompiers**) /sapœʀpɔ̃pje/ NM firefighter

saphir /safiʀ/ NM (= pierre) sapphire; (= aiguille) needle; [de tourne-disque] stylus

sapin /sapɛ̃/ NM (= arbre) fir tree; (= bois) fir; **~ de Noël** Christmas tree

saquer * /sake/ /TABLE 1/ VT = **sacquer**

sarbacane /saʀbakan/ NF blowpipe

sarcasme /saʀkasm/ NM (= remarque) sarcastic remark

sarcastique /saʀkastik/ ADJ sarcastic

sarcome /saʀkom/ NM sarcoma; **~ de Kaposi** Kaposi's Sarcoma

sarcophage /saʀkɔfaʒ/ NM sarcophagus

Sardaigne /saʀdɛɲ/ NF Sardinia

sarde /saʀd/ 1 ADJ Sardinian 2 NM (= langue) Sardinian 3 NMF **Sarde** Sardinian

sardine /saʀdin/ NF ⓐ (= poisson) sardine; **serrés comme des ~s** packed together like sardines ⓑ [de tente] tent peg

SARL /esaɛʀɛl/ NF (ABBR = **société à responsabilité limitée**) limited liability company; **Raymond ~** Raymond Ltd (Brit), Raymond Inc. (US)

sarment /saʀmɑ̃/ NM **~ (de vigne)** vine shoot

sarrasin /saʀazɛ̃/ NM buckwheat

S.A.S. /esas/ (ABBR = **Son Altesse Sérénissime**) HSH

sas /sas/ NM (Espace, Naut) airlock; [d'écluse] lock; [de banque] double-entrance security door

Satan /satɑ̃/ NM Satan

satané, e* /satane/ ADJ blasted*; **c'est un ~ menteur!** he's a damned liar!:

satanique /satanik/ ADJ satanic

satellite /satelit/ NM satellite; **diffusion par ~** satellite broadcasting; **liaison ~** satellite link; **image ~** satellite image

satiété /sasjete/ NF **boire jusqu'à ~** to drink until one can drink no more; **manger jusqu'à ~** to eat one's fill

satin /satɛ̃/ NM satin; **une peau de ~** satin-smooth skin

satiné, e /satine/ ADJ [aspect, tissu] satiny; [peau] satin-smooth; [papier, peinture] with a satin finish

satire /satiʀ/ NF satire; **faire la ~ de qch** to satirize sth

satirique /satiʀik/ ADJ satirical

satisfaction /satisfaksjɔ̃/ NF satisfaction; **éprouver une certaine ~ à faire qch** to feel a certain satisfaction in doing sth; **cet employé me donne (toute** ou **entière) ~** I'm completely satisfied with this employee; **à la ~ générale** ou **de tous** to everybody's satisfaction; **mon travail me procure de grandes ~s** my job gives me great satisfaction; **ma fille ne m'a donné que des ~s** my daughter has always been a source of great satisfaction to me; **il ne faut pas donner ~ aux terroristes** we mustn't give in to the terrorists' demands; **obtenir ~** to obtain satisfaction

satisfaire /satisfɛʀ/ /TABLE 60/ 1 VT to satisfy; **votre nouvel assistant vous satisfait-il?** are you satisfied with your new assistant?; **j'espère que cette solution vous satisfait** I hope you find this solution satisfactory; **arriver à ~ la demande** (Industrie) to keep up with demand 2 VT INDIR ◆ **satisfaire à** [+ engagement, demandes, normes] to satisfy 3 VPR **se satisfaire** to be satisfied (**de** with); **se ~ de peu** to be easily satisfied

satisfaisant, e /satisfəzɑ̃, ɑ̃t/ ADJ (= acceptable) satisfactory; (= qui fait plaisir) satisfying; **de façon ~e** satisfactorily; **peu ~** unsatisfactory

satisfait, e /satisfɛ, ɛt/ (ptp de **satisfaire**) ADJ satisfied; **« ~ ou remboursé »** "satisfaction or your money back"; **être ~ de** [+ personne, décision, solution] to be satisfied with; [+ soirée] to be pleased with; **il est toujours très ~ de lui** he's so self-satisfied; **il est ~ de son sort** he is satisfied with his lot

saturation /satyʀasjɔ̃/ NF saturation; **arriver à ~** to reach saturation point; **à cause de la ~ des lignes téléphoniques** because the telephone lines are all engaged (Brit) ou busy (US); **pour éviter la ~ du réseau routier** to prevent the road network from becoming saturated

saturé, e /satyʀe/ (ptp de **saturer**) ADJ saturated; [autoroute] heavily congested; [standard, lignes téléphoniques] jammed; **je suis ~** (par trop de travail) I'm up to my ears in work; **les gens sont ~s de publicité** people have had their fill of advertising

saturer /satyʀe/ /TABLE 1/ VI **ça sature** [appareil hi-fi] we're getting distortion; **après six heures de ce travail, je sature*** after six hours of this work, I've had enough

Saturne /satyʀn/ 1 NM (Mythol) Saturn 2 NF (Astron) Saturn

satyre /satiʀ/ NM (Mythol, Zool) satyr; (= obsédé)* sex maniac

sauce /sos/ NF sauce; [de salade] dressing; (= jus de viande) gravy; **~ béarnaise/blanche** béarnaise/white sauce; **~ piquante/tomate** piquant/tomato sauce; **~ vinaigrette**

vinaigrette; **~ madère/hollandaise** Madeira/hollandaise sauce; **mettre la ~*** to step on the gas*; **mettre** ou **servir qch à toutes les ~s** to adapt sth to suit any purpose

saucée* /sose/ NF downpour; **recevoir** ou **prendre une ~** to get soaked

saucer /sose/ /TABLE 3/ VT [+ *assiette*] to mop up the sauce from; **se faire ~*** to get soaked

saucière /sosjɛʀ/ NF sauceboat; [*de jus de viande*] gravy boat

sauciflard : /sosiflaʀ/ NM sausage

saucisse /sosis/ NF sausage ✦ **saucisse de Francfort** frankfurter ✦ **saucisse de Strasbourg** *type of beef sausage*

saucisson /sosisɔ̃/ NM sausage (*eaten cold in slices*); **~ sec** (dry) pork sausage

saucissonner /sosisɔne/ /TABLE 1/ VT [+ *livre, émission*] to chop up; **des films saucissonnés par la publicité** films constantly interrupted by commercials

sauf [1], **sauve** /sof, sov/ ADJ [*personne*] unharmed; [*honneur*] intact; **il a eu la vie sauve** his life was spared → **sain**

sauf [2] /sof/ PRÉP (a) (= *à part*) except; **tout le monde ~ lui** everyone except him; **~ cas exceptionnel** except in exceptional circumstances; **le repas était excellent ~ le dessert** the meal was excellent except for the dessert (b) (*avec conjonction*) **~ si** unless; **nous irons demain, ~ s'il pleut** we'll go tomorrow unless it rains; **nous sortons tout le temps ~ quand il pleut** we always go out except when it's raining; **~ que** except that; **~ votre respect** with all due respect

sauf-conduit (*pl* **sauf-conduits**) /sofkɔ̃dɥi/ NM safe-conduct

sauge /soʒ/ NF sage

saugrenu, e /sogʀəny/ ADJ preposterous; **quelle idée ~e !** what a ridiculous idea!

saule /sol/ NM willow; **~ pleureur** weeping willow

saumâtre /somɑtʀ/ ADJ [*eau*] brackish; [*goût*] briny; [*humeur, plaisanterie*] nasty; **il l'a trouvée ~*** he was not amused

saumon /somɔ̃/ 1 NM salmon; **~ fumé** smoked salmon 2 ADJ INV salmon pink

saumure /somyʀ/ NF brine

sauna /sona/ NM sauna

saupoudrer /sopudʀe/ /TABLE 1/ VT to sprinkle

saurait /sɔʀɛ/ VB → **savoir**

saut /so/ NM (= *bond*) jump; **faire un ~** to jump; **faire un ~ dans l'inconnu/le vide** to leap into the unknown/the void; **faire qch au ~ du lit** to do sth as soon as one gets up; **faire le ~** to take the plunge; **faire le grand ~** to pass on; **faire un ~ chez qn** to pop over to sb's place*; **faire un ~ à la banque** to drop in at the bank; **il a fait un ~ jusqu'à Bordeaux** he made a flying visit to Bordeaux ✦ **saut de l'ange** swallow dive (*Brit*), swan dive (*US*) ✦ **saut en ciseaux** scissors jump ✦ **saut à la corde** skipping (*Brit*) ou jumping rope (*US*) ✦ **saut à l'élastique** bungee jumping ✦ **saut de haies** hurdling ✦ **saut en hauteur** high jump ✦ **saut en longueur** long jump ✦ **saut de ligne** (*Informatique*) line break ✦ **saut d'obstacles** show jumping ✦ **saut de page** (*Informatique*) page break ✦ **saut en parachute** (= *sport*) parachuting; (= *bond*) parachute jump ✦ **saut à la perche** (= *sport*) pole vaulting; (= *bond*) pole vault ✦ **saut périlleux** somersault ✦ **saut en rouleau** western roll ✦ **saut à skis** (= *sport*) skijumping

saute /sot/ NF **~ d'humeur** sudden change of mood

sauté, e /sote/ (*ptp de* **sauter**) 1 ADJ sautéed 2 NM sauté; **~ de veau** sauté of veal

saute-mouton /sotmutɔ̃/ NM INV leapfrog; **jouer à ~** to play leapfrog

sauter /sote/ /TABLE 1/ 1 VI (a) to jump (**dans** into, **par-dessus** over); [*oiseau*] to hop; **~ à la corde** to skip (*Brit*), to jump rope (*US*); **~ à la perche** to pole-vault; **~ en parachute** to parachute; (*en cas d'accident*) to bale out (*Brit*), to bail out (*US*); **~ en ciseaux** to do a scissors jump; **~ en hauteur/en longueur** to do the high/the long jump; **faire ~ un enfant sur ses genoux** to bounce a child on one's knee; **~**

en l'air to jump into the air; **~ en l'air** ou **au plafond** (*de colère*) to hit the roof*; (*de joie*) to jump for joy; (*de surprise, de peur*) to jump; **~ de joie** to jump for joy; **~ d'un sujet à l'autre** ou **du coq à l'âne** to jump from one subject to another

(b) (= *se précipiter*) **~ du lit** to jump out of bed; **~ en selle** to jump into the saddle; **~ à la gorge de qn** to fly at sb's throat; **~ au cou de qn** to fly into sb's arms; **~ dans un taxi** to jump into a taxi; **~ par la fenêtre** to jump out of the window; **~ d'un train en marche** to jump from a moving train; **~ sur l'occasion** to jump at the chance; **il m'a sauté dessus** he pounced on me; **va faire tes devoirs, et que ça saute !*** go and do your homework and be quick about it!; **ça saute aux yeux !** it's obvious!

(c) [*bouchon*] to pop out; [*chaîne de vélo*] to come off; [*classe, cours*]* to be cancelled; **faire ~ un cours** to cancel a class; **faire ~ une crêpe** to toss a pancake; **faire ~ une contravention*** to get a fine taken care of

(d) (= *exploser*) [*bâtiment, bombe, pont*] to blow up; [*circuit électrique*] to fuse; [*fusible*] to blow; **~ sur une mine** [*personne*] to step on a mine; [*véhicule*] to go over a mine; **faire ~** [+ *train, édifice*] to blow up; **faire ~ une mine** (*pour la détruire*) to blow up a mine; **se faire ~ la cervelle*** ou **le caisson :** to blow one's brains out*; **faire ~ la banque** (*Casino*) to break the bank

(e) (= *être renvoyé*)* to get fired; [*gouvernement*] to get kicked out*

(f) (*Cuisine*) **faire ~** to sauté

(g) [*image de télévision*] to flicker

2 VT (a) [+ *obstacle, mur*] to jump over; **il saute cinq mètres** he can jump five metres; **~ le pas** to take the plunge

(b) [+ *étape, page, repas*] to skip; **~ une classe** (*Scol*) to skip a year

(c) [+ *personne*] **:** to screw **:***

sauterelle /sotʀɛl/ NF grasshopper; (= *criquet*) locust

sauteur, -euse /sotœʀ, øz/ 1 NM,F (= *athlète, cheval*) jumper 2 NF **sauteuse** high-sided frying pan

sautiller /sotije/ /TABLE 1/ VI to hop; [*enfant*] to skip

sautoir /sotwaʀ/ NM (a) (*Bijouterie*) chain; **~ de perles** string of pearls; **porter qch en ~** to wear sth (on a chain) round one's neck (b) (*Sport*) jumping pit

sauvage /sovaʒ/ 1 ADJ (a) wild; [*peuplade*] primitive; **vivre à l'état ~** to live wild; **retourner à l'état ~** [*animal*] to revert to its wild state

(b) (= *farouche*) [*animal*] wild; [*personne*] unsociable

(c) (= *illégal*) [*vente*] unauthorized; [*concurrence*] unfair; [*urbanisation*] unplanned; [*immigration, importations*] illegal; [*capitalisme, libéralisme*] unrestrained; **faire du camping ~** (*illégal*) to camp on unauthorized sites; (*dans la nature*) to camp in the wild; **décharge ~** illicit rubbish (*Brit*) ou garbage (*US*) dump

2 NMF (a) (= *solitaire*) recluse

(b) (= *indigène, brute*) savage; **mœurs de ~s** savage ways

sauvagement /sovaʒmɑ̃/ ADV [*frapper, tuer*] savagely

sauvageon, onne /sovaʒɔ̃, ɔn/ NM,F little savage

sauvagerie /sovaʒʀi/ NF (= *cruauté*) savagery

sauve /sov/ ADJ F → **sauf**

sauvegarde /sovgaʀd/ NF safeguarding; [*d'ordre public, paix*] upholding; (*Informatique*) saving; **sous la ~ de** under the protection of; **la ~ des droits de l'homme** safeguarding human rights; **faire la ~ d'un fichier** (*Informatique*) to save a file; **de ~** (*Informatique*) [*copie, disquette, fichier*] backup

sauvegarder /sovgaʀde/ /TABLE 1/ VT to safeguard; [+ *ordre public, paix*] to uphold; (*Informatique*) to save

sauver /sove/ /TABLE 1/ VT to save; (= *porter secours à*) to rescue; **elle est sauvée** [*malade*] she's come through; [*accidentée, otage*] she's been rescued; **~ qn/qch de** [+ *danger, désastre*] to save sb/sth from; **~ la vie à** ou **de qn** to save sb's life; **~ sa peau*** ou **sa tête*** to save one's skin; **~ les meubles*** (*fig*) to salvage something from the wreckage; **~ les apparences** to keep up appearances; **~ la face** to save face

2 VPR **se sauver** (= *s'enfuir*) to run away (**de** from); (= *partir*)* to be off*; **il s'est sauvé à toutes jambes** he ran away as fast as his legs could carry him; **sauve-toi*, il est déjà 8 heures** you'd better be off*, it's already 8 o'clock; **bon, je me sauve*** right, I'm off*; **le lait se sauve*** the milk's boiling over; **sauve qui peut !** run for your life!

sauvetage /sov(ə)taʒ/ NM ⓐ [*de personnes*] rescue; [*de biens*] salvaging; **~ en mer/montagne** sea/mountain rescue; **de ~** [*matériel, équipe*] rescue; **opération de ~** [*de personnes*] rescue operation; [*de biens*] salvage operation; **plan de ~ d'une entreprise** rescue plan for a firm ⓑ (= *technique*) **le ~** life-saving

sauveteur /sov(ə)tœʀ/ NM rescuer

sauvette /sovɛt/ **à la ~*** LOC ADV (= *vite*) hastily; (= *en cachette*) on the sly; **ils se sont mariés à la ~** they married in haste; **vendre qch à la ~** to sell sth on the streets (*without authorization*); **vendeur** ou **marchand à la ~** street hawker

sauveur /sovœʀ/ NM saviour (*Brit*), savior (*US*); **le Sauveur** (*Rel*) the Saviour; **tu es mon ~ !** (*hum*) you're my saviour!

savamment /savamɑ̃/ ADV [*dosé, entretenu, orchestré*] skillfully; (= *avec érudition*) learnedly

savane /savan/ NF savannah

savant, e /savɑ̃, ɑ̃t/ **1** ADJ ⓐ (= *érudit*) [*personne, mot, société*] learned; [*édition*] scholarly ⓑ [*arrangement, dosage, stratagème*] clever ⓒ [*chien, puce*] performing **2** NM (*sciences*) scientist; (*lettres*) scholar

savate* /savat/ NF (= *pantoufle*) slipper; (= *chaussure*) shoe

saveur /savœʀ/ NF flavour (*Brit*), flavor (*US*)

Savoie /savwa/ NF **la ~** (= *région*) Savoy

savoir /savwaʀ/ /TABLE 32/ **1** VT ⓐ to know; **je ne savais quoi** ou **que dire/faire** I didn't know what to say/do; **oui, je (le) sais** yes, I know; **je savais qu'elle était malade** ou **je la savais malade** I knew (that) she was ill; **il ne savait pas s'il devait accepter** he didn't know whether to accept (or not); **je crois ~ que ...** I believe that ...; **je n'en sais rien** I don't know; **il ment — qu'en savez-vous ?** he is lying — how do you know?; **il nous a fait ~ que ...** he let us know that ...; **ça se saurait si c'était vrai** if it was true people would know about it; **ça finira bien par se ~** it'll get out in the end; **en ~ trop** to know too much; **en ~ long** to know a lot; **il croit tout ~** he thinks he knows everything; **Monsieur (ou Madame ou Mademoiselle) je-sais-tout*** know-all; **tu en sais, des choses*** you certainly know a thing or two, don't you!; **il ne sait rien de rien** he hasn't a clue about anything; **qui sait ?** who knows?; **tu veux celui-ci ou celui-là, faudrait ~ !*** do you want this one or that one, make up your mind, will you?; **je sais bien, mais ...** I know, but ...; **il nous a emmenés je ne sais où** he took us goodness knows where; **il y a je ne sais combien de temps qu'il ne l'a vue** I don't know how long it is since he last saw her; **elle ne sait pas quoi faire pour le consoler** she's at a loss to know how to comfort him; **il n'a rien voulu ~** he didn't want to know; **on ne sait jamais** you never know; **que je sache** as far as I know; **à ~** that is; **vous n'êtes pas sans ~ que ...** (*frm*) you are not unaware that ... (*frm*); **si j'avais su** if I had known; **elle ne savait où donner de la tête** she didn't know whether she was coming or going
ⓑ (*avec infinitif* = *être capable de*) to know how to; **elle sait lire et écrire** she can read and write; **il ne sait pas nager** he can't swim; **il sait parler aux enfants** he knows how to talk to children; **il sait y faire** he's good at getting things his own way; **il sait écouter** he's a good listener; **il faut ~ attendre** you have to learn to be patient; **il se savait très malade** he knew he was very ill; **sans le ~** (= *sans s'en rendre compte*) without knowing; (= *sans le faire exprès*) unwittingly; **il ne savait pas où se mettre** he didn't know where to put himself; **je ne saurais pas te le dire** I couldn't tell you
2 NM **le ~** knowledge

savoir-faire /savwaʀfɛʀ/ NM INV know-how*; (*dans un métier*) expertise; **il a beaucoup de ~ avec les enfants** he's very good with children

savoir-vivre /savwaʀvivʀ/ NM INV manners; **il n'a aucun ~** he has no manners

savon /savɔ̃/ NM soap (*NonC*); (= *morceau*) bar of soap; **il m'a passé un ~*** he gave me a real telling-off*

savonner /savɔne/ /TABLE 1/ VT to soap; **se ~ les mains** to soap one's hands

savonneux, -euse /savɔnø, øz/ ADJ soapy

savourer /savuʀe/ /TABLE 1/ VT to savour (*Brit*), to savor (*US*)

savoureux, -euse /savuʀø, øz/ ADJ [*plat*] delicious; [*anecdote, moment, personne*] delightful

savoyard, e /savwajaʀ, aʀd/ **1** ADJ Savoyard **2** NM,F **Savoyard(e)** Savoyard

saxo* /sakso/ **1** NM (= *instrument*) sax* **2** NM,F (= *musicien*) sax player*

saxon, -onne /saksɔ̃, ɔn/ **1** ADJ Saxon **2** NM (= *langue*) Saxon **3** NM,F **Saxon(ne)** Saxon

saxophone /saksɔfɔn/ NM saxophone

saxophoniste /saksɔfɔnist/ NMF saxophonist

s/c (ABBR = **sous couvert de**) ≈ c/o

scabreux, -euse /skabʀø, øz/ ADJ (= *indécent*) shocking

scalpel /skalpɛl/ NM scalpel

scalper /skalpe/ /TABLE 1/ VT to scalp

scampi /skãpi/ NMPL scampi

scandale /skɑ̃dal/ NM ⓐ (= *fait choquant, affaire, Rel*) scandal; **c'est un ~ !** it's scandalous!; **sa tenue a fait ~** people were shocked by his outfit; **son livre a fait ~** his book caused a scandal; **les gens vont crier au ~** there'll be an outcry; **à ~** [*couple, livre*] controversial; **journal à ~** scandal sheet ⓑ (= *scène, tapage*) scene; **faire un** ou **du ~** to make a scene

scandaleusement /skɑ̃daløzmɑ̃/ ADV scandalously; [*exagéré, sous-estimé*] grossly

scandaleux, -euse /skɑ̃da, øz/ ADJ [*conduite, prix, propos*] scandalous

scandaliser /skɑ̃dalize/ /TABLE 1/ VT to scandalize; **se ~ de qch** to be scandalized by sth

scander /skɑ̃de/ /TABLE 1/ VT [+ *nom, slogan*] to chant

scandinave /skɑ̃dinav/ **1** ADJ Scandinavian **2** NMF **Scandinave** Scandinavian

Scandinavie /skɑ̃dinavi/ NF Scandinavia

scanner¹ /skanɛʀ/ NM scanner; **passer un ~** to have a scan

scanner² /skane/ /TABLE 1/ VT (*Informatique*) to scan

scaphandre /skafɑ̃dʀ/ NM [*de plongeur*] diving suit; [*de cosmonaute*] spacesuit; **~ autonome** aqualung

scaphandrier /skafɑ̃dʀije/ NM deep-sea diver

scarabée /skaʀabe/ NM (= *insecte*) beetle

scarlatine /skaʀlatin/ NF scarlet fever

scarole /skaʀɔl/ NF escarole

scatologique /skatɔlɔʒik/ ADJ scatological

sceau (*pl* **sceaux**) /so/ NM (= *cachet, estampille*) seal; **porter le ~ du génie** to bear the mark of genius; **sous le ~ du secret** under the seal of secrecy

sceller /sele/ /TABLE 1/ VT to seal

scellés /sele/ NMPL seals; **apposer** ou **mettre les ~ sur une porte** to put the seals on a door; **lever les ~** to take the seals off; **mettre** ou **placer qch sous ~** to put sth under seal

scellofrais® /selɔfʀɛ/ NM clingfilm® (*Brit*), Saran Wrap® (*US*)

scénario /senaʀjo/ NM ⓐ (*Ciné, Théât* = *plan*) scenario; (*Ciné* = *découpage et dialogues*) screenplay ⓑ (= *évolution possible*) scenario

scénariste /senaʀist/ NMF (*Ciné*) scriptwriter

scène /sɛn/ NF ⓐ (= *estrade*) stage; **sortir de ~** ou **quitter la ~** to go off stage; **occuper le devant de la ~** to be at the front of the stage; (*fig*) to be in the forefront; **sur (la) ~** on stage; **il se produira** ou **sera sur la ~ de l'Olympia en janvier** he'll be performing at the Olympia in January; **à la ~ comme à la ville** on stage and off; **porter une œuvre à la ~** to stage a work
ⓑ (= *action, division*) scene; **dans la première ~** in the first

scene; **~ d'action/d'amour** (*Ciné*) action/love scene; **la ~ se passe à Rome** the scene is set in Rome
ⓒ (= *décor*) scene
ⓓ (= *spectacle, confrontation*) scene; **~ de panique** scene of panic; **il m'a fait une ~ de jalousie** he exploded in a fit of jealousy; **faire une ~** to make a scene; **~ de ménage** domestic fight
ⓔ (= *domaine*) scene; **sur la ~ politique/internationale** on the political/international scene; **la ~ publique** the public arena
ⓕ (= *tableau*) scene; **~ de genre** genre painting
ⓖ **♦ en scène** on stage; **entrer en ~** [*acteur*] to come on stage; [*politicien, sportif*] to arrive on the scene; **entrée en ~** [*acteur*] entrance; (*fig*) arrival on the scene; **mettre en ~** (*Théât*) [+ *histoire, personnage*] to present; [+ *auteur*] to stage the play(s) of; [+ *pièce de théâtre, film*] to direct; **mise en ~** (*Ciné, Théât = production*) production; **mise en ~ de Vilar** directed by Vilar; **toute cette mise en ~ pour nous faire croire que ...** this whole performance was to make us believe that ...

scénique /senik/ ADJ theatrical

scepticisme /sɛptisism/ NM scepticism (*Brit*), skepticism (*US*)

sceptique /sɛptik/ 1 ADJ sceptical (*Brit*), skeptical (*US*) (**à l'égard de, sur, quant à** about); **d'un air ~** sceptically (*Brit*), skeptically (*US*); **ses arguments me laissent ~** his arguments don't convince me 2 NMF sceptic (*Brit*), skeptic (*US*)

schéma /ʃema/ NM ⓐ (= *diagramme*) diagram; **~ de montage** assembly diagram; **~ directeur** urban development plan ⓑ (= *résumé*) outline

schématique /ʃematik/ ADJ [*dessin*] schematic; (*péj*) [*interprétation, conception*] oversimplified

schématiquement /ʃematikmã/ ADV [*représenter*] schematically; **il exposa l'affaire ~** he gave an outline of the affair; **très ~, voici de quoi il s'agit** briefly, this is what it's all about

schématiser /ʃematize/ /TABLE 1/ VT to schematize; (*péj*) to oversimplify

schisme /ʃism/ NM (*religieux*) schism; (*politique*) split; **faire ~** to split away; **il y a un ~ entre eux*** they've fallen out

schiste /ʃist/ NM schist

schizophrène /skizɔfʀɛn/ ADJ, NMF schizophrenic

schizophrénie /skizɔfʀeni/ NF schizophrenia

schlass: /ʃlas/ ADJ INV (= *ivre*) sozzled:

schlinguer: /ʃlɛ̃ge/ /TABLE 1/ VI to pong:

schmilblik• /ʃmilblik/ NM **faire avancer le ~** to help things along; **ça ne fait pas avancer le ~** that doesn't get us very far

schnock: /ʃnɔk/ NM = **chnoque**

schuss /ʃus/ ADV **descendre (tout) ~** to schuss down

Schweppes ® /ʃwɛps/ NM tonic water

sciatique /sjatik/ 1 NF sciatica 2 ADJ sciatic

scie /si/ NF (= *outil*) saw; **~ circulaire** circular saw; **~ électrique** power saw; **~ à métaux** hacksaw; **~ sauteuse** jigsaw

sciemment /sjamã/ ADV knowingly

science /sjɑ̃s/ NF ⓐ (= *domaine scientifique*) science; **les ~s** the sciences; (= *matière scolaire*) science; **~s appliquées/exactes** applied/exact sciences; **~s humaines** social sciences; **~s économiques** economics (*sg*); **~s politiques** political science; **Sciences Po** (*Univ*) French school of political science; **~s de la vie** life sciences ⓑ (= *érudition*) knowledge; **je n'ai pas la ~ infuse** I have no way of knowing; **il faut toujours qu'il étale sa ~** he's always showing off his knowledge

science-fiction /sjɑ̃sfiksjɔ̃/ NF science fiction; **film/roman de ~** science fiction film/novel

scientifique /sjɑ̃tifik/ 1 ADJ scientific 2 NMF scientist

scientifiquement /sjɑ̃tifikmã/ ADV scientifically

scier /sje/ /TABLE 7/ VT [+ *bois, métal*] to saw; [+ *bûche*] to saw up; [+ *partie en trop*] to saw off; **~ la branche sur laquelle on est assis** to dig one's own grave; **ça m'a scié!*** I was staggered!

scierie /siʀi/ NF sawmill

Scilly /sili/ N **les îles ~** the Scilly Isles

scinder /sɛ̃de/ /TABLE 1/ VT, **se scinder** VPR to split up (**en** in, into)

scintiller /sɛ̃tije/ /TABLE 1/ VI [*diamant, yeux*] to sparkle; [*étoile, lumières*] to twinkle; [*goutte d'eau*] to glisten

scission /sisjɔ̃/ NF ⓐ (= *schisme*) split; **faire ~** to split away ⓑ [*d'atome*] fission

sciure /sjyʀ/ NF **~ (de bois)** sawdust

sclérose /skleʀoz/ NF sclerosis; (*fig*) ossification **♦ sclérose en plaques** multiple sclerosis

sclérosé, e /skleʀoze/ (*ptp de* **scléroser**) ADJ sclerotic; (*fig*) ossified

scléroser (se) /skleʀoze/ /TABLE 1/ VPR to become sclerotic; (*fig*) to become ossified

scolaire /skɔlɛʀ/ ADJ ⓐ school; **enfant d'âge ~** child of school age; **en milieu ~** in schools; **les ~s** schoolchildren ⓑ (*péj*) [*style*] unimaginative; **son livre est un peu ~ par endroits** his book is a bit starchy in places

scolarisation /skɔlaʀizasjɔ̃/ NF [*d'enfant*] schooling; **la ~ d'une population/d'un pays** providing a population with schooling/a country with schools; **taux de ~** percentage of children in full-time education

scolariser /skɔlaʀize/ /TABLE 1/ VT [+ *enfant*] to send to school; [+ *pays*] to provide with schools

scolarité /skɔlaʀite/ NF schooling; **~ obligatoire** compulsory schooling; **service de la ~** (*Univ*) registrar's office; **il a suivi une ~ normale** he had a normal education; **il a eu une ~ difficile** he had difficulties at school

scoliose /skɔljoz/ NF curvature of the spine

scoop• /skup/ NM (*Presse*) scoop

scooter /skutœʀ/ NM scooter; **~ des mers** jet ski; **~ des neiges** Skidoo ®

scorbut /skɔʀbyt/ NM scurvy

score /skɔʀ/ NM score; **faire un bon/mauvais ~** (*Politique, Sport*) to do well/badly; **obtenir un ~ de 48% aux élections** to get 48% of the votes

scories /skɔʀi/ NFPL slag (*NonC*); (*fig*) dross (*NonC*)

scorpion /skɔʀpjɔ̃/ NM ⓐ (= *animal*) scorpion ⓑ (*Astron*) **le Scorpion** Scorpio; **il est Scorpion** he's a Scorpio

scotch /skɔtʃ/ NM ⓐ (= *boisson*) scotch ⓑ (= *adhésif*) **Scotch** ® Sellotape ® (*Brit*), Scotchtape ® (*US*)

scotcher /skɔtʃe/ /TABLE 1/ VT to sellotape (*Brit*), to stick with Scotchtape ® (*US*); **il reste des heures scotché* devant sa télévision** he spends hours glued to the television

scout, e /skut/ 1 ADJ [*camp, mouvement*] scout 2 NM (boy) scout 3 NF **scoute** (girl) scout

scoutisme /skutism/ NM (= *mouvement*) scout movement; (= *activité*) scouting; **faire du ~** to be a scout

Scrabble ® /skʀabl/ NM Scrabble ®; **faire un ~** to play Scrabble ®

script /skʀipt/ 1 NM script 2 NF continuity girl

scripte /skʀipt/ NF (*Ciné*) continuity girl

scrupule /skʀypyl/ NM scruple; **avoir des ~s à faire qch** to have scruples about doing sth; **je n'aurais aucun ~ à refuser** I wouldn't have any scruples about refusing; **sans ~s** [*personne*] unscrupulous

scrupuleusement /skʀypyløzmã/ ADV scrupulously

scrupuleux, -euse /skʀypylø, øz/ ADJ [*honnêteté, personne*] scrupulous; **peu ~** unscrupulous

scrutateur, -trice /skʀytatœʀ, tʀis/ 1 ADJ (*littér*) [*caractère, regard*] searching 2 NM (*Politique*) teller, scrutineer (*Brit*)

scruter /skʀyte/ /TABLE 1/ VT [+ *horizon*] to scan; [+ *objet, personne*] to scrutinize; [+ *pénombre*] to peer into

scrutin /skʀytɛ̃/ NM ⓐ (= *vote*) ballot; **par voie de ~** by ballot; **il a été élu au troisième tour de ~** he was elected at the third ballot; **dépouiller le ~** to count the votes ⓑ (= *élection*) poll; **le jour du ~** polling day; **~ majoritaire à un tour** election decided on a first past the post basis; **~ proportionnel** proportional representation

sculpter /skylte/ /TABLE 1/ VT [+ *marbre, statue*] to sculpt; [+ *meuble, bois*] to carve; **~ qch dans du bois** to carve sth out of wood

> ★ *The* **p** *is not pronounced.*

sculpteur /skyltœr/ NM sculptor

> ★ *The* **p** *is not pronounced.*

sculptural, e (*mpl* **-aux**) /skyltyral, o/ ADJ (*Art*) sculptural; [*beauté, corps, formes*] statuesque

> ★ *The* **p** *is not pronounced.*

sculpture /skyltyr/ NF sculpture; **faire de la ~** to sculpt; **~ sur bois** woodcarving

> ★ *The* **p** *is not pronounced.*

SDF /esdeɛf/ NMF INV (ABBR = **sans domicile fixe**) homeless person; **un ~** a homeless person

S.E. (ABBR = **Son Excellence**) HE

se /sə/ PRON ⓐ (*réfléchi*) (*sg*) (*indéfini*) oneself; (*homme*) himself; (*femme*) herself; (*sujet non humain*) itself; (*pl*) themselves; **se raser** to shave; **se mouiller** to get wet; **se brûler** to burn o.s.
ⓑ (*réciproque*) each other, one another; **deux personnes qui s'aiment** two people who love each other *ou* one another
ⓒ (*possessif*) **se casser la jambe** to break one's leg; **il se lave les mains** he is washing his hands; **elle s'est coupé les cheveux** she has cut her hair
ⓓ (*passif*) **cela ne se fait pas** that's not the done thing; **cela se répare facilement** it can easily be repaired again; **cela se vend bien** it sells well

séance /seɑ̃s/ NF ⓐ (= *réunion*) session; **être en ~** to be in session; **la ~ est levée** the meeting is over
ⓑ (= *période*) session; **~ de photographie/rééducation** photographic/physiotherapy session; **~ de pose** sitting; **~ de spiritisme** séance; **~ de travail** working session
ⓒ (= *représentation*) (*Théât*) performance; **~ (de cinéma)** film; **première/dernière ~** (*Ciné*) first/last showing; **la ~ est à 21 h, et le film 15 minutes plus tard** the programme starts at 9 o'clock and the film 15 minutes later
ⓓ (*Bourse*) day of trading; **en début/fin de ~** at the opening/close of the day's trading

seau (*pl* **seaux**) /so/ NM bucket, pail (*US*); **il pleut à ~x** it's raining buckets*; **~ à champagne/glace** champagne/ice bucket

séborrhée /sebɔre/ NF seborrhoea (*Brit*), seborrhea (*US*)

sébum /sebɔm/ NM sebum

sec, sèche /sɛk, sɛʃ/ 1 ADJ ⓐ dry; [*fruit*] dried; **j'avais la gorge sèche** my throat was dry; **il est au régime ~** he's on the wagon
ⓑ (= *maigre*) slender
ⓒ [*rire, vin*] dry; [*style*] terse; [*réponse*] curt; **elle a été très sèche avec moi** she was very curt with me; **donner un coup ~** (*sur qch*) to give a sharp rap; **se casser avec un bruit ~** to snap; **« non », dit-il d'un ton ~** "no", he said curtly
ⓓ (= *sans eau*) [*alcool*] neat
ⓔ (*Cartes*) **atout/valet ~** singleton trump/jack
ⓕ (= *sans prestations supplémentaires*) **le vol ~ coûte 1 500 €** the flight-only price is 1,500 euros; **licenciement ~** compulsory lay-off (*without any compensation*)
ⓖ (*locutions*) **je l'ai eu ~** I was really shocked*; **être** *ou* **rester ~*** to be stumped*; **je suis resté ~ sur ce sujet*** I drew a blank on the subject

2 ADV* [*frapper*] hard; **il boit ~** he really knocks it back*; **il est arrivé et reparti aussi ~** he arrived and left again just as quickly; **en cinq ~** in a flash

3 NM **tenir** *ou* **conserver qch au ~** to keep sth in a dry place; **être à ~** [*puits, torrent*] to be dry; (= *être sans argent*)* [*personne*] to be broke*; [*caisse*] to be empty

4 NF **sèche** (= *cigarette*) cigarette

SECAM /sekam/ ADJ, NM (ABBR = **séquentiel couleur à mémoire**) SECAM

sécateur /sekatœr/ NM (pair of) secateurs

sécession /sesesjɔ̃/ NF secession; **faire ~** to secede

---

sèche-cheveux /sɛʃʃəvø/ NM INV hairdryer

sèche-linge /sɛʃlɛ̃ʒ/ NM INV (= *armoire*) drying cabinet; (= *machine*) tumble-dryer

sèche-mains /sɛʃmɛ̃/ NM INV hand-dryer

sèchement /sɛʃmɑ̃/ ADV [*répondre*] curtly

sécher /seʃe/ /TABLE 6/ 1 VT ⓐ to dry
ⓑ [+ *cours*]* to skip*; **il a séché l'école* pendant trois jours** he skipped school* *ou* skived off school (*Brit*)* for three days

2 VI ⓐ to dry; **faire ~ du linge** *ou* **mettre du linge à ~** (*à l'intérieur*) to put washing up to dry; (*à l'extérieur*) to put washing out to dry; **« faire ~ sans essorer »** "do not spin"; **« faire ~ à plat »** "dry flat"
ⓑ (= *se déshydrater*) to dry out; **faire ~** to dry; **laisser ~** to leave to dry
ⓒ (*arg Scol* = *rester sec*) to be stumped*; **j'ai séché en chimie** I dried up* completely in chemistry

3 VPR **se sécher** to dry o.s. (off); **se ~ les cheveux/mains** to dry one's hair/hands

sécheresse /seʃrɛs/ NF ⓐ [*de climat, sol, style, ton*] dryness; [*de réponse*] curtness ⓑ (= *absence de pluie*) drought; **en période de ~** during a drought

séchoir /seʃwar/ NM (= *appareil*) dryer; **~ à linge** (*pliant*) clothes-horse; (*rotatif*) tumble dryer; (*à cordes*) clothes airer

second, e /s(ə)gɔ̃, ɔ̃d/ 1 ADJ second; **la ~e fois** the second time; **une ~e jeunesse** a second youth; **chez lui, c'est une ~e nature** with him it's second nature

2 NM,F second; **le ~ de ses fils** his second son; **il a été reçu ~ (en physique)** he came second (in physics)

3 NM ⓐ (= *adjoint*) second in command; (= *marin*) first mate
ⓑ (= *étage*) second floor (*Brit*), third floor (*US*); **la dame du ~** the lady on the second floor (*Brit*) *ou* the third floor (*US*)
ⓒ ♦ **en second**: officier *ou* capitaine en ~ first mate; **passer en ~** to take second place; **sa famille passe en ~** his family takes second place

4 NF **seconde** ⓐ (= *unité de temps*) second; **(attends) une ~!** just a second!; **avec elle, tout doit être fait à la ~e** with her, things have to be done instantly
ⓑ (*Transports*) second class; **voyager en ~e** to travel second-class
ⓒ **(classe de) ~e** ≈ fifth form (*Brit: in secondary school*), ≈ tenth grade (*US: in high school*) → LYCÉE
ⓓ (= *vitesse*) second gear; **être en/passer la** *ou* **en ~e** to be in/change into second gear

> ★ *The* **c** *in* **second** *and* **seconde** *is pronounced* **g**.

secondaire /s(ə)gɔ̃dɛr/ 1 ADJ secondary; **c'est ~** that's of secondary importance; **intrigue ~** [*de roman*] subplot; **effets ~s** side effects; **ligne ~** (*Rail*) branch line 2 NM ⓐ (*Scol*) **le ~** secondary (*Brit*) *ou* high-school (*US*) education; **les professeurs du ~** secondary school (*Brit*) *ou* high-school (*US*) teachers ⓑ (= *secteur*) **le ~** the secondary sector

> ★ *The* **c** *is pronounced* **g**.

seconder /s(ə)gɔ̃de/ /TABLE 1/ VT to assist; **bien secondé par ...** ably assisted by ...

> ★ *The* **c** *is pronounced* **g**.

secouer /s(ə)kwe/ /TABLE 1/ 1 VT ⓐ [+ *arbre, salade, tapis*] to shake; [+ *miettes, poussière, paresse*] to shake off; **~ la tête** (*pour dire oui*) to nod (one's head); (*pour dire non*) to shake one's head; **on est drôlement secoué** (*dans un autocar*) you really get shaken about; (*dans un bateau*) you really get tossed about; **la ville a été fortement secouée par le tremblement de terre** the town was rocked by the earthquake; **j'en ai rien à ~!** I don't give a damn!
ⓑ (= *traumatiser*) to shake; **ce deuil l'a beaucoup secoué** this bereavement has really shaken him
ⓒ (= *ébranler*) to shake; **un gouvernement secoué par des affaires de corruption** a government shaken by corruption scandals
ⓓ (= *bousculer*) **il ne travaille que lorsqu'on le secoue** he

only works if you push him; **~ les puces à qn*** (= *le réprimander*) to tell sb off; (= *le stimuler*) to give sb a good shake; **~ le cocotier*** to get rid of the deadwood*

2 VPR **se secouer** to shake o.s.; (= *faire un effort*)* to make an effort; (= *se dépêcher**) to get a move on*

secourir /s(ə)kuʀiʀ/ /TABLE 11/ VT [+ *blessé, pauvre*] to help; [+ *alpiniste, skieur*] to rescue

secourisme /s(ə)kuʀism/ NM first aid

secouriste /s(ə)kuʀist/ NMF first-aid worker

secours /s(ə)kuʀ/ NM ⓐ (= *aide*) help; **demander du ~** to ask for help; **crier au ~** to shout for help; **au ~ !** help!; **aller au ~ de qn** to go to sb's aid; **porter ~ à qn** to give sb help; **cela m'a été/ne m'a pas été d'un grand ~** this has been a great help/of little help to me; **le Secours catholique** *Catholic charity organization giving assistance to the poor*; **le Secours populaire** *charity organization giving assistance to the poor*

ⓑ (= *vivres, argent*) aid (*NonC*); **~ humanitaire** humanitarian aid

ⓒ (= *sauvetage*) **le ~ en montagne/en mer** mountain/sea rescue; **équipe de ~** rescue team; **quand les ~ arrivèrent** when help arrived; **porter ~ à un alpiniste** to rescue a mountaineer; **les premiers ~ sont arrivés très rapidement** the emergency services were soon at the scene; **apporter les premiers ~ à qn** to give first aid to sb

secousse /s(ə)kus/ NF ⓐ (= *cahot*) bump ⓑ (= *choc*) jolt; (= *traction*) pull; **~ (sismique)** (earth) tremor

secret, -ète /səkʀɛ, ɛt/ **1** ADJ ⓐ secret; **garder** *ou* **tenir qch ~** to keep sth secret; **des informations classées secrètes** classified information

ⓑ [*personne*] secretive

2 NM ⓐ (= *cachotterie*) secret; **ne pas avoir de ~ pour qn** [*personne*] to have no secrets from sb; [*sujet*] to have no secrets for sb; **il n'en fait pas un ~** he makes no secret about it; **un ~ d'État** a state secret; **« ~(-)défense »** "official secret"; **~ de Polichinelle** open secret; **ce n'est un ~ pour personne que ...** it's no secret that ...

ⓑ (= *mécanisme, moyen*) secret; **~ de fabrication** trade secret; **le ~ du bonheur/de la réussite** the secret of happiness/of success; **une sauce dont il a le ~** a sauce trick of which he alone has the secret

ⓒ (= *discrétion, silence*) secrecy; **le ~ professionnel/bancaire** professional/bank secrecy; **le ~ médical** medical confidentiality; **le ~ de la confession** the seal of the confessional; **le gouvernement a gardé le ~ sur les négociations** the government has remained silent about the negotiations

ⓓ (*locutions*) **dans le ~** in secret; **négociations menées dans le plus grand ~** negotiations carried out in the strictest secrecy; **mettre qn dans le ~** to let sb into the secret; **être dans le ~** to be in on the secret; **en ~** (= *sans témoins*) in secret; **au ~** (*Prison*) in solitary confinement

secrétaire /s(ə)kʀetɛʀ/ **1** NMF secretary; **~ médicale/particulière** medical/private secretary; **premier ~** (*Politique*) first secretary

2 NM (= *meuble*) writing desk

3 COMP **• secrétaire de direction** personal assistant **• secrétaire d'État** ≈ junior minister; (*US* = *ministre des Affaires étrangères*) Secretary of State; **~ d'État à l'enseignement primaire** minister for education (*in the primary sector*); **le ~ d'État américain au Trésor** the American Treasury Secretary **• secrétaire général** general secretary; **le ~ général des Nations unies** the Secretary-General of the United Nations **• secrétaire de mairie** ≈ town clerk (*in charge of records and legal business*) **• secrétaire de rédaction** sub-editor (*Brit*), copy editor (*US*)

secrétariat /s(ə)kʀetaʀja/ NM ⓐ (= *fonction officielle*) post of secretary; **~ d'État** (= *fonction*) post of junior minister; (= *bureau*) ≈ junior minister's office; **~ général des Nations unies** United Nations Secretariat ⓑ (= *profession, travail*) secretarial work; (= *bureaux*) [*d'école*] (secretary's) office; [*d'usine, administration*] secretarial offices; [*d'organisation internationale*] secretariat; (= *personnel*) secretarial staff; **école de ~** secretarial college

secrètement /səkʀɛtmɑ̃/ ADV secretly

sécréter /sekʀete/ /TABLE 6/ VT to secrete

sécrétion /sekʀesjɔ̃/ NF secretion

sectaire /sektɛʀ/ ADJ, NMF sectarian

sectarisme /sektaʀism/ NM sectarianism

secte /sɛkt/ NF sect

secteur /sektœʀ/ NM ⓐ sector; (*Admin*) district; (= *zone, domaine*) area; (= *partie*) part; [*d'agent de police*] beat; **dans le ~*** (= *ici*) round here; (= *là-bas*) round there; **changer de ~*** to move elsewhere; **~ sauvegardé** conservation area

ⓑ (= *circuit électrique*) **le ~** the mains (supply); **panne de ~** power cut; **« fonctionne sur pile et ~ »** "battery or mains operated"

ⓒ (*Écon*) **~ public/privé** public/private sector; **le ~ nationalisé** nationalized industries; **~ d'activité** branch of industry; **~ primaire** primary sector; **~ secondaire** secondary sector; **~ tertiaire** tertiary sector

section /seksjɔ̃/ NF ⓐ (*Scol*) ≈ course; **il est en ~ littéraire/scientifique** he's following a literary/science syllabus ⓑ (= *département*) department; (*Politique*) branch; **~ syndicale** trade union group ⓒ [*d'ouvrage, voie*] section; (*en autobus*) fare stage ⓓ section; [*de fil électrique*] gauge; **fil de petite/grosse ~** thin-gauge/heavy-gauge wire ⓔ (*Mil*) platoon

sectionner /seksjɔne/ /TABLE 1/ **1** VT [+ *tube, fil, artère, membre*] to sever **2** VPR **se sectionner** [*tube, fil, artère, membre*] to be severed

sectoriel, -ielle /sektɔʀjɛl/ ADJ sectional

sectoriser /sektɔʀize/ /TABLE 1/ VT to divide into sectors

Sécu* /seky/ NF (ABBR = **Sécurité sociale**) ≈ NHS (*Brit*), ≈ Medicaid (*US*)

séculier, -ière /sekylje, jɛʀ/ **1** ADJ [*clergé, autorité*] secular **2** NM secular

secundo /səgɔ̃do/ ADV secondly

> ★ *The* **c** *is pronounced* **g***.*

sécurisant, e /sekyʀizɑ̃, ɑ̃t/ ADJ reassuring

sécuriser /sekyʀize/ /TABLE 1/ VT **~ qn** to give a feeling of security to sb; **~ l'opinion** to reassure people; **se sentir sécurisé par qn/qch** to feel reassured by sb/sth

sécurité /sekyʀite/ **1** NF ⓐ (= *absence de danger*) safety; (= *absence de troubles*) security; **la ~ de l'emploi** job security; **assurer la ~ d'un ministre** to ensure the safety of a minister; **mesures de ~** (*contre incendie*) safety measures; (*contre attentat*) security measures

• en sécurité : **être/se sentir en ~** to be/feel safe; **mettre qch en ~** to put sth in a safe place; **en toute ~** in complete safety

ⓑ (= *mécanisme*) safety catch; **de ~** [*dispositif*] safety

2 COMP **• la sécurité civile** *emergency services dealing with natural disasters, bomb disposal etc* **• la sécurité publique** law and order; **agent de la ~ publique** officer of the law **• la sécurité routière** road safety **• la Sécurité sociale** (*pour la santé*) ≈ the National Health Service (*Brit*), ≈ Medicaid (*US*); (*pour vieillesse etc*) ≈ the Social Security, ≈ Medicare (*US*)

> ⓘ **SÉCURITÉ SOCIALE**
> *The French public welfare system is financed by compulsory contributions paid directly from salaries and by employers. It covers essential health care, pensions and other basic benefits. In many cases, costs not covered by the Sécurité sociale may be met by a "mutuelle". The deficit of the Sécurité sociale, popularly known as the "trou de la Sécurité sociale", has reached massive proportions in recent years, and efforts to stabilize the situation include an extra contribution from salaries, paid at source, called the "CRDS" (contribution au remboursement de la dette sociale).*
> → MUTUELLE
> ▷ www.sante.gouv.fr
> ▷ www.ameli.fr
> ▷ www.service-public.fr

sédatif /sedatif/ NM sedative; **sous ~s** under sedation

sédentaire /sedɑ̃tɛʀ/ ADJ sedentary

sédentariser /sedɑ̃taʀize/ /TABLE 1/ VT to settle; **population sédentarisée** settled population

sédiment /sedimɑ̃/ NM sediment

séditieux, -ieuse /sedisjø, jøz/ ADJ seditious

séducteur, -trice /sedyktœʀ, tʀis/ 1 NM seducer; (*péj*) womanizer (*péj*) 2 NF **séductrice** seductress

séduction /sedyksjɔ̃/ NF ⓐ (= *charme*) charm; (= *action*) seduction; **il a un grand pouvoir de ~** he has great charm; **scène de ~** seduction scene; **leur opération de ~ en direction du public** the charm offensive they aimed at the public ⓑ appeal; **exercer une forte ~ sur qn** [*projet, idéologie*] to have a great deal of appeal for sb ⓒ (*Droit*) [*de femme*] seduction; [*de mineur*] corruption

séduire /sedɥiʀ/ /TABLE 38/ VT ⓐ (*par son physique, son charme*) to charm; **qu'est-ce qui t'a séduit chez ou en elle ?** what attracted you to her?; **elle sait ~** she knows how to use her charms ⓑ [*style, qualité, projet*] to appeal to; **cette idée va-t-elle les ~ ?** is this idea going to appeal to them?

séduisant, e /sedɥizɑ̃, ɑ̃t/ ADJ attractive

séfarade /sefaʀad/ 1 ADJ Sephardic 2 NMF Sephardi

segment /sɛgmɑ̃/ NM segment

segmenter /sɛgmɑ̃te/ /TABLE 1/ VT to segment

ségrégation /segʀegasjɔ̃/ NF segregation

seiche /sɛʃ/ NF cuttlefish

seigle /sɛgl/ NM rye

seigneur /sɛɲœʀ/ NM ⓐ (*Hist*) lord ⓑ (*Rel*) **le Seigneur** the Lord; **Notre-Seigneur Jésus-Christ** Our Lord Jesus Christ

sein /sɛ̃/ NM breast; **donner le ~ à un bébé** to breast-feed a baby; **elle était ~s nus** she was topless; **au ~ de** in the bosom of

seing /sɛ̃/ NM **acte sous ~ privé** private agreement (*document not legally certified*)

séisme /seism/ NM earthquake; (*fig*) upheaval

seize /sɛz/ ADJ INV, NM INV sixteen; **film tourné en ~ millimètres** film shot in sixteen millimetres → **six**

seizième /sɛzjɛm/ ADJ, NMF sixteenth; **~s de finale** (*Sport*) first round (*of 5-round knockout competition*); **le ~ (arrondissement)** the sixteenth arrondissement (*wealthy area in Paris*) → **sixième**

séjour /seʒuʀ/ NM ⓐ (= *visite*) stay; **faire un ~ de trois semaines à Paris** to stay for three weeks in Paris; **faire un ~ à l'étranger** to spend time abroad; **j'ai fait plusieurs ~s en Australie** I've been to Australia several times; **c'est mon deuxième ~ aux États-Unis** it's my second trip to the United States; **elle a fait plusieurs ~s à l'hôpital** she has had several stays in hospital; **~ officiel** (*Politique*) official visit; **il a fait un ~ linguistique en Irlande** he went to Ireland on a language course ⓑ (= *salon*) living room

séjourner /seʒuʀne/ /TABLE 1/ VI [*personne*] to stay; **~ chez qn** to stay with sb

sel /sɛl/ 1 NM ⓐ salt; **sans ~** [*biscottes, pain, régime*] salt-free; **je mange sans ~** I don't put salt on my food ⓑ (= *humour*) wit; (= *piquant*) spice; **la remarque ne manque pas de ~** it's quite a witty remark; **c'est ce qui fait tout le ~ de l'aventure** that's what gives the adventure its spice 2 COMP ◆ **sels de bain** bath salts ◆ **sel de cuisine** cooking salt ◆ **sel gemme** rock salt ◆ **sel marin** *ou* **de mer** sea salt ◆ **sels minéraux** mineral salts ◆ **sel de table** table salt

select • /selɛkt/ ADJ INV, **sélect, e•** /selɛkt/ ADJ posh*

sélecteur /selɛktœʀ/ NM (= *commutateur*) selector; [*de moto*] gear lever

sélectif, -ive /selɛktif, iv/ ADJ selective

sélection /selɛksjɔ̃/ NF ⓐ (= *action*) selection; **~ naturelle** (*Bio*) natural selection; **il y a une ~ (à l'entrée)** (*Scol, Univ*) admission is by selective entry; **faire ou effectuer une ~** to make a selection ⓑ [*de produits, œuvres*] selection ⓒ (= *équipe*) team; (*Football, Rugby*) line-up; **la ~ française au festival de Cannes** the French films selected to be shown at the Cannes film festival; **il a 20 ~s à son actif en**

équipe nationale he's won 20 caps for his country; **match de ~** trial match; **épreuves de ~** selection trials

sélectionné, e /selɛksjɔne/ (*ptp de* **sélectionner**) 1 ADJ (= *soigneusement choisi*) specially selected 2 NM,F (*Football*) selected player; (*Athlétisme*) selected competitor; **les ~s** (*Football, Rugby*) the line-up

sélectionner /selɛksjɔne/ /TABLE 1/ VT to select (**parmi** from (among)); **un film sélectionné à Cannes** a film selected at the Cannes film festival; **il a été sélectionné trois fois en équipe nationale** he won three caps for his country

sélectionneur, -euse /selɛksjɔnœʀ, øz/ NM,F (*Sport*) selector

self • /sɛlf/ NM (= *restaurant*) self-service restaurant

self-control /sɛlfkɔ̃tʀol/ NM self-control

self-service (*pl* **self-services**) /sɛlfsɛʀvis/ NM (= *station-service*) self-service petrol (*Brit*) *ou* gas (*US*) station; (= *restaurant*) self-service restaurant

selle /sɛl/ 1 NF ⓐ [*de vélo, équitation*] saddle; **se mettre en ~** to mount; **mettre qn en ~** to put sb in the saddle; (*fig*) to give sb a boost; **se remettre en ~** to remount; (*fig*) to get back in the saddle ⓑ (*Boucherie*) saddle ⓒ **êtes-vous allé à la ~ aujourd'hui ?** have your bowels moved today? 2 NFPL **selles** (*Méd*) stools

seller /sele/ /TABLE 1/ VT to saddle

sellerie /sɛlʀi/ NF saddlery; (= *lieu*) tack room

sellette /sɛlɛt/ NF **être/mettre qn sur la ~** to be/put sb in the hot seat

selon /s(ə)lɔ̃/ PRÉP according to; **agir ~ sa conscience** to act according to one's conscience; **~ la formule** *ou* **l'expression consacrée** as the saying goes; **vivre ~ ses moyens** to live within one's means; **donner ~ ses moyens** to give according to one's means; **c'est ~ le cas/les circonstances** it all depends on the individual case/on the circumstances; **c'est ~•** it (all) depends; **il acceptera ou n'acceptera pas, ~ son humeur** he may or may not accept, according to his mood; **~ moi, c'est une mauvaise idée** in my opinion, it's a bad idea; **~ que** according to whether

Seltz /sɛls/ NF **eau de ~** soda (water)

semaine /s(ə)mɛn/ NF week; **la première ~ de mai** the first week in May; **en ~** during the week; **louer à la ~** to let by the week; **dans 2 ~s à partir d'aujourd'hui** 2 weeks from today; **la ~ de 35 heures** the 35-hour (working) week; **à la ~ prochaine !** I'll see you (*ou* talk to you) next week!

sémantique /semɑ̃tik/ 1 ADJ semantic 2 NF semantics (*sg*)

sémaphore /semafɔʀ/ NM semaphore

semblable /sɑ̃blabl/ 1 ADJ ⓐ (= *similaire*) similar (**à** to); **dans un cas ~** in a similar case; **je ne connais rien de ~** I've never come across anything like it; **une maison ~ à tant d'autres** a house like so many others ⓑ (*avant le nom* = *tel*) such; **de ~s erreurs sont inacceptables** such mistakes are unacceptable ⓒ (= *qui se ressemblent*) ~s alike 2 NM,F fellow creature; **aimer son ~** to love one's fellow men; **toi et tes ~s** (*péj*) you and your kind (*péj*)

semblant /sɑ̃blɑ̃/ NM **un ~ de calme/bonheur/vie/vérité** a semblance of calm/happiness/life/truth; **un ~ de réponse** some vague attempt at a reply; **un ~ de sourire** the shadow of a smile; **pour redonner un ~ de cohérence à leur politique** to make their policy look more consistent

◆ **faire semblant :** **faire ~ de dormir** to pretend to be asleep; **il a fait ~ de ne pas me voir** he pretended not to see me; **il fait ~** he's pretending

sembler /sɑ̃ble/ /TABLE 1/ 1 VB IMPERS ⓐ (= *paraître*) **il semble bon/inutile de ...** it seems a good idea/useless to ...; **il semblerait qu'il ne soit pas venu** it would seem that he didn't come ⓑ (= *estimer*) **il peut te ~ démodé de ...** it may seem old-fashioned to you to ...; **c'était lundi, il me semble** I think it was on Monday; **il me semble que ...** it seems to me that ...; **il me semble que oui/que non** I think so/I don't think so; **comme bon te semble** as you see fit ⓒ (= *croire*) **il me semble que** I think (that); **il me semblait bien que je l'avais posé là** I really thought I had put it down here; **il me semble vous l'avoir déjà dit** I think I've already told you

ⓓ (*locutions*) **je suis déjà venu ici, me semble-t-il** it seems to me that I've been here before; **il a, semble-t-il, essayé de me contacter** apparently he tried to contact me

2 VI to seem; **il semblait content** he seemed happy; **vous me semblez bien pessimiste!** you seem very pessimistic!; **il ne semblait pas convaincu** he didn't seem convinced; **tout semble indiquer que leur départ fut précipité** all the signs are that they left in a hurry; **mes arguments ne semblent pas l'avoir convaincu** apparently he has not been convinced by my arguments

semé, e /s(ə)me/ (*ptp de* semer) ADJ **la route de la démocratie est ~e d'embûches** the road to democracy is fraught with difficulties; **gazon ~ de fleurs** lawn dotted with flowers

semelle /s(ə)mɛl/ NF ⓐ [*de chaussure*] sole; **~s (intérieures)** insoles; **chaussures à ~s compensées** platform shoes; **c'est de la vraie ~*** [*viande*] it's as tough as old boots* (*Brit*) *ou* shoe leather (*US*); **il ne m'a pas quitté** *ou* **lâché d'une ~** he didn't leave me for a single second ⓑ [*de fer à repasser*] sole plate; [*de ski*] running surface

semence /s(ə)mɑ̃s/ NF seed; (= *clou*) tack

semer /s(ə)me/ /TABLE 5/ VT ⓐ [+ *discorde, graines*] to sow; [+ *confusion, terreur*] to spread; **~ le doute dans l'esprit de qn** to sow doubts in sb's mind ⓑ [+ *poursuivant*]* to shake off

semestre /s(ə)mɛstʀ/ NM ⓐ (= *période*) half-year; **tous les ~s** twice a year ⓑ (*Univ*) semester

semestriel, -ielle /s(ə)mɛstʀijɛl/ ADJ ⓐ [*assemblée*] six-monthly; [*revue, bulletin*] biannual; [*résultats*] half-yearly ⓑ (*Univ*) [*examen*] end-of-semester; [*cours*] one-semester

semeur, -euse /s(ə)mœʀ, øz/ NM,F sower; **~ de trouble(s)** troublemaker; **~ de discorde** sower of discord

semi- /səmi/ PRÉF semi-

semi-automatique /səmiɔtɔmatik/ ADJ semiautomatic

semi-liberté /səmilibɛʀte/ NF [*de prisonnier*] ≈ partial release; **les animaux vivent en ~** the animals live in relative liberty

séminaire /seminɛʀ/ NM seminar; (*Rel*) seminary

séminariste /seminaʀist/ NM seminarist

semi-précieux, -ieuse /səmipʀesjø, jøz/ ADJ semi-precious

semi-remorque /səmiʀ(ə)mɔʀk/ NM (= *camion*) articulated lorry (*Brit*), trailer truck (*US*)

semis /s(ə)mi/ NM (= *plante*) seedling

sémitique /semitik/ ADJ Semitic

sémitisme /semitism/ NM Semitism

semonce /səmɔ̃s/ NF reprimand; **un coup de ~ pour le gouvernement** a warning shot across the government's bows

semoule /s(ə)mul/ NF **~ (de blé dur)** semolina; (*pour couscous*) couscous

sénat /sena/ NM senate; **le Sénat** (*Politique*) the Senate; **le Sénat américain** the American Senate

---

ⓘ **SÉNAT**

The **Sénat**, the upper house of the French parliament, sits at the Palais du Luxembourg in Paris. Its members are known as "sénateurs". The **Sénat** has a wide range of powers but is overruled by the "Assemblée nationale" in cases of disagreement. → ASSEMBLÉE NATIONALE ; DÉPUTÉ ; ÉLECTIONS

▷ www.senat.fr

---

sénateur, -trice /senatœʀ, tʀis/ NM,F senator

sénatorial, e (*mpl -iaux*) /senatɔʀjal, jo/ **1** ADJ [*commission*] senatorial; [*mission, rapport*] Senate **2** NFPL **les (élections) ~es** the senatorial elections; (*aux USA*) the Senate elections → ÉLECTIONS

Sénégal /senegal/ NM Senegal

sénégalais, e /senegalɛ, ɛz/ **1** ADJ Senegalese **2** NM,F **Sénégalais(e)** Senegalese

sénile /senil/ ADJ senile

sénilité /senilite/ NF senility

senior /senjɔʀ/ ADJ, NMF (*Sport*) senior; **les ~s** (= *personnes de plus de 50 ans*) the over-fifties

sens /sɑ̃s/ **1** NM ⓐ (= *goût, vue etc*) sense; **reprendre ses ~** to regain consciousness; **sixième ~** sixth sense

ⓑ (= *instinct*) sense; **avoir le ~ du rythme/de l'humour** to have a sense of rhythm/of humour; **avoir le ~ de l'orientation** to have a sense of direction; **avoir le ~ des affaires** to have good business sense

ⓒ (= *signification*) meaning; **ce qui donne un ~ à la vie** what gives meaning to life; **cela n'a pas de ~** that doesn't make sense; **au ~ propre/figuré** in the literal figurative sense; **au ~ large/strict du terme** in the general/strict sense of the word; **en un (certain) ~** in a (certain) sense; **en ce ~ que ...** in the sense that ...; **la culture, au ~ où il l'entend** culture, as he understands it; **cela tombe sous le ~** it stands to reason; **à mon ~** to my mind

ⓓ (= *direction*) direction; **aller dans le bon/mauvais ~** to go the right/wrong way; **mesurer qch dans le ~ de la longueur** to measure sth along its length; **ça fait dix mètres dans le ~ de la longueur** it's ten metres in length; **dans le ~ de la largeur** across its width; **arriver en ~ contraire** *ou* **inverse** to arrive from the opposite direction; **aller en ~ contraire** to go in the opposite direction; **dans le ~ des aiguilles d'une montre** clockwise; **dans le ~ inverse des aiguilles d'une montre** anticlockwise (*Brit*), counterclockwise (*US*); **dans le ~ de la marche** facing the front of the train; **il a retourné la boîte dans tous les ~ avant de l'ouvrir** he turned the box this way and that before opening it; **ça va** *ou* **part dans tous les ~** (*fig*) it's all over the place; **la circulation dans le ~ Paris-province/province-Paris** traffic out of/into Paris

ⓔ (= *ligne directrice*) **il a agi dans le même ~** he did more or less the same thing; **j'ai donné des directives dans ce ~** I've given instructions to that effect; **cette réforme va dans le bon ~** this reform is a step in the right direction; **le ~ de l'histoire** the course of history

✦ **sens dessus dessous** : **être/mettre ~ dessus dessous** to be/turn upside down

ⓕ ✦ **bon sens** common sense; **le bon ~ voudrait qu'il refuse** the sensible thing would be for him to refuse; **ça semble de bon ~** it seems to make sense; **c'est le bon ~ même de ...** it's only common sense to ...; **dans le bon ~ du terme** in the best sense of the word

2 COMP ✦ **sens giratoire** roundabout (*Brit*), traffic circle (*US*) ✦ **sens interdit** one-way street; **vous êtes en ~ interdit** you are in a one-way street ✦ **sens unique** one-way street; **à ~ unique** [*rue*] one-way; [*concession*] one-sided

sensass * /sɑ̃sas/ ADJ INV sensational

sensation /sɑ̃sasjɔ̃/ NF ⓐ (= *perception*) sensation; **éprouver une ~ de bien-être** to have a feeling of well-being; **avoir une ~ de malaise** (*psychologiquement*) to feel ill at ease; (*physiquement*) to feel weak; **~ de brûlure** burning sensation; **~ de puissance** feeling of power; **j'ai la ~ de l'avoir déjà vu** I have a feeling I've seen him before; **les amateurs de ~s fortes** people who like big thrills ⓑ (= *effet*) **faire ~** to cause a sensation

✦ **à sensation** [*littérature, roman*] sensational; **la presse à ~** the tabloid press; **journal à ~** scandal sheet

sensationnel, -elle /sɑ̃sasjɔnɛl/ ADJ sensational

sensé, e /sɑ̃se/ ADJ [*question, personne, mesure*] sensible; **tenir des propos ~s** to talk sense

sensibilisation /sɑ̃sibilizasjɔ̃/ NF [*de personnes*] **la ~ de l'opinion publique à ce problème est récente** public opinion has only recently become sensitive to this problem; **campagne de ~** public awareness campaign

sensibilisé, e /sɑ̃sibilize/ (*ptp de* sensibiliser) ADJ **~ à** sensitive to; **~ aux problèmes sociaux** socially aware

sensibiliser /sɑ̃sibilize/ /TABLE 1/ VT **~ qn** to make sb sensitive (à to); **~ l'opinion publique à un problème** to make the public aware of a problem

sensibilité /sɑ̃sibilite/ NF sensitivity; **être d'une grande ~** to be extremely sensitive; **il a une ~ de gauche/de droite** his sympathies lie with the left/the right; **les maires, tou-**

tes **~s politiques confondues, sont d'accord** mayors of all political tendencies agree

sensible /sɑ̃sibl/ ADJ ⓐ [*personne*] sensitive (**à** to); **film déconseillé aux personnes ~s** film not recommended for people of a nervous disposition; **être ~ au charme de qn** to find sb charming; **ils ne sont pas du tout ~s à notre humour** they don't appreciate our sense of humour at all ⓑ (= *significatif*) noticeable; **la différence n'est pas ~** the difference is hardly noticeable ⓒ [*blessure, organe, peau*] sensitive; **~ au chaud/froid** sensitive to heat/cold; **être ~ de la gorge** to have a sensitive throat ⓓ (= *difficile*) [*dossier, projet, secteur*] sensitive; [*établissement scolaire, quartier*] problem; **zone ~** (= *quartier*) problem area; (*Mil*) sensitive area ⓔ [*balance, baromètre, marché*] sensitive (**à** to)

⚠ **sensible** *ne se traduit pas par le mot anglais* **sensible**.

sensiblement /sɑ̃sibləmɑ̃/ ADV ⓐ (= *presque*) approximately; **être ~ de la même taille** to be approximately the same height ⓑ (= *notablement*) noticeably

sensiblerie /sɑ̃sibləʀi/ NF (= *sentimentalité*) sentimentality; (= *impressionnabilité*) squeamishness

sensualité /sɑ̃sɥalite/ NF sensuality

sensuel, -uelle /sɑ̃sɥɛl/ ADJ sensual

sentence /sɑ̃tɑ̃s/ NF (= *verdict*) sentence

sentencieux, -ieuse /sɑ̃tɑ̃sjø, jøz/ ADJ sententious

sentier /sɑ̃tje/ NM footpath; **sortir des ~s battus** to go off the beaten track

sentiment /sɑ̃timɑ̃/ NM ⓐ (= *émotion*) feeling; **~ de pitié/culpabilité/haine** feeling of pity/guilt/hatred; **prendre qn par les ~s** to appeal to sb's feelings; **faire du ~** to be sentimental ⓑ (= *conscience*) **avoir le ~ que quelque chose va arriver** to have a feeling that something is going to happen; (*formule de politesse*) **transmettez-lui nos meilleurs ~s** give him our best wishes ⓒ (= *opinion*) feeling; **quel est votre ~ ?** what are your feelings?

sentimental, e (*mpl* **-aux**) /sɑ̃timɑ̃tal, o/ 1 ADJ ⓐ [*personne*] romantic ⓑ [*raisons, voyage*] sentimental; **cette bague a une grande valeur ~e pour moi** this ring is of great sentimental value to me ⓒ [*aventure, vie*] love; **sur le plan ~** (*dans horoscope*) on the romantic front; **sa vie était un échec sur le plan ~** as far as relationships were concerned, his life was a failure; **il a des problèmes sentimentaux** he has problems with his love life; **déception ~e** disappointment in love ⓓ (*péj*) [*chanson, film, personne*] sentimental

2 NM,F sentimentalist; **c'est un grand ~** he's a great romantic

sentinelle /sɑ̃tinɛl/ NF sentry

sentir /sɑ̃tiʀ/ /TABLE 16/ 1 VT ⓐ (= *percevoir*) (*par l'odorat*) to smell; (*au goût*) to taste; (*au toucher, contact*) to feel; **~ un courant d'air** to feel a draught; **il ne sent pas la différence entre le beurre et la margarine** he can't tell the difference between butter and margarine; **je ne sens plus mes doigts** (*de froid*) I have lost all sensation in my fingers; **je ne sens plus mes jambes** (*de fatigue*) my legs are dropping off* (*Brit*), my legs are folding under me (*US*); **je ne le sens pas, ce type*** I don't like the look of him; **je le sens mal ce voyage*** I'm not happy about this trip ⓑ (= *avoir une odeur*) to smell; **~ bon/mauvais** to smell good/bad; **~ des pieds** to have smelly feet; **son manteau sent la fumée** his coat smells of smoke; **ça ne sent pas la rose !*** that doesn't smell too good! ⓒ (= *dénoter*) to smack of; **des manières qui sentent le nouveau riche** manners that smack of the nouveau riche; **un discours qui sent le révisionnisme à plein nez** a speech that smacks strongly of revisionism ⓓ (= *annoncer*) **ça sent le piège** there's a trap; **ça sent la pluie/la neige** it looks like rain/snow; **ça sent l'orage** there's a storm in the air; **ça sent le printemps** spring is in the air ⓔ (= *avoir conscience de*) [+ *changement, fatigue*] to feel;

[+ *importance de qch*] to be aware of; [+ *danger, difficulté*] to sense; **il sentait la panique le gagner** he felt panic rising within him; **il ne sent pas sa force** he doesn't know his own strength; **le cheval sentait (venir) l'orage** the horse sensed the storm (coming); **~ que** to be aware that; (= *pressentir*) to sense that; **il m'a fait ~ que j'étais de trop** he let me know I wasn't wanted; **tu vas le ~ passer*** it's really going to hurt

◆ **se faire sentir** [*effet*] to be felt; **les effets des grèves vont se faire ~ à la fin du mois** the effect of the strikes will be felt at the end of the month

ⓕ (= *supporter*)* **il ne peut pas le ~*** he can't stand him

2 VPR **se sentir** ⓐ [*personne*] **se ~ mal** (*physiquement*) to feel ill; (*psychologiquement*) to be unhappy; **se ~ bien** (*physiquement, psychologiquement*) to feel good; **se ~ mieux/fatigué** to feel better/tired; **se ~ revivre/rajeunir** to feel o.s. coming alive again/growing young again; **il ne se sent pas le courage de le lui dire** he doesn't feel brave enough to tell him; **il ne se sent plus !*** he really thinks he's arrived! ⓑ (= *se supporter*) **ils ne peuvent pas se ~*** they can't stand each other

séparation /separasjɔ̃/ NF ⓐ (= *dissociation*) separation; **la ~ des pouvoirs** the separation of powers ⓑ (= *démarcation*) division; **mur de ~** dividing wall; **un paravent sert de ~ entre les deux parties de la pièce** a screen separates the two parts of the room

séparatisme /separatism/ NM separatism

séparatiste /separatist/ ADJ, NMF separatist; (*Hist US* = *sudiste*) secessionist; **mouvement/organisation ~** separatist movement/organization

séparé, e /separe/ (*ptp de* **séparer**) ADJ ⓐ (= *distinct*) separate; **ces colis feront l'objet d'un envoi ~** these parcels will be sent separately ⓑ [*personnes*] separated; **vivre ~** to live apart (**de** from)

séparément /separemɑ̃/ ADV separately

séparer /separe/ /TABLE 1/ 1 VT ⓐ (= *détacher, extraire*) to separate; [+ *écorce, peau*] to pull off (**de** from); **séparez les blancs des jaunes** (*Cuisine*) separate the whites from the yolks ⓑ (= *diviser*) to divide; **~ un territoire (en deux)** to divide a territory (in two) ⓒ [+ *amis, alliés*] to part; [+ *adversaires, combattants*] to separate; **~ qn de qn d'autre** to separate sb from sb else; **rien ne pourra jamais nous ~** nothing will ever come between us; **la vie les a séparés** they went their separate ways ⓓ [+ *territoires, classes sociales, générations*] to separate; **une barrière sépare les spectateurs des joueurs** a barrier separates the spectators from the players; **un seul obstacle le séparait encore du but** only one obstacle stood between him and his goal; **les 200 mètres qui séparent la poste et la gare** the 200 metres between the post office and the station; **les six ans qui séparent le procès du crime** the six years that have elapsed between the trial and the crime; **tout les séparait** they were worlds apart ⓔ (= *différencier*) [+ *questions, aspects*] to distinguish between

2 VPR **se séparer** ⓐ (= *se défaire de*) **se ~ de** [+ *employé, objet personnel*] to part with; **ne vous séparez jamais de votre passeport** keep your passport on you at all times ⓑ (= *s'écarter*) to divide (**de** from); (= *se détacher*) to split off (**de** from); [*routes, branches*] to divide; **à cet endroit, le fleuve/la route se sépare en deux** at this point the river/the road forks; **c'est là que nos chemins se séparent** this is where we go our separate ways ⓒ [*adversaires*] to separate ⓓ (= *se quitter*) [*convives*] to leave each other; [*époux*] to separate

sépia /sepja/ NF sepia

sept /sɛt/ ADJ INV, NM INV seven; **les ~ péchés capitaux** the seven deadly sins; **les Sept Merveilles du monde** the seven wonders of the world; **les ~ familles** (*Cartes*) Happy Families; **les ~ pays les plus industrialisés** the Group of

Seven (industrialized nations); **les Sept d'or** *television awards* → **six**

septante /sɛptɑ̃t/ ADJ INV (*Belg, Helv*) seventy

septembre /sɛptɑ̃bʀ/ NM September; **le mois de ~** the month of September; **le premier ~ tombe un mercredi** the first of September falls on a Wednesday; **nous avons rendez-vous le premier ~** we have an appointment on the first of September; **en ~** in September; **au mois de ~** in (the month of) September; **au début (du mois) de ~** *ou* **début ~** at the beginning of September; **à la fin (du mois) de ~** *ou* **fin ~** at the end of September; **pendant le mois de ~** during September; **vers la fin ~** towards the end of September

septennat /sɛptena/ NM (*Hist*) [*de président*] seven-year term of office; **au cours de son ~** during his time in office

septentrional, e (*mpl* **-aux**) /sɛptɑ̃tʀijɔnal, o/ ADJ northern

septicémie /sɛptisemi/ NF blood poisoning

septième /sɛtjɛm/ **1** ADJ, NM seventh; **le ~ art** cinema; **être au ~ ciel** to be in seventh heaven → **sixième 2** NF (*Scol*) *sixth year in primary school*, fifth grade (*US*)

septièmement /sɛtjɛmmɑ̃/ ADV seventhly

septique /sɛptik/ ADJ **fosse ~** septic tank

septuagénaire /sɛptɥaʒenɛʀ/ **1** ADJ seventy-year-old **2** NMF seventy-year-old man (*ou* woman)

sépulcre /sepylkʀ/ NM sepulchre (*Brit*), sepulcher (*US*)

sépulture /sepyltyʀ/ NF (= *lieu*) burial place; (= *tombe*) grave; (= *pierre tombale*) gravestone

séquelle /sekɛl/ NF (*souvent pl*) [*de maladie, accident*] after-effect; **les ~s de la guerre** the aftermath of the war; **elle n'a gardé aucune ~ psychologique de son agression** she was not psychologically scarred by the attack; **ça a laissé des ~s** [*blessure, incident*] it had serious consequences

séquence /sekɑ̃s/ NF sequence

séquentiel, -ielle /sekɑ̃sjɛl/ ADJ sequential

séquestration /sekɛstʀasjɔ̃/ NF ⓐ [*d'otage*] holding; **~ (arbitraire)** (*Droit*) false imprisonment ⓑ [*de biens*] sequestration

séquestre /sekɛstʀ/ NM (= *action*) sequestration; **mettre** *ou* **placer sous ~** to sequester; **mise sous ~** sequestration

séquestrer /sekɛstʀe/ /TABLE 1/ VT ⓐ (*Droit*) [+ *personne*] to confine illegally; [+ *otage*] to hold; **ils ont séquestré le directeur dans son bureau** they confined the manager to his office ⓑ (= *saisir*) [+ *biens*] to sequester

séquoia /sekɔja/ NM sequoia

sera /s(ə)ʀa/ VB → **être**

séraphin /seʀafɛ̃/ NM seraph

serbe /sɛʀb/ **1** ADJ Serbian **2** NM (= *langue*) Serbian **3** NMF **Serbe** Serb

Serbie /sɛʀbi/ NF Serbia; **la République de ~** the Serbian Republic

serbo-croate (*pl* **serbo-croates**) /sɛʀbokʀɔat/ **1** ADJ Serbo-Croat **2** NM (= *langue*) Serbo-Croat

serein, e /səʀɛ̃, ɛn/ ADJ ⓐ (*âme, visage, personne*) serene; **je suis tout à fait ~, je suis sûr que son innocence sera prouvée** I'm quite confident, I'm sure he'll be proven innocent ⓑ (= *impartial*) [*jugement, critique*] calm

sereinement /səʀɛnmɑ̃/ ADV [*regarder*] serenely; [*parler, attendre*] calmly; [*juger*] impartially; **ils envisagent l'avenir ~** they view the future calmly

sérénade /seʀenad/ NF serenade; **faire toute une ~ à propos de qch*** to make a big fuss about sth

sérénissime /seʀenisim/ ADJ **Son Altesse ~** His (*ou* Her) Most Serene Highness

sérénité /seʀenite/ NF ⓐ [*d'âme, foi, visage*] serenity; **elle affiche une ~ étonnante** she's incredibly serene; **j'ai retrouvé la ~** I feel serene again; **il envisage l'avenir avec une relative ~** he feels quite calm about the future ⓑ [*de jugement, critique*] impartiality

sergent /sɛʀʒɑ̃/ NM (*Mil*) sergeant; **~-chef** staff sergeant

série /seʀi/ NF ⓐ (= *suite*) series; [*de clés, casseroles, volumes*] set; **fabrication** *ou* **production en ~** mass production; **fabriqué** *ou* **produit en ~** mass-produced; **numéro de ~** [*de véhicule*] serial number; **article/voiture de ~** standard article/car; **modèle de ~** production model; **numéro hors ~** (*Presse*) special issue; **(ouvrages de) ~ noire** crime thrillers; **c'est la ~ noire** (*fig*) it's one disaster after another; **toute une ~ de ...** a series of ...
• **en série**: **meurtres/tueur en ~** serial killings/killer; **monté en ~** connected in series
ⓑ (= *émission*) series; **~ télévisée** television series
ⓒ (= *catégorie, Naut*) class; (*Sport* = *épreuve de qualification*) qualifying heat; **joueur de deuxième ~** second-rank player; **film de ~ B** B movie; **les différentes ~s du baccalauréat** the different baccalauréat options → ⸢BACCALAURÉAT⸣

sérieusement /seʀjøzmɑ̃/ ADV ⓐ (= *consciencieusement*) [*travailler*] conscientiously ⓑ (= *sans rire*) [*parler, envisager*] seriously; **elle envisage ~ de divorcer** she's seriously considering divorce; **(tu parles) ~ ?** are you serious?; **non, il l'a dit ~** no - he was quite serious ⓒ (= *vraiment*) really; **ça commence à m'agacer ~** it's really beginning to annoy me ⓓ (= *gravement*) [*blesser*] seriously

sérieux, -ieuse /seʀjø, jøz/ **1** ADJ ⓐ (= *grave, important*) serious; **passons aux choses sérieuses** let's move on to more serious matters
ⓑ (= *digne de confiance*) [*personne, renseignement, source*] reliable; [*proposition, acheteur*] serious; **« pas ~ s'abstenir »** "genuine inquiries only"
ⓒ (= *réfléchi*) [*personne, études*] serious; (= *consciencieux*) [*employé, élève, apprenti*] conscientious; [*travail, artisan*] careful; **elle est très sérieuse dans son travail** she's a very conscientious worker; **ça ne fait pas très ~** it doesn't make a very good impression; **partir skier pendant les examens, ce n'est vraiment pas ~ !** it's not very responsible to go off skiing during the exams!; **si tu veux faire ~, mets un costume** if you want to be taken seriously you should wear a suit
ⓓ (= *convenable*) [*jeune homme, jeune fille*] responsible
ⓔ (= *qui ne plaisante pas*) serious; **vous n'êtes pas ~ !** you can't be serious!; **non, il était ~** no, he was serious; **c'est ~, ce que vous dites ?** are you serious?
ⓕ (*intensif*) [*coup, ennuis*] serious; [*somme, différence*] considerable; **de sérieuses chances de ...** a good chance of ...; **je n'avais aucune raison sérieuse de penser que ...** I had no real reason to think that ...; **ils ont une sérieuse avance** they have a strong lead; **ils ont un ~ retard** they're seriously behind schedule; **il devra faire de ~ efforts pour rattraper son retard** he'll have to make a real effort to catch up

2 NM ⓐ (= *gravité*) seriousness; **garder son ~** to keep a straight face; **j'ai perdu mon ~** I started laughing; **prendre qch/qn au ~** to take sth/sb seriously; **se prendre au ~** to take o.s. seriously
ⓑ (= *fiabilité*) [*de personne*] reliability; [*d'acquéreur, promesses, intentions*] seriousness; [*d'employé, élève, apprenti*] conscientiousness; **il fait preuve de beaucoup de ~ dans son travail/ses études** he takes his work/his studies very seriously
ⓒ (= *sagesse*) [*de jeune homme, jeune fille*] trustworthiness

sérigraphie /seʀigʀafi/ NF (= *technique*) silkscreen printing; (= *estampe*) screen print

serin /s(ə)ʀɛ̃/ NM (= *oiseau*) canary

seriner /s(ə)ʀine/ /TABLE 1/ VT (*péj* = *rabâcher*) **~ qch à qn** to drum sth into sb

seringue /s(ə)ʀɛ̃g/ NF syringe

serment /sɛʀmɑ̃/ NM ⓐ (*solennel*) oath; **faire un ~** to take an oath; **~ sur l'honneur** solemn oath; **sous ~** under oath; **~ d'Hippocrate** Hippocratic oath ⓑ (= *promesse*) pledge; **je te fais le ~ de ne plus jouer** I swear to you that I'll never gamble again

sermon /sɛʀmɔ̃/ NM sermon

sermonner /sɛʀmɔne/ /TABLE 1/ VT **~ qn** to lecture sb

séronégatif, -ive /seʀonegatif, iv/ **1** ADJ (*Sida*) HIV negative **2** NM,F person who is HIV negative

séropo* /seʀopo/ ADJ (ABBR = **séropositif, ive**) HIV positive

séropositif, -ive /seʀopozitif, iv/ **1** ADJ (*Sida*) HIV positive **2** NM,F person who is HIV positive

séropositivité /seʀopozitivite/ NF (*Sida*) HIV infection; **quand il a appris sa ~** when he learned that he was HIV positive

sérotonine /seʀɔtɔnin/ NF serotonin

serpent /seʀpɑ̃/ NM snake ♦ **le serpent monétaire (européen)** the (European) currency snake ♦ **serpent à sonnettes** rattlesnake

serpenter /seʀpɑ̃te/ /TABLE 1/ VI [*chemin, rivière*] to snake; [*vallée*] to wind; **la route descendait en serpentant vers la plaine** the road snaked its way down to the plain

serpentin /seʀpɑ̃tɛ̃/ NM (= *ruban*) streamer

serpillière /seʀpijeʀ/ NF floorcloth; **passer la ~** to mop the floor

serre /seʀ/ NF ⓐ (= *abri*) greenhouse; (*attenant à une maison*) conservatory; **pousser en ~** to grow under glass; **~ chaude** hothouse; **effet de ~** greenhouse effect ⓑ (= *griffe*) claw

serré, e /seʀe/ (*ptp de* **serrer**) **1** ADJ ⓐ [*chaussures, vêtement*] tight; **robe ~e à la taille** dress fitted at the waist; **elle porte des jeans ~s** she wears tight-fitting jeans

ⓑ (tightly) packed; **être ~s comme des sardines** to be packed like sardines; **nous sommes trop ~s à cette table** it's too crowded at this table

ⓒ [*réseau*] dense; [*écriture, mailles*] close; [*blés, herbe, forêt*] dense; [*virage*] sharp; [*horaire*] tight; **un café (bien) ~** a (good) strong coffee; **nous avons un calendrier très ~** we have a very tight schedule

ⓓ (= *bloqué*) [*bandage, nœud*] tight

ⓔ (= *contracté*) **les mâchoires/dents ~es** with set jaws/clenched teeth; **les lèvres ~es** with tight lips; **les poings ~s** with clenched fists; **avoir le cœur ~** to feel a pang of anguish; **je le regardai partir, le cœur ~** I felt sick at heart as I watched him go; **avoir la gorge ~e** to have a lump in one's throat

ⓕ [*jeu, lutte, match, budget*] tight; **arrivée ~e** (*Sport*) close finish; **la partie est ~e** it's a tight game

2 ADV **écrire ~** to write one's letters close together; **jouer ~** to play a tight game

serre-livres /seʀlivʀ/ NM INV bookend

serrement /seʀmɑ̃/ NM **~ de main** handshake; **~ de cœur** pang of anguish

serrer /seʀe/ /TABLE 1/ **1** VT ⓐ (= *maintenir, presser*) to grip; **~ qch dans sa main** to clutch sth; **~ qn dans ses bras/contre son cœur** to clasp sb in one's arms/to one's chest; **~ la main à** ou **de qn** (= *la donner*) to shake hands with sb; (= *la presser*) to squeeze sb's hand; **se ~ la main** to shake hands

ⓑ (= *contracter*) **~ le poing/les mâchoires** to clench one's fist/one's jaws; **~ les lèvres** to set one's lips; **avoir le cœur serré par l'émotion** to feel a pang of emotion; **avoir la gorge serrée par l'émotion** to be choked by emotion; **~ les dents** to clench one's teeth; (*fig*) to grit one's teeth; **~ les fesses*** (= *avoir peur*) to be scared stiff*

ⓒ (= *comprimer*) to be too tight for; **mon pantalon me serre** my trousers are too tight (for me); **cette jupe me serre (à) la taille** this skirt is too tight round the waist; **ces chaussures me serrent** these shoes are too tight

ⓓ [+ *écrou, vis, ceinture, lacet, nœud*] to tighten; [+ *joint*] to clamp; **~ les prix** to keep prices down; **~ le frein à main** to put on the handbrake; **~ la vis à qn*** to crack down on sb*

ⓔ (= *se tenir près de*) (*par derrière*) to keep close behind; (*latéralement*) to squeeze (**contre** up against); **~ qn de près** to follow close behind sb; **ne serre pas cette voiture de trop près** don't get too close to that car

ⓕ [+ *objets alignés, lignes, mots*] to put close together; **~ les rangs** to close ranks; **il faudra ~ les invités, la table est petite** we'll have to squeeze the guests together as the table is so small

2 VI (= *obliquer*) **~ à droite/gauche** to move in to the right-hand/left-hand lane

3 VPR **se serrer** ⓐ (= *se rapprocher*) **se ~ contre qn** to huddle up against sb; (*tendrement*) to cuddle up to sb; **se ~ autour de la table/du feu** to squeeze round the table/the fire; **serrez-vous un peu** squeeze up a bit

ⓑ (= *se contracter*) **son cœur se serra** he felt a pang of anguish

serre-tête (*pl* **serre-tête(s)**) /seʀtet/ NM (= *bandeau*) headband; [*de cycliste, skieur*] skullcap

serrure /seʀyʀ/ NF lock; **trou de la ~** keyhole

serrurier /seʀyʀje/ NM locksmith

sertir /seʀtiʀ/ /TABLE 2/ VT [+ *pierre précieuse*] to set; **bague sertie de diamants** ring set with diamonds

sérum /seʀɔm/ NM **~ (sanguin)** (blood) serum; **~ physiologique** physiological salt solution; **~ de vérité** truth drug

servant, e /seʀvɑ̃, ɑ̃t/ **1** ADJ **chevalier ~** escort **2** NF **servante** (= *domestique*) servant

serveur /seʀvœʀ/ NM ⓐ [*de restaurant*] waiter; [*de bar*] barman ⓑ (*Sport*) server ⓒ (*Informatique*) server; **centre ~** service centre; **~ Internet** Internet server; **~ vocal** answering service

serveuse /seʀvøz/ NF [*de restaurant*] waitress; [*de bar*] barmaid

serviable /seʀvjabl/ ADJ helpful

---

service /seʀvis/

1 NOM MASCULIN	2 COMPOSÉS

1 NOM MASCULIN

ⓐ service; **avoir 25 ans de ~** to have completed 25 years' service; **après 10 ans de bons et loyaux ~s** after 10 years' loyal service; **un ~ d'autocars dessert ces localités** there is a coach service to these districts; **assurer le ~ entre** to provide a service between; **offrir ses ~s à qn** to offer sb one's services; **nous serons obligés de nous passer de vos ~s** we will have to let you go

♦ **au service de** : **être au ~ de** to be in the service of; [+ *cause*] to serve; **nos conseillers sont à votre ~** our advisers are at your service; **prendre qn à son ~** to take sb into one's service

♦ **en service** [*installation, usine*] in service; **entrer en ~** to come into service; **la mise en ~ des nouveaux autobus est prévue pour juin** the new buses are due to be put into service in June

♦ **hors service** [*appareil*] out of order (*attrib*); [*personne*]* shattered*

ⓑ **= travail** duty; **~ de jour** day duty; **~ de nuit** night duty; **il est très ~ ~*** he's a stickler for the regulations; **qui est de ~ cette nuit ?** who's on duty tonight?; **être en ~ commandé** to be acting under orders; **prendre son ~** to come on duty; **quitter son ~** to go off duty; **les biens et les ~s** goods and services; **la part des ~s dans l'économie** the role of service industries in the economy; **le ~ militaire** military service; **le ~ national** national service; **le ~ civil** non-military national service; **faire son ~** to do one's national service

ⓒ **= département** department; (= *administration*) service; **les ~s de santé/postaux** health/postal services; **les ~s de police** the police; **les ~s sociaux** the social services; **~ hospitalier** hospital service; **~ de réanimation** intensive care unit; **les ~s généraux** (*dans une entreprise*) the maintenance department; **~ informatique** computer department

ⓓ **= faveur, aide** service; **rendre ~ à qn** (= *aider qn*) to do sb a service; (= *s'avérer utile*) to be of use to sb; **il aime rendre ~** he likes to be helpful; **rendre un petit ~ à qn** to do sb a favour; **rendre un mauvais ~ à qn** to do sb a disservice

ⓔ **à table, au restaurant** service; (= *pourboire*) service charge; **Marc fera le ~** Marc will serve; **passe-moi les amuse-gueules, je vais faire le ~** hand me the appetizers, I'll pass them round; **ils ont oublié de compter le ~** they have forgotten to include the service on the bill; **~ compris** service included; **~ non compris** service not included; **deuxième ~** (= *série de repas*) second sitting *(f)* = assortiment set; ~ **de table** (= *linge*) set of table linen; (= *vaisselle*) set of tableware; ~ **à café** coffee set; ~ **à thé** tea set; ~ **à poisson** (= *vaisselle*) set of fish plates; (= *couverts*) fish service; ~ **à fondue** fondue set

(g) Sport serve; **Sampras au ~** Sampras to serve; **prendre le ~ de qn** to break sb's serve; **il a un excellent ~** he has an excellent serve; ~ **canon** bullet-like serve; **~-volée** serve and volley

2 COMPOSÉS
♦ **service après-vente** after-sales service ♦ **service en ligne** (*Informatique*) on-line service ♦ **service minimum** skeleton service ♦ **service d'ordre** (= *policiers*) police contingent; (= *manifestants*) stewards; **pour assurer le ~ d'ordre** to maintain order ♦ **service de presse** press relations department ♦ **service public** public service; **les ~s publics** the public utilities; **une télévision de ~ public** a public television company ♦ **les services secrets** the secret service ♦ **service de sécurité** (*d'un pays*) security service; **le ~ de sécurité de l'aéroport** airport security ♦ **les services spéciaux** the secret services

serviette /sɛʀvjɛt/ **1** NF *(a)* (*en tissu*) ~ **(de toilette)** towel; ~ **(de table)** napkin *(b)* (= *cartable*) briefcase **2** COMP ♦ **serviette de bain** bath towel ♦ **serviette(-)éponge** terry towel ♦ **serviette hygiénique** ♦ **serviette périodique** sanitary towel (*Brit*) *ou* napkin (*US*) ♦ **serviette de plage** beach towel

servile /sɛʀvil/ ADJ [*personne*] servile; [*obéissance, imitation*] slavish; [*flatterie*] fawning

servilement /sɛʀvilmɑ̃/ ADV [*obéir, imiter, traduire, copier*] slavishly; **flatter qn ~** to fawn on sb

servir /sɛʀviʀ/ /TABLE 14/ **1** VT *(a)* (= *être au service de*) [+ *pays, cause*] to serve; (= *être soldat*) to serve; ~ **la messe** (*Rel*) to serve mass
(b) [*domestique*] to serve; **elle aime se faire ~** she likes to be waited on ■ (*PROV*) **on n'est jamais si bien servi que par soi-même** if you want something doing, do it yourself
(c) (= *aider*) [+ *personne*] to be of service to; **les ambitions/intérêts de qn** to serve sb's ambitions/interests; **il a été servi par les circonstances** he was aided by circumstances; **il a été servi par une bonne mémoire** his memory served him well
(d) (*dans un magasin*) [+ *client*] to serve; [+ *dîneur*] to wait on; (*chez soi, à table*) to serve; **le boucher m'a bien servi** (*en qualité*) the butcher has given me good meat; (*en quantité*) the butcher has given me a good amount for my money; **on vous sert, Madame ?** are you being served?; **« Madame est servie »** "dinner is served"; **ils voulaient de la neige, ils ont été servis !** they wanted snow - and they certainly weren't disappointed!
(e) (= *donner*) [+ *rafraîchissement, plat*] to serve; ~ **qch à qn** to help sb to sth; ~ **le déjeuner/dîner** to serve (up) lunch/dinner; **« ~ frais »** "serve chilled"; **à déjeuner/dîner** to serve lunch/dinner (**à qn** to sb); ~ **à boire** to serve drinks; ~ **à boire à qn** to serve a drink to sb
(f) (*Cartes*) to deal
(g) (*Sport*) to serve; **à vous de ~** it's your turn to serve

2 VI **cette valise n'a jamais servi** this suitcase has never been used; **ne jette pas cette boîte, ça peut toujours ~** don't throw that box away - it may still come in handy; **est-ce que cela pourrait vous ~ ?** could this be of any use to you?

♦ **servir à** (= *être utile à*) [+ *personne*] to be of use to; [+ *opération*] to be of use in; ~ **à faire qch** to be used for doing sth; **ça ne sert à rien** [*objet*] it's no use; [*démarche*] there's no point; **cela ne sert à rien de pleurer** it's no use crying; **à quoi sert cet objet ?** what's this thing used for?; **cela ne servirait pas à grand-chose de dire ...** it wouldn't be much use saying ...

♦ **servir de** (= *être utilisé comme*) [*personne*] to act as; [*ustensile, objet*] to serve as; **elle lui a servi d'interprète** she acted as his interpreter; **cette pièce sert de chambre d'amis** this room serves as a guest room; **cela pourrait te ~ de table** you could use that as a table

3 VPR **se servir** *(a)* (*à table, dans une distribution*) to help o.s.
(b) **se ~ de** (= *utiliser*) to use; **il sait bien se ~ de cet outil** he knows how to use this tool!; **il s'est servi de moi** he used me
(c) (*sens passif*) **ce vin se sert très frais** this wine should be served chilled

serviteur /sɛʀvitœʀ/ NM servant; **en ce qui concerne votre ~ ...** as far as yours truly is concerned ... (*hum*)

ses /se/ ADJ POSS → **son**

sésame /sezam/ NM sesame; **graines de ~** sesame seeds; **« Sésame ouvre-toi »** "open Sesame"; **ce diplôme est un ~ pour l'emploi** this degree opens doors on the job market

session /sesjɔ̃/ NF *(a)* session; ~ **d'examen** exam session; **la ~ de juin** the June exams; **la ~ de septembre** the September retakes; ~ **de rattrapage** special session of the *baccalauréat for students retaking the exam* *(b)* (= *cours, stage*) course; ~ **de formation** training course

set /sɛt/ NM *(a)* (*Tennis*) set *(b)* ~ **(de table)** (= *ensemble*) set of tablemats; (= *napperon*) tablemat

setter /setɛʀ/ NM setter; ~ **irlandais** Irish setter

seuil /sœj/ NM *(a)* (= *marche*) doorstep; (= *entrée*) doorway; (*fig*) threshold; **se tenir sur le ~ de sa maison** to stand in the doorway of one's house; **il m'a reçu sur le ~** he kept me on the doorstep; **le ~ de** (= *début*) [+ *période*] the threshold of; **au ~ de la mort** at death's door
(b) (= *limite*) threshold; ~ **de douleur** pain threshold; ~ **de tolérance** threshold of tolerance; ~ **de rentabilité** break-even point; ~ **de pauvreté** poverty line; **vivre en dessous du ~ de pauvreté** to live below the poverty line; **le dollar est passé sous le ~ des 6 €** the dollar fell below the 6 euro level; ~ **d'imposition** tax threshold

seul, e /sœl/ **1** ADJ *(a)* (*après le nom*) [*personne*] (= *sans compagnie, non accompagné*) alone (*attrib*); (= *isolé*) lonely; [*objet, mot*] alone (*attrib*); **être/rester ~** to be/remain alone; **laissez-moi ~ quelques instants** leave me alone for a moment; ~ **avec qn/son chagrin** alone with sb/one's grief; **ils se retrouvèrent enfin ~s** they were alone at last; **un homme ~ peut très bien se débrouiller** a single man can manage perfectly well; **se sentir (très) ~** to feel (very) lonely; ~ **au monde** alone in the world; **se sentir tous ~** *(sic)* **contre tous** he fought single-handedly; **mot employé ~** word used alone; **la lampe ~e ne suffit pas** the lamp alone is not enough; **il était tout ~ dans un coin** he was all by himself in a corner
(b) (*avant le nom* = *unique*) **un ~ homme/livre** (*et non plusieurs*) one man/book; (*à l'exception de tout autre*) only one man/book; **le ~ homme/livre** the only man/book; **un ~ livre suffit** one book will do; **un ~ homme peut vous aider : Paul** only one man can help you and that's Paul; **pour cette ~e raison** for this reason alone; **un ~ moment d'inattention** a single moment's lapse of concentration; **une ~e fois** only once; **la ~e chose, c'est que ça ferme à 6 heures** the only thing is that it shuts at 6
(c) (*en apposition*) only; **le ~ résultat compte** only the result counts; **~s les parents sont admis** only parents are admitted; **à eux ~s, ils ont bu dix bouteilles** they drank ten bottles between them
(d) (*locutions*) ~ **et unique** one and only; **d'un ~ coup** (= *subitement*) suddenly; (= *en une seule fois*) in one go; **vous êtes ~ juge** you alone can judge; **à ~e fin de ...** with the sole purpose of ...; **dans la ~e intention de ...** with the sole intention of ...; **du ~ fait que ...** by the very fact that ...; **à la ~e pensée de ...** at the mere thought of ...; **parler à qn ~ à ~** to speak to sb in private; **se retrouver ~ à ~ avec qn** to find o.s. alone with sb; **comme un ~ homme** as one man

2 ADV *(a)* (= *sans compagnie*) **parler/rire ~** to talk/laugh to oneself; **vivre/travailler ~** to live/work alone
(b) (= *sans aide*) by oneself; **faire qch (tout) ~** to do sth (all) by oneself; **il l'a fait tout ~** he did it all by himself; **cette tasse ne s'est pas cassée toute ~e !** this cup didn't break all by itself!; **ça va tout ~** it's all going smoothly

3 NM,F **un ~ peut le faire** (*et non plusieurs*) one man can do it; (*à l'exception de tout autre*) only one man can do it; **le ~**

que j'aime the only one I love; **il n'en reste pas un ~** there isn't a single one left

seulement /sœlmɑ̃/ ADV ⓐ only; **nous serons ~ quatre** there will only be four of us; **je pars pour deux jours ~** I'm only going away for two days; **ce n'est pas ~ sa maladie qui le déprime** it's not only his illness that depresses him; **1 500 €, c'est ~ le prix de la chambre** 1,500 euros is the price for the room only; **il fait cela ~ pour nous ennuyer** he only does that to annoy us; **il vient ~ d'entrer** he's only just come in; **il est parti ~ ce matin** he left only this morning; **je connais un bon restaurant, ~ il est cher** I know a good restaurant, only it's expensive

ⓑ (locutions) **non ~ il ne travaille pas mais il empêche les autres de travailler** not only does he not work but he stops the others working too; **non ~ le directeur mais aussi les employés** not only the manager but the employees too; **non ~ il a plu, mais il a fait froid** it didn't only rain but it was cold too; **il n'a pas ~ de quoi se payer un costume** he hasn't even got enough to buy himself a suit; **si ~** if only

sève /sɛv/ NF [d'arbre] sap

sévère /sevɛʀ/ ADJ severe; [parent, éducation, ton, régime] strict; [verdict] harsh; **après une sélection ~** after a rigorous selection process; **ne soyez pas trop ~ avec elle** don't be too strict with her; **la critique a été très ~ avec son film** the critics were very hard on his film

sévèrement /sevɛʀmɑ̃/ ADV severely; [contrôler, réglementer] strictly; **les visites sont ~ contrôlées** visits are under strict control

sévérité /seveʀite/ NF severity; [de parent, éducation, ton] strictness; [de verdict] harshness; **tu manques de ~ avec lui** you're not strict enough with him

sévices /sevis/ NMPL physical abuse (NonC); **~ corporels/sexuels** physical/sexual abuse (NonC); **exercer des ~ sur un enfant** to ill-treat a child; (sexuels) to abuse a child; **être victime de ~** to be abused

sévir /seviʀ/ /TABLE 2/ VI ⓐ (= punir) to act ruthlessly; **~ contre** [+ personne, abus, pratique] to deal ruthlessly with; **si vous continuez, je vais devoir ~** if you carry on, I shall have to deal severely with you ⓑ [virus] to be rife; [doctrine] to hold sway; **ce fléau sévit encore en Asie** the illness is still rife in Asia; **la pauvreté sévissait** poverty was rife; **est-ce qu'il sévit encore à l'université ?** (hum) do they still let him loose on the students?*

sevrage /səvʀaʒ/ NM [de nourrisson, jeune animal] weaning; **cure de ~** [de toxicomanes] drug withdrawal programme; **une méthode de ~ des toxicomanes** a method of weaning addicts off drugs

sevrer /səvʀe/ /TABLE 5/ VT [+ nourrisson, jeune animal] to wean; **~ un toxicomane** to wean an addict off drugs

sexagénaire /sɛksaʒenɛʀ/ **1** ADJ sixty-year-old **2** NMF sixty-year-old

sex-appeal /sɛksapil/ NM sex appeal

sexe /sɛks/ NM ⓐ (= catégorie) sex; **enfant de ou du ~ masculin/féminin** male/female child; **le ~ faible/fort** the weaker/stronger sex ⓑ (= sexualité) sex; **ce journal ne parle que de ~** this paper is full of nothing but sex ⓒ (= organes génitaux) genitals; (= verge) penis

sexisme /sɛksism/ NM sexism

sexiste /sɛksist/ ADJ, NMF sexist

sexologie /sɛksɔlɔʒi/ NF sexology

sexologue /sɛksɔlɔg/ NMF sexologist

sex-symbol (pl **sex-symbols**) /sɛkssɛ̃bɔl/ NM sex symbol

sextuple /sɛkstypl/ **1** ADJ sextuple **2** NM **je l'ai payé le ~/le ~ de l'autre** I paid six times as much for it/six times as much as the other for it; **augmenter au ~** to increase sixfold

sextuplés, -ées /sɛkstyple/ NM,F PL sextuplets

sexualité /sɛksɥalite/ NF sexuality; **avoir une ~ épanouie** to have a full sex life

sexué, e /sɛksɥe/ ADJ sexual

sexuel, -elle /sɛksɥɛl/ ADJ sexual

sexuellement /sɛksɥɛlmɑ̃/ ADV sexually

sexy * /sɛksi/ ADJ INV sexy*

seyant, e /sejɑ̃, ɑ̃t/ ADJ [vêtement] becoming; **elle portait une jupe très ~e** she was wearing a skirt that really suited her

Seychelles /seʃɛl/ NFPL **les ~** the Seychelles

SF * /ɛsɛf/ NF (ABBR = **science-fiction**) sci-fi*; **film/roman de SF** sci-fi* film/novel

shaker /ʃɛkœʀ/ NM cocktail shaker

shakespearien, -ienne /ʃɛkspiʀjɛ̃, jɛn/ ADJ Shakespearian

shampooiner, shampouiner /ʃɑ̃pwine/ /TABLE 1/ VT to shampoo; **se ~ la tête** to shampoo one's hair

shampooing, shampoing /ʃɑ̃pwɛ̃/ NM (= lavage, produit) shampoo; **faire un ~ à qn** to give sb a shampoo; **se faire un ~** to shampoo one's hair; **à appliquer après chaque ~** apply every time after shampooing; **~ colorant** shampoo-in hair colour (Brit) ou color (US); **~ à moquette** carpet shampoo

shérif /ʃeʀif/ NM [de western] sheriff

sherpa /ʃɛʀpa/ NM (= guide) Sherpa

shetland /ʃɛtlɑ̃d/ **1** NM (= tricot) Shetland pullover **2** NFPL **Shetland : les (îles) Shetland** the Shetlands

shilling /ʃiliŋ/ NM shilling

shit /ʃit/ NM (arg Drogue) dope*

shooter /ʃute/ /TABLE 1/ **1** VI (Football) to shoot **2** VPR **se shooter** (arg Drogue) to shoot up*; **se ~ à l'héroïne** to shoot up* with heroin; **il s'est shooté pendant dix ans** he mainlined* drugs for ten years; **je me shoote au café** I need my daily fix* of coffee

shopping /ʃɔpiŋ/ NM shopping; **faire du ~** to go shopping; **faire son ~** to do one's shopping

short(s) /ʃɔʀt/ NM pair of shorts; **être en ~** to be wearing shorts

showbiz * /ʃobiz/ NM INV (ABBR = **show-business**) show biz*

show-business /ʃobiznɛs/ NM INV show business

si¹ /si/

1 CONJONCTION	2 ADVERBE

1 CONJONCTION

ⓐ if; **s'il fait beau demain, je sortirai** if it's fine tomorrow, I'll go out; **si j'avais de l'argent, j'achèterais une voiture** if I had any money, I would buy a car; **tu viendras ? si oui, préviens-moi à l'avance** are you coming? if so, tell me in advance; **si seulement il venait/était venu** if only he was coming/had come; **si c'est ça, je m'en vais** if that's how it is, I'm off*; **s'il a tant de succès c'est que ...** if he is so successful it's because ...

ⓑ interrogation indirecte if, whether; **il ignore si elle viendra** he doesn't know whether ou if she'll come (or not); **il se demande si elle viendra** he is wondering whether ou if she'll come (or not); **tu imagines s'il était fier !** you can imagine how proud he was!; **si je veux y aller ? quelle question !** if I want to go? what a question!; **si j'avais su !** if only I had known!; **et s'il refusait ?** and what if he refused?

ⓒ = que **c'est un miracle si la voiture n'a pas pris feu** it's a miracle that the car didn't catch fire; **excusez-nous si nous n'avons pas pu venir** we're sorry we couldn't come

ⓓ opposition while; **si ses intentions étaient louables, l'effet de son discours a été désastreux** while his motives were excellent, the results of his speech were disastrous

ⓔ locutions **et si tu lui téléphonais ?** how about phoning him?

♦ si ce n'est ... : **qui peut le savoir, si ce n'est lui ?** if he doesn't know, who will?; **si ce n'est elle, qui aurait osé ?** who but she would have dared?; **il n'avait rien emporté, si ce n'est quelques biscuits** he had taken nothing with him apart from a few biscuits; **elle va bien, si ce n'est qu'elle est très fatiguée** she's quite well apart from the fact that she is very tired

♦ **si tant est que**: **ils sont sous-payés, si tant est qu'on**
les paie they are underpaid, if they are paid at all

2 ADVERBE

ⓐ affirmatif **vous ne venez pas? — si/mais si** aren't you
coming? — yes I am/of course I am; **vous n'avez rien**
mangé? — si, une pomme haven't you had anything to
eat? — yes (I have), an apple; **si, si, il faut venir** oh but you
must come!; **il n'a pas voulu, moi si** he didn't want to, but
I did; **il n'a pas écrit? — il paraît que si** hasn't he written?
— yes, it seems that he has; **je croyais qu'elle ne voulait**
pas venir, mais il m'a dit que si I thought she didn't want
to come but he said she did

ⓑ **= tellement** (*modifiant un attribut, un adverbe*) so; (*modi-*
fiant un épithète) such; **un ami si gentil** such a kind friend;
des amis si gentils *ou* **de si gentils amis** such kind friends;
il parle si bas qu'on ne l'entend pas he speaks in such a
low voice that you can't hear him; **il est stupide, non? —**
si peu! (*iro*) he's stupid, isn't he? — and how!*

♦ **si bien que** so that; **on est parti en retard, si bien**
qu'on a raté le train we left late so we missed the train

ⓒ concessif however; **si bête soit-il, il comprendra** however stupid he is he will understand; **si peu que ce soit**
however little it may be

ⓓ **= aussi** as; **elle n'est pas si timide que tu crois** she's
not as shy as you think; **ce n'est pas si simple** it's not as
simple as that

si² /si/ NM INV (*Musique*) B; (*en chantant la gamme*) ti

siamois, e /sjamwa, waz/ **1** ADJ [*chat*] Siamese; **frères ~** *ou*
sœurs ~es Siamese twins **2** NM (= *chat*) Siamese

Sibérie /siberi/ NF Siberia

sibérien, -ienne /siberjɛ̃, jɛn/ **1** ADJ Siberian; **un froid ~**
an icy cold **2** NM,F **Sibérien(ne)** Siberian.

sibyllin, e /sibilɛ̃, in/ ADJ [*phrase, personne*] cryptic; **tenir**
des propos ~s to talk in riddles

sic /sik/ ADV sic

SICAV, sicav /sikav/ NF INV (ABBR = **société d'investisse-**
ment à capital variable) (= *fonds*) unit trust (*Brit*), open-end
investment trust (*US*); (= *part*) share in a unit trust (*Brit*) *ou*
an open-end investment trust (*US*)

Sicile /sisil/ NF Sicily

sicilien, -ienne /sisiljɛ̃, jɛn/ **1** ADJ Sicilian **2** NM,F **Sici-**
lien, ienne Sicilian

SIDA, sida /sida/ NM (ABBR = **syndrome d'immuno-**
déficience acquise) AIDS; **avoir le sida** to have AIDS; **le vi-**
rus du sida the AIDS virus; **la lutte contre le sida** the battle
against AIDS

side-car (*pl* **side-cars**) /sidkaR/ NM (= *habitacle*) sidecar;
(= *véhicule*) motorcycle and sidecar

sidérant, e* /sideRɑ̃, ɑ̃t/ ADJ staggering*

sidérer* /sidere/ /TABLE 6/ VT (= *abasourdir*) to stagger*;
cette nouvelle m'a sidéré I was staggered* by the news; **je**
suis sidéré par son intelligence/son insolence I'm dumbfounded by his intelligence/his insolence; **la foule re-**
gardait, sidérée the crowd watched, dumbfounded

sidérurgie /sideRyRʒi/ NF (= *fabrication*) (iron and) steel
metallurgy; (= *industrie*) (iron and) steel industry

sidérurgique /sideRyRʒik/ ADJ [*industrie*] iron and steel

siècle /sjɛkl/ NM ⓐ century; **au 3ème ~ avant/après Jésus-**
Christ in the 3rd century BC/AD; **au ~ dernier** in the last
century; **le hold-up/match du ~*** the hold-up/match of the
century ⓑ (= *époque*) age; **être de son ~/d'un autre ~** to
belong to one's age/to another age; **le Siècle des lumières**
the Enlightenment; **il y a un ~** *ou* **des ~s que nous ne nous**
sommes vus* it has been ages since we last saw each other

siège /sjɛʒ/ NM ⓐ (= *meuble*) seat; **~ de jardin/de bureau**
garden/office chair; **le ~ des toilettes** the toilet seat;
donner/offrir un ~ à qn to give/offer sb a seat; **prenez un ~**
take a seat; **~ éjectable** [*d'avion*] ejector seat; **être assis sur**
un ~ éjectable (*fig*) to be in an untenable position; **~ pour**
bébé baby seat

ⓑ (= *fonction*) seat; **retrouver son ~ de député** to win back
one's parliamentary seat

ⓒ [*d'entreprise*] head office; [*de parti, organisation internatio-*
nale] headquarters; [*d'assemblée, tribunal*] seat; **~ social** registered office; **~ pontifical** pontifical see

ⓓ [*de maladie, passions, rébellion*] seat; [*de sensation physique*]
centre (*Brit*), center (*US*)

siéger /sjeʒe/ /TABLE 3 et 6/ VI ⓐ [*assemblée, tribunal*]
to be in session ⓑ **~ à** [+ *conseil, comité*] to sit *ou* to be on
ⓒ (= *être situé à*) [*tribunal, organisme*] **~ à** to have its headquarters in

sien, sienne /sjɛ̃, sjɛn/ **1** PRON POSS **le sien** *ou* **la sienne** *ou*
les siens [*d'un homme*] his; [*d'une femme*] hers; [*d'une chose,*
animal] its own; (*indéfini*) one's own; **mes enfants sont**
sortis avec les ~s my children have gone out with his (*ou*
hers)

2 NMF ⓐ **y mettre du ~** to pull one's weight; **chacun doit**
être prêt à y mettre du ~ everyone must be prepared to
pull his weight

ⓑ ♦ **les siens** (= *famille*) one's family; (= *partisans*) one's
people

ⓒ ♦ **faire des siennes*** : **il/elle a encore fait des siennes**
he/she has done it again*

Sierra Leone /sjeRaleɔn(e)/ NF Sierra Leone

sieste /sjɛst/ NF nap; (*en Espagne etc*) siesta; **faire la ~** to
have a nap; (*en Espagne etc*) to have a siesta

sifflant, e /siflɑ̃, ɑ̃t/ **1** ADJ [*respiration*] wheezing **2** NF
sifflante: **consonne ~e** sibilant

sifflement /sifləmɑ̃/ NM [*de personne, oiseau, train, bouilloi-*
re, vent] whistling (*NonC*); [*de serpent, vapeur, gaz, machine à*
vapeur] hissing (*NonC*); **un ~** a whistle; **un ~ d'admiration**
ou **admiratif** a whistle of admiration; **des ~s** whistling
noises; **~ d'oreilles** ringing in the ears

siffler /sifle/ /TABLE 1/ **1** VI to whistle; (*avec un sifflet*) to
blow a whistle; [*serpent, vapeur, gaz, machine à vapeur*] to
hiss; **la balle siffla à ses oreilles** the bullet whistled past
his ears; **j'ai les oreilles qui sifflent** my ears are ringing

2 VT ⓐ [+ *chien, personne*] to whistle for; [+ *fille*] to whistle
at; [+ *joueur en faute*] to blow one's whistle at; [+ *départ,*
faute] to blow one's whistle for; **~ la fin du match/la mi-**
temps to blow the final whistle/the half-time whistle; **elle**
s'est fait ~ dans la rue someone wolf-whistled at her in
the street

ⓑ (= *huer*) [+ *orateur, acteur, pièce*] to boo; **se faire ~** to get
booed

ⓒ [+ *air, chanson*] to whistle

ⓓ (= *avaler*)‡ to guzzle*

sifflet /siflɛ/ NM ⓐ (= *instrument, son*) whistle; **coup de ~**
whistle ⓑ (= *huées*) **~s** whistles of disapproval; **il est sorti**
sous les ~s du public he was booed off the stage

siffleux* /sifløˈ/ NM (*Can*) groundhog

siffloter /siflɔte/ /TABLE 1/ **1** VI to whistle **2** VT [+ *air*] to
whistle

sigle /sigl/ NM abbreviation; (= *acronyme*) acronym

signal (*pl* **-aux**) /siɲal, o/ NM signal; (= *indice*) sign; **donner**
le ~ de to give the signal for; (= *déclencher*) to be the signal
for; **à mon ~ ils se levèrent tous** when I gave the signal
everyone got up; **donner le ~ du départ** to give the signal
for departure; (*Sport*) to give the starting signal; **~ de dé-**
tresse distress signal; **~ d'alarme** alarm; **tirer le ~ d'alarme**
to pull the alarm; (*fig*) to sound the alarm; **~ sonore** (*de*
répondeur) tone

signalement /siɲalmɑ̃/ NM [*de personne, véhicule*] description; **donner le ~ de qn** to describe sb; **un individu ré-**
pondant à ce ~ a person answering this description

signaler /siɲale/ /TABLE 1/ **1** VT to indicate; [*écriteau,*
sonnerie] to signal; [*personne*] (= *faire un signe*) to signal;
[+ *fait nouveau, perte, vol*] to report; **signalez que vous allez**
tourner en tendant le bras indicate that you are turning
by putting out your arm; **on a signalé leur présence à Paris**
they are reported to be in Paris; **on signale l'arrivée du ba-**
teau it has been reported that the boat will arrive shortly;
rien à ~ nothing to report; **~ qch à l'attention de qn** to
bring sb to sb's attention; **nous vous signalons en outre**
que ... we would further point out to you that ...; **je te**

signale que je t'attends depuis une heure! I'd like you to know that I've been waiting for you for an hour!

2 VPR **se signaler: se ~ à l'attention de qn** (= *contacter*) to contact sb; **se ~ par son intelligence** to be known for one's intelligence

signalétique /siɲaletik/ ADJ **fiche ~** identification sheet

signalisation /siɲalizasjɔ̃/ NF (*sur route*) signs; (*sur voie ferrée*) signals; **« absence de ~ »** "no road markings"; **~ automatique** (*Rail*) automatic signalling; **erreur de ~** (*sur route*) signposting error; (*sur voie ferrée*) signalling error; **moyens de ~** means of signalling; **~ routière** road signs and markings; **~ verticale/horizontale** road signs/road markings

signaliser /siɲalize/ /TABLE 1/ VT [+ *route*] to put up signs on; [+ *piste*] to put runway markings and lights on; **bien signalisé** [+ *route*] well signposted; [+ *piste*] clearly marked; **la frontière n'est pas toujours signalisée** the border isn't always marked

signataire /siɲatɛʀ/ ADJ, NMF signatory

signature /siɲatyʀ/ NF (= *marque, nom*) signature; **avant la ~ du contrat** before the contract is signed; **l'attentat porte leur ~** the attack bears their mark

signe /siɲ/ **1** NM ⓐ sign; **s'exprimer par ~s** to use signs to communicate; **langage** *ou* **langue des ~s** sign language; **faire un ~ à qn** to make a sign to sb; **un ~ de tête affirmatif/négatif** a nod/a shake of the head; **elle m'a fait un ~ d'adieu** she waved goodbye to me; **le ~ moins/plus/égal** the minus/plus/equal(s) sign; **faire ~ à qn** to make a sign to sb; (= *contacter*) to get in touch with sb; **faire ~ à qn d'entrer** to motion sb in; **de la tête, il m'a fait ~ de ne pas bouger** he shook his head to tell me not to move; **il a fait ~ à la voiture** he waved the car; **faire ~ du doigt à qn** to beckon to sb; **faire ~ que oui** to nod; **faire ~ que non** (*de la tête*) to shake one's head; (*de la main*) to make a gesture of disagreement

◆ **en signe de**: **en ~ de protestation/respect** as a sign of protest/respect; **en ~ de reconnaissance** for recognition purposes

ⓑ (= *indice*) sign; **~ précurseur** *ou* **avant-coureur** omen; **elle t'a invité? c'est un ~!** she invited you? that's a good sign!; **il recommence à manger, c'est bon ~** he's beginning to eat again, that's a good sign; **c'est ~ de pluie** it's a sign of rain; **c'est mauvais ~** it's a bad sign; **il n'a plus jamais donné ~ de vie** we've never heard from him since; **c'est un ~ qui ne trompe pas** the signs are unmistakable; **montrer** *ou* **donner des ~s de faiblesse** *ou* **de fatigue** [*personne*] to show signs of tiredness; [*appareil, montre*] to be on its last legs; [*monnaie*] to be weakening

ⓒ (= *trait*) mark; **« ~s particuliers : néant »** "distinguishing marks: none"; **~ distinctif** distinguishing feature; **leur argot est un ~ de reconnaissance** using slang is a way for them to recognize each other

ⓓ (*Astrol*) **~ du zodiaque** sign of the zodiac; **de quel ~ es-tu?** what's your sign?

2 COMP ◆ **signe de la croix** sign of the cross ◆ **signes extérieurs de richesse** outward signs of wealth ◆ **signe de ponctuation** punctuation mark

signer /siɲe/ /TABLE 1/ **1** VT ⓐ [+ *document, traité, œuvre d'art*] to sign; **~ la paix** to sign a peace treaty; **signez au bas de la page** sign at the bottom of the page; **~ un chèque en blanc** to sign a blank cheque; **elle signe « Malou »** she signs herself "Malou"; **il a signé avec le club italien** (*Sport*) he's signed for the Italian club; **~ d'une croix** to sign with a cross; **tableau non signé** unsigned painting

ⓑ (= *être l'auteur de*) to make; **elle vient de ~ son deuxième film** she's just made her second film; **il signe le troisième but de la partie** he's scored the third goal of the match; **cravate signée Paul** tie by Paul; **c'est signé!*** it's obvious who did it!

2 VPR **se signer** (= *faire le signe de croix*) to cross o.s.

signet /siɲe/ NM bookmark

significatif, -ive /siɲifikatif, iv/ ADJ significant; [*geste*] meaningful; **de manière significative** significantly

signification /siɲifikasjɔ̃/ NF ⓐ [*de mot, symbole*] meaning; **quelle est la ~ de ce dessin?** what does this drawing mean? ⓑ [*de fait, chiffres*] significance (*NonC*); **cette mesure n'a pas grande ~** this measure is not very significant

signifier /siɲifje/ /TABLE 7/ VT ⓐ (= *avoir pour sens*) to mean; **que signifie ce mot?** what does this word mean?; **bonté ne signifie pas forcément faiblesse** kindness does not necessarily signify weakness; **qu'est-ce que cela signifie?** what's the meaning of this?; (*après remarque hostile*) what's that supposed to mean?; (*à un enfant qui fait une scène*) what's all this in aid of?

ⓑ (*frm* = *faire connaître*) to make known; **~ ses intentions/sa volonté à qn** to make one's intentions/one's wishes known to sb; **~ son congé à qn** (= *renvoyer qn*) to give sb their notice; **signifiez-lui qu'il doit se rendre à cette convocation** inform him that he is to answer this summons

ⓒ [+ *décision judiciaire*] to serve notice of (**à** on)

silence /silɑ̃s/ NM ⓐ (= *absence de bruits, de conversation*) silence; **un ~ de mort** a deathly silence; **garder le ~** to keep silent; **faire ~ sur** to keep quiet about; **sortez vos livres et en ~!** get out your books and no talking!; **~! silence!**; **~! on tourne** (*Ciné*) quiet everybody, action!; **il prononça son discours dans un ~ absolu** there was dead silence while he made his speech

ⓑ (= *pause*) (*dans la conversation, un récit*) pause; (*en musique*) rest; **il y eut un ~ gêné** there was an embarrassed silence; **à son entrée il y eut un ~** there was a hush when he came in

ⓒ (= *impossibilité ou refus de s'exprimer*) silence; **les journaux gardèrent le ~ sur cette grève** the newspapers kept silent on this strike; **garder un ~ absolu sur qch** to say absolutely nothing about sth; **réduire qn au ~** to reduce sb to silence; **briser** *ou* **rompre le ~** to break one's silence; **passer qch sous ~** to pass sth over in silence; **aimer qn en ~** to love sb secretly; **~ radio** radio silence; (*fig*) total silence; **le célèbre compositeur vient de sortir de 12 années de ~** the famous composer has just broken 12 years of silence

silencieusement /silɑ̃sjøzmɑ̃/ ADV silently

silencieux, -ieuse /silɑ̃sjø, jøz/ **1** ADJ silent; [*moteur, machine*] quiet; **rester ~** to remain silent (**sur, à propos de** about) **2** NM [*d'arme à feu*] silencer; [*de pot d'échappement*] silencer (*Brit*), muffler (*US*)

silex /sileks/ NM flint

silhouette /silwɛt/ NF ⓐ (= *contours*) outline; [*de voiture*] shape; **la ~ du château se détache sur le couchant** the château is silhouetted against the sunset ⓑ (= *ligne*) figure

silice /silis/ NF silica

silicone /silikon/ NF silicone

sillage /sijaʒ/ NM [*d'embarcation*] wake; [*d'avion à réaction*] (= *déplacement d'air*) slipstream; (= *trace*) vapour (*Brit*) *ou* vapor (*US*) trail; [*de personne, animal, parfum*] trail; **dans le ~ de qn** (following) in sb's wake

sillon /sijɔ̃/ NM ⓐ [*de champ*] furrow; **le ~ rhodanien** the Rhône valley ⓑ [*de disque*] groove

sillonner /sijone/ /TABLE 1/ VT ⓐ [*avion, bateau, routes*] to criss-cross; **les canaux qui sillonnent la Hollande** the canals which criss-cross Holland; **des éclairs sillonnaient le ciel** flashes of lightning criss-crossed the sky; **~ les routes** to travel the country; **les touristes qui sillonnent la France en été** the tourists who travel around France in the summer ⓑ [*rides, ravins, crevasses*] to furrow; **visage sillonné de rides** face furrowed with wrinkles

silo /silo/ NM silo; **~ à grains/fourrage** grain/fodder silo

simagrées /simagʀe/ NFPL **faire des ~** to playact; **arrête tes ~!** stop your play-acting!

similaire /similɛʀ/ ADJ similar (**à** to)

similarité /similaʀite/ NF similarity

simili /simili/ **1** PRÉF imitation; **~marbre** imitation marble **2** NM imitation

similicuir /similikɥiʀ/ NM imitation leather

similitude /similityd/ NF similarity; **il y a certaines ~s entre ces méthodes** there are certain similarities between these methods

simple /sɛpl/ 1 ADJ ⓐ simple; [nœud, cornet de glace] single; **en ~ épaisseur** in a single layer; **réduit à sa plus ~ expression** reduced to a minimum; **~ comme bonjour*** as easy as falling off a log*; **dans le plus ~ appareil** (hum) in one's birthday suit
ⓑ (= modeste) [personne] unpretentious; **il a su rester ~** he hasn't let it go to his head
ⓒ (= de condition modeste) **ce sont des gens ~s** they are simple folk
ⓓ (= naïf) simple; **il est un peu ~** he's a bit simple; **il est ~ d'esprit** ou **c'est un ~ d'esprit** he's simple-minded
ⓔ (= ordinaire) [particulier, salarié] ordinary; **un ~ soldat** a private
ⓕ (valeur restrictive) **une ~ formalité** a mere formality; **une ~ remarque la déconcerte** a mere comment would upset her; **d'un ~ geste de la main** with just a movement of his hand; **par ~ curiosité** out of pure curiosity; **vous obtiendrez le cadeau sur ~ envoi de ce bon** for your free gift, simply send us this voucher; **vous obtiendrez des informations sur ~ appel** simply pick up the phone and you will get all the information you need
2 NM ⓐ **passer du ~ au double** to double; **les prix peuvent varier du ~ au double** prices can vary by as much as 100%
ⓑ (Tennis) singles; **~ messieurs/dames** men's/women's singles

simplement /sɛpləmɑ̃/ ADV ⓐ (= sans sophistication) simply; **ils vivent très ~** they lead a very simple life
ⓑ (= seulement) just; **je vous demande ~ de me prévenir** I just want you to warn me; **je veux ~ dire que ...** I just want to say that ...
ⓒ (= facilement) easily; **cela s'explique très ~** that's easily explained
ⓓ ♦ **tout simplement** quite simply; **c'est tout ~ inadmissible** it's quite simply intolerable; **il suffisait de téléphoner, tout ~ !** all you had to do was phone!

simplet, **-ette** /sɛplɛ, ɛt/ ADJ simple; [question, raisonnement] simplistic

simplicité /sɛplisite/ NF simplicity; **décor d'une grande ~** very simple decor; **un appareil d'une grande ~ d'emploi** an appliance that is very easy to use; **habillé avec ~** dressed simply; **venez dîner demain, ce sera en toute ~** come for dinner tomorrow - it won't be anything fancy

simplification /sɛplifikasjɔ̃/ NF simplification

simplifier /sɛplifje/ /TABLE 7/ VT to simplify; **disons, pour ~ les choses, que ...** to simplify matters, let's say that ...; **~ à l'extrême** ou **à l'excès** to oversimplify; **des procédures très simplifiées** streamlined procedures

simplissime /sɛplisim/ ADJ **c'est ~** it couldn't be simpler

simpliste /sɛplist/ ADJ (péj) simplistic

simulacre /simylakʀ/ NM (péj) **un ~ de justice** a pretence of justice; **un ~ de gouvernement/de procès** a mockery of a government/of a trial

simulateur, **-trice** /simylatœʀ, tʀis/ 1 NM,F pretender; (= qui feint la maladie) malingerer 2 NM simulator; **~ de conduite/vol** driving/flight simulator

simulation /simylasjɔ̃/ NF simulation; **il n'est pas malade, c'est de la ~** he isn't ill - it's all put on; **logiciel de ~** simulation software

simulé, **e** /simyle/ (ptp de simuler) ADJ simulated; [amabilité, gravité] feigned; [accident, suicide] fake; **~ sur ordinateur** computer-simulated

simuler /simyle/ /TABLE 1/ VT ⓐ (= reproduire) to simulate ⓑ (= feindre) [+ sentiment, attaque] to feign; **~ une maladie** to pretend to be ill

simultané, **e** /simyltane/ ADJ simultaneous; **la présence ~e de deux personnes dans un même lieu** the presence of two people in the same place at the same time; **de manière ~e** simultaneously; **diffusion en ~** simultaneous broadcast

simultanéité /simyltaneite/ NF simultaneity

simultanément /simyltanemɑ̃/ ADV simultaneously

sincère /sɛsɛʀ/ ADJ sincere; **son chagrin est ~** he's genuinely upset; (formules épistolaires) **mes ~s condoléances** my

sincere condolences; **mes ~s salutations** yours sincerely; **nos vœux les plus ~s** with our best wishes

sincèrement /sɛsɛʀmɑ̃/ ADV ⓐ (= réellement) sincerely; [aimer] truly; **je vous souhaite ~ de réussir** I sincerely hope you will succeed; **je suis ~ désolé que ...** I am sincerely sorry that ... ⓑ (= franchement) honestly; **~, vous feriez mieux de refuser** to be honest you'd be better off saying no

sincérité /sɛseʀite/ NF sincerity; **répondez-moi en toute ~** give me an honest answer

sinécure /sinekyʀ/ NF sinecure; **ce n'est pas une ~*** it's no picnic*

sine qua non /sinekwanɔn/ LOC ADJ **condition ~** necessary condition

Singapour /sɛgapuʀ/ N Singapore

singapourien, **-ienne** /sɛgapuʀjɛ̃, jɛn/ 1 ADJ Singaporean 2 NM,F **Singapourien(ne)** Singaporean

singe /sɛʒ/ NM (à longue queue) monkey; (à queue courte ou sans queue) ape; **les grands ~s** the big apes; **faire le ~*** to monkey about

singer /sɛʒe/ /TABLE 3/ VT [+ démarche, personne] to ape

singeries /sɛʒʀi/ NFPL **faire des ~** to clown about

singulariser (se) /sɛgylaʀize/ /TABLE 1/ VPR (= se faire remarquer) to draw attention to o.s.; **se singulariser par qch** to distinguish o.s. by sth

singularité /sɛgylaʀite/ NF ⓐ (= particularité) singularity; **cet orchestre a pour ~ ou présente la ~ de jouer sans chef** this orchestra is unusual in that it doesn't have a conductor; **il cultive sa ~** he likes to stand out from the crowd ⓑ (= bizarrerie) peculiarity; **le manuscrit présente plusieurs ~s** the manuscript is odd in several respects

singulier, **-ière** /sɛgylje, jɛʀ/ 1 ADJ ⓐ (= étonnant, peu commun) remarkable; **c'est un personnage ~** he's an unusual character ⓑ (= étrange) odd; **singulière façon de se comporter !** what a strange way to behave! ⓒ (Gram) singular 2 NM (Gram) singular; **au ~** in the singular; **à la deuxième personne du ~** in the second person singular

singulièrement /sɛgyljɛʀmɑ̃/ ADV ⓐ (= étrangement) strangely ⓑ (= beaucoup, très) **cela leur complique ~ la tâche** that makes things particularly difficult for them; **il manque ~ d'imagination** he is singularly lacking in imagination

sinistre /sinistʀ/ 1 ADJ sinister; [voix, air] funereal; [personne] grim-looking; [soirée, réunion] grim*; **tu es ~ ce soir !** you're in a very sombre mood tonight!; **le patron est ~** the boss gives me the creeps*; **un ~ imbécile** an absolute idiot; **un pénitencier de ~ réputation** a prison of evil repute; **ce pays détient le ~ record du nombre de tués sur la route** this country holds the gruesome record for road fatalities
2 NM (= catastrophe) disaster; (= incendie) blaze; (Assurances = cas) accident; **l'assuré doit déclarer le ~ dans les 24 heures** any accident claim must be notified within 24 hours

sinistré, **e** /sinistʀe/ 1 ADJ [région, pays] stricken (avant le nom); [secteur économique] devastated; **zone ~e** disaster area; **ville ~e sur le plan de l'emploi** town blighted by unemployment; **les personnes ~es** the disaster victims 2 NM,F disaster victim

sinon /sinɔ̃/ CONJ ⓐ (= autrement) otherwise; **fais-le, ~ nous aurons des ennuis** do it, otherwise we will be in trouble; **fais-le, ~ ...** (menaçant) do it, or else ...
ⓑ (de concession = si ce n'est) if not; **il faut le faire, ~ pour le plaisir, du moins par devoir** it must be done, if not for pleasure, then at least out of a sense of duty; **ils y étaient opposés, ~ hostiles** (frm) they were opposed, if not hostile, to it
ⓒ (frm = sauf) except; **à quoi peut bien servir cette manœuvre ~ à nous intimider ?** what can be the purpose of this manoeuvre if not to intimidate us?; **je ne sais pas grand-chose, ~ qu'il a démissionné** I don't know much about it, only that he has resigned

sinueux, **-euse** /sinɥø, øz/ ADJ ⓐ [rivière, route, chemin] winding; [ligne] sinuous ⓑ [pensée, raisonnement] tortuous

sinuosités /sinɥozite/ NFPL **les ~ du chemin/de la rivière** the twists and turns of the path/of the river

sinus /sinys/ NM ⓐ (*Anatomie*) sinus ⓑ (*Math*) sine

sinusite /sinyzit/ NF sinusitis (*NonC*); **j'ai une ~** I've got sinusitis

siphon /sifɔ̃/ NM siphon; [*d'évier, WC*] U-bend; (*Spéléologie*) sump

siphonné, e* /sifɔne/ ADJ (= *fou*) crazy*

sirène /siʀɛn/ NF ⓐ **~ (d'alarme)** siren; (*en temps de guerre*) air-raid siren; (*en temps de paix*) fire alarm ⓑ (= *personnage*) siren; (*à queue de poisson*) mermaid

sirop /siʀo/ NM (= *médicament*) syrup; (= *boisson*) fruit drink; **~ d'orgeat** barley water; **~ de menthe** mint cordial (*Brit*) *ou* beverage (*US*); **~ d'érable** maple syrup; **~ contre la toux** cough syrup

siroter* /siʀɔte/ /TABLE 1/ VT to sip

sisal /sizal/ NM sisal

sismique /sismik/ ADJ seismic

site /sit/ NM ⓐ (= *environnement*) setting; **dans un ~ merveilleux** in a marvellous setting; **~ naturel/historique** natural/historic site; **~ touristique** tourist spot; **la protection des ~s** the conservation of places of interest; **~ protégé** *ou* **classé** conservation area ⓑ (= *emplacement*) site; **~ archéologique/olympique** archeological/Olympic site ⓒ (*Informatique*) **~ Web** website

sitôt /sito/ ADV (= *dès que*) **~ couchée, elle s'endormit** as soon as she was in bed she fell asleep; **~ dit, ~ fait** no sooner said than done; **~ après la guerre** immediately after the war

♦ **pas de sitôt** : **il ne reviendra pas de ~** he won't be back for quite a while; **il ne recommencera pas de ~!** he won't be doing that again for a while!

sittelle /sitɛl/ NF nuthatch

situation /sitɥasjɔ̃/ NF ⓐ (= *circonstances*) situation; **être dans une ~ délicate** *ou* **difficile** to be in a difficult situation; **être en ~ de faire qch** to be in a position to do sth; **~ de famille** marital status; **étranger en ~ irrégulière** foreigner whose papers are not in order; **c'est l'homme de la ~** he's the right man for the job ⓑ (= *emploi*) post; **il a une belle ~** he has an excellent job ⓒ (= *emplacement*) situation; **la ~ de cette villa est excellente** this villa is very well situated

situé, e /sitɥe/ (*ptp de* **situer**) ADJ situated; **bien/mal ~** well/poorly situated

situer /sitɥe/ /TABLE 1/ **1** VT ⓐ (= *placer, construire*) to situate

ⓑ (= *localiser*) to set; (= *catégoriser*) [+ *personne*]* to place; **on ne le situe pas bien*** you just can't figure him out*

2 VPR **se situer** (*emploi réfléchi*) to place o.s.; **essayer de se ~ par rapport à qn/qch** to try to place o.s. in relation to sb/sth; **il se situe à gauche** (*Politique*) he's on the left

ⓑ (= *se trouver*) (*dans l'espace*) to be situated; (*dans le temps*) to take place; (*par rapport à des notions*) to stand; **l'action/cette scène se situe à Paris** the action/this scene takes place in Paris; **la hausse des prix se situera entre 5% et 10%** prices will rise by between 5% and 10%

six /sis/ **1** CARDINAL INV six; **il y avait ~ mille personnes** there were six thousand people; **ils sont ~ enfants** there are six children; **je suis resté ~ heures/jours** I stayed six hours/days; **il a ~ ans** he is six years old; **un enfant de ~ ans** a six-year-old child; **polygone à ~ faces** six-sided polygon; **j'en ai pris trois, il en reste ~** I've taken three and there are six left; **il est ~ heures** it's six o'clock; **il est ~ heures du soir** it's 6 pm, it's six in the evening; **il est ~ heures du matin** it's 6 am, it's six in the morning; **il est trois heures moins ~** it is six minutes to three; **il est trois heures ~** it is six minutes past *ou* after (*US*) three; **cinq jours/fois sur ~** five days/times out of six; **ils sont venus tous les ~** all six of them came; **ils ont porté la table à eux ~** the six of them carried the table; **ils ont mangé le jambon à eux ~** the six of them ate the ham; **ils viennent à ~ pour déjeuner** there are six coming to lunch; **on peut s'asseoir à ~ autour de cette table** this table can seat six;

ils vivent à ~ dans une seule pièce there are six of them living in one room; **entrer ~ par ~** to come in six at a time; **se mettre en rangs par ~** to form rows of six

2 ADJ ORDINAL INV **arriver le ~ septembre** to arrive on the sixth of September; **Louis ~** Louis the Sixth; **chapitre/page/article ~** chapter/page/article six; **le numéro ~ gagne un lot** number six wins a prize; **il habite au numéro ~ de la rue Arthur** he lives at number six Rue Arthur

3 NM INV six; **trente-~** thirty-six; **quatre et deux font ~** four and two make six; **il fait mal ses ~** he writes his sixes badly; **c'est le ~ qui a gagné** number six has won; **il habite au ~, Rue de Paris** he lives at number six, Rue de Paris; **nous sommes le ~ aujourd'hui** it's the sixth today; **il est venu le ~** he came on the sixth; **il est payé le ~ de chaque mois** he is paid on the sixth of each month; **le ~ de cœur** (*Cartes*) the six of hearts; **la facture est datée du ~** the bill is dated the 6th

---

★ When **six** is used alone, **x** is pronounced **s**, eg **compter jusqu'à six** ; it is pronounced **z** before a vowel sound, eg **j'ai six ans**, and not pronounced at all before a consonant, eg **six personnes**.

---

sixième /sizjɛm/ **1** ADJ sixth; **trente-~** thirty-sixth; **recevoir la ~ partie de qch** to receive a sixth of sth; **demeurer dans le ~ (arrondissement)** to live in the sixth arrondissement (*in Paris, Lyon, Marseilles*); **habiter au ~ (étage)** to live on the sixth floor (*Brit*) *ou* the seventh floor (*US*)

2 NMF sixth person; **se classer ~** to come sixth; **nous avons besoin d'un ~ pour compléter l'équipe** we need a sixth person to complete the team; **elle est arrivée (la) ~ dans la course** she came sixth in the race

3 NM (= *portion*) sixth; **recevoir le ~** *ou* **un ~ d'une somme** to receive a sixth of a sum; **(les) deux ~s du budget seront consacrés à ...** two sixths of the budget will be given over to ...

4 NF (*Scol*) ≈ first form (*Brit*), ≈ sixth grade (*US*); **entrer en (classe de) ~** ≈ to go into the first form (*Brit*) *ou* sixth grade (*US*); **élève de ~** ≈ first form (*Brit*) *ou* sixth-grade (*US*) pupil

skaï ® /skaj/ NM leatherette®; **en ~** leatherette

skate(-board) /skɛt(bɔʀd)/ NM skateboard; **le ~** (= *activité*) skateboarding; **faire du ~** to skateboard

sketch (*pl* **sketches**) /skɛtʃ/ NM sketch

ski /ski/ NM (= *objet*) ski; (= *sport*) skiing; **aller quelque part à** *ou* **en ~** to go somewhere on skis; **aller faire du ~** to go skiing; **tu sais faire du ~ ?** can you ski?; **aller au ~*** to go skiing; **vacances/équipement de ~** skiing holiday/equipment; **chaussures/moniteur/épreuve/station de ~** ski boots/instructor/race/resort ♦ **ski acrobatique** hot-dogging ♦ **ski alpin** (= *discipline*) Alpine skiing; (*opposé à ski de fond*) downhill skiing ♦ **ski sur bosses** mogul skiing ♦ **ski de fond** cross-country skiing ♦ **ski sur glacier** glacier skiing ♦ **ski nautique** water-skiing ♦ **ski nordique** Nordic skiing ♦ **ski de piste** downhill skiing ♦ **ski de randonnée** ski-touring

skiable /skjabl/ ADJ [*neige, piste*] skiable; **ils ont un grand domaine ~** they have a lot of ski slopes

skier /skje/ /TABLE 7/ VI to ski

skieur, skieuse /skjœʀ, skjøz/ NM,F skier; **~ de fond** cross-country skier; **~ nautique** water-skier

skin* /skin/, **skinhead** /skinɛd/ NM skinhead

skipper /skipœʀ/ NM [*de bateau*] skipper

slalom /slalɔm/ NM (= *épreuve, piste*) slalom; (*entre divers obstacles*) zigzag; **faire du ~** to slalom; **~ géant/spécial** giant/special slalom

slalomer /slalɔme/ /TABLE 1/ VI (*Sport*) to slalom; **il slalomait entre les voitures** he was weaving in and out of the traffic; **le serveur slalomait entre les tables** the waiter was weaving between the tables

slalomeur, -euse /slalɔmœʀ, øz/ NM,F slalom skier

slave /slav/ **1** ADJ Slav; [*langue*] Slavic **2** NMF **Slave** Slav

slip /slip/ NM briefs; [*de femme*] pants; **~ de bain** [*d'homme*] swimming trunks; (*bikini*) bikini bottoms; **~**

brésilien tanga; **j'ai acheté deux ~s** I bought two pairs of briefs

slogan /slɔgɑ̃/ NM slogan

slovaque /slɔvak/ 1 ADJ Slovak 2 NMF **Slovaque** Slovak

Slovaquie /slɔvaki/ NF Slovakia

slovène /slɔvɛn/ 1 ADJ Slovene 2 NM (= langue) Slovene 3 NMF **Slovène** Slovene

Slovénie /slɔveni/ NF Slovenia

slow /slo/ NM (= danse) slow dance; (= musique) slow number; **danser un ~** to dance a slow dance

smartphone /smaʀtfɔn/ NM smartphone

smash /sma(t)ʃ/ NM (Tennis) smash; **faire un ~** to smash the ball

smasher /sma(t)ʃe/ /TABLE 1/ (Tennis) 1 VT to smash 2 VI to smash the ball

SME /esemə/ NM (ABBR = **système monétaire européen**) EMS

SMIC /smik/ NM (ABBR = **salaire minimum interprofessionnel de croissance**) guaranteed minimum wage

smicard, e• /smikaʀ, aʀd/ NM,F minimum wage earner

smoking /smɔkiŋ/ NM (= costume) dinner suit (Brit), tuxedo (US); (= veston) dinner jacket

⚠ **smoking** ne se traduit pas par le mot anglais **smoking**.

SMS /esemes/ NM (ABBR = **short message service**) (= service) SMS; (= message) test message

smurf /smœʀf/ NM break dancing

snack /snak/, **snack-bar** (pl **snack-bars**) /snakbaʀ/ NM snack bar

SNCF /esɛnseef/ NF (ABBR = **Société nationale des chemins de fer français**) French national railway company

sniffer• /snife/ /TABLE 1/ VT [+ drogue] to sniff

snob /snɔb/ 1 NMF snob 2 ADJ snobbish

snober /snɔbe/ /TABLE 1/ VT [+ personne] to snub; [+ endroit, réception] to turn one's nose up at

snobinard, e• /snɔbinaʀ, aʀd/ (péj) 1 ADJ snobbish 2 NM,F snob

snobisme /snɔbism/ NM snobbery

snowboard /snobɔʀd/ NM snowboard; **faire du ~** to snowboard

snowboardeur, -euse /snobɔʀdœʀ, øz/ NM,F snowboarder

sobre /sɔbʀ/ ADJ ⓐ (= qui mange et boit peu) abstemious; (= qui ne boit pas d'alcool) teetotal; (= qui n'est pas ivre) sober ⓑ [décor, style, éloquence, tenue] sober; [commentaire, vie] simple; **des vêtements de coupe ~** clothes cut simply

sobrement /sɔbʀəmɑ̃/ ADV ⓐ [vivre] abstemiously ⓑ (= simplement) [s'habiller] plainly; [commenter, expliquer] simply

sobriété /sɔbʀijete/ NF ⓐ (= fait de boire et manger peu) temperance; (= fait de ne pas boire d'alcool) abstinence ⓑ [de style, éloquence] sobriety; [de mise en scène, décor] simplicity

sobriquet /sɔbʀikɛ/ NM nickname

sociable /sɔsjabl/ ADJ (= ouvert) [personne, caractère] sociable; **je ne suis pas d'humeur ~ aujourd'hui** I'm not in a sociable mood today

social, e (mpl **-iaux**) /sɔsjal, jo/ 1 ADJ ⓐ social; **œuvres ~es** charity activities ⓑ (= du travail) **revendications ~es** workers' demands; **conflit ~** industrial dispute; **plan ~** restructuring programme 2 NM **le ~** (= questions) social issues; **faire du ~** to tackle social issues

social-démocrate, **sociale-démocrate** (mpl **sociaux-démocrates**) /sɔsjaldemɔkʀat, sɔsjodemɔkʀat/ ADJ, NM,F Social Democrat

socialement /sɔsjalmɑ̃/ ADV socially

socialiser /sɔsjalize/ /TABLE 1/ VT [+ personne] to socialize

socialisme /sɔsjalism/ NM socialism

socialiste /sɔsjalist/ ADJ, NMF socialist

sociétaire /sɔsjetɛʀ/ NMF member (of a society); **~ de la Comédie-Française** member of the Comédie-Française

société /sɔsjete/ 1 NF ⓐ (= groupe, communauté) society; **la ~ society; la vie en ~** life in society; **la ~ de consommation/de loisirs** the consumer/leisure society; **dans la bonne ~** in polite society; **la haute ~** high society ⓑ (= club) (littéraire) society; (sportif) club; **~ de pêche** angling club; **~ secrète/savante** secret/learned society; **la Société protectrice des animaux** ≈ the Royal Society for the Prevention of Cruelty to Animals (Brit), ≈ the American Society for the Prevention of Cruelty to Animals (US) ⓒ (= firme) company; **~ financière** finance company

2 COMP ♦ **société anonyme** ≈ limited (liability) company; (ouverte au public) ≈ public limited company ♦ **société commerciale** trading company ♦ **société de crédit** finance company ♦ **société écran** bogus company ♦ **Société nationale des chemins de fer français** French national railway company ♦ **société à responsabilité limitée** limited liability company

⚠ Dans le sens commercial, **société** se traduit par **company**.

socio• /sɔsjo/ NF (ABBR = **sociologie**) sociology

socioculturel, -elle /sɔsjokyltyʀɛl/ ADJ sociocultural

socio-économique (pl **socio-économiques**) /sɔsjoekɔnɔmik/ ADJ socioeconomic

socio-éducatif, -ive (mpl **socio-éducatifs**) /sɔsjoedykatif, iv/ ADJ socioeducational

sociologie /sɔsjɔlɔʒi/ NF sociology

sociologique /sɔsjɔlɔʒik/ ADJ sociological

sociologue /sɔsjɔlɔg/ NMF sociologist

socioprofessionnel, -elle /sɔsjopʀɔfesjɔnɛl/ ADJ socioprofessional

socle /sɔkl/ NM [de statue, colonne] plinth; [de lampe] base

socquette /sɔkɛt/ NF ankle sock (Brit), bobby sock (US)

soda /sɔda/ NM fizzy drink (Brit), soda (US); **~ à l'orange** orangeade; **whisky ~** whisky and soda

sodium /sɔdjɔm/ NM sodium

sœur /sœʀ/ NF ⓐ (= parente) sister; **organisations ~s** sister organizations; **et ta ~! ‼** get lost!‼ ⓑ (= religieuse) sister; **~ Jeanne** Sister Jeanne; **elle a été élevée chez les ~s** she was convent-educated

sœurette• /sœʀɛt/ NF little sister

sofa /sɔfa/ NM sofa

SOFRES /sɔfʀɛs/ NF (ABBR = **Société française d'enquêtes par sondage**) French public opinion poll institute

software /sɔftwɛʀ/ NM software

soi /swa/ 1 PRON PERS oneself; **malgré ~** in spite of oneself; **rester chez ~** to stay at home; **cela va de ~** it goes without saying; **il va de ~ que ...** it goes without saying that ...; **en ~** (= intrinsèquement) in itself 2 NM (= personnalité) self; (= inconscient) id

soi-disant /swadizɑ̃/ 1 ADJ INV so-called; **un ~ poète/ professeur** a so-called poet/teacher 2 ADV supposedly; **il était ~ parti à Rome** he had supposedly left for Rome; **il était venu ~ pour discuter** he had come to talk - or so he said; **~ que•** ... it seems that ...

soie /swa/ NF ⓐ (= tissu) silk; **~ sauvage** wild silk ⓑ **brosse en ~s de sanglier** bristle brush; **brosse à dents en ~s de nylon** nylon tooth brush

soierie /swaʀi/ NF (= tissu) silk

soif /swaf/ NF thirst; **avoir ~** to be thirsty; **ça donne ~** it makes you thirsty; **~ de** [+ richesse, connaissances, vengeance, pouvoir] thirst for

soignant, e /swaɲɑ̃, ɑ̃t/ ADJ [personnel] nursing; **équipe ~e** team of doctors and nurses

soigné, e /swaɲe/ (ptp de **soigner**) ADJ ⓐ [personne, chevelure] well-groomed; [ongles] manicured; [mains] well-cared-for; **peu ~** [personne] untidy; [cheveux] unkempt; [ongles, mains] neglected ⓑ [travail, style] careful; [jardin] well-kept; [repas] carefully prepared; **peu ~** [travail] careless

soigner /swaɲe/ /TABLE 1/ 1 VT to look after; [médecin] to treat; [+ cheval, tenue, travail, repas, présentation] to take care over; **j'ai été très bien soigné dans cette clinique** I was very well looked after in this clinic; **~ les blessés** to tend the wounded; **tu devrais te faire ~** you should see a doctor; **il faut te faire ~ !*** you need your head examined!; **rentrez chez vous pour ~ votre rhume** go back home and look after that cold; **je soigne mes rhumatismes avec des pilules** I'm taking pills for my rheumatism; **~ son image (de marque)** to be careful about one's image

2 VPR **se soigner** ⓐ [*personne*] (= *prendre des médicaments*) to take medicine; **se ~ par les plantes** to take herbal medicine; **soigne-toi bien** take good care of yourself
ⓑ [*maladie*] to treat; **de nos jours, la tuberculose se soigne** these days tuberculosis can be treated

soigneur /swaɲœʀ/ NM (*Boxe*) second; (*Cyclisme, Football*) trainer

soigneusement /swaɲøzmɑ̃/ ADV carefully

soigneux, -euse /swaɲø, øz/ ADJ ⓐ (= *propre, ordonné*) tidy; **il n'est pas assez ~** he isn't tidy enough ⓑ (= *appliqué*) careful; **être ~ dans son travail** to take care over one's work; **être ~ de ses affaires** to be careful with one's belongings; **être ~ de ses vêtements** to look after one's clothes

soi-même /swamɛm/ PRON oneself

soin /swɛ̃/ 1 NM ⓐ (= *application*) care; (= *ordre et propreté*) tidiness; **être sans ~** *ou* **n'avoir aucun ~** to be careless; **faire qch sans ~** to do sth carelessly; **faire qch avec (grand) ~** to do sth (very) carefully; **avoir** *ou* **prendre ~ de faire qch** to take care to do sth; **avoir** *ou* **prendre ~ de qn/qch** to take care of sb/sth
ⓑ (= *charge, responsabilité*) care; **confier à qn le ~ de ses affaires** to entrust sb with the care of one's affairs; **confier à qn le ~ de faire qch** to entrust sb with the job of doing sth; **je vous laisse ce ~** I leave this to you
ⓒ (= *traitement*) **le ~ du cheveu** haircare; **se faire faire un ~ du visage** (*en institut*) to have a facial

2 NMPL **soins** ⓐ (= *entretien, hygiène*) care (*NonC*); (= *traitement*) treatment (*NonC*); **~s de beauté** beauty care; **pour les ~s des cheveux utilisez ...** for haircare use ...; **les ~s du visage** facial care; **~s dentaires/médicaux** dental/medical care; **son état demande des ~s** his condition requires treatment; **le blessé a reçu les premiers ~s** the injured man has been given first aid
ⓑ (= *attention*) care (*NonC*); **confier qn/qch aux (bons) ~s de qn** to leave sb/sth in the care of sb; **aux bons ~s de** (*sur lettre:* *frm*) care of; **être aux petits ~s pour qn** to attend to sb's every need

soir /swaʀ/ NM (= *fin du jour*) evening; **le ~ où j'y suis allé** the evening I went; **viens nous voir un de ces ~s** come and see us one evening; **être du ~** to be a night owl*; **repas/ journal du ~** evening meal/paper; **5 heures du ~** 5 o'clock in the afternoon, 5 pm; **11 heures du ~** 11 o'clock at night; **le ~, je vais souvent les voir** I often go to see them in the evening; **il pleut assez souvent le ~** it quite often rains in the evening; **sortir le ~** to go out in the evening; **j'y vais ce ~** I'm going out this evening; **à ce ~ !** I'll see you this evening!; **tous les ~s** *ou* **chaque ~** every evening; **hier ~** last night; **demain ~** tomorrow evening; **dimanche ~** Sunday evening; **hier au ~** *ou* **yesterday evening; le 17 au ~** on the evening of the 17th; **la veille au ~** the previous evening

soirée /swaʀe/ NF ⓐ (= *soir*) evening; **bonne ~ !** have a nice evening; **les longues ~s d'hiver** the long winter evenings ⓑ (= *réception*) party; **~ dansante** dance; **~ mondaine** society party ⓒ (= *séance de cinéma, de théâtre*) evening performance; **donner un spectacle/une pièce en ~** to give an evening performance of a show/play; **~ thématique** (*TV*) *evening of programmes devoted to a theme*; **~ électorale** election night

soit /swa/ 1 ADV (*frm* = *oui*) so be it (*frm*); **eh bien, ~, qu'il y aille !** very well then, let him go!

2 CONJ ⓐ (= *ou*) **~ l'un ~ l'autre** either one or the other; **~ avant ~ après** either before or after; **~ qu'il n'entende pas, ou ne veuille pas entendre** whether he cannot hear or (whether) he does not wish to hear
ⓑ (= *à savoir*) that is to say; **des détails importants, ~ l'ap-**

provisionnement, le transport, etc** important details, that is to say provisions, transport, etc
ⓒ (*en hypothèse*) **~ un rectangle ABCD** let ABCD be a rectangle; **soient deux triangles** given two triangles

★ *The final* **t** *is only pronounced when* **soit** *is an adverb.*

soixantaine /swasɑ̃tɛn/ NF ⓐ (= *environ soixante*) sixty or so; **il y avait une ~ de personnes/de livres** there were sixty or so people/books; **la ~ de spectateurs qui étaient là** the sixty or so people there; **ils étaient une bonne ~** there were a good sixty of them; **il y a une ~ d'années** sixty or so years ago
ⓑ (= *soixante unités*) sixty
ⓒ (= *âge*) sixty; **approcher de la/atteindre la ~** to near/reach sixty; **un homme dans la ~** a man in his sixties; **d'une ~ d'années** [*personne*] of about sixty; [*arbre*] sixty or so years old; **elle a la ~** she's about sixty

soixante /swasɑ̃t/ ADJ INV, NM INV sixty; **à la page ~** on page sixty; **habiter au ~** to live at number sixty; **les années ~** the sixties; **~ et un** sixty-one; **~ et unième** sixty-first; **~-dix** seventy; **~-dixième** seventieth; **~ mille** sixty thousand; **le (numéro) ~** (*jeu, rue*) number sixty

soixante-huitard, e (*mpl* **soixante-huitards**) /swasɑ̃tɥitaʀ, aʀd/ 1 ADJ [*personne*] who took part in the events of May 1968; [*idéologie, slogan*] inspired by the events of May 1968 2 NM,F (*en mai 68*) participant in the events of May 1968; (*après 1968*) proponent of the ideals of May 1968 → MAI 68

soixantième /swasɑ̃tjɛm/ ADJ, NM sixtieth

soja /sɔʒa/ NM (= *plante*) soya; (= *graines*) soya beans

sol¹ /sɔl/ NM ground; (= *plancher*) floor; (= *revêtement*) flooring (*NonC*); (= *territoire, terrain*) soil; **étendu sur le ~** spread out on the ground; **posé au ~** *ou* **à même le ~** on the ground (*ou* floor); **~ carrelé/cimenté** tiled/concrete floor; **la surface au ~** the floor surface; **~ natal** native soil; **sur le ~ français** on French soil; **personnel au ~** (*Aviat*) ground staff; **exercices au ~** (*Sport*) floor exercises

sol² /sɔl/ NM INV [*note*] G; (*en chantant la gamme*) so

solaire /sɔlɛʀ/ 1 ADJ [*énergie, panneaux*] solar; [*calculatrice*] solar-powered; [*crème, filtre*] sun (*attrib*) 2 NM (= *énergie*) **le ~** solar energy

solarium /sɔlaʀjɔm/ NM solarium

soldat /sɔlda/ NM soldier; **simple ~** *ou* **~ de 2ᵉᵐᵉ classe** (*armée de terre*) private; (*armée de l'air*) aircraftman (*Brit*), basic airman (*US*); **~s de la paix** peacekeepers; **~ de plomb** toy soldier; **jouer aux (petits) ~s** to play soldiers

solde¹ /sɔld/ NF pay; (*péj*) **être à la ~ de qn** to be in the pay of sb

solde² /sɔld/ 1 NM ⓐ (= *reliquat*) balance; (= *reste à payer*) balance outstanding; **pour ~ de tout compte** in settlement ⓑ (= *rabais*) **vendre/acheter qch en ~** to sell/buy sth at sale price; **article en ~** sale item *ou* article 2 NMPL **« soldes »** "sale"; **faire les ~s** to go to the sales

solder /sɔlde/ /TABLE 1/ 1 VT ⓐ [+ *compte*] (= *arrêter*) to close; (= *acquitter*) to pay settle ⓑ [+ *marchandises*] to sell off; **ils soldent ces pantalons à 130 €** they are selling off trousers at 130 euros 2 VPR **se solder: se ~ par** [+ *bénéfices, déficit*] to show; [+ *échec, mort*] to end in; **l'exercice se solde par un déficit de 50 millions** the end-of-year figures show a loss of 50 million; **la conférence s'est soldée par un échec** the conference ended in failure

solderie /sɔldəʀi/ NF discount store

soldeur, -euse /sɔldœʀ, øz/ NM,F (= *propriétaire*) discount store owner; (= *entreprise*) discount store

sole /sɔl/ NF (= *poisson*) sole; **~ meunière** sole meunière

soleil /sɔlɛj/ NM ⓐ sun; **orienté au ~ levant/couchant** facing the rising/setting sun; **au ~** in the sun; **être assis/se mettre au ~** to be sitting in/go into the sun; **il y a du ~** *ou* **il fait ~*** the sun's shining; **être en plein ~** to be right in the sun; **rester en plein ~** to stay out in the sun
♦ **coup de soleil** sunburn (*NonC*); **attraper** *ou* **prendre un coup de ~** to get sunburned; **j'ai un coup de ~ dans le dos** my back is sunburned
ⓑ (= *fleur*) sunflower

solennel, -elle /sɔlanel/ ADJ solemn

solennellement /sɔlanelmɑ̃/ ADV solemnly

Solex ® /sɔleks/ NM ≈ moped

solfège /sɔlfeʒ/ NM (= *théorie*) music theory; **apprendre le ~** to learn music theory

solidaire /sɔlidɛR/ ADJ ⓐ [*personnes*] **être ~s** to show solidarity; **être ~ de** to stand by; **nous sommes ~s du gouvernement** we stand by the government; **nous sommes ~s de leur combat** we support their struggle; **se montrer ~ de qn** to show solidarity with sb ⓑ [*mécanismes, pièces, systèmes*] interdependent

solidarité /sɔlidaRite/ NF [*de personnes*] solidarity; **cesser le travail par ~ avec les grévistes** to stop work in sympathy with the strikers

solide /sɔlid/ **1** ADJ ⓐ (= *non liquide*) solid ⓑ (= *robuste*) solid; [*économie*] strong; **c'est du ~*** [*meuble*] it's solid stuff; **être ~ sur ses jambes** to be steady on one's legs; **~ comme un roc** as solid as a rock ⓒ (= *sérieux*) solid; [*argument, formation, culture, connaissances, raisons*] sound; **ces raisonnements ne reposent sur rien de ~** these arguments have no solid foundation; **leur couple, c'est du ~*** they have a solid relationship ⓓ (= *vigoureux*) [*personne, jambes*] sturdy; [*santé, cœur*] sound; **il faut avoir les nerfs ~s** you need strong nerves ⓔ (*intensif*) [*coup de poing*] hefty*; [*revenus*] substantial; **il a un ~ appétit** *ou* **coup de fourchette*** he has a hearty appetite

2 NM solid

solidement /sɔlidmɑ̃/ ADV [*fixer, tenir*] firmly; **tradition ~ établie** long established tradition

solidifier VT, **se solidifier** VPR /sɔlidifje/ /TABLE 7/ to solidify

solidité /sɔlidite/ NF solidity; [*de monnaie, économie*] strength; [*de personne*] sturdiness

soliloque /sɔlilɔk/ NM soliloquy

soliste /sɔlist/ NMF soloist

solitaire /sɔlitɛR/ **1** ADJ ⓐ (= *isolé, sans compagnie*) solitary ⓑ (= *désert*) [*chemin, demeure, parc*] lonely

2 NMF loner

♦ en solitaire : **ascension/traversée en ~** solo climb/crossing; **course en ~** solo race; **partir/voyager en ~** to leave/travel alone; **elle a fait le tour du monde en ~** she sailed single-handed around the world

3 NM ⓐ (= *diamant*) solitaire ⓑ (= *jeu*) solitaire

solitude /sɔlityd/ NF (= *tranquillité*) solitude; (= *manque de compagnie*) loneliness; **la ~ à deux** shared solitude; **éprouver un sentiment de ~** to feel lonely; **aimer la ~** to like being on one's own

solive /sɔliv/ NF joist

sollicitation /sɔlisitasjɔ̃/ NF ⓐ (= *démarche*) appeal ⓑ (= *impulsion*) prompting; **l'engin répondait aux moindres ~s de son pilote** the craft responded to the slightest touch from the pilot

solliciter /sɔlisite/ /TABLE 1/ VT ⓐ [+ *poste, explication*] to seek; [+ *faveur, audience*] to seek (**de qn** from sb) ⓑ [+ *personne, curiosité, sens*] to appeal to; [+ *attention*] to attract; **il est très sollicité** he's very much in demand; **~ un cheval** to urge a horse on

sollicitude /sɔlisityd/ NF concern (*NonC*); **demander/dire qch avec ~** to ask/say sth with concern; **être** *ou* **se montrer plein de ~ envers qn** to be very attentive towards sb

solo /sɔlo/ (*pl* **solos** *ou* **soli** /sɔli/) ADJ INV, NM solo; (**spectacle**) **~** one-man (*ou* one-woman) show

♦ en solo [*travailler*] on one's own; **jouer/chanter en ~** to play/sing a solo; **escalade en ~** solo climbing; **il a décidé d'agir en ~** he decided to go it alone*

solstice /sɔlstis/ NM solstice

soluble /sɔlybl/ ADJ soluble

solution /sɔlysjɔ̃/ NF solution; **c'est une ~ de facilité** it's the easy way out; **ce n'est pas une ~ à la crise** that's no way to resolve the crisis; **ce n'est pas une ~!** that won't solve anything!

solutionner /sɔlysjɔne/ /TABLE 1/ VT to solve

solvabilité /sɔlvabilite/ NF (*d'une entreprise*) solvency; (*d'une personne*) creditworthiness

solvable /sɔlvabl/ ADJ [*entreprise*] solvent; [*personne*] creditworthy

solvant /sɔlvɑ̃/ NM solvent

Somalie /sɔmali/ NF Somaliland; (= *État*) Somalia

somatiser /sɔmatize/ /TABLE 1/ VT to somatize; **il a tendance à ~** he tends to have psychosomatic problems

sombre /sɔ̃bR/ ADJ ⓐ (= *obscur, foncé*) [*ciel, nuit, pièce*] dark; **bleu/vert ~** dark blue/green ⓑ (= *mélancolique*) sombre (*Brit*), somber (*US*); (= *sinistre*) [*période*] dark; **d'un air ~** gloomily; **il avait le visage ~** he looked gloomy; **un ~ avenir** a gloomy future; **les heures ~s de notre histoire** the dark moments in our history ⓒ (*valeur intensive*) **~ idiot/brute** absolute idiot/brute; **une ~ histoire de meurtre** a dark tale of murder; **ils se sont disputés pour une ~ histoire d'argent** they argued over a sordid financial matter

sombrer /sɔ̃bRe/ /TABLE 1/ VI [*bateau*] to sink; [*empire*] to founder; [*entreprise*] to collapse; **~ dans** [+ *désespoir, sommeil, misère, alcool, oubli*] to sink into; **évitons de ~ dans le sordide** let's not get sordid; **~ dans la folie** to go mad

sommaire /sɔmɛR/ **1** ADJ ⓐ (= *court*) [*exposé, explication*] brief; [*réponse*] brief; (= *expéditif*) [*justice, procédure, exécution*] summary ⓑ (= *superficiel*) [*connaissances, éducation, réparation*] basic; [*examen*] brief; [*analyse, description*] brief; [*décoration*] minimal **2** NM (= *exposé*) summary; (= *résumé de chapitre*) summary; [*de revue*] contents; **au ~ du numéro spécial** featured in the special issue; **au ~ de notre émission ce soir ...** in our programme tonight ...

sommairement /sɔmɛRmɑ̃/ ADV ⓐ [*exposer, juger, exécuter*] summarily; **il me l'a expliqué assez ~** he gave me a fairly basic explanation of it ⓑ (= *sommairement*) [*réparer*] superficially; **c'est meublé assez ~** it's very simply furnished

sommation /sɔmasjɔ̃/ NF summons (*sg*); (*frm* = *injonction*) demand; (*avant de faire feu*) warning; **recevoir ~ de payer une dette** to be served notice to pay a debt; **faire les ~s d'usage** to give the standard warnings; **tirer sans ~** to shoot without warning

somme[1] /sɔm/ NM (= *sieste*) nap; **faire un petit ~** to have a nap

somme[2] /sɔm/ NF ⓐ (= *quantité*) amount; **la ~ totale** the grand total; **faire la ~ de** to add up; **une ~ de travail énorme** an enormous amount of work ⓑ **~ (d'argent)** sum (of money); **dépenser des ~s folles** to spend vast sums of money; **c'est une ~!** (*intensif*) it's quite a sum!; **atteindre la ~ de 1 000 €** to fetch 1,000 euros ⓒ **♦ en somme** (= *tout bien considéré*) all in all; (= *bref*) in short; **en ~, il ne s'agit que d'un incident sans importance** in fact, it's only an incident of minor importance; **en ~, vous n'en voulez plus?** in short, you don't want any more?

♦ somme toute when all is said and done

sommeil /sɔmɛj/ NM sleep; **avoir ~** to be sleepy; **tomber de ~** to be asleep on one's feet; **chercher le ~** to try to sleep; **il ne pouvait pas trouver le ~** he couldn't get to sleep; **avoir le ~ léger/profond** to be a light/heavy sleeper; **dormir d'un ~ agité** to sleep fitfully; **un ~ profond** *ou* **de plomb** a deep sleep; **premier ~** first hours of sleep; **nuit sans ~** sleepless night; **la sonnerie du téléphone l'a tirée de son ~** she was woken by the phone ringing; **il en a perdu le ~** he lost sleep over it; **laisser une affaire en ~** to leave a matter lying dormant

sommeiller /sɔmeje/ /TABLE 1/ VI [*personne*] to doze; [*qualité, talent, nature*] to lie dormant

sommelier /sɔməlje/ NM wine waiter

sommelière /sɔməljɛR/ NF wine waitress; (*Helv* = *serveuse*) waitress

sommer /sɔme/ /TABLE 1/ VT **~ qn de faire qch** to command sb to do sth; **~ qn de** *ou* **à comparaître** to summon sb to appear

sommet /sɔme/ NM ⓐ [*de tour, arbre, toit, pente, hiérarchie*] top; [*de montagne*] summit; [*de vague*] crest; [*de crâne*] crown; [*d'angle, figure, parabole*] vertex; **au ~ de l'échelle sociale** at the top of the social ladder ⓑ (= *montagne*) summit ⓒ (= *réunion*) summit; **au ~** [*réunion, discussions*] summit

sommier /sɔmje/ NM [*de lit*] bed base; **~ à lattes** slatted bed base

sommité /sɔ(m)mite/ NF (= *personne*) prominent person; **les ~s du monde médical** leading medical experts

somnambule /sɔmnãbyl/ 1 NMF sleepwalker 2 ADJ **être ~** to be a sleepwalker

somnifère /sɔmnifɛʀ/ NM (= *pilule*) sleeping pill

somnolence /sɔmnɔlɑ̃s/ NF [*de personne*] drowsiness (*NonC*)

somnolent, e /sɔmnɔlɑ̃, ɑ̃t/ ADJ drowsy

somnoler /sɔmnɔle/ /TABLE 1/ VI [*personne*] to doze; [*ville*] to be sleepy; [*économie, marché*] to be sluggish

somptuaire /sɔ̃ptɥɛʀ/ ADJ [*projet, dépenses*] extravagant

somptueusement /sɔ̃ptɥøzmɑ̃/ ADV [*décorer, meubler*] sumptuously; [*illustrer*] lavishly

somptueux, -euse /sɔ̃ptɥø, øz/ ADJ [*habit, résidence, palais, décor*] sumptuous; [*cadeau, train de vie, illustration*] lavish; **tu es somptueuse ce soir** you look magnificent tonight

son¹ /sɔ̃/, **sa** /sa/ (*pl* **ses** /se/) ADJ POSS ⓐ [*d'un homme*] his; [*d'un homme*] her; **~ père et sa mère** his (*ou* her) father and (his *ou* her) mother; **ses amis** his (*ou* her) friends; **~ jardin à lui est une vraie jungle** his garden is a real jungle; **il a ~ appartement à Paris** he's got his own flat in Paris; **ses date et lieu de naissance** his (*ou* her) date and place of birth; **~ idiote de sœur** that stupid sister of his (*ou* hers); **avoir ~ mercredi** to have Wednesday off; **il a passé tout ~ dimanche à travailler** he spent all Sunday working; **il ne ferme jamais ses portes** he never shuts the door behind him
ⓑ [*d'objet, abstraction*] its; **l'hôtel est réputé pour sa cuisine** the hotel is famous for its food; **ça a ~ importance** it has its importance
ⓒ (*indéfini*) one's; (*après « quelqu'un », « personne », « chacun »*) his, her; **être satisfait de sa situation** to be satisfied with one's situation; **faire ses études** to study; **personne ne sait comment finira sa vie** no-one knows how his life will end; **quelqu'un a-t-il oublié sa veste ?** has someone left their jacket?

son² /sɔ̃/ NM sound; **elle dansait au ~ de l'accordéon** she was dancing to the accordion; **elle tressaillit au ~ de sa voix** she started at the sound of his voice; **n'entendre qu'un/entendre un autre ~ de cloche** to hear only one/another side of the story; **baisser le ~** to turn down the sound; **équipe/ingénieur du ~** sound team/engineer; **(spectacle) ~ et lumière** son et lumière (show)

son³ /sɔ̃/ NM (= *céréale*) bran

sonar /sɔnaʀ/ NM sonar

sonate /sɔnat/ NF sonata

sondage /sɔ̃daʒ/ NM ⓐ (= *enquête*) (*succincte*) poll; (*approfondie*) survey; **~ d'opinion** opinion poll; **il remonte dans les ~s** he is going up again in the polls; **faire un ~** to conduct a survey (**auprès de** among) ⓑ (= *forage*) boring; (*Naut*) sounding

sonde /sɔ̃d/ NF ⓐ [*de bateau*] sounding line ⓑ (*de forage*) drill ⓒ (*pour examen médical*) probe; (*à canal central*) catheter; (*d'alimentation*) feeding tube; **mettre une ~ à qn** to put a catheter in sb ⓓ (*Météo*) sonde; **~ aérienne** sounding balloon; **~ spatiale** space probe

sonder /sɔ̃de/ /TABLE 1/ VT ⓐ [+ *personne*] to sound out; (*par sondage d'opinion*) to poll; [+ *conscience, avenir*] to probe; **je l'ai sondé sur ses intentions** I sounded him out; **~ l'opinion** to make a survey of opinion ⓑ (*Naut*) to sound; [+ *terrain*] to drill; [+ *organe, malade*] to catheterize

sondeur, -euse /sɔ̃dœʀ, øz/ NM,F [*de sondage d'opinion*] pollster

songe /sɔ̃ʒ/ NM (*littér*) dream; **en ~** in a dream

songer /sɔ̃ʒe/ /TABLE 3/ VT INDIR ✦ **songer à** (= *considérer*) to think about; **~ à se marier** *ou* **au mariage** to think of getting married; **j'y ai sérieusement songé** I gave it some serious thought; **songez-y** think it over; **quand on songe à tout ce gaspillage** when you think of all this waste; **inutile d'y ~** it's no use thinking about it; **vous n'y songez pas !** you must be joking!
✦ **songer que ...** to reflect that ...; **ils pourraient refuser, songeait-il** they could refuse, he reflected; **songez que cela peut être très dangereux** remember that it can be very dangerous; **songez donc !** just imagine!

songeur, -euse /sɔ̃ʒœʀ, øz/ ADJ pensive; **cela me laisse ~** I just don't know what to think

sonné, e /sɔne/ (*ptp de* **sonner**) ADJ ⓐ **il est midi ~** it's past twelve; **avoir trente ans bien ~s** to be on the wrong side of thirty ⓑ (= *fou*)‡ cracked* ⓒ (= *assommé*)* groggy

sonner /sɔne/ /TABLE 1/ 1 VT ⓐ [+ *cloche*] to ring; [+ *tocsin*] to toll; [+ *clairon*] to sound; **se faire ~ les cloches** to get a good telling-off*; **~ les cloches à qn** to give sb a telling-off*
ⓑ [+ *messe*] to ring the bell for; [+ *réveil, rassemblement, retraite*] to sound; **~ l'alarme** to sound the alarm; **~ la charge** (*Mil*) to sound the charge; **~ l'heure** to strike the hour
ⓒ (= *appeler*) [+ *portier, infirmière*] to ring for; **on ne t'a pas sonné !** nobody asked you!
ⓓ (= *étourdir*)* [*chute, grippe*] to knock out; [*nouvelle*] to stagger*; **la nouvelle l'a un peu sonné** he was rather taken aback by the news

2 VI ⓐ [*cloches, téléphone*] to ring; [*réveil*] to go off; [*clairon*] to sound; [*tocsin*] to toll; **elle a mis le réveil à ~ pour** *ou* **à 7 heures** she set the alarm for 7 o'clock; **ça a sonné** (*Scol*) the bell has gone
ⓑ (= *actionner une sonnette*) to ring; **on a sonné** the bell has just gone; **~ chez qn** to ring sb's doorbell; **« ~ avant d'entrer »** "please ring before you enter"
ⓒ **~ creux** [*mur*] to sound hollow; [*discours*] to have a hollow ring; **~ faux** to sound out of tune; [*rire, paroles*] to ring false; **~ bien** [*nom*] to sound good
ⓓ [*midi, minuit*] to strike; **3 heures venaient de ~** it had just struck 3 o'clock; **la récréation a sonné** the bell has gone for break

sonnerie /sɔnʀi/ NF [*de sonnette, cloches*] ringing; [*de portable*] ringtone; **la ~ du téléphone l'a réveillé** he was woken by the telephone; **elle sursautait à chaque ~ du téléphone** she jumped every time the phone rang

sonnet /sɔnɛ/ NM sonnet

sonnette /sɔnɛt/ NF bell; **je n'ai pas entendu le coup de ~** I didn't hear the bell; **~ d'alarme** alarm bell; **tirer la ~ d'alarme** (*fig*) to sound the alarm

sono* /sɔno/ NF (ABBR = **sonorisation**) [*de salle de conférences*] PA system; [*de discothèque*] sound system; **la ~ est trop forte** the sound's too loud

sonore /sɔnɔʀ/ ADJ ⓐ resonant; [*baiser, gifle, rire*] resounding ⓑ [*niveau, onde, vibrations*] sound; **fond ~** (= *bruits*) background noise; (= *musique*) background music ⓒ [*consonne*] voiced

sonorisation /sɔnɔʀizasjɔ̃/ NF (= *équipement*) [*de salle de conférences*] public address system; [*de discothèque*] sound system

sonoriser /sɔnɔʀize/ /TABLE 1/ VT [+ *film*] to dub; [+ *salle de conférences*] to fit with a public address system

sonorité /sɔnɔʀite/ NF tone

sonothèque /sɔnɔtɛk/ NF sound effects library

sonotone® /sɔnɔtɔn/ NM hearing aid

sont /sɔ̃/ VB → **être**

sophistiqué, e /sɔfistike/ ADJ sophisticated

sophrologie /sɔfʀɔlɔʒi/ NF relaxation therapy

soporifique /sɔpɔʀifik/ 1 ADJ soporific 2 NM sleeping drug

soprane /sɔpʀan/ NMF soprano

soprano /sɔprano/ **1** ADJ **saxophone ~** soprano saxophone **2** NM (= *voix*) soprano **3** NMF (= *personne*) soprano

sorbet /sɔrbɛ/ NM sorbet

sorbetière /sɔrbətjɛr/ NF ice cream maker

sorbier /sɔrbje/ NM mountain ash

sorcellerie /sɔrsɛlri/ NF witchcraft; **c'est de la ~!** it's magic!

sorcier /sɔrsje/ **1** NM sorcerer; **il ne faut pas être ~ pour ...** you don't have to be a wizard to ... **2** ADJ **ce n'est pas ~!*** it's dead easy!*

sorcière /sɔrsjɛr/ NF witch

sordide /sɔrdid/ ADJ sordid; [*action, mentalité*] base; **des conditions de vie ~s** squalid living conditions

sorgho /sɔrgo/ NM sorghum

Sorlingues /sɔrlɛ̃g/ NFPL **les (îles) ~** the Scilly Isles

sort /sɔr/ NM ⓐ (= *condition*) lot; **être content *ou* satisfait de son ~** to be happy with one's lot

ⓑ (= *destinée, hasard*) fate; **le ~ qui l'attend** the fate that awaits him; **abandonner qn à son triste ~** to abandon sb to his sad fate; **sa proposition a eu subi le même ~ que les précédentes** his proposal met with the same fate as the previous ones; **pour essayer de conjurer le (mauvais) ~** to try to ward off fate; **c'est un coup du ~** it's a stroke of fate; **le ~ en est jeté** the die is cast; **tirer au ~** to draw lots; **tirer qch au ~** to draw lots for sth; **faire un ~ à*** (= *se débarrasser de*) to get rid of; [+ *plat, bouteille*] to polish off*

ⓒ [*de sorcier*] spell; **jeter un ~ à *ou* sur qn** to put a spell on sb

sortable* /sɔrtabl/ ADJ **tu n'es pas ~!** we (*ou* I) can't take you anywhere!

sortant, e /sɔrtɑ̃, ɑ̃t/ ADJ [*député, maire*] outgoing; **les numéros ~s** the numbers which come up

sorte /sɔrt/ NF (= *espèce*) sort; **une ~ de** a sort of; **une ~ de médecin/voiture** (*péj*) a doctor/car of sorts; **toutes ~s de gens/choses** all sorts of people/things; **des vêtements de toutes ~s** all sorts of clothes; **nous avons trois ~s de lampes** we have three sorts of lamp(s)

♦ **de la sorte** (= *de cette façon*) in that way; **accoutré de la ~** dressed in that way

♦ **en quelque sorte** in a way

♦ **de (telle) sorte que** ♦ **en sorte que** (= *de façon à ce que*) so that; (= *si bien que*) so much so that; **faire en ~ que** to see to it that

♦ **en sorte de**: **faites en ~ d'avoir fini demain** arrange things so that you finish tomorrow

sortie /sɔrti/ **1** NF ⓐ (= *action, moment*) [*de personne*] exit; [*de véhicule, bateau*] departure; (*Mil* = *mission*) sortie; (*Théât*) exit; **elle attend la ~ des artistes** she's waiting for the performers to come out; **à sa ~, tous se sont tus** when he went out everybody fell silent; **faire une ~ dans l'espace** to take a space walk; **les sauveteurs ont fait 30 ~s en mer cette semaine** the lifeboatmen were called out 30 times this week; **à la ~ des bureaux/théâtres** when the offices/theatres come out; **sa mère l'attend tous les jours à la ~ de l'école** his mother waits for him every day after school; **retrouvons-nous à la ~ (du concert)** let's meet at the end of (the concert); **à sa ~ de prison** when he comes (*ou* came) out of prison; **faire une ~ de route** to go off the track

ⓑ (= *fin*) end; **à la ~ de l'hiver** at the end of winter

ⓒ (= *promenade*) outing; (*le soir: au théâtre, au cinéma etc*) evening out; **il dépense tout son argent pour ses ~s** he spends all his money on going out; **il est de ~** [*soldat, domestique*] it's his day off; **nous sommes de ~ ce soir** we're going out tonight; **faire une ~ en mer** to go on a boat trip (*at sea*); **~ éducative *ou* scolaire** (*Scol*) field trip

ⓓ (= *lieu*) exit; **~ d'autoroute** motorway exit (*Brit*), highway exit (*US*); **~ de métro** metro exit; **~ de secours** emergency exit; **« ~ de camions »** "vehicle exit"; **garé devant la ~ de l'école** parked in front of the school gates; **sa maison se trouve à la ~ du village** his house is at the edge of the village; **les ~s de Paris sont encombrées** the roads out of Paris are congested; **par ici la ~!** this way out!; **trouver une**

porte de ~ (*fig*) to find a way out

ⓔ (= *remarque drôle*) sally; (= *remarque incongrue*) peculiar remark

ⓕ (= *mise en vente*) [*de voiture, modèle*] launching; [*de livre*] publication; [*de disque, film*] release

ⓖ [*de marchandises, devises*] export; **~ (de capitaux)** outflow (of capital)

ⓗ (= *somme dépensée*) item of expenditure; **il y a eu plus de ~s que de rentrées** there have been more outgoings than receipts

ⓘ (*Informatique*) output; **~ papier** print-out

ⓙ (*Sport*) **~ en touche** going into touch; **le ballon est allé en ~ de but** (*Football*) the ball has gone out of play; **faire une ~** [*gardien de but*] to come out of goal

2 COMP ♦ **sortie de bain** bathrobe

sortilège /sɔrtilɛʒ/ NM spell

---

sortir /sɔrtir/

/TABLE 16/	
1 VERBE INTRANSITIF	3 VERBE PRONOMINAL
2 VERBE TRANSITIF	

▶ **sortir** is conjugated with **être**, unless it has an object, when the auxiliary is **avoir**.

1 VERBE INTRANSITIF

ⓐ to go *ou* come out

▶ **sortir** dans le sens de **partir** se traduit par **to go out** *ou* par **to come out**, suivant que le locuteur se trouve ou non à l'endroit en question.

~ acheter du pain to go out to buy some bread; **on est en train de faire un bonhomme de neige, tu devrais ~!** we're making a snowman, come out!; **mon père est sorti, puis-je prendre un message?** my father is out, can I take a message?; **~ de chez qn** to go *ou* come out of sb's house; **le train sort du tunnel** the train is coming out of the tunnel; **sors (d'ici)!** get out (of here)!; **~ en courant** to run out; **~ en mer** to put out to sea; **~ de prison** to come out of prison; **je sors à 6 heures** (*du bureau, du lycée*) I finish at 6; **~ de l'eau** to come out of the water; **~ du lit** to get out of bed; **~ de son lit** [*fleuve*] to overflow its banks; **~ de la récession** to get out of the recession; **ça m'est sorti de l'esprit** it slipped my mind; **ça m'est sorti de la tête** it went right out of my head; **laisser ~ qn (de)** to let sb out (of); **ne laissez ~ personne** don't let anybody out; **une épaisse fumée sortait par les fenêtres** thick smoke was pouring out of the windows; **ça me sort par les oreilles*** I've had more than I can take

♦ **d'où sort ~?**: **d'où sort cette revue?** where has this magazine come from?; **mais d'où sort-il?*** (= *il est tout sale*) where has he been!; (= *il est mal élevé*) where was he brought up?; (= *il est bête*) where did they find him?

ⓑ **= quitter** **~ de** to leave; **~ d'un pays** to leave a country; **tout ce qui sort du pays doit être déclaré** everything leaving the country must be declared; **les voiliers sortaient du port** the sailing boats were leaving the harbour; **faites ~ ces gens** make these people leave; **~ de table** to leave the table; **Madame, est-ce que je peux ~?** (*en classe*) Miss, can I be excused please?; **la voiture est sortie de la route** the car left *ou* came off the road; **c'est confidentiel, ça ne doit pas ~ d'ici** it's confidential, it must not leave this room; **on n'est pas sortis de l'auberge*** we're not out of the woods yet*

ⓒ **Informatique** [+ *fichier informatique, application*] **~ de** to exit

ⓓ **Théât** **« la servante sort »** "exit the maid"; **« les 3 gardes sortent »** "exeunt 3 guards"

ⓔ **pour se distraire** to go out; **~ dîner** to go out for dinner; **ils sortent beaucoup** they go out a lot; **ils ne sortent pas beaucoup** they don't go out much

ⓕ **relation amoureuse** **sortir avec qn** (= *fréquenter*) to go out with sb; **ils sortent ensemble depuis 3 ans** they have been going out for 3 years

(g) marquant le passé immédiat **on sortait de l'hiver** it was getting near the end of winter; **il sort d'ici** he's just left; **il sort du lit** he's just got out of bed; **il sort d'une bronchite** he's just had a chest infection; **je sors de lui parler*** I've just been talking to him

(h) = **dépasser** to stick out; [*dent*] to come through; [*bouton*] to appear; ~ **de terre** [*plante*] to come up

(i) = **être fabriqué, publié** to come out; [*disque, film*] to be released; **le film sort sur les écrans le 2 mai** the film is on general release from 2 May

(j) par hasard [*numéro, couleur, sujet d'examen*] to come up

(k) = **s'écarter** ~ **du sujet** to go off the subject; ~ **de la légalité** to go outside the law; ~ **des limites de** to go beyond the bounds of; ~ **(du jeu)** [*balle, ballon*] to go out (of play); ~ **en touche** [*ballon*] to go into touch; **la balle est sortie** (*Tennis*) the ball is out

(l) = **être issu** **il sort de l'université de Perpignan** he went to the University of Perpignan; **pas besoin de ~ de Polytechnique pour comprendre ça*** you don't need a PhD to understand that

(m) = **résulter** ~ **de** to come of; **il n'est rien sorti de nos recherches** nothing came of our research; **que va-t-il ~ de tout cela?** what will come of all this?

(n) = **être dit** [*propos, remarque*] **c'est sorti tout seul** it just came out*; **il fallait que ça sorte** I (*ou* he *etc*) just had to say it

2 VERBE TRANSITIF

(a) to take out; [+ *train d'atterrissage*] to lower; (= *expulser*) to throw out; **sortez-le!** get him out of here!; ~ **des vêtements d'une armoire/la voiture du garage** to take clothes out of a wardrobe/the car out of the garage; **sortons les fauteuils dans le jardin** let's take the armchairs out into the garden; **ils ont réussi à ~ le car du ravin** they managed to get the coach out of the ravine; **il a sorti un mouchoir de sa poche** he took a handkerchief out of his pocket; ~ **les mains de ses poches** to take one's hands out of one's pockets; ~ **des marchandises en fraude** to smuggle goods out; **il faut le ~ de là** (*d'un lieu*) we must get him out of there; (*d'une situation difficile*) we must get him out of it

(b) = **mettre en vente** [+ *produit*] to bring out

(c) = **dire*** to come out with*; **il vous sort de ces réflexions!** the things he comes out with!*; **elle en a sorti une bien bonne** she came out with a good one*; **qu'est-ce qu'il va encore nous ~?** what will he come out with next?*

(d) = **éliminer** [+ *concurrent, adversaire*]* to knock out; **il s'est fait ~ dès le premier match** he was knocked out in the first match

3 VERBE PRONOMINAL

se sortir : se ~ d'une situation difficile to manage to get out of a difficult situation

◆ **s'en sortir : il s'en est sorti sans une égratignure** he came out of it without a scratch; **tu crois qu'il va s'en ~?** (*il est malade*) do you think he'll pull through?; (*il est surchargé de travail*) do you think he'll ever see the end of it?; (*il est en situation difficile*) do you think he'll come through all right?; **avec son salaire, il ne peut s'en ~** he can't get by on what he earns; **va l'aider, il ne s'en sort pas** go and help him, he can't cope; **bravo, tu t'en es très bien sorti!** you've done really well!

SOS /ɛsoɛs/ NM SOS; **lancer** *ou* **envoyer un ~** to send an SOS; ~ **Médecins** emergency medical service

sosie /sɔzi/ NM (= *personne*) double; **c'est le ~ de son frère** he's the spitting image of his brother

sot, sotte /so, sɔt/ ADJ silly

sottement /sɔtmɑ̃/ ADV foolishly

sottise /sɔtiz/ NF (a) (= *caractère*) foolishness; **avoir la ~ de faire qch** to be foolish enough to do sth (b) (= *parole*) silly remark; (= *action*) silly thing to do; **dire des ~s** to say silly things; **faire une ~** [*adulte*] to do a silly thing; **faire des ~s** [*enfant*] to be naughty

sou /su/ NM cent (*Can*); **c'est une affaire** *ou* **une histoire de gros ~s** there's big money involved; **il n'a pas le ~** *ou* **il**

est sans le ~ he hasn't got a penny to his name

◆ **de** *ou* **à quatre sous** cheap; **L'Opéra de Quat'Sous** The Threepenny Opera

soubassement /subasmɑ̃/ NM [*de maison*] base; [*de murs, fenêtre*] dado

soubresaut /subʀəso/ NM (= *tressaillement*) (*de peur*) start; (*d'agonie*) convulsive movement; **avoir** *ou* **faire un ~** to give a start

souche /suʃ/ NF (a) [*d'arbre*] stump (b) [*de famille, race*] **de vieille ~** of old stock; **elle est française de ~** she's of French origin; **faire ~** to found a line (c) [*de mot*] root; **mot ~** root word (d) [*de bactéries, virus*] strain (e) (= *talon*) counterfoil; **carnet à ~s** counterfoil book

souci /susi/ NM (a) (= *inquiétude*) worry; **se faire du ~** to worry; **cela lui donne du ~** it worries him; **~s d'argent** money worries (b) (= *préoccupation*) concern; **sa carrière est son unique ~** his career is all he worries about; **avoir le ~ de bien faire** to be concerned about doing things well; **nous avons fait ce choix dans un ~ de cohérence** we made this choice for the sake of consistency; **par ~ d'honnêteté** for honesty's sake; **c'est le cadet** *ou* **le dernier de mes ~s** that's the least of my worries (c) (= *fleur*) marigold

soucier (se) /susje/ /TABLE 7/ **1** VPR **se soucier: se ~ de** to care about; **je ne m'en soucie guère** I am quite indifferent to it; **sans se ~ de leur réaction** without worrying about their reaction; **elle a accepté sans se ~ des conséquences** she accepted without giving any thought to the consequences **2** VT to worry

soucieux, -ieuse /susjø, jøz/ ADJ (a) (= *inquiet*) [*personne, air, ton*] worried (b) **être ~ de qch** to be concerned about sth; **être ~ de faire qch** to be anxious to do sth

soucoupe /sukup/ NF saucer ◆ **soucoupe volante** flying saucer

soudain, e /sudɛ̃, ɛn/ **1** ADJ sudden **2** ADV (= *tout à coup*) suddenly

soudainement /sudɛnmɑ̃/ ADV suddenly

soudaineté /sudɛnte/ NF suddenness

Soudan /sudɑ̃/ NM **le ~** (the) Sudan

soudanais, e /sudanɛ, ɛz/ **1** ADJ Sudanese **2** NM,F **Soudanais(e)** Sudanese

soude /sud/ NF (*industrielle*) soda; ~ **caustique** caustic soda

soudé, e /sude/ (*ptp de* **souder**) ADJ [*équipe*] closely-knit; **notre équipe n'est pas assez ~e** our team isn't united enough

souder /sude/ /TABLE 1/ VT to weld; (*avec fil à souder*) to solder

soudeur, -euse /sudœʀ, øz/ NM,F welder

soudoyer /sudwaje/ /TABLE 8/ VT to bribe

soudure /sudyʀ/ NF welding; (*avec fil à souder*) soldering; (= *endroit*) weld; ~ **à l'arc/au chalumeau** arc/torch welding

soufflant, e /suflɑ̃, ɑ̃t/ ADJ (**radiateur**) ~ fan heater

souffle /sufl/ **1** NM (a) (= *expiration*) (*en soufflant*) blow; (*en respirant*) breath; **pour jouer d'un instrument à vent, il faut du ~** you need a lot of breath to play a wind instrument

(b) (= *respiration*) breathing; **manquer de ~** to be short of breath; [*prose*] to be lacklustre (*Brit*) *ou* lackluster (*US*); **son roman manque de ~** his novel flags in parts; **avoir le ~ court** to be short of breath; **retenir son ~** to hold one's breath; **reprendre son ~** to get one's breath back; **ne plus avoir de ~** to be out of breath; **couper le ~ à qn** to wind sb; (*fig*) to take sb's breath away; **c'est à vous couper le ~** it's breathtaking; **donner un ~ nouveau à** to give a new lease of life to; **trouver son second ~** (*Sport*) to get one's second wind; (*fig*) to get a new lease of life

(c) [*d'incendie, explosion*] blast

(d) (= *vent*) **un ~ d'air faisait bruire le feuillage** a slight breeze was rustling the leaves; **il n'y avait pas un ~ (d'air** *ou* **de vent)** there wasn't a breath of air

(e) (= *force créatrice*) inspiration

2 COMP ◆ **souffle au cœur** heart murmur

soufflé, e /sufle/ (*ptp de* **souffler**) 1 ADJ (= *surpris*)* staggered* 2 NM soufflé; **~ au fromage** cheese soufflé

souffler /sufle/ /TABLE 1/ 1 VI ⓐ [*vent, personne*] to blow; **~ dans un instrument à vent** to blow into a wind instrument; **~ sur une bougie (pour l'éteindre)** to blow out a candle; **le vent soufflait en rafales** the wind was blowing in gusts; **j'ai dû ~ dans le ballon** (*alcootest*) I was breathalyzed
ⓑ (= *respirer avec peine*) to puff and blow
ⓒ (= *se reposer*) to get one's breath back; **laisser ~ qn/un cheval** to let sb/a horse get his breath back

2 VT ⓐ [+ *bougie*] to blow out
ⓑ (= *envoyer*) **~ de la fumée au nez de qn** to blow smoke in sb's face; **~ le chaud et le froid** to blow hot and cold
ⓒ (= *prendre*)* to pinch* (**à qn** from sb); **il lui a soufflé sa petite amie** he's pinched* his girlfriend
ⓓ [*bombe, explosion*] to destroy
ⓔ [+ *conseil, réponse, réplique*] to whisper (**à qn** to sb); **~ son rôle à qn** (*Théât*) to prompt sb; **~ qch à l'oreille de qn** to whisper in sb's ear; **on ne souffle pas !** (*en classe, dans un jeu*) no whispering!; **il n'a pas soufflé mot** he didn't breathe a word
ⓕ (= *étonner*)* to stagger*; **elle a été soufflée d'apprendre leur échec** she was staggered* to hear they had failed
ⓖ (*Tech*) **~ le verre** to blow glass

soufflerie /suflǝʀi/ NF [*d'orgue, forge*] bellows; (*d'aération*) ventilating fan; (*Industrie*) blower

soufflet /sufle/ NM bellows; [*de sac, classeur*] extendible gusset; **classeur à ~s** accordion file

souffleur, -euse /suflœʀ, øz/ NM,F ⓐ (*Théât*) prompter
ⓑ **~ de verre** glass-blower

souffrance /sufʀɑ̃s/ NF ⓐ suffering; **~ physique/morale** physical/mental suffering; **elle est morte dans d'atroces ~s** she died in agony
ⓑ ✦ **en souffrance** [*affaire, dossier*] pending

souffrant, e /sufʀɑ̃, ɑ̃t/ ADJ [*personne*] ill

souffre-douleur /sufʀǝdulœʀ/ NMF INV punchbag

souffrir /sufʀiʀ/ /TABLE 18/ 1 VI ⓐ to suffer; **faire ~ qn** (*physiquement*) to hurt sb; (*moralement*) to make sb suffer; [*attitude, événement*] to cause sb pain; **mon bras me fait ~** my arm hurts; **~ de l'estomac** to have stomach trouble; **il souffre d'une grave maladie/de rhumatismes** he is suffering from a serious illness/from rheumatism; **~ du froid/de la chaleur** to suffer from the cold/from the heat; **les fraises souffrent de la chaleur** strawberries suffer in the heat; **sa réputation en a souffert** his reputation suffered by it
ⓑ (= *éprouver de la difficulté*) to have a hard time of it; **on a fini par gagner, mais on a souffert** we won in the end but we had a hard time of it; **je l'ai réparé mais j'ai souffert** I fixed it, but it wasn't easy

2 VT ⓐ (= *éprouver*) **~ le martyre** to go through agonies
ⓑ (= *supporter*)* to bear; **il ne peut pas ~ cette fille/le mensonge** he can't stand that girl/lies; **il ne peut pas ~ que ...** he cannot bear that ...
ⓒ (*frm* = *admettre*) **la règle souffre quelques exceptions** the rule admits of a few exceptions; **la règle ne peut ~ aucune exception** the rule admits of no exception; **cette affaire ne peut ~ aucun retard** this matter simply cannot be delayed

soufre /sufʀ/ NM sulphur (*Brit*), sulfur (*US*)

souhait /swɛ/ NM wish; **à vos ~s !** bless you!

souhaitable /swetabl/ ADJ desirable; **ce n'est guère ~** it is not really to be desired; **sa présence n'a pas été jugée ~** his presence was deemed undesirable

souhaiter /swete/ /TABLE 1/ VT ⓐ [+ *réussite, changements*] to wish for; **~ que** to hope that; **il est à ~ que ...** it is to be hoped that ...; **je souhaite qu'il réussisse** I hope he succeeds; **je souhaiterais parler à Jean** I'd like to speak to Jean, please; **à quelle heure souhaitez-vous partir ?** what time would you like to leave?; **« anglais souhaité »** (*dans une offre d'emploi*) "knowledge of English desirable"
ⓑ (= *exprimer ses vœux*) **~ à qn le bonheur/de réussir** to wish sb happiness/success; **je vous souhaite bien du plai-**

sir ! (*iro*) best of luck to you!* (*iro*); **~ la bonne année/bonne chance à qn** to wish sb a happy New Year/(the best of) luck; **je ne souhaite à personne de connaître une telle horreur** I wouldn't wish such an awful thing on anybody; **tout ce que je souhaite, c'est que tu sois heureux** all I want is for you to be happy

souiller /suje/ /TABLE 1/ VT (*frm*) [+ *drap, vêtement*] to soil; [+ *réputation*] to sully

souk /suk/ NM ⓐ (= *marché*) souk ⓑ (= *désordre*)* **c'est le ~ ici !** this place is absolute chaos!; **c'est fini, ce ~ ?** (= *tintamarre*) will you stop that racket?

soûl, soûle /su, sul/ ADJ (= *ivre*) drunk

soulagement /sulaʒmɑ̃/ NM relief; **j'ai éprouvé un immense ~** I felt an immense sense of relief; **cette annonce a été accueillie avec ~** the announcement came as a relief; **à mon grand ~** to my great relief

soulager /sulaʒe/ /TABLE 3/ 1 VT to relieve; [+ *conscience*] to ease; **ça le soulage de s'étendre** it relieves the pain when he stretches out; **ça le soulage de prendre ces pilules** these pills bring him relief; **être soulagé d'avoir fait qch** to be relieved to have done sth; **cet aveu l'a soulagé** this confession eased his conscience; **mets de la crème, ça soulage** put some cream on, it's soothing; **pleure un bon coup, ça soulage !** have a good cry, it'll make you feel better!

2 VPR **se soulager** (*euph* = *uriner*) to relieve o.s.

soûlant, e /sulɑ̃, ɑ̃t/ ADJ wearing; **tu es ~ avec tes questions** you're wearing me out with your questions

soûlard, e /sular, ard/ NM,F drunkard

soûler /sule/ /TABLE 1/ 1 VT ⓐ (= *rendre ivre*)* **~ qn** [*personne*] to get sb drunk; [*boisson*] to make sb drunk
ⓑ (= *fatiguer*)* **~ qn** to make sb's head spin; **tu nous soûles avec tes questions** you're driving us mad with all your questions 2 VPR **se soûler** (= *s'enivrer*) to get drunk; **se ~ à la bière/au whisky** to get drunk on beer/on whisky; **se ~ la gueule** to get blind drunk*

soûlerie /sulʀi/ NF (*péj*) drunken binge

soulèvement /sulɛvmɑ̃/ NM (= *révolte*) uprising

soulever /sul(ǝ)ve/ /TABLE 5/ 1 VT ⓐ (= *lever*) [+ *objet, malade, couvercle, rideau*] to lift; **~ qn de terre** to lift sb off the ground; **cela me soulève le cœur** [*odeur*] it makes me feel sick; [*attitude*] it makes me sick
ⓑ [+ *poussière*] to raise; **le vent soulevait le sable** the wind whipped up the sand
ⓒ [+ *enthousiasme, colère*] to arouse; [+ *protestations, applaudissements, difficultés, questions*] to raise
ⓓ (= *évoquer*) [+ *question, problème*] to raise

2 VPR **se soulever** ⓐ (= *se lever*) [*personne*] to lift o.s. up; [*poitrine*] to heave; **soulève-toi pour que je redresse ton oreiller** lift yourself up so that I can plump up your pillow; **il s'est soulevé sur un bras** he raised himself on one elbow
ⓑ (= *s'insurger*) to rise up

soulier /sulje/ NM shoe

souligner /suliɲe/ /TABLE 1/ VT ⓐ (*d'un trait*) to underline; **~ ses yeux de noir** to put on black eye-liner
ⓑ (= *accentuer*) to emphasize ⓒ (= *faire remarquer*) to underline; **il souligna l'importance de cette rencontre** he underlined the importance of this meeting

soumettre /sumɛtʀ/ /TABLE 56/ 1 VT ⓐ (= *dompter*) [+ *pays, peuple*] to subject; [+ *rebelles*] to put down
ⓑ (= *asservir*) **~ qn à** [+ *maître, loi*] to subject sb to
ⓒ (= *astreindre*) **~ qn à** [+ *traitement, formalité, régime, impôt*] to subject sb to; **~ qch à** [+ *traitement, essai, taxe*] to subject sth to; **soumis à l'impôt** subject to tax ⓓ (= *présenter*) [+ *idée, cas, manuscrit*] to submit (**à** to); **~ un projet de loi à référendum** to submit a bill to referendum 2 VPR **se soumettre** to submit (**à** to)

soumis, e /sumi, iz/ (*ptp de* **soumettre**) ADJ (= *docile*) [*personne, air*] submissive

soumission /sumisjɔ̃/ NF (= *obéissance, reddition*) submission

soupape /supap/ NF valve; **~ de sûreté** ou **de sécurité** safety valve

soupçon /supsɔ̃/ NM ⓐ (= *suspicion*) suspicion; **personne au-dessus de tout ~** person above all ou any suspicion; **de graves ~s pèsent sur lui** he's under serious suspicion; **avoir des ~s (sur)** to have one's suspicions (about); **sa femme eut bientôt des ~s** his wife soon became suspicious ⓑ [*d'assaisonnement, maquillage, vulgarité*] hint; [*de vin, lait*] drop

soupçonner /supsɔne/ /TABLE 1/ VT to suspect; **il est soupçonné de vol** he is suspected of theft; **vous ne soupçonnez pas ce que ça demande comme travail** you've no idea how much work it involves

soupçonneux, -euse /supsɔnø, øz/ ADJ suspicious; **il me lança un regard ~** he gave me a suspicious glance

soupe /sup/ 1 NF ⓐ (= *potage*) soup; **~ à l'oignon/de poisson** onion/fish soup; **il est (très) ~ au lait** he flies off the handle easily ⓑ (= *neige*)* porridge* 2 COMP ♦ **soupe populaire** (= *lieu*) soup kitchen; (= *nourriture*) free meals

soupente /supɑ̃t/ NF attic

souper /supe/ 1 NM supper; (*Belg, Can, Helv* = dîner) dinner 2 /TABLE 1/ VI to have supper; (*Belg, Can, Helv*) to have dinner; **après le spectacle, nous sommes allés ~** after the show we went for supper; **j'en ai soupé de ces histoires !*** I'm sick and tired* of all this fuss!

soupeser /supəze/ /TABLE 5/ VT [+ *objet*] to feel the weight of

soupière /supjɛʀ/ NF soup tureen

soupir /supiʀ/ NM ⓐ sigh; **pousser un ~ de soulagement** to heave a sigh of relief; **pousser un gros ~** to let out a heavy sigh; **rendre le dernier ~** (*littér*) to breathe one's last (*littér*) ⓑ (*Musique*) crotchet rest (*Brit*), quarter-note rest (*US*)

soupirail (*pl* -**aux**) /supiʀaj, o/ NM (small) basement window (*generally with bars*)

soupirant /supiʀɑ̃/ NM suitor†

soupirer /supiʀe/ /TABLE 1/ VI to sigh

souple /supl/ ADJ ⓐ supple; [*branche, tige, lame*] flexible; [*brosse à dents, lentilles cornéennes*] soft ⓑ [*personne, règlement*] flexible; **horaires ~s** flexible hours ⓒ (= *gracieux*) [*corps, démarche*] lithe

souplesse /suples/ NF ⓐ [*de cuir, corps, membres*] suppleness; [*de branche, tige, lame*] flexibility; [*de plastique*] softness; **pour entretenir la ~ de la peau** to keep the skin supple; **d'une grande ~ d'utilisation** very easy to use; **je manque de ~** I'm not very supple ⓑ [*de personne, règlement*] flexibility; **il manque de ~** he's quite inflexible; **il faut introduire plus de ~ dans les horaires** we must bring in more flexible working hours ⓒ [*de corps, démarche*] litheness

source /suʀs/ NF ⓐ (= *point d'eau*) spring; **~ thermale/ d'eau minérale** thermal/mineral spring ⓑ (= *foyer*) source; **~ de chaleur/d'énergie** source of heat/of energy; **~ lumineuse** ou **de lumière** light source ⓒ **cette rivière prend sa ~ dans le Massif central** this river has its source in the Massif Central; **~ d'inspiration** source of inspiration; **~ de revenus** source of income; **de ~ sûre/officielle** ou **autorisée** from a reliable/an official source

sourcil /suʀsi/ NM eyebrow

sourciller /suʀsije/ /TABLE 1/ VI **il n'a pas sourcillé** he didn't bat an eyelid

sourd, e /suʀ, suʀd/ 1 ADJ ⓐ [*personne*] deaf; **~ d'une oreille** deaf in one ear; **être ~ comme un pot*** to be as deaf as a post; **faire la ~e oreille** to turn a deaf ear (**à** to) ⓑ **~ à** [+ *conseils, prières*] deaf to; [+ *vacarme*] oblivious to ⓒ [*son, voix*] muffled; [*couleur, colère*] subdued; [*consonne*] voiceless; [*douleur*] dull; [*désir, inquiétude*] gnawing; [*lutte*] silent 2 NM,F deaf person; **les ~s** the deaf

sourdine /suʀdin/ NF [*de trompette, violon*] mute; **jouer en ~** to play softly; **mettre une ~ à** [+ *prétentions*] to tone down; **mets-la en ~ !*** shut your mouth!*

sourdingue ‡ /suʀdɛ̃g/ ADJ cloth-eared*

sourd-muet, sourde-muette (*mpl* **sourds-muets**) /suʀmɥe, suʀd(ə)mɥet/ 1 ADJ deaf-and-dumb 2 NM,F deaf-and-dumb person

souriant, e /suʀjɑ̃, jɑ̃t/ ADJ [*visage*] smiling; [*personne*] cheerful

souricière /suʀisjɛʀ/ NF mousetrap; (*fig*) trap

sourire /suʀiʀ/ 1 NM smile; **le ~ aux lèvres** with a smile on his lips; **avec le ~** [*accueillir qn*] with a smile; [*travailler*] cheerfully; **gardez le ~ !** keep smiling!; **avoir le ~** to have a smile on one's face; **faire** ou **adresser un ~ à qn** to give sb a smile; **faire des ~s à qn** to keep smiling at sb; **être tout ~** to be all smiles

2 /TABLE 36/ VI ⓐ to smile (**à qn** at sb); **~ à la vie** to delight in living; **~ aux anges** [*personne*] to have a vacant grin on one's face; [*bébé*] to smile happily in one's sleep; **cette remarque les fit ~** this remark made them smile; **ce projet fait ~** this project is laughable

ⓑ **~ à** (= *plaire à*) to appeal to; (= *être favorable à*) to smile on; **cette idée ne me sourit guère** that idea doesn't appeal to me; **la chance lui souriait** luck smiled on him; **tout lui sourit** everything goes his way

souris /suʀi/ NF ⓐ (= *animal*) mouse; **~ blanche** white mouse; **~ grise** house mouse ⓑ (= *femme*)‡ chick* ⓒ (*Informatique*) mouse

sournois, e /suʀnwa, waz/ 1 ADJ [*personne, regard, air*] sly; [*méthode, attaque, manœuvres*] underhand; [*douleur, maladie*] insidious 2 NM,F sly person; **c'est un petit ~** he's a sly little devil*

sous /su/ 1 PRÉP under; **s'abriter ~ un arbre** to shelter under a tree; **nager ~ l'eau** to swim under water; **se promener ~ la pluie** to take a walk in the rain; **le pays était ~ la neige** the country was covered in snow; **emballé ~ plastique** plastic-wrapped; **~ huitaine/quinzaine** within a week/two weeks; **~ 48 heures** within 48 hours; **il est ~ calmants** he's on tranquillizers; **travailler ~ DOS®** to work in DOS®

♦ **sous peu** shortly

2 PRÉF **sous-**

► *Pour les composés les plus fréquents, voir à l'ordre alphabétique.*

ⓐ (*infériorité*) **c'est de la ~-littérature** it's pseudo-literature ⓑ (*subordination*) sub-; **~-catégorie** sub-category ⓒ (*insuffisance*) under; **~-industrialisé** underindustrialized; **~-productivité** underproductivity; **~-rémunéré** underpaid

sous-alimenté, e /suzalimɑ̃te/ ADJ undernourished

sous-bois /subwa/ NM INV undergrowth; **se promener dans les** ou **en ~** to walk through the trees

sous-classe /suklas/ NF subclass

sous-couche /sukuʃ/ NF [*peinture*] undercoat; [*parquet, moquette*] underlay

souscripteur, -trice /suskʀiptœʀ, tʀis/ NM,F [*d'emprunt, publication*] subscriber (**de** to)

souscription /suskʀipsjɔ̃/ NF subscription; [*de police d'assurance*] taking out

souscrire /suskʀiʀ/ /TABLE 39/ 1 VT [+ *abonnement, assurance*] to take out; [+ *actions*] to subscribe for; [+ *emprunt*] to subscribe to 2 VT INDIR ♦ **souscrire à** to subscribe to; [+ *émission d'actions*] to subscribe for

sous-cutané, e /sukytane/ ADJ subcutaneous

sous-développé, e /sudev(ə)lɔpe/ ADJ underdeveloped

sous-développement /sudev(ə)lɔpmɑ̃/ NM underdevelopment

sous-effectif /suzefektif/ NM understaffing; **en ~** undermanned; [*entreprise, service*] understaffed

sous-emploi /suzɑ̃plwa/ NM underemployment

sous-employer /suzɑ̃plwaje/ /TABLE 8/ VT to underuse

sous-ensemble /suzɑ̃sɑ̃bl/ NM subset

sous-entendre /suzɑ̃tɑ̃dʀ/ /TABLE 41/ VT to imply; **qu'est-ce qu'il sous-entend par là ?** what's he trying to imply?

sous-entendu, e /suzɑ̃tɑ̃dy/ 1 ADJ implied; **il me faut une personne jeune, ~: plus jeune que vous** I need a young person, meaning : younger than you 2 NM insinuation; (*sexuel*) innuendo

sous-équipé, e /suzekipe/ ADJ underequipped

sous-espèce /suzɛspɛs/ NF subspecies

sous-estimer /suzɛstime/ /TABLE 1/ VT to underestimate

sous-évaluer /suzevalɥe/ /TABLE 1/ VT [+ *objet, entreprise, monnaie*] to undervalue; [+ *sentiment, risque, conséquence*] to underestimate

sous-exploiter /suzɛksplwate/ /TABLE 1/ VT to underuse

sous-exposition /suzɛkspozisjɔ̃/ NF underexposure

sous-homme /suzɔm/ NM subhuman

sous-informé, e /suzɛ̃fɔrme/ ADJ poorly informed

sous-jacent, e /suʒasɑ̃, ɑ̃t/ ADJ underlying

sous-louer /sulwe/ /TABLE 1/ VT to sublet

sous-main /sumɛ̃/ NM INV desk blotter; **en ~** [*agir, négocier*] secretly

sous-marin, e /sumarɛ̃, in/ 1 ADJ underwater; [*câble*] undersea 2 NM ⓐ (= *bâtiment*) submarine ⓑ (= *espion*) mole

sous-marque /sumark/ NF sub-brand

sous-ministre /suministr/ NM (*Can*) deputy minister

sous-nappe /sunap/ NF undercloth

sous-officier /suzɔfisje/ NM non-commissioned officer

sous-payer /supeje/ /TABLE 8/ VT to underpay

sous-peuplement /supœplǝmɑ̃/ NM underpopulation

sous-produit /suprɔdɥi/ NM (*Industrie*) byproduct

sous-pull /supyl/ NM thin poloneck jersey

sous-qualifié, e /sukalifje/ ADJ underqualified

soussigné, e /susiɲe/ ADJ, NM,F undersigned; **je ~, Dupont Charles-Henri, déclare que ...** I the undersigned, Charles-Henri Dupont, certify that ...

sous-sol /susɔl/ NM [*de terre*] subsoil; [*de bâtiment*] basement; **les richesses de notre ~** our mineral resources; **parking en ~** underground car park

sous-titre /sutitr/ NM [*de journal, livre*] subheading; [*de film*] subtitle

sous-titrer /sutitre/ /TABLE 1/ VT to subtitle; **en version originale sous-titrée** in the original version with subtitles

soustraction /sustraksjɔ̃/ NF subtraction

soustraire /sustrɛr/ /TABLE 50/ 1 VT ⓐ (= *enlever*) to subtract (**de** from) ⓑ (*frm = dérober*) to remove; **~ qn à la justice** to shield sb from justice 2 VPR **se soustraire** (*frm*) **se ~ à** [+ *obligation, corvée*] to shirk; [+ *autorité*] to escape from; [+ *curiosité, regards, vue*] to conceal o.s. from; **se ~ à la justice** to elude justice; (*en s'enfuyant*) to abscond

sous-traitant /sutretɑ̃/ NM subcontractor

sous-traiter /sutrete/ /TABLE 1/ 1 VI [*maître d'œuvre*] to subcontract work; [*exécutant*] to be subcontracted 2 VT [+ *affaire, tâche*] to subcontract

sous-utiliser /suzytilize/ /TABLE 1/ VT to underuse

sous-ventrière /suvɑ̃trijɛr/ NF [*de cheval*] girth

sous-verre /suvɛr/ NM (= *encadrement*) clip frame; (= *image encadrée*) clip-framed picture

sous-vêtement /suvɛtmɑ̃/ NM item of underwear; **~s** underwear

soutane /sutan/ NF cassock

soute /sut/ NF [*de navire*] hold; **~ (à bagages)** [*de bateau, avion*] baggage hold; **~ à mazout** oil tank

soutenance /sutǝnɑ̃s/ NF (*Univ*) **~ de thèse** viva (*Brit*), to defense (*US*)

soutènement /sutɛnmɑ̃/ NM **travaux de ~** supporting works; **mur de ~** retaining wall

souteneur /sutǝnœr/ NM (= *proxénète*) pimp

soutenir /sutǝnir/ /TABLE 22/ 1 VT ⓐ (= *servir d'appui, d'aide à*) to support; **ses jambes peuvent à peine le ~** his legs can hardly support him; **elle soutient les enfants contre leur père** she stands up for the children against their father; **il les a beaucoup soutenus dans leur épreuve**

he gave them a lot of support in their time of trouble; **~ le moral des troupes** to keep the troops' morale up
ⓑ [+ *attention, conversation, effort*] to keep up
ⓒ [+ *assaut, combat, siège*] to withstand; [+ *regard*] to bear; **~ la comparaison avec** to compare favourably with
ⓓ (= *défendre*) [+ *droits*] to uphold; **~ sa thèse** (*Univ*) to attend one's viva (*Brit*), to defend one's dissertation (*US*); **il a soutenu jusqu'au bout qu'il était innocent** he maintained to the end that he was innocent; **il m'a soutenu qu'il avait écrit** he swore that he'd written

2 VPR **se soutenir** ⓐ (= *se maintenir*) (*sur ses jambes*) to support o.s.; (*dans l'eau*) to keep afloat
ⓑ (= *s'entraider*) to stand by each other; **dans la famille, ils se soutiennent tous** the family all stand by each other

soutenu, e /sut(ǝ)ny/ (*ptp de* **soutenir**) ADJ [*style, langue*] formal; [*attention, effort, travail*] sustained; [*couleur*] bold

souterrain, e /sutɛrɛ̃, ɛn/ 1 ADJ underground; [*action, influence*] subterranean; **économie ~e** underground economy 2 NM (= *passage*) underground passage; (*pour piétons*) underpass

soutien /sutjɛ̃/ NM ⓐ (= *aide*) support; **~ financier** financial backing; **~ moral** moral support; **cours de ~** (*Scol*) remedial course; **~ en français** extra teaching in French; **apporter son ~ à qn/qch** to give sb/sth one's support
ⓑ (= *personne*) **être ~ de famille** to be the main wage-earner in the family

soutien-gorge (*pl* **soutiens-gorge**) /sutjɛ̃gɔrʒ/ NM bra

soutif : /sutif/ NM (ABBR = **soutien-gorge**) bra

soutirer /sutire/ /TABLE 1/ VT **~ qch à qn** [+ *argent*] to squeeze sth out of sb; [+ *promesse*] to worm sth out of sb

souvenir /suv(ǝ)nir/ 1 NM ⓐ (= *réminiscence*) memory; **elle a gardé de lui un bon/mauvais ~** she has good/bad memories of him; **je n'ai qu'un vague ~ de l'incident** I have only a vague recollection of the incident; **raconter des ~s d'enfance** to recount memories of one's childhood; **si mes ~s sont exacts** if my memory serves me right; **avoir** ou **garder le ~ de qch** to remember sth; **évoquer le ~ de qn** to recall the memory of sb; **je n'ai pas ~ d'avoir ...** (*frm*) I have no recollection of having ...
♦ **en souvenir de** in memory of; **en ~ du passé** for old times' sake
ⓑ (= *objet à valeur sentimentale*) keepsake; (*pour touristes, marque d'un événement*) souvenir; **photo ~** souvenir photo; **garder qch en ~ (de qn)** to keep sth as a memento (of sb); **cette cicatrice est un ~ de la guerre** this scar is a souvenir from the war; **cette montre est un ~ de famille** this watch is a family heirloom; **boutique** ou **magasin de ~s** souvenir shop
ⓒ (= *formule de politesse*) **amical ~** yours ever; **meilleur** ou **amical ~ de Rome** (*sur une carte*) greetings from Rome; **mon bon ~ à Jean** ou **transmettez mon meilleur ~ à Jean** remember me to Jean

2 /TABLE 22/ VPR **se souvenir** to remember; **se ~ de qn** to remember sb; **se ~ de qch/d'avoir fait qch/que ...** to remember sth/doing sth/that ...; **elle lui a donné une leçon dont il se souviendra** she taught him a lesson he won't forget; **autant que je m'en souvienne ...** as far as I remember ...; **tu m'as fait ~ que ...** you have reminded me that ...; **je m'en souviendrai !** (*menace*) I won't forget!

souvent /suvɑ̃/ ADV often; **le plus ~,** **ça marche bien** more often than not it works well; **il ne vient pas ~ nous voir** he doesn't often come and see us; **on se voit ~ ces derniers temps** we have seen a lot of each other recently; **peu ~** seldom

souverain, e /suv(ǝ)rɛ̃, ɛn/ 1 ADJ ⓐ [*État, puissance*] sovereign; [*assemblée, juge*] supreme; **le ~ pontife** the Pope ⓑ [*mépris*] supreme 2 NM,F (= *monarque*) sovereign; **~ absolu/constitutionnel** absolute/constitutional monarch

souverainement /suv(ǝ)rɛnmɑ̃/ ADV (= *intensément*) supremely; **ça me déplaît ~** I dislike it intensely

souveraineté /suv(ǝ)rɛnte/ NF sovereignty

souverainiste /suv(ǝ)rɛnist/ ADJ, NMF (*en Europe*) anti-federalist; (*au Canada*) Quebec separatist

souvient /suvjɛ̃/ VB → **souvenir**

soviétique /sɔvjetik/ ADJ Soviet

soya /sɔja/ NM (= *plante*) soya; (= *graines*) soya beans

soyeux, -euse /swajø, øz/ ADJ silky

soyons /swajɔ̃/ VB → **être**

SPA /espea/ NF (ABBR = **Société protectrice des animaux**) ≈ RSPCA (*Brit*), ≈ ASPCA (*US*)

spacieux, -ieuse /spasjø, jøz/ ADJ spacious

spaghetti(s) /spageti/ NMPL spaghetti; **~ bolognaise** spaghetti Bolognaise

sparadrap /sparadra/ NM Band-Aid®, plaster (*Brit*)

spartiate /sparsjat/ ADJ Spartan

spasme /spasm/ NM spasm

spatial, e (*mpl* **-iaux**) /spasjal, jo/ ADJ (*opposé à temporel*) spatial; (*Espace*) space

spationaute /spasjonot/ NMF astronaut

spatule /spatyl/ NF ⓐ [*de peintre, cuisinier*] spatula ⓑ [*de ski, manche de cuiller*] tip

speakerine /spikrin/ NF (*TV = annonceuse*) announcer

spécial, e (*mpl* **-iaux**) /spesjal, jo/ 1 ADJ ⓐ (= *spécifique*) special; **une (émission) ~e élections** an election special; **le prix ~ du jury** (*Ciné*) the special jury prize ⓑ (= *bizarre*) peculiar; **il est très ~** he's very peculiar; **la cuisine japonaise, c'est ~** Japanese food is not to everybody's taste 2 NF **spéciale** ⓐ (= *huître*) oyster (*milkier than normal*) ⓑ (= *course*) (**épreuve**) **~e** special stage

spécialement /spesjalmɑ̃/ ADV (= *plus particulièrement*) especially; (= *tout exprès*) specially; **pas ~ intéressant** not especially interesting

spécialisation /spesjalizasjɔ̃/ NF specialization; **faire une ~ en qch** to specialize in sth

spécialisé, e /spesjalize/ (*ptp de* **spécialiser**) ADJ specialized; **être ~ dans** [*personne*] to be a specialist in; [*entreprise*] to specialize in

spécialiser (se) /spesjalize/ /TABLE 1/ VPR to specialize

spécialiste /spesjalist/ NMF specialist; **c'est un ~ de la gaffe*** he's always putting his foot in it*; **lecteur/public non ~** non-specialist reader/audience

spécialité /spesjalite/ NF speciality (*Brit*), specialty (*US*); (*Univ = branche*) special field; **~ médicale** area of medical specialization; **~s régionales** (= *plats*) regional specialties; **la ~ du chef** the chef's speciality; **il est le meilleur dans sa ~** he's the best in his field; **les gaffes, c'est sa ~** he's always putting his foot in it

spécieux, -ieuse /spesjø, jøz/ ADJ specious

spécification /spesifikasjɔ̃/ NF specification

spécificité /spesifisite/ NF specificity

spécifier /spesifje/ /TABLE 7/ VT (= *préciser*) to specify; (= *indiquer, mentionner*) to state; **n'oubliez pas de ~ votre adresse** don't forget to state your address; **j'avais bien spécifié qu'il devait venir le matin** I had stated specifically that he should come in the morning

spécifique /spesifik/ ADJ specific

spécifiquement /spesifikmɑ̃/ ADV (= *tout exprès*) specifically; (= *typiquement*) typically

spécimen /spesimɛn/ NM (= *échantillon, exemple*) specimen; (= *exemplaire publicitaire*) sample copy; **c'est un drôle de ~*** he's an odd character

spectacle /spɛktakl/ NM ⓐ (= *vue, tableau*) sight; **au ~ de** at the sight of; **se donner en ~** to make a spectacle of o.s. ⓑ (= *représentation*) show; **le ~** show business; **les arts du ~** the performing arts; **« ~s »** (= *rubrique*) "entertainment"; **un ~ lyrique** an opera; **un ~ dramatique** a play; **~ de variétés** variety show; **aller au ~** to go to a show; **donner un ~** to put on a show; **donner un ~ de marionnettes** to put on a puppet show; **l'industrie du ~** the entertainment industry; **film à grand ~** blockbuster

spectaculaire /spɛktakylɛr/ ADJ spectacular

spectateur, -trice /spɛktatœr, tris/ NM,F [*de film, pièce*] member of the audience; [*de sport*] spectator; [*d'accident, événement*] onlooker; **les ~s** [*de film, pièce*] the audience

spectre /spɛktr/ NM spectrum; (= *fantôme*) spectre, specter (*US*); **le ~ du chômage** the spectre of unemployment

spéculateur, -trice /spekylatœr, tris/ NM,F speculator

spéculation /spekylasjɔ̃/ NF speculation; **~ boursière** stock-market speculation; **~ immobilière** property (*Brit*) ou real-estate (*US*) speculation; **ce ne sont que des ~s** it's pure speculation

spéculer /spekyle/ /TABLE 1/ VI ⓐ (*Bourse*) to speculate (**sur in**) ⓑ (= *méditer*) to speculate (**sur on, about**)

speech* /spitʃ/ NM (= *laïus*) speech; **faire un ~** to make a speech; **elle nous a fait son ~ sur le machisme** she gave us her speech on male chauvinism

speed* /spid/ 1 ADJ (= *agité*) hyper*; **elle est très ~** she's really hyper* 2 NM (*arg Drogue*) speed

speedé, e* /spide/ ADJ (= *agité*) hyper*

spéléo* /speleo/ NF (ABBR = **spéléologie**) potholing (*Brit*), spelunking (*US*)

spéléologie /speleɔlɔʒi/ NF (= *étude*) speleology; (= *exploration*) potholing (*Brit*), spelunking (*US*)

spéléologue /speleɔlɔg/ NMF (= *spécialiste*) speleologist; (= *explorateur*) potholer (*Brit*), spelunker (*US*)

spermatozoïde /spɛrmatozɔid/ NM sperm

sperme /spɛrm/ NM sperm

sphère /sfɛr/ NF sphere; **les hautes ~s de l'État** the highest levels of government; **il évolue dans les hautes ~s** he moves in influential circles

sphérique /sferik/ ADJ spherical

sphinx /sfɛ̃ks/ NM sphinx; **le Sphinx** the Sphinx

spirale /spiral/ NF spiral; **s'élever/tomber en ~** to spiral upwards/downwards; **la ~ de l'inflation** ou **inflationniste** the inflationary spiral; **une ~ infernale** a downward spiral

spirite /spirit/ ADJ, NMF spiritualist

spiritisme /spiritism/ NM spiritualism

spirituel, -elle /spirityɛl/ ADJ ⓐ (= *fin*) [*personne, remarque*] witty ⓑ (= *moral*) spiritual; **musique spirituelle** sacred music; **concert ~** concert of sacred music

spiritueux /spirityø/ NM spirit

spleen /splin/ NM (*littér*) melancholy; **avoir le ~** to feel melancholy

splendeur /splɑ̃dœr/ NF splendour (*Brit*), splendor (*US*); **quelle ~!** it's magnificent!; **dans toute sa ~** (*iro*) in all its splendour

splendide /splɑ̃did/ ADJ gorgeous; [*soleil*] glorious; [*réception, résidence, spectacle*] splendid; **tu as une mine ~** you look wonderful

spoliation /spɔljasjɔ̃/ NF despoilment (**de of**)

spongieux, -ieuse /spɔ̃ʒjø, jøz/ ADJ spongy

sponsor /spɔ̃sɔr/ NM sponsor

sponsoring /spɔ̃sɔriŋ/ NM sponsorship

sponsoriser /spɔ̃sɔrize/ /TABLE 1/ VT to sponsor; **se faire ~ par une société** to get sponsorship from a company

spontané, e /spɔ̃tane/ ADJ spontaneous; [*candidature, témoignage*] unsolicited

spontanéité /spɔ̃taneite/ NF spontaneity

spontanément /spɔ̃tanemɑ̃/ ADV spontaneously

sporadique /spɔradik/ ADJ sporadic

spore /spɔr/ NF spore

sport /spɔr/ 1 NM sport; **faire du ~** to do sport; **~ individuel/d'équipe** ou **collectif** individual/team sport; **~ en salle/de plein air** indoor/outdoor sport; **~ de compétition/de combat** competitive/combat sport; **les ~s d'hiver** winter sports; **aller aux ~s d'hiver** to go on a winter sports holiday; **~s nautiques/mécaniques** water/motor sports; **~ cérébral** mental exercise; **~-études** (= *section*) special course in secondary school for athletically-gifted pupils; **de ~** [*vêtements, terrain, voiture*] sports

2 ADJ INV [*vêtement, coupe*] casual

sportif, -ive /spɔrtif, iv/ 1 ADJ ⓐ [*épreuve, journal, résultats*] sports; **pêche sportive** angling; **marche sportive** hiking; **pratiquer une activité sportive** to practise a sport

ⓑ [*personne, jeunesse*] fond of sports (*attrib*); [*allure, démarche*] athletic ⓒ [*comportement*] sporting; **faire preuve d'esprit ~** to be sportsmanlike **2** NM sportsman **3** NF **sportive** sportswoman

sportivité /spɔʀtivite/ NF sportsmanship

spot /spɔt/ NM ⓐ (= *lampe*) spotlight ⓑ **~ (publicitaire)** commercial

sprint /spʀint/ NM sprint

sprinter¹ /spʀinte/ /TABLE 1/ VI to sprint; (*en fin de course*) to put on a final spurt

sprinter² /spʀintœʀ/ NM, **sprinteur, -euse** /spʀintœʀ, øz/ NM,F sprinter; (*en fin de course*) fast finisher

squale /skwal/ NM shark

square /skwaʀ/ NM small public garden

squash /skwaʃ/ NM squash; **faire du ~** to play squash

squat * /skwat/ NM (= *logement*) squat

squatter¹ /skwatœʀ/ NM squatter

squatter² /skwate/ /TABLE 1/ VT (= *loger*) to squat

squatteur /skwatœʀ/ NM squatter

squelette /skəlɛt/ NM skeleton

squelettique /skəletik/ ADJ [*personne, arbre*] scrawny; **il est ~** he's all skin and bone; **des effectifs ~s** a skeleton staff

Sri Lanka /sʀilãka/ NM Sri Lanka

sri-lankais, e /sʀilãkɛ, ɛz/ **1** ADJ Sri-Lankan **2** NM,F **Sri-Lankais(e)** Sri-Lankan

SS /ɛsɛs/ **1** NF ⓐ (ABBR = **Sécurité sociale**) ≈ NHS (*Brit*), ≈ Medicaid (*US*) ⓑ (ABBR = **Sa Sainteté**) HH **2** NM (= *soldat*) SS

St (ABBR = **Saint**) St

stabiliser /stabilize/ /TABLE 1/ **1** VT [+ *situation, prix*] to stabilize; [+ *terrain*] to consolidate **2** VPR **se stabiliser** [*situation, prix, cours*] to stabilize; [*personne*] (*physiquement*) to find one's balance; (*dans la vie*) to settle down

stabilité /stabilite/ NF stability

stable /stabl/ ADJ stable

stade /stad/ NM ⓐ stadium ⓑ (= *période, étape*) stage; **à ce ~** at this stage; **à ce ~ de la maladie** at this stage in the development of the disease; **il en est resté au ~ de l'adolescence** he never got beyond the adolescent phase

stadier /stadje/ NM steward (working in a stadium)

stage /staʒ/ NM training course, internship (*US*); **~ de formation (professionnelle)** vocational training course; **~ en entreprise** work experience placement; **~ d'insertion (professionnelle)** *training scheme for the young unemployed to help them find work*; **~ de réinsertion** retraining course; **~-parking*** useless training course; **~ d'initiation** introductory course; **~ pédagogique** teaching practice; **faire ou suivre un ~** to go on a training course; **faire un ~ d'informatique** to go on a computing course; (*sur son lieu de travail*) to have in-house training in computing

⚠ **stage** *ne se traduit pas par le mot anglais* **stage**.

stagiaire /staʒjɛʀ/ NMF trainee, intern (*US*)

stagnation /stagnasjɔ̃/ NF stagnation; **marché en ~** stagnating market

stagner /stagne/ /TABLE 1/ VI to stagnate

stalactite /stalaktit/ NF stalactite

stalagmite /stalagmit/ NF stalagmite

stand /stãd/ NM [*d'exposition*] stand; **~ (de tir)** [*de foire*] (*Sport*) shooting range; (*Mil*) firing range; **~ de ravitaillement** (*Sport*) pit

standard /stãdaʀ/ **1** NM **~ téléphonique** switchboard **2** ADJ INV standard

standardiser /stãdaʀdize/ /TABLE 1/ VT to standardize

standardiste /stãdaʀdist/ NMF switchboard operator; **demandez à la ~** ask the operator

standing /stãdiŋ/ NM standing; **immeuble de grand ~** block of luxury flats (*Brit*) ou apartments (*US*)

staphylocoque /stafilɔkɔk/ NM staphylococcus

star /staʀ/ NF (*de cinéma*) star; **c'est une ~ du journalisme/ de la politique** he's (ou she's) a big name in journalism/in politics; **~ du tennis** top tennis player

starlette /staʀlɛt/ NF starlet

starter /staʀtɛʀ/ NM ⓐ [*de voiture*] choke; **mettre le ~** to pull the choke out ⓑ (*Sport*) starter

stat * /stat/ NF (ABBR = **statistique**) stat*

station /stasjɔ̃/ NF ⓐ (= *lieu d'arrêt*) **~ de métro** underground (*Brit*) ou subway (*US*) station; **~ d'autobus** bus stop; **~ de taxis** taxi rank ⓑ (= *poste, établissement*) station; **~ météorologique** weather station; **~ d'épuration** water-treatment plant; **~ de radio** radio station; **~ de travail** (*Informatique*) workstation; **~ spatiale/orbitale** space/orbiting station; **~ d'essence** petrol (*Brit*) ou gas (*US*) station; **~ de lavage** carwash ⓒ (*de vacances*) resort; **~ balnéaire** seaside resort; **~ de ski** ou **de sports d'hiver** ski resort; **~ thermale** thermal spa ⓓ (= *posture*) posture; **~ verticale** upright position; **la ~ debout lui est pénible** he finds standing upright painful ⓔ (= *halte*) stop; **faire des ~s prolongées devant les vitrines** to linger in front of the shop windows ⓕ (*Rel*) station; **les ~s de la Croix** the Stations of the Cross

stationnaire /stasjɔnɛʀ/ ADJ stationary; **son état est ~** his condition is stable

stationnement /stasjɔnmã/ NM ⓐ [*de véhicule*] parking; **~ alterné** parking on alternate sides; **« ~ interdit »** "no parking"; **« ~ payant »** (*avec parcmètres*) "meter zone"; (*avec tickets*) "parking with ticket only"; **en ~** [*véhicule*] parked ⓑ (*Can* = *parking*) car park (*Brit*), parking lot (*US*)

stationner /stasjɔne/ /TABLE 1/ VI (= *être garé*) to be parked; (= *se garer*) to park; **troupes stationnées en Europe** troops stationed in Europe

station-service (*pl* **stations-service(s)**) /stasjɔ̃sɛʀvis/ NF petrol (*Brit*) ou gas (*US*) station

statique /statik/ ADJ static

statisticien, -ienne /statistisjɛ̃, jɛn/ NM,F statistician

statistique /statistik/ **1** NF (= *donnée*) statistic; **la ~** (= *science*) statistics (*sg*); **faire des ~s** to do statistics **2** ADJ statistical

statistiquement /statistikmã/ ADV statistically

statue /staty/ NF statue

statuer /statɥe/ /TABLE 1/ VI to give a verdict; **~ sur** to give a ruling on; **~ sur le cas de qn** to decide sb's case

statuette /statɥɛt/ NF statuette

statu quo /statykwo/ NM INV status quo

stature /statyʀ/ NF (= *taille*) stature; (= *calibre*) calibre (*Brit*), caliber (*US*); **cet écrivain est d'une tout autre ~** this writer is in a different league altogether

statut /staty/ **1** NM (= *position*) status; **~ social/juridique** social/legal status; **avoir le ~ de salarié** to be on the payroll; **il a obtenu le ~ de réfugié politique** he has been given political refugee status **2** NMPL **statuts** (= *règlement*) statutes

Ste (ABBR = **Sainte**) St

Sté (ABBR = **société**) **et ~** and Co.

steak /stɛk/ NM steak; **~ tartare** steak tartare; **~ frites** steak and chips (*Brit*) ou French fries (*US*); **~ haché** minced beef (*Brit*), ground beef (*US*); (*moulé*) hamburger

sténo /steno/ **1** NMF (ABBR = **sténographe**) shorthand typist **2** NF (ABBR = **sténographie**) shorthand; **prendre une lettre en ~** to take a letter down in shorthand

sténodactylo /stenodaktilo/ NMF shorthand typist

steppe /stɛp/ NF steppe

stère /stɛʀ/ NM stere

stéréo /stereo/ **1** NF (ABBR = **stéréophonie**) stereo; **enregistrement (en) ~** stereo recording; **c'est en ~** it's in stereo **2** ADJ INV (ABBR = **stéréophonique**) stereo; **son ~** stereo sound

stéréophonie /stereɔfɔni/ NF stereophony

stéréophonique /stereɔfɔnik/ ADJ stereophonic

stéréotype /stereɔtip/ NM stereotype

stéréotypé, e /steʀeɔtipe/ ADJ stereotyped

stérile /steʀil/ ADJ sterile; [terre, sol] barren; [discussion, effort] futile

stérilet /steʀile/ NM IUD

stérilisateur /steʀilizatœʀ/ NM sterilizer

stériliser /steʀilize/ /TABLE 1/ VT to sterilize; **lait stérilisé** sterilized milk

stérilité /steʀilite/ NF sterility; [de terre, sol] barrenness; [de discussion, effort] futility

sterling /stɛʀliŋ/ ADJ INV, NM INV sterling

sternum /stɛʀnɔm/ NM breastbone

stéthoscope /stetɔskɔp/ NM stethoscope

steward /stiwaʀt/ NM steward

stick /stik/ NM stick; **déodorant en ~** stick deodorant

stigmate /stigmat/ NM ⓐ (= marque, Méd) mark; **~s** (Rel) stigmata ⓑ (= orifice : Zool, Bot) stigma

stigmatiser /stigmatize/ /TABLE 1/ VT (= blâmer) to stigmatize

stimulant, e /stimylɑ̃, ɑ̃t/ 1 ADJ stimulating 2 NM (physique) stimulant; (intellectuel) stimulus

stimulateur /stimylatœʀ/ NM **~ cardiaque** pacemaker

stimulation /stimylasjɔ̃/ NF stimulation; **mesures de ~ de l'économie** measures to stimulate the economy

stimuler /stimyle/ /TABLE 1/ VT to stimulate; **cet élève a besoin d'être stimulé sans arrêt** this pupil needs constant stimulation

stimulus /stimylys/ (pl **stimuli** /stimyli/) NM stimulus

stipuler /stipyle/ /TABLE 1/ VT to stipulate

stock /stɔk/ NM stock; **faire des ~s** to stock up (**de** on); **avoir qch en ~** to have sth in stock; **prends un crayon, j'en ai tout un ~** take a pencil, I've got a whole stock of them; **dans la limite des ~s disponibles** while stocks last

stockage /stɔkaʒ/ NM (= entreposage) storage; (= accumulation) stocking; **le ~ des déchets radioactifs** the storage of nuclear waste

stocker /stɔke/ /TABLE 1/ VT (= accumuler) to stock; (= entreposer) to store; (pour spéculer, amasser) to stockpile

stoïque /stɔik/ ADJ stoical

stop /stɔp/ 1 EXCL stop!; **tu me diras ~ — ~!** (en servant qn) say when — when!; **il faut savoir dire ~** you have to know when to say no; **après deux ans sans vacances, j'ai dit ~!** after two years without a holiday, I said enough is enough!
2 NM ⓐ (= panneau) stop sign; (= feu arrière) brake-light ⓑ (ABBR = **auto-stop**) * **faire du ~** to hitchhike; **faire le tour de l'Europe en ~** to hitch round Europe; **il a fait du ~ pour rentrer chez lui** ou **il est rentré chez lui en ~** he hitched a lift home; **j'ai pris deux personnes en ~** I picked up two hitchhikers; **je l'ai pris en ~** I gave him a lift

stopper /stɔpe/ /TABLE 1/ 1 VI to stop 2 VT (= arrêter) to stop

stoppeur, -euse /stɔpœʀ, øz/ NM,F ⓐ (= auto-stoppeur)* hitchhiker ⓑ (Football) fullback

store /stɔʀ/ NM ⓐ (en plastique, bois, tissu) blind; [de magasin] (en toile) awning; (en métal) shutters; **~ vénitien** Venetian blind ⓑ (= voilage) net curtain

strabisme /stʀabism/ NM squinting (Brit); **il a un léger ~** he is slightly cross-eyed

strangulation /stʀɑ̃gylasjɔ̃/ NF strangulation

strapontin /stʀapɔ̃tɛ̃/ NM foldaway seat

strasbourgeois, e /stʀazbuʀʒwa, waz/ 1 ADJ of ou from Strasbourg 2 NM,F **Strasbourgeois(e)** inhabitant ou native of Strasbourg

strass /stʀas/ NM (= imitation de pierres précieuses) paste; **en ~ paste**

stratagème /stʀataʒɛm/ NM stratagem

strate /stʀat/ NF stratum; **des ~s** strata

stratège /stʀatɛʒ/ NM strategist

stratégie /stʀateʒi/ NF strategy

stratégique /stʀateʒik/ ADJ strategic

stratifié, e /stʀatifje/ 1 ADJ [bois] laminated 2 NM laminate; **en ~** laminated

streptocoque /stʀɛptɔkɔk/ NM streptococcus

stress /stʀɛs/ NM stress; **être dans un état de ~ permanent** to be under constant stress

stressant, e /stʀesɑ̃, ɑ̃t/ ADJ stressful

stresser /stʀese/ /TABLE 1/ 1 VT to put under stress; **cette réunion m'a complètement stressé** the meeting really stressed me out*; **être stressé** to be under stress; **se sentir stressé** to feel stressed 2 VPR **se stresser** to get stressed

stretching /stʀɛtʃiŋ/ NM (Sport) stretches; **faire du ~** to do stretches; **cours de ~** stretch class

strict, e /stʀikt/ ADJ ⓐ strict; [interprétation] literal; **au sens ~ du terme** in the strict sense of the word; **il est très ~ sur la ponctualité** he is a stickler for punctuality; **c'est son droit le plus ~** it is his most basic right; **le ~ nécessaire/minimum** the bare essentials/minimum; **c'est la ~e vérité** it is the simple truth; **dans la plus ~e intimité** in the strictest privacy ⓑ (= sobre) [tenue] conservative; [coiffure] severe; **un costume très ~** a very conservative suit

strictement /stʀiktəmɑ̃/ ADV strictly

strident, e /stʀidɑ̃, ɑ̃t/ ADJ shrill

strie /stʀi/ NF (de couleur) streak; (en relief) ridge; (en creux) groove

strier /stʀije/ /TABLE 7/ VT (de couleurs) to streak; (en relief) to ridge; (en creux) to groove

string /stʀiŋ/ NM (= sous-vêtement) G-string; (= maillot de bain) tanga

striptease, strip-tease /stʀiptiz/ NM (= spectacle) striptease; **faire un ~** to do a striptease; **faire du ~** to be a stripper

strip-teaseur, -euse (mpl **strip-teaseurs**) /stʀiptizœʀ, øz/ NM,F stripper

strophe /stʀɔf/ NF (Littérat) verse

structure /stʀyktyʀ/ NF structure; (= organisme) organization; **la ~ familiale** the family structure; **~s d'accueil** facilities; [d'hôpital] reception facilities; **~ mentale** mindset

structuré, e /stʀyktyʀe/ (ptp de **structurer**) ADJ structured

structurel, -elle /stʀyktyʀɛl/ ADJ structural

structurer /stʀyktyʀe/ /TABLE 1/ 1 VT to structure 2 VPR **se structurer** [parti] to develop a structure

stuc /styk/ NM stucco; **en ~** stucco

studette /stydɛt/ NF small studio flat (Brit) ou apartment (US)

studieux, -ieuse /stydjø, jøz/ ADJ [personne] studious; **passer des vacances/une soirée studieuse(s)** to spend one's holidays/an evening studying

studio /stydjo/ NM ⓐ (d'habitation) studio flat (Brit) ou apartment (US); (d'artiste) studio ⓑ (de prise de vues) studio; **tourner en ~** to film in the studio; **~ d'enregistrement** recording studio; **à vous les ~s!** (TV) and now back to the studio!

stupéfaction /stypefaksjɔ̃/ NF stupefaction; **à la ~ générale** to everyone's amazement

stupéfait, e /stypefɛ, ɛt/ ADJ astounded; **~ de voir que ...** astounded to see that ...

stupéfiant, e /stypefjɑ̃, jɑ̃t/ 1 ADJ (= étonnant) astounding 2 NM narcotic

stupéfié, e /stypefje/ (ptp de **stupéfier**) ADJ astounded

stupéfier /stypefje/ /TABLE 7/ VT (= étonner) to astound

stupeur /stypœʀ/ NF (= étonnement) astonishment; **c'est avec ~ que j'appris la nouvelle** I was stunned when I heard the news; **à la ~ générale** to everyone's astonishment

stupide /stypid/ ADJ stupid

stupidement /stypidmɑ̃/ ADV stupidly

stupidité /stypidite/ NF (= caractère) stupidity; (= parole) stupid thing to say; (= acte) stupid thing to do

stups * /styp/ NMPL (ABBR = **stupéfiants**) **les ~** ou **la brigade des ~** the drug(s) squad

style /stil/ NM style; **~ direct/indirect** direct/indirect style; **meubles de ~** period furniture; **meubles de ~ Di-**

rectoire Directoire furniture; **ce n'est pas son ~** it's not his style; **ou quelque chose de ce ~** or something along those lines; **il fait ~ celui qui n'entend pas*** he makes out he can't hear what you're saying ♦ **style de vie** lifestyle

styliser /stilize/ /TABLE 1/ VT to stylize

stylisme /stilism/ NM (= *métier*) dress designing

styliste /stilist/ NMF (= *dessinateur industriel*) designer; **~ de mode** fashion designer

stylistique /stilistik/ 1 NF stylistics (*sg*) 2 ADJ [*analyse, emploi*] stylistic

stylo /stilo/ NM pen; **~-bille** *ou* **à bille** ball-point pen; **~ à encre** *ou* **(à) plume** fountain pen; **~-feutre** felt-tip pen

su, e /sy/ *ptp de* **savoir**

suaire /sɥɛʀ/ NM shroud

suant, suante* /sɥɑ̃, sɥɑ̃t/ ADJ [*livre, cours*] deadly dull*; **ce qu'il est ~ !** he's such a pain in the neck*!

suave /sɥav/ ADJ suave; [*musique, parfum*] sweet; [*couleurs*] mellow; [*formes*] smooth

subalterne /sybaltɛʀn/ 1 ADJ [*rôle*] subordinate; [*employé, poste*] junior; **officier ~** subaltern 2 NMF subordinate

subconscient, e /sypkɔ̃sjɑ̃, jɑ̃t/ ADJ, NM subconscious

subdiviser /sybdivize/ /TABLE 1/ 1 VT to subdivide (**en** into) 2 VPR **se subdiviser** to be subdivided (**en** into)

subdivision /sybdivizjɔ̃/ NF subdivision

subir /sybiʀ/ /TABLE 2/ VT ⓐ [+ *affront, attaque, critique, dégâts*] to suffer; **faire ~ un affront à** to subject sb to an insult; **faire ~ des pertes/une défaite à l'ennemi** to inflict losses/defeat on the enemy
ⓑ [+ *charme*] to be under the influence of; [+ *influence*] to be under; [+ *peine de prison*] to serve; [+ *examen, opération, interrogatoire, modification*] to undergo; **~ les effets de qch** to be affected by sth; **faire ~ un examen à qn** to make sb undergo an examination; **les prix ont subi une hausse importante** there has been a considerable increase in prices

subit, e /sybi, it/ ADJ sudden

subitement /sybitmɑ̃/ ADV suddenly

subjectif, -ive /sybʒɛktif, iv/ ADJ subjective

subjectivité /sybʒɛktivite/ NF subjectivity

subjonctif, -ive /sybʒɔ̃ktif, iv/ ADJ, NM subjunctive; **au ~** in the subjunctive

subjuguer /sybʒyge/ /TABLE 1/ VT [+ *auditoire*] to captivate; **être subjugué par le charme/la personnalité de qn** to be captivated by sb's charm/personality

sublime /syblim/ ADJ sublime; [*personne*] wonderful

sublimer /syblime/ /TABLE 1/ VT to sublimate

submerger /sybmɛʀʒe/ /TABLE 3/ VT [+ *terres, barque*] to submerge; **submergé de** [+ *appels téléphoniques, commandes*] snowed under with; **submergé de travail** snowed under with work; **le standard est submergé d'appels** the switchboard is inundated with calls; **les hôpitaux sont submergés de blessés** the hospitals are overflowing with wounded people; **nous étions complètement submergés** we were completely snowed under

submersible /sybmɛʀsibl/ NM submersible

subodorer /sybɔdɔʀe/ /TABLE 1/ VT (*hum* = *soupçonner*) to scent

subordination /sybɔʀdinasjɔ̃/ NF subordination

subordonné, e /sybɔʀdɔne/ 1 ADJ subordinate (**à** to); **proposition ~e** subordinate clause 2 NM,F subordinate 3 NF **subordonnée** subordinate clause

subornation /sybɔʀnasjɔ̃/ NF **~ de témoins** subornation of witnesses

subside /sybzid/ NM grant; **les modestes ~s qu'il recevait de son père** the small allowance he received from his father

subsidiaire /sybzidjɛʀ/ ADJ [*raison, motif*] subsidiary; **question ~** tiebreaker

subsistance /sybzistɑ̃s/ NF (= *moyens d'existence*) subsistence; **assurer la ~ de sa famille/de qn** to support one's

family/sb; **assurer sa (propre) ~** to support o.s.; **économie/ agriculture de ~** subsistence economy/agriculture

subsistant, e /sybzistɑ̃, ɑ̃t/ ADJ remaining

subsister /sybziste/ /TABLE 1/ VI [*personne*] (= *se nourrir, gagner sa vie*) to subsist; [*erreur, vestiges*] to remain; **ils ont tout juste de quoi ~** they have just enough to live on; **il subsiste un doute quant à** *ou* **sur ...** there is still some doubt as to ...

substance /sypstɑ̃s/ NF substance; **en ~** in substance; **voilà, en ~, ce qu'ils ont dit** here is, in substance, what they said

substantiel, -ielle /sypstɑ̃sjɛl/ ADJ substantial

substantif /sypstɑ̃tif/ NM noun

substituer /sypstitɥe/ /TABLE 1/ 1 VT (= *remplacer*) **~ qch/qn à** to substitute sth/sb for 2 VPR **se substituer : se ~ à qn** (*en l'évinçant*) to substitute o.s. for sb; (*en le représentant*) to substitute for sb

substitut /sypstity/ NM ⓐ (= *succédané*) substitute (**de** for); **~ de repas** meal replacement ⓑ (= *magistrat*) deputy public prosecutor (*Brit*), assistant district attorney (*US*)

substitution /sypstitysjɔ̃/ NF (*intentionnelle*) substitution; (*accidentelle*) mix-up (**de** of, in); **il y a eu ~ d'enfants** the babies were switched; **produit de ~** substitute (product); **traitement de ~** treatment of drug addicts with substitute drugs; **énergies de ~** alternative sources of energy

subterfuge /syptɛʀfyʒ/ NM subterfuge; **user de ~s** to use subterfuge

subtil, e /syptil/ ADJ subtle; **un ~ mélange d'autorité et de tendresse** a subtle blend of authority and tenderness; **c'est trop ~ pour moi** it's too subtle for me

subtiliser /syptilize/ /TABLE 1/ VT (= *dérober*) to steal; **il s'est fait ~ sa valise** his suitcase has been stolen

subtilité /syptilite/ NF subtlety

subvenir /sybvəniʀ/ /TABLE 22/ VT INDIR ♦ **subvenir à** [+ *besoins*] to provide for; **~ aux besoins de sa famille** to support one's family; **~ à ses propres besoins** to support o.s.

subvention /sybvɑ̃sjɔ̃/ NF grant; (*pour baisser les prix de vente*) subsidy

subventionner /sybvɑ̃sjɔne/ /TABLE 1/ VT to grant funds to; (*pour baisser les prix de vente*) to subsidize; **théâtre subventionné** subsidized theatre

subversif, -ive /sybvɛʀsif, iv/ ADJ subversive

subversion /sybvɛʀsjɔ̃/ NF subversion

suc /syk/ NM [*de plante, fleur*] sap; [*de fruit*] juice; **~s digestifs** gastric juices

succédané /syksedane/ NM (= *substitut*) substitute (**de** for)

succéder /syksede/ /TABLE 6/ 1 VT INDIR ♦ **succéder à** [+ *directeur, roi*] to succeed; [+ *période, chose, personne*] to follow; **~ à qn à la tête d'une entreprise** to take over from sb at the head of a firm 2 VPR **se succéder** to follow one another; **les échecs se succédèrent** one failure followed another; **trois gouvernements se sont succédé en trois ans** there have been three successive governments in three years; **les visites se sont succédé toute la journée** visitors came in and out all day

succès /syksɛ/ NM success; **avoir du ~ auprès des femmes** to be successful with women; **~ de librairie** bestseller; **~ (féminin)** conquest; **avoir du ~** to be a success; **cette pièce a eu un grand ~** *ou* **beaucoup de ~** the play was a great success; **ce chanteur a eu un ~ monstre*** this singer was a big hit*; **avec ~** successfully; **sans ~** unsuccessfully
♦ **à succès** [*auteur, roman, chanson*] successful; **film à ~** blockbuster*

successeur /syksesœʀ/ NM successor

successif, -ive /syksesif, iv/ ADJ successive

succession /syksesjɔ̃/ NF ⓐ (= *enchaînement, série*) succession ⓑ (= *transmission de pouvoir*) (= *de biens*) succession; (= *patrimoine*) estate; **prendre la ~ de** [+ *ministre, directeur*] to take over from; [+ *maison de commerce*] to take over

successivement /syksesivmɑ̃/ ADV successively

succinct, e /syksɛ̃, ɛ̃t/ ADJ [*écrit*] succinct; **soyez ~** be brief

succomber /sykɔ̃be/ /TABLE 1/ VI ⓐ (= *mourir*) to die; **~ à ses blessures** to die from one's injuries ⓑ (= *être vaincu*) to succumb (*frm*) (**à** to); **ce gâteau était trop tentant, j'ai succombé!** this cake was so tempting I just couldn't resist!

succulent, e /sykylɑ̃, ɑ̃t/ ADJ [*fruit, rôti*] succulent; [*mets, repas*] delicious

succursale /sykyʀsal/ NF [*de magasin, firme*] branch

sucer /syse/ /TABLE 3/ VT ⓐ to suck; **ces pastilles se sucent** these tablets are to be sucked; **~ son pouce/ses doigts** to suck one's thumb/one's fingers; **se ~ la poire** ou **la pomme** to kiss passionately ⓑ (*fellation*) to suck off; (*cunnilingus*) to go down on

sucette /sysɛt/ NF (= *bonbon*) lollipop

suçon /sysɔ̃/ NM love bite (*Brit*), hickey (*US*); **faire un ~ à qn** to give sb a love bite (*Brit*) ou a hickey (*US*)

sucre /sykʀ/ NM (= *substance*) sugar; **un morceau de ~** a lump of sugar; **prendre deux ~s dans son café** to take two sugars in one's coffee; **combien de ~s?** how many sugars do you take?; **fraises au ~** strawberries sprinkled with sugar; **sans ~** [*aliment*] sugar-free ◆ **sucre brun** brown sugar ◆ **sucre candi** sugar candy ◆ **sucre de canne** cane sugar ◆ **sucre cristallisé** (coarse) granulated sugar ◆ **sucre d'érable** (*Can*) maple sugar ◆ **sucre glace** icing sugar (*Brit*), confectioners' sugar (*US*) ◆ **sucre en morceaux** lump sugar ◆ **sucre d'orge** (= *substance*) barley sugar; (= *bâton*) stick of barley sugar ◆ **sucre en poudre** fine granulated sugar, caster sugar (*Brit*) ◆ **sucre roux** brown sugar ◆ **sucre semoule** fine granulated sugar, caster sugar (*Brit*) ◆ **sucre vanillé** vanilla sugar

---

ⓘ **SUCRE D'ÉRABLE**

Maple sugar and syrup production are important in Quebec, and the sugar harvest is a festive time, when local communities celebrate with dancing and singing. Boiling maple sugar is thrown into the snow where it hardens into a kind of toffee known as "tire".

---

sucré, e /sykʀe/ (*ptp de sucrer*) 1 ADJ (*naturellement*) sweet; (*artificiellement*) sweetened; **eau ~e** sugar water; **ce thé est trop ~** this tea is too sweet; **prenez-vous votre café ~?** do you take sugar (in your coffee)?; **non ~** unsweetened 2 NM **le ~ et le salé** sweet and savoury food

sucrer /sykʀe/ /TABLE 1/ VT ⓐ [+ *boisson*] to sugar; **on peut ~ avec du miel** honey may be used as a sweetener; **sucrez à volonté** add sugar to taste ⓑ (= *supprimer*): **~ son argent de poche à qn** to stop sb's pocket money; **il s'est fait ~ son permis de conduire** he had his driving licence taken away

sucrerie /sykʀəʀi/ NF (= *bonbon*) sweet (*Brit*), candy (*US*); **aimer les ~s** to have a sweet tooth

sucrette ® /sykʀɛt/ NF artificial sweetener

sucrier /sykʀije/ NM (= *récipient*) sugar bowl; **~ (verseur)** sugar dispenser

sud /syd/ 1 NM ⓐ (= *point cardinal*) south; **le vent du ~** the south wind; **un vent du ~** a southerly wind; **le vent tourne/est au ~** the wind is veering south/is blowing from the south; **regarder vers le ~** ou **dans la direction du ~** to look south; **au ~** (*situation*) in the south; (*direction*) to the south; **au ~ de** south of; **la maison est (exposée) au ~/exposée plein ~** the house faces south/due south ⓑ (= *régions*) south; **le ~ de la France** the South of France; **l'Italie du Sud** Southern Italy; **le Pacifique Sud** the South Pacific; **les mers du Sud** the South Seas

2 ADJ INV [*région, partie, versant, côte*] southern; [*côté, entrée, paroi*] south; [*direction*] southerly; **il habite la banlieue ~** he lives in the southern suburbs

sud-africain, e /sydafʀikɛ̃, ɛn/ (*mpl* **sud-africains**) 1 ADJ South African 2 NM,F **Sud-Africain(e)** South African

sud-américain, e /sydameʀikɛ̃, ɛn/ (*mpl* **sud-américains**) 1 ADJ South American 2 NM,F **Sud-Américain(e)** South American

---

sud-coréen, -enne (*mpl* **sud-coréens**) /sydkɔʀeɛ̃, ɛn/ 1 ADJ South Korean 2 NM,F **Sud-Coréen(ne)** South Korean

sud-est /sydɛst/ 1 ADJ INV south-east; [*banlieue*] south-eastern 2 NM south-east; **au ~ de Rome** (*à l'extérieur*) south-east of Rome; (*dans la ville*) in the south-east of Rome

sudiste /sydist/ (*Hist US*) 1 NMF Southerner 2 ADJ Southern

sudoku /sydoky/ NM sudoku

sud-ouest /sydwɛst/ 1 ADJ INV south-west; [*banlieue*] south-western; [*côte*] south-west 2 NM southwest; **aller dans le Sud-Ouest** (*de la France*) to go to the south-west (*of France*); **au ~ de Rome** (*à l'extérieur*) south-west of Rome; (*dans la ville*) in the south-west of Rome

Suède /sɥɛd/ NF Sweden

suède /sɥɛd/ NM (= *peau*) suede; **en** ou **de ~** suede

suédine /sɥedin/ NF suedette

suédois, e /sɥedwa, waz/ 1 ADJ Swedish → **allumette** 2 NM (= *langue*) Swedish 3 NM,F **Suédois(e)** Swede

suée /sɥe/ NF **prendre** ou **attraper une bonne ~** to work up a good sweat

suer /sɥe/ /TABLE 1/ 1 VI ⓐ (= *transpirer*) to sweat; (= *peiner*) to sweat (*sur* over); **~ à grosses gouttes** to sweat profusely; **~ sur une dissertation** to sweat over an essay ⓑ **faire ~** (*Cuisine*) to sweat ⓒ **tu me fais ~** you're a pain in the neck; **on se fait ~ ici** it's such a drag here; **qu'est-ce qu'on se fait ~ à ses cours** his classes are such a drag; **je me suis fait ~ à le réparer** I sweated blood to repair that 2 VT **~ sang et eau** to sweat blood

sueur /sɥœʀ/ NF sweat (*NonC*); **en ~** sweating; **donner des ~s froides à qn** to put sb in a cold sweat

Suez /sɥɛz/ N Suez; **le canal de ~** the Suez Canal

suffire /syfiʀ/ /TABLE 37/ 1 VI ⓐ (= *être assez*) [*somme, durée, quantité*] to be enough; **cinq hommes suffisent** five men will do; **un rien suffirait pour** ou **à bouleverser nos plans** it would only take the smallest thing to upset our plans; **ça suffit!** (*agacé*) that's enough!

ⓑ (= *satisfaire*) **~ à** [+ *besoins*] to meet; [+ *personne*] to be enough for; **ça me suffit** that's enough; **cette explication ne suffit pas** this explanation isn't enough

2 VB IMPERS **il suffit de s'inscrire** ou **que vous vous inscriviez pour devenir membre** all you have to do is to become a member is sign up; **il suffit de faire réchauffer et la soupe est prête** just heat up the soup and it's ready to serve; **il suffit d'un accord verbal pour conclure l'affaire** a verbal agreement is sufficient to conclude the matter; **il suffisait d'y penser** it's obvious when you think about it; **il suffit d'un rien pour l'inquiéter** it only takes the smallest thing to worry him; **il suffit d'une fois: on n'est jamais trop prudent** once is enough - you can never be too careful; **il suffit qu'il soit démotivé pour faire du mauvais travail** if he feels the least bit demotivated he doesn't produce very good work

3 VPR **se suffire**: **se ~ à soi-même** [*pays, personne*] to be self-sufficient; **ils se suffisent (l'un à l'autre)** they need each other and don't need anyone else

suffisamment /syfizamɑ̃/ ADV enough; **~ fort/clair** strong/clear enough; **être ~ vêtu** to have enough clothes on; **lettre ~ affranchie** letter with enough stamps on; **~ de nourriture/d'argent** enough food/money; **y a-t-il ~ à boire?** is there enough to drink?; **nous ne sommes pas ~ nombreux** there aren't enough of us

suffisance /syfizɑ̃s/ NF (= *vanité*) smugness

suffisant, e /syfizɑ̃, ɑ̃t/ ADJ ⓐ (= *adéquat*) sufficient; [*résultats scolaires*] satisfactory; **c'est ~ pour qu'il se mette en colère** it's enough to make him lose his temper; **je n'ai pas la place/la somme ~e** I haven't got enough room/money; **500 €, c'est amplement** ou **plus que ~** 500 euros is more than enough ⓑ (= *prétentieux*) [*personne, ton*] smug

suffixe /syfiks/ NM suffix

suffocant, e /syfɔkɑ̃, ɑ̃t/ ADJ [*fumée, chaleur*] suffocating

suffoquer /syfɔke/ /TABLE 1/ 1 VI to suffocate; **~ de** [+ *rage, indignation*] to choke with 2 VT ⓐ [*fumée*] to suffocate; [*colère, joie*] to choke; **les larmes la suffoquaient** she was choking with tears ⓑ [*nouvelle, comportement de qn*] to stagger; **la nouvelle nous a suffoqués** we were staggered by the news

suffrage /syfʀaʒ/ NM ⓐ (*Politique* = *voix*) vote; **~ direct/ universel** (= *système*) direct/universal suffrage; **~s exprimés** valid votes; **le parti obtiendra peu de/beaucoup de ~s** the party will get a poor/good share of the vote ⓑ (= *approbation*) [*de public, critique*] approval (*NonC*); **ce livre a recueilli tous les ~s** this book met with universal approval

suffragette /syfʀaʒɛt/ NF suffragette

suggérer /sygʒeʀe/ /TABLE 6/ VT to suggest; **j'ai suggéré d'aller au cinéma/que nous allions au cinéma** I suggested going to the cinema/that we went to the cinema; **elle lui a suggéré de voir un médecin** she suggested he should see a doctor; **mot qui en suggère un autre** word which brings another to mind

suggestif, -ive /sygʒɛstif, iv/ ADJ suggestive

suggestion /sygʒɛstjɔ̃/ NF suggestion

suicidaire /sɥisidɛʀ/ ADJ suicidal

suicide /sɥisid/ NM suicide; **attaque/commando ~** suicide attack/commando squad

suicidé, e /sɥiside/ (*ptp de* **suicider**) NM,F (= *personne*) suicide

suicider (se) /sɥiside/ /TABLE 1/ VPR to commit suicide

suie /sɥi/ NF soot

suinter /sɥɛ̃te/ /TABLE 1/ VI [*eau*] to seep; [*sève*] to ooze; [*mur*] to sweat; [*plaie*] to weep; **des gouttes de pluie suintent du plafond** rainwater is seeping through the ceiling

Suisse /sɥis/ 1 NF (= *pays*) Switzerland; **la ~ romande** French-speaking Switzerland; **la ~ allemande** *ou* **alémanique** German-speaking Switzerland 2 NMF (= *personne*) Swiss

suisse /sɥis/ 1 ADJ Swiss; **~ romand** Swiss French; **~ allemand** Swiss German 2 NM [*du Vatican*] Swiss Guard

Suissesse /sɥisɛs/ NF Swiss woman

suite /sɥit/ NF ⓐ (= *nouvel épisode*) following episode; (= *second roman, film*) sequel; (= *rebondissement d'une affaire*) follow-up; (= *reste*) rest; **voici la ~ de notre feuilleton** here is the next episode in our serial; **ce film a une ~** there is a sequel to this film; **voici la ~ de l'affaire que nous évoquions hier** (*Presse*) here is the follow-up to the item we mentioned yesterday; **la ~ du film/du repas était moins bonne** the rest of the film/the meal was not so good; **la ~ au prochain numéro** to be continued in the next issue; **~ et fin** concluding *ou* final episode; **la ~ des événements devait lui donner raison** what followed was to prove him right; **le projet n'a pas eu de ~** the project came to nothing; **attendons la ~** (*d'un repas*) let's wait for the next course; (*d'un discours*) let's see what comes next; (*d'un événement*) let's see how it turns out; **lisez la ~** please read on; **prendre la ~ de** [+ *directeur*] to take over from; [+ *entreprise*] to take over ⓑ (= *aboutissement*) result; **~s** (= *prolongements*) [*de maladie*] effects; [*d'accident*] results; [*d'affaire, incident*] consequences; **la ~ logique de qch** the logical result of sth; **cet incident a eu des ~s fâcheuses/n'a pas eu de ~** the incident has had annoying consequences/has had no repercussions; **il est mort des ~s de ses blessures/d'un cancer** he died as a result of his injuries/died of cancer; **mourir des ~s d'un accident de cheval** to die following a riding accident ⓒ (= *succession*) series ⓓ (= *cohérence*) **il a de la ~ dans les idées** (*réfléchi, décidé*) he's very single-minded; (*iro : entêté*) he's not easily put off ⓔ (= *appartement*) suite ⓕ (*Musique*) suite ⓖ (= *escorte*) suite ⓗ (*locutions*)
♦ **suite à** : **~ à votre lettre/notre entretien** further to your letter/our conversation; **donner ~ à** to follow up; **faire ~ à** to follow
♦ **à la suite** (= *successivement*) one after the other; **à la ~ de** (*objet, personne*) behind; **à la ~ de sa maladie** fol-

lowing his illness
♦ **de suite** (= *d'affilée*) **pendant trois jours de ~** for three days in succession; **il est venu trois jours de ~** he came three days running; **il n'arrive pas à dire trois mots de ~** he can't string two words together; **je reviens de ~*** (= *immédiatement*) I'll be right back
♦ **par suite de** as a result of
♦ **par la suite** afterwards
♦ **sans suite** [*propos, mots*] disjointed; **rester sans ~** [*affaire, résolution*] not to be followed up

suivant, e /sɥivã, ãt/ 1 ADJ following; (*dans une série*) next; **le mardi ~ je la revis** I saw her again the following Tuesday; **vendredi et les jours ~s** Friday and the following days; **« voir page ~e »** "see next page"

2 NM,F (= *prochain* : *dans une série*) next one; **(au) ~!** next please!; **pas jeudi prochain, le ~** not this Thursday, the one after that

3 NF **suivante** (*au théâtre*) handmaiden

4 PRÉP (= *selon*) according to; **~ son habitude** as usual; **~ les cas** depending on the circumstances; **découper ~ le pointillé** cut along the dotted line; **~ que ...** according to whether ...

suivi, e /sɥivi/ (*ptp de* **suivre**) 1 ADJ ⓐ [*travail*] steady; [*correspondance*] regular; (= *constant*) [*qualité, effort, politique*] consistent; [*conversation, histoire, raisonnement*] coherent ⓑ (= *apprécié*) **très ~** [*cours*] well-attended; [*mode, recommandation*] widely adopted; [*exemple*] widely followed; **le match était très ~** a lot a people watched the match; **cours peu ~** poorly-attended course; **mode peu ~e** fashion that has a limited following

2 NM monitoring; **assurer le ~ de** [+ *affaire*] to follow through; [+ *produit en stock*] to go on stocking; **~ médical** aftercare; **assurer le ~ pédagogique des élèves** to provide pupils with continuous educational support

suivre /sɥivʀ/ /TABLE 40/ 1 VT ⓐ to follow; **pars sans moi, je te suis** go on without me and I'll follow; **si vous voulez bien me ~** if you'll just follow me; **ralentis, je ne peux pas (te) ~** slow down, I can't keep up (with you); **~ qn de près** [*garde du corps*] to stick close to sb; [*voiture, coureur*] to follow close behind sb; **faire ~ qn** to have sb followed; **suivez le guide!** this way, please!; **cette préposition est toujours suivie de ...** this preposition is always followed by ...; **il la suivit des yeux** *ou* **du regard** he followed her with his eyes; **le jour qui suivit son arrivée** the day after he arrived; **ils ont suivi des voies bien différentes** they have gone very different ways; **découpez en suivant le pointillé** cut along the dotted line; **vous me suivez?** (= *vous me comprenez ?*) do you follow me? ⓑ (= *se conformer à*) [+ *exemple, mode, conseil, consigne*] to follow; **~ un régime** to be on a diet; **il se leva et chacun suivit son exemple** he stood up and everyone else followed suit; **on n'a pas voulu le ~** we didn't want to follow his advice; **tout le monde vous suivra** everybody will back you up; **l'enquête suit son cours** the inquiry is taking its course; **laisser la justice ~ son cours** to let justice take its course; **~ le mouvement** to follow the crowd; **si les prix augmentent, les salaires doivent ~** if prices rise, salaries must do the same ⓒ [*étudiant*] [+ *classe, cours*] (= *être inscrit à*) to attend; (= *être attentif à*) to follow ⓓ (= *observer l'évolution de*) to follow; **~ un malade/un élève** to follow the progress of a patient/a pupil; **elle suit de près l'actualité** she keeps up with the news; **il est suivi par un médecin** he's seeing a doctor; **« à ~ »** [*feuilleton*] "to be continued"; **(c'est une) affaire à ~** it's worth keeping an eye on

2 VI ⓐ [*élève*] (= *être attentif*) to pay attention; (= *assimiler le programme*) to keep up; **suivez avec votre voisin** share with the person sitting next to you; **elle suit bien en physique** she's doing well in physics; **je n'arrive pas à ~ en maths** I can't keep up in maths ⓑ (= *venir après*) to follow; **lisez ce qui suit** read what follows; **les personnes dont les noms suivent** the following

people; **faire ~ son courrier** to have one's mail forwarded; **« faire ~ »** (*sur enveloppe*) "please forward"

3 VPR **se suivre** ⓐ (*dans une série*) to follow each other; **ils se suivaient sur le sentier** they were walking one behind the other along the path; **leurs enfants se suivent (de près)** there's not much of an age difference between their children

ⓑ (*dans le bon ordre*) to be in order; **les pages ne se suivent pas** the pages are not in order

sujet, -ette /syʒɛ, ɛt/ **1** ADJ **~ à** [+ *vertige, mal de mer, sautes d'humeur*] prone to; [+ *impôt, modification*] subject to; **question sujette à controverse** ou **polémique** controversial issue; **~ aux accidents** accident-prone; **~ à caution** [*renseignement, nouvelle*] unreliable; [*moralité, vie privée, honnêteté*] questionable

2 NM,F (= *gouverné*) subject

3 NM ⓐ subject; **revenons à notre ~** let's get back to the subject at hand; **un excellent ~ de conversation** an excellent topic of conversation; **c'était devenu un ~ de plaisanterie** it had become a standing joke; **~ d'examen** examination question; **quel ~ ont-ils donné?** what did you have to write about?; **distribuer les ~s** to give out the examination papers; **votre dissertation est hors ~** your essay is off the point; **faire du hors ~** to wander off the point

ⓑ (= *motif, cause*) **~ de mécontentement/d'étonnement/de discorde** grounds for dissatisfaction/surprise/discord

ⓒ (= *individu*) subject; **son frère est un ~ brillant** his brother is a brilliant student

ⓓ (= *figurine*) figurine; **des petits ~s en ivoire** small ivory figurines

ⓔ (= *à propos de*) **au ~ de** about; **que sais-tu à son ~?** what do you know about him?; **au ~ de cette fille, je peux vous dire que ...** about that girl, I can tell you that ...; **à ce ~, je voulais vous dire que ...** on that subject, I wanted to tell you that ...; **c'est à quel ~?** can I ask what it's about?

sujétion /syʒesjɔ̃/ NF (= *asservissement*) subjection

sulfate /sylfat/ NM sulphate

sulfater /sylfate/ /TABLE 1/ VT [+ *cultures*] to spray

sulfureux, -euse /sylfyʀø, øz/ ADJ ⓐ (*Chim*) sulphurous ⓑ [*personnage, réputation*] nefarious; [*propos*] heretical; [*charme*] demonic

sulfurisé, e /sylfyʀize/ ADJ **papier ~** greaseproof paper

sultan /syltɑ̃/ NM sultan

summum /sɔ(m)mɔm/ NM [*d'hypocrisie, injustice*] height; **atteindre son ~** [*art, civilisation*] to reach its peak; **le ~ de l'horreur vient d'être atteint** (*dans une guerre*) a new level of atrocity has been reached

sup * /syp/ ADJ (ABBR = **supplémentaire**) **heures ~** overtime; **faire des heures ~** to do overtime; **être payé en heures ~** to be paid overtime

super /sypɛʀ/ **1** NM (ABBR = **supercarburant**) super **2** ADJ INV * (= *sensationnel*) great* **3** PRÉF* ⓐ (*avant adjectif*) **~-cher** ultra-expensive; **c'est ~-intéressant** it's ever so interesting; **il est ~sympa** he's really nice ⓑ (*avant le nom*) **une ~-moto** a fantastic* motorbike; **un ~flic** a supercop*

superbe /sypɛʀb/ **1** ADJ superb; [*femme, enfant*] beautiful; [*homme*] handsome; **tu as une mine ~** you look wonderful **2** NF **il n'a rien perdu de sa ~** he's lost none of his arrogance

superbement /sypɛʀbəmɑ̃/ ADV (= *magnifiquement*) superbly; **il m'a ~ ignorée** (= *orgueilleusement*) he loftily ignored me

supercarburant /sypɛʀkaʀbyʀɑ̃/ NM high-octane petrol (*Brit*), high-octane gasoline (*US*)

supercherie /sypɛʀʃəʀi/ NF trick

supérette /sypeʀɛt/ NF mini-market

superficie /sypɛʀfisi/ NF (= *aire*) surface area; (= *surface*) surface; **couvrir une ~ de** to cover an area of; **un appartement d'une ~ de 80 m²** an apartment of 80 square metres

superficiel, -ielle /sypɛʀfisjɛl/ ADJ superficial; [*modification*] cosmetic

superflu, e /sypɛʀfly/ **1** ADJ ⓐ (= *pas nécessaire*) [*précaution, travail*] unnecessary; **il est ~ d'insister** there is no

point in insisting ⓑ (= *en trop*) [*discours, détails, explications*] superfluous; [*kilos*] surplus; **un brin d'humour ne serait pas ~** a bit of humour wouldn't go amiss; **il n'est pas ~ de rappeler que ...** it's worth bearing in mind that ... **2** NM **le ~** non-essentials

superforme * /sypɛʀfɔʀm/ NF **être en ~** (*moralement*) to feel great*; (*physiquement*) to be in great shape*; **c'est la ~** (*morale*) I'm (*ou he's etc*) feeling great*; (*physique*) I'm (*ou he's etc*) in great shape*

super-géant /sypɛʀʒeɑ̃/ NM (*Ski*) super-giant slalom

supergrand * /sypɛʀgʀɑ̃/ NM superpower

supérieur, e /sypeʀjœʀ/ **1** ADJ ⓐ (*dans l'espace*) upper; **dans la partie ~e du clocher** in the upper part of the bell tower; **la partie ~e de l'objet** the top part of the object; **le feu a pris dans les étages ~s** fire broke out on the upper floors; **montez à l'étage ~** go up to the next floor; **le lac Supérieur** Lake Superior

ⓑ (*dans un ordre*) [*vitesse, nombre*] higher; [*classes sociales, niveaux, échelons*] upper; **passer dans la classe ~e** (*Scol*) to go up to the next class; **Mère ~e** Mother Superior; **à l'échelon ~** on the next rung up; **forces ~es en nombres** forces superior in number → **cadre, enseignement**

♦ supérieur à greater than; **intelligence/qualité ~e à la moyenne** above-average intelligence/quality; **il est d'une taille ~e à la moyenne** he's of above average height; **des températures ~es à 300°** temperatures in excess of 300°; **il est d'un niveau bien ~ à celui de son adversaire** he is of a far higher standard than his opponent; **il se croit ~ à tout le monde** he thinks he's superior to everybody else; **être ~ à qn** (*dans un hiérarchie*) to be sb's superior; **faire une offre ~e à celle de qn** (*aux enchères*) to outbid sb

ⓒ (= *excellent*) [*intérêts, principe*] higher; [*intelligence, esprit*] superior; **produit de qualité ~e** product of superior quality

ⓓ (= *hautain*) [*air, ton, regard*] superior

2 NM,F superior; **mon ~ hiérarchique direct** my immediate superior

3 NM (= *enseignement*) **le ~** higher education

supériorité /sypeʀjɔʀite/ NF superiority; **avoir un sentiment de ~** to feel superior

superlatif, -ive /sypɛʀlatif, iv/ ADJ, NM superlative; **au ~** in the superlative

superléger /sypɛʀleʒe/ ADJ, NM (*Sport*) light welterweight

superman /sypɛʀman/ (*pl* **supermans**) NM superman; **il aime jouer les ~s** he likes to let everybody know what a great guy* he is

supermarché /sypɛʀmaʀʃe/ NM supermarket

superposer /sypɛʀpoze/ /TABLE 1/ VT ⓐ (= *empiler*) [+ *blocs, briques, éléments de mobilier*] to stack ⓑ (= *faire chevaucher*) to superimpose; **~ qch à** to superimpose sth on

superproduction /sypɛʀpʀɔdyksjɔ̃/ NF (*Ciné*) big-budget film

superpuissance /sypɛʀpɥisɑ̃s/ NF superpower

supersonique /sypɛʀsɔnik/ **1** ADJ supersonic **2** NM supersonic aircraft

superstitieux, -ieuse /sypɛʀstisjø, jøz/ **1** ADJ superstitious **2** NM,F superstitious person

superstition /sypɛʀstisjɔ̃/ NF superstition

supertanker /sypɛʀtɑ̃kœʀ/ NM supertanker

superviser /sypɛʀvize/ /TABLE 1/ VT to supervise

superwelter /sypɛʀwɛltɛʀ/ ADJ, NM light middleweight

supplanter /syplɑ̃te/ /TABLE 1/ VT to supplant; **le disque compact a supplanté le microsillon** the compact disc has replaced the record

suppléant, e /sypleɑ̃, ɑ̃t/ **1** ADJ deputy; [*professeur*] supply (*Brit*), substitute (*US*) **2** NM,F (= *professeur*) supply (*Brit*) ou substitute (*US*) teacher; (= *juge*) deputy judge; (*Politique*) deputy

suppléer /syplee/ /TABLE 1/ VT INDIR **♦ suppléer à** [+ *défaut, manque*] to make up for; [+ *chose, personne, qualité*] to substitute for

supplément /syplemɑ̃/ NM **un ~ de travail/salaire** extra work/pay; **avoir droit à un ~ de 300 €** to be allowed a supplement of 300 euros; **demander un ~ d'information** to ask for additional information; **sans ~ de prix** without additional charge; **payer un ~ pour excès de bagages** to pay for excess luggage
♦ **en supplément** extra; **le vin est en ~** wine is extra

supplémentaire /syplemɑ̃tɛʀ/ ADJ additional; **accorder un délai ~** to allow additional time; **faire des/10 heures ~s** to do overtime/10 hours' overtime; **les heures ~s sont bien payées** overtime hours are well-paid

suppliant, e /syplijɑ̃, ijɑ̃t/ ADJ imploring

supplice /syplis/ NM torture (*NonC*); **être au ~** to be in agonies; **mettre qn au ~** to torture sb ♦ **le supplice de la Croix** the Crucifixion

supplicié, e /syplisje/ NM,F torture victim

supplier /syplije/ /TABLE 7/ VT to implore (**de faire** to do); **tais-toi, je t'en supplie!** will you please be quiet!; **il m'a suppliée de rester** he begged me to stay

support /sypɔʀ/ NM ⓐ support; [*d'instruments de laboratoire, outils, livre*] stand ⓑ (= *moyen*) medium; (= *aide*) aid; **~ publicitaire** advertising medium; **les différents ~s d'information** the different media through which information is transmitted; **~ pédagogique** teaching aid; **sur ~ papier/informatique** on paper/computer

supportable /sypɔʀtabl/ ADJ [*douleur, température*] bearable; [*conduite*] tolerable

supporter¹ /sypɔʀte/ /TABLE 1/ 1 VT ⓐ (= *endurer*) [+ *maladie, solitude, douleur, personne*] to bear; [+ *conduite*] to tolerate; **il va falloir le ~ pendant toute la journée!** we're going to have to put up with him all day long!; **je ne supporte pas qu'on me parle sur ce ton** I won't tolerate being spoken to in that tone of voice; **on supporte un gilet, par ce temps** you can do with a cardigan in this weather
ⓑ (= *résister à*) [+ *température, conditions atmosphériques, épreuve*] to withstand; **verre qui supporte la chaleur** heatproof glass; **il a bien/mal supporté l'opération** he took the operation well/badly; **il ne supporte pas l'alcool** he can't take alcohol; **elle ne supporte pas la vue du sang** she can't bear the sight of blood; **il ne supporte pas la chaleur** he can't bear the heat; **je ne supporte pas les épinards** (= *je ne les aime pas*) I can't stand spinach; (= *ils me rendent malade*) spinach doesn't agree with me; **cette règle ne supporte aucune exception** this rule admits of no exception
ⓒ (= *subir*) [+ *frais*] to bear; [+ *conséquences, affront, malheur*] to suffer
ⓓ (= *servir de base à*) to support
ⓔ (= *apporter son soutien à*) to support
2 VPR **se supporter** (= *se tolérer*) **ils ne peuvent pas se ~** they can't stand each other

⚠ **to support** n'est pas la traduction la plus courante de **supporter**.

supporter² /sypɔʀtɛʀ/ NM, **supporteur, -trice** /sypɔʀtœʀ, tʀis/ NM,F (*Politique, Sport*) supporter

supposé, e /sypoze/ (*ptp de* **supposer**) ADJ (*Droit*) [*père*] putative; [*nom*] assumed; **l'auteur ~ de cet article** the alleged author of this article

supposer /sypoze/ /TABLE 1/ VT ⓐ to suppose; **supposez que vous soyez malade** suppose you were ill; **en supposant que** ou **à ~ que** supposing (that); **cela laisse ~ que ...** it leads one to suppose that ...; **je suppose que tu es contre** I suppose you are against it ⓑ (= *impliquer*) to imply; **cela suppose de gros efforts** it implies a lot of effort

supposition /sypozisjɔ̃/ NF supposition; **je l'ignore, c'est une simple ~** I don't know, I'm just guessing; **une ~ que ...*** supposing ...

suppositoire /sypozitwaʀ/ NM suppository

suppression /sypʀesjɔ̃/ NF ⓐ [*de mot*] deletion; [*de mur, obstacle*] removal; [*d'avantage, crédits*] withdrawal; [*de loi, taxe*] abolition; [*de libertés*] suppression; [*de discrimination, concurrence, pauvreté, chômage, douleur, fatigue*] elimination;

la ~ des inégalités the elimination of inequalities; **il y a eu 7 000 ~s d'emplois** 7,000 jobs were axed ⓑ [*d'avion, train, vol*] cancellation ⓒ [*de témoin gênant*] elimination

supprimer /sypʀime/ /TABLE 1/ 1 VT ⓐ (= *enlever, abolir*) [+ *mot*] to delete (**de** from); [+ *mur, obstacle*] to remove; [+ *emploi, poste*] to axe; [+ *crédits, avantage*] to withdraw; [+ *loi, taxe*] to abolish; [+ *document, libertés*] to suppress; [+ *publication*] to ban; [+ *discrimination, inégalité, concurrence, pauvreté, chômage*] to eliminate; **ce médicament supprime la douleur** this medicine is a painkiller; **il faut ~ les intermédiaires** we must cut out the middleman; **l'avion supprime les distances** air travel shortens distances; **~ qch à qn** to deprive sb of sth; **on lui a supprimé sa prime** he's had his bonus stopped; **~ qch de son alimentation** to eliminate sth from one's diet
ⓑ [+ *avion, train, vol*] to cancel; **la ligne a été supprimée** the line was taken out of service
ⓒ (= *tuer*) [+ *témoin gênant*] to eliminate
2 VPR **se supprimer** to take one's own life

suppurer /sypyʀe/ /TABLE 1/ VI to suppurate

suprématie /sypʀemasi/ NF supremacy

suprême /sypʀɛm/ 1 ADJ ⓐ [*chef, autorité, cour*] supreme ⓑ [*raffinement, élégance, effort, ennui*] extreme; [*indifférence*] sublime 2 NM (= *plat*) **~ de volaille** chicken supreme

sur¹ /syʀ/ 1 PRÉP ⓐ (*position*) on; (*avec mouvement*) onto; (= *dans*) in; (= *par-dessus*) over; (= *au-dessus de*) above; **il y a un sac ~ la table/une affiche ~ le mur** there's a bag on the table/a poster on the wall; **elle a jeté son sac ~ la table** she threw her bag onto the table; **retire tes livres de ~ la table** take your books off the table; **il a grimpé ~ le toit** he climbed onto the roof; **une chambre qui donne ~ la rue** a room that looks out onto the street; **~ la place** in the square; **la clé est restée ~ la porte** the key was left in the door; **il a 1 500 € ~ son compte** he has 1,500 euros in his account; **il neige ~ Paris/~ toute l'Europe** it's snowing in Paris/all over Europe; **mettre du papier d'aluminium ~ un plat** to put silver foil over a dish; **un pont ~ la rivière** a bridge across the river; **s'endormir ~ un livre/son travail** to fall asleep over a book/over one's work; **elle a acheté des poires ~ le marché** she bought some pears at the market; **~ terre et ~ mer** on land and sea; **s'étendre ~ 3 km** to spread over 3km; **« travaux ~ 5 km »** "roadworks for 5km"; **gravure ~ bois/verre** wood/glass engraving
ⓑ (*direction*) **tourner ~ la droite** to turn (to the) right; **l'église est ~ votre gauche** the church is on your left; **revenir ~ Paris** to return to Paris; **les vols ~ Lyon** flights to Lyon
ⓒ (*temps: proximité, approximation*) **il est arrivé ~ les 2 heures** he came at about 2; **la pièce s'achève ~ une réconciliation** the play ends with a reconciliation; **il est ~ le départ** he's just going; **~ le moment** ou **~ le coup, je n'ai pas compris** at the time I didn't understand; **~ une période de trois mois** over a period of three months; **juger les résultats ~ une année** to assess the results over a year
ⓓ (*cause*) **~ invitation/commande** by invitation/order; **~ présentation d'une pièce d'identité** on presentation of identification; **~ un signe du patron, elle sortit** at the boss's signal, she left
ⓔ (*moyen, manière*) on; **ils vivent ~ son salaire** they live on his salary; **travailler ~ écran** to work on screen; **choisir ~ catalogue** to choose from a catalogue; **chanter qch ~ l'air des lampions** to chant sth; **~ le mode mineur** (*Musique*) in the minor key
ⓕ (*matière, sujet*) on; **renseignements ~ la drogue** information on drug addiction; **roman ~ Louis XIV** novel about Louis XIV; **être ~ un travail** to be doing a job; **être ~ un projet** to be working on a project
ⓖ (*rapport de proportion*) out of; (*prélèvement*) from; (*mesure*) by; **~ douze verres, six sont ébréchés** out of twelve glasses six are chipped; **un homme ~ dix** one man out of ten; **neuf fois ~ dix** nine times out of ten; **il a une chance ~ deux de réussir** he has a fifty-fifty chance of success; **il mérite 7 ~ 10** (*Scol, Univ*) he deserves 7 out of 10; **un jour/un vendredi ~ trois** every third day/Friday; **il vient un jour/mercredi ~ deux** he comes every other day/Wednesday; **les cotisations sont retenues ~ le salaire** con-

tributions are deducted from salaries; **la cuisine fait 2 mè-tres ~ 3** the kitchen measures 2 metres by 3

ⓗ (*accumulation*) after; **faire faute ~ faute** to make one mistake after another; **il a eu rhume ~ rhume** he's had one cold after another

ⓘ (*influence, supériorité*) on; **avoir de l'influence ~ qn** to have influence on sb; **avoir des droits ~ qn/qch** to have rights over sb/to sth

ⓙ ◆ **sur ce** (= *sur ces mots*) **~ ce, il est sorti** upon which he went out; **~ ce, il faut que je vous quitte** and now I must leave you

2 PRÉF over; **~diplômé** overqualified

sur², **e** /syʀ/ ADJ (= *aigre*) sour

sûr, **e** /syʀ/ 1 ADJ ⓐ **~ de** [+ *résultats, succès*] sure; **il est ~/il n'est pas ~ de venir** he's/he's not sure that he'll be able to come; **il est ~ de son fait** *ou* **coup*** (*qu'il réussira*) he's sure he'll pull it off; (*qu'il a raison*) he's sure he's right; **~ de soi** sure of oneself; **elle n'est pas ~e d'elle(-même)** she's not very sure of herself; **j'en étais ~!** I knew it!; **j'en suis ~ et certain** I'm positive; **soyez-en ~** you can be sure of it

ⓑ (= *certain*) certain; **la chose est ~e** that's certain; **il n'est pas ~ qu'elle aille au Maroc** it's not certain that she's going to Morocco; **c'est ~ et certain** that's absolutely certain; **ça, c'est ~** that's for sure; **ce n'est pas si ~*** not necessarily; **c'est le plus ~ moyen de réussir** it is the surest way to succeed; **ce qui est ~, c'est qu'ils ...** one thing is for sure, they ...

ⓒ (= *sans danger*) [*quartier, rue*] safe; **peu ~** unsafe; **le plus ~ est de mettre sa voiture au garage** the safest thing is to put your car in the garage; **en lieu ~** in a safe place

ⓓ (= *digne de confiance*) reliable; [*valeurs morales, raisonnement, investissement*] sound; [*dispositif, arme, valeurs boursières*] safe; **avoir la main ~e** to have a steady hand; **nous apprenons de source ~e que ...** we have been informed by a reliable source that ...; **peu ~** unreliable

ⓔ (*locutions*)
◆ **à coup sûr** definitely
◆ **pour sûr !*** absolutely!

2 ADV * ~ **qu'il y a quelque chose qui ne va pas** there must be something wrong; **tu penses qu'il viendra ? — pas ~** do you think he'll come? — I'm not so sure

suraigu, -uë /syʀegy/ ADJ very high-pitched

surajouter /syʀaʒute/ /TABLE 1/ VT to add

suranné, **e** /syʀane/ ADJ [*idées, mode*] outdated; [*beauté, charme*] quaint

surarmement /syʀaʀməmã/ NM (= *action*) stockpiling of weapons

surarmer /syʀaʀme/ /TABLE 1/ VT **pays surarmé** country with a massive stock of weapons

surbooké, **e** /syʀbuke/ ADJ overbooked

surbooking /syʀbukiŋ/ NM overbooking

surcharge /syʀʃaʀʒ/ NF ⓐ [*de véhicule*] overloading ⓑ (= *poids en excédent*) excess load; [*de cheval de course*] weight handicap; **~ pondérale** excess weight; **~ électrique** overload; **une tonne de ~** an excess load of a ton; **les passagers/marchandises en ~** the excess passengers/goods; **payer un supplément pour une ~ de bagages** to pay for excess luggage ⓒ **une ~ de travail** extra work

surcharger /syʀʃaʀʒe/ /TABLE 3/ VT to overload; **~ qn de travail/d'impôts** to overload sb with work/with taxes; **je suis surchargé (de travail)** I'm overloaded with work; **emploi du temps surchargé** crowded timetable; **programmes scolaires surchargés** overloaded syllabuses; **classes surchargées** overcrowded classes; **manuscrit surchargé de corrections** manuscript littered with corrections

surchauffe /syʀʃof/ NF [*de machine*] superheating; **il y a une ~ de l'économie** the economy is overheating

surchauffé, **e** /syʀʃofe/ ADJ [*pièce*] overheated; **les esprits étaient ~s** emotions were running very high

surchemise /syʀʃ(ə)miz/ NF overshirt

surclasser /syʀklase/ /TABLE 1/ VT to outclass

surcoût /syʀku/ NM extra cost

surcroît /syʀkʀwa/ NM **un ~ de travail/d'inquiétudes** extra work/worries; **de** *ou* **par ~** moreover; **il est bête et paresseux de ~** he's stupid and what's more he's lazy

surdéveloppement /syʀdevlɔpmã/ NM overdevelopment

surdité /syʀdite/ NF deafness

surdoué, **e** /syʀdwe/ 1 ADJ [*enfant*] gifted 2 NM,F gifted child

sureau (*pl* **sureaux**) /syʀo/ NM elder tree; **baies de ~** elderberries

sureffectif /syʀefɛktif/ NM overmanning (*NonC*); **personnel en ~** excess staff

surélever /syʀel(ə)ve/ /TABLE 5/ VT [+ *étage, mur*] to make higher

sûrement /syʀmã/ ADV (= *vraisemblablement*) **il viendra ~** he's sure to come; **~ qu'il a été retenu*** he must have been held up; **tu connais ~ des gens importants** you must know some important people; **ça lui plaira ~** I'm sure she'll like it; **il me trouve ~ trop sévère** he probably thinks I'm being too harsh; **~ pas** (= *pas du tout*) certainly not; **ce n'est ~ pas difficile** it can't be that difficult

surenchère /syʀãʃɛʀ/ NF (*sur prix fixé*) overbid; (= *enchère plus élevée*) higher bid; **faire une ~ (sur)** to make a higher bid (than); **faire une ~ de 1 000 €** to bid 1,000 euros more (**sur** than)

surenchérir /syʀãʃeʀiʀ/ /TABLE 2/ VI (= *offrir plus qu'un autre*) to bid higher; (= *élever son offre*) to raise one's bid; **~ sur une offre/sur qn** to bid higher than an offer/than sb

surendetté, **e** /syʀãdete/ ADJ overburdened with debt

surendettement /syʀãdetmã/ NM excessive debt

surestimer /syʀestime/ /TABLE 1/ 1 VT [+ *importance, forces, frais*] to overestimate; [+ *tableau, maison à vendre*] to overvalue 2 VPR **se surestimer** to overestimate one's abilities

sûreté /syʀte/ NF ⓐ (= *sécurité*) safety; **complot contre la ~ de l'État** plot against state security; **pour plus de ~** as an extra precaution; **être en ~** to be in safety; **mettre qn/qch en ~** to put sb/sth in a safe place; **la Sûreté (nationale)** (= *police*) the French criminal investigation department ⓑ [*de coup d'œil, geste*] steadiness; [*de réflexes, diagnostic*] reliability ⓒ (= *dispositif*) safety device; **mettre la ~ à une arme** to put the safety catch on a gun

surévaluer /syʀevalɥe/ /TABLE 1/ VT [+ *monnaie, coûts*] to overvalue; [+ *difficultés, influence*] to overestimate; **l'euro est surévalué par rapport au dollar** the euro is overvalued against the dollar

surexcité, **e** /syʀeksite/ ADJ (= *enthousiaste, énergique*) overexcited; (= *énervé*) all worked up; **il me parlait d'une voix ~e** he spoke to me in a very excited voice

surexploiter /syʀeksplwate/ /TABLE 1/ VT [+ *terres, ressources*] to overexploit

surexposer /syʀekspoze/ /TABLE 1/ VT to overexpose

surexposition /syʀekspozisjɔ̃/ NF overexposure

surf /sœʀf/ NM ⓐ (= *activité*) surfing; **faire du ~** to go surfing; **~ sur neige** snowboarding; **faire du ~ sur neige** to go snowboarding ⓑ (**planche de**) **~** surfboard; **~ des neiges** snowboard

surface /syʀfas/ 1 NF ⓐ surface; (= *aire*) [*de champ, chambre*] surface area; **faire ~** to surface; **refaire ~** to resurface
◆ **de surface** [*politesse*] superficial; [*modifications*] cosmetic; [*eaux*] surface
◆ **en surface** [*nager, naviguer*] at the surface; [*stockage de déchets, stationnement*] above ground; (*fig*) superficially
ⓑ (*Commerce*) **grande ~** hypermarket

2 COMP ◆ **surface habitable** living space ◆ **surface de réparation** (*Football*) penalty area ◆ **surface au sol** floor surface

surfacturer /syʀfaktyʀe/ /TABLE 1/ VT [+ *produit, prestations*] to overcharge for; [+ *client*] to overcharge; **il a surfacturé les travaux de 10%** he overcharged by 10% for the work

surfait, **e** /syʀfɛ, ɛt/ ADJ [*ouvrage, auteur*] overrated

surfer /sœʀfe/ /TABLE 1/ VI (*Sport*) to go surfing; **~ sur Internet** to surf the Internet; **ils surfent sur la vague écologique** they are cashing in on the ecology trend

surfeur, -euse /sœʀfœʀ, øz/ NM,F surfer

surfiler /syʀfile/ /TABLE 1/ VT (*Couture*) to oversew

surgelé, e /syʀʒəle/ 1 ADJ deep-frozen; **produits ~s** frozen foods 2 NM **les ~s** frozen food; **magasin de ~s** freezer centre

surgir /syʀʒiʀ/ /TABLE 2/ VI [*animal, personne, véhicule*] to appear suddenly; [*montagne, navire*] to loom up; [*plante, immeuble*] to spring up; [*problèmes, difficultés*] to arise; **deux hommes ont surgi de derrière un camion** two men suddenly appeared from behind a truck

surhomme /syʀɔm/ NM superman

surhumain, e /syʀymɛ̃, ɛn/ ADJ superhuman

surimi /syʀimi/ NM surimi; **bâtonnets de ~** crab sticks

surimpression /syʀɛ̃pʀesjɔ̃/ NF (*Photo*) double exposure; [*d'idées, visions*] superimposition; **en ~** superimposed

surinfection /syʀɛ̃fɛksjɔ̃/ NF secondary infection

surinformation /syʀɛ̃fɔʀmasjɔ̃/ NF information overload

surinformé, e /syʀɛ̃fɔʀme/ ADJ [*personne*] suffering from information overload; **dans notre monde ~** in today's world of information overload

sur-le-champ /syʀ ləʃɑ̃/ ADV immediately

surlendemain /syʀlɑ̃d(ə)mɛ̃/ NM **le ~ de son arrivée** two days after his arrival; **il est mort le ~** he died two days later; **il revint le lendemain et le ~** he came back the next day and the day after; **le ~ matin** two days later in the morning

surligner /syʀliɲe/ /TABLE 1/ VT to highlight

surligneur /syʀliɲœʀ/ NM highlighter pen

surmenage /syʀmənaʒ/ NM overwork; **éviter à tout prix le ~** to avoid overwork at all costs; **le ~ intellectuel** mental fatigue

surmené, e /syʀməne/ (*ptp de* **surmener**) ADJ (*par le travail*) overworked; **je suis vraiment ~ en ce moment** I've got an awful lot on my plate at the moment

surmener /syʀməne/ /TABLE 5/ 1 VT to overwork 2 VPR **se surmener** to overwork; (*physiquement*) to overexert o.s.

surmontable /syʀmɔ̃tabl/ ADJ surmountable; **obstacle difficilement ~** obstacle that is difficult to overcome

surmonter /syʀmɔ̃te/ /TABLE 1/ 1 VT ⓐ (= *être au-dessus de*) to top; **surmonté d'un dôme** topped by a dome ⓑ [+ *obstacle, difficultés, dégoût, peur*] to overcome 2 VPR **se surmonter** [*personne*] to control o.s.; **la peur peut se ~** fear can be overcome

surmultiplié, e /syʀmyltiplije/ 1 ADJ **vitesse ~e** overdrive 2 NF **surmultipliée** overdrive; **passer la ~e** (*fig*) to get a move on*

surnager /syʀnaʒe/ /TABLE 3/ VI [*huile, objet*] to float; (*fig*) to linger on

surnaturel, -elle /syʀnatyʀɛl/ 1 ADJ supernatural; (= *in-quiétant*) uncanny 2 NM **le ~** the supernatural

surnom /syʀnɔ̃/ NM nickname; [*de roi, héros*] name; **« le Courageux »**, **~ du roi Richard** "the Brave", the name by which King Richard was known

surnombre /syʀnɔ̃bʀ/ NM surplus; **en ~** [*effectifs, personnel*] surplus; **nous étions en ~** there were too many of us

surnommer /syʀnɔme/ /TABLE 1/ VT **~ qn « le gros »** to nickname sb "fatty"; **le roi Richard surnommé « le Courageux »** King Richard known as "the Brave"

surnoter /syʀnɔte/ /TABLE 1/ VT [+ *devoir*] to overmark (*Brit*), to overgrade (*US*)

surpasser /syʀpase/ /TABLE 1/ 1 VT to surpass; **~ qn en agilité** to surpass sb in agility 2 VPR **se surpasser** to surpass o.s.; **le cuisinier s'est surpassé aujourd'hui** the cook has surpassed himself today

surpeuplé, e /syʀpœple/ ADJ overpopulated

surpiquer /syʀpike/ /TABLE 1/ VT to topstitch

sur-place, surplace /syʀplas/ NM **faire du ~** (*à vélo*) to do a track-stand; (*en voiture*) (= *être immobilisé*) to be stuck;

(= *avancer très lentement*) to move at a snail's pace; [*oiseau*] to hover; [*enquête, négociations, projet*] to be getting nowhere

surplomb /syʀplɔ̃/ NM overhang; **en ~** overhanging

surplomber /syʀplɔ̃be/ /TABLE 1/ VT to overhang

surplus /syʀply/ NM ⓐ (= *excédent*) surplus (*NonC*); **avoir des marchandises en ~** to have surplus goods ⓑ (= *reste*) **avec le ~ de bois, je vais me faire une bibliothèque** with the leftover wood I'm going to build myself a bookcase

surpopulation /syʀpɔpylasjɔ̃/ NF overpopulation

surprenant, e /syʀpʀənɑ̃, ɑ̃t/ ADJ surprising; **chose ~e, il n'a jamais répondu** surprisingly enough, he never replied; **de façon ~e** surprisingly

surprendre /syʀpʀɑ̃dʀ/ /TABLE 58/ 1 VT ⓐ (= *étonner*) [*nouvelle, conduite*] to surprise; **tu me surprends** you amaze me; **cela me surprendrait fort** that would greatly surprise me; **cela m'a agréablement surpris** I was pleasantly surprised; **cette question a de quoi** ou **peut ~** this question may seem surprising
ⓑ [+ *conversation*] to overhear; [+ *regard, sourire complice*] to intercept
ⓒ [+ *ennemi, voleur*] to surprise; (*par visite inopinée*) [+ *amis, voisins*] to catch unawares
ⓓ [*pluie, marée*] to catch out; **se laisser ~ par la marée** to be caught out by the tide; **se laisser ~ par la pluie** to be caught in the rain; **se laisser ~ par la nuit** to be overtaken by darkness
2 VPR **se surprendre : se ~ à faire qch** to catch o.s. doing sth

surpris, e[1] /syʀpri, iz/ (*ptp de* **surprendre**) ADJ [*air, regard*] surprised; **~ de qch** surprised at sth; **~ de me voir là/que je sois encore là** surprised to see me there/that I was still there; **il va être désagréablement ~** he's in for an unpleasant surprise; **j'ai été le premier ~ de cette victoire** this victory came as a real surprise to me

surprise[2] /syʀpʀiz/ NF surprise; **regarder qn avec ~** to look at sb in surprise; **avoir la ~ de voir que ...** to be surprised to see that ...; **avoir la bonne/mauvaise ~ de constater que ...**; to be pleasantly/unpleasantly surprised to find that ...; **à ma grande ~** much to my surprise; **à la ~ générale** to everybody's surprise; **créer la ~** to create a sensation; **quelle bonne ~ !** what a pleasant surprise!; **visite ~** surprise visit; **grève-~** lightning strike
♦ **par surprise** [*attaquer*] by surprise; **il m'a pris par ~** he took me by surprise
♦ **sans surprise** : **victoire sans ~** unsurprising victory; **c'est un film sans ~** it's a rather unexciting film

surproduction /syʀpʀɔdyksjɔ̃/ NF overproduction

surqualifié, e /syʀkalifje/ ADJ overqualified

surréaliste /syʀʀealist/ 1 ADJ surrealist; (= *bizarre*) surreal 2 NMF surrealist

surrégime /syʀʀeʒim/ NM **être** ou **tourner en ~** [*voiture, moteur*] to be over-revving; [*économie*] to be overheating

surrénal, e /syʀʀenal/ (*mpl* **-aux**) /sy(ʀ)ʀenal, o/ 1 ADJ suprarenal 2 NFPL **surrénales** (= *glandes*) suprarenals

sur-réservation (*pl* **sur-réservations**) /syʀʀezɛʀvasjɔ̃/ NF overbooking

sursaut /syʀso/ NM (= *mouvement brusque*) jump; **~ d'énergie** sudden burst of energy; **se réveiller en ~** to wake up with a jump; **elle a eu un ~** she jumped

sursauter /syʀsote/ /TABLE 1/ VI to jump; **faire ~ qn** to make sb jump; **~ de peur** to jump with fright

surseoir /syʀswaʀ/ /TABLE 26/ VT INDIR ♦ **surseoir à** [+ *publication, délibération*] to postpone; [+ *poursuites, jugement*] to stay; **~ à l'exécution d'un condamné** to grant a stay of execution to a condemned man

sursis /syʀsi/ NM ⓐ [*de condamnation à mort*] reprieve; **peine avec ~** suspended sentence; **il a eu deux ans avec ~** he was given a two-year suspended sentence ⓑ **~ (d'incorporation)** (*Mil*) deferment ⓒ (= *temps de répit*) reprieve; **on a eu un ~ de trois jours** we got three days' grace; **c'est un mort en ~** he's a condemned man; **gouvernement/**

entreprise en ~ government/company living on borrowed time

surtaxe /syʀtaks/ NF surcharge

surtout /syʀtu/ ADV ⓐ (= *avant tout, d'abord*) above all; (= *spécialement*) especially; **rapide, efficace et ~ discret** quick, efficient and above all discreet; **il est assez timide, ~ avec les femmes** he's quite shy, especially with women; **j'aime ~ les romans, mais je lis aussi de la poésie** I particularly like novels, but I also read poetry; **dernièrement, j'ai ~ lu des romans** lately I've been reading mostly novels; **~ que*** especially as
ⓑ (*intensif*) **~, n'en parle pas !** whatever you do, don't tell anybody!; **~ pas maintenant** certainly not now; **je ne veux ~ pas vous déranger** the last thing I want is to disturb you; **~ pas !** certainly not!; **ne m'aide pas, ~ !** (*iro*) don't help me, will you!

survécu /syʀveky/ ptp de **survivre**

surveillance /syʀvɛjɑ̃s/ NF ⓐ (= *contrôle*) supervision; **assurer la ~ de** to supervise; **laisser un enfant sans ~** to leave a child unsupervised; **ne laissez pas vos bagages sans ~** don't leave your luggage unattended; **sous ~ médicale** under medical supervision
ⓑ (*militaire, policière*) surveillance; **sous ~ policière** under police surveillance; **société de ~** security firm; **placer qn/qch sous haute ~** to keep a close watch on sb/sth; **il a réussi à déjouer ou tromper la ~ de ses gardiens** he managed to get past the guards
ⓒ [*d'examen*] invigilation; **l'enseignant qui assure la ~ de l'épreuve** the teacher invigilating

surveillant, e /syʀvɛjɑ̃, ɑ̃t/ NM,F [*de prison*] warder (*Brit*), guard (*US*); [*d'usine, chantier*] supervisor; [*de magasin*] shopwalker; [*d'établissement scolaire*] supervisor; (*aux examens*) invigilator (*Brit*), proctor (*US*); **~e générale** [*d'hôpital*] nursing officer

surveillé, e /syʀveje/ (ptp de **surveiller**) ADJ → **liberté**

surveiller /syʀveje/ /TABLE 1/ 1 VT ⓐ (= *garder*) [+ *enfant, bagages*] to keep an eye on; [+ *prisonnier, malade*] to keep watch over
ⓑ (= *contrôler*) to supervise; [+ *examen*] to invigilate; **surveille la soupe** keep an eye on the soup; **je surveille l'heure, il ne faut pas être en retard** I'm keeping an eye on the time, we mustn't be late
ⓒ (= *défendre*) [+ *locaux*] to keep watch on; [+ *territoire*] to keep watch over; [+ *frontières, espace aérien*] to monitor
ⓓ (= *épier*) [+ *personne, mouvements*] to watch; [+ *ennemi*] to keep watch on; **se sentant surveillé, il partit** feeling he was being watched, he left; **~ qn de près** to keep a close eye on sb; **~ qn du coin de l'œil** to watch sb out the corner of one's eye
ⓔ (= *être attentif à*) **~ son langage/sa tension/sa ligne** to watch one's language/one's blood pressure/one's figure
2 VPR **se surveiller : il devrait se ~, il grossit de plus en plus** he ought to watch himself because he's getting fatter and fatter; **ils sont obligés de se ~ devant les enfants** they have to watch themselves in front of the children

survenir /syʀvəniʀ/ /TABLE 22/ VI

► **survenir** *is conjugated with* **être.**

[*événement*] to take place; [*incident, complications, retards*] to arise; [*maladie, symptômes*] to appear; [*changements*] to occur; [*personne*] to arrive unexpectedly; **s'il survenait quelque chose de nouveau** if anything new comes up

survenue /syʀvəny/ NF [*de personne*] unexpected arrival; [*de maladie*] onset; [*de mutations, symptômes*] appearance

survêt* /syʀvɛt/ NM (ABBR = **survêtement**) tracksuit

survêtement /syʀvɛtmɑ̃/ NM tracksuit

survie /syʀvi/ NF survival
♦ de survie [*instinct, réflexe, équipement*] survival; **radeau de ~** life-raft; **ses chances de ~ sont importantes** he has a good chance of survival

survitrage /syʀvitʀaʒ/ NM double-glazing

survivance /syʀvivɑ̃s/ NF (= *vestige*) survival; **cette coutume est une ~ du passé** this custom is a survival from the past

survivant, e /syʀvivɑ̃, ɑ̃t/ 1 ADJ surviving 2 NM,F survivor

survivre /syʀvivʀ/ /TABLE 46/ VI to survive; **va-t-il ~ ?** (*après accident*) will he survive?; **il n'avait aucune chance de ~** he had no chance of survival; **~ à** [+ *accident, maladie, humiliation*] to survive; [*personne, œuvre, idée*] to outlive

survol /syʀvɔl/ NM **le ~ de** flying over; [*de livre*] skimming through; [*de question*] skimming

survoler /syʀvɔle/ /TABLE 1/ VT to fly over; [+ *livre*] to skim through; [+ *question*] to skim over

survolté, e /syʀvɔlte/ ADJ [*foule*] overexcited; [*ambiance*] highly charged

sus /sy(s)/ **♦ en sus** LOC ADV (*Admin*) in addition

susceptibilité /syseptibilite/ NF (= *sensibilité*) touchiness (*NonC*); **être d'une grande ~** to be extremely touchy; **afin de ménager ou de ne pas froisser les ~s** so as not to offend people's susceptibilities

susceptible /syseptibl/ ADJ ⓐ (= *ombrageux*) touchy
ⓑ (= *de nature à*) **ce texte est ~ d'être amélioré ou d'améliorations** this text is open to improvement; **des conférences ~s de l'intéresser** lectures likely to be of interest to him

susciter /sysite/ /TABLE 1/ VT [+ *admiration, intérêt, jalousies*] to arouse; [+ *controverse, critiques*] to give rise to; **~ des obstacles/ennuis à qn** to create obstacles/difficulties for sb

suspect, e /syspɛ(kt), ɛkt/ 1 ADJ ⓐ (= *louche*) [*individu, conduite, colis*] suspicious; **sa générosité me paraît ~** his generosity seems suspicious to me ⓑ (= *douteux*) [*opinion, témoignage*] suspect; **elle était ~e aux yeux de la police** the police were suspicious of her; **les personnes ~es** (= *soupçonnées*) those under suspicion ⓒ **~ de** suspected of; **ils sont ~s de collusion avec l'ennemi** they are suspected of collusion with the enemy 2 NM,F suspect; **principal ~** prime suspect

suspecter /syspɛkte/ /TABLE 1/ VT to suspect; **~ qn de faire qch** to suspect sb of doing sth

suspendre /syspɑ̃dʀ/ /TABLE 41/ 1 VT ⓐ [+ *vêtements*] to hang up; [+ *lampe, décoration*] to hang (**à** from); [+ *hamac*] to sling up; **~ qch à** [+ *clou, crochet, portemanteau*] to hang sth on ⓑ (= *interrompre*) to suspend; [+ *récit, négociations, relations diplomatiques*] to break off; [+ *audience, séance*] to adjourn; [+ *décision*] to postpone ⓒ (= *destituer*) to suspend; **~ qn de ses fonctions** (= *mettre à pied*) to suspend sb from office 2 VPR **se suspendre : se ~ à** [+ *branche, barre*] to hang from

suspendu, e /syspɑ̃dy/ (ptp de **suspendre**) ADJ ⓐ (= *accroché*) **~ au plafond** hanging from the ceiling; **~ dans le vide** suspended in mid air; **être ~ aux lèvres de qn** to be hanging on sb's every word ⓑ [*séance*] adjourned; [*employé*] suspended

suspens /syspɑ̃/ NM **en ~** [*projet, travail*] in abeyance; **question laissée en ~** question that has been shelved; **laisser une affaire en ~** to leave an affair in abeyance; **tenir les lecteurs en ~** to keep the reader in suspense

suspense /syspɛns, syspɑ̃s/ NM [*de film, roman*] suspense; **un ~ angoissant** an agonizing feeling of suspense; **film à ~** thriller

suspension /syspɑ̃sjɔ̃/ 1 NF ⓐ (= *interruption*) suspension; [*de récit*] breaking off; [*d'audience, séance*] adjournment; **le juge a ordonné la ~ de l'audience** the judge ordered that the hearing be adjourned; **il a eu un an de ~ de permis** he had his driving licence suspended for a year ⓑ [*de jugement*] suspension; [*de décision*] postponement ⓒ [*d'employé, joueur*] suspension; **prononcer la ~ de qn pour deux ans** to suspend sb for two years; **~ à vie** lifetime ban
ⓓ (*Auto*) suspension
ⓔ (= *installation, système*) suspension; **~ florale** hanging basket
ⓕ (*Chim*) suspension
♦ en suspension [*particule, poussière*] in suspension; **en ~ dans l'air** [*particules*] hanging in the air
2 COMP **♦ suspension d'audience** adjournment

♦ **suspension des hostilités** suspension of hostilities
♦ **suspension de séance** adjournment
suspicieux, **-ieuse** /syspisjø, jøz/ ADJ suspicious
suspicion /syspisjɔ̃/ NF suspicion; **regard plein de ~** suspicious look
susurrer /sysyre/ /TABLE 1/ VTI [*personne*] to whisper; **il lui susurrait des mots doux à l'oreille** he whispered sweet nothings in her ear; **on susurre qu'il a été impliqué** it's whispered that he was involved
suture /sytyr/ NF (*Anatomie, Bot, Méd*) suture; **point de ~** stitch
suturer /sytyre/ /TABLE 1/ VT to stitch up
svelte /svelt/ ADJ slender
SVP /esvepe/ (ABBR = **s'il vous plaît**) please
sweat /swit, swet/ NM sweatshirt
sweat-shirt (*pl* **sweat-shirts**) /switʃœrt, swetʃœrt/ NM sweatshirt
swing /swiŋ/ NM (= *musique*) swing; (= *danse*) jive; **danser le ~** to jive
swinguer ♦ /swiŋge/ /TABLE 1/ VI to swing*; **ça swingue !** it's really swinging!*
sycomore /sikɔmɔr/ NM sycamore
syllabe /si(l)lab/ NF syllable; **il n'a pas prononcé une ~** he didn't say a single word
sylviculture /silvikyltyr/ NF forestry
symbiose /sɛ̃bjoz/ NF symbiosis; **en ~** in symbiosis
symbole /sɛ̃bɔl/ NM symbol; **ville(-)symbole de la liberté** town that has come to symbolize freedom
symbolique /sɛ̃bɔlik/ ADJ symbolic; (= *très modique*) [*augmentation, amende*] token; [*cotisation, contribution*] nominal
symboliquement /sɛ̃bɔlikmɑ̃/ ADV symbolically
symboliser /sɛ̃bɔlize/ /TABLE 1/ VT to symbolize
symétrie /simetri/ NF symmetry
symétrique /simetrik/ ADJ symmetrical
sympa ♦ /sɛ̃pa/ ADJ INV (ABBR = **sympathique**) nice; **un type vachement ~** a really nice guy*; **sois ~, prête-le-moi** be a pal* and lend it to me; **ce n'est pas très ~ de sa part** that's not very nice of him
sympathie /sɛ̃pati/ NF ⓐ (= *amitié*) liking; **avoir de la ~ à l'égard de qn** to like sb; **se prendre de ~ pour qn** to take a liking to sb; **il inspire la ~** he's very likeable; **s'attirer la ~ de qn** to win sb over
ⓑ (= *compassion*) sympathy; **croyez à notre ~** please accept our deepest sympathy; **témoignages de ~** (*pour deuil*) expressions of sympathy
ⓒ (= *tendance*) **on le suspecte de ~ avec l'extrême droite** he is suspected of having ultra-right-wing sympathies; **il ne cache pas ses ~s communistes** he doesn't hide his communist sympathies

⚠ *Lorsque* **sympathie** *signifie* **amitié**, *il ne se traduit pas par* **sympathy**.

sympathique /sɛ̃patik/ ADJ [*personne*] nice; [*geste, accueil, soirée, réunion, ambiance*] friendly; **il m'est très ~ ou je le trouve très ~** I think he's very nice; **il a une tête ~** he has a nice face

⚠ **sympathique** ≠ **sympathetic**

sympathisant, **e** /sɛ̃patizɑ̃, ɑ̃t/ NM,F sympathizer
sympathiser /sɛ̃patize/ /TABLE 1/ VI (= *bien s'entendre*) to get on well; (= *se prendre d'amitié*) to hit it off*; **ils ont tout de suite sympathisé** they hit it off* straight away; **il sympathise avec l'extrême droite** he sympathizes with the far right
symphonie /sɛ̃fɔni/ NF symphony
symphonique /sɛ̃fɔnik/ ADJ symphonic
symposium /sɛ̃pozjɔm/ NM symposium
symptomatique /sɛ̃ptɔmatik/ ADJ symptomatic; **~ de** symptomatic of
symptôme /sɛ̃ptom/ NM symptom
synagogue /sinagɔg/ NF synagogue

synchro ♦ /sɛ̃kro/ ¹ ADJ (ABBR = **synchronisé, e**) synchronized ² NF ABBR = **synchronisation**
synchrone /sɛ̃kron/ ADJ synchronous
synchronisation /sɛ̃kronizasjɔ̃/ NF synchronization
synchroniser /sɛ̃kronize/ /TABLE 1/ VT to synchronize
syncope /sɛ̃kɔp/ NF (= *évanouissement*) blackout; **avoir une ~** to have a blackout
syndic /sɛ̃dik/ NM **~ (d'immeuble** ou **de copropriété)** managing agent
syndical, **e** (*mpl* **-aux**) /sɛ̃dikal, o/ ADJ (*Industrie*) trade-union (*Brit*), labor-union (*US*); **le mouvement ~** the trade-union (*Brit*) ou labor-union (*US*) movement
syndicaliser /sɛ̃dikalize/ /TABLE 1/ VT to unionize
syndicalisme /sɛ̃dikalism/ NM (= *mouvement*) trade unionism; (= *activité*) trade-union activities; (= *doctrine politique*) syndicalism; **faire du ~** to participate in trade-union activities
syndicaliste /sɛ̃dikalist/ NMF (= *responsable d'un syndicat*) trade unionist; (= *doctrinaire*) syndicalist
syndicat /sɛ̃dika/ NM [*de travailleurs*] trade union; [*d'employeurs*] syndicate; **~ du crime** crime syndicate
♦ **syndicat d'initiative** tourist office ♦ **syndicat patronal** employers' syndicate
syndiqué, **e** /sɛ̃dike/ (*ptp de* **syndiquer**) ADJ belonging to a trade union; **est-il ~?** is he a union member?; **les travailleurs non ~s** non-union workers
syndiquer /sɛ̃dike/ /TABLE 1/ ¹ VT to unionize ² VPR **se syndiquer** (= *se grouper*) to form a trade union; (= *adhérer*) to join a trade union
syndrome /sɛ̃drom/ NM syndrome ♦ **syndrome de fatigue chronique** chronic fatigue syndrome
synergie /sinɛrʒi/ NF synergy
synonyme /sinɔnim/ ¹ ADJ synonymous (**de** with) ² NM synonym
synopsis /sinɔpsis/ NF ou M synopsis
syntagme /sɛ̃tagm/ NM phrase; **~ nominal/verbal** noun/verb phrase
syntaxe /sɛ̃taks/ NF syntax
syntaxique /sɛ̃taksik/ ADJ syntactic
synthé ♦ /sɛ̃te/ NM (ABBR = **synthétiseur**) synth*
synthèse /sɛ̃tez/ NF synthesis; **faire la ~ d'un exposé** to summarize the major points of a talk
♦ **de synthèse** [*sucre, arôme*] synthetic; **produit de ~** product of synthesis; **esprit de ~** ability to synthesize; **image de ~** computer-generated image
synthétique /sɛ̃tetik/ ¹ ADJ ⓐ [*textile, fibre*] synthetic, man-made; [*résine, caoutchouc, revêtement*] synthetic; **c'est de la fourrure ~** it's fake fur ⓑ [*exposé*] that gives an overall picture; [*ouvrage*] that takes a global perspective; **avoir une vision ~ des choses** to be able to see the overall picture ² NM (= *synthetic material*) **c'est du ~** it's synthetic; **semelle en ~** man-made sole
synthétiser /sɛ̃tetize/ /TABLE 1/ VT to synthesize
synthétiseur /sɛ̃tetizœr/ NM synthesizer
syphilis /sifilis/ NF syphilis
Syrie /siri/ NF Syria
syrien, **-ienne** /sirjɛ̃, jen/ ¹ ADJ Syrian ² NM,F **Syrien(ne)** Syrian
systématique /sistematik/ ADJ [*opposition, classement, esprit*] systematic; **opposer un refus ~ à qch** to refuse sth systematically; **avec l'intention ~ de nuire** systematically intending to harm; **il est trop ~** he's too dogmatic; **chaque fois qu'elle est invitée quelque part il l'est aussi, c'est ~** every time she's invited somewhere, he's automatically invited too
systématiquement /sistematikmɑ̃/ ADV systematically
systématiser /sistematize/ /TABLE 1/ VT to systematize
système /sistem/ NM system; **il connaît un ~ pour entrer sans payer** he's got a system for getting in without paying; **il me tape** ou **court** ou **porte sur le ~** he gets on my nerves* ♦ **système ABS** ABS ♦ **système d'alimentation**

(*électrique*) electricity supply system; (*en eau*) water supply system ♦ **système D*** resourcefulness; **recourir au ~ D** to rely on one's own resources ♦ **système de défense** (*Mil*) defence system; (*Physiol*) defence mechanism ♦ **système d'éducation** education system ♦ **système expert** expert system ♦ **système d'exploitation** operating system ♦ **système immunitaire** immune system ♦ **système monétaire européen** European monetary system ♦ **système nerveux** nervous system ♦ **système pénitentiaire** prison system ♦ **système solaire** solar system

T

t /t/ NM **t euphonique** *t added to make phrases easier to pronounce*

> ► **-t-** *is added between verb and pronoun in questions like* **a-t-il mangé?** *and statements like* **me semble-t-il** *to prevent two vowel sounds coming together. Do not confuse* **-t-** *with* **t'**, *which replaces* **te**, *eg* **comment t'appelles-tu?**.

t' /t/ → **te, tu**

ta /ta/ ADJ POSS your → **ton**

tabac /taba/ **1** NM ⓐ (= *plante, produit*) tobacco; (= *magasin*) paper shop ⓑ (*locutions*)* **passer qn à ~** to beat sb up; **faire un ~** to be a big hit; **coup de ~** squall **2** COMP ♦ **tabac blond** light tobacco ♦ **tabac brun** dark tobacco

tabagisme /tabaʒism/ NM addiction to smoking; **~ passif** passive smoking; **lutte contre le ~** antismoking initiatives

tabasco ® /tabasko/ NM Tabasco ®

tabasser * /tabase/ /TABLE 1/ VT (= *frapper*) to beat up

table /tabl/ **1** NF table; **la ~ des négociations** the negotiating table; **il sait sa ~ de 8** he knows his 8 times table; **mettre la ~** to lay the table; **débarrasser la ~** to clear the table; **se lever de ~** to get up from the table; **quitter la ~** *ou* **sortir de ~** to leave the table; **linge de ~** table linen; **vin de ~** table wine; **aimer les plaisirs de la ~** to enjoy one's food; **faire ~ rase** to make a clean sweep; **on a fait ~ rase du passé** we put the past behind us

♦ **à table**: **être à ~** to be eating; **nous étions huit à ~** there were eight of us round the table; **à ~!** it's ready!; **se mettre à ~** to sit down to eat; (= *avouer*)* to come clean*; **on ne se met jamais à ~ avant 20 heures** we never have dinner before 8 o'clock; **lave-toi les mains avant de passer à ~** go and wash your hands before eating

2 COMP ♦ **table à abattants** drop-leaf table ♦ **table d'architecte** drawing board ♦ **table basse** coffee table ♦ **table de billard** billiard table ♦ **table de chevet** bedside table ♦ **table de cuisine** kitchen table ♦ **table de cuisson** hob ♦ **table à dessin** drawing board ♦ **table d'écoute** wire-tapping set; **mettre qn sur ~ d'écoute** to bug sb's phone ♦ **tables gigognes** nest of tables ♦ **table d'hôte** table d'hôte; **faire ~ d'hôte** to serve dinner for residents ♦ **table de jeu** gaming table ♦ **table à langer** changing table ♦ **table des matières** table of contents ♦ **table de multiplication** multiplication table ♦ **table de nuit** bedside table ♦ **table d'opération** operating table ♦ **table d'orientation** viewpoint indicator ♦ **table de ping-pong** table-tennis table ♦ **table pliante** folding table ♦ **table à rallonges** extending table ♦ **table à repasser** ironing board ♦ **table ronde** round table ♦ **la Table ronde** the Round Table ♦ **table roulante** trolley (*Brit*), cart (*US*) ♦ **table de toilette** (*pour lavabo*) washstand; (= *coiffeuse*) dressing table ♦ **table de travail** worktable

tableau (*pl* **tableaux**) /tablo/ **1** NM ⓐ (= *peinture*) painting; **exposition de ~x** art exhibition; **il m'a fait un ~ très noir de la situation** he gave me a very black picture of the situation

ⓑ (= *panneau*) board; (*Rail*) train indicator; (*à l'école*) blackboard; **aller au ~** to go up to the blackboard; (= *se faire interroger*) to be asked questions (*on a school subject*)

ⓒ [*de clés*] rack

ⓓ (= *graphique*) table; (*par tableur*) spreadsheet; **présenter qch sous forme de ~** to show sth in tabular form; **tu vois le ~!** you can imagine!; **jouer sur les deux ~x** to back both horses; **il a gagné sur les deux ~x** he won on both counts **2** COMP ♦ **tableau d'affichage** notice board; (*Sport*) scoreboard ♦ **tableau des arrivées** arrival board ♦ **tableau (blanc) interactif** interactive whiteboard ♦ **tableau de bord** [*de voiture*] dashboard; [*d'avion, bateau*] instrument panel ♦ **tableau de chasse** [*de chasseur*] bag; [*de séducteur*] tally; **ajouter qch à son ~ de chasse** to add sth to one's list of conquests ♦ **tableau des conjugaisons** conjugation table ♦ **tableau des départs** departure board ♦ **tableau d'honneur** prize list (*Brit*), honor roll (*US*); **être inscrit au ~ d'honneur** to appear on the prize list (*Brit*), to make the honor roll (*US*) ♦ **tableau de maître** masterpiece ♦ **tableau noir** blackboard

tablée /table/ NF table; **toute la ~ éclata de rire** the whole table burst out laughing

tabler /table/ /TABLE 1/ VT INDIR ♦ **tabler sur qch** to count on sth

tablette /tablet/ NF ⓐ (= *plaquette*) [*de chocolat*] bar; [*de chewing-gum*] stick ⓑ (= *rayon*) shelf; [*de secrétaire*] flap ⓒ (*pour écrire*) tablet ⓓ (*Informatique*) tablet

tableur /tablœR/ NM spreadsheet

tablier /tablije/ NM apron; (*avec manches*) overall

tabloïd /tabloid/ ADJ, NM tabloid

tabou, e /tabu/ ADJ, NM taboo

taboulé /tabule/ NM tabbouleh

tabouret /tabuRE/ NM stool; (*pour les pieds*) footstool

tabulateur /tabylatœR/ NM tabulator

tabulation /tabylasjɔ̃/ NF tabulation; **poser des ~s** to set tabs

tac /tak/ ♦ **du tac au tac** LOC ADV **il lui a répondu du ~ au ~ que ...** he replied without missing a beat that ...

tache /taʃ/ **1** NF ⓐ (= *salissure*) stain; **~ de graisse** grease stain; **tu t'es fait une ~** you've got a mark on your shirt (*ou* dress *ou* tie *etc*); **c'est une ~ à sa réputation** it's a stain on his reputation; **sans ~** [*vie, réputation*] spotless

ⓑ (= *moucheture*) [*de fruit, peau*] mark; [*de plumage, pelage*] spot; **faire ~** [*bâtiment*] to stick out like a sore thumb

ⓒ (*Peinture*) spot; **~ de couleur** patch of colour; **des ~s d'ombre çà et là** patches of shadow here and there

2 COMP ♦ **tache d'encre** (*sur les doigts*) ink stain; (*sur le papier*) ink blot ♦ **tache d'huile** oil stain; **faire ~ d'huile** to spread ♦ **tache de rousseur** freckle ♦ **tache de sang** bloodstain ♦ **tache de vin** (*sur la peau*) strawberry mark

tâche /taʃ/ NF task; **il a la lourde ~ de ...** he has the difficult task of ...; **il a pour ~ de ...** his task is to ...

♦ **à la tâche** [*payer*] by the piece; **ouvrier à la ~** pieceworker; **travail à la ~** piecework; **être à la ~** to be on piecework; **je ne suis pas à la ~*** I'll do it in my own good time; **mourir à la ~** to die in harness

tacher /taʃe/ /TABLE 1/ **1** VT to stain; **taché de sang** bloodstained **2** VPR **se tacher** [*personne*] to get stains on one's clothes; [*nappe, tissu*] to get stained; **tissu qui se tache facilement** fabric that stains easily

tâcher /tɑʃe/ /TABLE 1/ VT INDIR ♦ **tâcher de faire qch** to try to do sth; **tâchez de venir avant samedi** try and come before Saturday; **tâche de ne pas recommencer!*** make sure it doesn't happen again!

tacheté, e /taʃ(ə)te/ ADJ **pelage blanc ~ de brun** white coat with brown spots

tachycardie /takikaʀdi/ NF tachycardia

tacite /tasit/ ADJ tacit

tacitement /tasitmɑ̃/ ADV tacitly

taciturne /tasityʀn/ ADJ taciturn; **c'est quelqu'un d'assez ~** he doesn't talk much

tacle /takl/ NM tackle; **faire un ~** to make a tackle; **faire un ~ à qn** to tackle sb

tacot* /tako/ NM (= *voiture*) jalopy*

tact /takt/ NM tact; **avoir du ~** to be tactful; **faire qch avec ~** to do sth tactfully; **faire qch sans ~** to do sth tactlessly; **manquer de ~** to be tactless

tactile /taktil/ ADJ tactile; **affichage ~** touch-sensitive display

tactique /taktik/ **1** ADJ tactical **2** NF tactics (*sg*); **changer de ~** to change one's tactics

TAD /teade/ NM (ABBR = **travailleur à domicile**) → **travailleur**

taf: /taf/ NM (= *travail*) work

taffe /taf/ NF [*de cigarette*] drag*; [*de pipe*] puff

taffetas /tafta/ NM taffeta

tag /tag/ NM (= *graffiti*) graffiti

tagine /taʒin/ NM (= *récipient*) earthenware cooking pot; (= *plat cuisiné*) *North African stew*

taguer /tage/ /TABLE 1/ VTI (= *faire des graffiti*) to graffiti

tagueur, -euse /tagœʀ, øz/ NM,F tagger

Tahiti /taiti/ NF Tahiti

tahitien, -ienne /taisjɛ̃, jɛn/ **1** ADJ Tahitian **2** NM,F **Tahitien(ne)** Tahitian

taï-chi /tajtʃi/ NM t'ai chi

taie /tɛ/ NF **~ d'oreiller** pillowcase; **~ de traversin** bolster case

taillader /tajade/ /TABLE 1/ **1** VT to slash **2** VPR **se taillader**: **se ~ les poignets** to slash one's wrists

taille /taj/ NF ⓐ (= *partie du corps*) waist; **avoir la ~ fine** to have a slim waist; **avoir une ~ de guêpe** to have a slender waist; **prendre qn par la ~** to put one's arm round sb's waist; **ils se tenaient par la ~** they had their arms round each other's waists; **avoir de l'eau jusqu'à la ~** to be waist-deep in water; **robe à ~ haute** high-waisted dress; **pantalon ~ basse** hipsters

ⓑ (= *hauteur*) height; **ils sont de la même ~** they're the same height; **il a atteint sa ~ adulte** he's fully grown

ⓒ (= *format*) size; **le paquet est de la ~ d'une boîte à chaussures** the parcel is the size of a shoebox; **les grandes ~s** large sizes; **les petites ~s** small sizes; **il ne reste plus de ~s moyennes** there are no medium sizes left; **~ 50** size 50; **« ~ unique »** "one size fits all"; **la ~ au-dessous** the next size down; **la ~ au-dessus** the next size up; **ce pantalon n'est pas à sa ~** these trousers aren't his size; **avoir la ~ mannequin** to have a perfect figure

♦ **de petite taille** small; [*personne*] short; **homme de petite ~** short man

♦ **de grande taille** large; [*personne*] tall; **homme de grande ~** tall man

♦ **de taille moyenne** medium-sized; [*personne*] of average height; **homme de ~ moyenne** man of average height

♦ **à la taille de**: **c'est un poste à sa ~** it's a job which matches his capabilities; **il a trouvé un adversaire à sa ~** he's met his match

♦ **de taille** [*erreur*] serious; [*objet*] sizeable; [*surprise, concession, décision*] big; [*difficulté, obstacle*] huge; **la gaffe est de ~!** it's a major blunder!; **l'enjeu est de ~** the stakes are high; **être de ~ à faire qch** to be quite capable of doing

sth; **il n'est pas de ~** (*pour une tâche*) he isn't up to it; (*face à un concurrent, dans la vie*) he doesn't measure up

taillé, e /tɑje/ (*ptp de* **tailler**) ADJ ⓐ (*physiquement*) **il est ~ en athlète** he's built like an athlete ⓑ (= *fait pour*) **~ pour qch** cut out for sth ⓒ (= *coupé*) **costume bien ~** well-cut suit

taille-crayon (*pl* **taille-crayons**) /tɑjkʀɛjɔ̃/ NM pencil sharpener

tailler /tɑje/ /TABLE 1/ VT ⓐ [+ *pierre*] to cut; [+ *bois, statue*] to carve; [+ *verre*] to engrave; [+ *crayon*] to sharpen; [+ *arbre, vigne*] to prune; [+ *haie, barbe*] to trim; [+ *tissu*] to cut out; **~ qch en pointe** to cut sth to a point; **bien taillé** [*haie, moustache*] neatly trimmed; [*crayon*] well-sharpened

ⓑ [+ *vêtement*] to make; **c'est un rôle taillé à sa mesure** the role is tailor-made for him; **~ une bavette*** to have a natter* (*Brit*) *ou* a rap* (*US*); **il s'est fait ~ en pièces par les journalistes** the journalists tore him to bits; **tu vas te faire ~ un short*** you'll get flattened!*

2 VI ⓐ [*vêtement, marque*] **~ petit** to be cut on the small side; **~ grand** to be cut on the large side

ⓑ (= *couper*) **~ dans les dépenses** to make cuts in expenditure

3 VPR **se tailler** ⓐ (= *se couper*) **se ~ la moustache** to trim one's moustache; **elle s'est taillé une robe dans du taffetas** she made herself a dress from taffeta

ⓑ (= *se faire*) **se ~ une belle part de marché** to corner a large share of the market; **se ~ la part du lion** to take the lion's share; **se ~ une place** to carve out a place for o.s.

ⓒ (= *partir*)**:** to beat it*; **taille-toi!** beat it!*; **allez, on se taille!** come on, let's be off!*; **il est onze heures, je me taille** it's eleven o'clock, I'm off*; **j'ai envie de me ~ de cette boîte** I want to get out of this place

tailleur /tɑjœʀ/ **1** NM ⓐ (= *costume*) suit; **un ~ Chanel** a Chanel suit

ⓑ (= *couturier*) tailor; **~ pour dames** ladies' tailor

♦ **en tailleur** [*assis, s'asseoir*] cross-legged

2 COMP ♦ **tailleur-pantalon** trouser suit (*Brit*), pantsuit (*US*)

taillis /tɑji/ NM copse; **dans les ~** in the copse

tain /tɛ̃/ NM [*de miroir*] silvering; **glace sans ~** two-way mirror

taire /tɛʀ/ /TABLE 54/ **1** VT (= *passer sous silence*) to keep silent about; **une personne dont je tairai le nom** someone who shall remain nameless

2 VI **faire ~** [+ *témoin, opposition, récriminations*] to silence; [+ *craintes, désirs*] to suppress; [+ *scrupules, réticences*] to overcome; **fais ~ les enfants** make the children keep quiet

3 VPR **se taire** ⓐ (= *être silencieux*) [*personne*] to be quiet; **taisez-vous!** be quiet!; **ils ne voulaient pas se ~** they wouldn't stop talking; **les convives se sont tus** the guests stopped talking

ⓑ (= *s'abstenir de s'exprimer*) to keep quiet; **dans ces cas il vaut mieux se ~** in such cases it's best to keep quiet; **il sait se ~** he can keep a secret; **tais-toi!*** (= *ne m'en parle pas*) don't talk to me about it!

Taïwan /tajwan/ N Taiwan

taïwanais, e /tajwanɛ, ɛz/ **1** ADJ Taiwanese **2** NM,F **Taïwanais(e)** Taiwanese

tajine /taʒin/ NM (= *récipient*) earthenware cooking pot; (= *plat cuisiné*) *North African stew*

talc /talk/ NM [*de toilette*] talc

talent /talɑ̃/ NM ⓐ (= *don*) talent; **ses ~s d'imitateur** his talents as an impressionist; **avoir du ~** to be talented; **avoir beaucoup de ~** to have a great deal of talent; **auteur de ~** talented author ⓑ (= *personnes*) **encourager les jeunes ~s** to encourage young talent

talentueux, -euse /talɑ̃tɥø, øz/ ADJ talented

taliban /talibɑ̃/ **1** ADJ Taliban **2 Taliban** NM Taliban; **les ~** the Taliban

talkie-walkie (*pl* **talkies-walkies**) /tokiwoki/ NM walkie-talkie

taloche* /talɔʃ/ NF (= *gifle*) slap; **flanquer une ~ à qn** to slap sb

talon /talɔ̃/ 1 NM (a) [de pied, chaussure, jambon, pain] heel; **être sur les ~s de qn** to be hot on sb's heels (b) [de chèque, carnet à souche] stub 2 COMP ◆ **talon d'Achille** Achilles' heel ◆ **talons aiguilles** stiletto heels ◆ **talons hauts** high heels; **des chaussures à ~s hauts** high-heeled shoes ◆ **talons plats** flat heels; **chaussures à ~s plats** flat shoes

talonnade /talɔnad/ NF (Rugby) heel; (Football) back-heel

talonner /talɔne/ /TABLE 1/ VT (a) [+ fugitifs, coureurs] to be close behind; **talonné par qn** hotly pursued by sb; **les socialistes sont talonnés par les écologistes** the Greens are hot on the heels of the Socialists (b) (Rugby) **~ le ballon** to heel the ball

talonnette /talɔnɛt/ NF [de chaussure] heelpiece

talonneur /talɔnœʀ/ NM (Rugby) hooker

talus /taly/ NM embankment

tamanoir /tamanwaʀ/ NM anteater

tamaris /tamaʀis/ NM tamarisk

tambouille * /tɑ̃buj/ NF (= nourriture) grub*; **faire la ~** to cook the grub*

tambour /tɑ̃buʀ/ NM (a) (= instrument de musique) drum (b) (= porte) tambour; (à tourniquet) revolving door (c) (= cylindre) drum; [de moulinet] spool

tambourin /tɑ̃buʀɛ̃/ NM (= tambour de basque) tambourine; (= tambour haut et étroit) tambourin

tambouriner /tɑ̃buʀine/ /TABLE 1/ VI (avec les doigts) to drum; **~ sur** to drum one's fingers on; **~ à la porte** to hammer at the door

tamis /tami/ NM sieve; (à sable) riddle; [de raquette] (= surface) head; (= cordage) strings; **passer au ~** [+ farine, plâtre] to sieve; **raquette grand ~** large-headed racket

Tamise /tamiz/ NF **la ~** the Thames

tamiser /tamize/ /TABLE 1/ VT [+ farine, plâtre] to sieve; [+ sable] to riddle; **farine tamisée** sifted flour (b) [+ lumière] to filter; **lumière tamisée** subdued lighting

tampon /tɑ̃pɔ̃/ 1 NM (a) (pour boucher) stopper; (en bois) bung; (en coton) plug; (pour étendre un liquide, un vernis) pad; **servir de ~ entre deux personnes** to act as a buffer between two people (b) (pour règles) tampon; (pour nettoyer une plaie) swab (c) (pour timbrer) stamp; **le ~ de la poste** the postmark; **mettre un ~ sur qch** to stamp sth
2 ADJ INV **zone ~** buffer zone; **mémoire ~** buffer memory
3 COMP ◆ **tampon buvard** blotter ◆ **tampon encreur** inking-pad ◆ **tampon hygiénique** tampon ◆ **tampon Jex®** Brillo pad® ◆ **tampon à récurer** scouring pad

tamponner /tɑ̃pɔne/ /TABLE 1/ 1 VT (a) (= essuyer) to dab; [+ plaie] to swab; [+ front] to mop (b) (= heurter) to crash into (c) (avec un timbre) to stamp 2 VPR **se tamponner** (a) (= s'essuyer) [+ yeux] to dab; [+ front] to mop; **se ~ le visage avec un coton** to dab one's face with a piece of cotton wool (b) (= se heurter) (accident) to crash into each other; (exprès) to ram each other; **je m'en tamponne:** I don't give a damn:

tam-tam (pl **tam-tams**) /tamtam/ NM (= tambour) tomtom

tandem /tɑ̃dɛm/ NM (a) (= bicyclette) tandem (b) (= duo) pair; **travailler en ~** to work in tandem

tandis /tɑ̃di/ ADV **~ que** (simultanéité) while; (contraste, opposition) whereas

tangage /tɑ̃gaʒ/ NM [de navire, avion] pitching; **il y a du ~** (sur bateau) the boat's pitching

tangent, e /tɑ̃ʒɑ̃, ɑ̃t/ 1 ADJ (a) (Math) tangential (à to) (b) (= juste)* close; **on est passé mais c'était ~** we made it but it was a close thing; **il était ~** he was a borderline case; **il a eu son examen mais c'était ~** he passed his exam by the skin of his teeth 2 NF **tangente** tangent; **prendre la ~e** * (= partir) to make o.s. scarce; (= éluder) to dodge the issue

Tanger /tɑ̃ʒe/ N Tangier

tangible /tɑ̃ʒibl/ ADJ tangible

tango /tɑ̃go/ NM (a) (= danse) tango; **danser le ~** to do the tango (b) (= boisson) beer with pink syrup

tanguer /tɑ̃ge/ /TABLE 1/ VI [navire, avion] to pitch;

tout tanguait autour de lui (dans une pièce) the room was spinning (b) (= tituber) to reel

tanière /tanjɛʀ/ NF [d'animal] den; [de malfaiteur] lair; [de solitaire] hideaway

tanin /tanɛ̃/ NM tannin

tank /tɑ̃k/ NM tank

tanker /tɑ̃kœʀ/ NM tanker

tannant, e * /tanɑ̃, ɑ̃t/ ADJ (= agaçant) maddening*; **il est ~ avec ses remarques idiotes** his stupid remarks are enough to drive you mad*

tanner /tane/ /TABLE 1/ VT (a) [+ cuir] to tan; [+ visage] to weather; **visage tanné** weather-beaten face (b) (= harceler)* **~ qn** to pester sb; (= ennuyer)* to drive sb mad*; **ça fait des semaines qu'il me tanne pour aller voir ce film** he's been pestering me for weeks to go and see that film

---

tant /tɑ̃/ ADVERBE

(a) **= tellement** (avec verbe) so much; (avec adjectif, participe) so; **il l'aime ~ !** he loves her so much!; **tu m'en diras ~ !** really!; **cet enfant ~ désiré** this child they had longed for so much; **le jour ~ attendu arriva** the long-awaited day arrived

◆ **tant de** (singulier) so much; (pluriel) so many; **fait avec ~ d'habileté** done with so much skill; **il y avait ~ de brouillard qu'il s'est perdu** it was so foggy that he got lost; **~ de fois** so many times; **comme ~ d'autres** like so many others; **elle a ~ de sensibilité** she's so sensitive

(b) **quantité non précisée** so much; **gagner ~ par mois** to earn so much a month

(c) **= autant** **les enfants, ~ filles que garçons** the children, both girls and boys; **ses œuvres ~ politiques que lyriques** both his political and his poetic works; **il criait ~ qu'il pouvait** he shouted as loud as he could

◆ **tant que ça** : **~ que ça ?** as much as that?; **pas ~ que ça** not that much; **tu la paies ~ que ça ?** do you pay her as much as that?; **je ne l'ai pas vu ~ que ça pendant l'été** I didn't see him that much during the summer

(d) **locutions**

◆ **tant il est vrai que** : **il sera difficile de sauver l'entreprise, ~ il est vrai que sa situation financière est désastreuse** the financial situation is so disastrous that it will be difficult to save the company

◆ **tant et si bien que** so much so that

◆ **tant bien que mal** : **ils essaient ~ bien que mal de conserver leur emploi** they're doing their best to keep their jobs; **la plupart survivent ~ bien que mal avec leurs économies** most of them manage to get by on their savings

◆ **tant mieux** (= à la bonne heure) good; (avec une certaine réserve) so much the better; **~ mieux pour lui** good for him

◆ **tant pis** that's just too bad; **~ pis pour lui** that's just too bad for him; **je ne peux pas venir — ~ pis pour toi !** I can't come — that's your loss!

◆ **tant que** (= aussi longtemps que) as long as; (= pendant que) while; **~ qu'elle aura de la fièvre, elle restera au lit** as long as she has a temperature she'll stay in bed; **~ que tu n'auras pas fini tes devoirs, tu resteras à la maison** you can't go out until you've finished your homework; **~ qu'on a la santé !*** as long as you've got your health! ■(PROV) **~ qu'il y a de la vie, il y a de l'espoir** where there's life, there's hope (PROV); **~ que tu y es, achète aussi du pain** while you are at it, buy some bread as well; **je veux une moto — pourquoi pas une voiture ~ que tu y es !*** I want a motorbike — why not a car while you're at it!*

◆ **tant qu'à faire** : **~ qu'à faire, allons-y maintenant** we might as well go now; **j'aurais préféré être beau et riche, ~ qu'à faire** I would have preferred to have been handsome and rich for that matter; **~ qu'à faire, faites-le bien** if you're going to do it, do it properly

◆ **en tant que** (= comme) as; **en ~ qu'ami de la famille** as a family friend; **en ~ que tel** as such

---

tante /tɑ̃t/ NF (a) (= parente) aunt (b) (= homosexuel): queer:

tantine * /tɑ̃tin/ NF (*langage enfantin*) auntie*

tantinet * /tɑ̃tinɛ/ NM **un ~ ridicule** a tiny bit ridiculous

tantôt /tɑ̃to/ ADV ⓐ (= *parfois*) **~ à pied, ~ en voiture** sometimes on foot, sometimes by car ⓑ (= *cet après-midi*) this afternoon

Tanzanie /tɑ̃zani/ NF Tanzania

tanzanien, -ienne /tɑ̃zanjɛ̃, jɛn/ **1** ADJ Tanzanian **2** NM,F **Tanzanien(ne)** Tanzanian

taoïsme /taoism/ NM Taoism

taoïste /taoist/ ADJ, NM,F Taoist

taon /tɑ̃/ NM horsefly

tapage /tapaʒ/ **1** NM ⓐ (= *vacarme*) row; **faire du ~ to kick up*** a row ⓑ (= *battage*) fuss; **ils ont fait un tel ~ autour de cette affaire que ...** they made such a fuss about this that ... **2** COMP ♦ **tapage nocturne** disturbance (*at night*)

tapant, e /tapɑ̃, ɑ̃t/ ADJ **à 8 heures ~es** at 8 o'clock sharp

tape /tap/ NF (= *coup*) slap; **il m'a donné une grande ~ dans le dos** he slapped me hard on the back; **petite ~ amicale** friendly little tap

tape-à-l'œil /tapalœj/ ADJ INV [*décoration, vêtements*] flashy

tapées : /tape/ NFPL **des ~ de** loads of*

taper /tape/ /TABLE 1/ **1** VT ⓐ (= *frapper*) [+ *enfant*] to slap; [+ *tapis*] to beat; **~ un coup à la porte** to knock once at the door
ⓑ (*à la machine, sur un ordinateur*) to type; **tapé à la machine** typed; **tapez 36 15** type in 36 15
ⓒ (= *demander de l'argent à*)* **il tape tous ses collègues** he scrounges* off all his colleagues; **~ qn de 500 €** to scrounge* 500 euros off sb
2 VI ⓐ (= *frapper*) **~ sur un clou** to hit a nail; **~ sur la table** to bang on the table; **~ sur qn*** to thump sb; (= *dire du mal de qn*) to bad-mouth sb*; **~ sur la gueule de qn‡** to belt sb‡; **~ à la porte** to knock on the door; **~ dans un ballon** to kick a ball about; **ça tape fort aujourd'hui !*** (*soleil*) it's scorching hot today!
ⓑ (*à la machine, sur un ordinateur*) to type; **apprendre à ~ à la machine** to learn to type; **tape sur la touche « Retour »** hit "Return"
ⓒ (*locutions*) **se faire ~ sur les doigts*** to be rapped over the knuckles; **~ sur les nerfs ou le système de qn*** to get on sb's nerves*
♦ **taper dans*** [+ *provisions, caisse*] to dig into*
♦ **taper dans l'œil de qn*** to take sb's fancy*; **elle lui a tapé dans l'œil*** he took a fancy to her
♦ **taper dans le tas*** (*bagarre*) to pitch into the crowd
3 VPR **se taper** ⓐ (= *se frapper*) **c'est à se ~ la tête contre les murs** it's enough to drive you up the wall*
ⓑ (= *prendre, faire*)‡ [+ *repas*] to put away*; [+ *corvée, importun*] to get landed with*; **on s'est tapé les 10 km à pied** we did the whole 10km on foot; **se ~ qn** (*sexuellement*) to have it off with sb‡; **il s'en tape complètement*** he couldn't give a damn*

tapette /tapɛt/ NF ⓐ (*pour tapis*) carpet beater; (*pour mouches*) flyswatter ⓑ (*pour souris*) mousetrap ⓒ (= *homosexuel*)‡ queer‡

tapioca /tapjɔka/ NM tapioca

tapir (se) /tapiʀ/ /TABLE 2/ VPR (= *se blottir*) to crouch; (= *se cacher*) to hide away; (= *s'embusquer*) to lurk; **une maison tapie au fond de la vallée** a house hidden away at the bottom of the valley

tapis /tapi/ **1** NM ⓐ [*de sol*] carpet; (*petit*) rug; (= *natte*) mat; (*dans un gymnase*) mat; **aller au ~** [*boxeur*] to go down for the count; **envoyer qn au ~** to floor sb; **~ de neige** carpet of snow
ⓑ [*de table de jeu*] covering
2 COMP ♦ **tapis de bain** bathmat ♦ **tapis rouge** red carpet; **dérouler le ~ rouge** to roll out the red carpet ♦ **tapis roulant** (*pour colis, marchandises*) conveyor belt; (*pour piétons*) moving walkway; (*pour bagages*) carousel ♦ **tapis de selle** saddlecloth ♦ **tapis de sol** (*Camping*) ground-

sheet; (*Gym*) exercise mat ♦ **tapis de souris** (*Informatique*) mouse mat ♦ **tapis volant** flying carpet

tapis-brosse (*pl* **tapis-brosses**) /tapibʀɔs/ NM doormat

tapissé, e /tapise/ (*ptp de* **tapisser**) ADJ **~ de** covered with; **mur ~ de photos** wall covered with photos; **murs ~s de livres** walls lined with books; **~ de neige** [*sol*] carpeted with snow

tapisser /tapise/ /TABLE 1/ VT ⓐ (*de papier peint*) to paper ⓑ (= *recouvrir*) to cover; [+ *plat, moule*] to line; **~ un mur de photos** to cover a wall with photos

tapisserie /tapisʀi/ NF ⓐ (= *tenture, broderie*) tapestry; (= *papier peint*) wallpaper; **fauteuil recouvert de ~** tapestry armchair; **faire ~** [*danseur*] to be a wallflower ⓑ (= *activité*) tapestry work; **faire de la ~** to do tapestry work

tapissier, -ière /tapisje, jɛʀ/ NM,F (= *fabricant*) tapestrymaker; (= *commerçant*) upholsterer ♦ **tapissier-décorateur** interior decorator

tapoter /tapɔte/ /TABLE 1/ **1** VT [+ *baromètre*] to tap; [+ *joue*] to pat; **~ sa cigarette pour faire tomber la cendre** to flick the ash off one's cigarette **2** VI **~ sur** to tap on; (*nerveusement*) to drum one's fingers on; **~ sur un clavier** to tap away at a keyboard

taquet /takɛ/ NM (= *cale*) wedge; (= *cheville*) peg ♦ **taquet de tabulation** tab stop

taquin, e /takɛ̃, in/ ADJ teasing (*avant le nom*); **il est très ~** he's a real tease

taquiner /takine/ /TABLE 1/ **1** VT ⓐ [*personne*] to tease ⓑ [*fait, douleur*] to bother **2** VPR **se taquiner** to tease each other; **ils n'arrêtent pas de se ~** they're always teasing each other

taquinerie /takinʀi/ NF teasing (*NonC*); **agacé par ses ~s** annoyed by his teasing

tarabiscoté, e /taʀabiskɔte/ ADJ [*meuble, style*] overornate; [*explication*] involved

tarabuster /taʀabyste/ /TABLE 1/ VT ⓐ [*personne*] to pester; **il m'a tarabusté pour que j'y aille** he pestered me to go ⓑ [*fait, idée*] to bother

tarama /taʀama/ NM taramasalata

tard /taʀ/ **1** ADV late; **il est ~** it's late; **il se fait ~** it's getting late; **se coucher ~** to go to bed late; **travailler ~ dans la nuit** to work late into the night; **c'est un peu ~ pour t'excuser** it's a bit late in the day to apologize
♦ **plus tard** later; **remettre qch à plus ~** to put sth off; **pas plus ~ qu'hier** only yesterday
♦ **au plus tard** at the latest; **il vous faut arriver jeudi au plus ~** you must be there by Thursday at the latest
2 NM **sur le ~** (*dans la vie*) late in life

tarder /taʀde/ /TABLE 1/ VI ⓐ (= *traîner*) to delay; **~ à entreprendre qch** to delay starting sth; **ne tardez pas** don't delay; **sans ~** without delay; **sans plus ~** without further delay ⓑ (= *être lent à venir*) **sa réponse a trop tardé** he was too slow in replying; **ça n'a pas tardé** it wasn't long in coming; **leur réaction ne va pas ~** they won't take long to react; **il est 2 heures : ils ne vont pas ~** it's 2 o'clock - they won't be long now; **il n'a pas tardé à s'en apercevoir** it didn't take him long to notice

tardif, -ive /taʀdif, iv/ ADJ late; [*regrets, remords*] belated; **rentrer à une heure tardive** to come home late at night; **cette prise de conscience a été tardive** this realization was slow in coming

tardivement /taʀdivmɑ̃/ ADV (= *à une heure tardive*) late; (= *après coup, trop tard*) belatedly

tare /taʀ/ NF defect; **~ héréditaire** hereditary defect; **ce n'est pas une ~ !** it's not a sin!

taré*, e /taʀe/ **1** ADJ crazy **2** NM,F **regardez-moi ce ~*** look at that cretin*

tarentule /taʀɑ̃tyl/ NF tarantula

targette /taʀʒɛt/ NF (= *verrou*) bolt

targuer (se) /taʀge/ /TABLE 1/ VPR (= *se vanter*) **se targuer de qch** to boast about sth; **se targuer d'avoir fait qch** to pride o.s. on having done sth

tarif /taʀif/ 1 NM ⓐ (= *tableau*) price list; **le ~ des consommations** the price list for drinks ⓑ (= *prix*) rate; (*Transports*) fare; **le ~ postal pour l'étranger** overseas postage rates; **le ~ des taxis** taxi fares; **payé au ~ syndical** paid according to union rates; **quels sont vos ~s ?** how much do you charge?; **voyager à plein ~** to travel full fare; **billet plein ~** (*Transports*) full-fare ticket; (*Ciné, Théât*) full-price ticket; **envoyer une lettre au ~ économique** ≈ to send a letter second class; **deux mois de prison, c'est le ~ !** two months' prison is what you get!

2 COMP ♦ **tarif de base** basic rate ♦ **tarif dégressif** sliding scale of charges ♦ **tarif étudiant** (*pour transports*) student fare; (*pour loisirs*) student concession ♦ **tarif jeunes** (*pour transports*) youth fare ♦ **tarif de nuit** off-peak rate ♦ **tarif réduit** (*Transports*) reduced fare; (*Ciné, Théât*) reduced price; **« ~s réduits pour étudiants »** "special prices for students"; **billet à ~ réduit** reduced-price ticket

tarification /taʀifikasjɔ̃/ NF (= *prix*) prices; **nouvelle ~ à compter du 23 mai** new prices as of 23 May

tarir /taʀiʀ/ /TABLE 2/ 1 VI ⓐ [*source*] to dry up ⓑ [*personne*] **il ne tarit pas sur ce sujet** he can't stop talking about it; **il ne tarit pas d'éloges sur elle** he can't stop singing her praises 2 VPR **se tarir** [*source*] to dry up

tarot /taʀo/ NM tarot

Tartan ® /taʀt/ NM (= *revêtement*) Tartan®; (= *piste*) tartan track

tartan /taʀtɑ̃/ NM (= *tissu*) tartan

tarte /taʀt/ 1 NF ⓐ (= *pâtisserie*) tart; **c'est pas de la ~*** it's not easy ⓑ (= *gifle*)‡ slap; **elle lui a filé une ~** she slapped him in the face 2 ADJ INV* frumpy; **j'ai l'air ~ dans cette robe** I look a frump in this dress 3 COMP ♦ **tarte à la crème** cream tart ♦ **tarte aux pommes** apple tart ♦ **tarte Tatin** tarte Tatin (*upside-down apple tart*)

tartelette /taʀtəlɛt/ NF tartlet

tartine /taʀtin/ NF [*de pain*] piece of bread; (*beurrée*) piece of bread and butter; (*à la confiture*) piece of bread and jam; **le matin, on mange des ~s** in the morning we have bread and jam; **tu as déjà mangé trois ~s, ça suffit** you've already had three pieces of bread, that's enough; **~ grillée** piece of toast; **il en a mis une ~*** he wrote reams

tartiner /taʀtine/ /TABLE 1/ VT to spread; **~ un petit pain de miel** to spread a roll with honey; **fromage à ~** cheese spread; **il en a tartiné plusieurs pages*** he went on about it for several pages

tartre /taʀtʀ/ NM [*de dents, tonneau*] tartar; [*de chaudière, bouilloire*] scale

tas /ta/ 1 NM pile; **mettre en ~** to put in a pile; **~ de crétins !*** you bunch of idiots!*

♦ **un tas de** ♦ **des tas de*** (= *beaucoup de*) loads of*; **il connaît un ~ de choses** he knows loads* of things; **il connaît un ~ de gens** he knows loads* of people; **il y avait tout un ~ de gens** there was a whole load* of people there; **j'ai appris des ~ de choses sur lui** I found out a lot about him; **il m'a raconté un ~ de mensonges** he told me a load* of lies

♦ **dans le tas** : **tirer dans le ~*** to fire into the crowd; **foncer dans le ~*** to charge in; **dans le ~, tu trouveras bien un stylo qui marche** you'll find one pen that works; **j'ai acheté des cerises, tape dans le ~*** I've bought some cherries so dig in*

♦ **sur le tas** (= *par la pratique*) **apprendre un métier sur le ~** to learn a trade as one goes along; **il s'est formé sur le ~** he was trained on the job; **formation sur le ~** on-the-job training

2 COMP ♦ **tas de ferraille** scrapheap; **cette voiture est un vrai ~ de ferraille*** that car's only fit for the scrapheap ♦ **tas de fumier** dung heap ♦ **tas d'ordures** rubbish (*Brit*) ou garbage (*US*) heap

Tasmanie /tasmani/ NF Tasmania

tasmanien, -ienne /tasmanjɛ̃, jɛn/ ADJ Tasmanian

tasse /tas/ NF cup; **~ de thé** cup of tea; **ce n'est pas ma ~ de thé** it's not my cup of tea ♦ **tasse à café** coffee cup ♦ **tasse à thé** teacup

tassé, e /tase/ (*ptp de* **tasser**) ADJ ⓐ **tassés** (= *serrés*) [*spectateurs, passagers*] packed tight

ⓑ ♦ **bien tassé*** [*whisky*] stiff; **café bien ~** good strong coffee; **trois kilos bien ~s** a good three kilos; **il a 50 ans bien ~s** he's well over fifty

tassement /tasmɑ̃/ NM ⓐ **~ de la colonne vertébrale** compression of the spine ⓑ (= *diminution*) **le ~ des voix en faveur du candidat** the drop in votes for the candidate; **un ~ de l'activité économique** a downturn in economic activity

tasser /tase/ /TABLE 1/ 1 VT (= *comprimer*) [+ *sol, neige*] to pack down; [+ *foin, paille*] to pack; **~ des vêtements dans une valise** to cram clothes into a suitcase; **~ le contenu d'une valise** to squash down the contents of a suitcase; **~ des prisonniers dans un camion** to cram prisoners into a truck

2 VPR **se tasser** ⓐ (= *s'affaisser*) [*terrain*] to subside; [*vieillard, corps*] to shrink; [*demande*] to slow down

ⓑ (= *se serrer*) to bunch up; **on s'est tassé à dix dans la voiture** ten of us crammed into the car; **tassez-vous, il y a encore de la place** squeeze up, there's still room

ⓒ (= *s'arranger*)* to settle down; **ne vous en faites pas, ça va se ~** don't worry - things will settle down

tata* /tata/ NF (= *tante*) auntie*

tâter /tate/ /TABLE 1/ 1 VT (= *palper*) to feel; **marcher en tâtant les murs** to feel one's way along the walls; **~ le terrain** to find out how the land lies 2 VPR **se tâter** ⓐ (*après une chute*) to feel o.s. (*for injuries*); (*pensant avoir perdu qch*) to pat one's pockets ⓑ (= *hésiter*)* to hesitate; **viendras-tu ? — je ne sais pas, je me tâte** are you coming? — I don't know, I haven't made up my mind

tati* /tati/ NF (*langage enfantin*) auntie*

tatillon, -onne /tatijɔ̃, ɔn/ ADJ finicky

tâtonnement /tatɔnmɑ̃/ NM **après bien des ~s** after a lot of trial and error; **procéder par ~s** to proceed by trial and error

tâtonner /tatɔne/ /TABLE 1/ VI to grope around; (*pour se diriger*) to feel one's way along

tâtons /tatɔ̃/ ♦ **à tâtons** LOC ADV **avancer à ~** to feel one's way along; **chercher qch ~** to grope around for sth

tatou /tatu/ NM armadillo

tatouage /tatwaʒ/ NM (= *dessin*) tattoo

tatouer /tatwe/ /TABLE 1/ VT to tattoo; **se faire ~ le dos** to have one's back tattooed

taudis /todi/ 1 NM (= *logement*) hovel; **ta chambre est un vrai ~** your room's a real pigsty 2 NMPL **des taudis** slums

taulard, -arde /tolaʀ, aʀd/ NM,F convict

taule ‡ /tol/ NF (= *prison*) jail; **être en ~** to be inside*; **aller en ~** to go to jail; **mettre qn en ~** to put sb in jail; **il a fait de la ~** he's done time*

taupe /top/ NF ⓐ (= *animal, espion*) mole ⓑ (= *classe*)* *advanced maths class preparing for the grandes écoles* → GRANDES ÉCOLES

taupinière /topinjɛʀ/ NF (= *tas*) molehill; (= *terrier*) mole tunnel

taureau (*pl* **taureaux**) /tɔʀo/ NM ⓐ (= *animal*) bull; **~ de combat** fighting bull; **prendre le ~ par les cornes** to take the bull by the horns ⓑ (= *signe*) **le Taureau** Taurus; **il est Taureau** he's a Taurus

tauromachie /tɔʀɔmaʃi/ NF bullfighting

taux /to/ NM rate; **~ de TVA** VAT rate; **prêt à ~ zéro** interest-free loan; **~ de réussite** (*à un examen*) pass rate; **~ de fréquentation** (*de cinéma*) box office figures; **~ de pollution** level of pollution; **~ de radioactivité** level of radioactivity ♦ **taux d'audience** audience figures ♦ **taux de change** exchange rate ♦ **taux de chômage** unemployment rate ♦ **taux d'écoute** audience figures ♦ **taux d'intérêt** interest rate

taverne /tavɛʀn/ NF tavern

taxation /taksasjɔ̃/ NF (= *imposition*) tax

taxe /taks/ NF tax; (*à la douane*) duty; **hors ~s** [*boutique, article*] duty-free; (*sur facture*) exclusive of VAT; [*prix*] before tax (attrib) ◆ **taxes d'aéroport** airport taxes ◆ **taxe de sé-jour** tourist tax ◆ **taxe sur la valeur ajoutée** value-added (Brit) ou sales (US) tax → IMPÔTS

taxer /takse/ /TABLE 1/ VT ⓐ (= imposer) [+ marchandises, service] to tax; (à la douane) to impose duty on; **produits taxés à 5,5%** products taxed at 5.5% ⓑ (= prendre)* to pinch*; **je peux te ~ une cigarette?** can I pinch* a ciga-rette?; **il m'a taxé 100 €** he got 100 euros out of me* ⓒ ~ **qn de qch** (= accuser) to accuse sb of sth; (= qualifier) to call sb sth; **on l'a taxé de xénophobie** he was accused of xeno-phobia

taxi /taksi/ NM ⓐ (= voiture) taxi ⓑ (= chauffeur)* taxi driver; **j'en ai assez de faire le ~** I'm fed up* driving every-one around

TB (ABBR = très bien) VG

Tchad /tʃad/ NM Chad

tchador /tʃadɔʀ/ NM chador

tchao /tʃao/ EXCL ciao!

tchatche ‡ /tʃatʃ/ NF **avoir la ~** to have the gift of the gab*

tchèque /tʃɛk/ 1 ADJ Czech; **la République ~** the Czech Republic 2 NM (= langue) Czech 3 NMF **Tchèque** Czech

Tchéquie /tʃeki/ NF **la ~** the Czech Republic

Tchétchénie /tʃetʃeni/ NF Chechnya

tchin-tchin * /tʃintʃin/ EXCL cheers!

TD /tede/ NM (ABBR = travaux dirigés) tutorial

te /tə/ PRON PERS ⓐ (objet) you; **il t'aime** he loves you; **te l'a-t-il dit?** did he tell you? ⓑ (réfléchi) yourself; **tu t'es fait mal?** did you hurt yourself?; (datif) **sens-tu?** how do you feel?; **va te laver les dents** go and brush your teeth

technicien, -ienne /tɛknisjɛ̃, jɛn/ NM,F technician; **~ électronique** electronics engineer ◆ **technicien de surfa-ce** cleaning operative

technico-commercial, e (mpl **technico-commerciaux**) /tɛknikokɔmɛʀsjal, jo/ ADJ, NM,F **agent ~** technical salesman; **ingénieur ~** sales engineer

technicolor® /tɛknikɔlɔʀ/ NM Technicolor®; **en ~** in Technicolor

technique /tɛknik/ 1 ADJ technical; **il a fait une forma-tion ~** he did a technical training course → **chômage** 2 NF ⓐ (= méthode) technique; **il n'a pas la ~*** he hasn't got the right technique ⓑ (= technologie) **la ~** technology 3 NM (= enseignement) technical training; **il est professeur dans le ~** he's a technical teacher

techniquement /tɛknikmɑ̃/ ADV technically

techno /tɛkno/ 1 ADJ **la musique ~** techno 2 NF ⓐ (= technologie)* technology ⓑ (= musique) techno

technocrate /tɛknɔkʀat/ NMF technocrat

technologie /tɛknɔlɔʒi/ NF technology; **~ de l'informa-tion** information technology; **la haute ~** high technology

technologique /tɛknɔlɔʒik/ ADJ technological

technopole /tɛknɔpɔl/ NF town with high-tech industrial research and development facilities

technopôle /tɛknopol/ NM science and technology park

teck /tɛk/ NM teak

teckel /tekɛl/ NM dachshund

tee /ti/ NM tee; **partir du ~** to tee off

tee-shirt /tiʃœʀt/ NM T-shirt

Téhéran /teeʀɑ̃/ N Teheran

teigne /tɛɲ/ NF ⓐ (= papillon) moth ⓑ (= homme) rat‡; (= femme) cow‡

teigneux, -euse /tɛɲø, øz/ ADJ **il est ~** (= acariâtre) he's a misery guts‡

teindre /tɛ̃dʀ/ /TABLE 52/ 1 VT to dye 2 VPR **se ~**: **se ~ les cheveux** to dye one's hair

teint, e /tɛ̃, tɛ̃t/ (ptp de **teindre**) 1 ADJ [cheveux, laine] dyed; **elle est ~e** her hair is dyed 2 NM ⓐ [de peau] complexion; (momentané) colour (Brit), color (US); **avoir le ~ frais** to be looking well ⓑ [de tissu] **grand ~** [couleur] fast; [tissu] colourfast (Brit), colorfast (US) 3 NF **teinte** (= nuance) shade; (= couleur) colour (Brit), color (US)

teinté, e /tɛ̃te/ (ptp de **teinter**) ADJ [bois] stained; [verre] tinted; **discours ~ de racisme** speech tinged with racism

teinter /tɛ̃te/ /TABLE 1/ VT [+ papier, verre] to tint; [+ meu-ble, bois] to stain

teinture /tɛ̃tyʀ/ NF ⓐ (= colorant) dye ⓑ (= action) dye-ing ⓒ (= médicament) **~ d'iode** tincture of iodine

teinturerie /tɛ̃tyʀʀi/ NF (= magasin) dry cleaner's

teinturier, -ière /tɛ̃tyʀje, jɛʀ/ NM,F (qui nettoie) dry cleaner

tel, telle /tɛl/ ADJ ⓐ (similitude) such ■ (PROV) **~ père, ~ fils** like father like son; **as-tu jamais rien vu de ~?** have you ever seen such a thing?; **telles furent ses dernières paroles** those were his last words; **il est le patron, en tant que ~ il aurait dû agir** he is the boss and as such he ought to have taken action

◆ **un tel** ◆ **une telle** such a; **on n'a jamais vu une telle cohue** you've never seen such a crush; **c'est une telle joie de l'entendre!** it's such a joy to hear him!; **une telle igno-rance est inexcusable** such ignorance is inexcusable

◆ **tel que** like; **un homme ~ que lui doit comprendre** a man like him must understand; **les métaux ~s que l'or, l'argent et le platine** metals like gold, silver and platinum; **~ que je le connais, il ne viendra pas** if I know him, he won't come; **~ que vous me voyez, je reviens d'Afrique** I'm just back from Africa; **restez ~ que vous êtes** stay just as you are; **là il se montre ~ qu'il est** now he's showing him-self as he really is; **il m'a dit : « sortez d'ici ou je vous sors »,** ~ **que!** he said to me "get out of here or I'll throw you out" - just like that!

◆ **tel quel** ◆ **telle quelle** *: **il a acheté la maison telle quelle** he bought the house just as it was; **laissez tous ces dossiers ~s quels** leave all those files as they are ⓑ (avec conséquence) **de telle manière** in such a way; **ils ont eu de ~s ennuis avec leur voiture qu'ils l'ont vendue** they had such trouble with their car that they sold it; **de telle sorte que** so that ⓒ (indéfini) such-and-such; **~ et ~** such-and-such; **venez ~ jour à telle heure** come on such-and-such a day at such-and-such a time; **j'ai lu dans ~ ou ~ article que ...** I read in some article or other that ...

tél. (ABBR = **téléphone**) tel.

télé * /tele/ NF (ABBR = **télévision**) TV; **allume la ~** turn on the TV; **il travaille à la ~** he works on TV; **qu'est-ce qu'il y a à la ~ ce soir?** what's on TV tonight?; **c'est passé à la ~** it was on TV

téléachat /teleaʃa/ NM teleshopping (NonC)

télécabine /telekabin/ NF cable car

télécarte® /telekaʀt/ NF phonecard

téléchargeable /teleʃaʀʒabl/ ADJ downloadable

téléchargement /teleʃaʀʒəmɑ̃/ NM (= action) download-ing; (= fichier) download

télécharger /teleʃaʀʒe/ VTI to download

télécommande /telekɔmɑ̃d/ NF remote control

télécommander /telekɔmɑ̃de/ /TABLE 1/ VT to operate by remote control; **un complot télécommandé de l'étranger** a plot masterminded from abroad

télécommunications /telekɔmynikasjɔ̃/ NFPL telecom-munications; **réseau de ~** telecommunications network; **les ~ sont en pleine expansion** the telecommunications industry is booming

télécoms /telekɔm/ NFPL **les ~** telecommunications; **ingénieur ~** telecommunications engineer

téléconférence /telekɔ̃feʀɑ̃s/ NF (= discussion) tele-conference

télécopie /telekɔpi/ NF fax; **transmettre par ~** to send by fax

télécopieur /telekɔpjœʀ/ NM fax

télédéclaration /teledeklaʀasjɔ̃/ NF [d'impôts] online tax returns

télédiffusion /teledifyzjɔ̃/ NF television broadcasting

télédistribution /teledistʀibysjɔ̃/ NF cable broadcasting

téléenseignement /teleɑ̃sɛɲmɑ̃/ NM distance learning

téléférique /telefeʀik/ NM cable car

téléfilm /telefilm/ NM TV film

télégénique /teleʒenik/ ADJ telegenic

télégramme /telegram/ NM telegram

télégraphique /telegrafik/ ADJ telegraphic; [*poteau, fils*] telegraph; [*alphabet, code*] Morse

téléguidage /telegidaʒ/ NM remote control

téléguider /telegide/ /TABLE 1/ VT ⓐ [+ *machine, véhicule*] to operate by remote control; **voiture téléguidée** remote-controlled car; **engin téléguidé** guided missile ⓑ [+ *personne, organisation*] to control; [+ *action, complot, campagne*] to mastermind

téléjournal /teleʒurnal/ NM (*Helv*) television news

télémarketing /telemarketiŋ/ NM telemarketing

télématique /telematik/ 1 ADJ [*service, réseau, serveur*] data communications 2 NF telematics (*sg*)

téléobjectif /teleɔbʒɛktif/ NM telephoto lens

téléopérateur, -trice /teleɔpeʀatœʀ, tʀis/ NM,F call-centre operator

télépaiement /telepɛmɑ̃/ NM electronic payment

télépathie /telepati/ NF telepathy

télépéage /telepeaʒ/ NM *motorway toll system based on electronic tagging of cars*

téléphérique /teleferik/ NM cable car

téléphone /telefɔn/ 1 NM phone; **avoir le ~** to have a phone; **donne-moi ton ~*** (= *numéro*) give me your phone number

◆ **au téléphone**: **il est au ~** he's on the phone; **on vous demande au ~** there's someone on the phone for you; **j'avais Jean au ~ quand on nous a coupés** I was on the phone to Jean when we were cut off

◆ **par téléphone** [*réserver*] by phone; **demande-le-lui par ~** phone him about it; **tu peux me donner les renseignements par ~** you can give me the information over the phone

◆ **coup de téléphone** phone call; **passer un coup de ~ à qn** to phone sb; **il faut que je donne un coup de ~** I've got to make a phone call; **recevoir un coup de ~ de qn** to get a phone call from sb; **j'ai eu un coup de ~ de Richard** I had a phone call from Richard

2 COMP ◆ **téléphone avec appareil photo** camera phone ◆ **téléphone arabe** bush telegraph ◆ **téléphone à carte** cardphone ◆ **téléphone mobile, téléphone portable** mobile phone (*Brit*), cellphone (*US*) ◆ **téléphone public** public phone ◆ **téléphone rose** (= *service*) telephone sex line ◆ **le téléphone rouge** the hot line; **il l'a appelé par le ~ rouge** he called him on the hot line ◆ **téléphone sans fil** cordless phone ◆ **téléphone à touches** push-button phone

téléphoner /telefɔne/ /TABLE 1/ 1 VI to phone; **à qn** to phone sb; **où est Martin? — il téléphone** where's Martin? — he's on the phone; **j'étais en train de ~ à Paul** I was on the phone to Paul; **je téléphone beaucoup, je n'aime pas écrire** I use the phone a lot as I don't like writing letters 2 VT [+ *message*] to give by telephone; **il m'a téléphoné la nouvelle** he phoned and told me the news; **c'était téléphoné!*** it was a bit obvious! 3 VPR **se téléphoner** to phone each other

téléphonie /telefɔni/ NF telephony; **~ mobile** mobile telephony

téléphonique /telefɔnik/ ADJ telephone

téléprospection /telepʀɔspɛksjɔ̃/ NF telesales

téléréalité /teleʀealite/ NF reality TV

téléreportage /teleʀ(ə)pɔʀtaʒ/ NM ⓐ (= *activité*) television reporting ⓑ (= *reportage*) television report

télescope /telɛskɔp/ NM telescope

télescoper (se) /telɛskɔpe/ /TABLE 1/ VPR [*véhicules*] to concertina; [*souvenirs*] to become confused

télescopique /telɛskɔpik/ ADJ telescopic

téléservice /teleseʀvis/ NM on-line services

télésiège /telesjɛʒ/ NM chairlift

téléski /teleski/ NM ski lift

téléspectateur, -trice /telespɛktatœʀ, tʀis/ NM,F viewer

télésurveillance /telesyʀvɛjɑ̃s/ NF electronic surveillance; **caméra de ~** security camera

Télétel ® /teletɛl/ NM electronic telephone directory

télétexte /teletɛkst/ NM Teletext®

télétravail /teletʀavaj/ NM teleworking

télévangéliste /televɑ̃ʒelist/ NMF televangelist

télévente /televɑ̃t/ NF telesales

téléviser /televize/ /TABLE 1/ VT to televise

téléviseur /televizœʀ/ NM television (set)

télévision /televizjɔ̃/ NF television; **à la ~** on television; **il est passé à la ~** [*personne*] he has been on television; [*film*] it has been on television; **regarder la ~** to watch television ◆ **télévision haute définition** high definition television ◆ **télévision par câble** cable television ◆ **télévision par satellite** satellite television ◆ **télévision payante** pay television

télévisuel, -elle /televizɥɛl/ ADJ television

télex /telɛks/ NM INV telex; **envoyer qch par ~** to telex sth

telle /tɛl/ ADJ → **tel**

tellement /tɛlmɑ̃/ ADV ⓐ (= *si*) so; (*avec comparatif*) so much; **il est ~ gentil** he's so nice; **~ plus fort** so much stronger; **~ plus beau** so much more beautiful; **~ meilleur** so much better; **j'étais ~ fatigué que je me suis couché immédiatement** I was so tired that I went straight to bed ⓑ (= *tant*) so much; (*avec pluriel*) so many; **~ de gens** so many people; **~ de temps** so much time; **il a ~ insisté que ...** he insisted so much that ...; **il travaille ~ qu'il se rend malade** he works so much that he's making himself ill ⓒ (*introduisant une cause*) **on ne le comprend pas, ~ il parle vite** he talks so fast that you can't understand him; **il trouve à peine le temps de dormir, ~ il travaille** he works so much that he hardly finds time to sleep ⓓ (*locutions*)

◆ **pas tellement**: **pas ~ fort** not that strong; **il ne travaille pas ~** he doesn't work that much; **tu aimes le cinéma? — pas ~** do you like the cinema? — not particularly

◆ **plus tellement**: **ce n'est plus ~ à la mode** it's not really that fashionable any more; **cela ne se fait plus ~** people no longer do that very much; **y allez-vous toujours? — plus ~, maintenant qu'il y a le bébé** do you still go there? — not much now that we've got the baby; **on ne la voit plus ~** we don't see much of her any more

téloche* /telɔʃ/ NF TV; **à la ~** on TV

téméraire /temeʀɛʀ/ ADJ rash

témoignage /temwaɲaʒ/ NM ⓐ (*en justice*) evidence (*NonC*); **recueillir des ~s** to gather evidence; **c'est un ~ écrasant** it's conclusive proof ⓑ (= *récit, rapport*) account; **ce livre est un merveilleux ~ sur notre époque** this book gives a marvellous account of the age we live in ⓒ (= *signe*) **~ de reconnaissance** (= *geste*) gesture of gratitude; (= *cadeau*) token of gratitude; **leurs ~s de sympathie nous ont touchés** we were touched by the sympathy they showed us; **en ~ de ma reconnaissance** as a token of my gratitude

témoigner /temwaɲe/ /TABLE 1/ VI (*au tribunal*) to testify; **~ en faveur de qn** to testify in sb's favour; **~ contre qn** to testify against sb 2 VT **~ que** (= *démontrer que*) to show that; (= *attester que*) to testify that 3 VT INDIR ◆ **témoigner de** (= *confirmer*) to testify to; (= *manifester*) to show; **je peux en ~** I can testify to that; **tout cela témoigne de son intelligence** it all shows how intelligent he is

témoin /temwɛ̃/ 1 NM ⓐ (= *personne*) witness; [*de marié*] best man; [*de duel*] second; **être ~ à charge** to be a witness for the prosecution; **être ~ à décharge** to be a witness for the defence; **être ~ de** [+ *crime, scène*] to witness; **il m'a pris à ~** he called on me to confirm what he said; **il a été entendu comme ~ dans l'affaire Lebrun** he was a witness in the Lebrun case; **ils sont les ~s d'une époque révolue** they are the survivors of a bygone age; **la région est riche, ~ les constructions nouvelles qui se dressent partout** the region is rich - witness the new buildings going up everywhere ⓑ (*Sport*) baton; **passer le ~** to pass the baton

2 ADJ **appartement** ~ show flat (Brit), model apartment (US); **lampe** ~ warning light

3 COMP ◆ **les Témoins de Jéhovah** Jehovah's Witnesses ◆ **témoin oculaire** eyewitness

tempe /tɑ̃p/ NF temple; **avoir les ~s grisonnantes** to be going grey

tempérament /tɑ̃peʀamɑ̃/ NM (= caractère) temperament; **avoir du** ~ to have a strong personality

température /tɑ̃peʀatyʀ/ NF temperature; **les ~s sont en hausse** temperatures are rising; **avoir de la** ~ to have a temperature; **prendre la** ~ **d'un malade** to take a patient's temperature

tempéré, e /tɑ̃peʀe/ (ptp de **tempérer**) ADJ [climat, zone] temperate

tempérer /tɑ̃peʀe/ /TABLE 6/ VT [+ froid, rigueur du climat] to temper; [+ peine, douleur] to ease

tempête /tɑ̃pɛt/ NF storm; **une** ~ **d'applaudissements** a storm of applause ◆ **tempête de neige** snowstorm ◆ **tempête de sable** sandstorm

tempêter /tɑ̃pete/ /TABLE 1/ VI to rage

temple /tɑ̃pl/ NM temple; (= église) Protestant church

tempo /tempo/ NM tempo

temporaire /tɑ̃pɔʀɛʀ/ ADJ temporary

temporel, -elle /tɑ̃pɔʀɛl/ ADJ (= séculier) temporal; **biens ~s** worldly goods

temporiser /tɑ̃pɔʀize/ /TABLE 1/ VI to play for time

---

temps /tɑ̃/

1 NOM MASCULIN	**2** COMPOSÉS

1 NOM MASCULIN

ⓐ qui passe time; **le** ~ time; **réaliser un très bon** ~ to achieve a very good time ■ (PROV) **le** ~ **c'est de l'argent** time is money (PROV) ■ (PROV) **il y a un** ~ **pour tout** there's a time for everything; **c'était le bon** ~ those were the days; **s'accorder un** ~ **de réflexion** to give o.s. time to think; **les** ~ **modernes** modern times; **les** ~ **sont durs!** times are hard!; **les premiers** ~ at the beginning; **par les** ~ **qui courent** these days; **je me suis arrêté juste le** ~ **de prendre un verre** I stopped just long enough to have a drink

◆ **ces derniers temps** lately

◆ **ces temps-ci** these days

◆ **tout le temps** all the time; **l'air est presque tout le** ~ **pollué** the air is almost always polluted; **il se plaint tout le** ~ he complains all the time

◆ **peu de temps**: **peu de** ~ **avant Noël** shortly before Christmas; **je l'ai vu peu de** ~ **après** I saw him shortly afterwards; **en peu de** ~ in a short time; **dans peu de** ~ before very long

◆ **il est temps**: **il est** ~ **de partir** it's time to go; **il est** ~ **qu'il parte** it's time he went; **il est grand** ~ **de réagir** it's high time we took action

◆ **il était temps!** (= ce n'est pas trop tôt) about time too!; (= c'était juste) it came in the nick of time!

◆ **avoir + temps**: **avoir le** ~ **de faire qch** to have time to do sth; **avoir le** ~ to have time; **je n'ai pas le** ~ I haven't got time; **je n'ai pas le** ~ **de le faire** I haven't got time to do it; **vous avez tout votre** ~ you have plenty of time

◆ **faire + temps**: **il a fait son** ~ he has had his day; **il a fait son** ~ **à la tête du parti** his days as party leader are over; **ma machine à laver est morte, elle a fait son** ~ my washing machine is past praying for

◆ **mettre + temps**: **la blessure mettra du** ~ **à guérir** the wound will take time to heal; **il a mis beaucoup de** ~ **à se préparer** he took a long time to get ready

◆ **passer + temps**: **passer tout son** ~ **à faire qch** to spend all one's time doing sth; **cela fait passer le** ~ it passes the time; **comme le** ~ **passe!** how time flies!

◆ **perdre + temps**: **perdre du** ~ to waste time; **perdre son** ~ to waste one's time; **il n'y a pas de** ~ **à perdre** there's no time to lose; **le** ~ **presse** time is short

◆ **prendre + temps**: **cela prend trop de** ~ it takes up too much time; **prendre du bon** ~ to have a good time; **prendre le** ~ **de faire qch** to find time to do sth; **prendre le** ~

---

de vivre to make time to enjoy life; **il a pris son** ~ ! he took his time!

◆ **à temps** in time; **j'arrive à** ~ ! I've come just in time!

◆ **à plein temps** full-time; **travailler à plein** ~ to work full-time

◆ **à temps partiel** part-time; **travailler à** ~ **partiel** to work part-time

◆ **au + temps**: **au** ~ **où ...** in the days when ...; **au** ~ **de la marine à voile** in the days of sailing ships; **au** ~ **des Tudors** in Tudor times; **au bon vieux** ~ in the good old days; **au** ~ **pour moi!** my mistake!

◆ **avec le temps** in time; **avec le** ~, **ça s'arrangera** things will sort themselves out in time

◆ **dans + temps**: **dans le** ~ in the old days; **être dans les** ~ (Sport) to be within the time limit; [travail] to be on schedule; (= pas en retard) to be in time

◆ **de + temps**: **de mon** ~ in my time; **il faut être de son** ~ you have to move with the times; **de tout** ~ from time immemorial; **de** ~ **à autre** ou **de** ~ **en** ~ from time to time

◆ **en + temps**: **en** ~ **de guerre** in wartime; **en** ~ **de paix** in peacetime; **en** ~ **de crise** in times of crisis; **en ce** ~**-là** at that time; **en** ~ **et en heure** in due course; **en** ~ **normal** usually; **en** ~ **opportun** at the appropriate time; **en** ~ **voulu** in due course; **en** ~ **utile** in due course

◆ **entre temps** meanwhile

◆ **pendant ce temps** meanwhile

◆ **pour un temps** for a time

ⓑ = conditions atmosphériques weather; **quel** ~ **fait-il?** what's the weather like?; **il fait beau** ~ the weather's fine; **il fait mauvais** ~ the weather's bad; **le** ~ **s'est mis au beau** the weather has turned fine; **par mauvais** ~ in bad weather; **sortir par tous les** ~ to go out in all weathers; **avec le** ~ **qu'il fait!** in this weather!; **il fait un** ~ **de chien*** the weather's awful

ⓒ = phase **l'opération s'est déroulée en trois** ~ the operation was carried out in three phases; **dans un premier** ~ at first; **dans un deuxième** ~ subsequently

ⓓ marquant un rythme (Musique) beat; [d'exercice, mouvement] stage; **les** ~ **forts d'un roman** the powerful moments of a novel; **une valse à trois** ~ a waltz in triple time; **moteur à 4** ~ 4-stroke engine; **un 2** ~ a 2-stroke

ⓔ de verbe tense; ~ **simple** simple tense; ~ **composé** compound tense; **adverbe de** ~ adverb of time

2 COMPOSÉS

◆ **temps d'antenne** airtime ◆ **temps d'arrêt** pause; **marquer un** ~ **d'arrêt** to pause ◆ **temps de cuisson** cooking time ◆ **temps libre** spare time; **comment occupes-tu ton** ~ **libre?** what do you do in your spare time? ◆ **temps mort** (Football, Rugby) injury time (NonC); (dans le commerce, le travail) slack period; (dans la conversation) lull ◆ **temps de parole** (dans une émission) air time ◆ **temps partagé**: **le travail à** ~ **partagé** job-sharing ◆ **temps de pose** (Photo) exposure index ◆ **temps de réaction** reaction time

---

tenable /t(ə)nabl/ ADJ [position] tenable; **il fait trop chaud ici, ce n'est pas** ~ it's too hot here, it's unbearable

tenace /tənas/ ADJ stubborn; [douleur, rhume, quémandeur, maladie, toux, rumeur] persistent; [croyance, préjugés] deep-seated; [souvenir, rancune, méfiance, parfum] lingering; [chercheur] dogged

ténacité /tenasite/ NF [de personne] persistence

tenailler /tənaje/ /TABLE 1/ VT **la faim le tenaillait** he was gnawed by hunger; **il était tenaillé par l'angoisse de perdre** he was tortured by the thought of losing

tenailles /t(ə)naj/ NFPL [de menuisier, bricoleur] pliers; [de forgeron] tongs

tenancier, -ière /tənɑ̃sje, jɛʀ/ NM,F [d'hôtel, bar, boîte] manager

tenant, e /tənɑ̃, ɑ̃t/ **1** NM,F [de coupe] holder; **le** ~ **du titre** the titleholder **2** NM ⓐ **les ~s et les aboutissants** the ins and outs ⓑ **d'un seul** ~ [terrain] all in one piece

tendance /tɑ̃dɑ̃s/ **1** NF ⓐ (= inclination) tendency

◆ **avoir tendance à** to tend to; **il a** ~ **à être paresseux** he tends to be lazy; **il a** ~ **à exagérer** he tends to exaggerate;

j'aurais ~ à **penser que** ... I'd be inclined to think that ...; **cette roue a ~ à se bloquer** this wheel tends to lock

ⓑ (= *opinions*) leanings; **il est de ~ communiste** he has communist leanings

ⓒ (= *évolution*) trend; **~ à la hausse** upward trend; **~ à la baisse** downward trend

2 ADJ **c'est furieusement ~*** it's ultra-trendy*

tendancieux, -ieuse /tãdãsjø, jøz/ ADJ tendentious

tendeur /tãdœʀ/ NM [*de porte-bagages*] bungee

tendinite /tãdinit/ NF tendinitis (*NonC*)

tendon /tãdɔ̃/ NM tendon ◆ **tendon d'Achille** Achilles' tendon

tendre¹ /tãdʀ/ /TABLE 41/ **1** VT ⓐ [+ *corde, câble*] to tighten; [+ *muscles*] to tense; [+ *tissu*] (*en le tirant*) to stretch; [+ *piège*] to set; **~ une bâche sur une remorque** to pull a tarpaulin over a trailer; **un piège à qn** to set a trap for sb

ⓑ (= *suspendre*) [+ *tapisserie, tenture*] to hang; **~ une chaîne entre deux poteaux** to hang a chain between two posts

ⓒ (= *présenter*) **~ qch à qn** to hold sth out to sb; **~ le cou** to crane one's neck; **~ la main** (*pour attraper, mendier*) to hold out one's hand; **~ la main à qn** (*pour saluer*) to hold out one's hand to sb; (*pour aider*) to lend sb a helping hand; (*pour se réconcilier*) to hold out the hand of friendship to sb; **~ le bras** to stretch out one's arm; **il m'a tendu les bras** he stretched out his arms to me; **~ l'oreille** to prick up one's ears; **~ la joue** to offer one's cheek; **~ l'autre joue** to turn the other cheek; **il lui a tendu un paquet de cigarettes** he held out a packet of cigarettes to him; **~ une perche à qn** (*fig*) to throw sb a lifeline

2 VI **~ à qch/à faire qch** (= *avoir tendance à*) to tend towards sth/to do sth; (= *viser à*) to aim at sth/to do sth; **la situation tend à s'améliorer** on the whole the situation is improving; **cela tend à confirmer que** ... this tends to confirm that ...; **cette mesure tend à faciliter les échanges** this measure aims to facilitate exchanges

3 VPR **se tendre** [*corde*] to become taut; [*rapports*] to become strained

tendre² /tãdʀ/ **1** ADJ ⓐ [*peau, pierre, bois*] soft; [*haricots, viande*] tender; **un steak bien ~** a nice tender steak; **depuis sa plus ~ enfance** from his earliest days ⓑ (= *affectueux*) tender; [*ami, amitié*] loving; **il la regardait d'un air ~** he looked at her tenderly; **ne pas être ~ avec qn*** to be hard on sb ⓒ (= *cher*) dear; **à mon ~ époux** to my dear husband ⓓ [*couleur*] soft; **vert ~** soft green **2** NMF **c'est un ~** he's tender-hearted; **en affaires, ce n'est pas un ~*** he's a tough businessman

tendrement /tãdʀəmã/ ADV tenderly

tendresse /tãdʀes/ NF (= *affection*) tenderness; **privé de ~ maternelle** denied maternal affection; **avoir de la ~ pour qn** to be fond of sb

tendron /tãdʀɔ̃/ NM **~ de veau** tendron of veal (*Brit*), plate of veal (*US*)

tendu, e /tãdy/ (*ptp de* **tendre**) ADJ ⓐ [*corde, toile*] tight; **tir ~** straight kick; **la corde est trop ~e** the rope is too taut; **la corde est bien ~e** the rope is taut; **la corde est mal ~e** the rope is slack

ⓑ (= *nerveux*) tense; **il entra, le visage ~** he came in looking tense; **avant le match il était ~** he was all keyed-up before the match

ⓒ (= *en avant*) **les bras ~s** with outstretched arms; **s'avancer la main ~e** to come forward with one's hand held out; **la politique de la main ~e** a policy of friendly co-operation; **le poing ~** with one's fist raised

ⓓ (= *tapissé*) **~ de** [+ *velours, soie*] hung with

ténèbres /tenɛbʀ/ NFPL (*littér*) darkness; **plongé dans les ~** plunged in darkness

ténébreux, -euse /tenebʀø, øz/ ADJ (*littér*) (= *sombre*) dark; (= *incompréhensible*) [*affaire*] mysterious; **un beau ~** a man with dark good looks

teneur /tənœʀ/ NF ⓐ [*de minerai, solution*] content; **~ en matières grasses** fat content ⓑ [*de traité, lettre*] terms; [*d'article*] content; **il n'a pu révéler la ~ exacte de leurs en-**

tretiens he couldn't reveal the exact nature of their conversations

ténia /tenja/ NM tapeworm

tenir /t(ə)niʀ/

/TABLE 22/	
1 VERBE TRANSITIF	**4** VERBE IMPERSONNEL
2 VERBE INTRANSITIF	**5** VERBE PRONOMINAL
3 VERBE TRANSITIF INDIRECT	

▶ *Lorsque* **tenir** *fait partie d'une locution comme* **tenir compagnie, tenir chaud,** *reportez-vous aussi à l'autre mot.*

1 VERBE TRANSITIF

ⓐ avec les mains to hold; **la clé qu'il tient à la main** the key that he's holding; **la clé qu'il tient dans sa main** the key that he's holding; **il tient son fils par la main** he's holding his son's hand; **~ la porte à qn** to hold the door open for sb

ⓑ = maintenir dans un certain état to keep; **~ les yeux ouverts** to keep one's eyes open; **le café le tient éveillé** coffee keeps him awake; **~ qch en place** to keep sth in place; **~ une note** (*Musique*) to hold a note

ⓒ = gérer [+ *hôtel, magasin, comptes, maison, ménage*] to keep

ⓓ = détenir to have; **si je le tenais !** just let me get my hands on him!; **nous le tenons** we've got him; **parfait, je tiens mon article** great, now I have my article; **qu'est-ce qu'il tient !*** (= *il est ivre*) he's plastered*; (= *il est idiot*) he's such an idiot!; **en ~ pour qn*** (= *l'aimer*) to have a crush on sb*

ⓔ = contrôler [+ *enfant, classe*] to have under control

ⓕ = organiser [+ *séance, réunion, conférence*] to hold

ⓖ = occuper [+ *place, largeur*] to take up; [+ *rôle*] to have; [+ *emploi*] to hold; **ça tient trop de place** it takes up too much room; **il tenait sa droite** [*conducteur*] he was keeping to the right; **elle a bien tenu son rôle de chef** she was a good manager; **elle tient le rôle d'Ophélie** she plays the role of Ophelia

ⓗ = contenir [*récipient*] to hold

ⓘ = résister à **~ l'alcool*** to be able to hold one's drink; **~ le coup** [*personne*] to survive; [*chose*] to last; **avec tout ce travail, est-ce qu'il pourra ~ le coup ?** with all that work will he be able to cope?

ⓙ = respecter [+ *promesse, pari, planning*] to keep to; **~ le rythme** to keep up the pace

ⓚ locutions
◆ **tenir qn/qch pour** (= *considérer comme*) to regard sb/sth as; **je le tenais pour un imbécile** I regarded him as an idiot; **elle le tient pour responsable de l'accident** she holds him responsible for the accident
◆ **tenir qch de qn** to get sth from sb; **il tient cela de son père** he gets that from his father
◆ **tiens !** (*en donnant*) here you are!; **tiens, voilà mon frère !** oh, there's my brother!; **tiens, tiens !** well, well!

2 VERBE INTRANSITIF

ⓐ = rester en place [*objet fixe, nœud, clou*] to hold; [*objets empilés, échafaudage*] to stay up; **ce chapeau ne tient pas sur ma tête** this hat won't stay on my head; **la branche est cassée mais elle tient encore** the branch is broken but it's still attached to the tree; **il tient bien sur ses jambes** he's very steady on his legs

ⓑ = durer [*accord, beau temps, coiffure*] to hold; [*couleur*] to be fast; [*mariage, fleurs*] to last; **ça tient toujours, notre pique-nique ?*** is our picnic still on?; **il n'y a pas de match qui tienne** there's no question of going to any match

ⓒ = résister to hold out; **~ bon** to hold out; **il fait trop chaud, on ne tient plus ici** it's too hot - we can't stand it here any longer

ⓓ = pouvoir être contenu to fit (*dans* into); **ils ne tiendront pas dans la voiture** they won't fit into the car; **à cette table, on peut ~ à huit** this table can seat eight; **son discours tient en quelques pages** his speech is just a few pages long

3 VERBE TRANSITIF INDIRECT

♦ **tenir à** (= être attaché à) [+ réputation, opinion de qn] to care about; [+ objet, personne] to be fond of; (= avoir pour cause) to be due to; **il ne tenait plus à la vie** he had lost his will to live; **tu veux aller au cinéma ? — je n'y tiens pas** do you want to go to the cinema? — not particularly; **il tient beaucoup à vous connaître** he's very anxious to meet you; **elle tenait absolument à parler** she insisted on speaking; **il tient à ce que nous sachions ...** he is anxious that we should know ...; **tu viens avec nous ? — si tu y tiens** are you coming with us? — if you really want me to; **ça tient au climat** it's because of the climate; **son succès tient à peu de chose** his success hangs on very little; **à quoi ça tient ?** why is that?

♦ **tenir de** (= ressembler à) [+ parent] to take after; **il tient de son père** he takes after his father; **il a de qui ~** it runs in the family

4 VERBE IMPERSONNEL

= **dépendre de** to depend; **il ne tient qu'à vous de décider** it's up to you to decide

♦ **qu'à cela ne tienne !** no problem!

5 VERBE PRONOMINAL

ⓐ avec les mains to hold; **il se tenait le ventre de douleur** he was holding his stomach in pain; **se ~ à qch** to hold onto sth; **ils se tenaient par la main** they were holding hands; **ils se tenaient par la taille** they had their arms round each other's waists

ⓑ = être dans une position **se ~ debout** to be standing up; **tiens-toi droit** (debout) stand up straight; (assis) sit up straight; **redresse-toi, tu te tiens mal** stand up straight, you're slouching; **tenez-vous prêts à partir** be ready to leave; **elle se tenait à sa fenêtre** she was standing at her window

ⓒ = se conduire to behave; **il ne sait pas se ~** he doesn't know how to behave; **se ~ tranquille** to be quiet; **tiens-toi tranquille** keep still; **se ~ mal** (à table) to have bad table manners; (en société) to behave badly; **il n'a qu'à bien se ~ !** he'd better behave himself!

ⓓ = avoir lieu [conférence, réunion] to be held; [festival] to take place

ⓔ = être cohérent [raisonnement] to hold together; **tout se tient** it's all connected

ⓕ locutions

♦ **tiens-toi bien !** wait till you hear the next bit!; **tu sais combien elle a gagné ? tiens-toi bien : 3 millions !** do you know how much she won? you won't believe it! - 3 million!

♦ **s'en tenir à** (= se limiter à) to confine o.s. to; (= se satisfaire de) to content o.s. with; **nous nous en tiendrons là pour aujourd'hui** we'll leave it at that for today; **il aimerait savoir à quoi s'en ~** he'd like to know where he stands; **je sais à quoi m'en ~ sur son compte** I know the sort of man he is

♦ **se tenir pour** (= se considérer comme) **il se tient pour responsable** he holds himself responsible; **tenez-vous-le pour dit !** (avertissement) you've been warned!

tennis /tenis/ **1** NM ⓐ (= sport) tennis; **~ sur gazon** lawn tennis ⓑ (= terrain) tennis court ⓒ (= partie) game of tennis; **faire un ~** to have a game of tennis **2** NMPL (= chaussures) tennis shoes; (= chaussures de gym) trainers (Brit), sneakers (US) **3** COMP ♦ **tennis de table** table tennis

tennisman /tenisman/ (pl **tennismen** /tenismɛn/) NM tennis player

ténor /tenɔʀ/ NM (= chanteur) tenor; (fig) big name (**de** in)

tension /tɑ̃sjɔ̃/ **1** NF ⓐ tension; **~s sociales** social tensions; **baisse de ~** drop in voltage; **sous ~** live; **mettre un appareil sous ~** to switch on a piece of equipment ⓑ (artérielle) blood pressure; **faire de la ~** to have high blood pressure; **prendre la ~ de qn** to take sb's blood pressure; **chute de ~** sudden drop in blood pressure **2** COMP ♦ **tension nerveuse** nervous tension

tentaculaire /tɑ̃takylɛʀ/ ADJ **ville ~** sprawling town

tentacule /tɑ̃takyl/ NM tentacle

tentant, e /tɑ̃tɑ̃, ɑ̃t/ ADJ tempting

tentation /tɑ̃tasjɔ̃/ NF temptation; **succomber à la ~** to give in to temptation

tentative /tɑ̃tativ/ NF attempt; **~ d'évasion** escape attempt; **~ de meurtre** murder attempt; **~ de suicide** suicide attempt

tente /tɑ̃t/ NF **~ tent; coucher sous la ~** to camp out

tenté, e /tɑ̃te/ (ptp de **tenter**) ADJ **être ~ de faire qch** to be tempted to do sth

tenter /tɑ̃te/ /TABLE 1/ VT ⓐ (= chercher à séduire) [+ personne] to tempt; **se laisser ~ par une offre** to be tempted by an offer; **qu'est-ce qui te tente comme gâteau ?*** what kind of cake do you feel like?; **un match de tennis, ça te tenterait ?** do you feel like a game of tennis?; **tu peux venir si ça te tente** you can come if you feel like it; **il ne faut pas ~ le diable** don't tempt fate ⓑ (= essayer) [+ expérience, démarche] to try, to attempt; **~ de faire qch** to attempt to do sth; **on a tout tenté pour le sauver** they tried everything to save him; **on a tenté l'impossible pour le sauver** they attempted the impossible to save him; **~ le tout pour le tout** to risk one's all; **~ sa chance** to try one's luck; **~ le coup*** to have a go*; **je vais ~ de le convaincre** I'll try and convince him

tenture /tɑ̃tyʀ/ NF ⓐ (= tapisserie) hanging; **~ murale** wall covering ⓑ (= grand rideau) curtain

tenu, e¹ /t(ə)ny/ (ptp de **tenir**) ADJ ⓐ (= soigné) **bien ~** [maison, comptes] well-kept; **mal ~** [maison] ill-kept; [comptes] chaotic ⓑ (= surveillé) **leurs filles sont très ~es** their daughters are kept on a tight rein ⓒ (= obligé) **être ~ de faire qch** to be obliged to do sth; **être ~ au secret professionnel** to be bound by professional secrecy

ténu, e /teny/ ADJ (frm) ⓐ [fil] fine; [voix] thin ⓑ [espoir] faint

tenue² /t(ə)ny/ **1** NF ⓐ (= habillement, apparence) dress; **ce n'est pas une ~ pour aller au golf !** that's no way to dress to play golf!; **« ~ correcte exigée »** "strict dress code"; **~ d'intérieur** indoor clothes; **en ~ légère** (d'été) wearing light clothes; (osée) scantily dressed; **en petite ~** scantily dressed; **en ~ d'Adam** in one's birthday suit*; **en ~ d'Ève** in one's birthday suit*; **se mettre en ~** to get dressed; **être en ~** to be in uniform; **les policiers en ~** policemen in uniform

ⓑ (= maintien) posture

ⓒ (= conduite) **bonne ~ en classe** good behaviour in class; **avoir de la ~** to have good manners; **allons ! un peu de ~ !** come on, behave yourself!

ⓓ (= qualité) [de journal] standard; **publication qui a de la ~** publication of a high standard

ⓔ [de maison, magasin] running; [de séance] holding; **la ~ des comptes** the book-keeping

ⓕ (Bourse) performance; **la mauvaise ~ de l'euro face au dollar** the poor performance of the euro against the dollar

2 COMP ♦ **tenue de camouflage** camouflage dress ♦ **tenue de combat** battle dress ♦ **tenue de route** road holding ♦ **tenue de service** uniform ♦ **tenue de soirée** evening dress; **« ~ de soirée de rigueur »** ≈ "black tie" ♦ **tenue de sport** sports clothes ♦ **tenue de ville** [d'homme] lounge suit (Brit), town suit (US); [de femme] smart clothes

ter /tɛʀ/ ADJ **il habite au 10 ~** he lives at number 10b

térébenthine /teʀebɑ̃tin/ NF turpentine

tergiverser /tɛʀʒivɛʀse/ /TABLE 1/ VI to prevaricate; **cessez donc de ~ !** stop beating about the bush!

terme /tɛʀm/ **1** NM ⓐ (= mot) term; **~ de marine** nautical term; **conformément aux ~s du contrat** according to the terms of the contract; **en d'autres ~s** in other words; **il ne l'a pas dit en ces ~s** he didn't put it like that; **il raisonne en ~s d'efficacité** he thinks in terms of efficiency; **le ~ est faible** that's putting it mildly; **trouver un moyen ~** to find a middle way

ⓑ (= fin) [de vie, voyage, récit] end; **mettre un ~ à qch** to put an end to sth; **prévisions à court/moyen/long ~** short-term/medium-term/long-term forecasts; (*Météo*) short-range/medium-range/long-range forecasts; **ce sera rentable à court/moyen/long ~** it will be profitable in the short/medium/long term

♦ **à terme** [*accouchement*] full term; [*naître*] at term; **arriver à ~** [*délai, mandat, contrat*] to expire; [*opération*] to reach a conclusion; [*paiement*] to fall due; **mener qch à ~** to bring sth to completion

♦ **avant terme** [*naître, accoucher*] prematurely; **bébé né avant ~** premature baby; **un bébé né deux mois avant ~** a baby born two months premature

ⓒ [*de loyer*] (= *date*) date for payment; (= *période*) rental period; (= *somme*) rent (*NonC*)

2 NMPL **termes** (= *relations*) terms; **être en bons ~s avec qn** to be on good terms with sb; **être en mauvais ~s avec qn** to be on bad terms with sb

terminaison /tɛʀminɛzɔ̃/ NF ending

terminal, e (*mpl* **-aux**) /tɛʀminal, o/ **1** ADJ terminal; **malade en phase ~e** terminally ill patient **2** NM terminal **3** NF **terminale** (= *classe*) final year, ≈ upper sixth form (*Brit*), ≈ twelfth grade (*US*); **élève de ~e** ≈ upper sixth former (*Brit*), ≈ twelfth grader (*US*)

terminer /tɛʀmine/ /TABLE 1/ **1** VT to finish; **~ un travail** to finish a job; **nous avons terminé la soirée chez un ami** we finished off the evening at a friend's house; **~ ses jours à la campagne** to end one's days in the country; **~ un repas par un café** to finish a meal with a coffee; **en avoir terminé avec un travail** to be finished with a job; **j'en ai terminé avec eux** I have finished with them; **pour ~ je dirais que ...** to conclude I would say that ...

2 VPR **se terminer** to end (**par** with); **ça s'est bien terminé** it ended well; **ça s'est mal terminé** it ended badly; **la soirée s'est terminée par un jeu** the evening ended with a game; **se ~ en** to end in; **les mots qui se terminent en « ation »** words which end in "ation"

terminologie /tɛʀminɔlɔʒi/ NF terminology

terminus /tɛʀminys/ NM terminus; **~ ! tout le monde descend!** all change!

termite /tɛʀmit/ NM termite

termitière /tɛʀmitjɛʀ/ NF termites' nest

ternaire /tɛʀnɛʀ/ ADJ ternary

terne /tɛʀn/ ADJ dull

ternir /tɛʀniʀ/ /TABLE 2/ **1** VT to tarnish **2** VPR **se ternir** to become tarnished

terrain /teʀɛ̃/ **1** NM ⓐ (= *sol*) ground; (= *terre*) soil; **~ caillouteux** stony ground; **~ vallonné** hilly ground; **~ lourd** heavy soil

ⓑ (*Football, Rugby*) pitch; (*avec les installations*) ground; (*Courses, Golf*) course; (*Basket, Volley, Hand-ball*) court; **disputer un match sur son propre ~** adverse to play an away match; **disputer un match sur son propre ~** to play a home match

ⓒ (= *étendue de terre*) land (*NonC*); (= *parcelle*) plot of land; (*à bâtir*) site; **« ~ à bâtir »** "building land for sale"

ⓓ (*Mil* = *lieu d'opérations*) terrain; (*gagné ou perdu*) ground; **en ~ ennemi** on enemy ground; **gagner du ~** to gain ground; **perdre du ~** to lose ground; **ils finiront par céder du ~** in the end they'll make concessions; **préparer le ~** to prepare the ground; **déblayer le ~** to clear the ground; **aller sur le ~** to go out into in the field

♦ **de terrain** [*politicien, député*] hands-on; [*enseignant*] working; **c'est un homme de ~** he has practical experience ⓔ (= *domaine*) ground; **être sur son ~** to be on home ground; **trouver un ~ d'entente** to find common ground; **je ne le suivrai pas sur ce ~** I can't go along with him there; **être sur un ~ glissant** to be on dangerous ground

2 COMP ♦ **terrain d'atterrissage** landing ground ♦ **terrain d'aviation** airfield ♦ **terrain de camping** campsite ♦ **terrain de chasse** hunting ground ♦ **terrain de jeu** playing field ♦ **terrain militaire** army ground ♦ **terrain de sport** sports ground ♦ **terrain de tennis** tennis court ♦ **terrain vague** waste ground (*NonC*)

terrasse /teʀas/ NF terrace; **il était assis à la ~** he was sitting outside

terrassement /teʀasmɑ̃/ NM **travaux de ~** excavation work

terrasser /teʀase/ /TABLE 1/ VT [*adversaire*] to bring down; [*fatigue*] to overcome; [*émotion, nouvelle*] to overwhelm; [*maladie*] to strike down; **terrassé par une crise cardiaque** struck down by a heart attack; **cette maladie l'a terrassé** this illness laid him low

terre /tɛʀ/ **1** NF ⓐ (= *planète*) earth; (= *monde*) world; **il a parcouru la ~ entière** he has travelled all over the world; **revenir sur ~** to come back down to earth

ⓑ (= *matière*) earth; (*pour la poterie*) clay; (= *sol, surface*) ground; **pipe en ~** clay pipe; **une ~ fertile** a fertile soil; **être à ~** [*lutteur*] to be down

♦ **par terre** : **ne t'allonge pas par ~** don't lie on the ground; **poser qch par ~** to put sth on the ground; **cela fiche tous nos projets par ~*** that really messes up all our plans

♦ **en terre** : **mettre qn en ~** to bury sb; **mettre qch en ~** to put sth into the soil; **planter un arbre en pleine ~** to plant a tree in the ground

♦ **sous terre** : **cinq mètres sous ~** five metres underground; **j'aurais voulu rentrer sous ~** I wished the ground would swallow me up

♦ **terre à terre** [*personne*] down-to-earth; [*préoccupations*] mundane

ⓒ (= *domaine*) **~s** land (*NonC*); **il a acheté un lopin de ~** he's bought a piece of land; **~s cultivées** cultivated land ⓓ (*par opposition à mer*) land (*NonC*); **sur la ~ ferme** on dry land; **apercevoir la ~** to sight land; **aller à ~** to go ashore; **dans les ~s** inland; **par voie de ~** overland; **toucher ~** [*navire, avion*] to land

ⓔ (= *pays*) land; **la France a toujours été une ~ d'accueil pour les réfugiés** France has always welcomed refugees ⓕ (*Élec*) earth (*Brit*), ground (*US*); **mettre à la ~** to earth (*Brit*), to ground (*US*)

2 COMP ♦ **terre d'asile** country of refuge ♦ **terre battue** beaten earth; **sol en ~ battue** beaten-earth floor; **jouer sur ~ battue** (*Tennis*) to play on a clay court ♦ **terre cuite** terracotta ♦ **terre d'exil** land of exile ♦ **la Terre de Feu** Tierra del Fuego ♦ **terre glaise** clay ♦ **terre végétale** topsoil

terreau /teʀo/ NM soil-based compost

terre-neuve /tɛʀnœv/ NM INV (= *chien*) Newfoundland terrier

terre-plein (*pl* **terre-pleins**) /tɛʀplɛ̃/ NM **~ central** central reservation (*Brit*), median strip (*US*)

terrer (se) /teʀe/ /TABLE 1/ VPR ⓐ [*criminel*] to lie low; [*personne peu sociable*] to hide away; **terrés dans leur cave pendant les bombardements** hidden in their cellar during the bombings ⓑ [*lapin, renard*] (*dans son terrier*) to go to earth

terrestre /teʀɛstʀ/ ADJ ⓐ (= *de la terre*) land; **la surface ~** the earth's surface ⓑ (= *d'ici-bas*) earthly

terreur /teʀœʀ/ NF terror (*NonC*); **il vivait dans la ~ d'être découvert** he lived in terror of being discovered; **faire régner la ~** to impose a reign of terror; **semer la ~** to spread terror

terreux, -euse /teʀø, øz/ ADJ ⓐ [*semelles, chaussures*] muddy; [*mains*] grubby ⓑ [*teint*] sallow

terrible /teʀibl/ ADJ ⓐ terrible; **le plus ~, c'est que ...** the most terrible thing about it is that ...; **il est ~, avec sa manie de toujours vous contredire** he's got a dreadful habit of always contradicting you ⓑ [*vent, force, pression, bruit*] terrific; **c'est ~ ce qu'il peut manger** he can eat an incredible amount ⓒ (= *formidable*)* **ce film n'est pas ~** this film is nothing special

⚠ **terrible** *ne se traduit pas toujours par le mot anglais* **terrible**.

terriblement /teʀibləmɑ̃/ ADV terribly

terrien, -ienne /teʀjɛ̃, jɛn/ **1** ADJ **propriétaire ~** land-

owner **2** NM (= *habitant de la terre*) Earthman **3** NF
terrienne (= *habitante de la terre*) Earthwoman

terrier /tɛʀje/ NM ⓐ [*de lapin, taupe*] burrow; [*de renard*]
earth ⓑ (= *chien*) terrier

terrifiant, e /tɛʀifjɑ̃, jɑ̃t/ ADJ terrifying

terrifier /tɛʀifje/ /TABLE 7/ VT to terrify

terril /tɛʀi(l)/ NM slag heap

terrine /tɛʀin/ NF (*Cuisine*) terrine; **~ du chef** chef's special pâté

territoire /tɛʀitwaʀ/ NM territory; [*de département, commune*] area; **~s d'outre-mer** overseas territories

territorial, e (*mpl* **-iaux**) /tɛʀitɔʀjal, jo/ ADJ [*eaux*] territorial

terroir /tɛʀwaʀ/ NM (= *région*) region; **accent du ~** country accent; **produits du ~** local produce

terroriser /tɛʀɔʀize/ /TABLE 1/ VT to terrorize

terrorisme /tɛʀɔʀism/ NM terrorism

terroriste /tɛʀɔʀist/ ADJ, NMF terrorist

tertiaire /tɛʀsjɛʀ/ **1** ADJ tertiary **2** NM **le ~** (= *secteur*) the service sector

tertio /tɛʀsjo/ ADV thirdly

tertre /tɛʀtʀ/ NM (= *monticule*) mound

tes /te/ ADJ POSS → **ton**

tesson /tesɔ̃/ NM **~ de bouteille** piece of broken glass

test /tɛst/ **1** NM test; **faire passer un ~ à qn** to give sb a test; **~ d'intelligence** IQ test; **~ d'aptitude** aptitude test **2** ADJ **groupe-~** test group; **région-~** test area

testament /tɛstamɑ̃/ NM ⓐ [*document*] will ⓑ (*Rel*) **l'Ancien Testament** the Old Testament; **le Nouveau Testament** the New Testament

tester /tɛste/ /TABLE 1/ VT to test; **produit testé en laboratoire** laboratory-tested product

testicule /tɛstikyl/ NM testicle

test-match (*pl* **test-match(e)s**) /tɛstmatʃ/ NM (*Rugby*) rugby international

tétaniser /tetanize/ /TABLE 1/ VT to tetanize; **il était tétanisé de peur** he was paralyzed with fear

tétanos /tetanos/ NM tetanus

têtard /tetaʀ/ NM tadpole

---

tête /tɛt/

| 1 NOM FÉMININ | 2 COMPOSÉS |

1 NOM FÉMININ

ⓐ de personne, animal head; **être ~ nue** to be bareheaded; **avoir mal à la ~** to have a headache; **j'ai la ~ lourde** my head feels heavy; **tomber la ~ la première** to fall headfirst; **se laver la ~** to wash one's hair; **c'est à se cogner la ~ contre les murs** it's enough to drive you up the wall*; **j'en donnerais ma ~ à couper** I would stake my life on it; **des ~s vont tomber** heads will roll; **faire la ~ au carré à qn*** to smash sb's face in*; **tenir ~ à qn/qch** to stand up to sb/sth; **réclamer la ~ de qn** to demand sb's head; **jurer sur la ~ de qn** to swear on sb's life; **risquer sa ~** to risk one's neck; **sauver sa ~** to save one's neck; **gagner d'une ~** [*cheval*] to win by a head; **garder la ~ froide** to keep a cool head; **avoir la ~ dure** (= *têtu*) to be stubborn; **être une ~ de mule*** to be as stubborn as a mule

ⓑ = visage, expression face; **il a une ~ sympathique** he has a nice face; **il a une ~ sinistre** he has a sinister look about him; **il a une bonne ~** he looks a decent sort; **quand il a appris la nouvelle il a fait une drôle de ~!** you should have seen his face when he heard the news!; **il en fait une ~!** just look at his face!; **faire la ~** to sulk; **c'est une ~ à claques*** he's got the sort of face you'd love to smack; **c'est à la ~ du client*** it depends on the person; **avoir ses ~s*** to have one's favourites

ⓒ = personne head; **de nouvelles ~s** new faces; **le repas coûtera 150 € par ~ de pipe*** the meal will cost 150 euros a head

ⓓ = partie supérieure [*de clou, marteau*] head; [*d'arbre*] top; **~ d'ail** head of garlic; **~ d'épingle** pinhead

ⓔ = partie antérieure head; **l'équipe conserve la ~ du classement** the team retains its lead; **prendre la ~** to take the lead

ⓕ = facultés mentales **avoir toute sa ~** to have all one's faculties; **n'avoir rien dans la ~** to be empty-headed; **où ai-je la ~?** whatever am I thinking of?; **avoir une petite ~** to be dim-witted; **être ~ en l'air** to be a scatterbrain; **c'est une ~*** he's really brainy*; **c'est une ~ en maths** he's (*ou* she's) really good at maths; **avoir la ~ sur les épaules** to be level-headed; **calculer qch de ~** to work sth out in one's head; **chercher qch dans sa ~** to search one's memory for sth; **fourrer* qch dans la ~ de qn** to put sth into sb's head; **se mettre dans la ~ que** to get it into one's head that; **avoir la ~ à ce que l'on fait** to have one's mind on what one is doing; **avoir la ~ ailleurs** to have one's mind on other matters; **n'en faire qu'à sa ~** to do as one pleases; **il me prend la ~*** he drives me nuts*; **la géométrie, ça me prend la ~*** geometry does my head in*; **j'y réfléchirai à ~ reposée** I'll think about it when I've got a quiet moment

ⓖ Football header; **faire une ~** to head the ball

ⓗ locutions

♦ **tête baissée**: **foncer** *ou* **se jeter ~ baissée dans** to rush headlong into

♦ **la tête haute**: **marcher la ~ haute** to walk with one's head held high

♦ **coup de tête** head-butt; (*fig*) sudden impulse; **donner un coup de ~ à qn** to head-butt sb; **agir sur un coup de ~** to act on impulse

♦ **à la tête de**: **à la ~ du cortège** at the head of the procession; **être à la ~ d'un mouvement/d'une affaire** (= *diriger*) to head a movement/a business; **se trouver à la ~ d'une petite fortune** to find o.s. the owner of a small fortune

♦ **de la tête aux pieds** from head to foot

♦ **en tête**: **je n'ai plus le nom en ~** I can't recall the name; **se mettre en ~ de faire qch** to take it into one's head to do sth; **on monte en ~ ou en queue?** shall we get on at the front or the back?; **être en ~** to be in the lead; **dans les sondages, il arrive largement en ~** he's well ahead in the polls; **en ~ de phrase** at the beginning of the sentence; **être en ~ de liste** to come at the top of the list; **il arrive en ~ du scrutin** he's leading in the elections

2 COMPOSÉS

♦ **tête d'affiche** top of the bill; **être la ~ d'affiche** to be top of the bill ♦ **tête brûlée** (= *baroudeur*) desperado ♦ **tête d'enregistrement** recording head ♦ **tête de lecture** [*de magnétophone, magnétoscope*] play-back head; (*Informatique*) reading head ♦ **tête de ligne** terminus ♦ **tête de liste** (*Politique*) chief candidate (*in list system of voting*) ♦ **tête de lit** bedhead ♦ **tête de mort** (= *emblème*) death's-head; (*sur pavillon*) skull and crossbones ♦ **tête de nœud**⁑ dickhead⁑ ♦ **tête nucléaire** nuclear warhead ♦ **tête de série** (*Tennis*) seeded player; **il est ~ de série numéro 2** he's the number 2 seed ♦ **tête de Turc** whipping boy

tête-à-queue /tɛtakø/ NM INV spin; **faire un ~** [*de voiture*] to spin round

tête-à-tête /tɛtatɛt/ NM INV (= *conversation*) tête-à-tête
♦ **en tête-à-tête** alone together; **discussion en ~** discussion in private; **on a dîné en ~** the two of us had dinner together

tétée /tete/ NF (= *repas, lait*) feed (*Brit*), nursing (*US*); **pendant la ~** while the baby is feeding

téter /tete/ /TABLE 6/ **1** VT [+ *biberon, sein*] to suck at; **~ sa mère** to suck at one's mother's breast **2** VI to feed

tétine /tetin/ NF [*de biberon*] teat (*Brit*), nipple (*US*); (= *sucette*) dummy (*Brit*), pacifier (*US*)

tétraplégique /tetʀapleʒik/ ADJ, NMF tetraplegic

tétras /tetʀa(s)/ NM grouse

têtu, e /tety/ **1** ADJ stubborn; **~ comme une mule** as stubborn as a mule **2** NM,F **c'est un ~** he's stubborn

teuf⁑ /tœf/ NF party; **faire la ~** to party

texan, e /tɛksɑ̃, an/ **1** ADJ Texan **2** NM,F **Texan(e)** Texan

texte /tɛkst/ 1 NM ⓐ text; **lire Shakespeare dans le ~** to read Shakespeare in the original; **« ~ et illustrations de Julien Leduc »** "written and illustrated by Julien Leduc"; **apprendre son ~** [*acteur*] to learn one's lines; **il écrit lui-même le ~ de ses chansons** he writes his own lyrics ⓑ (= *fragment*) passage; **~s choisis** selected passages; **expliquez ce ~ de Gide** comment on this passage from Gide ⓒ (= *énoncé*) [*de dissertation*] subject

2 COMP ✦ **texte libre** free composition ✦ **texte de loi** (*adopté*) law; (*en discussion*) bill

textile /tɛkstil/ NM ⓐ (= *matière*) textile; **~s synthétiques** synthetic fibres ⓑ **le ~** (= *industrie*) the textile industry

texto• /tɛksto/ 1 ADV word for word 2 NM text message

textuel, -elle /tɛkstɥɛl/ ADJ ⓐ (= *conforme au texte*) [*traduction*] literal; [*copie, citation*] exact; **elle m'a dit d'aller me faire cuire un œuf: ~ !**• she told me to get lost - those were her very words! ⓑ (= *du texte*) textual

textuellement /tɛkstɥɛlmɑ̃/ ADV literally; **alors il m'a dit, ~, que j'étais un imbécile** so he told me I was a fool - those were his very words

texture /tɛkstyʀ/ NF texture

TF1 /teɛfœ̃/ N (ABBR = **Télévision française un**) *private French television channel*

TGV /teʒeve/ NM (ABBR = **train à grande vitesse**) high-speed train

thaï /taj/ ADJ Thai

thaïlandais, e /tajlɑ̃dɛ, ɛz/ 1 ADJ Thai 2 NM,F **Thaïlandais(e)** Thai

Thaïlande /tajlɑ̃d/ NF Thailand

thalassothérapie /talasoteʀapi/ NF thalassotherapy

thé /te/ NM tea; **~ de Chine** China tea; **~ vert/noir** green/black tea; **~ au lait/nature** tea with milk/without milk; **~ glacé** iced tea; **~ au citron/au jasmin** lemon/jasmine tea; **faire le** *ou* **du ~** to make some tea; **prendre le ~** to have tea; **à l'heure du ~** at teatime ✦ **thé dansant** tea dance

théâtral, e (*mpl* **-aux**) /teatʀal, o/ ADJ theatrical; [*rubrique, chronique, saison*] theatre (*Brit*), theater (*US*)

théâtre /teatʀ/ NM ⓐ theatre (*Brit*), theater (*US*); **faire du ~** (*comme acteur*) to be an actor; (*comme metteur en scène*) to be in the theatre; **elle a fait du ~** she has done some acting; **elle veut faire du ~** she wants to go on the stage; **cours de ~** drama lessons; **~ d'essai** experimental theatre; **il fait du ~ d'amateur** he's involved in amateur dramatics; **le ~ de boulevard** light comedies (*as performed in the theatres of the Paris Boulevards*); **~ de rue** street theatre; **~ de marionnettes** puppet theatre; **~ de verdure** open-air theatre; **~ d'ombres** shadow theatre

✦ **de théâtre** [*accessoires, costumes, décors*] stage; **homme/femme de ~** man/woman of the theatre; **les gens de ~** people who work in the theatre; **directeur de ~** theatre director; **festival de ~** drama festival

✦ **coup de théâtre** dramatic turn of events

ⓑ [*d'événement, crime*] scene; **le ~ des opérations** (*militaires*) the theatre of operations

théière /tejɛʀ/ NF teapot

thématique /tematik/ ADJ thematic; [*chaîne de télévision*] specialized; **index** ~ subject index

thème /tɛm/ NM ⓐ (= *sujet*) theme; **ce livre propose plusieurs ~s de réflexion** this book raises several issues ⓑ (= *traduction*) translation (*into a foreign language*) ⓒ **~ astral** birth chart

théologie /teɔlɔʒi/ NF theology

théologien, -ienne /teɔlɔʒjɛ̃, jɛn/ NM,F theologian

théorème /teɔʀɛm/ NM theorem

théoricien, -ienne /teɔʀisjɛ̃, jɛn/ NM,F theorist

théorie /teɔʀi/ NF theory; **en ~** in theory

théorique /teɔʀik/ ADJ theoretical

théoriquement /teɔʀikmɑ̃/ ADV theoretically

thérapeute /teʀapøt/ NMF therapist

thérapeutique /teʀapøtik/ ADJ [*usage, effet*] therapeutic; **les moyens ~s actuels** current methods of treatment

thérapie /teʀapi/ NF therapy; **~ de groupe** group therapy; **~ génique** gene therapy; **suivre une ~** to undergo therapy

thermal, e (*mpl* **-aux**) /tɛʀmal, o/ ADJ [*source*] thermal; **cure ~e** water cure; **faire une cure ~e** to take the waters; **eaux ~es** hot springs; **établissement ~** water-cure establishment; **station ~e** spa; **ville ~e** spa town

thermique /tɛʀmik/ ADJ [*énergie*] thermic; **moteur ~** heat engine

thermomètre /tɛʀmɔmɛtʀ/ NM thermometer; **le ~ indique 38°** the thermometer is at 38°; **le ~ monte** the temperature is rising

thermos ® /tɛʀmos/ NM *ou* F (**bouteille**) ~ Thermos® flask (*Brit*) *ou* bottle (*US*)

thermostat /tɛʀmɔsta/ NM thermostat; **préchauffez le four, ~ 7** preheat the oven to gas mark 7

thésard, e• /tezaʀ, aʀd/ NM,F PhD student

thésauriser /tezɔʀize/ /TABLE 1/ 1 VI to hoard money 2 VT to hoard

thèse /tɛz/ NF ⓐ thesis; **roman à ~** *novel expounding a philosophical or social message* ⓑ (= *diplôme, écrit*) thesis; **~ de doctorat (d'État)** PhD, doctoral thesis (*Brit*), doctoral dissertation (*US*); **~ de 3ème cycle** ≈ MA *ou* MSc thesis, ≈ Master's thesis; **selon la ~ officielle, il ...** the official line is that he ...; **la ~ du suicide a été écartée** suicide has been ruled out

thon /tɔ̃/ NM tuna; **miettes de ~** flaked tuna; **~ au naturel/à l'huile** tuna in brine/in oil

Thora, Torah /tɔʀa/ NF **la ~** the Torah

thoracique /tɔʀasik/ ADJ **cage ~** rib cage

thorax /tɔʀaks/ NM thorax

thrombose /tʀɔ̃boz/ NF thrombosis; **~ veineuse profonde** deep vein thrombosis, DVT

thune• /tyn/ NF (= *argent*) **de la ~** *ou* **des ~s** cash•; **j'ai plus une ~** I'm flat broke•; **il se fait pas mal de ~(s)** he makes loads of money•

thuya /tyja/ NM thuja

thym /tɛ̃/ NM thyme

thyroïde /tiʀɔid/ ADJ, NF (**glande**) ~ thyroid (gland)

Tibet /tibɛ/ NM Tibet

tibétain, e /tibetɛ̃, ɛn/ 1 ADJ Tibetan 2 NM (= *langue*) Tibetan 3 NM,F **Tibétain(e)** Tibetan

tibia /tibja/ NM (= *os*) shinbone; (= *partie antérieure de la jambe*) shin

TIC /tic/ NFPL (ABBR = **technologies de l'information et de la communication**) ICT (*sg*)

tic /tik/ NM tic; (= *manie*) mannerism; **~ (nerveux)** nervous tic; **~ verbal** *ou* **de langage** verbal tic; **c'est un ~ chez lui** (*manie*) it's a habit with him; (*geste*) it's a tic he has; **il est plein de ~s** he never stops twitching

ticket /tikɛ/ NM ticket; **j'ai le** *ou* **un ~ avec sa sœur**• I've made a hit with his sister• ✦ **ticket de caisse** sales receipt ✦ **ticket d'entrée** entrance ticket ✦ **ticket modérateur** patient's contribution (*towards cost of medical treatment*)

ticket-repas (*pl* **tickets-repas**) /tikɛʀəpa/ NM luncheon voucher (*Brit*), ≈ meal ticket (*US*)

ticket-restaurant ® (*pl* **tickets-restaurant**) /tikɛʀɛstɔʀɑ̃/ NM luncheon voucher (*Brit*), ≈ meal ticket (*US*)

tic-tac /tiktak/ NM INV ticking; **faire ~** to tick

tie-break (*pl* **tie-breaks**) /tajbʀɛk/ NM tie break; **il a remporté le 1er set au ~** he won the first set on a tie-break

tiède /tjɛd/ 1 ADJ ⓐ (= *refroidi*) [*boisson, bain*] (*désagréablement*) lukewarm, tepid; (*agréablement*) warm; (= *doux*) [*vent, température*] warm ⓑ [*sentiment, accueil, militant*] lukewarm 2 ADV **elle boit son café ~** she drinks her coffee lukewarm; **servir ~** (*dans une recette*) serve warm

tiédir /tjediʀ/ /TABLE 2/ VI ⓐ (= *refroidir*) to cool down ⓑ (= *se réchauffer*) to grow warmer

tien, tienne /tjɛ̃, tjɛn/ 1 PRON POSS **le tien** *ou* **la tienne** *ou* **les tiens** *ou* **les tiennes** yours; **ce sac n'est pas le ~** this bag is not yours; **mes fils sont grands comparés aux ~s** my sons are big compared to yours; **à la tienne !**• cheers! 2 NM **les**

tiens your family; **toi et tous les ~s** you and yours → **sien**

tiendra /tjɛ̃dʀa/ VB → **tenir**

tient /tjɛ̃/ VB → **tenir**

tiercé /tjɛʀse/ NM French triple forecast system for horse-racing; **gagner le ~ dans l'ordre/dans le désordre** to win on the tiercé with/without the right placings; **le ~ gagnant** the three winners

tiers /tjɛʀ/ 1 NM ⓐ (= fraction) third; **les deux premiers ~ de l'année** the first two thirds of the year; **j'ai lu le ou un ~ du livre** I have read a third of the book; **j'en suis au ~** I'm a third of the way through; **remplissez la casserole aux deux ~** fill the pan two-thirds full ⓑ (= troisième personne) third party; (= étranger, inconnu) outsider; **il a appris la nouvelle par un ~** somebody else told him the news 2 COMP ♦ **tiers provisionnel** interim payment (of tax)

tiers-monde /tjɛʀmɔ̃d/ NM **le ~** the Third World

tifs* /tif/ NMPL hair

tige /tiʒ/ NF [de fleur, arbre] stem; [de céréales, graminées] stalk

tignasse /tiɲas/ NF (= chevelure mal peignée) mop of hair; (= cheveux)* hair

tigre /tigʀ/ NM tiger; **~ royal ou du Bengale** Bengal tiger

tigré, e /tigʀe/ ADJ (= rayé) striped; **chat ~** tabby cat

tigresse /tigʀɛs/ NF tigress

tilde /tild(e)/ NM tilde

tilleul /tijœl/ NM (= arbre) lime tree; (= infusion) lime-blossom tea

tilt /tilt/ NM **ça a fait ~*** it suddenly clicked

timbale /tɛ̃bal/ NF ⓐ (= instrument) kettledrum; **les ~s** the timpani ⓑ (= gobelet) metal tumbler; **décrocher la ~** (fig) to hit the jackpot ⓒ (= moule) timbale mould; **~ de langouste** (= mets) lobster timbale

timbre /tɛ̃bʀ/ NM ⓐ (= vignette) stamp; **~(-poste)** stamp; **~ fiscal** revenue stamp; **~ à la nicotine ou antitabac*** nicotine patch ⓑ [d'instrument, voix] timbre

timbré, e* /tɛ̃bʀe/ (ptp de **timbrer**) 1 ADJ (= fou) nuts* 2 NM,F (= fou) nutcase*

timbrer /tɛ̃bʀe/ /TABLE 1/ VT [+ lettre, envoi] to stamp; **«joindre une enveloppe timbrée»** "send a stamped addressed envelope"

timide /timid/ ADJ ⓐ (= embarrassé) [personne, air, sourire, voix] shy, timid; **faussement ~** coy; **d'une voix ~** in a shy voice; **c'est un grand ~** he's awfully shy ⓑ (= hésitant) [personne, critique, réponse, réforme] timid; [politique, reprise économique] tentative; **une ~ amélioration de l'économie** a slight improvement in the economy; **des mesures ~s** half measures; **le soleil fera de ~s apparitions au nord** there will be intermittent sunshine in the north

timidement /timidmɑ̃/ ADV ⓐ (= gauchement) shyly; **il l'a abordé ~** he approached her shyly ⓑ (= légèrement) **la région s'ouvre ~ au tourisme** the region is tentatively opening up to tourism

timidité /timidite/ NF ⓐ (= embarras) [de personne, air, sourire, voix, amoureux] shyness, timidity; **avec ~** shyly, timidly; **il n'a pas osé, par ~** he didn't dare, he was too shy ⓑ (= pusillanimité) [de personne, critique, réponse, tentative] timidity

timing /tajmiŋ/ NM timing

timoré, e /timɔʀe/ ADJ [caractère, personne] fearful

tintamarre /tɛ̃tamaʀ/ NM racket

tinter /tɛ̃te/ /TABLE 1/ VI [cloche, sonnette] to ring; [clochette] to tinkle; [objets métalliques, pièces de monnaie] to jingle; [verres entrechoqués] to clink

tintin* /tɛ̃tɛ̃/ EXCL no way!*; **faire ~** to go without

TIP /tip/ NM (ABBR = **titre interbancaire de paiement**) payment slip allowing automatic withdrawal from a bank account

tipi /tipi/ NM teepee

tique /tik/ NF (= parasite) tick

tiquer /tike/ /TABLE 1/ VI [personne] to make a face; **il n'a pas tiqué** he didn't bat an eyelid

tir /tiʀ/ 1 NM ⓐ (= discipline sportive ou militaire) shooting; **~ au pistolet/à la carabine** pistol/rifle shooting

ⓑ (= action de tirer) firing (NonC); **en position de ~** in firing position; **commander/déclencher le ~** to order/set off the firing; **corriger ou rectifier le ~** (fig) to make some adjustments

ⓒ (= feu, rafales) fire (NonC); **~s de roquettes** rocket fire; **être pris sous des ~s croisés** to be caught in the crossfire ⓓ (Football) shot; **épreuve des ~s au but** penalty shoot-out

ⓔ (= stand) **~ (forain)** shooting gallery

ⓕ [d'engin spatial] launch

2 COMP ♦ **tir à l'arc** archery

tirade /tiʀad/ NF (Théât) speech; (péj) tirade

tirage /tiʀaʒ/ 1 NM ⓐ (Photo, Typo) (= action) printing; (= épreuve) print

ⓑ [de journal] circulation; [de livre] (= nombre d'exemplaires) print run; (= édition) edition; **~ de luxe/limité** de luxe/limited edition; **quel est le ~ de cet ouvrage?** how many copies of this work were printed?

ⓒ [de cheminée] draught (Brit), draft (US)

ⓓ [de loterie] draw; **le ~ des numéros gagnants** the draw for the winning numbers

2 COMP ♦ **tirage au sort** drawing lots; **procéder par ~ au sort** to draw lots; **le gagnant sera désigné par ~ au sort** the winner will be chosen by drawing lots

tiraillements /tiʀajmɑ̃/ NMPL (= hésitations) agonizing; (= conflits) conflict (NonC)

tirailler /tiʀaje/ /TABLE 1/ VT ⓐ [douleurs] to gnaw at; **douleurs qui tiraillent l'estomac** gnawing pains in the stomach ⓑ [doutes, remords] to plague; **être tiraillé entre plusieurs possibilités** to be torn between several possibilities

tire /tiʀ/ NF ⓐ (= action) **vol à la ~** picking pockets; **voleur à la ~** pickpocket ⓑ (= voiture)* car ⓒ (Can = caramel) toffee → SUCRE

tiré, e /tiʀe/ (ptp de **tirer**) ADJ (= tendu) [traits, visage] drawn; **avoir les traits ~s** to look drawn; **les cheveux ~s en arrière** with one's hair pulled back; **~ à quatre épingles** dressed up to the nines*; **~ par les cheveux** (fig) far-fetched

tire-au-flanc* /tiʀoflɑ̃/ NMF INV skiver* (Brit), shirker

tire-bouchon (pl **tire-bouchons**) /tiʀbuʃɔ̃/ NM (= ustensile) corkscrew

tire-d'aile /tiʀdɛl/ ♦ **à tire-d'aile** LOC ADV **passer à ~** to pass by in full flight; **s'envoler à ~** to take flight in a flurry of feathers

tire-fesses* /tiʀfɛs/ NM INV ski tow; (à archet) T-bar tow

tirelire /tiʀliʀ/ NF (= récipient) moneybox; (en forme de cochon) piggy bank; **casser la ~** to break open the piggy bank

tirer /tiʀe/ /TABLE 1/ 1 VT ⓐ (= amener vers soi) [+ pièce mobile, poignée, corde] to pull; (vers le bas) to pull down; (vers le haut) to pull up; [+ rideaux] to draw; [+ tiroir] to pull open; [+ verrou] (= fermer) to slide to; (= ouvrir) to draw; **tire la porte** pull the door to; **as-tu tiré le verrou?** have you bolted the door?; **~ les cheveux à qn** to pull sb's hair; **~ qn par le bras** to pull sb by the arm; **~ qn par la manche** to tug sb's sleeve; **~ qn à l'écart** to draw sb aside

♦ **tirer sur** [+ corde, poignée, rênes] to pull on; [+ pipe, cigarette, cigare] to puff at; **~ sur la ficelle ou la corde*** (fig) to push one's luck*; **un vert qui tire sur le bleu** a bluish green; **il tire sur la soixantaine** he's going on sixty

ⓑ (= remorquer) [+ véhicule, charge] to pull; [+ navire, remorque] to tow

ⓒ (= sortir) [+ épée, couteau, vin, cidre] to draw; **~ un son d'un instrument** to get a sound out of an instrument; **~ qn du sommeil** to arouse sb from sleep; **~ qn du lit** to get sb out of bed; **~ qn de son travail** to take sb away from his work; **ce bruit le tira de sa rêverie** the noise brought him out of his daydream; **~ des larmes à qn** to make sb cry

ⓓ (= obtenir) [+ conclusion, idée, plaisir, satisfaction] to draw (de from); **~ de l'argent d'une activité** to make money from an activity; **il a tiré 40 000 € de sa vieille voiture** he managed to get 40,000 euros for his old car; **~ de l'argent de qn** to get money out of sb; **on ne peut rien en ~** (enfant têtu) you can't do anything with him; (*personne qui refuse de parler*) you can't get anything out of him

ⓔ (= *délivrer*) ~ **qn de prison/d'une situation dangereuse** to get sb out of prison/of a dangerous situation; ~ **qn du doute** to dispel sb's doubts; ~ **qn de la misère** to rescue sb from poverty; **il faut le ~ de là** we'll have to help him out

ⓕ (*indiquant l'origine*) **mots tirés du latin** words taken from Latin; ~ **son nom de** to take one's name from; **pièce tirée d'un roman** play taken from a novel; **l'opium est tiré du pavot** opium is obtained from poppies; ~ **une substance d'une matière première** to extract a substance from a raw material

ⓖ (*Jeux*) [+ *billet, numéro, loterie*] to draw; [+ *carte*] to pick; ~ **les cartes** to give a reading; ~ **qch au sort** to draw lots for sth; ~ **les rois** (*à l'Épiphanie*) to cut the Twelfth Night cake; ~ **la fève** to win the charm

ⓗ (*Photo, Typo*) to print; **ce journal est tiré à 100 000 exemplaires** this paper has a circulation of 100,000; ~ **un roman à 8 000 exemplaires** to print 8,000 copies of a novel

ⓘ (= *tracer*) [+ *ligne, trait*] to draw; [+ *plan*] to draw up

ⓙ [+ *coup de feu, balle*] to fire; [+ *flèche, gibier*] to shoot; [+ *feu d'artifice*] to set off; **il a tiré plusieurs coups de revolver sur l'agent** he fired several shots at the policeman; ~ **un coup**⁑ to have it off⁑

ⓚ (*Football*) to shoot; ~ **un corner/un penalty** to take a corner/a penalty

ⓛ [+ *chèque, lettre de change*] to draw; ~ **de l'argent sur son compte** to draw money out of one's account; **prête-moi ta carte bleue pour que j'aille ~ de l'argent** lend me your credit card so that I can go and get some money out

ⓜ (*Naut*) ~ **6 mètres** to draw 6 metres of water

ⓝ (= *passer*)* to get through; **encore une heure/un mois à ~** another hour/month to get through; ~ **deux ans de prison** to do two years in prison; **voilà une semaine de tirée** that's one week over with

ⓞ (= *voler*)⁑ to pinch*; **il s'est fait ~ son blouson** he got his jacket pinched*

2 VI ⓐ to pull; **tirez ici** pull here

ⓑ (= *faire feu*) to fire; (= *se servir d'une arme à feu, viser*) to shoot; **il leur a donné l'ordre de ~** he gave the order for them to fire; **apprendre à ~** to learn to shoot; ~ **sur qn/qch** to shoot at sb/sth; **il m'a tiré dessus** he shot at me; ~ **à la carabine** to shoot with a rifle; ~ **en l'air** to fire into the air; ~ **à vue** to shoot on sight; **il lui a tiré dans le dos** he shot him in the back; (*fig*) he stabbed him in the back; ~ **dans les pattes de qn*** to make life difficult for sb

ⓒ (*Sport, Football*) to shoot; ~ **au but** to take a shot at goal

ⓓ (*Presse*) ~ **à 10 000 exemplaires** to have a circulation of 10,000

ⓔ [*cheminée, poêle*] to draw; **la cheminée tire bien** the chimney draws well

ⓕ [*moteur, voiture*] to pull; **le moteur tire bien en côte** the engine pulls well on hills

ⓖ [*points de suture, sparadrap*] to pull; **le matin, j'ai la peau qui tire** my skin feels tight in the morning

ⓗ (*locutions*)

♦ **tirer à sa fin** [*journée*] to be drawing to a close; [*épreuve*] to be nearly over; [*provisions*] to be nearly finished

♦ **tirer au flanc*** to skive* (*Brit*), to shirk

3 VPR se tirer ⓐ **se ~ de** [+ *danger, situation*] to get o.s. out of; **il s'est tiré sans dommage de l'accident** he came out of the accident unharmed; **sa voiture était en mille morceaux mais lui s'en est tiré** his car was smashed to pieces but he escaped unharmed; **il est très malade mais je crois qu'il va s'en ~** he's very ill but I think he'll pull through; **cette fois il ne va pas s'en ~ si facilement** he won't get off so lightly this time; **il s'en est tiré avec une amende** he got off with a fine; **il s'en est tiré avec une jambe cassée** he got out of it with a broken leg

ⓑ **bien/mal se ~ de qch** [+ *tâche*] to handle sth well/ badly; **comment va-t-il s'en ~ de ce sujet/travail?** how will he cope with this subject/job?; **les questions étaient difficiles mais il s'en est bien tiré** the questions were diffi-

cult but he handled them well; **on s'en tire tout juste** we just scrape by

ⓒ (= *déguerpir*)⁑ to clear off*; **allez, on se tire** come on, let's be off

tiret /tiʀɛ/ NM (= *trait*) dash

tireur, -euse /tiʀœʀ, øz/ NM,F ⓐ (*avec arme à feu*) ~ **embusqué** sniper; ~ **isolé** lone gunman; ~ **d'élite** marksman; **c'est un bon ~** he's a good shot ⓑ ~ **de cartes** fortune-teller

tiroir /tiʀwaʀ/ NM drawer

tiroir-caisse (*pl* **tiroirs-caisses**) /tiʀwaʀkɛs/ NM till, cash register

tisane /tizan/ NF (= *boisson*) herbal tea

tissage /tisaʒ/ NM weaving

tisser /tise/ /TABLE 1/ VT to weave; [+ *liens*] to forge; [+ *réseau de relations*] to build up; **l'araignée tisse sa toile** the spider spins its web

tisserand, e /tisʀɑ̃, ɑ̃d/ NM,F weaver

tissu /tisy/ 1 NM ⓐ (= *étoffe*) material; ~**s d'ameublement** upholstery fabric; **un ~ de mensonges** a tissue of lies ⓑ (= *cellules*) tissue; ~ **sanguin/osseux** blood/bone tissue ⓒ (*Social*) **le ~ social/urbain** the social/urban fabric **2 COMP** ♦ **tissu-éponge** NM (*pl* **tissus-éponge**) towelling (*NonC*) (*Brit*) ou toweling (*NonC*) (*US*)

titanesque /titanɛsk/ ADJ titanic

titiller /titije/ /TABLE 1/ VT (*littér ou hum*) (= *exciter*) to titillate; (= *chatouiller*) to tickle; (= *agacer pour provoquer*) to tease; **l'envie le titillait de devenir comédien** he was quite taken with the idea of becoming an actor

titre /titʀ(ə)/ NM ⓐ [*d'œuvre*] title; (= *manchette de journal*) headline; **les (gros) ~s** the headlines ⓑ (*honorifique, de fonction, sportif*) title; (= *formule de politesse*) form of address; ~ **de noblesse** title ♦ **en titre** titular; [*propriétaire*] legal; [*fournisseur*] appointed; **le champion du monde en ~** the world title-holder ⓒ (= *document*) title; ~ **de propriété** title deed; ~ **de séjour** residence permit; ~ **de transport** ticket; ~ **interbancaire de paiement** *payment slip allowing automatic withdrawal from a bank account* ⓓ (*Bourse*) security ⓔ (= *preuve de capacité, diplôme*) qualification; ~**s universitaires** academic qualifications ⓕ [*d'or, argent*] fineness; [*de solution*] titre; ~ **d'alcool** ou **alcoolique** alcohol content ⓖ (*locutions*) **à ce ~** (= *en cette qualité*) as such; (= *pour cette raison*) therefore; **à quel ~ ?** on what grounds?; **il y a droit au même ~ que les autres** he is entitled to it in the same way as the others; **à plusieurs ~s** on several accounts; **à plus d'un ~** on more than one account; **à double ~** on two accounts; **à ~ privé/personnel** in a private/personal capacity; **à ~ permanent/provisoire** on a permanent/temporary basis; **à ~ exceptionnel** (*dans ce cas*) exceptionally; (*dans certains cas*) in exceptional cases; **à ~ gratuit** ou **gracieux** free of charge; **à ~ d'exemple** by way of example

titrer /titʀe/ /TABLE 1/ VT ⓐ (*Presse*) to run as a headline; ~ **sur 5 colonnes: « Défaite de la Droite »** to run a 5-column headline: "Defeat of the Right" ⓑ [*alcool, vin*] ~ **10°/38°** to be 10°/38° proof (*on the Gay Lussac scale*), ≈ to be 17°/66° proof

titubant, e /titybɑ̃, ɑ̃t/ ADJ staggering

tituber /titybe/ /TABLE 1/ VI [*personne*] to stagger; **il avança vers nous/sortit de la cuisine en titubant** he came staggering towards us/out of the kitchen

titulaire /titylɛʀ/ **1** ADJ [*professeur*] (*au collège*) fully qualified; (*à l'université*) with tenure; **être ~ de** [+ *chaire, permis, diplôme, carte, compte*] to hold **2** NMF [*de permis, compte bancaire, carte de crédit, passeport*] holder; [*de poste*] incumbent

titulariser /titylaʀize/ /TABLE 1/ VT [+ *enseignant, fonctionnaire*] to give a permanent appointment to; [+ *professeur d'université*] to give tenure to; [+ *sportif*] to pick

TNT /teɛnte/ NF (ABBR = **Télévision numérique terrestre**) digital television

toast /tost/ NM ⓐ (= *pain grillé*) piece of toast ⓑ (= *discours*) toast; **porter un ~ en l'honneur de qn** to drink a toast to sb

toboggan /tɔbɔgɑ̃/ NM ⓐ (= *glissière, jeu*) slide; [*de piscine*] waterslide; **faire du ~** to play on a slide ⓑ (= *traîneau*) toboggan; **faire du ~** to go tobogganing ⓒ [*d'avion*] emergency chute

toc /tɔk/ **1** NM (= *faux*)* **c'est du ~** (= *imitation, faux*) it's a fake; (= *camelote*) it's trash; **en ~** [*bijou*] fake **2** EXCL **~ ~!** knock knock!; **et ~!** so there!*

tocsin /tɔksɛ̃/ NM alarm bell; **sonner le ~** to ring the alarm

toge /tɔʒ/ NF [*de magistrat, étudiant*] gown

Togo /tɔgo/ NM Togo

togolais, e /tɔgɔlɛ, ɛz/ **1** ADJ of *ou* from Togo **2** NM,F **Togolais(e)** native of Togo

tohu-bohu /tɔybɔy/ NM (= *tumulte*) hubbub

toi /twa/ PRON PERS ⓐ (*sujet, objet*) you; **il a accepté, ~ non** *ou* **pas ~** he accepted but you didn't; **qui l'a vu? ~?** who saw him? did you?; **~ qui y es déjà allé, comment c'est?** you've been there, what's it like?; **tu l'as vu, ~?** have you seen him?; **il me connaît mieux que ~** (*qu'il ne te connaît*) he knows me better than you; (*que tu ne me connais*) he knows me better than you do; **~, je te connais** I know you; **aide-moi, ~!** hey you*, give me a hand! ⓑ (*avec verbe pronominal*) **assieds-~!** sit down!; **~, tais-~!** you be quiet! ⓒ (*avec préposition*) you; **je compte sur ~** I'm counting on you; **tu ne penses qu'à ~** you only think of yourself; **cette maison est-elle à ~?** is this house yours?

toile /twal/ **1** NF ⓐ (= *tissu*) cloth (*NonC*); (*grossière, de chanvre*) canvas (*NonC*); **~ de lin/de coton** linen/cotton; **en ~** *ou* **de ~** [*draps*] linen; [*pantalon, blazer*] heavy cotton; [*sac*] canvas ⓑ (= *morceau*) piece of cloth ⓒ (= *tableau*) painting; **une ~ de maître** an old master ⓓ (= *voiles*) sails; **faire de la/réduire la ~** to make/take in sail ⓔ [*d'araignée*] web; **~ d'araignée** spider's web; **le grenier est plein de ~s d'araignées** the attic is full of cobwebs ⓕ (= *film*)* **se faire une ~** to go and see a film

2 COMP ♦ **toile cirée** oilcloth ♦ **toile émeri** emery cloth ♦ **toile de fond**: **en ~ de fond** in the background; **une histoire d'amour, avec en ~ de fond la guerre** a love story set against the backdrop of the war ♦ **toile goudronnée** tarpaulin ♦ **toile de jute** hessian ♦ **toile de tente** (*Camping*) canvas

toilettage /twaletaʒ/ NM [*de chien*] grooming; **« salon de ~ »** "grooming parlour"

toilette /twalɛt/ **1** NF ⓐ (= *ablutions*) **faire sa ~** to have a wash; **faire une ~ rapide** *ou* **un brin de ~** to have a quick wash; **~ intime** personal hygiene; **la ~ des enfants prend toujours du temps** it always takes a long time to get the children washed; **produits de ~** toiletries; **j'ai oublié mes affaires de ~** I've forgotten my washbag; **faire la ~ d'un mort** to lay out a corpse; **(table de) ~** (*pour lavabo*) washstand; (= *coiffeuse*) dressing table → **cabinet, gant, trousse** ⓑ (= *nettoyage*) **faire la ~ de** [+ *voiture*] to clean; [+ *monument, maison*] to give a face-lift to; [+ *texte*] to tidy up ⓒ [*d'animal*] **faire sa ~** to wash itself ⓓ (= *costume*) outfit; **elle a changé trois fois de ~** she's changed her outfit three times

2 NFPL **toilettes** (= *WC*) toilet, bathroom (*US*); (*publiques*) public lavatory, restroom (*US*); **aller aux ~s** to go to the toilet; **où sont les ~s?** (*dans un lieu public*) where's the toilet? *ou* the restroom? (*US*); (*pour femmes*) where's the ladies' room? *ou* the ladies?* (*Brit*); (*pour hommes*) where's the men's room? *ou* the gents?* (*Brit*)

toiletter /twalete/ /TABLE 1/ VT [+ *chien, chat*] to groom

toiletteur, -euse /twaletœʀ, øz/ NM,F **~ (pour chiens)** (dog) groomer

toi-même /twamɛm/ PRON yourself

toiser /twaze/ /TABLE 1/ VT to look up and down; **~ qn de haut** to look down on sb

toison /twazɔ̃/ NF ⓐ [*de mouton*] fleece; **la Toison d'or** the Golden Fleece ⓑ (= *chevelure*) (*épaisse*) mop; (*longue*) mane

toit /twa/ NM roof; **~ de chaume/de tuiles/d'ardoises** thatched/tiled/slate roof; **~ plat** *ou* **en terrasse** flat roof; **habiter sous les ~s** to live in an attic flat (*Brit*) *ou* apartment (*US*) (with a sloping ceiling); **voiture à ~ ouvrant** car with a sunroof; **avoir un ~ sur la tête** to have a roof over one's head; **vivre sous le même ~** to live under the same roof; **recevoir qn sous son ~** to have sb as a guest in one's house

toiture /twatyʀ/ NF roof

Tokyo /tɔkjo/ N Tokyo

tôle /tol/ NF ⓐ (= *matériau*) sheet metal (*NonC*); (= *pièce*) metal sheet; **~ ondulée** corrugated iron ⓑ* = **taule**

tolérable /tɔleʀabl/ ADJ tolerable; **cette attitude n'est pas ~** this attitude is intolerable

tolérance /tɔleʀɑ̃s/ NF ⓐ (= *compréhension*) tolerance (**à l'égard de, envers** toward(s)); **faire preuve de ~** to be tolerant (**à l'égard de, envers** with) ⓑ (= *liberté limitée*) **c'est une ~, pas un droit** it's tolerated rather than allowed as of right; **il y a une ~ de 2 litres d'alcool/200 cigarettes** (*à la douane*) there's an allowance of 2 litres of spirits/200 cigarettes; **~ orthographique** permitted departure in spelling ⓒ (*à un médicament*) tolerance; **~ aux antibiotiques** antibiotic tolerance

tolérant, e /tɔleʀɑ̃, ɑ̃t/ ADJ tolerant; **il est trop ~ avec ses élèves** he's too lenient with his pupils

tolérer /tɔleʀe/ /TABLE 6/ VT ⓐ (= *ne pas sévir contre*) [+ *culte, pratiques, abus*] to tolerate; (= *autoriser*) to allow; **ils tolèrent un excédent de bagages de 15 kg** they allow 15kg excess baggage ⓑ (= *supporter*) [+ *comportement, excentricités, personne*] to tolerate; [+ *douleur*] to bear; **je ne tolérerai pas cette impertinence** I will not tolerate this impertinence; **il ne tolère pas qu'on le contredise** he won't tolerate being contradicted; **il ne tolère pas l'alcool** he can't take alcohol

tollé /tɔ(l)le/ NM outcry; **ce fut un ~ (général)** there was a general outcry

TOM /tɔm/ NM (ABBR = **territoire d'outre-mer**) overseas territory → **DOM-TOM**

tomate /tɔmat/ NF tomato; **~s farcies** stuffed tomatoes; **~s cerises** cherry tomatoes

tombal, e /tɔ̃bal, o/ (*mpl* **tombals** *ou* **tombaux**) ADJ **pierre ~e** gravestone

tombant, e /tɔ̃bɑ̃, ɑ̃t/ ADJ [*épaules*] sloping; [*moustache, paupières*] drooping; [*bouche*] down-turned; [*oreilles de chien*] floppy

tombe /tɔ̃b/ NF grave; (*avec monument*) tomb; (= *pierre*) tombstone; **aller sur la ~ de qn** to visit sb's grave; **muet comme une ~** as silent as the grave

tombeau (*pl* **tombeaux**) /tɔ̃bo/ NM tomb; **mettre qn au ~** to commit sb to the grave; **mise au ~** entombment

tombée /tɔ̃be/ NF **(à) la ~ de la nuit** (at) nightfall; **(à) la ~ du jour** (at) the close of the day

---

tomber /tɔ̃be/

/TABLE 1/	
1 VERBE INTRANSITIF	**2** VERBE TRANSITIF

► **tomber** *is conjugated with* **être**, *unless it has an object, when the auxiliary is* **avoir**.

► *Lorsque* **tomber** *fait partie d'une locution comme* **tomber amoureux**, **tomber de sommeil**, *reportez-vous aussi à l'autre mot.*

1 VERBE INTRANSITIF

ⓐ to fall; [*échafaudage, mur*] to fall down; [*cheveux*] to fall out; **il est tombé et s'est cassé la jambe** he fell and broke his leg; **~ par terre** to fall down; **se laisser ~ dans un fauteuil** to fall into an armchair; **attention! tu vas ~** careful! you'll fall; **~ à l'eau** to fall into the water; (*fig*) to fall through; **~ d'un arbre** to fall out of a tree; **~ d'une chaise** to fall off a chair; **~ d'une échelle** to fall off a ladder; **~ de cheval** to fall off one's horse; **~ de haut** to fall from a height; *(fig)* to come down with a bump; **il est tombé sur la tête !*** he must be mad!; **la nouvelle vient de ~ à l'instant** the news has just come through; **un fax vient de ~** a fax has just come through

♦ **faire tomber** to knock down; *(en renversant)* to knock over; *(en lâchant)* to drop; **[+ température, prix]** to bring down; **le chien l'a fait ~** the dog knocked him over; **faire ~ le gouvernement** to bring down the government

ⓑ 〔neige, pluie〕 to fall; *[brouillard]* to come down; **la nuit tombe** it's getting dark; **il tombe de la neige** it's snowing; **qu'est-ce qu'il tombe !*** it's coming down in buckets!*; **il tombe quelques gouttes** it's raining slightly; **la foudre est tombée tout près** the lightning has struck nearby

ⓒ 〔= baisser〕 to drop; *[jour]* to draw to a close; *[prix, nombre]* to fall; *[colère]* to die down; *[assurance, enthousiasme]* to fall away; **le dollar est tombé à 5 €** the dollar has fallen to 5 euros; **les prix ne sont jamais tombés aussi bas** prices have reached an all-time low; **ils sont tombés bien bas** they've sunk really low

ⓓ 〔= disparaître〕 *[obstacle, objection]* to disappear; *[record]* to fall; **l'as et le roi sont tombés** the ace and king have been played

ⓔ 〔= pendre〕 to hang; **sa jupe tombe bien** her skirt hangs nicely; **ses cheveux lui tombaient sur les épaules** his hair came down to his shoulders; **les rideaux tombaient jusqu'au plancher** the curtains came down to the floor

ⓕ 〔= échoir〕 *[date, choix, sort]* to fall; *[verdict, sanction]* to be pronounced; **les deux concerts tombent le même jour** the two concerts fall on the same day

ⓖ 〔= arriver, se produire〕 **il est tombé en pleine réunion** he walked straight into a meeting; **bien ~** *(moment)* to come at the right moment; *(chance)* to be lucky; **mal ~** *(moment)* to come at the wrong moment; *(chance)* to be unlucky; **ça tombe bien** that's fortunate; **il est vraiment bien/mal tombé avec son nouveau patron** he's really lucky/unlucky with his new boss; **ça tombe à pic*** that's perfect timing; **ça ne pouvait pas mieux ~** it couldn't have come at a better time

ⓗ 〔= être arrêté〕 ‡ to get busted‡

ⓘ 〔locutions〕
♦ **laisser tomber** to drop; **il a voulu faire du droit mais il a vite laissé ~** he wanted to do law but he soon dropped it; **la famille nous a bien laissé ~** the family really let us down; **laisse ~ !*** forget it!; *(irritation)* give it a rest!*
♦ **tomber dans** to fall into; **~ dans l'eau** to fall into the water; **~ dans la misère** to become destitute; **~ dans le coma** to fall into a coma; **son œuvre est tombée dans l'oubli** his work fell into oblivion
♦ **tomber sur** *(= rencontrer par hasard)* to run into; *(= trouver par hasard)* to come across; *(= critiquer)** to go for*; **~ sur le dos** to fall on one's back; **j'ai eu la chance de ~ sur un spécialiste** I was lucky enough to come across a specialist; **en prenant cette rue, vous tombez sur la gare** if you go along this street, you'll find the station; **je suis tombé sur une vieille photo** I came across an old photo; **on a tiré au sort et c'est tombé sur moi** we drew straws and I was the lucky winner; **et il a fallu que ça tombe sur moi!** it just had to be me!; **il m'est tombé sur le râble‡ ou le dos‡** he laid into me*
♦ **tomber dessus*** : **il nous est tombé dessus le jour de Noël** he landed on us on Christmas Day*; **une quantité de problèmes leur est tombée dessus** they had a whole series of problems; **ils nous sont tombés dessus à huit contre trois** eight of them laid into the three of us*

2 VERBE TRANSITIF
ⓐ 〔Sport〕 *(= vaincre)** to throw
ⓑ 〔= séduire〕 * **il les tombe toutes** he's a real ladykiller
ⓒ 〔= retirer〕 **~ la veste** to slip off one's jacket

tombeur * /tɔ̃bœʀ/ NM *(= don Juan)* ladykiller; **le ~ du tenant du titre** the man who defeated the title holder
tombola /tɔ̃bɔla/ NF tombola

tome /tɔm/ NM *(= volume)* volume
tomme /tɔm/ NF *kind of cheese*
ton¹ /tɔ̃/, **ta** /ta/ *(pl* **tes** /te/) ADJ POSS your; **~ fils et ta fille** your son and daughter; **tes parents** your parents; **tu as de la chance d'avoir ~ samedi*** you're lucky to have Saturdays off; **ferme donc ta porte !** shut the door behind you!
→ 〔TUTOIEMENT/VOUVOIEMENT〕

ton² /tɔ̃/ NM ⓐ *(= hauteur de la voix)* pitch; *(= timbre)* tone; *(= manière de parler)* tone of voice; **~ aigu/grave** shrill/low pitch; **~ nasillard** twang; **d'un ~ détaché/brusque** in a detached/an abrupt tone of voice; **d'un ~ sec** curtly; **avec un ~ de supériorité** in a superior tone; **sur le ~ de la conversation/plaisanterie** conversationally/jokingly; **le ~ est à la conciliation** the prevailing mood is one of conciliation; **hausser le ~** to raise one's voice; *(= être ferme)* to adopt a firmer tone; **baisser le ~** to lower one's voice; *(fig)* to adopt a more moderate tone; **baisse un peu le ~ !** pipe down!*; **il devra changer de ~** he'll have to change his tune; **ne me parle pas sur ce ~ !** don't you talk to me like that!; **ne le prenez pas sur ce ~** don't take it like that; **dire/répéter sur tous les ~s** to say/repeat in every possible way

ⓑ *(= intervalle)* tone; *[de morceau]* key; *(= hauteur d'un instrument)* pitch; **donner le ~** to give the pitch
ⓒ *(phonétique)* tone
ⓓ *(= style)* tone; **le bon ~** *(= manière de se comporter)* good manners; **il est de bon ~ de ...** it's considered polite to ...; **donner le ~** to set the tone; *(en matière de mode)* to set the fashion
ⓔ *(= couleur, nuance)* tone; **être dans le ~** to tone in; **la ceinture n'est pas du même ~ ou dans le même ~ que la robe** the belt doesn't match the dress; **~ sur ~** in matching tones

tonalité /tɔnalite/ NF *(= ton)* tone; *(Téléc)* dialling tone *(Brit)*, dial tone *(US)*; **je n'ai pas la ~** I'm not getting the dialling tone

tondeuse /tɔ̃døz/ NF *(à cheveux)* clippers; *(pour les moutons)* shears; **~ (à gazon)** lawnmower; **passer la ~** to mow the lawn

tondre /tɔ̃dʀ/ /TABLE 41/ VT ⓐ **[+ mouton, toison]** to shear; **[+ gazon]** to mow; **[+ haie]** to clip; **[+ caniche, poil]** to clip; **[+ cheveux]** to crop ⓑ **~ qn*** *(= couper les cheveux à)* to cut sb's hair; *(= escroquer)* to fleece sb; *(au jeu)* to clean sb out

tondu, e /tɔ̃dy/ *(ptp de* **tondre***)* ADJ *[cheveux, tête]* closely-cropped; *[personne]* with closely-cropped hair

tongs /tɔ̃g/ NFPL *(= sandales)* flip-flops, thongs *(US)*

tonifiant, e /tɔnifjɑ̃, jɑ̃t/ ADJ *[air]* bracing; *[massage, lotion]* toning

tonifier /tɔnifje/ /TABLE 7/ VT **[+ muscles]** to tone up; **[+ esprit, personne]** to stimulate; **[+ peau]** to tone; **[+ cheveux]** to put new life into

tonique /tɔnik/ **1** ADJ ⓐ *[médicament, vin, boisson]* tonic; *[lotion]* toning; **c'est quelqu'un de très ~** *(physiquement)* he's got good muscle tone ⓑ *[air, froid]* bracing ⓒ *[syllabe, voyelle]* tonic; **accent ~** main stress **2** NM tonic; *(= lotion)* toning lotion

tonitruant, e /tɔnitʀyɑ̃, ɑ̃t/ ADJ *[voix]* booming
Tonkin /tɔ̃kɛ̃/ NM Tonkin
tonnage /tɔnaʒ/ NM tonnage
tonne /tɔn/ NF ton; **un 5 ~s** *(= camion)* a 5-ton truck; **des ~s de* ou** **une ~ de*** tons of*; **il y en a des ~s*** there are tons* of them; **en faire des ~s*** to overdo it

tonneau *(pl* **tonneaux***)* /tɔno/ NM ⓐ *(= récipient)* barrel; *(= contenu)* barrelful; **vieillir en ~** to age in the barrel ⓑ *[d'avion]* roll ⓒ *[de voiture]* somersault; **faire un ~** to roll over; **leur voiture a fait trois ~x** their car rolled over three times

tonnelier /tɔnəlje/ NM cooper
tonnelle /tɔnɛl/ NF *(= abri)* arbour *(Brit)*, arbor *(US)*
tonner /tɔne/ /TABLE 1/ **1** VI ⓐ *[canons, artillerie]* to boom ⓑ *[personne]* to thunder **2** VB IMPERS **il tonne** it's thundering

tonnerre /tɔnɛʀ/ NM thunder; **j'entends le ~ qui gronde** I can hear thunder; **coup de ~** thunderbolt; **un ~ d'applaudissements** thunderous applause; **du ~*** terrific*; **ça marchait du ~*** it was going great*

tonsure /tɔ̃syʀ/ NF [de moine] tonsure; (= calvitie) bald patch

tonte /tɔ̃t/ NF (= action) [de moutons] shearing; [de haie] clipping; [de gazon] mowing

tonton /tɔ̃tɔ̃/ NM (langage enfantin) uncle

tonus /tɔnys/ NM ⓐ (Physiol) tone; **~ musculaire** muscle tone ⓑ (= dynamisme) energy; (au travail) drive; **redonner du ~ à l'économie** to give the economy a boost; **ce shampoing donnera du ~ à vos cheveux** this shampoo will put new life into your hair

top /tɔp/ 1 NM ⓐ (= signal électrique) beep; **au 4ème ~ il sera midi** (Radio) at the 4th stroke it will be twelve o'clock ⓑ (Courses) **donner le ~ (de départ)** to give the starting signal ⓒ **le ~ 50** the top 50 (singles), ≈ the singles charts ⓓ ˈ(= le mieux)* **c'est le ~!** it's the best!; **être au ~** [athlète, chercheur] to be the best in one's field; **être au ~ de sa forme** to be in tip-top condition

2 ADJ **~ secret** top secret; **être au ~ niveau*** [athlète, chercheur] to be at the top of one's field

3 COMP ◆ **top model** top model

topaze /tɔpaz/ NF topaz; **~ brûlée** burnt topaz

toper /tɔpe/ /TABLE 1/ VI **tope-là! ou topez-là!** it's a deal!*

topinambour /tɔpinɑ̃buʀ/ NM Jerusalem artichoke

topo* /tɔpo/ NM (= exposé, rapport) rundown*; **faire un ~ sur qch** to give a rundown* on sth; **c'est toujours le même ~** it's always the same old story*; **tu vois un peu le ~?** get the picture?*

topographie /tɔpɔgʀafi/ NF topography

toquade /tɔkad/ NF (pour qn) infatuation; (pour qch) fad; **avoir une ~ pour qn** to be infatuated with sb

toque /tɔk/ NF (en fourrure) fur hat; [de juge, jockey] cap; **~ de cuisinier** chef's hat

toqué, e* /tɔke/ 1 ADJ crazy* (attrib); **être ~ de qn** to be crazy about sb* 2 NM,F nutcase*

torche /tɔʀʃ/ NF (= flambeau) torch; **~ électrique** electric torch (Brit), flashlight (US); **se mettre en ~** [parachute] to candle

torcher ⁑ /tɔʀʃe/ /TABLE 1/ VT ⓐ [+ derrière] to wipe; **~ un bébé** to wipe a baby's bottom ⓑ [+ travail, rapport] (= produire) to toss off; (= bâcler) to make a mess of; **article bien torché** well-written article

torchis /tɔʀʃi/ NM cob (for walls)

torchon /tɔʀʃɔ̃/ NM ⓐ cloth; (à vaisselle) tea towel; **donner un coup de ~** to wipe; (épuration) to have a clear-out ⓑ (= devoir mal présenté) mess; (= écrit sans valeur) drivel (NonC); (= mauvais journal) rag

tordant, e* /tɔʀdɑ̃, ɑ̃t/ ADJ hilarious; **il est ~** he's a scream*

tordre /tɔʀdʀ/ /TABLE 41/ 1 VT ⓐ (entre ses mains) to wring; (pour essorer) to wring out; [+ bras, poignet] to twist; **~ le cou à un poulet** to wring a chicken's neck ⓑ (= plier) [+ barre de fer, cuillère, branche de lunette] to bend 2 VPR **se tordre** ⓐ [personne] **se ~ de douleur** to be doubled up with pain; **se ~ de rire** to be doubled up with laughter; **c'est à se ~!** it's hilarious! ⓑ (= se faire mal à) **se ~ le pied/le poignet/la cheville** to twist one's foot/one's wrist/one's ankle

tordu, e /tɔʀdy/ (ptp de **tordre**) 1 ADJ [nez, jambes] crooked; [tronc] twisted; [règle, barre, roue] bent; [idée] weird; [raisonnement] twisted; **avoir l'esprit ~** to have a warped mind; **être (complètement) ~*** to be off one's head*; **il m'a fait un coup ~** he played a dirty trick on me 2 NM,F (= malveillant) ⁑ **c'est un ~ ce type** that guy's got a twisted mind

toreador /tɔʀeadɔʀ/ NM toreador

torero /tɔʀeʀo/ NM bullfighter

torgnole* /tɔʀɲɔl/ NF wallop*; **flanquer* une ~ à qn** to wallop* sb

tornade /tɔʀnad/ NF tornado

torpeur /tɔʀpœʀ/ NF torpor; **faire sortir ou tirer qn de sa ~** to bring sb out of his torpor

torpille /tɔʀpij/ NF torpedo

torpiller /tɔʀpije/ /TABLE 1/ VT to torpedo

torréfier /tɔʀefje/ /TABLE 7/ VT [+ café, malt, cacao] to roast; **café torréfié** roasted coffee

torrent /tɔʀɑ̃/ NM torrent; **~ de lave/de boue/d'injures** torrent of lava/of mud/of abuse; **il pleut à ~s** it's pouring

torrentiel, -elle /tɔʀɑ̃sjɛl/ ADJ [eaux, régime, pluie] torrential

torride /tɔʀid/ ADJ torrid

torsade /tɔʀsad/ NF [de fils] twist; (Tricot) cable-stitch; **~ de cheveux** twist of hair; **colonne à ~s** cabled column; **pull à ~s** cable-knit sweater

torsader /tɔʀsade/ /TABLE 1/ VT [+ frange, corde, cheveux] to twist; **colonne torsadée** cabled column; **pull torsadé** cable-knit sweater

torse /tɔʀs/ NM chest; [de sculpture] torso; **~ nu** stripped to the waist; **se mettre ~ nu** to strip to the waist

tort /tɔʀ/ NM ⓐ (= action, attitude blâmable) fault; **il a un ~, c'est de trop parler** his one fault is that he talks too much; **il a le ~ d'être trop jeune** the only trouble with him is that he's too young; **il a eu le ~ d'être impoli avec le patron** he made the mistake of being rude to the boss; **ils ont tous les ~s de leur côté** the fault is entirely on their side; **les ~s sont du côté du mari** the fault lies with the husband; **être en ~** to be in the wrong; **avoir des ~s envers qn** to have wronged sb; **il n'a aucun ~** he's not at fault; **il a reconnu ses ~s** he acknowledged that he had done something wrong; **vous avez refusé? c'est un ~** did you refuse? - you shouldn't have

ⓑ (= dommage, préjudice) wrong; **redresser un ~** to right a wrong; **faire ou causer du ~ à qn** to harm sb; **ça ne fait de ~ à personne** it doesn't harm anybody; **il s'est fait du ~** he has harmed himself

ⓒ (locutions)

◆ **dans son tort** : **être dans son ~** to be in the wrong; **se mettre dans son ~** to put o.s. in the wrong; **il venait de ma droite, j'étais dans mon ~** (en voiture) he was coming from the right, I was at fault

◆ **avoir tort** to be wrong; **il a ~ de se mettre en colère** he's wrong to get angry; **il n'a pas tout à fait ~ de dire que ...** he's not altogether wrong in saying that ...; **tu aurais bien ~ de ne pas le faire!** you'd be crazy not to do it!

◆ **donner tort à qn** (= blâmer) to lay the blame on sb; (= ne pas être d'accord avec) to disagree with sb; **les événements lui ont donné ~** events proved him wrong

◆ **à tort** [soupçonner, accuser] wrongly

◆ **à tort ou à raison** rightly or wrongly

◆ **à tort et à travers** : **dépenser à ~ et à travers** to spend money like water; **il parle à ~ et à travers** he talks a lot of rubbish*

torticolis /tɔʀtikɔli/ NM stiff neck; **avoir/attraper un ~** to have/get a stiff neck

tortiller /tɔʀtije/ /TABLE 1/ 1 VT [+ corde, mouchoir] to twist; [+ cheveux, cravate, doigts] to twiddle; **il tortillait son chapeau entre ses mains** he was fiddling with his hat

2 VI **des hanches** to wiggle one's hips; **~ des fesses ou du derrière*** to wiggle one's bottom; **il n'y a pas à ~*** (tergiverser) there's no wriggling out of it

3 VPR **se tortiller** [serpent] to writhe; [ver] to wriggle; [personne] (en dansant) to wiggle; (en se débattant) to wriggle; (d'impatience) to fidget; (d'embarras, de douleur) to squirm

tortionnaire /tɔʀsjɔnɛʀ/ NMF torturer

tortue /tɔʀty/ NF ⓐ (terrestre) tortoise; **~ d'eau douce** terrapin; **~ de mer** turtle ⓑ (= personne lente) slowcoach (Brit), slowpoke (US); **avancer comme une ~** to crawl along at a snail's pace

tortueux, -euse /tɔʀtɥø, øz/ ADJ ⓐ (= sinueux) [chemin, escalier] winding ⓑ (péj) [esprit, raisonnement] tortuous

torture /tɔʀtyʀ/ NF torture (NonC); **c'est une ~ atroce** it's an appalling form of torture; **instruments de ~** instruments of torture; **chambre ou salle de(s) ~s** torture chamber; **sous la ~** under torture; **cette attente a été pour elle une véritable ~** it was real torture for her to wait around like that; **mettre qn à la ~** (fig) to torture sb

torturer /tɔʀtyʀe/ /TABLE 1/ 1 VT [+ prisonnier, animal] to torture; **le doute/le remords le torturait** he was racked with doubt/remorse; **cette pensée le torturait** he was tormented by the thought; **son visage était torturé par le chagrin** his face was twisted with grief; **sa poésie torturée, déchirante** his tormented, heartrending poetry 2 VPR **se torturer** (= se faire du souci) to fret (**pour** over); **se ~ le cerveau ou l'esprit** to rack one's brains

torve /tɔʀv/ ADJ [regard, œil] menacing

tory (pl **tories**) /tɔʀi/ ADJ, NM Tory

Toscane /tɔskan/ NF Tuscany

tôt /to/ ADV ⓐ (= de bonne heure) early; **se lever/se coucher (très) ~** to get up/go to bed (very) early; **il arrive toujours ~ le jeudi** he's always early on Thursdays; **venez ~ dans la soirée** come early in the evening; **~ dans l'année** early in the year; **Pâques tombe ~ cette année** Easter falls early this year

ⓑ (= avant un moment déterminé, habituel ou prévu) soon, early; **il est un peu (trop) ~ pour le juger** it's a little too soon ou early to judge him; **si tu étais venu une heure plus ~, tu l'aurais rencontré** if you'd come an hour sooner ou earlier you would have met him; **elle m'avait téléphoné une semaine plus ~** she'd called me a week earlier; **ce n'est pas trop ~!** and about time too!*

ⓒ (= vite) soon, early; **si seulement vous me l'aviez dit plus ~!** if only you'd told me sooner! ou earlier!; **venez le plus ~ possible** come as early ou as soon as you can; **le plus ~ sera le mieux** the sooner the better; **je ne m'attendais pas à le revoir si ~** I didn't expect to see him again so soon; **cette soirée, je ne l'oublierai pas de si ~!** I won't forget that party in a hurry!; **une occasion pareille ne se représentera pas de si ~** you don't get an opportunity like that every day

♦ **au plus tôt**: **il peut venir jeudi au plus ~** Thursday is the earliest he can come; **il faut qu'il vienne au plus ~** he must come as soon as possible

♦ **tôt ou tard** sooner or later

total, e (mpl **-aux**) /tɔtal, o/ 1 ADJ total; **grève ~e** all-out strike; **l'arrêt ~ des hostilités** the total cessation of hostilities; **dans la confusion la plus ~e** in total confusion; **la longueur ~e de la voiture** the overall length of the car

2 ADV* **~, il a tout perdu** the net result was that he lost everything

3 NM total; **le ~ s'élève à 150 €** the total amounts to 150 euros; **faire le ~** to work out the total

♦ **au total** in total; (fig) all things considered

4 NF **totale***: **la ~e** the works*

totalement /tɔtalmã/ ADV totally

totaliser /tɔtalize/ /TABLE 1/ VT ⓐ (= additionner) to add up ⓑ (= avoir au total) to total; **le candidat qui totalise le plus grand nombre de points** the candidate who gets the highest number of points

totalitaire /tɔtalitɛʀ/ ADJ [régime] totalitarian

totalité /tɔtalite/ NF **la ~ de** all of; **la ~ du sable/des livres** all of the sand/the books; **la ~ du livre/de la population** all the book/the population; **la ~ de son salaire** his entire salary

totem /tɔtɛm/ NM totem; (= poteau) totem pole

touareg, -ègue /twaʀɛg/ 1 ADJ Tuareg 2 NM (= langue) Tuareg 3 NM,F **Touareg ◊ Touarègue** Tuareg

toubib * /tubib/ NM doctor; **aller chez le ~** to go and see the doctor

toucan /tukã/ NM toucan

touchant, e /tuʃã, ãt/ ADJ touching; **~ de naïveté** touchingly naïve

touche /tuʃ/ NF ⓐ [de piano, ordinateur] key; [de téléphone, télécommande, lave-vaisselle] button; [de guitare] fret; **~ bis** [de téléphone] redial button

ⓑ (= tache de couleur, style) touch; **appliquer la couleur par petites ~s** to apply the colour with small strokes; **une ~ de gaieté/d'humour** a touch of gaiety/of humour; **mettre la dernière ~ ou la ~ finale à qch** to put the finishing touches to sth

ⓒ (Pêche) bite; **avoir ou faire une ~** to get a bite; (= séduire) to make a hit*

ⓓ (Escrime) hit

ⓔ (Sport) (= sortie) touch; (= ligne) touchline; (= remise en jeu) (Football, Hand-ball) throw-in; (Rugby) line-out; (Basket) return to play; (Hockey) roll-in; **envoyer ou mettre la balle en ~** to kick the ball into touch; **le ballon est sorti en ~** the ball has gone into touch; **coup de pied en ~** kick to touch; **rester sur la ~** to stay on the bench; (fig) to stay on the sidelines

ⓕ (= allure)* **quelle drôle de ~!** what a sight!*; **il a une de ces ~s!** you should see him, he's a sight!

touche-à-tout /tuʃatu/ NMF INV, ADJ INV **c'est un ~ ou il est ~** (= enfant) he's into everything; (= dilettante) he dabbles in everything

toucher /tuʃe/ /TABLE 1/ 1 VT ⓐ (pour sentir, prendre) to touch; (pour palper) to feel; **il me toucha l'épaule** he touched my shoulder; **«prière de ne pas ~»** "please do not touch"; **pas touche!*** hands off!*; **il n'a pas touché un verre de vin depuis son accident** he hasn't touched a drop of wine since his accident; **je n'avais pas touché une raquette depuis six mois** I hadn't picked up a racket for six months

ⓑ (= entrer en contact avec) to touch; **il ne faut pas que ça touche (le plafond)** it mustn't touch (the ceiling); **l'avion toucha le sol** the plane touched down

ⓒ (= être proche de) to adjoin; [affaire] to concern; **son jardin touche le nôtre** his garden adjoins ours; **une personne qui vous touche de près** someone close to you

ⓓ (= atteindre) [+ adversaire, objectif] to hit; [+ public] to reach; **touché d'une balle en plein cœur** hit by a bullet in the heart; **deux immeubles ont été touchés par l'explosion** two buildings were hit by the explosion; **touché!** (bataille navale) hit!; **il voudrait ~ un public plus large** he'd like to reach a wider audience

ⓔ (= recevoir) [+ prime, allocation, traitement] to get; [+ chèque] to cash; [+ tiercé, gros lot] to win; **~ le chômage*** to be on the dole*; **il a fini le travail mais n'a encore rien touché** he's finished the work but he hasn't been paid yet

ⓕ (= émouvoir) [drame, deuil] to affect; [scène attendrissante] to touch; [critique, reproche] to have an effect on; **cette tragédie les a beaucoup touchés** this tragedy affected them greatly; **rien ne le touche** there is nothing that can move him; **votre cadeau nous a vivement touchés** we were deeply touched by your gift

ⓖ (= concerner) to affect; **ce problème ne nous touche pas** this problem doesn't affect us; **le chômage touche surtout les jeunes** unemployment affects the young especially

2 VT INDIR ♦ **toucher à** to touch; [+ réputation] to question; (= modifier) [+ règlement, loi, tradition] to meddle with; [+ mécanisme] to tamper with; (= concerner) [+ intérêts] to affect; [+ problème, domaine] to have to do with; (= aborder) [+ période, but] to approach; [+ sujet, question] to broach; **n'y touche pas!** don't touch!; **«prière de ne pas ~ aux objets exposés»** "please do not touch the exhibits"; **~ à tout** [enfant] to be into everything; [amateur curieux] to try one's hand at everything; **elle n'a pas touché à son déjeuner** she didn't touch her lunch; **il n'a jamais touché à un fusil** he's never handled a gun; **s'il touche à cet enfant, gare à lui!** if he touches that child, he'd better watch out!; **touche pas à ma bagnole!*** hands off my car!; **la réforme touche au statut des salariés** the reform affects the status of employees; **on peut rénover sans ~ à la façade** it's possible to renovate without touching the façade; **c'est parfait, n'y touche pas** it's perfect, don't change a thing; **tout ce qui**

touche à l'enseignement everything to do with teaching; **vous touchez là à une question délicate** that is a very delicate matter you have raised; **nous touchons au but** we're nearing our goal; **l'hiver/la guerre touche à sa fin** *ou* **son terme** winter/the war is drawing to a close

3 VPR se toucher ⓐ (*mutuellement*) to touch; **nos deux jardins se touchent** our two gardens are adjacent (to each other)

ⓑ (*réfléchi*) **il se toucha le front** he touched his forehead

ⓒ (= *se masturber*)* to play with o.s.*

4 NM touch; (= *impression produite*) feel; **doux au ~** soft to the touch; **cela a le ~ de la soie** it feels like silk; **on reconnaît la soie au ~** you can tell silk by the feel of it; **avoir un bon ~ de balle** to have a nice touch

touffe /tuf/ NF [*d'herbe, arbres*] clump; [*de cheveux, poils*] tuft

touffu, e /tufy/ ADJ [*barbe, sourcils*] bushy; [*arbres*] with thick foliage; [*haie, bois*] thick

touiller * /tuje/ /TABLE 1/ VT [+ *sauce, café*] to stir; [+ *salade*] to toss

toujours /tuʒuR/ ADV ⓐ (= *tout le temps*) always; **je t'aimerai ~** I'll always love you; **il est ~ à*** *ou* **en train de critiquer** he's always criticizing; **les jeunes veulent ~ plus d'indépendance** young people want more and more independence; **comme ~** as always; **ce sont des amis de ~** they are lifelong friends; **il est parti pour ~** he's gone forever; **presque ~** almost always

ⓑ (= *encore*) still; **bien qu'à la retraite il travaillait ~** although he had retired he was still working; **j'espère ~ qu'elle viendra** I'm still hoping she'll come; **ils n'ont ~ pas répondu** they still haven't replied; **est-ce que Louise est rentrée ? — non elle est ~ à Paris/non ~ pas** is Louise back? — no, she's still in Paris/no not yet; **il est ~ aussi désagréable** he's still as unpleasant as ever

ⓒ (*intensif*) anyway; **écrivez ~, il vous répondra peut-être** write anyway - he might answer you; **il vient ~ un moment où ...** there must come a time when ...; **je trouverai ~ une excuse** I can always think up an excuse; **vous pouvez ~ crier, il n'y a personne** shout as much as you like - there's no-one about; **il était peut-être là, ~ est-il que je ne l'ai pas vu** he may well have been around, but the fact remains that I didn't see him; **c'est ~ ça de pris*** that's something anyway; **ça peut ~ servir** it might come in handy

toupet /tupɛ/ NM ⓐ (= *culot*)* nerve*, cheek* (*Brit*); **avoir du ~** to have a nerve* *ou* a cheek* (*Brit*); **il ne manque pas de ~ !** he's got a nerve!* *ou* cheek!* (*Brit*) ⓑ [*de cheveux*] tuft of hair; (*postiche*) toupee

toupie /tupi/ NF (= *jouet*) spinning top

tour¹ /tuR/ **1 NF** ⓐ (= *édifice*) tower; (= *immeuble très haut*) tower block ⓑ (*Échecs*) castle, rook **2 COMP** ♦ **la tour de Babel** the Tower of Babel ♦ **tour de contrôle** control tower ♦ **la tour Eiffel** the Eiffel Tower ♦ **tour HLM** high-rise council block (*Brit*), high-rise project (*US*) ♦ **tour d'ivoire : enfermé dans sa** *ou* **une ~ d'ivoire** shut away in an ivory tower ♦ **la tour de Londres** the Tower of London ♦ **la tour de Pise** the Leaning Tower of Pisa

tour² /tuR/

1 NOM MASCULIN	2 COMPOSÉS

1 NOM MASCULIN

ⓐ ⟨= **excursion, parcours**⟩ trip; (= *promenade*) (*à pied*) walk; (*en voiture*) drive; (*en vélo*) ride; **allons faire un ~ à pied** let's go for a walk; **faire un petit ~ à pied** let's go for a walk; **faire un ~ de manège** to have a ride on a merry-go-round; **faire un ~ en ville** to go for a walk round town; **faire un ~ en Italie** to go for a trip round Italy; **le ~ du parc prend bien une heure** it takes a good hour to walk around the park; **on en a vite fait le ~** [*de lieu*] there's not much to see; [*de livre, théorie*] there isn't much to it; [*de personne*] there isn't much to him (*ou* her)

♦ **faire le tour de** [+ *parc, pays, magasins*] to go round; [+ *possibilités*] to explore; [+ *problème*] to consider from all angles; **faire le ~ du cadran** [*aiguille*] to go round the clock; [*dormeur*] to sleep round the clock; **faire le ~ du monde** to go round the world; **la route fait le ~ de leur propriété** the road goes round their estate; **faire le ~ du propriétaire** to look round one's property; **je vais te faire faire le ~ du propriétaire** I'll show you round; **faire le ~ des invités** to do the rounds of the guests; **la plaisanterie a fait le ~ de la table** the joke went round the table

♦ **faire un tour de** : **faire un ~ d'Europe** to tour Europe; **ils ont fait un ~ du monde en bateau** they sailed round the world

ⓑ ⟨**dans un ordre, une succession**⟩ turn; **c'est votre ~** it's your turn; **à ton ~ de jouer** it's your turn; (*Échecs, Dames*) it's your move; **passer son ~** to miss one's turn; **parler à son ~** to speak in turn; **attends, tu parleras à ton ~** wait - you'll have your turn to speak; **chacun son ~ !** wait your turn!; **nous le faisons chacun à notre ~** we take it in turns; **c'est au ~ de Marc de parler** it's Marc's turn to speak; **à qui le ~ ?** whose turn is it?; **votre ~ viendra** your turn will come

♦ **à tour de rôle** in turn; **ils sont de garde à ~ de rôle** they take turns being on duty

♦ **tour à tour** alternately; **le temps était ~ à ~ pluvieux et ensoleillé** the weather was alternately wet and sunny; **elle se sentait ~ à ~ optimiste et désespérée** she felt optimistic and despairing by turns

ⓒ ⟨**Sport, Politique**⟩ round; **au premier ~ de la Coupe d'Europe** in the first round of the European Cup; **élu au second ~** elected in the second round; **~ de scrutin** ballot

ⓓ ⟨= **circonférence**⟩ [*de partie du corps*] measurement; [*de tronc, colonne*] girth; [*de surface*] circumference; **~ de tête** head measurement; (*pour chapeau*) hat size; **~ de cou** collar size; **~ de taille** waist measurement; **~ hanches** hip measurement; **~ de poitrine** [*d'homme*] chest measurement; [*de femme*] bust measurement

ⓔ ⟨= **rotation**⟩ revolution; [*d'écrou, clé*] turn; **l'hélice a fait deux ~s** the propeller turned twice; **régime de 2 000 ~s (minute)** speed of 2,000 revs per minute; **un 33 ~s** an LP; **un 45 ~s** a single; **un 78 ~s** a 78; **donner un ~ de clé** to turn the key; **faire un ~ sur soi-même** to spin round once

♦ **à tour de bras** [*frapper, taper*] with all one's strength; [*composer, produire*] prolifically; [*critiquer*] with a vengeance; **il écrit des chansons à ~ de bras** he churns out songs one after the other; **ils licenciaient à ~ de bras** they were laying people off left, right and centre

ⓕ ⟨= **tournure**⟩ [*de situation, conversation*] turn; (= *phrase*) turn of phrase; **la situation prend un ~ dramatique** the situation is taking a dramatic turn

ⓖ ⟨= **exercice**⟩ [*d'acrobate*] feat; [*de jongleur, prestidigitateur*] trick; **~ d'adresse** feat of skill; **~ de cartes** card trick; **et le ~ est joué !** and there you have it!; **c'est un ~ à prendre !** it's just a knack!; **avoir plus d'un ~ dans son sac** to have more than one trick up one's sleeve

ⓗ ⟨= **duperie**⟩ trick; **jouer un ~ à qn** to play a trick on sb; **un sale ~** a dirty trick*

ⓘ ⟨= **machine**⟩ lathe; **~ de potier** potter's wheel

2 COMPOSÉS

♦ **tour de chant** song recital ♦ **tour de force** amazing feat ♦ **le Tour de France** the Tour de France ♦ **tour de garde** spell of duty ♦ **tour d'honneur** (*Sport*) lap of honour ♦ **tour d'horizon** general survey; **faire un ~ d'horizon de la situation** to have a look at the general situation ♦ **tour de main** : **avoir un ~ de main** to have a knack; **en un ~ de main** in no time at all ♦ **tour de manivelle** turn of the handle; **le premier ~ de manivelle est prévu pour octobre** [*de film*] the cameras should begin filming in October ♦ **tour de piste** (*Sport*) lap; (*dans un cirque*) circuit (of the ring) ♦ **tour de reins** back strain; **attraper un ~ de reins** to strain one's back

❶ LE TOUR DE FRANCE
The famous annual cycle race takes about three weeks to complete in daily stages (étapes) of approximately 110 miles. The leading cyclist wears a yellow jersey, the « maillot jaune ». The route varies and is not usually confined only to France, but the race always ends on the Champs-Élysées in Paris.
▷ www.letour.fr

tourbe /tuʀb/ NF peat

tourbeux, -euse /tuʀbø, øz/ ADJ [*terrain*] peaty

tourbillon /tuʀbijɔ̃/ NM ⓐ [*de fumée, sable, neige, poussière*] swirl; ~ **(de vent)** whirlwind; **le sable s'élevait en ~s** the sand was swirling up ⓑ [*dans l'eau*] eddy; (*plus important*) whirlpool; **l'eau faisait des ~s** the water was making eddies; **le ~ de la vie** the hustle and bustle of life

tourbillonner /tuʀbijɔne/ /TABLE 1/ VI to swirl; [*danseurs*] to whirl round

tourisme /tuʀism/ NM ⓐ (= *voyages, visites*) **faire du ~ en Irlande** to go touring round Ireland; **faire du ~ dans Paris** to go sightseeing in Paris ⓑ (= *industrie*) **le ~** tourism; **le ~ français se porte bien** the French tourist industry is in good shape; **~ rural** *ou* **vert** green tourism; **~ culturel/sexuel** cultural/sex tourism; **voiture (de) grand ~** GT saloon car (*Brit*), 4-door sedan (*US*)

touriste /tuʀist/ NMF tourist; **faire qch en ~** (*fig*) to do sth half-heartedly

touristique /tuʀistik/ ADJ tourist (*avant le nom*); **trop ~** touristy*; **route ~** scenic route

tourmente /tuʀmɑ̃t/ NF (= *tempête*) storm; (*sociale, politique*) upheaval

tourmenté, e /tuʀmɑ̃te/ (*ptp de* **tourmenter**) ADJ ⓐ [*personne, expression, visage, esprit*] tormented ⓑ [*relief*] rugged; [*paysage, formes, style, art*] tortured ⓒ [*vie, mer, ciel*] stormy; **l'histoire ~e de ce pays** this country's turbulent history

tourmenter /tuʀmɑ̃te/ /TABLE 1/ **1** VT to torment; **ce qui me tourmente dans cette affaire** what worries me in this business **2** VPR **se tourmenter** to fret; **il se tourmente à cause de son fils** he's fretting about his son; **ne te tourmente pas, ce n'était pas de ta faute** don't worry yourself - it wasn't your fault

tournage /tuʀnaʒ/ NM (*Ciné*) shooting; **être en ~ en Italie** to be filming in Italy; **pendant le ~** while the film was being made; **l'équipe de ~** the film crew

tournant, e /tuʀnɑ̃, ɑ̃t/ **1** ADJ [*fauteuil, dispositif*] swivel; [*feu, scène*] revolving **2** NM ⓐ (= *virage*) bend; **attendre qn au ~** to wait for the chance to trip sb up ⓑ (= *changement*) turning point; **~ décisif** watershed; **il arrive à un ~ de sa carrière** he's coming to a turning point in his career; **au ~ du siècle** at the turn of the century

tourné, e¹ /tuʀne/ (*ptp de* **tourner**) ADJ ⓐ **bien/mal ~** [*article, lettre*] well/badly worded; **avoir l'esprit mal ~** to have a dirty mind ⓑ [*lait, vin*] off

tournebroche /tuʀnəbʀɔʃ/ NM roasting spit

tourne-disque (*pl* **tourne-disques**) /tuʀnədisk/ NM record player

tournedos /tuʀnədo/ NM tournedos

tournée² /tuʀne/ NF ⓐ [*de conférencier, artiste*] tour; [*d'inspecteur, livreur, représentant*] round; **~ de conférences/théâtrale** lecture/theatre tour; **~ d'inspection** tour of inspection; **partir/être en ~** [*artiste, troupe de théâtre*] to set off on/be on tour; [*livreur, représentant*] to set off on/be on one's rounds; **faire une ~ électorale** to go on a campaign tour; **faire la ~ de** [+ *magasins, musées, cafés*] to go round ⓑ (= *consommations*) round; **payer une/sa ~** to buy a/one's round; **il a payé une ~ générale** he paid for drinks all round; **c'est la ~ du patron** the drinks are on the house

tournemain /tuʀnəmɛ̃/ NM **en un ~** in no time at all

tourner /tuʀne/ /TABLE 1/ **1** VT ⓐ to turn; [+ *sauce*] to stir; [+ *salade*] to toss; **tournez s.v.p.** please turn over; **~ et retourner** [+ *pensée, problème*] to turn over and over in one's mind; **~ la tête à qn** [*vin, succès*] to go to sb's head; [*personne*] to turn sb's head ⓑ (= *orienter*) [+ *appareil, tête, yeux*] to turn; **elle tourna son**

regard *ou* **les yeux vers la fenêtre** she turned her eyes towards the window; **~ la tête à droite/à gauche** to turn one's head to the right/to the left; **quand il m'a vu, il a tourné la tête** when he saw me he looked away ⓒ [+ *difficulté, règlement*] to get round; **~ la loi** to find a loophole in the law; **il vient de ~ le coin de la rue** he has just turned the corner ⓓ [+ *phrase*] to turn; [+ *demande, lettre*] to phrase ⓔ (= *transformer*) **~ qn/qch en ridicule** to ridicule sb/sth; **il tourne tout à son avantage** he turns everything to his own advantage ⓕ **~ une scène** [*cinéaste*] to film a scene; [*acteur*] to act in a scene; **~ un film** (= *faire les prises de vues*) to shoot a film; (= *produire*) to make a film; (= *jouer*) to make a film; **ils ont dû ~ en studio** they had to do the filming in the studio ⓖ [+ *bois, ivoire*] to turn; [+ *pot*] to throw

2 VI ⓐ to turn; [*toupie*] to spin; [*taximètre*] to tick away; [*usine, moteur*] to run; **~ sur soi-même** to turn round; (*très vite*) to spin round and round; **la grande aiguille tourne plus vite que la petite** the big hand goes round faster than the small one; **l'heure tourne** time's getting on; **tout d'un coup, j'ai vu tout ~** all of a sudden my head began to spin; **l'usine tourne à plein (régime)** the factory is working at full capacity; **ce représentant tourne sur Lyon** this sales representative covers Lyon; **son spectacle va ~ dans le Midi cet été** his show is on tour in the South of France this summer; **faire ~ le moteur** to run the engine; **faire ~ les tables** (*Spiritisme*) to hold seances; **c'est elle qui fait ~ l'affaire** she's the one who keeps the business going; **faire ~ la tête à qn** [*compliments, succès*] to go to sb's head; [*bruit, altitude*] to make sb's head spin; **j'ai la tête qui tourne** my head's spinning; **~ de l'œil** to pass out

◆ **tourner autour de** to turn round; [*terre, roue*] to go round; [*oiseau*] to fly round; [*mouches*] to buzz round; [*prix*] to be around *ou* about (*Brit*); **~ autour de la piste** to go round the track; **~ autour de qn** to hang round sb; (*par curiosité*) to hover round sb; **l'enquête tourne autour de ces trois suspects** the inquiry centres on these three suspects; **le prix doit ~ autour de 80 000 €** the price must be around 80,000 euros

ⓑ [*vent, opinion, chemin, promeneur*] to turn; **la chance a tourné** his (*ou* her etc) luck has turned; **la voiture a tourné à gauche** the car turned left; **tournez à droite au prochain feu rouge** turn right at the next traffic lights ⓒ (= *évoluer*) **bien ~** to turn out well; **mal ~** [*farce, entreprise, personne*] to turn out badly; **ça va mal ~** it'll end in trouble; **si les choses avaient tourné autrement** if things had turned out differently; **~ à l'avantage de qn** to turn to sb's advantage; **le débat tournait à la polémique** the debate was becoming increasingly heated; **~ au drame/au tragique** to take a dramatic/tragic turn; **~ au vinaigre** [*vin*] to turn vinegary; (*fig*) to turn sour ⓓ [*programme informatique*] to work; **ça tourne sur quelles machines ?** which machines does it work on? ⓔ [*lait*] to turn sour; [*poisson, viande, fruits*] to go bad

3 VPR **se tourner**: **se ~ du côté de** *ou* **vers qn/qch** to turn towards sb/sth; **se ~ vers qn pour lui demander de l'aide** to turn to sb for help; **se ~ vers une profession/la politique** to turn to a profession/to politics; **une entreprise tournée vers l'avenir** a forward-looking company; **se ~ et se retourner dans son lit** to toss and turn in bed; **tourne-toi** turn round

tournesol /tuʀnəsɔl/ NM sunflower

tourneur, -euse /tuʀnœʀ, øz/ NM,F turner

tournevis /tuʀnəvis/ NM screwdriver

tourniquet /tuʀnikɛ/ NM ⓐ (= *barrière*) turnstile; (= *porte*) revolving door ⓑ (*Tech: d'arrosage*) sprinkler ⓒ (= *présentoir*) revolving stand

tournis /tuʀni/ NM **avoir le ~** to feel dizzy; **ça/il me donne le ~** it/he makes me feel dizzy

tournoi /tuʀnwa/ NM tournament; **~ d'échecs/de tennis** chess/tennis tournament; **le Tournoi des six nations** (*Rugby*) the Six Nations Championship; **disputer** *ou* **faire un ~** to play in a tournament

tournoyer /tuʀnwaje/ /TABLE 8/ VI [*danseurs*] to whirl round; [*eau, fumée*] to swirl; [*boomerang*] to spin; [*papiers*] to flutter around; [*oiseaux*] to wheel; [*feuilles mortes*] to swirl around; [*abeille, moustique*] to fly around; **faire ~** [+ *danseur, canne*] to twirl; [+ *robe*] to swirl; **les feuilles tombaient en tournoyant** the leaves were twirling; **tout s'est mis à ~ et je me suis évanoui** everything started to spin and I fainted

tournure /tuʀnyʀ/ NF ⓐ (= *tour de phrase*) turn of phrase; (= *forme*) form; **~ négative/impersonnelle** negative/impersonal form ⓑ (= *apparence*) **la ~ que prenaient les événements** the way the situation was developing; **la situation a pris une mauvaise ~** the situation took a turn for the worse; **prendre ~** to take shape; **~ d'esprit** turn of mind

tour-opérateur (*pl* **tour-opérateurs**) /tuʀɔpeʀatœʀ/ NM tour operator

tourte /tuʀt/ NF pie; **~ à la viande/au poisson** meat/fish pie

tourteau (*pl* **tourteaux**) /tuʀto/ NM (= *crabe*) common crab

tourtereau (*pl* **tourtereaux**) /tuʀtəʀo/ NM (= *oiseau*) young turtledove; **~x** (= *amoureux*) lovebirds

tourterelle /tuʀtəʀɛl/ NF turtledove

tourtière /tuʀtjɛʀ/ NF (à *tourtes*) pie tin; (à *tartes*) pie dish

tous /tu(s)/ ADJ, PRON → **tout**

Toussaint /tusɛ̃/ NF **la ~** All Saints' Day; **nous partirons en vacances à la ~** we're going on holiday at the beginning of November

---
ⓘ **TOUSSAINT**

All Saints' Day (1 November) is a public holiday in France. It is the day when people traditionally visit cemeteries to lay heather and chrysanthemums on the graves of relatives and friends.

---

tousser /tuse/ /TABLE 1/ VI to cough

toussoter /tusɔte/ /TABLE 1/ VI to have a bit of a cough; (*pour avertir, signaler*) to cough softly

---
tout, toute /tu, tut/ (*mpl* **tous**, *fpl* **toutes**)

1 ADJECTIF QUALIFICATIF	4 ADVERBE
2 ADJECTIF INDÉFINI	5 NOM MASCULIN
3 PRONOM INDÉFINI	

▶ *Lorsque* **tout** *fait partie d'une locution comme en tout cas,* **tout le temps,** *reportez-vous aussi à l'autre mot.*

---

1 ADJECTIF QUALIFICATIF

ⓐ **= entier** **~ le** all the; **~e la** all the; **~ le reste** all the rest; **il a ~ le temps qu'il lui faut** he has all the time he needs; **~e la France regardait le match** the whole of France was watching the match; **pendant ~ le voyage** during the whole trip; **il a plu ~e la nuit** it rained all night; **il a dépensé ~ son argent** he has spent all his money; **il a passé ~es ses vacances à lire** he spent all his holidays reading

♦ **tout le monde** everybody, everyone; **~ le monde le sait** everybody knows; **ils veulent vivre comme ~ le monde** they want to live like everybody else; **il ne fait jamais comme ~ le monde** he always has to be different

♦ **tout** ♦ **toute** + *nom*: **il a lu ~ Balzac** he has read all of Balzac

ⓑ **= unique** only; **c'est ~ l'effet que ça lui fait** that's all the effect it has on him; **c'est là ~ le problème** that's the whole problem; **pour ~ mobilier, il avait un lit et une table** the only furniture he had was a bed and a table

2 ADJECTIF INDÉFINI

♦ **tout** ♦ **toute** + *nom singulier* (= *n'importe quel*) any; **~e personne susceptible de nous aider** any person able to help us; **à ~ âge** at any age; **pour ~ renseignement, téléphoner ...** for information, ring ...

♦ **à toute !*** see you later!

♦ **tous** ♦ **toutes les** + *nom pluriel* (= *chaque*) every; (= *la totalité des*) all the; **tous les jours** every day; **tous les deux**

jours every two days; **tous les 10 mètres** every 10 metres; **~es les trois heures** every three hours; **tous les enfants étaient à l'école** all the children were at school; **tous les enfants ont besoin d'amour** all children need love; **~es les personnes que nous connaissons** all the people that we know; **~es les fois que je le vois** every time I see him; **il avait ~es les raisons d'être mécontent** he had every reason to be displeased; **un film tous publics** a U film (*Brit*), a G film (*US*)

♦ **tous** ♦ **toutes** + *nombre*: **tous les deux** both of them; **tous les trois** all three of them; **tous deux** both of them

3 PRONOM INDÉFINI

ⓐ **singulier** everything; **il a ~ organisé** he organized everything; **on ne peut pas ~ faire** you can't do everything; **~ va bien** everything's fine; **il mange ~ et n'importe quoi** he eats absolutely everything; **ses enfants mangent de ~** her children will eat anything; **il vend de ~** he sells everything; **il a ~ pour réussir** he's got everything going for him; **il a ~ pour plaire*** he's got nothing going for him; **~ a une fin** everything comes to an end; **~ est bien qui finit bien** all's well that ends well; **être ~ pour qn** to be everything to sb

♦ **tout ce qui**: **~ ce qui lui appartient** everything that belongs to him

♦ **tout ce que**: **~ ce que je sais, c'est qu'il est parti** all I know is that he's gone; **c'est ~ ce qu'il m'a dit** that's all he told me; **ne croyez pas ~ ce qu'il raconte** don't believe everything he tells you

♦ **tout ce qu'il y a de** (= *extrêmement*) most; **il a été ~ ce qu'il y a de gentil** he couldn't have been kinder; **c'était ~ ce qu'il y a de chic** it was the last word in chic

♦ **avoir tout de** + *nom*: **elle a ~ d'une star** she's every inch a star; **ça a ~ d'un canular** it's obviously a practical joke; **l'organisation a ~ d'une secte** the organization is nothing less than a sect

♦ **à tout va*** [*licencier, investir, recruter*] like mad; [*libéralisme, communication, consommation*] unbridled; **à l'époque, on construisait à ~ va** at that time there were buildings going up everywhere

♦ **en tout** (= *au total*) in all; **nous étions 16 en ~** there were 16 of us in all; **ça coûte 1 000 € en ~** it costs 1,000 euros in all; **leurs programmes politiques s'opposent en ~** their political programmes clash in every way

♦ **en tout et pour tout** in all; **il lui reste 150 euros en ~ et pour ~** he only has a total of 150 euros left

♦ **et tout*** and everything; **avec les vacances et ~, je n'ai pas eu le temps** what with the holidays and all*, I didn't have time; **j'avais préparé le dîner, fait le ménage et ~ et ~** I'd made the dinner, done the housework and everything

♦ **c'est** + **tout**: **c'est ~** that's all; **ce sera ~ ?** will that be all?; **et ce n'est pas ~ !** and that's not all!; **c'est pas ~ ça*, mais il est tard** all this is very nice, but it's getting late

♦ **ce n'est pas tout de**: **ce n'est pas ~ de faire son métier, il faut le faire bien** it's not enough just to do your job, you have to do it well; **ce n'est pas ~ d'en parler** there's more to it than just talking about it

♦ **pour tout dire**: **cette idée avait surpris et pour ~ dire n'avait pas convaincu** this idea surprised everybody and, to be honest, wasn't convincing

ⓑ **pluriel** tous *ou* toutes (= *l'ensemble des personnes*) all; **tous sont arrivés** they have all arrived; **il les déteste tous** he hates them all; **écoutez bien tous !** listen, all of you!; **tous ensemble** all together; **nous avons tous nos défauts** we all have our faults; **vous ~es qui m'écoutez** all of you who are listening to me

★ *The final* **s** *of* **tous** *is pronounced only when it is a pronoun.*

4 ADVERBE

ⓐ ♦ **tout** + *adjectif* (= *très*) very; (= *entièrement*) quite; **il est ~ étonné** he's very surprised; **c'est une ~e jeune femme** she's a very young woman; **elles étaient ~es contentes** they were very pleased; **les ~es premières années** the very first years; **c'est ~ autre chose** that's quite another matter; **c'est ~ naturel** it's quite natural; **~e petite, elle aimait la campagne** as a very small child she liked the country

◆ **tout** (+ en) + nom: **je suis ~ ouïe!** I'm all ears!; **~ en lai-ne** all wool; **habillé ~ en noir** dressed all in black; **un jeu ~ en douceur** a very delicate style of play; **le jardin est ~ en fleurs** the garden is a mass of flowers

◆ **tout** + adverbe: **~ près** very near; **~ là-bas** right over there; **~ en bas de la colline** right at the bottom of the hill; **~ au fond** right at the bottom; **~ simplement** quite simply; **~ plein* de** loads* of; **il est mignon ~ plein*** he's very sweet

ⓑ **= déjà** ~ **prêt** ou ~ **préparé** ready-made; **phrases ~es faites** set phrases; **idées ~es faites** preconceived ideas

ⓒ ◆ **tout en** + participe présent: **~ en marchant** while walk-ing; **je suis incapable de travailler ~ en écoutant de la mu-sique** I can't work and listen to music at the same time; **~ en prétendant le contraire il voulait être élu** although he pretended otherwise he wanted to be elected

ⓓ **locutions**

◆ **tout à fait** quite; **ce n'est pas ~ à fait la même chose** it's not quite the same thing; **c'est ~ à fait faux** it's quite wrong; **il est ~ à fait charmant** he's quite charming; **je suis ~ à fait d'accord avec vous** I totally agree with you; **vous êtes d'accord? — ~ à fait!** do you agree? — absolutely!

◆ **tout à l'heure** (= plus tard) later; (= peu avant) a short while ago; **je repasserai ~ à l'heure** I'll come back later; **~ à l'heure tu as dit que ...** you said earlier that ...; **à ~ à l'heure!** see you later!

◆ **tout de suite** straightaway; **j'ai ~ de suite compris** I understood straightaway; **ce n'est pas pour ~ de suite** (= ce n'est pas près d'arriver) it won't happen overnight; (= c'est improbable) it's hardly likely to happen

5 NOM MASCULIN

ⓐ **= ensemble** whole; **ces éléments forment un ~** these el-ements make up a whole; **prendre le ~** to take all of it (ou them); **jouer le ~ pour le ~** to stake one's all; **mon ~ est un roi de France** my whole is a king of France

ⓑ **= essentiel** **le ~ c'est de faire vite** the main thing is to be quick about it; **c'est pas le ~* mais j'ai du travail** this is all very well but I've got work to do; **ce n'est pas le ~ de s'amuser, il faut travailler** there's more to life than enjoy-ing yourself, people have got to work

ⓒ **locutions**

◆ **du tout**: **pas du ~!** not at all!; **il n'y a plus du ~ de pain** there's no bread left at all; **je ne vois rien du ~** I can't see a thing

◆ **du tout au tout** (= complètement) completely; **il avait changé du ~ au ~** he had changed completely

tout-à-l'égout /tutalegu/ NM INV (= système) mains drainage (NonC); (= tuyau) main sewer

Toutankhamon /tutãkamɔ̃/ NM Tutankhamen

toutefois /tutfwa/ ADV however; **si ~ il est d'accord** if he agrees, that is

toute-puissance (pl **toutes-puissances**) /tutpɥisãs/ NF omnipotence (NonC)

toutou * /tutu/ NM doggie*

Tout-Paris /tupaRi/ NM **le ~** the Paris smart set

tout-petit (pl **tout-petits**) /tup(ə)ti/ NM toddler

tout-puissant, toute-puissante (mpl **tout-puissants**) /tupɥisã, tutpɥisãt/ **1** ADJ omnipotent **2** NM **le Tout-Puissant** the Almighty

tout-terrain (pl **tout-terrains**) /tuteRɛ̃/ **1** ADJ [véhicule] four-wheel drive; **vélo ~** mountain bike; **moto ~** trail bike **2** NM **le ~** (en voiture) cross-country racing; (en vélo) moun-tain biking; (en moto) trail-biking; **faire du ~** (en voiture) to go cross-country racing; (en vélo) to go mountain-biking; (en moto) to go trail-biking

toux /tu/ NF cough

toxico * /tɔksiko/ NMF (ABBR = **toxicomane**) drug addict

toxicomane /tɔksikɔman/ **1** ADJ addicted to drugs **2** NMF drug addict

toxicomanie /tɔksikɔmani/ NF drug addiction

toxine /tɔksin/ NF toxin

toxique /tɔksik/ ADJ toxic

TP /tepe/ NM (ABBR = **travaux pratiques**) (Univ) practical

TPE /tepea/ NM (ABBR = **terminal de paiement élec-tronique**) EFTPOS

trac /tRak/ NM (en public) stage fright; (aux examens) nerves; **avoir le ~** (en public) to have stage fright; (aux exa-mens) to be nervous

tracas /tRaka/ NMPL worries

tracasser /tRakase/ /TABLE 1/ **1** VT to worry; **qu'est-ce qui te tracasse?** what's worrying you? **2** VPR **se tracasser** (= se faire du souci) to worry; **ne te tracasse pas pour si peu!** don't worry over a little thing like that!

tracasseries /tRakasRi/ NFPL **~ administratives** red tape; **~ policières** police harassment

trace /tRas/ NF ⓐ (= marque) mark; [de sang] trace; **~s de freinage** brake marks; **~s d'effraction** signs of a break-in; **il n'y avait pas de ~ écrite** nothing had been put down in writing; **la victime portait des ~s de coups au visage** there were bruises on the victim's face; **le corps ne présentait aucune ~ de violence** there were no signs of violence on the body

ⓑ (= empreinte) tracks; **~s de doigt** (sur disque, meuble) fin-ger marks; **~s de pas** footprints; **~s de pneus** tyre tracks; **disparaître sans laisser de ~s** [personne] to disappear with-out trace; [tache] to disappear completely without leaving a mark; **être sur les ~s de** [+ fugitif] to be on the trail of; **perdre la ~ d'un fugitif** to lose track of a fugitive; **retrouver la ~ d'un fugitif** to pick up the trail of a fugitive again; **marcher sur** ou **suivre les ~s de qn** (fig) to follow in sb's footsteps; **suivre à la ~** [+ gibier, fugitif] to track; **les journa-listes la suivaient à la ~** reporters followed her wherever she went

ⓒ (= indice) trace; **on ne trouve pas ~ de cet événement dans les journaux** there's no trace of this event to be found in the papers; **on voyait encore les ~s de son passa-ge** there was still evidence that he had recently passed by

ⓓ (= chemin frayé) track; **faire la ~** (Alpinisme, Ski) to be the first to ski (ou walk etc) on new snow

tracé /tRase/ NM ⓐ (= plan) [de réseau routier ou ferroviaire, installations] layout; [de frontière] line ⓑ (= parcours) [de li-gne de chemin de fer, autoroute] route; [de rivière] course; [d'itinéraire] course ⓒ [de dessin, écriture] line

tracer /tRase/ /TABLE 3/ **1** VT ⓐ [+ ligne, triangle, plan, trait] to draw; [+ courbe de graphique] to plot; [+ chiffre, mot] to write ⓑ [+ frontière] to mark out; [+ route, piste] (= frayer) to open up; (= baliser) to mark out; **~ le chemin ou la voie à qn** (fig) to show sb the way; **son avenir est tout tracé** his future is all mapped out ⓒ (= définir) [+ pro-gramme d'action] to outline; **~ les grandes lignes d'un projet** to give a broad outline of a project

2 VI (= aller vite)⁺ to belt along*; **il trace sur ses rollers!** he really belts along* on those roller skates!

trachée /tRaʃe/ NF windpipe

trachéite /tRakeit/ NF tracheitis (NonC); **avoir une ~** to have tracheitis

tract /tRakt/ NM leaflet

tractations /tRaktasjɔ̃/ NFPL negotiations

tracter /tRakte/ /TABLE 1/ VT to tow

tracteur /tRaktœR/ NM tractor

traction /tRaksjɔ̃/ NF traction; **faire des ~s** (en se suspendant) to do pull-ups; (au sol) to do push-ups; **~ avant/arrière** front-wheel/rear-wheel drive

tradition /tRadisjɔ̃/ NF tradition; **pays de ~ catholique/musulmane** Catholic/Muslim country; **il est de ~ de faire** it is a tradition ou traditional to do; **dans la ~ française** in the French tradition

traditionnel, -elle /tRadisjɔnɛl/ ADJ traditional; (= ha-bituel) usual

traditionnellement /tRadisjɔnɛlmã/ ADV traditionally; (= habituellement) as always

traducteur, -trice /tRadyktœR, tRis/ NM,F translator; **~ interprète** translator-interpreter

traduction /tRadyksjɔ̃/ NF (dans une autre langue) transla-tion (**de** from, **en** into); **la ~ de ce texte a pris trois semai-**

nes it took three weeks to translate the text; **~ automatique** machine translation; **~ assistée par ordinateur** machine-aided translation; **~ simultanée** simultaneous translation; **ce mot a plusieurs ~s en anglais** this word can be translated in several ways in English

traduire /tradɥir/ /TABLE 38/ VT ⓐ (*dans une autre langue*) to translate (**en** into); **traduit de l'allemand** translated from German; **comment se traduit ce mot en anglais?** how does this word translate into English? ⓑ (= *exprimer*) to convey; (= *rendre manifeste*) to be the expression of; **ce tableau traduit un sentiment de désespoir** this picture conveys a feeling of despair; **cela s'est traduit par une baisse du pouvoir d'achat** the effect of this was a drop in buying power ⓒ **~ qn en justice/correctionnelle** to bring sb before the courts/before the criminal court

traduisible /tradɥizibl/ ADJ translatable; **ce titre est difficilement ~** this title is difficult to translate

trafic /trafik/ NM ⓐ (= *commerce clandestin*) traffic; (= *activité*) trafficking; **~ d'armes** arms dealing; **faire le** *ou* **du ~ d'armes** to be engaged in arms dealing; **~ de stupéfiants** *ou* **de drogue** drug trafficking; **faire du ~ de stupéfiants** *ou* **de drogue** to deal in drugs; **~ d'enfants/de voitures volées** trade in children/in stolen cars ⓑ (= *activités suspectes*) dealings; (= *manigances*)* funny business*; **~ d'influence** influence peddling ⓒ (= *circulation*) traffic; **~ maritime/routier/aérien/ferroviaire** sea/road/air/rail traffic; **le ~ est perturbé sur la ligne 6 du métro** there are delays on line 6 of the metro

traficoter* /trafikɔte/ /TABLE 1/ VT ⓐ [+ *moteur*] to tamper with; **~ les comptes** to fiddle the books ⓑ (= *faire*) **qu'est-ce qu'il traficote dans la cuisine?** what's he up to in the kitchen?

trafiquant, e /trafikɑ̃, ɑ̃t/ NM,F trafficker; **~ de drogue** drug trafficker; **~ d'armes** arms dealer; **c'est un ~ de voitures volées** he deals in stolen cars

trafiquer /trafike/ /TABLE 1/ 1 VI to traffic 2 VT* ⓐ [+ *vin*] to doctor*; [+ *moteur, document*] to tamper with; [+ *chiffres*] to fiddle; **compteur trafiqué** meter that has been tampered with ⓑ (= *gonfler*) [+ *moteur*] to soup up* ⓒ (= *faire*) **mais qu'est-ce que tu trafiques?** what are you up to?

tragédie /traʒedi/ NF tragedy; **la manifestation a tourné à la ~** the demonstration ended in tragedy; **ce n'est pas une ~!** it's not the end of the world!

tragicomédie /traʒikɔmedi/ NF tragicomedy

tragique /traʒik/ 1 ADJ tragic; **ce n'est pas ~!** it's not the end of the world! 2 NM ⓐ (= *genre*) **le ~** tragedy ⓑ [*de situation*] tragedy; **la situation tourne au ~** the situation is taking a tragic turn; **prendre qch au ~** to make a tragedy out of sth

tragiquement /traʒikmɑ̃/ ADV tragically

trahir /trair/ /TABLE 2/ 1 VT ⓐ to betray; [+ *promesse, engagement*] to break; **~ sa pensée** to betray one's thoughts ⓑ (= *mal exprimer*) to misrepresent; [+ *vérité*] to distort 2 VPR **se trahir** to betray o.s.; **il s'est trahi par cette question** by asking this question he gave himself away

trahison /traizɔ̃/ NF betrayal; (*Droit, Mil*) treason

train /trɛ̃/ 1 NM ⓐ train; **~ omnibus/express/rapide** slow/express/fast train; **~ direct** direct train; **~ à vapeur/électrique** steam/electric train; **~ de marchandises/voyageurs** goods/passenger train; **~ auto-couchettes** car-sleeper train; **le ~ de Paris** the Paris train; **~ à grande vitesse** high-speed train; **les ~s de neige** the winter-sports trains; **il est dans ce ~** he's on this train; **mettre qn dans le ~ au ~** *ou* **~** to see sb off at the station; **prendre le ~** to travel by train; **monter dans** *ou* **prendre le ~ en marche** to get on the moving train; (*fig*) to jump on the bandwagon ⓑ (= *allure*) **ralentir/accélérer le ~** to slow down/speed up; **aller bon ~** to make good progress; **les langues des commères allaient bon ~** the old wives' tongues were wagging away; **il allait à un ~ d'enfer** he was going flat out*; **au ~ où il travaille** at the rate he's working; **au ~ où vont les choses** *ou* **à ce ~-là** the rate things are going

ⓒ (= *série*) [*de mesures, réformes*] batch ⓓ (= *partie*) **~ avant/arrière** front/rear wheel-axle unit; **~ de devant** [*d'animal*] forequarters; **~ de derrière** [*d'animal*] hindquarters ⓔ (*locutions*)

♦ **en train**: **mettre qn en ~** (= *l'égayer*) to put sb in good spirits; **je suis long à me mettre en ~ le matin** it takes me a long time to get going* in the morning; **mise en ~** [*de travail*] starting up

♦ **en train de faire qch**: **être en ~ de faire qch** to be doing sth; **être en ~ de regarder la télévision** to be watching television; **j'étais juste en ~ de manger** I was eating; **on l'a pris en ~ de voler** he was caught stealing

2 COMP ♦ **train d'atterrissage** undercarriage ♦ **train fantôme** ghost train ♦ **train postal** mail train ♦ **train de vie** lifestyle

traînailler /trɛnaje/ /TABLE 1/ VI ⓐ (= *être lent*) to dawdle ⓑ (= *vagabonder*) to loaf about

traînant, e /trɛnɑ̃, ɑ̃t/ ADJ [*voix, accent*] drawling; [*robe, aile*] trailing; [*démarche*] shuffling

traînard, e /trɛnar, ard/ NM,F slowcoach* (*Brit*), slowpoke* (*US*); (*toujours en queue d'un groupe*) straggler

traînasser /trɛnase/ /TABLE 1/ VI = **traînailler**

traîne /trɛn/ NF ⓐ [*de robe*] train ⓑ (*Pêche*) dragnet; **pêche à la ~** dragnet fishing ⓒ **être à la ~*** (*en retard, en arrière*) to lag behind

traîneau (*pl* **traîneaux**) /trɛno/ NM (= *véhicule*) sleigh; **promenade en ~** sleigh ride

traînée /trɛne/ NF ⓐ (*laissée par un véhicule, un animal*) tracks; [*d'humidité, sang*] (*sur un mur*) streak; (= *bande*) streak; **~s de brouillard** wisps of fog; **~ de poudre** powder trail; **la nouvelle s'est répandue** *ou* **propagée comme une ~ de poudre** the news spread like wildfire ⓑ (= *femme*)* slut

traîner /trɛne/ /TABLE 1/ 1 VT ⓐ (= *tirer*) [+ *sac, objet lourd, personne*] to drag; **~ qn par les pieds** to drag sb along by the feet; **~ les pieds** to drag one's feet; **~ la jambe** *ou* **la patte*** to limp; **~ qn dans la boue** to drag sb through the mud

ⓑ (= *emmener: péj*) to drag; **elle est obligée de ~ ses enfants partout** she has to drag her children along everywhere; **il traîne toujours une vieille valise avec lui** he's always dragging an old suitcase around with him ⓒ (= *subir*) **elle traîne cette bronchite depuis janvier** this bronchitis has been with her since January; **elle traîne un mauvais rhume** she's got a bad cold she can't get rid of

2 VI ⓐ [*personne*] (= *rester en arrière*) to lag behind; (= *aller lentement*) to dawdle; (*péj* = *errer*) to hang about; **~ en chemin** to dawdle on the way; **~ dans les rues** to roam the streets; **elle laisse ses enfants ~ dans la rue** she lets her children hang about the streets; **~ au lit** to lounge in bed; **on est en retard, il ne s'agit plus de ~** we're late - we must stop hanging around; **~ dans les cafés** to hang around the cafés

ⓑ (= *être éparpillé*) to lie about; **ne laisse pas ~ ton argent** don't leave your money lying about; **des idées qui traînent partout** ideas that float around everywhere; **elle attrape tous les microbes qui traînent** she catches anything that's going

ⓒ (= *durer trop longtemps*) to drag on; **la discussion a traîné en longueur** the discussion dragged on for ages; **ça n'a pas traîné!*** that wasn't long coming!; **si ça traîne encore, il vous mettra tous à la porte*** he'll throw you all out before you know what's happening; **faire ~ qch en longueur** to drag sth out

ⓓ [*robe, manteau*] to trail; **ta ceinture/ton lacet traîne par terre** your belt/your shoelace is dragging on the ground

3 VPR **se traîner** [*personne fatiguée*] to drag o.s.; [*train, voiture*] to crawl along; **on se traînait à 20 à l'heure** we were crawling along at 20; **se ~ par terre** to crawl on the ground; **avec cette chaleur, on se traîne** it's all you can do to drag yourself around in this heat

training /trɛniŋ/ NM ⓐ (= *entraînement*) training ⓑ (= *chaussure*) trainer; (= *survêtement*) tracksuit top

train-train, traintrain /tʀɛ̃tʀɛ̃/ NM INV humdrum routine; **le ~ quotidien** the humdrum routine of everyday life

traire /tʀɛʀ/ /TABLE 50/ VT [+ vache] to milk; [+ lait] to draw; **machine à ~** milking machine

trait /tʀɛ/ 1 NM ⓐ (= ligne) (en dessinant) stroke; (en soulignant, dans un graphique) line; **faire** ou **tirer** ou **tracer un ~** to draw a line; **tirer un ~ sur son passé** to make a complete break with one's past; **tirons un ~ sur cette affaire** let's put this business behind us; **ta promotion ? tu peux tirer un ~ dessus !** your promotion? you can forget about it!; **d'un ~ de plume** with one stroke of the pen; **ça lui ressemble ~ pour ~** that's just like him; **dessiner qch à grands ~s** to make a rough sketch of sth

ⓑ (= élément caractéristique) trait; **avoir des ~s de ressemblance avec** to have certain features in common with; **il tient ce ~ de caractère de son père** he gets that from his father

ⓒ (= traction) **animal/cheval de ~** draught (Brit) ou draft (US) animal/horse

ⓓ (locutions)

♦ **avoir trait à** to be connected with; **tout ce qui a ~ à cette affaire** everything connected with this matter

♦ **d'un trait** [dire] in one breath; [boire] in one gulp; [dormir] uninterruptedly

2 NMPL **traits** (= physionomie) features; **avoir des ~s fins/réguliers** to have delicate/regular features; **avoir les ~s tirés** to have drawn features

3 COMP ♦ **trait (d'esprit)** flash of wit ♦ **trait de génie** brainwave ♦ **trait d'union** hyphen; (fig) link

traitant, e /tʀɛtɑ̃, ɑ̃t/ ADJ [shampooing] medicated

traite /tʀɛt/ NF ⓐ (= trafic) **~ des Noirs** slave trade; **~ des Blanches** white slave trade

ⓑ (= billet) bill

ⓒ [de vache] milking

ⓓ ♦ **d'une (seule) traite** [parcourir] in one go; [dire] in one breath; [boire] in one gulp; [dormir] uninterruptedly

traité /tʀɛte/ NM ⓐ (= convention) treaty; **~ de paix** peace treaty; **le ~ de Versailles/Paris** the Treaty of Versailles/Paris

ⓑ (= livre) treatise

traitement /tʀɛtmɑ̃/ NM ⓐ (= manière d'agir) treatment; **~ de faveur** preferential treatment

ⓑ (médical) treatment; **~ chirurgical** surgery; **~ de choc** intensive treatment; (fig) shock treatment; **être en ~ (à l'hôpital)** to be having treatment (in hospital); **être sous ~** to be undergoing treatment; **les nouveaux ~s de** ou **contre la stérilité** new ways of treating sterility

ⓒ (= rémunération) salary

ⓓ [de matières premières, déchets] processing; **le ~ de l'information** ou **des données** data processing; **~ de texte** (= technique) wordprocessing; (= logiciel) wordprocessing package; **machine** ou **système de ~ de texte** word processor

traiter /tʀɛte/ /TABLE 1/ 1 VT ⓐ to treat; **~ qn bien/mal/comme un chien** to treat sb well/badly/like a dog; **~ qn d'égal à égal** to treat sb as an equal; **~ qn en enfant/malade** to treat sb like a child/an invalid; **~ durement qn** to be hard on sb; **se faire ~ pour une affection pulmonaire** to undergo treatment for lung trouble; **cette infection se traite facilement** this infection is easily treated; **fruits non traités** unsprayed fruit

ⓑ [+ minerai, déchets, données] to process

ⓒ (= qualifier) **~ qn de fou/menteur** to call sb a fool/a liar; **~ qn de tous les noms** to call sb all the names under the sun; **ils se sont traités de voleur(s)** they called each other thieves; **je me suis fait ~ d'imbécile** they called me a fool

ⓓ [+ question, thème] to treat; [+ affaire] to handle; (Droit) [+ dossier, plainte] to deal with; **il n'a pas traité le sujet** he hasn't dealt with the subject

2 VT INDIR ♦ **traiter de** to deal with; **le livre traite des problèmes de la drogue** the book deals with the problems of drugs

3 VI (= négocier, parlementer) to negotiate; **~ avec qn** to negotiate with sb

traiteur /tʀɛtœʀ/ NM caterer; **épicier-~** grocer and caterer

traître, traîtresse /tʀɛtʀ, tʀɛtʀɛs/ 1 ADJ treacherous; [vin] deceptive; **être ~ à une cause/à sa patrie** to be a traitor to a cause/to one's country; **il n'a pas dit un ~ mot** he didn't breathe a word 2 NM traitor; (= personnage) villain; **prendre/attaquer qn en ~** to take/attack sb off-guard; **je ne veux pas vous prendre en ~** I want to be up front with you; **un coup en ~** a stab in the back 3 NF **traîtresse** traitress

traîtrise /tʀɛtʀiz/ NF treachery

trajectoire /tʀaʒɛktwaʀ/ NF trajectory; [de projectile] path; **~ de vol** flight path; **ils n'ont pas du tout la même ~ politique** they have pursued very different political careers

trajet /tʀaʒɛ/ NM (= distance à parcourir) distance; (= itinéraire) route; (= parcours, voyage) trip; **un ~ de 8 km** a distance of 8km; **le ~ aller/retour** the outward/return trip; **il a une heure de ~ pour se rendre à son travail** it takes him an hour to get to work; **elle a dû refaire le ~ en sens inverse** she had to walk (ou drive etc) back; **faire le ~ de Paris à Lyon en voiture/train** to do the trip from Paris to Lyon by car/train

tralala * /tʀalala/ 1 NM (= luxe, apprêts) fuss (NonC); **avec tout le ~** with all the frills; **et tout le ~** and everything else 2 EXCL ha ha!

tram /tʀam/ NM = **tramway**

trame /tʀam/ NF ⓐ [de tissu] weft; **usé jusqu'à la ~** threadbare ⓑ [de roman] framework

tramer /tʀame/ /TABLE 1/ VT [+ évasion, coup d'État] to plot; [+ complot] to hatch; **il se trame quelque chose** there's something brewing

tramontane /tʀamɔ̃tan/ NF tramontane (cold north wind)

trampoline /tʀɑ̃pɔlin/ NM trampoline; **faire du ~** to go trampolining

tramway /tʀamwɛ/ NM (= moyen de transport) tram; (= voiture) tram (Brit), streetcar (US)

tranchant, e /tʀɑ̃ʃɑ̃, ɑ̃t/ 1 ADJ ⓐ [couteau, arête] sharp ⓑ [personne, ton] curt 2 NM **avec le ~ de la main** with the edge of one's hand

tranche /tʀɑ̃ʃ/ NF ⓐ [de pain, jambon] slice; [de bacon] rasher; **~ de bœuf** steak; **~ de saumon** salmon steak; **en ~s** in slices; **couper en ~s** to cut into slices ⓑ [de livre, pièce de monnaie, planche] edge ⓒ (= section) section; [de revenus, imposition] bracket; **~ d'âge/de salaires** age/wage bracket; **~ horaire** (TV, Radio) time slot; **~ de vie** slice of life

tranché, e /tʀɑ̃ʃe/ (ptp de **trancher**) 1 ADJ ⓐ [pain, saumon] sliced ⓑ [limite] distinct; [opinion] cut-and-dried 2 NF **tranchée** (= fossé) trench

trancher /tʀɑ̃ʃe/ /TABLE 1/ 1 VT ⓐ (= couper) [+ corde, nœud, lien] to cut; **~ la tête à qn** to cut off sb's head; **~ la gorge à qn** to cut sb's throat ⓑ (= résoudre) [+ question, difficulté] to settle; (sans complément = décider) to take a decision; **le juge a dû ~** the judge had to make a ruling; **le gouvernement a tranché en faveur du projet** the government has decided in favour of the plan

2 VI (= faire contraste) [couleur] to stand out clearly (**sur, avec** against); [trait, qualité] to contrast sharply (**sur, avec** with)

tranquille /tʀɑ̃kil/ ADJ ⓐ quiet; **c'est l'heure la plus ~ de la journée** it's the quietest time of day; **aller/entrer d'un pas ~** to walk/go in calmly; **ils mènent une petite vie bien ~** they have a nice quiet life; **il veut être ~** he wants to have some peace and quiet; **rester/se tenir ~** to keep ou stay/be quiet; **nous étions bien ~s et il a fallu qu'il nous dérange** we were having a nice quiet time and he had to come and disturb us; **ferme la porte, tu seras plus ~ pour travailler** close the door, it'll be quieter for you to work; **laisser qn ~** to leave sb in peace; **laisser qch ~** to leave sth alone; **laissez-moi ~ avec vos questions** stop bothering me with your questions

ⓑ (= sans souci) **être ~** to be easy in one's mind; **tu peux être ~** you needn't worry; **soyez ~, tout ira bien** don't worry - everything will be all right; **je ne suis pas ~ lorsqu'il est sur la route** I worry when he's out on the road; **je serais plus ~ si j'avais un poste stable** I'd feel easier in my mind if I had a steady job; **tu peux dormir ~** you can rest easy; **comme ça, nous serons ~s** that way our minds will be at rest; **maintenant je peux mourir ~** now I can die in peace; **pour avoir l'esprit ~** to set one's mind at rest; **avoir la conscience ~** to have a clear conscience ⓒ (= *certain*)* **être ~ (que ...)** to be sure (that ...); **il n'ira pas, je suis ~** he won't go, I'm sure of it ⓓ (= *facilement*)* easily; **il l'a fait en trois heures ~** he did it in three hours no trouble*; **il a gagné en trois sets, ~** he won easily in three sets; **tu peux y aller ~** (= *sans risque*) you can go there quite safely

tranquillement /tʀɑ̃kilmɑ̃/ ADV ⓐ [*dormir, vivre*] peacefully; [*jouer*] quietly; [*affirmer, annoncer*] calmly; **~ installé dans un fauteuil** sitting quietly in an armchair; **il attendait ~ son tour** he calmly waited his turn; **vous pouvez y aller ~ en deux heures** you can get there easily in two hours ⓑ (= *sans être dérangé*) [*travailler*] in peace; **j'aimerais pouvoir lire ~** I'd like to have a quiet read

tranquillisant, e /tʀɑ̃kilizɑ̃, ɑ̃t/ 1 ADJ [*nouvelle*] reassuring; [*effet, produit*] soothing 2 NM (= *médicament*) tranquillizer

tranquilliser /tʀɑ̃kilize/ /TABLE 1/ 1 VT **~ qn** to reassure sb; **je suis tranquillisé** I'm reassured 2 VPR **se tranquilliser** to set one's mind at rest; **tranquillise-toi, il ne lui arrivera rien** calm down, nothing will happen to him

tranquillité /tʀɑ̃kilite/ NF ⓐ quietness; [*de rivière, mer*] calmness ⓑ (= *paix*) peace; **en toute ~** without being bothered; **troubler la ~ publique** to disturb the peace; **je n'ai pas eu un seul moment de ~** I haven't had a moment's peace ⓒ **~ (d'esprit)** peace of mind; **en toute ~** with complete peace of mind; **vous pouvez le lui confier en toute ~** you can entrust it to him with absolute confidence

trans /tʀɑ̃z/ PRÉF trans; **ligne ~pacifique** trans-Pacific route

transaction /tʀɑ̃zaksjɔ̃/ NF transaction

transat /tʀɑ̃zat/ 1 NM (= *chaise longue*) deckchair; (*pour bébé*) bouncy chair 2 NF (ABBR = *course transatlantique*) **~ en solitaire** single-handed transatlantic race

transatlantique /tʀɑ̃zatlɑ̃tik/ 1 ADJ transatlantic 2 NM (= *paquebot*) transatlantic liner

transbahuter * /tʀɑ̃sbayte/ /TABLE 1/ VT to lug*

transborder /tʀɑ̃sbɔʀde/ /TABLE 1/ VT to transfer

transcendant, e /tʀɑ̃sɑ̃dɑ̃, ɑ̃t/ ADJ transcendent (*littér*); **ce n'est pas ~*** [*film, livre*] it's nothing special*

transcender /tʀɑ̃sɑ̃de/ /TABLE 1/ 1 VT to transcend 2 VPR **se transcender** to transcend o.s.

transcoder /tʀɑ̃skɔde/ /TABLE 1/ VT (*Informatique*) [+ *programme*] to compile; (*TV*) to transcode

transcription /tʀɑ̃skʀipsjɔ̃/ NF transcription; **~ phonétique** phonetic transcription

transcrire /tʀɑ̃skʀiʀ/ /TABLE 39/ VT to transcribe; [+ *ambiance, réalité*] to translate

transe /tʀɑ̃s/ NF (= *état second*) trance; **être en ~** to be in a trance; **entrer en ~** to go into a trance

transept /tʀɑ̃sɛpt/ NM transept

transférer /tʀɑ̃sfeʀe/ /TABLE 6/ VT to transfer; **nos bureaux sont transférés au 5 rue de Lyon** our offices have transferred to 5 rue de Lyon; **faire ~ ses appels à un autre numéro** to have one's calls transferred to another number

transfert /tʀɑ̃sfɛʀ/ NM transfer; **demander son ~ dans une filiale** to ask for a transfer to a subsidiary company; **il est décédé pendant son ~ à l'hôpital** he died while he was being taken to hospital; **~ d'appel** call forwarding; **faire un ~ sur qn** (*Psych*) to transfer onto sb

transfigurer /tʀɑ̃sfigyʀe/ /TABLE 1/ VT (= *transformer*) to transform

transfo * /tʀɑ̃sfo/ NM (ABBR = **transformateur**) transformer

transformateur /tʀɑ̃sfɔʀmatœʀ/ NM transformer

transformation /tʀɑ̃sfɔʀmasjɔ̃/ NF ⓐ (= *modification*) [*de personne, caractère, pays*] change; (*radicale*) transformation; [*d'énergie, matière*] conversion; **~s** alterations; **subir des ~s** to undergo changes; (*plus radical*) to be transformed; (*Chim, Physique*) to be converted ⓑ (*Rugby*) conversion; **il a réussi la ~** he converted the try

transformer /tʀɑ̃sfɔʀme/ /TABLE 1/ 1 VT ⓐ (= *modifier*) [+ *personne, caractère, pays*] to change; (= *changer radicalement, améliorer*) to transform; [+ *matière première*] to convert; [+ *vêtement*] to alter; **le bonheur l'a transformé** happiness has transformed him; **depuis qu'il va à l'école, il est transformé** he's been a different child since he started school

ⓑ (= *convertir*) **~ qn/qch en** to turn sb/sth into; **~ la houille en énergie** to convert coal into energy; **~ du plomb en or** to turn lead into gold; **on a transformé la grange en atelier** the barn has been converted into a studio

ⓒ (*Rugby*) [+ *essai*] to convert

2 VPR **se transformer** ⓐ (= *changer, évoluer*) [*personne, pays*] to change; **la manifestation risque de se ~ en émeute** the demonstration could well turn into a riot

ⓑ (= *se métamorphoser*) to be transformed (**en** into); [*énergie, matière*] to be converted (**en** into); **la chenille se transforme en papillon** the caterpillar turns into a butterfly; **la ville s'est étonnamment transformée en deux ans** the town has been transformed over the last two years; **il s'est transformé depuis qu'il a ce poste** there's been a real change in him since he has had this job

transfuge /tʀɑ̃sfyʒ/ NMF defector

transfuser /tʀɑ̃sfyze/ /TABLE 1/ VT [+ *sang, liquide*] to transfuse; [+ *malade*] to give a blood transfusion to

transfusion /tʀɑ̃sfyzjɔ̃/ NF **~ (sanguine)** (blood) transfusion; **faire une ~ à qn** to give sb a blood transfusion; **centre de ~ sanguine** blood transfusion centre

transgénique /tʀɑ̃sʒenik/ ADJ transgenic

transgresser /tʀɑ̃sgʀese/ /TABLE 1/ VT [+ *règle, code*] to infringe; [+ *interdit*] to defy; [+ *tabou*] to break; [+ *ordre*] to disobey; **~ la loi** to break the law

transhumance /tʀɑ̃zymɑ̃s/ NF transhumance

transi, e /tʀɑ̃zi/ ADJ **être ~ (de froid)** to be numb with cold

transiger /tʀɑ̃ziʒe/ /TABLE 3/ VI to compromise

transistor /tʀɑ̃zistɔʀ/ NM transistor

transit /tʀɑ̃zit/ NM transit; **en ~** [*marchandises, voyageurs*] in transit; **le ~ intestinal** digestion

transiter /tʀɑ̃zite/ /TABLE 1/ 1 VT [+ *marchandises*] to convey in transit 2 VI to pass in transit (**par** through)

transition /tʀɑ̃zisjɔ̃/ NF transition; **période/gouvernement de ~** transition period/government; **mesure de ~** transitional measure; **sans ~, il enchaîna avec la météo** he moved straight onto the weather forecast

translation /tʀɑ̃slasjɔ̃/ NF translation; **mouvement de ~** translatory movement

translucide /tʀɑ̃slysid/ ADJ translucent

transmanche /tʀɑ̃smɑ̃ʃ/ ADJ INV [*liaison, trafic*] cross-Channel

transmetteur /tʀɑ̃smetœʀ/ NM transmitter

transmettre /tʀɑ̃smetʀ/ /TABLE 56/ VT ⓐ (= *léguer, transférer*) to pass on; **sa mère lui avait transmis son amour de la nature** his mother had passed her love of nature on to him

ⓑ (= *communiquer*) to pass on; (= *faire parvenir*) [+ *lettre, colis*] to forward; **ils se sont transmis tous les renseignements nécessaires** they exchanged all the necessary information; **veuillez ~ mes amitiés à Paul** kindly give my best wishes to Paul; **veuillez ~ mon meilleur souvenir à Paul** kindly give my regards to Paul; **d'accord, je transmettrai*** OK, I'll pass on the message

ⓒ [+ *énergie, signal, impulsion*] to transmit; (*Radio, TV*) [+ *émission, discours*] to broadcast

ⓓ (*Sport*) [+ *ballon*] to pass

ⓔ [+ *maladie, microbe*] to transmit (**à** to); **cette maladie se transmet par contact** the disease is transmitted by contact; **une maladie qui se transmet sexuellement** a sexually transmitted disease; **il risque de ~ son rhume aux autres** he may pass on his cold to the others

transmis, e /tʀãsmi, miz/ ptp de **transmettre**

transmissible /tʀãsmisibl/ ADJ [*maladie*] transmittable; **virus ~ par voie sanguine** virus that can be transmitted by the blood

transmission /tʀãsmisjɔ̃/ NF ⓐ passing on; **la ~ du savoir** transmission of knowledge; **~ des données** (*en informatique*) data transmission; **grâce à la ~ de ce savoir de génération en génération** because this knowledge has been passed down from generation to generation; **~ des pouvoirs** (*Politique*) transfer of power; **c'est de la ~ de pensée!** you (*ou* he *etc*) must be telepathic!
ⓑ [*de signal, énergie, impulsion*] transmission; (*Radio, TV*) [*d'émission, discours*] broadcasting; **les ~s** [*armée*] ≈ the Signals (corps); **les organes de ~ ou la ~** [*de véhicule*] the transmission; **le mode de ~ du virus** the mode of transmission of the virus

transparaître /tʀãspaʀɛtʀ/ /TABLE 57/ VI to show through; **laisser ~ un sentiment** to let an emotion show through; **il n'a rien laissé ~ de ses intentions** he gave no sign of what his intentions were

transparence /tʀãspaʀãs/ NF transparency; [*de négociations, comptes*] openness; **regarder qch par ~** to look at sth against the light; **voir qch par ~** to see sth showing through; **réclamer la ~ du financement des partis politiques** to call for openness in the financing of political parties; **~ financière** financial accountability

transparent, e /tʀãspaʀã, ãt/ **1** ADJ transparent; [*négociations, comptes*] open; **nous sommes pour une gestion ~e** we favour complete openness where management is concerned **2** NM (= *écran*) transparent screen; (*pour rétroprojecteur*) transparency

transpercer /tʀãspɛʀse/ /TABLE 3/ VT to pierce; (*d'un coup d'épée*) to run through; (*d'un coup de couteau*) to stab; [*épée, lame*] to pierce; [*balle, pluie, froid*] to go through

transpiration /tʀãspiʀasjɔ̃/ NF perspiration

transpirer /tʀãspiʀe/ /TABLE 1/ VI ⓐ to sweat; **il transpire des mains/pieds** he has sweaty hands/feet; **~ à grosses gouttes** to be running with sweat; **~ sur un devoir*** to sweat over an exercise* ⓑ (= *être dévoilé*) to transpire; **rien n'a transpiré** nothing transpired (**de** from)

transplant /tʀãsplã/ NM transplant

transplantation /tʀãsplãtasjɔ̃/ NF transplantation; (= *intervention*) transplant; **~ cardiaque/du rein** heart/kidney transplant

transplanter /tʀãsplãte/ /TABLE 1/ VT to transplant; **se ~ dans un pays lointain** to resettle in a distant country

transport /tʀãspɔʀ/ **1** NM ⓐ transport; **~ de voyageurs** transport of passengers; **un car se chargera du ~ des bagages** the luggage will be transported by coach; **pour faciliter le ~ des blessés** to facilitate the transport of the injured; **~ de troupes** (= *action*) troop transportation; **~ de fonds** transfer of funds; **endommagé pendant le ~** damaged in transit; **mode de ~** means of transport; **matériel/frais de ~** transport equipment/costs; **~ maritime** *ou* **par mer** sea transport; **~ ferroviaire** rail transport; **~ aérien** *ou* **par avion** air transport; **~(s) routier(s)** road transport; **entreprise de ~(s)** haulage company
ⓑ (*littér*) **des ~s de joie/d'enthousiasme** transports of delight/of enthusiasm; **~s amoureux** amorous transports
2 NMPL **transports** transport; **les ~s publics** *ou* **en commun** public transport; **prendre les ~s en commun** to use public transport; **elle passe trois heures par jour dans les ~s en commun pour aller travailler** she spends three hours a day commuting to work; **~s urbains** urban transport; **mal des ~s** travel sickness (*Brit*), motion sickness (*US*)

transporter /tʀãspɔʀte/ /TABLE 1/ **1** VT ⓐ (*à la main, à dos*) to carry; (*avec un véhicule*) [+ *marchandises, voyageurs*] to transport; **le train transportait des touristes** the train was carrying tourists; **on l'a transporté d'urgence à l'hôpital** he was rushed to hospital; **~ qch par mer** to ship sth; **~ des marchandises par terre/train/avion** to transport goods by land/train/plane; **elle transportait une forte somme**

d'argent she was carrying a large sum of money on her; **ce roman nous transporte dans un autre monde** this novel transports us into another world; **on se retrouve transporté au seizième siècle** we find ourselves transported back to the sixteenth century
ⓑ (= *exalter*) to send into raptures; **~ qn de joie** to send sb into transports of delight; **être** *ou* **se sentir transporté d'admiration** to be beside o.s. with admiration; **se laisser ~ par la musique** to let o.s. be carried away by the music
2 VPR **se transporter** (= *se déplacer*) to go; **se ~ quelque part par la pensée** to let one's imagination carry one away somewhere

transporteur /tʀãspɔʀtœʀ/ NM (= *entrepreneur, entreprise*) carrier; **~ aérien** airline company; **~ routier** road haulage contractor; **~ maritime** shipping agent; **~ de fonds** security company (*transporting money*)

transposer /tʀãspoze/ /TABLE 1/ VTI to transpose; **~ un roman à l'écran** to adapt a novel for the screen

transsexuel, -elle /tʀã(s)sɛksɥɛl/ ADJ; NM,F transsexual

transvaser /tʀãsvaze/ /TABLE 1/ VT to decant

transversal, e (*mpl* **-aux**) /tʀãsvɛʀsal, o/ ADJ [*coupe, fibre, pièce*] cross; [*chemin*] running at right angles; [*vallée*] transverse; **rue ~e** side street; **axe ~** *ou* **route ~e** cross-country link → **barre**

trapèze /tʀapɛz/ NM ⓐ (= *figure*) trapezium (*Brit*), trapezoid (*US*) ⓑ (*Sport*) trapeze; **faire du ~** to perform on the trapeze ⓒ (= *muscle*) trapezius (muscle)

trapéziste /tʀapezist/ NMF trapeze artist

trappe /tʀap/ NF ⓐ (*dans le plancher*) trap door; (*d'accès, d'évacuation*) hatch; **passer à la ~** [*projet*] to be written off*; [*personne*] to be given the push* ⓑ (= *piège*) trap

trapu, e /tʀapy/ ADJ [*personne, maison*] squat

traquenard /tʀaknaʀ/ NM trap; **tomber dans un ~** to fall into a trap

traquer /tʀake/ /TABLE 1/ VT [+ *gibier*] to track down; [+ *abus, injustice*] to hunt down; [*journalistes, percepteur*] to hound; **regard de bête traquée** gaze of a hunted animal

traumatisant, e /tʀomatizã, ãt/ ADJ traumatic

traumatiser /tʀomatize/ /TABLE 1/ VT to traumatize

traumatisme /tʀomatism/ NM trauma; **~ crânien** head injury; **~ psychologique** psychological trauma; **subir un ~** to undergo a traumatic experience

travail (*pl* **-aux**) /tʀavaj, o/ **1** NM ⓐ (= *activité*) **le ~** work; **il est en plein ~** he's in the middle of something; **se mettre au ~** to get down to work; **avoir du ~/beaucoup de ~** to have some work/a lot of work to do; **j'ai un ~ fou en ce moment*** I'm up to my eyes in work at the moment*; **horaire/vêtements de ~** work schedule/clothes; **conditions/méthodes/groupe/déjeuner de ~** working conditions/methods/group/lunch; **à ~ égal, salaire égal** equal pay for equal work; **améliorer la communication, c'est tout un ~!** improving communications is quite a task!
ⓑ (= *tâche*) work (*NonC*), job; (= *résultat*) work (*NonC*); **c'est un ~ de spécialiste** (*difficile à faire*) it's a job for a specialist; (*bien fait*) it's the work of a specialist; **tu as fait du beau ~** you've done a really good job; **travaux de recherche/de construction** research/building work; **faire faire des travaux dans la maison** to have some work done in the house; **les grands travaux présidentiels** the major projects undertaken by the president; **«pendant les travaux, le magasin restera ouvert»** "business as usual during alterations"; **il y a des travaux (sur la chaussée)** there are roadworks in progress; **«attention! travaux!»** "caution! work in progress!"; (*sur la route*) "roadworks ahead!" (*Brit*), "roadwork ahead!" (*US*)
ⓒ (= *métier, profession*) job; (= *situation*) work (*NonC*), job; **avoir un ~ intéressant/lucratif** to have an interesting/a highly paid job; **apprendre un ~** to learn a job; **être sans ~** *ou* **ne pas avoir de ~** to be out of work; **~ de bureau** office work; **~ d'équipe** *ou* **en équipe** team work; **~ en usine** fac-

tory work; **reprendre le ~** to go back to work; **le monde du ~** the world of work

ⓓ (= *façonnage*) [*de bois, cuir, fer*] working; **le ~ du marbre requiert une grande habileté** working with marble requires great skill

ⓔ (= *accouchement*) labour (*Brit*), labor (*US*); **le ~ n'a pas encore commencé** she hasn't gone into labour yet

2 COMP ◆ **travaux agricoles** farm work ◆ **travaux d'aiguille** needlework ◆ **travail à la chaîne** assembly-line work ◆ **travaux dirigés** (*Univ*) tutorial ◆ **travaux forcés** hard labour ◆ **un travail de fourmi** a long, painstaking job ◆ **travaux manuels** (*Scol*) handicrafts ◆ **travaux ménagers** housework ◆ **travail au noir** undeclared work; (*en plus d'un autre*) moonlighting ◆ **travaux pratiques** (*en classe*) practical work; (*en laboratoire*) lab work (*Brit*), lab (*US*) ◆ **travaux publics** civil engineering; **ingénieur des travaux publics** civil engineer

travaillé, e /tʀavaje/ (*ptp de* **travailler**) ADJ ⓐ [*style, phrases*] polished; **très ~** [*bijou, meuble*] finely-worked; [*bois*] finely carved; **une balle très ~e** (*Tennis*) a ball with a lot of spin ⓑ (= *tourmenté*) **~ par le remords/la jalousie** tormented by remorse/jealousy ⓒ (= *ouvré*) **heures ~es** hours worked; **le nombre de journées non ~es** the number of days not worked

travailler /tʀavaje/ /TABLE 1/ 1 VI ⓐ to work; **~ dur** to work hard; **je vais ~ un peu à la bibliothèque** I'm going to do some work in the library; **faire ~ sa tête** *ou* **sa matière grise** to set one's mind to work; **va ~** (go and) do some work; **fais ~ ta tête!** use your head!; **en usine/à domicile** to work in a factory/at home; **~ 35 heures par semaine** to work a 35-hour week; **dans ce pays on fait ~ les enfants à huit ans** in this country they put children to work at the age of eight; **il a commencé à ~ chez Legrand hier** he started work at Legrand yesterday; **sa femme travaille** his wife goes out to work; **on finit de ~ à 17 heures** we finish work at 5 o'clock

ⓑ (= *s'exercer*) [*artiste, acrobate, musicien*] to practise; [*boxeur*] to train

ⓒ [*métal, bois*] to warp

2 VT ⓐ (= *façonner*) [+ *matière, verre, fer*] to work; **~ la terre** to work the land; **~ la pâte** (= *pétrir*) to knead the dough

ⓑ (= *potasser, améliorer*) to work on; **~ son anglais** to work on one's English; **~ le chant/piano** to practise singing/the piano; **~ son piano** to do one's piano practice; **~ une balle** (*Tennis*) to put some spin on a ball

◆ **travailler à** [+ *livre, projet*] to work on; [+ *cause, but*] to work for; (= *s'efforcer d'obtenir*) to work towards

ⓒ [*doutes, faits*] to worry; [*douleur*] to torment; **cette idée/ce projet le travaille** this idea/this plan is very much on his mind

travailleur, -euse /tʀavajœʀ, øz/ 1 ADJ (= *consciencieux*) hard-working 2 NM,F worker; (= *personne consciencieuse*) hard worker 3 NM (= *personne exerçant un métier*) worker 4 COMP ◆ **travailleur agricole** farm worker ◆ **travailleur à domicile** homeworker ◆ **travailleur indépendant** self-employed person ◆ **travailleur intellectuel** non-manual worker ◆ **travailleur manuel** manual worker ◆ **travailleur social** social worker

travailliste /tʀavajist/ 1 ADJ Labour 2 NMF Labour Party member; **il est ~** he supports Labour; **les ~s** the Labour Party

travée /tʀave/ NF ⓐ [*de mur, voûte, rayon, nef*] bay; [*de pont*] span ⓑ [*d'église, amphithéâtre*] row (of benches); [*de théâtre*] row (of seats)

traveller /tʀavlœʀ/ NM ABBR = **traveller's chèque** *ou* **check**

traveller's chèque, traveller's check /tʀavlœʀ(s)ʃɛk/ NM traveller's cheque (*Brit*), traveler's check (*US*)

travelling /tʀavliŋ/ NM (*Ciné*) tracking; **~ avant/arrière/ latéral** tracking in/out/sideways; **faire un ~** to dolly

travelo : /tʀavlo/ NM (= *travesti*) drag queen :

travers /tʀavɛʀ/ NM ⓐ (= *défaut*) failing; **chacun a ses petits ~** everyone has his little failings; **tomber dans le ~ qui consiste à faire ...** to make the mistake of doing ...

ⓑ **~ (de porc)** pork sparerib

ⓒ (*locutions*)

◆ **à travers** through; **voir qn à ~ la vitre** to see sb through the window; **sentir le froid à ~ un manteau** to feel the cold through a coat; **on est passé à ~ champs** we cut across the fields; **à ~ les siècles** through the centuries; **passer à ~ les mailles du filet** to slip through the net

◆ **au travers** through; **la palissade est délabrée : on voit au ~/le vent passe au ~** the fence is falling down and you can see through/the wind comes through; **passer au ~** (*fig*) to escape; **tout le monde a eu la grippe mais je suis passé au ~** everyone had flu but I managed to avoid it

◆ **de travers** (= *pas droit*) crooked; (= *à côté*) **répondre de ~** to give a silly answer; **comprendre de ~** to misunderstand; (= *mal*) **aller** *ou* **marcher de ~** to be going wrong; **avoir la bouche/le nez de ~** to have a crooked mouth/nose; **marcher de ~** [*ivrogne*] to stagger along; **planter un clou de ~** to hammer a nail in crooked; **il répond toujours de ~** he never gives a straight answer; **elle a mis son chapeau de ~** she has put her hat on crooked; **il l'a regardé de ~** he looked askance at him; **j'ai avalé de ~** it went down the wrong way; **tout va de ~ chez eux en ce moment** everything is going wrong for them at the moment; **il prend tout de ~** he takes everything the wrong way

◆ **en travers** across; **couper/scier en ~** to cut/saw across; **pose la planche en ~** lay the plank across; **un arbre était en ~ de la route** there was a tree lying across the road; **le véhicule dérapa et se mit en ~ (de la route)** the vehicle skidded and stopped across the road; **se mettre en ~ des projets de qn** to stand in the way of sb's plans; **mettre un navire en ~** *ou* **se mettre en ~** to heave to

traversée /tʀavɛʀse/ NF [*de rue, mer, pont*] crossing; [*de ville, forêt, pont*] going through; **la ~ de l'Atlantique en avion** the crossing of the Atlantic by plane; **la ~ de la ville en voiture peut prendre deux heures** it can take two hours to cross the town by car; **faire la ~ d'un fleuve à la nage** to swim across a river; **faire la ~ de Dieppe à Newhaven** to cross from Dieppe to Newhaven ◆ **traversée du désert** [*de politicien, parti, artiste*] time spent in the wilderness; **après une ~ du désert de cinq ans, il est revenu au pouvoir** after spending five years in the political wilderness, he returned to power

traverser /tʀavɛʀse/ /TABLE 1/ VT ⓐ [*personne, véhicule*] to cross; [+ *ville, forêt, tunnel*] to go through; **~ une rivière à la nage** to swim across a river; **~ une rivière en bac** to take a ferry across a river; **il traversa le salon à grands pas** he strode across the living room

ⓑ [*tunnel*] to cross under; [*pont, route*] to cross; **le fleuve/cette route traverse tout le pays** the river/this road runs right across the country; **ce tunnel traverse les Alpes** this tunnel crosses under the Alps

ⓒ (= *percer*) [*projectile, infiltration*] to go *ou* come through

▶ **traverser** se traduira par **to come through** *ou* par **to go through** suivant que le locuteur se trouve ou non à l'endroit en question.

la balle a traversé la paroi avant de m'atteindre the bullet came through the wall and hit me; **~ qch de part en part** to go right through sth; **une douleur lui traversa le poignet** a pain shot through his wrist; **ça ne m'a jamais traversé l'esprit** it never crossed my mind

ⓓ (= *passer à travers*) **~ la foule** to make one's way through the crowd

ⓔ (*dans le temps*) [+ *période, crise*] to go through; **sa gloire a traversé les siècles** his glory travelled down the ages

traversier /tʀavɛʀsje/ NM (*Can*) ferryboat

traversin /tʀavɛʀsɛ̃/ NM [*de lit*] bolster

travesti, e /tʀavɛsti/ (*ptp de* **travestir**) 1 ADJ (= *déguisé*) disguised; [*acteur*] playing a female role; [*rôle*] female (*played by man*) 2 NM (= *acteur*) actor playing a female role; (= *artiste de cabaret*) drag artist; (= *homosexuel*) transvestite; **numéro ~** = drag act

travestir /tʀavɛstiʀ/ /TABLE 2/ 1 VT ⓐ (= *déguiser*) [+ *personne*] to dress up; [+ *acteur*] to cast in a female role; **~ un homme en femme** to dress a man up as a woman

ⓑ [+ *vérité, paroles*] to misrepresent **2** VPR **se travestir** (*pour un bal*) to put on fancy dress; [*comédien*] to put on a woman's costume; (*pour un numéro de cabaret*) to put on drag; (*Psych*) to dress as a woman

traviole• /tʀavjɔl/ **♦ de traviole** LOC ADJ, LOC ADV crooked; **être/mettre de ~** to be/put crooked; **il comprend tout de ~** he gets hold of the wrong end of the stick every time•; **elle fait tout de ~** she does everything wrong; **tout va de ~ en ce moment** everything's going wrong these days

trébucher /tʀebyʃe/ /TABLE 1/ VI to stumble; **faire ~ qn** to trip sb up; **~ sur** ou **contre** to stumble over

trèfle /tʀefl/ NM ⓐ (= *plante*) clover; **~ à quatre feuilles** four-leaf clover; **le ~** (= *emblème de l'Irlande*) the shamrock ⓑ (*Cartes*) clubs; **jouer ~** to play clubs; **le 8 de ~** the 8 of clubs

tréfonds /tʀefɔ̃/ NM (*littér*) **dans le** ou **au ~ de mon cœur** deep down in my heart

treille /tʀɛj/ NF (= *tonnelle*) vine arbour (*Brit*) ou arbor (*US*); (= *vigne*) climbing vine

treillis /tʀeji/ NM ⓐ (*en bois*) trellis; (*en métal*) wiremesh ⓑ (= *tenue de combat*) battledress; (= *tenue d'exercice*) fatigues; (= *pantalon*) combat pants

treize /tʀɛz/ NOMBRE thirteen; **le (nombre) ~ porte malheur** thirteen is unlucky → **six**

treizième /tʀɛzjɛm/ ADJ, NMF thirteenth; **~ mois** (*de salaire*) bonus thirteenth month's salary → **sixième**

trekking /tʀekiŋ/ NM (= *activité*) trekking (*NonC*); (= *randonnée*) trek; **faire un ~** to go on a trek; **faire du ~** to go trekking

tréma /tʀema/ NM dieresis

tremblant, e /tʀɑ̃blɑ̃, ɑ̃t/ **1** ADJ trembling; **~ de froid/peur** trembling with cold/fear; **~ de colère** quivering with rage **2** NF **tremblante : la ~e (du mouton)** scrapie

tremble /tʀɑ̃bl/ NM aspen

tremblement /tʀɑ̃bləmɑ̃/ NM trembling (*NonC*); **un ~ le parcourut** a shiver ran through him; **avec des ~s dans la voix** in a trembling voice; **et tout le ~•** the whole lot• **♦ tremblement de terre** earthquake; **léger ~ de terre** earth tremor

trembler /tʀɑ̃ble/ /TABLE 1/ VI ⓐ [*personne*] to tremble; (*de froid, de fièvre*) to shiver; [*menton*] to quiver; **il tremblait de tout son corps** he was shaking all over; **la terre a tremblé** the ground shook; **la terre a encore tremblé en Arménie** there has been another earthquake in Armenia ⓑ (= *avoir peur*) **~ pour qn/qch** to fear for sb/sth; **~ à la pensée** ou **à l'idée de qch** to tremble at the thought of sth; **il tremble devant son patron** he lives in fear of his boss

trémière /tʀemjɛʀ/ ADJ F **rose ~** hollyhock

trémolo /tʀemolo/ NM [*d'instrument*] tremolo; [*de voix*] tremor; **avec des ~s dans la voix** with a tremor in one's voice

trémousser (se) /tʀemuse/ /TABLE 1/ VPR to wriggle; **se trémousser sur sa chaise** to wriggle on one's chair; **se trémousser du derrière** to wiggle one's bottom

trempe /tʀɑ̃p/ NF ⓐ **un homme de sa ~** a man of his calibre ⓑ (= *correction*) hiding•; **flanquer une ~ à qn** to give sb a good hiding•

trempé, e /tʀɑ̃pe/ (*ptp de* **tremper**) ADJ ⓐ (= *mouillé*) [*vêtement, personne*] soaked; **~ de sueur** soaked in sweat; **~ jusqu'aux os** wet through ⓑ [*acier, verre*] tempered

tremper /tʀɑ̃pe/ /TABLE 1/ **1** VT ⓐ (= *mouiller*) to soak; **la pluie a trempé sa veste** the rain has soaked his jacket; **je me suis fait ~** I got soaked ⓑ [+ *mouchoir, plume*] to dip (**dans** into, in); [+ *pain, biscuit*] to dunk (**dans** in); **~ sa main dans l'eau** to dip one's hand in the water; **il a trempé ses lèvres** he just took a sip

2 VI ⓐ to stand in water; [*linge, lentilles, haricots*] to soak; **tes manches trempent dans ton assiette!** your sleeves are trailing in your plate!; **(faire) ~** [+ *linge, aliments*] to soak ⓑ **~ dans** [+ *affaire malhonnête, crime*] (= *participer à*) to be mixed up in

3 VPR **se tremper** (= *prendre un bain rapide*) to have a quick dip; (= *se mouiller*) to get soaking wet

trempette• /tʀɑ̃pɛt/ NF ⓐ (= *baignade*) **faire ~** to have a quick dip ⓑ (*Can* = *sauce*) dips

tremplin /tʀɑ̃plɛ̃/ NM [*de piscine*] diving-board; [*de gymnase*] springboard; (*Ski*) ski-jump; **servir de ~ à qn** (*fig*) to be a springboard for sb

trentaine /tʀɑ̃tɛn/ NF (= *âge, nombre*) about thirty; **il a la ~** he's about thirty; **il approche de la ~** he's nearly thirty

trente /tʀɑ̃t/ NOMBRE thirty; **les années ~** the thirties **♦ trente et un : être/se mettre sur son ~ et un•** to be dressed up to the nines → **soixante**

trente-six /tʀɑ̃tsis/ **1** ADJ INV thirty-six; (= *beaucoup*) **il n'y a pas ~ possibilités•** there aren't all that many choices; **faire ~ choses à la fois•** to do a hundred things at once; **voir ~ chandelles•** to see stars **2** NM INV thirty-six; **tous les ~ du mois•** once in a blue moon

trentième /tʀɑ̃tjɛm/ ADJ, NMF thirtieth → **sixième**

trépas /tʀepɑ/ NM (*littér*) **passer de vie à ~** to be dispatched into the next world

trépidant, e /tʀepidɑ̃, ɑ̃t/ ADJ [*rythme*] pulsating; [*vie*] hectic

trépied /tʀepje/ NM tripod

trépigner /tʀepiɲe/ /TABLE 1/ VI to stamp one's feet; **~ d'impatience/d'enthousiasme** to stamp one's feet with impatience/with enthusiasm; **~ de colère** to be hopping mad•

très /tʀɛ/ ADV ⓐ (*avec adjectif*) very; (*devant certains participes passés*) greatly; **~ intelligent/difficile** very intelligent/difficult; **~ admiré** greatly admired; **~ industrialisé/automatisé** highly industrialized/automatized; **avoir ~ peur/faim** to be very frightened/hungry; **ils sont ~ amis/liés** they are great friends/very close; **je suis ~, ~ content** I'm very, very pleased; **j'ai ~ envie de le rencontrer** I would very much like to meet him; **un hebdomadaire ~ lu dans les milieux économiques** a magazine that's widely read in economic circles; **je ne suis jamais ~ à mon aise avec lui** I never feel very comfortable with him; **êtes-vous fatigué ? — ~/pas ~** are you tired? — very/not very ⓑ (*avec adverbe*) very; **~ peu de gens** very few people; **c'est ~ bien écrit** it's very well written; **~ bien, si vous insistez** all right, if you insist

trésor /tʀezɔʀ/ NM ⓐ treasure; **ils ont découvert un ~** they found some treasure; **course** ou **chasse au ~** treasure hunt; **les ~s du Louvre/de l'océan** the treasures of the Louvre/of the ocean; **des ~s de dévouement/de patience** a wealth of devotion/of patience ⓑ (= *musée*) treasure-house ⓒ (= *ressources*) [*de roi, État*] exchequer; **le Trésor (public)** ≈ the Treasury (*Brit*), ≈ the Treasury Department (*US*) ⓓ (*affectif*) **mon ~** darling ⓔ **~ de guerre** war chest

trésorerie /tʀezɔʀʀi/ NF ⓐ (= *bureaux*) [*d'association*] accounts department; **Trésorerie (générale** ou **principale)** [*de Trésor public*] ≈ public revenue office ⓑ (= *gestion*) accounts ⓒ (= *argent disponible*) finances; **difficultés** ou **problèmes de ~** cash flow problems

trésorier, -ière /tʀezɔʀje, jɛʀ/ NM,F [*de club, association*] treasurer; **~-payeur général** paymaster (*for a département*)

tressaillement /tʀesajmɑ̃/ NM ⓐ (*de plaisir*) thrill; (*de peur*) shudder; (*de douleur*) wince; **des ~s parcoururent l'animal** the animal twitched ⓑ (= *sursaut*) start

tressaillir /tʀesajiʀ/ /TABLE 13/ VI ⓐ (= *frémir*) (*de plaisir*) to quiver; (*de peur*) to shudder; (*de douleur*) to wince; [*muscle, personne* ou *animal à l'agonie*] to twitch ⓑ (= *sursauter*) to give a start; **faire ~ qn** to startle sb

tresse /tʀɛs/ NF (= *cheveux*) plait, braid (*US*); **se faire des ~s** to plait ou braid (*US*) one's hair

tresser /tʀese/ /TABLE 1/ VT ⓐ [+ *cheveux, rubans*] to plait, to braid (*US*); [+ *paille, fil*] to plait; [+ *câble, cordon*] to twist; **chaussures en cuir tressé** lattice-work leather shoes ⓑ [+ *panier, guirlande*] to weave; **~ des couronnes** ou **des lauriers à qn** to sing sb's praises

tréteau (*pl* **tréteaux**) /tʀeto/ NM (= *support*) trestle

treuil /tʀœj/ NM winch

trêve /tʀɛv/ NF ⓐ (*Mil, Politique*) truce; (*Sport*) midwinter break ⓑ (= *répit*) rest; **s'accorder une ~** to allow o.s. a rest; **~ de plaisanteries, tu veux vraiment te marier avec lui ?** joking apart, do you really want to marry him?

tri /tʀi/ NM **faire le ~ de** to sort out; [+ *lettres, fiches, dossiers, linge*] to sort; [+ *personnes*] to select; [+ *wagons*] to marshal; [+ *déchets*] to sort through; **postal** sorting of mail; **le ~ sélectif des ordures ménagères** the selective sorting of household waste; **le chômage m'a permis de faire le ~ entre mes vrais et mes faux amis** when I became unemployed I found out who my real friends were

trial /tʀijal/ NM motorcycle trial

triangle /tʀijɑ̃gl/ NM triangle; **en ~** in a triangle ◆ **le triangle des Bermudes** the Bermuda Triangle ◆ **triangle de signalisation** warning triangle

triangulaire /tʀijɑ̃gylɛʀ/ 1 ADJ triangular; [*débat*] three-cornered 2 NF (= *élection*) three-cornered election contest

triathlon /tʀi(j)atlɔ̃/ NM triathlon

tribal, e (*mpl* **-aux**) /tʀibal, o/ ADJ tribal

tribord /tʀibɔʀ/ NM starboard; **à ~** to starboard

tribu /tʀiby/ NF tribe; (*fig*) clan; **chef de ~** tribal chief

tribulations /tʀibylasjɔ̃/ NFPL tribulations

tribun /tʀibœ̃/ NM powerful orator

tribunal (*pl* **-aux**) /tʀibynal, o/ NM court; **~ judiciaire/ d'exception** judicial/special court; **porter une affaire devant les tribunaux** to bring a case before the courts; **déposer une plainte auprès des tribunaux** to instigate legal proceedings; **traduire qn devant un ~** to bring sb to court; **traduire qn devant un ~ militaire** to court-martial sb ◆ **tribunal administratif** *tribunal dealing with internal disputes in the French civil service* ◆ **tribunal de commerce** commercial court ◆ **tribunal correctionnel** ≈ magistrates' court (*dealing with criminal matters*) ◆ **tribunal pour enfants** juvenile court ◆ **tribunal d'instance** ≈ magistrates' court (*dealing with civil matters*) ◆ **tribunal de police** police court

tribune /tʀibyn/ NF ⓐ (*pour le public*) [*d'église, assemblée, tribunal*] gallery; [*de stade, champ de courses*] stand; (*couverte*) grandstand; **~ d'honneur** *ou* **~ officielle** VIP stand ⓑ (*pour un orateur*) platform ⓒ (= *débat*) forum; **~ libre d'un journal** opinion column in a newspaper

tribut /tʀiby/ NM tribute; **ils ont payé un lourd ~ à la maladie/guerre** disease/war has taken a heavy toll among them

tributaire /tʀibytɛʀ/ ADJ (= *dépendant*) **être ~ de** to be dependent on

tricentenaire /tʀisɑ̃t(ə)nɛʀ/ 1 ADJ three-hundred-year-old 2 NM tricentennial

triceps /tʀisɛps/ ADJ, NM **(muscle)** ~ triceps (muscle)

triche• /tʀiʃ/ NF cheating; **c'est de la ~** it's cheating

tricher /tʀiʃe/ /TABLE 1/ VI to cheat; **~ au jeu** to cheat at gambling; **~ sur le poids** to cheat over the weight

tricherie /tʀiʃʀi/ NF cheating (*NonC*)

tricheur, -euse /tʀiʃœʀ, øz/ NM,F cheat

tricolore /tʀikɔlɔʀ/ ADJ three-coloured (*Brit*), three-colored (*US*); (= *aux couleurs françaises*) red, white and blue; **le drapeau ~** the tricolour; **l'équipe ~** *ou* **les ~s** (*Sport*) the French team

tricot /tʀiko/ NM ⓐ (= *vêtement*) sweater; **~ de corps** vest (*Brit*), undershirt (*US*) ⓑ (= *technique, ouvrage*) knitting (*NonC*); **faire du ~** to knit ⓒ (= *tissu*) knitted fabric; **en ~** knitted; **vêtements de ~** knitwear

tricoter /tʀikɔte/ /TABLE 1/ 1 VT to knit; **écharpe tricotée (à la) main** hand-knitted scarf 2 VI to knit; **~ à la machine** to machine-knit

tricycle /tʀisikl/ NM [*d'enfant*] tricycle; **faire du ~** to ride a tricycle

trier /tʀije/ /TABLE 7/ VT to sort out; [+ *lettres, fiches, fruits*] to sort; [+ *wagons*] to marshal; [+ *candidats*] to select; [+ *lentilles*] to pick over; **triés sur le volet** hand-picked

trieuse /tʀijøz/ NF (= *machine*) sorter; [*d'ordinateur, photocopieur*] sorting machine

trifouiller• /tʀifuje/ /TABLE 1/ 1 VT to rummage about in 2 VI to rummage about

trilingue /tʀilɛ̃g/ ADJ trilingual

trilogie /tʀilɔʒi/ NF trilogy

trimaran /tʀimaʀɑ̃/ NM trimaran

trimbal(l)er /tʀɛ̃bale/ /TABLE 1/ 1 VT [+ *bagages, marchandises*]• to lug• around; [+ *personne*]• to trail along; [+ *rhume*]• to carry around; **qu'est-ce qu'il trimballe !**• he's as dumb as they come• 2 VPR **se trimbal(l)er**• to trail along; **il a fallu que je me trimballe jusqu'à la gare avec mes valises** I had to trail all the way to the station with my suitcases

trimer• /tʀime/ /TABLE 1/ VI to slave away; **faire ~ qn** to keep sb's nose to the grindstone

trimestre /tʀimɛstʀ/ NM quarter; (*scolaire*) term; **premier/second/troisième ~** (*scolaire*) autumn/winter/ summer term; **payer par ~** to pay quarterly

trimestriel, -elle /tʀimɛstʀijɛl/ ADJ [*publication, paiement*] quarterly; [*bulletin scolaire, examen*] end-of-term (*épith*)

tringle /tʀɛ̃gl/ NF rod; **~ à rideaux** curtain rod

trinité /tʀinite/ NF ⓐ (= *triade*) trinity; **la Trinité** (= *dogme*) the Trinity; (= *fête*) Trinity Sunday; **à la Pâques ou à la Trinité** (*iro*) some fine day ⓑ **(l'île de) la Trinité** Trinidad

trinquer /tʀɛ̃ke/ /TABLE 1/ VI ⓐ (= *porter un toast*) to clink glasses; (= *boire*) to drink; **~ à qch** to drink to sth; **~ à la santé de qn** to drink sb's health ⓑ (= *être puni*)• to take the rap•; **il a trinqué pour les autres** he took the rap for the others•; **quand les parents boivent, les enfants trinquent** when the parents drink, it's the children who pay the price

trio /tʀijo/ NM trio

triomphal, e (*mpl* **-aux**) /tʀijɔ̃fal, o/ ADJ triumphant; [*marche*] triumphal

triomphalisme /tʀijɔ̃falism/ NM triumphalism; **ne faisons pas de ~** let's not gloat

triomphaliste /tʀijɔ̃falist/ ADJ [*discours, slogan, attitude*] triumphalist

triomphe /tʀijɔ̃f/ NM triumph; **cet acquittement représente le ~ de la justice/du bon sens** this acquittal is a triumph for justice/common sense; **porter qn en ~** to carry sb in triumph; **cri de ~** cry of triumph; **cette pièce/cet artiste a remporté** *ou* **fait un ~** this play/this artist has been a triumphant success; **il a le ~ modeste** he's not one to boast; **le public lui a fait un ~** the audience gave him an ovation

triompher /tʀijɔ̃fe/ /TABLE 1/ VI ⓐ to triumph; [*raison*] to prevail; **faire ~ une cause** to bring victory to a cause; **ses idées ont fini par ~** his ideas eventually prevailed ⓑ (= *crier victoire*) to rejoice

trip /tʀip/ NM (*arg Drogue*) trip (*arg*); **il est en plein ~** he's tripping; **c'est pas mon ~**• it's not my scene•; **elle est dans son ~ végétarien** she's going through a vegetarian phase at the moment

tripatouiller• /tʀipatuje/ /TABLE 1/ VT (*péj*) [+ *texte, objet*] to fiddle about with•; [+ *comptes, résultats électoraux*] to fiddle•; [+ *statistiques*] to fiddle with; [+ *moteur, moto, machine*] to tinker with•; [+ *personne*] to paw•

tripes /tʀip/ NFPL ⓐ (= *plat*) tripe; **~ à la mode de Caen** tripe à la mode de Caen ⓑ (= *boyaux*)• guts; **il joue avec ses ~** [*comédien*] he puts his heart and soul into it; **ça vous prend aux ~** it gets you right there•

triphtongue /tʀiftɔ̃g/ NF triphthong

triple /tʀipl/ 1 ADJ (= *à trois éléments ou aspects*) triple; **faire qch en ~ exemplaire** to make three copies of sth; **j'ai ce livre en ~** I've got three copies of this book; **il y a un ~ inconvénient** there are three disadvantages; **~ idiot !** you stupid idiot!

2 NM **9 est le ~ de 3** 9 is three times 3; **gagner le ~ (de qn)** to earn three times as much (as sb); **c'est le ~ du prix normal/de la distance Paris-Londres** it's three times the normal price/the distance between Paris and London

3 COMP ♦ triple saut triple jump; **~ saut périlleux** triple somersault

tripler /tʀiple/ /TABLE 1/ **1** VT to treble; (= *refaire*) [+ *classe*] to do for the third time **2** VI to triple; **~ de volume** to treble in volume; **le chiffre d'affaires a triplé en un an** turnover has tripled in a year

triplés, ées /tʀiple/ NM,F PL (= *bébés*) triplets

tripotée• /tʀipɔte/ NF (= *grand nombre*) **une ~ de …** loads• of …; **avoir toute une ~ d'enfants** to have a whole string of children•

tripoter• /tʀipɔte/ /TABLE 1/ **1** VT ⓐ [+ *chose*] to fiddle with ⓑ (*sexuellement*) to grope• **2** VI (= *fouiller*) **~ dans les affaires de qn/dans un tiroir** to root about in sb's things/in a drawer **3** VPR **se tripoter** to play with o.s.; (*mutuellement*) to grope each other

trique /tʀik/ NF cudgel

trisomique /tʀizɔmik/ **1** ADJ trisomic **2** NMF trisome; **~ 21** person with Down's syndrome

triste /tʀist/ ADJ sad; [*couleur, journée*] dreary; [*paysage*] bleak; **d'un air/d'une voix ~** sadly; **être ~ à l'idée** *ou* **à la pensée de partir** to be sad at the idea of leaving; **elle était ~ de voir partir ses enfants** she was sad to see her children go; **~ à mourir** [*personne, ambiance, musique*] utterly depressing; **avoir** *ou* **faire ~ mine** *ou* **figure** to cut a sorry figure; **depuis son accident, il est dans un ~ état** since his accident he has been in a sad state; **une ~ affaire** a sorry business; **un ~ personnage** an unsavoury individual; **c'est pas ~ !•** (= *c'est amusant*) it's a laugh a minute!•; (= *c'est difficile*) it's no joke!•; (= *c'est la pagaille*) it's a real mess!

tristement /tʀistəmɑ̃/ ADV (= *d'un air triste*) sadly; **~ célèbre** notorious; **c'est ~ vrai** it's sad but true

tristesse /tʀistɛs/ NF sadness; **c'est avec une grande ~ que nous apprenons son décès** it is with deep sadness that we have learned of his death

trithérapie /tʀiteʀapi/ NF triple (combination) therapy

triton /tʀitɔ̃/ NM (= *amphibien*) newt

triturer /tʀityʀe/ /TABLE 1/ VT ⓐ [+ *pâte*] to knead ⓑ [+ *objet*] to fiddle with; **elle triturait nerveusement son mouchoir** she was twisting her handkerchief nervously; **se ~ la cervelle•** *ou* **les méninges•** to rack one's brains•

trivial, e (*mpl* **-iaux**) /tʀivjal, jo/ ADJ ⓐ (= *vulgaire*) [*langage, plaisanterie, manières*] crude ⓑ (= *commun*) [*objet, acte*] mundane; [*détail*] trivial

troc /tʀɔk/ NM (= *système*) barter; **l'économie de ~** the barter economy; **faire du ~** to barter; **on a fait un ~** we did a swap

troène /tʀɔɛn/ NM privet

trognon /tʀɔɲɔ̃/ NM [*de fruit*] core; [*de chou*] stalk

trois /tʀwa/ **1** NOMBRE ⓐ three; **volume/acte ~** volume/act three; **le ~ (janvier)** the third (of January)
ⓑ (= *quelques*) **je pars dans ~ minutes** I'm off in a couple of minutes; **il n'a pas dit ~ mots** he hardly opened his mouth
ⓒ (*locutions*) **c'est ~ fois rien** [*égratignure, cadeau*] it's nothing at all; **ça coûte ~ fois rien** it costs next to nothing
2 COMP ♦ **trois quarts** three-quarters; **j'ai fait les ~ quarts du travail** I've done three-quarters of the work; **les ~ quarts des gens l'ignorent** most people don't know this; **aux ~ quarts détruit** almost totally destroyed → **six**

troisième /tʀwazjɛm/ **1** ADJ, NMF third; **le ~ âge** senior citizens; **personne du ~ âge** senior citizen; **~ cycle d'université** graduate school; **étudiant de ~ cycle** graduate student **2** NF ⓐ **(classe de) ~** fourth form (*Brit*), 8th grade (*US*) ⓑ (= *vitesse*) third (gear); **en ~** in third (gear) → **sixième**

troisièmement /tʀwazjɛmmɑ̃/ ADV third(ly)

trois-mâts /tʀwamɑ/ NM INV three-master

trois-pièces /tʀwapjɛs/ NM INV (= *complet*) three-piece suit; (= *appartement*) three-room flat (*Brit*) *ou* apartment

trois-portes /tʀwapɔʀt/ NF INV (= *voiture*) two-door hatchback

trois-quarts /tʀwakaʀ/ NM INV ⓐ (= *manteau*) three-quarter length coat ⓑ (*Rugby*) three-quarter; **il joue ~ aile/centre** he plays wing/centre three-quarter

trombe /tʀɔ̃b/ NF **une ~ d'eau** *ou* **des ~s d'eau** a downpour; **entrer/sortir/passer en ~** to sweep in/out/by like a whirlwind; **démarrer en ~** [*voiture*] to take off at top speed; (*fig*) to get off to a flying start

trombine• /tʀɔ̃bin/ NF (= *visage*) face

trombone /tʀɔ̃bɔn/ NM ⓐ (= *instrument*) trombone; **~ à coulisse** slide trombone ⓑ (= *agrafe*) paper clip

trompe /tʀɔ̃p/ NF [*d'éléphant*] trunk; [*d'insecte*] proboscis ♦ **trompe de Fallope** *ou* **utérine** Fallopian tube

trompe-la-mort /tʀɔ̃plamɔʀ/ NMF INV death-dodger

trompe-l'œil /tʀɔ̃plœj/ NM INV trompe-l'œil; **peinture en ~** trompe-l'œil painting

tromper /tʀɔ̃pe/ /TABLE 1/ **1** VT ⓐ (= *duper*) to deceive; [+ *époux*] to be unfaithful to; **~ qn sur qch** to deceive sb about sth; **on m'a trompé sur la marchandise** I was misled; **~ sa femme** to cheat on• one's wife; **elle trompait son mari avec le patron** she was having an affair with her boss behind her husband's back; **une femme trompée** a woman who has been deceived; **cela ne trompe personne** that doesn't fool anybody
ⓑ (= *induire en erreur par accident*) to mislead; **c'est un signe qui ne trompe pas** it's a clear sign
ⓒ (= *déjouer*) [+ *poursuivants*] [*personne*] to outwit; [*manœuvre*] to trick; **~ la vigilance** *ou* **surveillance de qn** (*pour entrer ou sortir*) to slip past sb
ⓓ (= *décevoir*) **l'attente/l'espoir de qn** to fall short of sb's expectations/one's hopes; **~ la faim/la soif** to stave off one's hunger/thirst; **pour ~ l'ennui** *ou* **son ennui** to keep boredom at bay
2 VPR **se tromper** to make a mistake; **se ~ de 15 €** dans un calcul to be 15 euros out (*Brit*) *ou* off (*US*) in one's calculations; **se ~ sur les intentions de qn** to be mistaken about sb's intentions; **si je ne me trompe** if I'm not mistaken; **se ~ de route/chapeau** to take the wrong road/hat; **se ~ de jour/date** to get the day/date wrong; **se ~ d'adresse** to get the wrong address; **tu t'es trompé d'adresse** (*fig*) you've come to the wrong place

tromperie /tʀɔ̃pʀi/ NF (= *duperie*) deception; **il y a eu ~ sur la marchandise** the goods are not what they were described to be

trompette /tʀɔ̃pɛt/ NF trumpet

trompette-de-la-mort (*pl* **trompettes-de-la-mort**) /tʀɔ̃pɛtdəlamɔʀ/ NF (= *champignon*) horn of plenty

trompettiste /tʀɔ̃petist/ NMF trumpet player

trompeur, -euse /tʀɔ̃pœʀ, øz/ ADJ [*discours*] deceitful; [*distance, virage*] deceptive; **les apparences sont trompeuses** appearances are deceptive

tronc /tʀɔ̃/ **1** NM ⓐ [*d'arbre, personne*] trunk; [*de cadavre mutilé*] torso ⓑ (= *boîte*) collection box **2** COMP ♦ **tronc commun** (= *enseignement*) common-core syllabus

tronche• /tʀɔ̃ʃ/ NF (= *visage*) face; **faire** *ou* **tirer la ~** (*ponctuellement*) to make a face; (*durablement*) to sulk; **il a une sale ~** he's a nasty-looking customer•; **il lui a envoyé un coup de poing dans la ~** he punched him in the face; **il a fait une drôle de ~ quand je lui ai dit ça** you should have seen the look on his face when I told him that

tronçon /tʀɔ̃sɔ̃/ NM section; [*de phrase, texte*] part

tronçonner /tʀɔ̃sɔne/ /TABLE 1/ VT [+ *tronc*] to saw up; [+ *tube, barre*] to cut into sections; **le film a été tronçonné en épisodes** the film was divided up into episodes

tronçonneuse /tʀɔ̃sɔnøz/ NF chain saw

trône /tʀon/ NM throne; **placer qn/monter sur le ~** to put sb on/come to the throne

trôner /tʀone/ /TABLE 1/ VI ⓐ [*roi, divinité*] to sit on the throne ⓑ (= *avoir la place d'honneur*) to sit enthroned; [*chose*] to sit imposingly; **la photo trônait sur son bureau** the photograph had pride of place on his desk

tronquer /tʀɔ̃ke/ /TABLE 1/ VT [+ *citation, texte*] to truncate; [+ *détails, faits*] to abbreviate; **version tronquée** truncated version

trop /tro/ **1** ADV (*avec adverbe, adjectif*) too; (*avec verbe*) too much; **beaucoup** *ou* **bien ~** [*manger, fumer, parler*] far too much; **beaucoup** *ou* **bien ~** (*avec adjectif*) far too, much too; **il a ~ mangé/bu** he has had too much to eat/drink; **il a ~ travaillé** he has worked too hard; **vous en demandez ~** you're asking for too much; **il ne faut pas ~ aller le voir** we mustn't go to visit him too often; **en faire ~** (= *travailler*) to do too much; (= *exagérer*) to go too far; **la pièce est ~ chauffée** the room is overheated; **une ~ forte dose** an overdose; **tu conduis bien ~ vite** you drive far too fast; **vous êtes ~ (nombreux)/~ peu (nombreux)** there are too many/too few of you; **le village est ~ loin pour qu'il puisse y aller à pied** the village is too far for him to walk there; **il est bien ~ idiot pour comprendre** he's far too stupid to understand; **j'ai oublié mes papiers, c'est vraiment ~ bête** how stupid of me - I've forgotten my papers; **c'est ~ drôle!** it's too funny for words!; **il n'est pas ~ mécontent du résultat** he's not too unhappy with the result; **vous êtes ~ aimable** you are too kind; **je ne le sais que ~** I'm only too well aware of that; **je ne sais ~ que faire** I am not too sure what to do; **cela ne va pas ~ bien** things are not going too well; **je n'ai pas ~ confiance en lui** I haven't much confidence in him; **je n'en sais ~ rien** I don't really know; **c'en est ~!** that's going too far!; **elle est ~, ta copine!*** your girlfriend's too much!*

♦ **trop de** (*quantité*) too much; (*nombre*) too many; **j'ai acheté ~ de pain/d'oranges** I've bought too much bread/too many oranges; **nous avons ~ de personnel** we are overstaffed; **il y a ~ de monde dans la salle** there are too many people in the hall; **j'ai ~ de travail** I've got too much work to do; **nous n'avons pas ~ de place chez nous** we haven't got very much room at our place; **on peut le faire sans ~ de risques/de mal** it can be done without too much risk/difficulty; **ils ne seront pas ~ de deux pour faire ça** it'll take at least the two of them to do it; **elle a ~ de travail pour partir en week-end** she has too much work to go away for the weekend

♦ **de trop** ♦ **en trop**: **il y a une personne/deux personnes de ~** *ou* **en ~ dans l'ascenseur** there's one person/there are two people too many in the lift; **s'il y a du pain en ~, j'en emporterai** if there's any bread left over I'll take some away; **il m'a rendu 12 € de ~** *ou* **en ~** he gave me back 12 euros too much; **l'argent versé en ~** the excess payment; **il pèse 3 kg de ~** he's 3kg overweight; **ce régime vous fait perdre les kilos en ~** this diet will help you lose those extra pounds; **si je suis de ~, je peux m'en aller!** if I'm in the way I can always leave!; **un petit café ne serait pas de ~** a cup of coffee wouldn't go amiss; **il a bu un verre de ~*** he's had a drink too many; **tu manges/bois de ~*** you eat/drink too much

2 NM **le ~ d'importance accordé à …** the excessive importance attributed to …

trophée /trofe/ NM trophy

tropical, e (*mpl* -**aux**) /tropikal, o/ ADJ tropical

tropique /tropik/ **1** NM tropic **2** NMPL **tropiques** (= *zone*) tropics; **vivre sous les ~s** to live in the tropics

trop-perçu (*pl* **trop-perçus**) /tropersy/ NM excess tax payment

trop-plein (*pl* **trop-pleins**) /troplē/ NM excess; (= *excès d'eau*) overflow; **le ~ de terre** the excess earth; **~ d'amour** overflowing love; **~ d'énergie** boundless energy

troquer /troke/ /TABLE 1/ VT (= *échanger*) to swap; (*Commerce*) to trade (**contre, pour** for); **elle a troqué son sari pour un jean** she swapped her sari for a pair of jeans

troquet • /troke/ NM café

trot /tro/ NM [*de cheval*] trot; **petit/grand ~** jog/full trot; **~ assis/enlevé** close/rising trot; **aller au ~** to trot along; **vas-y, et au ~!*** off you go, and be quick about it!; **partir au ~** to set off at a trot; **prendre le ~** to break into a trot

trotte • /trot/ NF **il y a** *ou* **ça fait une ~ (d'ici au village)** it's a fair distance (from here to the village)

trotter /trote/ /TABLE 1/ VI to trot; (= *marcher à petits pas*) to trot along; (= *marcher beaucoup*) to run around; [*souris, enfants*] to scurry about; [*bébé*] to toddle along; **c'est un**

air/une idée qui me trotte dans la tête it's a tune/an idea which keeps running through my head

trotteur, -euse /trotœr, øz/ **1** NM,F (= *cheval*) trotter **2** NM (*pour apprendre à marcher*) baby-walker **3** NF **trotteuse** (= *aiguille*) second hand

trottiner /trotine/ /TABLE 1/ VI [*cheval*] to jog along; [*souris*] to scurry about; [*personne*] to trot along; [*bébé*] to toddle along

trottinette /trotinet/ NF (= *jouet*) scooter; **faire de la ~** to ride a scooter

trottoir /trotwar/ NM (= *accotement*) pavement (*Brit*), sidewalk (*US*); **~ roulant** moving walkway; **se garer le long du ~** to park alongside the kerb; **changer de ~** (*pour éviter qn*) to cross the street; **faire le ~*** to be a streetwalker

trou /tru/ **1** NM ⓐ hole; **par le ~ de la serrure** through the keyhole; **faire un ~** to make a hole; (*avec des ciseaux, un couteau*) to cut a hole; (*en usant, frottant*) to wear a hole; **un 9/18 ~s** (*Golf*) a 9-hole/an 18-hole course; **il a fait un ~ à son pantalon** (*usure*) he has worn a hole in his trousers; (*brûlure, acide*) he has burnt a hole in his trousers; (*déchirure*) he has torn a hole in his trousers; **il n'a pas les yeux en face des ~s** he can't see straight; **faire son ~** to make a niche for o.s.; **faire le ~** (= *Sport*) to open up a lead ⓑ (= *moment de libre, lacune*) gap; (= *déficit*) deficit; **un ~ (de 10 millions) dans la comptabilité** a deficit (of 10 million) in the accounts; **il y a des ~s dans ma collection** there are some gaps in my collection; **cela a fait un gros ~ dans ses économies** it made quite a hole in his savings; **le ~ de la Sécurité sociale** the deficit in the Social Security budget; **j'ai un ~ demain dans la matinée, venez me voir** I have a gap in my schedule tomorrow morning so come and see me; **j'ai un ~ d'une heure** I have an hour free; **j'ai eu un ~ (de mémoire)** my mind went blank; **texte à ~s** (= *exercice*) cloze test ⓒ (*péj = localité*) hole* (*péj*); **il n'est jamais sorti de son ~** he has never been out of his own backyard; **un ~ perdu** *ou* **paumé*** a godforsaken hole* ⓓ (= *prison*)* **mettre/être au ~** to put/be in the slammer*

2 COMP ♦ **trou d'aération** airhole ♦ **trou d'air** air pocket ♦ **trou de balle*** arsehole* (*Brit*), asshole* (*US*) ♦ **trou de cigarette** cigarette burn ♦ **trou du cul*** arsehole* (*Brit*), asshole* (*US*) ♦ **trou de nez*** nostril ♦ **trou noir** (*Astron*) black hole ♦ **trou normand** glass of spirits, drunk between courses of a meal ♦ **trou de souris** mousehole ♦ **trou de ver** wormhole

troubadour /trubadur/ NM troubadour

troublant, e /trublã, ãt/ ADJ disturbing

trouble /trubl/ **1** ADJ ⓐ [*eau, vin*] cloudy; [*regard*] misty; [*photo*] blurred; **avoir la vue ~** to have blurred vision ⓑ (= *équivoque*) shady; **une période ~ de l'histoire** a murky period in history

2 ADV **voir ~** to have blurred vision

3 NM ⓐ (= *agitation, remue-ménage*) turmoil; (= *zizanie, désunion*) trouble ⓑ (= *émeute*) **~s** unrest (*NonC*); **~s politiques/sociaux** political/social unrest (*NonC*); **des ~s ont éclaté dans le sud du pays** unrest has broken out in the south of the country; **~s à l'ordre public** breach of the peace ⓒ (= *émoi affectif ou sensuel*) inner turmoil; (= *inquiétude, désarroi*) distress; (= *gêne, perplexité*) confusion; **semer le ~ dans l'esprit des gens** to sow confusion in peoples' minds ⓓ **troubles** (*de santé*) disorders; **~s physiologiques/psychiques** physiological/psychological disorders; **~s du sommeil/de la personnalité** sleeping/personality disorders; **~s du comportement** behavioural problems; **~s du langage** speech difficulties; **il a des ~s de la vision** he has trouble with his eyesight; **elle souffre de ~s de la mémoire** she has memory problems

trouble-fête /trublafet/ NMF INV spoilsport; **jouer les ~** to be a spoilsport

troubler /truble/ /TABLE 1/ **1** VT ⓐ (= *perturber*) [+ *ordre, sommeil, tranquillité, silence*] to disturb; [+ *représentation, réunion*] to disrupt; [+ *jugement, raison, esprit*] to cloud; [+ *diges-*

tion] to upset; **~ l'ordre public** to disturb the peace; **en ces temps troublés** in these troubled times

(b) [+ *personne*] (= *déconcerter, émouvoir*) to disturb; (= *inquiéter*) to trouble; (= *gêner*) to confuse; (= *sexuellement*) to arouse; **elle le regarda, toute troublée** she looked at him, all of a tremble; **ce film/cet événement m'a profondément troublé** this film/this event has disturbed me deeply; **il y a quand même un détail qui me trouble** there's still a detail which is bothering me; **cesse de parler, tu me troubles (dans mes calculs)** stop talking - you're putting me off (in my calculations); **~ un candidat** to put a candidate off

(c) (= *brouiller*) [+ *eau, vin*] to make cloudy; [+ *image*] to blur; **les larmes lui troublaient la vue** tears blurred her vision

2 VPR **se troubler** (a) (= *devenir trouble*) [*eau*] to become cloudy; [*lignes, images, vue*] to become blurred

(b) (= *perdre contenance*) to become flustered; **il se trouble facilement lorsqu'il doit parler en public** he's easily flustered when he has to speak in public; **il a répondu sans se ~** he replied calmly

troué, e /tʀue/ (*ptp de* **trouer**) 1 ADJ **mon collant est ~** I've got a hole in my tights; **avoir une chaussette ~e** to have a hole in one's sock; **ce sac est ~** this bag has a hole *ou* holes in it; **ses chaussettes sont toutes ~es** *ou* **~es de partout** his socks are full of holes 2 NF **trouée** (*dans la haie, les nuages*) gap

trouer /tʀue/ /TABLE 1/ VT [+ *vêtement*] to make a hole in; (= *transpercer*) to pierce; **il a troué son pantalon** (*avec une cigarette*) he's burnt a hole in his trousers; (*en tombant*) he's torn *ou* ripped a hole in his trousers; **~ la peau à qn:** to put a bullet in sb

trouillard, e: /tʀujaʀ, aʀd/ 1 ADJ cowardly 2 NM,F coward

trouille: /tʀuj/ NF **avoir la ~** to be scared stiff*; **flanquer** *ou* **ficher la ~ à qn** to scare the pants off sb*

troupe /tʀup/ NF (a) [*de soldats*] troop; **~s de choc** shock troops (b) [*de chanteurs, danseurs*] troupe; **~ (de théâtre)** (theatre *ou* drama) company

troupeau (*pl* **troupeaux**) /tʀupo/ NM herd; [*de moutons, chèvres*] flock

trousse /tʀus/ NF (a) (= *étui*) case; [*de médecin, chirurgien*] instrument case; [*d'écolier*] pencil case; **~ à couture** sewing case; **~ de maquillage** make-up bag; **~ à outils** toolkit; **~ de secours** first-aid kit; **~ de toilette** *ou* **de voyage** (= *sac*) sponge bag

(b) ♦ **aux trousses** ♦ **à ses trousses**: **avoir la police aux ~s** *or* **à ses ~s** to have the police on one's tail

trousseau (*pl* **trousseaux**) /tʀuso/ NM [*de mariée*] trousseau; **~ de clés** bunch of keys

trouvaille /tʀuvaj/ NF (= *objet*) find; (= *idée, métaphore, procédé*) stroke of inspiration, brainwave (*Brit*)

trouver /tʀuve/ /TABLE 1/ VT (a) to find; **je ne le trouve pas** I can't find it; **où peut-on le ~ ?** where is he?; **on lui a trouvé une place dans un lycée** he was found a place in a lycée; **je l'ai trouvé en train de pleurer** I found him crying; **je ne lui trouve aucun défaut** I can find no fault with him; **mais qu'est-ce qu'elle lui trouve ?** what on earth does she see in him?; **comment as-tu fait pour ~ ?** (*énigme*) how did you work it out?; **j'ai trouvé !** I've got it!*; **explication/excuse toute trouvée** ready-made explanation/excuse; **formule bien trouvée** clever phrase; **tu as trouvé ça tout seul ?** (*iro*) did you work it out all by yourself? (*iro*); **où est-il allé ~ ça ?** where on earth did he get that idea from?; **ne pas ~ ses mots** to be at a loss for words

♦ **trouver à** + *infinitif*: **~ à manger/boire** to find something to eat/drink; **~ à s'occuper** to find something to occupy o.s. with; **il trouve toujours à faire dans la maison** he can always find something to do in the house; **si tu trouves à te garer dans ma rue ...** if you manage to find a parking space in my street ...; **il n'a rien trouvé à répondre** he couldn't think of anything to say in reply

(b) (= *rencontrer par hasard*) [+ *document, information, personne*] to come across; [+ *idée*] to hit on; **on trouve cette plante sous tous les climats humides** this plant is found in all damp climates; **~ la mort (dans un accident)** to meet one's death (in an accident)

(c) (= *penser, juger*) to find; **~ que** to find that; **je trouve qu'il fait trop chaud ici** I find it too hot (in) here; **~ qch à son goût/trop cher** to find sth to one's liking/too expensive; **je trouve cela trop sucré** I find it too sweet; **je le trouve fatigué** I think he looks tired; **comment l'as-tu trouvé ?** what did you think of him?; **vous la trouvez sympathique ?** do you like her?; **vous trouvez ça normal ?** do you think that's right?; **tu trouves ça drôle !** so you find that funny!; **vous trouvez ?** do you think so?

(d) (= *rendre visite à*) **aller/venir ~ qn** to go/come and see sb; **quand il a des ennuis, c'est moi qu'il vient ~** when he has problems, it's me he comes to

(e) (= *éprouver*) **~ (du) plaisir à qch/à faire qch** to take pleasure in sth/in doing sth

2 VPR **se trouver** (a) (= *être dans une situation*) [*personne*] to find o.s.; [*chose*] to be; **je me suis trouvé dans l'impossibilité de répondre** I found myself unable to reply; **nous nous trouvons dans une situation délicate** we are in a delicate situation

(b) (= *être situé*) [*personne, chose*] to be; **son nom ne se trouve pas sur la liste** his name isn't on the list; **je me trouvais près de l'entrée** I was (standing *ou* sitting *etc*) near the entrance; **la maison se trouve au coin de la rue** the house is on the corner of the street; **où se trouve la poste ?** where is the post office?

(c) (= *se sentir*) to feel; **se ~ bien** (*dans un fauteuil etc*) to feel comfortable; (*santé*) to feel well; **elle se trouvait bien dans ce pays** she was happy in this country; **se ~ mal** (= *s'évanouir*) to faint

(d) (= *se juger*) **il se trouve beau dans son nouveau costume** he thinks he looks good in his new suit; **tu te trouves malin ?** I suppose you think that's clever!

(e) (*exprimant la coïncidence: souvent avec infinitif*) **se ~ être/avoir ...** to happen to be/have ...; **elles se trouvaient avoir la même robe** it turned out that they had the same dress

(f) (= *découvrir sa personnalité, son style*) **il ne s'est pas encore trouvé** (= *artiste*) he hasn't found his own distinctive style yet

(g) (*locutions*)

♦ **il se trouve que** (*événement fortuit*): **il se trouve que c'est moi** it happens to be me; **il s'est trouvé que j'étais là quand ...** I happened to be there when ...; **il se trouvait qu'elle avait menti** it turned out that she had been lying

♦ **il se trouve** + *nom* (= *il y a*) **il se trouve toujours des gens qui disent** *ou* **pour dire ...** there are always people who will say ...

♦ **si ça se trouve***: **ils sont sortis, si ça se trouve** they're probably out; **si ça se trouve, il ne viendra pas** maybe he won't come

truand /tʀyɑ̃/ NM gangster

truander: /tʀyɑ̃de/ /TABLE 1/ 1 VT to swindle; **se faire ~** to be swindled 2 VI to cheat

truc /tʀyk/ NM (a) (= *moyen*)* trick; **il a trouvé le ~ (pour le faire)** he's got the hang* of it; **il n'a pas encore compris le ~** he hasn't got the hang* of it yet; **avoir le ~** to have the knack; **j'ai un ~ infaillible contre les taches** I've got just the thing for getting rid of stains

(b) (= *tour, trucage*) trick

(c) (= *chose, idée*)* thing; (*chose inconnue, dont le nom échappe*) thingumajig*; **on m'a raconté un ~ extraordinaire** I've been told an extraordinary thing; **j'ai pensé (à) un ~** I've thought of something; **il y a un tas de ~s à faire** there are loads of things to do*; **je lui ai offert un petit ~ pour son anniversaire** I gave him a little something for his birthday; **c'est quoi, ce ~-là ?** what's that thing?; **méfie-toi de ces ~s-là** be careful of those things; **le ski, c'est pas mon ~** skiing isn't my thing*; **l'équitation, c'est son ~** he's really into* horseriding; **chacun son ~** each to his own

(d) (= *personne*)* **Machin Truc** what's-his-name*

trucage /tʀykaʒ/ NM (= *effet spécial*) special effect; **un ~ très réussi** a very successful effect

truchement /tʀyʃmɑ̃/ NM **par le ~ de qn** through (the intervention of) sb; **par le ~ de qch** with the aid of sth

trucider* /tʀyside/ /TABLE 1/ VT (*hum*) to bump off**:** **je vais me faire ~ si jamais j'arrive en retard!** I'll get killed* if I arrive late!

trucmuche : ** /tʀykmyʃ/ NM ⓐ (= *chose*) thingumajig* ⓑ (= *personne*) **Trucmuche what's-his-name*

truculent, e /tʀykylɑ̃, ɑ̃t/ ADJ [*langage, style, personnage*] colourful (*Brit*), colorful (*US*)

truelle /tʀyɛl/ NF trowel

truffe /tʀyf/ NF ⓐ (= *champignon*) truffle; **~s au chocolat** chocolate truffles ⓑ [*de chien*] nose

truffer /tʀyfe/ /TABLE 1/ VT ⓐ (*Cuisine*) to garnish with truffles ⓑ (= *remplir*) **~ qch de** to pepper sth with; **truffé de citations** peppered with quotations; **truffé de fautes** *ou* **d'erreurs** riddled with mistakes; **région truffée de mines** area littered with mines; **truffé de pièges** bristling with traps; **pièce truffée de micros** room bristling with hidden bugging devices; **film truffé d'effets spéciaux** film laden with special effects

truie /tʀɥi/ NF (= *animal*) sow

truite /tʀɥit/ NF trout (*inv*); **~ saumonée** salmon trout; **~ meunière** truite *ou* trout meunière

truquage /tʀykaʒ/ NM (= *effet spécial*) special effect; **un ~ très réussi** a very successful effect

truquer /tʀyke/ /TABLE 1/ VT [+ *cartes*] to fix*; [+ *dés*] to load; [+ *combat, élections*] to fix*

trust /tʀœst/ NM (= *cartel*) trust; (= *grande entreprise*) corporation

truster /tʀœste/ /TABLE 1/ VT [+ *secteur du marché*] to monopolize; [+ *produit*] to have the monopoly of; (= *accaparer*)* to monopolize

tsar /dzaʀ/ NM tsar

tsé-tsé /tsetse/ NF (**mouche**) **~** tsetse fly

T(-)shirt /tiʃœʀt/ NM T-shirt

tsigane /tsigan/ 1 ADJ (Hungarian) gypsy 2 NM (= *langue*) Romany 3 NMF **Tsigane** Gypsy

tsunami /tsynami/ NM tsunami

TSVP (ABBR = **tournez s'il vous plaît**) PTO

TTC /tetese/ (ABBR = **toutes taxes comprises**) inclusive of tax

tu¹, t'* /ty, t/

► **tu** becomes **t'** in spoken French before a vowel or silent **h**.

1 PRON PERS you; **t'as* de la chance** you're lucky 2 NM **employer le tu** to use the "tu" form; **dire tu à qn** to address sb as "tu" → |TUTOIEMENT/VOUVOIEMENT|

tu², e /ty/ ptp de **taire**

tuant, e* /tɥɑ̃, tɥɑ̃t/ ADJ (= *fatigant*) exhausting; (= *énervant*) exasperating

tuba /tyba/ NM (= *instrument de musique*) tuba; [*de plongeur*] snorkel

tube /tyb/ 1 NM ⓐ tube; (*de canalisation, tubulure, métallique*) pipe; **~ à essai** test tube; **~ cathodique** cathode ray tube; **en ~** in a tube; **jupe ~** tube skirt; **pull ~** skinny-rib sweater

ⓑ (= *chanson à succès*)* hit; **le ~ de l'été** the summer hit

ⓒ ✦ **à pleins tubes : ** **il a mis sa chaîne hi-fi à pleins ~s** he turned his stereo on full blast*; **débloquer à pleins ~s** to be raving mad*

2 COMP ✦ **tube digestif** digestive tract ✦ **tube de rouge (à lèvres)** lipstick

tubercule /tybɛʀkyl/ NM [*de plante*] tuber

tuberculeux, -euse /tybɛʀkylø, øz/ 1 ADJ **être ~** to suffer from tuberculosis 2 NM,F tuberculosis patient

tuberculose /tybɛʀkyloz/ NF tuberculosis

tué, e /tɥe/ (ptp de **tuer**) NM,F (*dans un accident, au combat*) person killed; **les ~s** the dead; **il y a eu cinq ~s** there were five people killed

tuer /tɥe/ /TABLE 1/ 1 VT ⓐ [+ *personne, animal*] to kill; **~ qn à coups de pierre/de couteau** to stone/stab sb to death; **~ qn d'une balle** to shoot sb dead; **l'alcool tue** alcohol can kill; **la route tue des milliers de gens chaque année** thou-sands of people are killed on the roads every year; **se faire ~** to get killed; **cet enfant me tuera!** this child will be the death of me!

ⓑ (= *ruiner*) to kill; (= *exténuer*) to exhaust; **les supermar-chés n'ont pas tué le petit commerce** supermarkets have not killed off small traders; **ces escaliers/querelles me tuent** these stairs/quarrels will be the death of me; **~ qch dans l'œuf** to nip sth in the bud; **~ le temps** to kill time

2 VPR **se tuer** ⓐ (*l'un l'autre*) to kill each other

ⓑ (*soi-même, par accident*) to be killed; **il s'est tué en voitu-re** he was killed in a car accident

ⓒ (= *se suicider*) to kill o.s.; **il s'est tué d'une balle dans la tête** he shot himself in the head

ⓓ (= *s'épuiser*) **se ~ au travail** *ou* **se ~ à la tâche** to work o.s. to death; **se ~ à répéter/expliquer qch à qn** to repeat/explain sth to sb until one is blue in the face; **je me tue à te le dire!** I keep on telling you!

tuerie /tyʀi/ NF (= *carnage*) slaughter

tue-tête /tytɛt/ ✦ **à tue-tête** LOC ADV **crier/chanter à ~** to shout/sing at the top of one's voice

tueur, tueuse /tɥœʀ, tɥøz/ NM,F (= *assassin*) killer; **~ (à gages)** hired killer; **~ en série** serial killer

tuile /tɥil/ 1 NF ⓐ [*de toit*] tile; **toit de ~s** tiled roof ⓑ (= *coup de malchance*)* stroke of bad luck; **quelle ~!** what rotten luck!; **il vient de m'arriver une ~** I've just had a piece of bad luck 2 COMP ✦ **tuile aux amandes** type of al-mond biscuit

tulipe /tylip/ NF (= *fleur*) tulip

tulipier /tylipje/ NM tulip tree

tulle /tyl/ NM tulle

tuméfier /tymefje/ /TABLE 7/ VT **visage/œil tuméfié** swol-len face/eye

tumeur /tymœʀ/ NF tumour (*Brit*), tumor (*US*); **~ bénigne/maligne** benign/malignant tumour; **~ au cerveau** brain tumour

tumulte /tymylt/ NM commotion; [*de voix*] hubbub

tumultueux, -euse /tymyltɥø, øz/ ADJ [*séance*] stormy; [*vie, période, passion*] turbulent

tuner /tynɛʀ/ NM (= *radio*) tuner

tunique /tynik/ NF [*de femme*] (*droite*) tunic; (*à forme am-ple*) smock; (*longue*) gown

Tunisie /tynizi/ NF Tunisia

tunisien, -ienne /tynizjɛ̃, jɛn/ 1 ADJ Tunisian 2 NMF **Tu-nisien(ne)** Tunisian

tunnel /tynɛl/ NM tunnel; **le ~ sous la Manche** the Chan-nel Tunnel; **voir le bout du ~** (*fig*) to see the light at the end of the tunnel

tuque /tyk/ NF (*Can*) woollen cap

turban /tyʀbɑ̃/ NM turban

turbin : ** /tyʀbɛ̃/ NM (= *travail*) work; **aller au ~ to go off to work; **se remettre au ~** to get back to the grind*

turbine /tyʀbin/ NF turbine

**turbiner : ** /tyʀbine/ /TABLE 1/ VI to slog away*

turbo /tyʀbo/ 1 ADJ INV turbo 2 NM (= *moteur*) turbo; **mettre le ~*** to get a move on*

turbot /tyʀbo/ NM turbot

turbulence /tyʀbylɑ̃s/ NF **~s politiques/sociales** political/social unrest; **entrer dans une zone de ~s** [*avion*] to go into an area of turbulence

turbulent, e /tyʀbylɑ̃, ɑ̃t/ ADJ (= *agité*) [*enfant, élève*] unruly

turc, turque /tyʀk/ 1 ADJ Turkish

✦ **à la turque** (= *accroupi, assis*) cross-legged; [*cabinets*] seatless

2 NM ⓐ (= *personne*) **Turc** Turk; **fort comme un Turc** strong as an ox

ⓑ (= *langue*) Turkish

3 NF **Turque** Turkish woman

turf /tyʀf/ NM (= *terrain*) racecourse; **le ~** (= *activité*) racing

turfiste /tyʀfist/ NMF racegoer

turista* /tuʀista/ NF ≈ Delhi belly*; **avoir/attraper la ~** to have/get Delhi belly*

turlupiner */tyʀlypine/ /TABLE 1/ VT to bother; **ce qui me turlupine** what bugs me*

turluter /tyʀlyte/ /TABLE 1/ (*Can*) VTI to hum

Turquie /tyʀki/ NF Turkey

turquoise /tyʀkwaz/ NF, ADJ INV turquoise

tutelle /tytɛl/ NF (a) [*d'enfant, adulte*] guardianship; **placer qn sous** ~ to place sb in the care of a guardian (b) (= *contrôle*) supervision; (= *protection*) protection; ~ **administrative/de l'État** administrative/state supervision; **organisme de** ~ regulator; **territoires sous** ~ (*Politique*) trust territories; **pays sous la** ~ **de l'ONU** country under UN trusteeship

tuteur, -trice /tytœʀ, tʀis/ 1 NM,F (= *protecteur*) guardian; (= *professeur*) tutor 2 NM (= *piquet*) stake

tutoiement /tytwamɑ̃/ NM use of (the familiar) "tu" (*instead of "vous"*)

ℹ TUTOIEMENT/VOUVOIEMENT
There are no hard-and-fast rules about when to use "tu" or "vous" to address people. Small children can be addressed as "tu", and will often reply using the "tu" form as well. In informal contexts among young people of the same age, "tu" is often used even at first meeting. Among the older generation, "vous" is standard until people know each other well. As a general rule for non-native speakers, "vous" should always be used to address adults until the other person uses "tu", or asks permission to do so.

---

tutoyer /tytwaje/ /TABLE 8/ VT ~ **qn** to use "tu" when speaking to sb

tutu /tyty/ NM tutu

tuyau (*pl* **tuyaux**) /tɥijo/ 1 NM (a) pipe (b) (= *conseil*)* tip; (= *renseignement*)* gen* (*NonC*); **quelques ~x pour le bricoleur** a few tips for the do-it-yourself enthusiast; **il nous a donné des ~x sur leurs projets** he gave us some gen* on their plans 2 COMP ◆ **tuyau d'alimentation** feeder pipe ◆ **tuyau d'arrosage** hosepipe ◆ **tuyau d'échappement** exhaust pipe ◆ **tuyau d'orgue** organ pipe ◆ **tuyau de poêle** stovepipe

tuyauter */tɥijote/ /TABLE 1/ VT ~ **qn** (= *conseiller*) to give sb a tip

tuyauterie /tɥijotʀi/ NF (= *canalisations*) piping (*NonC*)

TV /teve/ NF (ABBR = **télévision**) TV

TVA /tevea/ NF (ABBR = **taxe sur la valeur ajoutée**) VAT → *IMPÔTS*

TVHD /teve'aʃde/ NF (ABBR = **télévision haute définition**) HDTV

TVP /tevepe/ NF (ABBR = **thrombose veineuse profonde**) DVT

tweed /twid/ NM tweed

twist /twist/ NM (= *danse*) twist

tympan /tɛ̃pɑ̃/ NM (a) [*d'oreille*] eardrum; **bruit à vous déchirer** *ou* **crever les ~s** earsplitting noise (b) [*d'église*] tympanum

type /tip/ 1 NM (a) (= *modèle*) type; **« convient à tous les ~s de peau »** "suitable for all skin types"; **avoir le ~ oriental/nordique** to have Oriental/Nordic looks; **c'est le ~ d'homme à faire cela** he's the type of man who would do that; **des contrats d'un ~ nouveau** new types of contract; **rien ne peut justifier ce ~ de comportement** nothing can justify that type of behaviour; **il/elle n'est pas mon ~*** he/she is not my type
(b) (= *exemple*) classic example; **c'est le ~ même de l'intellectuel/du vieux garçon** he's the typical intellectual/bachelor
(c) (= *individu*)* guy*; **un sale ~** a nasty character; **quel sale ~ !** he's such a swine*!

2 ADJ INV typical; (*Statistiques*) standard; **l'erreur/le politicien ~** the typical mistake/politician; **l'exemple/la situation ~** the typical example/situation; **lettre/contrat ~** standard letter/contract

typé, e /tipe/ ADJ (a) (*physiquement*) **une femme brune et très ~e** a dark, very foreign-looking woman; **elle est allemande mais pas très ~e** she's German but she doesn't look typically German (b) [*attitudes, goûts*] typical

typhoïde /tifɔid/ ADJ, NF (**fièvre**) ~ typhoid (fever)

typhon /tifɔ̃/ NM typhoon

typhus /tifys/ NM typhus

typique /tipik/ ADJ typical; **il a encore oublié, c'est ~ !** he's forgotten again - typical!

typiquement /tipikmɑ̃/ ADV typically

typographie /tipɔgʀafi/ NF typography

typographique /tipɔgʀafik/ ADJ [*opérations, art*] typographical; **erreur** *ou* **faute ~** typographical error

tyran /tiʀɑ̃/ NM tyrant

tyrannie /tiʀani/ NF tyranny

tyrannique /tiʀanik/ ADJ **il est ~ envers** *ou* **avec ses étudiants** he bullies his students

tyranniser /tiʀanize/ /TABLE 1/ VT to bully; **un élève tyrannisé par ses camarades d'école** a pupil bullied by his classmates

tzar /dzaʀ/ NM tsar

tzigane /dzigan/ ADJ, NMF = **tsigane**

U

U, u /y/ NM **disposer des tables en U** to arrange tables in a U-shape

ubiquité /ybikɥite/ NF ubiquity; **avoir le don d'~** to be ubiquitous; **je n'ai pas le don d'~!** I can't be everywhere at once!

UE /yə/ NF (ABBR = **Union européenne**) EU

Ukraine /ykʀɛn/ NF Ukraine

ukrainien, -ienne /ykʀɛnjɛ̃, jɛn/ 1 ADJ Ukrainian 2 NM,F **Ukrainien(ne)** Ukrainian

ulcère /ylsɛʀ/ NM ulcer; **~ à l'estomac** stomach ulcer

ulcérer /ylseʀe/ /TABLE 6/ VT (= *révolter*) to appal; **être ulcéré (par l'attitude de qn)** to be appalled (by sb's attitude)

ULM /yɛlɛm/ NM (ABBR = **ultra-léger motorisé**) microlight

ultérieur, e /ylteʀjœʀ/ ADJ later; **à une date ~e** at a later date

ultérieurement /ylteʀjœʀmɑ̃/ ADV later

ultimatum /yltimatɔm/ NM ultimatum; **adresser** ou **lancer un ~ à qn** to present sb with an ultimatum

ultime /yltim/ ADJ [*étape, hommage*] final; [*recours*] last; [*objectif*] ultimate; [*tentative*] last-ditch

ultra /yltʀa/ 1 NM extremist 2 PRÉF ultra-; **~chic** ultra-chic; **~conservateur** ultra-conservative; **~court** ultra-short; **~plat** [*boîtier, montre*] slimline; **~fin** [*collant, tissu*] sheer

ultramoderne /yltʀamɔdɛʀn/ ADJ [*équipement*] hi-tech

ultrarapide /yltʀaʀapid/ ADJ [*bateau, ordinateur*] high-speed

ultrasecret, -ète /yltʀasəkʀe, et/ ADJ top secret

ultrason /yltʀasɔ̃/ NM ultrasonic sound; **les ~s** ultrasound (NonC)

ultraviolet /yltʀavjɔle/ NM ultraviolet

UMP /yɛmpe/ NF (ABBR = **Union pour un mouvement populaire**) *French political party*

---

un, une /œ̃, yn/

1 ARTICLE INDÉFINI	4 NOM MASCULIN INV
2 PRONOM	5 NOM FÉMININ
3 ADJECTIF NUMÉRAL	

1 ARTICLE INDÉFINI
a

► a devient **an** devant une voyelle.

un chien a dog; **une poupée** a doll; **une idée** an idea; **un chien sent tout de suite si quelqu'un a peur de lui** dogs know straight away when you're afraid of them; **un certain M. Legrand** a Mr Legrand; **elle a fait une de ces scènes!*** she made a dreadful scene!; **j'ai une de ces faims!*** I'm so hungry!

2 PRONOM
one; **un seul** just one; **pas un seul** not one; **prêtez-moi un de vos livres** lend me one of your books; **c'est un de ces enfants qui s'ennuient partout** he's one of those children who gets bored wherever he goes ■ (*PROV*) **un de perdu, dix de retrouvés** there are plenty more fish in the sea

♦ **comme pas un*** : **il est arrogant comme pas un** he's as arrogant as they come

♦ **et d'une!*** for a start!; **personne ne t'a forcé de venir, et d'une!** for a start no one forced you to come!

♦ **un à un** ♦ **un par un** one by one; **il a examiné les photos une à une** he examined the photos one by one; **ajouter les œufs un par un** add the eggs one at a time

♦ **en ... un** : **en voilà un qui ne se gêne pas!** well, he's got a nerve!; **j'en connais un qui sera content!** I know someone who'll be pleased!; **prête-m'en un** lend me one; **il n'en reste qu'une** there's only one left; **il m'en a raconté une drôle sur le directeur** he told me a really funny one about the manager

♦ **l'un d'eux** ♦ **l'un d'entre eux** one of them

♦ **l'un de** : **l'une de nos idées** one of our ideas; **l'une des meilleures chanteuses** one of the best singers

♦ **les uns ... les autres ...** some people ... others ...

♦ **l'un après l'autre** one after the other

♦ **l'un contre l'autre** : **serrés l'un contre l'autre** huddled together

♦ **l'un dans l'autre** (= *tout bien considéré*) all in all

♦ **l'un l'autre** ♦ **les uns les autres** one another, each other; **aimez-vous les uns les autres** love one another

3 ADJECTIF NUMÉRAL
one; **vingt et un ans** twenty-one years; **il reviendra dans un an ou deux** he'll come back in a year or two; **chapitre un** chapter one; **en deux mille un** in two thousand and one; **ils ont gagné deux à un** they won two-one; **prenez un gros oignon ou deux petits** take one large onion or two small ones; **nous n'avons pas vu une seule voiture** we didn't see a single car; **un jour, il m'a téléphoné** one day he phoned me; **passez un soir** drop in one evening

4 NOM MASCULIN INV
= *nombre* one; **un et un font deux** one and one are two; **compter de un à cent** to count from one to a hundred; **le cavalier ne faisait qu'un avec son cheval** horse and rider were as one

5 NOM FÉMININ
une

ⓐ = *nombre* **une, deux! une, deux!** left, right! left, right!; **à la une, à la deux, à la trois!*** with a one and a two and a three!; **il n'a fait ni une ni deux*, il a accepté** he accepted like a shot*

ⓑ Presse **cet accident fait la une des journaux** the accident made the headlines

---

unanime /ynanim/ ADJ [*témoins, sentiment*] unanimous; **de l'avis ~ des observateurs** in the unanimous view of the observers; **de manière ~** unanimously

unanimement /ynanimɑ̃/ ADV unanimously

unanimité /ynanimite/ NF unanimity; **ils ont voté pour à l'~** they voted unanimously for; **élu à l'~** elected unanimously; **cette décision a fait l'~** the decision was approved unanimously; **il fait l'~** there is general agreement about him

UNESCO /ynɛsko/ NF (ABBR = **United Nations Educational, Scientific and Cultural Organization**) UNESCO

uni, e /yni/ (ptp d'**unir**) ADJ ⓐ [tissu, jupe, couleur] plain; **l'imprimé et l'~** printed and plain fabrics ⓑ [couple, amis, famille] close; **je vous déclare ~s par les liens du mariage** I now pronounce you man and wife; **présenter un front ~ contre l'adversaire** to present a united front to the enemy

unification /ynifikasjɔ̃/ NF unification

unifier /ynifje/ /TABLE 7/ VT ⓐ [+ pays, systèmes, parti] to unify ⓑ [+ procédures, tarifs] to standardize

uniforme /ynifɔʀm/ 1 ADJ [terrain, surface] even; [style, paysage, couleur] uniform 2 NM uniform; **être en ~** to be in uniform; **endosser/quitter l'~** [militaire] to join/leave the forces

uniformément /ynifɔʀmemɑ̃/ ADV uniformly; [répartir] evenly

uniformiser /ynifɔʀmize/ /TABLE 1/ VT [+ mœurs, tarifs] to standardize

unijambiste /yniʒɑ̃bist/ NMF one-legged man (ou woman)

unilatéral, e (mpl **-aux**) /ynilateʀal, o/ ADJ unilateral

uninominal, e (mpl **-aux**) /yninɔminal, o/ ADJ **scrutin ~** voting for a single member

union /ynjɔ̃/ 1 NF ⓐ (= alliance) union ■ (PROV) **l'~ fait la force** united we stand, divided we fall ⓑ (= mariage) union; **deux enfants sont nés de cette ~** two children were born of this union ⓒ (= groupe) association; **l'Union sportive de Strasbourg** the Strasbourg sports club 2 COMP **♦ union de consommateurs** consumers' association **♦ union douanière** customs union **♦ Union européenne** European Union **♦ l'union libre** cohabitation **♦ l'Union soviétique** the Soviet Union

unique /ynik/ ADJ ⓐ (= seul) only; **mon ~ souci/espoir** my only concern/hope; **c'est un fils/une fille ~** he's/she's an only child; **ce n'est pas un cas ~** this is not an isolated case; **l'argent est son ~ sujet de préoccupation** money is the only thing he cares about; **« places : prix ~ 40 € »** (dans un cinéma) "all seats 40 euros" ⓑ (= exceptionnel) [livre, talent] unique; **il est ~ en son genre** he's one of a kind; **~ au monde** quite unique ⓒ (= impayable)* priceless*; **il est ~ !** he's priceless!*

uniquement /ynikmɑ̃/ ADV (= exclusivement) exclusively; **il était venu ~ pour me voir** he had come just to see me

unir /yniʀ/ /TABLE 2/ VT ⓐ (= associer à with); **~ ses forces** to join forces 2 VPR **s'unir** ⓐ (= s'associer) [partis, fortunes] to unite (**à, avec** with); **s'~ contre un ennemi commun** to unite against a common enemy ⓑ (= se combiner) [formes, couleurs, qualités] to combine

unisexe /yniseks/ ADJ INV unisex

unisson /ynisɔ̃/ NM (Musique) unison; **à l'~** [chanter] in unison; **répondre à l'~** to answer as one

unitaire /yniteʀ/ ADJ **prix ~** unit price

unité /ynite/ 1 NF ⓐ (= cohésion) unity; **l'~ nationale** national unity ⓑ (= élément) unit; **~ de mesure/de poids** unit of measure/of weight; **la colonne des ~s** the units column; **prix de vente à l'~** unit selling price; **nous ne les vendons pas à l'~** we don't sell them singly ⓒ (= troupe) unit; **~ de combat** combat unit ⓓ (= établissement, service) unit; **~ de production/fabrication** production/manufacturing unit 2 COMP **♦ unité centrale** (Informatique) central processing unit **♦ unité de valeur** (Univ) course

univers /yniveʀ/ NM universe; (= milieu, domaine) world; **l'~ de la mode** the world of fashion

universel, -elle /yniveʀsel/ ADJ universal

universellement /yniveʀselmɑ̃/ ADV universally

universitaire /yniveʀsiteʀ/ 1 ADJ [vie, restaurant, diplôme] university; [études, milieux, carrière] academic 2 NMF academic

université /yniveʀsite/ NF university; **~ du troisième âge** university of the third age; **~ d'été** summer school; [de parti politique] party conference

univoque /ynivɔk/ ADJ [mot] univocal; [relation] one-to-one

Untel•, Unetelle• /œ̃tel, yntel/ NM,F so-and-so; **Monsieur ~** Mr so-and-so

uranium /yʀanjɔm/ NM uranium

urbain, e /yʀbɛ̃, ɛn/ ADJ (= de la ville) urban

urbanisation /yʀbanizasjɔ̃/ NF urbanization

urbaniser /yʀbanize/ /TABLE 1/ VT to urbanize; **région fortement urbanisée** heavily built-up area

urbanisme /yʀbanism/ NM town planning

urbaniste /yʀbanist/ NMF town planner

urètre /yʀetʀ/ NM urethra

urgence /yʀʒɑ̃s/ NF ⓐ [de décision, départ, situation] urgency; **il y a ~** it's urgent; **il n'y a pas ~** there's no rush; **faire qch dans l'~** to do sth in a rush; **cette affaire est à traiter en première ~** this question must be dealt with as a matter of the utmost urgency ⓑ (= cas urgent) emergency; **service/salle des ~s** emergency department/ward **♦ d'urgence** [mesures, situation, aide] emergency; **transporté d'~ à l'hôpital** rushed to hospital; **être opéré d'~** to have an emergency operation

urgent, e /yʀʒɑ̃, ɑ̃t/ ADJ urgent; **c'est ~** it's urgent; **avoir un besoin ~ de ...** to be in urgent need of ...; **de façon ~e** urgently

urinaire /yʀineʀ/ ADJ urinary

urine /yʀin/ NF urine (NonC)

uriner /yʀine/ /TABLE 1/ VI to urinate

urinoir /yʀinwaʀ/ NM urinal

urne /yʀn/ NF ⓐ **~ (électorale)** ballot box; **aller ou se rendre aux ~s** to go to the polls; **le verdict des ~s** the result of the polls ⓑ (= vase) urn; **~ funéraire** funeral urn

URSS /yʀs/ NF (Hist) (ABBR = **Union des républiques socialistes soviétiques**) USSR

URSSAF /yʀsaf/ NF (ABBR = **Union pour le recouvrement des cotisations de la Sécurité sociale et des allocations familiales**) social security contribution collection agency

urticaire /yʀtikeʀ/ NF nettlerash; **faire ou avoir des crises d'~** to suffer from nettlerash; **donner de l'~ à qn*** (= insupporter) to make sb's skin crawl

Uruguay /yʀygwe/ NM (= pays) Uruguay

uruguayen, -enne /yʀygwajɛ̃, ɛn/ 1 ADJ Uruguayan 2 NM,F **Uruguayen(ne)** Uruguayan

us /ys/ NMPL **les us et coutumes** habits and customs

US(A) /yes(a)/ NMPL (ABBR = **United States (of America)**) US(A)

usage /yzaʒ/ NM ⓐ (= utilisation) use; **elle nous laisse l'~ de son jardin** she lets us use her garden; **l'~ de stupéfiants** drug use **♦ à l'usage** : **ça s'assouplira à l'~** it will soften with use; **un manuel à l'~ des spécialistes** a manual for specialist use **♦ hors d'usage** [éclairage, installation] out of service; [véhicule, machine à laver] broken down; **mettre hors d'~** to put out of action **♦ faire usage de** [+ violence, force, procédé] to use; **faire (un) bon/mauvais ~ de qch** to make good/bad use of sth ⓑ (= exercice, pratique) [de membre, sens] use; **perdre l'~ de ses yeux** to lose the use of one's eyes; **retrouver l'~ de la parole** to recover the power of speech ⓒ (= fonction, application) [d'instrument] use; **outil à ~s multiples** multi-purpose tool; **à ~ externe** [médicament] for external use only; **à ~ unique** [matériel stérile, seringues] single-use ⓓ (= coutume, habitude) custom; **c'est l'~** it's the done thing; **entrer dans l'~ (courant)** [mot] to come into common use; [mœurs] to become common practice; **contraire aux ~s** contrary to common practice; **il était d'~ de** it was customary to; **formule d'~** set formula; **après les compliments/recommandations d'~** after the customary compliments/recommendations ⓔ (de la langue) **l'~** usage; **expression consacrée par l'~** expression fixed by usage

usagé, e /yzaʒe/ ADJ (= qui a beaucoup servi) [pneu, habits] worn; (= d'occasion) used; (= qui ne peut plus être utilisé) [seringue, préservatif] used

usager, -ère /yzaʒe, ɛʀ/ NM,F user; **~ des transports en commun/du téléphone** public transport/telephone user

usant, e /yzɑ̃, ɑ̃t/ ADJ (= fatigant) exhausting; **il est ~ avec ses questions** he wears you out with all his questions

usé, e /yze/ (ptp d'**user**) ADJ ⓐ [objet] worn ⓑ (= épuisé) worn-out

user /yze/ /TABLE 1/ **1** VT ⓐ (= détériorer) [+ outil, roches] to wear away; [+ vêtements] to wear out; **~ un manteau jusqu'à la corde** to wear out a coat
ⓑ (= épuiser) [+ personne, forces] to wear out; [+ nerfs] to wear down
ⓒ (= consommer) [+ essence, charbon, papier, huile, eau] to use
2 VT INDIR ♦ **user de** (= utiliser) [+ pouvoir, droit, autorité] to exercise; [+ charme, influence, liberté] to use; **il a usé de moyens déloyaux pour obtenir cette information** he used underhand means to get this information
3 VPR **s'user** [tissu, vêtement, semelle] to wear out; [sentiments, passion] to wear off; **elle s'use les yeux à trop lire** she strains her eyes by reading too much; **elle s'est usée au travail** she wore herself out with work

usine /yzin/ NF factory; **travail en ~** factory work ♦ **usine d'armement** arms factory ♦ **usine à gaz** gasworks; (fig) labyrinthine system ♦ **usine de montage** assembly plant ♦ **usine de retraitement (des déchets nucléaires)** (nuclear waste) reprocessing plant

usiner /yzine/ /TABLE 1/ VT (= façonner) to machine

usité, e /yzite/ ADJ common

ustensile /ystɑ̃sil/ NM implement; **~ (de cuisine)** (kitchen) utensil

usuel, -elle /yzɥɛl/ ADJ everyday

usure /yzyʀ/ NF (= processus) [de vêtement] wear and tear; [d'objet] wear; **~ normale** fair wear and tear; **on l'aura à l'~*** we'll wear him down in the end

usurier, -ière /yzyʀje, jɛʀ/ NM,F usurer

usurpateur, -trice /yzyʀpatœʀ, tʀis/ NM,F usurper

usurper /yzyʀpe/ /TABLE 1/ VT [+ pouvoir, honneur, nom] to usurp; **sa réputation n'est pas usurpée** he well deserves his reputation

ut /yt/ NM (= note) C

utérin, e /yteʀɛ̃, in/ ADJ uterine

utérus /yteʀys/ NM uterus

utile /ytil/ ADJ useful; **ça peut toujours être ~** it could always come in handy; **il n'a pas jugé ~ de prévenir la police** he didn't think it was worth telling the police; **il adore se rendre ~** he loves to make himself useful; **puis-je vous être ~ ?** can I be of help?

utilement /ytilmɑ̃/ ADV usefully; **conseiller ~ qn** to give sb useful advice; **une bibliographie vient très ~ compléter l'article** there is a very helpful bibliography at the end of the article

utilisable /ytilizabl/ ADJ usable; **une carte de crédit ~ dans le monde entier** a credit card that can be used throughout the world

utilisateur, -trice /ytilizatœʀ, tʀis/ NM,F user

utilisation /ytilizasjɔ̃/ NF use; **notice d'~** instructions for use

utiliser /ytilize/ /TABLE 1/ VT to use; **«à ~ avant le ...»** "use by ..."; **~ qch au mieux** to make the best use of sth

utilitaire /ytilitɛʀ/ **1** ADJ utilitarian **2** NM (= véhicule) utility van; (Informatique) utility

utilité /ytilite/ NF usefulness; **cet outil a son ~** this tool has its uses; **d'une grande ~** very useful; **ce n'est d'aucune ~** it's (of) no use; **sans ~** useless; **reconnu** ou **déclaré d'~ publique** state-approved

utopie /ytɔpi/ NF ⓐ (= idéal politique) utopia ⓑ (= idée, plan chimérique) utopian view (ou idea etc); **c'est de l'~ !** it's all pie in the sky!

utopique /ytɔpik/ ADJ utopian

UV /yve/ NM (ABBR = **ultraviolet**) ultraviolet ray; **filtre UVA/UVB** UVA/UVB filter; **faire des UVs** to have sunbed sessions

V

V /ve/ NM **encolure en V** V-neck

va /va/ VB → **aller**

vacances /vakɑ̃s/ NFPL holiday(s) (*Brit*), vacation (*US*); **les grandes ~** the summer holiday(s) (*Brit*) ou vacation (*US*); **les ~ scolaires** the school holiday(s) (*Brit*) ou vacation (*US*); **~ de neige** winter sports holiday(s) (*Brit*) ou vacation (*US*); **aller en ~ en Angleterre** to go on holiday (*Brit*) ou vacation (*US*) to England; **j'ai besoin de ~** I need a holiday (*Brit*) ou vacation (*US*)

vacancier, -ière /vakɑ̃sje, jɛʀ/ NM,F holidaymaker (*Brit*), vacationer (*US*)

vacant, e /vakɑ̃, ɑ̃t/ ADJ [*poste, siège, appartement*] vacant

vacarme /vakaʀm/ NM racket; **faire du ~** to make a racket

vacataire /vakatɛʀ/ NMF person on short-term contract; (*Univ*) part-time lecturer

vacation /vakasjɔ̃/ NF (= *travail*) supply work; **faire des ~s** to work on a short-term basis

vaccin /vaksɛ̃/ NM (= *substance*) vaccine

vaccination /vaksinasjɔ̃/ NF vaccination; **~ contre l'hépatite B** hepatitis B vaccination

vacciner /vaksine/ /TABLE 1/ VT to vaccinate; **être vacciné contre qch*** to be immune to sth

vache /vaʃ/ 1 NF ⓐ (= *animal*) cow; (= *cuir*) cowhide; **~ laitière** dairy cow; **maladie de la ~ folle** mad cow disease ⓑ (= *personne méchante*)‡ (*femme*) cow‡; (*homme*) swine‡ ⓒ (*locutions*) **c'est une période de ~s maigres pour l'économie française** these are lean times for the French economy; **faire un coup en ~ à qn** to play a dirty trick on sb; **ah la ~ !**‡ (*surprise, admiration*) wow!* 2 ADJ (= *méchant, sévère*)* rotten*; **il est ~** he's really rotten* 3 COMP ♦ **vache à lait*** cash cow

vachement* /vaʃmɑ̃/ ADV (= *très*) really; **~ bon/difficile** damned‡ good/hard; **il était ~ bien, ce film!** it was a brilliant film!

vacherie* /vaʃʀi/ NF (= *action*) dirty trick*; (= *remarque*) bitchy remark‡; **faire une ~ à qn** to play a dirty trick on sb*

vaciller /vasije/ /TABLE 1/ VI ⓐ (= *chanceler*) [*personne*] to sway (to and fro); **~ sur ses jambes** to be unsteady on one's legs ⓑ [*flamme, lumière*] to flicker ⓒ [*courage*] to waver; [*raison*] to fail; [*mémoire*] to be failing

vadrouille /vadʀuj/ NF ⓐ (= *balade*)* **partir en ~** to go on a jaunt ⓑ (*Can = balai*) mop

vadrouiller* /vadʀuje/ /TABLE 1/ VI to rove around

va-et-vient /vaevjɛ̃/ NM INV ⓐ [*de personnes, véhicules*] comings and goings; **faire le ~ entre** to go backwards and forwards between ⓑ (= *interrupteur*) two-way switch

vagabond, e /vagabɔ̃, ɔ̃d/ NM,F (= *rôdeur*) vagrant

vagabondage /vagabɔ̃daʒ/ NM ⓐ (= *errance*) wandering; **leurs ~s à travers l'Europe** their wanderings across Europe ⓑ (= *vie sans domicile fixe*) vagrancy

vagabonder /vagabɔ̃de/ /TABLE 1/ VI [*personne*] to wander; [*imagination, esprit*] to roam

vagin /vaʒɛ̃/ NM vagina

vaginal, e /vaʒinal, o/ (*mpl* **-aux**) ADJ vaginal

vagir /vaʒiʀ/ /TABLE 2/ VI [*bébé*] to wail

vagissement /vaʒismɑ̃/ NM wail

vague¹ /vag/ 1 ADJ (= *imprécis*) vague; **j'ai le ~ sentiment que ...** I have a vague feeling that ...; **un ~ cousin** some distant cousin 2 NM **nous sommes dans le ~** things are rather unclear to us; **il est resté dans le ~** he remained rather vague; **regarder dans le ~** to stare into space; **~ à l'âme** melancholy; **avoir du ~ à l'âme** to feel blue*

vague² /vag/ NF wave; **~ de fond** groundswell; **faire des ~s** to make waves; **~ d'attentats/d'arrestations** wave of bombings/of arrests; **~ de chaleur** heatwave; **~ de froid** cold spell ·

vaguelette /vaglɛt/ NF ripple

vaguement /vagmɑ̃/ ADV vaguely; **ils sont ~ parents** they're vaguely related; **un sourire ~ ironique** a faintly ironic smile; **il était ~ question d'organiser une réunion** there was vague talk of planning a meeting

vaillamment /vajamɑ̃/ ADV courageously

vaillant, e /vajɑ̃, ɑ̃t/ ADJ courageous

vaille /vaj/ VB → **valoir**

vain, e /vɛ̃, vɛn/ ADJ ⓐ (= *sans fondement*) empty ⓑ (= *infructueux*) vain ⓒ ♦ **en vain** in vain

vaincre /vɛ̃kʀ/ /TABLE 42/ VT ⓐ [+ *concurrent*] to beat; [+ *armée, ennemi*] to defeat; **nous vaincrons** we shall overcome ⓑ [+ *préjugé, maladie, sentiment*] to overcome; [+ *chômage*] to conquer

vaincu, e /vɛ̃ky/ (*ptp de* **vaincre**) ADJ defeated; **s'avouer ~** to admit defeat

vainement /vɛnmɑ̃/ ADV in vain

vainqueur /vɛ̃kœʀ/ NM (*à la guerre*) victor; (*en sport, aux élections*) winner; **il est sorti ~ des élections** he emerged victorious from the election

vaisseau (*pl* **vaisseaux**) /veso/ NM ⓐ (= *navire*) ship; **~ amiral** flagship; **~ spatial** spaceship ⓑ **~ sanguin** blood vessel

vaisselier /vesəlje/ NM (= *meuble*) dresser

vaisselle /vesɛl/ NF (= *plats*) crockery; (= *plats à laver*) dishes; **faire la ~** to do the dishes

val (*pl* **vals** *ou* **vaux**) /val, vo/ NM valley

valable /valabl/ ADJ ⓐ (= *valide, acceptable*) valid; **« offre ~ jusqu'au 31 mai »** "offer valid until 31 May"; **ce n'est ~ que dans certains cas** it is only valid in certain cases ⓑ (= *de qualité*) [*solution*] worthwhile; [*concurrent*] worthy

valablement /valabləmɑ̃/ ADV [*soutenir, comparer*] justifiably

valdinguer* /valdɛ̃ge/ /TABLE 1/ VI **envoyer ~ qch** to send sth flying*; **j'ai bien envie de tout envoyer ~ !** I'd like to jack it all in!*

valet /valɛ/ 1 NM ⓐ (= *domestique*) servant ⓑ (*Cartes*) jack; **~ de cœur** jack of hearts 2 COMP ♦ **valet de chambre** valet

valeur /valœʀ/ 1 NF ⓐ (= *prix*) [*de devise, action*] value; **~ marchande** market value; **~ ajoutée** added value; **prendre/**

perdre de la ~ to go up/down in value; **estimer la ~ d'un terrain à 800 000 €** to value a piece of land at 800,000 euros; **un manuscrit d'une ~ inestimable** a priceless manuscript
ⓑ (*Bourse*) (= *titre*) security; **~s mobilières** securities; **~ sûre** gilt-edged security (*Brit*), blue-chip security; (*fig*) safe bet
ⓒ (= *qualité*) worth; [*de science, théorie*] value; **juger qn/qch à sa juste ~** to judge sb/sth at his/its true worth; **accorder** *ou* **attacher de la ~ à qch** to value sth
ⓓ (*Jeux, Math, Musique*) value; **la ~ affective/symbolique** the emotive/symbolic value; **en ~ absolue/relative, le prix des voitures a diminué** in absolute/relative terms the price of cars has gone down
ⓔ (*locutions*)
♦ **de valeur** [*bijou, meuble*] valuable; **objets de ~** valuables
♦ **en valeur** : **mettre en ~** [+ *bien, patrimoine, terrain*] to develop; [+ *détail, caractéristique*] to highlight; [+ *yeux*] to set off; [+ *taille*] to emphasize; [+ *objet décoratif*] to show off to advantage; [+ *personne*] to show to advantage; **se mettre en ~** to show o.s. off to advantage; **mise en ~** [*de terrain, ressources*] development

2 NFPL **valeurs** (*morales, intellectuelles*) values; **système de ~s** value system; **nous n'avons pas les mêmes ~s** we don't share the same values

valide /valid/ ADJ ⓐ [*personne*] (= *non blessé ou handicapé*) able-bodied; (= *en bonne santé*) fit ⓑ [*billet, carte d'identité*] valid

valider /valide/ /TABLE 1/ VT [+ *passeport, billet*] to validate; [+ *document*] to authenticate; [+ *décision*] to ratify

validité /validite/ NF validity; **quelle est la durée de ~ de votre passeport ?** how long is your passport valid for?

valise /valiz/ NF (suit)case, bag; **faire sa ~** *ou* **ses ~s** to pack; (= *partir*) to pack one's bags; **la ~ (diplomatique)** the diplomatic bag

vallée /vale/ NF valley; **la ~ du Nil** the Nile valley

vallon /valɔ̃/ NM small valley

vallonné, e /valɔne/ ADJ undulating

---

valoir /valwaʀ/

/TABLE 29/	
1 VERBE INTRANSITIF	**3** VERBE PRONOMINAL
2 VERBE TRANSITIF	

1 VERBE INTRANSITIF
ⓐ to be worth; **~ 1 000 €** to be worth 1,000 euros; **ça vaut combien ?** how much is it worth?; (*à un commerçant*) how much is it?; **~ cher** to be worth a lot; **500 € à ~ sur votre prochaine facture** 500 euros credit against your next bill; **ça vaut ce que ça vaut*** take this for what it's worth; **sa dernière pièce ne valait pas grand-chose** his last play wasn't particularly good; **cette marchandise ne vaut rien** this article is no good; **votre argument ne vaut rien** your argument is worthless; **ce climat ne vaut rien pour les rhumatismes** this climate is not good for rheumatism; **ça ne vaut pas un clou*** it's a dead loss*; **ça valait le déplacement** it was worth a visit

♦ **faire valoir** [+ *droit*] to assert; [+ *argument*] to put forward; [+ *caractéristique*] to highlight; **je lui fis ~ que ...** I pointed out to him that ...

♦ **valoir mieux** : **tu vaux mieux que lui** you're better than him; **ils ne valent pas mieux l'un que l'autre** they're both as bad as each other; **dans ce cas, il vaut mieux refuser** *ou* **mieux vaut refuser** in that case, it's better to say no; **il vaudrait mieux que vous refusiez** you'd better say no; **ça vaut mieux comme ça** it's better that way; **avertis-le, ça vaut mieux** it would be better if you told him; **il vaut mieux le prévenir** we'd (*ou* you'd *etc*) better tell him

ⓑ = **être valable** to hold; **ceci ne vaut que dans certains cas** this only holds in certain cases; **la décision vaut pour tout le monde** the decision applies to everyone

ⓒ = **équivaloir à** **la campagne vaut bien la mer** the countryside is every bit as good as the seaside; **cette mé-**

thode en vaut une autre it's as good a method as any; **rien ne vaut un bon bain chaud** there's nothing like a nice hot bath

2 VERBE TRANSITIF
~ qch à qn to earn sb sth; **ceci lui a valu des reproches** this earned him criticism; **qu'est-ce qui nous vaut l'honneur de cette visite ?** to what do we owe the honour of this visit?; **l'inaction ne lui vaut rien** it isn't good for him to remain inactive

3 VERBE PRONOMINAL
se valoir (= *être équivalent*) **ces deux candidats se valent** there's not much to choose between the two applicants; **ça se vaut*** it's all the same; **et pour le prix ? — ça se vaut and pricewise? — there's hardly any difference

---

valorisant, e /valɔʀizɑ̃, ɑ̃t/ ADJ good for one's status; **tâches peu ~es** menial tasks

valoriser /valɔʀize/ /TABLE 1/ VT ⓐ [+ *région, patrimoine, capital*] to develop; [+ *produit, titre*] to increase the value of ⓑ (= *donner plus de prestige à*) [+ *personne*] to increase the standing of; [+ *profession*] to enhance the status of; **pour ~ l'image de l'entreprise** to enhance the image of the company ⓒ [+ *déchets*] to recover **2** VPR **se valoriser** [*immeuble, titres*] to increase in value

valse /vals/ NF ⓐ (= *danse, air*) waltz; **la ~ des étiquettes** constant price rises; **~-hésitation** pussyfooting* (*NonC*)

valser /valse/ /TABLE 1/ VI ⓐ (= *danser*) to waltz ⓑ (= *faire tomber*)* **envoyer ~ qch/qn** to send sth/sb flying

valve /valv/ NF valve

vampire /vɑ̃piʀ/ NM vampire

van /vɑ̃/ NM (= *véhicule*) horsebox (*Brit*), horse trailer (*US*)

vandale /vɑ̃dal/ NMF vandal

vandalisme /vɑ̃dalism/ NM vandalism; **acte de ~** act of vandalism

vanille /vanij/ NF vanilla; **crème à la ~** vanilla cream

vanillé, e /vanije/ ADJ [*sucre, thé*] vanilla

vanité /vanite/ NF (= *fatuité*) vanity; **avoir la ~ de croire que ...** to be conceited enough to think that ...; **tirer ~ de** to pride o.s. on

vaniteux, -euse /vanitø, øz/ **1** ADJ conceited **2** NM,F conceited person

vanne /van/ NF ⓐ [*d'écluse*] lock gate; [*de barrage, digue*] floodgate; [*de canalisation*] gate ⓑ (= *remarque*)* dig*

vanné, e* /vane/ ADJ **je suis ~** I'm dead-beat*

vannerie /vanʀi/ NF wickerwork

vantard, e /vɑ̃taʀ, aʀd/ **1** ADJ boastful **2** NM,F boaster

vantardise /vɑ̃taʀdiz/ NF (= *caractère*) boastfulness

vanter /vɑ̃te/ /TABLE 1/ **1** VT [+ *personne, qualité, méthode, avantage*] to praise; **~ les mérites de qch** to praise sth **2** VPR **se vanter** to boast; **se ~ de** to pride o.s. on; **se ~ d'avoir fait qch** to pride o.s. on having done sth; **il n'y a pas de quoi se ~** there's nothing to boast about

vapes : /vap/ NFPL **tomber dans les ~** to pass out

vapeur /vapœʀ/ **1** NF ⓐ **~ (d'eau)** steam; **à ~** [*machine*] steam; **(cuit à la) ~** steamed ⓑ (= *émanation*) vapour (*Brit*) (*NonC*), vapor (*US*) (*NonC*); **~s (nocives)** fumes **2** NM (= *bateau*) steamer

vaporisateur /vapɔʀizatœʀ/ NM (*à parfum*) spray

vaporiser /vapɔʀize/ /TABLE 1/ VT to spray

vaquer /vake/ /TABLE 1/ VT INDIR ♦ **vaquer à ses occupations** to go about one's business

varappe /vaʀap/ NF rock-climbing; **faire de la ~** to go rock-climbing

varappeur, -euse /vaʀapœʀ, øz/ NM,F rock-climber

varech /vaʀɛk/ NM kelp

vareuse /vaʀøz/ NF [*de pêcheur, marin*] pea jacket

variable /vaʀjabl/ **1** ADJ ⓐ (= *incertain*) [*temps, humeur*] changeable ⓑ (= *susceptible de changements*) variable ⓒ (= *varié*) [*résultats, réactions*] varied **2** NF variable

variante /vaʀjɑ̃t/ NF variant

variation /varjasjɔ̃/ NF ⓐ (= écart, changement) variation (de in); **les ~s de (la) température** variations in the temperature; **corrigé des ~s saisonnières** seasonally adjusted; **~s d'humeur** mood swings; **subir de fortes ~s** to fluctuate considerably ⓑ (Musique) variation

varice /varis/ NF varicose vein

varicelle /varisɛl/ NF chickenpox; **il a la ~** he has chickenpox

varié, e /varje/ (ptp de **varier**) ADJ ⓐ (= diversifié) varied; **un travail très ~** a very varied job ⓑ (= divers) [résultats] varied; [produits, sujets, objets] various; **hors-d'œuvre ~s** selection of hors d'œuvres; **on rencontre les opinions les plus ~es** you come across the most diverse opinions on the subject

varier /varje/ /TABLE 7/ 1 VI ⓐ (= changer) to vary; **pour ~ un peu** for a bit of a change; **elle n'a jamais varié sur ce point** she has never changed her opinion on that ⓑ (= différer) to vary; **les prix varient de 90 à 150 €** ou entre **90 et 150 €** prices range between 90 and 150 euros; **les tarifs varient selon les pays** prices vary from country to country 2 VT to vary; **pour ~ les plaisirs** just for a change

variété /varjete/ 1 NF variety; **aimer la ~** to like variety 2 NFPL **variétés** (Music hall) variety show; (Radio, TV = musique) light music (NonC); **émission/spectacle de ~s** variety programme/show

variole /varjɔl/ NF smallpox

Varsovie /varsɔvi/ N Warsaw

vase[1] /vaz/ NM (à fleurs, décoratif) vase; **en ~ clos** [vivre, croître] cut off from the world ♦ **vases communicants** communicating vessels

vase[2] /vaz/ NF (= boue) mud

vaseux, -euse /vazø, øz/ ADJ ⓐ (= boueux) muddy ⓑ (= fatigué)* in a daze ⓒ (= confus) [raisonnement]* woolly; (= médiocre) [astuce, plaisanterie]* pathetic*

vasistas /vazistas/ NM [de fenêtre] fanlight

vasque /vask/ NF (= bassin, lavabo) basin; (= coupe) bowl

vaste /vast/ ADJ [culture] immense; [domaine, sujet, problème] wide-ranging

va-t-en-guerre /vatɑ̃gɛr/ NM INV warmonger

Vatican /vatikɑ̃/ NM **le ~** the Vatican

va-tout /vatu/ NM INV **jouer son ~** to risk one's all

vaudeville /vod(ə)vil/ NM vaudeville; **ça tourne au ~** it's turning into a farce

vaudra /vodra/ VB → **valoir**

vau-l'eau /volo/ ♦ **à vau-l'eau** LOC ADV **aller** ou **s'en aller à ~** to be on the road to ruin

vaurien, -ienne /vorjɛ̃, jɛn/ NM,F (= garnement) little devil*; **petit ~ !** little devil!*

vaut /vo/ VB → **valoir**

vautour /votur/ NM vulture

vautrer (se) /votre/ /TABLE 1/ VPR ⓐ (= se rouler) to wallow (**dans** in) ⓑ (= s'avachir) **se vautrer dans un fauteuil** to slouch in an armchair; **se vautrer sur** [+ tapis, canapé] to sprawl on; **vautré dans l'herbe** sprawling in the grass

vaux /vo/ NMPL → **val**

va-vite /vavit/ ♦ **à la va-vite*** LOC ADV in a rush

VDQS /vedekyɛs/ (ABBR = **vin délimité de qualité supérieure**) VDQS (label guaranteeing quality and origin of wine)

veau (pl **veaux**) /vo/ NM ⓐ (= animal) calf; **~ de lait** suckling calf ⓑ (= viande) veal; **escalope/côte de ~** veal escalope/chop; **foie de ~** calf's liver ⓒ (= cuir) calfskin

vecteur /vɛktœr/ NM (Math) vector; (fig) vehicle

vécu, e /veky/ (ptp de **vivre**) 1 ADJ [histoire, aventure] real-life; [temps] lived; **un échec mal ~** a failure that is hard to come to terms with 2 NM **le ~** real life

vedettariat /vədetarja/ NM (= état) stardom

vedette /vədet/ NF ⓐ (= artiste, personnage en vue) star; **les ~s de l'écran/du cinéma** screen/film stars; **présentateur ~** star presenter; **produit-~** flagship product ⓑ (Ciné, Théât = première place) **avoir la ~** to have star billing; **mettre qn en ~** to put the spotlight on sb; **ravir la ~ à qn** to steal the show from sb; **jouer les ~s*** to act like a star ⓒ (= embarcation) launch; (Mil) patrol boat

végétal, e (mpl **-aux**) /veʒetal, o/ 1 ADJ [graisses, teintures, huiles] vegetable; [biologie, fibres, cellules] plant 2 NM vegetable

végétalien, -ienne /veʒetaljɛ̃, jɛn/ ADJ, NM,F vegan

végétarien, -ienne /veʒetarjɛ̃, jɛn/ ADJ, NM,F vegetarian

végétarisme /veʒetarism/ NM vegetarianism

végétatif, -ive /veʒetatif, iv/ ADJ vegetative

végétation /veʒetasjɔ̃/ NF ⓐ (= plantes) vegetation ⓑ **~s (adénoïdes)** adenoids

végéter /veʒete/ /TABLE 6/ VI ⓐ (péj) [personne] to vegetate; [affaire] to stagnate ⓑ [plante] to grow poorly

véhémence /veemɑ̃s/ NF (littér) vehemence; **avec ~** [protester, refuser, dénoncer] vehemently

véhément, e /veemɑ̃, ɑ̃t/ ADJ (littér) vehement; **d'un ton ~** vehemently

véhiculaire /veikylɛr/ ADJ **langue ~** common language

véhicule /veikyl/ NM vehicle; **~ automobile/utilitaire/industriel** motor/commercial/industrial vehicle

véhiculer /veikyle/ /TABLE 1/ VT to convey

veille /vɛj/ NF ⓐ (= état) wakefulness; **nuit de ~** (sans dormir) sleepless night; **en ~** [machine, ordinateur] in sleep mode ⓑ (= garde) night watch ⓒ (= jour précédent) la **~** the day before; **la ~ au soir** the previous evening; **la ~ de l'examen** the day before the exam; **la ~ de Noël** Christmas Eve; **la ~ de sa mort** on the day before his death; **à la ~ de** [+ guerre, révolution] on the eve of

veillée /veje/ NF ⓐ (= période) evening (spent in company); (= réunion) evening meeting ⓑ [de malade] vigil; **~ funèbre** wake

veiller /veje/ /TABLE 1/ 1 VI ⓐ (= ne pas se coucher) to stay up; **~ tard** to stay up late ⓑ (= rester vigilant) to be watchful

♦ **veiller sur** to watch over

2 VT [+ mort, malade] to sit up with

3 VT INDIR ♦ **veiller à** [+ intérêts, approvisionnement] to look after; **~ à ce que ...** to see to it that ...

veilleur /vejœr/ NM **~ (de nuit)** (night) watchman

veilleuse /vejøz/ NF (= lampe) night light; [de voiture] sidelight; **se mettre en ~s** to put one's sidelights on

veinard, e* /venar, ard/ NM,F lucky devil*

veine /ven/ NF ⓐ (= vaisseau) vein ⓑ [de houille] seam; [de minerai] vein ⓒ (= inspiration) inspiration; **de la même ~** in the same vein; **être en ~** to be inspired ⓓ (= chance)* luck; **c'est une ~** that's a bit of luck; **avoir de la ~** to be lucky; **il n'a pas de ~** (dans la vie) he has no luck; **(aujourd'hui)** he's out of luck

veineux, -euse /venø, øz/ ADJ **système ~** veins; **par voie veineuse** intravenously

Velcro ® /vɛlkro/ NM Velcro®; **bande ~** Velcro strip

vêler /vele/ /TABLE 1/ VI to calve

vélin /velɛ̃/ NM vellum

véliplanchiste /veliplɑ̃ʃist/ NMF windsurfer

velléitaire /veleiter/ 1 ADJ irresolute 2 NMF waverer

velléité /veleite/ NF vague desire

vélo /velo/ NM bike; **~ de course** racing bike; **~ d'appartement** exercise bike; **~ tout-terrain** mountain bike; **être à** ou **en ~** to be on a bike; **venir à** ou **en ~** to come by bike; **je fais beaucoup de ~** I cycle a lot

vélocité /velɔsite/ NF swiftness; (Tech) velocity

vélodrome /velɔdrom/ NM velodrome

vélomoteur /velɔmɔtœr/ NM moped

velours /v(ə)lur/ NM velvet; **~ côtelé** cord; **il joue sur du ~** he's sitting pretty*; **yeux de ~** velvet eyes; **peau de ~** velvety skin

velouté, e /vəlute/ 1 ADJ [vin] smooth 2 NM (= potage) velouté; **~ de tomates/d'asperges** cream of tomato/asparagus soup

velu, e /vəly/ ADJ hairy

Vélux® /velyks/ NM Velux window

venaison /vənɛzɔ̃/ NF game; (= *chevreuil*) venison

vénal, e (*mpl* **-aux**) /venal, o/ ADJ venal

vendable /vɑ̃dabl/ ADJ marketable

vendanger /vɑ̃dɑ̃ʒe/ /TABLE 3/ 1 VT [+ *vigne*] to pick grapes from 2 VI (= *faire les vendanges*) to pick the grapes

vendanges /vɑ̃dɑ̃ʒ/ NFPL (= *récolte*) grape picking; (= *période*) grape harvest; **pendant les ~** during the grape harvest; **faire les ~** to pick the grapes

vendangeur, -euse /vɑ̃dɑ̃ʒœʀ, øz/ 1 NM,F grape-picker 2 NF **vendangeuse** (= *machine*) grape harvester

vendéen, -enne /vɑ̃deɛ̃, ɛn/ 1 ADJ of ou from the Vendée 2 NM **Vendéen(ne)** inhabitant ou native of the Vendée

vendeur, -euse /vɑ̃dœʀ, øz/ 1 NM ⓐ (*dans un magasin*) shop assistant (*Brit*), salesclerk (*US*); (*dans un grand magasin*) sales assistant; **~ de journaux** newspaper seller ⓑ (*Droit*) vendor; (*Écon*) seller; **je ne suis pas ~** I'm not selling 2 NF **vendeuse** (*dans un magasin*) shop assistant (*Brit*), salesclerk (*US*); (*dans un grand magasin*) sales assistant

vendre /vɑ̃dʀ/ /TABLE 41/ 1 VT to sell (**à** to); **~ qch à qn** to sell sb sth; **~ au détail** to sell retail; **~ au poids** to sell by weight; **~ au mètre/au kilo** to sell by the metre/by the kilo; **«(maison/terrain) à ~ »** "(house/land) for sale"; **~ son âme** to sell one's soul; **~ la peau de l'ours (avant de l'avoir tué)** to count one's chickens (before they are hatched)

2 VPR **se vendre** [*marchandise*] to be sold; **se ~ à la pièce** to be sold singly; **se ~ à la douzaine** to be sold by the dozen; **ça se vend bien** it sells well; **ses romans se vendent comme des petits pains** his novels are selling like hot cakes

vendredi /vɑ̃dʀədi/ NM Friday → **samedi**

vendu, e /vɑ̃dy/ (*ptp de* **vendre**) 1 ADJ (= *corrompu*) corrupt 2 NM (= *traître*) Judas

vénéneux, -euse /venenø, øz/ ADJ poisonous

vénérable /venerabl/ ADJ venerable; **d'un âge ~** venerable

vénération /venerasjɔ̃/ NF veneration; **avoir de la ~ pour qn** to revere sb

vénérer /venere/ /TABLE 6/ VT to venerate

vénerie /venʀi/ NF hunting

vénérien, -ienne /venerjɛ̃, jɛn/ ADJ venereal

Venezuela /venezɥela/ NM Venezuela

vénézuélien, -ienne /venezɥeljɛ̃, jɛn/ 1 ADJ Venezuelan 2 NM,F **Vénézuélien(ne)** Venezuelan

vengeance /vɑ̃ʒɑ̃s/ NF revenge; **soif de ~** thirst for revenge; **désir de ~** desire for revenge; **exercer sa ~ sur** to take revenge on; **crier ~** to cry out for revenge; **agir par ~** to act out of revenge

venger /vɑ̃ʒe/ /TABLE 3/ 1 VT to avenge (**de** for) 2 VPR **se venger** to take one's revenge (**de** for); **venge-toi !** get your own back!; **je me vengerai** I shall take my revenge

vengeur, -geresse /vɑ̃ʒœʀ, ʒ(ə)ʀɛs/ ADJ [*personne, geste, lettre*] vengeful

véniel, -elle /venjɛl/ ADJ [*faute, oubli*] excusable

venimeux, -euse /vənimø, øz/ ADJ venomous

venin /vənɛ̃/ NM venom; **cracher son ~** (*fig*) to spit out one's venom

---

venir /v(ə)niʀ/

/TABLE 22/
1 VERBE INTRANSITIF   3 VERBE IMPERSONNEL
2 VERBE AUXILIAIRE

► **venir** *is conjugated with* **être**.

1 VERBE INTRANSITIF
ⓐ to come; **je viens !** I'm coming!; **je viens dans un instant** I'll be there in a moment; **comment est-il venu ? — en voiture** how did he get here? — by car; **le voisin est venu** the man from next door came round; **il vient chez nous tous les jeudis** he comes round to our house every Thursday; **il est venu vers moi** he came up to me
♦ **faire venir** [+ *médecin, plombier*] to call; **tu nous as fait ~**

pour rien you got us to come for nothing; **il fait ~ son vin de Provence** he has his wine sent from Provence
♦ **venir (jusqu')à** (= *atteindre*) (*vers le haut*) to come up to; (*vers le bas*) to come down to; (*en longueur, en superficie*) to reach; **l'eau nous venait aux genoux** the water came up to our knees
♦ **venir de** to come from; **ils viennent de Paris** (*en voyage*) they're coming from Paris; (*origine*) they are from Paris; **d'où vient que ... ?** how is it that ...?; **d'où vient cette hâte soudaine ?** why the hurry all of a sudden?; **ça vient de ce que ...** it comes from the fact that ...
ⓑ **= arriver, survenir** to come; **la nuit vient vite** night comes fast; **cela vient à point** this has come just at the right moment; **les idées ne viennent pas** I'm short of ideas; **une idée m'est venue** I had an idea; **l'idée lui est venue de téléphoner** he thought of phoning; **il ne sait pas encore nager, mais ça va ~** he can't swim yet, but it'll come; **ça vient ?** come on!; **alors ce dossier, ça vient ?** so when's that file going to be ready?; **et ma bière ? — ça vient !** where's my beer? — it's coming!
ⓒ **dans le temps, dans une série** to come; **ça vient après** it comes after; **le moment viendra où ...** the time will come when ...; **le moment est venu d'agir** the time has come to act; **la semaine qui vient** the coming week; **samedi qui vient** this Saturday
♦ **à venir** : **les années à ~** the years to come; **nous le saurons dans les jours à ~** we'll know in the next few days
ⓓ **= pousser** **cette plante vient bien dans un sol argileux** this plant does well in a clayey soil
ⓔ **locutions**
♦ **en venir à** : **j'en viens maintenant à votre question** I shall now come to your question; **venons-en au fait** let's get to the point; **en ~ aux mains** to come to blows; **où voulez-vous en ~ ?** what are you getting at?; **j'en viens à me demander si ...** I'm beginning to wonder if ...; **il en est venu à haïr ses parents** he has got to the stage where he hates his parents; **comment les choses en sont-elles venues là ?** how did things come to this?
♦ **y venir** : **il faudra bien qu'il y vienne** he'll just have to get used to it; **et le budget ? — j'y viens** and the budget? — I'm coming to that

2 VERBE AUXILIAIRE
je suis venu travailler I have come to work; **il va ~ la voir** he's going to come to see her; **viens voir !** come and see!; **viens m'aider** come and help me; **après cela ne viens pas te plaindre !** and don't come complaining afterwards!
♦ **venir de** + *infinitif* to have just; **il vient d'arriver** he has just arrived; **elle venait de m'appeler** she had just called me
♦ **venir à** + *infinitif* : **s'il venait à mourir** if he were to die; **s'il venait à passer par là** if he should happen to go that way

3 VERBE IMPERSONNEL
il vient beaucoup d'enfants there are a lot of children coming; **il ne lui viendrait pas à l'idée que j'ai besoin d'aide** it wouldn't occur to him that I might need help; **il m'est venu un doute** I had a doubt; **il vient un moment où ...** the time comes when ...; **s'il vient à pleuvoir** if it should rain

---

Venise /vəniz/ N Venice

vénitien, -ienne /venisjɛ̃, jɛn/ 1 ADJ Venetian 2 NM,F **Vénitien(ne)** Venetian

vent /vɑ̃/ NM ⓐ wind; **~ du nord/d'ouest** North/West wind; **le ~ du large** the sea breeze; **il y a** ou **il fait du ~** it's windy; **le ~ tourne** the wind is turning; **coup de ~** (*en mer*) gale; **un coup de ~ a fait s'envoler son chapeau** her hat was blown off; **entrer en coup de ~** to burst in; **elle courait cheveux au ~** she was running along with her hair streaming in the wind; **être en plein ~** to be exposed to the wind ⓑ (= *tendance*) **un ~ de panique** a wave of panic ⓒ (= *gaz intestinal*) **lâcher un ~** to break wind ⓓ (*Naut*) **sous le ~ (de)** to leeward (of); **~ arrière** rear wind; **~ debout** ou **contraire** headwind; **avoir le ~ debout** to head into the wind; **il a le ~ en poupe** (*fig*) he has the wind in his sails

ⓔ (*locutions*) **être dans le ~*** to be trendy; **c'est du ~*** it's just hot air*; **avoir ~ de** to get wind of; **quel bon ~ vous amène?** what brings you here?; **elle l'a fait contre ~s et marées** she did it against all the odds

vente /vɑ̃t/ 1 NF sale; **la ~ de cet article est interdite** the sale of this article is forbidden; **bureau de ~** sales office; **avoir l'expérience de la ~** to have sales experience; **directeur/service des ~s** sales director/department; **~ (aux enchères)** auction

♦ **en vente** : **en ~ dès demain** on sale from tomorrow; **en ~ chez votre libraire** on sale at your local bookshop; **être en ~ libre** to be freely available; **mettre en ~** [+ *produit*] to put on sale; [+ *maison, objet personnel*] to put up for sale

2 COMP ♦ **vente par adjudication** sale by auction ♦ **vente ambulante** (*dans un train*) trolley service ♦ **vente de charité** jumble sale ♦ **vente par correspondance** mail-order selling ♦ **vente à domicile** door-to-door selling ♦ **vente publique** public sale

venter /vɑ̃te/ /TABLE 1/ VB IMPERS (*littér*) **il vente** the wind is blowing

venteux, -euse /vɑ̃tø, øz/ ADJ windy

ventilateur /vɑ̃tilatœʀ/ NM fan; **~ électrique** electric fan

ventilation /vɑ̃tilasjɔ̃/ NF ⓐ (= *aération*) ventilation ⓑ [*de sommes*] breaking down; **voici la ~ des ventes pour cette année-là** here is the breakdown of sales for that year

ventiler /vɑ̃tile/ /TABLE 1/ VT ⓐ (= *aérer*) to ventilate; **pièce bien/mal ventilée** well/poorly ventilated room ⓑ (= *décomposer*) [+ *total, somme*] to break down; (= *répartir*) [+ *personnes*] to divide up (into different groups); **les noms sont ventilés dans différentes colonnes** the names are put into different columns

ventouse /vɑ̃tuz/ NF ⓐ (*pour déboucher*) plunger; (*pour faire adhérer*) suction pad (*Brit*) ou disk (*US*); **faire ~** to adhere; **porte-savon à ~** self-adhering soap holder ⓑ [*d'animal*] sucker

ventre /vɑ̃tʀ/ NM ⓐ (= *abdomen, estomac*) stomach; **dormir sur le ~** to sleep on one's stomach; **avoir du ~** to have a bit of a tummy*; **prendre du ~** to be getting a bit of a tummy*; **se coucher le ~ vide** ou **creux** to go to bed on an empty stomach; **avoir le ~ plein*** to be full; **avoir mal au ~** to have stomach ache
ⓑ (= *utérus*) womb; **quand tu étais dans le ~ de ta mère** when you were in mummy's tummy*
ⓒ [*d'animal*] belly
ⓓ (*locutions*) **courir ~ à terre** to go flat out*; **il n'a rien dans le ~** (= *lâche*) he has no guts*; **j'aimerais bien savoir ce qu'il a dans le ~** (*ce qu'il pense*) I'd like to know what's going on in his mind; (*quelles sont ses qualités*) I'd like to see what he's made of

ventricule /vɑ̃tʀikyl/ NM ventricle

ventriloque /vɑ̃tʀilɔk/ NMF ventriloquist

ventripotent, e /vɑ̃tʀipɔtɑ̃, ɑ̃t/ ADJ potbellied

ventru, e /vɑ̃tʀy/ ADJ [*personne*] potbellied; [*pot, commode*] bulbous

venu, e¹ /v(ə)ny/ (*ptp de* **venir**) ADJ ⓐ (= *fondé, placé*) **être mal ~ de faire qch** to be in no position to do sth; **elle serait mal ~e de se plaindre** she is in no position to complain
ⓑ **bien ~** (= *à propos*) [*événement, question, remarque*] timely; **mal ~** (= *inopportun*) [*événement, question*] untimely; **sa remarque était plutôt mal ~e** his remark was rather uncalled-for
ⓒ (= *arrivé*) **le premier ~** the first to come; **le dernier ~** the last to come; **ce n'est pas le premier ~** he isn't just anybody; **elle n'épousera pas le premier ~** she won't marry the first man that comes along

venue² /v(ə)ny/ NF ⓐ [*de personne*] arrival; **à l'occasion de la ~ de la reine** (*dans le passé*) when the queen visited; (*dans le futur*) when the queen visits; **il a annoncé sa ~** he announced that he was coming ⓑ (*littér* = *avènement*) coming; **la ~ du printemps** the coming of spring

Vénus /venys/ NF Venus

vêpres /vepʀ/ NFPL vespers

ver /veʀ/ NM worm; [*de viande, fruits, fromage*] maggot; [*de bois*] woodworm (*NonC*); **le ~ est dans le fruit** (*fig*) the rot has already set in; **tirer les ~s du nez à qn*** to worm information out of sb ♦ **ver luisant** glow-worm ♦ **ver à soie** silkworm ♦ **ver solitaire** tapeworm ♦ **ver de terre** earthworm ♦ **ver de vase** bloodworm

véracité /verasite/ NF truthfulness

véranda /verɑ̃da/ NF veranda

verbal, e (*mpl* **-aux**) /verbal, o/ ADJ verbal

verbalement /verbalmɑ̃/ ADV verbally

verbaliser /verbalize/ /TABLE 1/ VI ⓐ (*Police*) **l'agent a dû ~** the officer had to report him (*ou* me *etc*) ⓑ (= *exprimer*) to verbalize

verbe /verb/ NM ⓐ verb; **~ transitif/intransitif** transitive/intransitive verb; **~ pronominal** reflexive verb ⓑ (*Rel*) **le Verbe** the Word

verbeux, -euse /verbø, øz/ ADJ verbose

verbiage /verbjaʒ/ NM verbiage

verdâtre /verdatʀ/ ADJ greenish

verdict /verdik(t)/ NM verdict; **rendre un ~** to return a verdict; **le ~ est tombé** the verdict was announced

verdir /verdir/ /TABLE 2/ VI [*arbres*] to turn green; [*personne*] to turn pale

verdoyant, e /verdwajɑ̃, ɑ̃t/ ADJ green

verdure /verdyr/ NF ⓐ (= *végétation*) greenery (*NonC*) ⓑ (= *salade*) lettuce; (= *légumes verts*) green vegetables

véreux, -euse /verø, øz/ ADJ ⓐ [*fruit*] worm-eaten ⓑ [*policier, financier*] corrupt; [*affaire*] shady*

verge /verʒ/ NF (= *pénis*) penis

verger /verʒe/ NM orchard

vergeture /verʒətyr/ NF stretch mark

verglacé, e /verglase/ ADJ icy

verglas /vergla/ NM black ice (*on road*); **plaque de ~** patch of black ice

vergogne /vergɔɲ/ ♦ **sans vergogne** LOC ADV [*parler, agir*] shamelessly

vergue /verg/ NF (*Naut*) yard

véridique /veridik/ ADJ truthful

vérificateur, -trice /verifikatœr, tris/ 1 NM,F controller 2 NM **~ orthographique** spellchecker

vérification /verifikasjɔ̃/ NF (= *contrôle*) checking; [*de comptes*] auditing; **procéder à des ~s** ou **effectuer des ~s** to carry out checks; **après ~, il se trouve que ...** on checking, we find that ...; **~ d'identité** (*Police*) identity check; **~ des pouvoirs** (*lors d'une assemblée générale*) check on proxies given to shareholders

vérifier /verifje/ /TABLE 7/ 1 VT ⓐ (= *contrôler*) to check; [+ *comptes*] to audit; **vérifie que la porte est bien fermée** check that the door's properly closed; **~ le niveau d'huile** to check the oil ⓑ (= *confirmer, prouver*) [+ *soupçons, hypothèse, théorie*] to confirm; **cet accident a vérifié mes craintes** this accident has confirmed my fears 2 VPR **se vérifier** [*craintes*] to be confirmed; [*théorie*] to be borne out; **l'adage s'est encore vérifié** the old saying has once again proved true

vérin /verɛ̃/ NM jack

véritable /veritabl/ ADJ real; [*identité, raisons*] true; **sous son ~ jour** in his true light; **ça n'a pas de ~ fondement** it has no real foundation; **c'est une ~ révolution!** it's a real revolution!

véritablement /veritabləmɑ̃/ ADV really; **il l'a ~ fait** he actually did it; **il l'a ~ rencontré** he actually met him; **c'est ~ délicieux** (*intensif*) it's absolutely delicious

vérité /verite/ NF ⓐ (= *connaissance du vrai*) truth; (= *conformité aux faits*) the truth; **c'est l'entière ~** it's the whole truth; **dire la ~** to tell the truth; **la ~ dépasse souvent la fiction** truth is often stranger than fiction; **la ~, c'est que je n'en sais rien** the truth of the matter is that I know nothing about it; **l'heure de ~** the moment of truth; **la minute de ~** the moment of truth

◆ **en vérité** (= *en fait*) in fact
ⓑ (= *fait vrai, évidence*) truth; **~s éternelles/premières** eternal/first truths
ⓒ (= *sincérité, authenticité*) sincerity; **un accent de ~** a note of sincerity

verlan /vɛʀlɑ̃/ NM backslang

> **🛈 VERLAN**
>
> **Verlan** *is a kind of backslang that has become extremely popular among young people in France. It consists of inverting the syllables of words, and often then truncating the result to make a new word. The slang words "meuf", "keuf", "keum" and "beur" are* **verlan** *renderings of the words "femme", "flic", "mec" and "Arabe". The expression "laisse béton" (forget it) is* **verlan** *for "laisse tomber", and the word* **verlan** *itself comes from the expression "à l'envers" (back to front).*

vermeil, -eille /vɛʀmɛj/ 1 ADJ [*teint*] rosy 2 NM (= *métal*) vermeil; **cuiller/médaille de ~** silver-gilt spoon/medal

vermillon /vɛʀmijɔ̃/ ADJ INV, NM **(rouge) ~** vermilion

vermine /vɛʀmin/ NF ⓐ (= *parasites*) vermin (*NonC*)
ⓑ (*littér, péj* = *racaille*) vermin

vermoulu, e /vɛʀmuly/ ADJ [*bois*] full of woodworm

verni /vɛʀni/ (*ptp de* **vernir**) ADJ ⓐ [*bois*] varnished; **souliers ~s** patent shoes; **poterie ~e** glazed earthenware
ⓑ (= *chanceux*)* lucky

vernir /vɛʀniʀ/ /TABLE2/ VT [+ *bois, tableau, cuir*] to varnish; [+ *poterie*] to glaze; [+ *ongles*] to put nail varnish on

vernis /vɛʀni/ NM ⓐ [*de bois, tableau, mur*] varnish; [*de poterie*] glaze; **~ (à ongles)** nail varnish ⓑ (= *éclat*) shine
ⓒ (*fig*) veneer (*fig*); **un ~ de culture** a veneer of culture

vernissage /vɛʀnisaʒ/ NM ⓐ (= *action*) varnishing
ⓑ (= *exposition*) private view

vernisser /vɛʀnise/ /TABLE1/ VT to glaze

verra /vɛʀa/ VB → **voir**

verre /vɛʀ/ 1 NM ⓐ (= *substance*) glass; **cela se casse comme du ~** it's as brittle as glass
ⓑ (= *objet*) [*de vitre, cadre*] glass; [*de lunettes*] lens; **mettre qch sous ~** to put sth under glass
ⓒ (= *récipient*) glass; **ajouter un ~ de lait** (*recette*) ≈ add one cup of milk
ⓓ (= *boisson*) drink; **boire** *ou* **prendre un ~** to have a drink; **payer un ~ à qn** to buy sb a drink; **lever son ~** to raise one's glass; **boire le ~ de l'amitié** to drink a toast to friendship; **il a un ~ dans le nez*** he's had one too many*

2 COMP ◆ **verres de contact (souples/durs)** (soft/hard) contact lenses ◆ **verres correcteurs** corrective lenses ◆ **verre à dents** tooth mug ◆ **verre dépoli** frosted glass ◆ **verre feuilleté** laminated glass ◆ **verres fumés** [*de lunettes*] tinted lenses ◆ **verre gradué, verre mesureur** measuring glass ◆ **verre à pied** stemmed glass ◆ **verres progressifs** multifocal lenses ◆ **verre à vin** wineglass ◆ **verre à vitre** window glass ◆ **verre à whisky** whisky glass

verrerie /vɛʀʀi/ NF (= *usine*) glass factory; (= *commerce*) glass industry

verrier /vɛʀje/ NM (= *ouvrier*) glassworker

verrière /vɛʀjɛʀ/ NF ⓐ (= *fenêtre*) window ⓑ (= *toit vitré*) glass roof ⓒ (= *paroi vitrée*) glass wall

verroterie /vɛʀɔtʀi/ NF **(bijoux en) ~** glass jewellery (*Brit*) *ou* jewelry (*US*)

verrou /vɛʀu/ NM [*de porte*] bolt; **as-tu mis le ~ ?** have you bolted the door?; **être sous les ~s** to be behind bars

verrouillage /vɛʀujaʒ/ NM locking; **~ centralisé** [*de voiture*] central locking

verrouiller /vɛʀuje/ /TABLE1/ VT to lock; **la police a verrouillé le quartier** the police cordoned off the area

verrue /vɛʀy/ NF wart; (*fig*) eyesore; **~ plantaire** verruca

vers[1] /vɛʀ/ PRÉP ⓐ (*direction*) towards, to; **en allant ~ Aix** on the way to Aix; **en allant ~ la gare** on the way to the station; **la foule se dirigeait ~ la plage** the crowd was heading towards the beach; **« ~ la plage »** "to the beach"; **c'est un pas ~ la paix** it's a step towards peace; **traduire ~**

le français/l'espagnol to translate into French/Spanish
ⓑ (= *aux environs de*) around; **c'est ~ Aix que nous avons eu une panne** it was somewhere near Aix that we broke down; **~ 2 000 mètres l'air est frais** at about 2,000 metres the air is cool
ⓒ (*temps*: *approximation*) about, around; **~ quelle heure doit-il venir ?** around *ou* about what time is he due?; **il est arrivé ~ 6 heures** he arrived (at) about *ou* around 6 o'clock; **~ la fin de la soirée** towards the end of the evening; **~ la fin de l'année** towards the end of the year; **~ 1900** towards 1900; **~ le début du siècle** towards the turn of the century

vers[2] /vɛʀ/ NM ⓐ (*sg = ligne*) line; **au 3ème ~** in line 3; **réciter quelques ~** to recite a few lines of poetry ⓑ (*pl = poésie*) verse (*NonC*); **~ libres** free verse; **faire des ~** to write verse

versant /vɛʀsɑ̃/ NM [*de vallée, toit*] side; [*de massif*] slopes; **le ~ nord de ce massif** the northern slopes of this range; **le ~ français de ce massif** the French slopes of this range

versatile /vɛʀsatil/ ADJ changeable

verse /vɛʀs/ NF **il pleut à ~** it's pouring

versé, e /vɛʀse/ (*ptp de* **verser**) ADJ (= *savant, expérimenté*) **~ dans l'histoire ancienne** well-versed in ancient history; **peu ~ dans l'histoire ancienne** not well versed in ancient history

Verseau /vɛʀso/ NM **le ~** Aquarius; **il est ~** he's Aquarius

versement /vɛʀsəmɑ̃/ NM payment; (*échelonné*) instalment, installment (*US*); **par ~s échelonnés** in instalments; **je veux faire un ~ sur mon compte** I want to put some money into my account; **~ en espèces** cash deposit

verser /vɛʀse/ /TABLE1/ VT ⓐ [+ *liquide, grains*] to pour (**dans** into, **sur** onto); (= *servir*) [+ *thé, café, vin*] to pour (**dans** into); **~ le café dans les tasses** to pour the coffee into the cups; **veux-tu ~ à boire s'il te plaît ?** will you pour the drinks please?
ⓑ (= *répandre*) [+ *larmes, sang*] to shed; (= *déverser*) to pour out (**sur** onto); **sans ~ une goutte de sang** without shedding a drop of blood
ⓒ (= *payer*) to pay; **~ des arrhes** to pay down a deposit; **~ une rente à qn** to pay sb a pension
ⓓ (= *classer*) **~ une pièce à un dossier** to add an item to a file

2 VI (= *basculer*) [*véhicule*] to overturn; **~ dans** [+ *sentimentalité*] to lapse into

verset /vɛʀse/ NM [*de Bible, Coran*] verse

verseur, -euse /vɛʀsœʀ, øz/ ADJ **bouchon ~** pour-through stopper; **sucrier ~** sugar dispenser

versification /vɛʀsifikasjɔ̃/ NF versification

versifier /vɛʀsifje/ /TABLE7/ VT to put into verse

version /vɛʀsjɔ̃/ NF ⓐ (= *traduction*) translation (*into the mother tongue*) ⓑ (= *variante*) [*de texte, œuvre*] version; **film en ~ originale** film in the original version; **donner sa ~ des faits** to give one's version of the facts ⓒ (= *modèle*) model; **~ 4 portes** (= *voiture*) 4-door model

verso /vɛʀso/ NM back; **au ~** on the back of the page; **« voir au ~ »** "see over"

vert, verte /vɛʀ, vɛʀt/ 1 ADJ ⓐ (= *couleur*) green; **~ de jalousie** green with envy; **~ de rage** purple with rage; **~ de peur** white with fear; **avoir la main ~e** [*jardinier*] to have green fingers (*Brit*), to have a green thumb (*US*)
ⓑ (= *pas mûr*) [*fruit*] unripe; (= *frais*) [*bois*] green
ⓒ (= *alerte*) [*vieillard*] sprightly
ⓓ [*propos, histoire*] spicy; **elle en a vu des ~es et des pas mûres*** she has had a rough time
ⓔ (= *à la campagne*) **tourisme ~** country holidays; **classe ~e** school camp
ⓕ (= *écologique*) green; **le parti ~** the Green Party

2 NM ⓐ (= *couleur*) green; **~ olive** olive-green; **~ émeraude** emerald-green; **~ pomme** apple-green; **~ d'eau** sea-green; **~ bouteille** bottle-green; **se mettre au ~** (= *à la campagne*) to take a refreshing break in the country; **passer au ~** [*voiture*] to go when the lights are green; **le feu est passé au ~** the lights turned green
ⓑ (= *écologistes*) **les Verts** the Greens

► *When* **vert** *is combined with another word, such as* **pomme**, *to indicate a shade, there is no agreement with the noun*: **une chemise verte** *but* **une chemise vert pomme.**

vert-de-gris /vɛʁdəgʀi/ ADJ INV grey-green

vertébral, e (*mpl* **-aux**) /vɛʁtebʀal, o/ ADJ vertebral → **colonne**

vertèbre /vɛʁtɛbʀ/ NF vertebra; **se déplacer une ~** to slip a disc

vertébré, e /vɛʁtebʀe/ ADJ, NM vertebrate

vertement /vɛʁtəmɑ̃/ ADV [*rappeler à l'ordre, répliquer*] sharply; [*critiquer, réagir*] strongly

vertical, e (*mpl* **-aux**) /vɛʁtikal, o/ 1 ADJ vertical 2 NF **verticale** (= *ligne*) vertical line; **la ~e** (= *direction*) the vertical; **à la ~e** [*s'élever, tomber*] vertically

verticalement /vɛʁtikalmɑ̃/ ADV vertically

verticalité /vɛʁtikalite/ NF verticality

vertige /vɛʁtiʒ/ NM ⓐ (= *peur du vide*) **le ~** vertigo; **avoir le ~** to get dizzy; **cela me donne le ~** it makes me feel dizzy ⓑ (= *étourdissement*) dizzy spell; **avoir un ~** to have a dizzy spell; **être pris de ~s** to get dizzy turns ⓒ (= *égarement*) fever

vertigineux, -euse /vɛʁtiʒinø, øz/ ADJ breathtaking; **une baisse vertigineuse** a dramatic fall

vertu /vɛʁty/ NF ⓐ (= *morale*) virtue ⓑ (= *propriété*) property; **les ~s thérapeutiques du chocolat** the therapeutic properties of chocolate ⓒ ♦ **en vertu de** in accordance with; **en ~ des pouvoirs qui me sont conférés** in accordance with the powers conferred upon me; **en ~ de l'article quatre de la loi** in accordance with article four of the law

vertueux, -euse /vɛʁtɥø, øz/ ADJ virtuous

verve /vɛʁv/ NF (= *esprit, éloquence*) witty eloquence; **être en ~** to be in brilliant form

verveine /vɛʁvɛn/ NF (= *plante*) verbena; (= *tisane*) verbena tea

vésicule /vezikyl/ NF **~ (biliaire)** gall-bladder

vessie /vesi/ NF bladder; **elle veut nous faire prendre des ~s pour des lanternes*** she's trying to pull the wool over our eyes

veste /vɛst/ NF jacket; **~ droite/croisée** single-/double-breasted jacket; **prendre une ~*** to fail; **retourner sa ~*** to change sides

vestiaire /vɛstjɛʁ/ NM [*de théâtre, restaurant*] cloakroom; [*de stade, piscine*] changing-room; **réclamer son ~** to collect one's things from the cloakroom

vestibule /vɛstibyl/ NM [*de maison*] hall; [*d'hôtel*] lobby

vestige /vɛstiʒ/ NM (= *objet*) relic; (= *fragment*) trace; [*de coutume, splendeur, gloire*] vestige; **~s** [*de ville*] remains; [*de civilisation, passé*] vestiges; **~s archéologiques** archaeological remains

vestimentaire /vɛstimɑ̃tɛʁ/ ADJ **modes/styles ~s** fashions/styles in clothes; **dépenses ~s** expenditure on clothes; **élégance ~** sartorial elegance; **ses goûts ~s** his taste in clothes; **code ~** dress code

veston /vɛstɔ̃/ NM jacket

vêtement /vɛtmɑ̃/ NM ⓐ (= *article d'habillement*) garment; **vêtements** clothes; **où ai-je mis mes ~s?** where did I put my clothes?; **emporte des ~s chauds** take warm clothes; **~s de sport/de ville** sports/town clothes; **il portait des ~s de tous les jours** he was wearing ordinary clothes; **~s de travail** work clothes ⓑ (= *rayon de magasin*) **(rayon) ~s** clothing department; **~s pour dames** ladies' wear (*NonC*); **~s pour hommes** menswear (*NonC*); **~s de sport** sportswear (*NonC*); **~s de ski** skiwear (*NonC*); **~s de bébé** babywear (*NonC*)

vétéran /veteʁɑ̃/ NM veteran

vétérinaire /veteʁinɛʁ/ 1 NMF vet 2 ADJ veterinary; **école ~** veterinary school

vététiste /vetetist/ NMF mountain biker

vétille /vetij/ NF trifle; **ergoter sur des ~s** to quibble over trifles

vêtir /vetiʁ/ /TABLE 20/ 1 VT (= *habiller*) to dress (**de** in) 2 VPR **se vêtir** to dress (**de** in); **aider qn à se ~** to help sb get dressed

veto /veto/ NM veto; **opposer son ~ à qch** to veto sth

vêtu, e /vety/ (*ptp de* **vêtir**) ADJ dressed; **bien ~** well-dressed; **chaudement ~** warmly dressed; **~ de** wearing; **~ de bleu** wearing blue; **toute de blanc ~e** dressed all in white

vétuste /vetyst/ ADJ dilapidated

vétusté /vetyste/ NF [*de maison*] dilapidation; **étant donné la ~ des installations** because the facilities are in such a bad state of repair

veuf, veuve /vœf, vœv/ 1 ADJ widowed; **rester ~/veuve de qn** to be left sb's widower/widow 2 NM widower 3 NF **veuve** widow

veuille /vœj/ VB → **vouloir**

veule /vøl/ ADJ [*personne, air*] spineless

veuvage /vœvaʒ/ NM [*de femme*] widowhood; [*d'homme*] widowerhood

vexant, e /vɛksɑ̃, ɑ̃t/ ADJ (= *blessant*) [*paroles*] hurtful (**pour** to); **il s'est montré très ~** he said some very hurtful things

vexation /vɛksasjɔ̃/ NF (= *humiliation*) humiliation; **être en butte à de multiples ~s** to be a victim of harassment

vexer /vɛkse/ /TABLE 1/ 1 VT (= *offenser*) to hurt; **être vexé par qch** to be hurt by sth; **elle était vexée de n'avoir pas été informée** she was hurt that she hadn't been told 2 VPR **se vexer** to be hurt (**de** by); **se ~ facilement** *ou* **pour un rien** to be easily offended

VF /veɛf/ NF (ABBR = **version française**) French version

VHF /veaʃɛf/ (ABBR = **very high frequency**) VHF

via /vja/ PRÉP via

viabilisé, e /vjabilize/ ADJ [*terrain*] with services laid on

viabiliser /vjabilize/ /TABLE 1/ VT [+ *terrain*] to lay on services for

viabilité /vjabilite/ NF [*d'entreprise*] viability

viable /vjabl/ ADJ viable

viaduc /vjadyk/ NM viaduct

viager, -ère /vjaʒe, ɛʁ/ 1 ADJ **rente viagère** life annuity 2 NM (= *rente*) life annuity; (= *bien*) property mortgaged for a life annuity; **mettre une maison en ~** to sell a house in return for a life annuity

Viagra ® /vjagʀa/ NM Viagra®

viande /vjɑ̃d/ NF meat; **~ rouge/blanche** red/white meat; **~ de boucherie** fresh meat; **~ froide** cold meat; **~ hachée** mince (*Brit*), ground meat (*US*); **~ de bœuf** beef; **~ de porc** pork

viander (se) ♦ /vjɑ̃de/ /TABLE 1/ VPR to smash o.s. up*

vibration /vibʀasjɔ̃/ NF vibration; **la ~ de sa voix** the resonance of his voice

vibrer /vibʀe/ /TABLE 1/ VI to vibrate; (*d'émotion*) [*voix*] to quiver; **faire ~ qch** to make sth vibrate; **~ en entendant qch** to thrill to the sound of sth; **faire ~ qn/un auditoire** to thrill sb/an audience; **~ d'enthousiasme** to be vibrant with enthusiasm

vibromasseur /vibʀomasœʁ/ NM vibrator

vicaire /vikɛʁ/ NM [*de paroisse*] curate

vice /vis/ NM ⓐ (= *défaut moral*) vice; **le tabac est mon ~** tobacco is my vice ⓑ (= *défectuosité*) fault; (*Droit*) defect; **~ de construction** building fault; **~ de fabrication** manufacturing fault; **~ de forme** technicality; **~ de procédure** procedural error; **~ caché** latent defect

vice-consul /viskɔ̃syl/ NM vice-consul

vicelard, e: /vis(ə)laʁ, aʀd/ 1 ADJ (= *pervers*) [*air, regard, personne*] depraved; (= *rusé*) [*question*] nasty; [*plan*] fiendish 2 NM,F (= *pervers*) pervert; **vieux ~** dirty old man

vice-présidence /vispʀezidɑ̃s/ NF vice-presidency; [*de comité*] vice-chairmanship

vice-président /vispʀezidɑ̃/ NM vice-president; [*de comité*] vice-chairman

vice-présidente /visprezidɑ̃t/ NF vice-president; [*de comité*] vice-chairwoman

vice versa /viseversa/ ADV vice versa

vichy /viʃi/ NM ⓐ (= *tissu*) gingham ⓑ **eau de Vichy** Vichy water; **carottes ~** boiled carrots

vicié, e /visje/ ADJ ⓐ [*atmosphère*] polluted ⓑ [*rapports, esprit, ambiance*] tainted

vicieux, -ieuse /visjø, jøz/ 1 ADJ ⓐ (= *pervers*) [*personne, penchant*] lecherous; [*air, regard, geste*] licentious ⓑ [*cheval*] bad-natured ⓒ (= *sournois*) [*attaque, balle, coup, question*] nasty → **cercle** 2 NM,F pervert; **c'est un petit ~** he's a bit of a pervert; **un vieux ~** a dirty old man

vicinal, e (*mpl* **-aux**) /visinal, o/ ADJ **chemin ~** byway

vicissitudes /visisityd/ NFPL vicissitudes; **il a connu bien des ~** he has had his ups and downs

victime /viktim/ NF victim; **il est mort, ~ d'une crise cardiaque** he died of a heart attack; **l'incendie a fait de nombreuses ~s** the fire claimed many victims; **l'attentat n'a pas fait de ~s** no one was hurt in the bomb attack; **être ~ de** [+ *escroc, accident, calomnie*] to be the victim of; **l'entreprise est ~ de son succès** the company is the victim of its own success

victimisation /viktimizasjɔ̃/ NF victimization

victoire /viktwar/ NF victory; (*Sport*) win; **~ aux points** (*Boxe*) win on points; **crier** *ou* **chanter ~** to crow; **ne criez pas ~ trop tôt** don't count your chickens before they're hatched

victorien, -ienne /viktɔrjɛ̃, jɛn/ ADJ Victorian

victorieusement /viktɔrjøzmɑ̃/ ADV victoriously; [*combattre, résister, défendre*] successfully

victorieux, -ieuse /viktɔrjø, jøz/ ADJ victorious; [*équipe*] winning (*avant le nom*); [*air, sourire*] triumphant

victuailles /viktɥɑj/ NFPL provisions

vidange /vidɑ̃ʒ/ NF [*de voiture*] oil change; **faire la ~** to change the oil

vidanger /vidɑ̃ʒe/ /TABLE 3/ VT ⓐ [+ *réservoir, fosse d'aisance*] to empty ⓑ [+ *huile, eau*] to drain

vide /vid/ 1 ADJ empty; **~ de sens** meaningless

2 NM ⓐ (= *absence d'air*) vacuum; **faire le ~ dans un récipient** to create a vacuum in a container; **sous ~** under vacuum; **emballé sous ~** vacuum-packed; **emballage sous ~** vacuum packing

ⓑ (= *trou*) gap; **~ sanitaire** underfloor space

ⓒ (= *abîme*) drop; **le ~** (= *l'espace*) the void; **être au-dessus du ~** to be over a drop; **tomber dans le ~** to fall into empty space; **j'ai peur du ~** I am afraid of heights

ⓓ (= *néant*) emptiness; **regarder dans le ~** to stare into space; **faire le ~ autour de soi** to isolate o.s.; **faire le ~ dans son esprit** to empty one's mind; **parler dans le ~** (*sans objet*) to talk vacuously; (*personne n'écoute*) to waste one's breath; **tourner à ~** [*engrenage, mécanisme*] to turn without gripping; **la politique sociale actuelle tourne à ~** the current social policy is not producing results

ⓔ (= *manque*) **son départ laisse un grand ~** his departure leaves a great void; **~ juridique** legal loophole

vidé, e* /vide/ (*ptp de* **vider**) ADJ (= *fatigué*) [*personne*] worn out

vidéaste /videast/ NMF video director; **~ amateur** amateur video-maker

vidéo /video/ 1 ADJ INV video; **caméra/jeu ~** video camera/game; **film/bande/cassette ~** video film/tape/cassette; **système de surveillance ~** video surveillance system 2 NF video; **faire de la ~** to make videos

vidéocassette /videokaset/ NF video cassette

vidéoclip /videoklip/ NM (= *chanson*) video

vidéoclub /videoklœb/ NM videoclub

vidéoconférence /videokɔ̃ferɑ̃s/ NF video conference

vidéodisque /videodisk/ NM videodisk

vide-ordures /vidɔrdyr/ NM INV rubbish chute (*Brit*), garbage chute (*US*)

vidéosurveillance /videosyrvejɑ̃s/ NF video surveillance; **caméra/système de ~** video surveillance camera/system

vidéotex ® /videoteks/ ADJ INV, NM INV Videotex ®

vidéothèque /videotek/ NF (*de prêt*) video library

vide-poche (*pl* **vide-poches**) /vidpɔʃ/ NM (= *récipient*) tidy; [*de voiture*] side pocket

vider /vide/ /TABLE 1/ 1 VT ⓐ [+ *récipient, réservoir, meuble, pièce*] to empty; [+ *étang, citerne*] to drain; **~ un appartement de ses meubles** to clear a flat of its furniture; **~ la corbeille** (*Informatique*) to empty the waste; **il vida son verre et partit** he drained his glass and left; **~ l'eau d'une bassine** to empty the water out of a bowl; **la pluie a vidé les rues** because of the rain the streets were empty; **~ son sac*** to come out with it*

ⓑ (= *quitter*) **~ les lieux** to leave the premises

ⓒ (= *nettoyer*) [+ *poisson, poulet*] to gut; [+ *pomme*] to core

ⓓ (= *expulser*)* [+ *trouble-fête, indésirable*] to throw out

ⓔ (= *épuiser*)* to wear out; **ce travail m'a vidé** this work has worn me out

2 VPR **se vider** to empty; **en août, la ville se vide (de ses habitants)** in August, the town empties (of its inhabitants); **se ~ de son sang** to bleed to death; **nos campagnes se vident** our rural areas are becoming depopulated

videur /vidœr/ NM [*de boîte de nuit*] bouncer*

vie /vi/ NF ⓐ life; **~ sentimentale** love life; **~ conjugale** married life; **~ professionnelle** professional life; **~ privée** private life; **la ~ de famille** family life; **mode de ~** way of life; **dans la ~ courante** in everyday life; **~ de bohème** Bohemian lifestyle; **mener la ~ de château** to live a life of luxury; **avoir la ~ facile** to have an easy life; **mener la ~ dure à qn** to give sb a hard time; **rendre la ~ impossible à qn** to make sb's life intolerable; **elle a refait sa ~ avec lui** she made a new life with him; **c'est la belle ~!** this is the life!; **c'est la ~!** that's life!; **la ~ continue** life goes on; **faire qch une fois dans sa ~** to do sth once in one's life; **tu as la ~ devant toi** you've got your whole life ahead of you; **donner la ~** to give birth; **risquer sa ~ pour** risk one's life for; **avoir la ~ dure** [*préjugé, superstition*] to die hard; **être entre la ~ et la mort** to be at death's door; **avoir droit de ~ et de mort sur qn** to have the power of life and death over sb; **passer de ~ à trépas** to pass on; **sans ~** lifeless; **revenir à la ~** to come back to life; **être plein de ~** to be full of life; **un portrait plein de ~** a lively portrait

◆ **à vie** for life; **condamné à la prison à ~** sentenced to life imprisonment; **cet accident l'a marqué à ~** this accident marked him for life; **président (nommé) à ~** life president

◆ **à la vie à la mort** [*amitié, fidélité*] undying; **amis à la ~ à la mort** friends for life; **entre nous, c'est à la ~ à la mort** we are friends for life

◆ **en vie** alive; **être en ~** to be alive; **maintenir qn en ~** to keep sb alive

◆ **pour la vie** for life; **amis pour la ~** friends for life; **à Lulu pour la ~** (*tatouage*) Lulu forever

ⓑ (*Écon*) **le coût de la ~** the cost of living; **la ~ augmente** the cost of living is rising; **ils manifestent contre la ~ chère** they are demonstrating against the high cost of living

vieil /vjɛj/ ADJ M → **vieux**

vieillard /vjɛjar/ NM old man

vieille /vjɛj/ ADJ F, NF → **vieux**

vieillerie /vjɛjri/ NF (= *objet*) old-fashioned thing; **aimer les ~s** to like old things

vieillesse /vjɛjɛs/ NF old age; **mourir de ~** to die of old age

vieilli, e /vjɛji/ (*ptp de* **vieillir**) ADJ (= *marqué par l'âge*) aged; (= *suranné*) [*mot, expression*] old-fashioned; [*cuir*] distressed; **vin ~ en cave** wine aged in the cellar; **je l'ai trouvé ~** I thought he'd aged; **je la trouve très ~e** she looks a lot older

vieillir /vjɛjir/ /TABLE 2/ 1 VI ⓐ (= *prendre de l'âge*) [*personne, maison, organe*] to grow old; [*population*] to age; **il a bien/mal vieilli** [*personne*] he has/has not aged well; [*film*] it has/has not stood the test of time

ⓑ (= *paraître plus vieux*) **il a vieilli de 10 ans en quelques jours** he aged 10 years in a few days; **il ne vieillit pas** he doesn't get any older

ⓒ (= *passer de mode*) [*auteur, mot, doctrine*] to go out of fashion
ⓓ [*vin, fromage*] to age
2 VT **~ qn** [*coiffure, maladie*] to make sb look older; **vous me vieillissez de cinq ans** (*par fausse estimation*) you're making me out to be five years older than I really am
3 VPR **se vieillir** to make o.s. look older

vieillissant, e /vjɛjisɑ̃, ɑ̃t/ ADJ [*personne*] ageing; [*œuvre*] dated

vieillissement /vjɛjismɑ̃/ NM ageing; **le ~ fait perdre à la peau son élasticité** ageing makes the skin lose its elasticity

vieillot, -otte /vjɛjo, ɔt/ ADJ (= *démodé*) antiquated

vielle /vjɛl/ NF hurdy-gurdy

viendra /vjɛ̃dʀa/ VB → **venir**

Vienne /vjɛn/ N (*en Autriche*) Vienna

viennois, e /vjɛnwa, waz/ **1** ADJ (*d'Autriche*) Viennese; **café/chocolat ~** coffee/hot chocolate with whipped cream **2** NM,F **Viennois(e)** (*d'Autriche*) Viennese

viennoiserie /vjɛnwazʀi/ NF *generic term for sweet pastries such as brioches, croissants and pains au chocolat*

vierge /vjɛʀʒ/ **1** NF ⓐ (= *pucelle*) virgin; **la (Sainte) Vierge** the (Blessed) Virgin; **la Vierge Marie** the Virgin Mary ⓑ (= *signe du zodiaque*) **la Vierge** Virgo; **il est Vierge ou il est de la Vierge** he's Virgo **2** ADJ ⓐ [*personne*] virgin (*avant le nom*); **rester/être ~** to remain/be a virgin ⓑ [*feuille de papier, bande magnétique, disquette*] blank; [*film*] unexposed; [*casier judiciaire*] clean; [*terre, neige*] virgin

Vierges /vjɛʀʒ/ NFPL **les îles ~** the Virgin Islands

Viêtnam, Viêt Nam /vjɛtnam/ NM Vietnam; **~ du Nord/du Sud** North/South Vietnam

vietnamien, -ienne /vjɛtnamjɛ̃, jɛn/ **1** ADJ Vietnamese **2** NM (= *langue*) Vietnamese **3** NM,F **Vietnamien(ne)** Vietnamese

vieux /vjø/, **vieille** /vjɛj/ (*mpl* **vieux** /vjø/)

► **vieil**, instead of **vieux**, is used before a masculine noun beginning with a vowel or silent **h**.

1 ADJ ⓐ old; **c'est un homme déjà ~** he's already an old man; **il se fait ~** he's getting on; **les vieilles gens** old people; **il est plus ~ que moi** he's older than me; **~ comme le monde ou Hérode** (*hum*) as old as the hills; **c'est une histoire vieille de vingt ans** it's a story which goes back twenty years; **c'est déjà ~ tout ça!** that's all old hat!*; **~ papiers** wastepaper; **~ journaux** old newspapers
ⓑ (*avant le nom* = *de longue date*) [*ami, habitude*] old; [*amitié*] long-standing; **un vieil ami** an old friend; **c'est le ~ problème** it's the same old problem
ⓒ (*avant le nom* = *de naguère, précédent*) old; **la vieille génération** the older generation; **ma vieille voiture était plus confortable que la nouvelle** my old car was more comfortable than the one I've got now; **le ~ Paris** old Paris; **la vieille Angleterre** England of bygone days; **ses vieilles craintes se réveillaient** his old fears were aroused once more
2 NM ⓐ (= *personne*) old man; **les vieux** old people; **tu fais partie des ~ maintenant** you're one of the old folks* now; **il a des idées de ~** he thinks like an old man; **c'est de la musique de ~** that's music for old people; **un ~ de la vieille*** one of the old brigade; **mon ou le ~**‡ (= *père*) the old man‡; **ses ~** (= *parents*)‡ his folks*; **comment ça va, mon ~?*** how's it going, mate* (*Brit*) *ou* old buddy?* (*US*); **ça, mon ~, c'est ton problème!*** that's your problem mate* (*Brit*) *ou* man* (*US*); **ils m'ont augmenté de 500 € — ben mon ~!** (*exprimant la surprise*) they've given me a 500 euro rise — well I never!
ⓑ ♦ **coup de vieux***: **sa mère a pris un sacré coup de ~** her mother has really aged; **ça lui a donné un coup de ~** (*à une personne*) it put years on him
3 NF **vieille** old woman; **ma** *ou* **la vieille**‡ (= *mère*) the old woman‡; **comment ça va, ma vieille?*** how is it going, old girl?*
4 ADV **vivre ~** to live to an old age

5 COMP ♦ **vieux beau** (*péj*) ageing beau ♦ **vieille fille** old maid ♦ **vieille France** ADJ INV [*personne*] with old-world values ♦ **vieux garçon**† bachelor; **des habitudes de ~ garçon** bachelor ways ♦ **vieux jeu** ADJ INV [*idées*] outmoded; [*personne, vêtement*] old-fashioned ♦ **le Vieux Monde** the Old World

vif, vive¹ /vif, viv/ **1** ADJ ⓐ (= *plein de vie*) lively; (= *alerte*) sharp; [*intelligence*] keen; **il a l'œil ou le regard ~** he has a sharp eye; **à l'esprit ~** quick-witted
ⓑ (= *brusque*) [*ton, propos*] sharp; **il s'est montré un peu ~ avec elle** he was rather sharp with her; **le débat prit un tour assez ~** the discussion took on a rather acrimonious tone
ⓒ (= *profond*) [*émotion, plaisirs, désir*] intense; [*souvenirs, impression*] vivid; [*déception*] acute
ⓓ (= *fort, grand*) (*avant le nom*) [*chagrin, regrets*] deep; [*critiques, réprobation*] severe; **une vive satisfaction** deep satisfaction; **il lui fit de ~s reproches** he severely reprimanded him; **un ~ penchant pour ...** a strong liking for ...; **à vive allure** at a brisk pace; **avec mes plus ~s remerciements** (*formule de politesse*) with grateful thanks
ⓔ (= *cru, aigu*) [*lumière, éclat, couleur*] bright; [*douleur, arête*] sharp; [*vent, froid*] bitter; **rouge ~** bright red
ⓕ (= *vivant*) **être brûlé/enterré ~** to be burnt/buried alive
ⓖ ♦ **de vive voix** [*renseigner, communiquer, remercier*] personally; **il vous le dira de vive voix** he'll tell you himself
2 NM
♦ **à vif** [*chair*] bared; [*plaie*] open; **avoir les nerfs à ~** to have frayed nerves
♦ **au vif**: **être touché** *ou* **piqué au ~** to be hit on a vulnerable spot
♦ **dans le vif**: **tailler** *ou* **couper** *ou* **trancher dans le ~** (= *prendre une décision*) to take drastic action; **entrer dans le ~ du sujet** to get to the heart of the matter
♦ **sur le vif** [*peindre, décrire*] from life; **scènes/photos prises sur le ~** scenes shot/photos taken from real life; **faire un reportage sur le ~** to do a live broadcast; **voici quelques réactions prises sur le ~** now for a few on-the-spot reactions

vif-argent /vifaʀʒɑ̃/ NM INV quicksilver

vigie /viʒi/ NF (= *matelot*) look-out; (= *poste*) [*de mât*] crow's-nest; [*de proue*] look-out post; **être en ~** to be on watch

vigilance /viʒilɑ̃s/ NF vigilance; **tromper la ~ de qn** to give sb the slip; **rien d'important n'a échappé à leur ~** nothing of importance escaped their notice; **une extrême ~ s'impose** we (*ou* they *etc*) must be extremely vigilant

vigilant, e /viʒilɑ̃, ɑ̃t/ ADJ vigilant; **sois plus ~ quand tu conduis** drive more carefully

vigile /viʒil/ NM (= *veilleur de nuit*) night watchman; [*de police privée*] vigilante

vigne /viɲ/ NF (= *plante*) vine; (= *vignoble*) vineyard; **les produits de la ~** the produce of the vineyards ♦ **vigne vierge** Virginia creeper

vigneron, -onne /viɲ(ə)ʀɔ̃, ɔn/ NM,F wine grower

vignette /viɲɛt/ NF ⓐ (= *motif*) vignette ⓑ (= *timbre*) label; (*sur un médicament*) price label on medicines for reimbursement by Social Security; **(automobile)** ≈ road tax disc (*Brit*), ≈ annual license tag (*US*)

vignoble /viɲɔbl/ NM vineyard; **le ~ français/bordelais** the vineyards of France/Bordeaux

vigoureusement /viguʀøzmɑ̃/ ADV vigorously

vigoureux, -euse /viguʀø, øz/ ADJ vigorous; [*cheval*] sturdy; [*corps*] robust; [*bras, mains*] strong; [*protestations*] strenuous

vigueur /vigœʀ/ NF vigour (*Brit*), vigor (*US*); [*de corps*] robustness; [*de bras, mains, sentiment*] strength; [*de style, dessin*] energy; **se débattre avec ~** to defend o.s. vigorously; **s'exprimer/protester avec ~** to express o.s./protest vigorously
♦ **en vigueur** [*loi, dispositions*] in force; [*terminologie, formule*] current; **entrer en ~** to come into force; **en ~ depuis hier** in force as of yesterday

vil, e /vil/ ADJ (*littér* = *méprisable*) vile

vilain, e /vilɛ̃, ɛn/ **1** ADJ

► **vilain** precedes the noun.

ⓐ (= *laid*) ugly; **elle n'est pas ~e** she's not bad-looking; **le ~ petit canard** the ugly duckling; **1 000 € d'augmentation, ce n'est pas ~*** a pay rise of 1,000 euros - that's not bad ⓑ (= *mauvais*) [*temps*] bad; [*odeur*] nasty ⓒ (= *grave*) [*blessure, affaire*] nasty; **une ~e plaie** a nasty wound ⓓ (= *méchant*) [*pensée*] wicked; [*enfant, conduite*] naughty; **~s mots** wicked words; **c'est un ~ monsieur** he's a nasty customer; **il a été ~** he was a bad boy; **jouer un ~ tour à qn** to play a nasty trick on sb **2** NM bad boy; **oh le (gros) ~ !** you're a bad boy!; **il va y avoir du ~*** *ou* **ça va faire du ~*** things are going to get nasty **3** NF **vilaine** bad girl; **oh la (grosse) ~e !** you're a bad girl!

vilebrequin /vilbʀəkɛ̃/ NM (= *outil*) brace; [*de voiture*] crankshaft

vilipender /vilipɑ̃de/ /TABLE 1/ VT (*littér*) to revile

villa /vila/ NF (= *maison de plaisance*) villa; (= *pavillon*) detached house

village /vilaʒ/ NM village; **~ de vacances** holiday (*Brit*) *ou* vacation (*US*) village; **~ de toile** tented village; **~ olympique** Olympic village; **le ~ planétaire** the global village

villageois, e /vilaʒwa, waz/ **1** ADJ village **2** NM,F villager

ville /vil/ **1** NF ⓐ (= *cité, habitants*) town; (*plus importante*) city; **la ~ de Paris** the city of Paris; **la ~ d'Albi** the town of Albi; **le plus grand cinéma de la ~** the biggest cinema in town; **en ~** in town; **à la ~ comme à la scène** (*comédien*) on stage and off; (*acteur de cinéma*) on screen and off; **aller en ~** to go into town ⓑ (= *quartier*) **vieille ~** old town ⓒ (= *municipalité*) ≈ local authority ⓓ (= *vie urbaine*) **la ~** town *ou* city life; **aimer la ~** to like city life; **les gens de la ~** city folk; **vêtements de ~** town clothes **2** COMP ✦ **ville champignon** mushroom town ✦ **ville d'eaux** spa ✦ **ville nouvelle** new town

ville-dortoir (*pl* **villes-dortoirs**) /vildɔʀtwaʀ/ NF dormitory (*Brit*) *ou* bedroom (*US*) town

villégiature /vil(l)eʒjatyʀ/ NF (= *séjour*) holiday (*Brit*), vacation (*US*); **être en ~ à Nice** to be on holiday (*Brit*) *ou* vacation (*US*) in Nice; **lieu de ~** (holiday (*Brit*) *ou* vacation (*US*)) resort

vin /vɛ̃/ **1** NM ⓐ (= *boisson*) wine; **~ blanc/rouge/rosé** white/red/rosé wine; **~ ordinaire** *ou* **de table** table wine; **grand ~** vintage wine; **un petit ~ blanc** a nice little white wine; **~ chaud** mulled wine ⓑ (= *réunion*) **~ d'honneur** reception (*where wine is served*) **2** COMP ✦ **vin cuit** fortified wine ✦ **vin mousseux** sparkling wine

vinaigre /vinɛgʀ/ NM (= *condiment*) vinegar; **~ de vin/ d'alcool** wine/spirit vinegar; **tourner au ~** [*situation*] to turn sour; **faire ~*** to hurry up

vinaigré, e /vinegʀe/ ADJ **la salade/sauce est trop ~e** there's too much vinegar on the salad/in the sauce

vinaigrette /vinegʀɛt/ NF French dressing; **tomates (en** *ou* **à la) ~** tomatoes in French dressing

vinaigrier /vinegʀije/ NM (= *flacon*) vinegar bottle

vinasse * /vinas/ NF plonk* (*Brit*), cheap wine

vindicatif, -ive /vɛ̃dikatif, iv/ ADJ vindictive

vindicte /vɛ̃dikt/ NF **~ publique** public condemnation; (*Droit*) prosecution and conviction; **désigner qn à la ~ publique** *ou* **populaire** to expose sb to public condemnation

vingt /vɛ̃/ NOMBRE twenty; **je te l'ai dit ~ fois** I've told you a hundred times; **il n'avait plus ses jambes de ~ ans** he no longer had the legs of a twenty-year-old; **il mérite ~ sur ~** he deserves full marks ✦ **vingt-quatre heures** twenty-four hours; **~-quatre heures sur ~-quatre** round the clock ✦ **vingt et un** (= *nombre*) twenty-one → **soixante**

★ *When* **vingt** *is followed by a vowel sound, and in the numbers from 22 to 29, the final* **t** *is pronounced.*

vingtaine /vɛ̃tɛn/ NF **une ~** about twenty; **une ~ de personnes** about twenty people; **un jeune homme d'une ~ d'années** a young man of about twenty

vingtième /vɛ̃tjɛm/ ADJ, NM twentieth; **au ~ siècle** in the twentieth century → **sixième**

vinicole /vinikɔl/ ADJ [*industrie*] wine; [*région*] wine-growing

vinification /vinifikasjɔ̃/ NF vinification

vinifier /vinifje/ /TABLE 7/ VT [+ *moût*] to vinify

vinyle /vinil/ NM ⓐ vinyl ⓑ (= *disque*) record; **il collectionne les vieux ~s** he collects old records

viol /vjɔl/ NM [*de personne*] rape; **~ collectif** gang rape

violacé, e /vjɔlase/ ADJ purplish; **rouge/rose ~** purplish red/pink

violation /vjɔlasjɔ̃/ NF violation; [*de temple*] desecration; [*de droit*] infringement; [*de promesse*] breaking; **~ du secret professionnel** breach of professional secrecy; **de nombreuses ~s du cessez-le-feu** numerous violations of the ceasefire; **~ de domicile** forcible entry (*into a person's home*); **~ de sépulture** desecration of graves

viole /vjɔl/ NF viol

violemment /vjɔlamɑ̃/ ADV violently; **ces mesures ont été ~ critiquées** these measures have been severely criticized; **ils ont protesté ~ contre cette interdiction** they have protested vigorously against this ban

violence /vjɔlɑ̃s/ NF ⓐ violence; **~ verbale** verbal abuse; **répondre à la ~ par la ~** to meet violence with violence ⓑ [*d'odeur, parfum*] pungency; [*de douleur*] intensity; [*de poison*] virulence; [*d'exercice, effort*] strenuousness; [*de remède*] drastic nature ⓒ (= *acte*) act of violence; **l'enfant a subi des ~s** the child has suffered physical abuse; **faire subir des ~s sexuelles à qn** to abuse sb sexually; **inculpé de ~(s) à agent** found guilty of assaulting a police officer ✦ **se faire violence** to force o.s.

violent, e /vjɔlɑ̃, ɑ̃t/ ADJ violent; [*odeur, parfum*] strong; [*couleur*] harsh; [*pluie*] heavy; [*sentiment, passion, désir, dégoût, douleur*] intense; [*poison*] virulent; [*exercice, effort*] strenuous; [*remède*] drastic; **c'est un ~** he's a violent man; **un ~ besoin de s'affirmer** an urgent need to assert o.s.; **une ~e migraine** a severe migraine

violenter /vjɔlɑ̃te/ /TABLE 1/ VT [+ *femme*] to assault; **elle a été violentée** she has been sexually assaulted

violer /vjɔle/ /TABLE 1/ VT ⓐ [+ *traité, loi, constitution, cessez-le-feu*] to violate; [+ *droit*] to infringe; [+ *promesse, serment*] to break ⓑ [+ *sépulture*] to desecrate ⓒ (= *abuser de*) [+ *personne*] to rape; **se faire ~** to be raped

violet, -ette /vjɔlɛ, ɛt/ **1** ADJ, NM (= *couleur*) purple; **le ~ lui va bien** purple suits him **2** NF **violette** (= *fleur*) violet

violeur, -euse /vjɔlœʀ, øz/ NM,F rapist

violon /vjɔlɔ̃/ NM (= *instrument, musicien d'orchestre*) violin; **le premier ~** [*d'orchestre*] the leader; [*de quatuor*] the first violin ✦ **violon d'Ingres** artistic hobby

violoncelle /vjɔlɔ̃sɛl/ NM cello

violoncelliste /vjɔlɔ̃selist/ NMF cellist

violoniste /vjɔlɔnist/ NMF violinist

vioque * /vjɔk/ NMF (= *vieillard*) old fart*

vipère /vipɛʀ/ NF adder; **cette femme est une ~** that woman's a nasty piece of work

virage /viʀaʒ/ NM ⓐ (= *coude*) bend; [*d'avion, coureur, skieur*] turn; **~ en épingle à cheveux** hairpin bend; **« ~s sur 3 km »** "bends for 3km"; **cette voiture prend bien les ~s** this car corners well; **il a pris son ~ trop vite** he took the bend *ou* curve (*US*) too fast; **faire un ~ sur l'aile** [*avion*] to bank ⓑ (= *changement*) change of direction; **amorcer un ~ à droite** to take a turn to the right; **un ~ à 180 degrés de la politique française** a U-turn in French politics

viral, e (*mpl* **-aux**) /viʀal, o/ ADJ viral

virée * /viʀe/ NF (*en voiture*) ride; (*de plusieurs jours*) trip; (*à pied*) walk; (*de plusieurs jours*) walking tour; (*à vélo, moto*) ride; (*de plusieurs jours*) trip; **faire une ~** to go for a ride (*ou* walk, drive *etc*); **on a fait une ~ en Espagne** we went on a trip round Spain; **faire une ~ dans les bars/boîtes de nuit** to do* the bars/nightclubs

virement /viʀmɑ̃/ NM **~ (bancaire)** (bank) transfer; **~ postal** postal transfer; **faire un ~ (d'un compte sur un autre)** to make a transfer (from one account to another)

virer /viʀe/ /TABLE 1/ 1 VI ⓐ (= *changer de direction*) [*véhicule, avion, bateau*] to turn; **~ sur l'aile** [*avion*] to bank ⓑ **~ de bord** [*bateau*] to tack; (*fig*) to take a new line ⓒ (= *tourner sur soi-même*) to turn (around) ⓓ [*cuti-réaction*] to come up positive

2 VT ⓐ [+ *somme*] to transfer; **~ 1 000 € sur un compte** to transfer 1,000 euros into an account ⓑ (= *expulser*)* to kick out*; (= *renvoyer*) to fire*; **~ qn d'une réunion** to kick sb out of a meeting*; **se faire ~** (= *se faire expulser*) to get o.s. kicked out (**de** of); (= *se faire renvoyer*) to be fired* ⓒ (= *jeter*)* to throw out ⓓ **il a viré sa cuti*** his skin test came up positive; **il a viré sa cuti*** (*fig*) he changed totally

3 VT INDIR ♦ **virer à** (= *devenir*) **le bleu vire au violet** the blue is turning purple; **~ au froid/à la pluie/au beau** [*temps*] to turn cold/rainy/fine; **~ à l'aigre** to turn sour; **cette région a viré à droite** (*Politique*) this region has swung to the right; **~ au rouge** [*comptes, résultats*] to go into the red; **les indicateurs (financiers) virent au rouge** indicators have dropped sharply

virevolter /viʀvɔlte/ /TABLE 1/ VI [*danseuse*] to twirl around; [*cheval*] to do a demivolt

Virginie /viʀʒini/ NF Virginia; **~-Occidentale** West Virginia

virginité /viʀʒinite/ NF virginity; **se refaire une ~** (*hum*) to restore one's image

virgule /viʀgyl/ NF ⓐ (= *ponctuation*) comma; **mettre une ~** to put a comma in; **c'est exactement ce qu'il m'a dit, à la ~ près** that's exactly what he said to me, word for word ⓑ (*Math*) decimal point; **(arrondi à) 3 chiffres après la ~** (correct to) 3 decimal places; **5 ~ 2** 5 point 2

viril, e /viʀil/ ADJ [*attributs, apparence*] male; [*attitude, langage, traits*] masculine; [*prouesses, amant*] virile; **force ~e** manly strength; **amitiés ~es** male friendships; **jeu ~** (*Sport*) lively play

virilité /viʀilite/ NF [*d'attributs, apparence, formes*] masculinity; [*d'attitude, courage, langage, traits*] manliness; [*de prouesses, amant*] virility; **il se sent menacé dans sa ~** he feels his masculinity is being threatened

virtualité /viʀtɥalite/ NF virtuality

virtuel, -elle /viʀtɥɛl/ 1 ADJ ⓐ (= *potentiel*) [*candidat, marché, sens, revenu*] potential ⓑ (*Philo, Physique, Informatique*) virtual; **mémoire/réalité virtuelle** virtual memory/reality 2 NM (*Informatique*) **le ~** virtual reality

virtuellement /viʀtɥɛlmɑ̃/ ADV ⓐ (*littér* = *en puissance*) potentially ⓑ (= *pratiquement*) virtually; **c'était ~ fini** it was virtually finished

virtuose /viʀtɥoz/ 1 NMF (= *musicien*) virtuoso; (= *personne douée*) master; **~ du violon** violin virtuoso; **~ de la plume/du pinceau** brilliant writer/painter 2 ADJ virtuoso

virtuosité /viʀtɥozite/ NF virtuosity; **il a interprété ce morceau avec ~** he gave a virtuoso performance of this piece

virulence /viʀylɑ̃s/ NF virulence; **avec ~** virulently

virulent, e /viʀylɑ̃, ɑ̃t/ ADJ virulent

virus /viʀys/ NM virus; **le ~ de la rage/du sida** the rabies/Aids virus; **le ~ de la danse/du jeu** the dancing/gambling bug*; **attraper le ~ du jeu** to get bitten by the gambling bug*

vis /vis/ NF screw

visa /viza/ NM (= *formule, sceau*) stamp; (*sur un passeport*) visa; **~ touristique** ou **de tourisme** tourist visa; **~ de censure** (*Ciné*) certificate; **~ d'exploitation** (*Ciné*) distribution number

visage /vizaʒ/ NM face; **au ~ joufflu** chubby-faced; **un ~ connu/ami** a familiar/friendly face; **le vrai ~ de ...** the true face of ...; **à ~ humain** [*capitalisme, entreprise*] with a human

face; **le nouveau ~ du parti** the new face of the party; **agir à ~ découvert** to act openly; **montrer son vrai ~** to show one's true colours (*Brit*) ou colors (*US*)

visagiste ® /vizaʒist/ NMF **(coiffeur)** ~ (hair) stylist; **(esthéticienne)** ~ beautician

vis-à-vis /vizavi/ 1 PRÉP **~ de** (= *envers*) towards; (= *à l'égard de*) as regards; **être sincère ~ de soi-même** to be frank with oneself; **je suis méfiant ~ de ce genre d'évolution** I'm wary of such developments; **~ de cette proposition** with regard to this proposal

2 ADV (= *face à face*) face to face; **leurs maisons se font ~** their houses are opposite each other

3 NM INV ⓐ (= *position*) **en ~** facing each other; **des immeubles en ~** buildings facing each other ⓑ (= *tête-à-tête*) encounter ⓒ (= *personne faisant face*) person opposite; (*aux cartes*) (= *partenaire*) partner; (= *homologue*) opposite number ⓓ (= *bâtiment*) **immeuble sans ~** building with an open outlook; **avoir une école pour ~** to have a school opposite

viscéral, e (*mpl* **-aux**) /viseʀal, o/ ADJ visceral; [*haine, peur, besoin*] deep-rooted; [*rejet*] instinctive; **réaction ~e** gut reaction

viscéralement /viseʀalmɑ̃/ ADV [*attaché*] passionately; [*hostile*] instinctively

viscère /viseʀ/ NM organ; **~s** intestines

visée /vize/ NF ⓐ (*avec une arme*) aiming (*NonC*); (= *arpentage*) sighting ⓑ **visées** (= *desseins*) designs; **avoir des ~s sur qn/qch** to have designs on sb/sth; **les ~s expansionnistes d'un pays** the expansionist aims of a country

viser /vize/ /TABLE 1/ 1 VT ⓐ [+ *objectif, cible, effet, carrière*] to aim at ⓑ [*mesure*] to be aimed at; **cette mesure vise tout le monde** everyone is affected by this measure; **il se sent visé** he feels he's being got at* ⓒ (= *regarder*)* to have a look at; **vise un peu ça !** just have a look at this!

2 VT INDIR ♦ **viser à** (= *avoir pour but de*) **~ à qch/à faire qch** to aim at sth/to do sth; **mesures qui visent à la réunification de la majorité** measures which aim to reunite the majority

3 VI ⓐ [*tireur*] to aim; **~ juste** to aim accurately; (*fig*) to hit the mark; **~ trop haut/trop bas** to aim too high/too low ⓑ (= *ambitionner*) **~ haut/plus haut** to set one's sights high/higher

viseur /vizœʀ/ NM [*d'arme*] sights; [*de caméra, appareil photo*] viewfinder

visibilité /vizibilite/ NF visibility; **bonne/mauvaise ~** good/poor visibility; **~ nulle** zero visibility; **manque de ~** lack of visibility; **sans ~** [*pilotage, virage, atterrissage*] blind; **piloter sans ~** to fly blind

visible /vizibl/ ADJ ⓐ (= *qui peut être vu*) visible; **~ à l'œil nu/au microscope** visible to the naked eye/under a microscope ⓑ (= *évident, net*) obvious; [*amélioration, progrès*] clear; **sa déception était ~** his disappointment was obvious; **il ne veut pas le faire, c'est ~** he doesn't want to, that's obvious

visiblement /viziblǝmɑ̃/ ADV visibly; **il était ~ inquiet** he was visibly worried

visière /vizjeʀ/ NF [*de casquette, képi*] peak; [*de casque*] visor; (*pour le soleil*) eyeshade

visioconférence /vizjokɔ̃feʀɑ̃s/ NF video conference

vision /vizjɔ̃/ NF ⓐ (= *faculté*) sight; (= *perception*) vision; **une ~ défectueuse** defective sight; **le mécanisme de la ~** the mechanism of vision; **~ nette/floue** clear/hazy vision ⓑ (= *conception*) view; **c'est une ~ idyllique des choses** it's an idyllic view of things; **avoir une ~ globale** ou **d'ensemble d'un problème** to have a global view of a problem; **nous partageons la même ~ des choses** we see things the same way ⓒ (= *image, apparition, mirage*) vision; **tu as des ~s*** you're

seeing things
ⓓ (= *spectacle*) sight; **~ d'horreur** horrific sight

visionnaire /vizjɔnɛR/ ADJ, NMF visionary

visionner /vizjɔne/ /TABLE 1/ VT to view

visionneuse /vizjɔnøz/ NF (*pour diapositives*) viewer

visiophone /vizjɔfɔn/ NM videophone

visite /vizit/ NF ⓐ visit; **heures/jour de ~** *ou* **des ~s** visiting hours/day; **la ~ du château a duré deux heures** the tour of the castle took two hours; **~ accompagnée** *ou* **guidée** guided tour; **une ~ de politesse** a courtesy call; **une ~ de remerciements** a thank-you visit; **être en ~ chez qn** to be on a visit to sb; **je vais lui faire une petite ~** I'm going to call on him; **avoir** *ou* **recevoir la ~ de qn** to have a visit from sb; **en ~ officielle au Japon** on an official visit to Japan; **nous attendons de la ~** we're expecting visitors; **tiens, nous avons de la ~** (*hum*) hey, we've got guests
♦ **rendre visite à qn** to visit sb
ⓑ [*de médecin hospitalier avec étudiants*] ward round; **~ (à domicile)** [*de médecin de ville*] housecall; **il ne fait pas de ~s à domicile** he doesn't make housecalls; **~ de contrôle** follow-up visit; **la ~** (*chez le médecin*) medical consultation; **aller à la ~** to go to the surgery; **passer à la ~ (médicale)** [*recrue*] to have a medical (*Brit*) *ou* physical (*US*) examination

visiter /vizite/ /TABLE 1/ VT to visit; **~ une maison** (*à vendre*) to view a house; **il me fit ~ sa maison/son laboratoire** he showed me round (*Brit*) *ou* through (*US*) his house/ his laboratory; **le monument le plus visité de Paris** the most visited place in Paris

visiteur, -euse /vizitœR, øz/ NM,F visitor; **les ~s** (*Sport*) the away team ♦ **visiteur de prison** prison visitor

vison /vizɔ̃/ NM (= *animal, fourrure, manteau*) mink

visqueux, -euse /viskø, øz/ ADJ [*liquide*] viscous; [*pâte, surface, objet*] sticky ⓑ [*personne, manière*] slimy

visser /vise/ /TABLE 1/ VT to screw on; **ce n'est pas bien vissé** it's not screwed on properly; **~ qch sur qch** to screw sth on to sth; **vissé devant la télé*** glued* to the television; **il est resté vissé sur sa chaise*** he never got out of his chair

visualisation /vizɥalizasjɔ̃/ NF visualization; (*Informatique*) display

visualiser /vizɥalize/ /TABLE 1/ VT to visualize; (*Informatique*) to display; **j'ai du mal à ~ la scène** I find it hard to visualize what happened

visuel, -elle /vizɥɛl/ 1 ADJ visual; **troubles ~s** eye trouble (*NonC*) → **champ** 2 NM (*Informatique*) VDU

visuellement /vizɥɛlmã/ ADV visually

vit /vi/ VB → **vivre**

vital, e (*mpl* -aux) /vital, o/ ADJ vital

vitalité /vitalite/ NF [*de personne*] energy; [*d'institution*] vitality; **il est plein de ~** he's full of energy

vitamine /vitamin/ NF vitamin; **~ A/C** vitamin A/C; **alimentation pauvre en ~s** food that is low in vitamins

vitaminé, e /vitamine/ ADJ with added vitamins

vite /vit/ ADV ⓐ [*rouler, marcher*] fast; [*progresser, avancer, travailler, se passer*] quickly; **ça s'est passé si ~** it happened so quickly; **il travaille ~ et bien** he works quickly and well; **vous avez fait ~ pour venir** it didn't take you long to get here; **fais ~!** be quick about it!; **eh, pas si ~!** hey, hold on a minute!; **et plus ~ que ça!** and get a move on!*; **le temps passe ~** time flies; **la police est allée ~ en besogne** the police didn't waste any time; **vous allez un peu ~ en besogne** not so fast!; **aller plus ~ que la musique** to jump the gun; **c'est ~ dit*** it's easily said; **j'aurais plus ~ fait de l'écrire moi-même** it would have been quicker if I'd written it myself
♦ **vite fait*: elle s'est tirée ~ fait** she was off like a shot*; **il faut que tu termines ça, ~ fait** you need to get that finished pretty damn quick*; **on prend une bière, mais ~ fait** we'll have a beer, but just a quick one*; **il l'a terminé ~ fait, bien fait** he finished it nice and quickly*; **il l'a peint ~ fait, bien fait** he gave it a quick lick of paint
ⓑ (= *bientôt*) soon; **elle sera ~ guérie** she'll soon be bet-

ter; **il a eu ~ fait de découvrir que ...** he soon discovered that ...; **ce sera ~ fait** it won't take long; **on a ~ fait de dire que ...** it's easy to say that ...
ⓒ (= *immédiatement*) quick; **lève-toi ~!** get up quick!; **va ~ voir!** quick, go and see!; **au plus ~** as quickly as possible; **il faut le prévenir au plus ~** he must be warned as soon as possible; **faites-moi ça, et ~!** hurry up and do it!; **~! un médecin** quick, get a doctor!

vitesse /vites/ 1 NF ⓐ (= *promptitude*) speed; **aimer la ~** to love speed; **à la ~ de 60 km/h** at (a speed of) 60km/h; **à quelle ~ allait-il?** how fast was he going?; **prendre de la ~** to gather speed; **gagner** *ou* **prendre qn de ~** to beat sb; (*fig*) to beat sb to it; **à grande ~** at great speed; **passer une vidéo en ~ accélérée** to fast-forward a video; **à une ~ vertigineuse** [*conduire, avancer*] at a dizzying speed; [*augmenter, se multiplier*] at a dizzying rate; **circuler à ~ réduite** to drive at reduced speed
ⓑ [*de voiture*] gear; **changer de ~** to change (*Brit*) *ou* shift (*US*) gear; **passer les ~s** to go through the gears; **passer la ~ supérieure** (*fig*) to quicken the pace; **une Europe à deux ~s** a two-speed Europe; **société/justice à deux ~s** two-tier society/justice system
ⓒ (*locutions*)
♦ **à la vitesse grand V*** at top speed
♦ **en vitesse** (= *rapidement*) quickly; (= *en hâte*) in a rush; **faites-moi ça, et en ~!** hurry up and do it!; **on va prendre un verre en ~** we'll go for a quick drink; **écrire un petit mot en ~** to scribble a hasty note
♦ **à toute vitesse** ♦ **en quatrième vitesse** at full speed; **il est arrivé en quatrième ~** *ou* **à toute ~** he came very quickly
2 COMP ♦ **vitesse de croisière** cruising speed ♦ **vitesse de frappe** typing speed ♦ **vitesse de la lumière** speed of light ♦ **vitesse de pointe** top speed ♦ **vitesse du son** speed of sound ♦ **vitesse de traitement** (*Informatique*) processing speed

viticole /vitikɔl/ ADJ [*industrie*] wine; [*région*] wine-growing; [*établissement*] wine-making; **culture ~** wine growing

viticulteur, -trice /vitikyltœR, tRis/ NM,F wine grower

viticulture /vitikyltyR/ NF wine growing

vitrage /vitRaʒ/ NM (= *vitres*) windows; (= *cloison*) glass partition; (= *toit*) glass roof; **double ~** double glazing; **fenêtre à double ~** double-glazed window

vitrail (*pl* -aux) /vitRaj, o/ NM stained-glass window

vitre /vitR/ NF ⓐ [*de fenêtre, vitrine*] (window) pane; [*de voiture*] window; **poser une ~** to put in a window pane; **verre à ~** window glass; **laver** *ou* **faire les ~s** to clean the windows; **casser une ~** to break a window; **la ~ arrière** [*de voiture*] the rear window; **~s électriques** electric windows
ⓑ (= *fenêtre*) **~s** windows; **fermer les ~s** to close the windows

vitré, e /vitRe/ ADJ [*porte, cloison*] glass

vitreux, -euse /vitRø, øz/ ADJ [*yeux*] glassy

vitrier /vitRije/ NM glazier

vitrifier /vitRifje/ /TABLE 7/ VT [+ *parquet*] to seal

vitrine /vitRin/ NF ⓐ (= *devanture*) shop window; **en ~** in the window; **la ~ du boucher** the butcher's window; **~ publicitaire** display case; **cette exposition est la ~ de l'Europe** this exhibition is Europe's showcase; **la ~ légale d'une organisation terroriste** the legal front for a terrorist organization ⓑ (= *meuble*) (*chez soi*) display cabinet; (*au musée*) showcase

vitriol /vitRijɔl/ NM vitriol; **une critique/un style au ~** a vitriolic review/style

vitrocéramique /vitRoseRamik/ NF **table de cuisson en ~** ceramic hob

vitupérer /vitypeRe/ /TABLE 6/ VI to vituperate (*frm*); **~ contre qn/qch** to rant and rave about sb/sth

vivable /vivabl/ ADJ **il n'est pas ~** he's impossible to live with; **ce n'est pas ~!** it's intolerable!

vivace /vivas/ 1 ADJ ⓐ (*Bot*) hardy; **plante ~** perennial

ⓑ [*préjugé*] unshakable; [*haine*] undying; [*souvenir*] vivid; [*tradition*] enduring **2** NF (= *plante*) perennial

vivacité /vivasite/ NF [*de personne, mouvement, débat*] liveliness; [*d'intelligence*] keenness; **~ d'esprit** quick-wittedness; **avoir de la ~** to be lively; **avec ~** [*réagir, se déplacer*] swiftly

vivant, e /vivɑ̃, ɑ̃t/ **1** ADJ ⓐ (= *en vie*) living, alive (*attrib*) **il est encore ~** he's still alive; **il n'en sortira pas ~** he won't come out of it alive; **expériences sur des animaux ~s** experiments on live animals ⓑ (= *animé*) lively; [*portrait*] lifelike ⓒ (= *constitué par des êtres vivants*) [*témoignage, preuve*] living **2** NM ⓐ (= *personne*) **les ~s** the living; **les ~s et les morts** the living and the dead ⓑ (= *vie*) **de son ~** in his (*ou* her) lifetime

vivarium /vivaʀjɔm/ NM vivarium

vivats /viva/ NMPL cheers; **il quitta la scène sous les ~** he left the stage amid the cheers of the audience

vive² /viv/ ADJ F → **vif**

vive³ /viv/ EXCL **~ le roi/la France/l'amour !** long live the king/France/love!; **~ les vacances !** hurrah for the holidays!

vivement /vivmɑ̃/ ADV ⓐ (= *avec brusquerie*) sharply ⓑ (= *beaucoup*) [*regretter, affecter, ressentir*] deeply; [*désirer, intéresser*] keenly; **s'intéresser ~ à** to take a keen interest in ⓒ (= *avec éclat*) [*colorer*] brilliantly; [*briller*] brightly ⓓ (*marque un souhait*) **~ les vacances !** I can't wait for the holidays! (*Brit*) *ou* for vacation! (*US*); **~ que ce soit fini !** I'll be glad when it's all over!

vivier /vivje/ NM (= *étang*) fishpond; (= *réservoir*) fish tank; (*fig*) breeding ground

vivifiant, e /vivifjɑ̃, jɑ̃t/ ADJ invigorating

vivisection /viviseksjɔ̃/ NF vivisection

vivoir /vivwaʀ/ NM (*Can*) living room

vivoter /vivɔte/ /TABLE 1/ VI [*personne*] to live from hand to mouth; [*entreprise*] to struggle along

vivre /vivʀ/ /TABLE 46/ **1** VI ⓐ to live; **quand l'ambulance est arrivée, il vivait encore** he was still alive when the ambulance arrived; **~ vieux** to live to a great age; **le colonialisme a vécu** colonialism has had its day; **il fait bon ~** it's good to be alive; **à Londres/en France** to live in London/in France; **~ avec qn** to live with sb; **ils vivent ensemble** they are living together; **~ dans le passé/dans la crainte** to live in the past/in fear; **~ dangereusement** to live dangerously; **se laisser ~** to live for the day; **laissez-les ~ !** let them be!; (*slogan anti-avortement*) let them live!; **être facile/difficile à ~** to be easy/difficult to get on with; **il faut ~ avec son temps** you've got to move with the times; **~ de laitages/de rentes** to live on dairy produce/a private income; **~ au jour le jour** to live from hand to mouth; **~ bien** to live well; **avoir (juste) de quoi ~** to have (just) enough to live on; **il vit de sa peinture** he earns his living by painting; **travailler/écrire pour ~** to work/write for a living; **faire ~ qn** [*personne*] to support sb; **je n'aime pas ce métier mais il me fait ~** I don't like this job but it pays the bills; **~ de l'air du temps** to live on air; **~ d'amour et d'eau fraîche** to live on love alone; **on vit bien en France** life is good in France; **c'est un homme qui a beaucoup vécu** he's a man who's lived life to the full; **elle ne vit plus depuis que son fils est pilote** she's been living on her nerves since her son became a pilot ⓑ [*idée, rue, paysage*] to be alive

2 VT ⓐ (= *passer*) to spend; **~ des jours heureux** to spend happy days; **la vie ne vaut pas la peine d'être vécue** life isn't worth living ⓑ [+ *événement, guerre*] to live through; **nous vivons des temps troublés** we are living in troubled times; **~ sa vie** to live one's own life; **il a mal vécu son divorce** he had a hard time of it when he got divorced

3 NMPL **vivres** supplies

vivrier, -ière /vivʀije, ijɛʀ/ ADJ food-producing

vlan /vlɑ̃/ EXCL wham!; **et ~ dans la figure !** smack in the face!

VO /veo/ NF (ABBR = **version originale**) **en VO sous-titrée** with subtitles

vocabulaire /vɔkabylɛʀ/ NM vocabulary; **enrichir son ~** to widen one's vocabulary; **j'ai rayé ce mot de mon ~** that word is no longer part of my vocabulary

vocal, e (*mpl* **-aux**) /vɔkal, o/ ADJ vocal; **synthèse ~e** voice *ou* speech synthesis

vocalise /vɔkaliz/ NF singing exercise; **faire des ~s** to do singing exercises

vocation /vɔkasjɔ̃/ NF vocation; **avoir/ne pas avoir la ~** to have/lack a vocation; **rater sa ~** to miss one's vocation

vociférer /vɔsifeʀe/ /TABLE 6/ **1** VI to shout (angrily); **~ contre qn** to shout angrily at sb **2** VT [+ *insulte*] to shout; **~ des injures** to shout insults

vodka /vɔdka/ NF vodka

vœu (*pl* **vœux**) /vø/ NM ⓐ (= *promesse*) vow; **faire (le) ~ de faire qch** to vow to do sth; **prononcer ses ~x** (*Rel*) to take one's vows; **~ de chasteté** vow of chastity; **faire ~ de pauvreté** to take a vow of poverty ⓑ (= *souhait*) wish; **faire un ~** to make a wish; **tous nos ~x de prompt rétablissement** our best wishes for a speedy recovery; **~ pieux** pious hope; **les ~x télévisés du président de la République** (*au jour de l'an*) the President of the Republic's televised New Year speech; **meilleurs ~x** (*sur une carte*) "Season's Greetings"

vogue /vɔg/ NF (= *popularité*) fashion; **être en ~** to be in fashion

voguer /vɔge/ /TABLE 1/ VI [*embarcation*] to sail; **l'embarcation voguait au fil de l'eau** the boat was drifting with the current

voici /vwasi/ PRÉP ⓐ here is, here are, this is, these are; **~ mon bureau et voilà le vôtre** this is my office and that's yours; **~ mon frère** this is my brother; **~ le livre que vous cherchiez** here's the book you were looking for; **la maison que ~** this house; **M. Dupont, que ~** Mr Dupont here; **il m'a raconté l'histoire que ~** he told me the following story; **me/nous/le** *etc* **~** here I am/we are/he is *etc*; **les ~ prêts à partir** they're ready to leave; **nous ~ arrivés** here we are; **vous voulez des preuves, en ~** you want proof, well here you are then; **~ ce que je compte faire** this is what I'm hoping to do; **~ comment il faut faire** this is the way to do it; **~ pourquoi je l'ai fait** that was why I did it ⓑ (= *il y a*) **~ cinq ans que je ne l'ai pas vu** it's five years since I saw him; **il est parti ~ une heure** he left an hour ago; **~ bientôt 20 ans que nous sommes mariés** we'll soon have been married 20 years

voie /vwa/ **1** NF ⓐ (= *chemin*) way; (= *route, rue*) road; (= *itinéraire*) route; **par ~ aérienne** by air; **expédier qch par ~ de mer** *ou* **maritime** to send sth by sea; **voyager par ~ de terre** *ou* **terrestre** to travel overland; **~s de communication** communication routes; **~ sans issue** cul-de-sac; **~ privée** private road; **~ à double sens** two-way road; **~ à sens unique** one-way road ⓑ (= *partie d'une route*) lane; **route à ~ unique** single-track road; **route à 3/4 ~s** 3-lane/4-lane road; **~ réservée aux autobus** bus lane; **~ réservée aux cyclistes** cycle lane ⓒ (*Rail*) track; **le train est annoncé sur la ~ 2** the train will arrive at platform 2 ⓓ (*du corps*) **~s digestives/respiratoires/urinaires** digestive/respiratory/urinary tract; **par ~ orale** orally; **administrer qch par ~ nasale** to administer sth through the nose ⓔ (*fig*) way; **ouvrir/tracer/montrer la ~** to open up/mark out/show the way; **préparer la ~ à qn/qch** to pave the way for sb/sth; **continuez sur cette ~** continue in this way; **il est sur la bonne ~** he's on the right track; **l'affaire est en bonne ~** things are going well; **mettre qn sur la ~** to put sb on the right track; **trouver sa ~** to find one's way in life ⓕ (= *filière, moyen*) **par des ~s détournées** by devious means; **par la ~ hiérarchique/diplomatique** through official/diplomatic channels; **par ~ de conséquence** in consequence; **annoncer qch par ~ de presse** to announce sth in the press; **publicité par ~ d'affiche** poster advertising ⓖ **♦ en voie de**: **en ~ de réorganisation** undergoing reorganization; **en ~ de guérison** on the road to recovery; **en ~ de cicatrisation** on the way to healing over; **en ~ d'achè-**

vement nearing completion; **il est en ~ de perdre sa situation** he's on the way to losing his job

2 COMP ◆ **voie d'accès** access road ◆ **voie d'eau** leak ◆ **voie express** expressway ◆ **voie de fait** (*Droit*) assault (and battery) (*NonC*); **se livrer à des ~s de fait sur qn** to assault sb ◆ **voie ferrée** railway (*Brit*) *ou* railroad (*US*) line ◆ **voie de garage** (*Rail*) siding; **mettre sur une ~ de garage** [+ *affaire, personne*] to sideline ◆ **la voie lactée** the Milky Way ◆ **voies navigables** waterways ◆ **la voie publique** the public highway ◆ **voie de raccordement** slip road ◆ **voie royale : c'est la ~ royale vers** *ou* **pour** it's the pathway to; [+ *carrière, pouvoir*] it's the fast track to

voilà /vwala/ 1 PRÉP ⓐ there is, there are, that is, those are; (*même sens que voici*) here is, here are, this is, these are; **voici mon bureau et ~ le vôtre** this is my office and that's yours; **~ mon frère** this is *ou* here is my brother; **~ le livre que vous cherchiez** (*je le tiens*) here's the book you were looking for; (*il est là-bas*) there's the book you were looking for; **~ la pluie** here comes the rain; **~ la fin de l'hiver** the end of winter is here; **le ~, c'est lui** there he is; **le ~ qui se plaint encore** there he goes, complaining again; **~ ce que je compte faire** this is what I'm hoping to do; **~ ce qu'il m'a dit/ce dont il s'agit** (*je viens de le dire*) that's what he told me/what it's all about; (*je vais le dire*) this is what he told me/what it's all about; **~ comment il faut faire** that's how it's done; **~ qu'il se met à pleuvoir maintenant** here comes the rain; **~ où je veux en venir** that's what I'm getting at; **nous y ~** (*lieu*) here we are; (*question délicate*) now we're getting there

ⓑ (*pour résumer*) ... **et ~ pourquoi je n'ai pas pu le faire** ... and that's why I couldn't do it; **~ qui est louche** that's a bit odd; **~ ce que c'est de ne pas obéir** that's what happens when you don't do as you're told

ⓒ (= *il y a*) **~ une heure que je l'attends** I've been waiting for him for an hour; **~ cinq ans que je ne l'ai pas vu** it's five years since I last saw him

ⓓ (*locutions*)

◆ **en voilà : en ~ une histoire !** what a story!; **en ~ un imbécile !** what a fool!; **en ~ assez !** that's enough!; **vous voulez des preuves, en ~** you want proof, well here you are

◆ **et voilà tout** and that's all there is to it

2 EXCL **~ ! j'arrive !** here I come!; **~ autre chose !** (*incident*) that's all I need(ed)!; **~, tu l'as cassé !** there you are, you've broken it!

voilage /vwalaʒ/ NM (= *rideau*) net curtain; (= *tissu*) net (*NonC*); [*de chapeau, vêtement*] gauze (*NonC*)

voile[1] /vwal/ NF ⓐ [*de bateau*] sail; **faire ~ vers** to sail towards; **mettre toutes ~s dehors** to set full sail; **mettre les ~s*** to clear off*; **marcher à ~ et à vapeur*** [*bisexuel*] to be AC/DC* ⓑ (= *navigation, sport*) **la ~** sailing; **faire de la ~** to sail; **faire le tour du monde à la ~** to sail round the world

voile[2] /vwal/ NM ⓐ veil; **~ islamique** Islamic veil; **~ de mariée** bridal veil; **porter le ~** to wear the veil; **prendre le ~** [*religieuse*] to take the veil; **lever le ~ sur** (*fig*) to unveil; **soulever un coin du ~** (*fig*) to lift a corner of the veil ⓑ (= *tissu*) net (*NonC*); **~ de coton/de tergal**® cotton/Terylene® netting (*NonC*) ⓒ (*sur un liquide*) cloud; **~ de brume** veil of mist; **avoir un ~ devant les yeux** to have a film before one's eyes ⓓ (*Photo*) fog (*NonC*); **un ~ sur la photo** a shadow on the photo ⓔ (*Méd*) **~ au poumon** shadow on the lung

voilé, e /vwale/ (*ptp de voiler*) ADJ ⓐ veiled; [*lumière, contour, ciel, soleil*] hazy; [*éclat*] dimmed; [*regard*] misty; [*photo*] fogged; **les yeux ~s de larmes** his eyes misty with tears; **sa voix était un peu ~e** his voice was slightly husky; **accusation à peine ~e** thinly veiled accusation ⓑ [*roue*] buckled; [*planche*] warped

voiler /vwale/ /TABLE 1/ 1 VT ⓐ (= *cacher*) to veil; **la plaine était voilée de brume** the plain was shrouded in mist ⓑ [+ *roue*] to buckle; [+ *planche*] to warp 2 VPR **se voiler** ⓐ (= *porter un voile*) **se ~ le visage** [*personne*] to wear a veil; [*musulmane*] to wear the veil; **se ~ la face** (*fig*) to close one's eyes (**devant** to) ⓑ (= *devenir flou*) [*soleil*] to mist

over; [*ciel*] to grow misty; [*regard, yeux*] to mist over ⓒ [*roue*] to buckle; [*planche*] to warp

voilette /vwalεt/ NF veil

voilier /vwalje/ NM (= *navire à voiles*) sailing ship; (*de plaisance*) sailing boat (*Brit*), sailboat (*US*); **grand ~** tall ship

voilure /vwalyʀ/ NF ⓐ [*de bateau*] sails ⓑ [*de planeur*] aerofoils ⓒ [*de parachute*] canopy

---

voir /vwaʀ/

/TABLE 30/

1 VERBE TRANSITIF	3 VERBE TRANSITIF INDIRECT
2 VERBE INTRANSITIF	4 VERBE PRONOMINAL

1 VERBE TRANSITIF

ⓐ to see; **je l'ai vu de mes propres yeux** I saw it with my own eyes; **je l'ai vu comme je vous vois** I saw him as plainly as I see you now; **vous n'avez encore rien vu !** you ain't seen nothing yet!*; **voyons un peu comment tu fais** let's see how you do it; **il la voit beaucoup** he sees a lot of her; **je l'ai assez vu*** I've had enough of him*; **il voit le directeur ce soir** he's seeing the manager tonight; **j'ai vu la mort de près** I've looked death in the face; **des meubles comme on en voit partout** ordinary furniture; **c'est ce que nous verrons !** we'll see about that!; **c'est à vous de ~** it's up to you to see; **on aura tout vu !** we've seen everything now!; **comment voyez-vous l'avenir ?** how do you see the future?; **je ne vois pas ce que vous voulez dire** I don't see what you mean; **il ne voit que son intérêt** he only considers his own interest

◆ **voir** + *infinitif* : **nous les avons vus sauter** we saw them jump; **je l'ai vu casser la fenêtre** I saw him break the window; **je l'ai vu entrer** I saw him coming in; **je voudrais la ~ travailler plus** I'd like to see her do more work; **ce journal a vu son tirage augmenter** this newspaper has seen an increase in its circulation; **notre pays voit renaître le fascisme** our country is witnessing the rebirth of fascism

◆ **aller voir** to go and see; **aller ~ qn à l'hôpital** to go and see sb in hospital; **aller ~ un film** to go to a film; **va ~ ailleurs si j'y suis !*** get lost!*

◆ **faire voir** (= *montrer*) to show; **fais ~ !** let me have a look!; **faites-moi ~ ce dessin** let me see the picture; **va te faire ~ (ailleurs) !*** get lost!*; **qu'il aille se faire ~ (chez les Grecs) !*** he can go to hell!*

◆ **à le** (*ou* **te** *etc*) **voir** : **à le ~ si joyeux** seeing him look so happy; **à le ~, on ne lui donnerait pas 90 ans** to look at him, you wouldn't think he was 90

ⓑ = **pouvoir voir, imaginer**

► *Lorsque* **voir** *exprime une faculté, il est souvent traduit par* can see.

est-ce que tu le vois ? can you see it?; **tu me vois aller lui dire ça ?** can you see me telling him that?; **je le vois mal habiter la banlieue** I can't see him living in the suburbs; **je ne vois pas le problème** I can't see what the problem is; **je ne vois pas comment ils auraient pu gagner** I can't see how they could have won; **tu vois ça d'ici** you can just imagine it; **il va encore protester, je vois ça d'ici** he's going to start protesting again, I can see it coming

ⓒ = **examiner, étudier** [+ *dossier*] to look at; [+ *circulaire*] to read

ⓓ = **supporter* elle ne peut pas le ~** she can't stand him; **elle ne peut pas le ~ en peinture** she can't stand the sight of him

ⓔ **locutions tu vas le faire tout de suite, vu ?*** you're going to do it straightaway, okay?; **vous m'en voyez ravi** I'm delighted about that; **en faire ~ de toutes les couleurs à qn** to give sb a hard time

◆ **façon de voir** view of things; **nous n'avons pas la même façon de ~ les choses** we see things differently

◆ **c'est tout vu !*** that's for sure!

◆ **à voir : c'est un film à ~** it's a film worth seeing; **il a encore trois malades à ~** he still has three patients to see; **à ~ son train de vie, elle doit être très riche** if her lifestyle is anything to go by, she must be very well-off; **il ne fera plus cette erreur — c'est à ~** he won't make the same mistake again — we'll see

♦ **il n'y a qu'à voir**: il n'a pas de goût, il n'y a qu'à ~ comment il s'habille he's got no taste, you only have to look at the clothes he wears

♦ **rien à voir**: ça n'a rien à ~ that's got nothing to do with it; **je n'ai rien à ~ dans cette affaire** this has nothing to do with me

♦ **à voir avec**: cela a quelque chose à ~ avec ... this has got something to do with ...; **son nouveau film? rien à ~ avec les précédents** his new film? it's nothing like his previous work; **le résultat n'a plus grand-chose à ~ avec le projet initial** the result bears very little relation to the initial project

♦ **pour voir** just to see; **essaie un peu, pour ~!** just you try!

♦ **passer voir**: passez me ~ quand vous serez à Paris come and see me when you're in Paris; **je suis passé le ~** I went to see him

♦ **vouloir + voir**: je veux ~ ça! I want to see that!; **je voudrais t'y ~!** I'd like to see you try!; **tu aurais dû refuser! — j'aurais voulu t'y ~!** you should have said no! — I'd like to see what you'd have done!

♦ **bien voir**: nous allons bien ~! we'll soon find out!; **on verra bien** we'll see

♦ **voir venir** (= attendre les événements) to wait and see; **j'ai quelques économies**, ça me permettra de ~ **venir*** I've got some savings which should be enough to see me through*; **on va perdre, ça je le vois venir (gros comme une maison*)** (= prévoir) we're going to lose, I can see it coming (a mile off*); **je te vois venir* (avec tes gros sabots)** I can see what you're leading up to

♦ **se faire mal voir**: si elle ne revient pas travailler lundi, elle va se faire mal ~ if she doesn't come back to work on Monday, it won't look too good

2 VERBE INTRANSITIF

ⓐ to see; **~ mal** to have trouble seeing; **on voit mal ici** it's difficult to see in here; **~ trouble** to have blurred vision; **il a vu grand** he had big ideas; **dis-moi ~ ...** tell me ...; **essaie ~!** just you try it!; **regarde ~ ce qu'il a fait!*** just look what he's done!; **un peu de charité, voyons** (rappel à l'ordre) come on now, let's be charitable!; **voyons voyons!** let's see now!; **c'est trop lourd pour toi, voyons!** come on now, it's too heavy for you!

3 VERBE TRANSITIF INDIRECT

♦ **voir à** (= veiller à) (littér) to make sure that; **il faudra ~ à ce qu'il obéisse** we must make sure he does as he's told

4 VERBE PRONOMINAL

se voir

ⓐ soi-même to see o.s.; **se ~ dans une glace** to see oneself in a mirror; **elle se voyait déjà célèbre** she pictured herself already famous; **je me vois mal habiter là** I can't see myself living there somehow; **il la trouve moche — il ne s'est pas vu!** he thinks she's ugly — has he looked in the mirror lately?

ⓑ mutuellement to see each other; **ils se voient beaucoup** they see a lot of each other; **nous essaierons de nous ~ à Londres** we'll try to meet in London; **ils ne peuvent pas se ~*** they can't stand the sight of each other*

ⓒ = se trouver **se ~ contraint de** to find o.s. forced to; **je me vois dans la triste obligation de ...** I have the sad task of ...

ⓓ = être visible [tache, couleur, sentiments] to show; **la tache ne se voit pas** the stain doesn't show

ⓔ = se produire **cela se voit tous les jours** it happens every day; **cela ne s'est jamais vu!** it's unheard of!

ⓕ fonction passive **ils se sont vu interdire l'accès du musée** they were refused admission to the museum; **je me suis vu répondre que c'était trop tard** I was told that it was too late

voire /vwaʀ/ ADV (frm = et même) or even; **il faudrait attendre une semaine, ~ un mois** you would have to wait a week or even a month; **ce sera difficile, ~ impossible** it'll be difficult, if not impossible

voirie /vwaʀi/ NF ⓐ (= enlèvement des ordures) refuse (Brit) ou garbage (US) collection ⓑ (= entretien des routes) highway maintenance; (= service administratif) roads department; (= voie publique) highways; **travaux de ~** road works

voisin, e /vwazɛ̃, in/ **1** ADJ ⓐ (= proche) neighbouring (Brit), neighboring (US); **les maisons/rues ~es** the neighbouring houses/streets; **une maison ~e de l'église** a house next to the church; **les pays ~s de la Suisse** the countries bordering on Switzerland

ⓑ (= semblable) [idées, espèces] connected

2 NM,F neighbour (Brit), neighbor (US); **nous sommes ~s** we're neighbours; **les ~s du dessus/dessous** the people above/below; **nos ~s de palier** the people who live across the landing; **un de mes ~s de table** one of the people next to me at table; **qui est ta ~e cette année?** (en classe) who is sitting next to you this year?

voisinage /vwazinaʒ/ NM ⓐ (= voisins) neighbourhood (Brit), neighborhood (US); **ameuter tout le ~** to rouse the whole neighbourhood; **faire une enquête de ~** to make inquiries in the neighbourhood; **querelle/conflit de ~** quarrel/dispute between neighbours ⓑ (= relations) **être en bon ~ avec qn** ou **entretenir des relations de bon ~ avec qn** to be on neighbourly terms with sb ⓒ (= environs) vicinity; **se trouver dans le ~** to be in the vicinity; **nous ne connaissons personne dans le ~** we don't know anyone in the neighbourhood

voiture /vwatyʀ/ NF ⓐ (= automobile) car; **ils sont venus en ~** they came by car; **vol à la ~-bélier** ram-raiding; **~ de course** racing car; **~ de location** rented car; **~ de maître** chauffeur-driven car; **~ particulière** private car; **~ de police** police car; **~ de pompiers** fire engine; **~ de série** production car; **~ de fonction** company car; **~ de sport** sportscar; **~ de tourisme** saloon car (Brit), sedan (US) ⓑ (= wagon) carriage (Brit), car (US); **~ de tête/queue** front/back carriage (Brit) ou car (US); **en ~!** all aboard! ⓒ (= véhicule attelé, poussé) cart; **~ d'enfant** pram (Brit), baby carriage (US)

voix /vwa/ NF ⓐ (= sons) voice; **à ~ basse** in a low voice; **ils parlaient à ~ basse** they were talking in low voices; **à ~ haute** ou **à haute ~** out loud; **d'une ~ forte** in a loud voice; **à haute et intelligible ~** loud and clear; **avoir de la ~** to have a good voice; **être** ou **rester sans ~** to be speechless (devant before, at); **de la ~ et du geste** by word and gesture; **donner de la ~** (= crier) to bawl; **~ off** (Théât) voice-off; (Ciné, TV = commentaire) voice-over; **la ~ de la conscience/raison** the voice of conscience/reason ⓑ (= opinion) voice; (Politique = suffrage) vote; **mettre qch aux ~** to put sth to the vote; **la proposition a recueilli 30 ~** the proposal got 30 votes; **avoir ~ au chapitre** to have a say in the matter ⓒ (Musique) voice; **chanter à 3 ~** to sing in 3 parts; **une fugue à 3 ~** a 3-part fugue; **~ de basse/de ténor** bass/tenor ⓓ (de verbes) voice; **à la ~ active/passive** in the active/passive voice

vol¹ /vɔl/ **1** NM ⓐ [d'oiseau, avion] flight; **faire un ~ plané** [oiseau] to glide through the air; (= tomber) to fall flat on one's face; **~ d'essai/de nuit** test/night flight; **~ régulier/charter** scheduled/charter flight; **il y a 8 heures de ~ entre ...** it's an 8-hour flight between ...; **le ~ Paris-Londres** the Paris-London flight; **heures/conditions de ~** flying hours/conditions; **un pilote qui a plusieurs centaines d'heures de ~** a pilot with several hundred hours' flying experience

♦ **à vol d'oiseau** as the crow flies

♦ **au vol**: **attraper qch au ~** [+ ballon, objet lancé] to catch sth in midair; **saisir une occasion au ~** to leap at an opportunity

♦ **en vol** in flight; **en plein ~** in full flight

ⓑ (= oiseaux) flock; **un ~ de perdrix** a flock of partridges; **un ~ de canards sauvages** a flight of wild ducks

2 COMP ♦ **vol libre** hang-gliding; **pratiquer le ~ libre** to hang-glide ♦ **vol à voile** gliding; **faire du ~ à voile** to go gliding

vol² /vɔl/ NM (= *délit*) theft; **~ qualifié** *ou* **aggravé** aggravated theft; **~ avec violence** robbery with violence; **~s de voiture** car thefts; **c'est du ~!** it's daylight robbery! ◆ **vol à l'arraché** bag-snatching ◆ **vol avec effraction** burglary ◆ **vol à l'étalage** shoplifting (*NonC*) ◆ **vol à main armée** armed robbery ◆ **vol à la roulotte** theft from a vehicle ◆ **vol à la tire** pickpocketing (*NonC*)

volage /vɔlaʒ/ ADJ [*époux, cœur*] inconstant

volaille /vɔlaj/ NF (= *poulet*) chicken; **la ~** poultry

volailler, -ère /vɔlaje, ɛʀ/ NM,F poulterer

volant¹ /vɔlã/ NM ⓐ [*de voiture*] steering wheel; **être au ~** to be at the wheel; **prendre le ~** to take the wheel; **c'est lui qui tenait le ~** he was at the wheel ⓑ [*de rideau, robe*] flounce; **jupe à ~s** flounced skirt ⓒ (= *balle de badminton*) shuttlecock

volant², e /vɔlã, ãt/ ADJ flying; **le personnel ~** (*Aviat*) the flight staff; **(brigade) ~e** (*Police*) flying squad

volatil, e¹ /vɔlatil/ ADJ volatile

volatile² /vɔlatil/ NM (= *oiseau*) bird

volatiliser (se) /vɔlatilize/ /TABLE 1/ VPR (= *disparaître*) to vanish into thin air

vol-au-vent /vɔlovã/ NM INV vol-au-vent

volcan /vɔlkã/ NM volcano; **~ en activité/éteint** active/extinct volcano; **nous sommes assis sur un ~** (*fig*) we are sitting on a powder keg

volcanique /vɔlkanik/ ADJ volcanic; [*tempérament*] explosive

volcanologue /vɔlkanɔlɔg/ NMF vulcanologist

volée /vɔle/ NF ⓐ (= *envol, distance*) flight; (= *groupe*) flock; **une ~ de moineaux** a flock of sparrows ⓑ (= *tir*) volley; **~ de flèches** flight of arrows ⓒ (= *suite de coups*) volley; **une ~ de coups** a volley of blows; **administrer/recevoir une bonne ~** to give/get a sound thrashing ⓓ (*Sport*) volley; **faire une ~** to strike the ball on the volley ⓔ (*locutions*)
◆ **à la volée : semer à la ~** to broadcast
◆ **à toute volée** [*gifler, lancer*] hard; **les cloches sonnaient à toute ~** the bells were pealing out; **il referma la porte à toute ~** he slammed the door shut

voler¹ /vɔle/ /TABLE 1/ VI to fly; **~ de ses propres ailes** to stand on one's own two feet; **on entendrait une mouche ~** you could hear a pin drop; **~ en éclats** to smash into pieces; **une plaisanterie qui vole bas** a feeble joke; **ça ne vole pas haut!*** it's pretty low-level!; **~ au secours de qn** to fly to sb's assistance; **il lui a volé dans les plumes*** he went for him

voler² /vɔle/ /TABLE 1/ VT ⓐ [+ *objet*] (= *dérober*) to steal; **~ de l'argent/une idée/un baiser à qn** to steal money/an idea/a kiss from sb; **on m'a volé mon stylo** someone's taken my pen; **se faire ~ ses bagages** to have one's luggage stolen; **il ne l'a pas volé!** (= *il l'a mérité*) he asked for it!; **il ne l'a pas volée, cette médaille!** he worked hard for that medal! ⓑ [+ *personne*] (= *dépouiller*) to rob; (= *léser*) to cheat; **~ les clients sur le poids** to give customers short measure

volet /vɔle/ NM ⓐ [*de fenêtre, hublot*] shutter ⓑ [*d'avion*] flap ⓒ [*de triptyque, feuillet, carte*] section ⓓ [*de trilogie, émission, plan d'action*] part; **le ~ social du traité** the social chapter of the treaty; **le ~ agricole de l'accord** the section on agriculture in the agreement

voleter /vɔl(ə)te/ /TABLE 4/ VI to flutter

voleur, -euse /vɔlœʀ, øz/ 1 ADJ être **~** (= *commerçant*) to be a cheat 2 NM,F (= *malfaiteur*) thief; (= *escroc*) swindler; **~ à l'étalage** shoplifter; **au ~!** stop thief!; **~ de voitures** car thief; **se sauver comme un ~** to run off

Volga /vɔlga/ NF Volga

volière /vɔljɛʀ/ NF (= *cage*) aviary

volley /vɔle/, **volley-ball** /vɔlebol/ NM volleyball; **jouer au ~** to play volleyball

volleyer /vɔleje/ /TABLE 1/ VI (*Tennis*) to volley

volleyeur, -euse /vɔlejœʀ, øz/ NM,F (*Volley*) volleyball player; (*Tennis*) volleyer

volontaire /vɔlɔ̃tɛʀ/ 1 ADJ ⓐ (= *voulu*) [*acte, enrôlement*] voluntary; [*oubli*] intentional ⓑ (= *décidé*) [*personne*] headstrong; [*expression, menton*] determined 2 NMF volunteer; **se porter ~ pour qch** to volunteer for sth; **je suis ~** I volunteer

volontairement /vɔlɔ̃tɛʀmã/ ADV ⓐ (= *de son plein gré*) voluntarily ⓑ (= *exprès*) intentionally; **il a dit ça ~** he said it on purpose

volontariat /vɔlɔ̃taʀja/ NM **faire du ~** to do voluntary work

volontariste /vɔlɔ̃taʀist/ ADJ, NMF voluntarist

volonté /vɔlɔ̃te/ NF ⓐ (= *souhait, intention*) wish; (= *faculté*) will; **manifester la ~ de faire qch** to show one's intention to do sth; **accomplir/respecter la ~ de qn** to carry out/respect sb's wishes; **les dernières ~s de qn** the last wishes of sb; **~ de puissance** thirst for power; **~ de guérir/réussir** will to recover/succeed
◆ **à volonté : « café à ~ »** "as much coffee as you like"; **nous avons de l'eau à ~** we have plenty of water; **vin à ~ pendant le repas** unlimited wine with the meal
ⓑ (= *disposition*) **bonne ~** willingness; **mauvaise ~** lack of goodwill; **il a beaucoup de bonne ~ mais peu d'aptitude** he shows great willingness but not much aptitude; **il met de la bonne/mauvaise ~ à faire son travail** he goes about his work willingly/grudgingly; **il fait preuve de bonne/mauvaise ~** he has a positive/negative attitude
ⓒ (= *caractère, énergie*) willpower; **avoir de la ~** to have willpower; **cette femme a une ~ de fer** this woman has a will of iron; **faire preuve de ~** to show willpower

volontiers /vɔlɔ̃tje/ ADV ⓐ (= *de bonne grâce*) gladly; **je l'aiderais ~** I would gladly help him; **voulez-vous dîner chez nous ? — ~** would you like to eat with us? — I'd love to ⓑ (= *naturellement*) readily; **on croit ~ que ...** people are quite ready to believe that ...

volt /vɔlt/ NM volt

voltage /vɔltaʒ/ NM voltage

volte-face /vɔltəfas/ NF INV ⓐ **faire ~** (= *se retourner*) to turn round ⓑ (= *changement d'opinion*) U-turn; **faire une ~** to do a U-turn

voltige /vɔltiʒ/ NF (*Équitation*) trick riding; **~ (aérienne)** aerobatics; **faire de la ~** (*Gym*) to do acrobatics; **(haute) ~** (*Gym*) acrobatics; **c'était un exercice de haute ~ monétaire** it was a financial balancing act

voltiger /vɔltiʒe/ /TABLE 3/ VI to flutter about

voltmètre /vɔltmɛtʀ/ NM voltmeter

volubile /vɔlybil/ ADJ [*personne, éloquence*] voluble

volubilité /vɔlybilite/ NF volubility; **parler avec ~** to talk volubly

volume /vɔlym/ NM volume; **le ~ des exportations/transactions** the volume of exports/trade; **~ sonore** sound level; **augmente le ~ de la radio** turn the radio up; **pour donner du ~ à vos cheveux** to give body to your hair

volumineux, -euse /vɔlyminø, øz/ ADJ bulky; [*courrier*] voluminous

volupté /vɔlypte/ NF (*sensuelle*) sensual delight; (*morale, intellectuelle*) exquisite pleasure

voluptueux, -euse /vɔlyptɥø, øz/ ADJ voluptuous

volute /vɔlyt/ NF (*en architecture*) scroll; [*de fumée*] curl; **en ~** scrolled

vomi /vɔmi/ NM vomit

vomir /vɔmiʀ/ /TABLE 2/ 1 VT ⓐ [+ *aliments, sang*] to vomit ⓑ [+ *lave, flammes*] to belch forth ⓒ (= *détester*) to loathe; **il vomit les intellectuels** he loathes intellectuals 2 VI to be sick; **il a vomi partout** he was sick everywhere; **avoir envie de ~** to feel sick; **c'est à ~** it makes you sick

vomissement /vɔmismã/ NM (= *action*) vomiting (*NonC*); **il a été pris de ~s** he suddenly started vomiting

vont /vɔ̃/ VB → **aller**

vorace /vɔʀas/ ADJ voracious

vos /vo/ ADJ POSS → **votre**

Vosges /voʒ/ NFPL **les ~** the Vosges

vosgien, -ienne /voʒjɛ̃, jɛn/ **1** ADJ of ou from the Vosges **2** NM,F **Vosgien(ne)** inhabitant ou native of the Vosges

votant, e /vɔtɑ̃, ɑ̃t/ NM,F voter

vote /vɔt/ NM ⓐ (= approbation) [de projet de loi] vote (**de** for); [de loi, réforme] passing; [de crédits] voting; **après le ~ du budget** after the budget was voted ⓑ (= suffrage) vote; **le ~ socialiste** the Socialist vote; **~ de confiance** vote of confidence; **~-sanction** protest vote; **~ à main levée** vote by a show of hands; **~ à bulletin secret** secret ballot; **~ par procuration** proxy vote; **~ blanc/nul** blank/spoilt ballot paper; **~ utile** tactical vote; **procéder** ou **passer au ~** to take a vote; **~ électronique** e-voting

voter /vɔte/ /TABLE 1/ **1** VI to vote; **~ à main levée** to vote by a show of hands; **~ à droite** to vote for the right; **~ libéral** to vote Liberal; **~ utile** to vote tactically; **j'ai voté blanc** I cast a blank vote **2** VT (= adopter) [+ projet de loi] to vote for; [+ loi, réforme] to pass; [+ crédits] to vote; **~ la censure** to pass a vote of censure; **~ la reconduction d'une grève** to continue a strike

votre (pl **vos**) /vɔtʀ, vo/ ADJ POSS your; **~ jardin** your garden; **vos amis** your friends → TUTOIEMENT/VOUVOIEMENT

vôtre /votʀ/ **1** PRON POSS

▶ When **vôtre** is a pronoun, it is spelled with a circumflex.

le vôtre ou **la vôtre** yours; **les vôtres** yours; **nos enfants sont sortis avec les ~s** our children are out with yours; **ce sac n'est pas le ~** this bag isn't yours, this isn't your bag; **amicalement ~** best wishes

♦ **à la vôtre!** cheers!

2 NM ⓐ **j'espère que vous y mettrez du ~** I hope you'll do your part

ⓑ ♦ **les vôtres** your family; **nous serons des ~s ce soir** we'll join you tonight

voudrait /vudʀɛ/ VB → **vouloir**

vouer /vwe/ /TABLE 1/ **1** VT ⓐ (= promettre) to vow; **il lui a voué un amour éternel** he vowed her eternal love ⓑ (= consacrer) to devote; **~ son temps à ses études** to devote one's time to one's studies ⓒ (= condamner) to doom; **le projet est voué à l'échec** the project is doomed to failure **2** VPR **se vouer**: **se ~ à une cause** to devote o.s. to a cause

vouloir /vulwaʀ/

/TABLE 31/

1 VERBE TRANSITIF	3 VERBE PRONOMINAL
2 VERBE TRANSITIF INDIRECT	4 NOM MASCULIN

1 VERBE TRANSITIF

ⓐ to want; **~ faire qch** to want to do sth; **il ne veut pas y aller** he doesn't want to go; **il veut absolument un VTT** he's desperate to have a mountain bike; **il veut absolument venir** he's determined to come; **qu'est-ce qu'ils veulent maintenant?** what do they want now?; **il sait ce qu'il veut** he knows what he wants; **il joue bien quand il veut** he plays well when he wants to; **tu l'as voulu** you asked for it; **tu l'auras voulu** it'll have been your own fault; **il en veut*** (= veut réussir) he wants to win; **je ne veux pas qu'il se croie obligé de ...** I don't want him to feel he has to ...; **que lui voulez-vous?** what do you want with him?; **qu'est-ce qu'il me veut, celui-là?*** what does he want from me?; **s'il voulait, il pourrait être ministre** if he wanted to, he could be a minister; **~ qch de qn** to want sth from sb; **que voulez-vous de moi?** what do you want from me?; **~ un certain prix de qch** to want a certain price for sth; **j'en veux 1 000 €** I want 1,000 euros for it ▪ (PROV) **~, c'est pouvoir** ▪ (PROV) **quand on veut, on peut** where there's a will there's a way (PROV)

♦ **vouloir que**: **~ que qn fasse qch/que qch se fasse** to want sb to do sth/sth to be done; **je veux que tu viennes tout de suite** I want you to come at once; **il veut absolument qu'elle parte** he is determined that she should leave; **il ne veut pas qu'elle y aille** he doesn't want her to go

ⓑ = désirer, souhaiter **voulez-vous à boire?** would you like something to drink?; **je voulais vous dire ...** I meant to tell you ...; **elle fait de lui ce qu'elle veut** she does what she likes with him; **il voulait partir hier mais ...** he intended to leave yesterday but ...; **ça te dirait d'aller à la mer? — je veux!**° would you like to go to the seaside? — that would be great!°; **sans ~ vous vexer** no offence meant; **qu'il le veuille ou non** whether he likes it or not; **ça va comme tu veux?*** is everything all right?; **comme tu veux** as you like; **comme vous voulez** as you like; **bon, comme tu voudras** all right, have it your own way; **si tu veux** if you like; **si vous voulez** if you like; **oui, si on veut** (= dans un sens, d'un côté) yes, if you like; **je n'en veux plus** I don't want any more; **est-ce que tu en veux?** [+ gâteau] would you like some?; **sans le ~** unintentionally

♦ **que voulez-vous!** ♦ **qu'est-ce que vous voulez!** what can you do?

♦ **que veux-tu?**: **que veux-tu, c'est comme ça, on n'y peut rien** what can you do? that's the way it is and there's nothing we can do about it; **que veux-tu que je te dise?** what do you want me to say? I lost

ⓒ au conditionnel **je voudrais un stylo** I would like a pen; **je voudrais écrire** I would like to write; **je voudrais qu'il m'écrive** I would like him to write to me; **il aurait voulu être médecin** he would have liked to be a doctor; **je ne voudrais pas abuser** I don't want to impose; **je voudrais bien voir ça!** I'd like to see that!

ⓓ = consentir à **ils ne voulurent pas nous recevoir** they wouldn't see us

♦ **bien vouloir**: **je veux bien le faire** (s'il le faut vraiment) I don't mind doing it; (enthousiaste) I'm happy to do it; **je veux bien qu'il vienne** (s'il le faut vraiment) I don't mind if he comes; (il n'y a pas d'inconvénient) I'm quite happy for him to come; **je voudrais bien y aller** I'd love to go; **tu veux bien leur dire que ...** would you please tell them that ...; **je veux bien encore un peu de café** I'd like some more coffee; **encore un peu de thé? — je veux bien** more tea? — yes, please; **nous en parlerons plus tard, si vous le voulez bien** we'll talk about it later, if you don't mind; **moi je veux bien, mais ...** fair enough°, but ...

ⓔ formules de politesse **voudriez-vous avoir l'obligation** ou **l'amabilité de ...** would you be so kind as to ...; **voudriez-vous fermer la fenêtre?** would you mind closing the window?; **si vous voulez bien me suivre** this way, please

ⓕ ordre **veux-tu te taire!** will you be quiet!; **veuillez quitter la pièce immédiatement** please leave the room at once

ⓖ = essayer de **to try; elle voulut se lever mais elle retomba** she tried to get up but she fell back

ⓗ = s'attendre à **to expect; comment voulez-vous que je sache?** how should I know?; **avec 3 000 € par mois, comment veux-tu qu'elle s'en sorte?** how do you expect her to manage on 3,000 euros a month?; **que voulez-vous qu'on y fasse?** what do you expect us (ou them etc) to do about it?

ⓘ = affirmer **to claim; une philosophie qui veut que l'homme soit ...** a philosophy which claims that man is ...; **la légende veut qu'il soit né ici** according to legend he was born here

ⓙ = requérir **to require; l'usage veut que ...** custom requires that ...; **comme le veut la loi** according to the law; **comme le veut la tradition** according to tradition

ⓚ = faire [destin, sort] **le hasard voulut que ...** as luck would have it ...; **le malheur a voulu qu'il prenne cette route** he had the misfortune to take this road

ⓛ locutions

♦ **en vouloir à qn** to hold something against sb; **les deux frères s'en veulent à mort** the two brothers absolutely hate each other; **en ~ à qn de qch** to hold sth against sb; **il m'en veut beaucoup d'avoir fait cela** he holds a tremendous grudge against me for having done that; **je m'en veux d'avoir accepté** I could kick myself° for agreeing; **ne m'en veuillez pas** don't hold it against me; **ne m'en voulez**

pas* don't hold it against me; **tu ne m'en veux pas?** no hard feelings?; **je ne t'en veux pas** I'm not angry with you
♦ **en vouloir à qch** to be after sth; **il en veut à son argent** he's after her money; **ils en voulaient à sa vie** they wanted him dead; **ils en voulaient à sa réputation** they wanted to ruin his reputation
♦ **vouloir dire** to mean; **qu'est-ce que ça veut dire?** what does this mean?; **ça veut dire qu'il ne viendra pas** it means he won't come

2 VERBE TRANSITIF INDIRECT
♦ **vouloir de qn/qch** to want sb/sth; **je ne veux pas de lui comme chauffeur** I don't want him as a driver; **je l'accompagnerai si elle veut de moi** I'll go with her if she'll have me

3 VERBE PRONOMINAL
se vouloir: ce journal se veut objectif this newspaper claims to be unbiased; **son discours se veut rassurant** what he says is meant to be reassuring

4 NOM MASCULIN
bon ~ goodwill; **attendre le bon ~ de qn** to wait on sb's pleasure; **cette décision dépend du bon ~ du ministre** this decision depends on the minister's goodwill

voulu, e /vuly/ (*ptp de* **vouloir**) ADJ ⓐ (= *requis*) required; **au moment ~** at the required moment; **en temps ~** in due time; **produire l'effet ~** to produce the desired effect ⓑ (= *volontaire*) deliberate; **c'est ~** it's done on purpose

VOUS /vu/ 1 PRON PERS ⓐ you; **~ avez bien répondu tous les deux** you both answered well; **je ~ ai demandé de m'aider** I asked you to help me; **je ~ connais, ~!** I know you!; **~, aidez-moi!** hey you, give me a hand!; **cette maison est-elle à ~?** does this house belong to you?, is this house yours?; **~ ne pensez qu'à ~** you think only of yourself (*ou* yourselves); **de ~ à moi** between you and me; **il me connaît mieux que ~** (*mieux qu'il ne vous connaît*) he knows me better than you; (*mieux que vous ne me connaissez*) he knows me better than you do; **il a fait comme ~** he did the same as you
ⓑ (*verbe pronominal*) **je crois que ~ ~ connaissez** I believe you know each other; **asseyez-~** sit down; **servez-~ donc** do help yourself (*ou* yourselves); **ne ~ disputez pas** don't fight; **~ êtes-~ bien amusés?** did you have a good time?
2 NM **dire ~ à qn** to call sb "vous"; **le ~ est de moins en moins employé** the "vous" form is used less and less frequently → TUTOIEMENT/VOUVOIEMENT

vous-même (*pl* **vous-mêmes**) /vumɛm/ PRON (*une personne*) yourself; (*plusieurs personnes*) yourselves

voûte /vut/ NF vault; (= *porche*) archway; **~ en ogive/en berceau** rib/barrel vault ♦ **la voûte céleste** the vault of heaven ♦ **voûte plantaire** arch of the foot

voûté, e /vute/ ADJ ⓐ [*cave, plafond*] vaulted ⓑ [*dos*] bent; [*personne*] stooped; **avoir le dos ~** to have a stoop

vouvoiement /vuvwamã/ NM addressing sb as "vous"; **entre eux, le ~ reste de rigueur** they still address each other as "vous"

vouvoyer /vuvwaje/ /TABLE 8/ VT **~ qn** to address sb as "vous"

voyage /vwajaʒ/ NM ⓐ journey; (*par mer*) voyage; **le(s) ~(s)** travelling (*Brit*), traveling (*US*); **les ~s le fatiguent** travelling tires him; **le ~ l'a fatigué** the journey tired him; **les ~s de Christophe Colomb** the voyages of Christopher Columbus; **les fatigues du ~** the strain of the journey; **il est en ~** he's away; **lors de notre ~ en Espagne** on our trip to Spain; **~ aller/retour** outward/return journey; **~ d'affaires/d'agrément/d'études** business/pleasure/study trip; **~ d'information** fact-finding trip; **~ autour du monde** round-the-world trip; **faire un ~ autour du monde** to go round the world; **~ de noces** honeymoon; **~ organisé** package tour
ⓑ (= *course*) trip; **faire deux ~s pour transporter qch** to make two trips to transport sth

voyager /vwajaʒe/ /TABLE 3/ VI to travel; **j'ai voyagé en avion/en 1ère classe** I travelled by air/1st class; **aimer ~** to like travelling; **il a beaucoup voyagé** he has travelled a lot;

ces denrées voyagent mal/bien these goods travel badly/well

voyageur, -euse /vwajaʒœʀ, øz/ NM,F traveller (*Brit*), traveler (*US*); **c'est un grand ~** he travels a lot; **~ de commerce** sales representative

voyagiste /vwajaʒist/ NM tour operator

voyait /vwaje/ VB → **voir**

voyance /vwajãs/ NF clairvoyance

voyant, e /vwajã, ãt/ 1 ADJ [*couleurs*] loud 2 NM,F (= *illuminé*) visionary; (= *personne qui voit*) sighted person; **les ~s** the sighted 3 NF **voyante: ~e (extralucide)** clairvoyant 4 NM **~ (lumineux)** indicator light; (*d'alerte*) warning light; **~ d'essence/d'huile** petrol/oil light

voyelle /vwajɛl/ NF vowel

voyeur, -euse /vwajœʀ, øz/ NM,F voyeur; (*qui se cache*) Peeping Tom

voyeurisme /vwajœʀism/ NM voyeurism

voyou /vwaju/ 1 NM ⓐ (= *délinquant*) lout ⓑ (= *garnement, enfant*) rascal; **espèce de petit ~!** you little rascal! 2 ADJ loutish; **un air ~** a loutish manner

VPC /vepese/ NF (ABBR = **vente par correspondance**) mail-order selling

vrac /vʀak/ ♦ **en vrac** LOC ADJ, LOC ADV [*choses*] loose; (= *en désordre*) in a jumble; **«vin en ~»** "bulk wine"; **il a tout mis en ~ dans la valise** he stuffed everything into the case; **il a cité en ~ Hugo, Balzac et Baudelaire** he quoted Hugo, Balzac and Baudelaire at random

vrai, e /vʀɛ/ 1 ADJ ⓐ (= *exact*) true; **ce que tu dis est ~** what you say is true; **tu as peur, pas ~?*** you're scared, aren't you?; **tu veux venir aussi, pas ~?*** you want to come too, don't you?; **c'est pas ~!*** (*dénégation*) it just isn't true!; (*surprise*) I don't believe it!; **c'est pas ~! j'ai encore oublié mes clés!** I don't believe it! I've forgotten my keys again!; **il n'en est pas moins ~ que ...** it's nonetheless true that ...; **ce n'est que trop ~** it's only too true
ⓑ (*avant le nom = réel*) real; **une ~e blonde** a real blonde; **son ~ nom c'est Charles** his real name is Charles; **ce sont ses ~s cheveux** that's his own hair; **lui c'est un cheik, un ~ de ~*** he's a sheik - the real thing*; **un ~ socialiste** a true socialist
ⓒ (*avant le nom: intensif*) real; **c'est une ~e mère pour moi** she's a real mother to me; **un ~ chef-d'œuvre/héros** a real masterpiece/hero; **c'est un ~ fou!** he's completely mad!
2 NM ⓐ (= *vérité*) **le ~** the truth; **il y a du ~ dans ce qu'il dit** there's some truth in what he says; **distinguer le ~ du faux** to distinguish truth from falsehood; **il dit ~** he's right; **à ~ dire** *ou* **à dire ~** to tell the truth
ⓑ (= *réalité*)
♦ **en vrai*** in real life
♦ **pour de vrai*** really; **c'est pour de ~?*** do you (*ou* they etc) really mean it?

vraiment /vʀɛmã/ ADV really; **nous voulons ~ la paix** we really do want peace; **s'aiment-ils ~?** do they really love each other?; **~, il exagère!** really, he's going too far!; **vous trouvez? — ah oui, ~!** do you think so? — oh yes, definitely!

vraisemblable /vʀɛsãblabl/ ADJ [*hypothèse, situation, interprétation*] likely; [*intrigue*] convincing; **peu ~** [*excuse, histoire*] unlikely; **il est (très) ~ que ...** it's (highly) likely that ...

vraisemblablement /vʀɛsãblabləmã/ ADV probably

vraisemblance /vʀɛsãblãs/ NF [*d'hypothèse, interprétation*] likelihood; [*de situation romanesque*] plausibility; **selon toute ~** in all probability

vrille /vʀij/ NF ⓐ [*de plante*] tendril ⓑ (= *outil*) gimlet ⓒ (= *acrobatie*) spin; **descendre en ~** [*avion*] to spiral downwards

vriller /vʀije/ /TABLE 1/ VT to bore into

vrombir /vʀɔ̃biʀ/ /TABLE 2/ VI [*moteur*] to roar; [*insecte*] to buzz; **faire ~ son moteur** to rev one's engine

vrombissement /vʀɔ̃bismã/ NM [*de moteur*] roar; [*d'insecte*] buzzing

vroum /vʀum/ EXCL brum! brum!

VRP /veeʀpe/ NM (ABBR = **voyageur, représentant, placier**) sales rep*

VS (ABBR = **versus**) v

VTT /vetete/ NM (ABBR = **vélo tout-terrain**) mountain bike; **faire du ~** to go mountain biking

vu, e[1] /vy/ (*ptp de* **voir**) 1 ADJ ⓐ (= *compris*)* **c'est vu ?** all right?; **c'est tout vu** it's a foregone conclusion

ⓑ (= *jugé*) **c'était bien vu de sa part** what he said was spot-on*

ⓒ (= *considéré*) **bien vu** [*personne*] well thought of; **mal vu** [*personne*] poorly thought of; **il est mal vu du patron** the boss has a poor opinion of him; **ici c'est bien/mal vu de porter une cravate** it's the done thing/it's not the done thing to wear a tie here

2 NM **au vu et au su de tous** openly and publicly

3 PRÉP in view of; **vu la situation, cela valait mieux** in view of the situation, it was better; **vu que ...*** in view of the fact that ...

vue[2] /vy/ 1 NF ⓐ (= *sens*) sight; **perdre la ~** to lose one's sight; **troubles de la ~** eye trouble; **il a une bonne ~** he has good eyesight; **il a la ~ basse** *ou* **courte** he's short-sighted *ou* near-sighted (*US*); **une politique à courte ~** a short-sighted policy; **don de double ~** gift of second sight

ⓑ (= *regard*) **s'offrir à la ~ de tous** to present o.s. for all to see; **il l'a fait à la ~ de tous** he did it in full view of everybody; **perdre qch/qn de ~** to lose sight of sth/sb; **il ne faut pas perdre de ~ que ...** we mustn't lose sight of the fact that ...; **il lui en a mis plein la ~*** he really impressed her

♦ **à première vue** at first sight

ⓒ (= *panorama*) view; **de cette colline, on a une très belle ~ de la ville** you get a very good view of the town from this hill; **avec ~ imprenable** with an unobstructed view; **ces immeubles nous bouchent la ~** those buildings block our view; **cette pièce a ~ sur la mer** this room has a sea view

ⓓ (= *spectacle*) sight; **la ~ du sang l'a fait s'évanouir** the sight of the blood made him faint

♦ **à la vue de** at the sight of

ⓔ (= *image*) view; **des ~s de Paris** views of Paris

ⓕ (= *conception*) view; **il a une ~ pessimiste de la situation** he has a pessimistic view of the situation; **donner une ~ d'ensemble** to give an overall view; **c'est une ~ de l'esprit** that's a purely theoretical view

ⓖ (*locutions*)

♦ **à vue** [*piloter, atterrir*] visually; [*atterrissage, navigation*] visual; **tirer à ~** to shoot on sight; **naviguer à ~** to navigate

visually; (*fig*) to play it by ear; **à ~ d'œil** (= *rapidement*) before one's very eyes; (= *par une estimation rapide*) at a quick glance; **il maigrit à ~ d'œil** he seems to be getting thinner by the minute*; **à ~ de nez*** roughly*

♦ **de vue** by sight; **je le connais de ~** I know him by sight

♦ **en vue** (= *proche*) in sight; **(bien) en ~** (= *en évidence*) conspicuous; **très/assez en ~** (= *célèbre*) very much/much in the public eye; **il a mis sa pancarte bien en ~** he put his placard in a prominent position; **c'est un des hommes politiques les plus en ~** he's one of the most prominent men in politics; **avoir en ~ de faire qch** to have it in mind to do sth; **il a acheté une maison en ~ de son mariage** he has bought a house for when he's married; **il s'entraîne en ~ du marathon/de devenir champion du monde** he's training with a view to the marathon/to becoming world champion

2 NFPL **vues** ⓐ (= *opinion*) views; **exprimer ses ~s sur un sujet** to voice one's views on a subject

ⓑ (= *projet*) plans; (*sur qn ou ses biens*) designs; **la société a des ~s sur cet immeuble** the company has its eye on that building; **elle a des ~s sur lui** (*pour un projet*) she has her eye on him; (= *elle veut l'épouser*) she has designs on him

vulcanologie /vylkanɔlɔʒi/ NF vulcanology

vulcanologue /vylkanɔlɔg/ NMF vulcanologist

vulgaire /vylgeʀ/ 1 ADJ ⓐ (= *grossier*) [*langage, personne, genre, décor*] vulgar ⓑ (= *usuel, banal*) common; **nom ~** common name ⓒ (*avant le nom* = *quelconque*) ordinary; **c'est un ~ escroc** he's just a crook; **un ~ bout de bois** an ordinary piece of wood 2 NM **le ~** vulgarity; **tomber dans le ~** to lapse into vulgarity; **c'est d'un ~ !** it's so vulgar!

vulgairement /vylgeʀmã/ ADV ⓐ (= *grossièrement*) vulgarly ⓑ (= *couramment*) [*dénommer*] commonly; **ce fruit, appelé** *ou* **que l'on appelle ~ ...** this fruit, commonly known as ...

vulgarisation /vylgaʀizasjɔ̃/ NF popularization; **~ scientifique** scientific popularization; **ouvrage de ~ scientifique** popular science book

vulgariser /vylgaʀize/ /TABLE 1/ VT to popularize

vulgarité /vylgaʀite/ NF vulgarity

vulnérabilité /vylneʀabilite/ NF vulnerability

vulnérable /vylneʀabl/ ADJ vulnerable

vulve /vylv/ NF vulva

vumètre /vymetʀ/ NM recording level gauge

Vve ABBR = **veuve**

W

W (ABBR = **Watt**) W

wagon /vagɔ̃/ NM (*de voyageurs*) carriage (*Brit*), car (*US*) ✦ **wagon à bestiaux** cattle truck ✦ **wagon de marchandises** goods wagon, freight car (*US*)

wagon-citerne (*pl* **wagons-citernes**) /vagɔ̃sitɛʀn/ NM tanker

wagon-lit (*pl* **wagons-lits**) /vagɔ̃li/ NM sleeper (*Brit*), Pullman (*US*)

wagon-restaurant (*pl* **wagons-restaurants**) /vagɔ̃ʀɛstɔʀɑ̃/ NM restaurant car

wallon, -onne /walɔ̃, ɔn/ 1 ADJ Walloon 2 NM (= *langue*) Walloon 3 NM,F **Wallon(ne)** Walloon

Wallonie /walɔni/ NF *French-speaking part of Belgium*

warning /waʀniŋ/ NMPL [*de voiture*] hazard warning lights (*Brit*), hazard lights (*US*)

water-polo /watɛʀpɔlo/ NM water polo

waters† /watɛʀ/ NMPL toilet

watt /wat/ NM watt

WC, W-C /vese/ NMPL (ABBR = **water-closets**) toilet

Web /wɛb/ NM web; **un site** ~ a website

webcam /wɛbkam/ NF webcam

webmaster /wɛbmastœʀ/, **webmestre** /wɛbmɛstʀ/ NM webmaster

week-end (*pl* **week-ends**) /wikɛnd/ NM weekend; **partir en** ~ to go away for the weekend

western /wɛstɛʀn/ NM western; ~-**spaghetti** spaghetti western

whisky (*pl* **whiskies**) /wiski/ NM whisky; ~ **soda** whisky and soda

wifi, **Wi-Fi** /wifi/ NM INV (ABBR = **wireless fidelity**) Wi-Fi

X, x /iks/ NM ⓐ **chromosome X** X-chromosome; **l'axe des x** the x axis; **je te l'ai dit x fois** I've told you umpteen* times; **plainte contre X** action against person or persons unknown; **elle a accouché sous X** she gave her baby up as soon as it was born; **film (classé) X** 18 film (*Brit*), NC-17 film (*US*) ⓑ (= *école*) **l'X** the École Polytechnique

xénophobe /gzenɔfɔb/ 1 ADJ xenophobic 2 NMF xeno-phobe

xénophobie /gzenɔfɔbi/ NF xenophobia

xérès /gzeʀɛs/ NM (= *vin*) sherry

xylographie /gzilɔgʀafi/ NF (= *technique*) xylography; (= *gravure*) xylograph

xylophone /gzilɔfɔn/ NM xylophone

Y

Y¹, y¹ /igʀɛk/ NM **chromosome Y** Y-chromosome; **l'axe des y** the y axis

Y² (ABBR = **yen**) Y

y² /i/ 1 ADV (*indiquant le lieu*) there; **restez-y** stay there; **nous y avons passé deux jours** we spent two days there; **avez-vous vu le film? — j'y vais demain** have you seen the film? — I'm going to see it tomorrow; **j'y suis, j'y reste** here I am and here I stay; **ah! j'y suis!** (= *je comprends*) oh, I understand!; (= *je me rappelle*) oh, I·remember!; **vous y allez, à ce dîner?*** are you going to that dinner then?

2 PRON PERS it; **vous serez là? — n'y comptez pas** will you be there? — I doubt it; **n'y pensez plus** forget it; **à votre place, je ne m'y fierais pas** if I were you I wouldn't trust it; **je n'y suis pour rien** it's nothing to do with me; **je n'y suis pour personne** I'm not in to anyone; **y en a qui exagèrent** some people go too far*; **du pain? y en a pas*** bread? there isn't any

yacht /'jɔt/ NM yacht; **~ de course/croisière** racing/cruising yacht

Yalta /'jalta/ N Yalta; **la conférence/les accords de ~** the Yalta conference/agreement

yaourt /'jauʀt/ NM yogurt; **~ nature/maigre** natural/low-fat yogurt; **~ aux fruits/à la grecque** fruit/Greek yogurt; **~ à boire** yogurt drink

yaourtière /'jauʀtjɛʀ/ NF yogurt-maker

Yémen /'jemɛn/ NM **le ~** the Yemen; **Nord-~** North Yemen; **Sud-~** South Yemen; **au ~** in Yemen

yen /'jɛn/ NM yen

yéti /'jeti/ NM yeti

yeux /'jø/ *pl de* **œil**

yéyé, yé-yé* /'jeje/ ADJ INV **musique ~** *French pop music of the 1960s*; **les années ~** the sixties; **la mode ~** the sixties look

yiddish /'jidiʃ/ ADJ, NM Yiddish

ylang-ylang /ilɑ̃ilɑ̃/ NM ylang-ylang

yoga /'jɔga/ NM yoga; **faire du ~** to do yoga

yogi /'jɔgi/ NM yogi

yogourt, yoghourt /'jɔguʀt/ NM = **yaourt**

Yom Kippour /'jɔmkipuʀ/ NM Yom Kippour

yougoslave /'jugɔslav/ 1 ADJ Yugoslav 2 NMF **Yougoslave** Yugoslav

Yougoslavie /'jugɔslavi/ NF Yugoslavia

youpi /'jupi/ EXCL yippee!

youyou /'juju/ NM (= *bateau*) dinghy

yo-yo, yoyo ® /'jojo/ NM INV yo-yo

yucca /'juka/ NM yucca

Z

Z, z /zɛd/ NM (*lettre*) Z, z

ZAC /zak/ NF (ABBR = **zone d'aménagement concerté**) urban development zone

Zambie /zɑ̃bi/ NF Zambia

zapper /zape/ /TABLE 1/ VI to channel-hop

zapping /zapiŋ/ NM channel-hopping

zazou, e /zazu/ 1 ADJ **la jeunesse ~e** *young jazz-swingers of the 1940s*; **tenue ~e** zoot suit 2 NMF (*péj*) ≈ hepcat*

zèbre /zɛbʀ/ NM (= *animal*) zebra; **un drôle de ~*** an oddball*

zébrer /zebʀe/ /TABLE 6/ VT (*lignes régulières*) to stripe; (*lignes irrégulières*) to streak (**de** with); **ciel zébré d'éclairs** sky streaked with lightning

zébrure /zebʀyʀ/ NF [*d'animal*] stripe; [*de coup de fouet*] weal; (= *éclair*) streak

zébu /zeby/ NM zebu

zèle /zɛl/ NM zeal; **avec ~** zealously; **faire du ~** (*péj*) to be overzealous; **manquer de ~** to lack enthusiasm; **pas de ~!** don't overdo it!; **pousser le ~ jusqu'à faire qch** to go so far as to do sth

zélé, e /zele/ ADJ zealous

zen /zɛn/ 1 ADJ INV Zen; **rester ~*** (= *serein*) to remain unfazed*; **c'est ~, chez lui !** (= *dépouillé*) his place is very minimalist! 2 NM Zen

zénith /zenit/ NM zenith; **le soleil est au ~** the sun is at its height

ZEP /zɛp/ NF (ABBR = **zone d'éducation prioritaire**) *area targeted for special help in education*

zéro /zeʀo/ 1 NM ⓐ (= *chiffre*) zero, nought (*Brit*); **les enfants de ~ à cinq ans** children up to the age of five; **sur une échelle de ~ à dix** on a scale of zero *ou* nought (*Brit*) to ten; **recommencer à ~** to go back to square one; **remettre à ~** [+ *compteur, chronomètre*] to reset; **j'ai dû tout reprendre à ~** I had to start all over again; **les avoir à ~*** to be scared out of one's wits*

ⓑ (*température*) zero; (*en degrés Fahrenheit*) freezing; **trois degrés au-dessus de ~** three degrees above zero; **trois degrés au-dessous de ~** three degrees below zero

ⓒ (*Rugby, Football*) zero, nil (*Brit*), nothing (*US*); (*Tennis*) love; **mener par deux jeux/sets à ~** (*Tennis*) to lead (by) two games/sets to love; **~ à ~** *ou* **partout à la mi-temps** no score at half time; **gagner par deux (buts) à ~** to win two nil (*Brit*) *ou* 2 nothing (*US*)

ⓓ (= *note*) zero, nought (*Brit*); **~ de conduite** bad mark (*Brit*) *ou* grade (*US*) for behaviour; **le gouvernement mérite un ~ pointé** the government deserves nought out of 20

ⓔ (= *personne*)* dead loss*

2 ADJ **~ heure** midnight; (*heure GMT*) zero hour; **~ heure trente** half past midnight; (*heure GMT*) zero thirty hours; **le risque ~ n'existe pas** there's no such thing as zero risk; **taux de croissance ~** zero growth

zeste /zɛst/ NM ⓐ [*de citron, orange*] peel (*NonC*); (*en cuisine*) zest (*NonC*); **avec un ~ de citron** with a piece of lemon peel ⓑ [*d'ironie, folie*] touch; **un ~ d'humour** a touch of humour

zézaiement /zezɛmɑ̃/ NM lisp

zézayer /zezeje/ /TABLE 8/ VI to lisp

ZI /ʒɛdi/ NF (ABBR = **zone industrielle**) industrial estate (*Brit*) *ou* park (*US*)

zibeline /ziblin/ NF sable

zieuter * /zjøte/ /TABLE 1/ VT (*longuement*) to eye; (*rapidement*) to have a squint at*

zigouiller * /ziguje/ /TABLE 1/ VT to do in*; **se faire ~** to get bumped off*

zigzag /zigzag/ NM zigzag; **route en ~** winding road; **il a eu une carrière en ~** he has had a chequered career

zigzaguer /zigzage/ /TABLE 1/ VI to zigzag

Zimbabwe /zimbabwe/ NM Zimbabwe

zinc /zɛ̃g/ NM ⓐ (= *métal*) zinc ⓑ (= *avion*)* plane ⓒ (= *comptoir*)* bar; **boire un coup sur le ~** to have a drink at the bar

zinzin * /zɛ̃zɛ̃/ 1 ADJ nuts* 2 NM (= *fou*) nutcase*

zip ® /zip/ NM 1 (= *fermeture éclair*®) zip (*BRIT*), zipper (*US*) 2 (*Informatique*) **fichier ~** zip file

zippé, e /zipe/ ADJ zip-up

zipper /zipe/ VT (*Informatique*) to zip

zircon /ziʀkɔ̃/ NM zircon

zizanie /zizani/ NF **mettre** *ou* **semer la ~ dans une famille** to stir up ill-feeling in a family; **c'est la ~ au bureau** people are at each others' throats at the office

zizi * /zizi/ NM (*hum, langage enfantin* = *pénis*) willy* (*Brit*), peter* (*US*)

Zodiac ® /zɔdjak/ NM rubber dinghy

zodiacal, e (*mpl* -aux) /zɔdjakal, o/ ADJ [*constellation, signe*] of the zodiac

zodiaque /zɔdjak/ NM zodiac

zombi(e) /zɔ̃bi/ NM zombie

zona /zona/ NM shingles (*sg*); **avoir un ~** to have shingles

zonard, e * /zonaʀ, aʀd/ NM,F (= *marginal*) dropout*

zone /zon/ 1 NF ⓐ zone; (*Transports*) travel zone; **~ d'élevage** (*Agric*) cattle-breeding area; **~ de pêche** fishing zone; **~ d'influence (d'un pays)** sphere of influence (of a country); **la ~ des combats** the combat zone; **~ de haute/basse pression** area of high/low pressure; **dans cette affaire, des ~s d'ombre subsistent encore** some aspects of this business remain very unclear; **de troisième ~** (*fig*) third-rate

ⓑ **la zone*** (= *quartiers pauvres*) the slums; (= *marginalité*) the dropout lifestyle; **c'est la ~!** it's the pits!*; **enlève ce bric-à-brac de ton jardin, ça fait ~*** get rid of that junk in your garden, it looks like a tip *

2 COMP ◆ **zone d'activités** business park ◆ **zone d'aménagement concerté** urban development zone ◆ **zone artisanale** (small) industrial estate (*Brit*) *ou* park ◆ **zone bleue** ≈ restricted parking zone ◆ **zone dangereuse** danger zone ◆ **zone de dépression** *ou* **dépressionnaire** trough of low pressure ◆ **zone de dialogue** (*Informatique*) dialogue box ◆ **zone d'éducation prioritaire** *area targeted for special help in education* ◆ **zone d'environnement pro-**

tégé environmentally protected zone ◆ **zone franche** free zone ◆ **zone frontalière** border area ◆ **zone industrielle** industrial estate (*Brit*) *ou* park (*US*) ◆ **zone interdite** no-go area ◆ **zone libre** (*Hist France*) unoccupied France; **passer/se réfugier en ~ libre** to enter/take refuge in the unoccupied zone ◆ **zone de libre-échange** free trade area ◆ **zone monétaire** monetary zone ◆ **zone occupée** (*Hist France*) occupied zone ◆ **zone piétonne** *ou* **piétonnière** pedestrian precinct ◆ **zone à risque** (*catastrophes naturelles*) disaster-prone area; (*criminalité*) high-risk area ◆ **zone tampon** (*Mil*) buffer zone; (*Informatique*) buffer ◆ **zone de turbulences** (*Aviat*) area of turbulence; (*fig*) trouble spot ◆ **zone urbaine** urban area

zoner /zone/ /TABLE 1/ **1** VT to zone **2** VI [*marginal*]: to bum around:

zoo /zo(o)/ NM zoo

zoologie /zɔɔlɔʒi/ NF zoology

zoologique /zɔɔlɔʒik/ ADJ zoological

zoologiste /zɔɔlɔʒist/, **zoologue** /zɔɔlɔg/ NMF zoologist

zoom /zum/ NM (= *objectif*) zoom lens; **faire un ~ sur** to zoom in on

zoomer /zume/ /TABLE 1/ VI to zoom in (**sur** on)

zou * /zu/ EXCL (**allez**) **~ !** (= *partez*) shoo!*; (= *dépêchez-vous*) get a move on!*

zouave /zwav/ NM **faire le ~*** to play the fool

zoulou, e /zulu/ **1** ADJ Zulu **2** NM (= *langue*) Zulu **3** NM,F **Zoulou(e)** Zulu

zut * /zyt/ EXCL damn!*; **je fais ce que je veux, ~ alors !** I'll do what I want, for goodness' sake!; **et puis ~ à la fin ! j'abandonne !** what the heck*, I give up!

L'ANGLAIS EN ACTION
FRENCH IN ACTION

CONTENTS

TABLE DES MATIÈRES

▼ LIKES, DISLIKES AND PREFERENCES

▶ SAYING WHAT YOU LIKE

J'aime les gâteaux.	*I like ...*
J'aime que les choses soient à leur place.	*I like ...*
J'ai bien aimé le film.	*I liked ...*
J'adore sortir en boîte.	*I love ...*
Ce que j'aime chez Laurent, c'est son enthousiasme.	*What I like ...*
Ce que j'aime par-dessus tout, c'est son sourire.	*What I like most of all is ...*
La visite des vignobles **m'a beaucoup plu.**	*I very much enjoyed ...*
J'ai un faible pour le chocolat.	*I've got a weakness for ...*
Rien ne vaut un bon café.	*You can't beat ...*
Rien de tel qu'un bon bain chaud !	*There's nothing better than*
Le couscous est **mon plat favori.**	*My favourite ...*
La lecture est **une de mes** activités **préférées.**	*... one of my favourite ...*
Cela ne me déplaît pas de sortir seule.	*I quite like ...*

▶ SAYING WHAT YOU DISLIKE

Je n'aime pas le poisson.	*I don't like ...*
Je n'aime pas beaucoup parler en public.	*I'm not very keen on ...*
Je n'aime pas du tout cela.	*I don't like that at all.*
Cette idée **ne m'emballe pas.**	*I'm not crazy about ...*
Je déteste la chimie.	*I hate ...*
J'ai horreur du sport.	*I loathe ...*
Je ne supporte pas qu'on me mente.	*I can't stand ...*
Sa façon d'agir **ne me plaît pas du tout.**	*I don't like ... at all.*
Ce que je déteste le plus, c'est le repassage.	*What I hate most is ...*

▶ SAYING WHAT YOU PREFER

Je préfère le rock à la musique classique.	*I prefer ... to ...*
Je préférerais vivre à Paris.	*I would rather ...*

▶ EXPRESSING INDIFFERENCE

Ça m'est égal.	*I don't mind.*
Je n'ai pas de préférence.	*I have no preference either way.*
C'est comme vous voudrez.	*It's up to you.*
Cela n'a aucune importance.	*It doesn't matter at all.*
Peu importe.	*It doesn't matter.*

USEFUL SENTENCES

▶ ASKING WHAT SOMEONE LIKES

Est-ce que vous aimez les frites ?	*Do you like ...*
Est-ce que vous aimez faire la cuisine ?	*Do you enjoy ...*
Est-ce que cela vous plaît de vivre en ville ?	*Do you like ...*
Qu'est-ce que vous préférez : la mer ou la montagne ?	*Which do you like better ...*
Vous préférez lequel, le rouge ou le noir ?	*Which do you prefer ...*
Est-ce que vous préférez vivre à la campagne ou en ville ?	*Would you rather ...*
Qu'est-ce que vous aimez le plus à la télévision ?	*What do you like best ...*

▼ OPINIONS

▶ ASKING FOR OPINIONS

Qu'en pensez-vous ?	*What do you think?*
Que pensez-vous de sa façon d'agir ?	*What do you think of ...*
Je voudrais savoir ce que vous pensez de son travail.	*I'd like to know what you think of ...*
J'aimerais connaître votre avis sur ce problème.	*I would like to know your views on ...*
Est-ce que vous pourriez me donner votre opinion sur cette émission ?	*What do you think of ...*
Quelle est votre opinion sur la peine de mort ?	*What is your opinion on ...*
À votre avis, les garçons sont-ils meilleurs en sciences ?	*In your opinion ...*
Selon vous, faut-il donner plus de liberté aux jeunes ?	*In your opinion ...*

▶ EXPRESSING OPINIONS

Vous avez raison.	*You are right.*
Il a tort.	*He is wrong.*
Il a eu tort de démissionner.	*He was wrong to ...*
Je pense que ce sera possible.	*I think ...*
Je crois que c'est un peu prématuré.	*I think ...*
Je trouve que c'est normal.	*I think ...*
Personnellement, je pense que c'est trop cher.	*Personally, I think that ...*
Il me semble que vous vous trompez.	*I think ...*
J'ai l'impression que ses parents ne la comprennent pas.	*I get the impression that ...*
Je suis certain qu'il est tout à fait sincère.	*I'm sure ...*
Je suis sûr que Marc va gagner.	*I'm sure ...*

Je suis persuadé qu'il y a d'autres solutions.	*I am convinced that ...*
À mon avis, il n'a pas changé.	*In my opinion ...*
D'après moi, il a fait une erreur.	*In my view ...*
Selon moi, c'est impossible.	*In my view ...*

▶ BEING NONCOMMITTAL

Ça dépend.	*It depends.*
Tout dépend de ce que vous entendez par là.	*It all depends what you mean by that.*
Je n'ai pas d'opinion bien précise à ce sujet.	*I have no particular opinion on this.*
Je ne me suis jamais posé la question.	*I have never thought about it.*

▼ APPROVAL AND AGREEMENT

Je trouve que c'est une excellente idée.	*I think it's an excellent idea.*
Quelle bonne idée !	*What a good idea!*
J'ai beaucoup apprécié son article sur les États-Unis.	*I was very impressed by ...*
C'est une très bonne chose.	*It's a very good thing.*
Je trouve que vous avez raison de vous méfier.	*I think you're right to ...*
Les journaux ont raison de publier ces informations.	*... are right to ...*
Vous avez bien fait de laisser vos bagages à la consigne.	*You were right to ...*
Vous n'avez pas tort de critiquer le gouvernement.	*You're quite justified in ...*
Nous sommes favorables à la création d'emplois.	*We are in favour of ...*
Nous sommes en faveur d'une Europe unie.	*We are in favour of ...*
Il est exact que c'est risqué.	*It is true that ...*
Je suis d'accord avec vous.	*I agree with you.*
Je suis entièrement d'accord avec toi.	*I absolutely agree with you.*

▼ DISAPPROVAL AND DISAGREEMENT

Je trouve qu'il a eu tort d'emprunter autant d'argent.	*I think he was wrong to ...*
Il est dommage qu'il ait réagi ainsi.	*It's a pity that ...*
Cette idée me déplaît profondément.	*I dislike ... intensely.*
Je ne supporte pas le mensonge.	*I can't stand ...*
Nous sommes contre la chasse.	*We are against ...*
Je suis opposé à toute forme de censure.	*I am opposed to ...*

Je ne partage pas ce point de vue.	*I don't agree with this point of view.*
Je suis déçu par son attitude.	*I am disappointed by ...*
Tu n'aurais pas dû lui parler sur ce ton.	*You shouldn't have ...*
Nous ne pouvons accepter de voir la situation se dégrader.	*We can't stand by and ...*
De quel droit agit-il de la sorte ?	*What gives him the right to ...*
Je ne suis pas d'accord.	*I disagree.*
Je ne suis absolument pas d'accord avec ce qu'il a dit.	*I totally disagree with ...*
C'est faux de dire que cette erreur était inévitable.	*It is not true to say that ...*
Vous vous trompez !	*You're wrong!*

▼ APOLOGIES

▶ HOW TO SAY SORRY

Excusez-moi.	*Sorry.*
Excusez-moi de vous déranger.	*Sorry to bother you.*
Oh, pardon ! J'ai dû faire un faux numéro.	*Oh, sorry!*
Je suis désolé de vous avoir réveillé.	*I am sorry I ...*
Je suis désolé pour tout ce qui s'est passé.	*I am sorry about ...*
Je vous prie de m'excuser.	*I do apologize.*

▶ ADMITTING RESPONSIBILITY

C'est (de) ma faute : j'aurais dû partir plus tôt.	*It's my fault, I should have ...*
Je n'aurais pas dû me moquer d'elle.	*I shouldn't have ...*
Nous avons eu tort de ne pas vérifier cette information.	*We were wrong not to ...*
J'assume l'entière responsabilité de cette erreur.	*I take full responsibility for ...*
Si seulement j'avais révisé ma leçon !	*If only I had ...*

▶ DISCLAIMING RESPONSIBILITY

Ce n'est pas (de) ma faute.	*It's not my fault.*
Je ne l'ai pas fait exprès.	*I didn't do it on purpose.*
Je ne pouvais pas faire autrement.	*I had no other option.*
J'avais pourtant cru comprendre que je pouvais me garer là.	*But I thought that ...*
J'avais cru bien faire en le prévenant.	*I thought I was doing the right thing in ...*

▶ **APOLOGIZING FOR BEING UNABLE TO DO SOMETHING**

Je regrette, mais ce n'est pas possible.	*I'm sorry, but ...*
Je suis désolé, mais je ne peux pas vous aider.	*I'm sorry, but ...*
Il **nous est malheureusement impossible** d'accéder à votre demande.	*Unfortunately, we cannot ...*

▼ EXPLANATIONS

▶ **CAUSES**

Je n'ai rien acheté **parce que** je n'ai pas d'argent.	*... because ...*
Je suis arrivé en retard à **cause des** embouteillages.	*... because of ...*
Puisque tu insistes, je t'accompagne.	*Since ...*
Comme j'habitais près du parc, j'y allais souvent.	*As ...*
J'ai réussi à m'en sortir **grâce au** soutien de mes amis.	*... thanks to ...*
Je ne pourrai pas venir **car** je n'ai pas fini.	*... as ...*
Vu la situation actuelle, nous ne pouvons pas nous prononcer.	*Given ...*
Étant donné la crise, il est difficile de trouver du travail.	*Given ...*
C'est une rupture d'essieu **qui a provoqué** le déraillement.	*It was ... that caused ...*
Le théâtre va fermer **faute de** moyens.	*... due to lack of ...*
Le projet a été abandonné **en raison de** problèmes financiers.	*... owing to ...*
Le malaise des enseignants **est lié à** la difficulté de leur métier.	*... is linked to ...*
Le problème vient de ce que les gens ont peur de perdre leur emploi.	*The problem is that ...*
Le ralentissement des exportations **provient de** la chute de la demande européenne.	*... is the result of ...*
La haine **résulte de** l'incompréhension.	*... results from ...*

▶ **CONSEQUENCES**

Je dois partir ce soir. Je ne pourrai **donc** pas venir avec vous.	*... so ...*
La distribution a été améliorée, **de telle sorte que** nos lecteurs trouveront leur journal plus tôt.	*... so that ...*
Les classes sont plus petites et **par conséquent** les élèves ont de meilleurs résultats.	*... consequently ...*
Ce manque de concertation **a eu pour conséquence** une duplication inutile de nos efforts.	*... has resulted in ...*
Voilà pourquoi on s'en souvient.	*That's why ...*

▼ COMPARISONS

On peut comparer la télévision à une drogue.	*... is like ...*
C'est une très belle performance **que l'on peut comparer** à celle des meilleurs athlètes.	*... which can be compared to ...*
Le Centre Pompidou **est souvent comparé** à un paquebot.	*... is often likened to ...*
Le bruit **était comparable** à celui d'une moto dépourvue de silencieux.	*... was like ...*
L'Afrique reste un continent sous-peuplé **comparé à** l'Asie.	*... compared with ...*
Par comparaison avec l'Islande, l'Irlande a un climat tropical.	*Compared to ...*
Les investissements publicitaires ont connu une légère progression **par rapport** à l'année dernière.	*... compared to ...*
Cette histoire **ressemble à** un conte de fées.	*... is like ...*
Il adorait cette campagne qui **lui rappelait** la Bretagne.	*... reminded him of ...*
Des taux de chômage effrayants, **rappelant ceux** des années 30.	*... reminiscent of those ...*
Il me fait penser à mon frère.	*He reminds me of ...*
Le surf des neiges **est l'équivalent** sur neige **de** la planche à roulettes.	*... is the equivalent ... of ...*
Cette somme **correspond** à six mois de salaire.	*... is equivalent to ...*
C'est la même chose.	*It's the same thing.*
Cela revient au même.	*It comes to the same thing.*

► STRESSING DIFFERENCES

Aucune catastrophe **ne peut être comparée** à celle de Tchernobyl.	*No ... can compare with ...*
On ne peut pas comparer les usines modernes à celles où travaillaient nos grands-parents.	*... cannot be compared with ...*
Les actions de ce groupe **n'ont rien de comparable avec** les agissements des terroristes.	*... are in no way comparable to ...*
L'histoire des États-Unis **ne ressemble en rien à** la nôtre.	*... in no way resembles ...*
Il y a des événements **bien plus tragiques que** de perdre une finale de Coupe d'Europe.	*There are much worse things than ...*
Le gruyère **est meilleur que** le comté.	*... is better than ...*
Son deuxième film **est moins** réussi **que** le premier.	*... not as ... as ...*
L'espérance de vie des femmes est de 81 ans, **tandis que** celle des hommes est de 72 ans.	*... while ...*
Alors que la consommation de vin et de bière diminue, l'eau minérale est un marché en expansion.	*While ...*

▼ REQUESTS AND OFFERS

► REQUESTS

Je voudrais trois tartelettes.	*I'd like ...*
Je voudrais connaître les horaires des trains pour Lille.	*I'd like to ...*
Pourriez-vous nous donner un coup de main ?	*Could you ...*
Est-ce que vous pouvez annoncer la bonne nouvelle à Sophie ?	*Can you ...*
Est-ce que vous pourriez venir me chercher ?	*Could you ...*
Sois gentille, fais un saut chez le boulanger.	*Be an angel ...*
Auriez-vous l'amabilité de m'indiquer la sortie ?	*Could you please ...*
Auriez-vous l'obligeance de me garder ma place ?	*Would you be very kind and ...*
Puis-je vous demander de m'accorder un instant ?	*Could I ask you to ...*
Est-ce que cela vous dérangerait d'ouvrir la fenêtre ?	*Would you mind ...*
Je vous serais reconnaissant de me prévenir dès que possible.	*I would be grateful if you would ...*

► OFFERS

Je peux passer vous prendre, si vous voulez.	*I can ... if ...*
Je pourrais vous accompagner.	*I could ...*
Ça te dirait, une glace ?	*Do you feel like ...*
Ça vous dirait d'aller voir un film ?	*Would you like to ...*
Que diriez-vous d'une balade en forêt ?	*Would you like ...*
Est-ce que vous voulez que je vous raccompagne ?	*Do you want me to ...*
Est-ce que vous voulez dîner avec nous un soir ?	*Would you like to ...*

▼ ADVICE AND SUGGESTIONS

► ASKING FOR ADVICE OR SUGGESTIONS

À ma place, que feriez-vous ?	*What would you do, if you were me?*
Quel est votre avis sur la question ?	*What's your opinion about this?*
Qu'est-ce que vous me conseillez, la Corse ou la Sicile ?	*Which would you recommend ...*
Que me conseillez-vous de faire ?	*What would you advise me to do?*
Parmi les excursions proposées, laquelle nous conseilleriez-vous ?	*... which would you recommend?*
Quelle stratégie proposez-vous ?	*What ... do you suggest?*

Que proposez-vous pour réduire la pollution ?

What do you think should be done to ...

Qu'est-ce que vous proposez contre le chômage ?

How would you deal with ...

▶ OFFERING ADVICE OR SUGGESTIONS

À votre place, je me méfierais.

If I were you ...

Si j'étais toi, je ne dirais rien.

If I were you ...

Je peux vous donner un conseil : achetez votre billet à l'avance.

I'd advise you to ...

Un conseil : lisez le mode d'emploi.

A word of advice ...

Un bon conseil : n'attendez pas le dernier moment.

A useful tip ...

Vous devriez voir un spécialiste.

You should ...

Vous feriez bien de consulter un médecin.

You really ought to ...

Vous feriez mieux d'acheter une nouvelle voiture.

You would do better to ...

Vous pourriez peut-être demander à quelqu'un de vous le traduire.

You could perhaps ...

Pourquoi ne pas lui téléphoner ?

Why don't you ...

Il faudrait peut-être essayer autre chose.

Perhaps we ought to ...

Et si on allait au cinéma ?

What about ...

Je vous propose le 3 mars à 10 h 30.

How about ...

Il vaudrait mieux lui offrir de l'argent qu'un bijou.

It might be better to ...

Il serait préférable d'attendre le résultat.

It would be better to ...

▶ WARNINGS

Je vous préviens, je ne me laisserai pas faire.

I warn you ...

Je te préviens que ça ne sera pas facile.

I'd better warn you that ...

N'oubliez pas de conserver le double de votre déclaration d'impôts.

Don't forget to ...

Méfiez-vous des apparences.

Be careful: appearances can be deceptive.

Surtout, n'y allez jamais le samedi.

Whatever you do, don't ...

Si tu ne viens pas, tu risques de le regretter.

... you may ...

▼ INTENTIONS AND DESIRES

▶ ASKING WHAT SOMEONE INTENDS TO DO

Qu'est-ce que vous allez faire ?

What are you going to do?

Qu'est-ce que tu vas faire si tu rates ton examen ?

What will you do if ...

Qu'allez-vous faire en rentrant ? Avez-vous des projets ?

What are you going to do ... Do you have anything planned?

Quels sont vos projets ?	*What are your plans?*
Est-ce que tu **comptes** passer tes vacances ici ?	*Are you planning to ...*
Vous **comptez** rester longtemps ?	*Are you planning on ...*
Que **comptez-vous faire de** votre collection ?	*What are you planning to do with ...*
Comment **comptez-vous faire** ?	*What are you thinking of doing?*
Tu as l'**intention de** passer des concours ?	*Do you intend to ...*
Songez-vous à refaire un film en Europe ?	*Are you thinking of ...*

▶ TALKING ABOUT INTENTIONS

Je **comptais** m'envoler pour Ajaccio le 8 juillet.	*I was planning to ...*
Elle **prévoit de** voyager pendant un an.	*She plans to ...*
Il est **prévu de** construire un nouveau stade.	*There are plans to ...*
Ils **envisagent d'**avoir plusieurs enfants.	*They are thinking of ...*
Cette banque a l'**intention de** fermer un grand nombre de succursales.	*... intends to ...*
Je **songe à** abandonner la compétition.	*I am thinking of ...*
J'ai **décidé de** changer de filière.	*I have decided to ...*
Je suis **décidé à** arrêter de fumer.	*I have made up my mind to ...*
Je me suis **décidé à** y aller.	*I have decided to ...*
C'est **décidé**, nous partons à la campagne.	*That's settled ...*
Il **n'a jamais été dans nos intentions de** lui cacher la vérité.	*We never had any intention of ...*
Il **n'est pas question** pour moi **de** renoncer à ce projet.	*It is out of the question that ...*

▶ WISHES

Je **veux** faire du cinéma.	*I want to ...*
Je **voudrais** savoir jouer du piano.	*I wish ...*
J'**aimerais** faire du deltaplane.	*I'd like to ...*
J'**aimerais que** mes photos soient publiées dans la presse.	*I would like ...*
J'**aurais aimé** avoir un frère.	*I would have liked to ...*
Lionel **voulait à tout prix** partir le soir-même.	*... was desperate to ...*
Nous **souhaitons** préserver notre indépendance.	*We wish to ...*
J'**espère** avoir des enfants.	*I hope to ...*
Nous **espérons que** les enfants regarderont cette émission avec leurs parents.	*We hope that ...*
Vous **rêvez de** faire le tour du monde ?	*Do you dream of ...*
Mon **rêve serait d'**avoir une grande maison.	*My dream would be to ...*

▼ OBLIGATION

Il **faut que je** me trouve un logement.	*I must ...*
Il **faut absolument qu'on** se revoie avant le 23 !	*We really must ...*
Si vous allez en Angleterre, **vous devez** venir nous voir.	*... you must ...*
Le professeur **a exigé qu'**il présente ses excuses à Gaston.	*... insisted that ...*
Ça **me force à** faire de l'exercice.	*... makes me ...*
Une violente crise d'asthme **m'a obligé à** consulter un médecin.	*... forced me to ...*
Je suis obligé de partir.	*I have to ...*
Il est obligé de travailler, il **n'a pas le choix.**	*He has to ... he has no other option.*
On ne peut pas faire autrement que d'accepter.	*You have no choice but to ...*
L'école **est obligatoire** jusqu'à seize ans.	*... is compulsory ...*
Il est indispensable de voyager pour comprendre les autres.	*It is essential to ...*

▼ PERMISSION

▶ ASKING FOR PERMISSION

Je peux téléphoner ?	*Can I ...*
Je peux vous demander quelque chose ?	*Can I ...*
Est-ce que je peux passer vous dire un petit bonjour tout à l'heure ?	*Can I ...*
Ça ne vous dérange pas si j'arrive en avance ?	*Is it alright if ...*
Ça ne vous dérange pas que je fume ?	*Is it okay if ...*
Est-ce que ça vous dérange si j'ouvre la fenêtre ?	*Do you mind if ...*
Vous permettez, Madame, **que** je regarde ce qu'il y a dans votre sac ?	*Would you mind if ...*

▶ GIVING PERMISSION

(Vous) faites comme vous voulez.	*Do as you please.*
Allez-y !	*Go ahead!*
Je n'y vois pas d'inconvénient.	*I don't mind.*
Vous avez le droit de porter plainte.	*You have the right to ...*

▶ SAYING SOMETHING IS NOT ALLOWED

Je te défends de sortir !	*I forbid you to ...*
C'est défendu.	*It's not allowed.*
Il est interdit de fumer dans les toilettes.	*... is forbidden.*

Le travail des enfants **est formellement interdit par** une convention de l'ONU.	*... is strictly forbidden by ...*
Défense d'entrer.	*No entry.*
Stationnement **interdit.**	*No ...*
Interdiction de stationner.	*No ...*
C'est interdit.	*It's not allowed.*
Elle interdit à ses enfants **de** regarder la télévision.	*She doesn't let ...*
Tu n'as pas le droit.	*You're not allowed.*
On n'a pas le droit de manger pendant les cours.	*We aren't allowed to ...*
Il n'en est pas question.	*That's out of the question.*

▼ CERTAINTY, PROBABILITY AND POSSIBILITY

► CERTAINTY

Il est certain qu'il y aura des problèmes.	*Undoubtedly ...*
Il ne fait aucun doute que ce produit connaîtra un réel succès.	*There is no doubt that ...*
Il est évident qu'il traverse une période difficile.	*Clearly ...*
C'est **de toute évidence** la seule chose à faire.	*Quite obviously ...*
Il est indéniable qu'il a eu tort d'agir ainsi.	*Of course ...*
Je suis sûre que mon frère te plaira.	*I am sure that ...*
Je suis sûr de gagner.	*I am sure that I ...*
Je suis certain que nous sommes sur la bonne voie.	*I am certain that ...*
J'ai la certitude qu'en travaillant avec lui, je ne m'ennuierai pas.	*I can be sure that ...*
Je suis persuadé qu'il y a d'autres solutions.	*I am convinced that ...*

► PROBABILITY

Il est probable que le prix du pétrole va continuer d'augmenter.	*... probably ...*
Le taux d'inflation dépassera **très probablement** les 10 %.	*... very probably ...*
80 % des problèmes de peau sont **sans doute** d'origine psychique.	*... probably ...*
Ils avaient **sans doute** raison.	*... no doubt ...*
Les travaux **devraient** débuter au mois d'avril.	*... should ...*
On dirait que tout lui est égal.	*It's as if ...*
Il a dû oublier d'ouvrir les fenêtres.	*He must have ...*

► POSSIBILITY

C'est possible.	*It is possible.*
Il est possible que cela coûte plus cher.	*That might ...*

Il **n'est pas impossible** qu'il soit parti à Paris.	*It is not impossible that ...*
Il **se pourrait que** l'Amérique ait été découverte par des Chinois.	*It is possible that ...*
Il **se peut que** ce virus soit particulièrement virulent.	*... may ...*
En quelques mois tout **peut** changer.	*... could ...*
Il a **peut-être** mal compris.	*Maybe ...*
Peut-être que je me trompe.	*Perhaps ...*

▼ DOUBT, IMPROBABILITY AND IMPOSSIBILITY

► DOUBT

Je ne suis **pas sûr que** ce soit utile.	*I'm not sure ...*
Je ne suis **pas sûr** d'y arriver.	*I'm not sure I'll ...*
Je ne suis **pas certain** d'avoir raison.	*I'm not sure I'm ...*
Il n'est **pas certain que** cela soit une bonne idée.	*I'm not sure that ...*
Il n'est **pas certain qu'**un vaccin puisse être mis au point.	*We can't be sure that ...*
Je me **demande si** nous avons fait beaucoup de progrès dans ce domaine.	*I wonder if ...*
Est-ce sage ? **J'en doute.**	*I doubt it.*
Il se mit à **douter de** la compétence de son médecin.	*... to have doubts about ...*
Je **doute fort qu'**il accepte de rester inactif.	*I very much doubt ...*
On ne **sait pas exactement** ce qui s'est passé.	*Nobody knows exactly ...*

► IMPROBABILITY

Il ne changera **probablement pas** d'avis.	*... probably won't ...*
Il est **peu probable qu'**il reste encore des places.	*It is unlikely that ...*
Ça **m'étonnerait qu'**ils aient ta pointure.	*I'd be surprised if ...*
Il serait **étonnant que** tout se passe comme prévu.	*It would be amazing if ...*
Nous ne **risquons pas de** nous ennuyer.	*There's no danger we ...*
Elles ne **risquent pas de** se faire élire.	*They are not likely to ...*
Il **y a peu de chances que** le taux de croissance dépasse 1,5 %.	*There is not much chance of ...*

► IMPOSSIBILITY

C'est **impossible.**	*It's impossible.*
Il **n'est pas possible qu'**il n'y ait rien à faire.	*It is inconceivable that ...*
Il est **impossible que** ces renseignements soient faux.	*... cannot ...*
Il **n'y a aucune chance qu'**ils viennent à notre secours.	*There is no chance of ...*

▼ GREETINGS

Bonjour !	*Hello!*
Bonsoir !	*Good evening!*
Salut !	*Hi!*
Comment allez-vous ?	*How are you?*
Comment ça va ?	*How's things?*

▶ WHAT TO SAY IN REPLY

Très bien, merci, et vous ?	*Very well, thanks, and you?*
Ça va, et toi ?	*Fine, thanks, and you?*
Super bien !	*Great!*
On fait aller.	*So–so.*
Couci-couça.	*So–so.*

▶ INTRODUCTIONS

Marc, je te présente Charles.	*..., this is ...*
Je vous présente mon amie.	*May I introduce ...*
Je ne crois pas que vous vous connaissez.	*I don't think you know one another.*

▶ REPLYING TO AN INTRODUCTION

Enchanté !	*Pleased to meet you!*
Ravi de faire votre connaissance.	*Pleased to meet you.*
Salut, moi c'est Dominique.	*Hi, I'm ...*

▶ LEAVETAKING

Au revoir !	*Goodbye!*
Bonne nuit !	*Good night!*
Salut !	*Bye!*
À toute !	*See you!*
À bientôt !	*See you later!*
À demain !	*See you tomorrow!*
À la semaine prochaine !	*See you next week!*
À jeudi !	*See you Thursday!*

▶ BEST WISHES

Bon anniversaire !	*Happy Birthday!*
Joyeux Noël !	*Merry Christmas!*
Bonne année !	*Happy New Year!*

Félicitations !	*Congratulations!*
Bon voyage !	*Safe journey!*
Bonne chance !	*Good luck!*
Bienvenue !	*Welcome!*
Amusez-vous bien !	*Have fun!*
Bon appétit !	*Enjoy your meal!*
Santé !	*Cheers!*
À votre santé !	*Cheers!*
Tchin-tchin !	*Cheers!*

▼ CORRESPONDENCE

▶ HOW TO ADDRESS AN ENVELOPE

Monsieur Léon Mougeot
45 avenue de la République
75010 Paris

The postcode comes before the name of the town

▶ STANDARD OPENING AND CLOSING FORMULAE

In personal correspondence

Beginning	End
Cher Monsieur	Je vous envoie mes salutations distinguées *(fairly formal)*
Chers Jean et Sylvie	Bien amicalement
Chère tante Laure	Je t'embrasse bien affectueusement
Mon cher Laurent	Grosses bises *(very informal)*

In formal correspondence

Beginning	End
Monsieur le Directeur	Je vous prie d'agréer, Monsieur le Directeur, l'assurance de ma considération distinguée
Messieurs Monsieur Madame	Je vous prie d'agréer, Messieurs *(or Monsieur or Madame)*, l'assurance de mes sentiments distingués *or* Veuillez accepter, Messieurs *(or Monsieur or Madame)*, l'expression de mes sentiments distingués
Cher Monsieur Chère Madame	Croyez, cher Monsieur *(or chère Madame)*, à l'expression de mes sentiments les meilleurs

▶ STARTING A PERSONAL LETTER

Je te remercie de ta lettre ...

Thank you for your letter ...

J'ai été très content d'avoir de tes nouvelles.

It was lovely to hear from you.

Je suis désolé de ne pas vous avoir répondu plus vite.

I'm sorry I haven't replied sooner.

▶ STARTING A FORMAL LETTER

Suite à ... je vous écris pour ...

Further to ... I am writing to ...

Je vous serais reconnaissant de ...

I would be grateful if you would ...

Je vous prie de ...

Please ...

Nous vous remercions de votre lettre du ...

Thank you for your letter of ...

▶ ENDING A PERSONAL LETTER

Transmettez mes amitiés à Charlotte.

Give my regards to ...

Dis bonjour à Charlotte de ma part.

Say hello to ... for me.

Charlotte t'embrasse.

... sends you her love.

Embrasse Charlotte pour moi.

Give my love to ...

▶ ENDING A FORMAL LETTER

Dans l'attente de votre réponse ...

I look forward to hearing from you.

Je demeure à votre entière disposition pour toute information complémentaire.

I will be happy to supply any further information you require.

Je vous remercie dès à présent de ...

Thank you in advance for ...

▼ THANK YOU LETTER

Address of sender

The town or city from which the letter is being sent is included along with the date. The article **le** precedes the date.

18 School Road
WORCESTER
WR5 2AM

Worcester, le 24 octobre 2000

Chers amis,

Le grand jour, c'était il y a presqu'un mois déjà !
Ce fut une merveilleuse fête et nous étions très
heureux de vous avoir parmi nous.

Nous tenons à vous remercier chaleureusement de
votre gentil cadeau et nous espérons que vous
reviendrez bientôt en Angleterre pour que nous
puissions vous montrer combien cet autocuiseur nous
est utile.

Vous trouverez aussi ci-joint une photo-souvenir.

Nous vous embrassons tous les deux,

Louise et Michel

▼ HOTEL BOOKING

Name and address of addressee

Rebecca Tait
14 Sundown Crescent
POOLEY
CV12 9BQ
Angleterre

Hôtel Renoir
15 rue de Beaumanoir
59000 LILLE
France

Pooley, le 3 novembre 2000

Madame ou Monsieur,

Me rendant à Lille le mois prochain à l'occasion du Salon du Jeu vidéo, j'aimerais réserver une chambre avec salle de bain pour deux nuits, le mercredi 6 et le jeudi 7 décembre 2000.

Je vous saurais gré de me communiquer vos tarifs et de me confirmer que vous avez bien une chambre libre à ces dates.

Je vous prie de croire, Madame, Monsieur, à l'assurance de mes sentiments distingués.

Rebecca Tait

▼ LETTER OF COMPLAINT

M. & Mme Green
3 North Parade
NEWTON
NT2 3HA
Angleterre

Hôtel "Au Bon Accueil"
17 rue Nationale
86000 POITIERS
France

Newton, le 29 décembre 2001

Madame, Monsieur,

Mon mari et moi avons passé la nuit du 23 décembre dans votre hôtel, où nous avions préalablement réservé une chambre. Nous tenons à vous faire savoir que nous avons été très déçus par vos services, en particulier par le bruit – nous avions pourtant demandé une chambre calme – et l'impossibilité de se faire servir un petit déjeuner avant notre départ à 6 h 30.

Cet arrêt dans votre hôtel, qui devait nous permettre de nous reposer au cours d'un long voyage en voiture, n'a fait que nous fatiguer davantage. Sachez que nous envoyons une copie de cette lettre à l'Office du tourisme de Poitiers.

Je vous prie d'agréer, Madame, Monsieur, mes salutations distinguées.

Peter Green

▼ **CURRICULUM VITAE**

CURRICULUM VITÆ

Nom :	SMITH
Prénom :	Mark
Adresse :	44 rue de Vannes
	35000 RENNES
Téléphone :	02 35 92 23 12
Date de naissance :	17.4.78
Nationalité :	anglaise
État civil :	célibataire

DIPLÔMES

1999 : BA Hons. (équivalent licence) en français (2 : 1 = mention bien),
Université de Sheffield, Angleterre

1996 : A levels (équivalent baccalauréat)
Barton Comprehensive School, Newbury, Angleterre :
– Littérature anglaise (A = mention très bien)
– Français (B = mention bien)
– Géographie (B = mention bien)

EXPÉRIENCE PROFESSIONNELLE

Depuis septembre 1999 : Assistant d'anglais, Collège Bourdieu de Rennes

Juillet-août 1998 : Animateur en centre aéré, Shoreham, Sussex, Angleterre

Février-juin 1998 : Enquêteur téléphonique à temps partiel, Soundings Inc, Manchester, Angleterre

AUTRES RENSEIGNEMENTS

Autres langues étrangères : allemand lu, notions d'italien

Permis de conduire

▼ JOB APPLICATION

Mark Smith
44 rue de Vannes
35000 RENNES

> Service du Personnel
> Société Sondmark
> 85 rue de la Liberté
> 35000 RENNES
>
> Rennes, le 30 mars 2000

Madame, Monsieur,

Votre annonce parue dans le journal "Ouest France" du 27 mars concernant un poste d'enquêteur téléphonique de langue anglaise m'a particulièrement intéressé.

J'ai déjà travaillé dans une entreprise de sondage par téléphone en Angleterre et j'aimerais beaucoup renouveler cette expérience professionnelle. Actuellement assistant d'anglais dans un collège de Rennes, je serais disponible à temps partiel jusqu'à la fin de l'année scolaire et à temps plein à partir du mois de juillet.

Je vous prie de trouver ci-joint mon curriculum vitæ et me tiens à votre disposition pour de plus amples informations.

Veuillez agréer, Madame, Monsieur, mes salutations distinguées.

Mark Smith

PJ : CV

▼ E-MAIL

	Nouveau message	
Fichier Edition Affichage Outils	**Composer** Aide Envoyer ✉	
A: hugo@europost.fr	**Nouveau message**	
Cc:	**Répondre**	
Copie cachée:	**Répondre à tous**	
Objet: Warmania	**Faire suivre**	
	Fichier joint	

Salut Hugo !

Tu connais le jeu Warmania ? Je l'ai trouvé sur Internet et il est super. Tu peux le télécharger directement, c'est gratuit.

La boîte qui l'a produit a un site très intéressant. L'adresse est http://www.gamebox. Connecte-toi et on en reparle. Amuse-toi bien !

Bonjour à tes parents et à ta sœur. À bientôt.

Patrick

Fichier	File
Edition	Edit
Affichage	View
Outils	Tools
Composer	Compose
Aide	Help
Envoyer	Send
Nouveau message	New
Répondre	Reply to Sender
Répondre à tous	Reply to All
Faire suivre	Forward
Fichier joint	Attachment
A	To
Cc	Cc
Copie cachée	Bcc (blind carbon copy)
Objet	Subject
De	From
Date	Sent

▼ TELEPHONE

▶ DIFFERENT TYPES OF CALL

Communication locale

Communication interurbaine

Je voudrais appeler Dublin en PCV.

Local call

National call

I want to make a reverse charge call (Brit) to a ... number or I want to call a ... number collect (US).

Comment est-ce que je peux téléphoner à l'extérieur ?

How do I get an outside line?

▶ ASKING FOR INFORMATION

Quel est le numéro des renseignements ?

What is the number for directory enquiries (Brit) or directory assistance (US)?

Je voudrais le numéro de la société Europost, 20 rue de la Marelle, à Pierrefitte.

Can you give me the number of ...

Quel est l'indicatif du Canada ?

What is the code for ...

Quel est le numéro de l'horloge parlante ?

What is the number for the speaking clock?

▶ RECEIVING INFORMATION

Le numéro que vous avez demandé est le 01 32 40 37 12.
(zéro–un trente-deux quarante trente-sept douze)

The number you require is ...

Je regrette, mais il n'y a pas d'abonné à ce nom.

I'm sorry, there's no listing under that name.

Le numéro que vous avez demandé est sur liste rouge.

The number you require is ex-directory (Brit) or unlisted (US).

▶ ANSWERING THE TELEPHONE

Allô, c'est Anne à l'appareil.

C'est moi *or* lui-même (*or* elle-même).

Qui est à l'appareil ?

Hello, it's ... speaking.

Speaking.

Who's speaking?

▶ WHEN YOUR NUMBER ANSWERS

Je voudrais parler à M. Loup, s'il vous plaît

Pourriez-vous me passer le docteur Dubois, s'il vous plaît ?

Could I speak to ..., please?

Could you put me through to ..., please?

Pourriez-vous me passer le poste 52 64, s'il vous plaît ?	*Can I have extension ..., please?*
Je rappellerai dans une demi-heure.	*I'll call back in ...*
Pourriez-vous lui demander de me rappeler à son retour ?	*Would you ask him to ring me when he gets back?*
C'est de la part de qui ?	*Who shall I say is calling?*
Je vous le passe.	*I'm putting you through.*
J'ai un appel de New York pour Mme Thomson.	*I have a call from ... for ...*
J'ai Mlle Martin en ligne.	*I've got ... on the line.*
Le docteur Auvinet est en ligne ; vous patientez ?	*... is on another line. Do you want to wait?*
Ne quittez pas.	*Please hold.*
Ça ne répond pas.	*There's no reply.*
Voulez-vous laisser un message ?	*Would you like to leave a message?*

▶ RECORDED MESSAGES

Le numéro de votre correspondant n'est plus attribué. Veuillez consulter l'annuaire ou votre centre de renseignements.	*The number you have dialled has not been recognized. Please consult the directory or directory enquiries.*
Le numéro de votre correspondant a changé. Veuillez composer désormais le 02 33 42 21 70.	*The number you have dialled has been changed to ...*
Par suite de l'encombrement des lignes, votre appel ne peut aboutir. Veuillez rappeler ultérieurement.	*All the lines are busy right now. Please try again later.*
Bonjour, vous êtes en communication avec le service des ventes. Veuillez patienter, nous allons donner suite à votre appel dans quelques instants.	*Hello, you have reached ... Please wait, your call will be answered shortly.*
Bonjour, vous êtes bien chez M. et Mme Martin. Laissez un message après le bip sonore et nous vous rappellerons dès notre retour. Merci.	*Hello, you are through to ... Leave a message after the tone and we'll get back to you.*

▶ DIFFICULTIES

Je n'arrive pas à avoir le numéro.	*I can't get through.*
Leur téléphone est en dérangement.	*Their phone is out of order.*
Nous avons été coupés.	*We were cut off.*
J'ai dû faire un faux numéro.	*I must have dialled the wrong number.*
La ligne est très mauvaise.	*This is a very bad line.*

▼ GOÛTS ET PRÉFÉRENCES

▶ POUR DIRE CE QUE L'ON AIME

I like cakes.	*J'aime ...*
I like things to be in their proper place.	*J'aime que ...*
I really liked the film.	*J'ai bien aimé ...*
I love going to clubs.	*J'adore ...*
What I like best about Matthew are his eyes.	*Ce que je préfère ...*
What I enjoy most is an evening with friends.	*Ce que j'aime par-dessus tout, c'est ...*
I very much enjoyed the trip.	*... m'a beaucoup plu.*
I've got a weakness for chocolate cakes	*J'ai un faible pour ...*
You can't beat a good cup of tea.	*Rien ne vaut ...*
There's nothing quite like champagne!	*Rien de tel que ...*
My favourite dish is lasagne.	*Mon ... favori ...*
Reading is one of my favourite pastimes.	*... une de mes ... préférées.*
I quite like being alone.	*Cela ne me déplaît pas de ...*

▶ POUR DIRE CE QUE L'ON N'AIME PAS

I don't like fish.	*Je n'aime pas ...*
I don't like him at all.	*Je ne ... aime pas du tout.*
I'm not very keen on horror films.	*Je n'aime pas beaucoup ...*
I'm not crazy about the idea.	*... ne m'emballe pas.*
I hate chemistry.	*Je déteste ...*
I loathe sport.	*J'ai horreur du ...*
I can't stand being lied to.	*Je ne supporte pas que ...*
If there's one thing I hate it's ironing.	*Ce que je déteste le plus, c'est ...*

▶ PRÉFÉRENCES

I prefer pop to classical music.	*Je préfère ... à ...*
I would rather live in Paris.	*J'aimerais mieux ...*

▶ INDIFFÉRENCE

It doesn't matter.	*Peu importe.*
It doesn't matter at all.	*Cela n'a aucune importance.*
I have no particular preference.	*Je n'ai pas de préférence.*
It's up to you.	*C'est comme vous voudrez.*
I don't mind.	*Ça m'est égal.*

▶ POUR DEMANDER À QUELQU'UN CE QU'IL AIME

Do you like chocolate?	*Est-ce que vous aimez ...*
Do you enjoy cooking?	*Est-ce que vous aimez ...*
Which do you prefer: football or cricket?	*Qu'est-ce que vous préférez : ...*
Which would you rather have: the red one or the black one?	*Lequel préférez-vous : ...*
Do you prefer living in the town or in the country?	*Est-ce que vous préférez ...*
What do you like best on television?	*Qu'est-ce que vous aimez le plus ...*

▼ OPINIONS

▶ POUR DEMANDER L'AVIS DE QUELQU'UN

What do you think about it?	*Qu'en pensez-vous ?*
What do you think of his behaviour?	*Que pensez-vous de ...*
I'd like to know what you think of his work.	*Je voudrais savoir ce que vous pensez de ...*
I would like to know your views on this.	*J'aimerais connaître votre avis sur ...*
How do you rate the team's chances of success?	*Quelle est votre opinion sur ...*
Could you give me your opinion on this suggestion?	*Est-ce que vous pourriez me donner votre avis sur ...*
In your opinion, are these worth buying?	*À votre avis ...*
In your view, is this the best thing to do?	*Selon vous ...*

▶ POUR DONNER SON AVIS

You are right.	*Vous avez raison.*
He is wrong.	*Il a tort.*
He was wrong to resign.	*Il a eu tort de ...*
I think it should be possible.	*Je pense que ...*
I reckon it's a bit premature.	*Je crois que ...*
I regard it as quite natural.	*Je trouve que ...*
Personally, I think it's a waste of money.	*Personnellement, je pense que ...*
I'm sure he didn't do it.	*Je suis certain que ...*
I'm convinced that there are other possibilities.	*Je suis persuadé que ...*
In my opinion, he hasn't changed.	*À mon avis ...*
In my view, he's their best player.	*Selon moi ...*

► POUR ÉVITER DE DONNER SON AVIS

It depends.
It all depends on what you mean by patriotism.

I have no opinion on this.
I'd rather not express an opinion.
Actually, I've never thought about it.

Ça dépend.
Tout dépend de ce que vous entendez par ...

Je n'ai pas d'opinion là-dessus.
Je préfère ne pas me prononcer.
À vrai dire, je ne me suis jamais posé la question.

▼ APPROBATION ET ACCORD

What a good idea!
I think it's an excellent idea.

It's a very good thing.
It was a good idea to leave your bags in left-luggage.
I agree with you.
I totally agree with you.

I share this view.
I was very impressed by his speech.
I think you're right to be cautious.

You're quite justified in complaining.
Third World countries rightly believe that most pollution comes from developed countries.
We support the creation of jobs.
They are in favour of a united Europe.
It is true that mistakes were made.

Quelle bonne idée !
Je trouve que c'est une excellente idée.

C'est une très bonne chose.
C'était une bonne idée de ...

Je suis d'accord avec vous.
Je suis entièrement d'accord avec toi.

Je partage cette opinion.
J'ai beaucoup apprécié ...
Je trouve que vous avez raison de ...

Vous avez bien raison de ...
... estiment à juste titre que ...

Nous sommes favorables à ...
Ils sont pour ...
Il est vrai que ...

▼ DÉSAPPROBATION ET DÉSACCORD

I don't think he should have borrowed so much money.
It's a pity that you didn't tell me.
It is unfortunate that they allowed this to happen.
I dislike the idea intensely.
I can't stand lies.
I am against hunting.

Je trouve qu'il a eu tort de ...

Il est dommage que ...
Il est regrettable qu' ...
... me déplaît profondément.
Je ne supporte pas ...
Je suis contre ...

I am opposed to age limits.	*Je suis opposé à ...*
I don't go along with this point of view.	*Je ne partage pas ce point de vue.*
I am disappointed by his attitude.	*Je suis déçu par ...*
You shouldn't have said that.	*Tu n'aurais pas dû ...*
What gives him the right to act like this?	*De quel droit ...*
I disagree.	*Je ne suis pas d'accord.*
I don't agree with them.	*Je ne suis pas d'accord avec ...*
I totally disagree with what he said.	*Je ne suis absolument pas d'accord avec ...*
It is not true to say that the disaster was inevitable.	*C'est faux de dire que ...*
You are wrong!	*Vous vous trompez !*

▼ EXCUSES

▶ POUR S'EXCUSER

Sorry.	*Excusez-moi.*
Oh, sorry! I've got the wrong number.	*Oh, pardon !*
Sorry to bother you.	*Excusez-moi de vous déranger.*
I'm sorry I woke you.	*Je suis désolé de ...*
I'm terribly sorry about the misunderstanding.	*Je suis navré de ...*
I do apologize.	*Je vous prie de m'excuser.*

▶ POUR ASSUMER LA RESPONSABILITÉ DE CE QUI S'EST PASSÉ

It's my fault; I should have left earlier.	*C'est ma faute : j'aurais dû ...*
I shouldn't have laughed at her.	*Je n'aurais pas dû ...*
It was a mistake not to check this information.	*C'est une erreur de ne pas ...*
I take full responsibility for what I did.	*J'assume l'entière responsabilité de ...*
If only I had done my homework!	*Si seulement j'avais ...*

▶ POUR NIER TOUTE RESPONSABILITÉ

It's not my fault.	*Ce n'est pas ma faute.*
Don't blame me if we're late.	*Ce ne sera pas ma faute si ...*
I didn't do it on purpose.	*Je ne l'ai pas fait exprès.*
I couldn't help it.	*Je n'ai pas pu faire autrement.*
But I thought that it was okay to park here.	*J'avais cru comprendre que ...*
I thought I was doing the right thing.	*J'avais cru bien faire.*

▶ **POUR EXPRIMER SES REGRETS**

I'm **sorry, but** it's impossible.	*Je regrette, mais ...*
I'm **afraid** we're fully booked.	*Je regrette, mais ...*
Unfortunately we cannot do what you ask.	*Il nous est malheureusement impossible de ...*

▼ EXPLICATIONS

▶ **CAUSES**

I didn't buy anything **because** I had no money.	*... parce que ...*
I arrived late **because of** the traffic.	*... à cause de ...*
Since you insist, I'll come with you.	*Puisque ...*
As I lived near the library, I used it a lot.	*Comme ...*
I got through it **thanks to** the support of my friends.	*... grâce à ...*
Given the present situation, finding a job will be difficult.	*Vu ...*
Considering how many problems we had, we did well.	*Étant donné ...*
He resigned **for** health **reasons.**	*... pour des raisons de ...*
The theatre is closing, **due to lack of** funds.	*... faute de ...*
The project was abandoned **owing to** financial problems.	*... en raison de ...*
Many cancers **are linked to** smoking.	*... sont dus à ...*
The drop in sales **is the result of** high interest rates.	*... est due à ...*
The quarrel **resulted from** a misunderstanding.	*... a pour origine ...*

▶ **CONSÉQUENCES**

I have to leave tonight; **so** I can't come with you.	*... donc ...*
Distribution has been improved **so that** readers now get their newspaper earlier.	*... de telle sorte que ...*
Classes are very small and **consequently** pupils tend to do better.	*... par conséquent ...*
More speed traps **resulted in** less speeding.	*... a eu pour conséquence ...*
That's why they are easy to remember.	*Voilà pourquoi ...*

▼ COMPARAISONS

Gambling **is like** a drug.	*... est comme ...*
The gas has a smell **similar to** rotten eggs.	*... semblable à ...*
The noise **was comparable to** that of a large motorbike.	*... était comparable à ...*

Africa is still underpopulated **compared with** Asia.   *... comparé à ...*

The rate of inflation increased slightly, **compared to** the previous year.   *... par rapport à ...*

What is so special about a holiday in Florida **as compared to** one in Spain?   *... par rapport à ...*

He loved this countryside, which **reminded him of** Ireland.   *... lui rappelait ...*

Frightening levels of unemployment, **reminiscent of those** of the 30s.   *... rappelant ceux ...*

This sum **is equivalent to** six months' salary.   *... correspond à ...*

It comes to the same thing in terms of calories.   *Ça revient au même ...*

▶ **POUR SOULIGNER UNE DIFFÉRENCE**

No disaster **can compare with** Chernobyl.   *Aucune ... ne peut être comparée à ...*

Modern factories **cannot be compared with** those our grandparents worked in.   *On ne peut pas comparer ... à ...*

The taste of mangoes **is totally different from** that of apricots.   *... n'a rien à voir avec ...*

The history of the United States **is not at all like** our own.   *... ne ressemble en rien à ...*

This film **is not as good as** his first one.   *... est moins ... que ...*

Women's life expectancy is 81 years, **while** is 72.   *... tandis que ...*

▼ DEMANDES ET PROPOSITIONS

▶ **DEMANDES**

I'd **like** another beer.   *Je voudrais ...*

I'd **like to** know the times of trains to Edinburgh.   *Je voudrais ...*

Could you give us a hand?   *Pourriez-vous ...*

Can you tell Eleanor the good news?   *Est-ce que vous pouvez ...*

Could you please not mention this to anyone?   *Auriez-vous l'obligeance de ...*

Could I ask you for a few minutes of your time?   *Puis-je vous demander ..*

Be a darling, pop to the baker's for me.   *Sois gentil ...*

If you wouldn't mind waiting for a moment.   *Merci de bien vouloir ...*

Would you mind opening the window?   *Est-ce que cela vous dérangerait de ...*

Would you be very kind and save my seat for me?   *Auriez-vous l'obligeance de ...*

I would be grateful if you could reply as soon as possible.   *Je vous serais reconnaissant de ...*

► PROPOSITIONS

I can come and pick you up if you like.	*Je peux ... si vous voulez.*
I could go with you.	*Je pourrais ...*
Do you fancy a drink?	*Tu aimerais ...*
How about something to eat?	*Que diriez-vous de ...*
Would you like to see my photos?	*Ça vous dirait de ...*
Do you want me to go and get your coat?	*Est-ce que vous voulez que ...*

▼ CONSEILS ET SUGGESTIONS

► POUR DEMANDER CONSEIL

What would you do, if you were me?	*À ma place, que ferais-tu ?*
What's your opinion on this?	*Quel est votre avis sur la question ?*
What do you think should be done to reduce pollution?	*Que proposez-vous pour ...*
What would you advise?	*Que me conseillez-vous ?*
What would you advise me to do?	*Que me conseillez-vous de faire ?*
Which would you recommend, Majorca or Ibiza?	*Qu'est-ce que tu me conseilles ...*
What strategy do you suggest?	*Quelle ... proposez-vous ?*
How would you deal with unemployment?	*Qu'est-ce que vous proposez contre ...*

► POUR DONNER UN CONSEIL

If I were you I wouldn't say anything.	*À ta place ...*
Take my advice, buy your tickets in advance.	*Je vous conseille de ...*
A word of advice: read the instructions.	*Un conseil ...*
A useful tip: book well in advance.	*Un bon conseil ...*
As you like languages, you ought to train as a translator.	*... tu devrais ...*
You should see a specialist.	*Vous devriez ...*
It would be a good idea to see a solicitor.	*Vous feriez bien de ...*
You would do better to spend the money on a new bike.	*Tu ferais mieux de ...*
You could perhaps ask someone to go with you.	*Vous pourriez peut-être ...*
You could try being a little more understanding.	*Vous pourriez ...*
Perhaps you should speak to your teacher about it.	*Il faudrait peut-être que tu ...*
Perhaps we ought to try a different approach.	*Nous devrions peut-être ...*

Why don't you phone him?	*Pourquoi ne pas ...*
Shall we rent a video?	*Et si on ...*
How about 3 March at 10.30am?	*... ça vous va ?*
It might be better to give her money rather than jewellery.	*Il vaudrait peut-être mieux ...*
It would be better to wait a bit.	*Il serait préférable de ...*

▶ MISES EN GARDE

I warn you, I intend to get my own back.	*Je vous préviens ...*
Be warned, he knows you did it!	*Je te préviens ...*
Don't forget to keep a copy.	*N'oubliez pas de ...*
Be careful: appearances can be deceptive.	*Méfiez-vous des apparences.*
Beware of buying tickets from touts.	*Attention ...*
Whatever you do, don't leave your camera in the car.	*Surtout, ne ... jamais ...*
If you don't book early you may be disappointed.	*... tu risques de ...*

▼ INTENTIONS ET SOUHAITS

▶ POUR DEMANDER À QUELQU'UN CE QU'IL COMPTE FAIRE

What are you going to do?	*Qu'est-ce que vous allez faire ?*
What will you do if you fail your exams?	*Qu'est-ce que tu vas faire si ...*
Do you have anything planned?	*Avez-vous des projets ?*
Can we expect you next Sunday?	*On compte sur vous ...*
Are you planning to spend all of your holiday here?	*Est-ce que tu comptes ...*
Are you going to stay long?	*Vous comptez ...*
What are you planning to do with your collection?	*Que comptez-vous faire de ...*
What are you thinking of doing?	*Que comptez-vous faire ?*
Do you intend to go into teaching?	*Est-ce que tu as l'intention de ...*
Are you thinking of making another film in Europe?	*Songez-vous à ...*

▶ POUR DIRE CE QU'ON A L'INTENTION DE FAIRE

I'm going to leave on 8 July.	*Je compte ...*
She plans to go to India for a year.	*Elle prévoit de ...*
There are plans to build a new stadium.	*Il est prévu de ...*
The bank intends to close a hundred branches.	*... a l'intention de ...*
I am thinking of giving up karate.	*Je songe à ...*
I have decided to get a divorce.	*J'ai décidé de ...*

I have made **made up my mind to** stop smoking.   *Je suis décidé à ...*
That's **settled**, we'll go to Florida in May.   *C'est décidé ...*
For me, living abroad **is out of the question**.   *Il n'est pas question ... de ...*

▶ SOUHAITS

I'd **like to** go hang-gliding.   *J'aimerais ...*
I **would like** my story to be published.   *J'aimerais que ...*
I **want to** act.   *Je veux ...*
Ian **wanted at all costs** to prevent his boss finding out.   *... voulait à tout prix ...*
We **wish to** preserve our independence.   *Nous souhaitons ...*
I **hope to** have children.   *J'espère ...*
We **hope that** this information will be useful.   *Nous espérons que ...*
I **wish I could** play as well as him.   *Je voudrais ...*
I **wish I'd** had a brother.   *J'aurais aimé ...*
Do you dream of winning the lottery?   *Tu rêves de ...*

▼ OBLIGATION

I **must** find somewhere to live.   *Il faut que je ...*
My mother **makes me** eat spinach.   *... me force à ...*
The hijackers **demanded that** the plane fly to New York.   *... ont exigé que ...*
A broken leg **forced me to** cancel my holiday.   *... m'a obligé à ...*
He **had to** borrow more and more money.   *... a été obligé de ...*
School is **compulsory** until the age of sixteen.   *... est obligatoire ...*
To understand the situation, **it is essential to** know some history.   *... il est indispensable de ...*
Mary **had no choice but to** invite him.   *... n'a pas pu faire autrement que de ...*

The only thing you can do is say no.   *Tu ne peux pas faire autrement que de ...*

Many mothers **have to** give up their jobs; **they have no other option.**   *... sont obligées de ... elles n'ont pas le choix.*

▼ PERMISSION

▶ POUR DEMANDER LA PERMISSION DE FAIRE QUELQUE CHOSE

Could I use the phone?   *Je peux ...*

Can I ask you something?	*Je peux ...*
Is it okay if I come now?	*Ça ne vous dérange pas si ...*
Do you mind if I open the window?	*Est-ce que ça vous dérange si ...*
Would you mind if I had a look at your paper?	*Je peux ...*
Could I have permission to leave early?	*Est-ce que je peux vous demander la permission de ...*

▶ AUTORISATION

Do as you please.	*Faites comme vous voulez.*
That's all right, carry on!	*Allez-y !*
Go ahead!	*Allez-y !*
No, of course I don't mind.	*Bien sûr que non.*
I have nothing against it.	*Je n'y vois pas d'inconvénient.*
Pupils **are allowed to** wear what they like.	*... ont le droit de ...*

▶ DÉFENSE

You **are not to** go out!	*Je te défends de ...*
It's forbidden.	*C'est interdit.*
Smoking in the toilet **is forbidden.**	*Il est interdit de ...*
Child labour is **strictly forbidden by** a UN convention.	*... formellement interdit par ...*
No entry!	*Défense de ...*
No parking.	*... interdit.*
It's not allowed.	*C'est interdit.*
You **are not allowed to** swim in the lake.	*Il est interdit de ...*
That's out of the question.	*Il n'en est pas question.*

▼ CERTITUDE, PROBABILITÉ ET POSSIBILITÉ

▶ CERTITUDE

There **are sure to be** problems.	*Il y aura sûrement ...*
The country's image has **undoubtedly** suffered.	*... indéniablement ...*
It's **bound to** cause trouble.	*Cela va sûrement ...*
The company is **obviously** in difficulties.	*Il est évident que ...*
It is **undeniable that** she was partly to blame.	*Il est indéniable que ...*
I am **sure** you will like my brother.	*Je suis sûre que ...*
I am **certain that** we are on the right track.	*Je suis certain que ...*
I am **convinced that** there are other possibilities.	*Je suis persuadé que ...*

▶ PROBABILITÉ

The price of petrol will **probably** rise.	*Il est probable que ...*
Inflation will **very probably** exceed 10%.	*... très probablement ...*
They are **very likely to** abandon the project.	*Il est fort probable qu'ils ...*
They were **no doubt** right.	*... sans doute ...*
The construction work **should** start in April.	*... devrait ...*
He **must have** forgotten to open the windows.	*Il a dû ...*

▶ POSSIBILITÉ

It's **possible**.	*C'est possible.*
They **could have** got your name from the electoral register.	*Il est possible qu'ils aient...*
That **might be** more expensive.	*Il se peut que ...*
He **may have** misunderstood.	*... peut-être ...*
It **may** take time to achieve peace.	*Il se peut que ...*
In a few months everything **could** change.	*... peut ...*
Perhaps I am mistaken.	*Peut-être que ...*

▼ INCERTITUDE, IMPROBABILITÉ ET IMPOSSIBILITÉ

▶ INCERTITUDE

I'm not sure it's worth it.	*Je ne suis pas sûr que ...*
We cannot be sure that the problem will be solved.	*Il n'est pas sûr que ...*
Is it wise? **I doubt it.**	*J'en doute.*
He began to **have doubts about** his doctor's competence.	*... douter de ...*
I wonder if we're doing the right thing.	*Je me demande si ...*
There is no guarantee that a vaccine can be developed.	*Il n'est pas certain que ...*
Nobody knows exactly what happened.	*Personne ne sait exactement ...*

▶ IMPROBABILITÉ

He **probably won't** come.	*... ne ... probablement pas ...*
It is **unlikely that** there'll be any tickets left.	*Il est peu probable que ...*
I'd be surprised if they had your size.	*Ça m'étonnerait que ...*
They are **not likely to** be elected.	*Ils ne risquent pas de ...*
There is **not much chance** he'll succeed.	*Il y a peu de chances que ...*
There's **no danger** we'll get bored.	*Nous ne risquons pas de ...*

It would be amazing if everything went according to plan. | Il serait étonnant que ...

▶ IMPOSSIBILITÉ

It's impossible. | C'est impossible.
It is not possible for them to come earlier. | Il leur est impossible de ...
This number cannot be right. | ... ne peut pas ...
There is no chance of their helping us. | Il n'y a aucune chance que ...

▼ SALUTATIONS

Hello! | Bonjour !
Hi! | Salut !
Good morning! | Bonjour !
Good afternoon! | Bonjour !
Good evening! | Bonsoir !
How's it going? | Comment ça va ?
How's things? | Comment ça va ?
How are you? | Comment allez-vous ?

▶ RÉPONSES

Very well, and you? | Très bien, merci, et vous ?
Fine, thanks. | Bien, merci.
Great! | Super bien !
So-so. | Comme ci comme ça.
Not too bad. | Ça va.

▶ PRÉSENTATIONS

This is Charles. | Je te présente ...
Let me introduce you to my girlfriend. | Je vous présente ...
I'd like you to meet my boyfriend. | Je vous présente ...
I don't believe you know one another. | Je ne crois pas que vous vous connaissez.

▶ UNE FOIS QU'ON A ÉTÉ PRÉSENTÉ

Pleased to meet you. | Enchanté.
Hello, how do you do? | Enchanté de faire votre connaissance.

Hi, I'm Jane. | Salut, moi c'est ...

▶ POUR PRENDRE CONGÉ

Bye!	*Au revoir !*
Goodbye!	*Au revoir !*
Good night!	*Bonne nuit !*
Take care!	*Au revoir !*
See you!	*Ciao !*
See you later!	*À tout à l'heure !*
See you soon!	*À bientôt !*
See you tomorrow!	*À demain !*
See you next week!	*À la semaine prochaine !*
See you Thursday!	*À jeudi !*

▶ VŒUX ET FÉLICITATIONS

Happy Birthday!	*Bon anniversaire !*
Many happy returns!	*Bon anniversaire !*
Merry Christmas!	*Joyeux Noël !*
Happy New Year!	*Bonne année !*
Congratulations!	*Félicitations !*
Welcome!	*Soyez le(s) bienvenu(s) !*
Good luck!	*Bonne chance !*
Safe journey!	*Bon voyage !*
Have fun!	*Amusez-vous bien !*
Get well soon!	*Bon rétablissement !*
Cheers!	*Santé !*

▼ CORRESPONDANCE

▶ ADRESSES BRITANNIQUES

Le code postal vient après le nom de la ville ou du département

Ms J.M. Mackintosh
129 Strathmore Ave
EDINBURGH
EH11 2AD
UK

▶ ADRESSES AMÉRICAINES

MARK SMITH
968 MICHIGAN ST
SEATTLE WA   98060-1024
USA

Le code postal vient après le nom de la ville et de l'État

▶ LES FORMES D'ADRESSE ET LES FORMULES DE POLITESSE

Les lettres personnelles

Début de lettre	*Fin de lettre*
Dear Mr and Mrs Roberts	Yours *(assez soutenu)*
Dear Kate and Jeremy	With best wishes
Dear Aunt Jane and Uncle Alan	Love from
Dear Granny	Lots of love from *(familier)*

Les lettres d'affaires

Début de lettre	Fin de lettre
Dear Sirs Dear Sir Dear Madam Dear Sir or Madam	Yours faithfully
Dear Professor Meldrum Dear Ms Gilmour	Yours sincerely

▶ POUR COMMENCER UNE LETTRE PERSONNELLE

It was lovely to hear from you. — *Cela m'a fait plaisir d'avoir de vos nouvelles.*

Thank you for your letter. — *Merci pour ta lettre.*

I'm sorry I haven't written sooner. — *Je suis désolé de ne pas t'avoir écrit plus tôt.*

▶ POUR COMMENCER UNE LETTRE D'AFFAIRES

Thank you for your letter of ... — *Je vous remercie de votre lettre du ...*

In reply to your letter of ... — *En réponse à votre lettre du ...*

With reference to ... — *Suite à ...*

We are writing to you to ... — *Nous vous écrivons pour ...*

We are pleased to inform you ... — *Nous avons le plaisir de vous informer ...*

We regret to inform you ... — *Nous sommes au regret de vous informer ...*

▶ POUR TERMINER UNE LETTRE PERSONNELLE

Write soon. — *Écris-moi vite.*

Give my regards to Sarah. — *Transmettez mes amitiés à ...*

Sarah sends her best wishes. — *... me charge de transmettre ses amitiés.*

Give my love to Sarah. — *Embrasse ... de ma part.*

▶ POUR TERMINER UNE LETTRE D'AFFAIRES

I look forward to hearing from you. — *Dans l'attente de votre réponse.*

Thanking you in advance for your help. — *En vous remerciant à l'avance pour votre aide.*

If you require any further information please do not hesitate to contact me. — *N'hésitez pas à me contacter pour toute information complémentaire.*

▼ LETTRE DE REMERCIEMENT

Adresse de l'expéditeur

18 rue Lepic
71930 CIGNAC

25 May 2000

Dear Kate and Jim,

Thank you both very much for the CDs which you sent me for my birthday. They are two of my favourite groups and I'll really enjoy listening to them.

There's not much news here. I seem to be spending most of my time studying for my exams which start in two weeks. I'm hoping to pass all of them but I'm not looking forward to the Maths exam as that's my worst subject.

Mum says that you're off to Crete on holiday next week, so I hope that you have a great time and come back with a good tan.

Thomas sends his love.

With love from

Marie

▼ POUR RÉSERVER UNE CHAMBRE D'HÔTEL

23 avenue de Paris
93132 FRONTON
France

14 June 2000

Mrs Elaine Crawford
Poppywell Cottage
WESTLEIGH
DV3 8SP
England

Nom et adresse du destinataire

Dear Mrs Crawford,

My sister stayed with you last year and has highly recommended your guest house.

I would like to reserve a room for one week from 18 to 24 August of this year. I would be grateful if you would let me know how much this would be for two people, and whether you have a double room free on those dates.

I hope to hear from you soon.

Yours sincerely

On utilise cette formule lorsque l'on connaît le nom du destinataire

Émilie Lannay

▼ LETTRE DE RÉCLAMATION

Alice Aubeuf
Les Glycines
12 chemin des Écoliers
87430 CERGY-LES-VOIS
France

Park House B&B
134 New Road
STOKELEY
Shropshire
SY19 0BU

11 July 2001

Dear Madam

My husband and I spent a night in your guesthouse last week. It was a very disappointing experience. The bed was uncomfortable, the bathroom had not been cleaned properly, and we were kept awake by the noise of traffic. You assured us that the room was quiet.

The amount you charged us was more than we have paid in any other B&B, which was particularly unreasonable, since we had no breakfast because you would not serve us before 7.30am, and we needed to leave earlier than this.

I shall be sending a copy of this letter to the B&B guide where we found your name.

Yours faithfully

Alice Aubeuf

On utilise cette formule lorsque l'on ne connaît pas le nom du destinataire

▼ CURRICULUM VITÆ

CURRICULUM VITAE

Name: Claudine Martinon

Address: Le Clos des Papillons
13678 Villecroze
France

Telephone: +02 91 92 45 12

E-mail: vignoblevillecroze@hotmail.com

Date of Birth: 17.4.77

Nationality: French

Marital Status: single

QUALIFICATIONS

1999   Summer Course, School of Wine, Suze-la-Rousse, France

1999   Degree in languages (English and German) from the University of Aix-en-Provence, France

1995   Baccalauréat (equivalent to A levels)

EXPERIENCE

1998   During summer holidays: worked in "Les Trois Gouttes", a restaurant in Aix-en-Provence

1997   Camp counselor, Forest Summer Camp, Heyton, West Virginia, USA

1995-1996   Worked in family's wine shop, selling wine to foreign tourists. Also dealt with local restaurateurs

OTHER SKILLS

Computer literate. Driving licence.

▼ LETTRE DE CANDIDATURE

Claudine Martinon
Le Clos des Papillons
13678 VILLECROZE
France

18 April 2000

The Manager
La Fourchette
Clifton Passage
WELLS
LL33 0BU

Dear Sir or Madam

With reference to your advertisement in the Guardian of 15 April, I would like to apply for the job as wine waiter. I have just graduated from university in Aix-en-Provence, where I studied languages. I am well informed about wines, since my family has a vineyard in Villecroze. In the university holidays I often worked in our own wine shop, where visitors are able to taste our wines. I therefore have plenty of experience of talking to people about wine, in English, French and German. I also have experience of working as a waitress: last year I worked for three months at a well-known restaurant in Aix-en-Provence (Les Trois Gouttes). The manager would be pleased to give me a reference.

I would like to work in England as I am interested in finding out about British tastes in wine. I would particularly like to work in your restaurant, which has such a good reputation.

Yours faithfully

Claudine Martinon.

On utilise cette formule lorsque l'on ne connaît pas le nom du destinataire

Inc:CV

45

▼ COURRIER ÉLECTRONIQUE

☐		New Message			◱
File	**Edit**	**View**	**Tools**	**Compose**	**Help**	**Send** ✉

To: danielday@pmdesigns.co.uk	**New**
Cc:	**Reply to Sender**
Bcc:	**Reply to All**
Subject: Dragonmaze	**Forward**
	Attachment

Hello Danny

I've found a great new game on the Web: it's called Dragonmaze
and the address is dragmaze@worldnet.uk. You can download it free!
The company that makes it has an interesting website:
http:www.gameover.com.

Looking forward to hearing from you soon. Have fun!

Jason

New Message	Nouveau message
File	Fichier
Edit	Edition
View	Affichage
Tools	Outils
Compose	Composer
Help	Aide
Send	Envoyer
New	Nouveau message
Reply to Sender	Répondre
Reply to All	Répondre à tous
Forward	Faire suivre
Attachment	Fichier joint
To	A
Cc	Cc
Bcc (blind carbon copy)	Copie cachée
Subject	Objet
From	De
Sent	Date

▼ TÉLÉPHONE

▶ LES DIFFÉRENTS TYPES DE COMMUNICATION

Local call	*Communication locale*
National call	*Communication interurbaine*
I want to make an international call.	*Je voudrais appeler l'étranger.*
I want to make a reverse charge call *(Brit)* to a Paris number *ou* I want to call a Paris number collect *(US).*	*Je voudrais appeler ... en PCV.*
How do I get an outside line?	*Comment est-ce que je peux téléphoner à l'extérieur ?*

▶ LES RENSEIGNEMENTS

What is the number for directory enquiries *(Brit) ou* directory assistance *(US)*?	*Quel est le numéro des renseignements ?*
Can you give me the number of Europost, 20 Cumberland Street, Newquay?	*Je voudrais le numéro de ...*
What is the code for Australia?	*Quel est l'indicatif de ...*
What is the number for the speaking clock?	*Quel est le numéro de l'horloge parlante ?*

▶ RÉPONSES

The number you require is 0181 613 3297. *(o-one-eight-one six-one-three three-two-nine-seven)*	*Le numéro que vous avez demandé est le ...*
I'm sorry, there's no listing under that name.	*Je regrette, mais il n'y a pas d'abonné à ce nom.*
The number you require is ex-directory *(Brit) ou* unlisted *(US).*	*Le numéro que vous avez demandé est sur liste rouge.*

▶ POUR RÉPONDRE AU TÉLÉPHONE

Hello, it's Anne speaking.	*Allô, c'est ... à l'appareil.*
Speaking.	*C'est moi.*
Who's speaking?	*Qui est à l'appareil ?*

▶ LORSQUE L'ABONNÉ RÉPOND

Could I speak to Mr Sanderson, please?	*Pourrais-je parler à ...*
Could you put me through to Dr Evans, please?	*Pourriez-vous me passer ...*
Can I have extension 6578, please?	*Pourriez-vous me passer le poste ...*
I'll call back in half an hour.	*Je rappellerai dans ...*
Would you ask him to ring me when he gets back?	*Pourriez-vous lui demander de me rappeler à son retour ?*

Who shall I say is calling?	*C'est de la part de qui ?*
I'm putting you through.	*Je vous le passe.*
I have a call from Tokyo for Mrs Thomson.	*J'ai un appel de ... pour ...*
I've got Miss Martin on the line.	*J'ai ... en ligne.*
Dr Roberts is on another line. Do you want to wait?	*... est en ligne, vous patientez ?*
Please hold.	*Ne quittez pas.*
There's no reply.	*Ça ne répond pas.*
Would you like to leave a message?	*Voulez-vous laisser un message ?*

▶ MESSAGES ENREGISTRÉS

The number you have dialled has not been recognized. Please check and try again.	*Le numéro de votre correspondant n'est plus attribué. Veuillez raccrocher.*
The number you have dialled has been changed to 0171 789 0044.	*Le numéro de votre correspondant a changé. Veuillez composer désormais le ...*
All the lines are busy right now. Please try again later.	*Par suite de l'encombrement des lignes, votre appel ne peut aboutir. Veuillez rappeler ultérieurement.*
Hello, you have reached Sunspot Insurance. Please wait, your call will be answered shortly.	*Bonjour, vous êtes en communication avec ... Veuillez patienter, nous allons donner suite à votre appel dans quelques instants.*
Hello, you are through to Emma and Matthew Hargreaves. Please leave a message after the tone and we'll get back to you. Thanks.	*Bonjour, vous êtes bien chez ... Laissez un message après le bip sonore et nous vous rappellerons dès notre retour.*

▶ EN CAS DE DIFFICULTÉ

I can't get through.	*Je n'arrive pas à avoir le numéro.*
Their phone is out of order.	*Leur téléphone est en dérangement.*
We were cut off.	*Nous avons été coupés.*
I must have dialled the wrong number.	*J'ai dû faire un faux numéro.*
We've got a crossed line.	*Il y a quelqu'un d'autre sur la ligne.*
This is a very bad line.	*La ligne est très mauvaise.*

FRENCH VERB TABLES

INFINITIVE	PRESENT	IMPERFECT	FUTURE	PAST HISTORIC	PAST PARTICIPLE	SUBJUNCTIVE
1 **arriver**	see p. 54					
2 **finir**	see p. 55					
3 **placer**	je place nous plaçons	je plaçais	je placerai	je plaçai	placé	que je place
bouger	je bouge nous bougeons	je bougeais	je bougerai	je bougeai	bougé	que je bouge
4 **appeler**	j'appelle nous appelons	j'appelais	j'appellerai	j'appelai	appelé	que j'appelle
jeter	je jette nous jetons	je jetais	je jetterai	je jetai	jeté	que je jette
5 **geler**	je gèle nous gelons	je gelais	je gèlerai	je gelai	gelé	que je gèle
6 **céder**	je cède nous cédons	je cédais	je céderai	je cédai	cédé	que je cède
7 **épier**	j'épie	j'épiais	j'épierai	j'épiai	épié	que j'épie
8 **noyer**	je noie nous noyons	je noyais	je noierai	je noyai	noyé	que je noie
NB: envoyer			j'enverrai			
payer	je paie		je paierai			que je paie
9 **aller**	see p. 56					
10 **haïr**	je hais il hait nous haïssons ils haïssent	je haïssais	je haïrai	je haïs	haï	que je haïsse
11 **courir**	je cours il court nous courons	je courais	je courrai	je courus	couru	que je coure
12 **cueillir**	je cueille nous cueillons	je cueillais	je cueillerai	je cueillis	cueilli	que je cueille
13 **assaillir**	j'assaille nous assaillons	j'assaillais	j'assaillirai	j'assaillis	assailli	que j'assaille
14 **servir**	je sers il sert nous servons	je servais	je servirai	je servis	servi	que je serve
15 **bouillir**	je bous il bout nous bouillons	je bouillais	je bouillirai	je bouillis	bouilli	que je bouille

FRENCH VERB TABLES

INFINITIVE	PRESENT	IMPERFECT	FUTURE	PAST HISTORIC	PAST PARTICIPLE	SUBJUNCTIVE
16 **partir**	je pars il part nous partons	je partais	je partirai	je partis	parti	que je parte
17 **fuir**	je fuis il fuit nous fuyons ils fuient	je fuyais	je fuirai	je fuis	fui	que je fuie
18 **couvrir**	je couvre nous couvrons	je couvrais	je couvrirai	je couvris	couvert	que je couvre
19 **mourir**	je meurs il meurt nous mourons ils meurent	je mourais	je mourrai	je mourus	mort	que je meure
20 **vêtir**	je vêts il vêt nous vêtons	je vêtais	je vêtirai	je vêtis	vêtu	que je vête
21 **acquérir**	j'acquiers il acquiert nous acquérons ils acquièrent	j'acquérais	j'acquerrai	j'acquis	acquis	que j'acquière
22 **venir**	je viens il vient nous venons ils viennent	je venais	je viendrai	je vins	venu	que je vienne
23 **pleuvoir**	il pleut	il pleuvait	il pleuvra	il plut	plu	qu'il pleuve
24 **prévoir**	je prévois il prévoit nous prévoyons ils prévoient	je prévoyais	je prévoirai	je prévis	prévu	que je prévoie
25 **pourvoir**	je pourvois il pourvoit nous pourvoyons ils pourvoient	je pourvoyais	je pourvoirai	je pourvus	pourvu	que je pourvoie
26 **asseoir**	j'assois il assoit nous assoyons ils assoient *ou* j'assieds il assied nous asseyons ils asseyent	j'assoyais *ou* j'asseyais	j'assoirai *ou* j'asseyerai	j'assis	assis	que j'assoie *ou* que j'asseye

INFINITIVE	PRESENT	IMPERFECT	FUTURE	PAST HISTORIC	PAST PARTICIPLE	SUBJUNCTIVE
27 mouvoir	je meus il meut nous mouvons ils meuvent	je mouvais nous mouvions	je mouvrai	je mus	mû	que je meuve
28 recevoir NB: **devoir**	je reçois il reçoit nous recevons ils reçoivent	je recevais nous recevions	je recevrai	je reçus	reçu dû	que je reçoive
29 valoir NB: **falloir**	je vaux il vaut nous valons il faut	je valais nous valions il fallait	je vaudrai il faudra	je valus il fallut	valu fallu	que je vaille qu'il faille
30 voir	je vois il voit nous voyons ils voient	je voyais nous voyions	je verrai	je vis	vu	que je voie
31 vouloir	je veux il veut nous voulons ils veulent	je voulais nous voulions	je voudrai	je voulus	voulu	que je veuille
32 savoir	je sais il sait nous savons	je savais nous savions	je saurai	je sus	su	que je sache
33 pouvoir	je peux il peut nous pouvons ils peuvent	je pouvais nous pouvions	je pourrai	je pus	pu	que je puisse
34 avoir	see p. 57					
35 conclure NB: **inclure**	je conclus il conclut nous concluons	je concluais	je conclurai	je conclus	conclu inclus	que je conclue
36 rire	je ris il rit nous rions ils rient	je riais	je rirai	je ris	ri	que je rie
37 dire NB: **suffire** **médire**	je dis il dit nous disons vous dites ils disent vous suffisez vous médisez	je disais	je dirai	je dis	dit	que je dise

FRENCH VERB TABLES

INFINITIVE	PRESENT	IMPERFECT	FUTURE	PAST HISTORIC	PAST PARTICIPLE	SUBJUNCTIVE
38 **nuire**	je nuis il nuit nous nuisons	je nuisais	je nuirai	je nuisis	nui	que je nuise
39 **écrire**	j'écris il écrit nous écrivons	j'écrivais	j'écrirai	j'écrivis	écrit	que j'écrive
40 **suivre**	je suis il suit nous suivons	je suivais	je suivrai	je suivis	suivi	que je suive
41 **rendre** NB: **rompre** **battre**	je rends il rend nous rendons il rompt je bats il bat nous battons	je rendais je battais	je rendrai je battrai	je rendis je battis	rendu battu	que je rende que je batte
42 **vaincre**	je vaincs il vainc nous vainquons	je vainquais	je vaincrai	je vainquis	vaincu	que je vainque
43 **lire**	je lis il lit nous lisons	je lisais	je lirai	je lus	lu	que je lise
44 **croire**	je crois il croit nous croyons ils croient	je croyais	je croirai	je crus	cru	que je croie
45 **clore**	je clos il clôt ils closent		je clorai		clos	que je close
46 **vivre**	je vis il vit nous vivons	je vivais	je vivrai	je vécus	vécu	que je vive
47 **moudre**	je mouds il moud nous moulons	je moulais	je moudrai	je moulus	moulu	que je moule
48 **coudre**	je couds il coud nous cousons	je cousais	je coudrai	je cousis	cousu	que je couse
49 **joindre**	je joins il joint nous joignons	je joignais	je joindrai	je joignis	joint	que je joigne

INFINITIVE	PRESENT	IMPERFECT	FUTURE	PAST HISTORIC	PAST PARTICIPLE	SUBJUNCTIVE
50 traire	je trais il trait nous trayons ils traient	je trayais	je trairai		trait	que je traie
51 absoudre NB: résoudre	j'absous il absout nous absolvons	j'absolvais	j'absoudrai	j'absolus	absous résolu	que j'absolve
52 craindre NB: peindre	je crains il craint nous craignons je peins il peint nous peignons	je craignais je peignais	je craindrai je peindrai	je craignis je peignis	craint peint	que je craigne que je peigne
53 boire	je bois il boit nous buvons ils boivent	je buvais	je boirai	je bus	bu	que je boive
54 plaire NB: taire	je plais il plaît nous plaisons il tait	je plaisais	je plairai	je plus	plu	que je plaise
55 croître NB: accroître décroître	je croîs il croît nous croissons j'accrois je décrois	je croissais	je croîtrai	je crûs j'accrus je décrus	crû accru décru	que je croisse
56 mettre	je mets il met nous mettons	je mettais	je mettrai	je mis	mis	que je mette
57 connaître	je connais il connaît nous connaissons	je connaissais	je connaîtrai	je connus	connu	que je connaisse
58 prendre	je prends il prend nous prenons ils prennent	je prenais	je prendrai	je pris	pris	que je prenne
59 naître	je nais il naît nous naissons	je naissais	je naîtrai	je naquis	né	que je naisse
60 faire	*see p. 58*					
61 être	*see p. 59*					

1   arriver: regular verbs ending in -er
(arriver is conjugated with être)

INDICATIVE

PRESENT	PERFECT
j'arrive	je suis arrivé
tu arrives	tu es arrivé
il arrive	il est arrivé
nous arrivons	nous sommes arrivés
vous arrivez	vous êtes arrivés
ils arrivent	ils sont arrivés

IMPERFECT	PLUPERFECT
j'arrivais	j'étais arrivé
tu arrivais	tu étais arrivé
il arrivait	il était arrivé
nous arrivions	nous étions arrivés
vous arriviez	vous étiez arrivés
ils arrivaient	ils étaient arrivés

PAST HISTORIC	PAST ANTERIOR
j'arrivai	je fus arrivé
tu arrivas	tu fus arrivé
il arriva	il fut arrivé
nous arrivâmes	nous fûmes arrivés
vous arrivâtes	vous fûtes arrivés
ils arrivèrent	ils furent arrivés

FUTURE	FUTURE PERFECT
j'arriverai	je serai arrivé
tu arriveras	tu seras arrivé
il arrivera	il sera arrivé
nous arriverons	nous serons arrivés
vous arriverez	vous serez arrivés
ils arriveront	ils seront arrivés

SUBJUNCTIVE

PRESENT	
que j'arrive	
que tu arrives	
qu'il arrive	
que nous arrivions	
que vous arriviez	
qu'ils arrivent	

IMPERFECT	
que j'arrivasse	
que tu arrivasses	
qu'il arrivât	
que nous arrivassions	
que vous arrivassiez	
qu'ils arrivassent	

PAST	
que je sois arrivé	
que tu sois arrivé	
qu'il soit arrivé	
que nous soyons arrivés	
que vous soyez arrivés	
qu'ils soient arrivés	

PLUPERFECT	
que je fusse arrivé	
que tu fusses arrivé	
qu'il fût arrivé	
que nous fussions arrivés	
que vous fussiez arrivés	
qu'ils fussent arrivés	

IMPERATIVE

PRESENT	PAST
arrive	sois arrivé
arrivons	soyons arrivés
arrivez	soyez arrivés

PARTICIPLE

PRESENT	PAST
arrivant	arrivé

INFINITIVE

PRESENT	PAST
arriver	être arrivé

CONDITIONAL

PRESENT
j'arriverais
tu arriverais
il arriverait
nous arriverions
vous arriveriez
ils arriveraient

PAST I
je serais arrivé
nous serions arrivés

PAST II
je fusse arrivé
nous fussions arrivés

2 **finir:** regular verbs ending in **-ir**
(**finir** is conjugated with **avoir**)

INDICATIVE

PRESENT
je finis
tu finis
il finit
nous finissons
vous finissez
ils finissent

IMPERFECT
je finissais
tu finissais
il finissait
nous finissions
vous finissiez
ils finissaient

PAST HISTORIC
je finis
tu finis
il finit
nous finîmes
vous finîtes
ils finirent

FUTURE
je finirai
tu finiras
il finira
nous finirons
vous finirez
ils finiront

PERFECT
j'ai fini
tu as fini
il a fini
nous avons fini
vous avez fini
ils ont fini

PLUPERFECT
j'avais fini
tu avais fini
il avait fini
nous avions fini
vous aviez fini
ils avaient fini

PAST ANTERIOR
j'eus fini
tu eus fini
il eut fini
nous eûmes fini
vous eûtes fini
ils eurent fini

FUTURE PERFECT
j'aurai fini
tu auras fini
il aura fini
nous aurons fini
vous aurez fini
ils auront fini

SUBJUNCTIVE

PRESENT
que je finisse
que tu finisses
qu'il finisse
que nous finissions
que vous finissiez
qu'ils finissent

IMPERFECT
que je finisse
que tu finisses
qu'il finît
que nous finissions
que vous finissiez
qu'ils finissent

PAST
que j'aie fini
que tu aies fini
qu'il ait fini
que nous ayons fini
que vous ayez fini
qu'ils aient fini

PLUPERFECT
que j'eusse fini
que tu eusses fini
qu'il eût fini
que nous eussions fini
que vous eussiez fini
qu'ils eussent fini

IMPERATIVE

PRESENT
finis
finissons
finissez

PAST
aie fini
ayons fini
ayez fini

PARTICIPLE

PRESENT
finissant

PAST
fini

INFINITIVE

PRESENT
finir

PAST
avoir fini

CONDITIONAL

PRESENT
je finirais
tu finirais
il finirait
nous finirions
vous finiriez
ils finiraient

PAST I
j'aurais fini
nous aurions fini

PAST II
j'eusse fini
nous eussions fini

9 **aller**

INDICATIVE

PRESENT	PERFECT
je vais	je suis allé
tu vas	tu es allé
il va	il est allé
nous allons	nous sommes allés
vous allez	vous êtes allés
ils vont	ils sont allés

IMPERFECT	PLUPERFECT
j'allais	j'étais allé
tu allais	tu étais allé
il allait	il était allé
nous allions	nous étions allés
vous alliez	vous étiez allés
ils allaient	ils étaient allés

PAST HISTORIC	PAST ANTERIOR
j'allai	je fus allé
tu allas	tu fus allé
il alla	il fut allé
nous allâmes	nous fûmes allés
vous allâtes	vous fûtes allés
ils allèrent	ils furent allés

FUTURE	FUTURE PERFECT
j'irai	je serai allé
tu iras	tu seras allé
il ira	il sera allé
nous irons	nous serons allés
vous irez	vous serez allés
ils iront	ils seront allés

SUBJUNCTIVE

PRESENT
que j'aille
que tu ailles
qu'il aille
que nous allions
que vous alliez
qu'ils aillent

IMPERFECT
que j'allasse
que tu allasses
qu'il allât
que nous allassions
que vous allassiez
qu'ils allassent

PAST
que je sois allé
que tu sois allé
qu'il soit allé
que nous soyons allés
que vous soyez allés
qu'ils soient allés

PLUPERFECT
que je fusse allé
que tu fusses allé
qu'il fût allé
que nous fussions allés
que vous fussiez allés
qu'ils fussent allés

IMPERATIVE

PRESENT	PAST
va	sois allé
allons	soyons allés
allez	soyez allés

PARTICIPLE

PRESENT	PAST
allant	allé

INFINITIVE

PRESENT	PAST
aller	être allé

CONDITIONAL

PRESENT
j'irais
tu irais
il irait
nous irions
vous iriez
ils iraient

PAST I
je serais allé
nous serions allés

PAST II
je fusse allé
nous fussions allés

34 avoir

INDICATIVE

PRESENT	PERFECT
j'ai	j'ai eu
tu as	tu as eu
il a	il a eu
nous avons	nous avons eu
vous avez	vous avez eu
ils ont	ils ont eu

IMPERFECT	PLUPERFECT
j'avais	j'avais eu
tu avais	tu avais eu
il avait	il avait eu
nous avions	nous avions eu
vous aviez	vous aviez eu
ils avaient	ils avaient eu

PAST HISTORIC	PAST ANTERIOR
j'eus	j'eus eu
tu eus	tu eus eu
il eut	il eut eu
nous eûmes	nous eûmes eu
vous eûtes	vous eûtes eu
ils eurent	ils eurent eu

FUTURE	FUTURE PERFECT
j'aurai	j'aurai eu
tu auras	tu auras eu
il aura	il aura eu
nous aurons	nous aurons eu
vous aurez	vous aurez eu
ils auront	ils auront eu

SUBJUNCTIVE

PRESENT	
que j'aie	
que tu aies	
qu'il ait	
que nous ayons	
que vous ayez	
qu'ils aient	

IMPERFECT
que j'eusse
que tu eusses
qu'il eût
que nous eussions
que vous eussiez
qu'ils eussent

PAST
que j'aie eu
que tu aies eu
qu'il ait eu
que nous ayons eu
que vous ayez eu
qu'ils aient eu

PLUPERFECT
que j'eusse eu
que tu eusses eu
qu'il eût eu
que nous eussions eu
que vous eussiez eu
qu'ils eussent eu

IMPERATIVE

PRESENT	PAST
aie	aie eu
ayons	ayons eu
ayez	ayez eu

PARTICIPLE

PRESENT	PAST
ayant	eu

INFINITIVE

PRESENT	PAST
avoir	avoir eu

CONDITIONAL

PRESENT
j'aurais
tu aurais
il aurait
nous aurions
vous auriez
ils auraient

PAST I
j'aurais eu
nous aurions eu

PAST II
j'eusse eu
nous eussions eu

60 faire

INDICATIVE

PRESENT
je fais
tu fais
il fait
nous faisons
vous faites
ils font

PERFECT
j'ai fait
tu as fait
il a fait
nous avons fait
vous avez fait
ils ont fait

IMPERFECT
je faisais
tu faisais
il faisait
nous faisions
vous faisiez
ils faisaient

PLUPERFECT
j'avais fait
tu avais fait
il avait fait
nous avions fait
vous aviez fait
ils avaient fait

PAST HISTORIC
je fis
tu fis
il fit
nous fîmes
vous fîtes
ils firent

PAST ANTERIOR
j'eus fait
tu eus fait
il eut fait
nous eûmes fait
vous eûtes fait
ils eurent fait

FUTURE
je ferai
tu feras
il fera
nous ferons
vous ferez
ils feront

FUTURE PERFECT
j'aurai fait
tu auras fait
il aura fait
nous aurons fait
vous aurez fait
ils auront fait

SUBJUNCTIVE

PRESENT
que je fasse
que tu fasses
qu'il fasse
que nous fassions
que vous fassiez
qu'ils fassent

IMPERFECT
que je fisse
que tu fisses
qu'il fît
que nous fissions
que vous fissiez
qu'ils fissent

PAST
que j'aie fait
que tu aies fait
qu'il ait fait
que nous ayons fait
que vous ayez fait
qu'ils aient fait

PLUPERFECT
que j'eusse fait
que tu eusses fait
qu'il eût fait
que nous eussions fait
que vous eussiez fait
qu'ils eussent fait

IMPERATIVE

PRESENT
fais
faisons
faites

PAST
aie fait
ayons fait
ayez fait

PARTICIPLE

PRESENT
faisant

PAST
fait

INFINITIVE

PRESENT
faire

PAST
avoir fait

CONDITIONAL

PRESENT
je ferais
tu ferais
il ferait
nous ferions
vous feriez
ils feraient

PAST I
j'aurais fait
nous aurions fait

PAST II
j'eusse fait
nous eussions fait

61 être

INDICATIVE

PRESENT	PERFECT
je suis	j'ai été
tu es	tu as été
il est	il a été
nous sommes	nous avons été
vous êtes	vous avez été
ils sont	ils ont été

IMPERFECT	PLUPERFECT
j'étais	j'avais été
tu étais	tu avais été
il était	il avait été
nous étions	nous avions été
vous étiez	vous aviez été
ils étaient	ils avaient été

PAST HISTORIC	PAST ANTERIOR
je fus	j'eus été
tu fus	tu eus été
il fut	il eut été
nous fûmes	nous eûmes été
vous fûtes	vous eûtes été
ils furent	ils eurent été

FUTURE	FUTURE PERFECT
je serai	j'aurai été
tu seras	tu auras été
il sera	il aura été
nous serons	nous aurons été
vous serez	vous aurez été
ils seront	ils auront été

SUBJUNCTIVE

PRESENT
que je sois
que tu sois
qu'il soit
que nous soyons
que vous soyez
qu'ils soient

IMPERFECT
que je fusse
que tu fusses
qu'il fût
que nous fussions
que vous fussiez
qu'ils fussent

PAST
que j'aie été
que tu aies été
qu'il ait été
que nous ayons été
que vous ayez été
qu'ils aient été

PLUPERFECT
que j'eusse été
que tu eusses été
qu'il eût été
que nous eussions été
que vous eussiez été
qu'ils eussent été

IMPERATIVE

PRESENT	PAST
sois	aie été
soyons	ayons été
soyez	ayez été

PARTICIPLE

PRESENT	PAST
étant	été

INFINITIVE

PRESENT	PAST
être	avoir été

CONDITIONAL

PRESENT
je serais
tu serais
il serait
nous serions
vous seriez
ils seraient

PAST I
j'aurais été
nous aurions été

PAST II
j'eusse été
nous eussions été

VERBES ANGLAIS

INFINITIF	PRÉTÉRIT	PARTICIPE PASSÉ	INFINITIF	PRÉTÉRIT	PARTICIPE PASSÉ
arise	arose	arisen	**drive**	drove	driven
awake	awoke	awoken	**eat**	ate	eaten
be	was, were	been	**fall**	fell	fallen
beat	beat	beaten	**feed**	fed	fed
become	became	become	**feel**	felt	felt
begin	began	begun	**fight**	fought	fought
bend	bent	bent	**find**	found	found
bet	bet	bet	**fly**	flew	flown
bind	bound	bound	**forbid**	forbad(e)	forbidden
bite	bit	bitten	**forget**	forgot	forgotten
bleed	bled	bled	**freeze**	froze	frozen
blow	blew	blown	**get**	got	got, (US) gotten
break	broke	broken	**give**	gave	given
bring	brought	brought	**go**	went	gone
build	built	built	**grind**	ground	ground
burn	burned or burnt	burned or burnt	**grow**	grew	grown
burst	burst	burst	**hang**	hung, (Jur) hanged	hung, (Jur) hanged
buy	bought	bought	**have**	had	had
can[1]	could	–	**hear**	heard	heard
cast	cast	cast	**hide**	hid	hidden
catch	caught	caught	**hit**	hit	hit
choose	chose	chosen	**hold**	held	held
cling	clung	clung	**hurt**	hurt	hurt
come	came	come	**keep**	kept	kept
cost	cost or costed	cost or costed	**kneel**	knelt	knelt
creep	crept	crept	**know**	knew	known
cut	cut	cut	**lay**	laid	laid
deal	dealt	dealt	**lead**	led	led
dig	dug	dug	**lean**	leaned or leant	leaned or leant
dive	dived, (US) dove	dived	**leap**	leaped or leapt	leaped or leapt
do	did	done	**learn**	learned or learnt	learned or learnt
draw	drew	drawn	**leave**	left	left
dream	dreamed or dreamt	dreamed or dreamt	**lend**	lent	lent
drink	drank	drunk	**let**	let	let

INFINITIF	PRÉTÉRIT	PARTICIPE PASSÉ	INFINITIF	PRÉTÉRIT	PARTICIPE PASSÉ
lie[1]	lay	lain	**slide**	slid	slid
light	lit *or* lighted	lit *or* lighted	**smell**	smelled *or* smelt	smelled *or* smelt
lose	lost	lost	**speak**	spoke	spoken
make	made	made	**speed**	speeded *or* sped	speeded *or* sped
may	might	–	**spell**	spelled *or* spelt	spelled *or* spelt
mean	meant	meant	**spend**	spent	spent
meet	met	met	**spill**	spilled *or* spilt	spilled *or* spilt
pay	paid	paid	**spit**	spat, *(US)* spit	spat
put	put	put	**spoil**	spoiled *or* spoilt	spoiled *or* spoilt
quit	quit *or* quitted	quit *or* quitted	**spread**	spread	spread
read [ri:d]	read [red]	read [red]	**spring**	sprang	sprung
rid	rid	rid	**stand**	stood	stood
ride	rode	ridden	**steal**	stole	stolen
ring	rang	rung	**stick**	stuck	stuck
rise	rose	risen	**sting**	stung	stung
run	ran	run	**stink**	stank	stunk
say	said	said	**strike**	struck	struck
see	saw	seen	**swear**	swore	sworn
seek	sought	sought	**sweep**	swept	swept
sell	sold	sold	**swell**	swelled	swollen
send	sent	sent	**swim**	swam	swum
set	set	set	**swing**	swung	swung
shake	shook	shaken	**take**	took	taken
shed	shed	shed	**teach**	taught	taught
shine	shone	shone	**tear**	tore	torn
shoe	shod	shod	**tell**	told	told
shoot	shot	shot	**think**	thought	thought
show	showed	shown *or* showed	**throw**	threw	thrown
shrink	shrank	shrunk	**wake**	woke	woken
shut	shut	shut	**wear**	wore	worn
sing	sang	sung	**weep**	wept	wept
sink	sank	sunk	**win**	won	won
sit	sat	sat	**wind**[2]	wound	wound
sleep	slept	slept	**write**	wrote	written

REMARQUE : Ne sont pas compris dans cette liste les verbes formés avec un préfixe. Pour leur conjugaison, se référer au verbe de base, ex. : pour *understand* voir **stand**.

A /eɪ/ 1 N ⓐ **to get from A to B** aller d'un endroit à un autre ⓑ (*Music*) la *(m)* ⓒ (= *mark*) excellent (*de 15 à 20 sur 20*) 2 COMP ◆ **A levels** NPL (*Brit*) ≈ baccalauréat *(m)*; **to do an A level in geography** ≈ passer l'épreuve de géographie au baccalauréat ◆ **A-road** N (*Brit*) ≈ route *(f)* nationale ◆ **A to Z**® N (*pl* **A to Zs**) plan *(m)* avec répertoire des rues

> **❶ A LEVELS**
>
> *Diplôme britannique qui sanctionne la fin des études. Contrairement au baccalauréat français, dont le résultat est global, les* **A levels** *s'obtiennent séparément dans un nombre limité de matières (trois en moyenne) choisies par le candidat. Le système d'inscription à l'université étant sélectif, les élèves cherchent à obtenir les meilleures mentions possibles afin de pouvoir choisir plus facilement leur université.*
>
> *En Écosse, l'équivalent des* **A levels** *est le « Higher », ou « Higher Grade », qui porte sur cinq matières au maximum.*
> → GCSE
> ▷ www.dfes.gov.uk/qualifications/

a /eɪ, ə/ INDEF ART

> ► *Before vowel or silent* **h**: **an**.

> ► *In French, the indefinite article reflects the gender of the noun: for masculine nouns, use* **un**; *for feminine nouns, use* **une**.

a tree un arbre; **an apple** une pomme

> ► *The definite article* **le, la, les** *is sometimes used in French to translate the indefinite article.*

he smokes a pipe il fume la pipe; **to set an example** donner l'exemple; **I have read a third of the book** j'ai lu le tiers du livre

> ► *Note how the article is not used at all in the following examples referring to someone's profession or marital status.*

his wife is a doctor sa femme est médecin; **as a teacher, I believe that ...** en tant qu'enseignant, je crois que ...; **she's a widow** elle est veuve; **he's a bachelor** il est célibataire

> ► *Note the different ways of translating* **a** *when it means* **per**.

$4 a person 4 dollars par personne; **twice a month** deux fois par mois; **twice a year** deux fois par an; **80km an hour** 80 km à l'heure; **3 euros a kilo** 3 € le kilo

A2 /eɪ'tuː/ N (*Brit Scol*) *deuxième partie de l'examen équivalent au baccalauréat*

AA /eɪ'eɪ/ N ⓐ (*Brit*) (ABBR = **Automobile Association**) *société de dépannage* ⓑ (*US Univ*) (ABBR = **Associate in Arts**) ≈ DEUG *(m)* de lettres

A & E /,eɪən'diː/ N (ABBR = **Accident and Emergency**) ~ **Unit** (service *(m)* des) urgences *(fpl)*

AB /eɪ'biː/ N (*US*) (ABBR = **Bachelor of Arts**) **to have an AB in French** ≈ avoir une licence de français

aback /ə'bæk/ ADV **to be taken** ~ être interloqué

abandon /ə'bændən/ 1 VT abandonner; [+ *property, right*] renoncer à; **to** ~ **the attempt to do sth** renoncer à faire qch; **play was** ~**ed** le match a été interrompu; **to** ~ **ship** abandonner le navire 2 N abandon *(m)*

abashed /ə'bæʃt/ ADJ confus

abate /ə'beɪt/ VI [*storm, violence*] se calmer; [*noise, fever*] baisser

abatement /ə'beɪtmənt/ N réduction *(f)*

abattoir /'æbətwɑː'/ N abattoir *(m)*

abbey /'æbɪ/ N abbaye *(f)*; **Westminster Abbey** l'abbaye *(f)* de Westminster

abbot /'æbət/ N abbé *(m)*

abbr., abbrev. (ABBR = **abbreviation**) abrév.

abbreviate /ə'briːvɪeɪt/ VT abréger (**to** en)

abbreviation /ə,briːvɪ'eɪʃən/ N abréviation *(f)*

ABC /,eɪbiː'siː/ N (= *alphabet*) abc *(m)*; **it's as easy as ~*** c'est simple comme bonjour

abdicate /'æbdɪkeɪt/ 1 VT [+ *post, responsibility*] se démettre de 2 VI abdiquer

abdication /,æbdɪ'keɪʃən/ N [*of king*] abdication *(f)*

abdomen /'æbdəmən, æb'dəʊmen/ N abdomen *(m)*

abdominal /æb'dɒmɪnl/ 1 ADJ abdominal 2 NPL **abdominals** abdominaux *(mpl)*

abduct /æb'dʌkt/ VT kidnapper

abduction /æb'dʌkʃən/ N enlèvement *(m)*

abductor /æb'dʌktə'/ N ravisseur *(m)*, -euse *(f)*

abet /ə'bet/ VT encourager; **to** ~ **sb in a crime** aider qn à commettre un crime

abeyance /ə'beɪəns/ N **to be in** ~ ne pas être en vigueur; **to fall into** ~ tomber en désuétude

abhor /əb'hɔː'/ VT abhorrer

abhorrent /əb'hɒrənt/ ADJ odieux

abide /ə'baɪd/ (*pret, ptp* **abided** *or* **abode**) VT (= *tolerate*: *negative only*) **I can't** ~ **her** je ne la supporte pas; **I can't** ~ **living here** je ne supporte pas de vivre ici
► **abide by** VT INSEP [+ *rule, decision*] respecter; [+ *consequences*] accepter; [+ *promise*] tenir; [+ *resolve*] s'en tenir à; **they agreed to** ~ **by the terms of the contract** ils ont accepté de se conformer aux termes du contrat; **I** ~ **by what I said** je maintiens ce que j'ai dit

ability /ə'bɪlɪtɪ/ N ⓐ (= *capability*) aptitude *(f)* (**to do sth** à faire qch); **to have faith in sb's/one's** ~ croire en qn/en soi; **to the best of one's** ~ de son mieux ⓑ (= *talent*) talent *(m)*; **a person of great** ~ une personne de grand talent

abject /'æbdʒekt/ ADJ ⓐ [*misery*] noir; [*poverty*] extrême; **the** ~ **state of sth** l'état lamentable de qch; **an** ~ **failure** un échec lamentable ⓑ (= *servile*) servile; **an** ~ **apology** de plates excuses

ablaze /ə'bleɪz/ ADJ (= *on fire*) en feu; **to set sth** ~ mettre le feu à qch; **to be** ~ flamber; **his eyes were** ~ **with anger** ses yeux lançaient des éclairs; **the garden is** ~ **with colour** c'est une débauche de couleurs dans le jardin

able /'eɪbl/ 1 ADJ ⓐ **to be** ~ **to do sth** (= *have means or opportunity*) pouvoir faire qch; (= *know how to*) savoir faire qch; (= *be capable of*) être capable de faire qch; (= *in posi-*

tion to) être en mesure de faire qch; **I wasn't ~ to help him** je n'ai pas pu l'aider; **he is ~ to read and write** il sait lire et écrire; **~ to pay** en mesure de payer; **you are better ~ to do it than he is** vous êtes mieux à même de le faire que lui; **she was hardly ~ to see** elle voyait à peine

ⓑ (= *clever*) capable; **she is one of our ablest pupils** c'est une de nos meilleures élèves

ⓒ (= *healthy*) **~ in body and mind** sain de corps et d'esprit

2 COMP ◆ **able-bodied** ADJ valide

ably /ˈeɪblɪ/ ADV (= *competently*) avec compétence; (= *skilfully*) habilement; **he was ~ assisted by his brother** son frère l'assistait avec compétence

abnegate /ˈæbnɪgeɪt/ VT [+ *responsibility*] nier; [+ *one's rights*] renoncer à

abnormal /æbˈnɔːməl/ ADJ anormal

abnormality /ˌæbnɔːˈmælɪtɪ/ N ⓐ (= *abnormal feature*) anomalie (f) ⓑ (= *abnormal nature*) caractère (m) anormal

abnormally /æbˈnɔːməlɪ/ ADV anormalement

aboard /əˈbɔːd/ 1 ADV (= *on ship, plane*) à bord; **to go ~** monter à bord; **to take ~** embarquer; **all ~!** (*on train, bus, car*) en voiture!; (*on ship*) tout le monde à bord! 2 PREP à bord de; **~ the train/bus** dans le train/le bus; **~ ship** à bord

abode /əˈbəʊd/ N demeure (f)

abolish /əˈbɒlɪʃ/ VT abolir

abolition /ˌæbəʊˈlɪʃən/ N abolition (f)

abominable /əˈbɒmɪnəbl/ ADJ abominable ◆ **the abominable snowman** N l'abominable homme (m) des neiges

abominably /əˈbɒmɪnəblɪ/ ADV abominablement; **~ cruel** d'une cruauté abominable

abomination /əˌbɒmɪˈneɪʃən/ N abomination (f)

aboriginal /ˌæbəˈrɪdʒənl/ ADJ, N aborigène (mf)

Aborigine /ˌæbəˈrɪdʒɪnɪ/ N Aborigène (mf)

abort /əˈbɔːt/ 1 VI avorter; (*Computing*) abandonner 2 VT [+ *foetus*] faire avorter; [+ *mission, operation*] abandonner; [+ *deal, agreement, plan*] faire échouer; **an ~ed coup** une tentative avortée de coup d'État; **an ~ed attempt** une tentative avortée

abortion /əˈbɔːʃən/ 1 N ⓐ avortement (m); **to have an ~** avorter ⓑ (= *abandoning*) abandon (m); (= *failure*) échec (m) 2 COMP ◆ **abortion pill** N pilule (f) abortive

abortionist /əˈbɔːʃənɪst/ N avorteur (m), -euse (f)

abortive /əˈbɔːtɪv/ ADJ avorté

abound /əˈbaʊnd/ VI abonder; **to ~ in** abonder en

about /əˈbaʊt/

> ► When **about** is an element in a phrasal verb, eg **bring about, come about**, look up the verb.

1 ADV ⓐ (= *approximately*) à peu près, environ; **there were ~ 25 and now there are ~ 30** il y en avait environ or à peu près 25 et maintenant il y en a une trentaine; **it's ~ 11 o'clock** il est environ or à peu près 11 heures; **at ~ 11 o'clock** vers 11 heures; **it's ~ time!** ce n'est pas trop tôt!; **it's ~ time to go** il est presque temps de partir; **she's ~ as old as you** elle a à peu près votre âge; **that's ~ it** c'est à peu près tout; **I've had ~ enough!*** je commence à en avoir assez!

ⓑ (= *here and there*) çà et là; **shoes lying ~** des chaussures qui traînent

ⓒ (= *near, in circulation*) par ici; **he's somewhere ~** il est dans les parages; **is anyone ~?** il y a quelqu'un?; **there was nobody ~** il n'y avait personne; **there's a lot of flu ~** il y a beaucoup de cas de grippe en ce moment; **she's up and ~ again** elle est de nouveau sur pied; **you should be out and ~!** ne restez donc pas enfermé!

ⓓ (= *round*) **all ~** tout autour; **to glance ~** jeter un coup d'œil autour de soi

ⓔ (= *opposite direction*) **to turn sth the other way ~** retourner qch; **it's the other way ~** (= *the opposite*) c'est le contraire

ⓕ ◆ **to be about to do sth** être sur le point de faire qch, aller faire qch; **I was ~ to go out when ...** j'étais sur le point de sortir or j'allais sortir quand ...; **the film is just ~ to start** le film va commencer

2 PREP ⓐ (= *concerning*) **I heard nothing ~ it** je n'en ai pas entendu parler; **what is it ~?** de quoi s'agit-il?; **I know what it's all ~** je sais de quoi il retourne; **to speak ~ sth** parler de qch; **a film ~ India** un film sur l'Inde; **well, what ~ it?*** (= *does it matter?*) et alors?*; (= *what do you think?*) alors, qu'est-ce que tu en penses?; **what ~ me?** et moi alors?*; **how ~ going to the cinema?*** et si on allait au cinéma?; **how ~ a coffee?*** et si on prenait un café?

ⓑ (= *somewhere in*) quelque part dans; **I dropped it ~ here** je l'ai laissé tomber par ici; **somewhere ~ the house** quelque part dans la maison

ⓒ (= *round*) autour de; **the countryside ~ Edinburgh** la campagne autour d'Édimbourg

ⓓ (= *with, on*) **I've got it ~ me somewhere** je l'ai quelque part sur moi; **to have drugs ~ one's person** avoir de la drogue sur soi

ⓔ (*describing characteristics*) **there's something sinister ~ him** il a quelque chose de sinistre; **there's something interesting ~ him** il a un côté intéressant; **there's something odd ~ all this** il y a quelque chose de bizarre là-dedans

ⓕ (= *occupied with*) **while we're ~ it** pendant que nous y sommes

about-turn /əˈbaʊtˈtɜːn/ N [*of soldier*] demi-tour (m); (= *change of opinion*) volte-face (f); **to do an ~** (= *turn round*) faire demi-tour; (= *change one's opinion*) faire volte-face

above /əˈbʌv/

> ► When **above** is an element in a phrasal verb, eg **get above**, look up the verb.

1 ADV ⓐ (= *overhead, higher up*) en haut; **from ~** d'en haut; **the view from ~** la vue d'en haut; **the flat ~** l'appartement du dessus; **orders from ~** des ordres venant d'en haut

ⓑ (= *more*) **boys of 16 and ~** les garçons de 16 ans et plus; **seats are available at $10 and ~** il y a des places à partir de 10 dollars

ⓒ (= *earlier in book*) ci-dessus; **as ~** comme ci-dessus

2 PREP ⓐ (= *higher than*) au-dessus de; **~ the horizon** au-dessus de l'horizon; **he values honesty ~ everything else** il place l'honnêteté au-dessus de tout; **~ all** surtout

ⓑ (= *more than*) **children ~ seven years of age** les enfants de plus de sept ans; **temperatures ~ 40 degrees** des températures supérieures à 40 degrés

ⓒ (= *beyond*) **that is quite ~ me*** ça me dépasse; **this book is ~ me*** ce livre est trop compliqué pour moi

ⓓ (= *too proud, honest for*) **he is ~ such behaviour** il est incapable de se conduire ainsi; **he's not ~ stealing/theft** il irait jusqu'à voler/jusqu'au vol; **to get ~ o.s.** avoir des idées de grandeur

ⓔ (= *over*) **I couldn't hear what she was saying ~ the barking** les aboiements m'empêchaient d'entendre ce qu'elle disait

3 ADJ (= *mentioned previously*) mentionné ci-dessus

4 N **the ~ is a photo of ...** ci-dessus nous avons une photo de ...; **please translate the ~** veuillez traduire le texte ci-dessus

5 COMP ◆ **above board** ADJ [*person, action*] régulier ◆ **above-mentioned** ADJ mentionné ci-dessus

abrasive /əˈbreɪsɪv/ ADJ ⓐ [*substance, surface*] abrasif ⓑ [*person, manner, speech*] caustique; [*voice*] acerbe; [*wit*] corrosif

abrasively /əˈbreɪsɪvlɪ/ ADV [*say, reply*] d'une voix acerbe

abreast /əˈbrest/ ADV ⓐ **to walk three ~** marcher trois de front ⓑ **to keep ~ of sth** se tenir au courant de qch; **to be ~ of the times** être de son temps

abridge /əˈbrɪdʒ/ VT abréger

abroad /əˈbrɔːd/ ADV ⓐ (= *in foreign country*) à l'étranger; **to go/be ~** aller/être à l'étranger; **news from ~** nouvelles de l'étranger ⓑ (= *far and wide*) au loin; (= *in all directions*) de tous côtés

abrupt /əˈbrʌpt/ ADJ ⓐ [*change, rise, fall*] soudain; [*movement, turn*] brusque; [*departure*] précipité; **to come to an ~ end** se terminer brusquement; **to bring an ~ end to sth** mettre brusquement fin à qch; **to come to an ~ halt** s'arrêter brusquement ⓑ [*person, manner, comment*] abrupt

abruptly /ə'brʌptlɪ/ ADV ⓐ [*stop, move, turn*] brusquement ⓑ [*say, ask*] abruptement ⓒ [*rise, fall*] en pente raide

abruptness /ə'brʌptnɪs/ N ⓐ (= *suddenness*) soudaineté *(f)*; (= *haste*) précipitation *(f)* ⓑ (= *brusqueness*) brusquerie *(f)*

ABS /ˌeɪbiː'es/ N (ABBR = **anti-lock braking system**) ABS *(m)*
♦ **ABS brakes** NPL freins *(mpl)* ABS

abs* /æbs/ NPL abdos* *(mpl)*

abscess /'æbses/ N abcès *(m)*

abscond /əb'skɒnd/ VI s'enfuir

abseiling /'æbseɪlɪŋ/ N (*Brit*) rappel *(m)*

absence /'æbsəns/ N absence *(f)*; **during/in the ~ of sb** pendant/en l'absence de qn; **in the ~ of accurate information** en l'absence de données précises

absent 1 ADJ ⓐ (= *away*) absent; **to be ~ without leave** être absent sans permission; **her name was ~ from the list** son nom n'était pas sur la liste
ⓑ (= *inattentive*) distrait
2 VT **to ~ o.s.** s'absenter
3 COMP ♦ **absent-minded** ADJ [*person*] (= *distracted*) distrait; (= *forgetful*) absent ♦ **absent-mindedly** ADV (= *distractedly*) distraitement; (= *inadvertently*) par inadvertance ♦ **absent-mindedness** N distraction *(f)*

★ *Lorsque* **absent** *est un adjectif, l'accent tombe sur la première syllabe:* /'æbsənt/, *lorsque c'est un verbe, sur la seconde:* /æb'sent/.

absentee /ˌæbsən'tiː/ N absent(e) *(m(f))*; (*habitual*) absentéiste *(mf)* ♦ **absentee ballot** N (*US*) vote *(m)* par correspondance ♦ **absentee landlord** N propriétaire *(mf)* absentéiste ♦ **absentee voter** (*US*) N électeur *(m)*, -trice *(f)* qui vote par correspondance

absenteeism /ˌæbsən'tiːɪzəm/ N absentéisme *(m)*

absently /'æbsəntlɪ/ ADV distraitement

absolute /'æbsəluːt/ 1 ADJ ⓐ absolu; **she has ~ faith in him** elle lui fait entièrement confiance; **in ~ terms** dans l'absolu ⓑ (*used for emphasis*) **it's an ~ scandal** c'est un véritable scandale; **that's ~ rubbish*** c'est n'importe quoi; **it was an ~ nightmare*** c'était un vrai cauchemar 2 N absolu *(m)*

absolutely /ˌæbsə'luːtlɪ/ ADV absolument; **I ~ agree** je suis entièrement d'accord; **to be ~ right** avoir entièrement raison; **to lie ~ still** rester parfaitement immobile; **it's ~ scandalous*** c'est un véritable scandale; **~! absolument!; ~ not!** sûrement pas!

absolution /ˌæbsə'luːʃən/ N absolution *(f)*

absolve /əb'zɒlv/ VT absoudre

absorb /əb'sɔːb/ VT absorber; [+ *sound, shock*] amortir; **to be ~ed in a book** être plongé dans un livre; **to become ~ed in one's work** s'absorber dans son travail; **to be completely ~ed in one's work** être complètement absorbé par son travail

absorbent /əb'sɔːbənt/ ADJ absorbant ♦ **absorbent cotton** N (*US*) coton *(m)* hydrophile

absorbing /əb'sɔːbɪŋ/ ADJ [*work*] absorbant; [*book, film*] captivant

abstain /əb'steɪn/ VI s'abstenir

abstention /əb'stenʃən/ N abstention *(f)*

abstinence /'æbstɪnəns/ N abstinence *(f)*

abstract 1 ADJ abstrait 2 N ⓐ **in the ~** dans l'abstrait ⓑ (= *summary*) résumé *(m)* ⓒ (= *work of art*) œuvre *(f)* abstraite 3 VT (= *remove*) extraire; (= *steal*) soustraire (**sth from sb** qch à qn)

★ *Lorsque* **abstract** *est un adjectif ou un nom, l'accent tombe sur la première syllabe:* /'æbstrækt/, *lorsque c'est un verbe, sur la seconde:* /æb'strækt/.

abstractedly /æb'stræktɪdlɪ/ ADV distraitement

abstraction /æb'strækʃən/ N abstraction *(f)*; **with an air of ~** d'un air distrait

absurd /əb'sɜːd/ 1 ADJ absurde 2 N **the ~** l'absurde *(m)*

absurdity /əb'sɜːdɪtɪ/ N absurdité *(f)*

absurdly /əb'sɜːdlɪ/ ADV [*expensive, young, rich*] ridiculement

ABTA /'æbtə/ N (ABBR = **Association of British Travel Agents**) ≈ Syndicat *(m)* national des agences de voyage

abundance /ə'bʌndəns/ N abondance *(f)*; **in ~** en abondance

abundant /ə'bʌndənt/ ADJ abondant

abundantly /ə'bʌndəntlɪ/ ADV abondamment; **it was ~ clear that ...** il était tout à fait clair que ...; **he made it ~ clear to me that ...** il m'a bien fait comprendre que ...

abuse 1 VT ⓐ (= *misuse*) [+ *privilege*] abuser de ⓑ [+ *person*] (= *insult*) insulter; (= *ill-treat*) maltraiter; [+ *child, woman, prisoner*] faire subir des mauvais traitements à; (*sexually*) faire subir des sévices sexuels à
2 N ⓐ [*of power, authority*] abus *(m)*; **the system is open to ~** le système présente des risques d'abus ⓑ (= *insults*) insultes *(fpl)*; (= *ill-treatment*) mauvais traitements *(mpl)* (**of** à); [*of child, woman, prisoner*] maltraitance *(f)*; (*sexual*) abus *(m)* sexuel

★ *Lorsque* **abuse** *est un verbe, le* **se** *final se prononce* **z**: /ə'bjuːz/; *lorsque c'est un nom, il se prononce* **s**: /ə'bjuːs/.

abusive /ə'bjuːsɪv/ ADJ ⓐ (= *offensive*) [*speech, words*] injurieux; **to use ~ language to sb** injurier qn; **he was very ~** il s'est montré très grossier ⓑ (= *violent*) **children with ~ parents** les enfants maltraités par leurs parents

abysmal /ə'bɪzməl/ ADJ épouvantable

abyss /ə'bɪs/ N abîme *(m)*

AC /ˌeɪ'siː/ N (ABBR = **alternating current**) courant *(m)* alternatif

academic /ˌækə'demɪk/ 1 ADJ ⓐ (= *of university*) universitaire; (= *of school*) scolaire; [*failure, progress*] scolaire; **he comes from an ~ background** il vient d'un milieu intellectuel ⓑ (= *theoretical*) théorique; **that's all quite ~** c'est purement théorique; **out of purely ~ interest** par simple curiosité 2 N universitaire *(mf)* 3 COMP ♦ **academic advisor** N (*US*) directeur *(m)*, -trice *(f)* d'études ♦ **academic year** N année *(f)* universitaire

academy /ə'kædəmɪ/ 1 N ⓐ (= *private college*) école *(f)* privée; **military/naval ~** école *(f)* militaire/navale; **~ of music** conservatoire *(m)* ⓑ (= *society*) académie *(f)* 2 COMP ♦ **Academy Award** N oscar *(m)*

accede /æk'siːd/ VI ⓐ (= *agree*) **to ~ to** [+ *request*] donner suite à; [+ *suggestion*] accepter ⓑ (= *gain position*) **to ~ to office** entrer en fonction; **to ~ to the throne** monter sur le trône

accelerate /æk'seləreɪt/ 1 VT accélérer; [+ *events*] précipiter 2 VI accélérer

acceleration /æk,selə'reɪʃən/ N accélération *(f)*

accelerator /æk'seləreɪtəʳ/ N accélérateur *(m)*

accent 1 N accent *(m)* 2 VT accentuer

★ *Lorsque* **accent** *est un nom, l'accent tombe sur la première syllabe:* /'æksənt/, *lorsque c'est un verbe, sur la seconde:* /æk'sent/.

accentuate /æk'sentjʊeɪt/ VT [+ *inequality, hostility*] accentuer; [+ *physical feature*] faire ressortir

accept /ək'sept/ VT accepter; **I ~ that ...** je conviens que ...; **it is widely ~ed that ...** il est généralement admis que ...

acceptable /ək'septəbl/ ADJ [*offer, suggestion*] acceptable; [*behaviour*] admissible; **I hope you will find this ~** j'espère que cela vous conviendra; **if this offer is ~ to you** si cette offre vous convient

acceptance /ək'septəns/ N ⓐ [*of invitation, gift*] acceptation *(f)*; [*of proposal*] consentement *(m)* (**of** à) ⓑ (= *approval*) approbation *(f)*; **the idea met with general ~** l'idée a recueilli l'approbation générale

accepted /ək'septɪd/ ADJ accepté; [*fact*] reconnu; [*idea*] répandu; [*behaviour, pronunciation*] admis

access /'ækses/ 1 N (= *way*) accès *(m)*; **to give ~ to** donner accès à; **to have ~ to sb/sth** avoir accès à qn/qch;

these children now have ~ **to education** ces enfants ont maintenant accès à la scolarisation 2 VT [+ *computer file*] accéder à 3 COMP ◆ **access road** N route *(f)* d'accès ; [*of motorway*] bretelle *(f)* d'accès

accessible /æk'sesəbl/ ADJ accessible

accession /æk'sefən/ N accession *(f)* (**to** à) ; **~ to the throne** avènement *(m)*

accessory /æk'sesərɪ/ ADJ, N accessoire *(m)*

accident /'æksɪdənt/ 1 N accident *(m)* ; **to have an ~** avoir un accident ; **road ~** accident *(m)* de la route ; **it's no ~ that …** ce n'est pas un hasard si …
◆ **by accident** [*injure, break*] accidentellement ; [*meet, find*] par hasard
2 COMP ◆ **Accident and Emergency Unit** N (service *(m)* des) urgences *(fpl)* ◆ **accident figures** NPL nombre *(m)* des accidents ◆ **accident insurance** N assurance *(f)* accidents ◆ **accident-prone** ADJ **to be ~-prone** être sujet aux accidents

accidental /,æksɪ'dentl/ ADJ accidentel

accidentally /,æksɪ'dentəlɪ/ ADV [*shoot, kill*] accidentellement ; **it was discovered quite ~** on l'a découvert par hasard ; **~ on purpose*** comme par hasard

acclaim /ə'kleɪm/ 1 VT (= *applaud*) acclamer 2 N acclamations *(fpl)* ; **the film met with great public/critical ~** le film a été salué unanimement par le public/les critiques

acclimate /ə'klaɪmət/ VT (*US*) acclimater (**to** à)

acclimatize /ə'klaɪmətaɪz/ 1 VT acclimater (**to** à) 2 VI (*to new place, climate*) s'acclimater (**to** à)

accolade /'ækəʊleɪd/ N accolade *(f)* ; **the prize is the ultimate ~ for a writer** ce prix est la consécration suprême pour un auteur

accommodate /ə'kɒmədeɪt/ VT ⓐ (= *provide lodging for*) loger ⓑ (= *contain*) contenir ; **the hotel can ~ 60 people** l'hôtel peut accueillir 60 personnes

⚠ **to accommodate ≠ accommoder**

accommodating /ə'kɒmədeɪtɪŋ/ ADJ (= *obliging*) obligeant

accommodation /ə,kɒmə'deɪʃən/ N (= *place to stay*) logement *(m)* ; **accommodations** (*US*) logement *(m)* ; **"office ~ to let"** « bureaux à louer »

accompaniment /ə'kʌmpənɪmənt/ N accompagnement *(m)* ; **they marched to the ~ of a military band** ils ont défilé au son d'une fanfare militaire

accompanist /ə'kʌmpənɪst/ N accompagnateur *(m)*, -trice *(f)*

accompany /ə'kʌmpənɪ/ VT accompagner ; **accompanied by** accompagné de ◆ **accompanying letter** N lettre *(f)* d'accompagnement

accomplice /ə'kʌmplɪs/ N complice *(mf)* ; **to be an ~ in a crime** être complice d'un crime

accomplish /ə'kʌmplɪʃ/ VT accomplir ; [+ *desire*] réaliser

accomplished /ə'kʌmplɪʃt/ ADJ (= *talented*) doué ; [*musician, skater*] accompli ; [*performance*] parfait ; **she's very ~** elle est très douée ; **an ~ pianist** un pianiste accompli

accomplishment /ə'kʌmplɪʃmənt/ N ⓐ (= *achievement*) réalisation *(f)* ⓑ (= *skill*) talent *(m)* ; **a woman of many ~s** une femme aux multiples talents ⓒ (= *completion*) **on ~ of the project** quand le projet aura été mené à bien

accord /ə'kɔːd/ 1 VT accorder ; **to ~ priority to** accorder la priorité à ; **to ~ great importance to sth** accorder beaucoup d'importance à qch 2 N ⓐ (= *agreement*) accord *(m)* ; **of his own ~** de lui-même ; **the problem disappeared of its own ~** le problème s'est résolu tout seul ; **with one ~** d'un commun accord ⓑ (= *treaty*) accord *(m)*

accordance /ə'kɔːdəns/ N **in ~ with** conformément à ; **to be in ~ with** être conforme à

according /ə'kɔːdɪŋ/ ADV **~ to** selon ; **~ to him they've gone** d'après lui ils sont partis ; **classified ~ to size** classés par ordre de grandeur ; **everything went ~ to plan** tout s'est passé comme prévu ; **~ to what he says** d'après ce qu'il dit ; **to act ~ to the law** agir conformément à la loi

accordingly /ə'kɔːdɪŋlɪ/ ADV [*act, pay, plan*] en conséquence

accordion /ə'kɔːdɪən/ N accordéon *(m)*

accordionist /ə'kɔːdɪənɪst/ N accordéoniste *(mf)*

accost /ə'kɒst/ VT accoster

account /ə'kaʊnt/ 1 N ⓐ compte *(m)* ; **to open an ~** ouvrir un compte ; **to pay a sum into one's ~** verser une somme à son compte ; **I have an ~ with them** (*at shop*) ils me font crédit ; **on ~** d'acompte ; **payment on ~** acompte *(m)* ; **to pay £50 on ~** verser un acompte de 50 livres ; **cash or ~?** (*in hotel, bar*) vous payez comptant ou je le mets sur votre note ? ; **they have the Michelin ~** (*Advertising*) ce sont eux qui font la publicité de Michelin ; **to turn sth to good ~** mettre qch à profit
ⓑ (= *explanation*) explication *(f)* ; **to call sb to ~** demander des comptes à qn ; **to be held to ~ for sth** devoir rendre des comptes pour qch
ⓒ (= *report*) compte *(m)* rendu ; **to give an ~ of sth** faire le compte rendu de qch ; **by her own ~** d'après ce qu'elle dit ; **by all ~s** au dire de tous
ⓓ (*set structures*)
◆ **to take + account**: **to take sth/sb into ~** tenir compte de qch/qn ; **these facts must be taken into ~** ces faits doivent être pris en compte ; **to take no ~ of sth** ne pas tenir compte de qch
◆ **on + account**: **on ~ of** à cause de ; **on no ~** en aucun cas ; **I was worried on her ~** je m'inquiétais pour elle ; **don't leave on my ~** ne partez pas à cause de moi ; **on this** *or* **that ~** pour cette raison
2 NPL **accounts** (= *calculation*) comptabilité *(f)* ; **to do/keep the ~s** faire/tenir la comptabilité ; **~s (department)** (service *(m)*) comptabilité *(f)*
3 COMP ◆ **account holder** N titulaire *(mf)* du (*or* d'un) compte

⚠ **account ≠ acompte**

▶ **account for** VT INSEP ⓐ (= *explain, justify*) [+ *expenses, one's conduct*] justifier ; [+ *circumstances*] expliquer ; **there's no ~ing for taste** chacun son goût (*PROV*) ; **everyone is ~ed for** on n'a oublié personne ; **three people have not yet been ~ed for** (*after accident*) trois personnes n'ont pas encore été retrouvées ⓑ (= *represent*) représenter ; **this ~s for 10% of the total** cela représente 10 % du chiffre total

accountability /ə,kaʊntə'bɪlɪtɪ/ N responsabilité *(f)*

accountable /ə'kaʊntəbl/ ADJ responsable (**for** de) ; **to be ~ to sb for sth** être responsable de qch devant qn ; **he is not ~ for his actions** (= *need not account for*) il n'a pas à répondre de ses actes ; (= *is not responsible for*) il n'est pas responsable de ses actes

accountancy /ə'kaʊntənsɪ/ N comptabilité *(f)* ; **to study ~** faire des études de comptabilité

accountant /ə'kaʊntənt/ N comptable *(mf)*

accounting /ə'kaʊntɪŋ/ N comptabilité *(f)*

accredit /ə'kredɪt/ VT accréditer ; **to ~ sth to sb** attribuer qch à qn ; **he is ~ed with having discovered the site** on lui attribue la découverte de ce site

accreditation /ə,kredɪ'teɪʃn/ N (*US*) habilitation *(f)* ◆ **accreditation officer** N inspecteur *(m)* d'académie

accredited /ə'kredɪtɪd/ ADJ [*person*] accrédité ; [*opinion, belief*] admis

accrue /ə'kruː/ VI [*money, advantages*] revenir (**to** à) ; [*interest*] courir ; **~d interest** intérêts cumulés

accumulate /ə'kjuːmjʊleɪt/ 1 VT accumuler VI s'accumuler ; **to allow interest to ~** laisser courir les intérêts

accumulation /ə,kjuːmjʊ'leɪʃən/ N accumulation *(f)*

accuracy /'ækjʊrəsɪ/ N exactitude *(f)* ; [*of aim, report*] précision *(f)* ; [*of assessment*] justesse *(f)*

accurate /'ækjʊrɪt/ ADJ [*information, description, report*] exact ; [*missile*] précis ; [*measurement, assessment*] juste ; [*translation, account, memory*] fidèle ; [*test*] fiable

accurately /'ækjʊrɪtlɪ/ ADV exactement ; [*calculate*] juste ; [*describe, measure*] avec précision ; [*translate*] fidèlement

accusation /ˌækjuˈzeɪʃən/ N accusation (f)

accusatory /əˈkjuːzətəri/ ADJ accusateur (-trice (f))

accuse /əˈkjuːz/ VT accuser; **they ~d him of stealing the car** ils l'ont accusé d'avoir volé la voiture; **they stand ~d of murder** ils sont accusés de meurtre

accused /əˈkjuːzd/ N (pl **accused**) accusé(e) (m(f))

accuser /əˈkjuːzər/ N accusateur (m), -trice (f)

accusing /əˈkjuːzɪŋ/ ADJ accusateur (-trice (f))

accusingly /əˈkjuːzɪŋli/ ADV [say] d'un ton accusateur; [look] d'un air accusateur

accustom /əˈkʌstəm/ VT accoutumer (**sb to doing sth** qn à faire qch); **to ~ o.s. to** s'habituer à

accustomed /əˈkʌstəmd/ ADJ habitué (**to à, to doing sth** à faire qch); **to become ~ to sth** s'habituer à qch

ace /eɪs/ 1 N (a) (= card) as (m); (Tennis) ace (m); **~ of diamonds** as (m) de carreau; **to have an ~ up one's sleeve** avoir un atout en réserve; **to play one's ~** (fig) jouer sa meilleure carte; **to hold all the ~s** avoir tous les atouts en main; **to come within an ~ of sth** être à deux doigts de qch (b) (= pilot, racing driver) as (m) 2 ADJ super*; **an ~ driver** un as du volant 3 COMP ♦ **Ace Bandage**® N (US) bande (f) Velpeau®

acerbic /əˈsɜːbɪk/ ADJ acerbe

acetate /ˈæsɪteɪt/ N acétate (m)

acetic acid /əˌsiːtɪkˈæsɪd/ N acide (m) acétique

acetone /ˈæsɪtəʊn/ N acétone (f)

ache /eɪk/ 1 VI faire mal; **my head ~s** j'ai mal à la tête; **to be aching all over** (after exercise) être courbaturé; (from illness) avoir mal partout; **to be aching to do sth** mourir d'envie de faire qch 2 N douleur (f); **muscular aches and pains** douleurs (fpl) musculaires

achieve /əˈtʃiːv/ VT accomplir; [+ aim, standard] atteindre; [+ fame] parvenir à; [+ victory] remporter; **to ~ success** réussir; **what they have ~d** ce qu'ils ont accompli; **to ~ something in life** arriver à quelque chose dans la vie; **I feel I've really ~d something today** j'ai l'impression d'avoir fait quelque chose de valable aujourd'hui

achievement /əˈtʃiːvmənt/ N (a) (= success) réussite (f) (b) (at school) **the level of ~** le niveau des élèves

achiever /əˈtʃiːvər/ N (= successful person) gagneur (m), -euse (f); **high-~** sujet (m) doué; **low-~** sujet (m) peu doué

Achilles' heel /əkɪliːzˈhiːl/ N talon (m) d'Achille

aching /ˈeɪkɪŋ/ ADJ douloureux

achingly /ˈeɪkɪŋli/ ADV [sad, beautiful] à pleurer

acid /ˈæsɪd/ 1 N acide (m) 2 ADJ (a) (= sour) acide (b) [person] revêche; [voice] aigre; [remark] mordant 3 COMP ♦ **acid drop** N bonbon (m) acidulé ♦ **acid rain** N pluies (fpl) acides ♦ **acid test** N épreuve (f) de vérité

acidic /əˈsɪdɪk/ ADJ acide

acidity /əˈsɪdɪti/ N acidité (f)

acknowledge /əkˈnɒlɪdʒ/ VT (a) (= recognize) [+ truth, error] reconnaître; **to ~ sb as leader** reconnaître qn pour chef (b) [+ letter] accuser réception de (c) (= react to) [+ greeting] répondre à; **I smiled at him but he didn't even ~ me** je lui ai souri mais il a fait comme s'il ne me voyait pas; **he didn't ~ my presence** il a fait comme si je n'étais pas là

acknowledged /əkˈnɒlɪdʒd/ ADJ [leader, expert] reconnu

acknowledgement /əkˈnɒlɪdʒmənt/ 1 N (a) reconnaissance (f) (b) [of money] reçu (m); [of letter] accusé (m) de réception (c) **acknowledgements** (in book) remerciements (mpl) 2 COMP ♦ **acknowledgement slip** N (Comm) accusé (m) de réception

ACLU /ˌeɪsiːelˈjuː/ N (ABBR = **American Civil Liberties Union**) Ligue américaine des droits de l'homme

acne /ˈækni/ N acné (f)

acorn /ˈeɪkɔːn/ N gland (m)

acoustic /əˈkuːstɪk/ ADJ acoustique

acoustics /əˈkuːstɪks/ N acoustique (f); **the room has good ~** l'acoustique est très bonne dans cette salle

acquaint /əˈkweɪnt/ VT (a) **to ~ sb with sth** aviser qn de qch; **to ~ sb with the situation** mettre qn au courant de la situation (b) **to be ~ed with** [+ person, subject] connaître; [+ fact] être au courant de; **to get ~ed with sb** faire la connaissance de qn; **to become ~ed with the facts** prendre connaissance des faits; **to get ~ed** faire connaissance

acquaintance /əˈkweɪntəns/ N (a) (= person) connaissance (f); **to make sb's ~** faire la connaissance de qn

acquiesce /ˌækwɪˈes/ VI acquiescer

acquiescence /ˌækwɪˈesns/ N assentiment (m)

acquiescent /ˌækwɪˈesnt/ ADJ consentant

acquire /əˈkwaɪər/ VT acquérir; [+ company] acheter; **to ~ a taste for sth** prendre goût à qch; **to ~ a reputation for sth** acquérir une réputation de qch

acquired /əˈkwaɪəd/ ADJ acquis; **it's an ~ taste** c'est assez spécial

acquisition /ˌækwɪˈzɪʃən/ N acquisition (f)

acquisitive /əˈkwɪzɪtɪv/ ADJ (= greedy) avide

acquit /əˈkwɪt/ VT [+ accused person] acquitter; **he ~ted himself well** il s'en est bien tiré

acquittal /əˈkwɪtl/ N acquittement (m)

acre /ˈeɪkər/ N ≈ demi-hectare (m); **~s of woodland** des hectares de forêts

acreage /ˈeɪkərɪdʒ/ N superficie (f)

acrid /ˈækrɪd/ ADJ âcre

acrimonious /ˌækrɪˈməʊnɪəs/ ADJ acrimonieux

acrimony /ˈækrɪməni/ N acrimonie (f)

acrobat /ˈækrəbæt/ N acrobate (mf)

acrobatic /ˌækrəʊˈbætɪk/ ADJ acrobatique

acrobatics /ˌækrəʊˈbætɪks/ NPL acrobaties (fpl)

acronym /ˈækrənɪm/ N acronyme (m)

across /əˈkrɒs/

► When **across** is an element in a phrasal verb, eg **come across, run across,** look up the verb.

1 PREP (a) (= from one side to the other of) **a bridge ~ the river** un pont sur le fleuve; **to walk ~ the road** traverser la rue ♦ **across the board**: **they cut salaries ~ the board** ils ont réduit les salaires à tous les niveaux; **prices fell ~ the board** les prix ont chuté partout (b) (= on the other side of) de l'autre côté de; **he lives ~ the street (from me)** il habite en face (de chez moi); **the shop ~ the road** le magasin d'en face; **from ~ the Channel** de l'autre côté de la Manche (c) (= crosswise over) à travers; **to go ~ country** prendre à travers champs; **with his arms folded ~ his chest** les bras croisés sur la poitrine

2 ADV (= from one side to the other) **the river is 5km ~** le fleuve fait 5 km de large; **the plate is 30cm ~** l'assiette fait 30 cm de diamètre; **to help sb ~** aider qn à traverser; **~ from** en face de

acrylic /əˈkrɪlɪk/ 1 N acrylique (m) 2 ADJ en acrylique

act /ækt/ 1 N (a) (= deed) acte (m); **in the ~ of doing sth** en train de faire qch; **caught in the ~** pris sur le fait (b) (= law) loi (f) (c) [of play] acte (m); (in circus, variety show) numéro (m); **they're a brilliant ~** ils font un numéro superbe; **he's a class ~*** c'est un crack*; **it was a class ~*** c'était génial*; **she'll be a hard ~ to follow** il sera difficile de l'égaler; **he's just putting on an ~** il joue la comédie; **it's just an ~** c'est du cinéma; **to get in on the ~*** s'imposer; **to get one's ~ together*** se ressaisir

2 VI (a) (= take action) agir; **the government must ~ now** le gouvernement doit agir immédiatement; **you have ~ed very generously** vous avez été très généreux; **to ~ on sb's behalf** agir au nom de qn; **to ~ like a fool** agir comme un imbécile; **the drug started to ~** le médicament a commencé à agir (b) (in play, film) jouer; **have you ever ~ed before?** (on stage) avez-vous déjà fait du théâtre?; (in film) avez-vous déjà fait du cinéma?

ⓒ (= *serve*) servir (**as** de); **she ~s as his assistant** elle lui sert d'assistante

3 VT [+ *part in play*] jouer; **to ~ the part of ...** tenir le rôle de ...; **to ~ the fool*** faire l'idiot(e)

4 COMP ♦ **act of faith** N acte *(m)* de foi ♦ **act of God** N catastrophe *(f)* naturelle ♦ **Act of Parliament** N loi *(f)*

► **act on** VT INSEP [+ *advice, suggestion*] suivre; [+ *order*] exécuter

► **act out** VT SEP [+ *event*] faire un récit mimé de; [+ *fantasies*] vivre

► **act up*** VI [*child*] se conduire mal; **the car has started ~ing up** la voiture s'est mise à faire des caprices

► **act upon** VT INSEP [+ *advice, suggestion*] suivre; [+ *order*] exécuter

acting /'æktɪŋ/ **1** ADJ **~ president** président *(m)* par intérim **2** N (= *performance*) jeu *(m)*; **his ~ is very good** il joue très bien; **I like his ~** j'aime son jeu; **he has done some ~** (*on stage*) il a fait du théâtre; (*in film*) il a fait du cinéma

action /'ækʃən/ **1** N ⓐ (= *action*) action *(f)*; **to put into ~** [+ *plan*] mettre à exécution; [+ *principles, suggestion*] mettre en pratique; **the time has come for ~** il est temps d'agir; **they want a piece of the ~*** ils veulent être dans le coup*; **to take ~** agir; **out of ~** (*machine*) hors service; **his illness put him out of ~ for six weeks** sa maladie l'a mis hors de combat pendant six semaines

ⓑ (= *deed*) acte *(m)*; **to judge sb by his ~s** juger qn sur ses actes; **~s speak louder than words** les actes sont plus éloquents que les paroles

ⓒ (= *effect*) effet *(m)*

ⓓ [*of play*] action *(f)*; **~!** (*on set*) moteur!; **there's not enough ~ in the play** la pièce manque d'action

ⓔ (= *legal proceedings*) action *(f)* en justice; **~ for damages** action *(f)* en dommages-intérêts

ⓕ (= *military combat*) combat *(m)*; **to go into ~** [*unit, person*] aller au combat; [*army*] engager le combat; **killed in ~** tué au combat

2 COMP ♦ **action-packed** ADJ [*film*] plein d'action; [*weekend*] bien rempli ♦ **action point** N décision *(f)*, action *(f)* ♦ **action replay** N (*Brit*) ralenti *(m)* ♦ **action shot** N scène *(f)* d'action ♦ **action stations** NPL postes *(mpl)* de combat; **~ stations!** à vos postes!

activate /'æktɪveɪt/ VT activer

active /'æktɪv/ ADJ actif; **~ volcano** volcan *(m)* en activité; **to take an ~ part in sth** prendre une part active à qch; **in ~ employment** en activité ♦ **active ingredient** N principe *(m)* actif ♦ **active service** N (*Brit*) service *(m)* actif; **on ~ service** en campagne ♦ **active voice** N voix *(f)* active

actively /'æktɪvlɪ/ ADV activement; [*encourage, discourage*] vivement; [*consider*] sérieusement

activist /'æktɪvɪst/ N activiste *(mf)*

activity /æk'tɪvɪtɪ/ N activité *(f)* ♦ **activity holiday** N vacances *(fpl)* actives

actor /'æktə'/ N acteur *(m)*, comédien *(m)*

actress /'æktrɪs/ N actrice *(f)*, comédienne *(f)*

actual /'æktjʊəl/ ADJ [*cost, reason*] réel; [*figures*] exact; **there is no ~ contract** il n'y a pas à proprement parler de contrat; **to take an ~ example ...** pour prendre un exemple concret ...; **an ~ fact** un fait réel; **in ~ fact** en fait; **~ size** grandeur *(f)* nature; **~ size: 15cm** taille réelle: 15 cm; **was it an actor or the ~ victim?** s'agissait-il d'un acteur ou de la vraie victime?; **the ~ film doesn't start till 8.55** le film lui-même ne commence qu'à 20 h 55; **his ~ words were ...** il a dit, textuellement, ceci: ...

⚠ **actual ≠ actuel**

actuality /ˌæktjʊ'ælɪtɪ/ N réalité *(f)*; **in ~** en réalité

actually /'æktjʊəlɪ/ ADV ⓐ (= *in fact*) en fait; **~ I don't know him at all** en fait je ne le connais pas du tout; **his name is Smith, ~** en fait, il s'appelle Smith; **interest is only payable on the amount ~ borrowed** les intérêts ne sont dus que sur la somme empruntée

ⓑ (= *truly*) vraiment; **are you ~ going to buy it?** est-ce que tu vas vraiment l'acheter?; **if you ~ own a house** si vous êtes bien propriétaire d'une maison; **what did he ~ say?**

qu'est-ce qu'il a dit exactement?; **did it ~ happen?** est-ce que c'est vraiment arrivé?

⚠ **actually ≠ actuellement**

acumen /'ækjʊmen/ N flair *(m)*; **business ~** sens *(m)* aigu des affaires

acupuncture /ˈækjʊpʌŋktʃə'/ N acupuncture *(f)*

acupuncturist /ˌækjʊ'pʌŋktʃərɪst/ N acupuncteur *(m)*, -trice *(f)*

acute /ə'kjuːt/ ADJ ⓐ (= *serious*) grave; [*embarrassment*] profond; [*anxiety, pain*] vif ⓑ (= *perceptive*) perspicace; **to have an ~ awareness of sth** être pleinement conscient de qch; **to have an ~ sense of smell** avoir l'odorat très développé ⓒ [*appendicitis, leukaemia, case*] aigu (-guë *(f)*) ⓓ [*accent, angle*] aigu (-guë *(f)*); **e ~** e accent aigu

acutely /ə'kjuːtlɪ/ ADV ⓐ (= *very*) extrêmement; [*aware*] pleinement ⓑ (= *strongly*) intensément

AD /eɪ'diː/ N (ABBR = **Anno Domini**) ap. J-C

ad* /æd/ N (= *announcement*) annonce *(f)*; (= *commercial*) pub* *(f)*

Adam /'ædəm/ N **I don't know him from ~*** je ne le connais ni d'Ève ni d'Adam ♦ **Adam's apple** N pomme *(f)* d'Adam

adamant /'ædəmənt/ ADJ [*person*] catégorique; **to be ~ that ...** maintenir catégoriquement que ...

adamantly /'ædəməntlɪ/ ADV catégoriquement

adapt /ə'dæpt/ **1** VT adapter (**to** à); **to ~ o.s.** s'adapter **2** VI s'adapter

adaptability /əˌdæptə'bɪlɪtɪ/ N [*of person*] faculté *(f)* d'adaptation

adaptable /ə'dæptəbl/ ADJ adaptable

adaptation /ˌædæp'teɪʃən/ N adaptation *(f)*

adapter, adaptor /ə'dæptə'/ N (= *device*) adaptateur *(m)*; (*Brit* = *plug*) prise *(f)* multiple

add /æd/ VT ⓐ ajouter (**to** à); **~ some more pepper** rajoutez un peu de poivre; **and to ~ insult to injury ...** et pour comble ...; **that would be ~ing insult to injury** ce serait vraiment un comble; **~ed to which ...** ajoutez à cela que ...; **there is nothing to ~** il n'y a rien à ajouter ⓑ [+ *figures*] additionner; [+ *column of figures*] totaliser

► **add on** VT SEP rajouter

► **add to** VT INSEP augmenter; [+ *anxiety, danger*] accroître

► **add together** VT SEP [+ *figures*] additionner

► **add up** **1** VI ⓐ (= *appear consistent*) **her statements don't ~ up** ses dépositions se contredisent; **it all ~s up*** tout s'explique; **it doesn't ~ up*** il y a quelque chose qui cloche* ⓑ (= *accumulate*) **even small debts ~ up** même les petites dettes finissent par s'accumuler **2** VT SEP [+ *figures*] additionner; **to ~ up a column of figures** totaliser une colonne de chiffres

► **add up to** VT INSEP [*figures*] s'élever à; **what does all this ~ up to?** (= *mean*) que signifie tout cela?

added /'ædɪd/ ADJ supplémentaire; **"no ~ salt"** « sans adjonction de sel » ♦ **added value** N valeur *(f)* ajoutée

adder /'ædə'/ N vipère *(f)*

addict /'ædɪkt/ N toxicomane *(mf)*; **he's a yoga ~*** c'est un mordu* du yoga

addicted /ə'dɪktɪd/ ADJ (*to drug, medicine*) dépendant (**to** de); **he's ~ to heroin** il est héroïnomane; **he's ~ to cigarettes** c'est un fumeur invétéré; **to be ~ to football*** être un mordu* de football; **I'm ~ to spicy food** j'adore les plats épicés

addiction /ə'dɪkʃən/ N dépendance *(f)*; **this drug causes ~** cette drogue crée une dépendance

addictive /ə'dɪktɪv/ ADJ [*drug*] créant une dépendance; **these biscuits are ~** ces biscuits, c'est comme une drogue

Addis Ababa /'ædɪs'æbəbə/ N Addis-Abeba

addition /ə'dɪʃən/ N ⓐ (= *sum*) addition *(f)*

ⓑ (= *fact of adding something*) ajout *(m)*

ⓒ ♦ **in addition** de plus; **in ~ to** en plus de

ⓓ (= *new arrival*) **there's been an ~ to the family** la famille s'est agrandie; **he is a welcome ~ to our team** il est bienvenu dans notre équipe ; **this is a welcome ~ to the series** cela enrichit la série

additional /ə'dɪʃənl/ ADJ supplémentaire ; **~ charge** supplément (m) de prix

additionally /ə'dɪʃnəlɪ/ ADV (= moreover) de plus

additive /'ædɪtɪv/ N additif (m) ◆ **additive-free** ADJ sans additifs

addled /'ædld/ ADJ [thinking] confus

add-on /'ædɒn/ 1 N accessoire (m) 2 ADJ complémentaire

address /ə'dres/ 1 N ⓐ adresse (f) ; **to change one's ~** changer d'adresse ⓑ (= speech) discours (m) 2 VT ⓐ (= put address on) mettre l'adresse sur ; (= direct) [+ speech, writing, complaints] adresser (**to** à) ; **this letter is ~ed to you** cette lettre vous est adressée ⓑ (= speak to) s'adresser à ; **he ~ed the meeting** il a pris la parole devant l'assistance 3 COMP ◆ **address book** N carnet (m) d'adresses

addressee /ˌædre'siː/ N destinataire (mf)

adenoids /'ædɪnɔɪdz/ NPL végétations (fpl)

adept 1 ADJ expert ; **he's ~ at manipulating the media** il manipule les médias avec un art consommé 2 N expert (m) (**in, at** en)

> ★ Lorsque **adept** est un adjectif, l'accent tombe sur la seconde syllabe : /ə'dept/, lorsque c'est un nom, sur la première : /'ædept/.

adequate /'ædɪkwɪt/ ADJ ⓐ (= sufficient) suffisant ; **to be ~ for sb's needs** répondre aux besoins de qn ; **to be ~ to the task** [person] être à la hauteur de la tâche ⓑ (= average) [performance, essay] acceptable

adequately /'ædɪkwɪtlɪ/ ADV suffisamment ; **we weren't ~ prepared** nous n'étions pas bien préparés ; **he performed ~** sa prestation était acceptable

adhere /əd'hɪə'/ VI (= stick) adhérer ; **to adhere to** [+ rule] obéir à ; [+ principle, plan] se conformer à

adherence /əd'hɪərəns/ N adhésion (f)

adherent /əd'hɪərənt/ N (= sympathizer) sympathisant(e) (m(f)) ; (= member of group) adhérent(e) (m(f)) ; [of religion] adepte (mf)

adhesion /əd'hiːʒən/ N (= sticking) adhérence (f)

adhesive /əd'hiːzɪv/ ADJ, N adhésif (m)

ad hoc /ˌæd'hɒk/ 1 ADJ ad hoc (inv) ; **on an ~ basis** ponctuellement 2 ADV ponctuellement

adjacent /ə'dʒeɪsənt/ ADJ adjacent

adjective /'ædʒektɪv/ N adjectif (m)

adjoin /ə'dʒɔɪn/ VT être attenant à ; **the room ~ing the kitchen** la pièce attenante à la cuisine

adjoining /ə'dʒɔɪnɪŋ/ ADJ voisin ; **in the ~ room** dans la pièce voisine

adjourn /ə'dʒɜːn/ 1 VT reporter (**to, until** à) ; **to ~ sth until the next day** remettre qch au lendemain ; **they ~ed the meeting** (= broke off) ils ont suspendu la séance 2 VI (= break off meeting) suspendre la séance

adjournment /ə'dʒɜːnmənt/ N [of meeting] suspension (f) ; [of legal case] remise (f)

adjudicate /ə'dʒuːdɪkeɪt/ VT [+ competition] juger ; [+ claim] régler

adjudication /əˌdʒuːdɪ'keɪʃən/ N décision (f)

adjudicator /ə'dʒuːdɪkeɪtə'/ N juge (m)

adjust /ə'dʒʌst/ 1 VT [+ machine, brakes, differences] régler ; [+ salaries, prices] réajuster ; [+ figures] rectifier ; [+ clothes] rajuster 2 VI [person] s'adapter ; [machine] se régler

adjustable /ə'dʒʌstəbl/ ADJ réglable ; [rate] ajustable ◆ **adjustable spanner** N (Brit) clé (f) universelle

adjusted /ə'dʒʌstɪd/ ADJ **well ~** [person] équilibré

adjustment /ə'dʒʌstmənt/ N (to height, machine) réglage (m) ; (to plan, terms) ajustement (m) (**to** de) ; (to wages, prices) réajustement (m) (**to** de)

ad lib /æd'lɪb/ VI improviser

admin /'ædmɪn/ N administration (f)

administer /əd'mɪnɪstə'/ VT ⓐ [+ business, country] administrer ; [+ sb's affairs, funds] gérer ; [+ property] régir ⓑ [+ punishment, medicine, relief] administrer (**to** à) ; [+ justice] rendre

administrate /əd'mɪnɪˌstreɪt/ VT gérer

administration /ədˌmɪnɪ'streɪʃən/ N ⓐ administration (f) ; [of funds] gestion (f) ; **his new job involves a lot of ~** son nouveau poste est en grande partie administratif ⓑ (= government) gouvernement (m)

administrative /əd'mɪnɪstrətɪv/ ADJ [work, post, staff] administratif ; [skills] d'administrateur ; [costs, expenses] d'administration

administrator /əd'mɪnɪstreɪtə'/ N administrateur (m), -trice (f)

admirable /'ædmərəbl/ ADJ admirable

admirably /'ædmərəblɪ/ ADV admirablement

admiral /'ædmərəl/ N amiral (m)

admiration /ˌædmə'reɪʃən/ N admiration (f) (**of, for** pour)

admire /əd'maɪə'/ VT admirer

admirer /əd'maɪərə'/ N admirateur (m), -trice (f)

admiring /əd'maɪərɪŋ/ ADJ admiratif

admiringly /əd'maɪərɪŋlɪ/ ADV avec admiration

admissible /əd'mɪsəbl/ ADJ [evidence] recevable

admission /əd'mɪʃən/ 1 N ⓐ (= entry) (to university, hospital) admission (f) ; (to museum, zoo) entrée (f) ; **"~ free"** « entrée gratuite » ; **"no ~"** « entrée interdite » ⓑ (= confession) aveu (m) ; **by one's own ~** de son propre aveu ; **it's an ~ of guilt** c'est un aveu 2 COMP ◆ **admission fee** N droits (mpl) d'admission

admit /əd'mɪt/ VT ⓐ (= let in) laisser entrer ⓑ (= acknowledge) admettre ; **he ~ted that this was the case** il a admis que tel était le cas ; **I must ~ that ...** je dois admettre que ... ⓒ [criminal, wrongdoer] avouer ; **to ~ one's guilt** reconnaître sa culpabilité
▸ **admit to** VT INSEP reconnaître ; [+ crime] avouer ; **to ~ to a feeling of irritation** avouer ressentir une certaine irritation

admittance /əd'mɪtəns/ N (= access) accès (m) ; **"no ~"** « accès interdit au public »

admittedly /əd'mɪtɪdlɪ/ ADV **~ this is true** il faut reconnaître que c'est vrai ; **it's only a theory, ~ ...** il est vrai que ce n'est qu'une théorie ...

admonish /əd'mɒnɪʃ/ VT réprimander (**for doing sth** pour avoir fait qch)

ad nauseam /ˌæd'nɔːsɪæm/ ADV [repeat] ad nauseam ; [do] jusqu'à saturation ; **to talk ~ about sth** parler à n'en plus finir de qch

ado /ə'duː/ N agitation (f) ; **much ~ about nothing** beaucoup de bruit pour rien ; **without further ~** sans plus de cérémonie

adolescence /ˌædəʊ'lesns/ N adolescence (f)

adolescent /ˌædəʊ'lesnt/ ADJ, N adolescent(e) (m(f))

adopt /ə'dɒpt/ VT adopter

adopted /ə'dɒptɪd/ ADJ [child] adopté ; [country] d'adoption ; **~ son** fils (m) adoptif ; **~ daughter** fille (f) adoptive

adoption /ə'dɒpʃən/ N adoption (f)

adoptive /ə'dɒptɪv/ ADJ [parent, child] adoptif ; [country] d'adoption

adorable /ə'dɔːrəbl/ ADJ adorable

adore /ə'dɔː'/ VT adorer

adoring /ə'dɔːrɪŋ/ ADJ **his ~ wife** sa femme qui l'adore ; **her ~ fans** ses fans qui l'adorent

adoringly /ə'dɔːrɪŋlɪ/ ADV avec adoration

adorn /ə'dɔːn/ VT orner (**with** de)

adornment /ə'dɔːnmənt/ N ornement (m)

adrenalin(e) /ə'drenəlɪn/ N adrénaline (f) ◆ **adrenalin(e) rush** N poussée (f) d'adrénaline

Adriatic /ˌeɪdrɪ'ætɪk/ N **the Adriatic** l'Adriatique (f)

adrift /ə'drɪft/ ADV, ADJ à la dérive ; **to go ~** [ship] aller à la dérive ; **to be ~** [person] être perdu ; **to come ~** [wire, connection] se détacher

adroit /əˈdrɔɪt/ ADJ adroit

adult /ˈædʌlt/ 1 N adulte (mf); **~s only** réservé aux adultes2 ADJ adulte; [film, book] pour adultes

adulterate /əˈdʌltəreɪt/ VT frelater

adultery /əˈdʌltərɪ/ N adultère (m)

adulthood /ˈædʌlthʊd/ N âge (m) adulte

advance /ədˈvɑːns/ 1 N ⓐ avance (f); [of science, ideas] progrès (mpl); **~s in medical research** des progrès de la recherche médicale
ⓑ (= sum of money) avance (f); **any ~ on £100?** 100 livres, qui dit mieux?
ⓒ ♦ **in advance: a week in ~** une semaine à l'avance; **he arrived in ~ of the others** il est arrivé en avance sur les autres; **$10 in ~** 10 dollars d'avance
2 NPL **advances** avances (fpl); **to make ~s to sb** faire des avances à qn
3 VT ⓐ (= move forward) [+ knowledge] faire avancer; [+ cause] promouvoir
ⓑ (= suggest) avancer
ⓒ (= pay on account) avancer; (= lend) prêter
4 VI ⓐ (= go forward) avancer; **the advancing army** l'armée en marche
ⓑ (= progress) progresser
5 COMP ♦ **advance booking** N "~ **booking advisable**" « il est conseillé de réserver à l'avance »; **~ booking office** guichet (m) de location (f) ♦ **advance notice** N préavis (m); **to give sb ~ notice of sth** prévenir qn de qch; **to give ~ notice of a strike** déposer un préavis de grève

advanced /ədˈvɑːnst/ ADJ avancé; [level, studies] supérieur (-eure (f)); [equipment, technology] de pointe; **~ mathematics** cours (m) supérieur de mathématiques

advancement /ədˈvɑːnsmənt/ N avancement (m)

advantage /ədˈvɑːntɪdʒ/ N avantage (m); **to have an ~ over sb** avoir un avantage sur qn; **to take ~ of sb** exploiter qn; (sexually) abuser de qn; **I took ~ of the opportunity** j'ai profité de l'occasion; **to turn sth to one's ~** tourner qch à son avantage; **it would be to your ~** c'est dans ton intérêt; **to use sth to its best ~** tirer le meilleur parti de qch

advantageous /ˌædvənˈteɪdʒəs/ ADJ avantageux (**to** pour)

advent /ˈædvənt/ N arrivée (f); **Advent** l'Avent (m) ♦ **Advent Calendar** N calendrier (m) de l'Avent

adventure /ədˈventʃər/ N aventure (f); **~ film** film d'aventures; **~ story** aventure (f) ♦ **adventure holiday** N (Brit) circuit (m) aventure ♦ **adventure playground** N (Brit) aire (f) de jeux

adventurer /ədˈventʃərər/ N aventurier (m), -ière (f)

adventurous /ədˈventʃərəs/ ADJ audacieux; **he's not very ~ when it comes to food** il est assez conservateur en matière de nourriture

adverb /ˈædvɜːb/ N adverbe (m)

adverbial /ədˈvɜːbɪəl/ ADJ adverbial

adversary /ˈædvəsərɪ/ N adversaire (mf)

adverse /ˈædvɜːs/ ADJ [effect, reaction, decision] négatif; [conditions, comment] défavorable; [publicity, weather] mauvais

adversity /ədˈvɜːsɪtɪ/ N adversité (f)

advert • /ˈædvɜːt/ N (Brit) (= announcement) annonce (f); (= commercial) pub• (f)

advertise /ˈædvətaɪz/ 1 VT ⓐ [+ goods] faire de la publicité pour ⓑ **to ~ a flat for sale** (in newspaper) mettre une annonce pour vendre un appartement 2 VI ⓐ (to sell product) faire de la publicité ⓑ **to ~ for a secretary** faire paraître une annonce pour une secrétaire

advertisement /ədˈvɜːtɪsmənt/ N ⓐ (for product) publicité (f); **~s** publicité (f) ⓑ (to find staff, house) annonce (f); **to put an ~ in a paper** mettre une annonce dans un journal; **I got it through an ~** je l'ai eu grâce à une annonce

advertiser /ˈædvətaɪzər/ N annonceur (m)

advertising /ˈædvətaɪzɪŋ/ 1 N ⓐ (= activity) publicité (f); (= advertisements) publicités (fpl); **a career in ~** une carrière

dans la publicité 2 COMP [firm, campaign] publicitaire
♦ **advertising agency** N agence (f) de publicité
♦ **advertising manager** N directeur (m), -trice (f) de la publicité

advice /ədˈvaɪs/ N conseils (mpl); **a piece of ~** un conseil; **to seek ~ from sb** demander conseil à qn; **to take medical/legal ~** consulter un médecin/un avocat; **to take sb's ~** suivre les conseils de qn ♦ **advice columnist** N (US) rédacteur (m), -trice (f) de la rubrique du courrier du cœur ♦ **advice line** N service (m) de conseil par téléphone

advisable /ədˈvaɪzəbl/ ADJ conseillé

advise /ədˈvaɪz/ VT ⓐ (= give advice to) conseiller; **to ~ sb to do sth** conseiller à qn de faire qch; **to ~ sb against sth** déconseiller qch à qn; **to ~ sb against doing sth** déconseiller à qn de faire qch ⓑ [+ course of action] recommander; **what would you ~ in this case?** que conseilleriez-vous dans ce cas?; **you would be well ~d to wait** vous feriez bien d'attendre

adviser, **advisor** /ədˈvaɪzər/ N conseiller (m), -ère (f)

advisory /ədˈvaɪzərɪ/ 1 ADJ consultatif; [service] de conseils; **in an ~ capacity** à titre consultatif 2 N (= announcement: US) alerte (f); **travel advisories** points (mpl) sur la circulation

advocate 1 N ⓐ (= upholder) [of cause] défenseur (m); **to be an ~ of** être partisan(e) de ⓑ (in Scottish legal system) avocat (m) (plaidant) 2 VT recommander

> ★ Lorsque **advocate** est un nom, la fin se prononce comme it: /ˈædvəkɪt/; lorsque c'est un verbe, elle se prononce comme **eight**: /ˈædvəkeɪt/.

Aegean /iːˈdʒiːən/ 1 ADJ égéen 2 N mer (f) Égée 3 COMP ♦ **the Aegean Islands** NPL les îles (fpl) de la mer Égée

aerial /ˈɛərɪəl/ N antenne (f)

aerobatics /ˌɛərəʊˈbætɪks/ NPL acrobaties (fpl) aériennes

aerobics /ɛəˈrəʊbɪks/ N aérobic (f); **to do ~** faire de l'aérobic

aerodynamic /ˌɛərəʊdaɪˈnæmɪk/ ADJ aérodynamique

aeronautics /ˌɛərəˈnɔːtɪks/ N aéronautique (f)

aeroplane /ˈɛərəpleɪn/ N (Brit) avion (m)

aerosol /ˈɛərəsɒl/ N aérosol (m)

aesthetically /iːsˈθetɪkəlɪ/ ADV esthétiquement; **~ pleasing** agréable à regarder

aesthetics /iːsˈθetɪks/ N esthétique (f)

affable /ˈæfəbl/ ADJ affable

affair /əˈfɛər/ 1 N ⓐ (= event, concern) affaire (f); **that's my ~** c'est mon affaire
ⓑ (= love affair) liaison (f); **to have an ~ with sb** avoir une liaison avec qn
2 NPL **affairs** (= business) affaires (fpl); **in the present state of ~s** les choses étant ce qu'elles sont; **it was a dreadful state of ~s** la situation était épouvantable; **~s of state** affaires (fpl) d'État; **to put one's ~s in order** (= business) mettre de l'ordre dans ses affaires; (= belongings) mettre ses affaires en ordre; **your private ~s don't concern me** votre vie privée ne m'intéresse pas

affect /əˈfekt/ VT ⓐ (= have effect on) [+ result, numbers] avoir un effet sur; [+ decision, career, the future] influer sur; (= have detrimental effect on) [+ person, health] affecter; **you mustn't let it ~ you** ne te laisse pas abattre ⓑ (= concern) concerner; **it does not ~ me personally** cela ne me touche pas personnellement ⓒ (emotionally) affecter

affectation /ˌæfekˈteɪʃən/ N affectation (f)

affected /əˈfektɪd/ ADJ affecté

affection /əˈfekʃən/ N affection (f)

affectionate /əˈfekʃənɪt/ ADJ affectueux

affectionately /əˈfekʃənɪtlɪ/ ADV affectueusement

affidavit /ˌæfɪˈdeɪvɪt/ N déclaration (f) écrite sous serment

affiliate 1 VT affilier (**to, with** à); **to ~ o.s.** s'affilier (**to, with** à) 2 N membre (m) affilié

★ *Lorsque* **affiliate** *est un adjectif, la fin se prononce comme* **it**: /əˈfɪliət/; *lorsque c'est un verbe, elle se prononce comme* **eight**: /əˈfɪlieɪt/.

affinity /əˈfɪnɪtɪ/ N affinité (f) (**with, to** avec); **there is a certain ~ between them** ils ont des affinités

affirm /əˈfɜːm/ VT affirmer

affirmation /ˌæfəˈmeɪʃən/ N affirmation (f)

affirmative /əˈfɜːmətɪv/ 1 N **in the ~** à l'affirmatif; **to answer in the ~** répondre affirmativement 2 ADJ affirmatif; **~ action** (US) mesures (fpl) de discrimination positive

affix /əˈfɪks/ VT [+ *signature*] apposer (**to** à); [+ *stamp*] coller (**to** sur)

afflict /əˈflɪkt/ VT affliger

affliction /əˈflɪkʃən/ N affliction (f); **the ~s of old age** les misères (fpl) de la vieillesse

affluence /ˈæflʊəns/ N richesse (f)

affluent /ˈæflʊənt/ ADJ riche

afford /əˈfɔːd/ VT ⓐ **to be able to ~ to buy sth** avoir les moyens d'acheter qch; **I can't ~ a new bike** je n'ai pas les moyens de m'acheter un nouveau vélo; **he can't ~ to make a mistake** il ne peut pas se permettre de faire une erreur; **I can't ~ the time to do it** je n'ai pas le temps de le faire ⓑ (= *provide*) [+ *opportunity*] fournir; **to ~ sb great pleasure** procurer un grand plaisir à qn

affordable /əˈfɔːdəbl/ ADJ abordable; **easily ~** très abordable

affront /əˈfrʌnt/ N affront (m)

Afghan /ˈæfgæn/ 1 ADJ afghan 2 N (= *person*) Afghan(e) (m(f))

Afghani /æfˈgænɪ/ 1 ADJ afghan 2 N (= *person*) Afghan(e) (m(f))

Afghanistan /æfˈgænɪstæn/ N Afghanistan (m)

aficionado /əˌfɪʃjəˈnɑːdəʊ/ N **he's a jazz ~** c'est un fana* de jazz

afield /əˈfiːld/ ADV **far ~** loin; **countries further ~** pays (mpl) plus lointains; **to explore farther ~** pousser plus loin l'exploration

afloat /əˈfləʊt/ ADV ⓐ (= *on water*) **to stay ~** [*person*] garder la tête hors de l'eau; [*object*] surnager; [*boat*] rester à flot ⓑ (= *solvent*) **to stay ~** se maintenir à flot

afoot /əˈfʊt/ ADV **there is something ~** il se prépare quelque chose

aforementioned /əˌfɔːˈmenʃənd/, **aforenamed** /əˈfɔːneɪmd/ ADJ susmentionné

afraid /əˈfreɪd/ ADJ ⓐ (= *frightened*) **to be ~** avoir peur; **don't be ~!** n'ayez pas peur!; **to look ~** avoir l'air effrayé; **to be ~ of sb/sth** avoir peur de qn/qch; **you have nothing to be ~ of** vous n'avez aucune raison d'avoir peur; **he is not ~ of hard work** le travail ne lui fait pas peur; **I am ~ he might hurt me** j'ai peur qu'il (ne) me fasse mal; **I am ~ of going** j'ai peur d'y aller; **to be ~ for sb/sth** avoir peur pour qn/qch; **to be ~ for one's life** craindre pour sa vie ⓑ (*expressing polite regret*) **I'm ~ I can't do it** je suis désolé, mais je ne pourrai pas le faire; **are you going? — I'm ~ not** vous partez? — hélas non; **are you going? — I'm ~ so** vous partez? — hélas oui; **he's not here, I'm ~** je suis désolé, il n'est pas là

afresh /əˈfreʃ/ ADV de nouveau; **to start ~** recommencer

Africa /ˈæfrɪkə/ N Afrique (f)

African /ˈæfrɪkən/ 1 ADJ africain 2 N Africain(e) (m(f))

African-American /ˌæfrɪkənəˈmerɪkən/ 1 ADJ afro-américain 2 N Afro-Américain(e) (m(f))

Afrikaans /ˌæfrɪˈkɑːns/ 1 N (= *language*) afrikaans (m) 2 ADJ afrikaans

Afrikaner /ˌæfrɪˈkɑːnər/ 1 N Afrikaner (mf) 2 ADJ afrikaner

aft /ɑːft/ 1 ADV à l'arrière 2 ADJ arrière

after /ˈɑːftər/

► When **after** is an element in a phrasal verb, eg **look after**, **take after**, look up the verb.

1 PREP ⓐ après; **~ that** après cela; **~ dinner** après le dîner; **~ this date** passé cette date; **~ a week** au bout d'une semaine; **shortly ~ 10 o'clock** peu après 10 heures; **it was ~ 2 o'clock** il était plus de 2 heures; **it was 20 ~ 3** (US) il était 3 heures 20; **~ seeing her** après l'avoir vue; **~ which he ...** après quoi il ...; **~ what has happened** après ce qui s'est passé; **the noun comes ~ the verb** le substantif vient après le verbe; **~ you, sir** après vous, Monsieur

♦ **after all** après tout; **~ all I said to him** après tout ce que je lui ai dit; **~ all I've done for you!** après tout ce que j'ai fait pour toi!

ⓑ (*place*) **come in and shut the door ~ you** entrez et fermez la porte derrière vous

ⓒ (*succession*) **day ~ day** jour après jour; **for kilometre ~ kilometre** sur des kilomètres et des kilomètres; **kilometre ~ kilometre of forest** des kilomètres et des kilomètres de forêt; **he gave one excuse ~ another** il a avancé une excuse après l'autre; **time ~ time** maintes fois; **he ate 3 biscuits, one ~ the other** il a mangé 3 biscuits l'un après l'autre

ⓓ (*pursuit*) **to be ~ sb/sth** chercher qn/qch; (*after loss, disappearance*) rechercher qn/qch; **the police are ~ him** il est recherché par la police; **what are you ~?*** (= *want*) qu'est-ce que vous voulez?; (= *have in mind*) qu'avez-vous en tête?

2 ADV après; **for years** pendant des années après cela; **soon ~** bientôt après; **the week ~** la semaine d'après; **what comes ~?** qu'est-ce qui vient ensuite?

3 CONJ après que; **~ he had closed the door, she spoke** après qu'il eut fermé la porte, elle a parlé; **~ he had closed the door, he spoke** après avoir fermé la porte, il a parlé

4 NPL (*Brit*) **afters*** (= *dessert*) dessert (m); **what's for ~s?** qu'est-ce qu'il y a comme dessert?

5 COMP ♦ **after-sales service** N service (m) après-vente ♦ **after-school** ADJ [*activities*] extrascolaire; **~-school club** (*Brit*) **or center** (US) garderie (f) ♦ **after-sun** ADJ [*lotion, cream*] après-soleil ♦ N (= *lotion*) lotion (f) après-soleil; (= *cream*) crème (f) après-soleil

afterlife /ˈɑːftəlaɪf/ N vie (f) après la mort

aftermath /ˈɑːftəmæθ/ N suites (fpl); **in the ~ of the riots** à la suite des émeutes

afternoon /ˌɑːftəˈnuːn/ 1 N après-midi (m or f); **in the ~** l'après-midi; **at 3 o'clock in the ~** à 3 heures de l'après-midi; **on Sunday ~** le dimanche après-midi; **every ~** chaque après-midi; **on the ~ of 2 May** l'après-midi du 2 mai; **good ~!** bonjour!; **have a nice ~!** bon après-midi!; **this ~** cet après-midi; **tomorrow/yesterday ~** demain/hier après-midi; **the following ~** l'après-midi suivant; **I've got an ~ meeting on Friday** j'ai une réunion vendredi après-midi

2 COMP ♦ **afternoon performance** N [*of play*] matinée (f) ♦ **afternoon tea** N thé (m)

aftershave /ˈɑːftəʃeɪv/ N après-rasage (m inv)

aftershock /ˈɑːftəʃɒk/ N [*of earthquake*] réplique (f)

aftertaste /ˈɑːftəteɪst/ N arrière-goût (m)

afterthought /ˈɑːftəθɔːt/ N **the window was added as an ~** la fenêtre a été ajoutée après coup

afterwards /ˈɑːftəwədz/ ADV plus tard

again /əˈgen/ ADV ⓐ (= *one more time*) encore; **show me ~** montre-moi encore une fois; **it's him ~!** c'est encore lui!; **what's his name ~?** comment s'appelle-t-il déjà?; **but there ~ ...** mais là encore ...

► Note that a specific verb can often be used to translate English verb + **again** into French.

I had to do it ~ j'ai dû le refaire; **please call ~ later** merci de rappeler plus tard; **we went there ~** nous y sommes retournés; **to begin ~** recommencer; **to see sb/sth ~** revoir qn/qch; **he was soon well ~** il s'est vite remis; **she is home ~** elle est rentrée

ⓑ (*with negative*) plus; **I won't do it ~** je ne le ferai plus; **I won't do it ever ~** je ne le ferai plus jamais; **never ~** jamais plus; **never ~!** c'est bien la dernière fois!; **not ~!** encore!; **but then ~ ...** mais d'un autre côté ...

ⓒ (*set structures*)

♦ **again and again** à plusieurs reprises; **I've told you ~ and ~** je te l'ai dit et répété

♦ **(all) over again: to start all over ~** recommencer au début; **he had to count them over ~** il a dû les recompter

♦ **as ... again: he is as old ~ as Christine** il a deux fois l'âge de Christine; **as much ~** deux fois autant

against /ə'genst/

► *When* **against** *is an element in a phrasal verb, eg* **go against, run up against,** *look up the verb.*

PREP ⓐ contre; **he did it ~ my wishes** il l'a fait contre mon gré; **it's ~ the law** c'est contraire à la loi; **there's no law ~ it** il n'y a aucune loi qui l'interdise; **I've got nothing ~ him/it** je n'ai rien contre lui/contre; **I'm ~ it** je suis contre; **to be (dead) ~ sth** être (farouchement) opposé à qch; **~ my will** malgré moi; **to work ~ the clock** travailler contre la montre; **to lean ~ a wall** s'appuyer contre un mur; **he leaned ~ it** il s'y est appuyé; **~ the light** à contre-jour; **the trees stood out ~ the sunset** les arbres se détachaient sur le soleil couchant

ⓑ (*comparison*) par rapport à; **the strength of the euro ~ the dollar** la fermeté de l'euro par rapport au dollar; **the euro is down ~ the dollar** l'euro a baissé par rapport au dollar

age /eɪdʒ/ 1 N ⓐ âge (*m*); **what ~ is she?** quel âge a-t-elle?; **when I was your ~** quand j'avais votre âge; **I have a daughter the same ~ as you** j'ai une fille de votre âge; **act your ~!** allons, sois raisonnable!; **he is ten years of ~** il a dix ans; **you don't look your ~** vous ne faites pas votre âge; **he's twice your ~** il a le double de votre âge; **to be under ~** être mineur; **to be of ~** être majeur; **to come of ~** [*person*] atteindre sa majorité; [*issue, idea*] faire son chemin; **~ of consent** âge (*m*) légal

ⓑ (= *period of time*) époque (*f*); **the Victorian ~** l'époque victorienne; **I haven't seen him for ~s*** il y a une éternité que je ne l'ai vu; **she stayed for ~s*** elle est restée des heures (*ou* des semaines *etc*); **it seemed like ~s*** ça a semblé une éternité

2 VI vieillir; **to ~ well** [*wine*] s'améliorer en vieillissant; [*person*] vieillir bien; **he has ~d a lot** il a pris un coup de vieux

3 VT vieillir; **that hairstyle ~s her terribly** cette coiffure la vieillit terriblement

4 COMP ♦ **age group** N tranche (*f*) d'âge ♦ **age limit** N limite (*f*) d'âge

aged /eɪdʒd/ 1 ADJ ⓐ âgé de; **a boy ~ ten** un garçon (âgé) de dix ans ⓑ /'eɪdʒɪd/ (= *old*) âgé 2 NPL **the aged** les personnes (*fpl*) âgées

ageing /'eɪdʒɪŋ/ ADJ vieillissant

ageism /'eɪdʒɪzəm/ N âgisme (*m*)

ageless /'eɪdʒlɪs/ ADJ [*person*] sans âge; [*beauty*] intemporel (-elle (*f*))

agency /'eɪdʒənsɪ/ N (= *office*) agence (*f*); (*in government*) organisme (*m*)

agenda /ə'dʒendə/ N ordre (*m*) du jour; **on the ~** à l'ordre du jour; **to set the ~** donner le ton; **to have an ~** (= *ideas*) avoir une idée en tête; **they denied having a hidden ~** ils ont nié avoir des intentions cachées

⚠ **agenda** *is not translated by the French word* **agenda.**

agent /'eɪdʒənt/ N agent (*m*); **~ for Ford cars** concessionnaire (*m*) Ford

aggravate /'ægrəveɪt/ VT ⓐ [+ *illness, situation*] aggraver; [+ *quarrel*] envenimer; [+ *pain*] augmenter ⓑ (= *annoy*) exaspérer

aggravating /'ægrəveɪtɪŋ/ ADJ ⓐ (= *worsening*) aggravant ⓑ (= *annoying*) exaspérant

aggravation /ˌægrə'veɪʃən/ N ⓐ [*of problem, situation, illness*] aggravation (*f*) ⓑ (= *annoyance*) contrariété (*f*); **I don't need all this ~** je pourrais me passer de toutes ces contrariétés

aggregate /'ægrɪgɪt/ N (= *total*) total (*m*); **on ~** ≈ au total des points (*dans le groupe de sélection*)

aggression /ə'greʃən/ N agression (*f*); (= *aggressiveness*) agressivité (*f*)

aggressive /ə'gresɪv/ ADJ agressif

aggressively /ə'gresɪvlɪ/ ADV agressivement

aggressiveness /ə'gresɪvnɪs/ N agressivité (*f*)

aggressor /ə'gresə'/ N agresseur (*m*)

aggrieved /ə'griːvd/ ADJ (= *angry*) fâché; (= *unhappy*) mécontent

aggro* /'ægrəʊ/ N (*Brit*) (= *emotion*) agressivité (*f*); (= *physical violence*) grabuge* (*m*); (= *hassle*) embêtements (*mpl*); **I got a lot of ~** qu'est-ce que j'ai pris!*

aghast /ə'gɑːst/ ADJ atterré (**at** de)

agile /'ædʒaɪl/ ADJ agile

agility /ə'dʒɪlɪtɪ/ N agilité (*f*)

aging /'eɪdʒɪŋ/ ADJ vieillissant

agitate /'ædʒɪteɪt/ VT ⓐ [+ *liquid*] agiter ⓑ (= *upset*) perturber

agitated /'ædʒɪteɪtɪd/ ADJ agité

agitation /ˌædʒɪ'teɪʃən/ N ⓐ [*of person*] agitation (*f*); **in a state of ~** agité ⓑ (= *social unrest*) troubles (*mpl*)

agitator /'ædʒɪteɪtə'/ N (= *person*) agitateur (*m*), -trice (*f*)

AGM /ˌeɪdʒiː'em/ N (*Brit*) (ABBR = **annual general meeting**) AG (*f*)

agnostic /æg'nɒstɪk/ ADJ, N agnostique (*mf*)

ago /ə'gəʊ/ ADV il y a; **a week ~** il y a huit jours; **how long ~?** il y a combien de temps?; **a little while ~** il y a peu de temps; **he left ten minutes ~** il est parti il y a dix minutes; **as long ~ as 1950** dès 1950

agonize /'ægənaɪz/ VI **to ~ over** *or* **about sth** se tourmenter à propos de qch; **to ~ over how to do sth** se ronger les sangs pour savoir comment faire qch

agonizing /'ægənaɪzɪŋ/ ADJ [*death*] atroce; [*choice*] déchirant

agony /'ægənɪ/ N supplice (*m*); **it was ~** la douleur était atroce; **to be in ~** souffrir le martyre ♦ **agony aunt*** N (*Brit*) *rédactrice de la rubrique du courrier du cœur* ♦ **agony column*** N (*Brit*) courrier (*m*) du cœur ♦ **agony uncle*** N (*Brit*) *rédacteur de la rubrique du courrier du cœur*

agree /ə'griː/ 1 VT ⓐ (= *consent*) accepter; **he ~d to do it** il a accepté de le faire

ⓑ (= *admit*) reconnaître; **I ~ I was wrong** je reconnais que je me suis trompé

ⓒ (= *come to an agreement*) convenir (**to do sth** de faire qch); [+ *time, price*] se mettre d'accord sur; **everyone ~s that we should stay** tout le monde est d'accord pour dire que nous devons rester; **it was ~d** c'était convenu; **to ~ to differ** accepter que chacun reste sur ses positions; **I ~ that it's difficult** je suis d'accord que c'est difficile; **the delivery was three days later than ~d** la livraison a été effectuée trois jours après la date convenue; **unless otherwise ~d** à défaut d'un accord contraire

2 VI ⓐ (= *hold same opinion*) être d'accord; **I (quite) ~** je suis (tout à fait) d'accord; **I don't ~ (at all)** je ne suis pas (du tout) d'accord

ⓑ (= *come to terms*) se mettre d'accord; **to ~ about** *or* **on sth** se mettre d'accord sur qch; **we haven't ~d about the price** nous ne nous sommes pas mis d'accord sur le prix; **they ~d on how to do it** ils se sont mis d'accord sur la manière de le faire

♦ **to agree to: to ~ to a proposal** accepter une proposition; **he won't ~ to that** il n'acceptera pas; **he ~d to the project** il a donné son accord au projet

♦ **to agree with: she ~s with me that it is unfair** elle est d'accord avec moi pour dire que c'est injuste; **I can't ~ with you there** je ne suis absolument pas d'accord avec vous sur ce point; **I don't ~ with children smoking** je n'admets pas que les enfants fument (*subj*); **the heat does not ~ with her** la chaleur l'incommode; **onions don't ~ with me** les oignons ne me réussissent pas

ⓒ [*ideas, stories, assessments*] concorder
ⓓ (*Gram*) s'accorder (**in** en)
agreeable /ə'griːəbl/ ADJ ⓐ (= *pleasant*) agréable ⓑ (= *willing*) **if you are ~, we can start immediately** si vous le voulez bien, nous pouvons commencer immédiatement ⓒ (= *acceptable*) **we can start the work tomorrow, if that's ~** nous pouvons commencer le travail demain si vous n'y voyez pas d'inconvénient
agreeably /ə'griːəblɪ/ ADV agréablement
agreed /ə'griːd/ ADJ ⓐ **to be ~** être d'accord ⓑ [*time, place, amount*] convenu ; **it's all ~** c'est décidé ; **as ~** comme convenu ; **it's ~ that ...** il est convenu que ... (+ *indic*) ; **(is that) ~?** d'accord ? ; **~!** d'accord !
agreement /ə'griːmənt/ N accord *(m)* ; **to be in ~ on a subject** être d'accord sur un sujet ; **by mutual ~** (= *both thinking same*) d'un commun accord ; (= *without quarrelling*) à l'amiable ; **to come to an ~** parvenir à un accord ; **to sign an ~** signer un accord
agricultural /ˌægrɪ'kʌltʃərəl/ ADJ agricole ; **~ college** collège *(m)* d'agriculture
agriculture /ˈægrɪkʌltʃəʳ/ N agriculture *(f)*
agritourism /ˈægrɪˌtʊərɪzəm/ N agritourisme *(m)*
agrochemical /ˌægrəʊ'kemɪkəl/ ADJ agrochimique
aground /ə'graʊnd/ ADV **to run ~** s'échouer
ahead /ə'hed/

► *When* **ahead** *is an element in a phrasal verb, eg* **book ahead, go ahead,** *look up the verb.*

ADV ⓐ (*in space*) **stay here, I'll go on ~** restez ici, moi je vais devant ; **they were ~ of us** ils avaient de l'avance sur nous ⓑ (*in classification, sport*) en tête ; **to be five points ~** avoir une avance de cinq points ; **the goal put Scotland 2-1 ~** grâce à ce but, l'Écosse menait 2 à 1 ⓒ (*in time*) **the months ~** les mois à venir ; **there are difficult times ~** l'avenir s'annonce difficile ; **to think ~** prévoir (à l'avance) ; **to plan ~** faire des projets ; **they're three weeks ~ of us** ils ont trois semaines d'avance sur nous ; **~ of time** [*decide, announce*] d'avance ; [*arrive, be ready*] en avance ; **the project's ~ of schedule** le projet est plus avancé que prévu ; **to be ~ of one's time** être en avance sur son temps ; **what lies ~** ce que l'avenir nous réserve
ahold /ə'həʊld/ N (*US*) **to get ~ of sb** (= *contact*) contacter qn ; (= *grab*) saisir qn ; **to get ~ of sth** (= *obtain*) mettre la main sur qch ; (= *grab*) saisir qch
AI /eɪ'aɪ/ N ⓐ (ABBR = **artificial intelligence**) IA *(f)*, intelligence *(f)* artificielle ⓑ (ABBR = **artificial insemination**) IA *(f)*, insémination *(f)* artificielle
aid /eɪd/ 1 N ⓐ aide *(f)* ; **as an ~ to understanding** pour aider à la compréhension ; **with the ~ of** avec l'aide de
♦ **in aid of** (*Brit*) **sale in ~ of the blind** vente *(f)* (de charité) au profit des aveugles ; **what's the meeting in ~ of?*** c'est en quel honneur*, cette réunion ?
ⓑ (= *helper*) aide *(mf)*
ⓒ (*usually plural = equipment, apparatus*) aide *(f)* ; **audiovisual ~s** supports *(mpl)* audiovisuels ; **teaching ~s** matériel *(m)* pédagogique
2 VT [+ *person*] aider ; [+ *progress, recovery*] contribuer à ; **to ~ and abet sb** être complice de qn
3 COMP ♦ **aid agency** N organisation *(f)* humanitaire
aide /eɪd/ N aide *(mf)* ; (*US Politics*) conseiller *(m)*, -ère *(f)*
AIDS, Aids, aids /eɪdz/ N (ABBR = **acquired immune deficiency syndrome**) sida *(m)* ♦ **AIDS patient** N malade *(mf)* du sida ♦ **AIDS-related** ADJ associé au sida ♦ **AIDS victim** N victime *(f)* du sida
aikido /'aɪkɪdəʊ/ N aïkido *(m)*
ailing /'eɪlɪŋ/ ADJ souffrant ; **an ~ company** une entreprise qui périclite
ailment /'eɪlmənt/ N affection *(f)* ; **all his (little) ~s** tous ses maux *(mpl)*
aim /eɪm/ 1 N ⓐ (*using weapon, ball*) **his ~ is bad** il vise mal ; **to take ~ (at sb/sth)** viser (qn/qch) ⓑ (= *purpose*) but *(m)* ; **with the ~ of doing sth** dans le but de faire qch ; **her ~**

is to ... son but est de ... 2 VT ⓐ (= *direct*) [+ *extinguisher*] diriger ; [+ *missile*] pointer (**at** sur) ; **to ~ a gun at sb** braquer un revolver sur qn ; **his remarks were ~ed at his father** ses remarques visent son père ⓑ (= *intend*) viser (**to do sth** à faire qch) 3 VI viser ; **to ~ at** viser
aimless /'eɪmlɪs/ ADJ [*person*] sans but ; [*activity*] futile
aimlessly /'eɪmlɪslɪ/ ADV [*wander, drift*] sans but
air /ɛəʳ/ 1 N ⓐ air *(m)* ; **in the open ~** en plein air ; **to go out for a breath of (fresh) ~** sortir prendre l'air ; **to throw sth (up) into the ~** lancer qch en l'air ; **the balloon rose up into the ~** le ballon s'est élevé (dans les airs) ; **seen from the ~** vu d'en haut ; **to be walking on ~** être aux anges ; **to pluck a figure out of the ~** donner un chiffre au hasard
♦ **by air** par avion
♦ **in the air**: **there's something in the ~** il se prépare quelque chose ; **it's still all up in the ~** ce ne sont encore que des projets en l'air ; **there's a rumour in the ~ that ...** le bruit court que ...
♦ **on air** à l'antenne ; **he's on ~ every day** il passe tous les jours à la radio
♦ **off air**: **to go off ~** quitter l'antenne
ⓑ (= *manner*) air *(m)* ; **with an ~ of superiority** d'un air supérieur ; **~s and graces** minauderies *(fpl)* ; **to put on ~s and graces** minauder
2 VT ⓐ [+ *clothes, bed*] aérer
ⓑ [+ *opinions*] faire connaître ; [+ *idea, proposal*] émettre
3 VI (= *be broadcast*) être diffusé
4 COMP ♦ **air ambulance** N avion *(m)* sanitaire ♦ **air base** N base *(f)* aérienne ♦ **air bed** N (*Brit*) matelas *(m)* pneumatique ♦ **air brake** N (*on truck*) frein *(m)* à air comprimé ♦ **air bubble** N bulle *(f)* d'air ♦ **air-con** N = **air conditioning** ♦ **air-conditioned** ADJ climatisé ♦ **air conditioning** N climatisation *(f)* ♦ **air display** N meeting *(m)* aérien ♦ **air force** N armée *(f)* de l'air ♦ **air freshener** N désodorisant *(m)* ♦ **air hostess** N (*Brit*) hôtesse *(f)* de l'air ♦ **air letter** N aérogramme *(m)* ♦ **air miles** NPL miles *(mpl)* ♦ **air pressure** N pression *(f)* atmosphérique ♦ **air rage** N comportement agressif de passager(s) dans un avion ♦ **air raid** N raid *(m)* aérien ♦ **air-raid shelter** N abri *(m)* antiaérien ♦ **air-raid warning** N alerte *(f)* (aérienne) ♦ **air rifle** N carabine *(f)* à air comprimé ♦ **air-sea rescue** N sauvetage *(m)* en mer (*par hélicoptère ou avion*) ♦ **air show** N (= *trade exhibition*) salon *(m)* de l'aéronautique ; (= *flying display*) meeting *(m)* aérien ♦ **air space** N espace *(m)* aérien ♦ **air traffic control** N contrôle *(m)* du trafic aérien ♦ **air traffic controller** N aiguilleur *(m)* du ciel
airbag /'ɛəbæg/ N (*in car*) airbag® *(m)*
airborne /'ɛəbɔːn/ ADJ **the plane was ~** l'avion avait décollé
aircraft /'ɛəkrɑːft/ N (*pl inv*) avion *(m)* ♦ **aircraft carrier** N porte-avions *(m inv)*
airfare /'ɛəfɛəʳ/ N prix *(m)* du billet d'avion ; **she paid my ~** elle a payé mon billet d'avion
airfield /'ɛəfiːld/ N terrain *(m)* d'aviation
airgun /'ɛəgʌn/ N fusil *(m)* à air comprimé
airing /'ɛərɪŋ/ N **to give an idea an ~** mettre une idée sur le tapis ♦ **airing cupboard** N (*Brit*) placard-séchoir *(m)*
airless /'ɛəlɪs/ ADJ [*room*] sans air
airlift /'ɛəlɪft/ 1 N pont *(m)* aérien 2 VT **to ~ in** acheminer par pont aérien ; **to ~ out** évacuer par pont aérien
airline /'ɛəlaɪn/ N compagnie *(f)* aérienne
airliner /'ɛəlaɪnəʳ/ N avion *(m)* de ligne
airmail /'ɛəmeɪl/ N poste *(f)* aérienne ; **by ~** par avion
♦ **airmail letter** N lettre *(f)* par avion ♦ **airmail sticker** N étiquette *(f)* « par avion »
airplane /'ɛəpleɪn/ N (*US*) avion *(m)*
airplay /'ɛəpleɪ/ N **to get a lot of ~** passer souvent à l'antenne
airport /'ɛəpɔːt/ N aéroport *(m)*
airsick /'ɛəsɪk/ ADJ **to be ~** avoir le mal de l'air ; **I get ~** je souffre du mal de l'air
airstrike /'ɛəstraɪk/ N raid *(m)* aérien

airstrip /'ɛəstrɪp/ N piste (f) (d'atterrissage)

airtight /'ɛətaɪt/ ADJ hermétique

airy /'ɛərɪ/ ADJ [room, building] clair et spacieux; [fabric] léger ♦ **airy-fairy*** ADJ (Brit) farfelu

aisle /aɪl/ N ⓐ [of church] allée (f) centrale; **to walk up the ~ with sb** (= marry) épouser qn ⓑ [of theatre, cinema] allée (f); [of plane] couloir (m); (Brit) [of supermarket] allée (f); **~ seat** place (f) côté couloir

ajar /ə'dʒɑː/ ADJ, ADV entrouvert

AK ABBR = **Alaska**

aka /,eɪkeɪ'eɪ/ (ABBR = **also known as**) alias

akin /ə'kɪn/ ADJ **~ to** (= similar) qui ressemble à

AL, Ala. ABBR = **Alabama**

alabaster /'æləbɑːstə/ 1 N albâtre (m) 2 ADJ en albâtre

alarm /ə'lɑːm/ 1 N ⓐ alarme (f); **to raise the ~** donner l'alarme; **to cause sb ~** alarmer qn ⓑ (= clock) réveil (m) 2 VT [+ person] alarmer; **to become ~ed** [person] s'alarmer 3 COMP ♦ **alarm bell** N sonnerie (f) d'alarme; **it set ~ bells ringing in government** ça a alerté le gouvernement ♦ **alarm call** N (phone service) appel (m) du service réveil; **I'd like an ~ call (for 6am)** je voudrais être réveillé (à 6 heures) ♦ **alarm clock** N réveil (m) ♦ **alarm signal** N signal (m) d'alarme ♦ **alarm system** N système (m) d'alarme

alarmed /ə'lɑːmd/ ADJ ⓐ (= frightened) effrayé; **don't be ~** n'ayez pas peur ⓑ (= equipped with alarm) pourvu d'un système d'alarme

alarming /ə'lɑːmɪŋ/ ADJ alarmant

alarmingly /ə'lɑːmɪŋlɪ/ ADV [rise, deteriorate] de façon alarmante; **the deadline is ~ close** la date limite se rapproche de manière inquiétante

alarmist /ə'lɑːmɪst/ ADJ, N alarmiste (mf)

alas /ə'læs/ EXCL hélas!

Alas. ABBR = **Alaska**

Albania /æl'beɪnɪə/ N Albanie (f)

Albanian /æl'beɪnɪən/ 1 ADJ albanais 2 N (= person) Albanais(e) (m(f))

albatross /'ælbətrɒs/ N albatros (m)

albeit /ɔːl'biːɪt/ CONJ bien que

albino /æl'biːnəʊ/ N albinos (m)

album /'ælbəm/ N album (m) ♦ **album cover** N pochette (f) (de disque)

albumen, albumin /'ælbjʊmɪn/ N (in egg) albumen (m)

alchemy /'ælkɪmɪ/ N alchimie (f)

alcohol /'ælkəhɒl/ N alcool (m) ♦ **alcohol abuse** N abus (m) d'alcool ♦ **alcohol-free** ADJ sans alcool

alcoholic /,ælkə'hɒlɪk/ 1 ADJ [person] alcoolique; [drink] alcoolisé 2 N alcoolique (mf); **Alcoholics Anonymous** Alcooliques (mpl) anonymes

alcoholism /'ælkəhɒlɪzəm/ N alcoolisme (m)

alcopop /'ælkə,pɒp/ N (Brit) prémix (m)

alcove /'ælkəʊv/ N (in room) alcôve (f); (in wall) niche (f)

ale /eɪl/ N bière (f)

alert /ə'lɜːt/ 1 N alerte (f); **to give the ~** donner l'alerte; **on the ~** sur le qui-vive; [army] en état d'alerte 2 ADJ ⓐ (= watchful) vigilant ⓑ (= aware) **to be ~ to sth** avoir conscience de qch ⓒ (= acute) [old person] alerte; [child] éveillé; **to be mentally ~** avoir l'esprit vif 3 VT alerter; **we are now ~ed to the dangers** nous sommes maintenant sensibilisés aux dangers

alfresco /æl'freskəʊ/ ADJ, ADV en plein air

algae /'ældʒiː/ NPL algues (fpl)

algebra /'ældʒɪbrə/ N algèbre (f)

Algeria /æl'dʒɪərɪə/ N Algérie (f)

Algerian /æl'dʒɪərɪən/ 1 ADJ algérien 2 N Algérien(ne) (m(f))

Algiers /æl'dʒɪəz/ N Alger

algorithm /'ælgə,rɪðəm/ N algorithme (m)

alias /'eɪlɪəs/ 1 ADV alias 2 N faux nom (m); [of writer] pseudonyme (m)

alibi /'ælɪbaɪ/ N alibi (m)

alien /'eɪlɪən/ 1 N ⓐ (from abroad) étranger (m), -ère (f) ⓑ (from outer space) extraterrestre (mf) 2 ADJ ⓐ (= foreign) étranger ⓑ (= from outer space) extraterrestre; **~ being** extraterrestre (mf)

alienate /'eɪlɪəneɪt/ VT aliéner; **she has ~d all her friends** elle s'est aliéné tous ses amis

alight /ə'laɪt/ 1 VI [person] descendre; [bird] se poser 2 ADJ (= burning) **to be ~** [candle, fire] être allumé; [building] être en feu; **to set sth ~** mettre le feu à qch

align /ə'laɪn/ 1 VT aligner; **to ~ o.s. with sb** s'aligner sur qn 2 VI s'aligner (with sur)

alignment /ə'laɪnmənt/ N alignement (m)

alike /ə'laɪk/ 1 ADJ **to look ~** [people] se ressembler; **no two are exactly ~** il n'y en a pas deux qui soient exactement identiques 2 ADV ⓐ (= in the same way) de la même façon ⓑ (= equally) **winter and summer ~** été comme hiver

alimony /'ælɪmənɪ/ N pension (f) alimentaire

alive /ə'laɪv/ ADJ ⓐ (= living) vivant; **to be burned ~** brûler vif; **to bury sb ~** enterrer qn vivant; **he must be taken ~** [prisoner] il faut le capturer vivant; **it's good to be ~** il fait bon vivre; **to keep sb ~** maintenir qn en vie; **to stay ~** rester en vie; **we were eaten ~ by mosquitoes** nous avons été dévorés par les moustiques ⓑ (= lively) **to bring ~** [+ meeting] animer; [+ past] faire revivre; **to keep ~** [+ tradition] préserver; [+ memory] garder; **to come ~** s'animer; **to be ~ with insects/tourists** grouiller d'insectes/de touristes

---

all /ɔːl/

1	ADJECTIVE	4	NOUN
2	PRONOUN	5	SET STRUCTURES
3	ADVERB	6	COMPOUNDS

► When **all** is part of a set combination, eg **in all probability, of all people**, look up the noun.

1 ADJECTIVE

tout (le), toute (la), tous (les), toutes (les); **~ the time** tout le temps; **~ my life** toute ma vie; **~ kinds of** toutes sortes de; **~ the others** tous (or toutes) les autres; **~ that** tout cela

► Articles or pronouns often need to be added in French.

~ day toute la journée; **~ three** tous les trois; **~ three said the same** ils ont tous les trois dit la même chose; **~ three accused were found guilty of fraud** les accusés ont tous (les) trois été reconnus coupables de fraude

2 PRONOUN

ⓐ = everything tout; **~ or nothing** tout ou rien; **~ is well** tout va bien; **that's ~** c'est tout; **you can't see ~ of Paris in a day** on ne peut pas voir tout Paris en une journée ♦ **it all** tout; **he drank it ~** il a tout bu; **he's seen it ~, done it ~** il a tout vu, tout fait; **it ~ happened so quickly** tout s'est passé si vite ♦ **all that** (subject of relative clause) tout ce qui; **that's ~ that matters** c'est tout ce qui importe; **you can have ~ that's left** tu peux prendre tout ce qui reste ♦ **all (that)** (object of relative clause) tout ce que; (after verb taking "de") tout ce dont; **~ I want is to sleep** tout ce que je veux, c'est dormir; **that is ~ he said** c'est tout ce qu'il a dit; **we saw ~ there was to see** nous avons vu tout ce qu'il y avait à voir; **~ I remember is ...** tout ce dont je me souviens, c'est ...; **it was ~ I could do not to laugh** j'ai eu toutes les peines du monde à me retenir de rire

ⓑ plural tous (mpl), toutes (fpl); **we ~ sat down** nous nous sommes tous assis; **the girls ~ knew that ...** les filles savaient toutes que ...; **they were ~ broken** ils étaient tous cassés; **the peaches? I've eaten them ~!** les pêches? je les ai toutes mangées! ♦ **all who** tous ceux qui (mpl), toutes celles qui (fpl); **~ who knew him loved him** tous ceux qui le connaissaient l'appréciaient; **education should be open to ~ who want it** l'éducation devrait être accessible à tous ceux qui veulent en bénéficier ♦ superlative **+ of all**: **this was the biggest disappointment of ~ for me** ça a été ma grosse déception; **this result was** the most surprising of ~ ce résultat était des plus surprenants; **best of ~, the reforms will cost nothing** et surtout, ces réformes ne coûteront rien

ⓒ ◆ **all of the** tout le (m), toute la (f), tous les (mpl), toutes les (fpl); ~ **of the work** tout le travail; ~ **of the cooking** toute la cuisine; ~ **of the cakes went** tous les gâteaux ont été mangés

◆ **all of it: I gave him some soup and he ate ~ of it** je lui ai donné de la soupe et il a tout mangé; **I didn't read ~ of it** je ne l'ai pas lu en entier; **not ~ of it was true** ce n'était pas entièrement vrai

◆ **all of them** tous (mpl), toutes (fpl); ~ **of them failed** ils ont tous échoué; **I love his short stories, I've read ~ of them** j'aime beaucoup ses nouvelles, je les ai toutes lues

◆ **all of** + number (= at least) **it took him ~ of 3 hours** ça lui a pris 3 bonnes heures; **it weighed ~ of 30 kilos** ça pesait bien 30 kilos; **exploring the village took ~ of ten minutes** (= only) la visite du village a bien dû prendre dix minutes

3 ADVERB

ⓐ = entirely tout; **she was dressed ~ in white** elle était habillée tout en blanc; **she came in ~ dishevelled** elle est arrivée tout ébouriffée

▶ *When used with a feminine adjective starting with a consonant,* **tout** *agrees.*

she went ~ red elle est devenue toute rouge

◆ **all by myself** etc ◆ **all alone** tout seul; **he had to do it ~ by himself** il a dû le faire tout seul; **she's ~ alone** elle est toute seule; **she left her daughters ~ alone in the flat** elle a laissé ses filles toutes seules dans l'appartement

ⓑ in scores **the score was two** ~ (tennis, squash) les joueurs étaient à deux jeux (or sets) partout; (other sports) le score était de deux à deux; **what's the score? — two ~** quel est le score? — deux partout or deux à deux

4 NOUN

= utmost **I decided to give it my ~** j'ai décidé de donner mon maximum; **he puts his ~ into every game** il s'investit complètement dans chaque match

5 SET STRUCTURES

◆ **all along** (= from the start) depuis le début; (= the whole length of) tout le long de; **I feared that ~ along** je l'ai craint depuis le début; ~ **along the road** tout le long de la route

◆ **all but** (= nearly) presque; (= all except) tous sauf; **he is ~ but forgotten now** il est presque tombé dans l'oubli; **the party won ~ but six of the seats** le parti a remporté tous les sièges sauf six

◆ **all for: to be ~ for sth** être tout à fait pour qch; **I'm ~ for giving him a chance** je suis tout à fait d'accord pour lui donner une chance; **I'm ~ for it** je suis tout à fait pour*

◆ **all in all** (= altogether) l'un dans l'autre; **we thought, ~ in ~, it wasn't a bad idea** nous avons pensé que, l'un dans l'autre, ce n'était pas une mauvaise idée

◆ **all one: it's ~ one** c'est du pareil au même; **it's ~ one to them** c'est du pareil au même pour eux

◆ **all over** (= everywhere) partout; **I looked for you ~ over** je vous ai cherché partout; ~ **over France** partout en France; **he was trembling ~ over** il tremblait de tous ses membres; ~ **over the country** dans tout le pays; ~ **over the world** dans le monde entier; **that's him ~ over*** on le reconnaît bien là!

◆ **to be all over** (= finished) être fini; **it's ~ over!** c'est fini!; **it's ~ over between us** tout est fini entre nous

◆ **to be all over sb*** (= affectionate with) **they were ~ over each other** ils étaient pendus au cou l'un de l'autre

◆ **all the more: this was ~ the more surprising since …** c'était d'autant plus surprenant que …; ~ **the more so since …** d'autant plus que …

◆ **all the better!** tant mieux!

◆ **all too: it was ~ too obvious he didn't mean it** on voyait bien qu'il n'en pensait rien; **the evening passed ~ too quickly** la soirée a passé bien trop rapidement

◆ **all very: that's ~ very well but …** c'est bien beau mais …; **it was ~ very embarrassing** c'était vraiment très gênant

◆ **and all: the dog ate the sausage, mustard and ~** le chien

a mangé la saucisse avec la moutarde et tout*; **what with the snow and ~, we didn't go** avec la neige et tout le reste, nous n'y sommes pas allés

◆ **as all that: it's not as important as ~ that** ce n'est pas si important que ça

◆ **for all …** (= despite) malgré; **for ~ its beauty, the city …** malgré sa beauté, la ville …; **for ~ that** malgré tout

◆ **for all I know …: for ~ I know he could be right** il a peut-être raison, je n'en sais rien; **for ~ I know they're still living together** autant que je sache, ils vivent encore ensemble

◆ **if … at all: they won't attempt it, if they have any sense at ~** ils ne vont pas essayer s'ils ont un peu de bon sens; **the little grammar they learn, if they study grammar at ~** le peu de grammaire qu'ils apprennent, si tant est qu'il étudient la grammaire; **very rarely if at ~** très rarement pour ne pas dire jamais; **if at ~ possible** dans la mesure du possible

◆ **in all** en tout

◆ **no … at all: it makes no difference at ~** ça ne fait aucune différence; **I have no regrets at ~** je n'ai aucun regret

◆ **none at all: have you any comments? — none at ~!** vous avez des commentaires à faire? — absolument aucun!

◆ **not … at all** (= not in the least) pas … du tout; **I don't mind at ~** ça ne me gêne pas du tout; **are you disappointed? — not at ~!** vous êtes déçu? — pas du tout; **thank you! — not at ~!** merci! — de rien!

◆ **not all that** (= not so) **it isn't ~ that far** ce n'est pas si loin que ça

6 COMPOUNDS

◆ **all-around** ADJ (US) [sportsman] complet (-ète (f)) ◆ **all clear** N fin (f) d'alerte; ~ **clear!** (= you can go through) la voie est libre; (= the alert is over) l'alerte est passée; **to give sb the ~ clear** (= authorize) donner le feu vert à qn; (doctor to patient) dire à qn que tout va bien ◆ **all fours** NPL **on ~ fours** à quatre pattes ◆ **all-in** ADJ (Brit) [price] tout compris (inv) ◆ **all-inclusive** ADJ [price, rate] tout compris (inv) ◆ **all-in-one** N combinaison (f) ◆ ADJ **an ~-in-one outfit** une combinaison ◆ **all out** ADV **to go ~ out** (physically) y aller à fond; **to go ~ out for monetary union** jeter toutes ses forces dans la bataille pour l'union monétaire ◆ **all-out strike** N grève (f) générale ◆ **all-out war** N guerre (f) totale ◆ **all-over tan** N bronzage (m) intégral ◆ **all-party** ADJ multipartite ◆ **all-points bulletin** N (US) message (m) à toutes les patrouilles (on à propos de) ◆ **all-powerful** ADJ tout-puissant ◆ **all-purpose** ADJ [flour, vehicle, cleaner] tous usages; [knife, glue] universel ◆ **all-round** ADJ [sportsman] complet (-ète (f)) ◆ **all-rounder** N **to be a good ~-rounder** être bon en tout ◆ **all-seater stadium** N (Brit) stade n'ayant que des places assises ◆ **all-terrain bike** N vélo (m) tout-terrain, VTT (m) ◆ **all-terrain vehicle** N véhicule (m) tout-terrain ◆ **all told** ADV en tout ◆ **all-year-round** ADJ [resort] ouvert toute l'année; **jogging's an ~-year-round sport** le jogging se pratique toute l'année

Allah /ˈælə/ N Allah (m)

allay /əˈleɪ/ VT apaiser; **to ~ suspicion** dissiper les soupçons

allegation /ˌælɪˈɡeɪʃən/ N allégation (f)

allege /əˈledʒ/ VT prétendre; **he is ~d to have said that …** il aurait dit que …

alleged /əˈledʒd/ ADJ présumé

allegedly /əˈledʒɪdlɪ/ ADV **the crime he had ~ committed** le crime qu'il aurait commis; ~ **illegal immigrants** les immigrants qui seraient en situation irrégulière

allegiance /əˈliːdʒəns/ N allégeance (f) (**to** à)

allergic /əˈlɜːdʒɪk/ ADJ allergique

allergy /ˈælədʒɪ/ N allergie (f); **a dust ~** une allergie à la poussière

alleviate /əˈliːvɪeɪt/ VT calmer

alley /ˈælɪ/ N (between buildings) ruelle (f); (in garden) allée (f); (US: between counters) passage (m)

alleyway /ˈælɪweɪ/ N ruelle (f)

alliance /ə'laɪəns/ N alliance (f); **to enter into an ~ with ...** s'allier avec ...

allied /'ælaɪd/ ADJ (a) (= in league) allié (b) (= associated) [industries, conditions] apparenté; [subjects] connexe

alligator /'ælɪgeɪtə'/ N alligator (m)

allocate /'æləkeɪt/ VT (a) (= allot) [+ task] attribuer; [+ money] affecter (b) (= apportion) répartir

allocation /ˌæləʊ'keɪʃən/ N (a) (= allotting) affectation (f); (to individual) attribution (f) (b) (= apportioning) répartition (f) (c) (= money allocated) part (f)

allot /ə'lɒt/ VT (a) (= allocate) attribuer; **to do sth in the time ~ted** faire qch dans le temps imparti (b) (= share among group) répartir

allotment /ə'lɒtmənt/ N (Brit) jardin (m) ouvrier

allow /ə'laʊ/ VT (a) (= permit) permettre, autoriser; (= tolerate) tolérer; **to ~ sb sth** permettre qch à qn; **to ~ sb to do sth** permettre à qn de faire qch; **to ~ sb in/out/past** permettre à qn d'entrer/de sortir/de passer; **to ~ sth to happen** laisser se produire qch; **to ~ o.s. to be persuaded** se laisser persuader; **~ us to help you** permettez-nous de vous aider; **we are not ~ed much freedom** on nous accorde peu de liberté; **smoking is not ~ed** il est interdit de fumer; **no children/dogs ~ed** interdit aux enfants/chiens; **I will not ~ such behaviour** je ne tolérerai pas une telle conduite (b) (= grant) accorder; **to ~ sb £30 a month** accorder à qn 30 livres par mois (c) (= make provision) **to ~ space for** prévoir de la place pour; **~ yourself an hour to cross the city** comptez une heure pour traverser la ville (d) (= concede) admettre; **~ing that ...** en admettant que ... (+ subj)

► **allow for** VT INSEP (a) (= plan for) prévoir; **we ~ for a certain amount of theft** nous prévoyons un certain pourcentage de vols; **the budget did not ~ for these extra expenses** ces dépenses supplémentaires n'étaient pas prévues au budget (b) (= take into account) tenir compte de; **after ~ing for his expenses** en tenant compte de ses dépenses; **we must ~ for the cost of the wood** il faut compter avec le prix du bois

allowance /ə'laʊəns/ N (a) (= money given to sb) allocation (f); (for lodgings, food) indemnité (f); (= alimony) pension (f) alimentaire; (= food) ration (f); (= pocket money) argent (m) de poche; **his father gives him an ~ of £500 per month** son père lui verse 500 livres par mois (b) (= discount) réduction (f); **tax ~s** déductions (fpl) fiscales (c) **you must learn to make ~s** (= concessions) il faut savoir faire la part des choses; **to make ~s for sb** (= excuse) se montrer indulgent envers qn; **to make ~s for sth** (= allow for) tenir compte de qch

alloy /'ælɔɪ/ N alliage (m) ♦ **alloy wheels** NPL roues (fpl) en alliage léger

all right /ˌɔːl'raɪt/ 1 ADJ (a) (= satisfactory) bien; **he's ~** il est bien; **do you like the champagne? — it's ~** aimez-vous ce champagne? — il n'est pas mal; **it's ~** (= don't worry) ce n'est pas grave; **is it ~ if ...?** ça vous dérange si ...?; **is everything ~?** tout va bien?; **it's ~ by me** d'accord; **see you later, ~?** à tout à l'heure, d'accord? (b) **to be ~** (= healthy) aller bien; (= safe) être sain et sauf; **someone should see if she's ~** quelqu'un devrait aller voir si elle va bien; **the car will be ~ there overnight** la voiture ne risque rien à passer la nuit là (c) **to be ~ for money** (= well-provided) avoir assez d'argent; **we're ~ for the rest of our lives** nous avons tout ce qu'il nous faut pour le restant de nos jours

2 EXCL (in approval, exasperation) ça va!; (in agreement) d'accord!

3 ADV (a) (= without difficulty) sans problème; **he's getting on ~** il se débrouille pas mal; **did you get home ~ last night?** tu es bien rentré chez toi, hier soir?; **he's doing ~ for himself** il se débrouille bien (b) (= definitely) **he's at home ~, but he's not answering the phone** il est bien chez lui, mais il ne répond pas au téléphone; **you'll get the money back ~** vous serez remboursé, c'est sûr

(c) (expressing agreement) d'accord

(d) (summoning attention) **~, let's get started** bon, allons-y

all-right * /'ɔːl'raɪt/ ADJ (US) **an ~ guy** un type réglo*

allspice /'ɔːlspaɪs/ N piment (m) de la Jamaïque

all-time /'ɔːl'taɪm/ 1 ADJ sans précédent; **he's my ~ favourite** c'est mon préféré; **"Casablanca" is one of the ~ greats** « Casablanca » est l'un des plus grands films de tous les temps; **he's one of the ~ greats** il fait partie des plus grands; **~ record** record (m) absolu; **the pound has reached an ~ low** la livre a atteint le niveau le plus bas jamais enregistré; **to be at an ~ low** être au plus bas 2 ADV **an ~ best performance** un record personnel; **John's ~ favourite artist** l'artiste préféré de John

allude /ə'luːd/ VI **to ~ to** [person] faire allusion à; [letter] faire référence à

alluring /ə'ljʊərɪŋ/ ADJ séduisant

allusion /ə'luːʒən/ N allusion (f)

ally 1 VT allier; **to ~ o.s. with** s'allier avec 2 N allié(e) (m(f))

★ *Lorsque* **ally** *est un verbe, l'accent tombe sur la seconde syllabe:* /ə'laɪ/, *lorsque c'est un nom, sur la première:* /'ælaɪ/.

almighty /ɔːl'maɪtɪ/ 1 ADJ (a) (= all-powerful) tout-puissant (b) (= tremendous) [row, scandal]* énorme 2 N **the Almighty** le Tout-Puissant

almond /'ɑːmənd/ 1 N amande (f) 2 ADJ [oil, paste] d'amande

almost /'ɔːlməʊst/ ADV presque; **I had ~ forgotten about it** j'avais presque oublié; **he ~ fell** il a failli tomber

alms /ɑːmz/ N aumône (f)

alone /ə'ləʊn/ ADJ, ADV (a) (= by oneself) seul; **all ~** tout(e) seul(e); **to go it ~*** faire cavalier seul; **I need to get her ~** il faut que je lui parle en tête-à-tête (b) (= only) seul; **he ~ could tell you** lui seul pourrait vous le dire; **you ~ can do it** vous êtes le seul à pouvoir le faire (c) (= lonely) seul; **I feel so ~** je me sens si seul (d) (= in peace) **to leave sb ~** laisser qn tranquille; **leave me ~!** laisse-moi tranquille!; **leave that knife ~!** ne touche pas à ce couteau!; **leave well ~** le mieux est l'ennemi du bien (PROV) (e) ♦ **let alone** encore moins; **he can't read, let ~ write** il ne sait pas lire, et encore moins écrire; **he can't afford food, let ~ clothes** il n'a pas de quoi s'acheter de la nourriture, et encore moins des vêtements

along /ə'lɒŋ/

► *When* **along** *is an element in a phrasal verb, eg* **go along, play along,** *look up the verb.*

1 ADV (a) **I'll be ~ in a moment** j'arrive tout de suite; **she'll be ~ tomorrow** elle viendra demain; **come ~ with me** venez avec moi; **bring your friend ~** amène ton ami; **~ here, ~ there** par là; **~ with** ainsi que (b) ♦ **all along** depuis le début; **I could see all ~ that he would refuse** je savais depuis le début qu'il allait refuser; **that's what I've been saying all ~** c'est ce que je n'ai pas arrêté de dire

2 PREP le long de; **to walk ~ the beach** se promener le long de la plage; **the railway runs ~ the beach** la ligne de chemin de fer longe la plage; **the trees ~ the road** les arbres au bord de la route; **all ~ the street** tout le long de la rue; **somewhere ~ the line** someone made a mistake à un moment donné, quelqu'un a commis une erreur

alongside /ə'lɒŋ'saɪd/ 1 PREP (= along) le long de; (= beside) à côté de; **to work ~ sb** travailler aux côtés de qn; **the road runs ~ the beach** la route longe la plage; **to stop ~ the kerb** [vehicle] s'arrêter le long du trottoir; **the car drew up ~ me** la voiture s'est arrêtée à ma hauteur 2 ADV (ships = beside one another) bord à bord; **to come ~** accoster (b) (people = side by side) côte à côte

aloof /ə'luːf/ ADJ (a) (= standoffish) distant; **he was very ~ with me** il s'est montré très distant à mon égard (b) (= uninvolved) **to remain ~** se tenir à l'écart (from sb/sth de qn/qch)

aloud /ə'laʊd/ ADV [*read*] à voix haute; [*laugh, think, wonder*] tout haut

alphabet /'ælfəbet/ N alphabet (m)

alphabetical /ˌælfə'betɪkəl/ ADJ alphabétique; **to put in ~ order** classer par ordre alphabétique; **to be in ~ order** être dans l'ordre alphabétique

alphabetically /ˌælfə'betɪkəlɪ/ ADV par ordre alphabétique

alpine /'ælpaɪn/ 1 ADJ alpin 2 N (= *plant*) plante (f) alpine

Alps /ælps/ NPL Alpes (fpl)

already /ɔːl'redɪ/ ADV déjà; **he was ~ there** il était déjà là

alright /ˌɔːl'raɪt/ = **all right**

Alsace /'ælsæs/ N Alsace (f)

Alsace-Lorraine /'ælsæslə'reɪn/ N Alsace-Lorraine (f)

Alsatian /æl'seɪʃən/ N (*Brit* = *dog*) berger (m) allemand

also /'ɔːlsəʊ/ ADV ⓐ (= *too*) aussi; **her cousin ~ came** son cousin aussi est venu ⓑ (= *moreover*) également; **~ I must explain that ...** je dois également vous expliquer que ...

altar /'ɒltəʳ/ N autel (m)

alter /'ɒltəʳ/ 1 VT ⓐ modifier; (*stronger*) transformer; [+ *garment*] retoucher; **to ~ one's plans** modifier ses projets ⓑ (*US* = *castrate*) châtrer 2 VI changer

alteration /ˌɒltə'reɪʃən/ N modification (f); **an ~ in the rules** une modification des règlements; **to make ~s to a garment/text** retoucher un vêtement/texte; **the ~s to the house** les transformations (fpl) apportées à la maison; **they're having ~s made to their house** ils font faire des travaux; **"times and programmes are subject to ~"** « les horaires et les programmes peuvent être modifiés »

altercation /ˌɒltə'keɪʃən/ N altercation (f)

alter ego /'æltər'iːgəʊ/ N alter ego (m)

alternate 1 ADJ ⓐ (= *successive*) alterné
ⓑ (= *every second*) **on ~ days** un jour sur deux
ⓒ (*US*) = **alternative**
2 N (*US* = *stand-in*) remplaçant(e) (m(f))
3 VT (faire) alterner
4 VI ⓐ (= *occur in turns*) alterner
ⓑ (= *switch*) **he ~s between aggression and indifference** il est tantôt agressif, tantôt indifférent; **in the desert the temperature ~s between boiling and freezing** dans le désert la température est tantôt torride, tantôt glaciale

★ *Lorsque* **alternate** *est un adjectif ou un nom, l'accent tombe sur la deuxième syllabe:* /ɒl'tɜ:nɪt/, *lorsque c'est un verbe, sur la première:* /'ɒltɜ:neɪt/.

alternately /ɒl'tɜ:nɪtlɪ/ ADV tour à tour; **I lived ~ with my mother and my grandmother** je vivais tantôt avec ma mère, tantôt avec ma grand-mère; **beat the eggs and flour ~ into the mixture** incorporez alternativement les œufs et la farine

alternative /ɒl'tɜ:nətɪv/ 1 ADJ ⓐ autre; **people will be offered ~ employment where possible** d'autres emplois seront proposés lorsque cela sera possible
ⓑ (= *non-traditional*) [*medicine, therapy*] parallèle; **~ technology** les technologies (fpl) douces; **~ energy** énergie (f) de substitution
2 N (= *choice*) (*between two*) alternative (f); (*among several*) choix (m); (= *solution*) (*only one*) alternative (f); (*one of several*) autre solution (f); **she had no ~ but to accept** elle n'avait pas d'autre solution que d'accepter; **there's no ~** il n'y a pas le choix

alternatively /ɒl'tɜ:nətɪvlɪ/ ADV autrement

alternator /'ɒltɜ:neɪtəʳ/ N (*Brit*) alternateur (m)

although /ɔːl'ðəʊ/ CONJ ⓐ (= *despite the fact that*) bien que (+ *subjunctive*); **~ it's raining there are 20 people here already** bien qu'il pleuve, il y a déjà 20 personnes; **I'll do it, ~ I don't want to** je vais le faire bien que je n'en aie pas envie; **the room, ~ small, was quite comfortable** la pièce était confortable, bien que petite ⓑ (= *but*) mais; **I don't think this is going to work, ~ it's worth a try** je ne pense pas que ça va marcher, mais ça vaut la peine d'essayer

altitude /'æltɪtjuːd/ N altitude (f)

alto /'æltəʊ/ 1 N ⓐ (*female voice*) contralto (m); (*male voice*) haute-contre (f) ⓑ (= *instrument*) alto (m) 2 ADJ (*female*) de contralto; (*male*) de haute-contre; **~ saxophone/flute** saxophone (m)/flûte (f) alto

altogether /ˌɔːltə'geðəʳ/ ADV ⓐ (= *completely*) [*stop, disappear*] complètement; [*different*] tout à fait; **that's another matter ~** c'est une tout autre affaire; **you don't believe him? — no, not ~** vous ne le croyez pas? — non, pas vraiment; **such methods are not ~ satisfactory** de telles méthodes ne sont pas vraiment satisfaisantes; **I'm not ~ happy about this** je ne suis pas vraiment satisfait de cette situation ⓑ (= *in all*) en tout; **what do I owe you ~?** je vous dois combien en tout?

altruism /'æltrʊɪzəm/ N altruisme (m)

altruistic /ˌæltrʊ'ɪstɪk/ ADJ altruiste

aluminium /ˌæljʊ'mɪnɪəm/, **aluminum** (*US*) /ə'luː:mɪnəm/ 1 N aluminium (m) 2 ADJ en aluminium 3 COMP
♦ **aluminium foil** N papier (m) aluminium

alumna /ə'lʌmnə/ N (*pl* **alumnae** /ə'lʌmniː/) (*US*) [*of school*] ancienne élève (f); [*of university*] ancienne étudiante (f)

alumnus /ə'lʌmnəs/ N (*pl* **alumni** /ə'lʌmnaɪ/) (*US*) [*of school*] ancien élève (m); [*of university*] ancien étudiant (m)

always /'ɔːlweɪz/ ADV toujours; **he's ~ late** il est toujours en retard; **I'll ~ love you** je t'aimerai toujours; **I can ~ come back later** je peux toujours revenir plus tard
♦ **as always** comme toujours

Alzheimer's (disease) /'æltshaɪməz(dɪˌziːz)/ N maladie (f) d'Alzheimer

AM /eɪ'em/ 1 (ABBR = **amplitude modulation**) AM 2 N ABBR (*Brit Pol*) = **Assembly Member**

am¹ /æm/ → **be**

am² /eɪ'em/ ADV (ABBR = **ante meridiem**) du matin; **at 8am** à 8 heures du matin

amalgam /ə'mælgəm/ N amalgame (m) (**of** de, entre)

amalgamate /ə'mælgəmeɪt/ VTI [+ *companies*] fusionner

amalgamation /əˌmælgə'meɪʃən/ N [*of companies*] fusion (f) (**into sth** en qch)

amass /ə'mæs/ VT amasser

amateur /'æmətəʳ/ 1 N amateur (m) 2 ADJ [*painter, sports, player, theatre*] amateur (*inv*); [*photography*] d'amateur

amateurish /'æmətərɪʃ/ ADJ d'amateur; **the acting was rather ~** le jeu des acteurs n'était pas très professionnel

amaze /ə'meɪz/ VT stupéfier

amazed /ə'meɪzd/ ADJ stupéfait; **to be ~ at (seeing) sth** être stupéfait de (voir) qch; **I'd be ~** ça m'étonnerait; **you'd be ~ how young she looks** c'est incroyable ce qu'elle fait jeune

amazement /ə'meɪzmənt/ N stupéfaction (f); **she listened in ~** elle écoutait, stupéfaite

amazing /ə'meɪzɪŋ/ ADJ incroyable

amazingly /ə'meɪzɪŋlɪ/ ADV étonnamment; **she coped ~ well** elle s'en est étonnamment bien tirée; **~ enough, he got it right first time** chose étonnante, il a réussi du premier coup

Amazon /'æməzən/ N (= *river*) Amazone (f); **the ~ Basin** le bassin amazonien; **the ~ rainforest** la forêt amazonienne

Amazonia /ˌæmə'zəʊnɪə/ N Amazonie (f)

Amazonian /æmə'zəʊnɪən/ ADJ amazonien

ambassador /æm'bæsədəʳ/ N ambassadeur (m); **the French ~ (to Italy)** l'ambassadeur (m) de France (en Italie)

amber /'æmbəʳ/ 1 N ambre (m) 2 ADJ [*jewellery*] d'ambre; **~ light** (*Brit*) feu (m) orange; **the lights are at ~** les feux sont à l'orange

ambidextrous /ˌæmbɪ'dekstrəs/ ADJ ambidextre

ambience /'æmbɪəns/ N ambiance (f)

ambiguity /ˌæmbɪ'gjʊɪtɪ/ N ambiguïté (f)

ambiguous /æm'bɪgjʊəs/ ADJ ambigu (-guë (f))

ambiguously /æm'bɪgjʊəslɪ/ ADV [*say, describe*] de façon ambiguë; **~ worded** exprimé en termes ambigus

ambition /æm'bɪʃən/ N ambition (f); **it is my ~ to ...** mon ambition est de ...

ambitious /æm'bɪʃəs/ ADJ ambitieux

ambivalent /æm'bɪvələnt/ ADJ ambivalent

amble /'æmbl/ VI [*person*] **to ~ along** aller sans se presser; **he ~d up to me** il s'est avancé vers moi sans se presser

ambulance /'æmbjʊləns/ N ambulance *(f)* ◆ **ambulance driver** N ambulancier *(m)*, -ière *(f)*

ambush /'æmbʊʃ/ 1 N embuscade *(f)*; **to lie in ~** se tenir en embuscade; **to lie in ~ for sb** tendre une embuscade à qn 2 VT (= *wait for*) tendre une embuscade à; (= *attack*) faire tomber dans une embuscade

ameba /ə'miːbə/ N amibe *(f)*

amen /'ɑːmen/ EXCL amen

amenable /ə'miːnəbl/ ADJ [*person*] souple ◆ **amenable to** [+ *reason, argument*] sensible à; [+ *compromise*] ouvert à; **he is ~ to change** il est prêt à changer

amend /ə'mend/ VT [+ *rule, bill, wording*] modifier; [+ *constitution*] réviser; [+ *mistake*] rectifier; [+ *habits*] réformer

amendment /ə'mendmənt/ N ⓐ amendement *(m)* ⓑ (*to contract*) avenant *(m)* ⓒ (*to letter, script, text*) modification *(f)*

amends /ə'mendz/ NPL **to make ~** se faire pardonner

amenities /ə'miːnɪtɪz/ NPL (= *facilities*) équipements *(mpl)*; **public ~** équipements *(mpl)* publics

America /ə'merɪkə/ N Amérique *(f)*

American /ə'merɪkən/ 1 ADJ américain; [*ambassador, embassy*] des États-Unis 2 N ⓐ (= *person*) Américain(e) *(m(f))* ⓑ (= *American English*) américain *(m)* 3 COMP ◆ **the American Dream** N le rêve américain ◆ **American English** N anglais *(m)* américain ◆ **American football** N football *(m)* américain ◆ **American Indian** N Indien(ne) *(m(f))* d'Amérique ◊ ADJ des Indiens d'Amérique ◆ **American plan** N (*US: in hotels*) pension *(f)* complète

americanism /ə'merɪkənɪzəm/ N américanisme *(m)*

americanize /ə'merɪkənaɪz/ VT américaniser

amethyst /'æmɪθɪst/ 1 N améthyste *(f)* 2 ADJ [*jewellery*] en améthyste

amiable /'eɪmɪəbl/ ADJ aimable

amiably /'eɪmɪəblɪ/ ADV [*chat*] gentiment; [*say, reply*] aimablement; [*nod, grin*] avec amabilité

amicable /'æmɪkəbl/ ADJ amical; **~ settlement** arrangement *(m)* à l'amiable

amicably /'æmɪkəblɪ/ ADV amicalement; (*settle legal case*) à l'amiable

amid(st) /ə'mɪd(st)/ PREP [+ *shouts, trees*] au milieu de; **he was forced to resign ~ allegations of corruption** il a été forcé de démissionner à la suite d'accusations de corruption; **... ~ reports of fresh rioting** ... tandis que l'on signale de nouvelles émeutes

amiss /ə'mɪs/ 1 ADJ **there is something ~** il y a quelque chose qui ne va pas 2 ADV ⓐ **to take sth ~** (= *be offended*) mal prendre qch ⓑ **◊ a little politeness wouldn't go ~** un peu de politesse ne ferait pas de mal; **a drink wouldn't go ~** un verre ne serait pas de refus

ammo* /'æməʊ/ N munitions *(fpl)*

ammonia /ə'məʊnɪə/ N (gaz *(m)*) ammoniac *(m)*; (= *liquid*) ammoniaque *(f)*

ammunition /ˌæmjʊ'nɪʃən/ N munitions *(fpl)*; **this has given ~ to their critics** ceci a donné des armes à leurs détracteurs

amnesia /æm'niːzɪə/ N amnésie *(f)*

amnesty /'æmnɪstɪ/ 1 N amnistie *(f)* 2 VT amnistier 3 COMP ◆ **Amnesty International** N Amnesty International

amoeba /ə'miːbə/ N amibe *(f)*

amok /ə'mɒk/ ADV **to run ~** [*person*] perdre tout contrôle de soi-même; [*crowd*] se déchaîner

among(st) /ə'mʌŋ(st)/ PREP parmi; **~ the various things he gave me, there was ...** parmi les diverses choses qu'il m'a données, il y avait ...; **settle it ~ yourselves** arrangez cela entre vous; **they were talking ~ themselves** ils

parlaient entre eux; **~ other things** entre autres (choses); **to count sb ~ one's friends** compter qn parmi ses amis; **to be ~ friends** être entre amis

amoral /eɪ'mɒrəl/ ADJ amoral

amorous /'æmərəs/ ADJ amoureux; **to make ~ advances to** faire des avances à

amorphous /ə'mɔːfəs/ ADJ amorphe

amount /ə'maʊnt/ N ⓐ (= *quantity*) quantité *(f)*; **I have an enormous ~ of work** j'ai énormément de travail; **any ~ of ...** énormément de ...; **no ~ of persuading would make her change her mind** on a eu beau essayer de la persuader, elle n'a pas changé d'avis ⓑ (= *sum of money*) somme *(f)*

▶ **amount to** VT INSEP ⓐ [*sums, figures, debts*] s'élever à ⓑ (= *be equivalent to*) équivaloir à; **it ~s to the same thing** cela revient au même; **it ~s to stealing** cela équivaut à du vol; **he will never ~ to much** il ne fera jamais grand-chose; **one day he will ~ to something** un jour ce sera quelqu'un

amp /æmp/ N ⓐ ampère *(m)*; **a 13-~ plug** une prise de 13 ampères ⓑ * (ABBR = **amplifier**) ampli* *(m)*

ampere /'æmpeə'/ N ampère *(m)*

amphetamine /æm'fetəmiːn/ N amphétamine *(f)*

amphibian /æm'fɪbɪən/ 1 ADJ amphibie 2 N (= *animal*) amphibie *(m)*

amphibious /æm'fɪbɪəs/ ADJ amphibie

amphitheatre, amphitheater (*US*) /'æmfɪˌθɪətə'/ N amphithéâtre *(m)*

ample /'æmpl/ ADJ ⓐ (= *more than adequate*) **that's ~** c'est amplement suffisant; **we've got ~ time** nous avons largement assez de temps; **to make ~ use of sth** largement utiliser qch; **she was given ~ warning** elle a été suffisamment prévenue ⓑ (= *large*) [*bust*] généreux; [*garment*] ample

amplifier /'æmplɪfaɪə'/ N amplificateur *(m)*

amplify /'æmplɪfaɪ/ VT ⓐ [+ *sound*] amplifier ⓑ [+ *statement, idea*] développer

amply /'æmplɪ/ ADV largement

amputate /'æmpjʊteɪt/ VT amputer; **to ~ sb's arm/leg** amputer qn du bras/de la jambe

amputee /ˌæmpjʊ'tiː/ N amputé(e) *(m(f))*

Amsterdam /'æmstədæm/ N Amsterdam

Amtrak /'æmtræk/ N *société américaine de transports ferroviaires interurbains*

amuck /ə'mʌk/ ADV **to run ~** [*person*] perdre tout contrôle de soi-même; [*crowd*] se déchaîner

amuse /ə'mjuːz/ VT amuser; **I was ~d by his naivety** sa candeur m'amusait; **to ~ o.s. by doing sth** s'amuser à faire qch; **to ~ o.s. with sth/sb** s'amuser avec qch/aux dépens de qn; **you'll have to ~ yourselves** il va vous falloir trouver de quoi vous distraire

amused /ə'mjuːzd/ ADJ [*person, look, smile, attitude*] amusé; **she seemed ~ at my suggestion** ma suggestion a semblé l'amuser; **I was ~ to see that ...** ça m'a amusé de voir que ...; **to keep sb ~** distraire qn; **to keep o.s. ~** se distraire; **we are not ~** nous ne trouvons pas cela drôle

amusement /ə'mjuːzmənt/ 1 N ⓐ amusement *(m)*; **a look of ~** un regard amusé; **to hide one's ~** dissimuler son envie de rire; **to do sth for ~** faire qch pour se distraire; **much to my ~** à mon grand amusement ⓑ (= *diversion, pastime*) distraction *(f)*; **a town with plenty of ~s** une ville qui offre beaucoup de distractions 2 NPL **amusements** (*Brit: in arcade*) jeux *(mpl)* d'arcade 3 COMP ◆ **amusement arcade** N (*Brit*) galerie *(f)* de jeux ◆ **amusement park** N parc *(m)* d'attractions

amusing /ə'mjuːzɪŋ/ ADJ amusant

an /æn, ən, n/ INDEF ART → **a**

anabolic steroid /ˌænəbɒlɪk'stɪərɔɪd/ ADJ stéroïde *(m)* anabolisant

anachronism /ə'nækrənɪzəm/ N anachronisme *(m)*

anaemia /ə'niːmɪə/ N anémie *(f)*

anaemic /ə'niːmɪk/ ADJ anémique

anaesthetic /ˌænɪs'θetɪk/ N, ADJ anesthésique *(m)*; **under ~** sous anesthésie; **to give sb an ~** anesthésier qn

anaesthetist /æ'niːsθɪtɪst/ N médecin *(m)* anesthésiste

anaesthetize /æ'niːsθɪtaɪz/ VT anesthésier

anagram /'ænəgræm/ N anagramme *(f)*

anal /'eɪnəl/ ADJ anal; **~ sex** sodomie *(f)*

analgesic /ˌænæl'dʒiːsɪk/ ADJ, N analgésique *(m)*

analogous /ə'næləgəs/ ADJ analogue

analogue /'ænə.lɒg/ ADJ [*phone, technology*] analogique

analogy /ə'nælədʒɪ/ N analogie *(f)*; **by ~** par analogie

analyse /'ænəlaɪz/ VT analyser; (= *psychoanalyse*) psychanalyser

analysis /ə'næləsɪs/ N (*pl* **analyses** /ə'nælɪsiːz/) ⓐ analyse *(f)*; **in the last** *or* **final ~** en dernière analyse ⓑ (= *psychoanalysis*) psychanalyse *(f)*; **to be in ~** être en analyse

analyst /'ænəlɪst/ N analyste *(mf)*

analytic(al) /ˌænə'lɪtɪk(əl)/ ADJ analytique

analyze /'ænəlaɪz/ VT (*US*) analyser; (= *psychoanalyse*) psychanalyser

anarchic(al) /æ'nɑːkɪk(əl)/ ADJ anarchique

anarchist /'ænəkɪst/ N, ADJ anarchiste *(mf)*

anarchy /'ænəkɪ/ N anarchie *(f)*

anathema /ə'næθɪmə/ N anathème *(m)*; **racism was ~ to him** le racisme lui faisait horreur

anatomical /ˌænə'tɒmɪkəl/ ADJ anatomique

anatomy /ə'nætəmɪ/ N anatomie *(f)*

ANC /ˌeɪen'siː/ N (ABBR = **African National Congress**) ANC *(m)*

ancestor /'ænsɪstə'/ N ancêtre *(mf)*

ancestry /'ænsɪstrɪ/ N (= *ancestors*) ancêtres *(mpl)*; **to trace one's ~** retrouver qui sont ses ancêtres

anchor /'æŋkə'/ 1 N ancre *(f)*; **to drop ~** jeter l'ancre 2 VT ⓐ [+ *ship*] mettre à l'ancre ⓑ (= *tie down*) arrimer

anchorman /'æŋkəmən/ N (*pl* **-men**) (*on TV, radio*) présentateur *(m)*; (*in team, organization*) pilier *(m)*

anchorwoman /'æŋkəwʊmən/ N (*pl* **-women**) (*on TV, radio*) présentatrice *(f)*; (*in team, organization*) pilier *(m)*

anchovy N anchois *(m)*

★ *En anglais britannique, l'accent tombe sur la première syllabe:* /'æntʃəvɪ/, *en américain sur la deuxième:* /æn'tʃəʊvɪ/.

---

ancient /'eɪnʃənt/ ADJ ⓐ antique; [*painting, document, custom*] ancien; **~ Greek** le grec ancien; **~ history** histoire *(f)* ancienne ⓑ [*person*]* très vieux (vieille *(f)*); [*clothes, object, car*]* antique

ancillary /æn'sɪlərɪ/ ADJ auxiliaire

and /ænd, ənd, nd, ən/ CONJ

► *For set expressions containing the word* **and**, *eg* **now and then, wait and see**, *look under the other words.*

ⓐ et; **a man ~ a woman** un homme et une femme; **~ how!*** et comment!*; **~?** et alors?

ⓑ (*in numbers*) **three hundred ~ ten** trois cent dix; **two thousand ~ eight** deux mille huit; **two pounds ~ six pence** deux livres (et) six pence; **an hour ~ twenty minutes** une heure vingt (minutes); **five ~ three quarters** cinq trois quarts

ⓒ (+ *infinitive verb*) **try ~ come** tâchez de venir

ⓓ (*repetition, continuation*) **better ~ better** de mieux en mieux; **for hours ~ hours** pendant des heures et des heures; **he talked ~ talked** il a parlé pendant des heures

ⓔ (*with compar adj*) **uglier ~ uglier** de plus en plus laid; **more ~ more difficult** de plus en plus difficile

ⓕ (*with negative or implied negative*) ni; **to go out without a hat ~ coat** sortir sans chapeau ni manteau

ⓖ (*phrases*) **eggs ~ bacon** œufs *(mpl)* au bacon; **summer ~ winter** été comme hiver

ⓗ (*implying conditional*) **do that ~ I won't come** fais ça et je ne viens pas

Andean /'ændɪən/ ADJ des Andes, andin

Andes /'ændiːz/ N Andes *(fpl)*

Andorra /ˌæn'dɔːrə/ N Andorre *(f)*

Andorran /ˌæn'dɔːrən/ 1 ADJ andorran 2 N Andorran(e) *(m(f))*

androgynous /æn'drɒdʒɪnəs/ ADJ androgyne

anecdote /'ænɪkdəʊt/ N anecdote *(f)*

anemia /ə'niːmɪə/ N (*US*) anémie *(f)*

anemic /ə'niːmɪk/ ADJ (*US*) anémique

anemone /ə'nemənɪ/ N anémone *(f)*

anesthetic /ˌænɪs'θetɪk/ N, ADJ (*US*) anesthésique *(m)*; **under ~** sous anesthésie; **to give sb an ~** anesthésier qn

anesthetist /æ'niːsθɪtɪst/ N (*US*) médecin *(m)* anesthésiste

anesthetize /æ'niːsθɪtaɪz/ VT (*US*) anesthésier

anew /ə'njuː/ ADV de nouveau; **to start life ~ in a fresh place** recommencer sa vie ailleurs

angel /'eɪndʒəl/ N ange *(m)*; **be an ~ and fetch me my gloves** apporte-moi mes gants, tu seras un ange

Angeleno /ˌændʒə'liːnəʊ/ N (*US*) habitant(e) *(m(f))* de Los Angeles

angelic /æn'dʒelɪk/ ADJ angélique

Angelino /ˌændʒə'liːnəʊ/ N (*US*) habitant(e) *(m(f))* de Los Angeles

anger /'æŋgə'/ 1 N colère *(f)*; **words spoken in ~** mots prononcés sous le coup de la colère 2 VT mettre en colère

angina /æn'dʒaɪnə/ N angine *(f)* de poitrine; **to have ~** faire de l'angine de poitrine

angle /'æŋgl/ 1 N angle *(m)*; **to study a topic from every ~** étudier un sujet sous tous les angles
♦ **at an angle** en biais (**to** par rapport à); **cut at an ~** [*pipe, edge*] coupé en biseau; **the building stands at an ~ to the street** le bâtiment fait un angle avec la rue
2 VT orienter; **to ~ a shot** (*Tennis*) croiser sa balle
3 VI ⓐ (= *fish*) pêcher à la ligne; **to ~ for trout** pêcher la truite
ⓑ (= *try to get*) **to ~ for sb's attention** chercher à attirer l'attention de qn; **to ~ for compliments** chercher les compliments; **to ~ for a rise in salary/for an invitation** chercher à obtenir une augmentation de salaire/à se faire inviter

angler /'æŋglə'/ N pêcheur *(m)*, -euse *(f)* (à la ligne)

Anglican /'æŋglɪkən/ ADJ, N anglican(e) *(m(f))*

anglicism /'æŋglɪsɪzəm/ N anglicisme *(m)*

anglicize /'æŋglɪsaɪz/ VT angliciser

angling /'æŋglɪŋ/ N pêche *(f)* (à la ligne)

Anglo-American /'æŋgləʊə'merɪkən/ 1 ADJ anglo-américain 2 N (*US*) Anglo-Américain(e) *(m(f))*

Anglo-French /'æŋgləʊ'frentʃ/ ADJ franco-britannique

Anglo-Irish /'æŋgləʊ'aɪərɪʃ/ ADJ anglo-irlandais

Anglo-Saxon /'æŋgləʊ'sæksən/ 1 ADJ anglo-saxon 2 N ⓐ (= *person*) Anglo-Saxon(ne) *(m(f))* ⓑ (= *language*) anglo-saxon *(m)*

Angola /æn'gəʊlə/ N Angola *(m)*

angrily /'æŋgrɪlɪ/ ADV [*say, react*] avec colère; [*leave*] en colère

angry /'æŋgrɪ/ ADJ [*person*] en colère (**with sb** contre qn, **at sth** à cause de qch, **about sth** à propos de qch); [*look*] furieux; [*reply*] plein de colère; **to get ~** se mettre en colère; **to make sb ~** mettre qn en colère; **he was ~ at being dismissed** il était furieux d'avoir été renvoyé; **in an ~ voice** sur le ton de la colère; **you won't be ~ if I tell you?** tu ne vas pas te fâcher si je te le dis?; **this sort of thing makes me really ~** ce genre de chose me met hors de moi; **there were ~ scenes when it was announced that ...** la colère a éclaté quand on a annoncé que ...

anguish /'æŋgwɪʃ/ N angoisse *(f)*; **to be in ~** être angoissé

anguished /'æŋgwɪʃt/ ADJ angoissé

angular /'æŋgjʊlə'/ ADJ anguleux

animal /'ænɪməl/ 1 N animal *(m)*; **he's nothing but an ~** c'est une brute 2 ADJ [*instinct, fat, kingdom*] animal 3 COMP
♦ **animal experiment** N expérience *(f)* sur les animaux
♦ **animal liberationist** N *militant du mouvement de libéra-*

tion des animaux ♦ **animal lover** N personne *(f)* qui aime les animaux ♦ **animal rights** NPL droits *(mpl)* des animaux ♦ **animal rights campaigner** N défenseur *(m)* des droits des animaux ♦ **animal testing** N expérimentation *(f)* animale

animate 1 ADJ animé 2 VT animer

★ *Lorsque* **animate** *est un adjectif, la fin se prononce comme* **it**: /'ænɪmɪt/; *lorsque c'est un verbe, elle se prononce comme* **eight**: /'ænɪmeɪt/.

animated /'ænɪmeɪtɪd/ ADJ ⓐ (= *lively*) animé; **to become ~** s'animer ⓑ **~ film** film *(m)* d'animation
animator /'ænɪmeɪtə'/ N animateur *(m)*, -trice *(f)*
animosity /,ænɪ'mɒsɪtɪ/ N animosité *(f)* (**against, towards** envers)
aniseed /'ænɪsiːd/ 1 N graine *(f)* d'anis 2 ADJ [*flavoured*] à l'anis
Ankara /'æŋkərə/ N Ankara
ankle /'æŋkl/ N cheville *(f)* ♦ **ankle boot** N bottine *(f)* ♦ **ankle-deep** ADJ **he was ~-deep in water** il avait de l'eau jusqu'à la cheville; **the water is ~-deep** l'eau arrive à la cheville ♦ **ankle sock** N (*Brit*) socquette *(f)*
annals /'ænəlz/ NPL annales *(fpl)*
annex 1 VT annexer 2 N annexe *(f)*

★ *Lorsque* **annex** *est un verbe, l'accent tombe sur la seconde syllabe:* /ə'neks/, *lorsque c'est un nom, sur la première:* /'æneks/.

annexation /,ænek'seɪʃən/ N annexion *(f)* (**of** de)
annexe /'æneks/ N annexe *(f)*
annihilate /ə'naɪəleɪt/ VT anéantir
annihilation /ə,naɪə'leɪʃən/ N anéantissement *(m)*
anniversary /,ænɪ'vɜːsərɪ/ N (= *date, event*) anniversaire *(m)* (**of** de); **it's our ~** c'est l'anniversaire de notre mariage
Anno Domini /'ænəʊ'dɒmɪnaɪ/ ADV après Jésus-Christ
annotate /'ænəʊteɪt/ VT annoter
annotation /,ænəʊ'teɪʃən/ N annotation *(f)*
announce /ə'naʊns/ VT annoncer; **to ~ the birth/death of ...** faire part de la naissance/du décès de ...
announcement /ə'naʊnsmənt/ N annonce *(f)*; [*of birth, marriage, death*] faire-part *(m)*
announcer /ə'naʊnsə'/ N annonceur *(m)*, -euse *(f)*
annoy /ə'nɔɪ/ VT (= *vex*) contrarier; (= *irritate*) agacer; (= *bother*) ennuyer; **to get ~ed with sb** se mettre en colère contre qn; **to be ~ed about sth** être contrarié par qch; **to be ~ed with sb about sth** être mécontent de qn à propos de qch; **I am very ~ed that he hasn't come** je suis très contrarié qu'il ne soit pas venu; **I am very ~ed with him for not coming** je suis très mécontent qu'il ne soit pas venu
annoyance /ə'nɔɪəns/ N ⓐ (= *displeasure*) mécontentement *(m)*; **with a look of ~** d'un air contrarié; **to his great ~ ...** à son grand mécontentement ... ⓑ (= *annoying thing*) ennui *(m)*; **it was just a minor ~** ce n'était qu'un petit désagrément
annoying /ə'nɔɪɪŋ/ ADJ [*behaviour, attitude*] agaçant; **the ~ thing about it is that ...** ce qui est ennuyeux dans cette histoire c'est que ...; **how ~!** que c'est ennuyeux!
annual /'ænjʊəl/ 1 ADJ annuel; **~ general meeting** assemblée *(f)* générale annuelle 2 N ⓐ (= *plant*) plante *(f)* annuelle ⓑ (= *children's book*) album *(m)*
annually /'ænjʊəlɪ/ ADV annuellement
annuity /ə'njuːɪtɪ/ N (= *regular income*) rente *(f)*; (*for life*) rente *(f)* viagère; (= *investment*) viager *(m)*
annul /ə'nʌl/ VT annuler
anodyne /'ænəʊdaɪn/ ADJ anodin
anoint /ə'nɔɪnt/ VT oindre (**with** de); **to ~ sb king** sacrer qn roi
anomaly /ə'nɒmɑlɪ/ N anomalie *(f)*
anonymity /,ænə'nɪmɪtɪ/ N anonymat *(m)*
anonymous /ə'nɒnɪməs/ ADJ anonyme; **to remain ~** garder l'anonymat
anorak /'ænəræk/ N anorak *(m)*

anorexia /,ænə'reksɪə/ N anorexie *(f)*; **~ nervosa** anorexie *(f)* mentale
anorexic /,ænə'reksɪk/ ADJ, N anorexique *(mf)*
another /ə'nʌðə'/ 1 ADJ ⓐ (= *one more*) un ... de plus, encore un; **take ~ ten** prenez-en encore dix; **to wait ~ hour** attendre encore une heure; **I won't wait ~ minute!** je n'attendrai pas une minute de plus!; **without ~ word** sans ajouter un mot; **~ beer?** vous reprendrez bien une bière?; **in ~ 20 years** dans 20 ans; **and ~ thing ...*** (= *what's more*) et autre chose ...
ⓑ (= *different*) un autre; **that's quite ~ matter** c'est une tout autre question; **do it ~ time** vous le ferez plus tard; **there was ~ blue car next to ours** il y avait une autre voiture bleue à côté de la nôtre
2 PRON ⓐ un(e) autre; **in one form or ~** sous une forme ou une autre; **he says one thing and does ~** il dit une chose et il en fait une autre; **what with one thing and ~*** en fin de compte
ⓑ **one another** l'un(e) l'autre *(m(f))*, les uns les autres *(mpl)*, les unes les autres *(fpl)*; **they love one ~** ils s'aiment (l'un l'autre); **they respected one ~** ils avaient du respect l'un pour l'autre
ANSI /,eɪenes'aɪ/ N (*US*) (ABBR = **American National Standards Institute**) ANSI *(m)* (*institut américain de normalisation*)
answer /'ɑːnsə'/ 1 N ⓐ (= *reply*) réponse *(f)*; **to get an ~** recevoir une réponse; **there's no ~** (*on phone*) ça ne répond pas; **I knocked but there was no ~** j'ai frappé mais il n'y a pas eu de réponse; **she's got an ~ to everything** elle a réponse à tout; **he knows all the ~s** il a réponse à tout; **the ~ to my prayer** l'exaucement *(m)* de ma prière; **there's no ~ to that!** que voulez-vous répondre à ça?; **Belgium's ~ to Sylvester Stallone** le Sylvester Stallone belge
ⓑ (= *solution*) solution *(f)*; **there must be an ~** il doit y avoir une solution
2 VT [+ *letter, question, description*] répondre à; [+ *prayer*] exaucer; **~ me!** répondez-moi!; **to ~ the door** ouvrir la porte; **to ~ the phone** répondre au téléphone
3 VI répondre; **he ~s to the name of ...** il répond au nom de ...; **he ~s to that description** il répond à cette description
4 COMP ♦ **answering machine** N répondeur *(m)* ♦ **answering service** N permanence *(f)* téléphonique
► **answer back** VI, VT SEP répondre (avec impertinence); **don't ~ back!** ne réponds pas!
► **answer for** VT INSEP (= *be responsible for*) répondre de; **he has a lot to ~ for** il a bien des comptes à rendre
answerable /'ɑːnsərəbl/ ADJ responsable (**to sb** devant qn, **for sth** de qch)
answerphone /'ɑːnsəfəʊn/ N répondeur *(m)* (téléphonique)
ant /ænt/ N fourmi *(f)* ♦ **ant-heap, ant-hill** N fourmilière *(f)*
antagonism /æn'tægənɪzəm/ N antagonisme *(m)*
antagonist /æn'tægənɪst/ N adversaire *(mf)*
antagonistic /æn,tægə'nɪstɪk/ ADJ **to be ~ to sth** être hostile à qch; **to be ~ to sb** être en opposition avec qn
antagonize /æn'tægənaɪz/ VT contrarier
Antarctic /ænt'ɑːktɪk/ 1 N Antarctique *(m)* 2 ADJ antarctique 3 COMP ♦ **Antarctic Ocean** N océan *(m)* Antarctique
Antarctica /ænt'ɑːktɪkə/ N Antarctique *(m)*
antecedent /,æntɪ'siːdənt/ N antécédent *(m)*
antedate /'æntɪdeɪt/ VT précéder
antelope /'æntɪləʊp/ N antilope *(f)*
antenatal /,æntɪ'neɪtl/ ADJ prénatal; **~ clinic** service *(m)* de consultation prénatale; **~ classes** cours *(mpl)* de préparation à l'accouchement
antenna /æn'tenə/ N antenne *(f)*
anterior /æn'tɪərɪə'/ ADJ antérieur (-eure *(f)*)
anteroom /'æntɪrʊm/ N antichambre *(f)*
anthem /'ænθəm/ N hymne *(m)*
anthology /æn'θɒlədʒɪ/ N anthologie *(f)*
anthracite /'ænθrəsaɪt/ N anthracite *(m)*

anthrax /'ænθræks/ N anthrax (m)

anthropologist /ˌænθrə'pɒlədʒɪst/ N anthropologue (mf)

anthropology /ˌænθrə'pɒlədʒɪ/ N anthropologie (f)

antiabortionist /'æntɪə'bɔːʃənɪst/ N adversaire (mf) de l'avortement

antiaircraft /'æntɪ'eəkrɑːft/ ADJ antiaérien

antiballistic /'æntɪbə'lɪstɪk/ ADJ [missile] antibalistique

antibiotic /'æntɪbaɪ'ɒtɪk/ ADJ, N antibiotique (m)

antibody /'æntɪˌbɒdɪ/ N anticorps (m)

anticipate /æn'tɪsɪpeɪt/ VT ⓐ (= expect) prévoir; **we don't ~ any trouble** nous ne prévoyons aucun problème; **it's bigger than I ~d** je ne m'attendais pas à ce que ce soit si grand; **as ~d** comme prévu ⓑ [+ needs, question] devancer

⚠ **to anticipate** ≠ anticiper

anticipation /æn,tɪsɪ'peɪʃən/ N (= expectation) attente (f); **in ~** par anticipation; **thanking you in ~** avec mes remerciements anticipés

⚠ **anticipation** is not the most common translation for **anticipation**.

anticlimax /'æntɪ'klaɪmæks/ N **the ceremony was a real ~** la cérémonie n'a pas été à la hauteur de l'attente; **what an ~!** quelle douche froide!

anticlockwise /'æntɪ'klɒkwaɪz/ ADJ, ADV (Brit) dans le sens inverse des aiguilles d'une montre

antics /'æntɪks/ NPL pitreries (fpl); **he's up to his ~ again** il fait de nouveau des siennes*

anticyclone /'æntɪ'saɪkləʊn/ N anticyclone (m)

antidepressant /'æntɪdɪ'presənt/ N antidépresseur (m)

antidote /'æntɪdəʊt/ N antidote (m) (**to** à, contre)

anti-establishment /'æntɪɪs'tæblɪʃmənt/ ADJ contestataire

antifreeze /'æntɪ'friːz/ N antigel (m)

anti-globalization /ˌæntɪgləʊbəlaɪ'zeɪʃən/ N antimondialisation (f)

antihistamine /ˌæntɪ'hɪstəmɪn/ N antihistaminique (m)

antipathy /æn'tɪpəθɪ/ N antipathie (f) (to pour)

antiperspirant /'æntɪ'pɜːspɪrənt/ N déodorant (m)

antipodean /æn,tɪpə'dɪən/ ADJ d'Australie ou de Nouvelle-Zélande

Antipodes /æn'tɪpədiːz/ NPL **the ~** l'Australie et la Nouvelle-Zélande

antiquarian /ˌæntɪ'kweərɪən/ ADJ **~ bookseller** (= shop) librairie (f) spécialisée dans le livre ancien

antiquated /'æntɪkweɪtɪd/ ADJ [machinery] vétuste; [system] archaïque

antique /æn'tiːk/ 1 ADJ ancien 2 N (= ornament) objet (m) ancien; (= furniture) meuble (m) ancien; **it's a genuine ~** c'est un objet (or un meuble) d'époque 3 COMP ◆ **antique dealer** N antiquaire (mf) ◆ **antique shop** N magasin (m) d'antiquités

antiquity /æn'tɪkwɪtɪ/ 1 N (= ancient times) antiquité (f); **in ~** dans l'Antiquité 2 NPL **antiquities** (= buildings) monuments (mpl) antiques; (= objects) antiquités (fpl)

anti-rust /'æntɪ'rʌst/ ADJ antirouille (inv)

anti-Semitic /'æntɪsɪ'mɪtɪk/ ADJ antisémite

anti-Semitism /'æntɪ'semɪtɪzəm/ N antisémitisme (m)

antiseptic /ˌæntɪ'septɪk/ ADJ, N antiseptique (m)

antisocial /'æntɪ'səʊʃəl/ ADJ [habit] antisocial

antistatic /'æntɪ'stætɪk/ ADJ antistatique

anti-terrorist /'æntɪ'terərɪst/ ADJ antiterroriste

anti-theft /'æntɪ'θeft/ ADJ **~ device** antivol (m)

antithesis /æn'tɪθɪsɪs/ N (pl **antitheses** /æn'tɪθɪsiːz/) antithèse (f)

antivirus /'æntɪ'vaɪərəs/ ADJ antivirus (inv); **~ program** (logiciel) antivirus (m)

antiwar /'æntɪ'wɔː/ ADJ antiguerre (inv)

antlers /'æntləz/ N bois (mpl)

Antwerp /'æntwɜːp/ N Anvers

anus /'eɪnəs/ N anus (m)

anvil /'ænvɪl/ N enclume (f)

anxiety /æŋ'zaɪətɪ/ N ⓐ (= concern) anxiété (f); **deep ~** angoisse (f); **this is a great ~ to me** ceci m'inquiète énormément ⓑ (= keen desire) grand désir (m); **his ~ to do well** son grand désir de réussir

anxious /'æŋkʃəs/ ADJ ⓐ (= worried) anxieux (**about sth** à propos de qch, **about doing sth** à l'idée de faire qch); [feeling] d'anxiété; **to keep an ~ eye on sb** surveiller qn d'un œil inquiet; **she is ~ about her health** son état de santé la préoccupe ⓑ [time, wait] angoissant ⓒ (= eager) **to be ~ to do sth** tenir beaucoup à faire qch; **to be ~ that ...** tenir beaucoup à ce que ... (+ subj); **to be ~ for sth** attendre qch avec impatience; **Christine was ~ for him to leave** Christine avait hâte qu'il s'en aille

anxiously /'æŋkʃəslɪ/ ADV ⓐ (= worriedly) anxieusement; **to look ~ at sb/sth** jeter un regard anxieux à qn/qch ⓑ [wait] impatiemment

any /'enɪ/ 1 ADJECTIVE ⓐ

► The construction **not ... any** is generally translated in French by **pas ... de**.

I haven't got ~ money je n'ai pas d'argent

◆ **hardly any: I have hardly ~ money left** il ne me reste presque plus d'argent; **hardly ~ people came** presque personne n'est venu; **there's hardly ~ danger** il n'y a presque pas de danger

◆ **without any** sans; **without ~ difficulty** sans la moindre difficulté

ⓑ (in questions and "if" clauses) **have you got ~ butter?** avez-vous du beurre?; **did they find ~ survivors?** ont-ils trouvé des survivants?; **are there ~ others?** y en a-t-il d'autres?; **is there ~ risk?** y a-t-il un risque?; **if you see ~ children** si vous voyez des enfants; **if you have ~ money** si vous avez de l'argent; **if there's ~ problem** s'il y a un problème

ⓒ (= no matter which) n'importe quel; (= each and every) tout; **take ~ card you like** prenez n'importe quelle carte; **come at ~ time** venez à n'importe quelle heure; **you can come at ~ hour of the day or night** vous pouvez venir à toute heure du jour ou de la nuit; **~ pupil who breaks the rules will be punished** tout élève qui enfreindra le règlement sera puni; **they eat ~ old thing*** ils mangent n'importe quoi

◆ **any number of** des quantités de; **there are ~ number of ways to do it** il y a des quantités de façons de le faire

2 PRONOUN ⓐ (with negative) **she has two brothers but I haven't got ~** elle a deux frères mais moi je n'en ai pas

◆ **hardly any: I have hardly ~ left** il ne m'en reste presque plus; **a lot of people booked but hardly ~ came** beaucoup de gens avaient réservé, mais presque personne n'est venu

ⓑ (in questions and "if" clauses) **have you got ~?** en avez-vous?; **if ~ of you can sing** si l'un d'entre vous sait chanter; **if ~ of them come out** s'il y en a parmi eux qui sortent; **few, if ~, will come** il viendra peu de gens, si tant est qu'il en vienne

ⓒ (= no matter which one) **~ of those books will do** n'importe lequel de ces livres fera l'affaire

3 ADVERB ⓐ ◆ **any** + comparative: **are you feeling ~ better?** vous sentez-vous un peu mieux?; **if it had been ~ colder we'd have frozen to death** si la température avait encore baissé, nous serions morts de froid; **do you want ~ more soup?** voulez-vous encore de la soupe?; **I couldn't do that ~ more than I could fly** je ne serais pas plus capable de faire cela que de voler

ⓑ ◆ **not any** + comparative: **she is not ~ more intelligent than her sister** elle n'est pas plus intelligente que sa sœur; **I can't hear him ~ more** je ne l'entends plus; **we can't go ~ further** nous ne pouvons pas aller plus loin; **I won't wait ~ longer** je n'attendrai pas plus longtemps; **I can't imagine things getting ~ better** je ne pense pas que la situation puisse s'améliorer

ⓒ (= at all) **the rope didn't help them ~*** la corde ne leur a pas servi à grand-chose

anybody /ˈenɪbɒdɪ/ PRON

> ► *In negative constructions,* **anybody** *is generally translated by* **personne**.

I can't see ~ je ne vois personne; **without ~ seeing him** sans que personne (ne) le voie; **it's impossible for ~ to see him today** personne ne peut le voir aujourd'hui

> ► *In questions and* **if** *clauses,* **anybody** *can usually be translated by* **quelqu'un**.

was (there) ~ there? est-ce qu'il y avait quelqu'un?; **did ~ see you?** est-ce que quelqu'un t'a vu?; **if ~ can do it, he can** si quelqu'un peut le faire c'est bien lui

> ► *Note the different ways of translating* **anybody** *in affirmative sentences.*

~ who wants to do it should say so now si quelqu'un veut le faire qu'il le dise tout de suite; **~ could tell you** n'importe qui pourrait vous le dire; **he's not just ~***, **he's the boss** ce n'est pas n'importe qui, c'est le patron; **~ would have thought he had lost** on aurait pu croire qu'il avait perdu; **bring ~ you like** amenez qui vous voudrez; **~ who had heard him speak would agree** quiconque l'a entendu parler serait d'accord; **~ with any sense would know that!** toute personne sensée sait ça!
♦ **anybody else** n'importe qui d'autre; **bring ~ else you like** venez avec qui vous voulez; **~ else would have cried, but not him** tout autre que lui aurait pleuré

anyhow /ˈenɪhaʊ/ ADV (a) = **anyway** (b) (= *carelessly, haphazardly*)* n'importe comment; **he just did it ~** il l'a fait n'importe comment

anymore /ˌenɪˈmɔːʳ/ ADV ne ... plus; **I couldn't trust him ~** je ne pouvais plus lui faire confiance

anyone /ˈenɪwʌn/ PRON = **anybody**

anyplace* /ˈenɪpleɪs/ ADV (*US*) = **anywhere**

anything /ˈenɪθɪŋ/ PRON (a)

> ► *In negative constructions,* **anything** *is generally translated by* **rien**.

there wasn't ~ in the box il n'y avait rien dans la boîte; **we haven't seen ~** nous n'avons rien vu; **I didn't see ~ interesting** je n'ai rien vu d'intéressant; **hardly ~** presque rien; **without ~ happening** sans qu'il se passe rien
♦ **anything but: this is ~ but pleasant** ceci n'a vraiment rien d'agréable; **~ but!** (*reply to question*) pas du tout!
(b)

> ► *In questions and* **if** *clauses,* **anything** *can usually be translated by* **quelque chose**.

was there ~ in the box? y avait-il quelque chose dans la boîte?; **did you see ~ interesting?** tu as vu quelque chose d'intéressant?; **can ~ be done?** peut-on faire quelque chose?; **if ~ happened to me** s'il m'arrivait quelque chose; [BUT] **is there ~ more boring than ...?** y a-t-il rien de plus ennuyeux que ...?
♦ **if anything**: **if ~ it's an improvement** ce serait plutôt une amélioration; **it is, if ~, even smaller** c'est peut-être encore plus petit
(c) (= *no matter what*) n'importe quoi; **say ~ (at all)** dites n'importe quoi; **I'd give ~ to know the secret** je donnerais n'importe quoi pour connaître le secret; **this isn't just ~** ce n'est pas n'importe quoi; **take ~ you like** prenez tout ce que vous voudrez; **~ else would disappoint her** s'il en était autrement elle serait déçue; **they eat ~** (= *they're not fussy*) ils mangent de tout
♦ **like anything***: **I ran like ~** qu'est-ce que j'ai couru!; **she cried like ~** qu'est-ce qu'elle a pleuré!

anyway /ˈenɪweɪ/, **anyways*** (*US*) /ˈenɪweɪz/ ADV (a) (= *in any case*) de toute façon; **whatever you say, they'll do it ~** vous pouvez dire ce que vous voulez, ils le feront de toute façon; **you can try ~** vous pouvez toujours essayer (b) (= *nevertheless*) quand même; **I couldn't really afford it but I went** je n'en avais pas les moyens mais j'y suis allé quand même (c) (*summing up*) bon; **~, it's time I was going** bon, il faut que j'y aille

anywhere /ˈenɪwɛəʳ/ ADV (a) (= *no matter where*) n'importe où; **I'd live ~ in France** je vivrais n'importe où en France; **put it down ~** pose-le n'importe où; **you can find those watches ~** on trouve ces montres partout; **go ~ you like** va où tu veux; **~ else** partout ailleurs; **~ miles from ~*** loin de tout
(b) (*in negative sentences*) nulle part; **they didn't go ~** ils ne sont allés nulle part; **we haven't been ~ this summer** nous ne sommes allés nulle part cet été; **this species is not to be found ~ else** on ne trouve cette espèce nulle part ailleurs; **we're not going ~ in particular** nous n'allons nulle part en particulier; **we aren't ~ near Paris** nous sommes loin de Paris; **the house isn't ~ near*** **big enough** la maison est loin d'être assez grande; **we're not getting ~** cela ne nous mène à rien
(c) (*in questions*) quelque part; **have you seen it ~?** l'avez-vous vu quelque part?; **~ else?** ailleurs?; **are you going ~ nice this summer?** tu pars quelque part cet été?

AOB, a.o.b. /ˌeɪəʊˈbiː/ (ABBR = **any other business**) divers

apace /əˈpeɪs/ ADV rapidement

apart /əˈpɑːt/

> ► *When* **apart** *is an element in a phrasal verb, eg* **fall apart, tear apart**, *look up the verb.*

ADV (a) (= *separated*) **houses a long way ~** maisons éloignées l'une de l'autre; **their birthdays were two days ~** leurs anniversaires étaient à deux jours d'intervalle; **to stand with one's feet ~** se tenir les jambes écartées
(b) (= *aside*) à part; **joking ~** blague à part*; **that ~** à part cela
♦ **apart from** en dehors de; **~ from these difficulties** en dehors de ces difficultés; **~ from the fact that ...** en dehors du fait que ...
(c) (= *separately*) séparément; **they are living ~ now** ils sont séparés maintenant; **we'll have to keep those boys ~** il va falloir séparer ces garçons

apartheid /əˈpɑːteɪt, əˈpɑːtaɪd/ N apartheid (m)

apartment /əˈpɑːtmənt/ N (= *flat*) appartement (m); **~ building** immeuble (m) (d'habitation)

apathetic /ˌæpəˈθetɪk/ ADJ apathique

apathy /ˈæpəθɪ/ N apathie (f)

APB /ˌeɪpiːˈbiː/ N (*US*) (ABBR = **all-points bulletin**) message (m) à toutes les patrouilles; **to put out an ~** envoyer un message à toutes les patrouilles

ape /eɪp/ 1 N (grand) singe (m) 2 VT (= *imitate*) singer

aperitif /əˌperɪˈtiːf/ N apéritif (m)

aperture /ˈæpətʃʊəʳ/ N (= *hole*) ouverture (f); (*in camera*) ouverture (f) (du diaphragme)

APEX /ˈeɪpeks/ N (ABBR = **advance purchase excursion**) **~ fare/ticket** prix (m)/billet (m) APEX

apex /ˈeɪpeks/ N sommet (m)

aphid /ˈeɪfɪd/ N puceron (m)

aphrodisiac /ˌæfrəʊˈdɪzɪæk/ ADJ, N aphrodisiaque (m)

apiece /əˈpiːs/ ADV chacun(e)

aplenty /əˈplentɪ/ ADV (*liter*) en abondance

aplomb /əˈplɒm/ N assurance (f)

apocalyptic /əˌpɒkəˈlɪptɪk/ ADJ apocalyptique

apocryphal /əˈpɒkrɪfəl/ ADJ apocryphe

apolitical /ˌeɪpəˈlɪtɪkəl/ ADJ apolitique

apologetic /əˌpɒləˈdʒetɪk/ ADJ [*smile, letter*] d'excuse; [*manner, tone*] désolé; **with an ~ air** d'un air contrit; **to be ~ (about sth)** se montrer navré (de qch)

apologetically /əˌpɒləˈdʒetɪkəlɪ/ ADV d'un air désolé

apologize /əˈpɒlədʒaɪz/ VI s'excuser; **to ~ to sb (for sth)** s'excuser (de qch) auprès de qn

apology /əˈpɒlədʒɪ/ N excuses (fpl); **a letter of ~** une lettre d'excuses; **to make an ~ for sth** s'excuser de qch; **to send one's apologies** se faire excuser; **to offer one's apologies** présenter ses excuses; **to make no apologies for sth** assumer pleinement qch; **it was an ~ for a bed*** comme lit c'était plutôt minable*

> ⚠ **apology** ≠ **apologie**

apostle /ə'pɒsl/ N apôtre (m)

apostrophe /ə'pɒstrəfɪ/ N apostrophe (f)

apotheosis /ə,pɒθɪ'əʊsɪs/ N (pl **apotheoses** /ə,pɒθɪ'əʊsi:z/) (a) (= epitome) archétype (m) (b) (= high point) apothéose (f)

appal, appall (US) /ə'pɔ:l/ VT consterner; (= frighten) épouvanter; **I am ~led at your behaviour** votre conduite me consterne

appalling /ə'pɔ:lɪŋ/ ADJ épouvantable

appallingly /ə'pɔ:lɪŋlɪ/ ADV (a) [behave] de manière épouvantable (b) [difficult, busy] terriblement

apparatus /,æpə'reɪtəs/ N appareil (m); (in laboratory) instruments (mpl); (in gym) agrès (mpl)

apparent /ə'pærənt/ ADJ (a) (= seeming) apparent; **for no ~ reason** sans raison apparente (b) (= obvious) évident (**to sb** pour qn); **it is ~ that ...** il est évident que ...; **it is ~ to me that ...** il me semble évident que ...

apparently /ə'pærəntlɪ/ ADV apparemment; (= according to rumour) à ce qu'il paraît; **this is ~ the case** il semble que ce soit le cas; **~, they're getting a divorce** ils sont en instance de divorce, à ce qu'il paraît; **I thought he was coming — ~ not** je pensais qu'il venait — apparemment non; **an ~ harmless question** une question en apparence anodine

apparition /,æpə'rɪʃən/ N apparition (f)

appeal /ə'pi:l/ **1** VI (a) (= request publicly) lancer un appel; **to ~ for calm** lancer un appel au calme; **he ~ed for silence** il a demandé le silence
(b) (= beg) faire appel; **she ~ed to his generosity** elle a fait appel à sa générosité
(c) (in court) se pourvoir en appel; **to ~ to the supreme court** se pourvoir en cassation; **to ~ against a judgement** (Brit) appeler d'un jugement; **to ~ against a decision** (Brit) faire appel d'une décision
(d) **to ~ to sb** (= attract) plaire à qn

2 N (a) (= call) appel (m); (for money) demande (f) (**for** de); (= supplication) prière (f); **~ for help** appel (m) au secours
(b) (in court) appel (m)
(c) (= attraction) attrait (m); [of plan, idea] intérêt (m); **I don't see the ~** je n'en vois pas l'intérêt

3 COMP ✦ **Appeal Court** N cour (f) d'appel

appealing /ə'pi:lɪŋ/ ADJ (= attractive) attirant

appear /ə'pɪə'/ VI (a) (= become visible) apparaître; **he ~ed from nowhere** il est apparu tout à coup; **where did you ~ from?** d'où est-ce que tu sors?
(b) (in court) comparaître; **to ~ before a court** comparaître devant un tribunal
(c) [actor] **to ~ in "Hamlet"** jouer dans « Hamlet »; **to ~ on TV** passer à la télévision
(d) (= be published) paraître
(e) (= look) avoir l'air; **they ~ to be ill** ils ont l'air malades
(f) (= seem) sembler; (on evidence) paraître; **there ~s to be a mistake** il semble qu'il y ait une erreur; **it ~s he did say that** il semble bien qu'il ait dit cela; **he came then? — so it ~s** il est donc venu? — apparemment; **he got the job or so it would ~** il a eu le poste à ce qu'il paraît

appearance /ə'pɪərəns/ N (a) (= act) apparition (f); **to make an ~** faire son apparition; **to put in an ~** faire acte de présence; **~ before a court** comparution (f) devant un tribunal
(b) (in play, film, TV programme) **since his ~ in "Hamlet"** depuis qu'il a joué dans « Hamlet »; **in order of ~** (in play) par ordre d'entrée en scène; (in film, TV programme) par ordre d'apparition à l'écran; **his ~ on TV** son passage à la télévision
(c) (= look) apparence (f); **the ~ of the houses** l'aspect (m) des maisons; **it had all the ~s of a murder** cela avait tout l'air d'un meurtre; **his ~ worried us** son apparence nous a inquiétés; **~s are deceptive** les apparences peuvent être trompeuses; **to judge by ~s** juger sur les apparences; **you shouldn't judge by ~s** il ne faut pas se fier aux apparences; **for ~s' sake** pour sauver les apparences; **to all ~s** selon toute apparence
(d) [of publication] parution (f)

appease /ə'pi:z/ VT apaiser

appeasement /ə'pi:zmənt/ N apaisement (m)

appellate court /ə'pelɪtkɔ:t/ N (US) cour (f) d'appel

append /ə'pend/ VT joindre; [+ signature] apposer

appendices /ə'pendɪsi:z/ NPL of **appendix**

appendicitis /ə,pendɪ'saɪtɪs/ N appendicite (f)

appendix /ə'pendɪks/ (pl **appendices**) N (a) (= organ) appendice (m); **to have one's ~ out** se faire opérer de l'appendicite (b) [of book] appendice (m); [of document] annexe (f)

appetite /'æpɪtaɪt/ N appétit (m); **he has no ~** il n'a pas d'appétit; **to have a good ~** avoir bon appétit; **skiing gives you an ~** le ski ouvre l'appétit; **his ~ for power** son goût du pouvoir

appetizer /'æpɪtaɪzə'/ N (= food) amuse-gueule (m inv)

appetizing /'æpɪtaɪzɪŋ/ ADJ appétissant

applaud /ə'plɔ:d/ VT [+ person, thing] applaudir; [+ decision, efforts] applaudir à

applause /ə'plɔ:z/ N applaudissements (mpl); **let's have a round of ~ for Lucy!** applaudissons Lucy!

apple /'æpl/ N pomme (f); (= apple tree) pommier (m); **he's the ~ of my eye** je tiens à lui comme à la prunelle de mes yeux; **the Big Apple*** New York ✦ **apple core** N trognon (m) de pomme ✦ **apple pie** N tarte (f) aux pommes ✦ **apple sauce** N compote (f) de pommes ✦ **apple tart** N tarte (f) aux pommes

applet /'æplɪt/ N (Computing) microprogamme (m)

appliance /ə'plaɪəns/ N (a) (= device) appareil (m); **electrical ~s** appareils (mpl) électriques; **household ~** appareil (m) électroménager (b) (= act of applying) application (f)

applicable /ə'plɪkəbl/ ADJ applicable (**to** à); **"delete where not ~"** « rayer les mentions inutiles »

applicant /'æplɪkənt/ N (for job) postulant(e) (m(f))

application /,æplɪ'keɪʃən/ **1** N (a) (= request) demande (f) (**for** de); **~ for membership** demande (f) d'adhésion; **~ for a job** candidature (f) à un poste; **on ~** sur demande; **to submit an ~** faire une demande; (for job) poser sa candidature (b) (= act of applying) application (f) (c) (= diligence) application (f) (d) (Computing) application (f) **2** COMP ✦ **application form** N formulaire (m)

applicator /'æplɪkeɪtə'/ N applicateur (m)

applied /ə'plaɪd/ ADJ appliqué

apply /ə'plaɪ/ **1** VT (a) [+ paint, ointment, dressing] appliquer (**to** sur) (b) [+ theory] mettre en application; [+ rule, law] appliquer (**to** à) (c) **to ~ pressure on sth** exercer une pression sur qch; **to ~ the brakes** actionner les freins (d) **to ~ one's mind to sth** se consacrer à qch; **to ~ one's attention to sth** porter son attention sur qch **2** VI s'adresser; **~ at the office** adressez-vous au bureau; **to ~ to university** faire une demande d'inscription à l'université

▶ **apply for** VT INSEP [+ scholarship, grant] faire une demande de; **to ~ for a job** poser sa candidature pour un poste

▶ **apply to** VT INSEP s'appliquer à; **this does not ~ to you** ceci ne s'applique pas à vous

appoint /ə'pɔɪnt/ VT nommer; **to ~ sb manager** nommer qn directeur

appointed /ə'pɔɪntɪd/ ADJ [time, hour, place] convenu; [task] fixé; [representative, agent] attitré; **at the ~ time** à l'heure convenue

appointment /ə'pɔɪntmənt/ N (a) (= arrangement to meet) rendez-vous (m); **to make an ~ with sb** prendre rendez-vous avec qn; **to make an ~** [two people] se donner rendez-vous; **to keep an ~** se rendre à un rendez-vous; **I have an ~ at 10 o'clock** j'ai rendez-vous à 10 heures; **do you have an ~?** vous avez rendez-vous?; **I have an ~ to see Mr Martin** j'ai rendez-vous avec M. Martin (b) (= selection) nomination (f)

apportion /ə'pɔ:ʃən/ VT [+ money] répartir; **to ~ blame** trouver des coupables (or un coupable)

apposite /'æpəzɪt/ ADJ pertinent

appraisal /əˈpreɪzəl/ N évaluation (f)

appraise /əˈpreɪz/ VT (= evaluate) évaluer ; (= look at) regarder

appreciable /əˈpriːʃəbl/ ADJ appréciable

appreciably /əˈpriːʃəblɪ/ ADV sensiblement

appreciate /əˈpriːʃɪeɪt/ 1 VT ⓐ (= be aware of) se rendre compte de ; **I fully ~ the fact that ...** je me rends parfaitement compte du fait que ... ; **they did not ~ the danger** ils ne se sont pas rendu compte du danger ; **yes, I ~ that** oui, je comprends bien
ⓑ (= value, esteem, like) apprécier ; **he felt that nobody ~d him** il avait le sentiment que personne ne l'appréciait
ⓒ (= be grateful for) être reconnaissant de ; **we do ~ your kindness** nous vous sommes très reconnaissants de votre gentillesse ; **we would ~ an early reply** merci de bien vouloir nous répondre rapidement ; **I'd ~ it if you didn't tell him** j'aimerais bien que tu ne lui dises rien
2 VI [currency] s'apprécier ; [object, property] prendre de la valeur

appreciation /ə.priːʃɪˈeɪʃən/ N ⓐ (= gratitude) reconnaissance (f) ; **in ~ of sth** en remerciement de qch ⓑ (= judgement) appréciation (f) ; [of painting, book, piece of music] critique (f) ⓒ (= increase in value) appréciation (f)

appreciative /əˈpriːʃɪətɪv/ ADJ ⓐ (= grateful) reconnaissant ⓑ (= admiring) approbateur (-trice (f)) ; **to be ~ of sb's cooking** apprécier la cuisine de qn

appreciatively /əˈpriːʃɪətɪvlɪ/ ADV (= with pleasure) avec plaisir

apprehend /ˌæprɪˈhend/ VT appréhender

apprehension /ˌæprɪˈhenʃən/ N (= fear) appréhension (f)

apprehensive /ˌæprɪˈhensɪv/ ADJ inquiet (-ète (f))

apprehensively /ˌæprɪˈhensɪvlɪ/ ADV avec appréhension

apprentice /əˈprentɪs/ N apprenti(e) (m(f)) ; **plumber's ~** apprenti (m) plombier

apprenticeship /əˈprentɪsʃɪp/ N apprentissage (m)

approach /əˈprəʊtʃ/ 1 VI [person, vehicle] s'approcher ; [date, season, war] approcher
2 VT ⓐ (= get near to) [+ place, person] s'approcher de ; **we are ~ing the time when ...** le jour approche où ... ; **she is ~ing 30** elle approche de la trentaine ; **it was ~ing midnight** il était près de minuit
ⓑ [+ problem, subject, task] aborder ; **it all depends on how one ~es it** tout dépend de la façon dont on aborde la question
ⓒ (= speak to) **to ~ sb about sth** s'adresser à qn pour qch ; **a man ~ed me in the street** un homme m'a abordé dans la rue
3 N ⓐ [of person, vehicle] approche (f) ; **the plane crashed on ~ to the airport** l'avion s'est écrasé en arrivant sur l'aéroport
ⓑ (= way of tackling sth) approche (f) ; **his ~ to the problem** son approche du problème ; **a new ~ to teaching French** une nouvelle approche de l'enseignement du français ; **I like his ~** j'aime sa façon de s'y prendre
ⓒ (= access route) voie (f) d'accès
4 COMP ♦ **approach road** N route (f) d'accès

approachable /əˈprəʊtʃəbl/ ADJ accessible

approaching /əˈprəʊtʃɪŋ/ ADJ [crisis, death, retirement, election] prochain ; **she didn't notice the ~ storm** elle n'avait pas remarqué que l'orage approchait ; **the ~ vehicle** le véhicule venant en sens inverse

approbation /ˌæprəˈbeɪʃən/ N approbation (f) ; **a nod of ~** un signe de tête approbateur

appropriate 1 ADJ [time, remark] opportun ; [place, response, word, level] approprié ; [person, authority, department] compétent ; **to take ~ action** prendre les mesures appropriées ; **he is the ~ person to ask** c'est à lui qu'il faut demander ; **she's a most ~ choice** c'est la personne idéale ; **to be ~ for sb/sth** convenir à qn/qch ; **it is ~ that ...** il est légitime que ... ; **it would not be ~ for me to comment** ce n'est pas à moi de faire des commentaires

2 VT ⓐ (= take) s'approprier
ⓑ [+ funds] affecter (**for** à)

★ Lorsque **appropriate** est un adjectif, la fin se prononce comme **it** : /əˈprəʊprɪɪt/ ; lorsque c'est un verbe, elle se prononce comme **eight** : /əˈprəʊprɪeɪt/.

appropriately /əˈprəʊprɪɪtlɪ/ ADV [act, respond, dress] de façon appropriée ; **~ named** bien nommé ; **~, the winner is British** comme de juste, le gagnant est britannique

appropriation /ə.prəʊprɪˈeɪʃən/ N appropriation (f)

approval /əˈpruːvəl/ N approbation (f) ; **to give a nod of ~** hocher la tête en signe d'approbation ; **to meet with sb's ~** recevoir l'approbation de qn
♦ **on approval** sous condition

approve /əˈpruːv/ VT approuver ; [+ decision] ratifier
► **approve of** VT INSEP [+ behaviour, idea] approuver ; [+ person] avoir bonne opinion de ; **I don't ~ of his behaviour** je n'approuve pas sa conduite ; **she doesn't ~ of drinking** elle est contre l'alcool ; **he doesn't ~ of me** il n'a pas bonne opinion de moi

approving /əˈpruːvɪŋ/ ADJ approbateur (-trice (f))

approvingly /əˈpruːvɪŋlɪ/ ADV [look] d'un air approbateur ; [say] d'un ton approbateur

approx /əˈprɒks/ (ABBR = **approximately**) env.

approximate /əˈprɒksɪmɪt/ ADJ approximatif

approximately /əˈprɒksɪmətlɪ/ ADV ⓐ (= about) approximativement ; **~ 40 pupils** approximativement 40 élèves ⓑ (= roughly) [true, the same] plus ou moins ; **the figures were ~ correct** les chiffres étaient à peu près corrects

approximation /ə.prɒksɪˈmeɪʃən/ N approximation (f)

APR /ˌeɪpiːˈɑːʳ/ N (ABBR = **annual percentage rate**) taux (m) annuel

apricot /ˈeɪprɪkɒt/ N abricot (m) ; (= apricot tree) abricotier (m) ♦ **apricot jam** N confiture (f) d'abricots

April /ˈeɪprəl/ N avril (m) ♦ **April fool** N (= joke) poisson (m) d'avril ; **~ fool!** poisson d'avril ! ♦ **April Fools' Day** N premier avril (m) ; **on ~ Fool's Day** le premier avril ♦ **April showers** NPL ≈ giboulées (fpl) de mars → **September**

apron /ˈeɪprən/ N (= garment) tablier (m) ; **tied to his mother's ~ strings** pendu aux jupes de sa mère

apt /æpt/ ADJ ⓐ (= appropriate) pertinent ⓑ (= inclined) **to be ~ to do sth** avoir tendance à faire qch

aptitude /ˈæptɪtjuːd/ N aptitude (f) (**for** à) ; **he shows great ~** il a du talent

aptly /ˈæptlɪ/ ADV [describe] bien ; [called, titled] judicieusement

aquaerobics /ˈækweɪˈrəʊbɪks/ N aquagym (f)

aquarium /əˈkweərɪəm/ N aquarium (m)

Aquarius /əˈkweərɪəs/ N (= constellation) Verseau (m) ; **I'm ~** je suis Verseau

aquatic /əˈkwætɪk/ ADJ aquatique ; [sport] nautique

aqueduct /ˈækwɪdʌkt/ N (= canal) aqueduc (m)

AR ABBR = **Arkansas**

Arab /ˈærəb/ 1 N (= person) Arabe (mf) 2 ADJ arabe ; **the ~ states** les pays (mpl) arabes ; **the ~-Israeli conflict** le conflit israélo-arabe ; **the United ~ Emirates** les Émirats (mpl) arabes unis 3 COMP ♦ **Arab League** N Ligue (f) arabe

Arabia /əˈreɪbɪə/ N Arabie (f)

Arabian /əˈreɪbɪən/ ADJ arabe ; **the ~ desert** le désert d'Arabie ♦ **the Arabian Gulf** N le golfe Persique ♦ **the Arabian Nights** N Les Mille et Une Nuits (fpl) ♦ **the Arabian Sea** N la mer d'Arabie

Arabic /ˈærəbɪk/ 1 ADJ arabe ; **~ numerals** chiffres (mpl) arabes 2 N (= language) arabe (m)

arable /ˈærəbl/ ADJ [land] arable ; [farm] agricole ♦ **arable farmer** N cultivateur (m), -trice (f) ♦ **arable farming** N culture (f)

arbiter /ˈɑːbɪtəʳ/ N (= judge) arbitre (m) ; (= mediator) médiateur (m), -trice (f) ; **to be an ~ of taste** être l'arbitre du bon goût

arbitrarily /ˈɑːbɪtrərəlɪ/ ADV arbitrairement

arbitrary /ˈɑːbɪtrərɪ/ ADJ arbitraire

arbitrate /'ɑ:bɪtreɪt/ VTI arbitrer

arbitration /ˌɑ:bɪ'treɪʃən/ N arbitrage *(m)*; **to go to ~** être soumis à un arbitrage

arbitrator /'ɑ:bɪtreɪtə'/ N médiateur *(m)*, -trice *(f)*

arbor /'ɑ:bə'/ N (*US*) tonnelle *(f)*

arbour /'ɑ:bə'/ N tonnelle *(f)*

arc /ɑ:k/ 1 N arc *(m)* 2 VI (= *describe an arc*) [*ball*] décrire un arc

arcade /ɑ:'keɪd/ N (= *series of arches*) arcade *(f)*; (= *shopping precinct*) galerie *(f)* marchande; (*Brit* = *amusement arcade*) galerie *(f)* de jeux vidéo ♦ **arcade game** N (*Brit*) jeu *(m)* vidéo

arcane /ɑ:'keɪn/ ADJ ésotérique

arch /ɑ:tʃ/ 1 N ⓐ (*in building*) arc *(m)*; [*of bridge*] arche *(f)* ⓑ [*of eyebrow*] arcade *(f)*; [*of foot*] voûte *(f)* plantaire 2 VT cambrer; **the cat ~ed its back** le chat a fait le gros dos 3 ADJ ⓐ [*look, remark*] malicieux ⓑ (= *greatest*) **his ~ rival** son grand rival; **his ~-enemy** son ennemi numéro un

archaeological /ˌɑ:kɪə'lɒdʒɪkəl/ ADJ archéologique

archaeologist /ˌɑ:kɪ'ɒlədʒɪst/ N archéologue *(mf)*

archaeology /ˌɑ:kɪ'ɒlədʒɪ/ N archéologie *(f)*

archaic /ɑ:'keɪɪk/ ADJ archaïque

archbishop /'ɑ:tʃbɪʃəp/ N archevêque *(m)*

arched /ɑ:tʃt/ ADJ [*window, alcove*] cintré; [*roof, ceiling, doorway*] en voûte; [*bridge*] à arches

archeological /ˌɑ:kɪə'lɒdʒɪkəl/ ADJ (*US*) archéologique

archeologist /ˌɑ:kɪ'ɒlədʒɪst/ N (*US*) archéologue *(mf)*

archeology /ˌɑ:kɪ'ɒlədʒɪ/ N (*US*) archéologie *(f)*

archer /'ɑ:tʃə'/ N archer *(m)*

archery /'ɑ:tʃərɪ/ N tir *(m)* à l'arc

archetypal /'ɑ:kɪtaɪpəl/ ADJ typique; **cricket is the ~ English game** le cricket est le jeu anglais par excellence

archetype /'ɑ:kɪtaɪp/ N archétype *(m)*

archipelago /ˌɑ:kɪ'pelɪgəʊ/ N archipel *(m)*

architect /'ɑ:kɪtekt/ N architecte *(m)*

architectural /ˌɑ:kɪ'tektʃərəl/ ADJ architectural

architecture /'ɑ:kɪtektʃə'/ N architecture *(f)*

archive /'ɑ:kaɪv/ 1 N ⓐ archives *(fpl)*; **the national ~s** les archives nationales ⓑ (*Computing*) archive *(f)* 2 VT archiver 3 ADJ d'archives; **~ material** documents *(mpl)* d'archives

archivist /'ɑ:kɪvɪst/ N archiviste *(mf)*

archly /'ɑ:tʃlɪ/ ADV ⓐ (= *mischievously*) malicieusement ⓑ (= *in a superior way*) avec condescendance

arch-rival /ˌɑ:t'raɪvəl/ N (= *person, company*) principal rival *(m)*

archway /'ɑ:tʃweɪ/ N voûte *(f)*; (*longer*) passage *(m)* voûté

Arctic /'ɑ:ktɪk/ 1 ADJ arctique; (= *very cold*) glacial; **~ conditions** conditions *(fpl)* de froid extrême 2 N **the ~** l'Arctique *(m)* 3 COMP ♦ **the Arctic Circle** N le cercle polaire arctique ♦ **the Arctic Ocean** N l'océan *(m)* Arctique

ardent /'ɑ:dənt/ ADJ [*feminist, desire, belief*] ardent; [*opponent*] farouche; [*admirer, supporter*] fervent; [*lover, lovemaking*] passionné

ardently /'ɑ:dəntlɪ/ ADV [*oppose, defend*] farouchement; [*support*] avec ardeur; [*kiss, respond*] passionnément; **she's ~ pro-European** c'est une fervente proeuropéenne

ardour, ardor (*US*) /'ɑ:də'/ N ardeur *(f)*

arduous /'ɑ:djʊəs/ ADJ difficile

are /ɑ:', ə'/ → **be**

area /'ɛərɪə/ 1 N ⓐ (= *region*) région *(f)*; (= *territory*) territoire *(m)*; (*smaller*) zone *(f)*; **the London ~** la région londonienne ⓑ (= *part of room*) **dining ~** coin *(m)* salle à manger; **sleeping ~** coin *(m)* chambre; **parking ~** aire *(f)* de stationnement ⓒ (= *surface measure*) superficie *(f)* ⓓ [*of knowledge, enquiry*] domaine *(m)* 2 COMP ♦ **area code** N indicatif *(m)*; (*US*) indicatif *(m)* de zone ♦ **area manager** N directeur *(m)*, -trice *(f)* régional(e) ♦ **area of outstanding natural beauty** N site *(m)* naturel exceptionnel

arena /ə'ri:nə/ N arène *(f)*; **to enter the ~** descendre dans l'arène

aren't /ɑ:nt/ = **are not, am not** → **be**

Argentina /ˌɑ:dʒən'ti:nə/ N Argentine *(f)*

Argentine /'ɑ:dʒəntaɪn/ 1 N ⓐ † **the ~** l'Argentine *(f)*; **in the ~** en Argentine ⓑ (= *person*) Argentin(e) *(m(f))* 2 ADJ argentin

Argentinian /ˌɑ:dʒən'tɪnɪən/ 1 ADJ argentin 2 N Argentin(e) *(m(f))*

arguable /'ɑ:gjʊəbl/ ADJ discutable; **it is ~ that ...** on peut soutenir que ...

arguably /'ɑ:gjʊəblɪ/ ADV sans doute

argue /'ɑ:gju:/ 1 VI ⓐ (= *quarrel*) se disputer; **they are always arguing** ils se disputent tout le temps; **stop arguing!** arrêtez de vous disputer!; **don't ~!** pas de discussion!; **no one can ~ with that** personne ne peut contester cela ⓑ (= *debate*) **they ~d about it for hours** ils en ont discuté pendant des heures ⓒ (= *present reasons*) **to ~ in favour of sth** défendre qch 2 VT ⓐ **to ~ the case for sth** plaider en faveur de qch; **a well-~d case** une argumentation solide ⓑ (= *maintain*) soutenir

argument /'ɑ:gjʊmənt/ N ⓐ (= *debate*) discussion *(f)*; **it is beyond ~** c'est indiscutable; **you've only heard one side of the ~** tu n'as pas encore entendu les contre-arguments; **let's say for ~'s sake that ...** disons que ...; **it is open to ~ that ...** on peut soutenir que ...; **he agreed without ~** il a dit oui sans discuter ⓑ (= *dispute*) dispute *(f)*; **to have an ~** se disputer ⓒ (= *reasons advanced*) argument *(m)*; **there is a strong ~ for doing this** il y a de bonnes raisons pour faire cela; **the ~ that students should pay fees** le raisonnement selon lequel les étudiants devraient payer des frais de scolarité

⚠ **argument** *is not the most common translation for* **argument.**

argumentative /ˌɑ:gjʊ'mentətɪv/ ADJ ergoteur

aria /'ɑ:rɪə/ N aria *(f)*

arid /'ærɪd/ ADJ aride

Aries /'ɛəri:z/ N (= *constellation*) Bélier *(m)*; **I'm ~** je suis Bélier

arise /ə'raɪz/ (*pret* **arose**, *ptp* **arisen**) /ə'rɪzn/ VI ⓐ [*difficulty*] surgir; [*question*] se présenter; **if the question ~s** le cas échéant; **should the need ~** en cas de besoin; **should the occasion ~** si l'occasion se présente ⓑ (= *result*) résulter

aristocracy /ˌærɪs'tɒkrəsɪ/ N aristocratie *(f)*

aristocrat /'ærɪstəkræt/ N aristocrate *(mf)*

aristocratic /ˌærɪstə'krætɪk/ ADJ aristocratique

arithmetic /ə'rɪθmətɪk/ N arithmétique *(f)*; **I'm not very good at ~** je ne suis pas bon en calcul

Ariz. ABBR = **Arizona**

Arizona /ˌærɪ'zəʊnə/ N Arizona *(m)*

ark /ɑ:k/ N arche *(f)*; **it's out of the ~*** c'est antédiluvien

Ark. ABBR = **Arkansas**

Arkansas /'ɑ:kənsɔ:/ N Arkansas *(m)*

arm /ɑ:m/ 1 N ⓐ bras *(m)*; [*of garment*] manche *(f)*; [*of armchair*] accoudoir *(m)*; **to hold sb in one's ~s** tenir qn dans ses bras; **to take sb in one's ~s** prendre qn dans ses bras; **to put one's ~ round sb** passer son bras autour des épaules de qn; **with open ~s** à bras ouverts; **I'd give my right ~* for that** je donnerais n'importe quoi pour l'avoir; **that must have cost them an ~ and a leg*** ça a dû leur coûter les yeux de la tête

♦ **arm in arm** bras dessus bras dessous

♦ **at arm's length** à bout de bras; **to keep sb at ~'s length** tenir qn à distance

ⓑ (= *weapon*) arme *(f)*

♦ **up in arms**: **to be up in ~s against sb** être en rébellion ouverte contre qn; **to be up in ~s against a decision** s'élever contre une décision; **she was up in ~s about it** cela la mettait hors d'elle

2 NPL **arms** (*in heraldry*) armes *(fpl)*

3 VT [+ *person, nation*] armer

4 COMP ♦ **arms control** N contrôle (m) des armements ♦ **arms factory** N usine (f) d'armement ♦ **arms limitation** N limitation (f) des armements ♦ **arms race** N course (f) aux armements ♦ **arms trade** N commerce (m) des armes ♦ **arm-wrestle** VI to ~-wrestle with sb faire un bras de fer avec qn ♦ **arm-wrestling** N bras (m) de fer

armaments /ˈɑːməmənts/ N armement (m)

armband /ˈɑːmbænd/ N brassard (m)

armchair /ˈɑːmtʃeəʳ/ N fauteuil (m)

armed /ɑːmd/ ADJ armé (with de) ; ~ to the teeth armé jusqu'aux dents ; ~ struggle lutte (f) armée ; ~ robbery vol (m) à main armée ♦ the armed forces NPL les forces (fpl) armées

Armenia /ɑːˈmiːnɪə/ N Arménie (f)

Armenian /ɑːˈmiːnɪən/ 1 ADJ arménien 2 N (= person) Arménien(ne) (m(f))

armful /ˈɑːmfʊl/ N brassée (f) ; he arrived with ~s of presents il est arrivé avec des cadeaux plein les bras

armistice /ˈɑːmɪstɪs/ N armistice (m) ♦ **Armistice Day** N 11 Novembre (m) ; on Armistice Day le 11 Novembre

armor /ˈɑːməʳ/ N (US) [of knight] armure (f)

armory /ˈɑːmərɪ/ N (US) arsenal (m)

armour /ˈɑːməʳ/ N [of knight] armure (f)

armoured car /ˌɑːmədˈkɑːʳ/ N voiture (f) blindée

armoury /ˈɑːmərɪ/ N arsenal (m)

armpit /ˈɑːmpɪt/ N aisselle (f) ; to be up to one's ~s in water avoir de l'eau jusqu'aux épaules

armrest /ˈɑːmrest/ N accoudoir (m)

army /ˈɑːmɪ/ 1 N armée (f) ; to join the ~ s'engager dans l'armée 2 ADJ [life, uniform] militaire 3 COMP ♦ **army officer** N officier (m) de l'armée de terre

aroma /əˈrəʊmə/ N arôme (m)

aromatherapy /əˌrəʊməˈθerəpɪ/ N aromathérapie (f)

aromatic /ˌærəʊˈmætɪk/ ADJ aromatique

arose /əˈrəʊz/ VB pt of **arise**

around /əˈraʊnd/

> ► When **around** is an element in a phrasal verb, eg get around, move around, look up the verb.

1 ADV (a) autour ; all ~ tout autour ; for miles ~ dans un rayon de plusieurs kilomètres

(b) (= nearby) dans les parages ; he is somewhere ~ il est dans les parages ; you haven't seen Susan ~, have you? vous n'auriez pas vu Susan, par hasard ? ; she'll be ~ soon elle sera bientôt là ; is he ~? il est là ? ; there's a lot of flu ~ il y a beaucoup de cas de grippe en ce moment

(c) ♦ **to have been around:** he's been ~* (= travelled) il a pas mal roulé sa bosse* ; (= experienced) il n'est pas né d'hier ; it's been ~ for more than 20 years ça existe depuis plus de 20 ans

2 PREP (a) (= round) autour de ; ~ the fire autour du feu ; ~ it autour ; the country ~ the town les environs de la ville ; it's just ~ the corner c'est à deux pas

(b) (= about) they are somewhere ~ the house ils sont quelque part dans la maison

(c) (= approximately) environ ; (with date, time) vers ; ~ 2 kilos environ 2 kilos ; ~ 1800 vers 1800 ; ~ 10 o'clock vers 10 heures

arouse /əˈraʊz/ VT (a) (= awaken) réveiller (b) [+ suspicion, curiosity] éveiller ; [+ contempt, anger] susciter (c) (= stimulate) stimuler ; (= stir to action) pousser à agir

aroused /əˈraʊzd/ ADJ (sexually) excité

arpeggio /ɑːˈpedʒɪəʊ/ N arpège (m)

arrange /əˈreɪndʒ/ 1 VT (a) [+ room, clothing, flowers] arranger ; (= tidy) ranger ; the chairs were ~d in a semi-circle les chaises étaient placées en demi-cercle

(b) [+ meeting] organiser ; [+ date] fixer ; [+ plans, programme] convenir de ; it was ~d that ... il a été convenu que ... ; I have something ~d for tonight j'ai quelque chose de prévu ce soir

(c) [+ music] arranger ; to ~ a piece for violin and piano arranger un morceau pour violon et piano

2 VI (= fix details) s'arranger (to do sth pour faire qch) ; we have ~d for the goods to be dispatched nous avons fait le nécessaire pour que les marchandises soient expédiées ; to ~ for sb to be taken to the airport faire conduire qn à l'aéroport ; to ~ with sb to do sth décider avec qn de faire qch

3 COMP ♦ **arranged marriage** N mariage (m) arrangé

arrangement /əˈreɪndʒmənt/ N arrangement (m) ; [of room, furniture] agencement (m) ; to do sth by ~ with sb s'arranger avec qn pour faire qch ; to come to an ~ with sb parvenir à un arrangement avec qn (to do sth pour faire qch) ; this ~ suited everyone cet arrangement convenait à tout le monde

♦ **make + arrangement:** would you make the necessary ~s please? pourriez-vous, s'il vous plaît, faire le nécessaire ? ; to make ~s for a holiday préparer ses vacances ; to make ~s for sth to be done faire faire qch ; we made our own ~s nous nous sommes arrangés de notre côté

array /əˈreɪ/ N [of objects] étalage (m) ; [of people] assemblée (f)

arrears /əˈrɪəz/ NPL arriéré (m) ; rent in ~ loyer (m) impayé ; to get into ~ accumuler les arriérés ; she is three months in ~ with her rent elle doit trois mois de loyer

arrest /əˈrest/ 1 VT (a) [+ suspect] arrêter (b) [+ attention] retenir (c) [+ growth, development, progress] (= stop) arrêter ; (= hinder) entraver 2 N [of person] arrestation (f) ; under ~ en état d'arrestation ; to put sb under ~ arrêter qn ; to make an ~ procéder à une arrestation

arrival /əˈraɪvl/ 1 N (a) [of person, vehicle, letter] arrivée (f) ; on ~ à l'arrivée (b) a new ~ (= man) un nouveau venu ; (= woman) une nouvelle venue ; (= baby) un nouveau-né ; the latest ~ le dernier arrivé 2 COMP ♦ **arrival board** (US), **arrivals board** N tableau (m) des arrivées ♦ **arrivals lounge** N salon (m) d'arrivée

arrive /əˈraɪv/ VI arriver ; he hasn't ~d yet il n'est pas encore arrivé

► **arrive at** VT INSEP [+ decision, solution] parvenir à ; to ~ at a price [one person] fixer un prix ; [two people] se mettre d'accord sur un prix

arrogance /ˈærəgəns/ N arrogance (f)

arrogant /ˈærəgənt/ ADJ arrogant

arrogantly /ˈærəgəntlɪ/ ADV avec arrogance

arrow /ˈærəʊ/ N flèche (f)

arse✶✶ /ɑːs/ N (Brit) cul✶✶ (m)

arsehole✶✶ /ˈɑːshəʊl/ N (Brit) trou (m) du cul✶✶

arsenal /ˈɑːsɪnl/ N arsenal (m)

arsenic /ˈɑːsnɪk/ N arsenic (m)

arson /ˈɑːsn/ N incendie (m) criminel

arsonist /ˈɑːsənɪst/ N pyromane (mf)

art /ɑːt/ 1 N (a) art (m) ; to study ~ faire des études d'art ; (at art college) faire des études d'arts plastiques ; the ~s les arts (mpl) ; the ~ of embroidery l'art (m) de la broderie ; ~s and crafts artisanat (m) d'art

(b) **Arts** (= university subject) lettres (fpl) ; Faculty of Arts faculté (f) des Lettres (et Sciences humaines) ; he's doing Arts il fait des études de lettres

2 COMP ♦ **art collection** N collection (f) d'œuvres d'art ♦ **art college** N ≈ école (f) des beaux-arts ♦ **art deco** N art (m) déco ♦ ADJ art déco (inv) ♦ **art director** N directeur (m), -trice (f) artistique ♦ **art exhibition** N exposition (f) d'art ♦ **art form** N moyen (m) d'expression artistique ♦ **art gallery** N (= museum) musée (m) d'art ; (= shop) galerie (f) d'art ♦ **art-house** ADJ d'art et d'essai ♦ **art nouveau** N art (m) nouveau ♦ **art school** N ≈ école (f) des beaux-arts ♦ **Arts degree** N ≈ licence (f) ès lettres ♦ **Arts student** N étudiant(e) (m(f)) en lettres ♦ **art student** N étudiant(e) (m(f)) des beaux-arts

artefact /ˈɑːtɪfækt/ N objet (m) (fabriqué)

arterial /ɑːˈtɪərɪəl/ ADJ artériel ; ~ road grande artère (f)

artery /ˈɑːtərɪ/ N artère (f)

arthritic /ɑːˈθrɪtɪk/ ADJ arthritique (mf)

arthritis /ɑːˈθraɪtɪs/ N arthrite (f)

artichoke /ˈɑːtɪtʃəʊk/ N artichaut (m)

article /'ɑːtɪkl/ N (a) (= object) objet (m); (in shop) article (m); **~s of clothing** vêtements (mpl) (b) (in newspaper) article (m) (c) (Gram) article (m)

articulate 1 ADJ [speech, thought] clair; **she's very ~** elle s'exprime avec aisance 2 VT [+ word] articuler; [+ plan] exprimer clairement 3 VI articuler 4 COMP ♦ **articulated lorry** N (Brit) semi-remorque (m)

★ Lorsque **articulate** est un adjectif, la fin se prononce comme **it**: /ɑː'tɪkjʊlɪt/; lorsque c'est un verbe, elle se prononce comme **eight**: /ɑː'tɪkjʊleɪt/.

artifact /'ɑːtɪfækt/ N objet (m) (fabriqué)

artifice /'ɑːtɪfɪs/ N artifice (m)

artificial /,ɑːtɪ'fɪʃl/ ADJ (a) (= synthetic) artificiel (b) (= affected) affecté; [smile] forcé

artificiality /,ɑːtɪfɪʃɪ'ælɪtɪ/ N manque (m) de naturel

artificially /,ɑːtɪ'fɪʃəlɪ/ ADV artificiellement

artillery /ɑː'tɪlərɪ/ N artillerie (f)

artisan /'ɑːtɪzæn/ N artisan (m)

artist /'ɑːtɪst/ N artiste (mf)

artistic /ɑː'tɪstɪk/ ADJ artistique; **he's quite ~** il est assez artiste

artistically /ɑː'tɪstɪkəlɪ/ ADV [gifted] du point de vue artistique; [arranged, presented] avec art

artistry /'ɑːtɪstrɪ/ N art (m)

artless /'ɑːtlɪs/ ADJ [person] naturel (-elle (f); [behaviour, simplicity] ingénu

artsy* /'ɑːtsɪ/ ADJ (US) [film, picture] prétentieux

artsy-fartsy* /'ɑːtsɪ'fɑːtsɪ/ ADJ (US) [person] poseur; [book, film] prétentieux

artwork /'ɑːtwɜːk/ N (in publishing) iconographie (f); (= painting, sculpture) œuvre (f) d'art; (US = objects) objets (mpl) d'art

arty* /'ɑːtɪ/ ADJ [person] prétentieux

arty-farty‡ /'ɑːtɪ'fɑːtɪ/ ADJ [person] poseur; [book, film] prétentieux

Aryan /'ɛərɪən/ 1 N Aryen(ne) (m(f)) 2 ADJ aryen

---

as /æz, əz/

1 CONJUNCTION	3 ADVERB
2 PREPOSITION	

► For set combinations in which **as** is not the first word, eg **such … as, the same … as, disguised as,** look up the other word.

1 CONJUNCTION

(a) = while alors que; **as she was falling asleep she heard a noise** elle entendit un bruit alors qu'elle commençait à s'endormir; **he saw the accident as he was going to school** il a vu l'accident en allant à l'école

(b) with comparative things will get more difficult as the **year goes on** ça va devenir de plus en plus difficile au fil de l'année; **he grew deafer as he got older** il devenait de plus en plus sourd en vieillissant

(c) = just when (juste) au moment où; **he came in as I was leaving** il est arrivé (juste) au moment où je partais

(d) = because comme

► **comme** is used at the beginning of the sentence, **parce que** elsewhere.

as he hasn't phoned, we don't know where he is comme il n'a pas téléphoné, nous ne savons pas où il est; **this is important as it reduces the effectiveness of the drug** c'est important parce que cela diminue l'efficacité du médicament

(e) = though long as it was, I didn't find the journey bor**ing** bien que le trajet ait été long, je ne me suis pas ennuyé; **amazing as it may seem** aussi surprenant que cela paraisse

(f) indicating manner comme; **do as you like** faites comme vous voulez; **France, as you know, is …** la France, comme vous le savez, est …; **as usual** comme d'habitude; **as of-**

ten happens comme c'est souvent le cas; **she is very gifted, as is her brother** elle est très douée, comme son frère; **they are as they are** ils sont très bien comme ça; **I'm okay as I am** je me trouve très bien comme ça; **don't tidy up, leave it as it is** ne range rien, laisse ça comme ça; **the village, situated as it is near a motorway, …** le village étant situé non loin d'une autoroute, …

2 PREPOSITION

(a) = in the capacity of comme; **he works as a waiter** il travaille comme serveur; **Olivier as Hamlet** Olivier dans le rôle de Hamlet

(b) = being en tant que; **as a mother of five children, she is well aware …** en tant que mère de cinq enfants, elle sait très bien …

(c) = when **as a child, she was rather shy** quand elle était enfant, elle était plutôt timide; **as a young woman, she was interested in politics** quand elle était jeune, elle s'intéressait à la politique

3 ADVERB

(a) = in the way comme; **as agreed** comme convenu; **as in all good detective stories** comme dans tout bon roman policier

(b) set structures

♦ **as + as** (in comparisons of equality) aussi … que; **I am as tall as you** je suis aussi grand que toi; **is it as far as that?** c'est vraiment aussi loin que ça?; **I am not as ambitious as you** je ne suis pas aussi ambitieux que toi; **as much as** autant que; **you ate as much as me** tu as mangé autant que moi

♦ **twice/half as …:** it's half as expensive ça coûte deux fois moins cher; **it's twice as expensive** ça coûte deux fois plus cher

♦ **as for** quant à; **as for that** quant à cela

♦ **as from** (referring to past) depuis; (referring to present, future) à partir de; **as from last Tuesday** depuis mardi dernier; **as from today** à partir d'aujourd'hui

♦ **as if** ♦ **as though** comme si; **he was staggering as if** or **as though he'd been drinking** il titubait comme s'il avait bu; **it's not as if** or **as though he was nice-looking** ce n'est pas comme s'il était beau garçon; **as if to confirm his prediction there was a loud explosion** comme pour confirmer ses prédictions on entendit une forte explosion; **don't tell her, will you?** — **as if!*** ne lui dis rien! — pour qui tu me prends!; **did he finally own up?** — **as if!*** est-ce qu'il a fini par avouer? — tu parles!*

♦ **as it is** (= in fact) dans l'état actuel des choses; (= already) comme ça; **as it is, it doesn't make much difference** dans l'état actuel des choses, ça ne fait pas grande différence; **I've got quite enough to do as it is** j'ai bien assez à faire comme ça

♦ **as it were** pour ainsi dire

♦ **as of** (from past time) depuis; (from present, future time) à partir de; (= up to) jusqu'à; **as of last Tuesday** depuis mardi dernier; **as of today** à partir d'aujourd'hui; **the balance of your account as of 16 June** (= on 16 June) le solde de votre compte au 16 juin; **as of now** pour l'instant

♦ **as regards** en ce qui concerne

♦ **as such** (= in itself) en soi; (= in that capacity) à ce titre; **the work as such is boring but …** le travail en soi est ennuyeux mais …; **they are the best players in the world and, as such, are highly paid** ce sont les meilleurs joueurs du monde et, à ce titre, ils sont très bien payés; **he was still a novice and they treated him as such** ce n'était qu'un débutant et ils le traitaient comme tel; **he had no qualifications as such** il n'avait pas de qualification à proprement parler

♦ **as to** quant à; **as to that** quant à cela; **to question sb as to his intentions** interroger qn sur ses intentions

♦ **as yet** encore

---

a.s.a.p.* /,eɪeseɪ'piː/ (ABBR = **as soon as possible**) dès que possible

asbestos /æz'bestəs/ N amiante (f)

ASBO /ˈæzbəʊ/ N (ABBR = **Antisocial Behaviour Order**) *procès verbal interdisant certains lieux ou activités à une personne s'étant rendue coupable d'incivilités*

ascend /əˈsend/ 1 VI monter (**to** à, jusqu'à); **in ~ing order** en ordre croissant 2 VT [+ *ladder*] monter à; [+ *mountain*] faire l'ascension de; [+ *staircase*] monter; **to ~ the throne** monter sur le trône

ascendancy /əˈsendənsɪ/ N (= *influence*) ascendant *(m)*

ascension /əˈsenʃən/ N ascension *(f)*

ascent /əˈsent/ N [of *mountain*] ascension *(f)*

ascertain /ˌæsəˈteɪn/ VT établir; [+ *person's age, name*] vérifier; **to ~ that sth is true** s'assurer que qch est vrai

ascetic /əˈsetɪk/ 1 ADJ ascétique 2 N ascète *(mf)*

ASCII /ˈæskiː/ N (ABBR = **American Standard Code for Information Interchange**) ASCII *(m)* ◆ **ASCII file** N fichier *(m)* ASCII

asexual /eɪˈseksjʊəl/ ADJ asexué

ash /æʃ/ 1 N ⓐ [of *fire, cigarette*] cendre *(f)*; **to reduce sth to ~es** réduire qch en cendres ⓑ (= *tree*) frêne *(m)* 2 COMP ◆ **ash blond(e)** ADJ blond cendré ◆ **Ash Wednesday** N mercredi *(m)* des Cendres

ashamed /əˈʃeɪmd/ ADJ honteux; **to be ~** avoir honte; **it's nothing to be ~ of** il n'y a pas de quoi avoir honte; **you ought to be ~ of yourself!** vous devriez avoir honte!; **to be ~ of sb for doing sth** avoir honte d'avoir fait qch; **to be ~ about sth** avoir honte de qch; **to be ~ to do sth** avoir honte de faire qch; **I've done nothing, I'm ~ to say a** ma honte je dois dire que je n'ai rien fait

ashen /ˈæʃn/ ADJ livide

ashore /əˈʃɔːʳ/ ADV (= *on land*) à terre; (= *to the shore*) vers le rivage; **to go ~** débarquer; **to swim ~** rejoindre la rive à la nage

ashtray /ˈæʃtreɪ/ N cendrier *(m)*

Asia /ˈeɪʃə/ N Asie *(f)*

Asian /ˈeɪʃn/ 1 ADJ ⓐ (= *from Asia*) asiatique ⓑ (*Brit = from Indian subcontinent*) indo-pakistanais 2 N ⓐ (= *person from Asia*) Asiatique *(mf)* ⓑ (*Brit = person from Indian subcontinent*) Indo-Pakistanais(e) *(m(f))*

Asiatic /ˌeɪsɪˈætɪk/ ADJ asiatique

aside /əˈsaɪd/

▸ When **aside** is an element in a phrasal verb, eg **put aside, stand aside**, look up the verb.

1 ADV à part; **bad weather ~, we had a good holiday** à part le temps, on a passé de bonnes vacances; **that ~, ...** à part cela, ...; **~ from** à part 2 N aparté *(m)*

ask /ɑːsk/ 1 VT ⓐ (= *inquire*) demander; **to ~ sb sth** demander qch à qn; **to ~ sb about sth** poser des questions à qn au sujet de qch; **to ~ sb a question** poser une question à qn; **I don't know, ~ your father** je ne sais pas, demande à ton père; **~ him if he has seen her** demande-lui s'il l'a vue; **don't ~ me!*** allez savoir!*; **I ~ you!*** (*in exasperation*) je vous demande un peu!*; **I'm not ~ing you!*** (= *keep quiet*) je ne te demande rien!*

ⓑ (= *request*) demander; **to ~ sb to do sth** demander à qn de faire qch; **to ~ sb for sth** demander qch à qn; **it's not much to ~!** ce n'est pas trop demander!; **that's ~ing a lot!** c'est beaucoup demander!; **how much are they ~ing for it?** ils en demandent combien?; **he is ~ing $80,000 for the house** il demande 80 000 dollars pour la maison

ⓒ (= *invite*) inviter; **to ~ sb to lunch** inviter qn à déjeuner

2 VI demander; **to ~ about sth** se renseigner sur qch; **to ~ around** (= *make enquiries*) demander autour de soi

3 COMP ◆ **asking price** N prix *(m)* de départ

▶ **ask after** VT INSEP demander des nouvelles de

▶ **ask along** VT SEP **they didn't ~ me along** ils ne m'ont pas demandé de les accompagner

▶ **ask back** VT SEP (*to one's home*) **to ~ sb back for coffee** inviter qn à prendre le café

▶ **ask for** VT INSEP demander; **they're ~ing for trouble*** ils cherchent les ennuis; **she was ~ing for it!*** (= *deserved it*) elle l'a bien cherché!*

▶ **ask in** VT SEP inviter à entrer; **to ~ sb in for a drink** inviter qn à entrer prendre un verre

▶ **ask out** VT SEP inviter à sortir; **he ~ed her out to dinner** il l'a invitée au restaurant

▶ **ask over** VT SEP inviter (à la maison); **let's ~ Paul over** si on invitait Paul à venir nous voir?

▶ **ask round** VT SEP inviter (à la maison)

askance /əˈskɑːns/ ADV **to look ~ at** (*with suspicion*) regarder d'un air soupçonneux; (*with disapproval*) regarder d'un œil désapprobateur

askew /əˈskjuː/ ADJ, ADV de travers

asleep /əˈsliːp/ ADJ ⓐ endormi; **to be ~** dormir; **to be fast ~** dormir profondément; **to fall ~** s'endormir ⓑ (= *numb*) engourdi

AS level /ˌeɪesˈlevl/ N (ABBR = **Advanced Subsidiary level**) *première partie de l'examen équivalent au baccalauréat*

asparagus /əsˈpærəgəs/ N asperges *(fpl)* ◆ **asparagus tips** NPL pointes *(fpl)* d'asperges

aspartame /əˈspɑːˌteɪm/ N aspartame *(m)*

ASPCA /ˌeɪespiːsiːˈeɪ/ N (ABBR = **American Society for the Prevention of Cruelty to Animals**) *SPA américaine*

aspect /ˈæspekt/ N aspect *(m)*; **to study every ~ of a question** étudier une question sous tous ses aspects; **seen from this ~ ...** vu sous cet angle ...; **the house has a southerly ~** la maison est exposée au sud

aspersions /əsˈpɜːʃənz/ NPL **to cast ~ on sb** dénigrer qn

asphalt /ˈæsfælt/ 1 N asphalte *(m)* 2 ADJ [*road*] asphalté

asphyxiate /æsˈfɪksɪeɪt/ VT asphyxier

asphyxiation /æsˌfɪksɪˈeɪʃən/ N asphyxie *(f)*

aspirate /ˈæspərɪt/ ADJ aspiré

aspiration /ˌæspəˈreɪʃən/ N aspiration *(f)*

aspire /əsˈpaɪəʳ/ VI **to ~ to sth** aspirer à qch; **to ~ to do sth** aspirer à faire qch; **we can't ~ to that** nos prétentions ne vont pas jusque-là

aspirin /ˈæsprɪn/ N (*pl* **aspirin**) aspirine *(f)*

aspiring /əsˈpaɪərɪŋ/ ADJ **an ~ artist** une personne qui aspire à devenir artiste

ass /æs/ N ⓐ (= *animal*) âne *(m)* ⓑ (*US = behind*)* cul** *(m)* ⓒ (= *idiot*)* imbécile *(mf)*

assail /əˈseɪl/ VT assaillir (**with** de)

assailant /əˈseɪlənt/ N agresseur *(m)*

assassin /əˈsæsɪn/ N assassin *(m)*

assassinate /əˈsæsɪneɪt/ VT assassiner

assassination /əˌsæsɪˈneɪʃən/ N assassinat *(m)*

assault /əˈsɔːlt/ 1 N ⓐ (*on enemy*) assaut *(m)* (**on** de); **to make an ~ on ...** donner l'assaut à ... ⓑ (*on individual*) agression *(f)*; **~ and battery** coups *(mpl)* et blessures *(fpl)* 2 VT agresser 3 COMP ◆ **assault course** N parcours *(m)* du combattant

assemble /əˈsembl/ 1 VT [+ *objects, ideas*] assembler; [+ *people*] rassembler; [+ *device, machine*] monter 2 VI se réunir

assembly /əˈsemblɪ/ 1 N ⓐ (= *meeting*) assemblée *(f)*; (*at school*) réunion de tous les élèves de l'établissement pour la *prière, les annonces etc* ⓑ (= *assembling of machine*) montage *(m)*; (= *whole unit*) assemblage *(m)* ⓒ (= *elected representatives*) assemblée *(f)* 2 COMP ◆ **assembly line** N chaîne *(f)* de montage

assent /əˈsent/ 1 N assentiment *(m)* 2 VI donner son assentiment (**to** à)

assert /əˈsɜːt/ VT affirmer; [+ *independence*] revendiquer; **to ~ one's rights** faire valoir ses droits

assertion /əˈsɜːʃən/ N (= *statement*) affirmation *(f)*; [of *independence*] revendication *(f)*

assertive /əˈsɜːtɪv/ ADJ [*tone*] assuré; [*personality*] affirmé; **~ manner** assurance *(f)*; **to be ~** [*person*] avoir de l'assurance; **to become more ~** [*person*] prendre de l'assurance

assertiveness /əˈsɜːtɪvnɪs/ N assurance *(f)*

assess /əˈses/ VT évaluer; [+ *candidate*] juger; **students are continuously ~ed** les étudiants sont soumis à un contrôle continu

assessment /əˈsesmənt/ N évaluation *(f)*

asset /ˈæset/ 1 N ⓐ (financial) bien (m); **~s and liabilities** actif (m) et passif (m); **their ~s amount to $1m** leur actif s'élève à un million de dollars ⓑ (= valuable thing, person) atout (m) 2 COMP ♦ **asset-stripping** N dépeçage (m) d'actifs

asshole ⁑ /ˈæʃhəʊl/ N (US) trou (m) du cul⁑

assiduous /əˈsɪdjʊəs/ ADJ assidu

assign /əˈsaɪn/ VT ⓐ (= allot) assigner; [+ date] fixer; [+ role] attribuer; [+ homework] donner; **to ~ blame** or **responsibility for sth** trouver un responsable (or des responsables) pour qch ⓑ (= appoint) affecter

assignment /əˈsaɪnmənt/ N ⓐ (= task) mission (f); (= homework) devoir (m); (= essay) dissertation (f); **to be on (an) ~** être en mission ⓑ (= act of assigning) attribution (f)

assimilate /əˈsɪmɪleɪt/ 1 VT assimiler 2 VI (= become integrated) s'intégrer

assimilation /ə͵sɪmɪˈleɪʃən/ N assimilation (f)

assist /əˈsɪst/ 1 VT aider (**in doing sth** à faire qch); **to ~ one another** s'entraider; **~ed by** avec le concours de 2 VI (= help) aider

assistance /əˈsɪstəns/ N aide (f); **to give ~ to sb** prêter assistance à qn; **to come to sb's ~** venir en aide à qn; **can I be of ~?** puis-je vous aider?

assistant /əˈsɪstənt/ 1 N ⓐ assistant(e) (m(f)); **(foreign language) ~** (in school) assistant(e) (m(f)); (Univ) lecteur (m), -trice (f) ⓑ (in shop) vendeur (m), -euse (f) 2 ADJ adjoint 3 COMP ♦ **assistant manager** N directeur (m), -trice (f) adjoint(e)

assizes /əˈsaɪzɪz/ NPL assises (fpl)

associate 1 N associé(e) (m(f)) 2 ADJ associé 3 VT associer; **to be ~d with sth** être associé à qch 4 VI **to ~ with sb** fréquenter qn

★ Lorsque **associate** est un nom ou un adjectif, la fin se prononce comme it: /əˈsəʊʃɪt/; lorsque c'est un verbe, elle se prononce comme eight: /əˈsəʊʃɪeɪt/.

association /ə͵səʊsɪˈeɪʃən/ N association (f); **in ~ with** en association avec; **this word has nasty ~s** ce mot a des connotations (fpl) désagréables ♦ **association football** N (Brit) football (m) (association)

assorted /əˈsɔːtɪd/ ADJ (= varied) différent; **in ~ sizes** en différentes tailles

assortment /əˈsɔːtmənt/ N [of objects] assortiment (m); **an ~ of guests** des invités divers

assuage /əˈsweɪdʒ/ VT [+ hunger, desire, thirst] assouvir; [+ anger, pain] apaiser

assume /əˈsjuːm/ VT ⓐ (= suppose) supposer; **assuming this to be true** ... en supposant que ce soit vrai ...; **let us ~ that** ... supposons que ... (+ subj); **you are assuming a lot** vous faites bien des suppositions ⓑ (= take on) [+ responsibility] assumer; [+ power, importance] prendre; [+ title, right, authority] s'attribuer; [+ name] adopter; [+ air, attitude] se donner; **to go under an ~d name** se servir d'un nom d'emprunt

assumption /əˈsʌmpʃən/ N ⓐ (= supposition) supposition (f); **on the ~ that** ... en supposant que ... (+ subj) ⓑ [of power] appropriation (f)

assurance /əˈʃʊərəns/ N ⓐ (= certainty) assurance (f) ⓑ (= promise) promesse (f); **you have my ~ that** ... je vous promets que ... ⓒ (Brit = insurance) assurance (f)

assure /əˈʃʊəʳ/ VT assurer

assured /əˈʃʊəd/ ADJ assuré (**of** de)

asterisk /ˈæstərɪsk/ N astérisque (m)

asteroid /ˈæstərɔɪd/ N astéroïde (m)

asthma /ˈæsmə/ N asthme (m); **~ sufferer** asthmatique (mf)

asthmatic /æsˈmætɪk/ ADJ, N asthmatique (mf)

astigmatism /æsˈtɪgmətɪzəm/ N astigmatisme (m)

astonish /əˈstɒnɪʃ/ VT étonner; (stronger) stupéfier; **you ~ me!** vous m'étonnez!

astonished /əˈstɒnɪʃt/ ADJ étonné; (stronger) stupéfait; **I am ~ that** ... cela m'étonne que ... (+ subj)

astonishing /əˈstɒnɪʃɪŋ/ ADJ étonnant; (stronger) stupéfiant

astonishingly /əˈstɒnɪʃɪŋlɪ/ ADV étonnamment; **~, he was right** chose étonnante, il avait raison

astonishment /əˈstɒnɪʃmənt/ N étonnement (m); (stronger) stupéfaction (f); **look of ~** regard (m) stupéfait; **to my ~** à mon grand étonnement

astound /əˈstaʊnd/ VT stupéfier

astounded /əˈstaʊndɪd/ ADJ abasourdi; **I am ~** j'en reste abasourdi

astounding /əˈstaʊndɪŋ/ ADJ stupéfiant

astray /əˈstreɪ/ ADV **to go ~** s'égarer; **to lead sb ~** détourner qn du droit chemin

astride /əˈstraɪd/ 1 ADV à califourchon 2 PREP à califourchon sur

astringent /æsˈtrɪndʒənt/ 1 ADJ astringent; [tone, humour] cinglant 2 N astringent (m)

astrologer /æsˈtrɒlədʒəʳ/ N astrologue (mf)

astrology /æsˈtrɒlədʒɪ/ N astrologie (f)

astronaut /ˈæstrənɔːt/ N astronaute (mf)

astronomer /æsˈtrɒnəməʳ/ N astronome (mf)

astronomical /͵æstrəˈnɒmɪkəl/ ADJ ⓐ (= enormous) astronomique; **the odds against another attack were ~** une nouvelle attaque était des plus improbables ⓑ [society] d'astronomie

astronomically /͵æstrəˈnɒmɪkəlɪ/ ADV [high] terriblement

astronomy /əˈstrɒnəmɪ/ N astronomie (f)

Astroturf ® /ˈæstrəʊtɜːf/ N gazon (m) artificiel

astute /əsˈtjuːt/ ADJ astucieux

asylum /əˈsaɪləm/ N asile (m); (= mental hospital) asile (m) (d'aliénés) †; **political ~** asile (m) politique ♦ **asylum seeker** N demandeur (m), -euse (f) d'asile

asymetrical /͵eɪsɪˈmetrɪkəl/ ADJ asymétrique

at /æt/

► When **at** is an element in a phrasal verb, eg **laugh at**, **look at**, look up the verb. For fixed expressions such as **good at**, **at once**, look up the other word.

PREP ⓐ (position, time, speed, price) à; **at school** à l'école; **three at a time** trois à la fois; (stairs) trois à trois; **at a time like this** à un moment pareil; **at my age** à mon âge; **at 80km/h** à 80 km/h; **to stand at the window** se tenir devant la fenêtre; **at 10 o'clock** à 10 heures; **he sells them at 12 euros a kilo** il les vend 12 € le kilo

ⓑ (home, shop) chez; **at my brother's** chez mon frère; **at the hairdresser's** chez le coiffeur

ⓒ **where are we at?**⁕ (progress) où en sommes-nous?; (US: position) où sommes-nous?; **this is where it's at** (Fashion) c'est là que ça se passe⁕

ⓓ (= nagging)⁕ **she's been on at me the whole day** elle m'a tanné⁕ toute la journée; **she was on at her husband to buy a new car** elle tannait⁕ son mari pour qu'il achète (subj) une nouvelle voiture

ⓔ (symbol in email address) arobase f

ⓕ (set structures)

♦ **at all**: **nothing at all** rien du tout; **I'm not worried at all** je ne suis pas inquiet du tout

► When used in a question, **at all** is not translated.

did it hurt at all? c'était douloureux?; **have you seen him at all?** tu l'as vu?; **did she seem at all worried?** avait-elle l'air inquiète? → **all**

♦ **at it**⁕: **while we're at it** pendant qu'on y est⁕; **they're at it again!** les voilà qui recommencent!; **they're at it all day** ils font ça toute la journée

♦ **at that**: **let's leave it at that** restons-en là; **at that, he turned and left** sur ces mots, il est parti

ate /et, eɪt/ VB pt of **eat**

atheism /ˈeɪθɪɪzəm/ N athéisme (m)

atheist /ˈeɪθɪɪst/ N athée (mf)

Athens /ˈæθɪnz/ N Athènes

athlete /ˈæθliːt/ N athlète (mf) ♦ **athlete's foot** N mycose (f) du pied; **to have ~'s foot** avoir une mycose aux pieds

athletic /æθ'letɪk/ ADJ athlétique; [club, competition] d'athlétisme

athletics /æθ'letɪks/ N (Brit) athlétisme (m); (US) sport (m)

Atlantic /ət'læntɪk/ 1 ADJ [coast] atlantique; [winds] de l'Atlantique 2 N Atlantique (m) 3 COMP ◆ **the Atlantic Ocean** N l'océan (m) Atlantique

atlas /'ætləs/ N atlas (m)

ATM /ˌeɪtiː'em/ N (US) (ABBR = **Automated Teller Machine**) distributeur (m) automatique de billets

atmosphere /'ætməsfɪə'/ N atmosphère (f)

atmospheric /ˌætməs'ferɪk/ ADJ ⓐ (= related to the atmosphere) atmosphérique ⓑ (= evocative) évocateur (-trice (f))

atom /'ætəm/ N atome (m); **not an ~ of truth** pas la moindre parcelle de vérité ◆ **atom bomb** N bombe (f) atomique

atomic /ə'tɒmɪk/ ADJ atomique

atomizer /'ætəmaɪzə'/ N atomiseur (m)

atone /ə'təʊn/ VI **to ~ for** [+ sin] expier; [+ mistake] réparer

atonement /ə'təʊnmənt/ N (for misdeed) expiation (f); (for mistake) réparation (f); **to make ~ for** [+ misdeed] expier; [+ mistake] réparer

atrocious /ə'trəʊʃəs/ ADJ épouvantable; [crime] atroce

atrociously /ə'trəʊʃəslɪ/ ADV [behave, sing, play] atrocement mal; **~ bad** horriblement mauvais

atrocity /ə'trɒsɪtɪ/ N atrocité (f)

attach /ə'tætʃ/ VT attacher; **to ~ a document to a letter** joindre un document à une lettre; **I ~ a report from ...** je joins un rapport de ...; **to be ~ed to sb/sth** (= fond of) être attaché à qn/qch

attaché /ə'tæʃeɪ/ N attaché(e) (m(f)) ◆ **attaché case** N mallette (f), attaché-case (m)

attachment /ə'tætʃmənt/ N ⓐ (= accessory) accessoire (m) ⓑ (= affection) attachement (m) ⓒ (= computer file) pièce (f) jointe; **send it as an ~** envoyez-le en pièce jointe

attack /ə'tæk/ 1 N ⓐ attaque (f) (**on** contre); **an ~ on sb's life** un attentat contre qn; **to leave o.s. open to ~** (= criticism) prêter le flanc à la critique; **~ is the best form of defence** le meilleur moyen de se défendre c'est d'attaquer; **to be under ~** être attaqué (**from** par) ⓑ (= illness) crise (f); **asthma ~** crise (f) d'asthme; **~ of nerves** crise (f) de nerfs 2 VT attaquer; [+ task, problem] s'attaquer à; [+ poverty] combattre 3 VI attaquer

attacker /ə'tækə'/ N agresseur (m); (Sport) attaquant(e) (m(f))

attain /ə'teɪn/ VT parvenir à; [+ happiness] atteindre

attainment /ə'teɪnmənt/ N ⓐ [of knowledge] acquisition (f); [of happiness] conquête (f) ⓑ (= achievement) réalisation (f)

attempt /ə'tempt/ 1 VT essayer (**to do sth** de faire qch); [+ task] entreprendre; **~ed murder** tentative (f) de meurtre; **to ~ suicide** faire une tentative de suicide
2 N ⓐ (= try) tentative (f); **an ~ at escape** une tentative d'évasion; **to make an ~ to do sth** essayer de faire qch; **he had to give up the ~** il lui a fallu (y) renoncer; **he made no ~ to help us** il n'a pas essayé de nous aider; **to make an ~ on the record** essayer de battre le record; **it was a good ~ on his part but ...** il a vraiment essayé mais ...
ⓑ (= attack) attentat (m); **an ~ on sb's life** un attentat contre qn

attend /ə'tend/ 1 VT [+ meeting, lecture] assister à; [+ classes] suivre; [+ church, school] aller à; **the meeting was well ~ed** il y avait beaucoup de monde à la réunion 2 VI (= be present) être présent, être là; **will you ~?** est-ce que vous y serez?

⚠ **to attend ≠ attendre**

► **attend to** VT INSEP (= deal with) s'occuper de; **to ~ to a customer** s'occuper d'un client; **are you being ~ed to?** (in shop) est-ce qu'on s'occupe de vous?

attendance /ə'tendəns/ 1 N ⓐ (= being present) présence (f); **regular ~ at** assiduité (f) à; **in ~** présent ⓑ (= number of people present) assistance (f); **a large ~** une nombreuse assistance; **what was the ~ at the meeting?** combien de gens y avait-il à la réunion? 2 COMP ◆ **attendance figures** NPL (at match, concert) nombre (m) de spectateurs ◆ **attendance record** N **his ~ record is bad** il est souvent absent ◆ **attendance sheet** N feuille (f) d'appel

attendant /ə'tendənt/ 1 N gardien(ne) (m(f)) 2 ADJ (= associated) associé; **old age and its ~ ills** la vieillesse et les maux qui l'accompagnent

attention /ə'tenʃən/ N attention (f); **may I have your ~?** votre attention s'il vous plaît; **he gave her his full ~** il lui a accordé toute son attention; **to call ~ to sth** attirer l'attention sur qch; **to pay ~ to ...** prêter attention à ...; **to pay special ~ to ...** prêter une attention toute particulière à ...; **it has come to my ~ that ...** j'ai entendu dire que ...; **for the ~ of Mrs C. Smith** à l'attention de Mme C. Smith; **to stand to ~** se mettre au garde-à-vous ◆ **Attention Deficit Disorder** N troubles (mpl) déficitaires de l'attention ◆ **attention-seeking** ADJ cherchant à attirer l'attention ◊ N désir (m) d'attirer l'attention ◆ **attention span** N **his ~ span is limited** il n'arrive pas à se concentrer très longtemps

attentive /ə'tentɪv/ ADJ ⓐ (= considerate) prévenant (**to sb** envers qn); **~ to sb's needs** soucieux des besoins de qn; **~ to detail** soucieux du détail ⓑ [audience, spectator] attentif

attentively /ə'tentɪvlɪ/ ADV attentivement

attenuate /ə'tenjʊeɪt/ VT atténuer

attest /ə'test/ 1 VT (= prove) attester; (under oath) affirmer sous serment 2 VI prêter serment; **to ~ to sth** attester qch

attic /'ætɪk/ N grenier (m)

attire /ə'taɪə'/ 1 N vêtements (mpl); **in formal ~** en tenue de cérémonie 2 ADJ **~d in ...** vêtu de ...; **elegantly ~d** vêtu avec élégance

attitude /'ætɪtjuːd/ N ⓐ attitude (f); **his ~ towards me** son attitude envers moi; **~s have changed** les mentalités ont changé; **if that's your ~** si c'est ainsi que tu le prends ⓑ (= self-assurance)* **women with ~** des femmes qui assurent; **kids with ~** des ados sûrs d'eux*

attorney /ə'tɜːnɪ/ N ⓐ (US) avocat (m) → LAWYER ⓑ **Attorney General** ≈ ministre (mf) de la Justice; (Brit) ≈ Procureur Général

attract /ə'trækt/ VT attirer; **to ~ sb's attention** attirer l'attention de qn; **the centre ~s thousands of visitors** le centre attire des milliers de visiteurs; **what ~ed me to her ...** ce qui m'a attiré chez elle ...

attraction /ə'trækʃən/ N ⓐ (for tourists) attraction (f) ⓑ (= pleasant feature) attrait (m); **the chief ~ of this plan** l'attrait principal de ce projet; **I don't see the ~ myself** je n'en vois pas l'intérêt ⓒ (sexual) attirance (f)

attractive /ə'træktɪv/ ADJ [person, offer] séduisant; [features, proposal] attrayant; [price, salary] attractif

attribute 1 VT attribuer; [+ feelings, words] prêter 2 N attribut (m)

★ Lorsque **attribute** est un verbe, l'accent tombe sur la deuxième syllabe: /ə'trɪbjuːt/, lorsque c'est un nom, sur la première: /'ætrɪbjuːt/.

attrition /ə'trɪʃən/ N **war of ~** guerre (f) d'usure

atypical /ˌeɪ'tɪpɪkəl/ ADJ atypique

aubergine /'əʊbəʒiːn/ N aubergine (f)

auburn /'ɔːbən/ ADJ auburn (inv)

auction /'ɔːkʃən/ 1 N vente (f) aux enchères; **to put sth up for ~** mettre qch dans une vente aux enchères 2 VT vendre aux enchères 3 COMP ◆ **auction house** N société (f) de vente(s) aux enchères ◆ **auction room** N salle (f) des ventes ◆ **auction sale** N (vente (f) aux) enchères (fpl)

auctioneer /ˌɔːkʃə'nɪə'/ N commissaire-priseur (m)

audacious /ɔː'deɪʃəs/ ADJ audacieux

audacity /ɔː'dæsɪtɪ/ N audace (f); **to have the ~ to do sth** avoir l'audace de faire qch

audible /ˈɔːdɪbl/ ADJ audible; [*words*] intelligible; **she was hardly ~** on l'entendait à peine

audience /ˈɔːdɪəns/ 1 N ⓐ (= *people watching or listening*) public (*m*); (*of speaker*) auditoire (*m*); **the whole ~ applauded** toute la salle a applaudi; **there was a big ~** le public était nombreux ⓑ (= *formal interview*) audience (*f*); **to grant an ~ to sb** accorder audience à qn 2 COMP ♦ **audience participation** N participation (*f*) du public

⚠ **audience** *is not the most common translation for* **audience.**

audio /ˈɔːdɪəu/ ADJ audio

audio-cassette /ˌɔːdɪəukəˈset/ N cassette (*f*) audio

audiotape /ˈɔːdɪəuteɪp/ 1 N ⓐ (= *tape*) bande (*f*) magnétique ⓑ (*US* = *cassette*) cassette (*f*) audio 2 VT (*US* = *tape*) enregistrer sur cassette audio *or* sur bande magnétique

audiotypist /ˈɔːdɪəutaɪpɪst/ N audiotypiste (*mf*)

audiovisual /ˌɔːdɪəuˈvɪzjuəl/ ADJ audiovisuel; **~ aids** moyens (*mpl*) audiovisuels

audit /ˈɔːdɪt/ 1 N audit (*m*) 2 VT [+ *accounts*] vérifier; [+ *company*] auditer

audition /ɔːˈdɪʃən/ 1 N (*for play*) audition (*f*); (*for TV show, film*) essai (*m*); **to give sb an ~** (*for play*) auditionner qn; (*for TV show, film*) faire faire un essai à qn 2 VT auditionner; **he was ~ed for the part** (*in play*) on l'a auditionné pour le rôle; (*in film*) on lui a fait faire un essai pour le rôle 3 VI **he ~ed for Hamlet** (*in theatre*) il a auditionné pour le rôle de Hamlet

auditor /ˈɔːdɪtəʳ/ N ⓐ [*of accounts*] commissaire (*m*) aux comptes ⓑ (*US* = *student*) auditeur (*m*), -trice (*f*) libre

auditorium /ˌɔːdɪˈtɔːrɪəm/ N salle (*f*)

augment /ɔːgˈment/ VT augmenter (**with, by** de)

augur /ˈɔːgəʳ/ VI **to ~ well/ill** être de bon/de mauvais augure

August /ˈɔːgəst/ N août (*m*) → **September**

aunt /ɑːnt/ N tante (*f*)

auntie٭, **aunty**٭ /ˈɑːntɪ/ N tata٭ (*f*); **~ Mary** tante (*f*) Marie

au pair /ˈəuˈpeəʳ/ 1 N (*female*) jeune fille (*f*) au pair; (*male*) garçon (*m*) au pair 2 VI être au pair

aura /ˈɔːrə/ N [*of person*] aura (*f*); [*of place*] atmosphère (*f*)

aural /ˈɔːrəl/ ADJ **~ comprehension** compréhension (*f*) orale; **~ comprehension test** exercice (*m*) de compréhension

aurora /ɔːˈrɔːrə/ N **~ borealis** aurore (*f*) boréale

auspices /ˈɔːspɪsɪz/ NPL auspices (*mpl*); **under the ~ of ...** sous les auspices de ...

auspicious /ɔːsˈpɪʃəs/ ADJ [*start*] prometteur; [*occasion, day, time*] propice; [*sign*] de bon augure

Aussie٭ /ˈɒzɪ/ 1 ADJ australien 2 N Australien(ne) (*m(f)*)

austere /ɒsˈtɪəʳ/ ADJ austère

austerity /ɒsˈterɪtɪ/ N austérité (*f*)

Australasia /ˌɔːstrəˈleɪzɪə/ N Australasie (*f*)

Australia /ɒsˈtreɪlɪə/ N Australie (*f*)

Australian /ɒsˈtreɪlɪən/ 1 ADJ australien 2 N Australien(ne) (*m(f)*)

Austria /ˈɒstrɪə/ N Autriche (*f*); **in ~** en Autriche

Austrian /ˈɒstrɪən/ 1 ADJ autrichien 2 N Autrichien(ne) (*m(f)*)

authentic /ɔːˈθentɪk/ ADJ authentique

authenticate /ɔːˈθentɪkeɪt/ VT authentifier

authenticity /ˌɔːθenˈtɪsɪtɪ/ N authenticité (*f*)

author /ˈɔːθəʳ/ N auteur (*m*); **he's an ~** il est écrivain

authoritarian /ˌɔːθɒrɪˈteərɪən/ 1 ADJ autoritaire 2 N partisan(e) (*m(f)*) de l'autorité

authoritative /ɔːˈθɒrɪtətɪv/ ADJ ⓐ (= *commanding*) autoritaire ⓑ (= *reliable*) [*person, book*] faisant autorité; [*survey, study*] digne de foi

authority /ɔːˈθɒrɪtɪ/ N ⓐ (= *power to give orders*) autorité (*f*); **those in ~** ceux qui nous dirigent ⓑ (= *permission*) autorisation (*f*); **to give sb ~ to do sth** habiliter qn à faire qch; **to do sth without ~** faire qch sans autorisation; **she had no ~ to do it** elle n'avait pas qualité

pour le faire; **on her own ~** de son propre chef; **on whose ~?** avec l'autorisation de qui? ⓒ (= *competence*) **to speak with ~** parler avec compétence; **to carry ~** faire autorité; **I have it on good ~ that ...** je tiens de bonne source que ... ⓓ (= *organization*) organisme (*m*); **the health ~** l'administration (*f*) de la santé; **the district authorities** les autorités (*fpl*) régionales ⓔ (= *expert*) expert (*m*) (**on** en); (= *book*) source (*f*) (autorisée); **to be an ~** [*person, book*] faire autorité (**on** en matière de)

authorization /ˌɔːθəraɪˈzeɪʃən/ N (= *permission*) autorisation (*f*) (**of, for** pour, **to do sth** de faire qch)

authorize /ˈɔːθəraɪz/ VT autoriser; **to be ~d to do sth** être autorisé à faire qch

authorized /ˈɔːθəraɪzd/ ADJ autorisé; [*dealer, representative*] agréé; [*biography*] officiel

authorship /ˈɔːθəʃɪp/ N paternité (*f*)

autism /ˈɔːtɪzəm/ N autisme (*m*)

autistic /ɔːˈtɪstɪk/ ADJ autiste

auto /ˈɔːtəu/ N (*US*) voiture (*f*) ♦ **Auto show** N Salon (*m*) de l'auto ♦ **auto worker** N ouvrier (*m*) de l'industrie automobile

autobank /ˈɔːtəubæŋk/ N distributeur (*m*) automatique de billets

autobiographical /ˌɔːtəˌbaɪəˈgræfɪkəl/ ADJ autobiographique

autobiography /ˌɔːtəubaɪˈɒgrəfɪ/ N autobiographie (*f*)

autograph /ˈɔːtəgrɑːf/ 1 N autographe (*m*) 2 VT signer; [+ *book*] dédicacer 3 COMP ♦ **autograph hunter** N collectionneur (*m*), -euse (*f*) d'autographes

automated /ˈɔːtəmeɪtɪd/ ADJ automatisé

automatic /ˌɔːtəˈmætɪk/ 1 ADJ automatique; **on ~ pilot** [*aeroplane*] sur pilote automatique; **to drive on ~ pilot*** conduire au radar* 2 N (= *gun*) automatique (*m*); (= *car*) voiture (*f*) (à boîte) automatique

automatically /ˌɔːtəˈmætɪkəlɪ/ ADV automatiquement

automaton /ɔːˈtɒmətən/ N automate (*m*)

automation /ˌɔːtəˈmeɪʃən/ N automatisation (*f*)

automobile /ˈɔːtəməbiːl/ N voiture (*f*)

automotive /ˌɔːtəˈməutɪv/ ADJ (de l')automobile

autonomous /ɔːˈtɒnəməs/ ADJ autonome

autonomy /ɔːˈtɒnəmɪ/ N autonomie (*f*)

autopilot /ˈɔːtəupaɪlət/ N pilote (*m*) automatique; **on ~** [*plane*] sur pilote automatique; **to be on ~*** (*person*) marcher au radar*

autopsy /ˈɔːtɒpsɪ/ N autopsie (*f*)

autumn /ˈɔːtəm/ 1 N automne (*m*); **in ~** en automne 2 ADJ d'automne

auxiliary /ɔːgˈzɪlɪərɪ/ 1 ADJ auxiliaire; **~ verb** verbe (*m*) auxiliaire 2 N ⓐ (= *person*) auxiliaire (*mf*); **nursing ~** aide-soignant(e) (*m(f)*) ⓑ (= *verb*) auxiliaire (*m*)

Av. N (ABBR = **Avenue**) av.

avail /əˈveɪl/ 1 VT **to ~ o.s. of** [+ *opportunity*] saisir; [+ *offer*] profiter de; [+ *service*] utiliser 2 N **to no ~** sans résultat; **to little ~** sans grand effet

availability /əˌveɪləˈbɪlɪtɪ/ N disponibilité (*f*); **I'll just check ~ for you** je vais voir ce qui nous reste comme disponibilités

available /əˈveɪləbl/ ADJ disponible; **he is not ~ at the moment** il n'est pas disponible en ce moment; **to be ~ for sb** être à la disposition de qn; **a car park is ~ for the use of customers** un parking est à la disposition des clients; **to make sth ~** mettre qch à disposition; **to make sth ~ to sb** mettre qch à la disposition de qn; **to make o.s. ~** se rendre disponible; **to use every ~ means to do sth** utiliser tous les moyens disponibles pour faire qch; **the next ~ flight** le prochain vol; **new treatments are becoming ~** de nouveaux traitements font leur apparition; **the MP was not ~ for comment yesterday** hier, le député s'est refusé à toute déclaration; **the guide is ~ from all good bookshops** ce guide est en vente dans toutes les bonnes librairies;

tickets are ~ from the box office on peut se procurer les billets auprès du bureau de location; **"other sizes ~"** « existe également en d'autres tailles »; **benefits ~ to employees** les avantages *(mpl)* dont peuvent bénéficier les employés

avalanche /ˈævəlɑːnʃ/ N avalanche *(f)*

avant-garde /ˌævɑ̃ŋgɑːd/ 1 N avant-garde *(f)* 2 ADJ avant-gardiste

avarice /ˈævərɪs/ N cupidité *(f)*

avaricious /ˌævəˈrɪʃəs/ ADJ cupide *(liter)*

Ave N (ABBR = **Avenue**) av.

avenge /əˈvendʒ/ VT venger; **to ~ o.s.** se venger

avenue /ˈævənjuː/ N (= *road*) avenue *(f)*; **to explore every ~** explorer toutes les possibilités

average /ˈævərɪdʒ/ 1 N moyenne *(f)*; **on ~** en moyenne; **above/below ~** au-dessus/en dessous de la moyenne; **to do an ~ of 70km/h** rouler à une moyenne de 70 km/h 2 ADJ moyen; **of ~ intelligence** d'intelligence moyenne 3 VT ⓐ (= *find the average of*) faire la moyenne de ⓑ (= *reach an average of*) atteindre la moyenne de; **we ~ eight hours' work a day** nous travaillons en moyenne huit heures par jour; **sales ~ 200 copies a month** la vente moyenne est de 200 exemplaires par mois
► **average out** VI **our working hours ~ out at eight per day** nous travaillons en moyenne huit heures par jour

averse /əˈvɜːs/ ADJ **to be ~ to doing sth** répugner à faire qch; **I am not ~ to an occasional drink** je n'ai rien contre un petit verre de temps à autre

aversion /əˈvɜːʃən/ N aversion *(f)*; **he has an ~ to spiders** il a de l'aversion pour les araignées; **I have an ~ to garlic** une chose que je déteste, c'est l'ail

avert /əˈvɜːt/ VT [+ *danger, disaster, crisis*] prévenir; [+ *suspicion*] écarter; [+ *one's eyes*] détourner

aviary /ˈeɪvɪərɪ/ N volière *(f)*

aviation /ˌeɪvɪˈeɪʃən/ N aviation *(f)* ✦ **aviation fuel** N kérosène *(m)*

avid /ˈævɪd/ ADJ [*reader, collector, viewer*] passionné; [*fan*] fervent

avidly /ˈævɪdlɪ/ ADV avec avidité

avocado /ˌævəˈkɑːdəʊ/ N avocat *(m)*

avoid /əˈvɔɪd/ VT éviter; **to ~ doing sth** éviter de faire qch; **he wanted to ~ being seen** il voulait éviter de se faire remarquer; **to ~ sb's eye** fuir le regard de qn; **I can't ~ going now** je ne peux plus faire autrement que d'y aller

avoidable /əˈvɔɪdəbl/ ADJ évitable

avoidance /əˈvɔɪdəns/ N **our aim is the ~ of conflict** notre but est d'éviter le conflit; **tax ~** évasion *(f)* fiscale

avowed /əˈvaʊd/ ADJ [*enemy, supporter, atheist*] déclaré; [*aim, purpose*] avoué

AWACS /ˈeɪwæks/ N (ABBR = **Airborne Warning and Control System**) **~ plane** avion *(m)* AWACS

await /əˈweɪt/ VT attendre; **a long-~ed event** un événement longtemps attendu

awake /əˈweɪk/ (*pret* **awoke**, *ptp* **awoken**) 1 VI se réveiller; **to ~ from sleep** se réveiller; **to ~ to the fact that ...** se rendre compte que ...
2 VT ⓐ [+ *person*] réveiller
ⓑ [+ *suspicion, hope, curiosity*] éveiller; [+ *memories*] réveiller
3 ADJ (*before sleep*) éveillé; (*after sleep*) réveillé; **are you ~?** tu es réveillé?; **to keep sb ~** empêcher qn de dormir; **to lie ~ all night** ne pas fermer l'œil de la nuit; **she lies ~ at night worrying about it** ça la tracasse tellement qu'elle n'en dort plus; **I couldn't stay ~** je n'arrivais pas à rester éveillé

awaken /əˈweɪkən/ VTI = **awake**

awakening /əˈweɪknɪŋ/ N réveil *(m)*; **a rude ~** un réveil brutal

award /əˈwɔːd/ 1 VT [+ *prize*] décerner; [+ *sum of money*] allouer; [+ *damages*] accorder (**to** à) 2 N (= *prize*) prix *(m)*; (*for bravery*) récompense *(f)*; (= *scholarship*) bourse *(f)* 3 COMP ✦ **award ceremony, awards ceremony** N cérémo-

nie *(f)* de remise des prix ✦ **award winner** N (= *person*) lauréat(e) *(m(f))* ✦ **award-winning** ADJ primé

aware /əˈwɛəʳ/ ADJ ⓐ (= *conscious*) conscient; (= *informed*) au courant; **to become ~ of sth** se rendre compte de qch; **to be ~ of sth** être conscient de qch; **to be ~ that something is happening** se rendre compte que quelque chose se passe; **I am quite ~ of it** j'en ai bien conscience; **as far as I am ~** autant que je sache; **not that I am ~ of** pas que je sache ⓑ (= *knowledgeable*) informé; **politically ~** politisé; **socially ~** sensibilisé aux problèmes sociaux

awareness /əˈwɛənɪs/ N conscience *(f)*; **so as to increase public ~ of the problem** pour sensibiliser l'opinion au problème

awash /əˈwɒʃ/ ADJ (= *flooded*) inondé (**with** de)

away /əˈweɪ/

► *When* **away** *is an element in a phrasal verb, eg* **die away, get away**, *look up the verb.*

1 ADV ⓐ (= *at a distance*) loin; **far ~** au loin, très loin; **the lake is 3km ~** le lac est à 3 km
ⓑ (= *absent*) **he's ~ today** il n'est pas là aujourd'hui; **he is ~ in London** il est (parti) à Londres; **when I have to be ~** lorsque je dois m'absenter; **she was ~ before I could speak*** elle était partie avant que j'aie pu parler; **~ with you!** (= *go away*) allez-vous-en!; **get ~!*** (*disbelieving*) allons! ne dis pas de bêtises
ⓒ (*Sport*) **they're playing ~ this week** ils jouent à l'extérieur cette semaine
ⓓ (*as intensifier*) **to be working ~** être en train de travailler; **can I ask you something? — ask ~!** je peux te demander quelque chose? — vas-y, demande!
2 COMP ✦ **away game, away match** N match *(m)* à l'extérieur ✦ **away team** N (équipe *(f)* des) visiteurs *(mpl)*

awe /ɔː/ N (*fearful*) respect *(m)* mêlé de crainte; (*admiring*) respect *(m)* mêlé d'admiration; **to be in ~ of sb** être intimidé par qn ✦ **awe-inspiring** ADJ (= *impressive*) impressionnant; (= *frightening*) terrifiant ✦ **awe-struck** ADJ (= *frightened*) frappé de terreur; (= *astounded*) stupéfait

awesome /ˈɔːsəm/ ADJ (= *impressive*) impressionnant; (= *frightening*) terrifiant; (= *excellent*)* super*

awful /ˈɔːfəl/ 1 ADJ affreux; **how ~!** comme c'est affreux!; **his English is ~** son anglais est atroce; **I feel ~** je me sens vraiment mal; **an ~ lot of** énormément de; **he drinks an ~ lot** il boit énormément 2 ADV (= *very*) **it's an ~ long time** c'est vraiment long

awfully /ˈɔːflɪ/ ADV [*good, nice*] extrêmement; [*difficult, hot, late*] terriblement; **I'm ~ sorry** je suis vraiment désolé; **I don't know her ~ well** je ne la connais pas très bien

awhile /əˈwaɪl/ ADV (*US*) un instant; **wait ~** attendez un peu; **not yet ~** pas de sitôt

awkward /ˈɔːkwəd/ ADJ ⓐ [*question, job, task*] difficile; [*problem, situation, stage*] délicat; **he's at an ~ age** il est à l'âge ingrat; **it's ~ for me** cela m'est assez difficile; **tomorrow's ~ - how about Thursday?** demain n'est pas très commode, que pensez-vous de jeudi?; **you've come at an ~ moment** vous tombez mal; **to make things ~ for sb** rendre les choses difficiles pour qn; **at an ~ time for sb** au mauvais moment pour qn
ⓑ (= *embarrassing*) [*silence*] gêné; **there was an ~ moment when ...** il y a eu un moment de gêne quand ...; **it's all a bit ~** tout ceci est un peu gênant
ⓒ (= *ill at ease*) **to feel ~** être mal à l'aise; **I felt ~ about touching him** ça me gênait de le toucher
ⓓ (= *uncooperative*) [*person*] difficile; **he's being ~ (about it)** il fait des difficultés (à ce sujet); **to be ~ about doing sth** faire des difficultés pour faire qch
ⓔ (= *cumbersome*) encombrant; [*shape*] peu commode; **~ to carry** difficile à porter
ⓕ (= *clumsy*) maladroit; [*style, position*] inconfortable

awkwardly /ˈɔːkwədlɪ/ ADV ⓐ [*move, express o.s.*] maladroitement; [*fall*] mal; **~ placed** mal placé ⓑ (= *embarrassedly*) d'un air embarrassé

awkwardness /ˈɔːkwədnɪs/ N ⓐ (= *clumsiness*) maladresse *(f)* ⓑ [*of situation*] côté *(m)* embarrassant ⓒ (= *lack of ease*) embarras *(m)*

awning /'ɔːnɪŋ/ N [*of shop*] store *(m)*; [*of caravan, tent*] auvent *(m)*

awoke /ə'wəʊk/ VB *pt of* **awake**

awoken /ə'wəʊkən/ VB *ptp of* **awake**

AWOL /'eɪwɒl/ (ABBR = **absent without leave**) **to be** *or* **go ~** [*person*] être absent sans permission

awry /ə'raɪ/ ADJ, ADV ⓐ (= *askew*) de travers ⓑ (= *wrong*) de travers; **to go ~** [*plan*] s'en aller à vau-l'eau; [*undertaking*] mal tourner

axe, ax (*US*) /æks/ 1 N hache *(f)*; **to have an ~ to grind** servir son intérêt; **I've no ~ to grind** je ne sers aucun inté-

rêt personnel 2 VT [+ *scheme, project*] abandonner; [+ *jobs*] supprimer; [+ *employees*] licencier

axis /'æksɪs/ N (*pl* **axes** /'æksiːz/) axe *(m)*

axle /'æksl/ N [*of wheel*] axe *(m)*; [*of car*] essieu *(m)*

aye /aɪ/ 1 PARTICLE oui 2 N oui *(m)*; **90 ~s and 2 noes** (*in voting*) 90 pour et 2 contre; **the ~s have it** (*in voting*) les oui l'emportent

AYH /ˌeɪwaɪ'eɪtʃ/ N ABBR = **American Youth Hostels**

Azerbaijan /ˌæzəbaɪ'dʒɑːn/ N Azerbaïdjan *(m)*

Azeri /ə'zɛərɪ/ 1 ADJ azéri 2 N Azéri(e) *(m(f))*

Azores /ə'zɔːz/ NPL Açores *(fpl)*

AZT /ˌeɪzed'tiː/ (ABBR = **azidothymidine**) AZT *(f)*

B

B /biː/ N ⓐ *(Music)* si *(m)* ⓑ *(= mark)* bien *(14 sur 20)*

BA /biːˈeɪ/ N *(ABBR = **Bachelor of Arts**)* **to have a BA in French** avoir une licence de français → DEGREE

babble /ˈbæbl/ 1 N **a ~ of voices** un brouhaha de voix 2 VI **to ~ away** *or* **on** bredouiller; **he was babbling on about his holidays** il nous débitait des histoires à n'en plus finir sur ses vacances 3 VT bredouiller

babe* /beɪb/ N *(US = attractive woman)* jolie pépée* *(f)*

baboon /bəˈbuːn/ N babouin *(m)*

baby /ˈbeɪbɪ/ 1 N ⓐ bébé *(m)*; **she's just had a ~** elle vient d'avoir un bébé; **I've known him since he was a ~** je l'ai connu tout petit; **a new ~** un(e) nouveau-né(e); **don't be such a ~** ne fais pas l'enfant!; **he was left holding the ~*** on lui a refilé le bébé*; **the new system is his ~** le nouveau système est son bébé; **that's not my ~** je n'ai rien à voir là-dedans
ⓑ *(US)*‡ **come on ~!** *(to woman)* viens ma belle!

2 ADJ **~ vegetables** mini-légumes *(mpl)*; **~ carrots** mini-carottes *(fpl)*; **a ~ bird** un oisillon; **a ~ rabbit** un bébé lapin

3 COMP *[clothes]* de bébé ♦ **baby blues*** NPL *(= depression)* bébé blues* *(m)* ♦ **baby boom** N baby-boom *(m)* ♦ **baby boomer** N enfant *(mf)* du baby-boom *(m)* ♦ **baby boy** N petit garçon *(m)* ♦ **baby brother** N petit frère *(m)* ♦ **baby buggy**® N *(Brit)* poussette *(f)* ♦ **baby carriage** N *(US)* landau *(m)* ♦ **baby food(s)** N(PL) aliments *(mpl)* pour bébés ♦ **baby girl** N petite fille *(f)* ♦ **baby grand** N *(also ~ **grand piano**)* (piano *(m)*) demi-queue *(m)* ♦ **baby-minder** N nourrice *(f)* ♦ **baby sister** N petite sœur *(f)* ♦ **baby-sit** VI faire du baby-sitting ♦ **baby-sitter** N baby-sitter *(mf)* ♦ **baby-sitting** N baby-sitting *(m)*; **to go ~-sitting** faire du baby-sitting ♦ **baby talk** N langage *(m)* enfantin ♦ **baby-walker** N trotteur *(m)*

babyish /ˈbeɪbɪʃ/ ADJ puéril

bachelor /ˈbætʃələr/ 1 N ⓐ *(= unmarried man)* célibataire *(m)* ⓑ **Bachelor of Arts/of Science/of Law** licencié(e) *(m(f))* ès lettres/ès sciences/en droit; **~'s degree** ≈ licence *(f)* → DEGREE 2 COMP ♦ **bachelor flat** N garçonnière *(f)*

---

back /bæk/

1 NOUN	5 INTRANSITIVE VERB
2 ADJECTIVE	6 COMPOUNDS
3 ADVERB	7 PHRASAL VERBS
4 TRANSITIVE VERB	

1 NOUN
ⓐ of person, animal dos *(m)*; **I've got a bad ~** j'ai des problèmes de dos; **to carry sth on one's ~** porter qch sur son dos; **to stand** *or* **sit with one's ~ to sb/sth** tourner le dos à qn/qch; **~ to ~** dos à dos; **to be on one's ~*** (= *be ill*) être alité; **behind sb's ~** derrière le dos de qn; **as soon as his ~ is turned** dès qu'il a le dos tourné; **I was glad to see the ~ of him*** j'étais content de le voir partir; **to have one's ~ to the wall** être adossé au mur; *(fig)* être le dos au mur

---

♦ **to be on sb's back*** être sur le dos de qn; **my boss is always on my ~** j'ai sans arrêt mon patron sur le dos
♦ **to get off sb's back*** laisser qn tranquille; **get off my ~, will you?** fiche-moi la paix!
♦ **to get sb's back up** hérisser qn; **that's what gets my ~ up** c'est ce qui me hérisse
♦ **to put one's back into sth** mettre toute son énergie dans qch; **put your ~ into it!*** allons, un peu de nerf!*
♦ **to turn one's back on sb/sth: you can't just turn your ~ on your parents** tu ne peux quand même pas tourner le dos à tes parents; **he turned his ~ on the past** il a tourné la page
♦ **on the back of** *(= by means of)* en profitant de
ⓑ of object dos *(m)*; *[of chair]* dossier *(m)*; *[of building]* arrière *(m)*
♦ **at the back** *[of building]* derrière; *[of book]* à la fin; *[of cupboard, hall]* au fond; **at the very ~** tout au fond
♦ **at the back of** [+ *building*] derrière; [+ *book*] à la fin de; [+ *cupboard, hall*] au fond de; **he's at the ~ of all this trouble** c'est lui qui est derrière tous ces problèmes
♦ **in back** *(US)* *[of building, car]* à l'arrière
♦ **in back of** *(US)* [+ *building, car*] à l'arrière de
♦ **in the back** *[of car]* à l'arrière; **to sit in the ~ of the car** être assis à l'arrière
♦ **out** *or* **round the back*** *(Brit)* derrière
♦ **back to front** devant derrière; **you've got it on ~ to front** tu l'as mis devant derrière
ⓒ of part of body *[of head]* derrière *(m)*; *[of hand]* dos *(m)*; **the ~ of one's neck** la nuque; **I know Paris like the ~ of my hand** je connais Paris comme ma poche
ⓓ Football, Hockey arrière *(m)*

2 ADJECTIVE
ⓐ = not front *[wheel]* arrière *(inv)*; **the ~ room** *[of house]* la pièce du fond; *[of pub, restaurant]* l'arrière-salle *(f)*; **~ legs** pattes *(fpl)* de derrière
ⓑ taxes arriéré

3 ADVERB

> ► When **back** is an element in a phrasal verb, eg **come back, put back**, look up the verb.

ⓐ in space, time **(stand) ~!** reculez!; **stay well ~!** n'approchez pas!; **a week ~*** il y a une semaine; **as far ~ as 1800** dès 1800

> ► When followed by a preposition, **back** is often not translated.

meanwhile, ~ in London ... pendant ce temps-là, à Londres ...; **it all started ~ in 1990** tout a commencé en 1990; **he little suspected how worried they were ~ at home** il était loin de se douter que sa famille s'inquiétait autant
♦ **to go back and forth** ♦ **to go back and forward** *[person]* faire des allées et venues; *[phone calls, e-mails, letters]* être échangé

ⓑ = returned
♦ **to be back** [*person*] être rentré ; **Mike is not ~ yet** Mike n'est pas encore rentré ; **I'll be ~ at six** je serai de retour à six heures ; **as soon as I'm ~** dès que je serai rentré ; **Catherine is now ~ at work** Catherine a repris le travail ; **the electricity is ~** l'électricité est revenue ; **everything's ~ to normal** tout est rentré dans l'ordre

♦ **... and back** : he went to Paris and ~ il a fait le voyage de Paris aller et retour ; **the journey there and ~** le trajet aller et retour ; **you can go there and ~ in a day** tu peux faire l'aller et retour en une journée

ⓒ = reimbursed **I got/want my money ~** j'ai récupéré/je veux récupérer mon argent

4 TRANSITIVE VERB
ⓐ = support soutenir ; [+ *statement*] confirmer
ⓑ = finance financer
ⓒ = bet on parier sur ; **I'm ~ing Leeds to win** je parie que Leeds va gagner ; **to ~ the wrong horse** miser sur le mauvais cheval ; **to ~ a loser** (*fig*) miser sur le mauvais cheval
ⓓ + vehicle reculer ; **to ~ the car in/out** entrer/sortir en marche arrière

5 INTRANSITIVE VERB
= move backwards reculer ; **to ~ out** [*vehicle*] sortir en marche arrière ; [*person*] sortir à reculons

6 COMPOUNDS
♦ **back alley** N ruelle *(f)* ♦ **back benches** NPL (*Brit*) bancs *(mpl)* des députés de base ♦ **back-breaking** ADJ éreintant ♦ **back burner** N **to put sth on the ~ burner** mettre qch en veilleuse ♦ **the back country** N (*US*) la campagne profonde ♦ **back door** N porte *(f)* de derrière ; **to do sth by or through the ~ door** faire qch par des moyens détournés ♦ **back number** N [*of newspaper*] vieux numéro *(m)* ; **to be a ~ number** [*person*] ne plus être dans le coup* ♦ **back-pack** N sac *(m)* à dos ♦ **back-packer** N routard(e) *(m(f))* ♦ **back-packing** N **to go ~-packing** voyager sac au dos ♦ **back pain** N mal *(m)* de dos ♦ **back pay** N rappel *(m)* de salaire ♦ **back-pedal** VI (= *retreat*) faire marche arrière ♦ **back seat** N siège *(m)* arrière ; **in the ~ seat** sur le siège arrière ; **to take a ~ seat** (*to sth*) passer au second plan (par rapport à qch) ♦ **back-seat driver** N **he's a ~-seat driver** il est toujours à donner des conseils au conducteur ♦ **back street** N ruelle *(f)* ; **he grew up in the ~ streets of Leeds** il a grandi dans les quartiers pauvres de Leeds ♦ **back-to-back** ADJ dos à dos ; **a row of ~-to-~ houses** (*Brit*) une rangée de maisons adossées les unes aux autres ◊ ADV **they showed two episodes ~-to-~** ils ont passé deux épisodes à la suite ♦ **back tooth** N (*pl* **back teeth**) molaire *(f)*

7 PHRASAL VERBS
► **back away** VI (se) reculer ; **to ~ away from** [+ *problem*] prendre ses distances par rapport à
► **back down** VI revenir sur sa position
► **back off** VI (= *draw back*) reculer
► **back on to** VT INSEP [*house*] **the house ~s on to the golf course** l'arrière de la maison donne sur le terrain de golf
► **back out** 1 VI [*person*] sortir à reculons ; [*car*] sortir en marche arrière ; (*of undertaking*) revenir sur ses engagements 2 VT SEP [+ *vehicle*] sortir en marche arrière
► **back out of** VT INSEP [+ *deal, agreement*] se retirer de ; [+ *undertaking*] se soustraire à
► **back up** 1 VI ⓐ (= *reverse*) faire marche arrière ⓑ (= *queue*) **the traffic is ~ing up for miles** il y a des kilomètres de bouchon 2 VT SEP ⓐ [+ *theory, claim*] confirmer ; [+ *person*] soutenir ⓑ [+ *vehicle*] faire reculer ⓒ [+ *computer file*] faire une copie de sauvegarde de

backache /'bækeɪk/ N mal *(m)* de dos
backbench /ˈbækbentʃ/ ADJ (*Brit, Austral: Parl*) **~ MP** député *(m)* de base
backbencher /'bæk,bentʃə'/ N (*Brit*) député *(m)*

ⓘ **BACKBENCHER**
*Député de la Chambre des communes qui n'occupe aucune fonction officielle, ni au gouvernement, ni dans le cabinet fantôme. Il siège donc sur les bancs du fond de la Chambre, contrairement aux « frontbenchers », membres du gouvernement ou chefs de file de l'opposition, qui sont assis aux premiers rangs. L'expression **back benches** désigne l'ensemble des **backbenchers**, toutes appartenances confondues.* → SHADOW CABINET
▷ www.parliament.uk

backbiting /'bækbaɪtɪŋ/ N médisance *(f)*
backbone /'bækbəʊn/ N ⓐ colonne *(f)* vertébrale ; [*of fish*] arête *(f)* centrale ⓑ (= *main part*) ossature *(f)* ; **to be the ~ of an organization** former l'ossature d'une organisation ⓒ (= *strength of character*) cran* *(m)*
backdate /ˌbæk'deɪt/ VT [+ *cheque*] antidater
backdrop /'bækdrɒp/ N toile *(f)* de fond
backer /'bækə'/ N (= *supporter*) partisan(e) *(m(f))* ; [*of business venture*] commanditaire *(m)*
backfire /'bæk'faɪə'/ VI ⓐ [*plan*] avoir l'effet inverse que celui prévu ; **to ~ on sb** se retourner contre qn ⓑ [*car*] avoir un raté d'allumage
backgammon /'bæk,gæmən/ N jacquet *(m)*
background /'bækgraʊnd/ **1** N ⓐ [*of picture, photo*] fond *(m)* ; **in the ~** à l'arrière-plan ; **on a blue ~** sur fond bleu ; **to remain in the ~** rester dans l'ombre ; **to keep sb in the ~** tenir qn à l'écart
ⓑ (*social*) milieu *(m)* socioculturel ; (*political*) climat *(m)* politique ; (= *basic knowledge*) éléments *(mpl)* de base ; (= *job experience*) expérience *(f)* professionnelle ; (= *education*) formation *(f)* ; **to be from a working-class ~** être issu d'un milieu ouvrier
ⓒ (= *circumstances*) **what is the ~ to these events?** quel est le contexte de ces événements ? ; **this decision was taken against a ~ of violence** cette décision a été prise dans un climat de violence ; **the meeting took place against a ~ of social unrest** la réunion s'est tenue sur fond d'agitation sociale
2 COMP ♦ **background music** N musique *(f)* de fond ♦ **background noise** N bruit *(m)* de fond ♦ **background reading** N lectures *(fpl)* générales (autour du sujet)
backhand /'bækhænd/ N (*Tennis*) revers *(m)*
backhanded /,bæk'hændɪd/ ADJ [*compliment*] équivoque
backhander /,bæk'hændə'/ N (*Brit* = *bribe*) pot-de-vin *(m)*
backing /'bækɪŋ/ **1** N ⓐ (= *support*) soutien *(m)* ⓑ (*musical*) accompagnement *(m)* ⓒ (*to strengthen*) renforcement *(m)* **2** COMP ♦ **backing group** N groupe *(m)* (*accompagnant un chanteur*)
backlash /'bæklæʃ/ N réaction *(f)* brutale
backlog /'bæklɒg/ N **~ of work** travail *(m)* en retard ; **~ of orders** commandes *(fpl)* en instance
backroom /'bækrʊm/ N **the ~ boys*** les travailleurs *(mpl)* de l'ombre
backside* /'bæksaɪd/ N derrière *(m)*
backstage /,bæk'steɪdʒ/ ADV en coulisses
backstreet /'bækstriːt/ ADJ [*hotel, shop*] louche
backstroke /'bækstrəʊk/ N dos *(m)* crawlé
backtrack /'bæktræk/ VI faire marche arrière (*fig*) ; **to ~ on a promise** revenir sur une promesse
backup /'bækʌp/ **1** N (= *support*) appui *(m)* (**from sb** de qn) ; (= *reserves*) réserves *(fpl)* ; [*of personnel*] renforts *(mpl)* **2** ADJ [*vehicles*] de secours ; [*supplies*] de réserve **3** COMP ♦ **backup copy** N copie *(f)* de sauvegarde ♦ **backup file** N sauvegarde *(f)*
backward /'bækwəd/ **1** ADJ ⓐ (= *to the rear*) [*look, step*] en arrière ; **he walked out without a ~ glance** il est parti sans jeter un regard en arrière ⓑ [*country, society, economy*] arriéré ; [*child*] † retardé **2** ADV = **backwards 3** COMP ♦ **backward-looking** ADJ rétrograde
backwards /'bækwədz/ ADV ⓐ (= *towards the back*) en arrière ; **to fall ~** tomber à la renverse ; **to walk ~ and forwards** marcher de long en large ⓑ (= *back foremost*) **to go**

~ aller à reculons; **the car moved ~ a little** la voiture a reculé un peu; **I know this road ~*** je connais cette route comme ma poche

backwater /'bæk₁wɔːtə'/ N (= *backward place*) trou (m) perdu; (= *peaceful spot*) coin (m) tranquille

backyard /₁bæk'jɑːd/ N (*Brit*) arrière-cour (f); (*US*) jardin (m) (de derrière); **in one's own ~** (*fig*) à sa porte

bacon /'beɪkən/ N bacon (m); **~ fat** gras (m) de lard; **~ and eggs** œufs (mpl) au bacon; **to bring home the ~*** (= *be breadwinner*) faire bouillir la marmite*; (= *achieve goal*) décrocher la timbale*

bacteria /bæk'tɪərɪə/ NPL bactéries (fpl)

bad /bæd/ 1 ADJ (*compar* **worse**, *superl* **worst**) ⓐ mauvais; [*person*] méchant; **it was a ~ thing to do** ce n'était pas une chose à faire; **it was very ~ of you to treat her like that** c'était très mal de votre part de la traiter ainsi; **you ~ boy!** vilain!; **~ dog!** vilain chien!; **she speaks very ~ English** elle parle très mal l'anglais; **there is a ~ smell in this room** ça sent mauvais dans cette pièce

ⓑ [*mistake, accident, illness*] grave; **a ~ cold** un gros rhume; **a ~ headache** un sérieux mal de tête

ⓒ (= *going badly*) **business is ~** les affaires vont mal; **it's not ~ at all** ce n'est pas mal du tout; **how is he? — (he's) not so ~** comment va-t-il? — (il ne va) pas trop mal; **I've had a really ~ day** j'ai eu une très mauvaise journée; **she's been having a really ~ time lately** elle traverse une période très difficile; **things are going from ~ to worse** les choses vont de mal en pis

ⓓ (= *ill*) **to feel ~** se sentir mal; **he's got a ~ leg** il a des problèmes à une jambe; **his ~ leg** sa mauvaise jambe

ⓔ (= *guilty*) **to feel ~ about doing sth** s'en vouloir d'avoir fait qch; **I feel ~ about it** je m'en veux de l'avoir fait

ⓕ (= *decayed*) [*food*] mauvais; [*tooth*] carié; **to go ~** [*food*] se gâter

ⓖ (= *harmful*) **(to be) ~ for ...** (être) mauvais pour ...; **can exercise be ~ for you?** est-ce qu'il peut être mauvais de faire de l'exercice?

ⓗ (= *not clever, not good*) **to be ~ at ...** être mauvais en ...; **~ at English/spelling** mauvais en anglais/en orthographe; **I'm ~ at languages** je ne suis pas doué pour les langues

2 N **to take the good with the ~** prendre le bon avec le mauvais

3 ADV (= *badly*) **he didn't do too ~** il ne s'en est pas mal sorti; **he's got it ~*** (= *is in love*) il est fou amoureux

4 COMP ◆ **bad apple** N (= *person*) brebis (f) galeuse ◆ **bad debt** N créance (f) douteuse ◆ **bad-mannered** ADJ mal élevé ◆ **bad-mouth*** VT débiner* ◆ **bad-tempered** ADJ [*person*] qui a mauvais caractère; (*on one occasion*) de mauvaise humeur; [*look, answer*] désagréable

bade /bæd, beɪd/ VB *pt of* **bid**

badge /bædʒ/ N badge (m); [*of team, association*] insigne (m); [*of police*] plaque (f)

badger /'bædʒə'/ 1 N blaireau (m) 2 VT harceler; **to ~ sb to do sth** harceler qn jusqu'à ce qu'il fasse qch

badly /'bædlɪ/ ADV (*compar* **worse**, *superl* **worst**) ⓐ (= *poorly*) mal; **the project was very ~ managed** le projet a été très mal géré; **to treat sb ~** mal se comporter avec qn; **he took it very ~** il a très mal pris la chose; **to go ~** mal se passer; **things aren't going too ~** ça ne se passe pas trop mal; **to do ~** [*athlete*] faire une mauvaise performance; [*student, company, economy*] avoir de mauvais résultats; [*political party*] (*in elections*) obtenir de mauvais résultats; **she didn't come off too ~ in the debate** elle ne s'est pas trop mal débrouillée dans ce débat; **they're not so ~ off** ils ne s'en tirent pas si mal que ça; **to be ~ off** (*financially*) être dans la gêne

ⓑ (= *unfavourably*) **to think ~ of sb** avoir une mauvaise opinion de qn; **nobody will think ~ of you if ...** personne ne t'en voudra si ...

ⓒ [*wound, injure, affect, disrupt*] gravement; **they were ~ defeated** ils ont subi une sévère défaite; **he was ~ beaten** (*physically*) il a été passé à tabac*; **to go ~ wrong** très mal tourner; **something is ~ wrong with him** il ne va pas bien

du tout

ⓓ (= *very much*) **to want sth ~** avoir très envie de qch; **I need it ~** j'en ai absolument besoin; **I ~ need a haircut** j'ai vraiment besoin de me faire couper les cheveux; **we need the money ~** nous avons vraiment besoin de cet argent

badminton /'bædmɪntən/ N badminton (m)

badmouth* /'bædmaʊθ/ VT débiner*

baffle /'bæfl/ VT déconcerter

baffling /'bæflɪŋ/ ADJ déconcertant

bag /bæg/ 1 N sac (m); **a ~ of apples** un sac de pommes; **a ~ of chips** (*Brit*) un cornet de frites; **~s** (= *luggage*) bagages (mpl); **~s of*** (*Brit*) des masses de*; **paper ~** sac (m) en papier; **she's got ~s under her eyes*** elle a des poches sous les yeux; **tea ~** sachet (m) de thé; **it's in the ~*** c'est dans la poche*; **she's an old ~*** c'est une vieille teigne

2 VT (= *get possession of*)* empocher; **Anne has already ~ged that seat** (*Brit* = *claim in advance*)* Anne s'est déjà réservé cette place

3 COMP ◆ **bag lady*** N clocharde (f) ◆ **bag snatcher** N voleur (m), -euse (f) à l'arraché

baggage /'bægɪdʒ/ N (= *luggage*) bagages (mpl) ◆ **baggage allowance** N poids (m) de bagages autorisé ◆ **baggage check** N (*US* = *receipt*) bulletin (m) de consigne; (= *security check*) contrôle (m) des bagages ◆ **baggage checkroom** N (*US*) consigne (f) ◆ **baggage hall** N livraison (f) des bagages ◆ **baggage handler** N bagagiste (m) ◆ **baggage reclaim (area)** N livraison (f) des bagages

baggy /'bægɪ/ ADJ [*clothes*] ample

Baghdad /bæg'dæd/ N Bagdad

bagpipes /'bægpaɪps/ NPL cornemuse (f)

Baha'i /bə'haɪ/ 1 ADJ bahaï 2 N Bahaï(e) (m(f))

Bahamas /bə'hɑːməz/ NPL **the ~** les Bahamas (fpl)

Bahrain /bɑː'reɪn/ N Bahreïn (m)

Bahraini /bɑː'reɪnɪ/ 1 ADJ bahreïni 2 N Bahreïni (mf)

bail /beɪl/ 1 N ⓐ mise (f) en liberté sous caution; (= *sum*) caution (f); **on ~** sous caution; **to free sb on ~** mettre qn en liberté provisoire sous caution; **to stand ~ for sb** se porter garant de qn; **to grant/refuse ~** accorder/refuser la mise en liberté sous caution ⓑ (*Cricket*) **~s** bâtonnets (mpl) (*qui couronnent le guichet*) 2 VT faire mettre en liberté provisoire sous caution

► **bail out** 1 VT SEP ⓐ (*from custody*) faire mettre en liberté provisoire sous caution ⓑ (= *help out*) sortir d'affaire; (*financially*) renflouer ⓒ [+ *boat*] écoper; [+ *water*] vider 2 VI (*of plane*) sauter (en parachute)

bailiff /'beɪlɪf/ N (= *law officer*) huissier (m); (*Brit*) [*of estate, lands*] intendant (m)

bait /beɪt/ 1 N appât (m) 2 VT [+ *hook, trap*] appâter

bake /beɪk/ 1 VT [+ *food*] faire cuire au four; **she ~s her own bread** elle fait son pain elle-même; **to ~ a cake** faire (cuire) un gâteau; **~d apples** pommes (fpl) au four 2 VI ⓐ [*bread, cakes*] cuire (au four) ⓑ **she ~s every Tuesday** (= *makes bread*) elle fait du pain tous les mardis; (= *bakes cakes*) elle fait de la pâtisserie tous les mardis 3 COMP ◆ **baked beans** NPL haricots (mpl) blancs à la sauce tomate ◆ **baked potato** N pomme (f) de terre cuite au four

baker /'beɪkə'/ N boulanger (m), -ère (f); **~'s shop** boulangerie (f)

bakery /'beɪkərɪ/ N boulangerie (f)

baking /'beɪkɪŋ/ 1 N cuisson (f) (au four); **after ~** après la cuisson 2 ADJ **it's ~ (hot) today!*** il fait une de ces chaleurs aujourd'hui! 3 COMP ◆ **baking dish** N plat (m) allant au four ◆ **baking powder** N levure (f) chimique ◆ **baking tin** N (*for cakes*) moule (m) à gâteaux; (*for tarts*) moule (m) à tarte ◆ **baking tray** N plaque (f) de four

balaclava (helmet) /₁bælə'klɑːvə('helmɪt)/ N (*Brit* = *hat*) passe-montagne (m)

balance /'bæləns/ 1 N ⓐ (= *equilibrium*) équilibre (m); **to keep/lose one's ~** garder/perdre son équilibre; **off ~** en équilibre instable; **to throw sb off ~** (*fig*) déconcerter qn; **to strike a ~** trouver le juste milieu; **to hang in the ~** être en jeu; **his life was hanging in the ~** il était entre la vie et la mort

♦ **on balance** l'un dans l'autre

ⓑ (= *money*) solde *(m)*; (*also* **bank ~**) solde *(m)* (d'un compte); **what's my ~?** (*in bank*) quelle est la position de mon compte?; **~ in hand** solde *(m)* créditeur

ⓒ (= *remainder*) reste *(m)*

2 VT ⓐ équilibrer; (= *maintain equilibrium of*) tenir en équilibre; (= *place in equilibrium*) poser en équilibre

ⓑ (= *compare*) peser; [+ *two arguments, two solutions*] comparer

ⓒ (*in weight, symmetry*) équilibrer; (*in value, amount*) contrebalancer; **they ~ each other** [*two objects*] (*in weight*) ils se font contrepoids; (*in symmetry*) ils s'équilibrent

ⓓ (*financially*) **to ~ the budget** équilibrer le budget; **to ~ the books** arrêter les comptes

3 VI ⓐ [*two objects*] se faire contrepoids; [*acrobat*] se maintenir en équilibre; **to ~ on one foot** se tenir en équilibre sur un pied

ⓑ [*accounts*] s'équilibrer

4 COMP ♦ **balance of payments** N balance *(f)* des paiements ♦ **balance of power** N équilibre *(m)* des forces ♦ **balance of terror** N équilibre *(m)* de la terreur ♦ **balance of trade** N balance *(f)* commerciale ♦ **balance sheet** N bilan *(m)*

⚠ **balance** *is not translated by the French word* **balance**.

balanced /'bælənst/ ADJ équilibré; **to take a ~ view of sth** porter un jugement objectif sur qch

balcony /'bælkənɪ/ N ⓐ balcon *(m)* ⓑ (*Theatre*) fauteuils *(mpl)* de deuxième balcon

bald /bɔːld/ 1 ADJ ⓐ chauve; [*tyre*] lisse; **to be going ~** perdre ses cheveux ⓑ **a ~ statement** une simple exposition de faits 2 COMP ♦ **bald eagle** N aigle *(m)* d'Amérique ♦ **bald patch** N [*of person*] tonsure *(f)*

baldness /'bɔːldnɪs/ N [*of person*] calvitie *(f)*

baldy• /'bɔːldɪ/ ADJ (= *balding*) dégarni; (= *bald*) chauve

bale /beɪl/ N [*of straw, hay*] balle *(f)*

► **bale out** = **bail out**

Balearics /,bælɪˈærɪks/ NPL **the ~** les Baléares *(fpl)*

baleful /'beɪlful/ ADJ [*influence*] malsain; **to give sb a ~ look** regarder qn d'un œil torve

balk /bɔːk/ VI **to ~ at doing sth** regimber pour faire qch

Balkan /'bɔːlkən/ ADJ, N **the ~s** les Balkans *(mpl)*; **the ~ States** les États *(mpl)* balkaniques

ball /bɔːl/ 1 N ⓐ balle *(f)*; (= *football*) ballon *(m)*; (*Billiards*) boule *(f)*; **curled up in a ~** [*animal*] roulé en boule; **tennis ~** balle *(f)* de tennis; **to keep a lot of ~s in the air** faire plein de choses à la fois; **to keep the ~ rolling** (= *maintain activity*) maintenir le mouvement; (= *maintain interest*) soutenir l'intérêt; **to start the ~ rolling•** (= *initiate action*) lancer une affaire; (= *initiate conversation*) lancer la conversation; **the ~ is in your court** c'est à vous de jouer; **to be on the ~•** (= *competent*) être à la hauteur; (= *alert*) ouvrir l'œil et le bon•

ⓑ [*of wool, string*] pelote *(f)*

ⓒ (= *dance*) bal *(m)*; **to have a ~•** (= *have fun*) s'amuser comme des fous

2 NPL **balls**⁙ (= *testicles*) couilles⁙ *(fpl)*

3 COMP ♦ **ball bearings** NPL roulement *(m)* à billes ♦ **ball boy** N ramasseur *(m)* de balles ♦ **ball game** N (*US*) match *(m)* de base-ball; **it's a whole new ~ game•** c'est une tout autre histoire ♦ **ball girl** N ramasseuse *(f)* de balles ♦ **ballpoint (pen)** N stylo *(m)* (à) bille

ballad /'bæləd/ N ballade *(f)*

ballast /'bæləst/ N ⓐ (*in ship*) lest *(m)* ⓑ (*on railway*) ballast *(m)*

ballcock /'bɔːlkɒk/ N robinet *(m)* à flotteur

ballerina /,bæləˈriːnə/ N ballerine *(f)*

ballet /'bæleɪ/ 1 N ⓐ (= *show*) ballet *(m)* ⓑ (= *type of dance*) danse *(f)* classique 2 COMP ♦ **ballet dancer** N danseur *(m)*, -euse *(f)* classique ♦ **ballet lesson** N cours *(m)*

de danse classique ♦ **ballet school** N école *(f)* de danse classique

ballistic /bəˈlɪstɪk/ ADJ balistique

balloon /bəˈluːn/ 1 N ⓐ ballon *(m)*; **to go up in a ~** monter en ballon; **the ~ went up•** (*fig*) l'affaire a éclaté ⓑ (*in drawings, comic*) bulle *(f)* 2 VI ⓐ **to go ~ing** faire une ascension (*or* des ascensions) en ballon ⓑ (= *swell out*) gonfler

balloonist /bəˈluːnɪst/ N aéronaute *(mf)*

ballot /'bælət/ 1 N (= *paper*) bulletin *(m)* de vote; (= *method of voting*) scrutin *(m)*; **first/second ~** premier/second tour *(m)* de scrutin 2 VT faire voter à bulletin secret; **the union is ~ing members** le syndicat fait voter la base à bulletin secret 3 COMP ♦ **ballot box** N urne *(f)* ♦ **ballot paper** N bulletin *(m)* de vote ♦ **ballot rigging** N (*Brit*) fraude *(f)* électorale

ballpark /'bɔːlpɑːk/ 1 N (*US*) stade *(m)* de base-ball; **the two companies are not in the same ~** les deux sociétés ne sont pas comparables 2 ADJ [*figure, estimate*] approximatif

ballplayer /'bɔːl,pleɪəʳ/ N (*US*) joueur *(m)* de base-ball

ballroom /'bɔːlrʊm/ N [*of hotel*] salle *(f)* de danse; [*of mansion*] salle *(f)* de bal ♦ **ballroom dancing** N danse *(f)* de salon

balm /bɑːm/ N baume *(m)*

balmy /'bɑːmɪ/ ADJ (= *mild*) doux (douce *(f)*)

baloney• /bəˈləʊnɪ/ N (*US*) balivernes *(fpl)*

balsam /'bɔːlsəm/ N baume *(m)*

balsamic vinegar /bɔːlˈsæmɪkˈvɪnɪgəʳ/ N vinaigre *(m)* balsamique

Baltic /'bɔːltɪk/ 1 N **the ~ (Sea)** la (mer) Baltique 2 ADJ [*trade, port*] de la Baltique; **the ~ States** les pays *(mpl)* baltes

balustrade /,bæləsˈtreɪd/ N balustrade *(f)*

bamboo /bæmˈbuː/ 1 N bambou *(m)*; **~ shoots** pousses *(fpl)* de bambou 2 ADJ [*chair, fence*] en bambou

bamboozle• /bæmˈbuːzl/ VT ⓐ (= *deceive*) embobiner• ⓑ (= *perplex*) déboussoler•

ban /bæn/ 1 N interdit *(m)*; **to put a ~ on sth** interdire qch 2 VT interdire (**sth** qch, **sb from doing sth** à qn de faire qch); (= *exclude*) exclure (**from** de) 3 COMP ♦ **banned substance** N (*Sport*) substance *(f)* prohibée

banal /bəˈnɑːl/ ADJ banal

banana /bəˈnɑːnə/ 1 N (= *fruit*) banane *(f)* 2 ADJ **to go ~s•** (= *go crazy*) devenir dingue•; (= *get angry*) piquer une crise• 3 COMP ♦ **banana republic** N république *(f)* bananière ♦ **banana peel, banana skin** N peau *(f)* de banane

band /bænd/ N ⓐ (= *strip*) bande *(f)*; **metal ~** bande *(f)* métallique; **to vary within a narrow ~** [*figures, prices*] varier à l'intérieur d'une fourchette étroite ⓑ (= *group*) bande *(f)* ⓒ (*musical*) orchestre *(m)*; (*brass only*) fanfare *(f)*; **members of the ~** musiciens *(mpl)*

► **band together** VI se grouper; (= *form a gang*) former une bande

bandage /'bændɪdʒ/ 1 N (*for wound*) pansement *(m)*; (*for sprain*) bande *(f)*; **head swathed in ~s** tête *(f)* bandée 2 VT [+ *hand*] bander; [+ *wound*] mettre un pansement sur

Band-Aid ® /'bændeɪd/ 1 N pansement *(m)* adhésif 2 ADJ (*US*) [*measures*]• de fortune; **a ~ solution** une solution qui tient du rafistolage

bandan(n)a /bænˈdænə/ N bandana *(m)*

B & B /,biːəndˈbiː/ N ABBR = **bed and breakfast**

bandit /'bændɪt/ N bandit *(m)*

bandleader /'bænd,liːdəʳ/ N chef *(m)* d'orchestre

bandstand /'bændstænd/ N kiosque *(m)* (à musique)

bandwagon /'bænd,wægən/ N **to jump on the ~** suivre le mouvement

bandy /'bændɪ/ VT [+ *accusations*] se renvoyer; **to ~ words (with sb)** discuter (avec qn)

► **bandy about, bandy around** VT SEP [+ *story, report*] faire circuler; [+ *figures, sums*] avancer; **to ~ sb's name about** parler de qn

bandy-legged /ˈbændɪˈlegɪd/ ADJ **to be ~** avoir les jambes arquées

bane /beɪn/ N fléau (m); **he's/it's the ~ of my life*** il/cela m'empoisonne la vie

bang /bæŋ/ 1 N ⓐ [of gun, explosives] détonation (f); [of door] claquement (m); **the door closed with a ~** la porte a claqué; **to go off with a ~** [fireworks] éclater; **to start with a ~** (= successfully) commencer très fort
ⓑ (= blow) coup (m)
2 ADV* **to go ~** éclater; **~ in the middle** en plein milieu; **to hit the target ~ on** (Brit) frapper en plein dans le mille; **she arrived ~ on time** (Brit) elle est arrivée à l'heure pile; **~ goes my chance of promotion** je peux faire une croix sur mes chances de promotion; **the play is ~ up to date** la pièce est complètement d'actualité; **his skills remain ~ up to date** son savoir-faire reste à la pointe
3 EXCL (firearm) pan!; (explosion) boum!
4 VT frapper violemment; **to ~ one's fist on the table** taper du poing sur la table; **to ~ one's head on sth** se cogner la tête sur qch; **to ~ the door** claquer la porte
5 VI ⓐ [door] claquer; (repeatedly) battre; [fireworks] éclater; [gun] détoner
ⓑ **to ~ on** or **at the door** donner de grands coups dans la porte; **to ~ on the table** frapper la table avec son poing
► **bang on*** VI **to ~ on about sth** rabâcher qch

banger /ˈbæŋəʳ/ N (Brit) ⓐ (= sausage)* saucisse (f); **~s and mash** saucisses (fpl) à la purée ⓑ (= old car)* vieille bagnole (f) ⓒ (= firework) pétard (m)

Bangladesh /ˌbæŋɡləˈdeʃ/ N Bangladesh (m)

Bangladeshi /ˌbæŋɡləˈdeʃɪ/ 1 ADJ bangladais 2 N Bangladais(e) (m(f))

bangle /ˈbæŋɡl/ N bracelet (m)

bangs /bæŋz/ NPL (US = fringe) frange (f)

banish /ˈbænɪʃ/ VT bannir

banjo /ˈbændʒəʊ/ N banjo (m)

bank /bæŋk/ 1 N ⓐ (= institution) banque (f); **the Bank of England** la Banque d'Angleterre; **to break the ~** faire sauter la banque
ⓑ (= mound) talus (m); **a ~ of clouds** un amoncellement de nuages
ⓒ [of river, lake] rive (f); (above water level) berge (f); [of canal] bord (m); **the left/right ~** (in Paris) la Rive gauche/droite
ⓓ [of switches] rangée (f)
2 VT [+ money] mettre à la banque
3 VI ⓐ **to ~ with Lloyds** avoir un compte à la Lloyds; **who do you ~ with?** à quelle banque êtes-vous?
ⓑ [pilot, aircraft] virer
4 COMP ◆ **bank account** N compte (m) bancaire ◆ **bank balance** N solde (m) bancaire ◆ **bank card** N carte (f) d'identité bancaire ◆ **bank clerk** N (Brit) employé(e) (m(f)) de banque ◆ **bank holiday** N jour (m) férié ◆ **bank manager** N directeur (m) d'agence bancaire; **my ~ manager** mon banquier ◆ **bank robber** N braqueur (m) de banque ◆ **bank robbery** N braquage (m) de banque ◆ **bank statement** N relevé (m) de compte
► **bank on** VT INSEP (= count on) compter sur; **I wouldn't ~ on it** il ne faut pas compter là-dessus

banker /ˈbæŋkəʳ/ N banquier (m)

banking /ˈbæŋkɪŋ/ N (= transactions) opérations (fpl) bancaires; (= profession) banque (f); **to study ~** faire des études bancaires

banknote /ˈbæŋknəʊt/ N (Brit) billet (m) de banque

bankroll* /ˈbæŋkrəʊl/ VT financer

bankrupt /ˈbæŋkrʌpt/ 1 ADJ **to go ~** [person, business] faire faillite; **to be ~** [person] être en faillite; **morally ~** dépourvu de toute moralité 2 VT [+ person] mettre en faillite

bankruptcy /ˈbæŋkrəptsɪ/ N faillite (f)

banner /ˈbænəʳ/ N bannière (f) ◆ **banner headlines** NPL gros titres (mpl)

banning /ˈbænɪŋ/ N (= prohibition) interdiction (f); **the ~ of cars from city centres** l'interdiction de la circulation automobile dans les centres-villes; **the ~ of three athletes from the Olympic Games** l'exclusion de trois athlètes des Jeux olympiques

bannister /ˈbænɪstəʳ/ N rampe (f) (d'escalier)

banns /bænz/ NPL bans (mpl) (de mariage)

banquet /ˈbæŋkwɪt/ N (= ceremonial dinner) banquet (m); (= lavish meal) festin (m) ◆ **banqueting hall** N salle (f) de(s) banquet(s)

bantam /ˈbæntəm/ N coq (m) nain, poule (f) naine ◆ **bantam-weight** N (Boxing) poids (m) coq

banter /ˈbæntəʳ/ 1 N badinage (m) 2 VI badiner

bap /bæp/ N (Brit) petit pain (m)

baptism /ˈbæptɪzəm/ N baptême (m); **~ of fire** baptême (m) du feu

baptist /ˈbæptɪst/ N baptiste (mf) ◆ **the Baptist Church** N l'Église (f) baptiste

baptize /bæpˈtaɪz/ VT baptiser

bar /baːʳ/ 1 N ⓐ (metal) barre (f); (wood) planche (f); [of chocolate] tablette (f); **~ of soap** savon (m)
ⓑ [of window, cage] barreau (m); (of door, in gym) barre (f); [of ski-lift] perche (f); [of electric fire] résistance (f); **to put sb behind ~s** mettre qn derrière les barreaux
ⓒ (= obstacle) obstacle (m); **to be a ~ to progress** faire obstacle au progrès
ⓓ **the Bar** le barreau; **to be called** (Brit) or **admitted** (US) **to the Bar** s'inscrire au barreau; **to read for the Bar** préparer le barreau
ⓔ (= drinking place) bar (m); (= counter) comptoir (m); **to have a drink at the ~** prendre un verre au comptoir
ⓕ (Music) mesure (f); **the opening ~s** les premières mesures (fpl)
2 VT ⓐ (= obstruct) [+ road] barrer; **to ~ sb's way** or **path** barrer le passage à qn
ⓑ **to ~ the door** mettre la barre à la porte; **to ~ the door against sb** barrer la porte à qn
ⓒ (= forbid) [+ person] exclure; **to ~ sb from doing sth** interdire à qn de faire qch; **they're ~red from the country** il leur est interdit d'entrer dans le pays
3 PREP sauf; **~ none** sans exception; **~ one** sauf un(e)
4 COMP ◆ **bar billiards** N (Brit) billard auquel on joue dans les pubs ◆ **bar code** N code-barre (m) ◆ **bar graph** N graphique (m) en barres

Barbadian /baːˈbeɪdɪən/ 1 ADJ barbadien 2 N Barbadien(ne) (m(f))

Barbados /baːˈbeɪdɒs/ N Barbade (f); **in ~** à la Barbade

barbaric /baːˈbærɪk/ ADJ barbare

barbarous /ˈbaːbərəs/ ADJ barbare

barbecue /ˈbaːbɪkjuː/ (vb: prp **barbecuing**) 1 N barbecue (m); **to have a ~** faire un barbecue 2 VT faire cuire au barbecue

barbed /baːbd/ ADJ [words, wit] acéré ◆ **barbed wire** N fil (m) de fer barbelé ◆ **barbed wire fence** N (haie (f) de fils) barbelés (mpl)

barber /ˈbaːbəʳ/ N coiffeur (m) (pour hommes); **to go to the ~'s** aller chez le coiffeur

barbiturate /baːˈbɪtjʊrɪt/ N barbiturique (m)

Barcelona /ˌbaːsəˈləʊnə/ N Barcelone

bare /beəʳ/ 1 ADJ ⓐ (= naked, uncovered) nu; [hill, summit] pelé; [countryside, tree, wire] dénudé; **~ to the waist** nu jusqu'à la ceinture; **he killed him with his ~ hands** il l'a tué à mains nues; **there are ~ patches on the lawn** la pelouse est pelée par endroits; **with his head ~** nu-tête (inv); **the ~ bones** les grandes lignes (fpl)
ⓑ (= empty) [ground] dénudé; [wall] nu; **a room ~ of furniture** une pièce vide; **they only told us the ~ facts** ils nous ont simplement présenté les faits
ⓒ (= absolute) **the ~ necessities** le strict nécessaire; **to provide people with the ~ necessities of life** assurer aux gens le minimum vital; **the ~ essentials** le strict nécessaire; **the ~ minimum** le plus strict minimum
ⓓ (= mere, small) **the match lasted a ~ 18 minutes** le match

n'a pas duré plus de 18 minutes; **a ~ majority** une faible majorité

2 VT découvrir; **to ~ one's teeth** [*person, animal*] montrer les dents; **to ~ one's head** se découvrir

bareback /'bɛəbæk/ ADV à cru

barefaced /,bɛə'feɪst/ ADJ [*lie, liar*] éhonté; **it is ~ robbery** c'est du vol manifeste

barefoot /'bɛəfʊt/ 1 ADV nu-pieds 2 ADJ aux pieds nus

bareheaded /,bɛə'hedɪd/ ADV, ADJ nu-tête (*inv*)

barely /'bɛəlɪ/ ADV (= *only just*) à peine; **he can ~ read** il sait à peine lire; **her voice was ~ audible** sa voix était à peine audible; **~ concealed contempt** un mépris à peine dissimulé; **the car was ~ a year old** la voiture avait à peine un an

bargain /'bɑːgɪn/ 1 N ⓐ (= *agreement*) marché (*m*); **to make a ~** conclure un marché; **it's a ~!** c'est entendu!; **to keep one's side of the ~** tenir ses engagements; **into the ~** par-dessus le marché ⓑ (= *good buy*) affaire (*f*); **it's a (real) ~!** c'est vraiment une affaire!

2 VI ⓐ (= *negotiate*) négocier; **to ~ with sb for sth** négocier qch avec qn ⓑ (= *count on*) **I didn't ~ for that** je ne m'attendais pas à cela; **I got more than I ~ed for** j'ai eu une surprise désagréable

3 COMP ◆ **bargain-hunter** N personne (*f*) à l'affût des bonnes occasions ◆ **bargain price** N prix (*m*) avantageux

bargaining /'bɑːgənɪŋ/ N marchandage (*m*); **that gives us more ~ power** ceci nous met en meilleure position pour négocier

barge /bɑːdʒ/ 1 N chaland (*m*); (*large*) péniche (*f*) 2 VI **he ~d through the crowd** il bousculait les gens pour passer 3 COMP ◆ **barge pole** N (*Brit*) **I wouldn't touch it with a ~ pole*** (*revolting*) je n'y toucherais pas avec des pincettes; (*risky*) je ne m'y frotterais pas

► **barge in** VI (= *enter*) faire irruption; (= *interrupt*) interrompre la conversation

► **barge into** VT INSEP [+ *person*] rentrer dans*; **to ~ into a room** faire irruption dans une pièce

baritone /'bærɪtəʊn/ 1 N (= *singer, instrument*) baryton (*m*) 2 ADJ [*voice, part*] de baryton

bark /bɑːk/ 1 N ⓐ [*of tree*] écorce (*f*) ⓑ [*of dog*] aboiement (*m*); **his ~ is worse than his bite** il n'est pas aussi méchant qu'il en a l'air 2 VI [*dog*] aboyer (**at** après); (= *speak sharply*) aboyer; **to ~ at sb** aboyer après qn; **to ~ up the wrong tree** faire fausse route

► **bark out** VT SEP [+ *order*] glapir

barking /'bɑːkɪŋ/ 1 N [*of dog*] aboiement (*m*) 2 ADJ (*Brit: also* **~ mad**)* complètement cinglé*

barley /'bɑːlɪ/ N orge (*f*) ◆ **barley sugar** N sucre (*m*) d'orge ◆ **barley water** N ≈ orgeat (*m*)

barmaid /'bɑːmeɪd/ N serveuse (*f*) (de bar)

barman /'bɑːmən/ N (*pl* **-men**) barman (*m*)

Bar Mitzvah, bar mitzvah /,bɑː'mɪtsvə/ N bar-mitsvah (*f*)

barmy* /'bɑːmɪ/ ADJ (*Brit*) timbré*

barn /bɑːn/ 1 N ⓐ grange (*f*) ⓑ (*US*) (*for horses*) écurie (*f*); (*for cattle*) étable (*f*) 2 COMP ◆ **barn dance** N bal (*m*) campagnard ◆ **barn owl** N chat-huant (*m*)

barnacle /'bɑːnəkl/ N bernache (*f*)

barometer /bə'rɒmɪtə'/ N baromètre (*m*)

baron /'bærən/ N baron (*m*); **drug(s) ~** baron (*m*) de la drogue

baroness /'bærənɪs/ N baronne (*f*)

baronet /'bærənɪt/ N (*Brit*) baronnet (*m*)

baroque /bə'rɒk/ ADJ, N baroque (*m*)

barracks /'bærəks/ N caserne (*f*)

barrage /'bærɑːʒ/ N ⓐ [*of river*] barrage (*m*) ⓑ (= *firing*) tir (*m*) de barrage; [*of questions, reproaches*] pluie (*f*)

barrel /'bærəl/ 1 N ⓐ [*of wine, beer*] tonneau (*m*); [*of oil*] baril (*m*); **to have sb over a ~*** tenir qn à sa merci ⓑ [*of*

firearm] canon (*m*) 2 VI (*US*)* foncer* 3 COMP ◆ **barrel organ** N orgue (*m*) de Barbarie

barren /'bærən/ ADJ [*land, landscape*] aride; [*discussion, period of time*] stérile

barricade /,bærɪ'keɪd/ 1 N barricade (*f*) 2 VT [+ *street*] barricader; **to ~ o.s. (in)** se barricader

barrier /'bærɪə'/ N barrière (*f*); (*also* **ticket ~**) portillon (*m*) (d'accès); **a trade ~** une barrière douanière; **to put up ~s to sb/sth** dresser des obstacles sur le chemin de qn/qch; **to break down ~s** supprimer les barrières ◆ **barrier method** N méthode (*f*) de contraception locale

barring /'bɑːrɪŋ/ PREP sauf; **~ accidents** sauf accident

barrister /'bærɪstə'/ N (*Brit*) avocat (*m*) → 〔LAWYER〕

barroom /'bɑːrʊm/ N (*US*) salle (*f*) de bar

barrow /'bærəʊ/ N (*also* **wheelbarrow**) brouette (*f*); (*Brit*) [*of vendor*] voiture (*f*) des quatre saisons ◆ **barrow-boy** N marchand (*m*) des quatre saisons

bartender /'bɑː,tendə'/ N (*US*) barman (*m*), serveuse (*f*) (de bar)

barter /'bɑːtə'/ 1 N troc (*m*) 2 VT troquer (**for** contre) 3 VI faire un troc

base /beɪs/ 1 N base (*f*); **to touch ~ with sb*** reprendre contact avec qn 2 VT [+ *reasoning, belief, opinion*] fonder (**on** sur); **to be ~d in York** être basé à York; **the company is ~d in Glasgow** l'entreprise est basée à Glasgow 3 ADJ (= *contemptible*) vil (vile (*f*)); [*instincts*] bas (basse (*f*)) 4 COMP ◆ **base line** N (*Baseball*) ligne (*f*) des bases; (*Tennis*) ligne (*f*) de fond

baseball /'beɪsbɔːl/ N baseball (*m*) ◆ **baseball cap** N casquette (*f*) de baseball

Basel /'bɑːzl/ N Bâle (*f*)

basement /'beɪsmənt/ N sous-sol (*m*); **in the ~** au sous-sol ◆ **basement flat** N appartement (*m*) en sous-sol

bases[1] /'beɪsɪz/ NPL of **basis**

bases[2] /'beɪsɪz/ NPL of **base**

bash* /bæʃ/ 1 N ⓐ coup (*m*); (*with fist*) coup (*m*) de poing; **the bumper has had a ~** le pare-chocs est cabossé ⓑ **to have a ~ at sth/at doing sth*** s'essayer à qch/à faire qch; **I'll have a ~ (at it)*** je vais tenter le coup ⓒ (= *party*) fête (*f*) 2 VT frapper; **to ~ sb on the head** assommer qn

► **bash in*** VT SEP **to ~ sb's head in** défoncer le crâne de qn*

► **bash up*** VT SEP (*Brit*) [+ *person*] tabasser*

bashful /'bæʃfʊl/ ADJ timide

basic /'beɪsɪk/ 1 ADJ ⓐ (= *fundamental*) fondamental; [*rule*] élémentaire; **~ French** le français de base; **a ~ knowledge of Russian** une connaissance de base du russe; **~ needs** besoins (*mpl*) essentiels ⓑ [*salary, working hours*] de base 2 NPL **the basics** l'essentiel (*m*); **to get down to the ~s** en venir à l'essentiel; **to get back to ~s** revenir au b.a.-ba

basically /'beɪsɪklɪ/ ADV ◆ **you've got two choices** en fait, vous avez deux options; **well, ~, all I have to do is ...** eh bien, en fait, je n'ai qu'à ...; **~ we agree** dans l'ensemble, nous sommes d'accord

basil /'bæzl/ N basilic (*m*)

basilica /bə'zɪlɪkə/ N basilique (*f*)

basin /'beɪsn/ N ⓐ cuvette (*f*); (*for mixing*) bol (*m*); (*also* **pudding ~**) moule (*m*); (*also* **washbasin, wash-hand ~**) lavabo (*m*); [*of fountain*] vasque (*f*) ⓑ [*of river*] bassin (*m*); (= *valley*) cuvette (*f*)

basis /'beɪsɪs/ N (*pl* **bases**) base (*f*); **they accepted the plan as a ~ for settling the conflict** ils ont accepté le plan comme base de règlement du conflit; **paid on a daily ~** payé à la journée; **paid on a regular ~** payé régulièrement; **open on a 24-hour ~** ouvert 24 heures sur 24; **on that ~** dans ces conditions; **on the ~ of what you've told me** d'après ce que vous m'avez dit

bask /bɑːsk/ VI **to ~ in the sun** se prélasser au soleil

basket /'bɑːskɪt/ N ⓐ corbeille (*f*); (*also* **shopping ~**) panier (*m*); (*Basketball*) panier (*m*); **a ~ of currencies** un panier de devises; **to make a ~** (*Basketball*) marquer un panier ◆ **basket case:** N he's a ~ **case** (= *crazy*) il est cinglé*

basketball /'bɑːskɪtbɔːl/ N basket(-ball) (m) ◆ **basketball player** N basketteur (m), -euse (f)

Basque /bæsk/ 1 N ⓐ Basque (mf) ⓑ (= *language*) basque (m) 2 ADJ basque; **the ~ Country** le Pays basque

bass /beɪs/ 1 N ⓐ (= *part, singer, guitar*) basse (f); (*also* **double ~**) contrebasse (f) ⓑ /bæs/ (= *fish*) (freshwater) perche (f); (*sea*) bar (m) 2 ADJ [*voice*] de basse 3 COMP ◆ **bass drum** N grosse caisse (f) ◆ **bass guitar** N guitare (f) basse ◆ **bass guitarist** N bassiste (mf)

bassoon /bə'suːn/ N basson (m)

bastard: /'bɑːstəd/ N (= *unpleasant person*) salaud:; **he's a lucky ~!** c'est un drôle de veinard !*

baste /beɪst/ VT [+ *meat*] arroser

bastion /'bæstɪən/ N bastion (m)

bat /bæt/ 1 N ⓐ (= *animal*) chauve-souris (f) ⓑ (*Baseball, Cricket*) batte (f); (*Table Tennis*) raquette (f); **off one's own ~** de sa propre initiative; **right off the ~** (*US*) sur-le-champ ⓒ (= *blow*) coup (m) 2 VI (*Baseball, Cricket*) être à la batte; **he ~s well** c'est un bon batteur 3 VT ⓐ (= *hit*)* flanquer un coup à*; **to ~ sth around*** (*US* = *discuss*) discuter de qch (à bâtons rompus) ⓑ **he didn't ~ an eyelid** (*Brit*) or **an eye** (*US*) il n'a pas sourcillé; **without ~ting an eyelid** (*Brit*) or **an eye** (*US*) sans sourciller

batch /bætʃ/ N [*of loaves*] fournée (f); [*of people*] groupe (m); [*of letters*] paquet (m); [*of goods*] lot (m)

bated /'beɪtɪd/ ADJ **with ~ breath** en retenant son souffle

bath /bɑːθ/ 1 N (*pl* **baths** /bɑːðz/) bain (m); (*also* **~tub**) baignoire (f); **to have a ~** prendre un bain; **while I was in the ~** pendant que je prenais mon bain; **room with ~** (*in hotel*) chambre (f) avec salle de bains 2 NPL **baths** (*for swimming*) piscine (f) 3 VT (*Brit*) donner un bain à 4 COMP ◆ **bath oil** N huile (f) pour le bain ◆ **bath salts** NPL sels (mpl) de bain ◆ **bath towel** N serviette (f) de bain

bathe /beɪð/ 1 VT baigner; [+ *wound*] laver; **to ~ one's feet** prendre un bain de pieds; **to ~ the baby** (*US*) donner un bain au bébé 2 VI (*Brit*) se baigner; (*US*) prendre un bain (*dans une baignoire*) 3 N (*Brit*) **let's go for a ~** allons nous baigner

bather /'beɪðəʳ/ N baigneur (m), -euse (f)

bathing /'beɪðɪŋ/ N bains (mpl); (= *swimming*) baignade(s) (f(pl)) ◆ **bathing cap** N bonnet (m) de bain ◆ **bathing costume** (*Brit*), **bathing suit** N maillot (m) de bain ◆ **bathing trunks** NPL (*Brit*) slip (m) de bain

bathmat /'bɑːθmæt/ N tapis (m) de bain

bathrobe /'bɑːθrəʊb/ N peignoir (m)

bathroom /'bɑːθrʊm/ N salle (f) de bains; (*US* = *toilet*) toilettes (fpl) ◆ **bathroom cabinet** N armoire (f) de toilette ◆ **bathroom scales** NPL balance (f)

bathtub /'bɑːθtʌb/ N baignoire (f)

baton /'bætən/ N bâton (m); (*Brit*) [*of policeman*] matraque (f); (*in relay race*) témoin (m); **to hand on the ~ to sb** passer le relais à qn ◆ **baton charge** N charge (f) à la matraque

batsman /'bætsmən/ N (*pl* **-men**) batteur (m)

battalion /bə'tælɪən/ N bataillon (m)

batter /'bætəʳ/ 1 N (*for frying*) pâte (f) à frire; (*for pancakes*) pâte (f) à crêpes ⓑ (*US Sport*) batteur (m) 2 VT (= *strike repeatedly*) battre; [+ *baby*] maltraiter; **~ed babies** or **children** enfants (mpl) battus; **~ed wife** femme (f) battue; **the ship was ~ed by the waves** le bateau était battu par les vagues 3 VI **to ~ at the door** frapper à la porte à coups redoublés

battered /'bætəd/ ADJ [*hat, car*] cabossé

battering /'bætərɪŋ/ N **the town took a dreadful ~ during the war** la ville a été terriblement éprouvée pendant la guerre

battery /'bætərɪ/ 1 N ⓐ [*of torch, radio*] pile (f); [*of vehicle*] batterie (f) ⓑ (= *number of similar objects*) batterie (f); **to undergo a ~ of tests** subir une batterie de tests 2 COMP ◆ **battery charger** N chargeur (m) de batterie ◆ **battery**

farm N (*Brit*) élevage (m) en batterie ◆ **battery hen** N poulet (m) de batterie ◆ **battery-operated, battery-powered** ADJ à pile(s)

battle /'bætl/ 1 N bataille (f), combat (m); **killed in ~** tué au combat; **~ of wills** bras (m) de fer; **life is a continual ~** la vie est un combat perpétuel; **we are fighting the same ~** nous nous battons pour la même cause; **that's half the ~*** c'est déjà pas mal*; **that's only half the ~** la partie n'est pas encore gagnée; **~ for control of sth** lutte (f) pour obtenir le contrôle de qch; **to lose/win the ~** perdre/gagner la bataille 2 VI se battre (**to do sth** pour faire qch) 3 COMP ◆ **battle cry** N cri (m) de guerre

► **battle out** VT SEP **Leeds ~d it out with Manchester in the final** Leeds s'est mesuré à Manchester en finale

battlefield /'bætlfiːld/, **battleground** /'bætlgraʊnd/ N champ (m) de bataille

battlements /'bætlmənts/ NPL (= *wall*) remparts (mpl); (= *crenellation*) créneaux (mpl)

battleship /'bætlʃɪp/ N cuirassé (m)

batty: /'bætɪ/ ADJ (*Brit*) toqué*

baulk /bɔːlk/ VI **to ~ at doing sth** regimber pour faire qch

Bavaria /bə'veərɪə/ N Bavière (f)

bawdy /'bɔːdɪ/ ADJ paillard

bawl /bɔːl/ 1 VI ⓐ (= *shout*) brailler (**at** contre) ⓑ (= *weep*)* brailler 2 VT brailler

bay /beɪ/ 1 N ⓐ (*in coast*) baie (f); (*small*) anse (f); **the Bay of Biscay** le Golfe de Gascogne ⓑ (= *tree*) laurier(-sauce) (m) ⓒ (= *alcove*) renfoncement (m) ⓓ ◆ **to keep sb/sth at bay** tenir qn/qch à distance 2 VI aboyer (**at** après); **to ~ for blood** (*Brit*) crier vengeance; **to ~ for sb's blood** (*Brit*) réclamer la tête de qn 3 COMP ◆ **bay leaf** N (*pl* **bay leaves**) feuille (f) de laurier ◆ **bay window** N bow-window (m)

bayonet /'beɪənɪt/ N baïonnette (f)

bazaar /bə'zɑːʳ/ N bazar (m); (= *sale of work*) vente (f) de charité

bazooka /bə'zuːkə/ N bazooka (m)

BBC /ˌbiːbiː'siː/ N (ABBR = **British Broadcasting Corporation**) BBC (f)

BBQ /ˌbiːbiː'kjuː/ N ABBR = **barbecue**

BC /biː'siː/ (ABBR = **Before Christ**) av. J-C

be /biː/

1 LINKING VERB	4 INTRANSITIVE VERB
2 AUXILIARY VERB	5 IMPERSONAL VERB
3 MODAL VERB	6 COMPOUNDS

► *pres* **am, is, are**, *pret* **was, were**, *ptp* **been**

1 LINKING VERB

ⓐ être; **the sky is blue** le ciel est bleu; **who is that? — it's me!** qui est-ce? — c'est moi!; **she's English** elle est anglaise; **they are friendly** ils sont sympathiques; **if I were you I would refuse** si j'étais vous, je refuserais

► *The following translations use* ce + être *because they contain an article or possessive in French.*

she is an Englishwoman c'est une Anglaise; **they are my best friends** ce sont mes meilleurs amis; **it's the most expensive** c'est le plus cher

ⓑ with occupation être

► *No article is used in French, unless the noun is qualified by an adjective.*

he wants to be a doctor il veut être médecin; **she's a well-known lawyer** c'est une avocate renommée

ⓒ referring to health aller; **how are you?** comment allez-vous?; **I'm better now** je vais mieux maintenant

ⓓ = cost coûter; **how much is it?** combien ça coûte?

e = equal faire; **two and two are four** deux et deux font quatre

f

> ► Note how the verb **avoir** is used when translating **to be** + certain adjectives.

to be cold/hot/hungry/thirsty/ashamed/right/wrong avoir froid/chaud/faim/soif/honte/raison/tort

> ► Note how French makes the person, not the part of the body, the subject of the sentence in the following.

my feet are cold j'ai froid aux pieds; **my hands are frozen** j'ai les mains gelées

g with age avoir; **how old is he?** quel âge a-t-il?; **he's 25** il a 25 ans; **she's about my age** elle a à peu près mon âge

2 AUXILIARY VERB

a in continuous tenses

♦ **to be** + -ing

> ► French does not distinguish between simple and continuous actions as much as English does.

I'm coming! j'arrive!; **she's always complaining** elle est toujours en train de se plaindre; **what have you been doing this week?** qu'est-ce que tu as fait cette semaine?; **will you be seeing her tomorrow?** est-ce que vous allez la voir demain?

> ► **être en train de** + infinitive emphasizes that one is in the middle of the action.

I haven't got time, I'm cooking the dinner je n'ai pas le temps, je suis en train de préparer le repas; **I was just writing to him when he phoned** j'étais en train de lui écrire quand il m'a appelé

> ► The imperfect tense is used for continuous action in the past.

he was driving too fast il conduisait trop vite

♦ **have/had been** +... **for/since**

> ► French uses the present and imperfect where English uses the perfect and past perfect.

I've been waiting for you for an hour je t'attends depuis une heure; **I've been waiting for you since six o'clock** je t'attends depuis six heures; **I'd been at university for six weeks when my father got ill** j'étais à l'université depuis six semaines quand mon père est tombé malade

b in tag questions: seeking confirmation n'est-ce pas?; **he's a friend of yours, isn't he?** c'est un ami à toi, n'est-ce pas?; **she wasn't happy, was she?** elle n'était pas heureuse, n'est-ce pas?; **so it's all done, is it?** tout est fait, alors?; **you're not ill, are you?** tu n'es pas malade j'espère?

c in tag responses **they're getting married — oh are they?** ils vont se marier — ah bon?; **he's going to complain about you — oh is he?** il va porter plainte contre toi — ah vraiment?

> ► When answering questions, **oui** or **non** may be used alone.

he's always late, isn't he? — yes, he is il est toujours en retard, n'est-ce pas? — oui; **is it what you expected? — no it isn't** est-ce que tu t'attendais à ça? — non

d in passives être

> ► The past participle in French passive constructions agrees with the subject.

he was killed il a été tué; **she was killed** elle a été tuée; **both goals were scored in the second half** les deux buts ont été marqués à la deuxième mi-temps; **the cars were set on fire** les voitures ont été incendiées

> ► The passive is used less in French than in English. It is often expressed by **on** + active verb.

the door was shut in his face on lui a fermé la porte au nez; **it is said that ...** on dit que ...

> ► The reflexive can be used to describe how something is usually done.

peaches are sold by the kilo les pêches se vendent au kilo

3 MODAL VERB

♦ **am/are/is to** + infinitive a = will **the talks are to start tomorrow** les négociations doivent commencer demain; **now the old lady has died, her house is to be sold** maintenant que la vieille dame est décédée, sa maison va être mise en vente

b = must **you are to follow these instructions exactly** tu dois suivre ces instructions scrupuleusement; **you are not to touch that** tu ne dois pas y toucher; **this door is not to be opened** cette porte ne doit pas être ouverte

c = should **he is to be pitied** il est à plaindre; **not to be confused with ...** à ne pas confondre avec ...

d = be destined to **this was to have serious repercussions** cela devait avoir de graves répercussions; **they were never to return** ils ne devaient jamais revenir

e = can **these birds are to be found all over the world** on trouve ces oiseaux dans le monde entier

4 INTRANSITIVE VERB

a être; (= take place) avoir lieu; **to be or not to be** être ou ne pas être; **he is there at the moment, but he won't be there much longer** il est là en ce moment mais il ne va pas rester très longtemps; **the match is tomorrow** le match a lieu demain; **Christmas Day is on a Wednesday this year** Noël tombe un mercredi cette année

♦ **there is/are** (= there exist(s)) il y a; **there is a mouse in the room** il y a une souris dans la pièce; **there are pigeons on the roof** il y a des pigeons sur le toit; **I thought there would be problems** je pensais qu'il y aurait des problèmes; **there are three of us** nous sommes trois

♦ **there's** (pointing out sth) voilà; **there's the church** voilà l'église

♦ **here is/are** voici; **here's your key** voici ta clé; **here are the tickets** voici les billets; **here you are at last!** te voilà enfin!; **here you are!** (= take this) tiens (or tenez)!

b ♦ **to have been** (to a place) **I have already been to Paris** je suis déjà allé à Paris; **I have been to see my aunt** je suis allé voir ma tante; **he has been and gone** il est venu et reparti; **where have you been?** où étais-tu passé?

5 IMPERSONAL VERB

a weather, temperature faire; **it's fine/cold/dark** il fait beau/froid/nuit; **it's 20 degrees in the shade** il fait 20 degrés à l'ombre; **it's windy/foggy** il y a du vent/du brouillard

b time être; **it's morning** c'est le matin; **it's 6 o'clock** il est 6 heures; **tomorrow is Friday** demain c'est vendredi; **it is 14 June today** nous sommes le 14 juin

c emphatic **it's me who does all the work** c'est moi qui fais tout le travail; **it was then we realized that ...** c'est alors que nous nous sommes rendu compte que ...; **it was they who suggested that ...** ce sont eux qui ont suggéré que ...; **why is it that she is so popular?** pourquoi a-t-elle tant de succès?

6 COMPOUNDS

♦ **the be-all and end-all** N le but suprême

beach /biːtʃ/ N plage (f); **private ~** plage (f) privée ♦ **beach ball** N ballon (m) de plage ♦ **beach towel** N serviette (f) de plage ♦ **beach umbrella** N parasol (m)

beachcomber /ˈbiːtʃˌkəʊməʳ/ N ramasseur (m) d'épaves

beached /biːtʃt/ ADJ [boat, whale] échoué

beachwear /ˈbiːtʃwɛəʳ/ N tenue(s) (f(pl)) de plage

beacon /ˈbiːkən/ N signal (m) lumineux

bead /biːd/ N a perle (f); [of rosary] grain (m); (**string of**) ~s collier (m) b [of sweat] goutte (f)

beady /ˈbiːdɪ/ ADJ **to watch sth with ~ eyes** regarder qch avec des yeux de fouine

beagle /ˈbiːgl/ N beagle (m)

beak /biːk/ N bec (m)

beaker /ˈbiːkəʳ/ N gobelet (m)

beam /biːm/ 1 N a (in roof, gym) poutre (f)

ⓑ [*of light*] rayon *(m)*; [*of headlight, searchlight*] faisceau *(m)* (lumineux)

2 VI ⓐ (*also* ~ **down**) [*sun*] rayonner

ⓑ (= *smile*) **she ~ed** son visage s'est épanoui en un large sourire; **~ing with pride, she showed them her ring** rayonnante de fierté, elle leur a montré sa bague

ⓒ (= *transmit*) **soon we will be ~ing into your homes via the Astra satellite** bientôt nos émissions vous parviendront chez vous grâce au satellite Astra

3 VT ⓐ [+ *message*] émettre; [+ *radio broadcast*] diffuser

ⓑ **"welcome" she ~ed** « bienvenue » dit-elle d'un air radieux

beaming /'biːmɪŋ/ ADJ [*smile, face*] radieux

bean /biːn/ N haricot *(m)*; (*also* **green ~**) haricot *(m)* vert; (*also* **broad ~**) fève *(f)*; [*of coffee*] grain *(m)*; **to be full of ~s*** (*Brit*) être en pleine forme; **he hasn't a ~*** (*Brit*) il n'a pas un radis* ♦ **bean curd** N fromage *(m)* de soja ♦ **bean sprouts** NPL pousses *(fpl)* de soja

beanbag /'biːnbæg/ N (*to sit on*) sacco *(m)*

beanpole* /'biːnpəʊl/ N (= *person*) (grande) perche* *(f)*

beanshoots /'biːnʃuːts/ NPL pousses *(fpl)* de soja

bear /beəʳ/ (*vb: pret* **bore**, *ptp* **borne**) **1** N (= *animal*) ours(e) *(m(f))*; **he's like a ~ with a sore head*** il est d'une humeur massacrante; **the Great Bear** la Grande Ourse

2 VT ⓐ (= *carry*) porter; **we each have our cross to ~** chacun a ses problèmes; **he was borne along by the crowd** il s'est trouvé emporté par la foule

ⓑ [+ *inscription, mark, traces, signature, name*] porter

ⓒ (= *feel*) avoir en soi; **the love he bore her** l'amour qu'il lui portait

ⓓ (= *bring*) [+ *present, news*] apporter

ⓔ (= *sustain, support*) supporter; **to ~ the weight of ...** supporter le poids de ...; **to ~ the responsibility for sth** assumer la responsabilité de qch

ⓕ (= *endure*) [+ *person, event*] supporter; **I cannot ~ that man** je ne peux pas le supporter; **she cannot ~ being laughed at** elle ne supporte pas qu'on se moque d'elle; **it doesn't ~ thinking about!** c'est trop affreux d'y penser!

ⓖ (= *yield*) [+ *interest*] rapporter; **to ~ fruit** produire des fruits

ⓗ (= *give birth to*) donner naissance à; **she has borne him three daughters** elle lui a donné trois filles

3 VI ⓐ **to ~ right/left** prendre sur la droite/la gauche

ⓑ ♦ **to bring ... to bear**: **to bring one's mind to ~ on sth** porter son attention sur qch; **to bring pressure to ~ on sb** faire pression sur qn

4 COMP ♦ **bear hug** N **he gave me a big ~ hug** il m'a serré très fort dans ses bras

► **bear down** VI (= *approach*) **to ~ down on** [*person*] foncer sur

► **bear out** VT SEP [+ *claims*] confirmer; **to ~ out what sb says** corroborer les dires de qn

► **bear up** VI ne pas se laisser abattre; **how's Graham ~ing up?** comment Graham s'en sort-il?

► **bear with** VT INSEP [+ *person*] supporter patiemment; **~ with me a little longer** je vous demande encore un peu de patience

bearable /'beərəbl/ ADJ supportable

beard /bɪəd/ N barbe *(f)*; **to have a ~** porter la barbe; **a man with a ~** un (homme) barbu

bearded /'bɪədɪd/ ADJ barbu; **a ~ man** un barbu

bearer /'beərəʳ/ N porteur *(m)*, -euse *(f)*; [*of passport*] titulaire *(mf)*

bearing /'beərɪŋ/ N ⓐ (= *posture, behaviour*) allure *(f)*

ⓑ (= *relation*) rapport *(m)*; **to have a ~ on sth** influer sur qch; **to have no ~ on the subject** n'avoir aucun rapport avec le sujet ⓒ **to lose one's ~s** être désorienté

beast /biːst/ N ⓐ bête *(f)*; **~ of burden** bête *(f)* de somme; **this is a very different ~ from ...** ça n'a vraiment rien à voir avec ... ⓑ (= *person*) (*cruel*) brute *(f)*; (*disagreeable*)* chameau* *(f)*

beastly †* /'biːstlɪ/ ADJ **what ~ weather!** quel temps infect!; **to be ~ to sb** être infect avec qn

beat /biːt/ (*vb: pret* **beat**, *ptp* **beaten**) **1** N ⓐ [*of heart, pulse, drums*] battement *(m)*

ⓑ [*of music*] temps *(m)*; [*of conductor's baton*] battement *(m)* (de la mesure); (*Jazz*) rythme *(m)*; **he answered without missing a ~** il a répondu sans se démonter

ⓒ [*of policeman*] (= *round*) ronde *(f)*; (= *area*) secteur *(m)*; **we need to put more officers on the ~** il faut augmenter le nombre de policiers affectés aux rondes

2 ADJ (*also* **dead-~**)* claqué*

3 VT ⓐ (= *strike*) battre; **to ~ sb to death** battre qn à mort; **to ~ a retreat** battre en retraite; **~ it!**‡ fous le camp!‡; **to ~ time** battre la mesure

ⓑ [*eggs etc*] battre

ⓒ (= *defeat*) battre; **to ~ sb at chess** battre qn aux échecs; **to ~ sb to the top of a hill** arriver au sommet d'une colline avant qn; **to ~ sb into second place** reléguer qn à la seconde place; **to ~ sb hands down** battre qn à plate(s) couture(s); **to ~ the record** battre le record; **to ~ the system** contourner le système; **to ~ sb to it** couper l'herbe sous le pied à qn; **coffee ~s tea any day*** le café, c'est bien meilleur que le thé; **this problem has got me ~en*** ce problème me dépasse complètement; **if you can't ~ them, join them*** si tu ne peux pas les vaincre, mets-toi de leur côté; **that will take some ~ing!*** pour faire mieux, il faudra se lever de bonne heure!*; **it ~s me!** je ne comprends pas!; **can you ~ it!*** faut le faire!*

4 VI ⓐ [*rain, wind*] battre; [*sun*] (*also* ~ **down**) taper*; **the rain was ~ing against the window** la pluie battait contre la vitre; **he doesn't ~ about the bush** il n'y va pas par quatre chemins

ⓑ [*heart, pulse, drum*] battre; **his pulse began to ~ quicker** son pouls s'est mis à battre plus fort

5 COMP ♦ **beat-up*** ADJ déglingué*

► **beat back** VT SEP [+ *enemy, flames*] repousser

► **beat down 1** VI **the rain was ~ing down** il pleuvait à verse; **the sun was ~ing down** le soleil tapait* **2** VT SEP (= *reduce*) [+ *prices*] faire baisser; [+ *person*] faire baisser ses prix à; **I ~ him down to £8** je l'ai fait descendre à 8 livres

► **beat off** VT SEP [+ *attacker, competition*] repousser

► **beat out** VT SEP ⓐ [+ *fire*] étouffer ⓑ **to ~ out the rhythm** battre la mesure ⓒ (*US* = *beat*) battre

► **beat up** VT SEP [+ *person*] battre

► **beat up on*** VT INSEP (= *hit*) tabasser*; (= *bully*) intimider

beaten /'biːtn/ **1** VB *ptp of* **beat 2** ADJ [*earth*] battu; **~ track** sentier *(m)* battu; **off the ~ track** hors des sentiers battus **3** COMP ♦ **beaten-up*** ADJ déglingué*

beater /'biːtəʳ/ N ⓐ (*for eggs* = *whisk*) fouet *(m)*; (*rotary*) batteur *(m)* ⓑ (*at shoot*) rabatteur *(m)*

beating /'biːtɪŋ/ N ⓐ (= *violent attack*) passage *(m)* à tabac; **to give sb a ~** passer qn à tabac ⓑ (= *defeat*) râclée *(f)*; **to take a ~*** (= *rough time*: *in election, competition, game*) se faire battre à plate(s) couture(s)

beautician /bjuːˈtɪʃən/ N esthéticien(ne) *(m(f))*

beautiful /'bjuːtɪfʊl/ ADJ beau (belle *(f)*); (*masculine before vowel or silent "h"*) bel; [*weather*] superbe

beautifully /'bjuːtɪflɪ/ ADV [*sing, behave*] de façon admirable; [*cooked*] parfaitement; [*presented*] superbement

beautify /'bjuːtɪfaɪ/ VT embellir

beauty /'bjuːtɪ/ **1** N ⓐ beauté *(f)*; **the ~ of it is that* ...** le plus beau, c'est que ...; **that's the ~ of it*** c'est ça qui est formidable ⓑ **his goal was a real ~*** son but était vraiment superbe **2** COMP ♦ **beauty competition**, **beauty contest** N concours *(m)* de beauté ♦ **beauty parlour** N institut *(m)* de beauté ♦ **beauty queen** N reine *(f)* de beauté ♦ **beauty shop** N (*US*) ♦ **beauty parlour** ♦ **beauty spot** N (*in countryside*) site *(m)* pittoresque

beaver /'biːvəʳ/ **1** N castor *(m)* **2** VI (*Brit*) **to ~ away*** at sth travailler d'arrache-pied à qch

became /bɪˈkeɪm/ VB *pt of* **become**

because /bɪˈkɒz/ CONJ parce que; **I did it ~ you asked me to** je l'ai fait parce que tu me l'as demandé; **if I did it, it was ~ it had to be done** je l'ai fait parce qu'il fallait bien

le faire; **~ he lied, he was punished** il a été puni parce qu'il avait menti; **not ~ he was offended but ~ he was angry** non pas parce qu'il était vexé mais parce qu'il était furieux; **~ he is leaving** à cause de son départ
♦ **because of** à cause de; **~ of his age** en raison de son âge

beck /bek/ N **to be at sb's ~ and call** être à l'entière disposition de qn

beckon /'bekən/ 1 VI ⓐ (= *signal*) faire signe (**to sb** à qn) ⓑ [*bright lights, fame*] attirer 2 VT (= *signal*) faire signe à; **he ~ed me in/back/over** il m'a fait signe d'entrer/de revenir/d'approcher

become /br'kʌm/ (*pret* **became**, *ptp* **become**) 1 VI devenir; **to ~ famous** devenir célèbre; **to ~ known** [*person*] commencer à être connu; **to ~ king** devenir roi 2 IMPERS VB **what has ~ of him?** qu'est-il devenu? 3 VT ⓐ (= *suit*) aller à; **that hat does not ~ her** (*frm*) ce chapeau ne lui sied pas (*frm*) ⓑ (= *befit*) convenir à; **it does not ~ him to speak thus** (*frm*) il lui sied mal (*frm*) de parler ainsi

becoming /br'kʌmɪŋ/ ADJ (= *appropriate*) convenable; (= *attractive*) seyant

bed /bed/ 1 N ⓐ lit (m); **to sleep in separate ~s** faire lit à part; **to make the ~** faire le lit; **to be in ~** être au lit; (*through illness*) être alité; **to get into ~** se mettre au lit; **to get out of ~** se lever; **to get out of ~ on the wrong side** se lever du pied gauche; **to put sb to ~** coucher qn; **to go to ~** se coucher; **to go to ~ with sb*** coucher avec qn*; **to get into ~ with sb** (= *form alliance with*) s'allier à qn; **on a ~ of rice** sur un lit de riz; **to give sb ~ and board** offrir le vivre et le couvert à qn
ⓑ [*of sea*] fond (m); [*of river*] lit (m)
ⓒ [*of vegetables*] planche (f); [*of flowers*] parterre (m); **life is not a ~ of roses** la vie n'est pas une partie de plaisir
2 COMP ♦ **bed and breakfast** N chambre (f) d'hôte; **we stayed at ~ and breakfasts** nous avons logé dans des chambres d'hôtes ♦ **bed linen** N couvertures (fpl) et draps (mpl) ♦ **bed-settee** N canapé-lit (m) ♦ **bed-sitter, bed-sitting room** N (*Brit*) chambre (f) meublée
► **bed down** VI (= *spend night*) coucher

bedclothes /'bedkləʊðz/ NPL couvertures (fpl) et draps (mpl)

bedding /'bedɪŋ/ N literie (f); (*for animals*) litière (f) ♦ **bedding plants** NPL plantes (fpl) à repiquer

bedevil /br'devl/ VT **to be ~led by sth** [+ *person, project*] pâtir de qch

bedfellow /'bed,feləʊ/ N **they are strange ~s** ils forment un drôle de tandem

bedlam /'bedləm/ N chahut (m); **the crowd went mad - it was ~** la foule s'est déchaînée, c'était le cirque*; **he's causing ~ at the hotel** il fait du chahut dans l'hôtel

bedpan /'bedpæn/ N bassin (m)

bedpost /'bedpəʊst/ N colonne (f) de lit

bedraggled /br'drægld/ ADJ [*clothes, person*] débraillé

bedridden /'bedrɪdn/ ADJ cloué au lit; (*permanently*) grabataire

bedrock /'bedrɒk/ N (= *foundation*) base (f)

bedroll /'bedrəʊl/ N tapis (m) de couchage

bedroom /'bedrʊm/ N chambre (f) (à coucher) ♦ **bedroom slipper** N pantoufle (f) ♦ **bedroom suburb*** N (*US*) banlieue-dortoir (f)

-bedroomed /'bedrʊmd/ ADJ **a two-bedroomed house** une maison avec deux chambres; **a one-bedroomed flat** un deux-pièces

Beds /bedz/ N ABBR = **Bedfordshire**

bedside /'bedsaɪd/ N chevet (m) ♦ **bedside lamp** N lampe (f) de chevet ♦ **bedside table** N table (f) de chevet

bedsit /'bedsɪt/ N (*Brit*) chambre (f) meublée

bedsocks /'bedsɒks/ NPL chaussettes (fpl) (de lit)

bedspread /'bedspred/ N dessus-de-lit (m inv)

bedtime /'bedtaɪm/ N heure (f) du coucher; **it is ~** il est l'heure d'aller se coucher; **his ~ is 7 o'clock** il se couche à

7 heures; **to tell a child a ~ story** raconter une histoire à un enfant avant qu'il s'endorme

bee /biː/ N abeille (f); **to have a ~ in one's bonnet*** avoir une idée fixe; **it's the ~'s knees*** c'est super* ♦ **bee sting** N piqûre (f) d'abeille

beech /biːtʃ/ N hêtre (m)

beef /biːf/ 1 N ⓐ bœuf (m); **roast ~** rôti (m) de bœuf ⓑ (*US*) (= *complaint*) **what's your ~?** qu'est-ce que tu as à râler?* 2 VI (= *complaint*)⁑ râler* (**about** contre) 3 COMP ♦ **beef cattle** N bœufs (mpl) de boucherie ♦ **beef sausage** N ≈ saucisse (f) de Strasbourg
► **beef up*** VT SEP renforcer

beefburger /'biːf,bɜːgəʳ/ N ≈ hamburger (m)

beefeater /'biːf,iːtəʳ/ N (*Brit*) hallebardier (m) (*de la Tour de Londres*)

beehive /'biːhaɪv/ N ruche (f)

beekeeping /'biː,kiːpɪŋ/ N apiculture (f)

beeline /'biːlaɪn/ N **to make a ~ for** (= *go straight to*) se diriger tout droit vers; (= *rush towards*) filer droit sur

been /biːn/ VB *ptp of* **be**

beep /biːp/ 1 N (*Brit*) [*of answering machine*] signal (m) sonore 2 VI faire bip

beeper /'biːpəʳ/ N (= *pager*) bip (m)

beer /bɪəʳ/ N bière (f) ♦ **beer belly*** N bedaine* (f) (de buveur de bière) ♦ **beer bottle** N canette (f) de bière ♦ **beer garden** N (*Brit*) jardin (m) attenant à un pub ♦ **beer glass** N bock (m)

beermat /'bɪəmæt/ N dessous-de-verre (m)

beet /biːt/ N betterave (f); **red ~** (*US*) betterave (f) (potagère)

beetle /'biːtl/ N scarabée (m)

beetroot /'biːtruːt/ N (*Brit*) betterave (f) rouge; **to go ~** devenir rouge comme une tomate

befall /br'fɔːl/ (*pret* **befell** /br'fel/, *ptp* **befallen**) (*frm*)

> ► Ce verbe n'est usité qu'à l'infinitif et à la troisième personne.

VT arriver à

befit /br'fɪt/ VT (*frm*)

> ► Ce verbe n'est usité qu'à l'infinitif et à la troisième personne.

convenir à; **he writes beautifully, as ~s a poet** il écrit magnifiquement comme il sied à un poète

before /br'fɔːʳ/

> ► When **before** is an element in a phrasal verb, eg **go before**, look up the verb.

1 PREP ⓐ (*time*) avant; **I got there ~ you** je suis arrivé avant vous; **the day ~ yesterday** avant-hier (m); **he came the year ~ last** il est venu il y a deux ans; **the day ~ their departure** la veille de leur départ; **you should have done it ~ now** vous devriez l'avoir déjà fait; **~ long** d'ici peu; **~ doing sth** avant de faire qch
ⓑ (*place, position*) devant; **he stood ~ me** il était devant moi; **~ my (very) eyes** sous mes (propres) yeux; **the task ~ him** la tâche qui l'attend; **to appear ~ a court/a judge** comparaître devant un tribunal/un juge
2 ADV ⓐ (*time*) avant; **he should have told me ~** il aurait dû me le dire avant; **the day ~** la veille; **the evening ~** la veille au soir; **the week ~** la semaine d'avant; **two days ~** deux jours plus tôt; **I had read it ~** je l'avais déjà lu; **I said ~ that ...** j'ai déjà dit que ...; **it has never happened ~** c'est la première fois que cela arrive; **long ~** longtemps auparavant; **to continue as ~** faire comme par le passé
ⓑ (*order*) avant; **that chapter and the one ~** ce chapitre et celui d'avant
3 CONJ (*time*) avant de (+ *infin*), avant que (+ ne) (+ *subj*); **I did it ~ going out** je l'ai fait avant de sortir; **go and see him ~ he goes** allez le voir avant qu'il (ne) parte; **I'd finished ~ he arrived** j'avais fini avant qu'il n'arrive; **~ I come/go/return** avant mon arrivée/mon départ/mon retour; **it will be a long time ~ he comes again** il ne reviendra pas de sitôt

beforehand /bɪˈfɔːhænd/ ADV (= *ahead of time*) à l'avance; (= *earlier*) avant

befriend /bɪˈfrend/ VT se lier d'amitié avec

beg /beg/ 1 VT ⓐ [+ *money, alms, food*] mendier ⓑ [+ *favour*] solliciter; (I) ~ **your pardon** (*apologizing*) je vous demande pardon; (*not having heard*) pardon? ⓒ (= *entreat*) supplier; **to ~ sb to do** supplier qn de faire ⓓ **to ~ the question** (= *raise the question*) poser la question 2 VI ⓐ mendier; **to ~ for money** mendier; **to ~ for food** mendier de la nourriture ⓑ (= *entreat*) supplier; **to ~ for mercy/help** demander grâce/de l'aide

began /bɪˈɡæn/ VB *pt of* **begin**

beggar /ˈbeɡəʳ/ 1 N mendiant(e) *(m(f))* ∎ (PROV) ~**s can't be choosers** faute de grives on mange des merles (PROV) 2 VT **to ~ description** défier toute description; **to ~ belief** dépasser l'entendement

begin /bɪˈɡɪn/ (*pret* **began**, *ptp* **begun**) 1 VT commencer (**to do sth, doing sth** à faire qch); [+ *task*] entreprendre; [+ *conversation*] engager; [+ *policy*] inaugurer; **to ~ life as ...** débuter dans la vie comme ...; **that doesn't ~ to compare with ...** cela n'a rien de comparable avec ...; **I'd begun to think you weren't coming** je commençais à croire que tu ne viendrais pas

2 VI commencer (**with** par); **let's ~!** commençons!; **well, to ~ at the beginning ...** bon, commençons par le commencement ...; **that's when the trouble ~s** c'est là que les ennuis commencent; **it's ~ning rather badly** cela commence plutôt mal; **before the term ~s** avant le début du trimestre; **since the world began** depuis le commencement du monde; **to ~ again** recommencer; **he began afresh in a new country** il est reparti à zéro dans un nouveau pays; **school ~s again on Tuesday** les classes reprennent mardi; ~**ning from Monday** à partir de lundi; **he began in the sales department/as a clerk** il a débuté dans le service des ventes/comme employé de bureau; **he began with the intention of writing a thesis** au début son intention était d'écrire une thèse; **~ by putting everything away** commence par tout ranger; **we only had $100 to ~ with** nous n'avions que 100 dollars pour commencer; **to ~ with there were only three of them but later ...** au début ils n'étaient que trois, mais plus tard ...; **~ on a new page** prenez une nouvelle page

beginner /bɪˈɡɪnəʳ/ N débutant(e) *(m(f))*; **it's just ~'s luck** c'est la chance des débutants

beginning /bɪˈɡɪnɪŋ/ 1 N début *(m)*; **from the ~** dès le début; **from ~ to end** du début à la fin; **to start again at** *or* **from the ~** recommencer depuis le début; **in the ~** au début; **the ~ of negotiations** l'ouverture *(f)* des négociations; **it was the ~ of the end** ça a été le commencement de la fin; **since the ~ of time** depuis que le monde est monde 2 NPL **beginnings** origine *(f)*; **fascism had its ~s in Italy** le fascisme a pris naissance en Italie; **to come from humble ~s** être d'origine modeste

begrudge /bɪˈɡrʌdʒ/ VT = **grudge**

beguiling /bɪˈɡaɪlɪŋ/ ADJ [*charm, ideas, theory*] séduisant

begun /bɪˈɡʌn/ VB *ptp of* **begin**

behalf /bɪˈhɑːf/ N **on ~ of** pour; **to act on sb's ~** agir pour le compte de qn; **he spoke on my ~** il a parlé en mon nom

behave /bɪˈheɪv/ VI ⓐ (= *conduct o.s.*) se conduire; **he ~d well/badly** il s'est bien/mal conduit; **to ~ well towards sb** bien agir envers qn; **he was behaving strangely** il avait un comportement bizarre ⓑ (= *conduct o.s. well*)* bien se tenir; [*child*] être sage

behaviour, **behavior** (US) /bɪˈheɪvjəʳ/ N conduite *(f)*, comportement *(m)*; **to sb, towards sb** envers qn, à l'égard de qn); **to be on one's best ~*** très bien se tenir; [*child*] se montrer d'une sagesse exemplaire

behavioural, **behavioral** (US) /bɪˈheɪvjərəl/ ADJ [*sciences, studies*] behavioriste; **~ problems** troubles *(mpl)* du comportement

behead /bɪˈhed/ VT décapiter

beheld /bɪˈheld/ VB *pt, ptp of* **behold**

behind /bɪˈhaɪnd/

> ► *When* **behind** *is an element in a phrasal verb, eg* **fall behind, stay behind,** *look up the verb.*

1 ADV ⓐ (= *in or at the rear*) derrière; **to follow a long way ~/not far ~** suivre de loin/d'assez près
ⓑ (= *late*) en retard; **to be ~ with payments** être en retard dans ses paiements; **I'm too far ~ to catch up now** j'ai pris trop de retard pour pouvoir le rattraper maintenant

2 PREP ⓐ derrière; **~ the table** derrière la table; **she closed the door ~ her** elle a fermé la porte derrière elle; **an employee with seven years' service ~ her** une employée ayant sept ans d'ancienneté; **to put sth ~ one** oublier qch
ⓑ (*originating*) **she's the one ~ this scheme** c'est elle qui est à l'origine de ce projet; **the motives ~ her decision** les motivations profondes de sa décision; **what is ~ this?** qu'y a-t-il là-dessous?
ⓒ (= *responsible for*) **who was ~ the attack?** qui est derrière cet attentat?
ⓓ (= *less advanced than*) en retard sur

3 N (= *buttocks*)* postérieur* *(m)*

behold /bɪˈhəʊld/ (*pret, ptp* **beheld**) VT (*liter*) voir; ~**!** regardez!

beige /beɪʒ/ ADJ, N beige *(m)*

Beijing /ˈbeɪˈdʒɪŋ/ N Beijing

being /ˈbiːɪŋ/ N ⓐ (= *existence*) existence *(f)*; **to come into ~** prendre naissance; **to bring** *or* **call into ~** faire naître ⓑ (= *creature*) être *(m)*; **~s from outer space** des êtres *(mpl)* venus de l'espace

Beirut /beɪˈruːt/ N Beyrouth

Belarus /ˌbeləˈrʊs/ N Bélarus *(m)*

Belarussian /ˌbeləˈrʌʃən/ ADJ biélorusse

belated /bɪˈleɪtɪd/ ADJ tardif

belch /beltʃ/ 1 VI [*person*] avoir un renvoi 2 VT (*also ~ out*) (*liter*) [+ *smoke, flames*] vomir 3 N renvoi *(m)*

beleaguered /bɪˈliːɡəd/ ADJ [*person*] acculé; [*economy, government, leader*] en difficulté

belfry /ˈbelfrɪ/ N beffroi *(m)*

Belgian /ˈbeldʒən/ 1 ADJ belge; [*ambassador, embassy*] de Belgique 2 N Belge *(mf)*

Belgium /ˈbeldʒəm/ N Belgique *(f)*

Belgrade /belˈɡreɪd/ N Belgrade

belie /bɪˈlaɪ/ VT démentir

belief /bɪˈliːf/ N ⓐ (= *acceptance as true*) croyance *(f)* (**in** en, à); **it is beyond ~** c'est incroyable; **wealthy beyond ~** incroyablement riche ⓑ (= *conviction*) conviction *(f)*; **in the ~ that ...** convaincu que ...; **it is my ~ that ...** je suis convaincu que ...; **to the best of my ~** (pour) autant que je sache ⓒ (= *trust*) confiance *(f)* (**in** en); **he has no ~ in the future** il ne croit pas en l'avenir

believable /bɪˈliːvəbl/ ADJ croyable

believe /bɪˈliːv/ 1 VT croire; **to ~ what sb says** croire ce que dit qn; **I don't ~ a word of it** je n'en crois pas un mot; **I don't ~ it!** (*in exasperation, incredulity*) ce n'est pas vrai!; **he could hardly ~ his eyes** il en croyait à peine ses yeux; **~ it or not, he ...** c'est incroyable, mais il ...; **I ~ I'm right** je crois avoir raison; **I don't ~ he will come** je ne crois pas qu'il viendra; **I have every reason to ~ that ...** j'ai tout lieu de croire que ...; **I ~ so** je crois que oui

2 VI croire; **to ~ in** [+ *God*] croire en; [+ *promises, antibiotics, democracy*] croire à; **to ~ in sb** avoir confiance en qn

believer /bɪˈliːvəʳ/ N ⓐ (= *advocate*) partisan(e) *(m(f))*; **I'm a great ~ in giving rewards for achievement** je suis tout à fait partisan de récompenser la réussite; **she's a firm ~ in herbal medicines** elle croit beaucoup aux vertus de la phytothérapie ⓑ (*Rel*) croyant(e) *(m(f))*; **to be a ~** être croyant

belittle /bɪˈlɪtl/ VT déprécier

Belize /beˈliːz/ N Belize *(m)*; **in ~** au Belize

bell /bel/ N [*of church, school*] cloche *(f)*; (*also* **handbell**) clochette *(f)*; (*at door*) sonnette *(f)*; **to give sb a ~*** (*Brit = phone sb*) passer un coup de fil* à qn ♦ **bell-bottomed**

trousers, **bell-bottoms** NPL pantalon (m) à pattes (fpl) d'éléphant ♦ **bell-ringer** N sonneur (m)

bellboy /ˈbelbɔɪ/, **bellhop** (US) /ˈbelhɒp/ N groom (m)

belligerence /bɪˈlɪdʒərəns/, **belligerency** /bɪˈlɪdʒərənsɪ/ N belligérance (f)

belligerent /bɪˈlɪdʒərənt/ ADJ [person] belliqueux; [remarks, statement, policies] agressif

bellow /ˈbeləʊ/ 1 VI beugler (**with** de) 2 VT (also ~ **out**) hurler 3 N [of cow] beuglement (m); [of person] hurlement (m)

bellows /ˈbeləʊz/ NPL (for fire) soufflet (m); **a pair of ~** un soufflet

belly /ˈbelɪ/ ventre (m); **~ of pork** poitrine (f) de porc ♦ **belly button*** N nombril (m) ♦ **belly dancer** N danseuse (f) du ventre ♦ **belly laugh** N gros rire (m) (gras) ♦ **belly-up*** ADV **to go ~-up** [company] couler*

bellyache /ˈbelɪeɪk/ 1 N mal (m) de ventre 2 VI* ronchonner*

belong /bɪˈlɒŋ/ VI ⓐ **to ~ to** (= be the property of) appartenir à; (= be member of) être membre de; **this book ~s to me** ce livre m'appartient; **who does that car ~ to?** à qui appartient cette voiture?; **the lid ~s to this box** le couvercle va avec cette boîte; **to ~ to a club** être membre d'un club
ⓑ (= be in right place) être à sa place; **to feel that one doesn't ~** se sentir étranger; **people need to feel they ~** les gens ont besoin de sentir qu'ils ont leur place dans la société; **to ~ together** aller ensemble; **put it back where it ~s** remets-le à sa place; **his attitude ~s to a bygone era** c'est une attitude d'un autre âge; **the future ~s to democracy** l'avenir est dans la démocratie

belongings /bɪˈlɒŋɪŋz/ NPL affaires (fpl); **personal ~** effets (mpl) personnels

Belorussian /ˌbeləʊˈrʌʃən/ ADJ biélorusse

beloved /bɪˈlʌvɪd, bɪˈlʌvd/ 1 ADJ bien-aimé 2 N bien-aimé(e) (m(f))

below /bɪˈləʊ/ 1 PREP ⓐ (= under) sous; (= lower than) au-dessous de; **~ the surface** sous la surface; **her skirt is well ~ her knees** sa jupe est bien au-dessous du genou; **~ average** au-dessous de la moyenne; **~ the horizon** au-dessous de l'horizon; **to be ~ sb in rank** être hiérarchiquement en dessous de qn
ⓑ (river) en aval de; **the Thames ~ Oxford** la Tamise en aval d'Oxford

2 ADV ⓐ (= at lower level) plus bas; (= at lowest level) en bas; (= directly underneath) au-dessous; **you can see the town spread out ~** on voit la ville qui s'étale en contrebas; **~, we could see the valley** en bas, on apercevait la vallée; **the road ~** la route en contrebas; **several thousand feet ~** (from mountain top) plusieurs milliers de mètres plus bas; (from aeroplane) plusieurs milliers de mètres au-dessous; **down ~** plus bas
ⓑ (= downstairs) en bas; **the floor ~** l'étage (m) au-dessous; **they live two floors ~** ils habitent deux étages au-dessous; **the people (in the flat) ~** les gens (mpl) (de l'appartement) du dessous
ⓒ (later in document) plus bas; **see ~** voir plus bas; **as stated ~** comme indiqué plus bas
ⓓ (= below zero) au-dessous; **it will be extremely cold, with temperatures at zero or ~** il fera très froid, avec des températures tombant à zéro ou au-dessous; **it was twenty (degrees) ~*** il faisait moins vingt

belt /belt/ 1 N ⓐ ceinture (f); **he has ten years' experience under his ~*** il a dix années d'expérience à son actif; **that was below the ~!** c'était un coup bas!; **to tighten one's ~** (fig) se serrer la ceinture ⓑ (= area) région (f); **industrial ~** région (f) industrielle ⓒ (in machine) courroie (f) 2 VT (= hit)* cogner* 3 VI (= rush)* **to ~ in/out** entrer/sortir à fond de train*
► **belt out*** VT SEP **to ~ out a song** chanter une chanson à tue-tête
► **belt up** VI ⓐ (= put on seat belt) attacher sa ceinture ⓑ (Brit = be quiet) **~ up!:** la ferme!:

beltway /ˈbeltweɪ/ N (US) périphérique (m)

bemoan /bɪˈməʊn/ VT déplorer

bemused /bɪˈmjuːzd/ ADJ perplexe

bench /bentʃ/ 1 N ⓐ (= seat) banc (m); (Sport) banc (m) de touche ⓑ (= court) **the Bench** la cour; **to appear before the ~** comparaître devant le tribunal ⓒ (in workshop) établi (m) 2 COMP ♦ **bench mark** N (= reference point) point (m) de référence

bend /bend/ (vb: pret, ptp **bent**) 1 N coude (m); (in road) virage (m); **there is a ~ in the road** la route fait un coude; **to take a ~** prendre un virage; **round the ~*** (Brit) cinglé*; **to drive sb round the ~*** (Brit) rendre qn fou
2 VT [+ back, body] courber; [+ leg, arm, knee] plier; [+ head] pencher; [+ branch] faire ployer; [+ pipe, rod] tordre; **to ~ the rules*** faire une entorse au règlement; **to ~ at right angles** couder; **with her head bent over a book** la tête penchée sur un livre
3 VI [person] se courber; [river, road] faire un coude; (= submit) se soumettre (**to** à); **to ~ forward** se pencher en avant
► **bend down** VI [person] se baisser
► **bend over** VI [person] se pencher; **to ~ over backwards to help sb*** se mettre en quatre pour aider qn

beneath /bɪˈniːθ/ 1 PREP ⓐ (= under) sous; **~ the surface** sous la surface; **~ the table** sous la table ⓑ (= unworthy of) indigne de; **they took jobs that were far ~ them** ils ont accepté des emplois qui étaient vraiment indignes d'eux; **she married ~ her** elle s'est mariée sous sa condition 2 ADV au-dessous; **the flat ~** l'appartement (m) du dessous

benefactor /ˈbenɪfæktə*/ N bienfaiteur (m), -trice (f)

beneficial /ˌbenɪˈfɪʃəl/ ADJ salutaire (**to** pour); **~ to health** bon pour la santé

beneficiary /ˌbenɪˈfɪʃərɪ/ N [of will, legislation, situation] bénéficiaire (mf)

benefit /ˈbenɪfɪt/ 1 N ⓐ bienfait (m); **for maximum ~, exercise every day** pour un bienfait maximum, faites des exercices chaque jour; **he's beginning to feel the ~ of his stay in the country** il commence à ressentir les bienfaits de son séjour à la campagne; **we're doing all this for his ~** c'est pour lui que nous faisons tout cela; **to give sb the ~ of the doubt** laisser à qn le bénéfice du doute; **the ~s of a good education** les bienfaits d'une bonne éducation
ⓑ (= money) prestations (fpl) (sociales) → DSS
ⓒ (= charity performance) représentation (f) de bienfaisance
2 VT faire du bien à; (financially) profiter à
3 VI **to ~ from sth** tirer avantage de qch; **he will ~ from a holiday** des vacances lui feront du bien
4 COMP ♦ **benefit match** N (Sport) match (m) au profit d'un joueur

Benelux /ˈbenɪlʌks/ N Benelux (m); **the ~ countries** les pays du Benelux

benevolent /bɪˈnevələnt/ ADJ bienveillant (**to** envers)

Bengal /beŋˈgɔːl/ N Bengale (m)

Bengali /beŋˈgɔːlɪ/ 1 ADJ bengali (f inv) 2 N (= person) Bengali (mf)

benign /bɪˈnaɪn/ ADJ ⓐ (= kindly) affable ⓑ (= harmless) inoffensif; [tumour] bénin (-igne (f))

bent /bent/ 1 VB pt, ptp of **bend** 2 ADJ ⓐ [wire, pipe] tordu ⓑ (Brit = dishonest)* véreux; **a ~ copper** un ripou* ⓒ **to be ~ on doing sth** être résolu à faire qch; **he is ~ on suicide** il est résolu à se suicider 3 N dispositions (fpl); **to have a ~ for languages** avoir des dispositions pour les langues; **to follow one's ~** suivre son inclination (f)

bequeath /bɪˈkwiːð/ VT léguer (**to** à)

bequest /bɪˈkwest/ N legs (m)

bereaved /bɪˈriːvd/ ADJ endeuillé

bereavement /bɪˈriːvmənt/ N (= loss) perte (f); (= state) deuil (m); **in his ~** dans son deuil

bereft /bɪˈreft/ ADJ (liter) **~ of** démuni de; **~ of hope** désespéré

beret /ˈbereɪ/ N béret (m)

berk* /bɜːk/ N (Brit) imbécile (mf)

Berks ABBR = **Berkshire**

Berlin /bɜː'lɪn/ N Berlin ♦ **the Berlin Wall** N le mur de Berlin

Bermuda /bɜː'mjuːdə/ N Bermudes (fpl) ♦ **Bermuda shorts** NPL bermuda (m)

Bermudas /bɜː'mjuːdəz/ NPL = **Bermuda shorts**

Bern /bɜːn/ N Berne

berry /'berɪ/ N baie (f)

berserk /bə'sɜːk/ ADJ **to go** ~ devenir fou furieux

berth /bɜːθ/ 1 N (a) (on train, ship) couchette (f) (b) (= place for ship) mouillage (m); **to give sb a wide** ~ éviter qn 2 VI mouiller

beseech /bɪ'siːtʃ/ (pret, ptp **besought** or **beseeched**) VT (liter = entreat) conjurer (liter) (**sb to do sth** qn de faire qch)

beset /bɪ'set/ (pret, ptp **beset**) VT [dangers, fears] assaillir; ~ **with difficulties** [enterprise, journey] semé de difficultés; ~ **with** or **by doubts** assailli par le doute

beside /bɪ'saɪd/ PREP (a) (= at the side of) à côté de; **she sat down** ~ **him** elle s'est assise à côté de lui; ~ **it** à côté (b) **to be** ~ **o.s. (with anger)*** être hors de soi; **he was** ~ **himself with excitement*** il était dans un grand état d'excitation (c) (= compared with) à côté de

besides /bɪ'saɪdz/ 1 ADV (a) (= in addition) de plus; **and many more** ~ et bien d'autres encore; **he wrote a novel and several short stories** ~ il a écrit un roman ainsi que plusieurs nouvelles (b) (= moreover) d'ailleurs 2 PREP (= in addition to) en plus de; **there were three of us** ~ **Jacques** nous étions trois en plus de Jacques; ~ **which he was unwell** en plus de cela, il était souffrant

besiege /bɪ'siːdʒ/ VT (a) [+ town] assiéger (b) (= pester) assaillir (**with** de); ~**d with questions** assailli de questions

besmirch /bɪ'smɜːtʃ/ VT ternir

besotted /bɪ'sɒtɪd/ ADJ **to be** ~ **with sb** être entiché de qn

besought /bɪ'sɔːt/ VB pt, ptp of **beseech**

bespectacled /bɪ'spektɪkld/ ADJ à lunettes

bespoke /bɪ'spəʊk/ ADJ (Brit) [garments] fait sur mesure; [tailor] à façon

best /best/ 1 ADJ (superl of **good**) **the** ~ le meilleur, la meilleure; **the** ~ **novel he's written** le meilleur roman qu'il ait écrit; **the** ~ **pupil in the class** le meilleur élève de la classe; **Belgian beer is the** ~ **in the world** la bière belge est la meilleure du monde; **the** ~ **thing about Spain is ...** ce qu'il y a de mieux en Espagne, c'est ...; **the** ~ **thing about her is ...** sa plus grande qualité c'est ...; **the** ~ **thing to do is to wait** le mieux c'est d'attendre; **the** ~ **years of one's life** les plus belles années de sa vie; **in one's** ~ **clothes** sur son trente-et-un; **she is her** ~ **friend** c'est sa meilleure amie; **for the** ~ **part of an hour*** pendant près d'une heure; **it took the** ~ **part of an hour*** ça m'a pris pas loin d'une heure; ~ **before ...** (on product) à consommer de préférence avant ...

2 N **the best** le mieux; **do the** ~ **you can!** faites de votre mieux!; **it's the** ~ **I can do** je ne peux pas faire mieux; **she's the** ~ **in the class at maths** elle est la meilleure de la classe en maths; **to do one's (level)** ~ **(to do sth)** faire tout son possible (pour faire qch); **to get the** ~ **out of sb/sth** tirer le maximum de qn/qch; **to have the** ~ **of both worlds** gagner sur les deux tableaux; **to make the** ~ **of sth** s'accommoder de qch; **to make the** ~ **of a bad job** faire contre mauvaise fortune bon cœur; **to make the** ~ **of one's opportunities** profiter au maximum des occasions qui se présentent; **the** ~ **of it is that ...** le plus beau de l'affaire c'est que ...; **to be the** ~ **of friends** être les meilleurs amis du monde; **it's (all) for the** ~ c'est pour le mieux; **to the** ~ **of my ability/knowledge/recollection** autant que je puisse/que je sache/que je me souvienne; **I always like to look my** ~ j'aime bien être à mon avantage; **to be at one's** ~ (= on form) être en pleine forme*; **the roses are at their** ~ **just now** les roses sont de toute beauté en ce moment; **he's not very patient at the** ~ **of times but ...** il n'est jamais particulièrement patient mais ...

♦ **all the best!** (= good luck) bonne chance!; (at end of letter) amicalement, amitiés

♦ **at best** au mieux

3 ADV (superl of **well**) le mieux, le plus; **the** ~ **dressed man in Paris** l'homme (m) le mieux habillé de Paris; **the** ~ **loved actor** l'acteur (m) le plus aimé; **I like apples** ~ ce que je préfère, ce sont les pommes; **I like strawberries** ~ **of all** j'aime les fraises par-dessus tout; **I helped him as** ~ **I could** je l'ai aidé du mieux que j'ai pu; **do as you think** ~ faites pour le mieux; **you know** ~ vous êtes le mieux placé pour en juger

4 COMP ♦ **best man** N (pl **best men**) (at wedding) ≈ témoin (m) (du marié) ♦ **best-selling** ADJ [+ book, writer] à succès; [+ record] qui remporte un grand succès

> ℹ️ **BEST MAN**
>
> Choisi parmi les amis ou les proches parents du marié, le **best man** est à la fois le témoin et le garçon d'honneur. Responsable du bon déroulement de la journée, il lui revient de lire les messages de félicitations, d'annoncer les orateurs, de prononcer le discours humoristique d'usage et de porter un toast aux nouveaux mariés.

bestial /'bestɪəl/ ADJ bestial

bestow /bɪ'stəʊ/ VT (frm) [+ favour] accorder (**on, upon** à); [+ title] conférer (**on, upon** à)

bestseller /best,selə'/ N best-seller (m)

bet /bet/ (pret, ptp **bet** or **betted**) VI parier; **to** ~ **10 to 1** parier à 10 contre 1; **to** ~ **on the horses** jouer aux courses; **to** ~ **on a horse** miser sur un cheval; **I wouldn't** ~ **on it!** ne compte pas trop dessus!

2 VT parier; **to** ~ **\$10** parier 10 dollars; **I** ~ **he'll come!** je te parie qu'il viendra!; **you** ~**!*** un peu!*; ~ **you can't!*** chiche!*; **you can** ~ **your your bottom dollar*** or **your life*** **that ...** tu peux parier tout ce que tu veux que ...

3 N pari (m); **to put a** ~ **(on sth/sb)** parier (sur qch/qn); **to win a** ~ gagner un pari; **this is your best** ~ c'est ce que vous avez de mieux à faire; **Liverpool look a safe** ~ **for the championship** Liverpool a toutes les chances de gagner le championnat

Bethlehem /'beθlɪhem/ N Bethléem

betoken /bɪ'təʊkən/ VT (frm = indicate) être signe de

betray /bɪ'treɪ/ VT trahir; **to** ~ **o.s.** se trahir

betrayal /bɪ'treɪəl/ N trahison (f); [of age, secret, plan] divulgation (f); [of facts, truth] révélation (f); **a** ~ **of trust** un abus de confiance; **to feel a sense of** ~ se sentir trahi

better /'betə'/ 1 ADJ (compar of **good**) meilleur; **his first book was** ~ **than this one** son premier livre était meilleur que celui-ci; **she is a** ~ **dancer than her sister** elle danse mieux que sa sœur; **she is** ~ **at dancing than at singing** elle danse mieux qu'elle ne chante; **he is much** ~ **now** [invalid] il va bien mieux maintenant; **how are you? — much** ~ comment allez-vous? — bien mieux; **that's** ~**!** voilà qui est mieux!; **a** ~ **class of hotel** un hôtel de catégorie supérieure; **this hat has seen** ~ **days** ce chapeau n'est plus de la première fraîcheur; **his** ~ **half*** sa moitié*; **to appeal to sb's** ~ **nature** faire appel au bon cœur de qn; **to go one** ~ **than sb** damer le pion à qn; **the** ~ **part of a year** près d'un an; **to hope for** ~ **things** espérer mieux

♦ **to get better** (= recover) se remettre; (= improve) s'améliorer; **he got** ~ **very quickly after his illness** il s'est très vite remis de sa maladie; **the weather is getting** ~ le temps s'améliore; **this book gets** ~ **towards the end** ce livre s'améliore vers la fin; **it's getting** ~ **and** ~**!** ça va de mieux en mieux!

♦ **to be better to do sth: it would be** ~ **to stay at home** il vaudrait mieux rester à la maison; **wouldn't it be** ~ **to refuse?** ne vaudrait-il pas mieux refuser?; **it is** ~ **not to promise anything** il vaut mieux ne rien promettre

ADV (compar of **well**) mieux; **he sings** ~ **than you** il chante mieux que toi; **he sings** ~ **than he dances** il chante mieux qu'il ne danse; **I like it** ~ **than I used to** je l'aime mieux qu'autrefois; **all the** ~ or **so much the** ~ tant mieux; **he was all the** ~ **for it** il s'en est trouvé mieux; **write to her, or** ~ **still go and see her** écris-lui, ou mieux encore va la voir; ~

dressed mieux habillé; ~ **known** plus connu ■ (*PROV*) ~ **late than never** mieux vaut tard que jamais (*PROV*)
♦ **had better**: **I had** ~ **speak to her** il vaut mieux que je lui parle (*subj*)
♦ **better off**: **they are** ~ **off than we are** (= *richer*) ils ont plus d'argent que nous; (= *more fortunate*) ils sont dans une meilleure position que nous; **he is** ~ **off where he is** il est mieux là où il est
3 N (a) **it's a change for the** ~ c'est une amélioration; **for** ~ **or (for) worse** pour le meilleur et pour le pire; **to get the** ~ **of sb** triompher de qn
(b) **one's** ~**s** ses supérieurs (*mpl*)
4 VT [+ *sb's achievements*] dépasser; [+ *record, score*] améliorer; **to** ~ **o.s.** améliorer sa condition

betting /'betɪŋ/ N pari(s) (*m(pl)*); **the** ~ **was brisk** les paris allaient bon train; **what's the** ~ **he doesn't turn up** combien on parie qu'il ne viendra pas? ♦ **betting shop** N (*Brit*) bureau (*m*) de paris (*appartenant à un bookmaker*)

between /bɪ'twiːn/ PREP (a) entre; **sit** ~ **those two boys** asseyez-vous entre ces deux garçons; ~ **5 and 6 o'clock** entre 5 et 6 heures; **she is** ~ **25 and 30** elle a entre 25 et 30 ans; **the ferry goes** ~ **Dover and Calais** le ferry fait la navette entre Douvres et Calais; **the train does not stop** ~ **here and London** le train est direct d'ici à Londres; ~ **now and next week we must ...** d'ici la semaine prochaine nous devons ...; **no one can come** ~ **us** personne ne peut nous séparer; ~ **you and me, he is not very clever** entre nous, il n'est pas très intelligent
♦ **in between** (*in space*) au milieu; (*in time*) dans l'intervalle; **rows of trees with grass in** ~ des rangées d'arbres avec de l'herbe au milieu; **she did some freelance work in** ~ elle a travaillé comme free-lance dans l'intervalle
(b) (*cooperation*) **they managed to lift the box** ~ **them** à eux deux, ils sont arrivés à soulever la caisse; **we got the letter written** ~ **us** à nous tous nous avons réussi à écrire la lettre

bevelled /'bevəld/ ADJ biseauté

beverage /'bevərɪdʒ/ N boisson (*f*)

bevy /'bevɪ/ N troupe (*f*)

bewail /bɪ'weɪl/ VT se lamenter sur

beware /bɪ'wɛəʳ/ VTI prendre garde (**of sb/sth** à qn/qch, **of doing sth** de faire qch); ~ **of falling** prenez garde de tomber; ~ **of listening to him** gardez-vous de l'écouter; "~ **of the dog**" « (attention), chien méchant »; "~ **of pickpockets**" « attention aux pickpockets »

bewilder /bɪ'wɪldəʳ/ VT déconcerter; (*stronger*) abasourdir

bewildered /bɪ'wɪldəd/ ADJ [*look*] perplexe; [*person*] déconcerté; (*stronger*) abasourdi

bewildering /bɪ'wɪldərɪŋ/ ADJ déconcertant; (*stronger*) ahurissant

bewitch /bɪ'wɪtʃ/ VT envoûter

bewitching /bɪ'wɪtʃɪŋ/ ADJ envoûtant

beyond /bɪ'jɒnd/ 1 PREP (a) (*place*) au-delà de, de l'autre côté de; ~ **the Pyrenees** au-delà des Pyrénées; **there was a garden, and** ~ **it, an orchard** il y avait un jardin, et, plus loin, un verger
(b) (= *after*) après, au-delà de; ~ **next week/June** après la semaine prochaine/juin; ~ **the age of forty** après quarante ans
(c) (= *surpassing, exceeding*) **this work is quite** ~ **him** ce travail le dépasse complètement; **it was** ~ **her to pass the exam** réussir à l'examen était au-dessus de ses forces; **it's** ~ **me why he hasn't left her** je ne comprends pas qu'il ne l'ait pas quittée; ~ **doubt** indubitable; **to prove** ~ **doubt** prouver indubitablement; ~ **repair** irréparable; ~ **his means** au-dessus de ses moyens
(d) (= *except*) sauf; **he gave her no answer** ~ **a grunt** il ne lui a répondu que par un grognement
2 ADV au-delà; **the year 2000 and** ~ l'an 2000 et au-delà; **he could see the lake and the hills** ~ il voyait le lac et, au-delà, les collines
3 N **at the back of** ~ en pleine cambrousse*

Bhutan /buː'tɑːn/ N Bhoutan (*m*)

biannual /baɪ'ænjʊəl/ ADJ biannuel (-elle (*f*))

bias /'baɪəs/ 1 N (a) (= *prejudice*) parti (*m*) pris (**towards** pour, **against** contre); (*towards field or subject*) orientation (*f*); **sex** ~ discrimination (*f*) sexuelle; **the programme has a strong cultural** ~ l'émission a une forte orientation culturelle (b) **cut on the** ~ coupé dans le biais 2 VT (= *influence*) influencer; **to** ~ **sb towards/against** prévenir qn en faveur de/contre

bias(s)ed /'baɪəst/ ADJ [*person, jury*] partial; **to be** ~ **against/in favour of** avoir un parti pris contre/pour

bib /bɪb/ N bavoir (*m*)

Bible /'baɪbl/ N Bible (*f*); (*fig*) bible (*f*) ♦ **the Bible Belt** N (*US*) les États du sud des USA, profondément protestants

biblical /'bɪblɪkəl/ ADJ biblique

bibliography /ˌbɪblɪ'ɒgrəfɪ/ N bibliographie (*f*)

bicarbonate of soda /baɪˈkɑːbənətəvˈsəʊdə/ N bicarbonate (*m*) de soude

bicentenary /ˌbaɪsen'tiːnərɪ/, **bicentennial** (*US*) /ˌbaɪsen'tenɪəl/ N bicentenaire (*m*)

biceps /'baɪseps/ N (*pl inv*) biceps (*m*)

bicker /'bɪkəʳ/ VI se chamailler; **they are always** ~**ing** ils sont toujours à se chamailler

bickering /'bɪkərɪŋ/ N chamailleries (*fpl*)

bicycle /'baɪsɪkl/ 1 N bicyclette (*f*), vélo (*m*); **to ride a** ~ faire de la bicyclette *or* du vélo 2 COMP [*lamp, chain, bell*] de bicyclette, de vélo ♦ **bicycle pump** N pompe (*f*) à bicyclette ♦ **bicycle shed** N abri (*m*) à bicyclettes

bid /bɪd/ (*pret* **bade** *or* **bid**, *ptp* **bidden** *or* **bid**) 1 VT (a) (*liter* = *command*) enjoindre (*liter*) (**sb to do sth** à qn de faire qch)
(b) (= *say*) **to** ~ **sb good morning** dire bonjour à qn
(c) (= *offer*) [+ *amount*] offrir; (*at auction*) faire une enchère de; **he is** ~**ding $20,000 for the painting** il fait une offre de 20 000 dollars pour ce tableau
(d) (*Cards*) demander
2 VI **to** ~ **for sth** (*at auction*) faire une enchère pour qch; **to** ~ **against sb** renchérir sur qn; **to** ~ **for** (*Brit*) *or* **on** (*US*) **a contract** soumissionner un contrat
3 N (a) offre (*f*); (*for contract*) soumission (*f*); (*at auction*) enchère (*f*); **to make a** ~ **for** faire une offre pour; (*at auction*) faire une enchère pour; **a higher** ~ une surenchère; **to make a higher** ~ surenchérir
(b) (= *attempt*) tentative (*f*); **suicide** ~ tentative (*f*) de suicide; **to make a** ~ **for power** tenter de s'emparer du pouvoir; **to make a** ~ **for freedom** tenter de s'évader; **in a** ~ **to stop smoking** pour tenter d'arrêter de fumer

bidder /'bɪdəʳ/ N (*at sale*) enchérisseur (*m*); **the highest** ~ le plus offrant

bidding /'bɪdɪŋ/ N (a) (*at sale*) enchère(s) (*f(pl)*); ~ **was brisk** les enchères étaient vives (b) (= *order*) † **at whose** ~? sur l'ordre de qui?; **I did his** ~ j'ai fait ce qu'il m'a ordonné

bide /baɪd/ VT **to** ~ **one's time** attendre son heure

bidet /'biːdeɪ/ N bidet (*m*)

biennial /baɪ'enɪəl/ ADJ biennal

bifocals /baɪ'fəʊkəlz/ NPL lunettes (*fpl*) à double foyer

big /bɪg/ 1 ADJ grand; [*car, animal, book, fruit, parcel*] gros (grosse (*f*)); **to get** ~**er** grossir; (= *taller*) grandir; **a** ~ **man** un homme grand et fort; **a** ~ **boy/girl** un grand garçon/ une grande fille; **my** ~ **brother** mon grand frère; **what's the** ~ **hurry?*** il n'y a pas le feu!*; **this is his** ~ **day** c'est le grand jour pour lui; **to do things in a** ~ **way*** faire les choses en grand; ~ **talk*** grands discours (*mpl*); **to get too** ~ **for one's boots*** attraper la grosse tête*; **he's got a** ~ **mouth** il ne sait pas se taire; **that's** ~ **of you!*** (*iro*) c'est très généreux de ta part! (*iro*)
2 ADV* **to talk** ~ fanfaronner; **to think** ~ voir les choses en grand; **to make it** ~ avoir un succès fou*
3 COMP ♦ **the Big Bang** N le big bang ♦ **big business** N grandes entreprises (*fpl*); **tourism is** ~ **business here** le tourisme rapporte beaucoup d'argent par ici ♦ **big cat** N grand félin (*m*) ♦ **big dipper** N montagnes (*fpl*) russes

♦ **big game** N gros gibier *(m)* ♦ **big-hearted** ADJ **to be ~-hearted** avoir bon cœur ♦ **big name*** N grand nom *(m)*; **he's a ~ name in politics** c'est un grand nom de la politique ♦ **big shot*** N grand ponte* *(m)* ♦ **big-ticket*** ADJ *(US)* **~-ticket item** *or* **purchase** gros achat *(m)* ♦ **big time*** N **to make the ~ time** percer ♦ **big-time*** ADJ *[athlete, industrialist]* de première catégorie ♦ **big toe** N gros orteil *(m)* ♦ **big top** N grand chapiteau *(m)*

bigamist /'bɪɡəmɪst/ N bigame *(mf)*

bigamous /'bɪɡəməs/ ADJ bigame

bigamy /'bɪɡəmɪ/ N bigamie *(f)*

biggish* /'bɪɡɪʃ/ ADJ assez grand

bigheaded* /ˌbɪɡ'hedɪd/ ADJ crâneur*

Big Issue /ˌbɪɡ'ɪʃuː/ N *(Brit)* **The ~** *journal des sans-abri*

bigot /'bɪɡət/ N sectaire *(mf)*; *(religious)* fanatique *(mf)*

bigoted /'bɪɡətɪd/ ADJ sectaire; *(religious)* fanatique

bigotry /'bɪɡətrɪ/ N sectarisme *(m)*; *(religious)* fanatisme *(m)*

bigwig* /'bɪɡwɪɡ/ N grosse légume* *(f)*, huile* *(f)*

bike /baɪk/ 1 N (ABBR = **bicycle**) vélo *(m)*; (= *motorbike*) moto *(f)* 2 VI ♦ faire du vélo; **to ~ to work** aller au travail à vélo 3 COMP ♦ **bike lane** N piste *(f)* cyclable ♦ **bike rack** N *(on floor)* râtelier *(m)* à bicyclettes; *(on car)* porte-vélos *(m inv)* ♦ **bike shed** N abri *(m)* à bicyclettes ♦ **bike shop** N magasin *(m)* de cycles

biker* /'baɪkə'/ N motard(e) *(m(f))*

bikini /bɪ'kiːnɪ/ N bikini® *(m)* ♦ **bikini bottom(s)*** N(PL) bas *(m)* de bikini® ♦ **bikini briefs** NPL minislip *(m)* ♦ **bikini line** N ligne *(f)* du maillot; **to do one's ~ line** s'épiler le maillot

bilateral /baɪ'lætərəl/ ADJ bilatéral

bile /baɪl/ N bile *(f)*; (= *anger*) mauvaise humeur *(f)*

bilingual /baɪ'lɪŋgwəl/ ADJ bilingue

bilious /'bɪlɪəs/ ADJ bilieux; **~ attack** crise *(f)* de foie

bill /bɪl/ 1 N (a) facture *(f)*; *(in restaurant)* addition *(f)*; *(in hotel)* note *(f)*; **could I have the ~ please** *(Brit)* l'addition s'il vous plait; **put it on my ~** mettez-le sur ma note
(b) *(US = banknote)* billet *(m)* (de banque); **5-dollar ~** billet *(m)* de 5 dollars
(c) (= *law*) projet *(m)* de loi; **to pass a ~** voter un projet de loi
(d) (= *poster*) affiche *(f)*; **to top the ~** être en tête d'affiche; **to fit the ~** faire l'affaire; **she fits the ~ as a leader** elle a tout à fait le profil d'un chef
(e) *[of bird]* bec *(m)*
2 VT (= *invoice*) **to ~ sb for sth** facturer qch à qn
3 COMP ♦ **bill of fare** N menu *(m)* ♦ **the Bill of Rights** N la Déclaration des droits

ⓘ BILL OF RIGHTS
Ensemble des dix premiers amendements ajoutés à la Constitution américaine en 1791 et qui définissent les droits individuels des citoyens et les pouvoirs respectifs du gouvernement fédéral et des États. Ainsi le premier amendement garantit la liberté de culte et de réunion et la liberté de la presse, le second le droit au port d'armes, le sixième le droit à un procès équitable. → FIFTH AMENDMENT
▷ www.usinfo.state.gov

billboard /'bɪlbɔːd/ N panneau *(m)* d'affichage

billfold /'bɪlfəʊld/ N *(US)* portefeuille *(m)*

billiard /'bɪljəd/ N **~s** billard *(m)* ♦ **billiard ball** N boule *(f)* de billard ♦ **billiard table** N table *(f)* de billard *(m)*

billing /'bɪlɪŋ/ N **to get star ~** figurer en tête d'affiche

billion /'bɪljən/ N (= *thousand million*) milliard *(m)*; **3 ~ euros** 3 milliards d'euros

billionaire /ˌbɪljə'neə'/ N milliardaire *(mf)*

billow /'bɪləʊ/ VI *[cloth]* onduler; *[smoke]* s'élever en volutes

billy goat /'bɪlɪɡəʊt/ N bouc *(m)*

bimbo* /'bɪmbəʊ/ N ravissante idiote *(f)*

bin /bɪn/ 1 N (a) *(Brit: also* **dustbin, rubbish ~**) poubelle *(f)*
(b) *(for flour, corn)* coffre *(m)*; *(for bread)* boîte *(f)*; *(larger)* huche *(f)* 2 VT (= *throw away*)* mettre à la poubelle 3 COMP

♦ **bin bag**, **bin liner** N sac *(m)* poubelle

binary /'baɪnərɪ/ 1 ADJ binaire 2 N système *(m)* binaire; **in ~** en binaire 3 COMP ♦ **binary system** N système *(m)* binaire

bind /baɪnd/ *(pret, ptp* **bound**) 1 VT (a) (= *fasten*) attacher **(to** à); **bound hand and foot** pieds et poings liés; **to be bound together** être liés (b) (= *encircle*) entourer **(with** de); *[+ wound]* bander (c) *[+ book]* relier (d) (= *oblige*) contraindre **(sb to do sth** qn à faire qch); **to ~ o.s. to do sth** s'engager à faire qch (e) *[+ ingredient, chemical]* lier; **~ the mixture with an egg** lier la préparation avec un œuf 2 N *(Brit = nuisance)** **what a ~!** quelle barbe!*
▶ **bind over** VT SEP *(Brit Jur)* mettre en liberté conditionnelle; **to ~ sb over to keep the peace** relaxer qn sous condition qu'il ne trouble pas l'ordre public
▶ **bind together** VT SEP *[+ people]* unir
▶ **bind up** VT SEP *[+ wound]* bander; **the future of their country is inextricably bound up with Europe** l'avenir de leur pays est inextricablement lié à celui de l'Europe

binder /'baɪndə'/ N *(for papers)* classeur *(m)*

binding /'baɪndɪŋ/ 1 N *[of book]* reliure *(f)*; (= *tape*) extra-fort *(m)*; *[of skis]* fixation *(f)* 2 ADJ *[rule]* obligatoire; *[agreement, promise]* qui engage; **to be ~ on sb** engager qn

binge* /bɪndʒ/ 1 VI *(on alcohol)* se soûler; *(on food)* s'empiffrer*; *(spending)* faire des folies*; **to ~ on chocolate** s'empiffrer* de chocolat 2 N **a drinking ~** une beuverie 3 COMP ♦ **binge drinking** N *consommation compulsive d'alcool*

bingo /'bɪŋɡəʊ/ 1 N bingo *(m)* 2 EXCL **~!*** ça y est!

binman /'bɪnmæn/ N *(pl* **-men**) éboueur *(m)*

binoculars /bɪ'nɒkjʊlə'z/ NPL jumelle(s) *(f(pl))*

biochemist /'baɪəʊ'kemɪst/ N biochimiste *(mf)*

biochemistry /'baɪəʊ'kemɪstrɪ/ N biochimie *(f)*

biodegradable /'baɪəʊdɪ'ɡreɪdəbl/ ADJ biodégradable

biodiesel /'baɪəʊ'diːzl/ N biodiesel *(m)*

biodiversity /ˌbaɪəʊdaɪ'vɜːsɪtɪ/ N biodiversité *(f)*

biographer /baɪ'ɒɡrəfə'/ N biographe *(mf)*

biographic /ˌbaɪəʊ'ɡræfɪk/ ADJ biographique

biography /baɪ'ɒɡrəfɪ/ N biographie *(f)*

biological /ˌbaɪə'lɒdʒɪkəl/ ADJ biologique; *[detergent, washing powder]* aux enzymes

biologist /baɪ'ɒlədʒɪst/ N biologiste *(mf)*

biology /baɪ'ɒlədʒɪ/ N biologie *(f)*

biomass /'baɪəʊmæs/ N biomasse *(f)*

biometric /baɪə'metrɪk/ 1 ADJ biométrique 2 COMP ♦ **biometric passport** N passeport *(m)* biométrique

biophysics /ˌbaɪəʊ'fɪzɪks/ N biophysique *(f)*

biopic* /'baɪəʊˌpɪk/ N film *(m)* biographique

biopsy /'baɪɒpsɪ/ N biopsie *(f)*

biosphere /'baɪəsfɪə'/ N biosphère *(f)*

biotechnology /ˌbaɪəʊtek'nɒlədʒɪ/ N biotechnologie *(f)*

bioterrorism /ˌbaɪəʊ'terərɪzəm/ N bioterrorisme *(m)*

biopiracy /'baɪə'paɪərəsɪ/ N biopiraterie *(f)*

bioweapon /'baɪəʊ'wepən/ N arme *(f)* biologique

bipartisan /ˌbaɪ'pɑːtɪzæn/ ADJ bipartite

birch /bɜːtʃ/ N *(also ~ tree)* bouleau *(m)*; *(also ~ wood)* (bois *(m)* de) bouleau *(m)*; *(for whipping)* verge *(f)*

bird /bɜːd/ 1 N (a) oiseau *(m)*; (= *chicken, turkey*) volaille *(f)* ▪ *(PROV)* **a ~ in the hand is worth two in the bush** un tiens vaut mieux que deux tu l'auras *(PROV)*; **a little ~ told me*** mon petit doigt me l'a dit; **the ~ has flown** l'oiseau s'est envolé
(b) *(Brit = girl)** nana* *(f)*
2 COMP ♦ **bird brain*** N tête *(f)* de linotte ♦ **bird feeder** N mangeoire *(f)* ♦ **bird flu** N grippe *f* aviaire ♦ **bird of passage** N oiseau *(m)* de passage ♦ **bird of prey** N oiseau *(m)* de proie ♦ **bird sanctuary** N réserve *(f)* ornithologique ♦ **bird's-eye view** N **a ~'s-eye view of Paris** Paris vu d'avion ♦ **bird's nest** N nid *(m)* d'oiseau(x) ♦ **bird table** N mangeoire *(f)* ♦ **bird-watcher** N ornithologue *(mf)* amateur ♦ **bird-watching** N ornithologie *(f)* (pratiquée en amateur); **to go ~-watching** aller observer les oiseaux

birdcage /'bɜːdkeɪdʒ/ N cage (f) à oiseaux

Biro® /'baɪərəʊ/ N (Brit) stylo (m) bille, Bic® (m)

birth /bɜːθ/ 1 N ⓐ (= being born) naissance (f); (also **childbirth**) accouchement (m); [of animal] mise (f) bas; **at ~** à la naissance; **during the ~** pendant l'accouchement; **to give ~ to** [woman] donner naissance à; [animal] mettre bas; **blind from ~** aveugle de naissance; **Scottish by ~** écossais de naissance
ⓑ [of idea, situation, institution] naissance (f); [of phenomenon] apparition (f)
2 COMP ♦ **birth certificate** N acte (m) de naissance ♦ **birth control** N contrôle (m) des naissances; **~ control pill** pilule (f) contraceptive ♦ **birth rate** N (taux (m) de) natalité (f)

birthdate /'bɜːθdeɪt/ N date (f) de naissance

birthday /'bɜːθdeɪ/ 1 N anniversaire (m); **when is your ~?** c'est quand ton anniversaire?; **on my ~** le jour de mon anniversaire 2 COMP [cake, card, present] d'anniversaire ♦ **birthday party** N **she is having a ~ party** elle fait une petite fête pour son anniversaire ♦ **birthday suit*** N **in one's ~ suit** en costume d'Adam (or d'Ève)*

birthmark /'bɜːθmɑːk/ N tache (f) de vin

birthplace /'bɜːθpleɪs/ N lieu (m) de naissance; (= house) maison (f) natale

biscuit /'bɪskɪt/ N ⓐ (Brit) petit gâteau (m) sec, biscuit (m); **that takes the ~!*** ça c'est le bouquet!* ⓑ (US) sorte de biscuit

bisect /baɪ'sekt/ VT couper en deux; [+ geometrical shape] couper en deux parties égales

bisexual /'baɪ'seksjʊəl/ ADJ, N bisexuel(le) (m(f))

bishop /'bɪʃəp/ N évêque (m); (Chess) fou (m)

bison /'baɪsn/ N (pl inv) bison (m)

bistro /'biːstrəʊ/ N petit restaurant (m) (style bistrot)

bit¹ /bɪt/ 1 N ⓐ (= piece) [of bread] morceau (m); [of paper, string] bout (m); (in book, talk) passage (m); **a ~ of garden** un bout de jardin; **a tiny little ~** un tout petit peu; **a ~ of advice** un petit conseil; **a ~ of news** une nouvelle; **a ~ of luck** une chance; **what a ~ of luck!** quelle chance!; **bring all your ~s and pieces*** apporte toutes tes petites affaires; **~s and bobs*** petites affaires (fpl); **to come to ~s** (= break) tomber en morceaux; (= dismantle) se démonter; **~ by ~** (= gradually) petit à petit; **to do one's ~** faire sa part
ⓑ (phrases) **a ~** un peu; **a ~ of money** un peu d'argent; **that's a ~ much!** c'est un peu fort!*; **he paid a good ~ for it** ça lui a coûté assez cher; **I'm a ~ late** je suis un peu en retard; **it's a good ~ further than we thought** c'est bien plus loin que nous ne pensions; **every ~ as good as** tout aussi bon que; **every ~ of the wall** le mur tout entier; **he seems to be a ~ of an expert** il a l'air de s'y connaître; **she's a ~ of a liar** elle est un brin* menteuse; **it was a ~ of a shock** ça a été un choc; **he's/she's a ~ of all right*** (= attractive) il/elle est plutôt bien foutu(e)*; **not a ~ of it!** pas du tout!
ⓒ (= time) **after a ~** après un moment; **quite a ~** un bon bout de temps*; **wait a ~** attendez un instant
ⓓ (Computing) bit (m)
ⓔ (for horse) mors (m); **to take the ~ between one's teeth** prendre le mors aux dents
ⓕ (= tool) mèche (f)
2 COMP ♦ **bit-map** (Computing) N ⓐ mode point (m) ⓑ (also **~-map(ped) image**) image (f) en mode point ♦ ADJ (also **~-mapped**) [graphics] par points ♦ **bit part** N petit rôle (m)

bit² /bɪt/ VB pt of **bite**

bitch /bɪtʃ/ 1 N ⓐ (= dog) chienne (f); (canines generally) femelle (f); **terrier ~** terrier (m) femelle ⓑ (pej = woman)** salope** (f) ⓒ **it's a ~** c'est la merde** ⓓ (= complaint) **what's your ~?** qu'est-ce que tu as à râler?* 2 VI (= complain)* râler*; **to ~ about sb** dire du mal de qn

bitchy* /'bɪtʃɪ/ ADJ vache*; **to be ~ to sb** être vache* avec qn

bite /baɪt/ (vb: pret **bit**, ptp **bitten**) 1 N ⓐ [of dog, snake] morsure (f); [of insect] piqûre (f); **face covered in (insect) ~s** visage couvert de piqûres d'insectes
ⓑ (= piece bitten off) bouchée (f); **a ~ (to eat)** un morceau;

to take a ~ out of [+ apple] croquer dans; [+ savings, budget] faire un trou dans
ⓒ (Fishing) touche (f); **I haven't had a ~ all day** je n'ai pas eu une seule touche aujourd'hui
ⓓ (= flavour) piquant (m)
2 VT [person, animal] mordre; [insect] piquer; [snake] mordre; **to ~ one's nails** se ronger les ongles; **to ~ sth in two** couper qch en deux d'un coup de dents; **to ~ one's tongue** or **one's lip** (fig) se mordre les lèvres; **what's biting you?*** qu'est-ce que tu as à râler?*; **to ~ the bullet*** serrer les dents (fig); **to ~ the dust*** mordre la poussière; **to ~ the hand that feeds one** cracher dans la soupe* ▪ (PROV) **once bitten twice shy** chat échaudé craint l'eau froide (PROV)
3 VI mordre; [insect] piquer; [cogs] s'engrener; **to ~ into sth** mordre (dans) qch
4 COMP ♦ **bite-size(d)*** ADJ [piece of food] petit; **~-size(d) chunks** petits morceaux (mpl)
► **bite back** 1 VI (= respond) riposter 2 VT SEP [+ words, retort] ravaler
► **bite off** VT SEP arracher d'un coup de dent(s); **he has bitten off more than he can chew** il a eu les yeux plus grands que le ventre; **to ~ sb's head off*** rembarrer qn (brutalement)

biting /'baɪtɪŋ/ ADJ ⓐ [cold] mordant; [wind] cinglant ⓑ [wit, remarks, sarcasm] mordant

bitten /'bɪtn/ VB ptp of **bite**

bitter /'bɪtə'/ 1 ADJ ⓐ [taste] amer ⓑ [cold, weather, wind] glacial; [winter] rigoureux ⓒ [person, disappointment, reproach, tone] amer; [argument, attack] acerbe; [sorrow, suffering] cruel; [hatred] profond; [remorse] cuisant; **to the ~ end** jusqu'au bout; **his ~ enemy** son ennemi acharné; **I feel (very) ~ about the whole business** toute cette histoire me remplit d'amertume 2 N (Brit = beer) bière brune anglaise

bitterly /'bɪtəlɪ/ ADV [regret] amèrement; [say, think] avec amertume; [criticize] âprement; [oppose, contest, fight] farouchement; [ashamed] profondément; **~ disappointed** amèrement déçu; **to be ~ resentful of sb's success** en vouloir amèrement à qn de son succès; **opinions are ~ divided** les avis sont profondément partagés; **it's ~ cold** il fait un froid de canard

bitterness /'bɪtənɪs/ N amertume (f); [of opposition, struggle] violence (f)

bittersweet /'bɪtəswiːt/ ADJ aigre-doux (-douce (f))

bizarre /bɪ'zɑː'/ ADJ bizarre

blab* /blæb/ VI (= tell secret) vendre la mèche*

black /blæk/ 1 ADJ ⓐ noir; **~ and blue** (= bruised) couvert de bleus; **"~ tie"** (on invitation) « smoking »
ⓑ [race, skin] noir; **~ man** Noir (m); **~ woman** Noire (f); **Black American** Noir(e) (m(f)) américain(e); **~ college** (US Univ) université (f) noire; **~ consciousness** la conscience noire
ⓒ (= wicked) [crime, action] noir; [thought] mauvais; (= gloomy) [thoughts, prospects, rage] noir; [despair] sombre; **to give sb a ~ look** lancer un regard noir à qn; **a ~ deed** (liter) un crime; **things are looking ~ for him** ses affaires se présentent très mal; **it's a ~ day for England** c'est un jour (bien) triste pour l'Angleterre
2 N ⓐ (= colour) noir (m); **dressed in ~** habillé de noir; **there it is in ~ and white** c'est écrit noir sur blanc; **to swear that ~ is white** [obstinate person] nier l'évidence; [liar] mentir effrontément; **to be in the ~*** être créditeur
ⓑ **Black** (= person) Noir(e) (m(f))
3 VT ⓐ **to ~ one's face** se noircir le visage; **she ~ed his eye (for him)** elle lui a fait un œil au beurre noir*
ⓑ (Brit) [+ cargo, firm, goods] boycotter
4 COMP ♦ **Black Africa** N Afrique (f) noire ♦ **black belt** N ceinture (f) noire; **to be a ~ belt in karate** être ceinture noire de karaté ♦ **black box** N boîte (f) noire ♦ **black cab** N (Brit) taxi (m) anglais ♦ **black comedy** N comédie (f) noire ♦ **the Black Country** N le Pays noir (région industrielle des Midlands) ♦ **black economy** N économie (f) souterraine ♦ **black eye** N œil (m) au beurre noir*; **to give sb a ~ eye**

pocher l'œil à qn ♦ **the Black Forest** N la Forêt-Noire ♦ **Black Forest gateau** N forêt-noire (f) ♦ **black hole** N trou (m) noir ♦ **black humour** N humour (m) noir ♦ **black ice** N verglas (m) ♦ **black magic** N magie (f) noire ♦ **black mark** N that's a ~ mark against him c'est un mauvais point pour lui ♦ **black market** N marché (m) noir; **on the ~ market** au marché noir ♦ **black pepper** N poivre (m) noir ♦ **Black Power (movement)** N pouvoir (m) noir ♦ **black pudding** N (Brit) boudin (m) noir ♦ **the Black Sea** N la mer Noire ♦ **black sheep** N **the ~ sheep of the family** la brebis galeuse de la famille ♦ **black spot** N point (m) noir; **Hull is an unemployment ~ spot** Hull a un fort taux de chômage ♦ **black-tie** ADJ [dinner] en tenue de soirée

► **black out** 1 VI (= faint) s'évanouir 2 VT SEP (in wartime) [+ town, building] faire le black-out dans; **a power cut ~ed out the building** une panne d'électricité a plongé l'immeuble dans l'obscurité

blackberry /'blækbərɪ/ N mûre (f); **~ bush** mûrier (m)

blackbird /'blækbɜːd/ N merle (m)

blackboard /'blækbɔːd/ N tableau (m) (noir)

blackcurrant /ˌblæk'kʌrənt/ N cassis (m)

blacken /'blækən/ VT noircir; (= discredit) salir; **~ed remains** restes (mpl) calcinés

blackhead /'blækhed/ N point (m) noir

blackleg /'blækleg/ N (Brit) briseur (m), -euse (f) de grève

blacklist /'blæklɪst/ 1 N liste (f) noire 2 VT mettre sur la liste noir

blackmail /'blækmeɪl/ 1 N chantage (m) 2 VT faire chanter; **to ~ sb into doing sth** forcer qn par le chantage à faire qch

blackmailer /'blækmeɪləʳ/ N maître-chanteur (m)

blackout /'blækaʊt/ N ⓐ (= fainting) étourdissement (m); **to have a ~** avoir un étourdissement ⓑ [of lights] panne (f) d'électricité; (during war) black-out (m)

blacksmith /'blæksmɪθ/ N (who shoes horses) maréchal-ferrant (m); (who forges iron) forgeron (m)

blacktop /'blæktɒp/ N (US) bitume (m)

bladder /'blædəʳ/ N vessie (f)

blade /bleɪd/ N lame (f); [of windscreen wiper] balai (m); [of grass] brin (m)

blading /'bleɪdɪŋ/ N (also **rollerblading**) roller (m)

Blairite /'bleəraɪt/ N, ADJ (Brit Pol) blairiste (mf)·

blame /bleɪm/ 1 VT ⓐ (= fix responsibility on) **to ~ sb for sth** or **to ~ sth on sb** rejeter la responsabilité de qch sur qn; **I'm not to ~** ce n'est pas ma faute; **you have only yourself to ~** tu ne peux t'en prendre qu'à toi-même; **who is to ~ for this accident?** qui est responsable de cet accident? ⓑ (= censure) blâmer; **to ~ sb for doing sth** reprocher à qn de faire qch; **to ~ o.s. for sth/for having done sth** se reprocher qch/d'avoir fait qch; **you can't ~ him for wanting to leave** vous ne pouvez lui reprocher de vouloir s'en aller; **he's leaving — you can't ~ him!** il part — je le comprends! 2 N ⓐ (= responsibility) responsabilité (f); **to lay the ~ for sth on sb** rejeter la responsabilité de qch sur qn; **to take the ~ (for sth)** assumer la responsabilité (de qch) ⓑ (= censure) blâme (m)

blameless /'bleɪmlɪs/ ADJ irréprochable

blanch /blɑːntʃ/ VT blanchir; **~ed almonds** amandes (fpl) mondées

blancmange /blə'mɒnʒ/ N entremets instantané

bland /blænd/ ADJ [taste, food] fade; [person, character, smile] terne

blank /blæŋk/ 1 ADJ ⓐ blanc (blanche (f)); [cheque] en blanc; [cassette] vierge; **to give sb a ~ cheque (to do sth)** donner à qn carte blanche (pour faire qch); **~ form** imprimé (m) (à remplir); **please leave ~** ne rien écrire ici ⓑ [wall] aveugle; [refusal] absolu; (= expressionless) [face, look] sans expression; **to look ~** (= puzzled) avoir l'air interdit; **his mind went ~** il a eu un blanc

2 N ⓐ (= void) blanc (m); **my mind was a ~** j'ai eu un blanc ⓑ (= form) formulaire (m)

ⓒ (= bullet) balle (f) à blanc; **to draw a ~** (= fail in search) faire chou blanc

3 COMP ♦ **blank verse** N vers (mpl) non rimés

► **blank out** VT SEP [+ feeling, thought] faire abstraction de

blanket /'blæŋkɪt/ 1 N couverture (f); [of snow] couche (f); [of fog] nappe (f) 2 ADJ [ban, condemnation] général; [coverage] complet (-ète (f))

blankly /'blæŋklɪ/ ADV ⓐ (= expressionlessly) **to stare ~ at sth** fixer qch d'un air absent ⓑ (= uncomprehendingly) d'un air ébahi

blare /bleəʳ/ 1 N [of car horn] bruit (m) strident; [of music] retentissement (m); [of trumpet] sonnerie (f) 2 VI (also ~ out) [music, horn] retentir; [radio] beugler 3 VT (also ~ out) [+ music] faire retentir

blarney· /'blɑːnɪ/ N boniment· (m)

blaspheme /blæs'fiːm/ VTI blasphémer

blasphemous /'blæsfɪməs/ ADJ [person] blasphémateur (-trice (f)); [words] blasphématoire

blasphemy /'blæsfɪmɪ/ N blasphème (m); **it is ~ to say that** c'est blasphémer que de dire cela

blast /blɑːst/ 1 N ⓐ (= sound) [of bomb] explosion (f); [of whistle, car horn] bruit (m) strident

♦ **at full blast**·: **the radio was on at full ~** la radio braillait·; **the heating was on at full ~** le chauffage était au maximum

ⓑ (= explosion) explosion (f); (= shock wave) [of bomb] souffle (m); **~ victims** victimes (fpl) de l'explosion; **~ of air** jet (m) d'air

2 VT ⓐ (with explosive) [+ rocks] faire sauter; **to ~ a hole in sth** faire un trou dans qch avec des explosifs

ⓑ (= shoot) **he ~ed the policeman with a shotgun** il a tiré sur le policier avec un fusil de chasse

3 EXCL (Brit·) la barbe!·

4 COMP ♦ **blast furnace** N haut fourneau (m) ♦ **blast-off** N mise (f) à feu

► **blast off** VI [rocket] être mis à feu

► **blast out**· 1 VI [music, radio] brailler· 2 VT SEP [+ song, tune] brailler·

blasted: /'blɑːstɪd/ ADJ ⓐ (= annoying) fichu· (before n); **he's a ~ nuisance** il nous enquiquine· ⓑ (= drunk) bourré·

blatant /'bleɪtənt/ ADJ [injustice] criant; [attempt] manifeste; [lie] éhonté

blatantly /'bleɪtəntlɪ/ ADV [sexist, prejudiced] manifestement; [disregard, encourage] de façon éhontée

blaze /bleɪz/ 1 N ⓐ (= cheering fire) (belle) flambée (f); (= conflagration) incendie (m)

ⓑ **~ of light** torrent (m) de lumière; **~ of colour** flamboiement (m) de couleur(s); **in a ~ of glory** auréolé de gloire; **~ of publicity** battage (m) médiatique

2 VI ⓐ [log fire] flamber; [building, wreckage] brûler; [sun] darder ses rayons

♦ **blazing with**: **her eyes blazing with anger** ses yeux étincelant de colère; **a garden blazing with colour** un jardin resplendissant de couleurs

3 VT **to ~ a trail** montrer la voie

blazer /'bleɪzəʳ/ N blazer (m)

bleach /bliːtʃ/ 1 N (for cleaning) eau (f) de Javel; (for removing colour) décolorant (m); (for hair) eau (f) oxygénée 2 VT ⓐ [+ linen, flour] blanchir ⓑ [+ hair] décolorer; **to ~ one's hair** se décolorer les cheveux; **~ed hair** cheveux (mpl) décolorés

bleachers /'bliːtʃəz/ N (US) gradins (mpl) (en plein soleil)

bleak /bliːk/ ADJ [country, landscape] désolé; [weather] froid et maussade; [prospect, future] morne; **things look rather ~ for him** les choses se présentent plutôt mal pour lui

bleary /'blɪərɪ/ ADJ [eyes] voilé

bleat /bliːt/ 1 VI bêler; **what are you ~ing about?**· qu'est-ce que tu as à te lamenter? 2 N bêlement (m)

bled /bled/ VB pt, ptp of **bleed**

bleed /bliːd/ (pret, ptp **bled**) 1 VI saigner; **his nose is ~ing** il saigne du nez; **my heart ~s for you** (iro) tu me fends le cœur 2 VT ⓐ [+ *brakes, radiator*] purger ⓑ **to ~ sb dry** saigner qn à blanc

bleeding /'bli:dɪŋ/ N **to stop the ~** pour arrêter l'hémorragie

bleep /bli:p/ 1 N (= *noise*) bip (m) 2 VI [*transmitter*] faire bip 3 VT [+ *person with bleeper*] biper

bleeper /'bli:pəʳ/ N (= *pager*) bip (m)

blemish /'blemɪʃ/ 1 N (= *defect*) imperfection (f); (on *fruit*) tache (f); (*moral*) tache (f); **a ~ on his reputation** une tache à sa réputation 2 VT [+ *reputation, honour*] ternir

blend /blend/ 1 N (= *mixture*) mélange (m); [*of qualities*] ensemble (m) 2 VT (*also ~ in*) mélanger (**with** à, avec); [+ *qualities, ideas*] associer (**with** à) 3 VI (*also ~ in, ~ together*) se mélanger (**with** à, avec); [*styles*] s'allier; [*colours*] (= *shade into one another*) se fondre; (= *go well together*) aller bien ensemble

blender /'blendəʳ/ N mixer (m)

bless /bles/ (*pret, ptp* **blest** or **blessed** /blest/) VT bénir; **to be ~ed with** avoir la chance de posséder; **Nature ~ed him with ...** la Nature l'a doué de ...; **~ you!** (*sneezing*) à vos souhaits!; **and Paul, ~ him, had no idea that ...** et ce brave Paul ne savait pas que ...; **well, I'm ~ed!*** ça alors!*

blessed /'blesɪd/ ADJ ⓐ (= *holy*) saint; **the Blessed Virgin** la Sainte Vierge ⓑ (*Brit: for emphasis*)* sacré* (*before n*)

blessing /'blesɪŋ/ N ⓐ (= *divine favour*) grâce (f); (= *prayer*) bénédiction (f); (*at meal*) bénédicité (m) ⓑ (= *approval*) bénédiction (f); **the plan had his ~** il avait donné sa bénédiction à ce projet ⓒ (= *benefit*) bienfait (m); **the ~s of civilization** les bienfaits de la civilisation; **it was a ~ in disguise** en fait, c'était providentiel (*PROV*)

blew /blu:/ VB *pt of* **blow**

blight /blaɪt/ 1 N [*of plant*] rouille (f) (*maladie*); [*of potato*] mildiou (m); [*of fruit trees*] cloque (f); **it's been a ~ on his life** ça a gâché sa vie; **urban ~** dégradation (f) urbaine 2 VT [+ *plants*] rouiller; [+ *hopes*] anéantir; [+ *career, life, future*] gâcher

blimey: /'blaɪmɪ/ EXCL (*Brit*) merde alors!‡

blind /blaɪnd/ 1 ADJ ⓐ [*person, obedience, faith*] aveugle; **a ~ man** un aveugle; **a ~ boy** un garçon aveugle; **to go ~** devenir aveugle; **the accident left him ~** il a perdu la vue dans cet accident; **~ in one eye** borgne; **in the left eye aveugle de l'œil gauche; he went into a ~ panic** il a complètement paniqué; **I was ~ to his faults** je ne voyais pas ses défauts; **to turn a ~ eye (to sth)** fermer les yeux (sur qch) ⓑ [*flying, landing*] sans visibilité; **on sb's ~ side** hors du champ visuel de qn ⓒ (*for emphasis*)‡ **it won't make a ~ bit of difference** ça ne changera strictement rien

2 VT aveugler; **her love ~ed her to his faults** son amour le rendait aveugle à ses défauts

3 N [*of window*] store (m)

4 NPL **the blind** les aveugles (mpl); **it's the ~ leading the ~** c'est un aveugle qui conduit un aveugle

5 ADV ⓐ **to drive/fly ~** conduire/voler sans visibilité ⓑ **to bake sth ~** cuire qch à blanc ⓒ (= *categorically*) **to swear ~ that ...*** jurer ses grands dieux que ... ⓓ (*Brit*) **~ drunk*** complètement bourré*

6 COMP ♦ **blind corner** N virage (m) sans visibilité ♦ **blind date** N (= *meeting*) rendez-vous (m) arrangé (*avec quelqu'un qu'on ne connaît pas*); (= *person*) inconnu(e) (m(f)) (*avec qui on a rendez-vous*); **to go on a ~ date** sortir avec quelqu'un qu'on ne connaît pas ♦ **blind spot** N (*in car, plane*) angle (m) mort; **to have a ~ spot about sth** ne rien comprendre à qch; **he has a ~ spot where she's concerned** il ne voit pas ses défauts ♦ **blind trust** N (*Fin*) organisme indépendant de gestion d'actifs

blindfold /'blaɪndfəʊld/ 1 VT bander les yeux à 2 N bandeau (m) 3 ADJ (*also ~ed*) aux yeux bandés 4 ADV (= *blindfolded*) les yeux bandés; **I could do it ~** je le ferais les yeux bandés

blinding /'blaɪndɪŋ/ ADJ [*light*] aveuglant; [*pain*] fulgurant

blindly /'blaɪndlɪ/ ADV ⓐ [*grope, shoot*] à l'aveuglette ⓑ [*follow, accept, obey*] aveuglément

blindness /'blaɪndnɪs/ N cécité (f); (*fig*) aveuglement (m) (**to** devant)

bling (bling)* /blɪŋ(blɪŋ)/ N (= *jewellery*) quincaillerie f

blink /blɪŋk/ 1 N [*of eyes*] clignement (m) (d'yeux); **in the ~ of an eye** en un clin d'œil; **my telly's on the ~*** ma télé est détraquée 2 VI ⓐ cligner des yeux ⓑ [*light*] vaciller 3 VT **to ~ one's eyes** cligner des yeux

blinkered /'blɪŋkəd/ ADJ (*Brit*) [*person, approach, attitude*] borné; [*view*] étroit

blinking /'blɪŋkɪŋ/ 1 ADJ (*Brit*)* sacré* (*before n*); **~ idiot!** espèce d'idiot! 2 N [*of eyes*] clignement (m) (d'yeux)

blip /blɪp/ N ⓐ (*on radar*) spot (m) ⓑ (*on graph*) petite déviation (f); (= *aberration*) petite anomalie (f) (*passagère*)

bliss /blɪs/ N bonheur (m) suprême; **it's ~!** c'est merveilleux!

blissful /'blɪsfʊl/ ADJ merveilleux; **to be in ~ ignorance of sth** ignorer parfaitement qch

blissfully /'blɪsfəlɪ/ ADV [*happy, quiet, ignorant, unaware*] parfaitement

blister /'blɪstəʳ/ 1 N cloque (f); (*caused by rubbing*) ampoule (f) 2 VI [*skin*] cloquer

blistering /'blɪstərɪŋ/ ADJ ⓐ (= *scorching*) torride; [*sun*] brûlant; **a ~ pace** or **speed** une vitesse foudroyante ⓑ (= *scathing*) cinglant

blithe /blaɪð/ ADJ joyeux

blithely /'blaɪðlɪ/ ADV [*disregard*] allègrement; [*unaware*] parfaitement

blitz /blɪts/ 1 N bombardement (m) (aérien); **the Blitz** (*Brit*) le Blitz; **to have a ~ on sth*** s'attaquer à qch 2 VT bombarder

blizzard /'blɪzəd/ N tempête (f) de neige

bloated /'bləʊtɪd/ ADJ (= *swollen*) gonflé; [*stomach*] ballonné; [*face*] bouffi; **to feel ~** (*after eating*) se sentir ballonné

blob /blɒb/ N (grosse) goutte (f); [*of ink*] tache (f)

bloc /blɒk/ N bloc (m); **en ~** en bloc

block /blɒk/ 1 N ⓐ [*of stone, ice*] bloc (m); [*of wood*] bille (f); [*of chocolate*] tablette (f); **~s** (= *toy*) cubes (mpl); **on the ~** (*US*) [*buy*] aux enchères; [*pay*] rubis sur l'ongle ⓑ [*of buildings*] pâté (m) de maisons; **a ~ of flats** (*Brit*) un immeuble; **she lived three ~s away** (*US*) elle habitait trois rues plus loin ⓒ (= *part of prison, hospital*) pavillon (m) ⓓ **to have a mental ~** faire un blocage; **I've got a ~** [*writer*] c'est la panne totale; **a ~ of tickets/seats** plusieurs billets/places (*acheté(e)s en même temps*) ⓔ (*also* **starting ~**) **to be first off the (starting) ~s** être le premier à se lancer

2 VT ⓐ [+ *pipe*] boucher; [+ *road, traffic*] bloquer; [+ *progress*] entraver; [+ *transaction, credit, negotiations*] bloquer; **to ~ sb's way** barrer le chemin à qn; **to ~ sb's light** cacher la lumière à qn; **there was a lorry ~ing my view** un camion m'empêchait de voir ⓑ (*Computing*) sélectionner

3 COMP ♦ **block booking** N réservation (f) groupée ♦ **block capitals, block letters** NPL majuscules (fpl); **in ~ letters** en majuscules

► **block off** VT SEP [+ *part of road*] fermer; (*accidentally*) obstruer

► **block out** VT SEP ⓐ [+ *light*] empêcher de passer ⓑ [+ *thoughts, idea*] refouler

► **block up** VT SEP [+ *pipe*] bloquer; [+ *window, entrance*] condamner; [+ *hole*] boucher

blockade /blɒ'keɪd/ 1 N (*by vehicles*) barrage (m); **to lift the ~** lever le barrage 2 VT [+ *town, port*] faire le blocus de; (*with vehicles*) bloquer

blockage /'blɒkɪdʒ/ N obstruction (f)

blockbuster* /'blɒk,bʌstəʳ/ N (= *film*) film (m) à grand succès; (= *book*) best-seller (m)

blog /blɒg/ N (= *weblog*) blog (m), blogue (m)

blogger /blɒgəʳ/ N (*Computing*) bloggeur *(m)*, euse *(f)*

bloke* /bləʊk/ N (*Brit*) type* *(m)*

blond(e) /blɒnd/ 1 ADJ blond 2 N blond(e) *(m(f))*

blood /blʌd/ N sang *(m)*; **to give ~** donner son sang; **it's like trying to get ~ out of a stone** c'est comme si on parlait à un mur; **there is bad ~ between them** le torchon brûle (entre eux); **to have ~ on one's hands** avoir du sang sur les mains; **the ~ rushed to his face** le sang lui est monté au visage; **it makes my ~ boil** cela me fait bouillir; **his ~ is up** il est très remonté; **his ~ ran cold** son sang s'est figé dans ses veines; **the ties of ~** les liens *(mpl)* du sang; **it's in his ~** il a cela dans le sang; **of Irish ~** de sang irlandais; **this firm needs new ~** cette maison a besoin de sang nouveau ◆ **blood bank** N banque *(f)* du sang ◆ **blood bath** N bain *(m)* de sang ◆ **blood cell** N cellule *(f)* sanguine; **red/white ~ cell** globule *(m)* rouge/blanc ◆ **blood clot** N caillot *(m)* de sang ◆ **blood donor** N donneur *(m)*, -euse *(f)* de sang ◆ **blood group** N groupe *(m)* sanguin ◆ **blood money** N prix *(m)* du sang ◆ **blood orange** N (orange *(f)*) sanguine *(f)* ◆ **blood poisoning** N septicémie *(f)* ◆ **blood pressure** N tension *(f)* (artérielle); **to have high/low ~ pressure** faire de l'hypertension/ hypotension; **to take sb's ~ pressure** prendre la tension de qn ◆ **blood pudding** N (*US*) boudin *(m)* noir ◆ **blood-red** N, ADJ rouge *(m)* sang *(inv)* ◆ **blood sausage** N (*US*) boudin *(m)* noir ◆ **blood sports** NPL sports *(mpl)* sanguinaires ◆ **blood sugar** N sucre *(m)* dans le sang; **~ sugar level** taux *(m)* de sucre dans le sang ◆ **blood test** N analyse *(f)* de sang ◆ **blood transfusion** N transfusion *(f)* sanguine ◆ **blood vessel** N vaisseau *(m)* sanguin

bloodcurdling /'blʌdkɜːdlɪŋ/ ADJ à vous figer le sang dans les veines

bloodhound /'blʌdhaʊnd/ N limier *(m)*

bloodless /'blʌdlɪs/ ADJ ⓐ [*face, lips*] blême ⓑ [*coup, revolution*] sans effusion de sang

bloodshed /'blʌdʃed/ N effusion *(f)* de sang

bloodshot /'blʌdʃɒt/ ADJ [*eyes*] injecté (de sang)

bloodstained /'blʌdsteɪnd/ ADJ taché de sang

bloodstream /'blʌdstriːm/ N sang *(m)*

bloodthirsty /'blʌd,θɜːstɪ/ ADJ sanguinaire

bloody /'blʌdɪ/ 1 ADJ ⓐ sanglant; **a ~ nose** un nez en sang; **to give sb a ~ nose** (*in contest*) donner un camouflet à qn ⓑ (*Brit*) fcutu* (*before n*); **it's a ~ nuisance!** ce que c'est emmerdant!‡; **you ~ fool!** espèce d'idiot!; **~ hell!** merde alors!‡ 2 ADV (*Brit*‡) vachement*; **a ~ good film** un film vachement bien* 3 VT ensanglanter 4 COMP ◆ **bloody-minded*** ADJ (*Brit*) [*person*] qui fait toujours des difficultés; [*attitude*] buté

bloom /bluːm/ 1 N (= *flower*) fleur *(f)*; **in ~** [*tree*] en fleurs; [*flower*] éclos; **in full ~** [*tree*] en pleine floraison; [*flower*] épanoui; **to come into ~** fleurir 2 VI [*flower*] éclore; [*tree*] fleurir; [*person*] s'épanouir

blooming /'bluːmɪŋ/ ADJ (*Brit*) ⓐ [*economy, health*] florissant ⓑ * sacré* (*before n*)

blooper* /'bluːpəʳ/ N (*US*) gaffe *(f)*

blossom /'blɒsəm/ 1 N ⓐ (= *mass of flowers*) fleur(s) *(f(pl))*; **a spray of ~** un rameau en fleur(s); **tree in ~** arbre *(m)* en fleur(s); **peach ~** fleurs *(fpl)* de pêcher ⓑ (= *flower*) fleur *(f)* 2 VI fleurir; **to ~ (out) into** [*person*] devenir

blot /blɒt/ 1 N tache *(f)*; **a ~ on his character** une tache à sa réputation; **to be a ~ on the landscape** déparer le paysage 2 VT ⓐ tacher; **you've really ~ted your copybook*** (*Brit*) ta réputation en a pris un coup* ⓑ (= *dry*) sécher 3 COMP ◆ **blotting-paper** N (papier *(m)*) buvard *(m)*
► **blot out** VT SEP [+ *memories*] effacer; [+ *view*] masquer

blotch /blɒtʃ/ N (= *mark on skin*) marbrure *(f)*

blotchy /'blɒtʃɪ/ ADJ [*skin, complexion*] marbré

blotter /'blɒtəʳ/ N ⓐ (= *desk pad*) sous-main *(m inv)* ⓑ (*US* = *notebook*) registre *(m)*

blouse /blaʊz/ N chemisier *(m)*

blow /bləʊ/ (*vb: pret* **blew**, *ptp* **blown**) 1 N ⓐ (= *impact*) coup *(m)*; (*with fist*) coup *(m)* de poing; **to come to ~s** en

venir aux mains; **to soften the ~** amortir le choc
ⓑ (= *sudden misfortune*) coup *(m)* (dur); **it was a terrible ~ for them** cela a été un coup terrible pour eux

2 VT ⓐ [*wind*] [+ *ship*] pousser; [+ *leaves*] faire voler; **the wind blew the ship off course** le vent a fait dévier le navire de sa route; **the wind blew the chimney down** le vent a fait tomber la cheminée; **the wind blew the door open/shut** un coup de vent a ouvert/fermé la porte; **it was ~ing a gale** le vent soufflait en tempête
ⓑ **to ~ one's nose** se moucher; **to ~ smoke in sb's face** souffler la fumée à la figure de qn; (*US fig*) induire qn en erreur
ⓒ [+ *bubbles*] faire; [+ *glass*] souffler; **to ~ a kiss** envoyer un baiser
ⓓ [+ *trumpet, horn*] souffler dans; **the referee blew his whistle** l'arbitre a sifflé; **to ~ one's own trumpet** or (*US*) **horn** se faire mousser*
ⓔ (= *destroy*) [+ *safe*] faire sauter; **to ~ a tyre** [*driver, vehicle*] crever; **to ~ one's top*** piquer une crise*; **that blew the lid off the whole business*** c'est ce qui a fait découvrir le pot aux roses; **the whole plan has been ~n sky-high*** tout le projet a volé en éclats; **it blew my mind!** ça m'en a bouché un coin*; **~ the expense!** au diable la dépense!
ⓕ (= *spend extravagantly*) [+ *wages, money*]* claquer*
ⓖ (= *spoil*) [+ *chance*]* rater; **he blew it** il a tout fichu en l'air*

3 VI ⓐ [*wind*] souffler; **the wind was ~ing hard** le vent soufflait très fort; **to see which way the wind ~s** regarder de quel côté souffle le vent; **the government has been ~ing hot and cold on this issue** le gouvernement souffle le chaud et le froid sur ce problème
ⓑ (= *move with wind*) **the door blew open/shut** un coup de vent a ouvert/a fermé la porte
ⓒ [*whistle*] retentir; **when the whistle ~s** au coup de sifflet
ⓓ [*person*] **to ~ on one's fingers** souffler dans ses doigts
ⓔ [*fuse, light bulb*] sauter; [*tyre*] éclater

4 EXCL* zut!*

5 COMP ◆ **blow-dry** N brushing *(m)* ♦ VT **to ~-dry sb's hair** faire un brushing à qn ◆ **blow-up** N (= *enlargement*) agrandissement *(m)* ♦ ADJ [*mattress, toy*] gonflable
► **blow away*** VT SEP (= *kill*) descendre*; (= *surprise*) sidérer
► **blow down** 1 VI [*tree, fence*] être abattu par le vent 2 VT SEP [*wind*] faire tomber
► **blow off** 1 VI [*hat*] s'envoler 2 VT SEP [+ *hat*] emporter
► **blow out** 1 VI [*tyre*] éclater 2 VT SEP [+ *candle*] souffler; **the storm blew itself out** la tempête a fini par s'apaiser ⓑ **to ~ sb's brains out** faire sauter la cervelle à qn
► **blow over** 1 VI [*storm, dispute*] se calmer 2 VT SEP [+ *tree*] renverser
► **blow up** 1 VI ⓐ [*bomb*] exploser; **his allegations could ~ up in his face** ses allégations pourraient se retourner contre lui ⓑ [*storm*] se préparer ⓒ (*with anger, indignation*)* exploser* ⓓ [*affair, crisis*] se déclencher 2 VT SEP ⓐ [+ *mine, building, bridge*] faire sauter ⓑ [+ *tyre*] gonfler ⓒ [+ *photo*]* agrandir

blow-by-blow /,bləʊbaɪ'bləʊ/ ADJ **he gave me a ~ account** il ne m'a fait grâce d'aucun détail

blowlamp /'bləʊlæmp/ N (*Brit*) lampe *(f)* à souder

blow-out /'bləʊaʊt/ N ⓐ [*of tyre*] éclatement *(m)*; **he had a ~** un de ses pneus a éclaté ⓑ (= *meal*)* gueuleton‡ *(m)*

blowtorch /'bləʊtɔːtʃ/ N lampe *(f)* à souder

BLT /,biːel'tiː/ N (ABBR = **bacon, lettuce and tomato**) **a ~ sandwich** un sandwich bacon, laitue, tomate

blubber /'blʌbəʳ/ 1 N [*of whale*] graisse *(f)* de baleine 2 VI (= *cry*)‡ pleurer comme un veau

bludgeon /'blʌdʒən/ VT matraquer; **he ~ed me into doing it** il m'a forcé la main

blue /bluː/ 1 ADJ ⓐ bleu; **~ with cold** bleu de froid; **you can shout till you're ~ in the face***, **nobody will come** tu auras beau crier, personne ne viendra; **once in a ~ moon** tous les trente-six du mois*
ⓑ (= *miserable*)* cafardeux*; **to feel ~** avoir le cafard
ⓒ (= *pornographic*)* porno* *(inv)*

2 N ⓐ (= *colour*) bleu *(m)*
ⓑ **to come out of the ~** être complètement inattendu ; [*pleasant thing*] tomber du ciel
ⓒ (= *depression*)* **the ~s** le cafard ; **to have the ~s** avoir le cafard
ⓓ (*Music*) **the ~s** le blues
3 COMP ♦ **blue-black** ADJ noir bleuté *(inv)* ♦ **blue blood** N sang *(m)* bleu ♦ **blue book** N (*US: in school*) cahier *(m)* d'examen ♦ **blue cheese** N (fromage *(m)*) bleu *(m)* ♦ **blue collar worker** N col *(m)* bleu ♦ **blue-eyed** ADJ aux yeux bleus ; **the ~-eyed boy** le chouchou* ♦ **blue jeans** NPL blue-jean(s) *(m(pl))* ♦ **blue tit** N mésange *(f)* bleue

> 🛈 **BLUE PETER**
> *Célèbre émission télévisée pour enfants dont les pro-grammes vont du documentaire à la recette de cuisine et à la confection d'objets artisanaux. Les badges* Blue Peter *ré-compensent les spectateurs qui participent aux émissions ou se rendent utiles à la communauté.*
> ▷ www.bbc.co.uk/cbbc/bluepeter/

bluebell /'bluːbel/ N jacinthe *(f)* des bois
blueberry /'bluːbərɪ/ N myrtille *(f)*
bluebottle /'bluːbɒtl/ N mouche *(f)* bleue
blueprint /'bluːprɪnt/ N projet *(m)* (**for** de)
bluff /blʌf/ **1** N bluff *(m)* ; **he called my ~** il m'a pris au mot ; **let's call his ~** on va le mettre au pied du mur **2** VI bluffer* **3** VT [+ *person*] bluffer* ; **he ~ed his way through (it)** il y est allé au culot*
blunder /'blʌndə'/ **1** N (= *error*) bourde *(f)* ; **to make a ~** faire une bourde ; **social ~** impair *(m)* ; **tactical ~** erreur *(f)* tactique **2** VI ⓐ (= *make mistake*) faire une bourde ⓑ (= *move clumsily*) avancer d'un pas maladroit ; **to ~ against** *or* **into sth** se cogner contre qch ; **to ~ into sth** *(fig)* s'engager par erreur dans qch
blunt /blʌnt/ **1** ADJ [*blade, knife*] émoussé ; [*pencil*] mal taillé ⓑ [*person*] brusque ; **he was very ~** il n'a pas mâché ses mots **2** VT [+ *appetite, feelings*] émousser
bluntly /'blʌntlɪ/ ADV [*speak*] sans ménagements
bluntness /'blʌntnɪs/ N (= *frankness*) franc-parler *(m)* ; (= *brusqueness*) brusquerie *(f)*
blur /blɜː'/ **1** N (= *vague form*) masse *(f)* indistincte ; **a ~ of colours and forms** une masse confuse de couleurs et de formes ; **the evening passed in a ~** la soirée a passé dans une sorte de brouillard **2** VT ⓐ [+ *writing, image, outline, distinction*] estomper ⓑ [+ *sight*] troubler
blurb /blɜːb/ N notice *(f)* publicitaire ; [*of book*] (texte *(m)* de) présentation *(f)*
blurred /blɜːd/ ADJ flou ; [*vision*] trouble ; **to become ~** s'estomper ; **class distinctions are becoming ~** les distinctions entre les classes s'estompent
blurt out /blɜːt'aʊt/ VT [+ *word*] lâcher ; [+ *information, secrets*] laisser échapper
blush /blʌʃ/ **1** VI rougir (**with** de) **2** N rougeur *(f)* ; **with a ~** en rougissant ; **without a ~** sans rougir
blusher /'blʌʃə'/ N fard *(m)* à joues
bluster /'blʌstə'/ **1** VI (= *speak aggressively*) tempêter ; (= *boast*) fanfaronner **2** N (= *bravado*) fanfaronnades *(fpl)*
blustery /'blʌstərɪ/ ADJ [*wind*] qui souffle en rafales ; [*weather, day*] venteux
Blu-Tac(k) ® /'bluːtæk/ N pâte *(f)* adhésive, Patafix ® *(m)*
Blvd N (ABBR = **Boulevard**) Bd, Bld
BMX /ˌbiːem'eks/ N ABBR = **bicycle motorcross** ⓐ (= *sport*) bicross *(m)* ⓑ (= *bike*) (vélo *(m)* de) bicross *(m)*
bn ABBR = **billion**
BO* /biː'əʊ/ (ABBR = **body odour**) odeur *(f)* corporelle ; **he's got BO** il sent la transpiration
boa constrictor /ˌbəʊəkən'strɪktə'/ N boa *(m)* constricteur
boar /bɔː'/ N (*wild*) sanglier *(m)* ; (= *male pig*) verrat *(m)*
board /bɔːd/ **1** N ⓐ (= *piece of wood*) planche *(f)*
♦ **above board** : **it is all quite above ~** c'est tout ce qu'il y a de plus régulier

♦ **to go by the board** [*plan, attempt*] échouer ; [*principles, hopes, dreams*] être abandonné
ⓑ (= *cardboard*) carton *(m)* ; (*for games*) plateau *(m)*
ⓒ (= *meals*) pension *(f)* ; **~ and lodging** (*Brit*) (chambre *(f)* avec) pension *(f)* ; **full ~** (*Brit*) pension *(f)* complète
ⓓ (= *group of officials, council*) conseil *(m)* ; **he is on the ~** il siège au conseil d'administration
ⓔ ♦ **on board** à bord ; **to come** (*or* **go**) **on ~** monter à bord ; **on ~ the Queen Mary** à bord du Queen Mary ; **to take sth on ~*** (= *take note of*) prendre qch en compte ; **welcome on ~!** (*in team*) bienvenue dans notre équipe !
2 VT (= *go on to*) [+ *ship, plane*] monter à bord de ; [+ *train, bus*] monter dans
3 VI ⓐ (= *lodge*) **to ~ with sb** être en pension chez qn
ⓑ [*passengers*] embarquer ; **your flight is now ~ing** l'embarquement a commencé
4 COMP ♦ **board game** N jeu *(m)* de société (*se jouant sur un plateau*) ♦ **board of directors** N conseil *(m)* d'administration ♦ **board of education** N (*US*) ≈ conseil *(m)* d'établissement ♦ **board of inquiry** N commission *(f)* d'enquête ♦ **board room** N salle *(f)* du conseil
► **board up** VT SEP [+ *door, window*] condamner (avec des planches)
boarder /'bɔːdə'/ N pensionnaire *(mf)* ; (*Brit: at school*) interne *(mf)*
boarding /'bɔːdɪŋ/ N [*of ship, plane*] embarquement *(m)*
♦ **boarding card** N carte *(f)* d'embarquement ♦ **boarding house** N pension *(f)* (de famille) ♦ **boarding pass** N carte *(f)* d'embarquement ♦ **boarding school** N pensionnat *(m)* ; **to be at ~ school** être en pension
boardwalk /'bɔːdwɔːk/ N (*US*) trottoir *(m)* en planches ; (*on beach*) promenade *(f)* en planches
boast /bəʊst/ **1** N fanfaronnade *(f)* ; **it is their ~ that ...** ils se vantent que ... (+ *subj*) **2** VI se vanter (**about, of** de) ; **that's nothing to ~ about** il n'y a pas de quoi se vanter **3** VT (= *possess*) posséder ; **the school ~s fine sports facilities** l'école possède d'excellents équipements sportifs
boastful /'bəʊstfʊl/ ADJ vantard
boat /bəʊt/ **1** N bateau *(m)* ; **to go by ~** prendre le bateau ; **we're all in the same ~** nous sommes tous dans le même bateau **2** VI **to go ~ing** aller faire du canot
boater /'bəʊtə'/ N (= *hat*) canotier *(m)*
boating /'bəʊtɪŋ/ N (*in rowing boat*) canotage *(m)* ; (*in sailing boat*) navigation *(f)* ; **~ accident** accident *(m)* de bateau
boatyard /'bəʊtjɑːd/ N chantier *(m)* naval
bob /bɒb/ **1** VI ⓐ **to ~ (up and down)** (*in water*) danser sur l'eau ⓑ (= *curtsy*) faire une (petite) révérence **2** VT [+ *hair*] couper au carré **3** N ⓐ (= *curtsy*) (petite) révérence *(f)* ⓑ (*pl inv: Brit*)* shilling *(m)* ; **he's not short of a ~ or two** il n'est pas à court d'argent ⓒ (= *haircut: chin-length all round*) coupe *(f)* au carré
► **bob up** VI remonter brusquement
bobbin /'bɒbɪn/ N bobine *(f)*
bobble /'bɒbl/ N (*Brit* = *pom-pom*) pompon *(m)* ♦ **bobble hat** N (*Brit*) bonnet *(m)* à pompon
bobby* /'bɒbɪ/ N (= *policeman*) flic* *(m)*
bobcat /'bɒbkæt/ N (*US*) lynx *(m)*
bode /bəʊd/ VI **to ~ well (for)** être de bon augure (pour) ; **it ~s ill (for)** cela est de mauvais augure (pour)
bodice /'bɒdɪs/ N corsage *(m)*
bodily /'bɒdɪlɪ/ **1** ADV à bras-le-corps **2** ADJ [*need, comfort*] physique ; **~ functions** fonctions *(fpl)* physiologiques
body /'bɒdɪ/ **1** N ⓐ corps *(m)* ; **just enough to keep ~ and soul together** juste assez pour subsister
ⓑ (= *corpse*) cadavre *(m)*, corps *(m)*
ⓒ [*of car*] carrosserie *(f)* ; [*of plane*] fuselage *(m)*
ⓓ (= *organization*) organisme *(m)* ; **the policemen's representative ~** l'organisme représentant les policiers ; **legislative ~** corps *(m)* législatif
ⓔ (= *mass*) **a large ~ of people** une foule nombreuse ; **a large ~ of information** une importante documentation ; **in a ~** en masse ; **the ~ politic** le corps politique ; **a strong ~ of evidence** une forte accumulation de preuves ; **a strong**

~ of opinion was against it une grande partie de l'opinion était contre

2 COMP ◆ **body blow** N (= *disappointment*) coup (*m*) dur ◆ **body building** N culturisme (*m*) ◆ **body clock** N horloge (*f*) biologique ◆ **body fluids** NPL fluides (*mpl*) organiques ◆ **body language** N langage (*m*) du corps ◆ **body lotion** N lait (*m*) corporel ◆ **body piercing** N piercing (*m*) ◆ **body search** N fouille (*f*) corporelle ◆ **body shop** N atelier (*m*) de carrosserie ◆ **body warmer** N gilet (*m*) matelassé

bodybuilder /'bɒdɪ,bɪldə'/ N (= *person*) culturiste (*mf*)

bodyguard /'bɒdɪgɑːd/ N (= *person*) garde (*m*) du corps ; (= *group*) gardes (*mpl*) du corps

bodywork /'bɒdɪwɜːk/ N carrosserie (*f*)

boffin• /'bɒfɪn/ N (*Brit*) expert (*m*)

bog /bɒg/ 1 N ⓐ (= *marécage*) marécage (*m*) ; [of peat] tourbière (*f*) ⓑ (*Brit* = *lavatory*): chiottes•: (*fpl*) 2 VT **to be** or **get ~ged down** s'enliser

boggle /'bɒgl/ VI **the mind ~s!** on croit rêver !

boggy /'bɒgɪ/ ADJ [*ground*] marécageux

bogus /'bəʊgəs/ ADJ faux (fausse (*f*))

Bohemia /bəʊ'hiːmɪə/ N Bohême (*f*)

Bohemian /bəʊ'hiːmɪən/ ADJ [*artist, surroundings*] bohème

boil /bɔɪl/ 1 VI [*liquid*] bouillir ; **the kettle is ~ing** l'eau bout (dans la bouilloire) ; **to begin to ~** se mettre à bouillir 2 VT ⓐ [+ *water*] faire bouillir ⓑ [+ *food*] (faire) cuire à l'eau, (faire) bouillir ; **~ed egg** œuf (*m*) à la coque ; **~ed potatoes** pommes (*fpl*) vapeur ; **~ed sweet** (*Brit*) bonbon (*m*) à sucer 3 N ⓐ **on the ~** qui bout ; [*situation, project*]• en ébullition ; **to bring sth to the** (*Brit*) or **a** (*US*) **~** faire bouillir qch ; **to come to the** (*Brit*) or **a** (*US*) **~** venir à ébullition ⓑ (= *swelling*) furoncle (*m*)

4 COMP ◆ **boil-in-a-bag, boil-in-the-bag** ADJ que l'on cuit dans le sachet

► **boil down** 1 VI **what it ~s down to is this** tout se résume à ceci 2 VT SEP [+ *sauce*] faire réduire

► **boil over** VI ⓐ [*water, milk, pot*] déborder ⓑ (*with rage*) bouillir (**with** de) ; **their anger ~ed over into violence** leur colère a dégénéré en violence

boiler /'bɔɪlə'/ N chaudière (*f*) ◆ **boiler suit** N (*Brit*) bleu(s) (*m(pl)*) de travail

boiling /'bɔɪlɪŋ/ 1 ADJ ⓐ ~ (**hot**) [*water*] bouillant ; **it's ~ (hot) today**• il fait une chaleur à crever• aujourd'hui ; **I'm ~ (hot)!**• je crève de chaud !• ⓑ (= *angry*)• en rage 2 COMP ◆ **boiling point** N point (*m*) d'ébullition

boisterous /'bɔɪstərəs/ ADJ turbulent

bold /bəʊld/ 1 ADJ ⓐ (= *brave*) audacieux ; **a ~ stroke** un coup d'audace ⓑ (= *impudent*) effronté ; (= *not shy*) assuré ; **to be so ~ as to do sth** (*frm*) avoir l'audace de faire qch ; **in he came, as ~ as brass** il est entré, plein d'aplomb ⓒ [*colour*] vif ; [*pattern*] grand ; [*line, design*] vigoureux ; **to bring sth out in ~ relief** faire ressortir qch vigoureusement ⓓ [*type*] gras (grasse (*f*)) 2 N caractères (*mpl*) gras ; **in ~** en (caractères) gras

boldly /'bəʊldlɪ/ ADV ⓐ (= *bravely*) audacieusement ⓑ (= *confidently, not shyly*) [*declare, announce, claim*] avec assurance ; [*gaze*] effrontément ⓒ (= *strikingly*) ~ **patterned** à grands motifs

boldness /'bəʊldnɪs/ N audace (*f*) ; [of colour, design] vigueur (*f*)

Bolivia /bə'lɪvɪə/ N Bolivie (*f*)

bollard /'bɒləd/ N (on quay) bollard (*m*) ; (*Brit*: on road) borne (*f*)

bolshie•, **bolshy**• /'bɒlʃɪ/ ADJ **he's rather ~** c'est un mauvais coucheur ; **he turned ~** il a commencé à râler•

bolster /'bəʊlstə'/ 1 N traversin (*m*) 2 VT (*also* ~ **up**) soutenir (**with** par)

bolt /bəʊlt/ 1 N ⓐ [of door, window] verrou (*m*) ; [of lock] pêne (*m*) ; (for nut) boulon (*m*) ⓑ (= *bolt of lightning*) éclair (*m*) ; **it was a ~ from the blue** ça a été comme un coup de tonnerre

ⓒ ◆ **to make a bolt for it**• filer• ; **he made a ~ for the door** il a bondi vers la porte

2 ADV ~ **upright** droit comme un i

3 VI ⓐ (= *run away*) [*horse*] s'emballer ; [*person*] filer• ⓑ (= *move quickly*) foncer• ; **he ~ed along the corridor** il a foncé dans le couloir

4 VT ⓐ [+ *food*] engloutir ; **don't ~ your food** ne mange pas trop vite ⓑ [+ *door, window*] verrouiller

5 COMP ◆ **bolt-hole** N (*Brit*) abri (*m*)

bomb /bɒm/ 1 N ⓐ bombe (*f*) ; **letter/parcel ~** lettre (*f*)/paquet (*m*) piégé(e) ; **the Bomb** la bombe atomique ; **to put a ~ under sb**• secouer qn• ; **the car cost a ~**• (*Brit*) la bagnole a coûté un paquet• ⓑ (= *flop*)• bide• (*m*) 2 VT [+ *town*] bombarder 3 VI ⓐ (= *flop*)• être un bide• ⓑ (= *go quickly*)• **to ~ along** foncer• 4 COMP ◆ **bomb attack** N attentat (*m*) à la bombe ◆ **bomb disposal** N déminage (*m*) ; ~ **disposal expert** démineur (*m*) ◆ **bomb scare** N alerte (*f*) à la bombe

► **bomb out** VT SEP détruire par un bombardement

bombard /bɒm'bɑːd/ VT bombarder (**with** de)

bombardment /bɒm'bɑːdmənt/ N bombardement (*m*)

bombastic /bɒm'bæstɪk/ ADJ grandiloquent

bomber /'bɒmə'/ N (= *aircraft*) bombardier (*m*) ; (*terrorist*) plastiqueur (*m*) ◆ **bomber jacket** N bomber (*m*)

bombing /'bɒmɪŋ/ 1 N bombardement (*m*) ; (by terrorist) attentat (*m*) à la bombe 2 ADJ [*raid, mission*] de bombardement

bombshell /'bɒmʃel/ N bombe (*f*) ; **a political ~** une bombe politique ; **this news was a ~** la nouvelle a fait l'effet d'une bombe

bona fide /'bəʊnə'faɪd/ ADJ vrai ; [*offer*] sérieux

bonanza /bə'nænzə/ N boom (*m*) ; **a property ~** un boom immobilier ; **the North Sea oil ~** la manne pétrolière de la mer du Nord

bond /bɒnd/ 1 N ⓐ (= *attachment*) lien (*m*) ; **there is a very special ~ between us** des liens très forts nous unissent ; **to break a ~ with the past** rompre les liens avec le passé ⓑ (*financial*) obligation (*f*) 2 VT (= *stick*) coller 3 VI ⓐ (= *stick together*) coller ⓑ (*emotionally*) nouer des liens ; **to ~ with one's baby** s'attacher à son bébé

bondage /'bɒndɪdʒ/ N (= *slavery*) esclavage (*m*)

bone /bəʊn/ 1 N os (*m*) ; [of fish] arête (*f*) ; **to cut costs to the ~** réduire les coûts au strict minimum ; **chilled to the ~** transi de froid ; **to have a ~ to pick with sb** avoir un compte à régler avec qn ; **he made no ~s about saying what he thought** il n'a pas hésité à dire ce qu'il pensait ; **to work one's fingers to the ~**• s'épuiser à la tâche

◆ **on the bone** à l'os ; **ham on the ~** jambon à l'os

2 VT [+ *meat, fowl*] désosser ; [+ *fish*] ôter les arêtes de

3 COMP [*buttons, handle*] en os ◆ **bone china** N porcelaine (*f*) tendre ◆ **bone-dry** ADJ absolument sec (sèche (*f*)) ◆ **bone-idle**• ADJ fainéant ◆ **bone marrow** N moelle (*f*) osseuse ◆ **bone of contention** N pomme (*f*) de discorde

boneless /'bəʊnlɪs/ ADJ [*meat*] sans os ; [*fish*] sans arêtes

bonfire /'bɒnfaɪə'/ N (for celebration) feu (*m*) (de joie) ; (for rubbish) feu (*m*) (de jardin) ◆ **Bonfire Night** N (*Brit*) 5 novembre (*m*) ; **on Bonfire Night** le 5 novembre → GUY FAWKES NIGHT

bonk: /bɒŋk/ VI (*Brit* = *have sex*) s'envoyer en l'air:

bonkers• /'bɒŋkəz/ ADJ cinglé•

bonnet /'bɒnɪt/ N ⓐ (= *hat*) bonnet (*m*) ⓑ (*Brit*) [of car] capot (*m*)

bonny /'bɒnɪ/ ADJ beau (belle (*f*))

bonsai /'bɒnsaɪ/ N (pl inv) bonsaï (*m*)

bonus /'bəʊnəs/ N (= *money*) prime (*f*) ; **it would be a ~** (= *a plus*) ce serait un plus ; **a ~ of €500** 500 € de prime ◆ **bonus point** N point (*m*) (en prime)

bony /'bəʊnɪ/ ADJ [*knee, hands*] osseux ; [*person*] décharné ; [*fish*] plein d'arêtes

boo /buː/ 1 EXCL hou ! ; **he wouldn't say ~ to a goose**• il n'ose jamais ouvrir le bec• 2 VT, VI huer 3 N huée (*f*)

boob* /buːb/ 1 N ⓐ (*Brit* = *mistake*) gaffe *(f)* ⓑ (= *breast*) nichon: *(m)* 2 VI (*Brit*) gaffer

boo-boo* /ˈbuːˈbuː/ N bourde *(f)*

booby trap /ˈbuːbɪtræp/ N (= *bomb*) engin *(m)* piégé

book /bʊk/ 1 N ⓐ livre *(m)*
ⓑ (*also* **exercise ~**) cahier *(m)*
ⓒ [*of tickets, stamps, cheques*] carnet *(m)*; **~ of matches** pochette *(f)* d'allumettes
ⓓ ♦ **the books** (= *accounts*) les comptes *(mpl)*; **to keep the ~s for a firm** tenir les comptes d'une entreprise; **to be on the ~s** [*employee*] faire partie du personnel; [*member*] être inscrit
ⓔ (*phrases*) **to bring sb to ~** obliger qn à rendre des comptes; **to close the ~ on sth** considérer qch comme une affaire classée; **to go by the ~** appliquer strictement le règlement; **to be in sb's bad ~s*** être mal vu de qn; **I am in his good ~s*** il m'a à la bonne*
2 VT ⓐ [+ *seat, room, table, ticket*] réserver; **to ~ one's seat in advance** réserver sa place à l'avance; **tonight's performance is fully ~ed** on joue à guichets fermés ce soir; **the hotel is fully ~ed** l'hôtel est complet; **we've ~ed you through to Birmingham** nous vous avons fait une réservation jusqu'à Birmingham; **I've ~ed my holiday** j'ai fait les réservations pour mes vacances
ⓑ [+ *driver*] dresser un procès-verbal à; [+ *player*] donner un carton jaune à; **to be ~ed for speeding** attraper une contravention pour excès de vitesse; **to be ~ed** [*footballer*] recevoir un carton jaune
3 VI réserver
4 COMP ♦ **book club** N club *(m)* du livre ♦ **book-keeper** N comptable *(mf)* ♦ **book-keeping** N comptabilité *(f)* ♦ **book review** N compte rendu *(m)* de livre
► **book in** VI (*Brit: on arrival*) se présenter à la réception
► **book up** VT SEP (*Brit*) réserver; **the tour is ~ed up** il n'y a plus de places pour l'excursion; **the hotel is ~ed up until September** l'hôtel est complet jusqu'en septembre

bookable /ˈbʊkəbl/ ADJ (*Brit*) ⓐ seats are ~ in advance on peut réserver ses places (à l'avance); **seats ~ from 6 June** location (des places) à partir du 6 juin ⓑ [*offence*] passible d'un avertissement

bookcase /ˈbʊkkeɪs/ N bibliothèque *(f)* (*meuble*)

bookie* /ˈbʊkɪ/ N bookmaker *(m)*

booking /ˈbʊkɪŋ/ 1 N ⓐ (*Brit*) réservation *(f)*; **to make a ~** faire une réservation ⓑ (*Football*) **there were three ~s at the game** il y a eu trois cartons jaunes lors de ce match
2 COMP ♦ **booking office** N (*Brit*) (bureau *(m)* de) location *(f)*

booklet /ˈbʊklɪt/ N brochure *(f)*

bookmaker /ˈbʊkmeɪkəʳ/ N bookmaker *(m)*

bookmark /ˈbʊkmɑːk/ 1 N marque-page *(m)*; (*Computing*) signet *(m)* 2 VT (*Computing*) mettre un signet à

bookseller /ˈbʊkˌseləʳ/ N libraire *(mf)*

bookshelf /ˈbʊkʃelf/ N étagère *(f)* (à livres)

bookshop /ˈbʊkʃɒp/ N librairie *(f)*

bookstall /ˈbʊkstɔːl/ N (*Brit*) kiosque *(m)* à journaux

bookstore /ˈbʊkstɔːʳ/ N librairie *(f)*

bookworm /ˈbʊkwɜːm/ N rat *(m)* de bibliothèque

boom /buːm/ 1 N ⓐ (= *period of growth*) boom *(m)* (**in** de); **a property ~** un boom dans l'immobilier ⓑ [*of boat*] bôme *(f)* 2 VI ⓐ [*trade*] être en plein essor; [*sales*] être en forte progression; **business is ~ing** les affaires prospèrent ⓑ [*guns*] gronder; [*voice*] retentir; [*person*] tonitruer 3 VT **"never!" he ~ed** « jamais ! » dit-il d'une voix tonitruante
4 COMP ♦ **boom box*** N (*US*) ghetto-blaster *(m)* ♦ **boom town** N ville *(f)* en plein essor

boomerang /ˈbuːməræŋ/ 1 N boomerang *(m)* 2 VI [*words, actions*] faire boomerang

boon /buːn/ N aubaine *(f)*; **this new machine is a great ~** cette nouvelle machine est une aubaine

boondocks* /ˈbuːndɒks/ NPL (*US*) **the ~** la cambrousse*

boorish /ˈbʊərɪʃ/ ADJ rustre

boost /buːst/ 1 N **to give a ~ to** [+ *economy, sales*] stimuler; [+ *project*] relancer; **to give a ~ to sb's morale** remonter le moral à qn 2 VT [+ *price*] faire monter; [+ *output, productivity*] augmenter; [+ *sales*] stimuler; [+ *confidence*] renforcer; **to ~ the economy** stimuler l'économie

booster /ˈbuːstəʳ/ N (*also* **rocket**) booster *(m)*; (*also* **shot, ~ dose**) (piqûre *(f)* de) rappel *(m)*; (*US* = *supporter*)* supporter *(m)* enthousiaste

boot /buːt/ 1 N ⓐ (= *footwear*) botte *(f)*; (*also* **ankle ~**) bottine *(f)*; [*of soldier, workman*] brodequin *(m)*; **the ~ is on the other foot** (*Brit*) les rôles sont renversés; **his heart was in his ~s** il avait la mort dans l'âme; **to give sb the ~*** virer* qn; **to put the ~ in**: (*Brit* = *attack verbally*) retourner le couteau dans la plaie
ⓑ (*Brit*) [*of car*] coffre *(m)*
ⓒ ♦ **to boot** par-dessus le marché, en plus
2 VT ⓐ (= *kick*)* flanquer* des coups de pied à; **to ~ sb out** virer* qn
ⓑ (*Computing: also* **~ up**) amorcer
3 COMP ♦ **boot camp** N (*US*) camp *(m)* d'entraînement (*pour nouvelles recrues*)

booth /buːð/ N [*of language laboratory, telephone*] cabine *(f)*; (*also* **voting ~**) isoloir *(m)*

bootleg* /ˈbuːtleg/ 1 VT faire le trafic de; [+ *concert*] faire un enregistrement pirate de 2 ADJ [*copy, edition*] pirate 3 N (= *illicit recording*) enregistrement *(m)* pirate

bootlegger* /ˈbuːtlegəʳ/ N bootlegger *(m)*

booty /ˈbuːtɪ/ N butin *(m)*

booze: /buːz/ 1 N alcool *(m)*; **I'm going to buy some ~** je vais acheter à boire; **to go on the ~** se mettre à picoler:; **he's off the ~** il ne boit plus 2 VI picoler: 3 COMP ♦ **booze-up**: N (*Brit*) beuverie *(f)*

boozer: /ˈbuːzəʳ/ N ⓐ (= *drunkard*) soûlard(e): *(m(f))* ⓑ (*Brit* = *pub*) pub *(m)*

border /ˈbɔːdəʳ/ 1 N ⓐ (= *frontier*) frontière *(f)*; **to escape over the ~** s'enfuir en passant la frontière; **on the ~s of France** aux frontières françaises ⓑ (*in garden*) bordure *(f)* ⓒ [*of carpet, dress*] bord *(m)*; [*of picture*] encadrement *(m)*, cadre *(m)* 2 VT ⓐ **~ed with** [*trees, patterns*] bordé de; **France ~s Germany** la France et l'Allemagne ont une frontière commune 3 COMP [*state, post, town*] frontière *(inv)* ♦ **border patrol** N (*US*) patrouille *(f)* frontalière
► **border on** VT INSEP (= *come near to being*) friser; **it ~s on insanity** ça frise la folie

borderline /ˈbɔːdəlaɪn/ ADJ limite ♦ **borderline case** N cas *(m)* limite

bore[1] /bɔːʳ/ 1 VT ⓐ [*person*] **to be ~d** s'ennuyer; **to ~ sb stiff** *or* **to death** pomper l'air à qn* ⓑ [+ *hole, tunnel*] percer ⓒ [+ *rock*] forer 2 N ⓐ (= *person*) raseur* *(m)*, -euse *(f)*, casse-pieds* *(mf inv)*; **he's such a ~!** ce qu'il peut être raseur !* ⓑ (= *annoyance*)†* corvée *(f)*; **it's a frightful ~** quelle barbe !*, quelle corvée !

bore[2] /bɔːʳ/ VB *pt of* **bear**

boredom /ˈbɔːdəm/ N ennui *(m)*

boring /ˈbɔːrɪŋ/ ADJ ennuyeux; [*colour, taste, food*] fade; [*clothes*] sans originalité

born /bɔːn/ 1 ADJ ⓐ né; **to be ~** naître; **to be ~ again** renaître; **~ in Paris** né à Paris; **the town where he was ~** la ville où il est né; **Napoleon was ~ in 1769** Napoléon est né en 1769; **when he was ~** quand il est né; **she was ~ blind** elle est aveugle de naissance; **the baby was ~ dead** l'enfant était mort-né; **he was ~ stupid** il a toujours été stupide; **a Parisian ~ and bred** un Parisien de pure souche; **he wasn't ~ yesterday*** il n'est pas né d'hier; **in all my ~ days*** de toute ma vie; **poets are ~, not made** on naît poète, on ne le devient pas; **anger ~ of frustration** colère *(f)* née de la frustration
ⓑ (= *innate*) **a ~ actress** une actrice-née
2 COMP ♦ **born-again** ADJ **~-again Christian** nouveau chrétien *(m)*, nouvelle chrétienne *(f)*

-born /bɔːn/ ADJ (*in compounds*) **Chicago-born** originaire de Chicago

borne /bɔːn/ VB *ptp of* **bear**

Borneo /'bɔ:nɪəʊ/ N Bornéo (f); **in ~** à Bornéo

borough /'bʌrə/ N municipalité (f); (in London) arrondissement (m)

borrow /'bɒrəʊ/ VT emprunter (**from** à); **a ~ed word** un mot d'emprunt; **to ~ trouble** (US) voir toujours tout en noir

borrower /'bɒrəʊə'/ N emprunteur (m), -euse (f)

borrowing /'bɒrəʊɪŋ/ N emprunt (m)

borstal † /'bɔ:stəl/ N (Brit) ≈ maison (f) de redressement †

Bosnia /'bɒznɪə/ N Bosnie (f)

Bosnian /'bɒznɪən/ 1 ADJ bosniaque 2 N Bosniaque (mf)

bosom /'bʊzəm/ N poitrine (f); **in the ~ of the family** au sein de la famille ♦ **bosom friend** N ami(e) (m(f)) intime

boss /bɒs/ 1 N patron(ne) (m(f)), chef (m); [of gang] chef (m); (US: political) chef (m) (du parti); **to be one's own ~** être son propre patron; **we'll have to show him who's ~*** il va falloir lui montrer qui commande ici 2 ADJ (US = terrific)* super*

► **boss about***, **boss around*** VT SEP [+ person] commander

bossy* /'bɒsɪ/ ADJ autoritaire; **she's very ~** elle mène tout le monde à la baguette

botanic(al) /bə'tænɪk(əl)/ ADJ botanique; **~ garden(s)** jardin (m) botanique

botanist /'bɒtənɪst/ N botaniste (mf)

botany /'bɒtənɪ/ N botanique (f)

botch /bɒtʃ/ 1 VT (also **~ up**) (= repair crudely) rafistoler*; (= bungle) bâcler; **a ~ed job*** un travail bâclé 2 N (also **~-up**) **to make a ~ of sth** bâcler qch

both /bəʊθ/ 1 ADJ les deux; **~ books are his** les deux livres sont à lui; **on ~ sides** des deux côtés; **to hold sth in ~ hands** tenir qch à deux mains; **you can't have it ~ ways*** il faut choisir

2 PRON tous (les) deux (m), toutes (les) deux (f); **they were ~ there** ils étaient là tous les deux; **from ~ of us** de nous deux; **we ~ agree** nous sommes d'accord tous les deux

3 ADV **~ you and I saw him** nous l'avons vu tous et moi; **~ Paul and I came** Paul et moi sommes venus tous les deux; **she was ~ laughing and crying** elle riait et pleurait à la fois

bother /'bɒðə'/ 1 VT (= annoy) ennuyer; (= pester) harceler; (= worry) inquiéter; **don't ~ me!** laisse-moi tranquille!; **don't ~ him with your problems** ne l'embête pas avec tes problèmes; **I'm sorry to ~ you** je m'excuse de vous déranger; **to be ~ed about sth** s'inquiéter au sujet de qch; **which do you prefer? — I'm not ~ed*** lequel tu préfères? — ça m'est égal; **it doesn't ~ me*** ça m'est égal; **are you going? — no, I can't be ~ed** tu y vas? — non, j'ai la flemme*; **his leg ~s him a lot** sa jambe le fait pas mal souffrir

2 VI se donner la peine (**to do sth** de faire qch); **please don't ~ to get up!** ne vous donnez pas la peine de vous lever!; **most papers didn't ~ reporting it** la plupart des journaux ne se sont pas donné la peine d'en parler; **you needn't ~ to come** ce n'est pas la peine de venir; **I'll do it — please don't ~** je vais le faire — non ce n'est pas la peine; **why ~?** à quoi bon?

3 N* (a) (= nuisance) **it's such a ~!** quelle barbe!*
(b) (= problems) embêtement (m); **she's having a spot of ~** elle a des embêtements en ce moment
(c) (= effort) **it's not worth (going to) the ~ of ...** ça ne vaut pas la peine de ...; **it is no ~** ça ne pose pas de problème; **he found it without any ~** il l'a trouvé sans aucune difficulté; **save yourself a lot of ~ and have it done professionally** épargnez-vous beaucoup de mal et confiez cela à des professionnels
(d) (Brit = violence)* bagarre* (f)

4 EXCL (Brit)* la barbe!*

Botox® /'bəʊˌtɒks/ N Botox (m)

Botswana /ˌbɒt'swɑ:nə/ N Botswana (m)

bottle /'bɒtl/ 1 N (a) bouteille (f); (for beer) canette (f); (also **baby's ~**) biberon (m); **wine ~** bouteille (f) de vin; **to drink a ~ of wine** boire une bouteille de vin (b) (Brit = cour-

age)* **he's got a lot of ~** il a un drôle de cran*; **to lose one's ~** se dégonfler* 2 VT [+ wine] mettre en bouteille(s) 3 COMP ♦ **bottle bank** N conteneur (m) pour verre usagé ♦ **bottled gas** N gaz (m) en bouteille ♦ **bottle-feed** VT nourrir au biberon ♦ **bottle-green** N, ADJ vert (m) bouteille (inv) ♦ **bottle-opener** N décapsuleur (m) ♦ **bottle-top** N capsule (f)

► **bottle up** VT SEP [+ feelings] refouler

bottleneck /'bɒtlnek/ N (= road) rétrécissement (m) de la chaussée; (= traffic) embouteillage (m); (in production) goulet (m) d'étranglement

bottom /'bɒtəm/ 1 N (a) fond (m); [of heap, page] bas (m); [of tree, hill] pied (m); **at the ~ of page ten** en bas de la page dix; **at the ~ of the hill** au pied de la colline; **the name at the ~ of the list** le nom en bas de la liste; **he's at the ~ of the list** il est en queue de liste; **to be at the ~ of the heap** être en bas de l'échelle; **to be ~ of the class** être le dernier de la classe; **the ~ has fallen out of the market** le marché s'est effondré; **the ship went to the ~** le navire a coulé
(b) (= buttocks) derrière (m)
(c) (= origin) **to be at the ~ of sth** être à l'origine de qch; **to get to the ~ of a mystery** aller jusqu'au fond d'un mystère; **we must get to the ~ of it** il faut découvrir le fin fond de cette histoire

♦ **at bottom** au fond

2 ADJ [shelf] du bas; [step] premier; [price] le plus bas; **~ floor** [of building] rez-de-chaussée (m); **~ gear** première (f) (vitesse); **~ half** [of class, list] deuxième moitié (f); **the ~ line** (= financial result) le résultat financier; **the ~ line is that ...** le fond du problème c'est que ...; **the ~ right-hand corner** le coin en bas à droite

► **bottom out*** VI atteindre son niveau plancher; [recession] atteindre son plus bas niveau

bottomless /'bɒtəmlɪs/ ADJ [pit, well] sans fond; [supply] inépuisable

botulism /'bɒtjʊlɪzəm/ N botulisme (m)

bough /baʊ/ N (liter) rameau (m)

bought /bɔ:t/ VB pt, ptp of **buy**

boulder /'bəʊldə'/ N rocher (m) (rond)

boulevard /'bu:ləvɑ:'/ N boulevard (m)

bounce /baʊns/ 1 VI (a) [ball] rebondir; [person] bondir (**into** dans, **out of** hors de); **the child ~d up and down on the bed** l'enfant faisait des bonds sur le lit; **the ball ~d down the stairs** la balle a rebondi de marche en marche; **to ~ off sth** [light, sound] se réverbérer sur qch
(b) [cheque]* être sans provision

2 VT (a) [+ ball] faire rebondir; [+ light, heat] réverbérer; **they ~ radio waves off the moon** ils émettent des ondes radio qui se réverbèrent sur la surface de la lune; **to ~ one's ideas off sb*** soumettre ses idées à qn
(b) [+ cheque]* refuser

3 N [of ball] bond (m), rebond (m); **there's not much ~ in this pitch** les balles ne rebondissent pas bien sur ce terrain

► **bounce back** VI (= recover) se remettre très vite

bouncer /'baʊnsə'/ N videur (m)

bouncing /'baʊnsɪŋ/ ADJ **a beautiful ~ baby** un beau bébé qui respire la santé

bound¹ /baʊnd/ 1 N (= jump) bond (m); **at a ~** d'un bond

2 NPL **bounds** limite(s) (f(pl)); **his ambition knows no ~s** son ambition est sans limites; **within the ~s of probability** dans les limites du probable; **within the ~s of possibility** dans la limite du possible

♦ **out of bounds** interdit d'accès; **it's out of ~s to soldiers** c'est interdit aux soldats

3 VT (gen pass) [+ country] borner; **~ed by** limité par

4 VI [person] bondir; **to ~ in/away** entrer/partir en bondissant

bound² /baʊnd/ 1 VB (pt, ptp of **bind**)

2 ADJ (a) attaché; **~ hand and foot** pieds (mpl) et poings (mpl) liés
(b) [book] relié
(c) ♦ **to be bound to do sth**: **he's ~ to say no** (= sure to)

il dira sûrement non ; **it is ~ to rain** il va sûrement pleuvoir ; **it was ~ to happen** cela devait arriver ; **you are not ~ to do it** (= *obliged*) vous n'êtes pas obligé de le faire ; **to feel ~ to do sth** se sentir obligé de faire qch

ⓓ ♦ **bound for** [*person*] en route pour ; [*train, ship, plane*] à destination de ; **where are you ~ for?** où allez-vous ?

boundary /'baʊndərɪ/ N limite (*f*), frontière (*f*) ; **to score a ~** (*Cricket*) envoyer une balle jusqu'aux limites du terrain

boundless /'baʊndlɪs/ ADJ [*trust*] illimité ; [*ambition, devotion*] sans bornes ; **to have ~ energy** avoir de l'énergie à revendre

bounty /'baʊntɪ/ N ⓐ (= *generosity*) générosité (*f*) ⓑ (= *reward*) prime (*f*)

bouquet /'bʊkeɪ/ N bouquet (*m*)

bourbon /'bɜːbən/ N (*US*) bourbon (*m*)

bourgeois /'bʊəʒwɑː/ 1 ADJ bourgeois 2 N (*pl inv*) bourgeois(e) (*m(f)*)

bout /baʊt/ N ⓐ (= *period*) période (*f*) ; **~ of nerves** crise (*f*) de nerfs ; **~ of fever** accès (*m*) de fièvre ; **a ~ of flu** une grippe ; **drinking ~** beuverie (*f*) ⓑ (*Boxing, Wrestling*) combat (*m*)

boutique /buːˈtiːk/ N boutique (*f*) (*de mode ou d'objets à la mode*) ♦ **boutique hotel** N hôtel (*m*) boutique, boutique hotel (*m*)

bow¹ /bəʊ/ 1 N ⓐ (= *weapon*) arc (*m*) ; [*of violin*] archet (*m*) ⓒ (*tied in ribbon, string*) nœud (*m*) 2 COMP ♦ **bow-legged** ADJ **to be ~-legged** avoir les jambes arquées ♦ **bow tie** N nœud (*m*) papillon ♦ **bow window** N bow-window (*m*) (*en arc de cercle*)

bow² /baʊ/ 1 N ⓐ (*with head*) salut (*m*) ; (*with body*) révérence (*f*) ; **to make a (deep) ~** saluer (bas) ; **to take a ~** saluer
ⓑ [*of ship*] proue (*f*) ; **the ~s** la proue ; **in the ~s** en proue

2 VI ⓐ (*in greeting*) saluer d'un signe de tête ; **to ~ to sb** saluer qn d'un signe de tête
ⓑ (= *submit*) s'incliner (**to** devant, **under** sous) ; **we must ~ to your greater knowledge** nous devons nous incliner devant votre grand savoir ; **to ~ to sb's opinion** se soumettre à l'opinion de qn ; **to ~ to the inevitable** s'incliner devant les faits

3 VT courber ; **to ~ one's head** courber la tête ; **his head was ~ed in thought** il méditait, tête penchée

► **bow down** VI s'incliner (**to sb** devant qn)

► **bow out** VI tirer sa révérence (*fig*)

bowel /'baʊəl/ N (*gen pl*) [*of person*] intestin(s) (*m(pl)*) ; **the ~s of the earth** les entrailles (*fpl*) de la terre

bowl /bəʊl/ 1 N ⓐ (= *container*) bol (*m*) ; (*larger*) saladier (*m*) ; (*for water*) cuvette (*f*) ; (*for fruit*) coupe (*f*) ; (*for dog*) gamelle (*f*) ; [*of lavatory, sink*] cuvette (*f*) ; (*US Sport*) coupe (*f*)
ⓑ (*Sport*) boule (*f*) ; **(game of) ~s** (*Brit*) (jeu (*m*) de) boules (*fpl*) ; (*US = skittles*) bowling (*m*) 2 VI (*Brit*) jouer aux boules ; (*US*) faire du bowling ; (*Cricket*) lancer (la balle) (**to** à) 3 VT (*Cricket*) [+ *ball*] lancer ; [+ *batsman*] (*also* **~ out**) éliminer (*en lançant la balle contre les guichets*)

► **bowl over** VT SEP ⓐ (= *knock down*) renverser ⓑ (= *amaze*) stupéfier ; **to be ~ed over (by)** (*in surprise*) rester stupéfait (devant) ; (*emotionally*) être bouleversé (par) ; **she was ~ed over by him** (= *impressed*) il l'a éblouie

bowler /'bəʊlə'/ N ⓐ (*Cricket*) lanceur (*m*), -euse (*f*) ⓑ (*Brit: also* **~ hat**) chapeau (*m*) melon

bowling /'bəʊlɪŋ/ N bowling (*m*) ♦ **bowling alley** N bowling (*m*) ♦ **bowling green** N terrain (*m*) de boules (*sur gazon*)

box /bɒks/ 1 N ⓐ boîte (*f*) ; (= *crate*) caisse (*f*) ; (*also* **cardboard ~**) (boîte (*f*) en) carton (*m*) ; (*on forms*) case (*f*) ; **a ~ of chocolates** une boîte de chocolats ; **to be first out of the ~ with sth** (*US*) être le premier à faire qch
ⓑ (**on**) **the ~** (*Brit = television*) (à) la télé*
ⓒ (*Theatre*) loge (*f*) ; (*for jury, press*) banc (*m*) ; (*also* **witness-~**) barre (*f*)
ⓓ (= *blow*) **a ~ on the ear** une claque

ⓔ (= *tree*) buis (*m*)
2 VI (*Sport*) boxer, faire de la boxe ; **to ~ clever** (*Brit*) bien manœuvrer
3 VT ⓐ (*Sport*) boxer
ⓑ **to ~ sb's ears** flanquer* une claque à qn
4 COMP ♦ **box file** N boîte (*f*) à archives ♦ **box number** N (*in newspaper*) référence (*f*) d'annonce

► **box in** VT SEP [+ *car*] encastrer ; **to feel ~ed in** se sentir à l'étroit

boxer /'bɒksə'/ N (*Sport*) boxeur (*m*), -euse (*f*) ♦ **boxer shorts** NPL caleçon (*m*), boxer-short (*m*)

boxing /'bɒksɪŋ/ 1 N boxe (*f*) 2 COMP [*gloves, match*] de boxe ♦ **boxing ring** N ring (*m*) (de boxe)

Boxing Day /'bɒksɪŋdeɪ/ N (*Brit*) lendemain (*m*) de Noël

ⓘ **BOXING DAY**

Boxing Day est un jour férié en Grande-Bretagne ; il est fixé le 26 décembre, ou le 27 si Noël tombe un samedi. C'était à l'origine le jour où l'on donnait les étrennes (*Christmas box*) au facteur et aux artisans.

---

box office /'bɒksɒfɪs/ N (= *office*) bureau (*m*) de location ; (= *window*) guichet (*m*) (de location) ; **this show will be good ~** ce spectacle fera recette ♦ **box-office success** N (= *play, show*) spectacle (*m*) qui fait recette ; (= *film*) succès (*m*) au box-office

boxroom /'bɒksrʊm/ N (*Brit*) débarras (*m*)

boy /bɔɪ/ 1 N (= *child, son*) garçon (*m*) ; (= *young man*) jeune (*m*) (homme (*m*)) ; **little ~** petit garçon (*m*) ; **English ~** petit Anglais (*m*) ; **I lived here as a ~** j'habitais ici quand j'étais enfant ; **~s will be ~s!** les garçons, on ne les changera jamais ! 2 EXCL* bon sang !* ; **~, was I tired!** bon sang, ce que j'étais fatigué !* 3 COMP ♦ **boy band** N (*Brit Music*) boys band (*m*) ♦ **boy scout** † N éclaireur (*m*)

boycott /'bɔɪkɒt/ 1 VT boycotter 2 N boycott (*m*)

boyfriend /'bɔɪfrend/ N petit ami (*m*)

boyhood /'bɔɪhʊd/ N enfance (*f*), adolescence (*f*)

boyish /'bɔɪɪʃ/ ADJ [*male's behaviour*] d'enfant ; (= *tomboyish*) de garçon ; **his ~ good looks** ses allures de beau jeune homme ; **she's quite ~** elle a des allures de garçon

bozo /'bəʊzəʊ/ N (*US*) drôle de type* (*m*)

bra /brɑː/ N (ABBR = **brassière**) soutien-gorge (*m*)

brace /breɪs/ 1 N ⓐ (*for leg, neck*) appareil (*m*) orthopédique ; **~(s)** (*for teeth*) appareil (*m*) (dentaire) ⓑ (*pl inv* = *pair*) [*of animals, birds*] paire (*f*) 2 NPL **braces** (*Brit: for trousers*) bretelles (*fpl*) 3 VT ⓐ (= *support, strengthen*) consolider ⓑ **to ~ o.s.** s'arc-bouter ; (*fig*) rassembler ses forces (**to do sth** à faire qch) ; **he ~d his leg against the door** il a bloqué la porte avec sa jambe

bracelet /'breɪslɪt/ N bracelet (*m*)

bracing /'breɪsɪŋ/ ADJ [*air, climate*] vivifiant

bracken /'brækən/ N fougère (*f*)

bracket /'brækɪt/ 1 N ⓐ (= *angled support*) support (*m*) ; [*of shelf*] équerre (*f*) ⓑ (*also* **round ~**) parenthèse (*f*) ; (*also* **square ~**) crochet (*m*) ; **in ~s** entre parenthèses ⓒ (= *group*) tranche (*f*) ; **the lower income ~** la tranche des petits revenus ; **price ~** fourchette (*f*) de prix ; **age ~** classe (*f*) d'âge 2 VT (*also* **~ together**) [+ *names, persons*] mettre dans la même catégorie

brackish /'brækɪʃ/ ADJ saumâtre

brag /bræg/ 1 VI se vanter (**about, of** de) 2 VT **to ~ that one has done sth** se vanter d'avoir fait qch 3 N vantardise (*f*)

braid /breɪd/ 1 VT (= *plait*) tresser 2 N ⓐ (= *plait of hair*) tresse (*f*) ⓑ (= *trimming*) galon (*m*)

braided /'breɪdɪd/ ADJ galonné

Braille /breɪl/ N, ADJ braille (*m inv*)

brain /breɪn/ 1 N cerveau (*m*) ; **he's got politics on the ~*** il n'a que la politique en tête ; **to blow sb's ~s out*** brûler la cervelle à qn ; **calves' ~** cervelle (*f*) de veau
♦ **brains*** (= *intelligence*) intelligence (*f*) ; **he's got ~s** il est intelligent ; **he's the ~s of the family** c'est le cerveau de la famille

2 VT (= *knock out*) [+ *person*]‡ assommer

3 COMP ◆ **brain-child** N **it's his ~-child** c'est lui qui l'a inventé ◆ **brain damage** N lésions *(fpl)* cérébrales ◆ **brain-damaged** ADJ atteint de lésions cérébrales ◆ **brain dead** ADJ dans un coma dépassé ◆ **brain drain** N fuite *(f)* des cerveaux ◆ **brain surgeon** N neurochirurgien(ne) *(m(f))* ◆ **brain teaser** N casse-tête *(m)* ◆ **brain tumour** N tumeur *(f)* au cerveau ◆ **brain wave** N (*Brit*) idée *(f)* géniale

brainless /'breɪnlɪs/ ADJ **to be ~** [*person*] n'avoir rien dans la tête ; **a ~ idea** une idée stupide

brainstorm /'breɪnstɔːm/ 1 N (*Brit = sudden aberration*) moment *(m)* d'aberration ; (*US = brilliant idea*) idée *(f)* géniale 2 VI faire du remue-méninges, faire du brainstorming 3 VT explorer

brainstorming /'breɪnstɔːmɪŋ/ N brainstorming *(m)*

brainwash /'breɪnwɒʃ/ VT faire un lavage de cerveau à ; **he was ~ed into believing that ...** on a réussi à lui mettre dans la tête que ...

brainy* /'breɪnɪ/ ADJ intelligent

braise /breɪz/ VT braiser

brake /breɪk/ 1 N frein *(m)* ; **to put on the ~s** freiner ; **to act as a ~ on sb's activities** mettre un frein aux activités de qn 2 VI freiner 3 COMP ◆ **brake block** N patin *(m)* de frein ◆ **brake light** N feu *(m)* de stop

bramble /'bræmbl/ N (= *bush*) ronce *(f)* ; (= *berry*) mûre *(f)* (sauvage)

bran /bræn/ N son *(m)* (*de blé*) ◆ **bran tub** N (*Brit*) pêche *(f)* miraculeuse (*jeu*)

branch /brɑːntʃ/ 1 N branche *(f)* ; [*of store, company*] succursale *(f)* ; [*of bank*] agence *(f)* 2 VI [*tree*] se ramifier 3 COMP ◆ **branch line** N (*Rail*) ligne *(f)* secondaire
► **branch off** VI [*road*] bifurquer
► **branch out** VI [*person, company*] se diversifier

brand /brænd/ 1 N ⓐ (= *make*) marque *(f)* ; **that rum is an excellent ~** c'est une excellente marque de rhum ⓑ (= *type*) sorte *(f)* ; **they have their own ~ of socialism** ils ont leur propre version du socialisme ⓒ (*for cattle*) marque *(f)* 2 VT [+ *cattle*] marquer ; [+ *person*] cataloguer (**as** comme) ; **he was ~ed a racist** on l'a catalogué comme raciste 3 COMP ◆ **brand name** N marque *(f)* (de fabrique) ◆ **brand-new** ADJ tout neuf (toute neuve *(f)*)

brandish /'brændɪʃ/ VT brandir

brandy /'brændɪ/ N cognac *(m)*

brash /bræʃ/ ADJ [*person*] effronté

brass /brɑːs/ 1 N ⓐ cuivre (jaune) ⓑ (*in orchestra*) **the ~** les cuivres *(mpl)* 2 COMP [*ornament*] en or de cuivre ◆ **brass band** N fanfare *(f)* ◆ **brass rubbing** N (= *picture*) estampe *(f)* (de plaque en laiton) ◆ **brass tacks** NPL **to get down to ~ tacks*** en venir aux choses sérieuses

brat* /bræt/ N môme* *(mf)* ; **she's a spoilt ~** c'est une sale môme

bravado /brəˈvɑːdəʊ/ N bravade *(f)*

brave /breɪv/ 1 ADJ courageux ; **be ~!** du courage ! ; **be ~ and tell her** prends ton courage à deux mains et va lui dire 2 N **the bravest of the ~** des braves parmi les braves 3 VT [+ *danger, person*] braver

bravely /'breɪvlɪ/ ADV courageusement

bravery /'breɪvərɪ/ N courage *(m)*, bravoure *(f)* ; **medal for ~** médaille *(f)* pour acte de bravoure

bravo /'brɑːˈvəʊ/ EXCL, N bravo *(m)*

brawl /brɔːl/ 1 VI se bagarrer* 2 N bagarre *(f)* ; **drunken ~** bagarre *(f)* d'ivrognes

brawn /brɔːn/ N ⓐ (= *muscle*) muscle(s) *(m(pl))* ; (= *strength*) muscle *(m)* ; **he is all ~ and no brain** il est tout en muscles et sans cervelle ⓑ (*Brit = meat*) fromage *(m)* de tête

brawny /'brɔːnɪ/ ADJ [*arms*] musculeux ; [*person*] musclé

bray /breɪ/ VI [*donkey*] braire

brazen /'breɪzn/ 1 ADJ effronté ; **they are ~ about their sales tactics** ils ne font pas mystère de leur stratégie de vente 2 VT **to ~ it out** crâner*

brazier /'breɪzɪə'/ N brasero *(m)*

Brazil /brəˈzɪl/ N Brésil *(m)*

Brazilian /brəˈzɪlɪən/ 1 ADJ brésilien, du Brésil 2 N Brésilien(ne) *(m(f))*

brazil nut /brəˈzɪlnʌt/ N noix *(f)* du Brésil

breach /briːtʃ/ 1 N ⓐ infraction *(f)* ; **~ of contract** rupture *(f)* de contrat ; **~ of the peace** atteinte *(f)* à l'ordre public ; **~ of trust** abus *(m)* de confiance ; **~es in security** des manquements *(mpl)* aux règles de sécurité ⓑ (*in wall*) brèche *(f)* ; **to step into the ~** s'engouffrer dans la brèche 2 VT [+ *wall*] ouvrir une brèche dans ; [+ *defences*] percer ; **to ~ security** ne pas respecter les règles de sécurité

bread /bred/ N pain *(m)* ; **a loaf of ~** un pain ; **the ~ and wine** (= *eucharist*) les deux espèces *(fpl)* ; **~ and butter** du pain et du beurre ; **writing is his ~ and butter** l'écriture est son gagne-pain ; **to earn one's ~** gagner sa vie ; **he knows which side his ~ is buttered** il sait où est son intérêt ◆ **bread-and-butter** ADJ [*issue*] de base ◆ **bread line** N (*Brit*) **to be on the ~ line*** vivre en-dessous du seuil de pauvreté ◆ **bread sauce** N sauce *(f)* à la mie de pain

breadbin /'bredbɪn/ N boîte *(f)* à pain ; (*larger*) huche *(f)* à pain

breadboard /'bredbɔːd/ N planche *(f)* à pain

breadbox /'bredbɒks/ N (*US*) boîte *(f)* à pain ; (*larger*) huche *(f)* à pain

breadcrumbs /'bredkrʌmz/ NPL (*as topping*) chapelure *(f)* ; **fried in ~** pané

breadth /bretθ/ N largeur *(f)* ; **this field is 100 metres in ~** ce champ fait 100 mètres de large ; **he has a great ~ of experience** il a un grand champ d'expérience

breadwinner /'bred,wɪnə'/ N soutien *(m)* de famille

break /breɪk/ (*vb: pret* **broke**, *ptp* **broken**) 1 N ⓐ (*in conversation, programme, line*) interruption *(f)* ; (*in journey*) arrêt *(m)* ; (*at work*) pause *(f)* ; (*at school*) pause *(f)*, récréation *(f)* ; **to take a ~** (= *few minutes*) faire une pause ; (= *holiday*) prendre des vacances ; (= *change*) se changer les idées ; **six hours without a ~** six heures d'affilée ; **after the ~** (= *advertisements*) après la pause (publicitaire) ; **a ~ in the clouds** une éclaircie ; **a ~ in the weather** un changement de temps ; **he spoke of the need for a ~ with the past** il a dit qu'il fallait rompre avec le passé
◆ **to make a break**: **to make a ~ for it** prendre la fuite ; **he made a ~ for the door** il s'est élancé vers la porte
ⓑ [*of bone*] fracture *(f)*
ⓒ (*liter*) **at ~ of day** au point du jour
ⓓ (= *luck, opportunity*)* chance *(f)* ; **he's had all the ~s** il a eu toutes les veines* ; **she got her first big ~ in "Sarafina"** elle a percé dans «Sarafina» ; **give me a ~!*** (= *leave me alone*) fichez-moi la paix !*
ⓔ (*Snooker*) série *(f)* ; **to have a ~ of serve** (*Tennis*) faire le break

2 VT ⓐ casser ; [+ *skin*] écorcher ; **to ~ sth in two** casser qch en deux ; **to ~ one's leg/one's neck** se casser la jambe/le cou ; **the bone is not broken** il n'y a pas de fracture ; **to ~ open** [+ *door*] enfoncer ; [+ *lock, safe*] fracturer ; **to ~ ground on a new building** (*US*) commencer à construire un nouveau bâtiment ; **to ~ new or fresh ground** innover ; **to ~ one's back** se casser la colonne vertébrale ; **to ~ the back of a task** (*Brit*) faire le plus dur d'une tâche ; **to ~ sb's heart** briser le cœur de qn ; **to ~ one's heart over sth** avoir le cœur brisé par qch
ⓑ [+ *promise*] manquer à ; [+ *treaty*] violer ; **to ~ the law** enfreindre la loi ; **to ~ a vow** rompre un serment
ⓒ [+ *courage, spirit, strike*] briser ; **to ~ sb** (= *demoralize*) briser qn ; (= *ruin*) ruiner qn ; **television can make you or ~ you** la télévision peut soit vous apporter la gloire soit vous briser ; **to ~ sb of a habit** faire perdre une habitude à qn ; **to ~ a habit** se débarrasser d'une habitude ; **it won't ~ the bank*** cela ne va pas te (*or* nous *or* les *etc*) ruiner
ⓓ [+ *silence, spell*] rompre ; **to ~ sb's serve** prendre le service de qn ; **to ~ one's journey** faire une étape (*or* des étapes)
ⓔ [+ *fall*] amortir
ⓕ [+ *news*] annoncer ; **try to ~ it to her gently** essayez de le lui annoncer avec ménagement

3 VI ⓐ (se) casser; [*bone*] se fracturer; **to ~ in two** se casser en deux
ⓑ [*clouds*] se dissiper
ⓒ [*storm*] éclater; [*wave*] déferler
ⓓ [*news, story*] éclater
ⓔ (= *weaken, change*) [*health*] se détériorer; [*voice*] (*boy's*) muer; (*in emotion*) se briser (**with** sous le coup de); [*weather*] se gâter; **he broke under torture** il a craqué sous la torture; **his spirit broke** son courage l'a abandonné
ⓕ [*dawn*] poindre; [*day*] se lever
ⓖ (= *pause*) faire une pause; **we broke for lunch** nous avons fait une pause pour le déjeuner
ⓗ (*set structures*)
♦ **to break even** rentrer dans ses fonds
♦ **to break free** se libérer
♦ **to break loose** [*person, animal*] s'échapper; [*boat*] rompre ses amarres
♦ **to break with sb** rompre avec qn

4 COMP ♦ **break-even point** N seuil (*m*) de rentabilité ♦ **break-in** N cambriolage (*m*) ♦ **break-up** N [*of friendship*] rupture (*f*); [*of empire, group of states*] démantèlement (*m*); [*of political party*] scission (*f*); **since the ~-up of his marriage** depuis qu'il est séparé de sa femme
► **break away** VI (*from captor*) s'échapper; **to ~ away from a group** se séparer d'un groupe
► **break down** 1 VI ⓐ [*vehicle*] tomber en panne; [*argument*] s'effondrer; [*resistance*] céder; [*negotiations*] échouer; **after negotiations broke down ...** après l'échec (*m*) des négociations ... ⓑ (= *decompose*) se décomposer (**into** en) ⓒ (= *weep*) fondre en larmes 2 VT SEP ⓐ (= *demolish*) démolir; [+ *door*] enfoncer; [+ *opposition*] briser ⓑ [+ *accounts*] détailler; [+ *sales figures, costs*] ventiler; [+ *substance*] décomposer
► **break in** 1 VI ⓐ (= *interrupt*) interrompre ⓑ (= *enter illegally*) entrer par effraction 2 VT SEP ⓐ [+ *door*] enfoncer ⓑ [+ *engine, car*] roder; **it took a month to ~ in my new shoes** cela a pris un mois avant que mes nouvelles chaussures se fassent
► **break into** VT INSEP ⓐ (= *enter illegally*) [+ *house*] entrer par effraction dans; **to ~ into a safe** fracturer un coffre-fort ⓑ [+ *savings*] entamer ⓒ [*company*] percer ⓓ **to ~ into a new market** percer sur un nouveau marché ⓓ **to ~ into song** se mettre à chanter; **to ~ into a run** se mettre à courir
► **break off** 1 VI ⓐ [*piece, twig*] se casser net ⓑ (= *stop*) s'arrêter (**doing sth** de faire qch); **he broke off in midsentence** il s'est arrêté au milieu d'une phrase 2 VT SEP ⓐ (= *snap off*) casser ⓑ (= *end*) [+ *relationship, negotiations*] rompre
► **break out** VI ⓐ [*war, fire*] éclater; **to ~ out into a sweat** suer; (*from fear*) commencer à avoir des sueurs froides ⓑ (= *escape*) s'échapper (**of** de)
► **break through** 1 VI (= *succeed*) percer 2 VT INSEP [+ *defences, obstacles*] faire tomber
► **break up** 1 VI ⓐ [*ice*] craquer; [*ship in storm*] se disloquer; [*partnership*] cesser; [*empire*] effondrer; **their marriage broke up** ils se sont séparés; **to ~ up with sb** rompre avec qn
ⓑ [*crowd*] se disperser; [*meeting*] prendre fin; **the schools ~ up tomorrow** (*Brit*) les cours se terminent demain
ⓒ [*phone line*] couper; **you're breaking up** je ne te capte plus
ⓓ (*US = laugh*)* se tordre de rire 2 VT SEP ⓐ [+ *chocolate*] casser en morceaux; **to ~ up the soil** casser les mottes de terre
ⓑ [+ *coalition*] briser; [+ *empire*] démembrer; **to ~ up a marriage** briser un couple; **to do sth to ~ up one's day** faire qch pour faire une coupure dans la journée
ⓒ [+ *crowd, demonstration*] disperser; **police used tear gas to ~ up the demonstration** la police a utilisé du gaz lacrymogène pour disperser les manifestants
ⓓ (*US = make laugh*)* donner le fou rire à

breakable /ˈbreɪkəbl/ 1 ADJ fragile 2 NPL **breakables** objets (*mpl*) fragiles

breakage /ˈbreɪkɪdʒ/ N [*of glass, china*] casse (*f*)

breakaway /ˈbreɪkəˌweɪ/ ADJ [*group, movement*] dissident; [*state, region*] séparatiste

breakdown /ˈbreɪkdaʊn/ 1 N ⓐ [*of machine, vehicle, electricity supply*] panne (*f*) ⓑ [*of communications, relationship, talks*] rupture (*f*) ⓒ (= *mental illness*) dépression (*f*) nerveuse; **to have a (nervous) ~** faire une dépression nerveuse ⓓ (= *analysis*) analyse (*f*); (*into categories*) décomposition (*f*) (**into** en); [*of sales figures, costs*] ventilation (*f*); **give me a ~ of these results** faites-moi l'analyse de ces résultats
2 COMP ♦ **breakdown service** N service (*m*) de dépannage ♦ **breakdown truck, breakdown van** N (*Brit*) dépanneuse (*f*)

breaker /ˈbreɪkəʳ/ N (= *wave*) brisant (*m*)

breakfast /ˈbrekfəst/ N petit déjeuner (*m*); **to have ~** prendre le petit déjeuner ♦ **breakfast bar** N bar (*m*) américain (*dans une cuisine américaine*) ♦ **breakfast TV** N télévision (*f*) du matin

breaking-point /ˈbreɪkɪŋpɔɪnt/ N **she has reached ~** elle est à bout; **the situation has reached ~** la situation a atteint le point de rupture

breakout /ˈbreɪkaʊt/ N évasion (*f*)

breakthrough /ˈbreɪkθruː/ N (= *success*) percée (*f*); (*in research*) découverte (*f*) capitale

breakwater /ˈbreɪkˌwɔːtəʳ/ N brise-lames (*m inv*)

breast /brest/ 1 N ⓐ [*of woman*] sein (*m*) ⓑ (= *chest*) poitrine (*f*); [*of chicken*] blanc (*m*) 2 COMP ♦ **breast cancer** N cancer (*m*) du sein ♦ **breast-feed** VT, VI allaiter ♦ **breast-feeding** N allaitement (*m*) au sein ♦ **breaststroke** N brasse (*f*)

breath /breθ/ 1 N haleine (*f*), souffle (*m*); **to have bad ~** avoir mauvaise haleine; **to get one's ~ back** reprendre son souffle; **out of ~** essoufflé; **to take a deep ~** respirer à fond; **take a deep ~!** (*fig*) accroche-toi bien!*; **to take sb's ~ away** couper le souffle à qn; **to gasp for ~** haleter; **under one's ~** [*say, talk*] à voix basse; **with one's dying ~** en rendant son dernier soupir
♦ **a breath of**: **there wasn't a ~ of air** il n'y avait pas un souffle d'air; **to go out for a ~ of fresh air** sortir prendre l'air; **it was a ~ of fresh air** c'était une bouffée d'air frais
2 COMP ♦ **breath test** N alcootest® (*m*) ♦ **breath-test** VT faire subir l'alcootest® à

breathalyse, breathalyze (*US*) /ˈbreθəlaɪz/ VT faire subir l'alcootest® à

Breathalyser®, **Breathalyzer**® (*US*) /ˈbreθəlaɪzəʳ/ N alcootest® (*m*)

breathe /briːð/ 1 VI [*person, fabric*] respirer; **she is still breathing** elle respire encore; **to ~ heavily** (*after running*) souffler (fort); **to have sb breathing down one's neck** avoir qn sur le dos* 2 VT ⓐ [+ *air*] respirer; **to ~ one's last** rendre le dernier soupir; **to ~ new life into sb** redonner du courage à qn ⓑ [+ *sigh*] pousser; **to ~ a sigh of relief** pousser un soupir de soulagement; **don't ~ a word (about it)!** n'en dis rien à personne!
► **breathe in** VI, VT SEP inspirer
► **breathe out** VI, VT SEP expirer

breather* /ˈbriːðəʳ/ N moment (*m*) de répit

breathing /ˈbriːðɪŋ/ N respiration (*f*) ♦ **breathing space** N moment (*m*) de répit

breathless /ˈbreθlɪs/ ADJ ⓐ (= *out of breath*) essoufflé; (*from illness*) qui a du mal à respirer; **to make sb ~** essouffler qn ⓑ [*excitement*] fébrile; **he was ~ with anticipation** il retenait son souffle

breathlessness /ˈbreθlɪsnɪs/ N essoufflement (*m*)

breathtaking /ˈbreθˌteɪkɪŋ/ ADJ stupéfiant; [*views, scenery*] à vous couper le souffle

bred /bred/ 1 VB *pt, ptp of* **breed** 2 ADJ (*in compounds*) **well-~** bien élevé

breed /briːd/ (*pret, ptp* **bred**) 1 VT [+ *animals*] élever; [+ *hatred, resentment, violence, confusion*] engendrer; **he ~s horses** il élève des chevaux 2 VI [*animals*] se reproduire 3 N espèce (*f*); [*of animal*] race (*f*)

breeder /ˈbriːdəʳ/ N (= *person*) éleveur (*m*), -euse (*f*)

breeding /ˈbriːdɪŋ/ 1 N ⓐ (= *raising*) élevage (*m*) ⓑ (= *upbringing*) (**good**) **~** bonnes manières (*fpl*)

breeding ground N (*for animals*) zone (*f*) de reproduction ; ~ **ground for revolution** terrain (*m*) propice à la révolution

breeze /briːz/ 1 N ⓐ (= *wind*) brise (*f*) ; **gentle** ~ petite brise (*f*) ; **stiff** ~ vent (*m*) frais ⓑ **it's a ~*** (= *it's easy*) c'est fastoche* 2 VI **to** ~ **in** entrer d'un air dégagé ; **to** ~ **through sth*** faire qch les doigts dans le nez* 3 COMP ◆ **breeze block** N (*Brit*) parpaing (*m*)

breezeway /briːzweɪ/ N (*US*) *passage couvert reliant deux bâtiments*

breezy /briːzɪ/ ADJ ⓐ **it's** ~ **today** il y a du vent aujourd'hui ⓑ (= *cheery*) enjoué

Breton /bretən/ 1 ADJ breton 2 N (= *person*) Breton(ne) (*m(f)*)

brevity /brevɪtɪ/ N (= *shortness*) brièveté (*f*) ; (= *conciseness*) concision (*f*)

brew /bruː/ 1 N ⓐ (= *beer*) bière (*f*) ; (= *tea*) thé (*m*) ⓑ (= *mixture*) mélange (*m*) 2 VT [+ *beer*] brasser ; [+ *tea*] faire infuser 3 VI ⓐ (= *make beer*) brasser ⓑ [*beer*] fermenter ; [*tea*] infuser ; [*storm*] se préparer ; **there's trouble ~ing** il y a de l'orage dans l'air (*fig*)

brewer /bruːə*r*/ N brasseur (*m*)

brewery /bruːərɪ/ N brasserie (*f*) (*fabrique*)

bribe /braɪb/ 1 N pot-de-vin (*m*) ; **to take a** ~ accepter un pot-de-vin ; **to offer a** ~ offrir un pot-de-vin 2 VT soudoyer ; **to** ~ **sb to do sth** soudoyer qn pour qu'il fasse qch

bribery /braɪbərɪ/ N corruption (*f*) ; ~ **and corruption** corruption (*f*) active

brick /brɪk/ 1 N ⓐ brique (*f*) ; **to put one's money into** ~**s and mortar** investir dans la pierre ; **he came down on me like a ton of** ~**s!*** il m'a passé un de ces savons !* ; **to come up against a** ~ **wall** se heurter à un mur ; **to drop a** ~* faire une gaffe* (*Brit = toy*) cube (*m*) (*de construction*) ; **box of** ~**s** jeu (*m*) de construction 2 COMP [*house*] en brique(s) ◆ **brick-built** ADJ en brique(s)

bricklayer /brɪkˌleɪə*r*/ N maçon (*m*)

brickwork /brɪkwɜːk/ N briquetage (*m*)

bridal /braɪdl/ ADJ [*feast*] de noce(s) ; [*suite*] nuptial ◆ **bridal party** N famille (*f*) et amis (*mpl*) de la mariée ◆ **bridal shower** N (*US*) *fête en l'honneur de la future mariée*

bride /braɪd/ N (*about to be married*) (future) mariée (*f*) ; (*just married*) mariée (*f*) ; **the** ~ **and groom** les jeunes mariés (*mpl*) ◆ **bride-to-be** N future mariée (*f*) ; **his** ~**-to-be** sa future femme

bridegroom /braɪdgruːm/ N (*about to be married*) (futur) marié (*m*) ; (*just married*) (jeune) marié (*m*)

bridesmaid /braɪdzmeɪd/ N demoiselle (*f*) d'honneur

bridge /brɪdʒ/ 1 N ⓐ pont (*m*) ; **to build** ~**s between two communities** jeter un pont entre deux communautés ; **let's cross that** ~ **when we come to it** on s'occupera de ce problème-là en temps voulu ⓑ (*on ship*) passerelle (*f*) (de commandement) ⓒ [*of nose*] arête (*f*) ⓓ (*Dentistry*) bridge (*m*) ⓔ (*Cards*) bridge (*m*) ; **to play** ~ jouer au bridge 2 VT **to** ~ **the gap** *or* **divide** (*between people*) combler le fossé ; **they were unable to** ~ **their differences** ils n'ont pas pu réconcilier leurs points de vue 3 COMP ◆ **bridge-building** N (= *reconciliation*) efforts (*mpl*) de rapprochement

bridging loan /brɪdʒɪŋˌləʊn/ N (*Brit*) prêt-relais (*m*)

bridle /braɪdl/ 1 N bride (*f*) 2 VI se rebiffer (**at** contre) 3 COMP ◆ **bridle path** N piste (*f*) cavalière

brief /briːf/ 1 ADJ ⓐ bref ; **to be** ~**, the same thing happened again** bref, il s'est passé la même chose ◆ **in brief** en bref ; **the news in** ~ les actualités en bref ⓑ [*skirt, shorts*] très court 2 N ⓐ (*legal*) dossier (*m*) ⓑ (= *task*) tâche (*f*) ; **his** ~ **is to ...** sa tâche consiste à ... 3 NPL **briefs** slip (*m*) 4 VT (= *give orders to*) briefer ; (= *bring up to date*) mettre au courant (**on sth** de qch)

briefcase /briːfkeɪs/ N serviette (*f*)

briefing /briːfɪŋ/ N briefing (*m*)

briefly /briːflɪ/ ADV [*pause*] un bref instant ; [*speak, visit, reply, describe*] brièvement ; **the facts, ~, are these** en deux mots, les faits sont les suivants

brigade /brɪˈgeɪd/ N brigade (*f*)

brigadier /ˌbrɪgəˈdɪə*r*/ N (*Brit*) général (*m*) de brigade

bright /braɪt/ 1 ADJ ⓐ [*colour, light*] vif ; [*room*] clair ; [*clothes, flowers*] de couleur(s) vive(s) ; [*star, eyes*] brillant ⓑ [*day, weather*] radieux ; [*sunshine, sun*] éclatant ; **to become ~er** [*weather*] s'éclaircir ; ~ **intervals** éclaircies (*fpl*) ; **the outlook is ~er** on prévoit une amélioration (du temps) ⓒ (= *clever*) intelligent ; **full of** ~ **ideas** plein d'excellentes idées ⓓ (= *cheerful*) jovial ; ~ **and breezy** décontracté et enjoué ⓔ [*future, outlook, prospects*] brillant ; **the future looks ~ (for him)** l'avenir s'annonce bien (pour lui) ; **the outlook is ~er** les perspectives d'avenir sont plus prometteuses ; ~ **spot** (= *hope*) lueur (*f*) d'espoir ; **to look on the** ~ **side** prendre les choses du bon côté ⓕ **to be (up)** ~ **and early** se lever de bon matin ; **you're up ~ and early this morning!** tu es bien matinal aujourd'hui ! 2 COMP ◆ **the bright lights** NPL les lumières (*fpl*) de la ville ; **the** ~ **lights of New York** les lumières (*fpl*) de New York ◆ **bright spark*** N petit(e) futé(e)* (*m(f)*)

brighten /braɪtn/ (*also* ~ **up**) 1 VT ⓐ [+ *prospects, situation, future*] améliorer ⓑ (= *make lighter*) éclairer 2 VI [*sky, eyes, expression*] s'éclairer ; [*person*] s'égayer ; [*prospects, future*] s'améliorer

brightly /braɪtlɪ/ ADV ⓐ [*sparkle*] de mille feux ; **to burn** ~ [*fire*] flamber ; ~ **lit** bien éclairé ⓑ (= *vividly*) ~ **coloured** de couleur(s) vive(s) ; ~ **painted** (*one colour*) peint d'une couleur vive ; (*two or more colours*) peint avec des couleurs vives ⓒ [*say, smile*] jovialement

brightness /braɪtnɪs/ N [*of screen*] luminosité (*f*) ; **to adjust the** ~ régler la luminosité

brilliance /brɪljəns/ N ⓐ (= *splendour*) éclat (*m*) ⓑ (= *great intelligence*) intelligence (*f*) supérieure

brilliant /brɪljənt/ ADJ ⓐ [*person, mind, performance*] brillant ; [*idea*] génial ⓑ [*career*] brillant ; [*future*] radieux ; [*success*] éclatant ⓒ (= *bright*) éclatant ⓓ (*Brit = excellent*)* super* (*inv*) ; **she's ~ with children** elle est super* avec les enfants

brilliantly /brɪljəntlɪ/ ADV ⓐ [*write, play, perform*] brillamment ; [*funny*] remarquablement ; [*succeed, work*] magnifiquement ; **he was ~ successful** il a magnifiquement réussi ⓑ ~ **coloured** de couleur(s) vive(s) ; **a** ~ **sunny day** une journée radieuse

Brillo pad® /brɪləʊpæd/ N tampon (*m*) Jex®

brim /brɪm/ 1 N bord (*m*) ; **to be full to the** ~ **with sth** être plein à ras bord de qch ; (*fig*) déborder de qch 2 VI déborder (**with** de) ; ~**ming with** débordant de ▶ **brim over** VI déborder (**with** de)

brimful /brɪmˈfʊl/ ADJ débordant (**with** de)

brine /braɪn/ N (*for preserving*) saumure (*f*)

bring /brɪŋ/ (*pret, ptp* **brought**) VT ⓐ [+ *person, animal, vehicle, peace*] amener ; [+ *object, news, information*] apporter ; **to** ~ **sb up/down** faire monter/faire descendre qn (avec soi) ; **to** ~ **sth up/down** monter/descendre qch ⓑ (= *cause*) [+ *problems*] créer ; **this song brought her international fame** la chanson lui a assuré une renommée internationale ; **his books brought him a good income** ses livres lui rapportaient bien ; **to** ~ **tears to sb's eyes** faire venir les larmes aux yeux de qn ; **to** ~ **sth (up)on o.s.** s'attirer qch ; **to** ~ **sth to a close** *or* **an end** mettre fin à qch ; **to** ~ **sth into question** (= *throw doubt on*) remettre qch en question ⓒ ◆ **to bring o.s. to do sth: I cannot** ~ **myself to speak to him** je ne peux me résoudre à lui parler ⓓ (*in court*) **to** ~ **an action against sb** intenter un procès à qn ; **to** ~ **a charge against sb** inculper qn ▶ **bring about** VT SEP entraîner ▶ **bring along** VT SEP **to** ~ **sb along (with one)** amener qn (avec soi); **can I ~ a friend along?** est-ce que je peux amener un ami?

▶ **bring back** VT SEP ⓐ [+ *person*] ramener; [+ *object*] rapporter; [+ *institution, system*] réintroduire ⓑ (= *call to mind*) rappeler

▶ **bring down** VT SEP ⓐ [+ *plane*] faire atterrir; (= *shoot*) [+ *animal, bird, plane*] abattre ⓑ [+ *dictator, government*] faire tomber; [+ *temperature, prices*] faire baisser

▶ **bring forward** VT SEP ⓐ [+ *person*] faire avancer; [+ *witness*] produire; [+ *evidence, proof, argument*] avancer ⓑ (= *advance time of*) avancer

▶ **bring in** VT SEP ⓐ [+ *person*] faire entrer; [+ *object, harvest*] rentrer ⓑ [+ *custom, legislation*] introduire; [+ *expert, army*] faire appel à; **they brought in a new management team** ils ont mis en place une nouvelle équipe dirigeante ⓒ [+ *income*] rapporter ⓓ **to ~ in a verdict** [*jury*] rendre un verdict

▶ **bring off** VT SEP [+ *plan, deal*] mener à bien; **he didn't manage to ~ it off** il n'a pas réussi son coup

▶ **bring on** VT SEP (= *cause*) [+ *illness, quarrel*] provoquer

▶ **bring out** VT SEP ⓐ [+ *object*] sortir; [+ *meaning*] mettre en évidence; [+ *qualities*] mettre en valeur; **it ~s out the best in him** c'est là qu'il se montre sous son meilleur jour ⓑ [+ *book*] faire paraître; [+ *new product*] lancer

▶ **bring round** VT SEP ⓐ **to ~ the conversation round to football** amener la conversation sur le football ⓑ [+ *unconscious person*] ranimer ⓒ (= *convert*) gagner (**to** à)

▶ **bring together** VT SEP ⓐ (= *put in touch*) [+ *people*] mettre en contact ⓑ (= *end quarrel between*) réconcilier ⓒ [+ *facts, documents*] rassembler

▶ **bring up** VT SEP ⓐ [+ *person*] faire monter; [+ *object*] monter ⓑ [+ *child*] élever; **well/badly brought-up child** enfant (m) bien/mal élevé ⓒ (= *vomit*) vomir ⓓ [+ *fact, allegation, problem*] mentionner; [+ *question*] soulever

brink /brɪŋk/ N bord (m); **on the ~ of sth** au bord de qch

brisk /brɪsk/ ADJ ⓐ (= *energetic*) vif; (= *abrupt in manner*) brusque ⓑ [*movement*] vif; **~ pace** allure (f) vive; **to take a ~ walk** marcher d'un bon pas ⓒ [*trade*] actif; [*demand*] important; **business is ~** les affaires marchent bien

brisket /ˈbrɪskɪt/ N poitrine (f) de bœuf

bristle /ˈbrɪsl/ 1 N poil (m); **a brush with nylon ~s** une brosse en nylon® 2 VI se hérisser; **bristling with difficulties** hérissé de difficultés; **he ~d at the suggestion** cette suggestion l'a hérissé

bristly /ˈbrɪslɪ/ ADJ [*moustache, beard*] aux poils raides; [*hair*] raide; [*chin, cheek*] mal rasé

Brit* /brɪt/ N Britannique (mf)

Britain /ˈbrɪtən/ N (*also* **Great ~**) Grande-Bretagne (f) → GREAT BRITAIN, UNITED KINGDOM

British /ˈbrɪtɪʃ/ 1 ADJ britannique; [*ambassador, embassy*] de Grande-Bretagne; **~ English** anglais (m) britannique 2 NPL **the British** les Britanniques (mpl) 3 COMP ◆ **the British Broadcasting Corporation** N la BBC ◆ **British Columbia** N Colombie (f) britannique ◆ **British Council** N British Council (m) ◆ **the British Isles** NPL les îles (fpl) Britanniques → GREAT BRITAIN, UNITED KINGDOM ◆ **British Summer Time** N l'heure (f) d'été britannique

Briton /ˈbrɪtən/ N Britannique (mf)

Brittany /ˈbrɪtənɪ/ N Bretagne (f)

brittle /ˈbrɪtl/ ADJ [*hair, nails*] cassant; [*personality*] sec (sèche (f)) ◆ **brittle-bone disease** N ostéoporose (f)

broach /brəʊtʃ/ VT entamer; [+ *subject*] aborder

broad /brɔːd/ 1 ADJ ⓐ (= *wide*) large; **to grow ~er** s'élargir; **~ in the shoulder** large d'épaules; **a ~ expanse of lawn** une vaste étendue de pelouse; **a ~ spectrum of opinion** un large éventail d'opinions; **the agreement won ~ support** cet accord a été largement soutenu; **to have ~ implications** avoir de vastes implications ⓑ [*aims, objectives*] général; **the ~ outlines** les grandes lignes (fpl); **in the ~est sense of the word** au sens le plus large du terme; **to be in ~ agreement** être d'accord sur l'essentiel ⓒ [*coalition*] vaste; [*education*] diversifié; [*syllabus, choice*] étendu

ⓓ [*hint*] à peine voilé; [*comedy*] grossier ⓔ [*accent*] prononcé ⓕ **in ~ daylight** en plein jour 2 N ⓐ **the (Norfolk) Broads** les lacs et estuaires du Norfolk ⓑ (*US pej* = *woman*)‡ nana* (f) 3 COMP ◆ **broad-based** ADJ [*support*] large; [*government*] réunissant des tendances très variées; [*approach*] diversifié ◆ **broad bean** N (*Brit*) fève (f) ◆ **broad jump** N (*US*) saut (m) en longueur ◆ **broad-minded** ADJ **to be ~-minded** avoir les idées larges

B-road /ˈbiːrəʊd/ N (*Brit*) route (f) secondaire, route (f) départementale

broadband /ˈbrɔːdbænd/ (*Comput*) 1 N transmission (f) à large bande 2 ADJ à large bande

broadcast /ˈbrɔːdkɑːst/ (*pret, ptp* **broadcast**) 1 VT diffuser; [+ *news, rumour*] répandre 2 VI [*station*] émettre 3 N émission (f); **live ~** émission (f) en direct

broadcaster /ˈbrɔːdkɑːstəʳ/ N personnalité (f) de la radio (or de la télévision)

broadcasting /ˈbrɔːdkɑːstɪŋ/ N [*of programme*] diffusion (f); **~ was interrupted** les émissions ont été interrompues; **he works in ~** il travaille à la radio (or à la télévision)

broaden /ˈbrɔːdn/ 1 VT élargir; **to ~ one's outlook** élargir ses horizons 2 VI s'élargir

broadly /ˈbrɔːdlɪ/ ADV ⓐ [*agree, accept, define*] dans les grandes lignes; [*support*] largement; **this is ~ true** en gros, c'est vrai; **~ similar** à peu près semblable; **~-based** [*support*] large; [*movement*] réunissant des tendances très variées; **the new law was ~ welcomed** la nouvelle loi a été généralement bien accueillie ⓑ [*hint*] fortement ⓒ **to smile ~** avoir un large sourire

broadsheet /ˈbrɔːdʃiːt/ N (= *serious newspaper*) journal (m) de qualité → TABLOIDS, BROADSHEETS

brocade /brəʊˈkeɪd/ N brocart (m); **a ~ waistcoat** un gilet en brocart

broccoli /ˈbrɒkəlɪ/ N brocoli (m)

brochure /ˈbrəʊʃʊəʳ/ N brochure (f); (= *leaflet*) prospectus (m)

brogue /brəʊg/ N ⓐ (= *shoe*) chaussure à lacets à petits trous ⓑ (= *Irish accent*) accent (m) irlandais; (= *local accent*) accent (m) du terroir

broil /brɔɪl/ VT (*US*) (faire) griller

broiler /ˈbrɔɪləʳ/ N (*US* = *grill*) gril (m)

broiling /ˈbrɔɪlɪŋ/ ADJ (*US*) [*sun*] brûlant

broke /brəʊk/ 1 VB pt of **break** 2 ADJ (= *penniless*)* fauché‡; **to be dead ~** être complètement fauché; **to go ~** faire faillite; **to go for ~** jouer le tout pour le tout

broken /ˈbrəʊkən/ 1 VB ptp of **break**

2 ADJ ⓐ (= *cracked, smashed*) cassé; **pieces of ~ glass** des débris (mpl) de verre ⓑ (= *fractured*) cassé; [*bone, hand, foot*] fracturé; **~ bones** fractures (fpl) ⓒ [*machine, phone*] détraqué ⓓ [*body, mind*] brisé; **the scandal left him a ~ man** ce scandale l'a brisé; **to have a ~ heart** avoir le cœur brisé ⓔ (= *interrupted*) [*sleep*] interrompu; [*voice, line*] brisé; **I've had several ~ nights** j'ai passé plusieurs mauvaises nuits; **~ cloud** ciel (m) couvert avec des éclaircies; **to speak in ~ English** parler un mauvais anglais ⓕ [*promise, contract*] rompu; [*appointment*] manqué ⓖ [*marriage*] brisé; **he comes from a ~ home** il vient d'un foyer désuni 3 COMP ◆ **broken-down** ADJ [*car*] en panne; [*machine*] détraqué ◆ **broken-hearted** ADJ au cœur brisé

broker /ˈbrəʊkəʳ/ 1 N courtier (m) 2 VT [+ *deal, agreement*] négocier

brolly* /ˈbrɒlɪ/ N (*Brit*) parapluie (m)

bronchitis /brɒŋˈkaɪtɪs/ N bronchite (f); **to have ~** avoir une bronchite

brontosaurus /ˌbrɒntəˈsɔːrəs/ N brontosaure (m)

Bronx cheer /ˌbrɒŋksˈtʃɪəʳ/ N (*US*) bruit de dérision

bronze /brɒnz/ 1 N bronze (m) 2 COMP en bronze; (= colour) bronze ◆ **the Bronze Age** N l'âge (m) du bronze ◆ **bronze medal** N médaille (f) de bronze

bronzed /brɒnzd/ ADJ bronzé

brooch /brəʊtʃ/ N broche (f)

brood /bruːd/ 1 N [of birds] couvée (f); [of children] progéniture (f) 2 VI [bird] couver; [person] ruminer; **to ~ on** [+ plan] ruminer; [+ misfortune, the past] ressasser

broody /ˈbruːdɪ/ ADJ ⓐ [hen] prêt à couver ⓑ **to be feeling ~** [woman] avoir envie d'avoir un enfant ⓒ (= pensive) mélancolique

brook /brʊk/ 1 N ruisseau (m) 2 VT (frm) **they will ~ no contradiction** ils ne souffriront aucune contradiction

broom /brʊm/ N ⓐ (= plant) genêt (m) ⓑ (= brush) balai (m)

broomstick /ˈbrʊmstɪk/ N manche (m) à balai

Bros. (ABBR = **Brothers**) **Martin ~** Martin Frères

broth /brɒθ/ N bouillon (m)

brothel /ˈbrɒθl/ N maison (f) close

brother /ˈbrʌðə⁰/ 1 N ⓐ frère (m); **older/younger ~** frère (m) aîné/cadet ⓑ (in trade unions) camarade (m); (US: also **soul ~**) frère (m) (de couleur) 2 COMP ◆ **brother-in-law** N (pl **brothers-in-law**) beau-frère (m)

brotherhood /ˈbrʌðəhʊd/ N ⓐ fraternité (f) ⓑ (= association) communauté (f); (US) corporation (f)

brotherly /ˈbrʌðəlɪ/ ADJ fraternel

brought /brɔːt/ VB pt, ptp of **bring**

brow /braʊ/ N ⓐ (= forehead) front (m); (= eyebrow) sourcil (m) ⓑ [of hill] sommet (m)

browbeat /ˈbraʊbiːt/ (pret **browbeat**, ptp **browbeaten**) VT intimider; **to ~ sb into doing sth** forcer qn à faire qch

brown /braʊn/ 1 ADJ ⓐ marron (inv); (darker) brun; [hair] châtain; [shoes, leather] marron; **dark/light ~ hair** cheveux (mpl) châtain foncé/clair (inv); **to go ~** [leaves] roussir ⓑ (= tanned) bronzé; **to go ~** bronzer; **as ~ as a berry** tout bronzé

2 N marron (m); (darker) brun (m); **her hair was a rich, deep ~** ses cheveux étaient d'un châtain foncé

3 VT [+ meat, potatoes, onions] faire dorer

4 COMP ◆ **brown ale** N sorte de bière brune ◆ **brown bread** N pain (m) complet ◆ **brown goods** NPL produits (mpl) bruns ◆ **brown paper** N papier (m) Kraft ◆ **brown rice** N riz (m) complet ◆ **brown sugar** N cassonade (f)

brownbag* /ˈbraʊnbæg/ VT (US) **to ~ it** or **to ~ one's lunch** apporter son repas

brownfield /ˈbraʊnfiːld/ ADJ ancien terrain industriel

brownie /ˈbraʊnɪ/ N ⓐ **Brownie** jeannette (f); **to get Brownie points*** obtenir des bons points ⓑ (= cake) brownie (m) (petit gâteau au chocolat)

brownstone /ˈbraʊnstəʊn/ N (US) (= material) grès (m) brun; (= house) bâtiment (m) de grès brun

browse /braʊz/ 1 VI ⓐ (in bookshop, library) feuilleter les livres; (in other shops) regarder sans acheter; **I'm just browsing, thanks** je regarde seulement, merci ⓑ (Computing) parcourir le Net 2 N **to have a ~ = to browse**

browser /ˈbraʊzə⁰/ N (Computing) navigateur (m)

bruise /bruːz/ 1 VT ⓐ [+ person, part of body] faire un bleu à, contusionner; [+ fruit] taler; **to be ~d all over** être couvert de bleus ⓑ [+ ego, feelings] blesser 2 VI [fruit] se taler; **peaches ~ easily** les pêches se talent facilement 3 N (on person) bleu (m), ecchymose (f); (on fruit) talure (f)

bruising /ˈbruːzɪŋ/ ADJ [encounter, experience, battle] éprouvant

Brum* /brʌm/ N (Brit) Birmingham

Brummie* /ˈbrʌmɪ/ N (Brit) **he's a ~** il est de Birmingham

brunch /brʌntʃ/ N brunch (m)

brunette /bruːˈnet/ N brune (f)

brunt /brʌnt/ N **to take** or **bear the ~ of** [+ recession, floods] être le plus touché par; [+ anger] subir le plus fort de; **he bore the ~ of it all** c'est lui qui a porté le poids de l'affaire

brush /brʌʃ/ 1 N ⓐ brosse (f); (also **paint ~**) pinceau (m); (= broom) balai (m); (with dustpan) balayette (f) ⓑ (= act of brushing) coup (m) de brosse; **to give one's hair a ~** donner un coup de brosse à ses cheveux ⓒ (= undergrowth) broussailles (fpl) ⓓ (= argument) **to have a ~ with the law** avoir des démêlés (mpl) avec la justice; **to have a ~ with sb** avoir un accrochage avec qn

2 VT ⓐ brosser; **to ~ one's teeth** se brosser les dents; **to ~ one's hair** se brosser les cheveux ⓑ (= touch lightly) effleurer

3 VI **to ~ against sb/sth** effleurer qn/qch; **to ~ past sb/sth** frôler qn/qch en passant

4 COMP ◆ **brushed cotton** N pilou (m) ◆ **brush-off*** N **to give sb the ~-off** envoyer balader* qn; **to get the ~-off** se faire envoyer sur les roses*

► **brush aside** VT SEP [+ argument, objections] balayer (d'un geste)

► **brush off** VT SEP ⓐ [+ dirt] (with brush) enlever à la brosse; (with broom) enlever à coups de balai; [+ insect] faire partir; [+ fluff on coat] (with brush) enlever à la brosse; (with hand) enlever à la main ⓑ (= snub) envoyer sur les roses*

► **brush up (on)** VT INSEP rafraîchir (ses notions de)

brushwood /ˈbrʌʃwʊd/ N brindilles (fpl)

brusque /bruːsk/ ADJ brusque

Brussels /ˈbrʌslz/ N Bruxelles ◆ **Brussels sprouts** NPL (also **Brussel sprouts**) choux (mpl) de Bruxelles

brutal /ˈbruːtl/ ADJ brutal

brutality /bruːˈtælɪtɪ/ N brutalité (f)

brutalize /ˈbruːtəlaɪz/ VT (= ill-treat) brutaliser

brutally /ˈbruːtəlɪ/ ADV **~ frank** d'une franchise brutale; **in a ~ competitive world** dans un monde livré à une concurrence sans merci

brute /bruːt/ 1 N brute (f); **this machine is a ~!*** quelle vacherie de machine!* 2 ADJ **by (sheer) ~ force** par la force; **to use ~ strength** recourir à la force

brutish /ˈbruːtɪʃ/ ADJ brutal

BSc /ˌbiːesˈsiː/ N (ABBR = **Bachelor of Science**) **to have a ~ in biology** avoir une licence de biologie → DEGREE

BSE /ˌbiːesˈiː/ N (ABBR = **bovine spongiform encephalopathy**) ESB (f)

BST /ˌbiːesˈtiː/ N (ABBR = **British Summer Time**) l'heure (f) d'été britannique

bub* /bʌb/ N (US) mec* (m)

bubble /ˈbʌbl/ 1 N bulle (f); **to blow ~s** faire des bulles; **the ~ burst** le rêve s'est envolé 2 VI [hot liquid] bouillonner; [stream] glouglouter 3 COMP ◆ **bubble bath** N bain (m) moussant ◆ **bubble-jet printer** N imprimante (f) à bulles d'encre ◆ **bubble memory** N (Computing) mémoire (f) à bulles

► **bubble over** VI déborder

► **bubble up** VI [excitement] monter

bubble-gum /ˈbʌblgʌm/ N chewing-gum (m)

bubbly /ˈbʌblɪ/ 1 ADJ pétillant 2 N (= champagne)* champagne (m), champ* (m)

Bucharest /ˌbuːkəˈrest/ N Bucarest

buck /bʌk/ 1 N ⓐ (= animal) mâle (m) ⓑ (US = dollar)* dollar (m); **to be down to one's last ~** être sur la paille*; **to make a quick ~** gagner du fric* facilement ⓒ (= responsibility)* **to pass the ~** refiler* la responsabilité aux autres; **the ~ stops here** la responsabilité finale lui (or me etc) revient

2 VI [horse] ruer ⓑ (= object to) **to ~ at sth*** regimber devant qch

3 VT **to ~ the trend/system** se rebiffer* contre la tendance/le système

4 COMP ◆ **buck-naked** (US) ADJ à poil* ◆ **buck's fizz** N mimosa (m) (cocktail à base de champagne et de jus d'orange) ◆ **buck teeth** N **to have ~ teeth** avoir les dents en avant

► **buck up** 1 VI ⓐ (= hurry up) se grouiller* ⓑ (= cheer up) se secouer 2 VT SEP ⓐ (= cheer up) remonter le moral de ⓑ **you'll have to ~ up your ideas** il va falloir que tu te secoues (*subj*) un peu

bucket /'bʌkɪt/ 1 N seau (*m*); **~ of water** seau (*m*) d'eau; **to weep ~s*** pleurer toutes les larmes de son corps ♦ **buckets of*** (= *lots*) des tonnes de* 2 VI [*rain*] **it's ~ing (down)*** il tombe des cordes 3 COMP ♦ **bucket shop** N (*for air tickets*) *organisme de vente de billets d'avion à prix réduit*

Buckingham Palace /'bʌkɪŋəm'pælɪs/ N palais (*m*) de Buckingham

buckle /'bʌkl/ 1 N boucle (*f*) 2 VT ⓐ [+ *belt, shoe*] attacher ⓑ [+ *wheel*] voiler 3 VI [*door, panel*] se déformer; [*wheel*] se voiler; [*knees*] se dérober
► **buckle down*** VI se coller au boulot*; **to ~ down to a job** s'atteler à un boulot*

Bucks ABBR = **Buckinghamshire**

buckskin /'bʌkskɪn/ N (peau (*f*) de) daim (*m*)

buckwheat /'bʌkwiːt/ N sarrasin (*m*), blé (*m*) noir

bud /bʌd/ 1 N ⓐ [*of tree, plant*] bourgeon (*m*); **to be in ~** bourgeonner ⓑ [*of flower*] bouton (*m*) ⓒ * = **buddy** 2 VI [*tree, plant*] bourgeonner

Buddha /'bʊdə/ N Bouddha (*m*)

Buddhism /'bʊdɪzəm/ N bouddhisme (*m*)

Buddhist /'bʊdɪst/ 1 N bouddhiste (*mf*) 2 ADJ [*monk, nation*] bouddhiste; [*religion, art, dogma*] bouddhique

budding /'bʌdɪŋ/ ADJ [*poet, entrepreneur*] en herbe; [*passion*] naissant

buddy* /'bʌdɪ/ N (*US*) copain (*m*); **they're great buddies** ils sont très copains

budge /bʌdʒ/ 1 VI (= *move*) bouger; (= *change one's mind*) changer d'avis 2 VT faire bouger; **you can't ~ him** (= *make him change his mind*) vous ne le ferez pas changer d'avis

budgerigar /'bʌdʒərɪgɑːʳ/ N perruche (*f*)

budget /'bʌdʒɪt/ 1 N budget (*m*); **to be on a tight ~** disposer d'un budget modeste 2 ADJ ⓐ [*deficit, surplus*] budgétaire; **~ cuts** compressions (*fpl*) budgétaires ⓑ (= *cut-price*) pour petits budgets; [*price*] modique 3 VI [*individual, family*] faire son budget; [*company, institution*] budgéter; **we hadn't ~ed for this** nous n'avions pas prévu cela dans notre budget 4 VT budgéter

---

> ❶ **BUDGET**
> Le **budget** est présenté au Parlement britannique au printemps par le chancelier de l'Échiquier qui rend publiques les prévisions du gouvernement pour l'année à venir et précise en particulier les modifications apportées à la fiscalité et au régime des prestations sociales. L'intervention du ministre est diffusée intégralement à la télévision.

---

budgie* /'bʌdʒɪ/ N perruche (*f*)

Buenos Aires /'bweɪnəs'aɪrɪz/ N Buenos Aires

buff /bʌf/ 1 N ⓐ (= *enthusiast*) mordu(e)* (*m(f)*); **a film ~** un(e) mordu(e)* de cinéma ⓑ (= *colour*) (couleur (*f*)) chamois (*m*) 2 ADJ (*also* **~-coloured**) (couleur) chamois (*inv*); **~ envelope** enveloppe (*f*) (en papier) kraft 3 VT (= *polish*) polir

buffalo /'bʌfələʊ/ N (*pl* **buffalo**) (= *wild ox*) buffle (*m*); (= *bison*) bison (*m*)

buffer /'bʌfəʳ/ 1 N tampon (*m*); (*Brit*) (*for train*) butoir (*m*); (*Computing*) mémoire (*f*) tampon 2 VT [+ *shocks*] amortir 3 COMP ♦ **buffer memory** N (*Computing*) mémoire (*f*) tampon ♦ **buffer state** N état (*m*) tampon ♦ **buffer zone** N zone (*f*) tampon

buffet¹ /'bʌfɪt/ VT **~ed by the waves** ballotté par les vagues; **~ed by the wind/the storm** secoué par le vent/la tempête; **~ed by events** secoué par les événements

buffet² /'bʊfeɪ/ N buffet (*m*) ♦ **buffet car** N (*Brit*) voiture-bar (*f*) ♦ **buffet lunch** N buffet (*m*)

buffoon /bə'fuːn/ N bouffon (*m*)

bug /bʌg/ 1 N ⓐ (= *insect*) insecte (*m*), bestiole* (*f*) ⓑ (= *germ*)* microbe (*m*); **he picked up a ~ on holiday** il a attrapé un microbe pendant ses vacances; **to be bitten by the jogging ~** attraper le virus du jogging; **the flu ~** le vi-

rus de la grippe ⓒ (*in computer program*) bogue (*m*) ⓓ (= *hidden microphone*)* micro (*m*) (caché) ⓔ (*US* = *enthusiast*) **a basketball ~*** un(e) mordu(e)* de basket 2 VT* ⓐ [+ *phone*] brancher sur table d'écoute; [+ *room*] cacher des micros dans ⓑ (= *annoy*) casser les pieds à*; **what's ~ging you?** qu'est-ce qui te tracasse?

bugbear /'bʌgbɛəʳ/ N bête (*f*) noire

bugger ⁂ /'bʌgəʳ/ N (*Brit*) salaud⁑ (*m*)

buggy /'bʌgɪ/ N (*Brit* = *pushchair*) poussette (*f*)

bugle /'bjuːgl/ N clairon (*m*)

build /bɪld/ (*vb: pret, ptp* **built**) 1 N (= *physique*) corpulence (*f*); **of medium ~** de corpulence moyenne; **of slim ~** fluet
2 VT construire; [+ *nest*] faire; [+ *empire, company*] bâtir; **the hotel was still being built** l'hôtel était encore en construction; **this car was not built for speed** cette voiture n'était pas conçue pour la vitesse; **the house was built into the hillside** la maison était à flanc de colline
3 VI construire; **to ~ on a piece of land** construire sur un terrain; **it's a good start, something to ~ on** c'est une base solide sur laquelle on peut bâtir
► **build in** VT SEP [+ *safeguards*] intégrer (**into** à)
► **build on** VT SEP [+ *room, annex*] ajouter (**to** à)
► **build up** 1 VI [*business connection*] se développer; [*tension, pressure, excitement*] monter 2 VT SEP ⓐ [+ *reputation*] bâtir; [+ *business*] monter; [+ *production, forces, tension, excitement*] augmenter ⓑ (= *make stronger*) donner des forces à ⓒ (= *make much of*) [+ *story*] faire du battage* autour de; **they built him up as some kind of star** ils en ont fait une sorte de vedette

builder /'bɪldəʳ/ N (= *worker*) ouvrier (*m*), -ière (*f*) (du bâtiment)

building /'bɪldɪŋ/ 1 N ⓐ bâtiment (*m*); (= *habitation, offices*) immeuble (*m*) ⓑ (= *activity*) construction (*f*) 2 COMP ♦ **building block** N (*fig*) composante (*f*) ♦ **building contractor** N entrepreneur (*m*) (en bâtiment) ♦ **building site** N chantier (*m*) (de construction) ♦ **building society** N (*Brit*) ≈ société (*f*) de crédit immobilier ♦ **building worker** N ouvrier (*m*), -ière (*f*) du bâtiment

build-up /'bɪldʌp/ N [*of gas*] accumulation (*f*); [*of troops*] rassemblement (*m*); [*of tension, excitement, pressure*] montée (*f*); **the ~ to Christmas** la période précédant Noël

built /bɪlt/ 1 VB *pt, ptp of* **build** 2 ADJ ⓐ **~ of brick/stone** (construit) en briques/pierres; **~ to last** fait pour durer ⓑ [*person*] **heavily ~** solidement bâti; **powerfully ~** puissamment charpenté 3 COMP ♦ **built-in** ADJ [*wardrobe*] encastré; [*flash, safety device*] intégré; **it gives them a ~-in advantage** ça leur donne un avantage dès le départ; **~-in cupboard** placard (*m*) encastré ♦ **built-up** ADJ **~-up area** agglomération (*f*)

bulb /bʌlb/ N ⓐ [*of plant*] bulbe (*m*); **~ of garlic** tête (*f*) d'ail ⓑ (= *light bulb*) ampoule (*f*)

bulbous /'bʌlbəs/ ADJ [*nose*] gros (grosse (*f*))

Bulgaria /bʌl'gɛərɪə/ N Bulgarie (*f*)

Bulgarian /bʌl'gɛərɪən/ 1 ADJ bulgare 2 N (= *person*) Bulgare (*mf*)

bulge /bʌldʒ/ 1 N ⓐ renflement (*m*); (*in cheek*) gonflement (*m*); (*in tyre*) hernie (*f*) ⓑ (= *increase*) poussée (*f*) 2 VI (*also* **~ out**) faire saillie; [*pocket, sack, cheek*] être gonflé (**with** de); **my address book is bulging with new numbers** mon carnet d'adresses est bourré de nouveaux numéros

bulging /'bʌldʒɪŋ/ ADJ [*eyes*] globuleux; [*muscles*] saillant; [*stomach*] protubérant

bulgur /'bʌlgəʳ/ N (*also* **~ wheat**) boulgour (*m*)

bulimia /bə'lɪmɪə/ N (*also* **~ nervosa**) boulimie (*f*)

bulimic /bə'lɪmɪk/ ADJ boulimique

bulk /bʌlk/ 1 N (= *great size*) [*of thing*] grosseur (*f*), grandeur (*f*); [*of person*] corpulence (*f*)
♦ **the bulk of** la plus grande partie de; **the ~ of the working community** la plus grande partie de la population active; **the ~ of the work is done** le plus gros du travail est fait

◆ **in bulk** (= *in large quantities*) en gros; (*not prepacked*) en vrac

2 COMP ◆ **bulk-buy** VI acheter en grosses quantités ◆ **bulk carrier** N transporteur *(m)* de vrac

bulkhead /'bʌlkhed/ N *(Brit)* cloison *(f)*

bulky /'bʌlkɪ/ ADJ [*object*] volumineux; [*person*] corpulent

bull /bʊl/ 1 N ⓐ taureau *(m)*; **to take the ~ by the horns** prendre le taureau par les cornes ⓑ (= *male of elephant, whale*) mâle *(m)* ⓒ (= *nonsense*): conneries: *(fpl)* 2 COMP ◆ **bull market** N marché *(m)* haussier

bulldog /'bʊldɒg/ N bouledogue *(m)*

bulldoze /'bʊldəʊz/ VT passer au bulldozer; **to ~ sb into doing sth*** forcer qn à faire qch

bulldozer /'bʊldəʊzə'/ N bulldozer *(m)*

bullet /'bʊlɪt/ N balle *(f)* (*projectile*) ◆ **bullet wound** N blessure *(f)* par balle

bulletin /'bʊlɪtɪn/ N bulletin *(m)*; **health ~** bulletin *(m)* de santé ◆ **bulletin board** N tableau *(m)* d'affichage; (*Computing*) messagerie *(f)* électronique

bulletproof /'bʊlɪtpruːf/ ADJ [*garment*] pare-balles (*inv*); [*glass*] blindé

bullfight /'bʊlfaɪt/ N corrida *(f)*

bullfighting /'bʊlfaɪtɪŋ/ N tauromachie *(f)*

bullhorn /'bʊlhɔːn/ N (*US*) porte-voix *(m inv)*

bullion /'bʊljən/ N (= *gold*) or *(m)* en barre

bullock /'bʊlək/ N bœuf *(m)*

bullpen* /'bʊlpen/ N (*US*) ⓐ (*Baseball*) (= *area*) zone *(f)* d'entraînement des lanceurs; (= *players*) lanceurs *(mpl)* à l'entraînement ⓑ (= *office*) bureau *(m)* paysager

bullring /'bʊlrɪŋ/ N arène *(f)* (*pour courses de taureaux*)

bull's-eye /'bʊlzaɪ/ N [*of target*] mille *(m)*; **to hit the ~** mettre dans le mille

bullshit: /'bʊl.ʃɪt/ N conneries: *(fpl)*

bully /'bʊlɪ/ 1 N tyran *(m)*; (*at school*) petit(e) dur(e) *(m(f))* 2 EXCL (*ironic*) ~ **for you!** t'es un chef!* 3 VT (= *persecute*) tyranniser; (= *frighten*) intimider; (*at school*) brutaliser; **to ~ sb into doing sth** contraindre qn par la menace à faire qch 4 COMP ◆ **bully boy*** N dur *(m)*

bullying /'bʊlɪɪŋ/ N brutalités *(fpl)*; (*psychological*) brimades *(fpl)*

bum* /bʌm/ 1 N ⓐ (*Brit* = *bottom*) derrière *(m)* ⓑ (*US*) (= *vagrant*) clochard *(m)*; (= *good-for-nothing*) bon à rien *(m)* 2 ADJ minable 3 VI (*also* ~ **about** *or* **around**) vadrouiller* 4 VT [+ *money, food*] taper*; **to ~ a cigarette off sb** taxer* une cigarette à qn

bumbag /'bʌmbæg/ N banane *(f)*

bumblebee /'bʌmblbiː/ N bourdon *(m)*

bumbling /'bʌmblɪŋ/ ADJ (= *inept*) empoté

bumf* /bʌmf/ N (*Brit*) paperasses *(fpl)*

bummer: /'bʌmə'/ N **you're working on Sunday? what a ~!** tu travailles dimanche? c'est chiant!:

bump /bʌmp/ 1 N ⓐ (= *blow*) coup *(m)*; (= *jolt*) secousse *(f)*; **the news brought us back to earth with a ~*** la nouvelle nous a brutalement rappelés à la réalité ⓑ (= *swelling*) bosse *(f)* ⓒ (= *minor accident*) accrochage *(m)* 2 VT [*car*] heurter; **to ~ one's head** se cogner la tête (**against** contre) 3 VI **to ~ along** cahoter
► **bump into** VT INSEP ⓐ [+ *person*] se cogner contre; [+ *vehicle*] rentrer dans* ⓑ (= *meet*)* tomber sur*
► **bump off:** VT SEP liquider*
► **bump up*** VT SEP [+ *prices, sales, profits*] faire grimper

bumper /'bʌmpə'/ 1 N [*of car*] pare-chocs *(m inv)* 2 ADJ [*crop*] exceptionnel 3 COMP ◆ **bumper car** N auto *(f)* tamponneuse

bumph* /bʌmf/ N (*Brit*) paperasses *(fpl)*

bumptious /'bʌmpʃəs/ ADJ prétentieux

bumpy /'bʌmpɪ/ ADJ [*road, ride*] cahoteux; **we had a ~ flight** nous avons été très secoués pendant le vol

bun /bʌn/ N ⓐ (= *roll*) petit pain *(m)* au lait; (= *cake*) petit gâteau *(m)* ⓑ (= *hairstyle*) chignon *(m)*

bunch /bʌntʃ/ N ⓐ [*of flowers*] bouquet *(m)*; [*of bananas*] régime *(m)*; [*of radishes, asparagus*] botte *(f)*; [*of keys*] trousseau *(m)*; **~ of flowers** bouquet *(m)* (*de fleurs*); **~ of grapes** grappe *(f)* de raisins; **to wear one's hair in ~es** (*Brit*) porter des couettes; **the pick of the ~** le dessus du panier ⓑ [*of people*]* groupe *(m)*; **the best of the ~** le meilleur de tous; **he's the best of a bad ~*** c'est le moins médiocre
► **bunch together** VI se regrouper

bundle /'bʌndl/ 1 N ⓐ [*of clothes, goods*] paquet *(m)*; [*of letters, papers*] liasse *(f)*; [*of firewood*] fagot *(m)*; **he's a ~ of nerves** c'est un paquet de nerfs; **it cost a ~*** ça a coûté beaucoup de fric* ⓑ (*Computing*) lot *(m)* 2 VT ⓐ (*also* ~ **up**) mettre en paquet ⓑ (= *put hastily*) **to ~ sb into a car** pousser qn dans une voiture 3 COMP ◆ **bundled software** N progiciel *(m)*
► **bundle off** VT SEP [+ *person*] pousser dehors; **he was ~d off to bed** on l'a expédié au lit

bung /bʌŋ/ 1 N ⓐ [*of cask*] bonde *(f)* ⓑ (= *bribe*): dessous-de-table *(m)* 2 VT (*Brit* = *throw*): balancer*
► **bung up** VT SEP [+ *pipe*] boucher; **his nose was ~ed up*** il avait le nez bouché

bungalow /'bʌŋgələʊ/ N pavillon *(m)* (*de plain-pied*)

bungee jumping /'bʌndʒiː'dʒʌmpɪŋ/ N saut *(m)* à l'élastique

bungle /'bʌŋgl/ 1 VT rater 2 N ratage *(m)*

bungling /'bʌŋglɪŋ/ ADJ [*person*] maladroit

bunion /'bʌnjən/ N (*on toe*) oignon *(m)*

bunk /bʌŋk/ 1 N ⓐ (= *bed*) couchette *(f)* ⓑ (*Brit*) **to do a ~:** mettre les bouts: 2 COMP ◆ **bunk beds** NPL lits *(mpl)* superposés
► **bunk off:** VI (*Brit*) [*pupil*] sécher les cours*; [*worker*] se tirer* du travail

bunker /'bʌŋkə'/ N ⓐ (*for coal*) coffre *(m)* ⓑ (*Golf*) bunker *(m)* ⓒ (= *refuge*) bunker *(m)*

bunny* /'bʌnɪ/ N lapin *(m)*

bunting /'bʌntɪŋ/ N (= *flags*) drapeaux *(mpl)*

buoy /bɔɪ/ N bouée *(f)*
► **buoy up** VT SEP (= *hearten*) porter; **he felt ~ed up by his recent successes** ses récents succès l'avaient regonflé*

buoyancy /'bɔɪənsɪ/ N ⓐ [*of ship, object*] flottabilité *(f)* ⓑ (= *lightheartedness*) entrain *(m)*

buoyant /'bɔɪənt/ ADJ ⓐ [*ship, object*] capable de flotter ⓑ (= *lighthearted*) plein d'entrain; [*mood*] gai ⓒ [*economy*] soutenu

BUPA /'buːpə/ N (ABBR = **British United Provident Association**) *assurance-maladie privée britannique*

burble /'bɜːbl/ VI [*person*] marmonner

burden /'bɜːdn/ 1 N fardeau *(m)*; [*of taxes*] poids *(m)*; **to be a ~ to ...** être un fardeau pour ...; **the ~ of proof rests with him** la charge de la preuve lui incombe 2 VT (= *place burden on*) charger (**with** de); (= *oppress*) accabler (**with** de); **we decided not to ~ him with the news** nous avons décidé de ne pas l'accabler avec cette nouvelle; **to be ~ed by guilt** être rongé de remords; **to be ~ed by regret** être accablé de regrets

bureau /'bjʊərəʊ/ N (*pl* **bureaux**) ⓐ (= *writing desk*) bureau *(m)* ⓑ (*US* = *chest of drawers*) commode *(f)* (*souvent à miroir*) ⓒ (= *office*) bureau *(m)* ⓓ (= *government department*) service *(m)* (gouvernemental)

ⓘ BUREAU OF INDIAN AFFAIRS

Organisme américain responsable des affaires amérindiennes. Relevant aujourd'hui du ministère de l'Intérieur, il a pour mission d'améliorer les conditions de vie des populations autochtones.
▷ www.doi.gov

---

bureaucracy /bjʊə'rɒkrəsɪ/ N bureaucratie *(f)*

bureaucrat /'bjʊərəʊkræt/ N bureaucrate *(mf)*

bureaucratic /ˌbjʊərəʊ'krætɪk/ ADJ bureaucratique

bureaux /'bjʊərəʊz/ NPL of **bureau**

burgeon /'bɜːdʒən/ VI [*industry, market, popularity*] être en plein essor

burger /'bɜːgə'/ N hamburger (m) ◆ **burger bar** N fast-food (m) (où l'on sert des hamburgers)

burglar /'bɜːglə'/ N cambrioleur (m), -euse (f) ◆ **burglar alarm** N alarme (f)

burglarize /'bɜːgləraɪz/ VT (US) cambrioler

burglary /'bɜːgları/ N cambriolage (m)

burgle /'bɜːgl/ VT cambrioler

Burgundy /'bɜːgəndı/ 1 N Bourgogne (f) 2 **burgundy** ADJ (= colour) bordeaux (inv)

burial /'berıəl/ N enterrement (m) ◆ **burial ground** N cimetière (m)

burlap /'bɜːlæp/ N toile (f) d'emballage

burlesque /bɜː'lesk/ 1 N ⓐ (genre (m)) burlesque (m); [of book, poem] parodie (f) ⓑ (US = striptease) revue (f) déshabillée 2 ADJ [poem] burlesque; [description] caricatural

burly /'bɜːlı/ ADJ baraqué*

Burma /'bɜːmə/ N Birmanie (f)

Burmese /bɜː'miːz/ ADJ birman, de Birmanie

burn /bɜːn/ (vb: pret, ptp **burned** or (Brit) **burnt**) 1 N ⓐ brûlure (f); **cigarette ~** brûlure (f) de cigarette ⓑ (Scot) ruisseau (m)

2 VT ⓐ brûler; [+ town, building] incendier; **to be ~t to death** être brûlé vif; **to ~ o.s.** se brûler; **to ~ one's finger** se brûler le doigt; **to get ~ed** (fig) se brûler les doigts; **to ~ one's boats** brûler ses vaisseaux; **to ~ the candle at both ends** brûler la chandelle par les deux bouts ⓑ [+ CD, DVD] graver

3 VI ⓐ brûler; **you left all the lights ~ing** vous avez laissé toutes les lumières allumées; **she ~s easily** elle attrape facilement des coups de soleil; **her face was ~ing** (from embarrassment) elle était cramoisie ⓑ (= be eager) brûler (**with** de); **he was ~ing to get his revenge** il brûlait (du désir) de se venger

4 COMP ◆ **burns unit** N service (m) des grands brûlés
► **burn down** 1 VI [house] être réduit en cendres 2 VT SEP [+ building] incendier
► **burn out** 1 VI [fire, candle] s'éteindre 2 VT SEP **he ~t himself out** il s'est détruit
► **burn up** VT SEP [+ calories] brûler

burner /'bɜːnə'/ N brûleur (m)

burning /'bɜːnɪŋ/ 1 ADJ ⓐ [town, forest] en flammes; [feeling] cuisant ⓑ [fever] brûlant; [interest] vif; [desire] intense; [indignation] violent; **a ~ question** une question brûlante 2 N **there is a smell of ~** ça sent le brûlé

burnished /'bɜːnıʃt/ ADJ poli

burnout /'bɜːnaʊt/ N épuisement (m)

ⓘ **BURNS NIGHT**
Fête écossaise commémorant l'anniversaire de la naissance du poète national écossais Robert Burns (1759-1796). À cette occasion, les Écossais se réunissent pour un dîner (Burns supper) qui comprend traditionnellement du haggis, apporté au son de la cornemuse. Après les toasts d'usage, l'assistance lit des poèmes et chante des chansons de Burns.
▷ www.nls.uk/burns/
▷ www.robertburns.org.uk

---

burnt /bɜːnt/ 1 VB pt, ptp of **burn** 2 ADJ brûlé; **~ taste** goût (m) de brûlé

burp* /bɜːp/ 1 VI roter* 2 N rot* (m)

burrow /'bʌrəʊ/ 1 N terrier (m) 2 VI creuser; **to ~ under a blanket** se réfugier sous une couverture

bursar /'bɜːsə'/ N intendant(e) (m(f)); (in private school, hospital) économe (mf)

bursary /'bɜːsərı/ N bourse (f) (d'études)

burst /bɜːst/ (vb: pret, ptp **burst**) 1 N [of indignation] explosion (f); [of activity] débordement (m); [of enthusiasm] accès (m); **a ~ of gunfire** une rafale de balles

2 ADJ [pipe, blood vessel] éclaté

3 VI ⓐ [pipe] éclater; [bubble, balloon] crever; [tyre] (= blow out) éclater; (= puncture) crever; **to ~ open** [door] s'ouvrir violemment; [bag] s'éventrer
ⓑ **to be ~ing (at the seams)** [room] être plein à craquer

(with de); **to be ~ing with energy** déborder d'énergie; **to be ~ing with impatience** brûler d'impatience; **I was ~ing to tell you*** je mourais d'envie de vous le dire; **to be ~ing*** [person] avoir une envie pressante
ⓒ (= move suddenly) se précipiter (**into** dans, **out of** hors de)
ⓓ (= begin suddenly) **to ~ into tears** éclater en larmes; **he suddenly ~ into song** il s'est mis tout d'un coup à chanter; **to ~ into flames** prendre soudainement feu

4 VT [+ balloon, bubble, blister] crever; [+ pipe] faire éclater; **to ~ open** [+ door] ouvrir violemment; **the river has ~ its banks** le fleuve a rompu ses digues; **to ~ a blood vessel** se rompre un vaisseau; **he almost ~ a blood vessel*** (with anger) il a failli avoir une attaque*
► **burst in** VI faire irruption dans la pièce
► **burst out** VI ⓐ (= exclaim) s'écrier ⓑ **to ~ out laughing** éclater de rire; **to ~ out crying** fondre en larmes

Burundi /bə'rʊndı/ N Burundi (m)

bury /'berı/ VT ⓐ enterrer; **to be buried alive** être enseveli vivant; **he was buried at sea** son corps a été immergé (en haute mer); **buried by an avalanche** enseveli par une avalanche; **to ~ one's head in the sand** pratiquer la politique de l'autruche; **to ~ the hatchet** or (US) **the tomahawk** enterrer la hache de guerre
ⓑ (= conceal) enfouir; **to ~ one's face in one's hands** se couvrir la figure de ses mains
ⓒ (= engross) plonger; **to ~ one's head in a book** se plonger dans un livre; **to ~ o.s. in one's studies** se plonger dans ses études
ⓓ **to ~ one's hands/a knife in sth** plonger les mains/un couteau dans qch

bus /bʌs/ 1 N (pl **buses**) ⓐ bus (m); (long-distance) car (m) ⓑ (Computing) bus (m) 2 VT **to ~ children to school** transporter des enfants à l'école en car 3 COMP [driver, service, ticket] de bus ◆ **bus lane** N (Brit) voie (f) réservée aux autobus ◆ **bus pass** N (Brit) carte (f) de bus ◆ **bus shelter** N abribus® (m) ◆ **bus station** N gare (f) d'autobus; (for coaches) gare (f) routière ◆ **bus stop** N arrêt (m) de bus

busboy /'bʌsbɔɪ/ N (US) aide-serveur (m)

busby /'bʌzbı/ N (Brit) bonnet (m) à poil (de soldat)

bush /bʊʃ/ N (= shrub) buisson (m); **the ~** (in Africa, Australia) le bush

bushed* /bʊʃt/ ADJ (= exhausted) claqué*

bushfire /'bʊʃfaɪə'/ N feu (m) de brousse

bushy /'bʊʃı/ ADJ [shrub] épais (épaisse (f)); [beard, eyebrows, hair] broussailleux

busily /'bızılı/ ADV activement; **to be ~ engaged in sth/in doing sth** être très occupé à qch/à faire qch

business /'bıznıs/ 1 N ⓐ (= commerce) affaires (fpl); **it's good for ~** ça fait marcher les affaires; **to go out of ~** cesser ses activités; **this will put us out of ~** cela nous obligera à mettre la clé sous la porte; **to do ~ with sb** faire des affaires avec qn; **to be away on ~** être en déplacement pour affaires; **what line of ~ is he in?*** qu'est-ce qu'il fait (dans la vie)?; **she's in the publishing ~** elle travaille dans l'édition; **to get down to ~** passer aux choses sérieuses; **now we're in ~!*** (= ready) maintenant nous sommes prêts!; **he means ~*** il ne plaisante pas; **"~ as usual"** « nous restons ouverts pendant les travaux »; **it's the ~!*** (= great) c'est super!*
ⓑ (= volume of trade) **our ~ has doubled in the last year** notre chiffre d'affaires a doublé par rapport à l'année dernière; **he gets a lot of ~ from the Americans** il travaille beaucoup avec les Américains; **~ is booming** les affaires sont prospères; **to lose ~** perdre des clients
ⓒ (= firm) entreprise (f); **he owns a grocery ~** il a un commerce d'alimentation; **a small ~** une petite entreprise; **a family ~** une entreprise familiale
ⓓ (= task) affaire (f); **the ~ of the day** les affaires courantes; **we're not in the ~ of misleading the public** notre propos n'est pas de tromper le public; **it's time the government got on with the ~ of dealing with inflation** il est temps que le gouvernement s'occupe sérieusement du problème de l'inflation; **to make it one's ~ to do sth** se charger de faire qch; **that's none of his ~** ce n'est pas ses

affaires; **you've no ~ to do that** ce n'est pas à vous de faire cela; **I really had no ~ being there** je n'avais rien à faire dans cet endroit; **that's my ~!** c'est mon affaire; **my private life is my own ~** ma vie privée ne regarde que moi; **mind your own ~!*** mêlez-vous de vos affaires!
ⓔ (= *undertaking*) **moving house is a costly ~** cela coûte cher de déménager
ⓕ (= *situation*) affaire (f); **a wretched ~** une affaire regrettable; **there's some funny ~ going on** il se passe quelque chose de louche
2 COMP [*lunch, meeting, trip*] d'affaires ✦ **business card** N carte (f) de visite (professionnelle) ✦ **business class** N classe (f) affaires ✦ **business district** N quartier (m) d'affaires ✦ **business hours** NPL [*of shops*] heures (fpl) d'ouverture; [*of offices*] heures (fpl) de bureau ✦ **business letter** N lettre (f) commerciale ✦ **business park** N parc (m) d'activités ✦ **business people** NPL hommes (mpl) et femmes (fpl) d'affaires ✦ **business plan** N plan (m) de développement ✦ **business sense** N **to have ~ sense** avoir le sens des affaires ✦ **business studies** N études (fpl) de commerce

businesslike /ˈbɪznɪslaɪk/ ADJ [*person, approach*] professionnel; [*firm*] sérieux

businessman /ˈbɪznɪsmæn/ N (pl **-men**) homme (m) d'affaires

businesswoman /ˈbɪznɪsˌwʊmən/ N (pl **-women**) femme (f) d'affaires

busk /bʌsk/ VI (*Brit*) jouer (or chanter) dans la rue

busker /ˈbʌskəʳ/ N (*Brit*) musicien(ne) (m(f)) des rues, chanteur (m), -euse (f) des rues

bussing /ˈbʌsɪŋ/ N ramassage (m) scolaire (*surtout aux USA comme mesure de déségrégation*)

bust /bʌst/ 1 N ⓐ (= *chest*) poitrine (f) ⓑ (= *sculpture*) buste (m) 2 ADJ ⓐ (= *broken*)* fichu*, foutu* ⓑ (= *bankrupt*)* **to go ~** faire faillite 3 VT ⓐ (= *break*)* casser ⓑ (= *arrest*)* arrêter; (= *raid*)* perquisitionner 4 COMP ✦ **bust measurement** N tour (m) de poitrine ✦ **bust-up:** N engueulade* (f); **to have a ~-up with sb** s'engueuler avec qn*

bustle /ˈbʌsl/ 1 VI **to ~ about** s'affairer; **to be bustling with people** grouiller de monde 2 N affairement (m), remue-ménage (m)

busty /ˈbʌstɪ/ ADJ **a ~ woman** une femme forte de poitrine

busy /ˈbɪzɪ/ 1 ADJ ⓐ [*person*] (= *occupied*) occupé (**doing sth** à faire qch, **with sth** à qch); (= *active*) énergique; **he's ~ cooking** il est en train de faire la cuisine; **she's always ~** (= *active*) elle n'arrête pas; (= *not free*) elle est toujours occupée; **to keep o.s. ~** trouver à s'occuper; **let's get ~*** on s'y met? ⓑ [*day*] chargé; [*time, period*] de grande activité; [*place*] plein d'animation; [*street*] passant; **the shop is at its busiest in summer** c'est en été qu'il y a le plus d'affluence dans le magasin ⓒ [*telephone line, room*] occupé
2 VT **to ~ o.s.** s'occuper (**doing sth** à faire qch, **with sth** à qch)
3 COMP ✦ **busy signal** N (*US*) tonalité (f) occupé (*inv*)

busybody /ˈbɪzɪˌbɒdɪ/ N fouineur (m), -euse (f)

but /bʌt/ 1 CONJ mais; **I would like to do it ~ I have no money** j'aimerais le faire, mais je n'ai pas d'argent; **he's not English ~ Irish** il n'est pas anglais, mais irlandais
2 ADV **Napoleon, to name ~ one, stayed here** Napoléon, pour n'en citer qu'un, a séjourné ici; **you can ~ try** (*to sb trying sth*) vous pouvez toujours essayer; (*after sth has gone wrong*) ça valait quand même la peine d'essayer
3 PREP sauf; **France won all ~ two of their matches** la France a gagné tous ses matchs sauf deux; **anything ~ that** tout mais pas ça; **they gave us nothing ~ bread to eat** ils ne nous ont donné que du pain à manger; **the last house ~ one** l'avant-dernière maison; **the next house ~ one** la deuxième maison (à partir d'ici)
✦ **but for: ~ for you I would be dead** sans vous je serais

mort; **~ for his illness, we'd have gone on holiday** s'il n'avait pas été malade, nous serions partis en vacances
4 N **no ~s about it!** il n'y a pas de mais (qui tienne)!

butane /ˈbjuːteɪn/ N butane (m); (*US: for camping*) Butagaz® (m)

butch: /bʊtʃ/ ADJ [*woman*] hommasse

butcher /ˈbʊtʃəʳ/ 1 N boucher (m); **at the ~'s** chez le boucher 2 VT [+ *animal*] abattre; [+ *people*] massacrer 3 COMP ✦ **butcher's shop** N boucherie (f)

butchery /ˈbʊtʃərɪ/ N (= *massacre*) massacre (m)

butler /ˈbʌtləʳ/ N maître (m) d'hôtel

butt /bʌt/ 1 N ⓐ (= *barrel*) (gros) tonneau (m) ⓑ (= *end*) (gros) bout (m); [*of rifle*] crosse (f); [*of cigarette*] mégot (m) ⓒ (*US = bottom*): cul** (m) ⓓ [*of jokes, criticism*] cible (f); **to be a ~ for ridicule** être un objet de risée ⓔ (*by person*) coup (m) de tête; (*by goat*) coup (m) de corne 2 VT [*goat*] donner un coup de corne à; [*person*] donner un coup de tête à
► **butt in** VI intervenir; **he keeps ~ing in** il faut toujours qu'il mette son grain de sel

butter /ˈbʌtəʳ/ 1 N beurre (m); **he looks as if ~ wouldn't melt in his mouth** on lui donnerait le bon Dieu sans confession 2 VT [+ *bread*] beurrer 3 COMP ✦ **butter bean** N (*Brit*) (gros) haricot (m) blanc ✦ **butter dish** N beurrier (m)
► **butter up*** VT SEP (*Brit*) passer de la pommade* à

butterball* /ˈbʌtəbɔːl/ N (*US = fat person*) patapouf* (m)

buttercup /ˈbʌtəkʌp/ N bouton (m) d'or

butterfingers /ˈbʌtəˌfɪŋgəz/ N maladroit(e) (m(f)); **~!** quel empoté tu fais!

butterfly /ˈbʌtəflaɪ/ N ⓐ papillon (m); **to have butterflies (in one's stomach)*** avoir le trac* ⓑ (*Swimming*) brasse (f) papillon (*inv*)

buttermilk /ˈbʌtəmɪlk/ N babeurre (m)

butt-naked /ˌbʌtˈneɪkɪd/ (*US*) ADJ, ADV à poil*

buttock /ˈbʌtək/ N fesse (f)

button /ˈbʌtn/ 1 N ⓐ bouton (m); **chocolate ~s** pastilles (fpl) de chocolat; **to be (right) on the ~*** avoir (tout à fait) raison ⓑ (*US = badge*) badge (m) 2 VT (*also ~ up*) [+ *garment*] boutonner 3 VI [*garment*] se boutonner 4 COMP ✦ **button lift** N (*Ski*) téléski (m) à perche ✦ **button mushroom** N (petit) champignon (m) de Paris

buttoned-up /ˈbʌtndˌʌp/ ADJ [*person*] coincé*

buttonhole /ˈbʌtnhəʊl/ 1 N ⓐ boutonnière (f) ⓑ (*Brit = flower*) fleur (f) (*portée à la boutonnière*); **to wear a ~** porter une fleur à sa boutonnière 2 VT [+ *person*] accrocher*

buttress /ˈbʌtrɪs/ 1 N contrefort (m); (= *defence*) rempart (m) (**against** contre) 2 VT étayer

butty* /ˈbʌtɪ/ N (*Brit*) sandwich (m)

buxom /ˈbʌksəm/ ADJ bien en chair

buy /baɪ/ (*pret, ptp* **bought**) 1 VT acheter (**sth from sb** qch à qn, **sth for sb** qch pour or à qn); **to ~ o.s. sth** s'acheter qch; **the things that money cannot ~** les choses qui ne s'achètent pas; **the victory was dearly bought** la victoire fut chèrement payée; **I'd like to ~ you lunch** j'aimerais t'inviter à déjeuner; **to ~ time** gagner du temps; **he won't ~ that*** (= *believe*) il ne gobera* jamais ça 2 N **it was a good/bad ~** c'était une bonne/mauvaise affaire; **tomatoes are a good ~ at the moment** les tomates sont bon marché en ce moment
► **buy in** VT SEP (*Brit*) [+ *goods*] s'approvisionner en
► **buy into** VT INSEP ⓐ [+ *business, organization*] acheter des parts de; [+ *industry*] investir dans ⓑ [+ *set of beliefs, ideas*]* croire
► **buy off** VT SEP [+ *person, group*] acheter (le silence de)
► **buy out** VT SEP [+ *business partner*] racheter la part de
► **buy up** VT SEP **they bought up all the stock** ils ont acheté tout le stock

buyer /ˈbaɪəʳ/ N acheteur (m), -euse (f); **house-~s** les gens (mpl) qui achètent un logement ✦ **buyer's market** N marché (m) acheteur

buzz /bʌz/ 1 N ⓐ [*of insect*] bourdonnement (m) ⓑ [*of conversation*] brouhaha (m) ⓒ (= *telephone call*)* coup (m) de fil*; **to give sb a ~** passer un coup de fil* à qn ⓓ (= *excitement*)* **driving fast gives me a ~** je prends mon pied‡ quand je conduis vite

2 VI ⓐ [*insect*] bourdonner ⓑ [*ears*] bourdonner; **my head is ~ing** j'ai des bourdonnements (dans la tête) ⓒ [*hall, town*] être (tout) bourdonnant (**with** de)

3 VT ⓐ (= *call by buzzer*) appeler (par interphone); (*US* = *telephone*)* passer un coup de fil* à ⓑ (= *fly close to*) [+ *building*] raser; [+ *other plane*] frôler

4 COMP ◆ **buzz word*** N mot (*m*) à la mode
► **buzz about*, buzz around*** VI s'affairer
► **buzz off‡** VI foutre le camp‡

buzzard /ˈbʌzəd/ N buse (*f*)

buzzer /ˈbʌzəʳ/ N sonnerie (*f*); (= *intercom*) interphone (*m*)

---

by /baɪ/

| 1 PREPOSITION | 3 COMPOUNDS |
| 2 ADVERB | |

► *When* **by** *is an element in a phrasal verb, eg* **go by, stand by,** *look up the verb. When it is part of a set combination, eg* **by degrees, surrounded by,** *look up the other word.*

1 PREPOSITION

ⓐ = **close to** à côté de, près de; **come and sit by me** viens t'asseoir à côté de moi; **her cousins are over there, and she's sitting by them** ses cousins sont là-bas et elle est assise à côté (d'eux)

► **by it** *and* **by them,** *when* **them** *refers to things, are translated by* **à côté** *alone.*

her bag was on the table and her keys right by it son sac était sur la table et ses clés juste à côté

ⓑ = **past** à côté de; **he rushed by me without seeing me** dans sa précipitation il est passé à côté de moi sans me voir

ⓒ = **via** par; **which route did you come by?** par où êtes-vous passés?; **he came in by the window** il est entré par la fenêtre

ⓓ = **not later than** pour; **I'll be back by midnight** je serai de retour pour minuit; **applications must be submitted by 21 April** les candidatures doivent nous parvenir au plus tard le 21 avril

ⓔ = **in** en; **by 1990 the figure had reached …** en 1990, ce chiffre avait atteint …; **by 2010 the figure will have reached …** en 2010, cette somme aura atteint …

ⓕ = **on** **by 30 September we had paid out £500** au 30 septembre nous avions payé 500 livres; **by yesterday it was clear that …** dès hier on savait que …

ⓖ = **according to** **by my calculations** d'après mes calculs; **by my watch it is 9 o'clock** il est 9 heures à ma montre

ⓗ = **for*** **it's fine** *or* **all right by me** ça me va; **if that's okay**

by you si ça vous va

ⓘ **margin of difference** de; **wider by a metre** plus large d'un mètre

ⓙ **dimensions** **a room three metres by four** une pièce de trois mètres sur quatre

ⓚ = **created, written by** de; **a painting by Van Gogh** un tableau de Van Gogh; **who's it by?** c'est de qui?

ⓛ **method, means, manner** à; **to do sth by hand** faire qch à la main; **to sell by the kilo** vendre au kilo; **to pay by the hour** payer à l'heure

◆ **by** + -*ing* en; **by leaving early he missed the rush** en partant de bonne heure il a évité la cohue

◆ **by** + *means of transport* en; **by bus/car/taxi** en bus/voiture/taxi; **by plane** en avion; **by rail** *or* **train** en train; **by bike** à bicyclette

◆ **by** + *agent* par; **he had been warned by his neighbour** il avait été prévenu par son voisin; **I was surprised by their reaction** j'ai été surpris de leur réaction; **he had a daughter by his first wife** il a eu une fille de sa première femme

► *When there is no clear agent, the active is more natural in French.*

he was disappointed by it ça l'a déçu

ⓜ **set structures**
◆ **by and by** bientôt
◆ **by and large** globalement; **by and large, I still think this is true** globalement, je crois toujours que c'est vrai
◆ **by the way** au fait; **by the way, did you know it was Ann's birthday?** au fait, tu savais que c'était l'anniversaire d'Ann?

2 ADVERB

= **along, past** **he'll be by any minute** il sera là dans un instant; **a train hurtled by** un train passa à toute allure

3 COMPOUNDS

◆ **by-election** N élection (*f*) (législative) partielle ◆ **by-product** N dérivé (*m*); (*fig*) conséquence (*f*) (indirecte)

bye* /baɪ/ EXCL (ABBR = **goodbye**) au revoir!; **~ for now!** à tout à l'heure!

bygone /ˈbaɪgɒn/ **1** ADJ d'autrefois; **in ~ days** autrefois **2** N **let ~s be ~s** oublions le passé

BYOB /ˌbiːwaɪəʊˈbiː/ (ABBR = **bring your own bottle** *or* **booze**) apportez à boire

bypass /ˈbaɪpɑːs/ **1** N ⓐ (= *road*) route (*f*) de contournement ⓑ (= *operation*) pontage (*m*) **2** VT [+ *town, regulations*] contourner; [+ *person*] court-circuiter **3** COMP ◆ **bypass operation** N pontage (*m*)

bystander /ˈbaɪˌstændəʳ/ N spectateur (*m*), -trice (*f*)

byte /baɪt/ N octet (*m*)

byway /ˈbaɪweɪ/ N chemin (*m*)

byword /ˈbaɪwɜːd/ N (*Brit*) **his name was a ~ for meanness** son nom était devenu synonyme d'avarice

C

C, c /siː/ 1 N ⓐ (*Music*) do (m), ut (m) ⓑ (= *mark*) assez bien (*12 sur 20*) ⓒ (*US*) ABBR = **cent** ⓓ ABBR = **century** 2 ADV (ABBR = **circa**) vers

CA ABBR = **California**

CAB /ˌsiːeɪˈbiː/ (*Brit*) (ABBR = **Citizens' Advice Bureau**) centre (m) d'information sur les droits des citoyens

cab /kæb/ 1 N ⓐ (= *taxi*) taxi (m); **by ~** en taxi ⓑ [*of lorry, train*] cabine (f) 2 COMP ◆ **cab rank, cab stand** N station (f) de taxis

cabaret /ˈkæbəreɪ/ N cabaret (m); (= *floor show*) spectacle (m) (de cabaret)

cabbage /ˈkæbɪdʒ/ N chou (m)

cabbie*, cabby* /ˈkæbɪ/, **cabdriver** /ˈkæbˌdraɪvə/ N chauffeur (m) de taxi

cabin /ˈkæbɪn/ N (= *hut*) cabane (f); [*of boat*] cabine (f) ◆ **cabin crew** N équipage (m)

cabinet /ˈkæbɪnɪt/ 1 N ⓐ (= *furniture*) meuble (m) (de rangement); (*glass-fronted*) vitrine (f) ⓑ (*Brit* = *government*) gouvernement (m); **a ~ post** un poste ministériel ⓒ (*US* = *advisers*) organe qui conseille le Président 2 COMP ◆ **Cabinet meeting** N (*Brit*) Conseil (m) des ministres ◆ **Cabinet minister** N ministre (mf)

ⓘ CABINET

*Au Royaume-Uni, le **Cabinet** désigne l'équipe gouvernementale, composée d'une vingtaine de ministres choisis par le Premier ministre.*

*Aux États-Unis en revanche, le **Cabinet** est un organe purement consultatif, qui conseille le Président.*

▷ www.cabinetoffice.gov.uk
▷ www.whitehouse.gov/government/cabinet.html

---

cabinetmaker /ˈkæbɪnɪtˌmeɪkə/ N ébéniste (mf)

cable /ˈkeɪbl/ 1 N câble (m) 2 VT [+ *city, homes*] câbler; **to ~ sb** câbler à qn 3 COMP ◆ **cable car** N (*suspended*) téléphérique (m); (*on rail*) funiculaire (m) ◆ **cable-knit** ADJ [*sweater*] à torsades ◆ **cable railway** N funiculaire (m) ◆ **cable television** N télévision (f) par câble

cache /kæʃ/ 1 N ⓐ **a ~ of weapons** une cache d'armes ⓑ (*Computing*) mémoire (f) tampon 2 COMP ◆ **cache memory** N mémoire (f) tampon

cackle /ˈkækl/ 1 N [*of hen*] caquet (m); (= *laugh*) gloussement (m) 2 VI [*hens*] caqueter; (= *laugh*) glousser

cactus /ˈkæktəs/ N (*pl* **cacti** /ˈkæktaɪ/) cactus (m)

CAD /kæd/ N (ABBR = **computer-aided design**) CAO (f)

CADCAM /ˈkædˌkæm/ N (ABBR = **computer-aided design and manufacture**) CFAO (f)

caddie /ˈkædɪ/ N (*Golf*) caddie (m)

caddy /ˈkædɪ/ N ⓐ (*for tea*) boîte (f) à thé ⓑ (*US* = *shopping trolley*) caddie® (m) ⓒ (*Golf*) caddie (m)

cadence /ˈkeɪdəns/ N (= *intonation*) modulation (f) (de la voix); (*Music*) cadence (f)

cadet /kəˈdet/ N élève (m) officier (*d'une école militaire ou navale*); (*Police*) élève (mf) agent de police ◆ **cadet school** N école (f) militaire

cadge* /kædʒ/ VT (*Brit*) **to ~ £10 from** or **off sb** taper* qn de 10 livres; **to ~ a lift from** or **off sb** se faire emmener en voiture par qn

CAE /ˌsiːeɪˈiː/ N (ABBR = **computer-aided engineering**) IAO (f)

Caesar /ˈsiːzə/ N César (m); **Julius ~** Jules César (m)

Caesarean, Caesarian /siːˈzɛərɪən/ ADJ **~ section** césarienne (f)

café /ˈkæfeɪ/ N (*Brit*) snack(-bar) (m) ◆ **café bar** N café (m)

cafeteria /ˌkæfɪˈtɪərɪə/ N cafétéria (f); (*US: in school*) cantine (f); (*US Univ*) restaurant (m) universitaire

cafetière /ˌkæfəˈtjɛə/ N cafetière (f) à piston

caffein(e) /ˈkæfiːn/ N caféine (f)

cage /keɪdʒ/ 1 N cage (f); [*of elevator*] cabine (f) 2 VT mettre en cage; **~d animals** animaux (mpl) en cage

cagey* /ˈkeɪdʒɪ/ ADJ (= *discreet*) cachottier; **to be ~ about revealing sth** être réticent à révéler qch

cagoule /kəˈguːl/ N coupe-vent (m) (*pl inv*)

cahoots* /kəˈhuːts/ N **to be in ~** être de mèche*

CAI /ˌsiːeɪˈaɪ/ N (ABBR = **computer-aided instruction**) EAO (m)

Cairo /ˈkaɪərəʊ/ N Le Caire (m); **in ~** au Caire

cajole /kəˈdʒəʊl/ VT cajoler; **to ~ sb into doing sth** amener qn à faire qch à force de cajoleries

Cajun /ˈkeɪdʒən/ (*US*) 1 ADJ cajun 2 N Cajun (mf)

cake /keɪk/ 1 N ⓐ gâteau (m); (= *fruit cake*) cake (m); **it's a piece of ~*** c'est du gâteau*; **they want a slice of the ~** ils veulent leur part du gâteau ⓑ **~ of soap** savon (m) 2 COMP ◆ **cake mix** N préparation (f) pour gâteaux ◆ **cake shop** N pâtisserie (f) ◆ **cake tin** N (*for storing*) boîte (f) à gâteaux; (*Brit: for baking*) moule (m) à gâteaux

caked /keɪkt/ ADJ [*blood*] coagulé; [*mud*] séché; **his clothes were ~ with** or **in mud** ses vêtements étaient maculés de boue

CAL /ˌsiːeɪˈel/ N (ABBR = **computer-aided learning**) EAO (m)

Cal. ABBR = **California**

calamine lotion /ˌkæləmaɪnˈləʊʃən/ N lotion (f) calmante à la calamine

calamitous /kəˈlæmɪtəs/ ADJ [*event, decision*] désastreux

calamity /kəˈlæmɪtɪ/ N calamité (f)

calcium /ˈkælsɪəm/ N calcium (m)

calculate /ˈkælkjʊleɪt/ 1 VT ⓐ [+ *speed, weight, distance*] calculer; **to ~ the cost of sth** calculer le prix de qch ⓑ [+ *probability, consequence, risk*] évaluer ⓒ (*US* = *suppose*) supposer ⓓ **it is ~d to do ...** (= *intended*) c'est destiné à faire ...; **this was not ~d to reassure me** (= *didn't have the effect of*) cela n'était pas fait pour me rassurer 2 VI calculer; **to ~ on doing sth** avoir l'intention de faire qch

calculated /ˈkælkjʊleɪtɪd/ ADJ [*action, attempt*] délibéré; [*risk*] calculé

calculating /ˈkælkjʊleɪtɪŋ/ ADJ (= *scheming*) calculateur (-trice) (f)

calculation /ˌkælkjʊˈleɪʃən/ N calcul (m); **to make a ~** faire un calcul

calculator /'kælkjʊleɪtə'/ N calculatrice (f), calculette (f)

calculus /'kælkjʊləs/ N calcul (m)

calendar /'kæləndə'/ 1 N calendrier (m) 2 ADJ [month, year] calendaire

calf /kɑːf/ N (pl **calves**) ⓐ (= animal) veau (m) ⓑ (= leather) vachette (f) ⓒ [of leg] mollet (m)

caliber /'kælɪbə'/ N (US) calibre (m)

calibrate /'kælɪbreɪt/ VT [+ instrument, tool] étalonner ; [+ level, amount] calibrer

calibre /'kælɪbə'/ N calibre (m)

calico /'kælɪkəʊ/ N calicot (m)

Calif. ABBR = **California**

California /,kælɪ'fɔːnɪə/ N Californie (f)

Californian /,kælɪ'fɔːnɪən/ 1 ADJ californien 2 N Californien(ne) (m(f))

calipers /'kælɪpəz/ NPL (US) = **callipers**

calisthenics /,kælɪs'θenɪks/ N gymnastique (f) suédoise

call /kɔːl/ 1 N ⓐ (= shout) appel (m) ; **a ~ for help** un appel au secours
ⓑ [of bird] cri (m)
ⓒ (= phone call) coup (m) de téléphone ; **to make a ~** passer un coup de téléphone ; **there's a ~ for you** on te demande au téléphone ; **I want to pay for the three ~s I made** je voudrais régler mes trois communications ; **I'd like a ~ at 7am** j'aimerais qu'on me réveille à 7 heures
ⓓ (= summons, invitation) appel (m) ; (= vocation) vocation (f) ; **to be on ~** [doctor] être de garde
ⓔ (= short visit) visite (f) ; **to pay sb a ~** rendre visite à qn ; **I made several ~s** [doctor] j'ai fait plusieurs visites
ⓕ (= demand) **there have been ~s for new security measures** on a demandé de nouvelles mesures de sécurité
ⓖ (= need) **there is no ~ for you to worry** il n'y a pas lieu de vous inquiéter
ⓗ **it's your/their** etc **~** (fig) c'est à toi/eux etc de décider
2 VT ⓐ [+ person, sb's name] appeler ; **to ~ sb in/out/up** crier à qn d'entrer/de sortir/de monter ; **"hello!" he ~ed** « bonjour ! » cria-t-il ; **let's ~ it a day!** ça suffira pour aujourd'hui ! ; **we ~ed it a day*** at 3 o'clock à 3 heures, on a décidé d'arrêter
ⓑ (= give name to) appeler ; **to be ~ed** s'appeler ; **what are you ~ed?** comment vous appelez-vous ? ; **he ~s himself a colonel** il se prétend colonel ; **he ~ed her a liar** il l'a traitée de menteuse ; **I wouldn't ~ it an ideal solution** je ne dirais pas que c'est une solution idéale ; **shall we ~ it $10?** (agreeing on price) disons 10 dollars ? ; **what I ~ education is ...** pour moi, l'éducation c'est ...
ⓒ (= summon) appeler ; (= waken) réveiller ; **to ~ a doctor** appeler un médecin ; **~ me at eight** réveillez-moi à huit heures ; **to ~ the police/an ambulance** appeler la police/une ambulance ; **to ~ a meeting** convoquer une assemblée
ⓓ (= telephone) appeler
3 VI ⓐ [person] appeler ; [bird] pousser un cri ; **to ~ (out) to sb** appeler qn
ⓑ (= visit : also **~ in**) passer ; **she ~ed (in) to see her mother** elle est passée voir sa mère
ⓒ (= telephone) appeler ; **who's ~ing?** c'est de la part de qui ? ; **to ~ in sick** téléphoner pour dire qu'on est malade
4 COMP ◆ **call centre** N centre (m) d'appels ◆ **call girl** N call-girl (f) ◆ **call-out charge**, **call-out fee** N frais (mpl) de déplacement ◆ **call sign**, **call signal** N indicatif (m) (d'appel) ◆ **call-up** N (= military service) appel (m) (sous les drapeaux) ; **general ~-up** (in wartime) mobilisation (f) générale ◆ **call-up papers** NPL papiers (mpl) militaires ◆ **call waiting** N (Telec) signal (m) d'appel

► **call away** VT SEP **to be ~ed away on business** être obligé de s'absenter pour affaires

► **call back** (on phone) 1 VI rappeler 2 VT SEP rappeler

► **call for** VT INSEP ⓐ (= summon) appeler ⓑ (= require) [+ actions, measures, courage] exiger ; **the situation ~s for a new approach** la situation exige une nouvelle approche ; **strict measures are ~ed for** des mesures strictes s'imposent ; **to ~ for sb's resignation** réclamer la démission de qn
ⓒ (= collect) **I'll ~ for you at 6 o'clock** je passerai vous

prendre à 6 heures

► **call in** VT SEP ⓐ [+ doctor, police] appeler ; **he was ~ed in to lead the inquiry** on a fait appel à lui pour mener l'enquête ⓑ [+ faulty product] rappeler

► **call off** VT SEP [+ appointment, trip, wedding] annuler ; [+ match] (= cancel) annuler ; (= cut short) interrompre ; **to ~ off a strike** (before it starts) annuler une grève ; (after it starts) mettre fin à une grève

► **call on** VT INSEP ⓐ (= visit) [+ person] rendre visite à ⓑ **to ~ on sb to do** (= invite) prier qn de faire ; (= order) mettre qn en demeure de faire

► **call out** 1 VI pousser un cri (or des cris) ; **he ~ed out to me** il m'a appelé 2 VT SEP [+ doctor] appeler ; [+ troops, fire brigade, police] faire appel à ; **to ~ workers out (on strike)** lancer un ordre de grève

► **call round** VI **to ~ round to see sb** passer voir qn

► **call up** VT SEP ⓐ [+ troops] mobiliser ; [+ reservists] rappeler ⓑ (= phone) téléphoner à

► **call upon** VT INSEP **to ~ upon sb to do** (= invite) prier qn de faire ; (= order) mettre qn en demeure de faire

callbox /'kɔːlbɒks/ N (Brit) cabine (f) téléphonique

caller /'kɔːlə'/ N (= visitor) visiteur (m), -euse (f) ; (= person phoning) personne (f) qui appelle ◆ **caller display** N affichage (m) du numéro

calligraphy /kə'lɪgrəfɪ/ N calligraphie (f)

calling /'kɔːlɪŋ/ N (= occupation) métier (m) ; (= vocation) vocation (f) ◆ **calling card** N carte (f) de visite

callipers /'kælɪpəz/ NPL (Brit) ⓐ (Math) compas (m) ⓑ (= leg-irons) appareil (m) orthopédique

callisthenics /,kælɪs'θenɪks/ N gymnastique (f) suédoise

callous /'kæləs/ ADJ dur

calloused /'kæləsd/ ADJ calleux

callously /'kæləslɪ/ ADV [treat, behave] avec dureté ; [suggest] cyniquement

callousness /'kæləsnɪs/ N [of person, behaviour] dureté (f) ; [of crime] inhumanité (f)

callow /'kæləʊ/ ADJ inexpérimenté ; **a ~ youth** un blanc-bec*

calm /kɑːm/ 1 ADJ calme ; **the weather is ~** le temps est calme ; **the sea was dead ~** c'était une mer d'huile ; **to keep** or **remain ~** garder son calme ; **keep ~!** du calme ! 2 N ⓐ (= calm period) période (f) de calme ; **the ~ before the storm** le calme qui précède la tempête ⓑ (= calmness) calme (m) 3 VT calmer

► **calm down** 1 VI se calmer ; **~ down!** du calme !, calmez-vous ! 2 VT SEP [+ person] calmer

calmly /'kɑːmlɪ/ ADV calmement

calmness /'kɑːmnɪs/ N calme (m) ; [of person] (under stress) sang-froid (m)

Calor gas ® /'kæləgæs/ N (Brit) butane (m)

calorie /'kælərɪ/ N calorie (f)

calorific /,kælə'rɪfɪk/ ADJ calorifique

calve /kɑːv/ VI vêler

calves /kɑːvz/ NPL of **calf**

Calvinist /'kælvɪnɪst/ ADJ, N calviniste (mf)

CAM /kæm/ N (ABBR = **computer-aided manufacture**) FAO (f)

Cambodia /kæm'bəʊdɪə/ N Cambodge (m)

Cambodian /kæm'bəʊdɪən/ 1 ADJ cambodgien 2 N ⓐ Cambodgien(ne) (m(f)) ⓑ (= language) khmer (m)

Cambs ABBR = **Cambridgeshire**

camcorder /'kæm,kɔːdə'/ N caméscope (m)

came /keɪm/ VB pt of **come**

camel /'kæməl/ 1 N chameau (m) ; (female) chamelle (f) 2 COMP [coat] (de couleur) fauve (inv) ◆ **camel hair**, **camel's hair** ADJ [brush, coat] en poil de chameau

camellia /kə'miːlɪə/ N camélia (m)

cameo /'kæmɪəʊ/ N camée (m) ◆ **cameo appearance** N brève apparition (f) (d'une grande vedette)

camera /'kæmərə/ N appareil-photo (m) ; (= movie camera) caméra *(f)*; **on ~** filmé ♦ **camera crew** N équipe *(f)* de prise de vues ♦ **camera phone** N mobile *(m)* avec appareil photo

⚠ **caméra** *is not the most common translation for* **camera**.

cameraman /'kæmərəmən/ N *(pl* **-men***)* caméraman *(m)* (caméramans *(pl)*)

Cameroon /ˌkæmə'ruːn/ N Cameroun *(m)*

camisole /'kæmɪsəʊl/ N caraco *(m)*

camomile /'kæməmaɪl/ N camomille *(f)* ♦ **camomile tea** N (infusion *(f)* de) camomille *(f)*

camouflage /'kæməflɑːʒ/ 1 N camouflage *(m)* 2 VT camoufler

camp /kæmp/ 1 N camp *(m)*; **in the same ~** *(ideologically)* dans le même camp; **to set up ~** s'installer 2 ADJ* ⓐ *(= affected)* [*person, behaviour*] affecté ⓑ *(= effeminate)* efféminé 3 VI camper; **to go ~ing** partir camper 4 COMP ♦ **camp counsellor** N *(US)* animateur *(m)*, -trice *(f)* *(de camp de vacances)* ♦ **camp site** N camping *(m)*

campaign /kæm'peɪn/ 1 N campagne *(f)*; **to run a ~ for/against** faire campagne pour/contre 2 VI faire campagne

campaigner /kæm'peɪnə'/ N **a human rights/environmental ~** un(e) militant(e) des droits de l'homme/de la protection de l'environnement

campbed /kæmp'bed/ N *(Brit)* lit *(m)* de camp

camper /'kæmpə'/ N *(= person)* campeur *(m)*, -euse *(f)*; *(= van)* camping-car *(m)*; *(US)* caravane *(f)* pliante ♦ **camper van** N camping-car *(m)*

camping /'kæmpɪŋ/ N camping *(m)* *(activité)* ♦ **Camping gas** N *(Brit = gas)* butane *(m)*; *(US = stove)* camping-gaz® *(m inv)* ♦ **camping ground**, **camping site** N camping *(m)*

campus /'kæmpəs/ N *(pl* **campuses***)* campus *(m)*

can¹ /kæn/

▶ *vb: neg* **cannot** *or* **can't**

MODAL VERB ⓐ

▶ **can** *is often translated by the appropriate form of* **pouvoir**.

~ you come tomorrow? pouvez-vous venir demain?; **~ I help you?** est-ce que je peux vous aider?; **where ~ he be?** où peut-il bien être?; **he will do what he ~** il fera ce qu'il pourra

ⓑ *(indicating possibility)* **their behaviour ~ seem strange** leur comportement peut sembler bizarre; **~ he have done it already?** est-il possible qu'il l'ait déjà fait?

ⓒ *(indicating impossibility)* **it can't have been him** ça ne peut pas être lui; **he can't be dead!** ce n'est pas possible, il n'est pas mort!; **you can't be serious!** vous ne parlez pas sérieusement!; **she can't be very clever if she failed this exam** elle ne doit pas être très intelligente si elle a échoué à cet examen

ⓓ *(= know how to)* savoir; **he ~ read and write** il sait lire et écrire; **she ~'t swim** elle ne sait pas nager

ⓔ

▶ **can** *used with a verb of perception is not usually translated.*

I ~ see you je vous vois; **I ~'t hear you** je ne t'entends pas

can² /kæn/ 1 N ⓐ *(for oil, petrol)* bidon *(m)* ⓑ *[of food]* boîte *(f)* *(de conserve)*; **a ~ of beer** une canette de bière 2 VT *[+ food]* mettre en conserve; **~ned fruit** fruits *(mpl)* en conserve; **~ned food** conserves *(fpl)*; **~ned music*** musique *(f)* enregistrée 3 COMP ♦ **can opener** N ouvre-boîtes *(m inv)*

Canada /'kænədə/ N Canada *(m)*

Canadian /kə'neɪdɪən/ 1 ADJ canadien; *[ambassador, embassy]* du Canada 2 N Canadien(ne) *(m(f))* 3 COMP ♦ **Canadian French** N *(= language)* français *(m)* du Canada

canal /kə'næl/ N canal *(m)*

Canaries /kə'neərɪz/ NPL (îles *(fpl)*) Canaries *(fpl)*

canary /kə'neərɪ/ N *(= bird)* canari *(m)* ♦ **the Canary Islands**, **the Canary Isles** NPL les Canaries *(fpl)*

cancel /'kænsəl/ 1 VT *[+ booking, order, arrangement, agreement, flight]* annuler; *[+ contract]* résilier; *[+ cheque]* faire

opposition à 2 VI se décommander

▶ **cancel out** VT SEP **they ~ each other out** ils se neutralisent

cancellation /ˌkænsə'leɪʃən/ N *[of event, train, reservation, agreement]* annulation *(f)*; *[of contract]* résiliation *(f)*; **~ fee** frais *(mpl)* d'annulation

cancer /'kænsə'/ 1 N ⓐ cancer *(m)*; **she has ~** elle a un cancer; **lung/breast ~** cancer *(m)* du poumon/du sein ⓑ **Cancer** *(= sign of zodiac)* Cancer *(m)*; **I'm Cancer** je suis Cancer 2 COMP ♦ **cancer patient** N cancéreux *(m)*, -euse *(f)* ♦ **cancer research** N cancérologie *(f)*; *(in appeals, funds, charities)* recherche *(f)* sur le cancer ♦ **cancer specialist** N cancérologue *(mf)*

cancerous /'kænsərəs/ ADJ cancéreux

candid /'kændɪd/ ADJ *[person, criticism]* franc (franche *(f)*); *[report]* qui ne cache rien; **he gave me his ~ opinion of it** il m'a dit franchement ce qu'il en pensait

candidacy /'kændɪdəsɪ/ N candidature *(f)*

candidate /'kændɪdeɪt/ N candidat(e) *(m(f))*; **to stand as/be a ~** se porter/être candidat; **they are ~s for relegation** ils risquent la relégation; **exam ~s** candidats *(mpl)* aux examens

candidature /'kændɪdətʃə'/ N *(Brit)* candidature *(f)*

candidly /'kændɪdlɪ/ ADV avec franchise

candied /'kændɪd/ ADJ confit ♦ **candied peel** N écorce *(f)* d'orange *(or* de citron*)* confite

candle /'kændl/ N bougie *(f)*; *(tall, decorative)* chandelle *(f)*; *(in church)* cierge *(m)*

candlelight /'kændllaɪt/ N **by ~** à la lueur d'une bougie

candlelit /'kændllɪt/ ADJ *[room]* éclairé à la bougie ♦ **candlelit dinner** N dîner *(m)* aux chandelles

candlestick /'kændlstɪk/ N bougeoir *(m)*; *(tall)* chandelier *(m)*

candour, candor *(US)* /'kændə'/ N franchise *(f)*

candy /'kændɪ/ N *(US)* bonbon(s) *(m(pl))* ♦ **candy bar** N *(US)* confiserie *(f)* en barre ♦ **candy-floss** N *(Brit)* barbe *(f)* à papa

cane /keɪn/ 1 N canne *(f)*; *(for plants)* tuteur *(m)*; **the schoolboy got the ~** l'écolier a été fouetté 2 VT *[+ schoolchild]* fouetter 3 COMP *[chair, furniture]* en rotin ♦ **cane sugar** N sucre *(m)* de canne

canine /'kænaɪn/ ADJ canin; **~ (tooth)** canine *(f)*

canister /'kænɪstə'/ N boîte *(f)*

cannabis /'kænəbɪs/ N ⓐ *(= plant)* chanvre *(m)* indien ⓑ *(= drug)* cannabis *(m)*

cannibal /'kænɪbəl/ ADJ, N cannibale *(mf)*

cannibalism /'kænɪbəlɪzəm/ N cannibalisme *(m)*

cannibalize /'kænɪbəlaɪz/ VT *[+ machine, car]* démonter pour en réutiliser les pièces

cannily /'kænɪlɪ/ ADV astucieusement

canning factory /'kænɪŋˌfæktərɪ/ N conserverie *(f)*

cannon /'kænən/ N canon *(m)* ♦ **cannon fodder** N chair *(f)* à canon

cannonball /'kænənbɔːl/ N boulet *(m)* de canon

cannot /'kænɒt/ → **can**

canny /'kænɪ/ ADJ *(= shrewd)* malin (-igne *(f)*)

canoe /kə'nuː/ 1 N canoë *(m)*; *(= dug-out)* pirogue *(f)*; *(Sport)* kayak *(m)* 2 VI *(Sport)* faire du canoë-kayak; *(in dug-out)* aller en pirogue

canoeing /kə'nuːɪŋ/ N *(Sport)* canoë-kayak *(m)*

canon /'kænən/ N *[of cathedral]* chanoine *(m)* ♦ **canon law** N droit *(m)* canon

canonize /'kænənaɪz/ VT canoniser

canopy /'kænəpɪ/ N *[of bed]* baldaquin *(m)*; *[of tent]* marquise *(f)*

cant /kænt/ N *(= insincere talk)* paroles *(fpl)* hypocrites

can't /kɑːnt/ *(ABBR = cannot)* → **can**

cantankerous /kæn'tæŋkərəs/ ADJ irascible

canteen /kæn'tiːn/ N ⓐ *(= restaurant)* cantine *(f)* ⓑ **a ~ of cutlery** une ménagère

canter /ˈkæntəʳ/ 1 N petit galop (m) 2 VI aller au petit galop

Canterbury /ˈkæntəbərɪ/ N Cantorbéry

cantilever /ˈkæntɪliːvəʳ/ N cantilever (m) ◆ **cantilever bridge** N pont (m) cantilever

Cantonese /ˌkæntəˈniːz/ 1 ADJ cantonais 2 N (pl inv = person) Cantonais(e) (m(f))

Canuck • /kəˈnʌk/ N (often pej) Canadien(ne) français(e) (m(f))

Canute /kəˈnjuːt/ N Canut (m)

canvas /kæn/ 1 N ⓐ (= material) toile (f); **under ~** (= in a tent) sous la tente ⓑ (= painting) toile (f) 2 COMP en or de toile ◆ **canvas shoes** NPL chaussures (fpl) en toile

canvass /ˈkænvəs/ 1 VI [candidate] faire campagne 2 VT ⓐ [+ district] faire du démarchage électoral dans; [+ person] solliciter le suffrage de; (US = scrutinize votes) pointer ⓑ (= seek opinion of) [+ person] sonder; **to ~ opinions (on sth)** faire un sondage d'opinion (sur qch)

canvasser, canvaser (US) /ˈkænvəsəʳ/ N agent (m) électoral; (US: checking votes) scrutateur (m), -trice (f)

canvassing /ˈkænvəsɪŋ/ N démarchage (m) électoral; (US = inspection of votes) vérification (f) des votes

canyon /ˈkænjən/ N canyon (m)

canyoning /ˈkænjənɪŋ/ N canyoning (m)

CAP /ˌsiːeɪˈpiː/ N (ABBR = Common Agricultural Policy) PAC (f)

cap /kæp/ 1 N ⓐ (= headgear) casquette (f)
ⓑ (Brit Sport) **he won his first England ~ last year** il a été sélectionné pour la première fois dans l'équipe d'Angleterre l'année dernière; **Davis has won 50 ~s for Wales** Davis compte 50 sélections dans l'équipe du pays de Galles
ⓒ [of bottle] capsule (f); [of pen] capuchon (m); [of tooth] couronne (f); [of radiator] bouchon (m); (= contraceptive) diaphragme (m)
ⓓ (for toy gun) amorce (f)
2 VT ⓐ [+ tooth] couronner
ⓑ (Brit Sport) **he was ~ped four times for England** il a joué quatre fois dans l'équipe d'Angleterre
ⓒ (= surpass) surpasser; **to ~ it all** pour couronner le tout
ⓓ [+ spending, taxes] plafonner

capability /ˌkeɪpəˈbɪlɪtɪ/ N aptitude (f) (**to do sth, of doing sth** à faire qch), capacité (f) (**to do sth, for doing sth** de faire qch); **it's beyond my capabilities** c'est au-dessus de mes capacités

capable /ˈkeɪpəbl/ ADJ capable (**of** de); **he was ~ of murder** il était capable de commettre un meurtre; **sports cars ~ of 150mph** des voitures de sport pouvant atteindre les 240 km/h

capably /ˈkeɪpəblɪ/ ADV avec compétence

capacious /kəˈpeɪʃəs/ ADJ [container] vaste

capacity /kəˈpæsɪtɪ/ 1 N ⓐ [of container] contenance (f); [of hall, hotel] capacité (f); **filled to ~** [hall, bus] bondé
ⓑ (= production potential) capacité (f) de production; (= output, production) rendement (m); **to work at full ~** [factory] fonctionner à plein rendement
ⓒ (= mental ability: also **capacities**) aptitude (f); **her mental capacities** ses capacités intellectuelles; **~ to do** or **for doing sth** aptitude (f) à faire qch
ⓓ (= position) qualité (f), titre (m); **in his official ~** à titre officiel; **in an advisory ~** à titre consultatif
2 COMP ◆ **capacity audience** N **they were hoping for a ~ audience** ils espéraient faire salle comble ◆ **capacity crowd** N **there was a ~ crowd** il n'y avait plus une place de libre

cape /keɪp/ 1 N ⓐ (= garment) cape (f) ⓑ (= headland) cap (m) 2 COMP ◆ **Cape Canaveral** N Cap Canaveral ◆ **the Cape of Good Hope** N le cap de Bonne-Espérance ◆ **Cape Town** N Le Cap (m); **in Cape Town** au Cap

caper /ˈkeɪpəʳ/ 1 N ⓐ (to eat) câpre (f) 2 NPL **capers** (= pranks) farces (fpl)
► **caper about** VI gambader (de joie)

capful /ˈkæpfʊl/ N (= measure of liquid) bouchon (m); **one ~ to four litres of water** un bouchon (plein) pour quatre litres d'eau

capillary /kəˈpɪlərɪ/ ADJ, N capillaire (m)

capital /ˈkæpɪtl/ 1 ADJ ⓐ capital; **of ~ importance** d'une importance capitale
ⓑ **~ letter** majuscule (f); **~ A** A majuscule; **Art with a ~ A** l'Art avec un grand A
2 N ⓐ (= money) capital (m); **~ and labour** le capital et la main-d'œuvre; **to make ~ out of sth** exploiter qch
ⓑ (= city) capitale (f)
ⓒ (= letter) majuscule (f)
3 COMP ◆ **capital city** N capitale (f) ◆ **capital equipment** N biens (mpl) d'équipement ◆ **capital expenditure** N dépenses (fpl) d'investissement ◆ **capital gains tax** N impôt (m) sur les plus-values ◆ **capital goods** NPL biens (mpl) d'équipement ◆ **capital offence** N crime (m) capital ◆ **capital punishment** N peine (f) capitale ◆ **capital reserves** NPL réserves (fpl) et provisions (fpl)

capitalism /ˈkæpɪtəlɪzəm/ N capitalisme (m)

capitalist /ˈkæpɪtəlɪst/ ADJ, N capitaliste (mf)

capitalize /kəˈpɪtəlaɪz/ VI **to ~ on** [+ circumstances, information, talents] tirer parti de; (financially) monnayer

Capitol /ˈkæpɪtl/ N Capitole (m)

capitulate /kəˈpɪtjʊleɪt/ VI capituler

capitulation /kəˌpɪtjʊˈleɪʃən/ N capitulation (f)

capon /ˈkeɪpən/ N chapon (m)

cappuccino /ˌkæpʊˈtʃiːnəʊ/ N cappuccino (m)

capricious /kəˈprɪʃəs/ ADJ capricieux

Capricorn /ˈkæprɪkɔːn/ N Capricorne (m); **I'm ~** je suis Capricorne

capsize /kæpˈsaɪz/ 1 VI chavirer 2 VT faire chavirer

capstan /ˈkæpstən/ N cabestan (m)

capsule /ˈkæpsjuːl/ N capsule (f)

Capt. ABBR = **Captain**

captain /ˈkæptɪn/ 1 N capitaine (m); (US Police) ≈ commissaire (m) (de quartier); **~ of industry** capitaine (m) d'industrie 2 VT [+ team] être le capitaine de; [+ troops] commander

caption /ˈkæpʃən/ N légende (f)

captivate /ˈkæptɪveɪt/ VT fasciner

captive /ˈkæptɪv/ 1 N captif (m), -ive (f); **to take sb ~** faire qn prisonnier; **to hold sb ~** tenir qn captif 2 ADJ [person] prisonnier; [animal] captif; **a ~ audience** un public captif 3 COMP ◆ **captive market** N marché (m) captif

captivity /kæpˈtɪvɪtɪ/ N captivité (f); **in ~** en captivité

captor /ˈkæptəʳ/ N (unlawful) ravisseur (m)

capture /ˈkæptʃəʳ/ 1 VT [+ animal, soldier] capturer; [+ escapee] reprendre; [+ city] prendre; [+ attention] capter; [+ interest] gagner; **they have ~d a large part of that market** ils ont conquis une large part de ce marché; **to ~ sth on film** filmer qch 2 N capture (f)

car /kaːʳ/ 1 N ⓐ voiture (f)
ⓑ (US = part of train) wagon (m), voiture (f)
2 COMP [wheel, door, seat, tyre] de voiture ◆ **car alarm** N alarme (f) auto ◆ **car allowance** N indemnité (f) de déplacement (en voiture) ◆ **car bomb** N voiture (f) piégée ◆ **car bombing** N attentat (m) à la voiture piégée ◆ **car-boot sale** N (Brit) brocante (f) ◆ **car chase** N course-poursuite (f) ◆ **car-fare** N (US) **I don't have ~-fare** je n'ai pas de quoi payer mon ticket de bus ◆ **car-ferry** N (on sea) ferry(-boat) (m); (on river) bac (m) ◆ **car hire** N location (f) de voitures; **~ hire company** société (f) de location de voitures ◆ **car journey** N voyage (m) en voiture; (shorter) trajet (m) en voiture ◆ **car keys** NPL clés (fpl) de voiture ◆ **car licence** N vignette (f) (auto) ◆ **car park** N (Brit) parking (m) ◆ **car phone** N téléphone (m) de voiture ◆ **car-pool** N pool (m) de covoiturage ◆ **car radio** N autoradio (m) ◆ **car rental** N location (f) de voitures ◆ **car sick** ADJ **to be ~ sick** être malade en voiture ◆ **car wash** N (= place) station (f) de lavage

automatique ♦ **car-worker** N ouvrier (m), -ière (f) de l'industrie automobile

---

ⓘ CAR-BOOT SALE, GARAGE SALE

Type de brocante très populaire en Grande-Bretagne, où chacun vide sa cave ou son grenier. Les articles sont présentés dans des coffres de voitures et la vente a souvent lieu sur un parking ou dans un champ.
Aux États-Unis les ventes de ce genre s'appellent **garage sales**.

---

carafe /kəˈræf/ N carafe (f)

caramel /ˈkærəməl/ N caramel (m)

carat /ˈkærət/ N carat (m); **22 ~ gold** or (m) 22 carats

caravan /ˈkærəvæn/ 1 N caravane (f); [of gipsy] roulotte (f) 2 VI **to go ~ning** faire du caravaning 3 COMP ♦ **caravan site** N camping (m) pour caravanes

carbohydrate /ˌkɑːbəʊˈhaɪdreɪt/ N hydrate (m) de carbone; **~s** (in diet) féculents (mpl)

carbon /ˈkɑːbən/ N carbone (m) ♦ **carbon copy** N carbone (m); (fig) copie (f) conforme ♦ **carbon dating** N datation (f) au carbone 14 ♦ **carbon dioxide** N gaz (m) carbonique ♦ **carbon emissions** NPL émissions (mpl) de dioxyde de carbone ♦ **carbon footprint** N empreinte (f) écologique ♦ **carbon monoxide** N oxyde (m) de carbone

carbonated /ˈkɑːbəneɪtɪd/ ADJ gazeux

carburettor /ˌkɑːbjʊˈretə/, **carburetor** (US) /ˌkɑːbjʊˈretə/ N carburateur (m)

carcass /ˈkɑːkəs/ N carcasse (f)

carcinogen /kɑːˈsɪnədʒen/ N substance (f) cancérigène

carcinogenic /ˌkɑːsɪnəˈdʒenɪk/ ADJ cancérigène

card /kɑːd/ N carte (f); (= index card) fiche (f); (= piece of cardboard) carton (m); **identity ~** carte (f) d'identité; **game of ~s** partie (f) de cartes; **to play ~s** jouer aux cartes; **to put one's ~s on the table** jouer cartes sur table; **to have a ~ up one's sleeve** avoir un atout dans son sac; **it's on the ~s** or (US) **in the ~s that ...** il y a de fortes chances que ... (+ subj) ♦ **card-carrying member** N membre (m) à part entière ♦ **card game** N partie (f) de cartes ♦ **card-holder** N [of credit cards] titulaire (mf) de carte de crédit ♦ **card index** N fichier (m) ♦ **card player** N joueur (m), -euse (f) de cartes ♦ **card table** N table (f) de jeu ♦ **card trick** N tour (m) de cartes

cardamom /ˈkɑːdəməm/ N cardamome (f)

cardboard /ˈkɑːdbɔːd/ 1 N carton (m) 2 ADJ en carton; **~ box** carton (m); **~ city** endroit de la ville où dorment les sans-abri

cardiac /ˈkɑːdiæk/ ADJ cardiaque ♦ **cardiac arrest** N arrêt (m) cardiaque

cardigan /ˈkɑːdɪgən/, **cardie** /ˈkɑːdi/ N cardigan (m)

cardinal /ˈkɑːdɪnl/ 1 ADJ cardinal; **of ~ importance** d'une importance capitale 2 N cardinal (m) 3 COMP ♦ **cardinal sin** N péché (m) capital

cardiologist /ˌkɑːdɪˈɒlədʒɪst/ N cardiologue (mf)

cardiology /ˌkɑːdɪˈɒlədʒɪ/ N cardiologie (f)

cardphone /ˈkɑːdfəʊn/ N (Brit) téléphone (m) à carte

care /kɛə/ 1 N ⓐ (= attention) soin (m); **to do sth with ~** faire qch avec soin; **with the greatest ~** avec le plus grand soin; **"with ~"** «fragile»; **~ of** (on letters) chez; **the child in her ~** l'enfant dont elle a (or avait) la responsabilité
♦ **to take care** faire attention; **take ~ you don't catch cold** faites attention de ne pas prendre froid; **take ~!** (= goodbye) au revoir!; **you should take more ~ with your work** vous devriez apporter plus de soin à votre travail
♦ **to take care of** [+ details, arrangements, person, animal] s'occuper de; [+ valuables] garder; **to take good ~ of sb** s'occuper de qn; **to take good ~ of sth** prendre soin de qch; **I'll take ~ of that** je vais m'en occuper; **he can take ~ of himself** il se débrouillera tout seul
ⓑ (= anxiety) souci (m); **as if he hadn't a ~ in the world** comme si tout allait bien pour lui
ⓒ (Social Work) **to take a child into ~** mettre un enfant à l'assistance publique; **he's been in ~ since the age of three** il a été placé à l'assistance publique à l'âge de trois ans

2 VI ⓐ (= feel interest) **I don't ~!** ça m'est égal!; **what do I ~?** qu'est-ce que ça peut me faire?; **you can keep it for all I ~*** tu peux le garder, je m'en fiche*; **I couldn't ~ less*** je m'en fiche pas mal*; **who ~s!** on s'en moque!; **he really ~s** il prend ça très au sérieux
♦ **to care about** (= be interested in) s'intéresser à; (= be concerned about) se soucier de; **money is all he ~s about** il n'y a que l'argent qui l'intéresse; **to ~ deeply about sth** être profondément concerné par qch; **to ~ deeply about sb** être profondément attaché à qn
ⓑ (= like) **would you ~ to take off your coat?** voulez-vous retirer votre manteau?
3 COMP ♦ **care assistant** N (Brit) aide-soignant(e) (m(f)) ♦ **care home** N ≈ foyer (m) de la DDASS ♦ **care-worker** N travailleur (m), -euse (f) social(e)
► **care for** VT INSEP ⓐ (= like) aimer; **I don't ~ for him** je ne l'aime pas beaucoup; **he still ~s for me** il m'aime toujours; **I don't much ~ for it** cela ne me dit rien; **would you ~ for a cup of tea?** aimeriez-vous une tasse de thé?
ⓑ (= look after) [+ invalid] soigner; [+ child] s'occuper de ♦ **well-cared for** [hands, hair] soigné; [garden] bien entretenu; **the children were well-~d for** on s'occupait bien des enfants

career /kəˈrɪə/ 1 N carrière (f); **he is making a ~ for himself in advertising** il est en train de faire carrière dans la publicité; **his university ~** sa carrière universitaire
2 VI aller à toute allure; **to ~ up/down** monter/descendre à toute allure
3 COMP ♦ **career girl** N jeune femme (f) ambitieuse ♦ **career move** N changement (m) professionnel ♦ **career prospects** NPL possibilités (fpl) d'avancement ♦ **careers advisor, careers counselor** (US) N conseiller (m), -ère (f) d'orientation professionnelle ♦ **careers guidance** N (Brit) orientation (f) professionnelle ♦ **career woman** N femme (f) ambitieuse

carefree /ˈkɛəfriː/ ADJ [person] insouciant; [time] sans souci

careful /ˈkɛəfʊl/ ADJ ⓐ [worker] soigneux; [work] soigné; [planning, examination] minutieux; **expeditions require ~ planning** les expéditions doivent être soigneusement préparées; **after ~ consideration of the facts** après un examen minutieux des faits
ⓑ ♦ **to be careful** (= watch out) faire attention; **be ~!** fais attention!; **she's very ~ about what she eats** elle fait très attention à ce qu'elle mange; **be ~ what you say to him** faites attention à ce que vous lui dites; **he was ~ not to offend them** il a pris soin de ne pas les offenser; **you can't be too ~** (= cautious) on n'est jamais trop prudent
ⓒ (= economical) économe; (= mean) avare; **he is very ~ with (his) money** il est près de ses sous*

carefully /ˈkɛəfʊlɪ/ ADV ⓐ (= painstakingly) soigneusement; [listen, read] attentivement ⓑ (= cautiously) [drive] prudemment

careless /ˈkɛəlɪs/ ADJ [person] négligent; [action] inconsidéré; [work] bâclé; **it was ~ of her to do that** elle n'a pas été très prudente; **how ~ of me!** j'aurais dû faire plus attention!; **convicted of ~ driving** condamné pour conduite dangereuse; **~ mistake** faute (f) d'inattention; **his spelling is ~** il ne fait pas attention à son orthographe

carelessly /ˈkɛəlɪslɪ/ ADV négligemment

carelessness /ˈkɛəlɪsnɪs/ N négligence (f)

carer /ˈkɛərə/ N (professional) travailleur (m) social; (Brit = relative, friend) personne qui s'occupe d'un proche dépendant

caress /kəˈres/ 1 N caresse (f) 2 VT caresser

caretaker /ˈkɛəˌteɪkə/ N (Brit) gardien(ne) (m(f)) d'immeuble

cargo /ˈkɑːgəʊ/ N cargaison (f)

Caribbean /ˌkærɪˈbiːən, (esp US) kəˈrɪbɪən/ ADJ caribéen, des Caraïbes; **a ~ island** une île des Caraïbes; **the ~ (Sea)** la mer des Caraïbes; **the ~ Islands** les petites Antilles (fpl)

caricature /ˈkærɪkətjʊə/ 1 N caricature (f) 2 VT caricaturer

caring /ˈkɛərɪŋ/ ADJ [parent] aimant; [teacher] bienveillant; **we want a ~ society** nous voulons une société plus humaine ; **the ~ professions** les professions *(fpl)* à vocation sociale

carnage /'kɑːnɪdʒ/ N carnage *(m)*

carnation /kɑːˈneɪʃən/ N œillet *(m)*

carnival /'kɑːnɪvəl/ 1 N carnaval *(m)* ; *(US = fair)* fête *(f)* foraine 2 ADJ de carnaval

carnivore /'kɑːnɪvɔː'/ N carnivore *(m)*

carnivorous /kɑːˈnɪvərəs/ ADJ carnivore

carol /'kærəl/ N chant *(m)* de Noël

carouse /kəˈraʊz/ VI faire la foire

carousel /ˌkæruːˈsel/ N ⓐ *(= merry-go-round)* manège *(m)* ⓑ *(for slides)* carrousel *(m)* ⓒ *(for luggage)* tapis *(m)* roulant (à bagages)

carp /kɑːp/ 1 N carpe *(f)* 2 VI critiquer ; **to ~ at** critiquer

carpenter /'kɑːpɪntə'/ 1 N charpentier *(m)* ; *(= joiner)* menuisier *(m)* 2 VI *(in building)* faire de la charpenterie ; *[joiner]* faire de la menuiserie

carpentry /'kɑːpɪntrɪ/ N charpenterie *(f)* ; *(= joinery)* menuiserie *(f)*

carpet /'kɑːpɪt/ 1 N tapis *(m)* ; *(fitted)* moquette *(f)* 2 VT *[+ floor]* recouvrir d'un tapis ; *(with fitted carpet)* moquetter 3 COMP ◆ **carpet slippers** NPL pantoufles *(fpl)* ◆ **carpet tile** N dalle *(f)* de moquette

carport /'kɑːpɔːt/ N auvent *(m)* (pour voiture)

carriage /'kærɪdʒ/ N ⓐ *(horse-drawn)* carrosse *(m)* ⓑ *(Brit: = part of train)* voiture *(f)*, wagon *(m)* ⓒ *(= conveyance of goods)* transport *(m)* ; **~ paid** (en) port payé ⓓ *[of person]* *(= bearing)* maintien *(m)*

carriageway /'kærɪdʒweɪ/ N *(Brit)* chaussée *(f)*

carrier /'kærɪə'/ 1 N ⓐ *(= bag)* sac *(m)* (en plastique) ⓑ *(= airline)* compagnie *(f)* aérienne ⓒ *(on cycle)* porte-bagages *(m inv)* ⓓ *[of disease]* porteur *(m)*, -euse *(f)* 2 COMP ◆ **carrier bag** N *(Brit)* sac *(m)* (en plastique) ◆ **carrier pigeon** N pigeon *(m)* voyageur

carrion /'kærɪən/ N charogne *(f)*

carrot /'kærət/ N carotte *(f)* ; **to offer sb a ~** *(= incentive)* tendre une carotte à qn ◆ **carrot and stick** ADJ **to use a ~ and stick approach** manier la carotte et le bâton ◆ **carrot cake** N gâteau *(m)* à la carotte

carry /'kærɪ/ 1 VT ⓐ *(= have on one's person)* *[person]* porter ; *[vehicle]* transporter ; **she was ~ing the child in her arms** elle portait l'enfant dans ses bras ; **this ship carries coal/ passengers** ce bateau transporte du charbon/des passagers ; **he carried the plates through to the kitchen** il a emporté les assiettes à la cuisine ; **he carried his audience with him** il a enthousiasmé son auditoire

ⓑ *(= have on one's person)* *[+ identity card, documents, money]* avoir sur soi ; *[+ umbrella, gun, sword]* avoir

ⓒ *[+ disease]* être porteur de ; **people ~ing the AIDS virus** les individus porteurs du virus du sida

ⓓ *[+ warning, notice]* comporter ; **it carries a five-year guarantee** c'est garanti cinq ans

ⓔ *(= involve)* *[+ risk, responsibility]* comporter ; **a crime which carries the death penalty** un crime passible de la peine de mort

ⓕ *[+ goods]* vendre ; **we don't ~ that article** nous ne faisons pas cet article

ⓖ *[+ sound]* conduire

ⓗ *(= win)* remporter ; **to ~ the day** gagner ; **the bill was carried (by 302 votes to 197)** le projet de loi a été voté (par 302 voix contre 197)

ⓘ **to ~ o.s.** se tenir ; **he carries himself like a soldier** il a le port d'un militaire

ⓙ *[newspaper]* *[+ story]* rapporter ; **the papers all carried a photograph of the explosion** la photo de l'explosion était dans tous les journaux

ⓚ *(= be pregnant with)* attendre

2 VI *[voice, sound]* porter

3 COMP ◆ **carry-on*** N *(pej)* histoires* *(fpl)* ; **what a ~-on (about nothing)!*** que d'histoires (pour rien) !* ◆ **carry-out** N *(= food)* plat *(m)* à emporter ; *(= drink)* boisson *(f)* à emporter

▶ **carry away** VT SEP ⓐ *[+ thing]* emporter ⓑ *(fig)* **he was**

carried away by his friend's enthusiasm il a été transporté par l'enthousiasme de son ami ; **to get carried away by sth*** s'emballer* pour qch ; **don't get carried away!*** ne t'emballe pas !*

▶ **carry off** VT SEP *[+ thing]* emporter ; *[+ prizes, honours]* remporter ; **to ~ it off*** réussir (son coup)

▶ **carry on** 1 ⓐ *(= continue)* continuer (**doing sth** à or de faire qch) ; **~ on!** continuez ! ; **~ on with your work!** continuez votre travail ! ⓑ *(= make a fuss)** faire des histoires* ⓒ *(= have an affair)* **to be ~ing on with sb*** avoir une aventure avec qn 2 VT ⓐ *(= conduct)* *[+ business, trade]* faire ; *[+ conversation]* soutenir ; *[+ negotiations]* mener ⓑ *(= continue)* continuer

▶ **carry out** VT SEP ⓐ *[+ thing]* emporter ; *[+ person]* emmener ; **the current carried him out to sea** le courant l'a entraîné vers le large ⓑ *(= put into action)* *[+ plan, order]* exécuter ; *[+ experiment, search, investigation]* faire

▶ **carry through** VT SEP *[+ plan]* mener à bonne fin

carrycot /'kærɪkɒt/ N *(Brit)* porte-bébé *(m)*

cart /kɑːt/ 1 N *(horse-drawn)* charrette *(f)* ; *(= handcart)* voiture *(f)* à bras ; *(US: for luggage, shopping)* chariot *(m)* 2 VT *[+ heavy objects]** trimballer* 3 COMP ◆ **cart horse** N cheval *(m)* de trait

▶ **cart away, cart off** VT SEP *[+ goods]* emporter

carte blanche /ˌkɑːt'blɑːntʃ/ N **to give sb ~ to do sth** donner carte blanche à qn pour faire qch

cartel /kɑːˈtel/ N cartel *(m)*

cartilage /'kɑːtɪlɪdʒ/ N cartilage *(m)*

cartography /kɑːˈtɒgrəfɪ/ N cartographie *(f)*

carton /'kɑːtən/ N *(for yogurt, cream)* pot *(m)* ; *(for milk, juice)* brique *(f)* ; *(for cigarettes)* cartouche *(f)*

cartoon /kɑːˈtuːn/ 1 N *(= single picture)* dessin *(m)* humoristique ; *(= strip)* bande *(f)* dessinée ; *(= film)* dessin *(m)* animé 2 COMP ◆ **cartoon strip** N *(esp Brit)* bande *(f)* dessinée

cartoonist /ˌkɑːˈtuːnɪst/ N *(in newspaper)* dessinateur *(m)*, -trice *(f)* humoristique ; *(= film-maker)* dessinateur *(m)*, -trice *(f)* de dessins animés

cartridge /'kɑːtrɪdʒ/ N cartouche *(f)* ; *[of camera]* chargeur *(m)* ◆ **cartridge belt** N *(= belt)* cartouchière *(f)*

cartwheel /'kɑːtwiːl/ N *(= wheel)* roue *(f)* de charrette ; **to do a ~** faire la roue

carve /kɑːv/ VT tailler ; *(= sculpt)* sculpter ; *[+ meat]* découper ; **~d out of wood/ivory** en bois/ivoire sculpté ; **to ~ one's initials on** or **in sth** graver ses initiales sur qch

▶ **carve out** VT SEP *[+ statue, figure]* sculpter ; *[+ reputation, market share, role]* se tailler ; **to ~ out a career (for o.s.) (as)** faire carrière (comme)

▶ **carve up** *[+ meat]* découper ; *[+ country]* morceler ◆ **carve-up*** N *[of estate, country]* morcellement *(m)*

carvery /'kɑːvərɪ/ N grill *(m)*

carving /'kɑːvɪŋ/ N *(= sculpture)* sculpture *(f)* ◆ **carving knife** N *(pl* carving knives*)* couteau *(m)* à découper

cascade /kæsˈkeɪd/ 1 N cascade *(f)* 2 VI tomber en cascade

case /keɪs/ 1 N ⓐ *(= fact, example)* cas *(m)* ; **if that's the ~** dans ce cas ; **as is the ~ here** comme c'est le cas ici ; **is it the ~ that ...?** est-il vrai que ...? ; **as the ~ may be** selon le cas ; **it's a clear ~ of sexual harassment** c'est un cas flagrant de harcèlement sexuel ; **six ~s of pneumonia** six cas de pneumonie ; **the most serious ~s were sent to hospital** les cas les plus graves ont été hospitalisés ; **he's a hopeless ~** son cas est désespéré ; **in this ~** dans ce cas ; **in that ~** dans ce cas ; **in any ~** en tout cas ; **in most ~s** dans la plupart des cas ; **in nine ~s out of ten** neuf fois sur dix

◆ **in case** au cas où ; **in ~ he comes** au cas où il viendrait ; **I'm in charge here, in ~ you've forgotten!*** c'est moi qui commande ici, au cas où vous l'auriez oublié ! ; **in ~ of** en cas de ; **just in ~** à tout hasard

ⓑ *(legal)* affaire *(f)* ; **he's a suspect in the ~** il fait partie des suspects dans cette affaire ; **to try a ~** juger une affaire ; **to win one's ~** gagner son procès ; **the ~ for the prosecution** l'accusation *(f)*

ⓒ (= *argument*) arguments *(mpl)*; **to make a ~ for sth** plaider en faveur de qch; **to make a good ~ for sth** présenter de bons arguments en faveur de qch; **there is a strong ~ for compulsory vaccination** les partisans de la vaccination obligatoire ont de solides arguments; **to have a good/strong ~** avoir de bons/solides arguments

ⓓ (*Brit* = *suitcase*) valise *(f)*; (= *box*) caisse *(f)*; (*for bottles*) caisse *(f)*; (*for goods on display*) vitrine *(f)*; (*for jewels*) coffret *(m)*; (*for camera, binoculars*) étui *(m)*; **violin/umbrella ~** étui *(m)* à violon/parapluie

2 COMP ◆ **case history** N [*of patient*] antécédents *(mpl)* médicaux; [*of client*] dossier *(m)* ◆ **case work** N (*Social Work*) travail *(m)* sur le terrain

case-sensitive /ˌkeɪsˈsensɪtɪv/ ADJ (*Computing*) sensible à la casse

cash /kæʃ/ 1 N ⓐ (= *notes and coins*) argent *(m)* liquide; **to pay in ~** payer cash; **~ or charge?** (*in shop*) vous payez cash ou par carte?

ⓑ **~ down** (= *immediate payment*) argent *(m)* comptant; **~ with order** payable à la commande; **~ on delivery** envoi *(m)* contre remboursement

ⓒ (= *money in general*)* argent *(m)*; **how much ~ have you got?** combien d'argent tu as?; **to be short of ~** être à court d'argent

2 VT [+ *cheque*] encaisser; **to ~ sb a cheque** donner à qn de l'argent contre un chèque; [*bank*] payer un chèque à qn

3 COMP ◆ **cash-and-carry** N cash and carry *(m inv)* ◆ **cash card** N carte *(f)* de retrait ◆ **cash crop** N culture *(f)* de rapport ◆ **cash desk** N [*of shop*] caisse *(f)* ◆ **cash discount** N remise *(f)* au comptant ◆ **cash dispenser** N distributeur *(m)* (automatique) de billets ◆ **cash flow** N cash-flow *(m)* ◆ **cash machine** N (*US*) distributeur *(m)* (automatique) de billets ◆ **cash offer** N offre *(f)* d'achat avec paiement comptant; **he made me a ~ offer** il m'a offert de l'argent comptant ◆ **cash point** N (*Brit* = *cash dispenser*) distributeur *(m)* (automatique) de billets ◆ **cash price** N prix *(m)* comptant ◆ **cash register** N caisse *(f)*

► **cash in** VT SEP [+ *bonds, savings certificates*] réaliser
► **cash in on*** VT INSEP tirer profit de
► **cash up** VI (*Brit*) faire sa caisse

cashback /ˈkæʃbæk/ N ⓐ (= *discount*) remise *(f)* ⓑ (*at supermarket*) retrait d'espèces à la caisse

cashbox /ˈkæʃbɒks/ N caisse *(f)*

cashew /kæˈʃuː/ N (= *nut*) noix *(f)* de cajou

cashier /kæˈʃɪəʳ/ N caissier *(m)*, -ière *(f)*

cashmere /kæʃˈmɪəʳ/ 1 N cachemire *(m)* 2 ADJ en cachemire

casing /ˈkeɪsɪŋ/ N gaine *(f)*

casino /kəˈsiːnəʊ/ N casino *(m)*

cask /kɑːsk/ N fût *(m)*

casket /ˈkɑːskɪt/ N [*of jewels*] coffret *(m)*; (*US* = *coffin*) cercueil *(m)*

casserole /ˈkæsərəʊl/ 1 N (*Brit* = *utensil*) cocotte *(f)*; (= *food*) ragoût *(m)* 2 VT [+ *meat*] cuire en cocotte

cassette /kæˈset/ N cassette *(f)*; (*for camera*) recharge *(f)* ◆ **cassette deck** N platine *(f)* (à) cassettes ◆ **cassette player** N lecteur *(m)* de cassettes ◆ **cassette recorder** N magnétophone *(m)* à cassettes

cassock /ˈkæsək/ N soutane *(f)*

cast /kɑːst/ (*vb: pret, ptp* **cast**) 1 N ⓐ (= *actors collectively*) acteurs *(mpl)*; **~ (and credits)** générique *(m)*; **~ list** distribution *(f)*

ⓑ (= *model*) moulage *(m)*; **to have one's leg in a ~** avoir une jambe dans le plâtre

2 VT ⓐ (= *throw*) jeter; **to ~ a vote** voter; **to ~ aspersions on sb** dénigrer qn; **to ~ aspersions on sb's integrity** mettre en doute l'intégrité de qn; **to ~ doubt on sth** jeter le doute sur qch; **to ~ a shadow over sb/sth** jeter une ombre sur qn/qch; **to ~ one's eye(s) round a room** balayer une pièce du regard

ⓑ [+ *plaster, metal*] couler; [+ *statue*] mouler

ⓒ [+ *play, film*] distribuer les rôles de; **he was ~ as Hamlet** on lui a donné le rôle de Hamlet

3 VI (*Fishing*) lancer sa ligne

4 COMP ◆ **cast-iron** N fonte *(f)* ◆ ADJ en fonte; [*constitution*] de fer; [*excuse, alibi*] en béton; [*case*] solide ◆ **cast-off clothes, cast-offs** NPL vêtements *(mpl)* dont on ne veut plus; **I had to wear my brother's ~-offs** je devais porter les vieux vêtements de mon frère

► **cast about, cast around** VI **to ~ about** *or* **around for sth** chercher qch
► **cast aside** VT SEP rejeter
► **cast down** VT SEP **to be ~ down** être découragé
► **cast off** 1 VI [*ship*] larguer les amarres; (*Knitting*) rabattre les mailles 2 VT SEP [+ *stitch*] rabattre; [+ *bonds, burden*] s'affranchir de
► **cast on** 1 VI (*Knitting*) monter les mailles 2 VT SEP [+ *stitch*] monter

castanets /ˌkæstəˈnets/ NPL castagnettes *(fpl)*

castaway /ˈkɑːstəweɪ/ N naufragé(e) *(m(f))*

caste /kɑːst/ N caste *(f)* ◆ **caste mark** N (*in India*) signe *(m)* de caste ◆ **caste system** N système *(m)* des castes

caster /ˈkɑːstəʳ/ N roulette *(f)*

caster sugar /ˈkɑːstəˌʃʊgəʳ/ N (*Brit*) sucre *(m)* en poudre

casting vote /ˌkɑːstɪŋˈvəʊt/ N voix *(f)* prépondérante; **to have the ~** avoir voix prépondérante

castle /ˈkɑːsl/ N château *(m)*

castor /ˈkɑːstəʳ/ N roulette *(f)*

castrate /kæsˈtreɪt/ VT castrer

casual /ˈkæʒʊl/ 1 ADJ ⓐ [*person*] désinvolte; [*chat, conversation*] informel; **he said, trying to sound ~** dit-il, sur un ton faussement désinvolte; **they're very ~ about safety** ils ne prennent pas la sécurité au sérieux

ⓑ (= *occasional*) occasionnel; **a ~ acquaintance** une (simple) connaissance; **a ~ affair** une aventure; **to have ~ sex** avoir une aventure sans lendemain

ⓒ [*remark*] fait en passant; [*meeting*] fortuit

ⓓ [*clothes, shoes*] décontracté; **~ wear** tenue *(f)* décontractée

ⓔ [*work, job, worker*] temporaire

2 N (= *worker*) travailleur *(m)*, -euse *(f)* temporaire

casually /ˈkæʒʊlɪ/ ADV ⓐ (= *in a relaxed way*) avec désinvolture; [*say, mention*] en passant ⓑ (= *accidentally*) par hasard ⓒ [*dress*] de façon décontractée

casualness /ˈkæʒʊlnɪs/ N [*of speech, manner*] désinvolture *(f)*; [*of dress*] style *(m)* décontracté

casualty /ˈkæʒʊltɪ/ 1 N ⓐ (*dead*) mort(e) *(m(f))*; (*wounded*) blessé(e) *(m(f))* ⓑ (= *hospital department*) (service *(m)* des) urgences *(fpl)* 2 COMP ◆ **casualty department** N (service *(m)* des) urgences *(fpi)* ◆ **casualty ward** N salle *(f)* des urgences

CAT[1] /ˈsiːˈeɪˈtiː/ (ABBR = **computer-aided teaching**) EAO *(m)*

CAT[2] /kæt/ (ABBR = **computerized axial tomography**) **~ scan** scanographie *(f)*, scanner *(m)*; **to have a ~ scan** se faire faire une scanographie *or* un scanner

cat /kæt/ N chat *(m)*; (*female*) chatte *(f)*; **the big ~s** les grands félins *(mpl)*; **to let the ~ out of the bag** vendre la mèche*; **the ~'s out of the bag** tout le monde est au courant maintenant; **(has the) ~ got your tongue?*** tu as perdu ta langue?; **he doesn't have a ~ in hell's chance of winning** il n'a pas la moindre chance de gagner ■ (*PROV*) **when the ~'s away the mice will play** quand le chat n'est pas là, les souris dansent (*PROV*); **that set the ~ among the pigeons** ça a été le pavé dans la mare; **you look like something the ~ brought in!*** non mais regarde à quoi tu ressembles! ◆ **cat-and-mouse** N **to play ~-and-mouse with sb** jouer au chat et à la souris avec qn ◆ **cat-basket** N (*for carrying*) panier *(m)* pour chat ◆ **cat burglar** N cambrioleur *(m)* ◆ **cat flap** N chatière *(f)* ◆ **cat litter** N litière *(f)* (pour chats) ◆ **cat's-eye** N (*on road*) (clou *(m)* à) catadioptre *(m)*

catacombs /ˈkætəkuːmz/ NPL catacombes *(fpl)*

Catalan /ˈkætəˌlæn/ 1 N (= *person*) Catalan(e) *(m(f))*; (= *language*) catalan *(m)* 2 ADJ catalan

catalogue, catalog (*US*) /ˈkætəlɒg/ 1 N catalogue *(m)*; (*US Univ* = *brochure*) brochure *(f)* 2 VT cataloguer

Catalonia /ˌkætəˈləʊnɪə/ N Catalogne (f)

catalyst /ˈkætəlɪst/ N catalyseur (m)

catalytic converter /ˌkætəlɪtɪkkənˈvɜːtəʳ/ N pot (m) catalytique

catamaran /ˌkætəməˈræn/ N catamaran (m)

catapult /ˈkætəpʌlt/ 1 N (Brit) lance-pierre (m inv) 2 VT catapulter

cataract /ˈkætərækt/ N cataracte (f)

catarrh /kəˈtɑːʳ/ N rhume (m) (chronique)

catastrophe /kəˈtæstrəfɪ/ N catastrophe (f)

catastrophic /ˌkætəˈstrɒfɪk/ ADJ catastrophique

catastrophically /ˌkætəˈstrɒfɪklɪ/ ADV [fail] de façon catastrophique

catcall /ˈkætkɔːl/ N sifflet (m)

catch /kætʃ/ (vb: pret, ptp **caught**) 1 N (a) (= act, thing caught) prise (f), capture (f); (Fishing) (= several fish) pêche (f); (= one fish) prise (f); **good ~!** (Cricket) bien rattrapé! (b) (= concealed drawback)* piège (m); **where's the ~?** où est le piège? (c) (Brit) (on door) loquet (m); (on window) loqueteau (m) (d) **with a ~ in one's voice** d'une voix entrecoupée (e) (= ballgame) jeu de balle

2 VT (a) attraper; **to ~ an animal in a trap** prendre un animal au piège; **I dialled her number hoping to ~ her before she left** je lui ai téléphoné en espérant la joindre avant son départ; **can I ring you back?** you've caught me at a bad time je peux vous rappeler? je suis occupé en ce moment; **to ~ sb's attention** or **eye** attirer l'attention de qn; **to ~ the light** accrocher la lumière; **his speech caught the mood of the assembly** son discours reflétait l'humeur de l'assemblée; **you'll ~ it!*** (= be in trouble) ça va être ta fête!* (b) (= take by surprise) surprendre; **to ~ sb doing sth** surprendre qn en train de faire qch; **to be caught unprepared** être pris au dépourvu; **she caught herself dreaming of Spain** elle se surprit à rêver de l'Espagne; **if I ~ you at it again!*** que je t'y reprenne!; **you won't ~ me doing that again!*** on ne m'y reprendra pas!; **we were caught in a storm** nous avons été surpris par un orage (c) [+ bus, train] (= be in time for) attraper; (= travel on) prendre; **to ~ the post** arriver à temps pour la levée; **did you ~ the news/that film last night?** tu as vu les informations/le film hier soir? (d) (= trap) **the branch caught my skirt** or **I caught my skirt on the branch** ma jupe s'est accrochée à la branche; **to ~ one's foot in sth** se prendre les pieds dans qch (e) (= understand, hear) saisir; **I didn't ~ what he said** je n'ai pas saisi ce qu'il a dit (f) [+ disease] attraper; **to ~ a cold** attraper un rhume; **to ~ cold** prendre froid

3 VI (a) [fire] prendre; [wood] prendre feu (b) **her dress caught in the door/on a nail** sa robe s'est prise dans la porte/s'est accrochée à un clou

4 COMP ♦ **catch 22*** N **it's a ~ 22 situation** c'est une situation inextricable ♦ **catch phrase** N (= slogan) slogan (m); [of comedian, famous person] formule (f)

► **catch on** VI (a) (= become popular) [fashion] prendre (b) (= understand) saisir

► **catch out** VT SEP (= catch napping) prendre en défaut; (= catch in the act) prendre sur le fait; **to be caught out (by sth)** être surpris (par qch)

► **catch up** VI (a) se rattraper; (with news, gossip) se mettre au courant; **to ~ up with one's work** se remettre à jour; **to ~ up with sb** rattraper qn; **his past eventually caught up with him** son passé est revenu le hanter (b) **to be** or **get caught up in sth** (in activity, campaign) être pris par qch; (in circumstances) être prisonnier de qch

catching* /ˈkætʃɪŋ/ ADJ (= contagious) contagieux

catchment area /ˈkætʃmənt,eərɪə/ N (Brit) [of school] secteur (m) de recrutement

catchy* /ˈkætʃɪ/ ADJ [tune] entraînant

catechism /ˈkætɪkɪzəm/ N catéchisme (m)

categorical /ˌkætɪˈgɒrɪkəl/ ADJ catégorique

categorically /ˌkætɪˈgɒrɪkəlɪ/ ADV catégoriquement

categorize /ˈkætɪgəraɪz/ VT classer (par catégories)

category /ˈkætɪgərɪ/ N catégorie (f)

cater /ˈkeɪtəʳ/ VI **to ~ for** (sb's needs, tastes) satisfaire; **this magazine ~s for all ages** ce magazine s'adresse à tous les âges

caterer /ˈkeɪtərəʳ/ N traiteur (m)

catering /ˈkeɪtərɪŋ/ N restauration (f); **the ~ for our reception was done by Smith and Lee** nous avons pris Smith and Lee comme traiteur pour notre réception

caterpillar /ˈkætəpɪləʳ/ N chenille (f) ♦ **Caterpillar track**® N chenille (f) ♦ **Caterpillar tractor**® N autochenille (f)

catfood /ˈkætfuːd/ N nourriture (f) pour chats

cathedral /kəˈθiːdrəl/ N cathédrale (f)

Catherine wheel /ˈkæθərɪn,wiːl/ N (= firework) soleil (m)

cathode /ˈkæθəʊd/ N cathode (f) ♦ **cathode ray tube** N tube (m) cathodique

Catholic /ˈkæθəlɪk/ 1 ADJ catholique; **the ~ Church** l'Église (f) catholique 2 N catholique (mf)

Catholicism /kəˈθɒlɪsɪzəm/ N catholicisme (m)

catsup /ˈkætsəp/ N (US) ketchup (m)

cattle /ˈkætl/ N bétail (m); **there were some ~ in the field** il y avait des vaches dans le champ; **the prisoners were treated like ~** les prisonniers étaient traités comme du bétail ♦ **cattle breeder** N éleveur (m) (de bétail) ♦ **cattle grid** N (Brit) grille à même la route permettant aux voitures mais non au bétail de passer ♦ **cattle market** N marché (m) aux bestiaux ♦ **cattle shed** N étable (f) ♦ **cattle truck** N fourgon (m) à bestiaux

catty* /ˈkætɪ/ ADJ [person, gossip] vache*; **~ remark** vacherie* (f)

catwalk /ˈkætwɔːk/ N podium (m)

Caucasian /kɔːˈkeɪzɪən/ 1 ADJ de race blanche 2 N (= person) Blanc (m), Blanche (f)

caught /kɔːt/ VB pt, ptp of **catch**

cauldron /ˈkɔːldrən/ N chaudron (m)

cauliflower /ˈkɒlɪflaʊəʳ/ N chou-fleur (m) ♦ **cauliflower cheese** N gratin (m) de chou-fleur

cause /kɔːz/ 1 N cause (f); **~ and effect** la cause et l'effet; **to be the ~ of sth** être la cause de qch; **there's no ~ for anxiety** il n'y a pas lieu de s'inquiéter; **with (good) ~** à juste titre; **without ~** sans raison; **to have ~ for complaint** avoir de quoi se plaindre; **it's all in a good ~*** c'est pour une bonne cause; **to plead sb's ~** plaider la cause de qn

2 VT causer; **to ~ damage/an accident** causer des dégâts/un accident; **to ~ trouble** [action, situation] poser des problèmes; [person] créer des problèmes; **a few fans were determined to ~ trouble** quelques supporters étaient décidés à semer la pagaille; **I don't want to ~ you any trouble** je ne veux pas vous déranger; **to ~ sb to do sth** faire faire qch à qn

causeway /ˈkɔːzweɪ/ N chaussée (f)

caustic /ˈkɔːstɪk/ ADJ caustique

cauterize /ˈkɔːtəraɪz/ VT cautériser

caution /ˈkɔːʃən/ 1 N (a) (= circumspection) prudence (f); **proceed with ~** agissez avec prudence; **"~! wet floor"** « attention! sol glissant » (b) (= warning) avertissement (m); (= rebuke) réprimande (f); **he got off with a ~** il s'en est tiré avec une réprimande 2 VT (Brit Police) mettre en garde (un suspect que toute déclaration de sa part peut être retenue contre lui); **to ~ sb against doing sth** déconseiller à qn de faire qch; **to ~ that** avertir que

cautious /ˈkɔːʃəs/ ADJ prudent

cautiously /ˈkɔːʃəslɪ/ ADV [move] avec précaution; **~ optimistic** d'un optimisme prudent

cautiousness /ˈkɔːʃəsnɪs/ N prudence (f)

cavalier /ˌkævəˈlɪəʳ/ 1 ADJ [person, behaviour, attitude] cavalier 2 N (Brit Hist) royaliste (m) (partisan de Charles Iᵉʳ et de Charles II)

cavalry /ˈkævəlrɪ/ N cavalerie (f)

cave /keɪv/ 1 N grotte (f) 2 VI **to go caving** faire de la spéléologie 3 COMP ✦ **cave-in** N effondrement (m) ✦ **cave painting** N peinture (f) rupestre
► **cave in** VI ⓐ [floor, building] s'effondrer ⓑ (= yield)* se dégonfler*

caveat /'kævɪæt/ N avertissement (m)

caveman /'keɪvmæn/ N (pl **-men**) homme (m) des cavernes

caver /'keɪvə'/ N spéléologue (mf)

cavern /'kævən/ N caverne (f)

cavernous /'kævənəs/ ADJ vaste

caviar(e) /'kævɪɑː'/ N caviar (m)

caving /'keɪvɪŋ/ N spéléologie (f)

cavity /'kævɪtɪ/ N cavité (f); (in tooth) carie (f)

cavort• /kə'vɔːt/ VI (= jump about) s'ébattre ; **while you were ~ing in Paris** pendant que tu prenais du bon temps à Paris

CB /si:'bi:/ (ABBR = **Citizens' Band Radio**) CB (f)

CBE /ˌsi:bi:'i:/ N (ABBR = **Companion (of the Order) of the British Empire**) titre honorifique

CBI /ˌsi:bi:'aɪ/ N (Brit) (ABBR = **Confederation of British Industry**) conseil du patronat

cc /si:'si:/ (ABBR = **cubic centimetre(s)**) cm³

CCTV /ˌsi:si:ti:'vi:/ N (ABBR = **closed-circuit television**) télévision (f) en circuit fermé

CD /si:'di:/ N (ABBR = **compact disc**) CD (m) ✦ **CD burner, CD writer** N graveur (m) de CD ✦ **CD player** N platine (f) laser

CDC /ˌsi:di:'si:/ N (US) (ABBR = **Center for Disease Control and Prevention**) organisme de santé publique

CD-I Ⓡ /'si:di:'aɪ/ N (ABBR = **compact disc interactive**) CD-I (m), disque (m) compact interactif

CD-ROM /ˌsi:di:'rɒm/ N (ABBR = **compact disc read-only memory**) CD-ROM (m), cédérom (m) ✦ **CD-ROM drive** N lecteur (m) de CD-ROM

cease /si:s/ 1 VI cesser ; **to ~ from doing sth** cesser de faire qch 2 VT [+ work, activity] cesser ; **to ~ doing sth** cesser de faire qch ; **to ~ trading** cesser ses activités

ceasefire /'si:sfaɪə'/ N cessez-le-feu (m inv)

ceaseless /'si:slɪs/ ADJ incessant

cedar /'si:də'/ N cèdre (m)

cedilla /sɪ'dɪlə/ N cédille (f)

Ceefax Ⓡ /'si:fæks/ N télétexte Ⓡ (m) (de la BBC)

ceilidh /'keɪlɪ/ N bal (m) folklorique (écossais ou irlandais)

ceiling /'si:lɪŋ/ N plafond (m); **to put a ~ on prices/wages** plafonner les prix/salaires

celeb• /sə'leb/ N vedette (f)

celebrate /'selɪbreɪt/ 1 VT [+ event] célébrer, fêter ; **to ~ the anniversary of sth** commémorer qch ; **to ~ mass** célébrer la messe 2 VI faire la fête ; **let's ~!** il faut fêter ça !

celebrated /'selɪbreɪtɪd/ ADJ (= famous) célèbre

celebration /ˌselɪ'breɪʃən/ N ⓐ (= party) fête (f); **we must have a ~!** il faut fêter ça !; **to join in the ~s** participer aux réjouissances ⓑ [of event] célébration (f); [of past event] commémoration (f); **in ~ of** pour fêter

celebratory /ˌselɪ'breɪtərɪ/ ADJ **how about a ~ drink?** et si on prenait un verre pour fêter ça ?

celebrity /sɪ'lebrɪtɪ/ N (= famous person) célébrité (f)

celeriac /sə'lerɪæk/ N céleri(-rave) (m)

celery /'selərɪ/ N céleri (m) (branche); **a stick of ~** une branche de céleri

celestial /sɪ'lestɪəl/ ADJ céleste

celibacy /'selɪbəsɪ/ N célibat (m)

celibate /'selɪbɪt/ ADJ (= unmarried) célibataire ; (= sexually inactive) chaste

cell /sel/ N ⓐ (gen) cellule (f) ⓑ (US = cellphone•) portable (m), mobile (m)

cellar /'selə'/ N cave (f); **in the ~** à la cave

cellist /'tʃelɪst/ N violoncelliste (mf)

cellmate /'selmeɪt/ N compagnon (m) de cellule, compagne (f) de cellule

cello /'tʃeləʊ/ N violoncelle (m)

Cellophane Ⓡ /'seləfeɪn/ N cellophane Ⓡ (f)

cellphone /'selfəʊn/ N téléphone (m) portable or mobile

cellular /'seljʊlə'/ ADJ cellulaire ✦ **cellular telephone** N téléphone (m) portable or mobile

cellulite /'seljʊˌlaɪt/ N cellulite (f)

Celluloid Ⓡ /'seljʊlɔɪd/ N celluloïd (m)

cellulose /'seljʊləʊs/ N cellulose (f)

Celsius /'selsɪəs/ ADJ Celsius (inv)

Celt /kelt, selt/ N Celte (mf)

Celtic /'keltɪk, 'seltɪk/ ADJ celtique, celte

cement /sə'ment/ 1 N ciment (m) 2 VT cimenter 3 COMP ✦ **cement mixer** N bétonneuse (f)

cemetery /'semɪtrɪ/ N cimetière (m)

cenotaph /'senətɑːf/ N cénotaphe (m)

censor /'sensə'/ 1 N censeur (m) 2 VT censurer

censorship /'sensəʃɪp/ N censure (f)

censure /'senʃə'/ VT critiquer

census /'sensəs/ N (pl **censuses**) recensement (m)

cent /sent/ N ⓐ **per ~** pour cent ⓑ (= coin) cent (m)

centenarian /ˌsentɪ'neərɪən/ ADJ, N centenaire (mf)

centenary /sen'ti:nərɪ/ N (Brit) centenaire (m); **~ celebrations** fêtes (fpl) du centenaire

centennial /sen'tenɪəl/ N (US) centenaire (m)

center /'sentə'/ (US) = **centre**

centigrade /'sentɪgreɪd/ ADJ centigrade

centimetre, centimeter (US) /'sentɪˌmi:tə'/ N centimètre (m)

centipede /'sentɪpi:d/ N mille-pattes (m inv)

central /'sentrəl/ ADJ [courtyard, control, character] central ; [house, location] proche du centre-ville ; [planning] centralisé ; [fact, role] essentiel ; **~ London** le centre de Londres ; **to be ~ to sth** [person] jouer un rôle essentiel dans qch ; [thing] être au centre de qch ✦ **Central African** ADJ centrafricain ✦ **Central African Republic** N République (f) centrafricaine ✦ **Central America** N Amérique (f) centrale ✦ **Central Europe** N Europe (f) centrale ✦ **Central European** ADJ d'Europe centrale ✦ **central government** N gouvernement (m) central ✦ **central heating** N chauffage (m) central ✦ **central locking** N [of car] verrouillage (m) centralisé ✦ **central reservation** N (Brit) terre-plein (m) central

centralize /'sentrəlaɪz/ VT centraliser

centrally /'sentrəlɪ/ 1 ADV ⓐ (= in middle) au centre ⓑ (= near city centre) dans le centre-ville ; **very ~ situated** situé en plein centre-ville 2 COMP ✦ **centrally heated** ADJ équipé du chauffage central

centre, center (US) /'sentə'/ 1 N centre (m); **in the ~** au centre ; **she likes to be the ~ of attention** elle aime que tout le monde fasse attention à elle ; **a party of the ~** (Politics) un parti du centre
2 VT centrer ; **to ~ the ball** (Football) centrer ; **the fighting ~d around the capital** les combats se sont concentrés autour de la capitale ; **to be ~d** (mentally) être équilibré
3 VI **to ~ on** [thoughts] se concentrer sur ; [discussion] tourner autour de
4 COMP [row] central ✦ **centre-forward** N (Sport) avant-centre (m) ✦ **centre-half** N (Sport) demi-centre (m) ✦ **centre parties** NPL (Politics) partis (mpl) du centre ✦ **centre spread** N (Advertising) double page (f) centrale ✦ **centre-stage** N **to take ~-stage** occuper le devant de la scène

centrefold /'sentəfəʊld/ N double page (f) (détachable)

centrepiece /'sentəpi:s/ N ⓐ (= key feature, event) **the ~ of the town** le joyau de la ville ; **the ~ of their campaign strategy** la clé de voûte de leur stratégie électorale ⓑ [of table] milieu (m) de table

centrifugal force /ˌsentrɪˌfjʊgəl'fɔːs/ N force (f) centrifuge

centrifuge /'sentrɪfjuːʒ/ N centrifugeuse (f)

century /'sentjʊrɪ/ N ⓐ siècle (m); **several centuries ago** il y a plusieurs siècles ; **in the twenty-first ~** au vingt-et-unième siècle ⓑ (Cricket) cent courses (fpl)

CEO /ˌsiːiːˈəʊ/ ABBR = **chief executive officer** N directeur *(m)* général

ceramic /sɪˈræmɪk/ 1 ADJ en céramique 2 NPL **ceramics** ⓐ (= *objects*) céramiques *(fpl)* ⓑ (= *activity*) céramique *(f)* 3 COMP ♦ **ceramic hob** N table *(f)* de cuisson en vitrocéramique

cereal /ˈsɪərɪəl/ N céréale *(f)*; **breakfast ~** céréales *(f)* (pour le petit-déjeuner)

cerebral palsy /ˌserɪbrəlˈpɔːlzɪ/ N paralysie *(f)* cérébrale

ceremonial /ˌserɪˈməʊnɪəl/ ADJ **~ occasion** cérémonie *(f)* officielle

ceremony /ˈserɪmənɪ/ N (= *event*) cérémonie *(f)*; **they don't stand on ~** ils ne font pas de cérémonies; **without ~** sans cérémonie(s)

cert /sɜːt/ N (*Brit*) **it's a dead ~** c'est couru d'avance*

certain /ˈsɜːtən/ ADJ ⓐ (= *sure*) certain; **to be** or **feel ~ (about** or **of sth)** être certain (de qch); **are you absolutely ~ (about** or **of sth)?** en es-tu absolument certain?; **to be ~ that …** être certain que …; **I am not ~ who/why/when/ how …** je ne sais pas avec certitude qui/pourquoi/ quand/comment …; **we are not ~ what is happening** nous ne savons pas au juste ce qui se passe

♦ **for certain**: **he's up to something, that's for ~** il manigance quelque chose, c'est sûr et certain; **to know for ~ that …** avoir la certitude que …; **I can't say for ~** je n'en suis pas certain; **I can't say for ~ that …** je ne peux pas affirmer que …

ⓑ **to make ~ that …** (= *check, ensure*) s'assurer que …; **to make ~ of sth** (= *be sure of getting*) s'assurer qch

ⓒ [*defeat, success, victory, death*] certain (*after n*); **one thing is ~ …** une chose est certaine …; **to my ~ knowledge, she has never been there** je suis certain qu'elle n'y est jamais allée

ⓓ [*person, type*] certain (*before n*); **in ~ circumstances** dans certaines circonstances; **a ~ Mrs Wendy Smith** une certaine Mme Wendy Smith; **a ~ number of people** un certain nombre de personnes; **to a ~ extent** or **degree** dans une certaine mesure

certainly /ˈsɜːtənlɪ/ ADV ⓐ (= *undoubtedly*) certainement ⓑ (= *definitely*) vraiment; **it ~ impressed me** cela m'a vraiment impressionné; **I shall ~ be there** j'y serai sans faute; **such groups most ~ exist** il est absolument certain que de tels groupes existent

ⓒ (*expressing agreement*) certainement; **wouldn't you agree? — oh, ~** vous ne croyez pas? — oh si, bien sûr; **had you forgotten? — ~ not** vous aviez oublié? — certainement pas

ⓓ (*expressing willingness*) bien sûr; **could you help me? — ~** pourriez-vous m'aider? — bien sûr

ⓔ (= *granted*) certes; **~, she has potential, but …** certes, elle a des capacités mais …

certainty /ˈsɜːtəntɪ/ N certitude *(f)*; **for a ~** sans aucun doute; **faced with the ~ of disaster …** face à un désastre inévitable …

certificate /səˈtɪfɪkɪt/ N ⓐ (*legal*) certificat *(m)*; **~ of origin** certificat *(m)* d'origine; **birth ~** extrait *(m)* de naissance ⓑ (*academic*) diplôme *(m)*

certify /ˈsɜːtɪfaɪ/ VT certifier; **she was certified dead** elle a été déclarée morte; **to send by certified mail** (*US*) ≈ envoyer avec accusé de réception

cervical /ˈsɜːvɪkəl/ ADJ cervical ♦ **cervical cancer** N cancer *(m)* du col de l'utérus ♦ **cervical smear** N frottis *(m)* vaginal

cervix /ˈsɜːvɪks/ N col *(m)* de l'utérus

cessation /seˈseɪʃən/ N cessation *(f)*

cesspit /ˈsespɪt/ N fosse *(f)* d'aisance

cf (ABBR = *confer*) cf

CFC /ˌsiːefˈsiː/ N (ABBR = **chlorofluorocarbon**) CFC *(m)*

Ch. ABBR = **chapter**

c.h. ABBR = **central heating**

Chad /tʃæd/ N Tchad *(m)*

chador /ˈtʃɑːdɔːr/ N tchador *(m)*

chafe /tʃeɪf/ 1 VT ⓐ (= *rub against*) irriter (par frottement); **his shirt ~d his neck** il avait le cou irrité par le frottement de la chemise 2 VI **to ~ at sth** [*person*] s'irriter de qch; **he ~d at having to take orders from her** cela l'irritait de recevoir des ordres d'elle

chaffinch /ˈtʃæfɪntʃ/ N pinson *(m)*

chagrin /ˈʃægrɪn/ N (= *annoyance*) contrariété *(f)*; **much to my ~** à ma grande contrariété

chain /tʃeɪn/ 1 N ⓐ chaîne *(f)*; **in ~s** enchaîné ⓑ [*of mountains, atoms*] chaîne *(f)*; [*of events*] série *(f)*; **~ of shops** chaîne *(f)* de magasins

2 VT [+ *dog, bike*] attacher avec une chaîne; [+ *person*] enchaîner; **he was ~ed to the wall** il était enchaîné au mur

3 COMP ♦ **chain letter** N lettre *(f)* faisant partie d'une chaîne ♦ **chain mail** N cotte *(f)* de mailles ♦ **chain reaction** N réaction *(f)* en chaîne ♦ **chain saw** N tronçonneuse *(f)* ♦ **chain-smoke** VI fumer cigarette sur cigarette ♦ **chain smoker** N gros(se) fumeur *(m)*, -euse *(f)* ♦ **chain store** N grand magasin *(m)* à succursales multiples

chair /tʃeər/ 1 N ⓐ chaise *(f)*; (= *armchair*) fauteuil *(m)*; (*Univ*) chaire *(f)*; **dentist's ~** fauteuil *(m)* de dentiste ⓑ (*at meeting = function*) présidence *(f)*; **to take the ~** or **to be in the ~** présider ⓒ (= *chairperson*) président(e) *(m(f))* 2 VT [+ *meeting*] présider

chairlift /ˈtʃeəlɪft/ N télésiège *(m)*

chairman /ˈtʃeəmən/ N (*pl* **-men**) président *(m)*

chairperson /ˈtʃeəˌpɜːsn/ N président(e) *(m(f))*

chairwoman /ˈtʃeəwʊmən/ N (*pl* **-women**) présidente *(f)*

chalet /ˈʃæleɪ/ N chalet *(m)*

chalice /ˈtʃælɪs/ N calice *(m)*

chalk /tʃɔːk/ N craie *(f)*; **a piece of ~** une craie; **they're as different as ~ and cheese** (*Brit*) c'est le jour et la nuit; **by a long ~** (*Brit*) de loin ♦ **chalk board** N (*US*) tableau *(m)* (noir)

► **chalk up** VT SEP [+ *success, victory*] remporter

challenge /ˈtʃælɪndʒ/ 1 N défi *(m)*; **to issue a ~** lancer un défi; **to rise to the ~** se montrer à la hauteur; **to take up the ~** relever le défi; **Hunter's ~ for the party leadership** la tentative de Hunter pour prendre la tête du parti

2 VT ⓐ (= *call on*) défier; **to ~ sb to do sth** défier qn de faire qch; **to ~ sb to a game** proposer à qn de faire une partie; **to ~ sb to a duel** provoquer qn en duel ⓑ [+ *statement*] contester; **to ~ sb's authority to do sth** contester à qn le droit de faire qch ⓒ [+ *juror, jury*] récuser

challenger /ˈtʃælɪndʒər/ N challenger *(m)*

challenging /ˈtʃælɪndʒɪŋ/ ADJ [*look, tone*] de défi; [*remark, speech*] provocateur (-trice *(f)*); **this is a ~ job** ce travail représente un véritable défi

chamber /ˈtʃeɪmbər/ N **the Upper/Lower Chamber** la Chambre haute/basse ♦ **chamber concert** N concert *(m)* de musique de chambre ♦ **chamber music** N musique *(f)* de chambre ♦ **Chamber of Commerce** N Chambre *(f)* de commerce ♦ **Chamber of Horrors** N cabinet *(m)* des horreurs ♦ **chamber orchestra** N orchestre *(m)* (de musique) de chambre

chambermaid /ˈtʃeɪmbəmeɪd/ N femme *(f)* de chambre

chameleon /kəˈmiːlɪən/ N caméléon *(m)*

chamois /ˈʃæmɪ/ N (*pl inv*) peau *(f)* de chamois ♦ **chamois leather** N peau *(f)* de chamois

champagne /ʃæmˈpeɪn/ N (= *wine*) champagne *(m)* ♦ **champagne glass** N (*wide*) coupe *(f)* à champagne; (*tall and narrow*) flûte *(f)* à champagne

champion /ˈtʃæmpjən/ 1 N champion(ne) *(m(f))*; **the ~ of free speech** le champion de la liberté d'expression; **world ~** champion(ne) *(m(f))* du monde 2 ADJ **~ swimmer/ skier** champion(ne) *(m(f))* de natation/de ski 3 VT [+ *person*] prendre fait et cause pour; [+ *cause*] se faire le champion de

championship /ˈtʃæmpjənʃɪp/ N championnat *(m)*; **world ~** championnat *(m)* du monde

chance /tʃɑːns/ 1 N ⓐ (= *luck*) hasard *(m)*; **by (sheer) ~** (tout à fait) par hasard; **have you a pen on you by any ~?**

auriez-vous par hasard un stylo sur vous ? ; **to leave things to ~** laisser faire le hasard ; **he left nothing to ~** il n'a rien laissé au hasard

ⓑ (= *possibility*) chance(s) *(f(pl))* ; **to stand a ~ (of doing sth)** avoir une bonne chance (de faire qch) ; **he hasn't much ~ of winning** il a peu de chances de gagner ; **he's still in with a ~** il a encore une petite chance ; **the ~s are that ...** il y a de grandes chances que ... (+ *subj*), il est très possible que ... (+ *subj*) ; **there is little ~ of his coming** il est peu probable qu'il vienne ; **he's taking no ~s** il ne veut prendre aucun risque ; **that's a ~ we'll have to take** c'est un risque que nous devons courir ; **no ~!*** jamais !

ⓒ (= *opportunity*) occasion *(f)* ; **I had the ~ to go** *or* **of going** j'ai eu l'occasion d'y aller ; **if there's a ~ of buying it** s'il est possible de l'acheter ; **to miss a ~** laisser passer une occasion ; **she was waiting for a ~ to speak** elle attendait l'occasion de parler ; **this is his big ~** c'est la chance de sa vie ; **give him another ~** laisse-lui encore une chance ; **give me a ~ to show you what I can do** laissez-moi vous montrer ce que je sais faire

2 ADJ **a ~ discovery** une découverte accidentelle ; **a ~ meeting** une rencontre fortuite

3 VT ⓐ (*frm* = *happen*) **to ~ to do sth** faire qch par hasard ; **I ~d to hear his name** j'ai entendu son nom par hasard

ⓑ (= *risk*) [+ *rejection, fine*] risquer ; **to ~ doing sth** se risquer à faire qch ; **I'll ~ it!*** je vais risquer le coup !* ; **to ~ one's luck** tenter sa chance

► **chance upon** VT INSEP (*frm*) [+ *person*] rencontrer par hasard ; [+ *thing*] trouver par hasard

chancel /ˈtʃɑːnsəl/ N chœur *(m)* (*d'une église*)

chancellor /ˈtʃɑːnsələʳ/ N chancelier *(m)* ; (*Brit Univ*) président(e) *(m(f))* honoraire ; (*US Univ*) président(e) *(m(f))* d'université ◆ **Chancellor of the Exchequer** N (*Brit*) chancelier *(m)* de l'Échiquier (*ministre des finances britanniques*) → TREASURY

chancy* /ˈtʃɑːnsɪ/ ADJ risqué

chandelier /ˌʃændəˈlɪəʳ/ N lustre *(m)*

change /tʃeɪndʒ/ 1 N ⓐ (= *alteration*) changement *(m)* ; **a ~ for the better** une amélioration ; **~ in public opinion** revirement *(m)* de l'opinion publique ; **~ in attitudes** changement *(m)* d'attitude ; **a ~ in government policy** un changement dans la politique du gouvernement ; **(just) for a ~** pour changer un peu ; **to make a ~ in sth** changer qch ; **to have a ~ of heart** changer d'avis ; **it makes a ~** ça change un peu ; **it will be a nice ~** cela nous fera un changement ; **the ~ of life** le retour d'âge ; **~ of address** changement *(m)* d'adresse ; **he brought a ~ of clothes** il a apporté des vêtements de rechange ; **~ of job** changement *(m)* de travail

ⓑ (= *money*) monnaie *(f)* ; **small ~** petite monnaie *(f)* ; **can you give me ~ for this note/for $20?** pouvez-vous me faire la monnaie de ce billet/de 20 dollars ? ; **keep the ~** gardez la monnaie

2 VT ⓐ (*by substitution*) changer de ; **to ~ (one's) clothes** se changer ; **to ~ one's shirt/skirt** changer de chemise/jupe ; **to ~ the baby/his nappy** changer le bébé/ses couches ; **to ~ hands** (= *one's grip*) changer de main ; [*goods, property, money*] changer de mains ; **to ~ trains** changer de train ; **to ~ one's mind** changer d'avis ; **to ~ sb's mind (about sth)** faire changer qn d'avis (à propos de qch)

ⓑ (= *exchange*) échanger ; **you can ~ it for something else** vous pouvez l'échanger contre quelque chose d'autre ; **to ~ places (with sb)** changer de place (avec qn) ; **I wouldn't like to ~ places with you** je n'aimerais pas être à votre place ; **to ~ ends** (*Tennis, Football*) changer de côté

ⓒ [+ *banknote, coin*] faire la monnaie de ; [+ *foreign currency*] changer (**into** en)

ⓓ (= *alter, modify, transform*) changer (**X into Y** X en Y) ; **the witch ~d him into a cat** la sorcière l'a changé en chat ; **this has ~d my ideas** cela m'a fait changer d'idée ; **success has utterly ~d her** la réussite l'a complètement transformée

3 VI ⓐ (= *become different*) changer ; **you've ~d a lot!** tu as beaucoup changé ! ; **he will never ~** il ne changera jamais ; **his mood ~d from resignation to rage** il est passé de la rési-

gnation à la fureur ; **the water had ~d to ice** l'eau s'était changée en glace

ⓑ (= *change clothes*) se changer ; **she ~d into an old skirt** elle a mis une vieille jupe

ⓒ (*on bus, plane, train journey*) changer ; **you have to ~ at Edinburgh** vous devez changer à Édimbourg ; **all ~!** tout le monde descend !

4 COMP ◆ **change machine** N distributeur *(m)* de monnaie ◆ **change purse** N (*US*) porte-monnaie *(m inv)*

► **change down** VI (*Brit: in car gears*) rétrograder

► **change over** VI passer (**from** de, **to** à) ; [*two people*] faire l'échange

► **change up** VI (*Brit: in car gears*) passer la vitesse supérieure

changeable /ˈtʃeɪndʒəbl/ ADJ [*person*] inconstant ; [*weather, circumstances*] variable

changeover /ˈtʃeɪndʒəʊvəʳ/ N changement *(m)*

changing /ˈtʃeɪndʒɪŋ/ 1 ADJ **~ attitudes** des attitudes qui changent 2 N **the ~ of the guard** la relève de la garde 3 COMP ◆ **changing-room** N (*Brit Sport*) vestiaire *(m)* ; (= *fitting room*) cabine *(f)* d'essayage

channel /ˈtʃænl/ 1 N ⓐ (*TV*) chaîne *(f)*

ⓑ (= *navigable passage*) chenal *(m)* ; (*for irrigation*) (*small*) rigole *(f)* ; (*wider*) canal *(m)* ; **the (English) Channel** la Manche

ⓒ (= *groove in surface*) rainure *(f)*

ⓓ (*Customs*) **red/green ~** file *(f)* marchandises à déclarer/rien à déclarer

ⓔ (= *system*) voie *(f)* ; **~ of communication** voie *(f)* de communication ; **all the diplomatic ~s available** toutes les voies diplomatiques possibles ; **to go through the usual ~s** suivre la filière habituelle

2 VT [+ *energies, efforts, resources*] canaliser (**towards, into** vers)

3 COMP ◆ **Channel ferry** N (*Brit*) ferry *(m)* transmanche *(inv)* ◆ **the Channel Islands, the Channel Isles** NPL les îles *(fpl)* Anglo-Normandes ◆ **the Channel tunnel** N le tunnel sous la Manche

chant /tʃɑːnt/ 1 N (*in religious music*) psalmodie *(f)* ; [*of crowd, demonstrators*] chant *(m)* scandé 2 VT (= *sing*) chanter lentement ; (= *recite*) réciter ; [+ *religious music*] psalmodier ; [*crowd, demonstrators*] scander 3 VI chanter ; [*monks, priest*] psalmodier ; [*crowd, demonstrators*] scander des slogans

chaos /ˈkeɪɒs/ N chaos *(m)*

chaotic /keɪˈɒtɪk/ ADJ chaotique

chap* /tʃæp/ N (= *man*) gars* *(m)* ; **he was a young ~** c'était un jeune gars* ; **a nice ~** un chic type*

chapel /ˈtʃæpəl/ N chapelle *(f)*

chaplain /ˈtʃæplɪn/ N aumônier *(m)*

chapped /tʃæpt/ ADJ [*lips*] gercé

chapter /ˈtʃæptəʳ/ N [*of book*] chapitre *(m)* ; **in ~ four** au chapitre quatre ; **to quote ~ and verse** citer ses références

char /tʃɑːʳ/ 1 VT (= *burn*) carboniser 2 VI être carbonisé

character /ˈkærɪktəʳ/ 1 N ⓐ caractère *(m)* ; **it's very much in ~ (for him)** ça lui ressemble tout à fait ; **it was out of ~ (for him)** cela ne lui ressemblait pas ; **to have ~** avoir du caractère

ⓑ (= *outstanding individual*) personnage *(m)* ; (= *original person*)* numéro* *(m)* ; **he's quite a ~!*** c'est un sacré numéro* ; **he's an odd ~** c'est un curieux personnage

ⓒ **of good/bad ~** de bonne/mauvaise réputation

ⓓ (*in film, play*) personnage *(m)*

ⓔ (*Computing*) caractère *(m)* ; **~s per second** caractères/seconde *(mpl)*

2 COMP ◆ **character actor** N acteur *(m)* de genre ◆ **character actress** N actrice *(f)* de genre ◆ **character reference** N certificat *(m)* de (bonne) moralité ◆ **character witness** N témoin *(m)* de moralité

⚠ **character** *is not always translated by* **caractère**.

characteristic /ˌkærɪktəˈrɪstɪk/ 1 ADJ caractéristique ; **with (his) ~ enthusiasm** avec l'enthousiasme qui le caractérise 2 N caractéristique *(f)*

characteristically /ˌkærɪktə'rɪstɪkəlɪ/ ADV **he replied in ~ robust style** il a répondu dans ce style robuste qui le caractérise; **~, she refused** comme on pouvait s'y attendre, elle a refusé

characterization /ˌkærɪktəraɪ'zeɪʃən/ N (*by playwright, novelist*) manière (*f*) de camper les personnages

characterize /'kærɪktəraɪz/ VT caractériser; **the campaign has been ~d by violence** la campagne s'est distinguée par sa violence

charade /ʃə'rɑːd/ **1** N (= *pretence*) comédie (*f*) **2** NPL **charades** charades (*fpl*) mimées

charbroiled /'tʃɑːˌbrɔɪld/ ADJ (*US*) grillé au feu de bois

charcoal /'tʃɑːkəʊl/ **1** N charbon (*m*) de bois **2** COMP [*drawing, sketch*] au charbon ◆ **charcoal-grey** gris foncé (*inv*), (gris) anthracite (*inv*)

chard /tʃɑːd/ N (*also* **Swiss ~**) bettes (*fpl*)

charge /tʃɑːdʒ/

| **1** NOUN | **3** INTRANSITIVE VERB |
| **2** TRANSITIVE VERB | **4** COMPOUNDS |

1 NOUN

ⓐ in court inculpation (*f*), chef (*m*) d'accusation; **what is the ~?** quel est le chef d'accusation?; **the ~ was murder** il était (*or* j'étais *etc*) inculpé de meurtre; **the ~ was dropped** les poursuites ont été abandonnées; **they were convicted on all three ~s** ils ont été reconnus coupables pour les trois chefs d'accusation; **to be on a murder ~** être inculpé de meurtre; **he was arrested on a ~ of murder** il a été arrêté pour meurtre

ⓑ = accusation accusation (*f*); **he denied these ~s** il a rejeté ces accusations

ⓒ = attack charge (*f*)

ⓓ = fee prix (*m*); **is there a ~?** c'est payant?; **for a small ~, we can supply ...** pour un prix modique, nous pouvons fournir ...; **there's no ~ for this** c'est gratuit; **there is an extra ~ for ...** il y a un supplément (à payer) pour ...; **to make a ~ for sth** facturer qch; **he made no ~ for mending it** il n'a rien pris pour la réparation; **~ for delivery** frais (*mpl*) de port

ⓔ = responsibility **the patients in her ~** les malades dont elle a la charge; **to take ~** (*in firm, project*) prendre la direction; **he took ~ of the situation at once** il a immédiatement pris la situation en main

◆ **in charge**: **who's in ~ here?** qui est le responsable?; **the person in ~** le responsable; **I left him in ~** je lui ai laissé la charge de tout; **to be in ~ of** [*department, operation, project*] diriger; [*children, animals*] s'occuper de; **to put sb in ~ of** [*firm, department, operation, project*] confier à qn la direction de; **to put sb in ~ of doing sth** charger qn de faire qch

ⓕ electrical charge (*f*); **to put a battery on ~** mettre une batterie en charge; **there is no ~ left in the battery** la batterie est déchargée

2 TRANSITIVE VERB

ⓐ = accuse accuser (**with** de); (*in court*) inculper (**with** de); **to ~ sb with doing sth** accuser qn d'avoir fait qch; **he was ~d with murder** il a été inculpé de meurtre

ⓑ = attack charger

ⓒ in payment [+ *person*] faire payer; [+ *amount*] prendre; **to ~ a commission** prendre une commission; **to ~ $100 a day** prendre 100 dollars par jour; **to ~ sb a fee of £200** faire payer 200 livres à qn; **to ~ sb for sth** faire payer qch à qn; **to ~ sb too much for sth** faire payer qch trop cher à qn; **I won't ~ you for that** je ne vous ferai rien payer; **I can ~ it to the company** je peux me le faire rembourser par mon entreprise; (*on expense claim*) je peux le mettre sur ma note de frais

ⓓ + battery charger

ⓔ = command **to ~ sb to do sth** charger qn de faire qch

3 INTRANSITIVE VERB

ⓐ = rush se précipiter; **to ~ in/out** entrer/sortir en coup de vent; **to ~ up/down** grimper/descendre à toute vitesse; **to ~ through** passer en coup de vent

ⓑ battery se recharger

4 COMPOUNDS

◆ **charge account** N compte (*m*) client ◆ **charge card** N (*Brit*) carte (*f*) de paiement

chargeable /'tʃɑːdʒəbl/ ADJ (= *payable*) à payer

charger /'tʃɑːdʒəʳ/ N ⓐ (*for battery*) chargeur (*m*) ⓑ (= *horse*) destrier (*m*)

chargrilled /'tʃɑːˌɡrɪld/ ADJ (*Brit*) grillé au feu de bois

chariot /'tʃærɪət/ N char (*m*)

charisma /kæ'rɪzmə/ N charisme (*m*)

charismatic /ˌkærɪz'mætɪk/ ADJ charismatique

charitable /'tʃærɪtəbl/ ADJ [*organization*] caritatif ⓑ (= *kindly*) charitable (**to sb** envers qn)

charity /'tʃærɪtɪ/ **1** N ⓐ (= *charitable organization*) organisation (*f*) caritative; **to collect for ~** faire une collecte pour une œuvre (charitable); **the proceeds go to ~** les fonds recueillis sont versés à des œuvres ⓑ (= *alms*) charité (*f*); **to live on ~** vivre d'aumônes **2** COMP ◆ **charity shop** N boutique vendant des articles d'occasion au profit d'une organisation caritative

charlady /'tʃɑːleɪdɪ/ N (*Brit*) femme (*f*) de ménage

charlatan /'ʃɑːlətən/ N charlatan (*m*)

charm /tʃɑːm/ **1** N ⓐ [*of person, place, object*] charme (*m*); **to have a lot of ~** avoir beaucoup de charme ⓑ **the plan worked like a ~** tout s'est déroulé exactement comme prévu ⓒ (*for bracelet*) breloque (*f*) **2** VT (= *attract, please*) charmer; **to ~ sth out of sb** obtenir qch de qn par le charme; **he could ~ the birds out of the trees** il sait vraiment y faire **3** COMP ◆ **charm bracelet** N bracelet (*m*) à breloques

charmer /'tʃɑːməʳ/ N charmeur (*m*), -euse (*f*)

charming /'tʃɑːmɪŋ/ ADJ charmant

chart /tʃɑːt/ **1** N ⓐ (= *graph*) graphique (*m*); (= *table*) tableau (*m*); **temperature ~** (= *sheet*) feuille (*f*) de température; (= *line*) courbe (*f*) de température ⓑ (= *map of sea*) carte (*f*) (marine) ⓒ **the ~s** (= *hit parade*) le hit-parade; **in the ~s** au hit-parade **2** VT [+ *sales, profits, results*] faire une courbe de; **this graph ~s the progress made last year** ce graphique montre les progrès accomplis l'an dernier ⓑ [+ *route, journey*] porter sur la carte

charter /'tʃɑːtəʳ/ **1** N ⓐ (= *document*) charte (*f*); [*of society, organization*] statuts (*mpl*); **the Charter of the United Nations** la Charte des Nations unies ⓑ (= *flight*) (vol (*m*)) charter (*m*) **2** VT [+ *plane*] affréter **3** COMP ◆ **chartered accountant** N (*Brit*) expert-comptable (*mf*), comptable (*mf*) agréé(e) ◆ **charter flight** N vol (*m*) charter (*m*); **to take a ~ flight to Rome** aller à Rome en charter

charwoman † /'tʃɑːˌwʊmən/ N (*pl* **-women**) femme (*f*) de ménage

chary /'tʃɛərɪ/ ADJ (= *cautious*) circonspect; **to be ~ of doing sth** hésiter à faire qch

chase /tʃeɪs/ **1** N (= *action*) poursuite (*f*); **a high-speed car ~** une course-poursuite en voiture; **to give ~ to sb** se lancer à la poursuite de qn; **they ran out and the police gave ~** ils sont sortis en courant et la police s'est lancée à leur poursuite **2** VT poursuivre; [+ *success, women*] courir après; **she ~d the thief for 100 metres** elle a poursuivi le voleur sur 100 mètres; **2,000 unemployed people chasing five jobs** 2 000 chômeurs qui se disputent cinq emplois **3** VI **to ~ after sb** courir après qn

► **chase away** VT SEP [+ *person, animal*] chasser

► **chase up** VT SEP [+ *information*] rechercher; [+ *sth already asked for*] réclamer

chaser /'tʃeɪsəʳ/ N (= *drink*) verre pris pour en faire descendre un autre

chasm /'kæzəm/ N gouffre (*m*)

chassis /'ʃæsɪ/ N (*pl* **chassis** /'ʃæsɪz/) [*of vehicle*] châssis (*m*)

chaste /tʃeɪst/ ADJ [*person*] chaste

chastened /ˈtʃeɪsnd/ ADJ contrit

chastening /ˈtʃeɪsnɪŋ/ ADJ **it was a ~ thought** ça nous a fait réfléchir ; **the accident had a ~ effect on him** l'accident l'a fait réfléchir

chastise /tʃæsˈtaɪz/ VT (= scold) réprimander

chastity /ˈtʃæstɪtɪ/ N chasteté (f) ♦ **chastity belt** N ceinture (f) de chasteté

chat /tʃæt/ 1 N brin (m) de conversation ; **to have a ~** bavarder ; **I must have a ~ with him about this** il faut que je lui en parle 2 VI bavarder (**with, to** avec) ; (Computing) participer à un salon de discussion 3 COMP ♦ **chat room** N (on the Web) salon (m) de discussion ♦ **chat show** N (Brit TV) talk-show (m) ♦ **chat-up line** N (Brit) **that's his usual ~-up line** c'est son entrée en matière habituelle pour draguer*
► **chat up*** VT SEP (Brit) baratiner*

chatline /ˈtʃætlaɪn/ N (for dating) ≈ téléphone (m) rose

chatter /ˈtʃætəʳ/ 1 VI bavarder ; [children, monkeys, birds] jacasser ; **his teeth were ~ing** il claquait des dents 2 N [of person] bavardage (m)

chatterbox* /ˈtʃætəbɒks/, **chatterer** /ˈtʃætərəʳ/ N moulin (m) à paroles* ; **to be a ~** être bavard comme une pie

chatty* /ˈtʃætɪ/ ADJ [person] bavard ; **a ~ letter** une lettre écrite sur le ton de la conversation

chauffeur /ˈʃəʊfəʳ/ 1 N chauffeur (m) (de maître) 2 VT **to ~ sb around** or **about** servir de chauffeur à qn 3 COMP ♦ **chauffeur-driven car** N voiture (f) avec chauffeur

chauvinism /ˈʃəʊvɪnɪzəm/ N chauvinisme (m) ; (= male chauvinism) machisme (m)

chauvinist /ˈʃəʊvɪnɪst/ 1 N chauvin(e) (m(f)) ; **male ~** machiste (m) 2 ADJ chauvin ; (= male chauvinist) machiste, macho*

chauvinistic /ˌʃəʊvɪˈnɪstɪk/ ADJ chauvin ; (= male chauvinistic) machiste, phallocrate

cheap /tʃiːp/ 1 ADJ ⓐ (= inexpensive) bon marché (inv) ; [rate, fare] réduit ; **~er** meilleur marché (inv), moins cher (chère (f)) ; **it's 10 cents ~er** ça coûte 10 cents de moins ; **the ~est seats are around $15** les places les moins chères sont autour de 15 dollars ; **~ rate** tarif (m) réduit ; **it was going ~*** c'était pas cher* ; **it is ~er to buy than to rent** cela revient moins cher d'acheter que de louer ; **to be ~ to run** ne pas revenir cher à l'usage ; **quality doesn't come ~** la qualité se paie ; **human life is ~ in wartime** la vie humaine ne vaut pas grand-chose en temps de guerre
ⓑ (= poor-quality) bon marché (inv) ; **~ cuts of meat** bas morceaux (mpl) ; **he was wearing a ~ suit** il portait un costume de mauvaise qualité ; **~ and nasty*** [wine, plastic] mauvais et bon marché ; **it's ~ and nasty*** c'est vraiment pas génial*
ⓒ **on the ~*** [buy, employ] au rabais ; [decorate] à bas prix
ⓓ [sensationalism] de bas étage ; [remark] méchant ; [joke, trick, gimmick, woman] facile ; **to feel ~** se sentir minable
2 ADV [buy] (= inexpensively) bon marché ; (= cut-price) au rabais

cheapen /ˈtʃiːpən/ VT (= reduce value of) déprécier ; **to ~ o.s.** se déprécier

cheaply /ˈtʃiːplɪ/ ADV [buy, sell] bon marché ; [produce, decorate, furnish, eat] à bon marché

cheapo* /ˈtʃiːpəʊ/ ADJ bon marché

cheat /tʃiːt/ 1 VT (= swindle) escroquer ; **to ~ sb at cards** tricher aux cartes en jouant avec qn ; **to ~ sb out of sth** escroquer à qn ; **to feel ~ed** (= swindled) se sentir floué ; (= betrayed) se sentir trahi 2 VI (at cards, games) tricher (at à) ; **to ~ on sb*** (= be unfaithful to) tromper qn 3 N (also **~er** : US) ⓐ (= person) tricheur (m), -euse (f) ⓑ (= deception) **what a ~!** on s'est fait avoir!* ; **it's a bit of a ~ to use ready-prepared meals** c'est un peu de la triche d'utiliser des plats cuisinés

cheating /ˈtʃiːtɪŋ/ 1 N tricherie (f) 2 ADJ tricheur

Chechen /ˈtʃetʃən/ 1 N (= person) Tchétchène (mf) 2 ADJ tchétchène

Chechnya /ˈtʃetʃnɪə/ N Tchétchénie (f)

check /tʃek/ 1 N ⓐ (= examination) contrôle (m) ; **to make a ~ on** contrôler
ⓑ **to keep in ~** [+ emotions] contenir ; **~s and balances** freins (mpl) et contrepoids (mpl) (système d'équilibrage des pouvoirs législatif, exécutif et judiciaire aux États-Unis)
ⓒ (Chess) échec (m) ; **in ~** en échec ; **~!** échec au roi !
ⓓ (US = bill) addition (f)
ⓔ (gen pl = pattern) **~s** carreaux (mpl) ; (= cloth) tissu (m) à carreaux
ⓕ (US) = **cheque**
2 VT ⓐ vérifier ; [+ tickets, passports] contrôler ; (= tick off) cocher ; **to ~ a copy against the original** comparer une copie à l'original ; **I'll have to ~ whether** or **if there's an age limit** il faudra que je vérifie s'il y a une limite d'âge
ⓑ [+ baggage to be loaded] enregistrer
ⓒ (= stop) [+ enemy] arrêter ; [+ advance] enrayer ; **to ~ o.s.** se contrôler ; **to ~ the spread of AIDS** enrayer la progression du sida
ⓓ (Chess) faire échec à
ⓔ (US) [+ coats] mettre au vestiaire
3 VI vérifier ; **is Matthew there? — hold on, I'll just ~** est-ce que Matthew est là ? — attends, je vais voir
4 COMP [tablecloth, shirt, pattern] à carreaux ♦ **check-in** N (at airport) enregistrement (m) (des bagages) ; **your ~-in time is half-an-hour before departure** présentez-vous à l'enregistrement des bagages une demi-heure avant le départ ♦ **check-out** N caisse (f) (dans un libre-service)
► **check in** 1 VI (in hotel) (= arrive) arriver ; (= register) remplir une fiche (d'hôtel) ; (at airport) se présenter à l'enregistrement 2 VT SEP (at airport) enregistrer
► **check off** VT SEP pointer
► **check on** VT INSEP [+ information, time] vérifier ; **to ~ on sb** voir ce que fait qn ; **just go and ~ on the baby** va voir le bébé
► **check out** 1 VI (from hotel) régler sa note ; **I ~ed out at 10 o'clock** j'ai rendu ma chambre à 10 heures 2 VT SEP ⓐ (= verify) vérifier ⓑ [+ luggage] retirer ; [+ person] contrôler la sortie de ; [+ hotel guest] faire payer sa note à
► **check over** VT SEP vérifier
► **check up** VI **to ~ up on sth** vérifier qch ; **to ~ up on sb** se renseigner sur qn

checkbook /ˈtʃekbʊk/ N (US) chéquier (m)

checked /tʃekt/ ADJ [tablecloth, suit, pattern] à carreaux

checkered /ˈtʃekəd/ (US) ADJ [history, career] en dents de scie ; (= checked) à carreaux

checkers /ˈtʃekəz/ NPL (US) jeu (m) de dames

checklist /ˈtʃeklɪst/ N check-list (f), liste (f) de contrôle

checkmate /ˈtʃekmeɪt/ N (Chess) (échec (m) et) mat (m) ; (= failure) échec (m) total

checkpoint /ˈtʃekpɔɪnt/ N poste (m) de contrôle

checkup /ˈtʃekʌp/ N (by doctor) bilan (m) de santé ; **to go for** or **have a ~** se faire faire un bilan de santé

cheddar /ˈtʃedəʳ/ N cheddar (m)

cheek /tʃiːk/ N ⓐ joue (f) ; **to dance ~ to ~** danser joue contre joue ⓑ (= impudence)* culot* (m) ; **to have the ~ to do sth** avoir le culot* de faire qch ; **what (a) ~!** quel culot !*

cheekbone /ˈtʃiːkbəʊn/ N pommette (f)

cheekily /ˈtʃiːkɪlɪ/ ADV [say] avec insolence

cheeky /ˈtʃiːkɪ/ ADJ [child] effronté ; [remark] impertinent

cheep /tʃiːp/ 1 N piaulement (m) ; **~, ~!** cui-cui ! 2 VI [bird] piauler

cheer /tʃɪəʳ/ 1 N **~s** acclamations (fpl), hourras (mpl) ; **three ~s for ...** un ban pour ...! ; **~s!*** (Brit) (= your health!) à la vôtre* (or à la tienne*)! ; (= goodbye) salut! ; (= thanks) merci ! 2 VT ⓐ [+ person] remonter le moral à ; **it ~ed him to think that ...** cela lui a remonté le moral de penser que ... ⓑ (= applaud) acclamer 3 VI (= applaud) pousser des vivats or des hourras
► **cheer on** VT SEP [+ person, team] encourager
► **cheer up** 1 VI reprendre courage ; **~ up!** courage ! 2 VT SEP remonter le moral à ; **it really ~ed me up** ça m'a vraiment remonté le moral

cheerful /'tʃɪəfʊl/ ADJ [atmosphere, mood, occasion, person] joyeux ; [colour, smile] gai ; [news, prospect] réjouissant ; **to sound ~** avoir l'air gai

cheerfully /'tʃɪəfʊlɪ/ ADV (= happily) [smile, say] joyeusement ; (= blithely) [ignore] allègrement

cheerfulness /'tʃɪəfʊlnɪs/ N [of person] bonne humeur (f), gaieté (f)

cheerily /'tʃɪərɪlɪ/ ADV gaiement

cheerio‡ /'tʃɪərɪ'əʊ/ EXCL (Brit = goodbye) salut !*, tchao !*

cheerleader /'tʃɪəliːdə'/ N pom-pom girl (f)

cheerless /'tʃɪəlɪs/ ADJ triste

cheery /'tʃɪərɪ/ ADJ joyeux

cheese /tʃiːz/ 1 N fromage (m) ; **"say ~!"** « un petit sourire ! » (Brit) **to be ~d off with sth‡** en avoir marre de qch* 3 COMP [sandwich] au fromage ♦ **cheese and wine (party)** N ≈ buffet (m) campagnard

cheeseboard /'tʃiːzbɔːd/ N (= plate) plateau (m) à fromage(s) ; (with cheeses on it) plateau (m) de fromages

cheeseburger /'tʃiːz,bɜːgə'/ N cheeseburger (m)

cheesecake /'tʃiːzkeɪk/ N cheesecake (m), ≈ gâteau (m) au fromage blanc

cheetah /'tʃiːtə/ N guépard (m)

chef /ʃef/ N chef (m) (cuisinier)

chemical /'kemɪkəl/ 1 ADJ chimique 2 N produit (m) chimique ; **dangerous ~s** des produits chimiques dangereux 3 COMP ♦ **chemical engineer** N ingénieur (m) en génie chimique ♦ **chemical engineering** N génie (m) chimique ♦ **chemical warfare** N guerre (f) chimique ♦ **chemical weapons** NPL armes (fpl) chimiques

chemist /'kemɪst/ N ⓐ (= scientist) chimiste (mf) ⓑ (Brit = pharmacist) pharmacien(ne) (m(f)) ; **~'s (shop)** pharmacie (f)

chemistry /'kemɪstrɪ/ 1 N chimie (f) ; **they work so well together because the ~ is right** ils travaillent très bien ensemble parce que le courant passe 2 ADJ [laboratory, lesson, teacher] de chimie

chemo‡ /'kiːməʊ/ N (ABBR = **chemotherapy**) chimio* (f)

chemotherapy /,keməʊ'θerəpɪ/ N chimiothérapie (f)

cheque, check (US) /tʃek/ N chèque (m) ; **~ for $10** chèque (m) de 10 dollars ; **to pay by ~** payer par chèque ♦ **cheque account** N compte-chèque (m) ♦ **cheque card** N (Brit) carte (f) bancaire (garantissant les chèques)

chequebook /'tʃekbʊk/ N chéquier (m) ♦ **chequebook journalism** N pratique qui consiste à payer pour obtenir des confidences exclusives

chequered /'tʃekəd/ ADJ [history, career] en dents de scie ; (= checked) à carreaux

cherish /'tʃerɪʃ/ VT [+ person, memory] chérir ; [+ hope, illusions] nourrir

cherished /'tʃerɪʃt/ ADJ [ambition, memory] cher

cherry /'tʃerɪ/ 1 N (= fruit) cerise (f) ; (also **~ tree**) cerisier (m) ; **to lose one's ~‡** (= virginity) se faire dépuceler* 2 COMP (= colour) (rouge) cerise (inv) ; (liter) [lips] vermeil ; [pie, tart] aux cerises ♦ **cherry blossom** N fleurs (fpl) de cerisier ♦ **cherry-red** ADJ (rouge) cerise (inv) ♦ **cherry tomato** N tomate (f) cerise

cherry-pick /'tʃerɪpɪk/ VT trier sur le volet

chervil /'tʃɜːvɪl/ N cerfeuil (m)

Ches ABBR = **Cheshire**

Cheshire cat /,tʃeʃə'kæt/ N **to grin like a ~** avoir un sourire jusqu'aux oreilles

chess /tʃes/ N échecs (mpl) ♦ **chess set** N jeu (m) d'échecs

chessboard /'tʃesbɔːd/ N échiquier (m)

chessman /'tʃesmæn/ N (pl **-men**) pièce (f) (de jeu d'échecs)

chessplayer /'tʃes,pleɪə'/ N joueur (m), -euse (f) d'échecs

chest /tʃest/ 1 N ⓐ (part of body) poitrine (f) ; **to get something off one's ~*** dire ce que l'on a sur le cœur ⓑ (= box) coffre (m) 2 COMP ♦ **chest freezer** N congélateur-bahut (m) ♦ **chest infection** N infection (f)

des voies respiratoires ♦ **chest of drawers** N commode (f) ♦ **chest pains** NPL douleurs (fpl) de poitrine

chestnut /'tʃesnʌt/ 1 N ⓐ (edible) châtaigne (f), marron (m) ⓑ (also **~ tree**) châtaignier (m) ; (= horse chestnut) marronnier (m) 2 ADJ (also **~-brown**) châtain ; **~ hair** cheveux (mpl) châtains

chesty /'tʃestɪ/ ADJ (Brit) [cough] de poitrine

chew /tʃuː/ VT [+ food] mâcher ; [+ pencil] mordiller ; **to ~ tobacco** chiquer ; **to ~ the cud** ruminer ; **I ~ed the problem over** j'ai tourné et retourné le problème dans tous les sens ♦ **chewing gum** N chewing-gum (m) ► **chew up** VT SEP mâchonner

chic /ʃiːk/ 1 ADJ chic (inv) 2 N chic (m)

Chicano /tʃɪ'kɑːnəʊ/ N (US) Mexicain(e)-Américain(e) (m(f)), Chicano (mf)

chick /tʃɪk/ N (= chicken) poussin (m) ; (= nestling) oisillon (m) ; (= girl)‡ minette* (f) ♦ **chick lit*** N chick lit (m) (genre romanesque décrivant des jeunes femmes actives et leur vie sentimentale)

chicken /'tʃɪkɪn/ 1 N poulet (m) ; (very young) poussin (m) ; **to run around like a headless ~** courir dans tous les sens ; **it's a ~ and egg situation** c'est l'histoire de l'œuf et de la poule ; **don't count your ~s (before they're hatched)** il ne faut pas vendre la peau de l'ours (avant de l'avoir tué) 2 ADJ (= cowardly)* froussard* 3 COMP ♦ **chicken farmer** N aviculteur (m), -trice (f) ♦ **chicken liver** N foie(s) (m(pl)) de volaille ♦ **chicken run** N poulailler (m) ♦ **chicken wire** N grillage (m) ► **chicken out‡** VI se dégonfler* ; **he ~ed out of his exams** au moment de ses examens, il s'est dégonflé*

chickenpox /'tʃɪkɪnpɒks/ N varicelle (f)

chickpea /'tʃɪkpiː/ N pois (m) chiche

chicory /'tʃɪkərɪ/ N (for coffee) chicorée (f) ; (= endive) endive (f)

chide /tʃaɪd/ VT gronder

chief /tʃiːf/ 1 N ⓐ [of tribe] chef (m) ; **too many ~s and not enough Indians*** trop de chefs et pas assez d'exécutants ⓑ (= boss)* patron (m) 2 ADJ (= main) principal 3 COMP ♦ **chief assistant** N premier assistant (m) ♦ **chief constable** N (Brit Police) ≈ directeur (m) de police ♦ **chief executive officer** N directeur (m) général ♦ **chief inspector** N (Brit Police) inspecteur (m) de police principal ♦ **chief of police** N ≈ préfet (m) de police ♦ **chief of staff** N chef (m) d'état-major ♦ **chief superintendent** N (Brit Police) ≈ commissaire (m) divisionnaire

chiefly /'tʃiːflɪ/ ADV principalement

chiffon /'ʃɪfɒn/ 1 N mousseline (f) de soie 2 ADJ en mousseline de soie

chilblain /'tʃɪlbleɪn/ N engelure (f)

child /tʃaɪld/ (pl **children**) 1 N enfant (mf) ; **she has three children** elle a trois enfants 2 COMP [labour] des enfants ; [psychology, psychiatry] de l'enfant, infantile ; [psychologist, psychiatrist] pour enfants ♦ **child abuse** N maltraitance (f) d'enfant(s) ; (sexual) abus (mpl) sexuels sur enfant(s) ♦ **child abuser** N auteur (m) de sévices sur enfant(s) ; (sexual) auteur (m) d'abus sexuels sur enfant(s) ♦ **child benefit** N (Brit) ≈ allocations (fpl) familiales ♦ **child care** N (by minder) garde (f) des enfants ♦ **child prodigy** N enfant (mf) prodige ♦ **child's play** N **it's ~'s play** c'est un jeu d'enfant (**to sb** pour qn)

childbirth /'tʃaɪldbɜːθ/ N accouchement (m) ; **in ~** en couches

childhood /'tʃaɪldhʊd/ N enfance (f)

childish /'tʃaɪldɪʃ/ ADJ [behaviour] puéril (puérile (f)) ; **~ reaction** réaction (f) puérile ; **don't be so ~** ne fais pas l'enfant ; **he was very ~ about it** il s'est montré très puéril

childishly /'tʃaɪldɪʃlɪ/ ADV [say, behave] puérilement ; **~ simple** d'une simplicité enfantine

childless /'tʃaɪldlɪs/ ADJ sans enfants

childlike /'tʃaɪldlaɪk/ ADJ d'enfant, enfantin

childminder /'tʃaɪld,maɪndə'/ N (Brit) nourrice (f), assistante (f) maternelle

children /'tʃɪldrən/ NPL of **child**

Chile /'tʃɪlɪ/ N Chili (m)

Chilean /'tʃɪlɪən/ 1 ADJ chilien 2 N Chilien(ne) (m(f))

chili /'tʃɪlɪ/ N (pl **chilies**) piment (m) ♦ **chili con carne** N chili con carne (m) ♦ **chili powder** N piment (m) (rouge) en poudre

chill /tʃɪl/ 1 N ⓐ froid (m); **there's a ~ in the air** il fait un peu froid; **to take the ~ off** [+ water, room] réchauffer un peu; **to cast a ~ over** jeter un froid sur; **it sent a ~ down my spine** j'en ai eu un frisson dans le dos ⓑ (= illness) refroidissement (m); **to catch a ~** prendre froid 2 VT [+ person] faire frissonner; [+ wine, melon] (faire) rafraîchir; [+ champagne] frapper; [+ dessert] mettre au frais 3 VI [wine] rafraîchir
► **chill out*** VI décompresser*; **~ out!** relax !*

chilli /'tʃɪlɪ/ N = **chili**

chilling /'tʃɪlɪŋ/ ADJ (= frightening) effrayant

chillingly /'tʃɪlɪŋlɪ/ ADV [familiar, ambitious] horriblement

chilly /'tʃɪlɪ/ ADJ [day, afternoon] frais (fraîche (f)); **to be ~** [person] avoir froid; **it's ~ today** il fait un peu froid aujourd'hui

chime /tʃaɪm/ 1 N carillon (m); **door ~s** carillon (m) de porte 2 VI [bells, voices] carillonner; [clock] sonner
► **chime in** VI faire chorus

chimney /'tʃɪmnɪ/ N cheminée (f) ♦ **chimney corner** N **in the ~ corner** au coin du feu ♦ **chimney pot** N tuyau (m) de cheminée ♦ **chimney stack** N (Brit = group of chimneys) souche (f) de cheminée; [of factory] tuyau (m) de cheminée ♦ **chimney sweep** N ramoneur (m)

chimpanzee /ˌtʃɪmpæn'ziː/, **chimp*** /tʃɪmp/ N chimpanzé (m)

chin /tʃɪn/ 1 N menton (m); **(keep your) ~ up!*** courage ! 2 VI (US)* bavarder 3 COMP ♦ **chin-up** N **to do ~-ups** faire des tractions à la barre fixe

China /'tʃaɪnə/ N Chine (f) ♦ **the China Sea** N la mer de Chine ♦ **China tea** N thé (m) de Chine

china /'tʃaɪnə/ 1 N porcelaine (f); **a piece of ~** une porcelaine 2 COMP [cup, plate] de or en porcelaine ♦ **china cabinet** N vitrine (f) ♦ **china clay** N kaolin (m)

Chinatown /'tʃaɪnətaʊn/ N quartier (m) chinois

Chinese /tʃaɪ'niːz/ 1 ADJ chinois 2 N ⓐ (pl inv) Chinois(e) (m(f)) ⓑ (= language) chinois (m) ⓒ (= meal, restaurant)* chinois* (m) 3 NPL **the Chinese** les Chinois (mpl) 4 COMP ♦ **Chinese leaves** NPL chou (m) chinois

Chink: /tʃɪŋk/ N (pej) Chin(e)toque: (mf) (pej)

chink /tʃɪŋk/ 1 N ⓐ (= crack) fissure (f); **a ~ of light** un rai de lumière; **the ~ in the armour** (fig) le défaut de la cuirasse ⓑ (= sound) tintement (m) (de verres, de pièces de monnaie) 2 VT faire tinter 3 VI tinter

chinos /'tʃiːnəʊz/ NPL chinos (mpl) (pantalon en coton)

chip /tʃɪp/ 1 N ⓐ (to eat) **~s** (Brit) frites (fpl); (US) chips (fpl) ⓑ (Computing) puce (f) ⓒ (= small piece) fragment (m); [of wood] petit copeau (m); [of glass, stone] éclat (m); **to have a ~ on one's shoulder** être aigri ⓓ (= break) ébréchure (f) ⓔ (in gambling) jeton (m); **when the ~s are down*** dans les moments cruciaux
2 VT ⓐ (= damage) [+ cup, plate] ébrécher; [+ furniture] écorner; [+ varnish, paint] écailler ⓑ (Golf) **to ~ the ball** cocher
3 COMP ♦ **chip and PIN** N système (m) d'identification par carte à puce et code confidentiel ♦ **chip basket** N (Brit) panier (m) à frites ♦ **chip pan** N (Brit) friteuse (f) ♦ **chip shop** N (Brit) friterie (f)
► **chip away** VI **to ~ away at** [+ sb's authority, lands] grignoter; [+ law, decision] réduire petit à petit la portée de
► **chip in** VI ⓐ (= interrupt) dire son mot ⓑ (= contribute)* contribuer (à une collecte)

chipboard /'tʃɪpbɔːd/ N (US) carton (m); (Brit) aggloméré (m)

chipmunk /'tʃɪpmʌŋk/ N tamia (m) (petit écureuil à rayures)

chippings /'tʃɪpɪŋz/ NPL gravillons (mpl); **"loose ~"** « attention gravillons »

chippy* /'tʃɪpɪ/ N (Brit) friterie (f)

chiropodist /kɪ'rɒpədɪst/ N (Brit) pédicure (mf)

chiropody /kɪ'rɒpədɪ/ N (Brit) (= science) podologie (f); (= treatment) pédicurie (f)

chiropractor /'kaɪərəpræktə'/ N chiropracteur (m)

chirp /tʃɜːp/ 1 VI [birds] pépier; [crickets] faire cricri 2 N [of birds] pépiement (m); [of crickets] cricri (m)

chirpy* /'tʃɜːpɪ/ ADJ gai

chisel /'tʃɪzl/ 1 N [of carpenter, sculptor] ciseau (m); [of stonemason] burin (m) 2 VT ciseler

chit /tʃɪt/ N ⓐ (= order) note (f) ⓑ **she's a mere ~ of a girl** ce n'est qu'une gamine*

chitchat* /'tʃɪttʃæt/ N bavardage (m)

chivalrous /'ʃɪvəlrəs/ ADJ (= gallant) galant

chivalry /'ʃɪvəlrɪ/ N ⓐ chevalerie (f) ⓑ (= courtesy) galanterie (f)

chives /tʃaɪvz/ NPL ciboulette (f)

chloride /'klɔːraɪd/ N chlorure (m)

chlorinate /'klɔːrɪneɪt/ VT chlorer

chlorine /'klɔːriːn/ N chlore (m)

choc-ice /'tʃɒk,aɪs/ N esquimau® (m)

chock /tʃɒk/ 1 N cale (f) 2 VT [+ wheel] caler 3 COMP ♦ **chock-a-block***, **chock-full*** ADJ [room] plein à craquer (**with, of** de); [roads] encombré

chocolate /'tʃɒklɪt/ 1 N chocolat (m); (= drinking chocolate) chocolat (m); **a ~** un chocolat
2 COMP (= made of chocolate) en chocolat; (= containing, flavoured with chocolate) au chocolat; (= colour: also **~ brown**) chocolat (inv) ♦ **chocolate bar** N barre (f) de or au chocolat ♦ **chocolate biscuit** N biscuit (m) au chocolat ♦ **chocolate-box** ADJ (= pretty) trop joli ♦ **chocolate chip cookie** N biscuit (m) aux pépites de chocolat ♦ **chocolate drop** N pastille (f) au chocolat ♦ **chocolate eclair** N éclair (m) au chocolat

choice /tʃɔɪs/ 1 N choix (m); **to make a ~** faire un choix; **to make one's ~** faire son choix; **I had no ~** je n'avais pas le choix; **it's available in a ~ of colours** c'est disponible en plusieurs couleurs; **he didn't have a free ~** il n'a pas été libre de choisir; **to have a very wide ~** avoir l'embarras du choix; **this book would be my ~** c'est ce livre que je choisirais; **he had no ~ but to obey** il ne pouvait qu'obéir; **he did it from ~** il l'a fait de son plein gré
♦ **of choice** (= preferred) de prédilection; **the weapon of ~** l'arme de prédilection
2 ADJ [goods, fruit] de choix; **choicest** de premier choix

choir /'kwaɪə'/ 1 N ⓐ (= singers) chœur (m), chorale (f); **to sing in the ~** faire partie de la chorale ⓑ (= part of church) chœur (m) 2 COMP ♦ **choir practice** N **to go to ~ practice** aller à la chorale ♦ **choir school** N maîtrise (f) (rattachée à une cathédrale) ♦ **choir-stall** N stalle (f) (du chœur)

choirboy /'kwaɪəbɔɪ/ N enfant (m) de chœur

choirgirl /'kwaɪəgɜːl/ N enfant (f) de chœur

choke /tʃəʊk/ 1 VT [+ person, animal] étrangler; **she was ~d by the fumes** la fumée l'a fait suffoquer; **in a voice ~d with sobs** d'une voix étranglée par les sanglots; **~d by weeds** envahi par les mauvaises herbes; **the street was ~d with traffic** la rue était engorgée 2 VI s'étrangler; **to ~ to death** mourir étouffé; **she ~d on a fish bone** elle s'est étranglée avec une arête; **he was choking with laughter** il s'étranglait de rire 3 N [of car] starter (m)
► **choke back** VT SEP [+ tears] refouler

cholera /'kɒlərə/ 1 N choléra (m) 2 ADJ [epidemic] de choléra; [victim, symptoms] du choléra

cholesterol /kə'lestə,rɒl/ N cholestérol (m)

choose /tʃuːz/ (pret **chose**, ptp **chosen**) 1 VT ⓐ (= select) choisir; **which will you ~?** lequel choisirez-vous ?; **he was chosen as leader** on l'a choisi comme chef; **the Chosen**

(People) le peuple élu; **the chosen few** les rares élus (mpl); **there is little** or **not much to ~ between them** il n'y a guère de différence entre eux
ⓑ (= opt) décider (**to do sth** de faire qch); **he chose not to speak** il a préféré se taire; **I chose not to do so** j'ai décidé de ne pas le faire
2 VI choisir; **as you ~** comme vous voulez; **if you ~** si vous voulez; **to ~ between/among** choisir entre/parmi; **there's not much to ~ from** il n'y a pas tellement de choix

choos(e)y /'tʃuːzɪ/ ADJ difficile (à satisfaire); **I'm not ~** je ne suis pas difficile; **you can't be ~ in your position** votre situation ne vous permet pas de faire la fine bouche

chop /tʃɒp/ **1** N ⓐ (= meat) côtelette (f); **mutton/pork ~** côtelette (f) de mouton/de porc ⓑ (= blow) coup (m) (de hache etc); **to get the ~*** (Brit) [employee] se faire virer*; [project] être annulé
2 VT ⓐ couper; **to ~ wood** couper du bois; **to ~ a project*** (= cancel) annuler un projet ⓑ [+ meat, vegetables] hacher ⓒ (Sport) [+ ball] choper
3 VI (Brit) **to ~ and change** changer constamment d'avis; **he's always ~ping and changing** c'est une vraie girouette
4 COMP ◆ **chopping block** N billot (m) ◆ **chopping board** N planche (f) à découper
▸ **chop down** VT SEP [+ tree] abattre
▸ **chop off** VT SEP couper; **they ~ped off his head** on lui a tranché la tête
▸ **chop up** VT SEP hacher

chopper /'tʃɒpə'/ N ⓐ (for cutting) hachoir (m) ⓑ (= helicopter)* hélico* (m); (US = motorcycle)* chopper (m)

choppy /'tʃɒpɪ/ ADJ [lake, sea] agité

chopsticks /'tʃɒpstɪks/ NPL baguettes (fpl) chinoises

choral /'kɔːrəl/ ADJ choral ◆ **choral society** N chorale (f)

chord /kɔːd/ N (Music) accord (m); **to strike a ~ with sb** trouver un écho en qn

chore /tʃɔː'/ N (unpleasant) corvée (f); **the ~s** les tâches (fpl) ménagères; **to do the ~s** faire le ménage

choreographer /ˌkɒrɪ'ɒɡrəfə'/ N chorégraphe (mf)

choreography /ˌkɒrɪ'ɒɡrəfɪ/ N chorégraphie (f)

chorister /'kɒrɪstə'/ N choriste (mf)

chortle /'tʃɔːtl/ **1** VI rire (**about, at** de); **he was chortling over the newspaper** il gloussait en lisant le journal **2** N gloussement (m)

chorus /'kɔːrəs/ **1** N (pl **choruses**) ⓐ (= singers, speakers) chœur (m); (= dancers) troupe (f); **in ~** en chœur; **she's in the ~** (at concert) elle chante dans le chœur; **a ~ of praise/objections** un concert de louanges/protestations ⓑ (= part of song) refrain (m); **to join in the ~** [one person] reprendre le refrain; [several people] reprendre le refrain en chœur **2** VT **"yes", they ~sed** « oui » répondirent-ils en chœur **3** COMP ◆ **chorus girl** N danseuse (f) de revue ◆ **chorus line** N (in musical) troupe (f) de danseurs

chose /tʃəʊz/ VB pt of **choose**

chosen /'tʃəʊzn/ VB ptp of **choose**

chow: /tʃaʊ/ N (US = food) bouffe: (f)

chowder /'tʃaʊdə'/ N soupe épaisse de palourdes

Christ /kraɪst/ **1** N Christ (m) **2** EXCL **~!:** merde !: **3** COMP ◆ **the Christ Child** N l'enfant (m) Jésus

christen /'krɪsn/ VT (= baptize) baptiser; (= name) appeler; (= nickname) surnommer; (= use for first time) étrenner

christening /'krɪsnɪŋ/ N baptême (m)

Christian /'krɪstɪən/ **1** ADJ chrétien; (= good) charitable **2** N chrétien(ne) (m(f)); **to become a ~** devenir chrétien **3** COMP ◆ **Christian Democrat** N chrétien(ne)-démocrate (m(f)) ◆ **Christian Democratic** ADJ chrétien-démocrate ◆ **Christian name** N prénom (m); **my ~ name is Julie** je m'appelle Julie ◆ **Christian Science** N Science (f) chrétienne ◆ **Christian Scientist** N scientiste (mf) chrétien(ne)

Christianity /ˌkrɪstɪ'ænɪtɪ/ N christianisme (m)

Christmas /'krɪsməs/ **1** N Noël (m); **at/for ~** à/pour Noël; **she spent ~ with us** elle a passé Noël avec nous
2 COMP [decorations, gift, song] de Noël ◆ **Christmas box** N (Brit) étrennes (fpl) (offertes à Noël) ◆ **Christmas cake** N gâteau (m) de Noël (gros cake décoré au sucre glace) ◆ **Christmas card** N carte (f) de Noël ◆ **Christmas carol** N chant (m) de Noël ◆ **Christmas Day** N jour (m) de Noël ◆ **Christmas Eve** N veille (f) de Noël ◆ **Christmas present** N cadeau (m) de Noël ◆ **Christmas pudding** N (Brit) pudding traditionnel de Noël ◆ **Christmas stocking** N **I got it in my ~ stocking** ≈ je l'ai trouvé sous l'arbre de Noël ◆ **Christmas time** N période (f) de Noël or des fêtes; **at ~ time** à Noël ◆ **Christmas tree** N arbre (m) de Noël

Christmassy /'krɪsməsɪ/ ADJ [atmosphere] de Noël; **the town is looking very ~** la ville a un air de fête pour Noël

chrome /krəʊm/ **1** N chrome (m) **2** ADJ chromé

chromium /'krəʊmɪəm/ N chrome (m)

chromosome /'krəʊməsəʊm/ N chromosome (m)

chronic /'krɒnɪk/ **1** ADJ ⓐ [illness, problem, unemployment] chronique ⓑ [liar, alcoholism, alcoholic] invétéré ⓒ (Brit = terrible)* nul*; [weather] pourri* **2** COMP ◆ **Chronic Fatigue Syndrome** N syndrome (m) de fatigue chronique

chronically /'krɒnɪkəlɪ/ ADV **to be ~ depressed** souffrir de dépression chronique; **the ~ ill** or **sick** les malades (mpl) chroniques

chronicle /'krɒnɪkl/ **1** N chronique (f); **a ~ of disasters** une succession de catastrophes **2** VT faire la chronique de

chronological /ˌkrɒnə'lɒdʒɪkəl/ ADJ chronologique; **in ~ order** par ordre chronologique

chronologically /ˌkrɒnə'lɒdʒɪkəlɪ/ ADV chronologiquement

chronology /krə'nɒlədʒɪ/ N chronologie (f)

chrysanthemum /krɪ'sænθəməm/, **chrysanth*** /krɪ'sænθ/ N chrysanthème (m)

chubby /'tʃʌbɪ/ ADJ potelé

chuck /tʃʌk/ VT ⓐ (= throw)* lancer; (in bin) balancer* ⓑ (= give up): [+ job, hobby] laisser tomber*; [+ boyfriend, girlfriend] plaquer:
▸ **chuck away*** VT SEP [+ old clothes, books] balancer*; [+ money] jeter par les fenêtres
▸ **chuck out*** VT SEP [+ useless article, old clothes, books] balancer*; [+ person] sortir*
▸ **chuck up*** VT SEP ⓐ [+ job, hobby] laisser tomber* ⓑ (= vomit) dégueuler:

chuckle /'tʃʌkl/ **1** N petit rire (m); **we had a good ~ over it** ça nous a bien fait rire **2** VI rire (**over, at** de)

chuffed: /tʃʌft/ ADJ (Brit) vachement: content (**about** de); **he was quite ~ about it** il était vachement: content

chug /tʃʌɡ/ VI [machine] souffler; [car, train] avancer lentement
▸ **chug along** VI [car, train] avancer lentement; **things are ~ging along** les choses avancent lentement mais sûrement

chum †* /tʃʌm/ N copain* (m), copine* (f)

chump* /tʃʌmp/ N crétin(e)* (m(f))

chunk /tʃʌŋk/ N gros morceau (m); [of bread] quignon (m); **a sizeable ~ of their earnings** une grosse partie de leurs revenus

chunky /'tʃʌŋkɪ/ ADJ [person] trapu; [jumper, cardigan, shoes, jewellery] gros (grosse (f)); **~ pieces of meat** de gros morceaux de viande

Chunnel* /'tʃʌnəl/ N (ABBR = **Channel Tunnel**) **the ~** le tunnel sous la Manche

church /tʃɜːtʃ/ **1** N ⓐ (= building) église (f); **to go to ~** aller à l'église; [Catholic] aller à la messe; **he doesn't go to ~ any more** il ne va plus à l'église; **to be in ~** à l'église; **after ~** après l'office; (for Catholics) après la messe
ⓑ (= denomination) **the Church of England** l'Église (f) anglicane; **the Church of Rome** l'Église (f) catholique; **the Church of Scotland/Ireland** l'Église (f) d'Écosse/d'Irlande
ⓒ (= religious orders) **the Church** les ordres (mpl); **he has gone into the Church** il est entré dans les ordres
2 COMP ◆ **church hall** N salle (f) paroissiale ◆ **church school** N (Brit) école (f) confessionnelle ◆ **church service** N office (m) ◆ **church wedding** N **they want a ~ wedding** ils veulent se marier à l'église

churchgoer /'tʃɜːtʃgəʊə'/ N pratiquant(e) (m(f))

churchyard /'tʃʌtʃjɑːd/ N cimetière (m) (à côté d'une église)

churlish /'tʃɜːlɪʃ/ ADJ (= rude) grossier; (= surly) revêche; **it would be ~ to complain** il serait malvenu de se plaindre

churn /tʃɜːn/ 1 N baratte (f); (Brit = milk can) bidon (m) 2 VT ⓐ [+ butter] baratter ⓑ (also ~ **up**) [+ water] faire bouillonner 3 VI [water, sea] bouillonner; **his stomach was ~ing** (feeling sick) il avait l'estomac barbouillé; (from nerves) il avait mal au ventre

► **churn out** VT SEP [+ objects] débiter; [+ essays, books] pondre en série*

chute /ʃuːt/ N (also **rubbish ~**) vide-ordures (m inv); (also **water ~**) toboggan (m)

chutney /'tʃʌtnɪ/ N chutney (m)

CIA /,siːaɪ'eɪ/ (US) (ABBR = **Central Intelligence Agency**) CIA (f)

cicada /sɪ'kɑːdə/ N cigale (f)

CID /,siːaɪ'diː/ (Brit) (ABBR = **Criminal Investigation Department**) police (f) judiciaire

cider /'saɪdə'/ N cidre (m) ◆ **cider vinegar** N vinaigre (m) de cidre

cigar /sɪ'gɑː'/ N cigare (m) ◆ **cigar lighter** N (in car) allume-cigare (m inv) ◆ **cigar-shaped** ADJ en forme de cigare

cigarette /,sɪgə'ret/ N cigarette (f) ◆ **cigarette ash** N cendre (f) de cigarette ◆ **cigarette case** N étui (m) à cigarettes ◆ **cigarette end** N mégot (m) ◆ **cigarette holder** N fume-cigarette (m inv) ◆ **cigarette lighter** N briquet (m); (in car) allume-cigare (m inv) ◆ **cigarette machine** N distributeur (m) de paquets de cigarettes ◆ **cigarette paper** N papier (m) à cigarettes

ciggy* /'sɪgɪ/ N (Brit) clope* (f)

CIM /,siːaɪ'em/ N (ABBR = **computer-integrated manufacturing**) FIO (f)

cinch /sɪntʃ/ N **it's a ~**: c'est du gâteau*

cinder /'sɪndə'/ N cendre (f)

cinema /'sɪnəmə/ N (Brit) cinéma (m); **to go to the ~** aller au cinéma ◆ **cinema complex** N complexe (m) multisalle(s) ◆ **cinema-going** ADJ **the ~-going public** le public qui fréquente les cinémas

cinnamon /'sɪnəmən/ 1 N cannelle (f) 2 ADJ [cake, biscuit] à la cannelle

cipher /'saɪfə'/ N ⓐ (= secret writing) code (m) secret ⓑ **he's a mere ~** ce n'est qu'un chiffre

circa /'sɜːkə/ PREP vers; **a gold brooch, ~ 1650** une broche en or, datée aux environs de 1650

circle /'sɜːkl/ 1 N cercle (m); (round eyes) cerne (m); (= orbit) orbite (f); (Brit: Theatre) balcon (m); **to stand in a ~** faire cercle; **to draw a ~** tracer un cercle; **an inner ~ of advisers** un groupe de proches conseillers; **in political ~s** dans les milieux (mpl) politiques; **to come full ~** revenir à son point de départ; **they were going round in ~s** ils tournaient en rond

2 VT ⓐ (= go round outside of) contourner; (= keep moving round) tourner autour de

ⓑ (= draw circle round) entourer

3 VI [birds] tournoyer; [aircraft] tourner (en rond)

► **circle about**, **circle (a)round** VI décrire des cercles

circuit /'sɜːkɪt/ N circuit (m) ◆ **circuit board** N (Computing) circuit (m) imprimé ◆ **circuit breaker** N (Elec) disjoncteur (m) ◆ **circuit training** N (Sport) entraînement (m) (selon un programme préétabli)

circuitous /sɜː'kjuːɪtəs/ ADJ [journey] plein de détours; **to take a ~ route** faire des détours

circular /'sɜːkjʊlə'/ 1 ADJ [outline, saw, ticket] circulaire; ~ **tour** circuit (m) 2 N (= letter) circulaire (f); (= advertisement) prospectus (m)

circulate /'sɜːkjʊleɪt/ 1 VI circuler; (at party) se mêler aux invités 2 VT [+ object, bottle, document] faire circuler; (= send out) diffuser

circulation /,sɜːkjʊ'leɪʃən/ N circulation (f); [of newspaper] tirage (m); **a magazine with a ~ of 10,000** un magazine qui tire à 10 000 exemplaires; **he has poor ~** il a une mauvaise circulation; **in ~** [currency] en circulation; **he's now back in ~*** il est à nouveau dans le circuit*

circumcise /'sɜːkəmsaɪz/ VT [+ male] circoncire; [+ female] exciser; **~d** circoncis

circumcision /,sɜːkəm'sɪʒən/ N [of male] circoncision (f); [of female] excision (f)

circumference /sə'kʌmfərəns/ N circonférence (f)

circumflex /'sɜːkəmfleks/ 1 ADJ circonflexe 2 N accent (m) circonflexe

circumnavigate /,sɜːkəm'nævɪgeɪt/ VT **to ~ the globe** faire le tour du monde en bateau

circumscribe /'sɜːkəmskraɪb/ VT circonscrire; [+ powers] limiter

circumspect /'sɜːkəmspekt/ ADJ circonspect (**about sth** sur qch)

circumstance /'sɜːkəmstəns/ N circonstance (f); **under the present ~s** dans les circonstances actuelles; **under no ~s** en aucun cas; **a victim of ~** une victime des circonstances

circumstantial /,sɜːkəm'stænʃəl/ ADJ ~ **evidence** preuves (fpl) indirectes; **much of the evidence is ~** il s'agit surtout de présomptions

circumvent /,sɜːkəm'vent/ VT [+ regulations] tourner

circus /'sɜːkəs/ N (pl **circuses**) cirque (m); ~ **animal** animal (m) de cirque

cirrhosis /sɪ'rəʊsɪs/ N cirrhose (f)

CIS /,siːaɪ'es/ (ABBR = **Commonwealth of Independent States**) CEI (f)

cissy /'sɪsɪ/ N = **sissy**

cistern /'sɪstən/ N citerne (f); [of toilet] réservoir (m) de chasse d'eau

citation /saɪ'teɪʃən/ N citation (f)

cite /saɪt/ VT citer; **to ~ as an example** citer en exemple

citizen /'sɪtɪzn/ N [of town] habitant(e) (m(f)); [of state] citoyen(ne) (m(f)); **French ~** citoyen(ne) (m(f)) français(e); (when abroad) ressortissant(e) (m(f)) français(e) ◆ **Citizens' Advice Bureau** N centre (m) d'information sur les droits des citoyens ◆ **Citizen's Band Radio** N CB (f)

ⓘ **CITIZENS' ADVICE BUREAU**

Organismes d'assistance gratuite, ces centres donnent des conseils sur tout problème concernant l'endettement des ménages, le logement, l'assurance maladie, les services sociaux ou les droits du consommateur.

▷ www.citizensadvice.org.uk

---

citizenship /'sɪtɪznʃɪp/ N citoyenneté (f); (Brit Schol) éducation (f) civique; **to apply for French/Canadian ~** demander la nationalité française/canadienne

citrus fruit /'sɪtrəs,fruːt/ N agrume (m)

city /'sɪtɪ/ 1 N ⓐ (grande) ville (f); **large cities like Leeds** les grandes villes comme Leeds; ~ **life** la vie urbaine

ⓑ (Brit) **the City** la City (centre des affaires à Londres); **he's (something) in the City*** il travaille dans la City

2 COMP [streets] de la ville; [offices, authorities] municipal ◆ **City and Guilds (examination)** N (Brit) ≈ CAP (m) ◆ **city centre** N centre-ville (m) ◆ **city dweller** N citadin(e) (m(f)) ◆ **city hall** N mairie (f); (in large towns) hôtel (m) de ville; (US = city authorities) administration (f) municipale ◆ **city technology college** N (Brit) établissement (m) d'enseignement technologique

⚠ **city** ≠ **cité**

ⓘ CITY NICKNAMES

Si l'on sait que «The Big Apple» désigne la ville de New York («apple» est un terme d'argot signifiant «grande ville»), on connaît moins les surnoms donnés aux autres grandes villes américaines. Chicago est surnommée «Windy City» à cause des rafales soufflant du lac Michigan, La Nouvelle-Orléans doit son nom de «Big Easy» à son style de vie décontracté, et l'industrie automobile a donné à Detroit son surnom de «Motown».

D'autres villes sont familièrement désignées par leurs initiales: «LA» pour Los Angeles, «Big D» pour Dallas, ou par des diminutifs: «Vegas» pour Las Vegas, «Frisco» pour San Francisco, «Philly» pour Philadelphie.

civic /'sɪvɪk/ ADJ [*duty, rights, pride*] civique; [*authorities, building*] municipal; **~ reception** réception *(f)* officielle locale; **~ leader** notable *(m)* ◆ **civic centre** N (*Brit*) centre *(m)* administratif (municipal)

civics /'sɪvɪks/ N instruction *(f)* civique

civil /'sɪvl/ 1 ADJ ⓐ civil; **~ marriage** mariage *(m)* civil ⓑ (= *polite*) courtois; **that's very ~ of you** vous êtes bien aimable

2 COMP ◆ **Civil Aviation Authority** N (*Brit*) ≈ Direction *(f)* générale de l'aviation civile ◆ **civil defence** N défense *(f)* passive ◆ **civil engineer** N ingénieur *(m)* civil ◆ **civil engineering** N génie *(m)* civil ◆ **civil liberties** NPL libertés *(fpl)* civiques ◆ **civil partner** N *membre d'un couple lié par un PACS* ◆ **civil partnership** N ≈ PACS *(m)* ◆ **civil rights** NPL droits *(mpl)* civils; **~ rights movement** mouvement *(m)* pour les droits civils ◆ **civil servant** N fonctionnaire *(mf)* ◆ **civil service** N fonction *(f)* publique ◆ **civil war** N guerre *(f)* civile; **the (American) Civil War** la guerre de Sécession

civilian /sɪ'vɪliən/ N, ADJ civil(e) *(m(f))*

civilization /ˌsɪvɪlaɪ'zeɪʃən/ N civilisation *(f)*

civilized /'sɪvɪlaɪzd/ ADJ ⓐ (= *socially advanced*) civilisé ⓑ (= *refined*) raffiné; **let's try and be ~ about this** essayons d'être conciliants

CJD /ˌsiːdʒeɪ'diː/ N (ABBR = **Creutzfeldt-Jakob disease**) MCJ *(f)*, maladie *(f)* de Creutzfeldt-Jakob

cl (ABBR = **centilitre(s)**) cl

clad /klæd/ ADJ vêtu (**in** de)

claim /kleɪm/ 1 VT ⓐ (= *demand as one's due*) réclamer (**from sb** à qn); [+ *property, prize, right*] revendiquer; **no one has yet ~ed responsibility for the attack** l'attentat n'a pas encore été revendiqué; **to ~ damages** réclamer des dommages et intérêts; **the epidemic has ~ed 100 victims** l'épidémie a fait 100 victimes ⓑ (= *maintain*) prétendre; **he ~s to have seen you** il prétend vous avoir vu ⓒ [+ *sb's attention, sb's sympathy*] solliciter

2 N ⓐ (= *act of claiming*) revendication *(f)*, réclamation *(f)*; (*Insurance*) ≈ déclaration *(f)* de sinistre; **~ for benefit** demande *(f)* d'allocations; **to lay ~ to** prétendre à; **to put in a ~** (*for pay rise*) demander une augmentation; **to make** or **put in a ~** (*Insurance*) faire une déclaration de sinistre; **they put in a ~ for a 3% pay rise** ils ont demandé une augmentation de 3%; **the ~s were all paid** (*Insurance*) les dommages ont été intégralement payés ⓑ (= *assertion*) affirmation *(f)*; **what do you think about his ~ that ...** que pensez-vous de son affirmation selon laquelle ...; **that's a big ~ to make!** c'est bien audacieux de dire cela! ⓒ (= *right*) **~ to ownership** titre *(m)* de propriété; **he renounced his ~ to the throne** il a renoncé à faire valoir ses droits à la couronne

3 COMP ◆ **claim form** N (*Insurance*) (formulaire *(m)* de) déclaration *(f)* de sinistre; (*for expenses*) note *(f)* de frais

claimant /'kleɪmənt/ N (*Brit*) [*of social benefits*] demandeur *(m)*, -euse *(f)*

clairvoyant(e) /klɛə'vɔɪənt/ 1 N extralucide *(mf)* 2 ADJ doué de double vue

clam /klæm/ N palourde *(f)* ◆ **clam chowder** N *soupe épaisse de palourdes*

► **clam up*** VI se taire

clamber /'klæmbər/ VI grimper (*en s'aidant des mains ou en rampant*); **to ~ over a wall** escalader un mur

clammy /'klæmɪ/ ADJ moite; **~ with sweat** [*skin*] moite de sueur

clamour, clamor (*US*) /'klæmər/ 1 N (= *shouts*) clameur *(f)*, cris *(mpl)*; (= *demands*) revendications *(fpl)* bruyantes 2 VI pousser des cris; **to ~ for sth/sb** (= *shout*) demander qch/qn à grands cris; (= *demand*) réclamer qch/qn à cor et à cri

clamp /klæmp/ 1 N pince *(f)*; (*Med*) clamp *(m)*; (*Carpentry*) valet *(m)* (d'établi); (*for car wheel*) sabot *(m)* de Denver 2 VT ⓐ (= *put clamp on*) serrer; [+ *car, car wheels*] mettre un sabot à; **to ~ sth to sth** fixer qch à qch ⓑ **to ~ shut** [+ *teeth*] serrer

► **clamp down on*** VT INSEP [+ *person*] prendre des mesures autoritaires contre; [+ *crime, corruption*] réprimer; [+ *the press, the opposition*] bâillonner

clampdown /'klæmpdaʊn/ N répression *(f)* (**on sth** de qch, **on sb** contre qn); **a ~ on terrorists** des mesures répressives contre les terroristes; **a ~ on arms sales** un renforcement des restrictions sur la vente d'armes

clan /klæn/ N clan *(m)*

clandestine /klæn'destɪn/ ADJ clandestin

clang /klæŋ/ 1 N bruit *(m)* métallique 2 VI faire un bruit métallique; **the gate ~ed shut** la grille s'est refermée avec un bruit métallique

clanger* /'klæŋər/ N (*Brit*) gaffe* *(f)*; **to drop a ~** faire une gaffe*

clank /klæŋk/ 1 N cliquetis *(m)* 2 VI cliqueter

clap /klæp/ 1 N (= *applause*) applaudissements *(mpl)*; **a ~ of thunder** un coup de tonnerre; **he got a good ~** il a été très applaudi 2 VT ⓐ (= *applaud*) applaudir; **to ~ one's hands** taper dans ses mains; **to ~ sb on the back/the shoulder** donner à qn une tape dans le dos/sur l'épaule; **he ~ped his hand over my mouth** il a plaqué sa main sur ma bouche ⓑ **the moment I ~ped eyes on her** dès que je l'ai vue 3 VI applaudir

clapped-out* /'klæptaʊt/ ADJ (*Brit*) [*person*] au bout du rouleau*; [*car, TV, washing machine*] fichu*

clapper /'klæpər/ N (*Brit*) **to go like the ~s*** aller à toute allure*

clapping /'klæpɪŋ/ N applaudissements *(mpl)*

claptrap* /'klæptræp/ N baratin* *(m)*

claret /'klærət/ 1 N bordeaux *(m)* (rouge) 2 ADJ (*also ~-coloured*) bordeaux *(inv)*

clarification /ˌklærɪfɪ'keɪʃən/ N éclaircissement *(m)*; **request for ~** demande *(f)* d'éclaircissement

clarify /'klærɪfaɪ/ VT clarifier

clarinet /ˌklærɪ'net/ N clarinette *(f)*

clarinettist /ˌklærɪ'netɪst/ N clarinettiste *(mf)*

clarity /'klærɪtɪ/ N clarté *(f)*

clash /klæʃ/ 1 VI ⓐ (= *fight*) s'affronter; **demonstrators ~ed with police** des manifestants se sont heurtés à la police ⓑ [*swords, metallic objects*] s'entrechoquer; [*cymbals*] résonner ⓒ (= *conflict*) [*interests*] être en conflit; [*personalities*] être incompatible; [*colours*] jurer ⓓ [*two events*] tomber en même temps; **the dates ~** ça tombe le même jour

2 N ⓐ [*of armies, weapons*] choc *(m)*; (*between people, parties*) conflit *(m)*; (*with police, troops*) affrontement *(m)*; **~es between police and demonstrators** des heurts *(mpl)* entre la police et les manifestants ⓑ (= *sound*) choc *(m)* métallique ⓒ [*of interests*] conflit *(m)*; **a ~ of personalities** une incompatibilité de caractères

clasp /klɑːsp/ 1 N fermoir *(m)*; [*of belt*] boucle *(f)* 2 VT serrer; **to ~ sb's hand** serrer la main de qn; **to ~ one's hands (together)** joindre les mains; **to ~ sb in one's arms** serrer qn dans ses bras

class /klɑːs/ 1 N ⓐ (= group) classe (f); **he's not in the same ~ as his brother** (fig) il n'arrive pas à la cheville de son frère; **in a ~ of its own** unique; **a good ~ (of) hotel** un très bon hôtel; **the ruling ~** la classe dirigeante; **first ~ honours in history** ≈ licence (f) d'histoire avec mention très bien
ⓑ (= lesson) cours (m); (= students) classe (f); (US = year) promotion (f); **to give** or **take a ~** faire un cours; **to attend a ~** suivre un cours; **the French ~** le cours de français; **an evening ~** un cours du soir; **the ~ of 1970** (US) la promotion de 1970
ⓒ (= style) classe (f); **to have ~** avoir de la classe
2 VT classer
3 ADJ (= very good)* de grande classe
4 COMP ◆ **class-conscious** ADJ [person] conscient des distinctions sociales; (= snobbish) snob (inv) ◆ **class consciousness** N conscience (f) de classe ◆ **class president** N (US) ≈ chef (m) de classe ◆ **class teacher** N (Brit) professeur (mf) principal(e)

classic /ˈklæsɪk/ 1 ADJ classique; **it was ~** c'était le coup classique* [= author, work] classique (m); **it is a ~ of its kind** c'est un classique du genre 3 COMP ◆ **classic car** N voiture (f) ancienne

classical /ˈklæsɪkəl/ ADJ classique; [album, CD] de musique classique ◆ **classical music** N musique (f) classique

classically /ˈklæsɪkəlɪ/ ADV ◆ **a ~ trained pianist/dancer** un pianiste/danseur de formation classique; **a ~ proportioned building** un bâtiment aux proportions classiques; **~ elegant** d'une élégance classique

classicist /ˈklæsɪsɪst/ N spécialiste (mf) de lettres classiques

classics /ˈklæsɪks/ N lettres (fpl) classiques

classification /ˌklæsɪfɪˈkeɪʃən/ N classification (f)

classified /ˈklæsɪfaɪd/ 1 ADJ ⓐ classifié ⓑ (= secret) classé secret (classée secrète (f)) 2 COMP ◆ **classified ad** N petite annonce (f) ◆ **classified information** N renseignements (mpl) secrets

classify /ˈklæsɪfaɪ/ VT ⓐ classer; **to be classified as ...** être considéré comme ... ⓑ (= restrict circulation) classer secret

classless /ˈklɑːslɪs/ ADJ [society] sans classes

classmate /ˈklɑːsmeɪt/ N camarade (mf) de classe

classroom /ˈklɑːsrʊm/ N (salle (f) de) classe (f) ◆ **classroom assistant** N assistant(e) (m(f)) d'éducation

classy* /ˈklɑːsɪ/ ADJ [person, hotel, restaurant] classe* (inv); [neighbourhood] chic (inv); [image] de luxe; [performance] de grande classe

clatter /ˈklætə/ 1 N cliquetis (m); **the ~ of cutlery** le bruit de couverts entrechoqués 2 VI (= rattle) [heels, typewriter] cliqueter; **saucepans ~ing in the kitchen** le bruit des casseroles dans la cuisine; **to ~ in/out** entrer/sortir bruyamment

clause /klɔːz/ N ⓐ (grammatical) proposition (f) ⓑ [of contract, law, treaty] clause (f); [of will] disposition (f)

claustrophobia /ˌklɔːstrəˈfəʊbɪə/ N claustrophobie (f)

claustrophobic /ˌklɔːstrəˈfəʊbɪk/ ADJ [person] claustrophobe; [feeling] de claustrophobie; [atmosphere] oppressant; **to feel ~** se sentir oppressé

claw /klɔː/ 1 N [of animal] griffe (f); [of bird of prey] serre (f); [of lobster, crab] pince (f); **to get one's ~s into sb*** mettre le grappin sur qn* 2 VT (= scratch) griffer; (= rip) labourer avec ses griffes (or ses serres); **to ~ one's way to the top** se hisser péniblement en haut de l'échelle
► **claw at** VT INSEP [+ object] essayer de s'agripper à; [+ person] essayer de griffer

clay /kleɪ/ N argile (f), glaise (f); (Tennis) terre (f) battue ◆ **clay court** N (Tennis) court (m) en terre battue ◆ **clay pigeon** N pigeon (m) d'argile; **~ pigeon shooting** ball-trap (m) ◆ **clay pipe** N pipe (f) en terre

clean /kliːn/ 1 ADJ ⓐ propre; **to keep sth ~** ne pas salir qch; **let me have a ~ copy of your report** donnez-moi une copie propre de votre rapport; **the rain washed it ~** la pluie l'a entièrement nettoyé; **to wipe sth ~** bien essuyer qch; **to have ~ hands** avoir les mains propres; **as ~ as a new pin** or **as a whistle** propre comme un sou neuf
ⓑ [joke, story, film] non vulgaire; **good ~ fun*** des plaisirs honnêtes; **keep it ~!*** pas de cochonneries !*
ⓒ [game, match, player] fair-play (inv); **a ~ fight** un combat à la loyale
ⓓ [sheet of paper] vierge; **the doctor gave him a ~ bill of health** le médecin l'a trouvé en parfait état de santé; **~ record** casier (m) (judiciaire) vierge
ⓔ [image, reputation] sans tache
ⓕ [smell, taste] pur; [sound, edge, stroke, shape] net; **a ~ cut** une coupure nette
ⓖ [operation, job] sans bavures; **they made a ~ getaway** ils ont pu s'enfuir sans problème
ⓗ **to be ~*** (= innocent of wrongdoing) n'avoir rien à se reprocher; (= not in possession of drugs, weapon, stolen property) n'avoir rien sur soi; (= off drugs) être clean*; **he's been ~ for six months** [criminal] ça fait six mois qu'il se tient à carreau*
ⓘ (= total) **to make a ~ break** tourner la page; **to make a ~ break with the past** rompre définitivement avec le passé; **to make a ~ sweep of all the trophies/awards** remporter tous les trophées/prix
2 ADV (= completely)* **to cut ~ through sth** couper qch de part en part; **the bullet went ~ through his thigh** la balle lui a transpercé la cuisse; **the car went ~ through the hedge** la voiture est carrément passée à travers la haie; **he jumped ~ over the fence** il a sauté la barrière sans la toucher; **the thief got ~ away** le voleur s'est enfui sans encombre; **I ~ forgot** j'ai complètement oublié
◆ **to come clean** (= confess) tout déballer* (about sth sur qch)
3 N **to give sth a good ~** bien nettoyer qch
4 VT [+ windows, room, fish] nettoyer; [+ shoes] cirer; [+ vegetables] laver; [+ blackboard] essuyer; **to ~ one's teeth** se laver les dents; **to ~ one's nails** se curer les ongles
5 VI (= do housework) faire le ménage
6 COMP ◆ **clean-cut** ADJ [person] à l'allure soignée ◆ **clean-out** N nettoyage (m) à fond ◆ **clean-shaven** ADJ sans barbe ni moustache; (= close-shaven) rasé de près
► **clean out** VT SEP [+ drawer, box, cupboard, room] nettoyer à fond; **the hotel bill ~ed me out*** la note de l'hôtel m'a mis à sec*
► **clean up** 1 VI ⓐ tout nettoyer; **she had to ~ up after the children's visit** elle a dû tout remettre en ordre après la visite des enfants; **to ~ up after sb** nettoyer après qn ⓑ (= make profit)* faire son beurre* 2 VT [+ room, mess, person, the environment] nettoyer; **to ~ o.s. up** se laver; **to ~ up one's act*** s'amender; **the new mayor ~ed up the city** le nouveau maire a fait le ménage dans la ville

cleaner /ˈkliːnə/ N ⓐ (= woman) (in home) femme (f) de ménage; (in office, school) femme (f) de service; (in hospital) agent (m) d'entretien ⓑ (= household cleaner) produit (m) d'entretien ⓒ (= shop) **he took his coat to the ~'s** il a donné son pardessus à nettoyer

cleaning /ˈkliːnɪŋ/ N nettoyage (m); (= housework) ménage (m) ◆ **cleaning fluid** N (for stains) détachant (m) (liquide) ◆ **cleaning lady, cleaning woman** (pl **cleaning women**) N femme (f) de ménage

cleanliness /ˈklenlɪnɪs/ N propreté (f)

cleanly /ˈkliːnlɪ/ ADV ⓐ [cut] de façon bien nette ⓑ [fight] [+ election contest] loyalement; **to play ~** jouer franc jeu ⓒ [strike, hit, catch] avec précision ⓓ [burn] proprement

cleanse /klenz/ VT [+ skin] nettoyer; [+ organization, system] faire le ménage dans

cleanser /ˈklenzə/ N (= detergent) détergent (m); (for skin) lotion (f) purifiante; (= make-up remover) démaquillant (m)

cleansing /ˈklenzɪŋ/ 1 ADJ ⓐ **~ lotion** lotion (f) purifiante; (= make-up remover) lotion (f) démaquillante; **~ milk** lait (m) démaquillant ⓑ **~ department** service (m) de voirie 2 N nettoyage (m)

cleanup /'kliːnʌp/ N nettoyage (m)

---

clear /klɪəʳ/

1 ADJECTIVE	5 INTRANSITIVE VERB
2 NOUN	6 COMPOUNDS
3 ADVERB	7 PHRASAL VERBS
4 TRANSITIVE VERB	

1 ADJECTIVE

(a) **fact, sound, weather** clair ; [commitment] évident ; [mind, thinking] lucide ; **on a ~ day** par temps clair ; **you'll do as I say, is that ~?** tu vas faire ce que je te dis, c'est clair? ; **it was ~ that ...** il était clair que ... ; **it's not ~ whether ...** on ne sait pas avec certitude si ... ; **it became ~ that ...** il était de plus en plus clair que ... ; **it became ~ to me that ...** il m'est apparu clairement que ... ; **there are two ~ alternatives** il y a deux solutions bien distinctes ; **a ~ case of homicide** un cas évident d'homicide ; **~ indication** signe (m) manifeste

♦ **to be clear** [person] **if you're not ~ about anything, ask me** s'il y a quelque chose qui ne vous paraît pas clair, dites-le-moi ; **he is not quite ~ about what he has to do** il n'a pas bien compris ce qu'il doit faire ; **I want to be quite ~ on this point** je veux que les choses soient bien claires ; **I'm not ~ whether you agree or not** je ne suis pas sûr de comprendre si vous êtes d'accord ou pas

♦ **to get sth clear** bien comprendre qch ; **now let's get this ~ ...** maintenant, que les choses soient bien claires ...

♦ **to make sth clear** bien faire comprendre qch ; **to make it ~ that ...** bien faire comprendre que ... ; **I wish to make it ~ that ...** je tiens à préciser que ...

♦ **to make o.s. clear** se faire bien comprendre ; **do I make myself ~?** me suis-je bien fait comprendre?

(b) **= distinct** [picture, voice, majority] net

(c) **= transparent** transparent ; [honey] liquide ; [water] clair ; [air] limpide ; **~ soup** bouillon (m)

(d) **= bright** [light, colour] vif ; [eyes] clair ; [sky] dégagé

(e) **= unobstructed** [road, space] libre ; [area, view] dégagé ; **all exits must be kept ~** toutes les sorties doivent rester dégagées

(f) **= unsullied** [skin] net ; [complexion] clair ; [conscience] tranquille ; **my conscience is ~** j'ai la conscience tranquille

(g) **= free** [afternoon, morning] libre ; **keep your diary ~** ne prenez pas de rendez-vous

(h) **day, week** plein ; **that gives us four ~ days to finish the job** ça nous donne quatre jours pleins pour finir le travail

(i) **= after deductions** net (inv) ; **a ~ profit** un bénéfice net

(j) ♦ **to be clear of** (= free of) **raise the jack until the wheel is ~ of the ground** actionnez le cric jusqu'à ce que la roue ne touche plus le sol ; **to be 7 metres/seconds/points ~ of sb** (Brit = ahead of) avoir 7 mètres/secondes/points d'avance sur qn

♦ **to get clear of sth** (= go away from) s'éloigner de qch ; (= rid o.s. of) se débarrasser de qch

2 NOUN

♦ **to be in the clear*** (= no longer suspected) être lavé de tout soupçon ; (= out of danger) être hors de danger

3 ADVERB

(a) **= completely** **the thief got ~ away** le voleur s'est enfui sans encombre

(b) **= net** net ; **he'll get £250 ~** il aura 250 livres net

4 TRANSITIVE VERB

(a) **= make clearer** [+ skin] purifier ; [+ complexion] éclaircir ; **to ~ the air** détendre l'atmosphère ; **to ~ one's head** s'éclaircir les idées

(b) **= remove obstacles from** dégager ; [+ land] défricher ; **they've ~ed the beach of rubbish** ils ont nettoyé la plage ; **to ~ one's throat** s'éclaircir la voix ; **to ~ a room** (of people) faire évacuer une salle ; (of things) débarrasser une pièce ; **to ~ a path through** se frayer un passage à travers ; **to ~ the**

way for further discussions préparer le terrain pour des négociations ultérieures ; **to ~ the ball** dégager le ballon

(c) **= find innocent** innocenter ; **he was ~ed of the murder charge** il a été reconnu non coupable du meurtre ; **to ~ sb of suspicion** laver qn de tout soupçon

(d) **= authorize** **you will have to be ~ed by our security department** il faudra que nos services de sécurité vous donnent leur feu vert

♦ **to clear sth with sb** demander à qn l'autorisation de faire qch ; **you must ~ the project with the manager** il faut que le directeur donne le feu vert à votre projet

(e) **= get past or over** franchir ; **the horse ~ed the gate by 10cm** le cheval a sauté la barrière avec 10 cm de marge ; **to ~ customs** passer la douane ; **raise the car till the wheel ~s the ground** soulevez la voiture jusqu'à ce que la roue ne touche plus le sol

(f) **+ cheque** compenser ; [+ account] solder ; [+ debt] s'acquitter de ; **"half price to ~"** « liquidation : soldé à moitié prix »

5 INTRANSITIVE VERB

[weather] s'éclaircir ; [sky] se dégager ; [fog] se dissiper ; [face, expression] s'éclairer

6 COMPOUNDS

♦ **clear-cut** ADJ précis ; [case, example] évident ♦ **clear-headed** ADJ lucide ♦ **clear-sighted** ADJ [person] perspicace ; [plan] réaliste ♦ **clear-up rate** N **the ~-up rate for crime** la proportion des affaires criminelles résolues

7 PHRASAL VERBS

► **clear away** 1 VI (a) [mist] se dissiper (b) (= clear the table) débarrasser 2 VT SEP enlever ; **to ~ away the dishes** débarrasser (la table)

► **clear off** ♦ VI filer* ; **~ off!** fichez le camp!*

► **clear out** 1 VI* = **clear off** 2 VT SEP [+ cupboard] vider ; [+ room] débarrasser ; [+ unwanted objects] enlever, jeter ; **he ~ed everything out of the room** il a complètement vidé la pièce

► **clear up** 1 VI (a) [weather] s'éclaircir (b) [spots] disparaître ; **his skin has ~ed up** sa peau est devenue nette ; **how's your cold? — it's ~ed up now** et ton rhume? — c'est fini 2 VT SEP (a) [+ mystery, problem] résoudre (b) (= tidy) ranger

---

clearance /'klɪərəns/ 1 N (a) [of land] défrichement (m) ; [of bomb site] déblaiement (m) (b) [of boat, car] dégagement (m) ; **2 metre ~** espace (m) de 2 mètres (c) [of cheque] compensation (f) ; (Customs) dédouanement (m) (d) (= permission) autorisation (f) ; **to give (sb) ~ for takeoff** donner (à qn) l'autorisation de décoller 2 COMP ♦ **clearance sale** N liquidation (f)

clearing /'klɪərɪŋ/ 1 N (a) (in forest) clairière (f) (b) [of land] défrichement (m) ; [of road] dégagement (m) (c) [of cheque] compensation (f) ; [of debt] acquittement (m) 2 COMP ♦ **clearing bank** N (Brit) banque (f) (appartenant à une chambre de compensation)

clearly /'klɪəlɪ/ ADV (a) [define, explain, express o.s., remember] clairement ; **I was unable to think ~** je n'arrivais pas à avoir les idées claires (b) [label, write, see] clairement ; [speak, hear] distinctement ; [visible, audible] nettement (c) (= obviously) manifestement ; **he was ~ not expecting us** manifestement, il ne nous attendait pas

clearway /'klɪəweɪ/ N (Brit) route (f) à stationnement interdit

cleavage /'kliːvɪdʒ/ N (between breasts) décolleté (m) ; [of opinion] clivage (m)

cleaver /'kliːvəʳ/ N couperet (m)

clef /klef/ N clé (f) (Musique)

cleft /kleft/ N (in rock) fissure (f) ; (in chin) sillon (m)

clematis /'klemətɪs/ N clématite (f)

clemency /'klemənsɪ/ N [of person] clémence (f) (**towards** envers)

clement /'klemənt/ ADJ [weather] clément

clementine /'kleməntaɪn/ N clémentine (f)

clench /klentʃ/ VT **to ~ sth (in one's hands)** serrer qch dans ses mains ; **to ~ one's fists/teeth** serrer les poings/les dents

clergy /'klɜːdʒɪ/ N clergé (m)

clergyman /'klɜːdʒɪmən/ N (pl **-men**) ecclésiastique (m)

cleric /'klerɪk/ N ecclésiastique (m)

clerical /'klerɪkəl/ ADJ **~ worker** (in office) employé(e) (m(f)) de bureau ; **~ work** travail (m) de bureau

clerk /klɑːk, (US) klɜːrk/ N ⓐ (in office) employé(e) (m(f)) de bureau ; **bank ~** employé(e) (m(f)) de banque ; **desk ~** (in hotel) réceptionniste (mf) ⓑ (US = shop assistant) vendeur (m), -euse (f)

clever /'klevə'/ ADJ ⓐ (= intelligent) intelligent ; **~ girl!** bravo ! ⓑ (= skilful) [craftsman] adroit ; [shot, pass, header] bien vu ; **~ at doing sth** doué pour faire qch ; **~ with one's hands** adroit de ses mains ⓒ [plan, trick, idea, explanation] ingénieux ; [book, film] astucieusement construit ; [joke] fin ; **don't get ~ with me!*** ne fais pas le malin avec moi !

cleverly /'klevəlɪ/ ADV ⓐ (= intelligently) intelligemment ⓑ (= skilfully) ingénieusement ; **~ designed** d'une conception ingénieuse ⓒ (= astutely) [plan, disguise] astucieusement ; [construct] d'une façon ingénieuse

cleverness /'klevənɪs/ N ⓐ (= intelligence) intelligence (f) ⓑ (= astuteness) [of plan, trick, idea, invention] ingéniosité (f)

clew /kluː/ N (US) = **clue**

cliché /'kliːʃeɪ/ N cliché (m)

click /klɪk/ 1 N petit bruit (m) sec ; (Computing) clic (m) ; **with the ~ of a mouse** en cliquant sur la souris 2 VI faire un bruit sec ; (Computing) cliquer ; **the part ~ed into place** la pièce s'est mise en place avec un déclic ; **suddenly it ~ed** (fig) tout à coup, ça a fait tilt* ; **to ~ with sb*** (= hit it off) se découvrir des atomes crochus* avec qn
► **click on** VT INSEP (Computing) cliquer sur

clickable /'klɪkəbl/ ADJ **~ links are underlined** les liens sur lesquels on peut cliquer sont soulignés

client /'klaɪənt/ N client(e) (m(f))

clientele /ˌkliːɑːn'tel/ N clientèle (f)

cliff /klɪf/ N falaise (f) ; [of mountains] escarpement (m) ; (Climbing) à-pic (m)

cliffhanger* /'klɪf,hæŋə'/ N (= story) histoire (f) à suspense ; (= situation) situation (f) à suspense

climactic /klaɪ'mæktɪk/ ADJ **the ~ scene** la scène la plus intense

climate /'klaɪmɪt/ N climat (m) ; **the ~ of opinion** (les courants (mpl) de) l'opinion (f) ♦ **climate change** N changement (m) climatique

climatic /klaɪ'mætɪk/ ADJ climatique

climax /'klaɪmæks/ 1 N [of career] apogée (m) ; [of season] point (m) culminant ; (= orgasm) orgasme (m) ; **the ~ of the show/of the evening** le clou du spectacle/de la soirée ; **to come to a ~** atteindre son summum ; **to work up to a ~** atteindre son summum 2 VI atteindre son summum ; (orgasm) avoir un orgasme

climb /klaɪm/ 1 VT [+ stairs, steps, slope] monter ; [+ hill] grimper ; [+ tree] grimper dans or sur ; [+ ladder] monter sur or à ; [+ rope] monter à ; [+ mountain] gravir 2 VI ⓐ monter ; [prices, shares, costs] grimper ; (Sport) escalader ; (= rock-climb) faire de la varappe ⓑ **to ~ over a wall/an obstacle** escalader un mur/un obstacle ; **to ~ into a boat** monter à bord d'un bateau ; **to ~ to power** accéder au pouvoir 3 N ascension (f) 4 COMP ♦ **climb-down*** N reculade (f)
► **climb down** VI ⓐ (from tree, wall) descendre ⓑ (= abandon one's position) en rabattre

climber /'klaɪmə'/ N (= mountaineer) alpiniste (mf) ; (= rock-climber) varappeur (m), -euse (f) ; (= plant) plante (f) grimpante

climbing /'klaɪmɪŋ/ N alpinisme (m) ; (= rock-climbing) varappe (f) ; **to go ~** (= mountaineering) faire de l'alpinisme ; (= rock-climbing) faire de la varappe ♦ **climbing boot** N chaussure (f) de montagne ♦ **climbing frame** N cage (f) à poules

clinch /klɪntʃ/ 1 VT [+ argument] mettre un point final à ; [+ agreement, deal] conclure ; **that ~es it** comme ça c'est réglé 2 N ⓐ (Boxing) corps-à-corps (m) ; **to get into a ~** s'accrocher* ⓑ (= embrace)* étreinte (f) ; **in a ~** enlacés

clincher* /'klɪntʃə'/ ADJ argument (m) décisif

cling /klɪŋ/ (pret, ptp **clung**) VI ⓐ (= hold tight) se cramponner (**to** à) ; **to ~ together** se cramponner l'un à l'autre ; **to ~ to one another** se cramponner l'un à l'autre ; **to ~ to a belief** se cramponner à une croyance ; **to ~ to the belief that ...** se cramponner à l'idée que ... ⓑ (= stick) adhérer (**to** à) ; [clothes] coller ; **to ~ together** être collés l'un à l'autre ; **to ~ to one another** être collés l'un à l'autre

Clingfilm ®, **clingfilm** /'klɪŋfɪlm/ N film (m) alimentaire (transparent)

clinging /'klɪŋɪŋ/ ADJ ⓐ [person] collant ⓑ [garment] moulant

clingy* /'klɪŋɪ/ ADJ [person] crampon* (inv)

clinic /'klɪnɪk/ N (= private nursing home) clinique (f) ; (= health centre) centre (m) médicosocial ; (also **outpatients' ~**) service (m) de consultation (externe) ; (also **STD ~**) centre (m) de dépistage

clinical /'klɪnɪkəl/ ADJ ⓐ (Med) clinique ⓑ (= dispassionate) froidement objectif

clinician /klɪ'nɪʃən/ N clinicien(ne) (m(f))

clink /klɪŋk/ 1 VT faire tinter ; **to ~ glasses with sb** trinquer avec qn 2 VI tinter 3 N tintement (m) (de verres)

clip /klɪp/ 1 N ⓐ (for papers) trombone (m) ; (for hair) barrette (f) ; (= brooch) clip (m)
ⓑ [of film] court extrait (m) ; (TV) clip (m)
ⓒ (= blow) **to give sb a ~ round the ear*** filer une claque à qn*
2 VT ⓐ (= fasten together) attacher (avec un trombone)
ⓑ (= cut, snip) couper (avec des ciseaux) ; [+ hedge] tailler ; [+ ticket] poinçonner ; [+ article from newspaper] découper
ⓒ (= collide with) accrocher
ⓓ (= reduce time) **to ~ a few seconds off a record** améliorer un record de quelques secondes
3 COMP ♦ **clip-clop** N **the ~-clop of hooves** les claquements (mpl) de sabots
► **clip on** VT SEP [+ brooch] fixer ; [+ document] attacher (avec un trombone) ♦ **clip-on** ADJ avec clip ; **~-on sunglasses** lunettes de soleil qu'on fixe sur ses lunettes de vue
► **clip together** VT SEP attacher

clipboard /'klɪpbɔːd/ N porte-bloc (m)

clipping /'klɪpɪŋ/ N [of newspaper] coupure (f) de presse

clique /kliːk/ N (pej) clique* (f)

clitoris /'klɪtərɪs/ N clitoris (m)

Cllr N (Brit) ABBR = **Councillor**

cloak /kləʊk/ 1 N (grande) cape (f) 2 VT (= hide) masquer 3 COMP ♦ **cloak-and-dagger** ADJ clandestin ; **a ~-and-dagger story** un roman d'espionnage

cloakroom /'kləʊkrʊm/ 1 N ⓐ (for coats) vestiaire (m) ; **to put** or **leave in the ~** déposer au vestiaire ⓑ (Brit = toilet) toilettes (fpl) 2 COMP ♦ **cloakroom attendant** N (Theatre) préposé(e) (m(f)) au vestiaire ♦ **cloakroom ticket** N numéro (m) de vestiaire

clobber* /'klɒbə'/ 1 N (Brit = belongings) barda* (m) 2 VT (= hit) cogner* ; **to be ~ed by the rise in interest rates** être mis à mal par la hausse des taux d'intérêt

clock /klɒk/ 1 N ⓐ (large) horloge (f) ; (smaller) pendule (f) ; (= alarm clock) réveil (m) ; **it's midday by the church ~** il est midi à l'horloge de l'église ; **to keep one's eyes on the ~** surveiller l'heure ; **to watch the ~** surveiller l'heure ; **to work round the ~** travailler vingt-quatre heures sur vingt-quatre ; **to work against the ~** travailler contre la montre ; **to put the ~(s) back/forward (one hour)** retarder/avancer les pendules (d'une heure) ; **to turn the ~ back** (fig) revenir en arrière ; **this decision will put the ~ back 50 years** cette décision va nous ramener 50 ans en arrière
ⓑ (in car)* compteur (m) ; **there were 50,000 miles on the ~** la voiture avait 80 000 kilomètres au compteur

2 VT ⓐ **he ~ed four minutes for the 1500 metres** il a fait le 1500 mètres en quatre minutes
ⓑ (*Brit* = *notice*)* voir
ⓒ **to ~ a car*** trafiquer* le compteur d'une voiture
3 COMP ♦ **clock card** N carte (*f*) de pointage ♦ **clock-golf** N jeu (*m*) de l'horloge ♦ **clock-radio** N radio-réveil (*m*) ♦ **clock-tower** N clocher (*m*)
► **clock in** VI pointer (à l'arrivée)
► **clock off** VI pointer (à la sortie)
► **clock on** VI pointer (à l'arrivée)
► **clock out** VI pointer (à la sortie)
► **clock up** VT SEP **he ~ed up 250 kilometres** il a fait 250 kilomètres au compteur

clockwise /'klɒkwaɪz/ ADV, ADJ dans le sens des aiguilles d'une montre

clockwork /'klɒkwɜːk/ 1 N **to go** or **run like ~** marcher comme sur des roulettes 2 ADJ [*toy, train, car*] mécanique

clog /klɒg/ 1 N sabot (*m*) 2 VT (*also* ~ **up**) [+ *pores, arteries, pipe*] boucher ; [+ *streets, system*] encombrer ; **~ged with traffic** embouteillé

cloister /'klɔɪstəʳ/ N cloître (*m*)

clone /kləʊn/ 1 N clone (*m*) 2 VT cloner

cloning /'kləʊnɪŋ/ N clonage (*m*)

close¹ /kləʊs/ 1 ADJ ⓐ (= *near*) proche ; **the city centre is quite ~** le centre-ville est assez proche ; **in ~ proximity to sb/sth** dans le voisinage immédiat de qn/qch ; **at ~ quarters** de très près ; **it was a ~ shave*** or **thing*** or **call*** je l'ai (*or* il l'a *etc*) échappé belle
♦ **close to** (= *near*) près or proche de ; **the house is ~ to the shops** la maison est proche des magasins ; **his birthday is ~ to mine** son anniversaire est proche du mien ; **to be ~ to success** être près de réussir ; **to be very ~ to success** être à deux doigts de réussir ; **to be ~ to tears** être au bord des larmes ; **to be ~ to doing sth** être à deux doigts de faire qch ; **she felt something ~ to loathing for the man** elle éprouvait un sentiment proche de la haine pour cet homme
ⓑ [*friend, relative*] proche ; [*relationship, friendship*] profond ; [*cooperation, ties, links, connection*] étroit ; [*resemblance*] fort ; **she is very ~ to her brother** elle est très proche de son frère ; **we are very ~** nous sommes très proches ; **to be in/keep in ~ contact with sb** être/rester en contact étroit avec qn ; **to be/feel ~ to sb** être/se sentir proche de qn ; **a source ~ to the president** une source proche du président
ⓒ [*examination, inspection, study*] attentif ; [*questioning*] serré ; [*investigation, enquiry, checking*] minutieux ; [*translation*] fidèle ; **to pay ~ attention to sth** faire bien attention à qch ; **to be (kept) in ~ confinement** être sous bonne garde ; **(up)on ~r inspection** or **examination** après un examen plus minutieux ; **to have a ~r look at sth** regarder qch de plus près ; **to keep a ~ eye** or **watch on sb/sth** surveiller qn/qch de près
ⓓ [*texture*] dense ; [*election, contest, race, finish*] serré
ⓔ [*room*] mal aéré ; [*atmosphere*] lourd ; **it's very ~ today** il fait très lourd aujourd'hui
2 ADV **to sb/sth** près de qn/qch ; **sit ~ up to me** assieds-toi tout près de moi ; **~ behind (sb/sth)** juste derrière (qn/qch) ; **he followed ~ behind me** il me suivait de près ; **~ by (sb/sth)** tout près (de qn/qch) ; **to get ~ (to sb/sth)** s'approcher (de qn/qch) ; **to get ~r (to sb/sth)** se rapprocher (de qn/qch) ; **to be ~ at hand** [*object*] être à portée de main ; [*place*] être à proximité ; [*date, event*] être proche ; **to hold sb ~** serrer qn dans ses bras ; **their two heads were ~ together** leurs deux têtes étaient tout près l'une de l'autre ; **the tables were pushed ~ together** on a rapproché les tables ; **to come ~r together** se rapprocher ; **to look at sth ~ to/up** regarder qch de très près ; **it cost ~ on ten thousand pounds** ça a coûté près de dix mille livres
3 COMP ♦ **close-cropped** ADJ [*hair*] (coupé) ras ♦ **close-fisted** ADJ pingre ♦ **close-fitting** ADJ ajusté ♦ **close-knit** ADJ très uni ♦ **close-run** ADJ **~-run race** course (*f*) très serrée ; **it was a ~-run thing** ils sont arrivés dans un mouchoir ♦ **close-shaven** ADJ rasé de près ♦ **close-up** N (= *photo, shot*) gros plan (*m*) ; **in ~-up** en gros plan

close² /kləʊz/ 1 N (= *end*) fin (*f*) ; **to come to a ~** se terminer ; **to draw to a ~** tirer à sa fin ; **to draw sth** or **bring sth to a ~** mettre fin à qch ; **the ~ of (the) day** (*liter*) la tombée du jour
2 VT ⓐ (= *shut*) fermer ; [+ *road*] barrer ; **the road is ~d to traffic** la route est interdite à la circulation ; **to ~ one's mind to new ideas** fermer son esprit à toute idée nouvelle
ⓑ [+ *proceedings, discussion*] mettre fin à ; [+ *account*] clore ; **to ~ the meeting** lever la séance
ⓒ **to ~ ranks** serrer les rangs
3 VI ⓐ [*door, drawer*] se fermer ; [*museum, theatre, shop*] fermer ; **the gate doesn't ~ properly** le portail ferme mal ; **the shop ~s at 6 o'clock** le magasin ferme à 18 heures ; **the shop ~s on Sundays** le magasin est fermé le dimanche ; **his eyes ~d** ses yeux se fermèrent
ⓑ [*session*] [*speaker*] terminer ; **the meeting ~d abruptly** la séance a pris fin or s'est terminée brusquement ; **he ~d with an appeal to their generosity** il a terminé par un appel à leur générosité
4 COMP ♦ **close-down** N [*of shop, business*] fermeture (*f*) (définitive) ♦ **close season** N (*Brit*) (*Hunting*) période (*f*) de fermeture de la chasse ; (*Fishing*) période (*f*) de fermeture de la pêche ; (*Football*) intersaison (*f*)
► **close down** VTI [*business, shop*] fermer (définitivement)
► **close in** VI [*hunters, pursuers*] se rapprocher ; [*darkness, night*] tomber ; **to ~ in on sb** (= *approach*) se rapprocher de qn ; (*in race, pursuit*) rattraper qn
► **close off** VT SEP [+ *room*] interdire l'accès à ; [+ *road*] barrer
► **close up** 1 VI [*people in line*] se rapprocher ; [*wound*] se refermer 2 VT SEP [+ *house, shop*] fermer

closed /kləʊzd/ ADJ [*door, eyes, shop*] fermé ; [*road*] barré ; **to have a ~ mind** avoir l'esprit étroit ; **maths is a ~ book to me*** je ne comprends rien aux maths ; **behind ~ doors** à huis clos ♦ **closed-circuit** ADJ **~-circuit (television) camera** caméra (*f*) de surveillance ; **~-circuit television** circuit (*m*) de télévision interne ♦ **closed shop** N *entreprise qui n'admet que des travailleurs syndiqués*

closely /'kləʊslɪ/ ADV ⓐ [*linked, connected, associated*] étroitement ; [*resemble*] beaucoup ; **~ identified with sth** étroitement associé à qch ; **~ involved with a campaign/project** étroitement associé à une campagne/un projet ; **to become ~ involved with sb** (*romantically*) se lier intimement à qn ; **a ~ knit community** une communauté très unie
ⓑ [*look at, study*] de près ; [*listen*] attentivement ; **to monitor sth ~** suivre qch de près ; **a ~ guarded secret/prisoner** un secret/prisonnier bien gardé
ⓒ (= *tightly*) **he held her ~ to him** il la tenait serrée (tout) contre lui ; **~ followed by sb/sth** suivi de près par qn/qch
ⓓ (= *intimately*) **to work ~ with sb** travailler en étroite collaboration avec qn
ⓔ (= *keenly*) [*fought, contested*] âprement

closeness /'kləʊsnɪs/ N **the country's ~ to the USA** le fait que le pays soit proche des USA ; **she was jealous of their ~** elle était jalouse de leur intimité

closet /'klɒzɪt/ 1 N ⓐ (*US*) (= *cupboard*) placard (*m*) ; (*for hanging clothes*) penderie (*f*) ⓑ (*US* = *small room*) (petit) bureau (*m*) ; **to come out of the ~*** sortir du placard* 2 VT (*gen pass*) enfermer ; **he was ~ed with his father for several hours** son père et lui sont restés enfermés plusieurs heures à discuter 3 ADJ (= *secret*) **he's a ~ homosexual/communist*** il n'ose pas avouer qu'il est homosexuel/communiste

closing /'kləʊzɪŋ/ 1 N [*of factory*] fermeture (*f*) 2 ADJ (= *final*) dernier ; **~ remarks** dernières observations (*fpl*) ; **~ speech** discours (*m*) de clôture ; **~ price** [*of shares*] cours (*m*) en clôture ; **~ date** (*for applications*) date (*f*) limite de dépôt ; **~ time** (*Brit*) heure (*f*) de fermeture (d'un magasin, d'un café) 3 COMP ♦ **closing-down sale** N (*Brit*) liquidation (*f*) totale (*avant fermeture définitive*)

closure /'kləʊʒəʳ/ N [*of factory, business*] fermeture (*f*)

clot /klɒt/ 1 N ⓐ [*of blood*] caillot (*m*) ; **a ~ on the brain** une embolie cérébrale ⓑ (*Brit* = *person*)* cruche* (*f*) 2 VT

[+ *blood*] coaguler 3 VI [*blood*] (se) coaguler 4 COMP ◆ **clotted cream** N (*Brit*) *sorte de crème fraîche épaisse*

cloth /klɒθ/ 1 N ⓐ (= *fabric*) tissu (*m*) ⓑ (= *tablecloth*) nappe (*f*); (= *duster*) chiffon (*m*) 2 COMP (= *made of cloth*) de or en tissu ◆ **cloth cap** N (*Brit*) casquette (*f*) (d'ouvrier)

clothe /kləʊð/ VT habiller (**in, with** de); (*fig*) recouvrir (**in, with** de)

clothes /kləʊðz/ NPL vêtements (*mpl*); **to put on one's ~** s'habiller; **to take off one's ~** se déshabiller ◆ **clothes brush** N brosse (*f*) à habits ◆ **clothes drier, clothes dryer** N sèche-linge (*m*) ◆ **clothes hanger** N cintre (*m*) ◆ **clothes horse** N étendoir (*m*), séchoir (*m*) (à linge) ◆ **clothes line** N corde (*f*) (à linge) ◆ **clothes peg** N (*Brit*) pince (*f*) à linge ◆ **clothes shop** N magasin (*m*) de vêtements

clothing /ˈkləʊðɪŋ/ N (= *clothes*) vêtements (*mpl*); **an article of ~** un vêtement

cloud /klaʊd/ 1 N nuage (*m*); **to have one's head in the ~s** être dans les nuages; **to be on ~ nine*** être aux anges; **under a ~** (= *in disgrace*) en disgrâce ■ (*PROV*) **every ~ has a silver lining** à quelque chose malheur est bon (*PROV*) 2 VT [+ *prospects, career*] assombrir; **a ~ed expression** un air sombre; **a ~ed mind** un esprit obscurci; **to ~ the issue** embrouiller les choses 3 COMP ◆ **cloud-cuckoo-land** N **she lives in ~-cuckoo-land** elle plane* complètement

► **cloud over** VI [*sky*] se couvrir; [*face, expression*] s'assombrir

cloudburst /ˈklaʊdbɜːst/ N grosse averse (*f*)

cloudless /ˈklaʊdlɪs/ ADJ sans nuages

cloudy /ˈklaʊdɪ/ ADJ [*sky*] nuageux; [*liquid*] trouble; **it was ~** le temps était couvert; **it was a ~ day** le temps était couvert

clout /klaʊt/ 1 N ⓐ (= *blow*) coup (*m*); **she gave him a ~** elle l'a giflé ⓑ (= *influence*)* influence (*f*); **he's got a lot of ~** c'est un homme très influent 2 VT [+ *object*] frapper; [+ *person*] donner un coup à

clove /kləʊv/ N ⓐ (= *spice*) clou (*m*) de girofle; **oil of ~s** essence (*f*) de girofle ⓑ **~ of garlic** gousse (*f*) d'ail

clover /ˈkləʊvəʳ/ N trèfle (*m*); **to be in ~*** vivre comme un coq en pâte

cloverleaf /ˈkləʊvəliːf/ N feuille (*f*) de trèfle

clown /klaʊn/ 1 N clown (*m*) 2 VI (*also* ~ **about,** ~ **around**) faire le clown

cloying /ˈklɔɪɪŋ/ ADJ (= *nauseating*) écœurant; (= *sentimental*) mièvre

cloze test /ˈkləʊztest/ N texte (*m*) à trous

club /klʌb/ 1 N ⓐ (*social, sports*) club (*m*); **tennis ~** club (*m*) de tennis; **join the ~!*** (*fig*) bienvenue au club! ⓑ (= *night club*) boîte (*f*) de nuit; **to go to a ~** sortir en boîte* ⓒ (= *stick*) massue (*f*); (= *truncheon*) matraque (*f*); (= *golf club*) club (*m*) (de golf) ⓓ (*Cards*) trèfle (*m*); **the ace of ~s** l'as (*m*) de trèfle

2 VT [+ *person*] frapper avec un gourdin; (*with truncheon*) matraquer

3 VI **to go ~bing** sortir en boîte*

4 COMP [*premises, secretary*] du club ◆ **club car** N (*US Rail*) wagon-restaurant (*m*) ◆ **club class** N classe (*f*) club ◆ **club sandwich** N club sandwich (*m*)

► **club together** VI se cotiser

cluck /klʌk/ 1 VI glousser 2 N gloussement (*m*)

clue, clew (*US*) /kluː/ 1 N indication (*f*); (*in crime*) indice (*m*); (*in crossword*) définition (*f*); **the killer left behind few ~s as to his identity** le meurtrier a laissé peu d'indices sur son identité; **he gave few ~s about when he's going to leave** il n'a pas donné beaucoup d'indications sur l'heure de son départ; **to find the ~ to sth** découvrir la clé de qch; **they may have found the ~ to the cause of this disease** ils ont peut-être découvert la cause de cette maladie; **give me a ~!** mets-moi sur la voie!; **I haven't a ~!*** je n'en ai pas la moindre idée!; **he hasn't a ~ what he's going to do about it*** il n'a pas la moindre idée de ce qu'il va faire

2 COMP ◆ **clued-up*** ADJ **to be ~d-up about sth** être au courant de qch

clueless* /ˈkluːlɪs/ ADJ **he's ~** il ne sait rien de rien*

clump /klʌmp/ N [*of shrubs*] massif (*m*); [*of trees*] bouquet (*m*); [*of flowers*] touffe (*f*); (*larger*) massif (*m*); [*of grass*] touffe (*f*)

► **clump about** VI marcher d'un pas lourd

clumsily /ˈklʌmzɪlɪ/ ADV maladroitement

clumsiness /ˈklʌmzɪnɪs/ N [*of person, action*] maladresse (*f*)

clumsy /ˈklʌmzɪ/ ADJ [*person, action*] maladroit

clung /klʌŋ/ VB *pt, ptp of* **cling**

cluster /ˈklʌstəʳ/ 1 N [*of flowers, fruit*] grappe (*f*); [*of people, houses, islands*] (petit) groupe (*m*) 2 VI [*people*] se rassembler (**around** autour de)

clutch /klʌtʃ/ 1 N ⓐ [*of car*] embrayage (*m*); (= *clutch pedal*) pédale (*f*) d'embrayage; **to let in the ~** débrayer; **to let out the ~** embrayer ⓑ **to fall into sb's ~es** tomber sous les griffes de qn ⓒ [*of eggs*] couvée (*f*) 2 VT (= *grasp*) empoigner; (= *hold tightly*) serrer fort; (= *hold on to*) se cramponner à 3 VI ⓐ (= *cling*) **to ~ at** se cramponner à; **to ~ at straws** se raccrocher à n'importe quoi ⓑ (*US* = *engage clutch*) embrayer

clutter /ˈklʌtəʳ/ 1 N (= *disorder*) désordre (*m*); (= *objects lying about*) fouillis (*m*) 2 VT (= *clutter up*) encombrer (**with** de)

cm (ABBR = **centimetre(s)**) cm

CND /ˌsiːenˈdiː/ (ABBR = **Campaign for Nuclear Disarmament**) *mouvement pour le désarmement nucléaire*

CO ABBR = **Colorado**

Co. ⓐ (ABBR = **company**) Cie ⓑ ABBR = **County**

c/o /ˈkeərəv/ (ABBR = **care of**) chez

coach /kəʊtʃ/ 1 N ⓐ (*Brit* = *bus*) car (*m*); [*of train*] voiture (*f*) ⓑ (*Sport*) entraîneur (*m*) 2 VT (*Sport*) entraîner; **to ~ sb for an exam** préparer qn à un examen 3 COMP ◆ **coach driver** N (*Brit*) chauffeur (*m*) de car ◆ **coach park** N (*Brit*) parking (*m*) pour autocars ◆ **coach party** N (*Brit*) groupe (*m*) voyageant en car ◆ **coach station** N (*Brit*) gare (*f*) routière ◆ **coach trip** N (*Brit*) excursion (*f*) en car

coaching /ˈkəʊtʃɪŋ/ N (*Sport*) entraînement (*m*); (= *teaching*) soutien (*m*) (scolaire)

coachload /ˈkəʊtʃləʊd/ N (*Brit*) **a ~ of tourists** un car plein de touristes

coagulate /kəʊˈægjʊleɪt/ VI se coaguler

coal /kəʊl/ N charbon (*m*) ◆ **coal-burning** ADJ **~-burning power stations** centrales (*fpl*) au charbon ◆ **coal face** N front (*m*) de taille ◆ **coal fire** N feu (*m*) de cheminée (*avec charbon*) ◆ **coal industry** N industrie (*f*) charbonnière ◆ **coal mine** N mine (*f*) de charbon ◆ **coal miner** N mineur (*m*) ◆ **coal mining** N charbonnage (*m*) ◆ **coal scuttle** N seau (*m*) à charbon

coalfield /ˈkəʊlfiːld/ N gisement (*m*) de houille

coalition /ˌkəʊəˈlɪʃən/ N coalition (*f*); **~ government** gouvernement (*m*) de coalition

coarse /kɔːs/ ADJ ⓐ [*fabric, surface*] rugueux; [*gravel*] grossier; [*powder, sand*] à gros grains; **~ salt** gros sel (*m*); **~ sandpaper** papier (*m*) de verre à gros grain ⓑ (= *unrefined*) [*face*] aux traits grossiers; **~ features** traits (*mpl*) grossiers ⓒ (= *uncouth*) grossier

coarsely /ˈkɔːslɪ/ ADV [*chop, grate, grind*] grossièrement

coast /kəʊst/ 1 N côte (*f*); (= *coastline*) littoral (*m*); **from ~ to ~** dans tout le pays; **the ~ is clear** la voie est libre 2 VI **to ~ along** [*motorist, cyclist*] avancer en roue libre; (= *encounter few problems*) avancer (sans problèmes); (= *take things easy*) se la couler douce*

coastal /ˈkəʊstəl/ ADJ côtier

coaster /ˈkəʊstəʳ/ N (= *mat*) dessous-de-verre (*m*), dessous-de-bouteille (*m*)

coastguard /ˈkəʊstˌgɑːd/ N (= *person*) garde-côte (*m*); (= *service*) ≈ gendarmerie (*f*) maritime

coastline /ˈkəʊstlaɪn/ N littoral (*m*)

coat /kəʊt/ 1 N ⓐ manteau (m) ⓑ [of animal] pelage (m); [of horse] robe (f) ⓒ [of paint, varnish] couche (f) 2 VT **to ~ sth** (with oil, grease) enduire qch; **to ~ sth with breadcrumbs** paner qch; **~ed with dust** recouvert de poussière 3 COMP ◆ **coat hanger** N cintre (m) ◆ **coat of arms** N blason (m)

coating /ˈkəʊtɪŋ/ N couche (f); (on saucepan) revêtement (m)

coax /kəʊks/ VT **to ~ sb into doing sth** amener qn à faire qch en l'amadouant; **to ~ sth out of sb** obtenir qch de qn en l'amadouant

cobble /ˈkɒbl/ VT **to ~ sth together** bricoler* qch

cobbled /ˈkɒbld/ ADJ **~ street** rue (f) pavée

cobbler /ˈkɒbləʳ/ N ⓐ cordonnier (m) ⓑ (US = tart) tourte (f) aux fruits ⓒ (US = drink) punch (m) (glacé) ⓓ (Brit = nonsense) **that's a load of ~s!** c'est de la connerie !‡

cobblestone /ˈkɒblstəʊn/ N pavé (m) rond

cobra /ˈkəʊbrə/ N cobra (m)

cobweb /ˈkɒbweb/ N toile (f) d'araignée; **let's go for a walk to blow away the ~s** allons nous promener, ça va nous remettre les idées en place

cocaine /kəˈkeɪn/ N cocaïne (f); **~ addict** cocaïnomane (mf)

cock /kɒk/ 1 N ⓐ (Brit = rooster) coq (m); (= male bird) (oiseau m) mâle (m) ⓑ (= penis)‡‡ bite‡‡ (f) 2 COMP [bird] mâle ◆ **cock-a-doodle-doo** EXCL cocorico ! ◆ **cock-up‡** (Brit) **it was a real ~-up** ça a complètement foiré‡; **he made a ~-up of the job** il a salopé le boulot‡
► **cock up‡** VT SEP (Brit) (faire) foirer‡

cockatoo /ˌkɒkəˈtuː/ N cacatoès (m)

cockerel /ˈkɒkərəl/ N (jeune) coq (m)

cockle /ˈkɒkl/ N (= shellfish) coque (f)

cockney /ˈkɒknɪ/ N, ADJ (= person) cockney (mf); (= dialect) cockney (m)

ⓘ **COCKNEY**
Les véritables **cockneys** *sont les personnes nées à portée du son des Bow Bells, c'est-à-dire des cloches de l'église de St Mary-le-Bow dans la City, mais le terme a été étendu à tous les habitants de l'est londonien. Il désigne aussi le parler des habitants de ces quartiers et, par extension, n'importe quel accent, argot ou parler populaire londonien.*
→ *RHYMING SLANG*

---

cockpit /ˈkɒkpɪt/ N cockpit (m)

cockroach /ˈkɒkrəʊtʃ/ N cafard (m)

cocksure /ˈkɒkʃʊəʳ/ ADJ outrecuidant

cocktail /ˈkɒkteɪl/ N cocktail (m); **fruit ~** salade (f) de fruits; **prawn ~** (Brit) or **shrimp ~** (US) cocktail (m) de crevettes ◆ **cocktail party** N cocktail (m) ◆ **cocktail shaker** N shaker (m)

cocky* /ˈkɒkɪ/ ADJ effronté

cocoa /ˈkəʊkəʊ/ N (= powder) cacao (m); (= drink) chocolat (m)

coconut /ˈkəʊkənʌt/ N noix (f) de coco ◆ **coconut oil** N huile (f) de (noix de) coco ◆ **coconut palm, coconut tree** N cocotier (m)

cocoon /kəˈkuːn/ 1 N cocon (m) 2 VT [+ person] couver; **~ed from** à l'abri de

COD /ˌsiːəʊˈdiː/ ⓐ (Brit) (ABBR = **cash on delivery**) paiement (m) à la livraison ⓑ (US) (ABBR = **collect on delivery**) paiement (m) à la livraison

cod /kɒd/ N (pl **cod**) morue (f); (in shop, on menu) cabillaud (m) ◆ **cod-liver oil** N huile (f) de foie de morue

code /kəʊd/ N code (m); (= dialling code) indicatif (m); **in ~** codé ◆ **code name** N nom de code ◆ **code-name** VT **an operation ~-named "Condor"** une opération qui a pour nom de code « Condor » ◆ **code number** N code (m) numérique ◆ **code of behaviour, code of conduct** N code (m) de conduite ◆ **code of honour** code (m) de l'honneur ◆ **code of practice** N code (m) de bonnes pratiques ◆ **code word** N mot (m) de passe

coded /ˈkəʊdɪd/ ADJ codé

codify /ˈkəʊdɪfaɪ/ VT codifier

co-driver /ˈkəʊdraɪvəʳ/ N (in race) copilote (m); [of lorry, bus] deuxième chauffeur (m)

coed* /kəʊˈed/ 1 ADJ mixte 2 N (US) étudiante (f) (dans un établissement mixte)

coeducational /ˌkəʊˌedjʊˈkeɪʃənl/ ADJ [school, teaching] mixte

coefficient /ˌkəʊɪˈfɪʃənt/ N coefficient (m)

coerce /kəʊˈɜːs/ VT contraindre; **to ~ sb into doing sth** contraindre qn à faire qch

coercion /kəʊˈɜːʃən/ N coercition (f)

coexist /ˈkəʊɪgˈzɪst/ VI coexister

coexistence /ˈkəʊɪgˈzɪstəns/ N coexistence (f)

C of E /ˌsiːəˈviː/ N (Brit) (ABBR = **Church of England**) Église (f) anglicane

coffee /ˈkɒfɪ/ 1 N café (m); **a cup of ~** une tasse de café; **a ~** un café; **black ~** café (m) noir; **white ~** (Brit) or **~ with milk** (US) (in café: when ordering) un café-crème 2 COMP (= coffee flavoured) au café ◆ **coffee bar** N (Brit) café (m) ◆ **coffee bean** N grain (m) de café ◆ **coffee break** N pause-café (f) ◆ **coffee cake** N (Brit: coffee-flavoured) moka (m) (au café); (US) gâteau (m) (que l'on sert avec le café) ◆ **coffee-coloured** ADJ (dark) couleur café (inv); (light) couleur café au lait (inv) ◆ **coffee cup** N tasse (f) à café ◆ **coffee filter** N filtre (m) à café ◆ **coffee machine** N (in café) percolateur (m); (= vending machine) machine (f) à café ◆ **coffee-maker** N cafetière (f) ◆ **coffee mill** N moulin (m) à café ◆ **coffee morning** N réunion de femmes qui se retrouvent pour bavarder autour d'une tasse de café; (for fundraising) vente (f) de charité (où l'on sert le café) ◆ **coffee shop** N (= restaurant) cafétéria (f); (= shop) brûlerie (f) ◆ **coffee spoon** N cuiller (f) à café ◆ **coffee table** N table (f) basse

coffeepot /ˈkɒfɪpɒt/ N cafetière (f)

coffin /ˈkɒfɪn/ N cercueil (m)

cog /kɒg/ N dent (f) (d'engrenage); **he's only a ~ in the machine** il n'est qu'un simple rouage

cogent /ˈkəʊdʒənt/ ADJ (= convincing) convaincant

cognac /ˈkɒnjæk/ N cognac (m)

cohabit /kəʊˈhæbɪt/ VI cohabiter

coherence /kəʊˈhɪərəns/ N cohérence (f)

coherent /kəʊˈhɪərənt/ ADJ (= consistent) cohérent; **he wasn't very ~** (= articulate) on avait du mal à le comprendre

coherently /kəʊˈhɪərəntlɪ/ ADV de façon cohérente

coil /kɔɪl/ 1 VT [+ rope, hair] enrouler; [+ wire] embobiner; **the snake ~ed itself up** le serpent s'est lové 2 N ⓐ [of rope, wire] rouleau (m); [of hair] boucle (f); **to wind sth into a ~** enrouler qch ⓑ (= contraceptive) stérilet (m)

coin /kɔɪn/ 1 N pièce (f) (de monnaie); **a 10p ~** une pièce de 10 pence 2 VT **to ~ a phrase ...** si je peux m'exprimer ainsi ... 3 COMP ◆ **coin box** N (= phone box) cabine (f) téléphonique (à pièces) ◆ **coin-operated** ADJ à pièces

coinage /ˈkɔɪnɪdʒ/ N (= coins) monnaie (f); (= system) système (m) monétaire

coincide /ˌkəʊɪnˈsaɪd/ VI coïncider

coincidence /kəʊˈɪnsɪdəns/ N coïncidence (f)

coincidental /kəʊˌɪnsɪˈdentl/ ADJ fortuit; **it's entirely ~** c'est une pure coïncidence

Coke ⓡ /kəʊk/ N coca ⓡ (m)

Col. ABBR = **Colonel**

colander /ˈkʌləndəʳ/ N passoire (f)

cold /kəʊld/ 1 ADJ ⓐ froid; **it's a ~ morning** il fait froid ce matin; **I am ~** j'ai froid; **my feet are ~** j'ai froid aux pieds; **to get ~ feet about doing sth** hésiter à faire qch; **to get ~** [weather, room] se refroidir; [food] refroidir; [person] commencer à avoir froid; **that brought him out in a ~ sweat** cela lui a donné des sueurs froides; **to pour ~ water on** [+ optimism] tempérer; **he poured ~ water on my idea** sa réaction devant mon idée m'a refroidi; **a ~ reception** un accueil froid ; **to be ~ to sb** se montrer froid envers qn ; **that leaves me ~*** cela me laisse froid ; **in ~ blood** de sang-froid ; **he's a ~ fish!*** qu'est-ce qu'il est froid !

ⓑ (= *unconscious*)* **to be out ~** être dans les pommes* ; **it knocked him out ~** ça l'a mis KO

2 N ⓐ (*in temperature*) froid (m) ; **don't go out in this ~!** ne sors pas par ce froid ! ; **to be left out in the ~** (*fig*) rester en plan*

ⓑ (= *illness*) rhume (m) ; **~ in the head** rhume de cerveau ; **a bad ~** un mauvais rhume ; **to have a ~** être enrhumé ; **to get a ~** s'enrhumer

3 COMP ◆ **cold-blooded** ADJ [*animal*] à sang froid ; [*person*] insensible ; [*murder, attack*] commis de sang-froid ◆ **cold calling** N (*on phone*) démarchage (m) téléphonique ; (= *visit*) démarchage (m) à domicile ◆ **cold front** N front (m) froid ◆ **cold-hearted** ADJ impitoyable ◆ **cold shoulder*** N **to give sb the ~ shoulder** snober qn ◆ **cold snap** N vague (f) de froid (de courte durée) ◆ **cold sore** N bouton (m) de fièvre ◆ **cold storage** N **to put into ~ storage** [+ *food*] mettre en chambre froide ; [+ *idea, book, scheme*] mettre de côté ◆ **cold store** N entrepôt (m) frigorifique ◆ **the cold war** N la guerre froide

coldly /ˈkəʊldlɪ/ ADV [*look, say*] froidement ; [*behave*] avec froideur

coleslaw /ˈkəʊlslɔː/ N coleslaw (m)

colic /ˈkɒlɪk/ N coliques (fpl)

collaborate /kəˈlæbəreɪt/ VI collaborer ; **to ~ with sb on sth** collaborer avec qn à qch

collaboration /kəˌlæbəˈreɪʃən/ N collaboration (f) (**in** à)

collaborator /kəˈlæbəreɪtəʳ/ N collaborateur (m), -trice (f)

collage /kɒˈlɑːʒ/ N collage (m)

collapse /kəˈlæps/ 1 VI ⓐ [*person, government, building*] s'écrouler ; [*defences, market, prices, system*] s'effondrer ; [*agreement, plan*] tomber à l'eau ; [*company*] faire faillite ; [*talks, legal case, trial*] échouer ; [*marriage*] se solder par un échec ; **to ~ into laughter** être écroulé de rire ; **he ~d and was taken to hospital** il a eu un grave malaise et a été emmené à l'hôpital ; **she ~d onto her bed, exhausted** elle s'est écroulée sur son lit, épuisée

ⓑ (= *fold*) [*table, chairs*] se plier

2 N [*of person, building*] écroulement (m) ; [*of government*] chute (f) ; [*of company*] faillite (f) ; [*of defences, market, prices, system*] effondrement (m) ; [*of talks, agreement, marriage, trial*] échec (m) ; [*of empire, plan*] effondrement (m) ; **the country faces economic ~** l'économie du pays est au bord de la faillite

collapsible /kəˈlæpsəbl/ ADJ pliant

collar /ˈkɒləʳ/ 1 N (*on garment*) col (m) ; (*for dogs, horses*) collier (m) 2 VT (= *catch*)* mettre la main au collet de

collarbone /ˈkɒləbəʊn/ N clavicule (f)

collate /kɒˈleɪt/ VT [+ *information, statistics*] rassembler

collateral /kɒˈlætərəl/ N nantissement (m) ; **securities lodged as ~** titres (mpl) remis en nantissement ◆ **collateral damage** N dommages (mpl) de guerre

colleague /ˈkɒliːg/ N collègue (mf)

collect /kəˈlekt/ 1 VT ⓐ (= *gather together*) [+ *valuables, wealth*] amasser ; [+ *information, documents, evidence*] rassembler ; **the ~ed works of Shakespeare** les œuvres (fpl) complètes de Shakespeare ; **she ~ed together a group of volunteers** elle a réuni un groupe de volontaires ; **to ~ o.s.** (= *regain control of o.s.*) se reprendre ; (= *reflect quietly*) se recueillir ; **to ~ one's thoughts** se concentrer

ⓑ (= *pick up*) ramasser ; **the children ~ed the books for the teacher** les enfants ont ramassé les livres pour le professeur ; **someone came and ~ed our tickets** quelqu'un est venu prendre nos billets ; **you can ~ your order on Thursday** vous pouvez venir chercher votre commande jeudi ; **the rubbish is ~ed twice a week** les ordures sont ramassées deux fois par semaine ; **the firm ~s the empty bottles** l'entreprise récupère les bouteilles vides

ⓒ (= *obtain*) [+ *money, subscriptions, signatures*] recueillir ; [+ *taxes, fines*] percevoir ; [+ *rents*] encaisser ; **she ~ed the prize for best writer** elle a reçu le prix du meilleur écrivain

ⓓ (*as hobby*) [+ *stamps, antiques, coins*] collectionner

ⓔ (= *call for*) (passer) prendre ; **I'll ~ you at 8 o'clock** je passerai vous prendre à 8 heures ; **to ~ one's mail** (passer) prendre son courrier ; **the bus ~s the children each morning** l'autobus ramasse les enfants tous les matins

2 VI ⓐ [*people*] se rassembler ; [*things*] s'entasser ; [*dust, water*] s'accumuler ; **a crowd had ~ed outside the building** une foule s'était rassemblée devant le bâtiment

ⓑ (= *gather money*) **to ~ for charity** faire la quête pour des œuvres caritatives

3 ADV (*US*) **to call ~** téléphoner en PCV

4 COMP ◆ **collect call** N (*US*) communication (f) en PCV

collection /kəˈlekʃən/ 1 N ⓐ [*of records, stamps*] collection (f) ; **winter/summer ~** (*Fashion*) collection (f) d'hiver/d'été

ⓑ (= *anthology*) recueil (m)

ⓒ (= *pick-up*) [*of goods, refuse*] ramassage (m) ; **your curtains are ready for ~** vos rideaux sont prêts, vous pouvez venir les chercher

ⓓ [*of mail*] levée (f)

ⓔ [*of money*] (*for charity*) collecte (f) ; (*in church*) quête (f) ; **to take the ~** faire la quête ; **to take a ~ (for sb/sth)** faire une collecte (au profit de qn/qch)

ⓕ (= *act of gathering*) [*of taxes*] perception (f) ; [*of rents*] encaissement (m) ; [*of information, signatures*] collecte (f)

2 COMP ◆ **collection box** N (*in church*) tronc (m) ◆ **collection plate** N (*in church*) plateau (m) pour la quête

collective /kəˈlektɪv/ 1 ADJ collectif 2 N coopérative (f)

collector /kəˈlektəʳ/ N [*of stamps, coins*] collectionneur (m), -euse (f) ◆ **collector's item** N pièce (f) de collection

college /ˈkɒlɪdʒ/ 1 N ⓐ (= *university*) université (f) ; (= *institution for higher education*) établissement (m) d'enseignement supérieur ; (*for professional training*) lycée (m) technique ; **College of Advanced Technology** (*Brit*) ≈ IUT (m) ; **~ of agriculture** institut (m) agronomique ; **~ of art** école (f) des beaux-arts ; **College of Education** (*Brit*) ≈ IUFM (m), institut (m) universitaire de formation des maîtres ; **College of Further Education** (*Brit*) *établissement d'enseignement pour jeunes et adultes, délivrant essentiellement des diplômes techniques* ; **~ of music** conservatoire (m) de musique ; **to go to ~** faire des études supérieures

ⓑ (*within a university*) (*Brit*) collège (m) ; (*US*) faculté (f)

2 COMP ◆ **college-bound** ADJ (*US*) **~-bound student** élève (mf) qui se destine aux études universitaires ; **~-bound program** programme (m) de préparation aux études universitaires

---

ⓘ COLLEGE

*Terme très général désignant un établissement d'enseignement supérieur. En Grande-Bretagne, un **college** peut aussi bien enseigner les arts plastiques ou la musique que préparer à des brevets de technicien supérieur en coiffure ou en secrétariat. Certaines universités, dont Oxford et Cambridge, sont organisées en **colleges**.*

*Aux États-Unis, les universités sont administrativement divisées en **colleges**, qui correspondent à des facultés, par exemple «**College** of Arts and Sciences» et «**College** of Medicine». Les «junior **colleges**» ou «community **colleges**» sont des établissements de premier cycle universitaire, qui assurent en outre la formation continue des salariés. Les diplômes de troisième cycle universitaire sont décernés par une «graduate school». → DEGREE , OXBRIDGE*

---

collide /kəˈlaɪd/ VI [*vehicles, trains, planes*] entrer en collision ; [*people*] se heurter ; **to ~ with** [+ *vehicle, train, plane*] entrer en collision avec ; [+ *person*] heurter

collie /ˈkɒlɪ/ N colley (m)

colliery /ˈkɒlɪərɪ/ N (*Brit*) houillère (f)

collision /kəˈlɪʒən/ N collision (f) ; **to come into ~ with** [+ *car, train*] entrer en collision avec ◆ **collision course** N **the planes were on a ~ course** les avions allaient se percuter ; **to be on a ~ course** (*fig*) aller au-devant de l'affrontement

colloquial /kəˈləʊkwɪəl/ ADJ familier

colloquialism /kə'ləʊkwɪəlɪzəm/ N expression (f) familière

collusion /kə'luːʒən/ N collusion (f); **in ~ with ...** de connivence avec ...

Colo. ABBR = **Colorado**

Cologne /kə'ləʊn/ N ⓐ (= city) Cologne ⓑ **(eau de) ~** eau (f) de Cologne

cologne /kə'ləʊn/ N eau (f) de Cologne

Colombia /kə'lɒmbɪə/ N Colombie (f)

Colombian /kə'lɒmbɪən/ 1 ADJ colombien 2 N Colombien(ne) (m(f))

colon /'kəʊlən/ N ⓐ (= intestine) côlon (m) ⓑ (= punctuation) deux-points (m inv)

colonel /'kɜːnl/ N colonel (m); **Colonel Smith** le colonel Smith

colonial /kə'ləʊnɪəl/ ADJ, N colonial(e) (m(f))

colonize /'kɒlənaɪz/ VT coloniser

colony /'kɒlənɪ/ N colonie (f)

color etc /'kʌlə'/ (US) = **colour**

colossal /kə'lɒsl/ ADJ colossal

colour, color (US) /'kʌlə'/ 1 N ⓐ couleur (f); **what ~ is it?** de quelle couleur est-ce?; **to change ~** changer de couleur; **to paint sth in bright/dark ~s** peindre qch de couleurs vives/sombres; **to see sth in its true ~s** voir qch sous son vrai jour
ⓑ (= complexion) teint (m), couleur (f) (du visage); **to get one's ~ back** reprendre des couleurs; **he had gone a funny ~** il avait pris une couleur bizarre; **to have a high ~** être rougeaud
ⓒ [of race] couleur (f); **it is not a question of ~** ce n'est pas une question de race
2 NPL **colours** (= symbol of allegiance) couleurs (fpl) (d'un club, d'un parti); **to get one's ~s** être sélectionné pour faire partie de l'équipe; **he showed his true ~s when he said ...** il s'est révélé tel qu'il est vraiment quand il a dit ...
3 VT ⓐ (= give colour to) colorer; (with paint) peindre; (with crayons) colorier; (= dye) teindre; **to ~ sth red** colorer (or colorier etc) qch en rouge
ⓑ [+ story, description] colorer; [+ attitude, opinion] influencer
4 VI (= blush) rougir
5 COMP ♦ **colour-blind** ADJ daltonien; (= non-discriminatory) sans discrimination raciale ♦ **colour blindness** N daltonisme (m) ♦ **colour film** N (for camera) pellicule (f) couleur(s) ♦ **colour photograph** N photo (f) en couleur(s) ♦ **colour scheme** N combinaison (f) de(s) couleurs ♦ **colour supplement** N (Brit) supplément (m) illustré ♦ **colour television** N télévision (f) en couleur(s)

coloured, colored (US) /'kʌləd/ ADJ ⓐ (= not black or white) [glass, water] coloré; [chalk, pencil, bead, fabric, garment] de couleur; [picture] en couleur(s); **to be ~ blue** être coloré en bleu; **brightly ~** aux couleurs vives; **coffee-~** couleur café (inv) ⓑ [person] † de couleur ⓒ (in South Africa) [person] métis (métisse (f))

colourful, colorful (US) /'kʌləfʊl/ ADJ ⓐ (= bright) aux couleurs vives ⓑ [story, figure] pittoresque ⓒ [life, career] mouvementé

colouring, coloring (US) /'kʌlərɪŋ/ 1 N ⓐ (= complexion) teint (m) ⓑ (= colour) couleurs (fpl) ⓒ (in food) colorant (m) (alimentaire) 2 COMP ♦ **colouring book** N album (m) à colorier

colourless, colorless (US) /'kʌlələs/ ADJ incolore; (fig) terne

colt /kəʊlt/ N poulain (m)

Columbus /kə'lʌmbəs/ N **(Christopher) ~** Christophe Colomb (m) ♦ **Columbus Day** N (US) jour férié fixé le deuxième lundi d'octobre, commémorant la découverte de l'Amérique par Christophe Colomb

column /'kɒləm/ N colonne (f)

columnist /'kɒləmnɪst/ N chroniqueur (m)

coma /'kəʊmə/ N coma (m); **in a ~** dans le coma

comb /kəʊm/ 1 N ⓐ peigne (m); **to run a ~ through one's hair** se donner un coup de peigne ⓑ [of fowl] crête (f) 2 VT ⓐ peigner; **to ~ one's hair** se peigner; **to ~ sb's hair** peigner qn ⓑ [+ area, town] ratisser; **he ~ed through the papers looking for evidence** il a passé les dossiers au peigne fin pour y chercher des preuves

combat /'kɒmbæt/ 1 N combat (m) 2 NPL **combats** treillis (m) 3 VTI combattre 4 COMP ♦ **combat jacket** N veste (f) de treillis ♦ **combat trousers** NPL treillis (m)

combatant /'kɒmbətənt/ ADJ, N combattant(e) (m(f))

combination /ˌkɒmbɪ'neɪʃən/ N combinaison (f); [of people] association (f); [of interests] coalition (f); **~ of events** concours (m) de circonstances ♦ **combination lock** N serrure (f) à combinaison

combine 1 VT combiner (**with** avec); **they ~d forces** ils ont uni leurs forces; **to ~ business with pleasure** joindre l'utile à l'agréable 2 VI s'associer; [parties] fusionner; [opponents] se liguer; [events] concourir (**to do sth** à faire qch) 3 N ⓐ (= group) association (f) ⓑ (= harvester) moissonneuse-batteuse (f)

★ Lorsque **combine** est un verbe, l'accent tombe sur la deuxième syllabe: /kəm'baɪn/; lorsque c'est un nom, sur la première: /'kɒmbaɪn/.

combined /kəm'baɪnd/ ADJ combiné; **their ~ salaries** leurs deux salaires; **a ~ total of 300 points** un total de 300 points ♦ **combined honours** N (Brit) **to do ~ honours** faire un double cursus

combine harvester /ˌkɒmbaɪn'hɑːvɪstə'/ N moissonneuse-batteuse (f)

combustible /kəm'bʌstɪbl/ ADJ [substance] combustible; [situation] explosif

combustion /kəm'bʌstʃən/ N combustion (f)

come /kʌm/

1 INTRANSITIVE VERB	2 PHRASAL VERBS

► vb: pret **came**, ptp **come**

1 INTRANSITIVE VERB
ⓐ venir; **~ here** venez ici; **no one has ~** personne n'est venu; **~ and see me soon** venez me voir bientôt; **he has ~ to mend the television** il est venu réparer la télévision; **help came in time** les secours sont arrivés à temps; **to ~ home** rentrer (chez soi); **coming!** j'arrive!; **~ again?*** comment?; **I don't know if I'm coming or going** je ne sais plus où donner de la tête; **the pain ~s and goes** la douleur est intermittente
♦ **to come** + preposition: **he came after me with a gun** il me poursuivait un fusil à la main; **it came as a surprise to him** cela l'a surpris; **the adjective ~s before the noun** l'adjectif vient devant le nom; **to ~ behind sb/sth** suivre qn/qch; **to ~ between two people** (= interfere) s'interposer entre deux personnes; **to ~ for sb/sth** venir chercher qn/qch; **where do you ~ from?** tu viens d'où?; **he ~s from Edinburgh** il vient d'Édimbourg; **he has just ~ from Edinburgh** il arrive d'Édimbourg; **they came to a crossroads** ils sont arrivés à un carrefour; **I'm sorry it has ~ to this** je suis désolé d'en être arrivé là; **if it ~s to that, ...** dans ce cas-là ...; **when it ~s to ...** quand il s'agit de ...
♦ **to come** + -ing: **to ~ running/shouting** arriver en courant/en criant
♦ **to come** + adverb/adjective: **to ~ apart** (= fall to pieces) tomber en morceaux; **it came apart in my hands** ça s'est cassé tout seul; **everything came right in the end** tout s'est arrangé à la fin
ⓑ = **have one's place** se trouver; **this passage ~s on page 10** ce passage se trouve à la page 10
ⓒ = **happen** arriver; **no harm will ~ to him** il ne lui arrivera rien de mal; **economic recovery came slowly** la reprise économique a été lente; **how do you ~ to be here?** comment se fait-il que vous soyez ici?; **how ~?*** comment ça se fait?*; **how ~ it's so expensive?*** comment se fait-il que cela soit si cher?; **~ what may** quoi qu'il arrive

(d) = result from **nothing came of it** il n'en est rien sorti; **no good will ~ of it** il n'en sortira rien de bon

(e) = be available **this dress ~s in three sizes** cette robe existe en trois tailles; **how do you like your tea? — as it ~s** comment voulez-vous votre thé ? — ça m'est égal

(f) ♦ **to come to** + *infinitive* (= *end up*) finir par; **I have ~ to believe him** j'ai fini par le croire; **now I ~ to think of it** maintenant que j'y pense

(g) = reach orgasm ‡ jouir

2 PHRASAL VERBS

► **come about** VI (= *happen*) arriver; **how did it ~ about?** comment est-ce arrivé ?

► **come across** 1 VI (a) (= *cross*) traverser (b) **he ~s across as honest** il donne l'impression d'être honnête; **his speech came across very well** son discours a fait bonne impression; **his true feelings came across clearly** ses vrais sentiments transparaissaient clairement 2 VT INSEP (= *encounter by chance*) tomber sur

► **come along** VI (a) venir; **~ along!** (allez,) venez!; **why don't you ~ along?** pourquoi ne viendrais-tu pas ?; **it was lucky you came along** c'est une chance que vous soyez venu (b) (= *progress*) faire des progrès; [*plans*] avancer; **he's coming along in French** il fait des progrès en français

► **come away** VI (a) (= *leave*) s'en aller; **~ away from there!** va-t-en de là! (b) (= *become detached*) se détacher; **it came away in my hands** cela m'est resté dans les mains

► **come back** VI [*person, fashion*] revenir; **he came back two hours later** il est revenu deux heures plus tard; **it will ~ back to you eventually** (= *you'll remember*) ça te reviendra

► **come by** 1 VI passer; **he came by yesterday** il est passé hier 2 VT INSEP (= *obtain*) se procurer

► **come down** VI (a) descendre; **~ down from there at once!** descends de là tout de suite!; **to ~ down in the world** descendre dans l'échelle sociale; **to ~ down on the side of sth** prendre position en faveur de qch (b) (= *fall*) [*rain, curtain*] tomber; **the plane came down on the motorway** l'avion s'est écrasé sur l'autoroute (c) **the problem ~s down to money** le problème se résume à une question d'argent; **when it ~s down to it** au fond (d) (= *be demolished*) être démoli (e) (= *drop*) [*prices*] baisser (f) (= *be transmitted*) [*tradition*] être transmis (de père en fils)

► **come down with** VT INSEP [+ *disease*] attraper; **to ~ down with flu** attraper la grippe

► **come forward** VI se présenter; **several witnesses have ~ forward** plusieurs personnes se sont présentées comme témoins; **after the burglary, her neighbours came forward with offers of help** après le cambriolage, ses voisins ont offert de l'aider; **to ~ forward with a suggestion** faire une suggestion

► **come in** VI (a) [*person*] entrer; [*tide*] monter; **~ in!** entrez!; **reports are now coming in of a terrorist attack** des informations nous parviennent selon lesquelles il y aurait eu un attentat terroriste (b) (*in a race*) arriver; **he came in fourth** il est arrivé quatrième (c) **he has £20,000 coming in every year** il touche 20 000 livres par an; **we have no money coming in at the moment** nous n'avons aucune rentrée d'argent en ce moment

► **come in for** VT INSEP [+ *criticism*] être l'objet de

► **come into** VT INSEP (a) (= *inherit*) hériter de; **to ~ into some money** faire un héritage (b) (= *play a role*) **logic doesn't really ~ into it** la logique n'a pas grand-chose à voir là-dedans

► **come off** 1 VI (a) [*button*] se découdre; [*mark*] partir (b) (= *take place*) avoir lieu (c) (= *succeed*) [*plan*] se réaliser; [*attempt, experiment*] réussir (d) (*in contest, conflict*) **to ~ off best** avoir le dessus; **to ~ off worse** avoir le dessous 2 VT INSEP (a) **he came off his bike** il est tombé de son vélo (b) [+ *drug*] arrêter (c) **~ off it!** ‡ à d'autres!‡

► **come on** 1 VI (a) **~ on, try again!** allez, encore un effort! (b) (= *progress*) faire des progrès; **how are your plans coming on?** où en sont vos projets ?; **my knee's coming on**

---

fine mon genou se remet bien (c) (= *start*) [*night*] tomber; [*illness*] se déclarer; [*storm*] éclater; [*seasons*] arriver; **it came on to rain** il s'est mis à pleuvoir (d) [*actor*] entrer en scène 2 VT INSEP (= *encounter by chance*) tomber sur

► **come on to** VT INSEP (= *start discussing*) aborder; **I'll ~ on to that in a moment** j'aborderai cette question dans un moment

► **come out** VI (a) sortir; [*sun, stars*] apparaître; [*truth, news, qualities*] apparaître au grand jour; [*stain*] partir (b) **to ~ out well** être réussi; **the photo came out well** la photo est réussie (c) (*with preposition*) **the total ~s out at 500** le total s'élève à 500; **to ~ out for/against sth** prendre position pour/contre qch (d) (*Brit* = *come out on strike*) se mettre en grève (e) (*as gay*) révéler son homosexualité; **she came out as a lesbian** elle a révélé son homosexualité

► **come out with*** VT INSEP (= *say*) sortir*; **you never know what she's going to ~ out with next** on ne sait jamais ce qu'elle va sortir*

► **come over** 1 VI (a) venir; **he came over to England for a few months** il est venu passer quelques mois en Angleterre; **he came over to our way of thinking** il s'est rangé à notre avis (b) (= *feel suddenly*)* **she came over all shy** elle s'est sentie toute timide (c) (= *make impression*) **he came over as a decent person** il a donné l'impression d'être une personne décente 2 VT INSEP [*feeling*] envahir; **a feeling of shyness came over her** la timidité l'envahit; **what's ~ over you?** qu'est-ce qui vous prend ?

► **come round** VI (a) **~ round to the back of the house** faites le tour de la maison; **she came round to where I was sitting** elle est venue jusqu'à moi (b) (= *drop in*) passer; **~ round and see me one evening** passez me voir un de ces soirs (c) (= *happen*) se tenir; **when the World Cup ~s round again** lors de la prochaine coupe du monde (d) (= *change one's mind*) changer d'avis; **perhaps in time she will ~ round** peut-être qu'elle changera d'avis avec le temps; **he came round to our way of thinking in the end** il a fini par se ranger à notre avis (e) (= *regain consciousness*) revenir à soi

► **come through** 1 VI (a) (= *survive*) s'en sortir (b) (= *arrive*) **reports of fighting are coming through** on raconte qu'il y a des combats; **his divorce has ~ through** son divorce a été prononcé (c) **what came through most was her enthusiasm** ce que l'on remarquait surtout, c'était son enthousiasme (d) **they came through on their promises** ils ont tenu parole 2 VT INSEP (= *survive*) [+ *illness, danger, war*] survivre à

► **come to** 1 VI (= *regain consciousness*) reprendre connaissance 2 VT INSEP (= *amount to*) se monter à; **how much does it ~ to?** ça se monte à combien ?; **it ~s to $20** ça fait 20 dollars en tout; **it ~s to the same thing** ça revient au même

► **come under** VT INSEP (a) (= *be subjected to*) [+ *sb's influence*] tomber sous; [+ *attack, pressure*] être l'objet de (b) (= *be classified under*) être classé sous (c) (= *be the responsibility of*) **this ~s under another department** c'est du ressort d'un autre service

► **come up** VI (a) monter; **do you ~ up to York often?** est-ce que vous montez souvent à York ?; **he came up to me** il s'est approché de moi; **he came up to me with a smile** il m'a abordé en souriant (b) [*accused*] comparaître (*before* devant); [*case*] être entendu (*before* par) (c) [*plant*] sortir (d) [*sun*] se lever (e) (= *arise*) être soulevé; **I'm afraid something's ~ up** malheureusement j'ai un empêchement (f) [*job*] se présenter

► **come up against** VT INSEP se heurter à

► **come upon** VT INSEP tomber sur

► **come up to** VT INSEP (a) (= *reach up to*) arriver à; **the water came up to his knees** l'eau lui arrivait (jusqu')aux genoux; **it's just coming up to five minutes to six** il est presque six heures moins cinq (b) (= *equal*) répondre à; **his work has not ~ up to our expectations** son travail n'a pas répondu à notre attente

► **come up with** VT INSEP [+ *object, money*] fournir; [+ *idea*] avoir; [+ *plan*] imaginer

comeback /'kʌmbæk/ N **to make a ~** faire un comeback

comedian /kə'miːdɪən/ N comique (m)

⚠ **comedian** ≠ **comédien**

comedienne /kə,miːdɪ'en/ N comique (f)

comedown* /'kʌmdaʊn/ N déchéance (f); **his new job is a bit of a ~** ce nouveau travail est un peu une déchéance pour lui

comedy /'kɒmɪdɪ/ N comédie (f)

comer /'kʌmə'/ N **open to all ~s** ouvert à tous

comet /'kɒmɪt/ N comète (f)

comeuppance* /,kʌm'ʌpəns/ N **to get one's ~** recevoir ce qu'on mérite

comfort /'kʌmfət/ 1 N ⓐ (= well-being) confort (m); **every (modern) ~** tout le confort moderne; **to live in ~** vivre dans l'aisance; **~s** (= material goods) commodités (fpl) (de la vie)
ⓑ (= consolation) réconfort (m); **to take ~ from sth** trouver du réconfort dans qch; **if it's any ~ to you** si ça peut te consoler; **it is a ~ to know that ...** c'est consolant de savoir que ...
ⓒ (= peace of mind) **the fighting was too close for ~** les combats étaient dangereusement rapprochés
2 VT (= console) consoler; (= bring relief to) soulager
3 COMP ◆ **comfort food** N aliments procurant une sensation de réconfort ◆ **comfort station** N (US) toilette(s) (f(pl))

comfortable /'kʌmfətəbl/ ADJ ⓐ [chair, bed] confortable; [temperature] agréable
ⓑ (= physically at ease) **are you ~ there?** vous êtes bien?; **to feel ~** se sentir bien; **you don't look very ~** vous n'avez pas l'air bien installé; **to make o.s. ~** (in armchair) s'installer confortablement; (= make o.s. at home) se mettre à l'aise; **the patient is ~** le patient est dans un état satisfaisant; **to be a ~ winner of sth** remporter qch haut la main
ⓒ (= mentally at ease) [person] à l'aise; **to be ~ doing sth** être à l'aise pour faire qch
ⓓ (financially) aisé; **to be in ~ circumstances** être à l'aise (financièrement)

comfortably /'kʌmfətəblɪ/ ADV ⓐ [sit, settle, sleep] confortablement; **to be ~ off** être à l'aise (financièrement) ⓑ [manage, win, fit, afford] sans difficulté

comforter /'kʌmfətə'/ N ⓐ (US = quilt) édredon (m) ⓑ (= person) consolateur (m), -trice (f) (liter)

comforting /'kʌmfətɪŋ/ ADJ réconfortant

comfy* /'kʌmfɪ/ ADJ [chair, room] confortable; **are you ~?** êtes-vous bien?

comic /'kɒmɪk/ 1 ADJ comique 2 N ⓐ (= person) comique (mf) ⓑ (= magazine) comic (m); **the ~s** (in newspaper) les bandes (fpl) dessinées 3 COMP ◆ **comic book** N magazine (m) de bandes dessinées ◆ **comic strip** N bande (f) dessinée, BD* (f)

comical /'kɒmɪkəl/ ADJ comique

coming /'kʌmɪŋ/ 1 N arrivée (f), venue (f); **~ and going** va-et-vient (m); **~s and goings** allées (fpl) et venues (fpl) 2 ADJ ⓐ [weeks, months, years] à venir; [election, battle] prochain (before n); **the ~ year** l'année (f) à venir ⓑ **it's the ~ thing*** c'est le truc* qui devient à la mode 3 COMP ◆ **coming of age** N passage (m) à l'âge adulte

comma /'kɒmə/ N virgule (f)

command /kə'mɑːnd/ 1 VT ⓐ (= order) ordonner (**sb to do sth** à qn de faire qch); **to ~ that ...** ordonner que ... (+ subj); **to ~ sth to be done** donner l'ordre de (faire) faire qch
ⓑ [+ army, ship] commander
ⓒ (= be in position to use) [+ money, services, resources] disposer de
ⓓ [+ respect] imposer; **the party ~s tremendous support** le parti bénéficie d'un soutien formidable
ⓔ (= overlook) avoir vue sur
2 VI commander
3 N ⓐ (= order) ordre (m), commandement (m); (Comput-

ing) commande (f)
ⓑ (= power, authority) commandement (m); **to take ~ of sth** prendre le commandement de qch; **to be in ~ of sth** être à la tête de qch
ⓒ (= troops) troupes (fpl); (= military authority) commandement (m)
ⓓ (= possession, mastery) maîtrise (f), possession (f); **his ~ of English** sa maîtrise de l'anglais; **to have sth at one's ~** avoir qch à sa disposition

commandant /'kɒmən,dænt/ N commandant (m)

commandeer /,kɒmən'dɪə'/ VT réquisitionner

commander /kə'mɑːndə'/ N commandant (m) ◆ **commander in chief** N (pl **commanders in chief**) commandant (m) en chef, généralissime (m)

commanding /kə'mɑːndɪŋ/ 1 ADJ ⓐ (= powerful) **to be in a ~ position** être en position de force; **to have a ~ lead** avoir une avance respectable ⓑ (= authoritative) imposant 2 COMP ◆ **commanding officer** N commandant (m)

commandment /kə'mɑːndmənt/ N commandement (m)

commando /kə'mɑːndəʊ/ N commando (m)

commemorate /kə'meməreɪt/ VT commémorer

commemoration /kə,memə'reɪʃən/ N commémoration (f)

commemorative /kə'memərətɪv/ ADJ commémoratif

commence /kə'mens/ VTI commencer (**to do sth, doing sth** à faire qch)

commencement /kə'mensmənt/ N ⓐ commencement (m), début (m) ⓑ (= degree ceremony) remise (f) des diplômes

commend /kə'mend/ VT (= praise) faire l'éloge de; (= recommend) recommander; **his scheme has little to ~ it** son projet est difficile à défendre

commendable /kə'mendəbl/ ADJ louable

commendation /,kɒmen'deɪʃən/ N ⓐ (= praise) éloges (mpl) ⓑ (= award) récompense (f)

commensurate /kə'menʃərɪt/ ADJ (= proportionate) proportionné (**with, to** à)

comment /'kɒment/ 1 N (spoken, written) commentaire (m), remarque (f); (written) annotation (f); **his action passed without ~** son action n'a donné lieu à aucun commentaire; **he let it pass without ~** il ne l'a pas relevé; **"no ~"** «je n'ai rien à dire» 2 VT **he ~ed that ...** il a fait remarquer que ... 3 VI faire des commentaires (**on** sur)

commentary /'kɒməntərɪ/ N commentaire (m); (Sport) reportage (m)

commentate /'kɒmenteɪt/ VI assurer le commentaire

commentator /'kɒmenteɪtə'/ N commentateur (m), -trice (f)

commerce /'kɒmɜːs/ N commerce (m), affaires (fpl)

commercial /kə'mɜːʃəl/ 1 ADJ commercial; [world] du commerce; [district] commerçant 2 N publicité (f), spot (m) publicitaire

commercialize /kə'mɜːʃəlaɪz/ VT commercialiser

commercialized /kə'mɜːʃəlaɪzd/ ADJ commercial

commercially /kə'mɜːʃəlɪ/ ADV ⓐ [viable, competitive] commercialement ⓑ [produce] à échelle commerciale

commiserate /kə'mɪzəreɪt/ VI témoigner de la sympathie (**with** à)

commission /kə'mɪʃən/ 1 N ⓐ (to artist, composer) commande (f)
ⓑ (= percentage) commission (f); **on ~** à la commission; **he gets 10% ~** il reçoit une commission de 10%
ⓒ (= body of people) commission (f)
ⓓ **out of ~** [ship, equipment] hors de service
2 VT ⓐ donner mission à; **he was ~ed to inquire into ...** il a été chargé de faire une enquête sur ...
ⓑ [+ artist] passer une commande à; [+ book, painting, article] commander; **I was ~ed to paint her portrait** on m'a commandé son portrait
ⓒ [+ officer] nommer à un commandement; **he was ~ed**

in 1990 il a été nommé officier en 1990
ⓓ [+ *ship*] armer

3 COMP ✦ **commissioned officer** N officier *(m)*
✦ **Commission for Racial Equality** N (*Brit*) *commission pour
l'égalité des races* → EOC, EEOC

commissionaire /kə‚mɪʃə'nɛəʳ/ N (*Brit*) portier *(m)*

commissioner /kə'mɪʃənəʳ/ N (*Brit Police*) ≈ préfet *(m)* de
police; (*US Police*) (commissaire *(m)*) divisionnaire *(m)*

commit /kə'mɪt/ 1 VT ⓐ [+ *crime*] commettre; **to ~ suicide** se suicider ⓑ (= *consign*) confier (**to** à); **to ~ sb (to
prison)** faire incarcérer qn; **to ~ sb for trial** mettre qn en
accusation ⓒ **to ~ o.s.** s'engager (**to sth** à qch, **to doing** à
faire); **to be ~ted to a policy** s'être engagé à poursuivre
une politique 2 VI **to ~ to sth/sb** s'engager à qch/envers qn

commitment /kə'mɪtmənt/ N engagement *(m)*;
(*financial*) engagement *(m)* financier; **his ~ to this cause**
son engagement en faveur de cette cause; **I have many ~s**
j'ai de multiples engagements

committed /kə'mɪtɪd/ ADJ [*Christian*] convaincu

committee /kə'mɪtɪ/ N comité *(m)*; **to be** *or* **sit on a ~**
faire partie d'un comité ✦ **committee meeting** N réunion
(f) de comité

commodity /kə'mɒdɪtɪ/ N produit *(m)* de base, matière
(f) première

common /'kɒmən/ 1 ADJ ⓐ (= *shared*) [*interest, cause,
language*] commun; **~ denominator/factor** dénominateur
(m)/facteur *(m)* commun; **by ~ consent** d'un commun
accord; **~ ground** terrain *(m)* d'entente; **it's ~ knowledge
that ...** chacun sait que ...; **~ land** terrain *(m)* communal
✦ **common to: it's something ~ to all young children** c'est
quelque chose qu'on trouve chez tous les jeunes enfants;
a belief ~ to both Jews and Christians une croyance partagée par les juifs et les chrétiens
✦ **in common** en commun; **they have nothing in ~** ils
n'ont rien de commun; **in ~ with** en commun avec
ⓑ (= *ordinary*) commun; **it's quite ~** c'est très courant; **~
belief** croyance *(f)* universelle; **the ~ cold** le rhume de
cerveau; **it's a ~ experience** cela arrive souvent; **the ~
people** le peuple; **a ~ occurrence** une chose fréquente; **a ~
sight** un spectacle familier
ⓒ (= *vulgar*) [*accent, person*] vulgaire; **they're as ~ as muck***
(*Brit*) ce sont des ploucs*
2 N (= *land*) terrain *(m)* communal

3 COMP ✦ **Common Agricultural Policy** N politique *(f)*
agricole commune ✦ **Common Entrance** N (*Brit*) *examen
d'entrée dans l'enseignement privé* ✦ **common law** N droit
(m) coutumier ✦ **common room** N (*Brit*) salle *(f)* commune

commoner /'kɒmənəʳ/ N roturier *(m)*

commonly /'kɒmənlɪ/ ADV ⓐ [*use, occur, prescribe*] fréquemment; [*called*] couramment; **more ~ known as ...**
plus connu sous le nom de ... ⓑ (= *generally*) généralement; **it is ~ believed that ...** on croit généralement
que ...; **the ~ held view** l'opinion généralement répandue

commonness /'kɒmənnɪs/ N (= *frequency*) fréquence *(f)*;
(= *ordinariness*) caractère *(m)* ordinaire; (= *universality*) caractère *(m)* universel; (= *vulgarity*) vulgarité *(f)*

commonplace /'kɒmənpleɪs/ 1 ADJ commun 2 N lieu
(m) commun

Commons /'kɒmənz/ NPL **the ~** les Communes *(fpl)*

commonsense /'kɒmən'sens/ N bon sens *(m)*

commonwealth /'kɒmənwelθ/ N **the Commonwealth** le
Commonwealth

ℹ COMMONWEALTH
Le Commonwealth, *ou* Commonwealth of Nations, *est une
communauté d'États souverains (en général d'anciens territoires britanniques) qui compte une cinquantaine de membres, parmi lesquels le Royaume-Uni, l'Australie, le Canada,
l'Inde, la Jamaïque, le Kenya, la Nouvelle-Zélande et la République sud-africaine.*
▷ www.thecommonwealth.org

commotion /kə'məʊʃən/ N ⓐ (= *noise*) **to make a ~** faire

du tapage ⓑ (= *upheaval*) **to cause a ~** semer la perturbation

communal /'kɒmjuːnl/ ADJ commun; [*baths, showers*]
collectif

commune 1 VI **to ~ with nature** communier avec la nature 2 N (= *people living together*) communauté *(f)*; **to live in
a ~** vivre en communauté

★ *Lorsque* **commune** *est un verbe, l'accent tombe sur la
deuxième syllabe:* /kə'mjuːn/, *lorsque c'est un nom, sur la
première:* /'kɒmjuːn/.

communicate /kə'mjuːnɪkeɪt/ VTI ⓐ communiquer; **to
~ with sb by e-mail/by telephone** communiquer avec qn
par courrier électronique/par téléphone ⓑ **communicating rooms** des pièces *(fpl)* qui communiquent

communication /kə‚mjuːnɪ'keɪʃən/ 1 N ⓐ communication *(f)*; **to be in ~ with sb** être en contact avec qn; **there
has been no ~ between them** il n'y a eu aucun contact entre eux ⓑ (= *roads, railways, telegraph lines*) **~s** communications *(fpl)* 2 COMP ✦ **communication cord** N (*Brit Rail*)
sonnette *(f)* d'alarme ✦ **communication skills** NPL **he has
good ~ skills** il communique bien ✦ **communications satellite** N satellite *(m)* de communication

communicative /kə'mjuːnɪkətɪv/ ADJ (= *talkative*) expansif

communion /kə'mjuːnɪən/ N communion *(f)*; **to
make one's ~** communier; **to take ~** recevoir la communion

communiqué /kə'mjuːnɪkeɪ/ N communiqué *(m)*

communism /'kɒmjʊnɪzəm/ N communisme *(m)*

communist /'kɒmjʊnɪst/ ADJ, N communiste *(mf)*

community /kə'mjuːnɪtɪ/ N communauté *(f)*; **the French
~ in Edinburgh** la communauté française d'Édimbourg;
the student ~ les étudiants *(mpl)*; **to belong to the same ~**
appartenir à la même communauté; **the ~** (= *the public*) la
communauté; **for the good of the ~** pour le bien de la
communauté; **~ of interests** communauté *(f)* d'intérêts;
the Community (= *EU*) la Communauté ✦ **community care**
N (*Brit Social Work*) (= *home care*) soins *(mpl)* à domicile;
(*also* **~ care programme**) *programme visant à déléguer la
responsabilité de l'État aux collectivités locales en matière
d'aide sociale* ✦ **community centre** N centre *(m)* socioculturel ✦ **community college** N (*US Univ*) centre *(m)* universitaire (de premier cycle) ✦ **community service** N travaux *(mpl)* d'intérêt général ✦ **community worker** N animateur *(m)*, -trice *(f)* socioculturel(le)

commute /kə'mjuːt/ 1 VT [+ *sentence*] commuer (**into** en)
2 VI faire le trajet tous les jours (**between** entre, **from** de)
3 N trajet *(m)* (*entre son domicile et son lieu de travail*)

commuter /kə'mjuːtəʳ/ N banlieusard(e) *(m(f))* (*qui fait un
trajet régulier pour se rendre à son travail*); **I work in London but
I'm a ~** je travaille à Londres mais je fais la navette tous les
jours ✦ **the commuter belt** N (*Brit*) la grande banlieue
✦ **commuter train** N train *(m)* de banlieue

compact 1 ADJ compact 2 VT [+ *waste*] compacter;
[+ *snow*] tasser 3 N ⓐ (*also* **powder ~**) poudrier *(m)* ⓑ (*US:
also* **~ car**) (voiture *(f)*) compacte *(f)*; (*also* **~ camera**)
(appareil-photo *(m)*) compact *(m)* 4 COMP ✦ **compact disc**
N disque *(m)* compact ✦ **compact disc player** N lecteur
(m) de CD

★ *Lorsque* **compact** *est un adjectif ou un verbe l'accent
tombe sur la seconde syllabe:* /kəm'pækt/, *lorsque c'est un
nom, sur la première:* /'kɒmpækt/.

companion /kəm'pænjən/ 1 N ⓐ (*male*) compagnon
(m); (*female*) compagne *(f)*; **travelling ~s** compagnons *(mpl)*
de voyage; **~s in arms/in misfortune** compagnons *(mpl)*
d'armes/d'infortune ⓑ (= *one of pair*) pendant *(m)* (**to** à)
2 COMP ✦ **companion volume** N livret *(m)* d'accompagnement

companionable /kəm'pænjənəbl/ ADJ [*person*] de
compagnie agréable; **in ~ silence** dans un silence complice

companionship /kəm'pænjənʃɪp/ N (a) (= *friendliness*) **I enjoy the ~ at the club** j'apprécie l'esprit de camaraderie du club (b) (= *company*) compagnie (f); **she keeps a cat for ~** elle a un chat pour lui tenir compagnie

company /'kʌmpənɪ/ 1 N (a) compagnie (f); **to keep sb ~** tenir compagnie à qn; **to part ~ with** se séparer de; **in ~** en public; **in ~ with** en compagnie de; **to be in good ~** être en bonne compagnie; **he's good ~** il est de bonne compagnie; **she keeps a cat, it's ~ for her** elle a un chat, ça lui fait une compagnie; **we've got ~** nous avons de la visite

(b) (= *companions*) fréquentation (f); **to get into bad ~** avoir de mauvaises fréquentations

(c) (= *firm*) entreprise (f); **a pharmaceutical ~** un laboratoire pharmaceutique; **shipping ~** compagnie (f) de navigation; **and ~*** et compagnie

(d) (= *group*) compagnie (f); [*of actors*] troupe (f); **a ballet ~** un ballet (*troupe*)

2 COMP ♦ **company car** N voiture (f) de fonction ♦ **company director** N directeur (m) général

⚠ *In the business sense the most common translation for* **company** *is* **entreprise**.

comparable /'kɒmpərəbl/ ADJ comparable (**with, to** à)

comparative /kəm'pærətɪv/ 1 ADJ (a) [*ease, safety, freedom, cost*] relatif; **he's a ~ stranger** je le connais relativement peu; **to be a ~ newcomer/beginner** être relativement nouveau/débutant (b) [*study, analysis, method*] comparatif; [*literature, religion, linguistics*] comparé 2 N comparatif (m)

comparatively /kəm'pærətɪvlɪ/ ADV (a) (= *relatively*) relativement (b) (*involving comparison*) comparativement

compare /kəm'pɛəʳ/ 1 VT comparer (**with** à, avec, **to** à); **~ the first letter with the second** comparez la première lettre avec la seconde; **~d to** or **with sth** comparé à qch; **to ~ notes with sb** (*fig*) échanger ses impressions avec qn

2 VI être comparable (**with** à); **how do the cars ~ for speed?** quelles sont les vitesses respectives des voitures?; **how do the prices ~?** est-ce que les prix sont comparables?; **it doesn't** or **can't ~ with the previous one** il n'y a aucune comparaison avec le précédent; **he can't ~ with you** il n'y a pas de comparaison possible entre vous et lui; **it ~s very favourably** cela soutient la comparaison

3 N **beyond** or **without ~** sans comparaison possible

comparison /kəm'pærɪsn/ N comparaison (f) (**with** avec, **to** à); **in ~ with** or **to sth** or **by ~ with sth** par rapport à qch; **by** or **in ~** en comparaison; **for ~** à titre de comparaison; **to make a ~** faire une comparaison; **to stand ~ (with)** soutenir la comparaison (avec); **there's no ~** ça ne se compare pas

compartment /kəm'pɑːtmənt/ N compartiment (m)

compartmentalize /ˌkɒmpɑːt'mentəlaɪz/ VT compartimenter

compass /'kʌmpəs/ N (a) (*hand-held*) boussole (f); (*on ship*) compas (m) (b) **(a pair of) ~es** compas (m) (c) (= *scope*) **within the ~ of** dans les limites de

compassion /kəm'pæʃən/ N compassion (f)

compassionate /kəm'pæʃənət/ ADJ compatissant; **on ~ grounds** pour raisons de convenance personnelle

compatibility /kəmˌpætə'bɪlɪtɪ/ N compatibilité (f)

compatible /kəm'pætɪbl/ ADJ (a) [*ideas, aims, interests, equipment*] compatible (**with sth** avec qch) (b) [*people*] fait pour s'entendre; **to be ~ with sb** bien s'entendre avec qn

compatriot /kəm'pætrɪət/ N compatriote (mf)

compel /kəm'pel/ VT (a) contraindre; **to be ~led to do sth** (*physically*) être contraint de faire qch; (*psychologically*) se sentir poussé à faire qch; **to feel morally ~led to do sth** se sentir moralement obligé de faire qch (b) [+ *admiration, respect*] forcer

compelling /kəm'pelɪŋ/ ADJ (a) [*reason, argument, evidence*] irréfutable (b) [*story, film, book*] fascinant

compellingly /kəm'pelɪŋlɪ/ ADV [*write, tell*] d'une manière fascinante; [*attractive*] irrésistiblement

compensate /'kɒmpənseɪt/ 1 VI compenser (**by** en); **to ~ for sth** compenser qch 2 VT dédommager (**for** de); (*in weight, strength*) compenser

compensation /ˌkɒmpən'seɪʃən/ N dédommagement (m); (*psychological*) compensation (f); (*in weight, strength*) contrepoids (m); **in ~** (*financial*) en dédommagement

compère /'kɒmpɛəʳ/ 1 N animateur (m), -trice (f) 2 VT présenter

compete /kəm'piːt/ VI (a) rivaliser (**with sb** avec qn, **for sth** pour obtenir qch, **to do sth** pour faire qch); **there were ten students competing for six places on the course** dix étudiants se disputaient les six places disponibles dans ce cours; **there were only four people competing** il n'y avait que quatre concurrents; **his poetry can't ~ with Eliot's** sa poésie ne peut pas rivaliser avec celle d'Eliot (b) (*commercially*) faire concurrence (**with sb** à qn); **there are six firms competing for a share in the market** six entreprises sont en concurrence sur ce marché; **to ~ internationally** être présent sur le marché international; **they are forced to ~ with the multinationals** ils sont obligés d'entrer en concurrence avec les multinationales (c) (*Sport*) concourir (**against sb** avec qn, **to do sth** pour faire qch); **to ~ in a race** participer à une course; **to ~ internationally** participer à des compétitions internationales; **he's competing against world-class athletes** il est en compétition avec des athlètes de stature mondiale; **there were only four teams competing** il n'y avait que quatre équipes en compétition

competence /'kɒmpɪtəns/ N compétence (f) (**in** en)

competent /'kɒmpɪtənt/ ADJ (a) [*person*] compétent (**at sth** dans qch, **to do sth** pour faire qch); **to feel ~ to do sth** se sentir compétent pour faire qch (b) [*work, performance*] satisfaisant; **to do a ~ job** faire un travail satisfaisant

competently /'kɒmpɪtəntlɪ/ ADV (= *proficiently*) avec compétence; (= *satisfactorily*) bien

competing /kəm'piːtɪŋ/ ADJ concurrent

competition /ˌkɒmpɪ'tɪʃən/ N (a) (= *rivalry*) compétition (f); (*in business*) concurrence (f); **unfair ~** concurrence (f) déloyale; **there was keen ~ for it** on se l'est âprement disputé; **in ~ with** en concurrence avec (b) (= *contest*) concours (m); (*Sport*) compétition (f); **to go in for a ~** se présenter à un concours; **beauty ~** concours (m) de beauté; **swimming ~** compétition (f) de natation (c) (= *competitors*) concurrence (f); (*Sport*) concurrents (mpl)

⚠ *The translation for* **competition** *is not always* **compétition**.

competitive /kəm'petɪtɪv/ ADJ (a) [*society, prices*] compétitif; [*product, market*] concurrentiel; **to gain a ~ advantage (over sb)** obtenir un avantage concurrentiel (sur qn) (b) [*person*] qui a l'esprit de compétition; **I'm a very ~ person** j'aime la compétition (c) [*sport*] de compétition (d) [*entry, selection*] par concours; **~ examination** concours (m)

competitively /kəm'petɪtɪvlɪ/ ADV (a) **a very ~ priced car** une voiture à un prix très compétitif (b) (*in competitions*) **I stopped playing ~ in 1995** j'ai arrêté la compétition en 1995

competitiveness /kəm'petətɪvnɪs/ N compétitivité (f)

competitor /kəm'petɪtəʳ/ N concurrent(e) (m(f))

compilation /ˌkɒmpɪ'leɪʃən/ N compilation (f)

compile /kəm'paɪl/ VT [+ *dictionary*] élaborer; [+ *list, catalogue, inventory*] dresser

complacent /kəm'pleɪsənt/ ADJ content de soi; **we can't afford to be ~** nous ne pouvons pas nous permettre de nous laisser aller

complain /kəm'pleɪn/ VI (a) se plaindre (**of, about** de); **to ~ that ...** se plaindre de ce que ... (b) (= *make a complaint*) se plaindre; **you should ~ to the manager** vous devriez vous plaindre au directeur

complaint /kəm'pleɪnt/ N (a) (= *expression of discontent*) plainte (f); (*about goods, services*) réclamation (f); **~s department** service (m) des réclamations; **I have no ~(s)** je n'ai pas lieu de me plaindre; **to make a ~** faire une réclamation (b) (= *illness*) maladie (f)

complement 1 N complément *(m)*; [*of staff*] effectif *(m)*; **the team has its full ~ of players** l'équipe est au grand complet 2 VT compléter

★ *Lorsque* **complement** *est un nom, la fin se prononce comme* **ant** *dans* giant: /ˈkɒmplɪmənt/; *lorsque c'est un verbe elle se prononce comme* **ent** *dans* went: /ˈkɒmplɪment/.

complementary /ˌkɒmplɪˈmentərɪ/ ADJ complémentaire ◆ **complementary medicine** N médecine *(f)* parallèle

complete /kəmˈpliːt/ 1 ADJ ⓐ [*change, surprise, disaster, failure, list, set*] complet (-ète *(f)*); [*lack*] total; [*approval*] entier; **the ~ works of Shakespeare** les œuvres *(fpl)* complètes de Shakespeare; **in ~ agreement** en parfait accord; **in ~ contrast to sb/sth** en contraste total avec qn/qch; **to take ~ control of sth** prendre le contrôle complet de qch; **he is the ~ opposite of me** il est tout le contraire de moi; **to my ~ satisfaction** à ma grande satisfaction ⓑ **~ with sth** (= *also having*) avec qch; **a large hotel ~ with swimming pool** un grand hôtel avec piscine; **the camera comes ~ with its own carrying case** l'appareil photo est livré avec son étui ⓒ (= *entire*) tout *(inv)* entier ⓓ (= *finished*) [*work*] achevé; **the task is now ~** la tâche est accomplie
2 VT ⓐ [+ *collection*] compléter; [+ *piece of work*] terminer; **and to ~ his happiness/misfortune …** et pour comble de bonheur/d'infortune …; **to ~ an order** exécuter une commande ⓑ [+ *form, questionnaire*] remplir

completely /kəmˈpliːtlɪ/ ADV complètement; **~ and utterly** totalement; **almost ~** presque entièrement

completion /kəmˈpliːʃən/ N [*of work*] achèvement *(m)*; **near ~** presque achevé

complex /ˈkɒmpleks/ 1 ADJ complexe 2 N complexe *(m)*; **industrial ~** complexe *(m)* industriel; **housing ~** (ensemble *(m)* de) résidences *(fpl)*; (*high rise*) grand ensemble *(m)*; **he's got a ~ about it** ça le complexe

complexion /kəmˈplekʃən/ N [*of face*] teint *(m)*; **that puts a new** *or* **different ~ on the whole affair** l'affaire se présente maintenant sous un tout autre aspect

complexity /kəmˈpleksɪtɪ/ N complexité *(f)*

compliance /kəmˈplaɪəns/ N (= *conformity*) conformité *(f)*; **in ~ with sth** conformément à qch

compliant /kəmˈplaɪənt/ ADJ accommodant; [*child*] docile

complicate /ˈkɒmplɪkeɪt/ VT compliquer (**with** de); **that ~s matters** cela complique les choses

complicated /ˈkɒmplɪkeɪtɪd/ ADJ compliqué

complication /ˌkɒmplɪˈkeɪʃən/ N complication *(f)*

complicity /kəmˈplɪsɪtɪ/ N complicité *(f)*

compliment 1 N ⓐ compliment *(m)*; **to pay sb a ~** faire un compliment à qn; **to return the ~** retourner le compliment ⓑ (= *greeting*) **~s** compliments *(mpl)*, hommages *(mpl)* *(frm)*; **with the ~s of Mr Green** avec les compliments de M. Green 2 VT complimenter 3 COMP ◆ **compliments slip** N carte *(f)* (avec les compliments de l'expéditeur)

★ *Lorsque* **compliment** *est un nom, la fin se prononce comme* **ant** *dans* giant: /ˈkɒmplɪmənt/; *lorsque c'est un verbe elle se prononce comme* **ent** *dans* went: /ˈkɒmplɪment/.

complimentary /ˌkɒmplɪˈmentərɪ/ ADJ ⓐ élogieux; **to be ~ about sb/sth** faire des compliments sur qn/qch ⓑ (= *free*) [*ticket, drink*] gratuit; **~ copy** exemplaire *(m)* offert à titre gracieux

comply /kəmˈplaɪ/ VI ⓐ [*person*] se soumettre (**with** à); **to ~ with the rules** respecter le règlement; **to ~ with sb's wishes** se conformer aux désirs de qn ⓑ [*equipment, object*] (*to specifications*) être conforme (**with** à)

component /kəmˈpəʊnənt/ N élément *(m)*; [*of car, machine*] pièce *(f)*; **~s factory** usine *(f)* de pièces détachées

compose /kəmˈpəʊz/ VT composer; **to be ~d of se**

composer de; **to ~ o.s.** se calmer; **to ~ one's thoughts** mettre de l'ordre dans ses idées

composed /kəmˈpəʊzd/ ADJ calme

composer /kəmˈpəʊzəʳ/ N compositeur *(m)*, -trice *(f)*

composite /ˈkɒmpəzɪt/ 1 ADJ composite 2 N (= *amalgam*) mélange *(m)*

composition /ˌkɒmpəˈzɪʃən/ N ⓐ (= *thing composed*) œuvre *(f)*; (= *essay*) rédaction *(f)*; **one of her most famous ~s** une de ses œuvres les plus célèbres ⓑ (= *activity*) composition *(f)*; **music of her own ~** une musique de sa composition ⓒ (= *make-up*) composition *(f)*

compos mentis /ˌkɒmpɒsˈmentɪs/ ADJ sain d'esprit

compost /ˈkɒmpɒst/ N compost *(m)* ◆ **compost heap** N tas *(m)* de compost

composure /kəmˈpəʊʒəʳ/ N calme *(m)*; **to lose (one's) ~** perdre contenance; (= *get angry*) perdre son sang-froid

compound 1 N ⓐ (= *substance*) composé *(m)*; (= *word*) (mot *(m)*) composé *(m)* ⓑ (= *enclosed area*) enclos *(m)*, enceinte *(f)* 2 ADJ [*interest*] composé; [*fracture*] multiple 3 VT [+ *problem, difficulties*] aggraver

★ *Lorsque* **compound** *est un nom ou un adjectif, l'accent tombe sur la première syllabe:* /ˈkɒmpaʊnd/, *lorsque c'est un verbe, sur la seconde:* /kəmˈpaʊnd/.

comprehend /ˌkɒmprɪˈhend/ VTI comprendre

comprehensible /ˌkɒmprɪˈhensəbl/ ADJ compréhensible

comprehension /ˌkɒmprɪˈhenʃn/ N ⓐ (= *understanding*) compréhension *(f)*; **that is beyond my ~** cela dépasse mon entendement ⓑ (= *exercise*) exercice *(m)* de compréhension

comprehensive /ˌkɒmprɪˈhensɪv/ 1 ADJ ⓐ [*description, report, survey, list*] complet (-ète *(f)*); [*victory, defeat*] total; [*knowledge*] étendu; **~ measures** mesures *(fpl)* d'ensemble; **~ insurance (policy)** assurance *(f)* tous risques ⓑ (*Brit*) [*education, system*] polyvalent; **~ school** établissement *(m)* public d'enseignement secondaire 2 N = **comprehensive school**

⚠ **comprehensive** ≠ **compréhensif**

ⓘ **COMPREHENSIVE SCHOOL**

Créées dans les années 60 par le gouvernement travailliste de l'époque, les **comprehensive schools** sont des établissements d'enseignement secondaire qui accueillent tous les élèves sans distinction, par opposition au système sélectif des « grammar schools ». La majorité des enfants britanniques fréquentent aujourd'hui une **comprehensive school**, mais les « grammar schools » n'ont pas toutes disparu.
▷ www.parentscentre.gov.uk/choosingaschool/typesofschool/

comprehensively /ˌkɒmprɪˈhensɪvlɪ/ ADV complètement; **to be ~ insured** avoir une assurance tous risques

compress /kəmˈpres/ VT [+ *substance*] comprimer; [+ *essay, facts*] condenser; **~ed air** air *(m)* comprimé

compression /kəmˈpreʃən/ N compression *(f)*

comprise /kəmˈpraɪz/ VT ⓐ (= *include*) être composé de; **to be ~d of** se composer de ⓑ (= *make up*) constituer; **women ~ 80% of the workforce** les femmes constituent 80% de l'effectif

compromise /ˈkɒmprəmaɪz/ 1 N compromis *(m)*; **to reach a ~** arriver à un compromis; **to agree to a ~** accepter un compromis 2 VI transiger (**over** sur) 3 VT [+ *safety, security*] compromettre; **to ~ o.s.** se compromettre

compulsion /kəmˈpʌlʃən/ N ⓐ (= *desire*) envie *(f)* irrésistible; (*Psych*) compulsion *(f)* ⓑ (= *coercion*) contrainte *(f)*; **you are under no ~** vous n'êtes nullement obligé; **he felt a sudden ~ to run** il eut soudain l'envie irrésistible de courir

compulsive /kəmˈpʌlsɪv/ ADJ ⓐ (= *habitual*) **to be a ~ gambler/liar** être un joueur/menteur invétéré ⓑ [*behaviour, desire, need*] compulsif; [*reading*] fascinant; **the programme was ~ viewing** l'émission était fascinante

compulsively /kəmˈpʌlsɪvlɪ/ ADV ⓐ [*lie*] compulsivement; [*behave, gamble, talk*] d'une façon compulsive

ⓑ (= *irresistibly*) ~ **readable** fascinant à lire ; **the series is ~ watchable** on n'arrive pas à décrocher de ce feuilleton

compulsory /kəm'pʌlsərɪ/ ADJ obligatoire

compunction /kəm'pʌŋkʃən/ N remords *(m)* ; **without the slightest** *or* **the least ~** sans le moindre remords ; **he had no ~ about doing it** il n'a eu aucun scrupule à le faire

computer /kəm'pjuːtəʳ/ N ordinateur *(m)* ; **he is in ~s** il est dans l'informatique ; **on ~** sur ordinateur ; **to do sth by ~** faire qch sur ordinateur ◆ **computer-aided** ADJ assisté par ordinateur ◆ **computer crime** N (= *illegal activities*) criminalité *(f)* informatique ; (= *illegal act*) délit *(m)* informatique ◆ **computer dating service** N club *(m)* de rencontres sélectionnées par ordinateur ◆ **computer error** N erreur *(f)* informatique ◆ **computer game** N jeu *(m)* électronique ◆ **computer-generated** ADJ [*graphics*] généré par ordinateur ; [*image*] de synthèse ◆ **computer graphics** N (= *field*) infographie *(f)* ; (= *pictures*) images *(fpl)* de synthèse ◆ **computer language** N langage *(m)* de programmation ◆ **computer literacy** N compétence *(f)* en informatique ◆ **computer-literate** ADJ qui a des connaissances en informatique ◆ **computer operator** N opérateur *(m)*, -trice *(f)* ◆ **computer printout** N listing *(m)* d'ordinateur ◆ **computer program** N programme *(m)* informatique ◆ **computer programmer** N programmeur *(m)*, -euse *(f)* ◆ **computer programming** N programmation *(f)* ◆ **computer science** N informatique *(f)* ◆ **computer scientist** N informaticien(ne) *(m(f))* ◆ **computer studies** NPL informatique *(f)* ◆ **computer system** N système *(m)* informatique ◆ **computer virus** N virus *(m)* informatique

computerization /kəm,pjuːtəraɪ'zeɪʃən/ N informatisation *(f)*

computerize /kəm'pjuːtəraɪz/ VT informatiser

computing /kəm'pjuːtɪŋ/ 1 N informatique *(f)* 2 ADJ [*service, department, facility, problem*] informatique ; [*course*] d'informatique

comrade /'kɒmreɪd/ N camarade *(mf)*

comradeship /'kɒmreɪdʃɪp/ N camaraderie *(f)*

con* /kɒn/ 1 VT arnaquer* ; **to ~ sb into doing sth** amener qn à faire qch en l'abusant ; **I've been ~ned!** je me suis fait avoir !* ; **he ~ned his way into the building** il est entré dans l'immeuble par ruse 2 N ⓐ (= *swindle*) arnaque* *(f)* ⓑ ⁝ (ABBR = **convict**) taulard⁝ *(m)* 3 COMP ◆ **con artist*** N escroc *(m)* ◆ **con game*** N arnaque* *(f)* ◆ **con man*** N (*pl* **con men**) escroc *(m)* ◆ **con trick*** N arnaque* *(f)*

Con. N (*Brit*) ABBR = **Conservative**

conc. N (ABBR = **concessions**) **admission £5 (~ £4)** entrée 5 livres (tarif réduit 4 livres)

concave /kɒn'keɪv/ ADJ concave

conceal /kən'siːl/ VT [+ *object*] cacher ; [+ *news, event*] garder secret ; [+ *emotions, thoughts*] dissimuler ; **to ~ sth from sb** cacher qch à qn ; **to ~ the fact that ...** dissimuler le fait que ... ; **~ed lighting** éclairage *(m)* indirect

concealment /kən'siːlmənt/ N dissimulation *(f)*

concede /kən'siːd/ 1 VT concéder ; **to ~ that ...** concéder que ... ; **to ~ victory** s'avouer vaincu 2 VI céder

conceit /kən'siːt/ N vanité *(f)*

conceited /kən'siːtɪd/ ADJ vaniteux

conceivable /kən'siːvəbl/ ADJ concevable

conceivably /kən'siːvəblɪ/ ADV **she may ~ be right** il se peut qu'elle ait raison

conceive /kən'siːv/ 1 VT concevoir ; **I cannot ~ why he wants to do it** je ne comprends vraiment pas pourquoi il veut le faire 2 VI **she is unable to ~** elle ne peut pas avoir d'enfants ; **to ~ of** concevoir ; **I cannot ~ of anything better** je ne conçois rien de mieux

concentrate /'kɒnsəntreɪt/ 1 VT [+ *attention*] concentrer ; [+ *hopes*] reporter ; **it ~s the mind** cela fait réfléchir 2 VI se concentrer ; **to ~ on doing sth** se concentrer pour faire qch ; **I just can't ~!** je n'arrive pas à me concentrer ! ; **~ on getting yourself a job** occupe-toi d'abord de trouver du travail 3 ADJ, N concentré *(m)*

concentration /,kɒnsən'treɪʃən/ N concentration *(f)* ◆ **concentration camp** N camp *(m)* de concentration

concentric /kən'sentrɪk/ ADJ concentrique

concept /'kɒnsept/ N idée *(f)* ; (*Philos, Marketing*) concept *(m)*

conception /kən'sepʃən/ N conception *(f)* ; **he has not the slightest ~ of teamwork** il n'a pas la moindre idée de ce qu'est le travail en équipe ; **a new ~ of democracy** une nouvelle conception de la démocratie

concern /kən'sɜːn/ 1 VT ⓐ (= *be about, be the business of*) concerner ; (= *be of importance to*) intéresser ; **that doesn't ~ you** cela ne vous concerne pas ; **to whom it may ~** (*frm*) à qui de droit ; **as far as** *or* **so far as he is ~ed** en ce qui le concerne ; **the persons ~ed** les personnes concernées ; **the department ~ed** le service en question ; **to ~ o.s. with** s'occuper de ; **we are ~ed only with facts** nous ne nous occupons que des faits

ⓑ (= *trouble, worry*) préoccuper ; **to be ~ed by sth** être préoccupé par qch ; **what ~s me is that ...** ce qui me préoccupe, c'est que ...

2 N ⓐ (= *interest, business*) affaire *(f)* ; (= *responsibility*) responsabilité *(f)* ; **it's no ~ of his** cela ne le concerne pas ; **it is of no ~ to him** il n'en a rien à faire ; **what ~ is it of yours?** en quoi est-ce que cela vous regarde ?

ⓑ (*also* **business ~**) entreprise *(f)*

ⓒ (= *anxiety*) préoccupation *(f)* ; (*stronger*) inquiétude *(f)* ; **he was filled with ~** il était très préoccupé ; **a look of ~** un regard inquiet ; **it is of great ~ to us (that)** c'est un grand souci pour nous (que) ; **this is a matter of some ~ to us** cela nous préoccupe

concerned /kən'sɜːnd/ ADJ (= *worried*) préoccupé ; **to be ~ about sb** se faire du souci pour qn ; **to be ~ about sth** être inquiet de qch ; **to be ~ that ...** être inquiet que ... (+ *subj*) ; **I am ~ to hear that ...** j'apprends avec inquiétude que ... ; **they are more ~ to save face than to ...** ils se soucient davantage de ne pas perdre la face que de ...

concerning /kən'sɜːnɪŋ/ PREP concernant

concert /'kɒnsət/ N concert *(m)* ; **in ~** en concert ◆ **concert hall** N salle *(f)* de concert ◆ **concert tour** N tournée *(f)* de concerts

concerted /kən'sɜːtɪd/ ADJ concerté

concertina /,kɒnsə'tiːnə/ 1 N concertina *(m)* 2 VI **the vehicles ~ed into each other** les véhicules se sont emboutis

concerto /kən'tʃeətəʊ/ N concerto *(m)*

concession /kən'seʃən/ N (= *compromise*) concession *(f)* ; (= *reduced price*) réduction *(f)*

concessionary /kən'seʃənərɪ/ ADJ [*ticket, fare*] à prix réduit

conciliation /kən,sɪlɪ'eɪʃən/ N ⓐ conciliation *(f)* ⓑ (= *resolution*) [*of dispute, differences*] règlement *(m)*

conciliatory /kən'sɪlɪətərɪ/ ADJ conciliant

concise /kən'saɪs/ ADJ (= *short*) concis ; (= *shortened*) abrégé

concisely /kən'saɪslɪ/ ADV de façon concise

conclave /'kɒnkleɪv/ N (*Rel*) conclave *(m)* ; (*fig*) réunion *(f)* privée ; **in ~** (*fig*) en réunion privée

conclude /kən'kluːd/ 1 VT ⓐ (= *end*) [+ *business, agenda*] conclure ; **"to be ~d"** (*in magazine*) « suite et fin au prochain numéro » ⓑ (= *arrange*) [+ *treaty*] conclure ⓒ (= *infer*) conclure (**from** de, **that** que) 2 VI (= *end*) [*things, events*] se terminer (**with** par, sur) ; [*person*] conclure

concluding /kən'kluːdɪŋ/ ADJ final

conclusion /kən'kluːʒən/ N conclusion *(f)* ; **in ~** en conclusion ; **to bring sth to a ~** mener qch à terme ; **to come to the ~ that ...** conclure que ... ; **to draw a ~ from sth** tirer une conclusion de qch

conclusive /kən'kluːsɪv/ ADJ concluant

conclusively /kən'kluːsɪvlɪ/ ADV de façon concluante

concoct /kən'kɒkt/ VT concocter

concoction /kən'kɒkʃən/ N mélange *(m)*

concord /'kɒŋkɔːd/ N entente *(f)*

concourse /ˈkɒŋkɔːs/ N ⓐ (*in building, station*) hall (*m*); (*in pedestrian precinct*) piazza (*f*) ⓑ [*of people*] rassemblement (*m*)

concrete /ˈkɒŋkriːt/ 1 ADJ ⓐ [*floor, wall, steps*] en béton; [*block*] de béton ⓑ (= *not abstract*) concret (-ète (*f*)) 2 N ⓐ béton (*m*) ⓑ (*Philos*) **the ~** le concret 3 VT bétonner 4 COMP ◆ **concrete jungle** N jungle (*f*) de béton ◆ **concrete mixer** N bétonneuse (*f*)

concur /kənˈkɜːʳ/ VI être d'accord (**with sb** avec qn, **in sth** sur qch); [*opinions*] converger

concurrent /kənˈkʌrənt/ ADJ simultané; **~ with** en même temps que; **he was given ~ sentences totalling 24 years** il a été condamné à 24 ans de prison par confusion des peines

concurrently /kənˈkʌrəntlɪ/ ADV simultanément

concussed /kənˈkʌst/ ADJ commotionné

concussion /kənˈkʌʃən/ N commotion (*f*) (cérébrale); **he had ~** il a fait une commotion (cérébrale)

⚠ **concussion** *is not translated by the French word* **concussion**.

condemn /kənˈdem/ VT ⓐ [+ *person*] condamner (**to** à); **to ~ sb to death** condamner qn à mort; **the ~ed man** le condamné à mort ⓑ [+ *building*] déclarer insalubre

condemnation /ˌkɒndemˈneɪʃən/ N condamnation (*f*); **to draw ~** être condamné

condemnatory /kəndemˈneɪtərɪ/ ADJ réprobateur (-trice (*f*))

condensation /ˌkɒndenˈseɪʃən/ N condensation (*f*); (*on glass*) buée (*f*)

condense /kənˈdens/ 1 VT condenser 2 VI se condenser 3 COMP ◆ **condensed milk** N lait (*m*) concentré

condescend /ˌkɒndɪˈsend/ VI condescendre (**to do** à faire); **to ~ to sb** se montrer condescendant envers qn

condescending /ˌkɒndɪˈsendɪŋ/ ADJ condescendant (**to** *or* **towards sb** avec qn)

condition /kənˈdɪʃən/ 1 N ⓐ (= *determining factor*) condition (*f*); **on one ~** à une seule condition; **on this ~** à cette condition; **I'll lend you my car on ~ that you bring it back this evening** je vous prête ma voiture à condition que vous la rameniez ce soir

ⓑ (= *circumstance*) condition (*f*); **under the present ~s** dans les conditions actuelles; **living ~s** conditions (*fpl*) de vie; **weather ~s** conditions (*fpl*) météorologiques

ⓒ (= *state*) état (*m*); **physical/mental ~** état (*m*) physique/mental; **heart ~** maladie (*f*) de cœur; **in good ~** en bon état; **he's out of ~** il n'est pas en forme; **she was in no ~ to go out** elle n'était pas en état de sortir

2 VT ⓐ (= *determine*) déterminer

ⓑ [+ *hair, skin*] traiter

ⓒ (*psychologically*) conditionner; **he was ~ed into believing that ...** il a été conditionné à croire que ...; **~ed reflex** réflexe (*m*) conditionné

conditional /kənˈdɪʃənl/ 1 ADJ conditionnel; **to be ~ on sth** dépendre de qch 2 N conditionnel (*m*); **in the ~** au conditionnel 3 COMP ◆ **conditional discharge** N (*Brit*) condamnation (*f*) avec sursis; **a one-year ~ discharge** un an de prison avec sursis

conditionally /kənˈdɪʃnəlɪ/ ADV [*agree*] sous condition

conditioner /kənˈdɪʃənəʳ/ N après-shampooing (*m*)

condo /ˈkɒnˌdəʊ/ N (*US*) appartement (*m*) (*en copropriété*)

condolence /kənˈdəʊləns/ N **~s** condoléances (*fpl*); **letter of ~** lettre (*f*) de condoléances

condom /ˈkɒndəm/ N préservatif (*m*)

condominium /ˌkɒndəˈmɪnɪəm/ N (*US*) (= *building*) immeuble (*m*) (*en copropriété*); (= *flat*) appartement (*m*) (*dans un immeuble en copropriété*)

condone /kənˈdəʊn/ VT (= *tolerate*) admettre; **we cannot ~ that kind of behaviour** nous ne pouvons pas admettre ce genre de comportement

conducive /kənˈdjuːsɪv/ ADJ **to be ~ to** être propice à

conduct 1 N (= *behaviour*) conduite (*f*); **good ~** bonne conduite (*f*) 2 VT ⓐ (= *lead*) conduire ⓑ (= *direct, manage*) diriger; **to ~ an orchestra** diriger un orchestre; **to ~ an inquiry** mener une enquête ⓒ **to ~ o.s.** se conduire ⓓ [+ *heat, electricity*] conduire

★ *Lorsque* **conduct** *est un nom, l'accent tombe sur la première syllabe:* /ˈkɒndʌkt/, *lorsque c'est un verbe, sur la seconde:* /kənˈdʌkt/.

conductor /kənˈdʌktəʳ/ N ⓐ [*of orchestra*] chef (*m*) d'orchestre ⓑ (*on bus*) receveur (*m*); (*US Rail*) chef (*m*) de train

cone /kəʊn/ N cône (*m*); [*of ice cream*] cornet (*m*)

confectioner /kənˈfekʃənəʳ/ N (= *sweet-maker*) confiseur (*m*), -euse (*f*) ◆ **confectioner's sugar** N (*US*) sucre (*m*) glace

confectionery /kənˈfekʃənərɪ/ N confiserie (*f*)

Confederacy /kənˈfedərəsɪ/ N (*US*) **the ~** les États (*mpl*) confédérés

confederate /kənˈfedərɪt/ N (= *accomplice*) complice (*mf*)

confederation /kənˌfedəˈreɪʃən/ N confédération (*f*)

confer /kənˈfɜːʳ/ 1 VT conférer (**on** à); **to ~ a degree on** remettre un diplôme à 2 VI s'entretenir (**on** *or* **about sth** de qch)

conference /ˈkɒnfərəns/ N (= *meeting*) conférence (*f*); (*especially academic*) congrès (*m*); (= *discussion*) réunion (*f*); **to be in ~** être en réunion ◆ **conference call** N audioconférence (*f*) ◆ **conference centre** N (= *building*) palais (*m*) des congrès; (*in institution*) centre (*m*) de conférences ◆ **conference committee** N (*US*) *commission mixte de compromis sur les projets de loi* ◆ **conference room** N salle (*f*) de conférences ◆ **conference table** N table (*f*) de conférence

confess /kənˈfes/ 1 VT ⓐ [+ *crime, mistake*] avouer; **he ~ed that he had stolen the money** il a avoué qu'il avait volé l'argent; **she ~ed herself guilty of ...** elle a avoué qu'elle était coupable de ... ⓑ [+ *sins*] confesser 2 VI ⓐ passer aux aveux; **to ~ to** [+ *crime, mistake*] avouer; **to ~ to a liking for sth** reconnaître qu'on aime qch; **to ~ to having done** avouer avoir fait ⓑ (*to priest*) se confesser

confession /kənˈfeʃən/ N ⓐ [*of mistake, crime*] aveu (*m*); (*to police*) aveux (*mpl*); **to make a full ~** faire des aveux complets ⓑ (*to priest*) confession (*f*); **to go to ~** aller se confesser; **to hear sb's ~** confesser qn

confetti /kənˈfetɪ/ N confettis (*mpl*)

confide /kənˈfaɪd/ VT confier; **she ~d to me that ...** elle m'a confié que ...

▶ **confide in** VT INSEP (= *tell secrets to*) se confier à; **to ~ in sb about sth** confier qch à qn

confidence /ˈkɒnfɪdəns/ N ⓐ (= *trust*) confiance (*f*); **to have ~ in sb/sth** avoir confiance en qn/qch; **to put one's ~ in sb/sth** mettre sa confiance en qn/qch; **to have every ~ in sb/sth** faire totalement confiance à qn/qch; **I have every ~ that he will come back** je suis certain qu'il reviendra; **motion of no ~** motion (*f*) de censure

ⓑ (= *self-confidence*) confiance (*f*) en soi; **he lacks ~** il manque d'assurance

ⓒ (= *confidentiality*) confidence (*f*); **to take sb into one's ~** faire des confidences à qn; **he told me that in ~** il me l'a dit en confidence

confident /ˈkɒnfɪdənt/ ADJ [*person*] sûr de soi; [*manner, smile*] confiant; [*performance*] plein d'assurance; [*reply*] assuré; **to be in a ~ mood** être confiant; **to be ~ of sth** être sûr de qch; **to be ~ about sth** avoir confiance en qch; **to be ~ that ...** être sûr que ...

confidential /ˌkɒnfɪˈdenʃəl/ ADJ confidentiel

confidentiality /ˌkɒnfɪˌdenʃɪˈælɪtɪ/ N confidentialité (*f*)

confidentially /ˌkɒnfɪˈdenʃəlɪ/ ADV confidentiellement; **to write ~ to sb** envoyer une lettre confidentielle à qn

confidently /ˈkɒnfɪdəntlɪ/ ADV [*predict, speak, walk*] avec assurance; [*expect*] en toute confiance; [*smile*] d'un air assuré

configuration /kənˌfɪgjʊˈreɪʃən/ N configuration (*f*)

confine /kənˈfaɪn/ 1 VT ⓐ (= *imprison*) enfermer; **to be ~d to bed** être obligé de garder le lit; **to ~ sb to barracks**

consigner qn ⓑ (= *limit*) **to ~ o.s. to doing sth** se limiter à faire qch; **the damage is ~d to the back of the car** seul l'arrière de la voiture est endommagé ⓒ [+ *epidemic, conflict*] circonscrire 2 NPL **confines** /'kɒnfaɪnz/ limites *(fpl)*; **within the ~s of sth** dans les limites de qch

confined /kən'faɪnd/ ADJ **in a ~ space** dans un espace restreint; **the problem is not ~ to Scotland** le problème ne se limite pas à l'Écosse

confinement /kən'faɪnmənt/ N (= *imprisonment*) détention *(f)*

confirm /kən'fɜːm/ VT confirmer; **we ~ receipt of your letter** nous accusons réception de votre courrier

confirmation /ˌkɒnfə'meɪʃən/ N confirmation *(f)*; **the ~ of a booking** la confirmation d'une réservation; **that's subject to ~** cela reste à confirmer

confirmed /kən'fɜːmd/ ADJ ⓐ [*atheist*] convaincu; [*bachelor*] endurci ⓑ [*booking*] confirmé

confiscate /'kɒnfɪskeɪt/ VT confisquer (**sth from sb** qch à qn)

confiscation /ˌkɒnfɪs'keɪʃən/ N confiscation *(f)*

conflict 1 N conflit *(m)*; (= *quarrel*) dispute *(f)*; **armed ~** conflit *(m)* armé; **to be in ~ with** être en conflit avec; **to come into ~ with sth** entrer en conflit avec qch 2 VI ⓐ être en conflit ⓑ [*ideas*] s'opposer; [*dates*] coïncider; **that ~s with what he told me** ceci est en contradiction avec ce qu'il m'a raconté

> ★ Lorsque **conflict** est un nom, l'accent tombe sur la première syllabe: /'kɒnflɪkt/, lorsque c'est un verbe, sur la seconde: /kən'flɪkt/.

conflicting /kən'flɪktɪŋ/ ADJ [*interests*] conflictuel

confluence /'kɒnfluəns/ N [*of rivers*] (= *place*) confluent *(m)*

conform /kən'fɔːm/ VI se conformer (**to, with** à)

conformist /kən'fɔːmɪst/ ADJ, N conformiste *(mf)*

conformity /kən'fɔːmɪtɪ/ N (= *conformism*) conformisme *(m)*; **in ~ with** conformément à

confound /kən'faʊnd/ VT déconcerter

confront /kən'frʌnt/ VT ⓐ (= *bring face to face*) confronter; **to be ~ed with sth** être confronté à qch ⓑ [+ *enemy, danger*] affronter; **the problems which ~ us** les problèmes auxquels nous devons faire face

confrontation /ˌkɒnfrən'teɪʃən/ N affrontement *(m)*

confrontational /ˌkɒnfrən'teɪʃənəl/ ADJ [*person*] conflictuel; [*style*] agressif; **to be ~** [*person*] rechercher l'affrontement

confuse /kən'fjuːz/ VT ⓐ (= *perplex*) désorienter; **you're just confusing me** tu ne fais que m'embrouiller (les idées); **to ~ the issue** compliquer les choses ⓑ (= *mix up*) confondre; **don't ~ appearances with reality** ne prenez pas les apparences pour la réalité

confused /kən'fjuːzd/ ADJ (= *muddled*) désorienté; (= *perplexed*) déconcerté; [*mind*] embrouillé; (= *unclear*) confus; **to get ~** (= *muddled up*) ne plus savoir où on en est

confusing /kən'fjuːzɪŋ/ ADJ déroutant; **it's all very ~** on ne s'y retrouve plus

confusion /kən'fjuːʒən/ N confusion *(f)* (**of X with Y** entre X et Y)

congeal /kən'dʒiːl/ VI [*fat*] (se) figer; [*blood*] se coaguler

congenial /kən'dʒiːnɪəl/ ADJ agréable

congenital /kən'dʒenɪtl/ ADJ congénital; [*liar*] invétéré

congested /kən'dʒestɪd/ ADJ ⓐ (*with traffic*) embouteillé ⓑ [*nose*] bouché; [*lungs*] congestionné

congestion /kən'dʒestʃən/ N encombrement *(m)*; [*of lungs, nose*] congestion *(f)* ♦ **congestion charge** N taxe *(f)* embouteillage (*péage urbain visant à réduire la circulation*)

conglomerate /kən'ɡlɒmərɪt/ N conglomérat *(m)*

conglomeration /kənˌɡlɒmə'reɪʃən/ N [*of objects*] conglomérat *(m)*; [*of buildings*] agglomération *(f)*

Congo /'kɒŋɡəʊ/ N Congo *(m)*

congratulate /kən'ɡrætjʊleɪt/ VT féliciter (**sb on sth** qn de qch, **sb on doing** qn d'avoir fait); **to ~ o.s. on sth** se féliciter de qch

congratulations /kənˌɡrætjʊ'leɪʃənz/ NPL félicitations *(fpl)*; **~!** toutes mes félicitations!; **~ on your engagement** (toutes mes) félicitations à l'occasion de vos fiançailles

congregate /'kɒŋɡrɪɡeɪt/ VI se rassembler (**round** autour de)

congregation /ˌkɒŋɡrɪ'ɡeɪʃən/ N assemblée *(f)* (des fidèles)

congress /'kɒŋɡres/ N congrès *(m)*; **Congress** *(US)* Congrès *(m)*

Congressional /kɒŋ'ɡreʃənl/ ADJ du Congrès; **~ Record** Journal *(m)* Officiel du Congrès

congressman /'kɒŋɡresmən/ N *(pl* **-men***)* *(US)* membre *(m)* du Congrès

congresswoman /'kɒŋɡres,wʊmən/ N *(pl* **-women***)* *(US)* membre *(m)* du Congrès

conical /'kɒnɪkl/ ADJ (de forme) conique

conifer /'kɒnɪfə'/ N conifère *(m)*

coniferous /kə'nɪfərəs/ ADJ [*tree*] conifère; [*forest*] de conifères

conjecture /kən'dʒektʃə'/ 1 VT conjecturer 2 N conjecture *(f)*

conjoined /kən'dʒɔɪnd/ ADJ **~ twins** enfants *(mpl)* siamois

conjugal /'kɒndʒʊɡəl/ ADJ conjugal

conjugate /'kɒndʒʊɡeɪt/ VT conjuguer

conjugation /ˌkɒndʒʊ'ɡeɪʃən/ N conjugaison *(f)*

conjunction /kən'dʒʌŋkʃən/ N conjonction *(f)*; **in ~ with** conjointement avec

conjunctivitis /kənˌdʒʌŋktɪ'vaɪtɪs/ N conjonctivite *(f)*; **to have ~** avoir une conjonctivite

conjure /'kʌndʒə'/ 1 VT [+ *victory*] faire surgir; [+ *image*] évoquer 2 VI faire des tours de passe-passe; (= *juggle*) jongler; **a name to ~ with** un nom prestigieux 3 COMP ♦ **conjuring trick** N tour *(m)* de passe-passe

► **conjure up** VT SEP faire apparaître; [+ *memories, image*] évoquer; [+ *meal*] préparer à partir de rien

conjurer, conjuror /'kʌndʒərə'/ N prestidigitateur *(m)*, -trice *(f)*

conker• /'kɒŋkə'/ N *(Brit)* marron *(m)*

conk out• /kɒŋk'aʊt/ VI [*engine, machine*] tomber en rade•

Conn. ABBR = Connecticut

connect /kə'nekt/ 1 VT ⓐ (= *join*) connecter (**to** à); [+ *plug*] brancher (**to** sur); [+ *pipes, drains*] raccorder (**to** à); [+ *two objects*] raccorder; **to ~ sth to the mains** brancher qch sur le secteur; **we haven't been ~ed yet** nous ne sommes pas encore raccordés au réseau ⓑ [+ *telephone*] brancher; [+ *caller*] mettre en communication; **we're trying to ~ you** nous essayons d'obtenir votre correspondant ⓒ (= *associate*) associer (**with, to** à); **I always ~ Paris with haute couture** j'associe toujours Paris à la haute couture ⓓ (= *form link between*) relier (**with, to** à); **the city is ~ed to the sea by a canal** la ville est reliée à la mer par un canal 2 VI ⓐ (= *be joined*) [*two rooms*] communiquer; [*two parts, wires*] être raccordés ⓑ [*coach, train, plane*] assurer la correspondance ⓒ [*two people*] se comprendre; **to ~ with sb** communiquer avec qn

connected /kə'nektɪd/ ADJ lié (**to, with** à); **the two incidents were not ~** il n'y a pas de lien entre les deux incidents; **his departure is not ~ with the murder** son départ n'a aucun rapport avec le meurtre

connecting /kə'nektɪŋ/ ADJ [*link*] de connexion ♦ **connecting flight** N (vol *(m)* de) correspondance *(f)*

connection, connexion /kə'nekʃən/ 1 N ⓐ (= *association*) rapport *(m)* (**with** or **to** avec); (= *relationship*) rapports *(mpl)* (**with** or **to** avec); **this has no ~ with what he did** ceci n'a aucun rapport avec ce qu'il a fait; **I didn't make the ~** je n'avais pas fait le rapport; **to build up a ~ with a firm**

établir des relations d'affaires avec une entreprise ; **to have no further ~ with sb** ne plus avoir aucun contact avec qn ; **in ~ with sth** à propos de qch
ⓑ (= *associate*) relation *(f)* ; **to have important ~s** avoir des relations (importantes)
ⓒ (= *train, bus, plane*) correspondance *(f)* ; **to miss one's ~** rater la correspondance
ⓓ (*electrical*) raccordement *(m)*
ⓔ (= *link*) liaison *(f)* ; **a telephone/radio/satellite ~** une liaison téléphonique/radio/par satellite
ⓕ [*of rods, tubes*] raccord *(m)*
2 COMP ♦ **connection charge**, **connection fee** N frais *(mpl)* de raccordement

connivance /kə'naɪvəns/ N connivence *(f)*

connive /kə'naɪv/ VI **to ~ in sth/in doing** être de connivence dans qch/pour faire

conniving /kə'naɪvɪŋ/ ADJ intrigant

connoisseur /ˌkɒnə'sɜːʳ/ N connaisseur *(m)*, -euse *(f)* (**of** de, en)

connotation /ˌkɒnəʊ'teɪʃən/ N connotation *(f)*

conquer /'kɒŋkəʳ/ VT vaincre ; [+ *country*] conquérir ; [+ *fear*] surmonter

conqueror /'kɒŋkərəʳ/ N conquérant *(m)*

conquest /'kɒŋkwest/ N conquête *(f)* ; **to make a ~** faire une conquête

Cons. ADJ, N (*Brit*) ABBR = **Conservative**

conscience /'kɒnʃəns/ N conscience *(f)* ; **to have a clear ~** avoir la conscience tranquille ; **he has a guilty ~** il a mauvaise conscience ; **to have sth on one's ~** avoir qch sur la conscience

conscientious /ˌkɒnʃɪ'enʃəs/ ADJ consciencieux ♦ **conscientious objector** N objecteur *(m)* de conscience

conscious /'kɒnʃəs/ ADJ ⓐ conscient ; **~ of sth** conscient de qch ; **to become ~ of sth** prendre conscience de qch ; **to be ~ of doing sth** avoir conscience de faire qch ; **to be ~ that ...** être conscient du fait que ... ; **to become ~ that ...** se rendre compte que ... ⓑ (= *deliberate*) délibéré ; **to make a ~ decision to do sth** décider en toute connaissance de cause de faire qch ⓒ **to be health-conscious** faire attention à sa santé ; **to be security-conscious** être sensibilisé aux problèmes de sécurité ; **politically conscious** politisé ; **environmentally conscious** sensibilisé aux problèmes d'environnement

consciously /'kɒnʃəslɪ/ ADV (= *with full awareness*) consciemment ; (= *deliberately*) sciemment

consciousness /'kɒnʃəsnɪs/ N connaissance *(f)* ; **to lose ~** perdre connaissance ; **to regain ~** reprendre connaissance

conscript 1 VT [+ *troops*] appeler sous les drapeaux 2 N (*Brit*) conscrit *(m)*

★ *Lorsque* **conscript** *est un verbe, l'accent tombe sur la seconde syllabe:* /kən'skrɪpt/, *lorsque c'est un nom, sur la première:* /'kɒnskrɪpt/.

conscription /kən'skrɪpʃən/ N conscription *(f)*

consecrate /'kɒnsɪkreɪt/ VT consacrer ; **~d ground** terre *(f)* consacrée

consecutive /kən'sekjʊtɪv/ ADJ consécutif ; **on four ~ days** pendant quatre jours consécutifs

consecutively /kən'sekjʊtɪvlɪ/ ADV consécutivement

consensus /kən'sensəs/ N consensus *(m)*

consent /kən'sent/ 1 VI consentir (**to sth** à qch) ; **~ing adults** adultes *(mpl)* consentants 2 N consentement *(m)* ; **to give one's ~** donner son accord ; **age of ~** âge *(m)* légal (*pour avoir des relations sexuelles*)

consequence /'kɒnsɪkwəns/ N ⓐ (= *result*) conséquence *(f)* ; **in ~** par conséquent ; **as a ~ of sth** en conséquence de qch ; **to take the ~s** accepter les conséquences ⓑ (= *importance*) importance *(f)* ; **it's of no ~** cela n'a aucune importance

consequently /'kɒnsɪkwəntlɪ/ ADV par conséquent

conservation /ˌkɒnsə'veɪʃən/ N sauvegarde *(f)* ; **energy ~** économies *(fpl)* d'énergie ♦ **conservation area** N (*Brit*) zone *(f)* de protection

conservationist /ˌkɒnsə'veɪʃənɪst/ N écologiste *(mf)*

conservatism /kən'sɜːvətɪzəm/ N conservatisme *(m)*

conservative /kən'sɜːvətɪv/ 1 ADJ ⓐ conservateur (-trice *(f)*) ; **the Conservative Party** le parti conservateur ⓑ (= *moderate*) [*estimate*] bas (basse *(f)*) ; (= *conventional*) classique ; **at a ~ estimate** au bas mot 2 N conservateur *(m)*, -trice *(f)*

conservatory /kən'sɜːvətrɪ/ N jardin *(m)* d'hiver

conserve /kən'sɜːv/ VT conserver ; [+ *one's resources, one's strength*] ménager ; [+ *energy, supplies*] économiser

consider /kən'sɪdəʳ/ VT ⓐ (= *think about*) examiner ; [+ *question*] réfléchir à ; **I had not ~ed taking it with me** je n'avais pas envisagé de l'emporter ; **all things ~ed** tout bien considéré ; **he is being ~ed for the post** on songe à lui pour le poste
ⓑ (= *take into account*) [+ *facts*] prendre en considération ; [+ *person's feelings, cost, difficulties, dangers*] tenir compte de
ⓒ (= *be of the opinion*) considérer ; **to ~ sb responsible** tenir qn pour responsable ; **to ~ o.s. happy** s'estimer heureux ; **~ yourself lucky*** estimez-vous heureux ; **~ it as done** considérez que c'est chose faite ; **I ~ it an honour** c'est un honneur pour moi

considerable /kən'sɪdərəbl/ ADJ considérable ; **to face ~ difficulties** être confronté à des difficultés considérables ; **we had ~ difficulty in finding you** nous avons eu beaucoup de mal à vous trouver ; **I've been living in England for a ~ time** je vis en Angleterre depuis très longtemps

considerably /kən'sɪdərəblɪ/ ADV considérablement

considerate /kən'sɪdərɪt/ ADJ prévenant (**towards** envers), attentionné

considerately /kən'sɪdərɪtlɪ/ ADV gentiment

consideration /kənˌsɪdə'reɪʃən/ N ⓐ (= *thoughtfulness*) considération *(f)* ; **show some ~!** aie un peu plus d'égards ! ; **out of ~ for** par égard pour
ⓑ (= *careful thought*) considération *(f)* ; **to take sth into ~** prendre qch en considération ; **taking everything into ~** tout bien considéré ; **the matter is under ~** l'affaire est à l'étude ; **after ~** après mûre réflexion ; **please give my suggestion your careful ~** je vous prie de bien vouloir considérer ma proposition
ⓒ (= *factor*) considération *(f)* ; **financial ~s** considérations *(fpl)* financières ; **his age was an important ~** son âge constituait un facteur important

considering /kən'sɪdərɪŋ/ 1 PREP (= *in view of*) étant donné ; **~ the circumstances** compte tenu des circonstances 2 CONJ (= *given that*) étant donné que ; **~ she has no money** étant donné qu'elle n'a pas d'argent 3 ADV (= *all things considered*) en fin de compte ; **he played very well, ~** il a très bien joué, étant donné les circonstances

consignment /kən'saɪnmənt/ N (*incoming*) arrivage *(m)* ; (*outgoing*) envoi *(m)*

consist /kən'sɪst/ VI ⓐ (= *be composed*) se composer (**of** de) ; **the group ~s of three women** le groupe est composé de trois femmes ⓑ (= *have as its essence*) consister (**in doing** à faire, **in sth** dans qch) ; **my work ~s mainly in helping customers** mon travail consiste principalement à aider les clients

consistency /kən'sɪstənsɪ/ N ⓐ (= *texture*) consistance *(f)* ⓑ [*of actions, argument*] cohérence *(f)* ; **to lack ~** manquer de cohérence

consistent /kən'sɪstənt/ ADJ (= *coherent*) cohérent ; (= *constant*) constant ; **to be ~ with** (= *in agreement with*) être compatible avec ; (= *compatible with*) correspondre à

consistently /kən'sɪstəntlɪ/ ADV (= *unfailingly*) invariablement ; **to be ~ successful** réussir invariablement ; **you have ~ failed to meet the deadlines** vous avez constamment dépassé les délais

consolation /ˌkɒnsəˈleɪʃən/ N consolation (f); **if it's any ~** si ça peut te (or vous) consoler; **that's not much (of a) ~** ça ne me console guère ♦ **consolation prize** N prix (m) de consolation

console¹ /kənˈsəʊl/ VT consoler (**sb for sth** qn de qch)

console² /ˈkɒnsəʊl/ N console (f)

consolidate /kənˈsɒlɪdeɪt/ 1 VT ⓐ [+ one's position] consolider ⓑ [+ businesses] regrouper; [+ loan] consolider 2 VI se consolider

consonant /ˈkɒnsənənt/ N consonne (f)

consortium /kənˈsɔːtɪəm/ N (pl consortia /kənˈsɔːtɪə/) consortium (m)

conspicuous /kənˈspɪkjʊəs/ ADJ ⓐ [person, behaviour, clothes] peu discret (-ète (f)); **to be ~** se remarquer; **to feel ~** sentir que l'on attire les regards; **to look ~** se faire remarquer; **to be ~ by one's absence** briller par son absence ⓑ [success, failure, absence] manifeste

conspiracy /kənˈspɪrəsɪ/ N (= plot) conspiration (f) ♦ **conspiracy theory** N thèse (f) du complot

conspirator /kənˈspɪrətəʳ/ N conspirateur (m), -trice (f)

conspiratorial /kənˌspɪrəˈtɔːrɪəl/ ADJ [whisper, smile, wink] de conspirateur; **in a ~ manner** avec un air de conspirateur

conspire /kənˈspaɪəʳ/ VI [people] conspirer; **to ~ to do sth** projeter de faire qch

constable /ˈkʌnstəbl/ N (Brit) (in town) agent (m) de police; (in country) gendarme (m)

constabulary /kənˈstæbjʊlərɪ/ N (Brit) (in town) police (f) en uniforme; (in country) gendarmerie (f)

Constance /ˈkɒnstəns/ N **Lake ~** le lac de Constance

constancy /ˈkɒnstənsɪ/ N constance (f)

constant /ˈkɒnstənt/ 1 ADJ [problem, pressure, temperature, threat] constant; [quarrels, interruptions] continuel; [companion] fidèle 2 N constante (f)

constantly /ˈkɒnstəntlɪ/ ADV constamment; **~ evolving** en évolution constante

constellation /ˌkɒnstəˈleɪʃən/ N constellation (f)

consternation /ˌkɒnstəˈneɪʃən/ N consternation (f)

constipated /ˈkɒnstɪpeɪtɪd/ ADJ constipé

constipation /ˌkɒnstɪˈpeɪʃən/ N constipation (f)

constituency /kənˈstɪtjʊənsɪ/ N circonscription (f) électorale

constituent /kənˈstɪtjʊənt/ 1 ADJ constitutif 2 N ⓐ [of MP] électeur (m), -trice (f) (de la circonscription d'un député); **one of my ~s wrote to me** une personne de ma circonscription m'a écrit ⓑ (= part, element) élément (m) constitutif

constitute /ˈkɒnstɪtjuːt/ VT constituer

constitution /ˌkɒnstɪˈtjuːʃən/ N ⓐ [of country] constitution (f); **under the French ~** d'après la constitution française ⓑ [of person] **to have a strong ~** être de constitution robuste; **iron ~** santé (f) de fer

ⓘ **CONSTITUTION**
Contrairement à la France ou aux États-Unis, la Grande-Bretagne n'a pas de constitution écrite à proprement parler. Le droit constitutionnel britannique se compose donc d'un ensemble de textes épars qui peut être amendé ou complété par le Parlement.

constitutional /ˌkɒnstɪˈtjuːʃənl/ ADJ constitutionnel ♦ **constitutional monarchy** N monarchie (f) constitutionnelle

constrain /kənˈstreɪn/ VT contraindre (**sb to do sth** qn à faire qch); **women often feel ~ed by family commitments** les femmes trouvent souvent contraignantes les responsabilités familiales

constrained /kənˈstreɪnd/ ADJ [resources, budget] limité

constraint /kənˈstreɪnt/ N contrainte (f)

constrict /kənˈstrɪkt/ VT [+ muscle, throat] serrer; (= inhibit) limiter

constriction /kənˈstrɪkʃən/ N constriction (f)

construct 1 VT construire 2 N construction (f) mentale

★ Lorsque **construct** est un verbe, l'accent tombe sur la seconde syllabe: /kənˈstrʌkt/, lorsque c'est un nom, sur la première: /ˈkɒnstrʌkt/.

construction /kənˈstrʌkʃən/ N construction (f); **under ~** en construction ♦ **construction site** N chantier (m) ♦ **construction worker** N ouvrier (m) du bâtiment

constructive /kənˈstrʌktɪv/ ADJ constructif

constructively /kənˈstrʌktɪvlɪ/ ADV d'une manière constructive

construe /kənˈstruː/ VT interpréter; **her silence was ~d as consent** son silence a été interprété comme un assentiment

consul /ˈkɒnsəl/ N consul (m)

consular /ˈkɒnsjʊləʳ/ ADJ consulaire

consulate /ˈkɒnsjʊlɪt/ N consulat (m)

consult /kənˈsʌlt/ 1 VT consulter (**about** sur, au sujet de) 2 VI discuter; **to ~ together over sth** se consulter au sujet de qch 3 COMP ♦ **consulting room** N (Brit) cabinet (m) de consultation

consultancy /kənˈsʌltənsɪ/ N (= company, group) cabinet-conseil (m); **~ (service)** service (m) de consultants

consultant /kənˈsʌltənt/ N consultant(e) (m(f)), conseiller (m), -ère (f); (Brit = doctor) chef (m) de service hospitalier

consultation /ˌkɒnsəlˈteɪʃən/ N consultation (f); **in ~ with** en consultation avec; **to hold a ~** délibérer (**about** sur)

consultative /kənˈsʌltətɪv/ ADJ consultatif

consume /kənˈsjuːm/ VT consommer; **~d by fire** dévoré par les flammes; **to be ~d with jealousy** être rongé par la jalousie

consumer /kənˈsjuːməʳ/ N consommateur (m), -trice (f) ♦ **consumer goods** NPL biens (mpl) de consommation ♦ **consumer group** N association (f) de consommateurs ♦ **consumer protection** N défense (f) du consommateur ♦ **consumer society** N société (f) de consommation ♦ **consumer watchdog** N organisme (m) de protection des consommateurs

consumerism /kənˈsjuːməˌrɪzəm/ N consumérisme (m)

consuming /kənˈsjuːmɪŋ/ ADJ [desire] ardent; [passion] dévorant

consummate 1 ADJ consommé 2 VT consommer

★ Lorsque **consummate** est un adjectif, la fin se prononce comme **it**: /kənˈsʌmɪt/; lorsque c'est un verbe, elle se prononce comme **eight**: /ˈkɒnsʌmeɪt/.

consumption /kənˈsʌmpʃən/ N consommation (f); **not fit for human ~** non comestible

cont. ABBR = **continued**

contact /ˈkɒntækt/ 1 N ⓐ contact (m); **to be in/come into ~ with sb** être/entrer en contact avec qn; **to make ~ (with sb)** prendre contact (avec qn); **to lose ~ (with sb)** perdre contact (avec qn); **point of ~** point (m) de contact ⓑ (= person in organization) contact (m); (= acquaintance) connaissance (f); **he has some ~s in Paris** il a des contacts à Paris ⓒ = **contact lens** 2 VT contacter; **where can you be ~ed?** où peut-on vous contacter? 3 COMP ♦ **contact lens** N lentille (f) de contact

contagious /kənˈteɪdʒəs/ ADJ contagieux

contain /kənˈteɪn/ VT contenir; **sea water ~s a lot of salt** l'eau de mer contient beaucoup de sel; **he couldn't ~ his delight** il ne se sentait plus de joie; **to ~ the enemy forces** contenir les troupes ennemies

container /kənˈteɪnəʳ/ 1 N ⓐ (on train, ship) conteneur (m) ⓑ (= jug, box) récipient (m); (for food) barquette (f) 2 COMP ♦ **container port** N port (m) à conteneurs ♦ **container ship** N navire (m) porte-conteneurs

contaminate /kənˈtæmɪneɪt/ VT contaminer

contamination /kənˌtæmɪˈneɪʃən/ N contamination (f)

contemplate /ˈkɒntempleɪt/ VT ⓐ (= consider) envisager; **to ~ doing sth** envisager de faire qch ⓑ (= look at) contempler

contemplation /ˌkɒntemˈpleɪʃən/ N contemplation (f)

contemporary /kən'tempərəri/ 1 ADJ contemporain (**with** de) 2 N contemporain(e) *(m(f))*

contempt /kən'tempt/ N mépris *(m)*; **to hold in ~** mépriser; **~ of court** outrage *(m)* à la Cour

contemptible /kən'temptəbl/ ADJ méprisable

contemptuous /kən'temptjʊəs/ ADJ méprisant; [*gesture*] de mépris; **to be ~ of sb/sth** avoir du mépris pour qn/qch

contemptuously /kən'temptjʊəslɪ/ ADV avec mépris

contend /kən'tend/ VI ⓐ (= *assert*) prétendre ⓑ (*set structures*)

♦ **to contend with**: **to ~ with sb for sth** disputer qch à qn; **we have many problems to ~ with** nous sommes aux prises avec de nombreux problèmes; **he has a lot to ~ with** il a pas mal de problèmes à résoudre; **you'll have me to ~ with** vous aurez affaire à moi

♦ **to contend for** [+ *title, medal, prize*] se battre pour

contender /kən'tendəʳ/ N prétendant(e) *(m(f))* (**for** à); (*in contest, competition, race*) concurrent(e) *(m(f))*; (*in election, for a job*) candidat(e) *(m(f))*

content¹ /kən'tent/ 1 ADJ satisfait; **to be ~ with sth** (= *not dissatisfied*) se contenter de qch; **she is quite ~ to stay there** elle ne demande pas mieux que de rester là 2 VT [+ *person*] satisfaire; **to ~ o.s. with doing sth** se contenter de faire qch

content² /'kɒntent/ 1 N [*of book, play, film*] contenu *(m)*; **oranges have a high vitamin C ~** les oranges sont riches en vitamine C 2 NPL **contents** contenu *(m)*; **(table of) ~s** table *(f)* des matières

contented /kən'tentɪd/ ADJ satisfait (**with** de)

contentedly /kən'tentɪdlɪ/ ADV avec contentement; **to smile ~** avoir un sourire de contentement

contention /kən'tenʃən/ N ⓐ (= *disagreement*) dispute *(f)* ⓑ (= *argument*) affirmation *(f)*; **it is my ~ that ...** je soutiens que ... ⓒ **to be in ~** [*team, competitor*] être en compétition

contentious /kən'tenʃəs/ ADJ controversé

contentment /kən'tentmənt/ N contentement *(m)*

contest 1 N (= *struggle*) combat *(m)*; (*Sport*) rencontre *(f)* sportive; (= *competition*) concours *(m)*; **beauty ~** concours *(m)* de beauté 2 VT ⓐ (= *call into question*) contester; **to ~ a will** contester un testament ⓑ (= *compete for*) disputer; **to ~ a seat** [*candidate*] disputer un siège

> ★ *Lorsque* **contest** *est un nom, l'accent tombe sur la première syllabe:* /'kɒntest/, *lorsque c'est un verbe, sur la seconde:* /kən'test/.

contestant /kən'testənt/ N concurrent(e) *(m(f))*

context /'kɒntekst/ N contexte *(m)*; **in/out of ~** dans le/ hors contexte; **to put sth in(to) ~** mettre qch en contexte

continent /'kɒntɪnənt/ N continent *(m)*; **the Continent** (*Brit*) l'Europe *(f)* continentale; **on the Continent** (*Brit*) en Europe (*continentale*)

continental /ˌkɒntɪ'nentl/ 1 ADJ continental 2 N (*Brit*) Européen(ne) *(m(f))* (continental(e)) 3 COMP ♦ **continental breakfast** N petit déjeuner *(m)* continental

contingency /kən'tɪndʒənsɪ/ N **to provide for all contingencies** parer à toute éventualité ♦ **contingency plans** NPL plans (*mpl*) d'urgence

contingent /kən'tɪndʒənt/ 1 N contingent *(m)* 2 ADJ **to be ~ upon sth** dépendre de qch

continual /kən'tɪnjʊəl/ ADJ continuel

continually /kən'tɪnjʊəlɪ/ ADV continuellement

continuation /kənˌtɪnjʊ'eɪʃən/ N continuation *(f)*; (*after interruption*) reprise *(f)*; [*of serial, story*] suite *(f)*

continue /kən'tɪnjuː/ 1 VT continuer (**to do sth** à *or* de faire qch); [+ *piece of work*] continuer; [+ *tradition*] perpétuer; [+ *policy*] maintenir; (*after interruption*) [+ *conversation, work*] reprendre; **to be ~d** [*serial, story*] à suivre; **~d on page 10** suite page 10; **to ~ (on) one's way** poursuivre son chemin; (*after pause*) se remettre en marche

2 VI ⓐ continuer; (*after interruption*) reprendre; **I went to my room to ~ with my revision** je suis allé dans ma cham-

bre pour continuer à réviser

ⓑ (= *remain*) rester; **she ~d as his secretary** elle est restée sa secrétaire

continuing /kən'tɪnjʊɪŋ/ ADJ [*accusations, speculation, concern*] persistant; **~ education** formation *(f)* permanente

continuity /ˌkɒntɪn'juːɪtɪ/ N continuité *(f)*

continuous /kən'tɪnjʊəs/ ADJ ⓐ continu; **~ assessment** contrôle *(m)* continu des connaissances ⓑ [*tense*] progressif

continuously /kən'tɪnjʊəslɪ/ ADV (= *uninterruptedly*) sans interruption; (= *repeatedly*) continuellement

contort /kən'tɔːt/ VT **to ~ one's body** se contorsionner; **to ~ one's face** grimacer

contortion /kən'tɔːʃən/ N [*of acrobat*] contorsion *(f)*; [*of features*] crispation *(f)*

contortionist /kən'tɔːʃənɪst/ N contorsionniste *(mf)*

contour /'kɒntʊəʳ/ N contour *(m)* ♦ **contour line** N (*on map*) courbe *(f)* de niveau

contraband /'kɒntrəbænd/ 1 N contrebande *(f)* 2 ADJ [*goods*] de contrebande

contraception /ˌkɒntrə'sepʃən/ N contraception *(f)*

contraceptive /ˌkɒntrə'septɪv/ 1 N contraceptif *(m)* 2 ADJ [*device, measures, pill*] contraceptif

contract 1 N (= *agreement*) contrat *(m)*; **to win a ~** remporter un contrat; **to put work out to ~** donner un travail en sous-traitance; **under ~ (to)** sous contrat (avec)

2 VT ⓐ [+ *alliance, illness, muscle*] contracter; **~ed form** forme *(f)* contractée

ⓑ ♦ **to contract to do sth** s'engager (par contrat) à faire qch

3 VI ⓐ [*metal, muscles*] se contracter

ⓑ s'engager (par contrat); **he has ~ed for the building of the motorway** il a un contrat pour la construction de l'autoroute

4 COMP ♦ **contract killer** N tueur *(m)* à gages ♦ **contract price** N prix *(m)* contractuel

> ★ *Lorsque* **contract** *est un nom, l'accent tombe sur la première syllabe:* /'kɒntrækt/, *lorsque c'est un verbe, sur la seconde:* /kən'trækt/.

► **contract out** VT SEP [+ *work*] sous-traiter (**to sb** à qn)

contraction /kən'trækʃən/ N contraction *(f)*

contractor /kən'træktəʳ/ N entrepreneur *(m)*

contractual /kən'træktʃʊəl/ ADJ contractuel

contradict /ˌkɒntrə'dɪkt/ VT contredire; **don't ~!** ne (me) contredis pas!; **his actions ~ed his words** ses actions démentaient ses paroles

contradiction /ˌkɒntrə'dɪkʃən/ N contradiction *(f)*; **a ~ in terms** une contradiction dans les termes

contradictory /ˌkɒntrə'dɪktərɪ/ ADJ contradictoire

contralto /kən'træltəʊ/ 1 N (*pl* **contraltos**) contralto *(m)* 2 ADJ [*voice, part*] de contralto

contraption* /kən'træpʃən/ N truc* *(m)*

contrary¹ /'kɒntrərɪ/ 1 ADJ contraire (**to sth** à qch) 2 PREP

♦ **contrary to** contrairement à; **~ to popular belief** contrairement à ce que les gens croient

3 N **the ~** le contraire; **I think the ~ is true** je pense que c'est le contraire; **on the ~** au contraire; **come tomorrow unless you hear to the ~** venez demain sauf avis contraire

contrary² /kən'treərɪ/ ADJ (= *unreasonable*) contrariant

contrast 1 VT mettre en contraste 2 VI contraster; **to ~ strongly** contraster fortement 3 N contraste *(m)*; **by ~** par contraste; **in ~ to** par opposition à

> ★ *Lorsque* **contrast** *est un verbe, l'accent tombe sur la seconde syllabe:* /kən'trɑːst/, *lorsque c'est un nom, sur la première:* /'kɒntrɑːst/.

contrasting /kən'trɑːstɪŋ/ ADJ [*views*] très différent; [*colours*] contrasté

contravene /ˌkɒntrə'viːn/ VT contrevenir à (*frm*)

contravention /ˌkɒntrəˈvenʃən/ N infraction (f) (**of** à); **in ~ of the rules** en violation des règles

contribute /kənˈtrɪbjuːt/ 1 VT [+ *money*] donner; **he has ~d $5** il a donné 5 dollars; **to ~ an article to a newspaper** écrire un article pour un journal

2 VI

♦ **to contribute to** contribuer à; **to ~ to a discussion** participer à une discussion; **to ~ to a newspaper** collaborer à un journal

contribution /ˌkɒntrɪˈbjuːʃən/ N contribution (f) → $\boxed{\text{DWP}}$

contributor /kənˈtrɪbjʊtəʳ/ N (*to publication*) collaborateur (m), -trice (f); [*of money, goods*] donateur (m), -trice (f); (*to discussion, conference*) participant(e) (m(f)); **old buses are major ~s to pollution** les vieux bus contribuent beaucoup à la pollution

contributory /kənˈtrɪbjʊtərɪ/ ADJ [*cause, reason*] accessoire; **a ~ factor in sth** un des facteurs responsables de qch

contrite /ˈkɒntraɪt/ ADJ contrit

contrivance /kənˈtraɪvəns/ N (= *tool, machine*) engin (m); (= *scheme*) invention (f)

contrive /kənˈtraɪv/ VT ⓐ (= *invent*) inventer ⓑ (= *manage*) **to ~ to do sth** s'arranger pour faire qch; **he ~d to make matters worse** il a trouvé le moyen d'aggraver les choses

contrived /kənˈtraɪvd/ ADJ forcé

control /kənˈtrəʊl/ 1 N ⓐ (= *authority*) autorité (f); **he has no ~ over his children** il n'a aucune autorité sur ses enfants; **to keep ~ (of o.s.)** se contrôler; **to lose ~ (of o.s.)** perdre le contrôle de soi; **to lose ~ of a vehicle/situation** perdre le contrôle d'un véhicule/d'une situation; **circumstances beyond our ~** circonstances (fpl) indépendantes de notre volonté

♦ **in control**: **to be in ~ of a vehicle/situation** être maître d'un véhicule/d'une situation; **who's in ~ here?** qui est le responsable ici?

♦ **under + control**: **to bring** *or* **get under ~** [+ *fire, inflation*] maîtriser; [+ *situation*] dominer; **the situation is under ~** on a la situation bien en main; **everything's under ~** tout est en ordre; **to keep a dog under ~** se faire obéir d'un chien; **under government ~** sous contrôle gouvernemental ⓑ **volume ~** réglage (m) de volume; **price ~** contrôle (m) des prix

2 NPL **controls** [*of vehicle*] commandes (fpl); [*of radio, TV*] boutons (mpl) de commande

3 VT [+ *emotions, expenditure, prices, immigration*] contrôler; [+ *child, animal*] se faire obéir de; [+ *car*] garder la maîtrise de; [+ *crowd*] contenir; [+ *organization, business*] diriger; [+ *inflation*] maîtriser; **to ~ o.s.** se contrôler

4 COMP ♦ **control freak*** N **he's a ~ freak** il veut tout régenter ♦ **control tower** N tour (f) de contrôle

⚠ **to control** *is not always translated by* **contrôler**.

controlled /kənˈtrəʊld/ ADJ [*emotion*] contenu ♦ **controlled drug**, **controlled substance** N substance (f) inscrite au tableau

controller /kənˈtrəʊləʳ/ N contrôleur (m), -euse (f)

controversial /ˌkɒntrəˈvɜːʃəl/ ADJ controversé

controversy /kənˈtrɒvəsɪ/ N controverse (f); **there was a lot of ~ about it** ça a provoqué beaucoup de controverses; **to cause ~** provoquer une controverse

conundrum /kəˈnʌndrəm/ N énigme (f)

conurbation /ˌkɒnɜːˈbeɪʃən/ N (Brit) agglomération (f)

convalesce /ˌkɒnvəˈles/ VI relever de maladie; **to be convalescing** être en convalescence

convalescence /ˌkɒnvəˈlesns/ N convalescence (f)

convalescent /ˌkɒnvəˈlesnt/ ADJ convalescent

convector /kənˈvektəʳ/ N (*also* ~ **heater**) convecteur (m)

convene /kənˈviːn/ 1 VT convoquer 2 VI se réunir

convenience /kənˈviːnɪəns/ 1 N ⓐ (= *comfort*) commodité (f); **the ~ of a modern flat** la commodité d'un appartement moderne; **do it at your own ~** faites-le quand vous le pourrez ⓑ (Brit) toilettes (fpl), WC (mpl) 2 NPL **conveni-**

ences commodités (fpl); **the house has all modern ~s** la maison a tout le confort moderne 3 COMP ♦ **convenience foods** NPL aliments (mpl) tout préparés; (*complete dishes*) plats (mpl) cuisinés ♦ **convenience market**, **convenience store** N (US) commerce (m) de proximité

convenient /kənˈviːnɪənt/ ADJ [*place*] commode; **if it is ~ (to you)** si vous n'y voyez pas d'inconvénient; **will it be ~ for you to come tomorrow?** est-ce que cela vous convient de venir demain?; **what would be a ~ time for you?** quelle heure vous conviendrait?; **the house is ~ for shops and buses** la maison est bien située, à proximité des magasins et des lignes d'autobus

⚠ *There is a French noun* **inconvénient**, *but no French adjective* **convénient**.

conveniently /kənˈviːnɪəntlɪ/ ADV ⓐ (= *handily*) **~ situated for the shops** bien situé pour les magasins; **to be ~ close to sth** être commodément situé à proximité de qch ⓑ (= *deliberately*) **he ~ forgot to post the letter** comme par hasard, il a oublié de poster la lettre

convent /ˈkɒnvənt/ N couvent (m); **to go into a ~** entrer au couvent ♦ **convent school** N couvent (m)

convention /kənˈvenʃən/ N ⓐ (= *accepted behaviour*) usage (m); (= *rule*) convention (f) ⓑ (= *conference, fair*) salon (m)

conventional /kənˈvenʃənl/ ADJ ⓐ (= *unoriginal*) [*person, life, behaviour, tastes, opinions*] conventionnel; [*clothes*] classique ⓑ (= *traditional*) [*method, approach*] conventionnel; [*belief, values, medicine*] traditionnel; [*argument*] classique; **in the ~ sense** au sens traditionnel du terme

converge /kənˈvɜːdʒ/ VI converger (**on** sur)

convergence /kənˈvɜːdʒəns/ N convergence (f)

conversant /kənˈvɜːsənt/ ADJ **to be ~ with** [+ *cars, machinery*] s'y connaître en; [+ *language, science, laws, customs*] connaître; [+ *facts*] être au courant de; **I am not ~ with physics** je ne comprends rien à la physique

conversation /ˌkɒnvəˈseɪʃən/ N conversation (f); **to have a ~ with sb** avoir une conversation avec qn; **to be in ~ with sb** s'entretenir avec qn; **what was your ~ about?** de quoi parliez-vous?; **to make ~** faire la conversation

conversational /ˌkɒnvəˈseɪʃənl/ ADJ [*style*] de conversation; **his tone was ~** il parlait sur le ton de la conversation; **to learn ~ German** apprendre l'allemand courant

conversationalist /ˌkɒnvəˈseɪʃnəlɪst/ N **he's a great ~** il a beaucoup de conversation

converse¹ /kənˈvɜːs/ VI converser; **to ~ with sb about sth** s'entretenir avec qn de qch

converse² /ˈkɒnvɜːs/ N inverse (m)

conversely /kɒnˈvɜːslɪ/ ADV inversement

conversion /kənˈvɜːʃən/ N conversion (f); (Rugby) transformation (f); **the ~ of salt water into drinking water** la transformation d'eau salée en eau potable; **his ~ to Catholicism** sa conversion au catholicisme

convert 1 N converti(e) (m(f)); **to become a ~ to sth** se convertir à qch 2 VT ⓐ (= *transform*) transformer (**into** en); (= *change belief*) convertir (**to** à); **to ~ a try** (Rugby) transformer un essai; **he has ~ed me to his way of thinking** il m'a amené à sa façon de penser ⓑ [+ *house*] aménager (**into** en)

★ *Lorsque* **convert** *est un nom, l'accent tombe sur la première syllabe:* /ˈkɒnvɜːt/, *lorsque c'est un verbe, sur la seconde:* /kənˈvɜːt/.

converted /kənˈvɜːtɪd/ ADJ [*barn, chapel, loft*] aménagé

convertible /kənˈvɜːtəbl/ 1 ADJ convertible (**into** en) 2 N (= *car*) (voiture (f)) décapotable (f)

convex /ˈkɒnveks/ ADJ convexe

convey /kənˈveɪ/ VT [+ *goods, passengers*] transporter; [+ *message, opinion, idea*] communiquer (**to** à); [+ *order, thanks*] transmettre (**to** à); **to ~ to sb that ...** faire savoir à qn que ...; **words cannot ~ how I feel** les paroles ne peuvent traduire ce que je ressens

conveyance /kən'veɪəns/ N transport *(m)*; **~ of goods** transport *(m)* de marchandises

conveyor belt /kən'veɪə,belt/ N tapis *(m)* roulant

convict 1 N (= *prisoner*) prisonnier *(m)*, -ière *(f)*, détenu(e) *(m(f))* 2 VT [+ *person*] reconnaître coupable; **to ~ sb of a crime** reconnaître qn coupable d'un crime; **he is a ~ed murderer** il a été reconnu coupable de meurtre

> ★ *Lorsque* **convict** *est un nom, l'accent tombe sur la pre-mière syllabe:* /'kɒnvɪkt/, *lorsque c'est un verbe, sur la se-conde:* /kən'vɪkt/.

conviction /kən'vɪkʃən/ N ⓐ (= *belief*) conviction *(f)*; **the ~ that ...** la conviction selon laquelle ...; **to carry ~** être convaincant ⓑ (*in court*) condamnation *(f)*; **there were 12 ~s for drunkenness** 12 personnes ont été condamnées pour ivresse

convince /kən'vɪns/ VT convaincre (**sb of sth** qn de qch); **I ~d him of my innocence** je l'ai convaincu que j'étais innocent; **a ~d Christian** un chrétien convaincu; **to ~ sb to do sth** persuader qn de faire qch

convincing /kən'vɪnsɪŋ/ ADJ ⓐ (= *persuasive*) convaincant ⓑ [*win, victory, lead*] net

convincingly /kən'vɪnsɪŋlɪ/ ADV ⓐ [*speak, demonstrate*] de façon convaincante ⓑ [*win, beat*] haut la main

convivial /kən'vɪvɪəl/ ADJ [*person*] de bonne compagnie; [*mood, atmosphere, occasion*] convivial; **in ~ company** en agréable compagnie

convoluted /'kɒnvəlu:tɪd/ ADJ [*sentence, plot*] alambiqué

convolutions /,kɒnvə'lu:ʃənz/ NPL [*of plot*] méandres *(mpl)*

convoy /'kɒnvɔɪ/ N convoi *(m)*; **in ~** en convoi

convulse /kən'vʌls/ VT **to be ~d (with laughter)** se tordre de rire; **a face ~d with pain** un visage contracté par la douleur

convulsion /kən'vʌlʃən/ N ⓐ (= *fit*) convulsion *(f)*; **to have ~s** avoir des convulsions ⓑ (= *violent disturbance*) bouleversement *(m)*

coo /ku:/ VTI [*doves*] roucouler; [*baby*] gazouiller

cook /kʊk/ 1 N cuisinier *(m)*, -ière *(f)*; **she is a good ~** elle fait bien la cuisine 2 VT [+ *food*] cuire; **the fish wasn't ~ed** le poisson n'était pas (bien) cuit; **~ed breakfast** petit déjeuner *(m)* anglais; **~ed meat(s)** ≈ charcuterie *(f)*; **to ~ the books*** (*Brit*) truquer les comptes 3 VI [*food*] cuire; [*person*] faire la cuisine, cuisiner; **what's ~ing?*** (= *what's happening?*) qu'est-ce qui se passe?

► **cook up*** VT SEP [+ *story, excuse*] inventer

cookbook /'kʊkbʊk/ N livre *(m)* de cuisine

cooker /'kʊkə'/ N (*Brit*) cuisinière *(f)* (*fourneau*)

cookery /'kʊkərɪ/ N cuisine *(f)* (*activité*); **~ book** (*Brit*) li-vre *(m)* de cuisine; **~ teacher** professeur *(mf)* d'enseigne-ment ménager

cookie /'kʊkɪ/ 1 N ⓐ (*US*) petit gâteau *(m)* (*sec*); **that's the way the ~ crumbles!*** c'est la vie! ⓑ (= *person*)* type* *(m)*; (*US* = *girl*)* jolie fille *(f)*; **tough ~** dur(e) *(m(f))* à cuire* ⓒ (*Comput*) cookie *(m)* 2 COMP ♦ **cookie cutter** N (*US*) emporte-pièce *(m inv)*

cooking /'kʊkɪŋ/ 1 N cuisine *(f)* (*activité*); **French ~** la cui-sine française; **who does the ~?** qui fait la cuisine? 2 COMP [*utensils*] de cuisine; [*apples, chocolate*] à cuire ♦ **cooking time** N temps *(m)* de cuisson

cookout /'kʊkaʊt/ N (*US*) barbecue *(m)*

cool /ku:l/ 1 ADJ ⓐ (*in temperature*) frais (fraîche *(f)*); **it is ~ outside** il fait frais dehors; **I feel ~er now** j'ai moins chaud maintenant; **I'm trying to get ~** j'essaie d'avoir moins chaud; **to keep sth ~** tenir qch au frais; **"keep in a ~ place"** « tenir au frais »; **"store in a ~, dark place"** « conserver au frais et à l'abri de la lumière »; **"serve ~, not cold"** « servir frais mais non glacé »; **his forehead is much ~er now** il a le front beaucoup moins chaud maintenant ⓑ [*clothing*] léger; **to slip into something ~** passer quelque chose de plus léger ⓒ [*colour*] rafraîchissant ⓓ (= *calm*) calme; **the police's ~ handling of the riots** le

calme avec lequel la police a fait face aux émeutes; **to keep a ~ head** garder la tête froide; **to keep or stay ~** garder son calme; **keep or stay ~!** du calme! ⓔ (= *audacious, calm*) **he's a ~ customer*** il n'a pas froid aux yeux*; **as ~ as you please** [*person*] parfaitement dé-contracté; **to be (as) ~ as a cucumber** être d'un calme olympien ⓕ (= *unfriendly*) froid (**with** or **towards sb** avec qn); **to get a ~ reception** être fraîchement reçu; **the idea met with a ~ response** cette idée n'a guère suscité d'enthou-siasme ⓖ (= *trendy*)* cool *(inv)*; **to look ~** avoir l'air cool* ⓗ (= *excellent*)* super* *(inv)* ⓘ (= *not upset*) **to be ~*** [*person*] rester cool* ⓙ (= *full*) **he won a ~ £40,000*** il a gagné la coquette somme de 40 000 livres

2 N ⓐ fraîcheur *(f)*, frais *(m)*; **in the ~ of the evening** dans la fraîcheur du soir; **to keep sth in the ~** tenir qch au frais ⓑ **keep your ~!** t'énerve pas!*; **he lost his ~** (= *panicked*) il a paniqué; (= *got angry*) il s'est fichu en rogne*

3 VT [+ *air, wine*] rafraîchir; **~ it!*** du calme!

4 VI (*also* **~ down**) [*air*] (se) rafraîchir; [*liquid*] refroidir

5 COMP ♦ **cool bag** N sac *(m)* isotherme ♦ **cool box** N gla-cière *(f)* ♦ **cool-headed** ADJ calme

► **cool down** 1 VI refroidir; [*anger, person*] se calmer; [*critical situation*] se détendre 2 VT SEP (= *make colder*) faire re-froidir; (= *make calmer*) calmer

► **cool off** VI (= *get cool*) se rafraîchir; (= *lose enthusiasm*) perdre son enthousiasme; (= *change one's affections*) se re-froidir (**towards sb** à l'égard de qn, envers qn); (= *become less angry*) se calmer

coolant /'ku:lənt/ N liquide *(m)* de refroidissement

cooling /'ku:lɪŋ/ ADJ [*drink, swim, breeze*] rafraîchissant ♦ **cooling-off period** N délai *(m)* de réflexion ♦ **cooling system** N circuit *(m)* de refroidissement ♦ **cooling tower** N tour *(f)* de refroidissement

coolly /'ku:lɪ/ ADV ⓐ (= *calmly*) calmement ⓑ (= *in un-friendly way*) froidement ⓒ (= *unenthusiastically*) fraîche-ment ⓓ (= *audaciously*) avec une décontraction insolente

coolness /'ku:lnɪs/ N [*of water, air, weather*] fraîcheur *(f)*; [*of welcome*] froideur *(f)*; (= *calmness*) calme *(m)*

coop /ku:p/ N (*also* **hen ~**) cage *(f)* à poules

► **coop up** VT SEP [+ *person*] cloîtrer

co-op /'kəʊ'ɒp/ N ⓐ (= *shop*) (ABBR = **cooperative**) coo-pérative *(f)* ⓑ (*US*) (ABBR = **cooperative apartment**) appartement *(m)* en copropriété ⓒ (*US Univ*) (ABBR = **co-operative**) coopérative *(f)* étudiante

cooperate /kəʊ'ɒpəreɪt/ VI (= *work together*) collaborer (**with sb** avec qn, **in sth** à qch, **to do sth** pour faire qch); (= *be cooperative*) coopérer; **I hope he'll ~** j'espère qu'il va coopérer

cooperation /kəʊ,ɒpə'reɪʃən/ N coopération *(f)*; **with the ~ of** en coopération avec, avec la coopération de

cooperative /kəʊ'ɒpərətɪv/ 1 ADJ [*person, firm, attitude*] coopératif; **~ apartment** (*US*) appartement *(m)* en copro-priété 2 N coopérative *(f)*

coordinate 1 N coordonnée *(f)* 2 NPL **coordinates** coordonnés *(mpl)* 3 VT coordonner; **to ~ patterns and col-ours** coordonner motifs et couleurs

> ★ *Lorsque* **coordinate** *est un nom, la fin se prononce comme* it: /kəʊ'ɔ:dɪnɪt/; *lorsque c'est un verbe, elle se pro-nonce comme* eight: /kəʊ'ɔ:dɪneɪt/.

coordinated /kəʊ'ɔ:dɪneɪtɪd/ ADJ ⓐ (= *organized*) coordonné ⓑ **to be well-~** [*person*] avoir une bonne coordination ⓒ (= *matching*) [*clothes, designs*] coordonné; **colour ~** [*clothes*] aux couleurs assorties

coordination /kəʊ,ɔ:dɪ'neɪʃən/ N coordination *(f)*

co-ownership /,kəʊ'əʊnəʃɪp/ N copropriété *(f)*

cop* /kɒp/ 1 N ⓐ (= *policeman*) flic* *(m)*; **to play at ~s and robbers** jouer aux gendarmes et aux voleurs ⓑ (*Brit*) **it's not much ~** ça ne vaut pas grand-chose 2 VT (*Brit*) **to ~ it**

écoper* 3 COMP ♦ **cop-out⁺** N (= *excuse*) excuse (f) bidon* ; (= *act*) échappatoire (f)

cope /kəʊp/ VI se débrouiller ; **can you ~?** vous arriverez à vous débrouiller ? ; **he's coping pretty well** il ne se débrouille pas mal ; **she just can't ~ any more** (= *she's overworked*) elle ne s'en sort plus ; (= *work is too difficult for her*) elle est complètement dépassée
► **cope with** VT INSEP ⓐ (= *deal with*) [+ *task, person*] se charger de ; [+ *situation*] faire face à ; [+ *difficulties, problems*] (= *tackle*) affronter ; (= *solve*) venir à bout de ; **he's got a lot to ~ with** (*work*) il a du pain sur la planche* ; (*problems*) il a pas mal de problèmes à résoudre ⓑ (= *manage*) s'en sortir avec ; **we can't ~ with all this work** avec tout ce travail nous ne pouvons plus en sortir

copier /ˈkɒpɪəʳ/ N (= *photocopier*) photocopieuse (f)

co-pilot /ˈkəʊˈpaɪlət/ N copilote (mf)

copious /ˈkəʊpɪəs/ ADJ [*quantities*] grand ; [*amount, notes*] abondant

copper /ˈkɒpəʳ/ 1 N ⓐ cuivre (m) ⓑ (*Brit = money*) * **~s** de la petite monnaie ⓒ (*Brit = policeman*)* flic* (m) 2 COMP de or en cuivre ; [*mine*] de cuivre ♦ **copper-coloured** ADJ cuivré

coppice /ˈkɒpɪs/ N taillis (m)

co-production /ˌkəʊprəˈdʌkʃən/ N coproduction (f)

copse /kɒps/ N taillis (m)

copulate /ˈkɒpjʊleɪt/ VI copuler

copy /ˈkɒpɪ/ 1 N ⓐ (= *duplicate*) copie (f) ; [*of photographic print*] épreuve (f) ; **to take** or **make a ~ of sth** faire une copie de qch
ⓑ [*of book*] exemplaire (m) ; [*of magazine, newspaper*] numéro (m)
ⓒ (*for newspaper*) copie (f) ; (*for advertisement*) message (m) ; **to make good ~** être un bon sujet d'article ; **the journalist handed in his ~** le journaliste a remis son article
2 VT ⓐ copier ; **to ~ sb's work** (*at school*) copier sur qn ; **to ~ sth to a disk** copier qch sur une disquette
ⓑ (= *send a copy to*) envoyer une copie à
3 COMP ♦ **copy and paste** N copier-coller (m) ♦ VT copier-coller ♦ **copy machine** N photocopieuse (f)

copycat* /ˈkɒpɪkæt/ 1 N copieur (m), -ieuse (f) 2 ADJ [*crime*] inspiré par un autre

copyright /ˈkɒpɪraɪt/ N droit (m) d'auteur, copyright (m)

copywriter /ˈkɒpɪraɪtəʳ/ N rédacteur (m), -trice (f) publicitaire

coral /ˈkɒrəl/ 1 N corail (m) 2 COMP de or en corail ♦ **coral reef** N récif (m) coralien

cord /kɔːd/ 1 N ⓐ (= *thick string*) grosse ficelle (f) ; [*of curtains, pyjamas*] cordon (m) ; (*also* **umbilical ~**) cordon (m) ombilical ; **electrical ~** fil (m) électrique ⓑ (= *corduroy*) velours (m) côtelé 2 NPL **cords** pantalon (m) en velours côtelé 3 ADJ [*trousers, jacket*] en velours côtelé

cordial /ˈkɔːdɪəl/ 1 ADJ ⓐ (= *friendly*) cordial ⓑ (= *strong*) **to have a ~ dislike for sb/sth** détester qn/qch cordialement 2 N (*Brit*) cordial (m)

cordless /ˈkɔːdlɪs/ ADJ (= *with batteries*) à piles ; [*kettle, iron, telephone*] sans fil

cordon /ˈkɔːdn/ 1 N cordon (m) 2 VT (*also* **~ off**) [+ *area*] boucler

corduroy /ˈkɔːdərɔɪ/ 1 N velours (m) côtelé 2 NPL **corduroys** pantalon (m) en velours côtelé 3 ADJ [*trousers, jacket*] en velours côtelé

CORE /kɔːʳ/ N (*US*) (ABBR = **Congress of Racial Equality**) *organisation de défense des droits des minorités ethniques*

core /kɔːʳ/ 1 N [*of fruit*] trognon (m) ; [*of problem, nuclear reactor*] cœur (m) ; (*Computing: also* **~ memory**) mémoire (f) centrale ; **the earth's ~** le noyau terrestre ; **he is rotten to the ~** il est pourri jusqu'à la moelle 2 VT [+ *fruit*] évider 3 COMP [*issue, assumption, subject*] fondamental ♦ **core business** N activité (f) principale ♦ **core curriculum** N tronc (m) commun ♦ **core subject** N matière (f) principale

coriander /ˌkɒrɪˈændəʳ/ N coriandre (f)

cork /kɔːk/ 1 N ⓐ (= *material*) liège (m) ⓑ (*in bottle*) bouchon (m) ; **to pull the ~ out of a bottle** déboucher une bouteille 2 VT (*also* **~ up**) boucher 3 ADJ [*tiles, flooring*] de or en liège

corkage /ˈkɔːkɪdʒ/ N droit (m) de bouchon (*payé par le client qui apporte dans un restaurant une bouteille achetée ailleurs*)

corked /kɔːkt/ ADJ [*wine*] bouchonné

corkscrew /ˈkɔːkskruː/ N tire-bouchon (m)

corm /kɔːm/ N bulbe (m) (*de crocus*)

cormorant /ˈkɔːmərənt/ N cormoran (m)

corn /kɔːn/ 1 N ⓐ (*Brit*) blé (m) ; (*US*) maïs (m) ; **~ on the cob** épis (mpl) de maïs ⓑ (*on foot*) cor (m) 2 COMP ♦ **corn bread** N (*US*) pain (m) de maïs ♦ **corn-fed** ADJ [*chicken*] de grain ♦ **corn oil** N huile (f) de maïs ♦ **corn pone** N (*US*) pain (m) de maïs

cornea /ˈkɔːnɪə/ N cornée (f)

corned beef /ˌkɔːndˈbiːf/ N corned-beef (m)

corner /ˈkɔːnəʳ/ 1 N ⓐ (= *angle*) coin (m) ; (= *bend in road*) virage (m) ; (*Football*) corner (m) ; **to look at sb out of the ~ of one's eye** regarder qn du coin de l'œil ; **to force sb into a ~** (*fig*) acculer qn ; **to be in a (tight) ~** (*fig*) être dans une situation difficile ; **it's just round the ~** (= *very near*) c'est à deux pas d'ici ; **Christmas is just around the ~** Noël n'est pas loin ; **the domestic robot is just around the ~** le robot domestique, c'est pour demain ; **to take a ~** [*driver*] prendre un virage ; [*footballer*] tirer un corner ; **to cut ~s** prendre des raccourcis (*fig*) ; **to turn the ~** tourner au coin de la rue ; (*fig*) passer le moment critique ; [*patient*] passer le cap
ⓑ (= *place*) **in every ~ of the house** dans tous les recoins de la maison ; **in every ~ of Europe** dans toute l'Europe
ⓒ (= *position*) **to fight one's ~** défendre sa position
2 VT [+ *hunted animal*] acculer ; (*fig*) coincer* ; **she ~ed me in the hall** elle m'a coincé* dans l'entrée ; **to ~ the market** accaparer le marché
3 VI **it ~s well** [*car*] elle tient bien la route dans les virages
4 COMP ♦ **corner shop** (*Brit*), **corner store** (*US*) N magasin (m) du coin

cornerstone /ˈkɔːnəstəʊn/ N pierre (f) angulaire

cornet /ˈkɔːnɪt/ N ⓐ (= *musical instrument*) cornet (m) (à pistons) ; **~ player** cornettiste (mf) ⓑ (*Brit*) [*of ice cream*] cornet (m) (de glace)

cornfield /ˈkɔːnfiːld/ N (*Brit*) champ (m) de blé ; (*US*) champ (m) de maïs

cornflakes /ˈkɔːnfleɪks/ NPL corn-flakes (mpl)

cornflour /ˈkɔːnflaʊəʳ/ N (*Brit*) farine (f) de maïs

cornice /ˈkɔːnɪs/ N corniche (f)

Cornish /ˈkɔːnɪʃ/ ADJ de Cornouailles, cornouaillais ♦ **Cornish pasty** N *chausson à la viande et aux légumes*

cornstarch /ˈkɔːnstɑːtʃ/ N (*US*) farine (f) de maïs

cornucopia /ˌkɔːnjuˈkəʊpɪə/ N corne (f) d'abondance

Cornwall /ˈkɔːnwəl/ N Cornouailles (f) ; **in ~** en Cornouailles

corny* /ˈkɔːnɪ/ ADJ [*joke*] éculé ; [*film, novel*] à l'eau de rose ; (= *obvious*) bateau* (*inv*)

corollary /kəˈrɒlərɪ/ N corollaire (m)

coronary /ˈkɒrənərɪ/ 1 ADJ coronaire ; **~ heart disease** maladie (f) coronarienne ; **~ thrombosis** infarctus (m) du myocarde 2 N (= *heart attack*) infarctus (m)

coronation /ˌkɒrəˈneɪʃən/ N couronnement (m)

coroner /ˈkɒrənəʳ/ N coroner (m) (*officiel chargé de déterminer les causes d'un décès*) ; **~'s inquest** enquête (f) judiciaire (*menée par le coroner*)

coronet /ˈkɒrənɪt/ N [*of duke*] couronne (f) ; [*of lady*] diadème (m)

Corp, corp ABBR = **corporation**

corporal /ˈkɔːpərəl/ 1 N caporal-chef (m) 2 ADJ corporel ; **~ punishment** châtiment (m) corporel

corporate /ˈkɔːpərɪt/ 1 ADJ ⓐ [*executive, culture, planning*] d'entreprise ; [*finance, image, identity*] de l'entreprise ; [*affairs, debt*] des entreprises ; [*strategy*] commercial ⓑ (= *joint*) [*decision, responsibility*] collectif; [*objective, action, ownership*] commun 2 COMP ♦ **corporate crime** N criminalité *(f)* d'entreprise ♦ **corporate headquarters** NPL siège *(m)* social ♦ **corporate hospitality** N *réceptions aux frais d'une entreprise* ♦ **corporate law** NPL droit *(m)* des sociétés

corporation /ˌkɔːpəˈreɪʃən/ N ⓐ (*Brit*) [*of town*] conseil *(m)* municipal ⓑ (= *company*) société *(f)* commerciale; (*US*) société *(f)* à responsabilité limitée

corpse /kɔːps/ N cadavre *(m)*

corpuscle /ˈkɔːpʌsl/ N **(blood)** ~ globule *(m)* sanguin; **red/white ~s** globules *(mpl)* rouges/blancs

corral /kəˈrɑːl/ N (*US*) corral *(m)*

correct /kəˈrekt/ 1 ADJ ⓐ (= *right*) correct; [*suspicions*] fondé; **that's ~!** (*confirming guess*) exactement!; (*confirming right answer*) c'est exact!; **in the ~ order** dans le bon ordre; **to prove ~** s'avérer juste; **it is ~ to say that ...** il est juste de dire que ... ⓑ **to be ~** [*person*] avoir raison; **you are quite ~** vous avez parfaitement raison; **he was ~ in his estimates** ses estimations étaient justes; **he is ~ in his assessment of the situation** son évaluation de la situation est juste; **to be ~ to do sth** avoir raison de faire qch ⓒ (= *appropriate*) bon; **the ~ use of sth** le bon usage de qch ⓓ (= *proper*) correct; [*etiquette, form of address*] convenable; [*person*] comme il faut*; **it's the ~ thing to do** c'est l'usage

2 VT ⓐ corriger; **to ~ sb's punctuation/spelling** corriger la ponctuation/l'orthographe de qn; **to ~ o.s.** se reprendre; **~ me if I'm wrong** corrigez-moi si je me trompe ⓑ (= *rectify*) [+ *problem*] arranger; [+ *imbalance*] redresser

3 COMP ♦ **correcting fluid** N liquide *(m)* correcteur

correction /kəˈrekʃən/ N correction *(f)*; **a page covered with ~s** une page couverte de corrections ♦ **correction fluid** N liquide *(m)* correcteur

correctly /kəˈrektlɪ/ ADV correctement; **if I understand you ~** si je vous ai bien compris; **if I remember ~** si je me souviens bien

correctness /kəˈrektnɪs/ N (= *appropriateness*) justesse *(f)*

correlate /ˈkɒrɪleɪt/ 1 VI correspondre (**with** à) 2 VT mettre en corrélation (**sth with sth** qch et qch)

correlation /ˌkɒrɪˈleɪʃən/ N corrélation *(f)*

correspond /ˌkɒrɪsˈpɒnd/ VI ⓐ (= *agree*) correspondre (**with** à); **that does not ~ with what he said** cela ne correspond pas à ce qu'il a dit ⓑ (= *be equivalent*) correspondre (**to** à) ⓒ (= *exchange letters*) correspondre

correspondence /ˌkɒrɪsˈpɒndəns/ 1 N ⓐ (= *similarity, agreement*) correspondance *(f)* ⓑ (= *letter-writing*) correspondance *(f)*; **to be in ~ with sb** entretenir une correspondance avec qn 2 COMP ♦ **correspondence college** N établissement *(m)* d'enseignement par correspondance ♦ **correspondence course** N cours *(m)* par correspondance

correspondent /ˌkɒrɪsˈpɒndənt/ N correspondant(e) *(m(f))*; **foreign ~** correspondant(e) *(m(f))* à l'étranger; **sports ~** reporter *(m)* sportif; **from our special ~** de notre envoyé spécial

corresponding /ˌkɒrɪsˈpɒndɪŋ/ ADJ correspondant

corridor /ˈkɒrɪdɔː/ N couloir *(m)*; **the ~s of power** les allées *(fpl)* du pouvoir

corroborate /kəˈrɒbəreɪt/ VT corroborer

corrode /kəˈrəʊd/ 1 VT corroder 2 VI [*metals*] se corroder

corrosion /kəˈrəʊʒən/ N corrosion *(f)*

corrosive /kəˈrəʊzɪv/ ADJ [*substance*] corrosif; (= *harmful*) destructeur (-trice *(f)*)

corrugated /ˈkɒrəgeɪtɪd/ ADJ [*tin, cardboard, paper*] ondulé; [*roof*] en tôle ondulée ♦ **corrugated iron** N tôle *(f)* ondulée

corrupt /kəˈrʌpt/ 1 ADJ ⓐ (= *dishonest*) corrompu; (= *depraved*) dépravé ⓑ [*data, text*] altéré 2 VT (= *make dishonest*) corrompre; (= *make immoral*) dépraver; [+ *data*] altérer

corruption /kəˈrʌpʃən/ N corruption *(f)*

corset /ˈkɔːsɪt/ N corset *(m)*

Corsica /ˈkɔːsɪkə/ N Corse *(f)*

Corsican /ˈkɔːsɪkən/ 1 ADJ corse 2 N Corse *(mf)*

cortisone /ˈkɔːtɪzəʊn/ N cortisone *(f)*

COS /ˌsiːəʊˈes/ (ABBR = **cash on shipment**) comptant *(m)* à l'expédition

cos: /kɒz/ CONJ (= *because*) parce que

cosh /kɒʃ/ (*Brit*) 1 VT* cogner* sur 2 N matraque *(f)*

cosignatory /ˌkəʊˈsɪgnətərɪ/ N cosignataire *(mf)*

cosiness /ˈkəʊzɪnɪs/ N ⓐ [*of room, pub*] atmosphère *(f)* douillette ⓑ (= *intimacy*) intimité *(f)*

cosmetic /kɒzˈmetɪk/ 1 ADJ [*surgery*] esthétique; [*change, measure*] superficiel 2 N cosmétique *(m)*

cosmic /ˈkɒzmɪk/ ADJ cosmique

cosmonaut /ˈkɒzmənɔːt/ N cosmonaute *(mf)*

cosmopolitan /ˌkɒzməˈpɒlɪtən/ ADJ, N cosmopolite *(mf)*

cosmos /ˈkɒzmɒs/ N cosmos *(m)*

cosset /ˈkɒsɪt/ VT choyer

cost /kɒst/ 1 VT ⓐ (*pret, ptp* **cost**) coûter; **how much or what will it ~ to have it repaired?** combien est-ce que cela coûtera de le faire réparer?; **what does it ~ to get in?** quel est le prix d'entrée?; **it ~ him a lot of money** cela lui a coûté cher; **it ~s too much** ça coûte trop cher; **it ~s the earth*** ça coûte les yeux de la tête; **it ~ her her job** cela lui a coûté son emploi ⓑ (*pret, ptp* **costed**) [+ *policy, plan*] évaluer le coût de; **the job was ~ed at $2,000** le devis pour ces travaux s'est monté à 2 000 dollars

2 VT ⓐ coût *(m)*; **at a ~ of £50** au prix de 50 livres; **to bear the ~ of sth** prendre en charge les frais de qch; (*fig*) faire les frais de qch; **at great ~** à grands frais; **at ~ (price)** au prix coûtant; **to my ~** à mes dépens; **at all ~s** à tout prix ⓑ ♦ **costs** (*commercial*) coûts *(mpl)*; (*legal*) dépens *(mpl)*, frais *(mpl)* judiciaires; **to cut ~s** réduire les coûts

3 COMP ♦ **cost-cutting** N réduction *(f)* des coûts ♦ **cost-effective** ADJ rentable ♦ **cost-effectiveness** N rentabilité *(f)* ♦ **cost of living** N coût *(m)* de la vie

co-star /ˈkəʊstɑː/ 1 N partenaire *(mf)* 2 VI partager l'affiche

Costa Rica /ˌkɒstəˈriːkə/ N Costa Rica *(m)*

costing /ˈkɒstɪŋ/ N évaluation *(f)* du coût

costly /ˈkɒstlɪ/ ADJ coûteux

costume /ˈkɒstjuːm/ N costume *(m)*; **national ~** costume *(m)* national; **in ~** (= *fancy dress*) déguisé ♦ **costume drama** N (= *film/play*) film *(m)*/pièce *(f)* en costumes d'époque; (*genre*) films *(mpl)*/pièces *(fpl)* en costumes d'époque ♦ **costume jewellery** N bijoux *(mpl)* fantaisie

cosy, cozy (*US*) /ˈkəʊzɪ/ 1 ADJ ⓐ [*flat, room*] douillet, cosy; [*restaurant*] intime et confortable; **to be ~** [*person*] être bien; **it's ~ in here** on est bien ici ⓑ [*atmosphere, evening, chat, dinner*] intime ⓒ [*arrangement, deal, relationship*] commode 2 N (= *tea cosy*) couvre-théière *(m)* 3 VI **to ~ up to sb:** caresser qn dans le sens du poil*

cot /kɒt/ N (*Brit: child's*) lit *(m)* de bébé; (*US = folding bed*) lit *(m)* de camp; **~-death** (*Brit*) mort *(f)* subite du nourrisson

cottage /ˈkɒtɪdʒ/ N petite maison *(f)* à la campagne, cottage *(m)* ♦ **cottage cheese** N fromage *(m)* blanc (égoutté) ♦ **cottage industry** N (*at home*) industrie *(f)* familiale; (*informally organized*) activité *(f)* artisanale ♦ **cottage loaf** N (*Brit*) miche *(f)* de pain ♦ **cottage pie** N (*Brit*) ≈ hachis *(m)* Parmentier

cotton /ˈkɒtn/ N coton *(m)*; (*Brit = sewing thread*) fil *(m)* (de coton) 2 COMP [*shirt, dress*] de or en coton ♦ **cotton bud** N (*Brit*) coton-tige® *(m)* ♦ **cotton candy** N (*US*) barbe *(f)* à papa ♦ **cotton mill** N filature *(f)* de coton ♦ **cotton wool** N (*Brit*) ouate *(f)*; **to wrap a child up in ~ wool** élever un enfant dans du coton; **my legs felt like ~ wool*** j'avais les jambes en coton

► **cotton on*** VI (*Brit*) piger*; **to ~ on to sth** piger* qch

couch /kaʊtʃ/ 1 N (= *settee*) canapé *(m)*; [*of psychoanalyst*] divan *(m)* 2 VT formuler; **the request was ~ed in the fol-**

lowing terms la demande était ainsi formulée 3 COMP ◆ **couch potato*** N mollasson* *(m)* (*qui passe son temps devant la télé*)

couchette /kuːˈʃet/ N couchette *(f)*

cough /kɒf/ 1 N toux *(f)*; **he has a bad ~** il tousse beaucoup; **he has a bit of a ~** il tousse un peu 2 VI tousser 3 COMP ◆ **cough drop** N pastille *(f)* pour la toux ◆ **cough mixture** N sirop *(m)* pour la toux, antitussif *(m)* ◆ **cough sweet** N pastille *(f)* pour la toux
► **cough up*** VT SEP [+ *money*] cracher*

could /kʊd/ MODAL VERB ⓐ (*past*)

> ► When **could** refers to ability in the past, it is translated by the perfect of **pouvoir**, or by the imperfect if the time is continuous.

I ~n't phone because I had no change je n'ai pas pu téléphoner parce que je n'avais pas de monnaie; **he ~ be charming when he wanted to be** il pouvait être charmant lorsqu'il le voulait

> ► When used with a verb of perception, **could** is not usually translated.

he ~ hear her shouting il l'entendait crier

> ► When **could** means **knew how to**, it is translated by the imperfect of **savoir**.

she ~ read when she was three elle savait lire à l'âge de trois ans; **I thought you ~ drive** je pensais que tu savais conduire
◆ **could have**

> ► **could have** is usually translated by the conditional of **avoir** + pu.

they ~ have been killed ils auraient pu être tués; **you ~ have told me before** tu aurais pu me le dire plus tôt; **he ~ have helped us if he'd wanted to** il aurait pu nous aider s'il l'avait voulu; **I ~ have cried** j'en aurais pleuré
ⓑ (*present*)

> ► When **could** refers to the present, the present tense is generally used in French.

you ~ be right tu as peut-être raison; **that ~ be the answer** c'est peut-être la solution; **you ~ be making a big mistake** tu es peut-être en train de faire une grosse erreur; **it ~ be true** cela pourrait être vrai
ⓒ (*conditional*)

> ► When **could** indicates future possibility, it is translated by the conditional.

we ~ win the championship this year nous pourrions gagner le championnat cette année; **he ~ be released next year** il pourrait être libéré l'année prochaine; **you ~ try telephoning him** tu pourrais lui téléphoner; **you ~ at least apologize!** tu pourrais au moins t'excuser!
ⓓ (*polite requests*)

> ► When you, **could** I etc are polite requests, the conditional of **pouvoir** is used.

~ you pass me the salt, please? pourriez-vous me passer le sel, s'il vous plaît?; **~ I have a word with you?** est-ce que je pourrais vous parler un instant (s'il vous plaît)?

couldn't /ˈkʊdnt/ (ABBR = **could not**) → **could**

council /ˈkaʊnsl/ N conseil *(m)*; **city** or **town ~** conseil *(m)* municipal ◆ **council estate** N (*Brit*) cité *(f)* ◆ **council flat** N (*Brit*) appartement *(m)* loué à la municipalité, ≈ HLM *(m or f)* ◆ **council house** N (*Brit*) maison *(f)* louée à la municipalité, ≈ HLM *(m or f)* ◆ **the Council of Europe** N le Conseil de l'Europe ◆ **council tax** N (*Brit*) impôts *(mpl)* locaux ◆ **council tenant** N (*Brit*) locataire *(mf)* d'un logement social

councillor /ˈkaʊnsɪləʳ/ N conseiller *(m)*, -ère *(f)*

counsel /ˈkaʊnsəl/ 1 N ⓐ (= *advice*) conseil *(m)*; **to keep one's own ~** (*intentions*) garder ses intentions pour soi; (*plans*) garder ses projets pour soi; (*opinions*) garder ses opinions pour soi ⓑ (*legal*) avocat(e) *(m(f))*; **~ for the defence** (*Brit*) (avocat *(m)* de la) défense *(f)*, avocat *(m)* géné-

ral 2 VT (= *advise*) conseiller (**sb to do sth** à qn de faire qch)

counselling, counseling (*US*) /ˈkaʊnsəlɪŋ/ N (= *advice*) conseils *(mpl)*; (*Psych, Social Work*) conseil *(m)* (psychologique)

counsellor, counselor (*US*) /ˈkaʊnsləʳ/ N conseiller *(m)*, -ère *(f)*

count¹ /kaʊnt/ 1 N ⓐ compte *(m)*; [*of votes at election*] dépouillement *(m)*; **at the last ~** la dernière fois qu'on a compté; **to be out for the ~*** (= *unconscious*) être KO*; (= *asleep*) avoir son compte*; **to keep ~ of sth** tenir le compte de qch; **he lost ~ of the tickets he had sold** il ne savait plus combien de billets il avait vendus
ⓑ (*legal*) chef *(m)* d'accusation
◆ **on + counts**: **you're wrong on both ~s** tu te trompes dans les deux cas; **the movie is unique on several ~s** c'est un film unique à plusieurs égards; **this is a magnificent book on all ~s** c'est un livre magnifique à tous les points de vue; **guilty on three ~s** reconnu coupable pour trois chefs d'accusation
2 VT ⓐ (= *add up*) compter; **to ~ the votes** dépouiller le scrutin; **to ~ sheep** compter les moutons; **to ~ the cost** (*fig*) faire le bilan; **without ~ing the cost** sans compter; **ten people not ~ing the children** dix personnes sans compter les enfants; **three more ~ing Charles** trois de plus, en comptant Charles
ⓑ (= *consider*) estimer; **we must ~ ourselves lucky** nous devons nous estimer heureux
3 VI ⓐ compter; **can he ~?** est-ce qu'il sait compter?
ⓑ (= *be considered*) compter; **two children ~ as one adult** deux enfants comptent pour un adulte; **that doesn't ~** cela ne compte pas
ⓒ (= *have importance*) compter; **every minute ~s** chaque minute compte; **to ~ against sb** desservir qn; **that ~s for nothing** cela ne compte pas; **a university degree ~s for very little nowadays** de nos jours un diplôme universitaire n'a pas beaucoup de valeur
4 COMP ◆ **count noun** N nom *(m)* comptable
► **count in*** VT SEP **you can ~ me in!** je suis de la partie!
► **count on** VT INSEP compter (sur); **I'm ~ing on you** je compte sur vous; **to ~ on doing sth** compter faire qch
► **count out** VT SEP ⓐ [+ *money*] compter pièce par pièce; [+ *small objects*] compter ⓑ **you can ~ me out of*** **this business** ne comptez pas sur moi dans cette affaire
► **count towards** VT INSEP **these contributions will ~ towards your pension** ces cotisations seront prises en compte pour votre retraite
► **count up** VT SEP compter
► **count upon** VT INSEP = **count on**

count² /kaʊnt/ N (= *nobleman*) comte *(m)*

countdown /ˈkaʊntdaʊn/ N compte *(m)* à rebours

countenance /ˈkaʊntɪnəns/ 1 N (*liter* = *face*) (expression *(f)* du) visage *(m)* 2 VT (*frm*) admettre (**sb's doing sth** que qn fasse qch)

counter /ˈkaʊntəʳ/ 1 N ⓐ (*in shop, canteen, pub*) comptoir *(m)*; (*in bank, post office*) guichet *(m)*; **to buy/sell medicines over the ~** acheter/vendre des médicaments sans ordonnance ⓑ (= *disc*) jeton *(m)* 2 ADV **to run ~ to sth** aller à l'encontre de qch 3 ADJ **~ to sth** contraire à qch 4 VT [+ *remark*] répliquer à (**with** par, **by saying** en disant); [+ *blow, argument*] contrer 5 VI (= *reply*) riposter

counteract /ˌkaʊntərˈækt/ VT contrebalancer

counterattack /ˈkaʊntərəˌtæk/ 1 N contre-attaque *(f)* 2 VTI contre-attaquer

counterbalance /ˈkaʊntəˌbæləns/ 1 N contrepoids *(m)* 2 VT contrebalancer

counterclockwise /ˌkaʊntəˈklɒkˌwaɪz/ ADV, ADJ (*US*) dans le sens inverse des aiguilles d'une montre

counterfeit /ˈkaʊntəfiːt/ 1 ADJ faux (fausse *(f)*); **~ coin/ money** fausse pièce *(f)*/monnaie *(f)* 2 N faux *(m)*, contrefaçon *(f)* 3 VT [+ *banknote, signature*] contrefaire

counterfoil /ˈkaʊntəfɔɪl/ N (*Brit*) [*of cheque*] talon *(m)*

counterman /ˈkaʊntəmæn/ N (*pl* **-men**) (*US*) serveur *(m)*

countermand /ˈkaʊntəmɑːnd/ VT [+ order] annuler

countermeasure /ˈkaʊntəmeʒəʳ/ N contre-mesure (f)

counteroffensive /ˈkaʊntərəfensɪv/ N contre-offensive (f)

counterpart /ˈkaʊntəpɑːt/ N équivalent (m); [of person] homologue (mf)

counterproductive /ˌkaʊntəprəˈdʌktɪv/ ADJ contre-productif

countersign /ˈkaʊntəsaɪn/ VT contresigner

countertenor /ˌkaʊntəˈtenəʳ/ N (= singer) haute-contre (m); (= voice) haute-contre (f)

counterterrorism /ˈkaʊntəˈterərɪzəm/ N anti-terrorisme (m)

countess /ˈkaʊntɪs/ N comtesse (f)

countless /ˈkaʊntlɪs/ ADJ innombrable; **on ~ occasions** en d'innombrables occasions

country /ˈkʌntrɪ/ 1 N ⓐ pays (m); **to go to the ~** (Brit = call election) appeler le pays aux urnes ⓑ (as opposed to town) campagne (f); **in the ~** à la campagne; **there is some lovely ~ to the north** il y a de beaux paysages dans le nord; **the surrounding ~** la campagne environnante ⓒ (= region) région (f); **mountainous ~** région (f) montagneuse; **this is Brontë ~** c'est le pays des Brontë
2 COMP [lifestyle] campagnard ♦ **country-and-western** N (= music) musique (f) country ♦ **country club** N club (m) de loisirs (à la campagne) ♦ **country dance, country dancing** N danse (f) folklorique ♦ **country house** N manoir (m) ♦ **country music** N (musique (f)) country (m)

countryman /ˈkʌntrɪmæn/ N (pl **-men**) (also **fellow ~**) compatriote (m); (as opposed to town dweller) habitant (m) de la campagne, campagnard (m)

countryside /ˈkʌntrɪsaɪd/ N **the ~** la campagne

countrywide /ˈkʌntrɪwaɪd/ ADJ à l'échelle nationale

countrywoman /ˈkʌntrɪwʊmən/ N (pl **-women**) (also **fellow ~**) compatriote (f); (as opposed to town dweller) habitante (f) de la campagne, campagnarde (f)

county /ˈkaʊntɪ/ 1 N comté (m) (division administrative) 2 ADJ (Brit) [voice, accent] aristocratique; **he's very ~** il fait très aristocratie terrienne 3 COMP ♦ **county court** N tribunal (m) de grande instance ♦ **county prison** N prison (f) centrale ♦ **county seat** (US), **county town** N chef-lieu (m)

coup /kuː/ N coup (m) d'État; (= achievement) (beau) coup (m)

couple /ˈkʌpl/ 1 N ⓐ couple (m); **the ~ have no children** le couple n'a pas d'enfants ⓑ **a ~ of** deux; **I've seen him a ~ of times** je l'ai vu deux ou trois fois; **I did it in a ~ of hours** je l'ai fait en deux heures environ 2 VT ⓐ [+ ideas, names] associer ⓑ **~d with** ajouté à

couplet /ˈkʌplɪt/ N distique (m)

coupon /ˈkuːpɒn/ N (= money-off voucher) bon (m) de réduction; (= form in newspaper, magazine) bulletin-réponse (m); (for rationed product) ticket (m) de rationnement

courage /ˈkʌrɪdʒ/ N courage (m); **to have the ~ of one's convictions** avoir le courage de ses opinions

courageous /kəˈreɪdʒəs/ ADJ courageux

courgette /kʊəˈʒet/ N (Brit) courgette (f)

courier /ˈkʊrɪəʳ/ N (delivering mail) coursier (m), -ière (f); (= tourist guide) guide (m)

⚠ **courier** ≠ **courrier**

course /kɔːs/ 1 N ⓐ **♦ of course** bien sûr; **did he do it? — of ~/of ~ not!** est-ce qu'il l'a fait? — bien sûr/bien sûr que non!; **can I take it? — of ~!** est-ce que je peux le prendre? — bien sûr!; **do you love him? — of ~ I do/of ~ I don't!** tu l'aimes? — bien sûr/bien sûr que non! ⓑ [of life, events, time] cours (m); **in the normal ~ of events** en temps normal; **in the ~ of the conversation** au cours de la conversation; **in the ~ of the next few months** au cours des prochains mois; **in the ~ of time** avec le temps ⓒ [of river, war] cours (m); [of ship] route (f); **on ~ for** en route pour; (fig) sur la voie de; **to change ~** changer de cap; **to change the ~ of history** changer le cours de

l'histoire; **to get back on ~** [ship] reprendre son cap; **to go off ~** [ship, plane] dévier de son cap; (fig) faire fausse route; **to take a certain ~ of action** adopter une certaine ligne de conduite; **there are several ~s open to us** plusieurs possibilités s'offrent à nous; **the best ~ would be to leave at once** le mieux serait de partir immédiatement; **to let sth take its ~** laisser qch suivre son cours; **the illness has run its ~** la maladie a suivi son cours ⓓ (= lessons) cours (m); **to do a French ~** suivre des cours de français; **we were on the same ~** nous suivions le même cours; **he gave a ~ of lectures on Proust** il a donné une série de conférences sur Proust; **German ~** (= book) méthode (f) d'allemand ⓔ (Sport) parcours (m) ⓕ [of meal] plat (m); **first ~** entrée (f); **three ~ meal** repas (m) complet (entrée, plat principal, dessert) ⓖ [of injections] série (f); **~ of treatment** traitement (m); **the doctor put her on a ~ of antibiotics** le médecin lui a donné un traitement antibiotique
2 VI [water] couler à flots
3 COMP ♦ **course book** N manuel (m) ♦ **course work** N (Univ) contrôle (m) continu

⚠ **course** is not always translated by **cours**.

court /kɔːt/ 1 N ⓐ [of law] cour (f), tribunal (m); **to take sb to ~ over or about sth** poursuivre qn en justice pour qch ⓑ [of monarch] cour (f) ⓒ (Tennis) court (m); (Basketball) terrain (m) 2 VT [+ woman] faire la cour à; [+ danger, defeat] aller au-devant de 3 VI **they are ~ing** † ils sortent ensemble 4 COMP ♦ **court case** N procès (m), affaire (f) ♦ **court of appeal** (Brit), **court of appeals** (US) N cour (f) d'appel ♦ **court order** N ordonnance (f) du tribunal

courteous /ˈkɜːtɪəs/ ADJ courtois (**towards** envers)

courtesy /ˈkɜːtɪsɪ/ N courtoisie (f); **by ~ of** avec la permission de ♦ **courtesy bus** N navette (f) gratuite ♦ **courtesy call** N visite (f) de politesse ♦ **courtesy car** N (provided by insurance company, garage) véhicule (m) de remplacement

courthouse /ˈkɔːthaʊs/ N tribunal (m)

courtier /ˈkɔːtɪəʳ/ N (= man) courtisan (m); (= woman) dame (f) de la cour

court martial /ˈkɔːtˈmɑːʃəl/ 1 N cour (f) martiale; **to be tried by ~** passer en cour martiale 2 VT **court-martial** traduire en conseil de guerre

courtyard /ˈkɔːtjɑːd/ N cour (f)

cousin /ˈkʌzn/ N cousin(e) (m(f))

cove /kəʊv/ N crique (f); (US) vallon (m) encaissé

covenant /ˈkʌvɪnənt/ N (= agreement) convention (f); (to pay) engagement (m)

Coventry /ˈkɒvəntrɪ/ N Coventry; **to send sb to ~*** (Brit) mettre qn en quarantaine

cover /ˈkʌvəʳ/

1 NOUN	3 COMPOUNDS
2 TRANSITIVE VERB	4 PHRASAL VERBS

1 NOUN

ⓐ **for protection** (over furniture) housse (f); (over merchandise, vehicle) bâche (f); [of lens] bouchon (m); [of book] couverture (f); (= lid) couvercle (m); **to read a book from ~ to ~** lire un livre de la première à la dernière page; **under separate ~** sous pli séparé
ⓑ **= bedcover** dessus-de-lit (m inv); **the ~s** (= bedclothes) les couvertures (fpl)
ⓒ **= shelter** abri (m); **to break ~** [animal] débusquer; [hunted person] sortir à découvert; **to run for ~** courir se mettre à l'abri; **his critics are already running for ~** c'est déjà le sauve-qui-peut général parmi ses détracteurs; **to take ~** (= shelter) s'abriter; **to take ~ from the rain** se mettre à l'abri de la pluie
♦ **under cover** à l'abri; **to get under ~** se mettre à l'abri; **under ~ of darkness** à la faveur de la nuit

ⓓ Brit Insurance couverture *(f)*; **full ~** assurance *(f)* tous risques; **fire ~** assurance-incendie *(f)*; **the ~ ends on 5 July** le contrat d'assurances expire le 5 juillet

ⓔ = means of concealing couverture *(f)*; **the conference was a ~ for an illegal political gathering** la conférence servait de couverture à un rassemblement politique illégal; **to blow sb's ~** démasquer qn

ⓕ Music reprise *(f)*

2 TRANSITIVE VERB

ⓐ couvrir (**with** de); *(all over)* recouvrir (**with** de); **he ~ed the paper with scribbles** il a couvert la page de gribouillages; **~ the bowl with clingfilm** recouvrir le saladier de film alimentaire; **a black patch ~ed his left eye** un bandeau noir recouvrait son œil gauche; **his face was ~ed with spots** son visage était couvert de boutons; **the walls were ~ed with posters** les murs étaient couverts d'affiches; **he ~ed his face with his hands** il a caché son visage dans ses mains; **to ~ one's tracks** brouiller les pistes; **the soldiers ~ed our retreat** les soldats ont couvert notre retraite; **his men kept him ~ed** ses hommes le couvraient; **he said that to ~ himself** il a dit cela pour se couvrir

♦ **to cover for** *or* **against sth** *(Insurance)* **it doesn't ~ you for** *or* **against flood damage** vous n'êtes pas couvert contre les dégâts des eaux; **it ~s for fire only** cela ne couvre que l'incendie; **what does your travel insurance ~ you for?** que couvre votre assurance voyage?

ⓑ = point gun at braquer un revolver sur; **I've got you ~ed!** ne bougez pas ou je tire!

ⓒ + opposing player marquer

ⓓ + distance parcourir; **we ~ed 8km in two hours** nous avons parcouru 8 km en deux heures; **we ~ed 300 miles on one tank of petrol** nous avons fait 300 miles avec un plein d'essence; **to ~ a lot of ground** *(travelling)* faire beaucoup de chemin; *(= deal with many subjects)* traiter un large éventail de questions

ⓔ = be sufficient for couvrir; **$50 will ~ everything** 50 dollars suffiront (à couvrir toutes les dépenses); **to ~ one's costs** rentrer dans ses frais

ⓕ = deal with traiter; **the book ~s the subject thoroughly** le livre traite le sujet à fond; **the course ~s nutrition and exercise** le stage traite de la nutrition et de l'exercice physique; **his speech ~ed most of the points raised** son discours a couvert la plupart des questions; **no law ~s a situation like that** aucune loi ne prévoit une telle situation

ⓖ Press couvrir; **he was sent to ~ the riots** on l'a envoyé couvrir les émeutes; **all the papers ~ed the story** tous les journaux ont couvert l'affaire

ⓗ Music reprendre; **to ~ a song** reprendre une chanson

3 COMPOUNDS

♦ **cover charge** N couvert *(m)* *(prix)* ♦ **cover letter** N *(US)* lettre *(f)* d'accompagnement ♦ **cover note** N *(Brit)* attestation *(f)* provisoire d'assurance ♦ **cover-up** N **there's been a ~-up** on a tenté d'étouffer l'affaire ♦ **cover version** N reprise *(f)*

4 PHRASAL VERBS

▶ **cover for** VT INSEP ⓐ *(= protect)* [+ *person*] protéger; *(Insurance)* [+ *risk*] couvrir; **why would she ~ for him if he's trying to kill her?** pourquoi le protégerait-elle s'il veut la tuer? ⓑ *(= stand in for)* remplacer

▶ **cover up** 1 VI ⓐ se couvrir ⓑ **to ~ up for sb** couvrir qn 2 VT SEP ⓐ [+ *object*] recouvrir; [+ *child*] couvrir ⓑ *(= hide)* dissimuler; [+ *affair*] étouffer

---

coverage /'kʌvərɪdʒ/ N couverture *(f)*; **to give sth ~** assurer la couverture de qch; **the match got nationwide ~** le match a été retransmis dans tout le pays; **it got full-page ~ in the main dailies** les principaux quotidiens y ont consacré une page entière

covering /'kʌvərɪŋ/ N *(= wrapping)* couverture *(f)*; *(for floor, walls)* revêtement *(m)*; *(= layer)* couche *(f)* ♦ **covering letter** N *(Brit)* lettre *(f)* d'accompagnement

covert /'kʌvət/ ADJ [*operation, action, surveillance, support*] secret; **he gave her a ~ glance** il l'a regardée à la dérobée

covet /'kʌvɪt/ VT *(frm)* convoiter

covetous /'kʌvɪtəs/ ADJ avide

cow /kaʊ/ 1 N ⓐ vache *(f)*; *(= female)* [*of elephant*] femelle *(f)*; **till the ~s come home*** jusqu'à la saint-glinglin* ⓑ *(pej = woman)*‡ vache* *(f)*; **she's a cheeky ~** elle est vachement‡ culottée; **stupid ~!**‡ pauvre conne!‡ 2 VT [+ *person*] intimider

coward /'kaʊəd/ N lâche *(mf)*

cowardice /'kaʊədɪs/, **cowardliness** /'kaʊədlɪnɪs/ N lâcheté *(f)*

cowardly /'kaʊədlɪ/ ADJ lâche

cowboy /'kaʊbɔɪ/ N cow-boy *(m)*; *(Brit pej)** fumiste* *(m)* ♦ **cowboy boots** NPL santiags* *(mpl)* ♦ **cowboy hat** N chapeau *(m)* de cow-boy

cower /'kaʊəʳ/ VI se recroqueviller

cowpat /'kaʊpæt/ N bouse *(f)* (de vache)

cowshed /'kaʊʃed/ N étable *(f)*

cox /kɒks/ N barreur *(m)*

coxswain /'kɒksn/ N [*of lifeboat*] homme *(m)* de barre

coy /kɔɪ/ ADJ ⓐ *(= demure)* faussement timide; **to go (all) ~*** faire son *(or* sa*)* timide ⓑ *(= evasive)* évasif (**about sth** à propos de qch)

coyote /kɔɪ'əʊtɪ/ N coyote *(m)*

cozy /'kəʊzɪ/ *(US)* = **cosy**

CP /siː'piː/ N ABBR = **Communist Party**

CPA /ˌsiːpiː'eɪ/ N *(US)* (ABBR = **certified public accountant**) expert-comptable *(mf)*

CPR /ˌsiːpiː'ɑːʳ/ N (ABBR = **cardiopulmonary resuscitation**) réanimation *(f)* cardiopulmonaire, respiration *(f)* artificielle

CPU /ˌsiːpiː'juː/ N (ABBR = **central processing unit**) UC *(f)*

CPVE /ˌsiːpiːviː'iː/ N *(Brit)* (ABBR = **Certificate of Pre-vocational Education**) brevet technique

crab /kræb/ N crabe *(m)*; *(also* **~apple**) pomme *(f)* sauvage; *(also* **~apple tree**) pommier *(m)* sauvage

crabby /'kræbɪ/ ADJ [*person*] revêche

crack /kræk/ 1 N ⓐ *(= split, slit)* fissure *(f)*; *(in glass, pottery, bone)* fêlure *(f)*; *(in wall)* lézarde *(f)*; *(in skin)* crevasse *(f)*; **leave the window open a ~** laissez la fenêtre entrouverte; **at the ~ of dawn** aux aurores* ⓑ [*of whip*] claquement *(m)* ⓒ *(= sharp blow)* **to give sb a ~ on the head** assener un grand coup sur la tête de qn ⓓ *(= joke)** plaisanterie *(f)*; **that was a ~ at your brother** ça, c'était pour votre frère ⓔ *(= try)** **to have a ~ at doing sth** essayer de faire qch; **to have a ~ at** [+ *title, record*] essayer de décrocher*; **let's have a ~ at it** essayons voir; **I'll have a ~ at it** je vais essayer ⓕ *(= drug)* crack *(m)*

2 VT ⓐ [+ *pottery, glass, bone*] fêler; [+ *nut*] casser; **to ~ one's skull** se fendre le crâne; **to ~ a safe*** percer un coffre-fort ⓑ [+ *whip*] faire claquer ⓒ **to ~ a joke*** raconter une blague ⓓ [+ *code*] déchiffrer; **to ~ a case** résoudre une affaire

3 VI ⓐ [*pottery, glass*] se fêler; [*ground*] se fissurer; [*ice*] se craqueler ⓑ [*whip*] claquer ⓒ [*voice*] se casser ⓓ *(Brit*)* **to get ~ing** s'y mettre*; **let's get ~ing!** au boulot!* ⓔ [*person*] craquer*

4 ADJ [*sportsman, sportswoman*] de première classe; **a ~ shot** un excellent fusil

5 COMP ♦ **crack cocaine** N crack *(m)* ♦ **crack house** N crack-house *(f)*

▶ **crack down on** VT INSEP [+ *person*] sévir contre; [+ *expenditure, sb's actions*] mettre un frein à

▶ **crack up*** 1 VI ⓐ *(mentally)* craquer*; **I must be ~ing up!** ça ne tourne plus rond chez moi!* ⓑ *(with laughter)* se tordre de rire 2 VT SEP ⓐ *(= distress)* foutre en l'air* ⓑ (= *amuse*) faire marrer* ⓒ **it's not all it's ~ed up to be*** ce n'est pas aussi sensationnel qu'on le dit

crackdown /'krækdaʊn/ N **~ on** mesures *(fpl)* énergiques contre

cracked /krækt/ 1 ADJ ⓐ [*cup, window, mirror, tooth, bone, rib*] fêlé ; [*sink, plaster, paintwork, glaze, rubber*] craquelé ; [*wall, ceiling*] lézardé ; [*lips*] gercé ; [*skin*] crevassé ⓑ (= *mad*)* timbré* 2 COMP ♦ **cracked wheat** N blé *(m)* concassé

cracker /'krækə'/ N ⓐ (= *biscuit*) cracker *(m)*, biscuit *(m)* salé ⓑ (= *firework*) pétard *(m)* ⓒ (*Brit: also* **Christmas ~**) diablotin *(m)* ⓓ (*Brit*) **to be a ~*** être super*

crackers* /'krækəz/ ADJ (*Brit*) cinglé*

cracking /'krækɪŋ/ 1 ADJ ⓐ (*Brit*) **at a ~ speed** or **pace** à un train d'enfer* ⓑ (*Brit*)* vachement* bon 2 ADV (*Brit*)* **~ good** vachement* bon

crackle /'krækl/ N (*on telephone*) friture* *(f)*

crackpot* /'krækpɒt/ (*pej*) 1 N cinglé(e)* *(m(f))* 2 ADJ [*idea*] tordu*

Cracow /'krækaʊ/ N Cracovie

cradle /'kreɪdl/ 1 N berceau *(m)* 2 VT **to ~ a child (in one's arms)** bercer un enfant (dans ses bras) ; **he ~d the telephone under his chin** il maintenait le téléphone sous son menton

craft /krɑːft/ 1 N ⓐ (= *skill*) art *(m)*, métier *(m)* ; (= *school subject*) travaux *(mpl)* manuels ⓑ (*pl inv*) (= *boat*) embarcation *(f)* ; (= *plane*) appareil *(m)* ⓒ (= *cunning*) astuce *(f)*, ruse *(f)* (*pej*) 2 VT **beautifully ~ed** d'une facture superbe 3 COMP ♦ **craft fair** N exposition-vente *(f)* d'artisanat

craftsman /'krɑːftsmən/ N (*pl* **-men**) artisan *(m)* ; (= *writer*) artiste *(m)*

craftsmanship /'krɑːftsmənʃɪp/ N (= *artistry*) art *(m)* ; **what ~!** quel travail ! ; **a superb piece of ~** un travail superbe

crafty /'krɑːftɪ/ ADJ malin (-igne *(f)*), rusé (*pej*) ; **he's a ~ one*** c'est un malin ; **that was a ~ move*** c'était très astucieux

crag /kræg/ N rocher *(m)* escarpé

craggy /'krægɪ/ ADJ ⓐ [*mountain*] escarpé ; [*cliff, outcrop*] à pic ⓑ [*face, features*] taillé à la serpe

cram /kræm/ 1 VT ⓐ [+ *object*] entasser (**into** dans) ; **to ~ clothes into a case** entasser des vêtements dans une valise ; **we can't ~ any more people into the hall/the bus** on ne peut plus faire entrer personne dans la salle/l'autobus ; **we were all ~med into one room** nous étions tous entassés dans une seule pièce ⓑ [+ *place*] bourrer (**with** de) ; **a drawer ~med with letters** un tiroir bourré de lettres

2 VI ⓐ [*people*] s'entasser ; **they all ~med into the kitchen** tout le monde s'est entassé dans la cuisine ⓑ **to ~ for an exam** bachoter

cramp /kræmp/ 1 N crampe *(f)* ; **to have ~ in one's leg** avoir une crampe à la jambe 2 VT **to ~ sb's style*** faire perdre ses moyens à qn

cramped /kræmpt/ ADJ (= *not spacious*) exigu (-guë *(f)*) ; **to live in ~ conditions** être logé à l'étroit

crampon /'kræmpən/ N crampon *(m)*

cranberry /'krænbərɪ/ N airelle *(f)* ♦ **cranberry sauce** N sauce *(f)* aux airelles

crane /kreɪn/ N grue *(f)* 2 VT **to ~ one's neck** tendre le cou 3 COMP ♦ **crane driver**, **crane operator** N grutier *(m)*, -ière *(f)*

cranium /'kreɪnɪəm/ N crâne *(m)*

crank /kræŋk/ 1 N ⓐ (*Brit* = *person*)* excentrique *(mf)* ⓑ (= *handle*) manivelle *(f)* 2 VT (*also* **~ up**) [+ *car*] démarrer à la manivelle

► **crank out** VT produire (avec effort)

crankshaft /'kræŋkʃɑːft/ N vilebrequin *(m)*

cranky* /'kræŋkɪ/ ADJ (= *eccentric*) loufoque* ; (*US* = *bad-tempered*) grincheux

cranny /'krænɪ/ N fissure *(f)*

---

crap* /kræp/ 1 N (= *nonsense*) conneries* *(fpl)* ; (= *junk*) merde** *(f)* ; **the film was ~** le film était complètement nul 2 ADJ merdique* 3 VI chier**

crappy* /'kræpɪ/ ADJ merdique*

crash /kræʃ/ 1 N ⓐ (= *accident*) [*of car, aeroplane*] accident *(m)* ; (*Computing*) plantage* *(m)* ; **in a car/plane ~** dans un accident de voiture/d'avion ; **we had a ~ on the way here** nous avons eu un accident en venant ici ⓑ (= *noise*) fracas *(m)*

2 VI ⓐ [*aeroplane*] s'écraser (au sol) ; [*vehicle*] avoir un accident ; [*two vehicles*] entrer en collision ; **the cars ~ed at the junction** les voitures se sont percutées au croisement ; **to ~ into sth** rentrer dans qch ; **the car ~ed through the gate** la voiture a enfoncé la barrière ⓑ [*bank, firm*] faire faillite ; **the stock market ~ed** les cours de la Bourse se sont effondrés ⓒ (*Computing*) planter*

3 VT ⓐ [+ *car*] avoir un accident avec ; **he ~ed the plane** il s'est écrasé (au sol) ; **to ~ the gears** faire craquer les vitesses

4 COMP ♦ **crash barrier** N (*Brit*) glissière *(f)* de sécurité ♦ **crash course** N cours *(m)* intensif ♦ **crash diet** N régime *(m)* draconien ♦ **crash helmet** N casque *(m)* ♦ **crash-land** VI faire un atterrissage forcé ♦ VT poser en catastrophe ♦ **crash landing** N atterrissage *(m)* forcé

► **crash out*** VI (= *sleep*) dormir ; (= *collapse*) s'écrouler

crashing † /'kræʃɪŋ/ ADJ **a ~ bore** un raseur de première*

crass /kræs/ ADJ [*comment, behaviour, film, person*] grossier ; [*stupidity*] crasse

crate /kreɪt/ N [*of fruit*] cageot *(m)* ; [*of bottles*] caisse *(f)*

crater /'kreɪtə'/ N cratère *(m)*

crave /kreɪv/ VT [+ *drink, tobacco*] avoir très envie de ; **to ~ affection** avoir grand besoin d'affection

craving /'kreɪvɪŋ/ N (*for drink, drugs, tobacco*) grande envie *(f)* (**for** de) ; (*for affection*) grand besoin *(m)* (**for** de)

crawl /krɔːl/ 1 N ⓐ **we had to go at a ~** nous avons dû avancer au pas ⓑ (*Swimming*) crawl *(m)* ; **to do the ~** nager le crawl 2 VI ⓐ [*insect*] courir ; [*person*] ramper ; [*injured person*] se traîner ; **to ~ on one's hands and knees** marcher à quatre pattes ; **the baby has begun to ~** le bébé commence à marcher à quatre pattes ; **to ~ to sb** ramper devant qn* ; **to make sb's skin ~** donner la chair de poule à qn ; **the street is ~ing* with police** la rue grouille de policiers ⓑ [*vehicle*] avancer au pas

crayfish /'kreɪfɪʃ/ N (*pl* **crayfish**) (*freshwater*) écrevisse *(f)* ; (= *lobster*) langouste *(f)*

crayon /'kreɪən/ N (= *coloured pencil*) crayon *(m)* (de couleur) ; (*wax*) crayon *(m)*

craze /kreɪz/ N engouement *(m)*

crazed /kreɪzd/ ADJ (= *mad*) fou (folle *(f)*) (**with** de)

crazy /'kreɪzɪ/ ADJ ⓐ (= *mad*) fou (folle *(f)*) ; **to go ~** devenir fou ; **it's enough to drive you ~** c'est à vous rendre fou ; **it was a ~ idea** c'était une idée folle ⓑ (= *enthusiastic*)* fou (folle *(f)*) (**about sb/sth** de qn/qch) ; **I'm not ~ about it** ça ne m'emballe* pas ; **he's ~ about her** il est fou d'elle ⓒ [*price, height*] fou (folle *(f)*) ; (*US* = *excellent*) super* ; **the tower leant at a ~ angle** la tour penchait dangereusement ⓓ **like ~*** comme un fou (or une folle)

2 N (= *mad person*) fou *(m)*, folle *(f)*

3 COMP ♦ **crazy golf** N (*Brit*) minigolf *(m)* ♦ **crazy paving** N dallage *(m)* irrégulier (*en pierres plates*)

CRE /,siːɑːr'iː/ N (*Brit*) (ABBR = **Commission for Racial Equality**) *commission pour l'égalité des races* → *EOC, EEOC*

creak /kriːk/ 1 VI grincer 2 N grincement *(m)*

creaky /'kriːkɪ/ ADJ ⓐ (= *noisy*) grinçant ⓑ (= *old*) vieillot

cream /kriːm/ 1 N crème *(f)* ; **single/double ~** (*Brit*) crème *(f)* fraîche liquide/épaisse ; **the ~ of society** la fine fleur de la société ; **chocolate ~** chocolat *(m)* fourré (à la crème) ; **~ of tomato soup** velouté *(m)* de tomates

2 ADJ (= *cream-coloured*) crème (*inv*); (= *made with cream*) à la crème

3 VT [+ *butter*] battre; ~ **(together) the sugar and the butter** travailler le beurre en crème avec le sucre

4 COMP ◆ **cream cake** N gâteau (*m*) à la crème ◆ **cream cheese** N fromage (*m*) frais à tartiner ◆ **cream cracker** N (*Brit*) cracker (*m*) ◆ **creamed potatoes** N purée (*f*) de pommes de terre ◆ **cream of tartar** N crème (*f*) de tartre ◆ **cream puff** N chou (*m*) à la crème ◆ **cream soda** N boisson (*f*) gazeuse à la vanille ◆ **cream tea** N (*Brit*) goûter où l'on sert du thé et des scones avec de la crème et de la confiture

► **cream off** VT SEP [+ *talents*] sélectionner; [+ *profits*] ramasser

creamery /'kriːməri/ N laiterie (*f*)

creamy /'kriːmi/ ADJ crémeux

crease /kriːs/ **1** N (*made intentionally*) pli (*m*); (*made accidentally*) faux pli (*m*); (*on face*) ride (*f*) **2** VT (*accidentally*) froisser; (*intentionally*) plisser **3** VI se froisser; **his face ~d with laughter** le rire a plissé son visage **4** COMP ◆ **crease-resistant** ADJ infroissable

► **crease up*** (*Brit*) **1** VT SEP (= *amuse*) faire mourir de rire **2** VI (= *laugh*) être plié en quatre*

create /kriːˈeit/ **1** VT créer; [+ *impression*] produire; [+ *noise*] faire; **to ~ a sensation** faire sensation; **two posts have been ~d** il y a eu deux créations de poste **2** VI (*Brit* = *make a fuss*)‡ faire une scène

creation /kriːˈeiʃən/ N création (*f*); **this is my latest ~** voici ma dernière création

creative /kriːˈeitiv/ **1** ADJ ⓐ (= *imaginative*) créatif [*energy, power*] créateur (-trice (*f*)); [*process*] de création; **the ~ use of language** l'utilisation créative du langage; **~ toys** jouets (*mpl*) d'éveil ⓑ (= *original*) [*person*] inventif; [*solution*] ingénieux **2** COMP ◆ **creative accounting** N manipulations (*fpl*) comptables ◆ **creative writing** N ~ **writing course** atelier (*m*) d'écriture

creativity /ˌkriːeiˈtiviti/ N créativité (*f*)

creator /kriːˈeitəʳ/ N créateur (*m*), -trice (*f*)

creature /'kriːtʃəʳ/ N créature (*f*); **dumb ~s** les bêtes (*fpl*); **sea ~s** les animaux (*mpl*) marins; **she's a lovely ~** c'est une ravissante créature; **to be a ~ of habit** avoir ses (petites) habitudes ◆ **creature comforts** NPL confort (*m*) matériel; **he likes his ~ comforts** il aime son petit confort

crèche /kreiʃ/ N (*Brit*) (*up to 3 years old*) crèche (*f*); (*after 3 years old*) garderie (*f*)

credence /'kriːdəns/ N **to give** or **lend ~ to** ajouter foi à

credentials /kriˈdenʃəlz/ NPL (= *identifying papers*) pièce (*f*) d'identité; (= *references*) références (*fpl*); **to establish one's democratic ~** prouver son attachement aux valeurs démocratiques

credibility /ˌkredəˈbiliti/ N crédibilité (*f*); **to lose ~** perdre sa crédibilité ◆ **credibility gap** N manque (*m*) de crédibilité

credible /'kredibl/ ADJ crédible; **it is scarcely ~ that ...** on a du mal à croire que ...

credit /'kredit/ **1** N ⓐ (*financial*) crédit (*m*); **to give sb ~** faire crédit à qn; **"no ~"** « la maison ne fait pas crédit »; **to buy on ~** acheter à crédit; **in ~** [*account*] approvisionné; **his ~ with the electorate** son crédit auprès des électeurs ⓑ (= *belief*) **he's got more sense than people give him ~ for** il a plus de bon sens qu'on ne le croit ⓒ **it is to his ~** c'est tout à son honneur; **he is a ~ to his family** il fait honneur à sa famille; **the only people to emerge with any ~** les seuls à s'en sortir avec honneur; **to give sb ~ for doing sth** reconnaître que qn a fait qch; **to take (the) ~ for sth** s'attribuer le mérite de qch; **~ where ~'s due** il faut reconnaître ce que les gens font de bien ⓓ (*at university*) unité (*f*) d'enseignement

2 NPL **credits** [*of film*] générique (*m*)

3 VT ⓐ (= *believe*) [+ *rumour, news*] croire; **you wouldn't ~ it** vous ne le croiriez pas

ⓑ **to ~ sb/sth with (having) certain powers** reconnaître à qn/qch certains pouvoirs; **to be ~ed with having done sth**

passer pour avoir fait qch; **I ~ed him with more sense** je lui croyais plus de bon sens; **it is ~ed with (having) magical powers** on lui attribue des pouvoirs magiques

ⓒ **to ~ £50 to sb** or **to sb's account** créditer qn de 50 livres

4 COMP ◆ **credit card** N carte (*f*) de crédit ◆ **credit hour** N ≈ unité (*f*) d'enseignement ◆ **credit limit** N limite (*f*) de crédit ◆ **credit note** N (*Brit*) avoir (*m*) ◆ **credit rating** N indice (*m*) de solvabilité ◆ **credit side** N **on the ~ side** au crédit ◆ **credit transfer** N virement (*m*)

creditable /'kreditəbl/ ADJ honorable

creditor /'kreditəʳ/ N créancier (*m*), -ière (*f*)

creditworthy /'kreditwɜːði/ ADJ solvable

credulity /kriˈdjuːliti/ N crédulité (*f*)

credulous /'kredjuləs/ ADJ crédule

creed /kriːd/ N credo (*m*)

creek /kriːk/ N ⓐ (*Brit* = *inlet*) crique (*f*); **to be up the ~ (without a paddle)***‡ être dans le pétrin* ⓑ (*US* = *stream*) ruisseau (*m*)

creep /kriːp/ (*pret, ptp* **crept**) **1** VI [*animal, person, plant*] ramper; (= *move silently*) se glisser; **to ~ in/out/away** entrer/sortir/s'éloigner à pas de loup; **to ~ up on sb** [*person*] s'approcher de qn à pas de loup; [*old age*] prendre qn par surprise; **the traffic crept along** les voitures avançaient au pas; **an error crept into it** une erreur s'y est glissée **2** N ⓐ **it gives me the ~s*** ça me donne la chair de poule ⓑ (*pej* = *person*) sale type* (*m*)

creeper /'kriːpəʳ/ N (= *plant*) plante (*f*) rampante

creepy /'kriːpi/ ADJ qui donne la chair de poule ◆ **creepy-crawly*** N (*pl* **creepy-crawlies**) petite bestiole (*f*)

cremate /kriˈmeit/ VT incinérer

cremation /kriˈmeiʃən/ N crémation (*f*)

crematorium /ˌkreməˈtɔːriəm/, **crematory** (*US*) /'kremə-ˌtɔːri/ N crématorium (*m*)

crème de la crème /'kremdələˈkrem/ N **the ~** le dessus du panier, le gratin*

creole /'kriːəʊl/ **1** ADJ créole **2** N **Creole** Créole (*mf*)

creosote /'kriəsəʊt/ N créosote (*f*)

crêpe /kreip/ N (= *fabric*) crêpe (*m*) ◆ **crêpe bandage** N bande (*f*) Velpeau® ◆ **crêpe paper** N papier (*m*) crépon

crept /krept/ VB *pt, ptp of* **creep**

crescendo /kriˈʃendəʊ/ N (*pl* **crescendos**) crescendo (*m inv*)

crescent /'kresnt/ **1** N ⓐ croissant (*m*) ⓑ (= *street*) rue (*f*) (*en arc de cercle*) **2** COMP ◆ **crescent moon** N croissant (*m*) de lune ◆ **crescent-shaped** ADJ en (forme de) croissant

cress /kres/ N cresson (*m*)

crest /krest/ **1** N ⓐ [*of bird, wave, mountain*] crête (*f*); **he is on the ~ of the wave** tout lui réussit en ce moment ⓑ **the family ~** les armoiries (*fpl*) familiales **2** VT [+ *wave, hill*] franchir la crête de

crestfallen /'krestfɔːlən/ ADJ [*person*] déconfit; **to look ~** avoir l'air penaud

Crete /kriːt/ N Crète (*f*); **in ~** en Crète

Creutzfeldt-Jakob disease /ˌkrɔɪtsfeltˈjækɒbdiˌziːz/ N maladie (*f*) de Creutzfeldt-Jakob

crevasse /kriˈvæs/ N crevasse (*f*)

crevice /'krevis/ N fissure (*f*)

crew /kruː/ **1** N [*of plane, ship*] équipage (*m*); (*making film, rowing boat*) équipe (*f*); (= *group*) bande (*f*) **3** VT **to ~ for sb** être l'équipier de qn [+ *yacht*] armer **4** COMP ◆ **crew cut** N **to have a ~ cut** avoir les cheveux en brosse ◆ **crewneck sweater** N pull (*m*) ras du cou

crewman /'kruːmən/ N (*pl* **-men**) équipier (*m*)

crib /krib/ **1** N ⓐ (*Brit: for infant*) berceau (*m*); (*US: for toddler*) lit (*m*) d'enfant; (= *nativity scene*) crèche (*f*) ⓑ (= *plagiarism*) plagiat (*m*); (*at school*) antisèche* (*f*) **2** VT copier; **to ~ sb's work** copier sur qn **3** COMP ◆ **crib death** N (*US*) mort (*f*) subite du nourrisson

cribbage /'kribidʒ/ N jeu de cartes

crick /krɪk/ **1** N crampe *(f)*; ~ **in the neck** torticolis *(m)*; ~ **in the back** tour *(m)* de reins **2** VT **to ~ one's neck** attraper un torticolis; **to ~ one's back** se faire un tour de reins

cricket /'krɪkɪt/ **1** N ⓐ (= *insect*) grillon *(m)* ⓑ (*Sport*) cricket *(m)* **2** ADJ de cricket

> ⓘ **CRICKET**
>
> Le cricket est souvent considéré comme un sport typiquement anglais, bien qu'il soit pratiqué dans toute la Grande-Bretagne et dans beaucoup de pays du Commonwealth. C'est surtout un sport d'été, dans lequel deux équipes de onze joueurs s'affrontent selon des règles assez complexes.
>
> Comme le base-ball aux États-Unis, ce sport a fourni à la langue courante un certain nombre d'expressions imagées, parmi lesquelles « a sticky wicket » (une situation difficile); « to knock someone for six » (démolir qn); « to be stumped » (sécher) et le fameux « it's not cricket » (cela ne se fait pas, ce n'est pas correct).
> ▷ www.ecb.co.uk

cricketer /'krɪkɪtə'/ N joueur *(m)* de cricket

crikey* /'kraɪkɪ/ EXCL (*Brit*) mince (alors)!

crime /kraɪm/ N crime *(m)*; **minor ~** délit *(m)*; **a life of ~** une vie de criminel; **~ is on the increase** il y a un accroissement de la criminalité; **it would be a ~ to make him do it*** ce serait un crime de le forcer à le faire ♦ **crime of passion** N crime *(m)* passionnel ♦ **crime prevention** N prévention *(f)* de la criminalité ♦ **crime scene** N lieu *(m)* du crime ♦ **crime wave** N vague *(f)* de criminalité ♦ **crime writer** N auteur *(m)* de romans policiers

criminal /'krɪmɪnl/ **1** N criminel *(m)*, -elle *(f)* **2** ADJ [*action, motive*] criminel; **a ~ waste of resources** un gaspillage criminel des ressources **3** COMP ♦ **criminal court** N cour *(f)* d'assises ♦ **criminal law** N droit *(m)* pénal ♦ **criminal offence** N délit *(m)*; **it's a ~ offence to do that** c'est un crime puni par la loi ♦ **criminal record** N casier *(m)* judiciaire; **he hasn't got a ~ record** il a un casier judiciaire vierge

criminology /ˌkrɪmɪ'nɒlədʒɪ/ N criminologie *(f)*

crimp /krɪmp/ **1** VT ⓐ [+ *pastry*] pincer ⓑ (*US* = *reduce*) gêner **2** N (*US* = *person*) raseur* *(m)*, -euse* *(f)*; **to put a ~ in …** être un handicap pour …

crimson /'krɪmzn/ ADJ, N cramoisi *(m)*

cringe /krɪndʒ/ VI (= *shrink back*) avoir un mouvement de recul (**from** devant); (= *humble o.s.*) ramper (**before** devant); **it makes me ~*** ça me hérisse

crinkle /'krɪŋkl/ **1** VI [*eyes*] se plisser **2** N pli *(m)*

cripple /'krɪpl/ **1** N (= *lame*) estropié(e) *(m(f))*; (= *disabled*) infirme *(mf)*; **he's an emotional ~** il est complètement bloqué sur le plan affectif **2** VT ⓐ estropier ⓑ [+ *production*] paralyser; **the club was ~d by lack of funds** le club manquait cruellement de fonds

crippled /'krɪpld/ ADJ ⓐ (= *physically disabled*) infirme; **the bomb blast left her ~** l'explosion l'a rendue infirme; **~ for life** handicapé à vie; **~ with arthritis** perclus d'arthrite; **~ with debt** criblé de dettes; **emotionally ~** affectivement très perturbé ⓑ [*ship*] désemparé

crippling /'krɪplɪŋ/ ADJ ⓐ [*disease, illness, injury*] invalidant ⓑ [*pain, inflation, strike, effect*] paralysant; [*debt, cost*] écrasant; **a ~ blow** un coup dur

crisis /'kraɪsɪs/ N (*pl* **crises** /'kraɪsiːz/) crise *(f)*; **to reach a ~ point** atteindre un point critique; **we've got a ~ on our hands** nous sommes dans une situation critique; **the first oil ~** le premier choc pétrolier ♦ **crisis management** N gestion *(f)* de crise

crisp /krɪsp/ **1** ADJ ⓐ [*apple, salad*] croquant; [*biscuit, pastry, bacon*] croustillant ⓑ [*shirt, fabric*] tout propre ⓒ (= *refreshing*) **it was a lovely ~ morning** il faisait beau et froid ce matin-là ⓓ (= *clear*) [*picture*] net; [*voice, sound*] clair; [*style*] précis ⓔ (= *succinct*) [*writing, style*] épuré; [*phrase*] vif ⓕ (= *brisk*) [*tone, voice, comment*] sec (sèche *(f)*) **2** N (*Brit*) **(potato) ~s** (pommes) chips *(fpl)*

crispbread /'krɪspbred/ N pain *(m)* grillé suédois

crispy /'krɪspɪ/ ADJ croustillant

criss-cross /'krɪskrɒs/ **1** ADJ [*lines*] entrecroisées; **in a ~ pattern** en croisillons **2** VT entrecroiser (**by** de) **3** VI [*lines*] s'entrecroiser

criterion /kraɪ'tɪərɪən/ N (*pl* **criteria** /kraɪ'tɪərɪə/) critère *(m)*

critic /'krɪtɪk/ N critique *(m)*; **film ~** critique *(m)* de cinéma; **he's a fierce ~ of the government** il est très critique à l'égard du gouvernement

critical /'krɪtɪkəl/ **1** ADJ ⓐ (= *important*) crucial (**for** *or* **to** pour); **it was ~ for him to gain their support** il était crucial pour lui d'obtenir leur soutien ⓑ (= *decisive*) critique; **at a ~ stage** dans une phase critique; **of ~ importance** d'une importance décisive ⓒ [*patient*] dans un état critique; **in a ~ condition** *or* **on the ~ list** dans un état critique; **to be off the ~ list** être dans un état stable ⓓ (= *censorious*) critique (**of sb/sth** à l'égard de qn/qch); **~ remark** critique *(f)* ⓔ [*study, writings, edition*] critique; **to be a ~ success** connaître un succès critique

2 COMP ♦ **critical mass** N masse *(f)* critique; *(fig)* point *(m)* critique

critically /'krɪtɪkəlɪ/ ADV ⓐ (= *crucially*) **to be ~ important** être d'une importance capitale; **a ~ important moment** un moment critique; **to be (running) ~ low on sth** manquer sérieusement de qch; **books are in ~ short supply** on manque sérieusement de livres ⓑ [*ill, injured*] gravement ⓒ [*speak, say*] sévèrement ⓓ [*study, examine, watch*] d'un œil critique ⓔ **~ acclaimed** salué par la critique

criticism /'krɪtɪsɪzəm/ N critique *(f)*; **the decision is open to ~** cette décision est critiquable

criticize /'krɪtɪsaɪz/ VT [+ *behaviour, person*] critiquer; **I don't want to ~, but** je ne veux pas avoir l'air de critiquer, mais

critique /krɪ'tiːk/ N critique *(f)*

croak /krəʊk/ **1** VI [*frog*] coasser; [*person*] parler d'une voix rauque; (*due to sore throat*) parler d'une voix enrouée **2** VT dire d'une voix rauque; (*due to sore throat*) dire d'une voix enrouée; **"help" he ~ed feebly** « au secours » appelat-il d'une voix rauque

croaky /'krəʊkɪ/ ADJ [*voice*] rauque; (*due to sore throat*) enroué

Croat /'krəʊæt/ N Croate *(mf)*

Croatia /krəʊ'eɪʃə/ N Croatie *(f)*

Croatian /krəʊ'eɪʃən/ ADJ croate

crochet /'krəʊʃeɪ/ **1** N (*also* **~ work**) crochet *(m)* **2** VT [+ *garment*] faire au crochet **3** VI faire du crochet

crockery /'krɒkərɪ/ N (*Brit*) vaisselle *(f)*

crocodile /'krɒkədaɪl/ **1** N ⓐ crocodile *(m)* ⓑ (*Brit*) [*of people*] file *(f)* (en rangs par deux); **to walk in a ~** aller deux par deux **2** COMP [*shoes, handbag*] en crocodile, en croco* ♦ **crocodile tears** NPL larmes *(fpl)* de crocodile

crocus /'krəʊkəs/ N (*pl* **crocuses**) crocus *(m)*

Croesus /'kriːsəs/ N **as rich as ~** riche comme Crésus

croft /krɒft/ N petite exploitation *(f)* agricole

crofter /'krɒftə'/ N petit exploitant *(m)* agricole

crone /krəʊn/ N vieille bique* *(f)*

crony* /'krəʊnɪ/ N copain* *(m)*, copine* *(f)*

crook /krʊk/ **1** N ⓐ (= *criminal*)* escroc *(m)* ⓑ [*of shepherd*] houlette *(f)*; [*of bishop*] crosse *(f)* ⓒ [*of arm*] creux *(m)* **2** VT [+ *one's finger*] recourber; [+ *one's arm*] plier

crooked /'krʊkɪd/ **1** ADJ ⓐ [*line, stick, back*] tordu; [*nose, tooth, picture, tie*] de travers ⓑ (= *dishonest*)* [*person, business*] véreux; [*deal, method*] malhonnête **2** ADV* de travers

croon /kruːn/ VTI (= *sing softly*) fredonner; (*in show business*) chanter (*en crooner*)

crop /krɒp/ **1** N ⓐ (= *produce*) produit *(m)* agricole; (= *harvest*) récolte *(f)*; [*of problems, questions*] série *(f)*; **the ~s** (*at harvest time*) la récolte; **one of the basic ~s** l'une des cultures de base; **we had a good ~ of strawberries** la récolte de fraises a été bonne; **to get the ~s in** rentrer les récoltes

ⓑ (*Hairdressing*) **to give sb a (close)** ~ couper ras les cheveux de qn ; **Eton** ~ coupe (*f*) à la garçonne

2 VTⓐ [*animals*] [+ *grass*] brouter
ⓑ [+ *tail*] écourter ; [+ *hair*] tondre ; **~ped hair** cheveux (*mpl*) coupés ras
ⓒ [+ *photograph*] recadrer

3 VI **to ~ well** [*plant*] bien donner

4 COMP ♦ **crop circle** N cercle (*m*) dans les blés ♦ **crop sprayer** N (= *device*) pulvérisateur (*m*) ; (= *plane*) avion-pulvérisateur (*m*)

► **crop up** VI [*problems*] se présenter ; **the subject ~ped up during the conversation** le sujet a été amené au cours de la conversation ; **something's ~ped up and I can't come** j'ai un contretemps, je ne pourrai pas venir

cropper* /ˈkrɒpəʳ/ N **to come a ~** (= *fall*) se casser la figure* ; (= *fail in attempt*) se planter*

croquet /ˈkrəʊkeɪ/ N croquet (*m*)

croquette /krəʊˈket/ N croquette (*f*) ; **potato ~** croquette (*f*) de pommes de terre

cross /krɒs/ 1 Nⓐ (= *mark, emblem*) croix (*f*) ; **to mark/sign with a ~** marquer/signer d'une croix ; **the Cross** la Croix
ⓑ (= *mixture*) hybride (*m*) ; ~ **between two different breeds** croisement (*m*) de deux races différentes ; **it's a ~ between a novel and a poem** cela tient du roman et du poème
ⓒ [*of material*] biais (*m*) ; **a skirt cut on the ~** une jupe en biais
ⓓ (*Sport*) **to hit a ~ to sb** faire une longue passe en diagonale à qn

2 ADJ ⓐ (= *angry*) en colère ; **to be ~ with sb** être en colère contre qn ; **it makes me ~ when ...** cela me met en colère quand ... ; **to get ~ with sb** se mettre en colère contre qn ; **don't be ~ with me** il ne faut pas m'en vouloir
ⓑ (= *traverse, diagonal*) transversal, diagonal

3 VT ⓐ [+ *room, street, sea, river, bridge*] traverser ; [+ *threshold, border*] franchir ; **the bridge ~es the river here** c'est ici que le pont franchit la rivière ; **it ~ed my mind that ...** il m'est venu à l'esprit que ...
ⓑ **to ~ one's arms/legs** croiser les bras/les jambes ; **they've got their lines ~ed*** (*Brit*) il y a un malentendu quelque part
ⓒ **to ~ o.s.** se signer ; ~ **my heart (and hope to die)!*** croix de bois, croix de fer(, si je mens je vais en enfer)!*
ⓓ (= *thwart*) [+ *person*] contrecarrer les projets de ; [+ *plans*] contrecarrer ; **~ed in love** malheureux en amour
ⓔ (= *crossbreed*) [+ *animals, plants*] croiser (**with** avec)

4 VI ⓐ **to ~ from one place to another** passer d'un endroit à un autre ; **to ~ from Newhaven to Dieppe** faire la traversée de Newhaven à Dieppe
ⓑ [*letters, paths*] se croiser

5 COMP ♦ **cross-border** ADJ transfrontalier ♦ **cross-Channel ferry** N ferry (*m*) trans-Manche ♦ **cross-check** VT [+ *facts*] vérifier par recoupement ♦ **cross-country** ADJ à travers champs ; **~-country race** or **running** cross (*m*) ; **~-country skiing** ski (*m*) de fond ♦ **cross-current** N contre-courant (*m*) ♦ **cross-dress** VI se travestir ♦ **cross-examination** N contre-interrogatoire (*m*) ♦ **cross-examine** VT interroger (de façon serrée) ; (*in court*) faire subir un contre-interrogatoire à ♦ **cross-eyed** ADJ qui louche ; **to be ~-eyed** loucher ♦ **cross-fertilize** VT croiser ♦ **cross-legged** ADV [*sit*] en tailleur ♦ **cross-purposes** NPL **to be at ~-purposes with sb** (= *misunderstand*) comprendre qn de travers ; **I think we are at ~-purposes** je crois que nous nous sommes mal compris ; **we were talking at ~-purposes** il y avait un quiproquo ♦ **cross-question** VT faire subir un interrogatoire à ♦ **cross-reference** N renvoi (*m*) (**to** à) ♦ VT renvoyer ♦ **cross section** N (= *sample*) échantillon (*m*)

► **cross off** VT SEP [+ *item on list*] rayer
► **cross out** VT SEP [+ *word*] barrer
► **cross over** VI traverser

crossbar /ˈkrɒsbɑːʳ/ N (*Rugby*) barre (*f*) transversale ; [*of bicycle*] barre (*f*)

crossbow /ˈkrɒsbəʊ/ N arbalète (*f*)

crossbreed /ˈkrɒsbriːd/ 1 N (= *animal*) hybride (*m*) 2 VT (*pret, ptp* **crossbred**) croiser

crossfire /ˈkrɒsfaɪəʳ/ N feux (*mpl*) croisés ; **to be caught in the ~** (*fig*) être pris entre deux feux

crossing /ˈkrɒsɪŋ/ 1 Nⓐ (*by sea*) traversée (*f*) ⓑ (= *road junction*) croisement (*m*) ; (*also* **pedestrian ~**) passage (*m*) clouté ; **cross at the ~** traversez sur le passage clouté 2 COMP ♦ **crossing point** N point (*m*) de passage ; [*of river*] gué (*m*)

crossly /ˈkrɒslɪ/ ADV avec (mauvaise) humeur

crossroads /ˈkrɒsrəʊdz/ NPL croisement (*m*) ; **to be at a ~** (*fig*) être à la croisée des chemins

crosswalk /ˈkrɒswɔːk/ N (*US*) passage (*m*) clouté

crosswind /ˈkrɒswɪnd/ N vent (*m*) de travers

crosswise /ˈkrɒswaɪz/ ADV (= *across*) en travers ; (= *diagonally*) en diagonale

crossword /ˈkrɒswɜːd/ N (*also* ~ **puzzle**) mots (*mpl*) croisés

crotch /krɒtʃ/ N [*of body, tree*] fourche (*f*) ; [*of garment*] entrejambe (*m*) ; **a kick in the ~** un coup de pied entre les jambes

crotchet /ˈkrɒtʃɪt/ N (*Brit*) noire (*f*)

crotchety /ˈkrɒtʃɪtɪ/ ADJ grincheux

crouch /kraʊtʃ/ VI (*also* ~ **down**) [*person, animal*] s'accroupir ; (*before springing*) se ramasser

croupier /ˈkruːpɪeɪ/ N croupier (*m*)

crouton /ˈkruːtɒn/ N croûton (*m*)

crow /krəʊ/ 1 N corneille (*f*) ; **as the ~ flies** à vol d'oiseau ; **to make sb eat ~*** (*US*) faire ravaler ses paroles à qn 2 VI ⓐ [*cock*] chanter ⓑ [*victor*] chanter victoire ; **it's nothing to ~ about** (*fig*) il n'y a pas de quoi pavoiser 3 COMP ♦ **crow's feet** NPL pattes (*fpl*) d'oie (*rides*)

crowbar /ˈkrəʊbɑːʳ/ N pince (*f*) monseigneur

crowd /kraʊd/ 1 N ⓐ foule (*f*) ; (*disorderly*) cohue (*f*) ; **to get lost in the ~** se perdre dans la foule ; **a large ~ had gathered** une foule immense s'était assemblée ; **there was quite a ~** il y avait foule ; **~s of people** une foule de gens ; **to follow the ~** suivre le mouvement
ⓑ (= *group, circle*)* bande (*f*) ; **the usual ~** la bande habituelle

2 VI **they ~ed into the small room** ils se sont entassés dans la petite pièce ; **don't all ~ together** ne vous serrez donc pas comme ça ; **they ~ed round to see ...** ils ont fait cercle pour voir ... ; **they ~ed round him** ils se pressaient autour de lui ; **to ~ in** entrer en foule

3 VT (= *push*) [+ *objects*] entasser (**into** dans) ; (= *jostle*) [+ *person*] bousculer ; **pedestrians ~ed the streets** les piétons se pressaient dans les rues ; **don't ~ me** ne me poussez pas ; **the houses are ~ed together** les maisons sont les unes sur les autres ; **the house was ~ed with furniture** la maison était encombrée de meubles ; **a house ~ed with guests** une maison pleine d'invités ; **a week ~ed with incidents** une semaine riche en incidents

4 COMP ♦ **crowd-pleaser** N **to be a ~-pleaser** plaire aux foules ♦ **crowd-puller** N grosse attraction (*f*) ; **to be a real ~-puller** attirer les foules

► **crowd out** VT SEP **the place was ~ed out** c'était bondé

crowded /ˈkraʊdɪd/ ADJ ⓐ [*room, street, train, beach*] bondé ; **the place is getting ~** il commence à y avoir trop de monde ; **the people live ~ together** les gens vivent les uns sur les autres ; ~ **with people** plein de monde ⓑ [*city, area*] surpeuplé ; **it is a very ~ profession** c'est une filière très encombrée ⓒ (= *packed with things*) [*place*] plein à craquer ⓓ (= *busy*) [*agenda, day*] chargé ; [*life*] bien rempli

crown /kraʊn/ 1 N ⓐ couronne (*f*) ; ~ **of thorns** couronne (*f*) d'épines ; **to succeed to the ~** monter sur le trône ; **the Crown** (= *prosecution*) la Couronne, ≈ le Ministère public
ⓑ [*of hill*] faîte (*m*) ; [*of hat*] fond (*m*) ; **the ~ (of the head)** le sommet de la tête ; **the ~ of the road** le milieu de la route
ⓒ (*for tooth*) couronne (*f*)

2 VT couronner (**with** de); [+ *tooth*] mettre une couronne à; **he was ~ed king** il fut couronné roi; **his work was ~ed with success** son travail a été couronné de succès; **the hill is ~ed with trees** la colline est couronnée d'arbres; **to ~ it all* it began to snow** pour couronner le tout, il s'est mis à neiger

3 COMP ♦ **Crown court** N Cour (*f*) d'assises (*en Angleterre et au Pays de Galles*) ♦ **crown jewels** NPL joyaux (*mpl*) de la couronne ♦ **crown prince** N prince (*m*) héritier ♦ **Crown Prosecution Service** N (*Brit*) ≈ Ministère (*m*) public (*qui décide si les affaires doivent être portées devant les tribunaux*)

crowning /ˈkraʊnɪŋ/ ADJ [*achievement, moment*] suprême; **his ~ glory** son plus grand triomphe

crucial /ˈkruːʃəl/ ADJ crucial; **~ to** or **for sb/sth** crucial pour qn/qch; **it is ~ that ...** il est essentiel que ... (+ *subj*); **to play a ~ role in sth** jouer un rôle capital dans qch

crucially /ˈkruːʃəlɪ/ ADV [*influence, affect*] d'une manière décisive; **~ important** d'une importance cruciale

crucifix /ˈkruːsɪfɪks/ N crucifix (*m*); (*at roadside*) calvaire (*m*)

crucifixion /ˌkruːsɪˈfɪkʃən/ N crucifiement (*m*); **the Crucifixion** la crucifixion

crucify /ˈkruːsɪfaɪ/ VT crucifier; **he'll ~ me* when he finds out!** il va m'étrangler quand il saura!

crude /kruːd/ 1 ADJ ⓐ (= *vulgar*) grossier ⓑ (= *rudimentary*) rudimentaire; [*drawing*] schématique; **a ~ kind of ...** une forme grossière de ...; **a ~ method of doing sth** une façon rudimentaire de faire qch 2 N brut (*m*) 3 COMP ♦ **crude oil** N pétrole (*m*) brut

crudely /ˈkruːdlɪ/ ADV **to put it ~** pour dire les choses crûment

cruel /ˈkruəl/ ADJ cruel (**to sb** avec qn); **it was a ~ blow to his pride** sa fierté en a pris un coup*

cruelty /ˈkruəltɪ/ N cruauté (*f*) (**to** envers); **divorce on the grounds of ~** divorce (*m*) pour sévices; **mental ~** cruauté (*f*) mentale

cruet /ˈkruːɪt/ N (*Brit: also* **~ set, ~ stand**) service (*m*) à condiments

cruise /kruːz/ 1 VI ⓐ [*fleet, ship*] croiser; **my parents are cruising in the Pacific** mes parents sont en croisière dans le Pacifique ⓑ [*cars*] rouler; [*aircraft*] voler; **the car was cruising (along) at 120km/h** la voiture faisait 120 km/h sans effort; **to ~ to victory** remporter la victoire haut la main ⓒ [*taxi*] être en maraude; [*patrol car*] patrouiller; **a cruising taxi** un taxi en maraude ⓓ (= *look for pick-up*)* draguer*

2 N croisière (*f*); **to go on a ~** partir en croisière

3 COMP ♦ **cruise missile** N missile (*m*) de croisière

cruiser /ˈkruːzəʳ/ N (= *warship*) croiseur (*m*); (= *cabin cruiser*) bateau (*m*) de croisière

crumb /krʌm/ N miette (*f*); **~s of information** bribes (*fpl*) d'information; **a ~ of comfort** un brin de réconfort; **~s!*** zut!*

crumble /ˈkrʌmbl/ 1 VT [+ *bread*] émietter 2 VI [*buildings*] tomber en ruines; [*earth, rocks*] s'ébouler; [*bread*] s'émietter; [*hopes, economy*] s'effondrer; [*person*] se laisser abattre 3 N (*Brit* = *dessert*) crumble (*m*); **apple ~** crumble aux pommes

crumbly /ˈkrʌmblɪ/ ADJ friable

crummy*, crumby* /ˈkrʌmɪ/ ADJ [*hotel, town, job, film*] minable; **what a ~ thing to do!** c'est minable de faire ça!

crumpet /ˈkrʌmpɪt/ N (*Brit*) petite crêpe (*f*) épaisse

crumple /ˈkrʌmpl/ 1 VT froisser; (*also* **~ up**) chiffonner; **he ~d the paper (up) into a ball** il a fait une boule de la feuille de papier 2 VI se froisser; **her features ~d when she heard the news** son visage s'est décomposé quand elle a appris la nouvelle

crunch /krʌntʃ/ 1 VT ⓐ (*with teeth*) croquer ⓑ (*underfoot*) faire craquer ⓒ **to ~ numbers** [*computer*] traiter des chiffres à grande vitesse 2 VI **he ~ed across the gravel** le gravier crissait sous ses pas 3 N ⓐ (= *sound of teeth*) coup

(*m*) de dents; [*of broken glass*] craquement (*m*); [*of gravel*] crissement (*m*) ⓑ (= *moment of reckoning*) **the ~*** l'instant (*m*) critique; **when it comes to the ~ he ...** dans une situation critique, il ...

crunchy /ˈkrʌntʃɪ/ ADJ [*foods*] croquant

crusade /kruːˈseɪd/ 1 N croisade (*f*) 2 VI partir en croisade

crusader /kruːˈseɪdəʳ/ N militant(e) (*m(f)*) (**for** en faveur de, **against** en guerre contre); (*during the Crusades*) croisé (*m*)

crush /krʌʃ/ 1 N ⓐ (= *crowd*) cohue (*f*); **he was lost in the ~** il était perdu dans la cohue ⓑ **to have a ~ on sb*** avoir le béguin* pour qn 2 VT ⓐ (= *compress*) écraser; [+ *ice*] piler; **to ~ to a pulp** réduire en pulpe ⓑ [+ *clothes*] froisser; **we were very ~ed in the car** nous étions très tassés dans la voiture ⓒ (= *overwhelm*) écraser; [+ *hope*] détruire; (= *snub*) remettre à sa place 3 VI ⓐ se serrer; **they ~ed into the car** ils se sont entassés dans la voiture ⓑ [*clothes*] se froisser

crushing /ˈkrʌʃɪŋ/ ADJ [*defeat, victory*] écrasant; [*news*] accablant; [*blow, disappointment*] terrible; [*remark, reply*] cinglant

crust /krʌst/ 1 N croûte (*f*); **a thin ~ of ice** une fine couche de glace; **the earth's ~** la croûte terrestre 2 VT **~ed snow** neige (*f*) croûtée; **~ed with mud** couvert d'une croûte de boue

crustacean /krʌsˈteɪʃən/ N crustacé (*m*)

crusty /ˈkrʌstɪ/ ADJ [*loaf, roll*] croustillant

crutch /krʌtʃ/ N ⓐ (= *support*) béquille (*f*); **he gets about on ~es** il marche avec des béquilles; **alcohol is a ~ for him** l'alcool l'aide à vivre ⓑ (= *crotch*) fourche (*f*); [*of trousers*] entrejambe (*m*)

crux /krʌks/ N point (*m*) crucial; [*of problem*] cœur (*m*), centre (*m*); **the ~ of the matter** le cœur du problème

cry /kraɪ/ 1 N ⓐ (= *loud shout*) cri (*m*); **to give a ~** pousser un cri; **he heard a ~ for help** il a entendu crier au secours ♦ **in full cry**: **they are in full ~ against the Prime Minister** ils s'acharnent sur le Premier ministre; **the newspapers are in full ~ over the scandal** les journaux ne parlent plus que de ce scandale

ⓑ (= *watchword*) slogan (*m*)

ⓒ (= *weep*) **she had a good ~*** elle a pleuré un bon coup*

2 VT ⓐ (= *shout out*) crier; **"here I am", he cried** « me voici » cria-t-il; **to ~ shame** crier au scandale; **to ~ wolf** crier au loup

ⓑ **to ~ o.s. to sleep** s'endormir en pleurant; **to ~ one's eyes out** pleurer toutes les larmes de son corps

3 VI ⓐ (= *weep*) pleurer (**about, over** sur); **to ~ with rage** pleurer de rage; **we laughed till we cried** nous avons ri aux larmes; **he was ~ing for his mother** il pleurait en réclamant sa mère; **I'll give him something to ~ for!*** je vais lui apprendre à pleurnicher! ■ (*PROV*) **it's no use ~ing over spilt milk** ce qui est fait est fait

ⓑ (= *call out*) pousser un cri (*or* des cris); **he cried (out) with pain** il a poussé un cri de douleur; **to ~ for help** crier au secours; **to ~ for mercy** crier miséricorde; **to ~ foul** crier à l'injustice

▶ **cry off** VI (*Brit*) (*from meeting*) se décommander; (*from promise*) se dédire

▶ **cry out** VI crier; **to ~ out to sb** appeler qn en criant; **the door is ~ing out for a coat of paint*** la porte a bien besoin d'une couche de peinture

crying /ˈkraɪɪŋ/ ADJ **~ need for sth** besoin urgent de qch; **it's a ~ shame** c'est vraiment honteux

crypt /krɪpt/ N crypte (*f*)

cryptic /ˈkrɪptɪk/ ADJ (= *mysterious*) sibyllin; (= *terse*) laconique

crystal /ˈkrɪstl/ 1 N cristal (*m*); **salt ~s** cristaux (*mpl*) de sel 2 COMP [*vase*] de or en cristal ♦ **crystal ball** N boule (*f*) de cristal ♦ **crystal-clear** ADJ clair comme de l'eau de roche; **they made it ~-clear that ...** ils ont clairement fait comprendre que ...

crystallize /ˈkrɪstəlaɪz/ 1 VI se cristalliser 2 VT cristalliser 3 COMP ♦ **crystallized fruits** NPL fruits (*mpl*) confits

CSA /,siːesˈeɪ/ N (Brit) ABBR = **Child Support Agency**

CS gas /,siːesˈgæs/ N (Brit) gaz (m) CS

CT ABBR = **Connecticut**

cub /kʌb/ N ⓐ [of animal] petit (m) ⓑ (also ~ **scout**) louveteau (m)

Cuba /ˈkjuːbə/ N Cuba (f or m); **in ~** à Cuba

Cuban /ˈkjuːbən/ 1 ADJ cubain 2 N Cubain(e) (m(f))

cubbyhole /ˈkʌbɪhəʊl/ N cagibi (m)

cube /kjuːb/ 1 N cube (m) 2 VT [+ meat, vegetables] couper en cubes

cubic /ˈkjuːbɪk/ ADJ [centimetre, metre] cube; (in shape) cubique; **~ capacity** volume (m)

cubicle /ˈkjuːbɪkəl/ N (in hospital, dormitory) box (m); (in swimming baths) cabine (f); (also **shower ~**) cabine (f) de douche

cubism /ˈkjuːbɪzəm/ N cubisme (m)

cuckoo /ˈkʊkuː/ N coucou (m) ♦ **cuckoo clock** N coucou (m) (pendule)

cucumber /ˈkjuːkʌmbəʳ/ N concombre (m); **~ sandwich** sandwich (m) au concombre

cuddle /ˈkʌdl/ 1 N câlin (m); **they were having a ~** ils se faisaient un câlin; **to give sb a ~** faire un câlin à qn 2 VT câliner 3 VI se faire un câlin
► **cuddle up** VI se pelotonner (**to, against** contre)

cuddly /ˈkʌdlɪ/ ADJ [child] câlin; **~ toy** (jouet (m) en) peluche (f)

cudgel /ˈkʌdʒəl/ 1 N trique (f); **to take up the ~s on behalf of sb** prendre fait et cause pour qn 2 VT frapper à coups de trique

cue /kjuː/ 1 N ⓐ (verbal) réplique (f) (indiquant à un acteur qu'il doit parler); (action) signal (m); **to give sb his ~** [+ actor] donner la réplique à qn; (fig) donner le signal à qn; **to take one's ~ from sb** emboîter le pas à qn (fig); **that was my ~ to ...** c'était mon signal pour ...; **Bob arrived right on ~** Bob est arrivé juste au bon moment ⓑ (Billiards) queue (f) de billard 2 VT [+ actor] donner la réplique à; (on radio or TV) donner le signal à

cuff /kʌf/ 1 N ⓐ poignet (m); [of shirt] manchette (f); [of coat] parement (m); (US) [of trousers] revers (m inv) ♦ **off the cuff** à l'improviste; **to speak off the ~** improviser
ⓑ (= blow) gifle (f)
2 VT (= strike) gifler

cufflink /ˈkʌflɪŋk/ N bouton (m) de manchette

cuisine /kwɪˈziːn/ N cuisine (f)

cul-de-sac /ˈkʌldə,sæk/ N (pl **cul-de-sacs**) (Brit) cul-de-sac (m)

culinary /ˈkʌlɪnərɪ/ ADJ culinaire

cull /kʌl/ 1 VT ⓐ [+ information, ideas] sélectionner ⓑ [+ seals, deer] abattre 2 N abattage (m)

culminate /ˈkʌlmɪneɪt/ VI **to ~ in sth** (= end in) finir par qch; (= lead to) mener à qch; **it ~d in his throwing her out** il a fini par la mettre à la porte

culmination /,kʌlmɪˈneɪʃən/ N (= climax) point (m) culminant

culottes /kjuːˈlɒts/ NPL jupe-culotte (f)

culpable /ˈkʌlpəbl/ ADJ coupable (**of** de)

culprit /ˈkʌlprɪt/ N coupable (mf)

cult /kʌlt/ N culte (m) (**of** de) ♦ **cult figure** N idole (f) ♦ **cult film, cult movie** N film-culte (m)

cultivate /ˈkʌltɪveɪt/ VT cultiver

cultivation /,kʌltɪˈveɪʃən/ N culture (f)

cultural /ˈkʌltʃərəl/ ADJ culturel

culture /ˈkʌltʃəʳ/ N culture (f); **French ~** la culture française; **a ~ of dependency** des habitudes fondées sur l'assistanat ♦ **culture shock** N choc (m) culturel

cultured /ˈkʌltʃəd/ ADJ cultivé; **~ pearl** perle (f) de culture

-cum- /kʌm/ PREP **a secretary-cum-chauffeur** une secrétaire qui fait office de chauffeur; **a dining room-cum-living room** une salle à manger-salon

cumbersome /ˈkʌmbəsəm/ ADJ [object] lourd et encombrant; [procedure, system] lourd

cumin /ˈkʌmɪn/ N cumin (m)

cumulative /ˈkjuːmjʊlətɪv/ ADJ cumulatif (m)

cunning /ˈkʌnɪŋ/ 1 N astuce (f); (= deceit) ruse (f) 2 ADJ astucieux; (= deceitful) rusé; **a ~ little gadget** un petit truc astucieux*

cup /kʌp/ 1 N ⓐ tasse (f); **~ of tea** tasse de thé; **cider/champagne ~** cocktail (m) au cidre/au champagne; **that's just his ~ of tea*** c'est son truc*; **it isn't everyone's ~ of tea*** ça ne plaît pas à tout le monde ⓑ (also **communion ~**) calice (m) ⓒ (Brit = prize, competition) coupe (f) ⓓ [of brassière] bonnet (m) (de soutien-gorge)
2 VT **to ~ one's hands** mettre ses deux mains en coupe; **to ~ one's hands round sth** mettre ses mains autour de qch
3 COMP ♦ **cup final** N (Brit) finale (f) de la coupe ♦ **cup-tie** N (Brit) match (m) comptant pour la coupe

cupboard /ˈkʌbəd/ N placard (m) ♦ **cupboard love** N (Brit) amour (m) intéressé

cupcake /ˈkʌpkeɪk/ N petit gâteau (m)

cupful /ˈkʌpfʊl/ N tasse (f) (contenu)

cupidity /kjuːˈpɪdɪtɪ/ N (frm) cupidité (f)

cupola /ˈkjuːpələ/ N (= dome) coupole (f); (US = belfry) lanternon (m)

cuppa /ˈkʌpə/ N (Brit) tasse (f) de thé

curable /ˈkjʊərəbl/ ADJ curable

curate¹ /ˈkjʊərɪt/ N (= churchman) vicaire (m)

curate² /kjʊəˈreɪt/ VT [+ exhibition] organiser

curator /kjʊəˈreɪtəʳ/ N [of museum] conservateur (m), -trice (f)

curb /kɜːb/ 1 N ⓐ (on trade) restriction (f) (**on** de); **to put a ~ on sth** réduire qch ⓑ (US = kerb) bord (m) du trottoir 2 VT [+ impatience, passion] refréner; [+ expenditure] réduire 3 COMP ♦ **curb crawling** N (US) drague* (f) en voiture

curd /kɜːd/ N (gen pl) **~(s)** lait (m) caillé

curdle * /ˈkɜːdl/ 1 VT [+ milk] cailler; [+ mayonnaise] faire tomber 2 VI [milk] cailler; [mayonnaise] tomber; **it made my blood ~** cela m'a glacé le sang

cure /kjʊəʳ/ 1 VT ⓐ [+ disease, patient] guérir (**of** de); [+ poverty, problem] remédier à; **to be ~d (of sth)** être guéri (de qch) ⓑ [+ meat, fish] (= salt) saler; (= smoke) fumer; (= dry) sécher 2 N (= remedy) remède (m) (**for** à, contre); (= recovery) guérison (f) 3 COMP ♦ **cure-all** N panacée (f)

curfew /ˈkɜːfjuː/ N couvre-feu (m); **to impose a/lift the ~** imposer un/lever le couvre-feu

curio /ˈkjʊərɪəʊ/ N bibelot (m), curiosité (f)

curiosity /,kjʊərɪˈɒsɪtɪ/ N curiosité (f) (**about** de); **out of ~** par curiosité ▪ (PROV) **~ killed the cat** la curiosité est un vilain défaut (PROV)

curious /ˈkjʊərɪəs/ ADJ curieux; **I'm ~ to know what he did** je serais curieux de savoir ce qu'il a fait; **I'm ~ about him** il m'intrigue; **why do you ask? — I'm just ~** pourquoi vous me demandez ça? — par simple curiosité; **it is ~ that .../how ...** c'est curieux que ... (+ subj)/comme ...

curiously /ˈkjʊərɪəslɪ/ ADV ⓐ [ask] d'un ton inquisiteur ⓑ [silent, reticent] curieusement

curl /kɜːl/ 1 N ⓐ [of hair] boucle (f) (de cheveux) ⓑ [of smoke] volute (f) 2 VT [+ hair] (loosely) (faire) boucler; (tightly) friser; **he ~ed his lip in disdain** il a eu une moue dédaigneuse 3 VI ⓐ [hair] (tightly) friser; (loosely) boucler; **his lip ~ed disdainfully** il a eu une moue dédaigneuse ⓑ [person, animal] = **curl up** 4 COMP ♦ **curling tongs** NPL fer (m) à friser
► **curl up** 1 VI s'enrouler; [person] se pelotonner; (from shame)* rentrer sous terre; [cat] se pelotonner; [dog] se coucher en rond; **he lay ~ed up on the floor** il était pelotonné par terre; **the smoke ~ed up** la fumée montait en volutes 2 VT SEP enrouler; **to ~ o.s. up** [person, cat] se pelotonner; [dog] se coucher en rond

curler /ˈkɜːləʳ/ N bigoudi (m)

curlew /ˈkɜːljuː/ N courlis (m)

curling /ˈkɜːlɪŋ/ N (Sport) curling (m)

curly /ˈkɜːlɪ/ ADJ [hair] (loosely) bouclé; (tightly) frisé; ~ **eyelashes** cils (mpl) recourbés ◆ **curly-haired** ADJ aux cheveux bouclés (or frisés) ◆ **curly lettuce** N laitue (f) frisée

currant /ˈkʌrənt/ 1 N ⓐ (= fruit) groseille (f); (= bush) groseillier (m) ⓑ (= dried fruit) raisin (m) de Corinthe 2 COMP ◆ **currant bun** N petit pain (m) aux raisins

currency /ˈkʌrənsɪ/ N ⓐ monnaie (f), devise (f); **this coin is no longer legal** ~ cette pièce n'a plus cours (légal); **I have no French** ~ je n'ai pas d'argent français ⓑ (= acceptance) **to gain** ~ se répandre

current /ˈkʌrənt/ 1 ADJ [situation, tendency, popularity, job] actuel; **at the** ~ **rate of exchange** au cours actuel du change; ~ **events** événements (mpl) actuels, actualité (f); ~ **expenditure** dépenses (fpl) courantes

2 N [of air, water, electricity] courant (m); [of opinions] tendance (f); **to go with the** ~ suivre le courant; **to drift with the** ~ [boat] aller au fil de l'eau; **to swim against the** ~ nager à contre-courant; (fig) aller à contre-courant

3 COMP ◆ **current account** N (Brit) compte (m) courant ◆ **current affairs** NPL questions (fpl) d'actualité

currently /ˈkʌrəntlɪ/ ADV actuellement

curriculum /kəˈrɪkjʊləm/ N programme (m) ◆ **curriculum vitae** N curriculum vitae (m)

curried /ˈkʌrɪd/ ADJ au curry

curry /ˈkʌrɪ/ 1 N curry (m); **beef** ~ curry (m) de bœuf 2 VT **to** ~ **favour with sb** chercher à gagner la faveur de qn 3 COMP ◆ **curry powder** N curry (m)

curse /kɜːs/ 1 N ⓐ (= spell) malédiction (f); **to put a** ~ **on sb** maudire qn ⓑ (= swearword) juron (m) ⓒ (= bane) fléau (m); **she has the ~***(= menstruation) elle a ses règles 2 VT maudire; **to be ~d with** être affligé de 3 VI (= swear) jurer

cursor /ˈkɜːsəʳ/ N curseur (m)

cursory /ˈkɜːsərɪ/ ADJ (= superficial) superficiel; (= hasty) hâtif; **to take a** ~ **glance at** jeter un coup d'œil à

curt /kɜːt/ ADJ brusque; **with a** ~ **nod** avec un bref signe de tête

curtail /kɜːˈteɪl/ VT réduire

curtailment /kɜːˈteɪlmənt/ N (frm) ⓐ [of money, aid] réduction (f) ⓑ [of sb's power, freedom] limitation (f)

curtain /ˈkɜːtn/ 1 N ⓐ rideau (m); **to draw the ~s** tirer les rideaux ⓑ (Theatre) rideau (m); (= time when curtain rises) lever (m) de rideau; (= time when curtain falls) baisser (m) de rideau; **to bring the** ~ **down on sth** mettre fin à qch 2 COMP ◆ **curtain call** N rappel (m) ◆ **curtain raiser** N lever (m) de rideau

curtsey, curtsy /ˈkɜːtsɪ/ 1 N révérence (f) 2 VI faire une révérence (**to** à)

curvaceous*/kɜːˈveɪʃəs/ ADJ [woman] pulpeuse

curvature /ˈkɜːvətʃəʳ/ N courbure (f); [of spine] déviation (f)

curve /kɜːv/ 1 N courbe (f); ~ **in the road** courbe (f) 2 VI [line, surface, road] s'incurver

curved /kɜːvd/ ADJ courbe; [edge of table] arrondi; (= convex) convexe

cushion /ˈkʊʃən/ 1 N coussin (m); **on a** ~ **of air** sur un coussin d'air 2 VT (= protect) protéger; **to** ~ **sb's fall** amortir la chute de qn; **to** ~ **sb against sth** protéger qn contre qch; **to** ~ **the impact of sth** amortir l'impact de qch 3 COMP ◆ **cushion cover** N housse (f) de coussin

cushy*/ˈkʊʃɪ/ ADJ (Brit) peinard*; **a** ~ **job** une bonne planque*

cuss*/kʌs/ (US) = **curse** 1 N (= oath) juron (m) 2 VI jurer

custard /ˈkʌstəd/ N (pouring) crème (f) anglaise; (set) crème (f) renversée ◆ **custard powder** N crème (f) anglaise en poudre ◆ **custard tart** N flan (m)

custodial /kʌsˈtəʊdɪəl/ ADJ [parent] qui a la garde des enfants; ~ **sentence** peine (f) de prison

custodian /kʌsˈtəʊdɪən/ N gardien(ne) (m(f))

custody /ˈkʌstədɪ/ N ⓐ garde (f); **in safe** ~ sous bonne garde; **she was given** ~ **of the children** elle a obtenu la garde des enfants ⓑ (= imprisonment) détention (f) provisoire; (also **police** ~: for short period) garde (f) à vue; **in** ~ en détention provisoire; **to be held in (police)** ~ être mis en garde à vue; **to take sb into** ~ placer qn en détention provisoire

custom /ˈkʌstəm/ 1 N ⓐ coutume (f); **it was his** ~ **to rest each morning** il avait coutume de se reposer chaque matin ⓑ (Brit) [of shop] clientèle (f); **he has lost a lot of** ~ il a perdu beaucoup de clients; **he took his** ~ **elsewhere** il est allé se fournir ailleurs 2 ADJ (= custom-made) personnalisé 3 COMP ◆ **custom-built** ADJ fait sur commande ◆ **custom-made** ADJ [clothes] (fait) sur mesure; [other goods] fait sur commande

customary /ˈkʌstəmərɪ/ ADJ habituel; **it is** ~ **(to do that)** c'est la coutume; **it is** ~ **to thank the host** la coutume veut que l'on remercie (subj) son hôte

customer /ˈkʌstəməʳ/ 1 N ⓐ (in shop) client(e) (m(f)) ⓑ (Brit = person)* type* (m); **he's an awkward** ~ il n'est pas commode; **queer** ~ drôle de type*; **ugly** ~ sale type* (m) 2 COMP ◆ **customer services** NPL service (m) clients

customize /ˈkʌstəmaɪz/ VT personnaliser

customs /ˈkʌstəmz/ 1 N (sg or pl) douane (f); **to go through (the)** ~ passer la douane; **at the** ~ à la douane 2 COMP [regulations, receipt] de la douane ◆ **Customs and Excise** N (Brit) douanes (fpl) ◆ **customs clearance** N dédouanement (m) ◆ **customs declaration** N déclaration (f) en douane ◆ **customs duty** N droits (mpl) de douane ◆ **customs officer** N douanier (m), -ière (f)

cut /kʌt/ (vb: pret, ptp **cut**) 1 N ⓐ (= slash, slit) coupure (f); (= notch) entaille (f); **a deep** ~ **in the leg** une profonde coupure à la jambe; **he had a** ~ **on his chin from shaving** il s'était coupé au menton en se rasant; **minor ~s and bruises** des petites blessures; **the** ~ **and thrust of politics** le monde sans pitié de la politique; **the unkindest** ~ **of all** le coup le plus perfide; **he is a** ~ **above (the others)*** il est meilleur que les autres

ⓑ (= reduction) réduction (f) (**in** de); **~s** (in spending) réductions (fpl) des dépenses; **a 1%** ~ **in interest rates** une réduction de 1 % des taux d'intérêt; **drastic ~s** coupes (fpl) claires; **power** ~ coupure (f) de courant; **to make ~s in a text** élaguer un texte; **the ~s in defence** or **the defence budget** la réduction du budget de la défense; **to take a** ~ **in salary** subir une réduction de salaire

ⓒ [of meat] morceau (m)

ⓓ (= share)* part (f); **they got a bigger** ~ **than we did** ils ont eu une part plus grande que la nôtre

ⓔ [of clothes] coupe (f)

ⓕ (= haircut) ~ **(and blow-dry)** coupe (f) (et brushing)

ⓖ (Computing) ~ **and paste** couper-coller (m)

ⓗ (in films) (= edit) coupure (f); (= transition) passage (m) (**from**, **to** à)

2 ADJ [flowers, grass] coupé; **he had a** ~ **finger** il avait une coupure au doigt; **he's got a** ~ **lip** il s'est coupé la lèvre; **well-~ coat** manteau (m) bien coupé; **everything seemed** ~ **and dried** tout semblait parfaitement simple

3 VT ⓐ couper; [+ meat] découper; (= notch) entailler; **to** ~ **in half** couper en deux; **she** ~ **the cake in six** elle a coupé le gâteau en six; **to** ~ **in(to) pieces** couper en morceaux; **to** ~ **one's nails** se couper les ongles; **to have** or **get one's hair** ~ se faire couper les cheveux; **to** ~ **one's finger** se couper le doigt; **to** ~ **o.s. (shaving)** se couper (en se rasant); **to** ~ **sb's throat** égorger qn; **he is ~ting his own throat** il prépare sa propre ruine; **to** ~ **sth open** ouvrir qch avec un couteau; **he** ~ **his head open** il s'est ouvert le crâne; **to** ~ **a visit short** écourter une visite; **to** ~ **sb short** couper la parole à qn; **to** ~ **a long story short, he came** bref, il est venu; **to** ~ **sb free** délivrer qn en coupant ses liens; **he couldn't** ~ **it as a singer** il n'a pas réussi à percer en tant que chanteur

ⓑ (= shape) tailler; [+ channel] creuser; [+ figure, statue] sculpter (**out of** dans); [+ CD, record] graver; [+ diamond] tailler; [+ key] faire; [+ dress] couper; **to** ~ **a hole in sth** faire un trou dans qch

ⓒ (= *mow, clip*) [+ *lawn, grass*] tondre; [+ *hedge*] tailler; [+ *corn, hay*] couper

ⓓ (= *not to go*) [+ *class, school*] sécher*; [+ *appointment*] manquer exprès

ⓔ (= *remove*) [+ *scene, passage*] couper

ⓕ (= *reduce*) réduire; **we've ~ spending by 35%** nous avons réduit les dépenses de 35 %; **we ~ the journey time by half** nous avons réduit de moitié la durée du trajet

ⓖ (= *stop*) couper; **to ~ electricity supplies** couper l'électricité

ⓗ [+ *cards*] couper

ⓘ [+ *film*] monter

ⓙ **to ~ and paste** [+ *document*] couper-coller

4 VI ⓐ [*person, knife*] couper; **he ~ into the cake** il a coupé le gâteau; **~ along the dotted line** découper suivant le pointillé; **the boat ~ through the waves** le bateau fendait l'eau; **that argument ~s both ways** c'est un argument à double tranchant; **to ~ and run*** se carapater*

ⓑ [*material*] se couper; **paper ~s easily** le papier se coupe facilement

ⓒ (= *take short route*) **to ~ across country** couper à travers champs; **if you ~ through the park you'll save time** si vous coupez par le parc vous gagnerez du temps

ⓓ (*in film*) **they ~ from the street to the shop scene** ils passent de la rue à la scène du magasin; **~! coupez!**

ⓔ (*Cards*) couper

5 COMP ✦ **cut glass** N cristal (m) taillé ♦ ADJ de or en cristal taillé ✦ **cut-price, cut-rate** (*Brit*) ADJ à prix réduit ✦ **cut-throat** ADJ **~-throat competition** concurrence (f) impitoyable

► **cut across** VT INSEP [*problem, issue*] toucher

► **cut back** VT SEP [+ *plants, shrubs*] élaguer; (*also* **back on**) [+ *production, expenditure*] réduire

► **cut down** VT SEP ⓐ [+ *tree*] couper ⓑ [+ *expenses, pollution, article, essay*] réduire; **to ~ sb down to size*** remettre qn à sa place

► **cut down on** VT INSEP [+ *food*] manger moins de; [+ *alcohol*] boire moins de; [+ *cigarettes*] fumer moins de; [+ *travel*] réduire

► **cut in** VI (*into conversation*) intervenir

► **cut off** VT SEP ⓐ couper (**from** dans); **to ~ off sb's head** décapiter qn; **to ~ off one's nose to spite one's face** scier la branche sur laquelle on est assis (*par dépit*)

ⓑ (= *disconnect*) couper; **our water supply has been ~ off** on nous a coupé l'eau; **we were ~ off** (*on phone*) nous avons été coupés; **to ~ sb off in the middle of a sentence** interrompre qn au milieu d'une phrase

ⓒ (= *isolate*) isoler (**sb from sth** qn de qch); **to ~ o.s. off from** se couper de; **he feels very ~ off in the country** il se sent très isolé à la campagne; **the town has been ~ off by floods** la ville a été isolée par des inondations

► **cut out** 1 VT SEP ⓐ [+ *picture, article*] découper (**of, from** dans); [+ *coat, dress*] tailler (**of, from** dans); **to be ~ out for sth** avoir des dispositions pour qch; **he's not ~ out to be a doctor** il n'est pas fait pour être médecin; **we've got our work ~ out!** on va avoir du travail; **you'll have your work ~ out to persuade him to come** vous aurez du mal à le persuader de venir

ⓑ [+ *rival*] supplanter

ⓒ (= *remove*) enlever; [+ *intermediary, middleman*] supprimer; [+ *light*] empêcher de passer; **to ~ sb out of one's will** déshériter qn; **~ it out!*** ça suffit!*

ⓓ (= *give up*) **to ~ out smoking/drinking** arrêter de fumer/boire

2 VI [*engine*] caler

► **cut up** 1 VI (*Brit*) **to ~ up rough*** se mettre en rogne*

2 VT SEP ⓐ [+ *wood, food*] couper; [+ *meat*] découper ⓑ [*driver*]* **he ~ me up** il m'a fait une queue de poisson ⓒ * **to be ~ up about sth** (= *unhappy*) être affecté par qch; **he was very ~ up by the death of his son** la mort de son fils l'a beaucoup affecté

cutaway /'kʌtəweɪ/ N (*also* **~ drawing** or **sketch**) écorché (m)

cutback /'kʌtbæk/ N (= *reduction*) réduction (f) (**in** de);

drastic ~s coupes (fpl) claires

cute* /kjuːt/ ADJ ⓐ (= *attractive*) mignon ⓑ (US = *clever*) malin (-igne (f)); **don't try and be ~ (with me)!** ne fais pas le malin ou la maligne!

cuticle /'kjuːtɪkl/ N [*of fingernails*] petite peau (f) ✦ **cuticle remover** N repousse-peaux (m)

cutlery /'kʌtlərɪ/ N (*Brit*) couverts (mpl)

cutlet /'kʌtlɪt/ N ⓐ (= *cutoff point*) côtelette (f); [*of veal*] escalope (f) ⓑ (= *croquette*) croquette (f)

cutoff /'kʌtɒf/ 1 N ⓐ (= *cutoff point*) limite (f) ⓑ [*of supplies*] interruption (f); [*of electricity*] coupure (f) 2 NPL **cutoffs** (= *jeans*) jeans (mpl) coupés 3 COMP ✦ **cutoff date** N date (f) limite ✦ **cutoff point** N (*in age*) limite (f); (*in time*) dernier délai (m)

cutout /'kʌtaʊt/ N (= *figure*) découpage (m); **his characters are just cardboard ~s** ses personnages manquent d'épaisseur

cutting /'kʌtɪŋ/ 1 N [*of newspaper*] coupure (f); [*of plant*] bouture (f) 2 ADJ ⓐ (= *scornful*) [*words, remark*] blessant ⓑ **to be at the ~ edge of scientific research** être à la pointe de la recherche scientifique 3 COMP ✦ **cutting room** N (*Cinema*) salle (f) de montage

cuttlefish /'kʌtlfɪʃ/ N (*pl* **cuttlefish**) seiche (f)

CV /siː'viː/ N (ABBR = **curriculum vitae**) CV (m)

cyanide /'saɪənaɪd/ N cyanure (m)

cybercafé /'saɪbəˌkæfeɪ/ N cybercafé (m)

cybernetics /ˌsaɪbə'netɪks/ N cybernétique (f)

cyberpet /'saɪbəpet/ N Tamagotchi® (m)

cyberspace /'saɪbəspeɪs/ N cyberespace (m)

cyclamen /'sɪkləmən/ N cyclamen (m)

cycle /'saɪkl/ 1 N ⓐ (= *bike*) vélo (m), bicyclette (f); **"no ~s"** « interdit aux cycles » ⓑ (*also* **menstrual ~**) cycle (m) (menstruel) ⓒ [*of poems*] cycle (m) 2 VI faire du vélo; **he ~s to school** il va à l'école en vélo 3 COMP ✦ **cycle helmet** N casque (m) de vélo ✦ **cycle lane** (*Brit*), **cycle path** N piste (f) cyclable ✦ **cycle race** N course (f) cycliste ✦ **cycle rack** N (*on floor*) râtelier (m) à bicyclettes; (*on car*) porte-vélos (m inv) ✦ **cycle shed** N abri (m) à vélos ✦ **cycle track** N (= *lane*) piste (f) cyclable; (= *racetrack*) vélodrome (m)

cyclical /'saɪklɪkəl/ ADJ cyclique

cycling /'saɪklɪŋ/ N cyclisme (m); **to do a lot of ~** faire beaucoup de vélo ✦ **cycling holiday** N **I'm going on a ~ holiday in Brittany** je pars en Bretagne faire du vélo ✦ **cycling shorts** NPL **(pair of) ~ shorts** (short (m) de) cycliste (m)

cyclist /'saɪklɪst/ N cycliste (mf)

cyclone /'saɪkləʊn/ N cyclone (m)

cygnet /'sɪgnɪt/ N jeune cygne (m)

cylinder /'sɪlɪndə'/ N cylindre (m); [*of gas*] bouteille (f) ✦ **cylinder vacuum cleaner** N aspirateur-traîneau (m)

cylindrical /sɪ'lɪndrɪkəl/ ADJ cylindrique

cymbal /'sɪmbəl/ N cymbale (f)

cynic /'sɪnɪk/ N cynique (mf)

cynical /'sɪnɪkəl/ ADJ cynique

cynically /'sɪnɪklɪ/ ADV cyniquement

cynicism /'sɪnɪsɪzəm/ N cynisme (m)

cypress /'saɪprɪs/ N cyprès (m)

Cypriot /'sɪprɪət/ 1 ADJ chypriote; **Greek/Turkish ~** chypriote grec (grecque (f))/turc (turque (f)) 2 N Chypriote (mf); **Greek/Turkish ~** Chypriote (mf) grec (grecque)/turc (turque)

Cyprus /'saɪprəs/ N Chypre (f); **in ~** à Chypre

Cyrillic /sɪ'rɪlɪk/ ADJ cyrillique

cyst /sɪst/ N kyste (m)

cystic fibrosis /ˌsɪstɪkfaɪ'brəʊsɪs/ N mucoviscidose (f)

cystitis /sɪs'taɪtɪs/ N cystite (f)

czar /zɑː'/ N tsar (m)

Czech /tʃek/ 1 ADJ tchèque 2 N ⓐ Tchèque (mf) ⓑ (= *language*) tchèque (m) 3 COMP ✦ **the Czech Republic** N la République tchèque

Czechoslovakia /ˌtʃekəʊsləˈvækɪə/ N Tchécoslovaquie (f)

D

D /diː/ N ⓐ (*Music*) ré *(m)* ⓑ (= *mark*) passable *(10 sur 20)*
DA /diːˈeɪ/ N *(US)* (ABBR = **District Attorney**) ≈ procureur *(m)*
dab /dæb/ 1 N **a ~ of** un petit peu de ; **a ~ of glue** une goutte de colle ; **to give sth a ~ of paint** donner un petit coup de peinture à qch 2 VT tamponner ; **to ~ one's eyes** se tamponner les yeux ; **to ~ paint on sth** mettre un peu de peinture sur qch 3 ADJ **to be a ~ hand* at sth/at doing sth** (*Brit*) être doué en qch/pour faire qch
▶ **dab on** VT SEP appliquer par petites touches
dabble /ˈdæbl/ VI **to ~ in** [+ *music, journalism, drugs*] tâter de ; **to ~ on the Stock Exchange** boursicoter ; **she ~d with the idea of going into acting** elle a pensé un moment devenir actrice
dachshund /ˈdækshʊnd/ N teckel *(m)*
dad* /dæd/ N papa *(m)*
daddy /ˈdædɪ/ N* papa *(m)* ♦ **daddy-longlegs** N (*pl inv*) (*Brit*) tipule *(f)* ; (*US, Can*) faucheux *(m)*
daffodil /ˈdæfədɪl/ N jonquille *(f)*
daft* /dɑːft/ ADJ [*person*] bête ; [*idea, behaviour*] loufoque* ; **that was a ~ thing to do** c'était pas très malin ; **I'll get the bus — don't be ~, I'll give you a lift!** je vais prendre le bus — ne dis pas de bêtises, je te ramène ! ; **to be ~ about sb/ sth*** être fou de qn/qch ; **he's ~ in the head*** il est cinglé* ; **~ as a brush*** complètement dingue*
dagger /ˈdægəʳ/ N poignard *(m)* ; **to be at ~s drawn with sb** être à couteaux tirés avec qn ; **to look ~s at sb** lancer des regards furieux à qn
daily /ˈdeɪlɪ/ 1 ADV tous les jours ; **the office is open ~** le bureau est ouvert tous les jours ; **twice ~** deux fois par jour 2 ADJ quotidien ; [*wage, charge*] journalier ; **~ consumption** consommation *(f)* quotidienne ; **~ life** la vie de tous les jours ; **~ paper** quotidien *(m)* 3 N (= *newspaper*) quotidien *(m)*
dainty /ˈdeɪntɪ/ ADJ délicat
dairy /ˈdɛərɪ/ N (*on farm*) laiterie *(f)* ; (= *shop*) crémerie *(f)* 2 COMP [*cow, farm*] laitier ♦ **dairy butter** N beurre *(m)* fermier ♦ **dairy farming** N industrie *(f)* laitière ♦ **dairy herd** N troupeau *(m)* de vaches laitières ♦ **dairy ice cream** N crème *(f)* glacée ♦ **dairy produce** N produits *(mpl)* laitiers
daisy /ˈdeɪzɪ/ N (= *flower*) pâquerette *(f)* ; (*cultivated*) marguerite *(f)* ♦ **daisy chain** N guirlande *(f)* de pâquerettes
Dalai Lama /ˈdælaɪˈlɑːmə/ N dalaï-lama *(m)*
dale /deɪl/ N vallon *(m)* ; **the Yorkshire Dales** le pays vallonné du Yorkshire
Dalmatian /dælˈmeɪʃən/ N (= *dog*) dalmatien *(m)*
dam /dæm/ 1 N barrage *(m)* 2 VT [+ *river*] endiguer ; [+ *lake*] construire un barrage sur
damage /ˈdæmɪdʒ/ 1 N ⓐ (*physical*) dégâts *(mpl)* ; **environmental ~** dégâts *(mpl)* causés à l'environnement ; **earthquake/fire ~** dégâts *(mpl)* causés par un tremblement de terre/un incendie ; **water ~** dégâts *(mpl)* des eaux ; **~ to property** dégâts *(mpl)* matériels ; **~ to the ozone layer** dégradation *(f)* de la couche d'ozone ; **~ to the heart** lésions

(fpl) cardiaques ; **to do ~** causer des dégâts ; **not much ~ was done to the house** la maison n'a pas subi de gros dégâts
ⓑ (*fig*) préjudice *(m)* (**to** à), tort *(m)* (**to** à) ; **there was considerable ~ to the local economy** cela a fait énormément de tort à l'économie locale ; **to do ~ to** [+ *person*] faire du tort à ; [+ *reputation, country, economy*] nuire à ; **there's no ~ done** il n'y a pas de mal ; **the ~ is done** le mal est fait ; **what's the ~?*** (= *how much is it?*) à combien s'élève la douloureuse ?*
2 NPL **damages** (= *compensation*) dommages *(mpl)* et intérêts *(mpl)*
3 VT [+ *furniture, goods, crops*] abîmer ; [+ *eyesight, health*] être mauvais pour ; [+ *environment, ozone layer*] entraîner une dégradation de ; [+ *reputation, relationship, economy, image*] nuire à ; [+ *cause, person, party*] faire du tort à ; **~d goods** marchandises *(fpl)* endommagées
4 COMP ♦ **damage limitation** N **it's too late for ~ limitation** il est trop tard pour essayer de limiter les dégâts ♦ **damage-limitation exercise** N opération *(f)* visant à limiter les dégâts
damaging /ˈdæmɪdʒɪŋ/ ADJ nuisible (**to** à)
Damascus /dəˈmɑːskəs/ N Damas ; **that was his road to ~** c'est ainsi qu'il a trouvé son chemin de Damas
dammit* /ˈdæmɪt/ EXCL merde !*
damn /dæm/ 1 EXCL merde !*
2 VT ⓐ (*Rel*) damner ; [+ *book*] condamner
ⓑ * **~ him!** qu'il aille au diable ! ; **~ you!** va te faire foutre !* ; **shut up and listen to me, ~ you!** tais-toi et écoutemoi, bordel !* ; **~ it!** merde !* ; **well I'll be ~ed!** ça c'est trop fort ! ; **I'm ~ed if ...** je veux bien être pendu si ...
3 N **I don't give a ~** je m'en fous* ; **he just doesn't give a ~ about anything** il se fout* de tout ; **he doesn't give a ~ about anyone** il se fout* complètement des autres
4 ADJ* sacré* (*before n*) ; **you ~ fool!** espèce de crétin !* ; **it's a ~ nuisance!** c'est vachement* embêtant ! ; **it's one ~ thing after another** ça n'arrête pas !* ; **I don't know a ~ thing about it** je n'en sais fichtre* rien
5 ADV* sacrément* ; **~ right!** et comment ! ; **~ all** que dalle* ; **you know ~ well** tu sais très bien ; **he ~ well insulted me!** il m'a carrément injurié ! ; **I should ~ well think so!** j'espère bien ! ; **you know ~ well it's true!** tu sais très bien que c'est vrai !
damnation /dæmˈneɪʃən/ N damnation *(f)*
damned /dæmd/ 1 ADJ ⓐ [*soul*] damné ⓑ * → **damn** 2 ADV* → **damn** 3 NPL **the damned** les damnés *(mpl)*
damnedest* /ˈdæmdɪst/ N **to do one's ~ to help** faire tout son possible pour aider
damning /ˈdæmɪŋ/ ADJ [*report, evidence*] accablant ; **his speech was a ~ indictment of ...** son discours était un réquisitoire accablant contre ...
Damocles /ˈdæməkliːz/ N **the Sword of ~** l'épée *(f)* de Damoclès
damp /dæmp/ 1 ADJ humide ; (*with sweat*) [*skin, palm*] moite ; **a ~ patch** une tache d'humidité ; **a ~ squib** (*Brit*) un

pétard mouillé 2 N [*of atmosphere, walls*] humidité (f) 3 COMP ♦ **damp-proof** ADJ imperméabilisé

dampen /'dæmpən/ VT [+ *cloth, ironing*] humecter; [+ *enthusiasm*] refroidir

damper• /'dæmpə'/, **dampener**• (US) /'dæmpənə'/ N **his presence put a ~ on things** sa présence a fait l'effet d'une douche froide; **the rain had put a ~ on their picnic** la pluie avait quelque peu gâché leur pique-nique

dampness /'dæmpnɪs/ N humidité (f); (= *sweatiness*) moiteur (f)

damson /'dæmzən/ N (= *fruit*) prune (f) de Damas

dance /dɑːns/ 1 N ⓐ (= *movement*) danse (f); **may I have the next ~?** voudriez-vous m'accorder la prochaine danse? ⓑ (= *social gathering*) bal (m) 2 VT [+ *waltz, tango*] danser 3 VI danser; **to ~ for joy** sauter de joie; **to ~ to the music** danser sur la musique 4 COMP [*class, teacher, partner*] de danse ♦ **dance band** N orchestre (m) ♦ **dance floor** N piste (f) de danse ♦ **dance hall** N dancing (m) ♦ **dance music** N dance music (f)

dancer /'dɑːnsə'/ N danseur (m), -euse (f)

dancing /'dɑːnsɪŋ/ 1 N danse (f) 2 COMP [*teacher, school*] de danse ♦ **dancing partner** N cavalier (m), -ière (f) ♦ **dancing shoes** NPL [*of men*] escarpins (mpl); [*of women*] chaussures (fpl) de danse

dandelion /'dændɪlaɪən/ N pissenlit (m)

dandruff /'dændrəf/ N pellicules (fpl) ♦ **dandruff shampoo** N shampooing (m) antipelliculaire

D&T /ˌdiːənd'tiː/ N (ABBR = **design and technology**) (*Brit: at school*) technologie (f)

Dane /deɪn/ N Danois(e) (m(f))

danger /'deɪndʒə'/ 1 N danger (m); **"~ keep out"** «danger: défense d'entrer»; **there's no ~ of that** il n'y a pas de danger; **there is a ~ of fire** il y a un risque d'incendie; **there was no ~ that she would be recognized** elle ne courait aucun risque d'être reconnue; **to be a ~ to sb/sth** être un danger pour qn/qch; **he's a ~ to himself** il risque de se faire du mal

♦ **in danger** en danger; **he wasn't in much ~** il ne courait pas grand risque

♦ **in danger of: in ~ of extinction** menacé de disparition; **he was in ~ of losing his job** il risquait de perdre son emploi

♦ **out of danger** hors de danger

2 COMP ♦ **danger list** N **to be on the ~ list** être dans un état critique; **to be off the ~ list** être hors de danger ♦ **danger money** N prime (f) de risque ♦ **danger signal** N signal (m) d'alarme

dangerous /'deɪndʒrəs/ ADJ dangereux; [*operation*] risqué (**for, to** pour) ♦ **dangerous driving** N conduite (f) dangereuse

dangerously /'deɪndʒrəslɪ/ ADV dangereusement; **~ ill** gravement malade; **food supplies were ~ low** les vivres commençaient sérieusement à manquer; **he came ~ close to admitting it** il a été à deux doigts de l'admettre

dangle /'dæŋgl/ 1 VT ⓐ [+ *object on string*] suspendre; [+ *arm, leg*] laisser pendre ⓑ [+ *prospect, offer*] faire miroiter (**before sb** à qn) 2 VI [*object on string, arms, legs*] pendre; **with arms dangling** les bras ballants; **with legs dangling** les jambes pendantes

Danish /'deɪnɪʃ/ 1 ADJ danois 2 COMP ♦ **Danish blue** (= *cheese*) N bleu (m) du Danemark ♦ **Danish pastry** N feuilleté (m) (fourré aux fruits *etc*)

dank /dæŋk/ ADJ froid et humide

Danube /'dænjuːb/ N Danube (m)

dare /dɛə'/ 1 VT, MODAL AUX VB ⓐ oser; **he daren't climb that tree** il n'ose pas grimper à cet arbre; **he didn't ~ do it** il n'a pas osé le faire; **how ~ you!** comment osez-vous?; **don't you ~ say that!** je vous défends de dire cela!; **don't you ~!** ne t'avise pas de faire ça!; **I daren't!** je n'ose pas!; **the show was, ~ I say it, dull** le spectacle était, si je puis me permettre, ennuyeux

ⓑ **I ~ say he'll come** il viendra sans doute

ⓒ (= *challenge*) **to ~ sb to do sth** mettre qn au défi de faire qch; **I ~ you!** chiche!•

2 N défi (m); **to do sth for a ~** faire qch pour relever un défi

daredevil /'dɛədevl/ 1 N casse-cou (m inv) 2 ADJ [*behaviour*] casse-cou (inv)

daring /'dɛərɪŋ/ ADJ [*person, attempt*] audacieux; [*dress, opinion, novel*] osé

daringly /'dɛərɪŋlɪ/ ADV [*say, suggest*] avec audace; **a ~ low-cut dress** une robe au décolleté audacieux

dark /dɑːk/ 1 ADJ ⓐ (= *lacking light*) sombre; (= *unlit*) dans l'obscurité; **it's ~** il fait nuit; **it's getting ~** il commence à faire nuit; **to grow ~** s'assombrir; **the ~ side of the moon** la face cachée de la lune; **the whole house was ~** la maison était plongée dans l'obscurité; **to go ~** être plongé dans l'obscurité

ⓑ (= *dark-coloured*) [*colour, skin*] foncé; [*clothes, eyes*] sombre; **~ blue/green** bleu/vert foncé (inv); **~ brown hair** cheveux (mpl) châtain foncé (inv); **she's very ~** elle est très brune; **she has a ~ complexion** elle a le teint mat; **she has ~ hair** elle a les cheveux bruns

ⓒ (= *sinister*) **~ hints were dropped about a possible prosecution** on a fait planer la menace d'éventuelles poursuites judiciaires; **a ~ secret** un lourd secret; **~ deeds** de mauvaises actions (fpl)

ⓓ (= *gloomy*) [*thoughts, mood*] sombre; **these are ~ days for the steel industry** c'est une époque sombre pour l'industrie sidérurgique; **to think ~ thoughts** broyer du noir; **to look on the ~ side of things** tout voir en noir

2 N obscurité (f); **after ~** après la tombée de la nuit; **until ~** jusqu'à la tombée de la nuit; **to be afraid of the ~** avoir peur du noir; **she was sitting in the ~** elle était assise dans le noir; **I am quite in the ~ about it** j'ignore tout de cette histoire; **he has kept me in the ~ about what he wants to do** il ne m'a rien dit de ce qu'il voulait faire

3 COMP ♦ **the Dark Ages** NPL le Moyen Âge; (fig) l'époque (f) obscurantiste ♦ **dark chocolate** N chocolat (m) noir ♦ **dark glasses** NPL lunettes (fpl) noires ♦ **dark-haired** ADJ aux cheveux bruns ♦ **dark horse** N quantité (f) inconnue; (US Politics) candidat (m) inattendu ♦ **dark-skinned** ADJ [*person, race*] de couleur

darken /'dɑːkən/ 1 VT [+ *room, sky*] obscurcir; [+ *colour*] foncer; [+ *prospects*] assombrir; **a ~ed house** une maison sombre; **to ~ one's hair** se foncer les cheveux 2 VI [*sky*] s'assombrir; [*room*] s'obscurcir; **his mood ~ed** il s'est rembruni

darkly /'dɑːklɪ/ ADV sinistrement; **"we'll see", he said ~** «on verra», dit-il d'un ton sinistre; **the newspapers hinted ~ at conspiracies** les journaux ont fait des allusions inquiétantes à des complots; **a ~ handsome man** un beau brun ténébreux

darkness /'dɑːknɪs/ N obscurité (f); **in total ~** dans une obscurité complète; **the house was in ~** la maison était plongée dans l'obscurité; **the forces of ~** les forces (fpl) des ténèbres

darkroom /'dɑːkrʊm/ N chambre (f) noire

darling /'dɑːlɪŋ/ 1 N **she's a little ~** c'est un amour; **come here, ~** viens, mon chéri; **be a ~* and bring me my glasses** apporte-moi mes lunettes, tu seras un ange 2 ADJ• **a ~ little place** un petit coin adorable

darn[1] /dɑːn/ VT [+ *socks*] repriser; [+ *clothes*] raccommoder

darn[2]• /dɑːn/, **darned**• /dɑːnd/ = **damn, damned**

darning /'dɑːnɪŋ/ N raccommodage (m) ♦ **darning needle** N aiguille (f) à repriser

dart /dɑːt/ 1 N ⓐ (= *movement*) **to make a sudden ~ at ...** se précipiter sur ... ⓑ (Sport) fléchette (f); **a game of ~s** une partie de fléchettes; **I like playing ~s** j'aime jouer aux fléchettes ⓒ (= *weapon*) flèche (f) 2 VI se précipiter (**at** sur); **to ~ in/out** entrer/sortir en coup de vent; **the snake's tongue ~ed out** le serpent dardait sa langue; **his eyes ~ed about nervously** il lançait des regards nerveux autour de lui

dartboard /'dɑːtbɔːd/ N cible (f) (de jeu de fléchettes)

Darwinism /'dɑːwɪnɪzəm/ N darwinisme (m)

dash /dæʃ/ 1 N (a) (= *sudden rush*) **there was a ~ for the door** tout le monde s'est rué vers la porte ; **there was a mad ~ to get the Christmas shopping done** ça a été la ruée dans les magasins pour acheter des cadeaux de Noël ; **to make a ~ for/towards ...** se précipiter sur/vers ... ; **to make a ~ for freedom** saisir l'occasion de s'enfuir ; **he made a ~ for it*** il a pris ses jambes à son cou

(b) (= *small amount*) [*of liquid*] goutte (f) ; [*of spice*] pincée (f) ; [*of mustard*] pointe (f) ; [*of vinegar, lemon*] filet (m) ; **a ~ of soda** un peu d'eau de Seltz ; **a ~ of colour** une touche de couleur

(c) **to cut a ~** faire de l'effet

(d) (= *punctuation mark*) tiret (m)

(e) [*of car*] tableau (m) de bord

2 VT **to ~ sb's hopes** anéantir les espoirs de qn

3 VI (a) (= *rush*) se précipiter ; **to ~ away/back/up** s'en aller/revenir/monter à toute allure ; **to ~ into a room** se précipiter dans une pièce ; **I must ~*** il faut que je file*

(b) (= *crash*) **to ~ against sth** [*waves*] se briser contre qch ; [*object*] se heurter à qch

▶ **dash off** 1 VI partir précipitamment 2 VT SEP [+ *letter*] écrire en vitesse

dashboard /'dæʃbɔːd/ N tableau (m) de bord

DAT /diːeɪ'tiː/ N (ABBR = **digital audio tape**) DAT (m)

data /'deɪtə/ 1 NPL (*often with sg vb*) données (fpl) 2 COMP [*collection, file*] de données ◆ **data bank** N banque (f) de données ◆ **data processing** N traitement (m) des données ◆ **data processor** N (= *machine*) machine (f) de traitement de données ; (= *person*) informaticien(ne) (m(f)) ◆ **data protection act** N ≈ loi (f) sur la protection des données à caractère personnel ◆ **data security** N sécurité (f) des informations

database /'deɪtəbeɪs/ N base (f) de données

Datapost® /'deɪtəpəʊst/ N (*Brit Post*) **by ~** en exprès, ≈ par Chronopost®

date /deɪt/ 1 N (a) (= *time of some event*) date (f) ; **what is today's ~?** nous sommes le combien aujourd'hui ? ; **what ~ is he coming (on)?** quel jour arrive-t-il ? ; **what ~ is ...?** quelle est la date de ... ? ; **departure/delivery ~** date (f) de départ/de livraison ; **to set a ~** fixer une date ; **have they set a ~ yet?** (*for wedding*) ont-ils déjà fixé la date du mariage ?

◆ **out of date** : **to be out of ~** [*document*] être caduc ; [*person*] ne plus être à la page*

◆ **to date** : **to ~ we have accomplished nothing** jusqu'à présent nous n'avons rien accompli ; **this is her best novel to ~** c'est le meilleur roman qu'elle ait jamais écrit

◆ **up to date** [*document*] à jour ; [*building*] moderne ; [*person*] à la page ; **to be up to ~ in one's work** être à jour dans son travail ; **to bring up to ~** [+ *accounts, correspondence*] mettre à jour ; [+ *method*] moderniser ; **to bring sb up to ~** mettre qn au courant (**about sth** de qch)

(b) (= *appointment*) rendez-vous (m) ; (= *person*) petit(e) ami(e) (m(f)) ; **to have a ~ with sb** (*with boyfriend, girlfriend*) avoir rendez-vous avec qn ; **they made a ~ for 8 o'clock** ils ont fixé un rendez-vous pour 8 heures ; **I've got a lunch ~ today** je déjeune avec quelqu'un aujourd'hui ; **have you got a ~ for tonight?** (= *appointment*) as-tu (un) rendez-vous ce soir ? ; (= *person*) tu as quelqu'un avec qui sortir ce soir ? ; **he's my ~ for this evening** je sors avec lui ce soir

(c) (= *pop concert*) concert (m) ; **they're playing three ~s in Britain** ils donnent trois concerts en Grande-Bretagne

(d) (= *fruit*) datte (f) ; (= *tree*) dattier (m)

2 VT (a) dater ; (*with machine*) composter ; **a letter ~d 7 August** une lettre datée du 7 août ; **a coin ~d 1390** une pièce datée de 1390

(b) (= *establish date of*) **the manuscript has been ~d at around 3,000 years old/1,000 BC** on estime que le manuscrit date de 3 000 ans/remonte à l'an 1 000 avant Jésus-Christ ; **the hairstyles really ~ this film** les coiffures datent le film

(c) (= *go out with*) sortir avec

3 VI (a) **to ~ from** dater de ; **to ~ back to** remonter à

(b) (= *become old-fashioned*) [*clothes, expressions*] dater

(c) (= *go out with sb*) **they're dating** ils sortent ensemble ; **she has started dating** elle commence à sortir avec des garçons

4 COMP ◆ **date book** N (*US*) agenda (m) ◆ **date line** N ligne (f) de changement de jour ◆ **date of birth** N date (f) de naissance ◆ **date rape** N *viol commis par une connaissance lors d'un rendez-vous* ◆ **date-rape** VT **she was ~-raped** elle a été violée par une connaissance

dated /'deɪtɪd/ ADJ [*book, film*] démodé ; [*word, language, expression*] vieilli ; [*idea*] désuet (-ète (f))

dating /'deɪtɪŋ/ N [*of ancient object*] datation (f) ◆ **dating agency** N agence (f) de rencontres

daughter /'dɔːtə/ N fille (f) ◆ **daughter-in-law** N (*pl* **daughters-in-law**) belle-fille (f)

daunt /dɔːnt/ VT décourager ; **nothing ~ed, he continued** il a continué sans se démonter

daunting /'dɔːntɪŋ/ ADJ intimidant ; **it's a ~ prospect** c'est une perspective intimidante

dauntless /'dɔːntlɪs/ ADJ intrépide

dawdle /'dɔːdl/ VI (= *walk slowly*) flâner ; (= *go too slowly*) lambiner*

dawn /dɔːn/ 1 N (a) aube (f) ; **at ~** à l'aube ; **from ~ to dusk** de l'aube au crépuscule

(b) [*of civilization*] aube (f) ; [*of an idea, hope*] naissance (f)

2 VI (a) [*day*] se lever ; **the day ~ed bright and clear** l'aube s'est levée, lumineuse et claire

(b) [*era, new society*] naître ; [*hope*] luire ; **an idea ~ed upon him** une idée lui est venue à l'esprit ; **the truth ~ed upon her** elle a commencé à entrevoir la vérité ; **it suddenly ~ed on him that no one would know** il lui vint tout à coup à l'esprit que personne ne saurait

3 COMP ◆ **dawn chorus** N (*Brit*) concert (m) (matinal) des oiseaux ◆ **dawn raid** N raid (m) ; **the police made a ~ raid on his house** la police a fait une descente chez lui au lever du jour

day /deɪ/ 1 N (a) (= *unit of time: 24 hours*) jour (m) ; **three ~s ago** il y a trois jours ; **twice a ~** deux fois par jour ; **what ~ is it today?** quel jour sommes-nous aujourd'hui ? ; **what ~ of the month is it?** le combien sommes-nous ? ; **she arrived the ~ they left** elle est arrivée le jour de leur départ ; **on that ~** ce jour-là ; **on the following ~** le lendemain ; **two years ago to the ~** il y a deux ans jour pour jour ; **the ~ before yesterday** avant-hier ; **the ~ before/two ~s before her birthday** la veille/l'avant-veille de son anniversaire ; **the following ~** le lendemain ; **the ~ after tomorrow** après-demain ; **from that ~ on** à partir de ce jour ; **he will come any ~ now** il va venir d'un jour à l'autre ; **every ~** tous les jours ; **every other ~** tous les deux jours ; **one ~ she will come** un jour elle viendra ; **one of these ~s** un de ces jours ; **~ after ~** jour après jour ; **for ~s on end** pendant des jours et des jours ; **for ~s at a time** pendant des jours entiers ; **~ by ~** de jour en jour ; **~ in ~ out** jour après jour ; **the other ~** l'autre jour ; **it's been one of those ~s** ça a été une de ces journées où tout va de travers ; **some ~** un de ces jours ; **I remember it to this ~** je m'en souviens encore aujourd'hui ; **he's fifty if he's a ~*** il a cinquante ans bien sonnés* ; **from ~ one*** dès le premier jour ; **that'll be the ~!** j'aimerais voir ça ! ; **let's make a ~ of it and ...** profitons de la journée pour ... ; **to live from ~ to ~** vivre au jour le jour ; **take it one ~ at a time** à chaque jour suffit sa peine

(b) (= *daylight hours*) jour (m), journée (f) ; **during the ~** pendant la journée ; **to work all ~** travailler toute la journée ; **to travel by ~** voyager de jour ; **to work ~ and night** travailler jour et nuit ; **to have a ~ out** faire une sortie ; **to win the ~** remporter la victoire ; **as clear as ~** clair comme le jour

(c) (= *working hours*) journée (f) ; **paid by the ~** payé à la journée ; **it's all in a ~'s work!** ça fait partie de la routine ! ; **to work an eight-hour ~** travailler huit heures par jour ; **to take/get a ~ off** prendre/avoir un jour de congé ; **it's my ~ off** c'est mon jour de congé

(d) (*period of time: often pl*) époque (f) ; **these ~s** de nos jours ; **in this ~ and age** par les temps qui courent ; **in ~s to come** à l'avenir ; **in his younger ~s** quand il était plus jeune; **in Queen Victoria's ~** du temps de la reine Victoria; **in those ~s** à l'époque; **in the good old ~s** au bon vieux temps; **in ~s gone by** autrefois; **those were the ~s!** c'était le bon vieux temps!; **those were sad ~s** c'était une époque sombre; **the happiest ~s of my life** les jours les plus heureux de ma vie; **to end one's ~s in misery** finir ses jours dans la misère; **that has had it ~** (= old-fashioned) c'est passé de mode; (= worn out) ça a fait son temps; **his ~ will come** son jour viendra; **during the early ~s of the war** au début de la guerre; **it's early ~s** (= too early to say) c'est un peu tôt pour le dire; (= there's still time) on n'en est encore qu'au début

2 COMP ◆ **day centre** N (Brit) centre (m) d'accueil ◆ **day job** N emploi (m) principal ◆ **the day of reckoning** N le jour du jugement dernier ◆ **day-old** ADJ [bread] de la veille; (= yesterday's) d'hier ◆ **day-pass** N (for museum, train) carte (f) d'abonnement valable pour une journée; (at ski resort) forfait (m) d'une journée ◆ **day pupil** N (Brit) externe (mf) ◆ **day release** N **to be on ~ release** faire un stage de formation à temps partiel ◆ **day return** N (Brit: for train) aller et retour (m) (valable pour la journée) ◆ **day room** N (in hospital) salle (f) de séjour commune ◆ **day shift** N (= workers) équipe (f) de jour; **to be on ~ shift** travailler de jour ◆ **day-to-day** ADJ quotidien; **on a ~-to-~ basis** au jour le jour ◆ **day trader** N (on stock exchange) opérateur (m) au jour le jour, day trader (m) ◆ **day trip** N excursion (f) (d'une journée); **to go on a ~ trip to Calais** faire une excursion (d'une journée) à Calais ◆ **day-tripper** N excursionniste (mf)

daybreak /'deɪbreɪk/ N **at ~** à l'aube

daycare /'deɪkeəʳ/ N (for children) garderie (f); (for old or disabled people) soins dans des centres d'accueil de jour ◆ **daycare centre** N (for children) ≈ garderie (f); (for old or disabled people) centre (m) d'accueil de jour ◆ **daycare worker** N (US) animateur (m), -trice (f)

daydream /'deɪdriːm/ 1 N rêverie (f) 2 VI rêvasser

daylight /'deɪlaɪt/ N lumière (f) du jour; **in the ~** à la lumière du jour; **it's still ~** il fait encore jour; **to knock the living ~s out of sb***⋮* (= beat up) tabasser*⋮* qn; **to scare the living ~s out of sb***⋮* flanquer la frousse* à qn ◆ **daylight robbery*** N (Brit) **it's ~ robbery** c'est de l'arnaque* ◆ **daylight-saving time** N (US) heure (f) d'été

daytime /'deɪtaɪm/ 1 N **in the ~** pendant la journée 2 ADJ de jour

daze /deɪz/ 1 N **in a ~** (after blow) étourdi; (at news) stupéfait; (from drug) hébété 2 VT [drug] hébéter; [blow] étourdir; [news] abasourdir

dazed /deɪzd/ ADJ hébété

dazzle /'dæzl/ VT éblouir

dazzling /'dæzlɪŋ/ ADJ éblouissant

DBS /diːbiːˈes/ N ⓐ (ABBR = **direct broadcasting by satellite**) diffusion (f) en direct par satellite ⓑ (ABBR = **direct broadcasting satellite**) satellite (m) de diffusion directe

DC /diːˈsiː/ (ABBR = **direct current**) courant (m) continu

DCI /diːsiːˈaɪ/ N (Brit) (ABBR = **Detective Chief Inspector**) ≈ inspecteur (m) divisionnaire

DD /diːˈdiː/ ⓐ (Univ) (ABBR = **Doctor of Divinity**) docteur en théologie ⓑ (Commerce) (ABBR = **direct debit**) prélèvement (m) automatique ⓒ (US Mil) (ABBR = **dishonourable discharge**) exclusion de l'armée pour conduite déshonorante

DDT /diːdiːˈtiː/ N (ABBR = **dichlorodiphenyltrichloroethane**) DDT (m)

DE[1] /diːˈiː/ N (ABBR = **Department of Employment**) ministère (m) de l'Emploi

DE[2], **De** ABBR = **Delaware**

DEA /diːiːˈeɪ/ N (US) (ABBR = **Drug Enforcement Administration**) ≈ Brigade (f) des stupéfiants

deactivate /diːˈæktɪveɪt/ VT désactiver

dead /ded/ 1 ADJ ⓐ [person, animal, plant] mort; **~ or alive** mort ou vif; **more ~ than alive** plus mort que vif; **~ and buried** mort et enterré; **to drop down ~** tomber (raide) mort; **as ~ as a doornail** tout ce qu'il y a de plus mort; **as ~ as a dodo** tout ce qu'il y a de plus mort; **will he do it?** —

over my ~ body!* il le fera? — il faudra d'abord qu'il me passe sur le corps!; **to flog** (Brit) or **beat** (US) **a ~ horse** s'acharner inutilement; **~ in the water*** fichu*; **to leave sb for ~** laisser qn pour mort; **he was found to be ~ on arrival** les médecins n'ont pu que constater le décès; **I wouldn't be seen ~ with him!*** pour rien au monde je ne voudrais être vu avec lui!; **I wouldn't be seen ~ in that pub!*** il est hors de question que je mette les pieds* dans ce bar!; **you're ~ meat!***⋮* t'es un homme mort!*

ⓑ [limbs] engourdi; **my fingers are ~** j'ai les doigts gourds; **he's ~ from the neck up*** il n'a rien dans le ciboulot*⋮*; **he was ~ to the world*** il dormait comme une souche

ⓒ [battery] à plat; [town] mort; **the line is ~** il n'y a pas de tonalité; **the line's gone ~** la ligne est coupée; **the engine's ~** le moteur est en panne

ⓓ (= absolute, exact) **to hit sth ~ centre** frapper qch en plein milieu; **it's a ~ cert*** c'est sûr et certain; **to be a ~ loss*** être nul*; **~ silence** silence (m) de mort

2 ADV (Brit = exactly, completely) **~ ahead** droit devant; **to be ~ certain*** être absolument certain de qch; **to be ~ against*** **sth** être absolument opposé à qch; **she was ~ on target*** elle a mis dans le mille; **~ drunk*** ivre mort; **it's ~ easy*** c'est simple comme bonjour*; **to be ~ on time** être pile à l'heure; **it was ~ lucky*** c'était un coup de pot monstre*⋮*; **she's ~ right*** elle a tout à fait raison; **~ slow** (as instruction) roulez au pas; **to go ~ slow** aller extrêmement lentement; **to stop ~** s'arrêter net; **to cut sb ~** faire semblant de ne pas voir qn; **~ tired** crevé*; **he went ~ white** il est devenu pâle comme un mort

3 N **in the ~ of night** au plus profond de la nuit; **in the ~ of winter** au cœur de l'hiver

4 NPL **the dead** les morts (mpl)

5 COMP ◆ **dead-beat*** ADJ crevé* ◆ **dead end** N impasse (f) ◆ **dead-end** ADJ a **~-end job** un travail sans perspective d'avenir ◆ **dead heat** N **the race was a ~ heat** ils sont arrivés ex æquo ◆ **the Dead Sea** N la mer Morte ◆ **dead weight** N poids (m) mort

deaden /'dedn/ VT [+ shock, blow] amortir; [+ feeling] émousser; [+ sound] assourdir; [+ pain] calmer

deadening /'dednɪŋ/ ADJ abrutissant

deadline /'dedlaɪn/ N date (f) (or heure (f)) limite; (US = boundary) limite (f); **to work to a ~** avoir un délai à respecter; **he was working to a 6 o'clock ~** son travail devait être terminé à 6 heures, dernière limite

deadlock /'dedlɒk/ N impasse (f); **to reach ~** aboutir à une impasse

deadly /'dedlɪ/ 1 ADJ ⓐ (= lethal) mortel (**to** pour); [weapon, attack] meurtrier; **to play a ~ game** jouer un jeu dangereux; **the seven ~ sins** les sept péchés capitaux ⓑ (= devastating) [accuracy, logic] implacable ⓒ (= boring)* mortel* 2 ADV ⓐ **~ dull** mortellement ennuyeux; **I'm ~ serious** je suis on ne peut plus sérieux

deadpan /'dedpæn/ ADJ [face] de marbre

deadwood /'dedwʊd/ N bois (m) mort; **to get rid of the ~** (in office, company) élaguer

deaf /def/ 1 ADJ sourd; **~ in one ear** sourd d'une oreille; **~ as a post** sourd comme un pot; **to be ~ to sth** rester sourd à qch; **to turn a ~ ear to sth** faire la sourde oreille à qch; **her pleas fell on ~ ears** ses appels n'ont pas été entendus 2 NPL **the deaf** les sourds (mpl) 3 COMP ◆ **deaf aid** N sonotone® (m) ◆ **deaf-and-dumb** ADJ sourd-muet ◆ **deaf-mute** N sourd(e)-muet(te) (m(f))

deafen /'defn/ VT assourdir

deafening /'defnɪŋ/ ADJ assourdissant

deafness /'defnɪs/ N surdité (f)

deal /diːl/ (vb: pret, ptp **dealt**) 1 N ⓐ marché (m); **to do a ~ with sb** conclure un marché avec qn; **it's a ~!*** marché conclu!; **he got a very bad ~ on that car** (US) il a fait une très mauvaise affaire en achetant cette voiture; **it's your ~** (Cards) à vous de distribuer

◆ **big deal**: **big ~!** la belle affaire!; **it's no big ~** qu'est-ce que ça peut faire?; **the delay is no big ~** le retard n'a aucune importance

ⓑ ✦ **a good** or **great deal (of)** (= *a lot*) beaucoup (de); **to change a great ~** beaucoup changer; **to have a great ~ to do** avoir beaucoup à faire; **to think a great** or **good ~ of sb** avoir beaucoup d'estime pour qn; **to mean a great** or **good ~ to sb** compter beaucoup pour qn; **she's a good** or **great ~ cleverer than her brother** elle est beaucoup plus intelligente que son frère; **it says a great ~ for him** c'est tout à son honneur; **a good ~ of the work is done** une bonne partie du travail est terminée; **that's saying a good ~** ce n'est pas peu dire; **there's a good ~ of truth in what he says** il y a du vrai dans ce qu'il dit

2 VT [+ *cards*] distribuer; [+ *drugs*] revendre; **this dealt a blow to individual freedom** cela a porté un coup aux libertés individuelles

3 VI ⓐ [*firm*] **this company has been ~ing for 80 years** cette société est en activité depuis 80 ans; **to ~ on the Stock Exchange** faire des opérations de bourse; **to ~ in property** être dans l'immobilier
ⓑ (= *traffic*) **to ~** revendre de la drogue; **to ~ in stolen property** revendre des objets volés; **to ~ in pornography** faire le commerce de la pornographie; **they ~ in human misery** leur fonds de commerce, c'est la misère humaine; **we ~ in facts, not speculation** nous nous intéressons aux faits, pas aux suppositions
ⓒ (*Cards*) distribuer
▶ **deal out** VT SEP [+ *gifts, money*] distribuer; **to ~ out justice** rendre (la) justice
▶ **deal with** VT INSEP ⓐ (= *have to do with*) [+ *person*] avoir affaire à; [+ *customer*] traiter avec; **teachers who have to ~ with young children** les enseignants qui ont affaire à de jeunes enfants
ⓑ (= *be responsible for*) s'occuper de; **I'll ~ with it** je m'occupe de ça; **he dealt with the problem very well** il a très bien résolu le problème; **the police officer ~ing with crime prevention** l'agent chargé de la prévention des crimes; **they dealt with him very fairly** ils ont été très corrects avec lui; **you must ~ with them firmly** il faut vous montrer fermes à leur égard; **the firm ~s with over 1,000 orders every week** l'entreprise traite plus de 1 000 commandes par semaine
ⓒ [*book, film*] traiter de; [*speaker*] parler de; **the next chapter ~s with ...** le chapitre suivant traite de ...; **I shall now ~ with ...** je vais maintenant vous parler de ...
ⓓ (= *do business with*) avoir des relations commerciales avec; **a list of the suppliers our company ~s with** une liste des fournisseurs de notre société

dealer /'diːlə⁻/ N ⓐ (= *seller*) marchand (*m*) (**in** de); (= *wholesaler*) fournisseur (*m*) (en gros) (**in** de); (*on Stock Exchange*) opérateur (*m*); **arms ~** marchand (*m*) d'armes; **Citroën ~** concessionnaire (*mf*) Citroën ⓑ (*Drugs*) dealer* (*m*)

dealership /'diːləʃɪp/ N concession (*f*)

dealings /'diːlɪŋz/ NPL **to have ~ with sb** traiter avec qn

dealt /delt/ VB *pt, ptp of* **deal**

dean /diːn/ N doyen (*m*); **~'s list** (*US*) liste (*f*) des meilleurs étudiants

dear /dɪə⁻/ 1 ADJ ⓐ cher; **a ~ friend of mine** un de mes amis les plus chers; **to hold sth ~** chérir qch; **all that he holds ~** tout ce qui lui est cher; **Dear Daddy** Cher Papa; **Dear Alice and Robert** Chère Alice, cher Robert; **Dear Mr Smith** Cher Monsieur; **Dear Mr & Mrs Smith** Cher Monsieur, chère Madame; **Dear Sir** Monsieur; **Dear Sir or Madam** Madame, Monsieur
ⓑ (= *expensive*) cher; **to get ~er** augmenter
2 EXCL **~ me!** mon Dieu!; **oh ~!** oh là là!
3 N **my ~** mon ami(e); (*to child*) mon petit; **poor ~** (*to child*) pauvre petit; (*to woman*) ma pauvre; **give it to me, there's a ~!** sois gentil, donne-le-moi!
4 ADV [*buy, pay, sell*] cher

dearest /'dɪərɪst/ N chéri(e) (*m(f)*)

dearie* /'dɪərɪ/ 1 N (*form of address*) mon petit chéri, ma petite chérie 2 EXCL **~ me!** mon Dieu!

dearly /'dɪəlɪ/ ADV ⓐ [*love*] profondément; **"Dearly beloved ..."** « Mes bien chers frères ... » ⓑ (= *at great cost*)

he paid ~ for his success son succès lui a coûté cher; **~ bought** chèrement payé

deary* /'dɪərɪ/ = **dearie**

death /deθ/ 1 N mort (*f*); **he fell to his ~** il est tombé et s'est tué; **to be at ~'s door** être à l'article de la mort; **it will be the ~ of him*** il le paiera de sa vie; **he'll be the ~ of me!*** il me tuera!; **to look like ~ warmed up*** or (*US*) **warmed over*** avoir l'air complètement nase*
✦ **to + death**: **he was stabbed to ~** il est mort poignardé; **frozen to ~** mort de froid; **to starve/freeze to ~** mourir de faim/de froid; **to be scared/worried to ~** être mort de peur/d'inquiétude; **to be bored to ~*** s'ennuyer à mourir; **I'm sick to ~* of all this** j'en ai ras le bol de* tout ça; **to bleed to ~** se vider de son sang; **he drank himself to ~** c'est la boisson qui l'a tué; **to sentence sb to ~** condamner qn à mort; **to put sb to ~** exécuter qn; **to fight to the ~** lutter jusqu'à la mort; **a fight to the ~** une lutte à mort
2 COMP ✦ **death camp** N camp (*m*) de la mort ✦ **death cell** N cellule (*f*) de condamné à mort ✦ **death certificate** N acte (*m*) de décès ✦ **death penalty** N peine (*f*) de mort ✦ **death rate** N mortalité (*f*) ✦ **death ray** N rayon (*m*) de la mort ✦ **death row** N couloir (*m*) de la mort; **he's on ~ row** il a été condamné à mort ✦ **death sentence** N condamnation (*f*) à mort; (*fig*) arrêt (*m*) de mort ✦ **death threat** N menace (*f*) de mort ✦ **death toll** N nombre (*m*) des victimes ✦ **death warrant** N ordre (*m*) d'exécution; **to sign one's own ~ warrant** signer son arrêt de mort ✦ **death wish** N attitude (*f*) suicidaire

deathbed /'deθbed/ N lit (*m*) de mort; **he made a ~ confession** il s'est confessé sur son lit de mort

deathblow /'deθbləʊ/ N coup (*m*) fatal

deathly /'deθlɪ/ 1 ADJ [*pallor*] cadavérique; **a ~ silence** un silence de mort 2 ADV **~ pale** pâle comme la mort

deathtrap* /'deθtræp/ N **to be a ~** [*vehicle, building*] être extrêmement dangereux

debacle, débâcle /deɪ'bɑːkl/ N fiasco (*m*)

debar /dɪ'bɑː⁻/ VT (*from club, competition*) exclure; **to ~ sb from doing sth** interdire à qn de faire qch

debark /dɪ'bɑːk/ VTI (*US*) débarquer

debarkation /ˌdiːbɑː'keɪʃən/ N (*US*) débarquement (*m*)

debase /dɪ'beɪs/ VT [+ *word, object*] déprécier

debasement /dɪ'beɪsmənt/ N [*of language, values*] dégradation (*f*); [*of culture*] dévalorisation (*f*)

debatable /dɪ'beɪtəbl/ ADJ discutable; **it is ~ whether ...** on est en droit de se demander si ...

debate /dɪ'beɪt/ 1 VT [+ *question*] discuter; **much ~d** très discuté 2 VI discuter (**about** sur) 3 N discussion (*f*); (*Parl*) débat(s) (*m(pl)*); (*in debating society*) débat (*m*) contradictoire; **after much ~** après de longues discussions; **the ~ was about ...** la discussion portait sur ...; **to be in ~** [*fact, statement*] être controversé

debating /dɪ'beɪtɪŋ/ N art (*m*) de la discussion ✦ **debating society** N société (*f*) de débats contradictoires

debauched /dɪ'bɔːtʃd/ ADJ [*person*] débauché; [*lifestyle*] de débauché

debauchery /dɪ'bɔːtʃərɪ/ N débauche (*f*)

debenture /dɪ'bentʃə⁻/ N obligation (*f*)

debilitate /dɪ'bɪlɪteɪt/ VT débiliter

debilitating /dɪ'bɪlɪteɪtɪŋ/ ADJ débilitant

debit /'debɪt/ 1 N débit (*m*) 2 VT débiter; **to ~ sb's account** débiter le compte de qn; **to ~ a sum to sb** porter une somme au débit de qn 3 COMP ✦ **debit card** N carte (*f*) de paiement

debonair /ˌdebə'neə⁻/ ADJ d'une élégance nonchalante

debrief /ˌdiː'briːf/ VT [+ *soldier, spy*] débriefer; [+ *freed hostages*] recueillir le témoignage de; **to be ~ed** faire un compte rendu oral

debriefing /ˌdiː'briːfɪŋ/ N débriefing (*m*)

debris /'debriː/ N débris (*mpl*); [*of building*] décombres (*mpl*)

debt /det/ N dette (*f*); **bad ~s** créances (*fpl*) douteuses; **outstanding ~** créance (*f*) à recouvrer; **to be in ~** être endetté ; **to be in ~ to sb** devoir de l'argent à qn ; **I am $500 in ~** j'ai 500 dollars de dettes ; **to get into ~** s'endetter ; **to get out of ~** s'acquitter de ses dettes ; **to be out of ~** ne plus avoir de dettes ; **to be in sb's ~** (*fig*) être redevable à qn ; **to repay a ~** (*fig*) acquitter une dette ◆ **debt collector** N agent (*m*) de recouvrement (de créances) ◆ **debt relief** N allégement (*m*) de la dette

debtor /'deta'/ N débiteur (*m*), -trice (*f*)

debug /diːˈbʌɡ/ VT déboguer

debunk* /ˌdiːˈbʌŋk/ VT [+ *myth, concept*] démythifier

début /'deɪbjuː/ N début (*m*) ; **he made his ~ as a pianist** il a débuté comme pianiste

Dec. ABBR = **December**

decade /'dekeɪd/ N décennie (*f*)

decadence /'dekədəns/ N décadence (*f*)

decadent /'dekədənt/ ADJ décadent

decaf(f)* /'diːkæf/ N déca* (*m*)

decaffeinated /ˌdiːˈkæfɪneɪtɪd/ ADJ [*coffee*] décaféiné ; [*tea*] déthéiné

decamp /dɪˈkæmp/ VI décamper

decant /dɪˈkænt/ VT [+ *wine*] décanter

decanter /dɪˈkæntə'/ N carafe (*f*)

decapitate /dɪˈkæpɪteɪt/ VT décapiter

decapitation /dɪˌkæpɪˈteɪʃən/ N décapitation (*f*)

decathlon /dɪˈkæθlən/ N décathlon (*m*)

decay /dɪˈkeɪ/ **1** VI ⓐ [*food, vegetation, corpse, flesh*] se décomposer ; [*tooth*] se carier
ⓑ [*building*] se délabrer
ⓒ [*radioactive particle*] se désintégrer
ⓓ [*civilization*] décliner ; [*district, system*] se délabrer
2 VT [+ *tooth*] carier
3 N ⓐ [*of food, vegetation*] pourriture (*f*)
ⓑ [*of tooth*] carie (*f*) ; **to have tooth ~** avoir des caries
ⓒ [*of building*] délabrement (*m*) ; **to fall into ~** se délabrer
ⓓ [*of radioactive particle*] désintégration (*f*)
ⓔ [*of system, region, city*] déclin (*m*) ; **social/industrial ~** déclin (*m*) social/industriel ; **moral ~** déchéance (*f*) morale

decayed /dɪˈkeɪd/ ADJ [*tooth*] carié ; [*corpse*] décomposé

decaying /dɪˈkeɪɪŋ/ ADJ ⓐ [*vegetation, food, corpse, flesh*] en décomposition ; [*building*] en état de délabrement
ⓑ [*civilization, district*] sur le déclin

deceased /dɪˈsiːst/ **1** ADJ défunt **2** N **the ~** le défunt, la défunte

deceit /dɪˈsiːt/ N duplicité (*f*)

deceitful /dɪˈsiːtfʊl/ ADJ fourbe

deceitfully /dɪˈsiːtfəlɪ/ ADV trompeusement

deceive /dɪˈsiːv/ VT tromper ; **he ~d me into thinking that he had bought it** il m'a fait croire qu'il l'avait acheté ; **I thought my eyes were deceiving me** je n'en croyais pas mes yeux ; **to be ~d by appearances** être trompé par les apparences ; **to ~ o.s. (about sth)** se faire des illusions (à propos de qch)

decelerate /diːˈseləreɪt/ VI décélérer

deceleration /'diːˌseləˈreɪʃən/ N décélération (*f*)

December /dɪˈsembə'/ N décembre (*m*) → **September**

decency /'diːsənsɪ/ N **common ~** (= *good manners*) la simple politesse ; **to have the ~ to do sth** avoir la décence de faire qch ; **to have a sense of ~** (= *seemliness*) avoir de la pudeur

decent /'diːsənt/ ADJ ⓐ (= *respectable*) honnête ; [*house, shoes*] convenable ; (= *seemly*) [*language, behaviour, dress*] décent ; **to do the ~ thing (by sb)** être correct (à l'égard de qn) ; **are you ~?*** (= *dressed*) es-tu présentable ? ⓑ (= *good, pleasant*)* **a ~ sort of fellow** un type bien* ; **it was ~ of him** c'était chic* de sa part ; **I've got quite a ~ flat** j'ai un appartement qui est correct ; **I could do with a ~ meal** un bon repas ne me ferait pas de mal ⓒ (*US = great*)* super*

decently /'diːsəntlɪ/ ADV ⓐ (= *properly*) convenablement ; **~ paid/housed** correctement payé/logé ⓑ (= *respectably*) [*dress*] convenablement ; [*live, bury sb*] d'une façon décente ; [*behave*] décemment ; **they married as soon**

as they ~ could ils se sont mariés dès que la décence l'a permis ⓒ (= *kindly*)* gentiment ; **he very ~ lent me some money** il m'a très gentiment prêté de l'argent

decentralization /diːˌsentrəlaɪˈzeɪʃən/ N décentralisation (*f*)

decentralize /diːˈsentrəlaɪz/ VT décentraliser

deception /dɪˈsepʃən/ N ⓐ (= *deceiving*) tromperie (*f*) ; **to obtain money by ~** obtenir de l'argent par des moyens frauduleux ⓑ (= *deceitful act*) supercherie (*f*)

deceptive /dɪˈseptɪv/ ADJ trompeur

deceptively /dɪˈseptɪvlɪ/ ADV **it looks ~ simple** c'est plus compliqué qu'il n'y paraît ; **he has a ~ gentle manner** il paraît gentil mais il ne faut pas s'y fier

decibel /'desɪbel/ N décibel (*m*)

decide /dɪˈsaɪd/ **1** VT ⓐ (= *make up one's mind*) décider (**to do sth** de faire qch) ; **I ~d that I would go** j'ai décidé d'y aller ; **what made you ~ to go?** qu'est-ce qui vous a décidé à y aller ? ; **it has been ~d that ...** on a décidé que ...
ⓑ (= *settle*) [+ *question, piece of business*] régler ; [+ *sb's fate, future*] décider de
ⓒ (= *cause to make up one's mind*) décider (**sb to do sth** qn à faire qch)
2 VI se décider ; **you must ~** il faut vous décider ; **to ~ against sth** se décider contre qch ; **to ~ for sb** [*judge, arbitrator, committee*] donner raison à qn ; **to ~ in favour of sb** donner gain de cause à qn
▶ **decide (up)on** VT INSEP [+ *thing, course of action*] se décider pour

decided /dɪˈsaɪdɪd/ ADJ ⓐ (= *distinct*) net ; [*advantage, improvement*] certain ⓑ [*opinions*] arrêté

decidedly /dɪˈsaɪdɪdlɪ/ ADV (= *distinctly*) **~ odd/unpleasant** franchement bizarre/désagréable ; **~ different** vraiment très différent

decider /dɪˈsaɪdə'/ N (= *goal*) but (*m*) décisif ; (= *point*) point (*m*) décisif ; (= *factor*) facteur (*m*) décisif ; **the ~** (= *game*) la belle

deciding /dɪˈsaɪdɪŋ/ ADJ décisif

deciduous /dɪˈsɪdjʊəs/ ADJ à feuilles caduques

decilitre, deciliter (*US*) /'desɪˌliːtə'/ N décilitre (*m*)

decimal /'desɪməl/ **1** ADJ [*number*] décimal ; **to three ~ places** à la troisième décimale ; **~ point** virgule (*f*) (*de fraction décimale*) **2** N décimale (*f*)

decimate /'desɪmeɪt/ VT décimer

decipher /dɪˈsaɪfə'/ VT déchiffrer

decision /dɪˈsɪʒən/ N décision (*f*) ; **to come to a ~** prendre une décision ; **with ~** [*act*] d'un air décidé ; [*say*] d'un ton décidé ; **a look of ~** un air décidé ◆ **decision-making** N **he's good at ~-making** il sait prendre des décisions

decisive /dɪˈsaɪsɪv/ ADJ ⓐ [*battle, step, role*] décisif ⓑ [*person, manner*] décidé ; **he's very ~** c'est quelqu'un qui sait prendre des décisions

decisively /dɪˈsaɪsɪvlɪ/ ADV ⓐ [*defeat, reject, influence*] de manière décisive ⓑ [*speak, act*] avec fermeté

decking /'dekɪŋ/ N terrasse (*f*) en bois

deck /dek/ **1** N ⓐ [*of ship*] pont (*m*) ; **to go up on ~** monter sur le pont ⓑ (*US = verandah*) véranda (*f*) ; (*covered*) porche (*m*) ⓒ [*of vehicle*] plateforme (*f*) ; **upper ~** [*of bus*] impériale (*f*) ⓓ (*US*) [*of cards*] jeu (*m*) de cartes **2** VT ⓐ (= *deck out*) [+ *person, room*] parer (**with** de) ; **she was ~ed out in her Sunday best** elle s'était mise sur son trente et un ⓑ (= *knock down*)* flanquer* par terre **3** COMP ◆ **deck chair** N chaise (*f*) longue

declaim /dɪˈkleɪm/ VTI déclamer

declaration /ˌdekləˈreɪʃən/ N déclaration (*f*) ◆ **the Declaration of Independence** N (*US*) la Déclaration d'indépendance

declare /dɪˈkleə'/ VT déclarer ; [+ *results*] proclamer ; **have you anything to ~?** avez-vous quelque chose à déclarer ? ; **to ~ war (on ...)** déclarer la guerre (à ...) ; **to ~ a state of emergency** décréter l'état d'urgence ; **to ~ o.s. in favour of** se déclarer en faveur de ; **to ~ sb bankrupt** déclarer qn en faillite

declassify /diːˈklæsɪfaɪ/ VT déclassifier

decline /dɪˈklaɪn/ 1 N [of life, empire] déclin (m); **to be on the ~** [fame, health] décliner 2 VT refuser (**to do sth** de faire qch); [+ invitation, offer] décliner; **he offered me a lift but I ~d** il a proposé de m'emmener mais j'ai refusé 3 VI [health, influence] décliner; [empire] tomber en décadence; [number] baisser; **to ~ in importance** perdre de l'importance

declining /dɪˈklaɪnɪŋ/ ADJ [sales, standards, popularity] en baisse; **a ~ industry** une industrie sur le déclin

decode /ˈdiːˈkəʊd/ VT décoder

decoder /diːˈkəʊdəʳ/ N décodeur (m)

decommission /ˌdiːkəˈmɪʃən/ VT(a) [+ nuclear power station] fermer(b) [+ warship, aircraft] mettre hors service

decompose /ˌdiːkəmˈpəʊz/ 1 VT décomposer 2 VI se décomposer

decomposition /ˌdiːkɒmpəˈzɪʃən/ N décomposition (f)

decompress /ˌdiːkəmˈpres/ VT décompresser

decompression /ˌdiːkəmˈpreʃən/ N décompression (f)
♦ **decompression chamber** N chambre (f) de décompression

decongestant /ˌdiːkənˈdʒestənt/ ADJ, N décongestif (m)

deconsecrate /ˌdiːˈkɒnsɪkreɪt/ VT séculariser

deconstruct /ˌdiːkənˈstrʌkt/ VT déconstruire

deconstruction /ˌdiːkənˈstrʌkʃən/ N déconstruction (f)

decontaminate /ˌdiːkənˈtæmɪneɪt/ VT décontaminer

decontamination /ˌdiːkənˌtæmɪˈneɪʃən/ N décontamination (f)

decontrol /ˌdiːkənˈtrəʊl/ 1 VT libérer des contrôles gouvernementaux 2 N [of price] libération (f)

décor /ˈdeɪkɔːʳ/ N décor (m)

decorate /ˈdekəreɪt/ 1 VT(a) décorer (**with** de); [+ room] peindre (et tapisser)(b) [+ soldier] décorer; **he was ~d for gallantry** il a été décoré pour sa bravoure 2 VI (= paint) peindre (et tapisser)

⚠ In the DIY sense **to decorate** is not translated by **décorer**.

decorating /ˈdekəreɪtɪŋ/ N décoration (f) intérieure; **they are doing some ~** ils sont en train de refaire les peintures

decoration /ˌdekəˈreɪʃən/ N décoration (f); **Christmas ~s** décorations (fpl) de Noël

decorative /ˈdekərətɪv/ ADJ décoratif

decorator /ˈdekəreɪtəʳ/ N (= designer) décorateur (m), -trice (f); (= painter and decorator) peintre (m) décorateur

decorum /dɪˈkɔːrəm/ N décorum (m); **with ~** avec bienséance; **to have a sense of ~** avoir le sens des convenances

decoy /ˈdiːkɔɪ/ N (= artificial bird) leurre (m); (= person) compère (m); **police ~** policier (m) en civil (servant à attirer un criminel dans une souricière)

decrease 1 VI [amount, numbers, population] diminuer; [strength] décliner; [intensity] décroître; [price, value] baisser; [enthusiasm] se calmer 2 VT diminuer 3 N diminution (f) (**in** de); [of power] affaiblissement (m) (**in** de); [of price, value, enthusiasm] baisse (f) (**in** de); **~ in speed** ralentissement (m); **~ in strength** affaiblissement (m)

★ Lorsque **decrease** est un nom, l'accent tombe sur la première syllabe: /ˈdiːkriːs/, lorsque c'est un verbe, sur la seconde: /diːˈkriːs/.

decreasing /diːˈkriːsɪŋ/ ADJ [sales, numbers] en baisse; [intensity] décroissant; [strength] déclinant

decreasingly /diːˈkriːsɪŋlɪ/ ADV de moins en moins

decree /dɪˈkriː/ 1 N décret (m); **by royal/government ~** par ordonnance royale/du gouvernement 2 VT décréter (**that** que + indic); [court] ordonner (**that** que + subj)

decrepit /dɪˈkrepɪt/ ADJ délabré; [person]* décati*

decrepitude /dɪˈkrepɪtjuːd/ N (a) [of building] délabrement (m); [of system] vétusté (f)(b) (= infirmity) décrépitude (f)

decriminalize /diːˈkrɪmɪnəlaɪz/ VT dépénaliser

decrypt /diːˈkrɪpt/ VT décrypter

dedicate /ˈdedɪkeɪt/ VT(a) [+ time, one's life] consacrer (**to sth** à qch, **to doing sth** à faire qch); [+ resources, money] affecter (**to sth** à qch, **to doing sth** pour faire qch)(b) [+ memorial, book, film, award] dédier; **to ~ a song to sb** [singer] dédier une chanson à qn; [disc jockey] passer une chanson à l'intention de qn(c) [+ church, shrine] consacrer

dedicated /ˈdedɪkeɪtɪd/ ADJ(a) [person] dévoué; [work, attitude] sérieux; **a ~ socialist** un socialiste convaincu; **to be ~ to sth** [person] tenir beaucoup à qch; [organization] se consacrer à qch; **we are ~ to providing quality service** nous faisons tout notre possible pour fournir un service de qualité(b) **~ to** (= given over to) consacré à(c) [copy of book] dédicacé(d) (= specialized) [word processor] dédié

dedication /ˌdedɪˈkeɪʃən/ N(a) [of church] consécration (f)(b) (in book, on radio) dédicace (f); **the ~ reads: "to Emma, with love from Harry"** le livre est dédicacé « à Emma, avec tout mon amour, Harry »(c) (= devotion) dévouement (m)

deduce /dɪˈdjuːs/ VT déduire

deduct /dɪˈdʌkt/ VT [+ amount] déduire (**from** de); [+ numbers] soustraire (**from** de); [+ tax] retenir (**from** sur); **to ~ something from the price** faire une remise; **to ~ 5% from the wages** prélever 5% sur les salaires; **after ~ing 5%** déduction faite de 5%

deductible /dɪˈdʌktəbl/ ADJ à déduire; [expenses] déductible

deduction /dɪˈdʌkʃən/ N(a) (= amount deducted) déduction (f) (**from** de); (from wage) retenue (f) (**from** sur)(b) (= conclusion) déduction (f)(c) (= deductive reasoning) raisonnement (m) déductif

deductive /dɪˈdʌktɪv/ ADJ déductif

deed /diːd/ 1 N(a) (= action) action (f), acte (m); **brave ~** acte (m) de bravoure; **good ~** bonne action (f); **to do one's good ~ for the day** faire sa B.A. quotidienne(b) (= legal contract) acte (m) notarié 2 COMP ♦ **deed poll** N **to change one's name by ~ poll** ≈ changer de nom officiellement

deejay* /ˈdiːˌdʒeɪ/ N disc-jockey (m)

deem /diːm/ VT **to ~ sth necessary** considérer que qch est nécessaire

deep /diːp/ 1 ADJ(a) [water, hole, wound] profond; [mud, snow] épais (-aisse (f)); [pan, container] à hauts bords; **the lake was 4 metres ~** le lac avait 4 mètres de profondeur; **the water was 2 metres ~** la profondeur de l'eau était de 2 mètres; **he was ankle-~ in water** l'eau lui arrivait aux chevilles; **to be in ~ water** (fig) avoir de gros ennuis
♦ **deep in**: **~ in the forest/in enemy territory** au cœur de la forêt/du territoire ennemi; **~ in thought** absorbé dans ses pensées; **she was ~ in conversation** elle était en pleine conversation; **~ in debt** criblé de dettes
(b) [border] large; [shelf, cupboard] profond; **the spectators stood ten ~** il y avait dix rangées de spectateurs; **a line of policemen three ~** trois rangées de policiers
(c) (= low-pitched) grave; [growl] sourd
(d) (= strong in colour) profond; **~ blue** bleu profond (inv)
(e) [breath, sigh] profond; **~ breathing** respiration (f) profonde; (= exercises) exercices (mpl) respiratoires; **to take a ~ breath** respirer profondément
(f) [sorrow, admiration, divisions, sleep] profond; [concern, interest] vif; **to gain a ~er understanding of sth** parvenir à mieux comprendre qch
(g) (= profound) [writer, thinker, book] profond; **I'm not looking for a ~ and meaningful relationship** je ne recherche pas une relation sérieuse
(h) (Sport) [shot, volley, pass, cross] long (longue (f))

2 ADV profondément; **to go ~ into the forest** pénétrer très avant dans la forêt; **it makes its burrow ~ underground** il creuse son terrier très profond; **don't go in too ~ if you can't swim** ne va pas trop loin si tu ne sais pas nager; **to thrust one's hands ~ in one's pockets** enfoncer ses mains dans ses poches; **to gaze ~ into sb's eyes** regarder qn au fond des yeux; **to run ~** [divisions, tendency] être profond; [problems] être grave; [feelings] être exacerbé; [racism, preju-

dice] être bien enraciné; **he's in pretty ~*** (*in relationship, plot*) il s'est engagé à fond; **~ down she still mistrusted him** en son for intérieur, elle se méfiait encore de lui

3 N (= *sea*) **the ~** les grands fonds *(mpl)* de l'océan

4 COMP ♦ **the deep end** N le grand bain; **to go off at the ~ end*** se mettre dans tous ses états; **to jump in at the ~ end** *(fig)* foncer tête baissée; **to throw sb in at the ~ end*** mettre tout de suite qn dans le bain ♦ **deep-fat fryer** N friteuse *(f)* ♦ **deep freezer** N (*US*) congélateur *(m)* ♦ **deep-fry** VT faire frire ♦ **deep fryer** N friteuse *(f)* ♦ **deep-pan pizza** N pizza *(f)* à pâte épaisse ♦ **deep-rooted** ADJ [*affection, prejudice*] profond; [*habit*] ancré ♦ **deep-sea diver** N plongeur *(m)* sous-marin ♦ **deep-sea diving** N plongée *(f)* sous-marine ♦ **deep-sea fisherman** N (*pl* **deep-sea fishermen**) pêcheur *(m)* de haute mer ♦ **deep-sea fishing** N pêche *(f)* hauturière ♦ **deep-seated** ADJ [*prejudice, dislike*] profond; [*conviction*] fermement ancré ♦ **deep-set** ADJ [*eyes*] très enfoncé ♦ **deep-six*** VT (*US*) (= *throw out*) balancer*; (= *kill*) liquider* ♦ **the Deep South** (*US*) le Sud profond (*des États-Unis*) ♦ **deep space** N espace *(m)* intersidéral

deepen /'diːpən/ **1** VT [+ *relationship, knowledge*] approfondir; [+ *gloom, recession*] aggraver **2** VI [*crisis, recession*] s'aggraver; [*relationship*] devenir plus profond; [*darkness*] s'épaissir

deepening /'diːpənɪŋ/ **1** ADJ [*crisis, gloom, depression*] de plus en plus grave; [*friendship, understanding*] de plus en plus profond **2** N intensification *(f)*

deepfreeze /ˌdiːp'friːz/ **1** N congélateur *(m)* **2** VT congeler

deeply /'diːplɪ/ ADV ⓐ [*cut, sleep, breathe, regret*] profondément; [*drink*] à longs traits; **~ embedded** profondément incrusté; **to sigh ~** pousser un gros soupir ⓑ [*shocked, divided, unhappy*] profondément; [*troubled, unpopular*] extrêmement; **~ in debt** criblé de dettes

deer /dɪəʳ/ N (*pl* **deer**) (*male*) cerf *(m)*; (*female*) biche *(f)*; (= *red deer*) cerf *(m)*; (= *fallow deer*) daim *(m)*; (= *roe deer*) chevreuil *(m)*

deerstalker /'dɪəˌstɔːkəʳ/ N casquette *(f)* à la Sherlock Holmes

deface /dɪ'feɪs/ VT dégrader

defamation /ˌdefə'meɪʃən/ N diffamation *(f)*

defamatory /dɪ'fæmətərɪ/ ADJ diffamatoire

defame /dɪ'feɪm/ VT diffamer

default /dɪ'fɔːlt/ **1** N ⓐ **he got the job by ~** il a eu le poste en l'absence d'autres candidats valables; **match won by ~** match gagné par forfait ⓑ (*Computing*) positionnement *(m)* par défaut; **~ drive** lecteur *(m)* par défaut **2** VI (*on undertaking*) manquer à ses engagements

defeat /dɪ'fiːt/ **1** N [*of army, team*] défaite *(f)*; [*of project, ambition*] échec *(m)*; [*of legal case, appeal*] rejet *(m)* **2** VT [+ *opponent, army*] vaincre; [+ *team*] battre; [+ *ambitions, plans, attempts*] faire échouer; [+ *government, opposition*] mettre en minorité; [+ *bill, amendment*] rejeter; **it ~s the object** ça va à l'encontre du but recherché

defeatism /dɪ'fiːtɪzəm/ N défaitisme *(m)*

defeatist /dɪ'fiːtɪst/ ADJ, N défaitiste *(mf)*

defecate /'defəkeɪt/ VTI déféquer

defect ~ 1 N défaut *(m)*; (*in workmanship*) malfaçon *(f)*; **speech ~** défaut *(m)* de prononciation **2** VI faire défection; **to ~ from one country to another** s'enfuir d'un pays pour aller dans un autre (*pour raisons politiques*); **to ~ to another party** se rallier à un autre parti

> ★ *Lorsque* **defect** *est un nom, l'accent tombe sur la première syllabe:* /'diːfekt/, *lorsque c'est un verbe, sur la seconde:* /dɪ'fekt/.

defection /dɪ'fekʃən/ N défection *(f)*; **his ~ to the East was in all the papers** quand il est passé à l'Est, tous les journaux en ont parlé

defective /dɪ'fektɪv/ ADJ [*goods, gene*] défectueux; **to be born with a ~ heart** naître avec une malformation cardiaque

defector /dɪ'fektəʳ/ N transfuge *(mf)*

defence, defense (*US*) /dɪ'fens/ **1** N ⓐ défense *(f)*; **to play in ~** jouer en défense; **in ~ of** pour défendre; **as a ~ against** pour se défendre contre; **to come to sb's ~** défendre qn; **Ministry of Defence** (*Brit*) *or* **Department of Defense** (*US*) ministère *(m)* de la Défense
ⓑ **defences** (= *weapons*) moyens *(mpl)* de défense; (= *constructions*) ouvrages *(mpl)* défensifs; **the body's ~s against disease** les défenses *(fpl)* de l'organisme contre la maladie
ⓒ (*in court*) défense *(f)*; **in his ~** à sa décharge; **witness for the ~** témoin *(m)* à décharge; **the case for the ~** la défense
ⓓ [*of argument, decision, action, belief*] justification *(f)*

2 ADJ [*policy*] de défense; [*minister*] de la défense; [*industry, manufacturer*] travaillant pour la défense nationale; [*contract*] destiné à la défense nationale

defenceless /dɪ'fenslɪs/ ADJ sans défense

defend /dɪ'fend/ **1** VT ⓐ défendre; **to ~ o.s.** se défendre; **to ~ one's own interests** défendre ses propres intérêts; **Smith successfully ~ed her title** Smith a réussi à conserver son titre ⓑ (= *justify*) justifier **2** VI défendre; (= *play in defence*) être en défense

defendant /dɪ'fendənt/ N défendeur *(m)*, -deresse *(f)*; (*in criminal case*) prévenu(e) *(m(f))*

defender /dɪ'fendəʳ/ N défenseur *(m)*; [*of record*] détenteur *(m)*, -trice *(f)*; [*of title*] tenant(e) *(m(f))*

defending /dɪ'fendɪŋ/ ADJ **the ~ champion** le tenant du titre

defense /dɪ'fens/ (*US*) = **defence**

defensive /dɪ'fensɪv/ **1** ADJ défensif; **he's so ~!** il est toujours sur la défensive! **2** N **on the ~** sur la défensive

defensively /dɪ'fensɪvlɪ/ ADV [*speak*] sur la défensive; [*play*] défensivement

defer /dɪ'fɜːʳ/ **1** VT (= *put off*) [+ *journey, meeting*] remettre à plus tard; [+ *payment, decision, judgement*] différer **2** VI (= *submit*) **to ~ to sb** s'en remettre à qn

deference /'defərəns/ N déférence *(f)*; **in ~ to** par déférence pour

deferential /ˌdefə'renʃəl/ ADJ plein de déférence; **to be ~ to sb** se montrer plein de déférence envers qn

deferment /dɪ'fɜːmənt/, **deferral** /dɪ'ferəl/ N [*of payment*] report *(m)*

defiance /dɪ'faɪəns/ N défi *(m)*; **an act of ~** un acte de défi; **in ~ of** [+ *the law, instructions*] au mépris de; [+ *person*] au mépris des ordres de

defiant /dɪ'faɪənt/ ADJ [*reply, statement*] provocant; [*attitude, tone, look*] de défi; [*person*] rebelle; **the team is in ~ mood** l'équipe est prête à relever le défi

defiantly /dɪ'faɪəntlɪ/ ADV [*speak*] d'un ton de défi; [*reply, stare*] d'un air de défi

deficiency /dɪ'fɪʃənsɪ/ N ⓐ [*of iron, vitamins*] carence *(f)* (**of** en); [*of organ, immune system*] insuffisance *(f)* ⓑ (*in character, system*) faille *(f)*; (*in construction, machine*) imperfection *(f)*; (*in service*) faiblesse *(f)*

deficient /dɪ'fɪʃənt/ ADJ (= *inadequate*) défectueux; (= *insufficient*) insuffisant; **to be ~ in sth** manquer de qch

deficit /'defɪsɪt/ N déficit *(m)*; **in ~** en déficit

defile /dɪ'faɪl/ VT (= *pollute*) souiller; (= *desecrate*) profaner

define /dɪ'faɪn/ VT ⓐ définir; [+ *problem*] cerner; **she doesn't ~ herself as a feminist** elle ne se définit pas comme étant féministe ⓑ (= *outline*) **the tower was clearly ~d against the sky** la tour se détachait nettement sur le ciel

definite /'defɪnɪt/ **1** ADJ ⓐ (= *fixed*) [*plan*] précis; [*intention, order, sale*] ferme; **is that ~?** c'est sûr?; **have you got a ~ date for the wedding?** avez-vous décidé de la date du mariage?; **nothing ~** rien de précis ⓑ (= *distinct*) [*feeling, increase*] net; [*advantage*] certain; **a ~ improvement** une nette amélioration; **it's a ~ possibility** c'est tout à fait possible ⓒ (= *positive*) [*person, tone*] catégorique; [*views*] arrêté; **to be ~ about sth** être catégorique à propos de qch

2 COMP ♦ **definite article** N article *(m)* défini

definitely /'defɪnɪtlɪ/ ADV ⓐ [*decide, agree, say*] de manière définitive; **is he ~ coming?** est-il certain qu'il va venir?; **I'm ~ going to get in touch with them** vous pouvez compter sur moi, je prendrai contact avec eux ⓑ (*expressing an opinion*) vraiment; **you ~ need a holiday** tu as vraiment besoin de vacances; **she's ~ more intelligent than her brother** il est clair qu'elle est plus intelligente que son frère; **~ not** certainement pas; **~!** absolument!

definition /ˌdefɪ'nɪʃən/ N ⓐ [*of word*] définition *(f)*; **by ~** par définition ⓑ [*of powers, duties*] délimitation *(f)*

definitive /dɪ'fɪnɪtɪv/ ADJ [*answer, refusal*] définitif; [*map, book*] de référence

deflate /diː'fleɪt/ 1 VT [+ *tyre*] dégonfler; [+ *person*] démonter 2 VI se dégonfler

deflated /diː'fleɪtɪd/ ADJ (= *downcast*) découragé

deflation /diː'fleɪʃən/ N (*economic*) déflation *(f)*

deflationary /diː'fleɪʃənərɪ/ ADJ déflationniste

deflect /dɪ'flekt/ VT dévier; [+ *criticism, attention*] détourner

deflection /dɪ'flekʃən/ N déviation *(f)*

deforest /diː'fɒrɪst/ VT déboiser

deforestation /diːˌfɒrɪst'eɪʃən/ N déboisement *(m)*

deform /dɪ'fɔːm/ VT déformer

deformed /dɪ'fɔːmd/ ADJ difforme; [*structure*] déformé

deformity /dɪ'fɔːmɪtɪ/ N [*of body*] difformité *(f)*

defraud /dɪ'frɔːd/ VT [+ *state*] frauder; [+ *person*] escroquer; **to ~ sb of sth** escroquer qch à qn

defray /dɪ'freɪ/ VT [+ *expenses*] rembourser; [+ *cost*] couvrir; **to ~ sb's expenses** défrayer qn

defrost /diː'frɒst/ 1 VT [+ *fridge, windscreen*] dégivrer; [+ *food*] décongeler 2 VI [*fridge*] se dégivrer; [*food*] décongeler

defroster /diː'frɒstə'/ N (*for car*) dégivreur *(m)*; (*US = demister*) dispositif *(m)* antibuée

deft /deft/ ADJ adroit

deftly /'deftlɪ/ ADV adroitement

deftness /'deftnɪs/ N adresse *(f)*

defunct /dɪ'fʌŋkt/ ADJ **the now ~ Social Democratic Party** l'ex-parti social-démocrate; **the magazine is now ~** ce magazine a cessé de paraître

defuse /diː'fjuːz/ VT désamorcer

defy /dɪ'faɪ/ VT ⓐ (= *disobey*) [+ *law, convention*] ne pas respecter; [+ *person, orders*] désobéir à; (= *stand up to*) [+ *person*] défier; **the virus has defied all attempts to find a vaccine** jusqu'à maintenant, toutes les tentatives pour trouver un vaccin contre ce virus sont restées vaines ⓑ (= *contradict*) [+ *logic*] défier; **to ~ gravity** défier les lois de la gravité; **it defies description** cela défie toute description ⓒ (= *challenge*) **to ~ sb to do sth** mettre qn au défi de faire qch

degenerate 1 VI dégénérer (**into** en); **the situation ~d into civil war** la situation a dégénéré en guerre civile; **the election campaign has ~d into farce** la campagne électorale a tourné à la farce 2 ADJ dégénéré 3 N dégénéré(e) *(m(f))*

★ *Lorsque* **degenerate** *est un verbe, il se prononce comme* **eight**: /dɪ'dʒenəreɪt/; *lorsque c'est un nom ou un adjectif, elle se prononce comme* **it**: /dɪ'dʒenərɪt/.

degeneration /dɪˌdʒenə'reɪʃən/ N dégénérescence *(f)*

degradation /ˌdegrə'deɪʃən/ N ⓐ (= *damage*) dégradation *(f)*; **environmental ~** dégradation *(f)* de l'environnement ⓑ (= *debasement*) déchéance *(f)*; (= *humiliation*) humiliation *(f)*; **the moral ~ of our society** la déchéance morale de notre société; **the ~ of prison life** le caractère dégradant de la vie carcérale

degrade /dɪ'greɪd/ VT (= *debase*) avilir (*liter*); **he felt ~d** il se sentait avili

degrading /dɪ'greɪdɪŋ/ ADJ dégradant (**to** pour)

degree /dɪ'griː/ 1 N ⓐ (*distance, temperature*) degré *(m)*; **a 180-~ turn** un virage à 180 degrés; **it was 35 ~s in the shade** il faisait 35 degrés à l'ombre; **he's got a temperature of 39 ~s** il a 39 de fièvre

ⓑ (= *amount*) degré *(m)*; **some ~ of independence** un certain degré d'indépendance; **with varying ~s of success** avec plus ou moins de succès; **to do sth by ~s** faire qch petit à petit; **to some ~** dans une certaine mesure; **to such a ~ that ...** à (un) tel point que ...

ⓒ **first-/second-/third-~ burns** brûlures *(fpl)* au premier/deuxième/troisième degré

ⓓ (*US*) **first-~ murder** homicide *(m)* volontaire; **second-~ murder** homicide *(m)* involontaire

ⓔ (= *academic qualification*) diplôme *(m)* (universitaire); **first ~** ≈ licence *(f)*; **higher ~** (= *master's*) ≈ maîtrise *(f)*; **~ in** licence *(f)* de; **I'm taking a ~ in science** je fais une licence de sciences; **he got his ~** il a eu son diplôme

2 COMP ◆ **degree ceremony** N (*Brit*) cérémonie *(f)* de remise des diplômes ◆ **degree course** N (*Brit*) **to do a ~ course (in)** faire une licence (de)

ⓘ DEGREE

Dans les systèmes universitaires britannique et américain, le premier titre universitaire (généralement obtenu après trois ou quatre ans d'études supérieures) est le « bachelor's degree », qui permet à l'étudiant en lettres de devenir « Bachelor of Arts » (« BA » en Grande-Bretagne, « AB » aux États-Unis) et à l'étudiant en sciences ou en sciences humaines d'être un « Bachelor of Science » (« BSc » en Grande-Bretagne, « BS » aux États-Unis). L'année suivante débouche sur les diplômes de « Master of Arts » (« MA ») et de « Master of Science » (« MSc » en Grande-Bretagne, « MS » aux États-Unis).

---

dehumidifier /ˌdiːhjuː'mɪdɪfaɪə'/ N (= *machine*) déshumidificateur *(m)*

dehydrate /ˌdiːhaɪ'dreɪt/ 1 VI se déshydrater 2 VT déshydrater

dehydrated /ˌdiːhaɪ'dreɪtɪd/ ADJ déshydraté

dehydration /ˌdiːhaɪ'dreɪʃən/ N déshydratation *(f)*

de-ice /diː'aɪs/ VT dégivrer

de-icer /diː'aɪsə'/ N dégivreur *(m)*

de-icing /diː'aɪsɪŋ/ N dégivrage *(m)* ◆ **de-icing fluid** N antigel *(m)*

deign /deɪn/ VT daigner (**to do sth** faire qch)

deity /'diːɪtɪ/ N divinité *(f)*

déjà vu /ˌdeɪʒɑː'vuː/ N **a feeling of ~** une impression de déjà vu

dejected /dɪ'dʒektɪd/ ADJ découragé

dejectedly /dɪ'dʒektɪdlɪ/ ADV [*say*] d'un ton abattu; [*look*] d'un air abattu

dejection /dɪ'dʒekʃən/ N abattement *(m)*

Del. ABBR = **Delaware**

delay /dɪ'leɪ/ 1 VT ⓐ (= *postpone*) [+ *action, event*] retarder; [+ *payment*] différer; **~ed effect** effet *(m)* à retardement; **to ~ doing sth** tarder à faire qch
ⓑ (= *hold up*) retarder

2 VI s'attarder; **don't ~!** dépêchez-vous!

3 N retard *(m)*; **there will be ~s to trains on the London-Brighton line** on prévoit des retards sur la ligne Londres-Brighton; **there will be ~s to traffic** il y aura des ralentissements; **"~s possible"** « ralentissements possibles »; **with as little ~ as possible** dans les plus brefs délais; **without ~** sans tarder

4 COMP ◆ **delayed-action** ADJ [*bomb, fuse*] à retardement

delaying /dɪ'leɪɪŋ/ ADJ [*action*] dilatoire; **~ tactics** moyens *(mpl)* dilatoires

delectable /dɪ'lektəbl/ ADJ délectable; **the ~ Miss Campbell** la délicieuse Mlle Campbell

delegate 1 VT [+ *authority, power*] déléguer (**to** à); **to ~ responsibility** déléguer les responsabilités; **to ~ sb to do sth** déléguer qn pour faire qch 2 VI déléguer 3 N délégué(e) *(m(f))* (**to** à)

★ *Lorsque* **delegate** *est un verbe, la fin se prononce comme* **eight**: /'delɪgeɪt/; *lorsque c'est un nom, elle se prononce comme* **it**: /'delɪgɪt/.

delegation /ˌdelɪ'geɪʃən/ N délégation *(f)*

delete /dɪ'liːt/ VT supprimer; (= *score out*) rayer; **"~ where inapplicable"** « rayer les mentions inutiles »

deletion /dɪ'liːʃən/ N effacement (m); (= *thing deleted*) rature (f)

Delhi /'delɪ/ N Delhi

deli* /'delɪ/ N (ABBR = **delicatessen**) traiteur (m)

deliberate 1 ADJ ⓐ (= *intentional*) délibéré; **it wasn't ~** ce n'était pas fait exprès ⓑ (= *thoughtful*) [*decision*] mûrement réfléchi; (= *slow*) [*air*] décidé; [*manner, walk*] posé 2 VI ⓐ (= *think*) réfléchir ⓑ (= *discuss*) discuter

★ *Lorsque* **deliberate** *est un adjectif, la fin se prononce comme* **it**: /dɪ'lɪbərɪt/; *lorsque c'est un verbe, elle se prononce comme* **eight**: /dɪ'lɪbəreɪt/.

deliberately /dɪ'lɪbərɪtlɪ/ ADV ⓐ (= *on purpose*) délibérément; **I didn't do it ~** je ne l'ai pas fait exprès ⓑ (= *purposefully*) posément

deliberation /dɪ,lɪbə'reɪʃən/ N ⓐ (= *consideration*) réflexion (f); **after careful ~** après mûre réflexion ⓑ **deliberations** (= *discussion*) discussions (fpl) ⓒ (= *slowness*) mesure (f)

delicacy /'delɪkəsɪ/ N ⓐ délicatesse (f); **a matter of some ~** une affaire assez délicate ⓑ (= *special dish*) mets (m) délicat

delicate /'delɪkɪt/ ADJ délicat

delicately /'delɪkɪtlɪ/ ADV ⓐ (= *subtly*) délicatement; **~ flavoured** délicatement parfumé ⓑ (= *tactfully*) avec délicatesse; **~ worded** formulé avec délicatesse

delicatessen /,delɪkə'tesn/ N épicerie (f) fine

delicious /dɪ'lɪʃəs/ ADJ délicieux

deliciously /dɪ'lɪʃəslɪ/ ADV délicieusement; **~ ironic** d'une ironie délicieuse

delight /dɪ'laɪt/ 1 N ⓐ (= *intense pleasure*) grand plaisir (m); **to my ~** à ma plus grande joie; **to take (a) ~ in sth** prendre grand plaisir à qch ⓑ (= *source of pleasure*) régal (m); **this book is a ~** ce livre est un régal; **a ~ to the eyes** un régal pour les yeux; **he's a ~ to watch** il fait plaisir à voir 2 VT [+ *person*] enchanter 3 VI prendre plaisir (**in sth** à qch)

delighted /dɪ'laɪtɪd/ ADJ ravi (**with** de); **absolutely ~!** tout à fait ravi!

delightedly /dɪ'laɪtɪdlɪ/ ADV avec ravissement

delightful /dɪ'laɪtfʊl/ ADJ charmant

delightfully /dɪ'laɪtfəlɪ/ ADV [*friendly*] délicieusement; [*arranged, decorated*] d'une façon ravissante

delimit /diː'lɪmɪt/ VT délimiter

delineate /dɪ'lɪnɪeɪt/ VT (= *describe*) décrire

delinquency /dɪ'lɪŋkwənsɪ/ N délinquance (f)

delinquent /dɪ'lɪŋkwənt/ 1 ADJ délinquant 2 N délinquant(e) (m(f))

delirious /dɪ'lɪrɪəs/ ADJ (= *raving*) délirant; **to be ~** délirer; [*crowd*] être en délire

deliriously /dɪ'lɪrɪəslɪ/ ADV (= *ecstatically*) avec une joie délirante; **~ happy** fou de joie

delirium /dɪ'lɪrɪəm/ N délire (m)

deliver /dɪ'lɪvəʳ/ 1 VT ⓐ (= *take*) remettre (**to** à); [+ *letters*] distribuer (*à domicile*); [+ *goods*] livrer; **to ~ a message to sb** remettre un message à qn; **milk is ~ed every day** le lait est livré tous les jours; **"~ed free"** « livraison gratuite »; **to ~ the goods*** (*fig*) être à la hauteur ⓑ (= *rescue*) délivrer ⓒ [+ *speech, sermon*] prononcer; **to ~ an ultimatum** lancer un ultimatum ⓓ [+ *baby*] mettre au monde; [+ *woman*] (faire) accoucher ⓔ (= *hand over*) remettre ⓕ [+ *blow*] porter

2 VI (= *do what is expected*)* être à la hauteur (**on sth** quant à qch); **the match promised great things but didn't ~** le match promettait beaucoup mais n'a pas été à la hauteur

⚠ **délivrer** *is not the most common translation for* **to deliver**.

deliverance /dɪ'lɪvərəns/ N délivrance (f)

delivery /dɪ'lɪvərɪ/ 1 N ⓐ [*of goods, parcels*] livraison (f); [*of letters*] distribution (f); **to pay on ~** payer à la livraison; **payable on ~** payable à la livraison ⓑ [*of baby*] accouchement (m) ⓒ [*of speaker*] élocution (f); [*of speech*] débit (m) 2 COMP ♦ **delivery charge** N frais (mpl) de port ♦ **delivery man** N (pl **delivery men**) livreur (m)

delouse /diː'laʊs/ VT épouiller

delta /'deltə/ N delta (m)

delude /dɪ'luːd/ VT tromper; **to ~ sb into thinking that ...** faire croire à qn que ...; **to ~ o.s.** se faire des illusions

deluded /dɪ'luːdɪd/ ADJ **to be ~** être victime d'illusions

deluge /'deljuːdʒ/ 1 N déluge (m); **a ~ of protests** un déluge de protestations; **a ~ of letters** une avalanche de lettres 2 VT inonder (**with** de)

delusion /dɪ'luːʒən/ N (= *false belief*) illusion (f); (= *hallucination*) hallucination (f); **to suffer from ~s** avoir des hallucinations; **to be labouring under a ~** être victime d'une illusion; **~s of grandeur** folie (f) des grandeurs

de luxe /dɪ'lʌks/ ADJ de luxe; **a ~ flat** un appartement de grand standing; **~ model** modèle (m) grand luxe

delve /delv/ VI (= *probe*) fouiller (**into** dans); **to ~ into the past** fouiller le passé; **to ~ into one's pockets** fouiller dans ses poches

Dem. (*US*) 1 N ABBR = **Democrat** 2 ADJ ABBR = **Democratic**

demagog /'deməgɒg/ N (*US*) démagogue (mf)

demagogic /,demə'gɒgɪk/ ADJ démagogique

demagogue /'deməgɒg/ N démagogue (mf)

demagogy /'deməgɒgɪ/ N démagogie (f)

demand /dɪ'mɑːnd/ 1 VT réclamer; **to ~ to do sth** exiger de faire qch; **a question that ~s our attention** une question qui réclame notre attention

2 N ⓐ (= *claim*) (for better pay) revendication (f); (for money) demande (f); **payable on ~** payable sur demande; **final ~** dernier avertissement (m); **to make ~s on sb** exiger beaucoup de qn; **I have many ~s on my time** je suis très pris

ⓑ (for product, service) demande (f); **~ for this product is increasing** ce produit est de plus en plus demandé; **to create a ~ for a product** créer une demande pour un produit; **to be in (great) ~** être très demandé

⚠ **to demand** ≠ **demander**

demanding /dɪ'mɑːndɪŋ/ ADJ [*job, role*] exigeant; [*schedule*] éprouvant; **physically ~** physiquement éprouvant; **intellectually ~** intellectuellement exigeant; **working with children can be emotionally ~** travailler avec des enfants peut être très éprouvant sur le plan émotionnel

demarcate /'diːmɑːkeɪt/ VT délimiter

demean /dɪ'miːn/ VT rabaisser; **to ~ o.s.** s'abaisser

demeaning /dɪ'miːnɪŋ/ ADJ dégradant (**to** pour)

demeanour, demeanor (*US*) /dɪ'miːnəʳ/ N (= *behaviour*) comportement (m); (= *bearing*) maintien (m)

demented* /dɪ'mentɪd/ ADJ (= *crazy*) fou (folle (f))

dementia /dɪ'menʃə/ N démence (f)

demerara sugar /,demərɛərə'ʃʊgəʳ/ N (*Brit*) sucre (m) roux

demilitarize /diː'mɪlɪtəraɪz/ VT démilitariser

demise /dɪ'maɪz/ N (= *death*) décès (m); (= *end*) chute (f)

demist /diː'mɪst/ VT désembuer

demister /diː'mɪstəʳ/ N (*Brit: in car*) dispositif (m) antibuée

demo* /'deməʊ/ N ⓐ (*Brit*) (ABBR = **demonstration**) manif* (f) ⓑ (ABBR = **demonstration tape**) démo (f)

demob* /diː'mɒb/ N (*Brit*) ABBR = **demobilization**

demobilization /diː,məʊbɪlaɪ'zeɪʃən/ N démobilisation (f)

demobilize /diː'məʊbɪlaɪz/ VT démobiliser

democracy /dɪ'mɒkrəsɪ/ N démocratie (f)

Democrat /'deməkræt/ N (*US*) démocrate (mf)

democrat /'deməkræt/ N démocrate (mf)

democratic /ˌdemə'krætɪk/ ADJ démocratique; **the Democratic Party** le parti démocrate; **the Democratic Republic of ...** la République démocratique de ...

democratize /dɪ'mɒkrətaɪz/ VT démocratiser

demographic /ˌdemə'græfɪk/ ADJ démographique

demography /dɪ'mɒgrəfɪ/ N démographie (f)

demolish /dɪ'mɒlɪʃ/ VT démolir; [+ cake] liquider*

demolition /ˌdemə'lɪʃən/ N démolition (f)

demon /'diːmən/ N démon (m); **he's a ~ squash player** il joue au squash comme un dieu

demonic /diː'mɒnɪk, dɪ'mɒnɪk/ ADJ démoniaque

demonstrable /'demənstrəbl/ ADJ démontrable

demonstrably /'demənstrəblɪ/ ADV manifestement

demonstrate /'demənstreɪt/ 1 VT ⓐ [+ truth, need] prouver; **to ~ that ...** prouver que ... ⓑ [+ appliance] faire une démonstration de; [+ system] expliquer; **to ~ how sth works** montrer le fonctionnement de qch; **to ~ how to do sth** montrer comment faire qch 2 VI manifester

demonstration /ˌdemən'streɪʃən/ 1 N ⓐ (= explanation) démonstration (f); **to give a ~** faire une démonstration ⓑ (= protest march) manifestation (f); **to hold a ~** manifester 2 ADJ [model, tape] de démonstration

⚠ In the political sense **demonstration** is not translated by **démonstration**.

demonstrative /dɪ'mɒnstrətɪv/ ADJ démonstratif

demonstrator /'demənstreɪtə**ʳ**/ N (on march) manifestant(e) (m(f)); (in laboratory) préparateur (m), -trice (f)

demoralize /dɪ'mɒrəlaɪz/ VT démoraliser; **to become ~d** se démoraliser

demoralizing /dɪ'mɒrəlaɪzɪŋ/ ADJ démoralisant

demote /dɪ'məʊt/ VT rétrograder

demotivate /ˌdiː'məʊtɪveɪt/ VT démotiver

demur /dɪ'mɜː**ʳ**/ VI rechigner

demure /dɪ'mjʊə**ʳ**/ ADJ [smile, girl] sage

demurely /dɪ'mjʊəlɪ/ ADV (= modestly) [smile] d'un air sage; **~ dressed (in)** sagement habillé (de)

demutualize /diː'mjuːtjʊəlaɪz/ VI démutualiser

demystify /diː'mɪstɪˌfaɪ/ VT démystifier

den /den/ N ⓐ [of lion] tanière (f); [of thieves] repaire (m); **the lion's ~** l'antre (m) du lion; **~ of iniquity** lieu (m) de perdition ⓑ (= room) antre (m)

denial /dɪ'naɪəl/ N dénégation (f); (= refusal) déni (m); [of report, accusation] démenti (m); **to issue a ~** publier un démenti; **to be in ~ about sth** refuser d'admettre qch

denier /'denɪə**ʳ**/ N denier (m)

denigrate /'denɪgreɪt/ VT dénigrer

denigration /ˌdenɪ'greɪʃən/ N dénigrement (m)

denim /'denɪm/ 1 N (toile (f) de) jean (m) 2 NPL **denims** (= jeans) jean (m)

Denmark /'denmaːk/ N Danemark (m)

denomination /dɪˌnɒmɪ'neɪʃən/ N (religious) confession (f); [of money] valeur (f)

denominational /dɪˌnɒmɪ'neɪʃənl/ ADJ confessionnel

denote /dɪ'nəʊt/ VT (= indicate) dénoter; (= mean) signifier

denounce /dɪ'naʊns/ VT [+ person, act] dénoncer (**to** à); **to ~ sb as an impostor** accuser publiquement qn d'imposture

dense /dens/ ADJ dense; (= stupid)* bouché*

densely /'denslɪ/ ADV **~ populated** à forte densité démographique; **~ wooded** très boisé

density /'densɪtɪ/ N densité (f); **double/high/single ~ diskette** disquette (f) double/haute/simple densité

dent /dent/ 1 N (in metal) bosse (f); (in wood) entaille (f); **to make a ~ in** [+ savings, budget] faire un trou dans; [+ sb's enthusiasm, confidence] ébranler 2 VT [+ hat, car] cabosser

dental /'dentl/ ADJ [treatment, school] dentaire; **a ~ appointment** un rendez-vous chez le dentiste ◆ **dental floss** N fil (m) dentaire ◆ **dental nurse** N assistant(e) (m(f)) dentaire ◆ **dental surgeon** N chirurgien (m) dentiste ◆ **dental surgery** N cabinet (m) dentaire

dentist /'dentɪst/ N dentiste (mf); **~'s chair** fauteuil (m) de dentiste; **~'s surgery** cabinet (m) dentaire; **to go to the ~** aller chez le dentiste

dentistry /'dentɪstrɪ/ N dentisterie (f); **to study ~** faire l'école dentaire

dentures /'dentʃə'z/ NPL dentier (m)

denunciation /dɪˌnʌnsɪ'eɪʃən/ N [of person, action] dénonciation (f); (in public) accusation (f) publique

Denver boot /ˌdenvə'buːt/ N (US Aut) sabot (m) (de Denver)

deny /dɪ'naɪ/ VT ⓐ (= repudiate) nier; [+ sb's authority] rejeter; **there is no ~ing it** c'est indéniable ⓑ (= refuse) **to ~ sb sth** refuser qch à qn; **to ~ sb the right to do sth** refuser à qn le droit de faire qch

deodorant /diː'əʊdərənt/ ADJ, N déodorant (m)

deodorize /diː'əʊdəraɪz/ VT désodoriser

depart /dɪ'paːt/ VI ⓐ (= go away) partir; **to be about to ~** être sur le point de partir ⓑ (= deviate) **to ~ from** s'écarter de; [+ habit, principle] faire une entorse à

department /dɪ'paːtmənt/ N (in office) service (m); [of shop, store] rayon (m); (in school) section (f); (Univ) ≈ département (m); (= government department) ministère (m); **he works in the sales ~** il travaille au service des ventes; **the shoe ~** le rayon des chaussures; **the French Department** (in school) la section de français; (University) le département de français; **gardening is my wife's ~*** le jardinage, c'est le rayon de ma femme ◆ **Department for Education and Employment** N (Brit) ≈ ministère (m) de l'Éducation et de l'Emploi ◆ **the Department of Health** N (Brit) le ministère de la Santé ◆ **department store** N grand magasin (m)

departmental /ˌdiːpaːt'mentl/ ADJ du département; (in office) du service; **a ~ meeting** une réunion du département (or du service); **~ manager** chef (m) de service

departure /dɪ'paːtʃə'/ 1 N ⓐ [of person, vehicle] départ (m); **on the point of ~** sur le point de partir ⓑ (from custom, principle) entorse (f) (**from** à); (from law) manquement (m) (**from** à); **a ~ from the norm** une exception; **a ~ from the truth** une entorse à la vérité ⓒ (= change of course, action) nouvelle orientation (f); **it's a new ~ in biochemistry** c'est une nouvelle voie qui s'ouvre pour la biochimie

2 COMP ◆ **departure board** N tableau (m) des départs ◆ **departure gate** N porte (f) d'embarquement ◆ **departure lounge** N salle (f) d'embarquement ◆ **departure time** N heure (f) de départ

depend /dɪ'pend/ IMPERS VI dépendre (**on** de); **that ~s** cela dépend; **it ~s on you whether he comes or not** il ne tient qu'à vous qu'il vienne ou non; **it ~s on whether he will do it or not** cela dépend s'il veut le faire ou non; **it ~s (on) what you mean** cela dépend de ce que vous voulez dire; **~ing on the weather** en fonction du temps; **~ing on what happens tomorrow** selon ce qui se passera demain

► **depend on** VT INSEP ⓐ (= count on) compter sur; (= be completely reliant on) se reposer sur; **you can always ~ on him** on peut toujours compter sur lui; **he ~s on her for everything** il se repose sur elle pour tout; **I'm ~ing on you to tell me what he wants** je compte sur vous pour savoir ce qu'il veut; **you can ~ on it** soyez-en sûr ⓑ (= need support or help from) dépendre de; **I'm ~ing on you for moral support** votre appui moral m'est indispensable

dependable /dɪ'pendəbl/ ADJ [person] sûr; [information, car] fiable; **he is not ~** on ne peut pas compter sur lui

dependant /dɪ'pendənt/ N personne (f) à charge

dependence /dɪ'pendəns/, **dependency** /dɪ'pendənsɪ/ N dépendance (f) (**on** à l'égard de); **~ on one's parents** dépendance (f) à l'égard de ses parents; **~ on drugs** dépendance (f) à la drogue

dependent /dɪ'pendənt/ 1 ADJ ⓐ (= reliant) [person] dépendant (**on** de); **to be (heavily) ~ on sth** dépendre (beaucoup) de qch; **to be ~ on sb to do sth** dépendre de qn pour faire qch; **drug-~** (*on illegal drugs*) toxicodépendant; (*on medical drugs*) en état de dépendance aux médicaments; **insulin-~** insulinodépendant ⓑ (*financially*) [*child, relative*] à charge; **to be financially ~ on sb** dépendre financièrement de qn ⓒ (= *contingent*) **to be ~ on sth** dépendre de qch 2 N personne (*f*) à charge

depict /dɪ'pɪkt/ VT (*in words*) dépeindre; (*in picture*) représenter

depiction /dɪ'pɪkʃən/ N (*written*) description (*f*); (*pictorial*) représentation (*f*)

depilatory /dɪ'pɪlətərɪ/ ADJ, N dépilatoire (*m*)

deplete /dɪ'pliːt/ VT réduire; **numbers were greatly ~d** les effectifs étaient très réduits

depletion /dɪ'pliːʃən/ N [*of resources, nutrients*] diminution (*f*); [*of funds*] réduction (*f*)

deplorable /dɪ'plɔːrəbl/ ADJ déplorable

deplorably /dɪ'plɔːrəblɪ/ ADV [*behave*] de façon déplorable; **a ~ low level** un niveau déplorable

deplore /dɪ'plɔː'/ VT déplorer; **to ~ the fact that ...** déplorer le fait que ...

deploy /dɪ'plɔɪ/ VT déployer

deployment /dɪ'plɔɪmənt/ N déploiement (*m*)

depopulate /,diː'pɒpjʊleɪt/ VT dépeupler; **to become ~d** se dépeupler

depopulation /'diː,pɒpjʊ'leɪʃən/ N dépeuplement (*m*); **rural ~** exode (*m*) rural

deport /dɪ'pɔːt/ VT expulser

deportation /,diːpɔː'teɪʃən/ N expulsion (*f*) ◆ **deportation order** N arrêt (*m*) d'expulsion

deportee /,diːpɔː'tiː/ N déporté(e) (*m(f)*)

deportment /dɪ'pɔːtmənt/ N maintien (*m*)

depose /dɪ'pəʊz/ VT [+ *king*] déposer; [+ *official*] destituer

deposit /dɪ'pɒzɪt/ 1 VT déposer 2 N ⓐ (*in bank*) dépôt (*m*); **to make a ~ of $50** déposer 50 dollars ⓑ (= *part payment*) acompte (*m*); (*in hire purchase = down payment*) premier versement (*m*); (*in hiring goods, renting accommodation: against damage*) caution (*f*); (*on bottle, container*) consigne (*f*); **to lose one's ~** (*Brit Politics*) perdre son cautionnement (*en obtenant un très faible score*) ⓒ [*of mineral, oil*] gisement (*m*) 3 COMP ◆ **deposit account** N (*Brit*) compte (*m*) sur livret ◆ **deposit slip** N bulletin (*m*) de versement

deposition /,diːpə'zɪʃən/ N ⓐ [*of king*] déposition (*f*); [*of official*] destitution (*f*) ⓑ (*in court*) déposition (*f*) sous serment

depositor /dɪ'pɒzɪtə'/ N déposant(e) (*m(f)*)

depot /'depəʊ/ N ⓐ (= *warehouse*) dépôt (*m*) ⓑ (= *bus terminal*) dépôt (*m*); (= *railway station*) gare (*f*); (= *bus station*) gare (*f*) routière

depravation /,deprə'veɪʃən/ N dépravation (*f*)

depraved /dɪ'preɪvd/ ADJ dépravé

depravity /dɪ'prævɪtɪ/ N dépravation (*f*)

deprecating /'deprɪkeɪtɪŋ/, **deprecatory** /'deprɪkətərɪ/ ADJ (= *disapproving*) désapprobateur (-trice (*f*)); (= *condescending*) condescendant; (= *modest*) modeste

depreciate /dɪ'priːʃɪeɪt/ 1 VT déprécier 2 VI se déprécier

depreciation /dɪ,priːʃɪ'eɪʃən/ N [*of property, car, currency*] dépréciation (*f*); [*of goods*] moins-value (*f*)

depress /dɪ'pres/ VT ⓐ [+ *person*] déprimer ⓑ [+ *lever*] abaisser ⓒ [+ *trade, prices*] faire baisser

depressed /dɪ'prest/ ADJ ⓐ [*person*] déprimé (**about** à cause de); **to feel ~** être déprimé; **to get ~** déprimer; **to become ~** faire une dépression ⓑ [*region, market, economy*] déprimé; [*industry*] en déclin; [*share price*] bas (basse (*f*))

depressing /dɪ'presɪŋ/ ADJ déprimant

depressingly /dɪ'presɪŋlɪ/ ADV **~ obvious** d'une évidence déprimante; **~ familiar** tellement familier que c'en est désespérant

depression /dɪ'preʃən/ N ⓐ (= *nervous condition*) dépression (*f*) (nerveuse); **to suffer from ~** souffrir de dépression ⓑ (= *economic slump*) dépression (*f*); **the Depression** la crise de 1929; **the country's economy was in a state**

---

of ~ l'économie du pays était en pleine dépression ⓒ (*atmospheric*) dépression (*f*) (atmosphérique)

depressive /dɪ'presɪv/ ADJ, N dépressif (*m*), -ive (*f*)

depressurization /dɪ,preʃəraɪ'zeɪʃən/ N dépressurisation (*f*)

depressurize /dɪ'preʃə,raɪz/ VT dépressuriser; (= *take strain off*) [+ *person*] faciliter la vie à

deprivation /,deprɪ'veɪʃən/ N (= *act, state*) privation (*f*); (= *loss*) perte (*f*)

deprive /dɪ'praɪv/ VT priver (**of** de); **to be ~d of sth/sb** être privé de qch/qn; **to ~ o.s. of ...** se priver de ...

deprived /dɪ'praɪvd/ ADJ défavorisé

dept ABBR = **department**

depth /depθ/ 1 N ⓐ [*of water, hole, shelf*] profondeur (*f*); [*of snow*] épaisseur (*f*); **at a ~ of three metres** à trois mètres de profondeur; **to get out of one's ~** perdre pied; **don't go out of your ~** ne va pas là où tu n'as pas pied; **I'm completely out of my ~** je nage complètement* ⓑ [*of voice*] profondeur (*f*) ⓒ [*of colour*] intensité (*f*); **in the ~ of winter** au cœur de l'hiver ⓓ [*of knowledge, feeling, sorrow*] profondeur (*f*); **a great ~ of feeling** une grande profondeur de sentiment; **there was little emotional ~ to their relationship** leurs sentiments l'un pour l'autre n'étaient pas très profonds; **to have intellectual ~** très profond; **to lack intellectual ~** manquer de profondeur; **he has no ~ of character** il manque de caractère; **in ~** en profondeur; [*examine*] en détail; **to interview sb in ~** interviewer qn longuement

2 NPL **depths**: **the ~s of the ocean** les profondeurs (*fpl*) océaniques; **in the ~s of the forest** au cœur de la forêt; **to be in the ~s of despair** être au fond du désespoir; **the country is in the ~s of recession** le pays est plongé dans une profonde récession; **I would never sink to such ~s** je ne tomberais jamais assez bas pour faire cela

deputation /,depjʊ'teɪʃən/ N délégation (*f*)

deputize /'depjʊtaɪz/ VI assurer l'intérim (**for sb** de qn)

deputy /'depjʊtɪ/ 1 N ⓐ (= *second in command*) adjoint(e) (*m(f)*); (*in business*) fondé (*m*) de pouvoir ⓑ (= *member of deputation*) délégué(e) (*m(f)*) ⓒ (*French Politics*) député (*m*) ⓓ (*US*) shérif (*m*) adjoint

2 ADJ adjoint

3 COMP ◆ **deputy chairman** N (*pl* **deputy chairmen**) vice-président (*m*) ◆ **deputy director** N sous-directeur (*m*), -trice (*f*) ◆ **deputy head** N proviseur (*m*) adjoint ◆ **deputy headmaster, deputy headmistress** N proviseur (*m*) adjoint ◆ **deputy mayor** N maire (*m*) adjoint ◆ **deputy president** N vice-président (*m*) ◆ **deputy prime minister** N vice-premier ministre (*m*) ◆ **Deputy Secretary** N (*US*) ministre (*m*) adjoint ◆ **deputy sheriff** N (*US*) shérif (*m*) adjoint

derail /dɪ'reɪl/ 1 VT faire dérailler 2 VI dérailler

derailment /dɪ'reɪlmənt/ N déraillement (*m*)

deranged /dɪ'reɪndʒd/ ADJ dérangé; **to be (mentally) ~** avoir le cerveau dérangé

Derbys. ABBR = **Derbyshire**

deregulate /diː'regjʊ,leɪt/ VT [+ *prices*] libérer; [+ *transport system*] déréglementer

deregulation /diː,regjʊ'leɪʃən/ N [*of prices*] libération (*f*); [*of transport system*] déréglementation (*f*)

derelict /'derɪlɪkt/ ADJ (= *abandoned*) abandonné; (= *ruined*) en ruines

deride /dɪ'raɪd/ VT tourner en ridicule

derision /dɪ'rɪʒən/ N dérision (*f*)

derisively /dɪ'raɪsɪvlɪ/ ADV [*speak*] d'un ton moqueur; **he laughed ~** il eut un petit rire moqueur

derisory /dɪ'raɪsərɪ/ ADJ ⓐ [*amount, offer*] dérisoire ⓑ [*smile, person*] moqueur

derivative /dɪ'rɪvətɪv/ 1 ADJ (= *not original*) peu original 2 N dérivé (*m*)

derive /dɪˈraɪv/ 1 VT [+ profit, satisfaction] tirer; [+ comfort, ideas] puiser (**from** dans); [+ name] tenir; [+ word] faire dériver; **to ~ one's happiness from ...** trouver son bonheur dans ...; **to be ~d from** venir de; [word] dériver de 2 VI **to ~ from** venir de; [power] provenir de; [word] dériver de; **it ~s from the fact that ...** cela provient du fait que ...

dermatitis /ˌdɜːməˈtaɪtɪs/ N dermatite (f)

dermatologist /ˌdɜːməˈtɒlədʒɪst/ N dermatologue (mf)

dermatology /ˌdɜːməˈtɒlədʒɪ/ N dermatologie (f)

derogatory /dɪˈrɒɡətərɪ/ ADJ [remark] désobligeant (**of, to** à); [attitude] de dénigrement

desalinate /diːˈsælɪneɪt/ VT dessaler

desalination /diːˌsælɪˈneɪʃən/ N dessalement (m) ◆ **desalination plant** N usine (f) de dessalement

descale /diːˈskeɪl/ VT détartrer

descend /dɪˈsend/ 1 VI ⓐ (= go down, come down) descendre; **in ~ing order of importance** par ordre décroissant d'importance; **to ~ into** [+ madness, chaos, anarchy] sombrer dans; **his family ~s from William the Conqueror** sa famille descend de Guillaume le Conquérant; **I'd never ~ to that level** (= lower myself to) je ne m'abaisserais pas ainsi ⓑ (= attack or arrive suddenly) faire une descente; **the moment the news was out, reporters ~ed** dès que la nouvelle a été connue, les reporters ont afflué sur les lieux; **to ~ on sb** tomber sur qn; **to ~ on a town** [reporters, tourists, army] envahir une ville; **to ~ on a building** [reporters, tourists] se précipiter vers un bâtiment

2 VT **to be ~ed from** [+ species, person] descendre de

descendant /dɪˈsendənt/ N descendant(e) (m(f))

descent /dɪˈsent/ N ⓐ (= going down) descente (f); (into crime) chute (f) ⓑ (= ancestry) origine (f); **of noble ~** de noble extraction

describe /dɪsˈkraɪb/ VT décrire; **~ what it is like** racontez comment c'est; **~ him for us** décrivez-le-nous; **she ~s herself as ordinary** elle se décrit comme quelqu'un d'ordinaire

description /dɪsˈkrɪpʃən/ N ⓐ [of person, scene, object] description (f); **he gave a ~ of what happened/how he had escaped** il a décrit ce qui s'était passé/la façon dont il s'était évadé; **police have issued a ~ of the man they are looking for** la police a diffusé le signalement de l'homme qu'elle recherche ⓑ (= sort) **beyond ~** indescriptible; **people of all ~s** des gens de toutes sortes; **I need a bag of some ~** il me faut un sac, n'importe lequel

descriptive /dɪsˈkrɪptɪv/ ADJ descriptif

desecrate /ˈdesɪkreɪt/ VT profaner

desecration /ˌdesɪˈkreɪʃən/ N profanation (f)

desegregate /diːˈsegrɪɡeɪt/ VT abolir la ségrégation raciale dans; **~d schools** écoles (fpl) où la ségrégation raciale n'est plus pratiquée

desegregation /diːˌsegrɪˈɡeɪʃən/ N déségrégation (f)

deselect /ˌdiːsɪˈlekt/ VT (Brit) [+ candidate] ne pas resélectionner

desert¹ /ˈdezət/ 1 N désert (m) 2 COMP [region, animal, plant] désertique ◆ **desert boot** N chaussure (f) montante (en daim et à lacets) ◆ **desert island** N île (f) déserte

desert² /dɪˈzɜːt/ 1 VT [+ land, cause, party] déserter; [+ spouse, family] abandonner; [+ friend] délaisser; **his courage ~ed him** son courage l'a abandonné 2 VI déserter

deserted /dɪˈzɜːtɪd/ ADJ désert

deserter /dɪˈzɜːtəʳ/ N déserteur (m)

desertion /dɪˈzɜːʃən/ N désertion (f); (by husband, mother) abandon (m) du domicile conjugal

deserts /dɪˈzɜːts/ NPL **to get one's just ~** recevoir ce que l'on mérite

deserve /dɪˈzɜːv/ VT [person, object, suggestion] mériter; **he ~s to win** il mérite de gagner; **he got what he ~d** il n'a eu que ce qu'il méritait

deservedly /dɪˈzɜːvɪdlɪ/ ADV **the film was a flop, and ~ so** ce film a fait un flop*, et c'était justifié; **~, she was awarded an Oscar** elle a reçu un Oscar bien mérité

deserving /dɪˈzɜːvɪŋ/ ADJ [person] méritant; [action, cause] louable

desiccate /ˈdesɪkeɪt/ VT dessécher ◆ **desiccated coconut** N noix (f) de coco séchée

design /dɪˈzaɪn/ 1 N ⓐ (= pattern) motif (m); **a leaf ~** un motif de feuilles ⓑ (= plan drawn in detail) [of building, machine, car] plan (m) (**of, for** de); [of dress, hat] modèle (m) (**of, for** de); **have you seen the ~s for the new cathedral?** avez-vous vu les plans de la nouvelle cathédrale? ⓒ (= way in which sth is planned and made) [of clothes] style (m); [of car, machine, building, book] conception (f); (= look) design (m); **the ~ was faulty** la conception était défectueuse; **a dress in this summer's latest ~** une robe dans le style de cet été; **the ~ of the car allows ...** la façon dont la voiture est conçue permet ... ⓓ (= completed model) modèle (m); **a new ~ of car** un nouveau modèle de voiture; **the dress is an exclusive ~ by ...** cette robe est un modèle exclusif de ... ⓔ (= subject of study) (for furniture, housing) design (m); (for clothing) stylisme (m); **industrial ~** design (m) industriel ⓕ (= intention) **to have ~s on sb/sth** avoir des visées sur qn/qch; **by ~** (= deliberately) à dessein

2 VT ⓐ (= think out) [+ object, car, model, building] concevoir; **well-~ed** bien conçu ⓑ (= draw on paper) dessiner ⓒ (= destine for particular purpose) **room ~ed as a study** pièce conçue comme cabinet de travail; **car seats ~ed for maximum safety** des sièges de voiture conçus pour une sécurité maximale; **to be ~ed for sb** (= aimed at particular person) s'adresser à qn; **a course ~ed for foreign students** un cours s'adressant aux étudiants étrangers; **to be ~ed to do sth** (= be made for sth) être conçu pour faire qch; (= be aimed at sth) être destiné à faire qch; **a peace plan ~ed to end the war** un plan de paix visant à mettre fin à la guerre

3 COMP ◆ **design and technology** N (Brit: at school) technologie (f) ◆ **design fault** N défaut (m) de conception

designate /ˈdezɪɡneɪt/ VT désigner (**as** comme, **to sth** à qch, **to do sth** pour faire qch); **he was ~d to take charge of the operations** on l'a désigné comme responsable des opérations; **these posts ~ the boundary between ...** ces poteaux marquent la limite entre ...; **this area was ~d a priority development region** cette région a été classée zone de développement prioritaire ◆ **designated driver** N **you either take a cab or you use a ~d driver** soit on prend un taxi, soit on désigne un conducteur qui ne boira pas

designer /dɪˈzaɪnəʳ/ 1 N dessinateur (m), -trice (f); (for furniture) designer (m); (for clothes) styliste (mf); (famous) grand couturier (m) 2 COMP [jeans, scarf] haute couture; [lager, mineral water] branché* ◆ **designer baby** N bébé (m) sur mesure ◆ **designer drug** N drogue (f) de synthèse

desirability /dɪˌzaɪrəˈbɪlɪtɪ/ N **that shows the ~ of reform** cela démontre que des réformes sont souhaitables

desirable /dɪˈzaɪərəbl/ ADJ [position] enviable; [offer] tentant; [person] désirable; [action, progress] souhaitable; **it is ~ that ...** il est souhaitable que ... (+ subj); **~ residence for sale** belle propriété à vendre

desire /dɪˈzaɪəʳ/ 1 N désir (m) (**for** de, **to do sth** de faire qch); **I have no ~ to do it** je n'ai nullement envie de le faire 2 VT (= want) désirer (**to do sth** faire qch); **his work leaves a lot to be ~d** son travail laisse beaucoup à désirer; **his work leaves something to be ~d** son travail laisse à désirer; **cut the fabric to the ~d length** coupez la longueur voulue de tissu; **the ~d effect** l'effet (m) voulu

desist /dɪˈzɪst/ VI cesser

desk /desk/ 1 N ⓐ (for pupil) pupitre (m); (for teacher) bureau (m); (in office, home) bureau (m); (bureau-type) secrétaire (m) ⓑ (Brit: in shop, restaurant) caisse (f); (in hotel, at airport) réception (f) 2 COMP ◆ **desk-bound** ADJ sédentaire ◆ **desk clerk** N (US) réceptionniste (mf) ◆ **desk diary** N agenda (m) de bureau ◆ **desk job** N travail (m) de bureau ◆ **desk lamp** N lampe (f) de bureau ◆ **desk pad** N bloc-notes (m)

desktop /ˈdesktɒp/ ADJ de bureau ◆ **desktop publishing** N PAO (f)

desolate /ˈdesəlɪt/ ADJ [place] désolé; [landscape, beauty] sauvage; **to feel ~** se sentir perdu

desolation /ˌdesəˈleɪʃən/ N (a) (= grief) abattement (m); [of landscape] aspect (m) désolé (b) [of country] (by war) dévastation (f)

despair /dɪsˈpeəʳ/ 1 N désespoir (m) (**about, at, over** au sujet de, **at having done sth** d'avoir fait qch); **to be in ~** être au désespoir; **to drive sb to ~** réduire qn au désespoir 2 VI (se) désespérer; **don't ~!** ne te désespère pas!; **to ~ of (doing) sth** désespérer de (faire) qch

despairing /dɪsˈpeərɪŋ/ ADJ désespéré

despairingly /dɪsˈpeərɪŋlɪ/ ADV [say] d'un ton désespéré; [think] avec désespoir; **to sigh ~** pousser un soupir de désespoir; **Emma looked ~ at Vanessa** Emma jeta à Vanessa un regard désespéré

desperate /ˈdespərɪt/ ADJ [situation, attempt, act, struggle] désespéré; [criminal] prêt à tout; **he's a ~ man** il est prêt à tout; **to resort to ~ measures** recourir à des mesures de dernière extrémité; **to do something ~** commettre un acte désespéré; **I was ~ to see my children again** je voulais à tout prix revoir mes enfants; **both countries are ~ to avoid war** les deux pays veulent à tout prix éviter la guerre; **to be ~ for sb to do sth** vouloir à tout prix que qn fasse qch; **I'm ~*** (for the lavatory) j'ai une envie pressante*

desperately /ˈdespərɪtlɪ/ ADV (a) [struggle, regret] désespérément; [say, look] avec désespoir (b) [poor, unhappy, worried] terriblement; **~ shy** d'une timidité maladive; **to be ~ ill** être très gravement malade; **to be ~ short of sth** manquer cruellement de qch (c) (= very)* **I'm not ~ happy about it** ça ne me plaît pas trop; **I'm not ~ keen** ça ne me dit pas grand-chose

desperation /ˌdespəˈreɪʃən/ N (= state) désespoir (m); **to be in ~** être au désespoir; **to drive sb to ~** pousser qn à bout; **in ~ she killed him** poussée à bout, elle l'a tué; **in sheer ~** en désespoir de cause

despicable /dɪsˈpɪkəbl/ ADJ ignoble

despicably /dɪsˈpɪkəblɪ/ ADV d'une façon ignoble

despise /dɪsˈpaɪz/ VT mépriser

despite /dɪsˈpaɪt/ PREP malgré

despondence /dɪsˈpɒndəns/, **despondency** /dɪsˈpɒndənsɪ/ N découragement (m)

despondent /dɪsˈpɒndənt/ ADJ découragé (**about** par)

despot /ˈdespɒt/ N despote (m)

dessert /dɪˈzɜːt/ N dessert (m) ◆ **dessert chocolate** N chocolat (m) à croquer ◆ **dessert plate** N assiette (f) à dessert ◆ **dessert wine** N vin (m) de dessert

dessertspoon /dɪˈzɜːtspuːn/ N (Brit) cuiller (f) à dessert

destabilization /diːˌsteɪbɪlaɪˈzeɪʃən/ N déstabilisation (f)

destabilize /diːˈsteɪbɪˌlaɪz/ VT déstabiliser

destination /ˌdestɪˈneɪʃən/ N destination (f)

destine /ˈdestɪn/ VT [+ person, object] destiner (**for** à)

destined /ˈdestɪnd/ ADJ (a) (by fate) destiné (**to** à); **they were ~ to meet again later** ils étaient destinés à se retrouver plus tard; **I was ~ never to see them again** je devais ne plus jamais les revoir (b) (= heading for) **~ for London** à destination de Londres; **a letter ~ for her** une lettre qui lui est destinée

destiny /ˈdestɪnɪ/ N destin (m); **Destiny** le destin; **it was his ~ to die in battle** il était écrit qu'il devait mourir au combat

destitute /ˈdestɪtjuːt/ ADJ sans ressources; **to be utterly ~** être dans le dénuement le plus complet

destitution /ˌdestɪˈtjuːʃən/ N dénuement (m)

destroy /dɪsˈtrɔɪ/ VT détruire; [+ dangerous animal, injured horse] abattre; [+ cat, dog] faire piquer

destroyer /dɪsˈtrɔɪəʳ/ N (= ship) destroyer (m)

destruction /dɪsˈtrʌkʃən/ N destruction (f)

destructive /dɪsˈtrʌktɪv/ ADJ destructeur (-trice (f)); **he's very ~** [child] il casse tout; **environmentally ~ projects** des

projets (mpl) destructeurs pour l'environnement; **to be ~ of the environment** détruire l'environnement

desultory /ˈdesəltərɪ/ ADJ [reading] décousu; [attempt] peu suivi; [firing, contact] irrégulier; **to have a ~ conversation** échanger des propos décousus

det. ABBR = **detective**

detach /dɪˈtætʃ/ VT détacher; **a section became ~ed from ...** un morceau s'est détaché de ...

detachable /dɪˈtætʃəbl/ ADJ amovible

detached /dɪˈtætʃt/ 1 ADJ (a) (= separate) [part, section] détaché; **~ from reality** coupé de la réalité (b) [opinion] neutre; [manner] détaché; **he seemed very ~** il paraissait très indifférent 2 COMP ◆ **detached house** N (Brit) maison (f) individuelle

detachment /dɪˈtætʃmənt/ N (= indifference) indifférence (f)

detail /ˈdiːteɪl/ 1 N détail (m); **in ~** en détail; **in great ~** dans les moindres détails; **his attention to ~** l'attention qu'il porte aux détails; **to go into ~** entrer dans les détails 2 NPL **details** (= information) renseignements (mpl); (= personal facts) coordonnées (fpl); **please send me ~s of ...** veuillez m'envoyer des renseignements sur ...; **she took down my ~s** elle a noté mes coordonnées 3 VT [+ reason, fact] exposer en détail; [+ event] raconter en détail; [+ items, objects] énumérer

detailed /ˈdiːteɪld/ ADJ détaillé; [investigation] minutieux; **the police made a ~ search of the scene of the crime** la police a passé le lieu du crime au peigne fin

detain /dɪˈteɪn/ VT retenir; **he has been ~ed at the office** il a été retenu au bureau

detainee /ˌdiːteɪˈniː/ N détenu(e) (m(f)); (political) prisonnier (m), -ière (f) politique

detect /dɪˈtekt/ VT [+ substance, gas] détecter; [+ explosive] découvrir; [+ disease] dépister; [+ sadness] déceler; **they ~ed traces of poison in the body** on a découvert des traces de poison dans le cadavre; **I thought I could ~ a note of sarcasm in his voice** j'ai cru déceler une note de sarcasme dans sa voix

detectable /dɪˈtektəbl/ ADJ détectable

detection /dɪˈtekʃən/ N [of criminal, secret] découverte (f); [of gas, mines] détection (f); [of illness] dépistage (m); **to escape ~** [criminal] échapper aux recherches; [mistake] passer inaperçu

detective /dɪˈtektɪv/ N policier (m) (en civil); (= private detective) détective (m) (privé) ◆ **detective story** N roman (m) policier ◆ **detective work** N investigations (fpl); **a bit of ~ work** quelques investigations

detector /dɪˈtektəʳ/ N détecteur (m)

detention /dɪˈtenʃən/ N [of criminal, spy] détention (f); (at school) retenue (f); **to give a pupil two hours' ~** donner à un élève deux heures de retenue ◆ **detention centre, detention home** (US) N centre (m) de détention pour mineurs; (for illegal immigrants) centre (m) de rétention

deter /dɪˈtɜːʳ/ VT (= prevent) dissuader; (= discourage) décourager; **don't let the weather ~ you** ne vous laissez pas arrêter par le temps

detergent /dɪˈtɜːdʒənt/ ADJ, N détergent (m)

deteriorate /dɪˈtɪərɪəreɪt/ VI se dégrader; **his schoolwork is deteriorating** son travail scolaire est de moins en moins bon

deterioration /dɪˌtɪərɪəˈreɪʃən/ N détérioration (f); **the ~ of his health** la dégradation de son état de santé

determination /dɪˌtɜːmɪˈneɪʃən/ N détermination (f); **an air of ~** un air résolu

determine /dɪˈtɜːmɪn/ VT (a) (= fix) déterminer; [+ date, price] fixer (b) (= resolve) se déterminer (**to do sth** à faire qch); (= cause to decide) [+ person] décider (**to do sth** à faire qch)

determined /dɪˈtɜːmɪnd/ ADJ [person, appearance] déterminé; **to make ~ efforts to do sth** faire un gros effort pour faire qch; **to make a ~ attempt to do sth** faire un gros effort pour faire qch; **to be ~ to do sth** être bien décidé à faire qch ; **to be ~ that ...** être bien décidé à ce que ... (+ *subj*)

determinedly /dɪˈtɜ:mɪndlɪ/ ADV [*say*] d'un ton déterminé ; [*try*] résolument ; [*walk, stride*] d'un pas résolu

determining /dɪˈtɜ:mɪnɪŋ/ ADJ déterminant

deterrent /dɪˈterənt/ N moyen (*m*) dissuasif ; (*military*) force (*f*) de dissuasion ; **to act as a ~** exercer un effet dissuasif

detest /dɪˈtest/ VT détester ; **to ~ doing sth** détester faire qch

detestable /dɪˈtestəbl/ ADJ détestable

detonate /ˈdetəneɪt/ 1 VI détoner 2 VT faire exploser

detonation /ˌdetəˈneɪʃən/ N détonation (*f*)

detonator /ˈdetəneɪtəʳ/ N détonateur (*m*)

detour /ˈdi:ˌtʊəʳ/ N détour (*m*) ; (*for traffic*) déviation (*f*)

detox* /ˈdi:tɒks/ N désintoxication (*f*)

detoxification /diːˌtɒksɪfɪˈkeɪʃən/ N désintoxication (*f*)
♦ **detoxification centre** N centre (*m*) de désintoxication
♦ **detoxification programme** N cure (*f*) de désintoxication

detract /dɪˈtrækt/ VI **to ~ from** [+ *quality, merit*] diminuer ; [+ *reputation*] porter atteinte à

detractor /dɪˈtræktəʳ/ N détracteur (*m*), -trice (*f*)

detriment /ˈdetrɪmənt/ N **to the ~ of** au détriment de ; **without ~ to** sans préjudice pour

detrimental /ˌdetrɪˈmentl/ ADJ nuisible ; **to have a ~ effect on sb/sth** nuire à qn/qch ; **to be ~ to sth** nuire à qch ; **this could have a ~ effect** cela pourrait avoir un effet néfaste

Deutschmark /ˈdɔɪtʃmɑːk/ N mark (*m*)

devaluation /ˌdiːvæljʊˈeɪʃən/ N dévaluation (*f*)

devalue /ˈdiːˈvælju:/ VT dévaluer

devastate /ˈdevəsteɪt/ VT [+ *town, land*] dévaster ; [+ *opponent, opposition*] anéantir

devastated /ˈdevəsteɪtɪd/ ADJ **he was absolutely ~ when he heard the news** cette nouvelle l'a complètement anéanti

devastating /ˈdevəsteɪtɪŋ/ ADJ [*war, attack, storm, effect*] dévastateur (-trice (*f*)) ; [*consequence, result, loss*] désastreux ; [*news, reply*] accablant ; [*wit, charm*] irrésistible ; **to have a ~ effect (on sb/sth)** avoir un effet dévastateur (sur qn/qch) ; **with ~ effect** avec un effet dévastateur ; **a ~ blow** un coup fatal

devastation /ˌdevəˈsteɪʃən/ N dévastation (*f*)

develop /dɪˈveləp/ 1 VT ⓐ [+ *mind, body, business, skill*] développer ⓑ (= *change and improve*) [+ *region, area*] aménager ; **this land is to be ~ed** on va construire sur ce terrain ⓒ [+ *habit, illness*] contracter ; [+ *symptoms*] présenter ; **to ~ a taste for sth** prendre goût à qch ; **to ~ a talent for** montrer du talent pour ; **to ~ a tendency to** manifester une tendance à

2 VI se développer ; [*problem*] surgir ; [*talent*] s'épanouir ; [*friendship*] s'établir ; [*jealousy*] s'installer ; [*situation*] évoluer ; **to ~ into** devenir

developed /dɪˈveləpt/ ADJ [*economy, country*] développé

developer /dɪˈveləpəʳ/ N (= *property developer*) promoteur (*m*)

developing /dɪˈveləpɪŋ/ 1 ADJ [*country*] en voie de développement 2 N [*of photos*] développement (*m*) ; **"~ and printing"** « développement et tirage »

development /dɪˈveləpmənt/ N ⓐ (= *act of developing*) développement (*m*) ⓑ (= *event*) fait (*m*) nouveau ; **there have been no ~s** il n'y a pas eu d'élément nouveau ; **the latest ~** les derniers développements ; **an unexpected ~** un rebondissement ⓒ (= *building complex*) **an industrial ~** une zone industrielle ; **housing ~** [*of houses*] lotissement (*m*) ; [*of blocks of flats*] cité (*f*) ; **shopping ~** centre (*m*) commercial ; **office ~** immeuble(s) (*m(pl)*) de bureaux

deviance /ˈdiːvɪəns/ N déviance (*f*)

deviant /ˈdiːvɪənt/ ADJ, N déviant(e) (*m(f)*)

deviate /ˈdiːvɪeɪt/ VI (*from truth, former statement*) dévier ; **to ~ from the norm** s'écarter de la norme

deviation /ˌdiːvɪˈeɪʃən/ N déviation (*f*)

device /dɪˈvaɪs/ N ⓐ (= *gadget*) appareil (*m*) ; (*Computing*) dispositif (*m*) ; **(explosive) ~** engin (*m*) (explosif) ⓑ **to be left to one's own ~s** être livré à soi-même ; **left to his own ~s, he'd never have finished** par lui-même, il n'aurait jamais fini

devil /ˈdevl/ 1 N ⓐ diable (*m*) ; **the Devil** le Diable ⓑ (*in exclamations*)* **poor ~!** pauvre diable ! ; **he's a little ~!** c'est un petit démon ! ; **he's a stubborn ~!** il est sacrément* entêté ! ; **you little ~!** petit monstre ! ; **go on, be a ~!** vas-y, vis dangereusement ! ; **why the ~ didn't you say so?** pourquoi diable ne l'as-tu pas dit ? ; **how the ~ would I know?** comment voulez-vous que je sache ? ; **where the ~ is he?** où diable peut-il être ? ; **who the ~ are you?** qui diable êtes-vous ? ; **there will be the ~ to pay** ça va barder* ⓒ (*phrases*) **speak of the ~!** quand on parle du loup (on en voit la queue) ! ; **to play the ~'s advocate** se faire l'avocat du diable ; **he has the luck of the ~*** il a une veine de cocu**

2 COMP ♦ **devil-may-care** ADJ insouciant ♦ **devil's food cake** N (*US*) gâteau au chocolat

devilish /ˈdevlɪʃ/ ADJ diabolique

devious /ˈdiːvɪəs/ ADJ [*means*] détourné ; [*person, behaviour, mind*] retors

devise /dɪˈvaɪz/ VT [+ *scheme, style*] concevoir ; [+ *plotline*] imaginer ; **of his own devising** de son invention

devoid /dɪˈvɔɪd/ ADJ **~ of** [+ *charm, talent, qualities, imagination*] dépourvu de ; [+ *compassion, good sense, humour, interest, meaning*] dénué de

devolution /ˌdiːvəˈluːʃən/ N décentralisation (*f*)

devolve /dɪˈvɒlv/ 1 VI [*duty, responsibility*] incomber (**on, upon** à) 2 VT [+ *power, responsibility, authority*] déléguer (**to** à)

devote /dɪˈvəʊt/ VT [+ *time, life, book, resources*] consacrer (**to** à) ; **to ~ o.s. to** se consacrer à ; **the money ~d to education** l'argent consacré à l'éducation

devoted /dɪˈvəʊtɪd/ ADJ ⓐ [*husband, mother, friend*] dévoué ; [*friendship*] profond ; [*follower*] fidèle ; **to be a ~ admirer of sb** être un fervent admirateur de qn ; **to be ~ to sb** être dévoué à qn ; **to be ~ to sth** être fidèle à qch ; **they are ~ to one another** ils sont très attachés l'un à l'autre ⓑ **~ to** (= *concerned with*) consacré à ; **a museum ~ to ecology** un musée consacré à l'écologie

devotee /ˌdevəʊˈtiː/ N [*of doctrine, theory*] partisan(e) (*m(f)*) ; [*of religion*] adepte (*mf*) ; [*of sport, music, poetry*] passionné(e) (*m(f)*)

devotion /dɪˈvəʊʃən/ N (*to duty, work*) dévouement (*m*) (**to** à) ; (*to friend*) profond attachement (*m*) (**to** pour) ; (*religious*) dévotion (*f*)

devour /dɪˈvaʊəʳ/ VT dévorer

devout /dɪˈvaʊt/ ADJ ⓐ (= *pious*) pieux ; [*faith*] dévot ; [*prayer, attention, hope*] fervent ⓑ [*supporter, opponent*] fervent

dew /djuː/ N rosée (*f*)

dexterity /deksˈterɪtɪ/ N dextérité (*f*) ; (*intellectual*) habileté (*f*) ; **verbal ~** éloquence (*f*)

DF /diːˈef/ N (ABBR = **direction finder**) radiogoniomètre (*m*)

DFC /ˌdiːefˈsiː/ N (ABBR = **Distinguished Flying Cross**) médaille décernée aux aviateurs militaires

DfEE N (*Brit*) (ABBR = **Department for Education and Employment**) ≈ ministère (*m*) de l'Éducation et du Travail

DG N (ABBR = **director general**) directeur (*m*) général

DH /diːˈeɪtʃ/ N (*Brit*) (ABBR = **Department of Health**) ministère (*m*) de la Santé

DI /diːˈaɪ/ N ⓐ (ABBR = **Donor Insemination**) insémination (*f*) artificielle ⓑ (*Brit Police*) (ABBR = **Detective Inspector**) ≈ inspecteur (*m*), -trice (*f*) (de police) principal(e)

diabetes /ˌdaɪəˈbiːtiːz/ N diabète (*m*) ; **to have ~** avoir du diabète

diabetic /ˌdaɪə'betɪk/ 1 N diabétique (mf) 2 ADJ (a) [person] diabétique (b) [chocolate, jam] pour diabétiques

diabolical /ˌdaɪə'bɒlɪkəl/ ADJ diabolique; **we had ~ weather*** il a fait un temps atroce

diagnose /'daɪəgnəʊz/ VT diagnostiquer; **his illness was ~d as bronchitis** on a diagnostiqué une bronchite

diagnosis /ˌdaɪəg'nəʊsɪs/ N (pl **diagnoses** /ˌdaɪəg'nəʊsiːz/) diagnostic (m)

diagonal /daɪ'ægənl/ N diagonale (f)

diagonally /daɪ'ægənəlɪ/ ADV [write, cross, cut, fold] en diagonale; [park] en épi; **the bank is ~ opposite the church, on the right** par rapport à l'église, la banque est de l'autre côté de la rue, sur la droite

diagram /'daɪəgræm/ N diagramme (m); **as shown in the ~** comme le montre le diagramme

dial /'daɪəl/ 1 N cadran (m) 2 VT [+ number] composer; **you need to ~ 336 1295** il faut composer le 336 1295; **to ~ 999** (Brit) ≈ appeler police-secours 3 COMP ◆ **dial code** N (US) indicatif (m) ◆ **dial tone** N (US) tonalité (f)

dialect /'daɪəlekt/ N dialecte (m)

dialling, dialing (US) /'daɪəlɪŋ/ N composition (f) d'un numéro (de téléphone) ◆ **dialling code** N (Brit) indicatif (m) ◆ **dialling tone** N (Brit) tonalité (f)

dialogue, dialog (US) /'daɪəlɒg/ N dialogue (m) ◆ **dialog box** N boîte (f) de dialogue

dialysis /daɪ'æləsɪs/ N dialyse (f) ◆ **dialysis machine** N rein (m) artificiel

diameter /daɪ'æmɪtəʳ/ N diamètre (m); **the circle is one metre in ~** le cercle a un mètre de diamètre

diametrically /ˌdaɪə'metrɪkəlɪ/ ADV **~ opposed** diamétralement opposé (**to** à)

diamond /'daɪəmənd/ 1 N (a) (= stone) diamant (m) (b) (= shape) losange (m) (c) (Cards) carreau (m); **the ace of ~s** l'as de carreau (d) (Baseball) terrain (m) 2 ADJ [necklace, ring] de diamant(s) 3 COMP ◆ **diamond wedding** N noces (fpl) de diamant

diaper /'daɪəpəʳ/ N (US) couche (f) (de bébé)

diaphragm /'daɪəfræm/ N diaphragme (m)

diarrhoea, diarrhea (US) /ˌdaɪə'riːə/ N diarrhée (f); **to have ~** avoir la diarrhée

diary /'daɪərɪ/ N (= record of events) journal (m) (intime); (for engagements) agenda (m); **to keep a ~** tenir un journal; **I've got it in my ~** je l'ai noté sur mon agenda

dice /daɪs/ 1 N (pl inv) dé (m); **to play ~** jouer aux dés; **no ~!** pas question! 2 VI **he was dicing with death** il jouait avec la mort 3 VT [+ vegetables, meat] couper en dés

dicey* /'daɪsɪ/ ADJ (Brit) risqué

dichotomy /dɪ'kɒtəmɪ/ N dichotomie (f)

dick** /dɪk/ N (= penis) bite** (f)

Dickensian /dɪ'kenzɪən/ ADJ à la Dickens

dickhead** /'dɪkhed/ N tête (f) de nœud**

Dictaphone® /'dɪktəfəʊn/ N dictaphone® (m)

dictate 1 VT dicter; **common sense ~s that ...** le bon sens veut que ...

2 VI (a) dicter; **she spent the morning dictating to her secretary** elle a passé la matinée à dicter des lettres à sa secrétaire

(b) (= order about) **to ~ to sb** imposer sa volonté à qn; **I won't be ~d to!** je n'ai pas d'ordres à recevoir!

3 NPL **dictates** [of party] consignes (fpl); [of fashion] impératifs (m(pl)); **the ~s of conscience** la voix de la conscience; **the ~s of reason** ce que dicte la raison

> ★ Lorsque **dictate** est un verbe, l'accent tombe sur la deuxième syllabe: /dɪk'teɪt/, lorsque c'est un nom, sur la première: /'dɪkteɪt/.

dictation /dɪk'teɪʃən/ N (in school, office) dictée (f)

dictator /dɪk'teɪtəʳ/ N dictateur (m)

dictatorial /ˌdɪktə'tɔːrɪəl/ ADJ [person] tyrannique

dictatorship /dɪk'teɪtəʃɪp/ N dictature (f)

diction /'dɪkʃən/ N (= pronunciation) diction (f); **his ~ is very good** il a une très bonne diction

dictionary /'dɪkʃənrɪ/ N dictionnaire (m); **French ~** dictionnaire (m) de français; **English-French ~** dictionnaire (m) anglais-français

did /dɪd/ VB pt of **do**

didactic /dɪ'dæktɪk/ ADJ didactique

diddle* /'dɪdl/ VT (Brit = cheat) rouler*; **you've been ~d** tu t'es fait rouler*; **to ~ sb out of sth** carotter* qch à qn; **he ~d me out of £30** il m'a roulé de 30 livres*

didn't /'dɪdənt/ (ABBR = **did not**) → **do**

Dido /'daɪdəʊ/ N Didon (f)

die /daɪ/ 1 VI (a) [person, animal, plant] mourir; [engine] caler; **doctors told him he was dying** les médecins lui ont dit qu'il était condamné; **he ~d six months ago** il est décédé il y a six mois; **he ~d last night** il s'est éteint hier soir; **to ~ of cancer** mourir du cancer; **to ~ of hunger/cold** mourir de faim/froid; **to ~ from one's injuries** mourir des suites de ses blessures; **to ~ of a broken heart** mourir de chagrin; **I almost ~d of shame** j'étais mort de honte; **we nearly ~d of boredom** on s'ennuyait à mourir; **he ~d a hero** il est mort en héros; **he ~d happy** (= died in peace) il est mort heureux; **never say ~!*** il ne faut jamais désespérer!; **I'd rather ~!** plutôt mourir!; **I nearly ~d!** (lit) j'ai failli mourir!; (of embarrassment)* j'étais mort de honte!; **a car to ~ for*** une voiture de rêve; **it's to ~ for!*** ça me fait craquer!*

(b) (= long) **to be dying to do sth** mourir d'envie de faire qch; **I'm dying for a cup of coffee** j'ai une envie folle de boire une tasse de café; **she was dying for him to kiss her** elle n'attendait qu'une chose: qu'il l'embrasse

(c) (= die out) [fire, love, memory] mourir; [custom, language] disparaître; [sound] s'éteindre; **her smile ~d on her lips** son sourire s'est évanoui; **the secret ~d with him** il a emporté le secret dans la tombe; **to ~ hard** [tradition, attitude, prejudice] avoir la vie dure

2 VT **to ~ a violent death** mourir de mort violente; **to ~ a lingering death** mourir d'une mort lente; **to ~ a painful death** mourir dans la souffrance

3 N (pl **dice** /daɪs/) dé (m); **the ~ is cast** les dés sont jetés

► **die away** VI [sound, voice, laughter] s'éteindre; **his footsteps ~d away** le bruit de ses pas s'est éteint

► **die down** VI [emotion, protest] se calmer; [wind] tomber; [fire] s'éteindre; [noise] diminuer; [applause] cesser; [violence, conflict] s'atténuer

► **die off** VI mourir les uns après les autres

► **die out** VI [species, family] s'éteindre; [custom] disparaître; **to be dying out** [species, tribe] être en voie d'extinction; [custom] être en train de disparaître

diehard /'daɪhɑːd/ 1 N (= one who resists to the last) jusqu'au-boutiste (mf); (= opponent of change) conservateur (m), -trice (f); (= obstinate politician) réactionnaire (mf) 2 ADJ intransigeant; [politician] réactionnaire

diesel /'diːzəl/ N (= fuel) gazole (m); **it's a ~** (= car) c'est une diesel ◆ **diesel engine** N (in car) moteur (m) diesel; (= locomotive) motrice (f) ◆ **diesel fuel, diesel oil** N gazole (m)

diet /'daɪət/ 1 N (a) (= restricted food) régime (m); **to be/go on a ~** être/se mettre au régime; **he's on a special ~** il suit un régime spécial (b) (= customary food) alimentation (f); **to live on a ~ of** (= eat) se nourrir de; **she lives on a constant ~ of TV soap operas** elle passe son temps à regarder des feuilletons à la télévision 2 VI suivre un régime

dietary /'daɪətərɪ/ ADJ **~ habits** habitudes (fpl) alimentaires; **~ fibre** fibres (fpl) alimentaires; **~ supplement** complément (m) diététique

dietician /ˌdaɪə'tɪʃən/ N diététicien(ne) (m(f))

differ /'dɪfəʳ/ VI (a) (= be different) différer (**from** de) (b) (= disagree) ne pas être d'accord (**from sb** avec qn, **about sth** sur qch); **they ~ in their approach to the problem** ils se distinguent dans leur manière d'appréhender le problème; **I beg to ~** permettez-moi de ne pas partager cette opinion

difference /ˈdɪfrəns/ N ⓐ (= *dissimilarity*) différence *(f)* (in de) ; **that makes a big ~ to me** c'est très important pour moi ; **to make a ~ in sth** changer qch ; **that makes all the ~** ça change tout ; **what ~ does it make?** quelle différence (cela fait-il) ? ; **what ~ does it make if ...?** qu'est-ce que ça peut faire que ... (+ *subj*) ? ; **it makes no ~** ça ne change rien ; **it makes no ~ to me** ça m'est égal ; **for all the ~ it makes** pour ce que ça change ; **it makes no ~ what colour your car is** peu importe la couleur de votre voiture ; **same ~!*** c'est du pareil au même !* ; **a car with a ~** une voiture pas comme les autres* ; **~ of opinion** divergence *(f)* d'opinions ⓑ (= *quarrel*) différend *(m)*

different /ˈdɪfrənt/ 1 ADJ différent (**from, to, (US) than** de) ; **London is ~ from other cities** Londres est différente des autres villes ; **go and put on a ~ tie** va mettre une autre cravate ; **I feel a ~ person** je me sens revivre ; **that's quite a ~ matter** c'est tout autre chose ; **he wants to be ~** il veut se singulariser ; **do you like my shirt? — well, it's ~!** tu l'aimes bien ma chemise ? — eh bien, elle n'est pas ordinaire !

2 ADV (tout) autrement ; **this time everything turned out ~** cette fois, les choses se sont passées tout autrement ; **she believes this, but I know ~** c'est ce qu'elle croit mais je sais qu'il n'en est rien ; **children behave like that because they don't know any ~*** les enfants se comportent ainsi parce qu'ils ignorent que ça ne se fait pas ; **to me things seemed normal because I didn't know any ~*** les choses me semblaient normales car je ne savais pas que ça pouvait être différent

differential /ˌdɪfəˈrenʃəl/ 1 ADJ différentiel 2 N écart *(m)* ; **pay ~** écart *(m)* de salaire

differentiate /ˌdɪfəˈrenʃɪeɪt/ 1 VI faire la différence ; **he cannot ~ between red and green** il ne fait pas la différence entre le rouge et le vert ; **in his article he ~s between ...** dans son article, il fait la distinction entre ... 2 VT [+ *people, things*] différencier (**from** de)

differently /ˈdɪfrəntlɪ/ ADV ⓐ différemment (**from** de) ; **she was never treated ~ from the men** on ne l'a jamais traitée différemment des hommes ; **he thinks ~ from you** il ne pense pas comme vous ⓑ **~ shaped** (= *of various shapes*) de différentes formes ; (= *having other shapes*) de formes différentes ⓒ (*in politically correct language*) **~ abled** handicapé

difficult /ˈdɪfɪkəlt/ ADJ ⓐ difficile ; **there's nothing ~ about it** ça n'a rien de difficile ; **to find it ~ to do sth** avoir du mal à faire qch ; **the climate makes it ~ to grow crops** le climat rend les cultures difficiles ; **he's ~ to get on with** il est difficile à vivre ; **it is ~ to see what they could have done** on voit mal ce qu'ils auraient pu faire ; **the ~ thing is knowing where to start** le plus difficile est de savoir par où commencer ⓑ [*person, child*] difficile ; **come on now, don't be ~!** allez, ne fais pas d'histoire !

difficulty /ˈdɪfɪkəltɪ/ N difficulté *(f)* ; **she has ~ walking** elle marche avec difficulté ; **to make difficulties for sb** créer des difficultés à qn ; **to get into difficulties** se trouver en difficulté ; **to be in financial difficulties** avoir des ennuis d'argent ; **he's having difficulties with his wife** il a des problèmes avec sa femme

diffidence /ˈdɪfɪdəns/ N manque *(m)* de confiance en soi

diffident /ˈdɪfɪdənt/ ADJ [*smile*] embarrassé ; **to be ~** [*person*] manquer de confiance en soi ; **to be ~ about doing sth** hésiter à faire qch (par timidité)

diffidently /ˈdɪfɪdəntlɪ/ ADV [*speak, ask*] d'un ton mal assuré ; [*behave*] avec timidité

diffuse /dɪˈfjuːz/ 1 VT diffuser ; **~d lighting** éclairage *(m)* indirect 2 VI se diffuser

dig /dɪg/ (*vb: pret, ptp* **dug**) 1 N ⓐ (*with hand/elbow*) coup *(m)* de poing/de coude ; **to give sb a ~ in the ribs** donner un coup de coude dans les côtes de qn ⓑ (= *sly comment*) pique *(f)* ; **to have a ~ at sb** lancer une pique à qn ; **was that a ~ at me?** c'est à moi que ça s'adresse ? ⓒ (*archaeological*) fouilles *(fpl)* ; **to go on a ~** aller faire des fouilles

2 VT ⓐ creuser ; (*with spade*) bêcher ; [+ *potatoes*] arracher ⓑ [+ *fork, pencil*] enfoncer ; **to ~ sb in the ribs** donner un coup de coude dans les côtes de qn ⓒ (*US*) †‡ (= *understand*) piger* ; (= *take notice of*) viser* ; **you ~?** tu piges ?* ; **I ~ that!** (= *enjoy*) ça me botte !*

3 VI ⓐ [*dog*] fouiller ; [*person*] creuser ⓑ **to ~ in one's pockets for sth** (*searching for sth*) fouiller dans ses poches pour trouver qch ; **to ~ into one's purse** (= *spend money*) (*for oneself*) piocher dans ses économies ; (*to help other people*) mettre la main au porte-monnaie

► **dig in** 1 VI (= *eat*)* attaquer* ; **~ in!** allez-y, n'attendez pas ! 2 VT SEP (= *push in*) [+ *blade, knife*] enfoncer ; **to ~ one's heels in** se braquer ; **to ~ the knife in** remuer le couteau dans la plaie

► **dig into** VT INSEP [+ *sb's past*] fouiller dans ; (= *eat*)* attaquer*

► **dig out** VT SEP [+ *tree, plant*] déterrer ; [+ *animal*] déloger ; [+ *facts, information*] dénicher ; **to ~ sb out of the rubble** sortir qn des décombres ; **where did he ~ out* that old jacket?** où a-t-il été dénicher ce vieux blouson ?

► **dig up** VT SEP [+ *weeds, vegetables*] arracher ; [+ *treasure, body*] déterrer ; [+ *earth*] retourner ; [+ *garden*] bêcher ; [+ *fact, solution*] dénicher ; **where did she ~ him up?*** où est-ce qu'elle a trouvé ce mec ?*

digest /daɪˈdʒest/ 1 VT [+ *food, idea*] digérer ; **this kind of food is not easy to ~** ce genre de nourriture est un peu indigeste 2 VI digérer

digestible /dɪˈdʒestəbl/ ADJ digeste

digestion /dɪˈdʒestʃən/ N digestion *(f)*

digestive /dɪˈdʒestɪv/ 1 ADJ digestif 2 N (*Brit* = *digestive biscuit*) ≈ sablé *(m)*

digger /ˈdɪgəʳ/ N (= *machine*) pelleteuse *(f)*

digit /ˈdɪdʒɪt/ N ⓐ (= *number*) chiffre *(m)* ; **inflation is in three ~s** l'inflation atteint les trois chiffres ⓑ (= *finger*) doigt *(m)* ; (= *toe*) orteil *(m)*

digital /ˈdɪdʒɪtl/ 1 ADJ numérique ; [*tape, recorder*] audionumérique ; [*watch*] à affichage numérique 2 COMP
♦ **digital camera** N appareil *(m)* (photo) numérique
♦ **digital TV, digital television** N télévision *(f)* numérique

dignified /ˈdɪgnɪfaɪd/ ADJ [*person, manner, silence*] digne

dignitary /ˈdɪgnɪtərɪ/ N dignitaire *(m)*

dignity /ˈdɪgnɪtɪ/ N dignité *(f)* ; **he thinks that's beneath his ~** il se croit au-dessus de ça ; **it would be beneath his ~ to do such a thing** il s'abaisserait en faisant une chose pareille ; **he was allowed to die with ~** on lui a permis de mourir dans la dignité

digress /daɪˈgres/ VI faire une digression ; **... but I ~ ...** mais je m'écarte du sujet

digression /daɪˈgreʃən/ N digression *(f)*

dike /daɪk/ N = **dyke**

dilapidated /dɪˈlæpɪdeɪtɪd/ ADJ [*house*] délabré ; **in a ~ state** dans un état de délabrement

dilate /daɪˈleɪt/ 1 VT dilater 2 VI (= *expand*) se dilater

dilemma /daɪˈlemə/ N dilemme *(m)* ; **to be in a ~** être pris dans un dilemme

diligence /ˈdɪlɪdʒəns/ N zèle *(m)*

diligent /ˈdɪlɪdʒənt/ ADJ [*student, work*] appliqué ; [*search*] minutieux ; **to be ~ in doing sth** faire qch avec zèle

dill /dɪl/ N aneth *(m)*

dillydally /ˈdɪlɪdælɪ/ VI (= *dawdle*) lambiner* ; (= *fritter time away*) musarder ; (= *vacillate*) tergiverser

dilute /daɪˈluːt/ 1 VT [+ *liquid*] diluer ; [+ *sauce*] délayer ; **"~ to taste"** « à diluer selon votre goût » 2 ADJ dilué

dim /dɪm/ 1 ADJ ⓐ [*light, lamp*] faible ; [*place, prospects*] sombre ⓑ [*shape, outline*] imprécis ; [*memory*] vague ⓒ (*Brit* = *stupid*)* bouché* 2 VT ⓐ (= *turn down*) [+ *light*] baisser ; **to ~ the lights** baisser les lumières ; **to ~ the headlights** (*US*) se mettre en code(s) ⓑ [+ *colours, metals, beauty*] ternir ; [+ *memory, outline*] effacer ; [+ *mind, senses*] affaiblir 3 VI (= *grow dim*) ⓐ [*light*] baisser ⓑ [*metal, beauty*] se ternir ; [*colours, outlines, memory*] s'estomper 4 COMP
♦ **dim-witted*** ADJ idiot

dime /daɪm/ N (pièce (f) de) dix cents ; **it's not worth a ~*** (US) cela ne vaut pas un clou* ; **they're a ~ a dozen*** il y en a à la pelle*

dimension /daɪˈmenʃən/ N dimension (f)

diminish /dɪˈmɪnɪʃ/ 1 VT [+ strength, power, effect] diminuer ; [+ numbers, cost, speed] réduire ; [+ enthusiasm, optimism] tempérer 2 VI diminuer

diminished /dɪˈmɪnɪʃt/ ADJ [strength, power] amoindri ; [capacity, cost, numbers, resources] réduit ; [enthusiasm, optimism] tempéré ; [reputation] terni ♦ **diminished responsibility** N responsabilité (f) atténuée

diminutive /dɪˈmɪnjʊtɪv/ 1 ADJ minuscule 2 N diminutif (m)

dimly /ˈdɪmlɪ/ ADV ⓐ [shine] faiblement ; **~ lit** mal éclairé ⓑ [see, hear, recollect] vaguement ; **I was ~ aware that someone was talking to me** j'étais vaguement conscient que quelqu'un me parlait

dimmer /ˈdɪməʳ/ N ⓐ (= dimmer switch) variateur (m) (de lumière) ⓑ **~s** (US) (= dipped headlights) codes (mpl) ; (= parking lights) feux (mpl) de position

dimple /ˈdɪmpl/ N (in chin, cheek) fossette (f)

dimwit /ˈdɪmwɪt/ N crétin(e)* (m(f))

din /dɪn/ N vacarme (m) ; **to make a ~*** faire du boucan*

dine /daɪn/ VI dîner (on de) ♦ **dining car** N (Brit) wagon-restaurant (m) ♦ **dining hall** N réfectoire (m) ♦ **dining room** N salle (f) à manger ; (in hotel) salle (f) de restaurant ► **dine out** VI dîner au restaurant

diner /ˈdaɪnəʳ/ N ⓐ (= person) dîneur (m), -euse (f) ⓑ (US) petit restaurant (m)

dinghy /ˈdɪŋgɪ/ N petit canot (m) ; (collapsible) canot (m) pneumatique ; (= sailing dinghy) dériveur (m)

dingy /ˈdɪndʒɪ/ ADJ sombre et miteux

dinner /ˈdɪnəʳ/ 1 N (= evening meal) dîner (m) ; (= lunch) déjeuner (m) ; **have you given the dog his ~?** tu as donné à manger au chien ? ; **he was having his ~** (in evening) il était en train de dîner ; (at midday) il était en train de déjeuner ; **we're having been given to ~** nous avons du monde à dîner ; **~'s ready!** le dîner est prêt ! ; **we had a good ~** nous avons bien dîné ; **to go out to ~** dîner au restaurant ; (at friends) dîner chez des amis

2 COMP ♦ **dinner jacket** N (Brit) smoking (m) ♦ **dinner lady** N (Brit) femme (f) de service (à la cantine) ♦ **dinner money** N (Brit) argent (m) pour la cantine ♦ **dinner party** N dîner (m) (sur invitation) ; **to give a ~ party** donner un dîner ♦ **dinner plate** N grande assiette (f) ♦ **dinner service** N service (m) de table ♦ **dinner table** N **at the ~ table** pendant le dîner ♦ **dinner time** N **at ~ time** à l'heure du dîner ; **it's ~ time** c'est l'heure de dîner

dinosaur /ˈdaɪnəsɔːʳ/ N dinosaure (m)

dint /dɪnt/ N **by ~ of (doing) sth** à force de (faire) qch

diocese /ˈdaɪəsɪs/ N diocèse (m)

dioxide /daɪˈɒksaɪd/ N dioxyde (m)

dioxin /daɪˈɒksɪn/ N dioxine (f)

DIP /dɪp/ N (Computing) (ABBR = **Dual-In-Line Package**) **~ switch** commutateur (m) en boîtier DIP

dip /dɪp/ 1 VT ⓐ (into liquid) tremper ; [+ spoon] plonger ; **walnuts ~ped in chocolate** noix (fpl) enrobées de chocolat ; **~ the meat in flour** farinez la viande ⓑ **to ~ one's headlights** (Brit) se mettre en codes

2 VI [ground, road] descendre ; [temperature, prices] baisser ; **the sun ~ped below the horizon** le soleil a disparu à l'horizon

♦ **to dip into** : **it's the sort of book you can ~ into** c'est le genre de livre dans lequel on peut se plonger quand on en a envie ; **to ~ into one's savings** puiser dans ses économies

3 N ⓐ (= swim) **to have a quick ~*** faire trempette* ⓑ (in ground) déclivité (f) ; (in prices, unemployment, temperature) fléchissement (m) ⓒ (= sauce) sauce (f) froide (dans laquelle on trempe des crudités, des chips) ; **avocado ~** purée (f) d'avocat

4 COMP ♦ **dipped headlights** NPL feux (mpl) de croisement ; **to drive on ~ped headlights** rouler en codes

Dip. ABBR = **diploma**

diphtheria /dɪfˈθɪərɪə/ N diphtérie (f)

diphthong /ˈdɪfθɒŋ/ N diphtongue (f)

diploma /dɪˈpləʊmə/ N diplôme (m) ; **teacher's ~** diplôme (m) d'enseignement ; **to have a ~ in ...** être diplômé en ...

diplomacy /dɪˈpləʊməsɪ/ N diplomatie (f) ; **to use ~** user de diplomatie

diplomat /ˈdɪpləmæt/ N diplomate (mf)

diplomatic /ˌdɪpləˈmætɪk/ 1 ADJ ⓐ [mission, relations] diplomatique ⓑ (= tactful) [person] diplomate ; [action, behaviour] diplomatique 2 COMP ♦ **diplomatic immunity** N immunité (f) diplomatique

Dipper /ˈdɪpəʳ/ N (US) **the Big ~** la Grande Ourse ; **the Little ~** la Petite Ourse

dipstick /ˈdɪpstɪk/ N jauge (f) (de niveau d'huile)

dire /ˈdaɪəʳ/ ADJ ⓐ [situation, consequences] désastreux ; [warning, threat] sinistre ; **in ~ poverty** dans la misère ; **to do sth out of ~ necessity** faire qch par nécessité ; **to be in ~ need of sth** avoir terriblement besoin de qch ; **to be in ~ straits** être dans une situation désastreuse ⓑ (= awful)* nul*

direct /dɪˈrekt/ 1 ADJ direct ; **a ~ flight** un vol direct ; **to have ~ access to sth** avoir directement accès à qch ; **"keep out of ~ sunlight"** « ne pas exposer à la lumière du soleil »

2 VT ⓐ (= give directions to) **to ~ sb to sth** indiquer le chemin de qch à qn ; **can you ~ me to the town hall?** pourriez-vous m'indiquer le chemin de la mairie ? ⓑ [+ remark, question, letter] adresser ; [+ threat] proférer (**at** contre) ; [+ efforts] orienter ; [+ torch] diriger ; **to ~ sb's attention to** attirer l'attention de qn sur ; **to ~ one's attention to sth** porter son attention sur qch ; **the violence was ~ed against the police** les actes de violence étaient dirigés contre la police ; **a policy ~ed towards improving public transport** une politique ayant pour but d'améliorer les transports publics ⓒ (= manage) [+ work, business, actors] diriger ; [+ movements] guider ; [+ play] mettre en scène ; [+ film, programme] réaliser ⓓ (= instruct) charger (**sb to do sth** qn de faire qch) ; **"to be taken as ~ed"** « respecter les doses prescrites » ; **"to be taken as ~ed by your doctor"** « se conformer à la prescription du médecin »

3 ADV [go, write] directement ; **to fly ~ from Glasgow to Paris** prendre un vol direct de Glasgow à Paris

4 COMP ♦ **direct debit** N prélèvement (m) automatique ♦ **direct object** N complément (m) d'objet direct ♦ **direct speech** N style (m) direct

direction /dɪˈrekʃən/ N ⓐ (= way) direction (f) ; **in every ~** dans toutes les directions ; **in the wrong/right ~** dans la mauvaise/bonne direction ; **it's a step in the right ~** c'est un pas dans la bonne direction ; **in the opposite ~** en sens inverse ; **in the ~ of ...** en direction de ... ; **what ~ did he go in?** quelle direction a-t-il prise ? ⓑ (= management) direction (f) ; **under the ~ of ...** sous la direction de ... ⓒ [of play] mise (f) en scène ; [of film, TV programme] réalisation (f) ⓓ (= instruction) instruction (f) ; **~s for use** mode (m) d'emploi

directive /dɪˈrektɪv/ N directive (f)

directly /dɪˈrektlɪ/ 1 ADV ⓐ directement ; **~ involved** directement impliqué ; **the two murders are not ~ related** ces deux meurtres n'ont pas de rapport direct ; **to be ~ descended from sb** descendre en ligne directe de qn ; **he referred very ~ to the incident** il a fait référence très directement à l'incident ; **the bus stops ~ opposite** le bus s'arrête juste en face ; **~ opposite the railway station** juste en face de la gare ⓑ (Brit = immediately) tout de suite ; **~ after supper** tout de suite après le dîner ; **she'll be here ~** elle arrive tout de suite

2 CONJ (= *as soon as*) dès que ; **he'll come ~ he's ready** il viendra dès qu'il sera prêt

directness /dɪˈrektnɪs/ N [*of character, reply, person*] franchise (f) ; [*of attack, question*] caractère (m) direct

director /dɪˈrektə'/ N [*of company, institution*] directeur (m), -trice (f) ; [*of play*] metteur (m) en scène ; [*of film, TV programme*] réalisateur (m), -trice (f) ; **~ general** directeur (m) général ◆ **Director of Public Prosecutions** N (*Brit*) ≈ procureur (m) général ◆ **director of studies** N directeur (m), -trice (f) d'études ◆ **director's chair** N fauteuil (m) de metteur en scène

directory /dɪˈrektərɪ/ N (= *phone book*) annuaire (m) ; (*Computing*) répertoire (m) (de dossiers) ◆ **directory assistance** (*US*) N ◆ **directory inquiries** (*Brit*) NPL renseignements (mpl)

dirt /dɜːt/ **1** N ⓐ (*on skin, clothes, objects*) saleté (f) ; (= *earth*) terre (f) ; (= *mud*) boue (f) ; **covered with ~** très sale ; [*clothes, shoes, mudguards*] couvert de boue ; **a layer of ~** une couche de saleté ; **dog ~** crotte (f) de chien ; **to treat sb like ~*** traiter qn comme un chien ⓑ (= *scandal*)* ragots* (mpl) **2** COMP ◆ **dirt-cheap*** ADJ très bon marché (*inv*) ; **it was ~-cheap** c'était donné ◊ ADV **I bought it ~-cheap** je l'ai acheté pour une bouchée de pain ◆ **dirt-poor*** ADJ (*US*) miséreux ◆ **dirt road** N chemin (m) de terre

dirty /ˈdɜːtɪ/ **1** ADJ ⓐ sale ; [*job, work*] salissant ; **to get ~** se salir ; **to get sth ~** salir qch ; **to get one's hands ~** se salir les mains

ⓑ [*book, film, joke*] cochon*; [*language*] grossier ; **a ~ word** un gros mot ; **he's got a ~ mind** il a l'esprit mal tourné

ⓒ (= *unpleasant*) sale

> ► With this meaning **sale** goes before the noun.

politics is a ~ business la politique est un sale métier ; **it's a ~ job, but someone's got to do it** c'est un sale boulot*, mais il faut bien que quelqu'un le fasse ; **to give sb a ~ look** regarder qn de travers ; **to do sb's ~ work for them** faire le sale boulot* de qn

2 ADV ⓐ (= *unfairly*) **to play ~*** faire des coups en vache* ⓑ (= *smuttily*) **to talk ~** dire des cochonneries

3 VT [+ *hands, clothes, reputation*] salir

4 N (*Brit*) **to do the ~ on sb*** faire une vacherie* à qn

5 COMP ◆ **dirty bomb** N bombe (f) salle ◆ **dirty-minded** ADJ **~-minded kids** des gamins à l'esprit mal tourné ◆ **dirty old man*** N vieux cochon* (m) ◆ **dirty weekend*** N weekend (m) coquin

disability /ˌdɪsəˈbɪlɪtɪ/ **1** N ⓐ (= *state*) invalidité (f) ⓑ (= *infirmity*) infirmité (f) ; (= *handicap*) handicap (m) ; **his ~ made him eligible for a pension** son infirmité lui donnait droit à une pension **2** COMP ◆ **disability allowance** N allocation (f) d'invalidité ◆ **disability pension** N pension (f) d'invalidité

disabled /dɪsˈeɪbld/ **1** ADJ handicapé ; **severely ~** souffrant d'un handicap sévère **2** NPL **the disabled** les handicapés (mpl) ; **the severely ~** les personnes (fpl) souffrant d'un handicap sévère

disabuse /ˌdɪsəˈbjuːz/ VT **to ~ sb of sth** détromper qn de qch

disadvantage /ˌdɪsədˈvɑːntɪdʒ/ **1** N désavantage (m) ; **to be at a ~** être défavorisé ; **you've got me at a ~** vous avez l'avantage sur moi ; **to put sb at a ~** désavantager qn **2** VT désavantager

disadvantaged /ˌdɪsədˈvɑːntɪdʒd/ **1** ADJ défavorisé ; **educationally/socially ~** défavorisé sur le plan scolaire/social **2** NPL **the disadvantaged** les classes (fpl) défavorisées ; (*economically*) les économiquement faibles (mpl)

disaffected /ˌdɪsəˈfektɪd/ ADJ (= *discontented*) mécontent

disaffection /ˌdɪsəˈfekʃən/ N mécontentement (m)

disagree /ˌdɪsəˈɡriː/ VI ⓐ (= *be of different opinion*) ne pas être d'accord ; **I ~** je ne suis pas d'accord ; **I ~ completely with you** je ne suis pas du tout d'accord avec vous ; **they always ~** ils ne sont jamais du même avis ; **to ~ with the**

suggestion that ... être contre la suggestion que ... ; **she ~s with everything he has done** elle est en désaccord avec tout ce qu'il a fait ⓑ (= *upset*)* **to ~ with sb** [*climate, food*] ne pas convenir à qn ; **peppers ~ with him** il ne digère pas les poivrons

disagreeable /ˌdɪsəˈɡriəbl/ ADJ désagréable

disagreement /ˌdɪsəˈɡriːmənt/ N désaccord (m) ; **to be in ~** [*people*] être en désaccord ; **to have a ~ with sb (about sth)** avoir un différend avec qn (à propos de qch)

disallow /ˌdɪsəˈlaʊ/ VT rejeter ; [+ *goal*] refuser

disappear /ˌdɪsəˈpɪə'/ VI disparaître ; **he ~ed from view** on l'a perdu de vue ; **the ship ~ed over the horizon** le navire a disparu à l'horizon ; **to make sth ~** faire disparaître qch ; **to do a ~ing trick** s'éclipser

disappearance /ˌdɪsəˈpɪərəns/ N disparition (f)

disappoint /ˌdɪsəˈpɔɪnt/ VT décevoir

disappointed /ˌdɪsəˈpɔɪntɪd/ ADJ déçu ; **to be ~ that ...** être déçu que ... (+ *subj*) ; **to be ~ to learn** être déçu d'apprendre ; **to be ~ with sth** être déçu par qch ; **he was ~ with her reply** sa réponse l'a déçu ; **to be ~ to have to do sth** être déçu de devoir faire qch ; **we were ~ not to see her** nous avons été déçus de ne pas la voir ; **to be ~ in sb** être déçu par qn ; **I'm ~ in you** tu me déçois ; **to be ~ in one's hopes** être déçu dans ses espoirs

disappointing /ˌdɪsəˈpɔɪntɪŋ/ ADJ décevant ; **how ~!** comme c'est décevant !

disappointment /ˌdɪsəˈpɔɪntmənt/ N déception (f) ; **to my great ~** à ma grande déception ; **after a series of ~s** après une succession de déboires ; **that was a great ~ to me** cela m'a beaucoup déçu

disapproval /ˌdɪsəˈpruːvəl/ N désapprobation (f) ; **to show one's ~ of sth** marquer sa désapprobation à l'égard de qch

disapprove /ˌdɪsəˈpruːv/ VI **to ~ of sb** désapprouver qn ; **to ~ of sth** réprouver qch ; **to ~ of sb doing sth** désapprouver que qn fasse qch ; **your mother would ~** ta mère n'approuverait pas

disapproving /ˌdɪsəˈpruːvɪŋ/ ADJ [*expression, look*] réprobateur (-trice (f)) ; **to be ~ of sth** réprouver qch

disarm /dɪsˈɑːm/ VTI désarmer

disarmament /dɪsˈɑːməmənt/ N désarmement (m) ◆ **disarmament talks** NPL conférence (f) sur le désarmement

disarming /dɪsˈɑːmɪŋ/ ADJ désarmant

disarray /ˌdɪsəˈreɪ/ N (*frm*) confusion (f) ; **the troops were in ~** la confusion régnait parmi les troupes ; **a political party in ~** un parti politique en plein désarroi ; **her clothes were in ~** ses vêtements étaient en désordre ; **to fall into ~** sombrer dans le chaos

disaster /dɪˈzɑːstə'/ N désastre (m) ; (*from natural causes*) catastrophe (f) ; **air ~** catastrophe (f) aérienne ; **an environmental ~** une catastrophe écologique ; **a financial ~** un désastre financier ; **at the scene of the ~** sur les lieux de la catastrophe ; **to be heading for ~** courir au désastre ◆ **disaster area** N région (f) sinistrée ◆ **disaster movie** N film (m) catastrophe ◆ **disaster victim** N victime (f) de la catastrophe

disastrous /dɪˈzɑːstrəs/ ADJ désastreux

disband /dɪsˈbænd/ **1** VT [+ *army*] disperser ; [+ *corporation, club*] dissoudre **2** VI [*army*] se disperser ; [*organization*] se dissoudre

disbelief /ˌdɪsbəˈliːf/ N incrédulité (f) ; **in ~** avec incrédulité

disbelieve /ˌdɪsbəˈliːv/ VT [+ *person*] ne pas croire ; [+ *news*] ne pas croire à

disc /dɪsk/ N disque (m) ◆ **disc brakes** NPL freins (mpl) à disque ◆ **disc jockey** N disc-jockey (m)

discard /dɪsˈkɑːd/ VT (= *get rid of*) se débarrasser de ; (= *throw out*) jeter ; [+ *idea, plan*] renoncer à

discern /dɪˈsɜːn/ VT discerner

discernible /dɪˈsɜːnəbl/ ADJ [*object*] visible ; [*likeness, fault*] perceptible

discerning /dɪˈsɜːnɪŋ/ ADJ [*person*] judicieux; [*taste, palate*] délicat

discernment /dɪˈsɜːnmənt/ N discernement *(m)*

discharge 1 VT (a) [+ *cargo*] décharger
(b) [+ *gas*] émettre; [+ *liquid, pollutants, sewage*] déverser
(c) [+ *soldier*] démobiliser; (*for health reasons*) réformer; [+ *prisoner*] libérer; (*from hospital*) autoriser à quitter l'hôpital; **to ~ o.s.** (*from hospital*) signer sa décharge
2 N (a) (*in eyes, nose*) écoulement *(m)*
(b) [*of prisoner*] libération *(f)*; [*of patient*] sortie *(f)*

★ *Lorsque* **discharge** *est un verbe, l'accent tombe sur la deuxième syllabe:* /dɪsˈtʃɑːdʒ/, *lorsque c'est un nom, sur la première:* /ˈdɪstʃɑːdʒ/.

disciple /dɪˈsaɪpl/ N disciple *(m)*

disciplinarian /ˌdɪsɪplɪˈnɛərɪən/ N partisan(e) *(m(f))* de la discipline

disciplinary /ˈdɪsɪplɪnərɪ/ ADJ disciplinaire; **~ problems** problèmes *(mpl)* de discipline; **to take ~ action** prendre des mesures disciplinaires

discipline /ˈdɪsɪplɪn/ 1 N discipline *(f)* 2 VT (= *control*) [+ *person, mind*] discipliner; (= *punish*) punir; **to ~ o.s. to do sth** s'obliger à faire qch

disclaim /dɪsˈkleɪm/ VT [+ *responsibility, authorship*] nier; [+ *paternity*] désavouer; **to ~ all knowledge of sth** nier toute connaissance de qch

disclaimer /dɪsˈkleɪmər/ N (a) (= *denial*) démenti *(m)*; **to issue a ~** publier un démenti (b) (= *exclusion clause*) décharge *(f)* (de responsabilité)

disclose /dɪsˈkləʊz/ VT [+ *secret, news*] divulguer; [+ *intentions*] dévoiler

disclosure /dɪsˈkləʊʒər/ N (a) (*by newspaper*) divulgation *(f)*; (*by individual to press*) communication *(f)* (de renseignements) (**to** à) (b) (= *fact revealed*) révélation *(f)*

disco* /ˈdɪskəʊ/ N disco *(m)*

discolour, discolor (US) /dɪsˈkʌlər/ 1 VT (= *spoil colour of*) décolorer; [+ *white material, teeth*] jaunir 2 VI (= *change colour*) se décolorer; [*white material, teeth*] jaunir

discomfort /dɪsˈkʌmfət/ N gêne *(f)*; **I feel some ~ from it but not real pain** ça me gêne mais ça ne me fait pas vraiment mal; **much to my ~, he announced he would accompany me** à mon grand embarras, il a annoncé qu'il m'accompagnerait

disconcert /ˌdɪskənˈsɜːt/ VT déconcerter

disconcerting /ˌdɪskənˈsɜːtɪŋ/ ADJ déconcertant

disconnect /ˌdɪskəˈnekt/ VT [+ *electrical apparatus, pipe*] débrancher; [+ *gas, electricity, water, phone*] couper; **we've been ~ed** (*for non-payment*) on nous a coupé le téléphone

disconnected /ˌdɪskəˈnektɪd/ ADJ [*speech*] décousu; [*thoughts*] sans suite; [*facts, events*] sans rapport

disconsolate /dɪsˈkɒnsəlɪt/ ADJ inconsolable

discontent /ˌdɪskənˈtent/ N mécontentement *(m)*

discontented /ˌdɪskənˈtentɪd/ ADJ mécontent (**with, about** de)

discontinue /ˌdɪskənˈtɪnjuː/ VT cesser; [+ *product*] arrêter la production de; [+ *service*] supprimer; [+ *treatment*] arrêter; **to ~ one's subscription to a paper** résilier son abonnement à un journal; **a ~d line** un article qui ne se fait plus

discord /ˈdɪskɔːd/ N dissension *(f)*; **civil ~** dissensions *(fpl)* civiles

discordant /dɪsˈkɔːdənt/ ADJ discordant

discotheque /ˈdɪskəʊtek/ N discothèque *(f)* (*dancing*)

discount 1 N escompte *(m)*; (*on article*) remise *(f)*; **to give a ~** faire une remise; **to buy at a ~** acheter au rabais 2 VT (a) [+ *sum of money*] faire une remise de (b) [+ *rumour*] ne pas prendre au sérieux; [+ *theory*] rejeter; **I ~ half of what he says** je ne crois pas la moitié de ce qu'il dit

★ *Lorsque* **discount** *est un nom, l'accent tombe sur la première syllabe:* /ˈdɪskaʊnt/, *lorsque c'est un verbe, sur la seconde:* /dɪsˈkaʊnt/.

discourage /dɪsˈkʌrɪdʒ/ VT décourager; **to become ~d** se laisser décourager; **he isn't easily ~d** il ne se décourage pas facilement

discouragement /dɪsˈkʌrɪdʒmənt/ N (= *act*) tentative *(f)* de dissuasion; (= *depression*) découragement *(m)*

discouraging /dɪsˈkʌrɪdʒɪŋ/ ADJ décourageant

discourse /ˈdɪskɔːs/ N discours *(m)*; (*written*) dissertation *(f)*

discourteous /dɪsˈkɜːtɪəs/ ADJ impoli (**towards** envers, avec)

discover /dɪsˈkʌvər/ VT découvrir; [+ *mistake, loss*] se rendre compte de; (*after search*) [+ *book*] dénicher; **to ~ that ...** (= *find out*) apprendre que ...; (= *notice*) s'apercevoir que ...; (= *understand*) comprendre que ...

discovery /dɪsˈkʌvərɪ/ N découverte *(f)*; **it led to the ~ of penicillin** cela a conduit à la découverte de la pénicilline; **that restaurant was quite a ~** ce restaurant a été vraiment une découverte

discredit /dɪsˈkredɪt/ 1 VT (= *cast slur on*) discréditer; (= *make doubtful*) mettre en doute 2 N discrédit *(m)*; **to bring ~ upon sb** jeter le discrédit sur qn; **without any ~ to you** sans que cela vous nuise en rien; **to be to sb's ~** discréditer qn

discreet /dɪsˈkriːt/ ADJ discret (-ète *(f)*) (**about** sur); **at a ~ distance** à distance respectueuse

discreetly /dɪsˈkriːtlɪ/ ADV [*speak, behave*] discrètement; [*dress*] avec sobriété

discrepancy /dɪsˈkrepənsɪ/ N différence *(f)*; (*between theories, accounts*) divergence *(f)*; **there were some discrepancies in the results** on a observé des disparités dans les résultats

discretion /dɪsˈkreʃən/ N discrétion *(f)*; **to leave sth to sb's ~** laisser qch à la discrétion de qn; **use your own ~** c'est à vous de juger

discretionary /dɪsˈkreʃənərɪ/ ADJ discrétionnaire

discriminate /dɪsˈkrɪmɪneɪt/ VI (= *make unfair distinction*) introduire une discrimination; **to be ~d against** être victime d'une discrimination; **to ~ between** faire la différence entre

discriminating /dɪsˈkrɪmɪneɪtɪŋ/ ADJ [*person, clientele*] averti; [*palate*] exercé; [*judgement*] perspicace; **he's not very ~** (*about books, TV*) il manque d'esprit critique; (*about food*) il n'a pas un goût très fin

discrimination /dɪsˌkrɪmɪˈneɪʃən/ N (a) (= *prejudice*) discrimination *(f)* (b) (= *distinction*) distinction *(f)* (c) (= *judgement*) discernement *(m)*

discuss /dɪsˈkʌs/ VT discuter de; [+ *issue, question, subject*] examiner; **we were ~ing him** nous parlions de lui; **I ~ed it with him** j'en ai discuté avec lui; **I won't ~ it any further** je ne veux plus en parler; **there's something I'd like to ~ with you** il y a quelque chose dont j'aimerais discuter avec toi

discussion /dɪsˈkʌʃən/ N discussion *(f)* (**of, about** sur, au sujet de); **under ~** en discussion; [*issue, proposal*] à l'étude; **a subject for ~** un sujet de discussion ♦ **discussion forum** N (*Computing*) forum *(m)* de discussion

disdain /dɪsˈdeɪn/ 1 VT dédaigner 2 N dédain *(m)*; **in ~** avec dédain

disdainful /dɪsˈdeɪnfʊl/ ADJ dédaigneux

disease /dɪˈziːz/ N maladie *(f)*

diseased /dɪˈziːzd/ ADJ malade

disembark /ˌdɪsɪmˈbɑːk/ VTI débarquer

disembodied /ˌdɪsɪmˈbɒdɪd/ ADJ désincarné

disembowel /ˌdɪsɪmˈbaʊəl/ VT éventrer

disenchanted /ˌdɪsɪnˈtʃɑːntɪd/ ADJ **to be ~ with sth** avoir perdu ses illusions sur qch

disengage /ˌdɪsɪnˈgeɪdʒ/ VT [+ *object, hand*] dégager; [+ *machine*] déclencher; **to ~ o.s. from** se dégager de; **to ~ the clutch** débrayer

disfavour, disfavor (US) /dɪsˈfeɪvər/ N défaveur *(f)*; **to fall into ~** tomber en défaveur; **to fall into ~ with sb** tomber en défaveur auprès de qn; **to be in ~ with sb** être mal vu de qn; **to look with ~ on sth** regarder qch avec réprobation; **to look with ~ on sb** désapprouver qn

disfigure /dɪsˈfɪɡəʳ/ VT défigurer

disgrace /dɪsˈɡreɪs/ 1 N (= dishonour) honte (f); (= disfavour) disgrâce (f); **to be in ~** [public figure, politician] être en disgrâce; [child, dog] être en pénitence; **to bring ~ on sb** déshonorer qn; **it's a ~!** c'est une honte!; **it's a ~ to our country** c'est une honte pour notre pays; **she's a ~ to her family** c'est la honte de sa famille; **you're a ~!** tu devrais avoir honte de toi!

2 VT [+ family] faire honte à; [+ name, country] déshonorer; **don't ~ us** ne nous fais pas honte; **to ~ o.s.** se couvrir de honte; **to be ~d** [officer, politician] être discrédité

disgraceful /dɪsˈɡreɪsfʊl/ ADJ honteux

disgracefully /dɪsˈɡreɪsfəlɪ/ ADV [behave] de manière scandaleuse

disgruntled /dɪsˈɡrʌntld/ ADJ (= discontented) mécontent (**about, with** de); [expression] renfrogné

disguise /dɪsˈɡaɪz/ 1 VT déguiser; [+ facts, feelings] dissimuler; **to ~ o.s. as a woman** se déguiser en femme; **to be ~d as a woman** être déguisé en femme; **there is no disguising the fact that ...** on ne peut pas se dissimuler que ...
2 N déguisement (m); **in ~** déguisé

disgust /dɪsˈɡʌst/ 1 N dégoût (m) (**for, at** pour); **he left in ~** il est parti dégoûté; **to my ~ he refused to do it** cela m'a écœuré qu'il refuse de le faire 2 VT dégoûter

disgusted /dɪsˈɡʌstɪd/ ADJ dégoûté (**at** de, par)

disgusting /dɪsˈɡʌstɪŋ/ ADJ dégoûtant; [taste, smell] répugnant; **it looks ~** ça a l'air dégoûtant; **it tastes ~** c'est dégoûtant; **it smells ~** ça pue; **you're ~!** tu es dégoûtant!; **I think it's ~ that we have to pay** je trouve ça écœurant qu'on doive payer; **I think it's ~ how much money they've got** je trouve écœurant qu'ils aient tant d'argent

disgustingly /dɪsˈɡʌstɪŋlɪ/ ADV **~ dirty** d'une saleté répugnante

dish /dɪʃ/ 1 N ⓐ (= serving plate) plat (m); (= dinner plate) assiette (f); **vegetable ~** plat (m) à légumes ⓑ **the dishes** la vaisselle; **to do the ~es** faire la vaisselle; **to clear away the breakfast ~es** débarrasser la table du petit déjeuner ⓒ (= food) plat (m); **pasta ~** plat (m) de pâtes ⓓ (= attractive person)* (man) beau mec* (m); (woman) belle nana* (f)
2 COMP ◆ **dish aerial, dish antenna** (US) N antenne (f) parabolique
► **dish out** VT SEP [+ food] servir; [+ money, sweets, books] distribuer; [+ punishment] administrer
► **dish up** VT SEP ⓐ [+ food, meal] servir ⓑ [+ facts, statistics]* resservir

dishcloth /ˈdɪʃklɒθ/ N (for washing) lavette (f); (for drying) torchon (m)

dishearten /dɪsˈhɑːtn/ VT décourager; **don't be ~ed** ne vous laissez pas décourager

disheartening /dɪsˈhɑːtnɪŋ/ ADJ décourageant

dishevelled /dɪˈʃevəld/ ADJ [person, hair] ébouriffé; [clothes] en désordre

dishonest /dɪsˈɒnɪst/ ADJ malhonnête

dishonestly /dɪsˈɒnɪstlɪ/ ADV [behave] malhonnêtement; [obtain] par des moyens malhonnêtes

dishonesty /dɪsˈɒnɪstɪ/ N malhonnêteté (f)

dishonour /dɪsˈɒnəʳ/ 1 N déshonneur (m) 2 VT [+ person] déshonorer

dishonourable /dɪsˈɒnərəbl/ ADJ [behaviour] déshonorant ◆ **dishonourable discharge** N exclusion (f) de l'armée pour conduite déshonorante

dishrack /ˈdɪʃræk/ N égouttoir (m)

dishtowel /ˈdɪʃtaʊəl/ N (US) torchon (m)

dishwasher /ˈdɪʃwɒʃəʳ/ N (= machine) lave-vaisselle (m inv)

dishy: /ˈdɪʃɪ/ ADJ (Brit) sexy*

disillusion /ˌdɪsɪˈluːʒən/ 1 VT désabuser; **to be ~ed** être désabusé (**with** quant à); **to grow ~ed** perdre ses illusions 2 N désillusion (f)

disillusionment /ˌdɪsɪˈluːʒənmənt/ N désillusion (f)

disincentive /ˌdɪsɪnˈsentɪv/ N **it's a real ~** cela a un effet dissuasif; **this is a ~ to work** cela n'incite pas à travailler

disinclined /ˌdɪsɪnˈklaɪnd/ ADJ **to be ~ to do sth** être peu disposé à faire qch

disinfect /ˌdɪsɪnˈfekt/ VT désinfecter

disinfectant /ˌdɪsɪnˈfektənt/ ADJ, N désinfectant (m)

disinformation /ˌdɪsɪnfəˈmeɪʃən/ N désinformation (f)

disingenuous /ˌdɪsɪnˈdʒenjʊəs/ ADJ fourbe

disintegrate /dɪsˈɪntɪɡreɪt/ VI se désintégrer

disinterested /dɪsˈɪntrɪstɪd/ ADJ (= impartial) désintéressé

disjointed /dɪsˈdʒɔɪntɪd/ ADJ [film, style, conversation] décousu

disk /dɪsk/ 1 N ⓐ (US) = **disc** ⓑ (for computer) disque (m)
2 COMP ◆ **disk drive** N lecteur (m) de disques ◆ **disk pack** N unité (f) de disques ◆ **disk space** N espace (m) disque

diskette /dɪsˈket/ N disquette (f)

dislike /dɪsˈlaɪk/ 1 VT [+ person, thing] ne pas aimer; **to ~ doing sth** ne pas aimer faire qch; **I don't ~ it** cela ne me déplaît pas; **I ~ her** elle me déplaît; **I ~ this intensely** j'ai cela en horreur 2 N antipathie (f); **his ~ of sb** l'antipathie qu'il éprouve pour qn; **his ~ of sth** son aversion pour qch; **one's likes and ~s** ce que l'on aime et ce que l'on n'aime pas; **to take an instant ~ to sb** prendre tout de suite qn en grippe

dislocate /ˈdɪsləʊkeɪt/ VT **to ~ one's shoulder** se démettre l'épaule

dislodge /dɪsˈlɒdʒ/ VT [+ object] déplacer; [+ dictator] chasser

disloyal /dɪsˈlɔɪəl/ ADJ [person, behaviour] déloyal (**to** envers)

dismal /ˈdɪzməl/ ADJ [place, building] lugubre; [thought, prospects] sombre; [weather] maussade ⓑ (= awful)* lamentable; **a ~ failure** un échec lamentable

dismantle /dɪsˈmæntl/ VT [+ machine, furniture] démonter; [+ system, department] démanteler

dismantling /dɪsˈmæntəlɪŋ/ N [of company, department] démantèlement (m)

dismay /dɪsˈmeɪ/ 1 N consternation (f); **to my ~** à ma grande consternation; **in ~** d'un air consterné 2 VT consterner

dismiss /dɪsˈmɪs/ VT ⓐ [+ employee] renvoyer; [+ official] révoquer; [+ class] congédier; [+ assembly] dissoudre; [+ troops] faire rompre les rangs à ⓑ [+ thought, possibility, suggestion] écarter; [+ request, appeal, claim] rejeter; **to ~ a charge** prononcer le non-lieu; **the judge ~ed the case** le juge a classé l'affaire

dismissal /dɪsˈmɪsəl/ N [of employee] renvoi (m); [of civil servant] révocation (f); **wrongful ~** licenciement (m) abusif

dismissive /dɪsˈmɪsɪv/ ADJ dédaigneux

dismount /dɪsˈmaʊnt/ VI descendre

disobedience /ˌdɪsəˈbiːdɪəns/ N désobéissance (f) (**to** à)

disobedient /ˌdɪsəˈbiːdɪənt/ ADJ [child] désobéissant (**to** à)

disobey /ˌdɪsəˈbeɪ/ VT [+ parents, officer] désobéir à; [+ law] enfreindre

disorder /dɪsˈɔːdəʳ/ N ⓐ (= untidiness) [of room, plans] désordre (m); **to throw sth into ~** semer le désordre dans qch; **in ~** en désordre ⓑ (= unrest) troubles (mpl) ⓒ (= illness) troubles (mpl); **mental ~** troubles (mpl) psychiques; **personality ~** troubles (mpl) de la personnalité; **eating ~** troubles (mpl) du comportement alimentaire; **skin ~** maladie (f) de la peau

disorderly /dɪsˈɔːdəlɪ/ ADJ [person, crowd] agité; [behaviour] indiscipliné ◆ **disorderly conduct** N atteinte (f) à l'ordre public

disorganized /dɪsˈɔːɡənaɪzd/ ADJ désorganisé

disorient /dɪsˈɔːrɪent/ VT désorienter

disorientate /dɪsˈɔːrɪənteɪt/ VT désorienter

disown /dɪsˈəʊn/ VT renier

disparaging /dɪsˈpærɪdʒɪŋ/ ADJ désobligeant; **to be ~ about ...** faire des remarques désobligeantes sur ...

disparate /ˈdɪspərɪt/ ADJ disparate

disparity /dɪsˈpærɪtɪ/ N disparité (f)

dispassionate /dɪsˈpæʃənɪt/ ADJ (= unemotional) froid; (= unbiased) impartial

dispatch /dɪsˈpætʃ/ 1 VT ⓐ [+ letter, goods] expédier; [+ messenger] dépêcher; [+ troops] envoyer ⓑ (= finish) [+ job] expédier ⓒ (= kill) tuer 2 N ⓐ [of letter, messenger] envoi (m) ⓑ (= official report) dépêche (f) 3 COMP ◆ **dispatch box** N (Brit) ≈ tribune (f) (d'où parlent les membres du gouvernement); (= case) valise (f) officielle ◆ **dispatch rider** N coursier (m)

dispel /dɪsˈpel/ VT dissiper

dispensary /dɪsˈpensərɪ/ N (Brit) (in hospital) pharmacie (f); (in chemist's) officine (f)

dispensation /ˌdɪspenˈseɪʃən/ N (= exemption) dispense (f)

dispense /dɪsˈpens/ VT ⓐ [+ food] distribuer; [+ charity] pratiquer; [+ justice] administrer; [+ hospitality] offrir ⓑ [cash machine] distribuer
▶ **dispense with** VT INSEP (= do without) se passer de; (= make unnecessary) rendre superflu

dispenser /dɪsˈpensəʳ/ N (= device) distributeur (m)

dispensing chemist /dɪsˌpensɪŋˈkemɪst/ N (= person) pharmacien(ne) (m(f)); (= shop) pharmacie (f)

dispersal /dɪsˈpɜːsl/ N dispersion (f)

disperse /dɪsˈpɜːs/ 1 VT disperser; [+ clouds] dissiper 2 VI (= go away) se disperser; [fog, cloud, smoke, tension] se dissiper

dispirited /dɪsˈpɪrɪtɪd/ ADJ abattu

displace /dɪsˈpleɪs/ VT déplacer ◆ **displaced person** N personne (f) déplacée

displacement /dɪsˈpleɪsmənt/ N [of people] déplacement (m)

display /dɪsˈpleɪ/ 1 VT ⓐ (= show) montrer; (ostentatiously) exhiber (pej); **she ~ed the letter she had received from the President** elle a brandi la lettre qu'elle avait reçue du président
ⓑ [+ item for sale, artwork] exposer; [+ notice, results] afficher
ⓒ [+ courage, interest, ignorance] faire preuve de
ⓓ [computer, watch] afficher
2 N ⓐ (ostentatious) étalage (m); [of goods for sale, items in exhibition] présentation (f); [of food products, wealth] étalage (m); [of courage, interest, emotion] manifestation (f); [of unity, support, strength, loyalty] démonstration (f); **a ~ of force** une démonstration de force; **public ~s of affection** des démonstrations publiques d'affection
◆ **on display** exposé; **to go on ~** être exposé
ⓑ (= event) **~ of gymnastics** spectacle (m) de gymnastique; **military ~** parade (f) militaire
ⓒ (on computer screen) affichage (m)
3 COMP ◆ **display cabinet, display case** N vitrine (f) (meuble)

displease /dɪsˈpliːz/ VT mécontenter

displeased /dɪsˈpliːzd/ ADJ **~ with** mécontent de

displeasure /dɪsˈpleʒəʳ/ N mécontentement (m)

disposable /dɪsˈpəʊzəbl/ 1 ADJ ⓐ [razor, syringe, nappy] jetable ⓑ [earnings] disponible 2 COMP ◆ **disposable income** N revenu(s) (m(pl)) disponible(s)

disposal /dɪsˈpəʊzl/ N ⓐ [of rubbish] (= destruction) destruction (f); [of goods for sale] vente (f); **the ~ of nuclear waste** le retraitement des déchets nucléaires
ⓑ ◆ **at + disposal: to have sth at one's ~** disposer de qch; **to put o.s./be at sb's ~** se mettre/être à la disposition de qn; **the means at one's ~** les moyens dont on dispose

dispose /dɪsˈpəʊz/ VT **to ~ sb to do sth** préparer qn à faire qch
▶ **dispose of** VT INSEP ⓐ (= get rid of) se débarrasser de; (= sell) vendre; [+ chemical, industrial waste] éliminer ⓑ [+ question, problem, business] expédier

⚠ **to dispose of** ≠ disposer de

disposed /dɪsˈpəʊzd/ ADJ ⓐ **to be ~ to do sth** être

disposé à faire qch ⓑ **to be well-~ towards sb** être bien disposé envers qn

disposition /ˌdɪspəˈzɪʃən/ N ⓐ (= temperament) caractère (m) ⓑ (= arrangement) disposition (f)

dispossess /ˌdɪspəˈzes/ VT déposséder

disproportion /ˌdɪsprəˈpɔːʃən/ N disproportion (f)

disproportionate /ˌdɪsprəˈpɔːʃnɪt/ ADJ disproportionné (**to** par rapport à)

disprove /dɪsˈpruːv/ VT réfuter

dispute /dɪsˈpjuːt/ 1 N ⓐ (= controversy) discussion (f); **beyond ~** [fact] incontestable; **without ~** sans conteste; **there is some ~ about why he did it** on n'est pas d'accord sur ses motifs; **in ~** [matter] en discussion; [facts, figures] contesté; **a statement open to ~** une affirmation contestable
ⓑ (= quarrel) différend (m)
ⓒ (Industry) conflit (m); **industrial ~** conflit (m) social; **wages ~** conflit (m) salarial
2 VT ⓐ (= cast doubt on) [+ statement, claim] contester; **I do not ~ the fact that ...** je ne conteste pas que ... (+ subj)
ⓑ (= debate) [+ question, subject] discuter
ⓒ (= try to win) [+ victory, possession] disputer (**with sb** à qn)

disqualification /dɪsˌkwɒlɪfɪˈkeɪʃən/ N disqualification (f); **his ~** (for driving offence) le retrait de son permis

disqualify /dɪsˈkwɒlɪfaɪ/ VT ⓐ (Sport) disqualifier ⓑ (= debar) rendre inapte (**from sth** à qch, **from doing sth** à faire qch); **to ~ sb from driving** retirer à qn le permis de conduire ⓒ (= incapacitate) rendre incapable (**from doing sth** de faire qch); **his lack of experience does not ~ him** son manque d'expérience n'est pas rédhibitoire

disquiet /dɪsˈkwaɪət/ N inquiétude (f)

disquieting /dɪsˈkwaɪətɪŋ/ ADJ inquiétant

disregard /ˌdɪsrɪˈɡɑːd/ 1 VT [+ fact, advice, remark] ne tenir aucun compte de; [+ danger, feelings] passer outre à 2 N [of difficulty, comments, feelings] indifférence (f) (**for** à); [of danger] mépris (m) (**for** de); [of safety] négligence (f) (**for** en ce qui concerne); [of rule, law] non-observation (f) (**for** de)

disrepair /ˌdɪsrɪˈpɛəʳ/ N mauvais état (m); **in ~** [building] délabré; [road] en mauvais état; **to fall into ~** [building] se délabrer; [road] se dégrader

disreputable /dɪsˈrepjʊtəbl/ ADJ [place, person] peu recommandable; [behaviour] déshonorant

disrepute /ˌdɪsrɪˈpjuːt/ N **to bring sth into ~** jeter le discrédit sur qch; **to be brought into ~** être discrédité

disrespect /ˌdɪsrɪsˈpekt/ 1 N manque (m) de respect; **no ~ (to ...)** avec tout le respect que je dois (à ...); **to show ~ to sb** manquer de respect envers qn 2 VT manquer de respect envers

disrespectful /ˌdɪsrɪsˈpektfʊl/ ADJ irrespectueux (**to** envers); **to be ~ to sb** manquer de respect envers qn

disrupt /dɪsˈrʌpt/ VT [+ debate, meeting, relations, train service] perturber; [+ plans] déranger; [+ communications] interrompre

disruption /dɪsˈrʌpʃən/ N perturbation (f)

disruptive /dɪsˈrʌptɪv/ ADJ [child, behaviour] perturbateur (-trice (f)); **to be a ~ influence** avoir une influence perturbatrice

dissatisfaction /ˌdɪssætɪsˈfækʃən/ N mécontentement (m); **growing ~** mécontentement (m) croissant (**at, with** face à)

dissatisfied /ˌdɪsˈsætɪsfaɪd/ ADJ mécontent (**with** de)

dissect /dɪˈsekt/ VT disséquer

disseminate /dɪˈsemɪneɪt/ VT disséminer; [+ information] diffuser

dissent /dɪˈsent/ 1 VI (= have different opinion) avoir une opinion différente 2 N (= political disagreement) dissidence (f)

dissenter /dɪˈsentəʳ/ N dissident(e) (m(f))

dissenting /dɪˈsentɪŋ/ ADJ [voice] dissident

dissertation /ˌdɪsəˈteɪʃən/ N (= written paper) mémoire (m); (US Univ) thèse (f) de doctorat

disservice /dɪs'sɜːvɪs/ N **to do sb/sth a ~** rendre un mauvais service à qn/qch

dissident /'dɪsɪdənt/ ADJ, N dissident(e) *(m(f))*

dissimilar /dɪ'sɪmɪləʳ/ ADJ différent (**to** de)

dissipate /'dɪsɪpeɪt/ 1 VT (= *dispel*) dissiper; [+ *energy, efforts*] disperser 2 VI (= *clear*) se dissiper

dissociate /dɪ'səʊʃɪeɪt/ VT dissocier; **to ~ o.s. from** se dissocier de

dissolute /'dɪsəluːt/ ADJ [*person*] débauché; [*way of life*] dissolu

dissolution /ˌdɪsə'luːʃən/ N dissolution *(f)*

dissolve /dɪ'zɒlv/ 1 VT dissoudre; **to ~ sth in water** faire dissoudre qch dans de l'eau; **~ the sugar in the sauce** faites fondre le sucre dans la sauce 2 VI ⓐ se dissoudre; **wait for the sugar to ~** attendez que le sucre soit fondu ⓑ [*hopes, fears*] s'évanouir; **to ~ into thin air** partir en fumée

dissuade /dɪ'sweɪd/ VT dissuader (**sb from doing sth** qn de faire qch)

distance /'dɪstəns/ 1 N ⓐ (= *way*) distance *(f)*; **a short ~ away** à une faible distance; **it's no ~** c'est tout près; **to cover the ~ in two hours** parcourir la distance en deux heures; **at an equal ~ from each other** à égale distance l'un de l'autre; **the ~ between them** la distance qui les sépare; **the ~ between the rails** l'écartement *(m)* des rails; **to go the ~** tenir la distance; **it's within walking ~** on peut y aller à pied; **within walking ~ of shops** à proximité des commerces; **to keep one's ~ from sb** garder ses distances par rapport à qn; **at a ~** à une certaine distance; **at a ~ of two metres** à une distance de deux mètres; **to keep sb at a ~** tenir qn à distance ⓑ (= *long way*) **from a ~** de loin; **seen from a ~** vu de loin; **in the ~** au loin; **it's a good ~ away** c'est assez loin

2 VT distancer; **to ~ o.s. from sth** se distancier de qch

3 COMP ♦ **distance learning** N téléenseignement *(m)* ♦ **distance race** N (= *long-distance race*) course *(f)* de fond

distant /'dɪstənt/ ADJ ⓐ (*in space, time*) lointain; **a ~ memory** un lointain souvenir; **in the ~ past** dans un passé lointain; **in the not too ~ future** dans un avenir assez proche ⓑ [*connection*] lointain; [*resemblance*] vague; [*relative, relationship*] éloigné ⓒ (= *distracted*) distrait; **there was a ~ look in her eyes** elle avait un regard absent ⓓ (= *reserved*) distant

distantly /'dɪstəntlɪ/ ADV **I am ~ related to her** c'est une parente éloignée

distaste /dɪs'teɪst/ N dégoût *(m)*

distasteful /dɪs'teɪstfʊl/ ADJ déplaisant; **to be ~ to sb** déplaire à qn

distil, **distill** (*US*) /dɪs'tɪl/ VT [+ *alcohol, knowledge*] distiller ♦ **distilled water** N eau *(f)* déminéralisée

distillery /dɪs'tɪlərɪ/ N distillerie *(f)*

distinct /dɪs'tɪŋkt/ ADJ ⓐ (= *definite*) net

> With this meaning **net** goes before the noun.

[*possibility*] réel; [*memory*] distinct; **there was a ~ lack of enthusiasm for that idea** il était clair que cette idée ne déclenchait pas l'enthousiasme ⓑ (= *different*) distinct ♦ **as distinct from ...** par opposition à ...

distinction /dɪs'tɪŋkʃən/ N ⓐ distinction *(f)*; **to make a ~ between two things** faire une distinction entre deux choses; **a pianist of ~** un pianiste réputé ⓑ (= *excellent mark*) **he got a ~ in French** il a été reçu en français avec mention très bien

distinctive /dɪs'tɪŋktɪv/ ADJ ⓐ (= *idiosyncratic*) caractéristique ⓑ (= *differentiating*) distinctif; **to be ~ of sth** caractériser qch

distinctly /dɪs'tɪŋktlɪ/ ADV ⓐ (*with vb* = *clearly*) [*speak, hear*] distinctement; [*remember*] clairement ⓑ (*with adj* = *decidedly*) particulièrement; **it is ~ possible** c'est très possible; **~ better** nettement mieux

distinguish /dɪs'tɪŋgwɪʃ/ 1 VT ⓐ (= *single out*) distinguer (**from** de); **to ~ o.s.** se distinguer ⓑ (= *characterize*) ca-

ractériser 2 VI **to ~ between truth and fiction** distinguer la réalité de la fiction

distinguishable /dɪs'tɪŋgwɪʃəbl/ ADJ ⓐ (= *distinct*) **the two parties are barely ~** les deux partis se distinguent à peine; **to be ~ by sth** se reconnaître à qch; **easily ~** facile à distinguer ⓑ (= *discernible*) [*words, outline*] perceptible

distinguished /dɪs'tɪŋgwɪʃt/ ADJ [*person*] distingué; [*career, history*] brillant; **to look ~** avoir l'air distingué; **in ~ company** en illustre compagnie; **20 years of ~ service** 20 ans de bons et loyaux services

distinguishing /dɪs'tɪŋgwɪʃɪŋ/ ADJ distinctif; **~ mark** caractéristique *(f)*; (*on passport*) signe *(m)* particulier

distort /dɪs'tɔːt/ VT déformer; [+ *judgement*] fausser

distorted /dɪs'tɔːtɪd/ ADJ ⓐ [*object, image, sound*] déformé; **his face was ~ with rage** ses traits étaient déformés par la colère ⓑ (= *biased*) [*report, impression*] faux (fausse *(f)*); **a ~ version of the events** une version déformée des événements

distortion /dɪs'tɔːʃən/ N distorsion *(f)*; [*of facts, text*] déformation *(f)*

distract /dɪs'trækt/ VT [+ *person*] distraire; (= *interrupt*) déranger; **the noise ~ed her from working** le bruit la distrayait de son travail; **the noise was ~ing him** le bruit le déconcentrait; **to ~ sb's attention** détourner l'attention de qn

distracted /dɪs'træktɪd/ ADJ égaré; **to go ~** perdre la tête

distracting /dɪs'træktɪŋ/ ADJ gênant

distraction /dɪs'trækʃən/ N ⓐ (= *lack of attention*) distraction *(f)* ⓑ (= *interruption: to work*) interruption *(f)* ⓒ (= *entertainment*) distraction *(f)* ⓓ (= *madness*) folie *(f)*; **to drive sb to ~** rendre qn fou

distraught /dɪs'trɔːt/ ADJ éperdu (**with, from** de)

distress /dɪs'tres/ 1 N ⓐ (*physical*) douleur *(f)*; (*mental*) détresse *(f)*; **to be in great ~** (*physical*) souffrir beaucoup; (*mental*) être bouleversé; **to be in great ~ over sth** être bouleversé par qch; **to cause ~ to** causer une grande peine à ⓑ (= *danger*) détresse *(f)*; **a ship in ~** un navire en perdition; **a plane in ~** un avion en détresse 2 VT affliger 3 COMP ♦ **distress rocket** N fusée *(f)* de détresse ♦ **distress signal** N signal *(m)* de détresse

distressed /dɪs'trest/ ADJ (= *upset*) peiné (**by** par, de); **she was very ~** elle était bouleversée

distressing /dɪs'tresɪŋ/ ADJ pénible; [*inadequacy*] lamentable

distribute /dɪs'trɪbjuːt/ VT distribuer; [+ *dividends, load, weight*] répartir; [+ *goods, products*] être concessionnaire de

distribution /ˌdɪstrɪ'bjuːʃən/ N ⓐ [*of food, supplies, newspaper*] distribution *(f)* ⓑ [*of resources, wealth, power*] répartition *(f)*; **geographical ~** répartition *(f)* géographique

distributor /dɪs'trɪbjʊtəʳ/ N [*of goods over an area*] concessionnaire *(mf)*; [*of films*] distributeur *(m)*

district /'dɪstrɪkt/ N [*of a country*] région *(f)*; (*in town*) quartier *(m)*; (= *administrative area*) district *(m)*; (*in Paris*) arrondissement *(m)*; (*US Politics*) circonscription *(f)* ♦ **district attorney** N (*US*) ≈ procureur *(m)* ♦ **district council** N (*Brit*) ≈ conseil *(m)* général ♦ **district court** N (*US*) cour *(f)* fédérale (de grande instance) ♦ **district manager** N directeur *(m)* régional ♦ **district nurse** N infirmière *(f)* à domicile ♦ **District of Columbia** N (*US*) district *(m)* de Columbia

ⓘ **DISTRICT OF COLUMBIA**
Le **District of Columbia** *(ou* **DC***) est un territoire autonome de 180 km², qui n'a pas le statut d'État mais où s'étend la capitale fédérale, Washington (ou Washington* **DC***), et qui contient donc les grandes institutions politiques des États-Unis et en particulier la Maison-Blanche et le Capitole.*
▷ www.about.dc.gov

distrust /dɪs'trʌst/ 1 VT se méfier de 2 N méfiance *(f)*

distrustful /dɪs'trʌstfʊl/ ADJ méfiant

disturb /dɪs'tɜːb/ VT ⓐ (= *inconvenience*) déranger; **sorry to ~ you** excusez-moi de vous déranger; **"do not ~"** « ne pas déranger » ⓑ (= *concern*) troubler; **the news ~ed him**

greatly la nouvelle l'a beaucoup troublé ⓒ [+ *silence, balance*] rompre; [+ *sleep, rest*] troubler ⓓ [+ *waters, sediment, atmosphere*] troubler; [+ *papers, evidence*] déranger

disturbance /dɪsˈtɜːbəns/ N (*political, social*) troubles (*mpl*); (*in house, street*) tapage (*m*); **to cause a ~** faire du tapage

disturbed /dɪsˈtɜːbd/ ADJ ⓐ (= *mentally ill*) perturbé; **mentally ~** atteint de troubles mentaux ⓑ (= *concerned*) inquiet (-ète (*f*)) (**about** au sujet de) ⓒ (= *unsettled*) [*childhood, period, night, sleep*] troublé

disturbing /dɪsˈtɜːbɪŋ/ ADJ (= *alarming*) troublant; (= *distracting*) gênant

disuse /dɪsˈjuːs/ N désuétude (*f*); **to fall into ~** tomber en désuétude

disused /dɪsˈjuːzd/ ADJ désaffecté

ditch /dɪtʃ/ 1 N (*by roadside, between fields*) fossé (*m*); (*for irrigation*) rigole (*f*) 2 VT (= *get rid of*)* [+ *lover*] plaquer*; [+ *car*] abandonner; **to ~ a plane** faire un amerrissage forcé

dither* /ˈdɪðəʳ/ 1 N **to be in a ~** être dans tous ses états 2 VI hésiter; **to ~ over a decision** se tâter pour prendre une décision; **stop ~ing and get on with it!** arrête de te poser des questions et fais-le!

► **dither about***, **dither around*** VI tourner en rond (*fig*)

ditto /ˈdɪtəʊ/ ADV idem

divan /dɪˈvæn/ N divan (*m*)

dive /daɪv/ 1 N ⓐ [*of swimmer, goalkeeper*] plongeon (*m*); [*of submarine, deep-sea diver*] plongée (*f*); [*of aircraft*] piqué (*m*); **to go into a ~** [*profits, sales*] dégringoler ⓑ (= *disreputable club, bar*)‡ bouge (*m*) ⓒ (*by footballer*)* chute (*f*) volontaire 2 VI ⓐ [*diver, submarine*] plonger; [*aircraft*] piquer; **he ~d in head first** il a piqué une tête dans l'eau ⓑ (= *plunge*) **to ~ in** entrer tête baissée; **he ~d into the crowd** il a plongé dans la foule; **he ~d under the table** il s'est jeté sous la table; **to ~ for cover** se précipiter pour se mettre à l'abri; **the keeper ~d for the ball** le gardien de but a plongé pour bloquer le ballon; **to ~ into one's pocket** plonger la main dans sa poche

► **dive in** VI ⓐ [*diver*] plonger ⓑ (= *start to eat*) **~ in!**‡ attaquez!*

diver /ˈdaɪvəʳ/ N (= *person*) plongeur (*m*); (= *deep-sea diver*) scaphandrier (*m*)

diverge /daɪˈvɜːdʒ/ VI diverger

divergence /daɪˈvɜːdʒəns/ N divergence (*f*)

divergent /daɪˈvɜːdʒənt/ ADJ divergent

diverse /daɪˈvɜːs/ ADJ divers

diversification /daɪˌvɜːsɪfɪˈkeɪʃən/ N diversification (*f*)

diversify /daɪˈvɜːsɪfaɪ/ 1 VT diversifier 2 VI se diversifier

diversion /daɪˈvɜːʃən/ N ⓐ (*Brit* = *redirecting*) [*of traffic*] déviation (*f*); [*of ship*] déroutement (*m*); [*of profits, stream*] détournement (*m*) ⓑ (*Brit*: *on road*) déviation (*f*) ⓒ (= *relaxation*) distraction (*f*) ⓓ **to create a ~** (*to distract attention*) faire diversion

diversionary /daɪˈvɜːʃnərɪ/ ADJ de diversion; **~ tactics** manœuvres (*fpl*) de diversion

diversity /daɪˈvɜːsɪtɪ/ N diversité (*f*)

divert /daɪˈvɜːt/ VT ⓐ détourner; [+ *train, plane, ship*] dérouter; (*Brit*) [+ *traffic*] dévier ⓑ (= *amuse*) divertir

divest /daɪˈvest/ VT dépouiller

divide /dɪˈvaɪd/ 1 VT diviser (**into** en); **they ~d it amongst themselves** ils se le sont partagé; **he ~s his time between London and Paris** il partage son temps entre Londres et Paris 2 VI se diviser; [*road*] bifurquer 3 N (= *gap*) clivage (*m*); **to bridge the ~ between ...** combler le fossé entre ...; **the racial/social ~** la fracture raciale/sociale

► **divide up** VT SEP = divide

divided /dɪˈvaɪdɪd/ 1 ADJ ⓐ (= *in two parts*) divisé ⓑ (= *in disagreement*) divisé; [*opinion*] partagé; **to have ~ loyalties** être déchiré; **opinions are ~ over this** les avis sont partagés sur ce point 2 COMP ♦ **divided highway** N (*US*) route (*f*) à quatre voies

(*f*) → ROADS

dividend /ˈdɪvɪdend/ N dividende (*m*)

dividing line /dɪˈvaɪdɪŋlaɪm/ N ligne (*f*) de démarcation

divine /dɪˈvaɪn/ ADJ divin; **darling you look simply ~!*** chérie, tu es absolument divine!; **the mousse tasted absolutely ~!*** la mousse était absolument divine!

diving /ˈdaɪvɪŋ/ 1 N ⓐ (*underwater*) plongée (*f*) sous-marine ⓑ (*from diving board*) plongeon (*m*) 2 COMP ♦ **diving board** N plongeoir (*m*); (= *springboard*) tremplin (*m*) ♦ **diving suit** N scaphandre (*m*)

divinity /dɪˈvɪnɪtɪ/ N (= *god*) divinité (*f*); (= *theology*) théologie (*f*)

divisible /dɪˈvɪzəbl/ ADJ divisible

division /dɪˈvɪʒən/ N division (*f*); (*between social classes*) fossé (*m*) ♦ **division sign** N signe (*m*) de division

divisive /dɪˈvaɪsɪv/ ADJ **abortion is a ~ issue** l'avortement est un sujet qui divise l'opinion

divorce /dɪˈvɔːs/ 1 N divorce (*m*) (**from** d'avec); **to get a ~ from** obtenir le divorce d'avec 2 VT divorcer d'avec; **she ~d her husband** elle a divorcé d'avec son mari; **one cannot ~ education from politics** on ne peut pas séparer l'éducation de la politique 3 VI divorcer

divorcee /dɪˌvɔːˈsiː/ N divorcé(e) (*m(f)*)

divulge /daɪˈvʌldʒ/ VT divulguer

Dixie(land) /ˈdɪksɪ(lænd)/ N États (*mpl*) du Sud

DIY /diːaɪˈwaɪ/ N (*Brit*) (ABBR = **do-it-yourself**) bricolage (*m*)

dizziness /ˈdɪzɪnɪs/ N (= *state*) vertige(s) (*m(pl)*); **an attack of ~** des vertiges

dizzy /ˈdɪzɪ/ ADJ ⓐ [*person*] pris de vertige; **to feel ~** avoir la tête qui tourne; **it makes me ~** ça me donne le vertige; **he was ~ from the heat** la chaleur lui faisait tourner la tête; **a ~ spell** un vertige; **he was ~ with success** le succès l'avait grisé ⓑ [*height*] vertigineux ⓒ [*person*] (= *scatterbrained*) écervelé; **a ~ blonde** une blonde évaporée

DJ /diːˈdʒeɪ/ N (ABBR = **disc jockey**) DJ (*m*)

Djakarta /dʒəˈkɑːtə/ N Djakarta

Djibouti /dʒɪˈbuːtɪ/ N Djibouti; **in ~** à Djibouti

DMus N (ABBR = **Doctor of Music**) doctorat de musique

DMZ N (ABBR = **Demilitarized Zone**) zone (*f*) démilitarisée

DNA /ˌdiːenˈeɪ/ N (ABBR = **deoxyribonucleic acid**) ADN (*m*) ♦ **DNA sequence** N séquence (*f*) d'ADN ♦ **DNA test** N test (*m*) ADN

D-notice /diːˈnəʊtɪs/ N (*Brit Politics*) *consigne officielle à la presse de ne pas publier certaines informations relatives à la sécurité nationale*

do¹ /duː/

1 AUXILIARY VERB	4 NOUN
2 TRANSITIVE VERB	5 PLURAL NOUN
3 INTRANSITIVE VERB	6 PHRASAL VERBS

► *vb: 3rd pers sg pres* **does**, *pret* **did**, *ptp* **done**

1 AUXILIARY VERB
ⓐ

► *There is no equivalent in French to the use of* **do** *in questions, negative statements and negative commands.*

do you understand? (est-ce que) vous comprenez?; **I don't understand** je ne comprends pas; **didn't you like it?** tu n'as pas aimé ça?; **don't worry!** ne t'en fais pas!

ⓑ in tag questions: seeking confirmation n'est-ce pas; **you know him, don't you?** vous le connaissez, n'est-ce pas?

► *The tag is sometimes not translated.*

he didn't go, did he? il n'y est pas allé(, n'est-ce pas)?; **(so) you know him, do you?** alors comme ça vous le connaissez?; **she said that, did she?** ah oui? elle a dit ça?

ⓒ in tag responses they speak French — oh, do they? ils parlent français — ah oui?; **he wanted £1,000 for it — did he really?** il en demandait 1 000 livres — vraiment?; **who broke the mirror? — I did** qui a cassé la glace? — moi;

may I come in? — please do! puis-je entrer? — je t'en prie!; **shall I ring her again? — no, don't!** est-ce que je la rappelle? — surtout pas!; **I'll tell him — don't!** je vais le lui dire — surtout pas!

► **oui** or **non** *alone are often used to answer questions.*

do you see them often? — yes, I do vous les voyez souvent? — oui; **did you see him? — no I didn't** est-ce que tu l'as vu? — non

(d) substitute for another verb **he's always saying he'll stop smoking, but he never does** il dit toujours qu'il va s'arrêter de fumer mais il ne le fait pas; **you drive faster than I do** tu conduis plus vite que moi; **I like this colour, don't you?** j'aime bien cette couleur, pas toi?

(e) encouraging **DO come!** venez donc!; **DO tell him that** ... dites-lui bien que ...

(f) used for emphasis **I DO wish I could come with you** je voudrais tant pouvoir vous accompagner; **but I DO like pasta!** mais si j'aime bien les pâtes!; **I am sure he never said that — he DID say it** je suis sûr qu'il n'a jamais dit ça — je t'assure que si!; **so you DO know them!** alors comme ça tu les connais!

2 TRANSITIVE VERB

(a) faire; **what are you doing in the bathroom?** qu'est-ce que tu fais dans la salle de bains?; **what do you do for a living?** que faites-vous dans la vie?; **the car was doing 100mph** la voiture faisait du 160 km/h; **to do again** refaire; **it's all got to be done again** tout est à refaire; **now you've done it!** c'est malin!; **that's done it!*** (*in dismay*) c'est fichu!*; (*satisfaction*) ça y est!

► *Some* **do** *+ noun combinations require a more specific French verb.*

to do the flowers arranger les fleurs; **to do one's hair** se coiffer; **to do one's teeth** se laver les dents; **to do nine subjects** étudier neuf matières; **to do an author** étudier un auteur; **he does his maths master to perfection** il imite son professeur de math à la perfection; **to do heroin*** prendre de l'héroïne

(b) = finish **to get done with sth** en finir avec qch

(c) = cook faire; (= *peel*) éplucher; **I'll do some pasta** je vais faire des pâtes; **how do you like your steak done?** comment voulez-vous votre bifteck?; **I like steak well done** j'aime le bifteck bien cuit

(d) Brit = cheat **to be done*** se faire avoir*

(e) = suffice aller à; **will a kilo do you?** un kilo, ça ira?; **that will do me nicely** ça ira très bien

(f) set structures

♦ **to do** + *preposition*: **there's nothing I can do about it** je ne peux rien y faire; **he's been badly done by** on s'est très mal conduit avec lui; **what are we going to do for money?** comment allons-nous faire pour trouver de l'argent?; **what can I do for you?** qu'est-ce que je peux faire pour vous?; **could you do something for me?** est-ce que tu peux me rendre un service?; **what are you doing to that poor cat?** qu'est-ce que tu es en train de faire à ce pauvre chat?; **this theme has been done to death** c'est un sujet rebattu; **what have you done with my gloves?** qu'as-tu fait de mes gants?; **he didn't know what to do with himself** il ne savait pas à quel saint se vouer; **what am I going to do with you?** qu'est-ce que je vais bien pouvoir faire de toi?

3 INTRANSITIVE VERB

(a) = act faire; **do as your friends do** faites comme vos amis; **do as I say** fais ce que je dis; **he did well to take advice** il a bien fait de prendre conseil; **you would do well to rest more** vous feriez bien de vous reposer davantage; **he did right** il a bien fait; **he did right to go** il a bien fait d'y aller; **could you lend me £50? — nothing doing!*** tu pourrais me prêter 50 livres? — pas question!

(b) = get on aller; (*as regards health*) se porter; **how are you doing?** comment ça va?; **how's he doing?** comment va-t-il?; **the patient is doing better now** le malade va mieux; **he's doing well at school** il a de bons résultats à l'école; **the patient is doing very well** le malade est en très bonne voie; **how do you do?** (*on being introduced*) enchanté (de faire votre connaissance); **the roses are doing well this year** les roses sont belles cette année

(c) = finish terminer; **have you done?** vous avez terminé?

♦ **to have done with**: **I've done with all that nonsense** je ne veux plus entendre parler de ces bêtises; **have you done with that book?** vous n'avez plus besoin de ce livre?

(d) = suit aller; **this room will do** cette chambre fera l'affaire; **that will do for the moment** ça ira pour le moment; **that will never do!** il n'en est pas question!; **it doesn't do to tell him what you think of him** ce n'est pas une bonne idée de lui dire ce qu'on pense de lui; **this coat will do as a blanket** ce manteau peut servir de couverture

(e) = be sufficient suffire; **three bottles of wine should do** trois bouteilles de vin devraient suffire; **can you lend me some money? — will £10 do?** peux-tu me prêter de l'argent? — dix livres, ça ira?; **that will do!** ça ira!

(f) ♦ **to have to do with** (= *be connected with*) **what has that got to do with it?** qu'est-ce que ça a à voir?; **they say crime has nothing to do with unemployment** ils prétendent que la criminalité n'a rien à voir avec le chômage; **that has nothing to do with it!** cela n'a aucun rapport!; **this debate has to do with the cost of living** ce débat porte sur le coût de la vie; **that's got a lot to do with it!** ça y est pour beaucoup!; **money has a lot to do with it** l'argent y est pour beaucoup; **that has nothing to do with you!** ça ne vous regarde pas!; **I won't have anything to do with it** je ne veux pas m'en mêler

4 NOUN

Brit fête (*f*); **they had a big do for their twenty-fifth anniversary** ils ont fait une grande fête pour leur vingt-cinquième anniversaire de mariage

5 PLURAL NOUN

dos: **the dos and don'ts** ce qu'il faut faire ou ne pas faire

6 PHRASAL VERBS

► **do away with** VT INSEP (a) (= *get rid of*) [+ *law, controls*] abolir; [+ *nuclear weapons*] démanteler; [+ *subsidies*] supprimer; [+ *building*] démolir (b) (= *kill*)* supprimer; **to do away with o.s.** se supprimer

► **do down** VT SEP (*Brit*) [+ *person*] dénigrer; **she's always doing herself down** il faut toujours qu'elle se rabaisse

► **do for*** VT INSEP (= *ruin*) [+ *hopes, chances, project*] ficher* en l'air; **he's done for** il est fichu*

► **do in**: VT SEP (a) (= *kill*) buter; (b) (= *overwhelm*) **it does my head in** ça me prend la tête*; (c) (= *exhaust*) épuiser; **to be done in** être claqué*

► **do out of** VT SEP **to do sb out of £100** arnaquer* qn de 100 livres; **to do sb out of a job** piquer son travail à qn

► **do over** VT SEP (a) (*US* = *redo*)* refaire (b) (*Brit*): (= *beat up*) tabasser*; (= *ransack*) mettre sens dessus dessous; **the door was open: they had done the place over** la porte était ouverte: ils avaient mis la maison sens dessus dessous (c) (= *redecorate*) refaire

► **do up** 1 VI [*dress, jacket*] se fermer 2 VT SEP (a) (= *fasten*) [+ *buttons*] boutonner; [+ *zip, dress*] fermer; [+ *shoes*] lacer (b) (= *parcel together*) emballer; **to do sth up in a parcel** emballer qch; **to do up a parcel** faire un paquet (c) (= *renovate*) [+ *house, room*]* refaire; (= *dress*)* arranger; **she was done up in a bizarre outfit** elle était bizarrement affublée; **to do o.s. up** se faire beau (belle (*f*))

► **do with*** VT INSEP (a) **I could do with a cup of tea** je prendrais une tasse de thé; **the house could do with a coat of paint** la maison a besoin d'un bon coup de peinture (b) (= *tolerate*) supporter; **I can't be doing with whining children** je ne supporte pas les enfants qui pleurnichent

► **do without** 1 VT INSEP se passer de; **I could have done without that!** je m'en serais bien passé!; **I can do without your advice!** je vous dispense de vos conseils! 2 VI **we had to do without** on a dû se serrer la ceinture

do² /dəʊ/ N (*Music*) do (*m*)

doable*, do-able* /'duːəbl/ ADJ faisable

d.o.b. (ABBR = **date of birth**) date (*f*) de naissance

Doberman /ˈdəʊbəmən/ N (= dog) doberman (m)

doc* /dɒk/ N (US) docteur (m)

docile /ˈdəʊsaɪl/ ADJ docile

dock /dɒk/ 1 N ⓐ (for ships) dock (m) ⓑ (Brit: in court) banc (m) des accusés; **in the ~** au banc des accusés 2 VT ⓐ [+ ship] mettre à quai; [+ spacecraft] arrimer ⓑ (Brit) [+ wages] faire une retenue sur; **to ~ £25 off sb's wages** retenir 25 livres sur le salaire de qn 3 VI ⓐ [ship] arriver à quai; **the ship has ~ed** le bateau est à quai ⓑ [spacecraft] s'arrimer (**with** à); **the shuttle ~ed with the space station** la navette s'est arrimée à la station spatiale

docker /ˈdɒkəʳ/ N (Brit) docker (m)

dockyard /ˈdɒkjɑːd/ N chantier (m) naval

doctor /ˈdɒktəʳ/ 1 N ⓐ médecin (m); **he/she is a ~** il/elle est médecin; **a woman ~** une femme médecin; **who is your ~?** qui est votre médecin traitant?; **Doctor Allan** le docteur Allan; **to send for the ~** appeler le médecin; **at the ~'s** chez le médecin; **it's just what the ~ ordered*** c'est exactement ce qu'il me (or te etc) fallait ⓑ (= person with PhD) docteur (m); **Doctor of Law** docteur (m) en droit 2 VT [+ wine, food, document, figures] trafiquer*

⚠ *The most common translation of* **doctor** *is* **médecin**.

doctorate /ˈdɒktərɪt/ N doctorat (m); **~ in science/in philosophy** doctorat (m) ès sciences/en philosophie

doctrine /ˈdɒktrɪn/ N doctrine (f)

document 1 N document (m) 2 VT [+ case, article, report] documenter; **well-~ed** établi

★ *Lorsque* **document** *est un nom, la dernière voyelle se prononce comme* ant *dans* giant: /ˈdɒkjʊmənt/; *lorsque c'est un verbe elle se prononce comme* ent *dans* went: /ˈdɒkjʊment/.

documentary /ˌdɒkjʊˈmentərɪ/ ADJ, N documentaire (m)

documentation /ˌdɒkjʊmenˈteɪʃən/ N documentation (f)

docu-soap /ˈdɒkjʊsəʊp/ N feuilleton-documentaire (m)

DOD /ˌdiːəʊˈdiː/ (US) (ABBR = **Department of Defense**) ministère (m) de la Défense

doddering /ˈdɒdərɪŋ/, **doddery** /ˈdɒdərɪ/ ADJ (= trembling) branlant; (= senile) gâteux

doddle* /ˈdɒdəl/ N (Brit) **it's a ~** c'est simple comme bonjour*

Dodecanese /ˌdəʊdəkəˈniːz/ N Dodécanèse (m)

dodge /dɒdʒ/ 1 N (Brit = trick)* truc* (m) 2 VT [+ blow, question, work] esquiver; [+ pursuer] échapper à; [+ tax] éviter de payer; **he ~d the issue** il a éludé la question 3 VI faire un saut de côté; (Boxing, Fencing) esquiver; (Football, Rugby) **to ~ out of sight** s'esquiver; **to ~ behind a tree** disparaître derrière un arbre; **to ~ through the traffic** se faufiler entre les voitures

dodgems /ˈdɒdʒəmz/ NPL (Brit) autos (fpl) tamponneuses

dodgy* /ˈdɒdʒɪ/ ADJ (Brit) ⓐ (= uncertain) risqué ⓑ (= suspicious) louche*

DOE /ˌdiːəʊˈiː/ ⓐ (Brit) (ABBR = **Department of the Environment**) ministère (m) de l'Environnement ⓑ (US) (ABBR = **Department of Energy**) ministère (m) de l'Énergie

doe /dəʊ/ N (= deer) biche (f); (= rabbit) lapine (f); **~-eyed** [person] aux yeux de biche

does /dʌz/ VB 3rd pers sg pres of **do**

doesn't /ˈdʌznt/ (ABBR = **does not**) → **do**

dog /dɒg/ 1 N ⓐ chien(ne) (m(f)); **it's a ~'s life** c'est une vie de chien; **to go to the ~s*** [institution, business] aller à vau-l'eau; **it's ~ eat ~** les loups se mangent entre eux ⓑ (= male animal) mâle (m) ⓒ (= person)* **lucky ~** veinard(e)* (m(f)); **dirty ~** sale type* (m); **sly ~** malin (m), maligne (f) 2 VT (= harass) harceler; **~ged by ill fortune** poursuivi par la malchance 3 COMP ♦ **dog basket** N panier (m) pour chien ♦ **dog biscuit** N biscuit (m) pour chien ♦ **dog breeder** N éleveur (m), -euse (f) de chiens ♦ **dog collar** N (lit) collier (m) de chien; (clergyman's) col (m) de pasteur ♦ **dog-eared** ADJ écorné ♦ **dog handler** N maître-chien (m) ♦ **dog paddle**

N nage (f) en chien ♦ VI nager en chien ♦ **dog-tired*** ADJ crevé*

dogfood /ˈdɒgfuːd/ N nourriture (f) pour chiens

dogged /ˈdɒgɪd/ ADJ [person, character] tenace; [courage, determination, refusal] obstiné; [resistance, battle] acharné

doggie /ˈdɒgɪ/ N toutou* (m)

doggy* /ˈdɒgɪ/ N (baby talk) toutou* (m) ♦ **doggy bag*** N petit sac pour emporter les restes après un repas au restaurant ♦ **doggy paddle*** N nage (f) en chien ♦ VI nager en chien

dogma /ˈdɒgmə/ N dogme (m)

dogmatic /dɒgˈmætɪk/ ADJ dogmatique; **to be very ~ about sth** être très dogmatique sur qch

do-gooder /ˌduːˈgʊdəʳ/ N bonne âme (f) (iro)

dogsbody* /ˈdɒgzbɒdɪ/ N (Brit) **she's the general ~** c'est la bonne à tout faire

doh /dəʊ/ N (Music) do (m)

doily /ˈdɔɪlɪ/ N napperon (m)

doing /ˈduːɪŋ/ N **this is your ~** c'est vous qui avez fait cela; **it was none of my ~** je n'y suis pour rien; **that takes some ~** ce n'est pas facile

do-it-yourself /ˈduːɪtjəˈself/ 1 N bricolage (m) 2 ADJ [shop] de bricolage; **~ enthusiast** bricoleur (m), -euse (f)

Dolby® /ˈdɒlbɪ/ N Dolby® (m)

doldrums /ˈdɒldrəmz/ NPL **to be in the ~** [person] traverser une mauvaise passe; [business] être dans le marasme

dole /dəʊl/ N allocation (f) de chômage; **to go on the ~** (Brit) s'inscrire au chômage ♦ **dole queue** N (Brit) **the ~ queues are lengthening** le nombre de chômeurs augmente ▶ **dole out** VT SEP distribuer

doll /dɒl/ N poupée (f); **to play with a ~** jouer à la poupée ♦ **doll's house** N maison (f) de poupée

dollar /ˈdɒləʳ/ N dollar (m) ♦ **dollar bill** N billet (m) d'un dollar ♦ **dollar sign** N signe (m) du dollar

dollop /ˈdɒləp/ N [of cream, jam] bonne cuillerée (f)

dolly /ˈdɒlɪ/ N (baby talk = doll) poupée (f)

dolphin /ˈdɒlfɪn/ N dauphin (m)

domain /dəʊˈmeɪn/ N domaine (m) ♦ **domain name** N nom (m) de domaine

dome /dəʊm/ N dôme (m)

domestic /dəˈmestɪk/ 1 ADJ ⓐ (= household) domestique; [fuel] à usage domestique; [quarrel] (within family) de famille; (between couple) conjugal; **~ bliss** les joies (fpl) de la vie de famille; **the ~ chores** les tâches (fpl) ménagères; **~ harmony** l'harmonie (f) du ménage ⓑ (= home-loving) **she was never a very ~ sort of person** elle n'a jamais vraiment été une femme d'intérieur ⓒ (= not foreign) intérieur (-eure (f)) 2 COMP ♦ **domestic appliance** N appareil (m) ménager ♦ **domestic science** N arts (mpl) ménagers

domesticated /dəˈmestɪkeɪtɪd/ ADJ ⓐ [animal] domestiqué ⓑ [person] **he's not very ~*** ce n'est pas vraiment un homme d'intérieur

dominance /ˈdɒmɪnəns/ N domination (f)

dominant /ˈdɒmɪnənt/ ADJ dominant

dominate /ˈdɒmɪneɪt/ VTI dominer

domination /ˌdɒmɪˈneɪʃən/ N domination (f)

domineering /ˌdɒmɪˈnɪərɪŋ/ ADJ autoritaire

Dominica /ˌdɒmɪˈniːkə/ N Dominique (f)

Dominican /dəˈmɪnɪkən/ 1 ADJ dominicain 2 N ⓐ (Geog) Dominicain(e) (m(f)) ⓑ (Rel) dominicain(e) (m(f)) 3 COMP ♦ **Dominican Republic** N République (f) dominicaine

dominion /dəˈmɪnɪən/ N ⓐ (= domination) domination (f) (**over** sur); **to have ~ over sb** maintenir qn sous sa domination ⓑ (= territory) territoire (m)

domino /ˈdɒmɪnəʊ/ N (pl **dominoes**) domino (m); **to play ~es** jouer aux dominos

don /dɒn/ 1 N (Brit = university teacher) professeur (mf) d'université (surtout à Oxford et à Cambridge) 2 VT [+ garment] revêtir

donate /dəʊ'neɪt/ VT donner; **to ~ blood** donner son sang; **~d by ...** offert par ...

donation /dəʊ'neɪʃən/ N (= *gift*) don (*m*); **would you like to give a ~?** voulez-vous donner quelque chose?

done /dʌn/ **1** VB (*ptp of* **do**) **what's ~ cannot be undone** ce qui est fait est fait; **that's just not ~!** cela ne se fait pas!; **it's as good as ~** c'est comme si c'était fait; **~!** (*concluding deal*) marché conclu!; **consider it ~!** c'est comme si c'était fait! **2** ADJ ⓐ **the ~ thing** ce qui se fait ⓑ (= *cooked*) cuit; **is it ~ yet?** est-ce que c'est cuit?; **well ~** [*steak*] à point

donkey /'dɒŋkɪ/ N âne (*m*); **she hasn't been here for ~'s years*** (*Brit*) il y a une éternité qu'elle n'est pas venue ici ♦ **donkey jacket** N (*Brit*) caban (*m*) ♦ **donkey-work** N (*Brit*) **the ~-work** le gros du travail

donor /'dəʊnəʳ/ N (*to charity*) donateur (*m*), -trice (*f*); [*of blood, organ for transplant*] donneur (*m*), -euse (*f*) ♦ **donor card** N carte (*f*) de donneur d'organes

don't /dəʊnt/ **1** VB (ABBR = **do not**) → **do 2** NPL **don'ts** choses (*fpl*) à ne pas faire

donut /'dəʊnʌt/ N (*US*) beignet (*m*)

doodle /'duːdl/ **1** VI griffonner **2** N griffonnage (*m*)

doom /duːm/ N (= *ruin*) ruine (*f*); (= *fate*) destin (*m*); **to send sb to their ~** (= *to their death*) envoyer qn à la mort

doomed /duːmd/ ADJ [*attempt, relationship, project*] voué à l'échec; **there were eleven passengers on the ~ flight** il y avait onze passagers dans cet avion qui devait s'écraser; **to be ~ to do sth** être condamné à faire qch; **to be ~ to failure** être voué à l'échec

door /dɔːʳ/ **1** N ⓐ porte (*f*); **he shut the ~ in my face** il m'a fermé la porte au nez; **he came through the ~** il est passé par la porte; **"pay at the ~"** « billets à l'entrée »; **to get tickets at the ~** prendre les billets à l'entrée; **to go from ~ to ~** aller de porte en porte; **he lives two ~s down the street** il habite deux portes plus loin; **out of ~s** dehors ⓑ (*phrases*) **to lay sth at sb's ~** imputer qch à qn; **to open the ~ to further negotiations** ouvrir la voie à des négociations ultérieures; **to keep the ~ open for further negotiations** laisser la porte ouverte à des négociations ultérieures; **to close the ~ on sth** barrer la route à qch; **as one ~ closes, another one opens** il y aura d'autres occasions; **a Harvard degree opens ~s** un diplôme de l'université de Harvard ouvre beaucoup de portes

2 COMP ♦ **door chain** N chaîne (*f*) de sûreté ♦ **door handle** N poignée (*f*) de porte ♦ **door-knocker** N heurtoir (*m*) ♦ **door-to-door** ADJ **~-to-~ delivery** livraison (*f*) à domicile; **we deliver ~-to-~** nous livrons à domicile; **~-to-~ salesman** vendeur (*m*) à domicile

doorbell /'dɔːbel/ N sonnette (*f*); **he heard the ~ ring** il entendit sonner à la porte; **there's the ~!** on sonne!

doorknob /'dɔːnɒb/ N poignée (*f*) de porte

doorman /'dɔːmən/ N (*pl* **-men**) [*of hotel*] portier (*m*); [*of night club etc*] videur (*m*)

doormat /'dɔːmæt/ N paillasson (*m*)

doorstep /'dɔːstep/ N seuil (*m*); **he left it on my ~** il l'a laissé devant ma porte; **the bus stop is just on my ~** l'arrêt du bus est juste devant ma porte; **we don't want a motorway on our ~** nous ne voulons pas d'autoroute par chez nous

doorway /'dɔːweɪ/ N porte (*f*); **in the ~** dans l'embrasure de la porte

dope /dəʊp/ **1** N (= *drugs*)* dope* (*f*); (*for athlete, horse*) dopant (*m*); **to take ~** se droguer; **~ test** test (*m*) antidopage **2** VT [+ *horse, person*] doper; [+ *food, drink*] mettre une drogue dans

Dordogne /dɔːr'dɔːd/ N Dordogne (*f*)

dormant /'dɔːmənt/ ADJ [*volcano, passion*] endormi; **to lie ~** [*plan, organization*] être en sommeil

dormice /'dɔːmaɪs/ NPL of **dormouse**

dormitory /'dɔːmɪtrɪ/ N dortoir (*m*); (*US: for students*) résidence (*f*) universitaire ♦ **dormitory town** N ville (*f*) dortoir

Dormobile ® /'dɔːməbiːl/ N (*Brit*) camping-car (*m*)

dormouse /'dɔːmaʊs/ N (*pl* **-mice**) loir (*m*)

Dors. ABBR = **Dorset**

DOS /dɒs/ N (ABBR = **disk operating system**) DOS (*m*)

dosage /'dəʊsɪdʒ/ N (= *amount*) dose (*f*); (*on medicine bottle*) posologie (*f*)

dose /dəʊs/ N dose (*f*); **in small/large ~s** à faible/haute dose; **she's all right in small ~s*** elle est supportable à petites doses; **to give sb a ~ of his own medicine** rendre à qn la monnaie de sa pièce; **to have a ~ of flu** avoir une bonne grippe*

dosh: /dɒʃ/ N (*Brit* = *money*) fric: (*m*)

doss: /dɒs/ (*Brit*) **1** N (= *easy task*) **he thought the course would be a ~** il croyait que le stage serait fastoche* **2** VI ⓐ (= *sleep*) pioncer: ⓑ (= *pass time aimlessly*) glander: ► **doss down:** VI pioncer: (quelque part)

dosser: /'dɒsəʳ/ N (*Brit* = *vagrant*) clochard(e) (*m(f)*)

dossier /'dɒsɪeɪ/ N dossier (*m*)

DOT /ˌdiːəʊ'tiː/ N (*US*) (ABBR = **Department of Transportation**) ministère (*m*) des Transports

dot /dɒt/ **1** N ⓐ point (*m*); (*on material*) pois (*m*); **on the ~ of 9pm** à 9 heures pile **2** VT **a field ~ted with flowers** un champ parsemé de fleurs; **hotels ~ted around the island** des hôtels éparpillés dans l'île; **there were paintings ~ted around the room** il y avait des tableaux un peu partout sur les murs de la pièce

dotcom, dot.com /dɒt'kɒm/ N dotcom (*f*) point com (*f*)

dote on /'dəʊtɒn/ VT INSEP [+ *person*] être fou de

doting /'dəʊtɪŋ/ ADJ (= *devoted*) **her ~ father** son père qui l'adore

dotted line /ˌdɒtɪd'laɪn/ N ligne (*f*) pointillée; **to tear along the ~** détacher suivant le pointillé; **to sign on the ~** signer sur la ligne pointillée; (= *agree officially*) donner son consentement

double /'dʌbl/ **1** ADJ ⓐ double

> ► This French adjective usually comes before the noun.

a ~ helping of ice cream une double part de glace; **a ~ whisky** un double whisky; **with a ~ meaning** à double sens; **to lead a ~ life** mener une double vie

ⓑ (= *for two people*) pour deux personnes; **a ~ ticket** un billet pour deux personnes

ⓒ (*with numbers, letters*) **~ oh seven** (= *007*) zéro zéro sept; **~ three four seven** (= *3347*: *in phone number*) trente-trois quarante-sept; **my name is Bell, B E ~ L** mon nom est Bell, B, E, deux L; **spelt with a ~ "p"** écrit avec deux « p »

2 ADV ⓐ (= *twice*) deux fois; **to cost/pay ~** coûter/payer le double; **she earns ~ what I get** elle gagne le double de ce que je gagne; **he's ~ your age** il a le double de ton âge; **her salary is ~ what it was five years ago** son salaire est le double de ce qu'il était il y a cinq ans

ⓑ (= *in two*) **to fold sth ~** plier qch en deux; **to bend ~** se plier en deux; **bent ~ with pain** tordu de douleur; **to see ~** voir double

3 N ⓐ double (*m*); **at the ~** au pas de course

ⓑ (= *exactly similar person*) sosie (*m*)

ⓒ (= *double bedroom*) chambre (*f*) double

4 NPL **doubles** (*Tennis*) double (*m*); **mixed ~s** double (*m*) mixte; **ladies'/men's ~s** double (*m*) dames/messieurs

5 VT doubler; **think of a number and ~ it** pense à un chiffre et multiplie-le par deux

6 VI doubler; **the number of students has ~d** le nombre d'étudiants a doublé

7 COMP ♦ **double act** N duo (*m*) ♦ **double agent** N agent (*m*) double ♦ **double album** N double album (*m*) ♦ **double-barrelled** ADJ [*shotgun*] à deux coups; (*Brit*) [*surname*] à rallonge* ♦ **double bass** N contrebasse (*f*) ♦ **double bed** N lit (*m*) à deux places ♦ **double bedroom** N chambre (*f*) pour deux personnes; (*in hotel*) chambre (*f*) double ♦ **double boiler** N casserole (*f*) à fond double ♦ **double-book** VI [*hotel, airline*] faire de la surréservation ♦ VT [+ *room, seat*] réserver pour deux personnes différentes ♦ **double booking** N surréservation (*f*) ♦ **double-breasted** ADJ [*jacket*] croisé ♦ **double chin** N double menton (*m*) ♦ **double-click** VI cliquer deux fois ♦ **double**

cream N (*Brit*) crème (*f*) fraîche épaisse ♦ **double-cross*** VT doubler* ♦ N traîtrise (*f*) ♦ **double-decker** N (= *bus*) autobus (*m*) à impériale ♦ **double-figure** ADJ à deux chiffres ♦ **double glazing** N (*Brit*) double vitrage (*m*); **to put in ~ glazing** installer un double vitrage ♦ **double-jointed** ADJ désarticulé ♦ **double-park** VI se garer en double file ♦ **double-sided** ADJ [*computer disk*] double face ♦ **double standard** N **to have ~ standards** faire deux poids, deux mesures ♦ **double take*** N **to do a ~ take** devoir y regarder à deux fois ♦ **double white lines** NPL lignes (*fpl*) blanches continues ♦ **double yellow lines** NPL double bande (*f*) jaune (*marquant l'interdiction de stationner*)

► **double back** VI [*person*] revenir sur ses pas; [*road*] faire un brusque crochet

► **double up** VI ⓐ (= *bend over sharply*) se plier; **to ~ up with laughter** se tordre de rire ⓑ (= *share room*) partager une chambre

double-check /ˌdʌblˈtʃek/ 1 VTI revérifier 2 N revérification (*f*)

double-click /ˌdʌblˈklɪk/ 1 VI double-cliquer 2 VT double-cliquer sur

doubly /ˈdʌblɪ/ ADV doublement; **in order to make ~ sure** pour plus de sûreté

doubt /daʊt/ 1 N doute (*m*); **it is not in ~** [*outcome, result*] cela ne fait aucun doute; **I am in no ~ about what he means** je n'ai aucun doute sur ce qu'il veut dire; **there is room for ~** il est permis de douter; **there is some ~ as to whether he'll come** on ne sait pas très bien s'il viendra ou non; **to have one's ~s about sth** avoir des doutes sur qch; **to cast ~s on sth** jeter le doute sur qch; **I have no ~s about it** je n'en doute pas; **no ~ about it!** cela va sans dire!; **there is no ~ that ...** il n'y a pas de doute que ... (+ *indic*); **he'll come without any ~** il viendra sûrement; **no ~** sans doute; **without a ~** sans aucun doute; **it is beyond all ~** c'est indéniable; **beyond ~** [*prove*] de façon indubitable; **if in ~** en cas de doute

2 VT **to ~ sb/sth** douter de qn/qch; **I ~ it** j'en doute
♦ **to doubt whether/that/if ...** douter que ...; **I ~ whether he will come** je doute qu'il vienne; **I don't ~ that he will come** je ne doute pas qu'il vienne; **she didn't ~ that he would come** elle ne doutait pas qu'il viendrait; **I ~ if this is what she wanted** je doute que ce soit ce qu'elle voulait

doubtful /ˈdaʊtfʊl/ ADJ ⓐ (= *unconvinced*) peu convaincu; **to be ~ of sth** douter de qch; **to be ~ about sb/sth** avoir des doutes sur qn/qch; **I'm a bit ~** je n'en suis pas si sûr; **to be ~ about doing sth** hésiter à faire qch; **he was ~ whether ...** il doutait que ... (+ *subj*); **he was ~ whether he could ever manage it** il avait des doutes sur ses chances de réussite ⓑ (= *questionable*) douteux; **it is ~ that ...** il est douteux que ... (+ *subj*); **in ~ taste** d'un goût douteux

doubtless /ˈdaʊtlɪs/ ADV sans doute

dough /dəʊ/ N ⓐ pâte (*f*) ⓑ (= *money*)‡ fric‡ (*m*)

doughnut /ˈdəʊnʌt/ N beignet (*m*); **jam** (*Brit*) or **jelly** (*US*) **~** beignet (*m*) à la confiture

dour /ˈdʊə^r^/ ADJ austère; **a ~ Scot** un Écossais austère

douse /daʊs/ VT ⓐ (= *drench*) tremper ⓑ (= *extinguish*) éteindre

dove /dʌv/ N colombe (*f*)

Dover /ˈdəʊvə^r^/ N Douvres ♦ **Dover sole** N sole (*f*)

dowdy /ˈdaʊdɪ/ ADJ [*clothes, person*] ringard*

Dow Jones /ˌdaʊˈdʒəʊnz/ N **the ~ index** l'indice (*m*) Dow Jones

down¹ /daʊn/

> ■ When **down** is an element in a phrasal verb, eg **back down**, **play down**, look up the verb.

1 ADV ⓐ (= *to lower level*) en bas; (= *down to the ground*) par terre; **~!** (*said to a dog*) couché!; **~ with traitors!** à bas les traîtres!; **to come** or **go ~** descendre; **to fall ~** tomber (à terre); **to run ~ a hill** descendre une colline en courant ⓑ (= *at lower level*) en bas; **~ there** en bas; **I shall stay ~ here** je vais rester ici; **the blinds were ~** les stores étaient baissés; **Douglas isn't ~ yet** Douglas n'est pas encore descendu

ⓒ (*from larger town, the north, university*) **he came ~ from London yesterday** il est arrivé de Londres hier; **we're going ~ to Dover tomorrow** demain nous descendons à Douvres; **~ under*** (= *in Australia/New Zealand*) en Australie/Nouvelle-Zélande; **from ~ under*** d'Australie/de Nouvelle-Zélande

ⓓ (*indicating a reduction*) **the tyres are ~** les pneus sont dégonflés; **I'm £20 ~ on what I expected** j'ai 20 livres de moins que je ne pensais; **prices are ~ on last year's** les prix sont en baisse par rapport à l'année dernière; **the euro is ~ against the dollar** l'euro est en baisse par rapport au dollar; **I am ~ on my luck** je suis dans une mauvaise passe; **we are ~ to our last $5** il ne nous reste plus que 5 dollars

ⓔ (*in writing*) **I've got it ~ in my diary** c'est marqué sur mon agenda; **let's get it ~ on paper** mettons-le par écrit; **did you get ~ what he said?** as-tu noté ce qu'il a dit?; **to be ~ for the next race** être inscrit dans la prochaine course

ⓕ (*indicating range*) **~ to** jusqu'à; **from 1700 ~ to the present** de 1700 à nos jours; **from the biggest ~ to the smallest** du plus grand au plus petit

ⓖ ♦ **down to*** (= *the responsibility of*) **it's ~ to him to do it** c'est à lui de le faire; **it's ~ to him now** c'est à lui de jouer maintenant; **our success is all ~ to him** (= *attributable to*) c'est à lui seul que nous devons notre succès

2 PREP ⓐ (*indicating movement to lower level*) du haut en bas de; **he went ~ the hill** il a descendu la colline; **her hair hung ~ her back** ses cheveux lui tombaient dans le dos; **he ran his eye ~ the list** il a parcouru la liste des yeux

ⓑ (= *at a lower part of*) **she lives ~ the street** elle habite plus bas dans la rue; **it's just ~ the road** c'est tout près

ⓒ (= *along*) le long de; **he was walking ~ the street** il descendait la rue; **let's go ~ the pub*** allons au pub; **looking ~ this street, you can see ...** si vous regardez dans cette rue, vous verrez ...

3 ADJ **to be ~** (= *depressed*) avoir le cafard*; **the computer's ~** l'ordinateur est en panne

4 VT **to ~ an opponent*** terrasser un adversaire; **he ~ed three enemy planes** il a descendu* trois avions ennemis; **to ~ tools** (*Brit*) (= *stop work*) cesser le travail; (= *strike*) se mettre en grève; **he ~ed a glass of beer** il a descendu* un verre de bière

5 COMP ♦ **down-and-out** N SDF (*mf*) ♦ **down-in-the-mouth*** ADJ abattu ♦ **down payment** N acompte (*m*); **to make a ~ payment of £100** verser un acompte de 100 livres ♦ **down-to-earth** ADJ **to be ~-to-earth** avoir les pieds bien sur terre

down² /daʊn/ N (= *fluff, feathers*) duvet (*m*)

downbeat /ˈdaʊnˌbiːt/ ADJ (= *gloomy*) [*person*] abattu; [*ending, assessment*] pessimiste

downcast /ˈdaʊnˌkɑːst/ ADJ ⓐ (= *discouraged*) démoralisé ⓑ [*eyes*] baissé

downer* /ˈdaʊnə^r^/ N ⓐ (= *tranquilliser*) tranquillisant (*m*) ⓑ (= *depressing experience*) expérience (*f*) déprimante; **for lonely people, Christmas can be a ~** Noël peut donner le bourdon* aux personnes seules; **to be on a ~** déprimer*

downfall /ˈdaʊnˌfɔːl/ N [*of person, empire*] chute (*f*); **it proved his ~** ça a causé sa perte

downgrade /ˈdaʊnˌgreɪd/ VT [+ *employee*] rétrograder (dans la hiérarchie); [+ *work, job*] dévaloriser

downhearted /ˌdaʊnˈhɑːtɪd/ ADJ abattu; **don't be ~!** ne te laisse pas abattre!

downhill /ˌdaʊnˈhɪl/ 1 ADJ **~ skiing** ski (*m*) de piste; **~ competition** (*Ski*) épreuve (*f*) de descente; **it was ~ all the way after that** (= *got easier*) après cela, tout a été plus facile; (= *got worse*) après cela, tout est allé en empirant 2 ADV **to go ~** [*person, vehicle, road*] descendre; (= *get worse*) [*person*] être sur la mauvaise pente; [*company*] péricliter; [*economy*] se dégrader; **things just went ~ from there** par la suite les choses n'ont fait qu'empirer

❶ DOWNING STREET

Downing Street, dans le quartier de Westminster, est la rue où résident officiellement le Premier ministre (au n° 10) et le chancelier de l'Échiquier (au n° 11). Les médias utilisent souvent **Downing Street** ou « Number Ten » pour désigner le gouvernement, à la façon dont on parlerait de « Matignon » en France.
▷ www.number-10.gov.uk

download /'daʊn,ləʊd/ 1 VT télécharger 2 N téléchargement (m)

downloadable /'daʊn,ləʊdəbl/ ADJ téléchargeable

downmarket /'daʊn,mɑːkɪt/ ADJ bas de gamme (inv)

downpour /'daʊn,pɔː'/ N pluie (f) torrentielle ; **we got caught in the ~** on a été pris par l'averse

downright /'daʊnraɪt/ 1 ADV franchement ; **it's ~ impossible** c'est carrément impossible 2 ADJ **a ~ refusal** un refus catégorique ; **it's a ~ lie for him to say that ...** il ment effrontément quand il dit que ...

downside /'daʊn,saɪd/ N ⓐ (US) **~ up** sens dessus dessous ⓑ (= negative aspect) inconvénient (m) ; **on the ~** pour ce qui est des inconvénients

downsize /'daʊnsaɪz/ 1 VT [company] réduire les effectifs de 2 VI (= shed labour) réduire ses effectifs

downsizing /'daʊnsaɪzɪŋ/ N (of company) dégraissage (m) (des effectifs)

Down's syndrome /'daʊnz,sɪndrəʊm/ N trisomie (f) ; **a person with ~** un(e) trisomique

downstairs /'daʊn'steəz/ 1 ADV en bas ; (= to or on floor below) à l'étage du dessous ; (= to or on ground floor) au rez-de-chaussée ; **to go ~** descendre (l'escalier) ; **to run ~** descendre en courant ; **to rush ~** dévaler l'escalier ; **to fall ~** tomber dans les escaliers ; **the people ~** (= below) les gens (mpl) du dessous 2 ADJ (= on ground floor) du rez-de-chaussée ; **the ~ rooms** les pièces (fpl) du rez-de-chaussée ; **a ~ flat** un appartement au rez-de-chaussée

downstream /'daʊn,striːm/ ADJ, ADV en aval ; **to move ~** descendre le courant

downtown /'daʊn'taʊn/ 1 ADV dans le centre ; **to go ~** aller en ville 2 ADJ **~ Chicago** le centre de Chicago

downtrodden /'daʊn,trɒdən/ ADJ opprimé

downward /'daʊnwəd/ 1 ADJ [movement] vers le bas ; **a ~ trend** une tendance à la baisse 2 ADV = **downwards**

downwards /'daʊnwədz/ ADV [go] vers le bas ; **to slope gently ~** descendre en pente douce ; **place the card face ~** posez la carte face en dessous

dowry /'daʊrɪ/ N dot (f)

doz. ABBR = **dozen**

doze /dəʊz/ 1 N somme (m) 2 VI sommeiller ; **to be dozing** être assoupi
▸ **doze off** VI s'assoupir

dozen /'dʌzn/ N douzaine (f) ; **three ~** trois douzaines ; **a ~ shirts** une douzaine de chemises ; **half a ~** une demi-douzaine ; **€1 a ~** 1 € la douzaine ; **~s of times** des dizaines de fois

dozy /'dəʊzɪ/ ADJ ⓐ (= sleepy) à moitié endormi ⓑ (Brit = stupid)* empoté*

DP /diː'piː/ N (ABBR = **data processing**) traitement (m) des données

DPP /diːpiː'piː/ N (Brit) (ABBR = **Director of Public Prosecutions**) ≈ procureur (m) général

DPT /diːpiː'tiː/ N (ABBR = **diptheria, pertussis, tetanus**) DT Coq (m)

Dr /'dɒktə'/ (ABBR = **Doctor**) **Dr R. Day** (on envelope) Dr R. Day ; **Dear Dr Day** (in letters) (man) Cher Monsieur ; (woman) Chère Madame ; (if known to writer) Cher Docteur

drab /dræb/ ADJ [colour] morne ; [clothes, surroundings, existence] terne

draft /drɑːft/ 1 N ⓐ (= outline) avant-projet (m) ; [of letter, essay] brouillon (m) ⓑ (for money) traite (f) ⓒ (US = conscript intake) contingent (m) ; **to be ~ age** être en âge de faire son service militaire ⓓ (US) = **draught** 2 VT ⓐ [+ letter]

faire le brouillon de ; [+ speech] préparer ⓑ (US) [+ conscript] appeler (sous les drapeaux) ; **to ~ sb to a post** détacher qn à un poste 3 COMP ♦ **draft dodger** N (US) insoumis (m)

draftsman /'drɑːftsmən/ N (pl **-men**) (US) dessinateur (m) industriel

draftsmanship /'drɑːftsmənʃɪp/ N (US) talent (m) de dessinateur

draftswoman /'drɑːftswʊmən/ N (pl **-women**) (US) dessinatrice (f) industrielle

drafty /'drɑːftɪ/ ADJ (US) = **draughty**

drag /dræg/ 1 N ⓐ (= tiresome person)* raseur (m), -euse* (f) ; (= tiresome thing)* corvée (f) ; **what a ~!** quelle barbe !* ⓑ (= pull on cigarette)* taffe* (f) ⓒ (= women's clothing worn by men)* habits (mpl) de femme ; **a man in ~** un homme habillé en femme ; (= transvestite) un travesti ⓓ (US = street) **the main ~** la grand-rue

2 VI (= go slowly) traîner ; **the minutes ~ged** les minutes s'écoulaient avec lenteur

3 VT ⓐ [+ person, object] traîner ; **he ~ged her out of the car** il l'a tirée de la voiture ; **to ~ one's feet** (= scuff feet) traîner les pieds ; (= hold things up) traîner les pieds ; **she accused the government of ~ging its feet on reforms** elle a accusé le gouvernement de tarder à introduire des réformes
ⓑ [+ river, lake] draguer (**for** à la recherche de)
ⓒ (= involve) **don't ~ me into your affairs!** ne me mêle pas à tes histoires ! ; **to ~ politics into sth** mêler la politique à qch

4 COMP ♦ **drag and drop** N glisser-poser (m) ♦ **drag artist** N travesti (m) ♦ **drag lift** N tire-fesses (m inv) ♦ **drag queen*** N drag queen (f)
▸ **drag about** VI, VT SEP traîner
▸ **drag along** VT SEP [+ person] (to meeting, concert) entraîner (à contrecœur) ; **to ~ o.s. along** se traîner
▸ **drag away** VT SEP arracher (**from** à) ; **she ~ged him away from the television** elle l'a arraché de devant* la télévision ; **if you manage to ~ yourself away from the bar*** si tu arrives à t'arracher du bar*
▸ **drag down** VT SEP entraîner (en bas) ; **to ~ sb down to one's own level** rabaisser qn à son niveau ; **he was ~ged down by the scandal** le scandale l'a discrédité
▸ **drag on** VI [meeting, conflict] traîner en longueur
▸ **drag out** 1 VI [meeting, conflict] traîner en longueur 2 VT SEP [+ discussion] faire traîner
▸ **drag up** VT SEP [+ scandal, story] ressortir ; **the letter ~ged up painful memories** la lettre a fait ressurgir des souvenirs douloureux

dragon /'drægən/ N dragon (m)

dragonfly /'drægənflaɪ/ N libellule (f)

drain /dreɪn/ 1 N (in town) égout (m) ; (in house) canalisation (f) ; **to throw one's money down the ~** jeter son argent par les fenêtres ; **to go down the ~** (= fail) tomber à l'eau* ; **all his hopes have gone down the ~** tous ses espoirs ont été anéantis ; **it's a ~ on our resources** cela épuise nos ressources

2 VT [+ land, marshes] drainer ; [+ vegetables, dishes] égoutter ; [+ reservoir, glass, drink] vider ; **to ~ sb of strength** épuiser qn ; **to ~ a country of resources** épuiser les ressources d'un pays

3 VI [liquid] s'écouler

4 COMP ♦ **draining board** N égouttoir (m)
▸ **drain away** 1 VI [liquid] s'écouler ; [strength] s'épuiser 2 VT SEP [+ liquid] faire couler (pour vider un récipient)

drainage /'dreɪnɪdʒ/ N (= act of draining) drainage (m) ; (= system of drains: on land) système (m) de drainage ; [of town] système (m) d'égouts

drainboard /'dreɪnbɔːd/ N (US) égouttoir (m)

drainer /'dreɪnə'/ N égouttoir (m)

drainpipe /'dreɪnpaɪp/ N tuyau (m) d'écoulement

DRAM, D-RAM /'diːræm/ (Computing) (ABBR = **dynamic random access memory**) (mémoire (f)) DRAM (f)

drama /ˈdrɑːmə/ 1 N ⓐ (= theatre) théâtre (m) ⓑ (= play) pièce (f) de théâtre ⓒ (= catastrophe) drame (m) 2 COMP ♦ **drama critic** N critique (m) dramatique ♦ **drama queen*** N (pej) **stop being such a ~ queen** arrête ton cinéma* ♦ **drama school** N école (f) d'art dramatique

dramatic /drəˈmætɪk/ ADJ ⓐ [art] dramatique ⓑ (= marked) [fall, change, increase, effect] spectaculaire

⚠ Except in the theatrical sense, **dramatic** is not translated by **dramatique**.

dramatically /drəˈmætɪkəlɪ/ ADV [change, improve, increase, affect] de façon spectaculaire; [different, effective, successful] extraordinairement

⚠ **dramatically** ≠ **dramatiquement**

dramatist /ˈdræmətɪst/ N auteur (m) dramatique

dramatize /ˈdræmətaɪz/ VT ⓐ [+ novel] adapter pour la scène (or pour le cinéma or pour la télévision) ⓑ (= exaggerate) dramatiser ⓒ (US = highlight) mettre en lumière

drank /dræŋk/ VB pt of **drink**

drape /dreɪp/ 1 VT draper (**with** de); [+ room, altar] tendre (**with** de) 2 NPL **drapes** (US = curtains) rideaux (mpl)

drastic /ˈdræstɪk/ ADJ [reform, measures, reduction] drastique; [remedy, surgery, change] radical; [consequences, decline] dramatique; **to make ~ cuts in defence spending** faire des coupes claires dans le budget de la défense

drastically /ˈdræstɪkəlɪ/ ADV [cut, increase, reduce] considérablement; [change, improve, different] radicalement; **defence spending has been ~ cut** on a opéré des coupes claires dans le budget de la défense

drat* /dræt/ EXCL zut!*

draught, draft (US) /drɑːft/ 1 N ⓐ (= breeze) courant (m) d'air ⓑ **beer on ~** bière (f) à la pression ⓒ (Brit) **(game of) ~s** (jeu (m) de) dames (fpl) ⓓ (= rough sketch) = **draft** 2 COMP [cider, beer] à la pression ♦ **draught excluder** N bourrelet (m) (de porte, de fenêtre)

draughtboard /ˈdrɑːftbɔːd/ N (Brit) damier (m)

draughtproof /ˈdrɑːftpruːf/ 1 ADJ calfeutré 2 VT calfeutrer

draughtsman /ˈdrɑːftsmən/ N (pl **-men**) dessinateur (m) industriel

draughtsmanship /ˈdrɑːftsmənʃɪp/ N [of artist] talent (m) de dessinateur

draughtswoman /ˈdrɑːftswʊmən/ N (pl **-women**) dessinatrice (f) industrielle

draughty, drafty (US) /ˈdrɑːftɪ/ ADJ [room] plein de courants d'air; **it's very ~ in here** il y a plein de courants d'air ici

draw /drɔː/ (pret **drew**, ptp **drawn**) 1 VT ⓐ (= pull) [+ object] tirer; **to ~ the curtains** tirer les rideaux; **he drew his chair nearer the fire** il a rapproché sa chaise du feu; **he drew her close to him** il l'a attirée contre lui; **to ~ smoke into one's lungs** avaler la fumée (d'une cigarette) ⓑ (= pull behind) tracter ⓒ (= extract) [+ cork] enlever; **to ~ one's gun** dégainer son pistolet; **he drew a gun on me** il a sorti un pistolet et l'a braqué sur moi ⓓ [+ water] (from tap) tirer (**from** de); (from well) puiser (**from** dans); **the stone hit him and drew blood** la pierre l'a frappé et l'a fait saigner; **to ~ a card from the pack** tirer une carte du jeu; **to ~ a ticket out of a hat** tirer un billet d'un chapeau; **to ~ inspiration from** tirer son inspiration de; **to ~ strength from sth** puiser des forces dans qch; **to ~ comfort from sth** trouver un réconfort dans qch; **to ~ a smile from sb** arracher un sourire à qn; **to ~ a laugh from sb** arriver à faire rire qn; **her performance drew tears from the audience** son interprétation a arraché des larmes au public ⓔ [+ pension, salary] toucher ⓕ (= attract) [+ attention, customer, crowd] attirer; **the play has ~n a lot of criticism** la pièce a été très critiquée; **to feel ~n to sb** se sentir attiré par qn ⓖ [+ picture] dessiner; [+ plan, line, circle] tracer ♦ **to draw the line: I ~ the line at cheating*** (myself) je n'irai pas jusqu'à tricher; (in others) je n'admets pas que

l'on triche; **we must ~ the line somewhere** il faut se fixer des limites; **it's hard to know where to ~ the line** il est difficile de savoir jusqu'où on peut aller ⓗ (= bring) **to ~ sth to a close** mettre fin à qch ⓘ (= make) [+ conclusion] tirer; [+ comparison, parallel, distinction] établir ⓙ (= cause to speak) **he would not be ~n on the matter** il a refusé de parler de cette affaire

2 VI ⓐ (= move) **to ~ to one side** s'écarter; **to ~ round the table** se rassembler autour de la table; **the train drew into the station** le train est entré en gare; **the car drew over to the hard shoulder** la voiture s'est rangée sur le bas-côté; **he drew ahead of the other runners** il s'est détaché des autres coureurs; **the two horses drew level** les deux chevaux sont arrivés à la même hauteur; **to ~ near** [person] s'approcher (**to** de); [time, event] approcher; **to ~ nearer (to)** s'approcher un peu plus (de); **to ~ to a close** toucher à sa fin ⓑ (= be equal) [two teams] faire match nul; (in competitions) être ex æquo (inv); **they drew for second place** ils sont arrivés deuxièmes ex æquo; **Scotland drew with Ireland** l'Écosse a fait match nul contre l'Irlande ⓒ (= do drawing) dessiner; **he ~s well** il dessine bien; **to ~ from life** dessiner d'après nature

3 N ⓐ (= lottery) loterie (f); (to choose teams, winners) tirage (m) au sort ⓑ (Sport) match (m) nul; **the match ended in a ~** le match s'est terminé par un match nul ⓒ (= attraction) attraction (f); **Mel Gibson was the big ~** Mel Gibson était la grande attraction ⓓ **to be quick on the ~** [gunman] dégainer vite

► **draw apart** VI s'éloigner l'un de l'autre

► **draw aside** 1 VI [people] s'écarter 2 VT SEP [+ person] prendre à part

► **draw away** VI ⓐ [person] s'écarter; [car] s'éloigner; **to ~ away from the kerb** s'éloigner du trottoir ⓑ (= move ahead) [runner, racehorse] se détacher

► **draw back** 1 VI (= move backwards) reculer 2 VT SEP [+ person] faire reculer; [+ object, one's hand] retirer

► **draw in** 1 VI ⓐ (in car) **to ~ in by the kerb** (= stop) s'arrêter le long du trottoir ⓑ (Brit = get shorter) **the days are ~ing in** les jours raccourcissent 2 VT SEP ⓐ [+ air] aspirer ⓑ [+ crowds] attirer ⓒ (= pull in) rentrer; **to ~ in one's claws** rentrer ses griffes

► **draw on** 1 VI [time] avancer 2 VT INSEP **to ~ on one's savings** prendre sur ses économies; **to ~ on one's imagination** faire appel à son imagination

► **draw out** 1 VI (= become longer) **the days are ~ing out** les jours rallongent 2 VT SEP ⓐ (= bring out) [+ handkerchief, purse] sortir (**from** de); [+ money] (from bank) retirer (**from** à, de); [+ secret] soutirer (**from** à) ⓑ (= prolong) prolonger

► **draw up** 1 VI (in car) s'arrêter 2 VT SEP ⓐ [+ chair] approcher; **to ~ o.s. up to one's full height** se dresser de toute sa hauteur ⓑ [+ inventory, list] dresser; [+ contract, agreement] établir; [+ plan] élaborer; [+ report] rédiger

► **draw upon** VT INSEP **to ~ upon one's savings** prendre sur ses économies; **to ~ upon one's imagination** faire appel à son imagination

drawback /ˈdrɔːbæk/ N (= disadvantage) inconvénient (m) (**to** à)

drawbridge /ˈdrɔːbrɪdʒ/ N pont-levis (m)

drawer /drɔːʳ/ N [of furniture] tiroir (m)

drawing /ˈdrɔːɪŋ/ N dessin (m); **a pencil ~** un dessin au crayon; **a chalk ~** un pastel; **rough ~** esquisse (f) ♦ **drawing board** N planche (f) à dessin; **the scheme is still on the ~ board** le projet est encore à l'étude; **back to the ~ board!** retour à la case départ! ♦ **drawing pin** N (Brit) punaise (f) ♦ **drawing room** N salon (m)

drawl /drɔːl/ 1 VI parler d'une voix traînante 2 VT dire d'une voix traînante 3 N voix (f) traînante; **with a Southern ~** avec la voix traînante des gens du Sud des États-Unis

drawn /drɔːn/ 1 VB ptp of **draw** 2 ADJ ⓐ [curtains] tiré ⓑ [sword] dégainé ⓒ [features] tiré; [person, face] aux traits tirés; **to look ~** avoir les traits tirés ⓓ [match] nul

drawstring /'drɔːstrɪŋ/ N cordon (m)

dread /dred/ 1 VT redouter; **to ~ doing sth** redouter de faire qch; **to ~ that ...** redouter que ... ne (+ subj); **the ~ed Mrs Mitch** la redoutable Mme Mitch; **the ~ed exam/medicine** (hum) l'examen/le médicament tant redouté (hum) 2 N terreur (f)

dreadful /'dredfʊl/ ADJ affreux; [food] épouvantable; [film, book] lamentable; **a ~ mistake** une erreur terrible; **what a ~ thing to happen!** quelle horreur!; **you look ~!** tu n'as pas l'air bien du tout!; **you look ~ (in that hat)!** tu es vraiment moche (avec ce chapeau)!; **I feel ~!** (= ill) je ne me sens pas bien du tout!; (= guilty) je m'en veux!; **I feel ~ about John/about what has happened** je m'en veux de ce qui est arrivé à John/de ce qui s'est passé

dreadfully /'dredfʊlɪ/ ADV (a) (= badly) [behave, treat sb] de façon abominable; [suffer] horriblement; **I miss him ~** il me manque terriblement; **I had a feeling that something was ~ wrong** j'ai senti que quelque chose de terrible venait de se passer (b) (= very) [boring, late] horriblement; **I'm ~ sorry** je suis terriblement désolé

dreadlocks /'dredlɒks/ NPL dreadlocks (fpl)

dream /driːm/ (vb: pret, ptp **dreamed** or **dreamt**) 1 N (a) rêve (m); **to have a ~ about sb/sth** rêver de qn/qch; **I've had a bad ~** j'ai fait un mauvais rêve; **the whole business was like a bad ~** c'était un vrai cauchemar; **sweet ~s!** fais de beaux rêves!; **to see sth in a ~** voir qch en rêve; **the man/house of my ~s** l'homme/la maison de mes rêves; **to have ~s of doing sth** rêver de faire qch; **it was like a ~ come true** c'était le rêve; **to make a ~ come true for sb** réaliser le rêve de qn; **never in my wildest ~s would I have thought that ...** jamais, même dans mes rêves les plus fous, je n'aurais imaginé que ...; **everything went like a ~*** tout s'est merveilleusement bien passé
(b) (when awake) **to be in a ~*** (= not paying attention) être dans les nuages; (= daydreaming) rêvasser
(c) (= lovely person)* amour* (m); (= lovely thing)* merveille (f); **isn't he a ~?** n'est-ce pas qu'il est adorable?

2 ADJ **a ~ house** une maison de rêve; **his ~ house** la maison de ses rêves; **he lives in a ~ world** il est complètement détaché des réalités

3 VI (a) (in sleep) rêver; (when awake) rêvasser; **to ~ of sb/sth** rêver de qn/qch; **to ~ of doing sth** rêver qu'on a fait qch; **~ on!*** tu peux toujours rêver!*
(b) (= imagine, envisage) songer (of à); **I would never have dreamt of doing such a thing** je n'aurais jamais songé à faire une chose pareille; **I wouldn't ~ of telling her!** jamais il ne me viendrait à l'idée de lui dire cela!; **will you come?** **— I wouldn't ~ of it!** vous allez venir? — jamais de la vie!; **I wouldn't ~ of making fun of you** il ne me viendrait jamais à l'idée de me moquer de vous

4 VT (a) (in sleep) rêver; **I dreamt that she came** j'ai rêvé qu'elle venait; **you must have dreamt it!** vous avez dû (le) rêver!
(b) (= imagine) imaginer; **if I had dreamt you would do that ...** si j'avais pu imaginer un instant que tu ferais cela ...; **I didn't ~ he would come!** je n'ai jamais imaginé un instant qu'il viendrait!

▶ **dream up*** VT SEP [+ idea] imaginer; **where did you ~ that up?** où est-ce que vous êtes allé pêcher ça?*

dreamer /'driːmə'/ N rêveur (m), -euse (f)

dreamlike /'driːmlaɪk/ ADJ onirique

dreamt /dremt/ VB pt, ptp of **dream**

dreary /'drɪərɪ/ ADJ [place, landscape] morne; [job, work, life] monotone; [day, person] ennuyeux; [weather] maussade

dredge /dredʒ/ 1 VT [+ river, mud] draguer 2 VI draguer
▶ **dredge up** VT SEP [+ bottom of river, lake] draguer; [+ unpleasant facts] déterrer

dredger /'dredʒə'/ N dragueur (m)

dregs /dregz/ NPL [of wine] lie (f); **the ~ of society** la lie de la société

drench /drentʃ/ VT tremper; **we got absolutely ~ed** on a été complètement trempés

dress /dres/ 1 N (a) (= woman's garment) robe (f)
(b) (= way of dressing) tenue (f); **in eastern/traditional ~** en tenue orientale/traditionnelle

2 VT (a) [+ child, family, customer] habiller; **to get ~ed** bien s'habiller; **he's old enough to ~ himself** il est assez grand pour s'habiller tout seul
(b) [+ salad] assaisonner; [+ chicken, crab] préparer
(c) [+ wound] panser; **to ~ sb's wound** panser la blessure de qn

3 VI s'habiller; **to ~ in black** s'habiller en noir; **to ~ as a woman** s'habiller en femme; **she ~es very well** elle s'habille avec goût

4 COMP ◆ **dress code** N tenue (f) (vestimentaire) de rigueur ◆ **dress designer** N couturier (m) ◆ **dress rehearsal** N répétition (f) générale ◆ **dress sense** N **he has no ~ sense at all** il ne sait absolument pas s'habiller
▶ **dress up** 1 VI (a) (= put on smart clothes) bien s'habiller; **there's no need to ~ up** il n'y a pas besoin de se mettre sur son trente et un (b) (= put on fancy dress) se déguiser; **to ~ up as ...** se déguiser en ...; **the children love ~ing up** les enfants adorent se déguiser 2 VT SEP (= disguise) déguiser (as en)

dressed /drest/ ADJ habillé; **casually ~** habillé de façon décontractée; **fully ~** entièrement habillé; **smartly ~** habillé avec élégance; **well-~** bien habillé; **~ in a suit/in white** vêtu d'un costume/de blanc; **~ as a man/a cowboy** habillé en homme/cow-boy; **to be all ~ up*** être sur son trente et un*; **she was ~ to kill*** elle était superbement habillée, prête à faire des ravages

dresser /'dresə'/ N buffet (m)

dressing /'dresɪŋ/ 1 N (a) (= seasoning) assaisonnement (m); (= stuffing) farce (f); **oil and vinegar ~** vinaigrette (f)
(b) (for wound) pansement (m) 2 COMP ◆ **dressing gown** N (Brit) robe (f) de chambre; (made of towelling) peignoir (m); (= negligée) déshabillé (m) ◆ **dressing room** N (Theatre) loge (f); (US: in shop) cabine (f) d'essayage ◆ **dressing table** N coiffeuse (f)

dressmaker /'dresmeɪkə'/ N couturière (f)

dressmaking /'dresmeɪkɪŋ/ N couture (f)

drew /druː/ VB pt of **draw**

dribble /'drɪbl/ 1 VI (a) [liquid] tomber goutte à goutte; [baby] baver (b) (Sport) dribbler 2 VT (a) [+ ball] dribbler
(b) [+ liquid] **~ olive oil over the fish** versez un filet d'huile d'olive sur le poisson 3 N (a) [of water] filet (m) (b) (Sport) dribble (m)

dribs and drabs /,drɪbzənd'dræbz/ NPL **in ~** petit à petit; [arrive] par petits groupes; [pay] au compte-gouttes

dried /draɪd/ 1 VB pt, ptp of **dry** 2 ADJ [flowers, vegetables] séché; [eggs, milk] en poudre; **~ fruit/beans** fruits (mpl)/haricots (mpl) secs

dried-up /,draɪd'ʌp/ ADJ [food] sec (sèche (f)); [stream, oasis] desséché; [well, spring] tari

drier /'draɪə'/ N = **dryer**

drift /drɪft/ 1 VI (on sea, river) dériver; (in wind/current) être emporté (par le vent/le courant); [snow, sand] s'amonceler; **to ~ downstream** descendre la rivière emporté par le courant; **to ~ away/out/back** [person] partir/sortir/revenir d'une allure nonchalante; **to ~ing aimlessly about** il flânait sans but; **to let things ~** laisser les choses aller à la dérive; **he ~ed into marriage** il s'est retrouvé marié; **to ~ from job to job** aller d'un travail à un autre; **the nation was ~ing towards a crisis** le pays allait vers la crise

2 N (a) [of fallen snow] congère (f)
(b) (= meaning)* **to get sb's ~** comprendre où qn veut en venir; **get my ~?** tu vois ce que je veux dire?
▶ **drift apart** VI s'éloigner l'un de l'autre
▶ **drift off** VI (= fall asleep) se laisser gagner par le sommeil

driftwood /'drɪftwʊd/ N bois (m) (trouvé sur une plage); **he makes sculptures out of ~** il fait des sculptures avec des morceaux de bois qu'il trouve sur la plage

drill /drɪl/ 1 N (a) (for DIY) perceuse (f); (for roads) marteau-piqueur (m); [of dentist] roulette (f)

(b) (= *exercises*) exercices (m); **what's the ~?*** qu'est-ce qu'il faut faire?; **he doesn't know the ~*** il ne connaît pas la marche à suivre

2 VT (a) [+ *wood, metal*] percer; [+ *tooth*] fraiser; **to ~ an oil well** forer un puits de pétrole

(b) [+ *soldiers*] faire faire l'exercice à; **to ~ pupils in grammar** faire faire des exercices de grammaire à des élèves; **I ~ed it into him that he must not …** je lui ai bien enfoncé dans la tête qu'il ne doit pas …

3 VI (*for oil*) forer (**for** pour trouver)

drilling /ˈdrɪlɪŋ/ N [*of metal, wood*] perçage (m); **~ for oil** forage (m) (pétrolier) ♦ **drilling platform** N plateforme (f) de forage ♦ **drilling rig** N derrick (m); (*at sea*) plateforme (f)

drily /ˈdraɪlɪ/ ADV (a) (= *with dry humour*) [*say, observe*] d'un air pince-sans-rire (b) (= *unemotionally*) flegmatiquement

drink /drɪŋk/ (*vb: pret* **drank**, *ptp* **drunk**) **1** N (a) (= *liquid to drink*) boisson (f); **there's food and ~ in the kitchen** il y a à boire et à manger à la cuisine; **may I have a ~?** est-ce que je pourrais boire quelque chose?; **to give sb a ~** donner à boire à qn

(b) (= *glass of alcoholic drink*) verre (m); (*before meal*) apéritif (m); **have a ~!** tu prendras bien un verre?; **let's have a ~** allons prendre un verre; **I need a ~!** j'ai besoin de boire un verre!; **to ask friends in for ~s** inviter des amis à venir prendre un verre

(c) (= *alcoholic liquor*) **to be under the influence of ~** être en état d'ivresse; **to be the worse for ~** avoir un coup dans le nez*; **to smell of ~** sentir l'alcool; **his worries drove him to ~** ses soucis l'ont poussé à boire

2 VT boire; **would you like something to ~?** voulez-vous boire quelque chose?; **give me something to ~** donnez-moi quelque chose à boire; **this wine should be drunk at room temperature** ce vin se boit chambré

3 VI (= *be the driver*) conduire; **he doesn't ~** il ne boit pas; **"don't ~ and drive"** « boire ou conduire, il faut choisir »; **to ~ to sb/to sb's success** boire à qn/au succès de qn

4 COMP ♦ **drink driver** N (*Brit*) conducteur (m), -trice (f) en état d'ivresse ♦ **drink-driving** N (*Brit*) conduite (f) en état d'ivresse ♦ **drink problem** N **to have a ~ problem** trop boire

▶ **drink in** VT SEP [+ *story*] avaler*; **the children were ~ing it all in** les enfants n'en perdaient pas une miette*

▶ **drink up 1** VI finir son verre; **~ up!** finis ton verre!

2 VT SEP **to ~ sth up** finir son verre (*or* sa tasse) de qch

drinkable /ˈdrɪŋkəbl/ ADJ (= *not poisonous*) potable; (= *palatable*) buvable

drinker /ˈdrɪŋkəʳ/ N buveur (m), -euse (f); **he's a heavy ~** il boit beaucoup

drinking /ˈdrɪŋkɪŋ/ N **he wasn't used to ~** il n'avait pas l'habitude de boire; **there was a lot of heavy ~** on a beaucoup bu; **his ~ caused his marriage to break up** son penchant pour l'alcool a détruit son couple; **she left him because of his ~** elle l'a quitté parce qu'il buvait; **I don't object to ~ in moderation** je ne vois pas d'inconvénient à boire avec modération ♦ **drinking chocolate** N chocolat (m) en poudre ♦ **drinking fountain** N (*in street, office*) fontaine (f) d'eau potable ♦ **drinking straw** N paille (f) ♦ **drinking-up time** N (*Brit*) dernières minutes pour finir son verre avant la fermeture d'un pub ♦ **drinking water** N eau (f) potable

drip /drɪp/ **1** VI [*water, sweat, rain*] dégouliner; [*tap*] goutter; [*washing*] s'égoutter; [*hair, trees*] ruisseler (**with** de); **to be ~ping with sweat** ruisseler de sueur; **his hands were ~ping with blood** ses mains ruisselaient de sang; **the walls were ~ping** les murs suintaient

2 VT [+ *liquid*] laisser tomber goutte à goutte; **you're ~ping paint all over the place** tu mets de la peinture partout

3 N (a) (= *sound*) **we listened to the ~, ~, ~ of the rain** nous écoutions le bruit de la pluie; **the slow ~ of the tap kept us awake** le bruit du robinet qui gouttait nous a empêché de dormir

(b) (= *drop*) goutte (f)

(c) (= *spineless person*)* lavette* (f); **he's such a ~!** quelle lavette!*

(d) (= *liquid given intravenously*) perfusion (f); (= *device*) goutte-à-goutte (m); **to be on a ~** être sous perfusion

4 COMP ♦ **drip-dry** ADJ [*shirt*] qui ne nécessite aucun repassage; (*on label*) « ne pas repasser »

dripping /ˈdrɪpɪŋ/ **1** N (a) (= *fat*) graisse (f) (de rôti)

(b) [*of water*] égouttement (m) **2** ADJ (a) [*tap, gutter*] qui goutte (b) (= *soaking*) trempé; **he's ~ wet*** il est trempé jusqu'aux os; **my coat is ~ wet*** mon manteau est trempé

drive /draɪv/ (*vb: pret* **drove**, *ptp* **driven**) **1** N (a) (= *car journey*) trajet (m) en voiture; **to go for a ~** faire une promenade en voiture; **it's about one hour's ~ from London** c'est à environ une heure de voiture de Londres

(b) (= *private road*) allée (f)

(c) (*Golf*) drive (m); (*Tennis*) coup (m) droit

(d) (= *energy*) énergie (f); **to lack ~** manquer d'énergie

(e) (= *promotional campaign*) campagne (f); **a ~ to boost sales** une campagne de promotion des ventes; **a recruitment ~** une campagne de recrutement; **the ~ towards democracy** le mouvement en faveur de la démocratie

(f) (*in computer*) unité (f) de disques

2 VT (a) [+ *car, train*] conduire; [+ *racing car*] piloter; **he ~s a lorry/taxi** il est camionneur/chauffeur de taxi; **he ~s a Peugeot** il a une Peugeot; **he ~s racing cars** il est pilote de course; **to ~ sb back** (*in car*) ramener qn en voiture; **I'll ~ you home** je vais vous ramener en voiture; **she drove me down to the coast** elle m'a emmené en voiture jusqu'à la côte; **he drove his car straight at me** il a dirigé sa voiture droit sur moi

(b) [+ *people, animals*] pousser (devant soi); **to ~ sb out of the country** chasser qn du pays; **the dog drove the sheep into the farm** le chien a fait rentrer les moutons à la ferme; **the gale drove the ship off course** la tempête a fait dériver le navire

(c) [+ *machine*] [*person*] actionner; [*steam*] faire fonctionner; **machine driven by electricity** machine fonctionnant à l'électricité

(d) [+ *nail, stake*] enfoncer; (*Golf, Tennis*) driver; **to ~ a nail home** enfoncer un clou à fond; **to ~ a point home** réussir à faire comprendre un argument

(e) **to ~ sb hard** surcharger qn de travail; **to ~ sb mad** rendre qn fou; **to ~ sb to despair** réduire qn au désespoir; **to ~ sb to do sth** pousser qn à faire qch; **I was driven to it** j'y ai été contraint

3 VI (= *be the driver*) conduire; (= *go by car*) aller en voiture; **to ~ away/back** partir/revenir (en voiture); **she drove down to the shops** elle est allée faire des courses en voiture; **can you ~?** savez-vous conduire?; **to ~ at 50km/h** rouler à 50 km/h; **to ~ on the right** rouler à droite; **did you come by train? — no, we drove** êtes-vous venus en train? — non, en voiture; **we have been driving all day** nous avons roulé toute la journée; **she was about to ~ under the bridge** elle allait s'engager sous le pont

4 COMP ♦ **drive-in** ADJ, N drive-in (m inv); **~-in cinema** ciné-parc (m) ♦ **drive-through** (*Brit*), **drive-thru** N (= *restaurant*) drive-in (m inv) ♦ ADJ [*restaurant, drugstore*] drive-in

▶ **drive along** VI [*vehicle, person*] rouler

▶ **drive at** VT INSEP (= *intend, mean*) vouloir dire; **what are you driving at?** où voulez-vous en venir?

▶ **drive away 1** VI [*car*] démarrer; [*person*] s'en aller en voiture **2** VT SEP chasser

▶ **drive back 1** VI [*car*] revenir; [*person*] rentrer en voiture **2** VT SEP (a) (= *cause to retreat*) refouler; **the storm drove him back** la tempête lui a fait rebrousser chemin (b) (= *convey back*) ramener (en voiture)

▶ **drive in 1** VI [*car*] entrer; [*person*] entrer (en voiture) **2** VT SEP [+ *nail*] enfoncer

▶ **drive off 1** VI [*car*] démarrer; [*person*] s'en aller en voiture **2** VT SEP (a) (= *repel*) chasser (b) (= *leave by car*) **to ~ off a ferry** débarquer d'un ferry (en voiture)

▶ **drive on** VI [*person, car*] poursuivre sa route; (*after stopping*) repartir

▶ **drive on to** VT INSEP [+ *ferry*] embarquer sur

▶ **drive out 1** VI [*car*] sortir; [*person*] sortir (en voiture)

2 VT SEP [+ *person*] faire sortir
► **drive over** VT SEP (= *convey*) conduire en voiture
► **drive up** 1 VI [*car*] arriver ; [*person*] arriver (en voiture) 2 VT INSEP **the car drove up the road** la voiture a remonté la rue

drivel /'drɪvl/ N bêtises (*fpl*) ; **what (utter) ~!** quelles bêtises !

driven /'drɪvn/ VB *ptp of* **drive**

driver /'draɪvəʳ/ N conduire (a) [*of car*] conducteur (*m*), -trice (*f*) ; [*of taxi, truck, bus*] chauffeur (*m*) ; [*of racing car*] pilote (*mf*) ; (*Brit*) [*of train*] conducteur (*m*), -trice (*f*) ; **car ~s** les automobilistes (*mpl*) ; **to be a good ~** bien conduire ; **he's a very careful ~** il conduit très prudemment (b) (= *golf club*) driver (*m*) 2 COMP ◆ **driver's license** N (*US*) permis (*m*) de conduire

driveway /'draɪvweɪ/ N allée (*f*)

driving /'draɪvɪŋ/ 1 N conduite (*f*) ; **his ~ is awful** il conduit très mal ; **bad ~** conduite (*f*) imprudente .
2 ADJ (a) [*necessity*] impérieux ; [*ambition*] sans bornes, démesuré ; **the ~ force behind the reforms** le moteur des réformes
(b) **~ rain** pluie (*f*) battante
3 COMP ◆ **driving instructor** N moniteur (*m*), -trice (*f*) d'auto-école ◆ **driving lesson** N leçon (*f*) de conduite ◆ **driving licence** N (*Brit*) permis (*m*) de conduire ◆ **driving mirror** N rétroviseur (*m*) ◆ **driving school** N auto-école (*f*) ◆ **driving seat** N place (*f*) du conducteur ; **to be in the ~ seat** (*in car*) être au volant ; (= *be in control*) être aux commandes ◆ **driving test** N examen (*m*) du permis de conduire ; **to pass one's ~ test** avoir son permis (de conduire) ; **to fail one's ~ test** rater son permis (de conduire)

ⓘ **DRIVING LICENCE, DRIVER'S LICENSE**

*En Grande-Bretagne, le permis de conduire (**driving licence**) s'obtient en deux étapes, les apprentis conducteurs n'ayant pendant un certain temps qu'un permis provisoire («provisional licence»). Le permis ne comporte pas la photographie du titulaire, et il n'est pas obligatoire de l'avoir sur soi.*

*Aux États-Unis, l'âge d'obtention du permis (**driver's license**) varie suivant les États de quinze à vingt et un ans. Les apprentis conducteurs ou les adolescents peuvent obtenir un permis spécial («learner's license» ou «junior's license») qui n'est valable que pour certains trajets précis, celui du lycée par exemple. Le permis de conduire américain sert souvent de carte d'identité et doit être porté par son titulaire. Il doit être renouvelé tous les quatre, cinq ou six ans selon les États.*

---

drizzle /'drɪzl/ 1 N bruine (*f*) 2 VI bruiner

droll /drəʊl/ ADJ drôle

dromedary /'drɒmɪdərɪ/ N dromadaire (*m*)

drone /drəʊn/ N (a) (= *bee*) faux-bourdon (*m*) (b) (= *sound*) [*of bees*] bourdonnement (*m*) ; [*of engine, aircraft*] ronronnement (*m*) ; (*louder*) vrombissement (*m*)
► **drone on** VI (= *speak monotonously*) faire de longs discours ; **he ~d on about politics** il n'a pas arrêté de parler politique ; **he ~d on and on for hours** il a parlé pendant des heures et des heures

drool /druːl/ VI baver ; **to ~ over sth*** baver d'admiration devant qch

droop /druːp/ VI [*shoulders*] tomber ; [*head*] pencher ; [*eyelids*] s'abaisser ; [*flowers*] piquer du nez

drop /drɒp/ 1 N (a) [*of liquid*] goutte (*f*) ; **~ by ~** goutte à goutte ; **there's only a ~ left** il n'en reste qu'une goutte
(b) (= *fall: in temperature, prices*) baisse (*f*) (**in** de)
(c) (= *difference in level*) dénivellation (*f*) ; (= *abyss*) précipice (*m*) ; (= *fall*) chute (*f*) ; **there's a ~ of ten metres between the roof and the ground** il y a dix mètres entre le toit et le sol ; **a sheer ~** une descente à pic
2 VT (a) (= *let fall*) laisser tomber ; (= *release, let go*) lâcher ; [+ *bomb*] lancer ; [+ *one's trousers*] baisser ; [+ *car passenger*] déposer ; [+ *boat passenger*] débarquer ; **I'll ~ you here** je vous dépose ici ; **to ~ a letter in the postbox** poster une

lettre ; **to ~ soldiers/supplies by parachute** parachuter des soldats/du ravitaillement
(b) **to ~ sb a line** écrire un mot à qn ; **~ me a note** écrivez-moi un petit mot
(c) (= *omit*) **to ~ one's h's** ne pas prononcer les «h»
(d) (= *abandon*) [+ *habit, idea, plan*] renoncer à ; [+ *work, school subject*] abandonner ; [+ *TV programme, word, scene from play*] supprimer ; [+ *friend, girlfriend, boyfriend*] laisser tomber ; **to ~ everything** tout laisser tomber ; **to ~ sb from a team** écarter qn d'une équipe ; **let's ~ the subject** n'en parlons plus ; **~ it!** laisse tomber !
3 VI (a) [*object, liquid*] tomber ; **to ~ on one's knees** tomber à genoux ; **I'm ready to ~*** je suis claqué* ; **~ dead!*** va te faire foutre !*
(b) (= *decrease*) baisser ; [*wind*] tomber
(c) (= *end*) **let it ~!*** laisse tomber !*
4 COMP ◆ **drop-dead*** ADV vachement* ; **~-dead gorgeous*** (*Brit*) super* beau (belle (*f*)) ◆ **drop goal** N (*Rugby*) drop (*m*) ; **to score a ~ goal** passer un drop ◆ **drop-in centre** N (*Brit*) centre (*m*) d'accueil (*où l'on peut se rendre sans rendez-vous*) ◆ **drop kick** N (*Rugby*) drop (*m*) ◆ **drop-off** N (*in sales, interest*) diminution (*f*) (**in** de)
► **drop behind** VI se laisser distancer ; (*in work*) prendre du retard
► **drop by** VI **to ~ by somewhere/on sb** passer quelque part/chez qn ; **we'll ~ by if we're in town** nous passerons si nous sommes en ville
► **drop down** VI tomber
► **drop in** VI **to ~ in on sb** passer voir qn ; **to ~ in at the grocer's** passer chez l'épicier ; **do ~ in if you're in town** passez me voir (*or* nous voir) si vous êtes en ville
► **drop off** 1 VI (a) (= *fall asleep*) s'endormir (b) [*leaves*] tomber ; [*sales, interest*] diminuer 2 VT SEP (= *set down from car*) déposer
► **drop out** VI [*contents*] tomber ; (*from college*) abandonner ses études ; **to ~ out of a competition** se retirer d'une compétition ; **to ~ out of sight** [*person*] disparaître de la circulation
► **drop round*** VI **we ~ped round to see him** nous sommes passés le voir ; **he ~ped round to see us** il est passé nous voir

droplet /'drɒplɪt/ N gouttelette (*f*)

dropout /'drɒpaʊt/ 1 N (*from society*) marginal(e) (*m(f)*) ; (*from college*) étudiant(e) (*m(f)*) qui abandonne ses études 2 ADJ **the ~ rate** le taux d'abandon

droppings /'drɒpɪŋz/ NPL [*of bird*] fiente (*f*) ; [*of animal*] crottes (*fpl*)

dross* /drɒs/ N **the film was total ~** ce film était complètement nul

drought /draʊt/ N sécheresse (*f*)

drove /drəʊv/ 1 VB *pt of* **drive** 2 N **~s of people** des foules (*fpl*) de gens ; **they came in ~s** ils arrivèrent en foule

drown /draʊn/ 1 VI se noyer 2 VT [+ *person, animal*] noyer ; **to ~ one's sorrows** noyer son chagrin
► **drown out** VT SEP [+ *voice, sound, words*] couvrir

drowning /'draʊnɪŋ/ N (= *death*) noyade (*f*) ; **there were three ~s last year** trois personnes se sont noyées ici l'année dernière

drowse /draʊz/ VI être à moitié endormi

drowsiness /'draʊzɪnɪs/ N somnolence (*f*) ; **"may cause ~"** «peut entraîner la somnolence»

drowsy /'draʊzɪ/ ADJ [*person, smile, look*] somnolent ; [*voice*] ensommeillé ; **he was still very ~** il était encore à moitié endormi ; **these tablets will make you ~** ces comprimés vous donneront envie de dormir ; **to grow ~** s'assoupir ; **to feel ~** avoir envie de dormir

drudge /drʌdʒ/ N **the household ~** la bonne à tout faire

drudgery /'drʌdʒərɪ/ N corvée (*f*) ; **it's sheer ~!** c'est une vraie corvée !

drug /drʌg/ 1 N drogue (*f*) ; (= *medicine*) médicament (*m*) ; **he's on ~s** (*illegal*) il se drogue ; (*as medication*) il prend des médicaments (**for** contre) ; **to do ~s*** se droguer

2 VT [+ *person*] droguer

3 COMP ◆ **drug abuse** N usage *(m)* de stupéfiants ◆ **drug abuser, drug addict** N toxicomane *(mf)* ◆ **drug addiction** N toxicomanie *(f)* ◆ **drug company** N laboratoire *(m)* pharmaceutique ◆ **drug czar** N responsable *(mf)* de la lutte contre la drogue ◆ **drug dealer** N revendeur *(m)*, -euse *(f)* de drogue ◆ **drug habit** N **to have a ~ habit** se droguer ◆ **drug peddler, drug pusher** N revendeur *(m)*, dealer* *(m)* ◆ **drugs ring** N réseau *(m)* de trafiquants de drogue ◆ **drugs test** N contrôle *(m)* antidopage ◆ **drug-taker** N consommateur *(m)* de drogue ◆ **drug-taking** N consommation *(f)* de drogue(s) ◆ **drug test** N contrôle *(m)* antidopage ◆ **drug trafficking** N trafic *(m)* de drogue ◆ **drug user** N consommateur *(m)* de drogue

⚠ *In the medical sense* **drug** *is translated by* **médicament.**

drugstore /'drʌgstɔːʳ/ N ⓐ *(US)* drugstore *(m)*

druid /'druːɪd/ N druide *(m)*

drum /drʌm/ **1** N ⓐ (= *instrument*) tambour *(m)*; **the ~s** la batterie; **he plays ~s** il fait de la batterie; **on ~s, Robbie Fisher** à la batterie, Robbie Fisher

ⓑ (*for oil*) bidon *(m)*; (= *cylinder for wire*) tambour *(m)*

2 VI **he was ~ming on the table with his fingers** il tapotait sur la table; **the noise was ~ming in my ears** le bruit bourdonnait à mes oreilles

3 VT **to ~ one's fingers on the table** tambouriner avec les doigts sur la table; **to ~ sth into sb** seriner qch à qn

4 COMP ◆ **drum kit** N batterie *(f)* ◆ **drum machine** N boîte *(f)* à rythme ◆ **drum roll** N roulement *(m)* de tambour ◆ **drum set** N batterie *(f)*

► **drum up** VT SEP [+ *enthusiasm, support*] susciter; [+ *supporters*] battre le rappel de; [+ *customers*] racoler; **to ~ up business** attirer la clientèle

drummer /'drʌməʳ/ N (*in orchestra*) percussionniste *(mf)*; (*in marching band, jazzband, rock group*) batteur *(m)*

drumstick /'drʌmstɪk/ N ⓐ (*for drum*) baguette *(f)* de tambour ⓑ [*of chicken, turkey*] pilon *(m)*

drunk /drʌŋk/ **1** VB ptp of **drink 2** ADJ ivre; **he was ~ on champagne** il s'était soûlé au champagne; **to get ~ (on champagne)** se soûler* (au champagne); **to get sb ~ (on champagne)** soûler* qn (au champagne); **~ and disorderly** ≈ en état d'ivresse publique; **~ with** *or* **on success/power** grisé par le succès/pouvoir **3** N (= *person*)* ivrogne *(mf)* **4** COMP ◆ **drunk driver** N conducteur *(m)*, -trice *(f)* en état d'ivresse ◆ **drunk driving** N conduite *(f)* en état d'ivresse

drunkard /'drʌŋkəd/ N ivrogne *(mf)*

drunken /'drʌŋkən/ ADJ ⓐ [*person*] (= *habitually*) ivrogne; (= *on one occasion*) ivre; **a ~ old man** un vieil ivrogne ⓑ [*quarrel, brawl*] d'ivrogne(s); [*state*] d'ivresse; **in a ~ rage** dans un état de fureur dû à l'alcool; **in a ~ stupor** dans une stupeur éthylique

drunkenness /'drʌŋkənnɪs/ N (= *state*) ivresse *(f)*; (= *problem, habit*) ivrognerie *(f)*

dry /draɪ/ **1** ADJ ⓐ sec (sèche *(f)*); **wait till the glue is ~** attendez que la colle sèche; **her throat was ~** elle avait la gorge sèche; **her eyes were ~** elle avait les yeux secs; **there wasn't a ~ eye in the house** toute la salle était en larmes; **on ~ land** sur la terre ferme; **to wipe sth ~** essuyer qch; **to keep sth ~** tenir qch au sec; **"keep in a ~ place"** «tenir au sec»; **as ~ as a bone** complètement sec; **a ~ day** un jour sans pluie; **it was ~ and warm** (*weather*) le temps était sec et chaud; **to be ~*** (= *thirsty*) avoir le gosier sec*

ⓑ (= *dried-up*) [*riverbed, lake*] à sec; [*spring, river*] tari; **to run ~** [*river*] s'assécher; [*well*] tarir; [*resources*] s'épuiser

ⓒ [*wine, sherry*] sec (sèche *(f)*)

ⓓ [= *where alcohol is banned*] [*country, state*]* où l'alcool est prohibé

ⓔ [*humour, wit, person*]* pince-sans-rire *(inv)*; **he has a ~ sense of humour** il est pince-sans-rire

ⓕ (= *not lively*) [*book, subject, speech*] aride; **as ~ as dust** ennuyeux comme la pluie

2 N **in the ~** au sec

3 VT sécher; **to ~ one's eyes** sécher ses larmes; **to ~ the**

dishes essuyer la vaisselle; **to ~ o.s.** se sécher; **he gave me a towel to ~ my hands** il m'a donné une serviette pour m'essuyer les mains

4 VI sécher

5 COMP ◆ **dry-as-dust** ADJ aride ◆ **dry-clean** VT nettoyer à sec; **"~-clean only"** (*on label*) «nettoyage à sec»; **to have a dress ~-cleaned** donner une robe à nettoyer ◆ **dry-cleaner** N teinturier *(m)*; **to take a coat to the ~-cleaner's** porter un manteau chez le teinturier ◆ **dry-cleaning** N nettoyage *(m)* à sec ◆ **dry goods** NPL tissus *(mpl)* et articles *(mpl)* de mercerie ◆ **dry ice** N neige *(f)* carbonique ◆ **dry-roasted** ADJ [*peanuts*] grillé à sec ◆ **dry rot** N pourriture *(f)* sèche (*du bois*) ◆ **dry run** N (= *trial*) galop *(m)* d'essai; (= *rehearsal*) répétition *(f)* ◆ **dry ski slope** N piste *(f)* de ski artificielle ◆ **dry-stone wall** N mur *(m)* de pierres sèches

► **dry off** VI, VT SEP sécher

► **dry out** VI sécher

► **dry up** VI ⓐ [*stream, well*] se dessécher, (se) tarir; [*moisture*] s'évaporer; [*source of supply, inspiration*] se tarir ⓑ (= *dry the dishes*) essuyer la vaisselle

dryer /'draɪəʳ/ N (*for hands*) sèche-mains *(m inv)*; (*for clothes*) sèche-linge *(m inv)*; (*for hair*) sèche-cheveux *(m inv)*

dryly /'draɪlɪ/ ADV = **drily**

dryness /'draɪnɪs/ N (*of soil, weather, skin, hair*) sécheresse *(f)*

DS /diː'es/ N (*Brit Police*) (ABBR = **Detective Sergeant**) ≈ inspecteur(-chef) *(m)* de police

DSC /,diːes'siː/ N (ABBR = **Distinguished Service Cross**) médaille militaire

DSc N (*Univ*) (ABBR = **Doctor of Science**) doctorat ès sciences

DSM /,diːes'em/ N (ABBR = **Distinguished Service Medal**) médaille militaire

DSO /,diːes'əʊ/ N (*Brit*) (ABBR = **Distinguished Service Order**) médaille militaire

DST (*US*) (ABBR = **Daylight Saving Time**) heure *(f)* d'été

DT (*Computing*) (ABBR = **data transmission**) transmission *(f)* de données

DTI /diːtiː'aɪ/ N (*Brit Admin*) (ABBR = **Department of Trade and Industry**) ≈ ministère *(m)* de l'Industrie

DTP /,diːtiː'piː/ N (ABBR = **desktop publishing**) PAO *(f)*

DT's• /diː'tiːz/ NPL (ABBR = **delirium tremens**) delirium tremens *(m)*

dual /'djʊəl/ ADJ double ◆ **dual carriageway** N (*Brit*) route *(f)* à quatre voies → [ROADS] ◆ **dual-control** ADJ à double commande ◆ **dual controls** NPL double commande *(f)* ◆ **dual nationality** N double nationalité *(f)* ◆ **dual personality** N dédoublement *(m)* de la personnalité ◆ **dual-purpose** ADJ à usage mixte

dub /dʌb/ VT ⓐ (= *nickname*) surnommer; **she was ~bed "the Iron Lady"** elle était surnommée «la dame de fer» ⓑ [+ *film*] doubler

Dubai /duː'baɪ/ N Dubaï *(m)*

dubbing /'dʌbɪŋ/ N doublage *(m)*

dubious /'djuːbɪəs/ ADJ ⓐ [*claim, reputation, quality*] douteux; [*privilege, pleasure*] discutable ⓑ (= *unsure*) **to be ~ about sth** douter de qch; **I was ~ at first** au début, j'avais des doutes; **I am ~ that the new law will achieve anything** je doute que cette nouvelle loi serve (*subj*) à quelque chose; **to look ~** avoir l'air dubitatif

dubiously /'djuːbɪəslɪ/ ADV [*look at, smile, frown*] d'un air dubitatif; [*say*] d'un ton dubitatif

Dublin /'dʌblɪn/ N Dublin ◆ **Dublin Bay prawn** N langoustine *(f)*

Dubliner /'dʌblɪnəʳ/ N habitant(e) *(m(f))* de Dublin

duchess /'dʌtʃɪs/ N duchesse *(f)*

duck /dʌk/ **1** N ⓐ (= *bird*) canard *(m)*; (*female*) cane *(f)*; **he took to it like a ~ to water** c'était comme s'il avait fait ça toute sa vie **2** VI ⓐ (= *duck down*) se baisser vivement; (*in fight*) esquiver un coup ⓑ **he ~ed into his office** (*to hide*) il s'est réfugié dans son bureau **3** VT ⓐ **to ~ sb** pousser qn sous l'eau ⓑ [+ *one's head*] baisser vivement; [+ *blow,*

question] esquiver ; [+ responsibility, decision] se dérober à 4 COMP ♦ **duck pond** N mare (f) aux canards
► **duck out of** VT INSEP esquiver ; **she ~ed out of going with them** elle s'est esquivée pour ne pas les accompagner ; **he ~ed out of his commitments** il s'est dérobé à ses engagements

ducking /'dʌkɪŋ/ N plongeon (m), bain (m) forcé ; **to give sb a ~** (= push under water) pousser qn sous l'eau ; (= push into water) pousser qn dans l'eau ; **~ and diving** dérobades (fpl)

duckling /'dʌklɪŋ/ N caneton (m) ; (female) canette (f)

duct /dʌkt/ N canalisation (f) ; (in body) canal (m)

dud /dʌd/ **1** ADJ (= defective) qui foire* ; (= worthless) [cheque] en bois* ; [film, student, performance] nul (nulle (f)) ; (= counterfeit) faux (fausse (f)) ; **he replaced a ~ valve** il a remplacé un valve qui était nase* **2** N (= shell) obus (m) non éclaté ; (= bomb) bombe (f) non éclatée ; (= person) raté(e) (m(f)) ; **Phil was a complete ~ at school** Phil était complètement nul à l'école

dude* /d(j)u:d/ N (US = man) type* (m)

ℹ️ **DUDE RANCH**
Ranch où se retrouvent les nostalgiques de la vie du Far West. En argot, un **dude** est un citadin, ou un habitant de la côte est, trop soigné et trop bien habillé.

due /dju:/ **1** ADJ (ⓐ) (= expected) **the train is ~ at 2.19** le train doit arriver à 14 h 19 ; **the plane was ~ two hours ago** l'avion devait atterrir il y a deux heures ; **to be ~ in** [train, ferry, plane] devoir arriver ; **to be ~ out** [magazine, record, film] devoir sortir ; **when is the baby ~?** quand doit naître le bébé ? ; **the results are ~ next week** les résultats seront donnés la semaine prochaine ; **he's ~ back tomorrow** il doit être de retour demain
(ⓑ) (= payable) [sum, money] dû (due (f)) ; **when is the rent ~?** quand faut-il payer le loyer ? ; **the sum ~ to me** la somme qui m'est due
(ⓒ) (= owed) **I am ~ six days' holiday** on me doit six jours de congé ; **she is ~ for promotion** (= will be promoted) elle doit être promue ; (= should be promoted) elle devrait être promue ; **to be ~ for release in 2001** devoir être libéré en 2001 ; **our thanks are ~ to Mr Bertillon** nous tenons à remercier M. Bertillon
(ⓓ) ♦ **due to** (= because of) **the match was cancelled ~ to bad weather** le match a été annulé en raison du mauvais temps ; **it was ~ to his efforts that the trip was a success** c'est grâce à ses efforts que le voyage a été un succès ; **the fall in sales is ~ to high interest rates** la chute des ventes s'explique par les taux d'intérêt élevés ; **the accident was ~ to the icy road** l'accident était dû au verglas
(ⓔ) (= proper) **to give ~ attention to sb** prêter à qn l'attention qu'il mérite ; **to receive ~ credit** être reconnu comme il se doit ; **after ~ consideration** après mûre réflexion ; **to have ~ regard for sth** respecter pleinement qch ; **with ~ regard to sth** en tenant pleinement compte de qch ; **with all ~ respect** sauf votre respect ; **with (all) ~ respect to Mrs Harrison** malgré tout le respect que je dois à Mme Harrison ; **driving without ~ care and attention** conduite (f) imprudente
♦ **in due course** (= when the time is ripe) en temps utile ; (= in the long run) à la longue ; **in ~ course, she found out that ...** elle finit par découvrir que ...
2 ADV **~ north/south** plein nord/sud (**of** par rapport à) ; **to face ~ north** [building] être (en) plein nord ; [person] faire face au nord
3 N **to give sb his ~** rendre justice à qn ; **to give him his ~, he did try hard** il faut reconnaître qu'il a quand même fait tout son possible
4 NPL **dues** (= fees) cotisation (f)

duel /'djʊəl/ **1** N duel (m) **2** VI se battre en duel

duet /dju:'et/ N duo (m) ; **to sing a ~** chanter en duo ; **piano ~** morceau (m) à quatre mains

duff* /dʌf/ ADJ (Brit) (ⓐ) (= faulty) détraqué* ; (ⓑ) [suggestion, idea, film, record] nul (nulle (f))
► **duff up*** VT SEP casser la gueule à*

duffel bag /'dʌfl,bæg/ N sac (m) marin

duffel coat /'dʌfl,kəʊt/ N duffel-coat (m)

duffer* /'dʌfər/ N nullard(e)* (m(f)) ; **he is a ~ at French** il est nul en français

dug /dʌg/ VB pt, ptp of **dig**

dugout /'dʌgaʊt/ N (= trench) tranchée (f) ; (= canoe) pirogue (f)

duke /dju:k/ N duc (m)

dull /dʌl/ **1** ADJ (ⓐ) (= boring) ennuyeux ; [place] morne ; [food] quelconque ; [style] terne ; **(there's) never a ~ minute** on ne s'ennuie jamais ; **as ~ as ditchwater** ennuyeux comme la pluie
(ⓑ) [light, colour, eyes, hair, skin, metal] terne ; [weather, day] maussade
(ⓒ) [pain, sound, feeling] sourd ; **with a ~ thud** avec un bruit sourd
(ⓓ) (= slow-witted) borné
(ⓔ) (= blunt) émoussé
2 VT [+ blade, appetite, senses, pleasure] émousser ; [+ mind] engourdir ; [+ pain, grief, impression] atténuer ; [+ sound] assourdir ; [+ colour, metal] ternir
3 VI [edge, blade] s'émousser ; [light] baisser
4 COMP ♦ **dull-witted** ADJ dur à la détente*

dullness /'dʌlnɪs/ N (= tedium) [of book, evening, lecture] manque (m) d'intérêt ; [of person] personnalité (f) terne ; [of life] grisaille (f)

duly /'dju:lɪ/ ADV (ⓐ) (= properly) dûment ; **~ elected** dûment élu (ⓑ) (= suitably) à juste titre ; **the visitors were ~ impressed** comme il se devait, les visiteurs ont été impressionnés ; **I asked him for his autograph and he ~ obliged** je lui ai demandé un autographe et il a accepté

dumb /dʌm/ **1** ADJ (ⓐ) (= unable to speak) muet (ⓑ) (= stupid)* stupide ; [object, present] ringard* ; **a ~ blonde** une blonde évaporée ; **to act ~** faire l'innocent **2** NPL **the dumb** les muets (mpl)
► **dumb down** VT SEP [+ people] abêtir ; [+ programmes] niveler par le bas

dumbbell /'dʌmbel/ N haltère (m)

dumbfounded /dʌm'faʊndɪd/ ADJ sidéré ; **I'm ~** je suis sidéré

dummy /'dʌmɪ/ **1** N (ⓐ) (= sham) objet (m) factice ; (= model) mannequin (m) ; [of ventriloquist] marionnette (f) (ⓑ) (Brit = baby's teat) tétine (f) (ⓒ) (= idiot)* imbécile (mf) **2** ADJ faux (fausse (f))

dump /dʌmp/ **1** N (ⓐ) (= place) décharge (f) ; **to be down in the ~s*** avoir le cafard* (ⓑ) (for munitions) dépôt (m) (ⓒ) (= unpleasant place)* trou (m) perdu* ; (= house, hotel)* trou (m) à rats* (ⓓ) (Computing) vidage (m) **2** VT (ⓐ) [+ rubbish] déposer ; [+ sand, bricks] décharger ; [+ goods for sale] vendre à bas prix (ⓑ) (= set down) [+ package, passenger]* déposer (ⓒ) (= get rid of)* [+ thing] bazarder* ; [+ boyfriend, girlfriend]* (ⓓ) (Computing) [+ data file] vider ; **to ~ to the printer** transférer sur l'imprimante

dumping /'dʌmpɪŋ/ N [of load, rubbish] décharge (f) ; (in sea) immersion (f) ; [of goods for sale] dumping (m) ♦ **dumping ground** N dépotoir (m)

dumpling /'dʌmplɪŋ/ N boulette (f) (de pâte)

Dumpster ® /'dʌmpstər/ N (US) benne (f) (à ordures)

dumpy* /'dʌmpɪ/ ADJ courtaud

dunce /dʌns/ N cancre* (m) ; **to be a ~ at maths** être nul en math

dune /dju:n/ N dune (f) ♦ **dune buggy** N buggy (m)

dung /dʌŋ/ N [of horse] crottin (m) ; [of cattle] bouse (f) ; (= manure) fumier (m)

dungarees /,dʌŋgə'ri:z/ NPL salopette (f)

dungeon /'dʌndʒən/ N cachot (m) (souterrain)

dungheap /'dʌŋhi:p/, **dunghill** /'dʌŋhɪl/ N tas (m) de fumier

dunk /dʌŋk/ VT tremper

Dunkirk /dʌn'kɜ:k/ N Dunkerque (f)

duo /'dju:əʊ/ N duo (m)

dupe /dju:p/ 1 VT duper; **to ~ sb into doing sth** amener qn à faire qch en le dupant 2 N dupe *(f)*

duplex /'dju:pleks/ 1 ADJ duplex *(inv)* 2 N *(US)* (= *duplex house*) maison *(f)* jumelle; (= *duplex apartment*) duplex *(m)* → |HOUSE|

duplicate 1 VT [+ *document, key*] faire un double de; [+ *film*] faire un contretype de; (*on machine*) [+ *document*] polycopier; [+ *action*] répéter exactement; **that is merely duplicating work already done** cela revient à refaire le travail qu'on a déjà fait

2 N [*of document, key*] double *(m)*

3 ADJ [*copy*] en double; **I've got a ~ key** j'ai un double de la clé

★ *Lorsque* **duplicate** *est un nom ou un adjectif, la fin se prononce comme* **it**: /'dju:plɪkɪt/; *lorsque c'est un verbe, elle se prononce comme* **eight**: /'dju:plɪkeɪt/.

---

duplicity /dju:'plɪsɪtɪ/ N duplicité *(f)*

Dur. ABBR = **Durham**

durability /,djʊərə'bɪlɪtɪ/ N durabilité *(f)*

durable /'djʊərəbl/ ADJ durable; **CDs are more ~ than cassettes** les CD durent plus longtemps que les cassettes

duration /djʊə'reɪʃən/ N durée *(f)*; **for the ~ of ...** pendant toute la durée de ...; **he stayed for the ~*** (= *for ages*) il est resté une éternité

duress /djʊə'res/ N contrainte *(f)*; **under ~** sous la contrainte

Durex ® /'djʊəreks/ N *(pl inv)* préservatif *(m)*

during /'djʊərɪŋ/ PREP pendant; **~ the night** pendant la nuit

dusk /dʌsk/ N (= *twilight*) crépuscule *(m)*; **at ~** au crépuscule; **shortly after ~** peu de temps après la tombée de la nuit

dusky /'dʌskɪ/ ADJ ⓐ (= *dark-skinned*) [*person*] au teint basané; [*complexion*] basané ⓑ [*colour*] mat; **~ pink** vieux rose *(inv)*

dust /dʌst/ 1 N poussière *(f)*; **I've got a speck of ~ in my eye** j'ai une poussière dans l'œil; **you couldn't see him for ~*** (*Brit*) il s'était volatilisé

2 VT ⓐ [+ *furniture*] épousseter; [+ *room*] essuyer la poussière dans

ⓑ (*with talc, sugar*) saupoudrer (**with** de)

3 VI épousseter

4 COMP ✦ **dust bag** N sac *(m)* à poussière (*d'aspirateur*) ✦ **dust cloth** N *(US)* chiffon *(m)* à poussière ✦ **dust cloud** N nuage *(m)* de poussière ✦ **dust cover** N [*of book*] jaquette *(f)*; [*of furniture*] housse *(f)* (de protection) ✦ **dust jacket** N jaquette *(f)* ✦ **dust sheet** N housse *(f)* (de protection) ✦ **dust storm** N tempête *(f)* de poussière ✦ **dust-up*** N (*Brit*) accrochage* *(m)*; **to have a ~-up with sb** avoir un accrochage* avec qn

► **dust down, dust off** VT SEP épousseter

dustbin /'dʌstbɪn/ N (*Brit*) poubelle *(f)* ✦ **dustbin man** N (*pl* **dustbin men**) (*Brit*) éboueur *(m)*

dustcart /'dʌstkɑ:t/ N (*Brit*) camion *(m)* des éboueurs

duster /'dʌstə'/ N ⓐ (*Brit*) chiffon *(m)* (à poussière) ⓑ (*US*) (= *overgarment*) blouse *(f)*; (= *housecoat*) robe *(f)* d'intérieur

dusting /'dʌstɪŋ/ N [*of furniture*] époussetage *(m)*; **to do the ~** épousseter

dustman /'dʌstmən/ N (*pl* **-men**) (*Brit*) éboueur *(m)*

dustpan /'dʌstpæn/ N pelle *(f)* (à poussière)

dusty /'dʌstɪ/ ADJ (= *covered in dust*) poussiéreux; **to get ~** se couvrir de poussière

Dutch /dʌtʃ/ 1 ADJ néerlandais, hollandais 2 N (= *language*) néerlandais *(m)* 3 NPL **the Dutch** les Néerlandais *(mpl)* 4 ADV **to go ~*** (*in restaurant*) payer chacun sa part; (*Cinema, Theatre*) payer chacun sa place

Dutchman /'dʌtʃmən/ N (*pl* **-men**) Hollandais *(m)*; **if he's a professional footballer, then I'm a ~** je veux bien être pendu si c'est un footballeur professionnel

dutiful /'dju:tɪfʊl/ ADJ [*child*] obéissant; [*spouse*] dévoué

dutifully /'dju:tɪfʊlɪ/ ADV consciencieusement

duty /'dju:tɪ/ 1 N ⓐ (*moral, legal*) devoir *(m)*; **to do one's ~** faire son devoir (**by sb** envers qn); **I feel ~ bound to say that ...** il est de mon devoir de dire que ...; **~ calls** le devoir m'appelle; **to make it one's ~ to do sth** se faire un devoir de faire qch; **in the course of one's ~** dans l'exercice de ses fonctions

ⓑ **duties** (= *responsibility*) fonctions *(fpl)*; **to take up one's duties** entrer en fonction; **to neglect one's duties** négliger ses fonctions; **my duties consist of ...** mes fonctions consistent à ...; **his duties as presidential adviser** ses fonctions de conseiller du président; **his duties have been taken over by his colleague** ses fonctions ont été reprises par son collègue

ⓒ ✦ **on duty** [*official*] de service; [*doctor, nurse*] de garde; **to be on ~** être de service (*or* de garde); **to go on ~** [*doctor, nurse*] prendre son service

✦ **off duty: to be off ~** ne pas être de service (*or* de garde); **to go off ~** [*doctor, nurse*] quitter son service

ⓓ (= *tax*) taxe *(f)*; (*at Customs*) frais *(mpl)* de douane; **to pay ~ on sth** payer une taxe sur qch

2 COMP ✦ **duty-free** ADJ hors taxes ✦ **duty-free allowance** N *quantité autorisée de produits hors taxes* ✦ **duty-frees*** NPL (*Brit*) marchandises *(fpl)* hors taxes ✦ **duty-free shop** N boutique *(f)* hors taxes ✦ **duty-free shopping** N achat *(m)* de marchandises hors taxes

duvet /'du:veɪ/ N (*Brit*) couette *(f)* ✦ **duvet cover** N housse *(f)* de couette

DV /di:'vi:/ ADV (ABBR = **Deo volente**) Dieu voulant

DVD /,di:vi:'di:/ N (ABBR = **digital versatile disc**) DVD *m* ✦ **DVD burner, DVD writer** N graveur *(m)* de DVD ✦ **DVD player** N lecteur *(m)* de DVD ✦ **DVD-Rom** N DVD-ROM *(m)*

DVLA /,di:vi:el'eɪ/ N (*Brit*) (ABBR = **Driver and Vehicle Licensing Agency**) *service des immatriculations et permis de conduire*

DVM /,di:vi:'em/ N (*US Univ*) (ABBR = **Doctor of Veterinary Medicine**) *doctorat vétérinaire*

DVT /,di:vi:'ti:/ N (ABBR = **deep vein thrombosis**) TVP *(f)*

dwarf /dwɔ:f/ 1 N (*pl* **dwarfs** *or* **dwarves** /dwɔ:vz/) nain(e) *(m(f))* 2 ADJ [*tree, star*] nain 3 VT [*skyscraper, person*] écraser (*fig*); [*achievement*] éclipser

dwell /dwel/ (*pret, ptp* **dwelt** *or* **dwelled**) VI demeurer

► **dwell on** VT INSEP (= *think about*) ne pouvoir s'empêcher de penser à; (= *talk at length on*) s'étendre sur; **don't ~ on it** n'y pense plus; **to ~ on the past** revenir sans cesse sur le passé; **to ~ on the fact that ...** ressasser le fait que ...

dweller /'dwelə'/ N habitant(e) *(m(f))*

dwelling /'dwelɪŋ/ N résidence *(f)*

dwelt /dwelt/ VB *pt, ptp of* **dwell**

DWEM N (*US*) (ABBR = **Dead White European Male**) *homme célèbre qui devrait sa réputation à son appartenance au sexe masculin et à la race blanche*

dwindle /'dwɪndl/ VI diminuer

dwindling /'dwɪndlɪŋ/ ADJ [*number, interest, popularity*] décroissant; [*resources, supplies, funds, population*] en baisse; **~ audiences** un public de moins en moins nombreux

---

ⓘ **DWP**

En Grande-Bretagne, le **DWP** (**Department of Work and Pensions**) *est le ministère des Affaires sociales. Il englobe la « Benefit Agency », administration chargée de verser les prestations sociales.* → |NATIONAL INSURANCE|

▷ www.dwp.gov.uk

---

dye /daɪ/ 1 N (= *substance*) teinture *(f)*; (= *colour*) teinte *(f)*; **hair ~** teinture *(f)* pour les cheveux 2 VT teindre; **to ~ sth red** teindre qch en rouge; **to ~ one's hair** se teindre les cheveux

dyed /daɪd/ ADJ [*hair, fabric*] teint; **~ blue** teint en bleu

dyed-in-the-wool /,daɪdɪnðə'wʊl/ ADJ bon teint *(inv)*

dying /'daɪɪŋ/ 1 ADJ ⓐ [*person, animal, plant, fire*] mourant; **the ~ embers** les tisons *(mpl)* ⓑ (= *declining*) [*custom,* *industry*] en train de disparaître; **it's a ~ art** c'est un art en voie de disparition; **they are a ~ breed** c'est une espèce en voie d'extinction ⓒ (= *final*) [*words, wish*] dernier; **with his ~ breath** sur son lit de mort; **to my ~ day** jusqu'à mon dernier jour 2 NPL **the dying** les mourants *(mpl)*

dyke /daɪk/ N ⓐ (= *channel*) fossé *(m)*; (= *wall*) digue *(f)*; (= *causeway*) chaussée *(f)* ⓑ (= *lesbian*)* gouine* *(f)* *(pej)*

dynamic /daɪˈnæmɪk/ ADJ dynamique

dynamically /daɪˈnæmɪkəlɪ/ ADV [*develop*] de façon dynamique

dynamics /daɪˈnæmɪks/ N dynamique *(f)*

dynamism /ˈdaɪnəmɪzəm/ N dynamisme *(m)*

dynamite /ˈdaɪnəmaɪt/ 1 N dynamite *(f)*; **that business is ~** c'est de la dynamite cette affaire; **it's political ~** du point de vue politique, c'est de la dynamite; **she's ~*** (= *terrific*) elle est super*; (= *sexy*) elle est supersexy* 2 VT dynamiter

dynamo /ˈdaɪnəməʊ/ N dynamo *(f)*

dynasty /ˈdɪnəstɪ/ N dynastie *(f)*

dysentery /ˈdɪsɪntrɪ/ N dysenterie *(f)*

dysfunction /dɪsˈfʌŋkʃən/ N dysfonctionnement *(m)*

dysfunctional /dɪsˈfʌŋkʃənl/ ADJ dysfonctionnel

dyslexia /dɪsˈleksɪə/ N dyslexie *(f)*

dyslexic /dɪsˈleksɪk/ ADJ, N dyslexique *(mf)*

dyspepsia /dɪsˈpepsɪə/ N dyspepsie *(f)*

dystrophy /ˈdɪstrəfɪ/ N dystrophie *(m)*

E

E, e /iː/ 1 N ⓐ (*Music*) mi *(m)* ⓑ (ABBR = **East**) E, est *(m)* ⓒ (= *mark*) ≈ faible ⓓ (= *ecstasy*) **E*** ecstasy *(f)* 2 COMP ♦ **E numbers** NPL (*Brit*) ≈ additifs *(mpl)* (alimentaires)

e- /iː/ PREF (= *electronic*) e-

each /iːtʃ/ 1 ADJ chaque; **~ day** chaque jour; **~ one of us** chacun(e) de nous; **~ and every one of us** chacun(e) de nous sans exception

2 PRON ⓐ (= *thing, person, group*) chacun(e) *(m(f))*; **~ of the boys** chacun des garçons; **~ of us** chacun(e) *(m(f))* de nous; **~ of them gave their opinion** chacun a donné son avis; **~ more beautiful than the next** tous plus beaux les uns que les autres; **a little of ~ please** un peu de chaque s'il vous plaît

ⓑ (= *apiece*) chacun(e); **we gave them one apple ~** nous leur avons donné une pomme chacun; **the bags are $12 ~** les sacs coûtent 12 dollars chaque

ⓒ ♦ **each other** l'un(e) l'autre *(m(f))*, les uns les autres *(mpl)*, les unes les autres *(fpl)*; **they respected ~ other** ils avaient du respect l'un pour l'autre

► *French reflexive verbs are often used to translate verbs + each other.*

they love ~ other ils s'aiment; **they write to ~ other often** ils s'écrivent souvent; **they used to carry ~ other's books** ils s'aidaient à porter leurs livres

eager /ˈiːɡəʳ/ ADJ [*person, buyer*] empressé; [*volunteer*] enthousiaste; **in ~ anticipation** avec impatience; **to be ~ for** [+ *happiness, power, fame*] rechercher avidement; [+ *affection, information*] être avide de; [+ *vengeance, knowledge*] avoir soif de; **to be ~ for change** avoir soif de changement; **to be ~ to do sth** (= *keen*) désirer vivement faire qch; (= *impatient*) être impatient de faire qch; **she is ~ to help** elle ne demande qu'à aider; **she is ~ to please** (= *be helpful*) elle ne demande qu'à rendre service ♦ **eager beaver*** N personne *(f)* enthousiaste et consciencieuse

eagerly /ˈiːɡəlɪ/ ADV [*await*] avec impatience; [*say*] avec empressement

eagle /ˈiːɡl/ N aigle *(m)* ♦ **eagle eye** N **to keep an ~ eye on sth** surveiller qch très attentivement; **nothing escapes her ~ eye** rien n'échappe à son œil vigilant ♦ **eagle-eyed** ADJ aux yeux d'aigle ♦ **Eagle Scout** N (*US*) scout du plus haut grade

ear /ɪəʳ/ 1 N ⓐ oreille *(f)*; **I'm all ~s!*** je suis tout ouïe!; **it all came crashing down about his ~s** tout s'est effondré autour de lui; **your ~s must have been burning!*** vous avez dû entendre vos oreilles siffler!; **to close one's ~s to sth** ne pas vouloir entendre qch; **to have one's ~ to the ground** être à l'affût de ce qui se dit; **to have an ~ for music** avoir l'oreille musicale; **to have a good ~** avoir une bonne oreille; **it goes in one ~ and out the other*** cela lui entre par une oreille et lui sort par l'autre; **to keep one's ~s open** ouvrir l'oreille; **you'll be out on your ~*** if you're not careful tu vas te faire virer* si tu ne fais pas attention; **to play by ~** (= *musician*) jouer d'oreille; **I'll just play it by ~** je verrai quoi faire le moment venu; **to lend a sympathetic ~** prêter une oreille attentive; **to be up to the ~s in work*** avoir du travail par-dessus la tête; **to be up to the**

~s in debt être endetté jusqu'au cou; **he's got money coming out of his ~s*** il a de l'argent à ne plus savoir qu'en faire

ⓑ [*of grain, plant*] épi *(m)*

2 COMP ♦ **ear, nose and throat department** N service *(m)* d'oto-rhino-laryngologie ♦ **ear-splitting** ADJ strident

earache /ˈɪəreɪk/ N mal *(m)* d'oreille(s); **to have ~** avoir mal à l'oreille (*or* aux oreilles)

eardrum /ˈɪədrʌm/ N tympan *(m)*

earful* /ˈɪəfʊl/ N **to give sb an ~** (= *scold*) passer un savon* à qn

earl /ɜːl/ N comte *(m)*

earlier /ˈɜːlɪəʳ/ *compar of* **early** 1 ADJ ⓐ (*in past*) précédent; **at an ~ date** plus tôt; **in ~ times** autrefois; **an ~ train** un train plus tôt ⓑ (*in future*) **at an ~ date** à une date plus rapprochée 2 ADV plus tôt; **she had left ten minutes ~** elle était partie dix minutes plus tôt; **~ on** (*before specified moment*) plus tôt; **~ today** plus tôt dans la journée; **I said ~ that ...** j'ai dit tout à l'heure que ...

earliest /ˈɜːlɪɪst/ *superl of* **early** 1 ADJ (= *first possible*) **the ~ possible date for the election** la première date possible pour la tenue des élections; **at your ~ convenience** dans les meilleurs délais 2 N **at the ~** au plus tôt; **the ~ he can come is Monday** il ne peut pas venir avant lundi

earlobe /ˈɪələʊb/ N lobe *(m)* d'oreille

early /ˈɜːlɪ/ 1 ADJ ⓐ (= *near beginning of period*) [*years, days, film, book*] premier; **the ~ hours** les premières heures *(fpl)*; **in the ~ 90s** au début des années 90; **in the ~ afternoon** en début d'après-midi; **at an ~ age** (très) jeune; **in ~ childhood** pendant la petite enfance; **the ~ days of the project** les débuts *(mpl)* du projet; **to be an ~ example of sth** être un des premiers exemples de qch; **two ~ goals** deux buts *(mpl)* en début de match; **~ January** début janvier; **in its ~ stages** à ses débuts; **in ~ summer** au début de l'été; **to be in one's ~ thirties** avoir un peu plus de trente ans

ⓑ (*in day*) tôt; **don't go, it's still ~** ne t'en va pas, il est encore tôt; **we've got an ~ start tomorrow** nous partons tôt demain; **I caught an ~ train** j'ai pris un train tôt le matin; **it was ~ evening when we finished** nous avons fini tôt dans la soirée; **in the ~ morning** tôt le matin; **it's too ~ to say** il est trop tôt pour le dire; **it's ~ days*** (*Brit*) il est trop tôt pour en juger

ⓒ (= *before expected time*) [*departure, death*] prématuré; [*flowers, crop*] précoce; **to be ~** [*person, train*] être en avance; **I was two hours ~** j'étais deux heures en avance; **too ~** trop tôt; **to be ~ for an appointment** arriver en avance à un rendez-vous; **Easter is ~ this year** Pâques est tôt cette année; **to have an ~ lunch** dĕjeuner tôt; **to have an ~ night** se coucher tôt

ⓓ (= *occurring in near future*) **at an ~ date** bientôt; **"hoping for an ~ reply"** « dans l'espoir d'une prompte réponse »

2 ADV ⓐ (= *near beginning of period*) [*start*] tôt; **as ~ as next week** dès la semaine prochaine; **~ next month/year** le mois prochain/l'année prochaine; **~ on** très tôt; **~ on in his career** au début de sa carrière; **~ this month/year** tôt

dans le mois/l'année ; ~ **today** tôt dans la journée ; ~ **yes-terday** hier en début de matinée
♦ **early in**: ~ **in 1915** au début de 1915 ; ~ **in the year** au début de l'année ; ~ **in May** début mai ; ~ **in life** tôt dans la vie ; ~ **in the book** au début du livre ; ~ **in the morning** tôt le matin
ⓑ [*get up, go to bed, set off*] tôt, de bonne heure ; ~ **next day** tôt le lendemain ; **too** ~ trop tôt
ⓒ (= *before usual time*) [*arrive, end*] en avance ; [*flower, harvest*] tôt

3 COMP ♦ **early bird*** N lève-tôt* (*mf inv*) ♦ **early closing (day)** N (*Brit*) jour de fermeture l'après-midi ♦ **early retire-ment** N retraite (*f*) anticipée ♦ **early riser** N lève-tôt* (*mf inv*)

earmark /ˈɪəmɑːk/ VT [+ *object, seat*] réserver (**for** à) ; [+ *funds*] affecter (**for** à)

earmuff /ˈɪəmʌf/ N cache-oreilles (*m inv*)

earn /ɜːn/ VT gagner ; [+ *interest*] rapporter ; **to ~ one's liv-ing** gagner sa vie

earner /ˈɜːnəʳ/ N **high ~s** gens (*mpl*) qui gagnent bien leur vie ; **it's a nice little ~*** (*Brit*) ça rapporte bien

earnest /ˈɜːnɪst/ 1 ADJ sérieux 2 N **in earnest** (= *properly*) véritablement ; **this time I am in ~** cette fois je ne plaisante pas

earnestly /ˈɜːnɪstli/ ADV [*say, look at*] avec sérieux ; [*dis-cuss, ask*] sérieusement

earnings /ˈɜːnɪŋz/ NPL [*of person*] salaire (*m*) ; [*of business*] bénéfices (*mpl*)

earphone /ˈɪəfəʊn/ N écouteur (*m*)

earpiece /ˈɪəpiːs/ N (*for personal stereo*) écouteur (*m*)

earplugs /ˈɪəplʌgz/ NPL (*for sleeping*) boules (*fpl*) Quiès®

earring /ˈɪərɪŋ/ N boucle (*f*) d'oreille

earshot /ˈɪəʃɒt/ N **out of ~** hors de portée de voix ; **within ~** à portée de voix

earth /ɜːθ/ 1 N ⓐ terre (*f*) ; **to come down to ~ (with a bump)** redescendre (brutalement) sur terre ; **(the) Earth** la Terre ; **on ~** sur terre ; **it's heaven on ~** c'est le paradis sur terre ; **to the ends of the ~** au bout du monde ; **where/why/how on ~ ...?** où/pourquoi/comment diable ... ? ; **nothing on ~** rien au monde ; **she looks like nothing on ~!** à quoi elle ressemble ! ; **to promise sb the ~** promettre la lune à qn ; **it must have cost the ~!*** ça a dû coûter les yeux de la tête !*
ⓑ [*of fox, badger*] terrier (*m*) ; **to go to ~** [*fox, criminal*] se terrer ; **to run sb to ~** dépister qn

2 VT (*Brit*) [+ *appliance*] mettre à la terre

3 COMP ♦ **earth sciences** NPL sciences (*fpl*) de la terre ♦ **earth-shattering*** ADJ stupéfiant ♦ **earth tremor** N se-cousse (*f*) sismique

earthed /ɜːθt/ ADJ (*Brit*) relié à la terre

earthenware /ˈɜːθənwɛəʳ/ 1 N poterie (*f*) 2 ADJ [*jug*] en terre cuite

earthly /ˈɜːθli/ ADJ [*paradise, possessions*] terrestre ; **there is no ~ reason to think that ...** il n'y a pas la moindre rai-son de croire que ...

earthmover /ˈɜːθmuːvəʳ/ N bulldozer (*m*)

earthquake /ˈɜːθkweɪk/ N tremblement (*m*) de terre

earthworm /ˈɜːθwɜːm/ N ver (*m*) de terre

earthy /ˈɜːθi/ ADJ terreux ; [*humour, language*] truculent

earwig /ˈɪəwɪg/ N perce-oreille (*m*)

ease /iːz/ 1 N ⓐ facilité (*f*) ; **~ of reference/access** facilité (*f*) de consultation/d'accès ; **for ~ of reference** pour faciliter la consultation ; **with ~** facilement ; **with the greatest of ~** avec la plus grande facilité ; **a life of ~** une vie facile
♦ **at ease** à l'aise ; **not at ~** mal à l'aise ; **to put sb's mind at ~** tranquilliser qn ; **to be at ~ with sb** être à l'aise avec qn ; **to feel at ~ with oneself** être bien dans sa peau

2 VT ⓐ (= *relieve*) [+ *pain, suffering*] soulager ; [+ *pressure, tension*] diminuer ; [+ *restrictions*] assouplir ; [+ *shortage*] pallier ; **to ~ congestion** décongestionner
ⓑ (= *make easier*) faciliter
ⓒ (= *move gently*) **he ~d himself into the chair** il s'est laissé

glisser dans le fauteuil ; **he ~d himself through the gap** il s'est glissé par le trou

3 VI [+ *pressure, tension, fighting*] diminuer

► **ease back** VI (*US*) **to ~ back on sb/sth** se montrer moins strict envers qn/en ce qui concerne qch

► **ease off** 1 VI [*person*] (= *slow down*) ralentir ; (= *work less hard*) se relâcher ; (= *subside*) [*rain, wind, pain*] se calmer ; [*pressure, traffic*] diminuer 2 VT SEP [+ *lid*] enlever douce-ment

► **ease up** VI [*person*] (= *relax*) se détendre ; (= *make less effort*) relâcher ses efforts ; [*situation*] se détendre ; **to ~ up on sb/sth** se montrer moins strict envers qn/en ce qui concerne qch

easel /ˈiːzl/ N chevalet (*m*)

easily /ˈiːzɪli/ ADV ⓐ (= *without difficulty*) facilement ⓑ (= *very possibly*) bien ; **he may ~ change his mind** il pour-rait bien changer d'avis ⓒ (*with superlative*) de loin ; **he was ~ the best candidate** c'était de loin le meilleur candi-dat ⓓ (*with amounts, measurements*) facilement ; **that's ~ 50km** ça fait facilement 50 km

east /iːst/ 1 N est (*m*) ; **to the ~ of ...** à l'est de ... ; **in the ~ of Scotland** dans l'est de l'Écosse

2 ADJ [*coast, wing*] est (*inv*) ; **~ wind** vent (*m*) d'est ; **on the ~ side** du côté est ; **East London** l'est (*m*) de Londres

3 ADV [*go, travel, fly*] vers l'est ; **we drove ~ for 100km** nous avons roulé vers l'est pendant 100 km ; **it's ~ of Paris** c'est à l'est de Paris

4 COMP ♦ **East Africa** N Afrique (*f*) orientale ♦ **the East End** N les quartiers (*mpl*) est de Londres ♦ **East European** ADJ d'Europe de l'Est ♦ N Européen(ne) (*m(f)*) de l'Est ♦ **East German** ADJ est-allemand ♦ N Allemand(e) (*m(f)*) de l'Est ♦ **East Germany** N Allemagne (*f*) de l'Est ♦ **East Timor** N Timor-Oriental (*m*)

eastbound /ˈiːstbaʊnd/ ADJ [*traffic, vehicles*] en direction de l'est ; [*carriageway*] est (*inv*) ; **to be ~ on the M8** être sur la M8 en direction de l'est

Easter /ˈiːstəʳ/ 1 N Pâques (*fpl*) ; **at ~** à Pâques ; **Happy ~!** joyeuses Pâques ! 2 COMP [*egg, holidays*] de Pâques ♦ **Easter Monday** N lundi (*m*) de Pâques ♦ **Easter Sunday** N diman-che (*m*) de Pâques

easterly /ˈiːstəli/ ADJ [*wind*] d'est ; **in an ~ direction** en di-rection de l'est

eastern /ˈiːstən/ ADJ est (*inv*), de l'est ; **the ~ coast** la côte est ; **~ wall** mur (*m*) exposé à l'est ; **~ France** l'est (*m*) de la France ; **Eastern Europe** l'Europe *f* de l'est ; **the Eastern bloc** le bloc de l'Est

eastward(s) /ˈiːstwəd(z)/ 1 ADJ [*route*] en direction de l'est ; [*slope*] exposé à l'est 2 ADV vers l'est

easy /ˈiːzi/ 1 ADJ ⓐ (= *not difficult*) facile ; **as ~ as pie*** fa-cile comme tout ; **it's no ~ matter** c'est loin d'être facile ; **~ to get on with** facile à vivre ; **~ on the eye*** (*Brit*) or **on the eyes*** (*US*) agréable à regarder ; **~ on the ear*** agréable à entendre ; **to take the ~ option** choisir la solution de faci-lité ; **at an ~ pace** à une allure modérée ; **that's the ~ part** c'est ce qu'il y a de plus facile ; **in ~ stages** par petites éta-pes ; **to have an ~ time** avoir la vie belle ; **it is ~ for him to do that** il lui est facile de faire cela ; **that's ~ for you to say** pour toi, c'est facile à dire ; **it is ~ to see that ...** on voit bien que ... ; **it's ~ to see why** il est facile de comprendre pourquoi ; **he is ~ to work with** c'est facile de travailler avec lui
ⓑ (= *relaxed*) [*temperament, disposition*] placide ; **on ~ terms with sb** en bons termes avec qn ; **I'm ~*** ça m'est égal ⓒ (= *at ease*) **I don't feel ~ about it** ça me tracasse ; **to feel ~ in one's mind** être tout à fait tranquille ⓓ **on ~ terms** avec facilités de paiement

2 ADV ⓐ (= *gently*)* **to go ~ on sb/sth** y aller doucement avec qn/qch ; **to take it ~** (= *rest*) lever le pied* ; **take it ~!** (= *relax*) t'énerve pas ! * ; (*US: when saying goodbye*) à plus ! * ; **~ does it!** doucement !
ⓑ (= *without difficulty*)* **to have it ~** se la couler douce* ; **that's easier said than done!** c'est plus facile à dire qu'à faire ! ; **~ come, ~ go!*** (*money*) ce n'est que de l'argent !

3 COMP ◆ **easy-care** ADJ d'entretien facile ◆ **easy chair** N fauteuil (m) (rembourré) ◆ **easy-going** ADJ [person] facile à vivre; [attitude] complaisant ◆ **easy listening** N musique (f) légère ◆ **easy-listening** ADJ [album, CD] de musique légère ◆ **easy-peasy*** ADJ (Brit) fastoche*

eat /iːt/ (pret **ate**, ptp **eaten**) 1 VT manger; **to ~ breakfast** prendre son petit déjeuner; **to ~ lunch** déjeuner; **to ~ dinner** dîner; **to ~ a meal** prendre un repas; **to ~ one's fill** manger à sa faim; **to ~ one's words** ravaler ses paroles; **I could ~ a horse*** j'ai une faim de loup; **he won't ~ you*** il ne va pas te manger; **what's ~ing you?*** qu'est-ce qui ne va pas?

2 VI manger; **we ~ at eight** nous dînons à 20 heures; **to ~ like a horse** manger comme quatre; **to ~ like a bird** picorer; **he's ~ing us out of house and home*** son appétit va nous mettre à la rue; **I've got him ~ing out of my hand** il fait tout ce que je veux

3 NPL **eats** bouffe* (f)
► **eat away** VT SEP [sea] éroder; [acid, mice] ronger
► **eat away at** VT INSEP [acid, rust, pest] ronger; [rot, damp] attaquer
► **eat in** 1 VI manger chez soi 2 VT **to ~ in or take away?** sur place ou à emporter?
► **eat into** VT INSEP [acid] ronger; **it's really ~en into our savings** ça a fait un trou dans nos économies
► **eat out** VI aller au restaurant
► **eat up** 1 VI **~ up!** mangez! 2 VT SEP (= finish off) finir; **~en up with envy** dévoré de jalousie 3 VT INSEP [+ resources, profits] absorber; [+ savings] engloutir

eaten /ˈiːtn/ VB ptp of **eat**

eater /ˈiːtəʳ/ N mangeur (m), -euse (f)

eatery* /ˈiːtərɪ/ N (café-)restaurant (m)

eating apple /ˈiːtɪŋˌæpl/ N pomme (f) à couteau

eating disorder /ˈiːtɪŋdɪsˌɔːdəʳ/ N troubles (mpl) du comportement alimentaire

eaves /iːvz/ NPL avant-toit(s) (m(pl)); **under the ~** sous le toit

eavesdrop /ˈiːvzdrɒp/ VI écouter aux portes; **to ~ on a conversation** écouter une conversation privée

ebb /eb/ 1 N [of tide] reflux (m); **the ~ and flow** le flux et le reflux; **the tide is on the ~** la marée descend; **to be at a low ~** [person, business] aller mal; **his spirits were at a low ~** il avait le moral à zéro* 2 VI ⓐ [tide] descendre; **to ~ and flow** monter et descendre ⓑ (= ebb away) [enthusiasm] faiblir; [strength] décliner

Ebola /ɪˈbəʊlə/ N (= virus) virus (m) Ebola

ebony /ˈebənɪ/ 1 N ébène (f) 2 ADJ (= ebony-coloured) noir d'ébène; (= made of ebony) en ébène

e-book /ˈiːbʊk/ N livre (m) électronique

EBRD /ˌiːbiːɑːˈdiː/ N (ABBR = **European Bank for Reconstruction and Development**) BERD (f)

ebullient /ɪˈbʌlɪənt/ ADJ exubérant

e-business /ˌiːˈbɪznɪs/ N ⓐ (= company) entreprise (f) électronique ⓑ (= commerce) commerce (m) électronique, e-commerce (m)

EC /ˌiːˈsiː/ 1 N (ABBR = **European Community**) CE (f) 2 ADJ [directive, states] communautaire

ECB /ˌiːsiːˈbiː/ N (ABBR = **European Central Bank**) BCE (f)

eccentric /ɪkˈsentrɪk/ ADJ, N excentrique (mf)

eccentrically /ɪkˈsentrɪkəlɪ/ ADV de façon excentrique

eccentricity /ˌeksənˈtrɪsɪtɪ/ N excentricité (f)

ecclesiastical /ɪˌkliːzɪˈæstɪkəl/ ADJ ecclésiastique

ECG /ˌiːsiːˈdʒiː/ N (ABBR = **electrocardiograph**) ECG (m)

echelon /ˈeʃəlɒn/ N échelon (m)

echo /ˈekəʊ/ 1 N (pl **echoes**) écho (m) 2 VT [+ sound] renvoyer; **to ~ sb's remarks** se faire l'écho des remarques de qn 3 VI [sound] (= resonate) retentir; (= bounce back) faire écho; [place] renvoyer l'écho

éclair /eɪˈklɛəʳ, ɪˈklɛəʳ/ N éclair (m)

eclectic /ɪˈklektɪk/ ADJ, N éclectique (mf)

eclipse /ɪˈklɪps/ 1 N éclipse (f) 2 VT éclipser

eco-friendly /ˈiːkəʊˌfrendlɪ/ ADJ respectueux de l'environnement

E-coli /iːˈkəʊlaɪ/ N E-coli (m)

ecological /ˌiːkəˈlɒdʒɪkəl/ ADJ écologique

ecologically /ˌiːkəˈlɒdʒɪkəlɪ/ ADV [unacceptable] écologiquement; **~ aware** sensibilisé aux problèmes écologiques; **~ minded** soucieux de l'environnement; **~ sound** écologique

ecologist /ɪˈkɒlədʒɪst/ N écologiste (mf)

ecology /ɪˈkɒlədʒɪ/ N écologie (f)

e-commerce /ˌiːˈkɒmɜːs/ N commerce (m) électronique

economic /ˌiːkəˈnɒmɪk/ 1 ADJ ⓐ (= to do with the economy) économique; **the ~ situation** la conjoncture économique ⓑ (= cost-effective) rentable; **this business is no longer ~** cette affaire n'est plus rentable 2 COMP ◆ **economic migrant, economic refugee** N migrant(e) (m(f)) économique

economical /ˌiːkəˈnɒmɪkəl/ ADJ [person] économe; [method, vehicle, machine] économique; [style, writing] concis; **to be ~ with sth** économiser qch; **to be ~ with the truth** ne pas dire toute la vérité

economically /ˌiːkəˈnɒmɪkəlɪ/ ADV ⓐ (= as regards the economy) économiquement ⓑ (= without waste) de façon économe ⓒ [write] avec concision

economics /ˌiːkəˈnɒmɪks/ N (= system) économie (f); (= subject) sciences (fpl) économiques; **the ~ of the project** (= financial aspect) l'aspect économique du projet

economist /ɪˈkɒnəmɪst/ N économiste (mf)

economize /ɪˈkɒnəmaɪz/ VI économiser

economy /ɪˈkɒnəmɪ/ N économie (f); **economies of scale** économies (fpl) d'échelle; **our ~ depends on ...** notre économie dépend de ...; **~ with words** économie (f) de mots ◆ **economy class** N classe (f) touriste ◆ **economy drive** N [of government, firm] restrictions (fpl) budgétaires; **I'm having an ~ drive this month** ce mois-ci je m'efforce de faire des économies ◆ **economy pack** N paquet (m) économique ◆ **economy size** N taille (f) économique

ecosystem /ˈiːkəʊˌsɪstəm/ N écosystème (m)

eco-tourism /ˌiːkəʊˈtʊərɪzəm/ N écotourisme (m)

ecstasy /ˈekstəsɪ/ N ⓐ (= joy) extase (f); **to be in ecstasies over** être en extase devant ⓑ (= drug) ecstasy (f)

ecstatic /eksˈtætɪk/ ADJ [crowd] en délire; [welcome] enthousiaste; **~ about sth** follement heureux de qch

ecstatically /eksˈtætɪkəlɪ/ ADV [applaud] à tout rompre; [react] avec un fol enthousiasme; **~ happy** follement heureux

ECT /ˌiːsiːˈtiː/ N (ABBR = **electroconvulsive therapy**) électrochocs (mpl)

Ecuador /ˈekwədɔːʳ/ N Équateur (m)

ecumenical /ˌiːkjʊˈmenɪkəl/ ADJ œcuménique

eczema /ˈeksɪmə/ N eczéma (f)

eddy /ˈedɪ/ 1 N tourbillon (m) 2 VI [smoke, leaves, dust] tourbillonner; [people] tournoyer; [water] faire des tourbillons

edge /edʒ/ 1 N ⓐ bord (m); [of coin] tranche (f); [of cube, brick] arête (f); [of forest] lisière (f); **on the ~ of the town** à la périphérie de la ville; **at the water's ~** au bord de l'eau; **the film had us on the ~ of our seats** or (US) **chairs** le film nous a tenus en haleine

ⓑ (= blade) tranchant (m); **a blade with a sharp ~** une lame bien affilée

ⓒ (= brink) **that pushed him over the ~** ça a été le comble; **to live life on the ~*** être sur le fil du rasoir

ⓓ (= advantage) **the company has lost its competitive ~** la société est devenue moins compétitive; **to have the ~ on** avoir un (léger) avantage sur; **to give sb the ~ on the competition** donner à qn un avantage sur la concurrence

ⓔ (= sharpness) **to take the ~ off** [+ appetite] calmer; **there was a slightly caustic ~ to his voice** il y avait des intonations caustiques dans sa voix

ⓕ ◆ **on edge** (= tense) **he's on ~** il est énervé; **my nerves are all on ~** j'ai les nerfs à vif; **it sets my teeth on ~** cela me fait grincer des dents

2 VT ⓐ (= *put a border on*) border (**with** de); **~d with lace** bordé de dentelle
ⓑ (= *move*) **to ~ one's chair nearer the door** rapprocher sa chaise tout doucement de la porte
3 VI se glisser; **to ~ into** se glisser dans; **to ~ forward** avancer petit à petit; **to ~ away** s'éloigner tout doucement
edgeways /ˈedʒweɪz/, **edgewise** /ˈedʒwaɪz/ ADV de côté; **I couldn't get a word in ~*** je n'ai pas réussi à placer un mot
edging /ˈedʒɪŋ/ N bordure (f)
edgy /ˈedʒɪ/ ADJ nerveux
edible /ˈedɪbl/ ADJ ⓐ (= *not poisonous*) comestible ⓑ (= *not disgusting*) mangeable
edict /ˈiːdɪkt/ N décret (m)
edifice /ˈedɪfɪs/ N édifice (m)
edifying /ˈedɪfaɪɪŋ/ ADJ édifiant
Edinburgh /ˈedɪnbərə/ N Édimbourg
edit /ˈedɪt/ VT [+ *text, author, file*] éditer; [+ *newspaper, magazine*] être le rédacteur (or la rédactrice) en chef de; [+ *radio or TV programme*] réaliser; [+ *film, tape*] monter
► **edit out** VT SEP supprimer; [+ *text, film*] couper
editing /ˈedɪtɪŋ/ N [*of magazine*] direction (f); [*of article, series of texts*] mise (f) au point; [*of film, tape*] montage (m); [*of computer file*] édition (f)
edition /ɪˈdɪʃən/ N [*of newspaper, book*] édition (f)
editor /ˈedɪtəʳ/ N ⓐ (*running newspaper or magazine*) rédacteur (m), -trice (f) en chef; **political ~** journaliste (mf) politique; **sports ~** journaliste (mf) sportif (-ive); **"letters to the ~"** « courrier des lecteurs » ⓑ [*of writer, text, anthology*] directeur (m), -trice (f) de la publication ⓒ [*of radio or TV programme*] réalisateur (m), -trice (f) ⓓ [*of film*] monteur (m), -euse (f)

⚠ **editor ≠ éditeur**

editorial /ˌedɪˈtɔːrɪəl/ 1 ADJ [*meeting, staff*] de la rédaction; [*control, decision, policy*] éditorial 2 N éditorial (m)
editorialist /ˌedɪˈtɔːrɪəlɪst/ N (US) éditorialiste (mf)
educate /ˈedjʊkeɪt/ VT [+ *family, children*] éduquer; [+ *the mind, one's tastes*] former; **to be ~d at** faire ses études à; **a campaign to ~ people about the dangers of smoking** une campagne de sensibilisation du public aux dangers du tabac
educated /ˈedjʊkeɪtɪd/ 1 VB *ptp* of **educate** 2 ADJ (= *cultured*) cultivé; (= *learned, trained*) instruit; [*palate, ear*] averti
education /ˌedjʊˈkeɪʃən/ N (*general concept*) éducation (f); (= *teaching*) enseignement (m); **our priorities are health and ~** nos priorités sont la santé et l'éducation; **he had a good ~** il a reçu une bonne éducation; **he has had very little ~** il n'a pas fait beaucoup d'études; **she has had a university ~** elle a fait des études supérieures; **the ~ he received at school** l'instruction qu'il a reçue à l'école; **primary/secondary ~** enseignement (m) primaire/secondaire; **~ is free in Britain** l'enseignement est gratuit en Grande-Bretagne; **the ~ system** le système éducatif; **people working in ~** les personnes qui travaillent dans l'enseignement ♦ **education authority** N (Brit) ≈ délégation (f) départementale de l'enseignement
educational /ˌedjʊˈkeɪʃənl/ ADJ [*system, needs, toy, TV programme*] éducatif; [*establishment*] d'enseignement; [*standards*] de l'enseignement; [*theory*] de l'éducation; [*method, material*] pédagogique; **~ qualifications** diplômes (mpl); **falling ~ standards** la baisse du niveau de l'enseignement ♦ **educational park** N (US) *complexe scolaire et universitaire* ♦ **educational psychologist** N psychopédagogue (mf)
educationalist /ˌedjʊˈkeɪʃnəlɪst/ N (Brit) pédagogue (mf)
educationally /ˌedjʊˈkeɪʃnəlɪ/ ADV [*deprived*] sur le plan éducatif; **~ sound principles** des principes sains du point de vue pédagogique
edutainment* /ˌedjʊˈteɪnmənt/ N (= *games*) jeux (mpl) éducatifs; (= *programmes*) émissions (fpl) éducatives

EEC /ˌiːiːˈsiː/ N (ABBR = **European Economic Community**) CEE (f)
EEG /ˌiːiːˈdʒiː/ N (ABBR = **electroencephalogram**) EEG (m)
eek* /iːk/ EXCL ah!
eel /iːl/ N anguille (f)
eerie /ˈɪərɪ/ ADJ sinistre
eerily /ˈɪərɪlɪ/ ADV [*similar, familiar*] étrangement; **~ quiet** d'un calme inquiétant
eery /ˈɪərɪ/ ADJ sinistre
efface /ɪˈfeɪs/ VT effacer
effect /ɪˈfekt/ 1 N ⓐ effet (m); [*of wind, chemical, drug*] action (f); **this rule will have the ~ of preventing ...** cette règle aura pour effet d'empêcher ...; **to come into ~** [*law*] prendre effet; [*policy*] être appliqué; **to have an ~ on sth** avoir un effet sur qch; **it won't have any ~ on him** ça n'aura aucun effet sur lui; **to take ~** [*drug*] agir; [*law*] prendre effet; **to little ~** sans grand résultat; **to no ~** en vain; **to use to good ~** savoir tirer avantage de; **with ~ from April** (Brit) à compter du mois d'avril; **he said it just for ~** il ne l'a dit que pour faire de l'effet; **personal ~s** (= *property*) effets (mpl) personnels
ⓑ (*set structures*)
♦ **in effect** de fait
♦ **to that effect**: **a statement to that ~ has already been made** une déclaration a déjà été faite dans ce sens; **... or words to that ~** ... ou quelque chose de ce genre
♦ **to the effect that ...**: **an announcement to the ~ that ...** un communiqué annonçant que ...
2 VT [+ *reform, reduction, payment, transformation*] effectuer; [+ *cure*] obtenir; [+ *improvement*] apporter; [+ *reconciliation, reunion*] amener
effective /ɪˈfektɪv/ ADJ ⓐ (= *successful*) efficace (**in doing sth** pour faire qch) ⓑ (= *striking*) **it looks very ~** ça rend très bien ⓒ (= *actual*) [*control*] effectif; [*leader*] véritable ⓓ (= *operative*) [*law, ceasefire, insurance cover*] en vigueur (**from** à compter de, à partir de); **to become ~** entrer en vigueur; **to become ~ immediately** prendre effet immédiatement

⚠ **effectif** is not the most common translation for **effective**.

effectively /ɪˈfektɪvlɪ/ ADV ⓐ (= *successfully*) [*treat, teach, work, function*] efficacement ⓑ (= *in effect*) en réalité
effectiveness /ɪˈfektɪvnɪs/ N efficacité (f)
effeminate /ɪˈfemɪnɪt/ ADJ efféminé
effervescent /ˌefəˈvesnt/ ADJ [*liquid, tablet*] effervescent
efficiency /ɪˈfɪʃənsɪ/ N efficacité (f) ♦ **efficiency apartment** N (US) studio (m)
efficient /ɪˈfɪʃənt/ ADJ efficace
efficiently /ɪˈfɪʃəntlɪ/ ADV efficacement
effigy /ˈefɪdʒɪ/ N effigie (f)
effing: /ˈefɪŋ/ (Brit) 1 ADJ **what an ~ waste of time!** merde!: quelle perte de temps! 2 N **~ and blinding** grossièretés (fpl)
effluent /ˈefluənt/ N effluent (m)
effort /ˈefət/ N effort (m); **it's not bad for a first ~** ça n'est pas si mal pour un début; **in an ~ to solve the problem** pour essayer de résoudre le problème; **what do you think of his latest ~?*** qu'est-ce que tu penses de ce qu'il vient de faire?; **it's a pretty poor ~*** ça n'est pas une réussite; **the famine relief ~** la lutte contre la famine; **the government's ~ to avoid ...** les efforts (mpl) du gouvernement pour éviter ...; **the war ~** l'effort (m) de guerre; **with ~** avec difficulté; **without ~** sans effort; **it's not worth the ~** cela n'en vaut pas la peine
♦ **make + effort**: **to make an ~ to do sth** s'efforcer de faire qch; **to make an ~ to adapt** faire un effort d'adaptation; **to make every ~ to do sth** faire tout son possible pour faire qch; **to make little ~ to do sth** ne pas faire beaucoup d'effort pour faire qch; **little ~ has been made to investigate this case** on ne s'est pas vraiment donné la peine d'enquêter sur cette affaire; **he made no ~ to be polite** il ne s'est pas donné la peine d'être poli

effortless /'efətlɪs/ ADJ [*movement, style*] fluide; [*success, victory*] facile; [*charm, elegance, skill, superiority*] naturel; **with ~ ease** avec une parfaite aisance

effortlessly /'efətlɪslɪ/ ADV sans effort

effrontery /ɪ'frʌntərɪ/ N effronterie (f)

effusive /ɪ'fjuːsɪv/ ADJ [*thanks, welcome*] chaleureux; [*praise*] enthousiaste; [*person*] expansif

effusively /ɪ'fjuːsɪvlɪ/ ADV [*greet, welcome, praise*] avec effusion; **to thank sb ~** se confondre en remerciements auprès de qn

E-fit /'iːfɪt/ N portrait-robot (m) électronique

EFL /,iːef'el/ N (ABBR = **English as a Foreign Language**) anglais (m) langue étrangère → TEFL, TESL, TESOL, ELT

eg, e.g. /,iː'dʒiː/ ADV (= *for example*) par ex.

egalitarian /ɪ,gælɪ'teərɪən/ 1 N égalitariste (mf) 2 ADJ [*person*] égalitariste; [*society, spirit, relationship, policy*] égalitaire

egalitarianism /ɪ,gælɪ'teərɪənɪzəm/ N égalitarisme (m)

egg /eg/ N œuf (m); **~s and bacon** œufs (mpl) au bacon; **to put all one's ~s in one basket** mettre tous ses œufs dans le même panier; **to have ~ on one's face** avoir l'air plutôt ridicule ♦ **egg custard** N ≈ crème (f) aux œufs ♦ **egg roll** N (= *sandwich*) petit pain (m) aux œufs (durs); (*Chinese*) pâté (m) impérial ♦ **egg-shaped** ADJ en forme d'œuf ♦ **egg-timer** N (*sand*) sablier (m); (*automatic*) minuteur (m) ♦ **egg whisk** N fouet (m) ♦ **egg white** N blanc (m) d'œuf ♦ **egg yolk** N jaune (m) d'œuf

► **egg on** VT SEP pousser (**to do sth** à faire qch)

eggbeater /'egbiːtə'/ N (*rotary*) batteur (m) (à œufs); (*whisk*) fouet (m)

eggcup /'egkʌp/ N coquetier (m)

egghead* /'eghed/ N intello* (mf)

eggplant /'egplɑːnt/ N (*US*) aubergine (f)

eggshell /'egʃel/ N coquille (f) (d'œuf)

EGM /,iːdʒiː'em/ N (ABBR = **extraordinary general meeting**) AGE (f)

ego /'iːgəʊ/ N (= *pride*) amour-propre (m); **he's got a big ~** il est très narcissique ♦ **ego trip*** N **this lecture is just an ~ trip for him** cette conférence ne sert qu'à flatter son amour-propre

egocentric /,egəʊ'sentrɪk/ ADJ égocentrique

egocentricity /,egəʊsen'trɪsɪtɪ/ N égocentrisme (m)

egosurf /'iːgəʊ,sɜːf/ VI *chercher son nom sur Internet*

egotism /'egəʊtɪzəm/ N égotisme (m)

egotist /'egəʊtɪst/ N égotiste (mf)

egotistical /,egəʊ'tɪstɪkəl/ ADJ égotiste

Egypt /'iːdʒɪpt/ N Égypte (f)

Egyptian /ɪ'dʒɪpʃən/ 1 ADJ égyptien 2 N Égyptien(ne) (m(f))

eh /eɪ/ EXCL hein?

eiderdown /'aɪdədaʊn/ N (= *quilt*) édredon (m)

eight /eɪt/ NUMBER huit (m inv); **an ~-hour day** la journée de huit heures; **to work ~-hour shifts** faire des postes de huit heures; **there are ~** il y en a huit → **six**

eighteen /'eɪ'tiːn/ NUMBER dix-huit (m inv); **there are ~** il y en a dix-huit → **sixteen**

eighteenth /'eɪ'tiːnθ/ 1 ADJ dix-huitième 2 N dix-huitième (mf) → **sixth**

eighth /eɪtθ/ 1 ADJ huitième 2 N huitième (mf); (= *fraction*) huitième (m) → **sixth**

eightieth /'eɪtɪəθ/ ADJ quatre-vingtième (mf) → **sixth**

eighty /'eɪtɪ/ NUMBER quatre-vingts (m inv); **~-one** quatre-vingt-un; **~-two** quatre-vingt-deux; **~-first** quatre-vingt-unième; **page ~** la page quatre-vingt; **there are ~** il y en a quatre-vingts → **sixty**

Eire /'eərə/ N République (f) d'Irlande, Eire (f)

either /'aɪðə', 'iːðə'/ 1 ADJ ⓐ (= *one or other*) l'un(e) ou l'autre; **~ day would suit me** l'un ou l'autre jour me conviendrait; **I don't like ~ book** je n'aime ni l'un ni l'autre de ces livres; **~ way*, I can't do anything about it** de toute façon, je n'y peux rien

ⓑ (= *each*) chaque; **in ~ hand** dans chaque main; **on ~ side of the street** de chaque côté de la rue; **there were fields on ~ side** de part et d'autre s'étendaient des champs

2 PRON n'importe lequel (laquelle (f)); **there are two boxes on the table, take ~** il y a deux boîtes sur la table, prenez n'importe laquelle; **I don't believe ~ of them** je ne les crois ni l'un ni l'autre; **give it to ~ of them** donnez-le soit à l'un soit à l'autre

3 ADV (*after neg statement*) non plus; **his singing is hopeless and he can't act ~** il chante mal et il ne sait pas jouer non plus; **I have never heard of him — no, I haven't ~** je n'ai jamais entendu parler de lui — moi non plus

4 CONJ ⓐ ♦ **either ... or** ou (bien) ... ou (bien), soit ... soit; **he must be ~ lazy or stupid** il doit être ou paresseux ou stupide; **he must ~ change his policy or resign** il faut soit qu'il change de politique soit qu'il démissionne; **~ be quiet or get out!** ou tu te tais ou tu sors d'ici!; **it was ~ him or his sister** c'était soit lui soit sa sœur; **it fails to be ~ funny or exciting** ce n'est ni amusant ni intéressant

ⓑ (= *moreover*) **that's an idea, and not a bad one ~** c'est une idée, pas mauvaise d'ailleurs

ejaculate /ɪ'dʒækjʊleɪt/ VTI (= *have orgasm*) éjaculer

ejaculation /ɪ,dʒækjʊ'leɪʃən/ N éjaculation (f)

eject /ɪ'dʒekt/ 1 VT éjecter; [+ *tenant, troublemaker*] expulser 2 VI [*pilot*] s'éjecter

ejector seat /ɪ'dʒektə,siːt/ N siège (m) éjectable

eke /iːk/ VT **to ~ out** (*by adding*) augmenter; (*by saving*) économiser; **he ~s out his pension by doing odd jobs** (= *supplement*) il fait des petits boulots pour arrondir sa pension; **to ~ out a living** vivoter

EKG /,iːkeɪ'dʒiː/ N (*US*) (ABBR = **Electrokardiogramm**) ECG (m)

el /el/ N (*US*) métro (m) aérien

elaborate 1 ADJ [*system, ritual, drawing, meal*] élaboré; [*costume, style*] recherché; [*excuse, plan*] compliqué; [*precautions*] minutieux 2 VT élaborer 3 VI donner des précisions

★ *Lorsque* **elaborate** *est un adjectif, la fin se prononce comme* **it**: /ɪ'læbərɪt/; *lorsque c'est un verbe, elle se prononce comme* **eight**: /ɪ'læbəreɪt/.

elaborately /ɪ'læbərɪtlɪ/ ADV [*decorated, dressed*] avec recherche

elapse /ɪ'læps/ VI s'écouler

elastic /ɪ'læstɪk/ ADJ, N élastique (m) ♦ **elastic band** N (*Brit*) élastique (m)

elasticated /ɪ'læstɪkeɪtɪd/ ADJ (*Brit*) élastiqué

elasticity /,iːlæs'tɪsɪtɪ/ N élasticité (f)

Elastoplast® /ɪ'læstə,plɑːst/ N (*Brit*) sparadrap (m)

elated /ɪ'leɪtɪd/ ADJ transporté de joie; **to be ~** exulter

elation /ɪ'leɪʃən/ N allégresse (f)

elbow /'elbəʊ/ 1 N coude (m); **she leaned her ~s on the windowsill** elle s'est accoudée à la fenêtre; **to lean on one's ~** s'appuyer sur le coude; **at his ~** à ses côtés; **worn at the ~s** usé aux coudes

2 VT **to ~ sb aside** écarter qn du coude; (*fig*) jouer des coudes pour écarter qn; **he ~ed his way to the front** il a joué des coudes pour arriver devant; **to ~ one's way to the top** jouer des coudes pour arriver au sommet

3 COMP ♦ **elbow room** N **to have enough ~ room** avoir de la place pour se retourner; (*fig*) avoir les coudées franches

elder /'eldə'/ 1 ADJ aîné (*de deux*); **my ~ sister** ma sœur aînée; **~ statesman** vétéran (m) de la politique 2 N ⓐ (= *older person*) aîné(e) (m(f)) ⓑ [*of tribe, Church*] **~s** anciens (mpl) ⓒ (= *tree*) sureau (m)

elderberry /'eldəberɪ/ N baie (f) de sureau; **~ wine** vin (m) de sureau

elderly /'eldəlɪ/ 1 ADJ [*person*] âgé; [*vehicle, machine*] plutôt vieux (vieille (f), vieil (m before vowel) 2 **the elderly** NPL les personnes (fpl) âgées

eldest /'eldɪst/ ADJ, N aîné(e) (m(f)) (*de plusieurs*); **their ~ (child)** leur aîné(e); **my ~ brother** l'aîné de mes frères

elect /ɪ'lekt/ 1 VT ⓐ (by vote) élire ; **he was ~ed chairman** il a été élu président ; **to ~ sb to the senate** élire qn au sénat ⓑ (= choose) **to ~ to do sth** décider de faire qch 2 ADJ **the president ~** le futur président

election /ɪ'lekʃən/ 1 N élection (f) ; **to hold an ~** tenir une élection 2 COMP [speech, agent] électoral ; [day, results] du scrutin ♦ **election campaign** N campagne (f) électorale

electioneering /ɪ,lekʃə'nɪərɪŋ/ N (= campaign) campagne (f) électorale ; (= propaganda) propagande (f) électorale

elector /ɪ'lektə'/ N électeur (m), -trice (f) ; (US Politics) membre (m) du collège électoral

electoral /ɪ'lektərəl/ ADJ électoral ♦ **electoral college** N collège (m) électoral ♦ **electoral district, electoral division** N (US) circonscription (f) (électorale) ♦ **electoral register, electoral roll** N liste (f) électorale

---
🛈 ELECTORAL COLLEGE

Les Américains n'élisent pas directement leur président et leur vice-président, mais élisent des grands électeurs qui s'engagent à voter pour tel ou tel candidat et forment ensemble le collège électoral. Chaque grand électeur dispose d'un certain nombre de voix, compris entre 3 et 54 selon l'importance démographique de l'État qu'il représente.
▷ www.archives.gov/federal-register/electoral-college/

---

electorate /ɪ'lektərət/ N électorat (m)

electric /ɪ'lektrɪk/ ADJ électrique ♦ **electric blanket** N couverture (f) chauffante ♦ **electric chair** N chaise (f) électrique ♦ **electric eye** N cellule (f) photoélectrique ♦ **electric fence** N clôture (f) électrifiée ♦ **electric fire, electric heater** N (Brit) radiateur (m) électrique ♦ **electric shock** N décharge (f) électrique ; **~ shock treatment** électrochocs (mpl) ♦ **electric storm** N orage (m) (électrique)

electrical /ɪ'lektrɪkəl/ ADJ électrique ♦ **electrical engineer** N ingénieur (m) électricien ♦ **electrical engineering** N électrotechnique (f) ♦ **electrical failure** N panne (f) dans le circuit électrique ♦ **electrical fault** N défaut (m) du circuit électrique ♦ **electrical storm** N orage (m) (électrique)

electrically /ɪ'lektrɪkəlɪ/ ADV [heated] à l'électricité ; [charged] électriquement ; **~ powered** électrique

electrician /ɪlek'trɪʃən/ N électricien(ne) (m(f))

electricity /ɪlek'trɪsətɪ/ N électricité (f) ; **to switch off/on the ~** couper/rétablir le courant ♦ **electricity board** N (Brit) office (m) régional de l'électricité

electrification /ɪ,lektrɪfɪ'keɪʃən/ N électrification (f)

electrify /ɪ'lektrɪfaɪ/ 1 VT ⓐ (= make electric) électrifier ⓑ [+ audience] électriser 2 COMP ♦ **electrified fence** N barrière (f) électrifiée

electrifying /ɪ'lektrɪfaɪɪŋ/ ADJ électrisant

electrocardiogram /ɪ,lektrəʊ'kɑːdɪəgræm/ N électrocardiogramme (m)

electrocute /ɪ'lektrəkjuːt/ VT électrocuter

electrocution /ɪ,lektrə'kjuːʃən/ N électrocution (f)

electrode /ɪ'lektrəʊd/ N électrode (f)

electron /ɪ'lektrɒn/ 1 N électron (m) 2 ADJ électronique

electronic /ɪlek'trɒnɪk/ ADJ électronique ♦ **electronic engineer** N électronicien(ne) (m(f)) ♦ **electronic engineering** N électronique (f)

electronically /ɪlek'trɒnɪkəlɪ/ ADV électroniquement

electronics /ɪlek'trɒnɪks/ N électronique (f)

elegance /'elɪgəns/ N élégance (f)

elegant /'elɪgənt/ ADJ élégant

elegantly /'elɪgəntlɪ/ ADV élégamment ; [written] dans un style élégant

elegiac /,elɪ'dʒaɪək/ ADJ élégiaque

elegy /'elɪdʒɪ/ N élégie (f)

element /'elɪmənt/ 1 N ⓐ (= part) élément (m) ; **the human ~** l'élément humain ; **one of the key ~s of the peace plan** un des éléments clés du plan de paix ; **the hooligan ~** les éléments incontrôlés ; **the criminal ~** les criminels (mpl) ; **the comic/tragic ~ in his poetry** la dimension comique/tragique dans sa poésie ; **to be in one's ~** être

dans son élément ⓑ (= certain amount) part (f) ; **an ~ of danger/truth** une part de danger/de vérité ⓒ [of heater, kettle] résistance (f)
2 NPL **the elements** (= weather) les éléments (mpl)

elementary /,elɪ'mentərɪ/ ADJ élémentaire ♦ **elementary teacher** N (US) professeur (mf) des écoles

elephant /'elɪfənt/ N éléphant (m)

elevate /'elɪveɪt/ VT élever

elevated /'elɪveɪtɪd/ ADJ élevé ; [platform, track] surélevé

elevation /,elɪ'veɪʃən/ N élévation (f)

elevator /'elɪveɪtə'/ 1 N ⓐ (US = lift) ascenseur (m) ; (= hoist) monte-charge (m inv) ⓑ (US = silo) silo (m) 2 COMP ♦ **elevator car** N (US) cabine (f) d'ascenseur ♦ **elevator shaft** N (US) cage (f) d'ascenseur

eleven /ɪ'levn/ NUMBER onze (m inv) ; **the French ~** le onze de France ; **there are ~** il y en a onze → **six**

elevenses • /ɪ'levnzɪz/ NPL (Brit) ≈ pause-café (f) (dans la matinée)

eleventh /ɪ'levnθ/ ADJ, N onzième (mf) ; **at the ~ hour** à la onzième heure → **sixth**

elf /elf/ N (pl **elves**) elfe (m)

elicit /ɪ'lɪsɪt/ VT [+ reply, explanation, information] obtenir (**from** de) ; [+ reaction] susciter (**from** de la part de) ; [+ admission, promise] arracher (**from** à)

eligibility /,elɪdʒə'bɪlɪtɪ/ N (for voting) éligibilité (f) ; (for employment) admissibilité (f)

eligible /'elɪdʒəbl/ ADJ (for membership) éligible (**for** à) ; **to be ~ for benefit** avoir droit à une allocation ; **he's very ~** c'est un très bon parti

eliminate /ɪ'lɪmɪneɪt/ VT éliminer ; [+ possibility] écarter

elimination /ɪ,lɪmɪ'neɪʃən/ N élimination (f) ; **by a process of ~** par élimination

eliminator /ɪ'lɪmɪneɪtə'/ N (Sport) (épreuve (f)) éliminatoire (f)

elite /ɪ'liːt/ 1 N (= select group) élite (f) 2 ADJ [group] d'élite ; [school, university] prestigieux

elitism /ɪ'liːtɪzəm/ N élitisme (m)

elitist /ɪ'liːtɪst/ ADJ, N élitiste (mf)

elixir /ɪ'lɪksə'/ N élixir (m)

Elizabethan /ɪ,lɪzə'biːθən/ 1 ADJ élisabéthain 2 N Élisabéthain(e) (m(f))

elk /elk/ N élan (m)

ellipse /ɪ'lɪps/ N ellipse (f)

elliptical /ɪ'lɪptɪkəl/ ADJ elliptique

elm /elm/ N orme (m)

elocution /,elə'kjuːʃən/ N élocution (f)

elongate /'iːlɒŋgeɪt/ 1 VT allonger ; [+ line] prolonger 2 VI s'allonger

elope /ɪ'ləʊp/ VI s'enfuir ; **they ~d** ils se sont enfuis ensemble

eloquence /'eləkwəns/ N éloquence (f)

eloquent /'eləkwənt/ ADJ éloquent ; **to be ~ about sth** parler avec éloquence de qch

eloquently /'eləkwəntlɪ/ ADV avec éloquence

El Salvador /el'sælvə,dɔː'/ N Salvador (m) ; **in ~** au Salvador

else /els/ ADV ⓐ d'autre ; **if all ~ fails** si rien d'autre ne marche ; **how ~ can I do it?** de quelle autre façon puis-je le faire? ; **not much ~** pas grand-chose d'autre ; **what ~?** quoi d'autre? ; **what ~ could I do?** que pouvais-je faire d'autre? ; **where ~?** à quel autre endroit? ; **who ~?** qui d'autre? ⓑ (set structures)
♦ **anybody else**: **anybody ~ would have been satisfied** n'importe qui d'autre aurait été content ; **is there anybody ~ there?** y a-t-il quelqu'un d'autre?
♦ **anywhere else**: **did you go anywhere ~?** es-tu allé ailleurs? ; **you won't find this flower anywhere ~** vous ne trouverez cette fleur nulle part ailleurs
♦ **anything else**: **do you want anything ~?** voulez-vous autre chose? ; **have you anything ~ to say?** avez-vous

quelque chose à ajouter ? ; **will there be anything ~ sir?** désirez-vous autre chose monsieur ?

♦ **nobody else** ♦ **no one else** personne d'autre

♦ **nothing else** rien d'autre ; **nothing ~, thank you** rien d'autre, merci ; **it was fun, if nothing ~** au moins on s'est amusé

♦ **nowhere else** nulle part ailleurs ; **nowhere ~ can you find beaches like these** on ne trouve de telles plages nulle part ailleurs

♦ **somebody else** ♦ **someone else** quelqu'un d'autre ; **may I speak to someone ~?** puis-je parler à quelqu'un d'autre ?

♦ **something else** autre chose ; **she is something ~*** elle est vraiment fantastique

♦ **someplace else** (US) ailleurs

♦ **somewhere else** ailleurs

♦ **or else** sinon ; **do it now or ~ you'll be punished** fais-le tout de suite, sinon tu seras puni ; **do it or ~!*** tu as intérêt à le faire !

elsewhere /ˌels'wɛəʳ/ ADV ailleurs ; **from ~** (venu) d'ailleurs

ELT /ˌiːel'tiː/ N (ABBR = **English Language Teaching**) enseignement (m) de l'anglais → TEFL, TESL, TESOL, ELT

elucidate /ɪ'luːsɪdeɪt/ VT élucider

elude /ɪ'luːd/ VT [+ enemy, pursuit, arrest, police] échapper à ; [+ justice] se dérober à ; **success ~d him** le succès restait hors de sa portée

elusive /ɪ'luːsɪv/ ADJ [person] difficile à joindre ; [happiness] insaisissable ; [quality] indéfinissable ; [goal, success] difficile à atteindre

elves /elvz/ NPL of **elf**

'em* /əm/ PERS PRON = **them**

emaciated /ɪ'meɪsɪeɪtɪd/ ADJ [person, face] émacié ; [limb] décharné

e-mail /'iːmeɪl/ 1 N (ABBR = **electronic mail**) e-mail (m), courrier (m) électronique 2 VT **to ~ sb** envoyer un courrier électronique ou un e-mail à qn ; **to ~ sth** envoyer qch par courrier électronique or par e-mail

emanate /'emaneɪt/ VI émaner

emancipate /ɪ'mænsɪpeɪt/ VT émanciper ; [+ slaves] affranchir

emancipated /ɪ'mænsɪpeɪtɪd/ ADJ émancipé

emancipation /ɪˌmænsɪ'peɪʃən/ N émancipation (f)

embalm /ɪm'bɑːm/ VT embaumer

embankment /ɪm'bæŋkmənt/ N [of railway line, road] talus (m) ; [of canal] digue (f) ; [of river] berge (f)

embargo /ɪm'bɑːgəʊ/ N (pl **embargoes**) embargo (m) ; **to impose an ~ on** [+ country] imposer un embargo contre ; [+ goods] imposer un embargo sur ; **arms ~** embargo (m) sur les armes ; **an oil ~** un embargo pétrolier

embark /ɪm'bɑːk/ 1 VT embarquer 2 VI embarquer (**on** à bord de)

► **embark on** VT INSEP [+ journey] commencer ; [+ undertaking, explanation] se lancer dans

embarkation /ˌembɑː'keɪʃən/ N embarquement (m) ; **~ card** carte (f) d'embarquement

embarrass /ɪm'bærəs/ VT embarrasser

embarrassed /ɪm'bærəst/ ADJ embarrassé ; **I feel ~ about it** cela me gêne ; **he was ~ about discussing his financial difficulties** cela le gênait de parler de ses problèmes financiers

embarrassing /ɪm'bærəsɪŋ/ ADJ embarrassant

embarrassingly /ɪm'bærəsɪŋlɪ/ ADV **~ few/bad** peu nombreux/mauvais à un point embarrassant

embarrassment /ɪm'bærəsmənt/ N ⓐ (= emotion) embarras (m) (**at** devant) ; **to cause sb ~** mettre qn dans l'embarras ; **financial ~** des ennuis (mpl) d'argent ⓑ (= source of embarrassment) **her son is an ~ to her** son fils est une source d'embarras pour elle

embassy /'embəsɪ/ N ambassade (f) ; **the French Embassy** l'ambassade (f) de France

embed /ɪm'bed/ VT **to become ~ded in sth** [hook, nail] s'enfoncer dans qch ; **~ded in the memory** gravé dans la mémoire

embellish /ɪm'belɪʃ/ VT (= adorn) embellir ; [+ account] enjoliver ; **to ~ sth with** orner qch de

ember /'embəʳ/ N charbon (m) ardent ; **the ~s** la braise ; **the dying ~s** les tisons (mpl)

embezzle /ɪm'bezl/ 1 VT détourner 2 VI détourner des fonds

embezzlement /ɪm'bezlmənt/ N détournement (m) de fonds

embezzler /ɪm'bezləʳ/ N escroc (m)

embittered /ɪm'bɪtəd/ ADJ aigri

emblazon /ɪm'bleɪzən/ VT **~ed across** (= printed) imprimé sur ; **to be ~ed with** porter

emblem /'embləm/ N emblème (m)

emblematic /ˌemblə'mætɪk/ ADJ (= characteristic) représentatif ; (= symbolic) symbolique

embodiment /ɪm'bɒdɪmənt/ N incarnation (f) ; **to be the ~ of progress** incarner le progrès ; **he is the ~ of kindness** c'est la bonté incarnée

embody /ɪm'bɒdɪ/ VT ⓐ [+ spirit, quality] incarner ⓑ (= include) [+ ideas] résumer ; [work] renfermer

embossed /ɪm'bɒst/ ADJ [letters, design] en relief ; [paper, wallpaper, card] gaufré ; [metal] (with stamp) estampé ; (with tool) repoussé ; **~ writing paper** papier (m) à lettres à en-tête en relief ; **to be ~ with sth** avoir qch en relief ; **leather books ~ in gold** des livres à reliure de cuir estampée d'or

embrace /ɪm'breɪs/ 1 VT ⓐ (= hug) étreindre ⓑ (= welcome) [+ religion] embrasser ; [+ cause] épouser ; [+ change, idea] accepter 2 VI s'étreindre 3 N étreinte (f) ; **he held her in a tender ~** il l'enlaçait tendrement ; **they were locked in an ~** ils étaient enlacés

embroider /ɪm'brɔɪdəʳ/ 1 VT broder ; [+ facts, truth, story] enjoliver 2 VI faire de la broderie

embroidery /ɪm'brɔɪdərɪ/ N broderie (f)

embroil /ɪm'brɔɪl/ VT **to ~ sb in sth** entraîner qn dans qch ; **to get ~ed in sth** se laisser entraîner dans qch

embryo /'embrɪəʊ/ N embryon (m) ; **in ~** en germe

embryonic /ˌembrɪ'ɒnɪk/ ADJ en germe

emcee /'em'siː/ (US) ABBR = **master of ceremonies** N maître (m) de cérémonies ; (in show) animateur (m)

emend /ɪ'mend/ VT [+ text] corriger

emerald /'emərəld/ 1 N (= stone) émeraude (f) ; (= colour) (vert (m)) émeraude (m) 2 ADJ [necklace, ring] d'émeraudes ; (= emerald green) émeraude (inv)

emerge /ɪ'mɜːdʒ/ VI émerger ; **it ~d that ...** il est apparu que ... ; **to ~ as ...** se révéler (être) ... ; **emerging countries** pays (mpl) émergents

emergence /ɪ'mɜːdʒəns/ N [of truth, facts] émergence (f) ; [of new nation, theory] naissance (f)

emergency /ɪ'mɜːdʒənsɪ/ 1 N urgence (f) ; **in case of ~** en cas d'urgence ; **to be prepared for any ~** être prêt à toute éventualité ; **state of ~** état (m) d'urgence

2 COMP [measures, treatment, operation, repair] d'urgence ♦ **emergency exit** N issue (f) de secours ♦ **emergency landing** N atterrissage (m) forcé ♦ **emergency powers** NPL pouvoirs (mpl) spéciaux ♦ **emergency room** (US) salle (f) des urgences ♦ **emergency service** N (in hospital) service (m) des urgences ♦ **emergency services** NPL services (mpl) d'urgence ♦ **emergency stop** N arrêt (m) d'urgence ♦ **emergency telephone** N borne (f) d'urgence ♦ **emergency ward** N salle (f) des urgences

emery board /'emərɪbɔːd/ N lime (f) à ongles

emigrant /'emɪgrənt/ N (just leaving) émigrant(e) (m(f)) ; (established) émigré(e) (m(f))

emigrate /'emɪgreɪt/ VI émigrer

emigration /ˌemɪ'greɪʃən/ N émigration (f)

eminence /'emɪnəns/ N (= distinction) distinction (f) ; **to achieve ~** parvenir à un rang éminent ; **His Eminence** Son Éminence

eminent /'emɪnənt/ ADJ éminent

eminently /'emɪnəntlɪ/ ADV (= very) tout à fait

emirate /e'mɪərɪt/ N émirat (m)

emissary /'emɪsərɪ/ N émissaire (m)

emission /ɪ'mɪʃən/ 1 N dégagement (m) 2 **emissions** NPL (= substances) émissions (fpl) 3 COMP ♦ **emissions trading** N échange (m) de quotas d'émissions

emit /ɪ'mɪt/ VT émettre

Emmy /'emɪ/ N oscar de la télévision américaine

emoticon /ɪ'məʊtɪkən/ N émoticon (m)

emotion /ɪ'məʊʃən/ N émotion (f); **a voice full of ~** une voix émue

emotional /ɪ'məʊʃənl/ 1 ADJ ⓐ (= psychological) [problem, development] affectif; **his ~ state** son état émotionnel; **on an ~ level** sur le plan affectif ⓑ (= emotive) **it is an ~ issue** cette question soulève les passions ⓒ (= full of emotion) [person] émotif; (on specific occasion) ému; [experience, event] chargé d'émotion; **he became very ~** il est devenu très ému; **he's an ~ wreck** c'est une loque* 2 COMP ♦ **emotional blackmail*** N chantage (m) affectif

emotionally /ɪ'məʊʃnəlɪ/ ADV ⓐ [mature, stable] sur le plan affectif; **~ deprived** privé d'affection; **to be ~ disturbed** souffrir de troubles affectifs; **to be ~ involved with sb** (= care about) s'engager affectivement avec qn ⓑ [speak, describe, react] avec émotion; **an ~ charged atmosphere** une atmosphère chargée d'émotion; **an ~ worded article** un article qui fait appel aux sentiments

emotive /ɪ'məʊtɪv/ ADJ passionnel

empathize /'empəθaɪz/ VI **to ~ with sb** comprendre ce que ressent qn

empathy /'empəθɪ/ N empathie (f)

emperor /'empərəʳ/ N empereur (m)

emphasis /'emfəsɪs/ N (in word, phrase) accentuation (f); **the ~ is on the first syllable** l'accent d'intensité tombe sur la première syllabe; **to lay ~ on sth** (= draw attention to) mettre l'accent sur qch; **the ~ is on sport** une importance particulière est accordée au sport

emphasize /'emfəsaɪz/ VT [+ fact, point] insister sur; (= draw attention to) mettre en évidence; [+ sth pleasant or flattering] mettre en valeur; **this point cannot be too strongly ~d** on ne saurait trop insister sur ce point; **I must ~ that ...** je dois souligner le fait que ...

emphatic /ɪm'fætɪk/ ADJ ⓐ [person] catégorique; [denial, statement] énergique; **the answer is an ~ no** la réponse est un non catégorique; **to be ~ about sth** insister sur qch; **to be ~ that ...** affirmer catégoriquement que ... ⓑ [tone, gesture, nod] emphatique

emphatically /ɪm'fætɪkəlɪ/ ADV [say, reply, refuse] catégoriquement; [deny] farouchement

empire /'empaɪəʳ/ N empire (m)

empirical /em'pɪrɪkəl/ ADJ empirique

employ /ɪm'plɔɪ/ VT employer

employable /ɪm'plɔɪəbəl/ ADJ employable

employee /ˌɪmplɔɪ'iː/ N salarié(e) (m(f)); **to be an ~ of ...** travailler chez ...

employer /ɪm'plɔɪəʳ/ N employeur (m), -euse (f); **employers** (collectively) patronat (m); **~'s contribution** cotisation (f) patronale

employment /ɪm'plɔɪmənt/ N emploi (m); **full ~** le plein emploi; **to be in ~** avoir un emploi; **in sb's ~** employé par qn; **conditions of ~** conditions (fpl) de travail; **to find/take up ~** (with) trouver/prendre un emploi (chez) ♦ **employment agency** N agence (f) de placement ♦ **Employment Service** N (US) ≈ Agence (f) nationale pour l'emploi

empower /ɪm'paʊəʳ/ VT ⓐ (= authorize) **to ~ sb to do sth** autoriser qn à faire qch; (legally) habiliter qn à faire qch ⓑ **to ~ sb** (= make stronger) rendre qn plus fort; (= make more independent) permettre à qn de s'assumer

empowerment /ɪm'paʊəmənt/ N émancipation (f)

empress /'emprɪs/ N impératrice (f)

emptiness /'emptɪnɪs/ N vide (m)

empty /'emptɪ/ 1 ADJ ⓐ (= containing nothing) vide; **she was staring into ~ space** elle regardait fixement dans le vide; **there was an ~ space at the table** il y avait une place vide à la table; **on an ~ stomach** à jeun; **to be running on ~** [car] avoir le réservoir pratiquement vide; [person] avoir l'estomac vide; [organization] être à bout de souffle ⓑ (= meaningless) [phrase, rhetoric] creux; [dream, hope] vain; **~ talk** verbiage (m); **~ promises** promesses (fpl) en l'air; **an ~ gesture** un geste vide de sens ⓒ (= numb) [person] vidé; [feeling] de vide; **when I heard the news I felt ~** quand j'ai appris la nouvelle, je me suis senti vidé

2 NPL **empties** (= bottles) bouteilles (fpl) vides; (= glasses) verres (mpl) vides

3 VT ⓐ [+ vehicle] décharger ⓑ (= empty out) [+ bricks, books] sortir; [+ rubbish] vider; [+ liquid] verser

4 VI [water] s'écouler; [building, room, washing machine] se vider

5 COMP ♦ **empty-handed** ADJ les mains vides ♦ **empty-headed** ADJ sot (sotte (f))

EMS /ˌiːem'es/ N (ABBR = **European Monetary System**) SME (m)

EMU /ˌiːem'juː/ N (ABBR = **economic and monetary union**) UME (f)

emu /'iːmjuː/ N émeu (m)

emulate /'emjʊleɪt/ VT émuler

emulation /ˌemjʊ'leɪʃən/ N émulation (f)

emulsion /ɪ'mʌlʃən/ N émulsion (f); **~ paint** peinture-émulsion (f)

enable /ɪ'neɪbl/ VT **to ~ sb to do sth** permettre à qn de faire qch

enact /ɪ'nækt/ VT ⓐ [+ law, decree] promulguer ⓑ [+ play, part] jouer; **the drama which was ~ed yesterday** le drame qui s'est déroulé hier

enamel /ɪ'næməl/ 1 N émail (m); **tooth ~** émail (m) dentaire 2 VT émailler 3 COMP [bath, bucket] en émail ♦ **enamel paint** N peinture (f) laquée ♦ **enamel saucepan** N casserole (f) en émail

enamelled /ɪ'næməld/ ADJ [jewellery, bath] en émail; [metal] émaillé

enamoured, enamored (US) /ɪ'næməd/ ADJ **to be ~ of** [+ person] être amoureux de; [+ thing] être séduit par; **she was not ~ of the idea** l'idée ne l'enchantait pas

enc. (ABBR = **enclosure(s)**) PJ

encampment /ɪn'kæmpmənt/ N campement (m)

encapsulate /ɪn'kæpsjʊleɪt/ VT incarner

encase /ɪn'keɪs/ VT **~d in concrete** pris dans du béton; **~d in plastic** recouvert de plastique; **his arm was ~d in plaster** il avait le bras dans le plâtre

encephalogram /en'sefələgræm/ N encéphalogramme (m)

enchant /ɪn'tʃɑːnt/ VT enchanter; **the ~ed wood** le bois enchanté

enchanter /ɪn'tʃɑːntəʳ/ N enchanteur (m)

enchanting /ɪn'tʃɑːntɪŋ/ ADJ ravissant

enchantment /ɪn'tʃɑːntmənt/ N (= spell) enchantement (m); (= appeal) charme (m)

enchantress /ɪn'tʃɑːntrɪs/ N enchanteresse (f)

encircle /ɪn'sɜːkl/ VT entourer; **police ~d the building** la police a encerclé l'immeuble

enclave /'enkleɪv/ N enclave (f)

enclose /ɪn'kləʊz/ VT ⓐ (= fence in) clôturer; (= surround) entourer (by de); **to ~ within** enfermer dans ⓑ (with letter) joindre (in, with à); **letter enclosing a receipt** lettre (f) contenant un reçu; **please find ~d** veuillez trouver ci-joint; **the ~d cheque** le chèque ci-joint

enclosed /ɪn'kləʊzd/ ADJ [area] fermé; [garden, space] clos

enclosure /ɪn'kləʊʒəʳ/ N (= document enclosed) pièce (f) jointe ; (= *ground enclosed*) enclos *(m)* ; **the ~** [*of racecourse*] le pesage ; **the public ~** la pelouse

encode /ɪnˈkəʊd/ VTI coder

encoder /ɪnˈkəʊdəˈ/ N encodeur *(m)*

encompass /ɪnˈkʌmpəs/ VT (= *include*) englober

encore /ˈɒŋkɔːˈ/ 1 EXCL bis ! 2 N rappel *(m)* ; **to call for an ~** bisser ; **to play an ~** faire un bis

encounter /ɪnˈkaʊntəˈ/ 1 VT [+ *person*] rencontrer (à l'improviste) ; [+ *enemy, danger*] affronter ; [+ *opposition*] se heurter à ; [+ *difficulties*] rencontrer 2 N rencontre *(f)* 3 COMP ◆ **encounter group** N atelier *(m)* de psychothérapie de groupe

encourage /ɪnˈkʌrɪdʒ/ VT encourager ; **to ~ sb to do sth** encourager qn à faire qch

encouragement /ɪnˈkʌrɪdʒmənt/ N encouragement *(m)*

encouraging /ɪnˈkʌrɪdʒɪŋ/ ADJ encourageant

encroach /ɪnˈkrəʊtʃ/ VI **to ~ on** [+ *sb's land, time, rights*] empiéter sur ; **the sea is ~ing on the land** la mer gagne du terrain sur la terre ferme

encrusted /ɪnˈkrʌstɪd/ ADJ **~ with** [+ *jewels, gold*] incrusté de

encrypt /ɪnˈkrɪpt/ VT crypter

encryption /ɪnˈkrɪpʃən/ N cryptage *(m)*

encumber /ɪnˈkʌmbəˈ/ VT [+ *person, room*] encombrer (**with** de) ; **~ed with debts** criblé de dettes

encumbrance /ɪnˈkʌmbrəns/ N (= *burden*) fardeau *(m)*

encyclop(a)edia /ɪnˌsaɪkləʊˈpiːdɪə/ N encyclopédie *(f)*

encyclop(a)edic /ɪnˌsaɪkləʊˈpiːdɪk/ ADJ encyclopédique

---

end /end/

1 NOUN	4 COMPOUNDS
2 TRANSITIVE VERB	5 PHRASAL VERBS
3 INTRANSITIVE VERB	

1 NOUN

ⓐ of film, chapter, month fin *(f)* ; **until the ~ of time** jusqu'à la fin des temps ; **it's not the ~ of the world !** ce n'est pas la fin du monde ! ; **to get to the ~ of** [+ *book, holiday*] arriver à la fin de ; **we'll never hear the ~ of it** on n'a pas fini d'en entendre parler ; **that's the ~ of the matter** le débat est clos ; **there is no ~ to it all** cela n'en finit plus ; **so that was the ~ of that theory !** à partir de là, cette théorie a été définitivement enterrée ! ; **then she found out he had no money, and that was the ~ of him** et quand elle s'est rendue compte qu'il n'avait pas d'argent, ça en a été fini de lui ; **to be at an ~** être terminé ; **to bring sth to an ~** mettre fin à qch ; **to come to an ~** se terminer

ⓑ = cessation **he called for an ~ to the violence** il a lancé un appel pour que cesse la violence ; **there is no sign of an ~ to population growth** rien ne semble indiquer que la population va cesser d'augmenter ; **to put an ~ to sth** mettre fin à qch

ⓒ = farthest part bout *(m)* ; **from ~ to ~** d'un bout à l'autre ; **~ to ~** bout à bout ; **the southern ~ of the town** les quartiers sud de la ville ; **to the ~s of the earth** jusqu'au bout du monde ; **to change ~s** (*Sport*) changer de côté ; **you've opened the packet at the wrong ~** vous avez ouvert le paquet du mauvais côté ; **he's reached the ~ of the line** (= *cannot progress*) il est dans une impasse ; **there was silence at the other ~ of the line** il y eut un silence à l'autre bout du fil ; **he can't see beyond the ~ of his nose** il ne voit pas plus loin que le bout de son nez ; **to keep one's up*** bien se défendre ; **to make ~s meet** joindre les deux bouts ; **how are things at your ~ ?** comment ça va de ton côté ? ; **to get one's ~ away***‡ s'envoyer en l'air* ; **at the other ~ of the spectrum** à l'autre extrême

ⓓ = purpose but *(m)* ; **this policy is designed to achieve the same ~** cette politique poursuit le même but ; **with this ~ in view** dans ce but ; **those who use violence for political ~s** ceux qui se servent de la violence à des fins politiques ■ (*PROV*) **the ~ justifies the means** la fin justifie les moyens (*PROV*)

ⓔ set structures

◆ **at the end of** à la fin de ; **at the ~ of the day** à la fin de la journée ; (= *ultimately*) en fin de compte ; **at the ~ of three weeks** au bout de trois semaines ; **at the ~ of December** fin décembre ; **at the ~ of the winter** à la fin de l'hiver ; **at the ~ of the century** à la fin du siècle ; **to be at the ~ of one's patience** être à bout de patience

◆ **in the end** : **it succeeded in the ~** ça a fini par réussir ; **he got used to it in the ~** il a fini par s'y habituer ; **in the ~ they decided to …** ils ont fini par décider de …

◆ **no end** (= *a lot*)* **the decision caused no ~ of trouble** cette décision a causé énormément de problèmes ; **the remark annoyed her no ~** cette remarque l'a profondément agacée ; **her behaviour has improved no ~** son comportement s'est beaucoup amélioré

◆ **on end** (= *upright*) debout ; **to stand a box on ~** mettre une caisse debout ; **it makes my hair stand on ~ !** ça me fait dresser les cheveux sur la tête ! ; **they would talk for hours on ~** ils parlaient pendant des heures ; **for days on ~** pendant des jours et des jours

2 TRANSITIVE VERB

= bring to an end mettre fin à ; **to ~ one's days** finir ses jours ; **to ~ it all** (= *kill oneself*) mettre fin à ses jours

3 INTRANSITIVE VERB

= come to an end se terminer ; **where's it all going to ~ ?** comment tout cela finira-t-il ? ; **verb ~ing in "re"** verbe se terminant en « re » ; **it ~ed in a fight** ça s'est terminé par une bagarre ; **the plan ~ed in failure** le projet s'est soldé par un échec ; **the film ~s with the heroine dying** le film se termine par la mort de l'héroïne

4 COMPOUNDS

◆ **end product** N produit *(m)* fini ; (= *final result*) résultat *(m)* final ◆ **end result** N résultat *(m)* ◆ **end table** N (*US*) table *(f)* basse ◆ **end user** N utilisateur *(m)*, -trice *(f)* final(e)

5 PHRASAL VERBS

► **end off** VT SEP finir

► **end up** VI se terminer ; **she could have ~ed up a millionairess** elle aurait pu devenir millionnaire ; **he ~ed up in Paris** il s'est retrouvé à Paris ; **you'll ~ up in jail** tu vas finir en prison

---

endanger /ɪnˈdeɪndʒəˈ/ VT [+ *life, interests, reputation*] mettre en danger ; [+ *future, chances, health*] compromettre ◆ **endangered species** N espèce *(f)* menacée d'extinction

endear /ɪnˈdɪəˈ/ VT faire aimer (**to** de) ; **this ~ed him to everybody** ça l'a rendu sympathique aux yeux de tout le monde

endearing /ɪnˈdɪərɪŋ/ ADJ [*person, quality, characteristic*] attachant ; [*habit, manner*] touchant

endearingly /ɪnˈdɪərɪŋlɪ/ ADV [*say, smile*] de façon engageante ; **~ shy** d'une timidité touchante

endearment /ɪnˈdɪəmənt/ N **term of ~** terme *(m)* d'affection

endeavour, endeavor (*US*) /ɪnˈdevəˈ/ 1 N ⓐ (= *effort*) effort *(m)* ; **in all areas of human ~** dans tous les secteurs de l'activité humaine ⓑ (= *attempt*) tentative *(f)* (**to do sth** pour faire qch) 2 VI s'efforcer (**to do sth** de faire qch)

endemic /enˈdemɪk/ ADJ endémique (**to** à)

ending /ˈendɪŋ/ N ⓐ fin *(f)* ; **a story with a happy ~** une histoire qui finit bien ⓑ [*of word*] terminaison *(f)*

endive /ˈendaɪv/ N (*curly*) chicorée *(f)* ; (*smooth, flat*) endive *(f)*

endless /ˈendlɪs/ ADJ ⓐ [*queue, speech, series, road*] interminable ; [*expanse, variety, patience*] infini ; [*supply, resources*] inépuisable ; **to go to ~ trouble over sth** se donner un mal fou pour qch ⓑ (= *countless*) innombrable

endlessly /ˈendlɪslɪ/ ADV [*talk*] sans arrêt

endorse /ɪnˈdɔːs/ VT ⓐ (= *sign*) [+ *document, cheque*] endosser ; **he has had his licence ~d** (*Brit*) on lui a retiré des points sur son permis ⓑ (= *approve*) [+ *claim, candidature*] appuyer ; [+ *opinion*] souscrire à ; [+ *action, decision*] approuver; **to ~ a product** [*sportsman, celebrity*] faire de la promotion pour un produit

endorsement /ɪnˈdɔːsmənt/ N ⓐ (= *approval*) [*of proposal, policy*] adhésion (*f*); [*of movement, claim, candidate*] appui (*m*); [*of action, decision, efforts*] approbation (*f*); **a letter of ~** une lettre d'approbation
ⓑ (= *recommendation*) recommandation (*f*); **to receive ~ from sb** être recommandé par qn; **he gets extra income from product ~s** il complète ses revenus en faisant de la promotion pour certains produits
ⓒ (*Brit: on driving licence*) infraction mentionnée sur le permis de conduire; **he's already got three ~s** il a déjà perdu des points pour trois infractions

endow /ɪnˈdaʊ/ VT [+ *institution, church*] doter (**with** de); [+ *prize, chair*] fonder; **to be ~ed with sth** être doté de qch → **well**

endowment /ɪnˈdaʊmənt/ N (= *money*) (*for school, college*) dotation (*f*); (*prize, university chair*) fondation (*f*) ♦ **endowment policy** N assurance (*f*) à capital différé

endurable /ɪnˈdjʊərəbl/ ADJ supportable

endurance /ɪnˈdjʊərəns/ N endurance (*f*); **to have great powers of ~** avoir beaucoup d'endurance; **beyond ~** intolérable; **tried beyond ~** excédé ♦ **endurance test** N épreuve (*f*) d'endurance

endure /ɪnˈdjʊə'/ 1 VT ⓐ (= *put up with*) supporter; **it was more than I could ~** c'était plus que je ne pouvais supporter ⓑ (= *suffer*) subir; **the company ~d heavy losses** la société a subi de grosses pertes 2 VI (= *last*) [*building, peace, friendship*] durer; [*book, memory*] rester

enduring /ɪnˈdjʊərɪŋ/ ADJ durable

enema /ˈenɪmə/ N lavement (*m*)

enemy /ˈenəmɪ/ 1 N ennemi(e) (*m(f)*); **to make enemies** se faire des ennemis; **to make an ~ of sb** se faire un ennemi de qn; **he is his own worst ~** il est son pire ennemi 2 COMP [*tanks, forces*] ennemi ♦ **enemy-occupied** ADJ occupé par l'ennemi

energetic /ˌenəˈdʒetɪk/ ADJ énergique; [*performance, campaign*] plein d'énergie; **squash is a very ~ game** le squash demande beaucoup d'énergie; **I don't feel very ~** je ne me sens pas d'attaque

energetically /ˌenəˈdʒetɪkəlɪ/ ADV énergiquement

energy /ˈenədʒɪ/ N énergie (*f*); **I haven't the ~ to start again** (*Brit*) je n'ai pas le courage de recommencer; **to concentrate one's energies on doing sth** appliquer toute son énergie à faire qch; **with all one's ~** de toutes ses forces; **to save one's ~ for sth** économiser ses forces pour qch; **don't waste your ~*** ne te fatigue pas* ♦ **energy conservation** N conservation (*f*) de l'énergie ♦ **energy crisis** N crise (*f*) énergétique ♦ **energy-efficient** ADJ économe en énergie ♦ **energy-saving** N économies (*fpl*) d'énergie ♦ ADJ d'économie d'énergie

enervating /ˈenɜːveɪtɪŋ/ ADJ débilitant

enfold /ɪnˈfəʊld/ VT envelopper (**in** de)

enforce /ɪnˈfɔːs/ VT [+ *ruling, the law*] faire respecter; [+ *decision, policy*] appliquer; [+ *discipline*] imposer; **these laws aren't usually ~d** ces lois ne sont généralement pas appliquées

enforced /ɪnˈfɔːst/ ADJ [*rest*] forcé

enforcement /ɪnˈfɔːsmənt/ N [*of decision, policy, law*] application (*f*)

enfranchise /ɪnˈfræntʃaɪz/ VT (= *give vote to*) accorder le droit de vote à

engage /ɪnˈgeɪdʒ/ 1 VT ⓐ [+ *servant*] engager; [+ *workers*] embaucher; [+ *lawyer*] prendre; **to ~ sb's services** s'adjoindre les services de qn ⓑ [+ *sb's attention, interest*] éveiller; **to ~ sb in conversation** engager la conversation avec qn 2 VI **to ~ in** [+ *discussion*] prendre part à; [+ *politics, transaction*] se lancer dans; [+ *illegal activities*] se livrer à

engaged /ɪnˈgeɪdʒd/ 1 ADJ ⓐ (= *betrothed*) **to be ~** être fiancé; **to get ~** se fiancer; **to get ~ to sb** se fiancer avec qn ⓑ (*Brit*) [*line, number, telephone*] occupé; **it's ~** ça sonne «occupé» ⓒ (= *not free*) occupé; **to be otherwise ~** [*person*] être déjà pris ⓓ (= *involved*) **~ in sth** [+ *task*]

occupé à qch; [+ *criminal activity*] engagé dans qch; **~ in doing sth** occupé à faire qch 2 COMP ♦ **engaged tone** N (*Brit*) tonalité (*f*) «occupé»; **I got the ~ tone** ça sonnait «occupé»

engagement /ɪnˈgeɪdʒmənt/ 1 N ⓐ (= *appointment*) rendez-vous (*m inv*); **public ~** obligation (*f*) officielle; **I have a previous ~** je ne suis pas libre ⓑ (= *betrothal*) fiançailles (*fpl*); **to break off one's ~** rompre ses fiançailles 2 COMP ♦ **engagement ring** N bague (*f*) de fiançailles

engaging /ɪnˈgeɪdʒɪŋ/ ADJ [*person*] charmant; [*smile, frankness*] engageant; [*personality*] attachant; [*manner*] aimable

engine /ˈendʒɪn/ N (= *motor*) moteur (*m*); [*of ship*] machine (*f*); (= *locomotive*) locomotive (*f*); **to sit facing the ~** être assis dans le sens de la marche ♦ **engine driver** N (*Brit*) mécanicien (*m*), -ienne (*f*) ♦ **engine failure** N panne (*f*) de moteur ♦ **engine room** N [*of ship*] salle (*f*) des machines

engineer /ˌendʒɪˈnɪə'/ 1 N (*professional*) ingénieur (*m*); (= *tradesman*) technicien (*m*), -ienne (*f*); (= *repair man*) réparateur (*m*), -trice (*f*) 2 VT [+ *sb's dismissal, scheme*] organiser

engineering /ˌendʒɪˈnɪərɪŋ/ N ingénierie (*f*); **to study ~** faire des études d'ingénieur

England /ˈɪŋglənd/ N Angleterre (*f*)

English /ˈɪŋglɪʃ/ 1 ADJ anglais; [*queen*] d'Angleterre; [*teacher, dictionary*] d'anglais
2 N anglais (*m*); **in plain ~** en termes très simples; **~ as a Foreign Language** l'anglais (*m*) langue étrangère; **~ as a Second Language** l'anglais (*m*) langue seconde; **~ Language Teaching** l'enseignement (*m*) de l'anglais → *TEFL, TESL, TESOL, ELT*
3 NPL **the English** les Anglais (*mpl*)
4 COMP ♦ **English breakfast** N (*in hotel*) petit déjeuner (*m*) anglais ♦ **the English Channel** N la Manche ♦ **English Heritage** N *organisme britannique de protection du patrimoine historique* ♦ **English-speaker** N anglophone (*mf*) ♦ **English-speaking** ADJ anglophone

> **ⓘ ENGLISH**
> *La prononciation standard de l'anglais parlé en Grande-Bretagne est appelée « Received Pronunciation » ou « RP ». Cette prononciation est dans l'ensemble celle des milieux cultivés et de la presse audiovisuelle, même si, sur ce plan, les accents régionaux sont aujourd'hui mieux représentés qu'autrefois. L'expression « Standard English » désigne la langue telle qu'elle est enseignée dans les écoles.*
> *L'anglais américain se distingue de l'anglais britannique surtout par sa prononciation mais aussi par des différences orthographiques et sémantiques. Le « Network Standard » désigne l'anglais américain standard, utilisé en particulier dans les médias.*

Englishman /ˈɪŋglɪʃmən/ N (*pl* **-men**) Anglais (*m*)

Englishwoman /ˈɪŋglɪʃwʊmən/ N (*pl* **-women**) Anglaise (*f*)

engrave /ɪnˈgreɪv/ VT graver; **~d on the memory** gravé dans la mémoire

engraver /ɪnˈgreɪvə'/ N graveur (*m*)

engraving /ɪnˈgreɪvɪŋ/ N gravure (*f*)

engross /ɪnˈgrəʊs/ VT **to be ~ed in** [+ *work*] être absorbé par; [+ *reading, thoughts*] être plongé dans

engrossing /ɪnˈgrəʊsɪŋ/ ADJ absorbant

engulf /ɪnˈgʌlf/ VT engloutir; **to be ~ed in flames** être englouti par les flammes; **the crisis that has ~ed the country** la crise qui a submergé le pays

enhance /ɪnˈhɑːns/ VT [+ *attraction, status*] mettre en valeur; [+ *powers, prestige, reputation*] accroître; [+ *value, pleasure*] augmenter; [+ *position, chances*] améliorer

enigma /ɪˈnɪgmə/ N énigme (*f*)

enigmatic /ˌenɪgˈmætɪk/ ADJ énigmatique

enjoin /ɪnˈdʒɔɪn/ VT (*frm*) ⓐ (= *urge*) **to ~ sb to do sth** ordonner à qn de faire qch ⓑ **to ~ sb from doing sth** (*US* = *forbid*) interdire à qn de faire qch

enjoy /ɪnˈdʒɔɪ/ VT ⓐ aimer; **to ~ doing sth** aimer faire qch; **I ~ed doing it** cela m'a fait plaisir (de le faire); **to ~ life** profiter de la vie; **to ~ a weekend/one's holidays** passer un bon week-end/de bonnes vacances; **~ your meal!** bon appétit!; **I really ~ed that** (*meal*) j'ai vraiment bien mangé **(b)** (= *enjoy o.s.*) s'amuser **(c)** (= *benefit from*) [+ *rights, health, advantage*] jouir de

enjoyable /ɪnˈdʒɔɪəbl/ ADJ agréable

enjoyment /ɪnˈdʒɔɪmənt/ N (= *pleasure*) plaisir (*m*); **to get ~ from doing sth** trouver du plaisir à faire qch

enlarge /ɪnˈlɑːdʒ/ 1 VT agrandir; [+ *field of knowledge, circle of friends*] étendre 2 VI (= *explain*) **to ~ (up)on** [+ *subject, difficulties*] s'étendre sur; [+ *idea*] développer

enlarged /ɪnˈlɑːdʒd/ ADJ [*photograph*] agrandi; [*majority*] accru; [*edition*] augmenté; [*gland, organ*] hypertrophié

enlargement /ɪnˈlɑːdʒmənt/ N (= *photograph, process*) agrandissement (*m*)

enlarger /ɪnˈlɑːdʒəʳ/ N (*for photographs*) agrandisseur (*m*)

enlighten /ɪnˈlaɪtn/ VT éclairer (**sb about sth** qn sur qch)

enlightened /ɪnˈlaɪtnd/ ADJ éclairé; **in this ~ age** en ce siècle éclairé

enlightening /ɪnˈlaɪtnɪŋ/ ADJ instructif

enlightenment /ɪnˈlaɪtnmənt/ N (= *truth*) vérité (*f*); **we need some ~ on this point** nous avons besoin de quelques éclaircissements sur ce point; **the Age of Enlightenment** le Siècle des lumières

enlist /ɪnˈlɪst/ 1 VI s'engager 2 VT [+ *recruits*] enrôler; [+ *soldiers, supporters*] recruter; **to ~ sb's support** s'assurer le concours de qn

enliven /ɪnˈlaɪvn/ VT [+ *conversation, visit, evening*] animer; [+ *décor, design*] égayer

enmity /ˈenmɪtɪ/ N hostilité (*f*)

enormity /ɪˈnɔːmɪtɪ/ N énormité (*f*)

enormous /ɪˈnɔːməs/ ADJ énorme

enormously /ɪˈnɔːməslɪ/ ADV [*enjoy, vary*] énormément; **to be ~ helpful** être d'un immense secours; **~ enjoyable** extrêmement agréable

enough /ɪˈnʌf/ 1 ADJ assez (de); **~ books** assez de livres; **~ money** assez d'argent; **I haven't got ~ room** je n'ai pas assez de place; **enough's enough!** ça suffit comme ça!; **I've had ~** (*eating*) j'ai assez mangé; (*fed up*) j'en ai assez; **I've had more than ~ wine** j'ai bu un peu trop de vin; **there's more than ~ for everyone** il y en a largement assez pour tout le monde; **~ of this!** ça suffit comme ça!; **~ said!*** assez parlé!*; **I think you have said ~** je pense que vous en avez assez dit; **that's ~** ça suffit; **this noise is ~ to drive you mad** ce bruit est à rendre fou; **I've got ~ to worry about already** j'ai assez de soucis comme ça

2 ADV **(a)** (= *sufficiently*) assez; **the proposed changes don't go far ~** les changements proposés ne vont pas assez loin; **I was fool ~ to believe him** j'ai été assez bête pour le croire; **are you warm ~?** avez-vous assez chaud?; **we have waited long ~** nous avons assez attendu

(b) (= *tolerably*) assez; **he writes well ~** il écrit assez bien; **it's good ~ in its way** ce n'est pas mal dans le genre*

(c) (*intensifying*) **funnily ~, I saw him too** c'est curieux, moi aussi je l'ai vu

enquire /ɪnˈkwaɪəʳ/ = **inquire**

enrage /ɪnˈreɪdʒ/ VT mettre en rage; **he was ~d by this suggestion** cette proposition l'a rendu furieux

enrapture /ɪnˈræptʃəʳ/ VT enchanter; **~d by ...** enchanté par ...

enrich /ɪnˈrɪtʃ/ VT enrichir (**with** en); [+ *soil*] fertiliser; **vitamin-~ed** enrichi en vitamines

enrol, enroll (*US*) /ɪnˈrəʊl/ 1 VT [+ *student*] inscrire VI [*student*] s'inscrire (**in** à); **to ~ as a member of a club** s'inscrire à un club

enrolment, enrollment (*US*) /ɪnˈrəʊlmənt/ N inscription (*f*) ♦ **enrolment fee** N frais (*mpl*) d'inscription

ensconce /ɪnˈskɒns/ VT **to be ~d** être bien installé

enshrine /ɪnˈʃraɪn/ VT [+ *principle, rights*] sauvegarder; **to be ~d in law** être garanti par la loi

enslave /ɪnˈsleɪv/ VT asservir; **to be ~d by tradition** être l'esclave de la tradition

ensue /ɪnˈsjuː/ VI résulter

ensuing /ɪnˈsjuːɪŋ/ ADJ [*battle, violence, discussion, argument, chaos*] qui s'ensuit (*or* s'ensuivit); [*months, weeks*] suivant

en suite /ˌɒnˈswiːt/ ADJ **with an ~ bathroom** avec salle de bains attenante

ensure /ɪnˈʃʊəʳ/ VT [+ *success, stability*] assurer; **he did everything to ~ that she would come** il a tout fait pour qu'elle vienne; **~ that all windows are closed** assurez-vous que toutes les fenêtres sont fermées **(b)** = **insure**

ENT /iːenˈtiː/ (ABBR = **Ear, Nose and Throat**) ORL (*f*)

entail /ɪnˈteɪl/ VT [+ *expense, work*] occasionner; [+ *risk, difficulty*] comporter; [+ *suffering*] entraîner; **it ~ed buying a car** cela nécessitait l'achat d'une voiture

entangle /ɪnˈtæŋgl/ VT **to become ~d in** s'empêtrer dans; **to become ~d in an affair** se laisser entraîner dans une affaire

entanglement /ɪnˈtæŋglmənt/ N **(a)** (*sexual*) liaison (*f*) compliquée **(b)** (= *difficulty*) imbroglio (*m*)

enter /ˈentəʳ/ 1 VT **(a)** (= *come or go into*) entrer dans; [+ *road*] s'engager dans; [+ *university*] entrer à; **the thought never ~ed my head** cette pensée ne m'est jamais venue à l'esprit

(b) (= *record*) [+ *amount, name, fact, order*] inscrire; [+ *data*] entrer; **to ~ a horse for a race** engager un cheval dans une course; **to ~ a dog in a show** présenter un chien dans un concours; **to ~ a pupil for an exam** présenter un élève à un examen

2 VI **(a)** (= *come or go in*) entrer

(b) [*competitor*] **to ~ for a race** s'inscrire pour une course; **to ~ for an exam** s'inscrire à un examen

► **enter into** VT INSEP **(a)** (= *start*) [+ *correspondence, conversation*] entrer en; [+ *negotiations*] entamer; [+ *contract*] passer; [+ *alliance*] conclure **(b)** [+ *sb's plans, calculations*] entrer dans; **to ~ into the spirit of the game** entrer dans le jeu; **her money doesn't ~ into it** son argent n'a rien à voir là-dedans

enterprise /ˈentəpraɪz/ N **(a)** (= *company*) entreprise (*f*) **(b)** (= *initiative*) initiative (*f*)

enterprising /ˈentəpraɪzɪŋ/ ADJ plein d'initiative; **that was ~ of you!** vous avez fait preuve d'initiative!

entertain /ˌentəˈteɪn/ 1 VT **(a)** (= *amuse*) [+ *audience*] divertir; (= *keep occupied*) [+ *children*] distraire; **why don't you go and ~ our guests?** tu veux bien aller t'occuper de nos invités? **(b)** (= *offer hospitality to*) recevoir **(c)** (= *have in mind*) [+ *possibility*] envisager; [+ *intention, suspicion, doubt, hope*] nourrir; [+ *proposal*] accueillir; **to ~ the thought of doing sth** envisager de faire qch 2 VI **(a)** (= *amuse*) divertir **(b)** (= *offer hospitality*) recevoir; **do you ~ often?** vous recevez beaucoup?

entertainer /ˌentəˈteɪnəʳ/ N artiste (*mf*) (*de variétés*); **he's a born ~** c'est un amuseur né

entertaining /ˌentəˈteɪnɪŋ/ 1 ADJ divertissant 2 N **she loves ~** elle adore recevoir; **this dish is ideal for ~** c'est un plat idéal quand on reçoit

entertainment /ˌentəˈteɪnmənt/ N **(a)** (= *amusement*) divertissements (*mpl*); **the cinema is their favourite form of ~** le cinéma est leur divertissement préféré; **much to the ~ of ...** au grand divertissement de ...; **to make one's own ~** se divertir soi-même **(b)** (= *show*) spectacle (*m*); **the world of ~** le monde du spectacle

enthral(l) /ɪnˈθrɔːl/ VT [*book, film, performance*] captiver; [*scenery, entertainer, actor*] charmer; [*idea, thought*] enchanter

enthralling /ɪnˈθrɔːlɪŋ/ ADJ [*story, film, match*] passionnant

enthrone /ɪnˈθrəʊn/ VT introniser

enthuse /ɪnˈθjuːz/ 1 VI **to ~ about sth** s'enthousiasmer pour qch 2 VT **to be ~d by sth** être enthousiasmé par qch

enthusiasm /ɪnˈθjuːzɪæzəm/ N **(a)** enthousiasme (*m*); **the idea filled her with ~** l'idée l'a enthousiasmée **(b)** (= *pet interest*) passion (*f*)

enthusiast /ɪnˈθjuːzɪæst/ N enthousiaste (*mf*); **he is a jazz ~** il est passionné de jazz

enthusiastic /ɪn,θuːzɪˈæstɪk/ ADJ enthousiaste; **he was very ~ about the plan** le projet l'a beaucoup enthousiasmé; **~ about doing sth** enthousiaste à l'idée de faire qch

enthusiastically /ɪn,θuːzɪˈæstɪkəlɪ/ ADV avec enthousiasme

entice /ɪnˈtaɪs/ VT attirer; (*with food, false promises*) allécher; (*with prospects*) séduire; **to ~ sb to do sth** entraîner qn à faire qch; **to ~ sb away from sth** éloigner qn de qch

enticement /ɪnˈtaɪsmənt/ N (= *inducement*) offre (*f*) alléchante

enticing /ɪnˈtaɪsɪŋ/ ADJ séduisant; **to look ~** [*food*] être appétissant; [*water*] être tentant

entire /ɪnˈtaɪəʳ/ ADJ entier; **the ~ city** toute la ville; **his ~ career** toute sa carrière; **the ~ cost** l'intégralité du coût

entirely /ɪnˈtaɪəlɪ/ ADV [*change, depend on, devote to*] entièrement; [*satisfied, clear, possible, happy, convinced*] tout à fait; [*new*] totalement; **I ~ agree** je suis entièrement d'accord; **made ~ of wood** entièrement fait en bois; **it's ~ up to you** c'est à toi de décider; **that's another matter ~** c'est une tout autre affaire

entirety /ɪnˈtaɪərətɪ/ N **in its ~** en entier

entitle /ɪnˈtaɪtl/ VT (a) (= *bestow right on*) autoriser (**to do** à faire); **to ~ sb to sth** donner droit à qch à qn; **to be ~d to sth** avoir droit à qch; **I'm ~d to my own opinion** j'ai bien le droit d'avoir ma propre opinion; **to ~ sb to do sth** donner à qn le droit de faire qch; **to be ~d to do sth** (*by position, qualifications*) être habilité à faire qch; (*by conditions, rules*) avoir le droit de faire qch; **he is quite ~d to believe that ...** il est tout à fait en droit de croire que ...; **to be ~d to vote** (*in union election, for committee*) avoir voix délibérative
(b) (= *give title to*) intituler; **a book ~d "Blue Skies"** un livre qui a pour titre « Blue Skies »

entitlement /ɪnˈtaɪtəlmənt/ N droit (*m*) (**to** à)

entity /ˈentɪtɪ/ N entité (*f*)

entomologist /,entəˈmɒlədʒɪst/ N entomologiste (*mf*)

entomology /,entəˈmɒlədʒɪ/ N entomologie (*f*)

entrails /ˈentreɪlz/ NPL entrailles (*fpl*)

entrance 1 N (a) (= *way in*) entrée (*f*) (**to** de); **to make an ~** faire son entrée
(b) (= *right to enter*) admission (*f*); **~ to a school** admission (*f*) dans une école; **to gain ~ to a university** être admis dans une université; **~ is free for children** l'entrée est gratuite pour les enfants
2 VT (= *enchant*) enchanter; **she stood there ~d** elle restait là en extase
3 COMP ◆ **entrance fee** N prix (*m*) d'entrée ◆ **entrance ramp** (*US*) bretelle (*f*) d'accès ◆ **entrance requirements** NPL conditions (*fpl*) d'admission

> ★ *Lorsque* **entrance** *est un nom, le premier* **e** *se prononce* **e** *et l'accent tombe sur la première syllabe:* /ˈentrəns/; *lorsque c'est un verbe, le premier* **e** *se prononce* **i** *et l'accent tombe sur sur la deuxième syllabe:* /ɪnˈtrɑːns/.

entrancing /ɪnˈtrɑːnsɪŋ/ ADJ enchanteur (-teresse *f*)

entrant /ˈentrənt/ N (*to profession*) nouveau venu (*m*), nouvelle venue (*f*) (**to** dans, en); (*in race*) concurrent(e) (*m(f)*); (*in competition, exam*) candidat(e) (*m(f)*)

entrap /ɪnˈtræp/ VT prendre au piège; **to ~ sb into doing sth** amener qn à faire qch par la ruse

entreat /ɪnˈtriːt/ VT supplier (**sb to do sth** qn de faire qch)

entreatingly /ɪnˈtriːtɪŋlɪ/ ADV [*look*] d'un air suppliant; [*ask*] d'un ton suppliant

entreaty /ɪnˈtriːtɪ/ N prière (*f*)

entrenched /ɪnˈtrentʃt/ ADJ [*idea, attitude, belief*] enraciné; [*interests, power*] bien établi; **to become ~** [*idea, attitude, belief, suspicion*] s'enraciner; [*interests, power*] s'établir fermement

entrepreneur /,ɒntrəprəˈnɜːʳ/ N entrepreneur (*m*), -euse (*f*) (*chef d'entreprise*)

entrepreneurial /,ɒntrəprəˈnɜːrɪəl/ ADJ [*person, company*] entreprenant; **to have ~ flair** avoir l'esprit d'entreprise

entrepreneurship /,ɒntrəprəˈnɜːʃɪp/ N esprit (*m*) d'entreprise

entrust /ɪnˈtrʌst/ VT confier (**to** à); **to ~ sth to sb's care** confier qch aux soins de qn; **to ~ sb with a task** confier à qn une tâche

entry /ˈentrɪ/ 1 N (a) (= *action*) entrée (*f*); (*in competition*) participation (*f*); **to make an ~** faire son entrée; **"no ~"** (*on gate*) « défense d'entrer »; (*in one-way street*) « sens interdit »
(b) (= *way in*) entrée (*f*)
(c) (= *item*) (*on list*) inscription (*f*); (*in account book, ledger*) écriture (*f*); (*in dictionary, encyclopedia*) (= *term*) article (*m*); (= *headword*) entrée (*f*)
(d) (= *participants*) **there is a large ~ for the 200 metres** il y a beaucoup de concurrents pour le 200 mètres; **there are only three entries** (*for race, competition*) il n'y a que trois concurrents
2 COMP ◆ **entry fee** N prix (*m*) d'entrée ◆ **entry form** N fiche (*f*) d'inscription ◆ **entry permit** N visa (*m*) d'entrée ◆ **entry phone** N interphone (*m*) ◆ **entry requirements** NPL conditions (*fpl*) d'admission ◆ **entry visa** N visa (*m*) d'entrée

entwine /ɪnˈtwaɪn/ VT enrouler; **the ivy had ~d itself around the post** le lierre s'était enroulé autour du poteau; **~d with** (= *decorated with*) orné de; (= *involved with*) lié à

enumerate /ɪˈnjuːməreɪt/ VT énumérer

enumeration /ɪ,njuːməˈreɪʃən/ N énumération (*f*)

enunciate /ɪˈnʌnsɪeɪt/ VT [+ *sound, word*] articuler; [+ *principle*] énoncer; **to ~ clearly** bien articuler

enunciation /ɪ,nʌnsɪˈeɪʃən/ N [*of sound, word*] articulation (*f*); [*of principle*] énonciation (*f*)

envelop /ɪnˈveləp/ VT envelopper

envelope /ˈenvələʊp/ N enveloppe (*f*); **in a sealed ~** sous pli cacheté

enviable /ˈenvɪəbl/ ADJ enviable

enviably /ˈenvɪəblɪ/ ADV **~ slim** d'une minceur enviable; **an ~ high standard** un niveau enviable

envious /ˈenvɪəs/ ADJ envieux; **you're going to Barbados? — I'm very ~** tu vas à la Barbade? — je t'envie beaucoup; **to be ~ of sb** envier qn; **people were ~ of his success** son succès a fait des envieux

enviously /ˈenvɪəslɪ/ ADV avec envie

environment /ɪnˈvaɪərənmənt/ N environnement (*m*); **he has a good working ~** il travaille dans un cadre agréable; **working-class ~** milieu (*m*) ouvrier; **~-friendly** respectueux de l'environnement

environmental /ɪn,vaɪərənˈmentl/ ADJ [*issues, disaster, problems*] écologique; [*impact, effects*] sur l'environnement; [*group, movement*] écologiste; **~ damage** dégâts (*mpl*) causés à l'environnement; **~ regulations** lois (*fpl*) sur la protection de l'environnement ◆ **environmental health** N (*Brit*) hygiène (*f*) publique ◆ **environmental studies** NPL études (*fpl*) de l'environnement

environmentalist /ɪn,vaɪərənˈmentəlɪst/ N écologiste (*mf*)

environmentally /ɪn,vaɪərənˈmentəlɪ/ ADV (= *ecologically*) [*sensitive*] écologiquement; **to be ~ conscious** être sensibilisé aux problèmes de l'environnement; **to be ~ friendly** respecter l'environnement; **to be ~ harmful** nuire à l'environnement; **~ sound policies** des politiques respectueuses de l'environnement

envisage /ɪnˈvɪzɪdʒ/ VT (= *foresee*) prévoir; (= *imagine*) envisager; **it is ~d that ...** on prévoit que ...; **it is hard to ~ such a situation** il est difficile d'envisager une telle situation; **I can't ~ myself doing that** j'ai du mal à m'imaginer en train de faire ça

envision /ɪnˈvɪʒən/ VT = **envisage**

envoy /ˈenvɔɪ/ N envoyé(e) (*m(f)*); (= *diplomat*) ministre (*mf*) plénipotentiaire

envy /'envɪ/ 1 N envie (f); **out of ~** par jalousie; **filled with ~** dévoré de jalousie; **it was the ~ of everyone** cela faisait envie à tout le monde 2 VT [+ person, thing] envier; **to ~ sb sth** envier qch à qn

enzyme /'enzaɪm/ N enzyme (m)

> ⓘ **EOC, EEOC**
>
> La Commission pour l'égalité des chances (**Equal Opportunities Commission** ou **EOC**) est un organisme britannique chargé de veiller à ce que les femmes perçoivent à travail égal un salaire égal à celui des hommes et qu'elles ne fassent pas l'objet d'une discrimination sexiste. La Commission pour l'égalité des races (**Commission for Racial Equality**) veille pour sa part à ce qu'il n'y ait pas de discrimination sur la base de la race ou de la religion.
>
> Aux États-Unis, la Commission pour l'égalité des chances (**Equal Employment Opportunity Commission** ou **EEOC**) lutte contre toutes les formes de discrimination raciale, religieuse ou sexuelle sur le lieu de travail. Les entreprises pratiquant une quelconque discrimination peuvent être poursuivies devant la justice fédérale.
> ▷ www.eoc.org.uk
> ▷ www.eeoc.gov

EPA /,iːpiː'eɪ/ (US) (ABBR = **Environmental Protection Agency**) ≈ ministère (m) de l'Environnement

epaulet(te) /'epɔːlet/ N épaulette (f)

ephemeral /ɪ'femərəl/ ADJ éphémère

epic /'epɪk/ 1 ADJ épique 2 N épopée (f); (= film) film (m) à grand spectacle

epicentre, epicenter (US) /'epɪsentə'/ N épicentre (m)

epidemic /,epɪ'demɪk/ N épidémie (f)

epidermis /,epɪ'dɜːmɪs/ N épiderme (m)

epidural /,epɪ'djʊərəl/ ADJ, N ~ **(anaesthetic)** péridurale (f)

epigram /'epɪgræm/ N épigramme (f)

epilepsy /'epɪlepsɪ/ N épilepsie (f)

epileptic /,epɪ'leptɪk/ 1 ADJ épileptique; **~ fit** crise (f) d'épilepsie 2 N épileptique (mf)

epilogue /'epɪlɒg/ N épilogue (m)

Epiphany /ɪ'pɪfənɪ/ N Épiphanie (f)

Episcopal /ɪ'pɪskəpl/ ADJ épiscopalien

Episcopalian /ɪ'pɪskə'peɪlɪən/ 1 ADJ épiscopalien 2 N membre (m) de l'Église épiscopalienne; **the ~s** les épiscopaliens (mpl)

episode /'epɪsəʊd/ N épisode (m); [of illness] crise (f)

episodic /,epɪ'sɒdɪk/ ADJ épisodique

epitaph /'epɪtɑːf/ N épitaphe (f)

epithet /'epɪθet/ N épithète (f)

epitome /ɪ'pɪtəmɪ/ N [of idea] quintessence (f); **she's the ~ of virtue** elle est la vertu incarnée

epitomize /ɪ'pɪtəmaɪz/ VT incarner

epoch /'iːpɒk/ N époque (f); **to mark an ~** faire date

eponymous /ɪ'pɒnɪməs/ ADJ éponyme

equable /'ekwəbl/ ADJ [temperament, climate] égal; **he is very ~** il a un tempérament très égal

equably /'ekwəblɪ/ ADV calmement

equal /'iːkwəl/ 1 ADJ ⓐ (= evenly) [divide, share] en parts égales; **~ spaced** à intervalles réguliers
ⓑ (= in the same way) de la même manière; **this applies ~ to everyone** ceci s'applique à tout le monde de la même manière; **this applies ~ to men and to women** ceci s'applique aussi bien aux hommes qu'aux femmes
ⓒ (= just as) [important, impressive, true, difficult] tout aussi; [clear] également; **her mother was ~ disappointed** sa mère a été tout aussi déçue; **to be ~ successful** [person] réussir aussi bien; [artist, exhibition] avoir autant de succès; **she did ~ well in history** elle a eu de tout aussi bons résultats en histoire; **~ as good** aussi bon l'un que l'autre

equanimity /,ekwə'nɪmɪtɪ/ N égalité (f) d'humeur; **with ~** avec sérénité

equate /ɪ'kweɪt/ VT (= identify) assimiler (**with** à); (= compare) mettre sur le même plan (**with** que)

equation /ɪ'kweɪʒən/ N équation (f); **that doesn't even enter the ~** ça n'entre même pas en ligne de compte

equator /ɪ'kweɪtə'/ N équateur (m)

equatorial /,ekwə'tɔːrɪəl/ ADJ équatorial

equestrian /ɪ'kwestrɪən/ ADJ équestre

equidistant /'iːkwɪ'dɪstənt/ ADJ équidistant; **Orléans is ~ from Tours and Paris** Orléans est à égale distance de Tours et de Paris

equilateral /'iːkwɪ'lætərəl/ ADJ équilatéral

equilibrium /,iːkwɪ'lɪbrɪəm/ N équilibre (m); **to lose one's ~** (physically) perdre l'équilibre; **to recover one's ~** (fig) retrouver son équilibre

equinox /'iːkwɪnɒks/ N équinoxe (m)

equip /ɪ'kwɪp/ VT ⓐ (= fit out) équiper; **to be ~ped to do sth** [factory] être équipé pour faire qch; **to be ~ped to handle a problem** avoir les compétences nécessaires pour s'occuper d'un problème ⓑ (= provide) **to ~ with** équiper de; **to ~ o.s. with** s'équiper de

equipment /ɪ'kwɪpmənt/ N équipement (m); (for office, laboratory, camping) matériel (m); **electrical ~** appareillage (m) électrique

equitable /'ekwɪtəbl/ ADJ équitable

equitably /'ekwɪtəblɪ/ ADV équitablement

equity /'ekwɪtɪ/ N ⓐ (= fairness) équité (f) ⓑ (= capital) capital (m) propre; **equities** (Brit: on stock exchange) actions (fpl) cotées en bourse

equivalence /ɪ'kwɪvələns/ N équivalence (f)

equivalent /ɪ'kwɪvələnt/ 1 ADJ équivalent (**to** à) 2 N équivalent (m)

equivocal /ɪ'kwɪvəkəl/ ADJ (= ambiguous) équivoque; (= undecided) indécis (**about sth** quant à qch)

equivocate /ɪ'kwɪvəkeɪt/ VI user de faux-fuyants

equivocation /ɪ,kwɪvə'keɪʃən/ N paroles (fpl) équivoques; **without ~** sans équivoque

ER ⓐ (ABBR = **Elizabeth Regina**) reine (f) Élisabeth ⓑ (US) (ABBR = **emergency room**) urgences (fpl)

er /ɜː'/ INTERJ euh

era /'ɪərə/ N ère (f); **the Christian ~** l'ère (f) chrétienne; **the end of an ~** la fin d'une époque; **to mark an ~** marquer une époque

eradicate /ɪ'rædɪkeɪt/ VT éradiquer

eradication /ɪ,rædɪ'keɪʃən/ N éradication (f)

erasable /ɪ'reɪzəbl/ ADJ effaçable

erase /ɪ'reɪz/ VT effacer; (with rubber) gommer

---

4 COMP ♦ **equal opportunities** NPL égalité (f) des chances ♦ **equal opportunity employer** N employeur (m) appliquant les principes de l'égalité des chances ♦ **equals sign** N signe (m) égal

equality /ɪ'kwɒlɪtɪ/ N égalité (f); **~ before the law** égalité (f) devant la loi; **~ of opportunity** l'égalité (f) des chances

equalize /'iːkwəlaɪz/ 1 VT [+ rights, opportunities] garantir l'égalité de; [+ chances] équilibrer; [+ wealth, possessions] niveler; [+ income, prices] égaliser 2 VI (Brit Sport) égaliser

equalizer /'iːkwəlaɪzə'/ N but (m) (or point (m)) égalisateur

equally /'iːkwəlɪ/ ADV

eraser /ɪ'reɪzə'/ N gomme (f)

erect /ɪ'rekt/ 1 ADJ ⓐ (= upright) droit; [tail, ears] dressé; **to hold o.s. ~** se tenir droit ⓑ [penis, clitoris] en érection; [nipples] durci 2 ADV [walk] (= not slouching) en se tenant droit 3 VT [+ temple, statue] ériger; [+ wall, flats] construire; [+ traffic signs] installer; [+ scaffolding] monter; [+ altar, tent, mast, barricade] dresser; [+ obstacles, barrier] élever

erection /ɪ'rekʃən/ N érection (f); [of building, wall, fence] construction (f); [of scaffolding] montage (m); **to have an ~** avoir une érection

ergonomic /ˌɜːɡəʊ'nɒmɪk/ ADJ ergonomique

ergonomically /ˌɜːɡəʊ'nɒmɪkəlɪ/ ADV **~ designed** ergonomique

ergonomics /ˌɜːɡəʊ'nɒmɪks/ N ergonomie (f)

Eritrea /err'treɪə/ N Érythrée (f)

ERM /ˌiːɑː'rem/ N (ABBR = **Exchange Rate Mechanism**) mécanisme (m) de change

ermine /'ɜːmɪn/ N hermine (f)

erode /ɪ'rəʊd/ 1 VT éroder; [+ confidence] saper 2 VI [rock, soil, value] s'éroder

erogenous /ɪ'rɒdʒənəs/ ADJ érogène

erosion /ɪ'rəʊʒən/ N érosion (f)

erotic /ɪ'rɒtɪk/ ADJ érotique

erotica /ɪ'rɒtɪkə/ NPL (paintings) art (m) érotique; (books) littérature (f) érotique; (films) films (mpl) érotiques

eroticism /ɪ'rɒtɪsɪzəm/ N érotisme (m)

err /ɜː'/ VI (= be mistaken) se tromper; (= sin) pécher; **to ~ in one's judgement** faire une erreur de jugement; **to ~ on the side of caution** pécher par excès de prudence; **to ~ is human** l'erreur est humaine

errand /'erənd/ N course (f); **to run ~s** faire des courses; **to be on an ~** faire une course; **an ~ of mercy** une visite de charité ♦ **errand boy** N garçon (m) de courses

erratic /ɪ'rætɪk/ ADJ [person, behaviour, moods] fantasque; [driving, performance, progress, movements, sales] irrégulier; [nature] changeant

erratically /ɪ'rætɪkəlɪ/ ADV [behave, act] de manière fantasque; [work, play] de façon irrégulière; [drive] de manière imprévisible

erroneous /ɪ'rəʊnɪəs/ ADJ erroné

erroneously /ɪ'rəʊnɪəslɪ/ ADV à tort

error /'erə'/ N erreur (f); **to make an ~** faire une erreur; **~ of judgement** erreur de jugement; **~s and omissions excepted** sauf erreur ou omission; **~ message** message (m) d'erreur; **in ~** par erreur; **to see the ~ of one's ways** revenir de ses erreurs

erudite /'erʊdaɪt/ ADJ érudit

erudition /ˌerʊ'dɪʃən/ N érudition (f)

erupt /ɪ'rʌpt/ VI ⓐ [volcano] entrer en éruption; **~ing volcano** volcan (m) en éruption ⓑ [violence, protests, scandal, crisis] éclater; **to ~ into violence** tourner à la violence; **the town ~ed into riots** la ville est devenue le théâtre de violentes émeutes; **she ~ed when she heard the news** elle a explosé en entendant la nouvelle ⓒ [spots] apparaître; **his face had ~ed (in spots)** son visage s'était soudain couvert de boutons

eruption /ɪ'rʌpʃən/ N ⓐ [of volcano] éruption (f) ⓑ [of violence, laughter] explosion (f); [of anger] accès (m)

escalate /'eskəleɪt/ VI [fighting, bombing, violence] s'intensifier; [tension, hostilities, costs] monter en flèche; **prices are escalating** c'est l'escalade des prix

escalation /ˌeskə'leɪʃən/ N [of violence] escalade (f); [of fighting, conflict, war] intensification (f); [of tension, hostilities, costs, prices] montée (f)

escalator /'eskəleɪtə'/ N escalier (m) roulant

escapade /'eskəˌpeɪd/ N (= prank) frasque (f); (= adventure) équipée (f)

escape /ɪs'keɪp/ 1 VI ⓐ (= get away) échapper (**from sb à** qn); (from place) s'échapper (**from** de); [prisoner] s'évader (**from** de); **an ~d prisoner** un évadé; **he ~d with a few**

scratches il s'en est tiré avec quelques égratignures ⓑ [water, steam, gas] s'échapper

2 VT ⓐ (= avoid) échapper à; [+ consequences] éviter; [+ punishment] se soustraire à; **he narrowly ~d injury** il a failli être blessé; **to ~ detection** ne pas se faire repérer ⓑ (= be forgotten by) échapper à; **his name ~s me** son nom m'échappe; **nothing ~s him** rien ne lui échappe; **it had not ~d her notice that ...** il ne lui avait pas échappé que ...

3 N fuite (f); **to plan an ~** préparer une évasion; **to make one's ~** s'échapper; (from place) s'évader; [prisoner] s'évader; **to have a narrow ~** l'échapper belle; **~ from reality** évasion (f) hors de la réalité; **~ (key)** (on computer) touche (f) d'échappement

4 COMP ♦ **escape route** N (on road) voie (f) de détresse

escapee /ɪskeɪ'piː/ N évadé(e) (m(f))

escapism /ɪs'keɪpɪzəm/ N fuite (f) (de la réalité); **it's sheer ~!** c'est simplement s'évader du réel!

escapist /ɪs'keɪpɪst/ 1 N personne (f) qui fuit la réalité 2 ADJ [film, reading] d'évasion

escarpment /ɪs'kɑːpmənt/ N escarpement (m)

escort 1 N ⓐ (= guard) escorte (f); **under ~** sous escorte ⓑ (= companion) (female) hôtesse (f); (male) (at dance) cavalier (m); (= prostitute) call-boy (m) 2 VT escorter; **to ~ sb to the door** raccompagner qn à la porte 3 COMP ♦ **escort agency** N agence (f) d'hôtesses

★ Lorsque **escort** est un nom, l'accent tombe sur la première syllabe: /'eskɔːt/, lorsque c'est un verbe, sur la seconde: /ɪs'kɔːt/.

Eskimo /'eskɪməʊ/ 1 N Esquimau(de) (m(f)) 2 ADJ esquimau (-au(de)) (f))

ESL /ˌiːes'el/ N (ABBR = **English as a Second Language**) anglais (m) langue seconde

esophagus /ɪ'sɒfəgəs/ N œsophage (m)

esoteric /ˌesəʊ'terɪk/ ADJ ésotérique

ESP /ˌiːes'piː/ N ⓐ (ABBR = **extrasensory perception**) perception (f) extrasensorielle ⓑ (ABBR = **English for Special Purposes**) anglais (m) langue de spécialité

especial /ɪs'peʃəl/ ADJ particulier

especially /ɪs'peʃəlɪ/ ADV ⓐ (= particularly) surtout; **~ as it's so late** d'autant plus qu'il est tard; **why me ~?** pourquoi moi en particulier? ⓑ (= expressly) spécialement; **I came ~ to see you** je suis venu spécialement pour te voir ⓒ (= more than usual) particulièrement; **is she pretty? — not ~** elle est jolie? — pas particulièrement

Esperanto /ˌespə'ræntəʊ/ 1 N espéranto (m) 2 ADJ en espéranto

espionage /ˌespɪə'nɑːʒ/ N espionnage (m)

esplanade /ˌesplə'neɪd/ N esplanade (f)

espouse /ɪs'paʊz/ VT [+ cause, values, theory] épouser

espresso /es'presəʊ/ N (café (m)) express (m)

Esq. N (Brit) (ABBR = **esquire**) Brian Smith **~** (on envelope) M. Brian Smith

esquire /ɪs'kwaɪə'/ N → **Esq.**

essay /'eseɪ/ N essai (m); (at school) rédaction (f); (longer) dissertation (f)

essence /'esəns/ N essence (f); **vanilla ~** essence (f) de vanille; **the ~ of what was said** l'essentiel (m) de ce qui a été dit; **speed is of the ~** la vitesse est essentielle; **in ~** essentiellement

essential /ɪ'senʃəl/ 1 ADJ essentiel; **it is ~ that ...** il est essentiel que ... (+ subj) 2 NPL **essentials** essentiel (m); **I threw a few ~s into a bag and left** j'ai mis le strict nécessaire dans un sac et je suis parti 3 COMP ♦ **essential oil** N huile (f) essentielle

essentially /ɪ'senʃəlɪ/ ADV [correct] essentiellement; **she was ~ a generous person** au fond c'était quelqu'un de généreux; **things will remain ~ the same** pour l'essentiel, les choses ne changeront pas

establish /ɪs'tæblɪʃ/ VT ⓐ [+ factory, relations, sb's reputation] établir; [+ government, society, tribunal] constituer; [+ state, business] fonder; [+ laws, custom] instaurer; [+ post] créer ; [+ *power, authority*] asseoir ; [+ *peace, order*] faire régner ; **to ~ one's reputation as a scholar** se faire une réputation de savant ⓑ (= *prove*) établir

established /ɪsˈtæblɪʃt/ ADJ établi

establishment /ɪsˈtæblɪʃmənt/ N ⓐ (= *institution*) établissement *(m)* ; **educational ~** établissement *(m)* scolaire ⓑ **the Establishment** l'establishment *(m)*

estate /ɪsˈteɪt/ 1 N ⓐ (= *land*) propriété *(f)* ; (= *housing estate*) lotissement *(m)* ; **country ~** terres *(fpl)* ⓑ (= *possessions*) biens *(mpl)* ; [*of deceased*] succession *(f)* ; **he left a large ~** il a laissé une grosse fortune (en héritage) ⓒ (*Brit* = *car*) break *(m)* 2 COMP ◆ **estate agency** N (*Brit*) agence *(f)* immobilière ◆ **estate agent** N (*Brit*) agent *(m)* immobilier ◆ **estate car** N (*Brit*) break *(m)*

esteem /ɪsˈtiːm/ 1 VT estimer ; [+ *quality*] apprécier ; **our ~ed colleague** notre estimé collègue 2 N estime *(f)* ; **to hold sb in high ~** tenir qn en haute estime ; **to hold sth in high ~** avoir une haute opinion de qch ; **he went down in my ~** il a baissé dans mon estime

esthete /ˈiːsθiːt/ N (*US*) esthète *(mf)*

estimate 1 N estimation *(f)* ; (*for job, service, repairs*) devis *(m)* ; **this figure is five times the original ~** ce chiffre est cinq fois supérieur à l'estimation initiale ; **at a conservative ~** au bas mot ; **this price is only a rough ~** ce prix n'est que très approximatif ; **at a rough ~** approximativement 2 VT (= *guess, assess*) estimer ; **I ~ there must be 40 of them** j'estime qu'il doit y en avoir 40 ; **I ~ the total cost at ...** j'évalue le coût total à ... ; **his fortune is ~d at ...** on évalue sa fortune à ...

★ *Lorsque* **estimate** *est un nom, la fin se prononce comme* **it:** /ˈestɪmɪt/ ; *lorsque c'est un verbe, elle se prononce comme* **eight:** /ˈestɪmeɪt/.

estimated /ˈestɪmeɪtɪd/ ADJ [*number, cost, figure*] estimé ; **an ~ 60,000 refugees have crossed the border** environ 60 000 réfugiés auraient traversé la frontière ; **~ time of arrival** horaire *(m)* prévu d'arrivée

estimation /ˌestɪˈmeɪʃən/ N **in my ~** (= *in my opinion*) à mon avis ; **he went up in my ~** il est monté dans mon estime

Estonia /eˈstəʊnɪə/ N Estonie *(f)*

Estonian /eˈstəʊnɪən/ 1 ADJ estonien 2 N (= *person*) Estonien(ne) *(m(f))*

estranged /ɪsˈtreɪndʒd/ ADJ **her ~ husband** son mari, dont elle est séparée

estrogen /ˈestrədʒən, ˈiːstrədʒən/ N (*US*) œstrogène *(m)*

estuary /ˈestjʊərɪ/ N estuaire *(m)*

e-tail /ˈiːteɪl/ N commerce *(m)* électronique

etc /ɪtˈsetərə/ (ABBR = **et cetera**) etc.

etch /etʃ/ VTI graver à l'eau forte ; **~ed on his memory** gravé dans sa mémoire

etching /ˈetʃɪŋ/ N (= *picture*) eau-forte *(f)*

eternal /ɪˈtɜːnl/ ADJ éternel

eternally /ɪˈtɜːnəlɪ/ ADV éternellement

eternity /ɪˈtɜːnɪtɪ/ N éternité *(f)* ; **we waited for what seemed like an ~** on a attendu pendant une éternité

ethic /ˈeθɪk/ N éthique *(f)*

ethical /ˈeθɪkəl/ ADJ (= *moral*) éthique ; **not ~** contraire à l'éthique

ethically /ˈeθɪklɪ/ ADV [*behave, act*] conformément à l'éthique ; [*sound, wrong*] d'un point de vue éthique

ethics /ˈeθɪks/ 1 N (= *study*) éthique *(f)* 2 NPL (= *principles*) déontologie *(f)* ; **medical ~** déontologie *(f)* médicale

Ethiopia /ˌiːθɪˈəʊpɪə/ N Éthiopie *(f)*

Ethiopian /ˌiːθɪˈəʊpɪən/ 1 ADJ éthiopien 2 N Éthiopien(ne) *(m(f))*

ethnic /ˈeθnɪk/ ADJ ethnique ; [*food*] exotique ◆ **ethnic cleansing** N purification *(f)* ethnique ◆ **ethnic minority** N minorité *(f)* ethnique

ethnicity /eθˈnɪsɪtɪ/ N ethnicité *(f)*

ethos /ˈiːθɒs/ N philosophie *(f)*

e-ticket /ˈiːtɪkɪt/ N billet *(m)* électronique (*acheté en ligne*)

etiquette /ˈetɪket/ N étiquette *(f)*

Etonian /iːˈtəʊnɪən/ (*Brit*) 1 N élève *du collège d'Eton* 2 ADJ du collège d'Eton

etymology /ˌetɪˈmɒlədʒɪ/ N étymologie *(f)*

EU /ˈiːˈjuː/ N (ABBR = **European Union**) UE *(f)*

eucalyptus /ˌjuːkəˈlɪptəs/ N eucalyptus *(m)*

eulogize /ˈjuːlədʒaɪz/ VT faire l'éloge de

eulogy /ˈjuːlədʒɪ/ N panégyrique *(m)* ; (*at funeral*) éloge *(m)* funèbre

euphemism /ˈjuːfəmɪzəm/ N euphémisme *(m)*

euphemistic /ˌjuːfəˈmɪstɪk/ ADJ euphémique

euphemistically /ˌjuːfəˈmɪstɪkəlɪ/ ADV par euphémisme

euphoria /juːˈfɔːrɪə/ N euphorie *(f)*

euphoric /juːˈfɒrɪk/ ADJ euphorique

eureka /jʊəˈriːkə/ EXCL eurêka !

euro /ˈjʊərəʊ/ N (= *currency*) euro *(m)*

Eurocheque /ˈjʊərəʊˌtʃek/ N eurochèque *(m)* ◆ **Eurocheque card** N carte *(f)* Eurochèque

Eurocrat /ˈjʊərəʊˌkræt/ N eurocrate *(mf)*

Euroland /ˈjʊərəʊlænd/ N Euroland *(m)*

Euro MP /ˌjʊərəʊemˈpiː/ N député(e) *(m(f))* européen(ne)

Europe /ˈjʊərəp/ N Europe *(f)* ; **to go into ~** (*Brit*) entrer dans l'Union européenne

European /ˌjʊərəˈpiːən/ 1 ADJ européen 2 N Européen(ne) *(m(f))* 3 COMP ◆ **European Commission** N Commission *(f)* européenne ◆ **European Community** N Communauté *(f)* européenne ◆ **European Court of Human Rights** N Cour *(f)* européenne des droits de l'homme ◆ **European Court of Justice** N Cour *(f)* de justice des communautés européennes ◆ **European Economic Community** N Communauté *(f)* économique européenne ◆ **European Monetary System** N Système *(m)* monétaire européen ◆ **European monetary union** N Union *(f)* monétaire européenne ◆ **European Parliament** N Parlement *(m)* européen ◆ **European plan** N (*US: in hotel*) chambre *(f)* seule ◆ **European Union** N Union *(f)* européenne

Europhile /ˈjʊərəʊfaɪl/ N, ADJ europhile *(mf)*

Eurosceptic /ˈjʊərəʊˌskeptɪk/ N eurosceptique *(mf)*

Eurostar® /ˈjʊərəʊˌstɑː/ N Eurostar® *(m)*

euthanasia /ˌjuːθəˈneɪzɪə/ N euthanasie *(f)*

evacuate /ɪˈvækjʊeɪt/ VT évacuer

evacuation /ɪˌvækjʊˈeɪʃən/ N évacuation *(f)*

evacuee /ɪˌvækjʊˈiː/ N évacué(e) *(m(f))*

evade /ɪˈveɪd/ VT [+ *pursuers*] échapper à ; [+ *obligation, punishment*] se soustraire à ; [+ *question*] éluder ; [+ *law*] contourner ; **to ~ military service** se soustraire à ses obligations militaires ; **to ~ taxes** frauder le fisc

evaluate /ɪˈvæljʊeɪt/ VT évaluer

evaluation /ɪˌvæljʊˈeɪʃən/ N évaluation *(f)*

evangelical /ˌiːvænˈdʒelɪkəl/ ADJ évangélique

evangelism /ɪˈvændʒəlɪzəm/ N évangélisation *(f)*

evaporate /ɪˈvæpəreɪt/ VI [*liquid*] s'évaporer ; [*hopes*] s'envoler ; [*dreams, fear, anger*] se dissiper ◆ **evaporated milk** N lait *(m)* condensé non sucré

evaporation /ɪˌvæpəˈreɪʃən/ N évaporation *(f)*

evasion /ɪˈveɪʒən/ N dérobade *(f)* (**of** devant)

evasive /ɪˈveɪzɪv/ ADJ [*person, answer*] évasif ; **to take ~ action** [*plane, ship*] faire des manœuvres d'évitement ; [*person*] esquiver la difficulté

eve /iːv/ N (= *day or night before*) veille *(f)* ; **on the ~ of ...** la veille de ...

even /ˈiːvən/ 1 ADJ ⓐ (= *equal*) [*quantities, distances, values*] égal ; **the scores are ~** nous sommes à égalité ; **the odds are about ~** les chances sont à peu près égales ; **I'll give you ~ money** (*Brit*) **or ~ odds** (*US*) **that ...** il y a une chance sur deux pour que ... (+ *subj*) ; **to get ~ with sb** rendre la monnaie de sa pièce à qn ; **I'll get ~ with you for that** je te revaudrai ça ⓑ (= *flat*) [*surface, ground*] plat

ⓒ (= *steady*) [*progress*] régulier ; [*temperature, breathing*] égal
ⓓ (= *calm*) [*voice, tones, temper*] égal
ⓔ ~ **number/date** nombre *(m)*/jour *(m)* pair

2 ADV ⓐ même ; ~ **in the holidays** même pendant les vacances
ⓑ (*with adjective or adverb*) encore ; ~ **better** encore mieux ; ~ **more easily** encore plus facilement
ⓒ (*with negative*) même ; **without ~ saying goodbye** sans même dire au revoir ; **he can't ~ swim** il ne sait même pas nager
ⓓ ♦ **even if** même si (+ *indic*)
♦ **even though** bien que (+ *subj*) ; ~ **though we had tickets, we couldn't get in** malgré nos billets, nous n'avons pas pu entré
♦ **even so** quand même ; ~ **so he was disappointed** il a quand même été déçu ; **yes, but ~ so** oui mais quand même
♦ **even then**: **and ~ then she wasn't happy** mais elle n'était toujours pas contente
♦ **even as**: ~ **as we speak** en ce moment même ; ~ **as he spoke, the door opened** au moment même où il disait cela, la porte s'ouvrit

3 COMP ♦ **even-handed** ADJ équitable ♦ **even-tempered** ADJ d'humeur égale
► **even out** VT SEP [+ *burden, taxation*] répartir plus uniformément (**among** entre) ; [+ *prices*] égaliser ; [+ *inequalities*] réduire
► **even up** VT SEP égaliser ; **that will ~ things up** cela rétablira l'équilibre ; (*financially*) cela compensera

evening /ˈiːvnɪŋ/ N soir *(m)* ; (*length of time*) soirée *(f)* ; **all ~** toute la soirée ; **every ~** tous les soirs ; **every Monday ~** tous les lundis soir(s) ; **the previous ~** la veille au soir ; **that ~** ce soir-là ; **this ~** ce soir ; **tomorrow ~** demain soir ; **in the ~(s)** le soir ; **to go out in the ~** sortir le soir ; **6 o'clock in the ~** 6 heures du soir ; **on the ~ of the twenty-ninth** le vingt-neuf au soir ; **to spend one's ~ reading** passer sa soirée à lire ; **let's have an ~ out** (*tonight*) si on sortait ce soir ? ; (*some time*) nous devrions sortir un de ces soirs ; **it's her ~ out** c'est le soir où elle sort ♦ **evening class** N cours *(m)* du soir ♦ **evening dress** N [*of man*] tenue *(f)* de soirée ; [*of woman*] robe *(f)* du soir ; **in ~ dress** (*man*) en tenue de soirée ; (*woman*) en robe du soir ♦ **evening paper** N journal *(m)* du soir ♦ **evening performance** N (représentation *(f)* en) soirée *(f)* ♦ **evening primrose oil** N huile *(f)* d'onagre

evenly /ˈiːvənlɪ/ ADV ⓐ (= *equally*) [*distribute*] également ; (= *steadily*) [*breathe, beat, flow*] régulièrement ; **to divide/ split sth ~** diviser/répartir qch en parts égales ; ~ **matched** de force égale ; ~ **spaced** placés à intervalles réguliers ; **spread the butter ~** étalez le beurre uniformément ⓑ (= *calmly*) [*say, ask, reply*] d'une voix égale

event /ɪˈvent/ N ⓐ (= *happening*) événement *(m)* ; **it's quite an ~** c'est un événement ; **in the course of ~s** par la suite ; **in the normal course of ~s** normalement ; **after the ~** après coup ⓑ (= *case*) **in the ~ of death** en cas de décès ; **in the unlikely ~ that ...** dans l'hypothèse improbable où ... ; (*Brit*) **in the ~** (= *as expected*) effectivement ; (= *unexpectedly*) en fait ; **in that ~** dans ce cas ; **in any ~** en tout cas ; **in either ~** dans l'un ou l'autre cas ⓒ (*Sport*) épreuve *(f)* ; (*Racing*) course *(f)*

/ɪˈventfʊl/ ADJ mouvementé
/ɪˈventfʊəl/ ADJ [*death, failure*] qui s'ensuit ; [*success*] final ; **the ~ winner of the election** le candidat qui a finalement remporté les élections ; **it resulted in the ~ disappearance of ...** cela a finalement abouti à la disparition de ...

⚠ **eventual** ≠ **éventuel**

eventuality /ɪ,ventʃʊˈælɪtɪ/ N éventualité *(f)*
eventually /ɪˈventʃʊəlɪ/ ADV finalement ; **to do sth ~** finir par faire qch ; **he ~ became Prime Minister** il est finalement devenu Premier ministre ; **he ~ agreed that she was right** il a fini par admettre qu'elle avait raison ; **did he turn up? — yes, ~** est-il venu ? — oui, finalement il est venu

⚠ **eventually** ≠ **éventuellement**

ever /ˈevər/ ADV ⓐ (= *at any time*) jamais ; **nothing ~ happens** il ne se passe jamais rien ; **if you ~ see her** si jamais vous la voyez ; **I haven't ~ seen her** je ne l'ai jamais vue ; **have you ~ seen her?** l'avez-vous déjà vue ? ; **do you ~ see her?** est-ce qu'il vous arrive de la voir ? ; **faster/more beautiful than ~** plus vite/plus beau que jamais ; **the best meal I have ~ eaten** le meilleur repas que j'aie jamais fait ; **the best grandmother ~** la meilleure grand-mère du monde
ⓑ (= *at all times*) **they lived happily ~ after** ils vécurent heureux ; **all he ~ does is sleep** il ne fait que dormir ; **yours ~** (*Brit: in letters*) cordialement ; ~ **increasing anxiety** inquiétude *(f)* qui ne cesse d'augmenter ; **she is ~ present** elle est toujours là ; **her ~-present anxiety** son angoisse constante
ⓒ (*intensive*) **the first ~** le tout premier ; **as if I ~ would!** moi, faire ça ! ; **why ~ not?** mais enfin, pourquoi pas ?
ⓓ (*set structures*)
♦ **as ever** comme toujours ; **he's as handsome as ~** il est toujours aussi beau
♦ **ever since**: ~ **since I was a boy** depuis mon enfance ; ~ **since I have lived here** depuis que j'habite ici ; ~ **since then they have been very careful** depuis ils sont très prudents
♦ **ever so**[*] (*Brit*) **he is ~ so nice** il est tellement gentil ; **I'm ~ so sorry** je suis vraiment désolé ; ~ **so slightly drunk** un tant soit peu ivre ; ~ **so pretty** joli comme tout ; **thank you ~ so much** merci mille fois
♦ **ever such**[*]: **they've got ~ such a big house** ils ont vraiment une grande maison ; **it's ~ such a pity** c'est vraiment dommage
♦ **if ever**: **if ~ you meet him ...** si jamais tu le rencontres ... ; **we seldom if ~ go** nous n'y allons pour ainsi dire jamais ; **he's a liar if ~ there was one** c'est le dernier des menteurs

Everest /ˈevərɪst/ N (**Mount**) ~ Everest *(m)*

evergreen /ˈevəgriːn/ **1** ADJ [*tree, shrub*] à feuilles persistantes **2** N (= *tree*) arbre *(m)* à feuilles persistantes ; (= *plant*) plante *(f)* à feuilles persistantes

everlasting /,evəˈlɑːstɪŋ/ ADJ éternel

every /ˈevrɪ/ ADJ ⓐ (= *each*) chaque ; ~ **shop in the town** chaque magasin de la ville ; **not ~ child has the same advantages** les enfants n'ont pas tous les mêmes avantages ; **he spends ~ penny he earns** il dépense tout ce qu'il gagne ; ~ **one of them had brought something** chacun d'entre eux avait apporté quelque chose ; ~ **(single** or **last) one of them** tous sans exception ; ~ **time I see him** chaque fois que je le vois ; ~ **single time** chaque fois sans exception ; **at ~ moment** à tout moment ; **at ~ opportunity** à chaque occasion ; **of ~ sort** de toute sorte ; **from ~ side** de toute part ; **of ~ age** de tout âge ; **he became weaker ~ day** il devenait chaque jour plus faible ; **in ~ way** (= *from every point of view*) en tous points ; (= *by every means*) par tous les moyens
ⓑ (*for emphasis*) **I have ~ confidence in him** j'ai pleine confiance en lui ; **there is ~ chance that he will come** il y a toutes les chances qu'il vienne ; **you have ~ reason to complain** vous avez tout lieu de vous plaindre ; **I have ~ reason to think that ...** j'ai tout lieu de penser que ... ; **his ~ action** chacune de ses actions ; **his ~ wish** son moindre désir
ⓒ (*recurring intervals*) tous les, toutes les ; ~ **fifth day** tous les cinq jours ; **one man in ~ ten** un homme sur dix ; ~ **quarter of an hour** tous les quarts d'heure ; ~ **few days** tous les deux ou trois jours ; ~ **15 metres** tous les 15 mètres
♦ **every other ...** ♦ **every second ...**: ~ **other** or **second child** un enfant sur deux ; ~ **other** or **second day** tous les deux jours ; ~ **other Wednesday** un mercredi sur deux
ⓓ (*in phrases*) **he is ~ bit as clever as his brother** il est tout aussi intelligent que son frère ; ~ **now and then** or ~ **now and again** or ~ **so often** de temps en temps ; ~ **man for himself** chacun pour soi ■(*PROV*) ~ **little helps** les petits ruisseaux font les grandes rivières (*PROV*)

everybody /ˈevrɪbɒdɪ/ PRON tout le monde, chacun ; ~ **knows that** tout le monde sait cela ; ~ **has their** or **his own ideas about it** chacun a ses idées là-dessus ; ~ **else** tous les autres ; ~ **knows ~ else here** tout le monde se connaît ici ; ~ **who is anybody** tous les gens qui comptent ; **listen, ~!** écoutez tous !

everyday /ˈevrɪdeɪ/ ADJ [*thing, clothes, object, world*] de tous les jours; [*situation, language*] courant; [*activity, task, life, occurrence, problem*] quotidien; **it's too expensive for ~ use** c'est trop cher pour un usage courant; **words in ~ use** mots *(mpl)* d'usage courant

everyone /ˈevrɪwʌn/ PRON = **everybody**

everyplace /ˈevrɪpleɪs/ ADV (*US*) = **everywhere**

everything /ˈevrɪθɪŋ/ PRON tout; **~ is ready** tout est prêt; **~ you have** tout ce que vous avez; **stamina is ~** l'endurance compte plus que tout; **success isn't ~** le succès n'est pas tout; **you can't have ~** on ne peut pas tout avoir

everywhere /ˈevrɪweəʳ/ ADV partout; **~ in the world** partout dans le monde; **~ you go** *or* **one goes** où qu'on aille

evict /ɪˈvɪkt/ VT expulser

eviction /ɪˈvɪkʃən/ N expulsion *(f)* ♦ **eviction order** N arrêté *(m)* d'expulsion

evidence /ˈevɪdəns/ N ⓐ (= *ground for belief*) évidence *(f)*; (= *testimony*) témoignage *(m)*; **on the ~ of this document** à en croire ce document
ⓑ (*in court: = object, document*) preuve *(f)*; (= *statement*) témoignage *(m)*; **to give ~** témoigner; **to give ~ for/against sb** témoigner en faveur de/contre qn; **to call sb to give ~** convoquer qn pour qu'il témoigne; **to take sb's ~** recueillir la déposition de qn; **anything you say may be used in ~ against you** tout ce que vous direz pourra être retenu contre vous
ⓒ (= *signs*) **to show ~ of sth** montrer des signes de qch
ⓓ **to be in ~** [*object*] être en évidence; **his father was nowhere in ~** il n'y avait aucune trace de son père

evident /ˈevɪdənt/ ADJ évident

evidently /ˈevɪdəntlɪ/ ADV ⓐ (= *apparently*) apparemment; **was it suicide? — ~ not** était-ce un suicide? — apparemment non ⓑ (= *obviously*) manifestement; **they ~ knew each other** manifestement, ils se connaissaient; **that is ~ not the case** ce n'est manifestement pas le cas

evil /ˈiːvl/ 1 ADJ [*person, spell, reputation*] mauvais; [*deed, influence*] néfaste; [*power*] malfaisant; [*place*] maléfique; [*smell*] infect 2 N mal *(m)*; **the powers** *or* **forces of ~** les forces *(fpl)* du mal; **it's the lesser of two ~s** c'est le moindre mal; **social ~s** maux *(mpl)* sociaux; **the ~s of drink** les conséquences *(fpl)* funestes de la boisson; **one of the great ~s of our time** un des grands fléaux de notre temps 3 COMP ♦ **evil-smelling** ADJ nauséabond ♦ **evil spirit** N esprit *(m)* malfaisant

evocation /ˌevəˈkeɪʃən/ N évocation *(f)*

evocative /ɪˈvɒkətɪv/ ADJ évocateur (-trice *(f)*)

evoke /ɪˈvəʊk/ VT [+ *spirit, memories*] évoquer; [+ *admiration*] susciter

evolution /ˌiːvəˈluːʃən/ N évolution *(f)*

evolutionary /ˌiːvəˈluːʃnərɪ/ ADJ [*stage, process*] évolutif

evolve /ɪˈvɒlv/ 1 VT [+ *system, theory, plan*] élaborer 2 VI (*Bio*) évoluer; **to ~ from** (*fig*) se développer à partir de

ewe /juː/ N brebis *(f)*

ex* /eks/ N (= *former spouse or partner*) ex* *(mf)*

ex- /eks/ PREF ex-, ancien; **ex-chairman** ex-président *(m)*; **he's my ex-boss** c'est mon ancien patron → **ex-husband, ex-service**

exacerbate /ɪɡˈzæsəˌbeɪt, ɪkˈsæsəˌbeɪt/ VT [+ *problem, situation*] aggraver; [+ *pain, disease, hatred*] exacerber

exact /ɪɡˈzækt/ 1 ADJ ⓐ (= *precise*) exact; **can you be more ~?** pouvez-vous préciser un peu?; **he's 44, to be ~** il a 44 ans, pour être précis; **he gave ~ instructions as to what had to be done** il a donné des instructions précises sur ce qu'il fallait faire; **what were his ~ instructions?** quelles étaient ses instructions exactes?; **to be an ~ likeness of sb/sth** ressembler exactement à qn/qch; **to be the ~ opposite of sb/sth** être tout le contraire de qn/qch; **the ~ same thing*** exactement la même chose
ⓑ (= *meticulous*) [*person, study, work*] méticuleux; [*analysis, instrument*] précis

2 VT [+ *money, obedience*] exiger; **to ~ revenge** se venger; **to ~ a high price for sth** faire payer qch cher

exacting /ɪɡˈzæktɪŋ/ ADJ [*person*] exigeant; [*task, activity, profession, work*] astreignant

exactly /ɪɡˈzæktlɪ/ ADV exactement; **to look ~ like sb** ressembler trait pour trait à qn; **I wanted to get things ~ right** je voulais que tout soit parfait; **at ~ 5 o'clock** à 5 heures précises; **it is 3 o'clock** ~ il est exactement 3 heures; **~ what are you implying?** qu'est-ce que tu veux dire par là?; **he didn't ~ say no, but ...** il n'a pas vraiment dit non, mais ...; **we don't ~ know** nous ne savons pas au juste; **it's easy, but not ~ interesting** c'est facile, mais pas vraiment ce qu'on appelle intéressant

exaggerate /ɪɡˈzædʒəreɪt/ 1 VT ⓐ (= *overstate*) exagérer; [+ *problem*] exagérer l'importance de; **the media ~d the number of victims** les médias ont exagéré le nombre des victimes ⓑ (= *emphasize*) accentuer 2 VI exagérer

exaggerated /ɪɡˈzædʒəreɪtɪd/ ADJ exagéré; [*praise*] outré

exaggeration /ɪɡˌzædʒəˈreɪʃən/ N exagération *(f)*

exaltation /ˌeɡzɔːlˈteɪʃən/ N exaltation *(f)*

exalted /ɪɡˈzɔːltɪd/ ADJ (= *high*) [*rank, position, style*] élevé; [*person*] haut placé

exam /ɪɡˈzæm/ N examen *(m)* ♦ **exam paper** N (= *exam itself*) examen *(m)*; (= *question paper*) sujet *(m)* d'examen; (= *answer paper*) copie *(f)*

examination /ɪɡˌzæmɪˈneɪʃən/ N examen *(m)*; **on close ~, his papers proved to be false** un examen approfondi révéla que ses papiers étaient des faux ♦ **examination board** N (*Brit*) *comité chargé de l'organisation des examens scolaires nationaux*

examine /ɪɡˈzæmɪn/ 1 VT ⓐ examiner ⓑ [+ *pupil, candidate*] faire passer un examen à; (*orally*) interroger ⓒ [+ *witness, suspect, accused*] interroger; [+ *case, document, evidence*] examiner 2 COMP ♦ **examining board** N (*Brit*) *comité chargé de l'organisation des examens scolaires nationaux*

examiner /ɪɡˈzæmɪnəʳ/ N examinateur *(m)*, -trice *(f)*

example /ɪɡˈzɑːmpl/ N exemple *(m)*; **for ~** par exemple; **to set a good ~** donner l'exemple; **she's an ~ to us all** c'est un exemple pour nous tous; **to take sb as an ~** prendre exemple sur qn; **to follow sb's ~** suivre l'exemple de qn; **to hold sb/sth up as an ~** ériger qn/qch en exemple; **to make an ~ of sb** punir qn pour l'exemple; **here is an ~ of the work** voici un échantillon du travail

exasperated /ɪɡˈzɑːspəreɪtɪd/ ADJ exaspéré; **~ at** *or* **by** *or* **with sb/sth** exaspéré par qn/qch

exasperating /ɪɡˈzɑːspəreɪtɪŋ/ ADJ exaspérant

exasperation /ɪɡˌzɑːspəˈreɪʃən/ N exaspération *(f)*; **"hurry!" he cried in ~** « dépêchez-vous ! » cria-t-il, exaspéré

excavate /ˈekskəveɪt/ 1 VT [+ *ground, trench*] creuser; [+ *archaeological site*] fouiller; [+ *remains*] déterrer 2 VI (*on archaeological site*) faire des fouilles

excavation /ˌekskəˈveɪʃən/ N ⓐ [*of tunnel*] creusement *(m)*; **~ work** excavations *(fpl)* ⓑ (*by archaeologists*) fouilles *(fpl)*

excavator /ˈekskəveɪtəʳ/ N (= *machine*) excavatrice *(f)*

exceed /ɪkˈsiːd/ VT (*in value, amount, length of time*) dépasser (**in** en, **by** de); [+ *expectations, limits, capabilities*] dépasser; **to ~ one's authority** commettre un abus de pouvoir; **to ~ the speed limit** dépasser la vitesse permise; **a fine not ~ing £50** une amende ne dépassant pas 50 livres

exceedingly /ɪkˈsiːdɪŋlɪ/ ADV (*frm*) extrêmement

excel /ɪkˈsel/ 1 VI exceller; **to ~ in** *or* **at French/tennis** être excellent en français/au tennis 2 VT **to ~ o.s.** se surpasser

excellence /ˈeksələns/ N excellence *(f)*

excellent /ˈeksələnt/ ADJ excellent; **~!** parfait!

excellently /ˈeksələntlɪ/ ADV admirablement

except /ɪkˈsept/ 1 PREP ⓐ sauf; **all ~ the eldest daughter** tous, sauf la fille aînée; **~ (for)** à part; **~ (that)** sauf que; **~ if** sauf si; **~ when** sauf quand ⓑ sinon; **what can they do ~ wait?** que peuvent-ils faire sinon attendre? 2 VT excepter (**from** de); **not** *or* **without ~ing** sans excepter; **always ~ing** à l'exception de ; **present company ~ed** exception faite des personnes présentes

exception /ɪkˈsepʃən/ N ⓐ exception (f) ; **without ~** sans exception ; **with the ~ of ...** à l'exception de ... ; **to take ~ to** (= *demur*) trouver à redire à ; (= *be offended*) s'offenser de ; **I take ~ to that remark** je suis indigné par cette remarque ⓑ (= *singularity*) exception (f) ; **to make an ~** faire une exception ; **this case is an ~ to the rule** ce cas est une exception à la règle ; **the ~ proves the rule** l'exception confirme la règle ; **with this ~** à cette exception près

exceptional /ɪkˈsepʃənl/ ADJ exceptionnel

exceptionally /ɪkˈsepʃənəlɪ/ ADV exceptionnellement

excerpt /ˈeksɜːpt/ N extrait (m)

excess /ɪkˈses/ 1 N ⓐ [*of precautions, enthusiasm*] excès (m) ; **to ~** à l'excès ; **to drink to ~** boire à l'excès ; **to take** or **carry to ~** pousser à l'excès ; **carried to ~** outré ; **in ~ of 50 people have died** plus de 50 personnes sont mortes 2 COMP [*weight, production*] excédentaire ♦ **excess baggage, excess luggage** N excédent (m) de bagages ♦ **excess postage** N (*Brit*) surtaxe (f) (*pour affranchissement insuffisant*)

excessive /ɪkˈsesɪv/ ADJ [*amount, force, demands*] excessif ; [*praise*] outré ; **~ drinking** abus (m) d'alcool

excessively /ɪkˈsesɪvlɪ/ ADV [*drink, eat*] à l'excès ; [*optimistic, proud, ambitious*] trop ; [*boring, pretty*] excessivement

exchange /ɪksˈtʃeɪndʒ/ 1 VT échanger ; **to ~ one thing for another** échanger une chose contre une autre

2 N ⓐ [*of things, people*] échange (m)
♦ **in exchange** en échange (**for** de) ; **to give one thing in ~ for another** échanger une chose contre une autre
ⓑ (= *money*) change (m) ; **at the current rate of ~** au cours actuel du change
ⓒ (= *telephone exchange*) central (m) (téléphonique)

3 COMP ♦ **exchange rate** N taux (m) de change
♦ **exchange rate mechanism** N mécanisme (m) de change
♦ **exchange visit** N échange (m) ; **to be on an ~ visit** faire partie d'un échange

exchequer /ɪksˈtʃekəʳ/ N (= *state treasury*) ministère (m) des Finances

excise /ˈeksaɪz/ N taxe (f) ♦ **excise duties** NPL (*Brit*) impôts (mpl) indirects

excitable /ɪkˈsaɪtəbl/ ADJ excitable ; **to be in an ~ state** être tendu

excite /ɪkˈsaɪt/ VT exciter ; **to ~ enthusiasm/interest in sb** enthousiasmer/intéresser qn ; **the issue has ~d a great deal of debate** le sujet a suscité de nombreux débats

excited /ɪkˈsaɪtɪd/ ADJ ⓐ (= *exhilarated*) excité (**about** à) ; **to get ~** s'exciter ; **I'm really ~ about it** je suis tout excité à cette idée ⓑ (= *agitated*) [*person, gesture*] nerveux ; [*state*] de nervosité ; **to get ~ (about sth)** s'énerver (à propos de qch) ; **it's nothing to get ~ about** il n'y a pas de quoi s'énerver ; **don't get ~!** du calme !

excitedly /ɪkˈsaɪtɪdlɪ/ ADV [*talk, chatter*] avec animation ; [*behave*] avec agitation ; [*run*] tout excité ; **to wave ~** gesticuler

excitement /ɪkˈsaɪtmənt/ N excitation (f) ; **to be in a state of ~** être tout excité ; **the book caused great ~ in literary circles** le livre a fait sensation dans les milieux littéraires ; **there was great ~ when she announced that ...** elle a suscité un grand émoi lorsqu'elle a annoncé que ... ; **she's looking for a bit of ~ in her life** elle cherche à donner un peu de piquant à sa vie ; **sexual ~** excitation (f) sexuelle

exciting /ɪkˈsaɪtɪŋ/ ADJ (= *exhilarating*) passionnant ; **how ~!** c'est formidable ! ; **we had an ~ time** nous avons passé des moments formidables

excl. ABBR = **exclusive (of)**

exclaim /ɪksˈkleɪm/ VT s'écrier ; **"at last!" she ~ed** « enfin ! » s'écria-t-elle

exclamation /ˌekskləˈmeɪʃən/ N exclamation (f)
♦ **exclamation mark, exclamation point** (*US*) N point (m) d'exclamation

exclude /ɪksˈkluːd/ VT exclure ; (*from list*) écarter ; (= *suspend from school*) exclure ; (= *expel from school*) renvoyer ; **the price ~s VAT** le prix est hors taxe ; **£200, excluding VAT** 200 livres, hors taxe ; **£15 per head excluding wine** 15 livres par personne, vin non compris

exclusion /ɪksˈkluːʒən/ N ⓐ exclusion (f) ; **to the ~ of ...** à l'exclusion de ... ⓑ (*Brit Scol*) (*temporary*) exclusion (f) ; (*permanent*) renvoi (m), exclusion (f) définitive

exclusive /ɪksˈkluːsɪv/ 1 ADJ ⓐ exclusif ; **~ to readers of ...** exclusivement pour les lecteurs de ... ; **an interview ~ to ...** une interview exclusive accordée à ... ; **to have ~ rights to sth** avoir l'exclusivité de qch ⓑ (= *select*) [*club*] fermé ; [*district, resort, hotel, restaurant*] chic (*inv*) ; [*gathering*] sélect ⓒ (= *not including*) **to be ~ of sth** exclure qch ; **~ of postage and packing** frais d'expédition non compris ; **~ of taxes** hors taxes 2 N (= *newspaper article*) exclusivité (f)

exclusively /ɪksˈkluːsɪvlɪ/ ADV exclusivement

excommunicate /ˌekskəˈmjuːnɪkeɪt/ VT excommunier

excommunication /ˈekskəˌmjuːnɪˈkeɪʃən/ N excommunication (f)

ex-con /ˌeksˈkɒn/ N ancien taulard✱ (m)

excrement /ˈekskrɪmənt/ N excrément (m)

excrete /ɪksˈkriːt/ VT excréter

excruciating /ɪksˈkruːʃɪeɪtɪŋ/ ADJ [*suffering, misery, boredom*] insoutenable ; **I was in ~ pain** je souffrais atrocement

excruciatingly /ɪksˈkruːʃɪeɪtɪŋlɪ/ ADV [*painful*] atrocement ; [*difficult, humiliating, embarrassing*] affreusement

excursion /ɪksˈkɜːʃən/ N excursion (f) ; (*on foot, cycle*) randonnée (f)

excusable /ɪksˈkjuːzəbl/ ADJ excusable

excuse 1 VT ⓐ excuser ; **such rudeness cannot be ~d** une telle impolitesse est inexcusable ; **to ~ o.s.** s'excuser (**for** de) ; **one can be ~d for not understanding what she says** il est excusable qu'on ne comprenne pas ce qu'elle dit ; **if you will ~ the expression** passez-moi l'expression ; **and now if you will ~ me, I ...** et maintenant, si vous voulez bien m'excuser, je ... ; **~ me for wondering if ...** permettez-moi de me demander si ... ; **~ me!** excusez-moi !
ⓑ (= *exempt*) dispenser (**sb from doing sth** qn de faire qch) ; **you are ~d** (*to children*) vous pouvez vous en aller ; **he was ~d from the afternoon session** on l'a dispensé d'assister à la séance de l'après-midi

N excuse (f) ; **there is no ~ for it** c'est inexcusable ; **that is no ~ for his leaving so abruptly** cela ne l'excuse pas d'être parti si brusquement ; **to find an ~ for sth** trouver une excuse à qch ; **to make an ~ for sth** trouver une excuse à qch ; **he's just making ~s** il se cherche des excuses ; **his success was a good ~ for a family party** ce succès a fourni le prétexte à une fête de famille

★ Lorsque **excuse** est un verbe, le **s** se prononce **z** : /ɪksˈkjuːz/ ; lorsque c'est un nom, il se prononce **s** : /ɪksˈkjuːs/.

ex-directory /ˌeksdɪˈrektərɪ/ ADJ (*Brit*) **I'm ~** je suis sur la liste rouge ; **he's gone ~** il s'est fait mettre sur la liste rouge

exec✱ /ɪgˈzek/ N (ABBR = **executive**) cadre (m)

execute /ˈeksɪkjuːt/ VT exécuter

execution /ˌeksɪˈkjuːʃən/ N exécution (f)

executioner /ˌeksɪˈkjuːʃnəʳ/ N bourreau (m)

executive /ɪgˈzekjʊtɪv/ 1 ADJ ⓐ [*power, decision, function, role*] directorial ; [*position, pay*] de cadre
ⓑ (*Brit* = *up-market*)✱ de luxe

2 N ⓐ (= *person*) cadre (m) ; **senior ~** cadre (m) supérieur
ⓑ (= *managing group: of organization*) bureau (m) ; **to be on the ~** faire partie du bureau ; **the trade union ~** le bureau du syndicat
ⓒ (= *part of government*) exécutif (m)

3 COMP ♦ **executive lounge** N (*in airport*) salon (m) classe affaires ♦ **executive privilege** N (*US*) privilège du président de ne pas communiquer certaines informations

⚠ **exécutif** is not the most common translation for **executive**.

ⓘ EXECUTIVE PRIVILEGE
Le « privilège de l'exécutif » est le droit dont bénéficie le président des États-Unis de ne pas divulguer au Congrès ou au pouvoir judiciaire certaines informations jugées confidentielles ou devant rester secrètes pour des raisons de sécurité nationale. Plusieurs présidents ont tenté d'obtenir un droit au secret total, y compris pour des motifs personnels, mais la Cour suprême s'y est opposée.

exemplary /ɪgˈzemplərɪ/ ADJ exemplaire

exemplify /ɪgˈzemplɪfaɪ/ VT (= be example of) être un exemple de

exempt /ɪgˈzempt/ 1 ADJ exempt 2 VT exempter (**from doing sth** de faire qch)

exemption /ɪgˈzempʃən/ N exonération (f); **tax ~** exonération (f) fiscale

exercise /ˈeksəsaɪz/ 1 N exercice (m); **to do ~s every morning** faire de la gymnastique tous les matins; **a grammar ~** un exercice de grammaire; **a cost-cutting ~** une opération de réduction des coûts 2 VT exercer; **to ~ one's dog** faire courir son chien 3 VI (= take exercise) faire de l'exercice 4 COMP ♦ **exercise bike** N vélo (m) d'appartement ♦ **exercise book** N (for writing in) cahier (m) d'exercices ♦ **exercise yard** N [of prison] cour (f)

exert /ɪgˈzɜːt/ VT ⓐ [+ pressure, influence] exercer ⓑ **to ~ o.s.** (physically) se dépenser; (= take trouble) se donner du mal; **he didn't ~ himself unduly** il ne s'est pas donné trop de mal; **don't ~ yourself unnecessarily!** ne vous fatiguez pas inutilement!

exertion /ɪgˈzɜːʃən/ N ⓐ (= effort) effort (m) ⓑ [of authority, influence] exercice (m)

exfoliate /eksˈfəʊlɪeɪt/ VT gommer ♦ **exfoliating cream** N crème (f) exfoliante

exhale /eksˈheɪl/ VI expirer

exhaust /ɪgˈzɔːst/ 1 VT épuiser; **to ~ o.s. (doing sth)** s'épuiser (à faire qch); **to ~ sb's patience** pousser qn à bout 2 N [of car] (= system) échappement (m); (= pipe) pot (m) d'échappement; **~ fumes** gaz (m) d'échappement

exhausted /ɪgˈzɔːstɪd/ ADJ épuisé

exhausting /ɪgˈzɔːstɪŋ/ ADJ épuisant

exhaustion /ɪgˈzɔːstʃən/ N épuisement (m)

exhaustive /ɪgˈzɔːstɪv/ ADJ exhaustif; [search] minutieux; [tests] poussé; **to make an ~ study of sth** étudier qch de manière exhaustive

exhibit /ɪgˈzɪbɪt/ 1 VT ⓐ [+ art, merchandise] exposer; [+ animal] montrer ⓑ [+ courage, skill, ingenuity] faire preuve de; [+ tendencies] montrer; [+ behaviour] afficher; [+ symptoms] présenter 2 VI [artist, sculptor] exposer 3 N ⓐ (in exhibition) œuvre (f) ⓑ (= piece of evidence) pièce (f) à conviction; **~ A** première pièce (f) à conviction ⓒ (US = exhibition) exposition (f); **a retrospective ~** une rétrospective

exhibition /ˌeksɪˈbɪʃən/ N exposition (f); **to make an ~ of o.s.** se donner en spectacle ♦ **exhibition centre** N centre (m) d'expositions ♦ **exhibition match** N match-exhibition (m)

⚠ **exhibition** is not translated by the French word **exhibition**.

exhibitionist /ˌeksɪˈbɪʃənɪst/ ADJ, N exhibitionniste (mf)

exhibitor /ɪgˈzɪbɪtə/ N exposant(e) (m(f))

exhilarate /ɪgˈzɪləreɪt/ VT [music, experience, speed] rendre euphorique; **to be ~d** être euphorique

exhilarating /ɪgˈzɪləreɪtɪŋ/ ADJ [experience, feeling, ride] grisant; [air] vivifiant; [activity] exaltant

exhilaration /ɪgˌzɪləˈreɪʃən/ N euphorie (f)

ex-husband /ˌeksˈhæzbənd/ N ex-mari (m)

exile /ˈeksaɪl/ 1 N ⓐ (= person) exilé(e) (m(f)) ⓑ (= condition) exil (m); **in ~** en exil; **to send into ~** envoyer en exil; **to go into ~** s'exiler 2 VT exiler (**from** de)

exiled /ˈeksaɪld/ ADJ exilé

exist /ɪgˈzɪst/ VI ⓐ (= be in existence) exister ⓑ (= live) vivre; **we cannot ~ without water** nous ne pouvons pas vivre sans eau

existence /ɪgˈzɪstəns/ N existence (f); **to be in ~** exister; **to come into ~** voir le jour; **to call into ~** créer

existential /ˌegzɪˈstenʃəl/ ADJ existentiel

existentialism /ˌegzɪˈstenʃəlɪzəm/ N existentialisme (m)

existentialist /ˌegzɪˈstenʃəlɪst/ ADJ, N existentialiste (mf)

existing /ɪgˈzɪstɪŋ/ ADJ (= present) actuel; (= available) existant; **under ~ circumstances** dans les circonstances actuelles

exit /ˈeksɪt/ 1 N sortie (f); **to make one's ~** [actor] quitter la scène; [person leaving] sortir 2 VI (= go out) sortir 3 VT [+ computer file, program] quitter 4 COMP ♦ **exit poll** N sondage (m) effectué à la sortie des bureaux de vote ♦ **exit ramp** N (US) bretelle (f) d'accès ♦ **exit strategy** N stratégie (f) de repli ♦ **exit visa** N visa (m) de sortie

exodus /ˈeksədəs/ N exode (m); **there was a general ~** il y a eu un exode massif; **Exodus** (Bible) l'Exode (m)

exonerate /ɪgˈzɒnəreɪt/ VT disculper

exorbitant /ɪgˈzɔːbɪtənt/ ADJ exorbitant

exorcise /ˈeksɔːsaɪz/ VT exorciser

exorcism /ˈeksɔːsɪzəm/ N exorcisme (m)

exorcist /ˈeksɔːsɪst/ N exorciste (mf)

exotic /ɪgˈzɒtɪk/ ADJ exotique

expand /ɪkˈspænd/ 1 VT [+ business, trade, ideas] développer; [+ production] augmenter; [+ influence, empire] étendre; **to ~ one's knowledge** élargir ses connaissances 2 VI ⓐ [gas, liquid, metal] se dilater; [business, trade, ideas] se développer; [influence, empire] s'étendre; [knowledge] s'élargir; **the market is ~ing** le marché est en expansion ⓑ **to ~ (up)on** développer

expanding /ɪkˈspændɪŋ/ ADJ [market, industry, profession] en expansion; **a rapidly ~ industry** une industrie en pleine expansion

expanse /ɪkˈspæns/ N étendue (f)

expansion /ɪkˈspænʃən/ N expansion (f) ♦ **expansion card** N carte (f) d'extension

expansionism /ɪkˈspænʃənɪzəm/ N expansionnisme (m)

expansionist /ɪkˈspænʃənɪst/ ADJ, N expansionniste (mf)

expansive /ɪkˈspænsɪv/ ADJ [person, mood, gesture] expansif; [smile] chaleureux

expat• /eksˈpæt/ N (ABBR = **expatriate**) expatrié(e) (m(f)); **the ~ community** la communauté des expatriés

expatiate /ɪkˈspeɪʃɪeɪt/ VI discourir

expatriate 1 N expatrié(e) (m(f)); **British ~s** ressortissants (mpl) britanniques établis à l'étranger 2 ADJ [family, community] d'expatriés 3 VT expatrier

★ Lorsque **expatriate** est un nom ou un adjectif, la fin se prononce comme **it**: /eksˈpætrɪɪt/; lorsque c'est un verbe, elle se prononce comme **eight**: /eksˈpætrɪeɪt/.

expect /ɪkˈspekt/ 1 VT ⓐ (= anticipate) s'attendre à; (= predict) prévoir; (= count on) compter sur; (= hope for) espérer; **I ~ed as much** je m'y attendais; **as we had ~ed, he failed** il a échoué, comme nous l'avions prévu; **this suitcase is not as heavy as I ~ed** cette valise n'est pas aussi lourde que je le croyais; **I did not ~ that of him** je ne m'attendais pas à cela de lui; **we were ~ing rain** nous nous attendions à de la pluie; **to ~ that ...** s'attendre à ce que ... (+ subj); **I ~ that he'll come** je pense qu'il viendra; **to ~ to do sth** compter faire qch; **I know what to ~** je sais à quoi m'attendre; **well what did you ~?** il fallait s'y attendre!; **to ~ the worst** s'attendre au pire; **as ~ed** comme prévu; **that was to be ~ed** il fallait s'y attendre; **it is ~ed that ...** on s'attend à ce que ... (+ subj)
♦ **to be expected to do sth**: **the talks are ~ed to last two or three days** les négociations devraient durer deux ou trois jours; **she is ~ed to make an announcement this afternoon** elle doit faire une déclaration cet après-midi; **inflation is ~ed to rise this year** on s'attend à ce que l'inflation augmente cette année
ⓑ (= suppose) **I ~ so** je crois que oui; **this work is very tiring — yes, I ~ it is** ce travail est très fatigant — oui, je

m'en doute ; **I ~ he'll soon have finished** je pense qu'il aura bientôt fini ; **I ~ you're tired** je suppose que vous êtes fatigué
ⓒ (= *require*) attendre (**sth from sb** qch de qn) ; **you can't ~ too much from him** il ne faut pas trop lui en demander ; **the company ~s employees to be punctual** l'entreprise attend de ses employés qu'ils soient ponctuels ; **what do you ~ of me?** qu'attendez-vous de moi ? ; **I ~ you to tidy your own room** tu devras ranger ta chambre toi-même ; **what do you ~ me to do about it?** que voulez-vous que j'y fasse ? ; **you can't ~ them to take it seriously** comment voulez-vous qu'ils prennent cela au sérieux ? ; **are we ~ed to leave now?** est-ce que nous sommes censés partir tout de suite ?
ⓓ (= *await*) [+ *letter, visitor*] attendre ; **I am ~ing her tomorrow at 7pm** elle doit arriver demain à 19 heures ; **we are ~ing the parcel this week** nous devons recevoir le colis cette semaine ; **I am ~ing them for dinner** ils doivent venir dîner ; **to be ~ing a baby** attendre un enfant

2 VI [*pregnant woman*] **she is ~ing*** elle attend un enfant

expectancy /ɪkˈspektənsɪ/ N (= *hopefulness*) espoir (*m*) ; **an air of ~** une atmosphère d'impatience contenue ; **a look of ~** un regard plein d'espoir ; **awaited with eager ~** attendu avec une vive impatience

expectant /ɪksˈpektənt/ ADJ ⓐ [*mother, father*] futur (*before n*) ⓑ (= *excited*) [*person, crowd*] impatient ; [*silence, face, eyes, smile*] plein d'attente ; **with an ~ look on one's face** avec une expression d'attente sur son visage ; **an ~ atmosphere** une atmosphère d'impatience contenue

expectantly /ɪkˈspektəntlɪ/ ADV [*look at, smile*] avec l'air d'attendre quelque chose ; **to wait ~** attendre avec impatience

expectation /ˌekspekˈteɪʃən/ N attente (*f*) ; **contrary to all ~** contre toute attente ; **to come up to sb's ~s** répondre à l'attente de qn

expected /ɪkˈspektɪd/ ADJ [*change, growth*] attendu ; [*arrival*] prévu ; [*profit, loss*] escompté ; **what is their ~ time of arrival?** à quelle heure doivent-ils arriver ?

expedient /ɪkˈspiːdɪənt/ 1 ADJ opportun 2 N expédient (*m*)

expedite /ˈekspɪdaɪt/ VT [+ *preparations, process*] accélérer ; [+ *legal or official matters*] activer ; [+ *business, task*] expédier ; [+ *deal*] s'efforcer de conclure

expedition /ˌekspɪˈdɪʃən/ N expédition (*f*) ; (= *short trip*) tour (*m*) ; **a fishing ~** une partie de pêche

expel /ɪkˈspel/ VT (*from country, meeting*) expulser ; (*from party*) exclure ; (*from school*) renvoyer

expend /ɪkˈspend/ VT ⓐ (= *spend*) [+ *time, energy*] consacrer (**on doing sth** à faire qch) ; [+ *money*] dépenser (**on doing sth** pour faire qch) ⓑ (= *use up*) [+ *ammunition, resources*] épuiser

expendable /ɪkˈspendəbl/ ADJ non indispensable

expenditure /ɪkˈspendɪtʃəʳ/ N (= *money spent*) dépense(s) (*f(pl)*) ; **heavy ~** de grosses dépenses

expense /ɪkˈspens/ 1 N ⓐ (= *money spent*) frais (*mpl*) ; **regardless of ~** quel qu'en soit le coût ; **that will involve him in some ~** cela lui occasionnera des frais ; **at my ~** à mes frais ; **at public ~** aux frais de l'État ; **at little ~** à peu de frais ; **at great ~** à grands frais ; **to go to the ~ of buying a car** aller jusqu'à acheter une voiture ; **to put sb to ~** causer des dépenses à qn ; **to put sb to great ~** occasionner de grosses dépenses à qn ; **to go to great ~ on sb's account** engager de grosses dépenses pour qn ; **to live at other people's ~** vivre à la charge des autres
ⓑ (= *disadvantage*) **at the ~ of** [+ *person, one's health, happiness*] au détriment de ; **to have a good laugh at sb's ~** bien rire aux dépens de qn ; **to get rich at other people's ~** s'enrichir aux dépens d'autrui

2 NPL **expenses** frais (*mpl*) ; **he gets all his ~s paid** il se fait rembourser tous ses frais ; **on ~s** sur note de frais

3 COMP ♦ **expense account** N frais (*mpl*) de représentation ; **this will go on his ~ account** cela passera sur sa note de frais

expensive /ɪkˈspensɪv/ ADJ cher ; [*hobby, holiday, undertaking*] coûteux ; **this was an ~ mistake** c'est une erreur qui a coûté cher ; **to have ~ tastes** avoir des goûts de luxe ; **it is very ~ to live in London** ça revient très cher de vivre à Londres

expensively /ɪkˈspensɪvlɪ/ ADV [*furnished*] luxueusement ; **she was ~ dressed** elle portait des vêtements chers

experience /ɪkˈspɪərɪəns/ 1 N expérience (*f*) ; **in my ~** d'après mon expérience ; **I know by ~** je sais par expérience ; **from my own ~** d'après mon expérience personnelle ; **that was quite an ~!** quelle expérience ! ; **I know from bitter ~ that ...** j'ai appris à mes dépens que ... ; **I had a pleasant/frightening ~** il m'est arrivé une aventure agréable/effrayante ; **she's had some terrible ~s** elle a subi de rudes épreuves ; **unfortunate ~** mésaventure (*f*)

♦ **experience of**: **he has no ~ of real unhappiness** il n'a jamais vraiment connu le malheur ; **he has no ~ of living in the country** il ne sait pas ce que c'est que de vivre à la campagne ; **have you any previous ~ of this kind of work?** avez-vous déjà fait ce genre de travail ? ; **I've had no ~ of driving this type of car** je n'ai jamais conduit une voiture de ce type

2 VT ⓐ (= *undergo*) [+ *misfortune, hardship*] connaître ; [+ *setbacks, losses*] essuyer ; [+ *conditions*] être confronté à ; [+ *ill treatment*] subir ; [+ *difficulties*] rencontrer
ⓑ (= *feel*) [+ *sensation, terror, remorse*] éprouver ; [+ *emotion, joy, elation*] ressentir

experienced /ɪkˈspɪərɪənst/ ADJ [*person*] expérimenté ; **she is not ~ enough** elle n'a pas assez d'expérience ; **"~ driver required"** « on recherche chauffeur : expérience exigée » ; **to be sexually ~** avoir de l'expérience sur le plan sexuel ; **to be ~ in sth** avoir de l'expérience en qch ; **to be ~ in doing sth** avoir l'habitude de faire qch

experiment 1 N expérience (*f*) ; **to carry out an ~** faire une expérience ; **by way of ~** à titre d'expérience 2 VI faire une expérience ; **to ~ with a new vaccine** expérimenter un nouveau vaccin ; **to ~ on guinea pigs** faire des expériences sur des cobayes ; **to ~ with drugs** goûter à la drogue

> ★ *Lorsque* **experiment** *est un nom, la fin se prononce comme* ant *dans* giant: /ɪkˈsperɪmənt/ ; *lorsque c'est un verbe, elle se prononce comme* ent *dans* went: /ɪkˈsperɪˌment/.

experimental /ɪkˌsperɪˈmentl/ ADJ expérimental

experimentally /ɪkˌsperɪˈmentəlɪ/ ADV (= *to see what happens*) pour voir

experimentation /ɪkˌsperɪmenˈteɪʃən/ N expérimentation (*f*)

expert /ˈekspɜːt/ 1 N spécialiste (*mf*) (**on, at** en) ; (= *officially qualified*) expert (*m*) ; **he is a wine ~** c'est un grand connaisseur en vins ; **he is an ~ on the subject** c'est un expert en la matière 2 ADJ [*carpenter, hands*] expert ; [*advice, opinion, knowledge*] d'un expert ; **to be ~ at sth/at doing sth** être expert en qch/à faire qch ; **he ran an ~ eye over the photographs** il a regardé les photographies d'un œil expert

expertise /ˌekspɜːˈtiːz/ N (= *knowledge*) expertise (*f*) ; (= *competence*) compétence (*f*) (**in** en)

expertly /ˈekspɜːtlɪ/ ADV de façon experte

expire /ɪkˈspaɪəʳ/ VI [*lease, passport, licence, contract*] expirer ; [*period, time limit*] arriver à terme

expiry /ɪkˈspaɪərɪ/ N expiration (*f*) ; **~ date** date (*f*) d'expiration ; (*on label*) à utiliser avant ...

explain /ɪkˈspleɪn/ VT expliquer ; [+ *mystery*] élucider ; **that is easily ~ed** cela s'explique facilement ; **let me ~** je m'explique ; **he ~ed to us why he had been absent** il nous a expliqué pourquoi il avait été absent

► **explain away** VT SEP justifier

explainable /ɪkˈspleɪnəbl/ ADJ explicable ; **that is easily ~** cela s'explique facilement

explanation /ˌekspləˈneɪʃən/ N explication (*f*) ; **these instructions need some ~** ces instructions demandent quelques éclaircissements; **to find an ~ for sth** trouver l'explication de qch

explanatory /ɪk'splænətərɪ/ ADJ explicatif

expletive /ɪk'spliːtɪv/ N juron (m)

explicit /ɪk'splɪsɪt/ ADJ explicite; **in ~ detail** avec force détails

explicitly /ɪk'splɪsɪtlɪ/ ADV explicitement

explode /ɪk'spləʊd/ **1** VI exploser; **to ~ with laughter** éclater de rire **2** VT [+ *bomb*] faire exploser; [+ *theory, argument*] faire voler en éclats; **to ~ the myth that ...** démolir le mythe selon lequel ...

exploit 1 N ⓐ (*heroic*) exploit (m); (= *feat*) prouesse (f) ⓑ **exploits** (= *adventures*) aventures (fpl) **2** VT exploiter; [+ *situation*] profiter de

★ *Lorsque* **exploit** *est un nom, l'accent tombe sur la première syllabe:* /'eksplɔɪt/, *lorsque c'est un verbe, sur la seconde:* /ɪk'splɔɪt/.

exploitation /ˌeksplɔɪ'teɪʃən/ N exploitation (f)

exploitative /ɪk'splɔɪtətɪv/ ADJ exploiteur (-trice (f))

exploration /ˌeksplə'reɪʃən/ N exploration (f)

exploratory /ɪk'splɒrətərɪ/ ADJ [*expedition, drilling*] de reconnaissance; [*meeting, trip, stage*] exploratoire; **to have ~ surgery** subir une opération exploratoire

explore /ɪk'splɔː'/ VT explorer; **to go exploring** partir en exploration; **to ~ the ground** tâter le terrain; **to ~ every avenue** examiner toutes les possibilités; **to ~ the possibilities** étudier les possibilités

explorer /ɪk'splɔːrə'/ N explorateur (m), -trice (f)

explosion /ɪk'spləʊʒən/ N explosion (f); [*of violence*] flambée (f); **an ~ in demand for sth** une explosion de la demande en qch; **price ~** flambée (f) des prix

explosive /ɪk'spləʊsɪv/ **1** ADJ explosif; **an ~ mixture** un mélange explosif **2** N (= *substance*) explosif (m)

exponent /ɪk'spəʊnənt/ N [*of theory*] champion(ne) (m(f)); **the principal ~ of this movement** le chef de file de ce mouvement

exponential /ˌekspəʊ'nenʃəl/ ADJ exponentiel

export 1 VT exporter (**to** vers) **2** VI exporter (**to** vers) **3** N ⓐ (*activity*); **for ~ only** réservé à l'exportation; **~ permit** licence (f) d'exportation; **~ manager** chef (m) du service export ⓑ (= *object, commodity*) produit (m) d'exportation; **ban on ~s** interdiction (f) des exportations

★ *Lorsque* **export** *est un verbe, l'accent tombe sur la seconde syllabe:* /ɪk'spɔːt/, *lorsque c'est un nom, sur la première:* /'ekspɔːt/.

exporter /ɪk'spɔːtə'/ N (= *person*) exportateur (m), -trice (f); (= *country*) pays (m) exportateur

expose /ɪk'spəʊz/ VT ⓐ (= *uncover*) exposer; [+ *wire, nerve, body part*] mettre à nu; **to ~ to radiation** exposer à des radiations; **to ~ to danger** exposer au danger; **to ~ o.s. to criticism** s'exposer à la critique; **to be ~d to view** s'offrir à la vue; **he ~d himself to the risk of losing his job** il a pris le risque de perdre sa place; **the course ~s students to many points of view** le cours présente aux étudiants de nombreux points de vue; **to ~ o.s.** (*indecently*) commettre un outrage à la pudeur

◆ **to be exposed to** [+ *idea, experience*] être confronté à ⓑ (= *unmask*) [+ *vice, scandal, plot, lie*] dévoiler; [+ *secret*] éventer; (= *denounce*) démasquer (**as** comme étant); **the affair ~d him as a fraud** cette affaire a montré que c'était un imposteur ⓒ [+ *photograph*] exposer

exposed /ɪk'spəʊzd/ ADJ (= *unprotected*) exposé (f); [*ground*] découvert; **the house is in a very ~ position** la maison est très exposée

exposition /ˌekspə'zɪʃən/ N exposition (f)

exposure /ɪk'spəʊʒə'/ N ⓐ (= *contact*) exposition (f) (**to sth** à qch); **to risk ~ to a virus** risquer d'être mis en contact avec un virus; **education means ~ to new ideas** l'éducation, c'est être confronté à des idées nouvelles ⓑ (= *hypothermia*) hypothermie (f); **to die of ~** mourir de

froid
ⓒ [*of secret, corruption, scandal*] révélation (f); [*of person*] dénonciation (f)
ⓓ (= *publicity*) **it got a lot of ~ on television** on l'a beaucoup vu à la télévision
ⓔ (= *photograph*) pose (f); (= *amount of light*) exposition (f); (= *exposure time*) temps (m) de pose; **a 36-~ film** une pellicule 36 poses

expound /ɪk'spaʊnd/ VT [+ *theory*] expliquer; [+ *one's views*] exposer

express /ɪk'spres/ **1** VT exprimer; **to ~ o.s.** s'exprimer; **they have ~ed (an) interest in ...** ils ont manifesté de l'intérêt pour ...

2 ADJ ⓐ [*order, instruction*] exprès (-esse (f)); [*purpose, intention*] délibéré; **with the ~ purpose of doing sth** dans le seul but de faire qch
ⓑ [*letter, delivery, mail*] exprès (*inv*); [*service*] express (*inv*)

3 ADV [*send*] en exprès

4 N (= *train*) rapide (m)

5 COMP ◆ **express delivery, express mail** N (Brit = *system*) distribution (f) exprès; **to send sth by ~ delivery** or **mail** envoyer qch en exprès ◆ **express train** N train (m) express

expression /ɪk'spreʃən/ N expression (f)

expressionism /ɪk'spreʃə,nɪzəm/ N expressionnisme (m)

expressionist /ɪk'spreʃə,nɪst/ ADJ, N expressionniste (mf)

expressionless /ɪk'spreʃənlɪs/ ADJ [*person*] sans expression; [*face, eyes, look*] inexpressif; [*voice*] monotone; [*playing, style*] plat

expressive /ɪk'spresɪv/ ADJ [*face, gesture*] expressif; [*power*] d'expression

expressiveness /ɪk'spresɪvnɪs/ N expressivité (f); [*of words*] force (f) expressive

expressly /ɪk'spreslɪ/ ADV expressément

expresso /ɪk'spresəʊ/ N (café (m)) express (m)

expressway /ɪk'spreswei/ N voie (f) express

expropriate /eks'prəʊprɪeɪt/ VT exproprier

expulsion /ɪk'spʌlʃən/ N expulsion (f); (*from school*) renvoi (m) ◆ **expulsion order** N arrêté (m) d'expulsion

expurgate /'ekspɜːgeɪt/ VT expurger

exquisite /ɪk'skwɪzɪt/ ADJ exquis; **in ~ detail** dans les moindres détails

exquisitely /ɪk'skwɪzɪtlɪ/ ADV de façon exquise; **~ beautiful** d'une beauté exquise

ex-serviceman /ˌeks'sɜːvɪsmæn/ N (pl **ex-servicemen**) ancien militaire (m); (= *war veteran*) ancien combattant (m)

extant /ek'stænt/ ADJ existant

extend /ɪk'stend/ **1** VT ⓐ (= *enlarge*) agrandir; [+ *powers, business*] étendre; [+ *sphere of influence*] élargir; [+ *limits, period*] prolonger; **to ~ one's vocabulary** enrichir son vocabulaire; **to ~ a time limit** accorder un délai
ⓑ (= *prolong*) prolonger (**by** de); **to ~ one's stay by two weeks** prolonger son séjour de deux semaines
ⓒ (= *give*) [+ *hospitality, friendship*] offrir; [+ *thanks, condolences, congratulations*] présenter; **to ~ an invitation** adresser une invitation
ⓓ (= *stretch out*) [+ *arm*] étendre; **to ~ one's hand (to sb)** tendre la main (à qn); **to be fully ~ed** [*ladder, telescope*] être entièrement déployé

2 VI [*wall, estate*] s'étendre (**to, as far as** jusqu'à); [*table*] s'allonger; [*meeting, visit*] se prolonger (**over** pendant); **the caves ~ for some 10 kilometres** les grottes s'étendent sur quelque 10 kilomètres; **the table ~s to 220cm** avec ses rallonges, cette table fait 220 cm

extendable /ɪk'stendəbl/ ADJ [*ladder*] coulissante; [*contract, lease*] renouvelable

extended /ɪk'stendɪd/ ADJ prolongé; [*leave*] longue durée; **for an ~ period** pendant une période supplémentaire; **~ care facilities** (US) soins (mpl) pour convalescents; **the ~ family** la famille élargie

extension /ɪk'stenʃən/ **1** N ⓐ (*to building*) **to build an ~**

to a house agrandir une maison ; **a new ~ to the library** une nouvelle annexe de la bibliothèque
ⓑ (= *continuation*) prolongement (m) (**to sth** de qch) ; (= *extra part: for table, pipe*) rallonge (f)
ⓒ (= *extra time*) prolongation (f) (**to sth** de qch) ; **there will be no ~ of the deadline** le délai ne sera pas prolongé ; **to grant an ~ of a deadline** accorder un délai supplémentaire
ⓓ (= *development*) [*of rights, powers*] extension (f) ; [*of idea, concept*] développement (m) ; **by ~** par extension
ⓔ (= *phone*) (*in house*) appareil (m) supplémentaire ; (*in office*) poste (m) ; **you can get me on ~ 308** vous pouvez me joindre au poste 308
2 COMP ✦ **extension cable, extension cord** (US) N prolongateur (m) ✦ **extension ladder** N échelle (f) coulissante ✦ **extension lead** N prolongateur (m)

extensive /ɪk'stensɪv/ ADJ [*area, knowledge, range*] étendu ; [*damage, alterations, experience*] considérable ; [*reforms*] de grande envergure ; [*research, discussions*] approfondi ; [*menu*] varié ; [*tour*] complet (-ète (f)) ; **to make ~ use of sth** beaucoup utiliser qch ; **her visit got ~ coverage** sa visite a fait l'objet de très nombreux articles

extensively /ɪk'stensɪvlɪ/ ADV [*travel, work, write*] beaucoup ; [*damage*] considérablement ; [*revise, discuss*] en profondeur ; [*quote, report*] abondamment ; **to use sth ~** beaucoup utiliser qch ; **the story was covered ~ in the press** cette histoire a fait l'objet de nombreux articles dans la presse ; **the band has toured ~** le groupe a fait des tournées un peu partout

extent /ɪk'stent/ N ⓐ (= *size*) étendue (f) ; (= *length*) longueur (f) ⓑ [*of commitments, losses*] importance (f) ; [*of knowledge, power, influence, damage*] étendue (f) ⓒ (= *degree*) mesure (f) ; **to what ~?** dans quelle mesure ? ; **to some ~** dans une certaine mesure ; **to a large ~** dans une grande mesure ; **to a small ~** dans une faible mesure ; **to such an ~ that ...** à tel point que ...

extenuate /ɪk'stenjʊ,eɪt/ VT atténuer ; **extenuating circumstances** circonstances (fpl) atténuantes

exterior /ɪk'stɪərɪəʳ/ 1 ADJ extérieur (-eure (f)) 2 N extérieur (m) ; **on the ~** à l'extérieur ; **underneath his rough ~, he ...** sous ses dehors rudes, il ...

exterminate /ɪk'stɜːmɪ,neɪt/ VT exterminer

extermination /ɪk,stɜːmɪ'neɪʃən/ N extermination (f)

exterminator /ɪk'stɜːmɪ,neɪtəʳ/ N (US = *rat-catcher*) employé(e) (m(f)) des services de dératisation

external /ɪk'stɜːnl/ 1 ADJ extérieur (-eure (f)) ; **"for ~ use only"** « à usage externe » 2 NPL **the externals** les apparences (fpl) 3 COMP ✦ **external examiner** N (Brit) examinateur (m), -trice (f) extérieur(e)

externalize /ɪk'stɜːnə,laɪz/ VT extérioriser

externally /ɪk'stɜːnəlɪ/ ADV (= *from the outside*) de l'extérieur ; (= *on the outside*) sur l'extérieur ; **"to be used ~"** « à usage externe »

extinct /ɪk'stɪŋkt/ ADJ ⓐ (= *no longer existing*) disparu ; **to become ~** disparaître ; **to be nearly ~** être en voie d'extinction ⓑ [*volcano*] éteint

extinction /ɪk'stɪŋkʃən/ N extinction (f)

extinguish /ɪk'stɪŋgwɪʃ/ VT éteindre ; [+ *hopes*] anéantir

extinguisher /ɪk'stɪŋgwɪʃəʳ/ N extincteur (m)

extn (ABBR = **extension**) (= *phone*) poste (m)

extol /ɪk'stəʊl/ VT [+ *person*] porter aux nues ; [+ *act, quality*] vanter ; **to ~ the virtues of ...** chanter les louanges de ...

extort /ɪk'stɔːt/ VT [+ *money*] extorquer (**from** à)

extortion /ɪk'stɔːʃən/ N extorsion (f)

extortionate /ɪk'stɔːʃənɪt/ ADJ exorbitant

extortionist /ɪk'stɔːʃənɪst/ N escroc (m)

extra /'ekstrə/ 1 ADJ supplémentaire ; **to work ~ hours** faire des heures supplémentaires ; **take an ~ pair of shoes** prends une paire de chaussures supplémentaire ; **for ~ safety** pour plus de sécurité ; **take ~ care!** fais bien attention ! ; **to earn an ~ $80 a week** gagner 80 dollars de plus par semaine ; **wine is ~** le vin est en supplément ;

there's no ~ charge for the wine le vin est compris ; **take some ~ money just to be on the safe side** prends un peu plus d'argent, on ne sait jamais ; **to go to ~ expense** faire des frais ; **~ pay** supplément (m) de salaire ; **postage and packing ~** frais d'expédition non compris
2 ADV ⓐ (= *more money*) **to pay/charge ~** payer/faire payer un supplément ; **a room with a bath costs ~** les chambres avec salle de bains coûtent plus cher
ⓑ (= *especially*)* [*cautious, special*] encore plus ; **he was ~ nice to her** il a été extrêmement gentil avec elle ; **I'll try ~ hard** je ferai un effort tout particulier ; **~ large** [*eggs*] très gros ; [*garment*] extra large
3 N ⓐ (= *perk*) à-côté (m)
ⓑ (= *actor*) figurant(e) (m(f))
ⓒ (US = *gasoline*) super(carburant) (m)
4 NPL **extras** (= *expenses*) frais (mpl) supplémentaires ; **those little ~s** (= *luxuries*) ces petits extras (mpl) ; **there are no hidden ~s** il n'y a pas de faux frais
5 COMP ✦ **extra time** N prolongations (fpl) ; **the match went to ~ time** on a joué les prolongations

extract 1 VT [+ *juice, minerals, oil, bullet*] extraire (**from** de) ; [+ *tooth*] arracher ; [+ *confession, promise*] arracher (**from** à) ; [+ *information, money*] soutirer (**from** à) 2 N extrait (m) ; **~s from Voltaire** morceaux (mpl) choisis de Voltaire

★ *Lorsque* extract *est un verbe, l'accent tombe sur la seconde syllabe :* /ɪk'strækt/, *lorsque c'est un nom, sur la première :* /'ekstrækt/.

extraction /ɪk'strækʃən/ N extraction (f) ; **to be of Scottish ~** être d'origine écossaise

extractor /ɪk'stræktəʳ/ N extracteur (m) ✦ **extractor fan** N (Brit) ventilateur (m) ✦ **extractor hood** N (Brit) hotte (f) aspirante

extracurricular /'ekstrəkə'rɪkjʊləʳ/ ADJ périscolaire ; [*sports, activities*] en dehors des heures de classe

extradite /'ekstrə,daɪt/ VT extrader

extradition /,ekstrə'dɪʃən/ N extradition (f)

extramarital /'ekstrə'mærɪtl/ ADJ extraconjugal

extramural /'ekstrə'mjʊərəl/ ADJ [*course*] hors faculté (*donné par des professeurs accrédités par la faculté et ouvert au public*) ; **Department of Extramural Studies** (Brit) ≈ Institut (m) d'éducation permanente

extraneous /ɪk'streɪnɪəs/ ADJ (= *irrelevant*) étranger au sujet ; **~ to** étranger à

extranet /'ekstrənet/ N extranet (m)

extraordinarily /ɪk'strɔːdnrɪlɪ/ ADV extraordinairement

extraordinary /ɪk'strɔːdnrɪ/ ADJ extraordinaire ; **there's nothing ~ about that** cela n'a rien d'extraordinaire ; **what an ~ thing to say!** quelle idée saugrenue ! ; **the ~ thing is that he's right** ce qu'il y a d'extraordinaire c'est qu'il a raison

extrapolate /ɪk'stræpəleɪt/ VT extrapoler (**from** à partir de)

extrapolation /ɪk,stræpə'leɪʃən/ N extrapolation (f)

extrasensory /'ekstrə'sensərɪ/ ADJ extrasensoriel ✦ **extrasensory perception** N perception (f) extrasensorielle

extra-special /,ekstrə'speʃəl/ ADJ exceptionnel

extraterrestrial /,ekstrətɪ'restrɪəl/ ADJ, N extraterrestre (mf)

extravagance /ɪk'strævəgəns/ N ⓐ (= *overspending*) **he was accused of ~** on l'a accusé d'avoir fait des dépenses extravagantes ⓑ (= *thing bought*) folie (f) ⓒ (= *wastefulness*) gaspillage (m)

extravagant /ɪk'strævəgənt/ ADJ ⓐ (*financially*) [*person*] dépensier ; [*tastes*] de luxe ; [*gift*] somptueux ; [*price*] exorbitant ; **~ spending** dépenses (fpl) excessives ; **it seems ~ to hire a car** ça paraît exagéré de louer une voiture ; **it was very ~ of him to buy this ring** il a fait une folie en achetant cette bague ; **to have an ~ lifestyle** mener un train de vie fastueux ⓑ (= *exaggerated*) extravagant

extravagantly /ɪk'strævəgəntlɪ/ ADV [*spend*] sans compter ; [*use*] avec prodigalité ; [*entertain*] sans regarder à la dépense ; [*furnish*] avec luxe ; **to live ~** mener un train de vie fastueux

extravaganza /ɪkˌstrævəˈgænzə/ N (= *show*) spectacle (m) somptueux

extreme /ɪkˈstriːm/ **1** ADJ extrême ; **in ~ danger** en très grand danger ; **~ old age** l'extrême vieillesse (f) ; **he died in ~ poverty** il est mort dans une misère extrême ; **the ~ left/right** l'extrême gauche (f)/droite (f) ; **to be ~ in one's opinions** être extrémiste **2** extrême (m) ; **in the ~** à l'extrême ; **to go from one ~ to the other** passer d'un extrême à l'autre ; **~s of temperature** des écarts (mpl) extrêmes de température ; **to go to ~s** pousser les choses à l'extrême ; **I won't go to that ~** je n'irai pas jusque-là

extremely /ɪkˈstriːmlɪ/ ADV extrêmement ; **to be ~ successful** avoir énormément de succès

extremism /ɪkˈstriːmɪzəm/ N extrémisme (m)

extremist /ɪkˈstriːmɪst/ ADJ, N extrémiste (mf)

extremity /ɪkˈstremɪtɪ/ N extrémité (f) ; **extremities** (= *hands and feet*) extrémités (fpl)

extricate /ˈekstrɪkeɪt/ VT [+ *object*] dégager ; **to ~ o.s.** s'extirper ; (*from situation*) se tirer

extroversion /ˌekstrəˈvɜːʃən/ N extraversion (f)

extrovert /ˈekstrəʊvɜːt/ **1** ADJ extraverti **2** N extraverti(e) (m(f))

extroverted /ˈekstrəʊˌvɜːtɪd/ ADJ extraverti

exuberance /ɪgˈzjuːbərəns/ N exubérance (f)

exuberant /ɪgˈzjuːbərənt/ ADJ exubérant ; [*colour*] vif

exuberantly /ɪgˈzjuːbərəntlɪ/ ADV [*laugh, greet*] avec exubérance ; **to be ~ happy** manifester une joie exubérante

exude /ɪgˈzjuːd/ VT [+ *resin, blood*] exsuder ; **to ~ water** suinter ; **he ~s charm** il a un charme fou ; **he ~s confidence** il respire la confiance en soi

exult /ɪgˈzʌlt/ VI (= *rejoice*) se réjouir (**in, at** de, **over** à propos de)

exultant /ɪgˈzʌltənt/ ADJ triomphant ; **to be ~** être d'humeur joyeuse

ex-wife /ˌeksˈwaɪf/ N (pl **ex-wives**) ex-femme (f)

---

eye /aɪ/

1 NOUN	3 COMPOUNDS
2 TRANSITIVE VERB	4 PHRASAL VERBS

1 NOUN

ⓐ **of person, animal** œil (m) ; **~s** yeux (mpl) ; **to have blue ~s** avoir les yeux bleus ; **a girl with blue ~s** une fille aux yeux bleus ; **a catastrophe is unfolding before our very ~s** une catastrophe se déroule actuellement sous nos yeux ; **with tears in her ~s** les larmes aux yeux ; **he couldn't keep his ~s open** il dormait debout ; **to let one's ~ rest on sth** poser son regard sur qch ; **I've never set ~s on him** je ne l'ai jamais vu ; **I haven't got ~s in the back of my head** je n'ai pas le don d'ubiquité ; **why don't you use your ~s?** tu es aveugle ? ; **I saw it with my own ~s** je l'ai vu de mes propres yeux ; **an ~ for an ~ and a tooth for a tooth** œil pour œil, dent pour dent ; **to give sb the ~*** faire de l'œil* à qn ; **to see ~ to ~ with sb** être d'accord avec qn ; **the story is seen through the ~s of a child** l'histoire est vue à travers les yeux d'un enfant

ⓑ **of needle** chas (m) ; [*of potato*] œil (m) (yeux (pl)) ; [*of hurricane*] œil (m) ; **the ~ of the storm** l'œil (m) du cyclone

ⓒ **= surveillance** **to keep an ~ on things** garder la boutique* ; **will you keep an ~ on the baby?** vous pouvez surveiller le bébé ? ; **he chopped the onions under his mother's watchful ~** il coupait les oignons sous l'œil attentif de sa mère ; **with a critical/an uneasy ~** d'un œil critique/inquiet

ⓓ **= flair** **customers with an ~ for a bargain** les clients qui savent flairer les bonnes affaires ; **she's got an ~ for a good story** elle sait repérer l'histoire qui intéressera les lecteurs ; **you need an ~ for detail** il faut avoir le sens du détail

ⓔ **eyes** (= *attention*)**he only had ~s for her** il n'avait d'yeux que pour elle ; **he didn't take his ~s off her** il ne l'a pas quittée des yeux ; **he couldn't take his ~s off the cakes** il dévorait les gâteaux des yeux ; **all ~s are on him** tous les regards sont tournés vers lui ; **to be all ~s*** être tout yeux ; **this will open his ~s to the truth** ça va lui ouvrir les yeux ; **for your ~s only** confidentiel ; **"~s only"** (*US*) « top secret » ; **to keep one's ~s open** ouvrir l'œil ; **keep your ~s open for a hotel** essayez de repérer* un hôtel

ⓕ **eyes** (= *opinion*) **in the ~s of ...** aux yeux de ... ; **in his ~s** à ses yeux ; **in the ~s of the law** aux yeux de la loi ; **to look at sth through someone else's ~s** regarder qch avec les yeux de quelqu'un d'autre

ⓖ **set structures**

♦ **in the eye**: **it hits you in the ~** cela saute aux yeux ; **that's one in the ~ for him*** c'est bien fait pour lui*

♦ **to close one's eyes to sth**: **to close one's ~s to a problem** occulter un problème ; **to close one's ~s to the dangers of sth** refuser de voir les écueils de qch ; **one can't close one's ~s to the fact that ...** il faut bien reconnaître que ...

♦ **to have one's eye on sth***: **he's got his ~ on the championship** il a en vue le championnat ; **I've already got my ~ on a house** j'ai déjà une maison en vue

♦ **up to one's eyes**: **to be up to one's ~s in work** être débordé de travail ; **to be up to one's ~s in debt** être endetté jusqu'au cou

♦ **with + eyes**: **with one's ~s closed** les yeux fermés ; **he went into it with his ~s wide open** il s'est engagé en toute connaissance de cause ; **I could do it with my ~s shut** je pourrais le faire les yeux fermés

♦ **with an eye to**: **with an ~ to the future** en prévision de l'avenir ; **to look at a house with an ~ to buying** visiter une maison dans la perspective de l'acheter

2 TRANSITIVE VERB

= look at regarder ; **they ~d the newcomer with interest** ils regardaient le nouveau venu avec intérêt

3 COMPOUNDS

♦ **eye candy*** N (*woman*) belle fille (f) ; (*man*) beau mec* (m) ♦ **eye-catching** ADJ [*dress, colour*] voyant ; [*headline, display*] accrocheur ♦ **eye contact** N **to avoid ~ contact with sb** éviter de regarder qn ♦ **eye doctor** N (*US*) oculiste (mf) ♦ **eye level** N **at ~ level** au niveau des yeux ♦ **eye-opener*** N (= *surprise*) révélation (f) ; **that was an ~-opener for him** cela lui a ouvert les yeux ♦ **eye-patch** N bandeau (m) ♦ **eye socket** N orbite (f) ♦ **eye test** N examen (m) de la vue

4 PHRASAL VERBS

► **eye up*** VT SEP (*Brit*) reluquer*

---

eyeball /ˈaɪbɔːl/ N globe (m) oculaire ; **to stand ~ to ~ with sb*** se trouver nez à nez avec qn ; **to be up to one's ~s in work*** être débordé (de travail) ; **to be up to one's ~s in debt*** être endetté jusqu'au cou*

eyebrow /ˈaɪbraʊ/ N sourcil (m) ♦ **eyebrow pencil** N crayon (m) à sourcils

-eyed /aɪd/ ADJ (*in compounds*) **brown-eyed** aux yeux marron

eyedrops /ˈaɪdrɒps/ NPL collyre (m)

eyeful /ˈaɪfʊl/ N **she's quite an ~*** elle est vraiment canon*

eyeglasses /ˈaɪglɑːsɪz/ NPL (*US*) lunettes (fpl)

eyelash /ˈaɪlæʃ/ N cil (m)

eyelid /ˈaɪlɪd/ N paupière (f)

eyeliner /ˈaɪlaɪnəʳ/ N eye-liner (m)

eyepiece /ˈaɪpiːs/ N oculaire (m)

eyeshade /ˈaɪʃeɪd/ N visière (f)

eyeshadow /ˈaɪʃædəʊ/ N fard (m) à paupières

eyesight /ˈaɪsaɪt/ N vue (f) ; **to have good ~** avoir une bonne vue

eyesore /ˈaɪsɔːʳ/ N horreur (f) ; **these tower blocks are an ~** ces immeubles sont hideux

eyestrain /'aɪstreɪn/ N **to have ~** avoir les yeux fatigués

eyetooth /'aɪtuːθ/ N (*pl* **-teeth** /'aɪtiːθ/) canine *(f)* supérieure; **I'd give my eyeteeth* to go to China** qu'est-ce que je ne donnerais pas pour aller en Chine !

eyewash /'aɪwɒʃ/ N **that's a lot of ~** (= *nonsense*) c'est du vent

eyewitness /'aɪˌwɪtnɪs/ N témoin *(m)* oculaire ◆ **eyewitness account** N récit *(m)* de témoin oculaire

F

F /ef/ N ⓐ (*Music*) fa *(m)* ⓑ (= *mark*) faible

FAA /ˌefer'eɪ/ (*US*) (ABBR = **Federal Aviation Administration**) Direction *(f)* générale de l'aviation civile

fable /'feɪbl/ N fable *(f)*

fabric /'fæbrɪk/ 1 N ⓐ (= *cloth*) tissu *(m)*; **cotton ~s** cotonnades *(fpl)*; **woollen ~s** lainages *(mpl)* ⓑ [*of building, society*] structure *(f)* 2 COMP ♦ **fabric conditioner, fabric softener** N produit *(m)* assouplissant

fabricate /'fæbrɪkeɪt/ VT fabriquer

fabrication /ˌfæbrɪ'keɪʃən/ N [*of goods*] fabrication *(f)*; **it is pure ~** c'est une invention pure et simple; **~ of evidence** fabrication *(f)* de preuves

fabulous* /'fæbjʊləs/ ADJ (= *wonderful*) fabuleux

---

face /feɪs/

1 NOUN	4 COMPOUNDS
2 TRANSITIVE VERB	5 PHRASAL VERBS
3 INTRANSITIVE VERB	

1 NOUN

ⓐ of person visage *(m)*; **his ~ is familiar** son visage me dit quelque chose; **injuries to the ~** blessures *(fpl)* au visage; **he won't show his ~ here again** il ne remettra plus les pieds ici; **to go red in the ~** rougir; **I could never look him in the ~ again** je ne pourrais plus jamais le regarder en face; **you're lying, it's written all over your ~!*** tu mens, ça se lit sur ton visage!; **in the ~ of this threat** face à cette menace; **it blew up in my ~** ça m'a explosé à la figure; **he told him so to his ~** il le lui a dit en face; **to come ~ to ~ with** [+ *person*] se trouver nez à nez avec; **get out of my ~!*** fous-moi la paix!*

ⓑ = front **he was lying ~ down** il était à plat ventre; **he was lying ~ up** il était allongé sur le dos

ⓒ = expression mine *(f)*; **to make ~s** faire des grimaces; **to put a brave ~ on things** faire bonne contenance

ⓓ = appearance visage *(m)*; **the changing ~ of Malaysian politics** le visage changeant de la politique malaise; **the unacceptable ~ of capitalism** la face inacceptable du capitalisme

♦ **on the face of it** à première vue

ⓔ = person* **a familiar ~** un visage familier; **we need some new ~s on the team** notre équipe a besoin de sang neuf

ⓕ of mountain face *(f)*

ⓖ = surface [*of playing card*] face *(f)*; [*of clock*] cadran *(m)*; **it fell ~ up/down** [*playing card, photo*] elle est tombée face en dessus/en dessous; **to turn sth ~ up** retourner qch; **he vanished off the ~ of the earth** il a complètement disparu

ⓗ = prestige **to lose ~*** perdre la face

2 TRANSITIVE VERB

ⓐ = look towards faire face à; **he was facing me** il me faisait face; **facing one another** l'un en face de l'autre; **he was facing the wall** il était face au mur

ⓑ = look out onto [*building*] donner sur

ⓒ = confront **two problems ~d them** ils se trouvaient devant deux problèmes; **the economic difficulties facing the country** les difficultés économiques que rencontre le pays

♦ **faced with**: **the government, ~d with renewed wage demands ...** le gouvernement, confronté à de nouvelles revendications salariales ...; **he was ~d with a bill for £100** il se voyait obligé de payer une note de 100 livres; **he was ~d with the prospect of doing it himself** il risquait d'avoir à le faire lui-même

ⓓ = face up to [+ *problem*] affronter; [+ *truth*] regarder en face; **she ~d the problem at last** elle a enfin affronté le problème; **to ~ the music** affronter la tempête; **to ~ facts** se rendre à l'évidence; **she won't ~ the fact that he's not going to come back** elle ne veut pas se rendre à l'évidence et admettre qu'il ne reviendra pas; **let's ~ it** regardons les choses en face

♦ **can't face**: **I can't ~ doing it** je n'ai pas le courage de le faire; **I can't ~ breakfast this morning** je ne peux rien avaler ce matin; **I can't ~ the washing up** je n'ai pas le courage de faire la vaisselle

ⓔ = risk incurring risquer; **many people were facing redundancy** beaucoup de gens risquaient d'être licenciés

ⓕ = appear before affronter; **he seemed quite calm as he ~d the press** il semblait calme au moment d'affronter la presse; **he was summoned to ~ the judge** il a été convoqué devant le juge

3 INTRANSITIVE VERB

ⓐ person faire face (*towards* à)

ⓑ house être orienté; **a window facing south** une fenêtre orientée au sud; **a room facing towards the sea** une chambre donnant sur la mer

4 COMPOUNDS

♦ **face card** N (*US*) figure *(f)* ♦ **face cloth** N ≈ gant *(m)* de toilette ♦ **face cream** N crème *(f)* pour le visage ♦ **face flannel** N (*Brit*) ≈ gant *(m)* de toilette ♦ **face-lift** N lifting *(m)*; **to have a ~-lift** se faire faire un lifting; **to give a ~-lift to** [+ *house*] (*exterior*) ravaler la façade de; (*interior*) retaper; [+ *political party, company*] rajeunir l'image de; **the town has been given a ~-lift** la ville a fait peau neuve ♦ **face powder** N poudre *(f)* ♦ **face-saving** ADJ **it was a ~-saving exercise on their part** ils l'ont fait pour sauver la face ♦ **face-to-face** ADJ face à face ♦ **face value** N **to take a statement at ~ value** prendre une déclaration au pied de la lettre; **to take sb at ~ value** juger qn sur les apparences

5 PHRASAL VERBS

► **face up to** VT INSEP faire face à; **to ~ up to the fact that ...** admettre que ...

---

faceless /'feɪslɪs/ ADJ anonyme

facet /'fæsɪt/ N facette *(f)*

facetious /fə'siːʃəs/ ADJ [*person*] facétieux; [*remark*] plaisant

facial /'feɪʃəl/ 1 ADJ [*muscles, expression*] du visage; [*injury*] au visage; **~ features** traits *(mpl)* du visage; **~ hair** poils *(mpl)* du visage 2 N **to have a ~*** se faire faire un soin du visage

facilitate /fəˈsɪlɪteɪt/ VT faciliter

facilitator /fəˈsɪlɪteɪtə'/ N *(political)* médiateur *(m)*, -trice *(f)* ; *(educational)* animateur *(m)*, -trice *(f)*

facility /fəˈsɪlɪtɪ/ N ⓐ **facilities** (= *equipment*) équipements *(mpl)* **(for** de**)** ; **military facilities** installations *(fpl)* militaires ; **storage facilities** entrepôts *(mpl)* ; **toilet facilities** toilettes *(fpl)* ; **health care facilities** services *(mpl)* de santé ; **child care facilities** crèches *(fpl)* ; *(for older children)* garderies *(fpl)* ; **the flat has no cooking facilities** l'appartement n'est pas équipé pour faire la cuisine ; **student facilities include a library and language laboratory** les étudiants disposent notamment d'une bibliothèque et d'un laboratoire de langues

ⓑ (= *means*) possibilité *(f)* **(for doing** de faire**)** ; **the bank offers the ~ to pay over 50 weeks** la banque offre la possibilité d'étaler les paiements sur 50 semaines ; **we have no facilities for disposing of toxic waste** nous ne sommes en mesure d'éliminer les déchets toxiques ; **the machine does not have the ~ to run this program** l'appareil ne permet pas d'exécuter ce programme

ⓒ (= *device*) mécanisme *(m)* ; *(on computer)* fonction *(f)* ; **the clock has a stopwatch ~** le réveil peut aussi servir de chronomètre ; **the oven has an automatic timing ~** le four est doté d'un minuteur automatique ; **there's a ~ for storing data** il y a une fonction de mise en mémoire des données

ⓓ (= *place*) **nuclear ~** (= *arms factory*) usine *(f)* nucléaire ; (= *power station*) centrale *(f)* nucléaire

ⓔ (= *ease*) facilité *(f)* ; **to express o.s. with ~** s'exprimer avec facilité ; **her ~ for learning** sa facilité à apprendre ; **he has a great ~ for languages** il a beaucoup de facilité en langues

fact /fækt/ 1 N ⓐ fait *(m)* ; **the ~ that he is here** le fait qu'il soit là ; **in view of the ~ that …** étant donné que … ; **despite the ~ that …** bien que … (+ *subj*) ; **is it a ~ that …?** est-il vrai que … ? ; **is that a ~?** vraiment ? ; **and that's a ~** c'est certain ; **to know for a ~ that …** être certain que … ; **we haven't got all the ~s and figures yet** nous ne disposons pas encore de tous les éléments ; **it's a ~ of life** la vie est ainsi faite ; **it's time he knew the ~s of life** il est temps de lui apprendre les choses de la vie ; *(about sex)* il est temps qu'il sache comment les enfants viennent au monde

♦ **in fact** en fait ; *(reinforcing sth)* effectivement ; **only I knew that Phyllis was, in ~, David's sister** j'étais le seul à savoir que Phyllis était en fait la sœur de David ; **he had promised to send the books and in ~ they arrived the next day** il avait promis d'envoyer les livres et ils sont effectivement arrivés le lendemain

ⓑ (= *reality*) réalité *(f)* ; **~ and fiction** la réalité et la fiction ; **he can't tell ~ from fiction** il ne sait pas séparer le vrai du faux ; **the ~ of the matter is that …** le fait est que … ; **I accept what he says as ~** je ne mets pas en doute la véracité de ses propos

2 COMP ♦ **fact-finding** ADJ **~-finding committee** commission *(f)* d'enquête ; **they were on a ~-finding mission to the front** ils étaient partis en mission d'inspection au front ; **~-finding session** séance *(f)* d'information ♦ **fact sheet** N fiche *(f)* d'information

faction /ˈfækʃən/ N faction *(f)*

factional /ˈfækʃənl/ ADJ entre factions

factor /ˈfæktə'/ N facteur *(m)* ; **risk ~** facteur *(m)* de risque ; **safety ~** facteur *(m)* de sécurité ; **determining ~** facteur *(m)* décisif ; **price is very much a determining ~ in deciding which car to buy** le prix est un critère déterminant lors de l'achat d'une voiture ; **the scandal was a contributing ~ in his defeat** le scandale a contribué à sa défaite ; **output has risen by a ~ of ten** la production a été multipliée par dix ; **sun protection ~ 25** indice *(m)* de protection 25

factory /ˈfæktərɪ/ N usine *(f)* ; **shoe ~** usine *(f)* de chaussures ; **car ~** usine *(f)* automobile ; **arms ~** manufacture *(f)*

d'armes ♦ **Factory Acts** NPL *(Brit)* législation *(f)* industrielle ♦ **factory farming** N élevage *(m)* industriel ♦ **factory floor** N ateliers *(mpl)* ; **workers on the ~ floor** ouvriers *(mpl)* ♦ **factory outlet** N magasin *(m)* d'usine ♦ **factory ship** N navire-usine *(m)* ♦ **factory worker** N ouvrier *(m)*, -ière *(f)*

factual /ˈfæktjʊəl/ ADJ *[information]* factuel ; *[error]* de fait

factually /ˈfæktjʊəlɪ/ ADV *[accurate, wrong]* dans les faits

faculty /ˈfækəltɪ/ N ⓐ faculté *(f)* ; **to have all one's faculties** avoir toutes ses facultés ; **critical ~** le sens critique ; **the Faculty of Arts** la faculté des lettres ; **the medical ~** la faculté de médecine ; **the Faculty** *(US)* le corps enseignant ⓑ (= *aptitude*) aptitude *(f)* **(for doing** à faire**)**

fad /fæd/ N *(personal)* lubie *(f)* ; (= *fashion*) mode *(f)* ; **her latest food ~** sa dernière lubie en matière de nourriture ; **a passing ~** un engouement passager

fade /feɪd/ VI ⓐ *[colour]* passer ; *[material]* se décolorer ; *[light]* baisser ; **guaranteed not to ~** garanti bon teint ⓑ (= *fade away*) *[memory]* s'effacer ; *[interest]* décliner ; *[sympathy]* diminuer ; *[sound]* s'affaiblir ; *[hopes]* s'évanouir ; **her voice ~d into silence** sa voix s'est éteinte ; **the sound is fading** *(on radio)* il y a du fading ; **hopes are fading of finding any more survivors** l'espoir de découvrir d'autres survivants s'amenuise ; **this singer ~d into obscurity after just one hit** ce chanteur est retombé dans l'anonymat après seulement un tube*

faded /ˈfeɪdɪd/ ADJ *[material]* décoloré ; *[jeans]* délavé

faeces, feces *(US)* /ˈfiːsiːz/ NPL selles *(fpl)*

faff* /fæf/ VI *(Brit)* **to ~ about** *or* **around** glandouiller⁑

fag /fæg/ 1 N ⓐ *(Brit* = *cigarette)*⁑ clope* *(f)* ⓑ *(US* = *homosexual)*⁑ pédé⁑ *(m)* 2 COMP ♦ **fag end⁑** N *[of cigarette]* mégot* *(m)* ; (= *remainder*) reste *(m)* ; *[of conversation]* dernières bribes *(fpl)* ♦ **fag hag⁑** N **she's a ~ hag** elle a des amis homos*

Fahrenheit /ˈfærənhaɪt/ ADJ Fahrenheit *(inv)* ; **degrees ~** degrés *(mpl)* Fahrenheit

fail /feɪl/ 1 VI ⓐ (= *be unsuccessful*) échouer ; *[business]* faire faillite ; **to ~ in an exam/in Latin** échouer à un examen/en latin ; **to ~ by five votes** échouer à cinq voix près ; **to ~ miserably** échouer lamentablement ; **he ~ed in his attempt to take control of the company** sa tentative de prendre le contrôle de la société a échoué

ⓑ (= *grow weak*) *[hearing, health]* décliner ; *[eyesight]* baisser ; *[invalid, voice]* s'affaiblir ; **his heart ~ed** il a eu une défaillance cardiaque ; **the daylight was beginning to ~** le jour commençait à baisser

ⓒ (= *run short*) manquer ; **crops ~ed because of the drought** la sécheresse a détruit les récoltes

ⓓ (= *break down*) *[engine]* tomber en panne ; *[brakes]* lâcher

2 VT ⓐ *[+ examination]* échouer à ; **to ~ Latin** échouer en latin ; **he's a ~ed writer** c'est un écrivain raté ⓑ *[+ candidate]* recaler* ⓒ (= *let down*) *[+ business partner]* manquer à ses engagements envers ; *[+ friend]* décevoir ; **he felt that he'd ~ed his family** il avait le sentiment d'avoir manqué à ses devoirs envers sa famille ; **words ~ me!** les mots me manquent ! ; **his memory often ~s him** sa mémoire le trahit souvent ⓓ (= *omit*) **to ~ to do** manquer de faire ; **he never ~s to write** il ne manque jamais d'écrire ; **he ~ed to visit her** il a omis de lui rendre visite ; **he ~ed to meet the deadline** il n'est pas parvenu à respecter les délais ; **he ~ed to keep his word** il a manqué à sa parole ; **he ~ed to turn up for dinner** il ne s'est pas montré au dîner ; **they ~ed to get an agreement** ils ne sont pas parvenus à un accord ; **she never ~s to amaze me** elle me surprendra toujours ; **I ~ to see why** je ne vois pas pourquoi ; **he was fined for ~ing to stop at a red light** il a eu une contravention pour avoir brûlé un feu rouge

3 N **without ~** *[happen]* immanquablement ; *[come, do]* chaque fois ; **every morning without ~, she takes the dog for a walk** chaque matin sans exception, elle sort son chien ; **you must take these tablets every day without ~** il faut que vous preniez ces cachets tous les jours sans faute

4 COMP ♦ **fail-safe** ADJ à sûreté intégrée

failing /'feɪlɪŋ/ 1 N (= fault) défaut (m) 2 PREP à défaut de; **~ this** sinon; **~ which we ...** sinon, nous ... 3 ADJ [eyesight, health, memory] défaillant; [economy] déprimé; **in the ~ light** dans le crépuscule; **their marriage is ~** leur couple va à vau-l'eau

failure /'feɪljəʳ/ N ⓐ (= lack of success) échec (m); [of business] faillite (f); **the play was a ~** la pièce a fait un four; **this plan ended in ~** le plan a échoué; **his ~ to convince them** son incapacité à les convaincre ⓑ (= unsuccessful person) raté(e) (m(f)) ⓒ **heart/kidney ~** défaillance (f) cardiaque/rénale ⓓ **engine ~** panne (f) ⓔ (= omission) **his ~ to answer** le fait qu'il n'a pas répondu; **the government's ~ to comply with European legal obligations** le non-respect des lois européennes par le gouvernement

faint /feɪnt/ 1 ADJ ⓐ (= slight) léger; [writing] à peine visible; [recollection] vague; [voice, light, breathing] faible; **I haven't the ~est idea** je n'en ai pas la moindre idée ⓑ **to feel ~** se sentir mal; **to be ~ with hunger** défaillir de faim 2 VI (= lose consciousness) s'évanouir; **he ~ed from the pain** la douleur lui a fait perdre connaissance 3 COMP **♦ fainting fit, fainting spell** (US) N évanouissement (m)

fainthearted /,feɪnt'hɑːtɪd/ ADJ timoré; **it's not for the ~** [venture, investment] ça demande un certain courage

faintly /'feɪntlɪ/ ADV (= slightly) légèrement; **in a ~ disappointed tone** avec une nuance de déception dans la voix

fair /fɛəʳ/ 1 N (= fête) foire (f); (Brit = funfair) fête (f) foraine; **the Book Fair** le Salon du livre

2 ADJ ⓐ (= just) juste; [competition, fight, player] loyal; **be ~** sois juste; **it's not ~** ce n'est pas juste; **to be ~ to him, he thought he had paid for it** soyons justes, il croyait l'avoir payé; **this isn't ~ on either of us** ce n'est juste ni pour toi ni pour moi; **it's ~ to say that ...** il est juste de dire que ...; **that's a ~ point** c'est juste; **to give sb a ~ deal** agir équitablement envers qn; **~ enough!** d'accord!; **all this is ~ enough, but ...** d'accord mais ...; **he was ~ game for the critics** c'était une proie rêvée pour les critiques; **~'s ~!** ce n'est que justice!; **all's ~ in love and war** en amour comme à la guerre, tous les coups sont permis; **by ~ means or foul** par tous les moyens; **he got his ~ share of the money** il a eu l'argent qui lui revenait; **he's had his ~ share of trouble*** il a eu sa part de soucis; **it was all ~ and square** tout était correct; **to get a ~ trial** bénéficier d'un procès équitable; **to give sb ~ warning of sth** prévenir qn de qch

ⓑ [sum, number] considérable; [size] respectable; **there's a ~ amount of money left** il reste pas mal d'argent; **he's travelled a ~ amount** il a pas mal voyagé

ⓒ (= average) passable; **"~"** « passable »; **in ~ condition** en assez bon état

ⓓ (= reasonable) [guess] juste; **he has a ~ chance of success** il a des chances de réussir; **I had a ~ idea of what to expect** je savais à quoi m'attendre

ⓔ (= light-coloured) [hair] blond; [complexion, skin] clair; **she's ~** elle est blonde

ⓕ (= fine) [weather] beau (belle (f)); **this ~ city of ours** notre belle ville

3 ADV **to play ~** jouer franc jeu; **he won ~ and square** il a gagné sans tricher

4 COMP **♦ fair-haired** ADJ aux cheveux blonds **♦ fair-minded** ADJ impartial **♦ fair play** N fair-play (m) **♦ fair-sized** ADJ assez grand **♦ fair-skinned** ADJ à la peau claire **♦ fair trade** N commerce (m) équitable **♦ fair-weather friends** NPL amis (mpl) des beaux jours

fairground /'fɛəgraʊnd/ N champ (m) de foire

fairly /'fɛəlɪ/ ADV ⓐ (= moderately) assez; **he did ~ well in the exam** il a assez bien réussi l'examen; **~ soon** d'ici peu ⓑ (= justly) [treat, judge, distribute] équitablement; [obtain, describe] honnêtement; [claim] à juste titre

fairness /'fɛənɪs/ 1 N ⓐ (= justice) équité (f); **in all ~** en toute justice; **in ~ to him** pour être juste envers lui ⓑ [of skin] blancheur (f) 2 COMP **♦ Fairness Doctrine** N (US) principe (m) de l'impartialité

fairy /'fɛərɪ/ 1 N ⓐ fée (f); **the wicked ~** la fée Carabosse; **he's away with the fairies*** il est un peu dérangé*

ⓑ (= homosexual)‡ pédé‡ (m) 2 COMP **♦ fairy godmother** N bonne fée (f) **♦ fairy lights** NPL guirlande (f) électrique **♦ fairy story, fairy tale** N conte (m) de fées; (= untruth) histoire (f) à dormir debout **♦ fairy-tale** ADJ [romance] enchanteur (-teresse (f)); **a ~-tale ending** un dénouement romanesque

faith /feɪθ/ 1 N ⓐ (= belief) foi (f); **to have ~ in sb** avoir confiance en qn; **to have ~ in sb's judgement** se fier au jugement de qn; **I've lost ~ in him** je ne lui fais plus confiance; **to put one's ~ in** mettre tous ses espoirs en; **good ~** bonne foi (f); **to do sth in all good ~** faire qch en toute bonne foi; **bad ~** mauvaise foi (f); **to act in bad ~** être de mauvaise foi

ⓑ (= religion) religion (f); **the Christian ~** la foi chrétienne

2 COMP **♦ faith healer** N guérisseur (m), -euse (f) **♦ faith school** N école (f) confessionnelle

faithful /'feɪθfʊl/ 1 ADJ [person, account] fidèle; **to be ~ to sb's wishes** respecter les désirs de qn 2 NPL **the faithful** (= Christians) les fidèles (mpl); **the party ~** les fidèles (mpl) du parti

faithfully /'feɪθfəlɪ/ ADV [serve] loyalement; **to promise ~** donner sa parole; **Yours ~** (Brit) Je vous prie d'agréer, Monsieur (or Madame), l'expression de mes sentiments distingués

faithless /'feɪθlɪs/ ADJ [husband] infidèle

fake /feɪk/ 1 N faux (m); **the certificate was a ~** le certificat était un faux; **he's a ~** c'est un imposteur 2 ADJ [passport, painting] faux (fausse (f)); [photograph] truqué; **a ~ suntan** un bronzage artificiel; **~ pearls** fausses perles 3 VT [+ document] faire un faux de; [+ signature] imiter; [+ accounts] falsifier; **to ~ illness** faire semblant d'être malade; **to ~ orgasm** simuler l'orgasme

falcon /'fɔːlkən/ N faucon (m)

Falklands /'fɔːkləndz/ NPL **the ~** (= the Falkland Islands) les Malouines (fpl)

fall /fɔːl/ (vb: pret **fell**, ptp **fallen**) 1 N ⓐ [of person, rocks] chute (f); (in price, temperature) baisse (f) (in de); **to be heading for a ~** courir à l'échec

ⓑ (US = autumn) automne (m); **in the ~** en automne

2 NPL **falls** (= waterfall) chute (f) d'eau; **the Niagara Falls** les chutes du Niagara

3 VI ⓐ [person, object] tomber; [building] s'effondrer; [temperature, price] baisser; **he fell into the river** il est tombé dans la rivière; **to ~ off a bike** tomber de vélo; **he let the cup ~** il a laissé tomber la tasse; **to ~ on one's feet** retomber sur ses pieds; **he fell into bed** il s'est effondré sur son lit; **his face fell** son visage s'est assombri; **her hair fell to her shoulders** les cheveux lui tombaient sur les épaules; **the ground fell steeply to the valley floor** le terrain descendait en pente raide vers le fond de la vallée; **to ~ to one's knees** tomber à genoux; **he was ~ing over himself to be polite*** il était excessivement poli; **Christmas Day ~s on a Sunday** Noël tombe un dimanche

ⓑ **♦ to fall** + adjective: **to ~ ill** tomber malade; **to ~ pregnant** tomber enceinte; **to ~ asleep** s'endormir; **to ~ silent** se taire; **his work fell short of our expectations** son travail n'a pas répondu à notre attente

▶ **fall about*** VI (Brit = fall about laughing) se tordre de rire*

▶ **fall apart** VI s'effondrer; [scheme, deal] tomber à l'eau

▶ **fall back** VI (= retreat) reculer; **some money to ~ back on** un peu d'argent en réserve

▶ **fall behind** VI rester en arrière; [runner] se laisser distancer; **to ~ behind with one's work** prendre du retard dans son travail; **she fell behind with the rent** elle était en retard pour son loyer

▶ **fall down** VI ⓐ tomber ⓑ (= fail) [person] échouer; **she fell down on the last essay** elle a raté la dernière dissertation

▶ **fall for** VT INSEP ⓐ **to ~ for sb** tomber amoureux de qn ⓑ (= be taken in by) **he really fell for it!*** il s'est vraiment fait avoir!*

▶ **fall in** VI ⓐ **she leaned over the pool and fell in** elle s'est penchée au-dessus de la piscine et elle est tombée dedans ⓑ [*troops*] former les rangs

► **fall into** VT INSEP [+ *trap*] tomber dans ; [+ *disfavour, disuse*] tomber en ; **to ~ into a deep sleep** sombrer dans un profond sommeil ; **to ~ into debt** s'endetter ; **she fell into a deep depression** elle a sombré dans la dépression ; **to ~ into decline** connaître le déclin ; **the city fell into decline at the end of the 16th century** le déclin de la ville remonte à la fin du 16ᵉ siècle ; **the students ~ into three categories** les étudiants se divisent en trois catégories

► **fall in with** VT INSEP **he fell in with a bad crowd** il s'est mis à avoir de mauvaises fréquentations

► **fall off** VI ⓐ tomber ⓑ [*sales, numbers, attendances*] décliner ; **public support for the project has ~en off** l'opinion publique a retiré son soutien au projet

► **fall on** VT INSEP **to ~ on hard times** avoir des revers de fortune

► **fall out** VI (= *quarrel*) se brouiller

► **fall over** VI tomber par terre

► **fall through** VI **all their plans have ~en through** tous leurs projets sont tombés à l'eau

fallacy /ˈfæləsɪ/ N illusion (f)

fallen /ˈfɔːlən/ **1** VB ptp of **fall 2** ADJ tombé ; **~ leaf** feuille (f) morte

fallible /ˈfæləbl/ ADJ faillible

falling /ˈfɔːlɪŋ/ ADJ [*prices, profits, standards, inflation*] en baisse ; **"beware ~ rocks"** « attention : chutes de pierres » ♦ **falling-off** N (= *decline*) déclin (m) ♦ **falling-out*** N brouille (f)

fallout /ˈfɔːlaʊt/ N retombées (fpl) ♦ **fallout shelter** N abri (m) antiatomique

fallow /ˈfæləʊ/ ADJ [*land*] en jachère

false /fɔːls/ **1** ADJ ⓐ faux (fausse (f)) ; **to give ~ evidence** fournir un faux témoignage ; **to make a ~ confession** faire de faux aveux ; **he gave the police a ~ name** il a donné un faux nom à la police ; **to ring ~** sonner faux ; **a ~ sense of security** une illusion de sécurité ; **a box with a ~ bottom** une boîte à double fond
ⓑ (= *wrongful*) **~ imprisonment** détention (f) arbitraire
2 COMP ♦ **false alarm** N fausse alerte (f) ♦ **false beginner** N faux débutant (m), grand débutant (m) ♦ **false economy** N fausse économie (f) ♦ **false friend** N faux ami (m) ♦ **false move** N faux pas (m) ; **to make a ~ move** faire un faux pas ♦ **false negative** N résultat (m) faussement négatif ♦ **false positive** N résultat (m) faussement positif ♦ **false start** N faux départ (m) ♦ **false teeth** NPL dentier (m)

falsehood /ˈfɔːlshʊd/ N mensonge (m)

falsely /ˈfɔːlslɪ/ ADV [*claim, declare, report*] faussement ; [*accuse, convict*] à tort

falsify /ˈfɔːlsɪfaɪ/ VT [+ *document*] falsifier ; [+ *evidence*] maquiller ; [+ *story, facts*] dénaturer ; [+ *figures*] truquer

falsity /ˈfɔːlsɪtɪ/ N fausseté (f)

falter /ˈfɔːltəʳ/ VI [*voice*] hésiter ; (= *waver*) vaciller ; [*courage*] faiblir ; **her steps ~ed** elle chancela

fame /feɪm/ N gloire (f) ; (= *celebrity*) célébrité (f) ; **this book brought him ~** ce livre l'a rendu célèbre ; **~ and fortune** la gloire et la fortune ; **Margaret Mitchell of "Gone with the Wind" ~** Margaret Mitchell, connue pour son livre « Autant en emporte le vent »

famed /feɪmd/ ADJ célèbre

familiar /fəˈmɪljəʳ/ ADJ ⓐ (= *well-known*) familier ; [*complaint*] habituel ; **these problems are all too ~** ces problèmes sont, hélas, bien connus ; **his face is ~** son visage me dit quelque chose ⓑ (= *conversant*) **to be ~ with sth** bien connaître qch ⓒ (= *intimate*) **to be on ~ terms with sb** bien connaître qn ; **he got much too ~** il s'est permis des familiarités

familiarity /fəˌmɪlɪˈærɪtɪ/ N familiarité (f)

familiarize /fəˈmɪlɪəraɪz/ VT **to ~ sb with sth** habituer qn à qch ; **to ~ o.s. with** se familiariser avec

family /ˈfæmɪlɪ/ N famille (f) ; **has he any ~?** (= *relatives*) a-t-il de la famille ? ; (= *children*) a-t-il des enfants ? ; **it runs in the ~** c'est de famille ; **they'd like to start a ~** ils aimeraient avoir des enfants ; **he's one of the ~** il fait partie de la famille ♦ **family business** N entreprise (f) familiale ♦ **family circle** N cercle (m) familial ♦ **family credit** N (Brit) ≈ complément (m) familial ♦ **Family Crisis Intervention Unit** N (US) ≈ police-secours (f) (*intervenant en cas de drames familiaux*) ♦ **family doctor** N médecin (m) de famille ♦ **family friend** N ami(e) (m(f)) de la famille ♦ **family man** N (pl **family men**) **he's a ~ man** il aime la vie de famille ♦ **family-minded** ADJ **to be ~-minded** avoir le sens de la famille ♦ **family name** N nom (m) de famille ♦ **family planning** N planning (m) familial ♦ **family planning clinic** N centre (m) de planning familial ♦ **family practitioner** N (US) généraliste (m) ♦ **family room** N ⓐ (US: *in house*) salle (f) de séjour (*réservée à la famille plutôt qu'aux invités*) ⓑ (Brit) (*in pub*) salle autorisée aux enfants ; (*in hotel*) chambre (f) familiale ♦ **family-size packet** N paquet (m) familial ♦ **family tree** N arbre (m) généalogique ♦ **family values** NPL valeurs (fpl) familiales

famine /ˈfæmɪn/ N famine (f)

famished /ˈfæmɪʃt/ ADJ affamé ; **I'm absolutely ~*** je meurs de faim

famous /ˈfeɪməs/ ADJ célèbre ; **~ last words!*** on verra bien ! ; **so when's this ~ party going to be?** alors, cette fameuse soirée, quand est-ce qu'elle va avoir lieu ?

> ⚠ **fameux** *is not the most common translation for* **famous**.

famously /ˈfeɪməslɪ/ ADV ⓐ **a ~ arrogant star** une vedette connue pour son arrogance ; **there have been hurricanes here, most ~ in 1987** il y a eu des ouragans ici, dont le plus connu en 1987 ⓑ (= *well*)†* **to get on ~** s'entendre comme larrons en foire*

fan /fæn/ **1** N ⓐ (= *device*) éventail (m) ; (*mechanical*) ventilateur (m) ; **electric ~** ventilateur (m)
ⓑ (= *admirer*) [*of person*] admirateur (m), -trice (f) ; [*of personality, pop star, music style*] fan (mf) ; [*of sports team*] supporter (m) ; **football ~** amateur (m) de football
2 VT ⓐ [+ *person, object*] rafraîchir
ⓑ [+ *violence, hatred, fears*] attiser
3 COMP ♦ **fan-assisted oven** N four (m) à chaleur tournante ♦ **fan belt** N courroie (f) de ventilateur ♦ **fan club** N fan-club (m) ♦ **fan heater** N (Brit) radiateur (m) soufflant ♦ **fan mail** N courrier (m) des fans ; **she receives lots of ~ mail** elle reçoit beaucoup de lettres d'admirateurs
► **fan out** VI [*troops, searchers*] se déployer

fanatic /fəˈnætɪk/ N fanatique (mf) ; **a religious ~** un fanatique religieux ; **(s)he's a football ~** c'est un(e) fana* de football

fanatical /fəˈnætɪkl/ ADJ fanatique ; **to be ~ about sth** être un(e) fanatique de qch

fanciful /ˈfænsɪfʊl/ ADJ [*ideas*] fantasque

fancy /ˈfænsɪ/ **1** N ⓐ (= *whim*) caprice (m) ; **a passing ~** une lubie ; **he only works when the ~ takes him** il ne travaille que quand ça lui plaît
ⓑ (= *liking*) **to take a ~ to sth** prendre goût à qch ; **the story tickled his ~** cette histoire a frappé son imagination
ⓒ (= *fantasy*) imagination (f)
2 VT ⓐ (= *want*) avoir envie de ; (= *like*) aimer ; **do you ~ going for a walk?** as-tu envie d'aller faire une promenade ? ; **do you ~ a drink?** ça vous dirait de prendre un verre ? ; **I don't ~ the idea** cette idée ne me dit rien ; **he fancies himself*** (Brit) il ne se prend pas pour rien ; **he fancies himself as an actor*** il se prend pour un acteur ; **he fancies her*** (Brit) il s'est entiché* d'elle
ⓑ (= *imagine*) s'imaginer ; (= *rather think*) croire ; **I rather ~** he's gone out je crois qu'il est sorti ; **~ that!*** voyez-vous ça ! ; **~ anyone doing that!** les gens font de ces choses ! ; **~ seeing you here!*** tiens ! vous ici ! ; **~ him winning!*** qui aurait cru qu'il allait gagner !
3 ADJ ⓐ (= *sophisticated*) sophistiqué ; (= *showy*) tape-à-l'œil (*inv*) ; **good plain food, nothing ~** de la nourriture simple, sans chichis
ⓑ (= *expensive*) chic (*inv*)
ⓒ [*word, language*] recherché
ⓓ (= *high-quality*) de luxe

4 COMP ◆ **fancy dress** N déguisement *(m)*; **in ~ dress** déguisé

fanfare /ˈfænfeəʳ/ N fanfare *(f)*; **a ~ of publicity** un déploiement de publicité

fang /fæŋ/ N [*of dog, vampire*] croc *(m)*; [*of snake*] crochet *(m)*

fantasize /ˈfæntəsaɪz/ VI fantasmer (**about** sur)

fantastic /fænˈtæstɪk/ ADJ ⓐ (= *fabulous*) formidable; **you look ~!** (= *healthy*) tu as une mine superbe!; (= *attractive*) tu es superbe! ⓑ (= *huge*) phénoménal

fantastically /fænˈtæstɪkəlɪ/ ADV [*complicated, expensive*] incroyablement

fantasy /ˈfæntəzɪ/ N ⓐ (= *imagination*) imagination *(f)* ⓑ (= *notion*) idée *(f)* fantasque

FAO /ˌefeɪˈəʊ/ (ABBR = **Food and Agriculture Organization**) FAO *(f)*

far /fɑːʳ/ (*compar* **farther** *or* **further**, *superl* **farthest** *or* **furthest**) **1** ADV ⓐ loin; **how ~ is it to Glasgow?** combien y a-t-il de kilomètres jusqu'à Glasgow?; **how ~ is it from Glasgow to Edinburgh?** quelle distance y a-t-il entre Glasgow et Édimbourg?; **is it ~?** c'est loin?; **how ~ are you going?** jusqu'où allez-vous?; **how ~ have you got with your plans?** où en êtes-vous de vos projets?; **he'll go ~** il ira loin; **£10 doesn't go ~ these days** avec 10 livres, on ne va pas loin de nos jours; **this scheme does not go ~ enough** ce projet ne va pas assez loin; **I would even go so ~ as to say that ...** j'irais même jusqu'à dire que ...; **that's going too ~** cela dépasse les bornes; **I wouldn't go that ~** je n'irais pas jusque-là; **he's gone too ~ this time!** il est vraiment allé trop loin cette fois!; **he has gone too ~ to back out now** il est trop engagé pour reculer maintenant; **he took the joke too ~** il a poussé trop loin la plaisanterie; **so ~ and no further** jusque-là mais pas plus loin; **so ~ so good** jusqu'ici ça va; **we have ten volunteers so ~** nous avons dix volontaires pour l'instant; **~ be it from me to doubt you** loin de moi l'idée de douter de vous

◆ **far from** loin de; **your work is ~ from satisfactory** votre travail est loin d'être satisfaisant; **~ from it!** loin de là!

◆ **far** + *adverb/preposition* (= *a long way*) **~ above** loin au-dessus; **~ away in the distance** au loin; **~ beyond** bien au-delà; **it's ~ beyond what I can afford** c'est bien au-dessus de mes moyens; **he wasn't ~ off when I caught sight of him** il n'était pas loin quand je l'ai aperçu; **his birthday is not ~ off** c'est bientôt son anniversaire; **~ out at sea** au large

ⓑ ◆ **as far as**: **we went as ~ as the town** nous sommes allés jusqu'à la ville; **we didn't go as ~ as the others** nous ne sommes pas allés aussi loin que les autres; **as ~ as I know** pour autant que je sache; **as ~ as I can tell** d'après moi; **as ~ as the eye can see** à perte de vue; **as ~ as I'm concerned** en ce qui me concerne; **as ~ back as I can remember** d'aussi loin que je m'en souvienne; **as ~ back as 1945** dès 1945

ⓒ (= *very much*) beaucoup; **~ too expensive** beaucoup trop cher

◆ **by far** de loin; **this is by ~ the best** c'est de loin ce qu'il y a de mieux; **he's by ~ the oldest** il est de loin le plus âgé

◆ **not far**: **my guess wasn't ~ out** je n'étais pas loin de la vérité; **she's not ~ off her target** elle n'est pas loin d'avoir atteint son objectif; **you're not ~ wrong** tu n'es pas loin de la vérité; **it's not ~ wrong** [*figures*] c'est presque ça

2 ADJ ⓐ (= *distant*) **on the ~ side of** de l'autre côté de; **in the ~ north** tout au nord; **it's a ~ cry from what he promised** on est loin de ce qu'il avait promis

ⓑ (*Politics*) **the ~ right/left** l'extrême droite *(f)*/gauche *(f)*

3 COMP ◆ **the Far East** N l'Extrême-Orient *(m)* ◆ **farfetched** ADJ [*story, idea*] tiré par les cheveux ◆ **farreaching** ADJ d'une grande portée

faraway /ˈfɑːrəweɪ/ ADJ lointain

farce /fɑːs/ N **the elections were a ~** les élections furent une mascarade

farcical /ˈfɑːsɪkəl/ ADJ (= *ridiculous*) risible

fare /feəʳ/ **1** N ⓐ (*on tube, bus*) prix *(m)* du ticket; (*on train, boat, plane*) prix *(m)* du billet; (*in taxi*) prix *(m)* de la course; **~s are going to go up** les tarifs *(mpl)* vont

augmenter ⓑ (= *passenger in taxi*) client(e) *(m(f))* ⓒ (= *food*) nourriture *(f)*; **traditional Christmas ~** les plats *(mpl)* traditionnels de Noël **2** VI (= *get on*) **he ~d better at his second attempt** il a mieux réussi à sa deuxième tentative; **how did you ~?** comment ça s'est passé? **3** COMP ◆ **fare-dodger** N (*Brit*) resquilleur* *(m)*, -euse* *(f)*

farewell /feəˈwel/ N, EXCL adieu *(m)*; **you can say ~ to your chances of promotion!** tu peux dire adieu à tes chances de promotion!; **a ~ dinner** un dîner d'adieu

farm /fɑːm/ **1** N ferme *(f)*; **pig ~** élevage *(m)* de porcs; **to work on a ~** travailler dans une ferme **2** VT [+ *land*] cultiver; [+ *fish*] faire l'élevage de **3** COMP ◆ **farm animal** N animal *(m)* de ferme ◆ **farm produce** N produits *(mpl)* agricoles ◆ **farm shop** N vente *(f)* à la ferme; ◆ **farm worker** N ouvrier *(m)*, -ière *(f)* agricole

▶ **farm out** VT SEP **to ~ out work** recourir à un sous-traitant; **the firm ~ed out the plumbing to a local tradesman** l'entreprise a confié la plomberie à un sous-traitant local; **she ~ed her children out on her sister-in-law** elle a donné ses enfants à garder à sa belle-sœur

farmer /ˈfɑːməʳ/ N agriculteur *(m)*, -trice *(f)* ◆ **farmers' market** N marché *(m)* de producteurs, marché fermier

farmhouse /ˈfɑːmhaʊs/ N ferme *(f)*

farming /ˈfɑːmɪŋ/ N agriculture *(f)*; **pig ~** élevage *(m)* de porcs ◆ **farming communities** NPL collectivités *(fpl)* rurales ◆ **farming methods** N méthodes *(fpl)* agricoles

farmland /ˈfɑːmlænd/ N terres *(fpl)* cultivées

farmyard /ˈfɑːmjɔːd/ N cour *(f)* de ferme

Faroes /ˈfeərəʊz/ NPL **the ~** les îles *(fpl)* Féroé

Farsi /ˈfɑːsɪ/ N farsi *(m)*

fart: /fɑːt/ **1** N pet* *(m)*; **he's a boring old ~** c'est un vieux schnoque* **2** VI péter*

farther /ˈfɑːðəʳ/ (*compar of* **far**) ADV plus loin; **how much ~ is it?** c'est encore loin?; **have you got much ~ to go?** vous allez beaucoup plus loin?; **I can't go any ~** je n'en peux plus; **nothing could be ~ from the truth** rien n'est plus éloigné de la vérité; **I can't see any ~ than the next six months** je n'arrive pas à voir au-delà des six prochains mois; **to get ~ and ~ away** s'éloigner de plus en plus; **~ back** plus en arrière; **~ away** plus loin; **we're no ~ forward after all that** après tout ça, on n'est pas plus avancé

farthest /ˈfɑːðɪst/ *superl of* **far 1** ADJ **the ~** le plus éloigné, la plus éloignée; **I walked to the ~ point of the island** je suis allé jusqu'à l'extrémité de l'île **2** ADV **the ~** le plus loin

fascia /ˈfeɪʃə/ N (*pl* **fasciae** /ˈfeɪʃɪ, iː/) (*for mobile phone*) coque *(f)*

fascinate /ˈfæsɪneɪt/ VT [*speaker, tale*] captiver; [*sight*] fasciner

fascinating /ˈfæsɪneɪtɪŋ/ ADJ [*person, place, sight*] fascinant; [*book, film*] captivant; [*subject*] passionnant

fascination /ˌfæsɪˈneɪʃən/ N fascination *(f)*; **his ~ with the sea** la fascination qu'exerce sur lui la mer

fascism /ˈfæʃɪzəm/ N fascisme *(m)*

fascist /ˈfæʃɪst/ ADJ, N fasciste *(mf)*

fashion /ˈfæʃən/ **1** N ⓐ (= *latest clothes, ideas*) mode *(f)*; **in ~** à la mode; **it's the latest ~** c'est la dernière mode; **she always wears the latest ~s** elle est toujours habillée à la dernière mode; **out of ~** démodé; **to set the ~ for** lancer la mode de; **to come into ~** devenir à la mode; **to go out of ~** se démoder; **it's no longer the ~ to send children away to school** ça ne se fait plus de mettre ses enfants en pension

ⓑ (= *manner*) façon *(f)*; **in his own ~** à sa façon; **I can cook after a ~** je me débrouille en cuisine, sans plus; **it worked, after a ~** ça a marché plus ou moins bien; **in the French ~** à la française

2 COMP ◆ **fashion-conscious** ADJ **to be ~-conscious** suivre la mode ◆ **fashion designer** N styliste *(mf)*; **the great ~ designers** (= *couturiers*) les grands couturiers *(mpl)* ◆ **fashion editor** N rédacteur *(m)*, -trice *(f)* de mode ◆ **fashion house** N maison *(f)* de couture ◆ **fashion magazine** N magazine *(m)* de mode ◆ **fashion model** N manne-

quin (m) ◆ **fashion show** N défilé (m) de mode ◆ **fashion victim*** N victime (f) de la mode

fashionable /ˈfæʃnəbl/ ADJ à la mode; [hotel] chic (inv); [district] prisé; (= in the public eye) en vue; **it is ~ to criticize these theories** c'est à la mode de critiquer ces théories

fast /fɑːst/ 1 ADJ ⓐ (= speedy) rapide; **she's a ~ walker/reader** elle marche/lit vite; **to pull a ~ one on sb*** rouler qn*; **my watch is five minutes ~** ma montre avance de cinq minutes

ⓑ [colour] **is the dye ~?** est-ce que ça déteindra?

2 ADV ⓐ (= quickly) vite; **the environment is ~ becoming a major political issue** l'environnement prend une place de plus en plus importante dans les débats politiques; **he ran off as ~ as his legs could carry him** il s'est sauvé à toutes jambes; **not so ~!** (interrupting) pas si vite!*

ⓑ (= firmly) **to be ~ asleep** dormir à poings fermés; **to be stuck ~** être coincé; **to stand ~** tenir bon

3 COMP ◆ **fast breeder reactor** N surgénérateur (m) ◆ **fast-flowing** ADJ au cours rapide ◆ **fast food** N fast-food (m) ◆ **fast-food chain** N chaîne (f) de fast-food ◆ **fast forward** N avance (f) rapide ◆ **fast-forward** VT faire avancer rapidement ◆ **the fast lane** N (in Britain) ≈ la voie de gauche; (in US) ≈ la voie de droite ◆ **fast-moving** ADJ rapide; [industry, sector] en évolution constante ◆ **fast-track** N **her career was on the ~-track** elle progressait rapidement dans sa carrière; **this put the company on a ~-track to privatization** cela a accéléré la privatisation de l'entreprise ♦ ADJ [approach] expéditif; **~-track degree** diplôme (m) de formation accélérée

fasten /ˈfɑːsn/ VT attacher; [+ box] fermer; **to ~ one's seat belt** attacher sa ceinture de sécurité; **to ~ one's hopes on sth** placer tous ses espoirs dans qch

fastener /ˈfɑːsnər/ N [of bag, necklace] fermoir (m); [of garment] fermeture (f); **a zip ~** une fermeture éclair®; **a Velcro® ~** une fermeture velcro®; **a snap ~** un bouton-pression

fastidious /fæsˈtɪdɪəs/ ADJ (= meticulous) minutieux; **her ~ attention to detail** l'attention pointilleuse qu'elle porte aux détails; **their inspectors are very ~** leurs inspecteurs sont très tatillons; **he's ~ about hygiene** il est pointilleux en ce qui concerne l'hygiène

fat /fæt/ 1 N graisse (f); (on cooked meat) gras (m); (for cooking) matière grasse (f); **try to cut down the amount of ~ in your diet** essayez de manger moins de matières grasses; **animal ~** graisse (f) animale; **body ~** tissu (m) adipeux; **to live off the ~ of the land** vivre grassement

2 ADJ ⓐ (= overweight) gros (grosse (f)); [face] joufflu; **she has got a lot ~ter** elle a beaucoup grossi; **to get ~** s'engraisser

ⓑ (= fatty) gras (grasse (f))

ⓒ (= large)* [profit, cheque] gros (grosse (f)); **~ chance!** ça m'étonnerait!; **he wants to be a racing driver — ~ chance!** il veut être pilote de course — il n'a aucune chance!

◆ **a fat lot***: **a ~ lot he cares!***; **a ~ lot of good that did!** nous voilà bien avancés!; **a ~ lot of help she was!** c'est fou ce qu'elle m'a aidé!*; **a ~ lot he knows about it!** comme s'il y connaissait quelque chose!; **that's a ~ lot of use!** comme ça nous fait une belle jambe!*

3 COMP ◆ **fat cat** N gros riche* (m) ◆ **fat-free** ADJ [diet] sans matières grasses

fatal /ˈfeɪtl/ ADJ ⓐ [injury, illness] mortel; [consequences] fatal ⓑ (= disastrous) [mistake] fatal; [flaw] malheureux; **it would be ~ to do that** ce serait une erreur fatale de faire cela

fatalist /ˈfeɪtəlɪst/ N, ADJ fataliste (mf)

fatality /fəˈtælɪtɪ/ N ⓐ (= accident) accident (m) mortel; (= person) mort (m); **there were no fatalities** il n'y a pas eu de victimes; **road fatalities** victimes (fpl) des accidents de la route ⓑ (= fatalism) fatalisme (m)

fatally /ˈfeɪtəlɪ/ ADV ⓐ [wounded, injured] mortellement ⓑ (= irrevocably) irrémédiablement; **~ flawed** voué à l'échec

⚠ **fatally** ≠ **fatalement**

fate /feɪt/ N ⓐ (= force) destin (m) ⓑ (= one's lot) sort (m); **to leave sb to his ~** abandonner qn à son sort; **to meet one's ~** trouver la mort

fated /ˈfeɪtɪd/ ADJ **they were ~ to meet again** il était dit qu'ils se reverraient

fateful /ˈfeɪtfʊl/ ADJ [day, words] fatidique; [journey] fatal; [meeting] décisif; **to be ~ for sb** être fatal pour qn

father /ˈfɑːðər/ 1 N père (m) ■ (PROV) **like ~ like son** tel père tel fils (PROV); **Father Paul** le père Paul; **yes, Father** oui, mon père; **Our Father** Notre Père 2 VT [+ child] engendrer; **he ~ed three children** il a eu trois enfants 3 COMP ◆ **Father Christmas** N (Brit) père (m) Noël ◆ **father-in-law** N (pl **fathers-in-law**) beau-père (m) ◆ **Father's Day** N fête (f) des Pères

fatherhood /ˈfɑːðəhʊd/ N paternité (f)

fatherland /ˈfɑːðəlænd/ N patrie (f)

fatherly /ˈfɑːðəlɪ/ ADJ paternel

fathom /ˈfæðəm/ 1 N brasse (f) (= 1,83 m) 2 VT [+ mystery] pénétrer

fatigue /fəˈtiːɡ/ N ⓐ grande fatigue (f) ⓑ (= jadedness) **donor ~** la lassitude des donateurs; **they blamed the low turn-out on voter ~** ils ont attribué la faible participation électorale à la lassitude des électeurs

fatten /ˈfætn/ VT engraisser; [+ geese] gaver

fattening /ˈfætnɪŋ/ ADJ **cream is ~** la crème fait grossir

fatty /ˈfætɪ/ 1 ADJ ⓐ [food] gras (grasse (f)) ⓑ [tissue] adipeux 2 COMP ◆ **fatty acid** N acide (m) gras

fatuous /ˈfætjʊəs/ ADJ stupide

fatwa /ˈfætwɑː/ N fatwa (f)

faucet /ˈfɔːsɪt/ N (US) robinet (m)

fault /fɔːlt/ 1 N ⓐ (in person, scheme, machine) défaut (m); **the ~ lay in the production process** l'anomalie se situait au niveau de la production; **an electrical ~** un défaut du circuit électrique; **to find ~ with sth** trouver à redire à qch; **to find ~ with sb** critiquer qn; **he is always finding ~** il trouve toujours à redire; **she is generous to a ~** elle est généreuse à l'excès

ⓑ (= responsibility) faute (f); **whose ~ is it?** c'est la faute à qui?; **it's not my ~** ce n'est pas de ma faute; **it's your own ~** c'est de votre faute; **through no ~ of her own** sans qu'elle y soit pour quelque chose

◆ **at fault**: **to be at ~** être fautif; **he denied he was at ~** il a nié avoir fait une erreur; **you were at ~ in not telling me** vous avez eu tort de ne pas me le dire

ⓒ (Tennis) faute (f)

ⓓ (geological) faille (f)

2 VT **you can't ~ him** on ne peut pas le prendre en défaut; **you can't ~ her on her handling of the situation** la manière dont elle a géré la situation est irréprochable

3 COMP ◆ **fault-finding** N critiques (fpl) ◆ **fault line** N ligne (f) de faille

faultless /ˈfɔːltlɪs/ ADJ irréprochable; [performance] parfait

faulty /ˈfɔːltɪ/ ADJ [machine] défectueux

fauna /ˈfɔːnə/ N faune (f)

faux pas /ˌfəʊˈpɑː/ N gaffe* (f)

favour, favor (US) /ˈfeɪvər/ 1 N ⓐ (= act of kindness) (small) service (m); (more major) faveur (f); **to do sb a ~** rendre service à qn; **to ask sb a ~** demander un service à qn; **he did it as a ~ to his brother** il l'a fait pour rendre service à son frère; **do me a ~ and ...** sois gentil, ...; **you're not doing yourself any ~s** tu ne te facilites pas les choses; **do me a ~!*** (iro) tu te fiches de moi!*

ⓑ (= approval) **to be in ~** être en faveur; **to be out of ~** ne pas avoir la cote; **to be in ~ with sb** être bien vu de qn; **to find ~ with sb** [person] s'attirer les bonnes grâces de qn; [suggestion] gagner l'approbation de qn

◆ **to be in favour of sth** être pour qch; **to be in ~ of doing sth** être pour faire qch; **they voted in ~ of accepting the pay offer** ils ont voté en faveur de la proposition salariale

ⓒ (= advantage) faveur (f); **the court decided in her ~** le

tribunal lui a donné gain de cause ; **the exchange rate is in our ~** le taux de change joue en notre faveur ; **circumstances were all working in her ~** les circonstances lui étaient favorables ; **that's a point in his ~** c'est un bon point pour lui
ⓓ (= *partiality*) faveur *(f)* ; **to show ~ to sb** accorder un traitement de faveur à qn

2 VT ⓐ (= *be in favour of*) [+ *idea, option*] être partisan de ⓑ (= *prefer*) [+ *person*] préférer ; [+ *candidate, pupil*] montrer une préférence pour ⓒ (= *help*) favoriser ; **tax cuts which ~ the rich** des réductions d'impôts qui favorisent les riches ; **the weather ~ed the journey** le temps a favorisé le voyage ; **circumstances that ~ this scheme** circonstances favorables à ce projet ; **he did not ~ us with a reply** il n'a même pas eu l'amabilité de nous répondre

favourable, favorable *(US)* /ˈfeɪvərəbl/ ADJ ⓐ (= *positive*) favorable ; **to show sth in a ~ light** montrer qch sous un jour favorable ⓑ [*terms, deal*] avantageux

favourably, favorably *(US)* /ˈfeɪvərəblɪ/ ADV ⓐ (= *approvingly*) favorablement ⓑ [*placed*] bien ; **to compare ~ with sb/sth** soutenir la comparaison avec qn/qch

favourite, favorite *(US)* /ˈfeɪvərɪt/ **1** N préféré(e) *(m(f))* ; *(at court, in race)* favori(te) *(m(f))* ; **he's his mother's ~** c'est le préféré de sa mère ; **that song is a great ~ of mine** c'est une de mes chansons préférées ; **he sang a lot of old ~s** il a chanté beaucoup de vieux succès **2** ADJ favori(te) *(m(f))*, préféré

favouritism, favoritism *(US)* /ˈfeɪvərɪtɪzəm/ N favoritisme *(m)*

fawn /fɔːn/ **1** N faon *(m)* **2** ADJ (= *colour*) fauve *(inv)* **3** VI **to ~ on sb** [*person*] lécher les bottes de qn*

fax /fæks/ **1** N (= *machine*) télécopieur *(m)* ; (= *transmission*) fax *(m)* ; **~ number** numéro *(m)* de fax ; **by ~** par fax **2** VT [+ *document*] faxer ; [+ *person*] envoyer un fax à

faze: /feɪz/ VT déboussoler*

FBI /ˌefbiːˈaɪ/ N *(US)* (ABBR = **Federal Bureau of Investigation**) FBI *(m)*

FCC /ˌefsiːˈsiː/ *(US)* (ABBR = **Federal Communications Commission**) ≈ Conseil *(m)* supérieur de l'audiovisuel

FCO /ˌefsiːˈəʊ/ *(Brit)* (ABBR = **Foreign and Commonwealth Office**) ministère *(m)* des Affaires étrangères et du Commonwealth

FDA /ˌefdiːˈeɪ/ *(US)* (ABBR = **Food and Drug Administration**) FDA *(f)*

> **ⓘ FDA**
> La **Food and Drug Administration** ou **FDA** est l'organisme qui a pour mission de tester l'innocuité des aliments, additifs alimentaires, médicaments et cosmétiques aux États-Unis, et de délivrer les autorisations de mise sur le marché.
> ▷ www.fda.gov

FE /ˌefˈiː/ N (ABBR = **Further Education**) enseignement *(m)* postscolaire

fear /fɪəʳ/ **1** N ⓐ (= *fright*) peur *(f)* ; **I was shivering with ~** je tremblais de peur ; **~ of failure** la peur de l'échec ; **~ of flying** la peur de l'avion ; **~ of heights** vertige *(m)* ; **to have a ~ of** avoir peur de ; **there are ~s that unemployment will rise** on craint que le chômage n'augmente ; **have no ~** soyez sans crainte ; **he lived in ~ of being discovered** il vivait dans la peur d'être découvert ; **to go in ~ of one's life** craindre pour sa vie ; **for ~ of waking him** de peur de le réveiller ; **the ~ of God** la crainte de Dieu ; **to put the ~ of God into sb*** (= *frighten*) faire une peur bleue à qn ⓑ (= *likelihood*) risque *(m)* ; **there's no ~ of that!** ça ne risque pas d'arriver !

2 VT craindre ; **to ~ the worst** craindre le pire ; **to ~ that** avoir peur que ... ne (+ *subj*) ; **I ~ he won't come** j'ai (bien) peur qu'il ne vienne pas ; **many women ~ to go out at night** beaucoup de femmes ont peur de sortir le soir

3 VI **to ~ for one's life** craindre pour sa vie ; **we ~ for their safety** nous craignons pour leur sécurité ; **never ~!** ne craignez rien ! ; **~ not!** n'ayez crainte !

fearful /ˈfɪəfʊl/ ADJ ⓐ (= *frightened*) **I was ~ of waking her** je craignais de la réveiller ⓑ [*spectacle, noise*] effrayant ; [*accident*] épouvantable

fearfully /ˈfɪəfəlɪ/ ADV craintivement

fearless /ˈfɪəlɪs/ ADJ intrépide

fearsome /ˈfɪəsəm/ ADJ [*opponent*] redoutable

feasibility /ˌfiːzəˈbɪlɪtɪ/ N [*of plan, suggestion*] faisabilité *(f)* ; **~ of doing** possibilité *(f)* de faire ; **to doubt the ~ of a scheme** douter qu'un plan soit réalisable ◆ **feasibility study** N étude *(f)* de faisabilité

feasible /ˈfiːzəbl/ ADJ (= *practicable*) [*plan, suggestion*] réaliste ; **it would be ~ to put all the data on one disk** il serait possible de rassembler toutes les données sur une seule disquette ; **it was not economically ~ to ...** il n'était pas économiquement viable de ...

feast /fiːst/ **1** N ⓐ festin *(m)* ⓑ (= *religious*) fête *(f)* ; **the ~ of St John** la Saint-Jean **2** VI festoyer ; **to ~ on sth** se régaler de qch

feat /fiːt/ N exploit *(m)* ; **getting him to speak was quite a ~** cela n'a pas été une mince affaire de le faire parler

feather /ˈfeðəʳ/ **1** N plume *(f)* ; **you could have knocked me down with a ~!** j'en suis resté baba* **2** VT **to ~ one's nest** faire sa pelote **3** COMP ◆ **feather duster** N plumeau *(m)*

featherweight /ˈfeðəweɪt/ *(Boxing)* **1** N poids *(m)* plume **2** ADJ [*championship*] poids plume *(inv)*

feature /ˈfiːtʃəʳ/ **1** N ⓐ [*of face, person*] trait *(m)* ; [*of machine, countryside*] particularité *(f)* ; **personal attacks have been a ~ of these elections** ces élections ont été marquées par une série d'attaques personnelles ⓑ (= *film*) long métrage *(m)*

2 VT (= *give prominence to*) **a film featuring John Wayne** un film avec John Wayne ; **the murder was ~d on the front page** le meurtre était à la une ; **a new album featuring their latest hit single** un nouvel album où figure leur dernier tube*

3 VI ⓐ (*in films*) jouer ⓑ (= *appear*) figurer ; **the story ~d on all of today's front pages** cette histoire faisait la une de tous les journaux aujourd'hui

4 COMP ◆ **feature article** N article *(m)* de fond ◆ **feature film** N long métrage *(m)*

featureless /ˈfiːtʃəlɪs/ ADJ monotone

Feb. ABBR = **February**

February /ˈfebrʊərɪ/ N février *(m)* → **September**

Fed. /fed/ *(US)* ABBR = **Federal** ⓐ agent *(m)* du FBI ⓑ ABBR = **Federal Reserve Bank**

fed /fed/ VB (*pret, ptp* of **feed**) **well ~** bien nourri ◆ **fed up*** ADJ **to be ~ up** en avoir marre* ; **I'm ~ up waiting for him** j'en ai marre* de l'attendre ; **to be ~ up to the back teeth:** en avoir ras le bol* (**with doing** de faire)

federal /ˈfedərəl/ **1** ADJ fédéral **2** N *(US: Hist)* nordiste *(m)* **3** COMP ◆ **Federal Aviation Administration** N *(US)* Direction *(f)* générale de l'aviation civile ◆ **Federal Bureau of Investigation** N *(US)* FBI *(m)* ◆ **Federal court** N *(US)* cour *(f)* fédérale ◆ **federal holiday** N *(US)* jour *(m)* férié ◆ **Federal Republic of Germany** N République *(f)* fédérale d'Allemagne

federalism /ˈfedərəlɪzəm/ N fédéralisme *(m)*

federalist /ˈfedərəlɪst/ ADJ, N fédéraliste *(mf)*

federation /ˌfedəˈreɪʃən/ N fédération *(f)*

fee /fiː/ N [*of doctor, lawyer*] honoraires *(mpl)* ; [*of artist, footballer*] cachet *(m)* ; *(for school, university)* frais *(mpl)* de scolarité ; *(for examination)* droits *(mpl)* ; **is there a ~?** est-ce qu'il faut payer ? ; **you can borrow more books for a small ~** contre une somme modique vous pouvez emprunter d'autres livres ◆ **fee-paying school** N établissement *(m)* d'enseignement privé

feeble /ˈfiːbl/ ADJ ⓐ faible ⓑ (= *poor*) [*excuse*] piètre ; [*attempt*] vague ; [*joke*] médiocre

feebly /ˈfiːblɪ/ ADV [*smile, shine*] faiblement ; [*say, explain*] sans grande conviction

feed /fiːd/ (*vb: pret, ptp* **fed**) 1 N ⓐ (= *food*) nourriture *(f)*; **cattle ~** aliments *(mpl)* pour bétail
ⓑ [*of baby*] (*breast-fed*) tétée *(f)*; (*bottle-fed*) biberon *(m)*; (*solid*) repas *(m)*

2 VT ⓐ nourrir; [+ *child, animal*] donner à manger à; **I have three hungry mouths to ~** j'ai trois bouches à nourrir; **what do you ~ your cat on?** que donnez-vous à manger à votre chat?; **he can ~ himself now** [*child*] il sait manger tout seul maintenant; **to ~ sth to sb** donner qch à manger à qn; **you shouldn't ~ him that** vous ne devriez pas lui donner cela à manger; **to ~ sb information** fournir des informations à qn; **to ~ one's habit***** se procurer sa drogue
ⓑ [+ *fire, furnace, machine*] alimenter; **to ~ data into a computer** entrer des données dans un ordinateur

3 VI [*animal*] se nourrir; (*on pasture*) paître; [*baby*] manger; (*at breast*) téter; **to ~ on** se nourrir de

feedback /ˈfiːdbæk/ N réactions *(fpl)*; (*from questionnaire*) retour *(m)* de l'information; **to give sb ~ on sth** faire part à qn de ses réactions sur qch

feeding /ˈfiːdɪŋ/ N (= *food*) alimentation *(f)*; (= *action of feeding animal*) nourrissage *(m)* ◆ **feeding frenzy** N **the press was in a ~ frenzy** la presse s'est déchaînée ◆ **feeding time** N [*of baby*] (*breast-feeding*) heure *(f)* de la tétée; (*bottle-feeding*) heure *(f)* du biberon; (*in zoo*) heure *(f)* de nourrir les animaux

---

feel /fiːl/

| 1 NOUN | 3 INTRANSITIVE VERB |
| 2 TRANSITIVE VERB | |

► *vb: pret, ptp* **felt**

1 NOUN
ⓐ = texture toucher *(m)*; **to know sth by the ~ (of it)** reconnaître qch au toucher
ⓑ = sensation sensation *(f)*; **she liked the ~ of the sun on her face** elle aimait sentir le soleil sur son visage
ⓒ = impression **you have to get the ~ of a new car** il faut se faire à une nouvelle voiture; **the palms bring a Mediterranean ~ to the garden** les palmiers donnent un aspect méditerranéen au jardin; **the room has a cosy ~** on se sent bien dans cette pièce; **there's a nostalgic ~ to his music** il y a quelque chose de nostalgique dans sa musique
ⓓ = intuition **to have a ~ for languages** être doué pour les langues; **to have a ~ for doing sth** savoir s'y prendre pour faire qch

2 TRANSITIVE VERB
ⓐ = touch toucher; (= *explore with one's fingers*) palper; **she felt the jacket to see if it was made of wool** elle a touché la veste pour voir si c'était de la laine; **to ~ sb's pulse** tâter le pouls de qn
◆ **to feel one's way** avancer à tâtons; **he got out of bed and felt his way to the telephone** il s'est levé et a avancé à tâtons jusqu'au téléphone; **I'm still ~ing my way around** j'essaie de m'y retrouver; **she's still ~ing her way in her new job** elle n'est pas encore complètement habituée à son nouveau travail
ⓑ = experience physically [+ *blow, caress, pain*] sentir; **I felt a few drops of rain** j'ai senti quelques gouttes de pluie; **she could ~ the heat from the radiator** elle sentait la chaleur du radiateur; **he felt it move** il l'a senti bouger
ⓒ = be affected by **to ~ the cold** être sensible au froid; **she really ~s the cold** elle est très frileuse; **she felt the loss of her father greatly** elle a été très affectée par la mort de son père
ⓓ = experience emotionally [+ *sympathy*] éprouver; [+ *grief*] ressentir; **the effects will be felt later** les effets se feront sentir plus tard; **he felt a great sense of relief** il a éprouvé un grand soulagement; **to ~ o.s. blushing** se sentir rougir
ⓔ = believe penser; **I ~ he has spoilt everything** je pense qu'il a tout gâché; **he felt he had to speak out** il a pensé qu'il devait parler; **he felt it necessary to point out ...** il a jugé nécessaire de faire remarquer ...; **I ~ strongly that ...**

je suis convaincu que ...; **if you ~ strongly about it** si cela vous tient à cœur; **I can't help ~ing that something is wrong** je ne peux m'empêcher de penser que quelque chose ne va pas

3 INTRANSITIVE VERB
ⓐ physically se sentir; **how do you ~ today?** comment vous sentez-vous aujourd'hui?; **he doesn't ~ quite himself today** il ne se sent pas tout à fait dans son assiette aujourd'hui; **to ~ old** se sentir vieux; **to ~ cold/hot/hungry/thirsty** avoir froid/chaud/faim/soif; **I felt very sleepy** j'avais très sommeil; **I ~ like a new man** je me sens un autre homme
ⓑ emotionally **I couldn't help ~ing envious** je ne pouvais pas m'empêcher d'éprouver de la jalousie; **I ~ sure that ...** je suis sûr que ...; **he ~s confident of success** il s'estime capable de réussir; **I ~ very bad about leaving you here** cela m'ennuie beaucoup de vous laisser ici; **how do you ~ about him?** que pensez-vous de lui?
◆ **to feel for sb** compatir aux malheurs de qn; **we ~ for you in your sorrow** nous partageons votre douleur
ⓒ ◆ **to feel like sth** (= *want*) avoir envie de qch; **I ~ like an ice cream** j'ai envie d'une glace; **do you ~ like a walk?** ça vous dit d'aller vous promener?; **I don't ~ like it** je n'en ai pas envie
ⓓ = have impression **I felt as if I was going to faint** j'avais l'impression que j'allais m'évanouir
ⓔ = give impression **to ~ hard/soft** [*object*] être dur/doux au toucher; **the oars felt heavy and awkward** les rames étaient lourdes et difficiles à manier; **it ~s like thunder** on dirait qu'il va y avoir de l'orage
ⓕ = grope **she felt in her pocket for some change** elle a fouillé dans sa poche pour trouver de la monnaie; **he was ~ing in the dark for the door** il tâtonnait dans le noir pour trouver la porte

---

feeler /ˈfiːləʳ/ N [*of insect*] antenne *(f)*; **to put out ~s** tâter le terrain

feelgood /ˈfiːlɡʊd/ ADJ [*film, song*] qui donne un sentiment de bien-être; **the ~ factor** le sentiment de bien-être

feeling /ˈfiːlɪŋ/ N ⓐ (*physical*) sensation *(f)*
ⓑ (= *impression*) sentiment *(m)*; **I've got a funny ~ she will succeed** j'ai comme l'impression qu'elle va réussir; **I know the ~!** je sais ce que c'est!; **there was a general ~ that ...** on avait l'impression que ...
ⓒ (= *emotion*) sentiment *(m)*; **he appealed to their ~s rather than their reason** il faisait appel à leurs sentiments plutôt qu'à leur raison; **you can imagine my ~s when I heard the news** tu t'imagines ce que j'ai ressenti quand j'ai appris la nouvelle; **~s ran high about the new motorway** la nouvelle autoroute a déchaîné les passions; **I didn't mean to hurt your ~s** je ne voulais pas te blesser
ⓓ (= *sensitivity*) émotion *(f)*; (= *compassion*) sympathie *(f)*; **she sang with ~** elle a chanté avec sentiment; **he spoke with great ~** il a parlé avec chaleur; **ill ~** animosité *(f)*

feet /fiːt/ NPL of **foot**

feign /feɪn/ VT [+ *surprise*] feindre; [+ *madness*] simuler; **to ~ sleep** faire semblant de dormir

feisty*** /ˈfaɪstɪ/ ADJ ⓐ (= *lively*) fougueux ⓑ (*US* = *quarrelsome*) bagarreur*****

feline /ˈfiːlaɪn/ ADJ, N félin(e) *(m(f))*

fell /fel/ 1 VB *pt of* **fall** 2 VT [+ *tree*] abattre 3 N (*Brit* = *mountain*) mont *(m)*; **the ~s** la lande

fellow /ˈfeləʊ/ N ⓐ (= *man*)***** type***** *(m)*, homme *(m)*; **a poor old ~** un pauvre vieux; **some poor ~ will have to rewrite this** il y aura un pauvre malheureux qui devra récrire cela; **poor little ~** pauvre petit *(m)* (bonhomme *(m)*)
ⓑ (= *comrade*) camarade *(m)*; **they have no concern for their ~s** ils ne se soucient pas des autres
ⓒ [*of society*] membre *(m)*
ⓓ (*in universities*) (*US*) boursier *(m)*, -ière *(f)*; (*Brit*) ≈ chargé(e) *(m(f))* de cours (*souvent membre du conseil d'administration*)

2 COMP ♦ **fellow being** N semblable *(mf)* ♦ **fellow citizen** N concitoyen(ne) *(m(f))* ♦ **fellow countryman** *(pl* **fellow countrymen**) , **fellow countrywoman** *(pl* **fellow countrywomen**) N compatriote *(mf)* ♦ **fellow inmate** N codétenu(e) *(m(f))* ♦ **fellow men** NPL semblables *(mpl)* ♦ **fellow passenger** N compagnon *(m)* de voyage, compagne *(f)* de voyage

fellowship /ˈfɛləʊʃɪp/ N ⓐ (= *comradeship*) camaraderie *(f)* ⓑ (= *society*) association *(f)* ⓒ (*at universities*) (*US* = *scholarship*) bourse *(f)* d'études; (*Brit* = *post*) poste *(m)* d'enseignement et de recherche

felon /ˈfɛlən/ N criminel(le) *(m(f))*

felony /ˈfɛlənɪ/ N crime *(m)*

felt /fɛlt/ 1 VB *pt, ptp of* **feel** 2 N feutre *(m)* ⁝ COMP de *or* en feutre ♦ **felt hat** N feutre *(m)* (*chapeau*) ♦ **felt-tip pen** N feutre *(m)*

female /ˈfiːmeɪl/ 1 ADJ [*animal, plant*] femelle; [*subject*] du sexe féminin; [*company, vote*] des femmes; [*organs, health problems*] féminin; **a ~ child** une fille; **~ students** étudiantes *(fpl)*; **~ cat** chatte *(f)* 2 N (= *person*) femme *(f)*, fille *(f)*; (= *animal*) femelle *(f)*

Femidom® /ˈfɛmɪdɒm/ N Femidom® *(m)*

feminine /ˈfɛmɪnɪn/ 1 ADJ féminin 2 N féminin *(m)*; **in the ~** au féminin

femininity /ˌfɛmɪˈnɪnɪtɪ/ N féminité *(f)*

feminism /ˈfɛmɪnɪzəm/ N féminisme *(m)*

feminist /ˈfɛmɪnɪst/ N, ADJ féministe *(mf)*

fence /fɛns/ 1 N clôture *(f)*; **to sit on the ~** s'abstenir de prendre position 2 VI (*Sport*) faire de l'escrime
► **fence in** VT SEP [+ *land*] clôturer

fencing /ˈfɛnsɪŋ/ N (= *sport*) escrime *(f)*

fend /fɛnd/ VI **to ~ for o.s.** se débrouiller (tout seul)
► **fend off** VT SEP [+ *blow*] parer; [+ *attack, attacker*] repousser; [+ *question*] éluder

fender /ˈfɛndə²/ N (*US* = *wing*) aile *(f)*

fennel /ˈfɛnl/ N fenouil *(m)*

ferment /fəˈmɛnt/ VI fermenter

fermentation /ˌfɜːmɛnˈteɪʃən/ N fermentation *(f)*

fern /fɜːn/ N fougère *(f)*

ferocious /fəˈrəʊʃəs/ ADJ [*animal, person, fighting*] féroce; [*attack, argument*] violent

ferociously /fəˈrəʊʃəslɪ/ ADV ⓐ [*beat, struggle*] violemment; **to fight ~** [*person*] se battre âprement; [*animal*] se battre férocement ⓑ [*independent*] farouchement; **to be ~ competitive** avoir un esprit de compétition acharné

ferocity /fəˈrɒsɪtɪ/ N férocité *(f)*

ferret /ˈfɛrɪt/ 1 N furet *(m)* 2 VI (= *ferret about*) fureter
► **ferret out** VT SEP [+ *secret, person*] dénicher

ferry /ˈfɛrɪ/ 1 N (*large*) ferry-boat *(m)*; (*small*) bac *(m)*; (*Can*) traversier *(m)* 2 VT ⓐ (*across water*) transporter sur l'autre rive ⓑ (= *transport*) [+ *people, things*] transporter; **he ferried voters to and from the polls** il a fait la navette avec sa voiture pour emmener les électeurs au bureau de vote

fertile /ˈfɜːtaɪl/ ADJ [*soil, person*] fertile; [*animal*] fécond; **to have a ~ imagination** avoir une imagination fertile; **to be ~ ground for sth** être un terrain propice pour qch

fertility /fəˈtɪlɪtɪ/ N [*of soil, man*] fertilité *(f)*; [*of woman, animal*] fécondité *(f)* ♦ **fertility drug** N médicament *(m)* contre la stérilité

fertilization /ˌfɜːtɪlaɪˈzeɪʃən/ N fécondation *(f)*

fertilize /ˈfɜːtɪlaɪz/ VT [+ *animal, egg*] féconder

fertilizer /ˈfɜːtɪlaɪzə²/ N engrais *(m)*

fervent /ˈfɜːvənt/ ADJ [*admirer*] fervent; [*supporter, belief, desire*] ardent

fervently /ˈfɜːvəntlɪ/ ADV [*hope*] ardemment; [*support*] avec ferveur

fervour, fervor (*US*) /ˈfɜːvə²/ N ferveur *(f)*

fester /ˈfɛstə²/ VI [*wound*] suppurer; [*resentment*] couver

festival /ˈfɛstɪvəl/ N (*religious*) fête *(f)*; (*musical*) festival *(m)*

festive /ˈfɛstɪv/ ADJ [*food, decorations, music*] de fête; **the ~ season** la période des fêtes

festivity /fɛsˈtɪvɪtɪ/ N (*also* **festivities**) fête *(f)*, réjouissances *(fpl)*

feta /ˈfɛtə/ N feta *(f)*

fetch /fɛtʃ/ VT (= *go and get*) aller chercher; **it ~ed a good price** ça a atteint un bon prix

fête /feɪt/ N (*Brit*) fête *(f)*; (*for charity*) kermesse *(f)*

fetters /ˈfɛtəz/ NPL [*of prisoner*] fers *(mpl)*; **to put a prisoner in ~** mettre un prisonnier aux fers

fetus /ˈfiːtəs/ N (*US*) fœtus *(m)*

feud /fjuːd/ N querelle *(f)*

feudal /ˈfjuːdl/ ADJ féodal

fever /ˈfiːvə²/ N fièvre *(f)*; **to run a ~** avoir de la fièvre; **gambling ~** la fièvre du jeu; **enthusiasm reached ~ pitch** l'enthousiasme était à son comble ♦ **fever blister** N (*US*) bouton *(m)* de fièvre

feverish /ˈfiːvərɪʃ/ ADJ [*person*] fiévreux

few /fjuː/ ADJ, PRON ⓐ (= *not many*) peu (de); **~ books** peu de livres; **~ of them came** peu d'entre eux sont venus; **he is one of the ~ people able to do this** c'est l'une des rares personnes qui puisse le faire; **these past ~ weeks** ces dernières semaines; **the next ~ days** les (quelques) jours qui viennent; **with ~ exceptions** à de rares exceptions près; **such occasions are ~ and far between** de telles occasions sont rares; **there are always the ~ who think that …** il y a toujours la minorité qui croit que …; **so ~ have been sold** on en a vendu si peu; **as ~ as three cigarettes a day** seulement trois cigarettes par jour
ⓑ (*set structures*)
♦ **a few** (= *some*) quelques(-uns), quelques(-unes); **a ~ books** quelques livres *(mpl)*; **I know a ~ of these people** je connais quelques-unes de ces personnes; **a ~ thought otherwise** certains pensaient autrement; **I'd like a ~ more** j'en voudrais quelques-un(e)s de plus; **a ~ more ideas** d'autres idées; **he has had a good ~ (drinks)** il a pas mal* bu; **there were only a ~ of us** nous n'étions qu'une poignée
♦ **quite a few: how many? — quite a ~** combien? — pas mal*; **quite a ~ books** pas mal* de livres; **I saw quite a ~ people there** j'y ai vu pas mal* de gens
♦ **too few** trop peu; **he has too ~ books** il a trop peu de livres; **there were three too ~** il en manquait trois; **too ~ of them realize that …** trop peu d'entre eux sont conscients que …

fewer /ˈfjuːə²/ ADJ, PRON (*compar of* **few**) moins (de); **we have sold ~ this year** nous en avons moins vendu cette année; **he has ~ books than you** il a moins de livres que vous; **there are ~ opportunities for doing it** les occasions de le faire sont plus rares; **no ~ than 37 pupils were ill** il y a eu pas moins de 37 élèves malades; **the ~ the better** moins il y en a, mieux c'est; **few came and ~ stayed** peu sont venus et encore moins sont restés

fewest /ˈfjuːɪst/ ADJ, PRON (*superl of* **few**) le moins (de); **we sold ~ last year** c'est l'année dernière que nous en avons le moins vendu; **he has (the) ~ books** c'est lui qui a le moins de livres

fiancé /fɪˈɑːŋseɪ/ N fiancé *(m)*

fiancée /fɪˈɑːŋseɪ/ N fiancée *(f)*

fiasco /fɪˈæskəʊ/ N fiasco *(m)*

fib /fɪb/ N bobard* *(m)*

fibre, fiber (*US*) /ˈfaɪbə²/ 1 N ⓐ (= *thread*) fibre *(f)*; **cotton ~** fibre *(f)* de coton; **a man of great moral ~** un homme d'une grande force morale ⓑ (*dietary*) fibres *(fpl)* alimentaires; **a diet high in ~** un régime riche en fibres 2 COMP ♦ **fibre optics** NPL la fibre optique

fibreglass, fiberglass (*US*) /ˈfaɪbəglɑːs/ N fibre *(f)* de verre

fibreoptic cable, fiberoptic cable (*US*) /ˌfaɪbərɒptɪkˈkeɪbl/ N câble *(m)* en fibres optiques

fickle /ˈfɪkl/ ADJ inconstant

fiction /ˈfɪkʃən/ N ⓐ (= *literature*) (**works of**) **~** œuvres *(fpl)* de fiction; **the ~ section** (*in bookshop*) la section ro-

mans; **a writer of** ~ un romancier ⓑ (= *falsehood*) fiction
(*f*); **there is still this** ~ **that you can find a job if you try
hard enough** il y a encore des gens qui s'imaginent qu'il
suffit d'un peu de persévérance pour trouver du travail;
they can't tell fact from ~ ils ne font pas la différence entre
la réalité et la fiction

fictional /'fɪkʃənl/ ADJ [*character, setting*] fictif

fictitious /fɪk'tɪʃəs/ ADJ (= *false*) faux (fausse (*f*))

fiddle /'fɪdl/ 1 N ⓐ (= *violin*) violon (*m*) ⓑ (*Brit* = *cheating*)* combine* (*f*); **tax** ~ fraude (*f*) fiscale; **he's on the** ~ il
traficote* 2 VI **can't you stop fiddling (around)!** tiens-toi
donc tranquille!; **to** ~ **with a pencil** tripoter un crayon
3 VT (*Brit*) [+ *accounts, expenses claim*]* truquer

fiddly* /'fɪdlɪ/ ADJ [*task*] minutieux

fidelity /fɪ'delɪtɪ/ N fidélité (*f*)

fidget /'fɪdʒɪt/ VI (= *wriggle*) gigoter*; **stop ~ing!** reste
donc tranquille!

field /fiːld/ 1 N ⓐ champ (*m*); ~ **of battle** champ (*m*) de
bataille; **to die in the** ~ tomber au champ d'honneur
ⓑ (*Sport*) terrain (*m*); **football** ~ terrain (*m*) de football; **to
take the** ~ entrer sur le terrain
ⓒ (= *sphere of activity, knowledge*) domaine (*m*); **it's not my
~** ce n'est pas mon domaine
2 VT [+ *team*] faire jouer; **to** ~ **questions** répondre au pied
levé (à des questions)
3 COMP ♦ **field day** N grand jour (*m*); **the press had a** ~
day with the story la presse a fait ses choux gras de cette
histoire ♦ **field event** N concours (*m*) ♦ **field hospital** N
antenne (*f*) chirurgicale ♦ **field marshal** N (*Brit*) ≈ maréchal (*m*) ♦ **field study** N enquête (*f*) sur le terrain ♦ **field
trip** N voyage (*m*) d'étude

fiend /fiːnd/ N ⓐ démon (*m*) ⓑ (= *fanatic*)* mordu(e)*
(*m(f)*)

fiendishly /'fiːndɪʃlɪ/ ADV (= *extremely*)* [*difficult, complicated, expensive*] abominablement; ~ **clever** [*person*] d'une
intelligence redoutable; [*idea*] extrêmement ingénieux

fierce /fɪəs/ ADJ [*animal, person, battle*] féroce; [*attack, argument*] violent; [*debate*] houleux; [*opposition*] farouche;
[*criticism, critic*] virulent; **competition for the post was** ~ la
concurrence pour le poste a été rude

fiercely /'fɪəslɪ/ ADV [*fight, defend*] avec acharnement;
[*oppose*] farouchement; ~ **independent** farouchement
indépendant; **to be** ~ **competitive** avoir un esprit de
compétition acharné

fiery /'faɪərɪ/ ADJ [*colour*] rougeoyant; [*person, character*]
fougueux; [*temper*] explosif

FIFA /'fiːfə/ N (ABBR = **Fédération internationale de
football-association**) FIFA (*f*)

fifteen /fɪf'tiːn/ NUMBER quinze (*m inv*); **about** ~ **books**
une quinzaine de livres; **the French** ~ (*Rugby*) le quinze de
France; **there are** ~ il y en a quinze → **six**

fifteenth /fɪf'tiːnθ/ ADJ, N quinzième (*mf*); (= *fraction*)
quinzième (*m*) → **sixth**

fifth /fɪfθ/ ADJ, N cinquième (*mf*); (= *fraction*) cinquième
(*m*); **to take the Fifth** (*US*) invoquer le cinquième amendement pour refuser de répondre → **sixth**

> **ⓘ FIFTH AMENDMENT**
>
> *Le cinquième amendement de la constitution des États-Unis
> protège le citoyen contre certains abus de pouvoir. Ainsi, on
> ne peut incarcérer une personne ou lui confisquer ses biens
> sans procès, ou ne peut non plus la juger deux fois pour un
> même délit. Enfin, tout citoyen peut invoquer cet amende-
> ment pour refuser de fournir des éléments de preuve
> susceptibles de se retourner contre lui.*
>
> ▷ www.usinfo.state.gov/products/pubs/constitution/
>   amendment.htm

fiftieth /'fɪftɪɪθ/ ADJ, N cinquantième (*mf*); (= *fraction*)
cinquantième (*m*) → **sixth**

fifty /'fɪftɪ/ NUMBER cinquante (*m inv*); **about** ~ **books** une
cinquantaine de livres; **there are** ~ il y en a cinquante; **to
go ~-~ with sb** partager moitié-moitié* avec qn → **sixty**

fig /fɪɡ/ N (= *fruit*) figue (*f*); (= *fig tree*) figuier (*m*)

fight /faɪt/ (*vb: pret, ptp* **fought**) 1 N ⓐ (= *punch-up*) bagarre* (*f*); (= *battle*) combat (*m*), bataille (*f*); (*Boxing*)
combat (*m*); (*against disease, poverty*) lutte (*f*); (= *quarrel*)
dispute (*f*); **to have a** ~ **with sb** se battre avec qn; (= *argue*)
se disputer avec qn; **he put up a good** ~ il s'est bien défendu; **we won't go down without a** ~ nous n'abandonne-
rons pas sans nous être battus
ⓑ (= *spirit*) **there was no** ~ **left in him** il n'avait plus envie
de lutter
2 VI [*person, animal*] se battre; (*for rights, against disease*)
lutter; (= *quarrel*) se disputer; **the dogs were ~ing over a
bone** les chiens se disputaient un os; **to** ~ **against disease**
lutter contre la maladie; **to** ~ **for sb** se battre pour qn; **to
~ for one's life** lutter contre la mort
3 VT combattre; [+ *person*] se battre avec; **to be ~ing a losing battle** c'est un combat perdu d'avance; **to** ~ **a campaign**
(*Politics*) mener une campagne; **we shall** ~ **this decision all
the way** nous combattrons cette décision jusqu'au bout
► **fight back** 1 VI (*against attacker*) rendre les coups;
(*Sport*) se reprendre 2 VT SEP [+ *tears*] refouler
► **fight off** VT SEP [+ *attack*] repousser; **she fought off her
attackers** elle a repoussé ses agresseurs
► **fight on** VI continuer le combat

fighter /'faɪtə'/ N (*Boxing*) boxeur (*m*); **he's a** ~ (= *determined*) c'est un battant ♦ **fighter pilot** N pilote (*m*) de
chasse ♦ **fighter plane** N avion (*m*) de chasse

fighting /'faɪtɪŋ/ 1 N (*in war*) combat (*m*); (*in classroom,
pub*) bagarres* (*fpl*); ~ **broke out between police and demonstrators** des incidents ont éclaté entre la police et les
manifestants 2 ADJ ~ **man** combattant (*m*); **he's got a lot of
~ spirit** c'est un battant; ~ **fit** (*Brit*) en pleine forme; ~ **talk**
paroles (*fpl*) de défi

figment /'fɪɡmənt/ N **a** ~ **of his imagination** le pur produit de son imagination

figurative /'fɪɡjʊrətɪv/ ADJ [*language*] figuré

figuratively /'fɪɡjʊrətɪvlɪ/ ADV au sens figuré; ~ **speaking**
métaphoriquement parlant

figure /'fɪɡə'/ 1 N ⓐ (= *number*) chiffre (*m*); **I can't give
you the exact ~s** je ne peux pas vous donner les chiffres
exacts; **the unemployment ~s** les chiffres du chômage; **to
put a ~ to sth** chiffrer qch; **a three-~ number** un nombre à
trois chiffres; **to get into double ~s** atteindre la dizaine;
[*inflation*] atteindre 10%; **he earns well into six ~s** il gagne
bien plus de cent mille livres; **to bring inflation down to
single ~s** faire passer l'inflation en dessous de la barre des
10%
ⓑ (= *diagram*) figure (*f*)
ⓒ (= *shape*) [*of person*] ligne (*f*); **to improve one's** ~ soigner sa ligne; **she has a good** ~ elle est bien faite; **she
doesn't have the** ~ **for that dress** elle n'est pas faite pour
porter cette robe
ⓓ (= *human form*) silhouette (*f*); **I saw a** ~ **approach** j'ai vu
une silhouette s'approcher
ⓔ (= *important person*) personnage (*m*)
2 VT (*US* = *think*) penser; **I** ~ **it like this** je vois la chose
comme ceci
3 VI ⓐ (= *appear*) figurer; **his name doesn't** ~ **on this list**
son nom ne figure pas sur cette liste
ⓑ (= *make sense*) **that ~s*** ça paraît logique
4 COMP ♦ **figure-hugging** ADJ [*dress*] moulant ♦ **figure
skater** N patineur (*m*), -euse (*f*) artistique ♦ **figure skating**
N (*in display*) patinage (*m*) artistique
► **figure on** VT INSEP **I hadn't ~d on that** je n'avais pas
tenu compte de ça; **I wasn't figuring on having to do that**
je ne m'attendais pas à devoir faire ça
► **figure out** VT SEP ⓐ (= *understand*) arriver à comprendre; **I can't** ~ **out how much it comes to** je n'arrive pas à
calculer le total ⓑ (= *plan*) calculer; **they had it all ~d out**
ils avaient bien calculé leur coup

figurehead /'fɪɡəhed/ N chef (*m*) de file; [*of ship*] figure
(*f*) de proue

Fiji /'fiːdʒiː/ N Fidji; **in** ~ à *or* aux Fidji

file /faɪl/ 1 N ⓐ (= *folder*) dossier *(m)*; (*with hinges*) classeur *(m)*; (= *papers*) dossier *(m)*; (*Computing*) fichier *(m)*; **do we have a ~ on her?** est-ce que nous avons un dossier sur elle?; **there's something on ~ about him** le dossier contient des renseignements sur lui; **to be on ~** [*person*] être fiché; **his fingerprints are on ~** la police a ses empreintes; **to keep sb's details on ~** garder les coordonnées de qn; **to keep information about sth on ~** avoir un dossier sur qch; **they have closed the ~ on the case** ils ont classé l'affaire
ⓑ (*for metal, nails*) lime *(f)*
ⓒ (= *line*) file *(f)*; **in single ~** en file indienne
2 VT ⓐ [+ *notes, letters, files*] classer; (*into file*) joindre au dossier; **to ~ a claim** déposer une requête; **to ~ a claim for damages** intenter un procès en dommages-intérêts; **to ~ a petition** introduire une requête
ⓑ limer; **to ~ one's nails** se limer les ongles
3 VI **to ~ in/out** entrer/sortir en file; **they ~d slowly past the ticket collector** ils sont passés lentement les uns après les autres devant le contrôleur
4 COMP ♦ **file manager** N (*Computing*) gestionnaire *(m)* de fichiers
► **file for** VT INSEP **to ~ for divorce** demander le divorce; **to ~ for bankruptcy** déposer son bilan

filename /'faɪlneɪm/ N nom *(m)* de fichier

filing /'faɪlɪŋ/ N (*of documents*) classement *(m)* ♦ **filing cabinet** N classeur *(m)* (*meuble*) ♦ **filing clerk** N (*Brit*) documentaliste *(mf)*

Filipino /ˌfɪlɪ'piːnəʊ/ 1 ADJ philippin 2 N ⓐ (= *person*) Philippin(e) *(m(f))* ⓑ (= *language*) tagalog *(m)*

fill /fɪl/ 1 VT ⓐ [+ *bucket, hole*] remplir (**with** de); **smoke ~ed the room** la pièce s'est remplie de fumée; **the thought ~s me with horror** cette pensée m'horrifie; **~ed with admiration** plein d'admiration; **~ed with anger** en proie à la colère
ⓑ [+ *post, job*] [*employer*] pourvoir; **the position is already ~ed** le poste est déjà pourvu; **to ~ a need** répondre à un besoin; **to ~ a gap** combler un vide
2 VI (= *fill up*) [*bath, bus, hall*] se remplir; **her eyes ~ed with tears** ses yeux se sont remplis de larmes
3 N **to eat one's ~** manger à sa faim; **she's had her ~ of married life** elle en a assez de la vie conjugale
► **fill in** 1 VI **to ~ in for sb** remplacer qn (temporairement) 2 VT SEP ⓐ [+ *form*] remplir; [+ *report*] compléter; **to ~ sb in on sth*** mettre qn au courant de qch ⓑ [+ *hole*] boucher
► **fill out** VT SEP [+ *form*] remplir
► **fill up** 1 VI ⓐ [*bath, bus, hall*] se remplir ⓑ (*with petrol*) faire le plein (d'essence) 2 VT SEP ⓐ [+ *tank*] remplir; **~ it up!*** (*with petrol*) (faites) le plein! ⓑ [+ *hole*] boucher

fillet /'fɪlɪt/, **filet** (*US*) /fɪ'leɪ/ 1 N (*of beef, pork, fish*) filet *(m)* 2 VT [+ *fish*] découper en filets 3 COMP ♦ **fillet steak** N (*one slice*) bifteck *(m)* dans le filet; (*piece*) chateaubriand *(m)*

filling /'fɪlɪŋ/ 1 N ⓐ (*in tooth*) plombage *(m)*; **my ~'s come out** mon plombage est parti ⓑ (*in pie, sandwich*) garniture *(f)*; **chocolates with a coffee ~** chocolats *(mpl)* fourrés au café 2 ADJ [*food*] substantiel 3 COMP ♦ **filling station** N station-service *(f)*

film /fɪlm/ 1 N ⓐ (*Brit = movie*) film *(m)*; **to go to a ~** aller voir un film
ⓑ (*for camera*) pellicule *(f)*
ⓒ (*for wrapping food*) film *(m)* (alimentaire) transparent
ⓓ (*of dust, mud*) pellicule *(f)*
2 VT filmer
3 VI tourner un film; **they were ~ing in Spain** le tournage avait lieu en Espagne
4 COMP ♦ **film festival** N festival *(m)* du cinéma ♦ **filmmaker** N cinéaste *(mf)* ♦ **film première** N première *(f)* ♦ **film rating** N (*Brit*) *système de classification des films* ♦ **film rights** NPL droits *(mpl)* d'adaptation (cinématographique) ♦ **film set** N plateau *(m)* de tournage ♦ **film star** N vedette *(f)* de cinéma ♦ **film studio** N studio *(m)* (de ciné-

ma) ♦ **film test** N bout *(m)* d'essai; **to give sb a ~ test** faire tourner un bout d'essai à qn

Filofax ® /'faɪləʊˌfæks/ N Filofax ® *(m)*

filter /'fɪltər/ 1 N filtre *(m)* 2 VT [+ *liquids*] filtrer; [+ *air*] purifier 3 VI [*light, liquid, sound*] filtrer; **the light ~ed through the shutters** la lumière filtrait à travers les volets; **to ~ back** [*people*] revenir par petits groupes 4 COMP ♦ **filter cigarette** N cigarette *(f)* (à bout) filtre ♦ **filter coffee** N café *(m)* filtre ♦ **filter lane** N file *(f)* (*matérialisée sur la chaussée*) ♦ **filter light** N (*on traffic light*) flèche *(f)* (*de feux de signalisation*) ♦ **filter paper** N papier *(m)* filtre
► **filter in** VI news of the massacre began to ~ in des nouvelles du massacre ont commencé à filtrer
► **filter through** VI [*light*] filtrer; **the news ~ed through at last** la nouvelle a fini par transpirer

filth /fɪlθ/ N saleté *(f)*; **this book is sheer ~** ce livre est une vraie saleté

filthy /'fɪlθɪ/ ADJ ⓐ (= *dirty*) crasseux ⓑ (= *disgusting*) [*creature, habit*] dégoûtant; **~ rich*** bourré de fric* ⓒ (= *obscene*) obscène; **to have a ~ mind** avoir l'esprit mal tourné

fin /fɪn/ N (*of fish*) nageoire *(f)*; (*of shark*) aileron *(m)*

final /'faɪnl/ 1 ADJ ⓐ (= *last*) dernier; **a ~-year student** un étudiant de dernière année
ⓑ [*result, draft*] définitif; **the judges' decision is ~** la décision des juges est sans appel; **to have the ~ say** avoir le dernier mot; **and that's ~!** point final!
ⓒ (= *ultimate*) [*humiliation*] suprême
2 N (*US Sport: also* **~s**) finale *(f)*
3 NPL **finals** (= *exams*) examens *(mpl)* de dernière année
4 COMP ♦ **the final curtain** N la chute du rideau ♦ **final demand** N dernier rappel *(m)* ♦ **final edition** N dernière édition *(f)* ♦ **final instalment** N (= *payment*) versement *(m)* libératoire ♦ **the final whistle** N le coup de sifflet final

finale /fɪ'nɑːlɪ/ N **the grand ~** l'apothéose *(f)*

finalist /'faɪnəlɪst/ N finaliste *(mf)*

finality /faɪ'nælɪtɪ/ N irrévocabilité *(f)*

finalize /'faɪnəlaɪz/ VT [+ *text*] finaliser; [+ *plans*] mettre la dernière main à; [+ *details*] mettre au point; **their divorce is now ~d** le divorce est maintenant prononcé

finally /'faɪnəlɪ/ ADV ⓐ (= *eventually*) finalement ⓑ (= *lastly*) pour finir

finance /faɪ'næns/ 1 N finance *(f)*; **Minister of Finance** ministre *(mf)* des Finances 2 NPL **finances** finances *(fpl)* 3 VT [+ *scheme*] (= *supply money for*) financer; (= *obtain money for*) trouver des fonds pour 4 COMP ♦ **finance company** N compagnie *(f)* financière

financial /faɪ'nænʃəl/ ADJ financier; **to depend on sb for ~ support** dépendre financièrement de qn ♦ **financial management** N gestion *(f)* financière ♦ **financial plan** N plan *(m)* de financement ♦ **financial year** N (*Brit*) exercice *(m)* budgétaire

financially /faɪ'nænʃəlɪ/ ADV financièrement; **to be struggling ~** avoir des problèmes financiers

find /faɪnd/ (*pret, ptp* **found**) 1 VT ⓐ trouver; [+ *lost person or object*] retrouver; **to ~ one's place in a book** retrouver sa page dans un livre; **they soon found him again** ils l'ont vite retrouvé; **we left everything as we found it** nous avons tout laissé en l'état; **he was found dead in bed** on l'a trouvé mort dans son lit; **the castle is to be found near Tours** le château se trouve près de Tours; **to ~ work** trouver du travail; **I can never ~ anything to say to him** je ne trouve jamais rien à lui dire; **to ~ the courage to do** trouver le courage de faire; **I can't ~ time to read** je n'arrive pas à trouver le temps de lire; **to ~ one's feet** s'acclimater; **to ~ some difficulty in doing** éprouver une certaine difficulté à faire; **I couldn't ~ it in my heart to refuse** je n'ai pas eu le cœur de refuser; **he ~s it difficult to walk** il lui est difficile de marcher; **I ~ that I have plenty of time** je trouve que j'ai tout mon temps
♦ **find** + **way**: **they couldn't ~ the way back** ils n'ont pas pu trouver le chemin du retour; **can you ~ your own way out?** pouvez-vous trouver la sortie tout seul?; **it found its**

way into my bag ça s'est retrouvé dans mon sac
♦ **to find o.s.: I found myself wondering** je me suis surpris à me demander; **I found myself thinking that …** je me suis surpris à penser que …; **he found himself at last** il a enfin trouvé sa voie
ⓑ (= *realize*) constater; [+ *cure, solution, answer*] trouver; **you will ~ that I am right** vous constaterez que j'ai raison; **I went there yesterday, only to ~ her out** j'y suis allé hier, mais elle était sortie
ⓒ **to ~ sb guilty** déclarer qn coupable; **how do you ~ the accused?** quel est votre verdict?
2 VI **to ~ against the accused** se prononcer contre l'accusé
3 VT trouvaille *(f)*; **that was a lucky ~** ça, c'est une trouvaille!

► **find out** 1 VI ⓐ (= *make enquiries*) se renseigner (**about** sur) ⓑ (= *know*) **we didn't ~ out about it in time** nous ne l'avons pas su à temps 2 VT SEP ⓐ (= *discover*) découvrir; [+ *answer*] trouver ⓑ (= *discover the misdeeds of*) [+ *person*] démasquer; **she doesn't want her parents to ~ out** elle ne veut pas que ses parents le sachent

findings /ˈfaɪndɪŋz/ NPL conclusions *(fpl)*

fine /faɪn/ 1 ADJ ⓐ (= *excellent*) [*performer, player, piece of work*] excellent; [*place, object, example*] beau (belle *(f)*); [*view*] superbe; **the finest footballer of his generation** le meilleur footballeur de sa génération; **to be in ~ form** être en pleine forme; **to be in ~ health** être en bonne santé; **it was his finest hour** ce fut son heure de gloire
ⓑ (= *acceptable*) bien *(inv)*; **you look ~** tu es très bien; **your idea sounds ~** votre idée semble bonne; **the coffee's just ~** le café est parfait; **everything's ~** tout va bien; **everything's going to be just ~** tout va bien se passer; **any questions? no? ~!** des questions? non? parfait!; **this bike is ~ for me** ce vélo me convient parfaitement; **that's all very ~, but …** c'est bien beau mais …
ⓒ (= *not unwell*) **to be ~** aller bien; **how are you? —** thanks comment allez-vous? — bien, merci; **don't worry, I'm sure he'll be ~** ne t'inquiète pas, je suis sûr qu'il se remettra; **to feel ~** se sentir bien
ⓓ (= *without problems*) **she'll be ~, the others will look after her** il ne lui arrivera rien, les autres s'occuperont d'elle; **I'll be ~ on my own** je me débrouillerai très bien tout seul
ⓔ (*expressing agreement*) très bien; **I'll be back by lunchtime — ~!** je serai de retour à l'heure du déjeuner — très bien!; **that's ~ by me** d'accord; **if you want to give me a hand, that's ~ by me** si tu veux me donner un coup de main, je veux bien; **shall we have another beer? — ~ by me!** on prend encore une bière? — bonne idée!
ⓕ (*iro*) **a ~ friend you are!** c'est beau l'amitié!; **you're a ~ one!** t'es bon, toi!*; **you're a ~ one to talk!** ça te va bien de dire ça!
ⓖ (= *refined*) [*person*] bien *(inv)*; [*feelings*] raffiné
ⓗ (= *superior*) [*food, ingredients*] raffiné; [*wine*] fin; [*china, fabric*] beau (belle *(f)*), raffiné; **meat of the finest quality** viande *(f)* de première qualité
ⓘ (= *delicate*) [*fabric, rain, hair, features*] fin
ⓙ (= *subtle*) [*adjustment*] minutieux; [*detail, distinction*] subtil; **there's a ~ line between genius and madness** entre le génie et la folie, la marge est étroite; **not to put too ~ a point on it** pour parler franchement
ⓚ [*weather, day*] beau (belle *(f)*); **coastal areas will be ~** il fera beau sur la côte
2 ADV ⓐ (= *well*)* bien; **we get on ~** nous nous entendons bien
ⓑ (= *not coarsely*) **to chop sth ~** hacher qch menu; **to cut sth ~** couper qch finement; **you're cutting it too ~** c'est un peu juste
3 N (= *penalty*) amende *(f)*; (*for driving offence*) contravention *(f)*
4 VT condamner à une amende; (*for driving offence*) donner une contravention à; **they ~d him heavily** ils l'ont condamné à une lourde amende; **he was ~d for exceeding the speed limit** il a eu une contravention pour excès de vitesse

5 COMP ♦ **fine art** N (= *subject*) beaux-arts *(mpl)*; (= *works*) objets *(mpl)* d'art; **the ~ arts** les beaux-arts *(mpl)* ♦ **fine-tooth comb** N **he went through the documents with a ~-tooth comb** il a passé les documents au peigne fin ♦ **fine-tune** VT [+ *production, the economy*] régler avec précision ♦ **fine-tuning** N réglage *(m)* minutieux

finely /ˈfaɪnlɪ/ ADV ⓐ [*crafted, carved*] finement ⓑ (= *not coarsely*) [*chop*] menu; [*slice*] en tranches fines; [*grate*] fin ⓒ (= *delicately*) **the distinction was ~ drawn** la distinction était très subtile; **a ~ tuned car** une voiture bien réglée

finery /ˈfaɪnərɪ/ N **wedding guests in all their ~** les invités d'un mariage vêtus de leurs plus beaux habits

finesse /fɪˈnes/ 1 N finesse *(f)* 2 VT (= *manage skilfully*) [+ *problem, questions*] aborder avec finesse; (= *avoid*) esquiver

finger /ˈfɪŋɡəʳ/ N doigt *(m)*; **index ~** index *(m)*; **to count on one's ~s** compter sur ses doigts; **to point one's ~ at sb** montrer qn du doigt; **he wouldn't lift a ~ to help me** il ne lèverait pas le petit doigt pour m'aider; **to point the ~ of suspicion at sb** faire peser des soupçons sur qn; **to point the ~ of blame at sb** faire porter le blâme à qn; **~s crossed!** croisons les doigts!; **keep your ~s crossed for me!** souhaite-moi bonne chance!; **there's something wrong, but I can't put my ~ on it** il y a quelque chose qui cloche* mais je ne peux pas mettre le doigt dessus ♦ **finger bowl** N rince-doigts *(m inv)* ♦ **finger food** N amuse-gueule(s) *(m(pl))* ♦ **finger painting** N peinture *(f)* avec les doigts

fingernail /ˈfɪŋɡəneɪl/ N ongle *(m)*

fingerprint /ˈfɪŋɡəprɪnt/ 1 N empreinte *(f)* digitale 2 VT [+ *weapon*] relever les empreintes digitales sur; [+ *room*] relever les empreintes digitales dans; [+ *person*] relever les empreintes digitales de

fingertip /ˈfɪŋɡətɪp/ N bout *(m)* du doigt; **all the basic controls are at your ~s** toutes les commandes principales sont à portée de main

finish /ˈfɪnɪʃ/ 1 N ⓐ (= *end*) fin *(f)*; [*of race*] arrivée *(f)*; **to fight to the ~** se battre jusqu'au bout ⓑ [*of woodwork*] finition *(f)* 2 VT [+ *work, meal, supplies*] finir; **~ your soup** finis ta soupe; **to ~ doing sth** finir de faire qch; **to put the ~ing touches to sth** mettre la dernière main à qch 3 VI [*film, meeting*] se terminer; [*holiday, contract*] prendre fin; [*runner, horse*] arriver; **he ~ed by saying that …** il a terminé en disant que …; **to ~ first** (*in race*) arriver premier

► **finish off** VT SEP ⓐ [+ *work*] terminer ⓑ [+ *food, meal*] finir

► **finish with** VT INSEP [+ *person*] plaquer*; **she's ~ed with him*** (*in relationship*) elle l'a plaqué*; **I've ~ed with the paper** je n'ai plus besoin du journal

finished /ˈfɪnɪʃt/ ADJ ⓐ (= *at end*) **to be ~** être fini; [*person*] avoir fini; **to be ~ with sth** (= *have given up*) avoir arrêté qch; **he is ~ with boxing** il a arrêté la boxe; **to be ~ with sb** (*after questioning*) en avoir fini avec qn; (= *have had enough of*) ne plus vouloir entendre parler de qn ⓑ (= *without a future*) **to be ~** [*politician, sportsperson, career*] être fini ⓒ (= *decorated*) **the bedroom is ~ with cream curtains** les rideaux crème complètent harmonieusement le décor de la chambre; **beautifully ~ wood** du bois magnifiquement fini ⓓ (= *final*) [*product, painting*] fini

finishing line /ˈfɪnɪʃɪŋˌlaɪn/ N ligne *(f)* d'arrivée

finite /ˈfaɪnaɪt/ ADJ (= *limited*) [*number, world*] fini; [*amount, resources*] limité

Finland /ˈfɪnlənd/ N Finlande *(f)*

Finn /fɪn/ N Finlandais(e) *(m(f))*

Finnish /ˈfɪnɪʃ/ 1 ADJ finlandais; [*literature, culture*] finnois 2 N (= *language*) finnois *(m)*

fir /fɜːʳ/ N sapin *(m)*; **~ cone** pomme *(f)* de pin

fire /faɪəʳ/ 1 N ⓐ (= *flames*) feu *(m)*; (*in building, forest*) incendie *(m)*; **a nice ~** un bon feu; **4 died in the ~** 4 personnes sont mortes dans l'incendie; **~!** au feu!; **the house was on ~** la maison était en feu; **come and sit by the ~** venez vous installer au coin du feu; **to set ~ to sth** mettre le feu à qch; **to catch ~** prendre feu

ⓑ (*Brit* = *heater*) radiateur *(m)*
ⓒ (= *shots*) feu *(m)*; **to open ~** ouvrir le feu; **~! feu!; under ~** sous le feu de l'ennemi; **to come under ~** (= *be criticized*) essuyer les critiques; **to return ~** riposter; **to hold one's ~** suspendre le tir

2 VT ⓐ (= *set fire to*) mettre le feu à; [+ *imagination, passions, enthusiasm*] enflammer
ⓑ [+ *rocket*] lancer; **to ~ a gun at sb** tirer (un coup de fusil) sur qn; **to ~ a shot** tirer un coup de feu (**at** sur); **to ~ questions at sb** bombarder qn de questions
ⓒ (= *dismiss*)* virer*; **you're ~d!** vous êtes viré*!
ⓓ [+ *pottery*] cuire

3 VI [*person*] tirer (**at** sur); **~ away** vas-y!

4 COMP ♦ **fire alarm** N alarme *(f)* d'incendie ♦ **fire brigade** N (*Brit*) (brigade *(f)* des) (sapeurs-)pompiers *(mpl)* ♦ **fire chief** N (*US*) capitaine *(m)* des pompiers ♦ **fire department** N (*US*) (brigade *(f)* des) (sapeurs-)pompiers *(mpl)* ♦ **fire door** N porte *(f)* coupe-feu ♦ **fire drill** N exercice *(m)* d'évacuation ♦ **fire engine** N voiture *(f)* de pompiers ♦ **fire escape** N (= *staircase*) escalier *(m)* de secours ♦ **fire exit** N sortie *(f)* de secours ♦ **fire extinguisher** N extincteur *(m)* ♦ **fire fighter** N (= *fireman*) pompier *(m)* ♦ **fire-fighting** ADJ [*equipment, team*] de lutte contre les incendies ♦ **fire hazard** N **it's a ~ hazard** cela pourrait provoquer un incendie ♦ **fire hydrant** N bouche *(f)* d'incendie ♦ **fire insurance** N assurance-incendie *(f)* ♦ **fire power** N puissance *(f)* de feu ♦ **fire prevention** N mesures *(fpl)* de prévention contre l'incendie ♦ **fire-raising** (*Brit*) pyromanie *(f)* ♦ **fire regulations** NPL consignes *(fpl)* en cas d'incendie ♦ **fire retardant** ADJ, N ignifuge *(m)* ♦ **fire station** N caserne *(f)* de pompiers ♦ **fire truck** N (*US*) voiture *(f)* de pompiers

► **fire up** VT SEP [+ *person*] enthousiasmer; [+ *imagination*] exalter

firearm /ˈfaɪərɑːm/ N arme *(f)* à feu

firebomb /ˈfaɪəbɒm/ 1 N bombe *(f)* incendiaire 2 VT lancer une bombe incendiaire (*or* des bombes incendiaires) sur

fireman /ˈfaɪəmən/ N (*pl* **-men**) (sapeur-)pompier *(m)*

fireplace /ˈfaɪəpleɪs/ N cheminée *(f)*

fireproof /ˈfaɪəpruːf/ ADJ [*material*] ininflammable ♦ **fireproof dish** N plat *(m)* allant au feu

fireside /ˈfaɪəsaɪd/ N coin *(m)* du feu

firewall /ˈfaɪəwɔːl/ N (*Computing*) pare-feu *(m)*

firewood /ˈfaɪəwʊd/ N bois *(m)* de chauffage

firework /ˈfaɪəwɜːk/ 1 N (fusée *(f)* de) feu *(m)* d'artifice 2 NPL **fireworks** feux *(mpl)* d'artifice

firing /ˈfaɪərɪŋ/ N (= *shooting*) tir *(m)* ♦ **firing line** N ligne *(f)* de tir; **to be in the ~ line** être dans la ligne de tir; (*fig*) être sous le feu des attaques ♦ **firing squad** N peloton *(m)* d'exécution

firm /fɜːm/ 1 N entreprise *(f)*

2 ADJ ⓐ (= *hard*) [*fruit, ground, handshake*] ferme
ⓑ (= *secure*) [*table, ladder*] stable; [*voice*] ferme; **to keep a ~ grip on** [*object, person*] tenir fermement
ⓒ (= *strong*) [*foundation*] solide; [*finances, relationship*] être sain; **it is my ~ belief that ...** je crois fermement que ...; **to have a ~ grasp of sth** [*subject, theory*] avoir de solides connaissances sur qch; **they became ~ friends** ils sont devenus de grands amis; **to keep a ~ grip on power** tenir fermement les rênes du pouvoir
ⓓ (= *resolute*) ferme; **to be ~ with sb** être ferme avec qn; **to take a ~ stand (against sth)** adopter une attitude ferme (contre qch); **to stand ~ (against sth)** tenir bon (face à qch)
ⓔ (= *definite*) [*conclusion*] définitif; [*information, news*] sûr; [*evidence*] solide; [*date*] fixé; **~ offer** offre *(f)* ferme
ⓕ (= *price, currency*) stable; **the euro was ~ against the dollar** l'euro est resté stable par rapport au dollar

► **firm up** VT SEP [+ *muscles*] raffermir; [+ *currency*] consolider

firmly /ˈfɜːmlɪ/ ADV [*fix, base*] solidement; [*establish, stick*] bien; [*root, believe*] fermement; [*say*] avec fermeté; **~ in**

place bien en place; **to be ~ committed to doing sth** s'être engagé à faire qch; **to be ~ in control of the situation** avoir la situation bien en main; **~ held opinions** des convictions *(fpl)*; **~ opposed to sth** fermement opposé à qch

first /fɜːst/ 1 ADJ premier; **the ~ of May** le premier mai; **the twenty-~ time** la vingt et unième fois; **Charles the First** Charles Iᵉʳ; **~ principles** principes *(mpl)* premiers; **they won for the ~ and last time in 1992** ils ont gagné une seule et unique fois en 1992; **there's always a ~ time** il y a un début à tout; **she doesn't know the ~ thing about it** elle n'y connaît rien; **he went out ~ thing this morning** il est sorti très tôt ce matin; **I'll do it ~ thing in the morning** je le ferai demain à la première heure; **~ things ~!** les choses importantes d'abord!

2 ADV ⓐ (= *at first*) d'abord; (= *firstly*) premièrement; (= *in the beginning*) au début; (= *as a preliminary*) tout d'abord; **when we ~ met** la première fois que nous nous sommes rencontrés; **when we ~ lived here** quand nous sommes venus habiter ici; **~ separate the eggs** séparez d'abord les jaunes des blancs; **~ of all** tout d'abord; **~ and foremost** en tout premier lieu; **he's a patriot ~ and a socialist second** il est patriote avant d'être socialiste; **she arrived ~** elle est arrivée la première; **to come ~** (= *arrive*) arriver le premier; (*in exam, competition*) être reçu premier; **my family comes ~** ma famille passe avant tout; **one's health comes ~** il faut penser à sa santé d'abord; **I must finish this ~** il faut que je termine ça d'abord
ⓑ (= *for the first time*) pour la première fois
ⓒ (= *in preference*) plutôt; **I'd die ~!** plutôt mourir!

3 N ⓐ premier *(m)*, -ière *(f)*; **they were the ~ to come** ils sont arrivés les premiers; **another ~ for Britain** (= *achievement*) une nouvelle première pour la Grande-Bretagne; **~ in, ~ out** premier entré, premier sorti; **from ~ to last** du début à la fin; **the ~ I heard of it was when ...** la première fois que j'en ai entendu parler, c'est quand ...
♦ **at first** d'abord, au début
ⓑ (= *first gear*) première *(f)* (vitesse); **in ~** en première
ⓒ (*Brit* = *degree*) **he got a ~** ≈ il a eu sa licence avec mention très bien

4 COMP ♦ **first aid** N premiers secours *(mpl)* or soins *(mpl)*; **to give ~ aid** donner les premiers soins or secours ♦ **first aider** N secouriste *(mf)* ♦ **first-aid kit** N trousse *(f)* de premiers secours ♦ **first-born** ADJ, N premier-né *(m)*, première-née *(f)* ♦ **first cousin** N cousin(e) *(m(f))* germain ♦ **first edition** N première édition *(f)* ♦ **first-ever** ADJ tout premier ♦ **the first family** N (*US*) la famille du président ♦ **first floor** N **on the ~ floor** (*Brit*) au premier (étage); (*US*) au rez-de-chaussée ♦ **first form** N (*Brit*) ≈ (classe *(f)* de) sixième *(f)* ♦ **first-generation** ADJ de première génération; **he's a ~-generation American** c'est un Américain de la première génération ♦ **first grade** N (*US*) cours *(m)* préparatoire ♦ **first-hand** ADJ [*news, information*] de première main ♦ **first lady** N (*US*) première dame *(f)* des États-Unis (*ou personne servant d'hôtesse à sa place*) ♦ **first language** N première langue *(f)* ♦ **first lieutenant** N (*Brit: in navy*) lieutenant *(m)* de vaisseau; (*US: in airforce*) lieutenant *(m)* ♦ **first minister** N Premier ministre *(m)* ♦ **first name** N prénom *(m)*; **my ~ name is Ellis** mon prénom est Ellis ♦ **first-name** ADJ **to be on ~-name terms with sb** appeler qn par son prénom ♦ **first officer** N second *(m)* ♦ **first-past-the-post system** N système *(m)* majoritaire à un tour ♦ **first-rate** ADJ excellent; **to do a ~-rate job** faire un excellent travail ♦ **first-time buyer** N accédant *(m)* à la propriété ♦ **the First World War** N la Première Guerre mondiale ♦ **first year** N (*at university*) première année *(f)*; (= *student*) étudiant(e) *(m(f))* de première année

first-class /ˌfɜːstˈklɑːs/ 1 ADJ ⓐ (= *first-rate*) [*facilities, service*] excellent; [*candidate*] remarquable ⓑ [*travel, flight*] en première (classe) [*ticket, passenger, compartment*] de première (classe) ⓒ [*letter, stamp*] en tarif prioritaire ⓓ **a ~ degree** ≈ une licence avec mention très bien 2 ADV [*travel, fly*] en première classe; [*send*] en tarif prioritaire

firstly /ˈfɜːstlɪ/ ADV premièrement

fiscal /ˈfɪskəl/ ADJ fiscal; **~ year** année *(f)* fiscale

fish /fɪʃ/ 1 N (pl **fish**) poisson (m); **I caught two** ~ j'ai pris deux poissons; **do you like** ~? tu aimes le poisson?; **there are plenty more** ~ **in the sea** les occasions ne manquent pas; (relationship) un(e) de perdu(e) dix de retrouvé(e)s; **he's like a** ~ **out of water** il n'est pas du tout dans son élément

2 VI pêcher; **to go ~ing** aller à la pêche; **to go salmon ~ing** aller à la pêche au saumon; **to** ~ **for trout** pêcher la truite; **to** ~ **for compliments** chercher les compliments

3 COMP ✦ **fish and chips** N poisson (m) frit et frites ✦ **fish-and-chip shop** N friterie (f) ✦ **fish cake** N croquette (f) de poisson ✦ **fish factory** N conserverie (f) de poisson ✦ **fish farm** N centre (m) de pisciculture ✦ **fish farming** N pisciculture (f) ✦ **fish fingers** NPL (Brit) poisson (m) pané en bâtonnets ✦ **fish knife** N (pl **fish knives**) couteau (m) à poisson; ~ **knife and fork** couvert (m) à poisson ✦ **fish market** N (retail) marché (m) au poisson; (wholesale) criée (f) ✦ **fish paste** N beurre (m) de poisson ✦ **fish shop** N poissonnerie (f) ✦ **fish slice** N (Brit) pelle (f) à poisson ✦ **fish sticks** NPL (US) poisson (m) pané en bâtonnets ✦ **fish tank** N aquarium (m)

► **fish out** VT SEP (from water) repêcher; (from box, drawer) sortir

fishbone /ˈfɪʃbəʊn/ N arête (f)

fishbowl /ˈfɪʃbəʊl/ N bocal (m) (à poissons)

fisherman /ˈfɪʃəmən/ N (pl **-men**) pêcheur (m); **he's a keen** ~ il aime beaucoup la pêche

fishery /ˈfɪʃərɪ/ N pêche (f)

fishing /ˈfɪʃɪŋ/ N pêche (f); "~ **prohibited**" « pêche interdite » ✦ **fishing boat** N bateau (m) de pêche ✦ **fishing line** N ligne (f) de pêche ✦ **fishing net** N (on fishing boat) filet (m) (de pêche); [of angler, child] épuisette (f) ✦ **fishing permit** N permis (m) de pêche ✦ **fishing rod** N canne (f) à pêche ✦ **fishing tackle** N attirail (m) de pêche

fishmonger /ˈfɪʃˌmʌŋgəʳ/ N (Brit) poissonnier (m), -ière (f)

fishy /ˈfɪʃɪ/ ADJ [smell] de poisson; **it smells** ~ **in here** ça sent le poisson ici ⓑ (= suspicious)* louche; **it seems rather** ~ ça ne me paraît pas très catholique*

fission /ˈfɪʃən/ N fission (f)

fissure /ˈfɪʃəʳ/ N fissure (f)

fist /fɪst/ N poing (m); **he shook his** ~ **at me** il m'a menacé du poing ✦ **fist fight** N pugilat (m); **to have a** ~ **fight** se battre à coups de poing

fit /fɪt/ 1 ADJ ⓐ (= able) capable (**for** de); (= worthy) digne (**for** de); **a meal** ~ **for a king** un repas digne d'un roi; **to be** ~ **for nothing** n'être bon à rien; **to be** ~ **to drop*** tomber de fatigue; **you're not** ~ **to be a mother** tu es une mère indigne; ~ **to drink** (= palatable) buvable; (= not poisonous) potable; ~ **for (human) consumption** propre à la consommation

ⓑ (= right and proper) convenable; [time, occasion] propice; **to see** ~ **to do sth** juger bon de faire qch; **I'll do as I see** ~ je ferai comme bon me semblera

ⓒ (= in trim) en forme; (= healthy) en bonne santé; **to be as** ~ **as a fiddle** être en pleine forme; **she's not** ~ **to travel** elle n'est pas en état de voyager; **will he be** ~ **for Saturday's match?** sera-t-il en état de jouer samedi?

2 N ⓐ [of epilepsy] crise (f); ~ **of coughing** quinte (f) de toux; **to have a** ~ avoir une crise; **she'll have a** ~!* elle va piquer une crise!*

ⓑ (= outburst) accès (m); **in a** ~ **of anger** dans un accès de colère; **to be in** ~**s** se tordre de rire; **to get a** ~ **of the giggles** avoir le fou rire

✦ **in fits and starts** par à-coups

ⓒ (= size) **your dress is a very good** ~ cette robe est exactement à votre taille; **the crash helmet was a tight** ~ le casque était un peu juste pour lui

3 VT ⓐ (= be the right size for) [clothes] aller à; **the dress ~s her like a glove** cette robe lui va comme un gant; **the washing machine is too big to** ~ **this space** la machine à laver est trop grande pour entrer dans cet espace; **the key doesn't** ~ **the lock** cette clé ne correspond pas à la serrure; **the cover is tailored to** ~ **the seat** la housse est faite pour

s'adapter au siège; **sheets to** ~ **a double bed** des draps pour un grand lit; **"one size ~s all"** « taille unique »

ⓑ (= find space or time for) **you can** ~ **five people into this car** il y a de la place pour cinq dans cette voiture; **I can't** ~ **any more meetings into my day** je n'ai pas le temps pour d'autres réunions dans mon emploi du temps

ⓒ (= correspond to) [+ mood, definition, stereotype] correspondre à; [+ needs] répondre à; **a man ~ting this description** un homme répondant à ce signalement; **to** ~ **the circumstances** être adapté aux circonstances; **the facts** ~ **the theory** les faits concordent avec la théorie; **she doesn't** ~ **the profile of a typical drug smuggler** elle ne correspond pas à l'idée que l'on se fait d'un trafiquant de drogue; **the punishment should** ~ **the crime** le châtiment doit être proportionné au crime

ⓓ (= put in place) mettre; (= fix) fixer; (= install) mettre; **to** ~ **a key in a lock** engager une clé dans une serrure; **to** ~ **two things together** assembler deux objets; ~ **part A to part B** assemblez la pièce A avec la pièce B; **to** ~ **sth into place** mettre qch en place; **to have a new kitchen ~ted** se faire installer une nouvelle cuisine

4 VI ⓐ (= be the right size) **I liked the dress but it didn't** ~ j'aimais la robe, mais elle n'était pas à ma taille; **does it** ~? est-ce que c'est la bonne taille?; **this key doesn't** ~ ce n'est pas la bonne clé; **the saucepan lid doesn't** ~ le couvercle ne va pas sur la casserole

ⓑ (= have enough room) tenir; **it's too big to** ~ **into the box** c'est trop grand pour tenir dans la boîte; **my CV ~s onto one page** mon CV tient en une page

ⓒ (= match) [facts] cadrer; **how does this idea** ~ **into your overall plan?** comment cette idée s'inscrit-elle dans votre plan d'ensemble?; **people don't always** ~ **neatly into categories** les gens ne rentrent pas toujours facilement dans des catégories bien définies; **suddenly everything ~ted into place** soudain, tout est devenu clair

► **fit in** 1 VI ⓐ (= match) [fact] cadrer; **this doesn't** ~ **in with what I was taught at school** ceci ne correspond pas à ce que l'on m'a appris à l'école

ⓑ (= integrate) **at school she has problems ~ting in** à l'école elle a du mal à s'intégrer

ⓒ (= have room) **will we all** ~ **in?** y aura-t-il assez de place pour nous tous?

2 VT SEP ⓐ (= find room for) trouver de la place pour; **can you** ~ **another bag in?** y a-t-il encore de la place pour un sac?

ⓑ (= adapt) adapter; **I'll try to** ~ **my plans in with yours** je tâcherai de m'adapter en fonction de tes plans

ⓒ (= find time for) prendre; **the doctor can** ~ **you in tomorrow at three** le docteur peut vous prendre demain à 15 heures; **can you** ~ **in a quick meeting?** avez-vous le temps d'assister à une réunion rapide?

fitful /ˈfɪtfʊl/ ADJ [sleep] agité

fitness /ˈfɪtnɪs/ 1 N ⓐ (= physical trimness) forme (f); (= health) santé (f) ⓑ (= suitability) [of person] aptitude (f) (**for** à) 2 COMP ✦ **fitness fanatic*** N fana* (mf) d'exercices physiques ✦ **fitness test** N test (m) de condition physique

fitted /ˈfɪtɪd/ 1 ADJ ⓐ (Brit) [wardrobe, kitchen units] encastré; **a fully-~ kitchen** une cuisine entièrement équipée ⓑ (= tailored) ajusté 2 COMP ✦ **fitted carpet** N moquette (f)

fitter /ˈfɪtəʳ/ N [of machinery] monteur (m)

fitting /ˈfɪtɪŋ/ 1 ADJ (= appropriate) pertinent 2 N [of dress] essayage (m) 3 NPL **fittings** (Brit) installations (fpl); **electrical ~s** installations (fpl) électriques; **furniture and ~s** mobilier et installations 4 COMP ✦ **fitting room** N salon (m) d'essayage

five /faɪv/ NUMBER cinq (m inv); **there are** ~ il y en a cinq; **to take ~*** faire une pause ✦ **five a day** NPL les cinq portions constituant l'apport journalier conseillé en fruits et légumes ✦ **five-a-side (football)** N (Brit) football (m) à cinq ✦ **five-o'clock shadow** N barbe (f) d'un jour ✦ **five-star hotel** N hôtel (m) cinq étoiles → **six**

fiver* /ˈfaɪvəʳ/ N (Brit) cinq livres (fpl)

fix /fɪks/ 1 VT ⓐ (= make firm) fixer; (with ropes) attacher ⓑ (= direct) diriger; [+ attention] fixer; **to** ~ **one's eyes on sb/sth** fixer qn/qch du regard; **all eyes were ~ed on her**

tous les regards étaient tournés vers elle; **to ~ sth in one's mind** graver qch dans son esprit

ⓒ (= *arrange*) décider; [+ *time, date, price, limit*] fixer

ⓓ * **to ~ one's hair** se passer un coup de peigne; **can I ~ you a drink?** (*US*) vous prendrez bien un verre?

ⓔ (= *deal with*) arranger; (= *mend*) réparer; **don't worry, I'll ~ it all** ne vous en faites pas, je vais tout arranger

ⓕ (= *rig*)* truquer

2 VI (*US = intend*) **to be ~ing to do sth*** compter faire qch

3 N ⓐ (= *difficult situation*)* **to be in a ~** être dans le pétrin*

ⓑ (= *dose*)‡ dose *(f)*; **to get o.s. a ~** [*of drug*] se shooter‡

ⓒ [*of boat, plane*] position *(f)*; **I've got a ~ on him now** j'ai sa position maintenant

ⓓ (= *trick*) **it's a ~*** c'est truqué

► **fix up 1** VI s'arranger **2** VT SEP arranger; **I'll try to ~ something up** je tâcherai d'arranger quelque chose; **to ~ sb up with sth** trouver qch pour qn

fixation /fɪk'seɪʃən/ N fixation *(f)*; **to have a ~ about sth/sb** faire une fixation sur qch/qn

fixed /fɪkst/ **1** ADJ ⓐ [*position, time, price*] fixe; [*smile*] figé; **(of) no ~ abode** sans domicile fixe; **there's no ~ agenda** il n'y a pas d'ordre du jour bien arrêté

ⓑ (= *rigged*) truqué ⓒ * **how are we ~ for time?** on a combien de temps?; **how are you ~ for tonight?** tu es libre ce soir?; **how are you ~ for transport?** comment fais-tu pour le transport? **2** COMP ♦ **fixed assets** NPL immobilisations *(fpl)* ♦ **fixed penalty (fine)** N amende *(f)* forfaitaire ♦ **fixed-term contract** N contrat *(m)* à durée déterminée

fixture /'fɪkstʃəʳ/ N ⓐ (*in building*) installation *(f)* fixe; **the house was sold with ~s and fittings** (*Brit*) on a vendu la maison avec toutes les installations ⓑ (*Brit Sport*) rencontre *(f)*; **~ list** calendrier *(m)*

fizz /fɪz/ **1** VI pétiller **2** N (= *excitement*) punch* *(m)*

fizzle out VI [*enthusiasm*] tomber; [*event*] se terminer; [*book, film, plot*] se terminer en queue de poisson

fizzy /'fɪzɪ/ ADJ (*Brit*) gazeux

fjord /fjɔːd/ N fjord *(m)*

FL ABBR = **Florida**

Fla. ABBR = **Florida**

flab* /flæb/ N (= *fat*) graisse *(f)* superflue

flabbergasted* /'flæbəgɑːstɪd/ ADJ sidéré*

flabby /'flæbɪ/ ADJ flasque

flag /flæg/ **1** N ⓐ drapeau *(m)*; (*on ship*) pavillon *(m)*; **white ~** drapeau *(m)* blanc; **to keep the ~ flying** maintenir les traditions; **to fly the ~ for one's country** défendre les couleurs de son pays ⓑ (*for charity*) insigne *(m)* (*d'une œuvre charitable*) ⓒ (= *flagstone*) dalle *(f)* **2** VT (= *mark*) marquer **3** VI [*athlete*] faiblir; [*worker*] se relâcher; [*conversation*] languir; **he's ~ging** il ne va pas fort; **his spirits were ~ging** il n'avait plus le moral **4** COMP ♦ **flag-waving** ADJ cocardier

► **flag down** VT SEP [+ *taxi*] héler; **a policeman ~ged us down** un agent de police nous a fait signe d'arrêter

flagpole /'flægpəʊl/ N mât *(m)*

flagrant /'fleɪgrənt/ ADJ flagrant

flagship /'flægʃɪp/ **1** N vaisseau *(m)* amiral **2** ADJ **~ product/company** produit *(m)*/entreprise *(f)* phare

flagstaff /'flægstɑːf/ N mât *(m)*

flail /fleɪl/ VI [*arms*] battre l'air

flair /flɛəʳ/ N ⓐ (= *talent*) flair *(m)*; **to have a ~ for sth** avoir un don pour qch ⓑ (= *style*) style *(m)*

flak /flæk/ N ⓐ (= *criticism*)* critiques *(fpl)*; **he got a lot of ~** il s'est fait descendre en flammes ⓑ (= *firing*) tir *(m)* antiaérien; (= *guns*) canons *(mpl)* antiaériens

flake /fleɪk/ **1** N [*of snow*] flocon *(m)* **2** VI [*plaster, paint*] s'écailler; [*skin*] peler **3** VT écailler; **~d almonds** amandes *(fpl)* effilées

► **flake out**‡ VI (*Brit*) (= *collapse*) tomber dans les pommes*; (= *fall asleep*) s'endormir

flaky /'fleɪkɪ/ ADJ [*skin*] squameux ♦ **flaky pastry** N pâte *(f)* feuilletée

flamboyant /flæm'bɔɪənt/ ADJ [*clothes*] voyant; [*person*] haut en couleur; [*style*] extravagant

flame /fleɪm/ **1** N ⓐ flamme *(f)*; **to fan the ~s** attiser le feu; *(fig)* jeter de l'huile sur le feu ♦ **in flames** en feu; **to go up in ~s** partir en fumée ⓑ **she's one of his old ~s*** c'est une de ses ex* **2** VI [*fire*] flamber

3 VT **to ~ sb** (= *send abusive email*) envoyer des messages d'insultes à qn

flameproof /'fleɪmpruːf/ ADJ [*casserole*] allant au feu

flamethrower /'fleɪm,θrəʊəʳ/ N lance-flammes *(m inv)*

flaming /'fleɪmɪŋ/ **1** ADJ ⓐ [*torch*] allumé ⓑ [*sunset*] embrasé; **~ red hair** des cheveux d'un roux flamboyant ⓒ [*row*]* violent ⓓ (*Brit = damn*)* fichu*; **it's a ~ nuisance!** c'est vraiment enquiquinant!* **2** ADV (*Brit*)* **he's ~ useless!** il est complètement nul!*

flamingo /flə'mɪŋgəʊ/ N flamant *(m)* rose

flammable /'flæməbl/ ADJ inflammable

flan /flæn/ N (= *tart*) tarte *(f)*

Flanders /'flɑːndəz/ N Flandre *(f)*

flank /flæŋk/ **1** N flanc *(m)* **2** VT flanquer; **~ed by two policemen** encadré par deux gendarmes

flannel /'flænl/ **1** N ⓐ (= *fabric*) flanelle *(f)* ⓑ (*Brit: also* **face ~**) ≈ gant *(m)* de toilette **2** NPL **flannels** (*Brit = trousers*) pantalon *(m)* de flanelle

flannelette /,flænə'let/ N coton *(m)* flanelle

flap /flæp/ **1** N ⓐ [*of wings*] battement *(m)* ⓑ [*of pocket, book cover*] rabat *(m)* ⓒ (= *panic*) **to be in a ~*** être dans tous ses états **2** VI ⓐ [*wings*] battre; [*sails*] claquer ⓑ (= *be panicky*)* paniquer; **stop ~ping!** t'affole pas!* **3** VT **the bird ~ped its wings** l'oiseau battait des ailes

flapjack /'flæpdʒæk/ N ⓐ (= *biscuit*) biscuit *(m)* d'avoine à la mélasse; (*US = pancake*) crêpe *(f)* épaisse

flare /flɛəʳ/ **1** N ⓐ [*of torch*] éclat *(m)* ⓑ (= *signal*) signal *(m)*; (= *distress signal*) fusée *(f)* de détresse ⓒ (*Dress*) évasement *(m)* **2** NPL **flares*** pantalon *(m)* à pattes d'éléphant **3** VI ⓐ [*match*] s'enflammer ⓑ [*fighting*] éclater; **tempers ~d** les esprits se sont échauffés ⓒ [*skirt*] s'évaser; [*nostrils*] se dilater; **~d skirt** jupe *(f)* évasée; **~d trousers** pantalon *(m)* à pattes d'éléphant **4** COMP ♦ **flare-up** N [*of fighting*] intensification *(f)*

► **flare up** VI [*person*] s'emporter; [*fighting*] éclater; **his eczema ~d up** il a eu une nouvelle poussée d'eczéma

flash /flæʃ/ **1** N ⓐ (= *sudden light*) lueur *(f)* soudaine; **a ~ of light** un jet de lumière; **a ~ of lightning** un éclair

ⓑ (= *brief moment*) **it happened in a ~** c'est arrivé en un clin d'œil; **it came to him in a ~ that ...** l'idée lui est venue tout d'un coup que ...; **~ of genius** éclair *(m)* de génie; **a ~ in the pan** (= *short-lived success*) un feu de paille ⓒ (= *glimpse*) coup *(m)* d'œil; **despite his illness, there were ~es of the old Henry** malgré sa maladie, il y avait des moments où Henry redevenait lui-même

ⓓ (*Phot*) flash *(m)*

ⓔ (*US = torch*) torche *(f)*

2 VI ⓐ [*light*] (*on and off*) clignoter; **the blade ~ed in the sunlight** la lame a brillé au soleil; **~ing light** [*of police car*] gyrophare *(m)*; [*of answerphone*] clignotant *(m)*; **her eyes ~ed with anger** ses yeux lançaient des éclairs

ⓑ (= *move quickly*) **to ~ past** [*person, vehicle*] passer comme un éclair; **the thought ~ed across his mind that ...** l'idée lui a traversé l'esprit que ...; **his whole life ~ed before him** il a revu le film de sa vie

ⓒ (= *expose o.s. indecently*)* s'exhiber

3 VT ⓐ [+ *light*] projeter; **to ~ a torch in sb's face** éclairer le visage de qn avec une torche; **to ~ one's headlights** *or* **to ~ the high beams** (*US*) faire un appel de phares

ⓑ (= *show quickly*) **the screen was ~ing a message at me** l'écran m'envoyait un message; **these images were ~ed across television screens worldwide** ces images sont apparues sur les écrans de télévision du monde entier

ⓒ (= *flaunt*) étaler (aux yeux de tous)

4 ADJ* tape-à-l'œil

5 COMP ◆ **flash bulb** N ampoule (f) de flash ◆ **flash card** N fiche (f) (support pédagogique) ◆ **flash flood** N crue (f) subite

flashback /'flæʃbæk/ N flash-back (m inv)

flasher* /'flæʃə'/ N (= person) exhibitionniste (m)

flashlight /'flæʃlaɪt/ N [of camera] flash (m); (US = torch) torche (f)

flashy /'flæʃɪ/ ADJ [person] tapageur; [car] tape-à-l'œil (inv)

flask /flɑːsk/ N (= vacuum flask) thermos (f); (= hip flask) flasque (f); (in laboratory) ballon (m)

flat /flæt/ **1** ADJ (a) plat; [tyre] crevé; **he was lying ~ on the floor** il était étendu par terre; **to fall ~** [event, joke] tomber à plat; [scheme] ne rien donner; **as ~ as a pancake*** [surface, countryside] tout plat; **to be in a ~ spin*** (Brit) être dans tous ses états
(b) (= dull) plat; (= unexciting) morne; [battery] à plat; [beer] éventé; **I was feeling rather ~** je n'avais pas la pêche*
(c) (= off-key) trop bas (basse (f)); **B ~** (= semitone lower) si (m) bémol
(d) [refusal] net (nette (f))
(e) (= all-inclusive) **~ rate** forfait (m); **~ price** prix (m) forfaitaire

2 ADV(a) **he turned it down ~** il l'a refusé tout net; **to be ~ broke**: être fauché*; **in ten seconds ~** en dix secondes chrono*
◆ **flat out**: **to be ~ out** (= exhausted) être vidé*; **to be working ~ out** (Brit) travailler d'arrache-pied
(b) [sing, play] trop bas

3 N(a) (Brit = apartment) appartement (m); **to go ~-hunting** chercher un appartement
(b) [of hand, blade] plat (m)
(c) (= dry land) plaine (f); (= marsh) marécage (m)
(d) (= note) bémol (m)
(e) (= tyre) crevaison (f); **we had a ~** nous avons crevé

4 COMP ◆ **flat cap** N (Brit) casquette (f) ◆ **flat-chested** ADJ **she is ~-chested** elle n'a pas de poitrine ◆ **flat feet** NPL **to have ~ feet** avoir les pieds plats ◆ **flat pack** N meuble (m) en kit ◆ **flat screen** N écran (m) plat ◆ **flat season** N (Racing) saison (f) des courses de plat

flatly /'flætlɪ/ ADV (a) (= firmly) catégoriquement; **to be ~ opposed to sth** être catégoriquement opposé à qch
(b) (= unemotionally) avec impassibilité

flatmate /'flætmeɪt/ N colocataire (mf)

flatness /'flætnɪs/ N (a) [of countryside, surface] aspect (m) plat; [of curve] aplatissement (m) (b) (= dullness) monotonie (f)

flatten /'flætn/ VT (a) (= make less bumpy) aplanir
(b) (= destroy) [+ building] raser; (= knock over) [+ person]* étendre* (c) (= defeat)* écraser*

flatter /'flætə'/ VT flatter

flatterer /'flætərə'/ N flatteur (m), -euse (f)

flattering /'flætərɪŋ/ ADJ (a) [person, remark] flatteur (**to sb** pour qn) (b) [clothes] flatteur; **it wasn't a very ~ photo (of him)** cette photo ne l'avantageait pas beaucoup

flattery /'flætərɪ/ N flatterie (f); **~ will get you nowhere** la flatterie ne mène à rien

flatulence /'flætjʊləns/ N flatulence (f)

flatware /'flætweə'/ N (US) couverts (mpl)

flaunt /flɔːnt/ VT [+ wealth] étaler; [+ lover, possession] exhiber; **to ~ o.s.** s'exhiber

flavour, flavor (US) /'fleɪvə'/ **1** N goût (m); [of ice cream] parfum (m); **the film gives the ~ of Paris in the twenties** le film rend bien l'atmosphère du Paris des années vingt; **to be (the) ~ of the month*** être la coqueluche du moment **2** VT (with fruit, spirits) parfumer (**with** à); (with herbs) assaisonner; **to ~ a sauce with garlic** relever une sauce avec de l'ail; **pineapple-~ed** (parfumé) à l'ananas

flavouring, flavoring (US) /'fleɪvərɪŋ/ N parfum (m)

flavourless, flavorless (US) /'fleɪvəlɪs/ ADJ insipide

flaw /flɔː/ N (in material, character) défaut (m); (in argument) faille (f); **everything seems to be working out, but**

there's just one ~ tout semble s'arranger, il n'y a qu'un problème

flawed /flɔːd/ ADJ défectueux; **his career was ~ by this incident** cet incident a nui à sa carrière

flawless /'flɔːlɪs/ ADJ parfait; **he spoke ~ English** il parlait un anglais impeccable

flax /flæks/ N lin (m)

flaxen /'flæksən/ ADJ [hair] blond filasse (inv)

flea /fliː/ N puce (f) ◆ **flea collar** N collier (m) antipuces ◆ **flea market** N marché (m) aux puces ◆ **flea powder** N poudre (f) antipuces

fleck /flek/ **1** N [of colour, blood] petite tache (f); [of dust] particule (f) **2** VT tacheter; **dress ~ed with mud** robe (f) éclaboussée de boue; **hair ~ed with grey** cheveux (mpl) grisonnants

fled /fled/ VB pt, ptp of **flee**

fledg(e)ling /'fledʒlɪŋ/ N (a) (= bird) oisillon (m)
(b) (= novice) novice (mf)

flee /fliː/ (pret, ptp **fled**) **1** VI s'enfuir (**before** devant, **from** de); **they fled to Britain** ils se sont enfuis en Grande-Bretagne **2** VT [+ country] s'enfuir de; [+ war, danger] fuir

fleece /fliːs/ **1** N(a) [of sheep] toison (f) (b) (= jacket) polaire (f) **2** VT (= swindle) escroquer; (= overcharge) estamper*

fleecy /'fliːsɪ/ ADJ [blanket] laineux; [jacket] en laine polaire

fleet /fliːt/ N [of ships] flotte (f); [of vehicles] parc (m)

fleeting /'fliːtɪŋ/ ADJ furtif; **a ~ visit** une visite en coup de vent; **to catch a ~ glimpse of sb/sth** entrapercevoir qn/qch; **to make a ~ appearance** faire une brève apparition

Fleet Street /'fliːt,striːt/ N (Brit) les milieux de la presse londonienne

Fleming /'flemɪŋ/ N Flamand(e) (m(f))

Flemish /'flemɪʃ/ **1** ADJ flamand **2** N (= language) flamand (m)

flesh /fleʃ/ N chair (f); **to make sb's ~ crawl** donner la chair de poule à qn; **my own ~ and blood** la chair de ma chair; **in the ~** en chair et en os; **the sins of the ~** les péchés (mpl) de la chair ◆ **flesh wound** N blessure (f) superficielle
► **flesh out** VT SEP [+ essay, speech] étoffer; [+ proposal] développer

fleshy /'fleʃɪ/ ADJ [face, cheeks] rebondi; [fruit, leaf] charnu

flew /fluː/ VB pt of **fly**

flex /fleks/ **1** VT [+ knees] fléchir; **to ~ one's muscles** faire jouer ses muscles **2** N (Brit) [of lamp] fil (m); [of telephone] cordon (m)

flexi* /'fleksɪ/ = **flexitime**

flexibility /,fleksɪ'bɪlɪtɪ/ N [of material, limbs] souplesse (f); [of approach, working hours] flexibilité (f)

flexible /'fleksəbl/ ADJ [object, person, approach] flexible; **~ working hours** horaire flexible; **I'm ~** je peux toujours m'arranger; **to be ~ in one's approach** faire preuve de souplesse

flexitime /'fleksɪ,taɪm/ N (Brit) horaire (m) flexible; **to work ~** avoir un horaire flexible

flick /flɪk/ **1** N (a) petit coup (m); **at the ~ of a switch** rien qu'en appuyant sur un bouton (b) (Brit = film)* film (m); **the ~s** le ciné* **2** VT donner un petit coup à; **to ~ a switch on/off** allumer/éteindre; **to ~ a ball of paper at sb** envoyer d'une chiquenaude une boulette de papier à qn; **he ~ed his cigarette ash into the ashtray** il a fait tomber la cendre de sa cigarette dans le cendrier **3** COMP ◆ **flick knife** N (pl **flick knives**) (Brit) couteau (m) à cran d'arrêt
► **flick through** VT INSEP [+ pages of book] feuilleter; **to ~ through the TV channels** zapper

flicker /'flɪkə'/ **1** VI [flames, light] danser; (before going out) vaciller **2** N [of flames, light] danse (f); (before going out) vacillement (m); **without a ~ of a smile** sans l'ombre d'un sourire

flier /'flaɪə'/ N (a) (= handbill) feuille (f) volante
(b) (= person) aviateur (m), -trice (f); **to be a nervous ~** avoir peur de l'avion

flight /flaɪt/ 1 N ⓐ [of bird, plane] vol (m); [of ball, bullet] trajectoire (f); **in** ~ en plein vol
ⓑ (= plane trip) vol (m); **~ number 776 from/to Madrid** le vol numéro 776 en provenance/à destination de Madrid; **did you have a good ~?** vous avez fait bon voyage?
ⓒ ~ **of stairs** escalier (m); **we had to climb three ~s to get to his room** nous avons dû monter trois étages pour arriver à sa chambre; **he lives three ~s up** il habite au troisième
ⓓ **a ~ of fancy** (= harebrained idea) une idée folle; (= figment of imagination) une pure invention
ⓔ (= act of fleeing) fuite (f)
2 COMP ◆ **flight attendant** N steward (m)/hôtesse (f) de l'air ◆ **flight deck** N [of plane] cabine (f) de pilotage; [of aircraft carrier] pont (m) d'envol ◆ **flight engineer** N mécanicien (m) de bord ◆ **flight socks** NPL chaussettes (fpl) de contention

flighty /ˈflaɪtɪ/ ADJ frivole; (in love) volage

flimsy /ˈflɪmzɪ/ ADJ ⓐ (= fragile) [object, structure] peu solide; [fabric] peu résistant ⓑ (= thin) mince ⓒ (= feeble) [evidence] peu convaincant; [excuse] piètre

flinch /flɪntʃ/ VI broncher; **to ~ from a task** reculer devant une tâche; **without ~ing** sans sourciller

fling /flɪŋ/ (vb: pret, ptp **flung**) 1 N* ⓐ (= affair) aventure (f); **he had a brief ~ with my sister** il a eu une brève aventure avec ma sœur
ⓑ (= period of enjoyment) **to have a last ~** faire une dernière folie
2 VT [+ object] lancer (**at sb** à qn, **at sth** sur qch); **he flung his opponent to the ground** il a jeté son adversaire à terre; **the door was flung open** la porte s'est ouverte brusquement; **to ~ one's arms round sb** sauter au cou de qn; **to ~ one's coat off** enlever son manteau d'un geste brusque; **to ~ o.s. off a bridge** se jeter d'un pont; **to ~ o.s. into a hobby** se lancer à corps perdu dans une activité; **she flung herself* at him** elle s'est jetée à sa tête
► **fling up** VT SEP jeter en l'air; **to ~ one's arms up in exasperation** lever les bras au ciel en signe d'exaspération

flint /flɪnt/ N silex (m); (for lighter) pierre (f) à briquet

flip /flɪp/ 1 N **to decide sth on the ~ of a coin** décider qch en tirant à pile ou face 2 VT donner un petit coup à; [+ pancake] faire sauter; **to ~ a coin** tirer à pile ou face; **to ~ one's lid* exploser 3 VI (angrily)* piquer une crise* (**over** à cause de) 4 ADJ [remark] désinvolte 5 EXCL* zut!* 6 COMP ◆ **flip-flops** NPL (= sandals) tongs (fpl) ◆ **flip side** N [of record] face (f) B; (fig) envers (m) ◆ **flip-top bin** N poubelle (f) à couvercle pivotant
► **flip through** VT INSEP [+ book] feuilleter

flipboard /ˈflɪpbɔːd/, **flipchart** /ˈflɪptʃɑːt/ N tableau (m) de conférence

flippant /ˈflɪpənt/ ADJ désinvolte

flipper /ˈflɪpə*/ N [of animal] nageoire (f); ~s [of swimmer] palmes (fpl)

flipping* /ˈflɪpɪŋ/ 1 ADJ (Brit) fichu* (before n) 2 ADV (Brit) drôlement*; **it's ~ impossible!** c'est vraiment impossible!

flirt /flɜːt/ 1 VI flirter 2 N **he's a ~** c'est un dragueur

flirtation /flɜːˈteɪʃən/ N flirt (m)

flirty* /ˈflɜːtɪ/ ADJ [person, behaviour] dragueur; [clothes] sexy (inv)

flit /flɪt/ VI ⓐ [bats, butterflies] voltiger; **the idea ~ted through his head** l'idée lui a traversé l'esprit ⓑ [person] **to ~ between New York and Paris** faire la navette entre New York et Paris

float /fləʊt/ 1 N ⓐ (for fishing) flotteur (m) ⓑ (= vehicle in a parade) char (m) ⓒ (also **cash ~**) fonds (m) de caisse ⓓ (US = drink) milk-shake ou soda contenant une boule de glace
2 VI flotter; [ship] être à flot; [swimmer] faire la planche; **the raft ~ed down the river** le radeau a descendu la rivière; **to ~ back up to the surface** remonter à la surface
3 VT ⓐ [+ object] faire flotter; [+ idea] lancer ⓑ [+ currency] laisser flotter

4 COMP ◆ **floating voter** N (Brit Politics) électeur (m), -trice (f) indécis(e)
► **float around*** VI [rumour] circuler; **have you seen my glasses ~ing around anywhere?** as-tu vu mes lunettes?

flock /flɒk/ 1 N troupeau (m); [of birds in flight] vol (m); **they came in ~s** ils sont venus en masse 2 VI **to ~ in/out** entrer/sortir en masse; **people ~ed to see him** les gens sont allés le voir en masse

flog /flɒg/ VT ⓐ flageller ⓑ (Brit = sell)* fourguer*; **how much did you manage to ~ it for?** tu as réussi à en tirer combien?

flood /flʌd/ 1 N inondation (f); **"~"** (notice on road) ≈ «attention route inondée»; **~s of tears** un torrent de larmes; **a ~ of letters/protests** un déluge de lettres/de protestations; **a ~ of immigrants** une marée d'immigrants 2 VT inonder; **he was ~ed with applications** il a été inondé de demandes 3 VI [river] déborder; **refugees ~ed across the border** des flots de réfugiés ont franchi la frontière
► **flood back** VI [memories, worries] resurgir; **it brought all the memories ~ing back** cela a fait resurgir tous les souvenirs

flooding /ˈflʌdɪŋ/ N inondation (f); **because of ~** à cause des inondations

floodlight /ˈflʌdlaɪt/ N (= light) lumière (f) (des projecteurs); **to play a match under ~s** jouer un match en nocturne

floor /flɔː*/ 1 N ⓐ sol (m); (wooden) plancher (m); (for dance) piste (f) (de danse); [of valley, ocean] fond (m); **she was sitting on the ~** elle était assise par terre; **last year, sales went through the ~** l'année dernière les ventes ont chuté
ⓑ (= storey) étage (m)
2 VT ⓐ faire le sol de; (with wooden boards) parqueter
ⓑ (= knock down) [+ opponent] terrasser; (Boxing) envoyer au tapis
ⓒ (= silence)* réduire au silence; **this argument ~ed him** il n'a rien trouvé à répondre
3 COMP ◆ **floor area** N [of flat, offices] surface (f) au sol ◆ **floor covering** N revêtement (m) de sol ◆ **floor plan** N plan (m) de niveau ◆ **floor polish** N cire (f)

floorboard /ˈflɔːbɔːd/ N planche (f) (de plancher); **the floorboards** le plancher

flooring /ˈflɔːrɪŋ/ N (made of wood) parquet (m); (tiled) carrelage (m); (= material) revêtement (m) (de sol)

flop /flɒp/ 1 VI ⓐ (= drop) s'affaler; **he ~ped down in a chair** il s'est affalé dans un fauteuil ⓑ (= fail) [play, film, record] faire un four 2 N (= failure)* [of business venture, scheme] fiasco (m); **the play was a ~** la pièce a été un four

floppy /ˈflɒpɪ/ ADJ [hat] à bords flottants; [dog ears] tombant ◆ **floppy disk** N disquette (f)

flora /ˈflɔːrə/ N flore (f)

floral /ˈflɔːrəl/ ADJ [dress, wallpaper, curtains, print] à fleurs; [arrangement, display] floral ◆ **floral tributes** NPL fleurs (fpl) et couronnes (fpl)

Florence /ˈflɒrəns/ N Florence

Florida /ˈflɒrɪdə/ N Floride (f); **in ~** en Floride

florist /ˈflɒrɪst/ N fleuriste (mf); **~'s shop** fleuriste (m)

floss /flɒs/ 1 N bourre (f) de soie; (= dental floss) fil (m) dentaire 2 VTI **to ~ (one's teeth)** utiliser du fil dentaire

flotation /fləʊˈteɪʃən/ N [of shares] émission (f); [of loan] lancement (m); [of company] constitution (f)

flounder /ˈflaʊndə*/ VI (= move with difficulty) patauger (péniblement); **I watched him ~ing about in the water** je le regardais patauger péniblement dans l'eau; **his career was ~ing** sa carrière traversait une mauvaise passe; **the economy was ~ing** l'économie battait de l'aile

flour /ˈflaʊə*/ N farine (f)

flourish /ˈflʌrɪʃ/ VI [plants, business, town, market] prospérer; **the local fox population was ~ing** les renards se multipliaient dans la région; **racism and crime ~ed in poor areas** le racisme et la criminalité se développaient dans les quartiers pauvres

flourishing /ˈflʌrɪʃɪŋ/ ADJ [*business, economy*] florissant; [*plant*] qui prospère

flout /flaʊt/ VT [+ *orders, advice*] ignorer

flow /fləʊ/ 1 VI ⓐ (= *run*) [*river, blood from wound*] couler; **the river ~s into the sea** le fleuve se jette dans la mer; **tears were ~ing down her cheeks** les larmes coulaient sur ses joues; **the wine ~ed all evening** le vin a coulé à flots toute la soirée
ⓑ (= *circulate*) [*electric current, blood in veins*] circuler; **traffic ~ed freely** la circulation était fluide
ⓒ (= *move, stream*) **refugees continue to ~ in from the war zone** les réfugiés fuyant la zone des conflits continuent à affluer; **the money keeps ~ing in** l'argent continue à rentrer
ⓓ (= *be well-written*) **the article ~s nicely** l'article est écrit dans un style très fluide; **it doesn't ~** [*text*] le style est heurté
2 N ⓐ [*of river*] courant *(m)*; **he stopped the ~ of blood** il a arrêté l'écoulement de sang
ⓑ [*of electric current, blood in veins*] circulation *(f)*; **it hindered the ~ of traffic** ça a ralenti la circulation
ⓒ [*of donations, orders*] flot *(m)*; **the phone rang, interrupting the ~ of conversation** le téléphone a sonné, interrompant le déroulement de la conversation; **the ~ of information** le flux d'informations; **to be in full ~** [*speaker*] être sur sa lancée; **to go with the ~** (*fig*) suivre le mouvement
3 COMP ♦ **flow chart** N organigramme *(m)*

flower /ˈflaʊəʳ/ 1 N fleur *(f)* 2 VI fleurir 3 COMP ♦ **flower arrangement** N (= *flowers*) composition *(f)* florale ♦ **flower arranging** N art *(m)* floral ♦ **flower bed** N parterre *(m)* de fleurs ♦ **flower seller** N marchand(e) *(m(f))* de fleurs (ambulant(e)) ♦ **flower shop** N magasin *(m)* de fleurs; **at the ~ shop** chez le fleuriste ♦ **flower show** N floralies *(fpl)*

flowerpot /ˈflaʊəpɒt/ N pot *(m)* de fleurs

flowery /ˈflaʊərɪ/ ADJ ⓐ [*dress, wallpaper*] à fleurs ⓑ [*language*] fleuri

flowing /ˈfləʊɪŋ/ ADJ [*water*] qui coule; [*hair, skirt*] flottant

flown /fləʊn/ VB ptp of **fly**

flu /fluː/ N grippe *(f)*; **to have ~** avoir la grippe

fluctuate /ˈflʌktjʊeɪt/ VI [*prices, temperature*] fluctuer

fluctuation /ˌflʌktjʊˈeɪʃən/ N fluctuation *(f)*

fluency /ˈfluːənsɪ/ N (*in speech*) facilité *(f)* d'élocution; **his ~ in English** son aisance à s'exprimer en anglais

fluent /ˈfluːənt/ ADJ (*in foreign language*) **he is ~ in Italian** il parle couramment l'italien

fluently /ˈfluːəntlɪ/ ADV [*speak foreign language*] couramment

fluff /flʌf/ 1 N (*on birds, young animals*) duvet *(m)*; (*from material*) peluche *(f)* 2 VT [+ *pillows*] faire bouffer

fluffy /ˈflʌfɪ/ ADJ ⓐ (= *soft*) [*hair*] duveteux; [*kitten, rabbit*] au pelage duveteux; [*cloud*] floconneux; **~ toy** (= *soft toy*) peluche *(f)* ⓑ [*cake, mashed potatoes*] léger

fluid /ˈfluːɪd/ ADJ, N fluide *(m)*

fluke /fluːk/ 1 N (= *chance event*) coup *(m)* de chance extraordinaire; **by a sheer ~** par un hasard extraordinaire 2 ADJ [*coincidence, circumstances*] extraordinaire; **he scored a ~ goal** il a marqué un but tout à fait par hasard

flummox* /ˈflʌməks/ VT **it ~ed me** ça m'a coupé le sifflet*

flung /flʌŋ/ VB pret, ptp of **fling**

fluorescent /flʊəˈresnt/ ADJ [*bulb, tube*] fluorescent; [*lighting*] au néon; [*clothes*] fluo* (*inv*)

fluoride /ˈflʊəraɪd/ N fluorure *(m)* ♦ **fluoride toothpaste** N dentifrice *(m)* au fluor

flurry /ˈflʌrɪ/ N [*of snow*] rafale *(f)*; **a ~ of activity** un débordement d'activité; **a ~ of protest** une vague de protestations

flush /flʌʃ/ 1 N ⓐ (= *blush*) rougeur *(f)*; **hot ~es** bouffées *(fpl)* de chaleur ⓑ **she's not in the first ~ of youth** elle n'est pas de la première jeunesse ⓒ [*of lavatory*] chasse *(f)* (d'eau) 2 ADJ au ras (**with** de); **~ with the ground** à ras de terre 3 VI [*face, person*] rougir; **to ~ with shame** rougir de

honte 4 VT **to ~ the toilet** tirer la chasse (d'eau); **to ~ sth down the toilet** faire passer qch dans les toilettes
► **flush out** 1 VT SEP (*with water*) nettoyer à grande eau 2 VT INSEP **they ~ed them out of their hiding places** ils les ont fait sortir de leur cachette; **they tried to ~ out illegal workers operating in the country** ils ont fait la chasse aux travailleurs clandestins opérant dans le pays

flushed /flʌʃt/ ADJ [*person, face, cheeks*] tout rouge; **~ with anger** rouge de colère

fluster /ˈflʌstəʳ/ 1 VT énerver; **to get ~ed** s'énerver 2 N **to be in a ~** être dans tous ses états

flute /fluːt/ N flûte *(f)*

flutter /ˈflʌtəʳ/ 1 VI ⓐ [*flag*] flotter; [*bird, moth, butterfly*] voleter ⓑ [*person*] papillonner ⓒ [*heart*] palpiter 2 VT **the bird ~ed its wings** l'oiseau a battu des ailes; **to ~ one's eyelashes** battre des cils (**at sb** dans la direction de qn)

flux /flʌks/ N fluctuation *(f)*; **to be in a state of ~** fluctuer continuellement

fly /flaɪ/ (*pret* **flew**, *ptp* **flown**) 1 N ⓐ (= *insect*) mouche *(f)*; **they were dropping like flies*** ils tombaient comme des mouches*; **he wouldn't hurt a ~** il ne ferait pas de mal à une mouche; **I wish I were a ~ on the wall** j'aimerais être une petite souris
ⓑ (*on trousers*) braguette *(f)*
2 ADJ (= *astute*) rusé
3 VI ⓐ [*bird, insect, plane*] voler; [*air passenger*] voyager en avion; [*pilot*] piloter; **I don't like ~ing** je n'aime pas (prendre) l'avion; **I always ~** je prends toujours l'avion; **how did you get here? — I flew** comment es-tu venu? — en avion; **to ~ away** [*bird*] s'envoler; **we flew in from Rome this morning** nous sommes arrivés de Rome par avion ce matin; **a bee flew in through the window** une abeille est entrée par la fenêtre
ⓑ [*time*] passer vite; **it's late, I must ~!** il est tard, il faut que je me sauve!; **to ~ into a rage** s'emporter; **to ~ off the handle*** sortir de ses gonds; **to let ~ at sb** (*in angry words*) prendre qn violemment à partie; **the door flew open** la porte s'est ouverte brusquement
ⓒ [*flag*] flotter
4 VT [+ *aircraft*] piloter; [+ *person*] emmener en avion; [+ *goods*] transporter par avion; **the building was ~ing the French flag** le drapeau français flottait sur l'immeuble; **to ~ a kite** faire voler un cerf-volant; **to ~ Air France** voler sur Air France
5 COMP ♦ **fly-button** N bouton *(m)* de braguette ♦ **fly-by-night** N (= *irresponsible person*) tout-fou* *(m)*; (= *decamping debtor*) débiteur *(m)*, -trice *(f)* qui déménage à la cloche de bois* ♦ ADJ [*person*] tout-fou* (*fam only*); [*firm, operation*] véreux ♦ **fly-drive holiday** N formule *(f)* avion plus voiture ♦ **fly fishing** N pêche *(f)* à la mouche ♦ **fly-on-the-wall documentary** N document *(m)* pris sur le vif ♦ **fly paper** N papier *(m)* tue-mouches ♦ **fly-posting** N (*Brit*) affichage *(m)* illégal ♦ **fly spray** N bombe *(f)* insecticide ♦ **fly swat** N tapette *(f)*

flying /ˈflaɪɪŋ/ 1 N (= *action*) vol *(m)*; (= *activity*) aviation *(f)*; **he likes ~** [*passenger*] il aime (prendre) l'avion; [*pilot*] il aime piloter; **he's frightened of ~** il a peur de prendre l'avion
2 ADJ [*animal, insect*] volant; **~ glass** éclats *(mpl)* de verre; **~ visit** visite *(f)* éclair *(inv)*
3 COMP ♦ **flying ambulance** N (= *plane*) avion *(m)* sanitaire; (= *helicopter*) hélicoptère *(m)* sanitaire ♦ **flying doctor** N médecin *(m)* volant ♦ **flying machine** N machine *(f)* volante ♦ **flying saucer** N soucoupe *(f)* volante ♦ **Flying Squad** N (*Brit Police*) brigade *(f)* volante (*de la police judiciaire*) ♦ **flying start** N **to get off to a ~ start** [*racing car, runner*] prendre un très bon départ; [*scheme, plan*] démarrer en trombe ♦ **flying time** N temps *(m)* de vol

flyover /ˈflaɪˌəʊvəʳ/ N ⓐ (*Brit: over road*) autopont *(m)* ⓑ (*US: by planes*) défilé *(m)* aérien

flypast /ˈflaɪpɑːst/ N (*Brit*) défilé *(m)* aérien

FM /ef'em/ (ABBR = **frequency modulation**) FM

FO /ˈefˈəʊ/ (Brit) (ABBR = **Foreign Office**) ≈ ministère (m) des Affaires étrangères

foal /fəʊl/ N (= horse) poulain (m)

foam /fəʊm/ 1 N [of beer] mousse (f); [of sea] écume (f) 2 VI **to ~ at the mouth** [animal] baver; [angry person] écumer de rage 3 COMP ◆ **foam bath** N bain (m) moussant ◆ **foam rubber** N caoutchouc (m) mousse®

fob /fɒb/ VT **to ~ sb off with sth** refiler* qch à qn; **to ~ sb off with promises** se débarrasser de qn par de belles promesses ◆ **fob watch** N montre (f) de gousset

focal /ˈfəʊkəl/ ADJ focal ◆ **focal point** N point (m) de convergence; [of meeting, discussions] point (m) central; **the ~ point for visitors** le lieu où convergent les visiteurs; **the ~ point of the talks was security** les discussions étaient centrées sur la sécurité

focus /ˈfəʊkəs/ 1 N ⓐ (Phot) **the picture is in/out of ~** l'image est nette/floue
ⓑ (= main point) **to keep sth in ~** ne pas perdre de vue qch; **he was the ~ of attention** il était le centre d'attraction
2 VT ⓐ [+ instrument, camera] mettre au point; **to ~ the camera** mettre au point (l'appareil photo)
ⓑ (= direct) [+ heat rays] faire converger; [+ attention] concentrer; **all eyes were ~ed on him** tous les regards étaient fixés sur lui
3 VI (Phot) mettre au point
◆ **to focus on** [eyes] se fixer sur; [person] fixer son regard sur; (= concentrate on) se concentrer sur; **we must ~ on raising funds** il faut nous concentrer sur la collecte des fonds; **the meeting ~ed on the problems of the unemployed** la réunion a surtout porté sur les problèmes des chômeurs
4 COMP ◆ **focus group** N groupe (m) de discussion

focused /ˈfəʊkəst/ ADJ [sales efforts, approach] ciblé; **I wasn't ~** je me dispersais

fodder /ˈfɒdə*/ N fourrage (m)

foetus /ˈfiːtəs/ N fœtus (m)

fog /fɒg/ N brouillard (m); (at sea) brume (f)
► **fog up** VI [mirror, glasses] s'embuer

fogbound /ˈfɒgbaʊnd/ ADJ bloqué par le brouillard

fogey* /ˈfəʊgɪ/ N **old ~** vieille baderne* (f)

foggy /ˈfɒgɪ/ ADJ [night] de brouillard; [landscape, weather] brumeux; **it is ~** il y a du brouillard; **I haven't the foggiest (idea)!*** je n'en ai pas la moindre idée

foglamp (Brit) /ˈfɒglæmp/, **foglight** /ˈfɒglaɪt/ N feu (m) de brouillard

foil /fɔɪl/ 1 N (= tinfoil) papier (m) d'aluminium 2 VT [+ attempts] déjouer; [+ plans] contrecarrer

foist /fɔɪst/ VT **to ~ sth on sb** refiler* qch à qn

fold /fəʊld/ 1 N ⓐ (in paper, cloth) pli (m) ⓑ (= enclosure) parc (m) à moutons; **they have come back to the ~** (people) ils sont rentrés au bercail 2 VT [+ paper, blanket] plier; **to ~ a page in two** plier une feuille en deux; **to ~ one's arms** (se) croiser les bras 3 VI ⓐ [chair, table] se (re)plier ⓑ (= fail)* [business] fermer (ses portes); [play] quitter l'affiche 4 COMP ◆ **fold-up** ADJ [chair, table] pliant
► **fold away** VI [table, bed] se (re)plier

foldaway /ˈfəʊldəˌweɪ/ ADJ [bed] pliant

folder /ˈfəʊldə*/ N ⓐ (= file) chemise (f); (with hinges) classeur (m) ⓑ (Computing = directory) répertoire (m)

folding /ˈfəʊldɪŋ/ ADJ [bed, table] pliant

foliage /ˈfəʊlɪɪdʒ/ N feuillage (m)

folk /fəʊk/ N gens (mpl); **a lot of ~ believe ...** beaucoup de gens croient ...; **what will ~ think?** qu'est-ce que les gens vont penser?; **old ~** les personnes (fpl) âgées; **my old ~s** (= parents) mes vieux* (mpl); **hello ~s!*** bonjour tout le monde!*; **my ~s*** ma famille ◆ **folk art** N art (m) populaire ◆ **folk dance**, **folk dancing** N danse (f) folklorique ◆ **folk music** N (traditional) musique (f) folklorique; (contemporary) musique (f) folk (inv) ◆ **folk singer** N (traditional) chanteur (m), -euse (f) de chansons folkloriques; (contemporary) chanteur (m), -euse (f) folk (inv)

folklore /ˈfəʊklɔː*/ N folklore (m)

follow /ˈfɒləʊ/ 1 VT suivre; **he ~ed me into the room** il m'a suivi dans la pièce; **we're being ~ed** on nous suit; **they ~ed the guide** ils ont suivi le guide; **he'll be a difficult man to ~** il sera difficile de lui succéder; **to have sb ~ed** faire suivre qn; **a bodyguard ~ed the president everywhere** un garde du corps accompagnait le président partout; **he arrived first, ~ed by the ambassador** il est arrivé le premier, suivi de l'ambassadeur; **he ~ed his father into the business** il a pris la succession de son père; **to ~ sb's advice** suivre les conseils de qn; **do you ~ football?** vous suivez le football?; **which team do you ~?** tu es supporter de quelle équipe?; **do you ~ me?** (= understand) vous me suivez?
◆ **to follow suit** en faire autant
2 VI ⓐ suivre; **to ~ hard on sb's heels** être sur les talons de qn; **to ~ in sb's footsteps** suivre les traces de qn; **we had ice cream to ~** ensuite nous avons pris de la glace; **his argument was as ~s** son raisonnement était le suivant
ⓑ (= result) **it ~s that ...** il s'ensuit que ...; **it ~s from this that ...** il s'ensuit que ...; **that doesn't ~** pas forcément
3 COMP ◆ **follow-my-leader** N (Brit) ≈ pigeon vole (m) ◆ **follow-up** N (on file, case) suivi (m) (on, de); **this course is a ~-up to the beginners' course** ce cours fait suite au cours pour débutants ◆ **follow-up interview** N entretien (m) complémentaire
► **follow about**, **follow around** VT SEP suivre (partout)
► **follow on** VI (= come after) suivre
► **follow out** VT SEP [+ order] exécuter; [+ instructions] suivre
► **follow through** 1 VI (Golf, Tennis) accompagner sa balle 2 VT SEP [+ idea, plan] poursuivre jusqu'au bout
► **follow up** VT SEP ⓐ (= benefit from) [+ success, victory] exploiter; [+ offer] donner suite à ⓑ (= not lose track of) suivre; **we must ~ this business up** il faudra suivre cette affaire; **this is a case to ~ up** c'est une affaire à suivre ⓒ (= reinforce) [+ victory] asseoir; [+ remark] compléter (with par); **they ~ed up their insults with threats** ils ont fait suivre leurs insultes de menaces

follower /ˈfɒləʊə*/ N [of political, military leader] partisan(e) (m(f)); [of religious leader] disciple (mf); [of religion] adepte (mf); **~s of fashion** les adeptes (mfpl) de la mode

following /ˈfɒləʊɪŋ/ 1 ADJ suivant; **the ~ day** le lendemain; **he made the ~ remarks** il a fait les remarques suivantes
2 N ⓐ [of political, military leader] partisans (mpl); [of religion] adeptes (mfpl); [of religious leader] disciples (mfpl); (Sport) supporters (mpl) ⓑ **he said the ~** il a dit ceci; **his argument was the ~** son raisonnement était le suivant
3 PREP ⓐ (= after) après; **~ the concert there will be ...** après le concert il y aura ... ⓑ (= as a result of) suite à; **~ our meeting** suite à notre entretien

folly /ˈfɒlɪ/ N folie (f)

fond /fɒnd/ ADJ ⓐ ◆ **fond of: to be ~ of sb** bien aimer qn; **to grow ~ of sb** se prendre d'affection pour qn; **to be ~ of sth** aimer beaucoup qch; **to grow ~ of sth** se mettre à aimer qch; **to be ~ of sweet things** être friand de sucreries; **to be ~ of doing sth** aimer beaucoup faire qch
ⓑ (= loving) [look] tendre; **to bid a ~ farewell to sb/sth** faire de tendres adieux à qn/qch
ⓒ **~ memories** des souvenirs (mpl) très agréables

fondle /ˈfɒndl/ VT caresser

fondly /ˈfɒndlɪ/ ADV (= affectionately) [remember, think of] avec tendresse; [say] affectueusement; **to smile ~ at sb** faire un tendre sourire à qn

fondness /ˈfɒndnɪs/ N (for things) penchant (m)

font /fɒnt/ N ⓐ (in printing) fonte (f); (Computing) police (f) de caractères ⓑ (in church) fonts (mpl) baptismaux

food /fuːd/ 1 N ⓐ (= sth to eat) nourriture (f); **there was no ~ in the house** il n'y avait rien à manger dans la maison; **to give sb ~** donner à manger à qn; **to buy ~** acheter à manger; **the cost of ~** le prix des denrées alimentaires; **to be off one's ~*** avoir perdu l'appétit; **he likes plain ~** il

aime la nourriture simple ; **it gave me ~ for thought** cela m'a donné à réfléchir
ⓑ (= *specific substance*) aliment *(m)* ; **a new ~ for babies** un nouvel aliment pour bébés ; **pet ~** aliments *(mpl)* pour animaux ; **tins of cat ~** des boîtes d'aliments pour chats
2 COMP ♦ **food chain** N chaîne *(f)* alimentaire ♦ **food colouring** N colorant *(m)* alimentaire ♦ **food counter** N rayon *(m)* (d')alimentation ♦ **food mixer** N mixeur *(m)* ♦ **food parcel** N colis *(m)* de vivres ♦ **food poisoning** N intoxication *(f)* alimentaire ♦ **food processing** N (*industrial*) transformation *(f)* des aliments ; **the ~ processing industry** l'industrie *(f)* agro-alimentaire ♦ **food processor** N robot *(m)* de cuisine ♦ **food rationing** N rationnement *(m)* alimentaire ♦ **food supplies** NPL vivres *(mpl)* ♦ **food technology** N (*Scol*) cours *(m)* de cuisine

foodstuffs /ˈfuːdstʌfs/ NPL denrées *(fpl)* alimentaires

fool /fuːl/ 1 N ⓐ imbécile *(mf)* ; **any ~ can do that** n'importe quel imbécile peut faire ça ; **don't be a ~!** ne sois pas stupide ! ; **I felt such a ~** je me suis vraiment senti bête ; **he was a ~ not to accept** il a été bête de ne pas accepter ; **what a ~ I was to think ...** ce que j'ai pu être bête de penser ... ; **he's no ~** il est loin d'être bête ; **more ~ you!*** ce que tu es bête ! ; **to make a ~ of sb** (= *ridicule*) ridiculiser qn ; **he made a ~ of himself in front of everybody** il s'est ridiculisé devant tout le monde
ⓑ (*Brit* = *dessert*) mousse *(f)* de fruits ; **strawberry ~** mousse *(f)* de fraise
2 VI ⓐ (= *act silly*) **no ~ing*, he really said it** sans blague*, il a vraiment dit ça
ⓑ ♦ **fool with** (= *mess with*) [+ *drugs, drink, electricity*] toucher à* ; **she's not someone you should ~ with** avec elle on ne plaisante pas
3 VT berner ; **it ~ed nobody** personne n'a été dupe ; **you can't ~ me!** je ne marche pas ! *
► **fool around** VI ⓐ (= *waste time*) perdre son temps
ⓑ (= *play the fool*) faire l'imbécile ; **stop ~ing around!** arrête de faire l'imbécile ! ; **to ~ around with sth** (= *play with*) faire l'imbécile avec qch ; (= *mess with*) [+ *drugs, drink, electricity*] toucher à qch* ⓒ (= *have an affair*) avoir une liaison

foolhardy /ˈfuːlˌhɑːdɪ/ ADJ imprudent

foolish /ˈfuːlɪʃ/ ADJ ⓐ (= *foolhardy*) [*person*] bête ; [*action, decision, mistake*] stupide ; **don't do anything ~** ne faites pas de bêtises ; **what a ~ thing to do!** quelle bêtise ! ; **it would be ~ to believe her** ce serait stupide de la croire ; **I was ~ enough to do it** j'ai été assez bête pour le faire ⓑ (= *ridiculous*) [*person, question*] ridicule ; **to make sb look ~** rendre qn ridicule

foolishly /ˈfuːlɪʃlɪ/ ADV (= *unwisely*) [*ignore, forget, admit*] bêtement ; **~, I allowed myself to be persuaded** bêtement, je me suis laissé persuader

foolproof /ˈfuːlpruːf/ ADJ [*method*] infaillible ; [*piece of machinery*] indéréglable

foolscap /ˈfuːlskæp/ N ≈ papier *(m)* ministre

foot /fut/ 1 N (*pl* **feet**) ⓐ pied *(m)* ; [*of dog, cat, bird*] patte *(f)* ; **to be on one's feet** être debout ; **I'm on my feet all day long** je suis debout toute la journée ; **to land on one's feet** retomber sur ses pieds ; **to stand on one's own two feet** voler de ses propres ailes ; **to go on ~** aller à pied ; **to keep one's feet on the ground** garder les pieds sur terre ; **he was trampled under ~ by the crowd** la foule l'a piétiné ; **the children have been under my feet the whole day** les enfants ont été dans mes jambes toute la journée ; **you've got to put your ~ down** (= *be firm*) il faut réagir ; **to put one's ~ in it*** mettre les pieds dans le plat ; **he didn't put a ~ wrong** il n'a pas commis la moindre erreur ; **to get off on the right/wrong ~** [*people, relationship*] être bien/mal parti ; **I got off on the wrong ~ with him** j'ai mal commencé avec lui ; **to get one's feet under the table*** (*Brit*) s'installer ; **to put one's feet up*** se reposer un peu ; **to take the weight off one's feet** (s'asseoir pour) se reposer un peu ; **to be dead on one's feet*** être complètement à plat* ; **she is absolutely run off her feet*** elle ne sait plus où donner de la tête ; **I've never set ~ there** je n'y ai jamais mis les pieds ; **my ~!*** mon œil ! *

ⓑ [*of hill, bed*] pied *(m)* ; [*of stairs*] bas *(m)* ; **at the ~ of the page** en bas de la page
ⓒ (= *measure*) pied *(m)* (anglais) (= *30,48 cm*)
2 VT **to ~ the bill*** payer la note
3 COMP ♦ **foot brake** N frein *(m)* à pied ♦ **foot-dragging** N atermoiements *(mpl)* ♦ **foot passengers** NPL [*of ferry*] passagers *(mpl)* sans véhicule ♦ **foot patrol** N patrouille *(f)* à pied ♦ **foot soldier** N fantassin *(m)*

footage /ˈfutɪdʒ/ N (= *material on film*) séquences *(fpl)* ; **they showed some ~ of the riots** ils ont diffusé quelques séquences sur les émeutes ; **archive ~** documents *(mpl)* d'archives

football /ˈfutbɔːl/ 1 N ⓐ (= *game*) (*Brit*) football *(m)* ; (*US*) football *(m)* américain ⓑ (= *ball*) ballon *(m)* (de football) 2 COMP [*ground, match, team, coach*] de football ♦ **football hooligan** N (*Brit*) hooligan *(m)* ♦ **football league** N championnat *(m)* de football ; **the Football League** (*Brit*) *la fédération anglaise de football* ♦ **football player** N (*Brit*) joueur *(m)*, -euse *(f)* de football ; (*US*) joueur *(m)* de football américain ♦ **football pools** NPL (*Brit*) ≈ loto *(m)* sportif

footballer /ˈfutbɔːləʳ/ N (*Brit*) footballeur *(m)*, -euse *(f)*

footballing /ˈfutbɔːlɪŋ/ ADJ [*career*] de footballeur

footbridge /ˈfutbrɪdʒ/ N passerelle *(f)*

foothills /ˈfuthɪlz/ NPL contreforts *(mpl)*

foothold /ˈfuthəuld/ N prise *(f)* (de pied) ; **to gain a ~** [*newcomer*] se faire (progressivement) accepter ; [*idea, fascism*] s'enraciner ; [*company*] prendre pied

footie*, footy* /ˈfutɪ/ N (*Brit*) foot* *(m)*

footing /ˈfutɪŋ/ N prise *(f)* (de pied) ; **to lose one's ~** perdre l'équilibre ; **to be on a friendly ~ with sb** être en termes amicaux avec qn ; **on an equal ~** sur un pied d'égalité

footman /ˈfutmən/ N (*pl* **-men**) valet *(m)* de pied

footnote /ˈfutnəut/ N note *(f)* en bas de (la) page ; (*fig*) post-scriptum *(m)*

footpath /ˈfutpɑːθ/ N sentier *(m)*

footprint /ˈfutprɪnt/ N empreinte *(f)* (de pied)

footrest /ˈfutrest/ N (= *part of chair*) repose-pieds *(m inv)* ; (= *footstool*) tabouret *(m)* (*pour les pieds*)

footstep /ˈfutstep/ N pas *(m)*

footstool /ˈfutstuːl/ N tabouret *(m)* (*pour les pieds*)

footwear /ˈfutwɛəʳ/ N chaussures *(fpl)*

---

for /fɔːʳ/

► *When* **for** *is an element in a phrasal verb, eg* **look for**, **stand for**, *look up the verb. When it is part of a set combination, eg* **for sale**, **noted for**, *look up the other word.*

PREPOSITION
ⓐ pour ; **a letter ~ you** une lettre pour toi ; **a collection ~ the homeless** une quête pour les sans-abri ; **he went there ~ a rest** il y est allé pour se reposer ; **it is warm ~ January** il fait bon pour un mois de janvier ; **~ or against** pour ou contre ; **I'm ~ helping him** je suis partisan de l'aider ; **I've got some news ~ you** j'ai du nouveau à t'apprendre ; **what's this knife ~?** à quoi sert ce couteau ? ; **it's time ~ dinner** c'est l'heure de dîner ; **I decided that it was the job ~ me** j'ai décidé que ce travail était fait pour moi
ⓑ = *going to* pour ; **this isn't the bus ~ Lyons** ce n'est pas le bus pour Lyon
ⓒ = *on behalf of* **~ me/you** à ma/ta place ; **I'll see her ~ you if you like** je peux aller la voir à ta place si tu veux ; **will you go ~ me?** est-ce que vous pouvez y aller à ma place ?
ⓓ = *as in* comme ; **D ~ Daniel** D comme Daniel
ⓔ = *in exchange for* **I'll give you this book ~ that one** je vous échange ce livre contre celui-là ; **he'll do it ~ $25** il le fera pour 25 dollars

► *When used with* **pay** *and* **sell**, **for** *is not translated.*

to pay $5 ~ a ticket payer un billet 5 dollars ; **I sold it ~ $20** je l'ai vendu 20 dollars

(f) = because of pour; ~ **this reason** pour cette raison; **to go to prison ~ theft** aller en prison pour vol

(g) = from de; ~ **fear of being left behind** de peur d'être oublié

(h) = up to à; **that's ~ him to decide** c'est à lui de décider; **it's not ~ me to say** ce n'est pas à moi de le dire

(i) = in spite of malgré; ~ **all his wealth** malgré toute sa richesse

(j) = for a distance of sur; **a road lined with trees ~ 3km** une route bordée d'arbres sur 3 km; **there was nothing to be seen ~ miles** il n'y avait rien à voir sur des kilomètres; **we walked ~ 2km** nous avons marché (pendant) 2 km

(k) time in the past or future pendant; **he suffered terribly ~ six months** il a horriblement souffert pendant six mois

► *With certain verbs* **pendant** *may be omitted.*

I worked/stayed there ~ three months j'y ai travaillé/j'y suis resté (pendant) trois mois; **he went away ~ two weeks** il est parti (pendant) quinze jours

► *When for refers to future time, it is translated by* **pour** *after* **aller** *and* **partir.**

he's going there ~ six months il va là-bas pour six mois

(l) uncompleted states and actions depuis, ça fait ... que

► *French generally uses the present and imperfect where English uses the perfect and past perfect.*

he's been here ~ ten days il est ici depuis dix jours, ça fait dix jours qu'il est ici; **I have known her ~ five years** je la connais depuis cinq ans, ça fait cinq ans que je la connais; **I have been working here ~ three months** je travaille ici depuis trois mois, ça fait trois mois que je travaille ici; **I had known her ~ years** je la connaissais depuis des années; **I had been working there ~ three months when ...** je travaillais là depuis trois mois quand ...; **he hasn't worked ~ two years** il n'a pas travaillé depuis deux ans, ça fait deux ans qu'il ne travaille pas; **she hadn't seen him ~ three months** elle ne l'avait pas vu depuis trois mois, cela faisait trois mois qu'elle ne l'avait pas vu

(m) phrases with infinitive ~ **this to be possible** pour que cela soit possible; **I brought it ~ you to see** je l'ai apporté pour vous le montrer; **there is still time ~ him to come** il a encore le temps d'arriver

forage /ˈfɒrɪdʒ/ 1 N fourrage (m) 2 VI **to ~ for food** [*animal*] rechercher sa nourriture

foray /ˈfɒreɪ/ N (*in business, politics*) incursion (f) (**into** dans); **they made a ~ into Turkey** [*soldiers*] ils ont fait une incursion en Turquie

forbad(e) /fəˈbæd/ VB *pret of* **forbid**

forbearing /fɔːˈbeərɪŋ/ ADJ patient

forbid /fəˈbɪd/ (*pret* **forbad(e)**, *ptp* **forbidden**) VT interdire; **to ~ sb to do sth** interdire à qn de faire qch; **to ~ sb alcohol** interdire l'alcool à qn; **they are ~den to do that** on leur a interdit de faire cela; **~den by law** interdit par la loi; **smoking is ~den** il est interdit de fumer; **his pride ~s him to ask for help** sa fierté lui interdit de demander de l'aide; **Heaven ~!*** grands dieux non!; **Heaven ~ I should do anything illegal** Dieu me garde de faire quoi que ce soit d'illégal

forbidden /fəˈbɪdn/ 1 VB *pt of* **forbid** 2 ADJ [*food, place*] interdit; [*subject, word*] tabou

forbidding /fəˈbɪdɪŋ/ ADJ [*person*] à l'allure sévère

force /fɔːs/ 1 N (a) (= *strength*) force (f); [*of phrase, word*] poids (m); **to use ~** employer la force (**to do** pour faire); **by sheer ~** par la simple force; **to resort to ~** avoir recours à la force; **to settle a dispute by ~** régler une querelle par la force; **his argument lacked ~** son argument manquait de poids; **I don't quite see the ~ of his argument** je ne trouve pas que son argument ait beaucoup de poids; **the police were there in ~** la police était là en force; **to come into ~** [*law, prices*] entrer en vigueur; **the rule has now come into ~** le règlement est désormais en vigueur

♦ **force of**: **by ~ of** à force de; **by sheer ~ of will** à force de volonté; ~ **of circumstances** force (f) des choses; **from ~ of habit** par la force de l'habitude

(b) (= *power*) force (f); **the ~s of Nature** les forces (fpl) de la nature; **there are several ~s at work** il y a plusieurs forces en présence

(c) (= *body of men*) force (f); **allied ~s** (*Brit*) armées (fpl) alliées

2 VT (a) (= *constrain*) forcer (**sb to do** qn à faire); **to be ~d to do sth** être forcé de faire qch; **to ~ o.s. to do sth** se forcer à faire qch; **to ~ sb's hand** forcer la main à qn

(b) (= *impose*) [+ *conditions*] imposer (**on sb** à qn); **the decision was ~d on me by events** cette décision m'a été imposée par les événements

(c) (= *push*) **to ~ one's way into** entrer de force dans; **to ~ one's way through sth** se frayer un passage à travers qch; **the lorry ~d the car off the road** le camion a forcé la voiture à quitter la route

(d) (= *break open*) [+ *lock*] forcer; **to ~ open a door** forcer une porte

3 COMP ♦ **force-feed** VT nourrir de force; [+ *animal*] gaver ► **force down** VT SEP **to ~ food down** se forcer à manger

forced /fɔːst/ ADJ forcé

forceful /ˈfɔːsfʊl/ ADJ (a) (= *hard*) [*blow, kick, punch*] violent (b) (= *vigorous*) [*personality*] énergique; **he was ~ in his condemnation of the regime** il a condamné énergiquement le régime

forcefully /ˈfɔːsfʊlɪ/ ADV avec force; [*act, intervene*] avec détermination

forceps /ˈfɔːseps/ NPL forceps (m)

forcible /ˈfɔːsəbl/ ADJ (= *forced*) forcé

forcibly /ˈfɔːsəblɪ/ ADV (= *by force*) de force

ford /fɔːd/ N gué (m)

fore /fɔː'/ 1 ADJ [*foot, limb*] antérieur 2 N **to come to the ~** [*person*] se mettre en évidence; [*sb's courage*] se manifester

forearm /ˈfɔːrɑːm/ N avant-bras (m inv)

foreboding /fɔːˈbəʊdɪŋ/ N pressentiment (m); **to have a ~ that** avoir le pressentiment que

forecast /ˈfɔːkɑːst/ (*pret, ptp* **forecast**) 1 VT [+ *weather*] prévoir 2 N (a) prévisions (fpl) (b) (= *weather forecast*) bulletin (m) météorologique; **the ~ is good** la météo* est bonne

forecaster /ˈfɔːˌkɑːstə'/ N [*of weather*] météorologue (mf); (*economic*) prévisionniste (mf)

forecourt /ˈfɔːkɔːt/ N aire (f) de stationnement

forefinger /ˈfɔːˌfɪŋɡə'/ N index (m)

forefront /ˈfɔːfrʌnt/ N **at the ~ of** [+ *technology, progress*] à la pointe de; **at the ~ of their minds** au centre de leurs préoccupations

forego /fɔːˈɡəʊ/ (*pret* **forewent**, *ptp* **foregone**) VT renoncer à

foregone /ˈfɔːɡɒn/ ADJ **it was a ~ conclusion** c'était à prévoir

foreground /ˈfɔːɡraʊnd/ N **in the ~** au premier plan

forehand /ˈfɔːhænd/ N coup (m) droit

forehead /ˈfɒrɪd/ N front (m); **on his ~** au front

foreign /ˈfɒrən/ 1 ADJ (a) [*country, language*] étranger; [*holiday, travel*] à l'étranger; [*goods*] de l'étranger; **he comes from a ~ country** il vient de l'étranger

(b) (= *alien*) ~ **to** étranger à; **lying is quite ~ to him** le mensonge lui est (complètement) étranger

2 COMP ♦ **foreign affairs** NPL affaires (fpl) étrangères; **Minister of Foreign Affairs** ministre (mf) des Affaires étrangères; **Ministry of Foreign Affairs** ministère (m) des Affaires étrangères ♦ **foreign body** N corps (m) étranger ♦ **foreign correspondent** N correspondant(e) (m(f)) à l'étranger ♦ **foreign currency** N devises (fpl) étrangères ♦ **Foreign Legion** N Légion (f) (étrangère) ♦ **Foreign Office** N (*Brit*) ≈ ministère (m) des Affaires étrangères ♦ **foreign policy** N politique (f) étrangère ♦ **Foreign Secretary** N (*Brit*) ≈ ministre (mf) des Affaires étrangères

foreigner /ˈfɒrənə'/ N étranger (m), -ère (f)

foreleg /ˈfɔːleg/ N patte (f) antérieure

foreman /ˈfɔːmən/ N (pl -men) contremaître (m); [of jury] président (m)

foremost /ˈfɔːməʊst/ 1 ADJ [authority, writer] plus éminent; **to be ~ in sb's mind** être au centre des préoccupations de qn 2 ADV (= above all) **first and ~** d'abord et avant tout

forename /ˈfɔːneɪm/ N prénom (m)

forensic /fəˈrensɪk/ 1 ADJ [test, laboratory] médicolégal 2 NPL **forensics** (= science) médecine (f) légale; (= police department) service (m) médicolégal 3 COMP ✦ **forensic evidence** N preuves (fpl) relevées lors d'une expertise médicolégale ✦ **forensic medicine** N médecine (f) légale ✦ **forensic scientist** N médecin (m) légiste

foreplay /ˈfɔːpleɪ/ N préliminaires (mpl) (amoureux)

forerunner /ˈfɔːˌrʌnəʳ/ N (= person) précurseur (m); [of machine, invention] ancêtre (m)

foresee /fɔːˈsiː/ (pret **foresaw**, ptp **foreseen**) VT prévoir

foreseeable /fɔːˈsiːəbl/ ADJ prévisible; **in the ~ future** dans un proche avenir

foresight /ˈfɔːsaɪt/ N prévoyance (f); **lack of ~** imprévoyance (f); **to have the ~ to do sth** faire preuve de prévoyance en faisant qch

forest /ˈfɒrɪst/ N forêt (f) ✦ **forest fire** N incendie (m) de forêt ✦ **forest ranger** N garde (m) forestier

forestall /fɔːˈstɔːl/ VT prévenir

forestry /ˈfɒrɪstrɪ/ N foresterie (f) ✦ **the Forestry Commission** (Brit) ≈ l'Office (m) des Eaux et Forêts

foretell /fɔːˈtel/ (pret, ptp **foretold**) VT prédire

forethought /ˈfɔːθɔːt/ N prévoyance (f); **lack of ~** imprévoyance (f)

forever, for ever /fərˈevəʳ/ ADV ⓐ (= eternally) [live, last, remember] toujours; **~ and ever** à jamais ⓑ (= definitively) [change, disappear, lose] pour toujours; **he left ~** il est parti pour toujours ⓒ (= a long time)* [take] une éternité; **the meeting lasted ~** la réunion n'en finissait pas ⓓ (= constantly) **to be ~ doing sth** être sans arrêt en train de faire qch

forewarn /fɔːˈwɔːn/ VT prévenir ▪ (PROV) **~ed is forearmed** un homme averti en vaut deux (PROV)

foreword /ˈfɔːwɜːd/ N avant-propos (m inv)

forfeit /ˈfɔːfɪt/ 1 VT perdre 2 N prix (m)

forgave /fəˈgeɪv/ VB pt of **forgive**

forge /fɔːdʒ/ 1 VT ⓐ (= fake) contrefaire; **to ~ a Renoir** faire un faux Renoir; **it's ~d** c'est un faux ⓑ (= establish) [+ ties, links] forger 2 N forge (f)

forger /ˈfɔːdʒəʳ/ N faussaire (mf)

forgery /ˈfɔːdʒərɪ/ N ⓐ (= counterfeiting) [of banknote, signature, document] contrefaçon (f); **to prosecute sb for ~** poursuivre qn pour faux (et usage de faux) ⓑ (= thing forged) faux (m); **the signature was a ~** la signature était fausse

forget /fəˈget/ (pret **forgot**, ptp **forgotten**) 1 VT oublier; **I've forgotten all my Spanish** j'ai oublié tout mon espagnol; **she never ~s a face** elle n'oublie jamais un visage; **I ~ who said ...** je ne sais plus qui a dit ...; **not ~ting ...** sans oublier ...; **we completely forgot the time** nous avons complètement oublié l'heure; **and don't you ~ it!*** et tâche de ne pas oublier!; **~ it!*** laisse tomber!*; **she'll never let him ~ it** elle ne manque pas une occasion de le lui rappeler; **to ~ to do sth** oublier de faire qch; **I've forgotten how to do it** j'ai oublié comment on fait; **to ~ one's manners** oublier toutes ses bonnes manières

2 VI oublier; **I completely forgot** j'ai complètement oublié; **I've forgotten all about it** je n'y pense plus; **~ about it!*** n'y pensez plus!; **if that's the kind of work you're going to do, you can ~ about promotion** si c'est comme ça que tu vas travailler, tu peux dire adieu à ta promotion

forgetful /fəˈgetfʊl/ ADJ étourdi; **he is very ~** il est très étourdi

forgetfulness /fəˈgetfʊlnɪs/ N étourderie (f)

forgive /fəˈgɪv/ (pret **forgave**, ptp **forgiven**) VT pardonner; **to ~ sb (for) sth** pardonner qch à qn; **to ~ sb for doing**

sth pardonner à qn de faire qch; **~ me for asking, but ...** excuse-moi de demander, mais ...; **one could be ~n for thinking ...** on serait excusable de penser ...

forgiveness /fəˈgɪvnɪs/ N (= pardon) pardon (m)

forgo /fɔːˈgəʊ/ (pret **forwent**, ptp **forgone**) VT renoncer à

forgot /fəˈgɒt/ VB pt of **forget**

forgotten /fəˈgɒtn/ VB ptp of **forget**

fork /fɔːk/ 1 N ⓐ (at table) fourchette (f) ⓑ [of branches] fourche (f); [of roads, railways] embranchement (m) 2 COMP ✦ **fork-lift truck** N chariot (m) élévateur (à fourche)
► **fork out** 1 VI casquer* 2 VT SEP [+ money] allonger*

forked /fɔːkt/ ADJ fourchu ✦ **forked lightning** N éclair (m) en zigzags

forkful /ˈfɔːkfʊl/ N **a ~ of mashed potato** une pleine fourchette de purée

forlorn /fəˈlɔːn/ ADJ ⓐ (= miserable) [person] triste et délaissé; [voice] triste; **to look ~** avoir l'air triste et délaissé ⓑ [attempt] désespéré; **it is a ~ hope** c'est un mince espoir

form /fɔːm/ 1 N ⓐ forme (f); **the various ~s of energy** les différentes formes d'énergie; **medicine in tablet ~** médicament (m) sous forme de comprimés; **the first prize will take the ~ of a trip to Rome** le premier prix sera un voyage à Rome; **the correct ~ of address for a bishop** la manière correcte de s'adresser à un évêque; **her letters are to be published in book ~** ses lettres doivent être publiées sous forme de livre; **the human ~** la forme humaine; **I saw a ~ in the fog** j'ai vu une silhouette dans le brouillard; **to take ~** prendre forme; **to study ~** (Brit) ≈ préparer son tiercé ✦ **on form** en forme

ⓑ (= document) formulaire (m); (for tax returns) feuille (f); **to fill out a ~** remplir un formulaire

ⓒ (Brit = class) classe (f); **he's in the sixth ~** ≈ il est en première

2 VT ⓐ [+ shape, character, government] former

ⓑ (= develop) [+ habit] contracter; **to ~ an opinion** se faire une opinion; **to ~ an impression** se faire une impression

ⓒ (= constitute) composer; **the ministers who ~ the government** les ministres qui composent le gouvernement; **to ~ a queue** se mettre en file

3 VI [queue, company, blood clots] se former; [idea] prendre forme

formal /ˈfɔːməl/ 1 ADJ ⓐ [person, behaviour, welcome] cérémonieux; [dinner, function] protocolaire; [letter] respectant les convenances; **lunch was a ~ affair** le déjeuner était assez protocolaire ⓑ (= official) [talks, complaint, surrender] officiel ⓒ (= professional) **he had no ~ training** il n'avait pas vraiment de formation; **he had little ~ education** il n'a pas été beaucoup à l'école 2 COMP ✦ **formal dress** N tenue (f) de cérémonie; (= evening dress) tenue (f) de soirée

formality /fɔːˈmælɪtɪ/ N formalité (f); **it's just a ~** ce n'est qu'une simple formalité

formally /ˈfɔːməlɪ/ ADV ⓐ [say, shake hands] cérémonieusement ⓑ (= officially) [agree, launch] officiellement; **~ charged** mis en examen; **we have been ~ invited** nous avons reçu une invitation officielle ⓒ **to be ~ dressed** être en tenue de cérémonie; (= in evening dress) être en tenue de soirée

format /ˈfɔːmæt/ 1 N ⓐ (= type) [of computer data, publication] format (m); **dictionaries published in both paper and electronic ~** des dictionnaires publiés à la fois en version papier et en version électronique; **available in cassette or CD ~** disponible en cassette ou CD ⓑ (= presentation) [of book, newspaper] présentation (f); [of TV, radio programme] présentation (f); **dictionaries in three-column ~** des dictionnaires publiés dans une présentation sur trois colonnes 2 VT (Computing) formater

formation /fɔːˈmeɪʃən/ 1 N ⓐ [of character, government] formation (f); [of plan] élaboration (f); [of committee] création (f) ⓑ (= pattern) formation (f); **battle ~** formation (f) de combat; **in close ~** en ordre serré 2 COMP ✦ **formation flying** N vol (m) en formation

formative /ˈfɔːmətɪv/ ADJ formateur (-trice (f))

former /'fɔːmə'/ 1 ADJ ⓐ (= *previous*) [*president, employee*] ancien

> ► With this meaning **ancien** goes before the noun.

[*strength*] d'autrefois ; **the ~ Soviet Union** l'ex-Union (f) soviétique ; **the ~ Yugoslavia** l'ex-Yougoslavie (f) ; **my ~ wife/ husband** mon ex-femme/ex-mari ; **the buildings have now been restored to their ~ glory** les bâtiments rénovés ont retrouvé leur splendeur d'antan ; **he was a shadow of his ~ self** il n'était plus que l'ombre de lui-même ; **in a ~ life** au cours d'une vie antérieure ; **in ~ times** autrefois
ⓑ (= *first*) **the ~ option** la première option

2 PRON **the ~** le premier, la première ; **the ~ ... the latter** le premier ... le dernier ; **of the two ideas I prefer the ~** des deux idées je préfère la première ; **the ~ is the more expensive of the two systems** ce premier système est le plus coûteux des deux

3 COMP ♦ **former pupil** N ancien(ne) élève (m(f))

formerly /'fɔːməlɪ/ ADV autrefois ; **Lake Malawi, ~ Lake Nyasa** le lac Malawi, anciennement lac Nyassa

Formica ® /fɔːˈmaɪkə/ N Formica® (m), plastique (m) laminé

formidable /'fɔːmɪdəbl/ ADJ [*task, reputation, person*] redoutable ; [*obstacle*] formidable

formula /'fɔːmjʊlə/ N ⓐ formule (f) ; **winning ~** formule (f) idéale ; **Formula One/Two/Three** la formule un/deux/ trois ; **a ~-one car** une voiture de formule un ⓑ (= *baby milk*) lait (m) maternisé

formulate /'fɔːmjʊleɪt/ VT formuler

formulation /ˌfɔːmjʊˈleɪʃən/ N ⓐ (= *creation*) [*of idea, theory, policy*] formulation (f) ; [*of policy, plan*] élaboration (f) ⓑ (= *formula*) [*of vaccine*] formule (f)

fornicate /'fɔːnɪkeɪt/ VI forniquer

forsake /fəˈseɪk/ (*pret* **forsook**, *ptp* **forsaken**) VT abandonner

fort /fɔːt/ N (*military*) fort (m) ; **to hold the ~** garder la boutique*

forte /'fɔːtɪ, (US) fɔːt/ N fort (m) ; **generosity is not his ~** la générosité n'est pas son fort

forth /fɔːθ/ ADV

> ► When **forth** is an element in a phrasal verb, eg **sally forth, venture forth**, look up the verb.

ⓐ (= *out*) de l'avant ; **to go back and ~ between ...** faire la navette entre ... ⓑ (= *onward*) **and so ~** et ainsi de suite

forthcoming /fɔːθˈkʌmɪŋ/ ADJ ⓐ (= *imminent*) [*event, visit, election, album*] prochain ; **in a ~ book, he examines ...** dans un livre qui va bientôt sortir, il examine ... ⓑ (= *available*) **to be ~** [*funds, support*] être disponible ; **no answer was ~** il n'y a pas eu de réponse

forthright /'fɔːθraɪt/ ADJ [*person, manner, answer*] direct ; **to be ~ in one's response** donner une réponse directe ; **to be ~ about sth** ne pas mâcher ses mots à propos de qch

fortieth /'fɔːtɪɪθ/ ADJ, N quarantième (mf) → **sixth**

fortification /ˌfɔːtɪfɪˈkeɪʃən/ N fortification (f)

fortify /'fɔːtɪfaɪ/ VT [+ *place*] fortifier ; [+ *person*] réconforter ; **fortified place** place (f) forte ; **fortified wine** ≈ vin (m) doux

fortnight /'fɔːtnaɪt/ N (*Brit*) quinzaine (f) ; **a ~'s holiday** quinze jours de vacances ; **a ~ tomorrow** demain en quinze ; **for a ~** pour une quinzaine ; **in a ~** dans quinze jours

fortnightly /'fɔːtnaɪtlɪ/ (*Brit*) 1 ADJ [*magazine*] bimensuel 2 ADV tous les quinze jours

fortress /'fɔːtrɪs/ N (= *prison*) forteresse (f) ; (= *medieval castle*) château (m) fort ; **~ Europe** la forteresse Europe

fortuitous /fɔːˈtjuːɪtəs/ ADJ fortuit

fortunate /'fɔːtʃənɪt/ ADJ [*coincidence, choice*] heureux ; **to be ~** [*person*] avoir de la chance ; **we are ~ that ...** nous avons de la chance que ... ; **it was ~ for him that ...** heureusement pour lui que ... ; **they were ~ to escape** ils ont eu de la chance de s'en tirer ; **she is in the ~ position of**

having plenty of choice elle a la chance d'avoir plein d'options ; **how ~!** quelle chance !

fortunately /'fɔːtʃənɪtlɪ/ ADV heureusement

fortune /'fɔːtʃuːn/ 1 N ⓐ (= *chance*) chance (f) ; **by good ~** par bonheur ; **I had the good ~ to meet him** j'ai eu la chance de le rencontrer ; **~ favoured him** la chance lui a souri ; **to tell sb's ~** dire la bonne aventure à qn ⓑ (= *riches*) fortune (f) ; **to make a ~** faire fortune ; **to come into a ~** hériter d'une fortune ; **to spend/cost a ~** dépenser/coûter une fortune

2 COMP ♦ **fortune cookie** N (*US*) beignet (m) chinois (*renfermant un horoscope ou une devise*) ♦ **fortune-teller** N diseur (m), -euse (f) de bonne aventure ; (*with cards*) tireuse (f) de cartes ♦ **fortune-telling** N (art (m) de la) divination ; (*with cards*) cartomancie (f)

forty /'fɔːtɪ/ NUMBER quarante (m inv) ; **there are ~** il y en a quarante ; **about ~ books** une quarantaine de livres ; **to have ~ winks*** faire un petit somme → **sixty**

forum /'fɔːrəm/ N tribune (f) ; **it's an open ~** c'est une tribune libre

forward /'fɔːwəd/

> ► When **forward** is an element in a phrasal verb, eg **come forward, step forward**, look up the verb.

1 ADV (*also* **~s**) en avant ; **to go ~** avancer ; **to go straight ~** aller droit devant soi ; **~ march!** en avant, marche ! ; **from that moment ~** à partir de ce moment-là ; **to come ~** se présenter ; **he went backward(s) and ~(s) between the station and the house** il allait et venait entre la gare et la maison ; **to put the clocks ~** avancer les pendules

2 ADJ ⓐ (= *in front, ahead*) en avant, vers l'avant ; **this seat is too far ~** ce siège est trop en avant ; **I'm no further ~ (with this problem)** me voilà bien avancé ! ⓑ (= *bold*) effronté

3 N (*Sport*) avant (m)

4 VT [+ *mail*] faire suivre

5 COMP ♦ **forwarding address** N **he left no ~ing address** il est parti sans laisser d'adresse ♦ **forward-looking** ADJ tourné vers l'avenir ♦ **forward planning** N planification (f) ♦ **forward slash** N barre (f) oblique

forwards /'fɔːwədz/ ADV = **forward**

fossil /'fɒsl/ N fossile (m) ♦ **fossil energy** N énergie (f) fossile ♦ **fossil fuel** N combustible (m) fossile

fossilized /'fɒsɪlaɪzd/ ADJ fossilisé

foster /'fɒstə'/ 1 VT ⓐ [+ *child*] élever ⓑ [+ *friendship*] encourager ⓒ [+ *idea*] nourrir 2 COMP ♦ **foster child** N enfant (mf) placé(e) dans une famille d'accueil ♦ **foster home** N famille (f) d'accueil ♦ **foster mother** N mère (f) adoptive (*d'un enfant placé*)

fought /fɔːt/ VB pt, ptp of **fight**

foul /faʊl/ 1 ADJ ⓐ (= *disgusting*) [*place, smell*] immonde ; **to smell ~** puer ⓑ (= *bad*) **~ luck** terrible malchance (f) ; **~ weather** sale* temps (m) ⓒ [*language, abuse*] grossier ; **to have a ~ mouth** être grossier ; **to have a ~ temper** avoir un sale caractère ; **in a ~ mood** d'une humeur massacrante ⓓ [*shot*] mauvais ; [*tackle*] irrégulier ⓔ **to fall ~ of the law** avoir maille à partir avec la justice

2 N (*Football*) faute (f)

3 VT ⓐ (= *pollute*) polluer ⓑ [*dog*] souiller ⓒ (*Sport*) commettre une faute sur

4 VI (= *become entangled or jammed*) **to ~ on sth** [*rope, line*] s'emmêler dans qch ; [*mechanism*] se prendre dans qch

5 COMP ♦ **foul-mouthed** ADJ grossier (-ière (f)) ♦ **foul play** N (*Sport*) jeu (m) irrégulier ; **he suspected ~ play** il se doutait que ce n'était pas un accident ♦ **foul-smelling** ADJ puant ♦ **foul-tasting** ADJ infect ♦ **foul-tempered** ADJ **to be ~-tempered** avoir un caractère de cochon*

found /faʊnd/ VT ⓐ fonder (**on** sur) ; **my suspicions were ~ed on fact** mes soupçons reposaient sur des faits réels ⓑ pt, ptp of **find**

foundation /faʊn'deɪʃən/ 1 N ⓐ (= *founding*) fondation (f) ⓑ (= *establishment*) fondation (f) ⓒ [*of social structure, idea*] fondement (m); **without ~** sans fondement ⓓ (*also ~ cream*) fond (m) de teint 2 NPL **foundations** [*of building*] fondations (fpl); **to lay the ~s of sth** poser les bases de qch; **to rock sth to its ~s** profondément ébranler qch 3 COMP ◆ **foundation course** N (*Brit*) cours (m) d'initiation

founder /'faʊndəʳ/ 1 N fondateur (m), -trice (f) 2 VI [*ship*] sombrer; [*plans*] s'effondrer; [*hopes*] s'en aller en fumée 3 COMP ◆ **founder member** N (*Brit*) membre (m) fondateur

fount /faʊnt/ N **the ~ of knowledge** la source du savoir

fountain /'faʊntɪn/ N fontaine (f) ◆ **fountain pen** N stylo (m) (à) plume

four /fɔːʳ/ NUMBER quatre (m inv); **there are ~** il y en a quatre; **to the ~ corners of the earth** aux quatre coins du monde; **on all ~s** à quatre pattes ◆ **four-door** ADJ [*car*] (à) quatre portes ◆ **four-engined plane** quadrimoteur (m) ◆ **four-eyes** N binoclard(e)* (m(f)) ◆ **four-leaf clover** N trèfle (m) à quatre feuilles ◆ **four-legged** ADJ à quatre pattes ◆ **four-legged friend** N (*hum*) compagnon (m) à quatre pattes ◆ **four-letter word** N gros mot (m) ◆ **four-poster** N lit (m) à baldaquin ◆ **four-star petrol** N (*Brit*) super(carburant) (m) ◆ **four-wheel drive** N (= *car*) quatre-quatre (m); **with ~-wheel drive** à quatre roues motrices → **six**

foursome /'fɔːsəm/ N (= *game*) partie (f) à quatre; (= *two women, two men*) deux couples (mpl); **we went in a ~** nous y sommes allés à quatre

fourteen /'fɔː'tiːn/ NUMBER quatorze (m inv); **there are ~** il y en a quatorze → **six**

fourteenth /'fɔː'tiːnθ/ ADJ, N quatorzième (mf); (= *fraction*) quatorzième (m); **Louis the Fourteenth** Louis XIV; **the ~ of July** le quatorze juillet → **sixth**

fourth /fɔːθ/ ADJ, N quatrième (mf); (*US*) (= *fraction*) quart (m); **he lives on the ~ floor** (*Brit*) il habite au quatrième étage; (*US*) il habite au cinquième étage; **to change into ~ gear** passer en quatrième → **sixth**

> **🟊 FOURTH OF JULY**
> Le 4 juillet, ou jour de l'indépendance (Independence Day), est la grande fête nationale des États-Unis. Elle commémore la signature de la déclaration d'indépendance en 1776 et, par conséquent, la naissance du pays.
> ▷ www.archives.gov

fowl /faʊl/ N volaille (f)

fox /fɒks/ N renard (m)

foxhunting /'fɒks,hʌntɪŋ/ N chasse (f) au renard; **to go ~** aller à la chasse au renard

foyer /'fɔɪeɪ/ N [*of theatre*] foyer (m); [*of hotel*] hall (m); (*US*) [*of house*] vestibule (m)

fraction /'frækʃən/ N (*in maths*) fraction (f); **for a ~ of a second** pendant une fraction de seconde; **she only spends a ~ of what she earns** elle ne dépense qu'une infime partie de ce qu'elle gagne

fractionally /'frækʃnəlɪ/ ADV un tout petit peu

fracture /'fræktʃəʳ/ 1 N fracture (f) 2 VT fracturer; **she ~d her hip** elle s'est fracturé la hanche

fragile /'frædʒaɪl/ ADJ fragile

fragment 1 N fragment (m); [*of glass*] éclat (m); **~s of conversation** bribes (fpl) de conversation 2 VI [*organization, system*] éclater

> ★ Lorsque **fragment** est un nom, l'accent tombe sur la première syllabe: /'frægmənt/, lorsque c'est un verbe, sur la seconde: /fræg'ment/.

fragmented /fræg'mentɪd/ ADJ [*story*] fragmentaire

fragrance /'freɪgrəns/ N (= *perfume*) parfum (m)

fragrant /'freɪgrənt/ ADJ odorant

frail /freɪl/ ADJ [*person*] frêle; [*health*] fragile

frailty /'freɪltɪ/ N [*of person, health*] fragilité (f)

frame /freɪm/ 1 N [*of picture, bicycle*] cadre (m); [*of building*] charpente (f); [*of window, door*] chambranle (m) 2 NPL **frames** [*of spectacles*] monture (f) 3 VT ⓐ [+ *picture*] encadrer; **he appeared ~d in the doorway** il apparut dans l'encadrement de la porte; **to ~ a subject** [*photographer*] cadrer un sujet ⓑ **he claimed he had been ~d*** il a prétendu être victime d'un coup monté 4 COMP ◆ **frame of mind** état (m) d'esprit; **I'm not in the right ~ of mind to do this job** je ne suis pas d'humeur à faire ce travail; **to be in a positive ~ of mind** être positif

framework /'freɪmwɜːk/ N (= *frame*) structure (f); (= *basis*) cadre (m); **the ~ of society** la structure de la société; **within the ~ of ...** dans le cadre de ... ◆ **framework agreement** N accord-cadre (m)

France /frɑːns/ N France (f); **in ~** en France

franchise /'fræntʃaɪz/ N ⓐ (*political*) droit (m) de vote ⓑ (*in business*) franchise (f)

Franco- /'fræŋkəʊ/ PREF franco-; **~British** franco-britannique

frank /fræŋk/ 1 ADJ [*person, comment*] franc (franche (f)); **to be ~ (with you) ...** franchement ... 2 VT [+ *letter*] affranchir

Frankfurt /'fræŋkfɜːt/ N Francfort

frankfurter /'fræŋk,fɜːtəʳ/ N (= *sausage*) saucisse (f) de Francfort

frankly /'fræŋklɪ/ ADV franchement

frankness /'fræŋknɪs/ N franchise (f)

frantic /'fræntɪk/ ADJ [*person*] dans tous ses états; [*phone call, search*] désespéré; [*effort, rush*] frénétique; **~ with worry** fou (folle (f)) d'inquiétude

frantically /'fræntɪkəlɪ/ ADV [*search*] désespérément; [*write*] avec frénésie

fraternal /frə'tɜːnl/ ADJ fraternel

fraternity /frə'tɜːnɪtɪ/ N (= *comradeship*) fraternité (f); (*US: at university*) association (f) d'étudiants; **the hunting ~** les chasseurs (mpl)

fraternize /'frætənaɪz/ VI fraterniser

fraud /frɔːd/ 1 N ⓐ (= *criminal deception*) fraude (f); (*financial*) escroquerie (f); **tax ~** fraude (f) fiscale; **credit card ~** escroquerie (f) à la carte de crédit ⓑ (= *impostor*) imposteur (m) 2 COMP ◆ **Fraud Squad** N service (m) de la répression des fraudes

fraudulent /'frɔːdjʊlənt/ ADJ frauduleux

fraught /frɔːt/ ADJ ⓐ (= *filled*) **~ with difficulty** plein de difficultés; **~ with danger** périlleux ⓑ (= *anxious*) [*person, situation, meeting*] tendu

fray /freɪ/ 1 VT **tempers were getting ~ed** on commençait à s'énerver; **my nerves are ~ed** je suis à bout de nerfs 2 VI [*cloth, garment*] s'effilocher; **his sleeve was ~ing at the cuff** sa manche était usée au poignet

frazzle* /'fræzl/ N **worn to a ~** crevé*; **burnt to a ~** carbonisé

freak /friːk/ 1 N ⓐ (= *abnormal person or animal*) monstre (m); **~ of nature** accident (m) de la nature ⓑ (= *fanatic*)* **a health food ~** un(e) fana* des produits bio ⓒ (= *abnormal event*) **his winning was really just a ~** il n'a gagné que grâce à un hasard extraordinaire 2 ADJ [*storm, weather*] anormal; [*victory*] inattendu

▶ **freak out*** 1 VI (= *get angry*) piquer une crise*; (= *panic*) paniquer 2 VT SEP **to ~ sb out** (= *frighten*) ficher les jetons à qn*

freckle /'frekl/ N tache (f) de rousseur

free /friː/

1 ADJECTIVE	3 TRANSITIVE VERB
2 ADVERB	4 COMPOUNDS

1 ADJECTIVE

ⓐ **person, animal, country** libre; **he managed to get ~** il a réussi à se libérer; **to go ~** [*prisoner*] être relâché; **to set a prisoner ~** libérer un prisonnier; **they had to cut the driver**

~ **from the wreckage** ils ont dû désincarcérer le conducteur du véhicule accidenté; **to have a ~ hand to do sth** avoir carte blanche pour faire qch; **he was ~ to refuse** il était libre de refuser; **you're ~ to choose** vous êtes libre de choisir; **I will be ~ at 2 o'clock** je serai libre à 14 heures; **it's a ~ country!** on est en république!*; **to be/get ~ of sb** être débarrassé/se débarrasser de qn; **is this seat ~?** est-ce que cette place est libre?

♦ **to feel free to do sth: please feel ~ to ask questions** n'hésitez pas à poser des questions; **a school where children feel ~ to express themselves** une école où les enfants se sentent libres de s'exprimer; **can I borrow your pen?** — **feel ~*** est-ce que je peux vous emprunter votre stylo? — je vous en prie

♦ **free from** or **of** (= *without*) **to be ~ from responsibility** être dégagé de toute responsabilité; **to be ~ of pain** ne pas souffrir; **a world ~ of nuclear weapons** un monde sans armes nucléaires; **the elections have been ~ of violence** les élections se sont déroulées sans violence

ⓑ **= costing nothing** [*object, ticket*] gratuit; **"~ mug with each towel"** « une chope gratuite pour tout achat d'une serviette »; **admission ~** entrée (f) libre; **delivery ~** livraison (f) gratuite; **as a ~ gift** en cadeau; **~ sample** échantillon (m) gratuit; **there's no such thing as a ~ lunch** tout se paie

ⓒ **= lavish** généreux; **to be ~ with one's money** dépenser son argent sans compter; **you're very ~ with your advice** (*iro*) vous êtes particulièrement prodigue de conseils (*iro*)

2 ADVERB

ⓐ **= without payment** [*give, get, travel*] gratuitement

ⓑ **= without restraint** [*run about*] en liberté

ⓒ **= expressing release** **to pull ~** se dégager; **to wriggle ~** [*person*] se libérer en se tortillant

3 TRANSITIVE VERB

ⓐ **= liberate** [+ *nation, slave, caged animal, prisoner*] libérer; [+ *person*] (*from wreckage*) dégager; (*from burden*) soulager

ⓑ **= untie** [+ *person, animal*] détacher

4 COMPOUNDS

♦ **free agent** N **to be a ~ agent** avoir toute liberté d'action ♦ **free enterprise** N libre entreprise (f) ♦ **free fall** N chute (f) libre; **to go into ~ fall** faire une chute libre ♦ **free-for-all** N mêlée (f) générale ♦ **free house** N (*Brit*) pub (m) (*qui n'appartient pas à une chaîne*) ♦ **free kick** N (*Sport*) coup (m) franc ♦ **free-market economy** N économie (f) de marché ♦ **free-marketeer** N partisan (m) de l'économie de marché ♦ **free of charge** ADV gratuitement ♦ **free period** N heure (f) de permanence ♦ **free radical** N radical (m) libre ♦ **free-range chicken** N poulet (m) élevé en plein air ♦ **free-range egg** N œuf (m) de poule élevée en plein air ♦ **free speech** N liberté (f) de parole ♦ **free spirit** N esprit (m) libre ♦ **free trade** N libre-échange (m) ♦ **free-trade zone** N zone (f) franche ♦ **free vote** N vote (m) de conscience (*sans consigne de vote*) ♦ **free will** N **he did it of his own ~ will** il l'a fait de son propre gré

freebie /ˈfriːbɪ/ N (= *free gift*) (petit) cadeau (m); (= *free trip*) voyage (m) à l'œil*; (= *free newspaper*) journal (m) gratis*

freedom /ˈfriːdəm/ N liberté (f); **~ of choice** liberté de choix; **~ of information** liberté d'information; **~ of the press** liberté (f) de la presse; **~ of speech** liberté (f) de parole; **to give sb ~ to do as he wishes** laisser les mains libres à qn ♦ **freedom fighter** N partisan (m) ♦ **Freedom of Information Act** N (*US*) loi (f) sur la liberté d'information

Freefone® /ˈfriːfəʊn/ N (*Brit*) appel (m) gratuit, ≈ numéro® (m) vert

freelance /ˈfriːlɑːns/ **1** ADJ [*journalist, designer*] indépendant, freelance (*inv*); [*work*] en freelance **2** ADV [*work*] en freelance; **to go ~** se mettre à son compte

freely /ˈfriːlɪ/ ADV ⓐ (= *unrestrictedly*) [*travel, elect*] en toute liberté; [*talk, speak*] librement; **to move ~** [*person*] se déplacer en toute liberté; **traffic is moving ~** la circulation est fluide; **to be ~ available** [*drugs*] être en vente libre; [*information*] être facile à trouver ⓑ (= *willingly*) [*admit*] vo-

lontiers ⓒ (= *liberally*) [*spend*] sans compter; **the wine was flowing ~** le vin coulait à flots

Freepost® /ˈfriːpəʊst/ N (*Brit*) port (m) payé

freeware /ˈfriːwɛəʳ/ N (= *software*) logiciel (m) gratuit

freeway /ˈfriːweɪ/ N (*US*) autoroute (f) (*sans péage*)

freeze /friːz/ (*pret* **froze**, *ptp* **frozen**) **1** VI ⓐ [*liquid*] geler; [*food*] se congeler; **to ~ to death** mourir de froid; **the lake has frozen** le lac est gelé

ⓑ (= *stop*) se figer; **he froze (in his tracks)** il est resté figé sur place; **~!** pas un geste!

2 VT ⓐ [+ *liquid*] geler; [+ *food*] congeler; (*industrially*) surgeler

ⓑ [+ *assets, credit, wages, prices*] geler; [+ *bank account*] bloquer

3 N ⓐ (= *cold period*) **the big ~ of 1948** la vague de froid de 1948

ⓑ [*of prices, credit*] gel (m); **a wage ~** un gel des salaires; **a ~ on nuclear weapons testing** un gel des essais nucléaires

► **freeze over** VI [*lake, river*] geler; [*windscreen*] givrer; **the river has frozen over** la rivière est gelée

freezer /ˈfriːzəʳ/ N congélateur (m) ♦ **freezer bag** N sac (m) congélation ♦ **freezer compartment** N freezer (m) ♦ **freezer container** N barquette (f) congélation

freezing /ˈfriːzɪŋ/ ADJ ⓐ (= *icy*) glacial ⓑ (*also* **~ cold**) [*person*] gelé; **my hands are ~** j'ai les mains gelées; **it's ~** il fait un froid glacial; **it's ~ in here** on gèle ici

freight /freɪt/ N fret (m); **air ~** fret (m) aérien ♦ **freight car** N (*US*) wagon (m) de marchandises ♦ **freight charges** NPL fret (m) ♦ **freight plane** N avion-cargo (m) ♦ **freight train** N train (m) de marchandises

freighter /ˈfreɪtəʳ/ N (= *ship*) cargo (m)

French /frentʃ/ **1** ADJ français; [*ambassador, embassy, monarch*] de France; [*teacher*] de français

2 N (= *language*) français (m)

3 NPL **the French** les Français (mpl)

4 COMP ♦ **the French Academy** N l'Académie (f) française ♦ **French Canadian** ADJ canadien français ♦ **French dressing** N (= *vinaigrette*) vinaigrette (f) ♦ **French fries** NPL frites (fpl) ♦ **French kiss** N baiser (m) avec la langue, patin* (m) ♦ VI se rouler un patin* ♦ **French mustard** N moutarde (f) douce ♦ **the French Riviera** N la Côte d'Azur ♦ **French-speaking** ADJ francophone ♦ **French toast** N (= *fried bread in egg*) pain (m) perdu ♦ **French window** N porte-fenêtre (f)

Frenchman /ˈfrentʃmən/ N (*pl* **-men**) Français (m)

Frenchwoman /ˈfrentʃwʊmən/ N (*pl* **-women**) Française (f)

frenetic /frəˈnetɪk/ ADJ [*pace*] frénétique

frenzied /ˈfrenzɪd/ ADJ [*attack*] sauvage

frenzy /ˈfrenzɪ/ N frénésie (f); **to be in a ~** être au comble de l'excitation; **a ~ of activity** une activité folle; **a media ~** un délire médiatique

frequency /ˈfriːkwənsɪ/ N fréquence (f)

frequent 1 ADJ fréquent **2** VT fréquenter **3** COMP ♦ **frequent flyer** N **he's a ~ flyer** il prend beaucoup l'avion ♦ **frequent-flyer programme** N programme (m) de fidélisation ♦ **frequent wash shampoo** N shampooing (m) usage fréquent

★ *Lorsque* **frequent** *est un adjectif, l'accent tombe sur la première syllabe:* /ˈfriːkwənt/, *lorsque c'est un verbe, sur la seconde:* /frɪˈkwent/.

frequently /ˈfriːkwəntlɪ/ ADV fréquemment ♦ **frequently asked questions** NPL questions (fpl) fréquentes

fresco /ˈfreskəʊ/ N fresque (f)

fresh /freʃ/ **1** ADJ ⓐ frais (fraîche (f)); [*clothes*] propre; **it's still ~ in my mind** c'est encore tout frais dans ma mémoire; **a ~ coat of paint** une nouvelle couche de peinture; **to feel ~** être frais et dispos

ⓑ (= *renewed*) nouveau (nouvelle (f)); **to make a ~ pot of tea** refaire du thé; **to take a ~ look at sth** regarder qch sous un jour nouveau; **to make a ~ start** prendre un nouveau départ

2 ADV milk ~ **from the cow** du lait fraîchement trait ; **the bread is ~ from the oven** le pain est frais sorti du four

3 COMP ♦ **fresh air** N air *(m)* frais ; **I'm going out for some ~ air** je sors prendre l'air ; **in the ~ air** au grand air ♦ **fresh water** N (= *not salt*) eau *(f)* douce

freshen /ˈfreʃn/ VI [*wind, air*] fraîchir
► **freshen up** VI (= *wash o.s.*) faire un brin de toilette

fresher /ˈfreʃəʳ/ N (*Brit* = *student*) étudiant(e) *(m(f))* de première année ♦ **freshers' week** N (*Brit*) semaine *(f)* d'accueil des étudiants

freshly /ˈfreʃlɪ/ ADV [*ground*] fraîchement ; ~ **baked bread** du pain frais sorti du four ; ~**-cut flowers** des fleurs fraîchement cueillies ; ~ **squeezed orange juice** orange *(f)* pressée

freshman /ˈfreʃmən/ N (*pl* **-men**) (*US*) étudiant(e) *(m(f))* de première année

freshwater /ˈfreʃˌwɔːtəʳ/ ADJ [*fish, lake*] d'eau douce

fret /fret/ **1** VI (= *become anxious*) se tracasser (**about** à propos de) ; [*baby*] pleurer ; **don't ~!** ne t'en fais pas ! **2** N [*of guitar*] touchette *(f)*

fretful /ˈfretfʊl/ ADJ [*person*] irritable ; [*baby, child*] pleurnicheur

Freudian /ˈfrɔɪdɪən/ ADJ freudien ♦ **Freudian slip** N lapsus *(m)*

Fri. ABBR = **Friday**

friction /ˈfrɪkʃən/ N friction *(f)* ; **there is a certain amount of ~ between them** il y a des frictions entre eux

Friday /ˈfraɪdɪ/ N vendredi *(m)* ; ~ **the thirteenth** vendredi treize

fridge /frɪdʒ/ N (*Brit*) (ABBR = **refrigerator**) réfrigérateur *(m)* ♦ **fridge-freezer** N réfrigérateur *(m)* congélateur

fried /fraɪd/ VB *pt, ptp* of **fry**

friend /frend/ N ami(e) *(m(f))* ; (= *schoolmate, workmate*) copain* *(m)*, copine* *(f)* ; **a ~ of mine** un de mes amis ; **he's no ~ of mine** il ne fait pas partie de mes amis ; **to make ~s with sb** devenir ami avec qn ; **to be ~s with sb** être ami avec qn ; **close ~s** amis *(mpl)* intimes ; **we're just good ~s** on est simplement amis ; **Friends of the Earth** les Amis *(mpl)* de la Terre

friendliness /ˈfrendlɪnɪs/ N gentillesse *(f)*

friendly /ˈfrendlɪ/ ADJ [*person, animal*] gentil (**to sb** avec qn) ; [*gesture, atmosphere*] amical ; [*face*] avenant ; [*welcome*] chaleureux ; [*advice*] d'ami ; [*place*] accueillant ; **to feel ~ towards sb** être bien disposé envers qn ; **it's nice to see a ~ face!** ça fait plaisir de voir un visage sympathique ! ; **to be ~ with sb** être ami avec qn ; **to become ~ with sb** se lier d'amitié avec qn ♦ **friendly fire** N tirs *(mpl)* de son propre camp ♦ **friendly match** N (*Sport*) match *(m)* amical

friendship /ˈfrendʃɪp/ N amitié *(f)* ; **out of ~** par amitié

frier /ˈfraɪəʳ/ N = **fryer**

fries* /fraɪz/ NPL frites *(fpl)*

frigate /ˈfrɪɡɪt/ N frégate *(f)* (*navire*)

fright /fraɪt/ N ⓐ peur *(f)* ; **to get the ~ of one's life** avoir la frayeur de sa vie ; **to give sb a ~** faire peur à qn ; **to take ~** prendre peur ⓑ (= *person*)* **she looks a ~** elle est à faire peur

frighten /ˈfraɪtn/ VT faire peur à ; **did he ~ you?** est-ce qu'il vous a fait peur ? ; **it ~ed the life out of him*** ça lui a fait une peur bleue ; **to ~ sb into doing sth** faire peur à qn pour qu'il fasse qch
► **frighten away** VT SEP [+ *birds*] effaroucher ; [+ *children*] chasser (en leur faisant peur) ; [+ *buyers, investors*] faire fuir

frightened /ˈfraɪtnd/ ADJ effrayé ; **to be ~ (of sb/sth)** avoir peur (de qn/qch) ; **to be ~ of doing sth** avoir peur de faire qch ; **to be ~ that ...** avoir peur que ... ; **to be ~ to death* of sb/sth** avoir une peur bleue de qn/qch

frightening /ˈfraɪtnɪŋ/ ADJ effrayant

frightful † * /ˈfraɪtfʊl/ ADJ (= *awful*) affreux ; **he's a ~ bore** il est terriblement ennuyeux

frigid /ˈfrɪdʒɪd/ ADJ (*sexually*) frigide

frill /frɪl/ N [*of dress*] volant *(m)* ; **without any ~s** [*ceremony, service*] sans façon

frilly /ˈfrɪlɪ/ ADJ [*shirt, dress*] à fanfreluches ; [*underwear*] à dentelles

fringe /frɪndʒ/ **1** N ⓐ (*Brit* = *hair*) frange *(f)* ⓑ [*of rug, shawl*] frange *(f)* ⓒ (= *edge*) [*of forest*] lisière *(f)* ; **to live on the ~s of society** vivre en marge de la société **2** COMP ♦ **fringe benefits** NPL avantages *(mpl)* divers ; (*company car*) avantages *(mpl)* en nature ♦ **fringe festival** N festival *(m)* off ♦ **fringe group** N groupe *(m)* marginal ♦ **fringe theatre** N (*Brit*) théâtre *(m)* d'avant-garde

Frisbee ® /ˈfrɪzbɪ/ N Frisbee ® *(m)*

frisk /frɪsk/ VT [+ *person*] fouiller

frisky /ˈfrɪskɪ/ ADJ (= *lively*) sémillant

fritter /ˈfrɪtəʳ/ **1** N (= *food*) beignet *(m)* ; **apple ~** beignet *(m)* aux pommes
► **fritter away** VT SEP [+ *money, time*] gaspiller

frivolous /ˈfrɪvələs/ ADJ [*person, object, activity, remark*] frivole

frizzy /ˈfrɪzɪ/ ADJ [*hair*] crépu

fro /frəʊ/ ADV **to and fro** de long en large ; **journeys to and ~ between London and Edinburgh** allers et retours *(mpl)* entre Londres et Édimbourg

frog /frɒɡ/ N grenouille *(f)* ; **to have a ~ in one's throat** avoir un chat dans la gorge ♦ **frog-march** VT **to ~-march sb in/out** (= *hustle*) faire entrer/sortir qn de force ♦ **frogs' legs** NPL (*as food*) cuisses *(fpl)* de grenouilles

Froggy: /ˈfrɒɡɪ/ N (*Brit pej*) Franchouillard(e)* *(m(f))* (*pej*), Français(e) *(m(f))*

frogman /ˈfrɒɡmən/ N (*pl* **-men**) homme-grenouille *(m)*

frolic /ˈfrɒlɪk/ VI [*people*] batifoler* ; [*lambs*] gambader

from /frɒm/ PREP ⓐ de ; ~ **house to house** de maison en maison ; ~ **town to town** de ville en ville ; **to jump ~ a wall** sauter d'un mur ; **to travel ~ London to Paris** voyager de Londres à Paris ; **he comes ~ London** il est (originaire) de Londres ; **where are you ~?** d'où êtes-vous (originaire) ? ; **it is 10km ~ there** c'est à 10 km de là ; **not far ~ here** pas loin d'ici ; **far ~ blaming you** loin de vous le reprocher ; **a letter ~ my mother** une lettre de ma mère ; **tell him ~ me** dites-lui de ma part ; ~ **a picture by Picasso** d'après un tableau de Picasso ; **he took/stole it ~ them** il le leur a pris/volé ; **to shelter ~ the rain** s'abriter de la pluie ; ~ **bad to worse** de mal en pis ; **he went ~ office boy to director in five years** de garçon de bureau, il est passé directeur en cinq ans ; **seen ~ above** vu d'en haut ; **she was looking at him ~ over the wall** elle le regardait depuis l'autre côté du mur ; ~ **under the table** de dessous la table
ⓑ (*time*) à partir de, de ; ~ **14 July** à partir du 14 juillet ; ~ **beginning to end** du début (jusqu')à la fin ; ~ **her childhood onwards ...** dès son enfance ... ; ~ **time to time** de temps en temps ; ~ **day to day** de jour en jour ; ~ **year to year** d'année en année ; **five years ~ now** dans cinq ans
ⓒ (*used with prices, numbers*) à partir de ; **wine ~ 10 euros a bottle** vins à partir de 10 € la bouteille ; **take 12 ~ 18** soustrayez 12 de 18 ; **3 ~ 8 leaves 5** 8 moins 3 égalent 5
ⓓ (*source*) **to drink ~ a stream/a glass** boire à un ruisseau/dans un verre ; **he took it ~ the cupboard** il l'a pris dans le placard ; **to take sth ~ a shelf** prendre qch sur une étagère ; **to speak ~ notes** parler en lisant ses notes ; ~ **your point of view** de votre point de vue
ⓔ (*cause, reason*) **he died ~ his injuries** il est mort des suites de ses blessures ; ~ **what I heard ...** d'après ce que j'ai entendu ... ; ~ **what I can see ...** à ce que je vois ... ; ~ **the look of things ...** à en juger par les apparences ...

front /frʌnt/ **1** N ⓐ (= *leading section*) [*of car, train*] avant *(m)* ; [*of class*] premier rang *(m)* ; (= *part facing forward*) [*of shirt, dress*] devant *(m)* ; [*of building*] façade *(f)* ; **she was lying on her ~*** elle était couchée sur le ventre ; **it fastens at the ~** cela se ferme devant ; **he pushed his way to the ~** il s'est frayé un chemin jusqu'au premier rang
♦ **in front** [*be, walk*] devant ; **in ~ of the table** devant la table ; **to send sb on in ~** envoyer qn en avant ; **to be in ~** (*Sport*) mener
♦ **in the front**: **to sit in the ~ (of the car)** être assis à l'avant (de la voiture)
ⓑ (*Mil, Politics*) front *(m)* ; **there was fighting on several ~s**

on se battait sur plusieurs fronts; **on all ~s** sur tous les fronts
(c) (*weather*) front (*m*); **cold/warm ~** front (*m*) froid/chaud
(d) (*Brit: = sea front*) (*beach*) bord (*m*) de mer; (*prom*) front (*m*) de mer; **a house on the ~** une maison sur le front de mer
(e) **he's putting on a brave ~** il fait bonne contenance
2 ADJ de devant; **~ garden** jardin (*m*) de devant; **on the ~ cover** en couverture; **~ door** [*of house*] porte (*f*) d'entrée; **to be in the ~ line** être en première ligne; **on the ~ page** (*Press*) en première page; **the ~ panel** [*of machine*] le panneau de devant; **~ room** pièce (*f*) donnant sur la rue; (*= lounge*) salon (*m*); **in the ~ row** au premier rang; **to have a ~ seat** avoir une place au premier rang; (*fig*) être aux premières loges; **~ tooth** dent (*f*) de devant; **~ wheel** roue (*f*) avant; **~ view** vue (*f*) de face
3 VT (*Brit*) [*+ company*] être à la tête de
4 COMP **♦ the front bench** N (*Brit*) (*= government*) les ministres (*mpl*); (*= opposition*) les membres (*mpl*) du cabinet fantôme **♦ the front benches** NPL (*Brit*) (*= place*) *le banc des ministres et celui des membres du cabinet fantôme*; (*= people*) ≈ les chefs de file des partis politiques **♦ front crawl** N (*Swimming*) crawl (*m*) **♦ front-line** ADJ [*troops, news*] du front; [*countries, areas*] limitrophe (*d'un pays en guerre*) **♦ front-loading washing machine** N lave-linge (*m*) à chargement frontal **♦ front-page news** N gros titres (*mpl*); **it was ~-page news for a month** cela a fait la une* (des journaux) pendant un mois **♦ front runner** N **he is a ~ runner for the party leadership** c'est l'un des favoris pour la présidence du parti **♦ front-wheel drive** N (*= car, system*) traction (*f*) avant

frontal /ˈfrʌntl/ ADJ [*assault, attack*] de front; **to make a ~ assault** *or* **attack on sth** attaquer qch de front

frontbencher /ˌfrʌntˈbentʃəʳ/ N (*Brit Parl*) (*government*) ministre (*mf*); (*opposition*) membre (*m*) du cabinet fantôme

frontier /ˈfrʌntɪəʳ/ 1 N frontière (*f*) 2 COMP [*town, zone*] frontalier **♦ frontier dispute** N incident (*m*) de frontière **♦ frontier post** N poste (*m*) frontière **♦ frontier technology** N technologie (*f*) de pointe

frost /frɒst/ 1 N gel (*m*) 2 VT (*= ice*) [*+ cake*] glacer
► frost over VI [*window*] se givrer

frostbite /ˈfrɒstbaɪt/ N engelures (*fpl*)

frostbitten /ˈfrɒstˌbɪtn/ ADJ [*hands, feet*] gelé; **to be ~** [*rosebushes, vegetables*] avoir gelé

frosted /ˈfrɒstɪd/ 1 ADJ (a) (*= frost-covered*) [*plants, windscreen*] couvert de givre (b) [*eyeshadow, nail varnish*] nacré (c) (*= iced*) [*cake*] recouvert d'un glaçage 2 COMP **♦ frosted glass** N (*for window*) verre (*m*) dépoli

frostily /ˈfrɒstɪlɪ/ ADV [*greet, reply*] sur un ton glacial

frosting /ˈfrɒstɪŋ/ N (*= icing*) glaçage (*m*); (*= icing sugar*) sucre (*m*) glace

frosty /ˈfrɒstɪ/ ADJ [*night, morning, weather*] glacial; [*ground, grass, window*] couvert de givre; **it is ~** il y a du givre (b) (*= unfriendly*) [*atmosphere, reception*] glacial

froth /frɒθ/ 1 N [*of liquids, beer*] mousse (*f*) 2 VI mousser; **a cup of ~ing coffee** une tasse de café mousseux; **to ~ at the mouth** [*dog, horse*] écumer; [*angry person*] écumer de rage

frothy /ˈfrɒθɪ/ ADJ mousseux

frown /fraʊn/ 1 N froncement (*m*) (de sourcils) 2 VI froncer les sourcils; **to ~ at sb** regarder qn en fronçant les sourcils; **he ~ed at the interruption** l'interruption l'a fait sourciller
► frown on VT INSEP [*+ suggestion*] désapprouver

froze /frəʊz/ VB *pt of* **freeze**

frozen /ˈfrəʊzn/ 1 VB (*ptp of* **freeze**)
2 ADJ (a) [*lake, pipe*] gelé; **to be ~ solid** être complètement gelé (b) (*= preserved*) [*vegetables, meat*] (*industrially*) surgelé; (*at home*) congelé (c) (*= very cold*)* **I'm ~ stiff** je suis complètement gelé; **~ to death*** frigorifié* (d) (*= immobile*) **~ with fear** glacé de peur; **~ to the spot** cloué sur place (e) [*prices, wages*] gelé
3 COMP **♦ frozen assets** NPL avoirs (*mpl*) gelés **♦ frozen food** N (*industrially*) aliments (*mpl*) surgelés; (*at home*) ali-

ments (*mpl*) congelés **♦ frozen food compartment** N partie (*f*) congélateur

frugal /ˈfruːɡəl/ ADJ frugal

fruit /fruːt/ N (*collective n*) fruit (*m*); **may I have some ~?** puis-je avoir un fruit?; **a piece of ~** (*= whole fruit*) un fruit; (*= segment*) un morceau de fruit; **~ is good for you** les fruits sont bons pour la santé; **the ~ of his labour** le fruit de son travail; **it is the ~ of much hard work** c'est le fruit d'un long travail; **to enjoy the ~s of one's success** savourer sa réussite **♦ fruit basket** N corbeille (*f*) à fruits **♦ fruit bowl** N coupe (*f*) à fruits **♦ fruit cake** N cake (*m*) **♦ fruit cocktail** N macédoine (*f*) de fruits (en boîte) **♦ fruit dish** N (*for dessert*) coupe (*f*) à fruits **♦ fruit fly** N mouche (*f*) du vinaigre **♦ fruit juice** N jus (*m*) de fruit(s) **♦ fruit machine** N (*Brit*) machine (*f*) à sous **♦ fruit salad** N salade (*f*) de fruits **♦ fruit tree** N arbre (*m*) fruitier

fruitful /ˈfruːtfʊl/ ADJ [*relationship, discussion*] fructueux; [*life*] bien rempli

fruition /fruːˈɪʃən/ N **to bring to ~** concrétiser; **to come to ~** se réaliser

fruitless /ˈfruːtlɪs/ ADJ [*talks*] stérile

fruity /ˈfruːtɪ/ ADJ [*flavour, wine*] fruité

frump /frʌmp/ N femme (*f*) mal fagotée

frumpish /ˈfrʌmpɪʃ/, **frumpy** /ˈfrʌmpɪ/ ADJ mal fagoté

frustrate /frʌsˈtreɪt/ VT (a) (*= thwart*) [*+ attempts, plans*] contrecarrer; **to ~ sb's hopes** frustrer les espoirs de qn; **rescuers were ~d in their search by bad weather** (*= hindered*) le mauvais temps a gêné les sauveteurs dans leurs recherches; (*= stopped*) le mauvais temps a empêché les sauveteurs de continuer leurs recherches (b) (*= irritate, annoy*) [*+ person*] énerver; **it really ~s me when people interrupt me** ça m'énerve que l'on m'interrompe

frustrated /frʌsˈtreɪtɪd/ ADJ (a) (*= thwarted, unfulfilled*) [*person, love, desire*] frustré; [*ambition*] déçu; **in a ~ effort to speak to him** dans un vain effort pour lui parler; **he's a ~ intellectual** c'est un intellectuel frustré; **he feels very ~ in his present job** il se sent très frustré dans son poste actuel (b) (*= irritated*) énervé (c) (*sexually*) frustré

frustrating /frʌsˈtreɪtɪŋ/ ADJ [*situation, experience, morning*] frustrant; **it's very ~ having no money** c'est vraiment frustrant de ne pas avoir d'argent

frustration /frʌsˈtreɪʃən/ N frustration (*f*)

fry /fraɪ/ (*pret, ptp* **fried**) 1 VT [*+ meat, fish, vegetables, bread*] (*= deep-fry*) (faire) frire; (*= shallow-fry*) faire revenir; **to ~ eggs** faire des œufs sur le plat; **fried eggs** œufs (*mpl*) sur le plat; **fried fish** poisson (*m*) frit; **fried food is fattening** les fritures (*fpl*) font grossir; **fried potatoes** pommes (*fpl*) (de terre) sautées; **fried rice** ≈ riz (*m*) cantonais 2 VI frire

fryer /ˈfraɪəʳ/ N sauteuse (*f*)

frying pan /ˈfraɪɪŋˌpæn/ N poêle (*f*) (à frire)

frying steak /ˈfraɪɪŋˌsteɪk/ N steak (*m*) (à frire)

fuck✲✲ /fʌk/ 1 N (*= act*) baise✲✲ (*f*) 2 VTI baiser✲✲; **~!** putain de merde!✲✲; **~ you!** va te faire foutre!✲✲; **~ all** (*Brit*) que dalle✲✲; **I know ~ all about it** (*Brit*) j'en sais foutrement rien✲✲
► fuck off✲✲ VI foutre le camp✲✲; **~ off!** va te faire foutre!✲✲

fucking✲✲ /ˈfʌkɪŋ/ 1 ADJ **~ hell!** putain de merde!✲✲; **~ bastard/bitch** espèce (*f*) de salaud✲✲/salope✲✲; **this ~ phone** ce putain✲✲ de téléphone; **I haven't a ~ clue** je n'en sais foutrement rien✲✲ 2 ADV foutrement✲✲; **it's ~ cold** ça caille✲✲; **don't be ~ stupid!** fais pas le con!✲✲

fuddy-duddy /ˈfʌdɪˌdʌdɪ/ ADJ [*person, ideas*] vieux jeu (*inv*)

fudge /fʌdʒ/ 1 N (*to eat*) caramel(s) (*m(pl)*); **a piece of ~** un caramel 2 VT [*+ question, issue*]* esquiver

fuel /fjʊəl/ 1 N (*for heating, aircraft*) combustible (*m*); (*for car engine*) carburant (*m*); **the statistics gave him ~ for further attacks on the government** les statistiques lui ont fourni des munitions pour renouveler ses attaques contre le gouvernement
2 VT [*+ tension, speculation, controversy, fears*] attiser

3 COMP ♦ **fuel-efficient** ADJ économique ♦ **fuel gauge** N (*in car, aircraft*) jauge *(f)* de carburant ♦ **fuel injection engine** N moteur *(m)* à injection ♦ **fuel pump** N pompe *(f)* d'alimentation ♦ **fuel tank** N réservoir *(m)* (de carburant); [*of ship*] soute *(f)* à mazout

fugitive /ˈfjuːdʒɪtɪv/ N fugitif *(m)*, -ive *(f)*; **he was a ~ from justice** il fuyait la justice

fulfil, fulfill (*US*) /fʊlˈfɪl/ VT [+ *task, prophecy*] accomplir; [+ *order*] exécuter; [+ *function, contract*] remplir; [+ *plan, ambition*] réaliser; [+ *desire*] satisfaire; [+ *promise*] tenir; **to feel ~led** être épanoui

fulfilling /fʊlˈfɪlɪŋ/ ADJ [*job, career*] épanouissant

fulfilment, fulfillment (*US*) /fʊlˈfɪlmənt/ N **to have a sense of ~** se sentir épanoui

full /fʊl/

1 ADJECTIVE	3 NOUN
2 ADVERB	4 COMPOUNDS

1 ADJECTIVE

ⓐ = **filled** plein; [*hotel*] complet (-ète *(f)*); **I'm ~!** j'ai trop mangé!; **you'll work better on a ~ stomach** tu travailleras mieux le ventre plein; **"house ~"** (*Theatre*) « complet »; **I have a ~ morning ahead of me** j'ai une matinée chargée devant moi; **he's had a ~ life** il a eu une vie (bien) remplie ♦ **full of** plein de; **pockets ~ of money** des poches pleines d'argent; **a look ~ of hate** un regard plein de haine; **he's ~ of hope** il est plein d'espoir; **he's ~ of good ideas** il est plein de bonnes idées; **~ of one's own importance** plein de suffisance; **~ of oneself** imbu de soi-même

ⓑ = **complete** | **I waited two ~ hours** j'ai attendu deux bonnes heures; **a ~ 10 kilometres** 10 bons kilomètres; **~ employment** plein emploi *(m)*; **to pay ~ fare** payer plein tarif; **in ~ flight** en plein vol; **to pay ~ price for sth** (*for goods*) acheter qch au prix fort; (*for tickets, fares*) payer qch plein tarif; **at ~ speed** à toute vitesse; **to go ~ steam ahead** avancer à plein régime; **~ member** membre *(m)* à part entière

ⓒ = **ample** [*lips*] charnu; [*figure*] replet (-ète *(f)*); **clothes for the ~er figure** des vêtements pour personnes fortes

2 ADVERB

to hit sb ~ in the face frapper qn en plein visage; **to go ~ out** mettre le paquet*; **to turn the volume up ~** mettre le volume à fond
♦ **full well** [*know, understand*] fort bien

3 NOUN

♦ **in full**: **to write one's name in ~** écrire son nom en entier; **to publish a letter in ~** publier une lettre intégralement
♦ **to the full** pleinement

4 COMPOUNDS

♦ **full beam** N (*Brit*) **to drive with one's headlights on ~ beam** rouler en pleins phares ♦ **full-blown** ADJ [*crisis, epidemic*] généralisé; **he has ~-blown Aids** il a un sida déclaré ♦ **full-bodied** ADJ [*wine*] qui a du corps ♦ **full-cream milk** N lait *(m)* entier ♦ **full-face** ADJ [*photograph*] de face ♦ **full frontal** N nu *(m)* intégral de face ♦ **full-frontal** ADJ [*photograph*] d'un nu intégral de face; **~-frontal assault** attaque *(f)* de front ♦ **full-grown** ADJ [*child*] parvenu au terme de sa croissance; [*animal, man, woman*] adulte ♦ **full-length** ADJ [*mirror*] en pied; [*dress*] long; [*curtains*] tombant jusqu'au sol ♦ **full moon** N pleine lune *(f)* ♦ **full name** N nom *(m)* et prénom(s) *(m(pl))* ♦ **full-page** ADJ [*advert, article*] pleine page ♦ **full pay** N **to be suspended on ~ pay** être suspendu de ses fonctions sans perte de salaire ♦ **full-sized** ADJ (= *life-sized*) [*drawing*] grandeur nature *(inv)*; (= *adult-sized*) [*bicycle, violin, bed*] d'adulte ♦ **full stop** N (*Brit: Gram*) point *(m)* ♦ **full time** ADV [*work*] à plein temps ♦ N (*Brit Sport*) fin *(f)* de match ♦ **full-time** ADJ [*employment*] à plein temps; **she's a ~-time secretary** elle est secrétaire à plein temps; **it's a ~-time job looking after those children*** c'est un travail à temps plein de s'occuper de ces enfants-là; **~-time score** (*Sport*) score *(m)* final

fullback /ˈfʊlbæk/ N (*Sport*) arrière *(m)*

full-scale /ˈfʊlˈskeɪl/ ADJ ⓐ [*war, conflict*] généralisé; [*attack, negotiations*] de grande envergure ⓑ [*drawing, model*] grandeur nature *(inv)*

fully /ˈfʊlɪ/ ADV [*justify*] complètement; [*understand*] très bien; [*satisfied*] entièrement ♦ **fully-fitted kitchen** N cuisine *(f)* entièrement équipée ♦ **fully-fledged** ADJ [*system*] à part entière; **he's now a ~-fledged doctor/architect** (*Brit*) il est maintenant médecin/architecte diplômé

fumble /ˈfʌmbl/ VI **to ~ for sth in the dark** chercher qch à tâtons dans l'obscurité; **to ~ for sth in a pocket/a drawer** fouiller dans une poche/un tiroir pour trouver qch; **to ~ with sth** tripoter qch (maladroitement)

fume /fjuːm/ 1 VI ⓐ [*liquids, gases*] dégager des vapeurs ⓑ (= *be furious*)* fulminer; **he's fuming** il est fumasse* 2 NPL **fumes** émanations *(fpl)*; **petrol ~s** vapeurs *(fpl)* d'essence; **car exhaust ~s** gaz *(m)* d'échappement

fumigate /ˈfjuːmɪɡeɪt/ VT désinfecter par fumigation

fun /fʌn/ 1 N ⓐ (= *amusement*) **he had great ~** il s'est beaucoup amusé; **have ~!*** amusez-vous bien!; **he's good ~ on s'amuse bien avec lui; **sailing is good ~** c'est amusant de faire de la voile; **what ~!** ce que c'est amusant!; **it's not much ~ for us** ce n'est pas très amusant pour nous; **to spoil his** (*or our etc*) **~** [*person*] jouer les trouble-fête; [*event, weather*] gâcher le plaisir; **there'll be ~ and games over this decision*** (*iro*) cette décision va faire du potin*; **we had a bit of ~ getting the car started*** (= *difficulty*) pour faire partir la voiture ça n'a pas été une partie de plaisir
ⓑ ♦ **to make fun of sb/sth** se moquer de qn/qch

2 ADJ amusant; **it's a ~ thing to do** c'est amusant à faire; **she's a really ~ person** on s'amuse vraiment bien avec elle

3 COMP ♦ **fun-loving** ADJ **she's a ~-loving girl** elle aime s'amuser ♦ **fun run** N course *(f)* de fond pour amateurs

function /ˈfʌŋkʃən/ 1 N ⓐ fonction *(f)* ⓑ (= *meeting*) réunion *(f)*; (= *reception*) réception *(f)* 2 VI fonctionner; **to ~ as** [*person, thing*] faire fonction de 3 COMP ♦ **function key** N (*Computing*) touche *(f)* de fonction ♦ **function room** N salle *(f)* de réception

functional /ˈfʌŋkʃnəl/ ADJ fonctionnel

fund /fʌnd/ 1 N fonds *(m)*; **to start a ~** lancer une souscription 2 NPL **funds** fonds *(mpl)*; **public ~s** les fonds publics 3 VT [+ *project*] financer; [+ *firm*] doter en capital 4 COMP ♦ **fund-raiser** N (= *person*) collecteur *(m)*, -trice *(f)* de fonds; (= *dinner*) dîner *(m)* organisé pour collecter des fonds ♦ **fund-raising** N collecte *(f)* de fonds ♦ ADJ [*dinner, event*] organisé pour collecter des fonds

fundamental /ˌfʌndəˈmentl/ ADJ [*principle, right, question*] fondamental; **this is ~ to the smooth running of the company** c'est essentiel pour la bonne marche de l'entreprise; **it is ~ to our understanding of the problem** c'est fondamental si nous voulons comprendre le problème

fundamentalism /ˌfʌndəˈmentəlɪzəm/ N fondamentalisme *(m)*

fundamentalist /ˌfʌndəˈmentəlɪst/ ADJ, N fondamentaliste *(mf)*

fundamentally /ˌfʌndəˈmentəlɪ/ ADV fondamentalement; **~ important** d'une importance capitale; **the plan is ~ flawed** le plan est vicié à la base

funding /ˈfʌndɪŋ/ N financement *(m)*; **they're hoping to get government ~ for the scheme** ils espèrent obtenir un financement du gouvernement pour ce programme

funeral /ˈfjuːnərəl/ N enterrement *(m)*; **state ~** funérailles nationales ♦ **funeral director** N entrepreneur *(m)* de pompes funèbres ♦ **funeral home** (*US*), **funeral parlour** N funérarium *(m)* ♦ **funeral procession** N cortège *(m)* funèbre ♦ **funeral pyre** N bûcher *(m)* (funéraire) ♦ **funeral service** N cérémonie *(f)* funèbre

funfair /ˈfʌnfeəʳ/ N (*Brit*) fête *(f)* (foraine)

fungi /ˈfʌŋɡaɪ/ NPL of **fungus**

fungus /ˈfʌŋɡəs/ N (*pl* **fungi**) champignon *(m)*

funicular railway /fjuːˌnɪkjʊləˈreɪlweɪ/ N funiculaire *(m)*

funky /ˈfʌŋkɪ/ ADJ [*music, rhythm*] funky *(inv)*

funnel /'fʌnl/ 1 N ⓐ (*for pouring through*) entonnoir (*m*) ⓑ (*Brit*) [*of ship, engine*] cheminée (*f*) 2 VT (faire) passer dans un entonnoir

funnily* /'fʌnɪlɪ/ ADV [*behave, walk*] bizarrement; **~ enough** ... curieusement ...

funny /'fʌnɪ/ 1 ADJ ⓐ (= *amusing*) [*person, story, film*] drôle; [*voice, walk*] comique; **it's not ~** ça n'a rien de drôle; **what's so ~?** qu'est-ce qu'il y a de drôle?; **to see the ~ side of sth** voir le côté amusant de qch ⓑ (= *strange*)* drôle; **he's ~ that way** il est bizarre pour ça; **the meat tastes ~** la viande a un drôle de goût; **a ~ idea** une drôle d'idée; **to feel ~** (= *ill*) se sentir tout drôle; **I have a ~ feeling I'm going to regret this** j'ai comme l'impression que je vais le regretter; **~ you should say that** c'est drôle que vous disiez cela; **it's a ~ old world** c'est tout de même bizarre ⓒ (= *fishy*)* louche*; **~ business** magouilles* (*fpl*); **don't try anything ~!*** ne fais pas le malin (*or* la maligne)! 2 COMP ♦ **funny farm*** N maison (*f*) de fous ♦ **funny money*** N (= *large amount*) sommes (*fpl*) astronomiques

fur /fɜːʳ/ 1 N ⓐ [*of animal*] pelage (*m*) ⓑ (*often pl = animal skins*) fourrure (*f*) ⓒ (= *limescale*) (dépôt (*m*) de) calcaire (*m*) 2 COMP ♦ **fur coat** N manteau (*m*) de fourrure
► **fur up** VI [*kettle*] s'entartrer

furious /'fjʊərɪəs/ ADJ ⓐ (= *angry*) [*person*] furieux (**about** *or* **at sth** de qch); **she was ~ at being disturbed** elle était furieuse d'avoir été dérangée; **to be ~ with sb (for doing sth)** être furieux contre qn (parce qu'il a fait qch); **to be ~ with o.s. for doing sth** s'en vouloir d'avoir fait qch; **I was ~ that he'd come** j'étais furieux qu'il soit venu ⓑ (= *energetic*) [*pace*] effréné ⓒ (= *violent*) [*row, attack*] violent; [*battle, struggle*] acharné

furiously /'fjʊərɪəslɪ/ ADV ⓐ (= *angrily*) [*say, react*] avec fureur ⓑ (= *frantically*) [*work*] comme un(e) forcené(e); [*fight*] avec acharnement; **her heart was beating ~** son cœur battait la chamade

furnace /'fɜːnɪs/ N (*industrial*) fourneau (*m*); **this room is like a ~** cette pièce est une vraie fournaise

furnish /'fɜːnɪʃ/ VT ⓐ [+ *house*] meubler (**with** de); **~ed flat** (*Brit*) *or* **apartment** (*US*) appartement (*m*) meublé ⓑ (= *supply*) [+ *object, information*] fournir; **to ~ sb with sth** fournir qch à qn

furnishings /'fɜːnɪʃɪŋz/ NPL mobilier (*m*)

furniture /'fɜːnɪtʃəʳ/ N mobilier (*m*); **a piece of ~** un meuble; **I must buy some ~** il faut que j'achète des meubles; **one settee and three chairs were all the ~** un sofa et trois chaises constituaient tout le mobilier; **he treats her as part of the ~** il la traite comme si elle faisait partie du décor; **he's like part of the ~** (*regular: in pub*) il fait partie des meubles; **dining-room ~** des meubles (*mpl*) de salle à manger ♦ **furniture mover** N (*US*) déménageur (*m*) ♦ **furniture polish** N encaustique (*f*) ♦ **furniture remover** N déménageur (*m*) ♦ **furniture shop** N magasin (*m*) d'ameublement ♦ **furniture van** N camion (*m*) de déménagement

furore /fjʊə'rɔːrɪ/, **furor** (*US*) /fjʊ'rɔːʳ/ N (= *protests*) scandale (*m*)

furry /'fɜːrɪ/ ADJ ⓐ [*animal*] à poil ⓑ [*slippers*] en fausse fourrure; **~ toy** (= *soft toy*) peluche (*f*) ⓒ [*kettle*] entartré

further /'fɜːðəʳ/ *compar of* **far** 1 ADV ⓐ = **farther** ⓑ (= *more*) plus; **he questioned us no ~** il ne nous a pas posé d'autres questions; **without troubling any ~** sans plus se tracasser; **I got no ~ with him** je ne suis arrivé à rien de plus avec lui; **until you hear ~** jusqu'à nouvel avis; **we heard nothing ~ from him** nous n'avons pas eu d'autres nouvelles de lui; **this mustn't go any ~** il ne faut pas que cela aille plus loin; **I think we should take this matter ~** je pense que nous devrions poursuivre cette affaire; **to study/examine an issue ~** approfondir l'étude/l'examen d'une question; **~ to your letter** comme suite à votre lettre

2 ADJ (= *additional*) nouveau (nouvelle (*f*)), supplémentaire; **until ~ notice** jusqu'à nouvel ordre; **without ~ delay** sans plus attendre; **without ~ ado** sans plus de cérémonie; **upon ~ consideration** après plus ample réflexion; **awaiting ~ details** en attendant de plus amples détails; **please send me ~ details of ...** (*in letter*) veuillez m'envoyer de plus amples renseignements concernant ...

3 VT [+ *one's interests, a cause*] servir

4 COMP ♦ **further education** N enseignement (*m*) postscolaire

furthermore /,fɜːðə'mɔːʳ/ ADV en outre

furthermost /'fɜːðəməʊst/ ADJ **the ~** le plus éloigné, la plus éloignée

furthest /'fɜːðɪst/ 1 ADJ **the house ~ from here** la maison la plus éloignée d'ici; **they went by boat to the ~ point of the island** ils se sont rendus en bateau à l'extrémité de l'île 2 ADV **let's see who can throw the ball ~** voyons qui peut jeter la balle le plus loin

furtive /'fɜːtɪv/ ADJ [*behaviour*] furtif; [*person*] sournois; **she sneaked out for a ~ cigarette** elle s'éclipsa pour fumer en douce*

furtively /'fɜːtɪvlɪ/ ADV furtivement

fury /'fjʊərɪ/ N [*of person*] fureur (*f*); **to fly into a ~** se mettre dans une rage folle
♦ **like fury*: to work like ~** travailler comme un fou; **to run like ~** courir comme un dératé*

fuse, fuze (*US*) /fjuːz/ 1 VT ⓐ (= *unite*) [+ *metal*] fondre ⓑ (*fig*) faire fusionner 2 VI ⓐ [*metals*] fondre; (*fig: also ~ together*) fusionner ⓑ (*Brit*) **the television** (*or* **the lights** *etc*) **~d** les plombs ont sauté 3 N ⓐ (= *wire*) fusible (*m*) ⓑ [*of bomb*] détonateur (*m*); **this incident lit the ~ which led to the war** cet incident a été le détonateur de la guerre; **to have a short ~*** être soupe au lait 4 COMP ♦ **fuse box** N boîte (*f*) à fusibles ♦ **fuse wire** N fusible (*m*)

fuselage /'fjuːzəlɑːʒ/ N fuselage (*m*)

fusion /'fjuːʒən/ N fusion (*f*)

fuss /fʌs/ 1 N (= *commotion stirred up*) tapage (*m*); (= *excitement, agitation in reaction to sth*) agitation (*f*); (= *complaints, objections, difficulties*) histoires (*fpl*); **I think all this ~ is only a publicity stunt** je pense que tout ce tapage n'est qu'un truc publicitaire; **the company introduced a new computer system with the minimum of ~** la société a mis en place un nouveau système informatique sans que cela perturbe le travail; **the government's proposals have caused a great deal of ~** les propositions du gouvernement ont provoqué beaucoup d'agitation; **I don't know what all the ~ is about** je ne sais pas pourquoi on fait tant d'histoires; **a lot of ~ about nothing** beaucoup de bruit pour rien; **without any ~** [*marry, be buried*] en toute simplicité; **to kick up a ~*** faire un tas d'histoires*
♦ **make a fuss: to make a ~ about sth** (*justifiably*) protester à propos de qch; (*unjustifiably*) faire tout un plat de qch*; **you were quite right to make a ~** vous avez eu tout à fait raison de protester; **to make a ~ of** (*Brit*) *or* **over** (*US*) **sb** être aux petits soins pour qn

2 VI (= *rush around busily*) s'affairer; **to ~ over sb** être aux petits soins pour qn; (*pej*) embêter qn (par des attentions excessives)

fussily /'fʌsɪlɪ/ ADV (*pej*) ⓐ (= *painstakingly*) [*check, adjust*] de façon tatillonne ⓑ (*pej* = *overelaborately*) **~ ornate** tarabiscoté; **~ dressed** habillé de façon apprêtée

fusspot* /'fʌspɒt/ N (= *finicky person*) coupeur (*m*), -euse (*f*) de cheveux en quatre

fussy /'fʌsɪ/ ADJ ⓐ (= *exacting*) [*person*] tatillon (**about sth** sur qch); **to be a ~ eater** être difficile sur la nourriture; **tea or coffee? — I'm not ~*** thé ou café? — ça m'est égal ⓑ (= *overelaborate*) [*design, furnishings*] tarabiscoté; [*food*] (trop) élaboré

fusty /'fʌstɪ/ ADJ **a ~ smell** une odeur de renfermé

futile /'fjuːtaɪl/ ADJ [*remark*] futile; [*attempt*] vain (*before n*)

futility /fjuː'tɪlɪtɪ/ N futilité (*f*)

futon /'fuːtɒn/ N futon (*m*)

future /'fjuːtʃəʳ/ 1 N ⓐ avenir *(m)*; **what the ~ holds for us** ce que l'avenir nous réserve; **there is a real ~ for bright young people in this firm** cette entreprise offre de réelles perspectives d'avenir pour des jeunes gens doués; **in the ~** à l'avenir; **in the not too distant ~** dans un proche avenir; **there's no ~ in it** [+ *product, relationship*] cela n'a aucun avenir

ⓑ (*Gram*) futur *(m)*; **in the ~** au futur

2 ADJ [*plans, role*] futur; [*king, queen*] futur (*before n*); **her ~ husband** son futur mari; **~ generations** les générations *(fpl)* futures; **at some ~ date** à une date ultérieure; **in ~ years** dans les années à venir; **for ~ reference** pour référence ultérieure

futuristic /ˌfjuːtʃə'rɪstɪk/ ADJ futuriste

fuzz /fʌz/ N (= *light growth*) duvet *(m)*

fuzzy /'fʌzɪ/ ADJ ⓐ (= *indistinct*) [*photograph*] flou ⓑ (= *confused*) [*idea, distinction*] confus ⓒ (= *downy*) duveteux

FY /ɛf'waɪ/ N (ABBR = **fiscal year**) année *(f)* fiscale, exercice *(m)* fiscal

FYI /ˌɛfwaɪ'aɪ/ (ABBR = **for your information**) à titre d'information

G

G, g /dʒiː/ N (*Music*) sol *(m)* ♦ **G-string** N (= *garment*) string *(m)*

g. ⓐ (ABBR = **gram(s)**) g *(inv)* ⓑ (ABBR = **gravity**) g

GA ABBR = **Georgia**

gab* /gæb/ → **gift**

gabble /ˈgæbl/ VTI (= *talk indistinctly*) bafouiller; (= *talk unintelligibly*) baragouiner*; **he ~d on about the accident** il nous a fait une description volubile de l'accident; **he ~d out an excuse** il a bafouillé une excuse

gable /ˈgeɪbl/ N pignon *(m)*

Gabon /gəˈbɒn/ N Gabon *(m)*

gadget /ˈgædʒɪt/ N gadget *(m)*

gadgetry /ˈgædʒɪtrɪ/ N gadgets *(mpl)*

Gaelic /ˈgeɪlɪk, ˈgælɪk/ ADJ, N gaélique *(m)*

gaffe /gæf/ N gaffe *(f)*

gaffer* /ˈgæfəʳ/ N ⓐ **an old ~** un vieux bonhomme ⓑ (*Brit* = *boss*) boss* *(m)*

gag /gæg/ 1 N ⓐ (*in mouth*) bâillon *(m)*; **the new law will put a ~ on the free press** la nouvelle loi aura pour effet de bâillonner la liberté de la presse ⓑ (= *joke*)* blague *(f)*; (*by comedian*) (*unscripted*) improvisation *(f)* comique; (*visual*) gag *(m)* 2 VT bâillonner 3 VI (= *retch*)* avoir des haut-le-cœur 4 COMP ♦ **gag law***, **gag rule*** N (*US*) loi *(f)* limitant la durée des débats

gaga* /ˈgɑːgɑː/ ADJ gaga* *(f inv)*

gage /geɪdʒ/ (*US*) = **gauge**

gaggle /ˈgægl/ N troupeau *(m)*

gaiety /ˈgeɪtɪ/ N gaieté *(f)*

gaily /ˈgeɪlɪ/ ADV ⓐ [*painted, dressed*] de couleurs vives; **~ coloured** aux couleurs vives ⓑ [*chatter*] gaiement

gain /geɪn/ 1 N (= *profit*) gain *(m)*; (= *increase*) augmentation *(f)*; **to do sth for financial ~** faire qch pour le profit; **his loss is our ~** ce qui est mauvais pour lui est bon pour nous; **a ~ in weight** une augmentation de poids; **a ~ in productivity/efficiency** un gain de productivité/d'efficacité 2 NPL **gains** gains *(mpl)*

3 VT ⓐ [+ *money, approval, respect*] gagner; [+ *liberty*] obtenir; [+ *support*] s'attirer; **what have you ~ed by doing that?** qu'est-ce que tu as gagné à faire ça?; **he'll ~ nothing by being rude** il ne gagnera rien à être impoli; **these shares have ~ed three points** ces actions ont enregistré une hausse de trois points; **my watch has ~ed five minutes** ma montre a pris cinq minutes d'avance; **to ~ access** or **entry to** avoir accès à; **to ~ sb's confidence** gagner la confiance de qn; **to ~ control (of)** prendre le contrôle (de); **Cyprus ~ed independence from Britain in 1960** Chypre a obtenu son indépendance de l'Angleterre en 1960; **Labour has ~ed three seats** les travaillistes ont gagné trois nouveaux sièges

ⓑ (= *acquire more*) **to ~ ground** gagner du terrain; **to ~ momentum** [*moving object*] prendre de la vitesse; [*project, trend*] prendre de l'ampleur; **to ~ speed** prendre de la vitesse; **to ~ time** gagner du temps (**by doing sth** en faisant qch)

ⓒ **to ~ experience** acquérir de l'expérience; **to ~ popularity/prestige** gagner en popularité/prestige; **to ~ strength** [*person, movement*] devenir plus fort; [*storm*] devenir plus violent; **to ~ weight** prendre du poids; **she's ~ed 3kg** elle a pris 3 kg

4 VI ⓐ (= *benefit*) gagner; **I don't think you'll ~ from this** je ne crois pas que tu y gagneras quelque chose; **he hasn't ~ed by the exchange** il n'a pas gagné au change

ⓑ **to ~ in popularity/confidence** gagner en popularité/confiance

▶ **gain on** VT INSEP (= *catch up with*) rattraper

gainful /ˈgeɪnfʊl/ ADJ (= *worthwhile*) utile; (= *lucrative*) lucratif; **to be in ~ employment** avoir un emploi rémunéré

gainfully /ˈgeɪnfʊlɪ/ ADV **to be ~ employed** (= *in paid work*) avoir un emploi rémunéré; (= *doing sth useful*) ne pas perdre son temps

gait /geɪt/ N démarche *(f)*; **with an awkward ~** d'une démarche gauche

gala /ˈgɑːlə/ 1 N gala *(m)*; **opening/closing ~** gala *(m)* d'ouverture/de clôture; **swimming/sports ~** grand concours *(m)* de natation/d'athlétisme 2 ADJ [*evening, dinner, concert*] de gala

galaxy /ˈgæləksɪ/ N galaxie *(f)*

gale /geɪl/ N coup *(m)* de vent; **a force 8 ~** un vent de force 8; **it was blowing a ~** le vent soufflait très fort; **~s of laughter** grands éclats *(mpl)* de rire ♦ **gale force winds** NPL vent *(m)* soufflant en tempête ♦ **gale warning** N avis *(m)* de coup de vent

gall /gɔːl/ 1 N (= *effrontery*) effronterie *(f)*; **she had the ~ to say that ...** elle a eu l'effronterie de dire que ... 2 VT exaspérer; **it ~s me that ...** cela m'exaspère que ...

gallant /ˈgælənt/ ADJ [*fight*] héroïque

gall-bladder /ˈgɔːlblædəʳ/ N vésicule *(f)* biliaire

gallery /ˈgælərɪ/ N ⓐ galerie *(f)* ⓑ (= *art gallery*) (*state-owned*) musée *(m)*; (*private, selling paintings*) galerie *(f)*; (*US* = *auction room*) salle *(f)* des ventes ⓒ (*Theatre*) dernier balcon *(m)*

galley /ˈgælɪ/ N (= *ship*) galère *(f)*; (= *ship's kitchen*) cuisine *(f)* ♦ **galley slave** N galérien *(m)*

gallicism /ˈgælɪsɪzəm/ N gallicisme *(m)*

galling /ˈgɔːlɪŋ/ ADJ exaspérant

gallon /ˈgælən/ N gallon *(m)* (*Brit* = 4,546 l, *US* = 3,785 l)

gallop /ˈgæləp/ 1 N galop *(m)*; **to go for a ~** faire un galop; **to break into a ~** se mettre au galop; **at a ~** au galop 2 VI [*horse, rider*] galoper; **to ~ away/back** etc partir/revenir etc au galop; **to go ~ing down the street** descendre la rue au galop; **to ~ through a book*** lire un livre à toute vitesse

galloping /ˈgæləpɪŋ/ ADJ [*economy, interest rates, prices*] en hausse vertigineuse; **~ inflation** inflation *(f)* galopante

gallows /ˈgæləʊz/ N gibet *(m)*; **he'll end up on the ~** il finira au gibet

gallstone /ˈgɔːlstəʊn/ N calcul *(m)* biliaire

galore /gəˈlɔːʳ/ ADV en abondance; **bargains ~** de bonnes affaires en pagaille*

galvanize /ˈgælvənaɪz/ VT galvaniser; [+ *discussions, debate, market, economy*] stimuler; **to ~ sb into action** pousser qn à agir; **to ~ sb into doing sth** pousser qn à faire qch

Gambia /'gæmbɪə/ N Gambie (f)

gambit /'gæmbɪt/ N (Chess) gambit (m); (= ruse) manœuvre (f)

gamble /'gæmbl/ 1 N pari (m); **a political ~** un pari politique; **it was a bit of a ~ but ...** c'était un peu risqué mais ...; **the ~ paid off** ça a payé de prendre ce risque; **to take a ~** prendre un risque; **to have a ~ on a horse** miser sur un cheval; **to have a ~ on the stock exchange** jouer en Bourse

2 VI jouer; **to ~ on the stock exchange** jouer en Bourse; **we had been gambling on fine weather** nous avions misé sur le beau temps; **to ~ on doing sth** (confident of success) compter faire qch; (less sure) penser faire qch; **he was gambling on them being late** il comptait sur leur retard; **to ~ with sb's life** jouer avec la vie de qn; **to ~ with one's future** mettre en jeu son avenir

▶ **gamble away** VT SEP [+ money] perdre au jeu

gambler /'gæmblə'/ N joueur (m), -euse (f); **he's a bit of a ~** (= a risk-taker) il a le goût du risque

gambling /'gæmblɪŋ/ N (= action) jeu (m); (= games played) jeux (mpl) d'argent; **his ~ ruined his family** sa passion du jeu a ruiné sa famille

game /geɪm/ 1 N ⓐ jeu (m); (= match) [of football, rugby, cricket] match (m); [of tennis, billiards, chess] partie (f); [of bridge] manche (f); **a ~ of cards** une partie de cartes; **card ~s** jeux (mpl) de cartes; **video ~s** jeux (mpl) vidéo (inv); **to have a ~ of** [+ chess] faire une partie de; [+ football] faire un match de; **~, set and match** jeu, set et match; **it's all part of the ~** cela fait partie du jeu; **he's just playing silly ~s** il n'est pas sérieux; **he's off his ~*** il n'est pas en forme; **to put sb off his ~** troubler qn

ⓑ (= enterprise) **it's a profitable ~** c'est une entreprise rentable; **how long have you been in this ~?*** cela fait combien de temps que vous faites ça?

ⓒ (set structures) **the ~ is up** tout est fichu*; **they saw the ~ was up** ils ont vu que la partie était perdue; **OK, the ~'s up!** ça suffit maintenant, tu es démasqué!; **don't play his ~** n'entre pas dans son jeu; **we soon saw through his ~** nous avons vite vu clair dans son petit jeu; **two can play at that ~** on peut être deux à jouer à ce jeu-là; **what's your ~?*** à quoi tu joues?*; **I wonder what his ~ is*** je me demande ce qu'il mijote*; **to beat sb at their own ~** battre qn sur son propre terrain; **to spoil sb's ~** déjouer les manigances de qn; **to be on the ~*** [prostitute] faire le trottoir*

ⓓ (= animals) gibier (m); **big/small ~** gros/petit gibier (m)

2 NPL **games** (Brit: at school) sport (m), éducation (f) physique et sportive; **to be good at ~s** être sportif; **we get ~s on Thursdays** nous avons sport le jeudi

3 ADJ ⓐ (= brave) courageux; **to be ~** avoir du cran*

ⓑ (= prepared) prêt (**to do sth** à faire qch); **are you ~?** tu en as envie?; **I'm ~ if you are** je marche si tu marches*; **he's ~ for anything** il est toujours prêt à tout

4 COMP ♦ **game park** N réserve (f) naturelle ♦ **game plan** N stratégie (f); **what's the ~ plan?** comment va-t-on s'organiser? ♦ **game reserve** N réserve (f) naturelle ♦ **games console** N console (f) de jeux ♦ **game show** N (on TV) jeu (m) télévisé; (on radio) jeu (m) radiophonique ♦ **games master, games mistress** N professeur (mf) d'éducation physique et sportive ♦ **game warden** N garde-chasse (m)

gamekeeper /'geɪm,ki:pə'/ N garde-chasse (m)

gamesmanship /'geɪmzmənʃɪp/ N **a piece of ~** un stratagème; **an element of political ~** une part de stratégie politique; **to be good at ~** savoir utiliser les règles (du jeu) à son avantage

gaming laws /'geɪmɪŋ,lɔːz/ NPL législation (f) sur les jeux d'argent

gammon /'gæmən/ N (Brit) jambon (m) fumé ♦ **gammon steak** N épaisse tranche de jambon fumé

gamut /'gæmət/ N gamme (f); **to run the ~ of** passer par toute la gamme de

G&T, G and T /,dʒiː:ən'tiː/ N (ABBR = **gin and tonic**) gintonic (m)

gang /gæŋ/ N [of workmen] équipe (f); [of criminals, youths, friends] bande (f); [of prisoners] convoi (m); **do you want to be in our ~?** veux-tu faire partie de notre bande?; ♦ **gang rape** N viol (m) collectif ♦ **gang warfare** N guerre (f) des gangs

▶ **gang up:** VI **to ~ up on** or **against sb** se liguer contre qn

gangbanger /'gæŋ,bæŋə'/ N (US = gang member) membre (m) d'un gang

Ganges /'gændʒiːz/ N Gange (m)

gangland ♦ /'gæŋ,lænd/ N ~ **boss** chef (m) de gang; ~ **killing** règlement (m) de comptes (entre gangs)

gangling /'gæŋglɪŋ/ ADJ [person] dégingandé; **a ~ boy** un échalas

gangly /'gæŋglɪ/ ADJ dégingandé

gangplank /'gæŋ,plæŋk/ N passerelle (f) (de débarquement)

gangrene /'gæŋgriːn/ N gangrène (f)

gangster /'gæŋstə'/ N gangster (m); ~ **movie** film (m) de gangsters

gangway /'gæŋ,weɪ/ N passerelle (f); (Brit) (in bus) couloir (m); (Theatre) allée (f); ~**!** dégagez!

gannet /'gænɪt/ N fou (m) de Bassan

gaol /dʒeɪl/ (Brit) = **jail**

gap /gæp/ 1 N ⓐ trou (m); (between floorboards) interstice (m); (in pavement) brèche (f); (between curtains) intervalle (m); (in clouds, fog) trouée (f); (between teeth) écart (m); **to fill in a ~** boucher un trou; **fill the ~s with an appropriate verb** écrivez le verbe manquant à l'endroit indiqué

ⓑ (in time) intervalle (m); (in timetable) trou (m); (in conversation, narrative) interruption (f); (in education) lacune (f); **a ~ in his memory** un trou de mémoire; **he left a ~ which will be hard to fill** il a laissé un vide qui sera difficile à combler; **she returned after a ~ of four years** elle est rentrée après une absence de quatre ans; **she closed the ~ to 4 seconds** [athlete] elle est revenue à 4 secondes de sa concurrente; **we want to close the ~ between public and private sector salaries** nous voulons réduire l'écart entre les salaires du secteur public et ceux du secteur privé

2 COMP ♦ **gap year** N **he spent his ~ year in India** avant d'entrer à l'université, il a passé un an en Inde

gape /geɪp/ VI rester bouche bée; **to ~ at sb/sth** regarder qn/qch bouche bée

gaping /'geɪpɪŋ/ ADJ béant

garage /'gæra:ʒ/ N garage (m) ♦ **garage mechanic** N mécanicien (m) ♦ **garage sale** N vide-grenier (m) → CAR-BOOT SALE, GARAGE SALE

garb /gɑːb/ N costume (m); **in medieval ~** en costume médiéval

garbage /'gɑːbɪdʒ/ N ordures (fpl); (= worthless objects) rebut (m); (= nonsense) foutaises* (fpl) ♦ **garbage can** N (US) poubelle (f) ♦ **garbage chute** N (US) vide-ordures (m inv) ♦ **garbage collector** N (US) éboueur (m) ♦ **garbage disposal unit** N (US) broyeur (m) à ordures ♦ **garbage man** N (pl **garbage men**) (US) éboueur (m) ♦ **garbage shute** N (US) vide-ordures (m inv) ♦ **garbage truck** N (US) camion (m) des éboueurs

garbled /'gɑːbld/ ADJ confus

Gardaí /'gɑːdɪ/ N (= police) **the ~** police irlandaise

garden /'gɑːdn/ 1 N jardin (m); ~**s** (public) jardin (m) public; [of manor house] parc (m); **herb ~** jardin (m) d'herbes aromatiques; **vegetable ~** potager (m)

2 VI jardiner

3 COMP ♦ **garden centre** N jardinerie (f) ♦ **garden flat** N rez-de-jardin (m) ♦ **garden gnome** N nain (m) de jardin ♦ **garden hose** N tuyau (m) d'arrosage ♦ **garden of remembrance** N jardin (m) du souvenir (dans un cimetière) ♦ **garden party** N garden-party (f) ♦ **garden path** N **to lead sb up the ~ path*** mener qn en bateau* ♦ **garden suburb** N banlieue (f) résidentielle (aménagée par un paysagiste) ♦ **garden tools** NPL outils (mpl) de jardinage ♦ **garden-variety** ADJ (US = ordinary) ordinaire

gardener /'gɑːdnə'/ N jardinier (m), -ière (f)

gardening /ˈgɑːdnɪŋ/ N jardinage (m)

gargle /ˈgɑːgl/ 1 VI se gargariser 2 N gargarisme (m)

gargoyle /ˈgɑːgɔɪl/ N gargouille (f)

garish /ˈgɛərɪʃ/ ADJ [colour] criard; [clothes] aux couleurs criardes; [décor] tapageur

garland /ˈgɑːlənd/ N guirlande (f)

garlic /ˈgɑːlɪk/ N ail (m) ♦ **garlic bread** N pain (m) à l'ail ♦ **garlic press** N presse-ail (m inv) ♦ **garlic sausage** N saucisson (m) à l'ail

garlicky /ˈgɑːlɪkɪ/ ADJ [flavour, smell] d'ail; [sauce] à l'ail; [food] aillé; [breath] qui sent l'ail

garment /ˈgɑːmənt/ N vêtement (m)

garnish /ˈgɑːnɪʃ/ 1 VT [+ food] décorer 2 N décoration (f)

garret /ˈgærət/ N (= room) mansarde (f); (= attic) grenier (m)

garrison /ˈgærɪsən/ 1 N garnison (f) 2 VT [+ fort] placer une garnison dans; [+ troops] mettre en garnison

garter /ˈgɑːtəʳ/ N jarretière (f); (US: from belt) jarretelle (f)

gas /gæs/ 1 N (pl **gas(s)es**) ⓐ gaz (m inv); **to cook with ~** faire la cuisine au gaz; **to turn on/off the ~** allumer/fermer le gaz; **the dentist gave me ~** le dentiste m'a fait une anesthésie au gaz
ⓑ (US = fuel) essence (f); **to step on the ~*** (in car) appuyer sur le champignon*; (= hurry up) se magner*; **to take one's foot off the ~*** lever le pied
2 VT asphyxier; (in war) gazer
3 COMP ♦ **gas central heating** N chauffage (m) central au gaz ♦ **gas chamber** N chambre (f) à gaz ♦ **gas cooker** N cuisinière (f) à gaz; (portable) réchaud (m) à gaz ♦ **gas cylinder** N bouteille (f) de gaz ♦ **gas fire** N appareil (m) de chauffage à gaz ♦ **gas-fired central heating** N chauffage (m) central au gaz ♦ **gas heater** N appareil (m) de chauffage à gaz; (for heating water) chauffe-eau (m inv) (à gaz) ♦ **gas jet** N brûleur (m) à gaz ♦ **gas lamp** N lampe (f) à gaz ♦ **gas lighter** N (for cooker) allume-gaz (m inv) ♦ **gas main** N canalisation (f) de gaz ♦ **gas meter** N compteur (m) à gaz ♦ **gas mileage** N (US) consommation (f) d'essence ♦ **gas oven** N four (m) à gaz ♦ **gas pedal** N (US) pédale (f) d'accélérateur ♦ **gas pipe** N tuyau (m) à gaz ♦ **gas pipeline** N gazoduc (m) ♦ **gas ring** N (= part of cooker) brûleur (m); (= small stove) réchaud (m) à gaz ♦ **gas station** N (US) station-service (f) ♦ **gas stove** N (portable) réchaud (m) à gaz; (larger) cuisinière (f) à gaz ♦ **gas tank** N (US) réservoir (m) à essence

Gascony /ˈgæskənɪ/ N Gascogne (f)

gaseous /ˈgæsɪəs/ ADJ gazeux

gash /gæʃ/ 1 N (in flesh) entaille (f); (on face) balafre (f); (in cloth, leather) grande déchirure (f) 2 VT [+ flesh] entailler; [+ face] balafrer; [+ cloth, leather] déchirer; **she ~ed her arm** elle s'est entaillé le bras

gaslight /ˈgæslaɪt/ N bec (m) du gaz; **by ~** au gaz

gasman* /ˈgæsmən/ N (pl **-men**) employé (m) du gaz

gasmask /ˈgæsmɑːsk/ N masque (m) à gaz

gasoline /ˈgæsəʊliːn/ N (US) essence (f)

gasp /gɑːsp/ 1 N halètement (m); **to give a ~ of surprise/fear** avoir le souffle coupé par la surprise/la peur 2 VI (= choke) haleter; (from astonishment) avoir le souffle coupé; **to make sb ~** couper le souffle à qn; **to ~ for air** haleter; **I'm ~ing* for a cup of tea/a cigarette** je meurs d'envie de boire une tasse de thé/de fumer une cigarette; **I was ~ing!*** (= thirsty) je mourais de soif 3 VT **"no!" she ~ed** « non ! » souffla-t-elle

gassy /ˈgæsɪ/ ADJ gazeux

gastric /ˈgæstrɪk/ ADJ gastrique ♦ **gastric flu** N grippe (f) gastro-intestinale

gastroenteritis /ˌgæstrəʊˌentəˈraɪtɪs/ N gastroentérite (f)

gastronomy /gæsˈtrɒnəmɪ/ N gastronomie (f)

gasworks /ˈgæswɜːks/ N (pl inv) usine (f) à gaz

gate /geɪt/ N ⓐ [of garden, town, airport] porte (f); [of castle] grille (f); [of field, level crossing] barrière (f); (large, metallic) portail (m); [of sports ground] entrée (f); **the factory ~** (= entrance) l'entrée (f) de l'usine ⓑ (Sport) (= attendance)

spectateurs (mpl); (= money) entrées (fpl); **there was a ~ of 5,000** il y avait 5 000 spectateurs; **the match got a good ~** le match a fait beaucoup d'entrées

gâteau /ˈgætəʊ/ N (pl **gâteaux** /ˈgætəʊz/) (Brit) gros gâteau (m) fourré

gatecrash /ˈgeɪtkræʃ/ 1 VI (without invitation) s'introduire sans invitation; (without paying) resquiller* 2 VT s'introduire (sans invitation) dans; **to ~ a match** assister à un match sans payer

gatecrasher /ˈgeɪtˌkræʃəʳ/ N (without invitation) intrus(e) (m(f)); (without paying) resquilleur* (m), -euse* (f)

gatehouse /ˈgeɪthaʊs/ N [of castle] corps (m) de garde; [of park] maison (f) du gardien

gatekeeper /ˈgeɪtˌkiːpəʳ/ N [of block of flats] portier (m), -ière (f); [of factory] gardien(ne) (m(f))

gatepost /ˈgeɪtpəʊst/ N montant (m) (de porte); **between you, me and the ~*** soit dit entre nous

gateway /ˈgeɪtweɪ/ N entrée (f); **New York, the ~ to America** New York, porte de l'Amérique; **it proved the ~ to success** cela ouvrit toutes grandes les portes du succès

gather /ˈgæðəʳ/ 1 VT ⓐ [+ people, objects] rassembler ⓑ (= attract) attirer ⓒ [+ flowers] cueillir; [+ wood, sticks, mushrooms] ramasser; [+ taxes] percevoir; [+ information, data, evidence] réunir; **to ~ dirt** s'encrasser; **to ~ dust** prendre la poussière; **to ~ momentum** [vehicle, object] prendre de la vitesse; [political movement, pressure group] prendre de l'ampleur; **to ~ one's thoughts** se concentrer; **to ~ speed** prendre de la vitesse; **to ~ strength** [person] reprendre des forces; [feeling, movement] se renforcer; **she is trying to ~ support for her ideas/her candidacy** elle essaie de rallier les gens à ses idées/sa candidature
ⓓ **she ~ed him in her arms** elle l'a serré dans ses bras; **he ~ed his cloak around him** il a ramené son manteau contre lui; **she ~ed up her skirts** elle a ramassé ses jupes; **her hair was ~ed into a bun** ses cheveux étaient ramassés en chignon
ⓔ (Sewing) froncer; **a ~ed skirt** une jupe froncée
ⓕ (= infer) déduire; **I ~ from this report (that) ...** je déduis de ce rapport (que) ...; **I ~ from the papers that ...** d'après ce que disent les journaux, je crois comprendre que ...; **I ~ from him that ...** je comprends d'après ce qu'il me dit que ...; **what are we to ~ from that?** que devons-nous en déduire? ; **as far as I can ~** d'après ce que je comprends; **I ~ she won't be coming** d'après ce que j'ai compris, elle ne viendra pas; **as you will have ~ed** comme vous l'aurez compris; **as will be ~ed from my report** comme il ressort de mon rapport; **so I ~** c'est ce que j'ai cru comprendre; **I ~ that** j'avais compris
2 VI (= collect) [people] se rassembler; [troops] se masser; [objects, dust] s'accumuler; [clouds] s'amonceler; **they ~ed round him** ils se sont rassemblés autour de lui; **a crowd had ~ed in front of the embassy** une foule s'était massée devant l'ambassade; **a crowd of demonstrators had ~ed** des manifestants s'étaient rassemblés
► **gather in** VT SEP [+ crops] rentrer; [+ money, taxes] faire rentrer; [+ papers, essays] ramasser; **the dress is ~ed in at the waist** la robe est froncée à la taille
► **gather round** VI s'approcher; **~ round!** approchez-vous !
► **gather together** 1 VI se rassembler 2 VT SEP [+ people, objects] rassembler
► **gather up** VT SEP [+ papers, clothes, toys] ramasser; **to ~ up one's courage/one's strength** rassembler son courage/ses forces; **he ~ed himself up to his full height** il s'est redressé

gathering /ˈgæðərɪŋ/ 1 N (= group of people) assemblée (f); **a family ~** une réunion de famille; **a ~ of 12 heads of state** une rencontre de 12 chefs d'État 2 ADJ [dusk, darkness, gloom] grandissant; [crowd] en train de se former; **the ~ clouds** les nuages qui s'amoncellent (or s'amoncelaient); **the ~ storm** l'orage qui se prépare (or se préparait); **with ~ speed** de plus en plus vite

gauche /gəʊʃ/ ADJ maladroit

gaudy /'gɔːdɪ/ ADJ [clothes] aux couleurs voyantes; [colour] voyant

gauge /geɪdʒ/ 1 N (= standard measure) calibre (m); [of rails] écartement (m); (= instrument) jauge (f); **oil ~** jauge (f) du niveau d'huile; **the survey was seen as a good ~ of employment trends** l'enquête a été considérée comme un bon indicateur des tendances de l'emploi

2 VT [+ temperature] mesurer; [+ oil] jauger; [+ wind] mesurer la vitesse de; [+ sb's abilities] évaluer; [+ course of events] prévoir; **to ~ a distance** (by looking) évaluer une distance à vue d'œil; **I tried to ~ whether she was pleased or not** j'ai essayé de deviner si elle était contente ou pas; **we must try to ~ how strong public opinion is** nous devons essayer d'évaluer le poids de l'opinion publique; **to ~ the right moment** calculer le bon moment

Gaul /gɔːl/ N (= country) Gaule (f); (= person) Gaulois(e) (m(f))

gaunt /gɔːnt/ ADJ émacié; **he looks ~** il a les traits tirés

gauntlet /'gɔːntlɪt/ N (= glove) gant (m) (à crispin); **to throw down/take up the ~** lancer un/relever le défi; **he had to run the ~ through the crowd** il a dû foncer à travers une foule hostile; **he ran the ~ of public criticism** il essuya le feu des critiques du public

gauze /gɔːz/ N gaze (f)

gave /geɪv/ VB pt of **give**

gawk /gɔːk/ VI rester bouche bée (**at** devant)

gawky /'gɔːkɪ/ ADJ empoté

gawp* /gɔːp/ VI (Brit) rester bouche bée; **to ~ at sb/sth** regarder qn/qch bouche bée

gay /geɪ/ 1 ADJ ⓐ (= homosexual) gay (inv); **~ men and women** homosexuels (mpl) et lesbiennes (fpl); **~ rights** droits (mpl) des homosexuels ⓑ (= cheerful) † [person, company, occasion] joyeux; [music, party, appearance, colour] gai; [costume] aux couleurs gaies; **with ~ abandon** avec une belle désinvolture 2 N homosexuel(le) (m(f))

Gaza strip /,gɑːzə'strɪp/ N bande (f) de Gaza

gaze /geɪz/ 1 N regard (m) (fixe); **his ~ met mine** son regard a croisé le mien 2 VI regarder; **to ~ into space** regarder dans le vide; **to ~ at sth** regarder qch; **they ~d into each other's eyes** ils se regardaient les yeux dans les yeux; **to ~ out of the window** regarder fixement par la fenêtre; **to ~ at o.s. in the mirror** se regarder fixement dans le miroir

gazelle /gə'zel/ N gazelle (f)

gazette /gə'zet/ N gazette (f)

gazetteer /,gæzɪ'tɪə'/ N index (m) géographique

gazump /gə'zʌmp/ VT (Brit) **he was ~ed** le vendeur est revenu sur sa promesse de vente (en acceptant une meilleure offre)

gazumping /gə'zʌmpɪŋ/ N (Brit) fait de revenir sur une promesse de vente pour accepter une offre plus élevée

GB /dʒiː'biː/ (ABBR = Great Britain) GB

GBH /dʒiːbiː'eɪtʃ/ N (Brit) (ABBR = grievous bodily harm) ≈ coups (mpl) et blessures (fpl)

GCH /,dʒiːsiː'eɪtʃ/ N (ABBR = gas(-fired) central heating) chauffage (m) central au gaz

GCHQ /,dʒiːsiːeɪtʃ'kjuː/ N (Brit) (ABBR = Government Communications Headquarters) service gouvernemental d'interception des communications

> ℹ️ **GCSE**
> En Angleterre, au pays de Galles et en Irlande du Nord, le General Certificate of Secondary Education ou GCSE est l'équivalent du brevet des collèges français. À l'issue de cet examen, qui se passe généralement à l'âge de seize ans, l'élève peut soit quitter l'école, soit préparer les « A levels », qui correspondent au baccalauréat français. L'équivalent écossais du GCSE porte le nom de « Standard Grades ».
> → A LEVELS
> ▷ www.dfes.gov.uk/qualifications/

Gdns ABBR = **Gardens**

GDP /dʒiːdiː'piː/ N (ABBR = gross domestic product) PIB (m)

gear /gɪə'/ 1 N ⓐ (= equipment) matériel (m); (for gardening) outils (mpl)

ⓑ (= belongings)* affaires (fpl); **he leaves his ~ all over the house** il laisse traîner ses affaires dans toute la maison

ⓒ (Brit = clothing) vêtements (mpl); **he had his tennis ~ on** il était en tenue de tennis; **put on your tennis ~** mets tes affaires de tennis

ⓓ (= apparatus) dispositif (m); **safety ~** dispositif (m) de sécurité

ⓔ [of car] (= mechanism) embrayage (m); (= speed) vitesse (f); **in ~** en prise; **not in ~** au point mort; **she put the car into ~** elle a mis la voiture en prise; **to change** or (US) **to shift ~** changer de vitesse; **first** or **bottom ~** première (f); **second/third/fourth ~** deuxième (f)/troisième (f)/quatrième (f); **top ~** (Brit) or **high ~** (US) (= fourth) quatrième (f); (= fifth) cinquième (f); **in second ~** en seconde; **to change** or (US) **to shift into third ~** passer en troisième; **to get one's brain in ~*** faire travailler ses méninges*

2 VT adapter (**to** à); **classes ~ed to their needs** des cours adaptés à leurs besoins; **movies ~ed primarily to a US audience** des films s'adressant essentiellement à un public américain; **training is ~ed to make staff more efficient** la formation est conçue pour rendre le personnel plus compétent

3 COMP ♦ **gear lever** (Brit), **gear stick** N levier (m) de vitesse

► **gear up** 1 VI (= get ready) se préparer 2 VT SEP (= make ready)* **he is ~ing himself up for the presidential elections** il se prépare pour les élections présidentielles; **they were all ~ed up for the new sales campaign** ils étaient fin prêts pour la nouvelle campagne de ventes

gearbox /'gɪəbɒks/ N boîte (f) de vitesses

gearshift /'gɪəʃɪft/ N (US) levier (m) de vitesse

GED /,dʒiːiː'diː/ N (US) (ABBR = general equivalency diploma) diplôme d'études secondaires obtenu en candidat libre

gee /dʒiː/ EXCL ⓐ (US)* eh bien!; **~ whiz!** mince alors!* ⓑ **~ up!** (to horse) hue!

geese /giːs/ NPL of **goose**

Geiger counter /'gaɪgə,kaʊntə'/ N compteur (m) Geiger

gel /dʒel/ N gel (m) 2 VI ⓐ [jelly] prendre ⓑ [plan] prendre tournure; [people] (into team, group) s'intégrer (**with** à); [partnership, team] se souder

gelatin(e) /'dʒelətiːn/ N gélatine (f)

gelignite /'dʒelɪgnaɪt/ N plastic (m)

gem /dʒem/ N ⓐ (= precious stone) pierre (f) précieuse ⓑ (= marvel) merveille (f); **this painting is a real ~** ce tableau est une merveille; **I must read you this little ~ from the newspaper** il faut que je te lise cette perle dans le journal; **thanks, Pat, you're a ~** merci, Pat, tu es un ange

Gemini /'dʒemɪnaɪ/ NPL Gémeaux (mpl); **I'm ~** je suis Gémeaux

Gen. ABBR = **general**

gender /'dʒendə'/ N ⓐ (Gram) genre (m) ⓑ (= sex) sexe (m); **discrimination on grounds of ~** discrimination (f) sexuelle

gene /dʒiːn/ N gène (m)

genealogy /,dʒiːnɪ'ælədʒɪ/ N généalogie (f)

general /'dʒenərəl/ 1 ADJ ⓐ général; **the ~ idea** l'idée (f) générale; **to give sb a ~ idea of a subject** donner à qn un aperçu d'un sujet; **I've got the ~ idea** je vois en gros de quoi il s'agit; **there was ~ agreement** il y avait un consensus; **in ~ use** d'usage courant; **for ~ use** pour l'usage du public

♦ **in general** en général

ⓑ (= unspecific) [answer, discussion, enquiry] d'ordre général; **in ~ terms** d'une manière générale; **as a ~ rule** en règle générale

ⓒ (= approximate) **in the ~ direction of the village** dans la direction approximative du village

2 N (in armed forces) général (m)

3 COMP ♦ **general anaesthetic** N anesthésie (f) générale ♦ **General Certificate of Education** N (Brit) examen passé à 18 ans, ≈ baccalauréat (m) ♦ **General Certificate of**

Secondary Education N (*Brit*) *examen passé à 16 ans,* ≈ brevet *(m)* des collèges → GCSE ♦ **general delivery** N (*US, Can*) poste *(f)* restante ♦ **general election** N élections *(fpl)* législatives ♦ **general hospital** N centre *(m)* hospitalier ♦ **general knowledge** N culture *(f)* générale ♦ **General Manager** N directeur *(m)* général ♦ **general meeting** N assemblée *(f)* générale ♦ **general practitioner** (médecin *(m)*) généraliste *(m)* ♦ **the general public** N le grand public ♦ **general-purpose** ADJ [*tool, substance*] universel; [*dictionary*] général ♦ **general science** N (*at school*) *physique, chimie et biologie* ♦ **General Studies** NPL (*Brit*) *cours de culture générale pour élèves spécialisés*

generalization /ˌdʒenərəlaɪˈzeɪʃən/ N généralisation *(f)*

generalize /ˈdʒenərəlaɪz/ VTI généraliser

generally /ˈdʒenərəlɪ/ ADV ⓐ généralement; **~, the course is okay** dans l'ensemble, le cours est bien ⓑ (= *widely*) [*available*] partout ⓒ (= *in general terms*) **to talk ~ about sth** dire des généralités sur qch; **~ speaking** en règle générale

generate /ˈdʒenəreɪt/ VT [+ *electricity, heat*] produire; [+ *income, wealth*] générer; [+ *interest*] susciter; [+ *publicity*] faire; **to ~ excitement** susciter l'enthousiasme

generation /ˌdʒenəˈreɪʃən/ 1 N ⓐ génération *(f)*; **the younger ~** la jeune génération; **he is a first-/second-~ American** c'est un Américain de première/deuxième génération ⓑ [*of electricity, heat*] production *(f)* 2 COMP ♦ **the generation gap** N le conflit des générations

generator /ˈdʒenəreɪtə'/ N groupe *(m)* électrogène

generic /dʒɪˈnerɪk/ ADJ générique

generosity /ˌdʒenəˈrɒsɪtɪ/ N générosité *(f)*

generous /ˈdʒenərəs/ ADJ [+ *person, gesture*] généreux; **to be in a ~ mood** être d'humeur généreuse; **to be ~ in one's praise of sth** ne pas tarir d'éloges sur qch; **that's very ~ of you** c'est très généreux de ta part; **she's very ~ with her time** elle n'est pas avare de son temps; **a ~ helping of cake** une grosse part de gâteau

generously /ˈdʒenərəslɪ/ ADV [*give, offer, season*] généreusement; [*say*] avec générosité

genesis /ˈdʒenɪsɪs/ N genèse *(f)*; **Genesis** (*Bible*) la Genèse

genetic /dʒɪˈnetɪk/ ADJ génétique

genetically /dʒɪˈnetɪkəlɪ/ ADV génétiquement; **~ engineered** génétiquement manipulé; **~ modified** génétiquement modifié

geneticist /dʒɪˈnetɪsɪst/ N généticien(ne) *(m(f))*

genetics /dʒɪˈnetɪks/ N génétique *(f)*

Geneva /dʒɪˈniːvə/ N Genève; **Lake ~** le lac Léman *or* de Genève

genial /ˈdʒiːnɪəl/ ADJ [*person, atmosphere*] cordial; [*smile, look*] engageant

genie /ˈdʒiːnɪ/ N génie *(m)*

genital /ˈdʒenɪtl/ 1 ADJ génital 2 NPL **genitals** organes *(mpl)* génitaux

genitive /ˈdʒenɪtɪv/ N (*Gram*) génitif *(m)*; **in the ~** au génitif

genius /ˈdʒiːnɪəs/ N génie *(m)*; **man of ~** homme *(m)* de génie; **to have a ~ for doing sth** avoir le don pour faire qch; **a stroke of ~** un trait de génie

Genoa /ˈdʒenəʊə/ N Gênes

genocide /ˈdʒenəʊsaɪd/ N génocide *(m)*

genome /ˈdʒiːnəʊm/ N génome *(m)*

genre /ˈʒɑ̃ːŋrə/ N genre *(m)*

gent /dʒent/ N ABBR = **gentleman** ⓐ **~s' shoes** chaussures *(fpl)* pour hommes; **the ~s** (*Brit*) les toilettes *(fpl)* pour hommes; **"gents"** (*Brit* = *toilets*) « messieurs » ⓑ * monsieur *(m)*; **he's a real ~** c'est quelqu'un de très bien

genteel /dʒenˈtiːl/ ADJ [*person, manners*] distingué

Gentile /ˈdʒentaɪl/ N Gentil(e) *(m(f))*

gentle /ˈdʒentl/ ADJ ⓐ [*person, animal, voice*] doux (douce *(f)*); **to be ~ with sb** être doux avec qn; **her ~ manner** sa douceur ⓑ [*touch, breeze*] léger; [*transition*] sans heurts; [*exercise*] modéré; [*slope*] doux (douce *(f)*); **to cook over a ~ heat** faire cuire à feu doux ⓒ [*detergent, beauty product*]

doux (douce *(f)*); **it is ~ on the skin** ça n'irrite pas la peau ⓓ [*hint, reminder*] discret (-ète *(f)*); **to use a little ~ persuasion** utiliser la manière douce

gentleman /ˈdʒentlmən/ (*pl* **-men**) N ⓐ (= *man*) monsieur *(m)*; **there's a ~ to see you** il y a un monsieur qui voudrait vous voir; **"gentlemen"** (= *toilets*) « messieurs » ⓑ (= *man of breeding*) gentleman *(m)*; **he is a perfect ~** c'est un vrai gentleman; **to behave like a ~** se comporter en gentleman; **he's no ~!** ce n'est pas un gentleman!

gentlemanly /ˈdʒentlmənlɪ/ ADJ [*man*] bien élevé; [*manner, conduct*] courtois

gentlemen /ˈdʒentlmən/ NPL *of* **gentleman**

gentleness /ˈdʒentlnɪs/ N douceur *(f)*

gently /ˈdʒentlɪ/ ADV ⓐ [*say, smile, remind, suggest*] gentiment ⓑ [*shake, caress, touch, exercise*] doucement; **~ does it!** doucement!; **~ sloping hills** des collines en pente douce; **the road slopes ~ down to the river** la route descend en pente douce vers la rivière; **to simmer ~** faire cuire à feu doux

gentry /ˈdʒentrɪ/ N **the ~** la haute bourgeoisie

genuine /ˈdʒenjʊɪn/ ADJ ⓐ [*refugee, antique*] authentique; [*leather, silver*] véritable; **it's the ~ article*** c'est du vrai ⓑ [*belief, tears, interest, offer*] sincère; [*laughter, disbelief*] franc (franche *(f)*); **this was a ~ mistake** c'était vraiment une erreur ⓒ [*person, relationship*] sincère

genuinely /ˈdʒenjʊɪnlɪ/ ADV [*interested*] sincèrement; [*surprised, worried, sorry*] réellement; [*pleased*] vraiment; **she ~ believed that ...** elle croyait sincèrement que ...; **I ~ want to help** je veux vraiment aider

geographer /dʒɪˈɒɡrəfə'/ N géographe *(mf)*

geographic(al) /dʒɪəˈɡræfɪk(əl)/ ADJ géographique

geography /dʒɪˈɒɡrəfɪ/ N (= *science*) géographie *(f)*

geological /dʒɪəʊˈlɒdʒɪkəl/ ADJ géologique

geologist /dʒɪˈɒlədʒɪst/ N géologue *(mf)*

geology /dʒɪˈɒlədʒɪ/ N géologie *(f)*

geometric(al) /dʒɪəʊˈmetrɪk(əl)/ ADJ géométrique

geometry /dʒɪˈɒmɪtrɪ/ N géométrie *(f)*

geopolitics /ˌdʒiːəʊˈpɒlɪtɪks/ N géopolitique *(f)*

Geordie* /ˈdʒɔːdɪ/ N (*Brit*) natif de Tyneside

Georgia /ˈdʒɔːdʒə/ N Géorgie *(f)*; **in ~** en Géorgie

Georgian /ˈdʒɔːdʒən/ ADJ ⓐ [*architecture*] géorgien (*entre 1714 et 1830*) ⓑ (= *of Georgia*) [*person, language*] géorgien; [*town*] de Géorgie; [*capital*] de la Géorgie

geranium /dʒɪˈreɪnɪəm/ N géranium *(m)*

gerbil /ˈdʒɜːbɪl/ N gerbille *(f)*

geriatric /ˌdʒerɪˈætrɪk/ 1 ADJ [*hospital*] gériatrique; [*ward*] de gériatrie; [*patient, nurse*] en gériatrie; **~ care** soins *(mpl)* aux personnes âgées; **~ medicine** gériatrie *(f)* 2 N (= *person*) malade *(mf)* gériatrique

geriatrics /ˌdʒerɪˈætrɪks/ N gériatrie *(f)*

germ /dʒɜːm/ N (= *microbe*) microbe *(m)* ♦ **germ warfare** N guerre *(f)* bactériologique

German /ˈdʒɜːmən/ 1 ADJ allemand; [*teacher*] d'allemand; **East/West ~** d'Allemagne de l'Est/de l'Ouest, est-/ouest-allemand 2 N ⓐ Allemand(e) *(m(f))* ⓑ (= *language*) allemand *(m)* 3 COMP ♦ **the German Democratic Republic** N la République démocratique allemande ♦ **German measles** N rubéole *(f)* ♦ **German shepherd** N berger *(m)* allemand ♦ **German speaker** N germanophone *(mf)* ♦ **German-speaking** ADJ germanophone

germane /dʒɜːˈmeɪn/ ADJ pertinent (**to** par rapport à)

Germany /ˈdʒɜːmənɪ/ N Allemagne *(f)*; **East/West ~** l'Allemagne *(f)* de l'Est/de l'Ouest

germinate /ˈdʒɜːmɪneɪt/ 1 VI germer 2 VT faire germer

germination /ˌdʒɜːmɪˈneɪʃən/ N germination *(f)*

gerrymandering /ˈdʒerɪmændərɪŋ/ N charcutage *(m)* électoral

gerund /ˈdʒerənd/ N gérondif *(m)*

gestation /dʒesˈteɪʃən/ N gestation *(f)*

gesticulate /dʒesˈtɪkjʊleɪt/ VI faire de grands gestes (**at sb** pour attirer l'attention de qn)

gesture /'dʒestʃəʳ/ 1 N geste (m); **a ~ of good will** un geste de bonne volonté; **friendly ~** témoignage (m) d'amitié; **a ~ of defiance** un signe de méfiance; **they did it as a ~ of support** ils l'ont fait pour manifester leur soutien; **what a nice ~!** quelle délicate attention! 2 VI **to ~ to sb to do sth** faire signe à qn de faire qch; **he ~d towards the door** il désigna la porte d'un geste; **he ~d with his head towards the safe** il a indiqué le coffre d'un signe de tête

---

get /get/

| 1 TRANSITIVE VERB | 3 COMPOUNDS |
| 2 INTRANSITIVE VERB | 4 PHRASAL VERBS |

▶ vb: pret, ptp **got**, ptp (US) **gotten**

1 TRANSITIVE VERB

▶ When **get** is part of a set combination, eg **get the sack**, **get hold of**, look up the other word.

ⓐ = **have, receive, obtain** avoir

▶ **avoir** covers a wide range of meanings, and like **get** is unspecific.

I go whenever I ~ the chance j'y vais dès que j'en ai l'occasion; **he got a fine** il a eu une amende; **I got a lot of presents** j'ai eu beaucoup de cadeaux

▶ Some **get** + noun combinations may take a more specific French verb.

it was impossible to ~ help il était impossible d'obtenir de l'aide; **he got help from the others** il s'est fait aider par les autres; **first I need to ~ a better idea of the situation** je dois d'abord me faire une meilleure idée de la situation; **I think he got the wrong impression** je pense qu'il s'est fait des idées; **they ~ lunch at school** ils déjeunent à l'école; **if I'm not working I ~ no pay** si je ne travaille pas je ne suis pas payé; **this area doesn't ~ much rain** il ne pleut pas beaucoup dans cette région; **we'll ~ a sandwich in town** on prendra un sandwich en ville; **this room ~s a lot of sun** cette pièce est très ensoleillée; **he got two years** il s'est pris* deux ans de prison

♦ **have/has got**: **I've got toothache** j'ai mal aux dents; **I have got three sisters** j'ai trois sœurs; **how many have you got?** combien en avez-vous?; **I've got it!** (= have safely) (ça y est) je l'ai!; **you're okay, I've got you!** ne t'en fais pas, je te tiens!

ⓑ = **find** trouver; **he got me a job** il m'a trouvé un emploi; **it's difficult to ~ a hotel room in August** c'est difficile de trouver une chambre d'hôtel en août; **you ~ different kinds of ...** on trouve plusieurs sortes de ...; **you'll ~ him at home if you phone this evening** tu le trouveras chez lui si tu appelles ce soir; **I've been trying to ~ you all week** ça fait une semaine que j'essaie de t'avoir; **you can ~ me on the mobile** tu peux m'appeler sur mon portable

ⓒ = **buy** acheter; **where do they ~ their raw materials?** où est-ce qu'ils achètent leurs matières premières?; **to ~ sth cheap** acheter qch bon marché

ⓓ = **fetch, pick up** aller chercher; **I must go and ~ some bread** il faut que j'aille chercher du pain; **can you ~ my coat from the cleaners?** est-ce que tu peux aller chercher mon manteau au pressing?; **can I ~ you a drink?** est-ce que je peux vous offrir quelque chose?

ⓔ = **take** prendre; **I'll ~ the bus** je vais prendre le bus; **I don't ~ the local paper** je ne prends pas le journal local

ⓕ = **call in** appeler; **we had to ~ a plumber** nous avons dû appeler un plombier

ⓖ = **prepare** préparer; **she was ~ting breakfast** elle préparait le petit déjeuner

ⓗ = **catch** [+ disease, fugitive] attraper; [+ name, details] comprendre; **I didn't ~ your name** je n'ai pas compris votre nom; **we'll ~ them yet!** on leur revaudra ça!; **he'll ~ you for that!** qu'est-ce que tu vas prendre!*

ⓘ = **understand** **~ it?*** t'as pigé?*; **I don't ~ it*** je ne comprends pas; **you've got it in one!*** tu as tout compris!; **I don't ~ you*** je ne vous suis pas; **I don't ~ the joke** je ne vois pas ce qu'il y a de drôle; **let me ~ this right, you're**

saying that ... alors, si je comprends bien, tu dis que ...; **don't ~ me wrong** comprenez-moi bien

ⓙ = **answer** **can you ~ the phone?** est-ce que tu peux répondre?; **I'll ~ it!** j'y vais!

ⓚ = **annoy*** agacer; **that's what really ~s me** c'est ce qui m'agace le plus

ⓘ **set structures**

♦ **to get** + adjective

▶ This construction is often translated by a verb alone. Look up the relevant adjective.

to ~ one's hands dirty se salir les mains; **to ~ sb drunk** soûler qn; **you're ~ting me worried** tu m'inquiètes

♦ **to get sth done** (by someone else) faire faire qch; **to ~ one's hair cut** se faire couper les cheveux; **I need to ~ my car serviced** je dois faire réviser ma voiture; **when do you think you'll ~ it finished?** (= when will you finish it) quand penses-tu avoir fini?; **you can't ~ anything done round here** (= do anything) il est impossible de travailler ici

♦ **to get sb/sth to do sth**: **~ him to clean the car** fais-lui laver la voiture; **I'll ~ her to ring you back** je lui demanderai de te rappeler

▶ **réussir** or **pouvoir** may be used when speaking of achieving a result.

we eventually got her to change her mind nous avons finalement réussi à la faire changer d'avis; **I couldn't ~ the washing machine to work** je n'ai pas réussi à faire marcher le lave-linge; **to ~ sth going** [+ machine] faire marcher qch

♦ **to get sb/sth somewhere**: **to ~ sth downstairs** descendre qch; **how can we ~ it home?** comment faire pour l'apporter à la maison?; **threatening me will ~ you nowhere** tu n'obtiendras rien de moi par la menace; **to ~ sth upstairs** monter qch

♦ **to get sb/sth** + preposition: **to ~ sb by the arm** saisir qn par le bras; **to ~ sb by the throat** prendre qn à la gorge; **he ~s a lot of money for his paintings** il gagne beaucoup d'argent avec ses tableaux; **he ~s his red hair from his mother** il a les cheveux roux de sa mère; **the bullet got him in the arm** la balle l'a atteint au bras; **he managed to ~ the card into the envelope** il a réussi à faire entrer la carte dans l'enveloppe; **to ~ o.s. into a difficult position** se mettre dans une situation délicate; **we got him on to the subject of the war** nous l'avons amené à parler de la guerre; **she ~s a lot of pleasure out of gardening** elle prend beaucoup de plaisir à jardiner; **I couldn't ~ the stain out of the tablecloth** je n'ai pas réussi à enlever la tache sur la nappe; **to ~ sth past the customs** réussir à passer qch à la douane; **I'll never ~ the car through here** je n'arriverai jamais à faire passer la voiture par ici; **to ~ sth to sb** faire parvenir qch à qn; **to ~ a child to bed** mettre un enfant au lit

2 INTRANSITIVE VERB

ⓐ = **go** aller (to à, from de); (= arrive) arriver; (= be) être; **how do you ~ there?** comment fait-on pour y aller?; **can you ~ there from London by bus?** est-ce qu'on peut y aller de Londres en bus?; **what time do you ~ to Sheffield?** à quelle heure arrivez-vous à Sheffield?

♦ **to get** + adverb/preposition: **you won't ~ anywhere if you behave like that** tu n'arriveras à rien en te conduisant comme ça; **how did that box ~ here?** comment cette boîte est-elle arrivée ici?; **what's got into him?** qu'est-ce qui lui prend?; **we're ~ting nowhere fast*** on fait du sur place*; **now we're ~ting somewhere!*** enfin du progrès!; **how's your thesis going? — I'm ~ting there** où en es-tu avec ta thèse? — ça avance; **where do you ~ to?** où étais-tu donc passé?; **where can he have got to?** où est-il passé?; **where have you got to?** (in book, work) où en êtes-vous?; **don't let it ~ to you*** ne te fais pas de bile* pour ça

ⓑ **set structures**

♦ **to get** + adjective

▶ This construction is often translated by a verb alone.

I hope you'll ~ better soon j'espère que tu vas vite te remettre; **things are ~ting complicated** les choses se compliquent; **this is ~ting expensive** ça commence à faire cher;

she's afraid of ~ting fat elle a peur de grossir; it's ~ting late il se fait tard; I'm ~ting nervous je commence à avoir le trac; he's ~ting old il vieillit, il se fait vieux; this is ~ting ridiculous ça devient ridicule; how stupid can you ~? il faut vraiment être stupide!; to ~ used to sth/to doing s'habituer à qch/à faire

♦ **to get** + past participle (passive) he got beaten up il s'est fait tabasser*; several windows got broken plusieurs fenêtres ont été brisées; to ~ paid se faire payer

> ► *Reflexive verbs are used when the sense is not passive.*

to ~ dressed s'habiller; to ~ married se marier; to ~ washed se laver

♦ **to get to** + infinitive: he's ~ting to be an old man il se fait vieux; it's ~ting to be impossible ça devient impossible; to ~ to know sb apprendre à connaître qn; we got to like him in the end nous avons fini par l'apprécier; students only ~ to use the library between 2pm and 8pm les étudiants ne peuvent utiliser la bibliothèque qu'entre 14 heures et 20 heures

♦ **have got to** + infinitive (= must) you've got to come il faut que vous veniez (subj); have you got to go and see her? est-ce que vous êtes obligé d'aller la voir?; you've got to be joking! tu plaisantes!

♦ **to get** + -ing (= begin) to ~ going partir; I got talking to him in the train j'ai parlé avec lui dans le train; I got to thinking that ...* je me suis dit que ...

3 COMPOUNDS

♦ **get-rich-quick scheme*** N combine pour faire fortune rapidement ♦ **get-together** N réunion (f) ♦ **get-up-and-go*** N he's got lots of ~-up-and-go il est très dynamique ♦ **get-well card** N carte (f) de vœux (pour un prompt rétablissement)

4 PHRASAL VERBS

► **get about** VI ⓐ (= move about) se déplacer; he ~s about with a stick/on crutches il marche avec une canne/des béquilles; she ~s about quite well despite her handicap elle arrive assez bien à se déplacer malgré son handicap ⓑ (= travel) voyager; she ~s about a lot elle voyage beaucoup ⓒ [news] circuler; the story had got about that ... des rumeurs circulaient selon lesquelles ...; it has got about that ... le bruit court que ...; I don't want it to ~ about je ne veux pas que ça s'ébruite

► **get above** VT INSEP to ~ above o.s. avoir la grosse tête*; you're ~ting above yourself! pour qui te prends-tu?

► **get across** 1 VI [person crossing] traverser; [meaning, message] passer; the message is ~ting across that people must ... les gens commencent à comprendre qu'il faut ... 2 VT SEP [+ person crossing] faire traverser; [+ ideas, intentions, desires] communiquer (to sb à qn); to ~ sth across to sb faire comprendre qch à qn

► **get ahead** VI (in race) prendre de l'avance; (in career) monter en grade

► **get along** VI ⓐ (= go) aller (to à); (= leave) s'en aller; I must be ~ting along il faut que je m'en aille ⓑ (= manage) se débrouiller; to ~ along without sth/sb se débrouiller sans qch/qn ⓒ (= progress) [work] avancer; [student, invalid] faire des progrès ⓓ (= be on good terms) (bien) s'entendre; to ~ along with him at all je ne m'entends pas du tout avec lui

► **get around** 1 VI → **get about** 2 VT SEP → **get round** 3 VT INSEP → **get round**

► **get at** VT INSEP ⓐ [+ object, person, place] atteindre ⓑ [+ facts, truth] découvrir ⓒ (= suggest) what are you ~ting at? où voulez-vous en venir? ⓓ (Brit = attack) s'en prendre à; she's always ~ting at her brother elle s'en prend toujours à son frère; I feel got at je me sens visé ⓔ (= influence)* suborner; there's a danger witnesses will be got at il y a un risque de subornation de témoins

► **get away** 1 VI ⓐ (= leave) partir; to ~ away from a place quitter un endroit; I usually ~ away from work at six je quitte le travail (le travail) à 6 heures; I'll try to ~ away from work early j'essaierai de rentrer du travail plus tôt; we are not going to be able to ~ away this year nous n'allons pas pouvoir partir en vacances cette année; ~ away (with you)!* à d'autres!

ⓑ (= escape) s'échapper; to ~ away from [+ people, situation] échapper à; [+ idea] renoncer à; he was trying to ~ away when he was shot il essayait de s'échapper quand on lui a tiré dessus; she moved here to ~ away from the stress of city life elle est venue s'installer ici pour échapper au stress de la vie citadine; he went to the Bahamas to ~ away from it all il est allé aux Bahamas pour laisser tous ses problèmes derrière lui; the thief got away with the money le voleur est parti avec l'argent

2 VT SEP ⓐ (= take) emmener; (= move away) éloigner; (= send off) expédier ⓑ (= remove) to ~ sth away from sb enlever qch à qn

► **get away with** VT (= suffer no consequences) she got away with saying some outrageous things elle a tenu impunément des propos choquants; he broke the law and got away with it il a violé la loi en toute impunité; you'll never ~ away with that! on ne te laissera pas passer ça!*; he ~s away with murder* il peut se permettre de faire n'importe quoi

► **get back** 1 VI ⓐ (= return) revenir; to ~ back rentrer chez soi; life is starting to ~ back to normal la vie reprend son cours; to ~ back to work reprendre le travail; to ~ back to the point revenir au sujet; let's ~ back to why you didn't come yesterday revenons à la question de savoir pourquoi vous n'êtes pas venu hier; to ~ back to sb* recontacter qn; (on phone) rappeler qn; can I ~ back to you on that?* puis-je vous recontacter à ce sujet?; (on phone) puis-je vous rappeler à ce sujet? ⓑ (= move backwards) reculer; ~ back! reculez!

2 VT SEP ⓐ (= recover) [+ sth lent, sth lost, stolen] récupérer; [+ strength] reprendre; [+ one's husband, partner] faire revenir; he's trying desperately to ~ her back il essaie désespérément de la faire revenir; I won't ~ my car back until Thursday je ne récupérerai pas ma voiture avant jeudi; I was afraid I wouldn't ~ my passport back j'avais peur de ne pas récupérer mon passeport; to ~ one's money back se faire rembourser ⓑ (= return) rendre; I'll ~ it back to you as soon as I can je vous le rendrai dès que possible

► **get back at*** VT INSEP (= retaliate against) prendre sa revanche sur

► **get by** VI ⓐ (= pass) passer ⓑ (= manage) arriver à s'en sortir*; she ~s by on very little money elle arrive à s'en sortir* avec très peu d'argent; he'll ~ by! il s'en sortira!*

► **get down** 1 VI descendre (from, off de); may I ~ down? (at table) est-ce que je peux sortir de table?; to ~ down on one's knees se mettre à genoux; ~ down! (= climb down) descends!; (= lie down) couche-toi! 2 VT SEP ⓐ (from upstairs, attic) descendre; (from shelf) prendre ⓑ (= swallow) [+ food, pill]* avaler ⓒ (= make note of) noter ⓓ (= depress) déprimer; don't let it ~ you down! ne te laisse pas abattre!

► **get down to** VT INSEP to ~ down to doing sth se mettre à faire qch; to ~ down to work se mettre au travail; you'll have to ~ down to it il faut vous y mettre; when you ~ down to it there's not much difference between them en y regardant de plus près il n'y a pas grande différence entre eux; to ~ down to business passer aux choses sérieuses; let's ~ down to the details regardons ça de plus près

► **get in** 1 VI ⓐ [person] (= enter) entrer; (= be admitted to university, school) être admis; do you think we'll ~ in? tu crois qu'on réussira à entrer? ⓑ (= arrive) [train, bus, plane] arriver ⓒ (= be elected) [member] être élu; [party] accéder au pouvoir

2 VT SEP ⓐ [+ harvest] rentrer; did you ~ your essay in on time? as-tu rendu ta dissertation à temps? ⓑ (= buy) acheter; to ~ in supplies s'approvisionner ⓒ (= fit in) glisser; he got in a reference to his new book il a glissé une allusion à son dernier livre; it was hard to ~ a word in c'était difficile de placer un mot; he managed to ~ in a game of golf il a réussi à trouver le temps de faire une partie de golf

► **get into** VT INSEP ⓐ (= enter) [+ house, park] entrer dans; [+ car, train] monter dans; he got into a good university il a été admis dans une bonne université; **to ~ into politics** entrer en politique; **to ~ into the way of doing sth** (= *make a habit of*) prendre l'habitude de faire qch; **I don't know what has got into him** je ne sais pas ce qui lui a pris ⓑ [+ *clothes*] mettre; **I can't ~ into these jeans any more** je ne peux plus rentrer dans ce jean

► **get in with** VT INSEP ⓐ (= *gain favour of*) (réussir à) se faire bien voir de; **he tried to ~ in with the headmaster** il a essayé de se faire bien voir du directeur ⓑ (= *become friendly with*) s'attirer la sympathie de; **he got in with local drug dealers** il s'est mis à fréquenter les trafiquants de drogue du quartier

► **get off** 1 VI ⓐ (*from vehicle*) descendre; **to tell sb where to ~ off*** envoyer promener qn

ⓑ (= *depart*) [*person*] partir; [*car*] démarrer; [*plane*] décoller; **to ~ off to a good start** [*project, discussion*] bien partir; **to ~ off to sleep** s'endormir

ⓒ (= *escape*) s'en tirer; **to ~ off with a reprimand** en être quitte pour une réprimande

ⓓ (= *leave work*) finir; (= *take time off*) se libérer; **we ~ off at 5 o'clock** nous finissons à 5 heures; **I can't ~ off early today** je ne peux pas m'en aller de bonne heure aujourd'hui

2 VT SEP ⓐ [+ *bus, train*] descendre de

ⓑ [+ *clothes, shoes*] enlever

ⓒ (= *dispatch*) **I'll phone you once I've got the children off to school** je t'appellerai une fois que les enfants seront partis à l'école; **to ~ a child off to sleep** faire dormir un enfant

ⓓ (= *save from punishment*) faire acquitter; **a good lawyer will ~ him off** un bon avocat le fera acquitter

3 VT INSEP ⓐ **to ~ off a bus/a bike** descendre d'un bus/de vélo; **they got off the boat** ils sont descendus à terre; **he got off his horse** il est descendu de cheval; **~ off the floor!** levez-vous!; **I wish he would ~ off my back!*** si seulement il pouvait me ficher la paix*!; **we've rather got off the subject** nous nous sommes plutôt éloignés du sujet

ⓑ (= *be excused*)* **to ~ off gym** se faire dispenser des cours de gym

► **get off with*** VT INSEP (*Brit*) lever⁑

► **get on** 1 VI ⓐ (*on to bus, bike*) monter; (*on to ship*) monter à bord

ⓑ (= *advance, make progress*) avancer; **how are you ~ting on?** comment ça marche?*; **how did you ~ on?** comment ça s'est passé?; **to be ~ting on*** (= *getting old*) se faire vieux; **he's ~ting on for 40** il approche de la quarantaine; **it's ~ting on for 3 o'clock** il n'est pas loin de 3 heures; **I must be ~ting on now** il faut que j'y aille; **this will do to be ~ting on with** ça ira pour le moment; **there were ~ting on for 100 people** il y avait pas loin de 100 personnes

ⓒ (= *succeed*) réussir; **if you want to ~ on, you must ...** si tu veux réussir, tu dois ...

ⓓ (= *agree*) s'entendre; **we don't ~ on** nous ne nous entendons pas; **I ~ on well with her** je m'entends bien avec elle

2 VT SEP (= *put on*) [+ *clothes, shoes*] mettre

3 VT INSEP **to ~ on a horse** monter sur un cheval; **to ~ on a bicycle** monter sur sa bicyclette; **to ~ on a train** monter dans un train; **to ~ back on one's feet** se remettre debout

► **get on to** VT INSEP ⓐ (= *get in touch with*) se mettre en rapport avec; (= *speak to*) parler à; (= *ring up*) téléphoner à

ⓑ (= *start talking about*) aborder; **we got on to (the subject of) money** nous avons abordé la question de l'argent

► **get on with** VT INSEP ⓐ (= *continue*) continuer; **while they talked she got on with her work** pendant qu'ils parlaient, elle a continué à travailler; **~ on with it!** (*working*) allez, au travail!; (*telling sth*) accouche!*

ⓑ (= *start on*) se mettre à; **I'd better ~ on with the job!** il faut que je m'y mette!

► **get out** 1 VI ⓐ sortir (**of** de); (*from vehicle*) descendre (**of** de); **~ out!** sortez!; **let's ~ out of here!** sortons d'ici!

ⓑ (= *escape*) s'échapper (**of** de); **to ~ out of** [+ *task, obligation*] échapper à; [+ *difficulty*] surmonter; **you'll have to do it, you can't ~ out of it** il faut que tu le fasses, tu ne peux pas y échapper; **some people will do anything to ~ out of**

paying taxes certaines personnes feraient n'importe quoi pour éviter de payer des impôts; **he's trying to ~ out of going to the funeral** il essaie de trouver une excuse pour ne pas aller à l'enterrement

ⓒ [*news*] se répandre; [*secret*] être éventé; **wait till the news ~s out!** attends que la nouvelle soit ébruitée!

2 VT SEP ⓐ (= *bring out*) [+ *object*] sortir; **he got his diary out of his pocket** il a sorti son agenda de sa poche

ⓑ (= *remove*) [+ *nail, tooth*] arracher; [+ *stain*] enlever; **I can't ~ it out of my mind** je n'arrive pas à chasser cela de mon esprit

ⓒ (= *free*) [+ *person*] faire sortir; **it ~s me out of the house** ça me fait sortir

► **get over** 1 VI (= *cross*) traverser; [*message, meaning*] passer*; [*speaker*] se faire entendre

2 VT INSEP ⓐ [+ *road*] traverser; [+ *obstacle, difficulty*] surmonter; [+ *problem*] résoudre

ⓑ (= *recover from*) **to ~ over an illness** se remettre d'une maladie; **to ~ over sb's death** se remettre de la mort de qn; **I can't ~ over it** je n'en reviens pas; **I can't ~ over the fact that ...** je n'en reviens pas que ... (+ *subj*); **I can't ~ over how much he's changed** je n'en reviens pas de voir combien il a changé; **she never really got over him*** elle ne l'a jamais vraiment oublié

3 VT SEP ⓐ [+ *person, animal, vehicle*] faire passer

ⓑ (= *communicate*) faire comprendre; [+ *ideas*] communiquer

► **get over with** VT SEP (= *have done with*) en finir; **let's ~ it over with** finissons-en; **I was glad to ~ the injections over with** j'étais content d'en avoir fini avec ces piqûres

► **get round** 1 VI = **get about** 2 VT SEP **to ~ sb round to one's way of thinking** rallier qn à son point de vue 3 VT INSEP ⓐ [+ *obstacle, difficulty, law*] contourner ⓑ [+ *person*] amadouer

► **get round to*** VT INSEP **to ~ round to doing sth** trouver le temps de faire qch; **I don't think I'll ~ round to it before next week** je ne pense pas trouver le temps de m'en occuper avant la semaine prochaine

► **get through** 1 VI ⓐ [*news*] parvenir (**to** à); [*signal*] être reçu; **I think the message is ~ting through to him** je pense qu'il commence à comprendre

ⓑ (= *be accepted, pass*) [*candidate*] être reçu; [*motion, bill*] passer; **to ~ through to the third round** [*team*] se qualifier pour le troisième tour

ⓒ (*on phone*) obtenir la communication; **I phoned you several times but couldn't ~ through** je t'ai appelé plusieurs fois mais je n'ai pas pu t'avoir

ⓓ (= *communicate with*) **to ~ through to sb** communiquer avec qn; **he can't ~ through to his son at all** il n'arrive pas du tout à communiquer avec son fils

2 VT INSEP ⓐ [+ *hole, window*] passer par; [+ *hedge*] passer à travers; [+ *crowd*] se frayer un chemin à travers

ⓑ (= *do*) [+ *work*] faire; [+ *book*] lire (en entier); **we've got a lot of work to ~ through** nous avons beaucoup à faire; **he got through a lot of work** il a abattu beaucoup de travail

ⓒ (= *use*) [+ *supplies*] utiliser; [+ *money*] dépenser; [+ *food*] manger; [+ *drink*] boire; **we ~ through £150 per week** nous dépensons 150 livres par semaine

ⓓ (= *survive*) **how are they going to ~ through the winter?** comment vont-ils passer l'hiver?; **we couldn't ~ through a day without arguing** pas un jour ne se passait sans que nous ne nous disputions

3 VT SEP ⓐ [+ *person, object*] faire passer; **we couldn't ~ the sofa through the door** on n'a pas pu faire passer le sofa par la porte; **to ~ the message through to sb that ...** faire comprendre à qn que ...

ⓑ **to ~ a bill through** faire adopter un projet de loi

► **get together** 1 VI se réunir; **let's ~ together on Thursday** retrouvons-nous jeudi; **this is the only place where villagers can ~ together** c'est le seul endroit où les gens du village peuvent se réunir 2 VT SEP [+ *people, ideas, money*] rassembler; [+ *group*] former; **let me just ~ my things together** je rassemble mes affaires et j'arrive

► **get under** 1 VI (= *pass underneath*) passer par-dessous

2 VT INSEP **to ~ under a fence/a rope** passer sous une barrière/une corde
► **get up** 1 VI (a) (= *rise*) [*person*] se lever (**from** de); [*wind*] se lever; **what time did you ~ up?** à quelle heure t'es-tu levé? (b) (*on a chair, on stage*) monter 2 VT INSEP **he couldn't ~ up the tree** il n'a pas réussi à monter à l'arbre 3 VT SEP (a) **we eventually got the truck up the hill** on a finalement réussi à faire monter le camion jusqu'en haut de la côte; **to ~ up speed** prendre de la vitesse (b) (*from bed*) [+ *person*] faire lever; (= *wake*) réveiller
► **get up to** VT INSEP (a) (= *catch up with*) rattraper (b) (= *reach*) arriver à; **I've got up to page 17** j'en suis à la page 17; **where did we ~ up to last week?** où en sommes-nous arrivés la semaine dernière? (c) (= *be involved in*)* **to ~ up to mischief** faire des bêtises; **you never know what he'll ~ up to next** on ne sait jamais ce qu'il va inventer; **do you realize what they've been ~ting up to?** tu sais ce qu'ils ont trouvé le moyen de faire?; **what have you been ~ting up to lately?** qu'est-ce que tu deviens?

getaway /ˈgetəweɪ/ N **to make one's ~** s'enfuir; **they had a ~ car waiting** ils avaient une voiture pour s'enfuir
getup* /ˈgetʌp/ N (= *clothing*) tenue (f)
geyser /ˈgiːzəʳ, (US) ˈɡaɪzəʳ/ N geyser (m)
Ghana /ˈɡɑːnə/ N Ghana (m)
Ghanaian /ɡɑːˈneɪən/ 1 ADJ ghanéen 2 N Ghanéen(ne) (m(f))
ghastly /ˈɡɑːstlɪ/ ADJ épouvantable; **with a ~ smile** avec un sourire horrible; **to look ~** avoir une mine de déterré
Ghent /gent/ N Gand
gherkin /ˈɡɜːkɪn/ N cornichon (m)
ghetto /ˈɡetəʊ/ N ghetto (m) ♦ **ghetto-blaster*** N (gros) radiocassette (m)
ghost /ɡəʊst/ N fantôme (m); **I haven't a ~ of a chance** je n'ai pas la moindre chance; **to give up the ~*** rendre l'âme; **you look as if you've seen a ~!** on dirait que tu as vu un revenant! ♦ **ghost story** N histoire (f) de revenants ♦ **ghost town** ville (f) fantôme ♦ **ghost train** (*Brit*) train (m) fantôme ♦ **ghost writer** nègre (m)
ghoul /ɡuːl/ N goule (f)
ghoulish /ˈɡuːlɪʃ/ ADJ (= *morbid*) morbide
GHQ /ˌdʒiːeɪtʃˈkjuː/ N (ABBR = **General Headquarters**) GQG (m)
GI* /ˌdʒiːˈaɪ/ N (*US*) GI (m)
giant /ˈdʒaɪənt/ 1 N géant (m) 2 ADJ [*object*] géant; [*strides*] de géant; [*helping, amount*] gigantesque 3 COMP ♦ **giant killer** N vainqueur (m) surprise (*équipe de second plan qui parvient à battre une grande équipe*)
gibber /ˈdʒɪbəʳ/ VI baragouiner*; **to ~ with fear** bafouiller de peur; **~ing idiot*** crétin (m) *; **I was a ~ing wreck** j'étais à bout de nerfs
gibberish /ˈdʒɪbərɪʃ/ N charabia* (m)
gibe /dʒaɪb/ 1 VI **to ~ at sb** se moquer de qn 2 N moquerie (f)
giblets /ˈdʒɪblɪts/ NPL abats (mpl) (de volaille)
Gibraltar /dʒɪˈbrɔːltəʳ/ N Gibraltar; **in ~** à Gibraltar
giddiness /ˈɡɪdɪnɪs/ N vertiges (mpl); **a bout of ~** un vertige
giddy /ˈɡɪdɪ/ ADJ [*person*] pris de vertige; **I feel ~** j'ai la tête qui tourne; **to make sb ~** donner le vertige à qn; **~ spells** vertiges (mpl); **the ~ heights of senior management** les hautes sphères de la direction générale
gift /ɡɪft/ 1 N (a) (= *present*) cadeau (m) (b) (= *donation*) don (m); **to make sb a ~ of sth** faire don de qch à qn (c) (= *talent*) don (m); **he has a ~ for maths** il a un don pour les maths; **to have the ~ of the gab*** avoir la langue bien pendue ∎ (*PROV*) **don't look a ~ horse in the mouth** à cheval donné, il ne faut pas regarder à la bouche ou à la bride (*PROV*) 2 COMP ♦ **gift shop** N boutique (f) de cadeaux ♦ **gift token**, **gift voucher** N chèque-cadeau (m)
gifted /ˈɡɪftɪd/ ADJ doué; **the ~ child** l'enfant (m) surdoué

giftwrap* /ˈɡɪftræp/ VT **to ~ a package** faire un paquet-cadeau; **could you ~ it for me?** pouvez-vous me faire un paquet-cadeau?
giftwrapped /ˈɡɪftræpt/ ADJ sous emballage-cadeau
giftwrapping /ˈɡɪftræpɪŋ/ N emballage-cadeau (m)
gig /ɡɪg/ N (= *concert*) concert (m); **they had a regular ~ at the Cavern** ils jouaient régulièrement au Cavern
gigabyte /ˈdʒɪgəˌbaɪt/ N gigaoctet (m)
gigantic /dʒaɪˈɡæntɪk/ ADJ gigantesque
giggle /ˈɡɪgl/ 1 VI rire sottement; **stop giggling!** ne riez pas sottement comme ça!; **"stop that!" she ~d** «arrête!» dit-elle en gloussant 2 N petit rire (m); **to have/get the ~s** avoir/attraper le fou rire; **she had a fit of the ~s** elle avait le fou rire; **it was a bit of a ~*** (*Brit*) ça nous a bien fait rigoler*; **he did it for a ~*** (*Brit*) il a fait ça pour rigoler*
giggly /ˈɡɪglɪ/ ADJ **the girls were in a ~ mood** les filles riaient bêtement
gild /ɡɪld/ VT (*pret* **gilded**, *ptp* **gilded** or **gilt**) dorer
gilding /ˈɡɪldɪŋ/ N dorure (f)
gills /ɡɪlz/ NPL ouïes (fpl); **he was looking a bit green around the ~*** il était vert
gilt /ɡɪlt/ 1 VB *ptp of* **gild** 2 N (= *gold*) dorure (f) 3 NPL **gilts** (*Brit*) = **gilt-edged securities** 4 ADJ doré 5 COMP ♦ **gilt-edged securities** (*Brit*) NPL ♦ **gilt-edged stock** N (*government-issued*) obligations (fpl) d'État; (= *safe investment*) valeurs (fpl) de père de famille
gimlet /ˈɡɪmlɪt/ N vrille (f)
gimme* /ˈɡɪmiː/ = **give me**
gimmick /ˈɡɪmɪk/ N gadget* (m); **advertising ~** stratagème (m) publicitaire; **election ~** procédé (m) pour s'attirer des suffrages; **it's just a sales ~** c'est simplement une astuce promotionnelle
gimmicky /ˈɡɪmɪkɪ/ ADJ **it's a bit ~** ça fait un peu gadget
gin /dʒɪn/ N gin (m); **~ and tonic** gin-tonic (m)
ginger /ˈdʒɪndʒəʳ/ 1 N gingembre (m) 2 ADJ (a) [*hair*] roux (rousse (f)) (b) [*biscuit, cake*] au gingembre 3 COMP ♦ **ginger ale** N (*Brit*) boisson (f) gazeuse au gingembre ♦ **ginger beer** N (*Brit*) boisson (f) gazeuse au gingembre ♦ **ginger nut**, **ginger snap** N gâteau (m) sec au gingembre
gingerbread /ˈdʒɪndʒəbred/ N pain (m) d'épices
gingerly /ˈdʒɪndʒəlɪ/ ADV avec précaution
gingham /ˈɡɪŋəm/ N vichy (m)
ginseng /ˈdʒɪnseŋ/ N ginseng (m)
gipsy /ˈdʒɪpsɪ/ 1 N bohémien(ne) (m(f)); (*Spanish*) gitan(e) (m(f)); (*Central European*) Tsigane (mf) 2 ADJ [*caravan, custom*] de bohémien; (*Spanish*) de gitan; (*Central European*) tsigane; [*music*] tsigane
giraffe /dʒɪˈrɑːf/ N girafe (f)
girder /ˈɡɜːdəʳ/ N poutre (f) métallique
girdle /ˈɡɜːdl/ N (= *corset*) gaine (f)
girl /ɡɜːl/ 1 N (a) fille (f); **the ~ who looks after the children** la jeune fille qui s'occupe des enfants; **a little ~** une petite fille; **an English ~** une jeune fille Anglaise; **~s' school** école (f) de jeunes filles (b) (= *daughter*) fille (f); (= *pupil*) élève (f) 2 COMP ♦ **girl guide** (*Brit*), **girl scout** (*US*) éclaireuse (f)
girlfriend /ˈɡɜːlfrend/ N [*of boy*] petite amie (f); [*of girl*] amie (f)
girlie, girly /ˈɡɜːlɪ/ ADJ de filles
girlie magazine* /ˈɡɜːlɪˌmæɡəziːn/ N magazine (m) de fesse*
girlish /ˈɡɜːlɪʃ/ ADJ [*boy*] efféminé; [*behaviour, appearance*] (*woman's*) de petite fille; (*man's, boy's*) efféminé
giro* /ˈdʒaɪrəʊ/ N (*Brit*) ≈ mandat (m) postal (*servant au paiement des prestations de chômage ou de maladie*); **by ~ transfer** par virement postal
girth /ɡɜːθ/ N (a) [*of tree*] circonférence (f); [*of waist*] tour (m) de taille (b) [*of saddle*] sangle (f)

gist /dʒɪst/ N essentiel *(m)*; **to get the ~ of sth** comprendre l'essentiel de qch; **give me the ~ of what he said** résumez-moi ce qu'il a dit, en deux mots

---

give /gɪv/

1 TRANSITIVE VERB	4 COMPOUNDS
2 INTRANSITIVE VERB	5 PHRASAL VERBS
3 NOUN	

> ► *vb: pret* **gave**, *ptp* **given**

---

1 TRANSITIVE VERB

> ► *When* **give** *is part of a set combination, eg* **give evidence, give blood,** *look up the other word.*

ⓐ donner (**to** à); [+ *gift*] offrir (**to** à); **what are you going to ~ her?** *(as present)* qu'est-ce que tu vas lui offrir?; **they haven't yet ~n their answer** ils n'ont pas encore donné de réponse; **the judge gave him five years** le juge l'a condamné à cinq ans de prison; **this lamp doesn't ~ much light** cette lampe éclaire mal

> ► **give** + *noun may be translated by a verb alone.*

can you ~ me a bed for the night? pouvez-vous me loger pour la nuit?; **they gave us a lot of help** ils nous ont beaucoup aidés; **I'll ~ you a call** je vous appellerai
♦ **to be given** (= *receive*)

> ► *In French the recipient is not made the subject of a passive construction.*

she was ~n a huge bouquet on lui a offert un énorme bouquet; **we were ~n a warm reception** on nous a accueillis chaleureusement
♦ **to give and take**: **one must ~ and take** il faut faire des concessions
♦ **give or take ...**: **~ or take a few minutes** à quelques minutes près; **a hundred people, ~ or take a few** à peu près cent personnes

ⓑ **= cause, cause to feel** faire; **it gave me a shock** ça m'a fait un choc; **keying ~s me a pain in my wrist** le travail de saisie me fait mal au poignet; **it gave me a funny feeling** ça m'a fait un drôle d'effet; **I was ~n to understand that ...** on m'avait laissé entendre que ...; **her grandchildren ~ her a lot of pleasure** ses petits-enfants lui procurent beaucoup de plaisir; **it ~s me great pleasure to introduce ...** c'est avec grand plaisir que je vous présente ...

ⓒ **= pass on** **OK, I'll ~ him the message** d'accord, je lui ferai la commission; **you've ~n me your cold** tu m'as passé ton rhume; **~ him my love** faites-lui mes amitiés

ⓓ **= put through to** passer; **could you ~ me Mr Smith/ extension 231?** pouvez-vous me passer M. Smith/le poste 231?

ⓔ **with time expressions** **~ him time to get home** laissez-lui le temps de rentrer; **~ yourself time to think about it before you decide** prends le temps de réfléchir avant de te décider; **~ me time!** attends un peu!; **I can't ~ you any longer, you must pay me now** je ne peux plus vous accorder de délai, il faut que vous payiez maintenant; **the doctors gave him two years (to live)** les médecins lui ont donné deux ans (à vivre)

ⓕ **= utter** [+ *sigh, cry*] pousser

ⓖ **= pay** payer; (= *offer*) donner; **what did you ~ for it?** combien l'avez-vous payé?; **I'd ~ a lot/anything to know** je donnerais gros/n'importe quoi pour savoir; **what will you ~ me for it?** combien m'en donnez-vous?; **I don't ~ much for his chances** je ne donne pas cher de ses chances

ⓗ **set structures** **he gave as good as he got** il a rendu coup pour coup; **~ it all you've got!** mets-y le paquet!*; **I wouldn't have it if you gave it to me*** tu me le donnerais que je n'en voudrais pas; **I'll ~ him something to cry about!*** je lui apprendrai à pleurer!; **to ~ sb what for:** passer un savon à qn*; **he wants $100? I'll ~ him $100!*** il veut 100 dollars? il peut toujours courir!*; **I'll ~ you that** (*agreeing*) je suis d'accord là-dessus; **don't ~ me that!*** ne me raconte pas d'histoires!*

ⓘ ♦ **to give way** (= *yield*) [*person*] céder (**to sth** à qch); (= *stand back*) s'écarter; (= *agree*) finir par donner son accord; [*car, traffic*] céder le passage; (= *collapse*) [*bridge, ceiling, floor*] s'effondrer; [*ground*] se dérober; [*cable, rope*] céder; [*legs*] fléchir; **"~ way"** «cédez le passage»; **"~ way to traffic from the right"** «priorité à droite»; **I gave way to temptation** j'ai cédé à la tentation; **he gave way to their demands** il a cédé à leurs revendications; **she gave way to tears** elle n'a pas pu retenir ses larmes; **his shock gave way to anger** sa surprise a fait place à la colère

2 INTRANSITIVE VERB

ⓐ **= collapse** céder; **the chair gave under his weight** la chaise a cédé sous son poids

ⓑ **= yield** [*cloth, elastic*] se détendre

ⓒ **US** **what ~s?*** alors, qu'est-ce qui se passe?

3 NOUN

= flexibility* mou *(m)*; **there is a lot of ~ in this rope** cette corde est très lâche

4 COMPOUNDS

♦ **give-and-take** N concessions *(fpl)* mutuelles; **there must be a certain amount of ~-and-take** il faut que chacun fasse des concessions

5 PHRASAL VERBS

► **give away** VT SEP ⓐ [+ *prizes*] distribuer; [+ *bride*] conduire à l'autel; [+ *money, goods*] donner; **at this price I'm giving it away** à ce prix-là c'est donné ⓑ [+ *names, details*] donner; [+ *secrets*] révéler; **to ~ sb away** [+ *person, accomplice*] dénoncer qn; [*reaction, expression*] trahir qn; **to ~ o.s. away** se trahir; **don't ~ anything away** ne dis rien; **his face gave nothing away** son visage ne trahissait aucune émotion; **to ~ the game away*** vendre la mèche*

► **give back** VT SEP [+ *object, freedom*] rendre

► **give in** **1** VI (= *surrender*) capituler; (= *yield*) céder (**to** à); **the troops gave in after three weeks** les troupes ont capitulé au bout de trois semaines; **I pestered my parents until they gave in** j'ai harcelé mes parents jusqu'à ce qu'ils cèdent; **I ~ in!** (*in games*) j'abandonne!; (*in guessing*) je donne ma langue au chat!* **2** VT SEP [+ *essay, exam paper, key*] rendre; [+ *manuscript, report*] remettre

► **give off** VT SEP [+ *heat, gas, smell*] dégager

► **give out** **1** VI [*supplies*] s'épuiser; [*patience*] être à bout; [*heart*] lâcher **2** VT SEP ⓐ [+ *books, food*] distribuer ⓑ [+ *information, details*] donner ⓒ [+ *radio signal*] émettre

► **give up** **1** VI abandonner; **I ~ up** j'abandonne; (*in guessing*) je donne ma langue au chat*; **don't ~ up!** tenez bon!

2 VT SEP ⓐ (= *renounce*) [+ *interests*] abandonner; [+ *seat, territory*] céder; [+ *habit, idea, hope, claim*] renoncer à; [+ *job*] quitter; [+ *business*] se retirer de; **to ~ up the struggle** abandonner la partie; **I gave it up as a bad job** j'ai laissé tomber* ⓑ (= *stop*) arrêter; **to ~ up smoking** arrêter de fumer; **I've ~n up trying to persuade her** j'ai renoncé à essayer de la convaincre; **eventually he gave up trying** au bout d'un moment il a renoncé ⓒ (= *deliver, hand over*) **to ~ o.s. up** se rendre; **she gave the baby up for adoption** elle a fait adopter le bébé

► **give up on** VT INSEP ⓐ (= *renounce*) [+ *idea*] renoncer à; **I finally gave up on it** j'ai fini par y renoncer; **the washing machine has ~n up on me*** la machine à laver m'a lâché* ⓑ (= *stop expecting*) [+ *visitor*] ne plus attendre; (= *lose faith in*) perdre espoir en

---

giveaway /ˈgɪvəweɪ/ **1** N ⓐ (= *revelation*) **it was a real ~ when he said that ...** il s'est vraiment trahi en disant que ...; **the fact that she knew his name was a ~** le simple fait qu'elle sache son nom était révélateur; **what a ~!** là tu t'es trahi (*or* il s'est trahi *etc*)! ⓑ (= *free gift*) cadeau *(m)* (publicitaire) **2** ADJ [*price*] dérisoire

given /ˈgɪvn/ **1** VB *ptp of* **give** **2** ADJ donné; **at a ~ time** à un moment donné; **of a ~ size** d'une taille donnée; **~ name** nom *(m)* de baptême; **~ that ...** étant donné que ... 3 PREP ~ **the opportunity** si l'occasion se présentait

GLA /,dʒi:el'eɪ/ N (*Brit*) ABBR = **Greater London Authority**

glacier /'glæsɪəʳ/ N glacier (*m*)

glad /glæd/ ADJ (= *pleased*) **to be ~ (about sth)** être content (de qch); **I had a great time — I'm ~** je me suis beaucoup amusé — j'en suis ravi; **he was ~ of a chance to change the subject** il était content de pouvoir changer de sujet; **I'd be ~ of some help with this** j'aimerais bien qu'on m'aide; **I'm ~ that you came** je suis content que vous soyez venu; **I'm ~ that I've come** je suis content d'être venu; **to be ~ to do sth** (= *happy*) être content de faire qch; (= *willing*) se faire un plaisir de faire qch; **I shall be ~ to come** ça me fera plaisir de venir; **~ to know you!** très heureux de faire votre connaissance!; **I'd be only too ~ to help** je serais heureux de pouvoir vous aider

gladden /'glædn/ VT [+ *person*] réjouir; **to ~ sb's heart** réjouir qn; **it ~s the heart** ça fait chaud au cœur

glade /gleɪd/ N clairière (*f*)

gladiator /'glædɪeɪtəʳ/ N gladiateur (*m*)

gladiolus /,glædɪ'əʊləs/ N (*pl* **gladioli** /,glædɪ'əʊlaɪ/) glaïeul (*m*)

gladly /'glædlɪ/ ADV (= *happily*) avec plaisir; (= *willingly*) volontiers; **will you help me? — ~** voulez-vous m'aider? — volontiers

glamor /'glæməʳ/ (*US*) = **glamour**

glamorous /'glæmərəs/ ADJ [*person, clothes, photo*] glamour (*inv*); [*lifestyle*] de star; [*restaurant*] chic; [*occasion*] éclatant; [*production*] somptueux; [*job*] prestigieux

glamour, glamor (*US*) /'glæməʳ/ N [*of person*] glamour (*m*); [*of occasion*] éclat (*m*); [*of situation*] prestige (*m*); **the ~ of show biz** le côté glamour du monde du showbiz; **the ~ of being on television** le prestige que confère un passage à la télévision

glance /glɑːns/ 1 N regard (*m*); **to take a ~ at** jeter un coup d'œil à; **Susan and I exchanged a ~** Susan et moi avons échangé un regard; **at a ~** d'un coup d'œil; **at first ~** à première vue 2 VI ⓐ (= *look*) jeter un coup d'œil (**at** sur, à); **she ~d in my direction** elle a jeté un coup d'œil vers moi; **he picked up the book and ~d through it** il a pris le livre et l'a feuilleté ⓑ **to ~ off** [*bullet*] ricocher sur; [*arrow*] dévier sur

glancing /'glɑːnsɪŋ/ ADJ [*blow*] oblique

gland /glænd/ N glande (*f*)

glandular fever /,glændjʊlə'fiːvəʳ/ N mononucléose (*f*) infectieuse

glare /gleəʳ/ 1 VI ⓐ [*person*] lancer un regard furieux (**at** à) ⓑ [*sun, lights*] être éblouissant 2 N ⓐ [*of person*] regard (*m*) furieux; **he gave me an angry ~** il m'a lancé un regard furieux ⓑ [*of light*] éclat (*m*) aveuglant; [*of headlights*] éblouissement (*m*); **the ~ of publicity** le feu des projecteurs

glaring /'gleərɪŋ/ ADJ [*eyes, look*] brillant de colère; [*light, sun*] éblouissant; [*error, contradiction*] flagrant; [*omission*] manifeste

glaringly /'gleərɪŋlɪ/ ADV **it is ~ obvious (that ...)** c'est une évidence aveuglante (que ...)

glass /glɑːs/ 1 N ⓐ (= *material*) verre (*m*); **pane of ~** vitre (*f*); **I cut myself on the broken ~** je me suis coupé avec l'éclat de verre; **under ~** (*plants*) sous châssis ⓑ (*for drinking*) verre (*m*); (= *glassful*) verre (*m*); **a ~ of wine** un verre de vin; **a wine ~** un verre à vin 2 ADJ [*bottle, ornament*] en verre 3 COMP ♦ **glass door** N porte (*f*) vitrée

glassblower /'glɑːsbləʊəʳ/ N souffleur (*m*) de verre

glasses /'glɑːsɪz/ NPL (= *spectacles*) lunettes (*fpl*); (= *binoculars*) jumelles (*fpl*)

glassful /'glɑːsfʊl/ N verre (*m*)

glasshouse /'glɑːshaʊs/ N (*Brit: for plants*) serre (*f*)

glassware /'glɑːsweəʳ/ N objets (*mpl*) en verre

glaze /gleɪz/ 1 VT ⓐ [+ *door, window*] vitrer ⓑ [+ *pottery, tiles*] vernisser; [+ *cake, meat*] glacer 2 N (*on pottery, tiles*) vernis (*m*); (*in cooking*) glaçage (*m*)

► **glaze over** VI [*person*] prendre un air absent; **his eyes ~d over** (*from boredom*) il prit un air absent

glazed /gleɪzd/ ADJ ⓐ [*door, window*] vitré ⓑ [*pottery, tiles*] vernissé; [*cake, meat*] glacé; **he had a ~ look** il avait le regard vide

glazier /'gleɪzɪəʳ/ N vitrier (*m*)

gleam /gliːm/ 1 N [*of light*] lueur (*f*); [*of sunshine*] rayon (*m*) de lumière; [*of metal*] reflet (*m*); [*of water*] miroitement (*m*); **a ~ of hope/interest** une lueur d'espoir/d'intérêt 2 VI [*lamp, star, eyes*] luire; [*polished metal, shoes*] reluire; [*blade, water*] miroiter; **his eyes ~ed wickedly** il avait une lueur mauvaise dans les yeux; **his hair ~ed in the sun** ses cheveux brillaient au soleil; **his forehead ~ed with sweat** son front était luisant de sueur

gleaming /'gliːmɪŋ/ ADJ [*star, metal, shoes*] brillant; [*kitchen*] étincelant

glean /gliːn/ VTI glaner

glee /gliː/ N jubilation (*f*); **they were rubbing their hands in ~** ils se frottaient les mains en jubilant

gleeful /'gliːfʊl/ ADJ jubilant; [*smile, look*] de jubilation

gleefully /'gliːfəlɪ/ ADV [*say, point out*] en jubilant; **to laugh ~** rire avec jubilation

glen /glen/ N vallon (*m*)

glib /glɪb/ ADJ [*answer, excuse, phrase, lie*] léger; [*person*] bavard; **~ talk** paroles (*fpl*) en l'air; **to make ~ promises** faire des promesses en l'air

glide /glaɪd/ VI ⓐ **to ~ in/out** [*person*] (*silently*) entrer/sortir sans bruit; (*gracefully*) entrer/sortir avec grâce; (*majestically*) entrer/sortir majestueusement ⓑ [*bird, plane*] planer

glider /'glaɪdəʳ/ N (= *plane*) planeur (*m*)

gliding /'glaɪdɪŋ/ N vol (*m*) à voile

glimmer /'glɪməʳ/ 1 VI [*light, fire*] luire; [*water*] miroiter 2 N [*of light, candle*] lueur (*f*); [*of water*] miroitement (*m*); **a ~ of hope** une lueur d'espoir

glimpse /glɪmps/ 1 N aperçu (*m*); **to catch a ~ of** entrevoir 2 VT entrevoir

glint /glɪnt/ 1 N [*of light*] éclair (*m*); [*of metal*] reflet (*m*); **he had a ~ in his eye** il avait une lueur dans le regard 2 VI [*metal object, glass, wet road*] luire; [*eyes*] briller; **the sea ~ed in the sun** la mer miroitait au soleil

glisten /'glɪsn/ VI [*water, metal object*] scintiller; [*wet surface*] luire; **her eyes ~ed (with tears)** ses yeux brillaient (de larmes); **his face was ~ing with sweat** son visage était luisant de sueur

glitch* /glɪtʃ/ N pépin (*m*)

glitter /'glɪtəʳ/ 1 VI scintiller 2 N scintillement (*m*)

glittering /'glɪtərɪŋ/ ADJ [*stars, lights, ice*] scintillant; [*jewel, eyes*] étincelant; [*career, future*] brillant; [*occasion, social event*] somptueux

gloat /gləʊt/ VI jubiler; **he was ~ing over his success** son succès le faisait jubiler; **that's nothing to ~ about!** il n'y a pas de quoi jubiler!

global /'gləʊbl/ 1 ADJ ⓐ (= *worldwide*) mondial; **a ~ ban on nuclear testing** une interdiction totale des essais nucléaires; **on a ~ scale** à l'échelle mondiale ⓑ (= *comprehensive*) global 2 COMP ♦ **the global village** N le village planétaire ♦ **global warming** N réchauffement (*m*) de la planète

globalization /,gləʊbəlaɪ'zeɪʃən/ N mondialisation (*f*)

globally /'gləʊbəlɪ/ ADV (= *worldwide*) à l'échelle mondiale

globe /gləʊb/ N globe (*m*); **all over the ~** sur toute la surface du globe; **countries on the far side of the ~** les pays à l'autre bout du monde ♦ **globe-trotter** N globe-trotter (*mf*)

gloom /gluːm/ N (= *darkness*) obscurité (*f*); (= *melancholy*) morosité (*f*); **economic ~** morosité (*f*) économique

gloomily /'gluːmɪlɪ/ ADV [*say*] d'un air sombre

gloomy /'gluːmɪ/ ADJ [*person, thoughts, look, mood*] sombre; [*weather, day, outlook*] morose; [*voice, place*] morne; **to**

feel ~ se sentir morose ; **to look** ~ [*person*] avoir l'air sombre ; [*future*] être sombre

glorified /ˈglɔːrɪfaɪd/ ADJ he's a sort of ~ secretary il ne fait que du secrétariat amélioré

glorify /ˈglɔːrɪfaɪ/ VT glorifier

glorious /ˈglɔːrɪəs/ ADJ ⓐ (= *beautiful*) magnifique ⓑ [*career, future*] brillant ; [*years, days, era*] glorieux ; [*victory*] éclatant

glory /ˈglɔːrɪ/ 1 N gloire (f) ; **there she was in all her ~** elle était là dans toute sa splendeur 2 VI **to ~ in sth** (= *revel in*) se glorifier de qch ; (= *enjoy*) savourer qch

Glos ABBR = **Gloucestershire**

gloss /glɒs/ 1 N ⓐ (= *shine*) lustre (m) ; [*of person's hair, animal's coat*] brillant (m) ; **to put an optimistic ~ on sth** présenter qch sous un jour favorable ⓑ (= *paint*) peinture (f) brillante 2 COMP [*paint*] brillant ♦ **gloss finish** N brillant (m)
► **gloss over** VT INSEP (= *play down*) glisser sur ; (= *cover up*) dissimuler

glossary /ˈglɒsərɪ/ N glossaire (m)

glossy /ˈglɒsɪ/ ADJ [*fur, material*] luisant ; [*photograph*] sur papier brillant ; [*hair*] brillant ; [*leaves*] vernissé ; **~ magazine** magazine (f) de luxe (*sur papier couché*)

Gloucs ABBR = **Gloucestershire**

glove /glʌv/ N gant (m) ♦ **glove box, glove compartment** N boîte (f) à gants ♦ **glove puppet** N marionnette (f) (à gaine)

glow /gləʊ/ 1 VI [*fire, sky*] rougeoyer ; [*metal, cigarette end, lamp*] luire ; [*colour, jewel*] rutiler ; [*complexion, face*] rayonner ; [*eyes*] briller ; **her cheeks ~ed** elle avait les joues toutes rouges ; **to ~ red** rougeoyer ; **he was ~ing with health** il était éclatant de santé ; **to ~ with enthusiasm** brûler d'enthousiasme ; **she ~ed with pride** elle rayonnait de fierté ; **~ing with confidence** respirant la confiance
2 N [*of fire, metal*] rougeoiement (m) ; [*of sun*] embrasement (m) ; [*of complexion, colour, jewel*] éclat (m) ; [*of lamp*] lueur (f)
3 COMP ♦ **glow-worm** N ver (m) luisant

glower /ˈglaʊəʳ/ VI **to ~ at sb** lancer à qn des regards noirs

glowing /ˈgləʊɪŋ/ ADJ [*coals, fire, sky*] rougeoyant ; [*colour, jewel*] rutilant ; [*cigarette end*] luisant ; [*eyes*] brillant ; [*complexion*] éclatant ; [*report, tribute*] élogieux ; **to give a ~ description of sth** décrire qch en termes dithyrambiques ; **to speak of sb in ~ terms** parler de qn en termes élogieux

glucose /ˈgluːkəʊs/ N glucose (m)

glue /gluː/ 1 N colle (f) 2 VT coller (**to, on** à) ; **she ~d the pieces together** (*from broken object*) elle a recollé les morceaux ; (*from kit*) elle a collé les morceaux ensemble ; **to ~ sth back on** recoller qch ; **his face was ~d to the window** son visage était collé à la vitre ; **to keep one's eyes ~d to sth*** avoir les yeux fixés sur qch ; **~d to the television*** cloué devant la télévision 3 COMP ♦ **glue-sniffer** N sniffeur* (m), -euse* (f) de colle ♦ **glue-sniffing** N inhalation (f) de colle

glum /glʌm/ ADJ sombre ; **to feel ~** avoir des idées noires

glut /glʌt/ N excès (m) ; **there is a ~ of ...** il y a excès de ...

glutton /ˈglʌtn/ N gourmand(e) (m(f)) ; **to be a ~ for work** être un bourreau de travail ; **he's a ~ for punishment** il est masochiste

gluttonous /ˈglʌtənəs/ ADJ goulu

gluttony /ˈglʌtənɪ/ N gloutonnerie (f)

glycerine /ˌglɪsəˈriːn/ N glycérine (f)

GM /ˌdʒiːˈem/ ADJ (ABBR = **genetically modified**) génétiquement modifié ; **GM foods** aliments (mpl) génétiquement modifiés ♦ **GM-free** ADJ sans OGM

GMOs /ˌdʒiːemˈəʊz/ NPL (ABBR = **genetically modified organisms**) OGM (mpl)

GMT /ˌdʒiːemˈtiː/ (ABBR = **Greenwich Mean Time**) GMT

gnarled /nɑːld/ ADJ [*tree, roots, hands, fingers*] noueux ; [*old person*] ratatiné

gnash /næʃ/ VT **to ~ one's teeth** [*person*] grincer des dents

gnat /næt/ N moucheron (m)

gnaw /nɔː/ 1 VI ronger ; **to ~ at a bone** ronger un os ; **the rat had ~ed through the cable** le rat avait complètement rongé le câble 2 VT ronger ; **~ed by fear** tenaillé par la peur

gnawing /ˈnɔːɪŋ/ ADJ [*fear, doubt, guilt, hunger, pain*] tenaillant

gnome /nəʊm/ N gnome (m)

GNP /ˌdʒiːenˈpiː/ N (ABBR = **gross national product**) PNB (m)

GNVQ /ˌdʒiːenviːˈkjuː/ N (*Brit*) (ABBR = **General National Vocational Qualification**) diplôme professionnel national

go /gəʊ/

1 INTRANSITIVE VERB	4 NOUN
2 MODAL VERB	5 COMPOUNDS
3 TRANSITIVE VERB	6 PHRASAL VERBS

► *vb*: 3rd pers sg pres **goes**, pret **went**, ptp **gone**

1 INTRANSITIVE VERB

► *When* **go** *is part of a set combination, eg* **go cheap, go too far**, *look up the other word.*

ⓐ = **move** aller ; **where are you going?** où allez-vous ? ; **he's gone to see his mother** il est allé voir sa mère ; **I wouldn't go as far as to say that** je n'irais pas jusque là ; **there he goes!** le voilà ! ; **you can go next** allez-y(, je vous en prie) !
♦ **to go** + *preposition*: **the train goes at 90km/h** le train roule à 90 km/h ; **to go down the hill** descendre la colline ; **to go for a walk** aller se promener ; **where do we go from here?** qu'est-ce qu'on fait maintenant ? ; **to go on a journey** faire un voyage ; **to go to France/to London** aller en France/à Londres ; **to go to the swimming pool** aller à la piscine ; **to go to the doctor's** aller chez le médecin ; **to go to sb for sth** aller demander qch à qn ; **to go up the hill** monter la colline
♦ **to go** + *-ing*: **to go fishing** aller à la pêche ; **to go riding** (aller) faire du cheval ; **to go swimming** (aller) nager
♦ **go and ...**: **I'll go and check the train times** je vais vérifier les horaires de trains ; **go and get me it!** va me le chercher ! ; **don't go and tell her I gave it you*** ne va pas lui dire que je te l'ai donné ; **now you've gone and broken it!*** ça y est, tu l'as cassé !
ⓑ = **depart** partir ; (= *disappear*) disparaître ; [*time*] passer ; (= *be sacked*) être licencié ; **when does the train go?** quand part le train ? ; **everybody had gone** tout le monde était parti ; **my bag has gone** mon sac a disparu ; **we must be going** il faut qu'on y aille ; **go!** (*at beginning of race*) partez ! ; **after I've gone** (= *left*) après mon départ ; (= *died*) quand je ne serai plus là ; **after a week all our money had gone** en l'espace d'une semaine, nous avions dépensé tout notre argent ; **he'll have to go** [*employee*] on ne peut pas le garder ; **the car will have to go** on va devoir se séparer de la voiture ; **there goes my chance of promotion!** je peux faire une croix sur ma promotion ! ; **going, going, gone!** une fois, deux fois, trois fois, adjugé, vendu !
♦ **to let sb go** (= *allow to leave*) laisser partir qn ; (= *make redundant*) se séparer de qn ; (= *stop gripping*) lâcher qn ; **to let o.s. go** se laisser aller
♦ **to let go** lâcher prise ; **let go!** lâchez ! ; **to let go of sth/sb** lâcher qch/qn ; **eventually parents have to let go of their children** tôt ou tard, les parents doivent laisser leurs enfants voler de leurs propres ailes
♦ **to let sth go**: **they have let their garden go** ils ont laissé leur jardin à l'abandon ; **we'll let it go at that** n'en parlons plus
ⓒ = **start** [*car, machine*] démarrer ; (= *function*) [*machine, watch, car*] marcher ; **how do you make this go?** comment est-ce que ça marche ? ; **to be going** [*machine, engine*] être en marche ; **it won't go** ça ne marche pas
♦ **to get going** [*person*] (= *leave*) **let's get going!** allons-y ! ; (= *start*) **to get going with sth** s'occuper de qch ; **once he gets going ...** une fois lancé ... ; **to get a machine going** mettre une machine en marche ; **to get things going** activer les choses

♦ **to keep going** (= *continue*) [*person*] continuer; [*business*] se maintenir; **the police signalled her to stop but she kept going** la police lui a fait signe de s'arrêter mais elle a continué son chemin; **this hope kept her going** cet espoir lui a permis de tenir; **a cup of coffee is enough to keep her going all morning** elle réussit à tenir toute la matinée avec un café

(d) = **begin** **there he goes again!** le voilà qui recommence!; **here goes!*** allez, on y va!

(e) = **progress** aller, marcher; **the project was going well** le projet marchait bien; **how's it going?** (comment) ça va?; **the way things are going** si ça continue comme ça; **all went well for him until ...** tout s'est bien passé pour lui jusqu'au moment où...; **add the sugar, stirring as you go** ajoutez le sucre, en remuant au fur et à mesure

(f) = **turn out** [*events*] se passer; **how did your holiday go?** comment se sont passées tes vacances?; **the evening went very well** la soirée s'est très bien passée; **let's wait and see how things go** attendons de voir ce qui va se passer; **that's the way things go, I'm afraid** c'est malheureux mais c'est comme ça

(g) = **become** devenir; **have you gone mad?** tu es devenu fou?; **she went pale** elle est devenue pâle; **the biscuits have gone soft** les biscuits ont ramolli; **the lights went red** les feux sont passés au rouge

(h) = **fail** [*fuse*] sauter; [*bulb*] griller; [*material*] être usé; [*sight*] baisser; [*strength*] manquer; **his mind is going** il n'a plus toute sa tête; **my voice is going** je n'ai presque plus de voix; **the lining's going** la doublure est usée

(i) = **be sold** **how much do you think the house will go for?** combien crois-tu que la maison va être vendue?; **it went for $550** c'est parti à 550 dollars

(j) = **be given** [*prize, reward, inheritance*] revenir (**to** à)

(k) = **be accepted** **the story goes that ...** le bruit court que ...; **anything goes these days*** tout est permis de nos jours; **that goes without saying** cela va sans dire; **what he says goes** c'est lui qui fait la loi

(l) = **apply** **that goes for you too** c'est valable pour toi aussi; **that goes for me too** (= *I agree with that*) je suis aussi de cet avis; **as far as your suggestion goes ...** pour ce qui est de ta suggestion ...

♦ **as far as it goes**: **this explanation is fine, as far as it goes** cette explication vaut ce qu'elle vaut

(m) = **available** **are there any jobs going?** y a-t-il des postes vacants?; **there just aren't any jobs going** il n'y a pas de travail; **is there any coffee going?** est-ce qu'il y a du café?; **I'll have whatever's going** donnez-moi ce qu'il y a

(n) **tune** **the tune goes like this** voici l'air; **I don't know how the song goes** je ne connais pas cette chanson

(o) = **make sound or movement** faire; [*bell, clock*] sonner; **go like that with your left foot** faites comme ça avec votre pied gauche

(p) = **serve** **the money will go to compensate the victims** cet argent servira à dédommager les victimes; **the qualities that go to make a great man** les qualités qui font un grand homme

(q) **implying comparison**

♦ **as ... go**: **he's not bad, as estate agents go** il n'est pas mauvais pour un agent immobilier

(r) = **elapse** **there is a week to go before the election** il reste une semaine avant les élections

(s) **US = take away** **to go** [*food*] à emporter

2 MODAL VERB
indicating future

♦ **to be going to** + *infinitive* aller; **I'm going to phone him this afternoon** je vais l'appeler cet après-midi; **it's going to rain** il va pleuvoir; **I was just going to do it** j'allais le faire; **I was going to do it yesterday but I forgot** j'avais l'intention de le faire hier mais j'ai oublié

3 TRANSITIVE VERB
(a) = **travel** [+ *distance*] faire; **we had gone only 3km** nous n'avions fait que 3 km

♦ **to go it alone** se débrouiller tout seul
♦ **to go one better** aller encore plus loin

(b) = **make sound** faire; **he went "psst"** « psst » fit-il

4 NOUN
(*pl* **goes**)

(a) = **motion*** **it's all go!** ça n'arrête pas!; **to be always on the go** être toujours sur la brèche; **to keep sb on the go** ne pas laisser souffler qn; **he's got two projects on the go at the moment** il a deux projets en chantier actuellement

(b) = **attempt*** coup (*m*); **at one** or **a go** d'un seul coup; **it's your go** (*in games*) c'est ton tour

♦ **to have a go** (= *try*) essayer; **to have a go at sth** essayer de faire qch; **to have another go** réessayer; **to have a go at sb** (*verbally*) s'en prendre à qn*; (*physically*) se jeter sur qn

(c) = **success** **to make a go of sth** réussir qch; **they tried to make a go of their marriage** ils ont essayé de donner une chance à leur couple

5 COMPOUNDS
♦ **go-ahead** ADJ (*Brit*) dynamique ♦ N **to give sb the go-ahead (to do)*** donner le feu vert à qn (pour faire) ♦ **go-between** N intermédiaire (*mf*) ♦ **go-cart** N kart (*m*) ♦ **go-carting** N karting (*m*) ♦ **go-getter*** N fonceur* (*m*), -euse* (*f*) ♦ **go-slow** N (*Brit*) grève (*f*) perlée

6 PHRASAL VERBS

► **go about** **1** VI (a) aller; **to go about barefoot** se promener pieds nus; **they go about in gangs** ils vont en bandes; **he goes about telling people what to do** il est toujours à dire aux gens ce qu'il faut faire
(b) [*rumour*] courir
2 VT INSEP (a) [+ *task, duties*] **he went about the task methodically** il s'y est pris de façon méthodique; **he doesn't know how to go about it** il ne sait pas s'y prendre; **how does one go about getting seats?** comment fait-on pour avoir des places?
(b) (= *be occupied with*) **to go about one's business** vaquer à ses affaires

► **go across** **1** VI (= *cross*) traverser; **she went across to Mrs. Smith's** elle est allée en face chez Mme Smith **2** VT INSEP [+ *river, road*] traverser

► **go after** VT INSEP (= *follow*) suivre; (= *attack*) attaquer; **go after him!** suivez-le!; **to go after a job** poser sa candidature à un poste

► **go against** VT INSEP (a) (= *prove hostile to*) [*vote, judgement, decision*] être défavorable à; **the decision went against him** la décision lui a été défavorable; **everything began to go against us** tout se liguait contre nous
(b) (= *oppose*) aller à l'encontre de; **conditions which went against national interests** des conditions qui allaient à l'encontre des intérêts nationaux; **to go against public opinion** aller à contre-courant de l'opinion publique; **to go against sb's wishes** s'opposer à la volonté de qn; **it goes against my principles** c'est contre mes principes

► **go ahead** VI passer devant; [*event*] avoir (bien) lieu; [*work*] avancer; **go ahead!** allez-y!; **the exhibition will go ahead as planned** l'exposition aura lieu comme prévu; **to go ahead with a plan** mettre un plan à exécution

► **go along** VI aller; **why don't you go along too?** pourquoi n'iriez-vous pas aussi?; **I'll tell you as we go along** je vous le dirai en cours de route; **I check as I go along** je vérifie au fur et à mesure; **to go along with sb** aller avec qn; (= *agree with*) être d'accord avec qn; **I can't go along with that at all** je ne suis pas du tout d'accord là-dessus

► **go around** VI (a) = **go about, go round** (b) **what goes around comes around** tout finit par se payer

► **go away** VI partir; (*on holiday*) partir (en vacances); [*pain*] disparaître; **we need to go away and think about this** nous devons prendre le temps d'y réfléchir

► **go back** VI (a) (= *return*) retourner; **we went back to the beach after lunch** nous sommes retournés à la plage après le déjeuner; **it's getting dark, shall we go back?** il commence à faire nuit, on rentre?; **to go back to a point** revenir sur un point; **to go back to the beginning** revenir au début; **to go back to work** reprendre le travail

ⓑ (= *retreat*) reculer
ⓒ (*in time*) remonter; **my memories don't go back that far** mes souvenirs ne remontent pas aussi loin; **we go back a long way** on se connaît depuis longtemps
ⓓ (= *revert*) revenir (**to** à); **I don't want to go back to the old system** je ne veux pas revenir à l'ancien système; **to go back to one's former habits** retomber dans ses anciennes habitudes
ⓔ (= *extend*) s'étendre; **the cave goes back 300 metres** la grotte fait 300 mètres de long

► **go back on** VT INSEP [+ *decision, promise*] revenir sur

► **go before** VI (= *happen earlier*) **everything that went before** tout ce qui s'est passé avant; **to go before a court** comparaître devant un tribunal

► **go by** 1 VI [*person*] passer; [*period of time*] (se) passer; **we've let the opportunity go by** nous avons laissé passer l'occasion; **as time goes by** avec le temps; **in days gone by** dans le temps jadis 2 VT INSEP (= *judge by*) **if first impressions are anything to go by** s'il faut se fier à sa première impression; **that's nothing to go by** ce n'est pas une référence; **to go by appearances** juger d'après les apparences

► **go down** ⓐ (= *descend*); (= *fall*) tomber; (= *sink*) couler; [*plane*] s'écraser; **we watched the sun go down** nous avons regardé le soleil se coucher
ⓑ (= *be swallowed*) **it went down the wrong way** j'ai (*or* il a *etc*) avalé de travers
ⓒ (= *be accepted*) **I wonder how that will go down with her parents** je me demande comment ses parents vont prendre ça; **to go down well/badly** être bien/mal accueilli; **it went down well** ça a bien passé
ⓓ [*value, price, standards*] baisser; **the house has gone down in value** la maison s'est dépréciée
ⓔ (= *be relegated*) être relégué
ⓕ [*stage curtain*] tomber; [*theatre lights*] s'éteindre
ⓖ (= *go as far as*) aller; **go down to the bottom of the page** allez au bas de la page
ⓗ [*balloon, tyre*] se dégonfler; **my ankle's OK, the swelling has gone down** ma cheville va bien, elle a désenflé

► **go down as** VT INSEP (= *be regarded as*) être considéré comme; (= *be remembered as*) passer à la postérité comme; **the victory will go down as one of the highlights of the year** cette victoire restera dans les mémoires comme l'un des grands moments de l'année

► **go down with** VT INSEP [+ *illness*] attraper

► **go for** VT INSEP ⓐ (= *attack*) attaquer; **he went for me with a knife** il m'a attaqué avec un couteau ⓑ (= *like*)* **she went for him in a big way** elle en pinçait* pour lui; **I don't go for that sort of talk** je n'aime pas qu'on parle comme ça ⓒ (= *strive for*) essayer d'avoir; (= *choose*) choisir; **go for it!*** vas-y!; **I decided to go for it*** j'ai décidé de tenter le coup ⓓ **he's got a lot going for him*** il a beaucoup d'atouts; **the theory has a lot going for it** cette théorie a de nombreux mérites

► **go forward** VI ⓐ (= *move ahead*) avancer; [*economy*] progresser ⓑ (= *take place*) avoir lieu ⓒ (= *continue*) maintenir; **if they go forward with these proposals** s'ils maintiennent ces propositions

► **go in** VI ⓐ (= *enter*) entrer; **they went in by the back door** ils sont entrés par la porte de derrière; **I must go in now** il faut que je rentre maintenant ⓑ (= *attack*) attaquer ⓒ [*sun*] se cacher

► **go in for** VT INSEP ⓐ [+ *examination*] se présenter à; [+ *position, job*] poser sa candidature à; [+ *competition, race*] prendre part à ⓑ [+ *sport*] pratiquer; [+ *hobby*] se livrer à; [+ *style*] affectionner; [+ *medicine, accounting, politics*] faire; **I don't go in for bright colours** je ne raffole pas des couleurs vives; **he doesn't go in for reading much** il n'aime pas beaucoup lire

► **go into** VT INSEP ⓐ [+ *profession, field*] **he doesn't want to go into industry** il ne veut pas travailler dans l'industrie ⓑ (= *embark on*) [+ *explanation*] se lancer dans; **he went into a long explanation** il s'est lancé dans une longue explication; **to go into details** rentrer dans les détails; **let's not go into that now** laissons cela pour le moment ⓒ (= *investigate*) étudier; **this matter is being gone into** on étudie la question; **we haven't got time to go into that**

nous n'avons pas le temps de nous pencher sur ce problème; **to go into a question in detail** approfondir une question
ⓓ (= *be devoted to*) être investi dans; **a lot of money went into the research** on a investi beaucoup d'argent dans la recherche

► **go off** 1 VI ⓐ (= *leave*) partir
ⓑ [*alarm clock*] sonner; [*alarm*] se déclencher; **the gun didn't go off** le coup n'est pas parti
ⓒ [*light, radio, TV*] s'éteindre; [*heating*] s'arrêter
ⓓ (*Brit*) [*meat*] s'avarier; [*milk*] tourner; [*butter*] rancir
ⓔ [*event*] se passer; **the evening went off very well** la soirée s'est très bien passée
2 VT INSEP (*Brit*)* **I'm starting to go off the idea** ça ne me dit plus grand-chose; **I've gone off skiing** le ski ne me tente plus beaucoup; **I used to like him, but I've gone off him lately** je l'aimais bien mais depuis un certain temps il m'agace

► **go off with** VT INSEP partir avec; **his wife went off with another man** sa femme est partie avec un autre homme

► **go on** 1 VI ⓐ (= *proceed on one's way*) (*without stopping*) poursuivre son chemin; (*after stopping*) continuer sa route; (*by car*) reprendre la route
ⓑ (= *continue*) continuer (**doing** à faire); **to go on speaking** continuer à parler; (*after pause*) reprendre (la parole); **go on with your work** continuez votre travail; **go on trying!** essaie encore!; **go on!** continuez!; **go on with you!*** à d'autres!*; **if you go on doing that, you'll get into trouble** si tu continues, tu vas avoir des ennuis; **that's enough to be going on with** ça suffit pour l'instant; **the rioting went on all night** les émeutes ont duré toute la nuit; **life went on uneventfully** la vie poursuivit son cours paisiblement
ⓒ (= *talk*)* **to go on about sth** ne pas arrêter de parler de qch; **don't go on about it!** ça va, j'ai compris!; **he goes on and on about it** il n'arrête pas d'en parler
ⓓ (= *nag*)* **to go on at sb** s'en prendre à qn; **she went on and on at him** elle n'a pas cessé de s'en prendre à lui; **she's always going on at him about doing up the kitchen** elle n'arrête pas de le harceler pour qu'il refasse la cuisine
ⓔ (= *proceed*) passer; **to go on to another matter** passer à un autre sujet; **he went on to say that ...** puis il a dit que ...; **he retired from football and went on to become a journalist** il a abandonné le football et est devenu journaliste
ⓕ (= *happen*) se dérouler; (*for a stated time*) durer; **several matches were going on at the same time** plusieurs matchs se déroulaient en même temps; **how long has this been going on?** depuis combien de temps est-ce que ça dure?; **while this was going on** pendant ce temps; **what's going on here?** qu'est-ce qui se passe ici?
ⓖ (= *pass*) **things got easier as time went on** avec le temps les choses sont devenues plus faciles; **as the day wore on he became more and more anxious** au fil des heures, il devenait de plus en plus inquiet
ⓗ (= *behave*)* **that's no way to go on** c'est une conduite inacceptable!; **what a way to go on!** en voilà des manières!
ⓘ (= *progress*) [*person, patient*] aller; **how is he going on?** comment va-t-il?
ⓙ (= *approach*)* **she's going on 50** elle va sur la cinquantaine; **Ann's 25 going on 50** Ann a 25 ans mais on lui en donnerait 50
2 VT INSEP (= *be guided by*) **we don't have much to go on yet** nous n'avons pas beaucoup d'indices pour l'instant

► **go on for** VT INSEP **it's going on for 100km** c'est à une centaine de kilomètres

► **go out** VI ⓐ (= *leave*) sortir; **to go out of a room** sortir d'une pièce; **to go out shopping** aller faire des courses; **to go out for a meal** aller au restaurant; **he goes out a lot** il sort beaucoup; **she doesn't go out with him any more** elle ne sort plus avec lui; **most mothers have to go out to work** la plupart des mères de famille doivent travailler
ⓑ [*fire, light*] s'éteindre
ⓒ (= *travel*) aller (**to** à); **she went out to Bangkok** elle est

allée à Bangkok

ⓓ [*sea*] se retirer ; [*tide*] descendre

ⓔ **my heart went out to him** j'ai été vraiment désolé pour lui

ⓕ [*invitation*] être envoyé ; [*radio programme, TV programme*] être diffusé ; **an appeal has gone out for people to give blood** un appel a été lancé pour encourager les dons de sang ; **the programme goes out on Friday evenings** l'émission passe le vendredi soir

ⓖ (*Sport = be eliminated*) être éliminé

► **go over** ₁ VI ⓐ (= *cross*) aller ; **to go over to France** aller en France ; **she went over to Mrs Smith's** elle est allée chez Mme Smith ; **the ball went over into the field** le ballon est passé par-dessus et est tombé dans le champ

ⓑ (= *be overturned*) se retourner

₂ VT INSEP ⓐ (= *examine*) [+ *accounts, report*] vérifier ; **to go over a house** visiter une maison ; **I went over his essay with him** j'ai regardé sa dissertation avec lui

ⓑ (= *review*) [+ *speech*] revoir ; [+ *facts, points*] récapituler ; **to go over the events of the day** repasser les événements de la journée ; **let's go over the facts again** récapitulons les faits

► **go over to** VT INSEP passer à ; **we're going over to a new system** nous passons à un nouveau système ; **to go over to the enemy** passer à l'ennemi

► **go round** VI ⓐ (= *turn*) tourner ; **my head is going round** j'ai la tête qui tourne ⓑ **to go round to sb's house** aller chez qn ⓒ (= *be sufficient*) suffire (pour tout le monde) ; **there's enough food to go round** il y a assez à manger pour tout le monde ; **to make the money go round** joindre les deux bouts* ⓓ (= *circulate*) [*document, story*] circuler ; **there's a rumour going round that ...** le bruit court que ... ⓔ = **go about**

► **go through** ₁ VI (= *be agreed*) [*proposal*] être accepté ; [*business deal*] être conclu ; **the deal did not go through** l'affaire n'a pas été conclue

₂ VT INSEP ⓐ (= *suffer, endure*) endurer ; **after all he's gone through** après tout ce qu'il a enduré ; **he's going through a very difficult time** il traverse une période difficile

ⓑ (= *examine*) [+ *list*] examiner ; [+ *book*] parcourir ; [+ *mail*] regarder ; [+ *subject, plan*] étudier ; [+ *one's pockets*] fouiller dans ; **I went through my drawers looking for a pair of socks** j'ai cherché une paire de chaussettes dans mes tiroirs ; **I went through his essay with him** j'ai regardé sa dissertation avec lui

ⓒ (= *use up*) [+ *money*] dépenser ; (= *wear out*) user ⓓ (= *carry out*) [+ *routine, course of study*] suivre ; [+ *formalities*] accomplir ; [+ *apprenticeship*] faire

► **go through with** VT INSEP (= *persist with*) [+ *plan, threat*] mettre à exécution ; **in the end she couldn't go through with it** en fin de compte elle n'a pas pu le faire

► **go together** VI [*colours, flavours*] aller (bien) ensemble ; [*events, conditions, ideas*] aller de pair

► **go under** VI ⓐ (= *sink*) [*ship, person*] couler ⓑ (= *fail*) [*person, business*] faire faillite

► **go up** ₁ VI ⓐ monter ; **when the curtain goes up** lorsque le rideau se lève ; **to go up in price** augmenter ; **to go up a class** passer dans la classe supérieure ⓑ (= *approach*) **I wanted to go up and talk to him** je voulais m'approcher de lui et lui parler ; **a man went up to him and asked him the time** un homme s'est approché et lui a demandé l'heure ₂ VT INSEP [+ *hill*] gravir ; **to go up the stairs** monter l'escalier ; **to go up the street** remonter la rue

► **go with** VT INSEP ⓐ [*circumstances, event, conditions*] aller (de pair) avec ; **ill health goes with poverty** la pauvreté et la mauvaise santé vont de pair ; **the house goes with the job** le logement va avec le poste ⓑ [*colours*] aller bien avec ; [*furnishings*] être assorti à ; [*behaviour, opinions*] cadrer avec ; **I want a hat to go with my coat** je cherche un chapeau assorti à mon manteau

► **go without** ₁ VI se priver de tout ; **mothers feed their children and go without themselves** les mères nourrissent leurs enfants et se privent elles-mêmes de tout ₂ VT INSEP se priver de

goad /ɡəʊd/ VT **to ~ sb into doing sth** harceler qn jusqu'à ce qu'il fasse qch

goal /ɡəʊl/ N but (*m*) ; **to set o.s. a ~** se fixer un but ; **to play in ~** être gardien de but ; **to win by three ~s to two** gagner par trois buts à deux ◆ **goal-area** N surface (*f*) de but ◆ **goal average**, **goal difference** N (*Brit*) goal-average (*m*) ◆ **goal-kick** N coup (*m*) de pied de renvoi (aux six mètres) ◆ **goal post** N montant (*m*) de but ; **to move the ~ posts** (= *change the rules*) changer les règles du jeu

goalie* /ˈɡəʊlɪ/ N (ABBR = **goalkeeper**) gardien(ne) (*m(f)*) de but

goalkeeper /ˈɡəʊlkiːpəʳ/ N gardien(ne) (*m(f)*) de but

goalless /ˈɡəʊllɪs/ ADJ [*match*] au score vierge ; **a ~ draw** un match nul zéro à zéro

goat /ɡəʊt/ N chèvre (*f*) ; **to get sb's ~*** taper sur les nerfs* de qn ◆ **goat's cheese** N fromage (*m*) de chèvre

gob /ɡɒb/ N (= *mouth*) gueule* (*f*) ; **shut your ~!** ta gueule !

gobble /ˈɡɒbl/ ₁ VI [*turkey*] glouglouter ₂ VT (= *gobble up*) [+ *food*] engloutir ; **don't ~!** ne mange pas si vite !

goblet /ˈɡɒblɪt/ N (= *glass*) verre (*m*) à pied ; (= *cup*) coupe (*f*)

goblin /ˈɡɒblɪn/ N lutin (*m*)

gobsmacked* /ˈɡɒbˌsmækd/ ADJ (*Brit*) sidéré*

god /ɡɒd/ N ⓐ dieu (*m*) ; **God** Dieu (*m*) ; **he thinks he's God's gift* to women** il se prend pour Don Juan

ⓑ (*phrases*) **my God!*** mon Dieu ! ; **God help you* if your mother ever finds out about this!** si ta mère apprend ça je te souhaite bien de la chance ! ; **God only knows*** Dieu seul le sait ; **and God knows what else*** et Dieu sait quoi ; **God knows I've tried*** Dieu sait si j'ai essayé ; **he went God knows where*** il est parti Dieu sait où ; **for God's sake!*** (*crossly*) nom d'un chien ! * ; **I wish to God I hadn't told him!*** j'aurais mieux fait de ne rien lui dire !

ⓒ (*Brit Theatre*) **the ~s*** le poulailler*

godchild /ˈɡɒdtʃaɪld/ N (*pl* -**children**) filleul(e) (*m(f)*)

goddam(n)* /ˈɡɒdæm/, **goddamned*** /ɡɒdæmd/ ADJ sacré* (*before n*)

goddaughter /ˈɡɒddɔːtəʳ/ N filleule (*f*)

goddess /ˈɡɒdɪs/ N déesse (*f*)

godfather /ˈɡɒdfɑːðəʳ/ N parrain (*m*)

godforsaken /ˈɡɒdfəˌseɪkən/ ADJ [*town, place*] perdu

godless /ˈɡɒdlɪs/ ADJ [*person, action, life*] impie

godmother /ˈɡɒdmʌðəʳ/ N marraine (*f*)

godparents /ˈɡɒdpɛərənts/ NPL **his ~** son parrain et sa marraine

godsend /ˈɡɒdsend/ N aubaine (*f*)

godson /ˈɡɒdsʌn/ N filleul (*m*)

goes /ɡəʊz/ VB → **go**

gofer /ˈɡəʊfəʳ/ N coursier (*m*), -ière (*f*)

goggle /ˈɡɒɡl/ ₁ VI **to ~ at sb/sth*** regarder qn/qch avec de gros yeux ronds ₂ NPL **goggles** [*of motorcyclist, welder*] lunettes (*fpl*) protectrices ; [*of skindiver*] lunettes (*fpl*) de plongée

going /ˈɡəʊɪŋ/ ₁ N ⓐ (= *departure*) départ (*m*)

ⓑ (= *progress*) **that was good** ~ ça a été rapide ; **it was slow ~** on n'avançait pas ; **it was hard ~** on a eu du mal ; **the meeting was hard ~** la réunion était laborieuse

ⓒ (= *conditions*) état (*m*) du terrain ; **it's rough ~** (*walking*) on marche mal ; (*in car*) la route est mauvaise ; **he got out while the ~ was good*** il est parti au bon moment

₂ ADJ ⓐ **the ~ rate/price** le tarif/le prix normal

ⓑ (*after superl adj*)* **it's the best thing ~** il n'y a rien de mieux ; **the best computer game ~** le meilleur jeu électronique du moment

₃ COMP ◆ **going concern** N affaire (*f*) florissante ◆ **going-over** N (*pl* **goings-over**) (= *cleaning*) nettoyage (*m*) ; (= *beating*) passage (*m*) à tabac* ; **to give sth a thorough ~-over** (= *check*) inspecter qch soigneusement ; (= *clean*) nettoyer qch à fond ◆ **goings-on** NPL (= *behaviour*) manigances (*fpl*) ; (= *happenings*) événements (*mpl*)

Golan /'gəʊlæn/ N the ~ **Heights** le plateau du Golan

gold /gəʊld/ N or (m)

2 ADJ [watch, tooth] en or; [coin, ingot, letters] d'or; [paint] doré; **a green and ~ flag** un drapeau vert et or

3 COMP ♦ **gold disc** N disque (m) d'or ♦ **gold dust** N **to be like ~ dust** être une denrée rare ♦ **gold leaf** N feuille (f) d'or ♦ **gold medal** N médaille (f) d'or ♦ **gold mine** N mine (f) d'or; **he's sitting on a ~ mine** il est assis sur une véritable mine d'or ♦ **gold-plated** ADJ plaqué or (inv) ♦ **gold record** N disque (m) d'or ♦ **gold reserves** NPL réserves (fpl) d'or ♦ **gold rush** N ruée (f) vers l'or ♦ **gold standard** N étalon-or (m)

golden /'gəʊldən/ 1 ADJ ⓐ (= gold-coloured) doré ⓑ (= made of gold) en or

2 COMP ♦ **golden age** N âge (m) d'or ♦ **golden boy*** N (popular) enfant (m) chéri; (gifted) jeune prodige (m); (financially successful) golden boy (m) ♦ **golden eagle** N aigle (m) royal ♦ **the Golden Gate Bridge** N le pont du Golden Gate ♦ **golden jubilee** N (Brit) cinquantième anniversaire (m) ♦ **golden opportunity** N occasion (f) en or ♦ **golden rule** N règle (f) d'or ♦ **golden syrup** N (Brit) sirop (m) de sucre roux ♦ **golden wedding anniversary** N noces (fpl) d'or

goldfish /'gəʊldfɪʃ/ (pl **goldfish**) N poisson (m) rouge ♦ **goldfish bowl** N bocal (m) (à poissons)

goldsmith /'gəʊldsmɪθ/ N orfèvre (m)

golf /gɒlf/ N golf (m) ♦ **golf ball** N balle (f) de golf ♦ **golf club** N club (m) de golf ♦ **golf course** N (terrain (m) de) golf (m)

golfer /'gɒlfə'/ N joueur (m), -euse (f) de golf

golfing /'gɒlfɪŋ/ 1 ADJ [equipment, trousers] de golf; **to go on a ~ holiday** partir en vacances faire du golf 2 N golf (m)

Goliath /gə'laɪəθ/ N Goliath (m)

gondola /'gɒndələ/ N gondole (f)

gone /gɒn/ 1 VB ptp of **go** 2 ADJ ⓐ **to be ~** [object] avoir disparu; [enthusiasm] être retombé; **the coffee is all ~** il n'y a plus de café; **~ are the days when ...** le temps n'est plus où ...; **he is ~** il est parti; **to be long ~** ne plus exister depuis longtemps ⓑ (Brit = after) **it's just ~ three** il est un peu plus de 3 heures

goner* /'gɒnə'/ N **to be a ~** être fichu*

gong /gɒŋ/ N gong (m)

gonna* /'gɒnə/ = **going to**

gonorrhoea /,gɒnə'rɪə/ N blennorragie (f)

---

good /gʊd/

| 1 ADJECTIVE | 3 COMPOUNDS |
| 2 NOUN | |

► compar **better**, superl **best**

1 ADJECTIVE

► When **good** is part of a set combination, eg **in a good temper**, **a good deal of**, look up the noun.

ⓐ bon; **a piece of ~ news** une bonne nouvelle; **he's a ~ man** c'est un homme bon; **we had ~ weather** nous avons eu du beau temps; **we had a ~ time** nous nous sommes bien amusés; **it's too ~ to be true** c'est trop beau pour être vrai; **he's on to a ~ thing*** il a trouvé un bon filon*; **it's a ~ job I was there** heureusement que j'étais là; **it will take you a ~ hour** il vous faudra une bonne heure; **a ~ 8 kilometres** 8 bons kilomètres

ⓑ = kind gentil; **be ~ to him** soyez gentil avec lui; **that's very ~ of you** c'est très gentil de votre part; **I tried to find something ~ to say about him** j'ai essayé de trouver quelque chose de bien à dire sur lui; **would you be ~ enough to tell me** auriez-vous l'obligeance de me dire

ⓒ = well-behaved [child, animal] sage; **be ~!** sois sage!; **Andrew was as ~ as gold** Andrew a été sage comme une image

ⓓ = at ease **I feel ~** je me sens bien; **I don't feel too ~ about that*** (= ashamed) j'ai un peu honte de moi

ⓔ = attractive joli; **she's got ~ legs** elle a de jolies jambes; **that looks ~ on you** ça vous va bien; **you look ~!** (= healthy) tu as bonne mine!; (= well-dressed) tu es très bien comme ça!

ⓕ = thorough **to have a ~ cry** pleurer un bon coup

► Verb + adverb may be used in French, instead of adjective + noun. For combinations other than the following, look up the noun.

give it a ~ rinse rincez-le bien; **give it a ~ stir** mélangez-le bien

ⓖ in greetings **~ afternoon** (early) bonjour; (later) bonsoir; (on leaving) bonsoir; **~ morning** bonjour; **Robert sends his ~ wishes** Robert envoie ses amitiés; **with all ~ wishes** (in letter) cordialement

ⓗ in exclamations **~!** bien!; **that's a ~ one!** [joke, story] elle est bien bonne celle-là!*

ⓘ emphatic use **we had a ~ long talk** nous avons longuement discuté; **a ~ long walk** une grande promenade; **~ old Charles!*** ce bon vieux Charles!; **~ strong shoes** de bonnes chaussures

ⓙ set structures ♦ **it's good to**: **it's ~ to be here** ça fait plaisir d'être ici; **it's ~ to see you looking so well** ça fait plaisir de te voir en si bonne forme; **it's ~ to see you** je suis content de te voir; **it's ~ to talk** ça fait du bien de parler; **it's ~ to be alive** il fait bon vivre

♦ **good at** [+ academic subject] bon en; **~ at French** bon en français; **he's ~ at everything** il est bon en tout; **she's ~ at singing** elle chante bien; **she's ~ at putting people at their ease** elle sait mettre les gens à l'aise

♦ **good with**: **she's ~ with children** elle sait s'y prendre avec les enfants; **she's ~ with her hands** elle est habile de ses mains

♦ **good enough**: **that's ~ enough for me** cela me suffit; **that's not ~ enough** ça ne suffit pas; **it's just not ~ enough!** (indignantly) ça ne va pas du tout!

♦ **good for** (= healthy for) **milk is ~ for children** le lait est bon pour les enfants; **it's ~ for you** c'est bon pour la santé; **the shock was ~ for him** le choc lui a été salutaire; **this ticket is ~ for three months** (= valid for) ce billet est valable trois mois; **my car is ~ for another few years** ma voiture tiendra bien encore quelques années

♦ **what's good for**: **if you know what's ~ for you you'll say yes** si tu as le moindre bon sens tu accepteras; **what's ~ for the consumer isn't necessarily ~ for the economy** ce qui bon pour le consommateur ne l'est pas forcément pour l'économie

♦ **more than is good for**: **they tend to eat and drink more than is ~ for them** ils ont tendance à boire et à manger plus que de raison; **some children know more than is ~ for them** certains enfants en savent plus qu'ils ne devraient

♦ **as good as** (= practically) pratiquement; **his career is as ~ as over** sa carrière est pratiquement terminée; **she as ~ as told me that ...** elle m'a dit à peu de chose près que ...; **it was as ~ as a holiday** c'étaient presque des vacances; **it's as ~ as saying that ...** autant dire que ...; **he was as ~ as his word** il a tenu promesse

♦ **as good as new** [thing] comme neuf (neuve (f)); **in a day or so he'll be as ~ as new** dans un jour ou deux il sera complètement rétabli

♦ **to make good** (= succeed) faire son chemin; [ex-criminal] s'acheter une conduite; (= compensate for) [+ deficit] combler; [+ deficiency, losses] compenser; [+ expenses] rembourser; [+ injustice, damage] réparer; **to make ~ a loss to sb** dédommager qn d'une perte; **to make ~ a promise** tenir une promesse

2 NOUN

ⓐ = virtue bien (m); **~ and evil** le bien et le mal; **there's some ~ in him** il a de bons côtés

ⓑ = good deeds **to do ~** faire le bien; **she's up to no ~*** elle prépare un mauvais coup*

ⓒ = advantage, profit bien (m); **it's for his own ~** c'est pour son bien; **for the ~ of the country** pour le bien du

allée à Bangkok
(d) [sea] se retirer ; [tide] descendre
(e) **my heart went out to him** j'ai été vraiment désolé pour lui
(f) [invitation] être envoyé ; [radio programme, TV programme] être diffusé ; **an appeal has gone out for people to give blood** un appel a été lancé pour encourager les dons de sang ; **the programme goes out on Friday evenings** l'émission passe le vendredi soir
(g) (Sport = be eliminated) être éliminé
► **go over** 1 VI (a) (= cross) aller ; **to go over to France** aller en France ; **she went over to Mrs Smith's** elle est allée chez Mme Smith ; **the ball went over into the field** le ballon est passé par-dessus et est tombé dans le champ
(b) (= be overturned) se retourner
2 VT INSEP (a) (= examine) [+ accounts, report] vérifier ; **to go over a house** visiter une maison ; **I went over his essay with him** j'ai regardé sa dissertation avec lui
(b) (= review) [+ speech] revoir ; [+ facts, points] récapituler ; **to go over the events of the day** repasser les événements de la journée ; **let's go over the facts again** récapitulons les faits
► **go over to** VT INSEP passer à ; **we're going over to a new system** nous passons à un nouveau système ; **to go over to the enemy** passer à l'ennemi
► **go round** VI (a) (= turn) tourner ; **my head is going round** j'ai la tête qui tourne (b) **to go round to sb's house** aller chez qn (c) (= be sufficient) suffire (pour tout le monde) ; **there's enough food to go round** il y a assez à manger pour tout le monde ; **to make the money go round** joindre les deux bouts* (d) (= circulate) [document, story] circuler ; **there's a rumour going round that ...** le bruit court que ... (e) = **go about**
► **go through** 1 VI (a) (= be agreed) [proposal] être accepté ; [business deal] être conclu ; **the deal did not go through** l'affaire n'a pas été conclue
2 VT INSEP (a) (= suffer, endure) endurer ; **after all he's gone through** après tout ce qu'il a enduré ; **he's going through a very difficult time** il traverse une période difficile
(b) (= examine) [+ list] examiner ; [+ book] parcourir ; [+ mail] regarder ; [+ subject, plan] étudier ; [+ one's pockets] fouiller dans ; **I went through my drawers looking for a pair of socks** j'ai cherché une paire de chaussettes dans mes tiroirs ; **I went through his essay with him** j'ai regardé sa dissertation avec lui
(c) (= use up) [+ money] dépenser ; (= wear out) user
(d) (= carry out) [+ routine, course of study] suivre ; [+ formalities] accomplir ; [+ apprenticeship] faire
► **go through with** VT INSEP (= persist with) [+ plan, threat] mettre à exécution ; **in the end she couldn't go through with it** en fin de compte elle n'a pas pu le faire
► **go together** VI [colours, flavours] aller (bien) ensemble ; [events, conditions, ideas] aller de pair
► **go under** VI (a) (= sink) [ship, person] couler (b) (= fail) [person, business] faire faillite
► **go up** 1 VI (a) monter ; **when the curtain goes up** lorsque le rideau se lève ; **to go up in price** augmenter ; **to go up a class** passer dans la classe supérieure (b) (= approach) **I wanted to go up and talk to him** je voulais m'approcher de lui et lui parler ; **a man went up to him and asked him the time** un homme s'est approché et lui a demandé l'heure 2 VT INSEP [+ hill] gravir ; **to go up the stairs** monter l'escalier ; **to go up the street** remonter la rue
► **go with** VT INSEP (a) [circumstances, event, conditions] aller (de pair) avec ; **ill health goes with poverty** la pauvreté et la mauvaise santé vont de pair ; **the house goes with the job** le logement va avec le poste (b) [colours] aller bien avec ; [furnishings] être assorti à ; [behaviour, opinions] cadrer avec ; **I want a hat to go with my coat** je cherche un chapeau assorti à mon manteau
► **go without** 1 VI se priver de tout ; **mothers feed their children and go without themselves** les mères nourrissent leurs enfants et se privent elles-mêmes de tout 2 VT INSEP se priver de

goad /gəʊd/ VT **to ~ sb into doing sth** harceler qn jusqu'à ce qu'il fasse qch
goal /gəʊl/ N but (m) ; **to set o.s. a ~** se fixer un but ; **to play in ~** être gardien de but ; **to win by three ~s to two** gagner par trois buts à deux ♦ **goal-area** N surface (f) de but ♦ **goal average, goal difference** N (Brit) goal-average (m) ♦ **goal-kick** N coup (m) de pied de renvoi (aux six mètres) ♦ **goal post** N montant (m) de but ; **to move the ~ posts** (= change the rules) changer les règles du jeu
goalie* /ˈgəʊlɪ/ N (ABBR = **goalkeeper**) gardien(ne) (m(f)) de but
goalkeeper /ˈgəʊlkiːpəʳ/ N gardien(ne) (m(f)) de but
goalless /ˈgəʊllɪs/ ADJ [match] au score vierge ; **a ~ draw** un match nul zéro à zéro
goat /gəʊt/ N chèvre (f) ; **to get sb's ~*** taper sur les nerfs* de qn ♦ **goat's cheese** N fromage (m) de chèvre
gob: /gɒb/ N (= mouth) gueule: (f) ; **shut your ~!** ta gueule !:
gobble /ˈgɒbl/ 1 VI [turkey] glouglouter 2 VT (= gobble up) [+ food] engloutir ; **don't ~!** ne mange pas si vite !
goblet /ˈgɒblɪt/ N (= glass) verre (m) à pied ; (= cup) coupe (f)
goblin /ˈgɒblɪn/ N lutin (m)
gobsmacked: /ˈgɒb.smækd/ ADJ (Brit) sidéré*
god /gɒd/ N (a) dieu (m) ; **God** Dieu (m) ; **he thinks he's God's gift* to women** il se prend pour Don Juan
(b) (phrases) **my God!*** mon Dieu ! ; **God help you* if your mother ever finds out about this!** si ta mère apprend ça je te souhaite bien de la chance ! ; **God only knows*** Dieu seul le sait ; **and God knows what else*** et Dieu sait quoi ; **God knows I've tried*** Dieu sait si j'ai essayé ; **he went God knows where*** il est parti Dieu sait où ; **for God's sake!*** (crossly) nom d'un chien !* ; **I wish to God I hadn't told him!*** j'aurais mieux fait de ne rien lui dire !
(c) (Brit Theatre) **the ~s*** le poulailler*
godchild /ˈgɒdtʃaɪld/ N (pl **-children**) filleul(e) (m(f))
goddam(n): /ˈgɒdæm/, **goddamned**: /ˈgɒdæmd/ ADJ sacré* (before n)
goddaughter /ˈgɒddɔːtəʳ/ N filleule (f)
goddess /ˈgɒdɪs/ N déesse (f)
godfather /ˈgɒdfɑːðəʳ/ N parrain (m)
godforsaken /ˈgɒdfə.seɪkən/ ADJ [town, place] perdu
godless /ˈgɒdlɪs/ ADJ [person, action, life] impie
godmother /ˈgɒdmʌðəʳ/ N marraine (f)
godparents /ˈgɒdpɛərənts/ NPL **his ~** son parrain et sa marraine
godsend /ˈgɒdsend/ N aubaine (f)
godson /ˈgɒdsʌn/ N filleul (m)
goes /gəʊz/ VB → **go**
gofer /ˈgəʊfəʳ/ N coursier (m), -ière (f)
goggle /ˈgɒgl/ 1 VI **to ~ at sb/sth*** regarder qn/qch avec de gros yeux ronds 2 NPL **goggles** [of motorcyclist, welder] lunettes (fpl) protectrices ; [of skindiver] lunettes (fpl) de plongée
going /ˈgəʊɪŋ/ 1 N (a) (= departure) départ (m)
(b) (= progress) **that was good ~** ça a été rapide ; **it was slow ~** on n'avançait pas ; **it was hard ~** on a eu du mal ; **the meeting was hard ~** la réunion était laborieuse
(c) (= conditions) état (m) du terrain ; **it's rough ~** (walking) on marche mal ; (in car) la route est mauvaise ; **he got out while the ~ was good*** il est parti au bon moment
2 ADJ (a) **the ~ rate/price** le tarif/le prix normal
(b) (after superl adj)* **it's the best thing ~** il n'y a rien de mieux ; **the best computer game ~** le meilleur jeu électronique du monde
3 COMP ♦ **going concern** N affaire (f) florissante ♦ **going-over** N (pl **goings-over**) (= cleaning) nettoyage (m) ; (= beating) passage (m) à tabac* ; **to give sth a thorough ~-over** (= check) inspecter qch soigneusement ; (= clean) nettoyer qch à fond ♦ **goings-on*** NPL (= behaviour) manigances (fpl) ; (= happenings) événements (mpl)

Golan /'gəʊlæn/ N **the ~ Heights** le plateau du Golan

gold /gəʊld/ N or (m)

2 ADJ [watch, tooth] en or; [coin, ingot, letters] d'or; [paint] doré; **a green and ~ flag** un drapeau vert et or

3 COMP ◆ **gold disc** N disque (m) d'or ◆ **gold dust** N **to be like ~ dust** être une denrée rare ◆ **gold leaf** N feuille (f) d'or ◆ **gold medal** N médaille (f) d'or ◆ **gold mine** N **he's sitting on a ~ mine** il est assis sur une véritable mine d'or ◆ **gold-plated** ADJ plaqué or (inv) ◆ **gold record** N disque (m) d'or ◆ **gold reserves** NPL réserves (fpl) d'or ◆ **gold rush** N ruée (f) vers l'or ◆ **gold standard** N étalon-or (m)

golden /'gəʊldən/ 1 ADJ ⓐ (= gold-coloured) doré ⓑ (= made of gold) en or

2 COMP ◆ **golden age** N âge (m) d'or ◆ **golden boy*** N (popular) enfant (m) chéri; (gifted) jeune prodige (m); (financially successful) golden boy (m) ◆ **golden eagle** N aigle (m) royal ◆ **the Golden Gate Bridge** N le pont du Golden Gate ◆ **golden jubilee** N (Brit) cinquantième anniversaire (m) ◆ **golden opportunity** N occasion (f) en or ◆ **golden rule** N règle (f) d'or ◆ **golden syrup** N (Brit) sirop (m) de sucre roux ◆ **golden wedding anniversary** N noces (fpl) d'or

goldfish /'gəʊldfɪʃ/ (pl **goldfish**) N poisson (m) rouge ◆ **goldfish bowl** N bocal (m) (à poissons)

goldsmith /'gəʊldsmɪθ/ N orfèvre (m)

golf /gɒlf/ N golf (m) ◆ **golf ball** N balle (f) de golf ◆ **golf club** N club (m) de golf ◆ **golf course** N (terrain (m) de) golf (m)

golfer /'gɒlfə'/ N joueur (m), -euse (f) de golf

golfing /'gɒlfɪŋ/ 1 ADJ [equipment, trousers] de golf; **to go on a ~ holiday** partir en vacances faire du golf 2 N golf (m)

Goliath /gə'laɪəθ/ N Goliath (m)

gondola /'gɒndələ/ N gondole (f)

gone /gɒn/ 1 VB ptp of **go** 2 ADJ ⓐ **to be ~** [object] avoir disparu; [enthusiasm] être retombé; **the coffee is all ~** il n'y a plus de café; **~ are the days when ...** le temps n'est plus où ...; **he is ~** il est parti; **to be long ~** ne plus exister depuis longtemps ⓑ (Brit = after) **it's just ~ three** il est un peu plus de 3 heures

goner* /'gɒnə'/ N **to be a ~** être fichu*

gong /gɒŋ/ N gong (m)

gonna* /'gɒnə/ = **going to**

gonorrhoea /ˌgɒnə'rɪə/ N blennorragie (f)

good /gʊd/

1 ADJECTIVE	3 COMPOUNDS
2 NOUN	

▶ compar **better**, superl **best**

1 ADJECTIVE

▶ When **good** is part of a set combination, eg **in a good temper, a good deal of**, look up the noun.

ⓐ bon; **a piece of ~ news** une bonne nouvelle; **he's a ~ man** c'est un homme bon; **we had ~ weather** nous avons eu du beau temps; **we had a ~ time** nous nous sommes bien amusés; **it's too ~ to be true** c'est trop beau pour être vrai; **he's on to a ~ thing*** il a trouvé un bon filon*; **it's a ~ job I was there** heureusement que j'étais là; **it will take you a ~ hour** il vous faudra une bonne heure; **a ~ 8 kilometres** 8 bons kilomètres

ⓑ = **kind** gentil; **be ~ to him** soyez gentil avec lui; **that's very ~ of you** c'est très gentil de votre part; **I tried to find something ~ to say about him** j'ai essayé de trouver quelque chose de bien à dire sur lui; **would you be ~ enough to tell me** auriez-vous l'obligeance de me dire

ⓒ = **well-behaved** [child, animal] sage; **be ~!** sois sage!; **Andrew was as ~ as gold** Andrew a été sage comme une image

ⓓ = **at ease** **I feel ~** je me sens bien; **I don't feel too ~ about that*** (= ashamed) j'ai un peu honte de moi

ⓔ = **attractive** joli; **she's got ~ legs** elle a de jolies jambes; **that looks ~ on you** ça vous va bien; **you look ~!** (= healthy) tu as bonne mine!; (= well-dressed) tu es très bien comme ça!

ⓕ = **thorough** **to have a ~ cry** pleurer un bon coup

▶ Verb + adverb may be used in French, instead of adjective + noun. For combinations other than the following, look up the noun.

give it a ~ rinse rincez-le bien; **give it a ~ stir** mélangez-le bien

ⓖ **in greetings** **~ afternoon** (early) bonjour; (later) bonsoir; (on leaving) bonsoir; **~ morning** bonjour; **Robert sends his ~ wishes** Robert envoie ses amitiés; **with all ~ wishes** (in letter) cordialement

ⓗ **in exclamations** **~!** bien!; **that's a ~ one!** [joke, story] elle est bien bonne celle-là!*

ⓘ **emphatic use** **we had a ~ long talk** nous avons longuement discuté; **a ~ long walk** une grande promenade; **~ old Charles!*** ce bon vieux Charles!; **~ strong shoes** de bonnes chaussures

ⓙ **set structures**
◆ **it's good to:** **it's ~ to be here** ça fait plaisir d'être ici; **it's ~ to see you looking so well** ça fait plaisir de te voir en si bonne forme; **it's ~ to see you** je suis content de te voir; **it's ~ to talk** ça fait du bien de parler; **it's ~ to be alive** il fait bon vivre

◆ **good at** [+ academic subject] bon en; **~ at French** bon en français; **he's ~ at everything** il est bon en tout; **she's ~ at singing** elle chante bien; **she's ~ at putting people at their ease** elle sait mettre les gens à l'aise

◆ **good with:** **she's ~ with children** elle sait s'y prendre avec les enfants; **she's ~ with her hands** elle est habile de ses mains

◆ **good enough:** **that's ~ enough for me** cela me suffit; **that's not ~ enough** ça ne suffit pas; **it's just not ~ enough!** (indignantly) ça ne va pas du tout!

◆ **good for** (= healthy for) **milk is ~ for children** le lait est bon pour les enfants; **it's ~ for you** c'est bon pour la santé; **the shock was ~ for him** le choc lui a été salutaire; **this ticket is ~ for three months** (= valid for) ce billet est valable trois mois; **my car is ~ for another few years** ma voiture tiendra bien encore quelques années

◆ **what's good for:** **if you know what's ~ for you you'll say yes** si tu as le moindre bon sens tu accepteras; **what's ~ for the consumer isn't necessarily ~ for the economy** ce qui bon pour le consommateur ne l'est pas forcément pour l'économie

◆ **more than is good for:** **they tend to eat and drink more than is ~ for them** ils ont tendance à boire et à manger plus que de raison; **some children know more than is ~ for them** certains enfants en savent plus qu'ils ne devraient

◆ **as good as** (= practically) pratiquement; **his career is as ~ as over** sa carrière est pratiquement terminée; **she as ~ as told me that ...** elle m'a dit à peu de chose près que ...; **it was as ~ as a holiday** c'étaient presque des vacances; **it's as ~ as saying that ...** autant dire que ...; **he was as ~ as his word** il a tenu promesse

◆ **as good as new** [thing] comme neuf (neuve (f)); **in a day or so he'll be as ~ as new** dans un jour ou deux il sera complètement rétabli

◆ **to make good** (= succeed) faire son chemin; [ex-criminal] s'acheter une conduite*; (= compensate for) [+ deficit] combler; [+ deficiency, losses] compenser; [+ expenses] rembourser; [+ injustice, damage] réparer; **to make ~ a loss to sb** dédommager qn d'une perte; **to make ~ a promise** tenir une promesse

2 NOUN

ⓐ = **virtue** bien (m); **~ and evil** le bien et le mal; **there's some ~ in him** il a de bons côtés

ⓑ = **good deeds** **to do ~** faire le bien; **she's up to no ~*** elle prépare un mauvais coup*

ⓒ = **advantage, profit** bien (m); **it's for his own ~** c'est pour son bien; **for the ~ of the country** pour le bien du pays; **the common ~** l'intérêt *(m)* commun; **a lot of ~ that's done!** nous voilà bien avancés!; **he'll come to no ~** il finira mal

♦ **to do sb good** faire du bien à qn; **that will do you ~** cela vous fera du bien; **what ~ will that do you?** ça t'avancera à quoi?; **a fat lot of ~ that will do you!*** tu seras bien avancé!; **a lot of ~ that's done him!** le voilà bien avancé!; **it does my heart ~ to see him** ça me réjouit de le voir

ⓓ **= use** **what's the ~?** à quoi bon?; **what's the ~ of hurrying?** à quoi bon se presser?; **[advice, suggestion]** ça ne m'avance pas à grand-chose; **[object, money]** ça ne me sert pas à grand-chose; **that won't be much ~** cela ne servira pas à grand-chose; **if that is any ~ to you** si ça peut t'être utile; **is he any ~?** **[worker, singer]** qu'est-ce qu'il vaut?

♦ **no good** (= *useless*) **it's no ~** ça ne sert à rien; **it's no ~ saying that** ça ne sert à rien de dire cela; **it's no ~ worrying** ça ne sert à rien de se faire du souci; **it's no ~, I'll never get it finished in time** il n'y a rien à faire, je n'arriverai jamais à le finir à temps; **that's no ~** ça ne va pas; **I'm no ~ at maths** je suis mauvais en maths

ⓔ ♦ **for good** pour de bon; **he's gone for ~** il est parti pour de bon; **for ~ and all** une (bonne) fois pour toutes; **to settle down for ~** se fixer définitivement

3 COMPOUNDS

♦ **good-for-nothing** N bon *(m)*, bonne *(f)* à rien ♦ **Good Friday** N Vendredi *(m)* saint ♦ **good-humoured** ADJ [*person, appearance, smile*] jovial; [*joke*] sans malice ♦ **good-looking** ADJ beau (belle *(f)*) ♦ **good looks** NPL beauté *(f)* ♦ **good-natured** ADJ [*person*] facile à vivre; [*smile, laughter*] bon enfant *(inv)* ♦ **good-tempered** ADJ [*person*] qui a bon caractère

goodbye /ˌɡʊdˈbaɪ/ EXCL au revoir!; **to say ~ to sb** dire au revoir à qn; **you can say ~ to peace and quiet!** tu peux dire adieu à ta tranquillité!

goodness /ˈɡʊdnɪs/ N ⓐ [*of person*] bonté *(f)*; **out of the ~ of his heart** par pure gentillesse; **my ~!*** bonté divine!; **~ knows*** Dieu sait; **for ~' sake*** pour l'amour de Dieu; **I wish to ~ I had never met him!*** si seulement j'avais pu ne jamais le rencontrer! ⓑ (*in food*) qualités *(fpl)* nutritives; **to be full of natural ~** être plein de bonnes choses

goodnight /ɡʊdˈnaɪt/ EXCL bonne nuit!

goods /ɡʊdz/ NPL marchandises *(fpl)*

goodwill /ˌɡʊdˈwɪl/ N bonne volonté *(f)* ♦ **goodwill mission** N visite *(f)* d'amitié

goody /ˈɡʊdɪ/ 1 EXCL chouette!* 2 N ⓐ (= *person*) **the goodies and the baddies** les bons *(mpl)* et les méchants *(mpl)* ⓑ **goodies** (= *edible treats*) friandises *(fpl)*; (= *gifts*) petits cadeaux *(mpl)*

gooey* /ˈɡuːɪ/ ADJ [*substance, mess*] gluant; [*cake, dessert*] fondant; [*film, story*] à l'eau de rose

goof* /ɡuːf/ 1 N cinglé(e)* *(m(f))* 2 VI gaffer*
► **goof around*** VI (*US*) faire l'imbécile
► **goof up*** 1 VI (*US*) gaffer* 2 VT SEP gâcher

goofy* /ˈɡuːfɪ/ ADJ (= *mad*) cinglé*; (= *silly*) niais

Google® /ˈɡuːɡl/ 1 VI faire une recherche Google® 2 VT (= *do a search on*) googler

goose /ɡuːs/ (*pl* **geese**) 1 N oie *(f)* 2 VT (= *prod*)* **to ~ sb** donner un petit coup sur les fesses de qn 3 COMP ♦ **goose bumps** NPL, **goose flesh** N, **goose pimples** NPL **to come out in ~ bumps** avoir la chair de poule; **that gives me ~ bumps** cela me donne la chair de poule

gooseberry /ˈɡʊzbərɪ/ N (= *fruit*) groseille *(f)* à maquereau; (= *gooseberry bush*) groseillier *(m)*; **to play ~** (*Brit*) tenir la chandelle

gopher /ˈɡəʊfəʳ/ N ⓐ (= *squirrel*) spermophile *(m)* ⓑ (= *person*) coursier *(m)*, -ière *(f)*

gore /ɡɔːʳ/ 1 N (= *blood*) sang *(m)* 2 VT (= *injure*) encorner; **~d to death** tué d'un coup de corne

gorge /ɡɔːdʒ/ 1 N gorge *(f)* 2 VT **to ~ o.s.** se gaver (**with** de) 3 VI se gaver (**on** de)

gorgeous /ˈɡɔːdʒəs/ ADJ superbe; [*food, wine*] sensationnel; [*eyes, hair*]* splendide; **to look ~** avoir l'air superbe; **to smell ~** sentir délicieusement bon; **a ~ blonde*** une superbe blonde

gorilla /ɡəˈrɪlə/ N gorille *(m)*

gormless* /ˈɡɔːmlɪs/ ADJ (*Brit*) empoté

gorse /ɡɔːs/ N ajoncs *(mpl)* ♦ **gorse bush** N ajonc *(m)*

gory /ˈɡɔːrɪ/ ADJ sanglant; **tell me all the ~ details!*** raconte-moi tous les détails sordides!

gosh* /ɡɒʃ/ EXCL mince!*

gospel /ˈɡɒspəl/ N ⓐ évangile *(m)*; **to take sth as ~*** prendre qch pour parole d'évangile ⓑ (= *music*) gospel *(m)*

gossamer /ˈɡɒsəməʳ/ N ⓐ (= *cobweb*) fils *(mpl)* de la Vierge; (= *gauze*) gaze *(f)*; (= *light fabric*) tulle *(m)*

gossip /ˈɡɒsɪp/ 1 N ⓐ (= *rumours*) commérages *(mpl)* (*pej*); **what's the latest ~?** quels sont les derniers potins?; **a piece of ~** un ragot* ⓑ (= *chat*) **we had a good old ~** on a bien papoté* ⓒ (= *person*) commère *(f)* 2 VI ⓐ (= *chat*) papoter ⓑ (*maliciously*) faire des commérages (**about** sur) 3 COMP ♦ **gossip column** N échos *(mpl)*

got /ɡɒt/ VB *pt, ptp of* **get**

gotcha: /ˈɡɒtʃə/ EXCL (= *I've got you*) ⓐ (= *I see*) pigé!* ⓑ (*when catching sb, catching sb out*) je te tiens!*; (*when hitting sb*) je t'ai eu!*

Gothic /ˈɡɒθɪk/ ADJ, N gothique *(m)*

gotta* /ˈɡɒtə/ MODAL AUX VB (= *have got to*) **I/he's/they ~ go** je dois/il doit/ils doivent partir

gotten /ˈɡɒtn/ VB (*US*) *ptp of* **get**

gouge /ɡaʊdʒ/ VT [+ *wood*] évider; **to ~ a hole in sth** creuser un trou dans qch
► **gouge out** VT SEP évider; **to ~ sb's eyes out** arracher les yeux à qn

gourd /ɡʊəd/ N gourde *(f)*

gourmet /ˈɡʊəmeɪ/ 1 N gourmet *(m)* 2 ADJ [*food, restaurant*] gastronomique

gout /ɡaʊt/ N goutte *(f)*

Gov. ABBR = **governor**

govern /ˈɡʌvən/ 1 VT ⓐ [*head of state*] gouverner ⓑ [*law, rule, principle*] régir; **international guidelines ~ing the export of arms** les directives internationales régissant l'exportation des armes; **there are strict rules ~ing how much lawyers can charge** il existe des règles strictes fixant le montant des honoraires des avocats 2 VI gouverner

governess /ˈɡʌvənɪs/ N gouvernante *(f)*

governing /ˈɡʌvənɪŋ/ ADJ [*party, coalition*] au pouvoir ♦ **governing body** N [*of sport*] comité *(m)* directeur; [*of association*] conseil *(m)* d'administration; [*of school*] conseil *(m)* d'établissement; [*of university*] conseil *(m)* d'université

government /ˈɡʌvənmənt/ 1 N [*of country*] gouvernement *(m)*; [*of province, city*] administration *(f)*; **a project financed by the ~** un projet financé par l'État 2 ADJ [*policy, decision, intervention, spending*] du gouvernement; [*grant*] d'État; [*responsibility, loan*] de l'État

governmental /ˌɡʌvənˈmentl/ ADJ gouvernemental

governor /ˈɡʌvənəʳ/ N [*of state, bank*] gouverneur *(m)*; (*Brit*) [*of prison*] directeur *(m)*, -trice *(f)*; [*of institution*] administrateur *(m)*, -trice *(f)*; (*Brit*) [*of school*] ≈ membre *(m)* d'un conseil d'établissement

gown /ɡaʊn/ N [*of woman, lawyer*] robe *(f)*; [*of student*] toge *(f)*

GP /ˌdʒiːˈpiː/ N (ABBR = **General Practitioner**) (médecin *(m)*) généraliste *(m)*; **she's a GP** elle est généraliste; **to go to one's GP** aller voir son médecin traitant

GPA /ˌdʒiːpiːˈeɪ/ N (*US*) (ABBR = **grade point average**) moyenne *(f)* des notes

GPS /ˌdʒiːpiːˈes/ N (ABBR = **global positioning system**) GPS *(m)*

grab /ɡræb/ 1 N **to make a ~ for sth** faire un geste vif pour saisir qch; **to be up for ~s*** (= *available*) être disponible; **there are big money prizes up for ~s** il y a de grosses sommes d'argent à gagner

2 VT ⓐ [+ *object*] saisir ; **~ hold of this for a minute** tiens ça une minute ; **he ~bed me** il m'a empoigné ; **she ~bed him by the arm** elle l'a empoigné par le bras
ⓑ (= *seize unlawfully*) [+ *land, power*] s'emparer de
ⓒ [+ *snack, sandwich*]* avaler ; [+ *seat*]* prendre
ⓓ [+ *sb's attention*]* attirer ; [+ *opportunity*]* saisir ; **they're trying to ~ a share of the market** ils essaient de prendre une part de marché ; **how does that ~ you?*** qu'est-ce que tu en dis ?*

3 VI **to ~ at a rope** essayer d'agripper une corde ; **don't ~!** (*to child*) doucement !

4 COMP ◆ **grab bag*** N (*US*) *sac où l'on pioche des petits cadeaux*

grace /greɪs/ 1 N ⓐ grâce (*f*)
ⓑ (= *prayer*) **to say ~** (*before meals*) dire le bénédicité
ⓒ (*phrases*) **to do sth with good/bad ~** faire qch de bonne/mauvaise grâce ; **he had the good ~ to apologize** il a eu la bonne grâce de s'excuser ; **his saving ~** ce qui le rachète
ⓓ (= *respite*) répit (*m*) ; **a day's ~** un jour de répit
ⓔ (= *title*) **His Grace the Archbishop** Monseigneur l'Archevêque ; **His Grace the Duke** Monsieur le duc ; **Her Grace the Duchess** Madame la duchesse ; **yes, your Grace** oui, Monseigneur (*or* Monsieur le duc *or* Madame la duchesse)

2 VT ⓐ (= *adorn*) orner (**with** de)
ⓑ honorer (**with** de) ; **the queen ~d the performance with her presence** la reine a honoré la représentation de sa présence

graceful /ˈgreɪsfʊl/ ADJ [*movement, animal, person*] gracieux ; [*apology, retraction*] élégant

gracefully /ˈgreɪsfəlɪ/ ADV avec grâce ; [*retire*] avec dignité ; [*apologize*] élégamment ; **to admit defeat ~** s'avouer vaincu de bonne grâce ; **to grow old ~** vieillir avec grâce

gracious /ˈgreɪʃəs/ ADJ ⓐ (= *kindly*) [*person, smile, gesture*] bienveillant ; (= *courteous*) courtois (= *elegant*) **~ living** la vie de luxe EXCL* **good ~!** mon Dieu ! ; **good ~ no!** jamais de la vie ! ; **good ~ me!** oh, mon Dieu !

graciously /ˈgreɪʃəslɪ/ ADV (= *courteously*) [*wave, smile*] gracieusement ; [*accept, agree*] de bonne grâce ; [*consent, allow*] gracieusement (= *elegantly*) [*live*] avec raffinement

grade /greɪd/ N [*of goods*] (= *quality*) qualité (*f*) ; (= *size*) calibre (*m*)
ⓑ (*in hierarchy: in company*) échelon (*m*) ; (= *military rank*) rang (*m*) ; **to make the ~** se montrer à la hauteur ; **he'll never make the ~** il n'y arrivera jamais ; **salary ~** échelon (*m*) (salarial)
ⓒ (= *mark*) note (*f*) ; **to get good/poor ~s** avoir de bonnes/mauvaises notes
ⓓ (= *school class*) année (*f*) → GRADE
ⓔ (*US* = *slope*) rampe (*f*)

2 VT ⓐ (= *sort out*) [+ *produce, accommodation, colours, questions*] classer ; (*by size*) [+ *apples, eggs*] calibrer ; **the exercises are ~d according to difficulty** les exercices sont classés selon leur degré de difficulté
ⓑ (= *make progressively easier, more difficult, darker, lighter*) [+ *work, exercises, colours*] graduer
ⓒ (= *mark*) [+ *pupil, work*] noter
ⓓ (*US* = *level*) [+ *ground*] niveler

3 COMP ◆ **grade book** N (*US*) cahier (*m*) de notes ◆ **grade crossing** N (*US*) passage (*m*) à niveau ◆ **grade point average** N (*US*) (note (*f*)) moyenne (*f*) ◆ **grade school** N (*US*) école (*f*) primaire ◆ **grade sheet** N (*US*) relevé (*m*) de notes

ⓘ **GRADE**
Aux États-Unis et au Canada, on désigne sous le nom de **grade** *chacune des douze années de la scolarité obligatoire, depuis le cours préparatoire (*first **grade***) jusqu'à la terminale (*twelfth **grade***). On notera les surnoms donnés aux élèves des quatre dernières années : «* freshman *» (petit nouveau) en 9ème année (la première année du deuxième cycle du secondaire), «* sophomore *» en 10ème année, «* junior *» en 11ème et «* senior *» en terminale.*

gradient /ˈgreɪdɪənt/ N inclinaison (*f*) ; **a ~ of 10%** une inclinaison de 10 %

grading /ˈgreɪdɪŋ/ N classification (*f*) ; (*by size*) calibrage (*m*) ; [*of schoolwork*] notation (*f*)

gradual /ˈgrædjʊəl/ ADJ progressif ; [*slope*] doux (douce (*f*))

gradually /ˈgrædjʊəlɪ/ ADV progressivement

graduate 1 VT graduer

2 VI (= *get diploma*) ≈ obtenir sa licence (*or* son diplôme *etc*) ; (*US: from high school*) ≈ obtenir son baccalauréat ; **he ~d as an architect** il a eu son diplôme d'architecte

3 N (= *holder of diploma*) ≈ licencié(e) (*m(f)*), diplômé(e) (*m(f)*)

4 ADJ [*teacher, staff*] ≈ diplômé ; **~ course** études (*fpl*) de troisième cycle ; **Graduate Record Examination** (*US Univ*) *examen d'entrée dans le second cycle* ; **~ school** (*US*) troisième cycle (*m*) d'université ; **~ student** (*US*) étudiant(e) (*m(f)*) de troisième cycle ; **~ studies** études (*fpl*) de troisième cycle

★ *Lorsque* **graduate** *est un verbe, la fin se prononce comme* **eight**: /ˈgrædjʊeɪt/ ; *lorsque c'est un nom ou un adjectif, elle se prononce comme* **it**: /ˈgrædjʊɪt/.

graduation /ˌgrædjʊˈeɪʃən/ N (= *ceremony*) cérémonie (*f*) de remise des diplômes ; (*by student*) obtention (*f*) du diplôme ; **I'm hoping to get a good job after ~** j'espère trouver un bon emploi une fois que j'aurai mon diplôme ◆ **graduation ceremony** N cérémonie (*f*) de remise des diplômes ◆ **graduation day** jour (*m*) de la remise des diplômes

ⓘ **GRADUATION**
La **graduation** *est la cérémonie de remise des diplômes universitaires. C'est un événement important, où les étudiants, revêtus de leur toge et de leur toque noires, reçoivent officiellement leur diplôme des mains du recteur. Les familles assistent à la cérémonie et les photos prises à cette occasion occupent généralement une place d'honneur dans les intérieurs anglo-saxons.*
Aux États-Unis, le terme désigne aussi la cérémonie qui marque la fin des études secondaires.

graffiti /grəˈfiːtɪ/ N graffiti (*m*) ; **~ artist** graffiteur (*m*), -euse (*f*)

graft /grɑːft/ 1 N ⓐ greffe (*f*) ; **they did a skin ~** ils ont fait une greffe de la peau ⓑ (= *bribery*) corruption (*f*) ⓒ (*Brit* = *work*)* **hard ~** boulot* (*m*) acharné 2 VT ⓐ greffer ⓑ (= *get by bribery*) obtenir par la corruption ; (= *get by swindling*) obtenir par escroquerie 3 VI (= *engage in bribery*) recevoir des pots-de-vin ; (= *swindle*) faire de l'escroquerie

graham cracker /ˈgreɪəmˌkrækəʳ/ N (*US*) biscuit (*m*) à la farine complète

grain /greɪn/ N ⓐ céréale(s) (*f(pl)*) ; (*US*) blé (*m*) ⓑ (= *single grain*) [*of cereal, salt, sand*] grain (*m*) ; [*of sense, malice, truth*] brin (*m*) ; **a few ~s of rice** quelques grains de riz ⓒ (*in leather, of photo*) grain (*m*) ; (*in wood, meat*) fibre (*f*) ; **with the ~** dans le sens de la fibre ; **against the ~** en travers de la fibre ; **it goes against the ~ for him to apologize** ce n'est pas dans sa nature de s'excuser ; **I'll do it, but it goes against the ~** je le ferai, mais pas de bon cœur

/greɪnɪ/ ADJ [*photo*] qui a du grain ; [*substance*] granuleux

/græm/ N gramme (*m*)

/ˈgræməʳ/ N grammaire (*f*) ◆ **grammar school** N (*Brit*) ≈ lycée (*m*) (*avec examen d'entrée*) ; (*US*) ≈ école (*f*) primaire → COMPREHENSIVE SCHOOL

grammatical /grəˈmætɪkəl/ ADJ ⓐ [*structure, sentence, rule*] grammatical ⓑ (= *correct*) grammaticalement correct ; **he speaks perfectly ~ English** il parle un anglais parfaitement correct du point de vue grammatical

gramme /græm/ N (*Brit*) gramme (*m*)

gramophone /ˈgræməfəʊn/ N phonographe (*m*)

gran* /græn/ N (*Brit*) mamie* (*f*)

Granada /grəˈnɑːdə/ N (*in Spain*) Grenade

grand /grænd/ 1 ADJ ⓐ (= *impressive*) [*architecture*] grandiose; [*building, staircase*] majestueux; [*occasion*] grand; **to do things on a ~ scale** faire les choses en grand; **to live in ~ style** mener la grande vie ⓑ (= *ambitious*) [*scheme, design*] ambitieux 2 N (*pl inv*)* (= *£1,000*) mille livres *(fpl)*; (= *$1,000*) mille dollars *(mpl)* 3 COMP ♦ **the Grand Old Party** N (*US*) le parti républicain ♦ **grand piano** N piano *(m)* à queue ♦ **grand slam** N grand chelem *(m)* ♦ **grand total** N total *(m)* général

> **ⓘ GRAND JURY**
> Dans le système judiciaire américain, le **grand jury** est le jury d'accusation, qui décide si une personne devra comparaître devant le jury de jugement (« **trial jury** » ou « **petit jury** »), qui statuera sur son éventuelle culpabilité.
> Composé de 12 à 23 personnes, le **grand jury** se réunit à huis clos; il a le droit de citer des témoins à comparaître.

grandchild /'græntʃaɪld/ 1 N petit(e)-enfant *(m(f))* 2 NPL **grandchildren** petits-enfants *(mpl)*

grand(d)ad• /'grændæd/ N papi* *(m)*

granddaughter /'grændɔːtəʳ/ N petite-fille *(f)*

grandeur /'grændjəʳ/ N [*of scenery, house*] splendeur *(f)*

grandfather /'grændfɑːðəʳ/ N grand-père *(m)* ♦ **grandfather clock** N horloge *(f)* comtoise

grandiose /'grændɪəʊz/ ADJ grandiose; [*style*] grandiloquent

grandma• /'grændmɑː/ N mamie* *(f)*

grandmother /'grænmʌðəʳ/ N grand-mère *(f)*

grandpa• /'grænpɑː/ N papi* *(m)*

grandparents /'grændpɛərənts/ NPL grands-parents *(mpl)*

Grand Prix /grɒnd'priː/ N Grand Prix *(m)*; **the Monaco ~** le Grand Prix de Monaco

grandson /'grænsʌn/ N petit-fils *(m)*

grandstand /'grændstænd/ N tribune *(f)*

grandstanding /'grændstændɪŋ/ N (*political*) démagogie *(f)*

granite /'grænɪt/ 1 N granit *(m)* 2 ADJ en granit

grannie•, granny• /'grænɪ/ N mamie* *(f)* ♦ **granny flat** N petit appartement *(m)* indépendant (*en annexe*)

granola /græ'nəʊlə/ N (*US*) muesli *(m)* (*aux céréales légèrement caramélisées*)

grant /grɑːnt/ 1 VT ⓐ [*+ favour, permission*] accorder; [*+ wish*] exaucer; [*+ request*] accéder à; **to ~ sb permission to do sth** accorder à qn l'autorisation de faire qch; **they were ~ed an extension of three weeks** on leur a accordé un délai de trois semaines ⓑ (= *admit*) admettre; **to ~ a proposition** admettre la vérité d'une proposition; **it must be ~ed that ...** il faut admettre que ...; **I ~ you that** je vous l'accorde; **I ~ that he is honest** je reconnais qu'il est honnête ⓒ ♦ **to take sb/sth for granted**: **he takes her for ~ed** pour lui, elle fait partie des meubles; **stop taking me for ~ed!** aie un peu plus d'égards pour moi!; **to take details/sb's agreement for ~ed** considérer les détails/l'accord de qn comme allant de soi; **we can take it for ~ed that he will come** nous pouvons partir du principe qu'il va venir; **he takes it for ~ed that ...** il trouve tout naturel que ... (+ *subj*) 2 N (= *sum of money*) subvention *(f)*; (*Brit* = *scholarship*) bourse *(f)*; **they have a government ~ to aid research** ils ont une subvention gouvernementale d'aide à la recherche; **to be on a ~** [*student*] avoir une bourse 3 COMP ♦ **grant-aided** ADJ subventionné par l'État ♦ **grant-maintained school** N (*Brit*) établissement scolaire financé par l'État et non par une collectivité locale

granulated sugar /,grænjʊleɪtɪd'ʃʊgəʳ/ N sucre *(m)* semoule

grape /greɪp/ N grain *(m)* de raisin *(m)*; **~s** raisin *(m)* ♦ **grape harvest** N vendange *(f)*

grapefruit /'greɪpfruːt/ N pamplemousse *(m)*

grapevine /'greɪpvaɪn/ N **I hear through the ~ that ...** j'ai appris par le téléphone arabe que ...

graph /grɑːf/ N graphique *(m)* ♦ **graph paper** N papier *(m)* quadrillé; (*in millimetres*) papier *(m)* millimétré

graphic /'græfɪk/ 1 ADJ ⓐ (= *vivid*) [*account, description*] imagé; **to describe sth in ~ detail** faire une description très crue de qch ⓑ (*in art, mathematics*) graphique 2 COMP ♦ **graphic artist** N graphiste *(mf)* ♦ **the graphic arts** NPL les arts *(mpl)* graphiques ♦ **graphic design** N graphisme *(m)* ♦ **graphic designer** N graphiste *(mf)* ♦ **graphic equalizer** N égaliseur *(m)* graphique

graphics /'græfɪks/ N (*on computer*) graphisme *(m)* ♦ **graphics card** N carte *(f)* graphique

graphite /'græfaɪt/ N graphite *(m)*

grapple /'græpl/ VI **to ~ with** [*+ person*] lutter avec; [*+ problem, task, book, subject*] se colleter avec

grasp /grɑːsp/ 1 VT [*+ object, opportunity, meaning*] saisir 2 N ⓐ (= *hold*) prise *(f)*; (*stronger*) poigne *(f)*; **a strong ~** une forte poigne; **to lose one's ~ on sth** lâcher qch; **to lose one's ~ on reality** perdre le sens de la réalité; **to let sth/sb slip from one's ~** laisser échapper qch/qn; **to have sb/sth in one's ~** (= *have power over*) avoir qn/qch sous son emprise; **to have sth within one's ~** avoir qch à portée de la main; **peace is now within our ~** la paix est à présent à notre portée ⓑ (= *understanding*) compréhension *(f)*; **he has a good ~ of basic mathematics** il a de bonnes bases en mathématiques; **it is beyond my ~** cela me dépasse; **this subject is within everyone's ~** ce sujet est à la portée de tout le monde ▸ **grasp at** VT INSEP [*+ object*] essayer d'agripper; [*+ hope*] chercher à se raccrocher à; [*+ opportunity*] chercher à saisir

grasping /'grɑːspɪŋ/ ADJ (= *greedy*) cupide

grass /grɑːs/ 1 N herbe *(f)*; **"keep off the ~"** « défense de marcher sur la pelouse » 2 VT [*+ garden, square*] gazonner; [*+ field, land*] enherber 3 COMP ♦ **the grass roots** NPL [*of movement, party*] la base; **~-roots movement** mouvement *(m)* populaire ♦ **grass snake** N couleuvre *(f)*

grasshopper /'grɑːshɒpəʳ/ N sauterelle *(f)*

grassland /'grɑːslænd/ N prairie *(f)*

grassy /'grɑːsɪ/ ADJ [*slope, hillside*] herbeux

grate /greɪt/ 1 N (= *fireplace*) foyer *(m)*; **a fire in the ~** un feu dans l'âtre 2 VT [*+ cheese, carrot*] râper 3 VI **it ~d on his nerves** ça lui tapait sur les nerfs*

grateful /'greɪtful/ ADJ [*person*] reconnaissant (**to** à, **for** de); **I am ~ for your support** je vous suis reconnaissant de votre soutien; **I'd be ~ if you would come** je serais très heureux si vous pouviez venir; **with ~ thanks** avec mes (*or* nos) plus sincères remerciements; **I would be ~ if you could send me ...** (*in letter*) je vous serais reconnaissant de bien vouloir m'envoyer ...

gratefully /'greɪtfʊlɪ/ ADV avec gratitude; **all donations ~ received** tous les dons seront les bienvenus

grater /'greɪtəʳ/ N râpe *(f)*; **cheese ~** râpe *(f)* à fromage

gratification /,grætɪfɪ'keɪʃən/ N (= *pleasure*) satisfaction *(f)*; (= *fulfilment*) [*of desires*] assouvissement *(m)*; **to his ~ he learnt that ...** à sa grande satisfaction il apprit que ...; **sexual ~** le plaisir sexuel

gratify /'grætɪfaɪ/ VT (= *please*) [*+ person*] faire plaisir à; (= *fulfil*) [*+ desire*] satisfaire; **I was gratified to hear that ...** j'ai appris avec grand plaisir que ...

gratifying /'grætɪfaɪɪŋ/ ADJ (= *pleasing*) agréable; **it is ~ to learn that ...** cela fait plaisir d'apprendre que ...

grating /'greɪtɪŋ/ 1 N grille *(f)* 2 ADJ [*voice, sound*] grinçant

gratitude /'grætɪtjuːd/ N gratitude *(f)* (**towards** envers, **for** de)

gratuitous /grə'tjuːɪtəs/ ADJ gratuit

gratuity /grə'tjuːɪtɪ/ N (= *tip*) pourboire *(m)*

grave /greɪv/ 1 N tombe *(f)*; (*more elaborate*) tombeau *(m)* 2 ADJ (= *solemn*) grave; **to have ~ doubts about sth** douter sérieusement de qch

gravel /'grævəl/ N (= *stones*) gravier *(m)*; (*finer*) gravillon *(m)* ♦ **gravel pit** N gravière *(f)*

gravely /'greɪvlɪ/ ADV gravement

gravestone /'greɪvstəʊn/ N pierre *(f)* tombale

graveyard /'greɪvjɑːd/ N cimetière (m) ♦ **graveyard shift*** N (US) équipe (f) de nuit

gravitate /'grævɪteɪt/ VI graviter (**round** autour de)

gravity /'grævɪtɪ/ N ⓐ (= force) pesanteur (f); **centre of ~** centre de gravité ⓑ (= seriousness) gravité (f)

gravy /'greɪvɪ/ N sauce (f) (au jus de viande)

gray /greɪ/ (US) = **grey**

graze /greɪz/ 1 VI (= eat grass) brouter 2 VT ⓐ (= touch lightly) effleurer; **it only ~d him** cela n'a fait que l'effleurer ⓑ (= scrape) [+ skin, hand] érafler; **to ~ one's knees** s'écorcher les genoux; **the bullet ~d his arm** la balle lui a éraflé le bras 3 N éraflure (f)

grease /griːs/ 1 N graisse (f) 2 VT graisser

greaseproof paper /ˌgriːspruːf'peɪpə'/ N papier (m) sulfurisé

greasy /'griːsɪ/ ADJ ⓐ [hair, skin, ointment, food, surface] gras (grasse (f)); [overalls, tools] graisseux; **~ hands** mains (fpl) pleines de graisse ⓑ (= smarmy) obséquieux

great /greɪt/ 1 ADJ ⓐ (in size, importance) grand; **with ~ difficulty** avec de grandes difficultés; **a ~ many people** un grand nombre de gens; **to study sth in ~ depth** étudier qch à fond; **to a ~ extent** dans une large mesure; **a ~ man** un grand homme; **the ~est names in football/poetry** les plus grands noms du football/de la poésie; **he has a ~ future** il a un bel avenir (devant lui) ⓑ (= excellent)* [person, place] super* (inv); [holiday, idea] génial*; **you were ~!** tu as été sensationnel!*; **he's the ~est!** il est formidable!; **that's ~!** c'est super!*; **I feel ~** je me sens en pleine forme; **my wife isn't feeling so ~** ma femme ne se sent pas trop bien; **this cookbook is ~ for desserts** ce livre de cuisine est excellent pour les desserts; **you look ~** (= healthy) tu as vraiment bonne mine; (= attractive) tu es superbe; **we had a ~ time** c'était merveilleux; **it was ~ fun** c'était très amusant ⓒ (= enthusiastic) **he's a ~ angler** il est passionné de pêche; **they are ~ friends** ce sont de grands amis; **he's a ~ one for criticizing others*** il ne rate pas une occasion de critiquer les autres ⓓ (= expert)* **he's a ~ teacher** c'est un excellent professeur; **he's ~ at maths** il est vachement fort* en maths

2 ADV* ⓐ (= excellently) super bien*; **she's doing ~** elle s'en tire super bien* ⓑ **~ big** [object, animal, kiss] énorme

3 EXCL (= brilliant)* super*

4 COMP ♦ **great-aunt** N grand-tante (f) ♦ **Great Britain** N Grande-Bretagne (f) → GREAT BRITAIN ♦ **Greater London** N Grand Londres (m) ♦ **Greater Manchester** N agglomération (f) de Manchester ♦ **great-grandchild** N (pl **great-grandchildren**) arrière-petit-fils (m), arrière-petite-fille (f) ♦ **great-grandfather** N arrière-grand-père (m) ♦ **great-grandmother** N arrière-grand-mère (f) ♦ **the Great Lakes** NPL les Grands Lacs (mpl) ♦ **the Great Plains** NPL les Grandes Plaines (fpl) ♦ **great-uncle** N grand-oncle (m) ♦ **the Great Wall of China** N la Grande Muraille de Chine

> ⚫ **GREAT BRITAIN, UNITED KINGDOM**
> Dans l'usage courant, il est fréquent d'employer les mots **Britain** ou «England» pour désigner l'ensemble du Royaume-Uni, mais cet usage est impropre.
> La Grande-Bretagne, **Great Britain** ou **Britain** en anglais, est, strictement parlant, un terme géographique. Il désigne la plus grande des îles Britanniques et englobe donc l'Écosse et le pays de Galles. Avec l'Irlande, l'île de Man et les îles Anglo-Normandes, la Grande-Bretagne constitue les Britanniques ou **British Isles**, qui sont également une notion géographique puisqu'elles comprennent deux pays: le Royaume-Uni (capitale: Londres) et la République d'Irlande (capitale: Dublin).
> Le Royaume-Uni (de Grande-Bretagne et d'Irlande du Nord), en anglais **United Kingdom (of Great Britain and Northern Ireland)** ou **UK**, est la désignation officielle d'une entité politique. Ses citoyens sont des Britanniques.
> ▷ www.direct.gov.uk

greater /'greɪtə'/, **greatest** /'greɪtɪst/ ADJ compar, superl of **great**

greatly /'greɪtlɪ/ ADV [regret] vivement; [surprise] beaucoup; [prefer] de beaucoup; [admire, influence, increase] énormément; [improve, diminish] considérablement; [exaggerate] largement; **to be ~ superior to sb/sth** être nettement supérieur à qn/qch

greatness /'greɪtnɪs/ N grandeur (f)

Greece /griːs/ N Grèce (f)

greed /griːd/ N (for food) gourmandise (f); (for money, power) avidité (f)

greedily /'griːdɪlɪ/ ADV [eat, drink] goulûment; **he eyed the food ~** il a regardé la nourriture d'un air vorace

greedy /'griːdɪ/ ADJ (for food) gourmand; (for money, power) avide (**for** de); **don't be ~!** (at table) ne sois pas si gourmand!; (asking for money) n'en demande pas tant!

Greek /griːk/ 1 ADJ grec (grecque (f)); [teacher] de grec 2 N ⓐ Grec(que) (m(f)) ⓑ (= language) grec (m) 3 COMP ♦ **Greek Cypriot** N Chypriote (mf) grec(que) ♦ ADJ chypriote grec(que)

green /griːn/ 1 ADJ ⓐ (in colour) vert; **dark ~** vert foncé (inv); **light ~** vert clair (inv); **pale ~** vert (inv) pâle (inv); **to be ~ with envy** être vert de jalousie ⓑ (= inexperienced)* inexpérimenté; (= naïve)* naïf (naïve (f)); **I'm not as ~ as I look!** je ne suis pas si naïf que j'en ai l'air! ⓒ (= ecological)* écologiste; [product, person] écolo* (inv) 2 N ⓐ (= colour) vert (m); **dressed in ~** habillé en vert ⓑ (= lawn) pelouse (f); (= village green) ≈ place (f) (du village) (gazonnée); (Golf) vert (m); (= bowling green) terrain gazonné pour le jeu de boules 3 NPL **greens** ⓐ (Brit = vegetables) légumes (mpl) verts ⓑ (Politics) **the Greens** les Verts (mpl) 4 COMP ♦ **green bean** N haricot (m) vert ♦ **green belt** N (Brit) ceinture (f) verte ♦ **green card** N (in Britain = driving insurance) carte (f) verte; (in US = work permit) permis (m) de travail ♦ **Green Cross Code** N (Brit) code de prévention routière destiné aux enfants ♦ **green fingers** NPL (Brit) **he's got ~ fingers** il a la main verte ♦ **green light** N (= traffic light) feu (m) vert; **to give sb/sth the ~ light** donner le feu vert à qn/qch ♦ **the Green Party** N (Brit) les Verts (mpl) ♦ **green pepper** N poivron (m) vert ♦ **green salad** N salade (f) (verte)

greenback* /'griːnbæk/ N (US = dollar) dollar (m)

greenery /'griːnərɪ/ N verdure (f)

greenfly /'griːnflaɪ/ N (pl **greenfly**) puceron (m) (des plantes)

greengage /'griːngeɪdʒ/ N (Brit) reine-claude (f)

greengrocer /'griːngrəʊsə'/ N (Brit) marchand(e) (m(f)) de fruits et légumes; **~'s** magasin (m) de fruits et légumes

greenhouse /'griːnhaʊs/ N serre (f); **the ~ effect** l'effet (m) de serre; **~ gas** gaz (m) contribuant à l'effet de serre

greenish /'griːnɪʃ/ ADJ tirant sur le vert, verdâtre (pej); **~-blue-yellow** bleu/jaune tirant sur le vert

Greenland /'griːnlənd/ 1 N Groenland (m) 2 ADJ groenlandais

greet /griːt/ VT [+ person] (= say or wave hello to) saluer; (= welcome) accueillir; **he ~ed me with the news that ...** il m'a accueilli en m'apprenant que ...; **the statement was ~ed with laughter** la déclaration fut accueillie par des rires

greeting /'griːtɪŋ/ N salutation (f); (= welcome) accueil (m); **~s salutations** (fpl); **Xmas ~s** vœux (mpl) de Noël; **~s card** carte (f) de vœux

gregarious /grɪ'geərɪəs/ ADJ [animal, tendency] grégaire; [person] sociable; **man is ~** l'homme est un animal grégaire

gremlin* /'gremlɪn/ N (hum) diablotin (m)

grenade /grɪ'neɪd/ N grenade (f)

grew /gruː/ VB pt of **grow**

grey, gray (US) /greɪ/ 1 ADJ ⓐ (in colour) gris; **dark ~** gris (inv) foncé (inv); **light ~** gris (inv) clair (inv); **pale ~** gris (inv) pâle (inv); **he is totally ~** (hair) il a les cheveux complètement gris; **he is going ~** il grisonne; **~ skies** ciel (m) gris

ⓑ [person, face, complexion] blême ; **to turn ~** blêmir
ⓒ (= bleak) [time, world] morne ; [outlook, prospect] sombre ;
(= boring) [person, image] terne ; [city, town] triste
ⓓ (= of old people) **the ~ vote** le vote des plus de 60 ans ; **~
power** l'importance économique des plus de 60 ans

2 N (= colour) gris (m) ; **dressed in ~** habillé en gris

3 VI [hair] grisonner ; **~ing hair** cheveux (mpl) grisonnants ;
he was ~ing at the temples il avait les tempes grisonnantes

4 COMP ◆ **grey area** N zone (f) floue ◆ **grey-haired** ADJ grisonnant ◆ **grey matter*** N (= intelligence) matière (f) grise
◆ **grey squirrel** N écureuil (m) gris, petit-gris (m)

Greyhound /ˈgreɪhaʊnd/ N Greyhound (mpl)

> ❶ **GREYHOUND**
>
> Les cars de tourisme de la compagnie **Greyhound**
> sillonnent tout le territoire des États-Unis. Ce moyen de
> transport très répandu et bon marché perpétue symboli-
> quement la tradition des grandes migrations américaines.
> La compagnie propose un abonnement forfaitaire appelé
> « Ameripass » qui permet de voyager sans restriction dans
> l'ensemble du pays.

greyhound /ˈgreɪhaʊnd/ N lévrier (m) ◆ **greyhound racing** N courses (fpl) de lévriers

grid /grɪd/ N grille (f) ; **the national ~** le réseau électrique
national

griddle /ˈgrɪdl/ N (= metal plate) gril (m) en fonte ; (= part
of stove) plaque (f) chauffante

gridiron /ˈgrɪdaɪən/ N (= utensil) gril (m)

gridlock /ˈgrɪdlɒk/ N (US) (in traffic) bouchon (m) ; (in
talks) impasse (f)

gridlocked /ˈgrɪdlɒkt/ ADJ [road] embouteillé ; [traffic]
bloqué ; [government, negotiations] dans une impasse

grief /griːf/ 1 N ⓐ (= mental pain) chagrin (m) ; **good ~!***
mon Dieu ! ; **to come to ~** [vehicle, rider, driver] avoir un
accident ; [plan, marriage] tourner mal ⓑ (= trouble)*
ennuis (mpl) ; **to give sb ~** faire de la peine à qn 2 COMP
◆ **grief-stricken** ADJ affligé

grievance /ˈgriːvəns/ N grief (m) ; **to have a ~ against sb**
avoir un grief contre qn

grieve /griːv/ 1 VT peiner ; **it ~s us to see ...** nous
sommes peinés de voir ... 2 VI avoir de la peine (**at,
about, over** à cause de) ; **to ~ for sb/sth** pleurer qn/qch

grievous /ˈgriːvəs/ ADJ [injury, error, injustice, wound] grave ;
[loss] cruel ; [blow] sévère ; [news] affreux ; [crime, offence]
odieux ◆ **grievous bodily harm** N ≈ coups (mpl) et blessures (fpl)

grill /grɪl/ 1 N ⓐ (= cooking utensil) gril (m) ; (= restaurant)
grill (m) ; **brown it under the ~** faites-le dorer au gril
ⓑ = **grille** 2 VT ⓐ (= cook) (faire) griller ; **~ed fish** poisson
(m) grillé ⓑ (= interrogate) cuisiner*

grille /grɪl/ N (= grating) grille (f) ; [of door] judas (m) ; **radiator ~** [of car] calandre (f)

grim /grɪm/ ADJ ⓐ [place] sinistre ; [news, situation] mauvais ; **things are looking pretty ~** les perspectives ne sont
guère réjouissantes ⓑ [person, face, expression] (= stern) sévère ; (= worried) sombre ; [smile] amer ; [humour] macabre ;
[voice] sombre ; **to look ~** (= angry) avoir une mine sévère ;
(= worried) avoir une mine sombre ; **with ~ determination**
avec une volonté inflexible ⓒ (= bad)* nul* ; **his singing's
pretty ~** il chante comme une casserole ; **to feel ~**
(= unwell) ne pas être dans son assiette

grimace /grɪˈmeɪs/ 1 N grimace (f) 2 VI (from disgust, pain)
grimacer ; **he ~d at the taste/the sight of ...** il a fait une
grimace en goûtant/voyant ...

grime /graɪm/ N crasse (f)

grimly /ˈgrɪmlɪ/ ADV [frown, look at, say] d'un air sévère ;
[continue, hold on] avec détermination ; [fight, struggle] farouchement ; **~ determined** farouchement déterminé ; **to
smile ~** avoir un sourire amer

grimy /ˈgraɪmɪ/ ADJ crasseux

grin /grɪn/ 1 VI sourire ; (broadly) avoir un large sourire ;
we must just ~ and bear it il faut le prendre avec le sourire

2 N large sourire (m) ; **take that stupid ~ off your face!** arrête de sourire bêtement !

grind /graɪnd/ (pret, ptp **ground**) 1 N ⓐ (= sound) grincement (m)
ⓑ (= dull hard work)* boulot* (m) pénible ; **the daily ~** le
boulot* quotidien ; **she found housework a ~** le ménage
était une corvée pour elle
ⓒ (US = swot)* bûcheur* (m), -euse* (f)

2 VT [+ corn, coffee, pepper] moudre ; (US) [+ meat] hacher ;
to ~ sth to a powder réduire qch en poudre ; **to ~ one's
teeth** grincer des dents

3 VI ⓐ grincer ; **to ~ to a halt** [vehicle] s'immobiliser dans
un grincement de freins ; [process, production, negotiations]
s'enliser ; **the traffic had ground to a halt** la circulation
était paralysée
ⓑ (= work hard)* bûcher*

► **grind down** VT SEP ⓐ [+ substance] pulvériser ⓑ (= oppress) opprimer ; (= wear down) [+ one's opponents] avoir à
l'usure ; **ground down by poverty** accablé par la misère

► **grind up** VT SEP pulvériser

grinder /ˈgraɪndəʳ/ N (= apparatus) broyeur (m) ; (for
sharpening) meule (f) à aiguiser

grindstone /ˈgraɪndstəʊn/ N meule (f) (à aiguiser) ; **to
keep sb's nose to the ~** faire trimer qn sans relâche ; **to
keep one's nose to the ~** travailler sans relâche

grip /grɪp/ 1 N ⓐ poigne (f) ; **he has a strong ~** il a une
bonne poigne
◆ **to be in the grip of sth: to be in the ~ of fear** être en
proie à la peur ; **the country is in the ~ of a recession/of a
severe drought** le pays est en proie à la récession/à une sécheresse terrible
◆ **to lose one's grip** (on object) lâcher prise ; **he lost his
~ on the rope** il a lâché la corde ; **he's losing his ~*** (on
situation) il perd un peu les pédales* ; **I must be losing my
~!*** je ne fais que des bêtises ! ; **to lose one's ~ on reality**
perdre le sens de la réalité
◆ **to get a grip on sth** [+ object] empoigner qch ; **to get
a ~ on the situation** prendre la situation en main ; **to get a
~ on o.s.*** se ressaisir ; **get a ~ on yourself!*** ressaisis-toi !
ⓑ (= handle) poignée (f) ; (on racket) prise (f) de raquette ;
(on golf club, bat) prise (f)
ⓒ (= suitcase) valise (f) ; (US = bag) sac (m) de voyage

2 NPL **grips: to get to ~s with a problem** s'attaquer à un
problème ; **we have never had to come to ~s with such a
situation** nous n'avons jamais été confrontés à pareille situation

3 VT ⓐ (= grasp) [+ rope, sb's arm] saisir ; (= hold) tenir
serré ; **to ~ sb's hand** (= grasp) saisir la main de qn ;
(= hold) tenir la main de qn serrée ; **to ~ the road** [tyres]
adhérer à la chaussée ; **the car ~s the road well** la voiture
tient bien la route
ⓑ [fear] saisir ; **~ped by terror** saisi de terreur
ⓒ (= interest strongly) [film, story] captiver ; **a film that really
~s you** un film vraiment palpitant

4 VI [wheels] adhérer ; [screw, vice, brakes] mordre

gripe* /graɪp/ N **his main ~ was that ...** son principal sujet de plainte était que ...

gripping /ˈgrɪpɪŋ/ ADJ (= exciting) palpitant

grisly /ˈgrɪzlɪ/ ADJ (= gruesome) sinistre ; (= terrifying) horrible

grist /grɪst/ N **it's all ~ to his mill** cela apporte de l'eau à
son moulin

gristle /ˈgrɪsl/ N nerfs (m) (surtout dans la viande cuite)

gristly /ˈgrɪslɪ/ ADJ [meat] nerveux

grit /grɪt/ 1 N ⓐ (= gravel) gravillon (m) ; **I've got (a piece
of) ~ in my eye** j'ai une poussière dans l'œil ⓑ (= courage)* cran* (m) ; **he's got ~** il a du cran* 2 VT ⓐ **to ~ one's
teeth** serrer les dents ⓑ **to ~ a road** sabler une route

gritty /ˈgrɪtɪ/ ADJ ⓐ (= stony, grainy) [soil] graveleux ; [tex-
ture] grumeleux ⓑ (= courageous) [person, determination]*
solide ⓒ [realism] cru ; [film, drama, account] réaliste

grizzle /ˈgrɪzl/ VI (Brit) (= whine) pleurnicher ; (= complain)
ronchonner*

grizzly /'grɪzlɪ/ N (= *grizzly bear*) grizzly *(m)*

groan /grəʊn/ 1 N [*of pain*] gémissement *(m)*; [*of disapproval, dismay*] grognement *(m)*; **this news was greeted with ~s** cette nouvelle a été accueillie par des murmures désapprobateurs 2 VI ⓐ (*in pain*) gémir (**with** de); (*in disapproval, dismay*) grommeler ⓑ [*planks, door*] grincer 3 VT (*in pain*) dire en gémissant; (*in disapproval, dismay*) dire en grommelant

grocer /'grəʊsə'/ N épicier *(m)*, -ière *(f)*; **at the ~'s** à l'épicerie

grocery /'grəʊsərɪ/ 1 N (= *shop*) épicerie *(f)* 2 NPL **groceries** épicerie *(f)*; **I spent £25 on groceries** j'ai dépensé 25 livres en épicerie

groggy* /'grɒgɪ/ ADJ [*person*] (= *weak*) faible; (= *unsteady*) groggy*; [*voice*] faible

groin /grɔɪn/ N aine *(f)*

groom /gruːm/ 1 N ⓐ (*for horses*) palefrenier *(m)* ⓑ (= *bridegroom*) (*just married*) (jeune) marié *(m)*; (*about to be married*) (futur) marié *(m)* 2 VT [+ *horse*] panser; **the cat was ~ing itself** le chat faisait sa toilette; **to ~ o.s.** [*person*] s'arranger; **well-~ed** [*person*] très soigné; [*hair*] bien coiffé; **she is being ~ed for stardom** on la prépare à devenir une star; **he is ~ing him as his successor** il en a fait son poulain

groove /gruːv/ 1 N (*in wood*) rainure *(f)*; (*in record*) sillon *(m)* 2 VI (= *dance*)* danser; **to ~ to the music** danser au rythme de la musique

groovy* /'gruːvɪ/ ADJ vachement bien⁑

grope /grəʊp/ 1 VI tâtonner; **to ~ around for sth** (*in a room*) chercher qch à tâtons; **I ~d around in my bag for the keys** j'ai fouillé dans mon sac pour trouver les clés 2 VT ⓐ **to ~ one's way towards** avancer à tâtons vers; **to ~ one's way in/out** entrer/sortir à tâtons ⓑ (= *touch sexually*)* peloter* 3 N (*sexual*) **to have a ~*** [*couple*] se peloter*

gross /grəʊs/ 1 ADJ ⓐ [*injustice*] flagrant; [*inequalities, abuse, violation*] choquant; [*exaggeration, mismanagement*] manifeste; [*simplification*] grossier; [*error*] énorme ⓑ (= *disgusting*)* dégoûtant ⓒ [*income, profit, weight*] brut; **she earns $30,000 ~ per annum** elle gagne 30 000 dollars brut par an 2 COMP ♦ **gross domestic product** N produit *(m)* intérieur brut ♦ **gross indecency** N atteinte *(f)* sexuelle ♦ **gross misconduct** N faute *(f)* grave ♦ **gross national product** N produit *(m)* national brut

grossly /'grəʊslɪ/ ADV [*exaggerate, overestimate, underestimate*] grossièrement; [*overpaid, underpaid*] nettement; [*inadequate, inaccurate*] totalement; [*misleading, inefficient, irresponsible*] terriblement; **~ unfair** d'une injustice flagrante

grotesque /grəʊ'tesk/ ADJ grotesque; [*appearance*] monstrueux; [*sight, spectacle*] choquant

grotto /'grɒtəʊ/ N grotte *(f)*

grotty* /'grɒtɪ/ ADJ (*Brit*) [*clothes*] cradingue*; [*place, food*] minable*; **to feel ~** (= *unwell*) être mal fichu*

grouch* /graʊtʃ/ 1 VI râler* 2 N (= *person*) râleur* *(m)*, -euse* *(f)*; **his main ~ is that ...** (= *complaint*) il râle* surtout parce que ...

grouchy* /'graʊtʃɪ/ ADJ ronchon*

ground¹ /graʊnd/ 1 N ⓐ **the ~** la terre, le sol; **above ~** en surface; **below ~** sous terre; **to fall to the ~** tomber par terre; **burnt to the ~** réduit en cendres; **to lie/sit on the ~** se coucher/s'asseoir par terre; **to have one's feet firmly on the ~** avoir les pieds sur terre; **to get off the ~** [*plane*] décoller; [*scheme*] démarrer; **to get sth off the ~** (faire) démarrer qch; **that suits me down to the ~*** ça me va tout à fait; **to run a car into the ~** user une voiture jusqu'à ce qu'elle soit bonne pour la casse; **to run a business into the ~** laisser péricliter une entreprise; **to run sb into the ~** épuiser qn; **to run o.s. into the ~ with work** s'épuiser au travail
ⓑ (= *piece of land*) terrain *(m)*; (= *soil*) terre *(f)*, terrain *(m)*; **stony ~** terrain *(m)* caillouteux; **neutral ~** terrain *(m)* neutre; **to meet sb on his own ~** affronter qn sur son propre terrain; **to be on dangerous ~** être sur un terrain glissant; **on familiar ~** en terrain familier; **to stand one's ~** tenir

bon; **to lose ~** perdre du terrain; [*party, politician*] être en perte de vitesse; **to clear the ~** déblayer le terrain
ⓒ (= *area for special purpose*) terrain *(m)*; **football ~** terrain *(m)* de football
ⓓ (*US Elec*) terre *(f)*

2 NPL **grounds** ⓐ (= *coffee grounds*) marc *(m)* (de café)
ⓑ (= *gardens*) parc *(m)*
ⓒ (= *reason*) motif *(m)*; **~s for divorce/dismissal** motifs *(mpl)* de divorce/licenciement; **~s for complaint** grief *(m)*; **there are ~s for believing that ...** il y a lieu de penser que ...; **the situation gives ~s for anxiety** la situation est préoccupante; **the latest figures give us ~s for optimism** les derniers chiffres nous permettent d'être optimistes; **on personal/medical ~s** pour (des) raisons personnelles/médicales; **on what ~s?** à quel titre?; **on the ~s of** pour raison de; **on the ~s that ...** en raison du fait que ...

3 VT ⓐ [+ *plane, pilot*] interdire de voler à; (= *keep on ground*) retenir au sol
ⓑ [+ *teenager*]* priver de sortie
ⓒ [+ *ship*] faire s'échouer; **the tanker was ~ed on the rocks** le pétrolier s'était échoué sur les rochers
ⓓ (*US Elec*) mettre à la terre
ⓔ (= *base*) fonder (**on, in** sur); **her argument was ~ed in fact** son argument était fondé sur des faits

4 COMP ♦ **ground attack** N offensive *(f)* terrestre ♦ **ground control** N contrôle *(m)* au sol ♦ **ground crew** N équipe *(f)* au sol ♦ **ground floor** N rez-de-chaussée *(m)* ♦ **ground-floor** ADJ [*flat, room*] au rez-de-chaussée; [*window*] du rez-de-chaussée ♦ **ground forces** NPL forces *(fpl)* terrestres ♦ **ground frost** N gelée *(f)* blanche ♦ **ground level** N **at ~ level** au niveau du sol ♦ **ground rules** NPL procédure *(f)*; **we can't change the ~ rules at this stage** on ne peut pas changer les règles du jeu maintenant ♦ **ground staff** N personnel *(m)* au sol ♦ **ground troops** NPL armée *(f)* de terre

ground² /graʊnd/ 1 VB *pt, ptp of* **grind** 2 ADJ [*coffee, spices*] moulu 3 COMP ♦ **ground beef** N (*US*) bœuf *(m)* haché

groundbreaking /'graʊndbreɪkɪŋ/ ADJ révolutionnaire

groundhog /'graʊndhɒg/ N (*US*) marmotte *(f)* d'Amérique

> **ⓘ GROUNDHOG DAY**
> **Groundhog Day** *est une tradition américaine selon laquelle on peut prédire l'arrivée du printemps en observant le comportement de la marmotte d'Amérique, censée sortir de son hibernation le 2 février. Si le soleil brille ce jour-là, la marmotte est tellement effrayée par son ombre qu'elle prolonge son hibernation de six semaines, ce qui signifie que l'hiver se prolongera d'autant. La sortie de la marmotte est filmée chaque année à Punxsutawney, en Pennsylvanie, et l'événement est diffusé à l'échelle nationale.*

grounding /'graʊndɪŋ/ N (= *basic knowledge*) bases *(fpl)* (**in** en); **she had a good ~ in French** elle avait de bonnes bases en français

groundless /'graʊndlɪs/ ADJ sans fondement

groundnut /'graʊndnʌt/ N arachide *(f)* ♦ **groundnut oil** N huile *(f)* d'arachide

groundsheet /'graʊndʃiːt/ N tapis *(m)* de sol

groundsman /'graʊndzmən/ (*pl* **-men**) N [*of playing field*] gardien *(m)* (de stade)

groundswell /'graʊndswel/ N lame *(f)* de fond

groundwork /'graʊndwɜːk/ N travail *(m)* préparatoire

group /gruːp/ 1 N groupe *(m)*; **to stand in ~s** former des petits groupes; **to form a ~ round sth/sb** se rassembler autour de qch/qn

2 VI [*people*] se regrouper; **to ~ round sth/sb** se rassembler autour de qch/qn

3 VT [+ *objects, people*] rassembler; [+ *ideas, theories, numbers*] regrouper; **the children ~ed themselves around the teacher** les enfants se sont groupés autour du professeur; **pupils are ~ed according to age and ability** les élèves sont répartis en groupes en fonction de leur âge et de leurs aptitudes

4 COMP ♦ **group booking** N réservation (f) de groupe ♦ **group therapy** N thérapie (f) de groupe

groupie* /'gru:pɪ/ N groupie* (mf)

grouse /graʊs/ N (pl **grouse**) (= bird) grouse (f)

grove /grəʊv/ N bosquet (m); **an olive ~** une oliveraie

grovel /'grɒvl/ VI (= humble oneself) ramper (**to, before** devant)

grow /grəʊ/ (pret **grew**, ptp **grown**) **1** VI ⓐ [plant, hair] pousser; [person, animal] grandir; [tumour] grossir; **she's letting her hair ~** elle se laisse pousser les cheveux; **to ~ to a height of 60cm** atteindre 60 cm de haut; **he has ~n 5cm** il a grandi de 5 cm; **haven't you ~n!** comme tu as grandi!
ⓑ [numbers, population, fear, love] augmenter; [club, group] s'agrandir; [economy, market] être en expansion; **their friendship grew as time went on** leur amitié a grandi avec le temps; **fears are ~ing for the safety of the hostages** on craint de plus en plus pour la sécurité des otages; **pressure is ~ing on him to resign** on fait de plus en plus pression sur lui pour qu'il démissionne; **their policies kept the economy ~ing** grâce à leur politique, la croissance de l'économie s'est maintenue; **the economy/market is ~ing at 3% a year** l'économie/le marché connaît une croissance de 3% par an; **the population is ~ing at 2% a year** la population augmente de 2% par an

♦ **to grow in** + noun: **to ~ in popularity** gagner en popularité; **to ~ in confidence** prendre de l'assurance; **to ~ in strength** se renforcer

♦ **to grow to do sth** commencer à faire qch; **to ~ to like/dislike/fear sth** commencer à aimer/détester/redouter qch; **I had ~n to like him** j'avais fini par l'apprécier

♦ **to grow** + adjective: **to ~ big(ger)** grandir; **to ~ old(er)** vieillir; **to ~ angry** se mettre en colère; **to ~ rare(r)** se faire (plus) rare; **to ~ used to sth** s'habituer à qch

2 VT [+ plants, crops] cultiver; [+ one's hair, beard, nails] laisser pousser; **organically-~n vegetables** légumes (mpl) biologiques; **she has ~n her hair** elle s'est laissé pousser les cheveux

3 COMP ♦ **grow bag** N sac contenant du terreau enrichi où l'on peut faire pousser directement des plantes

► **grow apart** VI s'éloigner peu à peu

► **grow into** VT INSEP ⓐ (= become) devenir; **he's ~n into quite a handsome boy** il est devenu très beau garçon (en grandissant) ⓑ **that suit is too big for you but you'll ~ into it** le costume est trop grand pour toi mais il t'ira quand tu auras grandi; **he grew into the job** peu à peu, il a appris les ficelles du métier; **to ~ into the habit of doing sth** prendre (avec le temps) l'habitude de faire qch

► **grow on** VT INSEP **his paintings ~ on you** plus on regarde ses tableaux, plus on les apprécie

► **grow out of** VT INSEP **he's ~n out of this jacket** cette veste est devenue trop petite pour lui; **to ~ out of the habit of doing sth** perdre l'habitude de faire qch

► **grow up** VI ⓐ [person, animal] devenir adulte; **when I ~ up I'm going to be a doctor** quand je serai grand je serai médecin; **~ up!*** arrête tes enfantillages! ⓑ [friendship, hatred] se développer; [custom] se répandre

grower /'grəʊə'/ N (= person) producteur (m), -trice (f); **vegetable ~** maraîcher (m), -ère (f)

growing /'grəʊɪŋ/ **1** ADJ ⓐ [child] en pleine croissance; **he's a ~ boy** il est en pleine croissance ⓑ [number, friendship, hatred] grandissant; **a ~ feeling of frustration** un sentiment croissant de frustration **2** COMP ♦ **growing pains*** NPL crise (f) de croissance

growl /graʊl/ **1** VI [animal] grogner (**at** contre); [person] ronchonner* **2** N grognement (m)

grown /grəʊn/ **1** VB ptp of **grow 2** ADJ **he's a ~ man** il est adulte

grown-up /,grəʊn'ʌp/ **1** ADJ ⓐ (= adult) [children] adulte; **when he is ~** quand il sera grand ⓑ (= mature) [child, adolescent] mûr; [behaviour] de grande personne; **your brother's very ~ for his age** ton frère est très mûr pour son âge; **you think you're so ~!** tu te prends pour une grande personne!; **she looks very ~** elle fait très adulte; **try to be**

more ~ about it essaie d'être un peu plus adulte N grande personne (f), adulte (mf)

growth /grəʊθ/ **1** N ⓐ (= act of growing) croissance (f) ⓑ (= tumour) tumeur (f) **2** COMP ♦ **growth area** N (= sector of economy) secteur (m) en expansion; (= region) région (f) en expansion ♦ **growth rate** N taux (m) de croissance

grub /grʌb/ N ⓐ (= larva) larve (f); (in apple) ver (m) ⓑ (= food)‡ bouffe‡ (f); **~'s up!** à la soupe!*

grubby /'grʌbɪ/ ADJ sale

grudge /grʌdʒ/ **1** VT **to ~ doing sth** faire qch à contrecœur; **she ~s paying £20 a ticket** cela lui fait mal au cœur de payer 20 livres le billet; **I won't ~ you $5** je ne vais pas te refuser 5 dollars **2** N rancune (f); **to bear a ~ against sb** en vouloir à qn

grudging /'grʌdʒɪŋ/ ADJ [consent, approval, support] réticent; [apology, praise] fait à contrecœur; **he won their ~ admiration/respect** ils ont fini par l'admirer/le respecter malgré eux; **to be ~ in one's support for sth** apporter un soutien réticent à qch

grudgingly /'grʌdʒɪŋlɪ/ ADV à contrecœur

gruelling, grueling (US) /'grʊəlɪŋ/ ADJ éreintant

gruesome /'gru:səm/ ADJ horrible

gruff /grʌf/ ADJ bourru

gruffly /'grʌflɪ/ ADV [say] d'un ton bourru

grumble /'grʌmbl/ **1** VI [person] ronchonner* (**at, about** contre); **oh, stop grumbling!** oh, arrête de ronchonner!* **2** N ronchonnement* (m); **to do sth without a ~** faire qch sans ronchonner*

grumpy /'grʌmpɪ/ ADJ grognon*

grunge /grʌndʒ/ N grunge (m)

grungy* /'grʌndʒɪ/ ADJ crado‡ (inv)

grunt /grʌnt/ **1** VTI grogner; **to ~ a reply** grogner une réponse; **"no", he ~ed** « non » grommela-t-il **2** N grognement (m)

Gt ADJ (ABBR = **Great**) **Gt Britain** la Grande-Bretagne; **Gt Yarmouth** Great Yarmouth

guacamole /,gwɑːkə'məʊlɪ/ N guacamole (m)

Guadeloupe /,gwɑːdə'luːp/ N Guadeloupe (f)

guarantee /,gærən'tiː/ **1** N garantie (f); **to be under ~** être sous garantie; **there is a year's ~ on this watch** cette montre est garantie un an; **"money-back ~ with all items"** « remboursement garanti sur tous les articles »; **you have my ~ that ...** je vous garantis que ...; **there's no ~ that it will happen** il n'est pas garanti que cela arrivera; **there's no ~ that it actually happened** il n'est pas certain que cela soit arrivé

2 VT garantir; **I ~ that it won't happen again** je vous garantis que cela ne se reproduira pas; **I can't ~ that he will come** je ne peux pas garantir qu'il viendra

guard /gɑːd/ **1** N ⓐ (= act of guarding) garde (f); **to put a ~ on sb/sth** faire surveiller qn/qch; **to come off ~** finir son tour de garde; **to be on ~** être de garde; **to go on ~** prendre son tour de garde; **to stand ~** être de garde; **to stand ~ on** (against attack) garder; (against theft, escape) surveiller; **to stand ~ over sb/sth** monter la garde auprès de qn/qch; **to be under ~** être sous bonne garde; **to keep sb under ~** garder qn sous surveillance; **he was taken under ~ to ...** il a été emmené sous escorte à ...
ⓑ (Boxing, Fencing) garde (f)
ⓒ (= wariness) **to be on one's ~** se méfier (**against** de), se tenir sur ses gardes (**against** contre); **to put sb on his ~** mettre qn en garde (**against** contre); **to be off one's ~** ne pas être sur ses gardes; **to catch sb off ~** prendre qn au dépourvu; **to put sb off his ~** tromper la vigilance de qn
ⓓ (= person) (in prison) gardien(ne) (m(f)); (in army) garde (f); **to change (the) ~** faire la relève de la garde
ⓔ (Brit: on train) chef (m) de train

2 VT (against attack) garder (**from, against** contre); (against theft, escape) surveiller; **the frontier is heavily ~ed** la frontière est solidement gardée; **the dog ~ed the house** le chien gardait la maison; **~ it with your life!** veillez bien dessus!; **to ~ o.s. against sth** se prémunir contre qch; **a closely ~ed secret** un secret bien gardé

3 COMP ◆ **guard dog** N chien (m) de garde ◆ **guard duty** N **to be on ~ duty** être de garde ◆ **guard of honour** garde (f) d'honneur ◆ **guard's van** N (Brit) fourgon (m)

► **guard against** VT INSEP se protéger contre; **to ~ against doing sth** (bien) se garder de faire qch; **in order to ~ against this** pour éviter cela; **we must try to ~ against this happening again** nous devons essayer d'empêcher que cela ne se reproduise

guarded /ˈgɑːdɪd/ ADJ [response, remark, optimism] prudent; [support, smile] réservé; **he is ~ about his intentions** il ne dit rien sur ses intentions; **to give a ~ welcome to sth** accueillir qch avec circonspection

guardedly /ˈgɑːdɪdlɪ/ ADV **~ optimistic** d'un optimisme prudent

guardian /ˈgɑːdɪən/ 1 N ⓐ gardien(ne) (m(f)) ⓑ [of minor] tuteur (m), -trice (f) 2 COMP ◆ **guardian angel** N ange (m) gardien

guardrail /ˈgɑːdreɪl/ N [of staircase] rampe (f); [of balcony] balustrade (f); [of road] glissière (f) de sécurité

guardsman /ˈgɑːdzmən/ N (pl **-men**) garde (m)

Guatemala /ˌgwɑːtɪˈmɒːlə/ N Guatemala (m)

guava /ˈgwɑːvə/ N (= fruit) goyave (f); (= tree) goyavier (m)

Guernsey /ˈgɜːnzɪ/ N Guernesey (f); **in ~** à Guernesey

guerrilla /gəˈrɪlə/ 1 N guérillero (m) 2 COMP [tactics] de guérilla ◆ **guerrilla warfare** N guérilla (f)

guess /ges/ 1 N supposition (f); **to have a ~ (at sth)** essayer de deviner (qch); **he made a wild ~** il a lancé une réponse au hasard; **three ~es!** essaie de deviner!; **that was a good ~!** tu as deviné juste!; **that was a good ~ but ...** c'est une bonne idée, mais ...; **how did you know? — it was just a lucky ~** comment as-tu deviné? — j'ai dit ça au hasard; **my ~ is that he refused** d'après moi, il a refusé; **it's anyone's ~ who will win*** impossible de prévoir qui va gagner; **will he come tomorrow? — it's anyone's ~*** viendra-t-il demain? — qui sait?; **at a ~ I would say there were 200** à vue de nez, il y en avait 200; **at a rough ~** à vue de nez; **an educated ~** une supposition éclairée; **your ~ is as good as mine!*** je n'en sais pas plus que toi!

2 VT ⓐ [+ answer, name] deviner; (= estimate) [+ height, numbers] évaluer; (= surmise) supposer; **to ~ sb's age** deviner l'âge de qn; **you've ~ed it!** tu as deviné!; **I ~ed as much** je m'en doutais; **I ~ed he was about 20** je lui donnais à peu près 20 ans; **~ how heavy he is** devine combien il pèse; **can you ~ what it means?** devine ce que ça veut dire; **~ what!*** tu sais quoi?; **~ who!*** devine qui c'est!; **you'll never ~ who's coming to see us!** tu ne devineras jamais qui va venir nous voir!

ⓑ (= think) supposer; **he'll be about 40 I ~** je lui donnerais la quarantaine; **I ~ she's decided not to come** je suppose qu'elle a décidé de ne pas venir; **I ~ so** je suppose; **I ~ not** non

3 VI deviner; **~!** essaie de deviner!, devine un peu!; **you'll never ~!** tu ne devineras jamais!; **to ~ right** deviner juste; **to ~ wrong** tomber à côté; **to keep sb ~ing** laisser qn dans le doute

4 COMP ◆ **guessing game** N **to play a ~ing game** jouer aux devinettes

guesswork /ˈgeswɜːk/ N conjecture (f); **it was sheer ~** ce n'étaient que des conjectures; **by ~** en devinant

guest /gest/ N (at home) invité(e) (m(f)); (at table) convive (mf); (in hotel) client(e) (m(f)); (in boarding house) pensionnaire (mf); (on TV, radio show) invité(e) (m(f)); **~ of honour** invité(e) (m(f)) d'honneur; **be my ~!*** je vous en prie! ◆ **guest appearance** N **to make a ~ appearance on sb's show** être invité sur le plateau de qn ◆ **guest artist** N invité(e) (m(f)) spécial(e) ◆ **guest book** N livre (m) d'or ◆ **guest list** N liste (f) des invités ◆ **guest room** N chambre (f) d'amis ◆ **guest speaker** N conférencier (m), -ière (f) (invité(e) par un club, une organisation)

guesthouse /ˈgesthaus/ N (Brit) pension (f) de famille

Guiana /gaɪˈænə/ N Guyanes (fpl)

guidance /ˈgaɪdəns/ N conseils (mpl); **he needs some ~ about how to go about it** il a besoin de conseils quant à la façon de procéder; **for your ~** à titre d'information ◆ **guidance counselor** N (US) conseiller (m), -ère (f) d'orientation

guide /gaɪd/ 1 N ⓐ guide (m); **this figure is only a ~** ce chiffre n'est donné qu'à titre indicatif; **last year's figures will be a good ~** les statistiques de l'année dernière serviront d'indication générale; **these results are not a very good ~ as to his ability** ces résultats ne reflètent pas vraiment ses compétences; **as a rough ~, count four apples to the pound** comptez en gros quatre pommes par livre ⓑ (Brit) (= girl guide) éclaireuse (f); (Catholic) guide (f)

2 VT guider; **to be ~d by sb/sth** se laisser guider par qn/qch

3 COMP ◆ **guide dog** N chien (m) d'aveugle

guidebook /ˈgaɪdbʊk/ N guide (m) (touristique)

guided /ˈgaɪdɪd/ ADJ [rocket, missile] téléguidé ◆ **guided tour** N visite (f) guidée

guideline /ˈgaɪdlaɪn/ N ⓐ (= rough guide) indication (f); (= advice) conseil (m); **an IQ test is merely a ~** un test de QI n'a qu'une valeur indicative; **follow these simple ~s for a healthy diet** pour vous alimenter sainement, il suffit de suivre ces conseils ⓑ (= official directive) directive (f); **safety/health ~s** directives (fpl) concernant la sécurité/santé

guiding /ˈgaɪdɪŋ/ ADJ [idea, principle] directeur (-trice (f)); **he is the ~ force behind these reforms** il est le moteur de ces réformes

guild /gɪld/ N ⓐ (Hist) guilde (f); **goldsmiths' ~** guilde (f) des orfèvres ⓑ association (f); **the church ~** le conseil paroissial; **women's ~** association (f) féminine

guile /gaɪl/ N (= deceit) duplicité (f); (= cunning) ruse (f)

guileless /ˈgaɪllɪs/ ADJ candide

guillotine /ˌgɪləˈtiːn/ 1 N (for beheading) guillotine (f); (for paper-cutting) massicot (m) 2 VT [+ person] guillotiner; [+ paper] massicoter

guilt /gɪlt/ N culpabilité (f)

guilty /ˈgɪltɪ/ ADJ coupable; **to be found ~/not ~ (of sth)** être déclaré coupable/non coupable (de qch); **to plead ~/not ~ (to sth)** plaider coupable/non coupable (de qch); **how do you plead? ~ or not ~?** plaidez-vous coupable ou non coupable?; **a verdict of ~/not ~** un verdict de culpabilité/d'acquittement; **he had a ~ look on his face** il avait une expression coupable; **to feel ~** culpabiliser; **to make sb feel ~** culpabiliser qn; **to feel ~ about sth** se sentir coupable de qch; **I felt ~ that I had not thanked her** je culpabilisais de ne pas l'avoir remerciée ◆ **guilty conscience** N mauvaise conscience (f); **I have a ~ conscience about not writing** j'ai mauvaise conscience de ne pas avoir écrit ◆ **the guilty party** N le coupable

Guinea /ˈgɪnɪ/ N Guinée (f) ◆ **Guinea-Bissau** N Guinée-Bissau (f) ◆ **guinea-fowl** N (pl inv) pintade (f) ◆ **guinea-pig** N cochon (m) d'Inde; (fig) cobaye (m)

guise /gaɪz/ N **in a new ~** sous une autre forme; **under the ~ of scientific research** sous couvert de recherche scientifique; **under the ~ of doing sth** sous prétexte de faire qch

guitar /gɪˈtɑːr/ N guitare (f)

guitarist /gɪˈtɑːrɪst/ N guitariste (mf)

gulf /gʌlf/ 1 N ⓐ (in ocean) golfe (m); **the Persian Gulf** le golfe Persique ⓑ (= abyss) gouffre (m) 2 COMP ◆ **the Gulf of Mexico** N le golfe du Mexique ◆ **the Gulf States** NPL (Middle East) les États (mpl) du Golfe; (in US) les États (mpl) du golfe du Mexique ◆ **the Gulf Stream** N le Gulf Stream ◆ **the Gulf War** N la guerre du Golfe

gull /gʌl/ N goéland (m), mouette (f)

gullet /ˈgʌlɪt/ N (= throat) gosier (m); **it really stuck in my ~** ça m'est resté en travers de la gorge*

gullible /ˈgʌlɪbl/ ADJ crédule

gully /ˈgʌlɪ/ N ⓐ (= *ravine*) ravine (f) ⓑ (= *drain*) caniveau (m)

gulp /gʌlp/ 1 N ⓐ (= *action*) **to swallow sth in one ~** avaler qch d'un seul coup; **he emptied the glass in one ~** il a vidé le verre d'un (seul) trait; **"yes" he replied with a ~** « oui » répondit-il la gorge serrée ⓑ (= *mouthful*) [*of food*] bouchée (f); [*of drink*] gorgée (f); **he took a ~ of milk** il a avalé une gorgée de lait 2 VT [+ *food*] engloutir; [+ *drink*] avaler d'un trait; **don't ~ your food** mâche ce que tu manges 3 VI essayer d'avaler; (*from emotion*) avoir un serrement à la gorge; **he ~ed** sa gorge s'est serrée

gum /gʌm/ 1 N ⓐ (*in mouth*) gencive (f) ⓑ (= *glue*) colle (f) ⓒ (= *chewing gum*) chewing-gum (m) 2 VT (= *put gum on*) gommer; (= *stick*) coller (**to** à); **~med envelope/label** enveloppe (f)/étiquette (f) gommée 3 COMP ♦ **gum disease** N gingivite (f) ♦ **gum shield** protège-dents (m)

gumdrop /ˈgʌmdrɒp/ N boule (f) de gomme

gumption /ˈgʌmpʃən/ N jugeote* (f); **use your ~!** un peu de jugeote!*; **he's got a lot of ~** il a de la jugeote*

gun /gʌn/ N arme (f) à feu; (= *handgun*) revolver (m); (= *rifle*) fusil (m); (= *cannon*) canon (m); **he's got a ~!** il est armé!; **the thief was carrying a ~** le voleur était armé; **to be going great ~s*** [*business*] marcher très fort*; [*person*] être en pleine forme; **he's the fastest ~ in the West** c'est la meilleure gâchette de l'Ouest ♦ **gun dog** N chien (m) de chasse ♦ **the gun laws** NPL (*US*) les lois (fpl) sur le port d'armes ♦ **gun licence, gun license** (*US*) N permis (m) de port d'armes
▶ **gun down** VT SEP abattre

ⓘ **GUN CONTROL**
Aux États-Unis, la réglementation du port d'armes est un sujet très controversé. La montée de la violence préoccupe de nombreux Américains mais le droit pour tous les citoyens de détenir des armes à feu est inscrit dans la constitution et certains lobbies encouragent fortement la pratique de l'autodéfense.

gunboat /ˈgʌnbəʊt/ N canonnière (f) ♦ **gunboat diplomacy** N politique (f) de la canonnière

gunfight /ˈgʌnfaɪt/ N échange (m) de coups de feu

gunfire /ˈgʌnfaɪəʳ/ N [*of rifles*] coups (mpl) de feu; [*of cannons*] tir (m) d'artillerie

gunge /gʌndʒ/ N (*Brit*) substance (f) gluante

gunk* /gʌŋk/ N substance (f) gluante

gunman /ˈgʌnmən/ N (*pl* **-men**) bandit (m) armé; (= *terrorist*) terroriste (m)

gunpoint /ˈgʌnpɔɪnt/ N **to hold sb at ~** tenir qn sous la menace d'une arme; **he did it at ~** il l'a fait sous la menace d'une arme

gunpowder /ˈgʌnpaʊdəʳ/ N poudre (f) à canon; **the Gunpowder Plot** (*Brit Hist*) la Conspiration des poudres

gunshot /ˈgʌnʃɒt/ N (= *sound*) coup (m) de feu ♦ **gunshot wound** N blessure (f) par balle

gunsmith /ˈgʌnsmɪθ/ N armurier (m)

gurgle /ˈgɜːgl/ 1 N [*of water*] gargouillis (m); [*of baby*] gazouillis (m) 2 VI [*water*] gargouiller; [*stream*] murmurer; [*baby*] gazouiller

gurney /ˈgɜːnɪ/ N (*US*) lit (m) à roulettes

guru /ˈgʊruː/ N gourou (m)

gush /gʌʃ/ VI jaillir; **to ~ in/out/through** [*water*] entrer/sortir/traverser en bouillonnant

gushing /ˈgʌʃɪŋ/ ADJ [*water*] jaillissant; [*person, enthusiasm, welcome*] trop exubérant

gust /gʌst/ N [*of wind*] rafale (f); **the wind was blowing in ~s** le vent soufflait en rafales; **~s of 100km/h** des rafales de 100 km/h

gusto /ˈgʌstəʊ/ N enthousiasme (m); **with ~** avec brio

gusty /ˈgʌstɪ/ ADJ [*weather*] venteux; **a ~ day** un jour de grand vent; **~ wind** du vent en rafales

gut /gʌt/ 1 N intestin (m); **to work one's ~s out** se crever* au travail; **I hate his ~s** je ne peux pas le blairer* 2 NPL **guts*** (= *courage*) cran* (m); **he's got ~s** il a du cran*; **he's got no ~s** il n'a rien dans le ventre*; **it takes a lot of ~s to do that** il faut beaucoup de cran* pour faire ça 3 ADJ **a ~ reaction** une réaction instinctive; **I've got a ~ feeling about it** je le sens au fond de moi-même; **my ~ feeling is that ...** instinctivement, je sens que ... 4 VT [+ *animal, fish*] vider; **the house was ~ted by fire** le feu n'a laissé que les quatre murs de la maison

gutter /ˈgʌtəʳ/ N [*of roof*] gouttière (f); [*of road*] caniveau (m); **the ~ press** la presse à scandales

guttural /ˈgʌtərəl/ ADJ guttural

guy /gaɪ/ N ⓐ (= *man*) mec* (m); **the good/bad ~s** les bons (mpl)/les méchants (mpl); **nice ~** mec (m) bien*; **hi, ~s!** salut les mecs!*; **what are you ~s doing tonight?** qu'est-ce que vous faites ce soir, les mecs?*; **the ~s** (= *friends*) les copains (mpl) ⓑ (*Brit*) effigie de Guy Fawkes → GUY FAWKES NIGHT

Guyana /gaɪˈænə/ N Guyana (f)

ⓘ **GUY FAWKES NIGHT**
En Grande-Bretagne, **Guy Fawkes Night** se fête le 5 novembre en mémoire de l'exécution du principal conjuré de la Conspiration des poudres (1605). Cette fête est prétexte à feux d'artifices et à feux de joie sur lesquels on brûle traditionnellement une effigie de **Guy Fawkes** (the guy) sous la forme d'une poupée de chiffon. Dans les jours qui précèdent, les enfants promènent cette effigie dans les rues et abordent les passants pour leur demander « a penny for the guy ».
▷ www.guy-fawkes.com
▷ www.bonefire.org/guy

guzzle* /ˈgʌzl/ VT [+ *food, petrol*] bouffer*; [+ *drink*] siffler*

gym /dʒɪm/ 1 N ⓐ (= *gymnastics*)* gym* (f) ⓑ (= *gymnasium*) gymnase (m); (*in school*) salle (f) de gym* 2 COMP ♦ **gym shoes** NPL chaussures (fpl) de gym* ♦ **gym slip** (*Brit*), **gym suit** (*US*) N tunique (f) (d'écolière)

gymkhana /dʒɪmˈkɑːnə/ N (*Brit*) gymkhana (m)

gymnasium /dʒɪmˈneɪzɪəm/ N (*pl* **gymnasia** /dʒɪmˈneɪzɪə/) gymnase (m); (*in school*) salle (f) de gymnastique

gymnast /ˈdʒɪmnæst/ N gymnaste (mf)

gymnastic /dʒɪmˈnæstɪk/ ADJ [*ability*] en gymnastique; [*exercise, routine*] de gymnastique

gymnastics /dʒɪmˈnæstɪks/ NPL (= *exercises*) gymnastique (f); **to do ~** faire de la gymnastique; **mental ~** gymnastique (f) intellectuelle

gynaecologist, gynecologist (*US*) /ˌgaɪnɪˈkɒlədʒɪst/ N gynécologue (mf)

gynaecology, gynecology (*US*) /ˌgaɪnɪˈkɒlədʒɪ/ N gynécologie (f)

gyp* /dʒɪp/ N (*Brit*) **my leg is giving me ~** j'ai mal à la jambe

gypsum /ˈdʒɪpsəm/ N gypse (m)

gypsy /ˈdʒɪpsɪ/ = gipsy

gyrate /ˌdʒaɪəˈreɪt/ VI tournoyer

gyroscope /ˈdʒaɪərəskəʊp/ N gyroscope (m)

H

habit /ˈhæbɪt/ 1 N ⓐ habitude *(f)*; **eating ~s** habitudes *(fpl)* alimentaires; **a survey of British reading ~s** une étude sur ce que lisent les Britanniques; **to be in the ~ of doing sth** avoir pour habitude de faire qch; **I don't make a ~ of it** je ne le fais pas souvent; **you can do it this time, but don't make a ~ of it** d'accord pour cette fois, mais il ne faut pas que cela devienne une habitude; **to get into bad ~s** prendre de mauvaises habitudes; **to get into/out of the ~ of doing sth** prendre/perdre l'habitude de faire qch; **to have a ~ of doing sth** avoir l'habitude de faire qch; **history has a ~ of repeating itself** l'histoire a tendance à se répéter; **to do sth out of ~** faire qch par habitude
ⓑ **to have a ~** [*drug user*] être dépendant
ⓒ (= *robe*) habit *(m)*

2 COMP ♦ **habit-forming** ADJ **tobacco is ~-forming** le tabac crée une accoutumance

habitat /ˈhæbɪtæt/ N habitat *(m)*

habitation /ˌhæbɪˈteɪʃən/ N habitation *(f)*; **unfit for human ~** inhabitable

habitual /həˈbɪtjʊəl/ ADJ habituel; [*liar*] invétéré

habitually /həˈbɪtjʊəlɪ/ ADV habituellement

hack /hæk/ 1 N (= *journalist*) journaleux *(m)*, -euse *(f)* (*pej*); (= *politician*) politicard(e) *(m(f))* (*pej*); **a ~ writer** un plumitif 2 VT ⓐ (= *cut*) tailler; **to ~ sth to pieces** tailler qch en pièces; **the victims had been ~ed to death** les victimes avaient été massacrées à coups de hache ⓑ **he just can't ~ it!** (= *can't manage it*) il est complètement largué* 3 VI ⓐ (= *cut*) **to ~ at sth** essayer de couper qch ⓑ **to ~ into** [+ *computer system*] s'introduire dans
► **hack off** VT SEP couper

hacker /ˈhækəʳ/ N (= *computer enthusiast*) mordu(e)* *(m(f))* d'informatique; (= *computer pirate*) pirate *(m)* informatique

hackneyed /ˈhæknɪd/ ADJ [*word, image*] banal; [*theme*] rebattu; [*metaphor*] usé; **~ expression** cliché *(m)*

hacksaw /ˈhæksɔː/ N scie *(f)* à métaux

had /hæd/ VB *pt, ptp* of **have**

haddock /ˈhædək/ N églefin *(m)*; **smoked ~** haddock *(m)*

hadn't /ˈhædnt/ (ABBR = **had not**) → **have**

haematology, hematology (US) /ˌhiːməˈtɒlədʒɪ/ N hématologie *(f)*

haemoglobin, hemoglobin (US) /ˌhiːməʊˈgləʊbɪn/ N hémoglobine *(f)*

haemophilia, hemophilia (US) /ˌhiːməʊˈfɪlɪə/ N hémophilie *(f)*

haemophiliac, hemophiliac (US) /ˌhiːməʊˈfɪlɪæk/ ADJ, N hémophile *(mf)*

haemorrhage, hemorrhage (US) /ˈhemərɪdʒ/ 1 N hémorragie *(f)* 2 VI faire une hémorragie

haemorrhoids, hemorrhoids (US) /ˈhemərɔɪdz/ NPL hémorroïdes *(fpl)*

hag /hæg/ N vieille sorcière *(f)*

haggard /ˈhægəd/ ADJ défait; **to look ~** avoir la mine défaite

haggis /ˈhægɪs/ N haggis *(m)*

haggle /ˈhægl/ VI (= *bargain*) marchander; (= *quibble*) ergoter; **to ~ over the price** (= *bargain*) débattre le prix; (= *quibble*) chicaner sur le prix

haggling /ˈhæglɪŋ/ N (= *bargaining*) marchandage *(m)*; (= *quibbling*) ergotage *(m)*

Hague /heɪg/ N **The ~** La Haye

hail /heɪl/ 1 N grêle *(f)*; [*of bullets, blows*] pluie *(f)* 2 VI grêler; **it is ~ing** il grêle 3 VT ⓐ (= *acclaim*) saluer ⓑ [+ *taxi, person*] héler

hailstone /ˈheɪlstəʊn/ N grêlon *(m)*

hailstorm /ˈheɪlstɔːm/ N averse *(f)* de grêle

hair /hɛəʳ/ 1 N ⓐ cheveux *(mpl)*; (*on body*) poils *(mpl)*; **he has black ~** il a les cheveux noirs; **a man with long ~** un homme aux cheveux longs; **to wash one's ~** se laver les cheveux; **to do one's ~** se coiffer; **her ~ always looks nice** elle est toujours bien coiffée; **to have one's ~ done** se faire coiffer; **to get one's ~ cut** se faire couper les cheveux; **to let one's ~ down*** se laisser aller; **keep your ~ on!*** (*Brit*) du calme!; **to get sb out of one's ~** (= *get rid of them*) se débarrasser de qn; **it made my ~ stand on end** cela m'a fait dresser les cheveux sur la tête
ⓑ (= *single human hair*) cheveu *(m)*; (*on body*) poil *(m)*; **I'm starting to get some grey ~s** je commence à avoir des cheveux gris; **not a ~ out of place** tiré à quatre épingles; **this will put ~s on your chest*** [*spicy food, strong drink*] c'est pour les vrais hommes
ⓒ (= *single animal hair*) poil *(m)*; (= *animal's coat*) pelage *(m)*; **I'm allergic to cat ~** je suis allergique aux poils de chat

2 COMP ♦ **hair appointment** N rendez-vous *(m)* chez le coiffeur ♦ **hair conditioner** N après-shampooing *(m)* ♦ **hair-dryer** N sèche-cheveux *(m inv)* ♦ **hair gel** N gel *(m)* coiffant ♦ **hair grip** N (*Brit*) pince *(f)* à cheveux ♦ **hair-raising*** ADJ terrifiant ♦ **hair slide** N (*Brit*) barrette *(f)* ♦ **hair spray** N laque *(f)* (*pour cheveux*) ♦ **hair style** N coiffure *(f)* ♦ **hair stylist** N coiffeur *(m)*, -euse *(f)*

hairband /ˈhɛəbænd/ N bandeau *(m)*

hairbrush /ˈhɛəbrʌʃ/ N brosse *(f)* à cheveux

haircut /ˈhɛəkʌt/ N **to get a ~** se faire couper les cheveux; **I like your ~** j'aime bien ta coupe de cheveux

hairdo* /ˈhɛəduː/ N coiffure *(f)*; **do you like my ~?** tu aimes ma coiffure?

hairdresser /ˈhɛədrɛsəʳ/ N coiffeur *(m)*, -euse *(f)*; **I'm going to the ~'s** je vais chez le coiffeur ♦ **hairdresser's (salon)** N salon *(m)* de coiffure

hairdressing /ˈhɛədrɛsɪŋ/ N coiffure *(f)* (*métier*)

hairless /ˈhɛəlɪs/ ADJ [*head*] chauve; [*face, chin*] imberbe; [*body, legs*] glabre

hairline /ˈhɛəlaɪn/ N (*on head*) naissance *(f)* des cheveux ♦ **hairline crack** N fine fissure *(f)* ♦ **hairline fracture** N fêlure *(f)*

hairnet /ˈhɛənɛt/ N résille *(f)*

hairpiece /ˈhɛəpiːs/ N postiche *(m)*

hairpin /ˈhɛəpɪn/ N épingle *(f)* à cheveux ♦ **hairpin bend, hairpin curve** (US) N virage *(m)* en épingle à cheveux

hair's breadth /ˈhɛərɪ/ N **the bullet missed him by a ~** la balle l'a manqué de justesse; **she was within a ~ of selling the business** elle était à deux doigts de vendre l'affaire

hairy /ˈhɛərɪ/ ADJ ⓐ [*person, body*] poilu; [*animal*] très poilu; [*chest, legs*] velu ⓑ (= *scary*)* **his driving is a bit ~** sa façon de conduire file la pétoche⁎; **there were some ~ moments** on a eu des sueurs froides

Haiti /ˈheɪtɪ/ N Haïti (*m*); **in ~** en Haïti

hake /heɪk/ N (*pl* **hake**) (*Brit*) colin (*m*)

halcyon /ˈhælsɪən/ ADJ (*liter*) **~ days** jours (*mpl*) heureux

hale /heɪl/ ADJ **to be ~ and hearty** être en pleine santé

half /hɑːf/ (*pl* **halves**) 1 N ⓐ (*of one whole*) moitié (*f*); **to take ~ of sth** prendre la moitié de qch; **I spent ~ the night thinking about it** j'ai passé la moitié de la nuit à y penser; **nearly ~ of all marriages end in divorce** près de la moitié des mariages se terminent par un divorce; **100 employees, ~ of whom are part-time** 100 employés, dont la moitié sont à temps partiel; **in the first ~ of this year** au cours du premier semestre de l'année; **I haven't told you the ~ of it yet!*** et c'est pas tout !*; **my better ~*** ma douce moitié; **to see how the other ~ lives*** voir comment vivent les autres; **in ~ a second*** en moins de rien

ⓑ (*in numbers, calculations*) demi (*m*); **two halves make a whole** deux demis font un entier

♦ **and a half**: **two and a ~** deux et demi; **two and a ~ hours** deux heures et demie; **two kilos and a ~** deux kilos et demi; **that was a day and a ~!*** je ne le raconte pas ma journée !*

♦ **by + half**: **he's too clever by ~*** c'est un petit malin; **he doesn't do things by halves** il ne fait pas les choses à moitié

♦ **in half**: **to cut sth in ~** [+ *object*] couper qch en deux; [+ *costs, prices, workforce*] réduire qch de moitié; **the plate broke in ~** l'assiette s'est cassée en deux

♦ **to go halves on sth** partager qch; **we always go halves on the phone bill** nous partageons toujours la note de téléphone en deux; **we went halves on a taxi** nous avons partagé un taxi

ⓒ (= *part of match*) mi-temps (*f*); **the first/second ~** la première/seconde mi-temps

ⓓ (*Brit*: = *half-pint*) demi (*m*)

2 ADJ demi; **a ~ cup** une demi-tasse; **a ~ bottle of wine** une demi-bouteille de vin

3 ADV ⓐ (= *50%*) **a mixture of ~ milk, ~ cream** un mélange moitié lait moitié crème; **he's ~ French ~ English** il est à moitié français et à moitié anglais; **he earns ~ as much as you** il gagne deux fois moins que vous; **she earns ~ as much again as him** elle gagne une fois et demie son salaire; **a PC costs ~ as much again in Europe as in America** les PC coûtent une fois et demie plus cher en Europe qu'en Amérique

ⓑ (= *partially*) à moitié; **~ asleep** à moitié endormi; **the work is only ~ done** le travail n'est qu'à moitié fait; **he only ~ understands** il ne comprend qu'à moitié; **she was ~ laughing ~ crying** elle était partagée entre le rire et les larmes; **~ angry, ~ amused** mi-fâché, mi-amusé

ⓒ (= *almost*) un peu; **I'm ~ afraid that ...** j'ai un peu peur que ... ne (+ *subj*); **I'm ~ inclined to do it** je suis tenté de le faire; **I ~ suspect that ...** je soupçonne que ...

ⓓ (*Brit*: *emphatic*)* **I didn't ~ get told off** je me suis vraiment fait enguirlander*; **not ~!** tu parles !*

ⓔ (*telling the time*) **it is ~ past three** il est trois heures et demie; **what time is it? — ~ past** quelle heure est-il ? — la demie

4 COMP

▶ *Most adjectives made up of* **half** + *adjective can be translated by* **à moitié** + *adjective.*

♦ **half-a-dozen** N demi-douzaine (*f*); **~-a-dozen students** une demi-douzaine d'étudiants ♦ **half-and-half** ADV moitié-moitié ♦ N (*US* = *milk and cream*) *mélange mi-crème mi-lait* ♦ **half-an-hour** N demi-heure (*f*); **it took ~-an-hour** ça a pris une demi-heure ♦ **half-baked** ADJ [*plan, idea*] à la noix*; [*attempt*] maladroit ♦ **half-board** N (*Brit*) demi-

pension (*f*) ♦ **half-brother** N demi-frère (*m*) ♦ **half-dead** ADJ à moitié mort ♦ **half-dozen** N demi-douzaine (*f*) ♦ **half-fare** N demi-tarif (*m*) ♦ **half-grown** ADJ à mi-croissance ♦ **half-hearted** ADJ [*person, welcome*] peu enthousiaste; [*manner*] tiède; [*attempt*] timide ♦ **half-heartedly** ADV sans enthousiasme; [*try*] sans conviction ♦ **half-hour** N demi-heure (*f*); **the clock struck the ~-hour** l'horloge a sonné la demie ♦ ADJ [*wait*] d'une demi-heure ♦ **half-life** N demi-vie (*f*) ♦ **half measure** N demi-mesure (*f*); **~ measures will not do** on ne peut se contenter de demi-mesures; **there are no ~ measures with him** il ne fait jamais les choses à moitié ♦ **half-moon** N demi-lune (*f*) ♦ **half pay** N **to be on ~ pay** toucher un demi-salaire ♦ **half-pint** N ≈ quart (*m*) de litre ♦ **half price** N **at ~ price** à moitié prix; **children are admitted ~ price** les enfants paient demi-tarif ♦ ADJ **tickets are ~ price this week** les billets sont à moitié prix cette semaine ♦ **half-sister** N demi-sœur (*f*) ♦ **half term** N (*Brit*) *congé en milieu de trimestre* ♦ **half-timbered** ADJ à colombage ♦ **half time** N (*Sport*) mi-temps (*f*); **at ~ time** à la mi-temps ♦ ADJ **~-time score** score (*m*) à la mi-temps ♦ **half-yearly** (*Brit*) ADJ semestriel(le) (*m*(*f*)) ♦ ADV tous les six mois

halfpenny /ˈheɪpnɪ/ N /ˈheɪpəns/ demi-penny (*m*)

halfway /ˈhɑːfˈweɪ/ ADV (*in distance*) à mi-chemin; **to be ~ along the road** être à mi-chemin; **~ along** vers le milieu; **~ between ...** à mi-chemin entre ...; **~ down** à mi-pente; **~ up the tree** à mi-hauteur de l'arbre; **he was ~ down/up the stairs** il avait descendu/monté la moitié de l'escalier; **her hair reaches ~ down her back** ses cheveux lui arrivent au milieu du dos; **to be ~ there** être à mi-chemin; **~ through the film** au milieu du film; **~ to Paris** à mi-chemin de Paris; **anything ~ decent will be incredibly expensive** pour avoir quelque chose d'à peu près correct, il faut compter une fortune; **to go ~** faire la moitié du chemin; **the decision goes ~ to giving the strikers what they want** cette décision va dans le sens des revendications des grévistes; **I'll meet you ~** (*between two places*) j'irai à votre rencontre; (= *I'll compromise*) coupons la poire en deux* ♦ **halfway house** N ⓐ (*for rehabilitation*) centre (*m*) de réadaptation ⓑ (= *compromise*) compromis (*m*)

halfwit /ˈhɑːfwɪt/ N imbécile (*mf*)

halibut /ˈhælɪbət/ N flétan (*m*)

hall /hɔːl/ 1 N ⓐ (= *large public room*) salle (*f*); (= *college refectory*) réfectoire (*m*) ⓑ (= *mansion*) manoir (*m*) ⓒ (= *entrance*) [*of house*] entrée (*f*); [*of hotel*] hall (*m*) ⓓ (*US* = *corridor*) couloir (*m*) ⓔ (= *hall of residence* (*Brit*)) résidence (*f*) universitaire; **to live in ~** habiter en résidence universitaire 2 COMP ♦ **Hall of Fame** N panthéon (*m*) ♦ **hall porter** N (*Brit*: *in hotel*) portier (*m*)

hallelujah /ˌhælɪˈluːjə/ EXCL, N alléluia (*m*)

hallmark /ˈhɔːlmɑːk/ 1 N [*of gold, silver*] poinçon (*m*); **the ~ of genius** la marque du génie 2 VT poinçonner

hallo /həˈləʊ/ EXCL (*Brit*) = **hello**

hallowed /ˈhæləʊd/ ADJ ⓐ (= *venerable*) sacré ⓑ (= *holy*) saint; **on ~ ground** en terre sacrée

Halloween, Hallowe'en /ˌhæləʊˈiːn/ N Halloween (*m*)

> ℹ️ **HALLOWEEN**
>
> La fête d'**Halloween**, célébrée le 31 octobre (jour où, pensait-on, les morts venaient rendre visite aux vivants), est une très ancienne tradition dans les pays anglo-saxons. À cette occasion, les enfants déguisés en sorcières et en fantômes frappent aux portes de leurs voisins pour leur demander des bonbons et de l'argent; aux États-Unis, cette coutume est connue sous le nom de « trick or treat », car les enfants menacent de vous jouer un mauvais tour (*trick*) si vous ne leur donnez pas un petit cadeau (*treat*), en général des bonbons.

hallucinate /həˈluːsɪneɪt/ VI avoir des hallucinations

hallucination /həˌluːsɪˈneɪʃən/ N hallucination (*f*)

hallucinatory /həˈluːsɪnətərɪ/ ADJ hallucinogène

hallucinogenic /həˌluːsɪnəʊˈdʒenɪk/ ADJ hallucinogène

hallway /ˈhɔːlweɪ/ N = **hall**

halo /ˈheɪləʊ/ N [*of saint*] auréole (*f*)

halogen /ˈhælə,dʒɛn/ N halogène (m)

halt /hɔːlt/ 1 N arrêt (m); **to come to a ~** s'arrêter; **to call a ~ to sth** mettre fin à qch; **to call for a ~ to sth** demander l'arrêt de qch 2 VI s'arrêter; **~!** halte! 3 VT [+ vehicle] faire arrêter; [+ process] interrompre 4 COMP ♦ **halt sign** N (panneau (m)) stop (m)

halter /ˈhɔːltə^r/ N licou (m)

halterneck /ˈhɔːltə'nek/ 1 N dos-nu (m inv) 2 ADJ dos nu (inv)

halting /ˈhɔːltɪŋ/ ADJ hésitant

halve /hɑːv/ 1 VT ⓐ (= divide in two) couper en deux ⓑ (= reduce by half) réduire de moitié 2 VI [sales, figures] être réduit de moitié

halves /hɑːvz/ NPL of **half**

ham /hæm/ 1 N ⓐ jambon (m) ⓑ (= actor)* cabotin(e)* (m(f)) (pej) ⓒ (= radio enthusiast)* radioamateur (m) 2 COMP ♦ **ham acting** N cabotinage* (m) ♦ **ham-fisted** ADJ maladroit ♦ **ham sandwich** N sandwich (m) au jambon

► **ham up*** VT SEP [+ part, speech] forcer; **to ~ it up** forcer son rôle

Hamburg /ˈhæmbɜːɡ/ N Hambourg

hamburger /ˈhæm,bɜːɡə^r/ N hamburger (m); (US = mince) viande (f) hachée

hamlet /ˈhæmlɪt/ N hameau (m)

hammer /ˈhæmə^r/ 1 N marteau (m); **the ~ and sickle** la faucille et le marteau; **they were going at it ~ and tongs** (= working) ils y mettaient tout leur cœur; (= arguing) ils discutaient âprement; **to come under the ~** (at auction) être mis aux enchères

2 VT ⓐ [+ metal] marteler; **to ~ a nail into a plank** enfoncer un clou dans une planche (à coups de marteau); **to ~ the table with one's fists** frapper du poing sur la table; **to ~ a point home** insister sur un point; **I tried to ~ some sense into him** j'ai essayé de lui faire entendre raison; **I'd had it ~ed into me that ...** on m'avait enfoncé dans la tête que ...

ⓑ (Brit)* (= defeat) battre à plates coutures; (= criticize severely) descendre en flammes; (= damage severely) frapper de plein fouet

3 VI ⓐ (with a hammer) donner des coups de marteau ⓑ **he was ~ing at the door** il frappait à la porte à coups redoublés; **he was ~ing away on the piano** il tapait sur le piano comme un sourd; **my heart was ~ing** mon cœur battait très fort

► **hammer in** VT SEP enfoncer (au marteau)

► **hammer out** VT SEP [+ plan, agreement] élaborer (avec difficulté); **to ~ out a solution** finir par trouver une solution

hammering* /ˈhæmərɪŋ/ N (= defeat) raclée* (f); (= criticism) descente (f) en flammes; **to take a ~** [team] prendre une raclée*; [play, film] se faire éreinter

hammock /ˈhæmək/ N hamac (m)

hamper /ˈhæmpə^r/ 1 N panier (m) d'osier; **a food ~** un panier garni (de nourriture) 2 VT (= hinder) gêner

hamster /ˈhæmstə^r/ N hamster (m)

hamstring /ˈhæmstrɪŋ/ N tendon (m) du jarret ♦ **hamstring injury** N claquage (m) (au jarret)

hand /hænd/

1 NOUN	3 COMPOUNDS
2 TRANSITIVE VERB	4 PHRASAL VERBS

1 NOUN

ⓐ = **part of body** main (f); **he took her by the ~** il l'a prise par la main; **to take sth with both ~s** prendre qch à deux mains; **give me your ~** donne-moi la main; **my ~s are tied** j'ai les mains liées; **I could do it with one ~ tied behind my back** je pourrais le faire les yeux fermés; **~ in ~** main dans la main; **to go ~ in ~** (fig) aller de pair

ⓑ = **help** coup (m) de main; **could you give me a ~?** tu peux me donner un coup de main?; **would you like a ~**

with moving that? tu veux un coup de main pour déplacer ça?

ⓒ = **influence** influence (f); **you could see his ~ in everything the committee did** on reconnaissait son influence dans tout ce que faisait le comité

ⓓ = **worker** ouvrier (m), -ière (f); **the ship was lost with all ~s** le navire a disparu corps et biens; **the wedding's next week, so it's all ~s on deck** le mariage a lieu la semaine prochaine, alors on a besoin de tout le monde

ⓔ **of clock, watch** aiguille (f)

ⓕ **Cards** (= cards one has) jeu (m); (= game) partie (f); **I've got a good ~** j'ai un beau jeu; **we played a ~ of bridge** nous avons fait une partie de bridge

ⓖ = **handwriting** écriture (f); **she recognized his neat ~** elle a reconnu son écriture bien nette; **the letter was written in his own ~** la lettre était écrite de sa propre main

ⓗ **set structures**

♦ **preposition + hand**: **many suffered at the ~s of the secret police** beaucoup de gens ont souffert aux mains de la police secrète; **their defeat at the ~s of Manchester** leur défaite face à Manchester; **she had a book in her ~** elle avait un livre à la main; **she was holding the earrings in her ~** elle tenait les boucles d'oreilles dans sa main; **my life is in your ~s** ma vie est entre vos mains; **in one's own ~s** entre ses mains; **to put o.s. in sb's ~s** s'en remettre à qn; **to put sth into sb's ~s** confier qch à qn; **to fall into the ~s of** tomber aux mains de; **the children are now off our ~s** maintenant nous n'avons plus les enfants à la maison; **to get sth off one's ~s** se débarrasser de qch; **I'll take it off your ~s** je vous débarrasse?; **we've got a difficult job on our ~s** une tâche difficile nous attend; **he had time on his ~s** il avait du temps devant lui; **to sit on one's ~s** rester sans rien faire; **she's got the boss eating out of her ~** elle fait marcher le patron au doigt et à l'œil; **it is out of his ~s** ce n'est plus lui qui s'en occupe

♦ **hand + preposition/adverb**: **she won ~s down** elle a gagné haut la main; **to get one's ~ in** se faire la main; **to have a ~ in** [+ task, achievement] jouer un rôle dans; [+ crime] être mêlé à; **I had no ~ in it** je n'y suis pour rien; **to take a ~ in sth** contribuer à qch; **to keep one's ~ in** garder la main; **keep your ~s off my things!** touche pas à mes affaires!*; **~s off!** bas les pattes!*; **to get one's ~ on sth** mettre la main sur qch; **just wait till I get my ~s on him!*** attends un peu que je lui mette la main dessus!; **she read everything she could get her ~s on** elle a lu tout ce qui lui tombait sous la main; **he can set his ~ to most things** il y a peu de choses qu'il ne sache pas faire; **~s up!** (at gun point) haut les mains!; (in school) levez la main!

♦ **adjective + hand**: **they gave him a big ~** ils l'ont applaudi bien fort; **he grabbed the opportunity with both ~s** il a sauté sur l'occasion; **to rule with a firm ~** gouverner d'une main ferme; **at first ~** de première main; **I've got my ~s full at the moment** je suis débordé en ce moment; **to have one's ~s full with** avoir fort à faire avec; **to be in good ~s** être en bonnes mains; **he's an old ~!** il connaît la musique!; **on the one ~ ..., on the other ~** d'une part ..., d'autre part; **yes, but on the other ~ he is very rich** oui, mais il est très riche; **to gain the upper ~** prendre l'avantage; **to get into the wrong ~s** tomber entre de mauvaises mains

♦ **hand + noun**: **he's making money ~ over fist** il fait des affaires en or; **we're losing money ~ over fist** nous perdons énormément d'argent; **he was bound ~ and foot** il était pieds et poings liés; **she expected to be waited on ~ and foot** elle voulait être servie comme une princesse; **they are ~ in glove** ils sont de mèche; **they were walking along ~ in ~** ils marchaient main dans la main; **research and teaching go ~ in ~** la recherche et l'enseignement vont de pair; **from ~ to ~** de main en main; **on (one's) ~s and knees** à quatre pattes; **to live from ~ to mouth** vivre au jour le jour

♦ **verb + hand**: **to force sb's ~** forcer la main à qn; **to show one's ~** dévoiler son jeu; **he turned his ~ to writing** il s'est mis à écrire; **he can turn his ~ to anything** il sait tout faire

♦ **at hand** (= close by) à portée de main; **having the**

equipment at ~ will be very helpful ce sera très pratique d'avoir l'équipement à portée de main

♦ **by hand** à la main ; **made by ~** fait (à la) main ; **the letter was delivered by ~** quelqu'un a apporté la lettre

♦ **in hand**: **Jason was at the door, suitcase in ~** Jason était à la porte, sa valise à la main ; **he opened the door, gun in ~** il a ouvert la porte, pistolet au poing ; **he had the situation well in ~** il avait la situation bien en main ; **to take sb in ~** prendre qn en main ; **he had £6,000 in ~** il avait 6 000 livres de disponibles ; **let's concentrate on the job in ~** revenons à nos moutons

♦ **off hand**: **I don't know off ~** je ne pourrais pas le dire de tête

♦ **on hand** sur place ; **there are experts on ~ to give you advice** il y a des experts sur place pour vous conseiller

♦ **out of hand**: **to dismiss sth out of ~** rejeter qch d'emblée ; **to get out of ~** [*situation, spending*] échapper à tout contrôle

♦ **to hand**: **I haven't got the letter to ~** je n'ai pas la lettre sous la main ; **the information to ~** les renseignements *(mpl)* disponibles ; **she seized the first weapon to ~** elle s'est emparée de la première arme venue

2 TRANSITIVE VERB

= give   donner ; (= *hold out*) tendre ; **to ~ sb sth** donner qch à qn ; **you've got to ~ it to him* - he did it very well** il faut reconnaître qu'il l'a très bien fait

3 COMPOUNDS

♦ **hand-baggage** N bagages *(mpl)* à main ♦ **hand cream** N crème *(f)* pour les mains ♦ **hand-drier, hand-dryer** N sèche-mains *(m inv)* ♦ **hand grenade** N grenade *(f)* ♦ **hand-held** ADJ portable ♦ **hand-knitted** ADJ tricoté à la main ♦ **hand lotion** N lotion *(f)* pour les mains ♦ **hand-luggage** N bagages *(mpl)* à main ♦ **hand-me-down*** N vêtement *(m)* déjà porté ♦ **hand-out** N (= *leaflet*) prospectus *(m)* ; (*at lecture, meeting*) polycopié *(m)* ; (= *subsidy*) subvention *(f)* ♦ **hand-painted** ADJ peint à la main ♦ **hand-pick** VT [+ *people*] trier sur le volet ♦ **hand-picked** ADJ [*people*] trié sur le volet ♦ **hand puppet** N marionnette *(f)* à gaine ♦ **hands-free** ADJ [*telephone*] mains libres ♦ **hands-off** ADJ [*policy*] de non-intervention ♦ **hands-on** ADJ [*experience*] pratique ♦ **hand-to-hand** ADJ, ADV **to fight ~-to-~** combattre corps à corps ; **~-to-~ fighting** combat corps à corps ♦ **hand-to-mouth** ADJ **to lead a ~-to-mouth existence** vivre au jour le jour ♦ **hand towel** N essuie-mains *(m inv)* ♦ **hand wash** VT laver à la main ♦ **hand-woven** ADJ tissé à la main

4 PHRASAL VERBS

► **hand around** VT SEP = **hand round**

► **hand back** VT SEP rendre (**to** à)

► **hand down** VT SEP ⓐ [+ *object*] **he ~ed me down the dictionary from the top shelf** il m'a passé le dictionnaire qui était en haut de l'étagère ⓑ (= *pass on*) transmettre ; **the farm's been ~ed down from generation to generation** cette ferme s'est transmise de génération en génération

► **hand in** VT SEP remettre (**to** à) ; **~ this in at the office** remettez cela à quelqu'un au bureau ; **your wallet's been ~ed in at reception** on a rapporté votre portefeuille à la réception

► **hand on** VT SEP ⓐ (= *pass to sb else*) donner (**to** à) ⓑ = **hand down**

► **hand out** VT SEP distribuer ; **to ~ out advice** donner des conseils

► **hand over** 1 VI **to ~ over to sb** passer le relais à qn ; (*at meeting*) passer le micro à qn ; (*on radio, TV*) passer l'antenne à qn 2 VT SEP [+ *object*] remettre ; [+ *criminal*] livrer ; [+ *authority, powers*] (= *transfer*) transmettre ; (= *surrender*) céder ; [+ *property, business*] céder

► **hand round** VT SEP [+ *bottle, papers*] faire circuler ; [+ *cakes*] faire passer ; [*hostess*] offrir

---

handbag /ˈhændbæg/ N sac *(m)* à main

handball /ˈhændbɔːl/ N ⓐ (= *sport*) handball *(m)* ⓑ (= *offence in football*) faute *(f)* de main

handbasin /ˈhænd,beɪsn/ N lavabo *(m)*

handbook /ˈhænd,bʊk/ N (= *manual*) manuel *(m)*

handbrake /ˈhænd,breɪk/ N (*Brit*) frein *(m)* à main

handcuff /ˈhændkʌf/ 1 N menotte *(f)* 2 VT passer les menottes à ; **to be ~ed** avoir les menottes aux poignets

handful /ˈhændfʊl/ N ⓐ poignée *(f)* ; **there was only a ~ of people at the concert** il n'y avait qu'une poignée de gens au concert ; **she was swallowing sleeping pills by the ~** elle se bourrait de somnifères ⓑ (= *nuisance*) **they can be a ~*** ils me donnent parfois du fil à retordre

handgun /ˈhændgʌn/ N pistolet *(m)*

handicap /ˈhændɪkæp/ 1 N ⓐ (= *disability*) handicap *(m)* ; (= *disadvantage*) désavantage *(m)* ⓑ (*Sport*) handicap *(m)* 2 VT handicaper

handicapped /ˈhændɪkæpt/ 1 ADJ handicapé ; **a physically ~ child** un enfant handicapé physique 2 NPL **the handicapped** les handicapés *(mpl)* ; **the mentally ~** les handicapés *(mpl)* mentaux

handicraft /ˈhændɪkrɑːft/ 1 N (= *work*) artisanat *(m)* 2 NPL **handicrafts** (= *products*) objets *(mpl)* artisanaux

handiwork /ˈhændɪwɜːk/ N œuvre *(f)*

handkerchief /ˈhæŋkətʃɪf/ N mouchoir *(m)*

handle /ˈhændl/ 1 N [*of basket, bucket*] anse *(f)* ; [*of broom, spade, knife*] manche *(m)* ; [*of door, drawer, suitcase*] poignée *(f)* ; [*of saucepan*] queue *(f)* ; **to have a ~ on** [+ *problem, state of affairs*] comprendre

2 VT ⓐ [+ *fruit, food*] toucher à ; (= *move by hand*) manipuler ; **please do not ~ the goods** prière de ne pas toucher aux marchandises ; **"~ with care"** « fragile »

ⓑ (= *deal with*) [+ *ship, car*] manœuvrer ; [+ *weapon, money, person, animal*] manier ; **he ~d the situation very well** il a très bien géré la situation ; **I could have ~d it better than I did** j'aurais pu mieux m'y prendre ; **you didn't ~ that very well!** vous ne vous y êtes pas bien pris ! ; **I'll ~ this** je vais m'en occuper ; **he knows how to ~ his son** il sait s'y prendre avec son fils ; **this child is very hard to ~** cet enfant est très difficile ; **Orly ~s 5 million passengers a year** le trafic à Orly est de 5 millions de voyageurs par an ; **we ~ 200 passengers a day** nos services accueillent 200 voyageurs par jour

ⓒ (= *sell*) **we don't ~ that type of product** nous ne faisons pas ce genre de produit ; **to ~ stolen goods** receler des objets volés ; **to ~ drugs** être revendeur de drogue

3 VI **to ~ well** [*car*] être facile à manier

handlebars /ˈhændlbɑːz/ NPL guidon *(m)*

handler /ˈhændlə*/ N (= *dog handler*) maître-chien *(m)*

handling /ˈhændlɪŋ/ N [*of stolen goods*] recel *(m)* ; **~ of drugs** trafic *(m)* de drogue ; **his ~ of the matter** la façon dont il a géré l'affaire ; **toxic waste requires very careful ~** les déchets toxiques doivent être manipulés avec beaucoup de précaution ♦ **handling charges** NPL frais *(mpl)* de manutention

handmade /ˌhændˈmeɪd/ ADJ fait (à la) main

handover /ˈhændəʊvə/ N [*of company, colony*] cession *(f)* ; **the ~ of power** la passation des pouvoirs

handrail /ˈhændreɪl/ N [*of stairs*] rampe *(f)* ; [*of bridge, quay*] garde-fou *(m)*

handset /ˈhændset/ N combiné *(m)*

handshake /ˈhændʃeɪk/ N poignée *(f)* de main

handsome /ˈhænsəm/ ADJ beau (belle *(f)*) ; [*sum*] coquet ; **a ~ salary** un bon salaire ; **to win a ~ victory** remporter une belle victoire ; **to win by a ~ margin** gagner haut la main

handsomely /ˈhænsəmlɪ/ ADV ⓐ [*reward, contribute*] généreusement ⓑ [*win*] haut la main ; **this strategy paid off ~** cette stratégie s'est révélée payante

handstand /ˈhændstænd/ N appui *(m)* renversé

handwriting /ˈhændraɪtɪŋ/ N écriture *(f)* ; **he has seen the ~ on the wall** (*US*) il mesure la gravité de la situation

handwritten /ˈhændrɪtən/ ADJ manuscrit, écrit à la main

handy /ˈhændɪ/ ADJ ⓐ [*tool, hint*] pratique ; **he's coming to see us tomorrow — that's ~!** il vient nous voir demain — ça tombe bien ! ; **to come in ~** être utile ; (*money*) tomber à pic

ⓑ (= *conveniently close*)* proche; **in a ~ place** à portée de (la) main; **the shops are very ~** les magasins sont tout près; **to be ~ for the shops** être à proximité des magasins; **to keep sth ~** avoir qch à portée de main

ⓒ (= *skilful*) adroit; **he's ~ around the house** il est bricoleur; **he's ~ in the kitchen** il se débrouille bien en cuisine; **to be ~ with sth** savoir bien se servir de qch

handyman /'hændɪmæn/ N (*pl* **-men**) (= *do-it-yourselfer*) bricoleur *(m)*

hang /hæŋ/ (*pret, ptp* **hung**) 1 VT ⓐ [+ *lamp, curtains, decorations, painting*] accrocher; [+ *wallpaper*] poser; **to ~ clothes on the line** étendre du linge; **to ~ one's head** baisser la tête; **the trees were hung with lights** les arbres étaient décorés de lumières

ⓑ (*pret, ptp* **hanged**) [+ *criminal*] pendre; **he was ~ed for murder** il a été pendu pour meurtre; **he ~ed himself** il s'est pendu

2 VI ⓐ [*rope, dangling object*] pendre (**on, from** à); **a suit that ~s well** un costume qui tombe bien; **a picture ~ing on the wall** un tableau accroché au mur; **to ~ out of the window** [*person*] se pencher par la fenêtre; [*thing*] pendre à la fenêtre

ⓑ (= *hover*) **fog hung over the valley** un brouillard planait sur la vallée; **the threat of unemployment ~s over us** la menace du chômage pèse sur nous; **the question was left ~ing in the air** la question est restée en suspens; **time hung heavy on his hands** il trouvait le temps long

ⓒ [*criminal*] être pendu; **he'll ~ for it** cela lui vaudra la corde

3 N **to get the ~ of*** (= *understand*) comprendre; **to get the ~ of doing sth** attraper le coup* pour faire qch; **you'll soon get the ~ of it** tu auras vite fait de t'y mettre; **she's getting the ~ of her new job** elle commence à s'habituer à son nouveau travail

4 COMP ♦ **hang-glider** N deltaplane® *(m)* ♦ **hang-gliding** N deltaplane® *(m)*; **to go ~-gliding** faire du deltaplane® ♦ **hang-up*** N (= *complex*) complexe *(m)* (**about** à cause de); **to have sexual ~-ups** avoir des blocages (sexuels)

▸ **hang about**, **hang around** 1 VI (= *loiter*) traîner; (= *wait*) attendre; **he's always ~ing about here** il est toujours à traîner par ici; **he got sick of ~ing around waiting for me** il en a eu marre* de m'attendre; **they always ~ around together** ils sont toujours ensemble; **to keep sb ~ing about** faire attendre qn; **~ about!*** 2 VT INSEP **the crowd who hung around the café** les habitués du café

▸ **hang back** VI (*when walking*) rester en arrière; **she hung back from suggesting this** elle hésitait à le proposer

▸ **hang down** VI pendre

▸ **hang in*** VI s'accrocher; **~ in there, Bill, you're going to make it** accroche-toi, Bill, tu vas y arriver

▸ **hang on** 1 VI ⓐ (= *wait*)* attendre; **~ on!** attendez!; (*on phone*) ne quittez pas!; **~ on, I didn't say that!** attends un peu, ce n'est pas ce que j'ai dit!

ⓑ (= *hold out*) tenir bon; **he managed to ~ on till help came** il réussit à tenir bon jusqu'à l'arrivée des secours

ⓒ **to ~ on to sth** (= *cling on to*) se cramponner à qch; (= *look after*)* garder qch

2 VT INSEP ⓐ se cramponner à; **to ~ on sb's arm** se cramponner au bras de qn; **to ~ on sb's every word** boire les paroles de qn

ⓑ (= *depend on*) dépendre de; **everything ~s on his decision** tout dépend de sa décision

▸ **hang out** 1 VI ⓐ [*tongue*] pendre; **your shirt's ~ing out** ta chemise pend; **let it all ~ out!** défoulez-vous!

ⓑ (= *live*)* crécher! 2 VT SEP [+ *washing*] étendre (dehors)

▸ **hang together** VI [*argument, story*] se tenir; [*statements*] s'accorder

▸ **hang up** 1 VI (*on telephone*) raccrocher; **to ~ up on sb** raccrocher au nez de qn 2 VT SEP [+ *hat, picture*] accrocher (**on** à, **sur**)

hangar /'hæŋəʳ/ N hangar *(m)*

hangdog /'hæŋdɒg/ N **to have a ~ expression** avoir un air de chien battu

hanger /'hæŋəʳ/ N (= *coat hanger*) cintre *(m)*

hanger-on /'hæŋərɒn/ N (*pl* **hangers-on**) parasite *(m)*

hanging /'hæŋɪŋ/ 1 N (= *execution*) pendaison *(f)* 2 NPL **hangings** (*on wall*) tentures *(fpl)* 3 ADJ suspendu; **~ basket** panier *(m)* suspendu

hangman /'hæŋmən/ N (*pl* **-men**) ⓐ (= *executioner*) bourreau *(m)* ⓑ (= *game*) pendu *(m)*; **to play ~** jouer au pendu

hangover /'hæŋəʊvəʳ/ N ⓐ (*after drinking*) **to have a ~** avoir la gueule de bois* ⓑ (= *relic*) **this problem is a ~ from the previous administration** c'est un problème que nous avons hérité de l'administration précédente

hanker /'hæŋkəʳ/ VI **to ~ for** rêver de

hankering /'hæŋkərɪŋ/ N **to have a ~ for sth** rêver de qch

hankie*, **hanky*** /'hæŋkɪ/ N mouchoir *(m)*

hanky-panky* /'hæŋkɪ'pæŋkɪ/ N (*sexual*) batifolage *(m)*; (US = *jiggery-pokery*) magouilles *(fpl)*

Hants ABBR = **Hampshire**

Hanukkah /'hɑːnəkə/ N Hanoukka *(f)*

haphazard /,hæp'hæzəd/ ADJ **in a somewhat ~ fashion** un peu n'importe comment

hapless /'hæplɪs/ ADJ malheureux (*before n*)

happen /'hæpən/ VI arriver, se passer; **something ~ed** il est arrivé quelque chose; **what's ~ed?** qu'est-ce qui s'est passé?; **as if nothing had ~ed** comme si de rien n'était; **whatever ~s** quoi qu'il arrive; **don't let it ~ again!** et que cela ne se reproduise pas!; **these things ~** ce sont des choses qui arrivent; **what has ~ed to him?** (= *befallen*) qu'est-ce qui lui est arrivé?; (= *become of*) qu'est-ce qu'il est devenu?; **if anything ~ed to me my wife would have enough money** s'il m'arrivait quelque chose ma femme aurait assez d'argent; **something has ~ed to him** il lui est arrivé quelque chose; **a funny thing ~ed to me this morning** il m'est arrivé quelque chose de bizarre ce matin; **let's pretend it never ~ed** faisons comme si rien ne s'était passé; **as it ~s I'm going there today** il se trouve que j'y vais aujourd'hui

♦ **to happen to do sth**: **he ~ed to tell me that ...** il me disait justement que ...; **the first paper I came across ~ed to be the Daily Mail** le premier journal qui m'est tombé sous la main s'est trouvé être le Daily Mail; **I ~ to know he is not rich** je sais qu'en fait il n'est pas riche; **if you ~ to see her** si tu as l'occasion de la voir

▸ **happen on** VT INSEP [+ *object*] trouver par hasard

happening /'hæpnɪŋ/ 1 N (= *event*) événement *(m)*; (= *performance*) happening *(m)* 2 ADJ (= *exciting*)* branché*

happily /'hæpɪlɪ/ ADV ⓐ [*say*] d'un air heureux; **it all ended ~** tout s'est bien terminé; **I'm a ~ married man** je suis heureux en ménage; **they lived ~ ever after** ils vécurent heureux ⓑ (= *without difficulty*) sans problème ⓒ (= *willingly*) [*offer, lend*] volontiers ⓓ (= *fortunately*) heureusement

happiness /'hæpɪnɪs/ N bonheur *(m)*

happy /'hæpɪ/ 1 ADJ ⓐ [*person, smile, time, outcome*] heureux; **to have a ~ ending** bien se terminer; **to have ~ memories of sth** garder un bon souvenir de qch; **to be ~ about sth** être heureux de qch; **I'm ~ that you came** je suis content que vous soyez venu; **I'm ~ to say that ...** j'ai le plaisir de vous dire que ...; **I'm just ~ to have a job** je m'estime heureux d'avoir un emploi

ⓑ (= *contented*) [*person*] content; [*childhood, life, marriage, family*] heureux; **we like to keep the customers ~** nous voulons que nos clients soient satisfaits; **you're not just saying that to keep me ~?** tu ne me dis pas ça juste pour me faire plaisir?; **to be ~ with sth** être satisfait de qch; **I'm not ~ about leaving him alone** ça ne me plaît pas trop de le laisser seul

ⓒ (= *glad*) **to be ~ to do sth** bien vouloir faire qch; **she was quite ~ to stay alone** cela ne la dérangeait pas (du tout) de rester seule; **I would be ~ to have your comments** n'hésitez pas à me faire part de vos commentaires; **I'd be more than ~ to do that** je le ferais volontiers

ⓓ (*in greetings*) **~ birthday!** bon anniversaire!; **~ Christmas!** joyeux Noël!; **~ Easter!** joyeuses Pâques!; **~ New**

Year! bonne année!; **~ holidays!** (*US*) joyeuses fêtes!
ⓔ(= *tipsy*)* éméché*

2 COMP ♦ **the happy couple** N les jeunes mariés (*mpl*)
♦ **the happy event** N (= *birth*) l'heureux événement (*m*)
♦ **happy-go-lucky** ADJ insouciant ♦ **happy hour** N happy
hour (*f*) ♦ **happy medium** N juste milieu (*m*)

harangue /həˈræŋ/ **1** VT [+ *crowd*] haranguer; [+ *individual*] sermonner **2** N (*to crowd*) harangue (*f*); (*to individual*)
sermon (*m*)

harass /ˈhærəs/ VT harceler; **he sexually ~ed her** il la
harcelait sexuellement

harassed /ˈhærəst/ ADJ harcelé; **to feel ~** être harcelé

harassment /ˈhærəsmənt/ N harcèlement (*m*); **police ~**
harcèlement (*m*) policier

harbour, harbor (*US*) /ˈhɑːbəʳ/ **1** N (*for boats*) port (*m*)
2 VT ⓐ (= *give shelter to*) **to ~ a criminal** abriter un criminel
ⓑ [+ *suspicions, hope*] entretenir; **to ~ a grudge against sb**
garder rancune à qn

hard /hɑːd/ **1** ADJ ⓐ (= *not soft*) dur; [*blow, kick, punch*]
violent; **to go ~** durcir; **the ground was frozen ~** le sol
était durci par le gel; **the lake was frozen ~** le lac était
complètement gelé; **to set ~** [*concrete, clay*] bien prendre;
no ~ feelings! sans rancune!; **to show there are no ~ feelings** pour montrer qu'il n'y a pas de rancune entre nous
(*or* eux *etc*); **to take a ~ line with sb/on sth** se montrer intransigeant avec qn/quand il s'agit de qch; **to be ~ on sb**
[*person*] être dur avec qn; **~ luck!** pas de chance!; **she
thinks she's really ~*** elle se considère comme une dure
ⓑ(= *not easy*) dur; [*battle, fight*] rude; **to find it ~ to do
sth** avoir du mal à faire qch; **I find it ~ to believe that ...**
j'ai du mal à croire que ...; **their prices are ~ to beat** leurs
prix sont imbattables; **to be ~ to translate** être difficile à
traduire; **good managers are ~ to find these days** il est
difficile de trouver de bons cadres de nos jours; **I've had a
~ day** ma journée a été dure; **a ~ day's work** une rude
journée de travail; **it's ~ work!** c'est dur!; **times are ~** les
temps sont durs; **those were ~ times** c'était une période
difficile; **he always has to do things the ~ way** il faut toujours qu'il cherche la difficulté; **to learn the ~ way** l'apprendre à ses dépens; **to play ~ to get*** se faire désirer
♦ **a hard time: she's having a ~ time at the moment** elle
traverse une période difficile; **to have a ~ time doing sth**
avoir du mal à faire qch; **to give sb a ~ time*** en faire voir
de toutes les couleurs à qn
ⓒ(= *committed*) **he's a ~ worker** il est travailleur; **he's a ~
drinker** il boit beaucoup
ⓓ[*winter, climate*] rude; [*frost*] fort
ⓔ[*evidence*] tangible; [*fact*] concret

2 ADV ⓐ [*push, pull, rain, snow*] fort; [*work*] dur; [*study*]
assidûment; [*listen, think*] bien; **she slammed the door ~**
elle a claqué violemment la porte; **to hit ~** frapper fort; **to
look ~ at** [+ *person*] dévisager; [+ *thing*] bien regarder; **to
try ~** faire un gros effort; **no matter how ~ I try, I ...** j'ai
beau essayer, je ...; **as ~ as one can** de toutes ses forces;
to be ~ at it* travailler dur; **she works ~ at keeping fit** elle
fait de gros efforts pour rester en forme
♦ **to be hard put to do sth** avoir beaucoup de mal à
faire qch
ⓑ(= *badly*) **to take sth ~** être très affecté par qch; **she
feels ~-done by** elle se sent injustement traitée

3 COMP ♦ **hard-and-fast** ADJ [*rule*] absolu ♦ **hard-boiled**
ADJ [*egg*] dur ♦ **hard cash** N argent (*m*) liquide ♦ **hard
copy** N version (*f*) papier ♦ **hard core** N noyau (*m*) dur
♦ **hard-core** ADJ **~-core pornography** pornographie (*f*) dure
♦ **hard court** N court (*m*) en dur ♦ **hard currency** N devise
(*f*) forte ♦ **hard disk** N disque (*m*) dur ♦ **hard-earned** ADJ
durement gagné ♦ **hard-fought** ADJ [*battle*] acharné; [*election, competition*] âprement disputé ♦ **hard hat** N casque
(*m*); (= *riding hat*) bombe (*f*); (*US* = *construction worker*) ouvrier (*m*) du bâtiment ♦ **hard-headed** ADJ **a ~-headed
businessman** un homme d'affaires qui a la tête sur les
épaules ♦ **hard-hitting** ADJ sans complaisance ♦ **hard labour, hard labor** (*US*) N travaux (*mpl*) forcés ♦ **hard-line**
ADJ pur et dur ♦ **hard-liner** N pur(e) (*m(f)*) et dur(e) (*m(f)*)

♦ **hard-nosed** ADJ dur ♦ **hard of hearing** ADJ dur d'oreille
♦ **the hard-of-hearing** NPL les malentendants (*mpl*) ♦ **hard
porn*** N porno (*m*) hard* ♦ **hard rock** N hard rock (*m*)
♦ **hard-sell** N (*Commerce*) vente (*f*) agressive; **~-sell approach** approche (*f*) agressive ♦ **hard shoulder** N (*Brit*)
bande (*f*) d'arrêt d'urgence ♦ **hard-up*** ADJ fauché*
♦ **hard-wearing** ADJ résistant ♦ **hard-working** ADJ travailleur

hardback /ˈhɑːdbæk/ N livre (*m*) relié

hardboard /ˈhɑːdbɔːd/ N panneau (*m*) de particules

hardcover /ˈhɑːdˌkʌvəʳ/ N (*US*) livre (*m*) relié

harden /ˈhɑːdn/ **1** VT durcir; **to ~ o.s. to sth** s'endurcir à
qch **2** VI durcir; **his voice ~ed** sa voix se fit dure; **attitudes
are ~ing** les attitudes se durcissent

hardened /ˈhɑːdnd/ ADJ [*substance*] durci; [*criminal*]
endurci

hardening /ˈhɑːdnɪŋ/ N durcissement (*m*); **I noticed a ~
of his attitude** j'ai remarqué que son attitude se durcissait

hardly /ˈhɑːdlɪ/ ADV à peine; **I can ~ hear you** je vous
entends à peine; **I ~ know you** je vous connais à peine; **he
had ~ opened his mouth when ...** à peine avait-il ouvert
la bouche que ...; **you'll ~ believe it** vous aurez du mal à
le croire; **I need ~ point out that ...** je n'ai pas besoin de
faire remarquer que ...; **they were ~ more than 18 inches
apart** ils étaient à moins de 50 centimètres l'un de l'autre;
~ a day goes by without a visit from someone il est rare
qu'une journée se passe sans qu'il y ait une visite; **Nicki
had ~ slept** Nicki avait à peine dormi; **~ anyone/anything/
anywhere/ever** presque personne/rien/nulle part/jamais;
you have ~ eaten anything tu n'as presque rien mangé; **~!**
(= *not at all*) certainement pas!; **he would ~ have said that**
il n'aurait tout de même pas dit cela; **it's ~ surprising his
ideas didn't catch on** il n'est guère surprenant que ses
idées n'aient pas eu plus de succès → **any, anybody** *etc*

hardness /ˈhɑːdnɪs/ N dureté (*f*)

hardship /ˈhɑːdʃɪp/ N (= *circumstances*) épreuves (*fpl*);
(= *suffering*) souffrance (*f*); (= *poverty*) pauvreté (*f*); (= *deprivation*) privation (*f*); **he has suffered great ~** il a connu de
dures épreuves; **periods of economic ~** des périodes de
difficultés économiques; **many students are experiencing
severe financial ~** beaucoup d'étudiants ont de gros problèmes d'argent

hardware /ˈhɑːdwɛəʳ/ N (*items*) quincaillerie (*f*); (*Computing*) hardware (*m*) ♦ **hardware store** (*US*) N quincaillerie
(*f*)

hardy /ˈhɑːdɪ/ ADJ robuste; [*plant*] rustique

hare /hɛəʳ/ **1** N lièvre (*m*) **2** VI (*Brit*) **to ~ off*** détaler

harebrained /ˈhɛəbreɪnd/ ADJ [*person*] écervelé; [*plan,
scheme*] insensé

harem /ˈhɑːriːm/ N harem (*m*)

Harley Street /ˈhɑːlɪˌstriːt/ N Harley Street (*haut lieu de la
médecine privée à Londres*)

harm /hɑːm/ **1** N mal (*m*); **to do sb ~** faire du mal à qn;
he never did any ~ to anyone il n'a jamais fait de mal à
personne; **a bit of exercise never did anyone any ~** un peu
d'exercice physique n'a jamais fait de mal à personne;
the ~'s done now le mal est fait maintenant; **no ~ done!** il
n'y a pas de mal!; **it can't do you any ~** ça ne peut pas te
faire de mal; **it will do more ~ than good** cela fera plus de
mal que de bien; **he means no ~** il n'a pas de mauvaises
intentions; **make sure that no ~ comes to him** fais en sorte
qu'il ne lui arrive rien; **I don't see any ~ in it** je n'y vois
aucun mal; **there's no ~ in an occasional drink** un petit
verre de temps en temps ne peut pas faire de mal; **there's
no ~ in asking** on peut toujours demander; **in ~'s way** en
danger; **to keep a child out of ~'s way** mettre un enfant à
l'abri du danger

2 VT [+ *person*] (= *damage*) faire du tort à; (= *hurt*) faire du
mal à; [+ *reputation, interests, cause*] nuire à; **products which
~ the environment** des produits nocifs pour l'environnement

harmful /ˈhɑːmfʊl/ ADJ [*substance, rays, effects*] nocif; **to
be ~ to** être mauvais pour

harmless /'hɑːmlɪs/ ADJ [*animal, substance, joke*] inoffensif (**to** pour) ; [*hobby, pleasure*] innocent ; **it's just a bit of ~ fun** ce n'est pas bien méchant

harmonica /hɑː'mɒnɪkə/ N harmonica (m)

harmonious /hɑː'məʊnɪəs/ ADJ harmonieux

harmonize /'hɑːmənaɪz/ VI (= *go together*) s'harmoniser

harmony /'hɑːmənɪ/ N harmonie (f) ; **in ~** en harmonie

harness /'hɑːnɪs/ 1 N harnais (m) 2 VT ⓐ [+ *horse*] harnacher ⓑ [+ *emotions*] maîtriser ; [+ *source of energy*] domestiquer

harp /hɑːp/ 1 N harpe (f) 2 VI * **to ~ on about sth** [+ *subject, event*] s'étendre sur qch ; **stop ~ing on about it!** cesse de nous rebattre les oreilles avec ça ! ; **I don't want to ~ on about it** je ne veux pas revenir toujours là-dessus

harpist /'hɑːpɪst/ N harpiste (mf)

harpoon /hɑː'puːn/ 1 N harpon (m) 2 VT harponner

harpsichord /'hɑːpsɪkɔːd/ N clavecin (m)

harrow /'hærəʊ/ 1 N herse (f) 2 VT ⓐ [+ *field*] herser ⓑ [+ *person*] tourmenter

harrowing /'hærəʊɪŋ/ ADJ [*story, account, film*] poignant ; [*experience*] extrêmement pénible ; [*picture*] difficile à supporter

harsh /hɑːʃ/ ADJ ⓐ [*words, reality, measures*] dur ; [*person, punishment*] sévère ⓑ [*conditions, environment*] dur ; [*climate, winter, weather*] rude ⓒ [*voice*] dur ; [*sound*] discordant ; [*light*] cru ; [*contrast*] fort ; [*cleaner, detergent*] corrosif

harshly /'hɑːʃlɪ/ ADV [*treat, criticize, judge*] sévèrement ; [*say*] durement

harshness /'hɑːʃnɪs/ N ⓐ [*of manner*] rudesse (f) ; [*of words, conditions*] dureté (f) ; [*of climate*] rigueur (f) ; [*of punishment, laws*] sévérité (f) ⓑ (*to the taste*) âpreté (f) ; (*to the ear*) discordance (f)

harvest /'hɑːvɪst/ 1 N [*of grain*] moisson (f) ; [*of fruit*] récolte (f) ; [*of grapes*] vendange (f) ; **to get in the ~** faire la moisson ; **poor ~s** mauvaises récoltes (fpl) 2 VT [+ *grain*] moissonner ; [+ *fruit*] récolter ; [+ *grapes*] vendanger 3 COMP • **harvest festival** N fête (f) de la moisson • **harvest time** N **at ~ time** pendant la moisson

has /hæz/ VB 3rd pers sg pres of **have**

has-been• /'hæzbiːn/ N has been* (m inv)

hash /hæʃ/ 1 N ⓐ (= *mess*)* **he made a ~ of it** il a raté son affaire ⓑ (= *dish*) plat en sauce à base de viande hachée et de légumes ⓒ (*Drugs* = *hashish*) hasch* (m) ⓓ (= *sign*) dièse (m) 2 COMP • **hash browns** NPL pommes (fpl) de terre sautées (*servies au petit déjeuner*) • **hash key** N touche (f) dièse

hashish /'hæʃɪʃ/ N haschich (m)

hasn't /'hæznt/ (ABBR = **has not**) → **have**

hassle• /'hæsl/ 1 N ⓐ (= *fuss*) histoire (f) ; (= *worries*) tracas (mpl) ; **what a ~!** quelle histoire ! ; **it's a ~!** c'est toute une histoire ! ; **it's no ~!** ce n'est pas un problème ! ; **it isn't worth the ~** ça ne vaut pas la peine ; **preparing for a wedding is such a ~** les préparatifs d'un mariage, c'est toute une affaire ⓑ (*US* = *squabble*) chamaillerie* (f) ; (= *bustle, confusion*) pagaille (f) 2 VT (= *harass*) embêter ; **stop hassling me, will you?** arrête donc de m'embêter ! ; **he was continually being ~d for money** on l'embêtait sans arrêt pour lui demander de l'argent 3 VI (*US* = *quarrel*) se battre

haste /heɪst/ N hâte (f) ; **to do sth in ~** faire qch à la hâte ; **in their ~ to explain what had happened** dans leur précipitation à expliquer ce qui s'était passé ▪ (*PROV*) **more ~ less speed** hâtez-vous lentement

hasten /'heɪsn/ 1 VI se hâter (**to do sth** de faire qch) ; **... I ~ to add** ... je m'empresse d'ajouter ; **to ~ away** partir à la hâte 2 VT hâter ; **to ~ sb's departure** hâter le départ de qn ; **the strikes that ~ed the collapse of the Soviet Union** les grèves qui ont précipité l'effondrement de l'Union soviétique

hastily /'heɪstɪlɪ/ ADV hâtivement ; (= *excessively quickly*)

précipitamment ; **a ~ arranged press conference** une conférence de presse organisée à la hâte

hasty /'heɪstɪ/ ADJ ⓐ [*departure, escape, retreat*] précipité ; [*glance, examination, visit, sketch*] rapide ⓑ (= *rash*) hâtif ; [*marriage*] précipité ; **perhaps I was a bit ~** (*in actions*) j'ai sans doute agi avec précipitation

hat /hæt/ 1 N chapeau (m) ; **to take one's ~ off to sb** tirer son chapeau à qn ; **~s off to them for helping the homeless!** leur action en faveur des SDF mérite un coup de chapeau ; **to keep sth under one's ~*** garder qch pour soi ; **to pass round the ~** or (*US*) **to pass the ~ for sb** faire la quête pour qn

• **at the drop of a hat** (= *immediately*) sur le champ

2 COMP • **hat trick** N **to score a ~ trick** (= *score three times*) réussir trois coups consécutifs ; (= *win three matches*) gagner trois matchs consécutifs

hatch /hætʃ/ 1 VT ⓐ [+ *chick, egg*] faire éclore ⓑ [+ *plot*] tramer ; [+ *plan*] couver 2 VI (= *hatch out*) [*chick*] éclore 3 N (*on boat*) écoutille (f) ; **down the ~!•** cul sec!*

hatchback /'hætʃbæk/ N voiture (f) à hayon

hatcheck /'hætʃek/ N préposé(e) (m(f)) au vestiaire

hatchet /'hætʃɪt/ N hachette (f) • **hatchet job** N démolissage (m) ; **to do a ~ job on sb*** démolir qn

hate /heɪt/ 1 VT haïr ; (*weaker*) détester ; **what he ~s most of all is ...** ce qu'il déteste le plus au monde c'est ... ; **I ~ it when she cries** j'ai horreur quand elle pleure ; **to ~ o.s.** s'en vouloir (**for doing sth** de faire qch) ; **to ~ doing sth** détester faire qch ; **he ~s being ordered about** il a horreur qu'on lui donne des ordres ; **I ~ being late** je déteste être en retard ; **I ~ to tell you this, but ...** je suis désolé de vous le dire, mais ... ; **I ~ to admit it, but you were right** je suis obligé d'admettre que vous aviez raison ; **I would ~ to keep him waiting** je ne voudrais surtout pas le faire attendre ; **I would ~ him to think that ...** je ne voudrais surtout pas qu'il pense que ...

2 N haine (f)

3 COMP • **hate campaign** N campagne (f) de dénigrement • **hate mail** N lettres (fpl) d'injures

hated /'heɪtɪd/ ADJ haï

hateful /'heɪtfʊl/ ADJ ⓐ (= *horrible*) odieux ⓑ (= *full of hate*) haineux

hatred /'heɪtrɪd/ N haine (f) ; **to feel ~ for sb** haïr qn

haughty /'hɔːtɪ/ ADJ hautain

haul /hɔːl/ 1 N ⓐ (= *journey*) **the long ~ between Paris and Grenoble** le long voyage entre Paris et Grenoble ; **revitalizing the economy will be a long ~** relancer l'économie prendra beaucoup de temps ⓑ (= *booty*) butin (m) ; **a drugs ~** une saisie de drogue 2 VT (= *pull*) traîner ; **to ~ sb over the coals** passer un savon* à qn ; **she was ~ed before the magistrates*** elle a été traînée devant les tribunaux

► **haul down** VT SEP [+ *object*] descendre (*en tirant*)

► **haul in** VT SEP [+ *line, catch*] amener

► **haul up** VT SEP [+ *object*] monter (*en tirant*) ; **to ~ o.s. up** se hisser ; **to be ~ed up in court*** être traîné devant les tribunaux

haulage /'hɔːlɪdʒ/ N (= *business*) transport (m) routier ; (= *charge*) frais (mpl) de transport • **haulage company** N (*Brit*) entreprise (f) de transports (routiers) • **haulage contractor** N = **haulier**

haulier /'hɔːlɪə'/ N (*Brit*) (= *company*) entreprise (f) de transports (routiers) ; (= *driver*) routier (m)

haunch /hɔːntʃ/ N hanche (f) ; **~es** [*of animal*] arrièretrain (m) ; **squatting on his ~es** (*person*) accroupi ; **~ of venison** cuissot (m) de chevreuil

haunt /hɔːnt/ 1 VT hanter ; **to be ~ed by memories** être hanté par des souvenirs 2 N [*of criminals*] repaire (m) ; **it is a favourite ~ of artists** c'est un lieu fréquenté par les artistes ; **this café is one of his favourite ~s** ce café est un de ses endroits favoris

haunted /'hɔːntɪd/ ADJ [*house*] hanté ; [*look, expression*] égaré ; [*face, eyes*] hagard ; **he looks ~** il a un air hagard

haunting /'hɔːntɪŋ/ ADJ obsédant

have /hæv/

1 AUXILIARY VERB	4 NOUN
2 MODAL VERB	5 PHRASAL VERBS
3 TRANSITIVE VERB	

▶ *vb: 3rd pers sg pres* **has**, *pret, ptp* **had**

▶ *When* **have** *is part of a set combination, eg* **have a look**, **have a good time**, *look up the noun.*

1 AUXILIARY VERB

ⓐ avoir

▶ **avoir** *is the auxiliary used with most verbs to form past tenses. For important exceptions see below.*

I ~ eaten j'ai mangé; **I had eaten** j'avais mangé; **haven't you grown!** comme tu as grandi!

▶ *Note the agreement of the past participle with the preceding direct object.*

I haven't seen her je ne l'ai pas vue; **I hadn't seen him** je ne l'avais pas vu; **if I had seen her I would have spoken to her** si je l'avais vue, je lui aurais parlé; **having seen them** les ayant vus

▶ *When describing uncompleted states or actions, French generally uses the present and imperfect where English uses the perfect and past perfect.*

I ~ lived *or* **~ been living here for 10 years/since January** j'habite ici depuis 10 ans/depuis janvier; **I had lived** *or* **had been living there for 10 years** j'habitais là depuis 10 ans
♦ **to have just ...** venir de ...; **I ~ just seen him** je viens de le voir; **I had just spoken to him** je venais de lui parler

ⓑ être

▶ **être** *is the auxiliary used with all reflexives, and the following verbs when used intransitively:* aller, arriver, descendre, devenir, entrer, monter, mourir, naître, partir, passer, rentrer, rester, retourner, revenir, sortir, tomber, venir.

I ~ gone je suis allé; **I've made a mistake** je me suis trompé; **I had gone** j'étais allé; **I had made a mistake** je m'étais trompé

ⓒ **in tag questions: seeking confirmation** n'est-ce pas; **you've seen her, haven't you?** vous l'avez vue, n'est-ce pas?; **he hasn't told anyone, has he?** il n'en a parlé à personne, n'est-ce pas?

ⓓ **in tag responses** **he's got a new job — oh has he?** il a un nouveau travail — ah bon?; **you've dropped your book — so I ~!** vous avez laissé tomber votre livre — en effet!

▶ **(mais) si** *or* **(mais) non** *are used to contradict.*

you haven't seen her — yes I ~! vous ne l'avez pas vue — (mais) si!; **you've made a mistake — no I haven't!** vous vous êtes trompé — mais non!

▶ **oui** *or* **non** *are often sufficient when answering questions.*

have you met him? — yes I ~ est-ce que tu l'as rencontré? — oui; **has he arrived? — no he hasn't** est-ce qu'il est arrivé? — non

ⓔ **avoiding repetition of verb** **~ you ever been there? if you ~ ...** y êtes-vous déjà allé? si oui, ...; **~ you tried it? if you haven't ...** est-ce que vous avez goûté ça? si vous ne l'avez pas fait, ...

2 MODAL VERB

♦ **to have to** + *infinitive* devoir, falloir

▶ **falloir** *is always used in the third person singular, in an impersonal construction. Note that* **falloir que** *is always followed by the subjunctive.*

they ~ to work hard ils doivent travailler dur, il faut qu'ils travaillent dur; **they had to work hard** ils ont dû travailler dur, il a fallu qu'ils travaillent dur; **you're going to ~ to work hard!** tu vas devoir travailler dur!, il va falloir que tu

travailles dur!; **I'll ~ to leave now or I'll miss the train** il faut que je parte, sinon je vais rater mon train; **he had to pay all the money back** il a dû tout rembourser; **don't you ~ to get permission?** est-ce qu'on ne doit pas demander la permission?; **do you ~ to go now?** est-ce que vous devez partir tout de suite?; **we've had to work late twice this week** nous avons dû rester travailler tard deux fois cette semaine; **we'll ~ to find an alternative** nous allons devoir trouver une autre solution; **the locks will ~ to be changed** il va falloir changer les serrures; **what kind of equipment would you ~ to have?** quel type de matériel vous faudrait-il?; BUT **it has to be the biggest scandal this year** c'est sans aucun doute le plus gros scandale de l'année; **it still has to be proved** ça reste à prouver; **do you ~ to make such a noise?** tu ne pourrais pas faire un peu moins de bruit?

♦ **don't/doesn't have to** + *infinitive*

▶ *Note that* **falloir** *and* **devoir** *are not used.*

he doesn't ~ to work il n'a pas besoin de travailler; **you didn't ~ to tell her!** tu n'avais pas besoin de le lui dire!; **it's nice not to ~ to work on Saturdays** c'est agréable de ne pas avoir à travailler le samedi; **I don't ~ to do it** je ne suis pas obligé *or* forcé de le faire

3 TRANSITIVE VERB

ⓐ avoir; **I ~** *or* **I've got three books** j'ai trois livres; **~ you got a suitcase?** avez-vous une valise?; **she has blue eyes** elle a les yeux bleus; **~ you got this jumper in black?** est-ce que vous avez ce pull en noir?; **I haven't any more** je n'en ai plus; **I've got nothing to do** je n'ai rien à faire; **I've got a headache** j'ai mal à la tête; **I had my camera ready** j'avais mon appareil tout prêt; **to ~ a child** avoir un enfant; **she is having a baby in April** elle va avoir un bébé en avril; **our cat has had kittens** notre chatte a eu des petits; **I'll ~ everything ready** je veillerai à ce que tout soit prêt

ⓑ = **eat, drink, take** **he had an egg for breakfast** il a mangé un œuf au petit déjeuner; **I'll just ~ a sandwich** je vais juste prendre un sandwich; **~ some more** reprends-en; **shall we ~ a coffee?** on prend un café?; **to ~ tea with sb** prendre le thé avec qn; **I've had a couple of aspirins** j'ai pris deux aspirines
♦ **will you have ...?** (*in offers*) **will you ~ tea or coffee?** vous prendrez du thé ou du café?

ⓒ = **spend** passer; **what sort of day have you had?** est-ce que tu as passé une bonne journée?; **to ~ a pleasant evening** passer une bonne soirée

ⓓ = **smoke** fumer; **he had a cigarette** il a fumé une cigarette

ⓔ = **catch** tenir; **he had me by the throat** il me tenait à la gorge; **I've got him where I want him!*** je le tiens!; **to be had*** (= *taken in*) se faire avoir; **you've been had** tu t'es fait avoir*

ⓕ **set structures**
♦ **to let sb have** (= *give*) donner à qn; **let me ~ your address** donnez-moi votre adresse; **I'll let you ~ it for $100** je vous le cède pour 100 dollars
♦ **must have** *or* **have to have**: **I must ~ £50 at once** il me faut 50 livres immédiatement; **I must** *or* **to have them by this afternoon** il me les faut pour cet après-midi
♦ **won't have** (= *refuse to accept*) **I won't ~ this nonsense!** je ne tolérerai pas ces enfantillages!; **I won't ~ it!** je ne tolérerai pas ça!; **I won't ~ him risking his neck on that motorbike** je ne veux pas qu'il risque sa vie sur cette moto
♦ **would have** (= *wish*) **what would you ~ me do?** que voulez-vous que je fasse?; **I would ~ you know that ...** sachez que ...
♦ **to have sth done** [+ *service*] faire faire qch; **to ~ sth mended** faire réparer qch; **to ~ one's hair cut** se faire couper les cheveux; **I've had the brakes checked** j'ai fait vérifier les freins; **he had his car stolen** il s'est fait voler sa voiture; **he had his worst fears confirmed** ses pires craintes se sont réalisées
♦ **to have sb do sth** faire faire qch à qn; **I had him clean the car** je lui ai fait nettoyer la voiture; **she soon had them**

all reading and writing elle a réussi très rapidement à leur apprendre à lire et à écrire

♦ **had better** (= *should*) **I had better go now** il vaut mieux que j'y aille ; **you'd better not tell him that!** tu ferais mieux de ne pas lui dire ça !

♦ **to have had it*** : **I've had it** (= *am done for*) je suis fichu* ; **I've had it up to here** j'en ai marre !*

♦ **to have to do with** : **I ~ nothing to do with it** je n'y suis pour rien ; **that has nothing to do with it** ça n'a rien à voir

4 **NOUN**

the **~s and the ~-nots** les riches *(mpl)* et les pauvres *(mpl)*

5 **PHRASAL VERBS**

► **have in** VT SEP ⓐ faire venir ; **we'll ~ them in and discuss it** nous allons les faire venir pour en discuter ⓑ **to ~ it in for sb*** avoir une dent contre qn ⓒ **to ~ it in one** en être capable ; **she has got it in her** elle en est capable

► **have off** VT SEP *(Brit)* **to ~ it off with sb*** s'envoyer* qn

► **have on** VT SEP ⓐ [+ *clothes*] porter ; **he had nothing on** il était tout nu ⓑ *(Brit = have planned)* **I've got so much on this week that ...** j'ai tant de choses à faire cette semaine que ... ; **I've got nothing on this evening** je suis libre ce soir ⓒ *(Brit = tease)** faire marcher* ⓓ **Richard has nothing on him!** Richard ne lui arrive pas à la cheville ! ; **the police ~ nothing on me*** la police n'a pas de preuve contre moi

► **have out** VT SEP ⓐ **to ~ a tooth out** se faire arracher une dent ⓑ **to ~ it out with sb** s'expliquer avec qn

► **have round** VT SEP [+ *friends, neighbours*] inviter

► **have up** VT SEP **to be had up** passer en jugement (**for doing sth** pour avoir fait qch)

---

haven /ˈheɪvn/ N **a ~ of** [+ *peace, tranquillity*] un havre de ; **a ~ for** [+ *animals, refugees*] un refuge pour

haven't /ˈhævnt/ (ABBR = **have not**) → **have**

haversack /ˈhævəsæk/ N musette *(f)* ; (= *rucksack*) sac *(m)* à dos

havoc /ˈhævək/ N ravages *(mpl)* ; (*less serious*) dégâts *(mpl)* ; **to cause ~** causer des ravages ; **this wreaked ~ with their plans** cela a bouleversé tous leurs projets ; **to wreak ~ on sb's life** complètement bouleverser la vie de qn ; **to play ~ with** [+ *schedule, plans*] bouleverser ; [+ *health, skin*] être très mauvais pour

Hawaii /həˈwaɪɪ/ N Hawaï ; **in ~** à Hawaï

hawk /hɔːk/ 1 N faucon *(m)* ; **to watch sb like a ~** avoir qn à l'œil* 2 VT (= *peddle*) colporter ; (*in street*) vendre (*dans la rue*)

hawker /ˈhɔːkəʳ/ N colporteur *(m)* ; (*door-to-door*) démarcheur *(m)*, -euse *(f)*

hawthorn /ˈhɔːθɔːn/ N aubépine *(f)*

hay /heɪ/ N foin *(m)* ▪ *(PROV)* **to make ~ while the sun shines** ≈ battre le fer pendant qu'il est chaud ♦ **hay fever** N rhume *(m)* des foins

haystack /ˈheɪstæk/ N meule *(f)* de foin

haywire* /ˈheɪwaɪəʳ/ ADJ **to go ~** [*plans*] être perturbé ; [*machine*] se détraquer

hazard /ˈhæzəd/ 1 N ⓐ (= *risk*) risque *(m)* ; (*stronger*) danger *(m)* ; **natural ~s** risques *(mpl)* naturels ; **to be a safety ~** constituer un danger ; **these waste materials pose an environmental ~** ces déchets sont un risque pour l'environnement ⓑ (= *obstacle*) obstacle *(m)* 2 VT ⓐ [+ *remark, suggestion*] hasarder ; **to ~ a guess** hasarder une hypothèse ⓑ [+ *life, reputation, one's fortune*] risquer 3 COMP ♦ **hazard warning lights** NPL feux *(mpl)* de détresse

hazardous /ˈhæzədəs/ ADJ dangereux (**to** or **for sb/sth** pour qn/qch) ♦ **hazardous waste** N déchets *(mpl)* dangereux

haze /heɪz/ 1 N brume *(f)* (*légère*) 2 VT *(US)* [+ *new student*] bizuter

hazel /ˈheɪzl/ 1 N noisetier *(m)* 2 ADJ (*couleur*) noisette *(inv)* ; **~ eyes** yeux *(mpl)* noisette

hazelnut /ˈheɪzlnʌt/ N noisette *(f)*

hazy /ˈheɪzɪ/ ADJ ⓐ [*sunshine, sun*] voilé ; [*day, sky*] brumeux ; **it's very ~ today** (*with heat, dust*) l'air est brumeux aujourd'hui ⓑ [*outline, vision, details*] flou ; [*idea, memory*]

---

vague ; **to be ~ about sth** [*person*] n'avoir qu'une vague idée de qch

H-bomb /ˈeɪtʃbɒm/ N bombe *(f)* H

HDD N (ABBR = **hard disk drive**) unité *(f)* de disque dur

HDTV N (ABBR = **high definition television**) TVHD *(f)*

he /hiː/ 1 PERS PRON ⓐ (*unstressed*) il ; **he has come** il est venu ; **here he is** le voici ; **he is a doctor** il est médecin ; **he is a small man** c'est un homme petit ⓑ (*stressed*) lui ; **HE didn't do it** ce n'est pas lui qui l'a fait 2 N* mâle *(m)* ; **it's a he** (*animal*) c'est un mâle ; (*baby*) c'est un garçon 3 COMP ♦ **he-man*** N (*pl* **he-men**) (*vrai*) mec* *(m)*

---

head /hed/

1 NOUN	4 COMPOUNDS
2 TRANSITIVE VERB	5 PHRASAL VERBS
3 INTRANSITIVE VERB	

1 **NOUN**

ⓐ tête *(f)* ; **to hit sb on the ~** frapper qn à la tête ; **to keep one's ~ down*** (= *avoid trouble*) garder un profil bas ; (= *work hard*) travailler dur ; **~ down** (= *upside down*) la tête en bas ; (= *looking down*) la tête baissée ; **my ~ is aching** j'ai mal à la tête ; **~ of hair** chevelure *(f)* ; **to stand on one's ~** faire le poirier ; **I could do it standing on my ~** c'est simple comme bonjour ; **to stand sth on its ~** prendre le contre-pied de qch ; **she is a ~ taller than her sister** elle dépasse sa sœur d'une tête ; **to keep one's ~ above water** (= *avoid failure*) se maintenir à flot ; **to have a big ~** avoir la grosse tête* ; **he went over my ~ to the director** il m'a court-circuité et est allé voir le directeur ; **his ideas went right over my ~** ses idées me dépassaient complètement ; **he's got his ~ in the sand** il pratique la politique de l'autruche ; **he was talking his ~ off*** il n'arrêtait pas de parler ; **to shout one's ~ off*** crier à tue-tête ; **to laugh one's ~ off** rire aux éclats ; **on your own ~ be it!** à vos risques et périls !

♦ **a head** ♦ **per head** par tête

♦ **from head to foot** *or* **toe** de la tête aux pieds ; **he was dressed in black from ~ to foot** *or* **toe** il était habillé en noir de la tête aux pieds ; **he was trembling from ~ to foot** il tremblait de tout son corps

♦ **head and shoulders** : **he stands ~ and shoulders above everybody else** (*in height*) il dépasse tout le monde d'une tête ; (*in quality*) il surpasse tout le monde

♦ **head over heels** : **to go ~ over heels** (*accidentally*) faire la culbute ; (*on purpose*) faire une galipette ; **to be ~ over heels in love with sb** être follement amoureux de qn

ⓑ = **mind, intellect** tête *(f)* ; **I can't do it in my ~** je ne peux pas calculer ça de tête ; **to get sth into one's ~*** se mettre qch dans la tête ; **I can't get that into his ~*** je n'arrive pas à lui faire comprendre ; **to take it into one's ~ to do sth** se mettre en tête de faire qch ; **it didn't enter his ~ that** ça ne lui est pas venu à l'idée que ... ; **you never know what's going on in his ~** on ne sait jamais ce qui lui passe par la tête ; **what put that idea into his ~?** qu'est-ce qui lui a mis cette idée-là en tête ? ; **she's got her ~ screwed on*** elle a la tête sur les épaules ; **two ~s are better than one** deux avis valent mieux qu'un ; **we put our ~s together** nous y avons réfléchi ensemble ; **to keep one's ~** garder son sang-froid ; **to lose one's ~** perdre la tête ; **his success went to his ~** son succès lui est monté à la tête ; **he's off his ~*** il a perdu la boule* ; **to get one's ~ round sth*** (= *understand*) piger* qch ; **it does my ~ in*** ça me prend la tête*

♦ **a (good) head (for)** : **she has a good ~ for figures** elle est douée en calcul ; **she has a good ~ for heights** elle n'a jamais le vertige ; **she has no ~ for heights** il a le vertige ; **she has a good business ~** elle a le sens des affaires

♦ **out of one's head** : **I can't get it out of my ~** je ne peux pas me sortir ça de la tête ; **he couldn't get her out of his ~** il ne pouvait pas s'empêcher de penser à elle ; **it went right out of my ~** ça m'est tout à fait sorti de la tête

ⓒ **of cattle** (*pl*) **20 ~ of cattle** 20 têtes *(fpl)* de bétail

ⓓ **specific part** [*of flower, pin*] tête *(f)* ; [*of arrow*] pointe *(f)* ;

[*of spear*] fer *(m)*; (*on beer*) mousse *(f)*; (*on tape recorder*) tête *(f)* (*de lecture, d'enregistrement*)

(e) ♦ **to come to a head** [*problem*] devenir critique; **it all came to a ~ yesterday** les choses ont atteint un point critique hier
♦ **to bring things to a head** précipiter les choses

(f) = **top end** [*of staircase*] haut *(m)*; **at the ~ of** (*lake, valley*) à l'extrémité de; (*table*) au bout de; (*procession*) en tête de; (= *in charge of*) à la tête de; **at the ~ of the queue** en tête de file

(g) **of vegetable, lettuce, cabbage** pomme *(f)*; [*of celery*] pied *(m)*; [*of garlic*] tête *(f)*

(h) = **leader** [*of family*] chef *(m)*; **~ of department** [*of company*] chef *(m)* de service; **~ of state** chef *(m)* d'État

(i) **of school** (*Brit*) directeur *(m)* (or directrice *(f)*) d'école; **~ of department** [*of school, college*] professeur *(mf)* responsable de section

(j) **of coin** face *(f)*; **~s or tails?** pile ou face?; **I can't make ~ or tail of it** je n'y comprends rien

2 TRANSITIVE VERB

(a) = **lead** être à la tête de; [+ *procession, list, poll*] être en tête de; **~ed by ...** dirigé par ...

(b) = **direct** **he got in the car and ~ed it towards town** il est monté dans la voiture et s'est dirigé vers la ville

(c) = **put at head of** [+ *chapter*] intituler

(d) **Football** **to ~ the ball** faire une tête

3 INTRANSITIVE VERB

= **go** **to ~ for** or **towards** [*person, vehicle*] se diriger vers; [*ship*] mettre le cap sur; **he ~ed up the hill** il s'est mis à monter la colline; **he was ~ing home** il était sur le chemin du retour; **he's ~ing for trouble** il va avoir des ennuis; **they're ~ing for victory** ils sont bien partis pour gagner

4 COMPOUNDS

[*buyer, assistant*] principal ♦ **head boy** N (*Brit*) *élève de terminale assumant diverses responsabilités* ♦ **head girl** N (*Brit*) *élève de terminale assumant diverses responsabilités* ♦ **head office** N siège *(m)* social ♦ **head start** N **to have a ~ start** être avantagé dès le départ (*over* or *on* sb par rapport à qn) ♦ **head teacher** N (*Brit*) directeur *(m)* (or directrice *(f)*) d'école ♦ **head waiter** N maître *(m)* d'hôtel

5 PHRASAL VERBS

► **head off** **1** VI partir **2** VT SEP [+ *person*] barrer la route à; [+ *questions*] éluder; [+ *trouble*] éviter
► **head up** VT INSEP [+ *organization, team*] diriger

headache /ˈhedeɪk/ N (a) (= *pain*) mal *(m)* de tête; **to have a ~** avoir mal à la tête (b) (= *problem*) problème *(m)*; **his daughter is a real ~** sa fille est impossible

headband /ˈhedbænd/ N bandeau *(m)*

headboard /ˈhedbɔːd/ N [*of bed*] tête *(f)* de lit

headbutt /ˈhedbʌt/ **1** N coup *(m)* de tête **2** VT donner un coup de tête à

headcheese /ˈhedtʃiːz/ N (*US*) fromage *(m)* de tête

headcount /ˈhedkaʊnt/ N (a) comptage *(m)*; **let's do a ~** comptons-les (b) (= *workforce*) effectifs *(mpl)*

headdress /ˈheddres/ N (*of feathers*) coiffure *(f)*

headed /ˈhedɪd/ ADJ (*Brit*) **~ notepaper** papier *(m)* à lettres à en-tête

header /ˈhedə*/ N (*Football*) tête *(f)*

headfirst /ˌhedˈfɜːst/ ADV la tête la première

headgear /ˈhedɡɪə*/ N (= *hat*) chapeau *(m)*; **protective ~** casque *(m)*

headhunt /ˈhedhʌnt/ **1** VI recruter des cadres pour une entreprise **2** VT recruter

headhunter /ˈhedhʌntə*/ N chasseur *(m)* de têtes

heading /ˈhedɪŋ/ N (= *title*) titre *(m)*; **under this ~** sous ce titre; **this comes under the ~ of ...** c'est sous la rubrique ...

headlamp /ˈhedlæmp/ N = **headlight**

headland /ˈhedlənd/ N cap *(m)*

headlight /ˈhedlaɪt/ N (*Brit*) phare *(m)*; **he had his ~s on** il était en phares

headline /ˈhedlaɪn/ N [*of newspaper*] gros titre *(m)*; (*on radio, TV*) grand titre *(m)*; **to hit the ~s** [*story, person*] faire les gros titres; [*scandal, crime*] défrayer la chronique; **here are the news ~s** voici les titres de l'actualité ♦ **headline news** N **to be ~ news** faire les gros titres

headlong /ˈhedlɒŋ/ **1** ADV [*run, rush, plunge*] tête baissée; **she fell ~ down the stairs** elle est tombée la tête la première dans les escaliers **2** ADJ [*fall*] vertigineux; **~ dash** ruée *(f)*; **he made a ~ dash for the door** il s'est rué vers la porte

headmaster /ˈhedmɑːstə*/ N directeur *(m)* d'école

headmistress /ˈhedmɪstrɪs/ N directrice *(f)* d'école

head-on /ˈhedˈɒn/ **1** ADV (a) (*physically*) **to collide ~** se heurter de plein fouet; **to collide ~ with sth** heurter qch de plein fouet (b) [*confront, tackle, meet*] de front **2** ADJ (a) [*collision*] frontal (b) [*confrontation*] direct

headphones /ˈhedfəʊnz/ NPL casque *(m)* (*écouteurs*)

headquarters /ˈhedkwɔːtəz/ NPL siège *(m)*; [*of army division*] quartier *(m)* général

headrest /ˈhedrest/ N appui-tête *(m)*

headroom /ˈhedrʊm/ N (*under ceiling*) hauteur *(f)* sous plafond; (*under bridge*) hauteur *(f)* limite; **there is not enough ~** (*under bridge*) le pont est trop bas; (*under roof*) le plafond est trop bas

headscarf /ˈhedskɑːf/ N foulard *(m)*

headset /ˈhedset/ N casque *(m)* (*écouteurs*)

headstand /ˈhedstænd/ N **to do a ~** faire le poirier

headstone /ˈhedstəʊn/ N [*of grave*] pierre *(f)* tombale

headstrong /ˈhedstrɒŋ/ ADJ têtu

headway /ˈhedweɪ/ N progrès *(m)*; **to make ~** progresser; **I didn't make much ~ with him** je n'ai pas beaucoup progressé avec lui

headwind /ˈhedwɪnd/ N vent *(m)* contraire

heady /ˈhedɪ/ ADJ [*scent*] capiteux; [*experience, brew*] grisant; **it's ~ stuff** c'est grisant

heal /hiːl/ **1** VI [*wound*] se cicatriser **2** VT [+ *person*] guérir (*of* de); [+ *wound*] cicatriser; **time will ~ the pain** votre chagrin s'estompera avec le temps

healer /ˈhiːlə*/ N guérisseur *(m)*, -euse *(f)*

healing /ˈhiːlɪŋ/ [*properties*] curatif; [*powers*] de guérison; **the ~ process** le processus de guérison

health /helθ/ N santé *(f)*; **in good/poor ~** en bonne/mauvaise santé; **to have ~ problems** avoir des problèmes de santé; **to drink (to) sb's ~** boire à la santé de qn; **your ~!** à votre santé!; **Department of Health** (*Brit*) ≈ ministère *(m)* de la Santé ♦ **health and safety** N normes *(fpl)* d'hygiène et de sécurité ♦ **Health Authority** (*Brit*) administration *(f)* régionale de la santé publique ♦ **health care** N services *(mpl)* médicaux ♦ **health centre** N ≈ centre *(m)* médicosocial ♦ **health check** N visite *(f)* médicale; (*more thorough*) bilan *(m)* de santé ♦ **health club** N club *(m)* de remise en forme ♦ **health education** N éducation *(f)* à la santé ♦ **health farm** N établissement *(m)* de remise en forme ♦ **health foods** NPL aliments *(mpl)* diététiques ♦ **health food shop, health food store** (*US*) N magasin *(m)* de produits diététiques ♦ **health hazard** N risque *(m)* pour la santé ♦ **health insurance** N assurance *(f)* maladie ♦ **health officer** N inspecteur *(m)*, -trice *(f)* de la santé ♦ **health risk** N risque *(m)* pour la santé ♦ **Health Service** N (*Brit*) →NHS ♦ **health visitor** N (*Brit*) ≈ infirmière *(f)* visiteuse ♦ **health warning** N (*on cigarette packet*) mise en garde du ministère de la Santé

🛈 **HEALTH MAINTENANCE ORGANIZATION**

Aux États-Unis, les **health maintenance organizations** *sont des organismes privés qui dispensent des soins médicaux (y compris hospitaliers) à leurs adhérents. Dans une volonté de maîtrise des coûts, ces organismes insistent sur la médecine préventive et obligent à consulter des médecins agréés.*

healthful /ˈhelθfʊl/ ADJ sain

healthily /ˈhelθɪlɪ/ ADV [*live, eat, grow*] sainement

healthy /'helθɪ/ ADJ ⓐ (= in good health) en bonne santé; [body, skin, hair] sain; [appetite] solide; **he is very ~** il est en très bonne santé; **to stay ~** rester en bonne santé; **her skin had a ~ glow** sa peau éclatait de santé; **a ~ mind in a ~ body** un esprit sain dans un corps sain ⓑ [relationship] sain; [company, economy] en bonne santé ⓒ (= healthful) sain; [climate] salubre; [exercise] bon pour la santé; **advice on ~ living** conseils (mpl) pour vivre sainement ⓓ [profit] substantiel; [scepticism] salutaire

heap /hiːp/ 1 N ⓐ tas (m); **in a ~** en tas; **to collapse in a ~** [person] s'effondrer comme une masse; **a whole ~ of trouble** tout un tas* d'ennuis; **to be at the bottom of the ~** être en bas de l'échelle

◆ **heaps of*** (money, people, ideas) des tas* de; **she has ~s of enthusiasm** elle déborde d'enthousiasme; **we've got ~s of time** nous avons largement le temps; **to have ~s of things to do** avoir un tas* de choses à faire

ⓑ (= car)‡ tas (m) de ferraille*

2 VT ⓐ (= heap up) empiler

ⓑ [give] **to ~ praise on sb** couvrir qn d'éloges; **to ~ scorn on sb** couvrir qn de mépris

► **heap up** VT SEP empiler; **to ~ sth up on top of sth** entasser qch sur qch

heaped /hiːpt/ ADJ **a ~ spoonful** une grosse cuillerée

hear /hɪəʳ/ (pret, ptp heard) 1 VT ⓐ entendre; **did you ~ what he said?** avez-vous entendu ce qu'il a dit?; **I heard him say that ...** je l'ai entendu dire que ...; **I heard someone come in** j'ai entendu quelqu'un entrer; **to make o.s. heard** se faire entendre; **I couldn't ~ myself think*** je ne m'entendais plus penser; **to ~ him talk you'd think he was an expert** à l'entendre, on dirait que c'est un expert; **I have heard it said that ...** j'ai entendu dire que ...; **let's ~ it for ...*** un grand bravo pour ...

► Note that when **can** is used with **hear** it is not translated.

can you ~ him? vous l'entendez?; **I can't ~ you!** je ne vous entends pas!

ⓑ (= learn) **have you heard the news?** connaissez-vous la nouvelle?; **have you heard the one about the Scotsman who ...** tu connais l'histoire de l'Écossais qui ...; **I've been ~ing bad things about him** on m'a dit du mal de lui; **he had heard that they had left** il avait entendu dire qu'ils étaient partis; **I ~ you've been ill** on m'a dit que vous aviez été malade; **did you ~ if she's accepted the job?** savez-vous si elle a accepté le poste?

ⓒ (= listen to) [+ lecture] assister à; **to ~ a case** [judge] entendre une cause; **the court has been ~ing evidence that he was ...** le tribunal a entendu des témoignages selon lesquels il aurait été ...

2 VI ⓐ entendre; **he cannot ~ very well** il n'entend pas très bien

ⓑ (= get news) avoir des nouvelles; **I ~ from my daughter every week** j'ai des nouvelles de ma fille chaque semaine; **hoping to ~ from you** (in informal letter) en espérant avoir bientôt de tes nouvelles; **to ~ about or of sb/sth** entendre parler de qn/qch; **I ~ about him from his mother** j'ai de ses nouvelles par sa mère; **he was never heard of again** on n'a plus jamais entendu parler de lui; **I've never heard of him!** je ne le connais pas!; **everyone has heard of him** tout le monde a entendu parler de lui; **I've never heard of such a thing!** je n'ai jamais entendu parler d'une chose pareille!; **I won't ~ of you going there** je ne veux absolument pas que tu y ailles; **no! I won't ~ of it!** non, je ne veux pas en entendre parler!

3 EXCL **hear, hear!** bravo!

► **hear out** VT SEP écouter jusqu'au bout

heard /hɜːd/ VB pt, ptp of **hear**

hearing /'hɪərɪŋ/ 1 N ⓐ (= sense) ouïe (f); **to have good ~** avoir l'ouïe fine; **his ~'s not very good** il n'entend pas très bien; **in my ~** en ma présence ⓑ (= meeting) séance (f); **court ~** audience (f); **to give sb a fair ~** laisser s'expliquer qn 2 COMP ◆ **hearing aid** N audiophone (m)

hearsay /'hɪəseɪ/ N **it's only ~** ce ne sont que des rumeurs

hearse /hɜːs/ N corbillard (m)

---

heart /hɑːt/

| 1 NOUN | 3 COMPOUNDS |
| 2 PLURAL NOUN | |

1 NOUN

ⓐ cœur (m); **to have a weak ~** avoir le cœur malade; **I didn't have the ~ to tell him** je n'ai pas eu le cœur de le lui dire; **a cry from the ~** un cri du cœur; **to speak from the ~** parler du fond du cœur; **in his ~ of ~s he thought ...** au fond de lui-même, il pensait ...; **his ~ isn't in it** le cœur n'y est pas; **his ~ isn't in his work** il n'a pas le cœur à l'ouvrage; **his ~ is in the right place** il a bon cœur; **this is something which is close to his ~** c'est quelque chose qui lui tient à cœur; **a man after my own ~** un homme selon mon cœur; **with all my ~** de tout mon cœur; **have a ~!*** pitié!*; **to take sth to ~** prendre qch à cœur; **he has set his ~ on going to Paris** il veut à tout prix aller à Paris; **my ~ was in my mouth** mon cœur battait la chamade; **to eat one's ~'s content** manger tout son soûl; **it was his ~'s desire** c'était son désir le plus cher; **to have a ~ of gold** avoir un cœur en or; **~ and soul** corps et âme; **he put his ~ and soul into his work** il s'est donné à son travail corps et âme

◆ **at heart** au fond; **I'm an optimist at ~** au fond je suis optimiste; **she's still a child at ~** elle est restée très enfant; **we have your best interests at ~** vos intérêts nous tiennent à cœur

◆ **by heart** par cœur; **to know by ~** savoir par cœur; **to learn sth by ~** apprendre qch par cœur

ⓑ = **courage** courage (m); **to put new ~ into sb** redonner (du) courage à qn; **to lose/take ~** perdre/prendre courage

ⓒ = **centre** [of town, lettuce] cœur (m); **in the ~ of the forest** au cœur de la forêt; **in the ~ of the country** en pleine campagne; **the ~ of the matter** le fond du problème

2 PLURAL NOUN

hearts (Cards) cœur (m); **queen/six of ~s** dame (f)/six (m) de cœur

3 COMPOUNDS

◆ **heart attack** N crise (f) cardiaque ◆ **heart condition** N maladie (f) de cœur; **to have a ~ condition** être cardiaque ◆ **heart disease** N maladie (f) de cœur ◆ **heart failure** N insuffisance (f) cardiaque; (= cardiac arrest) arrêt (m) du cœur ◆ **heart-rate** N rythme (m) cardiaque ◆ **heart-searching** N after much ~-searching he ... après s'être longuement interrogé, il ... ◆ **heart-shaped** ADJ en (forme de) cœur ◆ **heart-throb*** N (= person) idole (f); (US) = heartbeat; ◆ **heart-to-heart** ADJ, ADV à cœur ouvert ◆ N **to have a ~-to-~ (with sb)*** parler à cœur ouvert (avec qn) ◆ **heart transplant** N greffe (f) du cœur ◆ **heart trouble** N problèmes (mpl) cardiaques

---

heartache /'hɑːteɪk/ N chagrin (m)

heartbeat /'hɑːtbiːt/ N ⓐ battement (m) du cœur ⓑ (= pulse) pouls (m)

heartbreak /'hɑːtbreɪk/ N déchirement (m)

heartbreaking /'hɑːtbreɪkɪŋ/ ADJ [appeal, cry, sound] déchirant; **it was ~ to see him like that** ça fendait le cœur de le voir comme ça

heartbroken /'hɑːtbrəʊkn/ ADJ **to be ~** avoir un immense chagrin; (stronger) avoir le cœur brisé; [child] avoir un gros chagrin

heartburn /'hɑːtbɜːn/ N brûlures (fpl) d'estomac

heartening /'hɑːtnɪŋ/ ADJ encourageant

heartfelt /'hɑːtfelt/ ADJ **to make a ~ appeal** lancer un appel du fond du cœur; **~ sympathy** condoléances (fpl) sincères

hearth /hɑːθ/ N foyer (m) ◆ **hearth rug** N devant (m) de foyer

heartily /'hɑːtɪlɪ/ ADV [laugh] de bon cœur; [say, welcome] chaleureusement; [eat] de bon appétit; [drink] avec entrain; [recommend] vivement; [agree] pleinement; [congratulate, endorse] de tout cœur; **to be ~ sick of sb/sth*** en avoir vraiment par-dessus la tête* de qn/qch; **to dislike sb ~** détester cordialement qn

heartless /'hɑːtlɪs/ ADJ [person] sans cœur; [treatment] cruel

heartrending /'hɑːtrendɪŋ/ ADJ [cry, appeal] déchirant; **it was ~ to see him** ça fendait le cœur de le voir

heartstrings /'hɑːtstrɪŋz/ NPL **to pull at sb's ~** jouer sur la corde sensible de qn

heartwarming /'hɑːtwɔːmɪŋ/ ADJ réconfortant

hearty /'hɑːtɪ/ ADJ ⓐ [welcome, thanks] chaleureux; [appetite] solide ⓑ [food, soup] consistant; [meal] copieux ⓒ [endorsement, condemnation] sans réserves; **to be in ~ agreement with sb/sth** être absolument d'accord avec qn/qch; **please accept my heartiest congratulations** je vous adresse mes plus vives félicitations; **to have a ~ dislike of sb** détester cordialement qn

heat /hiːt/ 1 N ⓐ chaleur (f); **how can you work in this ~?** comment pouvez-vous travailler avec cette chaleur?; **in the ~ of the day** au moment le plus chaud de la journée; **we were trying to stay cool in the 35-degree ~** nous essayions de nous rafraîchir alors qu'il faisait 35 degrés; **in the ~ of the moment** dans le feu de l'action ⓑ (in cooking) feu (m); **cook over a medium ~** cuire à feu moyen; **lower the ~ and allow to simmer** réduire le feu et laisser mijoter ⓒ (= pressure) pression (f); **to turn the ~ on sb*** faire pression sur qn; **to turn up the ~ on sb*** accentuer la pression sur qn; **the ~ is on*** on est sous pression; **it'll take the ~ off us*** ça nous permettra de souffler un peu ⓓ (Sport) épreuve (f) éliminatoire ⓔ (Brit: animal) **on ~** en chaleur

2 VT chauffer

3 VI [liquid] chauffer

4 COMP ♦ **heat haze** N brume (f) de chaleur ♦ **heat-resistant** ADJ [dish] allant (inv) au four

► **heat up** 1 VI chauffer; [room] se réchauffer 2 VT SEP réchauffer

heated /'hiːtɪd/ ADJ [swimming pool] chauffé; [towel rail] chauffant; [debate, discussion] très animé; [argument, words] vif; **to get ~** [person] s'échauffer; [debate] devenir de plus en plus animé

heater /'hiːtər/ N (for room) radiateur (m); (for water) chauffe-eau (m inv); [of car] chauffage (m)

heath /hiːθ/ N (Brit = moorland) lande (f)

heathen /'hiːðən/ (pej) 1 ADJ (= unbelieving) païen; (= barbarous) sauvage 2 N païen(ne) (m(f))

heather /'heðər/ N bruyère (f)

heating /'hiːtɪŋ/ N chauffage (m) ♦ **heating system** N système (m) de chauffage

heatproof /'hiːtpruːf/ ADJ [dish] allant (inv) au four

heatstroke /'hiːtstrəʊk/ N coup (m) de chaleur

heatwave /'hiːtweɪv/ N vague (f) de chaleur

heave /hiːv/ (vb: pret, ptp **heaved**) 1 VT (= lift) soulever (avec effort); (= pull) tirer (avec effort); (= drag) traîner (avec effort); (= throw) lancer; **to ~ a sigh of relief** pousser un gros soupir de soulagement 2 VI [person] (= retch) avoir des haut-le-cœur; (= vomit) vomir; **his stomach was heaving** son estomac se soulevait 3 N **to give a ~** faire un effort pour soulever (or lancer or tirer etc)

heaven /'hevn/ 1 N ⓐ (= paradise) ciel (m), paradis (m); **to go to ~** aller au ciel; **in ~** au ciel; **he was in ~** il était aux anges; **I thought I'd died and gone to ~!*** j'étais aux anges; **it was ~** c'était divin; **~ knows when** Dieu sait quand; **when will you come back? — ~ knows!** quand reviendras-tu? — Dieu seul le sait!; **(good) ~s!*** mon Dieu!; **for ~'s sake*** pour l'amour de Dieu* ⓑ **the heavens** (= sky) le ciel; **the ~s opened** le ciel se mit à déverser des trombes d'eau 2 COMP ♦ **heaven-sent** ADJ providentiel

heavenly /'hevnlɪ/ ADJ céleste; (= delightful) divin

heavily /'hevɪlɪ/ ADV ⓐ [rely on, influence, censor, subsidize] fortement; [rain, snow] très fort; [bleed] abondamment;

[smoke, drink] beaucoup; [gamble] gros; [criticize] vivement; [tax] lourdement; **~ in debt** fortement endetté; **to be ~ disguised** avoir un déguisement très élaboré; **~ fined** condamné à une lourde amende; **~ involved in** [+ politics, interest group] très engagé dans; [+ drugs, illegal business] fortement impliqué dans; **~ made-up eyes** yeux (mpl) très maquillés; **~ outnumbered** très inférieur en nombre; **she's ~ pregnant** elle est bientôt à terme; **~ weighted in sb's favour** fortement favorable à qn; **to borrow ~** emprunter de grosses sommes; **to invest ~** beaucoup investir

ⓑ **to be ~ into*** [+ sport, music, computers] être un(e) mordu(e) de*; **he's ~ into drugs** il se drogue beaucoup; **they're ~ into health foods** ils ne jurent que par les produits bio

ⓒ (= deeply) [breathe, pant] bruyamment; [sleep, sigh] profondément

ⓓ (= clumsily) lourdement

ⓔ (= solidly) **~ built** solidement bâti; **her attacker is described as aged 30-40 and ~ built** son agresseur aurait entre 30 et 40 ans et serait de forte carrure

ⓕ [embroidered] richement

heavy /'hevɪ/ 1 ADJ lourd; [payments, charges] important; [crop] abondant; [rain, shower] fort (before n); (= tedious) indigeste; [fighting, shelling] intensif; [traffic] dense; [sigh, work] gros (grosse (f)) (before n); **to make heavier** alourdir; **how ~ is it?** combien ça pèse?; **to be a ~ drinker** être un gros buveur; **to be a ~ sleeper** avoir le sommeil lourd; **his voice was ~ with sarcasm** son ton était très sarcastique; **eyes ~ with sleep** yeux (mpl) lourds de sommeil; **my car is ~ on petrol** ma voiture consomme beaucoup (d'essence); **I've had a ~ day** j'ai eu une journée chargée; **~ gunfire** feu (m) nourri; **~ blow** coup (m) violent; (fig) rude coup (m); **a man of ~ build** un homme de forte carrure; **there were ~ casualties** il y a eu de nombreuses victimes; **a ~ concentration of ...** une forte concentration de ...; **a ~ cold** un gros rhume; **~ periods** règles (fpl) abondantes; **~ features** traits (mpl) épais; **this book is very ~ going** ce livre est très indigeste; **with a ~ heart** le cœur gros; **~ sea** grosse mer (f); **it's ~ stuff*** (= not superficial) ça a de la substance; (= difficult, tedious) c'est indigeste; **he made ~ weather of it** il en a vraiment rajouté*; **he did all the ~ work** c'est lui qui a fait le gros travail

2 ADV lourdement; **to weigh ~ on** peser lourdement sur

3 COMP ♦ **heavy-duty** ADJ [carpet, equipment] à usage intensif ♦ **heavy goods vehicle** N poids (m) lourd ♦ **heavy-handed** ADJ **to be ~-handed** être maladroit ♦ **heavy metal** N (= music) heavy metal (m)

heavyweight /'hevɪweɪt/ 1 N (Boxing) poids (m) lourd; (= influential person)* grosse pointure (f) 2 ADJ ⓐ [bout, champion, class] poids lourds (inv); **a ~ boxer** un poids lourd ⓑ (= serious) sérieux

Hebrew /'hiːbruː/ N (= language) hébreu (m); (= person) Hébreu (m)

Hebrides /'hebrɪdiːz/ NPL **the ~** les Hébrides (fpl)

heck* /hek/ 1 EXCL zut!* 2 N **a ~ of a lot of** plein de*; **I'm in one ~ of a mess** je suis dans un sacré pétrin*; **what the ~ is he doing?** qu'est-ce qu'il fiche*?; **what the ~!** et puis zut!*

heckle /'hekl/ VTI chahuter

heckler /'heklər/ N élément (m) perturbateur

heckling /'heklɪŋ/ N chahut (m)

hectare /'hektɑːr/ N hectare (m)

hectic /'hektɪk/ ADJ trépidant; [day] mouvementé; [schedule] très chargé; [activity] fiévreux

hector /'hektər/ VT harceler

he'd /hiːd/ = **he had**, **he would** → **have**, **would**

hedge /hedʒ/ 1 N haie (f); **a ~ against inflation** une protection contre l'inflation 2 VI ⓐ (in answering) se dérober ⓑ (= protect o.s.) **to ~ against sth** se prémunir contre qch 3 VT **to ~ one's bets** se couvrir 4 COMP ♦ **hedge trimmer** N taille-haie (m)

hedgehog /'hedʒ,hɒg/ N hérisson (m)

hedgerow /'hedʒrəʊ/ N haie (f)

hedonism /'hiːdənɪzəm/ N hédonisme (m)

heed /hiːd/ 1 VT tenir compte de ; **he didn't ~ the warning** il n'a tenu aucun compte de cet avertissement 2 N **to take ~ of sth** tenir compte de qch ; **to pay no ~ to sb** ne pas écouter qn ; **pay no ~ to these rumours** ne faites pas attention à ces rumeurs

heedless /'hiːdlɪs/ ADJ (= not thinking) étourdi ; (= not caring) insouciant ; **~ of danger, ...** sans se soucier du danger, ...

heel /hiːl/ 1 N talon (m) ; **high ~s** talons (mpl) hauts ; **at sb's ~s** sur les talons de qn ; **to be hot on sb's ~s** marcher sur les talons de qn ; **this meeting follows hot on the ~s of last month's talks** cette réunion arrive juste après les négociations du mois dernier ; **to take to one's ~s** prendre ses jambes à son cou ; **under the ~ of** sous la botte de ; **~!** (to dog) au pied ! ; **to bring sb to ~** rappeler qn à l'ordre 2 VT [+ shoes] refaire un talon à 3 COMP ♦ **heel-bar** N talon-minute (m)

hefty /'heftɪ/ ADJ [person] costaud* ; [profit, fine, increase, meal] sacré* ; [bill] salé*

heifer /'hefə'/ N génisse (f)

height /haɪt/ N ⓐ [of object, building] hauteur (f) ; [of person] taille (f) ; [of mountain] altitude (f) ; **what ~ are you?** combien mesurez-vous ? ; **his ~ is 5 foot 9 inches** il fait 1 mètre 75 ; **of average ~** de taille moyenne ; **her weight is normal for her** son poids est normal par rapport à sa taille ; **he drew himself up to his full ~** il s'est dressé de toute sa hauteur ; **at shoulder ~** à hauteur des épaules ; **fear of ~s** vertige (m) ; **to be afraid of ~s** avoir le vertige ⓑ (= altitude) altitude (f) ; **to gain ~** prendre de l'altitude ; **to lose ~** perdre de l'altitude ; **~ above sea level** altitude au-dessus du niveau de la mer ⓒ (= utmost) [of fortune, success] apogée (m) ; [of glory, fame] sommet (m) ; [of absurdity, folly] comble (m) ; **at the ~ of his power** au sommet de sa puissance ; **at the ~ of his career** à l'apogée de sa carrière ; **at the ~ of summer/the storm** au cœur de l'été/l'orage ; **at the ~ of the season** au plus fort de la saison ; **the ~ of fashion** la toute dernière mode ; **the ~ of luxury** le comble du luxe ; **the ~ of bad manners** le comble de l'impolitesse ; **the crisis was at its ~** la crise avait atteint son paroxysme

heighten /'haɪtn/ 1 VT augmenter ; [+ flavour] relever ; **this gave her a ~ed awareness of his vulnerability** cela lui a permis de mieux se rendre compte de sa vulnérabilité 2 VI [tension] monter ; [fear] s'intensifier

heinous /'heɪnəs/ ADJ odieux

heir /ɛə'/ N héritier (m) ; **he is ~ to a fortune** il héritera d'une fortune ; **~ to the throne** héritier (m) de la couronne ; **rightful ~** héritier (m) légitime

heiress /'ɛəres/ N héritière (f) (**to** de)

heirloom /'ɛəluːm/ N héritage (m) ; **this silver is a family ~** c'est de l'argenterie de famille

heist /haɪst/ (US) N (= robbery) hold-up (m inv) ; (= burglary) casse* (m)

held /held/ VB pt, ptp de **hold**

helicopter /'helɪkɒptə'/ 1 N hélicoptère (m) 2 ADJ [patrol, rescue] en hélicoptère ; [pilot] d'hélicoptère

heliport /'helɪpɔːt/ N héliport (m)

helium /'hiːlɪəm/ N hélium (m)

he'll /hiːl/ = **he will → will**

hell /hel/ N enfer (m) ; **in ~** en enfer ; **to make sb's life ~** rendre la vie infernale à qn ; **all ~ broke loose** ça a fait tout un foin* ; **it's ~ on earth** c'est l'enfer ; **a living ~** un véritable enfer ; **to go through ~** vivre l'enfer ; **oh ~!** merde !* ; **the holiday from ~** des vacances de cauchemar ; **there'll be ~ to pay** ça va barder*

♦ **a/one hell of a**: **to make a ~ of a noise** faire un boucan du diable* ; **a ~ of a lot of people** des masses* de gens ; **he's a ~ of a nice guy** c'est un type vachement bien* ; **we had a ~ of a time** (= bad) ça n'a pas été marrant* ; (= good) ça a été génial* ; **they had one ~ of a fight** ils se sont étripés

♦ **the hell**: **he did it for the ~ of it** il l'a fait parce qu'il en

avait envie ; **they beat the ~ out of me** ils m'ont roué de coups ; **let's get the ~ out of here** barrons-nous* ; **he scared the ~ out of me** il m'a fiché une de ces frousses* ; **what the ~!** (in surprise) merde alors !* ; (dismissive) qu'est-ce que ça peut bien faire ! ; **what the ~ does he want now?** qu'est-ce qu'il peut bien vouloir maintenant ? ; **what the ~'s going on?** mais bon sang* qu'est-ce qui se passe ? ; **where the ~ have I put it?** où est-ce que j'ai bien pu le foutre ?* ; **where the ~ have you been?** où t'étais passé ?*

♦ **as hell**: **I was angry as ~** j'étais vraiment en boule* ; **it's hot as ~** on crève* de chaud

♦ **like hell**: **to work like ~** travailler comme un fou* ; **to run like ~** courir comme un dératé* ; **it hurts like ~** ça fait vachement* mal ; **will you do it? — like ~ I will!** tu vas le faire ? — tu rigoles* !

♦ **to hell**: **to ~ with him!** qu'il aille se faire voir !* ; **to ~ with it!** la barbe !* ; **go to ~!** va te faire voir* !

♦ **to give sb hell** (= make their life a misery) rendre la vie infernale à qn ; (= scold) passer une engueulade* à qn ; **the children give her ~** les enfants lui en font voir de toutes les couleurs

hellbent /,hel'bent/ ADJ **to be ~ on doing sth** or (US) **to do sth** vouloir à tout prix faire qch

hellish /'helɪʃ/ ADJ infernal ; [problems] épouvantable

hellishly /'helɪʃlɪ/ ADV horriblement

hello /hə'ləʊ/ EXCL bonjour ! ; (on phone) allo ! ; (to attract attention) hé ! ; (in surprise) tiens !

helm /helm/ N barre (f) ; **to be at the ~** être à la barre

helmet /'helmɪt/ N casque (m)

help /help/ 1 N ⓐ aide (f) ; (in emergency) secours (m) ; **~!** au secours ! ; **thank you for your ~** merci de votre aide ; **with the ~ of a computer** à l'aide d'un ordinateur ; **he did it without ~** il l'a fait tout seul ; **to shout for ~** appeler au secours ; **to ask sb for ~** demander de l'aide à qn ; **to be of ~ to sb** rendre service à qn ; **can I be of ~?** je peux vous aider ? ; **I was glad to be of ~** j'ai été content d'avoir pu rendre service ; **it was of no ~ at all** cela n'a servi à rien du tout ; **you've been a great ~** vous m'avez vraiment rendu service ; **you're a great ~!** tu es d'un précieux secours ⓑ (= cleaner) femme (f) de ménage

2 VT ⓐ aider ; **to ~ sb do sth** aider qn à faire qch ; **let me ~ you with that suitcase** je vais vous aider à porter votre valise ; **she ~s her son with his homework** elle aide son fils à faire ses devoirs ; **he got his brother to ~ him** il s'est fait aider par son frère ; **that doesn't ~ much** cela ne sert pas à grand-chose ; **so ~ me* I'll kill him!** je le tuerai, je le jure ! ; **every little ~s** les petits ruisseaux font les grandes rivières (PROV) ; **can I ~ you?** je peux vous aider ? ; **to ~ each other** s'entraider ; **to ~ ing the police with their inquiries** il est en train de répondre aux questions de la police ; **it ~s exports** cela favorise les exportations ; **to ~ sb across** aider qn à traverser ; **to ~ sb down** aider qn à descendre ; **to ~ sb to his feet** aider qn à se lever ; **to ~ sb on with his coat** aider qn à mettre son manteau ; **to ~ sb off with his coat** aider qn à enlever son manteau

ⓑ (= serve) **to ~ o.s.** se servir ; **he ~ed himself to vegetables** il s'est servi en légumes ; **~ yourself to leaflets** voilà des prospectus, servez-vous ; **~ yourself!** servez-vous !

ⓒ (= avoid) **don't say more than you can ~** n'en dites pas plus qu'il ne faut ; **not if I can ~ it!** sûrement pas !

♦ **can't help**: **one can't ~ wondering whether ...** on ne peut s'empêcher de se demander si ... ; **he can't ~ being stupid** ce n'est pas de sa faute s'il est idiot ; **why are you laughing? — I can't ~ it** pourquoi riez-vous ? — c'est plus fort que moi ; **it can't be ~ed** tant pis !

♦ **couldn't help**: **I couldn't ~ laughing** je n'ai pas pu m'empêcher de rire ; **sorry, I couldn't ~ it** désolé, je ne l'ai pas fait exprès

3 COMP ♦ **help desk** N service (m) d'assistance ♦ **help menu** N menu (m) d'aide

► **help along** VT SEP [+ person] aider à marcher ; [+ scheme] faire avancer

► **help out** 1 VI aider ; (financially) dépanner* 2 VT SEP aider ; (financially) dépanner*

helper /ˈhelpəʳ/ N aide (mf)

helpful /ˈhelpʊl/ ADJ [person, staff] serviable (**to sb** avec qn); [suggestion, book] utile

helpfully /ˈhelpfəlɪ/ ADV [say] avec obligeance; [suggest, explain] obligeamment

helping /ˈhelpɪŋ/ 1 N (= food) portion (f); **to take a second ~ of sth** reprendre de qch 2 ADJ **to give a ~ hand** aider

helpless /ˈhelplɪs/ ADJ ⓐ (= defenceless) sans défense ⓑ (= powerless) **to feel ~** ne savoir que faire; **he was ~ to do anything** il a été incapable de faire quoi que ce soit; **to be ~ with laughter** être mort de rire

helplessly /ˈhelplɪslɪ/ ADV ⓐ (= impotently) [stand, look on] sans pouvoir rien faire; **he was lying ~ on the ground** il était allongé par terre, sans pouvoir bouger ⓑ (= uncontrollably) sans pouvoir se retenir

helpline /ˈhelplaɪn/ N service (m) d'assistance téléphonique

Helsinki /helˈsɪŋkɪ/ N Helsinki

helter-skelter /ˈheltəˈskeltəʳ/ 1 ADV [run] comme un fou (or une folle) 2 N (Brit: in fairground) toboggan (m)

hem /hem/ 1 N ourlet (m) 2 VT (= sew) ourler
► **hem in** VT SEP ⓐ [+ houses, people] cerner ⓑ (= hinder) entraver; **I feel ~med in** je me sens oppressé

hemiplegic /ˌhemɪˈpliːdʒɪk/ ADJ, N hémiplégique (mf)

hemisphere /ˈhemɪsfɪəʳ/ N hémisphère (m); **the northern/southern ~** l'hémisphère (m) nord/sud

hemline /ˈhemlaɪn/ N ourlet (m)

hemp /hemp/ N chanvre (m)

hen /hen/ N poule (f); (= female bird) femelle (f) ♦ **hen night***, **hen party*** N (Brit) soirée (f) entre femmes

hence /hens/ ADV ⓐ (= therefore) d'où; **~ the name** d'où son nom; **it will drive up the price of oil, and ~ the price of petrol** ça fera monter le prix du pétrole, et donc celui de l'essence ⓑ (= from now) d'ici; **two years ~** d'ici deux ans

henchman /ˈhentʃmən/ N (pl **-men**) homme (m) de main

henna /ˈhenə/ N henné (m)

henpecked /ˈhenpekt/ ADJ **he's a ~ husband** sa femme le mène par le bout du nez

hepatitis /ˌhepəˈtaɪtɪs/ N hépatite (f)

her /hɜːʳ/ 1 PERSONAL PRONOUN ⓐ (direct object) la; (before vowel or silent "h") l'; **they hate ~** ils la détestent; **I'm going to call ~** je vais l'appeler

► **la** precedes the verb, except in positive commands.

look at ~! regardez-la!

► When **l'** is the object of a tense consisting of **avoir** + past participle, **e** is added to the past participle.

he kissed ~ il l'a embrassée; **I had seen ~** je l'avais vue ⓑ (indirect object)

► Some French verbs take an indirect object. This means they are either followed by **à** + noun, or require an indirect pronoun.

what are you giving Pat? — we're going to give ~ a CD qu'allez-vous offrir à Pat? — nous allons lui offrir un CD

► When **lui** translates **her** in past tenses, **e** is NOT added to the past participle.

have you phoned Suzy? — yes, I phoned ~ last night tu as téléphoné à Suzy? — oui je lui ai téléphoné hier soir

► **lui** precedes the verb, except in positive commands.

phone ~ téléphone-lui
♦ **to her** lui; **what are you going to say to ~?** qu'est-ce que tu vas lui dire?; **I'm speaking to ~** je lui parle ⓒ (emphatic) elle; **it's ~** c'est elle ⓓ ♦ preposition + **her** elle; **I am thinking about ~** je pense à elle; **I'm proud of ~** je suis fier d'elle; **without ~** sans elle; **younger than ~** plus jeune qu'elle

2 POSSESSIVE ADJECTIVE son, sa, ses

► **son** is used instead of **sa** before a vowel or silent **h**.

~ book son livre; **~ table** sa table; **~ address** son adresse (f); **~ clothes** ses vêtements

herald /ˈherəld/ VT annoncer

heraldry /ˈherəldrɪ/ N héraldique (f)

herb /hɜːb, (US) ɜːb/ N herbe (f); **herbs** (for cooking) fines herbes (fpl) ♦ **herb garden** N jardin (m) d'herbes aromatiques ♦ **herb tea** N infusion (f)

herbaceous /hɜːˈbeɪʃəs/ ADJ herbacé; **~ border** bordure (f) de plantes herbacées

herbal /ˈhɜːbəl/ ADJ d'herbes ♦ **herbal remedy** N remède (m) à base de plantes ♦ **herbal tea** N infusion (f)

herbicide /ˈhɜːbɪsaɪd/ N herbicide (m)

herbivore /ˈhɜːbɪvɔːʳ/ N herbivore (m)

herd /hɜːd/ 1 N troupeau (m); **to follow the ~** être comme un mouton de Panurge 2 VT [+ animals] mener en troupeau; **to ~ into** [+ people] parquer dans; **the group was ~ed into a bus** on fit monter le groupe dans un bus 3 COMP ♦ **herd instinct** N instinct (m) grégaire

here /hɪəʳ/ 1 ADV ⓐ ici

► French speakers very often use **là** instead of the more correct **ici**.

I live ~ j'habite ici; **come ~** venez ici; **spring is ~** le printemps est là; **this man ~** M. saw it cet homme-ci l'a vu; **Mr Moore is not ~ just now** M. Moore n'est pas là en ce moment; **are you there? — yes I'm ~** vous êtes là? — oui je suis là; **I shan't be ~ this afternoon** je ne serai pas là cet après-midi; **I'm ~ to help!** à votre service!; **I would like to mention Ms Knight** j'aimerais ici mentionner Mme Knight ⓑ

► When **here** is used to make an announcement or an introduction, it is usually translated **voilà**; **voici** is slightly more formal.

~ I am me voilà; **~ we are at last!** nous voilà enfin arrivés!; **~ you are!** (giving sth) voilà!; **~ come my friends** voilà mes amis qui arrivent; **~ goes!*** allons-y!; **~ we go again!** c'est reparti!* ⓒ (set structures)
♦ preposition + **here**: **around ~** par ici; **put it in ~** mettez-le ici; **in ~ please** par ici, s'il vous plaît; **near ~** près d'ici; **over ~** ici; **it's cold up ~** il fait froid ici; **up to ~** jusqu'ici; **from ~ to London** d'ici à Londres
♦ **here and there** çà et là; **~, there and everywhere** un peu partout
♦ **neither here nor there**: **it's neither ~ nor there** ça n'a aucun rapport
♦ **here and now** tout de suite; **I must warn you ~ and now that ...** il faut que je vous prévienne tout de suite que ...
♦ **here's to ...**: **~'s to you!** à la tienne!, à la vôtre!; **~'s to your success!** à votre succès!

2 EXCL **~, I didn't promise that at all!** dites donc, je n'ai jamais promis cela!; **~, you try to open it!*** tiens, essaie de l'ouvrir!

hereafter /hɪərˈɑːftəʳ/ 1 ADV (= in the future) dorénavant 2 N **the ~** l'au-delà (m)

hereby /hɪəˈbaɪ/ ADV par la présente

hereditary /hɪˈredɪtərɪ/ ADJ héréditaire

heredity /hɪˈredɪtɪ/ N hérédité (f)

heresy /ˈherəsɪ/ N hérésie (f)

heretic /ˈherətɪk/ N hérétique (mf)

heretical /hɪˈretɪkəl/ ADJ hérétique

herewith /ˌhɪəˈwɪð/ ADV **I am sending you ~** je vous envoie ci-joint

heritage /ˈherɪtɪdʒ/ N patrimoine (m); **our national ~** notre patrimoine national; **Quebec's French ~** les racines françaises du Québec ♦ **heritage centre** N (Brit) musée (m)

hermetic /hɜːˈmetɪk/ ADJ hermétique

hermetically /hɜːˈmetɪkəlɪ/ ADV hermétiquement; **~ sealed** hermétiquement fermé

hermit /ˈhɜːmɪt/ N ermite (m)

hernia /ˈhɜːnɪə/ N hernie (f)

hero /'hɪərəʊ/ (pl **heroes**) N héros (m); **to give sb a ~'s welcome** accueillir qn comme un héros ♦ **hero-worship** N culte (m)

heroic /hɪ'rəʊɪk/ ADJ héroïque; **to put up ~ resistance** résister héroïquement

heroin /'herəʊɪn/ N héroïne (f) (drogue) ♦ **heroin addict** N héroïnomane (mf) ♦ **heroin addiction** N héroïnomanie (f) ♦ **heroin user** N héroïnomane (mf)

heroine /'herəʊɪn/ N héroïne (f) (femme)

heroism /'herəʊɪzəm/ N héroïsme (m)

heron /'herən/ N héron (m)

herpes /'hɜːpiːz/ N herpès (m)

herring /'herɪŋ/ N hareng (m)

hers /hɜːz/ POSS PRON le sien, la sienne, les siens, les siennes; **my hands are clean, ~ are dirty** mes mains sont propres, les siennes sont sales; **~ is a difficult job** son travail est difficile; **this book is ~** ce livre est à elle; **a friend of ~** un de ses amis; **it's no fault of ~** ce n'est pas de sa faute; **that car of ~** sa fichue* voiture; **that stupid son of ~** son idiot de fils

herself /hɜː'self/ PERS PRON ⓐ (reflexive) se; **she has hurt ~** elle s'est blessée; **she poured ~ a whisky** elle s'est servi un whisky; **"why not?" she said to ~** « pourquoi pas? » se dit-elle ⓑ (emphatic) elle-même; **she told me ~** elle me l'a dit elle-même ⓒ (after preposition) **she's proud of ~** elle est fière d'elle; **she kept three for ~** elle s'en est réservé trois; **by ~** toute seule

Herts ABBR = **Hertfordshire**

he's /hiːz/ = **he is, he has** → **be, have**

hesitant /'hezɪtənt/ ADJ hésitant; **to be ~ about doing sth** hésiter à faire qch

hesitate /'hezɪteɪt/ VI hésiter; **don't ~ to ask me** n'hésitez pas à me demander

hesitation /,hezɪ'teɪʃən/ N hésitation (f); **without the slightest ~** sans la moindre hésitation; **I have no ~ in saying that ...** je n'hésite pas à dire que ...; **I had no ~ about taking the job** j'ai accepté ce travail sans la moindre hésitation

hessian /'hesɪən/ 1 N jute (m) 2 ADJ en toile de jute

heterosexual /'hetərəʊ'seksjʊəl/ ADJ, N hétérosexuel(le) (m(f))

heterosexuality /,hetərəʊ,seksju'ælɪtɪ/ N hétérosexualité (f)

het up* /,het'ʌp/ ADJ énervé; **he gets ~ about the slightest thing** il se met dans tous ses états pour un rien

hew /hjuː/ VT (pret **hewed**, ptp **hewn** or **hewed**) [+ stone] tailler; [+ wood] couper

hexagon /'heksəgən/ N hexagone (m)

hexagonal /hek'sægənəl/ ADJ hexagonal

hey /heɪ/ EXCL hé!

heyday /'heɪdeɪ/ N (= golden age) âge (m) d'or; **in his ~** (= at his most famous) à l'apogée de sa gloire

HGV /,eɪtʃdʒiː'viː/ N (ABBR = **heavy goods vehicle**) poids (m) lourd

HHS /,eɪtʃeɪtʃ'es/ N (US) (ABBR = **Health and Human Services**) ministère américain de la Santé et des Affaires sociales

HI ABBR = **Hawaii**

hi* /haɪ/ EXCL (= greeting) salut!*

hibernate /'haɪbəneɪt/ VI hiberner

hibernation /,haɪbə'neɪʃən/ N hibernation (f); **in ~** en hibernation

hiccup /'hɪkʌp/ 1 N ⓐ hoquet (m); **to have ~s** avoir le hoquet ⓑ (= minor setback) contretemps (m) 2 VI hoqueter

hick: /hɪk/ (US) N péquenaud(e): (m(f))

hickey /'hɪkɪ/ N (US) (= pimple) petit bouton (m); (= lovebite) suçon (m)

hide /haɪd/ (pret **hid** /hɪd/, ptp **hidden** /'hɪdn/ 1 VT cacher; **to ~ sth from sb** cacher qch à qn; **to ~ o.s.** se cacher; **I've got nothing to ~** je n'ai rien à cacher; **he's**

hiding something il nous cache quelque chose; **to ~ one's face** se cacher le visage; **hidden from sight** dérobé aux regards; **"no hidden extras"** « garanti sans suppléments »

2 VI se cacher

3 N ⓐ (Brit: for hunters, birdwatchers) cachette (f) ⓑ (= skin) peau (f); (= leather) cuir (m)

4 COMP ♦ **hide-and-seek** N cache-cache (m); **to play ~-and-seek** jouer à cache-cache

hideaway /'haɪdəweɪ/ N cachette (f)

hideous /'hɪdɪəs/ ADJ hideux; [crime] abominable

hideously /'hɪdɪəslɪ/ ADV [deformed, ugly] hideusement; [embarrassed] affreusement; [expensive] horriblement

hideout /'haɪdaʊt/ N cachette (f)

hiding /'haɪdɪŋ/ 1 N ⓐ **to be in ~** se tenir caché; **to go into ~** se cacher; **to come out of ~** sortir de sa cachette ⓑ (= beating) raclée* (f) 2 COMP ♦ **hiding place** N cachette (f)

hierarchy /'haɪərɑːkɪ/ N hiérarchie (f)

hieroglyphics /,haɪərə'glɪfɪks/ NPL (= illegible writing) écriture (f) illisible

hi-fi /'haɪfaɪ/ N chaîne (f) hi-fi ♦ **hi-fi equipment** N matériel (m) hi-fi

higgledy-piggledy* /'hɪgldɪ'pɪgldɪ/ ADJ, ADV pêle-mêle (inv)

high /haɪ/ 1 ADJ ⓐ haut; **a 40-metre ~ building** un bâtiment de 40 mètres de haut; **the wall is 2 metres ~** le mur fait 2 mètres de haut; **how ~ is that tower?** quelle est la hauteur de cette tour?; **how ~ is the mountain?** quelle est l'altitude de la montagne?; **when he was only so ~** alors qu'il était haut comme trois pommes; **~ cheekbones** pommettes (fpl) saillantes; **on ~ ground** (= on hill) en hauteur; (= on mountain) en altitude; **to have the moral ~ ground** (= moral superiority) avoir l'avantage moral; **to take the moral ~ ground** prendre l'avantage moral

ⓑ (in degree, number, strength) [frequency, latitude, tension] haut (before n); [speed, number] grand (before n); [rent, price] élevé; [sound, voice] aigu (-guë (f)); **to have ~ blood pressure** avoir de la tension; **official reports say casualties have been ~** selon les rapports officiels, il y a beaucoup de morts et de blessés; **to have ~ expectations of sb/sth** beaucoup attendre de qn/qch; **~ official** haut fonctionnaire (m); **to have a ~ opinion of sb/sth** avoir une haute opinion de qn/qch; **in ~ places** en haut lieu; **to pay a ~ price for sth** payer qch cher; **he has a ~ temperature** il a beaucoup de fièvre; **the temperature was in the ~ 30s** la température approchait les quarante degrés; **it's ~ time you went home** il est grand temps que tu rentres; **in ~ gear** en quatrième (or cinquième) vitesse

♦ **high in ...** [+ fat, nitrogen] à forte teneur en

ⓒ (= drunk)* parti*; **he was ~** (= on drugs) il planait*; **to get ~ on alcohol** s'enivrer; **he was ~ on speed** il planait* après avoir pris du speed; **she was ~ on her latest success** elle était enivrée par son dernier succès

2 ADV ⓐ [climb, jump, throw] haut; [fly] à haute altitude; **~ above our heads** bien au-dessus de nos têtes; **how ~ can you jump?** à quelle hauteur peux-tu sauter?; **the house was built ~ on the hillside** la maison était construite en haut de la colline; **a house ~ up in the hills** une maison perchée dans les collines; **she was quite ~ up in the organization** elle était assez haut placée dans l'organisation; **economic reform is ~ on the agenda** la réforme économique est l'une des priorités; **to set one's sights ~** viser haut

ⓑ (in degree, number, strength) **the numbers go as ~ as 200** les nombres montent jusqu'à 200; **I had to go as ~ as $200 for it** j'ai dû aller jusqu'à 200 dollars pour l'avoir; **to hunt ~ and low for sb** chercher qn partout; **to look ~ and low for sth** chercher qch partout; **to hold one's head up ~** avoir la tête haute; **to play ~** [gambler] jouer gros (jeu); **feelings ran ~** les esprits étaient échauffés

3 N (a) (= high point) **the cost of living reached a new ~** le coût de la vie a atteint un nouveau record ; **the euro closed at a new ~** l'euro a atteint un nouveau record en clôture ; **~s and lows** les hauts (mpl) et les bas (mpl)

(b) **on high** en haut ; **from on ~** d'en haut **orders from on ~** des ordres venus d'en haut

(c) (= weather system) zone (f) de haute pression

4 COMP ♦ **high and dry** ADJ [boat] échoué ; **to leave sb ~ and dry** laisser qn en plan* ♦ **high and mighty*** ADJ **to be ~ and mighty** se donner de grands airs ♦ **high beam** N (US) pleins phares (mpl) ♦ **high-class** ADJ [hotel, food, service] sélect ; [neighbourhood, flat] (de) grand standing ; [person] du grand monde ; [prostitute] de luxe ♦ **High Court** N Haute cour (f) ♦ **high definition** ADJ, N haute définition (f) ♦ **high-density** ADJ haute densité (inv) ♦ **high-end** ADJ (=top-of-the-range) haut de gamme (inv) ♦ **high explosive** N explosif (m) puissant ♦ **high fibre diet** N (= régime) régime (m) riche en fibres ; (= food eaten) alimentation (f) riche en fibres ♦ **high flier** N jeune loup (m) ♦ **high-flown** ADJ [style, discourse] ampoulé ♦ **high flyer** N jeune loup (m) ♦ **high-flying** ADJ [aim, ambition] extravagant ; [person] plein d'avenir ♦ **high-frequency** ADJ à haute fréquence ♦ **high-grade** ADJ de qualité supérieure ♦ **high-handed** ADJ despotique ♦ **high heels** NPL hauts talons (mpl) ♦ **high horse** N **to be on one's ~ horse** être sur ses grands chevaux ♦ **high-impact** ADJ [aerobics, exercise] high-impact (inv) ♦ **high-income** ADJ à hauts revenus ♦ **high-interest** ADJ à intérêt élevé ♦ **high jump** N saut (m) en hauteur ♦ **high jumper** N sauteur (m), -euse (f) en hauteur ♦ **high-level** ADJ [meeting, discussions] à un très haut niveau ; [computer language, programming] de haut niveau ; **~-level nuclear waste** déchets (mpl) hautement radioactifs ♦ **high life** N **to live the ~ life** mener la grande vie ♦ **high living** N grande vie (f) ♦ **high-minded** ADJ [person] d'une grande élévation morale ; [ambition, wish] noble ♦ **high-necked** ADJ à col haut ♦ **high-performance** ADJ très performant ♦ **high-pitched** ADJ [voice, sound, note] aigu (-guë (f)) ♦ **high point** N [of visit, holiday] grand moment (m) ; **the ~ point of the show/evening** le clou du spectacle/de la soirée ♦ **high-powered** ADJ [car] très puissant ; [person] de haut vol ; **~-powered businessman** homme (m) d'affaires de haut vol ♦ **high-pressure** ADJ à haute pression ; **~-pressure area** zone (f) de haute pression ♦ **high-profile** ADJ [position, politician] très en vue ; [role] très influent ; [issue] très discuté ♦ **high-ranking** ADJ haut placé ; **~-ranking official** haut fonctionnaire (m) ♦ **high resolution** N haute résolution (f) ♦ **high-resolution** ADJ haute résolution (inv) ♦ **high-rise** N tour (f) (d'habitation) ♦ **high-risk** ADJ à haut risque ♦ **high school** N (US) ≈ lycée (m) ; (Brit) établissement (m) d'enseignement secondaire ; **~ school diploma** (US) diplôme (m) de fin d'études secondaires, ≈ baccalauréat (m) → HIGH SCHOOL ♦ **high seas** NPL **on the ~ seas** en haute mer ♦ **high season** N (Brit) haute saison (f) ♦ **high-sided vehicle** N véhicule (m) haut (donnant prise au vent) ♦ **high sign*** N (US) signe (m) d'intelligence ; **to give sb a ~ sign** faire un signe d'intelligence à qn ♦ **high society** N haute société (f) ♦ **high-speed** ADJ ultrarapide ; **a ~-speed chase** une course poursuite ; **~-speed train** train (m) à grande vitesse ♦ **high-spirited** ADJ [person] plein d'entrain ♦ **high spirits** NPL entrain (m) ; **in ~ spirits** (= lively) plein d'entrain ; (= happy) tout joyeux ♦ **high spot** N [of visit, holiday] grand moment (m) ; **the ~ spot of the show/evening** le clou du spectacle/de la soirée ♦ **high stakes** NPL **to play for ~ stakes** jouer gros jeu ♦ **high street** N (Brit) [of village] grand-rue (f) ; [of town] rue (f) principale ♦ **high-street** (Brit) [shop, store] qui appartient à une grande chaîne ; **the ~-street banks** les grandes banques (fpl) ♦ **high-strung** ADJ (US) très nerveux ♦ **high summer** N cœur (m) de l'été ; **in ~ summer** en plein été ♦ **high tech** N high-tech (m inv) ♦ **high-tech** ADJ de haute technologie ; [computer] sophistiqué ; [industry, medicine, technique] de pointe ♦ **high tide** N marée (f) haute ; **at ~ tide** à marée haute ♦ **high wire** N (= tightrope) corde (f) raide ; **to be walking the ~ wire** être sur la corde raide

ⓘ HIGH SCHOOL

Aux États-Unis, les **high schools** réunissent les quatre années du deuxième cycle du secondaire (15 à 18 ans). Les élèves reçus à leur examen final se voient remettre leur diplôme au cours d'une importante cérémonie appelée « graduation ».

La vie des **high schools** a inspiré de nombreux films et téléfilms américains ; on y voit le rôle qu'y jouent les sports (en particulier le football et le basket-ball) et certaines manifestations mondaines comme le bal de fin d'année des élèves de terminale, le « senior prom ». → GRADE ; GRADUATION ; PROM

highball /ˈhaɪbɔːl/ N (US = drink) whisky (m) à l'eau (avec de la glace)

highbrow /ˈhaɪbraʊ/ **1** N intellectuel(le) (m(f)) **2** ADJ [tastes, interests] d'intellectuel ; [music] pour intellectuels

highchair /ˈhaɪtʃɛəʳ/ N chaise (f) haute (pour enfants)

higher /ˈhaɪəʳ/ compar of **high 1** ADJ [animal, primate, species, plant] supérieur ; [degree, diploma] d'études supérieures ; **any number ~ than six** tout nombre supérieur à six ; **the ~ classes** les grandes classes (fpl) ; **the ~ income brackets** les tranches (fpl) de revenus supérieures

2 ADV plus haut ; **~er up** plus haut ; **~er and ~er** de plus en plus haut ; **unemployment is climbing ~er and ~er** le chômage augmente de plus en plus

3 N (in Scottish education system) diplôme (m) de fin d'études secondaires, ≈ baccalauréat (m)

4 COMP ♦ **higher education** N enseignement (m) supérieur ♦ **Higher Grade** N (in Scottish education system) diplôme (m) de fin d'études secondaires, ≈ baccalauréat (m) → A LEVELS

highlander /ˈhaɪləndəʳ/ N montagnard (m) ; (in Britain) habitant(e) (m(f)) des Highlands

highlands /ˈhaɪləndz/ NPL montagnes (fpl) ; **the Highlands** (in Britain) les Highlands (mpl)

highlight /ˈhaɪlaɪt/ **1** N (a) (= high point) **the ~s of the match** les temps (mpl) forts du match ; **the ~ of the evening** le clou de la soirée (b) (in hair) reflet (m) ; **to have ~s put in one's hair** se faire faire des mèches (fpl) **2** VT (a) (= emphasize) souligner (b) (with highlighter pen) surligner ; (= underline) souligner ; (on computer) sélectionner

highlighter /ˈhaɪˌlaɪtəʳ/ N (= pen) surligneur (m)

highly /ˈhaɪlɪ/ **1** ADV (a) (= very) très ; [skilled, qualified, unlikely, professional] hautement ; **~ respected** éminemment respecté ; **~ acclaimed by the critics** salué par la critique ; **~ recommended** hautement recommandé ; **~ polished** [wood] bien astiqué ; **~ charged** [atmosphere] très tendu ; [debate] à l'atmosphère très tendue ; **~ seasoned** fortement assaisonné

(b) (= at or to a high level) **~-paid** [person, job] très bien payé ; **~-trained** [scientist, academic] de haut niveau ; [sportsman] bien entraîné ; **~-rated** très estimé

(c) (with vb) **to speak/think ~ of sb/sth** dire/penser beaucoup de bien de qn/qch ; **to praise sb ~** chanter les louanges de qn ; **I don't rate him very ~ at all** je n'ai pas une très haute opinion de lui

2 COMP ♦ **highly strung** ADJ très nerveux

highness /ˈhaɪnɪs/ N **His or Her/Your Highness** Son/Votre Altesse (f)

hightail* /ˈhaɪteɪl/ VT (US) **they ~ed it back to town** ils sont revenus en ville à toute vitesse

highway /ˈhaɪweɪ/ **1** N (a) (US = main road) grande route (f) (b) (= public highway) voie (f) publique **2** COMP ♦ **highway code** N (Brit) code (m) de la route ♦ **highway patrol** N (US) police (f) de la route ♦ **highway robbery** N banditisme (m) de grand chemin ; **it's ~ robbery!** c'est du vol manifeste !

highwayman /ˈhaɪweɪmən/ N (pl **-men**) bandit (m) de grand chemin

hijack /ˈhaɪdʒæk/ VT [+ plane] détourner ; [+ idea] s'approprier

hijacker /ˈhaɪdʒækəʳ/ N pirate (m) (de l'air/de la route/du rail)

hijacking /'haɪdʒækɪŋ/ N détournement (m)

hike /haɪk/ 1 N ⓐ (for pleasure) randonnée (f) (à pied) ; (for training) marche (f) à pied ; **to go for a ~** faire une randonnée ⓑ (= increase)* hausse (f) 2 VI faire des randonnées ; **we spent our holidays hiking in France** nous avons randonné en France pendant nos vacances

hiker /'haɪkəʳ/ N randonneur (m), -euse (f)

hiking /'haɪkɪŋ/ N randonnée (f) (à pied) ◆ **hiking boots** NPL chaussures (fpl) de randonnée

hilarious /hɪ'lɛərɪəs/ ADJ hilarant

hilarity /hɪ'lærɪtɪ/ N hilarité (f) ; **it caused a lot of ~** cela a déchaîné l'hilarité

hill /hɪl/ N colline (f) ; (= slope) côte (f) ; (up) montée (f) ; (down) descente (f) ; **he was going up the ~** il montait la colline ; **he's over the ~*** il se fait vieux ◆ **hill walker** N randonneur (m), -euse (f) ◆ **hill walking** N randonnée (f) (en montagne)

hillbilly* /'hɪlbɪlɪ/ N (US) péquenaud* (m)

hillside /'hɪlsaɪd/ N coteau (m) ; **on the ~** à flanc de coteau

hilltop /'hɪltɒp/ 1 N **on the ~** en haut de la colline 2 ADJ [+ village] perché en haut d'une colline

hilly /'hɪlɪ/ ADJ [country] vallonné ; [road] qui monte et qui descend

hilt /hɪlt/ N [of sword] garde (f) ; **to back sb to the ~** soutenir qn à fond

him /hɪm/ PERSONAL PRONOUN ⓐ (direct object) le ; (before vowel or silent "h") l' ; **she hates ~** elle le déteste ; **I'm going to call ~** je vais l'appeler

▶ **le** precedes the verb, except in positive commands.

don't disturb ~ ne le dérangez pas ; **look at ~!** regardez-le !

▶ When the French verb consists of **avoir** + past participle, **l'** precedes the form of **avoir**.

I have seen ~ je l'ai vu
ⓑ (indirect object) lui

▶ Some French verbs take an indirect object. This means they are either followed by **à** + noun, or require an indirect pronoun.

I'm going to phone ~ tomorrow je vais lui téléphoner demain ; **we're going to give ~ a present** nous allons lui offrir un cadeau

▶ **lui** precedes the verb, except in positive commands.

don't phone ~ ne lui téléphone pas ; **phone him** téléphone-lui
◆ **to him** lui ; **what are you going to say to ~?** qu'est-ce que tu vas lui dire ? ; **I'm speaking to ~** je lui parle ; **nobody spoke to ~** personne ne lui a parlé
ⓒ (emphatic) lui ; **it's ~** c'est lui
ⓓ ◆ preposition + **him** lui ; **I am thinking about ~** je pense à lui ; **I'm proud of ~** je suis fier de lui ; **without ~** sans lui ; **younger than ~** plus jeune que lui

Himalayas /ˌhɪmə'leɪəz/ NPL **the ~** l'Himalaya (m)

himself /hɪm'self/ PERS PRON ⓐ (as reflexive) se ; **he has hurt ~** il s'est blessé ; **he poured ~ a whisky** il s'est servi un whisky ; **"why not?" he said to ~** « pourquoi pas ? » se dit-il ⓑ (emphatic use) lui-même ; **he told me ~** il me l'a dit lui-même ; **I saw the teacher ~** j'ai vu le professeur en personne ⓒ (after preposition) **he's proud of ~** il est fier de lui ; **he kept three for ~** il en a gardé trois pour lui ; **(all) by ~** tout seul ⓓ (= normal) **he hasn't been ~ lately** il n'est pas dans son état normal ces temps-ci ; (= not feeling well) il n'est pas dans son assiette ces temps-ci

hind /haɪnd/ ADJ [legs] de derrière ; **she could talk the ~ legs off a donkey*** c'est un vrai moulin à paroles

hinder /'hɪndəʳ/ VT (= prevent) entraver ; (= delay) retarder ; **the rescue team's efforts were ~ed by the bad weather** le travail des sauveteurs a été gêné par le mauvais temps ; **the rocky terrain ~ed their progress** le terrain rocheux les a freinés ; **poor diet is ~ing her recovery** sa mau-

vaise alimentation retarde sa guérison ; **high interest rates are ~ing recovery** les taux d'intérêt élevés freinent la reprise

Hindi /'hɪndɪ/ N hindi (m)

hindquarters /'haɪndˌkwɔːtəz/ NPL arrière-train (m)

hindrance /'hɪndrəns/ N obstacle (m) ; **to be a ~ to sb/sth** gêner qn/qch ; **he is more of a ~ than a help** il gêne plus qu'il n'aide

hindsight /'haɪndsaɪt/ N **in ~** avec le recul ; **it was, in ~, a mistake** rétrospectivement, je pense que c'était une erreur

Hindu /'hɪnduː/ 1 ADJ hindou 2 N hindou(e) (m(f))

Hinduism /'hɪnduːˌɪzəm/ N hindouisme (m)

hinge /hɪndʒ/ 1 N [of door] gond (m), charnière (f) ; **the door came off its ~s** la porte est sortie de ses gonds 2 VI **to ~ on sth** dépendre de qch

hinged /hɪndʒd/ ADJ à charnière(s)

hint /hɪnt/ 1 N ⓐ allusion (f) ; **to drop a ~** faire une allusion ; **to drop a ~ that ...** faire une allusion au fait que ... ; **he dropped me a ~ that he would like an invitation** il m'a fait comprendre qu'il aimerait être invité ; **he dropped a gentle ~ about it** il y a fait une allusion discrète ; **there are strong ~s from the government that ...** le gouvernement a clairement laissé entendre que ... ; **he knows how to take a ~** il comprend à demi-mot ; **I can take a ~** j'ai compris ; **he can't take a ~** il ne comprend pas vite ; **I'll give you a ~** je vais vous donner un indice ; **he gave no ~ of his feelings** il n'a rien laissé transparaître de ses sentiments
ⓑ (= advice) conseil (m)
ⓒ (= trace) [of colour] touche (f) ; [of taste, flavour] soupçon (m) ; **there was a ~ of sadness in his smile** il y avait un peu de tristesse dans son sourire ; **at the first ~ of trouble** au moindre problème
2 VT insinuer ; **he ~ed strongly that ...** il a lourdement insinué que ... ; **he ~ed to me that he was unhappy** il m'a laissé entendre qu'il était malheureux
3 VI **to ~ at sth** faire allusion à qch ; **what are you ~ing at?** qu'est-ce que vous voulez dire par là ? ; **are you ~ing at something?** c'est une allusion ? ; **the newspapers ~ed darkly at conspiracies** les journaux ont fait des allusions inquiétantes à des complots ; **the president ~ed at the possibility of tax cuts** le président a laissé entendre qu'il pourrait y avoir une baisse des impôts

hip /hɪp/ 1 N hanche (f) ; **to break one's ~** se casser le col du fémur 2 EXCL **~ ~ hurrah!** hip hip hip hourra ! 3 ADJ (= up-to-date)* branché* 4 COMP ◆ **hip measurement** N tour (m) de hanches ◆ **hip pocket** N poche (f) revolver (inv) ◆ **hip replacement** N **she's had a ~ replacement** on lui a posé une prothèse de la hanche ◆ **hip size** N tour (m) de hanches

hip-hop /'hɪphɒp/ N hip-hop (m)

hippie* /'hɪpɪ/ ADJ, N (in the sixties) hippie (mf) ; (modern-day) baba (mf) cool

hippo* /'hɪpəʊ/ N hippopotame (m)

hippopotamus /ˌhɪpə'pɒtəməs/ N hippopotame (m)

hippy* /'hɪpɪ/ ADJ, N (in the sixties) hippie (mf) ; (modern-day) baba (mf) cool

hire /'haɪəʳ/ 1 N (Brit = act of hiring) location (f) ; **for ~** [car, boat, building] à louer ; [taxi] libre ; **on ~** en location ; **car/ski ~** location (f) de voitures/de skis 2 VT ⓐ (Brit = rent) louer ; **a ~d car** une voiture de location ⓑ (= employ) [+ person] embaucher ; **a ~d killer** un tueur à gages 3 VI embaucher 4 COMP ◆ **hire car** N (Brit) voiture (f) de location ◆ **hire purchase** N (Brit) achat (m) à crédit ; **on ~ purchase** à crédit
▶ **hire out** VT SEP ⓐ (Brit = rent out) louer ⓑ (US) **he ~s himself out as a gardener** il loue ses services comme jardinier

Hiroshima /ˌhɪrɒ'ʃiːmə/ N Hiroshima

his /hɪz/ 1 POSS ADJ son, sa, ses ; **~ book** son livre ; **~ table** sa table ; **~ friend** son ami(e) ; **~ clothes** ses vêtements ; **he has broken ~ leg** il s'est cassé la jambe

2 POSS PRON le sien, la sienne, les siens, les siennes ; **my hands are clean, ~ are dirty** mes mains sont propres, les

siennes sont sales; **~ is a specialized field** son domaine est spécialisé; **this book is ~** ce livre est à lui
♦ **of his: a friend of ~** un de ses amis; **it's no fault of ~** ce n'est pas de sa faute; **that car of ~** sa fichue* voiture; **that stupid son of ~** son idiot de fils; **that temper of ~** son sale caractère

Hispanic /hɪˈspænɪk/ 1 ADJ hispanique; (*in America*) hispano-américain 2 N Hispano-Américain(e) *(m(f))*

hiss /hɪs/ 1 VI [*person, snake*] siffler; [*cat*] cracher 2 VT siffler; **"come here", he ~ed** « viens ici » siffla-t-il 3 N sifflement *(m)*; **there were ~es as he went on stage** il y a eu des sifflets lorsqu'il est entré en scène

historian /hɪˈstɔːrɪən/ N historien(ne) *(m(f))*

historic /hɪˈstɒrɪk/ ADJ historique; **site of ~ interest** site *(m)* historique; **a ~ occasion** un événement historique

historical /hɪˈstɒrɪkəl/ ADJ historique; **the ~ background to the case** l'historique *(m)* de l'affaire; **place of ~ interest** site *(m)* historique; **from a ~ perspective** d'un point de vue historique ♦ **historical novel** N roman *(m)* historique

history /ˈhɪstərɪ/ N histoire *(f)*; **to make ~** créer un précédent; **it will go down in ~ (as …)** cela entrera dans l'histoire (comme étant …); **that's all ancient ~** c'est de l'histoire ancienne tout cela; **the recent ceasefire agreement is already ~** le récent cessez-le-feu n'est déjà plus qu'un souvenir; **… and the rest is ~** … le reste appartient à l'histoire; **what is his medical ~?** quel est son passé médical?; **he has a ~ of psychiatric disorders** il a des antécédents de troubles psychiatriques; **the accused had a ~ of violent behaviour** l'accusé avait déjà commis des actes de violence

hit /hɪt/ (*vb: pret, ptp* **hit**) 1 N ⓐ (= *stroke, blow*) coup *(m)* ⓑ (= *successful stroke*) beau coup *(m)*; (*with bomb, bullet, shell*) tir *(m)* réussi; **three ~s and three misses** trois succès et trois échecs ⓒ (= *book, film*) gros succès *(m)*; (= *song*) tube* *(m)*; **the play was a big ~** la pièce a eu un énorme succès; **to make a ~ of sth** réussir qch; **she was a big ~ with my sister** elle a beaucoup plu à ma sœur ⓓ (*Computing*) (*to website*) visite *(f)*; (*on search engine*) résultat *(m)* de recherche

2 VT ⓐ (= *strike*) frapper; (= *knock against*) heurter; (= *reach*) atteindre; [*+ key on keyboard*] appuyer sur; **he ~ his brother** il a frappé son frère; **his father used to ~ him** son père le battait; **to ~ sb where it hurts** (*in fight*) frapper qn là où ça fait mal; (*by saying or doing sth hurtful*) toucher le point faible de qn; **she ~ him a blow across the face** elle l'a frappé au visage; **he ~ his head on the corner of the table** sa tête a heurté le coin de la table; **the stone ~ the window** la pierre a heurté la fenêtre; **he ~ the nail with a hammer** il a tapé sur le clou avec un marteau; **you've ~ the nail on the head!** vous avez mis le doigt dessus!; **that ~ home!** le coup a porté!; **to ~ the ground running*** se mettre immédiatement au travail; **he was ~ by flying glass** il a reçu des éclats de verre; **the president was ~ by three bullets** le président a reçu trois balles; **the house was ~ by a bomb** la maison a été atteinte par une bombe; **the tree was ~ by lightning** l'arbre a été frappé par la foudre; **you won't know what's ~ you when the baby arrives!*** ta vie ne sera plus jamais la même; (*= be stunned*) tu vas être bouleversée par l'arrivée du bébé
ⓑ (= *affect adversely*) toucher; **California was the area hardest ~ by the storms** la Californie a été la région la plus touchée par les tempêtes; **production was ~ by the strike** la production a été affectée par la grève
ⓒ **to ~ the papers** [*news, story*] être à la une* des journaux; **what will happen when the story ~s the front page?** que se passera-t-il quand cette histoire fera la une* des journaux?; **oil prices ~ record levels yesterday** le prix du pétrole a atteint un niveau record hier; **then it ~ me*** (= *realization*) ça a fait tilt*; **it suddenly ~ me*** that … j'ai soudain réalisé que …; **to ~ sb for $10*** taper* qn de 10 dollars; **to ~ the bottle*** se mettre à picoler*; **to ~ the roof*** sortir de ses gonds; **to ~ the deck*** (= *get down*) s'aplatir au sol; (= *get knocked down*) tomber par terre; [*boxer*] aller au tapis; **to ~ the sack*** se pieuter*; **to ~ the**

road* se mettre en route; **to ~ the dance floor*** aller sur la piste (de danse); **it ~s the spot*** [*food, drink*] ça fait du bien!; (= *succeeds*) ça tombe à pic!*
ⓓ (= *collide with*) heurter; **the car ~ a pedestrian** la voiture a renversé un piéton
ⓔ (= *find*) trouver; [*+ problems, difficulties*] rencontrer; **we've ~ a snag** on est tombé sur un os*

3 VI (= *collide*) se cogner (**against** à, contre)

4 COMP ♦ **hit-and-miss** ADJ [*work*] fait au petit bonheur; [*attitude*] désinvolte; [*technique*] empirique; **it was all rather ~-and-miss** il n'y avait pas beaucoup de méthode dans tout cela ♦ **hit-and-run accident** N accident *(m)* avec délit de fuite ♦ **hit-and-run driver** N chauffard *(m)* coupable du délit de fuite ♦ **hit list** N liste *(f)* noire; **he's on her ~ list** elle l'a dans le collimateur* ♦ **hit parade** N hit-parade *(m)* ♦ **hit single** N tube* *(m)*

► **hit back** 1 VI riposter; **to ~ back at sb** se venger de qn; **to ~ back at sb's criticism/accusations** riposter à la critique/aux accusations de qn 2 VT SEP **to ~ sb back** frapper qn en retour

► **hit off*** VT SEP **to ~ it off with sb** bien s'entendre avec qn; **they ~ it off straight away** ils se sont immédiatement bien entendus

► **hit on** VT INSEP ⓐ tomber sur ⓑ (*US*)* draguer*

► **hit out** VI ⓐ (*physically*) **the police ~ out with batons** la police a distribué des coups de matraque; **to ~ out at sb** donner un coup à qn ⓑ (= *retaliate*) riposter; **to ~ out at sb** s'en prendre à qn; **to ~ out at sb's criticism/accusations** riposter à la critique/aux accusations de qn

► **hit upon** VT INSEP tomber sur

hitch /hɪtʃ/ 1 N ⓐ (= *obstacle*) (petit) problème *(m)*; **there's been a ~** il y a eu un (petit) problème; **the only ~ is that …** le seul ennui c'est que …; **without a ~** sans accroc

2 VT ⓐ (= *fasten*) attacher; [*of boat*] amarrer; **to get ~ed*** se marier ⓑ (= *be hitch-hiking*)* **to ~ a lift** faire du stop*; **to ~ a lift to Paris** faire du stop* jusqu'à Paris; **I ~ed a ride with a truck driver** j'ai été pris en stop* par un routier

3 VI* faire du stop*

4 COMP ♦ **hitch-hike** VI faire du stop*; **they ~-hiked to Paris** ils sont allés à Paris en stop ♦ **hitch-hiker** N auto-stoppeur *(m)*, -euse *(f)* ♦ **hitch-hiking** N auto-stop *(m)*

► **hitch up** VT SEP ⓐ [*+ horses*] atteler (**to** à) ⓑ [*+ trousers, skirt*] remonter

hi-tec(h) /ˈhaɪtek/ ADJ = **high-tech**

hither /ˈhɪðəʳ/ ADV **~ and thither** (*Brit*) or **~ and yon** (*US*) (= *to and fro*) çà et là

hitherto /ˌhɪðəˈtuː/ ADV jusqu'ici

hitman* /ˈhɪtmæn/ N (*pl* **-men**) tueur *(m)* à gages

HIV /ˌeɪtʃaɪˈviː/ N (ABBR = **human immunodeficiency virus**) HIV *(m)* ♦ **HIV-negative** ADJ séronégatif ♦ **HIV-positive** ADJ séropositif

hive /haɪv/ N ruche *(f)*; **a ~ of activity** une vraie ruche

HM /ˌeɪtʃˈem/ N (ABBR = **His** or **Her Majesty**) S.M., Sa Majesté

HMS /ˌeɪtʃemˈes/ N (*Brit*) ABBR = **His** or **Her Majesty's Ship**

HNC /ˌeɪtʃenˈsiː/ N (*Brit*) (ABBR = **Higher National Certificate**) ≈ BTS *(m)*

HND /ˌeɪtʃenˈdiː/ N (*Brit*) (ABBR = **Higher National Diploma**) ≈ DUT *(m)*

hoagie, hoagy /ˈhəʊɡɪ/ N (*US*) grand sandwich *(m)* mixte

hoard /hɔːd/ 1 N réserves *(fpl)*; (*pej*) stock *(m)* (*pej*); (= *treasure*) trésor *(m)*; **a ~ of food** des provisions *(fpl)*; **a ~ of silver and jewels** un trésor d'argenterie et de bijoux 2 VT [*+ food*] stocker; [*+ money*] amasser

hoarding /ˈhɔːdɪŋ/ N ⓐ (= *act of saving*) accumulation *(f)*; [*of capital*] thésaurisation *(f)* ⓑ (*Brit: for advertisements*) panneau *(m)* d'affichage

hoarse /hɔːs/ ADJ enroué; **he shouted himself ~** il s'est enroué à force de crier

hoax /həʊks/ 1 N canular *(m)*; **to play a ~ on sb** faire un canular à qn 2 VT faire un canular à; **we were completely ~ed** on nous a eus*

hob /hɒb/ N (*on cooker*) plan (*m*) de cuisson

hobble /'hɒbl/ 1 VI clopiner; **to ~ along** aller clopin-clopant; **to ~ in** entrer en clopinant 2 VT entraver

hobby /'hɒbɪ/ N passe-temps (*m inv*); **he began to paint as a ~** il a commencé la peinture comme passe-temps ♦ **hobby-horse** N (= *toy*) tête (*f*) de cheval (*sur un manche*); (= *rocking horse*) cheval (*m*) à bascule; **he's off on his ~ horse** (= *pet subject*) le voilà reparti

hobnob /'hɒbnɒb/ VI **to ~ with** frayer avec

hobo /'həʊbəʊ/ N (*pl* **hobo(e)s** (*US*)) ⓐ (= *tramp*) clochard (*m*) ⓑ (= *migratory worker*) saisonnier (*m*)

hock /hɒk/ 1 N ⓐ (*of animal*) jarret (*m*) ⓑ (*Brit* = *wine*) vin (*m*) du Rhin ⓒ **in hock** [*object*] au mont-de-piété; [*person*] endetté 2 VT (= *pawn*)* mettre au mont-de-piété

hockey /'hɒkɪ/ 1 N (= *field hockey*) hockey (*m*); (= *ice hockey*) hockey (*m*) sur glace 2 COMP [*match, pitch, player*] de hockey ♦ **hockey stick** N crosse (*f*) de hockey

hocus-pocus /'həʊkəs'pəʊkəs/ N ⓐ (= *trickery*) **a bit of ~** des tours (*mpl*) de passe-passe ⓑ (= *mumbo-jumbo*) galimatias (*m*)

hodgepodge /'hɒdʒpɒdʒ/ N fatras (*m*)

hoe /həʊ/ 1 N binette (*f*) 2 VT [+ *ground*] biner

hog /hɒg/ 1 N porc (*m*) 2 VT* monopoliser; **don't ~ all the sweets** ne garde pas tous les bonbons pour toi; **to ~ the credit** s'attribuer tout le mérite; **to ~ the limelight** monopoliser l'attention

Hogmanay /ˌhɒgmə'neɪ/ N (*Scot*) Saint-Sylvestre (*f*)

> 🛈 **HOGMANAY**
>
> **Hogmanay** est le nom donné aux festivités du premier de l'An en Écosse. La coutume veut que l'on se rende chez ses voisins après minuit en apportant symboliquement un petit cadeau, de la boisson et, parfois, un morceau de charbon en gage de prospérité pour l'année à venir; cette coutume porte le nom de « first-footing ».
> ▷ www.edinburghshogmanay.org/

hogtie /'hɒgtaɪ/ VT (*US* = *hinder*) entraver; **to be ~d** être pieds et poings liés

hogwash /'hɒgwɒʃ/ N (= *nonsense*) inepties (*fpl*)

hoi polloi /ˌhɔɪpə'lɔɪ/ NPL **the ~** la populace

hoist /hɔɪst/ 1 VT hisser 2 N ⓐ (= *equipment*) appareil (*m*) de levage; (= *winch*) treuil (*m*); (= *crane*) grue (*f*); (*for goods*) monte-charge (*m inv*); (*made of rope*) palan (*m*) ⓑ **to give sth a ~ up** hisser qch

hoity-toity /'hɔɪtɪ'tɔɪtɪ/ ADJ prétentieux

hokey /'həʊkɪ/ ADJ (*US*) ⓐ (= *phoney*) bidon* (*inv*) ⓑ (= *corny*) [*story, song*] cucul la praline* (*inv*); [*excuse*] tiré par les cheveux

hokum /'həʊkəm/ N (*US*) (= *nonsense*) foutaises‡ (*fpl*); (= *sentimentality*) niaiseries (*fpl*)

---

hold /həʊld/

1 NOUN	3 INTRANSITIVE VERB
2 TRANSITIVE VERB	4 PHRASAL VERBS

▶ vb: pret, ptp **held**

1 NOUN

ⓐ = **grip** prise (*f*); **he loosened his ~** il a desserré son étreinte (*f*); **I tried to break free from his ~** j'ai essayé de me dégager; **to seize ~ of** saisir; **to have ~ of sth** tenir qch

ⓑ = **control** emprise (*f*); **the president has consolidated his ~ on the media** le président a renforcé son emprise sur les médias

ⓒ Wrestling prise (*f*); **no ~s barred*** tous les coups sont (*or* étaient *etc*) permis

ⓓ *of hairspray, hair gel* fixation (*f*)

ⓔ *of ship* cale (*f*); [*of plane*] soute (*f*)

ⓕ *set structures*

♦ **to catch hold (of sth)** attraper (qch); **he caught ~ of her arm** il l'a attrapée par le bras

♦ **to get/take a hold of** (= *catch*) prendre; **to get a ~ of o.s.** se contrôler; **get a ~ of yourself!** ressaisis-toi!

♦ **to get hold of** (= *find*) [+ *object*] réussir à se procurer; [+ *details, information*] réussir à obtenir; (= *contact*) [+ *person*] contacter; **can you get ~ of £500 by tomorrow?** est-ce que tu peux te procurer 500 livres d'ici demain?; **children can all too easily get ~ of drugs** les enfants peuvent trop facilement se procurer de la drogue; **where did you get ~ of that idea?** où as-tu été pêcher* cette idée?; **the press got ~ of the story** la presse s'est emparée de l'histoire

♦ **to take hold** [*fire*] prendre; [*custom*] se répandre; [*idea*] faire son chemin; [*recession, economic recovery, disease*] s'installer; [*ceasefire*] tenir; **take ~!** tiens!

♦ **to keep hold of** tenir fermement; **keep ~ of the idea that ...** dites-vous bien que ...

♦ **on hold** [*phone call, order*] en attente; **nuclear testing was put on ~** les essais nucléaires ont été suspendus; **he put his career on ~ to spend more time with his family** il a mis sa carrière entre parenthèses pour se consacrer davantage à sa famille

2 TRANSITIVE VERB

ⓐ = **grasp** tenir; **he held my arm** il me tenait le bras; **she was ~ing her sister's hand** elle tenait la main de sa sœur; **they were ~ing hands** ils se tenaient par la main; **she held him tight** elle l'a serré très fort; **~ him tight or he'll fall** tenez-le bien pour qu'il ne tombe pas

ⓑ = **keep in place** **to ~ sth in place** maintenir qch en place; **she held the door open** elle a tenu la porte (ouverte)

ⓒ = **support** supporter; **the ladder won't ~ you** l'échelle ne supportera pas ton poids

ⓓ = **maintain** **to ~ o.s. upright** se tenir droit; **to ~ an opinion** avoir une opinion; **to ~ sb's attention/interest** retenir l'attention/l'intérêt de qn; **this car ~s the road well** cette voiture tient bien la route; **to ~ one's breath** retenir son souffle; **don't ~ your breath!** (= *don't count on it*) n'y compte pas trop!; **~ the line please!** ne quittez pas!

ⓔ = **possess** [+ *ticket, permit, driving licence*] avoir; [+ *shares, record*] détenir

ⓕ = **defend successfully** tenir; **the army held the bridge against the enemy** l'armée a tenu le pont malgré les attaques de l'ennemi; **to ~ one's serve** (*Tennis*) gagner son service

♦ **to hold one's own** bien se débrouiller; **he can ~ his own in German** il se débrouille très bien en allemand; **he can ~ his own with anybody** il ne s'en laisse pas remonter

ⓖ = **occupy** [+ *post, position*] occuper; **he ~s the post of headmaster** il occupe le poste de directeur

ⓗ = **cause to take place** [+ *meeting, election, debate*] tenir; [+ *conversation*] avoir; [+ *examination*] organiser; **the exhibition is always held here** l'exposition se tient toujours ici; **they are ~ing a service to mark the day** ils ont prévu une cérémonie pour commémorer ce jour; **to ~ interviews** [*employer*] faire passer des entretiens; **the interviews are being held in London** les entretiens ont lieu à Londres

ⓘ = **contain** contenir; **this box will ~ all my books** cette caisse est assez grande pour contenir tous mes livres; **this bottle ~s one litre** cette bouteille peut contenir un litre; **this room ~s 20 people** cette salle peut accueillir 20 personnes; **I wonder what the future ~s** je me demande ce que l'avenir nous réserve; **she can ~ her drink!*** elle supporte très bien l'alcool

ⓙ = **keep** garder; **I will ~ the money until ...** je garderai l'argent jusqu'à ce que ...; **my lawyer ~s these documents** ces documents sont chez mon avocat; **we don't ~ that information on our files** nous n'avons pas ces informations dans nos fichiers; **the data is held on computer** les données sont informatisées

ⓚ = **restrain** [+ *person*] retenir; **the police held him for two days** la police l'a gardé (à vue) pendant deux jours; **there's no ~ing him** il n'y a pas moyen de l'arrêter; **~ it!*** stop!

ⓛ = **believe** **to ~ that ...** maintenir que ...; **to ~ sth to be true** considérer qch comme vrai; **to ~ sb responsible for sth** tenir qn pour responsable de qch; **to ~ in high esteem** tenir en haute estime

ⓜ ♦ **to hold sth against sb** en vouloir à qn de qch; **I don't ~ it against him** je ne lui en veux pas

3 INTRANSITIVE VERB

ⓐ |= remain in place| [*rope, nail, dam*] tenir; **to ~ firm** (= *stay in place*) tenir

ⓑ |weather| se maintenir

ⓒ |on phone| **can you ~, please?** ne quittez pas!; **I've been ~ing for several minutes** cela fait plusieurs minutes que j'attends

ⓓ |statement, argument| être valable; **your argument doesn't ~** votre argument n'est pas valable

4 PHRASAL VERBS

► **hold back** **1** VI (= *not move forward*) rester en arrière; (= *not act*) se retenir; **I held back from telling him what I really thought** je me suis retenu de lui dire ce que je pensais vraiment

2 VT SEP ⓐ [+ *fears, emotions*] maîtriser; [+ *tears*] retenir; **the police held back the crowd** la police a contenu la foule; **to ~ sb from doing sth** empêcher qn de faire qch; **they held back the names of the victims** ils n'ont pas divulgué le nom des victimes; **he was ~ing something back from me** il me cachait quelque chose

ⓑ (*US*) [+ *pupil*] faire redoubler; **to be held back** redoubler

► **hold down** VT SEP ⓐ (= *keep in place*) maintenir en place; [+ *person*] maîtriser ⓑ (+ *aspiring person*) empêcher de progresser ⓒ [+ *costs, prices, inflation, taxes*] empêcher d'augmenter ⓓ [+ *job*] (= *have*) occuper; (= *keep*) garder; **she's managed to ~ down a job as well as looking after the children** elle a réussi à continuer de travailler tout en s'occupant des enfants; **he can't ~ down a job** il ne garde jamais longtemps le même travail

► **hold forth** VI faire des discours

► **hold in** VT SEP retenir; **~ your stomach in!** rentre ton ventre!; **go ahead and cry, don't ~ it in** laisse-toi aller et pleure, n'essaie pas de te retenir

► **hold off** **1** VI **the rain has held off so far** jusqu'ici il n'a pas plu **2** VT SEP ⓐ (= *prevent from approaching*) tenir à distance; **try to ~ him off a little longer** (= *make him wait*) essayez de le faire patienter encore un peu ⓑ (= *resist*) **to ~ off a challenge from sb** résister aux attaques de qn ⓒ (= *delay*) **to ~ off doing sth** attendre pour faire qch

► **hold on** **1** VI ⓐ (= *endure*) tenir bon ⓑ (= *wait*) attendre; **~ on!** attendez!; (*on telephone*) ne quittez pas! **2** VT SEP maintenir (en place); **this hinge ~s the lid on** cette charnière maintient le couvercle en place

► **hold on to** VT INSEP ⓐ (= *cling to*) [+ *rope, raft, branch*] s'accrocher à; [+ *hope, idea*] se raccrocher à ⓑ (= *keep*) garder; **~ on to this for me** (= *hold it*) tiens-moi ça; (= *keep it*) garde-moi ça; **~ on to that, it might be valuable** garde-le, ça a peut-être de la valeur

► **hold out** **1** VI ⓐ (= *last*) [*supplies*] durer; **how long will the food ~ out?** combien de temps est-ce que les provisions vont durer?; **if his luck ~s out** s'il continue à avoir de la chance

ⓑ (= *resist*) tenir bon; **to ~ out against** [+ *enemy, attacks*] tenir bon devant; [+ *change, progress, threats*] résister à; **they are ~ing out for more pay** ils continuent de demander une augmentation

2 VT SEP [+ *object, hand*] tendre (**sth to sb** qch à qn); **to ~ out one's arms** ouvrir les bras

3 VT INSEP **to ~ out the hope of sth** permettre d'espérer qch; **the doctors ~ out little hope for him** les médecins ont peu d'espoir de le sauver; **the negotiations held out little hope of a settlement** les négociations laissaient entrevoir peu d'espoir de parvenir à un accord

► **hold out on*** VT INSEP **you've been ~ing out on me!** tu m'as caché quelque chose!

► **hold over** VT SEP remettre; **the meeting was held over until Friday** la réunion a été remise à vendredi

► **hold to** **1** VT INSEP s'en tenir à; **I ~ to what I said** je m'en tiens à ce que j'ai dit **2** VT SEP **to ~ sb to a promise** faire tenir parole à qn; **I'll ~ you to that!** je te prends au mot!

► **hold together** **1** VI [*objects*] tenir (ensemble); [*groups, people*] rester uni; **the coalition will never ~ together for six months** la coalition ne tiendra jamais six mois; **we must ~ together** il faut rester unis **2** VT SEP [+ *objects*] maintenir ensemble; [+ *political party*] maintenir l'union de; **he held the family together** c'est grâce à lui que la famille est restée unie

► **hold up** **1** VI ⓐ (*physically*) tenir; **that building won't ~ up much longer** ce bâtiment ne tiendra plus longtemps debout

ⓑ [*argument*] être valable; **the evidence doesn't ~ up** ces preuves ne résistent pas à l'analyse

2 VT SEP ⓐ (= *raise*) lever; **~ it up higher** tiens-le plus haut; **~ up your hand** levez la main; **~ it up so that we can see it** levez-le pour qu'on le voit; **I'll never be able to ~ my head up again** je ne pourrai plus jamais marcher la tête haute

ⓑ (= *support*) soutenir; **the roof is held up by pillars** le toit est soutenu par des piliers

ⓒ (= *stop*) arrêter; (= *suspend*) suspendre; (= *cause delay to*) retarder; **the traffic was held up by the accident** l'accident a ralenti la circulation; **I'm sorry, I was held up** excusez-moi, j'ai été retenu

ⓓ [*robber*] attaquer (à main armée)

holdall /'həʊldɔːl/ N (*Brit*) (sac (m)) fourre-tout (m inv)

holder /'həʊldə'/ N ⓐ [*of ticket, card, record, title*] détenteur (m), -trice (f); [*of passport, office, post, diploma*] titulaire (mf); **account ~** titulaire (mf) d'un compte ⓑ (= *object*) support (m)

holding company /'həʊldɪŋ,kʌmpənɪ/ N holding (m)

holdings /'həʊldɪŋz/ NPL (= *lands*) avoirs (mpl) fonciers; (= *stocks*) intérêts (mpl)

holdup /'həʊldʌp/ N ⓐ (= *robbery*) attaque (f) à main armée ⓑ (= *delay*) retard (m); (*in traffic*) embouteillage (m); **there's been a ~ in the delivery** il y a eu un retard de livraison

hole /həʊl/ **1** N ⓐ trou (m); [*of rabbit, fox*] terrier (m); **to wear a ~ in sth** trouer qch; **I need it like I need a ~ in the head!:** je n'ai vraiment pas besoin de ça!; **it made a ~ in his savings** cela a fait un trou dans ses économies; **to blow a ~ in sb's plans** saborder les plans de qn; **there were some ~s in his argument** il y avait des failles (fpl) dans son argument ⓑ (= *town*)* trou* (m); (= *house*)* baraque* (f)

2 COMP ♦ **hole in one** N (*Golf*) trou (m) en un ♦ **hole-in-the-wall*** N (*Brit* = *cash dispenser*) distributeur (m) de billets

► **hole up** VI [*animal, criminal*] se terrer; **she's been ~d up in her study all day** elle a passé toute la journée enfermée dans son bureau

holiday /'hɒlɪdeɪ/ **1** N (= *vacation*) vacances (fpl); (= *day off*) jour (m) de congé (m); (= *public holiday*) jour (m) férié; **to take a ~** prendre des vacances; **to take a month's ~** prendre un mois de vacances; **paid ~s** congés (mpl) payés; **tomorrow is a ~** demain est un jour férié; **the school ~(s)** les vacances (fpl) scolaires; **the Christmas ~(s)** les vacances (fpl) de Noël

♦ **on holiday** en vacances

2 VI passer les vacances

3 COMP ♦ **holiday camp** N (*Brit*) camp (m) de vacances ♦ **holiday home** N maison (f) de vacances ♦ **holiday job** N (*Brit*) emploi (m) temporaire (*pendant les vacances*) ♦ **holiday-maker** N (*Brit*) vacancier (m), -ière (f) ♦ **holiday pay** N congés (mpl) payés ♦ **holiday resort** N station (f) touristique ♦ **holiday season** N période (f) de vacances ♦ **holiday spirit** N ambiance (f) de vacances ♦ **holiday traffic** N (*leaving*) départs (mpl) en vacances; (*returning*) retours (mpl) de vacances

holier-than-thou* /'həʊlɪəðən'ðaʊ/ ADJ [*person, attitude*] suffisant

holiness /'həʊlɪnɪs/ N sainteté (f); **His Holiness** Sa Sainteté

holistic /həʊ'lɪstɪk/ ADJ holistique

Holland /'hɒlənd/ N Hollande (f)

holler* /ˈhɒləʳ/ VTI brailler ; **to ~ at sb** (= *tell off*) crier après qn

hollow /ˈhɒləʊ/ **1** ADJ [*object*] creux ; [*victory*] faux (fausse (f)) ; [*promise, threat*] vain ; **to have a ~ feeling in one's stomach** (*from hunger*) avoir le ventre creux ; **~ words** des paroles *(fpl)* creuses **2** N (*in ground, tree*) creux *(m)* ; (= *valley*) cuvette *(f)*

► **hollow out** VT creuser ; [+ *fruit*] évider

holly /ˈhɒlɪ/ N houx *(m)*

hollyhock /ˈhɒlɪ,hɒk/ N rose *(f)* trémière

Hollywood /ˈhɒlɪ,wʊd/ N Hollywood

holocaust /ˈhɒləkɔːst/ N holocauste *(m)*

hologram /ˈhɒlə,græm/ N hologramme *(m)*

hols* /hɒlz/ N (*Brit*) (ABBR = **holidays**) vacances *(fpl)*

holster /ˈhəʊlstəʳ/ N étui *(m)* de revolver

holy /ˈhəʊlɪ/ ADJ saint ; **on ~ ground** dans un lieu saint ♦ **the Holy Bible** N la sainte Bible ♦ **Holy Communion** N sainte communion *(f)* ♦ **the Holy Ghost** N le Saint-Esprit ♦ **the Holy Grail** N le Saint-Graal ♦ **the Holy Land** N la Terre sainte ; **in the Holy Land** en Terre sainte ♦ **holy matrimony** N liens *(mpl)* sacrés du mariage ; **they were joined in ~ matrimony** ils ont été unis par les liens sacrés du mariage ♦ **Holy See** N Saint-Siège *(m)* ♦ **the Holy Spirit** N le Saint-Esprit ♦ **the Holy Trinity** N la sainte Trinité ♦ **holy water** N eau *(f)* bénite ♦ **Holy Week** N semaine *(f)* sainte

homage /ˈhɒmɪdʒ/ N hommage *(m)* ; **to pay ~ to sb/sth** rendre hommage à qn/qch ; **in ~ to sb/sth** en hommage à qn/qch

home /həʊm/ **1** N ⓐ (= *place to live*) maison *(f)* ; **to have a ~ of one's own** avoir sa propre maison (*or* son propre appartement) ; **he was glad to see his ~ again** il était content de rentrer chez lui ; **it is quite near my ~** c'est tout près de chez moi ; **his ~ is in Paris** il habite Paris ; **for some years he made his ~ in France** pendant quelques années il a habité en France ; **refugees who made their ~ in Britain** les réfugiés qui se sont installés en Grande-Bretagne ; **Warwick is ~ to some 550 international students** Warwick accueille quelque 550 étudiants étrangers ; **he is far from ~** il est loin de chez lui ; **he has no ~** il n'a pas de foyer ; **to give sb/an animal a ~** recueillir qn/un animal chez soi ; **it's a ~ from ~** (*Brit*) *or* **away from ~** (*US*) c'est mon second chez-moi (*or* son second chez-soi *etc*) ; **she has a lovely ~** c'est très joli chez elle ; **he comes from a broken ~** il vient d'un foyer désuni ; **"good ~ wanted for kitten"** « cherche foyer accueillant pour chaton » ; **accidents in the ~** accidents *(mpl)* domestiques ; **let's concentrate on problems closer to ~** occupons-nous de problèmes qui nous concernent plus directement

♦ **at home** chez soi (*ou* lui *ou* moi *etc*), à la maison ; **I'll be at ~ this afternoon** je serai chez moi cet après-midi ; **is Paul at ~?** est-ce que Paul est à la maison ? ; **Celtic are playing Rangers at ~** le Celtic joue à domicile contre les Rangers ; **to feel at ~ with sb** se sentir à l'aise avec qn ; **he doesn't feel at ~ in English** il n'est pas à l'aise en anglais ; **to make o.s. at ~** se mettre à l'aise ; **make yourself at ~!** faites comme chez vous ! ; **who's here when he's at ~?*** qui c'est celui-là ?* ; **what's that when it's at ~?*** qu'est-ce que c'est que ça ? ; **at ~ and abroad** ici et à l'étranger ; **the Russians, at ~ and abroad** les Russes, chez eux et à l'étranger

ⓑ (= *country of origin*) pays *(m)* natal ; **Scotland is the ~ of the haggis** l'Écosse est le pays du haggis

ⓒ (= *institution*) institution *(f)* ; (= *shorter-term*) foyer *(m)* ; **children's ~** maison *(f)* pour enfants

ⓓ (*Baseball*) base *(f)* de départ

2 ADV ⓐ chez soi (*ou* lui *ou* moi *etc*), à la maison ; **to go ~** rentrer à la maison ; **to get ~** rentrer ; **I got ~ at 5 o'clock** je suis rentré à 5 heures ; **I'll be ~ at 5 o'clock** je serai à la maison à 5 heures ; **I met him on the journey ~** je l'ai rencontré sur le chemin du retour ; **I must write ~** il faut que j'écrive à ma famille ; **it's nothing to write ~ about*** ça ne casse pas des briques* ; **to be ~ and dry** *or* (*US*) **~ free** être arrivé au bout de ses peines

ⓑ (*from abroad*) dans son pays, chez soi ; **he came ~ from abroad** il est rentré de l'étranger ; **to go ~** rentrer dans son pays

ⓒ **to drive a nail ~** enfoncer un clou à fond ; **to bring sth ~ to sb** faire comprendre qch à qn ; **to hammer sth ~** (= *make a point*) bien faire comprendre qch

3 ADJ [*atmosphere*] de famille ; (= *national*) national ; [*policy, market*] intérieur (-eure *(f)*)

4 COMP ♦ **home address** N (*on forms*) domicile *(m)* (permanent) ; (*as opposed to business address*) adresse *(f)* personnelle ♦ **home-baked** ADJ fait maison ♦ **home banking** N banque *(f)* à domicile ♦ **home base** N [*of person*] port *(m)* d'attache ; [*of guerrillas*] base *(f)* ; [*of company*] siège *(m)* ♦ **home brew** N (= *beer*) bière *(f)* maison ; (= *wine*) vin *(m)* maison ♦ **home comforts** NPL confort *(m)* du foyer ♦ **home computer** N ordinateur *(m)* personnel ♦ **home cooking** N cuisine *(f)* familiale ♦ **the Home Counties** NPL (*Brit*) *les comtés qui entourent Londres* ♦ **home economics** N économie *(f)* domestique ♦ **home ground** N **to play at one's ~ ground** jouer sur son terrain ; **to be on ~ ground** être sur son terrain ♦ **home-grown** ADJ (= *not foreign*) du pays ; (= *from own garden*) du jardin ♦ **home help** N (*Brit* = *person*) aide *(f)* ménagère ♦ **home improvements** NPL (= *DIY*) bricolage *(m)* ♦ **home leave** N (*gen*) congé *(m)* à domicile ; (*for soldier*) permission *(f)* ♦ **home life** N vie *(f)* de famille ♦ **home loan** N prêt *(m)* immobilier ♦ **home-loving** ADJ casanier ♦ **home-made** ADJ fait maison ♦ **home-maker** N femme *(f)* d'intérieur ♦ **home match** N match *(m)* à domicile ♦ **home movie** N vidéo *(f)* amateur ♦ **the Home Office** N (*Brit*) ≈ le ministère de l'Intérieur ♦ **home owner** N propriétaire *(mf)* ♦ **home page** N (*on Internet*) page *(f)* d'accueil ♦ **home rule** N autonomie *(f)* ♦ **home run** N (*Baseball*) coup *(m)* de circuit ; **to hit a ~ run** réussir un coup de circuit ; (*US fig*) réussir un beau coup ♦ **Home Secretary** N (*Brit*) ≈ ministre *(mf)* de l'Intérieur ♦ **home shopping** N (*by post, telephone*) achat par correspondance ou par téléphone ; (*by computer, television*) téléachat *(m)* ♦ **home side** N équipe *(f)* qui reçoit ♦ **home straight, home stretch** N **to be in the ~ straight** être dans la dernière ligne droite ♦ **home team** N équipe *(f)* qui reçoit ♦ **home town** N **my ~ town** (= *place of birth*) ma ville natale ; (= *where I grew up*) la ville où j'ai grandi ♦ **home truth** N **I'll tell him a few ~ truths** je vais lui dire ses quatre vérités ♦ **home video** N vidéo *(f)* amateur ♦ **home visit** N (*by doctor*) visite *(f)* à domicile

► **home in on, home on to** VT INSEP [*missile*] (= *move towards*) se diriger sur ; (= *reach*) atteindre

homebody* /ˈhəʊmbɒdɪ/ N (*US*) pantouflard(e)* *(m(f))*

homeboy* /ˈhəʊmbɔɪ/ N (*US*) pote* *(m)*

homecoming /ˈhəʊmkʌmɪŋ/ N ⓐ retour *(m)* à la maison ; (*to one's country*) retour *(m)* au pays ; [*of soldier*] retour *(m)* au foyer ⓑ (*US at school or college*) fête *(f)* annuelle (*marquant le début dè l'année universitaire*)

homegirl* /ˈhəʊmgɜːl/ N (*US*) copine* *(f)*

homeland /ˈhəʊmlænd/ N patrie *(f)*

homeless /ˈhəʊmlɪs/ **1** ADJ sans domicile **2** NPL **the homeless** les SDF *(mpl)*

homelessness /ˈhəʊmlɪsnɪs/ N **~ is on the increase** il y a de plus en plus de SDF ; **what's the government doing about ~?** que fait le gouvernement pour les SDF ?

homely /ˈhəʊmlɪ/ ADJ ⓐ (*Brit*) [*person*] aux goûts simples ; [*atmosphere, room, place*] accueillant ; [*dish, food*] simple ⓑ (*US* = *plain*) [*person*] quelconque ; [*appearance*] peu attrayant

homeopath /ˈhəʊmɪəʊpæθ/ N homéopathe *(mf)*

homeopathic /ˌhəʊmɪəʊˈpæθɪk/ ADJ [*medicine, methods*] homéopathique

homeopathy /ˌhəʊmɪˈɒpəθɪ/ N homéopathie *(f)*

homeroom /ˈhəʊmrʊm/ N (*US*) salle *(f)* de classe (*affectée à une classe particulière*) ♦ **homeroom teacher** N ≈ professeur *(mf)* principal(e)

homesick /ˈhəʊmsɪk/ ADJ **to be ~** (*for place*) avoir le mal du pays ; (*for one's family*) s'ennuyer de sa famille ; **to be ~ for sth** avoir la nostalgie de qch

homestead /ˈhəʊmsted/ N (= *house*) propriété *(f)*; (= *farm*) ferme *(f)*

homeward /ˈhəʊmwəd/ 1 ADJ de retour; **~ journey** (voyage *(m)* de) retour *(m)* 2 ADV (*Brit: also* **~s**) **to head ~** retourner chez soi; **to hurry ~** se dépêcher de rentrer chez soi 3 COMP ♦ **homeward bound** ADV **to be ~ bound** être sur le chemin de retour; **~-bound commuters** banlieusards *(mpl)* rentrant chez eux

homework /ˈhəʊmwɜːk/ N (*for school*) devoirs *(mpl)*; **to do one's ~** (= *research*) se documenter, faire ses devoirs

homicidal /ˌhɒmɪˈsaɪdl/ ADJ [*urges*] homicide; [*rage*] meurtrier; **~ maniac** fou *(m)* dangereux, folle *(f)* dangereuse

homicide /ˈhɒmɪsaɪd/ N (= *act*) homicide *(m)*

homing /ˈhəʊmɪŋ/ ADJ [*missile*] à tête chercheuse ♦ **homing device** N tête *(f)* chercheuse ♦ **homing instinct** N instinct *(m)* de retour (à l'habitat d'origine) ♦ **homing pigeon** N pigeon *(m)* voyageur

homogeneous /ˌhɒməˈdʒiːnɪəs/ ADJ homogène

homophobia /ˌhɒməˈfəʊbɪə/ N homophobie *(f)*

homophobic /ˌhɒməˈfəʊbɪk/ ADJ homophobe

homosexual /ˌhɒməʊˈseksjʊəl/ ADJ, N homosexuel(le) *(m(f))*

homosexuality /ˌhɒməʊseksjʊˈælɪtɪ/ N homosexualité *(f)*

hon* /hʌn/ N (*US*) (ABBR = **honey**) **hi, ~!** bonjour, chéri(e)!

honcho* /ˈhɒntʃəʊ/ N (*US*) patron *(m)*

Honduras /hɒnˈdjʊərəs/ N Honduras *(m)*; **in ~** au Honduras

hone /həʊn/ VT ⓐ [+ *abilities, wit, skill*] affiner ⓑ [+ *blade*] affûter

honest /ˈɒnɪst/ ADJ honnête; [*money, profit*] honnêtement acquis; **now, be ~!** allons, sois honnête!; **to be ~ (with you)** ... à vrai dire ...; **he's got an ~ face** il a l'air honnête; **~ to God!*** (*expressing sincerity*) parole d'honneur!; (*expressing impatience*) vingt dieux!*; **by ~ means** par des moyens honnêtes; **an ~ mistake** une erreur commise en toute bonne foi; **I'd like your ~ opinion of it** j'aimerais que vous me donniez honnêtement votre avis; **an ~ day's work** une honnête journée de travail; **the ~ truth** la pure vérité

honestly /ˈɒnɪstlɪ/ ADV [*act, behave, say, answer*] honnêtement; [*think, expect*] vraiment; **~?** c'est vrai?; **I can ~ say that ...** franchement, je peux dire que ...; **I ~ believe that ...** je suis convaincu que ...; **no, ~, I'm fine** non, vraiment, je me sens bien; **~, I didn't do it,** ~ ce n'est pas moi, je le jure; **quite ~ ...** en toute honnêteté ...; **~, that woman!** celle-là, alors!*; **~, this is getting ridiculous!*** ça devient vraiment ridicule!

honesty /ˈɒnɪstɪ/ N [*of person*] honnêteté *(f)*; [*of words, writing*] franchise *(f)*; **in all ~** en toute honnêteté

honey /ˈhʌnɪ/ N ⓐ miel *(m)* ⓑ (= *person*) **yes, ~*** oui, chéri(e); **she's a ~*** elle est adorable

honeycomb /ˈhʌnɪkəʊm/ 1 N (*from beehive*) rayon *(m)* de miel 2 ADJ [*textile, pattern*] en nid d'abeille

honeymoon /ˈhʌnɪmuːn/ 1 N (= *trip*) voyage *(m)* de noces; (= *period*) lune *(f)* de miel; **their ~ was spent in Paris** ils sont allés à Paris en voyage de noces; **we were on our ~** nous étions en voyage de noces 2 VI passer son voyage de noces 3 COMP ♦ **honeymoon period** N [*of politician*] état *(m)* de grâce ♦ **honeymoon suite** N suite *(f)* nuptiale

honeysuckle /ˈhʌnɪsʌkəl/ N chèvrefeuille *(m)*

Hong Kong /ˈhɒŋˈkɒŋ/ N Hong-Kong; **in ~** à Hong-Kong

honk /hɒŋk/ 1 VI [*driver*] klaxonner 2 VT **to ~ one's horn** klaxonner

Honolulu /ˌhɒnəˈluːluː/ N Honolulu

honor /ˈɒnə/ (*US*) = **honour**

honorable /ˈɒnərəbl/ ADJ (*US*) = **honourable**

honorary /ˈɒnərərɪ/ ADJ [*official, member*] honoraire; [*duties, titles*] honorifique; [*degree*] accordé à titre honorifique

honour, honor (*US*) /ˈɒnə/ 1 N ⓐ honneur *(m)*; **in ~ of ...** en l'honneur de ...; **it is a great ~ for me** c'est un grand honneur pour moi; **to what do we owe this ~?** qu'est-ce qui nous vaut cet honneur?; **he is an ~ to his school** il fait honneur à son école ⓑ **to do the ~s** (= *introductions*) faire les présentations (*entre invités*) ⓒ (*title*) **Your/His Honour** Votre/Son Honneur ⓓ (*Brit = degree*) **to take ~s in English** ≈ faire une licence d'anglais; **he got first-/second-class ~s in English** ≈ il a eu sa licence d'anglais avec mention très bien/mention bien ⓔ (*Brit = award*) distinction *(f)* honorifique 2 VT honorer; [+ *agreement*] respecter; **to feel ~ed** être honoré; **I'm ~ed** je suis très honoré; **I'd be ~ed** je serais très honoré; **she ~ed them with her presence** elle les honora de sa présence; **~ed guest** invité·e *(m(f))* d'honneur 3 COMP ♦ **honor roll** N (*US: at school*) liste *(f)* des meilleurs élèves ♦ **honors degree** N (*US*) licence *(f)* avec mention ♦ **honor society** N (*US*) club *(m)* des meilleurs élèves ♦ **honour-bound** ADJ **to be ~-bound to do sth** être tenu par l'honneur de faire qch ♦ **honours degree** N (*Brit*) ≈ licence *(f)*

> ⓘ **HONOURS LIST**
> La **Honours List** *est la liste des personnes proposées pour recevoir une distinction honorifique. Cette liste, établie par le Premier ministre et approuvée par le monarque, est publiée deux fois par an au moment de la nouvelle année* (**New Year's Honours List**) *et de l'anniversaire de la reine en juin* (**Queen's Birthday Honours List**).

honourable, honorable (*US*) /ˈɒnərəbl/ ADJ [*person, action, intentions*] honorable; **the Honourable ...** (*title*) l'honorable ...; **my right Honourable friend** (*Brit*) mon (*très*) honorable collègue; **the right Honourable member for Weston** (*Brit*) ≈ Monsieur (*or* Madame) le député de Weston

honourably, honorably (*US*) /ˈɒnərəblɪ/ ADV honorablement

Hons. N (*Brit = degree*) ABBR = **honours**

hood /hʊd/ N ⓐ (*on garment*) capuchon *(m)*; [*of executioner, terrorist*] cagoule *(f)*; **rain ~** capuche *(f)* ⓑ (*US: on car*) capot *(m)* ⓒ (*over fire, cooker*) hotte *(f)* ⓓ (= *hoodlum*)* truand *(m)*

hooded /ˈhʊdɪd/ ADJ [*monk, figure*] encapuchonné; [*gunman*] encagoulé

hoodie /ˈhʊdɪ/ N ⓐ (= *top*) sweat *(m)* à capuche ⓑ (= *youth*) jeune *(m)* à capuche

hoodlum /ˈhuːdləm/ N truand *(m)*

hoodwink /ˈhʊdwɪŋk/ VT tromper; **they ~ed me into accepting** j'ai accepté sur la foi d'informations erronées

hooey* /ˈhuːɪ/ N (*US*) bêtises *(fpl)*

hoof /huːf/ N (*pl* **hooves**) sabot *(m)*

hook /hʊk/ 1 N crochet *(m)*; (*for hanging coats*) patère *(f)*; (*on dress*) agrafe *(f)*; (*for fishing*) hameçon *(m)*; **he swallowed the story ~, line and sinker*** il a gobé* tout ce qu'on lui a raconté

♦ **by hook or by crook** coûte que coûte

♦ **off the hook**: **to take the phone off the ~** décrocher le téléphone; **the phone's off the ~** le téléphone est décroché; **the phone was ringing off the ~*** (*US*) le téléphone n'arrêtait pas de sonner; **to get sb off the ~*** tirer qn d'affaire; **to let sb off the ~*** [+ *wrongdoer*] ficher la paix à qn*; [+ *sb with problem*] tirer qn d'affaire; **he's off the ~*** il est tiré d'affaire

2 VT ⓐ (= *attach*) accrocher ⓑ [+ *fish*] prendre

► **hook on** 1 VI s'accrocher (**to** à) 2 VT SEP accrocher (**to** à)

► **hook up** 1 VI [*dress*] s'agrafer 2 VT SEP ⓐ [+ *dress*] agrafer ⓑ (*on radio or TV*)* faire un duplex entre

hooked /hʊkt/ ADJ ⓐ (= *hook-shaped*) [*nose*] crochu; [*object*] recourbé ⓑ (= *fascinated*)* fasciné (**on** par), accroché*; (= *dependent*)* dépendant (**on** de); **he's ~ on it** il ne peut plus s'en passer; **to get ~ on** [+ *drugs*] devenir accro* à; [+ *jazz, television*] devenir enragé* de

hooker /'hʊkəʳ/ N ⓐ (Rugby) talonneur (m) ⓑ (= prostitute)* pute* (f)

hookey* /'hʊkɪ/ N **to play ~** sécher les cours

hooky* /'hʊkɪ/ N **to play ~** sécher les cours

hooligan /'huːlɪgən/ N hooligan (m)

hooliganism /'huːlɪgənɪzəm/ N hooliganisme (m)

hoop /huːp/ N cerceau (m); **to make sb jump through ~s** (= put to the test) mettre qn à l'épreuve

hooray /huː'reɪ/ EXCL hourra

hoot /huːt/ 1 N ⓐ [of owl] hululement (m); [of car] coup (m) de klaxon®; **we heard ~s of laughter** on a entendu des éclats de rire; **I don't give a ~*** je m'en fiche*; **it was a ~*** c'était tordant*; **she's a ~*** elle est impayable* 2 VI [owl] hululer; [driver] klaxonner; **to ~ with laughter** rire aux éclats; **to ~ with delight** pousser des cris de joie 3 VT **to ~ one's horn** klaxonner

hooter /'huːtəʳ/ N ⓐ [of factory] sirène (f); (Brit) [of car] klaxon® (m) ⓑ (Brit = nose)* pif* (m)

Hoover® /'huːvəʳ/ (Brit) 1 N aspirateur (m) 2 VT **to hoover a carpet/a room** passer l'aspirateur sur un tapis/dans une pièce

hooves /huːvz/ NPL of **hoof**

hop /hɒp/ 1 N [of person, animal] saut (m); [of bird] sautillement (m); **to catch sb on the ~** prendre qn au dépourvu; **it's a short ~ from Paris to Brussels** il n'y a qu'un saut de Paris à Bruxelles 2 NPL **hops** (= plant) houblon (m) 3 VI [person] (on one foot) sauter à cloche-pied; (= jump) sauter; [bird] sautiller; **~ in!** (in vehicle) montez!; **he ~ped out of bed** il a sauté du lit; **he ~ped onto a plane for London** il a attrapé un avion pour Londres 4 VT **to ~ it*** (Brit) ficher le camp*; **~ it!*** (Brit) fiche le camp!*

hope /həʊp/ 1 N espoir (m) (**of doing sth** de faire qch); **she lives in the ~ of seeing her son again** elle vit dans l'espoir de revoir un jour son fils; **in the ~ that ...** dans l'espoir que ...; **to have ~s of doing sth** avoir l'espoir de faire qch; **I haven't much ~ of succeeding** je n'ai pas beaucoup d'espoir de réussir; **to give up ~** perdre espoir; **to give up ~ of doing sth** abandonner l'espoir de faire qch; **beyond ~** sans espoir; **she hasn't a ~ of being promoted** elle n'a pas la moindre chance d'être promue; **there is no ~ of that** c'est hors de question; **he set out with high ~s** il s'est lancé avec l'espoir de faire de grandes choses; **she had high ~s of winning** elle avait bon espoir de gagner; **don't raise her ~s too much** ne lui donne pas trop d'espoir; **don't get your ~s up too much** n'aie pas trop d'espoir; **to lose all ~ of sth/of doing** perdre tout espoir de qch/de faire; **my ~ is that ...** ce que j'espère c'est que ...; **you're my last ~** tu es mon dernier espoir; **some ~!*** tu parles!*

2 VI espérer; **to ~ for money/for success** espérer gagner de l'argent/avoir du succès; **they were still hoping for a peaceful solution to the crisis** ils espéraient toujours trouver une solution pacifique à la crise; **we're hoping for fine weather** nous espérons avoir du beau temps; **it was too much to ~ for (that ...)** ça aurait été trop beau (que ... (+ subj)); **to ~ for the best** espérer que tout se passe au mieux; **to ~ against ~** espérer en dépit de tout

3 VT espérer; **I ~ he comes** j'espère qu'il viendra; **I ~ to see you** j'espère te voir; **hoping to hear from you** (in letter) dans l'espoir d'avoir de vos nouvelles; **I ~ so** (answer to question) j'espère que oui; (agreeing with sb's statement) je l'espère; **I ~ not** (answer to question) j'espère que non; (agreeing) j'espère bien que non!

hopeful /'həʊpfʊl/ 1 ADJ ⓐ (= optimistic) [person, face] plein d'espoir; **to be ~ (that ...)** avoir bon espoir (que ...); **I'll ask her but I'm not too ~** je lui demanderai mais je n'y crois pas trop; **to be ~ of doing sth** avoir bon espoir de faire qch
ⓑ (= promising) [sign, future] prometteur; [situation, news] encourageant

2 N **the young ~s** (showing promise) les jeunes espoirs (mpl); **the British Olympic ~s** (hoping to make team) les candidats (mpl) à la sélection pour l'équipe olympique britannique; (hoping to win medal) les prétendants (mpl) britanniques à une médaille olympique

hopefully /'həʊpfəlɪ/ ADV ⓐ (= optimistically) [say, look at] avec espoir; **... she asked ~ ...** demanda-t-elle pleine d'espoir ⓑ (= one hopes) avec un peu de chance; **~ we'll be able to find a solution** avec un peu de chance, nous trouverons une solution; **~ it won't rain** j'espère qu'il ne va pas pleuvoir; **~!** je l'espère!; **~ not!** j'espère que non!

hopeless /'həʊplɪs/ ADJ ⓐ [situation, attempt] désespéré; [task] impossible; **it's ~!** c'est désespérant!; **he's a ~ case*** c'est un cas désespéré ⓑ (= useless)* nul; **he's a ~ teacher** il est nul comme professeur; **to be ~ at maths** être nul en maths; **to be ~ at doing sth** être nul quand il s'agit de faire qch

hopelessly /'həʊplɪslɪ/ ADV [confused, lost] complètement; **~ naïve** d'une naïveté désespérante; **to be ~ in love (with sb)** être éperdument amoureux (de qn)

hopscotch /'hɒpskɒtʃ/ N marelle (f)

horde /hɔːd/ N horde (f); **~s of people** des foules de gens

horizon /hə'raɪzn/ N horizon (m); **on the ~** à l'horizon; **to broaden one's ~s** élargir ses horizons; **to open new ~s for sb** ouvrir des horizons à qn

horizontal /ˌhɒrɪ'zɒntl/ 1 ADJ horizontal 2 N (= line) horizontale (f)

hormone /'hɔːməʊn/ N hormone (f) ♦ **hormone replacement therapy** N traitement (m) hormonal (substitutif)

horn /hɔːn/ 1 N ⓐ corne (f) ⓑ (= musical instrument) cor (m) ⓒ [of car] klaxon® (m); [of boat] sirène (f); **to sound one's ~** klaxonner 2 ADJ [handle, ornament] en corne 3 COMP ♦ **horn-rimmed spectacles** NPL lunettes (fpl) à monture d'écaille

hornet /'hɔːnɪt/ N frelon (m); **his inquiries stirred up a ~'s nest** ses investigations ont mis le feu aux poudres

horny* /'hɔːnɪ/ ADJ excité*

horoscope /'hɒrəskəʊp/ N horoscope (m)

horrendous /hɒ'rendəs/ ADJ épouvantable

horrible /'hɒrɪbl/ ADJ ⓐ (= horrific) horrible; [moment, truth] terrible ⓑ (= unpleasant) épouvantable; [clothes] affreux; [mistake] terrible ⓒ (= unkind)* [person] méchant (**to sb** avec qn); **that's a ~ thing to say!** c'est vraiment méchant de dire des choses pareilles!

horribly /'hɒrɪblɪ/ ADV ⓐ [cruel, disfigured, injured] horriblement ⓑ [expensive, guilty, embarrassed, uncomfortable] terriblement; **it's all gone ~ wrong** les choses ont très mal tourné; **I'm going to be ~ late*** je vais être affreusement en retard

horrid /'hɒrɪd/ ADJ [person] ignoble; [place] épouvantable; **a ~ child** une (petite) horreur*

horrific /hɒ'rɪfɪk/ ADJ horrible

horrified /'hɒrɪfaɪd/ ADJ horrifié

horrify /'hɒrɪfaɪ/ VT horrifier

horrifying /'hɒrɪfaɪɪŋ/ ADJ effrayant

horror /'hɒrəʳ/ N horreur (f); **to my ~ I realized that ...** je me suis rendu compte avec horreur que ...; **they watched in ~ as the train left the tracks** le train a déraillé sous leurs yeux horrifiés; **you little ~!*** petit monstre!* ♦ **horror film** N film (m) d'épouvante ♦ **horror story** N histoire (f) d'épouvante

horse /hɔːs/ N cheval (m); **straight from the ~'s mouth** de source sûre; **hold your ~s!*** minute!* ♦ **horse chestnut** N (= nut) marron (m) (d'Inde); (= horse chestnut tree) marronnier (m) (d'Inde) ♦ **horse-drawn** ADJ tiré par des chevaux ♦ **the Horse Guards** NPL (Brit) la Garde à cheval ♦ **horse manure** N crottin (m) de cheval ♦ **horse race** N course (f) de chevaux ♦ **horse-racing** N courses (fpl) de chevaux ♦ **horse-riding** N (Brit) équitation (f); **to go ~-riding** faire de l'équitation ♦ **horse show** N concours (m) hippique ♦ **horse trials** NPL concours (m) hippique

► **horse about*, horse around*** VI chahuter; **stop horsing about!** arrêtez de chahuter!

horseback /ˈhɔːsbæk/ N **on ~** à cheval ◆ **horseback riding** N (*US*) équitation (*f*)

horsebox /ˈhɔːsbɒks/ N (*Brit*) van (*m*); (*in stable*) box (*m*)

horsefly /ˈhɔːsflaɪ/ N taon (*m*)

horseman /ˈhɔːsmən/ N (*pl* **-men**) cavalier (*m*)

horsemanship /ˈhɔːsmənʃɪp/ N talent (*m*) de cavalier

horseplay /ˈhɔːspleɪ/ N chahut (*m*)

horsepower /ˈhɔːspaʊə/ N puissance (*f*) (en chevaux); (= *unit*) cheval-vapeur (*m*); **a ten-~ car** une dix-chevaux

horseradish /ˈhɔːsrædɪʃ/ N raifort (*m*) ◆ **horseradish sauce** N sauce (*f*) au raifort

horseshoe /ˈhɔːsʃuː/ N fer (*m*) à cheval

horsewoman /ˈhɔːswʊmən/ N (*pl* **-women**) cavalière (*f*)

hors(e)y /ˈhɔːsɪ/ ADJ ⓐ (= *fond of horses*) passionné de chevaux; (= *fond of riding*) passionné d'équitation ⓑ (*in appearance*) [*person, face*] chevalin

horticultural /ˌhɔːtɪˈkʌltʃərəl/ ADJ horticole; **~ show** floralies (*fpl*)

horticulture /ˈhɔːtɪkʌltʃə/ N horticulture (*f*)

hose /həʊz/ **1** N ⓐ (= *pipe*) tuyau (*m*); (= *garden hose*) tuyau (*m*) d'arrosage; (= *fire hose*) tuyau (*m*) d'incendie ⓑ (*pl inv* = *stockings*) bas (*mpl*) **2** VT (*in garden*) arroser au jet; [*firemen*] arroser à la lance
▶ **hose down, hose out** VT SEP laver au jet

hosepipe /ˈhəʊzpaɪp/ N (*in garden*) tuyau (*m*) d'arrosage; [*of fireman*] tuyau (*m*) d'incendie ◆ **hosepipe ban** N (*Brit*) interdiction d'arroser pour cause de pénurie d'eau

hospice /ˈhɒspɪs/ N hospice (*m*); (*for terminally ill*) établissement (*m*) de soins palliatifs

hospitable /hɒsˈpɪtəbl/ ADJ [*people, place*] hospitalier; [*person*] accueillant; [*environment*] propice (**to sth** à qch)

hospital /ˈhɒspɪtl/ **1** N hôpital (*m*); **in ~** à l'hôpital; **he's had to go into ~** il a été hospitalisé **2** ADJ [*treatment, staff*] hospitalier; [*bed*] d'hôpital; [*dispute, strike*] des hôpitaux

hospitality /ˌhɒspɪˈtælɪtɪ/ N hospitalité (*f*)

hospitalize /ˈhɒspɪtəlaɪz/ VT hospitaliser

host /həʊst/ **1** N ⓐ (= *person*) hôte (*m*), -tesse (*f*) ⓑ (= *crowd*) foule (*f*); **a ~ of friends** une foule d'amis; **a whole ~ of reasons** toute une série de raisons ⓒ (*in religious ceremony*) hostie (*f*) ⓓ (= *computer*) ordinateur (*m*) hôte **2** VT [*TV, radio show*] présentateur (*m*), -trice (*f*) ⓑ (= *crowd*) foule (*f*); [+ *party*] organiser; [+ *festival, event*] accueillir **3** COMP ◆ **host country** N [*of conference, games*] pays (*m*) hôte

hostage /ˈhɒstɪdʒ/ N otage (*m*); **to take/hold sb ~** prendre/retenir qn en otage

hostel /ˈhɒstl/ **1** N (*for students, workers*) foyer (*m*); **youth ~** auberge (*f*) de jeunesse **2** VI **to go youth ~ling** aller passer ses vacances en auberges de jeunesse

hostess /ˈhəʊstɪs/ N hôtesse (*f*); (*in night club*) entraîneuse (*f*); [*of TV, radio show*] présentatrice (*f*) ◆ **hostess trolley** N (*Brit*) table (*f*) roulante chauffante

hostile /ˈhɒstaɪl, (*US*) ˈhɒstəl/ ADJ hostile (**to** à); [*fire, force, aircraft*] ennemi ◆ **hostile takeover bid** N OPA (*f*) hostile

hostility /hɒˈstɪlɪtɪ/ N hostilité (*f*)

hot /hɒt/ **1** ADJ ⓐ (= *very warm*) chaud; [*thing*] être chaud; **it's ~ today** il fait chaud aujourd'hui; **it's too ~ in here** il fait trop chaud ici; **to get ~** [*person*] commencer à avoir chaud; [*thing*] devenir chaud; **it was a very ~ day** il a fait très chaud; **the ~ sun** le soleil brûlant; **I can't drink ~ things** je ne peux pas boire chaud; **to get into ~ water** s'attirer des ennuis; **to be all ~ and bothered** (= *perspiring*) être en nage; (= *flustered*) être dans tous ses états; **to be/get ~ under the collar** être/se mettre dans tous ses états ⓑ [*curry*] épicé; [*spices*] fort; **he's got a ~ temper** il s'emporte rapidement; **the ~ favourite** le grand favori; **a ~ tip** un tuyau sûr*; **to be ~ on the trail** être sur la bonne piste; **to be ~ on sb's trail** être sur les talons de qn; **news ~ from the press** informations (*fpl*) de dernière minute ⓒ (= *very good*)* super*; **not so ~** pas terrible*; **he's pretty ~ at maths** il est super bon en maths*; **she is so ~** (*sexually*)

elle est super sexy*; **the hottest show in town** un spectacle à voir absolument

2 NPL **hots:** **to have the ~s for sb** craquer* complètement pour qn

3 COMP ◆ **hot air*** N (= *nonsense*) blablabla* (*m*); **it's all ~ air** c'est du vent; **he's all ~ air** c'est une grande gueule: ◆ **hot-air balloon** N montgolfière (*f*) ◆ **hot-blooded** ADJ (= *passionate*) passionné ◆ **hot cross bun** N brioche (*f*) du Vendredi saint ◆ **hot dog** N hot-dog (*m*) ◆ **hot flash** (*US*), **hot flush** N bouffée (*f*) de chaleur ◆ **hot key** N (*Computing*) raccourci (*m*) clavier ◆ **hot potato*** N (= *subject*) sujet (*m*) brûlant; **he dropped the idea like a ~ potato** il a laissé tomber cette idée ◆ **hot seat*** N **to be in the ~ seat** être en première ligne ◆ **hot spot*** N (*Brit*) (= *trouble area*) point (*m*) chaud; (*for wireless access*) borne (*f*) ◆ **hot stuff*** N **to be ~ stuff** (= *terrific*) être terrible* ◆ **hot-tempered** ADJ emporté ◆ **hot tub** N jacuzzi® (*m*) ◆ **hot-water bottle** N bouillotte (*f*)
▶ **hot up*** VI chauffer*; **things are ~ting up in the Middle East** cela commence à chauffer* au Moyen-Orient

hotbed /ˈhɒtbed/ N **a ~ of social unrest** un foyer d'agitation sociale

hotchpotch /ˈhɒtʃpɒtʃ/ N fatras (*m*)

hot-desking /ˌhɒtˈdeskɪŋ/ N partage (*m*) de bureaux

hotel /həʊˈtel/ **1** N hôtel (*m*); **they're staying at a ~** ils sont à l'hôtel **2** COMP [*manager, receptionist, room*] d'hôtel ◆ **the hotel industry** N l'industrie (*f*) hôtelière

hotfoot /ˈhɒtfʊt/ **1** VT **to ~ it*** galoper **2** ADV à toute vitesse

hothead /ˈhɒthed/ N tête (*f*) brûlée

hothouse /ˈhɒthaʊs/ N (= *greenhouse*) serre (*f*) (chaude); (= *hotbed*) foyer (*m*); **~ plants** plantes (*fpl*) de serre

hotline /ˈhɒtlaɪn/ N service (*m*) d'assistance par téléphone; (*to head of state*) téléphone (*m*) rouge (**to** avec)

hotly /ˈhɒtlɪ/ ADV [*debated, disputed*] avec passion; **~ pursued (by sb)** poursuivi de très près (par qn); **the man ~ tipped to become the next president** l'homme donné comme grand favori de la course à la présidence; **to be ~ contested** être l'objet d'une lutte acharnée

hotplate /ˈhɒtpleɪt/ N plaque (*f*) chauffante

hotpot /ˈhɒtpɒt/ N ragoût de viande aux pommes de terre

hotshot* /ˈhɒtʃɒt/ N crack* (*m*)

houm(o)us /ˈhuːməs/ N hoummous (*m*)

hound /haʊnd/ **1** N chien (*m*) de meute; (= *any dog*) chien (*m*); **the ~s** (*Brit*) la meute **2** VT [+ *person*] harceler

hour /ˈaʊə/ **1** N heure (*f*); **half an ~** une demi-heure; **an ~ and a half** une heure et demie; **four ~s' walk** from here à quatre heures de marche d'ici; **London is an ~ away from here** Londres est à une heure d'ici; **getting there would take ~s** il faudrait des heures pour s'y rendre; **she's been waiting for ~s** elle attend depuis des heures; **to be ~s late** être en retard de plusieurs heures; **in the early ~s of the morning** aux premières heures du jour; **at all ~s (of the day and night)** à toute heure (du jour et de la nuit); **at this late ~** (= *late stage*) à ce stade avancé; **to keep regular ~s** avoir une vie réglée; **to work long ~s** avoir des journées très longues; **after ~s** (*Brit*) (*of shops, pubs*) après l'heure de fermeture; (*of offices*) après les heures de bureau; **80km an ~** 80km à l'heure; **she is paid $8 an ~** elle est payée 8 dollars de l'heure; **on the ~** à l'heure juste (toutes les heures); **hour by hour** heure par heure
◆ **by the hour** à l'heure; **to pay sb by the ~** payer qn à l'heure
◆ **out of** + **hours**: **out of ~s** en dehors des heures d'ouverture; **out of school ~s** en dehors des heures de cours

2 COMP ◆ **hour hand** N petite aiguille (*f*)

hourglass /ˈaʊəglɑːs/ N sablier (*m*)

hourly /ˈaʊəlɪ/ **1** ADJ ⓐ (= *every hour*) **the ~ news broadcast** les nouvelles diffusées toutes les heures; **at ~ intervals** toutes les heures ⓑ (= *per hour*) [*earnings, wage, rate*] horaire; [*worker, job*] payé à l'heure; **paid on an ~ basis** payé à l'heure **2** ADV [*fly, update*] toutes les heures; [*pay*] à l'heure

house 1 N (*pl* **houses**) ⓐ maison *(f)*; **at my ~** chez moi; **come to my ~** viens chez moi; **to keep ~ for sb** tenir la maison de qn; **to set up ~** s'installer; **they've set up ~ together** ils habitent ensemble; [*couple*] ils se sont mis en ménage; **to put one's ~ in order** mettre de l'ordre dans ses affaires; **they got on like a ~ on fire** ils s'entendaient à merveille; **to be as safe as ~s** être tout à fait sûr; **their jobs are safe as ~s** ils ne risquent pas du tout de perdre leur emploi
ⓑ (*in parliament*) **the House** la Chambre
ⓒ (= *auditorium*) salle *(f)*; (= *audience*) spectateurs *(mpl)*; **a full ~** une salle pleine; **to play to full ~s** jouer à guichets fermés; **"~ full"** « complet »; **to bring the ~ down** faire crouler la salle sous les applaudissements
ⓓ (= *family, company*) **publishing ~** maison *(f)* d'édition; **steak ~** grill *(m)*; **the world's top fashion ~s** les plus grandes maisons *(fpl)* de couture du monde; **drinks are on the ~!*** c'est la tournée du patron!
ⓔ (*Brit: in school*) groupe *(m)* d'internes
ⓕ **House music** house *(f)* music

2 VT [+ *person*] héberger; **the town offered to ~ six refugee families** la ville a proposé de loger six familles de réfugiés; **this building ~s five families/a motorcycle museum** ce bâtiment abrite cinq familles/un musée de la moto

3 COMP ♦ **house agent** N (*Brit*) agent *(m)* immobilier ♦ **house arrest** N **to put sb under ~ arrest** assigner qn à résidence; **to be under ~ arrest** être en résidence surveillée ♦ **house-clean** VI (*US*) faire le ménage ♦ **house-cleaning** N (*US*) ménage *(m)* ♦ **house-hunt** VI (*Brit*) être à la recherche d'une maison (*or* d'un appartement) ♦ **house-hunting** N (*Brit*) recherche *(f)* d'une maison (*or* d'un appartement) ♦ **the House of Commons** N (*Brit*) la Chambre des communes ♦ **the House of Lords** N (*Brit*) la Chambre des lords ♦ **the House of Representatives** N (*US*) la Chambre des représentants ♦ **house-owner** N propriétaire *(mf)* d'une maison ♦ **house plant** N plante *(f)* d'intérieur ♦ **house prices** NPL prix *(mpl)* de l'immobilier ♦ **house-proud** ADJ **she's very ~-proud** tout est toujours impeccable chez elle ♦ **house rule** N **no drugs is a ~ rule** les drogues sont interdites ici; **~ rules** règlement *(m)* interne ♦ **house sale** N vente *(f)* immobilière ♦ **house-sit** VI **to ~-sit for sb** garder la maison de qn ♦ **the Houses of Parliament** N (*in Britain*) (= *building*) le palais de Westminster; (= *members*) le Parlement ♦ **house-to-house** ADJ porte à porte *(inv)*; **~-to-~ search** perquisition *(f)* systématique dans le quartier; **to make a ~-to-~ search for sb** aller de porte en porte à la recherche de qn ♦ **house-trained** ADJ (*Brit*) [*animal*] propre ♦ **house-warming party** N pendaison *(f)* de crémaillère; **to give a ~-warming party** pendre la crémaillère ♦ **house wine** N cuvée *(f)* du patron

---

★ Lorsque **house** est un nom, le **se** final se prononce **s**: /haʊs/; lorsque c'est un verbe, il se prononce **z**: /haʊz/; notez que le pluriel du nom, **houses** se prononce comme le verbe: /ˈhaʊzɪz/.

ⓘ **HOUSE**

Les types de logements portent souvent des noms différents en anglais britannique et en anglais américain; ainsi, un appartement se dit respectivement « flat » (Brit) et « apartment » (US). Un « condominium » (US) est un immeuble d'habitation dont les appartements appartiennent à des propriétaires individuels alors que les parties communes sont en copropriété.

Les rangées de maisons identiques et contiguës sont appelées « terraced houses » (Brit) ou « row houses » (US). Les « semi-detached houses » (Brit) ou « duplex houses » (US) sont des maisons jumelles, tandis que la « detached house » (Brit) est un pavillon.

Deux autres types de maisons répandues aux États-Unis sont les « ranch houses » - de longues bâtisses généralement de plain-pied - et les « colonials », maisons de style 18ème siècle en bardeaux ou en briques, comportant souvent un portique.

houseboat /ˈhaʊsbəʊt/ N péniche *(f)* (aménagée)

housebound /ˈhaʊsbaʊnd/ ADJ confiné chez soi

housebroken /ˈhaʊsbrəʊkən/ ADJ (*US*) propre

housecoat /ˈhaʊskəʊt/ N (= *dressing gown*) peignoir *(m)*

housefly /ˈhaʊsflaɪ/ N mouche *(f)*

houseguest /ˈhaʊsgest/ N invité(e) *(m(f))*

household /ˈhaʊsˌhəʊld/ 1 N ménage *(m)*; **poor ~s** les ménages *(mpl)* pauvres; **there were seven people in his ~** sept personnes vivaient sous son toit; **the whole ~ was there to greet him** tous les gens de la maison étaient là pour l'accueillir
2 COMP [*accounts, expenses, equipment*] du ménage ♦ **household appliance** N appareil *(m)* électroménager ♦ **household chores** NPL travaux *(mpl)* ménagers ♦ **household goods** NPL appareils *(mpl)* ménagers ♦ **household insurance** N assurance *(f)* multirisque habitation ♦ **household linen** N linge *(m)* de maison ♦ **household name** N **she is a ~ name** elle est connue partout; **Kleeno is a ~ name** Kleeno est une marque très connue ♦ **household word** N **it's a ~ word** c'est un mot que tout le monde connaît

householder /ˈhaʊsˌhəʊldəʳ/ N occupant(e) *(m(f))*; (= *owner*) propriétaire *(mf)*; (= *person renting*) locataire *(mf)*; (= *head of house*) chef *(m)* de famille

housekeeper /ˈhaʊskiːpəʳ/ N (*in sb else's house*) gouvernante *(f)*; (*in institution*) intendante *(f)*; **his wife is a good ~** sa femme est une bonne maîtresse de maison

housekeeping /ˈhaʊskiːpɪŋ/ N ⓐ (= *work*) ménage *(m)* ⓑ (= *money*) argent *(m)* du ménage ⓒ (*Computing*) gestion *(f)* des disques

housemartin /ˈhaʊsmɑːtɪn/ N hirondelle *(f)* de fenêtre

housemaster /ˈhaʊsmɑːstəʳ/ N (*Brit*) professeur responsable d'un groupe d'internes

housemistress /ˈhaʊsmɪstrɪs/ N (*Brit*) professeur responsable d'un groupe d'internes

housewife /ˈhaʊswaɪf/ N (*pl* **-wives** /waɪvz/) ménagère *(f)*; (*as opposed to career woman*) femme *(f)* au foyer

housewives /ˈhaʊswaɪvz/ NPL of **housewife**

housework /ˈhaʊswɜːk/ N ménage *(m)*

housing /ˈhaʊzɪŋ/ 1 N logement *(m)*; **affordable ~ is difficult to find** les logements à des prix abordables sont difficiles à trouver
2 COMP [*matters, problem*] de logement; [*crisis*] du logement ♦ **housing association** N (*Brit*) (*for providing housing*) association qui construit et rénove des logements pour les louer à des prix raisonnables; (*for co-ownership*) association *(f)* de copropriétaires ♦ **housing benefit** N allocation *(f)* de logement ♦ **housing conditions** NPL conditions *(fpl)* de logement ♦ **housing development** N (*US*) ensemble *(m)* immobilier privé ♦ **housing estate** N (*Brit*) (= *council-owned flats*) cité *(f)*; (= *privately-owned houses*) lotissement *(m)* ♦ **housing list** N (*Brit*) liste d'attente pour obtenir un logement social ♦ **housing project** N (*US* = *place*) ≈ cité *(f)* ♦ **housing shortage** N pénurie *(f)* de logements

hove /həʊv/ VB pt, ptp of **heave**

hovel /ˈhɒvəl/ N taudis *(m)*

hover /ˈhɒvəʳ/ VI [*bird, butterfly*] voltiger; [*bird of prey, helicopter, danger*] planer; [*fog*] flotter; **a waiter ~ed over us** un garçon (de café) tournait autour de nous; **she was ~ing in the doorway** elle hésitait sur le pas de la porte

hovercraft /ˈhɒvəkrɑːft/ N aéroglisseur *(m)*

hoverport /ˈhɒvəpɔːt/ N hoverport *(m)*

how /haʊ/ ADV ⓐ (= *in what way*) comment; **~ did you come?** comment êtes-vous venu?; **to learn ~ to do sth** apprendre à faire qch; **I know ~ to do it** je sais le faire; **he'll show you ~ to do it** il va vous montrer comment faire; **~ do you like your steak?** quelle cuisson voulez-vous pour votre bifteck?; **~ did you like the film?** comment avez-vous trouvé le film?; **~ was the play?** comment avez-vous trouvé la pièce?; **~ is it that ...?** comment se fait-il que ... (+ *subj*)?; **~ could you?** comment as-tu pu faire une chose pareille?; **~ could you do/say that?** comment as-tu pu faire/dire une chose pareille?; **~ can that be?**

comment cela?; ~ **come?*** comment ça se fait?*; ~ **come you aren't going out?*** pourquoi tu ne sors pas?; **and ~!*** et comment!*

♦ **how about ...***: ~ **about going for a walk?** et si on allait se promener?; ~ **about you?** et toi?

ⓑ **~'s that?*** (= *how possible, in what way*) comment ça?; (= *what is your opinion*) qu'est-ce que tu en penses?; (= *agreed*) d'accord?; **~'s that for size/height?** ça va pour la taille/la hauteur?; **~'s that for luck?** quelle veine!* ⓒ (*health*) ~ **are you?** comment allez-vous?; **tell me ~ she is** dites-moi comment elle va; ~ **do you do?** (*on being introduced*) enchanté; ~ **are things?*** comment ça va?; **~'s business?** comment vont les affaires?; **~'s life?*** comment ça va?

ⓓ (*with adjective or adverb*) comme

► *When* **how** *is used to ask about degree or quantity, eg* **how long?**, **how much?**, *look up the other word.*

~ **nice!** comme c'est gentil!; ~ **he has grown!** comme il a grandi!; **I can't tell you ~ glad I was to leave that place** vous ne pouvez pas savoir à quel point j'étais heureux de quitter cet endroit; ~ **splendid!** c'est merveilleux!; ~ **kind of you!** c'est très aimable à vous!

ⓔ (= *that*) que; **she told me ~ she had seen the child lying on the ground** elle m'a raconté qu'elle avait vu l'enfant couché par terre

howdy* /'haʊdɪ/ EXCL (*US*) salut!

however /haʊ'evər/ 1 ADV ⓐ (= *nevertheless*) cependant; **that is one reason. It is not, ~, the only one** c'est une raison. Ce n'est cependant pas la seule

ⓑ (= *no matter how*) ~ **tall he may be, ...** il a beau être grand, ...; ~ **much money he has ...** il a beau être riche ...; ~ **hard she tried, she couldn't remember my name** malgré tous ses efforts, elle n'arrivait pas à se souvenir de mon nom; ~ **many people there are** quel que soit le nombre de personnes

ⓒ (= *how on earth: in questions*) comment donc; ~ **did you manage to do that?** comment donc as-tu réussi à faire ça?

2 CONJ de quelque manière que (+ *subj*); ~ **we tell her about this, she won't be pleased** qu'on le lui dise d'une manière ou d'une autre, elle ne sera pas contente; ~ **you do it, it will never be right** quoi que vous fassiez, ce ne sera jamais bien; ~ **that may be** quoi qu'il en soit

howl /haʊl/ 1 N [*of person, animal*] hurlement (*m*); [*of wind*] mugissement (*m*) 2 VI ⓐ [*person, animal*] hurler; [*wind*] mugir; **to ~ with laughter** rire aux éclats; **to ~ with pain/rage** hurler de douleur/de rage ⓑ (= *cry*)* pleurer; [*baby*] brailler*

howler* /'haʊlər/ N gaffe* (*f*)

howling /'haʊlɪŋ/ N [*of person, animal*] hurlements (*mpl*); [*of wind*] mugissement (*m*)

HP* /eɪtʃ'piː/ N (*Brit*) ABBR = **hire purchase**

HQ /eɪtʃ'kjuː/ N (ABBR = **headquarters**) QG (*m*)

HR /eɪtʃ'ɑːr/ N (ABBR = **human resources**) ressources (*fpl*) humaines

hr (ABBR = **hour**) h; **28 hrs** 28 h

HRH /eɪtʃɑːr'eɪtʃ/ (ABBR = **His** or **Her Royal Highness**) S.A.R.

HRT /eɪtʃɑː'tiː/ N ABBR = **hormone replacement therapy**

HTML /eɪtʃtiːem'el/ N (ABBR = **hypertext markup language**) HTML (*m*)

hub /hʌb/ N [*of wheel*] moyeu (*m*); **a ~ of finance/activity/operations** un centre financier/d'activité/d'opérations; **the island's social ~** le centre de la vie sociale de l'île; **the ~ of their environmental policy** la pierre angulaire de leur politique écologique ♦ **hub airport** N (*US*) plaque (*f*) tournante du transport aérien

hubbub /'hʌbʌb/ N tohu-bohu (*m*)

hubcap /'hʌbkæp/ N enjoliveur (*m*)

huddle /'hʌdl/ 1 N [*of people*] petit groupe (*m*) compact; **a ~ of houses in the valley** quelques maisons blotties dans la vallée 2 VI se blottir les uns contre les autres; **we ~d round the fire** nous nous sommes blottis autour du feu
► **huddle together** VI se blottir les uns contre les autres

hue /hjuː/ N ⓐ (= *colour*) teinte (*f*) ⓑ ~ **and cry** clameur (*f*); **to raise a ~ and cry** crier haro (**against** sur)

huff /hʌf/ 1 N* **to be in a ~** être vexé; **to go into a ~** prendre la mouche; **he went off in a ~** il s'est vexé et il est parti 2 VI **to ~ and puff** souffler comme un bœuf*

huffy* /'hʌfɪ/ ADJ (= *annoyed*) vexé; (= *sulky*) boudeur; (= *touchy*) susceptible

hug /hʌg/ 1 VT ⓐ (= *hold close*) serrer dans ses bras; **to ~ one another** s'étreindre ⓑ (= *keep close to*) serrer; **to ~ the kerb** serrer le trottoir 2 VI s'étreindre; **we ~ged and kissed** nous nous sommes embrassés 3 N étreinte (*f*); **to give sb a ~** serrer qn dans ses bras; **he gave the child a big ~** il a serré l'enfant bien fort dans ses bras

huge /hjuːdʒ/ ADJ énorme; **on a ~ scale** sur une très grande échelle

hugely /'hjuːdʒlɪ/ ADV [*popular, expensive, important*] extrêmement; [*enjoy o.s., vary, increase*] énormément; **a ~ successful film** un film qui a eu un énorme succès

hulk /hʌlk/ N **big ~ of a man** mastodonte (*m*)

hulking /'hʌlkɪŋ/ ADJ imposant; **he was a ~ great brute*** c'était un gros malabar*

hull /hʌl/ N [*of ship*] coque (*f*)

hullabaloo /ˌhʌləbə'luː/ N (= *noise*) raffut* (*m*); **there was quite a ~ about the missing money** on a fait toute une histoire à propos de l'argent disparu; **I don't know what all the ~ is about** (= *fuss*) je ne comprends pas pourquoi on en fait toute une histoire

hullo /hʌ'ləʊ/ EXCL = **hello**

hum /hʌm/ 1 VI [*insect*] bourdonner; [*person*] fredonner; [*machine*] vrombir 2 VT [+ *tune*] fredonner 3 N [*of insect, conversation*] bourdonnement (*m*); [*of machine*] vrombissement (*m*)

human /'hjuːmən/ 1 ADJ humain; **he's only ~ after all** après tout, ce n'est qu'un homme; **to lack the ~ touch** manquer de chaleur humaine; **not fit for ~ consumption** impropre à la consommation 2 N humain (*m*) 3 COMP ♦ **human being** N être (*m*) humain ♦ **human nature** N nature (*f*) humaine ♦ **human race** N race (*f*) humaine ♦ **human resources** NPL ressources (*fpl*) humaines ♦ **human rights** NPL droits (*mpl*) de l'homme ♦ **human rights campaigner** N défenseur (*m*) des droits de l'homme ♦ **human shield** N bouclier (*m*) humain

humane /hjuː'meɪn/ ADJ humain; **the ~ killing of cattle** l'abattage (*m*) sans cruauté du bétail ♦ **the Humane Society** N (*US*) société protectrice des animaux

humanely /hjuː'meɪnlɪ/ ADV [*treat*] humainement; [*kill*] sans cruauté

humanism /'hjuːmənɪzəm/ N humanisme (*m*)

humanitarian /hjuːˌmænɪ'teərɪən/ ADJ humanitaire

humanity /hjuː'mænɪtɪ/ 1 N humanité (*f*) 2 NPL **the humanities** les humanités (*fpl*)

humanly /'hjuːmənlɪ/ ADV **if it is ~ possible** si c'est humainement possible

humble /'hʌmbl/ 1 ADJ ⓐ (= *lowly*) humble; **of ~ origins** d'origine modeste; **in my ~ opinion** à mon humble avis; **to eat ~ pie** faire amende honorable ⓑ (= *unassuming*) modeste ⓒ **it makes me feel very ~** ça me donne un sentiment de grande humilité 2 VT (= *humiliate*) rabaisser; **Ted's words ~d me** les paroles de Ted ont été une leçon d'humilité pour moi; **to ~ o.s.** se rabaisser

humbug /'hʌmbʌg/ N ⓐ (= *person*) charlatan (*m*) ⓑ (*Brit* = *sweet*) bonbon (*m*) à la menthe

humdrum /'hʌmdrʌm/ ADJ monotone

humid /'hjuːmɪd/ ADJ [*climate*] humide et chaud; **it's ~ today** il fait lourd aujourd'hui

humidifier /hjuː'mɪdɪfaɪər/ N humidificateur (*m*)

humidity /hjuː'mɪdɪtɪ/ N humidité (*f*)

humiliate /hjuː'mɪlɪeɪt/ VT humilier

humiliating /hjuː'mɪlɪeɪtɪŋ/ ADJ humiliant

humiliation /hjuːˌmɪlɪ'eɪʃən/ N humiliation (*f*)

humility /hjuː'mɪlɪtɪ/ N humilité (*f*)

hummingbird /'hʌmɪŋbɜːd/ N oiseau-mouche *(m)*

hummus /'hʊməs/ N hoummous *(m)*

humongous⁑ /hju:'mɒŋgəs/ ADJ énorme

humor /'hju:mər/ *(US)* = **humour**

humorist /'hju:mərɪst/ N humoriste *(mf)*

humorless /'hju:mələs/ ADJ *(US)* = **humourless**

humorous /'hju:mərəs/ ADJ *(= amusing)* humoristique

humorously /'hju:mərəslɪ/ ADV avec humour

humour, humor *(US)* /'hju:mər/ 1 N humour *(m)*; **the ~ of the situation** le comique de la situation 2 VT [+ *person*] faire plaisir à; [+ *sb's wishes, whims*] se plier à; **just ~ him!** fais-lui plaisir!

humourless, humorless *(US)* /'hju:mələs/ ADJ [*person*] qui manque d'humour; [*laugh, style*] sans humour

hump /hʌmp/ N bosse *(f)*

humpbacked /'hʌmpbækt/ ADJ ⓐ [*person*] bossu ⓑ *(Brit)* [*bridge*] en dos d'âne

humungous⁑ /hju:'mʌŋgəs/ ADJ énorme

humus /'hju:məs/ N humus *(m)*

hunch /hʌntʃ/ 1 VT **to ~ one's back** arrondir le dos; **to ~ one's shoulders** se voûter; **~ed shoulders** épaules *(fpl)* voûtées; **with ~ed shoulders** la tête rentrée dans les épaules 2 N *(= premonition)*⁎ pressentiment *(m)*; **to have a ~ that ...** avoir l'impression que ...; **it's only a ~** ce n'est qu'une impression; **your ~ paid off** vous avez bien fait de vous fier à votre intuition; **his ~ proved right** son intuition était juste; **to act on a ~** suivre son intuition

hunchback /'hʌntʃbæk/ N bossu(e) *(m(f))*

hunchbacked /'hʌntʃbækt/ ADJ bossu

hunched /'hʌntʃt/ ADJ recroquevillé; **she sat ~ over her typewriter** elle était penchée sur sa machine à écrire; **he sat ~ over his books** il était assis penché sur ses livres

hundred /'hʌndrəd/ NUMBER cent; **a ~ chairs** cent chaises; **two ~ chairs** deux cents chaises; **about a ~ books** une centaine de livres; **a ~ and one** cent un; **a ~ per cent** cent pour cent; **it was a ~ per cent successful** cela a réussi à cent pour cent; **in seventeen ~** en dix-sept cents; **in seventeen ~ and ninety-six** en dix-sept cent quatre-vingt-seize; **to live to be a ~** devenir centenaire; **they came in their ~s** ils sont venus par centaines; **~s of** des centaines de; **I've told you ~s of times!** je te l'ai dit mille fois!

hundredth /'hʌndrɪdθ/ 1 ADJ centième 2 N *(= person, thing)* centième *(mf)*; *(= fraction)* centième *(m)*

hundredweight /'hʌndrədweɪt/ N *(Brit, Can)* cent douze livres *(fpl)* (50,7 kg); *(US)* cent livres *(fpl)* (45,3 kg)

hung /hʌŋ/ 1 VB pret, ptp of **hang** 2 COMP ♦ **hung over**⁎ ADJ **to be ~ over** avoir la gueule de bois⁎ ♦ **hung parliament** N parlement *(m)* sans majorité ♦ **hung up**⁎ ADJ *(= tense)* complexé; **he's ~ up about it** il en fait un complexe; **to be ~ up on sb/sth** *(= obsessed)* être fou (folle *(f)*) de qn/qch

Hungarian /hʌŋ'geərɪən/ 1 ADJ hongrois 2 N ⓐ Hongrois(e) *(m(f))* ⓑ *(= language)* hongrois *(m)*

Hungary /'hʌŋgərɪ/ N Hongrie *(f)*

hunger /'hʌŋgər/ N faim *(f)* (for de) ♦ **hunger strike** N grève *(f)* de la faim; **to go on ~ strike** faire la grève de la faim ♦ **hunger striker** N gréviste *(mf)* de la faim

hungrily /'hʌŋgrɪlɪ/ ADV [*eat*] goulûment; [*look, wait*] avidement

hungry /'hʌŋgrɪ/ ADJ ⓐ *(for food)* affamé; **to be ~** avoir faim; **I'm so ~** j'ai tellement faim; **to be very ~** avoir très faim; **to make sb ~** donner faim à qn; **when he was a child he often went ~** quand il était enfant, il ne mangeait pas toujours à sa faim; **digging the garden is ~ work** ça donne faim de bêcher ⓑ *(= eager)* **they were ~ for news** ils attendaient avidement des nouvelles; **the child is ~ for love** cet enfant a besoin d'amour; **~ for success** [*executive*] avide de réussir; [*artist, writer*] avide de succès

hunk /hʌŋk/ N ⓐ [*of bread, cheese*] gros morceau *(m)* ⓑ *(= attractive man)*⁎ beau mec⁎ *(m)*

hunky⁎ /'hʌŋkɪ/ ADJ [*man*] bien foutu⁎

hunt /hʌnt/ 1 N chasse *(f)*; **elephant/tiger ~** chasse *(f)* à l'éléphant/au tigre; **the ~ for the missing child** la battue pour retrouver l'enfant disparu; **the ~ for the murderer** la chasse au meurtrier; **to be on the ~ for a cheap house** être à la recherche d'une maison bon marché; **the ~ is on for ...** on cherche ...

2 VT ⓐ *(= seek)* chercher; *(= pursue)* poursuivre ⓑ [+ *fox, deer*] chasser

3 VI chasser; **to go ~ing** aller à la chasse; **to ~ for** [+ *animal*] chasser; [+ *object, facts, missing person*] être à la recherche de; **he is ~ing for a job** il est à la recherche d'un travail; **he ~ed in his pocket for his pen** il a fouillé dans sa poche pour trouver son stylo; **we ~ed around for cardboard and glue** nous avons cherché partout du carton et de la colle; **~ around until you find what you need** fouillez jusqu'à ce que vous trouviez ce dont vous avez besoin

▶ **hunt down** VT SEP [+ *animal*] pourchasser; [+ *person*] traquer; [+ *object, facts, details, quotation*] dénicher

▶ **hunt out** VT SEP dénicher

hunter /'hʌntər/ N *(= person)* chasseur *(m)*, -euse *(f)*

hunting /'hʌntɪŋ/ N chasse *(f)*; *(with dogs)* chasse *(f)* à courre; *(fox hunting)* chasse *(f)* au renard ♦ **hunting season** N saison *(f)* de chasse

huntsman /'hʌntsmən/ N *(pl* **-men**) chasseur *(m)*

hurdle /'hɜːdl/ N *(for fences)* claie *(f)*; *(in race)* haie *(f)*; *(= obstacle)* obstacle *(m)*; **the 100-metre ~s** le 100 mètres haies

hurl /hɜːl/ VT [+ *object, stone*] jeter (avec violence) (**at** contre); **they were ~ed to the ground by the blast** ils ont été projetés à terre par le souffle de l'explosion; **to ~ o.s. at sb/sth** se jeter sur qn/qch; **he ~ed himself from a 10th floor window** il s'est jeté d'une fenêtre du 10ème étage; **to ~ abuse at sb** lancer des injures à qn

hurly-burly /'hɜːlɪ'bɜːlɪ/ N *(= commotion)* tohu-bohu *(m)*; *(= uproar)* tumulte *(m)*; **the ~ of politics** le tourbillon de la politique; **the ~ of election campaigning** le tourbillon de la campagne électorale

hurrah /hʊ'rɑː/, **hurray** /hʊ'reɪ/ N hourra *(m)*; **~ for Robert!** vive Robert!

hurricane /'hʌrɪkən/ N ouragan *(m)*

hurried /'hʌrɪd/ ADJ [*steps, departure*] précipité; [*decision*] pris à la hâte; [*reading, visit, meeting*] très rapide; [*work*] fait à la hâte; **a ~ breakfast** un petit déjeuner pris à la hâte; **a ~ goodbye** des adieux précipités

hurriedly /'hʌrɪdlɪ/ ADV *(= quickly)* en hâte; *(faster than one would wish)* à la hâte

hurry /'hʌrɪ/ 1 N *(= haste)* hâte *(f)*; *(= eagerness)* empressement *(m)*; **what's your ~?**⁎ qu'est-ce qui vous presse?; **there's no ~** rien ne presse

♦ **in a hurry: to be in a ~** être pressé; **to be in a ~ to do sth** avoir hâte de faire qch; **it was done in a ~** ça a été fait à toute vitesse; **he left in a ~** il est parti précipitamment; **he won't come back here in a ~!**⁎ il ne reviendra pas de sitôt!; **are you in a ~ for this?** vous en avez un besoin urgent?

♦ **in no hurry: I'm in no particular ~** je ne suis pas particulièrement pressé; **I'm in no ~ to do that again!**⁎ je ne recommencerai pas de sitôt!

2 VI ⓐ se dépêcher (**to do sth** de faire qch); **do ~!** dépêchez-vous!; **don't ~** ne vous pressez pas; **I must ~** il faut que je me dépêche ⓑ **to ~ in/out/through** entrer/sortir/traverser en vitesse; **she hurried over to her sister's** elle s'est précipitée chez sa sœur; **he hurried after her** il a couru pour la rattraper; **they hurried up the stairs** ils ont monté l'escalier quatre à quatre; **she hurried home** elle s'est dépêchée de rentrer

3 VT ⓐ [+ *person*] bousculer; [+ *piece of work*] presser; **I don't want to ~ you** je ne veux pas vous bousculer; **he won't be hurried** on ne le fera pas se dépêcher; **this job can't be hurried** ce travail prend du temps; **I won't be hurried into a decision** je refuse de prendre une décision précipitée ⓑ **to ~ sb in/out/through** faire entrer/sortir/traverser qn

en vitesse ; **they hurried him to a doctor** ils l'ont emmené d'urgence chez un médecin

▶ **hurry along** 1 VI marcher d'un pas pressé ; **~ along please!** pressons un peu, s'il vous plaît ! 2 VT SEP [+ *person*] faire se dépêcher ; [+ *work*] activer ; **we're trying to ~ things along a little** nous essayons d'activer un peu les choses

▶ **hurry back** VI se presser de revenir ; **~ back!** (*to guest*) revenez-nous bientôt ! ; **don't ~ back: I'll be here till 6 o'clock** ne te presse pas, je serai ici jusqu'à 6 heures

▶ **hurry on** 1 VI **she hurried on to the next stop** elle s'est pressée de gagner l'arrêt suivant ; **they hurried on to the next question** ils sont vite passés à la question suivante ; **she hurried on ahead** elle est partie devant 2 VT SEP [+ *person*] faire se dépêcher ; [+ *work*] activer

▶ **hurry up** 1 VI se dépêcher ; **~ up!** dépêchez-vous ! ; **~ up and take your bath** dépêche-toi de prendre ton bain ; **~ up with that coffee** (*bringing it*) dépêche-toi d'apporter ce café ; (*drinking it*) dépêche-toi de boire ton café 2 VT SEP [+ *person*] faire se dépêcher ; [+ *work*] activer

hurt /hɜːt/ (*pret, ptp* **hurt**) 1 VT ⓐ (= *do physical damage to*) faire du mal à ; (= *cause physical pain*) faire mal à ; **to ~ o.s.** se faire mal ; **to ~ one's arm** se faire mal au bras ; **I hope I haven't ~ you?** j'espère que je ne vous ai pas fait mal ? ; **to get ~** se faire mal ; **someone is bound to get ~** quelqu'un va se faire du mal ; **a little rest won't ~ him** un peu de repos ne lui fera pas de mal ; **a glass of wine never ~ anyone** un verre de vin n'a jamais fait de mal à personne ⓑ (*emotionally*) blesser ; **someone is bound to get ~** il y a toujours quelqu'un qui pâtit ; **what ~ most was ...** le plus blessant c'était ... ; **to ~ sb's feelings** blesser qn ⓒ [+ *sb's reputation, career*] nuire à ; **an embargo would ~ the economy** un embargo serait mauvais pour l'économie 2 VI ⓐ faire mal ; **that ~s** ça fait mal ; **my arm ~s** mon bras me fait mal ; **it doesn't ~ much** ça ne fait pas très mal ; **where does it ~?** où avez-vous mal ? ⓑ (= *suffer emotionally*) souffrir 3 N douleur (*f*) 4 ADJ blessé

hurtful /ˈhɜːtfʊl/ ADJ [*remark*] blessant ; **what a ~ thing to say!** c'est vraiment blessant ce que tu as dit !

hurtle /ˈhɜːtl/ VI **to ~ along** [*car*] rouler à toute vitesse ; **to ~ past sb** passer en trombe devant qn ; **she went hurtling down the hill** elle a dévalé la pente

husband /ˈhʌzbənd/ N mari (*m*)

hush /hʌʃ/ 1 N silence (*m*) ; **an expectant ~ fell over the crowd** les spectateurs ont retenu leur souffle 2 EXCL chut ! 3 VI se taire 4 COMP ◆ **hush-hush*** ADJ ultra-secret (-ète (*f*))

▶ **hush up** VT SEP [+ *scandal, news*] étouffer ; [+ *fact*] cacher ; [+ *person*] faire taire

hushed /hʌʃt/ ADJ [*voice, conversation*] étouffé ; **there was a ~ silence** (*of expectation*) tout le monde a retenu son souffle

husk /hʌsk/ N [*of maize, rice*] enveloppe (*f*) ; [*of chestnut*] bogue (*f*)

husky /ˈhʌski/ 1 ADJ ⓐ (= *hoarse*) [*person*] enroué ; [*voice*] rauque ⓑ (= *burly*) costaud* 2 N (= *dog*) husky (*m*)

hustings /ˈhʌstɪŋz/ NPL campagne (*f*) électorale ; **candidates are battling it out at the ~** les élections mettent aux prises les candidats

hustle /ˈhʌsl/ 1 VT ⓐ [+ *person*] pousser ; **to ~ sb in/out/away** faire entrer/sortir/partir qn en le poussant ; **they ~d him into a car** ils l'ont poussé dans une voiture ; **I won't be ~d into anything** je ne ferai rien si on me bouscule ⓑ (= *cause to proceed*) **to ~ legislation through** faire voter des lois à la hâte ; **to ~ things along** faire activer les choses 2 N **the ~ and bustle of city life** le tourbillon de la vie en ville

hustler* /ˈhʌslə'/ N (= *swindler*) arnaqueur (*m*), -euse (*f*) ; (= *prostitute*) prostitué(e) (*m(f)*)

hut /hʌt/ N (= *primitive dwelling*) case (*f*) ; (= *shed*) cabane (*f*)

hutch /hʌtʃ/ N [*of rabbit*] clapier (*m*) ; (*US* = *dresser*) vaisselier (*m*)

hyacinth /ˈhaɪəsɪnθ/ N jacinthe (*f*)

hybrid /ˈhaɪbrɪd/ ADJ, N hybride (*m*)

hydrangea /haɪˈdreɪndʒə/ N hortensia (*m*)

hydrant /ˈhaɪdrənt/ N prise (*f*) d'eau ; (= *fire hydrant*) bouche (*f*) d'incendie

hydraulic /haɪˈdrɒlɪk/ ADJ hydraulique

hydrochloric /ˌhaɪdrəʊˈklɒrɪk/ ADJ chlorhydrique

hydroelectric /ˌhaɪdrəʊɪˈlektrɪk/ ADJ hydroélectrique

hydrofoil /ˈhaɪdrəʊˌfɔɪl/ N hydrofoil (*m*)

hydrogen /ˈhaɪdrɪdʒən/ N hydrogène (*m*) ◆ **hydrogen bomb** N bombe (*f*) à hydrogène ◆ **hydrogen peroxide** N eau (*f*) oxygénée

hydroplane /ˈhaɪdrəʊˌpleɪn/ N hydroglisseur (*m*)

hyena /haɪˈiːnə/ N hyène (*f*)

hygiene /ˈhaɪdʒiːn/ N hygiène (*f*)

hygienic /haɪˈdʒiːnɪk/ ADJ hygiénique

hygienist /ˈhaɪdʒiːnɪst/ N hygiéniste (*mf*)

hymn /hɪm/ N cantique (*m*) ◆ **hymn book** N livre (*m*) de cantiques

hype* /haɪp/ 1 N (= *publicity*) battage (*m*) publicitaire ; (*in media*) battage (*m*) médiatique 2 VT (*also* **~ up** = *publicize*) [+ *book, product, film*] faire un énorme battage autour de

hyper* /ˈhaɪpə'/ ADJ surexcité

hyperactive /ˌhaɪpər'æktɪv/ ADJ hyperactif

hyperlink /ˈhaɪpəlɪŋk/ N lien (*m*) hypertexte

hypermarket /ˈhaɪpəmɑːkɪt/ N (*Brit*) hypermarché (*m*)

hypersensitive /ˌhaɪpə'sensɪtɪv/ ADJ hypersensible

hypertext /ˈhaɪpə,tekst/ N hypertexte (*m*)

hyphen /ˈhaɪfən/ N trait (*m*) d'union

hyphenated /ˈhaɪfəneɪtɪd/ ADJ [*word*] à trait d'union ; **is it ~?** ça s'écrit avec un trait d'union ?

hypnosis /hɪpˈnəʊsɪs/ N (*pl* **hypnoses** /hɪpˈnəʊsiːz/) hypnose (*f*) ; **under ~** sous hypnose

hypnotic /hɪpˈnɒtɪk/ ADJ hypnotique ; [*rhythm, effect, eyes, voice*] envoûtant

hypnotism /ˈhɪpnətɪzəm/ N hypnotisme (*m*)

hypnotist /ˈhɪpnətɪst/ N hypnotiseur (*m*), -euse (*f*)

hypnotize /ˈhɪpnətaɪz/ VT hypnotiser ; **to ~ sb into doing sth** faire faire qch à qn sous hypnose ; **to ~ o.s.** s'hypnotiser

hypoallergenic /ˌhaɪpəʊæləˈdʒenɪk/ ADJ hypoallergénique

hypochondriac /ˌhaɪpəʊˈkɒndriæk/ ADJ, N hypocondriaque (*mf*)

hypocrisy /hɪˈpɒkrɪsɪ/ N hypocrisie (*f*)

hypocrite /ˈhɪpəkrɪt/ N hypocrite (*mf*)

hypocritical /ˌhɪpəˈkrɪtɪkəl/ ADJ hypocrite

hypodermic /ˌhaɪpə'dɜːmɪk/ ADJ hypodermique

hypothermia /ˌhaɪpəʊˈθɜːmɪə/ N hypothermie (*f*)

hypothesis /haɪˈpɒθɪsɪs/ N (*pl* **hypotheses** /haɪˈpɒθɪsiːz/) hypothèse (*f*)

hypothesize /haɪˈpɒθɪˌsaɪz/ 1 VT conjecturer ; **it was ~d that ...** on est parti de l'hypothèse que ... 2 VI se livrer à des conjectures

hypothetic(al) /ˌhaɪpəˈθetɪk(əl)/ ADJ hypothétique

hysterectomy /ˌhɪstə'rektəmɪ/ N hystérectomie (*f*)

hysteria /hɪsˈtɪərɪə/ N hystérie (*f*)

hysterical /hɪsˈterɪkəl/ ADJ ⓐ hystérique ; (= *overexcited*) surexcité ; [*laugh, sobs, weeping*] convulsif ; **~ crying** une violente crise de larmes ⓑ (= *hilarious*)* [*joke, scene, comedian*] tordant* ; **~ laughter** fou rire (*m*)

hysterically /hɪsˈterɪkəlɪ/ ADV **to weep ~** avoir une violente crise de larmes ; **to laugh ~** rire convulsivement ; **it was ~ funny** c'était à se tordre de rire

hysterics /hɪsˈterɪks/ NPL ⓐ (= *tears, shouts*) crise (*f*) de nerfs ; **to go into ~** avoir une crise de nerfs ; **she was nearly in ~** elle était au bord de la crise de nerfs ⓑ (= *laughter*)* crise (*f*) de fou rire ; **to go into ~** attraper le fou rire ; **we were in ~ about it** on a ri aux larmes ; **he had us all in ~** il nous a fait rire aux larmes

I

I /aɪ/ PERS PRON (*unstressed*) je ; (*before vowel or silent "h"*) j' ; (*stressed*) moi ; **he and I are going to sing** lui et moi, nous allons chanter ; **no, I'll do it** non, c'est moi qui vais le faire

IA, Ia. ABBR = **Iowa**

IBA /ˌaɪbiːˈeɪ/ N (*Brit*) (ABBR = **Independent Broadcasting Authority**) *haute autorité contrôlant les sociétés indépendantes de radiotélévision*

IBRD /ˌaɪbiːɑːˈdiː/ N (ABBR = **International Bank for Reconstruction and Development**) BIRD *(f)*

ice /aɪs/ 1 N ⓐ glace *(f)* ; (*on road*) verglas *(m)* ; (*for drink*) glaçons *(mpl)* ; **my hands are like ~** j'ai les mains glacées ; **to put sth on ~** [+ *melon, wine*] mettre qch à rafraîchir ; [+ *champagne*] mettre qch à frapper ; **to keep sth on ~** [+ *food, drink*] garder qch sur *or* dans de la glace ; **to break the ~** briser la glace ; **that cuts no ~ with me** ça ne m'impressionne guère

ⓑ (*Brit: = ice cream*) glace *(f)* ; **raspberry ~** glace *(f)* à la framboise

2 VT glacer

3 COMP ◆ **ice age** N période *(f)* glaciaire ◆ **ice axe** N piolet *(m)* ◆ **ice bucket** N seau *(m)* à glace ◆ **ice-cold** ADJ [*drink, hands*] glacé ; [*room*] glacial ◆ **ice cream** N glace *(f)* ◆ **ice-cream cone** N cornet *(m)* de glace ◆ **ice-cream van** N camionnette *(f)* de vendeur de glaces ◆ **ice cube** N glaçon *(m)* ◆ **ice hockey** N hockey *(m)* sur glace ◆ **ice lolly** N (*Brit*) sucette *(f)* glacée ◆ **ice pack** N poche *(f)* de glace ◆ **ice pick** N pic *(m)* à glace ◆ **ice rink** N patinoire *(f)* ◆ **ice skate** N patin *(m)* à glace ◆ **ice-skate** VI faire du patin (à glace) ◆ **ice skater** N patineur *(m)*, -euse *(f)* (sur glace) ◆ **ice-skating** N patinage *(m)* (sur glace) ◆ **ice tray** N bac *(m)* à glaçons ◆ **ice water** N (*US*) eau *(f)* glacée

► **ice over** 1 VI [*windscreen, aircraft wings*] givrer ; [*river*] geler 2 VT SEP **to be ~d over** [*windscreen, aircraft wings*] être givré ; [*river, lake*] être gelé

► **ice up** 1 VI [*windscreen, aircraft, mechanism, lock*] se givrer 2 VT SEP **to be ~d up** [*windscreen, aircraft wings*] être givré ; [*river, lake*] être gelé

iceberg /ˈaɪsbɜːɡ/ N iceberg *(m)* ◆ **iceberg lettuce** N laitue *(f)* iceberg (*laitue croquante*)

icebox /ˈaɪsbɒks/ N (*Brit = freezer compartment*) freezer *(m)* ; (*= insulated box*) glacière *(f)* ; **this room is like an ~** cette pièce est une vraie glacière

icebreaker /ˈaɪsˌbreɪkəʳ/ N (*= ship*) brise-glace *(m)* ; **as an ~** pour briser la glace

icecap /ˈaɪskæp/ N calotte *(f)* glaciaire

iced /aɪst/ ADJ glacé

Iceland /ˈaɪslənd/ N Islande *(f)*

Icelandic /aɪsˈlændɪk/ 1 ADJ islandais 2 N (*= language*) islandais *(m)*

icicle /ˈaɪsɪkl/ N glaçon *(m)* (*naturel*)

icily /ˈaɪsɪlɪ/ ADV [*say*] sur un ton glacial ; [*smile, stare*] d'un air glacial

icing /ˈaɪsɪŋ/ N glaçage *(m)* ; **it's the ~ on the cake** c'est la cerise sur le gâteau ◆ **icing sugar** N (*Brit*) sucre *(m)* glace

icky* /ˈɪkɪ/ ADJ (= *messy*) poisseux ; (= *horrible*) dégueulasse*

icon /ˈaɪkɒn/ N icône *(f)* ; (= *idol*) idole *(f)* ; **a feminist/gay ~** une idole pour les féministes/les homosexuels ; **a fashion ~** une figure emblématique de la mode

ICT /ˌaɪsiːˈtiː/ N (*Brit Scol*) (ABBR = **Information and Communications Technology**) TIC *(fpl)*

ICU /ˌaɪsiːˈjuː/ N (ABBR = **intensive care unit**) USI *(f)*

icy /ˈaɪsɪ/ ADJ ⓐ (= *covered with ice*) [*road, pavement*] verglacé ; [*lake, river, sea*] gelé ; **~ conditions** (*on roads*) verglas *(m)* ; **it's ~ this morning** il gèle ce matin ⓑ (= *cold*) glacé ; **it was ~ yesterday** il faisait un froid glacial hier ; **her hands were ~ cold** elle avait les mains glacées ⓒ (= *unfriendly*) glacial

ID /aɪˈdiː/ 1 ABBR = **Idaho** 2 N (ABBR = **identification**) pièce *(f)* d'identité ; **he asked me for some ID** il m'a demandé une pièce d'identité 3 COMP ◆ **ID card** N carte *(f)* d'identité

I'd /aɪd/ = **I had, I should, I would** → **have, should, would**

Ida. ABBR = **Idaho**

idea /aɪˈdɪə/ N ⓐ (= *thought, purpose*) idée *(f)* ; **whose ~ was it to take this route?** qui a eu l'idée de prendre cet itinéraire ? ; **it wasn't my ~!** ce n'est pas moi qui en ai eu l'idée ! ; **where did you get the ~ that I wasn't well?** où as-tu été chercher que je n'allais pas bien ? ; **where did you get that ~?** où est-ce que tu as pris cette idée ? ; **what gave you the ~ that I couldn't come?** qu'est-ce qui t'a fait penser que je ne pourrais pas venir ? ; **don't get any ~s!** ce n'est pas la peine d'y penser ! ; **once he gets an ~ into his head** une fois qu'il s'est mis une idée en tête ; **to put ~s into sb's head** mettre des idées dans la tête de qn ; **if that's your ~ of fun** si c'est ça que tu appelles t'amuser ; **that's not my ~ of a holiday** ce n'est pas ce que j'appelle des vacances

ⓑ (= *vague knowledge*) idée *(f)* ; **I've got some ~ of what this is all about** j'ai une vague idée de ce dont il s'agit ; **have you any ~ of what he meant to do?** avez-vous idée de ce qu'il voulait faire ? ; **I haven't the slightest ~** je n'en ai pas la moindre idée ; **I had an ~ that he'd joined the army** j'avais dans l'idée qu'il s'était engagé dans l'armée ; **I had no ~ they knew each other** j'ignorais absolument qu'ils se connaissaient ; **he has no ~ what he's doing!** il fait n'importe quoi ! ; **it was awful, you've no ~!** c'était terrible, tu ne peux pas t'imaginer ! ; **can you give me a rough ~ of how many you want?** pouvez-vous m'indiquer en gros combien vous en voulez ? ; **this will give you an ~ of how much it will cost** cela vous donnera une idée de ce que ça va coûter ; **you're getting the ~!*** tu commences à comprendre ! ; **I've got the general ~*** je vois à peu près ce dont il s'agit ; **that's the ~!*** c'est ça ! ; **what's the big ~?*** ça ne va pas, non ?*

ideal /aɪˈdɪəl/ 1 ADJ idéal 2 N idéal *(m)*

idealism /aɪˈdɪəlɪzəm/ N idéalisme *(m)*

idealist /aɪˈdɪəlɪst/ ADJ, N idéaliste *(mf)*

idealistic /aɪˌdɪəˈlɪstɪk/ ADJ idéaliste

idealize /aɪˈdɪəlaɪz/ VT idéaliser

ideally /aɪˈdɪəlɪ/ ADV ⓐ (= *preferably*) **~, you should brush your teeth after every meal** pour bien faire, il faudrait se brosser les dents après chaque repas ; **~, every child should get individual attention** l'idéal serait que chaque enfant soit suivi individuellement ; **~ I'd like to leave about five** autant que possible, j'aimerais partir vers cinq heures ⓑ (= *perfectly*) **he is ~ suited to the job** il est parfait pour ce poste ; **I'm not ~ placed to give you advice** je ne suis pas le mieux placé pour vous conseiller ; **the village is ~ situated** la situation du village est idéale

identical /aɪˈdentɪkəl/ ADJ identique (**to** à) ; **~ twins** vrais jumeaux *(mpl)*, vraies jumelles *(fpl)*

identification /aɪˌdentɪfɪˈkeɪʃən/ 1 N ⓐ identification *(f)* ; **he's made a formal ~ of the body** il a formellement identifié le corps ⓑ (= *empathy*) **his ~ with the problem** sa compréhension profonde du problème ⓒ (= *proof of identity*) pièce *(f)* d'identité 2 COMP ♦ **identification papers** NPL papiers *(mpl)* d'identité ♦ **identification parade** N (*Brit*) séance *(f)* d'identification (d'un suspect)

identify /aɪˈdentɪfaɪ/ 1 VT identifier ; **she identified him as the man who had attacked her** elle l'a identifié comme étant son agresseur ; **to ~ o.s. with** s'identifier à 2 VI s'identifier (**with** à) ; **a character the audience can ~ with** un personnage auquel le public peut s'identifier

Identikit ® /aɪˈdentɪkɪt/ N portrait-robot *(m)*

identity /aɪˈdentɪtɪ/ N identité *(f)* ; **proof of ~** pièce *(f)* d'identité ; **a case of mistaken ~** une erreur d'identité ♦ **identity card** N carte *(f)* d'identité ♦ **identity papers** NPL pièces *(fpl)* d'identité ♦ **identity parade** N (*Brit*) séance *(f)* d'identification (d'un suspect) ♦ **identity theft** N usurpation *(f)* d'identité

ideological /ˌaɪdɪəˈlɒdʒɪkəl/ ADJ idéologique

ideologically /ˌaɪdɪəˈlɒdʒɪkəlɪ/ ADV idéologiquement ; **to be ~ opposed to sth** être hostile à qch pour des raisons idéologiques

ideology /ˌaɪdɪˈɒlədʒɪ/ N idéologie *(f)*

idiocy /ˈɪdɪəsɪ/ N stupidité *(f)*

idiom /ˈɪdɪəm/ N ⓐ (= *phrase*) expression *(f)* idiomatique ⓑ (= *language*) idiome *(m)* ⓒ (= *style*) style *(m)*

idiomatic /ˌɪdɪəˈmætɪk/ ADJ idiomatique

idiosyncrasy /ˌɪdɪəˈsɪŋkrəsɪ/ N particularité *(f)*

idiosyncratic /ˌɪdɪəsɪŋˈkrætɪk/ ADJ particulier

idiot /ˈɪdɪət/ N idiot(e) *(m(f))* ; **to act like an ~** se conduire en idiot ; **to feel like an ~** se sentir idiot ; **what an ~ I am!** que je suis idiot ! ♦ **idiot-proof*** ADJ [*method*] infaillible ; [*machine*] indétraquable

idiotic /ˌɪdɪˈɒtɪk/ ADJ idiot ; **that was ~ of you!** ce que tu as été idiot ! ; **what an ~ thing to say!** c'est idiot de dire une chose pareille !

idle /ˈaɪdl/ ADJ ⓐ (= *lazy*) fainéant ; **the ~ rich** les riches oisifs *(mpl)* ⓑ (= *inactive*) [*person*] inactif ; [*employee*] désœuvré ; [*machinery*] à l'arrêt ; [*factory*] arrêté ; [*land*] inexploité ; **he has not been ~ during his absence** il n'a pas chômé pendant son absence ; **to stand ~** [*machinery, vehicle, factory*] être à l'arrêt ; **to lie ~** [*money*] dormir ; [*land*] rester inexploité ; **in an ~ moment** pendant un moment d'oisiveté ⓒ (= *futile*) [*threat*] vain (*before n*) ; [*speculation, talk*] oiseux ; **out of ~ curiosity** par pure curiosité ; **~ gossip** ragots *(mpl)* ► **idle away** VT SEP **to ~ away one's time** passer le temps

idleness /ˈaɪdlnɪs/ N paresse *(f)*

idler /ˈaɪdlə'/ N paresseux *(m)*, -euse *(f)*

idly /ˈaɪdlɪ/ ADV ⓐ [*sit*] sans rien faire ; **to stand ~ by (while ...)** rester sans rien faire (pendant que ...) ⓑ [*say*] négligemment ; [*talk*] pour passer le temps

idol /ˈaɪdl/ N idole *(f)* ; **a teen ~** une idole des jeunes

idolatry /aɪˈdɒlətrɪ/ N idolâtrie *(f)*

idolize /ˈaɪdəlaɪz/ VT idolâtrer

idyll /ˈɪdɪl/ N idylle *(f)*

idyllic /ɪˈdɪlɪk/ ADJ idyllique

i.e. /ˌaɪˈiː/ (ABBR = **id est**) c'est-à-dire

if /ɪf/ 1 CONJ ⓐ (*condition = supposing that*) si ; **if I were you** si j'étais vous ; **even if I knew I wouldn't tell you** même si je le savais, je ne te le dirais pas ; **if they are to be believed** à

les en croire ; **if it is true that ...** s'il est vrai que ... ; **if necessary** si nécessaire ; **that's the house, if I'm not mistaken** voilà la maison, si je ne me trompe ; **they're coming at Christmas if they don't change their minds** ils viennent à Noël à moins qu'ils ne changent d'avis ; **if I know her, she'll refuse** telle que je la connais, elle refusera

ⓑ (= *whenever*) si ; **if I asked him he helped me** si je le lui demandais il m'aidait ; **if she wants any help she asks me** si elle a besoin d'aide elle s'adresse à moi

ⓒ (= *although*) si ; **even if it takes me all day I'll do it** (même) si cela doit me prendre toute la journée je le ferai ; **even if it is a good film it's rather long** c'est un bon film mais il est un peu long ; **nice weather, even if rather cold** temps agréable, bien qu'un peu froid ; **even if he tells me himself I won't believe it** même s'il me le dit lui-même je ne le croirai pas

ⓓ (= *granted that, admitting that*) si ; **even if he did say that, he didn't mean to hurt you** quand bien même il l'aurait dit, il n'avait aucune intention de vous faire de la peine

ⓔ (= *whether*) si ; **do you know if they have gone?** savez-vous s'ils sont partis ? ; **I wonder if it's true** je me demande si c'est vrai

ⓕ (*set structures*)

♦ **as if** comme si ; **he acts as if he were rich** il se conduit comme s'il était riche ; **as if by chance** comme par hasard ; **he stood there as if he were dumb** il restait là comme (s'il était) muet ; **it isn't as if we were rich** ce n'est pas comme si nous étions riches

♦ **if anything** : **if anything, it's even smaller** c'est peut-être encore plus petit ; **if anything, this one is bigger** c'est plutôt celui-ci qui est le plus grand

♦ **if + not** : **if not** sinon ; **if it weren't for him, I wouldn't go** si j'y vais, c'est pour lui ; **if it hadn't been for you, I would have despaired** sans toi, j'aurais désespéré ; **if it isn't our old friend Smith!** tiens ! mais c'est notre bon vieux Smith !

♦ **if only** si seulement ; **if only I had known!** si seulement j'avais su ! ; **if only it were that simple!** si seulement c'était aussi simple ! ; **if only for a moment** ne serait-ce que pour un instant ; **I'd better write to her, if only to let her know that ...** il faudrait que je lui écrive, ne serait-ce que pour lui faire savoir que ...

♦ **if so** le cas échéant

2 N **ifs and buts** les si *(mpl)* et les mais *(mpl)* ; **it's a big if** c'est un grand point d'interrogation

iffy* /ˈɪfɪ/ ADJ ⓐ (= *uncertain*) [*outcome, future*] incertain ⓑ (= *dodgy*) [*method*] suspect ; **an ~ neighbourhood** un quartier louche ; **it all seems a bit ~ to me** ça me paraît un peu suspect ; **I was feeling a bit ~** je n'étais pas vraiment dans mon assiette*

igloo /ˈɪgluː/ N igloo *(m)*

ignite /ɪgˈnaɪt/ 1 VT ⓐ (= *set fire to*) mettre le feu à ⓑ [*passions, interest*] susciter ; [*conflict, controversy*] déclencher 2 VI ⓐ (= *catch fire*) prendre feu ⓑ [*conflict, controversy*] se déclencher

ignition /ɪgˈnɪʃən/ N (*in car*) allumage *(m)* ; (= *starting mechanism*) contact *(m)* ; **to switch on/turn off the ~** mettre/couper le contact ♦ **ignition key** N clé *(f)* de contact

ignominy /ˈɪgnəmɪnɪ/ N ignominie *(f)* ; **to suffer the ~ of ...** avoir l'humiliation de ...

ignoramus /ˌɪgnəˈreɪməs/ N ignare *(mf)*

ignorance /ˈɪgnərəns/ N ignorance *(f)* ; **to be in ~ of sth** ignorer qch ; **to keep sb in ~ of sth** tenir qn dans l'ignorance de qch ; **in my ~** dans mon ignorance ; **~ of the law is no excuse** nul n'est censé ignorer la loi ; **~ is bliss** il vaut mieux ne pas savoir

ignorant /ˈɪgnərənt/ ADJ ignorant ; **~ of** ignorant de ; **to be ~ of the facts** ignorer les faits

ignore /ɪgˈnɔː'/ VT (= *take no notice of*) ignorer ; [+ *invitation, letter*] ne pas répondre à ; [+ *rule, prohibition*] ne pas respecter ; **we cannot ~ this behaviour any longer** nous ne pouvons plus fermer les yeux sur ce genre de comportement

IL ABBR = **Illinois**

ilk /ɪlk/ N **of that ~** de cet acabit ; **of the same ~** du même acabit

I'll /aɪl/ = **I shall, I will → shall, will**

ill /ɪl/ 1 ADJ (compar **worse**, superl **worst**) ⓐ (= unwell) malade ; **to be taken ~** tomber malade ; **to feel ~** ne pas se sentir bien ; **to look ~** avoir l'air malade ; **to make sb ~** rendre qn malade ; **to be ~ with pneumonia** avoir une pneumonie ; **~ with jealousy** malade de jalousie ; **he's seriously ~ in hospital** il est à l'hôpital dans un état grave ⓑ (= bad) mauvais ; **~ effects** conséquences (fpl) négatives ; **~ luck** malchance (f) ; **as ~ luck would have it, he …** le malheur a voulu qu'il … (+ subj) ; **~ temper** mauvaise humeur (f) ; **~ omen** mauvais augure (m) ; **~ feeling** ressentiment (m) ; **no ~ feeling!** sans rancune ! ; **I bear him no ~ will** je ne lui en veux pas ; **just to show there's no ~ will, I'll do it** je vais le faire pour bien montrer que je ne suis pas rancunier

2 N mal (m) ; **to speak ~ of sb** dire du mal de qn

3 NPL **ills** maux (mpl)

4 ADV mal ; **he can ~ afford the expense** il peut difficilement se permettre la dépense ; **we can ~ afford another scandal** nous ne pouvons guère nous permettre un autre scandale

5 COMP ◆ **ill-advised** ADJ peu judicieux ; **you would be ~-advised to do that** vous auriez tort de faire cela ◆ **ill-at-ease** ADJ mal à l'aise ◆ **ill-considered** ADJ [action, words] irréfléchi ; [measures] hâtif ◆ **ill-equipped** ADJ mal équipé (**with** en) ; **to be ~-equipped to do sth** [person] être mal armé pour faire qch ◆ **ill-fated** ADJ malchanceux ◆ **ill-fitting** ADJ **~-fitting shoes** des chaussures qui ne vont pas bien ◆ **ill-founded** ADJ [belief, argument] mal fondé ; [rumour] sans fondement ◆ **ill health** N mauvaise santé (f) ◆ **ill-humoured** ADJ de mauvaise humeur ◆ **ill-informed** ADJ [person] mal informé ; [comment, criticism] mal fondé ; [essay, speech] plein d'inexactitudes ◆ **ill-mannered** ADJ [person, behaviour] grossier ◆ **ill-tempered** ADJ (habitually) désagréable ; (on one occasion) de mauvaise humeur ◆ **ill-timed** ADJ inopportun ◆ **ill-treat** VT maltraiter ◆ **ill-treatment** N mauvais traitements (mpl)

Ill. ABBR = **Illinois**

illegal /ɪˈliːgəl/ ADJ illégal ; **~ alien** étranger (m), -ère (f) en situation irrégulière ; **~ immigrant** immigré(e) (m(f)) clandestin(e)

illegality /ˌɪliˈgælɪtɪ/ N illégalité (f)

illegally /ɪˈliːgəlɪ/ ADV illégalement ; **to be ~ parked** être en stationnement interdit

illegible /ɪˈledʒəbl/ ADJ illisible

illegitimate /ˌɪlɪˈdʒɪtɪmɪt/ ADJ illégitime

illicit /ɪˈlɪsɪt/ ADJ illicite

illiteracy /ɪˈlɪtərəsɪ/ N analphabétisme (m)

illiterate /ɪˈlɪtərɪt/ 1 ADJ [person] analphabète ; **he is computer ~** il ne connaît rien à l'informatique 2 N analphabète (mf)

illness /ˈɪlnɪs/ N maladie (f)

illogical /ɪˈlɒdʒɪkəl/ ADJ illogique

illuminate /ɪˈluːmɪneɪt/ VT ⓐ (= light up) éclairer ; (for special effect) illuminer ; **~d sign** enseigne (f) lumineuse ⓑ [+ question, subject] faire la lumière sur

illuminating /ɪˈluːmɪneɪtɪŋ/ ADJ éclairant

illumination /ɪˌluːmɪˈneɪʃən/ 1 N (= lights) éclairage (m) 2 NPL (Brit) **illuminations** (= decorative lights) illuminations (fpl)

illusion /ɪˈluːʒən/ N illusion (f) ; **to be under an ~** se faire des illusions ; **to be under the ~ that …** avoir l'illusion que … ; **to be under no ~** ne se faire aucune illusion ; **I have no ~s about what will happen to him** je ne me fais aucune illusion sur le sort qui l'attend ; **no one has any ~s about winning the war** personne ne se fait d'illusions sur l'issue de la guerre ; **an ~ of space** une impression d'espace

illusionist /ɪˈluːʒənɪst/ N illusionniste (mf)

illustrate /ˈɪləstreɪt/ VT illustrer ; **this can best be ~d as follows** la meilleure illustration qu'on puisse en donner est la suivante ; **to ~ that …** illustrer le fait que …

illustration /ˌɪləsˈtreɪʃən/ N illustration (f) ; **by way of ~** à titre d'exemple

illustrative /ˈɪləstrətɪv/ ADJ [example] illustratif

illustrator /ˈɪləstreɪtəʳ/ N illustrateur (m), -trice (f)

illustrious /ɪˈlʌstrɪəs/ ADJ illustre

I'm /aɪm/ = **I am → be**

image /ˈɪmɪdʒ/ 1 N ⓐ (= likeness) image (f) ; **~ in the mirror** réflexion (f) dans le miroir ; **he is the spitting* ~ of his father** c'est tout le portrait de son père ; **they had quite the wrong ~ of him** ils se faisaient une idée tout à fait fausse de lui ⓑ (also **public ~**) image (f) (de marque) 2 COMP ◆ **image-conscious** ADJ **he is very ~-conscious** il se soucie beaucoup de son image

imagery /ˈɪmɪdʒərɪ/ N imagerie (f) ; **language full of ~** langage (m) imagé

imaginable /ɪˈmædʒɪnəbl/ ADJ imaginable ; **every activity ~** toutes les activités imaginables

imaginary /ɪˈmædʒɪnərɪ/ ADJ imaginaire

imagination /ɪˌmædʒɪˈneɪʃən/ N imagination (f) ; **to have a vivid ~** avoir une imagination fertile ; **she lets her ~ run away with her** elle se laisse emporter par son imagination ; **to catch sb's ~** frapper l'imagination de qn ; **it is all your ~!** vous vous faites des idées ! ; **use your ~!** tu n'as pas beaucoup d'imagination !

imaginative /ɪˈmædʒɪnətɪv/ ADJ [person, book, film, approach] plein d'imagination ; [solution, system, device] inventif

imagine /ɪˈmædʒɪn/ VT ⓐ (= picture to o.s.) (s')imaginer ; **~ life 100 years ago** imaginez(-vous) la vie il y a 100 ans ; **I can't ~ myself at 60** je ne m'imagine pas du tout à 60 ans ; **(just) ~ it!** imaginez ! ; **(you can) ~ how I felt!** vous imaginez ce que j'ai pu ressentir ! ; **I can ~!** je m'en doute ! ; **(you can) ~ how pleased I was!** vous pensez si j'étais content ! ; **I can just ~ his reaction when he sees her** je vois d'ici sa réaction quand il la verra ; **I can't ~ living there** je ne me vois pas vivre là ; **he's (always) imagining things** il se fait des idées

ⓑ (= suppose) imaginer (**that** que) ; **you won't want to stay long, I ~** vous ne resterez pas longtemps, j'imagine ; **I didn't ~ he would come** je ne pensais pas qu'il viendrait ; **was he meeting someone? — I ~ so** il avait un rendez-vous ? — j'imagine

ⓒ (= believe wrongly) croire ; **don't ~ that I can help you** n'allez pas croire que je puisse vous aider ; **I ~d I heard someone speak** j'ai cru entendre parler ; **I ~ you to be dark-haired** je vous imaginais avec les cheveux bruns

imbalance /ɪmˈbæləns/ N déséquilibre (m)

imbalanced /ɪmˈbælənst/ ADJ déséquilibré

imbecile /ˈɪmbəsiːl/ N imbécile (mf) ; **you ~!** espèce d'imbécile !

imbue /ɪmˈbjuː/ VT imprégner (**with** de) ; **~d with** imprégné de

IMF /ˌaɪemˈef/ (ABBR = **International Monetary Fund**) FMI (m)

imitate /ˈɪmɪteɪt/ VT imiter

imitation /ˌɪmɪˈteɪʃən/ 1 N imitation (f) ; **in ~ of** en imitant ; **"beware of ~s"** « se méfier des contrefaçons » ; **it's only ~** c'est de l'imitation ; **I do a pretty good ~ of him** j'arrive assez bien à l'imiter 2 ADJ faux (fausse (f)) (before n) ; **~ silk/ivory** imitation (f) soie/ivoire ; **~ leather** imitation (f) cuir, similicuir (m)

immaculate /ɪˈmækjʊlɪt/ ADJ [garment] immaculé ; [house, hair] impeccable ; [performance] parfait

immaculately /ɪˈmækjʊlɪtlɪ/ ADV de façon impeccable ; **~ clean** d'une propreté impeccable ; **an ~ kept house** une maison impeccablement tenue

immaterial /ˌɪməˈtɪərɪəl/ ADJ (= unimportant) sans importance ; **it is ~ whether he did or not** il importe peu qu'il l'ait fait ou non ; **that's ~** (= not important) ça n'a pas d'importance ; (= not relevant) ça n'est pas pertinent

immature /ˌɪməˈtjʊəʳ/ ADJ ⓐ (= *childish*) immature ⓑ (= *not full-grown*) [*fruit*] vert; [*animal, tree*] jeune

immaturity /ˌɪməˈtjʊərɪtɪ/ N manque (m) de maturité

immeasurable /ɪˈmeʒərəbl/ ADJ [*amount*] incommensurable; [*suffering*] infini; [*wealth, value*] inestimable

immediacy /ɪˈmiːdɪəsɪ/ N immédiateté (f)

immediate /ɪˈmiːdɪət/ ADJ **to take ~ action** agir immédiatement; **he has no ~ plans to retire** il n'envisage pas de prendre sa retraite dans l'immédiat; **my ~ concern was for the children** mon premier souci a été les enfants; **his most ~ task** sa tâche la plus urgente

immediately /ɪˈmiːdɪətlɪ/ **1** ADV ⓐ (= *at once*) immédiatement; **the years ~ following the war** les années qui ont immédiatement suivi la guerre; **~ upon arrival** dès l'arrivée ⓑ (= *directly*) directement; **~ behind/above** directement derrière/au-dessus **2** CONJ dès que; **~ I returned, I ...** dès mon retour, je ...

immemorial /ˌɪmɪˈmɔːrɪəl/ ADJ immémorial; **from time ~** de toute éternité

immense /ɪˈmens/ ADJ immense

immensely /ɪˈmenslɪ/ ADV [*rich, popular*] extrêmement; [*enjoy, help*] énormément; **to be ~ successful** connaître un succès énorme

immerse /ɪˈmɜːs/ VT immerger; **to ~ o.s. in** se plonger dans; **to be ~d in one's work** être absorbé dans son travail

immersion /ɪˈmɜːʃən/ N immersion (f) ♦ **immersion heater** N (*Brit*) (= *boiler*) chauffe-eau (m inv) électrique; (= *device*) thermoplongeur (m)

immigrant /ˈɪmɪgrənt/ ADJ, N (*newly arrived*) immigrant(e) (m(f)); (*well-established*) immigré(e) (m(f))

immigrate /ˈɪmɪgreɪt/ VI immigrer

immigration /ˌɪmɪˈgreɪʃən/ N immigration (f)

imminent /ˈɪmɪnənt/ ADJ imminent

immobile /ɪˈməʊbaɪl/ ADJ immobile

immobility /ˌɪməʊˈbɪlɪtɪ/ N immobilité (f)

immobilize /ɪˈməʊbɪlaɪz/ VT immobiliser

immobilizer /ɪˈməʊbɪlaɪzəʳ/ N (*Brit*) dispositif (m) antidémarrage

immodest /ɪˈmɒdɪst/ ADJ ⓐ (= *indecent*) indécent ⓑ (= *presumptuous*) impudent

immodesty /ɪˈmɒdɪstɪ/ N ⓐ (= *indecency*) indécence (f) ⓑ (= *presumption*) impudence (f)

immoral /ɪˈmɒrəl/ ADJ immoral

immorality /ˌɪməˈrælɪtɪ/ N immoralité (f)

immortal /ɪˈmɔːtl/ **1** ADJ immortel **2** N immortel(le) (m(f))

immortality /ˌɪmɔːˈtælɪtɪ/ N immortalité (f)

immortalize /ɪˈmɔːtəlaɪz/ VT immortaliser

immovable /ɪˈmuːvəbl/ ADJ [*object*] fixe; [*courage, decision*] inébranlable

immune /ɪˈmjuːn/ ADJ immunisé (**from, to** contre); **~ from taxation** exonéré d'impôt; **to be ~ from prosecution** bénéficier de l'immunité ♦ **immune deficiency** N déficience (f) immunitaire ♦ **immune system** N système (m) immunitaire

immunity /ɪˈmjuːnɪtɪ/ N immunité (f) (**from, to** contre)

immunization /ˌɪmjʊnaɪˈzeɪʃən/ N immunisation (f)

immunize /ˈɪmjʊnaɪz/ VT immuniser

immunodeficiency /ˌɪmjʊnəʊdɪˈfɪʃənsɪ/ N immunodéficience (f)

immutable /ɪˈmjuːtəbl/ ADJ immuable

impact /ˈɪmpækt/ N impact (m); **the asteroid exploded on ~** l'astéroïde a explosé au moment de l'impact; **to make an ~ on sb** (= *affect*) créer un choc chez qn; (= *impress*) faire une forte impression sur qn; **to have an ~ on sth** avoir des incidences sur qch

impair /ɪmˈpeəʳ/ VT [+ *abilities, sight, hearing*] altérer; [+ *negotiations*] compromettre; [+ *strength*] diminuer

impaired /ɪmˈpeəd/ ADJ [*sight, hearing*] affaibli; [*faculties, health*] détérioré; [*strength*] diminué

impale /ɪmˈpeɪl/ VT empaler

impalpable /ɪmˈpælpəbl/ ADJ impalpable

impart /ɪmˈpɑːt/ VT communiquer

impartial /ɪmˈpɑːʃəl/ ADJ impartial

impartiality /ɪmˌpɑːʃɪˈælɪtɪ/ N impartialité (f)

impassable /ɪmˈpɑːsəbl/ ADJ [*barrier, river*] infranchissable; [*road*] impraticable

impasse /æmˈpɑːs/ N impasse (f); **to reach an ~** se retrouver dans une impasse

impassioned /ɪmˈpæʃnd/ ADJ [*plea, speech*] passionné

impassive /ɪmˈpæsɪv/ ADJ impassible

impatience /ɪmˈpeɪʃəns/ N ⓐ (= *eagerness*) impatience (f) ⓑ (= *intolerance*) intolérance (f) (**of sth** à l'égard de qch, **with sb** à l'égard de qn)

impatient /ɪmˈpeɪʃənt/ ADJ ⓐ (= *eager*) [*person, answer*] impatient; **~ to leave** impatient de partir; **to become ~** s'impatienter; **they are ~ for jobs** ils ont hâte d'obtenir un emploi ⓑ (= *intolerant*) intolérant (**of sth** à l'égard de qch, **with sb** à l'égard de qn, **at** par rapport à)

impatiently /ɪmˈpeɪʃəntlɪ/ ADV [*wait, say*] impatiemment; [*nod*] avec impatience

impeach /ɪmˈpiːtʃ/ VT [+ *public official*] mettre en accusation (*en vue de destituer*); [+ *US president*] entamer la procédure d'impeachment contre

impeachment /ɪmˈpiːtʃmənt/ N [*of public official*] mise (f) en accusation (*en vue d'une destitution*); [*of US president*] procédure (f) d'impeachment

impeccable /ɪmˈpekəbl/ ADJ [*manners, behaviour, taste*] irréprochable; [*English, service, clothes*] impeccable

impeccably /ɪmˈpekəblɪ/ ADV [*dress*] impeccablement; [*behave*] de façon irréprochable

impede /ɪmˈpiːd/ VT entraver

impediment /ɪmˈpedɪmənt/ N ⓐ (= *obstacle*) obstacle (m) ⓑ (= *speech impediment*) défaut (m) d'élocution

impel /ɪmˈpel/ VT (= *compel*) obliger (**to do sth** à faire qch); (= *urge*) inciter (**to do sth** à faire qch)

impending /ɪmˈpendɪŋ/ ADJ imminent

impenetrable /ɪmˈpenɪtrəbl/ ADJ [*forest*] impénétrable; [*barrier*] infranchissable; [*mystery*] insondable

impenitent /ɪmˈpenɪtənt/ ADJ impénitent

imperative /ɪmˈperətɪv/ **1** ADJ impératif; **immediate action is ~** il est impératif d'agir immédiatement; **it is ~ that he should do this** il est impératif qu'il le fasse **2** N impératif (m); **in the ~** à l'impératif

imperceptible /ˌɪmpəˈseptəbl/ ADJ imperceptible (**to** à)

imperceptibly /ˌɪmpəˈseptəblɪ/ ADV imperceptiblement

imperfect /ɪmˈpɜːfɪkt/ **1** ADJ ⓐ imparfait; [*goods, copy*] défectueux ⓑ [*tense*] de l'imparfait **2** N imparfait (m); **in the ~ (tense)** à l'imparfait

imperfection /ˌɪmpəˈfekʃən/ N imperfection (f) (**in sth** de qch); (*in china, glass, jewel*) défaut (m) (**in sth** de qch)

imperial /ɪmˈpɪərɪəl/ ADJ impérial ♦ **imperial system** N système anglo-saxon de poids et mesures

---

ⓘ IMPERIAL SYSTEM

Le système dit « impérial » des poids et mesures reste utilisé en Grande-Bretagne, parallèlement au système métrique, officiellement adopté en 1971 et enseigné dans les écoles. Beaucoup de gens connaissent leur poids en « stones and pounds » et leur taille en « feet and inches ». Les distances sont, elles, données en « miles ».

Aux États-Unis, le système impérial est encore officiellement en usage pour toutes les unités de poids et mesures. Pour les liquides, beaucoup de noms sont les mêmes que dans le système britannique, mais attention : la contenance diffère. D'autre part, les gens se pèsent en « pounds » plutôt qu'en « stones ».

---

imperialism /ɪmˈpɪərɪəlɪzəm/ N impérialisme (m)

imperialist /ɪmˈpɪərɪəlɪst/ ADJ, N impérialiste (mf)

imperious /ɪmˈpɪərɪəs/ ADJ impérieux

impersonal /ɪmˈpɜːsnl/ ADJ impersonnel

impersonate /ɪmˈpɜːsəneɪt/ VT se faire passer pour; (for entertainment) imiter

impersonation /ɪmˌpɜːsəˈneɪʃən/ N (to entertain) imitation (f); (to deceive) usurpation (f) d'identité

impersonator /ɪmˈpɜːsəneɪtəʳ/ N (= entertainer) imitateur (m), -trice (f); (= impostor) usurpateur (m), -trice (f) d'identité

impertinence /ɪmˈpɜːtɪnəns/ N impertinence (f)

impertinent /ɪmˈpɜːtɪnənt/ ADJ impertinent (to sb envers qn)

impertinently /ɪmˈpɜːtɪnəntlɪ/ ADV avec impertinence

impervious /ɪmˈpɜːvɪəs/ ADJ imperméable (to à); **he is ~ to criticism** il est imperméable à toute critique; **he is ~ to change** rien ne peut le changer

impetuosity /ɪmˌpetjʊˈɒsɪtɪ/ N impétuosité (f)

impetuous /ɪmˈpetjʊəs/ ADJ impétueux

impetus /ˈɪmpɪtəs/ N impulsion (f); **the ~ for this comes from ...** l'impulsion vient de ...; **to lend new ~ to sth** donner un nouvel élan à qch; **to gain ~** [movement] prendre de l'ampleur; [idea] se développer

impiety /ɪmˈpaɪətɪ/ N impiété (f)

impinge /ɪmˈpɪndʒ/ VI **to ~ on sb/sth** affecter qn/qch; **to ~ on sb's rights** porter atteinte aux droits de qn

impish /ˈɪmpɪʃ/ ADJ espiègle

implacable /ɪmˈplækəbl/ ADJ implacable

implant 1 VT implanter 2 N implant (m)

★ Lorsque **implant** est un verbe, l'accent tombe sur la seconde syllabe: /ɪmˈplɑːnt/, lorsque c'est un nom, sur la première: /ˈɪmplɑːnt/.

implausible /ɪmˈplɔːzəbl/ ADJ peu plausible

implement 1 N outil (m); **farm ~s** matériel (m) agricole 2 VT [+ decision, recommendation] mettre en œuvre; [+ law] appliquer; [+ system] mettre en place; [+ idea] mettre en pratique

★ Lorsque **implement** est un nom, **ent** se prononce comme **ant** dans **giant**: /ˈɪmplɪmənt/, lorsque c'est un verbe, comme dans **went**: /ˈɪmplɪment/.

implementation /ˌɪmplɪmenˈteɪʃən/ N [of plan] mise (f) en œuvre; [of law, peace agreement] application (f)

implicate /ˈɪmplɪkeɪt/ VT impliquer

implication /ˌɪmplɪˈkeɪʃən/ N ⓐ (= inference) insinuation (f); **by ~** par voie de conséquence; **he didn't realize the full ~ of his words** il n'a pas mesuré toute la portée de ses paroles ⓑ (= possible result) implication (f); **we shall have to study all the ~s** il nous faudra étudier toutes les conséquences (possibles)

implicit /ɪmˈplɪsɪt/ ADJ ⓐ (= implied) implicite; [recognition] tacite ⓑ (= unquestioning) absolu

implicitly /ɪmˈplɪsɪtlɪ/ ADV ⓐ (= indirectly) implicitement ⓑ (= unquestioningly) tout à fait

implied /ɪmˈplaɪd/ ADJ implicite

implore /ɪmˈplɔːʳ/ VT implorer (**sb to do sth** qn de faire qch); **I ~ you!** je vous en supplie!

imploring /ɪmˈplɔːrɪŋ/ ADJ implorant

imploringly /ɪmˈplɔːrɪŋlɪ/ ADV [say] d'un ton implorant; **to look ~ at sb** supplier qn du regard

imply /ɪmˈplaɪ/ VT ⓐ [person] laisser entendre; (= insinuate) insinuer; **he implied that he would come** il a laissé entendre qu'il viendrait; **are you ~ing that ...?** voulez-vous insinuer que ...? ⓑ (= indicate) impliquer; **that implies some intelligence** cela suppose une certaine intelligence

impolite /ˌɪmpəˈlaɪt/ ADJ impoli (**to sb** avec qn)

impolitely /ˌɪmpəˈlaɪtlɪ/ ADV impoliment

import 1 N importation (f) (**into** en); 2 VT importer; **~ed goods** marchandises (fpl) d'importation

★ Lorsque **import** est un nom, l'accent tombe sur la première syllabe: /ˈɪmpɔːt/, lorsque c'est un verbe, sur la seconde: /ɪmˈpɔːt/.

importance /ɪmˈpɔːtəns/ N importance (f); **to be of ~** avoir de l'importance; **of some ~** assez important; **of great ~** très important; **of no ~** sans importance; **to give ~ to sth** [person] attacher de l'importance à qch; [event, development] accorder de l'importance à qch; **man of ~** homme (m) important; **he is full of his own ~** il est imbu de lui-même

important /ɪmˈpɔːtənt/ ADJ important (**to** or **for sb/sth** pour qn/qch); **the ~ thing is not to win but to take part** l'important n'est pas de gagner mais de participer; **the most ~ thing to remember is ...** ce qu'il faut surtout retenir, c'est ...; **to make sb feel ~** donner à qn un sentiment d'importance; **he's trying to look ~** il fait l'important; **it is ~ for you to do this** il est important que tu le fasses

importantly /ɪmˈpɔːtəntlɪ/ ADV **more ~** surtout; **we need clothes, medicine, and most ~ food** nous avons besoin de vêtements, de médicaments, et surtout de nourriture

importer /ɪmˈpɔːtəʳ/ N (= person) importateur (m), -trice (f); (= country) (pays (m)) importateur (m)

impose /ɪmˈpəʊz/ 1 VT imposer (**on** à); [+ sanctions] infliger (**on** à); **to ~ a fine on sb** condamner qn à une amende; **to ~ a tax on sth** taxer qch; **to ~ o.s.** (on sb) s'imposer (à qn) 2 VI s'imposer; **I don't want to ~** je ne veux pas m'imposer; **to ~ on sb** abuser de la gentillesse de qn

imposing /ɪmˈpəʊzɪŋ/ ADJ imposant

imposition /ˌɪmpəˈzɪʃən/ N ⓐ [of sanction, law, tax] imposition (f) ⓑ **it's rather an ~ on her** c'est abuser de sa gentillesse

impossibility /ɪmˌpɒsəˈbɪlɪtɪ/ N impossibilité (f) (**of sth** de qch, **of doing sth** de faire qch)

impossible /ɪmˈpɒsəbl/ 1 ADJ impossible; **it is ~ for him to leave** il lui est impossible de partir; **to make it ~ for sb to do sth** mettre qn dans l'impossibilité de faire qch; **it is/is not ~ that ...** il est/n'est pas impossible que ... (+ subj); **that boy is ~!** ce garçon est impossible! 2 N **to ask for the ~** demander l'impossible

impossibly /ɪmˈpɒsəblɪ/ ADV [small, large, late] incroyablement; **her standards were ~ high** ses exigences étaient impossibles à satisfaire

imposter, impostor /ɪmˈpɒstəʳ/ N imposteur (m)

impotence /ˈɪmpətəns/ N impuissance (f)

impotent /ˈɪmpətənt/ ADJ impuissant

impound /ɪmˈpaʊnd/ VT [+ property] confisquer; [+ car] mettre en fourrière

impoverished /ɪmˈpɒvərɪʃt/ ADJ pauvre

impracticable /ɪmˈpræktɪkəbl/ ADJ impraticable

impractical /ɪmˈpræktɪkəl/ ADJ [plan] difficilement applicable; [clothes] peu pratique; **it would be ~ to ...** ce ne serait pas pratique de ...

imprecise /ˌɪmprɪˈsaɪs/ ADJ imprécis

impregnable /ɪmˈpregnəbl/ ADJ imprenable

impregnate /ˈɪmpregneɪt/ VT ⓐ (= fertilize) féconder ⓑ (= saturate) imprégner (**with** de)

impresario /ˌɪmprɪˈsɑːrɪəʊ/ N impresario (m)

impress /ɪmˈpres/ 1 VT [+ person] impressionner; **to be ~ed by sth** être impressionné par qch; **he is not easily ~ed** il ne se laisse pas facilement impressionner; **I am not ~ed** (negative opinion) (by object, performance) ça me laisse froid; (by sb's behaviour) ça ne m'impressionne pas; **he does it just to ~ people** il ne le fait que pour épater la galerie 2 VI [work of art, performance] être impressionnant; [person] faire bonne impression

impression /ɪmˈpreʃən/ N ⓐ (= effect) impression (f); **to make an ~ on sb** faire impression à qn; **to make an ~ on sth** avoir un effet sur qch; **to make a good/bad ~ on sb** faire bonne/mauvaise impression à qn ⓑ (= vague idea) impression (f); **I was under the ~ that ...** j'avais l'impression que ...; **that wasn't my ~!** ce n'est pas l'impression que j'ai eue! ⓒ (= imitation) imitation (f); **to do ~s** faire des imitations

impressionable /ɪmˈpreʃnəbl/ ADJ impressionnable; **at an ~ age** à un âge où l'on est impressionnable

impressionism /ɪmˈpreʃənɪzəm/ N impressionnisme *(m)*

impressionist /ɪmˈpreʃənɪst/ ADJ, N impressionniste *(mf)*

impressive /ɪmˈpresɪv/ ADJ impressionnant

impressively /ɪmˈpresɪvlɪ/ ADV [*big, brave*] remarquablement; [*win, perform*] d'une manière impressionnante

imprint 1 VT imprimer 2 N empreinte *(f)*

> ★ Lorsque **imprint** est un verbe, l'accent tombe sur la seconde syllabe: /ɪmˈprɪnt/, lorsque c'est un nom, sur la première: /ˈɪmprɪnt/.

imprison /ɪmˈprɪzn/ VT emprisonner

imprisonment /ɪmˈprɪznmənt/ N emprisonnement *(m)*; **to sentence sb to seven years' ~/to life ~** condamner qn à sept ans de prison/à la prison à vie; **the prospect of ~** la perspective de la prison

improbability /ɪmˌprɒbəˈbɪlɪtɪ/ N ⓐ (= *unlikelihood*) improbabilité *(f)* ⓑ (= *implausibility*) invraisemblance *(f)*

improbable /ɪmˈprɒbəbl/ ADJ ⓐ (= *unlikely*) improbable; **it is ~ that ...** il est peu probable que ... (+ *subj*) ⓑ (= *implausible*) invraisemblable; **~ as it sounds ...** aussi invraisemblable que cela paraisse ...

impromptu /ɪmˈprɒmptjuː/ ADJ impromptu; **to make an ~ speech** faire un discours au pied levé

improper /ɪmˈprɒpəʳ/ ADJ ⓐ (= *indecent*) [*suggestion*] indécent ⓑ (= *dishonest*) malhonnête; **~ use of company funds** abus *(m)* de biens sociaux ⓒ (= *wrong*) [*diagnosis*] incorrect; **the ~ use of this software** la mauvaise utilisation du logiciel

improperly /ɪmˈprɒpəlɪ/ ADV ⓐ (= *dishonestly*) [*act*] de façon irrégulière ⓑ (= *incorrectly*) [*diagnose, treat*] mal; **a word used ~** un mot employé improprement

impropriety /ˌɪmprəˈpraɪətɪ/ N inconvenance *(f)*

improve /ɪmˈpruːv/ 1 VT (= *make better*) améliorer; [+ *physique*] développer; [+ *building, property*] rénover; **she's trying to ~ her mind** elle essaie de se cultiver; **he wants to ~ his French** il veut se perfectionner en français

2 VI (= *get better*) s'améliorer; [*physique*] se développer; [*student, patient*] faire des progrès; **the service has ~d** la qualité du service s'est améliorée; **his French is improving** il fait des progrès en français; **safety has definitely ~d** il y a eu une nette amélioration de la sécurité; **business is improving** les affaires reprennent; **this wine ~s with age** ce vin se bonifie en vieillissant; **to ~ on sth** améliorer qch; **to ~ on previous performance** faire mieux que la dernière fois

improved /ɪmˈpruːvd/ ADJ meilleur; **"new ~ formula"** « nouvelle formule »

improvement /ɪmˈpruːvmənt/ N amélioration *(f)*; **there has been some ~ in the patient's condition** l'état du malade s'est un peu amélioré; **it is open to ~** ça peut être amélioré; **he has shown some ~ in French** il a fait quelques progrès en français; **there is room for ~** on pourrait faire mieux; **to carry out ~s to a house** faire des travaux d'aménagement dans une maison

improvisation /ˌɪmprəvaɪˈzeɪʃən/ N improvisation *(f)*

improvise /ˈɪmprəvaɪz/ VTI improviser

impudent /ˈɪmpjʊdənt/ ADJ impudent

impulse /ˈɪmpʌls/ N impulsion *(f)*; **rash ~** coup *(m)* de tête; **on a sudden ~ he ...** pris d'une impulsion soudaine il ...; **to act on ~** agir par impulsion ◆ **impulse buy** N achat *(m)* d'impulsion

impulsion /ɪmˈpʌlʃən/ N impulsion *(f)*

impulsive /ɪmˈpʌlsɪv/ ADJ [*act, person*] impulsif; [*remark*] irréfléchi

impunity /ɪmˈpjuːnɪtɪ/ N impunité *(f)*; **with ~** impunément

impure /ɪmˈpjʊəʳ/ ADJ impur; [*drug*] frelaté

impurity /ɪmˈpjʊərɪtɪ/ N impureté *(f)*

IN ABBR = **Indiana**

in /ɪn/

1 PREPOSITION	4 PLURAL NOUN
2 ADVERB	5 COMPOUNDS
3 ADJECTIVE	

1 PREPOSITION

> ► When **in** is an element in a phrasal verb, eg **ask in**, **fill in**, look up the verb. When it is part of a set combination, eg **in danger**, **weak in**, look up the other word.

ⓐ ⏹ **place** dans; **in the box** dans la boîte; **in the street** dans la rue

◆ **in it/them** (= *inside it, inside them*) dedans; **our bags were stolen, and our passports were in them** on nous a volé nos sacs et nos passeports étaient dedans

ⓑ ⏹ **people, animals, plants** chez; **a condition rare in a child of that age** une maladie rare chez un enfant de cet âge; **you find this instinct in animals** on trouve cet instinct chez les animaux; **it's something I admire in her** c'est quelque chose que j'admire chez elle

ⓒ ⏹ **with geographical names**

◆ **in** + *feminine countries, regions, islands* en

> ► Feminine countries usually end in **e**.

in England en Angleterre; **in Provence** en Provence; **in Sicily** en Sicile; **in Louisiana** en Louisiane; **in Cornwall** en Cornouailles

> ► **en** is also used with masculine countries beginning with a vowel or silent **h**.

in Israel en Israël

◆ **in** + *masculine country* au; **in Japan/Kuwait** au Japon/Koweït

> ► Note also the following:

in the Sahara au Sahara

◆ **in** + *plural country/group of islands* aux; **in the United States** aux États-Unis

◆ **in** + *town/island without article* à; **in London** à Londres; **in Cuba** à Cuba

◆ **in** + *masculine state/French region/county* dans; **in Poitou** dans le Poitou; **in Sussex** dans le Sussex

> ► **dans** is also used with islands with **île** in their name, and with many departments.

in the Isle of Man dans l'île de Man; **in the Var** dans le Var; BUT **in the Vendée** en Vendée

ⓓ ⏹ **with time expressions** (= *in the space of*) en; (= *after*) dans; **I can't do it in two hours** je ne peux pas le faire en deux heures; **he has written twice in three years** il a écrit deux fois en trois ans; **it'll be ready in three hours** ce sera prêt dans trois heures; **I'll be back in a week** je reviendrai dans une semaine; **once in a hundred years** une fois tous les cent ans

ⓔ ⏹ **month, year, season** en; **in May** en mai; **in 2001** en 2001; **in summer/autumn/winter** en été/automne/hiver; **in spring** au printemps

> ► Look up the noun when translating such phrases as **in the morning, in the end.**

ⓕ ⏹ = **wearing** en; **they were all in shorts** ils étaient tous en short; **in his slippers** en pantoufles; **you look nice in that dress** tu es jolie dans cette robe

ⓖ ⏹ **language, medium, material** en; **in French** en français; **in marble/velvet** en marbre/velours

ⓗ ⏹ **ratio** sur; **one man in ten** un homme sur dix; **a one in fifty chance of survival** une chance sur cinquante de survie

ⓘ ⏹ **following superlative** de; **the highest mountain in Europe** la plus haute montagne d'Europe

ⓙ ⏹ = **while** en; **in trying to save her he fell into the water himself** en essayant de la sauver, il est tombé à l'eau

2 ADVERB

ⓐ ⏹ = **inside** à l'intérieur; **she opened the door and they** all rushed in elle a ouvert la porte et ils se sont tous précipités à l'intérieur

> ► *When* in *means* in it *or* in them, *it is translated by* y.

she opened her bag and put the ticket in elle a ouvert son sac et y a mis le billet

ⓑ at home, work

♦ to be in [*person*] être là ; the boss isn't in yet le patron n'est pas encore là

> ► *When* in *means* at home, chez + *pronoun can also be used.*

he's usually in on Saturday morning il est généralement chez lui le samedi matin ; you're never in! tu n'es jamais chez toi ! ; is Paul in? est-ce que Paul est là ?

> ► to be in *may require a more specific translation.*

the essays have to be in by Friday les dissertations doivent être rendues d'ici vendredi

ⓒ set structures

♦ in between + *noun/pronoun* entre ; he positioned himself in between the two weakest players il s'est placé entre les deux joueurs les plus faibles ; in between adventures, he finds time for ... entre deux aventures, il trouve le temps de ...

♦ to be in for sth (= *be threatened with*) we are in for trouble* nous allons avoir des ennuis ; you don't know what you're in for!* tu ne sais pas ce qui t'attend ! ; he's in for it!* il va en prendre pour son grade !*

♦ to be in on sth* (= *know about*) to be in on a secret être au courant d'un secret

♦ in that (= *seeing that*) the new treatment is preferable in that ... le nouveau traitement est préférable car ...

♦ to be well in with sb* être dans les petits papiers de qn* ; she's well in with the management elle est bien avec la direction

3 ADJECTIVE

= fashionable * à la mode ; it's the in place to eat c'est le restaurant branché* en ce moment ; it's the in thing to ... c'est très à la mode de ...

4 PLURAL NOUN

to know the ins and outs of a matter connaître les tenants et aboutissants d'une affaire ; she knows the ins and outs of the system elle connaît le système dans ses moindres détails

5 COMPOUNDS

♦ in-built ADJ [*tendency*] inné ; [*feature, device*] intégré ♦ in-car entertainment system N autoradio *(m)* ♦ the in-crowd* N les branchés* *(mpl)* ; to be in with the in-crowd faire partie des branchés* ♦ in-depth ADJ en profondeur ♦ in-group N cercle *(m)* fermé ♦ in-house ADJ [*training*] en entreprise ◆ ADV [*train, produce*] en interne ♦ in-joke N plaisanterie *(f)* pour initiés ♦ in-laws* NPL (= *parents-in-law*) beaux-parents *(mpl)* ; (*others*) belle-famille *(f)* ♦ in-patient N malade *(mf)* hospitalisé(e) ♦ in-service education N (*US*) formation *(f)* continue ♦ in-service training N formation *(f)* continue ; to have in-service training faire un stage d'initiation ♦ in-store ADJ [*detective*] employé par le magasin ♦ in-tray N corbeille *(f)* « arrivée »

in. ABBR = inch(es)

inability /ˌɪnəˈbɪlɪtɪ/ N incapacité *(f)* (to do sth à faire qch)

inaccessible /ˌɪnækˈsesəbl/ ADJ inaccessible (to sb/sth à qn/qch)

inaccuracy /ɪnˈækjʊrəsɪ/ N inexactitude *(f)*

inaccurate /ɪnˈækjʊrɪt/ ADJ inexact ; [*method, instrument*] imprécis

inaccurately /ɪnˈækjʊrɪtlɪ/ ADV [*answer, quote, report*] avec inexactitude

inaction /ɪnˈækʃən/ N inaction *(f)*

inactive /ɪnˈæktɪv/ ADJ inactif

inactivity /ˌɪnækˈtɪvɪtɪ/ N inactivité *(f)*

inadequacy /ɪnˈædɪkwəsɪ/ N insuffisance *(f)*

inadequate /ɪnˈædɪkwɪt/ ADJ insuffisant ; [*housing, training*] inadéquat ; he felt totally ~ il ne se sentait absolument pas à la hauteur

inadequately /ɪnˈædɪkwɪtlɪ/ ADV insuffisamment

inadmissible /ˌɪnədˈmɪsəbl/ ADJ inadmissible ; ~ evidence témoignage *(m)* irrecevable

inadvertence /ˌɪnədˈvɜːtəns/ N manque *(m)* d'attention

inadvertent /ˌɪnədˈvɜːtənt/ ADJ [*person*] insouciant (to de) ; an ~ error une inadvertance

inadvertently /ˌɪnədˈvɜːtəntlɪ/ ADV par inadvertance

inadvisable /ˌɪnədˈvaɪzəbl/ ADJ inopportun ; it would be ~ to do that il est déconseillé de faire cela

inane /ɪˈneɪn/ ADJ bête ; ~ remark ineptie *(f)*

inanimate /ɪnˈænɪmɪt/ ADJ inanimé

inapplicable /ɪnˈæplɪkəbl/ ADJ inapplicable (to à)

inappropriate /ˌɪnəˈprəʊprɪɪt/ ADJ [*action, behaviour, remark*] inopportun ; [*expression*] impropre ; it would be ~ for me to comment il ne m'appartient pas de commenter

inappropriately /ˌɪnəˈprəʊprɪɪtlɪ/ ADV [*remark, reply*] mal à propos ; to behave ~ ne pas se comporter comme il faut ; he was dressed ~ for ... il n'était pas habillé comme il fallait pour ...

inarticulate /ˌɪnɑːˈtɪkjʊlɪt/ ADJ [*speech*] mal articulé ; he is ~ (= *unable to express himself*) il s'exprime mal

inasmuch /ˌɪnəzˈmʌtʃ/ ADV ~ as (= *seeing that*) vu que ; (= *insofar as*) dans la mesure où

inattentive /ˌɪnəˈtentɪv/ ADJ (= *not paying attention*) distrait ; (= *neglectful*) peu attentionné (towards sb envers qn)

inaudible /ɪnˈɔːdəbl/ ADJ inaudible ; sounds that are ~ to humans des sons qui sont imperceptibles à l'oreille humaine

inaugural /ɪˈnɔːɡjʊərəl/ ADJ inaugural ; ~ ceremony cérémonie *(f)* d'inauguration

inaugurate /ɪˈnɔːɡjʊreɪt/ VT [+ *building*] inaugurer ; [+ *president, official*] investir dans ses fonctions

inauguration /ɪˌnɔːɡjʊˈreɪʃən/ N [*of building*] inauguration *(f)* ; [*of president, official*] investiture *(f)* ♦ Inauguration Day N (*US*) jour *(m)* de l'investiture du président

inauspicious /ˌɪnɔːsˈpɪʃəs/ ADJ [*beginning, event*] de mauvais augure ; [*circumstances*] fâcheux

inboard /ˈɪnbɔːd/ 1 ADV à bord 2 ADJ intérieur (-eure *(f)*) 3 COMP ♦ inboard motor N moteur *(m)* in-bord *(m)*

inborn /ˈɪnbɔːn/ ADJ [*ability, fear*] inné ; [*fault*] congénital

inbound /ˈɪnbaʊnd/ ADJ an ~ flight from Honduras un vol en provenance du Honduras

inbred /ˈɪnbred/ ADJ inné (in sb chez qn)

inbreeding /ˈɪnbriːdɪŋ/ N [*of animals*] croisement *(m)* d'animaux de même souche ; there is a lot of ~ in the tribe il y a beaucoup d'unions consanguines au sein de la tribu

inc ABBR = inclusive

Inc. (ABBR = Incorporated) SA

incalculable /ɪnˈkælkjʊləbl/ ADJ incalculable ; [*value, importance, benefit*] inestimable

incandescent /ˌɪnkænˈdesnt/ ADJ incandescent

incapable /ɪnˈkeɪpəbl/ ADJ [*person*] incapable ; I'm not ~, I can manage je ne suis pas invalide, je peux me débrouiller

incapacitate /ˌɪnkəˈpæsɪteɪt/ VT handicaper

incarcerate /ɪnˈkɑːsəreɪt/ VT incarcérer

incarceration /ɪnˌkɑːsəˈreɪʃən/ N incarcération *(f)*

incarnate 1 ADJ incarné 2 VT incarner

> ★ *Lorsque* incarnate *est un adjectif, la fin se prononce comme* it *et l'accent tombe sur la deuxième syllabe :* /ɪnˈkɑːnɪt/ ; *lorsque c'est un verbe, elle se prononce comme* eight *et l'accent tombe sur la première syllabe :* /ˈɪnkɑːneɪt/.

incarnation /ˌɪnkɑːˈneɪʃən/ N incarnation *(f)* ; in a previous ~ dans une vie antérieure

incendiary /ɪnˈsendɪərɪ/ ADJ incendiaire ♦ incendiary device N dispositif *(m)* incendiaire

incense 1 VT (= *anger*) mettre en fureur; (*stronger*) mettre dans une rage folle 2 N encens (*m*) 3 COMP ♦ **incense burner** N brûle-encens (*m*)

★ *Lorsque* **incense** *est un verbe, l'accent tombe sur la deuxième syllabe:* /ɪnˈsens/, *lorsque c'est un nom, sur la première:* /ˈɪnsens/.

incensed /ɪnˈsenst/ ADJ révolté (**at, by** par)

incentive /ɪnˈsentɪv/ 1 N ⓐ (= *motivation*) motivation (*f*); **there is no ~ to work hard** rien ne vous incite à travailler dur; **what ~ is there to work faster?** pour quelle raison se mettrait-on à travailler plus vite?; **they have little ~ to keep going** peu de choses les motivent à continuer; **to provide ~s for sth** encourager qch à l'aide de mesures incitatives
ⓑ (= *promised reward*) incitation (*f*); **financial/economic ~s** incitations (*fpl*) financières/économiques; **they offered him an ~** ils lui ont promis qu'il serait récompensé
2 COMP ♦ **incentive bonus** or **payment** N prime (*f*) de rendement

incessant /ɪnˈsesnt/ ADJ incessant

incessantly /ɪnˈsesntlɪ/ ADV sans arrêt

incest /ˈɪnsest/ N inceste (*m*)

incestuous /ɪnˈsestjʊəs/ ADJ incestueux

inch /ɪntʃ/ 1 N pouce (*m*) (= *2,54 cm*); **he has grown a few ~es since last year** ≈ il a grandi de quelques centimètres depuis l'année dernière; **he couldn't see an ~ in front of him** il n'y voyait pas à deux pas; **he wouldn't budge an ~** (= *move*) il n'a pas voulu bouger d'un pouce; (= *make concessions*) il n'a pas voulu faire la plus petite concession; **he missed being run over by ~es** il a été à deux doigts de se faire écraser; **give him an ~ and he'll take a mile** vous lui donnez le doigt, il vous prend le bras
♦ **every inch**: **he's every ~ a soldier** il a tout d'un soldat; **he knows every ~ of the district** il connaît la région comme sa poche; **we searched every ~ of the room** nous avons cherché partout dans la pièce
♦ **inch by inch**: **the police were searching the area ~ by ~** la police passait le quartier au peigne fin; **an ~-by-~ search** une fouille minutieuse
♦ **within an inch of**: **to come within an ~ of succeeding** être à deux doigts de réussir; **they beat him to within an ~ of his life** ils l'ont battu presque à mort
2 VI **to ~ forward/out/in** avancer/sortir/entrer peu à peu; **to ~ through** se frayer peu à peu un passage; **prices are ~ing up** les prix augmentent petit à petit
3 VT **to ~ sth forward/in/out** faire avancer/entrer/sortir qch peu à peu

incidence /ˈɪnsɪdəns/ N [*of disease*] incidence (*f*); [*of crime*] taux (*m*); **the high ~ of heart disease in men over 40** l'incidence élevée des maladies cardiaques chez les hommes de plus de 40 ans; **record ~s of pneumonia** un nombre record de cas de pneumonie

incident /ˈɪnsɪdənt/ N incident (*m*); **without ~** sans incident; **a novel full of ~** un roman plein de péripéties; **a life full of ~** une vie mouvementée ♦ **incident room** N (*Police*) bureau (*m*) de police (*provisoirement installé sur les lieux d'une enquête*)

incidental /ˌɪnsɪˈdentl/ 1 ADJ secondaire 2 N **that's just an ~** (= *irrelevance*) ça n'a pas de rapport avec la question 3 NPL **incidentals** (= *expenses*) faux frais (*mpl*) 4 COMP ♦ **incidental expenses** NPL faux frais (*mpl*) ♦ **incidental music** N (*on TV, radio*) musique (*f*) de fond; (*for film*) musique (*f*) de film

incidentally /ˌɪnsɪˈdentəlɪ/ ADV (*at start of sentence*) au fait; (*in middle, at end of sentence*) entre parenthèses; **~, why have you come?** au fait, pourquoi es-tu venu?; **the tower, ~, dates from the 12th century** la tour, entre parenthèses, date du 12ᵉᵐᵉ siècle

incinerate /ɪnˈsɪnəreɪt/ VT incinérer

incineration /ɪnˌsɪnəˈreɪʃən/ N incinération (*f*)

incinerator /ɪnˈsɪnəreɪtə/ N incinérateur (*m*)

incipient /ɪnˈsɪpɪənt/ ADJ naissant

incision /ɪnˈsɪʒən/ N incision (*f*)

incisive /ɪnˈsaɪsɪv/ ADJ [*comment, criticism*] incisif; [*mind*] pénétrant; **she's very ~** elle a l'esprit très vif

incisor /ɪnˈsaɪzə/ N incisive (*f*)

incite /ɪnˈsaɪt/ VT inciter; **to ~ sb to violence/revolt** inciter qn à la violence/la révolte; **to ~ sb to do sth** inciter qn à faire qch

incitement /ɪnˈsaɪtmənt/ N incitation (*f*) (**to** à)

incl. ABBR = **inclusive**

inclination /ˌɪnklɪˈneɪʃən/ N (= *liking*) inclination (*f*); (= *tendency*) tendance (*f*); (= *desire*) envie (*f*); **I have neither the time nor the ~** je n'ai ni le temps ni l'envie; **to follow one's own ~s** suivre son inclination; **her natural ~ was to help him** son inclination naturelle la portait à lui venir en aide

incline 1 VT ⓐ (= *bend*) incliner; **~d at an angle of ...** incliné à un angle de ...
ⓑ (*generally passive use*) **to ~ sb to do sth** porter qn à faire qch; **to be ~d to do sth** (= *have tendency to*) avoir tendance à faire qch; (= *feel desire to*) être enclin à faire qch; **he's ~d to be lazy** il a tendance à être paresseux; **the drawer is ~d to stick** le tiroir a tendance à se coincer; **I'm ~d to think that ...** je suis enclin à penser que ...; **I'm ~d to believe you** je suis tenté de te croire; **if you feel ~d** si le cœur vous en dit; **to be favourably ~d towards sb** être bien disposé envers qn
2 VI ⓐ (= *slope*) s'incliner
ⓑ (= *tend towards*) **his politics ~ towards socialism** il a des idées proches du socialisme
3 N pente (*f*)

★ *Lorsque* **incline** *est un verbe, l'accent tombe sur la deuxième syllabe:* /ɪnˈklaɪn/, *lorsque c'est un nom, sur la première:* /ˈɪnklaɪn/.

include /ɪnˈkluːd/ VT comprendre; **your name is not ~d on the list** votre nom ne figure pas sur la liste; **the wine was ~d in the overall price** le vin était compris dans le prix; **"service ~d/not ~d"** « service compris/non compris »; **everything ~d** tout compris; **the hostages ~ three Britons** il y a trois Britanniques parmi les otages; **does that remark ~ me?** est-ce que cette remarque s'adresse aussi à moi?; **the invitation ~s everybody** l'invitation s'adresse à tout le monde; **everyone, children ~d** tout le monde, les enfants y compris; **all of us, myself ~d** nous tous, moi y compris
► **include out*** VT SEP **~ me out!** ne comptez pas sur moi!

including /ɪnˈkluːdɪŋ/ PREP y compris; **that comes to $200 ~ packing** cela fait 200 dollars y compris l'emballage; **not ~ service charge** service non compris; **up to and ~ chapter five** jusqu'au chapitre cinq inclus; **up to and ~ 4 May** jusqu'au 4 mai inclus; **several people, ~ my father, had been invited** plusieurs personnes, dont mon père, avaient été invitées

inclusion /ɪnˈkluːʒən/ N inclusion (*f*)

inclusive /ɪnˈkluːsɪv/ ADJ ⓐ (= *comprehensive*) [*price, package*] tout compris (*inv*); [*amount, sum*] global; **~ terms** (prix (*m*)) tout compris; **~ of postage and packing** port et emballage compris; **all prices are ~ of VAT** tous les prix incluent la TVA; **cost ~ of travel** prix voyage compris
ⓑ (= *included*) inclus; **Tuesday to Saturday ~** de mardi à samedi inclus; **rows A to M ~** de la rangée A à M incluse; **from 1 to 6 May ~** du 1ᵉʳ au 6 mai inclus; **up to page five ~** jusqu'à la page cinq incluse

inclusiveness /ɪnˈkluːsɪvnɪs/ N inclusivité (*f*)

incognito /ˌɪnkɒɡˈniːtəʊ/ 1 ADV incognito 2 ADJ **to remain ~** garder l'incognito

incoherence /ˌɪnkəʊˈhɪərəns/ N incohérence (*f*)

incoherent /ˌɪnkəʊˈhɪərənt/ ADJ [*person, speech, letter*] incohérent; [*style*] décousu; **he was ~ with rage** la fureur le rendait incohérent

incoherently /ˌɪnkəʊˈhɪərəntlɪ/ ADV de façon incohérente

income /'ɪnkʌm/ N revenu(s) *(m(pl))*; **low-~ families** les familles *(fpl)* à faible revenu; **an ~ of $15,000 a year** un revenu de 15 000 dollars par an; **private ~** revenus *(mpl)* personnels ♦ **income bracket, income group** N tranche *(f)* de revenus ♦ **incomes policy** N politique *(f)* des revenus ♦ **Income Support** N *(Brit)* ≈ revenu *(m)* minimum d'insertion ♦ **income tax** N *(gen)* impôt *(m)* sur le revenu; *[of corporations]* impôt *(m)* sur les bénéfices ♦ **income tax inspector** N inspecteur *(m)* des impôts ♦ **income tax return** N déclaration *(f)* de revenus

incoming /'ɪn,kʌmɪŋ/ ADJ *[plane, flight, mail]* à l'arrivée; *[tide]* montant; *[president, government]* nouveau (nouvelle *(f)*); **they would not let him receive ~ calls** ils ne le laissaient pas recevoir d'appels; **this telephone only takes ~ calls** ce téléphone ne prend que les appels de l'extérieur

incommunicado /,ɪnkəmjʊnɪ'kɑːdəʊ/ 1 ADJ **to be ~** être injoignable 2 ADV **to be held ~** être tenu au secret

incomparable /ɪn'kɒmpərəbl/ ADJ incomparable **(to, with** à)

incomparably /ɪn'kɒmpərəblɪ/ ADV incomparablement

incompatibility /'ɪnkəm,pætə'bɪlɪtɪ/ N incompatibilité *(f)*; **divorce on the grounds of ~** divorce *(m)* pour incompatibilité d'humeur

incompatible /,ɪnkəm'pætəbl/ ADJ incompatible; **we were totally ~** il y avait incompatibilité totale entre nous

incompetence /ɪn'kɒmpɪtəns/, **incompetency** /ɪn'kɒmpɪtənsɪ/ N incompétence *(f)*

incompetent /ɪn'kɒmpɪtənt/ ADJ, N incompétent(e) *(m(f))*

incomplete /,ɪnkəm'pliːt/ ADJ incomplet (-ète *(f)*)

incomprehensible /ɪn,kɒmprɪ'hensəbl/ ADJ incompréhensible **(to sb** à qn)

incomprehension /ɪn,kɒmprɪ'henʃən/ N incompréhension *(f)*

inconceivable /,ɪnkən'siːvəbl/ ADJ inconcevable

inconclusive /,ɪnkən'kluːsɪv/ ADJ *[outcome, results, evidence]* peu concluant; *[war, fighting]* sans vainqueur ni vaincu

incongruity /,ɪnkɒŋ'gruːɪtɪ/ N *[of behaviour, dress, remark]* incongruité *(f)*; *[of situation]* absurdité *(f)*

incongruous /ɪn'kɒŋgrʊəs/ ADJ *(= out of place)* incongru; *(= absurd)* absurde; **he was an ~ figure among the tourists** il ne semblait pas à sa place au milieu des touristes; **it was an ~ setting for a wedding** c'était un cadre un peu inattendu pour un mariage

inconsiderable /,ɪnkən'sɪdərəbl/ ADJ insignifiant; **a not ~ sum of money** une somme d'argent non négligeable

inconsiderate /,ɪnkən'sɪdərɪt/ ADJ *[person]* peu prévenant; *[action, reply]* inconsidéré; **to be ~ towards sb** manquer d'égards envers qn; **that was very ~ of you** c'était très incorrect de ta part

inconsistency /,ɪnkən'sɪstənsɪ/ N *[of facts]* incohérence *(f)*

inconsistent /,ɪnkən'sɪstənt/ ADJ ⓐ *(= capricious)* *[person]* inconstant; *[behaviour]* incohérent ⓑ *(= variable)* inégal ⓒ *(= contradictory)* contradictoire; **to be ~ with sth** être en contradiction avec qch

⚠ **inconsistent ≠ inconsistant**

inconsolable /,ɪnkən'səʊləbl/ ADJ inconsolable

inconspicuous /,ɪnkən'spɪkjʊəs/ ADJ *[person, action]* qui passe inaperçu; *[dress]* discret (-ète *(f)*); **he tried to make himself ~** il a essayé de passer inaperçu

inconspicuously /,ɪnkən'spɪkjʊəslɪ/ ADV discrètement

incontinence /ɪn'kɒntɪnəns/ N incontinence *(f)*

incontinent /ɪn'kɒntɪnənt/ ADJ incontinent

incontrovertible /ɪn,kɒntrə'vɜːtəbl/ ADJ *[proof, evidence, argument]* irréfutable; *[fact]* indéniable

inconvenience /,ɪnkən'viːnɪəns/ 1 N ⓐ *(= disadvantage)* inconvénient *(m)* ⓑ *(= bother)* **to put sb to great ~** causer beaucoup de dérangement à qn; **I don't want to put you to any ~** je ne veux surtout pas vous déranger; **he went to**

a great deal of ~ to help me il s'est donné beaucoup de mal pour m'aider; **the management apologizes for any ~ caused by this work** la direction vous prie de bien vouloir excuser la gêne occasionnée par les travaux 2 VT déranger

inconvenient /,ɪnkən'viːnɪənt/ ADJ *[time, moment]* inopportun; *[visitor]* importun; *[information, truth]* gênant; *[arrangement, location]* peu pratique; **I can come back later if it is ~** je peux revenir plus tard si je vous dérange

incorporate /ɪn'kɔːpəreɪt/ VT ⓐ *(= introduce as part)* incorporer ⓑ *(= include, contain)* comprendre; *(= bring together)* rassembler ⓒ *[+ company]* absorber; **Smith Robinson Incorporated** Smith Robinson SA

incorrect /,ɪnkə'rekt/ ADJ incorrect; *[assumption, belief]* erroné; *[diet, dress]* inadapté; **he is ~ in his belief that ...** il se trompe en croyant que ...

incorrectly /,ɪnkə'rektlɪ/ ADV *[behave]* incorrectement; **we assumed ~ that ...** nous avons supposé à tort que ...

incorrigible /ɪn'kɒrɪdʒəbl/ ADJ incorrigible

increase 1 VI augmenter; *[trade]* se développer; *[noise, effort]* s'intensifier; *[rain, wind]* redoubler; **to ~ in volume** augmenter de volume; **to ~ in height** *[person]* grandir; *[tree]* pousser; *[building]* gagner de la hauteur

2 VT augmenter **(by** de); *[+ trade, business]* développer; *[+ noise]* intensifier; **a greatly ~d risk of heart disease** un risque considérablement accru de contracter une maladie du cœur; **they've ~d her salary to $20,000 a year** son salaire a été porté à 20 000 dollars par an; **to ~ speed** accélérer; **she ~d her efforts** elle redoubla ses efforts

3 N augmentation *(f)*; *[of trade, business]* développement *(m)*; *[of noise]* intensification *(f)*; **there has been an ~ in police activity** la police a intensifié ses activités; **a pay ~** une augmentation (de salaire)

♦ **on the increase: racial attacks are on the ~** les agressions raciales sont en augmentation; **inflation is on the ~** l'inflation est de plus en plus forte

> ★ Lorsque **increase** est un verbe, l'accent tombe sur la deuxième syllabe: /ɪn'kriːs/, lorsque c'est un nom, sur la première: /'ɪnkriːs/.

increasing /ɪn'kriːsɪŋ/ ADJ croissant; **there is ~ concern about the effect of these drugs** on se préoccupe de plus en plus de l'effet de ces drogues; **there is ~ evidence to suggest that ...** de plus en plus d'éléments tendent à prouver que ...; **there are ~ signs that ...** il semble de plus en plus que ...

increasingly /ɪn'kriːsɪŋlɪ/ ADV *(= more and more)* de plus en plus; *(= more and more often)* de plus en plus souvent; **~ well** de mieux en mieux; **~ unreliable** de moins en moins fiable

incredible /ɪn'kredəbl/ ADJ incroyable; **it is ~ that ...** il est incroyable que ... (+ *subj*); **~ though it may seem ...** aussi incroyable que cela puisse paraître ...

incredibly /ɪn'kredəblɪ/ ADV incroyablement

incredulity /,ɪnkrɪ'djuːlɪtɪ/ N incrédulité *(f)*

incredulous /ɪn'kredjʊləs/ ADJ incrédule

incredulously /ɪn'kredjʊləslɪ/ ADV *[say]* d'un ton incrédule; *[watch]* d'un air incrédule

increment /'ɪnkrɪmənt/ 1 N *(in salary)* échelon *(m)* 2 VT augmenter

incremental /,ɪnkrɪ'mentl/ ADJ *[cost]* marginal; *[rise, increase]* progressif

incriminate /ɪn'krɪmɪneɪt/ VT incriminer; **he was afraid of incriminating himself** il avait peur de se compromettre

incriminating /ɪn'krɪmɪneɪtɪŋ/ ADJ compromettant; **~ document** pièce *(f)* à conviction; **~ evidence** pièces *(fpl)* à conviction

incrimination /ɪn,krɪmɪ'neɪʃən/ N incrimination *(f)*

incubate /'ɪnkjʊbeɪt/ 1 VT incuber 2 VI être en incubation

incubation /,ɪnkjʊ'beɪʃən/ N incubation *(f)*

incubator /'ɪnkjʊbeɪtəʳ/ N incubateur *(m)*; *(for chicks, eggs, babies)* couveuse *(f)*

inculcate /'ɪnkʌlkeɪt/ VT inculquer (**sth in sb, sb with sth** qch à qn)

incumbent /ɪn'kʌmbənt/ 1 ADJ ⓐ **to be ~ (up)on sb to do sth** incomber à qn de faire qch ⓑ (*in office*) en exercice; **the ~ President** le président en exercice; (*before elections*) le président sortant 2 N titulaire (*m*); **the present ~ of the White House** l'occupant actuel de la Maison-Blanche

incur /ɪn'kɜːʳ/ VT [+ *blame, costs*] encourir; [+ *risk*] courir; [+ *debts*] contracter; [+ *loss*] subir

incurable /ɪn'kjʊərəbl/ ADJ incurable; **he's an ~ romantic** c'est un romantique incorrigible

incurably /ɪn'kjʊərəblɪ/ ADV incurablement; **the ~ ill** les incurables (*mpl*)

incursion /ɪn'kɜːʃən/ N incursion (*f*)

Ind. ABBR = **Indiana**

indebted /ɪn'detɪd/ ADJ ⓐ (*financially*) endetté; **I was ~ to the tune of £13,000** mes dettes s'élevaient à 13 000 livres; **heavily ~** fortement endetté ⓑ (= *grateful*) **I am ~ to him for pointing out that ...** je lui suis redevable d'avoir fait remarquer que ...

indebtedness /ɪn'detɪdnɪs/ N dette (*f*)

indecency /ɪn'diːsnsɪ/ N indécence (*f*); (= *criminal offence*) attentat (*m*) à la pudeur

indecent /ɪn'diːsnt/ ADJ indécent; **~ material** documents (*mpl*) contraires aux bonnes mœurs ♦ **indecent assault** N attentat (*m*) à la pudeur (**on sb** contre qn) ♦ **indecent behaviour** N outrage (*m*) aux bonnes mœurs ♦ **indecent exposure** N outrage (*m*) public à la pudeur

indecently /ɪn'diːsntlɪ/ ADV de façon indécente; **to ~ assault sb** attenter à la pudeur de qn; **to ~ expose oneself** commettre un outrage public à la pudeur

indecipherable /ˌɪndɪ'saɪfərəbl/ ADJ indéchiffrable

indecision /ˌɪndɪ'sɪʒən/ N indécision (*f*)

indecisive /ˌɪndɪ'saɪsɪv/ ADJ ⓐ (= *uncertain*) indécis (**about** *or* **over sth** à propos de qch) ⓑ (= *inconclusive*) peu concluant

indecisively /ˌɪndɪ'saɪsɪvlɪ/ ADV de façon indécise

indeed /ɪn'diːd/ ADV ⓐ (*indicating confirmation, agreement*) en effet; **he promised to help and ~ he helped us a lot** il a promis de nous aider et effectivement il nous a beaucoup aidés; **I am ~ quite tired** je suis en effet assez fatigué; **did you know him? — I did ~** vous le connaissiez? — oui, tout à fait; **are you coming? — ~ I am!** vous venez? — bien sûr! ⓑ (*introducing further information*) d'ailleurs; **I don't know what she said, ~ I don't want to know** je ne sais pas ce qu'elle a dit, d'ailleurs je ne veux pas le savoir; **he was happy, ~ delighted, to hear the news** il était content, et même ravi, d'entendre la nouvelle ⓒ (*as intensifier*) vraiment; **that's praise ~ coming from him** venant de lui, c'est vraiment un compliment; **I am very grateful/pleased ~** je suis vraiment reconnaissant/très content; **thank you very much ~** je vous remercie infiniment ⓓ (*showing interest, irony, surprise*) **~?** vraiment?; **did you ~!** vraiment?; **who is that man? — who is he ~?** qui est-ce? — bonne question!

indefatigable /ˌɪndɪ'fætɪgəbl/ ADJ infatigable

indefensible /ˌɪndɪ'fensəbl/ ADJ indéfendable

indefinable /ˌɪndɪ'faɪnəbl/ ADJ indéfinissable

indefinite /ɪn'defɪnɪt/ 1 ADJ ⓐ (= *unspecified*) indéterminé; [*strike, ban*] illimité ⓑ (= *vague*) [*feelings*] indéfini; [*word, plans*] imprécis 2 COMP ♦ **indefinite article** N article (*m*) indéfini

indefinitely /ɪn'defɪnɪtlɪ/ ADV [*last, continue, stay*] indéfiniment; [*adjourn*] pour une durée indéterminée; **the meeting has been postponed ~** la réunion a été reportée à une date indéterminée

indelible /ɪn'delɪbl/ ADJ indélébile

indelicate /ɪn'delɪkɪt/ ADJ (= *indiscreet*) indélicat; (= *tactless*) indiscret (-ète (*f*))

indemnity /ɪn'demnɪtɪ/ N ⓐ (= *compensation*) indemnité (*f*) ⓑ (= *insurance*) assurance (*f*)

indent /ɪn'dent/ VT ⓐ [+ *word, line*] mettre en alinéa; [+ *whole paragraph*] mettre en retrait ⓑ **~ed coastline** littoral (*m*) découpé

indentation /ˌɪnden'teɪʃən/ N (= *hollow mark*) empreinte (*f*); (= *footprint*) trace (*f*) de pas; (= *dent*) bosse (*f*)

independence /ˌɪndɪ'pendəns/ N indépendance (*f*) ♦ **Independence Day** N (*US*) fête (*f*) de l'Indépendance américaine (*le 4 juillet*)

independent /ˌɪndɪ'pendənt/ ADJ indépendant; [*radio*] libre; **to have ~ means** avoir une fortune personnelle ♦ **independent school** N (*Brit*) établissement (*m*) d'enseignement privé

independently /ˌɪndɪ'pendəntlɪ/ ADV [*act, live*] de façon indépendante; [*think*] par soi-même; [*research, negotiate, investigate*] séparément; **~ of sb/sth** indépendamment de qn/qch; **to be ~ wealthy** avoir une fortune personnelle

indescribable /ˌɪndɪs'kraɪbəbl/ ADJ indescriptible

indescribably /ˌɪndɪs'kraɪbəblɪ/ ADV **~ filthy** d'une saleté indescriptible; **it was ~ awful** c'était affreux au-delà de toute expression

indestructible /ˌɪndɪs'trʌktəbl/ ADJ indestructible

indeterminate /ˌɪndɪ'tɜːmɪnɪt/ ADJ indéterminé

index /'ɪndeks/ 1 N ⓐ (*pl* **indexes**) (*in book*) index (*m*) ⓑ (*pl* **indices**) (= *number expressing ratio*) indice (*m*); **cost-of-living ~** indice (*m*) du coût de la vie; **share ~** indice (*m*) boursier 2 VT indexer 3 COMP ♦ **index card** N fiche (*f*) ♦ **index finger** N index (*m*) ♦ **index-linked** ADJ (*Brit*) indexé

India /'ɪndɪə/ N Inde (*f*)

Indian /'ɪndɪən/ 1 ADJ indien 2 N Indien(ne) (*m(f)*) 3 COMP ♦ **Indian elephant** N éléphant (*m*) d'Asie ♦ **Indian Ocean** N océan (*m*) Indien ♦ **Indian summer** N (= *warm weather*) été (*m*) indien ♦ **Indian wrestling** N (*US*) bras (*m*) de fer

indicate /'ɪndɪkeɪt/ 1 VT ⓐ (= *be a sign of*) indiquer ⓑ (= *make known*) [+ *intentions, opinion*] faire part de; [+ *feelings*] laisser voir; **he ~d that I was to leave** il m'a fait comprendre que je devais partir; **he ~d that he might resign** il a laissé entendre qu'il pourrait démissionner ⓒ (= *call for*) indiquer; **the use of penicillin is clearly ~d** le recours à la pénicilline est tout à fait indiqué; **a new approach to the wages problem is ~d** il convient d'aborder le problème des salaires sous un nouvel angle 2 VI (*in car*) mettre son clignotant; **he was indicating left** il avait mis son clignotant à gauche

indication /ˌɪndɪ'keɪʃən/ N indication (*f*); **we had no ~ that it was going to take place** rien ne laissait prévoir que cela allait arriver; **there is every ~ that she's right** tout porte à croire qu'elle a raison; **it is some ~ of how popular she is** cela montre à quel point elle est populaire; **if this result is any ~, he ...** à en juger par ce résultat, il ...; **to give sb an ~ of one's feelings/intentions** manifester ses sentiments/faire part de ses intentions à qn; **he gave us some ~ of what he meant** il nous a donné une idée de ce qu'il voulait dire; **he gave no ~ that he was ready to compromise** il n'a aucunement laissé entendre qu'il était prêt à transiger

indicative /ɪn'dɪkətɪv/ 1 ADJ ⓐ **to be ~ of sth** être révélateur de qch; **to be ~ of the fact that ...** montrer que ... ⓑ (*Gram*) indicatif 2 N (*in grammar*) (mode (*m*)) indicatif (*m*); **in the ~** à l'indicatif

indicator /'ɪndɪkeɪtəʳ/ N indicateur (*m*); (*Brit: on car*) clignotant (*m*)

indices /'ɪndɪsiːz/ NPL of **index**

indict /ɪn'daɪt/ VT mettre en examen

indictable /ɪn'daɪtəbl/ ADJ **an ~ offence** une infraction grave

indictment /ɪn'daɪtmənt/ N (= *bill*) acte (*m*) d'accusation (**for** de); (= *process*) mise (*f*) en examen (**for** pour); (*US*) accusation (*f*) (*par le jury d'accusation*); **such poverty is an ~ of the political system** une telle pauvreté est une véritable mise en cause du système politique; **it is a sad ~ of our times** c'est un triste signe des temps

indie• /'ɪndɪ/ N (musique (f)) indie (m)

Indies /'ɪndɪz/ NPL Indes (fpl)

indifference /ɪn'dɪfrəns/ N indifférence (f) (**towards** envers)

indifferent /ɪn'dɪfrənt/ ADJ ⓐ (= lacking interest) indifférent (**to** à) ⓑ (= mediocre) médiocre; **good, bad or ~** bon, mauvais ou quelconque

indifferently /ɪn'dɪfrəntlɪ/ ADV ⓐ (= uninterestedly) avec indifférence ⓑ (= badly) médiocrement

indigenous /ɪn'dɪdʒɪnəs/ ADJ indigène; **the elephant is ~ to India** l'éléphant est un animal indigène en Inde

indigestible /ˌɪndɪ'dʒestəbl/ ADJ [food] inassimilable (par l'organisme); [information] indigeste

indigestion /ˌɪndɪ'dʒestʃən/ N indigestion (f); **to have an attack of ~** avoir une indigestion

indignant /ɪn'dɪɡnənt/ ADJ indigné (**at sth** de qch); **to become ~** s'indigner; **to make sb ~** indigner qn

indignantly /ɪn'dɪɡnəntlɪ/ ADV avec indignation

indignation /ˌɪndɪɡ'neɪʃən/ N indignation (f) (**at** devant, **with** contre); **she was filled with ~ at their working conditions** leurs conditions de travail la remplissaient d'indignation

indignity /ɪn'dɪɡnɪtɪ/ N outrage (m); **it was the final ~** c'était le comble de l'outrage; **he suffered the ~ of having to ...** il subit l'outrage d'avoir à ...

indirect /ˌɪndɪ'rekt/ ADJ indirect ♦ **indirect object** N complément (m) d'objet indirect

indirectly /ˌɪndɪ'rektlɪ/ ADV indirectement

indiscernible /ˌɪndɪ'sɜːnəbl/ ADJ indiscernable

indiscreet /ˌɪndɪs'kriːt/ ADJ indiscret (-ète (f))

indiscreetly /ˌɪndɪs'kriːtlɪ/ ADV indiscrètement

indiscretion /ˌɪndɪs'kreʃən/ N indiscrétion (f); **a youthful ~** une erreur de jeunesse

indiscriminate /ˌɪndɪs'krɪmɪnɪt/ ADJ [killing, violence] aveugle; [punishment] distribué à tort et à travers; **~ use of pesticides** emploi (m) sans discernement des pesticides; **to be ~ in one's attacks** attaquer sans discernement

indiscriminately /ˌɪndɪs'krɪmɪnɪtlɪ/ ADV [use, kill, fire] sans discernement; [read, watch TV] de façon non sélective

indispensable /ˌɪndɪs'pensəbl/ ADJ indispensable (**to** à)

indisposed /ˌɪndɪs'pəʊzd/ ADJ ⓐ (= unwell) souffrant ⓑ (= disinclined) **to be ~ to do sth** être peu disposé à faire qch

indisputable /ˌɪndɪs'pjuːtəbl/ ADJ incontestable

indisputably /ˌɪndɪs'pjuːtəblɪ/ ADV incontestablement

indistinct /ˌɪndɪs'tɪŋkt/ ADJ [sound, shape] indistinct; [memory, photograph] flou

indistinctly /ˌɪndɪs'tɪŋktlɪ/ ADV [see, hear, speak] indistinctement; [remember] vaguement

indistinguishable /ˌɪndɪs'tɪŋɡwɪʃəbl/ ADJ indifférenciable

individual /ˌɪndɪ'vɪdjʊəl/ 1 ADJ ⓐ (= separate) individuel ⓑ (= distinctive, characteristic) personnel; **he has an ~ style** il a un style personnel 2 N individu (m)

individualistic /ˌɪndɪˌvɪdjʊə'lɪstɪk/ ADJ individualiste

individuality /ˌɪndɪˌvɪdjʊ'ælɪtɪ/ N individualité (f)

individually /ˌɪndɪ'vɪdjʊəlɪ/ ADV ⓐ (= separately) individuellement ⓑ (= uniquely) de façon personnalisée; **~ designed flats** appartements (mpl) personnalisés

Indo-China /ˌɪndəʊ'tʃaɪnə/ N Indochine (f)

indoctrinate /ɪn'dɒktrɪneɪt/ VT endoctriner; **they've all been ~d** ils sont tous endoctrinés; **to ~ sb with ideas** inculquer des idées à qn; **to ~ sb with political ideas** inculquer des doctrines politiques à qn

indoctrination /ɪnˌdɒktrɪ'neɪʃən/ N endoctrinement (m)

indolence /'ɪndələns/ N indolence (f)

indolent /'ɪndələnt/ ADJ indolent

indomitable /ɪn'dɒmɪtəbl/ ADJ indomptable; **her ~ spirit** sa ténacité à toute épreuve

Indonesia /ˌɪndə'niːzə/ N Indonésie (f)

Indonesian /ˌɪndə'niːzən/ 1 ADJ indonésien 2 N (= person) Indonésien(ne) (m(f))

indoor /'ɪndɔː/ ADJ [activity, shoes, photography] d'intérieur; [market, swimming pool] couvert; [sports] en salle; [job] (in office) dans un bureau; (at home) à la maison; **~ aerial** antenne (f) intérieure; **~ games** (squash, basketball) sports (mpl) en salle; (board games) jeux (mpl) de société

indoors /ɪn'dɔːz/ ADV (in building) à l'intérieur; (at home) chez soi; **to go ~** rentrer; **to take sb ~** faire entrer qn; **I can't stay ~ forever** je ne peux pas rester enfermé tout le temps

indubitable /ɪn'djuːbɪtəbl/ ADJ indubitable

indubitably /ɪn'djuːbɪtəblɪ/ ADV indubitablement

induce /ɪn'djuːs/ VT ⓐ (= persuade) inciter (**sb to do sth** qn à faire qch); **nothing would ever ~ me to go back there** rien ne pourrait me décider à retourner là-bas ⓑ (= bring about) provoquer; **to ~ labour** provoquer l'accouchement; **she was ~d** son accouchement a été provoqué

inducement /ɪn'djuːsmənt/ N (= reward) récompense (f); (= bribe) pot-de-vin (m); **and as an added ~ we are offering ...** et comme avantage supplémentaire nous offrons ...; **financial/cash ~s** avantages (mpl) financiers/en espèces

induct /ɪn'dʌkt/ VT [+ president] établir dans ses fonctions; [+ clergyman] installer; (US) [+ new recruit] incorporer

induction /ɪn'dʌkʃən/ 1 N ⓐ induction (f) ⓑ [of clergyman, president] installation (f); [of new staff members] intégration (f); (US) [of new recruit] incorporation (f) 2 COMP ♦ **induction course, induction training** N cours (m) d'introduction ♦ **induction year** N ≈ année (f) de stage

inductive /ɪn'dʌktɪv/ ADJ inductif

indulge /ɪn'dʌldʒ/ 1 VT (= spoil) [+ person] gâter; (= give way to) [+ person, desires, laziness] céder à; **he ~s her every whim** il lui passe tous ses caprices; **~ yourself with a nice glass of wine** faites-vous plaisir et prenez un bon verre de vin; **go on, ~ yourself!** allez, laissez-vous tenter! 2 VI **to ~ in sth** se permettre qch

indulgence /ɪn'dʌldʒəns/ N ⓐ (= tolerance) indulgence (f) ⓑ (= luxury) luxe (m); (= treat) gâterie (f); **he allowed himself the ~ of a day off work** il s'est offert le luxe de prendre un jour de congé; **smoking was his one ~** la cigarette était son seul petit plaisir

indulgent /ɪn'dʌldʒənt/ ADJ indulgent (**to** envers, pour)

industrial /ɪn'dʌstrɪəl/ ADJ industriel; [worker] de l'industrie; [accident, injury] du travail ♦ **industrial action** N (Brit) action (f) revendicative; (= strike) grève (f); **to take ~ action** (= go on strike) se mettre en grève ♦ **industrial dispute** N (Brit) conflit (m) social ♦ **industrial estate** (Brit), **industrial park** N zone (f) industrielle ♦ **industrial relations** NPL relations (fpl) patronat-syndicats; (= field of study) relations (fpl) sociales ♦ **Industrial Revolution** N révolution (f) industrielle ♦ **industrial tribunal** N ≈ conseil (m) de prud'hommes ♦ **industrial unrest** N troubles (mpl) sociaux

industrialist /ɪn'dʌstrɪəlɪst/ N industriel (m)

industrialization /ɪnˌdʌstrɪəlaɪ'zeɪʃən/ N industrialisation (f)

industrialize /ɪn'dʌstrɪəlaɪz/ VT industrialiser

industrious /ɪn'dʌstrɪəs/ ADJ travailleur

industriously /ɪn'dʌstrɪəslɪ/ ADV assidûment

industry /'ɪndəstrɪ/ N industrie (f); **the hotel ~** l'industrie (f) hôtelière; **the tourist ~** le secteur du tourisme

inebriated /ɪ'niːbrɪeɪtɪd/ ADJ ivre

inedible /ɪn'edɪbl/ ADJ (= not meant to be eaten) non comestible; (= not fit to be eaten) immangeable

ineffective /ˌɪnɪ'fektɪv/, **ineffectual** /ˌɪnɪ'fektjʊəl/ ADJ inefficace (**in doing sth** pour faire qch)

inefficacy /ɪn'efɪkəsɪ/ N inefficacité (f)

inefficiency /ˌɪnɪˈfɪʃənsɪ/ N [*of action, machine, measures*] inefficacité (f); [*of person*] manque (m) d'efficacité

inefficient /ˌɪnɪˈfɪʃənt/ ADJ [*person, measures, drug*] inefficace; [*machine, factory*] peu performant

inefficiently /ˌɪnɪˈfɪʃəntlɪ/ ADV inefficacement

inelegant /ɪnˈelɪɡənt/ ADJ peu élégant

ineligible /ɪnˈelɪdʒəbl/ ADJ [*candidate*] inéligible; **he's ~ for social security benefits** il n'a pas droit aux prestations de la Sécurité sociale; **he's ~ to vote** il n'a pas le droit de vote

inept /ɪˈnept/ ADJ (= *incompetent*) incompétent; [*remark*] déplacé

ineptitude /ɪˈneptɪtjuːd/ N (= *incompetence*) incompétence (f); [*of remark*] caractère (m) déplacé

inequality /ˌɪnɪˈkwɒlɪtɪ/ N inégalité (f)

inert /ɪˈnɜːt/ ADJ inerte

inertia /ɪˈnɜːʃə/ N inertie (f)

inescapable /ˌɪnɪsˈkeɪpəbl/ ADJ inévitable

inevitable /ɪnˈevɪtəbl/ 1 ADJ inévitable 2 N **the ~** l'inévitable (m)

inevitably /ɪnˈevɪtəblɪ/ ADV inévitablement

inexact /ˌɪnɪɡˈzækt/ ADJ inexact

inexcusable /ˌɪnɪksˈkjuːzəbl/ ADJ inexcusable; **it is ~ that ...** il est inexcusable que ... (+ *subj*)

inexcusably /ˌɪnɪksˈkjuːzəblɪ/ ADV ~ **lazy/careless** d'une paresse/d'une négligence inexcusable

inexhaustible /ˌɪnɪɡˈzɔːstəbl/ ADJ inépuisable

inexorable /ɪnˈeksərəbl/ ADJ inexorable

inexorably /ɪnˈeksərəblɪ/ ADV inexorablement

inexpensive /ˌɪnɪksˈpensɪv/ ADJ peu cher

inexperience /ˌɪnɪksˈpɪərɪəns/ N manque (m) d'expérience

inexperienced /ˌɪnɪksˈpɪərɪənst/ ADJ inexpérimenté; **I am very ~ in matters of this kind** j'ai très peu d'expérience dans ce genre de choses; **he's too ~** il manque trop d'expérience; **to be sexually ~** manquer d'expérience sexuelle

inexplicable /ˌɪnɪksˈplɪkəbl/ ADJ inexplicable

inexplicably /ˌɪnɪksˈplɪkəblɪ/ ADV inexplicablement

inextricable /ˌɪnɪksˈtrɪkəbl/ ADJ inextricable

inextricably /ˌɪnɪksˈtrɪkəblɪ/ ADV inextricablement

infallible /ɪnˈfæləbl/ ADJ infaillible

infamous /ˈɪnfəməs/ ADJ [*person, place*] tristement célèbre; [*incident*] notoire; [*case, trial*] ignominieux; **his ~ temper** son mauvais caractère notoire

infancy /ˈɪnfənsɪ/ N ⓐ petite enfance (f), bas âge (m); **since early ~** dès la toute petite enfance (f); **child still in ~** enfant (mf) encore en bas âge; **a quarter of these children die in ~** un quart de ces enfants meurent en bas âge ⓑ (= *early stages*) débuts (mpl); **when radio was still in its ~** quand la radio en était encore à ses débuts

infant /ˈɪnfənt/ N (= *newborn*) nouveau-né (m); (= *baby*) nourrisson (m); (= *young child*) enfant (mf) en bas âge; **she teaches ~s** elle enseigne aux tout-petits ♦ **infant mortality** N mortalité (f) infantile ♦ **infant school** N (Brit) ≈ cours (m) préparatoire et première année de cours élémentaire (*entre quatre et sept ans*)

infanticide /ɪnˈfæntɪsaɪd/ N infanticide (m)

infantile /ˈɪnfəntaɪl/ ADJ infantile

infantry /ˈɪnfəntrɪ/ N infanterie (f)

infatuated /ɪnˈfætjʊeɪtɪd/ ADJ **to be ~ with** être fou de; **to become ~ with** s'enticher de

infatuation /ɪnˌfætjʊˈeɪʃən/ N amour (m) fou

infect /ɪnˈfekt/ VT [+ *person, wound*] infecter; [+ *blood*] contaminer; **his wound became ~ed** sa blessure s'est infectée; **~ed blood** sang (m) contaminé; **to ~ sb with a disease** transmettre une maladie à qn; **to be ~ed with malaria/hepatitis** être atteint du paludisme/de l'hépatite; **~ed with HIV** séropositif

infection /ɪnˈfekʃən/ N [*of person, wound*] infection (f); [*of blood*] contamination (f); **there's some ~ in the wound** la

---

blessure est légèrement infectée; **a throat ~** une angine; **an ear ~** une otite

infectious /ɪnˈfekʃəs/ ADJ contagieux

infer /ɪnˈfɜː/ VT ⓐ (= *conclude*) déduire ⓑ (= *imply*)* laisser entendre; **what are you ~ring?** qu'est-ce que vous insinuez?

inference /ˈɪnfərəns/ N (= *conclusion*) déduction (f); **by ~** par déduction; **the ~ is that he is unwilling to help us** nous devons en conclure qu'il n'est pas disposé à nous aider; **to draw an ~ from sth** tirer une conclusion de qch

inferior /ɪnˈfɪərɪə/ 1 ADJ inférieur (-eure (f)) (**to sb** à qn, **in sth** en qch); [*product*] de qualité inférieure; [*service, work*] de second ordre; **he makes me feel ~** il me donne un sentiment d'infériorité 2 N (*in quality, social standing*) inférieur (m), -eure (f); (*in authority, rank*) subalterne (mf)

inferiority /ɪnˌfɪərɪˈɒrɪtɪ/ N infériorité (f) (**to** par rapport à) ♦ **inferiority complex** N complexe (m) d'infériorité

infernal* /ɪnˈfɜːnl/ ADJ [*noise*] infernal; [*heat, weather*] abominable; [*car, computer*] satané*; **it's an ~ nuisance** c'est vraiment empoisonnant

inferno /ɪnˈfɜːnəʊ/ N **a blazing ~** un brasier

infertile /ɪnˈfɜːtaɪl/ ADJ stérile

infertility /ˌɪnfɜːˈtɪlɪtɪ/ N stérilité (f)

infest /ɪnˈfest/ VT infester; **~ed with** infesté de

infidelity /ˌɪnfɪˈdelɪtɪ/ N infidélité (f); **divorce on the grounds of ~** divorce (m) pour cause d'adultère

infighting /ˈɪnˌfaɪtɪŋ/ N (*within group*) luttes (fpl) intestines

infiltrate /ˈɪnfɪltreɪt/ 1 VI s'infiltrer 2 VT [+ *group, organization*] infiltrer; [*troops*] [+ *territory, city, enemy lines*] s'infiltrer dans

infiltrator /ˈɪnfɪlˌtreɪtə/ N (*inside organization, country*) agent (m) infiltré

infinite /ˈɪnfɪnɪt/ 1 ADJ infini; **the choice is ~** le choix est illimité; **it gave her ~ pleasure** cela lui a fait infiniment plaisir; **in their ~ wisdom, they ...** (*iro*) dans leur infinie sagesse, ils ... 2 N infini (m)

infinitely /ˈɪnfɪnɪtlɪ/ ADV infiniment

infinitesimal /ˌɪnfɪnɪˈtesɪməl/ ADJ infinitésimal

infinitive /ɪnˈfɪnɪtɪv/ 1 N infinitif (m); **in the ~** à l'infinitif 2 ADJ infinitif

infinity /ɪnˈfɪnɪtɪ/ N infinité (f); (*Math*) infini (m); **to ~** à l'infini

infirm /ɪnˈfɜːm/ 1 ADJ (= *sick*) infirme 2 NPL **the infirm** les infirmes (mpl)

infirmary /ɪnˈfɜːmərɪ/ N (= *hospital*) hôpital (m); (*in school*) infirmerie (f)

infirmity /ɪnˈfɜːmɪtɪ/ N infirmité (f)

inflamed /ɪnˈfleɪmd/ ADJ [*wound, organ*] enflammé; **if it becomes ~, see a doctor** si ça s'infecte, consultez un médecin

inflammable /ɪnˈflæməbl/ ADJ ⓐ [*liquid, substance*] inflammable ⓑ [*situation*] explosif

inflammation /ˌɪnfləˈmeɪʃən/ N inflammation (f)

inflammatory /ɪnˈflæmətərɪ/ ADJ [*speech, remark*] incendiaire

inflatable /ɪnˈfleɪtəbl/ 1 ADJ [*dinghy, mattress*] pneumatique; [*toy, rubber ring*] gonflable 2 N objet (m) gonflable; (= *dinghy*) canot (m) pneumatique

inflate /ɪnˈfleɪt/ 1 VT gonfler 2 VI se gonfler

inflated /ɪnˈfleɪtɪd/ ADJ [*price, salary, insurance claim*] excessif; **he has an ~ ego** il a une très haute opinion de lui-même

inflation /ɪnˈfleɪʃən/ N inflation (f); [*of prices*] hausse (f) ♦ **inflation-proof** ADJ protégé contre l'inflation ♦ **inflation rate** N taux (m) d'inflation

inflationary /ɪnˈfleɪʃnərɪ/ ADJ inflationniste

inflationist /ɪnˈfleɪʃənɪst/ N partisan(e) (m(f)) d'une politique inflationniste

inflect /ɪnˈflekt/ 1 VT (= *conjugate*) conjuguer; (= *decline*) décliner; **~ed form** forme (f) fléchie 2 VI **a verb which ~s** un verbe flexionnel ; **does this noun ~ in the plural?** ce nom prend-il la marque du pluriel ?

inflection /ɪn'flekʃən/ N [*of voice*] inflexion *(f)* ; [*of word*] flexion *(f)*

inflexibility /ɪn,fleksɪ'bɪlɪtɪ/ N inflexibilité *(f)*

inflexible /ɪn'fleksəbl/ ADJ [*person, attitude*] inflexible ; [*object, system, policy*] rigide

inflexion /ɪn'flekʃən/ N [*of voice*] inflexion *(f)* ; [*of word*] flexion *(f)*

inflict /ɪn'flɪkt/ VT infliger (**on** à) ; **to ~ damage** causer des dégâts

in-flight /'ɪn,flaɪt/ ADJ [*refuelling*] en vol ; [*film, entertainment*] proposé pendant le vol ; **~ meal** repas *(m)* servi pendant le vol ; **~ magazine** magazine *(m)* de voyage (*destiné aux passagers d'un avion*)

inflow /'ɪnfləʊ/ N ⓐ [*of water*] arrivée *(f)* ⓑ [*of capital*] entrée *(f)*

influence /'ɪnfluəns/ **1** N influence *(f)* ; **under the ~ of his advisers, he ...** influencé par ses conseillers, il ...; **under the ~ of drink/drugs** sous l'effet de la boisson/des drogues ; **he was under the ~*** (= *drunk*) il était pompette* ; **her book was a great ~ on him** son livre a eu beaucoup d'influence sur lui ; **to exert ~ over sb** exercer une influence sur qn ; **I shall bring all my ~ to bear on him** j'essaierai d'user de toute mon influence pour le persuader ; **a man of ~** un homme influent ; **she is a good ~ in the school/on the pupils** elle a une bonne influence dans l'établissement/sur les élèves

2 VT influencer ; **don't be ~d by him** ne vous laissez pas influencer par lui ; **he's easily ~d** il est très influençable

influential /,ɪnflʊ'enʃəl/ ADJ influent ; **to be ~** avoir de l'influence

influx /'ɪnflʌks/ N [*of people*] afflux *(m)* ; [*of new ideas, attitudes*] flux *(m)* ; **the ~ of tourists/foreign workers** l'afflux de touristes/de travailleurs étrangers

info: /'ɪnfəʊ/ N (ABBR = **information**) renseignements *(mpl)* ; (= *tips*) tuyaux* *(mpl)*

inform /ɪn'fɔːm/ **1** VT ⓐ informer (**of** de) ; (= *warn*) avertir (**of** de) ; **keep me ~ed** tenez-moi au courant ; **we must ~ the police** il faut avertir la police ⓑ (= *contribute to*) contribuer à ; (= *influence*) inspirer **2** VI **to ~ on sb** dénoncer qn

informal /ɪn'fɔːməl/ ADJ ⓐ (= *relaxed*) décontracté ⓑ [*language, expression*] familier ⓒ (= *unceremonious*) [*party, meal, visit*] sans cérémonie ; [*clothes*] décontracté ; **it was a very ~ occasion** c'était une occasion dénuée de toute formalité ; **it's just an ~ get-together between friends** ce sera à la bonne franquette ; **it will be quite ~** ce sera sans cérémonie ; **"dress ~"** « tenue de ville » ⓓ (= *unofficial*) non officiel

informality /,ɪnfɔː'mælɪtɪ/ N [*of visit, style, language*] simplicité *(f)* ; [*of agreement, occasion*] caractère *(m)* informel

informally /ɪn'fɔːməlɪ/ ADV [*talk, dress*] de façon décontractée ; [*invite*] sans cérémonie ; [*discuss*] de façon informelle

informant /ɪn'fɔːmənt/ N ⓐ informateur *(m)*, -trice *(f)* ; **who is your ~?** de qui tenez-vous cette information ? ⓑ (= *police informer*) indicateur *(m)*, -trice *(f)*

information /,ɪnfə'meɪʃən/ **1** N ⓐ (= *facts*) renseignements *(mpl)*, information(s) *(f(pl))* ; **a piece of ~** un renseignement, une information ; **to give sb ~ about sth/sb** renseigner qn sur qch/qn ; **to get ~ about sth/sb** obtenir des informations sur qch/qn ; **to ask for ~ about sth/sb** demander des renseignements sur qch/qn ; **I need more ~ about it** il me faut des informations plus complètes ; **the police are seeking ~ about ...** la police enquête sur ... ; **I enclose for your ~ a copy of ...** à titre d'information je joins une copie de ... ; **"for your ~"** (*on document*) « pour information » ; **for your ~, he ...** nous vous informons qu'il ... ; (*iro*) au cas où vous ne le sauriez pas, il ...
ⓑ (US = *telephone service*) (service *(m)* des) renseignements *(mpl)*

2 COMP ♦ **information bureau** N bureau *(m)* de renseignements ♦ **information desk** N accueil *(m)* ♦ **information highway** N autoroute *(f)* de l'information ♦ **information pack** N (*Brit*) documentation *(f)* ♦ **information retrieval** N recherche *(f)* documentaire ♦ **information service** N bureau *(m)* de renseignements ♦ **information superhighway** N autoroute *(f)* de l'information ♦ **information technology** N informatique *(f)*

informative /ɪn'fɔːmətɪv/ ADJ instructif

informed /ɪn'fɔːmd/ ADJ [*person*] informé ; [*debate, discussion*] approfondi ; [*opinion, criticism*] fondé ; **an ~ decision** une décision prise en connaissance de cause ; **to make an ~ choice** choisir en connaissance de cause ; **~ sources** sources *(fpl)* bien informées ; **an ~ guess** une hypothèse fondée sur la connaissance des faits

informer /ɪn'fɔːmə'/ N délateur *(m)*, -trice *(f)* ; **police ~** indicateur *(m)*, -trice *(f)* ; **to turn ~** (*on specific occasion*) dénoncer ses complices ; (*long-term*) devenir indicateur

infraction /ɪn'frækʃən/ N infraction *(f)* (**of** à)

infrared /'ɪnfrə'red/ ADJ infrarouge

infrastructure /'ɪnfrə,strʌktʃə'/ N infrastructure *(f)*

infrequent /ɪn'friːkwənt/ ADJ peu fréquent

infrequently /ɪn'friːkwəntlɪ/ ADV peu souvent ; **not ~** assez fréquemment

infringe /ɪn'frɪndʒ/ **1** VT [+ *law, rule*] enfreindre ; **to ~ copyright** enfreindre la législation sur les droits d'auteur ; **to ~ sb's rights** porter atteinte aux droits de qn **2** VI **to ~ upon sb's rights** porter atteinte aux droits de qn ; **to ~ on sb's privacy** porter atteinte à la vie privée de qn

infringement /ɪn'frɪndʒmənt/ N [*of law*] violation *(f)* ; [*of rule*] infraction *(f)* (**of sth** à qch) ; [*of rights, liberties*] atteinte *(f)* (**of sth** à qch) ; **to be in ~ of a law** enfreindre une loi ; **~ of copyright** infraction *(f)* à la législation sur les droits d'auteur ; **~ of patent** contrefaçon *(f)* de brevet

infuriate /ɪn'fjʊərɪeɪt/ VT rendre furieux ; **it ~s me that ...** cela me rend fou que ... (+ *subj*) ; **to be ~d** être furieux ; **she was ~d to hear that ...** elle était furieuse d'apprendre que ... ; **to be ~d by sth/sb** être exaspéré par qch/qn

infuriating /ɪn'fjʊərɪeɪtɪŋ/ ADJ exaspérant

infuriatingly /ɪn'fjʊərɪeɪtɪŋlɪ/ ADV **~ slow/cheerful** d'une lenteur/gaieté exaspérante

infuse /ɪn'fjuːz/ **1** VT infuser ; [+ *tea, herbs*] faire infuser ; [+ *ideas*] insuffler (**into** à) **2** VI [*tea, herbs*] infuser

infusion /ɪn'fjuːʒən/ N infusion *(f)*

ingenious /ɪn'dʒiːnɪəs/ ADJ ingénieux

ingeniously /ɪn'dʒiːnɪəslɪ/ ADV ingénieusement

ingenuity /,ɪndʒɪ'njuːɪtɪ/ N ingéniosité *(f)*

ingenuous /ɪn'dʒenjʊəs/ ADJ (= *naïve*) naïf (naïve *(f)*) ; (= *candid*) franc (franche *(f)*)

ingest /ɪn'dʒest/ VT ingérer

ingot /'ɪŋgət/ N lingot *(m)*

ingrained /'ɪn'greɪnd/ ADJ ⓐ (= *deep-seated*) enraciné (**in sb** chez qn, **in sth** dans qch) ; [*habit*] invétéré ⓑ [*dirt*] incrusté ; **~ with dirt** encrassé

ingratiate /ɪn'greɪʃɪeɪt/ VT **to ~ o.s. with sb** se faire bien voir de qn

ingratiating /ɪn'greɪʃɪeɪtɪŋ/ ADJ doucereux

ingratitude /ɪn'grætɪtjuːd/ N ingratitude *(f)*

ingredient /ɪn'griːdɪənt/ N ingrédient *(m)*

ingrowing /'ɪn,grəʊɪŋ/ ADJ **~ nail** ongle *(m)* incarné

ingrown /'ɪn,grəʊn/ ADJ (US) **~ nail** ongle *(m)* incarné

inhabit /ɪn'hæbɪt/ VT [+ *town, country*] habiter ; [+ *house*] habiter (dans) ; **~ed** habité

inhabitable /ɪn'hæbɪtəbl/ ADJ habitable

inhabitant /ɪn'hæbɪtənt/ N habitant(e) *(m(f))*

inhale /ɪn'heɪl/ **1** VT [+ *gas*] inhaler ; [+ *perfume*] humer ; [*smoker*] avaler **2** VI [*smoker*] avaler la fumée

inhaler /ɪn'heɪlə'/ N inhalateur *(m)*

inherent /ɪn'hɪərənt/ ADJ inhérent (**in** à)

inherently /ɪn'hɪərəntlɪ/ ADV [*involve, dangerous, difficult*] par nature; **there is nothing ~ wrong with the system** le système n'a rien de mauvais en soi

inherit /ɪn'herɪt/ 1 VT hériter de; **she ~ed $10,000** elle a hérité de 10 000 dollars 2 VI hériter

inheritance /ɪn'herɪtəns/ 1 N ⓐ (= *succession*) succession (f) ⓑ (= *thing inherited*) héritage (m); [*of nation*] patrimoine (m); **to come into an ~** faire un héritage; **it's part of our cultural ~** cela fait partie de notre patrimoine culturel; **our genetic ~** notre patrimoine génétique 2 COMP ✦ **inheritance tax** N droits (mpl) de succession

inherited /ɪn'herɪtɪd/ ADJ [*disease, defect*] héréditaire; [*gene*] hérité

inhibit /ɪn'hɪbɪt/ VT [+ *growth, development*] (= *slow down*) freiner; (= *hinder*) entraver; (= *prevent*) empêcher

inhibited /ɪn'hɪbɪtɪd/ ADJ inhibé; **to be sexually ~** être refoulé sexuellement

inhibition /ɪnhɪ'bɪʃən/ N inhibition (f)

inhospitable /ɪnhɒs'pɪtəbl/ ADJ [*person, behaviour, reception*] peu accueillant; [*country, climate*] inhospitalier; [*weather*] désagréable

inhuman /ɪn'hjuːmən/ ADJ inhumain

inhumanity /ɪnhjuː'mænɪtɪ/ N inhumanité (f)

inimical /ɪ'nɪmɪkəl/ ADJ (= *hostile*) hostile; **~ to** défavorable à

inimitable /ɪ'nɪmɪtəbl/ ADJ inimitable

initial /ɪ'nɪʃəl/ 1 ADJ ⓐ initial; **in the ~ stages** au début ⓑ **~ letter** initiale (f) 2 N initiale (f); **~s** initiales (fpl); (*as signature*) paraphe (m) 3 VT [+ *letter, document*] parapher; (= *approve*) viser

initialize /ɪ'nɪʃə,laɪz/ VT initialiser

initially /ɪ'nɪʃəlɪ/ ADV au début

initiate 1 VT ⓐ [+ *negotiations, discussion, action, reform*] engager; [+ *enterprise, fashion*] lancer; [+ *scheme*] mettre en place; **to ~ proceedings against sb** intenter un procès à qn ⓑ [+ *person*] initier; **to ~ sb into a science/a secret** initier qn à une science/un secret; **to ~ sb into a society** admettre qn au sein d'une société

2 ADJ, N initié(e) (m(f))

> ★ Lorsque **initiate** est un verbe, la fin se prononce comme *eight*: /ɪ'nɪʃɪeɪt/; lorsque c'est un nom ou un adjectif, elle se prononce comme *it*: /ɪ'nɪʃɪɪt/.

initiation /ɪ,nɪʃɪ'eɪʃən/ N ⓐ [*of negotiations, discussion, action, reform, enterprise, fashion*] lancement (m); [*of scheme*] mise (f) en place ⓑ (*into society*) initiation (f) (**into** à)

initiative /ɪ'nɪʃətɪv/ N initiative (f); **to take the ~** prendre l'initiative (**in doing sth** de faire qch); **to use one's ~** faire preuve d'initiative; **on one's own ~** de sa propre initiative; **he's got ~** il a de l'initiative; **a new peace ~** une nouvelle initiative de paix

initiator /ɪ'nɪʃɪ,eɪtə'/ N instigateur (m), -trice (f)

inject /ɪn'dʒekt/ VT ⓐ [+ *liquid, gas*] injecter; **to ~ sb with sth** faire une piqûre de qch à qn; **he ~s himself** [*diabetic*] il se fait ses piqûres; **to ~ drugs** [*addict*] se piquer* ⓑ **to ~ sb with enthusiasm** communiquer de l'enthousiasme à qn; **I wanted to ~ some humour into my speech** je voulais introduire un peu d'humour dans mon discours; **she ~ed some money into the company** elle a injecté de l'argent dans la société

injection /ɪn'dʒekʃən/ N injection (f); **to have an ~** avoir une piqûre; **a $250 million cash ~** un apport de 250 millions de dollars

injunction /ɪn'dʒʌŋkʃən/ N injonction (f); (= *court order*) ordonnance (f) (**to do sth** de faire qch, **against doing sth** de ne pas faire qch)

injure /ɪn'dʒə'/ VT ⓐ (= *hurt physically*) [+ *person, limb*] blesser; **to ~ o.s.** se blesser; **to ~ one's leg** se blesser à la jambe ⓑ [+ *person*] (= *wrong*) nuire à; (= *offend*) blesser; [+ *reputation, trade*] compromettre; **to ~ sb's feelings** offenser qn

injured /ɪn'dʒəd/ 1 ADJ ⓐ (*physically*) blessé; (*in road accident*) accidenté ⓑ (= *offended*) [*person, look, voice*] offensé;

[*wife, husband*] trompé; **the ~ party** la partie lésée 2 NPL **the injured** les blessés (mpl)

injurious /ɪn'dʒʊərɪəs/ ADJ nuisible (**to** à)

injury /ɪn'dʒərɪ/ 1 N ⓐ (*physical*) blessure (f); **to do sb an ~** blesser qn; **you'll do yourself an ~!** tu vas te faire mal!; **three players have injuries** il y a trois joueurs blessés ⓑ (= *wrong*) (*to person*) tort (m); (*to reputation*) atteinte (f) 2 COMP ✦ **injury time** N (*Brit*) arrêts (mpl) de jeu; **to play ~ time** jouer les arrêts de jeu

injustice /ɪn'dʒʌstɪs/ N injustice (f); **to do sb an ~** être injuste envers qn

ink /ɪŋk/ 1 N encre (f) 2 VT encrer 3 COMP ✦ **ink blot** N tache (f) d'encre ✦ **ink-jet printer** N imprimante (f) à jet d'encre

inkling /ɪŋklɪŋ/ N soupçon (m); **I had no ~ that ...** je ne me doutais pas du tout que ...

inkstain /ɪŋksteɪn/ N tache (f) d'encre

inky /ɪŋkɪ/ ADJ ⓐ (= *dark*) [*colour, sky*] très sombre ⓑ (= *covered with ink*) plein d'encre

inlaid /ɪn'leɪd/ ADJ [*brooch, sword*] incrusté (**with** de); [*box, table*] marqueté

inland /ɪnlænd/ 1 ADJ intérieur (-eure (f)); **~ waterways** canaux (mpl) et rivières (fpl) 2 ADV à l'intérieur; **to go ~** aller dans l'arrière-pays 3 COMP ✦ **the Inland Revenue** N (= *organization, system*) le fisc

inlay (*vb*: pret, ptp **inlaid**) 1 N [*of brooch, sword*] incrustation (f); [*of table, box*] marqueterie (f) 2 VT [+ *brooch, sword*] incruster (**with** de); [+ *table, box*] marqueter

> ★ Lorsque **inlay** est un nom, l'accent tombe sur la première syllabe: /ɪnleɪ/, lorsque c'est un verbe, sur la seconde: /ˌɪn'leɪ/.

inlet /ɪnlet/ N ⓐ [*of sea*] crique (f); [*of river*] bras (m) de rivière ⓑ (*for air*) arrivée (f)

inmate /ɪnmeɪt/ N [*of prison*] détenu(e) (m(f)); [*of asylum*] interné(e) (m(f)); [*of hospital*] malade (mf)

inmost /ɪnməʊst/ ADJ **my ~ thoughts** mes pensées les plus secrètes; **my ~ feelings** mes sentiments les plus intimes; **in one's ~ being** au plus profond de soi-même

inn /ɪn/ N auberge (f); (*in town*) hôtel (m)

innards* /ɪnədz/ NPL entrailles (fpl)

innate /ɪ'neɪt/ ADJ inné

innately /ɪ'neɪtlɪ/ ADV foncièrement

inner /ɪnə'/ 1 ADJ ⓐ [*room, courtyard*] intérieur (-eure (f)) ⓑ [*emotions, thoughts*] intime; [*life*] intérieur (-eure (f)); **the ~ meaning** le sens profond; **the ~ man** (= *spiritual self*) l'homme (m) intérieur; **the discovery of the ~ self** la découverte de soi 2 COMP ✦ **inner city** N quartiers (mpl) déshérités (*du centre-ville*) ✦ **inner-city** ADJ [*buildings, problems, crime, renewal*] des quartiers déshérités ✦ **inner tube** N chambre (f) à air

> ⓘ **INNER CITY**
> L'expression **inner city** désigne initialement le centre des villes. Dans l'évolution des villes anglo-saxonnes, les quartiers du centre, délaissés par les classes aisées, se caractérisent souvent par une grande pauvreté, un taux de chômage élevé, de très mauvaises conditions de logement et des tensions entre les groupes ethniques. En ce sens, la notion de **inner city** correspond plutôt en français aux banlieues à problèmes.

innermost /ɪnəməʊst/ ADJ = **inmost**

inning /ɪnɪŋ/ N (*Baseball*) tour (m) de batte

innings /ɪnɪŋz/ N (pl inv) (*Cricket*) tour (m) de batte; **I've had a good ~*** (= *life*) j'ai bien profité de l'existence

innkeeper /ɪnkiːpə'/ N (*wayside*) aubergiste (mf); (*in town*) hôtelier (m), -ière (f)

innocence /ɪnəsns/ N innocence (f); **in all ~** en toute innocence; **to protest one's ~** protester de son innocence

innocent /ɪnəsnt/ 1 ADJ innocent; **to be found ~ of sth** être déclaré innocent de qch; **an ~ mistake** une erreur commise en toute innocence 2 N **he's a bit of an ~*** c'est un grand innocent ; **he tried to come the ~ with me*** il a essayé de jouer aux innocents avec moi

innocently /ˈɪnəsntlɪ/ ADV en toute innocence

innocuous /ɪˈnɒkjʊəs/ ADJ inoffensif

innovate /ˈɪnəʊveɪt/ VTI innover

innovation /ˌɪnəʊˈveɪʃən/ N innovation *(f)*

innovative /ˈɪnəʊˌveɪtɪv/ ADJ [*person, organization*] innovateur (-trice *(f)*) ; [*idea, design*] novateur (-trice *(f)*) ; [*product*] original

innovator /ˈɪnəʊveɪtəʳ/ N innovateur *(m)*, -trice *(f)*

innuendo /ˌɪnjuˈendəʊ/ N (*pl* **innuendo(e)s**) insinuation *(f)* ; **to make ~(e)s about sb** insinuer qch sur qn ; **sexual ~** allusions *(fpl)* grivoises

innumerable /ɪˈnjuːmərəbl/ ADJ innombrable

innumerate /ɪˈnjuːmərɪt/ ADJ **he's totally ~** il ne sait pas du tout compter

inoculate /ɪˈnɒkjʊleɪt/ VT vacciner ; **to ~ sb with sth** inoculer qch à qn

inoculation /ɪˌnɒkjʊˈleɪʃən/ N inoculation *(f)*

inoffensive /ˌɪnəˈfensɪv/ ADJ inoffensif

inoperable /ɪnˈɒpərəbl/ ADJ inopérable

inoperative /ɪnˈɒpərətɪv/ ADJ inopérant

inopportune /ɪnˈɒpətjuːn/ ADJ inopportun

inordinate /ɪˈnɔːdɪnɪt/ ADJ [*size, number, quantity*] démesuré ; [*demands*] extravagant ; [*pride, pleasure*] extrême ; **an ~ amount of luggage/time/money** énormément de bagages/ de temps/d'argent ; **an ~ sum of money** une somme exorbitante

inordinately /ɪˈnɔːdɪnɪtlɪ/ ADV [*hot, difficult, proud*] excessivement ; **to be ~ fond of sth** aimer particulièrement qch

inorganic /ˌɪnɔːˈgænɪk/ ADJ inorganique

inpatient /ˈɪnˌpeɪʃənt/ N malade *(mf)* hospitalisé(e)

input /ˈɪnpʊt/ 1 N ⓐ (= *contribution*) contribution *(f)* ; [*of funds, labour*] apport *(m)* ; **we need a regular ~ of new ideas** nous avons besoin d'un apport constant de nouvelles idées ; **his ~ was very valuable** sa contribution était très utile ; **artistic/creative ~** apport *(m)* artistique/créatif ⓑ (= *data*) input *(m)* ; (= *act of inputting*) saisie *(f)* (de données) 2 VT [+ *data*] saisir

inquest /ˈɪnkwest/ N enquête *(f)* (criminelle)

inquire /ɪnˈkwaɪəʳ/ 1 VI se renseigner (**about sth** sur qch) ; (= *ask*) demander ; **to ~ after sb/sth** demander des nouvelles de qn/qch ; **I'll go and ~** je vais demander ; **~ at the office** demandez au bureau ; **to ~ into** [+ *subject*] faire des recherches sur ; [+ *possibilities*] se renseigner sur 2 VT demander ; **he rang up to ~ how she was** il a téléphoné pour demander comment elle allait

inquiring /ɪnˈkwaɪərɪŋ/ ADJ [*attitude*] curieux ; [*look*] interrogateur (-trice *(f)*)

inquiringly /ɪnˈkwaɪərɪŋlɪ/ ADV [*look*] d'un air interrogateur ; [*say*] d'un ton interrogateur

inquiry /ɪnˈkwaɪərɪ/ 1 N ⓐ (*from individual*) demande *(f)* de renseignements ; **to make inquiries (about sb/sth)** se renseigner (sur qn/qch) ⓑ (*official, legal*) enquête *(f)* ; **to set up an ~ (into sth)** ouvrir une enquête (sur qch) ; **committee of ~** commission *(f)* d'enquête ; **to hold an ~ (into sth)** enquêter (sur qch) ; **a murder ~** une enquête sur un meurtre ; **they are pursuing a new line of ~** ils suivent une nouvelle piste ; **the police are making inquiries** la police enquête 2 COMP ♦ **inquiry desk**, **inquiry office** N (bureau *(m)* de) renseignements *(mpl)*

inquisitive /ɪnˈkwɪzɪtɪv/ ADJ curieux

inquisitively /ɪnˈkwɪzɪtɪvlɪ/ ADV avec curiosité ; (*pej*) d'un air inquisiteur

inquisitiveness /ɪnˈkwɪzɪtɪvnɪs/ N curiosité *(f)* ; (*pej*) indiscrétion *(f)*

inroads /ˈɪnrəʊd/ NPL **to make ~ into** [+ *supplies*] entamer ; [+ *sb's rights*] empiéter sur ; **they have made signifi-**

cant **~ into this market** ils ont fait une percée importante sur ce marché

inrush /ˈɪnˌrʌʃ/ N irruption *(f)*

insalubrious /ˌɪnsəˈluːbrɪəs/ ADJ insalubre

insane /ɪnˈseɪn/ ADJ [*person*] fou (folle *(f)*) ; **to go ~** devenir fou ; **to drive sb ~** rendre qn fou ; **you must be ~!** tu es fou !

insanely /ɪnˈseɪnlɪ/ ADV ♦ **possessive/expensive** follement possessif/cher ; **~ jealous** (*on one occasion*) fou de jalousie ; (*by nature*) d'une jalousie maladive

insanitary /ɪnˈsænɪtərɪ/ ADJ insalubre

insanity /ɪnˈsænɪtɪ/ N démence *(f)*

insatiable /ɪnˈseɪʃəbl/ ADJ insatiable (**for sth** de qch)

insatiably /ɪnˈseɪʃəblɪ/ ADV **to be ~ hungry** avoir une faim insatiable ; **to be ~ curious** être d'une curiosité insatiable

inscribe /ɪnˈskraɪb/ VT (= *write*) inscrire ; (= *engrave*) graver ; **a watch ~d with his name** une montre gravée à son nom

inscription /ɪnˈskrɪpʃən/ N (*on coin, monument*) inscription *(f)* ; (= *dedication*) dédicace *(f)*

inscrutable /ɪnˈskruːtəbl/ ADJ impénétrable (**to sb/sth** à qn/qch)

insect /ˈɪnsekt/ N insecte *(m)* ♦ **insect bite** N piqûre *(f)* d'insecte ♦ **insect repellent** N antimoustiques *(inv)* ♦ **insect spray** N bombe *(f)* insecticide

insecticide /ɪnˈsektɪsaɪd/ ADJ, N insecticide *(m)*

insecure /ˌɪnsɪˈkjʊəʳ/ ADJ ⓐ (= *unsure of oneself*) **to feel ~** se sentir mal dans sa peau ⓑ [*future*] incertain ; [*job, rights*] précaire ⓒ [*building, district, ladder*] peu sûr ; [*rope, load*] mal arrimé

insecurity /ˌɪnsɪˈkjʊərɪtɪ/ N insécurité *(f)*

insemination /ɪnˌsemɪˈneɪʃən/ N insémination *(f)*

insensibility /ɪnˌsensəˈbɪlɪtɪ/ N insensibilité *(f)*

insensible /ɪnˈsensəbl/ ADJ ⓐ (= *unconscious*) inconscient ⓑ (= *impervious*) insensible (**to sth** à qch)

insensibly /ɪnˈsensəblɪ/ ADV insensiblement

insensitive /ɪnˈsensɪtɪv/ ADJ insensible (**to sth** à qch, **to sb** envers qn) ; [*remark, act*] indélicat ; **policies which are ~ to the needs of ...** des mesures qui ne tiennent pas compte des besoins de ...

insensitivity /ɪnˌsensɪˈtɪvɪtɪ/ N insensibilité *(f)*

inseparable /ɪnˈsepərəbl/ ADJ inséparable (**from** de)

inseparably /ɪnˈsepərəblɪ/ ADV inséparablement

insert 1 VT insérer ; [+ *finger*] enfoncer ; [+ *key*] introduire 2 N encart *(m)*

★ *Lorsque* **insert** *est un verbe, l'accent tombe sur la seconde syllabe :* /ɪnˈsɜːt/, *lorsque c'est un nom, sur la première :* /ˈɪnsɜːt/.

insertion /ɪnˈsɜːʃən/ N insertion *(f)*

inset /ˈɪnset/ N encadré *(m)*

inshore /ˈɪnˈʃɔːʳ/ 1 ADJ côtier ; **~ fishing** pêche *(f)* côtière 2 ADV [*be, fish*] près de la côte ; [*blow, flow, go*] vers la côte

inside /ˈɪnˈsaɪd/

► *When* **inside** *is an element in a phrasal verb, eg* **step inside**, *look up the verb.*

1 ADV ⓐ dedans, à l'intérieur ; **come ~!** entrez (donc) ! ; **let's go ~** rentrons ⓑ (= *in jail*)* à l'ombre*

2 PREP ⓐ (*of place*) à l'intérieur de, dans ; **he was waiting ~ the house** il attendait à l'intérieur de la maison or dans la maison ; **she was standing just ~ the gate** (*seen from inside*) elle était juste de ce côté-ci de la barrière ; (*seen from outside*) elle était juste de l'autre côté de la barrière ⓑ (*of time*) en moins de ; **he came back ~ three minutes** or (*US*) **~ of three minutes** il est revenu en moins de trois minutes ; **he was well ~ the record time** il avait largement battu le record

3 N intérieur *(m)* ; **on the ~** à l'intérieur ; **the door is bolted from the ~** la porte est fermée de l'intérieur ; **I heard music coming from ~** j'ai entendu de la musique qui venait

de l'intérieur

♦ inside out: **your coat is ~ out** ton manteau est à l'envers; **her umbrella blew ~ out** son parapluie s'est retourné sous l'effet du vent; **I turned the bag ~ out** j'ai retourné le sac; **he knows his subject ~ out** il connaît son sujet à fond; **he knows the district ~ out** il connaît le quartier comme sa poche; **we know each other ~ out** nous nous connaissons parfaitement

4 NPL **insides** (= *stomach*)* ventre *(m)*; **he felt fear grip his ~s** il a senti la peur le prendre au ventre

5 ADJ ⓐ intérieur (-eure *(f)*); **~ pocket** poche *(f)* intérieure; **to get ~ information** obtenir des renseignements de première main; **the ~ story** les dessous *(mpl)* de l'histoire; **it must have been an ~ job*** (*theft*) c'est un coup qui a dû être monté par quelqu'un de la maison
ⓑ [*wheel, headlight*] (*in Britain*) gauche; (*in US, continental Europe*) droit; **the ~ lane** (*in Britain*) ≈ la voie de gauche; (*in US, continental Europe*) ≈ la voie de droite

6 COMP **♦ inside leg** N entrejambe *(m)*

insider /ɪnˈsaɪdəʳ/ N (= *person with inside information*) initié(e) *(m(f))* **♦ insider dealing, insider trading** N délit *(m)* d'initiés

insidious /ɪnˈsɪdɪəs/ ADJ insidieux

insight /ˈɪnsaɪt/ N ⓐ (= *revealing glimpse*) aperçu *(m)* (**into** de, **about** sur); **to give sb an ~ into sth** donner à qn un aperçu de qch; **this gave us new ~s into what's been happening** cela nous a donné un nouvel éclairage sur ce qui s'est passé; **that will give you an ~ into his reasons for doing it** cela vous éclairera sur les raisons qui l'ont poussé à le faire ⓑ (= *discernment*) perspicacité *(f)*

insightful /ˈɪnsaɪtfʊl/ ADJ perspicace

insignia /ɪnˈsɪgnɪə/ N insigne *(m)*

insignificance /ˌɪnsɪgˈnɪfɪkəns/ N insignifiance *(f)*

insignificant /ˌɪnsɪgˈnɪfɪkənt/ ADJ insignifiant; **not ~** non négligeable

insincere /ˌɪnsɪnˈsɪəʳ/ ADJ hypocrite

insincerity /ˌɪnsɪnˈserɪtɪ/ N hypocrisie *(f)*

insinuate /ɪnˈsɪnjʊeɪt/ VT insinuer; **what are you insinuating?** qu'est-ce que tu veux insinuer par là?

insinuating /ɪnˈsɪnjʊeɪtɪŋ/ ADJ [*person*] insinuant; [*tone, smile, manner*] plein de sous-entendus

insinuation /ɪnˌsɪnjʊˈeɪʃən/ N insinuation *(f)*

insipid /ɪnˈsɪpɪd/ ADJ insipide; [*colour*] fade

insist /ɪnˈsɪst/ **1** VI insister; **to ~ on doing sth** insister pour faire qch; **they ~ed on silence** ils ont exigé le silence; **he ~ed on the need for dialogue** il a insisté sur le besoin de dialogue **2** VT ⓐ (= *demand*) insister; **I must ~ that you let me help** laisse-moi t'aider, j'insiste; **she ~ed that I should come** elle a insisté pour que je vienne ⓑ (= *affirm*) soutenir; **he ~s that he has seen her before** il soutient l'avoir déjà vue

insistence /ɪnˈsɪstəns/ N insistance *(f)*; **I did it at his ~** je l'ai fait parce qu'il a insisté

insistent /ɪnˈsɪstənt/ ADJ insistant; **she was most ~ about it** elle a beaucoup insisté là-dessus

insistently /ɪnˈsɪstəntlɪ/ ADV avec insistance

insofar /ˌɪnsəʊˈfɑːʳ/ ADV **~ as** dans la mesure où

insole /ˈɪnˌsəʊl/ N semelle *(f)* intérieure

insolence /ˈɪnsələns/ N insolence *(f)* (**to** envers)

insolent /ˈɪnsələnt/ ADJ insolent (**with sb** avec qn)

insoluble /ɪnˈsɒljʊbl/ ADJ insoluble

insolvency /ɪnˈsɒlvənsɪ/ N insolvabilité *(f)*; (= *bankruptcy*) faillite *(f)*

insolvent /ɪnˈsɒlvənt/ ADJ insolvable

insomnia /ɪnˈsɒmnɪə/ N insomnie *(f)*

insomniac /ɪnˈsɒmnɪæk/ ADJ, N insomniaque *(mf)*

insomuch /ˌɪnsəʊˈmʌtʃ/ ADV **~ that** à tel point que; **~ as** d'autant que

inspect /ɪnˈspekt/ VT [+ *document, object*] inspecter; (*Brit*) [+ *ticket*] contrôler

inspection /ɪnˈspekʃən/ N [*of document, object*] examen *(m)*; (*Brit*) [*of ticket*] contrôle *(m)*; [*of machinery, troops*] inspection *(f)*; **on closer ~** en regardant de plus près

inspector /ɪnˈspektəʳ/ N ⓐ inspecteur *(m)*, -trice *(f)*; (*Brit: on bus, train*) contrôleur *(m)*, -euse *(f)*; **tax ~** (*Brit*) inspecteur *(m)*, -trice *(f)* des impôts ⓑ (*Brit = police inspector*) inspecteur *(m)*, -trice *(f)* (de police) ⓒ (*Brit: = schools inspector*) inspecteur *(m)*, -trice *(f)*

inspiration /ˌɪnspəˈreɪʃən/ N inspiration *(f)*; **to draw one's ~ from sth** s'inspirer de qch; **to be an ~ to sb** [*person, thing*] être une source d'inspiration pour qn; **to be the ~ for sth** servir d'inspiration pour qch

inspirational /ˌɪnspəˈreɪʃənl/ ADJ [*teacher, leader*] stimulant; [*book, film*] inspirant

inspire /ɪnˈspaɪəʳ/ VT inspirer; **to ~ sb to do sth** donner envie à qn de faire qch; **the book is ~d by a real person** le livre s'inspire d'un personnage réel; **to ~ confidence in sb** inspirer confiance à qn; **to ~ courage in sb** insuffler du courage à qn; **to ~ sb with an idea** inspirer une idée à qn

inspired /ɪnˈspaɪəd/ ADJ ⓐ [*person, performance, idea, choice*] inspiré; **that was an ~ guess!** bien deviné! ⓑ (= *motivated*) **politically/classically ~** d'inspiration politique/classique

inspiring /ɪnˈspaɪərɪŋ/ ADJ ⓐ [*story, film, example*] édifiant; **it wasn't particularly ~** ce n'était pas terrible* ⓑ [*teacher, leader*] stimulant

instability /ˌɪnstəˈbɪlɪtɪ/ N instabilité *(f)*

instal(l) /ɪnˈstɔːl/ VT installer; **to ~ o.s. in** s'installer dans

installation /ˌɪnstəˈleɪʃən/ N installation *(f)*

instalment, installment (*US*) /ɪnˈstɔːlmənt/ **1** N ⓐ (= *payment*) versement *(m)*; (= *down payment*) acompte *(m)*; [*of loan, investment, credit*] versement *(m)*; **to pay an ~** faire un versement; **to pay by ~s** payer en plusieurs versements; **monthly ~** mensualité *(f)* ⓑ [*of story, serial*] épisode *(m)*; [*of book*] fascicule *(m)* **2** COMP **♦ installment plan** N (*US*) contrat *(m)* de vente à crédit; **to buy on the installment plan** acheter à crédit

instance /ˈɪnstəns/ N (= *example*) cas *(m)*; (= *occasion*) circonstance *(f)*; **in many ~s** dans bien des cas; **in the first ~** en premier lieu; **as an ~ of** comme exemple de; **for ~** par exemple

instant /ˈɪnstənt/ **1** ADJ ⓐ [*relief, response, effect*] immédiat; [*need*] urgent; **this calls for ~ action** ceci nécessite des mesures immédiates; **~ camera/photography** appareil *(m)* photo/photographie *(f)* à développement instantané; **I took an ~ dislike to him** je l'ai tout de suite trouvé antipathique ⓑ [*coffee*] soluble; [*potatoes*] déshydraté; [*food*] à préparation rapide; **~ soup** potage *(m)* instantané

2 N instant *(m)*; **come here this ~** viens ici tout de suite; **for an ~** pendant un instant; **he left the ~ he heard the news** il est parti dès qu'il a appris la nouvelle

3 COMP **♦ instant messaging** N messagerie *(f)* instantanée **♦ instant replay** N répétition immédiate d'une séquence; (= *slow-motion*) ralenti *(m)*

instantaneous /ˌɪnstənˈteɪnɪəs/ ADJ instantané

instantaneously /ˌɪnstənˈteɪnɪəslɪ/ ADV instantanément

instantly /ˈɪnstəntlɪ/ ADV [*die, be killed*] sur le coup; [*know, recognize, recognizable, available*] immédiatement; **~ likeable** [*person*] sympathique au premier abord

instead /ɪnˈsted/ ADV **if you don't like orange juice, have some mineral water ~** si vous n'aimez pas le jus d'orange, prenez plutôt de l'eau minérale; **his brother came ~** (= *instead of him*) son frère est venu à sa place; **I didn't go to the office, I went to the cinema ~** au lieu d'aller au bureau, je suis allé au cinéma

♦ instead of au lieu de; **~ of going to school** au lieu d'aller à l'école; **we decided to have dinner at 8 o'clock ~ of 7** nous avons décidé de dîner à 8 heures au lieu de 7; **Emma came ~ of Liz** Emma est venue à la place de Liz; **Emma came ~ of her** Emma est venue à sa place; **use olive oil ~ of butter** remplacez le beurre par de l'huile d'olive;

this is ~ of a birthday present cela tient lieu de cadeau d'anniversaire

instep /'ɪnstep/ N ⓐ [*of foot*] cou-de-pied (m); **to have a high ~** avoir le pied cambré ⓑ [*of shoe*] cambrure (f)

instigate /'ɪnstɪɡeɪt/ VT être l'instigateur de

instigation /ˌɪnstɪ'ɡeɪʃən/ N instigation (f); **at sb's ~** à l'instigation de qn

instigator /'ɪnstɪɡeɪtəʳ/ N instigateur (m), -trice (f)

instil, **instill** (US) /ɪn'stɪl/ VT [+ *courage, optimism*] insuffler (**into sb** à qn); [+ *knowledge, principles*] inculquer (**into sb** à qn); [+ *idea, fact*] faire comprendre (**into sb** à qn); [+ *fear*] faire naître (**into sb** chez qn); **to ~ into sb that ...** faire entrer dans l'esprit de qn que ...

instinct /'ɪnstɪŋkt/ N instinct (m); **from ~** d'instinct; **to have a good business ~** avoir le sens des affaires

instinctive /ɪn'stɪŋktɪv/ ADJ instinctif

instinctively /ɪn'stɪŋktɪvlɪ/ ADV instinctivement

institute /'ɪnstɪtjuːt/ 1 VT ⓐ [+ *system, rules*] instituer; [+ *society*] fonder; **newly ~d** [*post*] récemment créé; [*organization*] de fondation récente ⓑ [+ *inquiry*] ouvrir; [+ *action*] entreprendre; **to ~ proceedings against sb** intenter un procès contre qn 2 N institut (m)

institution /ˌɪnstɪ'tjuːʃən/ N institution (f); **financial/ credit/educational ~** établissement (m) financier/de crédit/d'enseignement; **an academic ~** un établissement d'enseignement supérieur

institutional /ˌɪnstɪ'tjuːʃənl/ ADJ ⓐ (= *of institutions*) [*reform, structure*] institutionnel; **~ care** soins (mpl) en institution ⓑ (= *of companies*) [*investors, funds, buying*] institutionnel ⓒ (= *reminiscent of institutions*) [*food*] d'internat; [*place*] froid et impersonnel

institutionalize /ˌɪnstɪ'tjuːʃnəlaɪz/ VT ⓐ [+ *person*] placer dans une institution ⓑ [+ *procedure, custom, event*] institutionnaliser

institutionalized /ˌɪnstɪ'tjuːʃnəlaɪzd/ ADJ ⓐ (= *living in an institution*) vivant en institution ⓑ (= *dependent*) dépendant ⓒ (= *ingrained*) institutionnalisé; **to become ~** devenir une institution

instruct /ɪn'strʌkt/ VT ⓐ (= *teach*) [+ *person*] instruire; **to ~ sb in sth** apprendre qch à qn; **to ~ sb in how to do sth** enseigner à qn comment faire qch ⓑ (= *direct*) [+ *person*] donner des instructions à; **to ~ sb to do sth** charger qn de faire qch; **I am ~ed to inform you that ...** je suis chargé de vous informer que ...

instruction /ɪn'strʌkʃən/ 1 N ⓐ (= *teaching*) instruction (f); **to give ~ to sb (in sth)** instruire qn (en qch); **driving ~** leçons (fpl) de conduite
ⓑ (*gen pl*) **instructions** instructions (fpl); **he gave me precise ~s on what to do if ...** il m'a donné des instructions précises sur la conduite à tenir au cas où ...; **he gave me ~s not to leave until ...** il m'a donné ordre de ne pas partir avant ...; **to act according to ~s** se conformer aux instructions; **the ~s are on the back of the box** le mode d'emploi est au dos de la boîte
2 COMP ◆ **instruction book** N mode (m) d'emploi ◆ **instruction manual** N manuel (m) d'utilisation

instructive /ɪn'strʌktɪv/ ADJ instructif

instructor /ɪn'strʌktəʳ/ N professeur (mf); **driving ~** moniteur (m), -trice (f) d'auto-école; **flying ~** instructeur (m), -trice (f) de pilotage; **skiing ~** moniteur (m), -trice (f) de ski

instrument /'ɪnstrəmənt/ N instrument (m) ◆ **instrument panel** N tableau (m) de bord

instrumental /ˌɪnstrʊ'mentl/ ADJ [*role*] déterminant; **to be ~ in sth** jouer un rôle clé dans qch ⓑ [*music*] instrumental; [*recording, album*] de musique instrumentale

instrumentalist /ˌɪnstrʊ'mentəlɪst/ N instrumentiste (mf)

instrumentation /ˌɪnstrʊmen'teɪʃən/ N instrumentation (f)

insubordinate /ˌɪnsə'bɔːdənɪt/ ADJ insubordonné

insubordination /'ɪnsəˌbɔːdɪ'neɪʃən/ N insubordination (f)

insubstantial /ˌɪnsəb'stænʃəl/ ADJ [*sum, amount*] peu important; [*meal, work*] peu substantiel; [*argument*] sans substance; [*evidence*] sans fondement; [*structure*] peu solide

insufferable /ɪn'sʌfərəbl/ ADJ insupportable

insufficient /ˌɪnsə'fɪʃənt/ ADJ insuffisant

insufficiently /ˌɪnsə'fɪʃəntlɪ/ ADV insuffisamment

insular /'ɪnsjələʳ/ ADJ (= *narrow-minded*) borné; [*community, existence*] coupé du monde extérieur

insularity /ˌɪnsjʊ'lærɪtɪ/ N (= *narrow-mindedness*) étroitesse (f) d'esprit; [*of community, existence*] fermeture (f) au monde extérieur; [*of outlook, views*] étroitesse (f)

insulate /'ɪnsjʊleɪt/ 1 VT ⓐ (*against cold, heat*) [+ *room, roof*] isoler; [+ *water tank*] calorifuger; (*against sound*) insonoriser; **~d handle** poignée (f) isolante ⓑ [+ *person*] (= *separate*) séparer (**from** de); (= *protect*) protéger (**against** de) 2 COMP ◆ **insulating material** N isolant (m) ◆ **insulating tape** N (ruban (m)) isolant (m); (*adhesive*) chatterton (m)

insulation /ˌɪnsjʊ'leɪʃən/ N ⓐ isolation (f); (*against sound*) insonorisation (f) ⓑ (= *material*) isolant (m)

insulin /'ɪnsjʊlɪn/ N insuline (f)

insult 1 VT insulter 2 N insulte (f)

> ★ *Lorsque* **insult** *est un verbe, l'accent tombe sur la seconde syllabe:* /ɪn'sʌlt/, *lorsque c'est un nom, sur la première:* /'ɪnsʌlt/.

insulting /ɪn'sʌltɪŋ/ ADJ insultant; **to be ~ to sb** [*remarks, comments*] être un affront à qn

insultingly /ɪn'sʌltɪŋlɪ/ ADV [*behave, talk*] de façon insultante; **~ sexist** d'un sexisme insultant

insurance /ɪn'ʃʊərəns/ N ⓐ assurance (f) (**on sth** pour qch); (= *policy*) contrat (m) d'assurances (**on sth** pour qch); **he pays $300 a year in ~** il paie 300 dollars d'assurance par an; **to take out ~** contracter une assurance; **to take out ~ against** s'assurer contre; **to do sth as an ~ against sth** faire qch comme garantie contre qch ◆ **insurance adjuster** N (US) expert (m) en sinistres ◆ **insurance agent** N agent (m) d'assurances ◆ **insurance broker** N courtier (m) d'assurances ◆ **insurance certificate** N attestation (f) d'assurance ◆ **insurance claim** N (déclaration (f) de) sinistre (m) ◆ **insurance company** N compagnie (f) d'assurances ◆ **insurance policy** N police (f) d'assurance ◆ **insurance premium** N prime (f) d'assurance

insure /ɪn'ʃʊəʳ/ VT [+ *car, house*] (faire) assurer; **to ~ one's life** s'assurer sur la vie; **I am ~d against fire** je suis assuré contre l'incendie

insurer /ɪn'ʃʊərəʳ/ N assureur (m)

insurgence /ɪn'sɜːdʒəns/, **insurgency** /ɪn'sɜːdʒənsɪ/ N insurrection (f)

insurgent /ɪn'sɜːdʒənt/ ADJ, N insurgé(e) (m(f))

insurmountable /ˌɪnsə'maʊntəbl/ ADJ insurmontable

insurrection /ˌɪnsə'rekʃən/ N insurrection (f); **to rise in ~** se soulever

intact /ɪn'tækt/ ADJ intact; **to survive ~** rester intact

intake /'ɪnteɪk/ N ⓐ [*of pupils, students*] (nombre (m) des) inscriptions (fpl); [*of soldiers*] contingent (m); **the latest ~ of young graduates into our company** le dernier contingent de jeunes diplômés recrutés par notre société ⓑ [*of protein, liquid, alcohol*] consommation (f); **food ~** ration (f) alimentaire

intangible /ɪn'tændʒəbl/ ADJ intangible

integral /'ɪntɪɡrəl/ ADJ **to be an ~ part of sth** faire partie intégrante de qch

integrate /'ɪntɪɡreɪt/ 1 VT intégrer; **~d school** établissement (m) scolaire où se pratique l'intégration 2 VI [*person, religious or ethnic group*] s'intégrer

integrated /'ɪntɪɡreɪtɪd/ ADJ intégré

integration /ˌɪntɪ'ɡreɪʃən/ N intégration (f)

integrity /ɪn'teɡrɪtɪ/ N (= *honesty*) intégrité (f); **a man of ~** un homme intègre

intellect /'ɪntɪlekt/ N (= *reasoning power*) intellect *(m)*; **a man of great ~** (= *cleverness*) un homme d'une grande intelligence

intellectual /ɪntɪ'lektjʊəl/ 1 ADJ intellectuel; [*group, family*] d'intellectuels 2 N intellectuel(le) *(m(f))*

intellectualize /ɪntɪ'lektjʊəlaɪz/ 1 VT intellectualiser 2 VI **you always have to ~** il faut toujours que tu intellectualises tout

intellectually /ɪntɪ'lektjʊəlɪ/ ADV intellectuellement

intelligence /ɪn'telɪdʒəns/ 1 N ⓐ intelligence *(f)*; **his book shows ~** son livre est intelligent; **use your ~!** réfléchis!
ⓑ (= *information*) information(s) *(f(pl))*
ⓒ **Military/Naval Intelligence** service *(m)* de renseignements de l'armée de Terre/de la Marine; **he was in Intelligence during the war** il était dans les services de renseignements pendant la guerre
2 COMP ♦ **intelligence agent** N agent *(m)* de renseignements ♦ **Intelligence officer** N (*Brit*) officier *(m)* de renseignements ♦ **intelligence quotient** N quotient *(m)* intellectuel ♦ **Intelligence Service** N (*Brit*) services *(mpl)* secrets ♦ **intelligence test** N test *(m)* d'intelligence

intelligent /ɪn'telɪdʒənt/ ADJ intelligent

intelligently /ɪn'telɪdʒəntlɪ/ ADV intelligemment

intelligentsia /ɪn,telɪ'dʒentsɪə/ N **the ~** l'intelligentsia *(f)*

intelligible /ɪn'telɪdʒəbl/ ADJ intelligible

intend /ɪn'tend/ VT **to ~ to do sth** avoir l'intention de faire qch; **it was ~ed that they should leave early** il était prévu qu'ils partent tôt; **this scheme is ~ed to help the poor** ce projet est destiné à venir en aide aux indigents; **~ed for** destiné à; **the building was originally ~ed as a sports complex** le bâtiment devait initialement être un complexe sportif; **I ~ed it as a compliment** ça se voulait être un compliment; **he ~ed no harm** il l'a fait sans mauvaise intention

intended /ɪn'tendɪd/ ADJ [*target, victim*] visé; [*effect*] voulu; [*insult*] intentionnel; **his ~ trip to China** le voyage qu'il avait projeté de faire en Chine

intense /ɪn'tens/ ADJ ⓐ intense; [*fear, anger, hatred*] violent; [*interest, enthusiasm, competition*] très vif ⓑ (= *passionate*) [*person*] sérieux; [*relationship*] passionné; [*gaze, expression*] d'une grande intensité

intensely /ɪn'tenslɪ/ ADV ⓐ (= *very*) extrêmement ⓑ [*concentrate, look at*] intensément; **I dislike her ~** elle me déplaît profondément

intensification /ɪn,tensɪfɪ'keɪʃən/ N intensification *(f)*

intensifier /ɪn'tensɪfaɪəʳ/ N (*Gram*) intensif *(m)*

intensify /ɪn'tensɪfaɪ/ 1 VT intensifier 2 VI [*fighting, competition, speculation*] s'intensifier; [*heat, pain, emotion*] augmenter

intensity /ɪn'tensɪtɪ/ N intensité *(f)*

intensive /ɪn'tensɪv/ ADJ intensif ♦ **intensive care** N **to be in ~ care** être en soins intensifs ♦ **intensive care unit** N unité *(f)* de soins intensifs

intensively /ɪn'tensɪvlɪ/ ADV intensivement

intent /ɪn'tent/ 1 N intention *(f)*; **with good ~** dans une bonne intention; **to do sth with ~** faire qch de propos délibéré; **with criminal ~** dans un but délictueux; **with ~ to do sth** dans l'intention de faire qch; **to all ~s and purposes** pratiquement
2 ADJ ⓐ (= *absorbed*) [*face, expression*] attentif; **~ on his work** absorbé par son travail; **he was ~ on what she was saying** il écoutait attentivement ce qu'elle disait
ⓑ (= *determined*) **to be ~ on doing sth** être résolu à faire qch; **~ on revenge** résolu à se venger; **he was so ~ on seeing her that ...** il voulait tellement la voir que ...

intention /ɪn'tenʃən/ N intention *(f)*; **he has every ~ of doing this** il a bien l'intention de le faire; **I haven't the slightest ~ of staying here** je n'ai pas la moindre intention de rester ici; **with the ~ of doing sth** dans l'intention de faire qch

intentional /ɪn'tenʃənl/ ADJ intentionnel

intentionally /ɪn'tenʃnəlɪ/ ADV intentionnellement; **~ vague/misleading** délibérément vague/trompeur

intently /ɪn'tentlɪ/ ADV attentivement; **they were talking ~ about work** ils étaient en pleine discussion à parler travail

interact /,ɪntər'ækt/ VI [*substances*] interagir; **we don't ~ very well** le courant passe mal entre nous

interaction /,ɪntər'ækʃən/ N interaction *(f)*

interactive /,ɪntər'æktɪv/ 1 ADJ interactif 2 COMP ♦ **interactive whiteboard** N tableau *(m)* (blanc) interactif

interbreed /'ɪntə'briːd/ (*pret, ptp* **interbred** /'ɪntə'bred/) 1 VT croiser 2 VI se croiser

intercede /,ɪntə'siːd/ VI intercéder (**with** auprès de, **for** pour, en faveur de)

intercept /,ɪntə'sept/ VT [+ *message, plane, suspect*] intercepter; [+ *person*] arrêter au passage

interception /,ɪntə'sepʃən/ N interception *(f)*

interchange 1 N ⓐ (= *exchange*) échange *(m)*; (= *alternation*) alternance *(f)* ⓑ (*on motorway*) échangeur *(m)* 2 VT (= *alternate*) faire alterner; (= *change positions of*) changer de place; (= *exchange*) échanger 3 VI (= *change position*) changer de place; (= *alternate*) alterner

> ★ Lorsque **interchange** est un nom, l'accent tombe sur la première syllabe: /'ɪntə,tʃeɪndʒ/, lorsque c'est un verbe, sur la troisième: /,ɪntə'tʃeɪndʒ/.

interchangeable /,ɪntə'tʃeɪndʒəbl/ ADJ interchangeable

inter-city /,ɪntə'sɪtɪ/ 1 ADJ interurbain 2 N (*Brit* = *inter-city train*) train *(m)* rapide

intercollegiate /'ɪntəkə'liːdʒɪt/ ADJ entre collèges

intercom /'ɪntəkɒm/ N interphone *(m)*; **over the ~** à l'interphone

interconnect /,ɪntəkə'nekt/ 1 VT connecter; [+ *computer systems*] interconnecter 2 VI [*rooms, tunnels*] communiquer; [*parts of a structure*] être relié(e)s

intercourse /'ɪntəkɔːs/ N ⓐ (*frm*) relations *(fpl)*; **human/social ~** relations *(fpl)* humaines/sociales ⓑ **sexual ~** rapports *(mpl)* (sexuels); **to have ~** avoir des rapports

interdepartmental /'ɪntə,diːpɑːt'mentl/ ADJ entre départements; (*in government*) interministériel

interdependence /,ɪntədɪ'pendəns/ N interdépendance *(f)*

interdependence /,ɪntədɪ'pendəns/ N interdépendance *(f)*

interdependent /,ɪntədɪ'pendənt/ ADJ interdépendant

interdisciplinary /,ɪntə'dɪsɪplɪnərɪ/ ADJ interdisciplinaire

interest /'ɪntrɪst/ 1 N ⓐ intérêt *(m)*; **to take an ~ in** s'intéresser à; **to show an ~ in sb/sth** manifester de l'intérêt pour qn/qch; **to take a great ~ in sb/sth** s'intéresser vivement à qn/qch; **that's of no ~ to me** ça ne m'intéresse pas
ⓑ (= *hobby*) **what are your ~s?** à quoi vous intéressez-vous?; **my main ~ is baroque architecture** mon principal centre d'intérêt est l'architecture baroque; **special ~ holidays** *(fpl)* vacances *(fpl)* à thème
ⓒ (= *advantage, well-being*) intérêt *(m)*; **in one's own ~** dans son (propre) intérêt; **it is in your own ~ to do so** il est de votre intérêt d'agir ainsi; **to act in sb's ~** agir dans l'intérêt de qn; **in the ~s of hygiene/safety** par souci d'hygiène/de sécurité; **in the ~s of peace/national security** dans l'intérêt de la paix/la sécurité nationale; **in the public ~** dans l'intérêt public
ⓓ (= *share, stake*) intérêts *(mpl)*, participation *(f)*; **he has business ~s abroad** il a des intérêts commerciaux à l'étranger; **Switzerland is looking after British ~s** la Suisse défend les intérêts britanniques; **he has sold his ~ in the firm** il a vendu la participation qu'il avait dans l'entreprise
ⓔ (*earned on investment*) intérêt(s) *(m(pl))*; **to carry ~** rapporter des intérêts
2 VT intéresser; **to be ~ed in sth/sb** s'intéresser à qch/qn; **I'm not ~ed in football** le football ne m'intéresse pas; **the company is ~ed in buying land** l'entreprise est intéressée par l'achat de terrains; **I'm not ~ed!** ça ne m'intéresse pas!; **can I ~ you in contributing to ...?** est-ce que cela vous intéresserait de contribuer à ...?; **can I ~ you in a**

new computer? seriez-vous intéressé par un nouvel ordinateur?

3 COMP ✦ **interest-free** ADJ sans intérêt ✦ **interest rate** N taux (m) d'intérêt

interested /'ɪntrɪstɪd/ ADJ ⓐ (= attentive) **with an ~ expression** avec une expression intéressée; **I'm not ~ in it** cela ne m'intéresse pas ⓑ (= involved) intéressé; **to be an ~ party** être une des parties intéressées

interesting /'ɪntrɪstɪŋ/ ADJ intéressant; **the ~ thing about it is that ...** ce qu'il y a d'intéressant à ce propos, c'est que ...

interestingly /'ɪntrɪstɪŋlɪ/ ADV de façon intéressante; **~ (enough), he ...** chose intéressante, il ...

interface /'ɪntəfeɪs/ N interface (f); **user ~** interface (f) utilisateur

interfere /ˌɪntə'fɪə'/ VI ⓐ (= intrude) **stop interfering!** ne vous mêlez pas de ce qui ne vous regarde pas!; **he's always interfering** il se mêle toujours de ce qui ne le regarde pas; **to ~ with sb's plans** [weather, accident, circumstances] contrarier les projets de qn; **computer games can ~ with school work** les jeux électroniques peuvent perturber le travail scolaire; **tiredness ~s with your ability to study** la fatigue affecte l'aptitude à étudier ⓑ (sexually) **to ~ with sb** abuser de qn; **the child had been ~d with** on avait abusé de l'enfant ⓒ (= handle) **don't ~ with my camera*** ne touche pas à mon appareil photo

interference /ˌɪntə'fɪərəns/ N ⓐ (= intervention) ingérence (f); **state ~** ingérence (f) de l'État ⓑ (on radio) interférences (fpl)

interfering /ˌɪntə'fɪərɪŋ/ ADJ [person] importun; [neighbour] envahissant; **he's an ~ busybody** il se mêle toujours de ce qui ne le regarde pas

intergovernmental /ˌɪntəɡʌvn'mentl/ ADJ intergouvernemental

interim /'ɪntərɪm/ **1** N intérim (m); **in the ~** dans l'intérim **2** ADJ [arrangement, report, government, payment, loan] provisoire; [post, chairman] intérimaire; **the ~ period** l'intérim (m)

interior /ɪn'tɪərɪə'/ **1** ADJ intérieur (-eure (f)) **2** N intérieur (m); **Minister/Ministry of the Interior** ministre (m/f)/ministère (m) de l'Intérieur; **Secretary/Department of the Interior** (US) ministre/ministère de l'Environnement chargé des Parcs nationaux **3** COMP ✦ **interior decoration** N décoration (f) d'intérieur ✦ **interior decorator** N décorateur (m), -trice (f) d'intérieur ✦ **interior design** N architecture (f) d'intérieur ✦ **interior designer** N architecte (mf) d'intérieur

interlink /ˌɪntə'lɪŋk/ **1** VI [parts of a structure] se rejoindre; [factors, problems] être liés; [bus, train services] interconnecter **2** VT **to be ~ed** [factors, problems] être lié (**with** à)

interlock /ˌɪntə'lɒk/ VI (= click into place) s'enclencher; (= join together) s'emboîter; [problems, ideas, projects] être étroitement lié

interlude /'ɪntəluːd/ N intervalle (m); (in play) intermède (m); **musical ~** intermède (m) musical

intermarriage /ˌɪntə'mærɪdʒ/ N (within family, tribe) mariage (m) endogamique; (between families, tribes) mariage (m)

intermarry /'ɪntə'mærɪ/ VI (within one's own family, tribe) pratiquer l'endogamie; (with other family, tribe) se marier entre eux; **to ~ with** se marier avec

intermediary /ˌɪntə'miːdɪərɪ/ ADJ, N intermédiaire (mf)

intermediate /ˌɪntə'miːdɪət/ **1** ADJ intermédiaire; [course, exam] de niveau moyen **2** N **language courses for ~s** des cours de langue pour les étudiants de niveau intermédiaire

interminable /ɪn'tɜːmɪnəbl/ ADJ interminable

interminably /ɪn'tɜːmɪnəblɪ/ ADV [talk, argue] interminablement; **~ long** interminable

intermingle /ˌɪntə'mɪŋgl/ VI se mêler

intermission /ˌɪntə'mɪʃən/ N ⓐ interruption (f); (in hostilities) trêve (f) ⓑ (in play, film) entracte (m)

intermittent /ˌɪntə'mɪtənt/ ADJ intermittent

intermittently /ˌɪntə'mɪtəntlɪ/ ADV par intermittence

intern 1 VT interner **2** N (US) interne (mf) (dans un hôpital)

> ★ Lorsque **intern** est un verbe, l'accent tombe sur la seconde syllabe: /ɪn'tɜːn/, lorsque c'est un nom, sur la première: /'ɪntɜːn/.

internal /ɪn'tɜːnl/ ADJ interne ✦ **Internal Revenue Service** N (US) ≈ fisc (m)

internalize /ɪn'tɜːnəˌlaɪz/ VT [+ problem] intérioriser

internally /ɪn'tɜːnəlɪ/ ADV intérieurement; **to bleed ~** avoir des hémorragies internes; **"to be taken ~"** « à usage interne »; **"not to be taken ~"** « pour usage externe »

international /ˌɪntə'næfnəl/ **1** ADJ international **2** N (Brit Sport) (= match) match (m) international; (= player) international(e) (m(f)) **3** COMP ✦ **International Court of Justice** N Cour (f) internationale de Justice ✦ **International Date Line** N ligne (f) de changement de date ✦ **International Monetary Fund** N Fonds (m) monétaire international

internationally /ˌɪntə'næfnəlɪ/ ADV [recognized] internationalement; [discussed, accepted, competitive] au niveau international; **~ renowned** de réputation internationale; **~ respected** respecté dans le monde entier

internee /ˌɪntɜː'niː/ N interné(e) (m(f))

Internet /'ɪntə,net/ N **the ~** l'Internet (m) ✦ **Internet café** N cybercafé (m) ✦ **Internet service provider** N fournisseur (m) d'accès à Internet

internment /ɪn'tɜːnmənt/ N internement (m)

internship /'ɪntɜːn,ʃɪp/ N (US) (in hospital) internat (m); (in company) stage (m) en entreprise

interpersonal /ˌɪntə'pɜːsnl/ ADJ **~ relationships** relations (fpl) interpersonnelles; **~ skills** compétences (fpl) relationnelles

interplay /'ɪntəpleɪ/ N interaction (f)

interpret /ɪn'tɜːprɪt/ **1** VT interpréter **2** VI servir d'interprète

interpretation /ɪn,tɜːprɪ'teɪʃən/ N interprétation (f)

interpreter /ɪn'tɜːprɪtə'/ N interprète (mf)

interpreting /ɪn'tɜːprɪtɪŋ/ N interprétariat (m)

interracial /ˌɪntə'reɪʃəl/ ADJ [marriage] mixte; [problems, violence] interracial

interrelate /ˌɪntərɪ'leɪt/ **1** VT mettre en corrélation **2** VI [concepts] être en corrélation; **the way in which we ~ with others** la manière dont nous communiquons les uns avec les autres

interrelated /ˌɪntərɪ'leɪtɪd/ ADJ étroitement lié

interrogate /ɪn'terəgeɪt/ VT interroger; (Police) soumettre à un interrogatoire

interrogation /ɪn,terə'geɪʃən/ N interrogation (f); (Police) interrogatoire (m)

interrogative /ˌɪntə'rɒgətɪv/ **1** ADJ [look, tone] interrogateur (-trice (f)); [Gram] interrogatif (m); **in the ~** à l'interrogatif **2** N (Linguistics) interrogatif (m)

interrogator /ɪn'terəgeɪtə'/ N interrogateur (m), -trice (f)

interrupt /ˌɪntə'rʌpt/ VT interrompre; **don't ~!** pas d'interruptions!

interruption /ˌɪntə'rʌpʃən/ N interruption (f)

intersect /ˌɪntə'sekt/ VI [wires, roads] se croiser

intersection /ˌɪntə'sekʃən/ N intersection (f); (US = crossroads) croisement (m)

intersperse /ˌɪntə'spɜːs/ VT parsemer (**among, between** dans, parmi); **a book ~d with quotations** un livre émaillé de citations

interstate /ˌɪntə'steɪt/ (US) **1** ADJ [commerce] entre États **2** N (= interstate highway) autoroute (f) (qui relie plusieurs États) → ROADS

intertwine /ˌɪntə'twaɪn/ **1** VT entrelacer; **their destinies are ~d** leurs destins sont inextricablement liés **2** VI s'entrelacer

interval /ˈɪntəvəl/ N ⓐ (*in time*) intervalle *(m)*; **at ~s** par intervalles; **at frequent/regular ~s** à intervalles rapprochés/réguliers; **at rare ~s** de loin en loin; **at fortnightly ~s** tous les quinze jours; **there was an ~ for discussion** il y eut une pause pour la discussion; **showery ~s** averses *(fpl)* ⓑ (*in play*) entracte *(m)*; (*during match*) mi-temps *(f)* ⓒ (= *space between objects*) intervalle *(m)*; **at ~s of 2 metres** à 2 mètres d'intervalle

intervene /ˌɪntəˈviːn/ VI ⓐ [*person*] intervenir ⓑ [*event, circumstances*] survenir; [*time*] s'écouler; **war ~d** survint la guerre; **if nothing ~s** s'il ne se passe rien entre-temps

intervening /ˌɪntəˈviːnɪŋ/ ADJ [*event*] survenu; [*period of time*] intermédiaire; **the ~ years were happy** les années qui s'écoulèrent entre-temps furent heureuses; **I had spent the ~ time in London** entre-temps j'étais resté à Londres

intervention /ˌɪntəˈvenʃən/ N intervention *(f)*

interventionist /ˌɪntəˈvenʃənɪst/ N, ADJ interventionniste *(mf)*

interview /ˈɪntəvjuː/ 1 N ⓐ (*for job, place on course*) entretien *(m)*; (*to discuss working conditions, pay rise*) entrevue *(f)*; **to invite sb to an ~** convoquer qn pour un entretien; **to come to an ~** se présenter à un entretien; **the ~s will be held next week** les entretiens auront lieu la semaine prochaine
ⓑ (*in media*) interview *(f)*; **to give an ~** accorder une interview
2 VT ⓐ (*for job, place on course*) faire passer un entretien à; **he is being ~ed on Monday** il a un entretien lundi; **she was ~ed for the job** elle a passé un entretien pour le poste
ⓑ (*in media*) interviewer
ⓒ (*Police*) interroger; **he was ~ed by the police** il a été interrogé par la police; **the police want to ~ him** la police le recherche
3 VI **we shall be ~ing throughout next week** nous faisons passer des entretiens toute la semaine prochaine

interviewee /ˌɪntəvjuːˈiː/ N (*for job, place on course*) candidat(e) *(m(f))* (*qui passe un entretien*); (*in media*) interviewé(e) *(m(f))*

interviewer /ˈɪntəvjuːəʳ/ N (*in media*) interviewer *(m)*; (*in opinion poll*) enquêteur *(m)*, -trice *(f)*; **the ~ asked me ...** (*for job*) la personne qui m'a fait passer l'entretien m'a demandé ...

interwar /ˈɪntəˈwɔːʳ/ ADJ **the ~ years** l'entre-deux-guerres *(m)*

interweave /ˌɪntəˈwiːv/ 1 VT [+ *threads*] tisser ensemble; [+ *stories, subplots*] entremêler 2 VI s'entrelacer

intestate /ɪnˈtestɪt/ ADJ intestat *(f inv)*; **to die ~** mourir ab intestat

intestinal /ɪnˈtestɪnl/ ADJ intestinal

intestine /ɪnˈtestɪn/ N intestin *(m)*; **small ~** intestin *(m)* grêle; **large ~** gros intestin *(m)*

intimacy /ˈɪntɪməsɪ/ N ⓐ intimité *(f)* ⓑ (*sexual*) rapports *(mpl)* (sexuels)

intimate 1 ADJ intime; [*link, bond*] étroit; **to be on ~ terms** être intime; (*sexually*) avoir des relations intimes; **an ~ candlelit dinner for two** un dîner aux chandelles en tête-à-tête; **to have an ~ knowledge of sth** avoir une connaissance approfondie de qch
2 N intime *(mf)*
3 VT ⓐ (= *hint*) laisser entendre
ⓑ (= *make known officially*) annoncer; **he ~d that he approved** il a annoncé qu'il était d'accord

★ *Lorsque* **intimate** *est un adjectif ou un nom, la fin se prononce comme* **it**: /ˈɪntɪmɪt/; *lorsque c'est un verbe, elle se prononce comme* **eight**: /ˈɪntɪmeɪt/.

intimately /ˈɪntɪmɪtlɪ/ ADV [*know*] intimement; [*talk*] en toute intimité; **to be ~ involved in a project** être très engagé dans un projet; **to be ~ involved with sb** (*sexually*) avoir des relations intimes avec qn; **~ linked** or **connected** étroitement lié; **to be ~ acquainted with sb/sth** connaître intimement qn/qch

intimation /ˌɪntɪˈmeɪʃən/ N (= *announcement*) annonce *(f)*; (= *hint*) indication *(f)*; **this was the first ~ we had of their refusal** c'était la première fois qu'on nous notifiait leur refus; **he gave no ~ that he was going to resign** rien dans son comportement ne permettait de deviner qu'il allait démissionner

intimidate /ɪnˈtɪmɪdeɪt/ VT intimider

intimidating /ɪnˈtɪmɪdeɪtɪŋ/ ADJ intimidant; [*tactics*] d'intimidation

intimidation /ɪn,tɪmɪˈdeɪʃən/ N intimidation *(f)*

into /ˈɪntʊ/

▶ When **into** *is an element in a phrasal verb, eg* **break into, look into, walk into,** *look up the verb.*

PREP dans; **to come** or **go ~ a room** entrer dans une pièce; **to go ~ town** aller en ville; **to get ~ a car** monter dans une voiture or en voiture; **he helped his mother ~ the car** il a aidé sa mère à monter dans la voiture; **she fell ~ the lake** elle est tombée dans le lac; **it broke ~ a thousand pieces** ça s'est cassé en mille morceaux; **to change euros ~ dollars** changer des euros contre des dollars; **to translate sth ~ French** traduire qch en français; **far ~ the night** tard dans la nuit; **it continued well ~ 1996** cela a continué pendant une bonne partie de 1996; **he's well ~ his fifties/sixties** il a une bonne cinquantaine/soixantaine d'années; **4 ~ 12 goes 3** 12 divisé par 4 égale 3; **the children are ~ everything*** les enfants touchent à tout; **she's ~* health foods** les aliments naturels, c'est son truc*; **to be ~ drugs*** toucher à la drogue*

intolerable /ɪnˈtɒlərəbl/ ADJ intolérable

intolerably /ɪnˈtɒlərəblɪ/ ADV ⓐ [*high, expensive, rude, arrogant*] horriblement ⓑ [*annoy, disturb, behave*] de façon intolérable

intolerance /ɪnˈtɒlərəns/ N intolérance *(f)*

intolerant /ɪnˈtɒlərənt/ ADJ intolérant; **to be ~ of** ne pas supporter

intonation /ˌɪntəʊˈneɪʃən/ N intonation *(f)*

intone /ɪnˈtəʊn/ VT entonner

intoxicate /ɪnˈtɒksɪkeɪt/ VT enivrer

intoxicated /ɪnˈtɒksɪkeɪtɪd/ ADJ (= *drunk*) en état d'ivresse; **~ by success** enivré par le succès

intoxicating /ɪnˈtɒksɪkeɪtɪŋ/ ADJ [*drink*] alcoolisé; [*effect, perfume*] enivrant

intoxication /ɪn,tɒksɪˈkeɪʃən/ N ivresse *(f)*; **in a state of ~** en état d'ivresse

intractable /ɪnˈtræktəbl/ ADJ [*problem*] insoluble; [*illness*] réfractaire (à tout traitement); [*child*] difficile; [*opponent*] irréductible

intramural /ˌɪntrəˈmjʊərəl/ 1 ADJ [*studies, competitions*] à l'intérieur d'un même établissement 2 NPL **intramurals** (*US*) matchs *(mpl)* entre étudiants d'un même établissement

intramuscular /ˌɪntrəˈmʌskjʊləʳ/ ADJ intramusculaire

intranet /ˈɪntrənet/ N intranet *(m)*

intransigence /ɪnˈtrænsɪdʒəns/ N intransigeance *(f)*

intransigent /ɪnˈtrænsɪdʒənt/ ADJ, N intransigeant(e) *(m(f))*

intransitive /ɪnˈtrænsɪtɪv/ ADJ, N intransitif *(m)*

intrauterine /ˌɪntrəˈjuːtəraɪn/ ADJ intra-utérin ♦ **intrauterine device** N stérilet *(m)*

intravenous /ˌɪntrəˈviːnəs/ ADJ intraveineux; **~ drug users/drug use** consommateurs *(mpl)*/consommation *(f)* de drogue par voie intraveineuse ♦ **intravenous drip** N perfusion *(f)*

intravenously /ˌɪntrəˈviːnəslɪ/ ADV par voie intraveineuse

intrepid /ɪnˈtrepɪd/ ADJ intrépide

intricacy /ˈɪntrɪkəsɪ/ N complexité *(f)*

intricate /ˈɪntrɪkɪt/ ADJ complexe

intricately /ˈɪntrɪkɪtlɪ/ ADV **~ designed** (*in conception*) de conception très élaborée; (*elaborately drawn*) au dessin très élaboré ; **~ patterned tiles** des carreaux aux motifs très élaborés

intrigue /ɪnˈtriːg/ 1 VT intriguer ; **go on, I'm ~d** continue, ça m'intrigue ; **I'm ~d to hear what she's been saying** je suis curieux de savoir ce qu'elle a dit ; **I was ~d by what you said** ce que vous avez dit m'a intrigué 2 N intrigue *(f)*

intriguing /ɪnˈtriːgɪŋ/ ADJ fascinant

intrinsic /ɪnˈtrɪnsɪk/ ADJ intrinsèque

intrinsically /ɪnˈtrɪnsɪklɪ/ ADV intrinsèquement

intro* /ˈɪntrəʊ/ N (ABBR = **introduction**) intro* *(f)*

introduce /ˌɪntrəˈdjuːs/ VT ⓐ (= *make acquainted*) présenter ; **he ~d me to his friend** il m'a présenté à son ami ; **I ~d myself to my new neighbour** je me suis présenté à mon nouveau voisin ; **we haven't been ~d** nous n'avons pas été présentés ; **may I ~ Mr Smith?** puis-je vous présenter M. Smith? ; **he ~d me to the delights of skiing** il m'a initié aux plaisirs du ski ; **who ~d him to drugs?** qui lui a fait connaître la drogue? ⓑ [+ *speaker, subject, TV or radio programme*] présenter ⓒ (= *bring in*) [+ *reform, new method*] introduire ; (= *tackle*) [+ *subject, question*] aborder ; **to ~ a bill** présenter un projet de loi

⚠ **introduire** *is not the most common translation for* **to introduce**.

introduction /ˌɪntrəˈdʌkʃən/ N ⓐ (= *introducing*) introduction *(f)* ; [*of system, legislation*] mise *(f)* en place ; **his ~ to professional football** ses débuts dans le football professionnel ⓑ [*of person*] présentation *(f)* ; **someone who needs no ~** une personne qu'il est inutile de présenter ; **will you do* the ~s?** voulez-vous faire les présentations? ⓒ (*to book*) introduction *(f)* ⓓ (= *elementary course*) introduction *(f)*

introductory /ˌɪntrəˈdʌktərɪ/ ADJ préliminaire ; **a few ~ words** quelques mots d'introduction ; **~ remarks** remarques *(fpl)* préliminaires ; **~ offer** offre *(f)* de lancement ; **an ~ price of £2.99** un prix de lancement de 2,99 livres

introspection /ˌɪntrəʊˈspekʃən/ N introspection *(f)*

introspective /ˌɪntrəʊˈspektɪv/ ADJ [*person*] intérieur ; [*look*] intériorisé

introvert /ˈɪntrəʊvɜːt/ 1 N introverti(e) *(m(f))* 2 ADJ introverti

introverted /ˈɪntrəʊvɜːtɪd/ ADJ introverti ; [*system, society*] replié sur soi-même

intrude /ɪnˈtruːd/ VI [*person*] s'imposer ; **to ~ on sb's privacy** s'ingérer dans la vie privée de qn ; **to ~ on sb's grief** ne pas respecter le chagrin de qn ; **to ~ into sb's affairs** s'immiscer dans les affaires de qn ; **I don't want to ~ on your meeting** je ne veux pas interrompre votre réunion ; **don't let personal feelings ~** ne vous laissez pas influencer par vos sentiments ; **am I intruding?** est-ce que je (vous) dérange?

intruder /ɪnˈtruːdə'/ N intrus(e) *(m(f))* ; **I felt like an ~** je me sentais de trop ◆ **intruder alarm** N alarme *(f)* anti-effraction

intrusion /ɪnˈtruːʒən/ N intrusion *(f)* ; **excuse this ~** excusez-moi de vous déranger

intrusive /ɪnˈtruːsɪv/ ADJ [*person*] indiscret (-ète *(f)*) ; [*presence*] importun

intuit /ɪnˈtjʊɪt/ VT **to ~ that ...** avoir l'intuition que ...

intuition /ˌɪntjuːˈɪʃən/ N intuition *(f)*

intuitive /ɪnˈtjuːɪtɪv/ ADJ intuitif

intuitively /ɪnˈtjuːɪtɪvlɪ/ ADV intuitivement

Inuit /ˈɪnjuːɪt/ 1 N Inuit *(mf)* ; **the ~s** les Inuit *(mpl)* 2 ADJ inuit *(inv)*

inundate /ˈɪnʌndeɪt/ VT inonder (**with** de) ; **to be ~d with work** être débordé de travail ; **to be ~d with letters** être submergé de lettres

inure /ɪnˈjʊə'/ VT **to be ~d to** [+ *criticism, cold*] être endurci contre ; [+ *sb's charms*] être insensible à ; [+ *pressures*] être habitué à

invade /ɪnˈveɪd/ VT envahir ; **the city was ~d by tourists** la ville a été envahie par les touristes ; **to ~ sb's privacy**

porter atteinte à la vie privée de qn ; **to ~ sb's rights** empiéter sur les droits de qn

invader /ɪnˈveɪdə'/ N envahisseur *(m)*, -euse *(f)*

invading /ɪnˈveɪdɪŋ/ ADJ [*army, troops*] d'invasion

invalid¹ /ˈɪnvəlɪd/ 1 N (= *sick person*) malade *(mf)* ; (*with disability*) invalide *(mf)* 2 ADJ (= *ill*) malade ; (*with disability*) invalide 3 COMP ◆ **invalid car**, **invalid carriage** N (*Brit*) voiture *(f)* pour handicapé

invalid² /ɪnˈvælɪd/ ADJ non valide ; [*argument*] nul (nulle *(f)*) ; **to become ~** [*ticket*] être périmé ; **to declare sth ~** déclarer qch nul

invalidate /ɪnˈvælɪdeɪt/ VT invalider ; [+ *will*] rendre nul et sans effet ; [+ *contract*] annuler

invalidity /ˌɪnvəˈlɪdɪtɪ/ N ⓐ (= *disability*) invalidité *(f)* ; **~ benefit** allocation *(f)* d'invalidité ⓑ [*of argument*] nullité *(f)* ; [*of law, election*] invalidité *(f)*

invaluable /ɪnˈvæljʊəbl/ ADJ très précieux

invariable /ɪnˈvɛərɪəbl/ ADJ invariable

invariably /ɪnˈvɛərɪəblɪ/ ADV invariablement

invasion /ɪnˈveɪʒən/ N invasion *(f)* ; **~ of privacy** atteinte *(f)* à la vie privée

invasive /ɪnˈveɪsɪv/ ADJ [*disease*] qui gagne du terrain ; [*cancer, surgery*] invasif

invective /ɪnˈvektɪv/ N invective *(f)* ; **torrent of ~** flot *(m)* d'invectives ; **racist ~** injures *(fpl)* racistes

inveigle /ɪnˈviːgl/ VT **to ~ sb into sth** entraîner qn dans qch (par la ruse) ; **to ~ sb into doing** entraîner qn à faire (par la ruse)

invent /ɪnˈvent/ VT inventer

invention /ɪnˈvenʃən/ N invention *(f)*

inventive /ɪnˈventɪv/ ADJ inventif

inventiveness /ɪnˈventɪvnɪs/ N inventivité *(f)*

inventor /ɪnˈventə'/ N inventeur *(m)*, -trice *(f)*

inventory /ˈɪnvəntrɪ/ 1 N inventaire *(m)* ; (*US* = *stock*) stock *(m)* ; **to draw up an ~ of sth** faire un inventaire de qch 2 VT inventorier

inverse /ˈɪnvɜːs/ 1 ADJ inverse ; **in ~ order** en sens inverse ; **in ~ proportion to** inversement proportionnel à ; **an ~ relationship between ...** une relation inverse entre ... 2 N inverse *(m)*

inversely /ɪnˈvɜːslɪ/ ADV inversement

inversion /ɪnˈvɜːʃən/ N inversion *(f)* ; [*of values, roles*] renversement *(m)*

invert /ɪnˈvɜːt/ 1 VT ⓐ [+ *order, words*] inverser ; [+ *roles*] intervertir ⓑ [+ *cup, object*] retourner 2 COMP ◆ **inverted commas** NPL (*Brit*) guillemets *(mpl)* ; **in ~ed commas** entre guillemets ◆ **inverted snobbery** N snobisme *(m)* à rebours

invertebrate /ɪnˈvɜːtɪbrɪt/ ADJ, N invertébré *(m)*

invest /ɪnˈvest/ 1 VT ⓐ [+ *money, capital, funds*] investir (**in** dans, en) ; **to ~ money** placer de l'argent ; **I have ~ed a lot of time in this project** j'ai consacré beaucoup de temps à ce projet ; **she ~ed a lot of effort in it** elle s'est beaucoup investie ⓑ (= *endow*) investir (**sb with sth** qn de qch) ; **to ~ sb as** [+ *monarch, president*] élever qn à la dignité de 2 VI investir ; **to ~ in shares/property** investir dans des actions/dans l'immobilier ; **I've ~ed in a new car** (*hum*) j'ai investi dans une nouvelle voiture

investigate /ɪnˈvestɪgeɪt/ VT [+ *question, possibilities*] examiner ; [+ *motive, reason, crime*] enquêter sur

investigation /ɪnˌvestɪˈgeɪʃən/ N ⓐ [*of facts, question*] examen *(m)* ; [*of crime*] enquête *(f)* (**of** sur) ; **to be under ~ for sth** faire l'objet d'une enquête pour qch ; **the matter under ~** la question à l'étude ⓑ [*of researcher*] investigation *(f)* ; [*of policeman*] enquête *(f)* ; **his ~s led him to believe that ...** ses investigations l'ont amené à penser que ... ; **to order an ~ into sth** ordonner une enquête sur qch

investigative /ɪnˈvestɪˌgeɪtɪv/ ADJ d'investigation

investigator /ɪnˈvestɪgeɪtə'/ N investigateur *(m)*, -trice *(f)*

investiture /ɪnˈvestɪtʃə'/ N investiture *(f)*

investment /ɪnˈvestmənt/ N [*of money*] investissement

(m) ♦ **investment bank** N *(US)* banque *(f)* d'investissement ♦ **investment company** N société *(f)* d'investissement

investor /ɪnˈvestəʳ/ N investisseur *(m)*; (= *shareholder*) actionnaire *(mf)*; **big/small ~s** les gros/petits actionnaires *(mpl)*

inveterate /ɪnˈvetərɪt/ ADJ *[gambler, smoker, liar, traveller]* invétéré; *[laziness, extravagance]* incurable

invidious /ɪnˈvɪdɪəs/ ADJ *[comparison]* impossible; *[position]* pénible

invigilate /ɪnˈvɪdʒɪleɪt/ *(Brit)* **1** VI être de surveillance (à un examen) **2** VT *[+ examination]* surveiller

invigilator /ɪnˈvɪdʒɪleɪtəʳ/ N *(Brit)* surveillant(e) *(m(f))* *(à un examen)*

invigorate /ɪnˈvɪɡəreɪt/ VT *[+ person]* *[drink, food, thought]* redonner des forces à; *[climate, air]* vivifier; *[exercise]* tonifier; *[+ campaign]* animer; **to feel ~d** se sentir revigoré

invigorating /ɪnˈvɪɡəreɪtɪŋ/ ADJ *[climate, air, walk]* vivifiant; *[speech]* stimulant

invincible /ɪnˈvɪnsəbl/ ADJ ⓐ (= *unbeatable*) invincible ⓑ *[faith, belief, spirit]* inébranlable

inviolable /ɪnˈvaɪələbl/ ADJ inviolable

invisible /ɪnˈvɪzəbl/ ADJ invisible; **to feel ~** (= *ignored*) se sentir ignoré ♦ **invisible earnings** NPL revenus *(mpl)* invisibles

invisibly /ɪnˈvɪzəblɪ/ ADV invisiblement

invitation /ˌɪnvɪˈteɪʃən/ N invitation *(f)*; **~ to dinner** invitation *(f)* à dîner; **at sb's ~** à l'invitation de qn; **by ~ only** sur invitation seulement; **~ to bid** avis *(m)* d'appel d'offres; **this lock is an open ~ to burglars!** cette serrure est une véritable invite au cambriolage! ♦ **invitation card** N (carte *(f)* d')invitation *(f)*

invite 1 VT ⓐ (= *ask*) *[+ person]* inviter (**to do** à faire); **to ~ sb to dinner** inviter qn à dîner; **he ~d him for a drink** il l'a invité à prendre un verre; **I've never been ~d to their house** je n'ai jamais été invité chez eux; **he was ~d to the ceremony** il a été invité à la cérémonie; **to ~ sb in/up** inviter qn à entrer/monter

ⓑ (= *ask for*) *[+ sb's attention, subscriptions]* demander; **when he had finished he ~d questions from the audience** quand il eut fini il invita le public à poser des questions; **he was ~d to give his opinion** on l'a invité à donner son avis

ⓒ (= *lead to*) *[+ questions, doubts]* susciter; *[+ discussion]* inviter à; *[+ failure, defeat]* chercher

2 N* invitation *(f)*

> ★ *Lorsque* **invite** *est un verbe, l'accent tombe sur la deuxième syllabe:* /ɪnˈvaɪt/, *lorsque c'est un nom, sur la première:* /ˈɪnvaɪt/.

▶ **invite out** VT SEP inviter (à sortir); **I've been ~d out to dinner this evening** j'ai été invité à dîner ce soir

▶ **invite over** VT SEP inviter (à venir); **they often ~ us over for a drink** ils nous invitent souvent à venir prendre un verre chez eux; **let's ~ them over some time** invitons-les un de ces jours; **he ~d me over to his table** il m'invita à venir m'asseoir à sa table

inviting /ɪnˈvaɪtɪŋ/ ADJ *[place, room, atmosphere]* accueillant; *[dish, smell]* alléchant; *[prospect]* tentant; **the water looked very ~** l'eau était très tentante; **it's not an ~ prospect** ce n'est pas une perspective alléchante

in vitro /ɪnˈviːtrəʊ/ ADJ, ADV in vitro

invoice /ˈɪnvɔɪs/ **1** N facture *(f)* **2** VT *[+ customer, goods]* facturer; **they will ~ us for the maintenance** ils vont nous facturer l'entretien

invoicing /ˈɪnvɔɪsɪŋ/ N facturation *(f)*

invoke /ɪnˈvəʊk/ VT invoquer

involuntarily /ɪnˈvɒləntərɪlɪ/ ADV involontairement

involuntary /ɪnˈvɒləntərɪ/ ADJ involontaire

involve /ɪnˈvɒlv/ VT ⓐ (= *implicate*) impliquer; **to get ~d in sth** (= *get dragged into*) se laisser entraîner dans qch; (*from choice*) s'engager dans qch; **he was so ~d in politics that he had no time to ...** il était tellement engagé dans la politique qu'il n'avait pas le temps de ...; **a riot involving a hundred prison inmates** une émeute à laquelle ont

pris part cent détenus; **how did you come to be ~d?** comment vous êtes-vous trouvé impliqué?; **the police became ~d** la police est intervenue; **the factors/principles ~d** les facteurs *(mpl)*/principes *(mpl)* en jeu; **the vehicles ~d** les véhicules *(mpl)* en cause; **the person ~d** l'intéressé(e) *(m(f))*; **to get ~d with sb** (*socially*) se mettre à fréquenter qn; (= *fall in love with*) avoir une liaison avec qn; **she likes him but she doesn't want to get (too) ~d** elle l'aime bien, mais elle ne veut pas (trop) s'engager

ⓑ (= *entail*) impliquer; (= *cause*) occasionner; (= *demand*) exiger; **such a project ~s considerable planning** un tel projet exige une organisation considérable; **there will be a good deal of work ~d** cela demandera beaucoup de travail

involved /ɪnˈvɒlvd/ ADJ (= *complicated*) compliqué

involvement /ɪnˈvɒlvmənt/ N (= *rôle*) rôle *(m)*; (= *participation*) participation *(f)* (**in** à); **his ~ in the affair** son rôle dans l'affaire; **his ~ in politics** son engagement *(m)* politique; **we don't know the extent of her ~** nous ne savons pas dans quelle mesure elle est impliquée; **she denied any ~ with drugs** elle a nié toute implication dans des affaires de drogues

invulnerable /ɪnˈvʌlnərəbl/ ADJ invulnérable

inward /ˈɪnwəd/ **1** ADJ *[movement]* vers l'intérieur; *[happiness, peace]* intérieur (-eure *(f)*); *[thoughts, desire]* intime **2** ADV *[move]* vers l'intérieur **3** COMP ♦ **inward-looking** ADJ replié sur soi(-même)

inwardly /ˈɪnwədlɪ/ ADV *[groan, smile]* intérieurement; **she was ~ furious** en son for intérieur elle était furieuse

inwards /ˈɪnwədz/ ADV *[move]* vers l'intérieur; **his thoughts turned ~** il devint songeur

IOC /ˌaɪəʊˈsiː/ N (ABBR = **International Olympic Committee**) CIO *(m)*

iodine /ˈaɪədiːn/ N iode *(m)*

IOM ABBR = **Isle of Man**

iota /aɪˈəʊtə/ N **if he had an ~ of sense** s'il avait un grain de bon sens; **not an ~ of truth** pas un mot de vrai; **it won't make an ~ of difference** cela ne changera absolument rien

IOU /ˌaɪəʊˈjuː/ N (ABBR = **I owe you**) reconnaissance *(f)* de dette; **he gave me an ~ for £20** il m'a signé un reçu de 20 livres

IOW ABBR = **Isle of Wight**

iPod® /ˈaɪpɒd/ N iPod® *(m)*

IQ /ˌaɪˈkjuː/ N (ABBR = **intelligence quotient**) QI *(m)*

IRA /ˌaɪɑːˈreɪ/ N (ABBR = **Irish Republican Army**) IRA *(f)*

Iran /ɪˈrɑːn/ N Iran *(m)*; **in ~** en Iran

Iranian /ɪˈreɪnɪən/ **1** ADJ iranien **2** N (= *person*) Iranien(ne) *(m(f))*

Iraq /ɪˈrɑːk/ N Irak *(m)*; **in ~** en Irak

Iraqi /ɪˈrɑːkɪ/ **1** ADJ irakien **2** N Irakien(ne) *(m(f))*

irascible /ɪˈræsɪbl/ ADJ irascible

irate /aɪˈreɪt/ ADJ furieux

IRC /ˌaɪɑːˈsiː/ N (ABBR = **Internet Relay Chat**) IRC *(m)*

Ireland /ˈaɪələnd/ N Irlande *(f)*; **the Republic of ~** la République d'Irlande

iridescent /ˌɪrɪˈdesnt/ ADJ irisé

iris /ˈaɪərɪs/ N iris *(m)*

Irish /ˈaɪərɪʃ/ **1** ADJ irlandais; *[teacher]* d'irlandais **2** N (*language*) irlandais *(m)* **3** NPL **the Irish** les Irlandais *(mpl)* **4** COMP ♦ **Irish coffee** N irish coffee *(m)* ♦ **the Irish Sea** N la mer *(f)* d'Irlande ♦ **Irish stew** N ragoût *(m)* de mouton (*avec pommes de terre et oignons*)

Irishman /ˈaɪərɪʃmən/ N *(pl* **-men***)* Irlandais *(m)*

Irishwoman /ˈaɪərɪʃˌwʊmən/ N *(pl* **-women***)* Irlandaise *(f)*

irk /ɜːk/ VT contrarier

irksome /ˈɜːksəm/ ADJ *[restriction]* agaçant; *[task]* ingrat

iron /ˈaɪən/ **1** N ⓐ (= *metal*) fer *(m)*; **scrap ~** ferraille *(f)* ⓑ (*for laundry*) fer *(m)* (à repasser); **electric ~** fer *(m)* électrique; **to give a dress an ~*** donner un coup de fer à une robe; **to have too many ~s in the fire** mener trop de choses de front ⓒ (*Golf*) fer *(m)* **2** VT repasser **3** VI repasser **4** COMP *[tool, bridge]* en fer; *[determination]* de fer ♦ **the Iron Age** N

l'âge *(m)* de fer ◆ **the Iron Curtain** N le rideau de fer ◆ **iron hand** N **to rule with an ~ hand** gouverner d'une main de fer
► **iron out** VT SEP [+ *creases*] faire disparaître au fer ; [+ *difficulties, differences*] aplanir ; [+ *problems*] régler
ironic(al) /aɪ'rɒnɪk(əl)/ ADJ ironique
ironically /aɪ'rɒnɪkəlɪ/ ADV ironiquement ; **~, she never turned up** l'ironie de la chose, c'est qu'elle n'est pas venue du tout
ironing /'aɪənɪŋ/ N repassage *(m)* ; **to do the ~** faire le repassage ; **it doesn't need ~** cela n'a pas besoin d'être repassé ◆ **ironing board** N planche *(f)* à repasser
ironmonger /'aɪən,mʌŋɡəʳ/ N *(Brit)* quincaillier *(m)*, -ière *(f)* ; **~'s** quincaillerie *(f)*
ironwork /'aɪənwɜːk/ N ferronnerie *(f)*
irony /'aɪərənɪ/ N ironie *(f)* ; **the ~ of it is that ...** l'ironie de la chose c'est que ...
irradiate /ɪ'reɪdɪeɪt/ VT irradier
irrational /ɪ'ræʃənl/ ADJ irrationnel
irrationally /ɪ'ræʃnəlɪ/ ADV irrationnellement
irreconcilable /ɪ,rekən'saɪləbl/ ADJ [*differences*] inconciliable ; [*enemy*] irréconciliable ; [*conflict*] insoluble ; [*hatred*] implacable
irregular /ɪ'reɡjʊləʳ/ ADJ irrégulier ; **all this is most ~** (= *against regulations*) tout cela n'est pas du tout régulier ; (= *unorthodox*) cela ne se fait pas
irregularity /ɪ,reɡjʊ'lærɪtɪ/ N irrégularité *(f)*
irrelevance /ɪ'reləvəns/, **irrelevancy** /ɪ'reləvənsɪ/ N manque *(m)* de pertinence (**to** par rapport à) ; **a report full of ~s** un compte rendu qui s'écarte sans cesse du sujet ; **she dismissed this idea as an ~** elle a écarté cette idée comme étant non pertinente
irrelevant /ɪ'reləvənt/ ADJ [*facts, details*] non pertinent ; [*question, remark*] hors de propos ; **~ to** sans rapport avec ; **that's ~** ça n'a aucun rapport ; **many of these issues seem ~ to the younger generation** beaucoup de ces problèmes sont étrangers aux préoccupations de la jeune génération
irreparable /ɪ'repərəbl/ ADJ irrémédiable
irreparably /ɪ'repərəblɪ/ ADV irréparablement
irreplaceable /ɪ,rɪ'pleɪsəbl/ ADJ irremplaçable
irrepressible /ɪ,rɪ'presəbl/ ADJ irrépressible ; **the ~ Sally Fox** l'infatigable Sally Fox
irreproachable /ɪ,rɪ'prəʊtʃəbl/ ADJ irréprochable
irresistible /ɪ,rɪ'zɪstəbl/ ADJ irrésistible (**to sb** pour qn)
irresistibly /ɪ,rɪ'zɪstəblɪ/ ADV irrésistiblement ; **she found him ~ attractive** elle lui trouvait un charme irrésistible
irresolute /ɪ'rezəluːt/ ADJ irrésolu
irrespective /ɪ,rɪ'spektɪv/ ADJ **irrespective of: they were all the same price, ~ of their quality** ils étaient tous au même prix, indépendamment de leur qualité ; **~ of race, creed or colour** sans distinction de race, de religion ou de couleur ; **~ of whether they are needed** que l'on en ait besoin ou non
irresponsibility /'ɪrɪs,pɒnsə'bɪlɪtɪ/ N irresponsabilité *(f)*
irresponsible /,ɪrɪs'pɒnsəbl/ ADJ irresponsable
irresponsibly /,ɪrɪs'pɒnsɪblɪ/ ADV [*act*] de façon irresponsable
irretrievable /,ɪrɪ'triːvəbl/ ADJ [*harm, damage, loss*] irréparable ; [*object*] irrécupérable
irretrievably /,ɪrɪ'triːvəblɪ/ ADV irrémédiablement
irreverence /ɪ'revərəns/ N irrévérence *(f)*
irreverent /ɪ'revərənt/ ADJ irrévérencieux
irreversible /,ɪrɪ'vɜːsəbl/ ADJ irréversible ; [*decision, judgment*] irrévocable
irrevocable /ɪ'revəkəbl/ ADJ irrévocable
irrigate /'ɪrɪɡeɪt/ VT irriguer
irrigation /,ɪrɪ'ɡeɪʃən/ N irrigation *(f)*
irritability /,ɪrɪtə'bɪlɪtɪ/ N irritabilité *(f)*
irritable /'ɪrɪtəbl/ ADJ irritable ; (*stronger*) irascible ; **he became ~ with her** il s'est mis en colère contre elle

irritably /'ɪrɪtəblɪ/ ADV avec irritation
irritant /'ɪrɪtənt/ N (= *substance*) produit *(m)* irritant ; (= *annoying noise, interference*) source *(f)* d'irritation
irritate /'ɪrɪteɪt/ VT irriter ; **to become ~d** s'irriter
irritating /'ɪrɪteɪtɪŋ/ ADJ irritant
irritation /,ɪrɪ'teɪʃən/ N ⓐ (= *annoyance*) irritation *(f)* ⓑ (= *irritant*) source *(f)* d'irritation
IRS /,aɪɑːr'es/ N *(US)* (ABBR = **Internal Revenue Service**) **the ~ ≈** le fisc
is /ɪz/ → **be**
ISA /'aɪsə/ N *(Brit)* (ABBR = **Individual Savings Account**) plan *(m)* d'épargne défiscalisé
ISDN /,aɪesdiː'en/ N (ABBR = **Integrated Services Digital Network**) RNIS *(m)*
Islam /'ɪzlɑːm/ N islam *(m)*
Islamic /ɪz'læmɪk/ ADJ islamique ; **the ~ Republic of ...** la République islamique de ...
Islamist /'ɪzləmɪst/ N islamiste *(mf)*
island /'aɪlənd/ 1 N île *(f)* 2 COMP [*people, community*] insulaire ◆ **island-hopping*** N **to go ~-hopping** aller d'île en île
islander /'aɪləndəʳ/ N insulaire *(mf)*
isle /aɪl/ N île *(f)* ◆ **the Isle of Man** N l'île *(f)* de Man ◆ **the Isle of Wight** N l'île *(f)* de Wight
isn't /'ɪznt/ = **is not** → **be**
isolate /'aɪsəʊleɪt/ VT isoler (**from** de)
isolated /'aɪsəʊleɪtɪd/ ADJ isolé ; **to keep sb/sth ~** tenir qn/qch à l'écart
isolation /,aɪsəʊ'leɪʃən/ N isolement *(m)* ; **to be kept in ~** [*prisoner*] être maintenu en isolement ; **my remarks should not be considered in ~** mes remarques ne devraient pas être considérées hors contexte ; **taken in ~ these statements can be dangerously misleading** hors contexte ces déclarations risquent d'être mal interprétées ; **to act in ~** agir seul ; **to deal with sth in ~** traiter de qch à part
isolationism /,aɪsəʊ'leɪʃənɪzəm/ N isolationnisme *(m)*
isolationist /,aɪsəʊ'leɪʃnɪst/ ADJ, N isolationniste *(mf)*
ISP /,aɪes'piː/ N (ABBR = **internet service provider**) fournisseur *(m)* d'accès à Internet
Israel /'ɪzreɪl/ N Israël *(m)* ; **in ~** en Israël
Israeli /ɪz'reɪlɪ/ 1 ADJ israélien 2 N Israélien(ne) *(m(f))*
issue /'ɪʃuː/ 1 N ⓐ (= *question*) question *(f)* ; **it is a very difficult ~** c'est une question très complexe ; **the ~ is whether ...** la question est de savoir si ...
◆ **at issue: this was not the question at ~** il ne s'agissait pas de cela ; **the point at ~ is ...** la question qui se pose est ... ; **his political future is at ~** son avenir politique est en question ; **what is at ~ is whether/how ...** la question est de savoir si/comment ...
◆ **to make an issue of sth** monter qch en épingle ; **he makes an ~ of every tiny detail** il fait une montagne du moindre détail ; **I don't want to make an ~ of it but ...** je ne veux pas trop insister là-dessus mais ...
◆ **to take issue with sb** engager une controverse avec qn ; **I feel I must take ~ with you on this** je me permets de ne pas partager votre avis là-dessus
ⓑ (= *release*) [*of book*] publication *(f)* ; [*of goods, tickets*] distribution *(f)* ; [*of passport, document*] délivrance *(f)* ; [*of banknote, cheque, shares, stamp*] émission *(f)* ; [*of proclamation*] parution *(f)* ; [*of warrant, writ, summons*] lancement *(m)* ; **these coins are a new ~** ces pièces viennent d'être émises
ⓒ [*of newspaper, magazine*] numéro *(m)*
ⓓ (= *outcome*) résultat *(m)*
2 VT [+ *book*] publier ; [+ *order*] donner ; [+ *goods, tickets*] distribuer ; [+ *passport, document*] délivrer ; [+ *banknote, cheque, shares, stamps*] émettre ; [+ *proclamation*] faire ; [+ *threat, warrant, writ*] lancer ; [+ *verdict*] rendre ; **to ~ a statement** faire une déclaration ; **to ~ a summons** lancer une assignation ; **to ~ sth to sb** fournir qch à qn
Istanbul /,ɪstæn'buːl/ N Istanbul

IT /ˌaɪˈtiː/ (ABBR = **information technology**) informatique (f)
it /ɪt/ PRONOUN

> ► When **it** is used with a preposition, eg **above it, in it, of it**, look up the other word.

(a) (masculine subject) il; (feminine subject) elle

> ► If **it** stands for a noun which is masculine in French, use **il**. Use **elle** if the French noun is feminine.

where's the sugar? — it's on the table où est le sucre? — il est sur la table; **our TV is old but it works** notre télévision est vieille mais elle marche; **don't have the soup, it's awful** ne prends pas la soupe, elle est dégoûtante; **you can't have that room, it's mine** tu ne peux pas avoir cette chambre, c'est la mienne; **this picture isn't a Picasso, it's a fake** ce (tableau) n'est pas un vrai Picasso, c'est un faux
(b) (masculine object) le; (feminine object) la; (before vowel or silent "h") l'

> ► The French pronoun precedes the verb, except in positive commands.

there's ₐ croissant left, do you want it? il reste un croissant, tu le veux?; **she dropped the earring and couldn't find it** elle a laissé tomber la boucle d'oreille et n'a pas réussi à la retrouver; **he borrowed lots of money and never paid it back** il a emprunté beaucoup d'argent et ne l'a jamais remboursé; **the sauce is delicious, taste it!** cette sauce est délicieuse, goûte-la!
(c) (indirect object) lui; **she let the dog in and gave it a drink** elle a laissé entrer le chien et lui a donné à boire
(d) (unspecific) ce; **what is it?** [thing] qu'est-ce que c'est?; **who is it?** qui est-ce?; (at the door) qui est là?; **it's no use** ça ne sert à rien; **it's poor countries who suffer most** ce sont les pays pauvres qui en souffrent le plus; **it was your father who phoned** c'est ton père qui a téléphoné; **she really thinks she's it*** elle se prend vraiment pour le nombril du monde*
♦ **that's it!** (approval, agreement) c'est ça!; (achievement, dismay) ça y est!; (anger) ça suffit!
♦ **it's** + adjective + **to: it's hard to understand** c'est difficile à comprendre; **it's easy to understand this point of view** ce point de vue est facile à comprendre; **it's annoying to think we didn't need to pay so much** on n'aurait pas eu besoin de payer autant, c'est agaçant
(e) (weather, time, date) **it's hot today** il fait chaud aujourd'hui; **it's 3 o'clock** il est 3 heures; **it's Wednesday 16 October** nous sommes (le) mercredi 16 octobre

Italian /ɪˈtæljən/ 1 ADJ italien; [teacher] d'italien 2 N
(a) Italien(ne) (m(f)) (b) (= language) italien (m)
italic /ɪˈtælɪk/ 1 ADJ italique 2 NPL **italics** italique (m)
Italy /ˈɪtəlɪ/ N Italie (f)
itch /ɪtʃ/ 1 N démangeaison (f); **I've got an ~ in my leg/back** ma jambe/mon dos me démange 2 VI [person] avoir des démangeaisons; **my back ~es** mon dos me démange; **my eyes are ~ing** j'ai les yeux qui me piquent; **I was ~ing to get started*** cela me démangeait de commencer
itchiness /ˈɪtʃɪnɪs/ N démangeaisons (fpl)
itching /ˈɪtʃɪŋ/ N démangeaison (f)
itchy /ˈɪtʃɪ/ ADJ **my eyes are ~** j'ai les yeux qui me piquent; **my skin is ~** ça me démange; **my scalp is ~** j'ai le cuir chevelu qui me démange; **this sweater is ~** ce pull me gratte; **to have ~ feet*** (= be impatient) avoir la bougeotte*; **to have ~ fingers*** (= be impatient to act) ne pas tenir en place; (= be likely to steal) être un peu chapardeur
it'd /ˈɪtd/ = **it had, it would → have, would**
item /ˈaɪtəm/ N (a) (= thing, article) article (m); **sale ~s** articles (mpl) soldés; **~s on the agenda** points (mpl) à l'ordre du jour; **the main news ~** l'information (f) principale; **we have several ~s for discussion** nous avons plusieurs questions à discuter; **they're an ~*** (= a couple) ils sont

ensemble (b) (used with uncountable nouns) **an ~ of clothing** un vêtement; **an ~ of food** un aliment; **an ~ of jewellery** un bijou
itemize /ˈaɪtəmaɪz/ VT détailler
itinerant /ɪˈtɪnərənt/ ADJ [preacher] itinérant; [actor, musician] ambulant
itinerary /aɪˈtɪnərərɪ/ N itinéraire (m)
it'll /ˈɪtl/ = **it will → will**
ITN /ˌaɪtiːˈen/ N (Brit) (ABBR = **Independent Television News**) chaîne indépendante d'actualités télévisées
its /ɪts/ POSS ADJ

> ► **its** is translated by **son, sa** or **ses**, according to whether the noun it qualifies is masculine, feminine or plural. Note that **son** must also be used with feminine nouns beginning with a vowel or silent **h**.

~ body son corps; **~ breath** son haleine; **~ head** sa tête; **~ ears** ses oreilles
it's /ɪts/ = **it is, it has → be, have**
itself /ɪtˈself/ PRON
(a)

> ► When used emphatically, **itself** is translated **lui-même** if the noun it refers to is masculine, and **elle-même** if the noun is feminine.

the book ~ is not valuable le livre lui-même n'a pas grande valeur; **the chair ~ was covered with ink** la chaise elle-même était couverte d'encre; BUT **this was ~ a sign of progress** c'était en soi un signe encourageant; **I live in the city ~** j'habite dans la ville même
♦ **by itself: the door closes by ~** la porte se ferme toute seule; **the mere will to cooperate is by ~ not sufficient** la simple volonté de coopérer n'est pas suffisante en soi
♦ **in itself** en soi; **just reaching the semifinals has been an achievement ~** arriver en demi-finale a déjà été un exploit en soi; **an end in ~** une fin en soi
♦ **in and of itself** en soi
(b) (emphasizing quality) **you've been kindness ~** vous avez été la gentillesse même; **it was simplicity ~** c'était la simplicité même
(c) (reflexive) se; **the dog hurt ~** le chien s'est fait mal; **the computer can reprogram ~** l'ordinateur peut se reprogrammer tout seul
ITV /ˌaɪtiːˈviː/ N (Brit) (ABBR = **Independent Television**) chaîne indépendante de télévision
IUD /ˌaɪjuːˈdiː/ N (ABBR = **intrauterine device**) stérilet (m)
IV, i.v. /ˈaɪˈviː/ (ABBR = **intravenous(ly)**) par voie intraveineuse
I've /aɪv/ = **I have → have**
IVF /ˌaɪviːˈef/ N (ABBR = **in vitro fertilization**) FIV (f)
ivory /ˈaɪvərɪ/ 1 N ivoire (m) 2 COMP [statue, figure] en ivoire; (also **~-coloured**) ivoire (inv) ♦ **the Ivory Coast** N la Côte-d'Ivoire ♦ **ivory tower** N tour (f) d'ivoire
ivy /ˈaɪvɪ/ 1 N lierre (m) ♦ **Ivy League** N (US) les huit grandes universités privées du nord-est ♦ ADJ ≈ BCBG*

ⓘ IVY LEAGUE

*Les universités dites de l'***Ivy League*** sont huit universités réputées du nord-est des États-Unis (Harvard, Yale, Pennsylvania, Princeton, Columbia, Brown, Dartmouth et Cornell) qui ont créé une association visant à encourager les compétitions sportives interuniversitaires. Le nom de cette « ligue du lierre » vient du fait que la plupart des bâtiments de ces prestigieuses institutions sont recouverts de lierre.*

*Un ***Ivy Leaguer*** est un étudiant appartenant à l'une de ces universités, ou toute personne qui en adopte les modes et les comportements.*

J

jab /dʒæb/ 1 VT [+ *stick*] enfoncer (**into** dans); **he ~bed his elbow into my side** il m'a donné un coup de coude dans les côtes 2 N ⓐ coup (*m*) (*donné avec un objet pointu*) ⓑ (*Brit = injection*)* piqûre (*f*) ⓒ (*Boxing*) direct (*m*)

jabber /'dʒæbəʳ/ VI (= *speak unintelligibly*) baragouiner

jack /dʒæk/ 1 N ⓐ (*for wheel*) cric (*m*) ⓑ (*Cards*) valet (*m*) 2 NPL **jacks** (= *game*) osselets (*mpl*) 3 COMP ♦ **jack-in-the-box** N diable (*m*) (à ressort) ♦ **jack-knife** VI **the lorry ~-knifed** la remorque (du camion) s'est mise en travers ♦ **jack of all trades** N (*pl* **jacks of all trades**) **he's a ~ of all trades** c'est un touche-à-tout ♦ **jack plug** N jack (*m*)
► **jack in**: VT SEP (*Brit*) plaquer*
► **jack up** VT SEP ⓐ [+ *car*] soulever avec un cric ⓑ [+ *prices, wages*]* faire grimper

jackal /'dʒækɔːl/ N chacal (*m*)

jackass* /'dʒækæs/ N (= *fool*) crétin* (*m*)

jackboot /'dʒækbuːt/ N botte (*f*) cavalière

jackdaw /'dʒækdɔː/ N choucas (*m*)

jacket /'dʒækɪt/ N (*fitted*) veste (*f*); (*blouson*) blouson (*m*); [*of book*] jaquette (*f*); **~ potatoes** (*Brit*) pommes (*fpl*) de terre en robe des champs

jackpot /'dʒækpɒt/ N gros lot (*m*); **to hit the ~** (= *be successful*) faire un tabac*

Jacuzzi ® /dʒə'kuːzɪ/ N jacuzzi ® (*m*)

jade /dʒeɪd/ 1 N jade (*m*) 2 ADJ (= *colour*) (couleur de) jade (*inv*) 3 COMP ♦ **jade-green** ADJ vert jade (*inv*)

jaded /'dʒeɪdɪd/ ADJ [*person*] las (lasse (*f*)) (**with** de)

jagged /'dʒægɪd/ ADJ [*rocks, edge*] déchiqueté; [*tear*] en dents de scie; [*hole*] aux bords irréguliers

jaguar /'dʒægjʊəʳ/ N jaguar (*m*)

jail /dʒeɪl/ 1 N prison (*f*); **he is in ~** il est en prison; **to send sb to ~** envoyer qn en prison; **to send sb to ~ for five years** condamner qn à cinq ans de prison 2 VT mettre en prison; **to ~ sb for life** condamner qn (à la réclusion) à perpétuité 3 COMP ♦ **jail sentence** N peine (*f*) de prison; **she got a three-year ~ sentence** elle a été condamnée à (une peine de) trois ans de prison

jailbird* /'dʒeɪlbɜːd/ N récidiviste (*mf*)

jailbreak /'dʒeɪlbreɪk/ N évasion (*f*) (de prison)

jam /dʒæm/ 1 N ⓐ confiture (*f*); **cherry ~** confiture (*f*) de cerises; **you want ~ on it!*** (*Brit*) et quoi encore? ⓑ (= *traffic jam*) embouteillage (*m*) ⓒ (= *mess*)* pétrin* (*m*); **to be in a ~** être dans le pétrin* 2 VT ⓐ (= *stuff*) entasser; (= *thrust*) fourrer; **the prisoners were ~med into a small cell** les prisonniers ont été entassés dans une petite cellule; **he ~med his hat on** il a enfoncé son chapeau sur sa tête ⓑ (= *stick*) coincer; **to be ~med between the wall and the door** être coincé entre le mur et la porte; **he got his finger ~med in the door** il s'est coincé le doigt dans la porte; **the coins got ~med in the machine** les pièces se sont coincées dans la machine ⓒ (= *make unworkable*) [+ *lock, brake*] bloquer; [+ *mechanism, gun, machine*] enrayer ⓓ (= *block*) [+ *street, corridor*] encombrer; **a street ~med**

with cars une rue embouteillée; **the street was ~med with people** la rue était noire de monde; **spectators ~med the stadium** les spectateurs se sont entassés dans le stade ⓔ [+ *station, broadcast*] brouiller; [+ *switchboard*] encombrer

3 VI ⓐ (= *become stuck*) [*door, switch, lever, photocopier*] se coincer; [*mechanism, gun*] s'enrayer; [*brake*] se bloquer; **the key ~med in the lock** la clé s'est coincée dans la serrure ⓑ (= *press tightly*) **the crowd ~med into the courtroom** la foule s'est entassée dans la salle de tribunal

4 COMP [*tart*] à la confiture ♦ **jam jar, jam pot** N pot (*m*) à confiture ♦ **jam-packed** ADJ [*room*] comble; [*bus*] bondé; [*container, suitcase*] plein à ras bord ♦ **jam session** N bœuf* (*m*)

Jamaica /dʒə'meɪkə/ N Jamaïque (*f*); **in ~** à la Jamaïque

Jamaican /dʒə'meɪkən/ 1 ADJ jamaïquain 2 N Jamaïquain(e) (*m(f)*)

jamb /dʒæm/ N montant (*m*)

jamboree /,dʒæmbə'riː/ N (= *gathering*) grand rassemblement (*m*); (= *merrymaking*) festivités (*fpl*); (*scouts*) jamboree (*m*)

Jan. ABBR = **January**

jangle /'dʒæŋgl/ 1 VI cliqueter; **his nerves were jangling** il avait les nerfs à vif 2 VT faire cliqueter; **~d nerves** nerfs (*mpl*) à vif

janitor /'dʒænɪtəʳ/ N concierge (*m*)

January /'dʒænjʊərɪ/ N janvier (*m*) → **September**

Japan /dʒə'pæn/ N Japon (*m*); **in ~** au Japon

Japanese /,dʒæpə'niːz/ 1 ADJ japonais 2 N ⓐ Japonais(e) (*m(f)*) ⓑ (= *language*) japonais (*m*)

jar /dʒɑːʳ/ 1 N ⓐ (*glass*) bocal (*m*); (*earthenware*) pot (*m*) ⓑ (*Brit = drink*)* pot* (*m*); **we had a few ~s** on a pris quelques verres 2 VI ⓐ (= *sound discordant*) rendre un son discordant; (= *vibrate*) vibrer; **to ~ against sth** heurter qch (avec un bruit discordant) ⓑ (= *clash*) [*colours*] jurer; [*ideas, opinions*] se heurter 3 VT (= *shake*) ébranler; (= *disturb*) commotionner; **the explosion ~red the whole building** l'explosion a ébranlé tout le bâtiment

jargon /'dʒɑːgən/ N jargon (*m*)

jarring /'dʒɑːrɪŋ/ ADJ (= *discordant*) discordant

jasmine /'dʒæzmɪn/ N jasmin (*m*); **~ tea** thé (*m*) au jasmin

jaundice /'dʒɔːndɪs/ N jaunisse (*f*)

jaundiced /'dʒɔːndɪst/ ADJ (= *bitter*) amer; **to take a ~ view of sth** voir qch d'un mauvais œil

jaunt /dʒɔːnt/ N **to go for a ~** aller faire un tour

jauntily /'dʒɔːntɪlɪ/ ADV [*walk*] d'un pas leste

jaunty /'dʒɔːntɪ/ ADJ (= *cheery*) enjoué; [*step*] leste

javelin /'dʒævlɪn/ N javelot (*m*); **the ~** (= *competition*) le (lancer du) javelot ♦ **javelin thrower** N lanceur (*m*), -euse (*f*) de javelot

jaw /dʒɔː/ 1 N mâchoire (*f*); **his ~ dropped** il en est resté bouche bée 2 VI (= *chat*)* papoter*

jawbone /'dʒɔːbəʊn/ 1 N (os (m)) maxillaire (m) 2 VT (US) chercher à convaincre

jawline /'dʒɔːlaɪn/ N menton (m)

jay /dʒeɪ/ N geai (m)

jaywalker /'dʒeɪˌwɔːkəʳ/ N piéton(ne) (m(f)) indiscipliné(e)

jazz /dʒæz/ 1 N jazz (m); **and all that ~*** et tout le bataclan* 2 ADJ [band, club] de jazz
► **jazz up** VT SEP ⓐ [+ music] **to ~ up the classics** mettre les classiques au goût du jour ⓑ [+ occasion]* animer; **she ~ed her outfit up with a scarf** elle a égayé sa tenue avec un foulard

jazzy /'dʒæzɪ/ ADJ ⓐ (= showy)* voyant ⓑ [music] jazzy; [rhythm] de jazz

JCB ® /ˌdʒeɪsiː'biː/ N ABBR pelle (f) hydraulique automotrice

jealous /'dʒeləs/ ADJ (= envious) jaloux; **~ feelings** jalousie (f)

jealously /'dʒeləslɪ/ ADV [watch] d'un œil jaloux; [guard] jalousement

jealousy /'dʒeləsɪ/ N jalousie (f)

jeans /dʒiːnz/ NPL jean (m); **a new pair of ~** un nouveau jean

Jeep ® /dʒiːp/ N Jeep® (f)

jeer /dʒɪəʳ/ 1 N huée (f) 2 NPL **jeers** raillerie (f) 3 VI [individual] railler; [crowd] huer; **to ~ at sb** railler qn 4 VT (= shout at) huer

jeering /'dʒɪərɪŋ/ 1 ADJ railleur 2 N (= mocking remarks) railleries (fpl); [of crowd] huées (fpl)

Jehovah's Witness /dʒɪˌhəʊvəz'wɪtnɪs/ N Témoin (m) de Jéhovah

Jekyll and Hyde /ˌdʒekələnd'haɪd/ N **a ~ (character)** une sorte de Docteur Jekyll et Mister Hyde

Jell-O ®, **jello** /'dʒeləʊ/ N (US) gelée (f)

jelly /'dʒelɪ/ N gelée (f); (US = jam) confiture (f); **blackcurrant ~** gelée (f) de cassis ♦ **jelly baby** N bonbon (m) à la gélatine (en forme de bébé) ♦ **jelly bean** N bonbon (m) à la gelée ♦ **jelly roll** N (US) gâteau (m) roulé

jellyfish /'dʒelɪfɪʃ/ N (pl **jellyfish**) méduse (f)

jeopardize /'dʒepədaɪz/ VT mettre en danger

jeopardy /'dʒepədɪ/ N péril (m); **my business is in ~** mon affaire risque de couler

jerk /dʒɜːk/ 1 N ⓐ (= movement) secousse (f) ⓑ (= person)‡ pauvre type* (m) 2 VT (= move abruptly) bouger brusquement; **she ~ed her head up** elle a brusquement redressé la tête 3 VI ⓐ **the car ~ed along** la voiture roulait en cahotant; **he ~ed away (from me)** il s'est brusquement écarté de moi ⓑ [person, muscle] se contracter

jerkin /'dʒɜːkɪn/ N gilet (m)

jerky /'dʒɜːkɪ/ ADJ saccadé

Jersey /'dʒɜːzɪ/ N Jersey (f); **in ~** à Jersey; **a ~ cow** une vache jersiaise

jersey /'dʒɜːzɪ/ N (= pullover) pull (m); (= material) jersey (m)

Jerusalem /dʒə'ruːsələm/ N Jérusalem ♦ **Jerusalem artichoke** N topinambour (m)

jest /dʒest/ 1 N plaisanterie (f); **in ~** pour rire 2 VI plaisanter

jester /'dʒestəʳ/ N bouffon (m)

Jesuit /'dʒezjʊɪt/ N, ADJ jésuite (m)

Jesus /'dʒiːzəs/ N Jésus (m); **~ Christ** Jésus-Christ (m)

jet /dʒet/ 1 N ⓐ (= plane) avion (m) à réaction ⓑ [of liquid, gas] jet (m) ⓒ (= stone) jais (m) 2 VI (= fly)* voyager en avion; **she's ~ting off to Spain next week** elle prend l'avion pour l'Espagne la semaine prochaine 3 COMP ♦ **jet-black** ADJ noir comme jais ♦ **jet engine** N moteur (m) à réaction ♦ **jet lag** N fatigue (f) due au décalage horaire ♦ **jet-lagged** ADJ **to be ~lagged** souffrir du décalage horaire ♦ **jet set** N jet-set (m or f) ♦ **jet ski** N scooter (m) des mers

jetsam /'dʒetsəm/ N → **flotsam**

jettison /'dʒetɪsn/ VT [+ idea, system, plans] abandonner; [+ product] se défaire de; [+ fuel, cargo] larguer

jetty /'dʒetɪ/ N (= breakwater) jetée (f); (= landing pier) embarcadère (m); (wooden) appontement (m)

Jew /dʒuː/ N juif (m), juive (f)

jewel /'dʒuːəl/ N (= gem) pierre (f) précieuse; (= piece of jewellery) bijou (m); **the ~ in the crown of ...** le joyau de ... ♦ **jewel case** N coffret (m) à bijoux; (for CD) boîtier (m) de disque compact

jeweller, jeweler (US) /'dʒuːələʳ/ N bijoutier (m); **~'s (shop)** bijouterie (f)

jewellery, jewelry (US) /'dʒuːəlrɪ/ N bijoux (mpl); **a piece of ~** un bijou; **jewelry store** (US) bijouterie (f)

Jewish /'dʒuːɪʃ/ ADJ juif

jib /dʒɪb/ 1 N foc (m) 2 VI [person] rechigner (**at sth** à qch)

jibe /dʒaɪb/ 1 N raillerie (f) 2 VI (US = agree)* concorder

jiffy* /'dʒɪfɪ/ N **wait a ~** attends une minute ♦ **Jiffy bag**® N enveloppe (f) matelassée

jig /dʒɪg/ 1 N (= dance) gigue (f) 2 VI (= jig about) se trémousser; **to ~ up and down** sautiller

jigsaw /'dʒɪg.sɔː/ N ⓐ (= puzzle) puzzle (m) ⓑ (= saw) scie (f) sauteuse

jihad /dʒɪ'hæd/ N djihad (m)

jilt /dʒɪlt/ VT plaquer*

jingle /'dʒɪŋgl/ 1 N ⓐ [of jewellery] tintement (m); (clinking) cliquetis (m) ⓑ (= catchy verse) sonal (m); **advertising ~** sonal (m) publicitaire 2 VI (musically) tinter; (= clink) cliqueter 3 VT (musically) faire tinter; (= clink) faire cliqueter

jingoism /'dʒɪŋgəʊɪzəm/ N chauvinisme (m)

jinx* /dʒɪŋks/ 1 N **to put a ~ on sb** porter la guigne* à qn; **to put a ~ on sth** jeter un sort à qch 2 VT [+ person] porter la guigne* à; **to be ~ed** [person] avoir la guigne*

jitters* /'dʒɪtəz/ NPL frousse* (f); **to have the ~** être nerveux; (before performance) avoir le trac

jittery* /'dʒɪtərɪ/ ADJ nerveux; **to be ~** avoir la frousse*

jiujitsu /dʒuː'dʒɪtsu/ N jiu-jitsu (m)

jive /dʒaɪv/ VI danser le swing

Jnr (ABBR = **Junior**) Jr

job /dʒɒb/ 1 N ⓐ (= piece of work) travail (m); **I've got a little ~ for you** j'ai un petit travail pour vous; **he has made a good ~ of it** il a fait du bon travail; **it's not ideal but it'll do the ~*** ce n'est pas l'idéal mais cela fera l'affaire; **we could have done a far better ~ of running the project than they have** on aurait pu gérer ce projet beaucoup mieux qu'eux
ⓑ (= employment) emploi (m); **to get a ~** trouver un emploi; **to look for a ~** chercher un emploi; **to lose one's ~** perdre son emploi; **a ~ as a librarian** un emploi de bibliothécaire; **teaching ~s** emplois (m) dans l'enseignement; **he's got a holiday ~** il a un petit boulot* pour les vacances; **to be out of a ~** être au chômage; **7,000 ~s lost** 7 000 suppressions d'emplois; **on-the-~ training** (formal) formation (f) dans l'entreprise; (informal) formation (f) sur le tas; **~s for the boys*** (Brit) des boulots pour les copains*
ⓒ (= duty) travail (m); **it's not my ~ to supervise him** ce n'est pas à moi de contrôler ce qu'il fait; **he's only doing his ~** il ne fait que son travail; **he knows his ~** il connaît son affaire; **that's not his ~** ce n'est pas son travail; **I had the ~ of telling them** c'est moi qui ai dû le leur dire
ⓓ (= state of affairs) **it's a good ~ he managed to meet you** c'est une chance qu'il ait pu vous rencontrer; **and a good ~ too!** à la bonne heure!; **to give sth up as a bad ~** renoncer à qch en désespoir de cause; **this is just the ~*** (Brit) c'est exactement ce qu'il faut
ⓔ (= difficult time) **to have a ~ to do sth** avoir du mal à faire qch; **you'll have a ~ to convince him!** vous aurez du mal à le convaincre!
ⓕ (= robbery)* **to do a ~** faire un coup; **a put-up ~** un coup monté
2 COMP ♦ **job centre** N (Brit) ≈ ANPE (f), Agence (f) nationale pour l'emploi ♦ **job club** N (Brit) club (m) d'entraide

pour chômeurs ♦ **job creation** N création (f) d'emplois
♦ **job creation scheme** N plan (m) de création d'emplois
♦ **job description** N description (f) de poste ♦ **job lot** N
lot (m) d'articles divers ♦ **job offer** N offre (f) d'emploi
♦ **job queue** N [of printer] file (f) d'attente ♦ **job satisfaction** N satisfaction (f) au travail ♦ **job security** N sécurité
(f) de l'emploi ♦ **job seeker** N (Brit) demandeur (m), -euse
(f) d'emploi ♦ **job seeker's allowance** N (Brit) allocation
(f) de demandeur d'emploi ♦ **job-share** (Brit) N partage (m)
de poste ♦ **job sharing** N partage (m) de poste ♦ **job title** N intitulé (m) de poste

jobless /ˈdʒɒblɪs/ **1** ADJ sans emploi, au chômage **2** NPL
the jobless les chômeurs (mpl)

jock /dʒɒk/ N (US) sportif (m)

jockey /ˈdʒɒkɪ/ **1** N jockey (m) **2** VI **to ~ for position** manœuvrer pour se placer avantageusement **3** COMP
♦ **jockey shorts** ® NPL caleçon (m)

jockstrap /ˈdʒɒkstræp/ N slip (m) de sport

jocular /ˈdʒɒkjʊlə'/ ADJ (= humorous) plaisant

jodhpurs /ˈdʒɒdpəz/ NPL jodhpurs (mpl)

jog /dʒɒg/ **1** N (a) (= run) jogging (m); **to go for a ~** aller
faire un jogging (b) (= trot) petit trot (m); **he set off at a ~
down the path** il s'est mis à descendre le sentier au petit
trot **2** VT (= shake) secouer; (= nudge) pousser; **to ~ sb's
memory** rafraîchir la mémoire de qn **3** VI faire du jogging

jogger /ˈdʒɒgə'/ N joggeur (m), -euse (f)

jogging /ˈdʒɒgɪŋ/ N jogging (m) ♦ **jogging suit** N (tenue
(f) de) jogging (m)

Johannesburg /dʒəʊˈhænɪsbɜːg/ N Johannesburg

john /dʒɒn/ N (US = lavatory) **the ~**‡ les chiottes‡ (fpl)

join /dʒɔɪn/ **1** VT (a) (= attach) attacher; (= assemble)
[+ parts] assembler; **to ~ two ends of a chain** relier les deux
bouts d'une chaîne; **~ the panels (together) with screws**
assemblez les panneaux à l'aide de vis
(b) (= link) relier (**to** à); **to ~ hands** se donner la main;
they ~ed forces ils ont uni leurs forces; **to ~ forces (with
sb) to do** s'unir (à qn) pour faire
(c) (= merge with) [river] [+ another river, the sea] se jeter
dans; [road] [+ another road] rejoindre; **this is where the
river ~s the sea** c'est là que le fleuve se jette dans la mer
(d) (= become member of) adhérer à; [+ circus, religious order]
entrer dans; [+ procession] se joindre à; **to ~ NATO** devenir
membre de l'OTAN; **he ~ed Liverpool** [player] il a rejoint
l'équipe de Liverpool; **to ~ the army** s'engager dans
l'armée; **to ~ a trade union** se syndiquer; **~ the club!*
bienvenue au club!
(e) [+ person] rejoindre; **I'll ~ you in five minutes** je vous rejoins dans cinq minutes; **will you ~ us?** (= come with us)
voulez-vous venir avec nous?; (in restaurant) voulez-vous
vous asseoir à notre table?; **to ~ the queue** prendre la
queue
2 VI (= merge) [roads, rivers] se rejoindre; (= become a
member) devenir membre; **London and Washington have
~ed in condemning these actions** Londres et Washington
ont toutes deux condamné ces actions
3 N (in mended object) ligne (f) de raccord; (Sewing) couture
(f)
► **join in 1** VI participer; **~ in!** (in singing) chantez avec
nous! **2** VT INSEP [+ game, activity] participer à; [+ conversa-
tion] prendre part à; [+ protests, shouts] joindre sa voix à;
[+ thanks, wishes] se joindre à
► **join up 1** VI [recruit] s'engager **2** VT SEP assembler;
[+ pieces of wood or metal] abouter

joiner /ˈdʒɔɪnə'/ N (Brit) menuisier (m)

joinery /ˈdʒɔɪnərɪ/ N (Brit) menuiserie (f)

joint /dʒɔɪnt/ **1** N (a) (= bone) articulation (f); **my ~s are
aching** j'ai mal aux articulations; **that put his nose out of
~** ça l'a défrisé*
(b) (Brit) [of meat] rôti (m)
(c) (= night club)* boîte* (f); (= disreputable pub)* bouge (m)
(d) (Drugs)* joint* (m)
2 ADJ [statement, action, approach, control, decision] commun;
[effort] conjugué; **to come ~ first** (in race, competition) être

classé premier ex aequo; **to make a ~ decision to do sth**
décider d'un commun accord de faire qch; **~ responsibility** coresponsabilité (f)
3 VT (Brit) [+ chicken] découper (aux jointures)
4 COMP ♦ **joint account** N compte (m) joint ♦ **joint honours** N (Brit) ≈ licence (f) préparée dans deux matières
(ayant le même coefficient) ♦ **joint ownership** N copropriété
(f) ♦ **joint venture** N entreprise (f) commune; (= company,
operation) joint-venture (f)

jointly /ˈdʒɔɪntlɪ/ ADV conjointement; **to be ~ responsible for sth** être conjointement responsable de qch

joist /dʒɔɪst/ N (wooden) solive (f); (metal) poutrelle (f)

joke /dʒəʊk/ **1** N plaisanterie (f); **for a ~** pour rire; **to
make a ~ about sth** plaisanter sur qch; **he can't take a ~** il
ne comprend pas la plaisanterie; **it's no ~!** (= it's not easy)
ce n'est pas une petite affaire!; (= it's not enjoyable) ce n'est
pas drôle; **having pneumonia is no ~** une pneumonie, ce
n'est pas rien; **what a ~!** ce que c'est drôle!; **it's a ~!*
(= useless) c'est de la blague!*; **the situation is getting beyond a ~*** la situation devient alarmante
2 VI plaisanter; **you're joking!** vous voulez rire!; **I'm not
joking** je ne plaisante pas; **I was only joking** ce n'était
qu'une plaisanterie

joker /ˈdʒəʊkə'/ N (a) (= idiot)* rigolo* (m) (b) (Cards) joker (m)

joking /ˈdʒəʊkɪŋ/ **1** ADJ [tone] de plaisanterie **2** N plaisanterie (f)

jokingly /ˈdʒəʊkɪŋlɪ/ ADV pour plaisanter

jollity /ˈdʒɒlɪtɪ/ N joyeuse humeur (f)

jolly /ˈdʒɒlɪ/ **1** ADJ (= cheerful) jovial **2** ADV (Brit = very)*
drôlement*; **you are ~ lucky** tu as une drôle de veine*; **~
good!** (expressing approval) très bien!

jolt /dʒəʊlt/ **1** VI [vehicle] cahoter; **to ~ along** avancer en
cahotant **2** VT secouer; **she was ~ed awake** elle s'est ré-
veillée en sursaut; **to ~ sb into action** pousser qn à agir; **it
~ed her out of her self-pity** ça l'a tellement secouée qu'elle
a arrêté de s'apitoyer sur son sort **3** N (= jerk) secousse (f);
(= shock) choc (m)

Jordan /ˈdʒɔːdn/ N (= country) Jordanie (f)

joss stick /ˈdʒɒsstɪk/ N bâton (m) d'encens

jostle /ˈdʒɒsl/ **1** VI **to ~ for sth** jouer des coudes pour
obtenir qch **2** VT bousculer

jot /dʒɒt/ **1** N brin (m); **there is not a ~ of truth in this** il
n'y a pas un brin de vérité là-dedans **2** VT noter
► **jot down** VT SEP noter; **to ~ down notes** prendre des
notes

jotter /ˈdʒɒtə'/ N (Brit) (= exercise book) cahier (m) (de
brouillon); (= pad) bloc-notes (m)

journal /ˈdʒɜːnl/ N (a) (= periodical) revue (f); (= newspaper) journal (m) (b) (= diary) journal (m)

journalism /ˈdʒɜːnəlɪzəm/ N journalisme (m)

journalist /ˈdʒɜːnəlɪst/ N journaliste (mf)

journey /ˈdʒɜːnɪ/ N trajet (m); (= travelling) voyage (m);
to go on a ~ partir en voyage; **it's a 50-minute train ~ from
Glasgow to Edinburgh** le trajet Glasgow-Édimbourg en
train prend 50 minutes; **the return ~** le retour; **a car ~** un
trajet en voiture; **a long bus ~** un long trajet en autobus

⚠ **journey ≠ journée**

jovial /ˈdʒəʊvɪəl/ ADJ jovial

joy /dʒɔɪ/ N (a) joie (f); (= enjoyable thing) plaisir (m); **to my
great ~** à ma grande joie; **the ~s of motherhood** les joies
de la maternité; **this car is a ~ to drive** c'est un vrai plaisir
de conduire cette voiture; **any ~?*** alors, ça a marché?

joyful /ˈdʒɔɪfʊl/ ADJ joyeux

joyfully /ˈdʒɔɪfəlɪ/ ADV [greet, sing] joyeusement

joyride /ˈdʒɔɪraɪd/ VI (also **go joyriding**) faire une virée*
dans une voiture volée

joyrider /ˈdʒɔɪraɪdə'/ N jeune chauffard (m) au volant
d'une voiture volée

joyriding /ˈdʒɔɪraɪdɪŋ/ N **~ is on the increase** il y a de plus en plus de jeunes qui volent une voiture juste pour aller faire une virée*

joystick /ˈdʒɔɪstɪk/ N (*Aviat*) manche (m) à balai; (*Computing*) manette (f) (de jeu)

JP /ˌdʒeɪˈpiː/ N (*Brit*) (ABBR = **Justice of the Peace**) juge (m) de paix

Jr (*US*) (ABBR = **Junior**) Jr

jubilant /ˈdʒuːbɪlənt/ ADJ [*person*] débordant de joie; **he was ~** il jubilait

jubilation /ˌdʒuːbɪˈleɪʃən/ N allégresse (f)

jubilee /ˈdʒuːbɪliː/ N jubilé (m)

Judaism /ˈdʒuːdeɪɪzm/ N judaïsme (m)

Judas /ˈdʒuːdəs/ N (= *traitor*) judas (m)

judder /ˈdʒʌdər/ VI (*Brit*) vibrer; (*stronger*) trépider

Judea /dʒuːˈdiːə/ N Judée (f)

judge /dʒʌdʒ/ 1 N juge (m); (= *member of judging panel*) membre (m) du jury; **to come before a ~** [*accused*] comparaître devant un juge; [*case*] être entendu par un juge; **to be a good ~ of wine** s'y connaître en vins; **I'll be the ~ of that** c'est à moi de juger 2 VT ⓐ (= *assess*) juger ⓑ (= *consider*) estimer; **to ~ it necessary to do sth** estimer nécessaire de faire qch 3 VI juger; **to ~ for oneself** juger par soi-même; **judging from** à en juger par

judg(e)ment /ˈdʒʌdʒmənt/ N ⓐ (*judicial, religious*) jugement (m) ⓑ (= *opinion*) avis (m); **to give one's ~ on sth** donner son avis sur qch; **in my ~** selon moi ⓒ (= *sense*) jugement (m); **to have sound ~** avoir du jugement

judg(e)mental /dʒʌdʒˈmentl/ ADJ **he is very ~** il porte toujours des jugements catégoriques

judicial /dʒuːˈdɪʃəl/ ADJ judiciaire; **the ~ process** la procédure judiciaire ♦ **judicial inquiry** N enquête (f) judiciaire ♦ **judicial review** N (*Brit*) réexamen (m) d'une décision de justice (*par une juridiction supérieure*); (*US*) examen (m) de la constitutionnalité d'une loi

judiciary /dʒuːˈdɪʃərɪ/ 1 ADJ judiciaire 2 N ⓐ (= *system*) système (m) judiciaire ⓑ (= *body of judges*) magistrature (f) ⓒ (= *branch of government*) pouvoir (m) judiciaire

judiciously /dʒuːˈdɪʃəslɪ/ ADV [*use, say*] judicieusement

judo /ˈdʒuːdəʊ/ N judo (m)

jug /dʒʌg/ N (*for water*) carafe (f); (*for wine*) pichet (m); (*round, heavy, jar-shaped*) cruche (f); (*for milk*) pot (m)

juggernaut /ˈdʒʌgənɔːt/ N (*Brit*) (= *truck*) gros poids lourd (m); (*fig*) mastodonte (m)

juggle /ˈdʒʌgl/ 1 VI jongler 2 VT [+ *balls, plates, figures*] jongler avec; [+ *one's time*] essayer de partager; **to ~ a career and a family** jongler pour concilier sa carrière et sa vie de famille

juggler /ˈdʒʌglər/ N jongleur (m), -euse (f)

juggling /ˈdʒʌglɪŋ/ N ⓐ (*with balls, plates*) jonglerie (f) ⓑ (= *clever organization*) **combining career and family requires a lot of ~** il faut beaucoup jongler pour concilier sa carrière et sa vie de famille

jugular /ˈdʒʌgjʊlər/ N (veine (f)) jugulaire (f); **to go for the ~** frapper au point le plus faible

juice /dʒuːs/ N [*of fruit, meat*] jus (m); **orange ~** jus (m) d'orange; **digestive ~s** sucs (mpl) digestifs

juicy /ˈdʒuːsɪ/ ADJ ⓐ [*fruit, steak*] juteux ⓑ (= *desirable*)* [*role, part*] savoureux; [*deal*] juteux* ⓒ [*story, scandal, details*] croustillant; **I heard some ~ gossip about him** j'ai entendu des histoires bien croustillantes à son sujet

jukebox /ˈdʒuːkbɒks/ N juke-box (m)

Jul. ABBR = **July**

July /dʒuːˈlaɪ/ N juillet (m) → **September**

jumble /ˈdʒʌmbl/ 1 VT ⓐ [+ *objects, clothes, figures*] mélanger ⓑ [+ *facts, details*] brouiller; **~d thoughts** pensées (fpl) confuses 2 N ⓐ [*of objects*] fouillis (m); **a ~ of papers** un tas de papiers en vrac; **in a ~** [*objects, papers, toys*] en vrac; **a ~ of words** une suite de mots sans queue ni tête; **a ~ of ideas** des idées (fpl) confuses ⓑ (*Brit* = *junk*) bric-à-brac (m) 3 COMP ♦ **jumble sale** N (*Brit*) vente (f) de charité

(*d'objets d'occasion*)

▶ **jumble up** VT SEP mélanger

jumbo /ˈdʒʌmbəʊ/ 1 N* jumbo-jet (m) 2 ADJ [*bottle, vegetable, prawn*] géant 3 COMP ♦ **jumbo jet** N jumbo-jet (m) ♦ **jumbo pack** N paquet (m) géant; [*of bottles, cans*] emballage (m) géant

jump /dʒʌmp/ 1 N ⓐ saut (m); [*of fear, nervousness*] sursaut (m); **to give a ~** sursauter; (*nervously*) sursauter; **to be one ~ ahead** avoir une longueur d'avance (**of** sur) ⓑ (= *leap*) bond (m); **a ~ in profits** un bond des profits; **it's a big ~ from medical student to doctor** il y a une grande différence entre être étudiant en médecine et devenir médecin ⓒ (*Horse-riding*) obstacle (m)

2 VI ⓐ (= *leap*) sauter; **to ~ across a stream** franchir un ruisseau d'un bond; **to ~ into the river** sauter dans la rivière; **to ~ off a bus** sauter d'un autobus; **to ~ off a wall** sauter (du haut) d'un mur; **to ~ over a wall** sauter un mur; **he managed to ~ clear as the car went over the cliff** il a réussi à sauter hors de la voiture au moment où celle-ci passait par-dessus la falaise; **to ~ up and down** sauter ⓑ (*from nervousness*) sursauter; **to make sb ~** [*loud noise*] faire sursauter qn; **it almost made him ~ out of his skin*** ça l'a fait sauter au plafond*; **his heart ~ed** (*with fear*) il a eu un coup au cœur ⓒ (*fig*) [*person*] sauter; **to ~ from one subject to another** sauter d'un sujet à un autre; **she ~ed from seventh place to second** elle est passée directement de la septième à la seconde place; **to ~ at** [+ *chance, offer*] sauter sur; [+ *idea*] accueillir avec enthousiasme; **to ~ down sb's throat*** rembarrer* qn; **to ~ to conclusions** tirer des conclusions hâtives; **he ~ed to the conclusion that ...** il en a conclu hâtivement que ...; **to ~ to sb's defence** s'empresser de prendre la défense de qn ⓓ [*prices, shares, profits, costs*] faire un bond; **her salary ~ed from $15,000 to $22,000** son salaire est passé brusquement de 15 000 à 22 000 dollars

3 VT ⓐ sauter; **to ~ 2 metres** sauter 2 mètres; **the disease has ~ed a generation** cette maladie a sauté une génération; **the company's shares ~ed 3%** les actions de la société ont fait un bond de 3%; **to ~ bail** ne pas comparaître au tribunal (*après une libération sous caution*); **to ~ the gun*** agir prématurément; **to ~ a red light*** [*motorist*] brûler un feu rouge; **to ~ the queue*** (*Brit*) passer avant son tour; **to ~ the rails** [*train*] dérailler; **to ~ ship** déserter le navire; (= *join rival organization*) passer dans un autre camp ⓑ [*rider*] [+ *horse*] faire sauter ⓒ (= *attack*) **to ~ sb*** sauter sur qn

4 COMP ♦ **jumped-up*** ADJ (*Brit*) (= *pushy*) parvenu; (= *cheeky*) effronté; (= *conceited*) prétentieux ♦ **jump-jet** N avion (m) à décollage vertical ♦ **jump leads** NPL (*Brit*) câbles (mpl) de démarrage (*pour batterie*) ♦ **jump rope** N (*US*) corde (f) à sauter ♦ **jump suit** N (*gen*) combinaison(-pantalon) (f)

▶ **jump about, jump around** VI sautiller

▶ **jump in** VI sauter dedans; **~ in!** (*into vehicle*) montez!; (*into swimming pool*) sautez!

▶ **jump on** 1 VI (*onto truck, bus*) **~ on!** montez! 2 VT INSEP ⓐ **to ~ on a bus** sauter dans un autobus; **to ~ on one's bicycle** sauter sur son vélo ⓑ (= *reprimand*)* tomber sur*

▶ **jump out** VI sauter; **to ~ out of bed** sauter du lit; **to ~ out of the window** sauter par la fenêtre; **to ~ out of a car** sauter d'une voiture

jumper /ˈdʒʌmpər/ N (*Brit*) pull (m) ♦ **jumper cables** NPL (*US*) câbles (mpl) de démarrage (*pour batterie*)

jumping /ˈdʒʌmpɪŋ/ 1 N saut (m); (= *equitation*) jumping (m), concours (m) hippique 2 ADJ (= *lively*)* plein d'animation 3 COMP ♦ **jumping-off point** N tremplin (m); **they used the agreement as a ~-off point for further negotiations** ils se sont servis de l'accord comme d'un tremplin pour d'autres négociations ♦ **jumping rope** N (*US*) corde (f) à sauter

jump-start /ˈdʒʌmpstɑːt/ 1 VT ⓐ **to ~ a car** (*by pushing*) faire démarrer une voiture en la poussant; (*with jump-*

leads) faire démarrer une voiture en branchant sa batterie sur une autre ⓑ [+ *negotiations, process, economy*] relancer 2 N **to give sb a ~** *(by pushing)* faire démarrer la voiture de qn en la poussant; *(with jump leads)* faire démarrer la voiture de qn en branchant sa batterie sur une autre

Jun. ⓐ ABBR = **June** ⓑ (ABBR = **Junior**) Jr

junction /ˈdʒʌŋkʃən/ N (*Brit*) (= *meeting place*) [*of roads*] bifurcation *(f)*; (= *crossroads*) carrefour *(m)*; [*of rivers*] confluent *(m)*; [*of railway lines*] embranchement *(m)*; [*of pipes*] raccordement *(m)*; (= *station*) gare *(f)* de jonction; **leave the motorway at ~ 13** prenez la sortie numéro 13

juncture /ˈdʒʌŋktʃəʳ/ N **at this ~** à ce moment

June /dʒuːn/ N juin *(m)* → **September**

jungle /ˈdʒʌŋgl/ N jungle *(f)*

junior /ˈdʒuːnɪəʳ/ 1 ADJ ⓐ (*in age*) cadet; **John Smith, Junior** John Smith fils
ⓑ (*in position*) [*employee, job*] subalterne; **he is ~ to me in the business** il est au-dessous de moi dans l'entreprise
ⓒ (*Sport*) [*competition, team, title*] junior; (= *under 11*) ≈ de poussins; (= *12 to 13*) ≈ de benjamins; (= *14 to 15*) ≈ de minimes; (= *16 to 17*) ≈ de cadets; (= *18 to 19*) ≈ de juniors
2 N ⓐ cadet(te) *(m(f))*; **he is two years my ~** il est mon cadet de deux ans
ⓑ (*Brit: at school*) petit(e) élève *(m(f))* (*de 7 à 11 ans*); (*US: at school*) élève *(mf)* de classe de première; (*US: at university*) étudiant(e) *(m(f))* de troisième année
ⓒ (*Sport*) junior *(mf)*; (= *under 11*) ≈ poussin *(m)*; (= *12 to 13*) ≈ benjamin(e) *(m(f))*; (= *14 to 15*) ≈ minime *(mf)*; (= *16 to 17*) ≈ cadet(te) *(m(f))*; (= *18 to 19*) ≈ junior *(mf)*
3 COMP ♦ **junior class** N **the ~ classes** les petites classes *(fpl)* (*de 7 à 11 ans*) ♦ **junior clerk** N petit commis *(m)* ♦ **junior college** N (*US*) institut *(m)* universitaire (du premier cycle) ♦ **junior doctor** N interne *(mf)* des hôpitaux ♦ **junior high school** N (*US*) ≈ collège *(m)* ♦ **junior partner** N associé(-adjoint) *(m)* ♦ **junior school** N (*Brit*) école *(f)* primaire (*de 7 à 11 ans*)

junk /dʒʌŋk/ 1 N (= *discarded objects*) bric-à-brac *(m inv)*; (= *metal*) ferraille *(f)*; (= *bad quality goods*)* camelote* *(f)*; (= *worthless objects*)* pacotille *(f)* 2 VT* bazarder* 3 COMP ♦ **junk food*** N **to eat ~ food** manger des cochonneries* ♦ **junk heap** N dépotoir *(m)* ♦ **junk mail** N imprimés *(mpl)* publicitaires (*envoyés par la poste*) ♦ **junk shop** N (boutique *(f)* de) brocante *(f)*

junkie* /ˈdʒʌŋkɪ/ N drogué(e) *(m(f))*; **a television ~** un accro* de la télé

junkyard /ˈdʒʌŋkjɑːd/ N entrepôt *(m)* de chiffonnier-ferrailleur

Jupiter /ˈdʒuːpɪtəʳ/ N (*Astron*) Jupiter *(f)*

jurisdiction /ˌdʒʊərɪsˈdɪkʃən/ N juridiction *(f)*; (*Admin*) compétence *(f)*

juror /ˈdʒʊərəʳ/ N juré *(m)*

jury /ˈdʒʊərɪ/ N jury *(m)*; **to be on the ~** faire partie du jury; **the ~ is out** le jury s'est retiré pour délibérer; (*fig*) cela reste à voir ♦ **the ~ is out on whether this is true** reste à voir si c'est vrai ♦ **jury box** N banc *(m)* des jurés ♦ **jury duty** N (*US, Scot*) **to do ~ duty** faire partie d'un jury ♦ **jury service** N **to do ~ service** faire partie d'un jury

just /dʒʌst/

1 ADVERB	2 ADJECTIVE

1 ADVERB
ⓐ = **exactly** juste, exactement; **it's ~ 9 o'clock** il est 9 heures juste; **you're ~ in time** vous arrivez juste à temps; **it's ~ what I wanted** c'est exactement ce que je voulais; **that's ~ what I thought** c'est exactement ce que je pensais; **~ then** juste à ce moment; **he has to have everything ~ so*** il faut que tout soit exactement comme il veut; **he's ~ like his father** (*physically*) c'est le portrait de son père; (*in behaviour*) il est comme son père; **~ what are you implying?** qu'est-ce que tu veux dire au juste?

♦ **just on** tout juste; **it's ~ on 2 kilos** ça fait tout juste 2 kilos; **it's ~ on nine** il est tout juste 9 heures
ⓑ indicating position juste; **my house is ~ here** ma maison est juste ici; **~ past the station** juste après la gare; **~ over there** là(, tout près)
ⓒ = at this or that moment **we're ~ off** nous partons à l'instant; **I'm ~ coming!** j'arrive!; **it's okay, I was ~ leaving** ce n'est pas grave, je partais; **are you leaving?** — **not ~ yet** tu pars? — pas tout de suite; **~ as we arrived it began to rain** juste au moment où nous arrivions, il s'est mis à pleuvoir
ⓓ referring to recent time **this book is ~ out** ce livre vient de paraître; **I saw him ~ last week** je l'ai vu pas plus tard que la semaine dernière
♦ **to have just done sth** venir de faire qch; **he had ~ left** il venait de partir; **I've ~ this minute finished it** je viens tout juste de le finir
ⓔ = barely **I'll ~ catch the train if I hurry** j'aurai tout juste le temps d'attraper le train si je me dépêche; **his voice was ~ audible** sa voix était tout juste audible
♦ **only just** tout juste; **I will only ~ get there on time** j'arriverai tout juste à l'heure; **I have only ~ enough money** j'ai tout juste assez d'argent; **we only ~ missed the train** nous avons raté le train de peu; **he passed the exam but only ~** il a été reçu à l'examen mais de justesse
ⓕ = slightly juste; **~ after 9 o'clock** juste après 9 heures; **~ after he came** juste après son arrivée; **~ after this** juste après; **~ before Christmas** juste avant Noël; **~ before it started to rain** juste avant qu'il ne commence à pleuvoir; **that's ~ over the kilo** cela fait juste un peu plus du kilo; **~ over £10** un peu plus de 10 livres; **~ under £10** un peu moins de 10 livres; **it's ~ after 9 o'clock** il est un peu plus de 9 heures
ⓖ = conceivably **it may ~ be possible** ce n'est pas totalement exclu
ⓗ = merely juste; **it's ~ a suggestion** c'est juste une suggestion; **~ a few** juste quelques-uns; **~ a little bit** juste un petit peu; **that's ~ your opinion** ça c'est ce que tu penses
ⓘ = simply (tout) simplement; **I ~ told him to go away** je lui ai simplement dit de s'en aller; **I would ~ like to say this** je voudrais juste dire ceci; **it was ~ marvellous!** c'était absolument merveilleux!; **she's ~ amazing!** elle est tout simplement stupéfiante!; **that's ~ stupid!** c'est complètement stupide!; **we're managing ~ fine** on s'en sort (sans problème); **it's ~ one of those things*** ce sont des choses qui arrivent!; **I ~ can't imagine what's happened to him** je n'arrive tout simplement pas à comprendre ce qui a pu lui arriver; **you should ~ send it back** vous n'avez qu'à le renvoyer; **I can't find £1,000 ~ like that** je ne peux pas trouver 1 000 livres comme ça
ⓙ = specially spécialement; **I did it ~ for you** je l'ai fait spécialement pour toi
ⓚ in imagination **I can ~ hear the roars of laughter** j'entends déjà les rires (que ça provoquerait)
ⓛ in commands, requests, threats **~ wait here a minute** attends une minute ici; **~ be reasonable** sois donc (un peu) raisonnable; **~ a moment please** un instant s'il vous plaît; **~ imagine!*** tu t'imagines un peu!*; **~ look at that!** regarde-moi ça!*; **~ you dare!*** essaie un peu pour voir!
ⓜ in rejoinders **that's ~ it!** *or* **that's ~ the point!** justement!; **yes, but ~ the same ...** oui, mais tout de même ...
ⓝ set structures
♦ **just about** (= *approximately*) à peu près; **it's ~ about 5 kilos** ça pèse à peu près 5 kilos; **have you finished?** — **~ about** avez-vous fini? — presque
♦ **to be just about to do sth** être sur le point de faire qch; **we were ~ about to leave** on était sur le point de partir
♦ **just as**: **leave everything ~ as you find it** laissez tout exactement en l'état; **come ~ as you are** venez comme vous êtes; **~ as I thought!** c'est bien ce que je pensais!; **I wasn't expecting much, which was ~ as well** je ne

m'attendais pas à grand chose, heureusement
♦ **just in case**: ~ **in case it rains** juste au cas où il pleuvrait ; **I'm taking a sleeping bag, ~ in case** j'emmène un sac de couchage, au cas où
♦ **just now** (= *a short time ago*) à l'instant ; **I saw him ~ now** je l'ai vu à l'instant ; **I'm busy ~ now** (= *at the moment*) je suis occupé (pour l'instant)
2 ADJECTIVE
= fair juste (**to** or **towards sb** avec qn)

justice /'dʒʌstɪs/ 1 N (a) (= *fairness, law*) justice *(f)* ; **I must, in all ~, say that ...** pour être juste, je dois dire que ... ; **this photograph doesn't do him ~** cette photo ne l'avantage pas ; **to do ~ to a meal** faire honneur à un repas ; **to bring sb to ~** traduire qn en justice (b) (= *judge*) (*Brit*) juge *(m)* ; (*US*) juge *(m)* de la Cour Suprême 2 COMP ♦ **Justice Department** N ministère *(m)* de la Justice

justifiable /ˌdʒʌstɪ'faɪəbl/ ADJ [*action*] justifié ; [*desire, emotion*] légitime ; [*choice*] défendable

justifiably /ˌdʒʌstɪ'faɪəblɪ/ ADV à juste titre ; **he was angry, and ~ so** il était en colère, et il y avait de quoi

justification /ˌdʒʌstɪfɪ'keɪʃən/ N justification *(f)* (**of, for**

de, à, pour) ; **he had no ~ for lying** il n'avait aucune raison valable de mentir

justify /'dʒʌstɪfaɪ/ VT [+ *behaviour, action*] justifier ; [+ *decision*] prouver le bien-fondé de ; **this does not ~ his being late** cela ne justifie pas son retard ; **to be justified in doing sth** avoir de bonnes raisons de faire qch

justly /'dʒʌstlɪ/ ADV (a) [*proud, famous, claim, accuse*] à juste titre (b) [*treat, rule, govern, reward*] justement

justness /'dʒʌstnɪs/ N [*of cause*] justesse *(f)*

jut /dʒʌt/ VI (= *jut out*) dépasser ; **the cliff ~s out into the sea** la falaise avance dans la mer ; **to ~ out over the sea** surplomber la mer

juvenile /'dʒuːvənaɪl/ 1 N jeune *(mf)* 2 ADJ (a) (= *young*) [*animal*] jeune (b) [*violence, employment*] des jeunes ; [*diabetes, arthritis*] juvénile ; **~ crime** délinquance *(f)* juvénile (c) (= *immature*) [*behaviour, attitude*] puéril 3 COMP ♦ **juvenile court** N tribunal *(m)* pour enfants ♦ **juvenile delinquency** N délinquance *(f)* juvénile ♦ **juvenile delinquent** N jeune délinquant(e) *(m(f))*

juxtaposition /ˌdʒʌkstəpə'zɪʃən/ N juxtaposition *(f)*

K

kaftan /'kæftæn/ N caftan (m)

kale /keɪl/ N chou (m) frisé

kaleidoscope /kə'laɪdəskəʊp/ N kaléidoscope (m)

kamikaze /,kæmɪ'kɑːzɪ/ ADJ kamikaze

Kampuchea /,kæmpʊ'tʃɪə/ N Kampuchéa (m)

Kan. ABBR = Kansas

kangaroo /,kæŋɡə'ruː/ N kangourou (m) ♦ kangaroo court N tribunal (m) irrégulier

Kans. ABBR = Kansas

kaput* /kə'pʊt/ ADJ fichu*

karaoke /,kɑːrə'əʊkɪ/ 1 N karaoké (m) 2 ADJ [competition, singer] de karaoké 3 COMP ♦ karaoke machine N karaoké (m)

karate /kə'rɑːtɪ/ N karaté (m)

karma /'kɑːmə/ N karma (m)

Kashmir /kæʃ'mɪə'/ N Cachemire (m)

Kashmiri /kæʃ'mɪərɪ/ ADJ cachemirien

kayak /'kaɪæk/ N kayak (m)

KB (ABBR = kilobyte) Ko (m)

kebab /kə'bæb/ N (= shish kebab) brochette (f); (= doner kebab) doner kebab (m)

kedgeree /,kedʒə'riː/ N (Brit) pilaf de poisson

keel /kiːl/ N quille (f); on an even ~ stable; to keep sth on an even ~ maintenir qch en équilibre; to get back on an even ~ retrouver l'équilibre
► keel over* VI [person] tourner de l'œil*; I nearly ~ed over when I saw Catherine j'ai failli tomber à la renverse en voyant Catherine

keen /kiːn/ ADJ ⓐ (= eager) to be ~ to do sth or on doing sth tenir à faire qch; he's not ~ on her coming il ne tient pas à ce qu'elle vienne; to be ~ for sb to do sth tenir à ce que qn fasse qch; she's ~ to have a family elle a envie d'avoir des enfants; to await sth with ~ anticipation attendre qch avec beaucoup d'impatience
ⓑ (= enthusiastic) [student] enthousiaste; a ~ photographer un passionné de photo; he tried not to seem too ~ il a essayé de ne pas se montrer trop enthousiaste; to be (as) ~ as mustard* (Brit) déborder d'enthousiasme; to be ~ on cycling aimer beaucoup le vélo; to be ~ on an idea être emballé* par une idée
♦ to be keen on sb* (= sexually attracted) en pincer* pour qn; I'm not too ~ on him il ne me plaît pas beaucoup
ⓒ (= acute) [desire, interest, sense of humour, intellect] vif; to have a ~ awareness of sth être très conscient de qch; to have a ~ eye for detail être minutieux
ⓓ [competition, fight] acharné

keenly /'kiːnlɪ/ ADV [interested] vivement; [aware] profondément; [awaited] impatiemment

keenness /'kiːnnɪs/ N ⓐ (= eagerness) volonté (f); the Government's ~ for economic reform la volonté du gouvernment de mettre en place des réformes économiques ⓑ (= enthusiasm) [of student] enthousiasme (m) ⓒ [of intellect] finesse (f); ~ of sight acuité (f) visuelle

keep /kiːp/

1 TRANSITIVE VERB	4 COMPOUNDS
2 INTRANSITIVE VERB	5 PHRASAL VERBS
3 NOUN	

► vb: pret, ptp kept

1 TRANSITIVE VERB

► When keep is part of a set combination, eg keep control, keep an appointment, look up the noun.

ⓐ = retain garder; you can ~ this book tu peux garder ce livre; ~ the change! gardez la monnaie!; to ~ sth for o.s. garder qch pour soi; ~ it to yourself* garde ça pour toi; I can't ~ telephone numbers in my head je n'arrive pas à retenir les numéros de téléphone

ⓑ = put aside garder; we're ~ing the best ones for Christmas nous gardons les meilleurs pour Noël; you must ~ it in a cold place il faut le conserver au froid

ⓒ = have ready avoir; I always ~ a blanket in the car j'ai toujours une couverture dans la voiture

ⓓ = stock faire; we don't ~ that model any more nous ne faisons plus ce modèle

ⓔ = store ranger; where do you ~ the sugar? où est-ce que vous rangez le sucre?; ~ it somewhere safe mettez-le en lieu sûr

ⓕ = detain retenir; they kept him prisoner for two years ils l'ont gardé prisonnier pendant deux ans; what kept you? qu'est-ce qui vous a retenu?; he was kept in hospital over night il a dû passer une nuit à l'hôpital; they kept him in a dark room il était enfermé dans une salle sombre; the flu kept her in bed une grippe l'a forcée à garder le lit

ⓖ = have [+ shop] tenir; [+ bees, chickens] élever

ⓗ = support subvenir aux besoins de; [+ mistress] entretenir; you can't ~ a family on that ça ne suffit pas pour faire vivre une famille; I have three children to ~ j'ai trois enfants à nourrir

ⓘ = observe [+ law, vow] respecter

ⓙ + accounts, diary tenir; ~ a note of this number note ce numéro

ⓚ set structures
♦ to keep sb at sth: they kept him at it all day ils l'ont fait travailler toute la journée
♦ to keep sth from sb (= conceal) cacher qch à qn; I know he's ~ing something from me je sais qu'il me cache quelque chose
♦ to keep sb from doing sth (= prevent) empêcher qn de faire qch; what can we do to ~ it from happening again? que pouvons-nous faire pour que ça ne se reproduise pas?
♦ to keep sb to sth: she kept him to his promise elle l'a

forcé à tenir sa promesse

♦ **to keep o.s. to o.s.** se tenir à l'écart ; **she ~s herself to herself** elle n'est pas très sociable

♦ **to keep sb/sth** + -*ing*: **to ~ sb waiting** faire attendre qn ; **~ him talking while ...** fais-lui la conversation pendant que ... ; **she managed to ~ the conversation going** elle a réussi à entretenir la conversation ; **he kept the engine running** il a laissé le moteur en marche

♦ **to keep sb/sth** + *adjective*: **to ~ sth clean** tenir qch propre ; **exercise will ~ you fit** l'exercice physique vous maintiendra en forme ; **~ me informed** tenez-moi au courant

2 INTRANSITIVE VERB

(a) = continue continuer ; **to ~ straight on** continuer tout droit

(b) = remain rester ; **to ~ in the middle of the road** rester au milieu de la route

(c) in health aller ; **how are you ~ing?** comment allez-vous ? ; **she's not ~ing well** elle ne va pas bien

(d) food se conserver ; **that letter will ~ until tomorrow** cette lettre peut attendre jusqu'à demain

(e) set structures

♦ **to keep** + -*ing*: **to ~ doing sth** (= *continue*) continuer de faire qch ; (= *do repeatedly*) ne pas arrêter de faire qch ; **he kept walking** il a continué de marcher ; **he kept interrupting us** il n'a pas arrêté de nous couper la parole ; **I ~ forgetting to pay the gas bill** j'oublie tout le temps de payer la facture de gaz

♦ **to keep** + *preposition*: **she bit her lip to ~ from crying** elle s'est mordu la lèvre pour s'empêcher de pleurer ; **he's promised to ~ off alcohol** il a promis de ne plus boire ; **"~ off the grass"** « défense de marcher sur les pelouses » ; **~ on this road until you come to ...** suivez cette route jusqu'à ce que vous arriviez à ... ; **~ to the left!** gardez votre gauche ! ; **she ~s to herself** elle n'est pas très sociable

♦ **to keep** + *adjective*: **~ calm!** reste calme ! ; **to ~ fit** se maintenir en forme ; **to ~ still** se tenir tranquille

3 NOUN

(a) = livelihood, food **I got £30 a week and my ~** je gagnais 30 livres par semaine logé et nourri

(b) of castle donjon *(m)*

(c) ♦ **for keeps*** (= *permanently*) pour toujours

4 COMPOUNDS

♦ **keep-fit** N (*Brit*) aérobic *(f)* ; **she does ~-fit once a week** elle fait de l'aérobic une fois par semaine ; **~-fit classes** cours *(mpl)* d'aérobic

5 PHRASAL VERBS

► **keep at** VT INSEP (a) (= *continue*) continuer ; **you should ~ at it** tu devrais persévérer (b) (= *nag at*) harceler

► **keep away 1** VI ne pas s'approcher ; **~ away from the fire** ne t'approche pas du feu **2** VT SEP empêcher de s'approcher ; **the police kept the crowds away** la police a empêché la foule de s'approcher

► **keep back 1** VI ne pas approcher **2** VT SEP (a) (= *restrain*) retenir ; **he struggled to ~ back his tears** il retenait ses larmes à grand-peine (b) (= *conceal*) cacher ; [+ *secrets*] ne pas révéler ; **I'm sure he's ~ing something back** je suis sûr qu'il me (*or* nous *etc*) cache quelque chose

► **keep down 1** VI rester à couvert **2** VT SEP (a) [+ *one's anger*] contenir ; **it's just a way to ~ women down** c'est une manière de cantonner les femmes dans un statut inférieur (b) [+ *inflation, costs*] maîtriser ; [+ *number*] limiter ; **to ~ prices down** empêcher les prix de monter ; **could you ~ the noise down?** est-ce que vous pourriez faire un peu moins de bruit ? ; **she drank some water but couldn't ~ it down** elle a bu de l'eau mais elle a tout vomi

► **keep in 1** VI **to ~ in with sb** rester en bons termes avec qn **2** VT SEP [+ *anger*] contenir

► **keep off 1** VI [*person*] rester à l'écart ; **if the rain ~s off** s'il ne se met pas à pleuvoir **2** VT SEP **they want to ~ young people off the streets** ils veulent empêcher les jeunes de traîner dans les rues ; **~ your hands off!** pas touche !*

► **keep on 1** VI (a) (= *continue*) **he kept on reading** il a continué de lire ; **~ on till you get to the school** continuez jusqu'à l'école (b) (*Brit* = *nag*) **don't ~**

on!* laisse-moi tranquille ! **2** VT SEP [+ *employee*] garder

► **keep on about*** VT INSEP (*Brit*) ne pas arrêter de parler de

► **keep on at*** VT INSEP (*Brit*) harceler ; **she kept on at him to look for a job** elle le harcelait pour qu'il cherche du travail

► **keep out 1** VI rester en dehors ; **"~ out"** « défense d'entrer » ; **~ out of this!** ne t'en mêle pas ! **2** VT SEP [+ *person, dog*] ne pas laisser entrer ; **that coat looks as if it will ~ out the cold** ce manteau doit bien protéger du froid

► **keep to** VT INSEP [+ *promise*] tenir ; [+ *agreement, rules, schedule*] respecter ; [+ *plan*] s'en tenir à

► **keep up 1** VI [*prices*] se maintenir ; **I hope the good weather will ~ up** j'espère que le beau temps va se maintenir ; **they went so fast I couldn't ~ up** ils allaient si vite que je n'arrivais pas à suivre

♦ **to keep up with**: **to ~ up with sb** (*in race, walk*) aller aussi vite que qn ; (*in work*) se maintenir au niveau de qn ; **slow down, I can't ~ up with you** ralentis un peu, je ne peux pas te suivre ; **to ~ up with the class** se maintenir au niveau de la classe ; **the company has failed to ~ up with the times** la société n'a pas réussi à évoluer ; **to ~ up with demand** parvenir à satisfaire la demande

2 VT SEP (a) [+ *pressure, standards*] maintenir ; [+ *correspondence*] entretenir ; [+ *study*] continuer ; **they can no longer ~ the payments up** ils n'arrivent plus à payer les traites ; **~ it up!** continuez !

(b) (= *maintain*) [+ *house*] maintenir en bon état

keeper /ˈkiːpəʳ/ N (*in museum*) conservateur *(m)*, -trice *(f)* ; (*in park, zoo*) gardien *(m)* ; (= *goalkeeper*) gardien(ne) *(m(f))* de but

keeping /ˈkiːpɪŋ/ N (a) (= *care*) garde *(f)* ; **to put sth in sb's ~** confier qch à qn

(b) ♦ **to be in keeping with** [+ *regulation, status, tradition*] être conforme à ; [+ *character*] correspondre à

keepsake /ˈkiːpseɪk/ N souvenir *(m)*

keg /keg/ N [*of beer*] petit tonneau *(m)*

kelp /kelp/ N varech *(m)*

Ken. ABBR = **Kentucky**

kennel /ˈkenl/ **1** N [*of dog*] niche *(f)* **2** NPL **kennels** chenil *(m)*

Kenya /ˈkenjə/ N Kenya *(m)*

kept /kept/ VB pret, ptp of **keep**

kerb /kɜːb/ N (*Brit*) bord *(m)* du trottoir ♦ **kerb crawling** N drague* *(f)* en voiture

kerosene /ˈkerəsiːn/ N (a) (= *aircraft fuel*) kérosène *(m)* (b) (*US: for stoves, lamps*) pétrole *(m)*

kestrel /ˈkestrəl/ N crécerelle *(f)*

ketchup /ˈketʃəp/ N ketchup *(m)*

kettle /ˈketl/ N bouilloire *(f)* ; **the ~'s boiling** l'eau bout (dans la bouilloire) ; **I'll put the ~ on** je vais mettre l'eau à chauffer ; **that's a fine ~ of fish** quel micmac !* ; **that's a different ~ of fish** c'est une autre affaire

kettledrum /ˈketldrʌm/ N timbale *(f)*

key /kiː/ **1** N (a) clé *(f)* ; **leave the ~ in the door** laisse la clé sur la porte ; **he holds the ~ to the mystery** il détient la clé du mystère ; **the ~ to ending this recession** la solution pour mettre fin à la récession (b) (*to map, diagram*) légende *(f)* (c) [*of piano, computer*] touche *(f)* [*of music*] ton *(m)* ; **in the ~ of C** en do ; **change of ~** changement *(m)* de ton **2** ADJ (= *crucial*) clé (*inv*) **3** VT (*also* **~ in**) [+ *text, data*] saisir **4** COMP ♦ **key card** N (*at hotel etc*) carte *(f)* magnétique ♦ **key ring** N porte-clés *(m)*

keyboard /ˈkiːbɔːd/ **1** N clavier *(m)* **2** VT [+ *text*] saisir **3** NPL **keyboards** clavier *(m)* électronique ; **he's on ~s** il est aux claviers **4** COMP ♦ **keyboard skills** NPL compétences *(fpl)* de claviste

keyboarder /ˈkiːbɔːdəʳ/ N claviste *(mf)*

keyed up /ˌkiːdˈʌp/ ADJ **she was (all) ~ about the interview** la perspective de l'entrevue la rendait nerveuse

keyhole /ˈkiːhəʊl/ N trou *(m)* de serrure ; **through the ~**

par le trou de la serrure ◆ **keyhole surgery** N chirurgie (f) endoscopique

keynote /'ki:nəʊt/ N [of speech, policy] idée-force (f) ◆ **keynote speech** N discours-programme (m)

keypad /'ki:pæd/ N pavé (m) numérique

keystroke /'ki:strəʊk/ N frappe (f)

keyworker /'ki:wɜːkəʳ/ N (Med, Social Work) coordonnateur (m), -trice (f)

khaki /'kɑːkɪ/ ADJ kaki (inv)

kibbutz /kɪ'bʊts/ N (pl **kibbutzim** /kɪ'bʊtsɪm/) kibboutz (m)

kick /kɪk/ 1 N ⓐ (= action) coup (m) de pied; **to give the door a ~** donner un coup de pied dans la porte; **this refusal was a ~ in the teeth for her*** ce refus lui a fait l'effet d'une gifle

ⓑ (= thrill)* **I get a ~ out of it** ça me donne un plaisir fou*; **he did it for ~s** il l'a fait pour le plaisir

ⓒ (= zest)* **a drink with ~ in it** une boisson qui vous donne un coup de fouet

2 VI ⓐ [person] donner un coup de pied; [footballer] shooter; [baby in womb] donner des coups de pied; [horse] ruer

ⓑ (= object to sth)* **to ~ against sth** se rebiffer contre qch*

3 VT ⓐ [person] donner un coup de pied à; [horse] lancer une ruade à; **she ~ed him in the stomach** elle lui a donné un coup de pied dans le ventre; **I could have ~ed myself*** je me serais giflé*; **to ~ sb in the teeth*** faire un coup vache* à qn; **to ~ the bucket**: (= die) casser sa pipe:

ⓑ (= stop) **to ~ the habit** [smoker] arrêter de fumer; [drug addict] décrocher*

4 COMP ◆ **kick boxing** N boxe (f) française ◆ **kick-off** N [of football match] coup (m) d'envoi; [of meeting] début (m) ◆ **kick-stand** N [of motorcycle] béquille (f) ◆ **kick-start** VT [+ motorcycle] démarrer au kick; [+ economy, negotiations, process] relancer ◆ **kick-starter** N [of motorcycle] kick (m)

► **kick about, kick around** 1 VI [clothes, person]: traîner 2 VT SEP **to ~ a ball about** or **around** s'amuser avec un ballon; **to ~ sb around** (= mistreat) malmener qn; **to ~ an idea around*** débattre une idée

► **kick in** 1 VT SEP [+ door] enfoncer à coups de pied; **to ~ sb's teeth in*** casser la figure* à qn 2 VI (= take effect)* [drug] commencer à agir; [mechanism] entrer en action

► **kick off** 1 VI [footballer] donner le coup d'envoi; **the party ~ed off in great style** la soirée a démarré* en beauté 2 VT SEP enlever

► **kick out*** VT SEP [+ person] flanquer* à la porte

► **kick up** VT SEP **to ~ up a fuss*** faire toute une histoire

kid /kɪd/ 1 N ⓐ (= child)* gosse* (mf); **when I was a ~** quand j'étais gosse*; **to be like a ~ in a candy store** (US) être aux anges ⓑ (= goat) cabri (m) ⓒ (= leather) chevreau (m) 2 VT (= tease)* **to ~ sb** faire marcher qn*; **no ~ding!** sans blague !*; **who are you trying to ~?** à qui tu veux faire croire ça ?; **to ~ o.s. that ...** s'imaginer que ... 3 VI (= tease)* raconter des blagues*; **I was only ~ding** j'ai dit ça pour plaisanter 4 COMP ◆ **kid brother*** N petit frère (m) ◆ **kid sister*** N petite sœur (f)

kidnap /'kɪdnæp/ VT kidnapper

kidnapper, kidnaper (US) /'kɪdnæpəʳ/ N ravisseur (m), -euse (f)

kidnapping, kidnaping (US) /'kɪdnæpɪŋ/ N kidnapping (m)

kidney /'kɪdnɪ/ N (= organ) rein (m); (for cooking) rognon (m) ◆ **kidney bean** N haricot (m) rouge ◆ **kidney disease** N maladie (f) rénale ◆ **kidney donor** N donneur (m), -euse (f) de reins ◆ **kidney failure** N insuffisance (f) rénale ◆ **kidney stone** N calcul (m) rénal ◆ **kidney transplant** N greffe (f) du rein

kill /kɪl/ 1 VT ⓐ tuer; **the earthquake ~ed five people** le tremblement de terre a fait cinq morts; **to be ~ed in action** tomber au champ d'honneur; **he certainly wasn't ~ing himself** le moins qu'on puisse dire c'est qu'il ne se surmenait pas; **I'll do it (even) if it ~s me** je le ferai même si je dois y laisser ma peau*; **my feet are ~ing me** j'ai un de ces* mal aux pieds ■ (PROV) **to ~ two birds with one stone** faire

d'une pierre deux coups (PROV)

ⓑ [+ proposal] faire échouer; [+ rumour] étouffer; [+ pain] supprimer; **to ~ time** tuer le temps

2 VI [cancer, drugs, drink] tuer

3 N (at hunt) mise (f) à mort; **the tiger had made a ~** le tigre avait tué une proie; **the lion dragged his ~ over to the trees** le lion a traîné sa proie sous les arbres

► **kill off** VT SEP [+ people] tuer; [+ weeds] éliminer

killer /'kɪləʳ/ N (= murderer) assassin (m); **diphtheria was once a ~** autrefois la diphtérie tuait; **it's a ~*** (= hard work) c'est tuant ◆ **killer instinct** N **he's got the ~ instinct** c'est un tueur ◆ **killer whale** N orque (f)

killing /'kɪlɪŋ/ N [of person] meurtre (m); [of group of people] massacre (m); [of animal] mise (f) à mort; **to make a ~** (in buying and selling) réussir un beau coup ◆ **killing fields** NPL charniers (mpl)

killjoy /'kɪldʒɔɪ/ N rabat-joie (mf inv)

kiln /kɪln/ N four (m); **pottery ~** four (m) céramique

kilo /'ki:ləʊ/ N kilo (m)

kilobyte /'kɪləʊ,baɪt/ N kilo-octet (m)

kilogram(me) /'kɪləʊgræm/ N kilogramme (m)

kilometre, kilometer (US) /'kɪləʊ,mi:təʳ, kɪ'lɒmətəʳ/ N kilomètre (m); **it is 5 ~s to the town** la ville est à 5 kilomètres

kilowatt /'kɪləʊwɒt/ N kilowatt (m)

kilt /kɪlt/ N kilt (m)

kin /kɪn/ N famille (f)

kind /kaɪnd/ 1 N (= type) genre (m); [of car] marque (f); **this ~ of pen** ce genre de stylo; **books of all ~s** des livres de tous genres; **what ~ of flour do you want?** — **the ~ you gave me last time** quelle sorte de farine voulez-vous ? — celle que vous m'avez donnée la dernière fois; **what ~ of dog is he?** qu'est-ce que c'est (race de) chien ?; **he is not the ~ of man to refuse** ce n'est pas le genre d'homme à refuser; **he's not that ~ of person** ce n'est pas son genre; **what ~ of people does he think we are?** pour qui nous prend-il ?; **what ~ of a fool does he take me for?** il me prend pour un imbécile !; **what ~ of an answer do you call that?** vous appelez ça une réponse ?; **you know the ~ of thing I mean** vous voyez ce que je veux dire; **I don't like that ~ of talk** je n'aime pas ce genre de propos; **it's my ~* of film** c'est le genre de film que j'aime; **I'll do nothing of the ~** je n'en ferai rien !; **this painting is the only one of its ~** ce tableau est unique en son genre; **payment in ~** paiement en nature

◆ **a kind of** une sorte de; **there was a ~ of tinkling sound** on entendait comme un bruit de grelot

◆ **of a kind**: **it was an apology of a ~** ça pouvait ressembler à une excuse; **they're two of a ~** ils sont du même genre; (pej) ils sont du même acabit

◆ **kind of***: **I was ~ of frightened that ...** j'avais un peu peur que ...; **he was ~ of worried-looking** il avait l'air plutôt inquiet; **it's ~ of blue** c'est plutôt bleu; **aren't you pleased?** — **ah ~ of!** tu n'es pas content ? — si, assez !

2 ADJ [person, remark, smile] gentil; [gesture] aimable; [thought] attentionné; [face] affable; **to be ~ to sb** [person] être gentil avec qn; **to be ~ to animals** être bon avec les animaux; **that's very ~ of you** c'est très gentil (à vous); **life has been ~ to me** j'ai eu de la chance dans la vie; **to have a ~ heart** avoir bon cœur; **the critics were not ~ to the film** les critiques n'ont pas été tendres avec le film; **he was ~ enough to write to me** il a eu la gentillesse de m'écrire; **please be so ~ as to ...** veuillez avoir la gentillesse de ...

3 COMP ◆ **kind-hearted** ADJ bon

kindergarten /'kɪndə,gɑːtn/ N jardin (m) d'enfants; (state-run) maternelle (f)

kindle /'kɪndl/ 1 VT [+ fire, passion] allumer; [+ enthusiasm] susciter 2 VI s'allumer

kindling /'kɪndlɪŋ/ N (= wood) petit bois (m)

kindly /'kaɪndlɪ/ ADV ⓐ (= in a caring way) avec bienveillance ⓑ (= generously) aimablement ⓒ (= please) **~ be seated** veuillez vous asseoir; **will you ~ be quiet!** veux-tu te taire ? ⓓ (= favourably) **to think ~ of sb** apprécier qn ; **to look ~ (up)on sb/sth** considérer qn/qch avec bienveillance ; **she didn't take it ~ when I said that** elle n'a pas apprécié quand j'ai dit cela

kindness /ˈkaɪndnɪs/ N gentillesse (f) ; **to show ~ to sb** être gentil avec qn ; **out of the ~ of his heart** par bonté d'âme

kindred /ˈkɪndrɪd/ N (= relatives) famille (f) ◆ **kindred spirit** N âme (f) sœur

kinetic /kɪˈnetɪk/ ADJ cinétique

king /kɪŋ/ 1 N ⓐ roi (m) ; **King David** le roi David ⓑ (Cards, Chess) roi (m) ; (Draughts) dame (f) 2 COMP ◆ **king-size bed** N grand lit (m)
→ QUEEN'S SPEECH, KING'S SPEECH

kingdom /ˈkɪŋdəm/ N royaume (m) ; **the plant/animal ~** le règne végétal/animal

kingfisher /ˈkɪŋfɪʃəʳ/ N martin-pêcheur (m)

kingpin /ˈkɪŋpɪn/ N [of organization] pilier (m) ; (US = skittle) première quille (f)

kink /kɪŋk/ N (in rope) nœud (m) ; **her hair has a ~ in it** ses cheveux frisent légèrement

kinky /ˈkɪŋkɪ/ ADJ ⓐ [underwear]* d'un goût spécial ; **~ sex** des pratiques sexuelles un peu spéciales ⓑ [hair] frisé

kinship /ˈkɪnʃɪp/ N ⓐ (= blood relationship) parenté (f) ⓑ (= bond) affinité (f)

kinsman /ˈkɪnzmən/ N (pl **-men**) parent (m)

kinswoman /ˈkɪnz,wʊmən/ N (pl **-women**) parente (f)

kiosk /ˈkiːɒsk/ N (for selling) kiosque (m) ; (Brit = phone box) cabine (f) téléphonique

kip: /kɪp/ (Brit) 1 N (= nap) roupillon* (m) ; **to get some ~** piquer un roupillon* 2 VI se pieuter: ; **we ~ped on the floor** on a dormi par terre

kipper /ˈkɪpəʳ/ N (Brit) hareng (m) fumé salé

kiss /kɪs/ 1 N baiser (m) ; **to give sb a ~** donner un baiser à qn ; **give me a ~** embrasse-moi ; **~ of life** bouche-à-bouche (m) ; **to give the ~ of death to …** porter le coup fatal à … 2 VT embrasser ; **to ~ sb's cheek** embrasser qn sur la joue ; **to ~ sb's hand** baiser la main de qn ; **they ~ed each other** ils se sont embrassés ; **to ~ sb good night** souhaiter bonne nuit à qn en l'embrassant ; **I'll ~ it better** un petit bisou* et ça ira mieux 3 VI s'embrasser ; **to ~ and make up** faire la paix ; **to ~ and tell** raconter des secrets d'alcôve

kissagram /ˈkɪsə,græm/ N baiser télégraphié

ⓘ **KISSAGRAM**

Un **kissagram** est adressé à une personne pour lui faire une surprise, par exemple à l'occasion de son anniversaire. Le message est remis par un porteur costumé, qui lit un petit texte et embrasse le destinataire devant tout le monde.

---

kit /kɪt/ N ⓐ (= parts for assembly) kit (m) ; **he built it from a ~** il l'a assemblé à partir d'un kit ; **in ~ form** en kit ⓑ (= set of items) trousse (f) ; **puncture-repair ~** trousse (f) de réparations ; **first-aid ~** trousse (f) d'urgence ⓒ (= clothes)* affaires (fpl) ; **have you got your gym ~?** tu as tes affaires de gym ? ; **get your ~ off!:** à poil !*

kitbag /ˈkɪtbæg/ N sac (m) (de sportif, de soldat)

kitchen /ˈkɪtʃɪn/ 1 N cuisine (f) 2 COMP [table] de cuisine ◆ **kitchen cabinet** N proches conseillers (mpl) du Premier ministre ; (US) proches conseillers (mpl) du Président → CABINET ◆ **kitchen foil** N papier (m) d'aluminium ◆ **kitchen paper, kitchen roll** N essuie-tout (m inv) ◆ **kitchen sink** N évier (m) ; **I've packed everything but the ~ sink** j'ai tout emporté sauf les murs

kitchenware /ˈkɪtʃɪnwɛəʳ/ N (= dishes) vaisselle (f) ; (= equipment) ustensiles (mpl) de cuisine

kite /kaɪt/ N (= toy) cerf-volant (m) ; (= bird) milan (m)

kith /kɪθ/ N **~ and kin** amis (mpl) et parents (mpl)

kitten /ˈkɪtn/ N chaton (m) ; **to have ~s:** (Brit = be angry) piquer une crise*

kitty /ˈkɪtɪ/ 1 N ⓐ [of money] cagnotte (f) ⓑ (= cat)* mi-

nou* (m) 2 COMP ◆ **Kitty Litter** ® N (US) litière (f) pour chats

kiwi /ˈkiːwiː/ N (= bird, fruit) kiwi (m)

Kleenex ® /ˈkliːneks/ N (pl **Kleenex**) Kleenex ® (m)

kleptomaniac /ˌkleptəʊˈmeɪnɪæk/ ADJ, N kleptomane (mf)

km N (ABBR = **kilometre(s)**) km

kmh N (ABBR = **kilometres per hour**) km/h

knack /næk/ N ⓐ (= physical dexterity) tour (m) de main ; **there's a ~ to it** il y a un tour de main à prendre ⓑ (= talent) **to have the ~ of doing sth** avoir le don pour faire qch

knackered: /ˈnækəd/ ADJ (Brit) ⓐ (= tired out) crevé* ⓑ (= broken) foutu:

knapsack /ˈnæpsæk/ N sac (m) à dos

knead /niːd/ VT [+ dough] pétrir ; [+ muscles] malaxer

knee /niː/ N genou (m) ; **these trousers have gone at the ~(s)** ce pantalon est usé aux genoux ; **to sit on sb's ~** s'asseoir sur les genoux de qn ; **to put a child over one's ~** (= smack) donner une fessée à un enfant ; **to go down on one's ~s to sb** supplier qn à genoux ; **to bring sb to his ~s** forcer qn à se soumettre ◆ **knee-deep** ADJ **the water was ~-deep** l'eau arrivait aux genoux ; **to be ~-deep in paperwork*** être dans la paperasse jusqu'au cou* ◆ **knee-jerk** ADJ [reaction] réflexe ◆ **knee-length** ADJ [skirt] qui s'arrête au genou ; [boots] haut

kneecap /ˈniːkæp/ 1 N rotule (f) 2 VT (= shoot) tirer dans le genou de

kneel /niːl/ (pret, ptp **knelt** or **kneeled**) VI (= kneel down) s'agenouiller ; (= be kneeling) être agenouillé

kneepad /ˈniːpæd/ N genouillère (f)

knell /nel/ N glas (m) ; **to sound the (death) ~** sonner le glas

knelt /nelt/ VB pt, ptp of **kneel**

knew /njuː/ VB pt of **know**

knickerbocker glory /ˌnɪkəbɒkəˈɡlɔːrɪ/ N (Brit) coupe glacée faite de glace, de gelée, de crème et de fruits

knickerbockers /ˈnɪkə,bɒkəz/ NPL (knee-length) knickers (mpl)

knickers /ˈnɪkəz/ NPL (Brit) culotte (f) ; **to get one's ~ in a twist:** se mettre dans tous ses états

knife /naɪf/ 1 N (pl **knives**) couteau (m) ; (= pocket knife) canif (m) ; **the knives are out for him*** on en a après lui ; **to go under the ~*** (= undergo operation) passer sur le billard* ; **you could have cut the atmosphere with a ~** il y avait de la tension dans l'air 2 VT [+ person] donner un coup de couteau à 3 COMP ◆ **knife edge** N **on a ~ edge** (= tense) sur des charbons ardents ; **the success of the scheme was balanced on a ~ edge** la réussite du projet ne tenait qu'à un fil

knight /naɪt/ 1 N chevalier (m) ; (Chess) cavalier (m) ; **a ~ in shining armour** un sauveur 2 VT (Brit) [sovereign] faire chevalier

knighthood /ˈnaɪthʊd/ N (Brit = rank) titre (m) de chevalier ; **to get a ~** être fait chevalier

knit /nɪt/ (pret, ptp **knitted** or **knit**) 1 VT [+ garment] tricoter ; **"~ three, purl one"** « trois mailles à l'endroit, une maille à l'envers » ; **to ~ one's brows** froncer les sourcils 2 VI ⓐ tricoter ⓑ (also = **together**) [bone] se souder

knitting /ˈnɪtɪŋ/ N tricot (m) ◆ **knitting machine** N machine (f) à tricoter ◆ **knitting needle** N aiguille (f) à tricoter

knitwear /ˈnɪtwɛəʳ/ N tricots (mpl)

knives /naɪvz/ NPL of **knife**

knob /nɒb/ N ⓐ [of door] bouton (m) ⓑ (Brit) **~ of butter** noix (f) de beurre

knobbly /ˈnɒblɪ/, **knobby** /ˈnɒbɪ/ ADJ noueux

knock /nɒk/ 1 N ⓐ (= blow) coup (m) ; (= collision) choc (m) ; **he got a ~ (on the head)** il a reçu un coup (sur la tête) ⓑ (at door) **there was a ~ at the door** on a frappé (à la porte) ; **I heard a ~ (at the door)** j'ai entendu frapper (à la porte)

ⓒ (= *setback*) revers *(m)*; **~s** (= *criticism*)* critiques *(fpl)*; **to take a ~** [*person*] en prendre un coup*; **his pride has taken a ~** son orgueil en a pris un coup; **his confidence has taken a ~** sa confiance a été sérieusement ébranlée

2 VT ⓐ [+ *object*] frapper; **to ~ a nail in (with a hammer)** enfoncer un clou (à coups de marteau); **he ~ed the ball into the hedge** il a envoyé la balle dans la haie; **to ~ a glass off a table** faire tomber un verre d'une table; **to ~ one's head on** or **against sth** se cogner la tête contre qch; **that ~ed his plans on the head** (*Brit*) ça a flanqué* par terre ses projets; **to ~ some sense into sb*** ramener qn à la raison; **to ~ spots off sb*** battre qn à plate(s) couture(s); **to ~ spots off sth*** être beaucoup mieux que qch

ⓑ [+ *person*] **to ~ sb to the ground** jeter qn à terre; **to ~ sb unconscious** assommer qn; **to ~ sb dead*** épater qn*; **go out there and ~ 'em dead!*** montre-leur de quoi tu es capable!; **his wife's death really ~ed him sideways*** (*Brit*) la mort de sa femme l'a profondément ébranlé; **to ~ sb for six*** (*Brit*) [*news*] faire un choc à qn

ⓒ (*in building*) **to ~ two rooms into one** abattre la cloison entre deux pièces

ⓓ (= *denigrate*)* [+ *person, plan, idea*] dénigrer; **don't ~ it!** arrête de dénigrer!

3 VI (= *bump*) frapper; **his knees were ~ing** il tremblait de peur; **to ~ against** or **into sb/sth** se cogner contre qn/qch; **he ~ed into the table** il s'est cogné dans la table; **the car ~ed into the lamppost** la voiture a heurté le réverbère

4 COMP ♦ **knock-kneed** ADJ **to be ~-kneed** avoir les genoux cagneux ♦ **knock-on effect** N répercussions *(fpl)* ♦ **knock-up** N (*Tennis*) **to have a ~-up** faire des balles

▸ **knock about***, **knock around*** 1 VI (= *travel*) bourlinguer*; (= *hang around*) traîner; **what are all these boxes ~ing about in the garage?** que font tous ces cartons dans le garage? 2 VT INSEP **he's ~ing about France somewhere*** il se balade* quelque part en France 3 VT SEP (= *beat*)* taper sur; **he ~s her about** il lui tape dessus*

▸ **knock back*** VT SEP ⓐ [+ *drink*] s'envoyer* ⓑ (= *cost*) coûter; **how much did it ~ you back?** ça vous a coûté combien? ⓒ (= *shock*) sonner*; **the news ~ed her back a bit** la nouvelle l'a un peu sonnée* ⓓ (= *refuse*) [+ *offer, invitation*] refuser; [+ *person*] jeter*

▸ **knock down** VT SEP ⓐ [+ *person*] renverser; **he got ~ed down by a bus** il a été renversé par un autobus ⓑ [+ *building*] démolir; [+ *door*] (= *remove*) démolir; (= *kick in*) enfoncer; **he ~ed me down with one blow** il m'a jeté à terre d'un seul coup ⓒ [+ *price*] baisser

▸ **knock off** 1 VI (= *leave work*)* quitter son travail 2 VT SEP ⓐ **I got ~ed off my bike** j'ai été renversé en vélo; **to ~ sb's block off*** casser la figure* à qn ⓑ (= *reduce price by*) faire une remise de; **I'll ~ off £10** je vous fais une remise de 10 livres; **she ~ed 15 seconds off the world record** elle a battu le record du monde de 15 secondes ⓒ (*Brit* = *steal*)* piquer* ⓓ (= *stop*) **~ it off!*** ça suffit! ⓔ (= *kill*)* liquider*

▸ **knock out** VT SEP ⓐ (= *stun*) **to ~ sb out** [*person, drug*] assommer qn; [*boxer*] mettre qn KO ⓑ (= *exhaust*) mettre à plat* ⓒ (*from competition*) éliminer ⓓ [+ *electricity*] couper

▸ **knock over** VT SEP [+ *object, pedestrian*] renverser; **he was ~ed over by a taxi** il a été renversé par un taxi

▸ **knock up** 1 VI (*Tennis*) faire des balles 2 VT SEP ⓐ [+ *meal*] improviser; [+ *shed*] bricoler (en vitesse) ⓑ (= *make pregnant*)‡ engrosser‡

knockback* /ˈnɒkbæk/ N revers *(m)*

knockdown /ˈnɒkdaʊn/ ADJ **~ price** prix *(m)* très avantageux

knocker /ˈnɒkəʳ/ N (*on door*) heurtoir *(m)*

knocking /ˈnɒkɪŋ/ N coups *(mpl)*; **I can hear ~ at the door** j'entends frapper à la porte ♦ **knocking-off time*** N heure *(f)* de la sortie

knockout /ˈnɒkaʊt/ 1 N ⓐ (*Boxing*) knock-out *(m inv)* ⓑ **to be a ~*** [*person*] être sensationnel* 2 ADJ ⓐ (*Boxing*) **the ~ blow came in round six** il a été mis KO au sixième round ⓑ (*Brit*) [*tournament*] à élimination directe

knot /nɒt/ 1 N ⓐ nœud *(m)*; **to tie a ~** faire un nœud; **to have a ~ in one's stomach** avoir l'estomac noué ⓑ (= *unit of speed*) nœud *(m)* ⓒ (*in wood*) nœud *(m)* 2 VT [+ *tie*] nouer

knotty /ˈnɒtɪ/ ADJ ⓐ [*wood*] noueux ⓑ [*problem*] épineux

---

know /nəʊ/

1 TRANSITIVE VERB	4 NOUN
2 INTRANSITIVE VERB	5 COMPOUNDS
3 SET STRUCTURES	

▸ *vb: pret* **knew**, *ptp* **known**

1 TRANSITIVE VERB

▸ *When* **know** *is part of set combinations, eg* **know the ropes**, **know the score**, *look up the noun.*

ⓐ = **have knowledge of** connaître; **to ~ the results/the truth** connaître les résultats/la vérité; **I ~ the problem!** je connais le problème!

▸ **savoir** *can often also be used.*

to ~ the difference between connaître or savoir la différence entre; **to ~ French** savoir le français; **that's worth ~ing** c'est bon à savoir

▸ *When* **to know** *is followed by a clause,* **savoir** *must be used. Unlike* **that**, **que** *can never be omitted.*

I ~ (that) you're wrong je sais que vous avez tort; **to ~ how to do sth** savoir faire qch; **I ~ how you feel** je comprends ce que tu ressens; **you don't ~ how relieved I am** vous ne pouvez pas savoir comme je suis soulagé; **he ~s what he's talking about** il sait de quoi il parle; **you ~ what I mean** tu vois ce que je veux dire; **I don't ~ where to begin** je ne sais pas par où commencer; **I don't ~ why he reacted like that** je ne sais pas pourquoi il a réagi comme ça

ⓑ = **be acquainted with** [+ *person, place*] connaître; **I ~ him well** je le connais bien; **do you ~ Paris?** connaissez-vous Paris?; **to ~ sb by sight** connaître qn de vue; **I don't ~ her to speak to** je ne la connais que de vue; **everyone ~s him as Dizzy** on le connaît sous le nom de Dizzy

ⓒ = **recognize** reconnaître; **to ~ sb by his walk** reconnaître qn à sa démarche; **I ~ real expertise when I see it!** je sais reconnaître un spécialiste quand j'en vois un!; **she ~s a good thing when she sees it*** elle ne laisse pas passer les bonnes occasions

ⓓ = **be certain** **I don't ~ that it's made things any easier** je ne suis pas sûr que ça ait simplifié les choses; **I don't ~ if I can do it** je ne suis pas sûr de pouvoir le faire

ⓔ **exclamations** **well, what do you ~!*** tiens, tiens!; **(do) you ~ what***, **I think she did it!** tu sais quoi*, je pense que c'est elle qui a fait ça!; **she's furious! — don't I ~ it!*** elle est furieuse! — à qui le dis-tu!

2 INTRANSITIVE VERB

savoir; **who ~s?** qui sait?; **is she nice? — I wouldn't ~*** est-ce qu'elle est gentille? — je ne sais pas; **how should I ~?** comment veux-tu que je sache?; **as far as I ~** à ma connaissance; **not as far as I ~** pas à ma connaissance; **for all I ~** pour ce que j'en sais; **you never ~** on ne sait jamais

3 SET STRUCTURES

♦ **to know sth about sth/sb**: **to ~ a lot about sth/sb** en savoir long sur qch/qn; **I don't ~ much about him** je ne le connais pas beaucoup; **she ~s all about computers** elle s'y connaît en informatique; **I ~ nothing about it** je ne sais rien à ce sujet

♦ **to know about sth/sb**: **I didn't ~ about their quarrel** je n'étais pas au courant de leur dispute; **do you ~ about Paul?** tu es au courant pour Paul?; **so you're satisfied? — I don't ~ about that** alors tu es satisfait? — pas vraiment; **I'm not going to school tomorrow — I don't ~ about that!*** je ne vais pas à l'école demain — c'est ce qu'on va voir!

♦ **to know of** (= *be acquainted with*) connaître ; (= *be aware of*) savoir ; (= *learn about*) apprendre ; (= *have heard of*) avoir entendu parler de ; **do you ~ of a good hairdresser?** connaissez-vous un bon coiffeur? ; **is he married? — not that I ~ of** il est marié ? — pas que je sache ; **I knew of his death through a friend** j'ai appris sa mort par un ami ; **I ~ of you through your sister** j'ai entendu parler de vous par votre sœur

♦ **to know sb/sth from sb/sth** (= *distinguish*) savoir faire la différence entre qn/qch et qn/qch ; **he doesn't ~ good wine from cheap plonk*** il ne sait pas faire la différence entre un bon vin et une piquette*

♦ **to know sb/sth** + *infinitive*: **I've never ~n him to smile** je ne l'ai jamais vu sourire ; **well, it has been ~n to happen** enfin, ça c'est déjà vu

♦ **to know better**: **I ~ better than to offer advice** je me garde bien de donner des conseils ; **you ought to have ~n better** tu aurais dû réfléchir ; **he should ~ better at his age** à son âge il devrait avoir un peu plus de bon sens ; **he says he didn't do it but I ~ better** il dit qu'il ne l'a pas fait mais je ne suis pas dupe

♦ **to know best**: **well, you ~ best!** c'est toi qui sais! ; **mother ~s best!** maman a toujours raison !

♦ **to get to know** [+ *person*] faire plus ample connaissance avec ; **I'd like to get to ~ you better** j'aimerais faire plus ample connaissance avec vous

♦ **to let sb know**: **I'll let you ~ on Monday** je te dirai ça lundi ; **if you can't come, please let me ~** préviens-moi si tu ne peux pas venir

♦ **to let sb know sth** dire qch à qn ; **let me ~ if I can help** si je peux me rendre utile, dites-le-moi

4 NOUN

♦ **to be in the know*** être au courant

5 COMPOUNDS

♦ **know-all*** N (*Brit*) je-sais-tout* (*mf*) ♦ **know-how*** N savoir-faire (*m*) ♦ **know-it-all*** N (*US*) je-sais-tout* (*mf*)

knowing /ˈnəʊɪŋ/ ADJ [*look*] entendu
knowingly /ˈnəʊɪŋlɪ/ ADV [*look*] d'un air entendu
knowledge /ˈnɒlɪdʒ/ 1 N ⓐ (= *understanding, awareness*) connaissance (*f*) ; **to have ~ of sth** avoir connaissance de qch ; **to have no ~ of sth** ne pas savoir qch ; **not to my ~** pas à ma connaissance ; **without his ~** à son insu ; **to bring sth to sb's ~** porter qch à la connaissance de qn ; **it has come to my ~ that ...** j'ai appris que ... ; **it's common ~ that ...** il est de notoriété publique que ...
ⓑ (= *body of knowledge*) savoir (*m*) ; (*in a given field*) connaissances (*fpl*) ; **my ~ of English is elementary** mes connaissances d'anglais sont élémentaires ; **he has a working ~ of Japanese** il possède les éléments de base du japonais

2 COMP ♦ **knowledge-based system** N (*Computing*) système (*m*) expert
knowledgeable /ˈnɒlɪdʒəbl/ ADJ [*person*] (*in general*) cultivé ; (*in a given subject*) qui s'y connaît ; **she's very ~ about cars** elle s'y connaît en voitures
known /nəʊn/ 1 VB ptp of **know** 2 ADJ connu (**to sb** de qn) ; **she wishes to be ~ as Jane Beattie** elle veut se faire appeler Jane Beattie ; **to make sth ~ to sb** faire savoir qch à qn ; **to make o.s. ~ to sb** se présenter à qn ; **to let it be ~ that ...** faire savoir que ... ; **it is a ~ fact that ...** c'est un fait établi que ... ; **the most dangerous snake ~ to man** le serpent le plus dangereux que l'homme connaisse
knuckle /ˈnʌkl/ N articulation (*f*) du doigt ; **to crack one's ~s** faire craquer ses doigts
► **knuckle down*** VI s'y mettre ; **to ~ down to work** s'atteler au travail
► **knuckle under*** VI céder
knuckleduster /ˈnʌklˌdʌstəʳ/ N coup-de-poing (*m*) américain
KO* /ˈkeɪˈəʊ/ ABBR = **knockout** 1 N (= *blow*) KO (*m*) 2 VT mettre·KO
koala /kəʊˈɑːlə/ N (*also* **~ bear**) koala (*m*)
kookie:, **kooky**: /ˈkuːkɪ/ ADJ (*US*) cinglé*
Koran /kɒˈrɑːn/ N Coran (*m*)
Korea /kəˈrɪə/ N Corée (*f*)
Korean /kəˈrɪən/ ADJ coréen ; **North/South ~** nord-/sud-coréen
korma /ˈkɔːmə/ N *type de curry souvent préparé à la crème et à la noix de coco*
kosher /ˈkəʊʃəʳ/ 1 ADJ kasher (*inv*) ; **it's ~*** c'est OK*
Kosovar /ˈkɒsəvɑːʳ/ 1 ADJ kosovar (*f inv*) 2 N Kosovar (*mf*)
Kosovo /ˈkɒsəvəʊ/ N Kosovo (*m*)
kowtow /ˈkaʊˈtaʊ/ VI se prosterner ; **to ~ to sb** faire des courbettes devant qn
Kremlin /ˈkremlɪn/ N Kremlin (*m*)
KS ABBR = **Kansas**
kudos* /ˈkjuːdɒs/ N gloire (*f*)
Kurd /kɜːd/ N Kurde (*mf*)
Kurdish /ˈkɜːdɪʃ/ ADJ kurde
Kurdistan /ˌkɜːdɪˈstɑːn/ N Kurdistan (*m*)
Kuwait /kʊˈweɪt/ N Koweït (*m*)
Kuwaiti /kʊˈweɪtɪ/ 1 N Koweïtien(ne) *m(f)* 2 ADJ koweïtien
kW (ABBR = **kilowatt**) kW
KY ABBR = **Kentucky**

L

L, l /el/ **1** N (ABBR = **litre(s)**) l **2** ADJ (ABBR = **large**) L **3** COMP
◆ **L-plate** N (*Brit*) *plaque signalant la conduite accompagnée*;
[*of driving school*] plaque (*f*) d'auto-école ◆ **L-shaped** ADJ
[*room*] en L

LA¹ /el'eɪ/ ABBR = **Los Angeles**

LA² ABBR = **Louisiana**

La. ⓐ ABBR = **Lane** ⓑ ABBR = **Louisiana**

lab • /læb/ **1** N (ABBR = **laboratory**) labo• (*m*) **2** COMP [*work,
test*] en laboratoire ◆ **lab coat** N blouse (*f*) blanche ◆ **lab
technician** N technicien(ne) (*m(f)*) de laboratoire

label /ˈleɪbl/ **1** N étiquette (*f*); (= *brand guarantee*) label
(*m*); **an album on the Technix ~** un album sorti sous le label Technix; **he was stuck with the ~ of "political activist"**
il avait du mal à se défaire de l'étiquette d'« activiste politique »
2 VT ⓐ [+ *parcel, bottle*] coller une étiquette (*or* des étiquettes) sur; [+ *goods for sale*] étiqueter; **all packets must
be clearly ~led** tous les paquets doivent être clairement
étiquetés; **the bottle was not ~led** il n'y avait pas d'étiquette sur la bouteille; **the bottle was ~led "poison"** sur la
bouteille il y avait marqué « poison »
ⓑ [+ *person, group*] étiqueter; **he was ~led a dissident** on
l'a étiqueté comme dissident

labelling /ˈleɪblɪŋ/ N étiquetage (*m*)

labor /ˈleɪbər/ (*US*) = **labour**

laboratory /ləˈbɒrətərɪ, (*US*) ˈlæbrətərɪ/ **1** N laboratoire (*m*)
2 COMP [*experiment, instrument*] de laboratoire ◆ **laboratory
assistant** N laborantin(e) (*m(f)*) ◆ **laboratory technician** N
technicien(ne) (*m(f)*) de laboratoire

laborious /ləˈbɔːrɪəs/ ADJ laborieux

labour, labor (*US*) /ˈleɪbər/ **1** N ⓐ (= *hard work*) travail
(*m*); **this biography is clearly a ~ of love** il est évident que
cette biographie a été écrite avec amour
ⓑ (= *workers*) main-d'œuvre (*f*); **Minister/Ministry of Labour** *or* **Secretary/Department of Labor** (*US*) ministre (*mf*)/
ministère (*m*) du Travail
ⓒ (= *political party*) **Labour** le parti travailliste; **he votes Labour** il vote travailliste
ⓓ (*in childbirth*) travail (*m*); **in ~** en travail; **to go into ~**
commencer à avoir des contractions
2 ADJ **Labour** [*leader, party*] travailliste
3 VI ⓐ (= *work with effort*) travailler dur (**at** à); (= *work with
difficulty*) peiner (**at** sur); **to ~ to do sth** peiner pour faire
qch; **to ~ up a slope** gravir péniblement une pente
ⓑ **to ~ under a delusion** être victime d'une illusion; **to ~
under the misapprehension that ...** s'imaginer que ...
4 VT insister sur
5 COMP [*dispute, trouble*] ouvrier ◆ **labor union** N (*US*)
syndicat (*m*) ◆ **labo(u)r camp** N camp (*m*) de travail
◆ **Labo(u)r Day** N fête (*f*) du Travail ◆ **labo(u)r force** N population (*f*) active ◆ **labo(u)r-intensive** ADJ employant
beaucoup de main-d'œuvre ◆ **labo(u)r market** N marché
(*m*) du travail ◆ **the Labo(u)r movement** N le mouvement
travailliste ◆ **labo(u)r pains** NPL douleurs (*fpl*) de l'accouchement ◆ **labour relations** NPL relations (*fpl*) du travail

◆ **labo(u)r-saving** ADJ qui facilite le travail ◆ **labo(u)r-
saving device** N (*in household*) appareil (*m*) ménager
◆ **labo(u)r ward** N salle (*f*) d'accouchement

> ⓘ **LABOR DAY**
>
> *La fête du Travail aux États-Unis et au Canada est fixée au
> premier lundi de septembre. Instituée par le Congrès en
> 1894 après avoir été réclamée par les mouvements ouvriers
> pendant douze ans, elle a perdu une grande partie de son
> caractère politique pour devenir un jour férié assez ordinai-
> re et l'occasion de partir pour un long week-end avant la
> rentrée des classes.*
> ▷ www.dol.gov/opa/aboutdol/laborday.htm

---

laboured, labored (*US*) /ˈleɪbəd/ ADJ ⓐ [*movement*] pénible; [*negotiations, process*] laborieux ⓑ [*joke*] lourd;
[*style*] laborieux

labourer, laborer (*US*) /ˈleɪbərər/ N ouvrier (*m*)

Labrador /ˈlæbrədɔːr/ N (*also* **labrador**) labrador (*m*)

labyrinth /ˈlæbɪrɪnθ/ N labyrinthe (*m*)

lace /leɪs/ **1** N ⓐ (= *fabric*) dentelle (*f*) ⓑ (= *shoelace*) lacet (*m*) **2** VT ⓐ lacer ⓑ **to ~ with** [+ *alcohol*] arroser de; **tea
~d with whisky** du thé arrosé de whisky; **coffee ~d with
cyanide** du café dans lequel on a ajouté du cyanure **3** VI se
lacer **4** COMP [*collar, curtains*] en dentelle ◆ **lace-up shoes**
NPL (*Brit*) chaussures (*fpl*) à lacets

lacerate /ˈlæsəreɪt/ VT lacérer

laceration /ˌlæsəˈreɪʃən/ N (= *act*) lacération (*f*); (= *tear*)
déchirure (*f*)

lack /læk/ **1** N manque (*m*); **such was their ~ of confidence that ...** ils manquaient tellement de confiance
que ...; **there was a complete ~ of interest in my proposals** mes suggestions se sont heurtées à une indifférence
totale; **there was no ~ of applicants** ce n'étaient pas les
candidats qui manquaient
◆ **through lack of** faute de
2 VT manquer de; **we ~ the resources** nous manquons de
ressources; **he doesn't ~ talent** il ne manque pas de talent
3 VI ⓐ **to be ~ing** [*food, money*] manquer; **innovation has
been sadly ~ing throughout this project** l'innovation a fait
cruellement défaut dans ce projet
ⓑ **to be ~ing in** [*person*] manquer de

lacklustre, lackluster (*US*) /ˈlækˌlʌstər/ ADJ terne

laconic /ləˈkɒnɪk/ ADJ laconique

lacquer /ˈlækər/ **1** N laque (*f*) **2** VT [+ *wood*] laquer; (*Brit*)
[+ *hair*] mettre de la laque sur

lactate /ˈlækteɪt/ VT produire du lait

lacy /ˈleɪsɪ/ ADJ (= *made of lace*) en dentelle; (= *decorated
with lace*) avec des dentelles; **a ~ pattern** un motif de
dentelle

lad /læd/ N (= *boy*) garçon (*m*); (= *son*) fiston• (*m*); **when
I was a ~** quand j'étais jeune; **he's only a ~** ce n'est qu'un
gosse•; **I'm going for a drink with the ~s** (*Brit*) je vais boire
un pot• avec les copains; **come on ~s!** allez les gars !•; **he's
one of the ~s** (*Brit*) il fait partie de la bande; **he's a bit of
a ~**• (*Brit*) c'est un chaud lapin•

ladder /'lædə'/ 1 N ⓐ échelle (f); **to be at the top/ bottom of the ~** être en haut/en bas de l'échelle; **to move up the social ~** monter dans l'échelle sociale; **to move up the career ~** monter dans la hiérarchie; **to get on the housing ~** accéder à la propriété ⓑ (*Brit: in tights*) maille (f) filée; **to have a ~ in one's tights** avoir un collant filé 2 VTI (*Brit*) filer

laddish* /'lædɪʃ/ ADJ (*Brit*) macho* (*inv*)

laden /'leɪdn/ ADJ chargé (**with** de); **fully ~ ship** navire (m) avec un plein chargement; **~ with debt** couvert de dettes

ladle /'leɪdl/ N louche (f)
► **ladle out** VT SEP [+ *soup*] servir (à la louche); [+ *money, advice*]* prodiguer

lady /'leɪdɪ/ 1 N ⓐ (= *woman*) dame (f); **young ~** (*married*) jeune femme (f); (*unmarried*) jeune fille (f); **a little old ~** une petite vieille*; **look here, young ~!** dites donc, jeune fille!; **this is the young ~ who served me** voilà la demoiselle qui m'a servi; **Ladies and Gentlemen!** Mesdames, Mesdemoiselles, Messieurs!; **good morning, ladies and gentlemen** bonjour mesdames, bonjour mesdemoiselles, bonjour messieurs
ⓑ (*in titles*) **Lady Davenport** lady Davenport
ⓒ (*for women*) **ladies' hairdresser** coiffeur (m), -euse (f) pour dames; **he's a ladies' man** c'est un homme à femmes
ⓓ **ladies** (= *public lavatory*) toilettes (fpl) (pour dames); **where is the ladies?** où sont les toilettes (pour dames)?; **"Ladies"** (*on sign*) « Dames »
2 COMP ♦ **lady friend*** N amie (f) ♦ **lady-in-waiting** N (*pl* **ladies-in-waiting**) dame (f) d'honneur

ladybird /'leɪdɪbɜːd/ N (*Brit*) coccinelle (f)

ladybug /'leɪdɪbʌg/ N (*US*) coccinelle (f)

ladylike /'leɪdɪlaɪk/ ADJ [*person, manners*] distingué

ladyship /'leɪdɪʃɪp/ N **Her/Your Ladyship** Madame (f) (la comtesse *or* la baronne)

lag /læg/ VI être à la traîne; **he was ~ging behind the others** il était à la traîne; (*physically*) il traînait derrière les autres; **their country ~s behind ours in this area** leur pays a du retard sur le nôtre dans ce domaine
► **lag behind** VI être à la traîne

lager /'lɑːgə'/ N ≈ bière (f) blonde; **~ lout** (*Brit*) jeune voyou (m) (*porté sur la bière*)

lagoon /lə'guːn/ N lagon (m)

laid /leɪd/ VB (*pt, ptp of* **lay**) ♦ **laid-back*** ADJ décontracté

lain /leɪn/ VB ptp of **lie**

lair /lɛə'/ N tanière (f); (*fig*) repaire (m)

laity /'leɪtɪ/ NPL **the ~** les laïcs (mpl)

lake /leɪk/ N lac (m); **Lake Michigan** le lac Michigan; **Lake Constance** le lac de Constance; **Lake Geneva** le lac Léman *or* de Genève ♦ **the Lake District** N la région des lacs

lama /'lɑːmə/ N lama (m)

lamb /læm/ 1 N agneau (m); **my little ~!*** mon trésor!; **poor ~!*** pauvre petit(e)! 2 ADJ d'agneau

lambswool /'læmzwʊl/ N lambswool (m)

lame /leɪm/ 1 ADJ ⓐ (= *disabled*) [*person*] éclopé; [*horse*] boiteux; [*leg*] estropié; **to be ~** boiter; **to go ~** [*horse*] se mettre à boiter ⓑ [*excuse*] mauvais; [*performance*] piètre (*before n*); [*joke*] vaseux; [*argument*] boiteux 2 COMP ♦ **lame duck** N (= *failure*) canard (m) boiteux; (*US Politics*) homme politique non réélu qui assure l'intérim en attendant l'entrée en fonction de son successeur

lament /lə'ment/ 1 N ⓐ lamentation (f) ⓑ (= *poem*) élégie (f); (= *song*) complainte (f); (*at funeral*) chant (m) funèbre 2 VT [+ *loss, lack*] regretter; **to ~ sb's death** pleurer la mort de qn; **to ~ the fact that ...** regretter que ... (+ *subj*); **our late ~ed sister** notre regrettée sœur 3 VI se lamenter (**for** sur); **to ~ over one's lost youth** pleurer sa jeunesse perdue

lamentable /'læməntəbl/ ADJ [*situation, performance*] déplorable; [*incident*] regrettable

lamentably /'læməntəblɪ/ ADV lamentablement; **there are still ~ few women surgeons** il est déplorable qu'il y ait

---

toujours aussi peu de femmes chirurgiens

laminated /'læmɪneɪtɪd/ ADJ [*metal*] laminé; [*glass*] feuilleté; [*windscreen*] en verre feuilleté

lamp /læmp/ N (= *light*) lampe (f); (= *bulb*) ampoule (f)

lamplight /'læmplaɪt/ N **by ~** à la lumière d'une lampe

lampoon /læm'puːn/ 1 N virulente satire (f); (*written*) pamphlet (m); (*spoken*) diatribe (f) 2 VT railler

lamppost /'læmppəʊst/ N réverbère (m)

lampshade /'læmpʃeɪd/ N abat-jour (m inv)

lance /lɑːns/ 1 N lance (f) 2 VT [+ *abscess*] percer

lancet /'lɑːnsɪt/ N lancette (f)

Lancs ABBR = **Lancashire**

land /lænd/ 1 N ⓐ terre (f); **on ~** à terre; **on dry ~** sur la terre ferme; **to go by ~** voyager par voie de terre; **to see how the ~ lies** tâter le terrain
ⓑ (= *farmland*) terre (f); **agricultural ~** terres (fpl) agricoles; **to work (on) the ~** travailler la terre; **many people have left the ~** beaucoup de gens ont quitté la terre
ⓒ (= *property*) (*large*) terre(s) (f(pl)); (*smaller*) terrain (m); **a piece of ~** un terrain
ⓓ (= *country*) pays (m); **throughout the ~** dans tout le pays; **a ~ of contrasts** une terre de contrastes; **a ~ of opportunity** un pays où tout le monde a ses chances; **to be in the ~ of the living** être encore de ce monde; **~ of milk and honey** pays (m) de cocagne
2 VT ⓐ [+ *cargo*] décharger; [+ *passengers*] débarquer; [+ *aircraft*] poser; [+ *fish*] prendre; **to ~ a blow on sb's cheek** frapper qn sur la joue
ⓑ (= *obtain*) [+ *job, contract*]* décrocher*
ⓒ (*Brit = cause to be*)* **to ~ sb in it** mettre qn dans le pétrin*; **that will ~ you in trouble** ça va vous attirer des ennuis; **buying the house ~ed him in debt** l'achat de la maison l'a mis financièrement dans le pétrin*; **that's what ~ed him in jail** c'est comme ça qu'il s'est retrouvé en prison
ⓓ (*Brit*)* **to be ~ed with sth** (= *left with*) rester avec qch sur les bras; (= *forced to take on*) devoir se coltiner qch*; **now we're ~ed with all this extra work** maintenant il faut qu'on se coltine tout ce boulot en plus*; **I've got ~ed with this job** on m'a collé ce travail
3 VI ⓐ [*aircraft*] atterrir; **to ~ on the moon** atterrir sur la lune; **we ~ed at Orly** nous avons atterri à Orly; **as the plane was coming in to ~** comme l'avion s'apprêtait à atterrir
ⓑ (= *fall*) tomber; (*after a jump*) retomber; **he slipped and ~ed heavily on his arm** il a glissé et est tombé lourdement sur le bras; **to ~ awkwardly** mal retomber; **to ~ on sth** [*falling object*] tomber sur qch; [*person or animal jumping*] retomber sur qch; [*bird, insect*] se poser sur qch; **to ~ on one's feet** retomber sur ses pieds
► **land up*** VI atterrir*; **to ~ up in jail** atterrir* en prison; **the report ~ed up on my desk** le rapport a atterri* sur mon bureau; **we finally ~ed up in a small café** nous avons fini par échouer dans un petit café

landed /'lændɪd/ ADJ [*proprietor*] terrien; [*property*] foncier ♦ **landed gentry** N aristocratie (f) terrienne

landfill /'lændfɪl/ N enfouissement (m) des déchets; **~ site** décharge (f) contrôlée

landing /'lændɪŋ/ 1 N ⓐ [*of aircraft, spacecraft*] atterrissage (m); (*on sea*) amerrissage (m); (*on moon*) alunissage (m); (*on deck*) appontage (m) ⓑ (*from ship*) débarquement (m); **the Normandy ~s** le débarquement (du 6 juin 1944) ⓒ [*of high jumper, ski jumper, gymnast*] réception (f) ⓓ (*between stairs*) palier (m); (= *storey*) étage (m)
2 COMP ♦ **landing card** N carte (f) de débarquement ♦ **landing gear** N train (m) d'atterrissage ♦ **landing stage** N (*Brit*) débarcadère (m) ♦ **landing strip** N piste (f) d'atterrissage

landlady /'lænd,leɪdɪ/ N propriétaire (f)

landline /'lændlaɪn/ N ligne (f) terrestre; **can I call you on your ~?** je peux t'appeler sur ton fixe ?

landlocked /'lændlɒkt/ ADJ (= *totally enclosed*) [*country*] enclavé ; [*sea*] intérieur ; (= *almost totally enclosed*) entouré par les terres

landlord /'lænd,lɔːd/ N propriétaire (m)

landmark /'lændmɑːk/ N point (m) de repère ; **a ~ in ...** (= *important moment*) un moment marquant de ...

landmine /'lændmaɪn/ N mine (f)

landowner /'lændəʊnə'/ N propriétaire (m) terrien

landscape /'lænd,skeɪp/ **1** N paysage (m) **2** VT aménager **3** ADJ, ADV (*paper format*) en format paysage **4** COMP ♦ **landscape gardener** N jardinier (m), -ière (f) paysagiste ♦ **landscape gardening** N aménagement (m) de jardins ♦ **landscape mode** N format (m) paysage ♦ **landscape painter** N peintre (m) paysagiste (mf)

landslide /'lænd,slaɪd/ N glissement (m) de terrain ; [*of loose rocks*] éboulement (m) ; (*Politics* = *landslide victory*) victoire (f) écrasante ; **to win by a ~** remporter une victoire écrasante ; **~ majority** majorité (f) écrasante

lane /leɪn/ N ⓐ petite route (f) ; (*in town*) ruelle (f) ⓑ (= *part of road*) voie (f) ; (= *line of traffic*) file (f) ; **"keep in ~"** « ne changez pas de file » ; **"get in ~"** « mettez-vous dans la bonne file » ; **(to be in) the left-hand ~** (rouler sur) la voie de gauche ; **traffic was reduced to a single ~** on ne roulait plus que sur une seule file ⓒ (*for ships, runners, swimmers*) couloir (m) ; **air/shipping ~** couloir (m) aérien/de navigation

language /'læŋgwɪdʒ/ **1** N ⓐ (= *particular tongue*) langue (f) ; **the French ~** la langue française ; **he's studying ~s** il fait des études de langue ⓑ (= *ability to talk*) langage (m) ; **the faculty of ~** le langage ; **he's studying ~** il étudie les sciences du langage ⓒ (= *specialized terminology*) langage (m) ; **scientific/legal ~** langage (m) scientifique/juridique ⓓ (= *individual's manner of expression*) langage (m) ; **(watch your) ~!*** surveille ton langage! ; **strong** or **bad** or **foul ~** gros mots (mpl)

2 COMP [*degree, studies, textbooks*] de langue ; [*department*] de langues ; [*students*] en langues ; [*ability*] à s'exprimer ♦ **language barrier** N barrière (f) de la langue ♦ **language laboratory, language lab*** N laboratoire (m) de langues ♦ **language school** N école (f) de langues

languid /'læŋgwɪd/ ADJ languissant

languish /'læŋgwɪʃ/ VI (se) languir (**for, over** après) ; (*in prison*) dépérir

lank /læŋk/ ADJ [*hair*] raide et terne

lanky /'læŋkɪ/ ADJ dégingandé

lantern /'læntən/ N lanterne (f)

Laos /laʊs/ N Laos (m)

Laotian /'laʊʃən/ **1** ADJ laotien **2** N Laotien(ne) (m(f))

lap /læp/ **1** N ⓐ (= *knees*) genoux (mpl) ; **sitting on his mother's ~** assis sur les genoux de sa mère ; **it fell right into his ~*** ça lui est tombé tout cuit dans le bec* ; **they dropped the problem in his ~** ils lui ont collé* le problème ; **it's in the ~ of the gods** il faut s'en remettre au destin ; **to live in the ~ of luxury** vivre dans le plus grand luxe ⓑ (*Sport*) tour (m) de piste ; **to run a ~** faire un tour de piste ; **on the 10th ~** au 10ᵉ tour ; **~ of honour** tour (m) d'honneur ; **we're on the last ~** (*of project, task*) on a fait le plus difficile **2** VT ⓐ [+ *milk*] laper ⓑ [+ *runner, car*] prendre un tour d'avance sur **3** VI [*waves*] clapoter ► **lap up** VT SEP ⓐ [+ *milk*] laper ⓑ [+ *information*]* absorber ; [+ *compliments*]* boire comme du petit-lait* ; [+ *attention*]* se délecter de ; **he fairly ~ped it up** il buvait du petit-lait*

lapel /lə'pel/ N revers (m) (de veston) ; **~ mike*** micro (m) cravate

Lapland /'læp,lænd/ N Laponie (f)

lapse /læps/ **1** N ⓐ (= *fault*) faute (f) ; (= *in behaviour*) écart (m) de conduite ; **a serious security ~** une grave défaillance du dispositif de sécurité ; **~s of judgement** des erreurs (fpl) de jugement ; **memory ~** trou (m) de mémoire ;

a momentary ~ of concentration un moment d'inattention ⓑ (= *passage of time*) intervalle (m) ; **a time ~** un laps de temps ; **after a ~ of ten weeks** au bout de dix semaines **2** VI ⓐ (= *err*) faire un écart de conduite ⓑ (= *stop practising religion*) cesser de pratiquer ⓒ **to ~ into bad habits** prendre de mauvaises habitudes ; **he ~d into French** il s'est remis à parler français ⓓ [*act, law*] devenir caduc ; [*contract, ticket, passport*] expirer ; [*membership, subscription*] venir à expiration ; **her insurance policy has ~d** sa police d'assurance est périmée

laptop /'læptɒp/ N, **laptop computer** /'læptɒpkəm'pjuːtə'/ (ordinateur (m)) portable (m)

larceny /'lɑːsənɪ/ N vol (m)

larch /lɑːtʃ/ N mélèze (m)

lard /lɑːd/ N saindoux (m)

larder /'lɑːdə'/ N (= *cupboard*) garde-manger (m inv) ; (= *small room*) cellier (m)

large /lɑːdʒ/ **1** ADJ grand ; [*dose*] fort ; [*sum, share, group*] important ; [*family, crowd*] nombreux ; **to grow ~(r)** [*stomach*] grossir ; [*population, overdraft*] augmenter ; **to make ~r** agrandir ; **the ~ size** (of *packet, tube*) le grand modèle ; **a ~ number of them refused** beaucoup d'entre eux ont refusé ; **~ numbers of people came** les gens sont venus nombreux ; **to a ~ extent** dans une grande mesure ; **in ~ measure** dans une large mesure ; **in ~ part** en grande partie ; **there he was ~ as life** c'était bien lui ; **~r than life** [*character*] plus vrai que nature

2 N ♦ **at large** (= *at liberty*) en liberté ; (*US*) [*candidate, congressman*] non rattaché à une circonscription électorale ; **the country/population at ~** (= *as a whole*) le pays/la population dans son ensemble **3** ADV ♦ **by and large** d'une façon générale **4** COMP ♦ **large intestine** N gros intestin (m) ♦ **large-scale** ADJ [*map, production, attack, operation*] à grande échelle ; [*unrest*] général ; [*reforms*] de grande ampleur

largely /'lɑːdʒlɪ/ ADV [*correct, responsible*] en grande partie ; [*ignore*] largement

lark /lɑːk/ N ⓐ (= *bird*) alouette (f) ; **to be up with the ~** se lever avec les poules ⓑ (= *joke*) **we only did it for a ~** on l'a seulement fait pour rigoler* ; **I don't believe in all this horoscope ~** je ne crois pas à ces histoires d'horoscope ► **lark about*** VI faire le fou* ; **they were ~ing about on their bikes** ils s'amusaient avec leurs vélos

larva /'lɑːvə/ N (pl **larvae** /'lɑːviː/) larve (f)

laryngitis /,lærɪn'dʒaɪtɪs/ N laryngite (f)

larynx /'lærɪŋks/ N larynx (m)

lasagne /lə'zænjə/ N lasagne (f inv)

lascivious /lə'sɪvɪəs/ ADJ lascif

laser /'leɪzə'/ N laser (m) ♦ **laser beam** N rayon (m) laser ♦ **laser disk** N disque (m) laser ♦ **laser printer** N imprimante (f) laser ♦ **laser show** N spectacle (m) laser

lash /læʃ/ **1** N ⓐ (= *blow from whip*) coup (m) de fouet ⓑ (= *eyelash*) cil (m) **2** VT ⓐ [*person*] (= *beat*) fouetter ; (= *flog*) flageller ⓑ [*storm*] s'abattre sur ; [*wind, hail*] cingler ; [*waves*] fouetter ⓒ (= *fasten*) attacher fermement ; **to ~ sth to a post** attacher solidement qch à un piquet **3** VI **the rain was ~ing against the window** la pluie fouettait les carreaux ► **lash down 1** VI [*rain*] tomber avec violence **2** VT SEP [+ *cargo*] arrimer ► **lash out 1** VI ⓐ **to ~ out at sb (with a knife)** envoyer des coups (de couteau) à qn ; **she ~ed out with her fists** elle s'est débattue à coups de poing ; **to ~ out at sb** (*verbally*) agresser qn ⓑ (= *spend a lot of money*)* faire une folie* ; **he ~ed out on a car** il a fait une folie* et s'est payé une voiture **2** VT SEP [+ *money*]* lâcher*

lashing /'læʃɪŋ/ N ⓐ (= *flogging*) flagellation (f) ; **to give sb a ~** donner le fouet à qn ; (*verbally*) réprimander sévèrement qn ⓑ **with ~s* of cream** avec une montagne de crème

lass /læs/ N jeune fille (f)

lasso /læ'suː/ **1** N lasso (m) **2** VT prendre au lasso

last /lɑːst/ **1** ADJ ⓐ (= *final*) dernier (*before n*); **the ~ Saturday of the month** le dernier samedi du mois; **the ~ ten pages** les dix dernières pages; **second ~** avant-dernier; **the ~ time but one** l'avant-dernière fois; **to make it through to the ~ four** (*in tournament*) atteindre les demi-finales; (*in race*) arriver dans les quatre premiers; **he took the ~ sandwich** il a pris le dernier sandwich; **that's the ~ time I lend you anything!** c'est la dernière fois que je te prête quelque chose!; **I'll get it, if it's the ~ thing I do** je l'aurai coûte que coûte

♦ **at the last minute** à la dernière minute

♦ **last thing** juste avant de se coucher

♦ **to be on one's/its last legs** [*person*] être à bout; [*company*] être au bord de la faillite; **the washing machine is on its ~ legs** la machine à laver va bientôt nous lâcher*

♦ **the last word**: **she always wants to have the ~ word** elle veut toujours avoir le dernier mot; **it's the ~ word in luxury** c'est ce qu'il y a de plus luxueux

ⓑ (= *past*) dernier; **~ week/year** la semaine/l'année dernière; **~ month/summer** le mois/l'été dernier; **~ night** (= *evening*) hier soir; (= *night*) la nuit dernière; **~ Monday** lundi dernier; **for the ~ few days** ces jours-ci; **for the ~ few weeks** ces dernières semaines; **he hasn't been seen these ~ two years** on ne l'a pas vu depuis deux ans; **for the ~ two years he has been ...** depuis deux ans il est ...; **the night before ~** avant-hier soir; **the week before ~** l'avant-dernière semaine; **what did you do ~ time?** qu'avez-vous fait la dernière fois?; **he was ill the ~ time I saw him** il était malade la dernière fois que je l'ai vu; **this time ~ year** l'an dernier à la même époque

ⓒ (= *least likely or desirable*) dernier; **he's the ~ person to ask** c'est la dernière personne à qui demander; **that's the ~ thing to worry about** c'est le dernier de mes (*or* ses *etc*) soucis

2 ADV ⓐ (= *at the end*) en dernier; **she arrived ~** elle est arrivée la dernière; **he arrived ~ of all** il est arrivé le dernier; **his horse came in ~** son cheval est arrivé (bon) dernier; **~ but not least** enfin et surtout; **to leave sth till ~** garder qch pour la fin

ⓑ (= *most recently*) la dernière fois; **when I ~ saw him** la dernière fois que je l'ai vu

ⓒ (= *finally*) pour terminer; **~, I would like to say ...** pour terminer, je voudrais dire ...

3 N dernier (m), -ière (f); **he was the ~ of the Tudors** ce fut le dernier des Tudor; **this is the ~ of the pears** (*one*) c'est la dernière poire; (*several*) ce sont les dernières poires; **this is the ~ of the cider** c'est tout ce qui reste comme cidre; **the ~ but one** l'avant-dernier (m), -ière (f); **I'd be the ~ to criticize, but ...** j'ai horreur de critiquer, mais ...; **each one better than the ~** tous meilleurs les uns que les autres

♦ **the last (of sth)** (= *the end*) **you haven't heard the ~ of this!** vous n'avez pas fini d'en entendre parler!; (*threatening*) vous aurez de mes nouvelles!; **the ~ I heard, she was abroad** aux dernières nouvelles, elle était à l'étranger; **I shall be glad to see the ~ of this** je serai content de voir tout ceci terminé; **we were glad to see the ~ of him** nous avons été contents de le voir partir; **that was the ~ I saw of him** je ne l'ai pas revu depuis; **to the ~** jusqu'à la fin

♦ **at (long) last** enfin; **at long ~ he came** il a enfin fini par arriver; **here he is! — at ~!** le voici! — enfin!

4 VI ⓐ (= *continue*) [*pain, film, supplies*] durer; **it ~ed two hours** cela a duré deux heures; **it's too good to ~** c'est trop beau pour durer; **will this good weather ~ till Saturday?** est-ce que le beau temps va durer jusqu'à samedi?

ⓑ (= *hold out*) tenir; **no one ~s long in this job** personne ne tient longtemps dans ce poste; **after he got pneumonia he didn't ~ long** après sa pneumonie il n'a pas vécu longtemps; **that whisky didn't ~ long** ce whisky n'a pas fait long feu

ⓒ (= *remain usable*) durer; **made to ~** fait pour durer; **this table will ~ a lifetime** cette table vous fera toute une vie

5 VT durer; **this should ~ you a week** cela devrait vous suffire pour une semaine; **I have enough money to ~ me a**

lifetime j'ai assez d'argent pour tenir jusqu'à la fin de mes jours

6 COMP ♦ **last-ditch, last-gasp** ADJ ultime ♦ **last-minute** ADJ de dernière minute ♦ **the Last Supper** N (*in Bible*) la Cène

► **last out 1** VI [*person*] tenir (le coup); [*money*] suffire **2** VT SEP SEP: **he won't ~ the winter out** il ne passera pas l'hiver*; **my money doesn't ~ out the month** mon argent ne me fait pas le mois

lasting /'lɑːstɪŋ/ ADJ [*friendship, benefit, impression, effect*] durable; **to cause ~ damage to sb/sth** affecter qn/qch de façon durable

lastly /'lɑːstlɪ/ ADV enfin

latch /lætʃ/ N loquet (m); **the door is on the ~** la porte n'est pas fermée à clé; **to leave the door on the ~** fermer la porte sans la verrouiller

► **latch on*** VI ⓐ (= *grab*) s'accrocher (**to** à) ⓑ (= *understand*) comprendre

► **latch on to*** VT INSEP ⓐ (= *get possession of*) prendre possession de; (= *catch hold of*) saisir; (*US* = *obtain*) se procurer; **he ~ed on to me as soon as I arrived** il n'a pas arrêté de me coller* depuis que je suis arrivé; **he ~es on to the slightest mistake** il ne laisse pas passer la moindre erreur ⓑ (= *understand*) comprendre; (= *realize*) se rendre compte de; **when children ~ on to the idea that reading is fun** quand les enfants se rendent compte que la lecture est un plaisir

late /leɪt/ (*compar* **later**, *superl* **latest**) **1** ADJ ⓐ (= *after scheduled time*) **to be** [*person*] être en retard; **to be ~ arriving** arriver avec du retard; **to be ~ for an appointment** être en retard à un rendez-vous; **I was ~ for work** je suis arrivé au travail en retard; **to be ~ with sth** avoir du retard dans qch; **I was ~ with the rent** (*now paid*) j'avais payé mon loyer en retard; **the train is ~** le train est en retard; **your essay is ~** vous rendez votre dissertation en retard; **too ~** trop tard; **to make sb ~** mettre qn en retard; **I apologized for my ~ arrival** je me suis excusé d'être arrivé en retard; **we apologize for the ~ arrival of flight XY 709** nous vous prions d'excuser le retard du vol XY 709; **~ arrivals will not be admitted** les retardataires ne seront pas admis; **his campaign got off to a ~ start** sa campagne a démarré tard

ⓑ (*with time expressions*) **to be 20 minutes ~** avoir 20 minutes de retard; **it made me an hour ~** j'ai eu une heure de retard à cause de ça; **the train is 30 minutes ~** le train a 30 minutes de retard; **I was two hours ~ for work** je suis arrivé au travail avec deux heures de retard

ⓒ (= *after usual time*) [*crop, flowers*] tardif; [*booking*] de dernière minute; **Easter is ~ this year** Pâques est tard cette année; **spring was ~** le printemps était en retard

ⓓ (= *at advanced time of day*) tard; **it was very ~** il était très tard; **it's getting ~** il se fait tard; **to work ~ hours** travailler tard le soir; **to have a ~ meal/lunch** manger/déjeuner tard; **there's a ~ film on Saturdays** (*at cinema*) le samedi, il y a une séance supplémentaire le soir; **the ~ film tonight is ...** (*on TV*) le film diffusé en fin de soirée est ...; **there's a ~ show on Saturdays** (*at theatre*) il y a une seconde représentation en soirée le samedi; **~-night opening** (*of shop*) nocturne (f)

ⓔ (= *near end of period or series*) **the ~st edition of the catalogue** la toute dernière édition du catalogue; **at this ~ stage** à ce stade avancé; **he was in his ~ thirties** il approchait de la quarantaine; **in the ~ afternoon** en fin d'après-midi; **in ~ June/September** fin juin/septembre; **in ~ spring** à la fin du printemps; **in the ~ 1990s** à la fin des années 90

ⓕ (= *dead*) feu (*liter*); **the ~ Harry Thomas** feu Harry Thomas; **my ~ wife** ma défunte (*frm*) femme

2 ADV ⓐ (= *after scheduled time*) [*arrive*] en retard; [*start, finish, deliver*] avec du retard; **to arrive ~ for sth** (*meeting, dinner, film*) arriver en retard à qch; **too ~** trop tard

ⓑ (= *after usual time*) tard; **they married ~ in life** ils se sont mariés sur le tard; **she had started learning German quite ~ in life** elle avait commencé à apprendre l'allemand assez tard

ⓒ (= *at advanced time of day*) [*work, get up, sleep, start, finish*] tard; **they stayed up talking until very ~** ils sont restés à parler jusque tard dans la nuit; **the shop is open ~ on Thursdays** le magasin est ouvert en nocturne le jeudi; **to stay up ~** veiller; **to work ~ (at the office)** travailler tard (au bureau); **~ at night** tard dans la soirée; **~ last night** tard hier soir; **~ in the afternoon** en fin d'après-midi; **it is rather ~ in the day to change your mind** c'est un peu tard pour changer d'avis

ⓓ (= *near end of period*) **~ in 1992** fin 1992; **~ in the year** en fin d'année; **~ last year** à la fin de l'année dernière; **~ in May** fin mai; **they scored ~ in the second half** ils ont marqué vers la fin de la deuxième mi-temps; **it wasn't until relatively ~ in his career that ...** ce n'est que vers la fin de sa carrière que ...

ⓔ (= *recently*) **as ~ as last week** pas plus tard que la semaine dernière; **as ~ as 1950** jusqu'en 1950; **as ~ as the 1980s** jusque dans les années 80

◆ **of late** (= *lately*) ces derniers temps

3 COMP ◆ **late developer** N he's a **~ developer** il n'est pas précoce ◆ **late-night shopping** N there's **~-night shopping on Thursdays** le magasin ouvre en nocturne le jeudi ◆ **late riser** N lève-tard* *(mf)*

latecomer /ˈleɪtkʌməʳ/ N retardataire *(mf)*

lately /ˈleɪtlɪ/ ADV ces derniers temps

lateness /ˈleɪtnɪs/ N retard *(m)*

latent /ˈleɪtənt/ ADJ latent

later /ˈleɪtəʳ/ *compar* of **late** 1 ADV plus tard; **~ that night** plus tard (dans la soirée); **even ~** encore plus tard; **two years ~** deux ans plus tard; **~ on** (*in period of time, film*) plus tard; (*in book*) plus loin; **no ~ than ...** pas plus tard que ...; **essays must be handed in not ~ than Monday morning** les dissertations devront être remises lundi matin dernier délai; **see you ~!*** (= *in a few minutes*) à tout à l'heure!; (*longer*) à plus tard!

2 ADJ ⓐ (= *subsequent*) [*chapter, date*] ultérieur *(-eure (f))*; **we'll discuss it at a ~ meeting** nous en discuterons au cours d'une réunion ultérieure; **I decided to take a ~ train** j'ai décidé de prendre un train plus tard; **the ~ train** (*of two*) le train suivant; **a ~ edition** une édition postérieure; **this version is ~ than that one** (= *subsequent*) cette version est postérieure à celle-là

ⓑ (*in period or series*) **at a ~ stage** plus tard; **at a ~ stage in the negotiations** lors d'une phase ultérieure des négociations; **in ~ life** plus tard; **in his ~ years** vers la fin de sa vie

lateral /ˈlætərəl/ ADJ latéral

latest /ˈleɪtɪst/ *superl* of **late** 1 ADJ ⓐ (= *most recent*) dernier; **his ~ film** son dernier film; **the ~ in a series of murders** le dernier en date d'une série de meurtres; **the very ~ technology** la toute dernière technologie

ⓑ (= *last possible*) **what is the ~ date for applications?** quelle est la date limite de dépôt des candidatures?; **the ~ date he could give the car back was 31 July** il fallait qu'il rende la voiture au plus tard le 31 juillet; **the ~ possible date for the election** la date limite pour les élections; **the ~ time you may come is 4 o'clock** vous devez (absolument) arriver avant 4 heures; **the ~ time for doing it is April** il faut le faire en avril au plus tard; **at the ~ possible moment** au tout dernier moment

2 ADV **to arrive the ~** être le dernier (*or* la dernière) à arriver

3 N ⓐ (= *latest version*)* **it's the ~ in computer games** c'est le dernier né des jeux électroniques; **the very ~ in technology** le dernier cri de la technologie; **have you heard the ~?** (= *news*) tu connais la dernière?*; **what's the ~ on this affair?** (= *news*) qu'y a-t-il de nouveau sur cette affaire?

ⓑ (= *latest time*) **when is the ~ I can come?** quand est-ce que je peux arriver au plus tard?; **I'll be there by noon at the ~** j'y serai à midi au plus tard; **give me your essay by Monday at the ~** rendez-moi votre dissertation lundi dernier délai

latex /ˈleɪteks/ N latex *(m)*

lathe /leɪð/ N tour *(m)*

lather /ˈlɑːðəʳ/ 1 N ⓐ [*of soap*] mousse *(f)* ⓑ [*of horse*]

écume *(f)*; **in a ~*** [*person*] dans tous ses états 2 VT **to ~ one's face** se savonner le visage 3 VI [*soap*] mousser

Latin /ˈlætɪn/ 1 ADJ ⓐ [*text, grammar, poet*] latin; [*lesson, teacher*] de latin ⓑ [*people, temperament, culture*] (*European*) latin; (*in US*) latino-américain 2 N ⓐ (= *language*) latin *(m)* ⓑ Latin(e) *(m(f))*; (*in US*) Latino-Américain(e) *(m(f))* 3 COMP ◆ **Latin America** N Amérique *(f)* latine ◆ **Latin-American** ADJ latino-américain ♦ N Latino-Américain(e) *(m(f))* ◆ **the Latin quarter** N le quartier latin

Latino /læˈtiːnəʊ/ N (*pl* **Latinos**) (*in US*) Latino *(m)*

latitude /ˈlætɪtjuːd/ N latitude *(f)*

latter /ˈlætəʳ/ 1 ADJ ⓐ (= *second of two*) second; (= *last one mentioned*) dernier; **the ~ proposition was accepted** cette dernière proposition fut acceptée; **of the two, we prefer the ~ solution** nous préférons la seconde solution; **the ~ half** la seconde moitié; **the ~ half of the month** la seconde quinzaine du mois

ⓑ (= *later*) **in the ~ stages of the war** vers la fin de la guerre

2 N **the ~ is the more expensive of the two systems** ce dernier système est le plus coûteux des deux; **of the two solutions, I prefer the ~** je préfère la seconde solution

lattice /ˈlætɪs/ N treillis *(m)*; (= *fence*) claire-voie *(f)*; (*on tart*) croisillons *(mpl)*

Latvia /ˈlætvɪə/ N Lettonie *(f)*

laudable /ˈlɔːdəbl/ ADJ louable

laugh /lɑːf/ 1 N ⓐ rire *(m)*; **to have a good ~ at sb/sth** bien rire de qn/qch; **his act didn't get a single ~** son numéro n'a fait rire personne; **that joke always gets a ~** cette plaisanterie fait toujours rire; **he had the last ~** finalement c'est lui qui a bien ri; **we'll see who has the last ~** rira bien qui rira le dernier; **it was a ~ a minute!** c'était d'un drôle!

ⓑ (= *amusing time*)* **it was a good ~ on a bien rigolé*; **if you want a ~ go to her German class!** si tu veux rigoler* va assister à son cours d'allemand!; **what a ~!** quelle rigolade!*; **just for ~s** histoire de rire*; **he's always good for a ~** il nous fera toujours rire; **his films are always good for a ~** ses films sont toujours drôles; **he's a good ~** on rigole* bien avec lui

2 VI rire; **it's easy for you to ~!** tu peux rire!; **you've got to ~*** il vaut mieux en rire!; **I didn't know whether to ~ or cry** je ne savais plus si je devais rire ou pleurer; **he ~ed until he cried** il pleurait de rire; **to ~ about sth** rire de qch; **there's nothing to ~ about** il n'y a pas de quoi rire; **to ~ to o.s.** rire dans sa barbe; **he makes me ~** il me fait rire; **don't make me ~*** (= *don't be silly*) ne me fais pas rire; **to ~ in sb's face** rire au nez de qn; **he'll soon be ~ing on the other side of his face** il va bientôt rire jaune; **I'll make you ~ on the other side of your face!** tu vas le regretter!; **once we get this contract signed we're ~ing*** une fois ce contrat signé, ce sera dans la poche*

3 VT **"don't be silly," he ~ed** « ne sois pas idiot » dit-il en riant; **to be ~ed out of court** [*person, idea*] être tourné en ridicule; **he ~ed himself silly*** il a ri comme une baleine*

► **laugh at** VT INSEP [+ *person, sb's behaviour*] rire de; (*unpleasantly*) se moquer de; [+ *difficulty, danger*] se rire de; **he never ~s at my jokes** mes plaisanteries ne le font jamais rire

► **laugh off** VT SEP ⓐ **to ~ one's head off*** rire comme une baleine* ⓑ **she managed to ~ it off** elle a réussi à tourner la chose en plaisanterie; **you can't ~ this one off** cette fois tu ne t'en tireras pas par la plaisanterie

laughable /ˈlɑːfəbl/ ADJ [*person, behaviour, idea*] ridicule; [*offer, amount*] dérisoire

laughing /ˈlɑːfɪŋ/ ADJ [*person, face, eyes*] rieur; **this is no ~ matter** il n'y a pas de quoi rire; **I'm in no ~ mood** (= *angry*) je ne suis pas d'humeur à rire; (= *sad*) je n'ai pas le cœur à rire ◆ **laughing stock** N he was the ~ **stock of the class** il était la risée de la classe; **he made himself a ~ stock** il s'est couvert de ridicule

laughter /ˈlɑːftəʳ/ N rire(s) *(m(pl))*; **there was a little nervous ~** on entendit quelques rires nerveux; **~ is good for you** cela fait du bien de rire; **their ~ could be heard in the next room** on les entendait rire dans la pièce à côté

launch /lɔːntʃ/ 1 N ⓐ (= motorboat) (for patrol) vedette (f); (for pleasure) bateau (m) de plaisance; **police ~** vedette (f) de la police ⓑ [of ship, spacecraft, product] lancement (m) 2 VT [+ boat, rocket, company, career] lancer; [+ investigation] ouvrir 3 VI **to ~ into** [+ speech, explanation, attack] se lancer dans 4 COMP ♦ **launch pad** N rampe (f) de lancement

launching /ˈlɔːntʃɪŋ/ N lancement (m) ♦ **launching pad** N rampe (f) de lancement ♦ **launching site** N aire (f) de lancement

launder /ˈlɔːndəʳ/ VT ⓐ [+ clothes] laver; **to send sth to be ~ed** envoyer qch à la blanchisserie ⓑ [+ money] blanchir

Launderette ® /ˌlɔːndəˈret/ N (Brit) laverie (f) automatique

Laundromat ® /ˈlɔːndrəmæt/ N (US) laverie (f) automatique

laundry /ˈlɔːndrɪ/ 1 N ⓐ (= washing) linge (m); **to do the ~** faire la lessive ⓑ (= place) blanchisserie (f) 2 COMP ♦ **laundry basket** N panier (m) à linge

laureate /ˈlɔːrɪt/ ADJ, N lauréat(e) (m(f)); **(poet) ~** poète (m) lauréat

laurel /ˈlɒrəl/ N laurier (m); **to rest on one's ~s** se reposer sur ses lauriers

lava /ˈlɑːvə/ N lave (f) ♦ **lava flow** N coulée (f) de lave

lavatory /ˈlævətrɪ/ N toilettes (fpl); **to put sth down the ~** jeter qch dans les WC ♦ **lavatory paper** N papier (m) hygiénique

lavender /ˈlævɪndəʳ/ 1 N lavande (f) 2 ADJ lavande (inv)

lavish /ˈlævɪʃ/ 1 ADJ ⓐ [person] prodigue (**with** de); **to be ~ with one's money** dépenser sans compter ⓑ (= generous) [expenditure] considérable; [amount] gigantesque; [meal] copieux; [hospitality] généreux; **to bestow ~ praise on sb** se répandre en éloges sur qn 2 VT prodiguer (**sth on sb** qch à qn)

lavishly /ˈlævɪʃlɪ/ ADV [illustrated, decorated, furnished] somptueusement; **to spend ~** dépenser sans compter

law /lɔː/ 1 N ⓐ (= legislation) loi (f); **when a bill becomes ~** quand un projet de loi est voté; **to be above the ~** être au-dessus des lois; **to keep within the ~** rester dans la légalité; **to take the ~ into one's own hands** (se) faire justice soi-même; **the ~ of the land** la législation du pays; **the ~ of the jungle** la loi de la jungle; **to have the ~ on one's side** avoir la loi pour soi; **he's a ~ unto himself** il ne fait que ce qu'il veut
♦ **against the law** contraire à la loi
♦ **by law** conformément à la loi
ⓑ (= operation of the law) justice (f); **court of ~** tribunal (m) ⓒ (= system, profession) droit (m); **civil/criminal ~** le droit civil/pénal; **to study ~** faire du droit; **to practise ~** [solicitor] être notaire; [barrister] être avocat(e); **Faculty of Law** faculté (f) de droit
ⓓ (= regulation) loi (f); **to pass a ~** voter une loi; **several ~s have been passed against pollution** plusieurs lois ont été votées pour combattre la pollution; **there should be a ~ against it!** ça devrait être interdit!; **there's no ~ against it!** ce n'est pas défendu!
ⓔ (= principle) loi (f); **the ~ of averages** la loi des probabilités; **the ~s of gravity** la loi de la pesanteur
2 COMP ♦ **law-abiding** ADJ respectueux des lois ♦ **law and order** N ordre (m) public ♦ **law court** N tribunal (m) ♦ **Law Courts** NPL ≈ Palais (m) de justice ♦ **Law Lords** NPL (Brit) juges siégeant à la Chambre des lords ♦ **law school** N faculté (f) de droit; **he's at ~ school** il fait du droit ♦ **law student** N étudiant(e) (m(f)) en droit

lawful /ˈlɔːful/ ADJ [action, contract] légal; [child] légitime

lawfully /ˈlɔːfəlɪ/ ADV légalement

lawless /ˈlɔːlɪs/ ADJ [country] sans loi; [period] d'anarchie; [person] sans foi ni loi; **we live in an increasingly ~ society** nous vivons dans une société de plus en plus dominée par la loi de la jungle

lawn /lɔːn/ N pelouse (f)

lawnmower /ˈlɔːnməʊəʳ/ N tondeuse (f) (à gazon)

lawsuit /ˈlɔːsuːt/ N procès (m); **to bring a ~ against sb** intenter un procès à qn

lawyer /ˈlɔːjəʳ/ N avocat (m); (= legal expert) juriste (mf)

> **🛈 LAWYER**
>
> Il existe deux catégories d'avocats en Grande-Bretagne : les « solicitors » et les « barristers » (appelés « advocates » en Écosse). Les premiers sont à la fois des notaires, qui traitent donc les transactions immobilières, les affaires de succession, etc, et des avocats habilités à plaider au civil dans les instances inférieures. Les seconds sont des avocats plus spécialisés, qui interviennent au pénal ou au civil dans les instances supérieures, y compris pour défendre des affaires dont ils sont saisis par des « solicitors ».
>
> Aux États-Unis, les avocats sont appelés « attorneys ». Ils travaillent souvent selon le système dit « no win no fee » (c'est-à-dire que le client ne paie les honoraires que s'il a gain de cause), ce qui leur permet de défendre des clients pauvres dans des affaires importantes, avec la perspective d'être bien rétribués en cas de succès. Ainsi, les dommages et intérêts demandés dans les affaires civiles sont souvent beaucoup plus élevés qu'en Europe, et les Américains ont volontiers recours aux voies judiciaires pour régler leurs différends.

lax /læks/ ADJ [behaviour, discipline] laxiste; [person] négligent; **to be ~ in doing sth** faire qch avec négligence; **to be ~ about security/one's work** négliger la sécurité/son travail; **he's become very ~ recently** il s'est beaucoup laissé aller récemment

laxative /ˈlæksətɪv/ ADJ, N laxatif (m)

laxity /ˈlæksɪtɪ/, **laxness** /ˈlæksnɪs/ N [of behaviour, discipline] laxisme (m); [of person] négligence (f)

lay /leɪ/ (vb: pret, ptp **laid**) 1 VB (pt of **lie**)
2 VT ⓐ (= place) [+ cards, objects] poser; (= stretch out) [+ cloth] étendre; **she laid her hand on my shoulder** elle a posé la main sur mon épaule; **I didn't ~ a finger on him** je ne l'ai pas touché; **if you so much as ~ a finger on me ...** si tu oses lever la main sur moi ...; **I wish I could ~ my hands on a good dictionary** si seulement je pouvais mettre la main sur un bon dictionnaire; **to ~ it on the line*** y aller carrément*; **he laid it on me*** (US = explain) il m'a tout expliqué; **to ~ one on sb‡** (Brit = hit) coller un pain‡ à qn
ⓑ (= put down) poser
ⓒ [+ egg] pondre
ⓓ [+ snare, trap] tendre (**for** à); [+ plans] élaborer; **to ~ the table** (Brit) mettre la table; **even the best-laid plans can go wrong** même les projets les mieux élaborés peuvent échouer
ⓔ (with adjective) **to ~ bare one's innermost thoughts** dévoiler ses pensées les plus profondes; **the blow laid him flat** le coup l'a étendu par terre; **the storm laid the town flat** la tempête a dévasté la ville; **to be laid low** être immobilisé; **he was laid low with flu** la grippe l'obligeait à garder le lit; **to ~ o.s. open to criticism** s'exposer à la critique; **to ~ a town to waste** dévaster une ville
ⓕ (= impose) [+ tax] faire payer (**on sth** sur qch); [+ burden] imposer (**on sb** à qn)
ⓖ [+ money] parier; **to ~ a bet** parier
ⓗ [+ accusation, charge] porter; **we shall ~ the facts before him** nous lui exposerons les faits; **they laid their plan before him** ils lui ont exposé leur projet; **he laid his case before the commission** il a soumis son cas à la commission
ⓘ (= have sex with)* baiser**‡**; **to get laid** se faire sauter‡
3 VI pondre
4 N ⓐ [of countryside] configuration (f)
ⓑ‡ **she's an easy ~** elle couche* avec n'importe qui; **he's/she's a good ~** c'est un bon coup‡
5 COMP ♦ **lay-by** N (Brit) aire (f) de repos ♦ **lay-off** N licenciement (m)
► **lay aside** VT SEP ⓐ (= save) mettre de côté ⓑ [+ prejudice, principles] laisser de côté; [+ disagreements] faire taire
► **lay down** VT SEP ⓐ [+ object] poser; **to ~ down one's arms** déposer les armes; **to ~ down one's life for sb** sacrifier sa vie pour qn ⓑ [+ rule] établir; [+ condition, price] fixer; **it is laid down in the rules that ...** il est stipulé dans le rè-

glement que ...; **to ~ down a policy** définir une politique; **to ~ down the law** essayer de faire la loi

► **lay in** VT SEP [+ *goods, reserves*] faire provision de; **to ~ in provisions** faire des provisions

► **lay into*** VT INSEP **he laid into him** (= *attack*) il lui est rentré dedans*; (= *scold*) il lui a passé un savon*

► **lay off** 1 VT SEP [+ *workers*] licencier 2 VT INSEP (= *leave alone*)* **you'd better ~ off drinking for a while** tu ferais mieux de t'abstenir de boire pendant un temps; **~ off!** (= *stop*) ça suffit!; (= *don't touch*) pas touche!*; **~ off him!** fiche-lui la paix!*; **I told him to ~ off** je lui ai dit d'arrêter

► **lay on** VT SEP (*Brit*) [+ *water, gas*] installer; [+ *facilities, entertainment*] fournir; **I'll have a car laid on for you** je mettrai une voiture à votre disposition; **everything will be laid on** il y aura tout ce qu'il faut; **to ~ it on thick*** en rajouter*

► **lay out** VT SEP ⓐ [+ *garden*] dessiner; [+ *house*] concevoir; [+ *essay*] faire le plan de; **a well laid-out flat** un appartement bien conçu ⓑ [+ *clothes*] préparer; [+ *goods for sale*] étaler; **the meal that had been laid out for them** le repas qui leur avait été préparé ⓒ [+ *reasons, events*] exposer ⓓ [+ *money*] débourser (**on** pour) ⓔ (= *knock out*) mettre KO

► **lay up** VT SEP ⓐ [+ *provisions*] amasser ⓑ **he is laid up (in bed) with flu** il est au lit avec la grippe

layabout* /ˈleɪəbaʊt/ N (*Brit*) feignant(e)* *(m(f))*

layer /ˈleɪəʳ/ 1 N [*of paint, dust, sand*] couche *(f)*; **several ~s of clothing** plusieurs épaisseurs *(fpl)* de vêtements 2 VT [+ *hair*] couper en dégradé

layman /ˈleɪmən/ N (*pl* **-men**) (*not religious*) laïc *(m)*; (*not specialist*) profane *(m)*

layout /ˈleɪaʊt/ N [*of house, school*] agencement *(m)*; [*of district*] disposition *(f)*; [*of essay*] plan *(m)*; [*of advertisement, newspaper article*] mise *(f)* en page

layover /ˈleɪˌəʊvəʳ/ N (*US*) halte *(f)*

laze around /ˌleɪzəˈraʊnd/ VI paresser; **we lazed around in the sun for a week** nous avons passé une semaine au soleil à ne rien faire; **stop lazing around and do some work!** cesse de perdre ton temps et mets-toi au travail!

lazily /ˈleɪzɪlɪ/ ADV [*stretch, yawn, watch*] paresseusement; [*smile*] avec indolence

laziness /ˈleɪzɪnɪs/ N paresse *(f)*

lazy /ˈleɪzɪ/ ADJ ⓐ (= *idle*) paresseux; **I'm feeling ~ today** je n'ai envie de rien faire aujourd'hui ⓑ (= *sloppy*) [*attitude*] nonchalant; [*writing, work*] peu soigné; [*style*] relâché ⓒ (= *relaxed*) [*gesture, smile*] indolent; [*hour, day, afternoon*] de détente; [*lunch, dinner*] décontracté; **we had a ~ holiday on the beach** nous avons passé des vacances reposantes à la plage

lazybones* /ˈleɪzɪbəʊnz/ N feignant(e)* *(m(f))*

lb (ABBR = **libra**) = **pound**; livre *(f)*

LCD /ˌelsiːˈdiː/ N (ABBR = **liquid crystal display**) LCD *(m)*

---

lead¹ /liːd/

1 NOUN	4 INTRANSITIVE VERB
2 ADJECTIVE	5 PHRASAL VERBS
3 TRANSITIVE VERB	

► **vb: pret, ptp led**

1 NOUN

ⓐ Sport **to be in the ~** (*in match*) mener; (*in race, league*) être en tête; **to take the ~** (*in race*) prendre la tête; (*in match, league*) mener; **to have a three-point ~** avoir trois points d'avance; **to have a two-minute/ten-metre ~ over sb** avoir deux minutes/dix mètres d'avance sur qn

ⓑ = initiative **to follow sb's ~** suivre l'exemple de qn; **to give the ~** montrer le chemin; **to give sb a ~** montrer l'exemple à qn; **to take the ~ in doing sth** être le premier à faire qch

ⓒ = clue piste *(f)*; **the police have a ~** la police tient une piste; **the fingerprints gave them a ~** les empreintes les ont mis sur la piste

ⓓ = in play, film rôle *(m)* principal; **to play the ~** tenir le rôle principal; **to sing the ~** chanter le rôle principal; **male/female ~** premier rôle *(m)* masculin/féminin; **juvenile ~** jeune premier *(m)*

ⓔ = leash laisse *(f)*; **dogs must be kept on a ~** les chiens doivent être tenus en laisse

ⓕ = electrical flex fil *(m)*

ⓖ = news article article *(m)* à la une; (= *editorial*) éditorial *(m)*; **the financial crisis is the ~ in this morning's papers** (= *headlines*) la crise financière fait les gros titres des journaux ce matin

2 ADJECTIVE

~ guitarist première guitare *(f)*; **~ vocalist** (chanteur *(m)*) leader *(m)*, (chanteuse *(f)*) leader *(f)*

3 TRANSITIVE VERB

ⓐ = show the way to [+ *person, horse*] conduire (**to** à); [+ *procession, parade*] être à la tête de; **to ~ sb in/out/across** faire entrer/sortir/traverser qn; **to ~ sb into a room** faire entrer qn dans une pièce; **the guide led them through the courtyard** le guide leur a fait traverser la cour; **this ~s me to an important point** cela m'amène à un point important

♦ **to lead the way** (= *go ahead*) aller devant; (= *show the way*) montrer le chemin; **he led the way to the garage** il nous (*or* les *etc*) a menés jusqu'au garage; **will you ~ the way?** passez devant, nous vous suivons

ⓑ = be leader of [+ *government, team*] être à la tête de; [+ *regiment*] commander

ⓒ = be ahead of **they were ~ing us by 10 metres** ils avaient une avance de 10 mètres sur nous; **to ~ the field** être en tête; **our country ~s the world in textiles** notre pays est le leader mondial dans le textile

ⓓ + life, existence mener; **they ~ a simple life** ils mènent une vie simple

ⓔ = induce, bring amener; **I am led to the conclusion that ...** je suis amené à conclure que ...

♦ **to lead sb to do sth: he led me to believe that he would help me** il m'a amené à croire qu'il m'aiderait; **what led you to think that?** qu'est-ce qui vous a amené à penser ça?

4 INTRANSITIVE VERB

ⓐ = be ahead (*in match*) mener; (*in race*) être en tête; **which horse is ~ing?** quel est le cheval en tête?; **to ~ by half a length/three points** avoir une demi-longueur/trois points d'avance; **to ~ by four goals to three** mener (par) quatre buts à trois

ⓑ = go ahead aller devant; (= *show the way*) montrer le chemin; **you ~, I'll follow** passez devant, je vous suis

ⓒ = dancer mener

ⓓ road, corridor, door mener (**to** à); **where is all this ~ing?** (*trend, events*) où cela va-t-il nous mener?; (*questions, reasoning*) où veut-il (*or* voulez-vous *etc*) en venir?; **the streets that ~ into/from the square** les rues qui débouchent sur/partent de la place

ⓔ ♦ **to lead to: it led to war** cela a conduit à la guerre; **it led to his arrest** cela a abouti à son arrestation; **it led to nothing** ça n'a mené à rien; **it led to a change in his attitude** cela a provoqué un changement dans son attitude; **one thing led to another and we ...** une chose en amenant une autre, nous ...

5 PHRASAL VERBS

► **lead away** VT SEP emmener; **he was led away by the soldiers** il a été emmené par les soldats; **they led him away to the cells** ils l'ont conduit en cellule

► **lead back** VT SEP ramener; **they led us back to the office** ils nous ont ramenés au bureau

► **lead off** 1 VI (= *begin*) commencer 2 VT INSEP [*corridor, path*] partir de; **a passage ~ing off the foyer** un couloir qui part du foyer; **the rooms which ~ off the corridor** les pièces qui donnent sur le couloir 3 VT SEP = **lead away**

► **lead on** 1 VI (= *lead the way*) marcher devant 2 VT SEP (= *tease*) taquiner; (= *fool*) duper; (= *raise hopes in*) donner de faux espoirs à; (*sexually*) allumer*

► **lead up** VI ⓐ [*path*] conduire; **this road ~s up to the castle** cette route mène au château; **this staircase ~s up to**

the roof cet escalier donne accès au toit ⓑ (= *precede*) précéder; **the years that led up to the war** les années qui ont précédé la guerre; **the events that led up to the revolution** les événements qui ont conduit à la révolution ⓒ (= *lead on*) **what are you ~ing up to?** où voulez-vous en venir?

lead² /led/ 1 N ⓐ (= *metal*) plomb *(m)*; **they pumped him full of ~** ils l'ont criblé de balles ⓑ [*of pencil*] mine *(f)* 2 ADJ [*object, weight*] en plomb 3 COMP ♦ **lead-free** ADJ sans plomb ♦ **lead pencil** N crayon *(m)* à papier ♦ **lead poisoning** N saturnisme *(m)* ♦ **lead replacement petrol** N ≈ super *(m)*

leaded /'ledɪd/ ADJ [*petrol*] au plomb

leader /'liːdə'/ 1 N ⓐ [*of expedition, gang*] chef *(m)*; [*of club*] dirigeant(e) *(m(f))*; (= *guide*) guide *(m)*; [*of riot, strike*] meneur *(m)*, -euse *(f)*; [*group of soldiers*] commandant *(m)*; **the ~ of the Socialist Party** le chef de file du parti socialiste; **he's a born ~** il est né pour commander; **one of the ~s in the scientific field** une des sommités du monde scientifique; **they're the world ~s in the cosmetics industry** ce sont les leaders mondiaux de l'industrie cosmétique ⓑ (*in race*) (= *runner*) coureur *(m)* de tête; (= *horse*) cheval *(m)* de tête; (*in league*) leader *(m)*; **he managed to stay up with the ~s** il a réussi à rester dans le peloton de tête

2 COMP ♦ **Leader of the House** N (*Brit*) président(e) *(m(f))* de la Chambre (*des communes ou des lords*)

leadership /'liːdəʃɪp/ N ⓐ direction *(f)*; **under his ~ sous** sa direction; **to take over the ~ of the country** prendre la succession à la tête du pays; **they were rivals for the party ~** ils se disputaient la direction du parti; **he has ~ potential** il a l'étoffe d'un chef; **he praised her ~ during the crisis** il a loué la manière dont elle a géré la crise ⓑ (= *leaders collectively*) dirigeants *(mpl)*; **the union ~ has agreed to arbitration** les dirigeants du syndicat ont accepté l'arbitrage

leading /'liːdɪŋ/ 1 ADJ ⓐ (= *important*) important; **a ~ industrialist** un industriel de premier plan; **a ~ industrial nation** une des principales nations industrialisées ⓑ (= *most important*) principal; **Britain's ~ car manufacturer** le premier constructeur automobile britannique; **one of the ~ figures of the twenties** un personnage marquant des années vingt; **one of the country's ~ writers** un des écrivains les plus importants du pays ⓒ [*role, part*] principal; **to play the ~ role (in a film/play)** être la vedette (d'un film/d'une pièce); **to play a ~ role in sth** jouer un rôle majeur dans qch ⓓ [*runner, driver, car*] en tête de course; [*club, team*] en tête du classement

2 COMP ♦ **leading article** N (*Brit*) éditorial *(m)*; (*US*) article *(m)* de tête ♦ **leading lady** N actrice *(f)* principale ♦ **leading light** N **he's one of the ~ lights in the campaign** c'est une des personnalités les plus en vue de la campagne ♦ **leading man** N (*pl* **leading men**) acteur *(m)* principal ♦ **leading question** N question *(f)* tendancieuse

leaf /liːf/ (*pl* **leaves**) N ⓐ [*of plant*] feuille *(f)*; [*of book*] page *(f)*; **you should take a ~ out of his book** vous devriez prendre exemple sur lui; **to turn over a new ~** se racheter une conduite ♦ **to come into ~** se couvrir de feuilles ⓑ
► **leaf through** VT INSEP [+ *book*] feuilleter

leaflet /'liːflɪt/ N prospectus *(m)*; (*political or religious*) tract *(m)*; (= *instruction sheet*) mode *(m)* d'emploi

leafy /'liːfɪ/ ADJ [*vegetables*] à feuilles; [*lane*] bordé d'arbres; [*suburb*] vert; **in ~ surroundings** dans un cadre verdoyant

league /liːg/ 1 N ⓐ (= *association*) ligue *(f)*; **to form a ~ against** se liguer contre; **to be in ~ with sb** être de connivence avec qn ⓑ (*Football*) championnat *(m)*; (*Baseball*) division *(f)*; **major/minor ~** première/deuxième division *(f)* ⓒ (= *class*) catégorie *(f)*; **they're in a different ~** ils ne sont pas du même calibre; **in the big ~** dans le peloton de tête; **this is way out of your ~!** tu n'es pas de taille!

2 COMP ♦ **league champions** NPL (*Brit*) vainqueurs *(mpl)* du championnat ♦ **league championship** N cham-

pionnat *(m)* ♦ **league match** N (*Brit*) match *(m)* de championnat ♦ **league table** N classement *(m)* du championnat

leak /liːk/ 1 N ⓐ (*in bucket, pipe, roof, bottle, pen*) fuite *(f)*; (*in boat*) voie *(f)* d'eau; (*in shoe*) trou *(m)*; **to spring a ~** [*bucket, pipe*] se mettre à fuir; [*boat*] commencer à faire eau; **a gas ~** une fuite de gaz ⓑ [*of information*] fuite *(f)* 2 VI ⓐ [*bucket, pen, pipe, bottle, roof*] fuir; [*ship*] faire eau; [*shoe*] prendre l'eau ⓑ [*gas, liquid*] fuir 3 VT ⓐ [+ *liquid*] répandre; **the tanker had ~ed its contents all over the road** le contenu du camion-citerne s'était répandu sur la route ⓑ [+ *information*] divulguer
► **leak out** VI [*gas, liquid*] s'échapper; [*secret, news*] filtrer; **it finally ~ed out that ...** on a fini par apprendre que ...

leakage /'liːkɪdʒ/ N (= *leak*) fuite *(f)*; (= *amount lost*) perte *(f)*

leakproof /'liːkpruːf/ ADJ étanche

leaky /'liːkɪ/ ADJ [*roof, pipe, bucket*] qui fuit; [*boat*] qui fait eau; [*shoe*] qui prend l'eau

lean /liːn/ (*pret, ptp* **leaned** *or* **leant**) 1 ADJ ⓐ (= *not fat*) [*person, body*] mince; [*animal*] svelte; [*meat*] maigre ⓑ (= *poor*) [*harvest*] maigre; **~ years** années *(fpl)* de vaches maigres; **there are ~ times ahead in the property market** le marché de l'immobilier connaîtra une période difficile; **we had a ~ time of it** on a mangé de la vache enragée

2 VI ⓐ [*wall, construction*] pencher; **to ~ towards the left** (*politically*) avoir des sympathies pour la gauche ⓑ (= *support o.s.*) s'appuyer (**against** contre); (*with one's back*) s'adosser (**against** à); (*with elbows*) s'accouder (**on** à); **to be ~ing against the wall** [*ladder, bike*] être appuyé contre le mur; [*person*] être adossé au mur; **to ~ on one's elbows** s'appuyer sur les coudes; **to ~ on sb for support** s'appuyer sur qn; **to ~ heavily on sb for advice** compter beaucoup sur qn pour ses conseils ⓒ (= *apply pressure*)* faire pression; **they ~ed on him for payment** ils ont fait pression sur lui pour qu'il paie

3 VT [+ *ladder, bike*] appuyer (**against** contre); **to ~ one's head on sb's shoulder** poser sa tête sur l'épaule de qn
► **lean back** 1 VI se pencher en arrière; **to ~ back against sth** s'adosser à qch 2 VT SEP [+ *chair*] pencher en arrière; **to ~ one's head back** renverser la tête (en arrière)
► **lean forward** 1 VI se pencher en avant 2 VT SEP pencher en avant
► **lean out** VI se pencher au dehors; **to ~ out of the window** se pencher par la fenêtre; **"do not ~ out"** « ne pas se pencher au dehors »
► **lean over** VI [*person*] (= *forward*) se pencher en avant; (= *sideways*) se pencher sur le côté; [*object, tree*] pencher; **to ~ over backwards** se pencher en arrière

leaning /'liːnɪŋ/ 1 N (= *liking*) penchant *(m)* (**towards** pour); (= *tendency*) tendance *(f)* (**towards** à); **political ~s** tendances politiques 2 ADJ [*wall, building*] penché 3 COMP ♦ **the Leaning Tower of Pisa** N la tour de Pise

leanness /'liːnnɪs/ N maigreur *(f)*

leant /lent/ VB *pt, ptp* of **lean**

leap /liːp/ (*vb: pret, ptp* **leaped** *or* **leapt**) 1 N bond *(m)*; **to take a ~** bondir; **at one ~** d'un bond; **a ~ in inflation** un bond dans l'inflation; **there has been a ~ of 13% in sales** les ventes ont fait un bond de 13%; **a great ~ forward** un grand bond en avant; **a giant ~ for mankind** un pas de géant pour l'humanité; **in ~s and bounds** à pas de géant

2 VI ⓐ [*person, animal, fish*] sauter; [*flames*] jaillir; **to ~ in/out** entrer/sortir d'un bond; **to ~ to one's feet** se lever d'un bond; **he leapt into/out of the car** il sauta dans/de la voiture; **he leapt out of bed** il sauta du lit; **to ~ over a ditch** sauter par-dessus un fossé; **he leapt into the air** il fit un bond en l'air; **he leapt for joy** il a sauté de joie ⓑ [*profits, value, prices, unemployment*] faire un bond; **the shares leapt from 125p to 190p** les actions ont fait un bond de 125 à 190 pence; **her heart leapt** son cœur a bondi; **to ~ to the conclusion that ...** conclure un peu hâtivement que ...; **you mustn't ~ to conclusions** il ne faut pas tirer de conclusions hâtives; **to ~ to sb's defence** s'empresser de prendre la défense de qn; **to ~ at sth**

[+ *chance, suggestion, offer*] sauter sur qch; [+ *idea*] accueillir qch avec enthousiasme

3 VT [+ *stream, hedge*] sauter par-dessus

4 COMP ♦ **leap year** N année (f) bissextile

► **leap about** VI gambader; **to ~ about with excitement** sauter de joie

► **leap up** VI (*off ground*) sauter en l'air; (*to one's feet*) se lever d'un bond; [*flame*] jaillir; **the dog leapt up at him** le chien lui a sauté dessus

leapfrog /'liːpˌfrɒɡ/ **1** N saute-mouton (m) **2** VI **to ~ over** [+ *person*] sauter à saute-mouton par-dessus; [+ *stool, object*] sauter par-dessus (*en prenant appui*); (= *overtake*) [+ *competitor, rival*] dépasser

leapt /lept/ VB *pt, ptp of* **leap**

learn /lɜːn/ (*pret, ptp* **learned** *or* **learnt**) **1** VT apprendre; **to ~ to do sth** apprendre à faire qch; **he's learnt his lesson** il a compris la leçon; **to ~ from one's mistakes** il was sorry to ~ that you had been ill j'ai appris avec regret que vous aviez été malade

2 VI apprendre; **he'll ~!** un jour il comprendra!; **we are ~ing about the Revolution at school** on étudie la Révolution en classe; **to ~ from experience** apprendre par l'expérience; **to ~ from one's mistakes** tirer la leçon de ses erreurs; **I was sorry to ~ about your illness** j'ai appris avec regret votre maladie

learned /'lɜːnɪd/ ADJ [*person, society, essay*] savant; [*profession*] intellectuel

learner /'lɜːnə'/ N apprenant(e) (m(f)); (*Brit* = *driver*) apprenti(e) conducteur (m), -trice (f); **you are a quick ~** vous apprenez vite; **a ~'s dictionary** un dictionnaire pour apprenants; **language ~** étudiant(e) (m(f)) en langues

learning /'lɜːnɪŋ/ **1** N ⓐ (= *fund of knowledge*) érudition (f); **a man of ~** (*in humanities*) un érudit; (*in sciences*) un savant

ⓑ (= *act*) apprentissage (m); **language ~** apprentissage (m) des langues; **children who are behind in their ~** des enfants qui ont du retard à l'école; **a place of ~** un lieu d'étude

2 COMP ♦ **learning curve** N **we're on a steep ~ curve** nous devons apprendre très vite ♦ **learning difficulties, learning disabilities** NPL (*in adults*) difficultés (fpl) d'apprentissage; (*in children*) difficultés (fpl) scolaires ♦ **learning-disabled** ADJ (*US*) ayant des difficultés d'apprentissage

learnt /lɜːnt/ VB *pt, ptp of* **learn**

lease /liːs/ **1** N (= *contract, duration*) bail (m); **long ~** bail (m) à long terme; **to be given a new ~ of** (*Brit*) *or* **on** (*US*) **life** retrouver une nouvelle jeunesse **2** VT [+ *house, car*] louer à bail

leasehold /'liːshəʊld/ **1** N (= *contract*) ≈ bail (m); (= *property*) propriété (f) louée à bail **2** ADJ loué à bail **3** ADV [*buy*] à bail

leaseholder /'liːshəʊldə'/ N locataire (mf)

leash /liːʃ/ N (*for dog*) laisse (f); **to keep a dog on a ~** tenir un chien en laisse; **to keep sb on a short ~** tenir la bride haute à qn; **to give sb a longer ~** laisser la bride sur le cou à qn

least /liːst/ *superl of* **little 1** ADJ **the ~** (= *smallest amount of*) le moins de; (= *smallest*) le moindre, la moindre; **he has the ~ money** c'est lui qui a le moins d'argent; **the ~ thing upsets her** la moindre chose la contrarie; **with the ~ possible expenditure** avec le moins de dépenses possibles; **that's the ~ of our worries** c'est le cadet de nos soucis

2 PRON **the ~** le moins; **you've given me the ~** c'est à moi que tu en as donné le moins; **it's the ~ I can do** c'est la moindre des choses; **it's the ~ one can expect** c'est la moindre des choses; **what's the ~ you are willing to accept?** quel prix minimum êtes-vous prêt à accepter?

♦ **at least** (*with quantity, comparison*) au moins; (*parenthetically*) du moins; **it costs $5 at ~** cela coûte au moins 5 dollars; **there were at ~ eight books** il y avait au moins huit livres; **he's at ~ as old as you** il a au moins votre âge; **he eats at ~ as much as I do** il mange au moins autant que moi; **at ~ it's not raining** au moins il ne pleut pas; **you could at ~ have told me!** tu aurais pu au moins me le di-

re!; **I can at ~ try** je peux toujours essayer; **he's ill, at ~ that's what he says** il est malade, du moins c'est ce qu'il dit

♦ **at the very least** du moins

♦ **in the least:** **not in the ~!** pas du tout!; **he was not in the ~ tired** il n'était pas le moins du monde fatigué; **it didn't surprise me in the ~** ça ne m'a pas étonné du tout; **it doesn't matter in the ~** cela n'a pas la moindre importance

♦ **the least bit:** **I wasn't the ~ bit surprised** je n'étais pas le moins du monde étonné

♦ **to say the least:** **I was annoyed, to say the ~** j'étais mécontent, c'est le moins qu'on puisse dire; **she was not very careful, to say the ~** elle était pour le moins imprudente

3 ADV **the ~** le moins, la moins; **the ~ expensive** le moins cher; **the ~ expensive car** la voiture la moins chère; **when you are ~ expecting it** quand vous vous y attendez le moins

♦ **least of all:** **he deserves it ~ of all** c'est lui qui le mérite le moins; **nobody seemed amused, ~ of all John** cela ne semblait amuser personne et surtout pas John

♦ **not least:** **all countries, not ~ the USA** tous les pays, et en particulier les USA; **not ~ because ...** notamment parce que ...

leather /'leðə'/ **1** N cuir (m) **2** NPL **leathers** (= *suit*) cuir* (m); (= *trousers*) pantalon (m) en cuir **3** ADJ [*boots, jacket, seat*] en cuir **4** COMP ♦ **leather goods** NPL articles (mpl) en cuir

leathery /'leðərɪ/ ADJ [*substance*] coriace; [*skin*] tanné

leave /liːv/ (*vb: pret, ptp* **left**) **1** N ⓐ (= *holiday*) congé (m); (*for soldier*) permission (f); **how much ~ do you get?** vous avez droit à combien de jours de congé?; **six weeks' ~** congé (m) de six semaines; **to be on ~** être en congé; **on ~ of absence** en congé exceptionnel; (*soldier*) en permission spéciale

ⓑ (= *consent*) permission (f); **to ask ~ (from sb) to do sth** demander (à qn) la permission de faire qch

ⓒ (= *departure*) **to take one's ~ (of sb)** prendre congé (de qn); **have you taken ~ of your senses?** avez-vous perdu la tête?

2 VT ⓐ (= *go away from*) quitter; **to ~ home/school** quitter la maison/l'école; **they were left to starve** on les a laissés mourir de faim; **to ~ the rails** [*train*] dérailler

ⓑ (= *forget*) oublier; **he left his umbrella on the train** il a oublié son parapluie dans le train

ⓒ (= *deposit*) laisser; **he left the children with a neighbour** il a laissé les enfants à un voisin; **he ~s a widow and one son** il laisse une veuve et un orphelin; **to ~ a message for sb** laisser un message à qn; **to ~ the waiter a tip** laisser un pourboire au garçon; **can I ~ my camera with you?** puis-je vous confier mon appareil photo?; **I was left feeling very disappointed** ça m'a beaucoup déçu; **this will ~ them with huge debts** ils vont se retrouver avec de grosses dettes

ⓓ (= *allow to remain*) laisser; **~ it where it is** laisse-le où il est; **it left me free for the afternoon** cela m'a laissé l'après-midi de libre; **he left it lying on the floor** il l'a laissé traîner par terre; **I'll ~ it to you to decide** je te laisse décider; **I'll ~ you to judge** je vous laisse juger; **I'll ~ the matter in your hands** je vous confie l'affaire; **shall we go via Paris? — I'll ~ it to you** et si on passait par Paris? — c'est vous qui décidez; **~ it to me!** laissez-moi faire!; **I'll ~ you to it*** je vous laisse; **I wanted to ~ myself at least £80 a week** je voulais garder au moins 80 livres par semaine; **let's ~ it at that** tenons-nous-en là; **it left a good impression on me** cela m'a fait bonne impression; **to ~ sb in charge of a house/shop** laisser à qn la garde d'une maison/d'une boutique

ⓔ (*Math*) **three from six ~s three** six moins trois égalent trois; **if you take four from seven, what are you left with?** si tu soustrais quatre à sept, qu'est-ce qui te reste?

ⓕ (*in will*) laisser (**to** à)

3 VI partir; **to ~ for Paris** partir pour Paris; **it's time we left** il est l'heure de partir

► **leave behind** VT SEP ⓐ (= *not take*) (*deliberately*) laisser; (*accidentally*) oublier; **he left the children behind in**

Paris il a laissé les enfants à Paris ; **you'll get left behind if you don't hurry up** on va te laisser là si tu ne te dépêches pas ⓑ [+ *opponent in race*] distancer ; [+ *fellow students*] dépasser

► **leave in** VT SEP [+ *paragraph, words*] garder ; [+ *plug*] laisser ; **~ the cake in for 50 minutes** laisser cuire le gâteau pendant 50 minutes

► **leave off** 1 VI (= *stop*)* s'arrêter ; **where did we ~ off?** (*in work, reading*) où nous sommes-nous arrêtés ? ; **~ off!** ça suffit !* 2 VT SEP ⓐ (= *stop*)* arrêter (**doing sth** de faire qch) ⓑ (= *not put back on*) ne pas remettre ⓒ [+ *gas, heating, tap*] laisser fermé ; [+ *light*] laisser éteint ⓓ (= *not add to list*) (*deliberately*) exclure ; (*accidentally*) oublier

► **leave on** VT SEP ⓐ [+ *one's hat, coat*] garder ; [+ *lid*] laisser ⓑ [+ *gas, heating, tap*] laisser ouvert ; [+ *light*] laisser allumé

► **leave out** VT SEP ⓐ (= *omit*) (*accidentally*) oublier ; (*deliberately*) exclure ; [+ *line in text*] sauter ; **I'm feeling left out** j'ai l'impression d'être tenu à l'écart ; **~ it out!*** arrête !* ⓑ (= *not put back*) laisser sorti ; (= *leave visible*) [+ *food, note*] laisser ; **I left the box out on the table** j'ai laissé la boîte sortie sur la table ; **to ~ sth out in the rain** laisser qch dehors sous la pluie

leaves /li:vz/ NPL of **leaf**

leaving /'li:vɪŋ/ N départ (m) ♦ **leaving present** N cadeau (m) de départ

Lebanese /ˌlebə'ni:z/ 1 ADJ libanais 2 N (*pl inv*) Libanais(e) (*m(f)*)

Lebanon /'lebənən/ N Liban (m)

lecherous /'letʃərəs/ ADJ lubrique

lectern /'lektən/ N lutrin (m)

lecture /'lektʃə'/ 1 N conférence (f) ; (*as part of university course*) cours (m) magistral ; **he's to giving a ~ at the museum** il fait une conférence au musée ; **to give sb a ~ (about sth)** (= *reproach*) sermonner qn (au sujet de qch)

2 VI faire une conférence ; (*as part of university course*) faire un cours magistral ; **he ~s at 10 o'clock** il fait son cours à 10 heures ; **he ~s at Bristol** il enseigne à l'université de Bristol

3 VT (= *reprove*) réprimander (**for having done sth** pour avoir fait qch)

4 COMP ♦ **lecture theatre** N salle (f) de conférences ; (*Univ*) amphithéâtre (m)

⚠ **lecture** *is not translated by the French word* **lecture**.

lecturer /'lektʃərə'/ N ⓐ (= *speaker*) conférencier (m), -ière (f) ⓑ (*Brit Univ*) ≈ enseignant(e) (*m(f)*) à l'université* ; **senior ~** ≈ maître (m) de conférences

LED /ˌeliː'diː/ N (ABBR = **light-emitting diode**) diode (f) LED (f)

led /led/ VB pt, ptp of **lead**

ledge /ledʒ/ N (*on wall*) rebord (m) ; (= *window ledge*) rebord (m) de la fenêtre) ; (*on mountain*) saillie (f) ; (*under sea*) (= *ridge*) haut-fond (m) ; (= *reef*) récif (m)

ledger /'ledʒə'/ N grand-livre (m)

leech /li:tʃ/ N sangsue (f) ; **he clung to me like a ~ all evening** il est resté pendu à mes basques* toute la soirée

leek /li:k/ N poireau (m)

leer /lɪə'/ VI **to ~ at sb** lorgner qn

leeway /'li:weɪ/ N (= *freedom*) liberté (f) ; (= *margin for action*) latitude (f) ; **he gives his children too much ~** il donne trop de liberté à ses enfants ; **that gives him a certain amount of ~** cela lui donne une certaine latitude

left /left/ 1 VB (pt, ptp of **leave**)

♦ **to be left** rester ; **what's ~?** qu'est-ce qui reste ? ; **who's ~?** qui est-ce qui reste ? ; **there'll be none ~** il n'en restera pas ; **how many are ~?** combien est-ce qu'il en reste ? ; **there are three cakes ~** il reste trois gâteaux ; **are there any ~?** est-ce qu'il en reste ? ; **nothing was ~ for me but to sell the house** il ne me restait plus qu'à vendre la maison ; **I've got $6 ~** il me reste six dollars ; **I'll have nothing ~** il ne me restera plus rien ; **I've no money ~** il ne me reste plus d'argent ; **have you got any ~?** est-ce qu'il vous en reste ?

♦ **left over**: **there's nothing ~ over** il ne reste plus rien ; **if there's any money ~ over** s'il reste de l'argent ; **how much was ~ over?** combien en reste-t-il ?

2 ADJ gauche ; **my ~ arm/foot** mon bras/pied gauche ; **to have two ~ feet*** être pataud

3 ADV [*turn, look*] à gauche ; **go ~ at the church** tournez à gauche à l'église

4 N ⓐ gauche (f) ; **on your ~** sur votre gauche ; **on the ~** à gauche ; **the door on the ~** la porte de gauche ; **to drive on the ~** conduire à gauche ; **to the ~** à gauche ; **to keep to the ~** (*in car*) tenir sa gauche ⓑ **the Left** (*Politics*) la gauche ; **he's further to the Left than I am** il est plus à gauche que moi ; **the parties of the Left** les partis (*mpl*) de gauche

5 COMP ♦ **left-hand** ADJ de gauche ; **the ~-hand door/page** la porte/page de gauche ; **~-hand drive car** conduite (f) à gauche (*véhicule*) ; **this car is ~-hand drive** cette voiture a la conduite à gauche ; **on the ~-hand side** à gauche ; **a ~-hand turn** un virage à gauche ♦ **left-handed** ADJ [*person*] gaucher ♦ **left-hander** N (= *person*) gaucher (m), -ère (f) ♦ **left-luggage locker** (*casier* (m) à) consigne (f) automatique ♦ **left-luggage office** consigne (f) ♦ **left wing** N (*Politics*) gauche (f) ♦ **left-wing** ADJ [*newspaper, view*] de gauche ; **he's very ~-wing** il est très à gauche ♦ **left-winger** N (*Politics*) homme (m) (*or* femme (f)) de gauche

left-click /'leftklɪk/ (*Computing*) 1 VI cliquer à gauche 2 VT cliquer à gauche sur

leftie* /'leftɪ/ N ⓐ (= *left-winger*) gauchiste (*mf*) ⓑ (*US = left-handed person*) gaucher (m), -ère (f)

leftist /'leftɪst/ 1 N gauchiste (*mf*) 2 ADJ de gauche

leftover /'left,əʊvə'/ 1 N vestige (m) (**from** de) ; **a ~ from the days when ...** un vestige de l'époque où ... 2 NPL **leftovers** (*after meal*) restes (*mpl*) 3 ADJ restant ; **a bottle with some ~ wine in it** une bouteille avec un restant de vin ; **a ~ bottle of wine** une bouteille de vin qui reste (*or* restait etc*)

lefty* /'leftɪ/ N = **leftie**

leg /leg/ 1 N ⓐ [*of person*] jambe (f) ; [*of horse*] membre (m) ; [*of animal, bird, insect*] patte (f) ; **to give sb a ~ up** faire la courte échelle à qn ; (= *give help to*) donner un coup de pouce à qn ; **he hasn't got a ~ to stand on** il ne peut s'appuyer sur rien ; **to pull sb's ~** (= *hoax*) faire marcher qn ; (= *tease*) taquiner qn ; **to get one's ~ over:** (*Brit*) s'envoyer en l'air:

ⓑ [*of lamb*] gigot (m) ; [*of pork, chicken, frog*] cuisse (f) ⓒ [*of piece of furniture*] pied (m) ; [*of trousers, tights*] jambe (f) ⓓ [*of journey*] étape (f) ⓔ (*Sport*) **first ~** (= *match*) match (m) aller ; **return ~** match (m) retour ; **to run the first ~** courir le premier relais

2 VT **to ~ it*** (= *run*) cavaler: ; (= *flee*) se barrer:

legacy /'legəsɪ/ N legs (m) ; **to leave a ~ to sb** faire un legs à qn ; **the ~ of the past** l'héritage (m) du passé

legal /'li:gəl/ 1 ADJ ⓐ (= *concerning the law*) [*error, protection*] judiciaire ; [*question, battle, services*] juridique ; [*status*] légal ; **to take ~ action against sb** intenter un procès à qn ; **to take ~ advice (on sth)** consulter un avocat (à propos de qch) ; **it's a ~ matter** c'est une question juridique ; **for ~ reasons** pour des raisons légales ⓑ [*act, decision, right, obligation*] légal

2 COMP ♦ **legal adviser** N conseiller (m), -ère (f) juridique ♦ **legal aid** N aide (f) judiciaire ♦ **legal costs** NPL frais (*mpl*) de justice ♦ **legal currency** N monnaie (f) légale ; **this note is no longer ~ currency** ce billet n'a plus cours ♦ **legal department** N [*of bank, firm*] service (m) du contentieux ♦ **legal fees** NPL frais (*mpl*) de justice ♦ **legal holiday** N (*US*) jour (m) férié ♦ **legal offence** N infraction (f) à la loi ♦ **legal opinion** N avis (m) juridique ♦ **legal proceedings** NPL poursuites (*fpl*) ; **to start ~ proceedings against sb** engager des poursuites contre qn ♦ **the legal profession** N (= *lawyers*) les juristes (*mfpl*) ; **to go into the ~ profession** faire une carrière juridique ♦ **legal system** N système (m) juridique

legality /lɪ'gælɪtɪ/ N légalité (f)

legalization /ˌliːgəlaɪˈzeɪʃən/ N légalisation (f)

legalize /ˈliːgəlaɪz/ VT légaliser

legally /ˈliːgəlɪ/ ADV légalement

legend /ˈledʒənd/ N légende (f); **a ~ in his own lifetime** une légende vivante

legendary /ˈledʒəndərɪ/ ADJ légendaire; **to achieve ~ status** devenir légendaire

leggings /ˈlegɪŋz/ NPL (for woman) caleçon (m); (= legwarmers) jambières (fpl); (protective) cuissardes (fpl)

legible /ˈledʒəbl/ ADJ lisible

legibly /ˈledʒəblɪ/ ADV de façon lisible

legion /ˈliːdʒən/ 1 N légion (f) 2 ADJ **books on the subject are ~** les ouvrages sur ce sujet sont légion

legionnaire /ˌliːdʒəˈneəʳ/ N légionnaire (m) ♦ **legionnaire's disease** N maladie (f) du légionnaire

legislate /ˈledʒɪsleɪt/ VI légiférer

legislation /ˌledʒɪsˈleɪʃən/ N (= body of laws) législation (f); (= single law) loi (f); **a piece of ~** une loi; **to bring in ~** faire des lois; **the government is considering ~ against ...** le gouvernement envisage de légiférer contre ...

legislative /ˈledʒɪslətɪv/ ADJ [reform, assembly, powers, process] législatif; [session] parlementaire; [programme] de lois; [proposals] de loi; **the ~ body** le (corps) législatif

legislator /ˈledʒɪsleɪtəʳ/ N législateur (m), -trice (f)

legislature /ˈledʒɪslətʃəʳ/ N corps (m) législatif

legitimacy /lɪˈdʒɪtɪməsɪ/ N légitimité (f)

legitimate 1 ADJ [government, business, child, target] légitime; [reason, argument, conclusion] valable; [complaint] fondé 2 VT légitimer

★ Lorsque **legitimate** est un adjectif, la fin se prononce comme **it**: /lɪˈdʒɪtɪmɪt/; lorsque c'est un verbe, elle se prononce comme **eight**: /lɪˈdʒɪtɪmeɪt/.

legless /ˈleglɪs/ ADJ ⓐ (= without legs) sans jambes ⓑ (Brit = drunk)* bourré*

legroom /ˈlegrʊm/ N place (f) pour les jambes

legwork* /ˈlegwɜːk/ N [of reporter, investigator] travail (m) sur le terrain; **I had to do all the ~** c'est moi qui ai dû me déplacer

Leics. ABBR = **Leicestershire**

leisure /ˈleʒəʳ, (US) ˈliːʒəʳ/ 1 N temps (m) libre; **a life of ~** une vie oisive; **in my moments of ~** à mes moments perdus; **do it at your ~** prenez tout votre temps; **think about it at your ~** réfléchissez-y à tête reposée; **a park where the public can stroll at ~** un parc où l'on peut flâner à sa guise
2 COMP [pursuits, activities] de loisirs ♦ **leisure centre** N (Brit) centre (m) de loisirs ♦ **leisure complex** N complexe (m) de loisirs ♦ **the leisure industry** N l'industrie (f) des loisirs ♦ **leisure wear** N vêtements (mpl) décontractés

leisurely /ˈleʒəlɪ/ ADJ [pace, stroll, meal, occupation] tranquille; **to adopt a ~ approach to sth** aborder qch avec décontraction; **to have a ~ bath** prendre tranquillement un bain

leitmotif, leitmotiv /ˈlaɪtməʊˌtiːf/ N leitmotiv (m)

lemon /ˈlemən/ 1 N citron (m); (= tree) citronnier (m); **I stood there like a ~*** j'étais là comme un imbécile 2 ADJ (in colour) citron (inv) 3 COMP ♦ **lemon cheese, lemon curd** N (Brit) crème (f) au citron ♦ **lemon grass** N citronnelle (f) ♦ **lemon juice** N jus (m) de citron; (= drink) citron (m) pressé ♦ **lemon sole** N (Brit) limande-sole (f) ♦ **lemon squash** N ≈ citronnade (f) ♦ **lemon squeezer** N presse-citron (m) ♦ **lemon tea** N thé (m) au citron ♦ **lemon tree** N citronnier (m) ♦ **lemon yellow** ADJ, N jaune citron (m inv)

lemonade /ˌleməˈneɪd/ N (still) citronnade (f); (fizzy) limonade (f)

lend /lend/ (pret, ptp **lent**) VT ⓐ [+ money, possessions] prêter; **to ~ sb sth** prêter qch à qn ⓑ [+ importance] accorder; [+ dignity, mystery] conférer; **to ~ credibility to sth** donner une certaine crédibilité à qch; **to ~ authority to sth** conférer une certaine autorité à qch; **to ~ an ear (to sb)** prêter

l'oreille (à qn) ⓒ (reflexive) **to ~ itself** (or **o.s.**) **to ... se prêter à ...; the novel doesn't ~ itself to being filmed** ce roman ne se prête pas à une adaptation cinématographique

► **lend out** VT SEP prêter

lending /ˈlendɪŋ/ N prêt (m) ♦ **lending library** N bibliothèque (f) de prêt ♦ **lending rate** N taux (m) de prêt

length /leŋ(k)θ/ ⓐ (= measurement) longueur (f); **it was 6 metres in ~** il faisait 6 mètres de long; **over the ~ and breadth of England** dans toute l'Angleterre

♦ **to go to the length/to ... lengths**: **he went to the ~ of asking my advice** il est allé jusqu'à me demander conseil; **I've gone to great ~s to get it finished** je me suis donné beaucoup de mal pour le terminer; **he would go to any ~s to succeed** il ne reculerait devant rien pour réussir; **I didn't think he would go to such ~s to get the job** je n'aurais pas cru qu'il serait allé jusque-là pour avoir le poste
ⓑ (in time) durée (f); **the ~ of time needed to ...** le temps nécessaire pour ...; **they can't sit still for any ~ of time** ils n'arrivent pas à tenir en place

♦ **at length** (= at last) enfin; (= for a long time) fort longuement; (= in detail) dans le détail
ⓒ (Sport) longueur (f); **to win by a ~** gagner d'une longueur; **four ~s of the pool** quatre longueurs de piscine
ⓓ [of rope, wire] morceau (m); [of wallpaper] lé (m); [of cloth] métrage (m); [of track] tronçon (m)

lengthen /ˈleŋ(k)θən/ 1 VT [+ object] allonger; [+ visit, life] prolonger 2 VI [shadows, queue] s'allonger; [visit] se prolonger; [days, nights] rallonger

lengthways /ˈleŋ(k)θˌweɪz/, **lengthwise** /ˈleŋ(k)θˌwaɪz/ ADV dans le sens de la longueur

lengthy /ˈleŋ(k)θɪ/ ADJ très long (longue (f))

leniency /ˈliːnɪənsɪ/ N [of parent, teacher, treatment] indulgence (f); [of government, judge, sentence] clémence (f); **to show ~** se montrer indulgent

lenient /ˈliːnɪənt/ ADJ [parent, teacher, treatment] indulgent; [government, judge, sentence] clément

leniently /ˈliːnɪəntlɪ/ ADV avec indulgence

Lenin /ˈlenɪn/ N Lénine (m)

lens /lenz/ N (for magnifying) lentille (f); [of camera] objectif (m); [of spectacles] verre (m); (= contact lens) verre (m) de contact ♦ **lens cap** N bouchon (m) d'objectif

Lent /lent/ N carême (m); **during ~** pendant le carême

lent /lent/ VB pt, ptp of **lend**

lentil /ˈlentl/ N lentille (f)

Leo /ˈliːəʊ/ N Lion (m); **I'm ~** je suis Lion

leopard /ˈlepəd/ N léopard (m)

leopardskin /ˈlepədskɪn/ 1 N peau (f) de léopard 2 ADJ (real) en peau de léopard; (fake) léopard (inv)

leotard /ˈliːətɑːd/ N justaucorps (m)

leper /ˈlepəʳ/ N lépreux (m), -euse (f)

leprosy /ˈleprəsɪ/ N lèpre (f)

lesbian /ˈlezbɪən/ 1 ADJ lesbien; [couple] de lesbiennes; [relationship, affair] homosexuel (entre femmes); **the ~ and gay community** la communauté gay et lesbienne 2 N lesbienne (f)

lesion /ˈliːʒən/ N lésion (f)

less /les/ compar of **little** 1 ADJ, PRON ⓐ (in amount, size, degree) moins (de); **~ butter** moins de beurre; **even ~** encore moins; **even ~ butter** encore moins de beurre; **much ~ milk** beaucoup moins de lait; **a little ~ cream** un peu moins de crème; **~ and ~** de moins en moins; **~ and ~ money** de moins en moins d'argent; **of ~ importance** de moindre importance; **I have ~ time for reading** j'ai moins le temps de lire; **can't you let me have it for ~?** vous ne pouvez pas me faire un prix?; **~ of your cheek!*** assez d'impertinence!; **~ noise please!** moins de bruit s'il vous plaît!; **we see ~ of her now** nous la voyons moins souvent maintenant

♦ **less than** moins que; (before a number) moins de; **I have ~ than you** j'en ai moins que vous; **I need ~ than that** il m'en faut moins que cela; **~ than half the audience** moins de la moitié de l'assistance; **in ~ than a month** en moins d'un mois; **not ~ than one kilo** pas moins d'un kilo; **a sum ~ than £100** une somme de moins de 100 livres; **it is ~ than perfect** on ne peut pas dire que ce soit parfait; **in ~ than no time*** en un rien de temps

♦ **less ... than** moins ... que; **I have ~ money than you** j'ai moins d'argent que vous; **it took ~ time than I expected** cela a pris moins de temps que je ne pensais; **we eat ~ bread than we used to** nous mangeons moins de pain qu'avant

♦ **no less**: **I think no ~ of him for that** il n'est pas descendu dans mon estime pour autant; **he's bought a boat, no ~*** il s'est payé un bateau, rien que ça*; **I was told the news by the bishop, no ~*** c'est l'évêque en personne, s'il vous plaît*, qui m'a appris la nouvelle

♦ **no less + than**: **he has no ~ than four months' holiday a year** il a au moins quatre mois de vacances par an; **it costs no ~ than £100** ça ne coûte pas moins de 100 livres; **with no ~ skill than enthusiasm** avec non moins d'habileté que d'enthousiasme

♦ **nothing less than** rien moins que; **he's nothing ~ than a thief** c'est tout simplement un voleur; **it's nothing ~ than disgraceful** le moins qu'on puisse dire c'est que c'est une honte

2 ADV ⓐ moins; **you must eat ~** il faut que vous mangiez moins; **we see each other ~ nowadays** nous nous voyons moins ces derniers temps; **to grow ~** diminuer; **that's ~ important** c'est moins important; **~ and ~** de moins en moins; **even ~** encore moins; **~ often** moins souvent

♦ **less ... than**: **it's ~ expensive than you think** c'est moins cher que vous ne croyez; **the problem is ~ one of money than of personnel** c'est moins un problème d'argent qu'un problème de personnel

♦ **no less ... than**: **she is no ~ intelligent than you** elle n'est pas moins intelligente que vous

♦ **none the less**: **he was none the ~ pleased to see me** il n'en était pas moins content de me voir

♦ **the less ...**: **the ~ he works the ~ he earns** moins il travaille, moins il gagne; **the ~ you worry about it the better** moins vous vous ferez du souci à ce sujet, mieux ça vaudra; **the ~ said about it the better** mieux vaut ne pas en parler

3 PREP moins; **~ 10%** moins 10 %

lessen /'lesn/ **1 VT** diminuer; [+ *cost*] réduire; [+ *anxiety, pain*] atténuer; [+ *shock*] amortir **2 VI** [*tension, pain*] diminuer

lesser /'lesəʳ/ **ADJ** moindre; **to a ~ extent** à un moindre degré; **the ~ of two evils** le moindre de deux maux

lesson /'lesn/ **N** leçon *(f)*; **driving ~** leçon *(f)* de conduite; **to take ~s in** prendre des leçons de; **to give ~s in** donner des leçons de; **we have ~s from nine to midday** nous avons cours de 9 heures à midi; **~s start at 9 o'clock** les cours commencent à 9 heures; **let that be a ~ to you!** que cela vous serve de leçon!; **there's one ~ to be learnt from the war** il y a une leçon à tirer de cette guerre

let /let/ (*pret, ptp* **let**)

1 TRANSITIVE VERB	3 COMPOUNDS
2 NOUN	4 PHRASAL VERBS

1 TRANSITIVE VERB

► *When* **let** *is part of a fixed expression such as* **let alone**, **let go**, *look up the other word.*

ⓐ = **allow** laisser; **to ~ sb do sth** laisser qn faire qch; **he wouldn't ~ us** il n'a pas voulu; **I won't ~ you be treated like that** je ne permettrai pas qu'on vous traite de cette façon; **to ~ sb into a secret** révéler un secret à qn; **don't ~ me forget** rappelle-le-moi; **don't ~ the fire go out** ne laisse pas le feu s'éteindre; **~ me have a look** faites voir; **~ me help you** laissez-moi vous aider; **~ me tell you, you're making a mistake** je vais vous dire, vous faites une erreur; **when can you ~ me have it?** quand pourrais-je l'avoir?; **~ him have it!** (= *give*) donne-le-lui!; (= *shoot*) règle-lui son

compte!*; **~ him be!** laisse-le (tranquille)!; **~ me catch you stealing again!*** que je t'y prenne encore à voler!; **I ~ myself be persuaded** je me suis laissé convaincre

ⓑ used to form imperative of 1st person **don't ~ me keep you** je ne veux pas vous retenir; **don't ~ me see you doing that again** que je ne t'y reprenne pas; **~ me see ...** voyons ...; **~ me think** laissez-moi réfléchir

♦ **let's**: **~'s go for a walk** allons nous promener; **~'s go!** allons-y!; **~'s get out of here!** fichons le camp!*; **~'s not start yet** ne commençons pas tout de suite

ⓒ used to form imperative of 3rd person **if he wants the book, ~ him come and get it himself** s'il veut le livre, qu'il vienne le chercher lui-même; **~ him say what he likes, I don't care** qu'il dise ce qu'il veut, ça m'est égal; **~ that be a warning to you** que cela vous serve d'avertissement; **just ~ them try!** qu'ils essaient un peu!

ⓓ = **hire out** louer; **"flat to ~"** « appartement à louer »; **"to ~"** « à louer »

2 NOUN

Tennis let *(m)*; **~!** filet!

3 COMPOUNDS

♦ **let-down*** N déception *(f)* ♦ **let-up*** N (= *decrease*) diminution *(f)*; (= *stop*) arrêt *(m)*; (= *respite*) répit *(m)*; **he worked five hours without a ~-up** il a travaillé cinq heures d'affilée

4 PHRASAL VERBS

► **let down** VT SEP ⓐ [+ *window*] baisser; [+ *one's hair*] dénouer; [+ *dress*] rallonger; [+ *tyre*] dégonfler; (*on rope*) descendre; **to ~ down a hem** défaire un ourlet (*pour rallonger un vêtement*) ⓑ (= *disappoint*) décevoir; **we're expecting you on Sunday, don't ~ us down** nous vous attendons dimanche, ne nous faites pas faux bond; **you've ~ the side down** tu ne nous (*or* leur) as pas fait honneur

► **let in** VT SEP [+ *person, cat*] laisser entrer; **can you ~ him in?** pouvez-vous lui ouvrir?; **they wouldn't ~ me in** ils ne voulaient pas me laisser entrer; **he ~ himself in with a key** il est entré avec une clé; **to ~ in water** [*shoes, tent*] prendre l'eau; [*roof*] laisser entrer la pluie; **the curtains ~ the light in** les rideaux laissent entrer la lumière

♦ **to let sb in for sth***: **see what you've ~ me in for now!** tu vois dans quelle situation tu m'as mis!; **if I'd known what you were ~ting me in for I'd never have come** si j'avais su ce qui m'attendait je ne serais jamais venu; **you don't know what you're ~ting yourself in for** tu ne sais pas à quoi tu t'engages

♦ **to let sb in on sth** mettre qn au courant de qch; **can't we ~ him in on it?** ne peut-on pas le mettre au courant?

► **let off** VT SEP ⓐ [+ *bomb*] faire exploser; [+ *firework*] tirer; [+ *firearm*] faire partir

ⓑ (= *release*) dégager

ⓒ (= *allow to leave*) laisser partir

ⓓ (= *excuse*) dispenser; **to ~ sb off sth** dispenser qn de qch; **if you don't want to do it, I'll ~ you off** si tu ne veux pas le faire, je t'en dispense

ⓔ (= *not punish*) ne pas punir; **he ~ me off** il ne m'a pas puni; **I'll ~ you off this time** je ferme les yeux pour cette fois; **he was ~ off with a fine** il s'en est tiré* avec une amende; **to ~ sb off lightly** laisser qn s'en tirer à bon compte

► **let on*** 1 VI **I won't ~ on** je ne dirai rien; **don't ~ on!** motus!; **don't ~ on about what they did** ne va pas raconter ce qu'ils ont fait 2 VT SEP **to ~ on that ...** dire que ...

► **let out** VT SEP ⓐ [+ *person, cat*] laisser sortir; [+ *prisoner*] relâcher; [+ *cattle, caged bird*] lâcher; **~ me out!** laissez-moi sortir!; **he ~ himself out quietly** il est sorti sans faire de bruit; **I'll ~ myself out** pas besoin de me reconduire; **they are ~ out of school at 4** on les libère à 16 heures; **to ~ the air out of a tyre** dégonfler un pneu ⓑ [+ *secret, news*] révéler ⓒ [+ *shout, cry*] laisser échapper ⓓ [+ *dress*] élargir; **to ~ out a seam** défaire une couture (*pour agrandir un vêtement*) ⓔ [+ *house*] louer

► **let past** VT SEP [+ *person, vehicle*] laisser passer

► **let through** VT SEP [+ *vehicle, person, light*] laisser passer

► **let up** VI [*rain*] diminuer; [*cold weather*] s'adoucir; **he didn't ~ up until he'd finished** il ne s'est accordé aucun répit avant d'avoir fini; **she worked all night without ~ting up** elle a travaillé toute la nuit sans relâche; **what a talker she is, she never ~s up!** quelle bavarde, elle n'arrête pas!; **to ~ up on sb*** lâcher la bride à qn

lethal /ˈliːθəl/ ADJ [*poison, injection, dose*] mortel; [*attack, blow*] fatal; [*weapon, explosion*] meurtrier; **by ~ injection** par injection mortelle; **a ~ combination of ...** [+ *drink, drugs*] un mélange fatal de ...; [+ *ignorance, fear, poverty*] un mélange explosif de ...; **that stuff is ~!*** (*coffee, beer*) c'est redoutable, ce truc!*

lethargic /lɪˈθɑːdʒɪk/ ADJ [*person*] léthargique; [*movement*] indolent; **to feel ~** se sentir tout mou

lethargy /ˈleθədʒɪ/ N léthargie (f)

let's /lets/ = **let us → let**

letter /ˈletəʳ/ 1 N (a) [*of alphabet*] lettre (f); **to the ~** à la lettre (b) (= *written communication*) lettre (f); **by ~** par lettre (c) (= *literature*) **man of ~s** homme (m) de lettres 2 COMP ◆ **letter bomb** N lettre (f) piégée ◆ **letter-card** N (*Brit*) carte-lettre (f) ◆ **letter opener** N coupe-papier (m inv)

letterbox /ˈletəbɒks/ N boîte (f) aux lettres

lettering /ˈletərɪŋ/ N (= *engraving*) gravure (f); (= *letters*) caractères (mpl)

letting /ˈletɪŋ/ N location (f) ◆ **letting agency** N agence (f) de location

lettuce /ˈletɪs/ N (*as plant, whole*) laitue (f); (*leaves, as salad*) salade (f)

leukaemia, leukemia /luːˈkiːmɪə/ N leucémie (f)

level /ˈlevl/ 1 N (a) niveau (m); [*of substance in body*] taux (m); **the ~ of support for the government is high/low** beaucoup/peu de gens soutiennent le gouvernement; **the ~ of violence is very high** il y a énormément de violence; **the ~ of public interest in the scheme remains low** le public continue à manifester peu d'intérêt pour ce projet; **the rising ~ of inflation** l'augmentation (f) de l'inflation ◆ **on + level**: **on a ~ with ...** au même niveau que ...; **I'm telling you on the ~*** je te le dis franchement; **is this on the ~?*** est-ce que c'est réglo?*; **is he on the ~?*** est-ce qu'il joue franc-jeu? (b) (= *spirit level*) niveau (m) à bulle

2 ADJ (a) [*surface*] plan; **~ ground** terrain (m) plat; **the tray must be absolutely ~** il faut que le plateau soit parfaitement horizontal; **a ~ spoonful** une cuillerée rase; **to do one's ~ best (to do sth)*** faire de son mieux (pour faire qch) (b) (= *equal*) (*at same standard*) à égalité; (*at same height*) à la même hauteur; **the two contestants are dead ~** les deux participants sont exactement à égalité; **hold the two sticks absolutely ~ (with each other)** tiens les deux bâtons exactement à la même hauteur ◆ **to be level with sb** (*in race*) être à la hauteur de qn; (*in league*) être à égalité avec qn ◆ **to draw level with sb** (*in race*) arriver à la hauteur de qn; (*in league*) être ex aequo avec qn; **she slowed down a little to let the car draw ~ with her** elle a ralenti un peu afin de permettre à la voiture d'arriver à sa hauteur (c) [*voice, tones*] calme; **she gave him a ~ stare** elle l'a dévisagé calmement; **to keep a ~ head** garder tout son sang-froid (d) (*US = honest*)* honnête

3 VT (a) (= *make level*) niveler; [+ *quantities*] répartir également; **to ~ the score** égaliser (b) (= *demolish*) raser (c) (= *aim*) **to ~ a blow at sb** allonger un coup de poing à qn; **to ~ a gun at sb** braquer un pistolet sur qn; **to ~ an accusation at sb** porter une accusation contre qn; **to ~ criticism at sb** formuler des critiques à l'encontre de qn; **to ~ charges at sb** porter des accusations contre qn

4 VI **I'll ~ with you** je vais être franc avec vous

5 COMP ◆ **level crossing** N (*Brit*) passage (m) à niveau ◆ **level-headed** ADJ pondéré ◆ **level-pegging** ADJ (*Brit*)

they were ~-pegging ils étaient au coude à coude

► **level off** 1 VI [*statistics, results, prices*] se stabiliser 2 VT SEP niveler

► **level out** 1 VI [*statistics, results, prices*] se stabiliser; [*road*] s'aplanir 2 VT SEP niveler

levelling, leveling (*US*) /ˈlevlɪŋ/ N nivellement (m) ◆ **levelling down** N nivellement (m) par le bas ◆ **levelling off** N nivellement (m); [*of economic tendency*] stabilisation (f) ◆ **levelling up** N nivellement (m) par le haut

lever /ˈliːvəʳ/ 1 N levier (m); (*small*) manette (f); **he used it as a ~ to get what he wanted** cela lui a servi de levier pour arriver à ses fins 2 VT **to ~ sth into position** mettre qch en place (à l'aide d'un levier); **to ~ sth out/open** extraire/ouvrir qch (au moyen d'un levier); **he ~ed himself out of the chair** il s'est extirpé* du fauteuil

► **lever up** VT SEP soulever au moyen d'un levier; **he ~ed himself up on one elbow** il s'est soulevé sur un coude

leverage /ˈliːvərɪdʒ/ N force (f) de levier; (= *influence*) influence (f)

levy /ˈlevɪ/ 1 N (= *tax*) taxe (f) 2 VT (a) (= *impose*) [+ *tax*] prélever; [+ *fine*] infliger (**on sb** à qn) (b) (= *collect*) [+ *taxes, contributions*] percevoir

lewd /luːd/ ADJ obscène

lexicographer /ˌleksɪˈkɒɡrəfəʳ/ N lexicographe (mf)

lexicography /ˌleksɪˈkɒɡrəfɪ/ N lexicographie (f)

LI ABBR = **Long Island**

liability /ˌlaɪəˈbɪlɪtɪ/ N (a) (= *responsibility*) responsabilité (f); **don't admit ~ for the accident** refusez de reconnaître la responsabilité de l'accident (b) (= *obligation*) ~ **for tax** assujettissement (m) à l'impôt (c) **liabilities** (= *debts*) passif (m) (d) (= *handicap*) **this car is a ~** on n'arrête pas d'avoir des problèmes avec cette voiture; **he's a real ~** ce type est un boulet*

liable /ˈlaɪəbl/ ADJ (a) **to be ~ to do sth** (= *be likely to*) avoir des chances de faire qch; (= *risk*) risquer de faire qch; **he's ~ to refuse** il risque de refuser (b) (= *subject*) **to be ~ to sth** être sujet à qch; **to be ~ to imprisonment/a fine** être passible d'emprisonnement/d'une amende; **to be ~ for prosecution** s'exposer à des poursuites; **to be ~ for duty** [*goods*] être assujetti à des droits; [*person*] avoir à payer des droits; **to be ~ for tax** [*person*] être imposable; [*thing*] être assujetti à la taxation (c) (= *legally responsible*) (civilement) responsable (**for sb/sth** de qn/qch); ~ **for damages** tenu de verser des dommages et intérêts; **to be held ~ (for sth)** être tenu pour responsable (de qch)

liaise /liːˈeɪz/ VI (*Brit*) se contacter; **to ~ with** (= *cooperate with*) se concerter avec; (= *act as go-between*) assurer la liaison avec; **to ~ between** assurer la liaison entre

liaison /liːˈeɪzɒn/ N liaison (f)

liar /ˈlaɪəʳ/ N menteur (m), -euse (f)

libel /ˈlaɪbəl/ 1 N diffamation (f) (par écrit); **to sue sb for ~** intenter un procès en diffamation à qn 2 VT diffamer (par écrit)

libellous, libelous (*US*) /ˈlaɪbələs/ ADJ diffamatoire

liberal /ˈlɪbərəl/ 1 ADJ (a) [*education, régime, society*] libéral; [*ideas, views*] progressiste; [*person*] large d'esprit (b) (= *generous*) généreux; **a ~ amount of** beaucoup de; **she made ~ use of the hairspray** elle a utilisé beaucoup de laque (c) (*Brit Politics*) **Liberal** libéral 2 N **Liberal** (*Politics*) libéral(e) (m(f)) 3 COMP ◆ **Liberal Democrat** N (*Politics*) libéral(e)-démocrate (m(f))

liberalize /ˈlɪbərəlaɪz/ VT libéraliser

liberally /ˈlɪbərəlɪ/ ADV généreusement

liberate /ˈlɪbəreɪt/ VT libérer

liberated /ˈlɪbəreɪtɪd/ ADJ libéré

liberation /ˌlɪbəˈreɪʃən/ N libération (f)

Liberia /laɪˈbɪərɪə/ N Libéria (m)

liberty /ˈlɪbətɪ/ N (a) (= *freedom*) liberté (f) ◆ **at liberty**: **to leave sb at ~ to do sth** permettre à qn de faire qch ; **you are at ~ to choose** libre à vous de choisir ; **I am not at ~ to reveal that information** je n'ai pas le droit de révéler ces informations

ⓑ (= *presumption*) liberté *(f)* ; **to take liberties (with sb)** prendre des libertés (avec qn) ; **to take the ~ of doing sth** prendre la liberté de faire qch ; **what a ~!** quel toupet !*

libido /lɪˈbiːdəʊ/ N libido *(f)*

Libra /ˈliːbrə/ N Balance *(f)* ; **I'm ~** je suis Balance

librarian /laɪˈbrɛərɪən/ N bibliothécaire *(mf)*

library /ˈlaɪbrərɪ/ N bibliothèque *(f)* ◆ **library book** N livre *(m)* de bibliothèque ◆ **library card** N carte *(f)* de bibliothèque ◆ **library pictures** NPL *(TV)* images *(fpl)* d'archives ◆ **library ticket** N carte *(f)* de bibliothèque

⚠ library ≠ librairie

> **ℹ LIBRARY OF CONGRESS**
> *La Bibliothèque du Congrès a été fondée à Washington en 1800, initialement pour servir les besoins des membres du Congrès. Devenue par la suite la Bibliothèque nationale des États-Unis, elle reçoit, au titre du dépôt légal, deux exemplaires de chaque ouvrage publié dans le pays et possède un fonds très riche de manuscrits, partitions de musique, cartes, films et enregistrements. C'est elle qui attribue au niveau international les numéros d'ISBN.*
> ▷ www.loc.gov

Libya /ˈlɪbɪə/ N Libye *(f)*

lice /laɪs/ NPL of **louse**

licence, license *(US)* /ˈlaɪsəns/ 1 N ⓐ (= *permit*) permis *(m)* ; *(for manufacturing, trading)* licence *(f)* ; *(for radio, TV)* redevance *(f)* ; **driving ~** *(Brit)* permis *(m)* de conduire ; **pilot's ~** brevet *(m)* de pilote ; **to manufacture sth under ~** fabriquer qch sous licence

ⓑ (= *freedom*) licence *(f)*

2 COMP ◆ **licence fee** N *(Brit TV)* redevance *(f)* ◆ **licence number** N *[of licence]* numéro *(m)* de permis de conduire ; *[of car]* numéro *(m)* d'immatriculation ◆ **licence plate** N plaque *(f)* d'immatriculation

⚠ **licence** *is not the most common translation for* **licence**.

license /ˈlaɪsəns/ 1 N *(US)* = **licence** 2 VT ⓐ (= *give licence to*) donner une licence à ; *[+ car]* *[licensing authority]* délivrer la vignette à ; *[owner]* acheter la vignette de ; **is that gun ~d?** avez-vous un permis pour cette arme ? ; **the shop is ~d to sell tobacco** le magasin a une licence de bureau de tabac ; **~d premises** établissement *(m)* ayant une licence de débit de boissons ⓑ (= *permit*) autoriser **(sb to do sth** qn à faire qch) 3 COMP ◆ **license plate** N *(US)* plaque *(f)* d'immatriculation

licensee /ˌlaɪsənˈsiː/ N titulaire *(mf)* d'une licence ; *(Brit)* *[of pub]* patron(ne) *(m(f))*

licensing /ˈlaɪsənsɪŋ/ ADJ **the ~ authority** l'organisme *(m)* délivrant les permis *(or* les licences *etc)* ◆ **licensing agreement** N accord *(m)* de licence ◆ **licensing hours** NPL *(Brit)* heures *(fpl)* d'ouverture légales *(des débits de boisson)*

> **ℹ LICENSING LAWS**
> *En Grande-Bretagne, les lois réglementant la vente et la consommation d'alcool sont connues sous le nom de* **licensing laws**. *L'âge minimum pour boire de l'alcool dans les lieux publics est de 18 ans.*
> *Aux États-Unis, chaque État a sa propre législation en la matière. L'âge minimum varie de 18 à 21 ans et, dans certains comtés, il reste rigoureusement interdit de vendre ou de consommer de l'alcool. Dans d'autres, on ne peut acheter les boissons alcoolisées que dans des magasins spécialisés appelés « liquor stores » ou « package stores ». La plupart des restaurants et discothèques ont une licence (*liquor license*) qui les autorise à vendre de l'alcool.*

lichee /ˌlaɪˈtʃiː/ N litchi *(m)*

lichen /ˈlaɪkən/ N lichen *(m)*

lick /lɪk/ 1 N ⓐ (= *tongue*) coup *(m)* de langue ; **the cat gave me a ~** le chat m'a donné un coup de langue ; **let me have a ~** je peux goûter ? ; **a ~ of paint** un (petit) coup de peinture

ⓑ (= *speed*)* **at a fair ~** en quatrième vitesse*

2 VT ⓐ *[person, animal, flames]* lécher ; **to ~ sth clean** nettoyer qch à coups de langue ; **to ~ one's lips** se lécher les lèvres ; *(fig)* se frotter les mains ; **to ~ sb's boots** lécher les bottes à qn*

ⓑ (= *defeat*)* écraser* ; (= *outdo*)* tabasser* ; **I've got it ~ed** [+ *problem, puzzle*] j'ai trouvé la solution ; [+ *bad habit*] j'ai réussi à m'arrêter ; **it's got me ~ed** [*problem*] ça me dépasse

licorice /ˈlɪkərɪs/ N *(US)* réglisse *(m)*

lid /lɪd/ N ⓐ couvercle *(m)* ; **to keep the ~ on** [+ *scandal, affair*] étouffer ; [+ *crime*] contenir ⓑ (= *eyelid*) paupière *(f)*

lie[1] /laɪ/ *(pret* **lay**, *ptp* **lain**) 1 VI ⓐ *[person, animal]* (= *lie down*) s'allonger ; (= *be lying down*) être allongé ; **go and ~ on the bed** allez vous allonger sur le lit ; **he was lying on the floor** *(resting)* il était allongé par terre ; *(unable to move)* il était étendu par terre ; **she lay in bed until 10 o'clock** elle est restée au lit jusqu'à 10 heures ; **she was lying in bed** elle était au lit ; **~ on your side** allonge-toi sur le côté ; **she was lying face downwards** elle était étendue à plat ventre ; **~ still!** ne bouge pas ! ; **his body was lying on the ground** son corps gisait sur le sol ; **here ~s ...** *(on tombstone)* ci-gît ... ; **to ~ in state** être exposé solennellement ; **to ~ low** (= *hide*) se cacher ; (= *stay out of limelight*) se faire oublier

ⓑ *[object]* être ; *[place, road]* se trouver ; *[land, sea]* s'étendre ; (= *remain*) rester, être ; **the book lay on the table** le livre était sur la table ; **his clothes were lying on the floor** ses vêtements étaient par terre ; **the money is lying idle in the bank** l'argent dort à la banque ; **the factory lay idle** l'usine ne tournait plus ; **the snow lay two metres deep** il y avait deux mètres de neige ; **the town lay in ruins** la ville était en ruines ; **the meal lay heavy on his stomach** le repas lui pesait sur l'estomac ; **the crime lay heavy on his conscience** ce crime lui pesait sur la conscience ; **the valley lay before us** la vallée s'étendait devant nous ; **Stroud ~s to the west of Oxford** Stroud se trouve à l'ouest d'Oxford ; **the years that ~ before us** les années à venir ; **what ~s ahead** *(in future)* l'avenir ; **the whole world lay at her feet** toutes les portes lui étaient ouvertes ; **to let things ~** laisser les choses comme elles sont

ⓒ *(with abstract subject)* **to ~ in sth** résider dans qch ; **the trouble ~s in his shyness** le problème vient de sa timidité ; **he knows where his interests ~** il sait où résident ses intérêts ; **what ~s behind his refusal?** quelle est la véritable raison de son refus ?

2 N **the ~ of the land** la configuration *(f)* du terrain

3 COMP ◆ **lie-down** N *(Brit)* **to have a ~-down** s'allonger ◆ **lie-in** N *(Brit)* **to have a ~-in** faire la grasse matinée

▶ **lie about, lie around** VI ⓐ *[objects, clothes, books]* traîner ; **don't leave that money lying about** ne laissez pas traîner cet argent ⓑ *[person]* traîner ; **don't just ~ about all day!** tâche de ne pas traîner toute la journée !

▶ **lie back** VI *(in chair, on bed)* se renverser (en arrière) ; **just ~ back and enjoy yourself!** laisse-toi donc vivre !

▶ **lie down** VI *[person, animal]* s'allonger **he lay down for a while** il s'est allongé quelques instants ; **when I arrived she was lying down** quand je suis arrivé elle était allongée ; **~ down!** *(to dog)* couché ! ; **to ~ down on the job** tirer au flanc* ; **to take sth lying sown*** encaisser qch* sans broncher ; **I won't take it lying down*** je ne vais pas me laisser faire

▶ **lie in** VI (= *stay in bed*) faire la grasse matinée

lie[2] /laɪ/ *(vb: pret, ptp* **lied**) 1 N mensonge *(m)* ; **to tell ~s** dire des mensonges ; **I tell a ~*** je dis une bêtise ; **that's a ~!** c'est un mensonge ! 2 VI mentir

lieu /luː/ N **in ~ of** à la place de ; **one month's notice or £2,400 in ~** un mois de préavis ou 2 400 livres à titre de compensation

Lieut. ABBR = **Lieutenant**

lieutenant /lefˈtenənt, *(US)* luːˈtenənt/ N ⓐ *(in army, navy)* lieutenant *(m)* ⓑ *(US Police)* *(uniformed)* lieutenant *(m)* de police ; *(plain clothes)* inspecteur *(m)* de police

life /laɪf/ 1 N *(pl* **lives**) ⓐ vie *(f)* ; **a matter of ~ and death** une question de vie ou de mort ; **loss of ~** perte *(f)* de vies humaines ; **to lose one's ~** perdre la vie ; **no lives were lost** il n'y a eu aucune victime ; **to take one's (own) ~** se donner la mort ; **to take sb's** ~ donner la mort à qn ; **to take one's** ~ **in one's hands** risquer sa vie ; **to bring sb back to** ~ ranimer qn ; **to lay down one's** ~ sacrifier sa vie ; **he ran for his** ~ il a pris ses jambes à son cou ; **run for your lives!** sauve qui peut! ; **I couldn't for the** ~ **of me tell you his name*** je ne pourrais absolument pas vous dire son nom

ⓑ (= *living things*) vie (f) ; **is there** ~ **on Mars?** y a-t-il de la vie sur Mars? ; **bird** ~ les oiseaux (mpl) ; **insect** ~ les insectes (mpl) ; **animal and plant** ~ la faune et la flore

ⓒ (= *existence*) vie (f) ; ~ **went on uneventfully** la vie poursuivit son cours paisible ; ~ **goes on** la vie continue ; **he lived in France all his** ~ il a vécu toute sa vie en France ; **she began** ~ **as a teacher** elle a débuté comme professeur ; **in her early** ~ dans sa jeunesse ; **in later** ~ plus tard (dans la vie) ; **in his later** ~ vers la fin de sa vie ; **late in** ~ sur le tard

ⓓ (= *way of living*) vie (f) ; **which do you prefer, town or country** ~? que préférez-vous, la vie à la ville ou à la campagne? ; **to lead a busy** ~ avoir une vie bien remplie ; **the good** ~ (= *pleasant*) la belle vie ; **to make a new** ~ **for o.s.** commencer une nouvelle vie ; **to have a** ~ **of its own** n'en faire qu'à sa tête

ⓔ (= *liveliness*) **there isn't much** ~ **in our village** notre village est plutôt mort ; **she brought the party to** ~ elle a mis de l'animation dans la soirée ; **the town came to** ~ **when the sailors arrived** la ville s'éveillait à l'arrivée des marins ; **it put new** ~ **into me** ça m'a ragaillardi ; **he's the** ~ **and soul of the party** c'est un boute-en-train

ⓕ (*in exclamations*) **that's** ~! c'est la vie! ; **get a** ~!* secoue-toi un peu!* ; **how's** ~? comment (ça) va? ; **not on your** ~!* jamais de la vie! ; **this is the** ~!* voilà comment je comprends la vie! ; **what a** ~! quelle vie!

ⓖ (= *lifespan*) vie (f) ; [*of car, ship, government, battery*] durée (f) de vie ; **for the first time in my** ~ pour la première fois de ma vie ; **never in (all) my** ~ **have I seen such stupidity** jamais de ma vie je n'ai vu une telle stupidité ; **it will last you for** ~ cela vous durera toute votre vie ; **for the rest of his** ~ pour le restant de ses jours ; **at my time of** ~ à mon âge ; **to be sent to prison for** ~ être condamné à perpétuité ; **friends for** ~ amis pour toujours ; **a job for** ~ un emploi pour la vie ; **my car's nearing the end of its** ~ ma voiture a fait son temps

ⓗ (= *life imprisonment*)* **he got** ~ il a été condamné à perpétuité ; **he's doing** ~ **(for murder)** il purge une peine de réclusion à perpétuité (pour meurtre)

2 COMP [*subscription*] à vie ◆ **life assurance** N assurance-vie (f) ◆ **life coach** N coach (m/f) (personnel) ◆ **life cycle** N cycle (m) de vie ◆ **life drawing** N dessin (m) d'après nature ◆ **life expectancy** N espérance (f) de vie ◆ **life form** N forme (f) de vie ◆ **life history** N her ~ history l'histoire (f) de sa vie ◆ **life imprisonment** N réclusion (f) à perpétuité ◆ **life insurance** N assurance-vie (f) ◆ **life jacket** N gilet (m) de sauvetage ◆ **life member** N membre (m) à vie ◆ **life peer** N (*Brit*) pair (m) à vie ◆ **life preserver** N (*US* = *life jacket*) gilet (m) de sauvetage ◆ **life raft** N radeau (m) de sauvetage ◆ **life-saver** N (= *person*) maître (m) nageur-sauveteur ; **that money was a** ~-**saver** cet argent m'a (*or* lui a *etc*) sauvé la vie ◆ **life-saving** (= *rescuing*) sauvetage (m) ; (= *first aid*) secourisme (m) ◊ ADJ de sauvetage ◆ **life sentence** N condamnation (f) à la réclusion à perpétuité ◆ **life-size(d)** ADJ grandeur nature (inv) ◆ **life span** N durée (f) de vie ◆ **life story** N biographie (f) ; **his** ~ **story** l'histoire (f) de sa vie ; **he started telling me his** ~ **story*** il a commencé à me raconter sa vie ◆ **life support machine** N **he's on a** ~ **support machine** il est sous assistance respiratoire ◆ **life's work** N œuvre (f) d'une vie ◆ **life-threatening** ADJ [*disease, emergency*] extrêmement grave ◆ **life-vest** ADJ (*US*) gilet (m) de sauvetage

lifebelt /ˈlaɪfbelt/ N bouée (f) de sauvetage

lifeblood /ˈlaɪfblʌd/ N élément (m) vital

lifeboat /ˈlaɪfbəʊt/ N (*from shore*) canot (m) de sauvetage

lifeguard /ˈlaɪfɡɑːd/ N (*on beach*) maître nageur-sauveteur (m)

lifeless /ˈlaɪflɪs/ ADJ [*person, eyes*] sans vie ; [*animal*] mort ; [*body, style, novel, description*] plat ; [*hair, voice*] terne ; [*team,*

player] sans énergie

lifelike /ˈlaɪflaɪk/ ADJ [*waxwork, painting*] ressemblant ; [*dummy, doll*] qui semble vivant

lifeline /ˈlaɪflaɪn/ N (*on ship*) main (f) courante ; (*for diver*) corde (f) de sécurité ; **it was his** ~ c'était vital pour lui

lifelong /ˈlaɪflɒŋ/ ADJ [*ambition*] de toute ma (*or* sa *etc*) vie ; [*friend, friendship*] de toujours

lifestyle /ˈlaɪfstaɪl/ N mode (m) de vie

lifetime /ˈlaɪftaɪm/ N ⓐ [*of person*] vie (f) ; **it won't happen in my** ~ je ne verrai pas cela de mon vivant ; **it was the chance of a** ~ c'était la chance de ma (*or* sa) vie ; **it was the holiday of a** ~ c'étaient les plus belles vacances de ma (*or* sa) vie ; **the experience of a** ~ une expérience inoubliable ; **once in a** ~ une fois dans la vie ; **the work of a** ~ l'œuvre de toute une vie ; **a** ~'**s experience/work** l'expérience/le travail de toute une vie ⓑ (= *eternity*) **an hour that seemed like a** ~ une heure qui semblait une éternité

lift /lɪft/ 1 N ⓐ (*Brit*) (= *elevator*) ascenseur (m) ; (*for goods*) monte-charge (m inv) ⓑ (*Ski*) remontée (f) mécanique ⓒ (= *act of lifting*) **give the box a** ~ soulève la boîte ⓓ (= *transport*) **can I give you a** ~? est-ce que je peux vous déposer quelque part? ; **I gave him a** ~ **to Paris** je l'ai emmené jusqu'à Paris ; **we didn't get any** ~s personne ne s'est arrêté pour nous prendre ; **he stood there hoping for a** ~ il était là (debout) dans l'espoir d'être pris en stop ⓔ (= *boost*) **it gave us a** ~ cela nous a remonté le moral

2 VT ⓐ (= *raise*) lever ; **to** ~ **sb/sth onto a table** soulever qn/qch et le poser sur une table ; **to** ~ **sb/sth off a table** descendre qn/qch d'une table ; **to** ~ **sb over a wall** faire passer qn par-dessus un mur ; **to** ~ **weights** (*as sport*) faire des haltères ⓑ [+ *restrictions*] supprimer ; [+ *ban, siege*] lever ⓒ (= *copy*) [+ *quotation, passage*]* piquer* ; **he** ~**ed that idea from Sartre** il a piqué* cette idée à Sartre

3 VI [*lid*] se soulever ; [*fog*] se lever

4 COMP ◆ **lift attendant** N (*Brit*) liftier (m), -ière (f) ◆ **lift-off** N (*Space*) décollage (m) ; **we have** ~-**off!** décollage! ◆ **lift shaft** N (*Brit*) cage (f) d'ascenseur

▶ **lift down** VT SEP [+ *box, person*] descendre ; **to** ~ **sth down from a shelf** descendre qch d'une étagère

▶ **lift off** 1 VI (*Space*) décoller 2 VT SEP [+ *lid*] enlever ; **he** ~**ed the child off the table** il a descendu l'enfant de la table

▶ **lift out** VT SEP [+ *object*] sortir ; **he** ~**ed the child out of his playpen** il a sorti l'enfant de son parc

▶ **lift up** 1 VI [*drawbridge*] se soulever 2 VT SEP [+ *object, carpet, skirt, person*] soulever ; **to** ~ **up one's eyes** lever les yeux ; **to** ~ **up one's head** lever la tête

ligament /ˈlɪɡəmənt/ N ligament (m)

light /laɪt/ (*vb: pret, ptp* **lit**) 1 N ⓐ lumière (f) ; **by the** ~ **of sth** à la lumière de qch ; **there were** ~s **on in several of the rooms** il y avait de la lumière dans plusieurs pièces ; ~s **out at 9 o'clock** extinction des feux à 21 heures ; **the** ~ **was beginning to fail** le jour commençait à baisser ; ~ **and shade** ombre (f) et lumière (f) ; **in (the)** ~ **of** à la lumière de ; **you're holding it against the** ~ vous le tenez à contre-jour ; **you're in my** ~ tu es dans mon jour ; **there is a** ~ **at the end of the tunnel** on voit le bout du tunnel ; **can you throw any** ~ **on this question?** pouvez-vous donner des éclaircissements sur cette question?

◆ *adjective* + **light: in a good/bad** ~ sous un jour favorable/défavorable ; **the incident revealed him in a new** ~ l'incident l'a révélé sous un jour nouveau ; **to see sth in a different** ~ voir qch sous un jour différent ; **in the cold** ~ **of day** à tête reposée ; **to cast a new** ~ **on a subject** jeter un éclairage nouveau sur un sujet

◆ **to see the light** (= *understand*) comprendre ; **to see the** ~ **of day** (= *be born*) venir au monde ; (= *be published*) paraître

◆ **to bring to light** faire apparaître

◆ **to come to light** être dévoilé ; **new facts have come to** ~ on a découvert des faits nouveaux

♦ **at first light** au point du jour
(b) (*in eyes*) lueur (*f*)
(c) (= *lamp*) lampe (*f*); **desk ~** lampe (*f*) de bureau
(d) [*of vehicle, cycle*] feu (*m*); (= *headlight*) phare (*m*); **have you got your ~s on?** as-tu mis tes phares (*or* tes feux)?
(e) (= *traffic light*) feu (*m*); **he went through a red ~** il a grillé un feu rouge; **the ~s aren't working** les feux sont en panne; **the ~s were red** le feu était rouge; **he stopped at the ~s** il s'est arrêté au feu (rouge)
(f) (*for cigarette*) feu (*m*); **have you got a ~?** avez-vous du feu?; **to set ~ to sth** (*Brit*) mettre le feu à qch
2 ADJ (a) [*evening, room*] clair; **it was getting ~** il commençait à faire jour; **while it's still ~** pendant qu'il fait encore jour
(b) [*hair, colour, skin*] clair; **~ blue** bleu clair (*inv*)
(c) (= *not heavy*) léger; **as ~ as a feather** léger comme une plume; **to be ~ on one's feet** avoir le pas léger; **to be a ~ sleeper** avoir le sommeil léger; **~ housework** petits travaux ménagers; **to make ~ of sth** prendre qch à la légère; **to make ~ work of sth** faire qch sans difficulté
3 VT (a) [+ *candle, cigarette, gas*] allumer; **to ~ a match** frotter une allumette; **he lit the fire** il a allumé le feu; **he lit a fire** il a fait du feu
(b) (= *illuminate*) éclairer; **lit by electricity** éclairé à l'électricité
4 VI (a) **the fire won't ~** le feu ne veut pas prendre
(b) **to ~ upon sth** trouver qch par hasard
5 ADV **to travel ~** voyager léger *
6 COMP ♦ **light aircraft** petit avion (*m*) ♦ **light ale** (*Brit*) sorte de bière blonde légère ♦ **light beer** N (*US*) bière (*f*) allégée ♦ **light bulb** N ampoule (*f*) électrique ♦ **light entertainment** N variétés (*fpl*) ♦ **light fitting** N appareil (*m*) d'éclairage ♦ **light-footed** ADJ au pas léger ♦ **light-haired** ADJ blond ♦ **light-headed** ADJ étourdi ♦ **light-hearted** ADJ [*person, laugh, atmosphere*] gai; [*discussion*] enjoué ♦ **light opera** N opérette (*f*) ♦ **light pen** N crayon (*m*) optique ♦ **light reading** N lecture (*f*) facile ♦ **light show** N éclairages (*mpl*) ♦ **lights-out** N extinction (*f*) des feux ♦ **light switch** N interrupteur (*m*)
► **light up** 1 VI (a) s'allumer; **her eyes/face lit up** son regard/visage s'est éclairé (b) (= *start to smoke*)* allumer une cigarette (*or* une pipe *etc*) 2 VT SEP (= *illuminate*) éclairer; **a smile lit up her face** un sourire éclaira son visage

lighten /ˈlaɪtn/ 1 VT (a) [+ *darkness*] éclairer (b) [+ *colour, hair*] éclaircir (c) [+ *burden, tax*] alléger (d) [+ *atmosphere, discussion*] rendre plus léger; **to ~ sb's mood** dérider qn 2 VI (a) [*sky*] s'éclaircir (b) [*load*] se réduire; **her heart ~ed at the news** la nouvelle l'a soulagée d'un grand poids
► **lighten up*** VI se relaxer

lighter /ˈlaɪtəʳ/ N (*for gas cooker*) allume-gaz (*m inv*); (= *cigarette lighter*) briquet (*m*) ♦ **lighter fuel** N gaz (*m*) (*or* essence (*f*)) à briquet

lighthouse /ˈlaɪthaʊs/ N phare (*m*) ♦ **lighthouse keeper** N gardien(ne) (*m(f)*) de phare

lighting /ˈlaɪtɪŋ/ N (= *lights*) éclairage (*m*); (*in theatre*) éclairages (*mpl*) ♦ **lighting effects** NPL jeux (*mpl*) d'éclairage ♦ **lighting engineer** N éclairagiste (*mf*) ♦ **lighting-up time** N (*Brit*) heure à laquelle les automobilistes sont tenus d'allumer leurs phares

lightly /ˈlaɪtlɪ/ ADV (a) [*stroke, brush*] délicatement; **she touched his brow ~ with her hand** elle lui a effleuré le front de la main; **season with pepper** assaisonner légèrement de poivre; **~ boiled egg** ≈ œuf (*m*) mollet; **~ cooked** pas trop cuit (b) (= *light-heartedly*) [*speak*] légèrement; [*remark, say*] d'un ton dégagé; **to take sth ~** prendre qch à la légère; **to get off ~** s'en tirer à bon compte

lightness /ˈlaɪtnɪs/ N (a) (= *brightness*) clarté (*f*) (b) (*in weight*) légèreté (*f*)

lightning /ˈlaɪtnɪŋ/ 1 N (= *flash*) éclair (*m*); **we saw ~** nous avons vu des éclairs; **there was a lot of ~** il y avait beaucoup d'éclairs; **a flash of ~** un éclair; **struck by ~** frappé par la foudre; **like ~*** avec la rapidité de l'éclair 2 ADJ [*attack*] foudroyant; [*strike*] surprise (*inv*); [*visit*] éclair

(*inv*) 3 COMP ♦ **lightning conductor, lightning rod** (*US*) N paratonnerre (*m*)

lightweight /ˈlaɪtweɪt/ ADJ léger

light-year /ˈlaɪtjɪəʳ/ N année-lumière (*f*); **3000 ~s away** à 3000 années-lumière; **that's ~s away** c'est tellement loin

likable /ˈlaɪkəbl/ ADJ sympathique

like /laɪk/

1	ADJECTIVE	5	NOUN
2	PREPOSITION	6	PLURAL NOUN
3	ADVERB	7	TRANSITIVE VERB
4	CONJUNCTION	8	COMPOUNDS

1 ADJECTIVE

= similar semblable; **they are as ~ as two peas** ils se ressemblent comme deux gouttes d'eau

2 PREPOSITION

(a) = in comparisons comme; **he is ~ his father** il est comme son père; **he's just ~ anybody else** il est comme tout le monde; **he spoke ~ an aristocrat** il parlait comme un aristocrate; **a house ~ mine** une maison comme la mienne; **I found one ~ it** j'ai trouvé le même; **I never saw anything ~ it!** je n'ai jamais rien vu de pareil!; **can't you just accept it ~ everyone else?** tu ne peux pas simplement l'accepter comme tout le monde?; **to be ~ sb/sth** (= *look like*) ressembler à qn/qch; **they are very ~ one another** ils se ressemblent beaucoup; **that's just ~ him!** c'est bien de lui!; **it's not ~ him to be late** ça ne lui ressemble pas d'être en retard ■ (*PROV*) **~ father, ~ son** tel père, tel fils (*PROV*); **cities ~ Leeds and Glasgow** des villes comme Leeds et Glasgow; **that's more ~ it!*** voilà qui est mieux!
♦ **like that** comme ça; **don't do it ~ that** ne fais pas comme ça; **some people are ~ that** il y a des gens comme ça; **it wasn't ~ that at all** ce n'est pas comme ça que ça s'est passé; **people ~ that can't be trusted** on ne peut pas se fier à des gens pareils
♦ **like this** comme ça; **you do it ~ this** tu fais comme ça; **it happened ~ this ...** ça s'est passé comme ça ...; **it was ~ this, I'd just got home ...** voilà, je venais juste de rentrer chez moi ...
♦ **something/nothing like**: **it cost something ~ £100** cela a coûté dans les 100 livres; **he's called Middlewick or something ~ that** il s'appelle Middlewick ou quelque chose comme ça; **there's nothing ~ real silk** rien ne vaut la soie véritable; **that's nothing ~ it!** ça n'est pas du tout ça!
(b) asking for descriptions **what's he ~?** comment est-il?; **you know what she's ~*** vous savez comment elle est; **what's he ~ as a teacher?** que vaut-il comme professeur?; **what was the film ~?** comment as-tu trouvé le film?; **what's the weather ~ in Paris?** quel temps fait-il à Paris?

3 ADVERB

(a) = near **that record's nothing ~ as good as this one** ce disque est loin de valoir celui-là; **he asked her to do it — ordered her, more ~!*** il lui a demandé de le faire — il lui a ordonné, plutôt!

4 CONJUNCTION

(a) = as * comme; **he can't play poker ~ his brother can** il ne joue au poker aussi bien que son frère; **~ we used to** comme nous en avions l'habitude; **it's just ~ I say** c'est comme je vous le dis
(b) = as if * comme si; **he behaved ~ he was afraid** il se conduisait comme s'il avait peur; **it's not ~ she's poor, or anything** ce n'est pas comme si elle était pauvre

5 NOUN

= similar thing **you're not comparing ~ with ~** ce sont deux choses (complètement) différentes; **oranges, lemons and the ~** les oranges, les citrons et autres fruits de ce genre; **the ~ of which we'll never see again** comme on n'en reverra plus jamais; **did you ever see the ~ of it?*** a-t-on jamais vu une chose pareille?; **we'll never see his ~ again** nous ne verrons plus jamais quelqu'un comme lui; **the ~s of him*** les gens comme lui

6 PLURAL NOUN
likes goûts *(mpl)*; **he knows all my ~s and dislikes** il sait tout ce que j'aime et ce que je n'aime pas

7 TRANSITIVE VERB
ⓐ + person aimer bien; **I ~ him** je l'aime bien; **he is well ~d here** on l'aime bien ici; **how do you ~ him?** comment le trouvez-vous?; **I don't ~ the look of him** son allure ne me dit rien qui vaille

ⓑ + object, food, activity aimer (bien); **I ~ that shirt** j'aime bien cette chemise; **which do you ~ best?** lequel préfères-tu?; **I ~ to have a rest after lunch** j'aime bien me reposer après déjeuner; **I ~ people to be punctual** j'aime que les gens soient à l'heure; **I don't ~ it when he's unhappy** je n'aime pas ça quand il est malheureux; **how do you ~ Paris?** est-ce que Paris vous plaît?; **how do you ~ it here?** ça vous plaît ici?; **Joe won't ~ it** cela ne plaira pas à Joe; **whether he ~s it or not** que cela lui plaise ou non

ⓒ = want, wish vouloir; **I can do it when/where/as much as/how I ~** je peux le faire quand/où/autant que/comme je veux; **whenever you ~** quand vous voudrez; **don't think you can do as you ~** ne croyez pas que vous pouvez faire ce que vous voulez; **if you ~** si vous voulez; **she can do what(ever) she ~s with him** elle fait tout ce qu'elle veut de lui; **I'll go out as much as I ~** je sortirai autant qu'il me plaira; **he can say what he ~s, I won't change my mind** il peut dire ce qu'il veut, je ne changerai pas d'avis; **I'd ~ to go home** je voudrais rentrer à la maison; **I didn't ~ to disturb you** je ne voulais pas vous déranger; **I thought of asking him but I didn't ~ to** j'ai bien pensé le lui demander mais j'étais gêné

♦ would + like *(in offers, requests)* **would you ~ a drink?** voulez-vous boire quelque chose?; **would you ~ me to go and get it?** veux-tu que j'aille le chercher?; **when would you ~ breakfast?** à quelle heure voulez-vous votre petit déjeuner?; **which one would you ~?** lequel voudriez-vous?; **I would ~ more time** je voudrais plus de temps; **I would ~ you to speak to him** je voudrais que tu lui parles *(subj)*; **how do you ~ your steak?** comment voulez-vous votre steak?

▶ When **would like** has conditional meaning, the conditional of *aimer* is used.

would you ~ to go to Paris? aimerais-tu aller à Paris?; **how would you ~ to go to Paris?** est-ce que cela te plairait d'aller à Paris?

8 COMPOUNDS
♦ **like-minded** ADJ de même sensibilité; **it was nice to be with ~-minded people** c'était agréable d'être en compagnie de gens qui ont la même vision des choses

likeable /ˈlaɪkəbl/ ADJ sympathique

likelihood /ˈlaɪklɪhʊd/ N probabilité *(f)*; **in all ~** selon toute probabilité; **there is little ~ of his coming** il est peu probable qu'il vienne; **there is a strong ~ of his coming** il est très probable qu'il viendra; **there is no ~ of that** c'est plus qu'improbable

likely /ˈlaɪklɪ/ **1** ADJ ⓐ *[result, consequences]* probable; **it is ~ that ...** il est probable que ... *(+ subj)*; **it is not ~ that ...** il est peu probable que ... *(+ subj)*; **it's hardly ~ that ...** il est peu probable que ... *(+ subj)*
ⓑ **he is ~ to ...** il est bien possible qu'il ... *(+ subj)*; **to be ~ to win/succeed** *[person]* avoir de fortes chances de gagner/réussir; **she is not ~ to come** il est peu probable qu'elle vienne; **this trend is ~ to continue** cette tendance va probablement se poursuivre; **he is not ~ to succeed** il a peu de chances de réussir; **the man most ~ to succeed** l'homme qui a le plus de chances de réussir; **that is not ~ to happen** cela a peu de chances de se produire; **they were not ~ to forget it** ils n'étaient pas près de l'oublier

▶ When **likely to** refers to an unwelcome prospect, **risquer** may be used.

to be ~ to fail/refuse *[person]* risquer d'échouer/de refuser; **she is ~ to arrive at any time** elle va probablement arriver d'une minute à l'autre; *(unwelcome)* elle risque d'arriver

d'une minute à l'autre; **this incident is ~ to cause trouble** cet incident risque de créer des problèmes
ⓒ *(= plausible)* plausible; **a ~ story!** elle est bonne, celle-là!
ⓓ *(= promising)* **he's a ~ candidate** c'est un candidat qui promet; **he glanced round for a ~-looking person to help him** il chercha des yeux une personne susceptible de l'aider; **a ~ place for him to be hiding** un endroit où il pouvait être caché

2 ADV ⓐ *(US = probably)* probablement; **some prisoners will ~ be released soon** certains prisonniers seront probablement bientôt libérés
ⓑ **very** or **most ~** très probablement; **it will very** or **most ~ rain** il va sûrement pleuvoir
♦ **as likely as not** sans doute
ⓒ *(Brit)** **not ~!** sûrement pas!*; **are you going? — not ~!** tu y vas? — sûrement pas!

liken /ˈlaɪkən/ VT comparer (**to** à)

likeness /ˈlaɪknɪs/ N ⓐ *(= resemblance)* ressemblance *(f)* (**to** avec); **a strong family ~** un air de famille très marqué
ⓑ *(= portrait)* portrait *(m)*; **it is a good ~** c'est très ressemblant

likewise /ˈlaɪkwaɪz/ ADV *(= similarly)* de même; *(= also)* également; *(= moreover)* de plus; **to do ~** faire de même

liking /ˈlaɪkɪŋ/ N *(for person)* sympathie *(f)*; *(for thing)* penchant *(m)*; **to take a ~ to sb** se prendre d'amitié pour qn; **to have a ~ for sth** aimer qch; **to your/his ~** à votre/son goût

lilac /ˈlaɪlək/ N, ADJ lilas *(m)*

Lilo ® /ˈlaɪˌləʊ/ N matelas *(m)* pneumatique

lilt /lɪlt/ N *[of speech, song]* rythme *(m)*; **her voice had a pleasant ~** sa voix avait des inflexions mélodieuses

lilting /ˈlɪltɪŋ/ ADJ *[song]* cadencé; *[voice]* aux inflexions mélodieuses

lily /ˈlɪlɪ/ N lis *(m)* ♦ **lily of the valley** N muguet *(m)*

limb /lɪm/ N membre *(m)*; **to tear ~ from ~** *[+ person]* mettre en pièces; **to be out on a ~** *(= isolated)* être isolé; *(= vulnerable)* être dans une situation délicate; **to go out on a ~** prendre des risques

limber up /ˌlɪmbərˈʌp/ VI *(before sport)* faire des exercices d'assouplissement

limbo /ˈlɪmbəʊ/ N **in ~** *(= forgotten)* tombé dans l'oubli

lime /laɪm/ **1** N ⓐ *(= substance)* chaux *(f)* ⓑ *(= fruit)* citron *(m)* vert ⓒ *(= citrus tree)* lime *(f)*; *(= linden)* tilleul *(m)* ⓓ *(= drink)* jus *(m)* de citron vert; **lager and ~** bière *(f)* citron vert **2** COMP ♦ **lime cordial** N sirop *(m)* de citron vert
♦ **lime green** N vert *(m)* jaune *(inv)*

limelight /ˈlaɪmlaɪt/ N feux *(mpl)* de la rampe; **to be in the ~** être sous les feux des projecteurs

limerick /ˈlɪmərɪk/ N limerick *(m)* *(poème humoristique ou burlesque en cinq vers, dont les rimes se succèdent dans l'ordre aabba)*

limestone /ˈlaɪmstəʊn/ N calcaire *(m)*

limit /ˈlɪmɪt/ **1** N limite *(f)*; *(= restriction)* limitation *(f)*; **there is a 60km/h ~ on this road** la vitesse est limitée à 60 km/h sur cette route; **that's the ~!*** ça dépasse les bornes!; **there are ~s!*** il y a des limites!; **off ~s** *[area, district]* d'accès interdit; **he was three times over the ~** *[driver]* il avait trois fois la dose d'alcool autorisée; **there is a ~ to my patience** ma patience a des limites; **there is a ~ to what one can do** il y a une limite à ce que l'on peut faire; **within the ~s of** dans les limites de; **within a 5-mile ~** dans un rayon de 8 kilomètres; **it is true within ~s** c'est vrai dans une certaine mesure

2 VT limiter; **to ~ o.s. to a few remarks** se limiter à quelques remarques; **to ~ o.s. to ten cigarettes a day** se limiter à dix cigarettes par jour; **Neo-Fascism is not ~ed to Europe** le néofascisme ne se limite pas à l'Europe; **the government's attempts to ~ unemployment to 2.5 million** les efforts du gouvernement pour maintenir le chômage en dessous de la barre des 2,5 millions

limitation /ˌlɪmɪˈteɪʃən/ N limitation *(f)*; **the ~ of nuclear weapons** la limitation des armes nucléaires; **he knows his ~s** il connaît ses limites

limited /ˈlɪmɪtɪd/ 1 ADJ ⓐ (= *restricted*) limité; **for a ~ period only** seulement pendant une période limitée; **to a ~ extent** jusqu'à un certain point ⓑ (*Brit*) **Smith and Sons Limited** ≈ Smith et fils, SA 2 COMP ◆ **limited company** N (*Brit: also* **private ~ company**) ≈ société *(f)* à responsabilité limitée ◆ **limited edition** N [*of poster, print*] tirage *(m)* limité

limitless /ˈlɪmɪtlɪs/ ADJ [*power, opportunities*] illimité

limousine /ˈlɪməziːn/ N limousine *(f)*

limp /lɪmp/ 1 ADJ (= *not firm*) mou (molle *(f)*); [*lettuce, flowers*] flétri; **his body went ~** tous les muscles de son corps se sont relâchés; **to be ~ with exhaustion** être épuisé 2 VI [*person*] boiter; **to ~ along** avancer en boitant; **he ~ed to the door** il est allé à la porte en boitant; **the plane managed to ~ home** l'avion a réussi à regagner sa base tant bien que mal 3 N (= *handicap*) **to have a ~** *or* **to walk with a ~** boiter

limpet /ˈlɪmpɪt/ N patelle *(f)*

limpid /ˈlɪmpɪd/ (*liter*) ADJ limpide

linchpin /ˈlɪntʃ.pɪn/ N (= *important factor*) élément *(m)* essentiel; (= *person*) cheville *(f)* ouvrière

Lincs ABBR = **Lincolnshire**

linden /ˈlɪndən/ N (= *linden tree*) tilleul *(m)*

---

line /laɪn/

1 NOUN	3 COMPOUNDS
2 TRANSITIVE VERB	4 PHRASAL VERBS

1 NOUN

ⓐ = **mark** ligne *(f)*; (= *pen stroke*) trait *(m)*; **to put a ~ through sth** barrer qch; **to draw a ~ under sth** (*in exercise book*) tirer un trait sous qch; **~ by ~** ligne par ligne

ⓑ = **boundary** frontière *(f)*; **there's a fine ~ between genius and madness** il n'y a qu'un pas du génie à la folie

ⓒ = **wrinkle** ride *(f)*

ⓓ = **shape** **the rounded ~s of this car** les lignes *(fpl)* arrondies de cette voiture; **clothes that follow the ~s of the body** des vêtements *(mpl)* qui épousent les formes du corps

ⓔ = **rope** corde *(f)*; (*Fishing*) ligne *(f)*; (= *washing line*) corde *(f)* à linge

ⓕ **for phone** ligne *(f)*; **it's a bad ~** la ligne est mauvaise; **the ~'s gone dead** (*during conversation*) on a été coupé; **the ~s are down** les lignes ont été coupées; **the ~ is engaged** la ligne est occupée; **Mr Smith is on the ~** j'ai M. Smith en ligne

ⓖ **of writing** ligne *(f)*; [*of poem*] vers *(m)*; (= *letter*)* mot *(m)*; **new ~** (*in dictation*) à la ligne; **a six-~ stanza** une strophe de six vers; **drop me a ~*** envoyez-moi un petit mot; **to read between the ~s** lire entre les lignes; **lines** (*as school punishment*) lignes *(fpl)* à copier; **to learn one's ~s** [*actor*] apprendre son texte

ⓗ **US = queue** file *(f)* (d'attente); **to form a ~** faire la queue; **to wait in ~** faire la queue

ⓘ = **row** [*of trees, parked cars, hills*] rangée *(f)*; [*of cars in traffic jam*] file *(f)*; [*of people*] (*side by side*) rang *(m)*; (*one behind another*) file *(f)*; (= *assembly line*) chaîne *(f)*; **they sat in a ~ in front of him** ils se sont assis en rang devant lui; **to fall into ~** s'aligner; **to fall into ~ with sb** (= *conform*) se ranger à l'avis de qn

ⓙ = **succession** série *(f)*; (= *descent*) lignée *(f)*; **the latest in a long ~ of tragedies** la dernière d'une longue série de tragédies; **in a direct ~ from** en droite ligne de

ⓚ = **route** ligne *(f)*; **the Cunard Line** la compagnie Cunard; **the New York-Southampton ~** la ligne New York-Southampton

ⓛ = **track** voie *(f)*; **the ~ was blocked for several hours** la voie a été bloquée plusieurs heures; **cross the ~ by the footbridge** empruntez la passerelle pour traverser la voie

ⓜ = **direction** **the broad ~s** [*of story, plan*] les grandes lignes *(fpl)*; **~ of argument** raisonnement *(m)*; **~ of research** axe *(m)* de recherche; **you're on the right ~s** vous êtes sur la bonne voie; **on ethnic ~s** selon des critères ethniques

ⓝ = **stance** position *(f)*; (= *argument*) argument *(m)*; **they voted against the government ~** ils ont voté contre la position adoptée par le gouvernement; **they came out with their usual ~** ils ont sorti leur argument habituel; **to take a strong ~ on ...** se montrer ferme sur ...

ⓞ = **field*** **~ of business** secteur *(m)* d'activité; **it's a profitable ~ of business** c'est un secteur d'activité très rentable; **you must be very aware of that in your ~ of business** vous devez en être très conscient dans votre métier; **what's your ~ of business?** que faites-vous dans la vie?; **we're in the same ~ of business** nous sommes dans la même branche; **cocktail parties are not my ~** les cocktails, ce n'est pas mon truc*; **he's got a nice ~ in rude jokes** il connaît plein d'histoires cochonnes*

ⓟ = **product** **this lager is the shop's best selling ~** cette bière blonde est ce qui se vend le mieux

ⓠ = **course** **in the ~ of duty** dans l'exercice de ses (*or* mes *etc*) fonctions; **it's all in the ~ of duty*** ça fait partie du boulot*

ⓡ = **spiel** **to give sb a ~*** baratiner* qn

ⓢ **in battle** ligne *(f)*; **in the front ~** en première ligne; **behind (the) enemy ~s** derrière les lignes ennemies

ⓣ **set structures**
◆ **along the line:** **all along the ~** (= *constantly*) toujours; (= *everywhere*) partout; **didn't I tell you that all along the ~?** c'est ce que je n'ai pas arrêté de te dire; **they've been involved all along the ~** ils y participent depuis le début; **somewhere along the ~ he got an engineering degree** je ne sais pas exactement quand, il a décroché son diplôme d'ingénieur

◆ **along ... lines:** **he'd already said something along those ~s** il avait déjà dit quelque chose du même genre; **we are all thinking along the same ~s** nous sommes tous du même avis; **I hope we'll continue along the same ~s** j'espère que nous continuerons sur cette lancée; **along political/racial ~s** selon des critères politiques/raciaux

◆ **in line:** **to keep sb in ~** faire tenir qn tranquille; **if the Prime Minister fails to keep the rebels in ~** si le Premier ministre ne réussit pas à maîtriser les éléments rebelles; **to be in ~ for a job** être sur les rangs pour un emploi; **our system is broadly in ~ with that of other countries** notre système correspond plus ou moins à celui des autres pays

◆ **into line:** **to come into ~** [*person, group*] se conformer (*with* à); **to bring sth into ~ with sth** aligner qch sur qch

◆ **on line** (= *on computer*) en ligne; **to come on ~** [*power station, machine*] entrer en service

◆ **on the line** (= *at stake*)* en jeu; **my job is on the ~** mon emploi est en jeu; **to put one's reputation on the ~** mettre sa réputation en jeu; **to put o.s. on the ~** prendre de gros risques

◆ **out of line*:** **he was completely out of ~ to suggest that ...** (= *unreasonable*) il n'aurait vraiment pas dû suggérer que ...; **he is out of ~ with his party** (= *in conflict*) il est en décalage par rapport à son parti; **their debts are completely out of ~ with their incomes** leur endettement est tout à fait disproportionné par rapport à leurs revenus

2 TRANSITIVE VERB

ⓐ = **mark** [+ *face*] marquer; **his face was ~d with exhaustion** il avait le visage marqué par la fatigue; **~d paper** papier *(m)* réglé

ⓑ = **put lining in** [+ *clothes, box*] doubler (**with** de); [+ *inside of tank, container*] revêtir; **to ~ one's pockets** se remplir les poches; **eat something to ~ your stomach** ne reste pas l'estomac vide; **cheering crowds ~d the route** une foule enthousiaste faisait la haie tout le long du parcours; **the road was ~d with trees** la route était bordée d'arbres

3 COMPOUNDS

◆ **line judge** N juge *(m)* de ligne ◆ **line manager** N (*Brit*) supérieur *(m)* hiérarchique ◆ **line of attack** N plan *(m)* d'attaque; (*fig*) plan *(m)* d'action ◆ **line of communica-**

tion N ligne *(f)* de communication ; **to keep the ~s of communication open with sb** ne pas rompre le dialogue avec qn ◆ **line of fire** N ligne *(f)* de tir ; **right in the ~ of fire** en plein dans la ligne de tir ◆ **line of vision** N champ *(m)* de vision ◆ **line-out** N touche *(f)* ◆ **line-up** [*of people*] file *(f)* ; (= *identity parade*) séance *(f)* d'identification (d'un suspect) ; (*Football*) composition *(f)* de l'équipe *(f)* ; **the new ~-up** la nouvelle équipe

4 PHRASAL VERBS

▶ **line up** **1** VI ⓐ (= *stand in row*) se mettre en rang(s) ; (= *stand in queue*) faire la queue

ⓑ (= *align o.s.*) **to ~ up against sb/sth** se liguer contre qn/ qch ; **to ~ up behind sth** défendre qch ; **most senators ~d up in support of the president** la plupart des sénateurs ont soutenu le président ; **to ~ up with sb** se ranger du côté de qn

2 VT SEP ⓐ [+ *people, objects*] aligner ; **~ them up against the wall** alignez-les contre le mur ; **they were ~d up and shot** on les a alignés pour les fusiller

ⓑ (= *find*)* trouver ; **we must ~ up a chairman for the meeting** il faut que nous trouvions un président pour la réunion ; **have you got something ~d up for this evening?** est-ce que tu as prévu quelque chose pour ce soir ? ; **have you got someone ~d up?** avez-vous quelqu'un en vue ? ; **I wonder what he's got ~d up for us** je me demande ce qu'il nous prépare

lineage /ˈlɪnɪdʒ/ N (= *ancestry*) famille *(f)* ; (= *descendants*) lignée *(f)*

linear /ˈlɪnɪəʳ/ ADJ linéaire

linebacker /ˈlaɪnbækəʳ/ N (*US Sport*) linebacker *m*, défenseur *(m)* (*positionné derrière la ligne*)

linen /ˈlɪnɪn/ **1** N ⓐ (= *fabric*) lin *(m)* ⓑ (= *sheets etc*) linge *(m)* (de maison) ; **dirty ~** linge *(m)* sale **2** ADJ [*suit, thread*] de lin **3** COMP ◆ **linen basket** N panier *(m)* à linge ◆ **linen closet**, **linen cupboard** N armoire *(f)* à linge

liner /ˈlaɪnəʳ/ N (= *ship*) paquebot *(m)*

linesman /ˈlaɪnzmən/ N (*pl* **-men**) (*Tennis*) juge *(m)* de ligne ; (*Football, Rugby*) juge *(m)* de touche

linger /ˈlɪŋgəʳ/ VI (= *wait behind*) s'attarder ; (= *take one's time*) prendre son temps ; (= *dawdle*) traîner ; [*smell, pain*] persister ; [*memory, doubt*] subsister ; **to ~ over a meal** rester longtemps à table ; **to ~ on a subject** s'attarder sur un sujet

lingerie /ˈlænʒəri/ N lingerie *(f)*

lingering /ˈlɪŋgərɪŋ/ ADJ [*look*] long (longue *(f)*) ; **I still have ~ doubts** j'ai encore quelques doutes

lingo* /ˈlɪŋgəʊ/ N (*pl* **lingoes**) (= *language*) langue *(f)* ; (= *jargon*) jargon *(m)*

linguist /ˈlɪŋgwɪst/ N linguiste *(mf)* ; **I'm no great ~** je ne suis pas vraiment doué pour les langues

linguistic /lɪŋˈgwɪstɪk/ ADJ linguistique

linguistics /lɪŋˈgwɪstɪks/ N linguistique *(f)*

liniment /ˈlɪnɪmənt/ N baume *(m)*

lining /ˈlaɪnɪŋ/ N doublure *(f)* ; [*of tank, container*] revêtement *(m)* intérieur ; [*of brakes*] garniture *(f)*

link /lɪŋk/ **1** N ⓐ [*of chain*] maillon *(m)*

ⓑ (= *connection, also Computing*) lien *(m)* ; **rail ~** liaison *(f)* ferroviaire ; **there must be a ~ between the two phenomena** il doit y avoir un lien entre ces deux phénomènes ; **he broke off all ~s with his friends** il a rompu tous les ponts avec ses amis

2 VT ⓐ (*physically*) lier ; **to ~ arms** se donner le bras

ⓑ (= *establish communication between*) relier ; **~ed by rail** reliés par voie ferrée ; **the tunnel ~s Britain and France** le tunnel relie la Grande-Bretagne à la France

ⓒ (= *establish logical connection between*) établir un lien entre ; **to ~ sth with sth** établir un lien entre qch et qch ; **the police are not ~ing him with the murder** la police n'a établi aucun rapport entre lui et le meurtre ; **smoking and lung cancer are closely ~ed** il existe un rapport étroit entre le tabagisme et le cancer de poumon

3 VI (*Computing*) **to ~ to** créer un lien (*ou* des liens) vers

4 COMP ◆ **link-up** N lien *(m)* ; (*on TV or radio*) liaison *(f)*

▶ **link together** **1** VI se rejoindre **2** VT SEP [+ *two objects*] joindre ; (*by means of a third*) relier

▶ **link up** **1** VI [*persons*] se rejoindre ; [*firms, organizations*] s'associer ; **they ~ed up with the other group** ils ont rejoint l'autre groupe **2** VT SEP (= *connect*) raccorder ; **the plan to ~ all schools up to the Internet** le projet de connecter toutes les écoles à l'Internet

linkage /ˈlɪŋkɪdʒ/ N lien *(m)*

lino* /ˈlaɪnəʊ/ N (*Brit*) lino *(m)*

linoleum /lɪˈnəʊlɪəm/ N linoléum *(m)*

lint /lɪnt/ N ⓐ (*for treating wounds*) tissu *(m)* ouaté (*pour pansements*) ⓑ (*US* = *fluff*) peluches *(fpl)*

lintel /ˈlɪntl/ N linteau *(m)*

lion /ˈlaɪən/ N lion *(m)* ; **to get the ~'s share** se tailler la part du lion ◆ **lion cub** N lionceau *(m)* ◆ **lion-tamer** N dompteur *(m)*, -euse *(f)* de lions

lioness /ˈlaɪənɪs/ N lionne *(f)*

lip /lɪp/ **1** N ⓐ (= *part of body*) lèvre *(f)* ; **it was on everyone's ~s** c'était sur toutes les lèvres ⓑ [*of jug*] bec *(m)* ; [*of crater*] bord *(m)* ⓒ (= *insolence*)* insolence *(f)* ; **less of your ~!** ne sois pas insolent ! **2** COMP ◆ **lip balm** N baume *(m)* pour les lèvres ◆ **lip gloss** N brillant *(m)* à lèvres ◆ **lip-read** VT lire sur les lèvres ◆ **lip-reading** N lecture *(f)* labiale ◆ **lip salve** N (*Brit*) baume *(m)* pour les lèvres ◆ **lip service** N **he only pays ~ service to socialism** il n'est pas socialiste qu'en paroles

liposuction /ˈlɪpəʊˌsʌkʃən/ N liposuccion *(f)*

lipstick /ˈlɪpstɪk/ N rouge *(m)* à lèvres

lip-sync(h) /ˈlɪpˌsɪŋk/ VTI chanter en play-back

liquefy /ˈlɪkwɪfaɪ/ **1** VT liquéfier **2** VI se liquéfier

liqueur /lɪˈkjʊəʳ/ N liqueur *(f)* ◆ **liqueur chocolates** NPL chocolats *(mpl)* à la liqueur

liquid /ˈlɪkwɪd/ **1** ADJ liquide ; **~ assets** liquidités *(fpl)* **2** N liquide *(m)* **3** COMP ◆ **liquid crystal** N cristal *(m)* liquide ; **~ crystal display** affichage *(m)* à cristaux liquides

liquidate /ˈlɪkwɪdeɪt/ VT liquider

liquidation /ˌlɪkwɪˈdeɪʃən/ N liquidation *(f)* ; [*of debt*] remboursement *(m)* ; **to go into ~** déposer son bilan

liquidize /ˈlɪkwɪdaɪz/ VT (*in liquidizer*) passer au mixer

liquidizer /ˈlɪkwɪdaɪzəʳ/ N (*Brit*) mixer *(m)*

liquor /ˈlɪkəʳ/ N (= *alcoholic drink*) boissons *(fpl)* alcoolisées ; (= *spirits*) spiritueux *(m)* ; **he can't hold his ~** il ne supporte pas l'alcool ◆ **liquor license** N (*US*) licence *(f)* de débit de boissons ◆ **liquor store** N (*US*) magasin *(m)* de vins et spiritueux → *LICENSING LAWS*

liquorice /ˈlɪkərɪs/ (*Brit*) N (= *sweet*) réglisse *(m)* ◆ **liquorice all-sorts** NPL (*Brit*) bonbons *(mpl)* au réglisse

Lisbon /ˈlɪzbən/ N Lisbonne

lisp /lɪsp/ **1** VI zézayer **2** N zézaiement *(m)* ; **to have a ~** zézayer

list /lɪst/ **1** N liste *(f)* ; **that's at the top of my ~** je le ferai en priorité **2** VT (= *make list of*) faire la liste de ; (= *write down*) inscrire ; (*Computing*) lister ; (= *enumerate*) énumérer ; **your name isn't ~ed** votre nom n'est pas sur la liste ; **~ed on the Stock Exchange** coté en Bourse **3** VI (= *lean*) gîter ; **the ship is ~ing badly** le bateau gîte dangereusement **4** COMP ◆ **listed building** N (*Brit*) monument *(m)* classé ◆ **listed company** N société *(f)* cotée en Bourse ◆ **list price** N prix *(m)* catalogue

listen /ˈlɪsn/ VI écouter ; **~ to me** écoute-moi ; **~!** écoute ! ; **you never ~ to a word I say!** tu n'écoutes jamais ce que je dis ! ; **to ~ to the radio** écouter la radio ; **to ~ for** [+ *voice, remark, sign*] guetter ; [+ *footsteps*] guetter le bruit de ; **~, I can't stop to talk now** écoute, je n'ai pas le temps de parler maintenant ; **he wouldn't ~ to reason** il n'a pas voulu entendre raison ; **when I asked him to stop, he wouldn't ~** quand je lui ai demandé d'arrêter, il n'a rien voulu entendre

▶ **listen in** VI (= *eavesdrop*) **to ~ in on sth** écouter qch secrètement

▶ **listen out for** VT INSEP [+ *voice, remark, sign*] guetter ;

[+ *footsteps*] guetter le bruit de
► **listen up** VI écouter

listener /'lɪsnəʳ/ N (*to speaker, radio*) auditeur *(m)*, -trice *(f)*; **she's a good ~** elle sait écouter

listeria /lɪ'stɪərɪə/ N listeria *(f)*

listing /'lɪstɪŋ/ N (= *making list*) listage *(m)*; **the TV ~s** les programmes *(mpl)* de télévision ♦ **listings magazine** N guide *(m)* des spectacles; (*just TV and radio*) magazine *(m)* de télévision

listless /'lɪstlɪs/ ADJ (= *without energy*) sans énergie; **the heat made him ~** la chaleur lui enlevait son énergie

lit /lɪt/ 1 VB *pt, ptp of* **light** 2 ADJ éclairé; **the street was very badly ~** la rue était très mal éclairée

litany /'lɪtənɪ/ N litanie *(f)*

liter /'liːtəʳ/ N (*US*) litre *(m)*

literacy /'lɪtərəsɪ/ N [*of person*] alphabétisation *(f)*; **there is a low degree of ~ in that country** le degré d'alphabétisation est bas dans ce pays; **the country has a high ~ rate** le taux d'alphabétisation est élevé dans le pays; **many adults have problems with ~** de nombreux adultes ont du mal à lire et à écrire

literal /'lɪtərəl/ ADJ littéral; **in the ~ sense** au sens propre du terme

literally /'lɪtərəlɪ/ ADV littéralement; **to take sb/sth ~** prendre qn/qch au pied de la lettre

literary /'lɪtərərɪ/ ADJ littéraire

literate /'lɪtərɪt/ ADJ ⓐ (= *able to read and write*) **few people are ~** beaucoup de gens ne savent ni lire ni écrire ⓑ (= *educated*) instruit; (= *cultured*) cultivé; **highly ~** très instruit ⓒ (= *competent*) **to be scientifically ~** avoir des connaissances de base en sciences

literature /'lɪtərɪtʃəʳ/ N ⓐ (= *literary works*) littérature *(f)* ⓑ (= *documentation*) documentation *(f)*; **educational ~** documentation *(f)* pédagogique; **sales ~** brochures *(fpl)* publicitaires; **I've read all the ~ about it** je me suis bien documenté sur le sujet

lithe /laɪð/ ADJ souple

lithograph /'lɪθəʊɡrɑːf/ N lithographie *(f)* (*estampe*)

Lithuania /ˌlɪθjʊ'eɪnɪə/ N Lituanie *(f)*

Lithuanian /ˌlɪθjʊ'eɪnɪən/ 1 ADJ lituanien 2 N (= *person*) Lituanien(ne) *(m(f))*

litigation /ˌlɪtɪ'ɡeɪʃən/ N litige *(m)*

litigious /lɪ'tɪdʒəs/ ADJ (= *given to litigation*) procédurier; (= *argumentative*) chicanier

litre /'liːtəʳ/ N litre *(m)*

litter /'lɪtəʳ/ 1 N ⓐ (= *rubbish*) détritus *(mpl)*; (= *papers*) vieux papiers *(mpl)*; (*left after picnic*) papiers *(mpl)* gras; "**~**" (*on bin*) « papiers » ⓑ (= *animal's offspring*) portée *(f)* ⓒ **cat ~** litière *(f)* pour chats
2 VT [*rubbish, papers*] joncher (**with** de); **the floor was ~ed with paper** des papiers jonchaient le sol; **the desk was ~ed with books** le bureau était couvert de livres; **the streets were ~ed with corpses** les rues étaient jonchées de cadavres
3 COMP ♦ **litter bin** N (*Brit*) poubelle *(f)* ♦ **litter box** (*US*), **litter tray** (*Brit*) N caisse *(f)* à litière

litterbug* /'lɪtəbʌɡ/, **litter-lout*** /'lɪtəlaʊt/ N *personne qui jette des détritus par terre*

little[1] /'lɪtl/ ADJ petit ♦ **little finger** N petit doigt *(m)* ♦ **Little League** N (*US*) *championnat de baseball pour les moins de 12 ans* ♦ **little toe** N petit orteil *(m)*

---

little[2] /'lɪtl/

| 1 ADJECTIVE | 3 ADVERB |
| 2 PRONOUN | 4 SET STRUCTURES |

► *compar* **less**, *superl* **least**

---

1 ADJECTIVE

= not much peu de; **there is ~ hope of finding survivors** il y a peu d'espoir de retrouver des survivants; **I have very ~**

money j'ai très peu d'argent; **so ~ time** si peu de temps; **I have ~ time for reading** je n'ai pas beaucoup le temps de lire

♦ **a little ...** (= *some*) un peu de ...; **I have a ~ money left** il me reste un peu d'argent; **would you like a ~ milk in your tea?** voulez-vous un peu de lait dans votre thé?; **we're having a ~ trouble** nous avons un petit problème

♦ **no little ...: with no ~ difficulty** avec beaucoup de difficulté

2 PRONOUN

ⓐ = not much pas grand-chose; **there was ~ anyone could do** il n'y avait pas grand-chose à faire; **he did ~ to help** il n'a pas fait grand-chose pour aider; **he did very ~** il n'a vraiment pas fait grand-chose; **he had ~ to say** il n'avait pas grand-chose à dire; **that has very ~ to do with it!** ça n'a pas grand-chose à voir!; **I know too ~ about him to have an opinion** je le connais trop mal pour me former une opinion; **I see ~ of her nowadays** je ne la vois plus beaucoup; **he had ~ or nothing to say about it** il n'avait pratiquement rien à dire sur le sujet; **however ~ you give, we'll be grateful** votre contribution, même la plus modeste, sera la bienvenue

♦ **so little: ~ of what he says is true** il y a si peu de vrai dans ce qu'il dit; **so ~ of the population is literate** la population est si peu alphabétisée; **he lost weight because he ate so ~** il a perdu du poids parce qu'il mangeait très peu

ⓑ = small amount **the ~ I have seen is excellent** le peu que j'en ai vu est excellent; **I did what ~ I could** j'ai fait ce que j'ai pu; **every ~ helps** (= *gift*) tous les dons sont les bienvenus

♦ **a little** (= *a certain amount*) un peu; (= *a short time*) un moment; **give me a ~** donne-m'en un peu; **I'd like a ~ of everything** je voudrais un peu de tout; **they'll have to wait a ~** ils vont devoir attendre un moment; **after a ~** au bout d'un moment

3 ADVERB

ⓐ = not much **they spoke very ~ on the way home** ils n'ont pas dit grand-chose sur le chemin du retour; **it's ~ better now he's rewritten it** ça n'est pas beaucoup mieux maintenant qu'il l'a récrit; **it's ~ short of madness** ça frise la folie; **~ more than a month ago** il y a à peine plus d'un mois; **a ~-known work by Bach** un morceau peu connu de Bach

♦ **a little ...** (= *somewhat*) un peu ...; **she is a ~ tired** elle est un peu fatiguée; **a ~ too big** un peu trop grand; **a ~ more** un peu plus; **a ~ less** un peu moins; **a ~ later** un peu plus tard; **a ~ more cream** un peu plus de crème

ⓑ = not at all **he ~ imagined that ...** il était loin de s'imaginer que ...; **~ did he think that ...** il était loin de se douter que ...

ⓒ = rarely rarement; **it happens very ~** cela arrive très rarement; **I watch television very ~ nowadays** je ne regarde plus beaucoup la télévision

4 SET STRUCTURES

♦ **as little as: as ~ as possible** le moins possible; **you could get one for as ~ as £20** on peut en trouver pour seulement 20 livres; **you can eat well for as ~ as $5** on peut bien manger pour 5 dollars; **I like him as ~ as you do** je ne l'aime pas plus que toi

♦ **little by little** petit à petit, peu à peu

♦ **to make little of sth** (= *accomplish easily*) faire qch sans aucun mal; (= *play down*) minimiser qch; (= *underestimate*) sous-estimer qch; **the sailors made ~ of loading the huge boxes** les marins chargeaient les énormes caisses sans aucun mal; **he made ~ of his opportunities** (= *failed to exploit*) il n'a pas tiré parti des possibilités qu'il avait

♦ **to say little for sb** (= *reflect badly on*) **it says ~ for him** cela n'est pas vraiment à son honneur; **it says ~ for his honesty** cela en dit long sur son honnêteté (*iro*)

liturgy /'lɪtədʒɪ/ N liturgie *(f)*

livable /'lɪvəbl/ ADJ [*building, world, house*] agréable à vivre

live¹ /lɪv/ 1 VI (a) vivre; (= survive) survivre; (after illness, accident) s'en sortir; **she has only six months to ~** il ne lui reste plus que six mois à vivre; **she won't ~ to see it** elle ne vivra pas assez longtemps pour le voir; **the doctor said she would ~** le docteur a dit qu'elle s'en sortirait; **nothing could ~ in such a hostile environment** rien ne pourrait survivre dans un environnement si hostile; **he didn't ~ long after his wife died** il n'a pas survécu longtemps à sa femme; **I'll remember it as long as I ~** je m'en souviendrai toute ma vie; **to ~ to be 90** vivre jusqu'à 90 ans; **you'll ~!*** tu n'en mourras pas!; **she ~s for her children** elle ne vit que pour ses enfants; **to ~ in luxury** vivre dans le luxe; **to ~ in fear** vivre dans la peur; **he just ~d for football** il ne vivait que pour le football; **I've got nothing left to ~ for** je n'ai plus de raison de vivre; **you must learn to ~ with it** il faut que tu t'y fasses; **you ~ and learn** on apprend à tout âge ∎ (PROV) **~ and let ~** il faut se montrer tolérant; **let's ~ a little!*** il faut profiter de la vie!; **if you haven't been to Rio you haven't ~d!*** si tu n'as pas vu Rio, tu n'as rien vu!
(b) (= earn one's living) gagner sa vie
(c) (= reside) habiter; **where do you ~?** où habitez-vous?; **to ~ in London** habiter à Londres; **to ~ in a flat** habiter un appartement; **she ~s in Station Road** elle habite Station Road; **this is a nice place to ~** il fait bon vivre ici; **he still ~s with his mother** il vit encore chez sa mère; **he's living with Ann** il vit avec Ann; **he's not an easy person to ~ with** il n'est pas facile à vivre; **where does the teapot ~?*** où est-ce que vous rangez la théière?

2 VT vivre; **to ~ a life of luxury** vivre dans le luxe; **to ~ a healthy life** mener une vie saine; **to ~ life to the full** profiter au maximum de la vie; **to ~ a lie** vivre dans le mensonge; **to ~ the part** entrer dans la peau du personnage

3 COMP ◆ **lived-in** ADJ [house, flat] habité; [+ face] marqué par le temps ◆ **live-in** ADJ [housekeeper] à demeure; **~-in lover** petit(e) ami(e) (m(f)) avec qui l'on vit; **~-in partner** compagnon (m), compagne (f)
► **live down** VT SEP [+ disgrace] faire oublier (avec le temps); **you'll never ~ it down!** jamais tu ne feras oublier ça!
► **live off** VT INSEP (a) [+ person] vivre aux crochets de (b) [+ fruit, rice] se nourrir de; [+ money, benefit] vivre avec; **to ~ off the land** vivre des ressources naturelles
► **live on** 1 VI [person] continuer à vivre; [tradition] survivre 2 VT INSEP (a) (= feed on) se nourrir de; **you can't ~ on air*** on ne vit pas de l'air du temps (b) (= subsist on) **to ~ on $10,000 a year** vivre avec 10 000 dollars par an; **we have just enough to ~ on** nous avons juste de quoi vivre; **what does he ~ on?** de quoi vit-il? (c) (= depend financially on) vivre aux crochets de
► **live through** VT INSEP (= experience) connaître; **she ~d through two world wars** elle a connu deux guerres mondiales
► **live together** VI (as man and wife) vivre ensemble; (as flatmates) partager un appartement
► **live up** VT SEP **to ~ it up** (= have fun) s'éclater*
► **live up to** VT INSEP (= be equal to) être à la hauteur de; (= be worthy of) répondre à; **to ~ up to sb's expectations** être à la hauteur des attentes de qn; **the holiday didn't ~ up to expectations** les vacances n'ont pas été ce qu'on avait espéré

live² /laɪv/ 1 ADJ (a) (= not dead) vivant; **a real ~ spaceman** un astronaute en chair et en os
(b) (= not recorded) en direct; **the programme was ~** cette émission était en direct; **"recorded ~"** «enregistré en public»
(c) [bullet] réel; (= unexploded) non explosé
(d) (with electric current) **that's ~!** c'est branché!; **the switch was ~** l'interrupteur était mal isolé (et dangereux)

2 ADV en direct; **to play ~** (on stage) jouer sur scène; **it was broadcast ~** c'était diffusé en direct; **the match is brought to you ~ from Dundee** le match vous est transmis en direct depuis Dundee

3 COMP ◆ **live wire** N fil (m) sous tension; **he's a (real) ~**

wire* il a un dynamisme fou ◆ **live yoghurt** N yaourt (m) aux ferments actifs

livelihood /'laɪvlɪhʊd/ N source (f) de revenus; **to earn one's ~** gagner sa vie; **his ~ depends on ...** son gagne-pain dépend de ...; **their principal ~ is tourism** leur principale source de revenus est le tourisme

lively /'laɪvlɪ/ ADJ (a) [person, personality, mind] vif; **she took a ~ interest in everything** elle manifestait un vif intérêt pour tout (b) [party, bar, atmosphere, debate] animé; [description, style] vivant; **things were getting quite ~** ça commençait à chauffer*; **come on, look ~!** allez, remue-toi!*

liven up /ˌlaɪvn'ʌp/ 1 VT [+ person] égayer; [+ evening, discussion, party] animer 2 VI (= get more lively) s'animer; **things are beginning to ~** ça commence à s'animer

liver /'lɪvə'/ N foie (m) ◆ **liver sausage** N saucisse (f) au pâté de foie ◆ **liver spot** N tache (f) brune (sur la peau)

livery /'lɪvərɪ/ N (a) [of servant] livrée (f) (b) [of company] couleurs (fpl)

lives /laɪvz/ NPL of **life**

livestock /'laɪvstɒk/ N bétail et animaux de basse-cour

livid* /'lɪvɪd/ ADJ (= furious) furieux (**about sth** à propos de qch); **to be ~ at having to do sth** être furieux de devoir faire qch

living /'lɪvɪŋ/ 1 ADJ vivant; **the greatest ~ pianist** le plus grand pianiste vivant; **in ~ memory** de mémoire d'homme

2 N (a) (= livelihood) vie (f); **to earn a ~ as an artist** gagner sa vie en tant qu'artiste; **to work for one's ~** travailler pour gagner sa vie; **what does he do for a ~?** que fait-il dans la vie?
(b) (= way of life) vie (f); **healthy ~** une vie saine

3 NPL **the living** les vivants (mpl)

4 COMP ◆ **living conditions** NPL conditions (fpl) de vie ◆ **living expenses** NPL frais (mpl) de subsistance ◆ **living quarters** NPL quartiers (mpl) ◆ **living room** N salon (m) ◆ **living standards** NPL niveau (m) de vie ◆ **living wage** N **they were asking for a ~ wage** ils demandaient un salaire décent; **£50 a week isn't a ~ wage** on ne peut pas vivre avec 50 livres par semaine

lizard /'lɪzəd/ N lézard (m)

llama /'lɑːmə/ N lama (m) (animal)

load /ləʊd/ N 1 (a) (= cargo) charge (f); [of ship] cargaison (f); (= weight) poids (m); **he was carrying a heavy ~** il était lourdement chargé; **I put another ~ in the washing machine** j'ai fait une autre machine
(b) (= burden) charge (f); (= mental strain) poids (m); **supporting his brother's family was a heavy ~ for him** c'était pour lui une lourde charge de faire vivre la famille de son frère; **to take a ~ off sb's mind** soulager qn; **that's a ~ off my mind!** quel poids en moins!
(c) ◆ **a load of*** un tas de*; **that's a ~ of rubbish!** tout ça c'est de la blague!*; **get a ~ of this!*** (= look) vise* un peu ça!
◆ **loads of*** des tas de*; **there were ~s of people there** il y avait des tas de gens*; **we've got ~s of time** on a tout notre temps; **he's got ~s of money** il est plein de fric*

2 VT (a) charger (**with** de); **she was ~ed with shopping** elle ployait sous le poids de ses achats; **they arrived ~ed with presents for us** ils sont arrivés chargés de cadeaux pour nous; **to ~ sb with gifts** couvrir qn de cadeaux; **I had problems ~ing the software onto my computer** j'ai eu du mal à charger le logiciel sur mon ordinateur
(b) [+ dice] piper; **to ~ the dice against sb** défavoriser qn

3 COMP ◆ **load-bearing** ADJ porteur
► **load down** VT SEP charger (**with** de)
► **load up** VI [ship, lorry] se charger; [person] charger; **to ~ up with sth** charger qch

loaded /'ləʊdɪd/ ADJ (a) (= full) chargé (b) (= rich)* **to be ~** être plein aux as* (c) **a ~ question** une question tendancieuse (d) [dice] pipé; **the dice were ~ against him** il avait peu de chances de réussir; **the situation is ~ in our favour** la situation nous est favorable

loaf /ləʊf/ 1 N (pl **loaves**) pain (m); (= round loaf) miche (f) de pain; **use your ~!** (Brit) fais marcher tes méninges!•
2 VI (= loaf around) traîner

loafer /'ləʊfəʳ/ N (= shoe) mocassin (m)

loan /ləʊn/ 1 N (= money) (lent) prêt (m); (borrowed) emprunt (m); **can I ask you for a ~?** pouvez-vous m'accorder un prêt?; **I asked Barbara for the ~ of her car** j'ai demandé à Barbara de me prêter sa voiture
♦ **on loan: this picture is on ~ from the city museum** ce tableau est prêté par le musée municipal; **I have a car on ~ from the company** la société me prête une voiture; **my assistant is on ~ to another department at the moment** mon assistant est détaché dans un autre service en ce moment; **the book is out on ~** (in library) le livre est sorti
2 VT prêter (**sth to sb** qch à qn)

loath /ləʊθ/ ADJ **to be ~ to do sth** répugner à faire qch

loathe /ləʊð/ VT détester; **to ~ doing sth** détester faire qch

loathing /'ləʊðɪŋ/ N dégoût (m); **he fills me with ~** il me dégoûte

loathsome /'ləʊðsəm/ ADJ détestable

loaves /ləʊvz/ NPL of **loaf**

lob /lɒb/ 1 VT [+ stone] lancer (en l'air); (Tennis) lober
2 VI (Tennis) lober 3 N lob (m)

lobby /'lɒbɪ/ 1 N ⓐ [of hotel] hall (m); [of private house] vestibule (m); [of theatre] foyer (m) (des spectateurs) ⓑ (= pressure group) lobby (m) 2 VT [+ person] faire pression sur; (US) [+ proposal, cause] soutenir activement 3 VI (= campaign) **to ~ for sth** faire pression pour obtenir qch

lobbyist /'lɒbɪɪst/ N membre (m) d'un groupe de pression

lobe /ləʊb/ N lobe (m)

lobster /'lɒbstəʳ/ N homard (m) ♦ **lobster pot** N casier (m) à homards

local /'ləʊkəl/ 1 ADJ local; [shops, library] du quartier; [pain] localisé; **he's a ~ man** il est du coin•; **a ~ call** une communication locale; **of ~ interest** d'intérêt local
2 N ⓐ (= person)• personne (f) du coin•; **the ~s** les gens du coin•
ⓑ (Brit = pub)• bistrot• (m) du coin; **my ~** le pub où je vais
3 COMP ♦ **local anaesthetic** N anesthésie (f) locale ♦ **local area network** N réseau (m) local ♦ **local authority** N collectivité (f) locale ♦ **local education authority** N autorité locale chargée de l'enseignement ♦ **local government** N administration (f) locale; **~ government elections** élections (fpl) municipales

⚠ **local** is not always translated by the French word **local**.

locality /ləʊ'kælɪtɪ/ N (= place) localité (f); (= district) région (f); **in the ~** dans les environs; **tourist attractions in your ~** les hauts lieux touristiques de votre région

localize /'ləʊkəlaɪz/ VT localiser

locally /'ləʊkəlɪ/ ADV localement; **to live ~** habiter dans le coin; **both nationally and ~** à l'échelon tant national que local; **to be available ~** être disponible sur place; **to buy sth ~** acheter qch sur place; **~ grown** cultivé localement

locate /ləʊ'keɪt/ VT ⓐ (= find) repérer; [+ leak, cause] localiser; **I can't ~ the school on this map** je n'arrive pas à repérer l'école sur ce plan; **have you ~d my briefcase?** avez-vous retrouvé ma serviette?; **the doctors have ~d the cause of the pain** les médecins ont localisé la cause de la douleur ⓑ (= situate) situer; **they decided to ~ the factory in Manchester** ils ont décidé de construire l'usine à Manchester; **the college is ~d in London** le collège est situé à Londres

location /ləʊ'keɪʃən/ N ⓐ (= position) emplacement (m); **a hotel set in a beautiful ~** un hôtel situé dans un endroit magnifique ⓑ (= setting for film) extérieur (m); **to film in foreign ~s** tourner en décor naturel à l'étranger; **on ~** en décor naturel ⓒ (= finding) repérage (m)

⚠ **location** is not translated by the French word **location**, which means **rental**.

loch /lɒx/ N (Scot) loch (m); **Loch Lomond** le loch Lomond

lock /lɒk/ 1 N ⓐ [of door, box] serrure (f); (on steering wheel, bike) antivol (m)
♦ **under lock and key** [possessions] sous clé; [prisoner] sous les verrous; **to put sth under ~ and key** mettre qch sous clé; **to put sb under ~ and key** enfermer qn à clé; [prisoner] mettre qn sous les verrous
♦ **lock, stock and barrel** en bloc; **they rejected the proposals ~, stock and barrel** ils ont rejeté les suggestions en bloc
ⓑ (Computing) verrouillage (m)
ⓒ [of canal] écluse (f)
ⓓ [of hair] mèche (f); (= ringlet) boucle (f); **his ~s** ses cheveux (mpl); **her curly ~s** ses boucles (fpl)
2 VT ⓐ [+ door, suitcase, car, safe] fermer à clé; **to ~ horns** (= argue) se disputer; **to ~ horns with sb** avoir une prise de bec avec qn
ⓑ [+ person] enfermer (**in** dans); **he got ~ed in the bathroom** il s'est retrouvé enfermé dans la salle de bains
ⓒ [+ mechanism] bloquer; [+ computer system, file] verrouiller; **he ~ed the steering wheel on his car** il a bloqué la direction de sa voiture; **to ~ the wheels** (by braking) bloquer les roues
ⓓ (= grip) **she was ~ed in his arms** elle était serrée dans ses bras; **the two armies were ~ed in combat** les deux armées étaient aux prises
3 VI ⓐ [door] fermer à clé
ⓑ [wheel, elbow] se bloquer
4 COMP ♦ **lock gate** N porte (f) d'écluse ♦ **lock keeper** N éclusier (m), -ière (f) ♦ **lock-up** N (Brit = garage) box (m); (Brit = shop) boutique (f) (sans logement); (US)• (= prison) prison (f); (= cell) cellule (f)

► **lock away** VT SEP [+ object, jewels] mettre sous clé; [+ criminal] mettre sous les verrous; [+ mental patient] interner

► **lock in** VT SEP [+ person, dog] enfermer (à l'intérieur); **to ~ o.s. in** s'enfermer (à l'intérieur)

► **lock on** VI **to ~ on to sth** [radar] capter qch

► **lock out** VT SEP ⓐ [+ person] (deliberately) mettre à la porte; (by mistake) enfermer dehors; **to find o.s. ~ed out** (by mistake) se retrouver à la porte; **to ~ o.s. out** s'enfermer dehors ⓑ [+ workers] lock-outer

► **lock up** 1 VI fermer à clé; **will you ~ up when you leave?** voulez-vous tout fermer en partant?; **to ~ up for the night** tout fermer pour la nuit 2 VT SEP [+ object, jewels] mettre sous clé; [+ house] fermer à clé; [+ criminal] mettre sous les verrous; [+ mental patient] interner; **you ought to be ~ed up!**• on devrait t'interner!

locker /'lɒkəʳ/ N casier (m) (fermant à clé); **the left-luggage ~s** la consigne (automatique) ♦ **locker-room** N vestiaire (m)

locket /'lɒkɪt/ N médaillon (m) (bijou)

lockjaw /'lɒkdʒɔː/ N tétanos (m)

lockout /'lɒkaʊt/ N [of workers] lock-out (m inv)

locksmith /'lɒksmɪθ/ N serrurier (m)

loco• /'ləʊkəʊ/ ADJ (US) dingue•

locomotive /,ləʊkə'məʊtɪv/ N locomotive (f)

locust /'ləʊkəst/ N locuste (f)

lodge /lɒdʒ/ 1 N (= small house in grounds) maison (f) de gardien; (= porter's room in building) loge (f) 2 VT ⓐ [+ person] loger ⓑ [+ bullet] loger; **to ~ an appeal** se pourvoir en cassation; **to ~ a complaint against** déposer une plainte contre 3 VI [person] être logé (**with** chez); [bullet] se loger

lodger /'lɒdʒəʳ/ N (Brit) (room only) locataire (mf); (room and meals) pensionnaire (mf); **to take (in) ~s** (room only) louer des chambres; (room and meals) prendre des pensionnaires

lodging /'lɒdʒɪŋ/ 1 N (= accommodation) hébergement (m); **they gave us a night's ~** ils nous ont hébergés une nuit 2 NPL **lodgings** (= room) chambre (f); (= flatlet) logement (m)

loft /lɒft/ N [*of house, barn*] grenier (*m*); (= *living space in former warehouse*) loft (*m*) ◆ **loft conversion** N (*Brit* = *accommodation*) grenier (*m*) aménagé

lofty /'lɒftɪ/ ADJ ⓐ [*building, ceiling, mountain*] haut; **to rise to a ~ position in government** atteindre un poste élevé au gouvernement ⓑ [*aim, idea*] noble; **their ~ rhetoric** leurs beaux discours

log /lɒg/ 1 N ⓐ (*for fire*) bûche (*f*) ⓑ (= *ship's record*) journal (*m*) de bord 2 VT (= *record*) noter; **details of the crime are ~ged in the computer** les données concernant le crime sont entrées dans l'ordinateur 3 COMP ◆ **log cabin** N cabane (*f*) en rondins ◆ **log fire** N feu (*m*) de bois

▶ **log in** (*Computing*) 1 VI se connecter 2 VT SEP connecter

▶ **log off** (*Computing*) 1 VI se déconnecter 2 VT SEP déconnecter

▶ **log on** (*Computing*) 1 VI se connecter 2 VT SEP connecter

▶ **log out** (*Computing*) 1 VI se déconnecter 2 VT SEP déconnecter

logbook /'lɒgbʊk/ N ⓐ (= *ship's record*) journal (*m*) de bord ⓑ (*Brit: for car*) ≈ carte (*f*) grise

loggerheads /'lɒgəhedz/ NPL **to be at ~ (with)** être en désaccord (avec)

logic /'lɒdʒɪk/ N logique (*f*); **I can't see the ~ of it** ça ne me paraît pas rationnel

logical /'lɒdʒɪkəl/ ADJ logique

logically /'lɒdʒɪkəlɪ/ ADV [*possible, consistent*] logiquement; [*consider, examine, discuss*] rationnellement

logistics /lɒ'dʒɪstɪks/ NPL logistique (*f*)

logo /'ləʊgəʊ/ N logo (*m*)

loin /lɔɪn/ N [*of pork*] filet (*m*); [*of veal*] longe (*f*); [*of beef*] aloyau (*m*); **~ chop** côte (*f*) première

loiter /'lɔɪtəʳ/ VI traîner; (*suspiciously*) rôder; **to be charged with ~ing** être accusé d'un délit d'intention

loll /lɒl/ VI [*person*] se prélasser; [*head*] pendre

▶ **loll about**, **loll around** VI flâner

lollipop /'lɒlɪpɒp/ N sucette (*f*) ◆ **lollipop lady***, **lollipop man*** N (*Brit*) personne chargée d'aider les écoliers à traverser la rue

lolly /'lɒlɪ/ N (*Brit*) ⓐ (= *sweet*)* sucette (*f*) ⓑ (= *money*)⁑ fric⁑ (*m*)

London /'lʌndən/ 1 N Londres 2 ADJ londonien

Londoner /'lʌndənəʳ/ N Londonien(ne) (*m(f)*)

lone /ləʊn/ ADJ [*gunman*] isolé; [*rider*] solitaire; [*survivor*] unique; **a ~ figure** une silhouette solitaire ◆ **lone parent** N père ou mère qui élève seul ses enfants

loneliness /'ləʊnlɪnɪs/ N [*of person*] solitude (*f*)

lonely /'ləʊnlɪ/ ADJ [*time, life, job*] solitaire; [*village, house*] isolé; [*road*] peu fréquenté; **to be** or **feel ~** se sentir seul

loner /'ləʊnəʳ/ N solitaire (*mf*)

lonesome /'ləʊnsəm/ ADJ = **lonely**

---

long /lɒŋ/

1 ADJECTIVE	4 NOUN
2 ADVERB	5 COMPOUNDS
3 INTRANSITIVE VERB	

1 ADJECTIVE

ⓐ in size long (longue (*f*)); **the wall is 10 metres ~** le mur fait 10 mètres de long; **a wall 10 metres ~** un mur de 10 mètres de long; **how ~ is the swimming pool?** quelle est la longueur de la piscine?; **to get ~er** [*queue*] s'allonger; [*hair*] pousser; **he's getting a bit ~ in the tooth*** il n'est plus tout jeune; **not by a ~ shot*** loin de là; **it's a ~ shot but we might be lucky** c'est très risqué mais nous aurons peut-être de la chance

ⓑ in distance **it's a ~ way** c'est loin; **it's a ~ way to the shops** les magasins sont loin

ⓒ in time long (longue (*f*)); [*delay*] important; **at ~ last** enfin; **in the ~ run** à la longue; **in the ~ term** à long terme; **the days are getting ~er** les jours rallongent; **~ time no see!**⁑ ça fait une paye!*; **he's not ~ for this world*** il n'en a

plus pour longtemps; **the reply was not ~ in coming** la réponse n'a pas tardé à venir

◆ **a long time** longtemps; **a ~ time ago** il y a longtemps; **that was a ~, ~ time ago** il y a bien longtemps de cela; **it will be a ~ time before I see her again** je ne la reverrai pas avant longtemps; **it will be remembered for a ~ time to come** on s'en souviendra longtemps; **it'll be a ~ time before I do that again!** je ne recommencerai pas de si tôt!; **have you been studying English for a ~ time?** il y a longtemps que vous étudiez l'anglais?; **it's a ~ time since I last saw him** ça fait longtemps que je ne l'ai pas vu; **he has not been seen for a ~ time** cela fait longtemps qu'on ne l'a pas vu; **you took a ~ time to get here** tu as mis du temps pour venir; **it takes a ~ time for the drug to act** ce médicament met du temps à agir; **it took a ~ time for the truth to be accepted** les gens ont mis très longtemps à accepter la vérité

2 ADVERB

ⓐ = **a long time** longtemps; **they didn't stay ~** ils ne sont pas restés longtemps; **he hasn't been gone ~** il n'y a pas longtemps qu'il est parti; **it didn't take him ~ to realize that …** il n'a pas mis longtemps à se rendre compte que …; **are you going away for ~?** vous partez pour longtemps?; **not for ~** pas pour longtemps; **not for much ~er** plus pour très longtemps; **will you be ~?** tu en as pour longtemps?; **I won't be ~** je n'en ai pas pour longtemps; **don't be ~** dépêche-toi; **he hasn't ~ to live** il n'en a plus pour longtemps; **women live ~er than men** les femmes vivent plus longtemps que les hommes; **have you been here/waiting ~?** vous êtes ici/vous attendez depuis longtemps?; **his ~-awaited reply** sa réponse longtemps attendue; **~ live the King!** vive le roi!; **I only had ~ enough to buy a paper** j'ai juste eu le temps d'acheter un journal; **six months at the ~est** six mois au plus; **so ~!*** à bientôt!

ⓑ = **through** **all night ~** toute la nuit; **all summer ~** tout l'été; **his whole life ~** toute sa vie

ⓒ set structures

◆ **before long** (+ *future*) dans peu de temps; (+ *past*) peu après

◆ **how long?** (*in time*) **how ~ will you be?** (*doing job*) ça va te demander combien de temps?; **how ~ did they stay?** combien de temps sont-ils restés?; **how ~ is it since you saw him?** cela fait combien de temps que tu ne l'as pas vu?; **how ~ are the holidays?** les vacances durent combien de temps?

> ▶ In the following **depuis** + *present/imperfect translates English perfect/pluperfect continuous.*

how ~ have you been learning Greek? depuis combien de temps apprenez-vous le grec?; **how ~ had you been waiting?** depuis combien de temps attendiez-vous?

◆ **long ago** il y a longtemps; **how ~ ago was it?** il y a combien de temps de ça?; **as ~ ago as 1930** déjà en 1930; **not ~ ago** il n'y a pas longtemps; **he arrived not ~ ago** il n'y a pas longtemps qu'il est arrivé

◆ **long after** longtemps après; **~ after he died** longtemps après sa mort

◆ **long before**: **~ before the war** bien avant la guerre; **his wife had died ~ before** sa femme était morte depuis longtemps; **you should have done it ~ before now** vous auriez dû le faire il y a longtemps; **not ~ before the war** peu avant la guerre; **not ~ before his wife died** peu avant la mort de sa femme; **she had died not ~ before** elle était morte peu de temps avant

◆ **long since** il y a longtemps; **it's not ~ since he died** il est mort il y a pas longtemps; **he thought of friends ~ since dead** il a pensé à des amis morts depuis longtemps

◆ **any/no/a little longer**: **I can't stay any ~er** je ne peux pas rester plus longtemps; **she no ~er wishes to do it** elle ne veut plus le faire; **he is no ~er living there** il n'y habite plus; **wait a little ~er** attendez encore un peu

◆ **as long as** (*conditional*) à condition que (+ *subj*); **you can borrow it as ~ as John doesn't mind** vous pouvez l'emprunter à condition que John n'y voie pas d'inconvénient; **as ~ as necessary** le temps qu'il faudra; **stay as ~ as**

you like restez autant que vous voulez; **as ~ as this crisis lasts** tant que durera cette crise

3 INTRANSITIVE VERB

to ~ to do sth (= *hope to*) avoir très envie de faire qch; (= *dream of*) rêver de faire qch; **I'm ~ing to meet her** j'ai très envie de la rencontrer; **to ~ for sth** (= *hope for*) avoir très envie de qch; (= *dream of*) rêver de qch; **to ~ for sb to do sth** mourir d'envie que qn fasse qch; **she ~ed for her friends** ses amis lui manquaient beaucoup

4 NOUN

the ~ and the short of it is that ... le fin mot de l'histoire, c'est que ...

5 COMPOUNDS

♦ **long-distance** ADJ [*race, runner*] de fond; **~-distance call** appel (*m*) longue distance; **~-distance flight** vol (*m*) long-courrier; **~-distance lorry driver** (*Brit*) routier (*m*) ♦ ADV **to call sb ~-distance** appeler qn à longue distance ♦ **long-drawn-out** ADJ interminable ♦ **long drink** N long drink (*m*) ♦ **long-grain rice** N riz (*m*) long ♦ **long-haired** ADJ [*person*] aux cheveux longs; [*animal*] à longs poils ♦ **long-haul** N transport (*m*) à longue distance; **~-haul airline/flight** ligne (*f*)/vol (*m*) long-courrier ♦ **long jump** N saut (*m*) en longueur ♦ **long jumper** N sauteur (*m*), -euse (*f*) en longueur ♦ **long-lasting** ADJ durable; **to be longer-lasting** durer plus longtemps ♦ **long-legged** ADJ [*person*] aux jambes longues; [*animal*] à longues pattes ♦ **long-life** ADJ [*milk*] longue conservation; [*batteries*] longue durée ♦ **long-lost** ADJ [*person*] perdu de vue depuis longtemps; [*thing*] perdu depuis longtemps ♦ **long-range** ADJ [*missile, rocket*] à longue portée; [*planning*] à long terme; **~-range weather forecast** prévisions (*fpl*) météorologiques à long terme ♦ **long-running** ADJ [*play*] à l'affiche depuis longtemps; [*dispute*] vieux; [*TV programme*] diffusé depuis longtemps; **~-running series** (*TV*) série-fleuve (*f*) ♦ **long-sighted** ADJ (*Brit*) hypermétrope; (*in old age*) presbyte; (*fig*) [*person*] qui voit loin; [*decision*] pris avec prévoyance; [*attitude*] prévoyant ♦ **long-sleeved** ADJ à manches longues ♦ **long-standing** ADJ de longue date ♦ **long-stay car park** N parking (*m*) longue durée ♦ **long-suffering** ADJ d'une patience à toute épreuve ♦ **long wave** N grandes ondes (*fpl*); **on ~ wave** sur les grandes ondes ♦ **long-winded** ADJ [*speech*] interminable

longevity /lɒn'dʒevɪtɪ/ N longévité (*f*)

longing /'lɒŋɪŋ/ 1 N ⓐ (= *urge, craving*) envie (*f*) (**for sth** de qch); **to have a sudden ~ to do sth** avoir une envie soudaine de faire qch ⓑ (= *nostalgia*) nostalgie (*f*); **his ~ for the happy days of his childhood** la nostalgie qu'il avait des jours heureux de son enfance 2 ADJ [*look, glance*] (*for sth*) plein d'envie; (*for sb*) plein de désir

longingly /'lɒŋɪŋlɪ/ ADV **to look ~ at sb** regarder qn d'un air langoureux; **to look ~ at sth** regarder qch avec convoitise; **to think ~ of sb** penser amoureusement à qn; **to think ~ of sth** penser avec envie à qch

longitude /'lɒŋɡɪtjuːd/ N longitude (*f*); **at a ~ of 48°** par 48° de longitude

long-term /'lɒŋ'tɜːm/ ADJ à long terme; **he's in a ~ relationship** il est avec la même personne depuis longtemps ♦ **long-term car park** N parking (*m*) longue durée ♦ **the long-term unemployed** NPL les chômeurs (*mpl*) de longue durée

loo * /luː/ N (*Brit*) toilettes (*fpl*); **he's in the ~** il est au petit coin*

look /lʊk/

1 NOUN	4 TRANSITIVE VERB
2 PLURAL NOUN	5 COMPOUNDS
3 INTRANSITIVE VERB	6 PHRASAL VERBS

1 NOUN

ⓐ = glance do you want a ~? tu veux jeter un coup d'œil? **and now for a quick ~ at the papers** et maintenant, les grands titres de vos journaux

♦ **to have/take a look**: **let me have a ~** (= *may I*) fais voir; (= *I'm going to*) je vais voir; **let me have another ~** (= *may I*) je peux regarder encore une fois?; **to take a ~ at sth** jeter un coup d'œil à qch; **take a ~ at this!** regarde!; **to take another ~ at sth** examiner qch de plus près; **to take a good ~ at sth** bien regarder qch; **to take a good ~ at sb** regarder qn avec attention; **take a good ~!** regarde bien!; **to take a long hard ~ at sth** examiner qch de près; **to take a long hard ~ at o.s.** (*psychologically*) faire son autocritique; **to have a ~ round the house** visiter la maison; **I just want to have a ~ round** (*in town*) je veux simplement faire un tour; (*in a shop*) je ne fais que regarder; **have a ~ through the telescope** regarde dans le télescope

ⓑ = expression regard (*m*); **an inquiring ~** un regard interrogateur; **we got some very odd ~s** les gens nous ont regardé d'un drôle d'air; **I told her what I thought and if ~s could kill*, I'd be dead** je lui ai dit ce que je pensais et elle m'a fusillé du regard

ⓒ = search **to have a ~ for sth** chercher qch; **have another ~!** cherche bien!

ⓓ = appearance air (*m*); **there was a sad ~ about him** il avait l'air plutôt triste; **I like the ~ of her** je trouve qu'elle a l'air sympathique; **I don't like the ~ of him*** il a une tête qui ne me revient pas*; **by the ~s of him*** à le voir; **by the ~s of it*** de toute évidence; **you can't go by ~s** il ne faut pas se fier aux apparences (*PROV*); **I don't like the ~ of this at all*** ça ne me dit rien qui vaille

ⓔ = style look* (*m*); **I need a new ~** il faut que je change de look*

2 PLURAL NOUN

looks* beauté (*f*); **~s aren't everything** la beauté n'est pas tout; **she has kept her ~s** elle est restée belle; **she's losing her ~s** elle n'est plus aussi belle qu'autrefois

3 INTRANSITIVE VERB

ⓐ = see, glance regarder; **~ over there!** regarde là-bas!; **~!** regarde!; **~ and see if he's still there** regarde s'il est encore là; **~ what a mess you've made!** regarde le gâchis que tu as fait!; **~ who's here!*** regarde qui est là!; **to ~ the other way** (= *avert one's eyes*) détourner le regard; (*fig*) fermer les yeux (*fig*) ■ (*PROV*) **~ before you leap** il faut réfléchir avant d'agir

♦ **to look** + *adverb/preposition*: **he ~ed around him for an ashtray** il a cherché un cendrier des yeux; **to ~ down one's nose at sb*** regarder qn de haut; **she ~s down her nose* at romantic novels** elle méprise les romans à l'eau de rose; **to ~ down the list** parcourir la liste; **~ here*, we must discuss it first** écoutez, il faut d'abord en discuter; **~ here*, that isn't what I said!** dites donc, ce n'est pas (du tout) ce que j'ai dit!; **she ~ed into his eyes** elle l'a regardé droit dans les yeux; (*romantically*) elle a plongé son regard dans le sien; **to ~ over sb's shoulder** regarder par-dessus l'épaule de qn; (*fig*) être constamment sur le dos de qn; **to be ~ing over one's shoulder** (*fig*) être sur ses gardes; **he ~ed right through me*** il a fait comme s'il ne me voyait pas

ⓑ = face [*building*] donner; **the house ~s onto the main street** la maison donne sur la rue principale

ⓒ = search chercher; **you should have ~ed more carefully** tu aurais dû chercher un peu mieux

ⓓ = seem avoir l'air; **he ~s about 40** il doit avoir la quarantaine; **he ~s about 75 kilos** il doit faire environ 75 kilos; **she's tired and she ~s it** elle est fatiguée et ça se voit; **he's 50 and he ~s it** il a 50 ans et il les fait; **how did she ~?** (*health*) comment va-t-elle?; (*on hearing news*) quelle tête elle a fait?; **how do I ~?** comment me trouves-tu?; **how does it ~ to you?** qu'en pensez-vous?

♦ **to look as if**: **try to ~ as if you're glad to see them!** essaie d'avoir l'air content de les voir!; **it ~s as if it's going to snow** on dirait qu'il va neiger; **it doesn't ~ as if he's coming** on dirait qu'il ne va pas venir

♦ **to look** + *adjective/noun*: **she ~s her age** elle fait son âge; **it will ~ bad** ça va faire mauvais effet; **you must ~ your best for this interview** il faut que tu te présentes bien pour cet entretien; **they made me ~ a fool** ils m'ont ridiculisé;

he **~s good in uniform** l'uniforme lui va bien; **that dress ~s good on her** cette robe lui va bien; **that pie ~s good** cette tarte a l'air bonne; **how are you getting on with your autobiography? — it's ~ing good** comment avance ton autobiographie? — elle avance bien; **it ~s good on paper** c'est très bien sur le papier; **that hairstyle makes her ~ old** cette coiffure la vieillit; **it makes him ~ ten years older/younger** ça le vieillit/rajeunit de dix ans; **he ~s older than that** il a l'air plus âgé que ça; **to ~ the part** avoir le physique de l'emploi*; **how pretty you ~!** que vous êtes jolie!; **it ~s promising** c'est prometteur; **it ~s all right to me** ça m'a l'air d'aller; **to make sb ~ small** rabaisser qn; **she ~s tired** elle a l'air fatigué(e); **you're ~ing well** vous avez bonne mine; **she doesn't ~ well** elle n'a pas bonne mine

♦ **to look like: what does he ~ like?** comment est-il?; **he ~s like his father** il ressemble à son père; **the picture doesn't ~ like him at all** on ne le reconnaît pas du tout sur cette photo; **he ~s like a soldier** il a l'air d'un soldat; **it ~s like salt** (= seems) on dirait du sel; **this ~s to me like the right shop** cela m'a l'air d'être le bon magasin; **it ~s like rain*** on dirait qu'il va pleuvoir; **the rain doesn't ~ like stopping** la pluie n'a pas l'air de vouloir s'arrêter; **it certainly ~s like it** ça m'en a tout l'air; **the evening ~ed like being interesting** la soirée promettait d'être intéressante

4 TRANSITIVE VERB

regarder; **to ~ sb in the face** regarder qn en face; **to ~ sb up and down** toiser qn; **where you're going!** regarde où tu vas!; **~ what you've done now!** regarde ce que tu as fait!

5 COMPOUNDS

♦ **look-alike*** N sosie (m); **a Churchill ~-alike** un sosie de Churchill

6 PHRASAL VERBS

▸ **look about** VI regarder autour de soi; **to ~ about for sb/sth** chercher qn/qch (des yeux)

▸ **look after** VT INSEP [+ invalid, child, animal, plant] s'occuper de; [+ one's possessions] prendre soin de; [+ finances] gérer; **she doesn't ~ after herself properly** elle se néglige; **~ after yourself!*** prends soin de toi!; **she's quite old enough to ~ after herself** elle est assez grande pour se débrouiller* toute seule; **he certainly ~s after his car** il bichonne sa voiture; **we're well ~ed after here** on s'occupe bien de nous ici; **they ~ed after the house while we were away** ils se sont occupés de la maison en notre absence; **will you ~ after my bag for me?** tu peux surveiller mon sac?; **to ~ after one's own interests** protéger ses intérêts

▸ **look ahead** VI (= in front) regarder devant soi; (= to future) penser à l'avenir; **I'm ~ing ahead at what might happen** j'essaie d'imaginer ce qui pourrait se passer

▸ **look around** VI regarder autour de soi; **to ~ around for sb/sth** chercher qn/qch (des yeux)

▸ **look at** VT INSEP ⓐ (= observe) [+ person, object] regarder; **just ~ at this mess!** regarde un peu ce fouillis!; **just ~ at you!*** regarde de quoi tu as l'air!; **to ~ at him you would never think that ...** à le voir, on n'imaginerait pas que ...; **it isn't much to ~ at*** ça ne paie pas de mine ⓑ (= consider) [+ situation, problem] examiner; **let's ~ at the facts** examinons les faits; **he now ~ed at her with new respect** il commença à la considérer avec respect; **that's one way of ~ing at it** c'est une façon de voir les choses; **it depends on how you ~ at it** tout dépend comment on voit la chose ⓒ (= check) vérifier; (= see to) s'occuper de; **will you ~ at the carburettor?** pourriez-vous vérifier le carburateur? ⓓ (= have in prospect)* **you're ~ing at a minimum of £65** ça va vous coûter 65 livres au minimum; **they are ~ing at savings of $3 million** les économies pourraient atteindre 3 millions de dollars

▸ **look away** VI détourner les yeux (**from** de); (fig) fermer les yeux

▸ **look back** VI regarder derrière soi; **she ~ed back at Marie and smiled** elle se retourna pour regarder Marie et lui sourit; **after that he never ~ed back*** après, ça n'a fait qu'aller de mieux en mieux pour lui; **there's no point ~ing back** ça ne sert à rien de revenir sur le passé; **~ing**

back, **I'm surprised I didn't suspect anything** avec le recul, je suis étonné de n'avoir rien soupçonné; **to ~ back on sth** (= remember, evaluate) repenser à qch; **when they ~ back on this match ...** lorsqu'ils repenseront à ce match ...; **we can ~ back over 20 years of happy marriage** nous avons derrière nous 20 ans de bonheur conjugal

▸ **look behind** VI regarder en arrière

▸ **look down** VI baisser les yeux; **to ~ down at the ground** regarder par terre; **don't ~ down or you'll fall** ne regarde pas en bas, sinon tu vas tomber

▸ **look down on** VT INSEP ⓐ (= despise) mépriser ⓑ (= overlook) dominer; **the castle ~s down on the valley** le château domine la vallée

▸ **look for** VT INSEP ⓐ (= seek) [+ object, work] chercher; **to be ~ing for trouble*** chercher les ennuis ⓑ (= expect) [+ praise, reward] espérer

▸ **look forward to** VT INSEP [+ event, meal, trip, holiday] attendre avec impatience; **I'm ~ing forward to seeing them** j'ai hâte de les voir; **I ~ forward to meeting you on the 5th** je vous verrai donc avec plaisir le 5; **~ing forward to hearing from you** (in letter) en espérant avoir bientôt de vos nouvelles; **I ~ forward to hearing from you** (frm) dans l'attente de votre réponse (frm); **I ~ forward to the day when ...** j'attends avec impatience le jour où ...; **are you ~ing forward to your birthday?** tu te réjouis pour ton anniversaire?; **we'd been ~ing forward to it for weeks** on attendait ça depuis des semaines; **I'm really ~ing forward to it** je m'en réjouis à l'avance

▸ **look in** VI regarder à l'intérieur; **to ~ in on sb** passer voir qn; **the doctor will ~ in again tomorrow** le docteur repassera demain

▸ **look into** VT INSEP (= examine) examiner; **there's obviously been a mistake. I'll ~ into it** il y a dû y avoir une erreur. Je vais m'en occuper

▸ **look on** 1 VI regarder (faire); **they just ~ed on while the raiders escaped** ils ont regardé les bandits s'enfuir sans intervenir; **he wrote the letter while I ~ed on** il a écrit la lettre tandis que je le regardais faire 2 VT INSEP considérer

▸ **look out** 1 VI ⓐ (= look outside) regarder dehors; **to ~ out of the window** regarder par la fenêtre ⓑ (= take care) faire attention; **I told you to ~ out!** je t'avais bien dit de faire attention!; **~ out!** attention! 2 VT SEP (Brit) ⓐ (= look for) chercher; (= find) trouver; **I'll ~ out some old magazines** je vais essayer de trouver des vieux magazines; **I've ~ed out the minutes of the meeting** j'ai trouvé le procès-verbal de la réunion

▸ **look out for** VT INSEP ⓐ (= look for) chercher; (= watch out for) [+ sth good] essayer de repérer; [+ danger] se méfier de; **~ out for special deals** soyez à l'affût des bonnes affaires; **~ out for ice on the road** faites attention au verglas ⓑ (= look after)* [+ person] s'occuper de; **we ~ out for each other** on se tient les coudes

▸ **look over** VT SEP [+ document, list] parcourir; [+ goods, produce] inspecter; [+ town, building] visiter; [+ person] (quickly) jeter un coup d'œil à; (slowly) regarder de la tête aux pieds

▸ **look round** 1 VI ⓐ (= glance about) regarder (autour de soi); **we're just ~ing round** (in shop) on regarde ⓑ (= search) chercher; **I ~ed round for you after the concert** je vous ai cherché après le concert ⓒ (= look back) se retourner; **I ~ed round to see where he was** je me suis retourné pour voir où il était; **don't ~ round!** ne vous retournez pas! 2 VT INSEP [+ town, factory] visiter

▸ **look through** VT INSEP ⓐ (= scan) [+ mail] regarder; (thoroughly) [+ papers, book] examiner; (briefly) [+ papers, book] parcourir ⓑ (= revise) [+ lesson] réviser; (= re-read) [+ notes] relire ⓒ (= ignore) **he just ~ed right through me*** il a fait comme s'il ne me voyait pas

▸ **look to** VT INSEP ⓐ (= seek help from) se tourner vers; **many sufferers ~ to alternative therapies** de nombreux malades se tournent vers les médecines parallèles; **I ~ to you for help** je compte sur votre aide ⓑ (= think of) penser à; **to ~ to the future** penser à l'avenir ⓒ (= seek to) chercher à; **they are ~ing to make a profit** ils cherchent à réaliser un bénéfice

► **look up** 1 VI ⓐ (= *glance upwards*) regarder en haut; (*from reading*) lever les yeux

ⓑ (= *improve*)* [*prospects, weather*] s'améliorer; [*business*] reprendre; **things are ~ing up** ça va mieux; **oil shares are ~ing up** les actions pétrolières remontent

2 VT SEP ⓐ (= *seek out*) [+ *person*]* passer voir; **~ me up the next time you are in London** passez me voir la prochaine fois que vous serez à Londres

ⓑ (*in reference book*) [+ *name, word*] chercher; **to ~ up a word in the dictionary** chercher un mot dans le dictionnaire; **you'll have to ~ that one up** [+ *word*] il va falloir que tu cherches dans le dictionnaire

3 VT INSEP [+ *reference book*] consulter

► **look upon** VT INSEP considérer

► **look up to** VT INSEP (= *admire*) admirer

loom /luːm/ 1 VI (= *appear*) [*building, mountain*] se dessiner; [*figure, ship*] surgir; [*danger, crisis*] menacer; [*event*] être imminent; **the dark mountains ~ed up in front of us** les sombres montagnes sont apparues devant nous; **a recession is ~ing in the United States** une récession menace sérieusement les États-Unis 2 N métier (*m*) à tisser

loony* /'luːnɪ/ 1 N cinglé(e)* (*m(f)*) 2 ADJ cinglé* 3 COMP ♦ **loony bin** N maison (*f*) de fous; **in the ~ bin** chez les fous ♦ **the loony left*** N (*Brit Politics*) *l'aile extrémiste du parti travailliste*

loop /luːp/ 1 N boucle (*f*); **to put a ~ in sth** faire une boucle à qch 2 VT [+ *string*] faire une boucle à; **he ~ed the rope round the post** il a passé la corde autour du poteau; **to ~ the loop** [*plane*] faire un looping

loophole /'luːphəʊl/ N (*in law, argument, regulations*) faille (*f*); **we must try to find a ~** il faut que nous trouvions une échappatoire

loopy* /'luːpɪ/ ADJ cinglé*; **to go ~** perdre les pédales*

loose /luːs/ 1 ADJ ⓐ [*animal*] (= *free*) en liberté; (= *escaped*) échappé; [*hair*] libre; **~ chippings** gravillons (*mpl*); **~ covers** (*Brit*) housses (*fpl*); **to be at a ~ end** ne pas trop savoir quoi faire; **to tie up the ~ ends** régler les détails qui restent; **to get ~** [*animal*] s'échapper; **to have come ~** [*page*] s'être détaché; [*hair*] s'être dénoué; **to turn an animal ~** lâcher un animal; **we can't let him ~* on the budget** tout seul; **we can't let him ~* on that class** on ne peut pas le laisser livré à lui-même dans cette classe; **to tear o.s. ~** se dégager; **to tear sth ~** détacher qch (en déchirant)

ⓑ (= *not firmly in place*) [*screw*] desserré; [*brick, tooth*] descellé; **a ~ connection** (*electrical*) un mauvais contact; **to be working ~** [*knot, screw*] se desserrer; [*stone, brick*] être descellé; **to have come ~** [*knot*] s'être défait; [*screw*] s'être desserré; [*stone, brick*] être descellé; [*tooth*] bouger; **hang ~!*** relax !*

ⓒ (= *not pre-packed*) [*biscuits, carrots*] en vrac; [*butter, cheese*] à la coupe

ⓓ (= *not tight*) [*skin*] flasque; [*coat, dress*] (= *generously cut*) ample; (= *not tight enough*) large; [*collar*] lâche; **these trousers are too ~ round the waist** ce pantalon est trop large à la taille; **~ clothes are better for summer wear** l'été il vaut mieux porter des vêtements amples

ⓔ (= *not strict*) [*discipline, style*] relâché; [*translation*] approximatif; (= *vague*) [*reasoning, thinking*] peu rigoureux; [*association, link*] vague; **a ~ interpretation of the rules** une interprétation assez libre du règlement

2 N **on the ~*** en cavale; **there was a crowd of kids on the ~* in the town** il y avait une bande de jeunes qui traînait dans les rues; **a gang of hooligans on the ~*** une bande de voyous déchaînés

3 VT ⓐ (= *undo*) défaire; (= *untie*) dénouer; (= *free*) [+ *animal*] lâcher; [+ *prisoner*] relâcher

4 COMP ♦ **loose change** N petite monnaie (*f*) ♦ **loose-fitting** ADJ ample ♦ **loose-leaf** ADJ à feuilles mobiles ♦ **loose-leaf binder** N classeur (*m*) (à feuilles mobiles) ♦ **loose-leafed** ADJ à feuilles mobiles

loosely /'luːslɪ/ ADV [*hold*] sans serrer; [*tie*] lâchement; [*translated*] approximativement; [*connected*] vaguement

loosen /'luːsn/ 1 VT [+ *screw, belt, knot*] desserrer; [+ *rope*] relâcher; [+ *shoelace*] défaire; [+ *laws, restrictions*] assouplir; **to ~ one's grip (on sth)** desserrer son étreinte (sur qch); (= *be less strict with*) desserrer son étreinte (sur qch); **to ~ sb's tongue** délier la langue à qn 2 VI [*screw*] se desserrer; [*knot*] (= *slacken*) se desserrer; (= *come undone*) se défaire; [*rope*] se détendre

► **loosen up** 1 VI ⓐ (= *limber up*) faire des exercices d'assouplissement ⓑ (= *become less strict with*) **to ~ up on sb*** se montrer moins strict envers qn 2 VT SEP **to ~ up one's muscles** faire des exercices d'assouplissement; (*before race*) s'échauffer

loot /luːt/ 1 N (= *plunder, prizes*) butin (*m*); (= *money*) fric⁂ (*m*) 2 VT [+ *town, shop, goods*] piller 3 VI **to go ~ing** se livrer au pillage

looter /'luːtəʳ/ N pillard (*m*)

looting /'luːtɪŋ/ N pillage (*m*)

lop /lɒp/ VT [+ *tree*] tailler; [+ *branch*] couper

► **lop off** VT SEP couper

lopsided /'lɒp'saɪdɪd/ ADJ ⓐ (= *not straight*) de travers; [*smile*] de travers; (= *asymmetric*) disproportionné ⓑ (= *unequal*) [*contest*] inégal

lord /lɔːd/ 1 N ⓐ seigneur (*m*); **~ of the manor** châtelain (*m*); **~ and master** seigneur (*m*) et maître (*m*); **Lord (John) Smith** lord (John) Smith; **the (House of) Lords** la Chambre des lords; **my Lord** Monsieur le comte (*or* baron *etc*); (*to judge*) Monsieur le Juge; (*to bishop*) Monseigneur

ⓑ (= *God*) **the Lord** le Seigneur; **Our Lord** le Seigneur notre Dieu; **the Lord's supper** la sainte Cène; **the Lord's prayer** le Notre-Père

ⓒ (*as expletive*) **good Lord!*** mon Dieu !; **oh Lord!*** Seigneur !; **Lord knows* (what/who)** Dieu sait (quoi/qui)

2 COMP ♦ **Lord Mayor** N lord-maire (*m*) (*titre du maire des principales villes anglaises et galloises*)

lordship /'lɔːdʃɪp/ N **your Lordship** Monsieur le comte (*or* le baron *etc*); (*to judge*) Monsieur le Juge; (*to bishop*) Monseigneur

lorry /'lɒrɪ/ (*Brit*) N camion (*m*); **it fell off the back of a ~*** c'est tombé d'un camion* ♦ **lorry driver** N camionneur (*m*); (*long-distance*) routier (*m*) ♦ **lorry load** N **a ~ load of sand** un (plein) camion de sable

Los Angeles /lɒs'ændʒɪliːz/ N Los Angeles

lose /luːz/ (*pret, ptp* **lost**) 1 VT ⓐ perdre; **there's no time to ~** il n'y a pas de temps à perdre; **there's not a minute to ~** il n'y a pas une minute à perdre; **you've got nothing to ~** tu n'as rien à perdre; **you've got nothing to ~ by helping him** tu n'as rien à perdre à l'aider; **to ~ weight** perdre du poids; **to ~ one's life** perdre la vie; **100 men were lost** 100 hommes ont perdu la vie; **20 lives were lost in the explosion** 20 personnes ont trouvé la mort dans l'explosion; **he didn't ~ any sleep over it** ça ne l'a pas empêché de dormir; **don't ~ any sleep over it!** ne vous en faites pas !; **to ~ one's voice** avoir une extinction de voix; **to ~ interest in sth** se désintéresser de qch; **he's lost his licence** (= *been disqualified from driving*) on lui a retiré son permis de conduire; **the ship was lost with all hands** le navire a sombré corps et biens; **this was not lost on him** cela ne lui a pas échappé; **to ~ ten minutes a day** [*watch, clock*] retarder de dix minutes par jour; **you've lost me there*** je ne vous suis plus; **that will ~ you your job** cela va vous coûter votre place; **that lost us the war** cela nous a fait perdre la guerre

♦ **to get lost** [*person*] se perdre; **he got lost in the wood** il s'est perdu dans la forêt; **to get lost in the post** être égaré par la poste; **get lost!⁂** barre-toi !⁂

♦ **to lose it*** disjoncter*

ⓑ (= *make redundant*) licencier; **they had to ~ 100 workers** ils ont dû licencier 100 employés

ⓒ (= *shake off*) semer; **he managed to ~ the detective who was following him** il a réussi à semer le détective qui le suivait

2 VI perdre ; **they lost 6-1** ils ont perdu 6 à 1 ; **they lost to the new team** ils se sont fait battre par la nouvelle équipe ; **he lost on the deal** il a été perdant dans l'affaire ; **you can't ~!*** tu n'as rien à perdre !

► **lose out** VI être perdant ; **to ~ out on a deal** être perdant dans une affaire ; **he lost out on it** il a été perdant

loser /ˈluːzə^r/ N ⓐ perdant(e) *(m(f))* ; **good/bad** bon/ mauvais joueur *(m)*, bonne/mauvaise joueuse *(f)* ⓑ *(= failure)** loser* *(m)* ; **he's a born ~** c'est un loser*

losing /ˈluːzɪŋ/ ADJ [*team, party, candidate*] perdant ; **to fight a ~ battle** livrer une bataille perdue d'avance ; **to be on the ~ side** être du côté des perdants ; **to be on a ~ streak*** être dans une période de déveine*

loss /lɒs/ 1 N perte *(f)* ; **~es amounting to \$2 million** des pertes s'élevant à 2 millions de dollars ; **to suffer heavy ~es** subir de lourdes pertes ; **to sell sth at a ~** vendre qch à perte ; **to cut one's ~es** sauver les meubles* ; **~ of appetite/blood** perte *(f)* d'appétit/de sang ; **hair/weight ~** perte *(f)* de cheveux/de poids ; **~ of earnings** perte *(f)* de revenus ; **job ~es** suppressions *(fpl)* d'emploi ; **the factory closed with the ~ of 300 jobs** l'usine a fermé et 300 emplois ont été supprimés

♦ **to be at a loss : to be at a ~ to explain sth** être embarrassé pour expliquer qch ; **we are at a ~ to know why he did it** nous ne savons absolument pas pourquoi il l'a fait ; **to be at a ~ for words** ne pas trouver ses mots ; **he's never at a ~ for words** il a toujours quelque chose à dire

2 COMP ♦ **loss adjuster** N *(Brit)* expert *(m)* en sinistres ♦ **loss-making** ADJ [*product*] vendu à perte ; [*firm*] déficitaire

lost /lɒst/ 1 VB *(pt, ptp of* **lose***)*

2 ADJ perdu ; **to be ~ for words** ne pas trouver ses mots ; **to give sb/sth up for ~** considérer qn/qch comme perdu ; **a ~ cause** une cause perdue ; **all is not ~!** tout n'est pas perdu ! ; **my advice was ~ on him** il n'a pas écouté mes conseils ; **modern music is ~ on me** *(= don't understand it)* je ne comprends rien à la musique moderne ; **the remark was ~ on him** il n'a pas compris la remarque ; **to make up for ~ time** rattraper le temps perdu ; **he was ~ in thought** il était perdu dans ses pensées

3 COMP ♦ **lost and found** N *(US)* objets *(mpl)* trouvés ♦ **lost property** N objets *(mpl)* trouvés ♦ **lost property office** N bureau *(m)* des objets *(mpl)* trouvés

lot /lɒt/ 1 N ⓐ *(expressing quantity)*

♦ **a lot** *(= a great deal)* beaucoup ; **I've learned a ~** j'ai beaucoup appris ; **we don't go out a ~** nous ne sortons pas beaucoup ; **things have changed quite a ~** les choses ont beaucoup changé ; **I'd give a ~ to know ...** je donnerais cher pour savoir ... ; **there wasn't a ~ we could do** nous ne pouvions pas faire grand-chose ; **he cries such a ~** il pleure tellement ; **he's a ~ better** il va beaucoup mieux ; **a ~ you care!*** tu t'en fiches oui !* **thanks a ~!*** merci beaucoup !

♦ **a lot of** beaucoup de ; **a ~ of money** beaucoup d'argent ; **quite a ~ of** [*+ people, cars, money*] pas mal de ; **such a ~ of ...** tellement de ... ; **what a ~ of people!** que de monde ! ; **we see a ~ of them** nous les voyons souvent

ⓑ *(= destiny)* sort *(m)* ; **she is content with her ~** elle est contente de son sort ; **to throw in one's ~ with sb** partager le sort de qn

ⓒ *(= random selection)* **by ~** par tirage au sort ; **to draw ~s** tirer au sort

ⓓ *(= batch)* lot *(m)* ; **no. 69 is an antique table** le lot no. 69 est une table ancienne ; **are you coming, you ~?*** vous venez, vous autres ?* ; **he's a bad ~*** il ne vaut pas cher* ; **you rotten ~!*** vous êtes vaches !*

ⓔ ♦ **the lot*** *(= everything)* tout ; *(= all)* tous, toutes ; **that's the ~** c'est tout ; **here are the apples, take the ~** voici les pommes, prends-les toutes ; **here's some money, just take the ~** voici de l'argent, prends tout ; **the whole ~ cost me \$1** ça m'a coûté un dollar en tout ; **the ~ of you** vous tous

ⓕ *(US = plot of land)* lot *(m)* *(de terrain)* ; **empty ~** terrain *(m)* disponible

2 NPL **lots*** *(= plenty)* **I've got ~s** j'en ai plein* ; **there's ~s left** il en reste plein* ; **~s better/bigger** bien mieux/plus grand ; **~s of complaints** plein de* réclamations ; **there's ~s of it** il y en a plein* ; **there were ~s of them** il y en avait plein*

loth /ləʊθ/ ADJ **to be ~ to do sth** répugner à faire qch

lotion /ˈləʊʃən/ N lotion *(f)*

lottery /ˈlɒtərɪ/ N loterie *(f)* ; **~ ticket** billet *(m)* de loterie

lotus /ˈləʊtəs/ N lotus *(m)* ♦ **the lotus position** N la position du lotus

loud /laʊd/ 1 ADJ ⓐ [*voice, music*] fort ; [*laugh, noise*] grand ; [*thunder*] fracassant ; [*protests*] vigoureux ; [*behaviour*] tapageur ; **this remark was greeted by ~ applause** un tonnerre d'applaudissements a accueilli cette remarque ⓑ [*colour, clothes*] voyant

2 ADV fort ; **speak a bit ~er** parle un peu plus fort

♦ **out loud** tout haut ; **to laugh out ~** rire tout haut

♦ **loud and clear: I am receiving you ~ and clear** je vous reçois cinq sur cinq ; **we could hear it ~ and clear** nous l'entendions clairement

3 COMP ♦ **loud-mouth*** N grande gueule* *(f)* ♦ **loud-mouthed** ADJ fort en gueule*

loudhailer /ˌlaʊdˈheɪlə^r/ N *(Brit)* porte-voix *(m inv)*

loudly /ˈlaʊdlɪ/ ADV ⓐ [*say*] d'une voix forte ; [*talk, shout*] fort ; [*laugh, knock, applaud, quarrel, complain*] bruyamment ; [*proclaim*] haut et fort ⓑ [*protest*] vigoureusement

loudspeaker /ˌlaʊdˈspiːkə^r/ N enceinte *(f)*

Louisiana /luːˌiːzɪˈænə/ N Louisiane *(f)* ; **in ~** en Louisiane

lounge /laʊndʒ/ 1 N *(Brit)* [*of house, hotel*] salon *(m)* ; *(in airport)* salle *(f)* d'embarquement 2 VI se prélasser 3 COMP ♦ **lounge bar** N [*of pub*] ≈ salon *(m)* ♦ **lounge suit** N *(Brit)* complet(-veston) *(m)*

► **lounge about, lounge around** VI paresser

lounger /ˈlaʊndʒə^r/ N transat *(m)*

louse /laʊs/ N *(pl* **lice***)* ⓐ *(= insect)* pou *(m)* ⓑ *(= person)** salaud* *(m)*

► **louse up*** VT SEP [*+ deal, event*] faire foirer*

lousy* /ˈlaʊzɪ/ ADJ ⓐ [*car, day, weather*] pourri* ; [*idea, film, book, pay*] nul ; [*food*] infect ; [*mood*] massacrant ; **to be a ~ teacher** être nul en tant que professeur ; **he's a ~ driver** il conduit comme un pied* ; **to be ~ at sth** être nul en qch ; **she's been having a ~ time lately** la vie n'est pas drôle pour elle en ce moment ⓑ *(expressing displeasure)* malheureux ; **50 ~ pounds!** 50 malheureuses livres ! ; **you can keep your ~ job, I don't want it!** gardez votre boulot de merde*, je n'en veux pas ! ⓒ *(= ill)* **to feel ~** être mal fichu*

lout /laʊt/ N rustre *(m)*

loutish /ˈlaʊtɪʃ/ ADJ [*manners*] de rustre ; **his ~ behaviour** la grossièreté de sa conduite

louvre, louver *(US)* /ˈluːvə^r/ N *(in roof)* lucarne *(f)* ; *(on window)* persienne *(f)*

lovable /ˈlʌvəbl/ ADJ adorable

love /lʌv/ 1 N ⓐ *(for person)* amour *(m)* ; **her ~ for her children** son amour pour ses enfants ; **her children's ~ for her** l'amour que lui portent ses enfants ; **to make ~** faire l'amour ; **it was ~ at first sight** ça a été le coup de foudre ; **there's no ~ lost between them** ils ne peuvent pas se sentir*

♦ **for love: to marry for ~** faire un mariage d'amour ; **for ~ of her son** par amour pour son fils ; **for the ~ of God** pour l'amour de Dieu ; **don't give me any money, I'm doing it for ~** ne me donnez pas d'argent, je le fais parce que ça me fait plaisir ; **I won't do it for ~ nor money** je ne le ferai pour rien au monde ; **it wasn't to be had for ~ nor money** c'était introuvable

♦ **in love: they are in ~** ils s'aiment ; **she's in ~** elle est amoureuse ; **to be in ~ (with)** être amoureux (de) ; **to fall in ~ (with)** tomber amoureux (de)

ⓑ *(in letter)* **~ from Jim** affectueusement, Jim ; **all my ~, Jim** bises, Jim ; **give her my ~** fais-lui mes amitiés ; **~ and kisses** grosses bises *(fpl)* ; **he sends you his ~** il t'envoie ses amitiés

ⓒ (= object of affections) (= thing, object) passion (f); (= person) amour (m); **the theatre was her great ~** le théâtre était sa grande passion; **his first ~ was football** il aimait le football par-dessus tout; **she is the ~ of my life** c'est la femme de ma vie

► *En Grande-Bretagne, ne vous étonnez pas si une vendeuse ou un conducteur d'autobus vous appelle* **love** *ou* **dear** *- cette manière de s'adresser à des inconnus n'a aucune connotation sexuelle.*

ⓓ (Brit: term of address)* (to child) mon petit, ma petite; (to man) mon chéri; (to woman) ma chérie; (between strangers: to man) mon petit monsieur*; (to woman) ma petite dame*
ⓔ (Tennis) zéro (m); **~ 30** zéro 30

2 VT ⓐ [+ person] aimer; **he didn't just like her, he ~d her** il ne l'aimait pas d'amitié, mais d'amour; **I ~ you** je t'aime; **they ~ each other** ils s'aiment; **I must ~ you and leave you*** malheureusement, il faut que je vous quitte
ⓑ [+ music, food, activity, place] aimer (beaucoup); (stronger) adorer; **to ~ doing sth** adorer faire qch; **he ~s reading/ photography** il adore lire/la photographie; **I'd ~ to come** je serais ravi de venir; **I'd ~ to!** (in answer to question) avec plaisir!; **I'd ~ to but unfortunately ...** j'aimerais bien, malheureusement ...; **I ~ the way she smiles** j'adore son sourire; **she's going to ~ that!** (sarcastic) elle va être ravie!

3 COMP ◆ **love affair** N liaison (f) (amoureuse); (with idea, activity) passion (f) (with pour) ◆ **loved ones** NPL êtres (mpl) chers; **my ~d ones** les êtres qui me sont chers ◆ **love handles*** NPL poignées (fpl) d'amour* ◆ **love-hate relationship** N relation (f) amour-haine; **they have a ~-hate relationship** ils s'aiment et se détestent à la fois ◆ **love letter** N lettre (f) d'amour ◆ **love life*** N how's your ~ life (these days)? comment vont les amours? ◆ **love nest*** N nid (m) d'amour ◆ **love scene** N scène (f) d'amour ◆ **love story** N histoire (f) d'amour

lovebirds /'lʌvbɜːdz/ NPL (= lovers) tourtereaux (mpl)

lovebite /'lʌvbaɪt/ N suçon (m)

lovely /'lʌvlɪ/ ADJ ⓐ (= beautiful) [woman, place, clothes, flower] ravissant; [baby, animal, picture, voice] beau (belle (f)); **you look ~** tu es ravissante
ⓑ (= pleasant) [person] charmant; [day, flavour, meal, surprise, weather, holiday] merveilleux; [food, smell] délicieux; [idea] excellent; **thanks, that's ~*** (= fine) merci, c'est parfait; **it's ~ to see you again** ça me fait très plaisir de te revoir; **it's been ~ to see you** j'ai été vraiment content de vous voir; **we had a ~ time** nous nous sommes bien amusés; **he made a ~ job of it** il a fait du très bon travail; **the water's ~ and warm** l'eau est bonne

lovemaking /'lʌv,meɪkɪŋ/ N rapports (mpl) sexuels; **after ~** après l'amour

lover /'lʌvəʳ/ N ⓐ amant (m); **they are ~s** ils ont une liaison; **they have been ~s for two years** leur liaison dure depuis deux ans ⓑ [of hobby, wine] amateur (m); **he's a ~ of good food** il est grand amateur de bonne cuisine; **art ~** amateur (m) d'art; **a nature ~** un amoureux de la nature

lovesick /'lʌvsɪk/ ADJ transi d'amour

lovesong /'lʌvsɒŋ/ N chanson (f) d'amour

loving /'lʌvɪŋ/ ADJ affectueux; [marriage] heureux; [wife, husband, parent] aimant; [family] uni; [smile] plein de tendresse; **~ kindness** bonté (f); **with ~ care** avec le plus grand soin

lovingly /'lʌvɪŋlɪ/ ADV ⓐ [look at] (= with affection) tendrement; (= with love) amoureusement ⓑ (= carefully) [restored, maintained] avec amour

low /ləʊ/ 1 ADJ ⓐ bas (basse (f)); **at ~ tide** à marée basse; **~ water** marée (f) basse; **he's at a ~ point in his career** il est dans le creux de la vague; **a dress with a ~ neck** une robe décolletée; **in a ~ voice** (= softly) à voix basse; **people on ~ incomes** les gens à faibles revenus; **at the ~est price** au meilleur prix; **at ~ speed** à petite vitesse; **in ~ gear** en première ou en seconde (vitesse); **the temperature is in the ~ thirties** il fait entre 30 et 35 degrés; **the fire is getting ~** le feu est en train de s'éteindre; **cook on a ~ heat** cuire à feu doux; **people of ~ intelligence** les gens peu intelligents;

to have a ~ opinion of sth ne pas avoir bonne opinion de qch; **supplies are running ~** les provisions diminuent
◆ **low in**: **~ in fat** à faible teneur en matières grasses; **~ in nitrogen** contenant peu d'azote
◆ **low on**: **we're a bit ~ on petrol** nous n'avons plus beaucoup d'essence; **they were ~ on water** ils étaient à court d'eau
ⓑ (= depressed) déprimé; **to be in ~ spirits** être déprimé
ⓒ [behaviour] ignoble; **the ~est of the ~** le dernier des derniers

2 ADV ⓐ (= in low position) [aim, fly] bas; **to bow ~** saluer bien bas; **a dress cut ~ at the back** une robe très décolletée dans le dos; **~er down the wall** plus bas sur le mur; **~er down the hill** plus bas sur la colline; **the plane flew ~ over the town** l'avion a survolé la ville à basse altitude; **I wouldn't stoop so ~ as to do that** je ne m'abaisserais pas à faire cela
ⓑ (= at low volume, intensity, cost) **to turn the heating/ lights/music down ~** baisser le chauffage/la lumière/la musique; **the song is pitched too ~ for me** le ton de cette chanson est trop bas pour moi

3 N ⓐ (= weather system) dépression (f)
ⓑ (= low point) **prices have reached an all-time ~** les prix ont atteint leur niveau le plus bas; **the euro has fallen to a new ~** l'euro a atteint son niveau le plus bas

4 COMP ◆ **low-budget** ADJ [film, project] à petit budget ◆ **low-calorie** ADJ basses calories ◆ **low-cost** ADJ bon marché ◆ **low-cut** ADJ [dress] décolleté ◆ **lowest common denominator** N plus petit commun dénominateur (m) ◆ **low-fat** ADJ [diet] pauvre en matières grasses; [milk, cheese] allégé ◆ **low-flying** ADJ volant à basse altitude ◆ **low-grade** ADJ de qualité inférieure ◆ **low-key** ADJ discret (-ète (f)); **to keep sth ~key** faire qch de façon discrète ◆ **low-level** ADJ bas (basse (f)); [radiation] faible; [job] subalterne; [talks, discussions] préparatoire; **~-level waste** déchets (mpl) faiblement radioactifs ◆ **low-lying** ADJ à basse altitude ◆ **low-paid** ADJ mal payé ◆ **low-pitched** ADJ bas (basse (f)) ◆ **low-powered** ADJ de faible puissance ◆ **low-pressure** ADJ à basse pression ◆ **low-profile** ADJ discret (-ète (f)) ◆ **low-quality** ADJ [goods] de qualité inférieure ◆ **low-rent** ADJ à loyer modéré ◆ **low-rise** ADJ de faible hauteur ◆ **low season** N basse saison (f) ◆ ADJ [rates, holiday] pendant la basse saison ◆ **low-slung** ADJ [chair] bas (basse (f)); [sports car] surbaissé ◆ **low-sulphur** ADJ [petrol etc] à faible teneur en soufre ◆ **low-tar** ADJ [cigarette] à faible teneur en goudron ◆ **low-water mark** N laisse (f) de basse mer

lowbrow* /'ləʊbraʊ/ ADJ sans prétentions intellectuelles

low-down* /'ləʊdaʊn/ 1 ADJ [person] méprisable; **a ~ trick** un sale tour 2 N **to get the ~ on sth** se renseigner sur qch; **to give sb the ~ on sth** mettre qn au courant de qch

lower /'ləʊəʳ/ compar of **low** 1 ADJ inférieur (-eure (f)); **the ~ half of the body** le bas du corps; **the ~ shelf** l'étagère (f) du bas
2 VT ⓐ [+ blind, window] baisser; [+ sail, flag] amener; [+ lifeboat] mettre à la mer; **to ~ sth on a rope** descendre qch au bout d'une corde
ⓑ [+ pressure, heating, price, voice] baisser; **to ~ sb's morale** démoraliser qn; **~ your voice!** parle moins fort!; **he ~ed his voice to a whisper** il s'est mis à chuchoter; **to ~ o.s. to do sth** s'abaisser à faire qch

3 COMP ◆ **the lower back** N le bas du dos ◆ **lower class** N **~-class family** famille (f) ouvrière ◆ **lower deck** N [of bus] étage (m) inférieur; [of ship] pont (m) inférieur ◆ **the Lower House** N (Parl) la Chambre basse ◆ **lower-income** ADJ [group, family] économiquement faible ◆ **lower lip** N lèvre (f) inférieure ◆ **lower middle class** N classe (f) moyenne; **a ~ middle-class family** une famille de la classe moyenne ◆ **lower sixth** N (Brit) ≈ classe (f) de première

lowland /'ləʊlənd/ ADJ **in ~ areas** dans les zones de basse altitude

lowly /'ləʊlɪ/ ADJ humble

lox /lɒks/ N (US) saumon (m) fumé

loyal /'lɔɪəl/ ADJ [friend, supporter] loyal; [wife, customer, reader, employee] fidèle; **he has a ~ following** il a des partisans fidèles; **to be ~ to sb/sth** être fidèle à qn/qch

loyalist /'lɔɪəlɪst/ ADJ, N loyaliste (mf)

loyally /'lɔɪəlɪ/ ADV [serve, support] fidèlement

loyalty /'lɔɪəltɪ/ N loyauté (f) (**to** envers); (to cause) dévouement (m) (**to** à); **my first ~ is to my family** ma famille passe avant tout; **to pledge one's ~ to sb** promettre d'être loyal envers qn; **to decide where one's loyalties lie** choisir son camp; **to have divided loyalties** être partagé ✦ **loyalty card** N (Brit) carte (f) de fidélité

lozenge /'lɒzɪndʒ/ N ⓐ (= medicated sweet) pastille (f) ⓑ (= shape) losange (m)

LPG /elpiː'dʒiː/ N (ABBR = **liquefied petroleum gas**) GPL (m)

LRP /elɑː'piː/ N (ABBR = **lead replacement petrol**) ≈ super (m)

LSD /eles'diː/ N LSD (m)

LSE /ˌeles'iː/ N ABBR = **London School of Economics**

Lt. ABBR = **Lieutenant**

Ltd (Brit) (ABBR = **Limited**) **Smith & Co. ~** Smith & Cie SA

lubricant /'luːbrɪkənt/ ADJ, N lubrifiant (m)

lubricate /'luːbrɪkeɪt/ VT ⓐ lubrifier ⓑ (= ease) faciliter

lucid /'luːsɪd/ ADJ ⓐ lucide; [moment] de lucidité ⓑ [style, explanation] clair

lucidity /luː'sɪdɪtɪ/ N ⓐ [of style, explanation] clarté (f) ⓑ [of mind] lucidité (f)

luck /lʌk/ N ⓐ chance (f); **good ~** chance (f); **bad ~** malchance (f); **it's good ~ to see a black cat** cela porte bonheur de voir un chat noir; **to bring bad ~** porter malheur (à qn); **it brought us nothing but bad ~** cela ne nous a vraiment pas porté chance; **good ~!** bonne chance!; **hard ~!** pas de veine!*; **better ~ next time!*** vous aurez (or nous aurons etc) plus de chance la prochaine fois!; **any ~?*** (= did it work?) alors ça a marché?; (= did you find it?) tu as trouvé?; **no ~?*** (= didn't it work?) ça n'a pas marché?; (= didn't you find it?) tu n'as pas trouvé?; **worse ~!*** malheureusement!; **to have the good/bad ~ to do sth** avoir la chance/la malchance de faire qch; **~ was on his side** la chance lui souriait; **as ~ would have it** comme par hasard; **don't push your ~*** ne tire pas trop sur la corde*; **he's pushing his ~*** il y va un peu fort; **it's the ~ of the draw** c'est une question de chance; **just my ~!*** c'est bien ma veine!*; **to be down on one's ~*** (= be unlucky) avoir la poisse*; (= go through bad patch) traverser une mauvaise passe

ⓑ (= good fortune) chance (f); **you're in ~*** tu as de la chance; **you're out of ~*** tu n'as pas de chance; **that's a bit of ~!*** coup de pot!*; **no such ~!*** ç'aurait été trop beau!; **with any ~ ...** avec un peu de chance ...

► **luck out*** VI (US) avoir de la veine*

luckily /'lʌkɪlɪ/ ADV heureusement

lucky /'lʌkɪ/ 1 ADJ ⓐ **to be ~** avoir de la chance; **we were ~ with the weather** on a eu de la chance avec le temps; **he is ~ to be alive** il a de la chance d'être en vie; **he's ~ I didn't run him over** il a eu de la chance, j'aurais pu l'écraser; **it was ~ you got here in time** heureusement que vous êtes arrivé à temps; **to be ~ in love** être heureux en amour; **I'm ~, I've got an excellent teacher** j'ai la chance d'avoir un excellent professeur; **to count o.s. ~** s'estimer heureux; **some people are born ~** il y a des gens qui ont de la chance; **~ winner** heureux gagnant (m), heureuse gagnante (f); **(you) ~ thing*!** veinard(e)!*; **~ you!*** tu en as de la veine!*; **if you're ~** avec un peu de chance; **you'll be ~!*** (= not likely) tu peux toujours courir!*; **you'll be ~* if you get any breakfast** tu pourras t'estimer heureux si tu as un petit déjeuner; **you'll be ~ to get £50 for it** tu auras du mal à en tirer 50 livres; **I should be so ~*** ce serait trop beau!*

ⓑ [coincidence, shot] heureux; **that was ~!** quelle chance!; **to have a ~ escape** l'échapper belle; **a ~ chance** un coup de chance; **a ~ break*** un coup de bol*; **how did you know? — it was just a ~ guess** comment as-tu deviné? —

j'ai dit ça au hasard; **it's your ~ day*** c'est ton jour de chance

ⓒ [number, horseshoe] porte-bonheur (inv); **a ~ charm** un porte-bonheur

2 COMP ✦ **lucky dip** N (Brit: at fair) ≈ pêche (f) à la ligne; (fig) loterie (f) (fig)

lucrative /'luːkrətɪv/ ADJ lucratif

ludicrous /'luːdɪkrəs/ ADJ ridicule

ludo /'luːdəʊ/ N (Brit) jeu (m) des petits chevaux

lug* /lʌg/ VT traîner; **to ~ sth up** monter qch en le traînant; **to ~ sth out** traîner qch dehors

luggage /'lʌgɪdʒ/ N bagages (mpl) ✦ **luggage handler** N (at airport) bagagiste (m) ✦ **luggage locker** N casier (m) de consigne (f) automatique ✦ **luggage rack** N (in train) porte-bagages (m inv); (on car) galerie (f)

lugubrious /lʊ'guːbrɪəs/ ADJ lugubre

lukewarm /'luːkwɔːm/ ADJ ⓐ (in temperature) tiède ⓑ (= unenthusiastic) peu enthousiaste; **to be ~ about sth** ne pas être enthousiasmé par qch

lull /lʌl/ 1 N (in storm) accalmie (f); (in hostilities, conversation) arrêt (m) 2 VT [+ person, fear] apaiser; **to be ~ed into a false sense of security** s'endormir dans une fausse sécurité

lullaby /'lʌləbaɪ/ N berceuse (f)

lumbago /lʌm'beɪgəʊ/ N lumbago (m)

lumber /'lʌmbə'/ 1 N (= wood) bois (m) de construction 2 VT (Brit = burden) **to ~ sb with sth*** coller* qch à qn; **he got ~ed with the job of making the list** il s'est tapé* le boulot de dresser la liste; **I got ~ed with Ruth for the evening** j'ai dû me coltiner* Ruth toute la soirée 3 VI (= lumber along) [person, animal] marcher pesamment

lumberjack /'lʌmbədʒæk/ N bûcheron (m) ✦ **lumberjack shirt** N épaisse chemise à carreaux

luminous /'luːmɪnəs/ ADJ lumineux

lump /lʌmp/ 1 N ⓐ (= piece) morceau (m); [of clay, earth] motte (f); (in sauce) grumeau (m) ⓑ [cancerous] grosseur (f); (= swelling) protubérance (f); (from bump) bosse (f); **to have a ~ in one's throat** avoir une boule dans la gorge ⓒ (= person)* empoté(e)* (m(f)) 2 VT (Brit)* **you'll just have to ~ it** t'as pas le choix*; **like it or ~ it, you'll have to go** que ça te plaise ou non il faudra que tu y ailles 3 COMP ✦ **lump sum** N montant (m) forfaitaire; (= payment) versement (m) unique

► **lump together** VT SEP [+ people, cases] mettre dans la même catégorie

lumpy /'lʌmpɪ/ ADJ [mattress] plein de bosses; [sauce, mixture] grumeleux; **to go ~** [sauce] faire des grumeaux

lunacy /'luːnəsɪ/ N démence (f); **that's sheer ~!** c'est de la pure folie!

lunar /'luːnə'/ ADJ lunaire; [eclipse] de lune ✦ **lunar landing** N alunissage (m)

lunatic /'luːnətɪk/ N, ADJ fou (m), folle (f); **he's a ~!** il est fou à lier! ✦ **lunatic asylum** N asile (m) d'aliénés ✦ **the lunatic fringe** N les extrémistes (mpl) fanatiques

lunch /lʌntʃ/ N déjeuner (m); **we're having pork for ~** nous avons du porc pour le déjeuner; **to have ~** déjeuner; **he is at ~** (= away from office) il est parti déjeuner; **to be out to ~*** (= crazy) débloquer*; **come for ~** venez déjeuner ✦ **lunch break** N heure (f) du déjeuner ✦ **lunch hour** N **it's his ~ hour just now** c'est l'heure à laquelle il déjeune; **during one's ~ hour** à l'heure du déjeuner

lunchbox /'lʌntʃbɒks/ N boîte (f) à sandwiches

luncheon /'lʌntʃən/ N déjeuner (m) ✦ **luncheon voucher** N ticket-restaurant (m)

lunchpail /'lʌntʃpeɪl/ N (US) boîte (f) à sandwiches

lunchtime /'lʌntʃtaɪm/ N **it's ~** c'est l'heure de déjeuner; **at ~** à l'heure du déjeuner

lung /lʌŋ/ 1 N poumon (m); **at the top of one's ~s** à tue-tête 2 COMP [disease, infection] pulmonaire ✦ **lung cancer** N cancer (m) du poumon

lunge /lʌndʒ/ VI ⓐ (= move) faire un mouvement brusque en avant ⓑ (= attack) **to ~ at sb** envoyer un coup à qn

lurch /lɜːtʃ/ 1 N [of person] vacillement (m); [of car, ship] embardée (f); **the party's ~ to the right** le virage à droite du parti; **to leave sb in the ~** laisser qn en plan* 2 VI [person] tituber; [car, ship] faire une embardée; **to ~ along** [person] avancer en titubant; **the car ~ed forwards** la voiture avançait en faisant des embardées; **the ship ~ed from side to side** le bateau se mit à rouler violemment; **he ~ed to his feet** il s'est levé en titubant; **to ~ towards crisis** sombrer dans la crise

lure /ljʊəʳ/ 1 N ⓐ (= charm) [of sea, travel] attrait (m); **the ~ of money** l'attrait (m) exercé par l'argent; **the ~ of profit** l'appât (m) du gain ⓑ (= decoy) leurre (m) 2 VT attirer; **clever advertising to ~ customers in** de la publicité accrocheuse pour faire entrer les clients; **to ~ sb into a trap** attirer qn dans un piège

► **lure away** VT SEP **to ~ customers away from one's competitors** attirer les clients de ses concurrents

lurid /ˈljʊərɪd/ ADJ ⓐ [story, image, photo] horrible; [headlines] à sensation; [scandal, rumour] sordide; **in ~ detail** avec un luxe de détails sordides; **~ details of their relationship** les détails les plus scabreux de leur liaison ⓑ [colour] criard

lurk /lɜːk/ VI [person] se cacher (dans un but malveillant); [danger] menacer; [doubt] persister; **he was ~ing behind the bush** il se cachait derrière le buisson

luscious /ˈlʌʃəs/ ADJ ⓐ (= beautiful) [woman, blonde, lips]* pulpeux ⓑ [food] succulent

lush /lʌʃ/ ADJ ⓐ (= luxuriant) [field, vegetation] luxuriant; [pasture] riche ⓑ [hotel, surroundings] luxueux

lust /lʌst/ N (sexual) désir (m) (sexuel); (= deadly sin) luxure (f); (for fame, power) soif (f) (**for** de); **the ~ for life** la rage de vivre

► **lust after**, **lust for** VT INSEP [+ woman, riches] convoiter; [+ revenge, power] avoir soif de

luster /ˈlʌstəʳ/ N (US) (= shine) lustre (m); (= renown) éclat (m)

lustful /ˈlʌstfʊl/ ADJ (= lecherous) lascif

lustre /ˈlʌstəʳ/ N (= shine) lustre (m); (= renown) éclat (m)

lusty /ˈlʌstɪ/ ADJ vigoureux

lute /luːt/ N luth (m)

Luxemb(o)urg /ˈlʌksəmbɜːg/ N Luxembourg; **the Grand Duchy of ~** le grand-duché de Luxembourg

Luxemb(o)urger /ˈlʌksəmbɜːgəʳ/ N Luxembourgeois(e) (m(f))

luxuriant /lʌgˈzjʊərɪənt/ ADJ luxuriant .

luxuriate /lʌgˈzjʊərɪeɪt/ VI (= revel) **to ~ in sth** s'abandonner avec délices à qch

luxurious /lʌgˈzjʊərɪəs/ ADJ luxueux; [tastes] de luxe

luxury /ˈlʌkʃərɪ/ 1 N luxe (m); **to live in ~** vivre dans le luxe; **it's quite a ~ for me to go to the theatre** c'est du luxe pour moi d'aller au théâtre; **what a ~ to have a bath at last!** quel luxe de pouvoir enfin prendre un bain! 2 ADJ [goods, article, item] de luxe; [flat, hotel] de grand standing; **a ~ car** une voiture de luxe

LW (ABBR = **long wave**) GO (fpl)

lychee /ˈlaɪtʃiː/ N litchi (m)

Lycra ® /ˈlaɪkrə/ 1 N Lycra ® (m) 2 ADJ en Lycra

lying /ˈlaɪɪŋ/ 1 N (= telling lies) mensonge(s) (m(pl)); **~ won't help** ça ne te sert à rien de mentir 2 ADJ [person] menteur; [statement, story] mensonger; **you ~ bastard!*** sale menteur!*

lynch /lɪntʃ/ VT (= hang) exécuter sommairement (par pendaison); (= kill) lyncher ♦ **lynch mob** N lyncheurs (mpl)

lynching /ˈlɪntʃɪŋ/ N (= action, result) lynchage (m)

lynchpin /ˈlɪntʃpɪn/ N (= important factor) élément (m) essentiel; (= person) cheville (f) ouvrière

lyric /ˈlɪrɪk/ 1 N (= words of song) **~s** paroles (fpl) 2 ADJ lyrique

lyrical /ˈlɪrɪkəl/ ADJ lyrique

M

M , m /em/ N ⓐ (*Brit*) (ABBR = **motorway**) **on the M6** sur l'autoroute M6 ⓑ ABBR = **million(s)** ⓒ (ABBR = **metre(s)**) m

MA /ˌem'eɪ/ N (ABBR = **Master of Arts**) **to have an MA in French** ≈ avoir une maîtrise de français → *DEGREE*

ma'am /mæm/ N (ABBR = **madam**) Madame (*f*), Mademoiselle (*f*)

mac* /mæk/ N (*Brit*) (ABBR = **mackintosh**) imper* (*m*)

macabre /mə'kɑːbrə/ ADJ macabre

macaroni /ˌmækə'rəʊnɪ/ N macaroni(s) (*m(pl)*) ◆ **macaroni cheese** N gratin (*m*) de macaroni(s)

macaroon /ˌmækə'ruːn/ N macaron (*m*)

Mace ® /meɪs/ N (= *gas*) gaz (*m*) incapacitant, mace (*m*)

mace /meɪs/ N ⓐ (= *ceremonial staff*) masse (*f*) ⓑ (= *spice*) macis (*m*)

Macedonia /ˌmæsɪ'dəʊnɪə/ N Macédoine (*f*)

macerate /'mæsəreɪt/ VTI macérer

machete /mə'ʃetɪ/ N machette (*f*)

Machiavellian /ˌmækɪə'velɪən/ ADJ machiavélique

machination /ˌmækɪ'neɪʃən/ N machination (*f*)

machine /mə'ʃiːn/ 1 N machine (*f*); **the company is a real money-making** ~ cette société est une vraie machine à fabriquer de l'argent; **publicity** ~ appareil (*m*) publicitaire; **the political** ~ l'appareil (*m*) politique

2 VT ⓐ [+ *metal part*] usiner
ⓑ (*Sewing*) piquer (à la machine)

3 COMP ◆ **machine-assisted translation** N traduction (*f*) assistée par ordinateur ◆ **machine code** N (*Computing*) code (*m*) machine ◆ **machine error** N erreur (*f*) technique ◆ **machine gun** N mitrailleuse (*f*) ◆ **machine intelligence** N intelligence (*f*) artificielle ◆ **machine operator** N opérateur (*m*), -trice (*f*) ◆ **machine-readable** ADJ (*Computing*) exploitable par un ordinateur; **in ~-readable form** sous une forme exploitable par un ordinateur ◆ **machine-stitch** VT piquer à la machine ◆ **machine translation** N traduction (*f*) automatique ◆ **machine-washable** ADJ lavable en machine

machinery /mə'ʃiːnərɪ/ N ⓐ (= *machines collectively*) machines (*fpl*); (= *parts of machine*) mécanisme (*m*); **a piece of** ~ une machine; **to get caught in the** ~ être pris dans la machine; **agricultural** ~ machines (*fpl*) agricoles; **industrial** ~ équipements (*mpl*) industriels ⓑ **the** ~ **of government** l'appareil (*m*) d'État; **the** ~ **to enforce this legislation doesn't exist** aucun dispositif d'application n'a été mis en place pour cette législation

machinist /mə'ʃiːnɪst/ N machiniste (*mf*)

machismo /mæ'tʃɪːzməʊ/ N machisme (*m*)

macho /'mætʃəʊ/ 1 N macho* (*m*) 2 ADJ macho* (*f inv*)

mackerel /'mækrəl/ N maquereau (*m*)

mackintosh /'mækɪntɒʃ/ N imperméable (*m*)

macro /'mækrəʊ/ N ⓐ (*Computing*) macro (*f*) ⓑ ~ **lens** objectif (*m*) macro

macrobiotic /ˌmækrəʊbaɪ'ɒtɪk/ ADJ macrobiotique

macrocosm /'mækrəʊkɒzəm/ N macrocosme (*m*)

macroeconomics /ˌmækrəʊˌiːkə'nɒmɪks/ N macroéconomie (*f*)

mad /mæd/ 1 ADJ ⓐ [*person*] fou (folle (*f*)); [*idea*] insensé; [*race*] effréné; **to go** ~ devenir fou; **this is idealism gone** ~ c'est de l'idéalisme qui vire à la folie; **to drive sb** ~ rendre qn fou; **as** ~ **as a hatter** or **(stark) raving** ~* **stark staring** ~* fou à lier; **that was a** ~ **thing to do** il fallait être fou pour faire cela; **you must be** ~! ça va pas, non!*; **you must be** ~, **cycling in this weather!** il faut vraiment que tu sois fou pour faire du vélo par ce temps!; **we had a** ~ **dash for the bus** nous avons dû foncer* pour attraper le bus

◆ **like mad***: **to run/laugh/work like** ~ courir/rire/travailler comme un fou; **the phone has been ringing like** ~ le téléphone n'a pas arrêté de sonner
ⓑ (= *angry*) furieux; **to be** ~ **at** or **with sb** être furieux contre qn; **to get** ~ **at** or **with sb** s'emporter contre qn; **he was** ~ **at** or **with me for spilling the tea** il était furieux contre moi parce que j'avais renversé le thé; **he makes me** ~! ce qu'il peut m'agacer!
ⓒ (= *enthusiastic*)* ◆ ~ **on** or **about sth** dingue* de qch; **to be** ~ **on** or **about sb** être fou de qn; **to be** ~ **on** or **about football** être dingue* de football; **I'm not** ~ **about it** ça ne m'emballe pas*
ⓓ (= *excited*)* **the audience went** ~ le public s'est déchaîné; **the dog went** ~ **when he saw his master** le chien est devenu fou quand il a vu son maître

2 COMP ◆ **mad cow disease** N maladie (*f*) de la vache folle

Madagascar /ˌmædə'gæskəʳ/ N Madagascar

madam /'mædəm/ N madame (*f*); **Dear Madam** Madame; **she's a little** ~* (*Brit*) c'est une petite pimbêche

madcap /'mædkæp/ ADJ, N écervelé(e) (*m(f)*)

madden /'mædn/ VT rendre fou; (= *infuriate*) exaspérer; ~**ed by pain** fou de douleur

maddening /'mædnɪŋ/ ADJ exaspérant

made /meɪd/ VB (*pt, ptp of* **make**) ◆ **made-to-measure** ADJ (fait) sur mesure ◆ **made-up** ADJ ⓐ [*story*] inventé; (*pej*) faux (fausse (*f*)) ⓑ (*with cosmetics*) maquillé

Madeira /mə'dɪərə/ N Madère (*f*)

madhouse* /'mædhaʊs/ N maison (*f*) de fous

madly /'mædlɪ/ ADV [*scream, grin*] comme un fou; **to fall** ~ **in love with sb** tomber éperdument amoureux de qn; **we were** ~ **rushing for the train** c'était la course pour attraper le train

madman /'mædmən/ N (*pl* **-men**) fou (*m*)

madness /'mædnɪs/ N folie (*f*); **what** ~! c'est de la pure folie!

Madrid /mə'drɪd/ N Madrid

madwoman /'mædwʊmən/ N (*pl* **-women**) folle (*f*)

maelstrom /'meɪlstrəʊm/ N tourbillon (*m*), maelström (*m*)

MAFF /mæf/ N (ABBR = **Ministry of Agriculture, Fisheries and Food**) ministère (*m*) de l'Agriculture, de la Pêche et de l'Alimentation

mafia /'mæfɪə/ N mafia (*f*)

mag* /mæg/ N (ABBR = **magazine**) magazine *(m)*

magazine /ˌmæɡəˈziːn/ N ⓐ (= *publication*) magazine *(m)* ⓑ (*in gun*) magasin *(m)*

maggot /ˈmæɡət/ N asticot *(m)*

Maghreb /ˈmɑːɡreb/ N Maghreb *(m)*

magic /ˈmædʒɪk/ 1 N magie *(f)*; **as if by ~** comme par enchantement 2 ADJ ⓐ (= *supernatural*) magique; **to say the ~ word** prononcer la formule magique ⓑ (= *brilliant*)* super* 3 COMP ◆ **magic carpet** N tapis *(m)* volant ◆ **magic mushroom*** N champignon *(m)* hallucinogène

magical /ˈmædʒɪkəl/ ADJ [*powers, place, moment*] magique; [*story, experience*] merveilleux

magician /məˈdʒɪʃən/ N magicien(ne) *(m(f))*

magistrate /ˈmædʒɪstreɪt/ N magistrat *(m)*; **~s' court** ≈ tribunal *(m)* d'instance

magnanimity /ˌmæɡnəˈnɪmɪtɪ/ N magnanimité *(f)*

magnanimous /mæɡˈnænɪməs/ ADJ magnanime (**to sb** envers qn)

magnate /ˈmæɡneɪt/ N magnat *(m)*

magnesium /mæɡˈniːzɪəm/ N magnésium *(m)*

magnet /ˈmæɡnɪt/ N aimant *(m)*

magnetic /mæɡˈnetɪk/ ADJ magnétique ◆ **magnetic field** N champ *(m)* magnétique ◆ **magnetic storm** N orage *(m)* magnétique ◆ **magnetic strip, magnetic stripe** N piste *(f)* magnétique ◆ **magnetic tape** N bande *(f)* magnétique

magnetism /ˈmæɡnɪtɪzəm/ N magnétisme *(m)*

magnification /ˌmæɡnɪfɪˈkeɪʃən/ N grossissement *(m)*; **under ~** au microscope

magnificence /mæɡˈnɪfɪsəns/ N magnificence *(f)*

magnificent /mæɡˈnɪfɪsənt/ ADJ magnifique; [*meal*] splendide

magnify /ˈmæɡnɪfaɪ/ VT [+ *image*] grossir; [+ *sound*] amplifier; **to ~ sth four times** grossir qch quatre fois ◆ **magnifying glass** N loupe *(f)*

magnitude /ˈmæɡnɪtjuːd/ N [*of problem*] ampleur *(f)*; (*Astron*) magnitude *(f)*

magnolia /mæɡˈnəʊlɪə/ N ⓐ (*also* **~ tree**) magnolia *(m)* ⓑ (= *colour*) rose *(m)* pâle

magnum opus /ˌmæɡnəmˈəʊpəs/ N œuvre *(f)* maîtresse

magpie /ˈmæɡpaɪ/ N pie *(f)*

mahogany /məˈhɒɡənɪ/ 1 N acajou *(m)* 2 ADJ (= *made of mahogany*) en acajou; (= *mahogany-coloured*) acajou *(inv)*

maid /meɪd/ N ⓐ (= *servant*) domestique *(f)*; (*in hotel*) femme *(f)* de chambre ◆ **maid of honour** N demoiselle *(f)* d'honneur

maiden /ˈmeɪdn/ 1 N (*liter*) jeune fille *(f)* 2 COMP [*flight, voyage*] inaugural ◆ **maiden name** N nom *(m)* de jeune fille ◆ **maiden speech** N premier discours *(m)* (*d'un député etc*)

mail /meɪl/ 1 N ⓐ (= *postal system*) poste *(f)*; **by ~** par la poste ⓑ (= *letters*) courrier *(m)* ⓒ (= *e-mail*) courrier *(m)* électronique, e-mail *(m)*; **to send sb a ~** envoyer un e-mail *or* un message électronique à qn 2 VT ⓐ (= *post*) envoyer (par la poste) ⓑ (= *e-mail*) [+ *message*] envoyer par courrier électronique; **to ~ sb** envoyer un e-mail *or* un message électronique à qn 3 COMP ◆ **mail coach** N (*on train*) wagon-poste *(m)* ◆ **mailing address** N (*US*) adresse *(f)* postale ◆ **mailing list** N liste *(f)* d'adresses ◆ **mail-merge** N (*Computing*) publipostage *(m)* ◆ **mail order** N vente *(f)* par correspondance ◆ **mail-order catalogue** N catalogue *(m)* de vente par correspondance ◆ **mail room** N service *(m)* courrier ◆ **mail van** N (*Brit*) (= *truck*) camionnette *(f)* des postes; (= *on train*) wagon *(m)* postal

mailbox /ˈmeɪlbɒks/ N boîte *(f)* aux lettres

mailman /ˈmeɪlmæn/ N (*pl* **-men**) (*US*) facteur *(m)*

mailshot /ˈmeɪlʃɒt/ N (*Brit*) mailing *(m)*

maim /meɪm/ VT estropier; **to be ~ed for life** être estropié à vie

main /meɪn/ 1 ADJ principal; **one of his ~ concerns was ...** l'une de ses préoccupations majeures était ...; **the ~ objective of the meeting** le principal objectif de cette réunion; **the ~ thing is to keep quiet** l'essentiel est de se taire; **the ~ thing to remember is ...** ce qu'il ne faut surtout pas oublier c'est ...
◆ **in the main** dans l'ensemble
2 N (= *pipe, wire*) conduite *(f)* principale
3 NPL **the mains** le secteur; **connected to the ~s** branché sur le secteur; **to turn off the electricity at the ~s** couper le courant au compteur; **the water comes from the ~s** l'eau vient directement de la conduite
4 COMP ◆ **main course** N plat *(m)* principal ◆ **main line** N (= *railway*) grande ligne *(f)* ◆ **main man*** N (*US*) meilleur pote* *(m)* ◆ **main memory** N (*Computing*) mémoire *(f)* centrale ◆ **main office** N siège *(m)* ◆ **main road** N grande route *(f)* ◆ **mains supply** N **to be on the ~s supply** (*for electricity, gas, water*) être raccordé au réseau ◆ **main street** N rue *(f)* principale

mainframe /ˈmeɪnfreɪm/ N (*also* **~ computer**) unité *(f)* centrale

mainland /ˈmeɪnlənd/ 1 N continent *(m)* (*opposé à une île*); **the Greek ~** la Grèce continentale; **the Mainland** (= *mainland Britain*) la Grande-Bretagne (*l'Angleterre, l'Écosse et le Pays de Galles*) 2 ADJ continental

mainline /ˈmeɪnlaɪn/ 1 ADJ ⓐ (= *principal*) → **mainstream** ⓑ [*station, train*] de grande ligne 2 VI (= *inject drug*)* se shooter* 3 VT (= *inject*) **to ~ heroin*** se shooter* à l'héroïne

mainly /ˈmeɪnlɪ/ ADV surtout

mainsail /ˈmeɪnseɪl/ N grand-voile *(f)*

mainspring /ˈmeɪnsprɪŋ/ N [*of clock*] ressort *(m)* principal; [*of action*] mobile *(m)* principal

mainstay /ˈmeɪnsteɪ/ N point *(m)* d'appui; **he was the ~ of the organization** c'était lui le pilier de l'organisation

mainstream /ˈmeɪnstriːm/ 1 ADJ [*political party*] grand; [*press*] à grand tirage; [*music*] grand public *(inv)*; **fascism has never been part of ~ politics in Britain** le fascisme n'a jamais fait partie des grands courants politiques en Grande-Bretagne 2 N [*of politics*] courant *(m)* dominant

maintain /meɪnˈteɪn/ VT ⓐ (= *keep up*) maintenir; [+ *friendship*] entretenir; [+ *advantage*] conserver; **to ~ the status quo** maintenir le statu quo; **to ~ sth at a constant temperature** maintenir qch à une température constante; **to ~ control** garder le contrôle; **the government has failed to ~ standards of health care** le gouvernement n'a pas réussi à maintenir la qualité des soins médicaux; **he ~ed his opposition to ...** il continua à s'opposer à ...; **products which help to ~ healthy skin** des produits qui aident à garder une peau en bonne santé; **to ~ one's weight** garder le même poids
ⓑ [+ *road, building, car, machine*] entretenir
ⓒ [+ *opinion*] soutenir; **to ~ one's innocence** clamer son innocence; **I ~ that ...** je soutiens que ...

maintenance /ˈmeɪntɪnəns/ 1 N ⓐ [*of road, building, car, machine*] entretien *(m)*; **car ~** mécanique *(f)* (*auto*) ⓑ [*of family*] entretien *(m)*; (*after divorce*) pension *(f)* alimentaire; **he pays £50 per week ~** il verse une pension alimentaire de 50 livres par semaine ⓒ (= *preservation*) maintien *(m)* 2 COMP ◆ **maintenance grant** N [*of student*] bourse *(f)* (*d'études*) ◆ **maintenance order** N ordonnance *(f)* de versement de pension alimentaire

maisonette /ˌmeɪzəˈnet/ N duplex *(m)*

maize /meɪz/ N (*Brit*) maïs *(m)*

Maj. ABBR = **Major**

majestic /məˈdʒestɪk/ ADJ majestueux

majesty /ˈmædʒɪstɪ/ N majesté *(f)*; **Your Majesty** Votre Majesté; **His** *or* **Her Majesty's Government** (*Brit*) le gouvernement britannique

major /ˈmeɪdʒəʳ/ 1 ADJ majeur; **of ~ importance** d'une importance majeure; **~ repairs** grosses réparations *(fpl)*; **it was a ~ success** cela a eu un succès considérable 2 N ⓐ (= *army officer*) commandant *(m)* ⓑ (*US* = *subject studied*) dominante *(f)* ⓒ (*US* = *student*) **psychology ~** étudiant(e) *(m(f))* en psychologie 3 VI *(US)* **to ~ in chemistry** se spécialiser en chimie 4 COMP ♦ **major key** N ton *(m)* majeur ; **in the ~ key** en majeur ♦ **major league** N *(US)* première division *(f)*

Majorca /məˈjɔːkə/ N Majorque *(f)* ; **in ~** à Majorque

majority /məˈdʒɒrɪtɪ/ 1 N ⓐ majorité *(f)* ; **to be in the ~** être majoritaire ; **elected by a ~ of nine** élu avec une majorité de neuf voix ; **in the ~ of cases** dans la majorité des cas ⓑ *(in age)* majorité *(f)* 2 ADJ *[government, rule]* majoritaire ; **~ decision** décision *(f)* prise à la majorité 3 COMP ♦ **majority opinion** N *(US)* arrêt *(m)* rendu à la majorité *(des votes des juges)* ♦ **majority verdict** N verdict *(m)* rendu à la majorité

---

make /meɪk/

1 TRANSITIVE VERB	4 COMPOUNDS
2 INTRANSITIVE VERB	5 PHRASAL VERBS
3 NOUN	

► *vb: pret, ptp* **made**

1 TRANSITIVE VERB

► *When* **make** *is part of a set combination, eg* **make a case, make sure,** *look up the other word.*

ⓐ = produce faire ; *[+ machines]* fabriquer ; **I'm going to ~ a cake** je vais faire un gâteau ; **he made it himself** il l'a fait lui-même ; **two and two ~ four** deux et deux font quatre ; **how much does that ~ (altogether)?** combien ça fait (en tout)? ; **that ~s a total of 18 points** ça fait 18 points en tout ; **to ~ a payment** effectuer un paiement ; **to ~ sth into sth else** transformer qch en qch

♦ **made** + *preposition:* **they were made for each other** ils étaient faits l'un pour l'autre ; **made in France** *(on label)* fabriqué en France ; **the frames are made of plastic** la monture est en plastique ; **this car wasn't made to carry eight people** cette voiture n'est pas faite pour transporter huit personnes

ⓑ + money *[person]* gagner ; *[company]* réaliser un bénéfice net de ; *[product]* rapporter ; **he ~s $400 a week** il gagne 400 dollars par semaine ; **the company made $1.4 million last year** la société a réalisé un bénéfice net de 1,4 millions de dollars l'année dernière ; **the deal made him £500** cette affaire lui a rapporté 500 livres

ⓒ + destination arriver à ; *[+ train, plane]* avoir ; **will we ~ Paris before lunch?** est-ce que nous arriverons à Paris avant le déjeuner? ; **the novel made the bestseller list** le roman est devenu un best-seller ; **he made (it into) the first team** il a réussi à être sélectionné dans l'équipe première

ⓓ = reckon **what time do you ~ it?** quelle heure as-tu?

ⓔ = ensure success of **the beautiful pictures ~ the book** ce livre doit beaucoup à ses magnifiques images ; **that film made her** ce film l'a consacrée ; **he's got it made** son avenir est assuré ; **to ~ or break sb** assurer ou briser la carrière de qn ; **his visit made my day!** sa visite m'a fait un plaisir fou!*

ⓕ = be, constitute faire ; **he'll ~ a good footballer** il fera un bon footballeur ; **they ~ a handsome pair** ils forment un beau couple ; **these books ~ a set** ces livres forment une collection

ⓖ set structures

♦ **to make sb do sth** (= *cause to*) faire faire qch à qn ; (= *force*) obliger qn à faire qch ; **to ~ sb laugh** faire rire qn ; **what made you believe that ...?** qu'est-ce qui vous a fait croire que ...? ; **they made him tell them the password** ils l'ont obligé à leur dire le mot de passe ; **I don't know what ~s him do it** je ne sais pas ce qui le pousse à faire ça

♦ **to make sb sth** (= *choose as*) **to ~ sb king** mettre qn sur le trône ; **he made John his assistant** il a fait de John son assistant

♦ **to make of**: **what did you ~ of the film?** que penses-tu de ce film? ; **what do you ~ of him?** qu'est-ce que tu penses de lui?

♦ **to make sb** + *adjective*: **to ~ o.s. useful** se rendre utile ;

to ~ sb happy/unhappy rendre qn heureux/malheureux ; **~ yourself comfortable** mettez-vous à l'aise

► *Look up other combinations, eg* **make sb thirsty, make o.s. ridiculous,** *at the adjective.*

♦ **to make believe** (= *pretend*) faire semblant ; (= *imagine*) imaginer ; **let's ~ believe we're on a desert island** imaginons que nous sommes sur une île déserte

♦ **to make do** (= *manage*) se débrouiller ; **I'll ~ do with what I've got** je vais me débrouiller avec ce que j'ai ; **you'll have to ~ do with me** (= *be satisfied*) tu vas devoir te contenter de moi

♦ **to make it** (= *come*) venir ; (= *arrive*) arriver ; (= *succeed*) réussir ; **I can't ~ it** je ne peux pas venir ; **he made it just in time** il est arrivé juste à temps ; **you've got the talent to ~ it** tu as tout pour réussir ; [BUT] **can you ~ it by 3 o'clock?** est-ce que tu peux y être pour 3 heures?

♦ **to make it** + *time, date, amount*: **let's ~ it 5 o'clock** si on disait 5 heures? ; **I'm coming tomorrow — okay, can you ~ it the afternoon?** je viendrai demain — d'accord, mais est-ce que tu peux venir dans l'après-midi?

2 INTRANSITIVE VERB

= act

♦ **to make as if**: **he made as if to strike me** il fit mine de me frapper ; **she made as if to protest, then hesitated** elle parut sur le point de protester, puis hésita

3 NOUN

ⓐ = brand marque *(f)* ; **it's a good ~** c'est une bonne marque ; **what ~ of car do you drive?** qu'est-ce que vous avez comme voiture?

ⓑ ♦ **to be on the make*** (= *trying to make money*) chercher à se remplir les poches* ; (= *trying to get power*) avoir une ambition dévorante

4 COMPOUNDS

♦ **make-believe** N **to play at ~-believe** jouer à faire semblant ; **she lives in a world of ~-believe** elle vit dans un monde d'illusions ♦ ADJ **his story is pure ~-believe** son histoire est pure fantaisie ♦ **make-or-break*** ADJ décisif

5 PHRASAL VERBS

► **make for** VT INSEP ⓐ (= *go to*) **he made for the door** il se dirigea vers la porte ; **to ~ for home** rentrer (chez soi) ⓑ (= *produce*) produire ; (= *contribute to*) contribuer à ; **happy parents ~ for a happy child** des parents heureux font des enfants heureux

► **make off*** VI se tirer*

► **make out** 1 VI ⓐ (= *manage*)* se débrouiller ⓑ *(US = have sex)** s'envoyer en l'air* ; **to ~ out with sb** s'envoyer* qn

2 VT SEP ⓐ (= *distinguish*) distinguer ; (= *hear*) comprendre ; *[+ handwriting]* déchiffrer ; **I could just ~ out three figures** j'arrivais tout juste à distinguer trois silhouettes ; **how do you ~ that out?** qu'est-ce qui vous fait penser cela? ; **I can't ~ out why he is here** je n'arrive pas à comprendre pourquoi il est ici

ⓑ (= *claim, pretend*) prétendre ; (= *portray as*) présenter comme ; **he's not as stupid as he ~s out** il n'est pas aussi stupide qu'il le prétend ; **the programme made her out to be naïve** l'émission la présentait comme une femme naïve ; **they made him out to be a fool** ils disaient que c'était un imbécile

ⓒ *[+ cheque]* libeller ; *[+ will]* faire ; **cheques made out to ...** chèques *(mpl)* libellés à l'ordre de ...

► **make over** VT SEP ⓐ (= *assign*) *[+ money, land]* transférer (**to** à) ⓑ (= *remake*) *[+ garment, story]* reprendre ; (= *convert*) *[+ building]* convertir

► **make up** 1 VI ⓐ (= *become friends again*) se réconcilier ⓑ (= *apply cosmetics*) se maquiller

2 VT SEP ⓐ *[+ story, excuse]* inventer ; **you're making it up!** tu l'inventes (de toutes pièces)!

ⓑ (= *put together*) *[+ parcel]* faire ; *[+ dish, medicine]* préparer ; **to ~ up a prescription** préparer une ordonnance ; **have you made up the beds?** as-tu fait les lits?

ⓒ *[+ deficit]* compenser ; *[+ sum of money, numbers]* compléter ; **to ~ up the difference** mettre la différence ; **they made up the number with five amateurs** ils ont complété l'effectif en faisant appel à cinq amateurs; **to ~ up lost time** rattraper le temps perdu; **to ~ up lost ground** regagner le terrain perdu

ⓓ (= *repay*) **to ~ sth up to sb** revaloir qch à qn; **I'll ~ it up to you** je te revaudrai ça

ⓔ [+ *dispute*] mettre fin à; [+ *differences*] régler; **let's ~ it up** faisons la paix

ⓕ (= *apply cosmetics to*) maquiller; **to ~ o.s. up** se maquiller

ⓖ (= *compose*) composer; (= *represent*) constituer; **the group was made up of six teachers** le groupe était composé de six professeurs; **they ~ up 6% of the population** ils constituent 6% de la population

► **make up for** VT INSEP compenser; **money can't ~ up for what we've suffered** l'argent ne peut compenser ce que nous avons souffert; **he tried to ~ up for all the trouble he'd caused** il essaya de se faire pardonner les ennuis qu'il avait causés; **he made up for all the mistakes he'd made** il s'est rattrapé pour toutes les erreurs qu'il avait commises; **to ~ up for lost time** rattraper le temps perdu

makeover /ˈmeɪkəʊvəʳ/ N changement (m) de look*; **to have a ~** changer de look*

makeshift /ˈmeɪkʃɪft/ ADJ de fortune

make-up /ˈmeɪkʌp/ 1 N ⓐ (= *cosmetics*) maquillage (m); **she wears too much ~** elle est trop maquillée ⓑ (= *nature*) [*of object, group*] constitution (f); [*of person*] tempérament (m) 2 COMP ♦ **make-up bag** N trousse (f) de maquillage ♦ **make-up remover** N démaquillant (m)

making /ˈmeɪkɪŋ/ N fabrication (f); [*of dress*] confection (f); **cheese-/wine-~** fabrication (f) du fromage/du vin; **all his troubles are of his own ~** tous ses ennuis sont de sa faute; **decision-~** prise (f) de décisions; **he wrote a book on the ~ of the film** il a écrit un livre sur la genèse du film; **it was the ~ of him** (= *made him successful*) son succès est parti de là

♦ **in the making**: **a new system is in the ~** un nouveau système est en train de se créer; **a star in the ~** une star en herbe; **it's a disaster in the ~** ça risque de tourner au désastre; **it's history in the ~** c'est l'histoire en train de se faire

♦ **the makings of**: **he has the ~s of a minister** il a l'étoffe d'un ministre; **we have all the ~s of a great movie** il y a tous les ingrédients pour faire un grand film

maladjusted /ˌmælə'dʒʌstɪd/ ADJ inadapté

malaise /mæ'leɪz/ N (*frm*) malaise (m)

malaria /mə'lɛərɪə/ N paludisme (m), malaria (f)

Malawi /mə'lɑːwɪ/ N Malawi (m)

Malay /mə'leɪ/ 1 ADJ malais 2 N (= *person*) Malais(e) (m(f))

Malaysia /mə'leɪzɪə/ N Malaisie (f)

Malaysian /mə'leɪzɪən/ 1 ADJ malais 2 N Malais(e) (m(f))

Maldives /ˈmɔːldaɪvz/ NPL Maldives (fpl)

male /meɪl/ 1 ADJ mâle; **~ child** enfant (m) mâle; **the ~ sex** le sexe masculin 2 N (= *animal*) mâle (m); (= *man*) homme (m)

malevolence /mə'levələns/ N malveillance (f) (**towards** envers)

malevolent /mə'levələnt/ ADJ malveillant

malfunction /ˌmæl'fʌŋkʃən/ 1 N défaillance (f) 2 VI mal fonctionner

Mali /ˈmɑːlɪ/ N Mali (m)

malice /ˈmælɪs/ N méchanceté (f); **to bear sb ~** vouloir du mal à qn

malicious /mə'lɪʃəs/ ADJ [*person*] méchant; [*rumour, phone call*] malveillant; **~ gossip** médisances (fpl); **with ~ intent** avec l'intention de nuire

⚠ **malicious ≠ malicieux**

malign /mə'laɪn/ 1 ADJ pernicieux 2 VT calomnier

malignancy /mə'lɪgnənsɪ/ N [*of tumour, disease*] malignité (f)

malignant /mə'lɪgnənt/ ADJ ⓐ [*tumour, disease*] malin

(-igne (f)) ⓑ [*influence*] nocif; [*person*] malveillant

malingerer /mə'lɪŋgərəʳ/ N faux malade (m), fausse malade (f); **he's a ~** il se fait passer pour malade

mall /mɔːl/ N (*US*) (= *pedestrianized street*) rue (f) piétonnière; (= *shopping mall*) centre (m) commercial

malleable /ˈmælɪəbl/ ADJ malléable

mallet /ˈmælɪt/ N maillet (m)

malnutrition /ˌmælnjʊ'trɪʃən/ N malnutrition (f)

malpractice /ˌmæl'præktɪs/ N (= *wrongdoing*) faute (f) professionnelle ♦ **malpractice suit** N (*US*) procès (m) pour faute professionnelle; **to bring a ~ suit against sb** poursuivre qn pour faute professionnelle

malt /mɔːlt/ N malt (m) ♦ **malt vinegar** N vinaigre (m) de malt ♦ **malt whisky** N (whisky (m)) pur malt (m)

Malta /ˈmɔːltə/ N Malte (f); **in ~** à Malte

maltreat /ˌmæl'triːt/ VT maltraiter

malware /ˈmælˌwɛəʳ/ N (*Computing*) malware (m), logiciel (m) néfaste

mammal /ˈmæməl/ N mammifère (m)

mammogram /ˈmæməgræm/ N mammographie (f)

mammoth /ˈmæməθ/ 1 N mammouth (m) 2 ADJ colossal

man /mæn/ 1 N (*pl* **men**) ⓐ homme (m); **an old ~** un vieil homme; **I don't like the ~** je n'aime pas ce type*; **the ~'s an idiot** c'est un imbécile; **~ and wife** mari et femme; **to live as ~ and wife** vivre maritalement; **her ~*** son homme; **my old ~*** (= *father*) mon paternel*; (= *husband*) mon homme*; **he took it like a ~** il a pris ça courageusement; **he was ~ enough to apologize** il a eu le courage de s'excuser; **any ~ would have done the same** n'importe qui aurait fait de même; **what else could a ~ do?** qu'est-ce qu'on aurait pu faire d'autre?

ⓑ (= *sort*) **I'm a whisky ~ myself** personnellement, je préfère le whisky; **he's a man's ~** c'est un homme qui est plus à l'aise avec les hommes; **he's a Leeds ~** il est de Leeds; **he's the ~ for the job** c'est l'homme qu'il nous (*or* leur *etc*) faut; **the ~ in the street** Monsieur Tout-le-monde; **a ~ of the world** un homme d'expérience; **a ~ about town** un homme du monde

ⓒ (*in compounds*) **the ice-cream ~** le marchand de glaces; **the gas ~** l'employé (m) du gaz

ⓓ (= *humanity in general*) **Man** l'homme (m)

ⓔ (*Chess*) pièce (f); (*Draughts*) pion (m)

2 VT (= *provide staff for*) assurer une permanence à; (= *work at*) être de service à; **they haven't enough staff to ~ the office every day** ils n'ont pas assez de personnel pour assurer une permanence au bureau tous les jours; **who will ~ the enquiry desk?** qui sera de service au bureau des renseignements?; **the troops who ~ned the look-out posts** les troupes qui tenaient les postes d'observation

3 COMP ♦ **man-eater** N (= *woman*) mante (f) religieuse ♦ **man-made** ADJ [*fibre, fabric*] synthétique; [*lake, barrier*] artificiel

manacle /ˈmænəkl/ 1 N **~s** menottes (fpl) 2 VT mettre les menottes à

manage /ˈmænɪdʒ/ 1 VT ⓐ [+ *business, hotel, shop, time, capital*] gérer; [+ *organization*] diriger; [+ *football team, boxer, actors*] être le manager de

ⓑ (= *handle*) [+ *boat, vehicle*] manœuvrer; [+ *animal, person*] savoir s'y prendre avec; **difficult to ~** [*horse, child*] difficile; [*hair*] difficile à coiffer

ⓒ (= *succeed*) **to ~ to do sth** arriver à faire qch; **how did you ~ not to spill it?** comment as-tu fait pour ne pas le renverser?

ⓓ **how much will you give? — I can ~ £50** combien allez-vous donner? — je peux mettre 50 livres; **surely you could ~ another biscuit?** tu mangeras bien encore un biscuit?; **can you ~ the suitcases?** pouvez-vous porter les valises?; **I ~d a smile** j'ai réussi à sourire

2 VI (= *get by*) se débrouiller; **can you ~?** tu y arriveras?; **thanks, I can ~** merci, ça va; **I can ~ without him** je peux me débrouiller sans lui; **she ~s on $100 a week** elle se débrouille avec 100 dollars par semaine

manageable /ˈmænɪdʒəbl/ ADJ [*number, proportions*] raisonnable; [*task*] faisable; [*hair*] facile à coiffer; [*vehicle, boat*] maniable

management /'mænɪdʒmənt/ 1 N ⓐ (= *managing*) gestion (f); **his skilful ~ of his staff** l'habileté avec laquelle il dirige son personnel ⓑ (= *people in charge*) direction (f); **"under new ~"** «changement de propriétaire» 2 COMP ♦ **management buyout** N rachat (m) d'une entreprise par ses cadres ♦ **management consultant** N conseiller (m) en gestion (d'entreprise)

manager /'mænɪdʒə'/ N [*of company*] directeur (m); [*of restaurant, hotel, shop*] gérant (m); [*of actor, boxer*] manager (m); [*of sports team*] directeur (m) sportif; **general ~** directeur (m) général; **to be a good ~** être bon gestionnaire

manageress /,mænɪdʒə'res/ N gérante (f)

managerial /,mænə'dʒɪərɪəl/ ADJ d'encadrement; **proven ~ skills** des compétences confirmées en matière de gestion; **a ~ decision** une décision de la direction

managing director /,mænədʒɪŋdɪ'rektə'/ N (*Brit*) PDG (m)

Mandarin /'mændərɪn/ N (= *Mandarin Chinese*) mandarin (m)

mandarin /'mændərɪn/ N ⓐ (= *fruit*) mandarine (f) ⓑ (= *person*) mandarin (m)

mandate /'mændeɪt/ 1 N (= *authority*) mandat (m); **under French ~** sous mandat français; **the union has a ~ to ...** le syndicat est mandaté pour ... 2 VT ⓐ (= *give authority to*) donner mandat à ⓑ (*US* = *make obligatory*) rendre obligatoire ⓒ [+ *territory*] mettre sous le mandat (**to** de)

mandatory /'mændətərɪ/ ADJ ⓐ (= *obligatory*) obligatoire ⓑ (= *not discretionary*) [*life sentence*] automatique ⓒ [*state, functions*] mandataire; **to have ~ powers** avoir des pouvoirs conférés par mandat

mane /meɪn/ N crinière (f)

maneuver etc /mə'nuːvə'/ (*US*) = **manoeuvre** etc

manfully /'mænfəlɪ/ ADV vaillamment

manganese /,mæŋgə'niːz/ N manganèse (m)

manger /'meɪndʒə'/ N (*for animals*) mangeoire (f); (*Nativity*) crèche (f)

mangle /'mæŋgl/ VT mutiler; **~d wreckage** épave disloquée

mango /'mæŋgəʊ/ N (= *fruit*) mangue (f)

mangrove /'mæŋgrəʊv/ N palétuvier (m)

mangy /'meɪndʒɪ/ ADJ ⓐ (= *diseased*) galeux ⓑ (= *shabby*)* miteux

manhandle /'mæn,hændl/ VT (= *treat roughly*) malmener; (= *move by hand*) manutentionner

manhole /'mænhəʊl/ N bouche (f) d'égout

manhood /'mænhʊd/ N ⓐ (= *age, state*) âge (m) d'homme ⓑ (= *manliness*) virilité (f)

manhunt /'mænhʌnt/ N chasse (f) à l'homme

mania /'meɪnɪə/ N manie (f); **to have a ~ for (doing) sth*** avoir la manie de (faire) qch

maniac /'meɪnɪæk/ N fou (m), folle (f); **he drives like a ~*** il conduit comme un fou

manic /'mænɪk/ ADJ [*person*] surexcité; (*clinically*) maniaque; [*energy*] frénétique; [*grin*] de dément(e); [*laughter*] hystérique ♦ **manic depression** N cyclothymie (f) ♦ **manic-depressive** ADJ, N cyclothymique (mf)

manicure /'mænɪ,kjʊə'/ 1 N manucure (f); **to have a ~** se faire manucurer 2 VT [+ *person*] manucurer; **to ~ one's nails** se faire les ongles 3 COMP ♦ **manicure set** N trousse (f) de manucure

manifest /'mænɪfest/ 1 ADJ manifeste 2 VT manifester

manifestation /,mænɪfes'teɪʃən/ N manifestation (f)

manifesto /,mænɪ'festəʊ/ N manifeste (m)

manifold /'mænɪfəʊld/ ADJ (*frm*) nombreux

Manila /mə'nɪlə/ N Manille (f)

manipulate /mə'nɪpjʊleɪt/ VT manipuler; [+ *events*] agir sur; **to ~ a situation** faire son jeu des circonstances; **to ~ sb into doing sth** manipuler qn pour lui faire faire qch

manipulation /mə,nɪpjʊ'leɪʃən/ N manipulation (f)

manipulative /mə'nɪpjʊlətɪv/ ADJ manipulateur (-trice (f))

mankind /mæn'kaɪnd/ N humanité (f); **for ~** pour l'humanité

manky* /'mæŋkɪ/ ADJ (*Brit*) cradingue*

manliness /'mænlɪnɪs/ N virilité (f)

manly /'mænlɪ/ ADJ viril

manna /'mænə/ N manne (f); **~ from heaven** manne (f) providentielle

mannequin /'mænɪkɪn/ N mannequin (m)

manner /'mænə'/ 1 N ⓐ (= *way*) manière (f); **the ~ in which he did it** la manière dont il l'a fait; **in this ~** de cette manière; **in the ~ of Van Gogh** à la manière de Van Gogh; **in a ~ of speaking** pour ainsi dire; **it's a ~ of speaking** c'est une façon de parler

ⓑ (= *attitude*) attitude (f); **I don't like his ~** je n'aime pas son attitude

ⓒ **all ~ of birds** toutes sortes d'oiseaux

2 NPL **manners** manières (fpl); **good/bad ~s** bonnes/mauvaises manières (fpl); **it's good/bad ~s** ça se fait/ne se fait pas; **he has no ~s** il n'a aucun savoir-vivre; [*child*] il est mal élevé

mannerism /'mænərɪzəm/ N (= *habit*) trait (m) particulier; (= *quirk*) manie (f)

manoeuvrable, maneuverable (*US*) /mə'nuːvrəbl/ ADJ maniable

manoeuvre, maneuver (*US*) /mə'nuːvə'/ 1 N manœuvre (f); **to be on ~s** être en manœuvres; **it doesn't leave much room for ~** cela ne laisse pas une grande marge de manœuvre 2 VTI manœuvrer; **they ~d the gun into position** ils ont manœuvré le canon pour le mettre en position; **he ~d the car through the gate** à force de manœuvres il a fait passer la voiture par le portail; **the government tried to ~ itself into a stronger position** le gouvernement a essayé de manœuvrer pour renforcer ses positions

manor /'mænə'/ N (*also* = **house**) manoir (m)

manpower /'mæn,paʊə'/ N main-d'œuvre (f); **the shortage of skilled ~** la pénurie de main-d'œuvre qualifiée

mansion /'mænʃən/ N (*in town*) hôtel (m) particulier; (*in country*) manoir (m)

manslaughter /'mænslɔːtə'/ N homicide (m)

mantelpiece /'mæntlpiːs/ N tablette (f) de cheminée

manual /'mænjʊəl/ 1 ADJ manuel; [*typewriter*] mécanique; **~ labour** main-d'œuvre (f); **~ controls** commandes (fpl) manuelles 2 N (= *book*) manuel (m)

manufacture /,mænjʊ'fæktʃə'/ 1 N fabrication (f); [*of clothes*] confection (f) 2 VT fabriquer; [+ *clothes*] confectionner; **~d goods** produits (mpl) manufacturés

manufacturer /,mænjʊ'fæktʃərə'/ N fabricant (m)

manufacturing /,mænjʊ'fæktʃərɪŋ/ 1 N fabrication (f) 2 ADJ [*sector*] industriel; [*industry*] de transformation

manure /mə'njʊə'/ N fumier (m); **liquid ~** purin (m) ♦ **manure heap** N tas (m) de fumier

manuscript /'mænjʊskrɪpt/ N, ADJ manuscrit (m)

Manx /mæŋks/ ADJ de l'île de Man

many /'menɪ/ ADJ, PRON (*compar* **more**, *superl* **most**) beaucoup (de); **~ of them** beaucoup d'entre eux; **~ people** beaucoup de gens; **~ came** beaucoup sont venus; **~ believe that to be true** beaucoup de gens croient que c'est vrai; **~ times** de nombreuses fois; **a ~ time** maintes fois; **I've lived here for ~ years** j'habite ici depuis des années; **he lived there for ~ years** il y a vécu de nombreuses années; **in ~ cases** dans bien des cas; **~ happy returns!** bon anniversaire!; **I have as ~ problems as you** j'ai autant de problèmes que vous; **there were as ~ again outside the hall** il y en avait autant dehors que dans la salle; **how ~?** combien?; **how ~ people?** combien de personnes?; **however ~ there may be** quel que soit leur nombre; **there were so ~ (that ...)** il y en avait tant (que ...); **so ~ dresses** tant de robes

♦ **too many**: **there were too ~** il y en avait trop; **too ~ cakes** trop de gâteaux; **three too ~** trois de trop; **he's had**

one too ~* il a bu un coup de trop ; **there are too ~ of you** vous êtes trop nombreux

Maori /'maʊrɪ/ 1 ADJ maori 2 N (= *person*) Maori(e) (m(f))

map /mæp/ 1 N carte (f) ; [*of town, subway*] plan (m) ; **~ of Paris** plan (m) de Paris ; **~ of France** carte (f) de la France ; **this will put Bishopbriggs on the ~** cela fera connaître Bishopbriggs 2 VT [+ *area*] dresser la carte de ; [+ *route*] tracer

► **map out** VT SEP [+ *route*] tracer ; [+ *strategy*] élaborer ; **he hasn't yet ~ped out what he will do** il n'a pas encore de plan précis de ce qu'il va faire

maple /'meɪpl/ N érable (m) ◆ **maple syrup** N sirop (m) d'érable

mapping /'mæpɪŋ/ N (*Computing*) mappage (m)

mar /mɑː'/ VT gâcher

Mar. ABBR = **March**

marathon /'mærəθən/ 1 N marathon (m) 2 ADJ ⓐ [*runner*] de marathon ⓑ (= *very long*) marathon (*inv*) ; **a ~ session** une séance-marathon

marauder /məˈrɔːdə'/ N maraudeur (m), -euse (f)

marble /'mɑːbl/ 1 N ⓐ (= *stone, sculpture*) marbre (m) ⓑ (= *toy*) bille (f) ; **to play ~s** jouer aux billes ; **to lose one's ~s*** perdre la boule* 2 ADJ [*staircase, statue*] de or en marbre

March /mɑːtʃ/ N mars (m) → **September**

march /mɑːtʃ/ 1 N ⓐ marche (f) ; **on the ~** en marche ; **quick/slow ~** marche (f) rapide/lente ; **a day's ~** une journée de marche
ⓑ (= *demonstration*) manifestation (f)

2 VI ⓐ (*soldiers*) marcher au pas ; **to ~ into battle** marcher au combat ; **to ~ past sb** défiler devant qn ; **to ~ in/out/up** (*briskly*) entrer/sortir/monter d'un pas énergique ; (*angrily*) entrer/sortir/monter d'un air furieux ; **he ~ed up to me** il s'est approché de moi d'un air décidé
ⓑ (= *demonstrate*) manifester

3 VT **to ~ sb in/out/away** faire entrer/faire sortir/emmener qn tambour battant ; **to ~ sb off to prison*** embarquer qn en prison*

marcher /'mɑːtʃə'/ N (= *demonstrator*) manifestant(e) (m(f))

marching orders /'mɑːtʃɪŋˌɔːdəz/ NPL **to give sb his ~*** envoyer promener* qn ; **to get one's ~*** se faire mettre à la porte

Mardi Gras /'mɑːdɪˌɡrɑː/ N mardi gras (m inv), carnaval (m)

mare /mɛə'/ N jument (f)

margarine /ˌmɑːdʒə'riːn/ N margarine (f)

marge* /mɑːdʒ/ N (*Brit*) (ABBR = **margarine**) margarine (f)

margin /'mɑːdʒɪn/ N marge (f) ; **do not write in the ~** n'écrivez rien dans la marge ; **to win by a wide/narrow ~** gagner haut la main/de justesse ; **to allow a ~ for ...** laisser une marge pour ... ; **to allow for a ~ of error** prévoir une marge d'erreur ; **profit ~** marge (f) bénéficiaire

marginal /'mɑːdʒɪnl/ 1 ADJ ⓐ marginal (**to sth** par rapport à qch) ; [*issue*] insignifiant ; [*improvement*] négligeable ; **a ~ case** un cas limite ⓑ (*Brit*) [*seat, constituency*] à faible majorité 2 N (*Brit* = *seat*) siège (m) à faible majorité

> ⓘ **MARGINAL SEAT**
> En Grande-Bretagne, siège de député obtenu à une faible majorité et qui ne peut donc être considéré comme solidement acquis à un parti, contrairement au « safe seat » (siège sûr). Les circonscriptions à faible majorité, appelées « marginal constituencies », intéressent particulièrement les médias en cas d'élection partielle, car elles constituent un bon baromètre de la popularité du parti au pouvoir.

marginalize /'mɑːdʒɪnəlaɪz/ VT marginaliser

marginally /'mɑːdʒɪnəlɪ/ ADV légèrement

marigold /'mærɪɡəʊld/ N (= *flower*) souci (m)

marijuana, marihuana /ˌmærɪ'wɑːnə/ N marijuana (f)

marina /mə'riːnə/ N marina (f)

marinade /ˌmærɪ'neɪd/ 1 N marinade (f) 2 VT mariner

marinate /'mærɪneɪt/ VT mariner

marine /mə'riːn/ 1 ADJ [*plant, animal*] marin ; [*products*] de la mer 2 N fusilier (m) marin ; (*US*) marine (m) 3 COMP ◆ **marine biology** N océanographie (f) biologique ◆ **marine life** N vie (f) marine

marital /'mærɪtl/ ADJ conjugal ; **~ breakdown** rupture (f) des rapports conjugaux ◆ **marital status** N état (m) civil

maritime /'mærɪtaɪm/ ADJ maritime

marjoram /'mɑːdʒərəm/ N marjolaine (f)

mark /mɑːk/ 1 N ⓐ (= *physical marking*) marque (f) ; (= *stain*) tache (f) ; **he was found without a ~ on his body** quand on l'a trouvé, son corps ne portait aucune trace de blessure
ⓑ (= *sign*) signe (m) ; **as a ~ of respect** en signe de respect ; **as a ~ of my gratitude** en témoignage de ma gratitude
ⓒ (= *hallmark*) marque (f) ; **it bears the ~(s) of genius** cela porte la marque du génie ; **it is the ~ of a good teacher** c'est le signe d'un bon professeur ; **to react the way he did was the ~ of a true hero** il s'est montré un véritable héros en réagissant comme il l'a fait ; **he has made his ~** il s'est imposé ; **to make one's ~ as a politician** s'imposer comme homme politique
ⓓ (= *grade*) note (f) ; **good/bad ~** bonne/mauvaise note (f) ; **the ~ is out of 20** c'est une note sur 20 ; **he got full ~s** (*Brit*) il a eu vingt sur vingt ; **full ~s for trying** c'est bien d'avoir essayé ; **full ~s for honesty** bravo pour l'honnêteté
ⓔ **on your ~s! get set! go!** à vos marques ! prêts ! partez !
ⓕ (= *level*) barre (f) ; **the number of unemployed has reached the 2 million ~** le chiffre du chômage a atteint la barre des 2 millions
ⓖ (= *brand name*) marque (f)
ⓗ (= *oven temperature*) **(gas) ~ 6** thermostat (m) 6
ⓘ (= *currency*) mark (m)
ⓙ (*set structures*)
◆ **off the mark**: **to be off the ~** être loin de la vérité ; **it's way off the ~*** c'est complètement à côté de la plaque* ; **to be quick off the ~** (= *quick on the uptake*) avoir l'esprit vif ; (= *quick in reacting*) avoir des réactions rapides ; **to be quick off the ~ in doing sth** ne pas perdre de temps pour faire qch
◆ **on the mark**: **to be right on the ~** [*observation*] être très pertinent
◆ **up to the mark**: **his work isn't up to the ~** son travail laisse à désirer

2 VT ⓐ marquer ; (= *stain*) tacher ; **the accident ~ed him for life** l'accident l'a marqué pour la vie ; **they ~ed his grave with a cross** ils ont mis une croix sur sa tombe ; **in order to ~ the occasion** pour marquer l'occasion ; **this ~s him as a future manager** cela laisse présager pour lui une carrière de cadre ; **to ~ time** attendre son heure
ⓑ [+ *essay, exam*] corriger ; **to ~ sth right/wrong** marquer qch juste/faux
ⓒ [+ *price*] indiquer

3 VI se tacher ; **this material ~s easily** ce tissu se tache facilement

4 COMP ◆ **mark-up** N (= *increase*) majoration (f) de prix ; (= *profit margin*) bénéfice (m)
► **mark down** VT SEP ⓐ (= *write down*) noter ⓑ [+ *goods*] démarquer ⓒ [+ *pupil*] baisser la note de
► **mark off** VT SEP ⓐ (= *separate*) [+ *section of text*] délimiter ⓑ (= *divide by boundary*) délimiter ; [+ *distance*] mesurer ; [+ *road, boundary*] tracer ⓒ [+ *items on list*] cocher ; **he ~ed the names off** il cochait les noms (sur la liste)
► **mark out** VT SEP ⓐ [+ *zone*] délimiter ; [+ *field*] borner ; [+ *route*] baliser ; **to ~ out a tennis court** tracer les lignes d'un court de tennis ⓑ (= *single out*) désigner ; **he was ~ed out long ago for that job** il y a longtemps qu'on l'avait prévu pour ce poste
► **mark up** VT SEP ⓐ (= *put a price on*) indiquer le prix de ⓑ (= *increase*) [+ *price*] majorer ; [+ *goods*] majorer le prix de ⓒ [+ *pupil*] gonfler la note de

marked /mɑːkt/ ADJ ⓐ (= *noticeable*) [*improvement, increase*] sensible ; [*tendency, difference*] marqué ; [*contrast*] frappant; [*accent*] prononcé; **it is becoming more ~** cela s'accentue ⓑ **to be a ~ man** être un homme marqué

markedly /'mɑːkɪdlɪ/ ADV sensiblement; **to be ~ better/ worse** être nettement mieux/moins bien

marker /'mɑːkəˀ/ 1 N ⓐ (= *pen*) marqueur *(m)* ⓑ (= *flag, stake*) jalon *(m)* ⓒ (= *bookmark*) signet *(m)* ⓓ (*Football*) marqueur *(m)*, -euse *(f)*; **to shake off one's ~** se démarquer

market /'mɑːkɪt/ 1 N marché *(m)*; **to go to ~** aller au marché; **fish ~** marché *(m)* aux poissons; **free ~** marché *(m)* libre; **home/world ~** marché *(m)* intérieur/mondial; **there is a ready ~ for small cars** les petites voitures se vendent bien; **there's no ~ for typewriters** il n'y a pas de marché pour les machines à écrire; **this appeals to the French ~** cela plaît à la clientèle française; **they control 72% of the ~** ils contrôlent 72% du marché; **to be in the ~ for sth** être acheteur de qch; **to put sth on the ~** mettre qch sur le marché

2 VT (= *promote*) commercialiser; (= *sell*) vendre; (= *find outlet for*) trouver un débouché pour

3 COMP ◆ **market analysis** N analyse *(f)* de marché ◆ **market economy** N économie *(f)* de marché ◆ **market forces** NPL forces *(fpl)* du marché ◆ **market garden** N (*Brit*) jardin *(m)* maraîcher ◆ **market leader** N leader *(m)* du marché ◆ **market place** N (= *square*) place *(f)* du marché; **in the ~ place** (*economic*) sur le marché ◆ **market price** N prix *(m)* du marché; **at ~ price** au prix courant ◆ **market research** N étude *(f)* de marché ◆ **market share** N part *(f)* de marché ◆ **market value** N valeur *(f)* marchande

marketability /ˌmɑːkɪtəˈbɪlɪtɪ/ N possibilité *(f)* de commercialisation

marketable /'mɑːkɪtəbl/ ADJ ⓐ facilement commercialisable ⓑ [*person*] coté

market-driven /'mɑːkɪt,drɪvn/ ADJ **a ~ product** un produit conçu pour mieux répondre aux besoins du marché

marketing /'mɑːkɪtɪŋ/ 1 N marketing *(m)*; (= *department*) service *(m)* marketing 2 ADJ [*concept, plan*] de marketing 3 COMP ◆ **marketing department** N service *(m)* marketing ◆ **marketing manager** N directeur *(m)*, -trice *(f)* du marketing ◆ **marketing mix** N marketing mix *(m)* ◆ **marketing strategy** N stratégie *(f)* marketing

marking /'mɑːkɪŋ/ 1 N ⓐ [*of animals, goods*] marquage *(m)* ⓑ (*Brit*) (= *correcting*) correction *(f)* des copies; (= *marks given*) notes *(fpl)* ⓒ (*Football*) marquage *(m)* 2 NPL **markings** (*on animal*) taches *(fpl)*; (*on road*) signalisation *(f)* horizontale

marksman /'mɑːksmən/ N (*pl* **-men**) tireur *(m)* d'élite

marksmanship /'mɑːksmənʃɪp/ N adresse *(f)* au tir

marmalade /'mɑːməleɪd/ N marmelade *(f)* (*d'agrumes*)

maroon /məˈruːn/ ADJ (= *colour*) bordeaux *(inv)*

marooned /məˈruːnd/ ADJ **to be ~** être abandonné

marquee /mɑːˈkiː/ N (= *tent*) grande tente *(f)*

marquess, marquis /'mɑːkwɪs/ N marquis *(m)*

marriage /'mærɪdʒ/ N mariage *(m)* (**to** avec); **to give sb in ~** donner qn en mariage; **civil ~** mariage *(m)* civil; **they are related by ~** ils sont parents par alliance ◆ **marriage ceremony** N mariage *(m)* ◆ **marriage certificate** N acte *(m)* de mariage ◆ **marriage guidance** N conseil *(m)* conjugal ◆ **marriage guidance counsellor** N conseiller *(m)*, -ère *(f)* conjugal(e) ◆ **marriage of convenience** N mariage *(m)* de convenance ◆ **marriage vows** NPL vœux *(mpl)* de mariage

married /'mærɪd/ ADJ marié (**to** à, avec); **he is a ~ man** c'est un homme marié; **to be happily ~** être heureux en ménage; **to be ~ to one's job** ne vivre que pour son travail ◆ **married life** N vie *(f)* conjugale ◆ **married name** N nom *(m)* de femme mariée

marrow /'mærəʊ/ N ⓐ (*in bone*) moelle *(f)*; **to be frozen to the ~** être frigorifié ⓑ (*Brit = vegetable*) courge *(f)*; **baby ~** courgette *(f)*

marrowbone /'mærəʊbəʊn/ N os *(m)* à moelle

marry /'mærɪ/ 1 VT ⓐ (= *take in marriage*) épouser; **will you ~ me?** veux-tu m'épouser?; **to get married** se marier; **they've been married for ten years** ils sont mariés depuis

dix ans ⓑ (= *give in marriage*) marier; **he has three daughters to ~ (off)** il a trois filles à marier 2 VI se marier; **to ~ for money/love** faire un mariage d'argent/d'amour; **to ~ into money** épouser une grosse fortune; **to ~ again** se remarier

Mars /mɑːz/ N (= *planet*) Mars *(f)*

Marseillaise /ˌmɑːseɪˈjeɪz/ N Marseillaise *(f)*

Marseilles /mɑːˈseɪ/ N Marseille

marsh /mɑːʃ/ N marais *(m)*, marécage *(m)*

marshal /'mɑːʃəl/ 1 N ⓐ (*military*) maréchal *(m)* ⓑ (*Brit: at demonstration, sports event*) membre *(m)* du service d'ordre ⓒ (*US = law officer*) marshal *(m)* (*magistrat et officier de police fédérale*) 2 VT ⓐ [+ *troops*] rassembler; [+ *crowd, traffic*] canaliser; **the police ~led the procession into the town** la police a fait entrer le cortège en bon ordre dans la ville ⓑ [+ *resources*] mobiliser; [+ *support*] obtenir

marshmallow /ˌmɑːʃˈmæləʊ/ N (= *sweet*) marshmallow *(m)*

marshy /'mɑːʃɪ/ ADJ marécageux

marsupial /mɑːˈsuːpɪəl/ ADJ, N marsupial *(m)*

martial /'mɑːʃəl/ ADJ [*music*] militaire; [*spirit*] guerrier ◆ **martial art** N art *(m)* martial ◆ **martial law** N loi *(f)* martiale; **to be under ~ law** être soumis à la loi martiale

martinet /ˌmɑːtɪˈnet/ N **to be a (real) ~** être impitoyable en matière de discipline

Martinique /ˌmɑːtɪˈniːk/ N Martinique *(f)*; **in ~** à la Martinique

martyr /'mɑːtəˀ/ 1 N martyr(e) *(m(f))* (**to** de); **he is a ~ to migraine(s)** ses migraines lui font souffrir le martyre; **don't be such a ~!*** arrête de jouer les martyrs! 2 VT martyriser

martyrdom /'mɑːtədəm/ N martyre *(m)*

marvel /'mɑːvəl/ 1 N (= *thing*) merveille *(f)*; **the ~s of modern science** les prodiges *(mpl)* de la science moderne; **it's a ~ of Gothic architecture** c'est un joyau de l'architecture gothique; **it's a ~ that ...** c'est un miracle que ... (+ *subj*) 2 VI s'émerveiller (**at** de)

marvellous, marvelous (*US*) /'mɑːvələs/ ADJ merveilleux; **to have a ~ time** s'amuser énormément

Marxism /'mɑːksɪzəm/ N marxisme *(m)*

Marxist /'mɑːksɪst/ ADJ, N marxiste *(mf)*

marzipan /'mɑːzɪˌpæn/ N pâte *(f)* d'amandes

mascara /mæsˈkɑːrə/ N mascara *(m)*

mascot /'mæskət/ N mascotte *(f)*

masculine /'mæskjʊlɪn/ ADJ, N masculin *(m)*

masculinity /ˌmæskjʊˈlɪnɪtɪ/ N masculinité *(f)*

MASH /mæʃ/ N (*US*) (ABBR = **mobile army surgical hospital**) unité *(f)* chirurgicale mobile de campagne

mash /mæʃ/ 1 N ⓐ (= *pulp*) pulpe *(f)* ⓑ (*Brit = potatoes*)* purée *(f)* (de pommes de terre) 2 VT écraser; [+ *potatoes*] faire une purée de; **~ed potatoes** purée *(f)* (de pommes de terre)

mask /mɑːsk/ N masque *(m)* ◆ **masked ball** N bal *(m)* masqué ◆ **masking tape** N ruban *(m)* de masquage

masochism /'mæsəʊkɪzəm/ N masochisme *(m)*

masochist /'mæsəʊkɪst/ N masochiste *(mf)*

mason /'meɪsn/ N ⓐ (= *stoneworker*) maçon *(m)* ⓑ (= *freemason*) franc-maçon *(m)*

masonic /məˈsɒnɪk/ ADJ maçonnique

masonry /'meɪsənrɪ/ N ⓐ (= *stonework*) maçonnerie *(f)* ⓑ (= *freemasonry*) franc-maçonnerie *(f)*

masquerade /ˌmæskəˈreɪd/ 1 N mascarade *(f)* 2 VI **to ~ as ...** se faire passer pour ...

mass /mæs/ 1 N ⓐ [*of substance, objects*] masse *(f)*; **a ~ of daisies** une multitude de pâquerettes; **the great ~ of people** la grande majorité des gens ⓑ (= *people*) **the ~es** les masses (populaires); **Shakespeare for the ~es** Shakespeare à l'usage des masses ⓒ (*religious*) messe *(f)*; **to go to ~** aller à la messe

2 NPL **masses***: **~es (of ...)** des tas* (de ...)

3 ADJ ⓐ [*unemployment, destruction*] massif; [*resignations, re-*

dundancies] en masse ; [*hysteria*] collectif
(b) [*culture, movement*] de masse

4 VI [*troops*] se masser ; [*clouds*] s'amonceler

5 COMP ◆ **mass grave** N charnier *(m)* ◆ **mass hysteria** N hystérie *(f)* collective ◆ **mass marketing** N commercialisation *(f)* de masse ◆ **mass murder** N massacre *(m)* ◆ **mass murderer** N auteur *(m)* d'un massacre ◆ **mass-produce** VT fabriquer en série ◆ **mass production** N fabrication *(f)* en série

Mass. ABBR = **Massachusetts**

massacre /ˈmæsəkəʳ/ 1 N massacre *(m)* 2 VT massacrer

massage /ˈmæsɑːʒ/ 1 N massage *(m)* 2 VT [+ *body, face*] masser ; [+ *figures*] manipuler

massive /ˈmæsɪv/ ADJ (a) [*explosion, increase*] massif ; [*majority*] écrasant ; [*heart attack*] foudroyant ; **on a ~ scale** à très grande échelle (b) (= *huge*)* énorme

massively /ˈmæsɪvlɪ/ ADV [*reduce*] énormément ; [*successful, popular*] extrêmement

mast /mɑːst/ N mât *(m)* ; (*for radio*) pylône *(m)* ; **the ~s of a ship** la mâture d'un navire

mastectomy /mæˈstektəmɪ/ N mastectomie *(f)*

master /ˈmɑːstəʳ/ 1 N (a) [*of household*] maître *(m)* ; **the ~ of the house** le maître de maison ; **to be ~ in one's own house** être maître chez soi ; **to be one's own ~** être son (propre) maître ; **to be (the) ~ of one's destiny** être maître de sa destinée ; **he is a ~ of the violin** c'est un virtuose du violon
(b) (= *degree*) **a ~'s** ≈ une maîtrise
(c) (*in secondary school*) † professeur *(m)* ; (*in primary school*) † maître *(m)*
(d) (*Brit: title for boys*) monsieur *(m)*

2 VT (a) [+ *emotion, situation*] maîtriser ; [+ *difficulty*] surmonter
(b) [+ *language, skill*] maîtriser ; **he has ~ed Greek** il maîtrise parfaitement le grec ; **he'll never ~ the violin** il ne saura jamais bien jouer du violon ; **he has ~ed the trumpet** il est devenu très bon trompettiste

3 COMP ◆ **master bedroom** N chambre *(f)* principale ◆ **master class** N cours *(m)* de (grand) maître ◆ **master copy** N original *(m)* ◆ **master disk** N (*Computing*) disque *(m)* d'exploitation ◆ **master key** N passe-partout *(m inv)* ◆ **Master of Arts** N ≈ titulaire *(mf)* d'une maîtrise en lettres → DEGREE ◆ **master of ceremonies** N maître *(m)* des cérémonies ; (*for entertainment*) animateur *(m)* ◆ **master plan** N schéma *(m)* directeur ◆ **master stroke** N coup *(m)* de maître ◆ **master tape** N bande *(f)* mère

masterful /ˈmɑːstəfʊl/ ADJ [*person*] à l'autorité naturelle ; [*performance*] magistral

masterly /ˈmɑːstəlɪ/ ADJ magistral

mastermind /ˈmɑːstəmaɪnd/ 1 N cerveau *(m)* 2 VT **he ~ed the whole thing** il était le cerveau derrière l'opération

masterpiece /ˈmɑːstəpiːs/ N chef-d'œuvre *(m)*

mastery /ˈmɑːstərɪ/ N maîtrise *(f)*

masturbate /ˈmæstəbeɪt/ VI se masturber

masturbation /ˌmæstəˈbeɪʃən/ N masturbation *(f)*

mat /mæt/ N (a) (*for floors*) (petit) tapis *(m)* ; (*at door*) paillasson *(m)* ; (*in car, gym*) tapis *(m)* ; **to go to the ~ for sb/to do sth** (*US*) monter au créneau pour qn/pour faire qch (b) (*on table*) (*heat-resistant*) dessous-de-plat *(m inv)* ; (= *place mat*) set *(m)* (de table)

match /mætʃ/ 1 N (a) (*Sport*) match *(m)* ; **to play a ~ against sb** disputer un match contre qn ; **international ~** rencontre *(f)* internationale
(b) (*for lighting fire*) allumette *(f)* ; **to strike a ~** gratter une allumette ; **to put a ~ to sth** mettre le feu à qch
(c) (= *equal*) égal(e) *(m(f))* ; **to meet one's ~ (in sb)** trouver à qui parler (avec qn) ; **he's no ~ for Paul** il ne fait pas le poids contre Paul
(d) (= *complement*) **to be a good ~** [*clothes, colours*] aller bien ensemble
(e) (= *marriage*) † mariage *(m)* ; **he's a good ~ for her** ils vont bien ensemble

2 VT (a) **to ~ up to** (= *be equal to*) égaler ; **she doesn't ~ up to her sister in intelligence** elle n'a pas l'intelligence de sa sœur ; **he didn't ~ up to his father's expectations** il n'a pas été à la hauteur des espérances de son père
(b) (= *produce equal to*) **to ~ sb's offer** faire une offre équivalente à celle de qn ; **this is ~ed only by ...** cela n'a d'égal que ...
(c) [*clothes, colours*] (*intended as a set*) être assorti à ; (*a good match*) aller bien avec ; **his tie doesn't ~ his shirt** sa cravate ne va pas avec sa chemise
(d) (= *pair off*) **she ~ed her wits against his strength** elle opposait son intelligence à sa force ; **they are well ~ed** [*opponents*] ils sont de force égale ; [*couple*] ils sont bien assortis

3 VI [*colours*] aller bien ensemble ; [*socks*] faire la paire ; **with (a) skirt to ~** avec (une) jupe assortie

4 COMP ◆ **match point** N balle *(f)* de match

matchbox /ˈmætʃbɒks/ N boîte *(f)* d'allumettes

matching /ˈmætʃɪŋ/ ADJ assorti ; **her ~ blue sweater and skirt** son pull bleu et sa jupe assortie ; **a ~ pair** une paire

matchmake /ˈmætʃmeɪk/ VI jouer les entremetteurs

matchmaker /ˈmætʃmeɪkəʳ/ N entremetteur *(m)*, -euse *(f)*

matchstick /ˈmætʃstɪk/ N allumette *(f)*

mate /meɪt/ 1 N (a) (*Brit* = *friend*)* copain* *(m)*, copine* *(f)* ; **he's a good ~** c'est un bon copain* (b) (*at work*) camarade *(mf)* (c) [*of animal*] mâle *(m)*, femelle *(f)* (d) (*on ship*) ≈ second *(m)* (e) (*Chess*) mat *(m)* 2 VT (a) [*animal*] accoupler (**with** à) (b) (*Chess*) mettre mat 3 VI s'accoupler (**with** à, avec)

material /məˈtɪərɪəl/ 1 ADJ (a) (= *physical*) matériel ; **~ evidence** preuves *(fpl)* matérielles
(b) (= *relevant*) pertinent (**to sth** pour qch) ; **~ witness** témoin *(m)* de fait

2 N (a) (= *substance*) substance *(f)*
(b) (= *cloth*) tissu *(m)*
(c) (= *substances from which product is made*) matériau *(m)* ; **building ~s** matériaux *(mpl)* de construction ; **he's not university ~** il n'est pas capable d'entreprendre des études supérieures
(d) (= *necessary tools*) matériel *(m)* ; **reading ~** lecture *(f)* ; (*for studies*) ouvrages *(mpl)* à consulter ; **teaching ~(s)** matériel *(m)* pédagogique
(e) (= *information*) données *(fpl)* ; **I had all the ~ I needed** j'avais tout ce qu'il me fallait ; **reference ~** ouvrages *(mpl)* de référence
(f) (= *sth written, composed*) **all his ~ is original** tout ce qu'il écrit (*or* chante *etc*) est original ; **an album of original ~** un album de titres inédits ; **we cannot publish this ~** nous ne pouvons pas publier ce texte ; **I added some new ~** j'ai ajouté des éléments nouveaux ; **publicity ~** matériel *(m)* publicitaire

materialistic /məˌtɪərɪəˈlɪstɪk/ ADJ matérialiste

materialize /məˈtɪərɪəlaɪz/ VI se matérialiser ; [*idea*] prendre forme ; **the promised cash didn't ~** l'argent promis ne s'est pas matérialisé ; **none of the anticipated difficulties ~d** les difficultés auxquelles on s'attendait ne se sont pas présentées

maternal /məˈtɜːnəl/ ADJ maternel

maternity /məˈtɜːnɪtɪ/ N maternité *(f)* ◆ **maternity benefit** N (*Brit*) allocation *(f)* de maternité ◆ **maternity clothes** NPL vêtements *(mpl)* de grossesse ◆ **maternity hospital** N maternité *(f)* ◆ **maternity leave** N congé *(m)* de maternité ◆ **maternity pay** N (*Brit*) salaire versé pendant le congé de maternité ◆ **maternity ward** N (service *(m)* d')obstétrique *(f)*

matey* /ˈmeɪtɪ/ ADJ (*Brit*) copain* (copine* *(f)*) (**with sb** avec qn)

math* /mæθ/ N (*US*) (ABBR = **mathematics**) math(s)* *(fpl)*

mathematical /ˌmæθəˈmætɪkəl/ ADJ mathématique ; **I haven't got a ~ mind** je n'ai pas l'esprit mathématique

mathematician /ˌmæθəməˈtɪʃən/ N mathématicien(ne) *(m(f))*

mathematics /ˌmæθəˈmætɪks/ N mathématiques *(fpl)*

maths• /mæθs/ N (*Brit*) (ABBR = **mathematics**) math(s)* *(fpl)*

matinée /'mætɪneɪ/ N matinée *(f)*

mating /'meɪtɪŋ/ N accouplement *(m)* ♦ **mating call** N appel *(m)* du mâle ♦ **mating season** N saison *(f)* des amours

matriarchal /ˌmeɪtrɪ'ɑːkl/ ADJ matriarcal

matrices /'meɪtrɪsiːz/ NPL of **matrix**

matriculation /məˌtrɪkjʊ'leɪʃən/ 1 N (*for university*) inscription *(f)* 2 ADJ [*card, fee*] d'inscription

matrimonial /ˌmætrɪ'məʊnɪəl/ ADJ [*problems*] matrimonial ; [*law*] sur le mariage ; **the ~ home** le domicile conjugal

matrimony /'mætrɪmənɪ/ N mariage *(m)*

matrix /'meɪtrɪks/ N (*pl* **matrices**) matrice *(f)*

matron /'meɪtrən/ 1 N ⓐ (*= nurse*) surveillante *(f)* générale ; (*in school*) infirmière *(f)* ⓑ [*of old people's home*] directrice *(f)* ⓒ (*= woman*)† matrone† *(f)* 2 COMP ♦ **matron of honour** N dame *(f)* d'honneur

matronly /'meɪtrənlɪ/ ADJ [*figure*] imposant ; [*manner, clothes*] de matrone

matt(e) /mæt/ ADJ mat ♦ **matt emulsion** N peinture *(f)* mate ♦ **matt photograph** N photo *(f)* sur papier mat

matted /'mætɪd/ ADJ [*hair*] emmêlé

matter /'mætəʳ/ 1 N ⓐ (*= physical substance*) matière *(f)* ; **vegetable/inanimate ~** matière *(f)* végétale/inanimée ⓑ (*= content*) contenu *(m)* ; **~ and form** le fond et la forme ⓒ (*= affair*) affaire *(f)* ; **the ~ in hand** l'affaire en question ; **the ~ is closed** l'affaire est close ; **for that ~** d'ailleurs ; **there's the ~ of my expenses** il y a la question de mes frais ; **it is a ~ of great concern** c'est extrêmement inquiétant ; **it took a ~ of days** cela a été l'affaire de quelques jours ; **as a ~ of course** automatiquement ; **as a ~ of fact** en fait ; **it's a ~ of life and death** c'est une question de vie ou de mort ; **that's a ~ of opinion!** c'est discutable! ; **it is only a ~ of time** ce n'est qu'une question de temps ⓓ (*= importance*) **no ~!** peu importe! ; **it must be done, no ~ how** cela doit être fait par n'importe quel moyen ; **no ~ when he comes** quelle que soit l'heure à laquelle il arrive ; **no ~ what he says** quoi qu'il dise ; **no ~ where/who** où/qui que ce soit ⓔ (*= problem*) **what's the ~?** qu'est-ce qu'il y a? ; **what's the ~ with him?** qu'est-ce qu'il a? ; **what's the ~ with your hand?** qu'est-ce que vous avez à la main? ; **what's the ~ with trying to help him?** quel inconvénient y a-t-il à ce qu'on l'aide? ; **there's something the ~ with the engine** il y a quelque chose qui ne va pas dans le moteur ; **as if nothing was the ~** comme si de rien n'était ; **nothing's the ~*** il n'y a rien ; **there's nothing the ~ with that idea** il n'y a rien à redire à cette idée

2 VI importer (**to** à) ; **it doesn't ~** ça ne fait rien ; **it doesn't ~ whether ...** cela ne fait rien si ... ; **it doesn't ~ who/ where** peu importe la personne/l'endroit ; **what does it ~?** qu'est-ce que cela peut faire? ; **why should it ~ to me?** pourquoi est-ce que cela me ferait quelque chose? ; **some things ~ more than others** il y a des choses qui importent plus que d'autres ; **nothing else ~s** le reste n'a aucune importance

matter-of-fact /ˌmætərəv'fækt/ ADJ [*tone*] neutre ; [*style*] prosaïque ; [*attitude, person*] terre à terre

matting /'mætɪŋ/ N nattes *(fpl)*

mattress /'mætrɪs/ N matelas *(m)*

maturation /ˌmætjʊə'reɪʃən/ N maturation *(f)* ; [*of whisky*] vieillissement *(m)*

mature /mə'tjʊəʳ/ 1 ADJ mûr ; [*wine*] vieux ; [*cheese*] affiné ; [*investment*] échu 2 VT faire mûrir 3 VI [*person*] mûrir ; [*wine*] vieillir ; [*cheese*] s'affiner ; [*investment*] arriver à échéance 4 COMP ♦ **mature student** N étudiant(e) *(m(f))* de plus de 26 ans (*ou de 21 ans dans certains cas*)

maturity /mə'tjʊərɪtɪ/ N maturité *(f)*

maudlin /'mɔːdlɪn/ ADJ larmoyant ; **to get ~ about sth** devenir excessivement sentimental à propos de qch

maul /mɔːl/ VT ⓐ (*= attack*) mutiler ; (*fatally*) déchiqueter ⓑ (*= manhandle*) malmener ⓒ (*sexually*)* tripoter ; **stop ~ing me!** arrête de me tripoter!

Maundy Thursday /ˌmɔːndɪ'θɜːzdɪ/ N jeudi *(m)* saint

Mauritius /mə'rɪʃəs/ N île *(f)* Maurice ; **in ~** à l'île Maurice

mausoleum /ˌmɔːsə'lɪəm/ N mausolée *(m)*

mauve /məʊv/ ADJ, N mauve *(m)* *(inv)*

maverick /'mævərɪk/ 1 N (*= person*) franc-tireur *(m)* *(fig)* 2 ADJ non-conformiste

mawkish /'mɔːkɪʃ/ ADJ (*= sentimental*) mièvre

max /mæks/ (ABBR = **maximum**)* 1 ADV max* ; **a couple of weeks, ~** quinze jours, max* 2 N max* *(m)* ; **to do sth to the ~** faire qch à fond

maxim /'mæksɪm/ N maxime *(f)*

maximization /ˌmæksɪmaɪ'zeɪʃən/ N optimisation *(f)*

maximize /'mæksɪmaɪz/ VT optimiser

maximum /'mæksɪməm/ 1 N maximum *(m)* ; **a ~ of $8** 8 dollars au maximum ; **to the ~** à fond 2 ADJ maximum ; **~ security prison** prison *(f)* de haute sécurité ; **~ speed** vitesse *(f)* maximale ; **~ temperatures** températures *(fpl)* maximales 3 ADV (au) maximum ; **twice a week ~** deux fois par semaine (au) maximum

May /meɪ/ N mai *(m)* ♦ **May Day** N Premier Mai *(m)* ; **on ~ Day** le Premier Mai → **September**

may /meɪ/ MODAL VERB
ⓐ (*= might*)

> ► When **may** expresses present, future or past possibility, it is often translated by **peut-être**, with the appropriate tense of the French verb.

you ~ be making a big mistake tu es peut-être en train de faire une grosse erreur ; **he ~ arrive late** il arrivera peut-être en retard ; **I ~ have left it behind** je l'ai peut-être oublié ; **a vegetarian diet ~ not provide enough iron** il se peut qu'un régime végétarien soit trop pauvre en fer ; **it ~ rain later** il se peut qu'il pleuve plus tard ; **be that as it ~** quoi qu'il en soit

♦ **may as well : one ~ as well say £5 million** autant dire 5 millions de livres ; **I ~ as well tell you all about it** je ferais aussi bien de tout vous dire ; **you ~ as well leave now** vous feriez aussi bien de partir tout de suite

♦ **may well : this ~ well be his last chance** c'est peut-être sa dernière chance ; **that ~ well be so** c'est bien possible ; **one ~ well ask if this is a waste of money** on est en droit de se demander si c'est une dépense inutile

ⓑ (*= can*) pouvoir ; **the sleeping bag ~ be used as a bedcover** le sac de couchage peut servir de couvre-lit ; **you ~ go now** vous pouvez partir ; **~ I interrupt for a moment?** je peux vous interrompre une seconde? ; **~ I tell her now?** — **you ~ as well** est-ce que je peux le lui dire maintenant? — après tout, pourquoi pas? ; **~ I help you?** est-ce que je peux vous aider? ; (*in shop*) vous désirez? ; **~ I?** vous permettez?

ⓒ (*in prayers, wishes*) **~ he rest in peace** qu'il repose en paix

maybe /'meɪbiː/ ADV peut-être ; **~ he'll be there** il y sera peut-être ; **~, ~ not** peut-être que oui, peut-être que non

mayday /'meɪdeɪ/ N SOS *(m)*

mayfly /'meɪflaɪ/ N éphémère *(f)*

mayhem /'meɪhem/ N (*= havoc*) pagaille* *(f)*

mayo• /'meɪəʊ/ N (*US*) ABBR = **mayonnaise**

mayonnaise /ˌmeɪə'neɪz/ N mayonnaise *(f)*

mayor /mɛəʳ/ N maire *(m)*

mayoress /'mɛəres/ N ⓐ (*= female mayor*) maire *(m)* ⓑ (*= wife of mayor*) femme *(f)* du maire

maypole /'meɪpəʊl/ N mât *(m)* de cocagne

maze /meɪz/ N labyrinthe *(m)*

MB /em'biː/ ⓐ N (ABBR = **megabyte**) Mo ⓑ ABBR = **Manitoba**

MBA /ˈembiːˈeɪ/ N (ABBR = **Master of Business Administration**) *mastère de gestion*

MC /emˈsiː/ N ⓐ ABBR = **Master of Ceremonies** ⓑ (*US*) ABBR = **Member of Congress**

MD /emˈdiː/ N ⓐ (*Univ*) (ABBR = **Doctor of Medicine**) → **medicine** ⓑ (*Brit*) (ABBR = **Managing Director**) PDG (*m*) ⓒ (*Music*) (ABBR = **minidisc**) MD (*m*)

Md. ABBR = **Maryland**

ME /ˌemˈiː/ N (ABBR = **myalgic encephalomyelitis**) syndrome (*m*) de la fatigue chronique

me /miː/ 1 PERS PRON ⓐ (*direct*) (*unstressed*) me ; (*before vowel or silent "h"*) m' ; (*stressed*) moi ; **he can see me** il me voit ; **he saw me** il m'a vu ; **you don't like jazz ? Me, I love it** tu n'aimes pas le jazz ? Moi, j'adore ⓑ (*indirect*) me, moi ; (*before vowel or silent "h"*) m' ; **he gave me the book** il m'a donné le livre ⓒ (*after preposition etc*) moi ; **give it to me** donnez-le-moi ; **I'll take it with me** je l'emporterai avec moi ; **it's me** c'est moi ; **you're smaller than me** tu es plus petit que moi ; **if you were me** à ma place

2 N (*Music*) mi (*m*)

Me. ABBR = **Maine**

mead /miːd/ N (= *drink*) hydromel (*m*)

meadow /ˈmedəʊ/ N pré (*m*)

meagre, meager (*US*) /ˈmiːɡəʳ/ ADJ maigre (*before n*)

meal /miːl/ 1 N ⓐ (= *food*) repas (*m*) ; **to have a ~** prendre un repas ; **to have a good ~** bien manger ; **we had a ~ at the Sea Crest Hotel** nous avons déjeuné (*or* dîné) au Sea Crest Hotel ; **midday ~** déjeuner (*m*) ; **evening ~** dîner (*m*) ; **to make a ~ of sth** faire tout un plat de qch* ⓑ (= *flour*) farine (*f*) 2 COMP ◆ **meals on wheels** NPL *repas livrés à domicile aux personnes âgées ou handicapées* ◆ **meal ticket** N ticket-repas (*m*) ; (= *job*)* gagne-pain (*m inv*) ; **she's your ~ ticket** sans elle tu crèverais de faim*

mealtime /ˈmiːltaɪm/ N heure (*f*) du repas ; **at ~s** aux heures des repas

mealy /ˈmiːlɪ/ ADJ farineux ◆ **mealy-mouthed** ADJ **to be ~-mouthed** tourner autour du pot*

mean /miːn/ 1 VT (*pret, ptp* **meant**) ⓐ (= *signify*) vouloir dire ; **what do you ~ (by that)?** que voulez-vous dire (par là) ? ; **see what I ~?** tu vois ce que je veux dire ? ; **the name ~s nothing to me** ce nom ne me dit rien ; **the play didn't ~ a thing to her** la pièce n'avait aucun sens pour elle ; **what does this ~?** qu'est-ce que cela veut dire ? ; **it ~s he won't be coming** cela veut dire qu'il ne viendra pas ; **this ~s war** c'est la guerre à coup sûr ; **it will ~ a lot of expense** cela entraînera beaucoup de dépenses ; **a pound ~s a lot to him** une livre représente une grosse somme pour lui ; **don't I ~ anything to you at all?** je ne suis donc rien pour toi ? ; **you ~ everything to me** tu es tout pour moi ; **money doesn't ~ happiness** l'argent ne fait pas le bonheur ; **you don't really ~ that?** vous n'êtes pas sérieux ? ; **he said it as if he meant it** il n'avait pas l'air de plaisanter ⓑ (= *intend*) avoir l'intention (**to do sth** de faire qch) ; **I meant to come yesterday** j'avais l'intention de venir hier ; **I didn't ~ to break it** je n'ai pas fait exprès de le casser ; **I didn't ~ to!** je ne l'ai pas fait exprès ! ; **I touched it without ~ing to** je l'ai touché sans le vouloir ; **I ~ to succeed** j'ai bien l'intention de réussir ; **I'm sure he didn't ~ it** je suis sûr que ce n'était pas intentionnel ; **he didn't ~ anything by it** (*referring to an action*) il l'a fait sans penser à mal ; (*referring to a comment*) il l'a dit sans penser à mal ; **I meant it as a joke** c'était pour rire ; **she ~s well** cela part d'un bon sentiment ; **he meant you when he said ...** c'est à vous qu'il faisait allusion lorsqu'il disait ... ; **that book is meant for children** ce livre est destiné aux enfants ; **it was meant to be** le destin en avait décidé ainsi ; **this portrait is meant to be Anne** ce portrait est censé représenter Anne ; **it's meant to be good** c'est censé être bien

2 N (= *middle term*) milieu (*m*) ; (*mathematical*) moyenne (*f*)

3 ADJ ⓐ (= *average*) moyen ⓑ (*Brit* = *stingy, unpleasant*) mesquin ; **~ with one's money** avare ; **don't be so ~!** ne sois pas si radin !* ; **a ~ trick** un

sale tour ; **that was ~ of them** c'était mesquin de leur part ⓒ (*US*) [*horse, dog*]* vicieux ⓓ (= *inferior*) **he's no ~ singer** c'est un chanteur de talent ; **it was no ~ feat** cela a été un véritable exploit ⓔ (= *excellent*)‡ super* ; **she plays a ~ game of tennis** elle joue super* bien au tennis

4 COMP ◆ **mean-spirited** ADJ mesquin

meander /mɪˈændəʳ/ 1 VI ⓐ [*river*] serpenter ⓑ [*person*] flâner 2 N méandre (*m*)

meandering /mɪˈændərɪŋ/ ADJ ⓐ [*river, path*] sinueux ⓑ [*speech*] plein de méandres

meaning /ˈmiːnɪŋ/ N sens (*m*), signification (*f*) ; **literal ~** sens (*m*) propre ; **what is the ~ of this word?** quel est le sens de ce mot ? ; **he doesn't know the ~ of the word "fear"** il ne sait pas ce que le mot « peur » veut dire ; **she doesn't know the ~ of love** elle ne sait pas ce qu'est l'amour

meaningful /ˈmiːnɪŋfʊl/ ADJ [*relationship, discussion*] sérieux ; [*experience*] important ; [*look, smile*] éloquent

meaningless /ˈmiːnɪŋlɪs/ ADJ ⓐ [*words, song, action, gesture*] dénué de sens ; **to be ~ (to sb)** ne rien vouloir dire (pour qn) ⓑ [*existence*] futile ; [*suffering*] vain

meanness /ˈmiːnnɪs/ N ⓐ (= *stinginess*) mesquinerie (*f*) ⓑ (= *unkindness*) méchanceté (*f*) ; **~ of spirit** mesquinerie (*f*) ⓒ (*US* = *viciousness*) comportement (*m*) sauvage

means /miːnz/ 1 N ⓐ (= *way*) moyen(s) (*m(pl)*) ; **to find the ~ to do** *or* **of doing sth** trouver le(s) moyen(s) de faire qch ; **the only ~ of contacting him is ...** le seul moyen de le joindre, c'est ... ; **the ~ to an end** le moyen d'arriver à ses fins ; **by all ~!** (= *of course*) mais certainement ! ; **by no ~ stupid** elle est loin d'être stupide

◆ **by means of ...** au moyen de ... ; **by ~ of hard work** à force de travail

ⓑ (= *wealth*) moyens (*mpl*) ; **he is a man of ~** il a de gros moyens* ; **to live within one's ~** vivre selon ses moyens

2 COMP ◆ **means-test** VT **to ~-test sb** examiner les ressources de qn (*avant d'accorder certaines prestations sociales*) ; **the grant is not ~-tested** cette allocation ne dépend pas des ressources familiales (*or* personnelles)

meant /ment/ VB *pt, ptp of* **mean**

meantime /ˈmiːntaɪm/, **meanwhile** /ˈmiːnwaɪl/ ADV (**in the**) **~** en attendant, pendant ce temps

measles /ˈmiːzlz/ N rougeole (*f*)

measly /ˈmiːzlɪ/ ADJ misérable ; **a ~ £5!** 5 misérables livres !

measurable /ˈmeʒərəbl/ ADJ mesurable

measure /ˈmeʒəʳ/ 1 N ⓐ mesure (*f*) ; [*of alcohol*] dose (*f*) ; **for good ~** pour faire bonne mesure ; **made to ~** fait sur mesure ; **liquid ~** mesure (*f*) de capacité pour les liquides ; **it had a ~ of success** cela a eu un certain succès ⓑ (= *gauge*) **to be the ~ of sth** donner la mesure de qch ; **this exam is just a ~ of how you're getting on** cet examen sert simplement à évaluer votre progression ⓒ (= *step*) mesure (*f*) ; **drastic/precautionary ~s** mesures (*fpl*) draconiennes/de précaution ; **to take ~s against** prendre des mesures contre ; **~s aimed at building confidence between states** des mesures (*fpl*) visant à créer un climat de confiance entre États

2 VT mesurer ; [+ *success, performance*] évaluer ; **to ~ the height of sth** mesurer la hauteur de qch ; **to be ~d for a dress** faire prendre ses mesures pour une robe ; **what does it ~?** quelles sont ses dimensions ? ; **the room ~s 4 metres across** la pièce fait 4 mètres de large ; **to be ~d against** être comparé à ; **to ~ one's strength against sb** se mesurer à qn

3 COMP ◆ **measuring jug** N pot (*m*) gradué ◆ **measuring tape** N centimètre (*m*)

► **measure out** VT SEP mesurer

► **measure up** 1 VT SEP [+ *wood*] mesurer ; [+ *person*] jauger 2 VI (= *be adequate*) être à la hauteur

► **measure up to** VT INSEP [+ *task*] être à la hauteur de ; **he doesn't ~ up to her** il ne soutient pas la comparaison avec elle

measured /ˈmeʒəd/ ADJ [*pace, statement*] modéré; **to make a ~ response to sth** réagir de façon modérée à qch; **to speak in ~ tones** parler d'un ton mesuré

measurement /ˈmeʒəmənt/ N **~s** mesures (fpl); **to take the ~s of a room** prendre les mesures d'une pièce; **what are your ~s?** quelles sont vos mesures?

meat /miːt/ N viande (f); **cold ~** viande (f) froide; **~ and two veg*** de la viande avec des pommes de terre et un légume; **this is ~ and drink to them** ils se régalent (fig); **there's not much ~ on her*** elle n'est pas bien grosse ■ (PROV) **one man's ~ is another man's poison** le malheur des uns fait le bonheur des autres (PROV) ♦ **meat-eater** N (= *animal*) carnivore (m); **he's a big ~-eater** c'est un gros mangeur de viande ♦ **meat hook** N crochet (m) de boucherie ♦ **meat loaf** N pain (m) de viande

meatball /ˈmiːtbɔːl/ N boulette (f) de viande

meaty /ˈmiːtɪ/ ADJ ⓐ [*flavour*] de viande; [*sauce, stock*] à base de viande; **a ~ sauce** une sauce qui contient beaucoup de viande; **to have a ~ texture** avoir la consistance de la viande ⓑ [*legs*] gros (grosse (f)) (*before n*) ⓒ [*book, role*] substantiel

Mecca /ˈmekə/ N La Mecque (f); **a ~ for Japanese tourists** la Mecque des touristes japonais

mechanic /mɪˈkænɪk/ N mécanicien (m), -ienne (f)

mechanical /mɪˈkænɪkəl/ 1 ADJ ⓐ [*device, problem*] mécanique; **a ~ failure** une panne ⓑ **their prayers are ~ repetition** leurs prières sont des répétitions mécaniques; **his dancing is ~** il danse d'une manière guindée 2 COMP ♦ **mechanical drawing** N dessin (m) à l'échelle ♦ **mechanical engineering** N (= *theory*) mécanique (f); (= *practice*) construction (f) mécanique

mechanics /mɪˈkænɪks/ 1 N (= *science*) mécanique (f) 2 NPL mécanisme (m); **the ~ of government** les mécanismes (mpl) du gouvernement

mechanism /ˈmekənɪzəm/ N mécanisme (m); **defence ~** mécanisme (m) de défense

mechanization /ˌmekənaɪˈzeɪʃən/ N mécanisation (f)

mechanize /ˈmekənaɪz/ VT mécaniser

MEd /emˈed/ N (ABBR = **Master of Education**) ≈ CAPES (m)

Med* /med/ N **the ~** (= *sea*) la Méditerranée; (= *region*) région (f) méditerranéenne

medal /ˈmedl/ N médaille (f); **athletics ~** médaille (f) d'athlétisme

medallion /mɪˈdæljən/ N médaillon (m)

medallist, medalist (US) /ˈmedəlɪst/ N médaillé(e) (m(f)); **he's a silver ~** il est médaillé d'argent

meddle /ˈmedl/ VI ⓐ (= *interfere*) se mêler (**in** de); **stop meddling!** cesse de te mêler de ce qui ne te regarde pas! ⓑ (= *tamper*) toucher (**with** à)

meddlesome /ˈmedlsəm/, **meddling** /ˈmedlɪŋ/ ADJ [*person*] indiscret

media /ˈmiːdɪə/ 1 NPL **the ~** les médias (mpl); **the ~ have welcomed her visit** les médias ont salué sa visite; **the government's restrictions on the ~** les restrictions que le gouvernement a imposées aux médias 2 COMP [*attention, reaction*] des médias; [*coverage*] médiatique ♦ **media circus*** N cirque (m) médiatique ♦ **media star** N vedette (f) des médias ♦ **media studies** NPL études (fpl) de communication

median /ˈmiːdɪən/ 1 ADJ médian 2 N médiane (f) 3 COMP ♦ **median strip** N (US: on motorway) terre-plein (m) central

mediate /ˈmiːdɪeɪt/ 1 VI servir d'intermédiaire 2 VT [+ *peace, settlement*] obtenir par médiation; [+ *dispute*] arbitrer

mediation /ˌmiːdɪˈeɪʃən/ N médiation (f); **through the ~ of sb** par l'entremise (f) de qn

mediator /ˈmiːdɪeɪtəʳ/ N médiateur (m), -trice (f)

medic* /ˈmedɪk/ N (= *student*) étudiant(e) (m(f)) en médecine; (= *doctor*) toubib* (m)

Medicaid /ˈmedɪkeɪd/ N (US) Medicaid (m)

ⓘ MEDICAID, MEDICARE

Medicaid est un organisme américain, administré conjointement par le gouvernement fédéral et par les États, qui prend en charge les traitements hospitaliers et les soins médicaux des personnes de moins de 65 ans vivant en dessous du seuil de pauvreté officiel.

Medicare est un régime d'assurance maladie, financé par le gouvernement fédéral, qui prend en charge une partie des coûts d'hospitalisation et de traitement des personnes âgées de plus de 65 ans, des insuffisants rénaux et de certains handicapés. Toute personne non couverte par **Medicare** ou **Medicaid** doit prendre en charge personnellement ses soins de santé par le biais d'une assurance maladie privée.
▷ www.medicare.gov
▷ www.cms.hhs.gov/medicaid

medical /ˈmedɪkəl/ ADJ médical; **seek ~ advice** consultez un médecin ♦ **medical board** N commission (f) médicale, conseil (m) de santé ♦ **medical care** N soins (mpl) médicaux ♦ **medical doctor** N docteur (m) en médecine ♦ **medical examination** N (in hospital, school) visite (f) médicale; (private) examen (m) médical ♦ **medical examiner** N (US) médecin (m) légiste ♦ **medical history** N (= *record*) dossier (m) médical; (= *background*) antécédents (mpl) médicaux ♦ **medical insurance** N assurance (f) maladie ♦ **medical officer** N médecin (m) du travail ♦ **the medical profession** N (= *personnel*) le corps médical ♦ **the Medical Research Council** N (Brit) organisme d'aide à la recherche médicale ♦ **medical school** N faculté (f) de médecine ♦ **medical student** N étudiant(e) (m(f)) en médecine

Medicare /ˈmedɪkeəʳ/ N (US) Medicare (m)
→ MEDICAID, MEDICARE

medicated /ˈmedɪkeɪtɪd/ ADJ [*shampoo*] traitant

medication /ˌmedɪˈkeɪʃən/ N médication (f)

medicinal /meˈdɪsɪnl/ ADJ [*plant, value*] médicinal; [*property, quality*] thérapeutique; **for ~ purposes** à des fins thérapeutiques

medicine /ˈmedsn, ˈmedɪsn/ 1 N ⓐ (= *science*) médecine (f); **to study ~** faire médecine; **Doctor of Medicine** docteur (m) en médecine ⓑ (= *drug*) médicament (m); **it's a very good ~ for colds** c'est un excellent remède contre les rhumes; **let's give him a taste of his own ~** on va lui rendre la monnaie de sa pièce 2 COMP ♦ **medicine cabinet** N (armoire (f) à) pharmacie (f) ♦ **medicine man** N (pl **medicine men**) sorcier (m) guérisseur

medieval /ˌmedɪˈiːvəl/ ADJ ⓐ médiéval; **~ Europe** l'Europe (f) médiévale ⓑ (= *primitive*) moyenâgeux (pej)

mediocre /ˌmiːdɪˈəʊkəʳ/ ADJ médiocre

mediocrity /ˌmiːdɪˈɒkrɪtɪ/ N médiocrité (f)

meditate /ˈmedɪteɪt/ VI méditer (**about** sur)

meditation /ˌmedɪˈteɪʃən/ N méditation (f) (**about** sur)

Mediterranean /ˌmedɪtəˈreɪnɪən/ 1 ADJ [*coast, climate, diet*] méditerranéen; [*island*] de la Méditerranée; **the ~ Sea** la mer Méditerranée; **~ people** les Méditerranéens (mpl) 2 N ⓐ **the ~** (= *sea*) la Méditerranée; (= *region*) la région méditerranéenne ⓑ (= *person*) méditerranéen(ne) (m(f))

medium /ˈmiːdɪəm/ 1 N (pl **media**) ⓐ moyen (m); **through the ~ of the press** par voie de presse; **advertising ~** support (m) publicitaire; **English is the ~ of instruction** l'anglais est la langue d'enseignement ⓑ (= *mid-point*) milieu (m); **the happy ~** le juste milieu ⓒ (pl **mediums**) (spiritual) médium (m) 2 ADJ moyen 3 COMP ♦ **medium-dry** ADJ [*wine, sherry, cider*] demi-sec ♦ **medium range missile** N missile (m) à moyenne portée ♦ **medium rare** ADJ [*steaks*] à point ♦ **medium-sized** ADJ de taille moyenne ♦ **medium-sweet** ADJ [*wine, sherry, cider*] demi-doux ♦ **medium-term** ADJ à moyen terme ♦ **medium-wave** ADJ sur ondes moyennes

medley /ˈmedlɪ/ N mélange (m); [*of music*] pot-pourri (m); **400 metres ~** (Swimming) le 400 mètres quatre nages

meek /miːk/ ADJ [*person*] docile; **~ and mild** doux et docile

meet /miːt/ (pret, ptp **met**) 1 VT ⓐ [+ person] (by chance) rencontrer ; (coming in opposite direction) croiser ; (by arrangement) retrouver ; (= go to meet) aller chercher ; (= come to meet) venir chercher ; **to arrange to ~ sb at 3 o'clock** donner rendez-vous à qn à 3 heures ; **I'll ~ you outside the cinema** je te retrouve devant le cinéma ; **he went to ~ them** il est allé à leur rencontre ; **I'm due back at 10 o'clock, can you ~ me off the plane?** je reviens à 10 heures, peux-tu venir me chercher ?

ⓑ (= make acquaintance of) faire la connaissance de ; **pleased to ~ you** enchanté de faire votre connaissance

ⓒ (= encounter) [+ opponent, obstacle] rencontrer ; [+ danger] faire face à ; **he met his death in 1880** il trouva la mort en 1880 ; **I met his eye** mon regard rencontra le sien ; **I dared not ~ her eye** je n'osais pas la regarder en face ; **there's more to this than ~s the eye** il y a anguille sous roche

ⓓ [+ expenses] régler ; [+ responsibilities] faire face à, s'acquitter de ; [+ objective] atteindre ; [+ demand] répondre à ; [+ condition] remplir ; **to ~ the deadline** respecter les délais ; **to ~ the payments on a washing machine** payer les traites d'une machine à laver ; **this ~s our requirements** cela correspond à nos besoins ; **it did not ~ our expectations** nous n'en avons pas été satisfaits

2 VI ⓐ [people] (by chance) se rencontrer ; (by arrangement) se retrouver ; (more than once) se voir ; (= become acquainted) faire connaissance ; **to ~ again** se revoir ; **have you met before?** vous vous connaissez ? ; **they arranged to ~ at 10 o'clock** ils se sont donné rendez-vous à 10 heures

ⓑ [parliament, committee] se réunir

ⓒ [lines, roads] se croiser ; [rivers] confluer ; **our eyes met** nos regards se croisèrent

3 N ⓐ (= sporting event) meeting (m)

ⓑ (Brit = hunt) rendez-vous (m) de chasse (au renard)

► **meet up** VI (by chance) se rencontrer ; (by arrangement) se retrouver ; **to ~ up with sb** retrouver qn

► **meet with** VT INSEP ⓐ [+ difficulties, resistance, obstacles] rencontrer ; **he met with an accident** il lui est arrivé un accident ; **this suggestion was met with angry protests** de vives protestations ont accueilli cette suggestion ; **this met with no response** il n'y a pas eu de réponse ⓑ (US) [+ person] (by chance) rencontrer ; (by arrangement) retrouver

meeting /miːtɪŋ/ 1 N ⓐ [of group] réunion (f) ; **business ~** réunion (f) ; **he's in a ~** il est en réunion ; **I've got ~s all afternoon** je suis pris par des réunions tout l'après-midi ; **to call a ~ to discuss sth** convoquer une réunion pour débattre qch ⓑ (between individuals) rencontre (f) ; (arranged) rendez-vous (m) ; (formal) entrevue (f) ; **he had a ~ with the ambassador** il a eu une entrevue avec l'ambassadeur 2 COMP ◆ **meeting place** N lieu (m) de réunion

mega: /megə/ ADJ hypergénial*

megabyte /megəbaɪt/ N méga-octet (m), Mo (m)

megalomania /megələʊmeɪnɪə/ N mégalomanie (f)

megaphone /megəfəʊn/ N mégaphone (m)

megapixel /megəpɪksl/ N mégapixel (m)

megawatt /megəwɒt/ N mégawatt (m)

melancholy /melənkəlɪ/ 1 N mélancolie (f) 2 ADJ mélancolique ; **to be in a ~ mood** être d'humeur mélancolique

melanoma /melə'nəʊmə/ N mélanome (m)

mellow /meləʊ/ 1 ADJ ⓐ (= soft) doux (douce (f)) ; [wine, flavour] moelleux ⓑ (= relaxed)* relax* (inv) 2 VT [+ wine] donner du moelleux à ; [+ person] adoucir ; **the years have ~ed him** les années l'ont adouci 3 VI [wine] se velouter ; [voice, person] s'adoucir

melodic /mɪlɒdɪk/ ADJ (= melodious) mélodieux

melodious /mɪləʊdɪəs/ ADJ mélodieux

melodrama /meləʊdrɑːmə/ N mélodrame (m)

melodramatic /meləʊdrə'mætɪk/ 1 ADJ mélodramatique 2 NPL **melodramatics** mélo* (m) ; **I've had enough of your ~s** j'en ai assez de ton cinéma*

melody /melədɪ/ N mélodie (f)

melon /melən/ N melon (m)

melt /melt/ 1 VI ⓐ [ice, butter] fondre ; **her heart ~ed with pity** elle fondit devant ce spectacle ; **one colour ~ed into another** les couleurs se fondaient les unes dans les autres ; **he looks as if butter wouldn't ~ in his mouth** on lui donnerait le bon Dieu sans confession* ⓑ (= be too hot) **to be ~ing** être en nage

2 VT [+ butter] (faire) fondre ; [+ metal] fondre ; **to ~ sb's heart** attendrir qn ; **~ed butter** beurre (m) fondu

3 COMP ◆ **melting point** N point (m) de fusion ◆ **melting pot** N melting-pot (m) ; **the country was a ~ing pot of many nationalities** ce pays a été un melting-pot

► **melt away** VI [confidence] disparaître ; [crowd] se disperser

► **melt down** VT SEP fondre

meltdown /meltdaʊn/ N fusion (f) (du cœur d'un réacteur nucléaire)

member /membə'/ 1 N membre (m) ; **"~s only"** « réservé aux adhérents » ; **a ~ of the audience** un membre de l'assistance ; (= hearer) un auditeur ; (= spectator) un spectateur ; **they treated her like a ~ of the family** ils l'ont traitée comme un membre de la famille ; **a ~ of staff** (in school) un professeur ; (in firm) un(e) employé(e) (m(f))

◆ **member of the public** : **a ~ of the public reported the incident** quelqu'un a signalé cet incident à la police ; **five ~s of the public were injured during the riots** cinq civils ont été blessés pendant les émeutes ; **"not open to ~s of the public"** « interdit au public »

2 COMP ◆ **Member of Congress** N (US) membre (m) du Congrès ◆ **Member of Parliament** N (Brit) ≈ député (m) ◆ **Member of the European Parliament** N (Brit) député (m) européen ◆ **member states** NPL États (mpl) membres

membership /membəʃɪp/ 1 N ⓐ adhésion (f) ; **Britain's ~ of the EU** l'appartenance (f) de la Grande-Bretagne à l'UE ; **when I applied for ~ of the club** quand j'ai fait ma demande d'adhésion au club ⓑ (= number of members) **this society has a ~ of over 800** cette société a plus de 800 membres 2 COMP ◆ **membership card** N carte (f) d'adhérent ◆ **membership fee** N cotisation (f)

membrane /membreɪn/ N membrane (f)

memento /mə'mentəʊ/ N (= keepsake) souvenir (m) ; **as a ~** en souvenir de

memo /meməʊ/ N note (f) (de service) ◆ **memo pad** N bloc-notes (m)

memoirs /memwɑːz/ NPL mémoires (mpl)

memorabilia /memərə'bɪlɪə/ N souvenirs (mpl) (objets)

memorable /memərəbl/ ADJ mémorable

memorandum /memə'rændəm/ N (pl **memoranda** /memə'rændə/) ⓐ (= communication within company) note (f) (de service) ; **he sent a ~ round about the drop in sales** il a fait circuler une note à propos de la baisse des ventes ⓑ (= diplomatic communication) mémorandum (m)

memorial /mɪ'mɔːrɪəl/ 1 ADJ commémoratif 2 N ⓐ (= sth serving as reminder) **this scholarship is a ~ to John F. Kennedy** cette bourse d'études a été créée en mémoire de John F. Kennedy ⓑ (= monument) monument (m) 3 COMP ◆ **Memorial Day** N (US) jour (m) des soldats morts au champ d'honneur (dernier lundi de mai) ◆ **memorial park** N (US) cimetière (m) ◆ **memorial service** N ≈ messe (f) de souvenir

memorize /meməraɪz/ VT mémoriser

memory /memərɪ/ 1 N ⓐ (= faculty) mémoire (f) ; **to have a good ~** avoir (une) bonne mémoire ; **to have a ~ for faces** avoir la mémoire des visages ; **to quote from ~** citer de mémoire ; **to have a long ~** ne pas oublier facilement ; **to commit to ~** [+ poem] apprendre par cœur ; [+ facts, figures] mémoriser ; **loss of ~** perte (f) de mémoire ; **back-up ~** [of computer] mémoire (f) auxiliaire

ⓑ (= recollection) souvenir (m) ; **childhood memories** souvenirs (mpl) d'enfance ; **he had happy memories of his father** il avait de bons souvenirs de son père ; **to keep sb's ~ alive** entretenir la mémoire de qn ; **in ~ of** à la mémoire de

2 COMP ◆ **memory bank** N banque (f) de données

◆ **memory capacity** N mémoire *(f)* ◆ **memory card** N *(for digital camera)* carte *(f)* mémoire ◆ **memory chip** N puce *(f)* mémoire ◆ **memory lane** N **it was a trip down ~ lane** c'était un pèlerinage sur les lieux du passé

men /men/ NPL *of* **man: that'll separate the ~ from the boys** cela fera la différence (entre les hommes et les mauviettes*) ◆ **men's room** N *(US)* toilettes *(fpl)* pour hommes

menace /'menɪs/ 1 N menace *(f)*; **he's a ~ to the public** c'est un danger public 2 VT menacer

menacing /'menɪsɪŋ/ ADJ menaçant

menagerie /mɪ'nædʒərɪ/ N ménagerie *(f)*

mend /mend/ 1 VT ⓐ *(= repair)* réparer; [+ *clothes*] raccommoder ⓑ [+ *marriage*] sauver; **to ~ relations with sb** renouer de bonnes relations avec qn; **to ~ one's ways** s'amender 2 VI [*person*] se remettre; [*part of body*] guérir 3 N **to be on the ~** [*person*] aller mieux; **the economy is on the ~** la reprise est en vue

mending /'mendɪŋ/ N raccommodage *(m)*

menfolk /'menfəʊk/ NPL **the ~** les hommes *(mpl)*

menial /'miːnɪəl/ ADJ [*position*] subalterne; **~ tasks** corvées *(fpl)*

meningitis /ˌmenɪn'dʒaɪtɪs/ N méningite *(f)*

menopause /'menəʊpɔːz/ N ménopause *(f)*; **the male ~** l'andropause *(f)*

Menorca /mɪ'nɔːkə/ N Minorque *(f)*; **in ~** à Minorque

menstrual /'menstrʊəl/ ADJ menstruel ◆ **menstrual cycle** N cycle *(m)* (menstruel)

menstruate /'menstrʊeɪt/ VI avoir ses règles

menstruation /ˌmenstrʊ'eɪʃən/ N menstruation *(f)*

menswear /'menzweə'/ N *(= clothing)* prêt-à-porter *(m)* masculin

mental /'mentl/ 1 ADJ ⓐ *(= not physical)* mental; **I made a ~ note of her phone number** j'ai noté mentalement son numéro de téléphone ⓑ *(= mad)* cinglé*; **to go ~** perdre la boule* 2 COMP ◆ **mental arithmetic** N calcul *(m)* mental ◆ **mental block** N blocage *(m)* ◆ **mental handicap** N handicap *(m)* mental ◆ **mental health** N [*of person*] santé *(f)* mentale; *(= profession)* psychiatrie *(f)* ◆ **mental illness** N maladie *(f)* mentale ◆ **mental patient** N malade *(mf)* mental(e)

mentality /men'tælɪtɪ/ N mentalité *(f)*

mentally /'mentlɪ/ ADV **a ~ handicapped child** un enfant handicapé mental; **he is ~ handicapped** c'est un handicapé mental; **a ~ ill person** un(e) malade mental(e); **the ~ ill** les malades *(mpl)* mentaux; **~ disturbed** déséquilibré

menthol /'menθɒl/ N menthol *(m)* ◆ **menthol cigarettes** NPL cigarettes *(fpl)* mentholées

mention /'menʃən/ 1 VT mentionner; **he ~ed to me that you were coming** il m'a dit que vous alliez venir; **I'll ~ it to him** je le lui signalerai; **to ~ sb in one's will** coucher qn sur son testament; **he didn't ~ the accident** il n'a pas mentionné l'accident; **just ~ my name** dites que c'est de ma part; **without ~ing any names** sans donner de noms; **don't ~ it!** il n'y a pas de quoi!; **not to ~ ...** sans compter ...; **it is not worth ~ing** cela ne vaut pas la peine d'en parler 2 N mention *(f)*; **it got a ~ in the news** on en a parlé aux informations

mentor /'mentɔː'/ N mentor *(m)*

menu /'menjuː/ N menu *(m)*; **on the ~** au menu

MEP /ˌemiː'piː/ N *(Brit)* (ABBR = **Member of the European Parliament**) député *(m)* européen

mercantile /'mɜːkəntaɪl/ ADJ [*class, navy, vessel*] marchand; [*affairs*] commercial; [*nation*] commerçant; [*firm, court*] de commerce

mercenary /'mɜːsɪnərɪ/ ADJ, N mercenaire *(m)*

merchandise /'mɜːtʃəndaɪz/ N marchandises *(fpl)*

merchandizer /'mɜːtʃəndaɪzə'/ N marchandiseur *(m)*

merchandizing /'mɜːtʃəndaɪzɪŋ/ N merchandising *(m)*

merchant /'mɜːtʃənt/ N *(= trader)* négociant *(m)*; *(= wholesaler)* grossiste *(m)*; *(= retailer)* détaillant *(m)*; *(= shopkeeper)* commerçant *(m)*; **timber ~** marchand *(m)* de bois

◆ **merchant bank** N *(Brit)* banque *(f)* d'affaires ◆ **merchant banker** N *(Brit)* banquier *(m)* d'affaires ◆ **merchant marine** *(US)*, **merchant navy** *(Brit)* N marine *(f)* marchande ◆ **merchant seaman** N *(pl* **merchant seamen**) marin *(m)* de la marine marchande

merciful /'mɜːsɪfʊl/ ADJ ⓐ *(= compassionate)* clément (**to** *or* **towards sb** envers qn); [*God*] miséricordieux (**to** *or* **towards sb** envers qn) ⓑ *(= welcome)* **death came as a ~ release** la mort fut une délivrance

mercifully /'mɜːsɪfəlɪ/ ADV ⓐ *(= compassionately)* avec clémence ⓑ *(= fortunately)* **~ it didn't rain** par bonheur il n'a pas plu

merciless /'mɜːsɪlɪs/ ADJ [*attack, treatment*] impitoyable; [*sun, scrutiny*] implacable

mercurial /mɜː'kjʊərɪəl/ ADJ [*person, temperament*] lunatique; [*moods*] changeant

mercury /'mɜːkjʊrɪ/ N ⓐ *(= metal)* mercure *(m)* ⓑ **Mercury** *(= planet)* Mercure *(f)*

mercy /'mɜːsɪ/ 1 N ⓐ pitié *(f)*; **to have ~ on sb** avoir pitié de qn; **have ~ on me!** ayez pitié de moi!; **to beg for ~** demander grâce; **he was beaten without ~** il a été battu impitoyablement; **at the ~ of sb** à la merci de qn; **to leave sb to the ~ of ...** abandonner qn à la merci de ... ⓑ *(= piece of good fortune)* **it's a ~ that ...** heureusement que ... (+ *indic*) 2 COMP [*flight, journey*] de secours ◆ **mercy killing** N euthanasie *(f)*

mere /mɪə'/ ADJ simple *(before n)*; **the ~ mention of sth** le simple fait de mentionner qch; **the ~ sight of him makes me shiver** je frissonne rien qu'à le voir; **the merest hint of sth** le moindre soupçon de qch; **he's a ~ clerk** c'est un simple employé de bureau; **I was a ~ child when I married him** je n'étais qu'une enfant quand je l'ai épousé; **by a ~ chance** par pur hasard; **a ~ £45** 45 livres seulement

merely /'mɪəlɪ/ ADV simplement; **I ~ said that she was coming** j'ai simplement dit qu'elle venait; **he ~ nodded** il se contenta de faire un signe de tête; **it's ~ a formality** c'est une simple formalité

merge /mɜːdʒ/ 1 VI ⓐ [*colours*] se fondre (**into, with** dans); [*roads*] se joindre (**with** à); **to ~ into** [+ *darkness, background*] se fondre dans ⓑ [*companies*] fusionner 2 VT ⓐ unifier; **the states were ~d in 1976** ces États se sont unifiés en 1976 ⓑ [+ *company*] fusionner; **the firms were ~d** les entreprises ont fusionné

merger /'mɜːdʒə'/ N fusion *(f)*

meridian /mə'rɪdɪən/ N méridien *(m)*

meringue /mə'ræŋ/ N meringue *(f)*

merit /'merɪt/ 1 N mérite *(m)*; **the great ~ of this scheme** le grand mérite de ce projet; **he sees little ~ in ...** il ne voit pas vraiment l'intérêt de ...; **to judge sb on their own ~s** juger qn selon ses mérites 2 VT mériter; **this ~s fuller discussion** ceci mérite plus ample discussion 3 COMP ◆ **merit system** N *(US)* système *(m)* de recrutement et de promotion par voie de concours

meritocracy /ˌmerɪ'tɒkrəsɪ/ N méritocratie *(f)*

mermaid /'mɜːmeɪd/ N sirène *(f)*

merrily /'merɪlɪ/ ADV ⓐ *(= jovially)* joyeusement ⓑ *(= obliviously)** gaiement; **I was chattering away ~, without realizing that ...** je bavardais gaiement sans me rendre compte que ...

merriment /'merɪmənt/ N joie *(f)*; *(= laughter)* hilarité *(f)*

merry /'merɪ/ 1 ADJ ⓐ *(= cheerful)* joyeux; **Merry Christmas** Joyeux Noël; **to make ~** se divertir ⓑ *(Brit = tipsy)** éméché* 2 COMP ◆ **merry-go-round** N *(in fairground)* manège *(m)*; *(= whirl)* tourbillon *(m)*

mesh /meʃ/ 1 N ⓐ [*of net*] maille *(f)*; **netting with a 5cm ~ filet** *(m)* à mailles de 5 cm ⓑ *(= fabric)* tissu *(m)* à mailles; **nylon ~** tulle *(m)* de nylon®; **wire ~** grillage *(m)* 2 VI [*gears*] s'engrener; [*dates, planes*] concorder; [*two people*] avoir des affinités

mesmerize /'mezməraɪz/ VT hypnotiser; **I was ~d** j'étais comme hypnotisé

mess /mes/ 1 N ⓐ *(= confusion of objects)* fouillis *(m)*; *(= dirt)* saleté *(f)*; **your bedroom's a ~!** ta chambre est un vrai fouillis! ; **get this ~ cleared up at once!** range-moi ce fouillis tout de suite! ; **an administrative ~** une pagaille* administrative ; **you look a ~** tu n'es pas présentable ; **he's a ~*** (*emotionally, psychologically*) il est complètement déboussolé* ; (*US*) (= *no use*) il n'est bon à rien ; **to get (o.s.) out of a ~** se sortir d'un mauvais pas ; **to get sb out of a ~** sortir qn d'un mauvais pas

♦ **in a mess**: **the house was in a terrible ~** la maison était dans un désordre épouvantable ; **he left everything in a ~** il a tout laissé en désordre ; **to be in a ~** (*fig*) être dans de beaux draps ; **his life is in a ~** c'est la pagaille* dans sa vie

♦ **to make a mess**: **your boots have made an awful ~ on the carpet** tu as fait des saletés sur le tapis avec tes bottes ; **the cat has made a ~ in the kitchen** le chat a fait des saletés dans la cuisine ; **to make a ~ of** [+ *one's life*] gâcher ; **to make a ~ of things** tout gâcher

ⓑ (= *canteen*) (*in army*) mess (*m*) ; (*in navy*) carré (*m*)

2 COMP ♦ **mess hall** (*US*), **mess room** N (*in army*) mess (*m*) ; (*in navy*) carré (*m*)

► **mess about*** 1 VI ⓐ (= *act the fool*) faire l'imbécile ; (= *play in water, mud*) patauger ; **stop ~ing about!** arrête tes bêtises! ; **I love ~ing about with paint** j'aime faire de la peinture ⓑ (= *waste time*) perdre son temps ; **he was ~ing about with his friends** il traînait avec ses copains ; **what were you doing? — just ~ing about** que faisais-tu ? — rien de particulier 2 VT SEP (*Brit* = *upset*) embêter ; **stop ~ing me about** arrête de me traiter par-dessus la jambe*

► **mess about with*** VT INSEP ⓐ (= *fiddle with*) tripoter ⓑ (= *amuse o.s. with*) **they were ~ing about with a ball** ils s'amusaient à taper dans un ballon

► **mess around** = **mess about**

► **mess around with*** VT INSEP = **mess about with**

► **mess up** 1 VT SEP [+ *clothes*] salir ; [+ *room*] mettre en désordre ; [+ *task, plans, life*] gâcher ; **to ~ sb's hair up** décoiffer qn ; **that's ~ed everything up!** ça a tout gâché! ; **it really ~ed me up when she left** ça m'a fichu en l'air* quand elle est partie 2 VI **I've really ~ed up this time** j'ai vraiment fait l'imbécile cette fois

► **mess with*** VT INSEP [+ *people*] se frotter à* ; [+ *drugs, drinks*] toucher à* ; **if you ~ with me ...** (*threatening*) si tu m'embêtes ...

message /ˈmesɪdʒ/ 1 N ⓐ message (*m*) ; **to leave a ~ (for sb)** laisser un message (pour qn) ; **I'll give him the ~** je lui ferai la commission ; **to get the ~*** (= *understand*) comprendre ; **to get the ~ across (to sb)** se faire comprendre (de qn) ⓑ (*Scot* = *errand*) course (*f*) 2 COMP ♦ **message board** N (*Computing*) forum (*m*) ♦ **message switching** N (*Computing*) commutation (*f*) des messages

messenger /ˈmesɪndʒəʳ/ N messager (*m*), -ère (*f*) ; (*in hotel*) coursier (*m*)

Messiah /mɪˈsaɪə/ N Messie (*m*)

Messrs /ˈmesəz/ NPL (*Brit*) (ABBR = **Messieurs**) MM., messieurs (*mpl*)

messy /ˈmesɪ/ ADJ ⓐ (= *producing mess*) [*person*] désordonné ; [*activity, job*] salissant ; **to be a ~ eater** manger salement ⓑ (= *untidy*) [*room, desk*] en désordre ; [*job*] bâclé ; [*handwriting*] peu soigné ⓒ (= *complicated*) [*business*] embrouillé ; [*process*] délicat ; [*relationship*] compliqué ; **he had been through a ~ divorce** son divorce avait été difficile

met /met/ VB *pt, ptp* of **meet**

metabolic /ˌmetəˈbɒlɪk/ ADJ [*disorder*] du métabolisme

metabolism /meˈtæbəlɪzəm/ N métabolisme (*m*)

metal /ˈmetl/ 1 N métal (*m*) 2 COMP en métal ♦ **metal detector** N détecteur (*m*) de métaux

metallic /mɪˈtælɪk/ ADJ métallique ; [*paint*] métallisé ; **a ~ blue Ford** une Ford bleu métallisé

metallurgy /meˈtælədʒɪ/ N métallurgie (*f*)

metalwork /ˈmetlwɜːk/ N ferronnerie (*f*)

metamorphose /ˌmetəˈmɔːfəʊz/ 1 VT métamorphoser (**into** en) 2 VI se métamorphoser (**into** en)

metamorphosis /ˌmetəˈmɔːfəsɪs/ N (*pl* **metamorphoses** /ˌmetəˈmɔːfəˌsiːz/) métamorphose (*f*)

metaphor /ˈmetəfəʳ/ N métaphore (*f*)

metaphorical /ˌmetəˈfɒrɪkəl/ ADJ métaphorique ; **to talk in ~ terms** parler par métaphores

metaphorically /ˌmetəˈfɒrɪkəlɪ/ ADV [*speak*] métaphoriquement ; **~ speaking** métaphoriquement

metaphysical /ˌmetəˈfɪzɪkəl/ ADJ métaphysique

metaphysics /ˌmetəˈfɪzɪks/ N métaphysique (*f*)

meteor /ˈmiːtɪəʳ/ N météore (*m*)

meteoric /ˌmiːtɪˈɒrɪk/ ADJ [*career*] fulgurant

meteorite /ˈmiːtɪəraɪt/ N météorite (*f*)

meteorological /ˌmiːtɪərəˈlɒdʒɪkəl/ ADJ météorologique

meteorologist /ˌmiːtɪəˈrɒlədʒɪst/ N météorologiste (*mf*), météorologue (*mf*)

meteorology /ˌmiːtɪəˈrɒlədʒɪ/ N météorologie (*f*)

mete out /ˌmiːtˈaʊt/ VT [+ *punishment*] infliger ; **to ~ justice** rendre la justice

meter /ˈmiːtəʳ/ 1 N ⓐ (= *measuring device*) compteur (*m*) ; **electricity ~** compteur (*m*) d'électricité ; **to read the ~** relever le compteur ⓑ (= *parking meter*) parcmètre (*m*) ⓒ (*US*) mètre (*m*) 2 COMP ♦ **meter reader** N releveur (*m*) de compteurs

methane /ˈmiːθeɪn/ N méthane (*m*)

method /ˈmeθəd/ N méthode (*f*) ; [*of payment*] moyen (*m*) ; **there are several ~s of doing this** il y a plusieurs méthodes pour faire cela ; **teaching ~s** méthodes (*fpl*) pédagogiques ; **there's ~ in his madness** il n'est pas si fou qu'il en a l'air ♦ **method acting** N système (*m*) de Stanislavski ♦ **method actor**, **method actress** N adepte (*mf*) du système de Stanislavski

methodical /mɪˈθɒdɪkəl/ ADJ méthodique

Methodist /ˈmeθədɪst/ ADJ, N méthodiste (*mf*)

methodology /ˌmeθəˈdɒlədʒɪ/ N méthodologie (*f*)

meths* /meθs/ N (*Brit*) ABBR = **methylated spirits**

methylated spirits /ˌmeθɪleɪtɪdˈspɪrɪts/ NPL alcool (*m*) à brûler

meticulous /mɪˈtɪkjʊləs/ ADJ méticuleux ; **to be ~ about sth** apporter un soin méticuleux à qch ; **~ attention to detail** souci (*m*) minutieux du détail

Met Office /ˈmetˌɒfɪs/ N **the ~** (*in Britain*) ≈ la Météorologie nationale

metre /ˈmiːtəʳ/ N (= *measurement, also poetic*) mètre (*m*)

metric /ˈmetrɪk/ ADJ [*measurement*] du système métrique ; [*equivalent*] dans le système métrique ; **Britain went ~* in 1971** la Grande-Bretagne a adopté le système métrique en 1971 ♦ **the metric system** N le système métrique

metrics /ˈmetrɪks/ N métrique (*f*)

metro /ˈmetrəʊ/ N métro (*m*)

metronome /ˈmetrənəʊm/ N métronome (*m*)

metropolis /mɪˈtrɒpəlɪs/ N (*pl* **metropolises**) métropole (*f*) (*ville*)

metropolitan /ˌmetrəˈpɒlɪtən/ 1 ADJ métropolitain 2 N (= *(arch)bishop*) métropolitain (*m*) ; (*in Orthodox Church*) métropolite (*m*) 3 COMP ♦ **the Metropolitan Police** N (*Brit*) la police de Londres

metrosexual /ˌmetrəˈseksjʊəl/ 1 ADJ métrosexuel 2 N métrosexuel (*m*)

mettle /ˈmetl/ N courage (*m*) ; **to show one's ~** montrer de quoi on est capable ; **to test sb's ~** mettre qn à l'épreuve ; **to be on one's ~** être prêt à donner le meilleur de soi-même

mew /mjuː/ 1 N [*of cat*] miaulement (*m*) 2 VI miauler

mews /mjuːz/ N (*Brit* = *small street*) ruelle (*f*) ♦ **mews flat** N petit appartement aménagé dans une ancienne écurie

Mexican /ˈmeksɪkən/ 1 ADJ mexicain 2 N Mexicain(e) (*m(f)*) 3 COMP ♦ **Mexican wave** N hola (*f*)

Mexico /ˈmeksɪkəʊ/ N Mexique (*m*) ♦ **Mexico City** N Mexico

mezzanine /ˈmezəniːn/ N (= *floor*) entresol (*m*)

Mgr (ABBR = **Monseigneur**) Mgr

MHR /ˌemeɪtʃˈɑːʳ/ N (*in US*) (ABBR = **Member of the House of Representatives**) ≈ député (*m*)

MI ABBR = **Michigan**

mi /miː/ N (*Music*) mi (*m*)

MI5 /ˌemaɪˈfaɪv/ N (*Brit*) (ABBR = **Military Intelligence 5**) service britannique chargé de la surveillance du territoire, ≈ DST (*f*)

MI6 /ˌemaɪˈsɪks/ N (*Brit*) (ABBR = **Military Intelligence 6**) services britanniques d'espionnage et de contre-espionnage, ≈ DGSE (*f*)

MIA /ˌemaɪˈeɪ/ ADJ (ABBR = **missing in action**) [*soldier*] porté disparu

miaow /miːˈaʊ/ 1 N miaou (*m*) 2 VI miauler

mice /maɪs/ NPL of **mouse**

Mich. ABBR = **Michigan**

mickey /ˈmɪkɪ/ N (*Brit*) **to take the ~** out of sb se payer la tête de qn

micro• /ˈmaɪkrəʊ/ N micro• (*m*) (*ordinateur*)

microbiology /ˌmaɪkrəʊbaɪˈɒlədʒɪ/ N microbiologie (*f*)

microchip /ˈmaɪkrəʊˌtʃɪp/ N puce (*f*) (électronique)

microcomputer /ˈmaɪkrəʊkəmˌpjuːtəʳ/ N micro-ordinateur (*m*)

microcosm /ˈmaɪkrəʊˌkɒzəm/ N microcosme (*m*)

microeconomics /ˌmaɪkrəʊˌiːkəˈnɒmɪks/ N microéconomie (*f*)

microelectronics /ˈmaɪkrəʊɪlekˈtrɒnɪks/ N microélectronique (*f*)

microfilm /ˈmaɪkrəʊˌfɪlm/ N microfilm (*m*) ◆ **microfilm reader** N microlecteur (*m*)

microlight /ˈmaɪkrəʊˌlaɪt/ N (= *aircraft*) ULM (*m*)

microorganism /ˈmaɪkrəʊˌɔːgəˌnɪzəm/ N micro-organisme (*m*)

microphone /ˈmaɪkrəˌfəʊn/ N microphone (*m*)

microprocessor /ˌmaɪkrəʊˈprəʊsesəʳ/ N microprocesseur (*m*)

micro-scooter /ˈmaɪkrəʊˌskuːtəʳ/ N trottinette (*f*)

microscope /ˈmaɪkrəʊskəʊp/ N microscope (*m*); **under the ~** au microscope

microscopic /ˌmaɪkrəˈskɒpɪk/ ADJ microscopique; [*examination, analysis*] au microscope

microsurgery /ˈmaɪkrəʊˌsɜːdʒərɪ/ N microchirurgie (*f*)

microwavable, microwaveable /ˈmaɪkrəʊˌweɪvəbl/ ADJ qui peut être cuit au micro-ondes

microwave /ˈmaɪkrəʊˌweɪv/ 1 N ⓐ (= *wave*) micro-onde (*f*) ⓑ (= *oven*) (four (*m*) à) micro-ondes (*m*) 2 VT faire cuire au micro-ondes

mid /mɪd/ PREF **in ~ May** à la mi-mai; **~ morning** au milieu de la matinée; **she's in her ~ forties** elle a dans les quarante-cinq ans

midair /ˌmɪdˈɛəʳ/ 1 N **in ~** en plein ciel; **to leave sth in ~** laisser qch en suspens 2 ADJ [*collision*] en plein ciel

midday 1 N midi (*m*); **at ~** à midi 2 ADJ [*sun, heat*] de midi

★ *Lorsque* **midday** *est un nom, l'accent tombe sur la seconde syllabe:* /ˌmɪdˈdeɪ/, *lorsque c'est un adjectif, sur la première:* /ˈmɪddeɪ/.

middle /ˈmɪdl/ 1 ADJ du milieu; **the ~ button of his jacket** le bouton du milieu de sa veste; **she's in her ~ forties** elle a dans les quarante-cinq ans; **to take the ~ course** choisir la solution intermédiaire; **I'm the ~ child of three** je suis le deuxième de trois enfants

2 N ⓐ milieu (*m*); **in the ~ of the night** au milieu de la nuit; **in the ~ of the room** au milieu de la pièce; **right in the ~ (of …)** au beau milieu (de …); **in the ~ of June** à la mi-juin; **by the ~ of the 20th century** vers le milieu du 20ème siècle; **it's in the ~ of nowhere•** c'est dans un coin paumé•; **I was in the ~ of my work** j'étais en plein travail; **I'm in the ~ of reading it** je suis justement en train de le lire ⓑ (= *waist*)• taille (*f*)

3 COMP ◆ **middle age** N ≈ la cinquantaine; **he's reached ~ age** il a la cinquantaine ◆ **middle-aged** ADJ [*person*] d'âge moyen; [*outlook*] vieux jeu (*inv*) ◆ **the Middle Ages**

NPL le Moyen Âge ◆ **middle class** N **the ~ classes** les classes (*fpl*) moyennes ◆ **middle-class** ADJ des classes moyennes ◆ **middle-distance race** N course (*f*) de demi-fond ◆ **middle ear** N oreille (*f*) moyenne ◆ **Middle East** N Moyen-Orient (*m*) ◆ **middle finger** N majeur (*m*) ◆ **middle-grade manager** N (*US*) cadre (*m*) moyen ◆ **middle ground** N terrain (*m*) d'entente ◆ **middle management** N cadres (*mpl*) moyens; **to be in ~ management** être cadre moyen ◆ **middle manager** N cadre (*m*) moyen ◆ **middle name** N deuxième prénom (*m*); **discretion is my ~ name** (*Brit*) la discrétion est ma plus grande vertu ◆ **middle-of-the-road** ADJ modéré; [*music*] grand public (*inv*) ◆ **middle school** N ≈ premier cycle (*m*) du secondaire ◆ **middle-sized** ADJ [*town, company*] de taille moyenne

middlebrow• /ˈmɪdlbraʊ/ ADJ sans prétentions intellectuelles

middleman /ˈmɪdlmæn/ N (*pl* **-men**) intermédiaire (*m*); **to cut out the ~** se passer d'intermédiaire

middleweight /ˈmɪdlweɪt/ 1 N (poids (*m*)) moyen (*m*) 2 ADJ de poids moyen

middling• /ˈmɪdlɪŋ/ ADJ moyen; **business is only ~** les affaires vont moyennement

Middx ABBR = **Middlesex**

midfield /ˈmɪdˌfiːld/ N (= *place, player*) milieu (*m*) de terrain

midge /mɪdʒ/ N moucheron (*m*)

midget /ˈmɪdʒɪt/ 1 N nain(e) (*m(f)*); (*fig*) puce (*f*) 2 ADJ minuscule

MIDI system /ˈmɪdɪˌsɪstəm/ N chaîne (*f*) midi

Midlands /ˈmɪdləndz/ NPL (*Brit*) **the ~** les Midlands (*les comtés du centre de l'Angleterre*)

midlife /ˈmɪdˌlaɪf/ N **in ~** autour de la cinquantaine ◆ **midlife crisis** N crise (*f*) de la cinquantaine

midnight /ˈmɪdnaɪt/ N minuit (*m*) ◆ **midnight oil** N **to burn the ~ oil** travailler très tard dans la nuit

mid-price /ˈmɪdˌpraɪs/ ADJ milieu de gamme (*inv*); **~ computers** des ordinateurs milieu de gamme

mid-range /ˈmɪdreɪndʒ/ ADJ de milieu de gamme

midriff /ˈmɪdrɪf/ N ventre (*m*)

midst /mɪdst/ N **in the ~ of** (= *in the middle of*) au milieu de; (= *among*) parmi; (= *during*) au beau milieu de; **we are in the ~ of an economic crisis** nous sommes en pleine crise économique; **in our ~** parmi nous

midstream /ˈmɪdstriːm/ N **in ~** au milieu du courant; (*when speaking*) au beau milieu d'une phrase

midsummer /ˈmɪdˌsʌməʳ/ 1 N (= *height of summer*) cœur (*m*) de l'été; (= *solstice*) solstice (*m*) d'été 2 COMP [*heat*] estival ◆ **Midsummer Day** N Saint-Jean (*f*)

midterm /ˈmɪdˈtɜːm/ N (= *midterm holiday*) ≈ petites vacances (*fpl*) ◆ **midterm elections** NPL ≈ élections (*fpl*) législatives (*intervenant au milieu du mandat présidentiel*) ◆ **midterm exams** NPL examens (*mpl*) de milieu de trimestre

midway /ˌmɪdˈweɪ/ 1 ADV [*stop*] à mi-chemin; **~ between** à mi-chemin entre; **~ through** en plein milieu de 2 N (*US: in fair*) emplacement (*m*) d'attractions foraines

midweek /ˌmɪdˈwiːk/ ADJ, ADV en milieu de semaine

Midwest /ˌmɪdˈwest/ N (*in US*) **the ~** le Midwest

Midwestern /ˌmɪdˈwestən/ ADJ du Midwest

midwife /ˈmɪdwaɪf/ N (*pl* **-wives**) sage-femme (*f*)

midwifery /ˈmɪdwɪfərɪ/ N (= *profession*) profession (*f*) de sage-femme; **she's studying ~** elle fait des études de sage-femme

midwinter /ˌmɪdˈwɪntəʳ/ 1 N (= *period*) milieu (*m*) de l'hiver; (= *solstice*) solstice (*m*) d'hiver 2 ADJ [*cold, snow*] hivernal

miffed• /mɪft/ ADJ **to be ~ about sth** être vexé de qch

might /maɪt/ 1 MODAL VERB ⓐ (= *may*)

► When **might** *expresses present, future or past possibility, it is often translated by* **peut-être**, *with the appropriate tense of the French verb.*

you ~ be right tu as peut-être raison; **he ~ still be alive** il est peut-être encore vivant; **you ~ be making a big mistake**

tu es peut-être en train de faire une grosse erreur; **I ~ have left it behind** je l'ai peut-être oublié; **I heard what ~ have been an explosion** j'ai entendu ce qui était peut-être une explosion

► *When* **might** *expresses future possibility, the conditional of* **pouvoir** *can also be used.*

the two countries ~ go to war les deux pays pourraient entrer en guerre; **you ~ regret it later** tu pourrais le regretter plus tard
♦ **might as well: I ~ as well tell you all about it** je ferais aussi bien de tout vous dire; **you ~ as well leave now** vous feriez aussi bien de partir tout de suite
ⓑ (= *could*)

► *When* **might** *means* **could**, *it is translated by the conditional of* **pouvoir**.

the kind of people who ~ be interested le genre de personnes qui pourraient être intéressées; **you ~ try writing to him** tu pourrais toujours lui écrire; **it ~ be an idea to tell him** cela pourrait être une bonne idée de lui en parler; **you ~ have told me you weren't coming!** tu aurais pu me prévenir que tu ne viendrais pas!; **you ~ at least say thank you** tu pourrais au moins dire merci
♦ **might I** (*formal*) **~ I suggest that …?** puis-je me permettre de suggérer que …?
ⓒ (= *should*) **I ~ have known** j'aurais dû m'en douter

► *When* **you might** *is used to give advice in a tactful way, the conditional of* **devoir** *is used.*

you ~ want to consider other options vous devriez peut-être considérer d'autres options
ⓓ (*emphatic*) **and, I ~ add, it was entirely his fault** et j'ajouterais que c'était de sa faute; **why did he give her his credit card? — you ~ well ask!** mais pourquoi lui a-t-il donné sa carte de crédit? — va savoir!; **one ~ well ask whether …** on est en droit de se demander si …; **try as he ~, he couldn't do it** il a eu beau essayer, il n'y est pas arrivé
2 NOUN force(s) *(f(pl))*; **with all one's ~** de toutes ses forces
mighty /ˈmaɪtɪ/ **1** ADJ puissant **2** ADV (*US*)* vachement*
migraine /ˈmiːɡreɪn/ N migraine *(f)*; **to suffer from ~s** souffrir de migraines
migrant /ˈmaɪɡrənt/ **1** ADJ ⓐ [*worker, labour*] itinérant; (= *seasonal*) saisonnier ⓑ [*bird, animal*] migrateur (-trice *(f)*) **2** N ⓐ (= *bird, animal*) migrateur *(m)*; (= *person*) migrant(e) *(m(f))* ⓑ (= *migrant worker*) travailleur *(m)* itinérant; (*seasonal*) travailleur *(m)* saisonnier
migrate /maɪˈɡreɪt/ VI migrer
migration /maɪˈɡreɪʃən/ N migration *(f)*
migratory /ˈmaɪɡrətrɪ/ ADJ ⓐ [*bird, animal*] migrateur (-trice *(f)*); [*habits*] migratoire ⓑ (= *seasonal*) saisonnier; [*population*] itinérant; (= *nomadic*) nomade
mike• /maɪk/ N (ABBR = **microphone**) micro *(m)*
mild /maɪld/ **1** ADJ doux (douce *(f)*); [*tobacco, punishment*] léger; [*exercise, protest*] modéré; [*illness*] bénin (-igne *(f)*); **it's ~ today** il fait doux aujourd'hui; **he had a ~ form of polio** il a eu la poliomyélite sous une forme bénigne; **a ~ sedative** un sédatif léger; **a ~ curry** un curry pas trop fort **2** N (*Brit* = *mild ale*) *sorte de bière brune anglaise*
mildew /ˈmɪldjuː/ N moisissure *(f)*; (*on plant*) mildiou *(m)*
mildly /ˈmaɪldlɪ/ ADV ⓐ (= *gently*) doucement; **to protest ~** protester timidement; **that's putting it ~** c'est le moins que l'on puisse dire ⓑ (= *moderately*) [*interested, amusing*] modérément; [*surprised*] légèrement
mildness /ˈmaɪldnɪs/ N [*of manner, weather, soap*] douceur *(f)*; [*of flavour, tobacco*] légèreté *(f)*; [*of illness*] bénignité *(f)*
mile /maɪl/ **1** N mile *(m)* (= *1 609,33 m*); **it's 12 ~s to Manchester** il y a vingt kilomètres d'ici à Manchester; **30 ~s per gallon** ≈ huit litres aux cent; **50 ~s per hour** ≈ 80 kilomètres à l'heure; **they live ~s away** ils habitent à cent lieues d'ici; **we've walked ~s!** on a marché pendant des kilomètres!; **you could smell it a ~ off** ça se sentait à un kilomètre; **sorry, I was ~s away•** (= *day-dreaming*) désolé,

j'étais ailleurs → IMPERIAL SYSTEM **2** NPL **miles•** (= *lots*) **he's ~s bigger than you** il est bien plus grand que toi
mileage /ˈmaɪlɪdʒ/ **1** N ⓐ (= *distance covered*) ≈ kilométrage *(m)*; **the car had a low ~** la voiture avait peu de kilomètres ⓑ (= *usefulness*)* **he got a lot of ~ out of it** [*of story, event*] il en a tiré le maximum **2** COMP ♦ **mileage allowance** N ≈ indemnité *(f)* kilométrique ♦ **mileage indicator** N ≈ compteur *(m)* kilométrique
milestone /ˈmaɪlstəʊn/ N (*on road*) ≈ borne *(f)* kilométrique; (*in life, career*) événement *(m)* marquant
milieu /ˈmiːljɜː/ N (*pl* **milieus**) milieu *(m)* (social)
militant /ˈmɪlɪtənt/ ADJ, N militant(e) *(m(f))*
militarism /ˈmɪlɪtərɪzəm/ N militarisme *(m)*
militaristic /ˌmɪlɪtəˈrɪstɪk/ ADJ militariste
military /ˈmɪlɪtrɪ/ **1** ADJ militaire; ♦ **academy** école *(f)* (spéciale) militaire; **to do one's ~ service** faire son service militaire **2** NPL **the military** l'armée *(f)* **3** COMP ♦ **military police** COLLECTIVE N police *(f)* militaire ♦ **military policeman** N agent *(m)* de la police militaire
militate /ˈmɪlɪteɪt/ VI militer
militia /mɪˈlɪʃə/ COLLECTIVE N milice *(f)*; **the ~** (*US*) la réserve (territoriale)
milk /mɪlk/ **1** N ⓐ lait *(m)*; **moisturising ~** lait *(m)* hydratant **2** VT ⓐ [+ *cow*] traire; **he really ~ed the applause** il faisait tout pour que les gens continuent d'applaudir ⓑ (= *rob*) dépouiller; **they ~ed the insurance company** ils ont exploité à fond la compagnie d'assurances **3** COMP ♦ **milk chocolate** N chocolat *(m)* au lait ♦ **milk float** N (*Brit*) camionnette *(f)* de laitier ♦ **milk jug** N pot *(m)* à lait ♦ **milk products** NPL produits *(mpl)* laitiers ♦ **milk round** N (*Brit*) tournée *(f)* (du laitier); (*Univ*)* *tournée de recrutement dans les universités* ♦ **milk shake** N milk-shake *(m)* ♦ **milk tooth** N dent *(f)* de lait
milking /ˈmɪlkɪŋ/ N traite *(f)* ♦ **milking machine** N trayeuse *(f)*
milkman /ˈmɪlkmən/ N (*pl* **-men**) laitier *(m)*
milky /ˈmɪlkɪ/ ADJ (*in colour*) laiteux; [*coffee, tea*] avec beaucoup de lait ♦ **the Milky Way** N la Voie lactée ♦ **milky-white** ADJ d'un blanc laiteux
mill /mɪl/ **1** N ⓐ (= *windmill or water mill*) moulin *(m)*; (*for grain*) minoterie *(f)*; **pepper-~** moulin *(m)* à poivre ⓑ (= *factory*) usine *(f)*; (= *steel mill*) aciérie *(f)*; **paper ~** (usine *(f)* de) papeterie *(f)* **2** VT [+ *flour, coffee, pepper*] moudre **3** COMP ♦ **mill wheel** N roue *(f)* de moulin ♦ **mill worker** N ouvrier *(m)*, -ière *(f)* des filatures
► **mill about, mill around** VI [*crowd*] grouiller
millennium /mɪˈlenɪəm/ N (*pl* **millennia** /mɪˈlenɪə/) millénaire *(m)*; **the ~** le millénium; **the ~ bug** le bogue de l'an 2000
miller /ˈmɪləʳ/ N meunier *(m)*; (*large-scale*) minotier *(m)*
millet /ˈmɪlɪt/ N millet *(m)*
milligramme /ˈmɪlɪɡræm/ N milligramme *(m)*
millilitre, milliliter (*US*) /ˈmɪlɪˌliːtəʳ/ N millilitre *(m)*
millimetre, millimeter (*US*) /ˈmɪlɪˌmiːtəʳ/ N millimètre *(m)*
million /ˈmɪljən/ NUMBER million *(m)*; **a ~ men** un million d'hommes; **he's one in a ~*** c'est la perle des hommes; **~s of …•** des milliers de …; **thanks a ~!•** merci mille fois!; **to feel like a ~ dollars•** se sentir dans une forme époustouflante*
millionaire /ˌmɪljəˈnɛəʳ/ N milliardaire *(mf)*
millionairess /ˌmɪljəˈnɛərɪs/ N milliardaire *(f)*
millipede /ˈmɪlɪpiːd/ N mille-pattes *(m inv)*
millstone /ˈmɪlstəʊn/ N (*for grinding*) meule *(f)*; **it's a ~ round his neck** c'est un boulet qu'il traîne avec lui
milometer /maɪˈlɒmɪtəʳ/ N (*Brit*) ≈ compteur *(m)* kilométrique
mime /maɪm/ **1** N mime *(m)* **2** VTI mimer; **to ~ to a tape** chanter en play-back **3** COMP ♦ **mime artist** N mime *(mf)*
mimic /ˈmɪmɪk/ **1** N imitateur *(m)*, -trice *(f)* **2** VT imiter
mimicry /ˈmɪmɪkrɪ/ N imitation *(f)*

Min. (*Brit*) ABBR = **Ministry**

min. /mɪn/ (ABBR = **minute**) **minimum** min.

mince /mɪns/ **1** N (*Brit*) viande (*f*) hachée **2** VT ⓐ hacher; **~d beef** bœuf (*m*) haché ⓑ **he didn't ~ (his) words** il n'a pas mâché ses mots **3** COMP ♦ **mince pie** N tartelette (*f*) de Noël (aux fruits secs)

mincemeat /ˈmɪnsmiːt/ N (= *sweet filling*) hachis de fruits secs, de pommes et de graisse; (*US* = *meat*) viande (*f*) hachée; **to make ~ of** [+ *opponent, arguments*] pulvériser

mincer /ˈmɪnsəʳ/ N hachoir (*m*) (*appareil*)

---

mind /maɪnd/

1 NOUN	**3** INTRANSITIVE VERB
2 TRANSITIVE VERB	**4** COMPOUNDS

1 NOUN

ⓐ **= brain** esprit (*m*); **he has the ~ of a five-year-old** il a cinq ans d'âge mental; **~ over matter** victoire de l'esprit sur la matière; **his ~ went blank** il a eu un trou; **at the back of my ~ I had the feeling that …** je sentais confusément que …; **of sound ~** sain d'esprit; **that's a weight off my ~*** c'est un gros souci de moins; **what's on your ~?** qu'est-ce qui vous préoccupe?; **to spring to ~** venir à l'esprit; **I can't get it out of my ~** je ne peux pas m'empêcher d'y penser; **to read sb's ~** lire dans les pensées de qn; **to put sb's ~ at rest** rassurer qn; **to have one's ~ on sth** être préoccupé par qch; **to bring sth to ~** rappeler qch; **to let one's ~ wander** relâcher son attention; **it went right out of my ~** ça m'est complètement sorti de la tête*; **to keep one's ~ on sth** se concentrer sur qch; **you can do it if you put your ~ to it** tu peux le faire si tu le veux vraiment; **this will take her ~ off her troubles** cela lui changera les idées; **great ~s think alike** les grands esprits se rencontrent

ⓑ **= opinion** **to my ~** à mon avis; **to have a ~ of one's own** [*person*] savoir ce qu'on veut; **they were of like ~** ils étaient d'accord; **I'm still of the same ~** je n'ai pas changé d'avis; **to know one's own ~** savoir ce que l'on veut

♦ **to make up one's mind (to do sth)** décider (de faire qch)

ⓒ **= inclination** envie (*f*); **you can do it if you have a ~ (to)** vous pouvez le faire si vous en avez envie; **I've a good ~ to do it*** j'ai bien envie de le faire; **nothing is further from my ~!** (bien) loin de moi cette pensée!; **I was of a ~ to go and see him** j'avais l'intention d'aller le voir

ⓓ **set structures**

♦ **in + mind: it's all in the ~** tout ça, c'est dans la tête*; **to bear sth in ~** (= *take account of*) tenir compte de qch; (= *remember*) ne pas oublier qch; **have you (got) anything particular in ~?** avez-vous quelque chose de particulier en tête?; **to be in two ~s about doing sth** hésiter à faire qch; **I'm not clear in my own ~ about it** je ne sais pas qu'en penser moi-même; **to stick in sb's ~** rester gravé dans la mémoire de qn; **nobody in their right ~ would do that** aucun être sensé ne ferait cela

♦ **to be out of one's mind: to be/go out of one's ~ with worry** être/devenir fou d'inquiétude; **you must be out of your ~!** tu es complètement fou!

2 TRANSITIVE VERB

ⓐ **= pay attention to** faire attention à; (= *beware of*) prendre garde à; (*US* = *listen to*) écouter; **~ you don't fall!** prenez garde de ne pas tomber!; **~ the step!** attention à la marche!; **~ your language!** surveille ton langage!; **~ how you go*** prends bien soin de toi; **don't ~ me!*** ne vous gênez surtout pas (pour moi)!* (*iro*)

ⓑ **= object to** **I don't ~ ironing** ça ne me dérange pas de faire le repassage; **I wouldn't ~ a cup of coffee*** je prendrais bien une tasse de café; **if you don't ~ my saying (so)** si je puis me permettre; **I don't ~ going with you** je veux bien vous accompagner; **I don't ~ where we go** ça m'importe où nous allons; **cigarette? — I don't ~ if I do** une cigarette? — ce n'est pas de refus!*

♦ **would you mind** + *gerund*: **would you ~ opening the door?** cela vous ennuierait d'ouvrir la porte?

ⓒ **= look after** [+ *children, animals*] garder; [+ *shop*] tenir

3 INTRANSITIVE VERB

= object **do you ~ if I take this book? — I don't ~ at all** ça ne vous ennuie pas que je prenne ce livre? — mais non, je vous en prie

♦ **never mind** (= *don't worry*) ne t'en fais pas!; (= *it makes no odds*) ça ne fait rien!; **he can't walk, never ~* run** il ne peut pas marcher, encore moins courir; **never you ~!*** ça ne te regarde pas!

♦ **mind you***: **~ you, it won't be easy** cela dit, ce ne sera pas facile; **~ you, he could be right** peut-être qu'il a raison après tout

4 COMPOUNDS

♦ **mind-bending***, **mind-blowing*** ADJ [*drug*] hallucinogène; [*experience, news*] hallucinant ♦ **mind-boggling*** ADJ époustouflant* ♦ **mind game** N **to play ~ games with sb** chercher à manœuvrer qn psychologiquement ♦ **mind-numbing*** ADJ ennuyeux à mourir ♦ **mind reader** N télépathe (*mf*); **I'm not a ~ reader!*** je ne suis pas devin! ♦ **mind set** N mentalité (*f*)

-minded /ˈmaɪndɪd/ ADJ (*suffix*) **business-minded** qui a le sens des affaires; **he's become very ecology-minded** il est devenu très sensible aux problèmes écologiques

minder /ˈmaɪndəʳ/ N ⓐ (*Brit* = *child-minder*) gardienne (*f*) ⓑ (= *bodyguard*)* ange (*m*) gardien (*fig*)

mindful /ˈmaɪndfʊl/ ADJ **to be ~ of** être attentif à

mindless /ˈmaɪndlɪs/ ADJ ⓐ (*Brit*) [*violence*] gratuit ⓑ [*work, film*] bêtifiant; [*person*] stupide

mine¹ /maɪn/ POSS PRON le mien, la mienne, les miens (*mpl*), les miennes (*fpl*); **that book is ~** ce livre est à moi; **which dress do you prefer, hers or ~?** quelle robe préférez-vous, la sienne ou la mienne?; **a friend of ~** un de mes amis; **I think that cousin of ~* is responsible** je pense que c'est mon cousin qui est responsable

mine² /maɪn/ **1** N mine (*f*); **coal ~** mine (*f*) de charbon; **to go down the ~(s)** descendre à la mine; **a (real) ~ of information** une véritable mine de renseignements **2** VT ⓐ [+ *coal*] extraire ⓑ [+ *sea, beach*] miner **3** VI exploiter un gisement; **to ~ for coal** exploiter une mine de charbon

minefield /ˈmaɪnfiːld/ N champ (*m*) de mines; **it's a political ~** c'est un terrain politiquement miné

miner /ˈmaɪnəʳ/ N mineur (*m*)

mineral /ˈmɪnərəl/ **1** N, ADJ minéral (*m*) **2** NPL **minerals** (*Brit* = *soft drinks*) boissons (*fpl*) gazeuses **3** COMP ♦ **mineral deposits** NPL gisements (*mpl*) miniers ♦ **mineral water** N eau (*f*) minérale

mineshaft /ˈmaɪnʃɑːft/ N puits (*m*) de mine

minesweeper /ˈmaɪnswiːpəʳ/ N dragueur (*m*) de mines

mingle /ˈmɪŋgl/ VI (= *mix*) se mélanger; (*at party*) se mêler aux invités; **to ~ with the crowd** se mêler à la foule; **guests ate and ~d** les invités ont mangé et discuté

mingy* /ˈmɪndʒɪ/ ADJ (*Brit*) ⓐ (= *mean*) radin* (**about sth** en ce qui concerne qch) ⓑ (= *measly*) misérable

miniature /ˈmɪnɪtʃəʳ/ **1** N ⓐ (= *painting*) miniature (*f*); **in ~** en miniature ⓑ [*of whisky*] mignonnette (*f*) **2** ADJ miniature **3** COMP ♦ **miniature golf** N minigolf (*m*)

mini-break /ˈmɪnɪbreɪk/ N petit voyage (*m*), mini-séjour (*m*)

minibus /ˈmɪnɪbʌs/ N minibus (*m*)

minicab /ˈmɪnɪkæb/ N (*Brit*) taxi (*m*) (*qu'il faut commander par téléphone*)

minicam /ˈmɪnɪkæm/ N minicam (*f*)

minicomputer /ˈmɪnɪkəmpjuːtəʳ/ N mini-ordinateur (*m*)

minidisc /ˈmɪnɪdɪsk/ N MiniDisc (*m*) ♦ **minidisc player** N lecteur (*m*) de MiniDisc

minim /ˈmɪnɪm/ N (*Brit*) blanche (*f*)

minimal /ˈmɪnɪml/ ADJ [*risk, resources, effect*] minime; [*level, requirements*] minimal; **the money saved is ~** la somme d'argent économisée est minime; **~ loss of life** des pertes en vies humaines minimales; **with ~ effort** avec un minimum d'effort

minimalist /ˈmɪnɪm[ə]lɪst/ ADJ, N minimaliste (*mf*)

minimally /'mɪnɪməlɪ/ ADV à peine

minimarket /'mɪnɪ,mɑːkɪt/, **minimart** /'mɪnɪ,mɑːt/ N supérette (f)

minimize /'mɪnɪmaɪz/ VT ⓐ (= reduce to minimum) réduire au minimum ⓑ (= play down) minimiser

minimum /'mɪnɪməm/ N, ADJ minimum (m); **a ~ of $100** un minimum de 100 dollars; **to reduce to a ~** réduire au minimum; **to keep costs to a ~** maintenir les coûts au plus bas ♦ **minimum wage** N salaire (m) minimum

mining /'maɪnɪŋ/ N [of coal] exploitation (f) minière

minion /'mɪnɪən/ N sous-fifre* (m)

miniseries /'mɪnɪsɪərɪz/ N minifeuilleton (m)

miniskirt /'mɪnɪˌskɜːt/ N minijupe (f)

minister /'mɪnɪstəʳ/ 1 N ⓐ (Brit: in government) ministre (mf) ⓑ (religious) pasteur (m) 2 VI **to ~ to sb's needs** pourvoir aux besoins de qn; **to ~ to sb** secourir qn 3 COMP ♦ **Minister of Health** N ministre (mf) de la Santé ♦ **Minister of State** N (Brit) ≈ secrétaire (m) d'État

ministerial /ˌmɪnɪs'tɪərɪəl/ ADJ [meeting, reshuffle, decision] ministériel; [duties] de ministre; **at ~ level** au niveau ministériel; **to hold ~ office** occuper des fonctions ministérielles

ministry /'mɪnɪstrɪ/ N ⓐ (= government department) ministère (m); **Ministry of Defence** ministère (m) de la Défense ⓑ (= clergy) **the ~** le saint ministère; **to enter the ~** devenir pasteur

mink /mɪŋk/ N (= animal, fur, coat) vison (m)

minke /'mɪŋkɪ/ N (= minke whale) baleine (f) minke

Minn. ABBR = **Minnesota**

minnow /'mɪnəʊ/ N (= fish) vairon (m)

minor /'maɪnəʳ/ 1 ADJ ⓐ [change, problem, defect, importance] mineur (-eure (f)); [detail, repairs] petit; **~ offence** ≈ délit (m) mineur; **~ operation** (= surgery) opération (f) bénigne; **to play a ~ part** jouer un rôle secondaire ⓑ (Music) **G ~** sol mineur; **in the ~ key** en mineur 2 N ⓐ (= child) mineur(e) (m(f)) ⓑ (US = subject studied) matière (f) secondaire 3 VI (US) **to ~ in chemistry** étudier la chimie comme matière secondaire or sous-dominante

Minorca /mɪ'nɔːkə/ N Minorque (f); **in ~** à Minorque

minority /maɪ'nɒrɪtɪ/ 1 N minorité (f) 2 ADJ [party, opinion] minoritaire

minster /'mɪnstəʳ/ N cathédrale (f); [of monastery] église (f) abbatiale

minstrel /'mɪnstrəl/ N ménestrel (m)

mint /mɪnt/ 1 N ⓐ (= plant, herb) menthe (f) ⓑ (= sweet) bonbon (m) à la menthe ⓒ (for making coins) hôtel (m) de la Monnaie ⓓ (= large sum)* **to make a ~** faire fortune 2 VT [+ coins] battre 3 COMP ♦ **mint condition** N **in ~ condition** en parfait état ♦ **mint sauce** N sauce (f) à la menthe ♦ **mint tea** N (= herbal tea) infusion (f) de menthe; (= tea with mint) thé (m) à la menthe

minuet /ˌmɪnjʊ'et/ N menuet (m)

minus /'maɪnəs/ 1 PREP ⓐ (Math) moins; **five ~ three equals two** cinq moins trois égale(nt) deux; **A/B ~** (= grade) ≈ A/B moins ⓑ (= without)* sans; **they found his wallet ~ the money** ils ont retrouvé son portefeuille mais sans l'argent 2 N (= sign) moins (m); **the ~es far outweigh any possible gain** les inconvénients l'emportent largement sur les avantages éventuels

minuscule /'mɪnəˌskjuːl/ ADJ minuscule

minute¹ /'mɪnɪt/ 1 N minute (f); **it is 23 ~s past 2** il est 2 heures 23 (minutes); **I'll do it in a ~** je le ferai dans une minute; **I'll do it the ~ he comes** je le ferai dès qu'il arrivera; **I've just this ~ heard of it*** je viens de l'apprendre à la minute; **any ~ now*** d'une minute à l'autre; **to leave things till the last ~** tout faire à la dernière minute; **wait a ~** attendez une minute; **up to the ~** [equipment] dernier modèle (inv); [fashion] dernier cri (inv); [news] de dernière heure

2 **minutes** NPL [of meeting] compte (m) rendu; **to take the ~s of a meeting** rédiger le compte rendu d'une réunion

3 COMP ♦ **minute hand** N grande aiguille (f) ♦ **minute steak** N entrecôte (f) minute

minute² /maɪ'njuːt/ ADJ (= tiny) minuscule; (= detailed) minutieux; **in ~ detail** jusque dans les moindres détails

minutely /maɪ'njuːtlɪ/ ADV ⓐ (= in detail) minutieusement ⓑ (= slightly) très légèrement

minutiae /mɪ'njuːʃɪː/ NPL menus détails (mpl)

minx /mɪŋks/ N (petite) espiègle (f)

miracle /'mɪrəkl/ N miracle (m); **it is a ~ that ...** c'est un miracle que ... (+ subj); **it will be a ~ if ...** ce sera un miracle si ... ♦ **miracle cure, miracle drug** N remède (m) miracle ♦ **miracle worker** N **I'm not a ~ worker!*** je ne suis pas le bon Dieu!

miraculous /mɪ'rækjʊləs/ ADJ miraculeux; **to make a ~ recovery** guérir miraculeusement; **to be nothing short of ~** être tout bonnement miraculeux

mirage /'mɪrɑːʒ/ N mirage (m)

mire /'maɪəʳ/ N (frm) **to drag sb's name through the ~** traîner (le nom de) qn dans la boue

mirror /'mɪrəʳ/ 1 N miroir (m); (in car) rétroviseur (m); **to look at o.s. in the ~** se regarder dans le miroir 2 VT refléter; **to be ~ed by sth** se refléter dans qch 3 COMP ♦ **mirror image** N image (f) inversée

mirth /mɜːθ/ N hilarité (f)

mirthless /'mɜːθlɪs/ ADJ sans joie

misadventure /ˌmɪsəd'ventʃəʳ/ N mésaventure (f); **death by ~** mort (f) accidentelle

misanthrope /'mɪzənθrəʊp/ N misanthrope (mf)

misapprehension /ˌmɪsˌæprɪ'henʃən/ N méprise (f)

misbehave /ˌmɪsbɪ'heɪv/ VI se conduire mal; [child] ne pas être sage

misbehaviour, misbehavior (US) /ˌmɪsbɪ'heɪvjəʳ/ N [of person, child] mauvaise conduite (f)

misc. ADJ (ABBR = **miscellaneous**) divers

miscalculate /ˌmɪs'kælkjʊleɪt/ VT, VI mal calculer

miscalculation /ˌmɪsˌkælkjʊ'leɪʃən/ N mauvais calcul (m)

miscarriage /'mɪs'kærɪdʒ/ N ⓐ (during pregnancy) fausse couche (f); **to have a ~** faire une fausse couche ⓑ **~ of justice** erreur (f) judiciaire

miscarry /ˌmɪs'kærɪ/ VI faire une fausse couche

miscast /'mɪs'kɑːst/ (pret, ptp **miscast**) VT **he was ~** on n'aurait pas dû lui donner ce rôle

miscellaneous /ˌmɪsɪ'leɪnɪəs/ ADJ divers

miscellany /mɪ'selənɪ/ N [of objects] collection (f) hétéroclite

mischance /ˌmɪs'tʃɑːns/ N malchance (f); **by (a) ~** par malchance

mischief /'mɪstʃɪf/ N malice (f); **he's up to ~** il prépare un mauvais coup; **to get into ~** faire des siennes; **to keep sb out of ~** empêcher qn de faire des bêtises; **to do sb a ~*** faire du mal à qn

mischievous /'mɪstʃɪvəs/ ADJ [person, smile, glance] malicieux; [child, behaviour] espiègle

misconceived /ˌmɪskən'siːvd/ ADJ [plan] peu judicieux; [idea] faux (fausse (f))

misconception /'mɪskən'sepʃən/ N (= wrong idea) idée (f) fausse

misconduct /ˌmɪs'kɒndʌkt/ N mauvaise conduite (f); (sexual) adultère (m); **professional ~** faute (f) professionnelle; **allegations of police ~** des allégations (fpl) selon lesquelles la police aurait commis des abus

misconstrue /ˌmɪskən'struː/ VT mal interpréter

miscount /'mɪs'kaʊnt/ 1 N (during election) erreur (f) dans le décompte des voix 2 VTI mal compter

misdeed /'mɪs'diːd/ N méfait (m)

misdemeanour misdemeanor (US) /ˌmɪsdɪ'miːnəʳ/ N ⓐ (= misdeed) incartade (f) ⓑ (judicial) (Brit) infraction (f); (US) délit (m)

misdiagnose /ˌmɪsdaɪəg'nəʊz/ VT ⓐ [+ patient] faire une erreur de diagnostic sur ⓑ [+ problem, situation] mal analyser

misdirect /ˌmɪsdɪˈrekt/ VT [+ *person*] mal renseigner; [+ *efforts*] mal diriger; [+ *operation, scheme*] mal gérer

miser /ˈmaɪzəʳ/ N avare (*mf*)

miserable /ˈmɪzərəbl/ ADJ ⓐ (= *unhappy*) malheureux; **to feel ~** (= *unhappy*) ne pas avoir le moral; (= *unwell*) être mal en point; **she's been having a ~ time recently** la vie n'est pas drôle pour elle en ce moment ⓑ **~ weather*** un temps affreux ⓒ (= *wretched*) [*person, place*] misérable; [*sight*] lamentable ⓓ (= *paltry*) misérable

miserably /ˈmɪzərəblɪ/ ADV ⓐ (= *unhappily*) d'un air malheureux ⓑ (= *wretchedly*) [*live*] misérablement; [*perform, fail*] lamentablement

miserly /ˈmaɪzəlɪ/ ADJ ⓐ [*person*] avare (**with sth** de qch) ⓑ [*sum, amount*] dérisoire; **a ~ $8** 8 malheureux dollars

misery /ˈmɪzərɪ/ N souffrances (*fpl*); (= *wretchedness*) misère (*f*); **to make sb's life a ~** [*person*] mener la vie dure à qn; [*illness*] gâcher la vie de qn; **put him out of his ~*** and **tell him the results** abrégez ses souffrances et donnez-lui les résultats ◆ **misery guts*** N rabat-joie (*m inv*)

misfire /ˌmɪsˈfaɪəʳ/ VI [*plan*] rater; [*car engine*] avoir des ratés; [*gun*] faire long feu

misfit /ˈmɪsfɪt/ N (= *person*) inadapté(e) (*m(f)*); **he's always been a ~ here** il n'a jamais su s'adapter ici

misfortune /mɪsˈfɔːtʃən/ N malheur (*m*); (= *bad luck*) malchance (*f*); **I had the ~ to meet him** j'ai eu le malheur de le rencontrer

misgiving /mɪsˈgɪvɪŋ/ N appréhension (*f*); **I had ~s about the scheme** j'avais des doutes quant au projet

misguided /ˈmɪsˈgaɪdɪd/ ADJ [*person*] dans l'erreur; [*attempt*] peu judicieux; [*belief*] erroné; **to be ~ in doing sth** avoir tort de faire qch

mishandle /ˈmɪsˈhændl/ VT [+ *problem*] mal aborder; **he ~d the whole situation** il a mal géré la situation

mishap /ˈmɪshæp/ N mésaventure (*f*); **slight ~** contretemps (*m*)

mishear /ˈmɪsˈhɪəʳ/ (*pret, ptp* **misheard** /ˈmɪsˈhɜːd/) VT mal entendre

mishit /ˈmɪsˈhɪt/ 1 N coup (*m*) manqué 2 VT [+ *ball*] mal frapper

mishmash* /ˈmɪʃmæʃ/ N méli-mélo* (*m*)

misinform /ˈmɪsɪnˈfɔːm/ VT mal renseigner

misinformation /ˌmɪsɪnfəˈmeɪʃən/ N désinformation (*f*)

misinterpret /ˈmɪsɪnˈtɜːprɪt/ VT mal interpréter

misinterpretation /ˈmɪsɪnˌtɜːprɪˈteɪʃən/ N interprétation (*f*) erronée; **open to ~** qui prête à confusion

misjudge /ˈmɪsˈdʒʌdʒ/ VT [+ *amount, time*] mal évaluer; (= *underestimate*) sous-estimer; [+ *person*] se méprendre sur le compte de

mislay /ˌmɪsˈleɪ/ (*pret, ptp* **mislaid**) VT égarer

mislead /ˌmɪsˈliːd/ (*pret, ptp* **misled**) VT induire en erreur

misleading /ˌmɪsˈliːdɪŋ/ ADJ [*information, report*] trompeur; **~ advertising** publicité (*f*) mensongère

misled /ˌmɪsˈled/ VB *pt, ptp* of **mislead**

mismanage /ˈmɪsˈmænɪdʒ/ VT mal gérer

mismanagement /ˈmɪsˈmænɪdʒmənt/ N mauvaise gestion (*f*)

mismatch /ˈmɪsˈmætʃ/ N [*of objects*] disparité (*f*); [*of colours, styles*] dissonance (*f*)

misnomer /ˈmɪsˈnəʊməʳ/ N terme (*m*) impropre; **that is a ~** c'est un terme qui ne convient pas du tout

misogynist /mɪˈsɒdʒɪnɪst/ N, ADJ misogyne (*mf*)

misplace /ˈmɪsˈpleɪs/ VT ⓐ [+ *object, affection, trust*] mal placer ⓑ (= *lose*) égarer

misplaced /ˈmɪsˈpleɪst/ ADJ [*remark, humour*] déplacé; [*confidence*] mal fondé; [*priorities*] mal choisi

misprint /ˈmɪsprɪnt/ N faute (*f*) d'impression

mispronounce /ˌmɪsprəˈnaʊns/ VT mal prononcer

misquote /ˈmɪsˈkwəʊt/ VT citer inexactement; **he was ~d in the press** la presse a déformé ses propos

misread /ˈmɪsˈriːd/ (*pret, ptp* **misread** /ˈmɪsˈred/) VT ⓐ (= *misinterpret*) mal interpréter; **he misread the whole** **situation** il a interprété la situation de façon tout à fait incorrecte ⓑ [+ *word*] mal lire

misrepresent /ˈmɪsˌreprɪˈzent/ VT [+ *facts*] déformer; [+ *person*] donner une impression incorrecte de; **he was ~ed in the press** la presse a donné de lui une image inexacte

miss /mɪs/ 1 N ⓐ (*Sport*) coup (*m*) manqué
◆ **to give sth a miss*** se passer de qch; **we gave the Louvre a ~*** nous ne sommes pas allés au Louvre; **I'll give my evening class a ~ this week*** tant pis pour mon cours du soir cette semaine
ⓑ (= *title*) **Miss** Mademoiselle (*f*); **Dear Miss Smith** Chère Mademoiselle

2 VT ⓐ manquer; [+ *bus, train, plane*] rater; **you haven't ~ed much!** vous n'avez pas raté grand-chose!; **to ~ the boat*** (*fig*) louper le coche*; **she doesn't ~ a trick*** rien ne lui échappe; **you can't ~ our house** vous trouverez tout de suite notre maison; **don't ~ the Louvre** ne manquez pas d'aller au Louvre; **I ~ed him at the station by five minutes** je l'ai raté de cinq minutes à la gare; **to ~ a payment (on sth)** sauter un versement (pour qch); **I ~ed what you said** (= *didn't hear*) je n'ai pas entendu ce que vous avez dit; **I ~ed the point of that joke** je n'ai pas compris ce que ça avait de drôle; **he narrowly ~ed being killed** il a bien failli se tuer
ⓑ (= *long for*) **I ~ you** tu me manques; **I do ~ Paris** Paris me manque beaucoup; **he will be greatly ~ed** il nous manquera beaucoup; **he won't be ~ed** personne ne le regrettera
ⓒ **I'm ~ing $8*** il me manque 8 dollars; **here's your pen back — I hadn't even ~ed it!** je vous rends votre stylo — je n'avais même pas remarqué que je ne l'avais plus!

3 VI [*shot, person*] rater; **you can't ~!** (= *you'll succeed*) vous ne pouvez pas ne pas réussir!

► **miss out** 1 VT SEP sauter 2 VI (= *lose out*) ne pas obtenir son dû

► **miss out on*** VT INSEP [+ *opportunity, bargain*] rater

Miss. ABBR = **Mississippi**

misshapen /ˈmɪsˈʃeɪpən/ ADJ difforme

missile /ˈmɪsaɪl/ N missile (*m*); (= *stone thrown*) projectile (*m*) ◆ **missile launcher** N lance-missiles (*m inv*)

missing /ˈmɪsɪŋ/ 1 ADJ ⓐ (= *lost*) **to be ~** avoir disparu (**from sth** de qch); **to go ~** disparaître
ⓑ (= *lacking*) **to be ~** [*person, object, details, information*] manquer (**from sth** à qch); **how many are ~?** combien en manque-t-il?; **there's nothing ~** il ne manque rien; **there's a button ~ from my jacket** il manque un bouton à ma veste
ⓒ [*serviceman, fisherman, plane*] porté disparu; **one man is still ~** (*after rescue operation etc*) un homme est toujours porté disparu

2 COMP ◆ **missing person** N personne (*f*) disparue
◆ **Missing Persons Bureau** N *service de police enquêtant sur les personnes disparues*

mission /ˈmɪʃən/ N mission (*f*); **his ~ in life is to help others** sa mission dans la vie est d'aider les autres

missionary /ˈmɪʃənrɪ/ N, ADJ missionnaire (*mf*)

misspell /ˈmɪsˈspel/ (*pret, ptp* **misspelled** *or* **misspelt**) VT mal orthographier

misspent /ˈmɪsˈspent/ ADJ **~ youth** folle jeunesse (*f*)

mist /mɪst/ N brume (*f*); (*on glass*) buée (*f*); **morning ~** brume (*f*) matinale; **lost in the ~s of time** perdu dans la nuit des temps

► **mist over, mist up** VI [*view*] se couvrir de brume; [*mirror*] s'embuer

mistake /mɪsˈteɪk/ (*vb: pret* **mistook**, *ptp* **mistaken**) 1 N (= *error*) erreur (*f*); (= *misunderstanding*) méprise (*f*); **let there be no ~ about it** qu'on ne s'y trompe pas; **it was a ~ to do that** c'était une erreur de faire cela; **my ~ was to do ...** mon erreur a été de faire ...; **there must be some ~** il doit y avoir erreur; **by ~** par erreur
◆ **to make + mistake** faire une erreur *or* une faute; (= *misunderstand*) se tromper; **to make a ~ in a calculation**

faire une erreur de calcul; **you're making a big ~** tu fais une grave erreur; **to make the ~ of thinking sth** faire l'erreur de penser qch

2 VT [+ *meaning*] mal comprendre; [+ *intentions*] se méprendre sur; **there's no mistaking her** il est impossible de ne pas la reconnaître; **to ~ A for B** prendre A pour B

mistaken /mɪs'teɪkən/ **1** VB *ptp of* **mistake 2** ADJ ⓐ (= *wrong*) **to be ~ (about sb/sth)** se tromper (à propos de qn/qch); **to be ~ in thinking that ...** se tromper en croyant que ...; **unless I'm (very much) ~** si je ne me trompe; **that's just where you're ~!** c'est là que vous vous trompez! ⓑ (= *erroneous*) [*belief, idea*] erroné; **to do sth in the ~ belief that ...** faire qch en croyant à tort que ...; **it was a case of ~ identity** il y avait erreur de personnes

mistakenly /mɪs'teɪkənlɪ/ ADV ⓐ [*believe, assume*] à tort ⓑ [*kill, attack*] par erreur

mister /'mɪstə'/ N monsieur (*m*); **M~ Right*** l'homme idéal

mistime /'mɪs'taɪm/ VT [+ *act, blow, kick*] mal calculer; **~d remark** remarque (*f*) inopportune; **he ~d it** il a choisi le mauvais moment

mistletoe /'mɪsltəʊ/ N gui (*m*)

mistook /mɪs'tʊk/ VB *pt of* **mistake**

mistranslation /ˌmɪstrænz'leɪʃən/ N erreur (*f*) de traduction

mistreat /ˌmɪs'triːt/ VT maltraiter

mistreatment /ˌmɪs'triːtmənt/ N mauvais traitement (*m*)

mistress /'mɪstrɪs/ N ⓐ maîtresse (*f*) ⓑ (*Brit*) † (*in primary school*) institutrice (*f*); (*in secondary school*) professeur (*m*)

mistrial /ˌmɪs'traɪəl/ N (*Brit*) procès (*m*) entaché d'un vice de procédure; (*US*) procès (*m*) ajourné pour défaut d'unanimité dans le jury

mistrust /'mɪs'trʌst/ **1** N méfiance (*f*) (**of** à l'égard de) **2** VT [+ *person, sb's motives*] se méfier de

mistrustful /mɪs'trʌstfʊl/ ADJ méfiant

misty /'mɪstɪ/ ADJ [*weather, day*] brumeux; [*mirror, windowpane*] embué ♦ **misty-eyed** ADJ (= *sentimental*) qui a la larme à l'œil

misunderstand /'mɪsʌndə'stænd/ (*pret, ptp* **misunderstood**) VT mal comprendre; **don't ~ me** comprenez moi bien; **she was misunderstood all her life** toute sa vie elle est restée incomprise

misunderstanding /'mɪsʌndə'stændɪŋ/ N malentendu (*m*)

misunderstood /'mɪsʌndə'stʊd/ VB *pt, ptp of* **misunderstand**

misuse 1 N [*of power*] abus (*m*); [*of money, energies*] mauvais emploi (*m*); **~ of funds** détournement (*m*) de fonds **2** VT [+ *power*] abuser de; [+ *money, energies*] mal employer; [+ *funds*] détourner

> ★ *Lorsque* **misuse** *est un nom, le* **se** *final se prononce* **s**: /ˌmɪs'juːs/; *lorsque c'est un verbe, il se prononce* **z**: /ˌmɪs'juːz/.

MIT /'emaɪ'tiː/ N ABBR = **Massachusetts Institute of Technology**

mite /maɪt/ N ⓐ (= *small amount*) **not a ~ of truth** pas une parcelle de vérité; **we were a ~ surprised*** nous avons été un tantinet surpris ⓑ (= *animal*) mite (*f*) ⓒ (= *small child*) petit(e) (*m(f)*); **poor little ~** (le) pauvre petit

miter /'maɪtə'/ N (*US*) [*of bishop*] mitre (*f*)

mitigate /'mɪtɪgeɪt/ VT [+ *sentence, suffering*] alléger; [+ *effect*] atténuer; **mitigating circumstances** circonstances (*fpl*) atténuantes

mitigation /ˌmɪtɪ'geɪʃən/ N ⓐ [*of sentence*] allègement (*m*) ⓑ (= *excuse for crime*) circonstances (*fpl*) atténuantes; **to tender a plea in ~** plaider les circonstances atténuantes

mitre /'maɪtə'/ N [*of bishop*] mitre (*f*)

mitt /mɪt/ N ⓐ (= *mitten*) moufle (*f*) ⓑ (*Baseball*) gant (*m*) de baseball ⓒ (= *hand*) paluche* (*f*)

mitten /'mɪtn/ N moufle (*f*)

mix /mɪks/ **1** N ⓐ (= *combination*) mélange (*m*); **the company's product ~** les différents articles produits par l'entreprise; **the broad racial ~ in this country** le brassage

des races dans ce pays; **pupils study a broad ~ of subjects at this school** les élèves étudient des matières diverses dans cette école ⓑ (*for cooking*) **(packet) cake ~** préparation (*f*) pour gâteau

2 VT ⓐ [+ *liquids, ingredients, colours*] mélanger (**with** avec, à); [+ *cement*] préparer; **~ the eggs into the sugar** incorporez les œufs au sucre; **never ~ your drinks!** évitez les mélanges! **; to ~ business and pleasure** joindre l'utile à l'agréable; **to ~ one's metaphors** mélanger des métaphores ⓑ [+ *track, album*] mixer

3 VI ⓐ se mélanger; **oil and water don't ~** l'huile et l'eau ne se mélangent pas; **religion and politics don't ~** la religion et la politique ne font pas bon ménage; **to ~ and match** faire des mélanges ⓑ (*socially*) **he ~es with all kinds of people** il fréquente toutes sortes de gens

4 COMP ♦ **mix-up** N confusion (*f*); **there was a ~-up over tickets** il y a eu confusion en ce qui concerne les billets

► **mix in** VT SEP **~ in the eggs ...** incorporez les œufs ...

► **mix up** VT SEP ⓐ (= *confuse*) confondre; **he ~ed her up with Jane** il l'a confondue avec Jane ⓑ (= *put in disorder*) mélanger ⓒ (= *involve*) **to ~ sb up in sth** impliquer qn dans qch; **to get ~ed up in an affair** se trouver mêlé à une affaire; **he is ~ed up with a lot of criminals** il fréquente un tas de malfaiteurs ⓓ (= *muddle*) **to be ~ed up** [*person*] être perturbé; **I'm all ~ed up about it** je ne sais plus où j'en suis

mixed /mɪkst/ **1** ADJ ⓐ [*school, bathing*] mixte; [*neighbourhood*] mélangé; **~ herbs** herbes (*fpl*) mélangées; **a woman of ~ blood** une sang-mêlé; **in ~** présence d'hommes et de femmes; **~ nuts** noix (*fpl*) et noisettes (*fpl*) assorties; **~ vegetables** assortiment (*m*) de légumes; **to be of ~ parentage** être issu d'un mariage mixte ⓑ (= *varying*) [*reviews, emotions, signals*] contradictoire; [*results, reaction*] inégal; [*success, reception*] mitigé; **she had ~ feelings about it** elle était partagée à ce sujet

2 COMP ♦ **mixed ability** N **~-ability group** classe (*f*) sans groupes de niveau ♦ **mixed bag** N **to be a ~ bag (of sth)** être un mélange (de qch) ♦ **mixed doubles** NPL double (*m*) mixte ♦ **mixed economy** N économie (*f*) mixte ♦ **mixed marriage** N mariage (*m*) mixte ♦ **mixed media** ADJ multimédia ♦ **mixed metaphor** N mélange (*m*) de métaphores ♦ **mixed race** N **of ~ race** être métis ♦ **people of ~ race** métis (*mpl*) ♦ **mixed-up** ADJ [*person*] désorienté; **he's a ~-up kid*** c'est un gosse* perturbé

mixer /'mɪksə'/ N ⓐ (*for cooking*) **hand ~** batteur (*m*) à main; **electric ~** mixer (*m*) ⓑ (= *cement mixer*) bétonnière (*f*) ⓒ (= *drink*) boisson (*f*) gazeuse (*servant à couper un alcool*) ⓓ (= *sound mixer*) ingénieur (*m*) du son

mixing bowl /'mɪksɪŋˌbəʊl/ N saladier (*m*)

mixture /'mɪkstʃə'/ N mélange (*m*); **they spoke in a ~ of French and English** ils parlaient un mélange de français et d'anglais; **the course offers a ~ of subjects** le cours propose des matières diverses

ml N (ABBR = **millilitre(s)**) ml

MLA /ˌemel'eɪ/ N (*Brit Pol*) (ABBR = **Member of the Legislative Assembly**) député (*m*)

MLR /ˌemel'ɑː'/ N ABBR = **minimum lending rate**

mm (ABBR = **millimetre(s)**) mm

MMR vaccine /ˌemem'ɑː 'væksiːn/ N (ABBR = **measles, mumps, rubella vaccine**) vaccin (*m*) ROR

MMS /ˌemem'es/ N (ABBR = **multimedia messaging service**) MMS (*m*)

MN ABBR = **Minnesota**

mnemonic /nɪ'mɒnɪk/ ADJ, N mnémotechnique (*f*)

MO, Mo. ABBR = **Missouri**

moan /məʊn/ **1** N ⓐ (= *groan*) gémissement (*m*) ⓑ (= *complaint*) **to have a ~ about sth** se plaindre de qch **2** VTI (= *groan*) gémir; (= *complain*) se plaindre; **she's always ~ing about the weather** elle se plaint toujours du temps

moaner* /'məʊnə'/ N râleur* (*m*), -euse* (*f*)

moat /məʊt/ N douves (*fpl*)

mob /mɒb/ **1** N ⓐ (= *crowd*) foule (*f*); **the ~** (= *the common people*) la populace ⓑ (= *group*)* bande (*f*) ⓒ [*of criminals*] gang (*m*); **the Mob*** (= *Mafia*) la Maf(f)ia **2** VT [+ *person*] (= *surround*) faire foule autour de; (= *attack*) assaillir; [+ *place*] assiéger; **the shops were ~bed*** les magasins étaient pris d'assaut 3 COMP ♦ **mob rule** N (*pej*) loi *(f)* de la populace ♦ **mob violence** N violence *(f)* collective

mobile /ˈməʊbaɪl/ 1 ADJ mobile 2 N ⓐ (= *mobile phone*) portable *(m)* ⓑ (= *decoration*) mobile *(m)* 3 COMP ♦ **mobile home** N mobile home *(m)* ♦ **mobile library** N bibliobus *(m)* ♦ **mobile phone** N téléphone *(m)* portable

mobility /məʊˈbɪlɪtɪ/ N mobilité *(f)* ♦ **mobility allowance** N allocation *(f)* de transport *(pour handicapés)*

mobilize /ˈməʊbɪlaɪz/ VTI mobiliser

moccasin /ˈmɒkəsɪn/ N mocassin *(m)*

mocha /ˈmɒkə/ N moka *(m)*

mock /mɒk/ 1 VT ⓐ (= *scoff at*) se moquer de; (= *mimic*) parodier 2 VI se moquer (**at** de) 3 ADJ [*anger, modesty*] simulé; **a ~ trial** un simulacre de procès 4 NPL **mocks*** (*Brit* = *exams*) examens *(mpl)* blancs 5 COMP ♦ **mock examination** N examen *(m)* blanc ♦ **mock-up** N maquette *(f)*
► **mock up** VT SEP faire la maquette de

mockery /ˈmɒkərɪ/ N ⓐ (= *mocking*) moquerie *(f)*; **to make a ~ of sb/sth** tourner qn/qch en dérision ⓑ (= *travesty*) **it is a ~ of justice** c'est une parodie de justice

mocking /ˈmɒkɪŋ/ 1 N moquerie *(f)* 2 ADJ moqueur

mockingbird /ˈmɒkɪŋˌbɜːd/ N (merle *(m)*) moqueur *(m)*

MOD /ˌeməʊˈdiː/ N (*Brit*) ABBR = **Ministry of Defence**

mod cons /mɒdˈkɒnz/ NPL (*Brit*) (ABBR = **modern conveniences**) **house with all ~** maison *(f)* tout confort

mode /məʊd/ N (= *way*) mode *(m)*

model /ˈmɒdl/ 1 N ⓐ (= *small-scale representation*) modèle *(m)* (réduit); (*Archit*) maquette *(f)*
ⓑ (= *standard*) modèle *(m)*; **he was a ~ of discretion** c'était un modèle de discrétion
ⓒ (= *person*) (*Art*) modèle *(m)*; (*Fashion*) mannequin *(m)*; **male ~** mannequin *(m)* masculin
ⓓ (= *version*) modèle *(m)*; **the latest ~s** (= *garments*) les derniers modèles *(mpl)*; **sports ~** (= *car*) modèle *(m)* sport
2 ADJ ⓐ (= *exemplary*) modèle
ⓑ (= *miniature*) miniature; **~ car/aeroplane** modèle *(m)* réduit de voiture/d'avion
3 VT ⓐ (= *base*) **to ~ sth on sth** modeler qch sur qch; **to ~ o.s. on sb** prendre modèle sur qn
ⓑ (*Fashion*) **to ~ clothes** être mannequin
ⓒ (= *make model of*) modeler (**in** en)
4 VI (*for artist*) poser; (*Fashion*) être mannequin (**for** chez)

modelling, modeling (*US*) /ˈmɒdlɪŋ/ N **she does ~** (*Fashion*) elle travaille comme mannequin; (*for artist*) elle travaille comme modèle ♦ **modelling clay** N pâte *(f)* à modeler

modem /ˈməʊdem/ N modem *(m)*

moderate 1 ADJ [*amount, speed, views, demands*] modéré; [*language, terms*] mesuré; [*size*] moyen; [*improvement, reduction, success*] léger; [*climate*] tempéré; **over a ~ heat** à feu moyen 2 N (= *politician*) modéré(e) *(m(f))* 3 VT ⓐ (= *restrain*) modérer; **moderating influence** influence *(f)* modératrice ⓑ (= *preside over*) présider

★ *Lorsque* **moderate** *est un adjectif, la fin se prononce comme* **it**: */ˈmɒdərɪt/; lorsque c'est un verbe, elle se prononce comme* **eight**: */ˈmɒdəreɪt/.*

moderately /ˈmɒdərɪtlɪ/ ADV ⓐ [*wealthy, pleased, expensive, difficult*] moyennement; **she did ~ well in her exams** elle s'en est relativement bien tirée à ses examens ⓑ [*increase, decline*] quelque peu ⓒ [*act*] avec modération

moderation /ˌmɒdəˈreɪʃən/ N modération *(f)*; **in ~** [*drink, exercise*] avec modération

moderator /ˈmɒdəreɪtəʳ/ N ⓐ (*in assembly, discussion*) président(e) *(m(f))* ⓑ (*Brit* = *examiner*) examinateur *(m)*, -trice *(f)*

modern /ˈmɒdən/ ADJ moderne; **~ languages** langues *(fpl)* vivantes; **~-day** des temps modernes

modernity /mɒˈdɜːnɪtɪ/ N modernité *(f)*

modernization /ˌmɒdənaɪˈzeɪʃən/ N modernisation *(f)*

modernize /ˈmɒdənaɪz/ VT moderniser

modest /ˈmɒdɪst/ ADJ ⓐ modeste; **to be ~ about sth** être modeste à propos de qch; **his ~ origins** ses modestes origines; **a family of ~ means** une famille aux moyens modestes ⓑ (= *decorous*) [*person*] pudique; [*clothes*] décent

modestly /ˈmɒdɪstlɪ/ ADV ⓐ (= *not boastfully*) modestement ⓑ (= *in moderation*) [*drink*] modérément; **to live ~** vivre simplement ⓒ (= *decorously*) [*behave*] pudiquement; [*dress*] avec pudeur

modesty /ˈmɒdɪstɪ/ N modestie *(f)*; **false ~** fausse modestie *(f)*

modicum /ˈmɒdɪkəm/ N **a ~ of ...** un minimum de ...

modification /ˌmɒdɪfɪˈkeɪʃən/ N modification *(f)* (**to, in** à)

modifier /ˈmɒdɪfaɪəʳ/ N modificateur *(m)*

modify /ˈmɒdɪfaɪ/ VT ⓐ (= *change*) modifier ⓑ (= *moderate*) modérer; **he'll have to ~ his demands** il faudra qu'il modère ses exigences

modish /ˈməʊdɪʃ/ ADJ à la mode

modular /ˈmɒdjʊləʳ/ ADJ [*course, curriculum*] par modules; **~ degree** licence *(f)* (*par modules*)

modulate /ˈmɒdjʊleɪt/ VT moduler

modulation /ˌmɒdjʊˈleɪʃən/ N modulation *(f)*

module /ˈmɒdjuːl/ N module *(m)*

mogul /ˈməʊɡəl/ N ⓐ (= *powerful person*) nabab *(m)* ⓑ (*Ski*) bosse *(f)*; **~ skiing** ski *(m)* sur bosses

mohair /ˈməʊhɛəʳ/ N mohair *(m)*

Mohammed /məʊˈhæmɪd/ N Mohammed *(m)*, Mahomet *(m)*

Mohican /məʊˈhiːkən/ N Mohican *(mf)*; **mohican (hairstyle)** iroquoise *(f)*

moist /mɔɪst/ ADJ [*atmosphere, climate, skin*] humide; (*unpleasantly*) moite; [*cake*] moelleux

moisten /ˈmɔɪsn/ VT humecter; (*in cooking*) mouiller légèrement

moisture /ˈmɔɪstʃəʳ/ N humidité *(f)*; (*on glass*) buée *(f)*

moisturize /ˈmɔɪstʃəraɪz/ VT [+ *skin*] hydrater; [+ *air, atmosphere*] humidifier

moisturizer /ˈmɔɪstʃəraɪzəʳ/ N produit *(m)* hydratant

molar /ˈməʊləʳ/ N molaire *(f)*

molasses /məʊˈlæsɪz/ N mélasse *(f)*

mold /məʊld/ (*US*) = **mould**

Moldavia /mɒlˈdeɪvɪə/ N Moldavie *(f)*

Moldova /mɒlˈdəʊvə/ N Moldova *(f)*

mole /məʊl/ N ⓐ (*on skin*) grain *(m)* de beauté ⓑ (= *animal, spy*) taupe *(f)*

molecular /məʊˈlekjʊləʳ/ ADJ moléculaire

molecule /ˈmɒlɪkjuːl/ N molécule *(f)*

molehill /ˈməʊlhɪl/ N taupinière *(f)*

molest /məʊˈlest/ VT (*sexually*) commettre une agression sexuelle sur; **to be ~ed** subir une agression sexuelle

molester /məʊˈlestəʳ/ N (= *child molester*) auteur *(m)* d'une agression sexuelle

mollify /ˈmɒlɪfaɪ/ VT apaiser

mollusc, mollusk (*US*) /ˈmɒləsk/ N mollusque *(m)*

mollycoddle /ˈmɒlɪkɒdl/ VT surprotéger

Molotov cocktail /ˌmɒlətɒfˈkɒkteɪl/ N cocktail *(m)* Molotov

molt /məʊlt/ (*US*) = **moult**

molten /ˈməʊltən/ ADJ en fusion

mom* /mɒm/ N (*US*) maman *(f)*

moment /ˈməʊmənt/ N moment *(m)*; **wait a ~!** (attendez) un instant!; **just a ~!** (attendez) un instant!; (*objecting to sth*) attendez!; **I'll only be a ~** j'en ai pour un instant; **a ~ ago** il y a un instant; **a ~ later** un moment plus tard; **that very ~** à cet instant précis; **the ~ he arrives** dès qu'il arrivera; **at this ~ in time** en ce moment; **at that ~** à ce moment-là; **(at) any ~** d'un moment à l'autre; **for a ~** un instant; **for the ~** pour le moment; **from the ~ I saw him** dès l'instant où je l'ai vu; **from that ~** dès cet instant; **the**

~ of truth l'heure (f) de vérité; **he has his ~s** (= good points) il a ses bons côtés

momentarily /'məʊməntərɪlɪ/ ADV ⓐ (= temporarily) momentanément ⓑ (US = shortly) dans un instant

momentary /'məʊməntərɪ/ ADJ [lapse, silence] momentané; [panic, hesitation] passager; **a ~ lapse of concentration** un moment d'inattention

momentous /məʊ'mentəs/ ADJ [event, occasion] de grande importance; [decision] capital

momentum /məʊ'mentəm/ N [of political movement] dynamisme (m); (Physics) moment (m); **to gain ~** gagner du terrain; **to lose ~** être en perte de vitesse

mommy* /'mɒmɪ/ N (US) maman (f)

Mon. ABBR = **Monday**

Monaco /'mɒnəkəʊ/ N Monaco (m); **in ~** à Monaco

monarch /'mɒnək/ N monarque (m)

monarchist /'mɒnəkɪst/ ADJ, N monarchiste (mf)

monarchy /'mɒnəkɪ/ N monarchie (f)

monastery /'mɒnəstərɪ/ N monastère (m)

monastic /mə'næstɪk/ ADJ [life] monacal; [vows] monastique

Monday /'mʌndɪ/ N lundi (m) → **Saturday**

Monegasque /mɒnə'gæsk/ 1 ADJ monégasque 2 N Monégasque (mf)

monetarist /'mʌnɪtərɪst/ ADJ, N monétariste (mf)

monetary /'mʌnɪtərɪ/ ADJ [policy, control, value] monétaire; [gain] financier; **economic and ~ union** union (f) économique et monétaire

money /'mʌnɪ/ 1 N ⓐ argent (m); **to make ~** [person] gagner de l'argent; [business] être lucratif; **he made his ~ selling computer systems** il s'est enrichi en vendant des systèmes informatiques; **to come into ~** (by inheritance) hériter (d'une somme d'argent); **I paid good ~ for it** ça m'a coûté de l'argent; **he's earning good ~** il gagne bien sa vie; **to get one's ~'s worth** en avoir pour son argent; **to get one's ~ back** se faire rembourser; **to put ~** with placer son argent dans qch; **is there ~ in it?** est-ce que ça rapporte?; **it was ~ well spent** c'était une bonne affaire

ⓑ (phrases) **he's made of ~*** il roule sur l'or*; **he's rolling in ~*** il roule sur l'or*; **he's got ~ to burn** il a de l'argent à ne savoir qu'en faire; **we're in the ~ now!*** nous roulons sur l'or* maintenant; **~ doesn't grow on trees** l'argent ne tombe pas du ciel; **to put one's ~ where one's mouth is** joindre l'acte à la parole (en déboursant une somme d'argent); **he spends ~ like water** l'argent lui fond dans les mains; **his analysis was right on the ~** (US) son analyse était tout à fait juste ■ (PROV) **(the love of) ~ is the root of all evil** (l'amour de) l'argent est la racine de tous les maux

2 NPL **moneys, monies** sommes (fpl) d'argent; **~s paid out** versements (mpl); **~s received** recettes (fpl)

3 COMP [difficulties, problems, questions] d'argent ♦ **money belt** N ceinture-portefeuille (f) ♦ **money-laundering** N blanchiment (m) d'argent ♦ **money market** N marché (m) monétaire ♦ **money order** N (US) mandat (m) postal ♦ **money spinner*** N (Brit) mine (f) d'or (fig)

moneybags* /'mʌnɪbægz/ N **he's a ~** il est plein aux as*

moneybox /'mʌnɪbɒks/ N tirelire (f)

moneyed /'mʌnɪd/ ADJ riche

moneylender /'mʌnɪlendəʳ/ N prêteur (m), -euse (f) sur gages

moneymaker /'mʌnɪmeɪkəʳ/ N **to be a ~** [scheme] être lucratif

moneymaking /'mʌnɪmeɪkɪŋ/ 1 N acquisition (f) d'argent 2 ADJ lucratif

Mongolia /mɒŋ'gəʊlɪə/ N Mongolie (f)

mongoose /'mɒŋguːs/ N (pl **mongooses**) mangouste (f)

mongrel /'mʌŋgrəl/ N (chien (m)) bâtard (m)

monitor /'mɒnɪtəʳ/ 1 N (= device) moniteur (m) 2 VT [+ person, work, system] suivre de près; [+ equipment] contrôler; **a machine ~s the patient's progress** une machine

contrôle l'évolution de l'état du malade; **to ~ the situation** surveiller l'évolution des choses

monk /mʌŋk/ N moine (m)

monkey /'mʌŋkɪ/ N singe (m); **you little ~!*** petit galopin!; **to make a ~ out of sb** tourner qn en ridicule; **to have a ~ on one's back*** (US Drugs) être esclave de la drogue; **I don't give a ~'s**; (Brit) je n'en ai rien à foutre**; ♦ **monkey bars** NPL cage (f) à poules ♦ **monkey business*** N (dishonest) affaire (f) louche; (mischievous) singeries (fpl) ♦ **monkey nut** N (Brit) cacahuète (f) ♦ **monkey wrench** N clé (f) à molette; **to throw a ~ wrench into the works*** (US) flanquer la pagaille*

monkfish /'mʌŋkfɪʃ/ N lotte (f)

mono /'mɒnəʊ/ ADJ (ABBR = **monophonic**) mono (inv)

monochrome /'mɒnəkrəʊm/ N monochrome (m); (= photograph, film) noir (m) et blanc (m)

monocle /'mɒnəkl/ N monocle (m)

monogamous /mə'nɒgəməs/ ADJ monogame

monogamy /mə'nɒgəmɪ/ N monogamie (f)

monogram /'mɒnəgræm/ N monogramme (m)

monograph /'mɒnəgræf/ N monographie (f)

monolingual /ˌmɒnəʊ'lɪŋgwəl/ ADJ monolingue

monolith /'mɒnəlɪθ/ N ⓐ (= stone) monolithe (m) ⓑ (= organization) mastodonte (m)

monolithic /ˌmɒnə'lɪθɪk/ ADJ [system] monolithique; [building] colossal

monologue, monolog (US) /'mɒnəlɒg/ N monologue (m)

monopolistic /mənɒpə'lɪstɪk/ ADJ monopolistique

monopolize /mə'nɒpəlaɪz/ VT monopoliser

monopoly /mə'nɒpəlɪ/ N monopole (m) (of, in de)

monorail /'mɒnəʊreɪl/ N monorail (m)

monosyllable /'mɒnəˌsɪləbl/ N monosyllabe (m); **to answer in ~s** répondre par monosyllabes

monotone /'mɒnətəʊn/ N (= voice/tone) voix (f)/ton (m) monocorde

monotonous /mə'nɒtənəs/ ADJ monotone

monotony /mə'nɒtənɪ/ N monotonie (f)

monsoon /mɒn'suːn/ N mousson (f); **the ~ season** la mousson d'été

monster /'mɒnstəʳ/ 1 N monstre (m) 2 ADJ* monstre*

monstrosity /mɒn'strɒsɪtɪ/ N (= thing) monstruosité (f); (= person) monstre (m)

monstrous /'mɒnstrəs/ ADJ monstrueux

Mont. ABBR = **Montana**

montage /mɒn'tɑːʒ/ N montage (m)

Mont Blanc /ˌmɔm'blɑ̃/ N mont (m) Blanc

Monte Carlo /ˌmɒntɪ'kɑːləʊ/ N Monte-Carlo

Montenegrin /ˌmɒntɪ'niːgrɪn/, **Montenegran** /ˌmɒntɪ'niːgrən/ ADJ monténégrin

Montenegro /ˌmɒntɪ'niːgrəʊ/ N Monténégro (m)

month /mʌnθ/ N mois (m); **in the ~ of May** au mois de mai; **every ~** tous les mois; **at the end of this ~** à la fin du mois; **he owes his landlady two ~s' rent** il doit deux mois à sa propriétaire; **six ~s pregnant** enceinte de six mois

monthly /'mʌnθlɪ/ 1 ADJ mensuel; **on a ~ basis** [pay] mensuellement; [happen, do sth] tous les mois; **~ payment** mensualité (f); **~ ticket** carte (f) (d'abonnement) mensuelle 2 N (= publication) mensuel (m) 3 ADV [publish, pay] mensuellement; [happen] tous les mois

Montreal /ˌmɒntrɪ'ɔːl/ N Montréal

monty* /'mɒntɪ/ N (Brit) **the full ~** la totale*

monument /'mɒnjʊmənt/ N monument (m) (to, of à)

monumental /ˌmɒnjʊ'mentl/ ADJ [task, achievement] monumental; [effort, success] prodigieux; **on a ~ scale** sur une très grande échelle

moo /muː/ VI meugler

mooch about; /'muːtʃəbaʊt/, **mooch around**; /'muːtʃəraʊnd/ VI glander*

mood /muːd/ 1 N humeur *(f)*; **to be in a good ~** être de bonne humeur; **I'm in no ~ to listen to him** je ne suis pas d'humeur à l'écouter; **he's in one of his ~s** il est encore mal luné*; **the ~ of the meeting** l'état d'esprit de l'assemblée

♦ **in the mood**: **I'm in the ~ for dancing** je danserais volontiers; **are you in the ~ for chess?** une partie d'échecs ça vous dit*?; **he plays well when he's in the ~** quand il veut il joue bien*; **I'm not in the ~** ça ne me dit rien

2 COMP ♦ **mood swing** N saute *(f)* d'humeur

moodily /ˈmuːdɪlɪ/ ADV (= *bad-temperedly*) d'un air maussade; (= *gloomily*) d'un air morose

moody /ˈmuːdɪ/ ADJ ⓐ (= *sulky*) de mauvaise humeur; **Elvis's ~ looks** la beauté ténébreuse d'Elvis ⓑ (= *temperamental*) d'humeur changeante; **to be ~** être lunatique ⓒ (= *atmospheric*) sombre

moon /muːn/ 1 N lune *(f)*; **by the light of the ~** au clair de lune; **many ~s ago** il y a de cela bien longtemps; **he's over the ~*** **(about it)** il est aux anges 2 VI (= *exhibit buttocks*)‡ montrer son cul*‡ 3 COMP ♦ **moon-faced** ADJ au visage rond ♦ **moon landing** N alunissage *(m)*

► **moon about**, **moon around** VI musarder en rêvassant

► **moon over** VT INSEP **to ~ over sb** soupirer pour qn

moonbeam /ˈmuːnbiːm/ N rayon *(m)* de lune

Moonie* /ˈmuːnɪ/ N adepte *(mf)* de la secte Moon

moonlight /ˈmuːnlaɪt/ 1 N clair *(m)* de lune; **by ~** au clair de lune 2 VI (= *work extra*)* faire des extras au noir

moonlighting* /ˈmuːnlaɪtɪŋ/ N travail *(m)* au noir

moonlit /ˈmuːnlɪt/ ADJ éclairé par la lune; **a ~ night** une nuit de lune

moonshine* /ˈmuːnʃaɪn/ N (= *nonsense*) sornettes *(fpl)*; (*US* = *illegal spirits*) alcool *(m)* de contrebande

moor /mʊəʳ/ 1 N (= *land*) lande *(f)* 2 VT [+ *ship*] amarrer 3 VI mouiller

mooring /ˈmʊərɪŋ/ N (= *place*) mouillage *(m)*; (= *ropes*) amarres *(fpl)*

Moorish /ˈmʊərɪʃ/ ADJ [*architecture*] mauresque

moorland /ˈmʊələnd/ N lande *(f)*; (*boggy*) terrain *(m)* tourbeux

moose /muːs/ N (*pl inv*) (*in Canada*) orignal *(m)*; (*in Europe*) élan *(m)*

moot /muːt/ 1 ADJ **it's a ~ point** c'est discutable 2 VT **it has been ~ed that …** on a suggéré que …

mop /mɒp/ 1 N ⓐ (*for floor*) balai *(m)* à franges ⓑ (= *mop of hair*) tignasse *(f)* 2 VT [+ *floor, surface*] passer la serpillière sur; **to ~ one's brow** s'éponger le front

► **mop up** VT SEP ⓐ [+ *liquid*] éponger ⓑ [+ *profits*] récupérer

mope /məʊp/ VI se morfondre

► **mope about**, **mope around** VI passer son temps à se morfondre

moped /ˈməʊped/ N cyclomoteur *(m)*

MOR /ˌeməʊˈɑːʳ/ ADJ (ABBR = **middle-of-the-road**) grand public *(inv)*

moral /ˈmɒrəl/ 1 ADJ moral; **to have a ~ obligation to do** être dans l'obligation morale de faire; **~ support** soutien *(m)* moral; **~ standards are falling** le sens moral se perd 2 N [*of story*] morale *(f)* 3 NPL **morals** moralité *(f)*; **he has no ~s** il est sans moralité

morale /mɒˈrɑːl/ N moral *(m)*; **his ~ was very low** il avait le moral à zéro

morality /məˈrælɪtɪ/ N moralité *(f)*

moralize /ˈmɒrəlaɪz/ VI moraliser (**about** sur)

morally /ˈmɒrəlɪ/ ADV moralement; **~ wrong** contraire à la morale

morass /məˈræs/ N **a ~ of problems** des problèmes à n'en plus finir*

moratorium /ˌmɒrəˈtɔːrɪəm/ N (*pl* **moratoria** /ˌmɒrəˈtɔːrɪə/) moratoire *(m)*

morbid /ˈmɔːbɪd/ ADJ [*person, thoughts*] morbide; [*fear*] maladif; **don't be so ~!** cesse donc de broyer du noir!

morbidly /ˈmɔːbɪdlɪ/ ADV **to be ~ fascinated by sb/sth** avoir une fascination malsaine pour qn/qch

mordant /ˈmɔːdənt/ ADJ mordant

---

more /mɔːʳ/ *compar of* **many, much**

1 ADJECTIVE	3 ADVERB
2 PRONOUN	

1 ADJECTIVE

ⓐ = **greater in amount** plus de; **a lot ~ time** beaucoup plus de temps; **there's no ~ rice** il n'y a plus de riz; **have some ~ ice cream** reprenez de la glace

♦ **more … than** plus de … que; **he's got ~ money than you** il a plus d'argent que vous; **~ people than usual** plus de gens que de coutume

ⓑ = **additional** encore de; **~ tea?** encore un peu de thé?

► *Note that in the following* some *and* any *when used with* more *are translated by* du *and* de la.

I'd like some ~ meat je voudrais encore de la viande; **is there any ~ wine?** y a-t-il encore du vin?

♦ **a few/several more**: **I need a few ~ examples** il me faut encore quelques exemples; **unfortunately it'll take several ~ days** cela prendra malheureusement quelques jours de plus

2 PRONOUN

ⓐ = **greater quantity** plus; **a little ~** un peu plus; **I need a lot ~** il m'en faut beaucoup plus; **I haven't any ~** je n'en ai plus; **and what's ~** et qui plus est; **we'd like to see ~ of her** nous aimerions la voir plus souvent; **I'll find out ~ about it** je vais me renseigner

♦ **more than** (*before a number*) plus de; **~ than 20 came** plus de 20 personnes sont venues; **not ~ than a kilo** pas plus d'un kilo; **it cost ~ than I expected** c'était plus cher que je ne pensais; **that's ~ than enough** c'est amplement suffisant

♦ **no/nothing more**: **no ~, thanks** (*in restaurant*) ça suffit, merci; **I've nothing ~ to say** je n'ai rien à ajouter; **let's say nothing ~ about it** n'en parlons plus

♦ **anything more**: **I don't want anything ~** (*to eat*) je ne veux plus rien

ⓑ = **others** d'autres; **have you got any ~ like these?** en avez-vous d'autres comme ça?

3 ADVERB

ⓐ **with adjectives and adverbs** plus; **~ difficult** plus difficile; **~ easily** plus facilement; **~ and ~ difficult** de plus en plus difficile; **only ~ so** mais encore plus; **each ~ beautiful than the next** tous plus beaux les uns que les autres; **the house is ~ than half built** la maison est plus qu'à moitié construite

ⓑ **with verbs** plus, davantage; **you must rest ~** vous devez vous reposer davantage; **she talks even ~ than he does** elle parle encore plus que lui; **I like apples ~ than oranges** je préfère les pommes aux oranges; **it will ~ than cover the cost** cela couvrira largement les frais

ⓒ = **rather** plutôt; **it's ~ a short story than a novel** c'est une nouvelle plutôt qu'un roman

ⓓ = **again** once ~ une fois de plus; **once ~, they have disappointed us** une fois de plus, ils nous ont déçus; **only once ~** une dernière fois

♦ **any more** plus; **I won't do it any ~** je ne le ferai plus

ⓔ **set structures**

♦ **more or less** plus ou moins; **neither ~ nor less** ni plus ni moins

♦ **the more …** plus …; **the ~ you rest the quicker you'll get better** plus vous vous reposerez plus vous vous rétablirez rapidement; **the ~ I think of it the ~ ashamed I feel** plus j'y pense plus j'ai honte; **he is all the ~ happy** il est d'autant plus heureux; **all the ~ so because …** d'autant plus que …

moreover /mɔːˈrəʊvəʳ/ ADV de plus

morgue /mɔːg/ N morgue *(f)*

moribund /'mɒrɪbʌnd/ ADJ moribond

Mormon /'mɔːmən/ N, ADJ mormon(e) (m(f))

morning /'mɔːnɪŋ/ 1 N matin (m); (= duration) matinée (f); **on the ~ of 23 January** le 23 janvier au matin; **during the ~** pendant la matinée; **I was busy all ~** j'ai été occupé toute la matinée; **good ~!** bonjour!; **he came in the ~** il est arrivé dans la matinée; **it happened first thing in the ~** c'est arrivé en tout début de matinée; **I'll do it first thing in the ~** je le ferai demain à la première heure; **at 7 o'clock in the ~** à 7 heures du matin; **to get up very early in the ~** se lever très tôt le matin; **I work in the ~** je travaille le matin; **a ~'s work** une matinée de travail; **this ~** ce matin; **tomorrow ~** demain matin; **yesterday ~** hier matin; **the next ~** le lendemain matin; **every Sunday ~** tous les dimanches matin

2 ADJ [walk, swim] matinal

3 COMP ♦ **morning-after pill** N pilule (f) du lendemain ♦ **morning sickness** N nausées (fpl) matinales ♦ **morning star** N étoile (f) du matin

Moroccan /mə'rɒkən/ 1 ADJ marocain 2 N Marocain(e) (m(f))

Morocco /mə'rɒkəʊ/ N Maroc (m)

moron* /'mɔːrɒn/ N (= idiot) crétin(e)* (m(f))

moronic* /mə'rɒnɪk/ ADJ crétin*

morose /mə'rəʊs/ ADJ morose

morphine /'mɔːfiːn/ N morphine (f)

morphology /mɔː'fɒlədʒɪ/ N morphologie (f)

morris dancing /'mɒrɪs,dɑːnsɪŋ/ N danse folklorique anglaise

Morse code /,mɔːs'kəʊd/ N morse (m)

morsel /'mɔːsl/ N (petit) morceau (m)

mortal /'mɔːtl/ 1 ADJ mortel; **~ sin** péché (m) mortel 2 N mortel(le) (m(f))

mortality /mɔː'tælɪtɪ/ N mortalité (f)

mortar /'mɔːtəʳ/ N mortier (m)

mortgage /'mɔːgɪdʒ/ 1 N emprunt (m) logement; **to take out a ~** contracter un emprunt logement (on, for pour) 2 VT [+ house, one's future] hypothéquer 3 COMP ♦ **mortgage payment** N remboursement (m) d'un emprunt logement ♦ **mortgage relief** N (Brit) exonération fiscale sur les emprunts logement

mortician /mɔː'tɪʃən/ N (US) entrepreneur (m) de pompes funèbres

mortified /'mɔːtɪfaɪd/ ADJ **I was ~ to learn that ...** j'ai cru mourir de honte en apprenant que ...

mortify /'mɔːtɪfaɪ/ VT faire honte à

mortifying /'mɔːtɪfaɪɪŋ/ ADJ humiliant (**to sb** pour qn)

mortise lock /'mɔːtɪs,lɒk/ N serrure (f) encastrée

mortuary /'mɔːtjʊərɪ/ 1 N morgue (f) 2 ADJ mortuaire

mosaic /məʊ'zeɪk/ 1 N mosaïque (f) 2 ADJ en mosaïque

Moscow /'mɒskəʊ/ N Moscou

mosey: /'məʊzɪ/ (US) VI **they ~ed over to Joe's** ils sont allés faire un tour chez Joe

Moslem /'mɒzləm/ N, ADJ musulman(e) (m(f))

mosque /mɒsk/ N mosquée (f)

mosquito /mɒs'kiːtəʊ/ N moustique (m) ♦ **mosquito bite** N piqûre (f) de moustique ♦ **mosquito net** N moustiquaire (f)

moss /mɒs/ N mousse (f) (végétal)

mossy /'mɒsɪ/ ADJ moussu

most /məʊst/ superl of **many, much** 1 ADJ, PRON ⓐ (= greatest in amount) **the ~** le plus (de); **he earns the ~ money** c'est lui qui gagne le plus d'argent; **who has got the ~?** qui en a le plus?; **at the very ~** tout au plus

♦ **to make the most of** [+ one's time] bien employer; [+ opportunity, sb's absence] profiter (au maximum) de; [+ one's talents, business offer] tirer le meilleur parti de; [+ one's resources] utiliser au mieux; **make the ~ of it!** profitez-en bien!; **to make the ~ of o.s.** se mettre en valeur

ⓑ (= largest part) la plus grande partie (de); (= greatest number) la plupart (de); **~ people** la plupart des gens; **~ of the money** la majeure partie de l'argent; **~ of them** la plupart d'entre eux; **~ of the day** la majeure partie de la journée; **~ of the time** la plupart du temps; **for the ~ part** pour la plupart

2 ADV ⓐ (forming superl of adjs and advs) **the ~** le plus; **the ~ intelligent boy** le garçon le plus intelligent; **he talked ~** c'est lui qui a parlé le plus; **what he wants ~ of all** ce qu'il désire par-dessus tout

ⓑ (= very) très; **~ likely** très probablement; **it's a ~ useful gadget** c'est un gadget des plus utiles

ⓒ (US = almost)* presque

mostly /'məʊstlɪ/ ADV ⓐ (= chiefly) surtout; **he now works ~ in Hollywood** à présent, il travaille surtout à Hollywood ⓑ (= almost all) pour la plupart; **more than one hundred people, ~ women** plus de cent personnes, pour la plupart des femmes ⓒ (= usually) en général

MOT /,eməʊ'tiː/ (Brit) 1 N ⓐ ABBR = **Ministry of Transport** ⓑ (= MOT test) ≈ contrôle (m) technique; **the car has passed its ~** ≈ la voiture a obtenu le certificat de contrôle technique 2 VT **to get one's car ~'d** ≈ faire passer sa voiture au contrôle technique

motel /məʊ'tel/ N motel (m)

moth /mɒθ/ N papillon (m) de nuit; (= clothes-moth) mite (f)

mothball /'mɒθbɔːl/ 1 N boule (f) de naphtaline; **to put in ~s** [+ project] remiser au placard 2 VT [+ project] remiser au placard

mother /'mʌðəʳ/ 1 N ⓐ mère (f); **Ann, a ~ of three** Ann, une mère de trois enfants; **the Reverend Mother** la Révérende Mère; **she's her ~'s daughter** c'est (bien) la fille de sa mère

ⓑ (= greatest)* **the ~ of all battles** une bataille sans précédent; **the ~ of all traffic jams** un énorme embouteillage

2 VT (= act as mother to) s'occuper de; (= indulge, protect) materner; **why do men so often want their girlfriends to ~ them?** pourquoi les hommes veulent-ils si souvent se faire materner par leur petite amie?

3 COMP ♦ **mother country** N mère patrie (f) ♦ **mother-in-law** N (pl mothers-in-law) belle-mère (f) ♦ **Mother Nature** N Dame Nature (f) ♦ **Mother of God** N Marie, mère (f) de Dieu ♦ **mother-of-pearl** N nacre (f) ♦ **Mother's Day** N fête (f) des Mères ♦ **Mother Superior** N Mère (f) supérieure ♦ **mother-to-be** N (pl mothers-to-be) future maman (f) ♦ **mother tongue** N langue (f) maternelle

motherfucker: /'mʌðəfʌkəʳ/ N (US) (= person) enculé: (m); (= thing) saloperie: (f)

motherhood /'mʌðəhʊd/ N maternité (f)

motherly /'mʌðəlɪ/ ADJ maternel

mothproof /'mɒθpruːf/ 1 ADJ traité à l'antimite 2 VT traiter à l'antimite

motif /məʊ'tiːf/ N motif (m)

motion /'məʊʃən/ 1 N ⓐ mouvement (m); **to set in ~** [+ machine] mettre en marche; [+ process] mettre en branle; **to set the wheels in ~** lancer le processus ⓑ (= gesture) mouvement (m); **to go through the ~s of doing sth** (mechanically) faire qch machinalement; (insincerely) faire mine de faire qch ⓒ (at meeting, in parliament) motion (f) 2 VI **to ~ to sb to do sth** faire signe à qn de faire qch 3 COMP ♦ **motion picture** N film (m) ♦ **motion sickness** N mal (m) des transports

motionless /'məʊʃənlɪs/ ADJ immobile; **to lie ~** rester étendu sans bouger

motivate /'məʊtɪveɪt/ VT motiver (**to do** à or pour faire)

motivated /'məʊtɪveɪtɪd/ ADJ motivé (**to do sth** pour faire qch); **highly ~** extrêmement motivé

motivation /,məʊtɪ'veɪʃən/ N motivation (f); **he lacks ~** il manque de motivation (**to do** pour faire)

motive /'məʊtɪv/ 1 N (= reason) raison (f); (for action) motifs (mpl); (for crime) mobile (m); **his ~ for saying that** la raison pour laquelle il a dit cela; **he had no ~ for killing her** il n'avait aucune raison de la tuer; **what was the ~ for the murder?** quel était le mobile du meurtre? 2 ADJ **~ power** force (f) motrice

motley /'mɒtlɪ/ ADJ [*collection, assortment*] disparate ; **what a ~ crew!** en voilà une belle équipe !*

motocross /'məʊtəkrɒs/ N moto-cross (*m*)

motor /'məʊtəʳ/ 1 N ⓐ (= *engine*) moteur (*m*) ⓑ (*Brit* = *car*)* bagnole* (*f*) 2 ADJ [*muscle, nerve*] moteur (-trice (*f*)) 3 COMP [*accident*] de voiture ♦ **motor industry** N industrie (*f*) automobile ♦ **motor insurance** N assurance-automobile (*f*) ♦ **motor mechanic** N mécanicien (*m*), -ienne (*f*) ♦ **motor neuron disease** N sclérose (*f*) latérale amyotrophique ♦ **motor racing** N course (*f*) automobile ♦ **motor show** N salon (*m*) de l'automobile ♦ **the motor trade** N (le secteur de) l'automobile (*f*)

motorail /'məʊtəreɪl/ N train (*m*) auto-couchettes

motorbike /'məʊtəbaɪk/ N moto (*f*)

motorboat /'məʊtəbəʊt/ N bateau (*m*) à moteur

motorcade /'məʊtəkeɪd/ N cortège (*m*) de voitures

motorcar /'məʊtəkaːʳ/ N (*Brit*) automobile (*f*)

motorcycle /'məʊtəsaɪkl/ N moto(cyclette) (*f*)

motorcyclist /'məʊtəsaɪklɪst/ N motard(e) (*m(f)*)

motoring /'məʊtərɪŋ/ 1 N promenades (*fpl*) en voiture 2 ADJ [*accident*] de voiture ; [*holiday*] en voiture

motorist /'məʊtərɪst/ N automobiliste (*mf*)

motormouth /'məʊtəmaʊθ/ N moulin (*m*) à paroles*

motorway /'məʊtəweɪ/ (*Brit*) 1 N autoroute (*f*) → ROADS 2 ADJ [*exit, junction*] d'autoroute

mottled /'mɒtld/ ADJ [*leaf, skin, colour*] marbré (**with sth** de qch) ; **~ complexion** teint (*m*) brouillé

motto /'mɒtəʊ/ N devise (*f*)

mould, mold (*US*) /məʊld/ 1 N ⓐ (= *container*) moule (*m*) ; (= *model*) modèle (*m*) ; **to cast metal in a ~** couler du métal ; **to break the ~** (= *reorganize*) rompre avec la tradition ; **men of his ~** des hommes de son calibre* ⓑ (= *fungus*) moisissure (*f*) 2 VT ⓐ [+ *metals*] couler ; [+ *plaster, clay*] mouler ; [+ *figure*] modeler (**in, out of** en) ; [+ *sb's character*] former

mouldy, moldy (*US*) /'məʊldɪ/ ADJ moisi ; **to go ~** moisir ; **to smell ~** sentir le moisi

moult, molt (*US*) /məʊlt/ 1 N mue (*f*) 2 VI [*dog, cat*] perdre ses poils ; [*bird*] muer

mound /maʊnd/ N ⓐ [*of earth*] monticule (*m*) ; (= *burial mound*) tumulus (*m*) ⓑ (= *pile*) tas (*m*), monceau (*m*)

mount /maʊnt/ 1 N ⓐ (= *mountain*) mont (*m*) ; **Mount Carmel** le mont Carmel ⓑ (= *horse*) monture (*f*) ⓒ [*of machine*] support (*m*) ; [*of painting, photo*] carton (*m*) de montage

2 VT ⓐ [+ *campaign, rescue operation*] monter ; **to ~ an offensive** monter une attaque ⓑ [+ *horse*] monter sur ; [+ *ladder*] monter à ; [+ *cycle*] enfourcher ⓒ [+ *picture, photo*] monter sur un carton

3 VI [*pressure, tension*] monter ; [*concern*] grandir ; [*debts, losses*] augmenter ; **opposition to the treaty is ~ing** l'opposition au traité grandit ; **pressure is ~ing on him to resign** la pression s'accentue pour qu'il démissionne

► **mount up** VI (= *increase*) monter ; (= *accumulate*) s'accumuler ; **it all ~s up** tout cela finit par chiffrer

mountain /'maʊntɪn/ 1 N montagne (*f*) ; **to live in the ~s** habiter à la montagne ; **to make a ~ out of a molehill** (se) faire une montagne d'une taupinière ; **we have a ~ to climb** nous allons devoir soulever des montagnes ; **a ~ of dirty washing** un monceau de linge sale ; **a ~ of work** un travail fou

2 COMP [*people*] montagnard ; [*animal, plant*] des montagnes ; [*air*] de la montagne ; [*path, scenery*] de montagne ♦ **mountain bike** N VTT (*m*) ♦ **mountain climber** N alpiniste (*mf*) ♦ **mountain dew*** N whisky (*m*) (*illicitement distillé*) ♦ **mountain pass** N col (*m*) ♦ **mountain range** N chaîne (*f*) de montagnes ♦ **mountain top** N cime (*f*)

mountaineer /,maʊntɪ'nɪəʳ/ N alpiniste (*mf*)

mountaineering /,maʊntɪ'nɪərɪŋ/ N alpinisme (*m*)

mountainous /'maʊntɪnəs/ ADJ ⓐ (= *hilly*) montagneux ⓑ (= *immense*) colossal

mountainside /'maʊntɪnsaɪd/ N versant (*m*) d'une (*or* de la) montagne

mounted /'maʊntɪd/ ADJ [*troops*] à cheval ♦ **mounted police** N police (*f*) montée

mourn /mɔːn/ 1 VI pleurer ; **to ~ for sb** pleurer qn ; **to ~ for sth** pleurer la perte de qch 2 VT [+ *person*] pleurer ; [+ *sth gone*] pleurer la perte de ; **he was still ~ing the loss of his son** il pleurait encore son fils

mourner /'mɔːnəʳ/ N parent(e) (*m(f)*) ou ami(e) (*m(f)*) du défunt ; **the ~s** le cortège funèbre

mournful /'mɔːnfʊl/ ADJ [*person, music*] mélancolique ; [*occasion*] triste

mourning /'mɔːnɪŋ/ N deuil (*m*) ; **to be in ~ (for sb)** être en deuil (de qn) ; **to come out of ~** quitter le deuil

mouse /maʊs/ N (*pl* **mice**) souris (*f*) ♦ **mouse mat, mouse pad** N tapis (*m*) de souris

mousetrap /'maʊstræp/ N souricière (*f*)

moussaka /mʊ'sɑːkə/ N moussaka (*f*)

mousse /muːs/ N (= *dessert*) mousse (*f*) ; **chocolate ~** mousse (*f*) au chocolat ; (**styling**) ~ (*for hair*) mousse (*f*) coiffante

moustache /məs'tɑːʃ/, **mustache** (*US*) /'mʌstæʃ/ N moustache(s) (*f(pl)*)

mousy /'maʊsɪ/ ADJ [*hair*] châtain terne (*inv*) ; [*person*] effacé ; **~ brown** brun terne (*inv*)

mouth 1 N (*pl* **mouths**) ⓐ [*of person, horse, cow*] bouche (*f*) ; [*of dog, cat, lion*] gueule (*f*) ; **with one's ~ wide open** la bouche grand ouverte ; **it makes my ~ water** cela me met l'eau à la bouche ; **he never opened his ~** il n'a pas ouvert la bouche ; **he kept his ~ shut (about it)** il n'en a pas soufflé mot ; **shut your ~!** ferme-la !* ; **he's a big ~*** c'est une grande gueule* ; **me and my big ~!*** j'ai encore perdu une occasion de me taire !

ⓑ [*of river*] embouchure (*f*) ; [*of cave*] entrée (*f*)

2 VT ⓐ (*soundlessly*) articuler en silence ⓑ (*insincerely*) [+ *platitudes, rhetoric*] débiter

3 COMP ♦ **mouth organ** N harmonica (*m*) ♦ **mouth-to-mouth (resuscitation)** N bouche-à-bouche (*m inv*) ♦ **mouth ulcer** N aphte (*m*) ♦ **mouth-watering** ADJ qui met l'eau à la bouche

★ Lorsque **mouth** est un nom, le *th* final se prononce comme dans *both*: /maʊθ/ ; lorsque c'est un verbe, il se prononce comme dans *then*: /maʊð/ ; notez que le pluriel du nom, **mouths**, se prononce comme le verbe: /maʊðz/.

mouthful /'maʊθfʊl/ N [*of food*] bouchée (*f*) ; [*of drink*] gorgée (*f*) ; **he swallowed it in one ~** [+ *food*] il n'en a fait qu'une bouchée ; [+ *drink*] il l'a avalé d'un trait ; **it's a real ~ of a name!** c'est un nom à coucher dehors ! ; **to give sb a ~*** (= *reprimand*) enguirlander* qn

mouthpiece /'maʊθpiːs/ N [*of musical instrument*] embouchoir (*m*) ; [*of telephone*] microphone (*m*) ; (= *spokesman*) porte-parole (*m inv*)

mouthwash /'maʊθwɒʃ/ N bain (*m*) de bouche

movable /'muːvəbl/ 1 ADJ mobile 2 NPL **movables** biens (*mpl*) meubles

move /muːv/

1 NOUN	3 INTRANSITIVE VERB
2 TRANSITIVE VERB	4 PHRASAL VERBS

1 NOUN

ⓐ mouvement (*m*)

♦ **to be on the move** [*troops*] être en marche ; **she's always on the ~** (= *travelling for work*) elle est toujours en déplacement ; [*child*] elle ne tient pas en place ; (= *busy*)* elle n'arrête jamais

♦ **to make a move** (= *leave*) manifester l'intention de partir ; (= *act*) faire quelque chose ; **it's time we made a ~** (= *left*) il est temps que nous partions ; (= *did sth*) il est temps que nous fassions quelque chose ; **get a ~ on!*** remue-toi !*

ⓑ = **change** [*of house*] déménagement *(m)*; [*of job*] changement *(m)* d'emploi

ⓒ **in games** [*of chessman*] coup *(m)*; (= *player's turn*) tour *(m)*; (*fig*) démarche *(f)*; **it's your ~** (c'est) à vous de jouer; **what's the next ~?** et maintenant, qu'est-ce qu'on fait?; **we must watch his every ~** il nous faut surveiller tous ses faits et gestes

2 TRANSITIVE VERB

ⓐ = **change position of** [+ *object*] déplacer; [+ *limbs*] remuer; [+ *troops*] transporter; **~ your chair nearer the fire** approchez votre chaise du feu; **can you ~ your fingers?** pouvez-vous remuer vos doigts?; **~ your feet off the table** enlève tes pieds de la table; **the wind ~s the leaves** le vent agite les feuilles; **to ~ house** (*Brit*) déménager; **he's asked to be ~d to a different department** il a demandé à être muté dans un autre service; **to ~ heaven and earth to do sth** remuer ciel et terre pour faire qch

ⓑ = **change timing of** **to ~ sth (forward/back)** [+ *event, date*] avancer/reculer qch

ⓒ **emotionally** émouvoir; **she's easily ~d** elle est facilement émue; **to ~ sb to tears** émouvoir qn jusqu'aux larmes

ⓓ = **stimulate** inciter (*sb to do sth* qn à faire qch); **I am ~d to ask who ...** j'en viens à me demander qui ...

ⓔ = **propose** proposer; **to ~ that sth be done** proposer que qch soit fait

3 INTRANSITIVE VERB

ⓐ **person, animal** (= *stir*) bouger; **don't ~!** ne bougez pas!; **I saw something moving over there** j'ai vu quelque chose bouger là-bas; **keep moving!** circulez!; **do not get off while the bus is moving** attendez l'arrêt complet de l'autobus pour descendre; **the coach was moving at 30km/h** le car roulait à 30 (km) à l'heure; **you can't ~ for books in that room*** on ne peut plus bouger dans cette pièce tellement il y a de livres

♦ **to move** + *preposition*: **I'll not ~ from here** je ne bougerai pas d'ici; **he has ~d into another class** il est passé dans une autre classe; **he ~d slowly towards the door** il se dirigea lentement vers la porte

ⓑ = **depart** **it's time we were moving** il est temps de partir

ⓒ = **move house** [*person, family*] déménager; [*business*] être transféré; **to ~ to a bigger house** emménager dans une maison plus grande

ⓓ = **progress** [*plans, talks*] avancer; **he got things moving** il a fait avancer les choses

ⓔ = **act** agir; **we'll have to ~ quickly if we want to avoid ...** il nous faudra agir sans tarder si nous voulons éviter ...

ⓕ **in games** [*player*] jouer; **it's you to ~** c'est à vous de jouer

4 PHRASAL VERBS

▸ **move about 1** VI se déplacer; **he can ~ about only with difficulty** il ne se déplace qu'avec peine; **we've ~d about a good deal** (= *moved house*) nous avons souvent déménagé **2** VT SEP [+ *object, furniture*] déplacer

▸ **move along 1** VI avancer, circuler; **~ along there!** (*on bus*) avancez un peu!; (*policeman*) circulez! **2** VT SEP [+ *crowd*] faire circuler

▸ **move around** = **move about**

▸ **move away 1** VI ⓐ (= *depart*) partir ⓑ (= *move house*) déménager; **they've ~d away from here** ils n'habitent plus ici **2** VT SEP [+ *person, object*] éloigner

▸ **move back 1** VI ⓐ (= *withdraw*) reculer ⓑ (*to original position*) retourner ⓒ (= *move house*) **they've ~d back to London** ils sont retournés habiter (à) Londres **2** VT SEP ⓐ (*backwards*) [+ *person, crowd*] faire reculer; [+ *object, furniture*] reculer ⓑ (*to original position*) [+ *person*] faire revenir; [+ *object*] remettre

▸ **move forward 1** VI [*person, troops, vehicle*] avancer **2** VT SEP [+ *person, vehicle*] faire avancer; [+ *object*] avancer; **to ~ troops forward** ordonner l'avance des troupes

▸ **move in 1** VI ⓐ [*police*] intervenir ⓑ (*to a house*) emménager **2** VT SEP [+ *person*] faire entrer; [+ *furniture*] installer

▸ **move off 1** VI [*car*] démarrer; [*train, procession*] s'ébranler **2** VT SEP [+ *object*] enlever

▸ **move on 1** VI avancer; (*after stopping*) se remettre en route; [*time*] passer; **they ~d on to another site** ils sont allés s'installer plus loin; **moving on now to ...** passons maintenant à ... **2** VT SEP [+ *person*] faire circuler

▸ **move out 1** VI déménager; **to ~ out of a flat** déménager d'un appartement **2** VT SEP [+ *person*] faire sortir

▸ **move over 1** VI se pousser; **~ over!** pousse-toi! **2** VT SEP [+ *object*] déplacer

▸ **move up 1** VI ⓐ **can you ~ up a few seats?** pouvez-vous vous pousser un peu? ⓑ [*employee*] avoir de l'avancement; (*in league table*) progresser dans le classement; **to ~ up a class** passer dans la classe supérieure **2** VT SEP ⓐ [+ *person*] faire monter; [+ *object*] monter ⓑ (= *promote*) [+ *employee*] donner de l'avancement à

moveable /ˈmuːvəbl/ ADJ mobile

movement /ˈmuːvmənt/ **1** N ⓐ mouvement *(m)*; **massage the skin using small circular ~s** massez la peau en faisant de petits mouvements circulaires; **eye ~s** (*during sleep*) mouvements *(mpl)* oculaires; **there was a ~ towards the exit** il y eut un mouvement vers la sortie; **there has been some ~ towards fewer customs restrictions** il semble que l'on aille vers une réduction des restrictions douanières; **the free ~ of labour, capital and goods** la libre circulation de la main-d'œuvre, des capitaux et des marchandises; **a downward ~ in share prices** une tendance à la baisse du prix des actions; **resistance ~** mouvement *(m)* de résistance

ⓑ (= *bowel movement*) selles *(fpl)*

2 NPL **movements** (= *comings and goings*) allées *(fpl)* et venues *(fpl)*

mover /ˈmuːvə/ N ⓐ [*of motion*] auteur *(m)* d'une motion ⓑ **the ~s and shakers*** les personnages *(mpl)* influents

movie /ˈmuːvɪ/ N film *(m)*; **the ~s*** le ciné*; **to go to the ~s*** aller au ciné* ♦ **the movie industry** N l'industrie *(f)* cinématographique ♦ **movie star** N vedette *(f)* de cinéma ♦ **movie theater** N (*US*) cinéma *(m)* (*salle*)

moving /ˈmuːvɪŋ/ **1** ADJ ⓐ (*emotionally*) émouvant; **it was a deeply ~ moment** c'était un moment vraiment très émouvant ⓑ (= *in motion*) [*vehicle*] en marche; [*picture*] animé; **~ part** (*in machine*) pièce *(f)* mobile; **~ target** cible *(f)* mouvante **2** COMP ♦ **moving walkway** N trottoir *(m)* roulant

mow /məʊ/ (*pret* **mowed**, *ptp* **mowed** or **mown**) VT **to ~ the lawn** tondre le gazon

▸ **mow down** VT SEP [+ *people, troops*] faucher

mower /ˈməʊə/ N (*for crops*) faucheuse *(f)*; (= *lawnmower*) tondeuse *(f)* (à gazon)

mown /məʊn/ VB *ptp* of **mow**

Mozambique /ˌməʊzəmˈbiːk/ N Mozambique *(m)*

mozzarella /ˌmɒtsəˈrelə/ N mozzarella *(f)*

MP /emˈpiː/ N ⓐ (*Brit*) (ABBR = **Member of Parliament**) député *(m)* ⓑ ABBR = **Military Police**

MP3 /ˌempiːˈθriː/ N mp3 *(m)* ♦ **MP3 player** N lecteur *(m)* mp3, baladeur *(m)* numérique

mpg /ˌempiːˈdʒiː/ N ABBR = **miles per gallon**

mph /ˌempiːˈeɪtʃ/ N (ABBR = **miles per hour**) ≈ km/h

MPV /ˌempiːˈviː/ N (ABBR = **multipurpose vehicle**) (= *people-carrier*) monospace *(m)*

Mr /ˈmɪstə/ N (*pl* **Messrs**) M., Monsieur; **Mr Smith** M. Smith; **Mr Chairman** monsieur le président

MRI /ˌemɑːrˈaɪ/ N (ABBR = **magnetic resonance imaging**) IRM *(f)*, imagerie *(f)* par résonance magnétique

MRP /ˌemɑːˈpiː/ N (ABBR = **manufacturers' recommended price**) prix *(m)* public

Mrs /ˈmɪsɪz/ N (*pl inv*) Mme

MS /ˌemˈes/ N ⓐ ABBR = **manuscript** ⓑ ABBR = **multiple sclerosis** ⓒ (*US*) (ABBR = **Master of Science**) maîtrise *de sciences* → *DEGREE*

Ms /mɪz, məz/ N ≈ Mme

> ⓘ **MS**
>
> **Ms** *est un titre utilisé à la place de «Mrs» (Mme) ou de «Miss» (Mlle) pour éviter la distinction traditionnelle entre femmes mariées et femmes non mariées. Il se veut ainsi l'équivalent du «Mr» (M.) pour les hommes. Souvent tourné en dérision à l'origine comme étant l'expression d'un féminisme exacerbé, ce titre est aujourd'hui couramment utilisé.*

MSc /ˌemes'siː/ N (*Brit*) (ABBR = **Master of Science**) **to have an ~ in Biology** avoir une maîtrise de biologie → *DEGREE*

MSG /ˌemes'dʒiː/ N (ABBR = **monosodium glutamate**) glutamate *(m)* de sodium

MSP /ˌemes'piː/ N (ABBR = **Member of the Scottish Parliament**) député *(m)* au Parlement écossais

MT ABBR = **Montana**

Mt (ABBR = **Mount**) Mt

MTV /ˌemtiː'viː/ N (ABBR = **music television**) MTV

much /mʌtʃ/

1 PRONOUN	3 ADVERB
2 ADJECTIVE	

► *compar* **more**, *superl* **most**

1 PRONOUN

ⓐ = a lot ~ **has happened since then** beaucoup de choses se sont passées depuis; **we have ~ to be thankful for** nous avons tout lieu d'être reconnaissants; **does it cost ~?** est-ce que ça coûte cher?; **is it worth ~?** est-ce que ça a de la valeur?

♦ **much of** (= *a large part of*) une bonne partie de; **~ of what you say** une bonne partie de ce que vous dites

♦ **to make much of sth** attacher beaucoup d'importance à qch; **he made too ~ of it** il y attachait trop d'importance

ⓑ in negative sentences

♦ **not/nothing ... much** (= *a small amount*) pas beaucoup; **I haven't got ~ left** il ne m'en reste pas beaucoup; **what was stolen? — nothing ~** qu'est-ce qui a été volé? — pas grand-chose; **he hadn't ~ to say about it** il n'avait pas grand-chose à en dire; **there's not ~ anyone can do about it** il n'y a pas grand-chose à faire; **we don't see ~ of each other** nous ne nous voyons pas beaucoup; **it isn't up to ~*** ce n'est pas terrible*; **she won but there wasn't ~ in it** elle a gagné mais de justesse

► *Constructions with* **valoir** *are often used when assessing value or merit.*

I don't think ~ of that film à mon avis ce film ne vaut pas grand-chose; **there isn't ~ in it** (*in choice, competition*) ça se vaut

2 ADJECTIVE

beaucoup de; **~ money** beaucoup d'argent; **~ crime goes unreported** beaucoup de crimes ne sont pas signalés; **without ~ money** avec peu d'argent; **it's a bit ~!*** c'est un peu fort!

3 ADVERB

ⓐ = to a great degree beaucoup; **he hasn't changed ~** il n'a pas beaucoup changé; **she doesn't go out ~** elle ne sort pas beaucoup; **~ bigger** beaucoup plus grand; **~ more easily** beaucoup plus facilement; **it doesn't ~ matter** ça n'a pas grande importance; **~ to my amazement** à ma grande stupéfaction

♦ **very much**: **thank you very ~** merci beaucoup; **I very ~ hope that ...** j'espère de tout cœur que ...

ⓑ = more or less **it's ~ the same** c'est quasiment la même chose; **the town is ~ the same as it was ten years ago** la ville n'a pas beaucoup changé en dix ans

ⓒ set structures

♦ **as much**: **as ~ again** encore autant; **twice as ~** deux fois plus; **half as ~ again** la moitié de plus; **I thought as ~!** c'est bien ce que je pensais!; **as ~ as possible** autant que possible; **as ~ time as ...** autant de temps que ...; **I need it as**

~ as you do j'en ai autant besoin que toi; **I love him as ~ as ever** je l'aime toujours autant; **twice as ~ money as ...** deux fois plus d'argent que ...; **I didn't enjoy it as ~ as all that** je ne l'ai pas aimé tant que ça; **you could pay as ~ as $200 for that** ça peut te coûter jusqu'à 200 dollars

♦ **however much**: **however ~ you like him ...** quelle que soit votre affection pour lui, ...

♦ **how much?** combien?; **how ~ does it cost?** combien ça coûte?

♦ **much as**: **~ as I dislike doing this, ...** bien que je n'aime pas du tout faire cela, ...

♦ **much less** (= *and even less*) **he couldn't understand the question, ~ less answer it** il ne pouvait pas comprendre la question et encore moins y répondre

♦ **not much of a*** (= *not a great*) **he is not ~ of a writer** ce n'est pas un très bon écrivain; **I'm not ~ of a drinker** je ne bois pas beaucoup

♦ **so much** (= *a lot*) tellement; **he'd drunk so ~ that ...** il avait tellement bu que ...; **so ~ of what he says is untrue** il y a tellement de mensonges dans ce qu'il dit; **he beat me by so ~** il m'a battu de ça; **so ~ so that ...** à tel point que ...; **so ~ for his help!** c'est ça qu'il appelle aider!; **so ~ for that!** tant pis!; **so ~ the better!** tant mieux!

♦ **not so much ... as**: **I think of her not so ~ as a doctor but as a friend** je la considère plus comme une amie que comme un médecin

♦ **this/that much**: **this ~?** (ça ira) comme ça?; **he was at least this ~ taller than me** il était plus grand que moi d'au moins ça; **I know this ~ ...** ce que je sais, c'est que ...; **this ~ is certain ...** un point est acquis ...; **this ~ is true ...** ce qui est sûr, c'est que ...

♦ **too much** trop; **I've eaten too ~** j'ai trop mangé; **he talks too ~** il parle trop; **that was too ~ for me** c'en était trop pour moi; **too ~ sugar** trop de sucre; **the stress was too ~ for me** je n'arrivais plus à supporter le stress

muchness* /'mʌtʃnɪs/ N **they're much of a ~** c'est blanc bonnet et bonnet blanc

muck /mʌk/ 1 N ⓐ (= *dirt*) saletés *(fpl)*; (= *mud*) boue *(f)* ⓑ (= *manure*) fumier *(m)* ⓒ (*describing food, film, book*) cochonnerie(s)* *(f(pl))* 2 COMP ♦ **muck heap** N tas *(m)* d'ordures

► **muck about***, **muck around*** (*Brit*) 1 VI ⓐ (= *spend time aimlessly*) perdre son temps ⓑ (= *potter around*) **he enjoys ~ing about in the garden** il aime bricoler dans le jardin ⓒ (= *play the fool*) faire l'idiot; **to ~ about with sth** tripoter qch 2 VT SEP [+ *person*] traiter par-dessus la jambe*

► **muck in:** VI (*Brit*) **everyone ~s in here** tout le monde met la main à la pâte* ici

► **muck out** VT SEP (*Brit*) nettoyer

► **muck up** (*Brit*)* VT SEP ⓐ (= *ruin*) [+ *task*] saloper*; [+ *plans, deal*] chambouler*; **he's really ~ed things up!** il a vraiment tout flanqué par terre!* ⓑ (= *make dirty*) salir

muckraking /'mʌkreɪkɪŋ/ N mise *(f)* au jour de scandales

mucky* /'mʌkɪ/ ADJ (*Brit*) ⓐ (= *dirty*) boueux *(f)*; **to get ~** se salir ⓑ (= *smutty*) cochon*

mucus /'mjuːkəs/ N mucus *(m)*, mucosités *(fpl)*

mud /mʌd/ N boue *(f)*; **car stuck in the ~** voiture *(f)* embourbée; **to drag sb's name through the ~** traîner qn dans la boue ♦ **mud flap** N pare-boue *(m inv)*; [*of truck*] bavette *(f)* ♦ **mud flat** N laisse *(f)* de vase ♦ **mud hut** N hutte *(f)* de terre ♦ **mud wrestling** N catch *(m)* dans la boue (*généralement féminin*)

mudbath /'mʌdbæθ/ N bain *(m)* de boue

muddle /'mʌdl/ N fouillis *(m)*; (*fig*) pagaille* *(f)*; **the ~ of papers on her desk** le fouillis de papiers sur son bureau; **a financial ~** un imbroglio financier; **what a ~!** (= *disorder*) quel fouillis!; (= *mix-up*) quelle pagaille!*; **to be in a ~** [*person*] ne plus s'y retrouver (**over sth** dans qch); [*ideas*] être embrouillé; [*plan*] être confus; **to get into a ~** s'embrouiller (**over sth** dans qch, au sujet de qch); **the files have got into a real ~** les dossiers sont sens dessus dessous ♦ **muddle-headed** ADJ [*person*] brouillon, [*plan, ideas*] confus

► **muddle along** VI se débrouiller tant bien que mal

► **muddle through** VI s'en sortir tant bien que mal ; **I expect we'll ~ through** je suppose que nous nous en sortirons d'une façon ou d'une autre

► **muddle up** VT SEP ⓐ (= *mistake*) **he sometimes ~s me up with my sister** des fois, il me prend pour ma sœur ⓑ (= *perplex*) [+ *person, sb's ideas*] embrouiller ; **to be ~d up** être embrouillé ; **to get ~d up** [*person, ideas*] s'embrouiller ⓒ [+ *facts, story, details*] embrouiller

muddy /'mʌdɪ/ 1 ADJ [*clothes, object*] couvert de boue 2 VT [+ *clothes, shoes*] crotter ; **to ~ the waters** (= *cause confusion*) brouiller les pistes

mudflat /'mʌdflæt/ N laisse (f) de vase

mudguard /'mʌdgɑːd/ N (*Brit*) [*of bicycle*] garde-boue (m inv)

mudpack /'mʌdpæk/ N masque (m) (de beauté) à l'argile

mudslide /'mʌdslaɪd/ N coulée (f) de boue

muesli /'mjuːzlɪ/ N muesli (m)

muff /mʌf/ 1 N (*for hands*) manchon (m) 2 VT* rater ; **to ~ it** rater son coup

muffin /'mʌfɪn/ N muffin (m)

muffle /'mʌfl/ VT [+ *sound*] assourdir ; **in a ~d voice** d'une voix étouffée

muffler /'mʌflə'/ N ⓐ (= *scarf*) cache-nez (m inv) ⓑ (*US*) [*of car*] silencieux (m)

mufti /'mʌftɪ/ N (*Brit*) tenue (f) civile

mug /mʌg/ 1 N ⓐ (= *cup*) grande tasse (f) ; **a ~ of coffee** un grand café ⓑ (= *face*): bouille* (f) ; **ugly ~** sale gueule (f) ⓒ (*Brit*) (= *fool*): andouille: (f) ; **it's a ~'s game** c'est un piège à con: 2 VT (= *assault*) agresser 3 COMP ♦ **mug shot*** N photo (f) d'identité

► **mug up*** VT SEP (*Brit*) bûcher*

mugger /'mʌgə'/ N agresseur (m)

mugging /'mʌgɪŋ/ N agression (f)

muggins: /'mʌgɪnz/ N (*Brit*) idiot(e) (m(f)) ; **~ had to pay for it** (= *oneself*) c'est encore ma pomme: qui a payé

muggy /'mʌgɪ/ ADJ chaud et humide ; **it's very ~ today** il fait très lourd aujourd'hui

mulatto /mjuː'lætəʊ/ 1 N mulâtre(sse) (m(f)) 2 ADJ mulâtre (f inv)

mulberry /'mʌlbərɪ/ N (= *fruit*) mûre (f) ; (= *mulberry tree*) mûrier (m)

mule /mjuːl/ N ⓐ mulet (m) ; (*female*) mule (f) ; **stubborn as a ~** têtu comme une mule ⓑ (= *slipper*) mule (f)

mulish /'mjuːlɪʃ/ ADJ (*pej*) [*person*] têtu ; [*attitude*] buté

mullah /'mʌlə/ N mollah (m)

mulled /mʌld/ ADJ **(a glass of) ~ wine** (un) vin chaud

mullet /'mʌlɪt/ N **grey ~** mulet (m) ; **red ~** rouget (m)

mull over /,mʌl'əʊvə'/ VT SEP retourner dans sa tête

multi- /'mʌltɪ/ PREF multi

multicoloured, multicolored (*US*) /'mʌltɪˌkʌləd/ ADJ multicolore

multicultural /,mʌltɪ'kʌltʃərəl/ ADJ multiculturel

multidisciplinary /,mʌltɪ'dɪsɪplɪnərɪ/ ADJ pluridisciplinaire ; **~ system** pluridisciplinarité (f)

multifaceted /,mʌltɪ'fæsɪtɪd/ ADJ à multiples facettes

multifarious /,mʌltɪ'feərɪəs/ ADJ multiple

multigym /'mʌltɪˌdʒɪm/ N banc (m) de musculation

multilateral /,mʌltɪ'lætərəl/ ADJ multilatéral

multilingual /,mʌltɪ'lɪŋgwəl/ ADJ [*person*] polyglotte ; [*pamphlet, announcement, sign*] en plusieurs langues

multimedia /,mʌltɪ'miːdɪə/ ADJ multimédia (inv)

multimillion /'mʌltɪˌmɪljən/ ADJ **a ~ pound deal** une affaire de plusieurs millions de livres

multimillionaire /,mʌltɪˌmɪljə'neə'/ N multimillionnaire (mf)

multinational /,mʌltɪ'næʃənl/ 1 N multinationale (f) 2 ADJ multinational

multiparty /,mʌltɪ'pɑːtɪ/ ADJ (*Politics*) pluripartite

multiple /'mʌltɪpl/ N, ADJ multiple (m) ♦ **multiple choice** N (*also* **~-choice exam** or **test**) QCM (m), questionnaire (m) à choix multiple ; (*also* **~-choice question**) question (f) à choix multiple ♦ **multiple-entry visa** N *visa autorisant à entrer plusieurs fois dans un pays* ♦ **multiple personality** N dédoublement (m) de la personnalité ♦ **multiple sclerosis** N sclérose (f) en plaques

multiplex cinema /,mʌltɪpleks'sɪnəmə/ N complexe (m) multisalle

multiplication /,mʌltɪplɪ'keɪʃən/ N multiplication (f)

multiplicity /,mʌltɪ'plɪsɪtɪ/ N multiplicité (f)

multiply /'mʌltɪplaɪ/ 1 VT multiplier 2 VI se multiplier

multiracial /,mʌltɪ'reɪʃəl/ ADJ multiracial

multistorey /,mʌltɪ'stɔːrɪ/, **multistoreyed, multi-storied** (*US*) /,mʌltɪ'stɔːrɪd/ ADJ à étages ; **~ car park** parking (m) à étages

multitude /'mʌltɪtjuːd/ N multitude (f) ; **that hides a ~ of sins** c'est un véritable cache-misère

multivitamin /,mʌltɪ'vɪtəmɪn/ N complexe (m) vitaminé ; **~ tablet** comprimé (m) de multivitamines

mum* /mʌm/ 1 N (*Brit = mother*) maman (f) 2 ADJ (= *quiet*) **to keep ~ (about sth)** ne pas piper mot (de qch)

mumble /'mʌmbl/ 1 VT marmonner ; **to ~ an answer** marmonner une réponse 2 N marmonnement (m)

mumbo jumbo /,mʌmbəʊ'dʒʌmbəʊ/ N (= *nonsense*) charabia* (m) ; (= *pretentious ceremony*) salamalecs* (mpl)

mummify /'mʌmɪfaɪ/ VT momifier

mummy /'mʌmɪ/ N ⓐ (*Brit = mother*)* maman (f) ; **~'s boy** fils (m) à sa maman* ⓑ (*embalmed*) momie (f)

mumps /mʌmps/ N oreillons (mpl)

munch /mʌntʃ/ VTI croquer

munchies: /'mʌntʃɪz/ NPL **to have the ~** avoir un creux*

mundane /,mʌn'deɪn/ ADJ [*issue*] banal ; [*task*] courant ; **on a more ~ level** plus prosaïquement

municipal /mjuː'nɪsɪpəl/ ADJ municipal ♦ **municipal court** N (*US*) *tribunal local de première instance*

municipality /mjuː,nɪsɪ'pælɪtɪ/ N municipalité (f)

munitions /mjuː'nɪʃənz/ NPL munitions (fpl) ♦ **munitions dump** N dépôt (m) de munitions ♦ **munitions factory** N fabrique (f) de munitions

mural /'mjʊərəl/ 1 ADJ mural 2 N peinture (f) murale ; (*in Modern Art*) mural (m)

murder /'mɜːdə'/ 1 N meurtre (m) ; (*premeditated*) assassinat (m) ; **he was screaming blue ~*** il criait comme un putois ; **she lets the children get away with ~*** elle passe tout aux enfants ; **the heat in here is ~*** il fait une chaleur infernale 2 VT [+ *person*] assassiner ; [+ *song, music*] massacrer ; [+ *opponent*] écraser 3 COMP ♦ **murder hunt** N chasse (f) à l'homme (*pour retrouver le meurtrier*) ♦ **murder trial** N ≈ procès (m) pour homicide ♦ **murder weapon** N arme (f) du crime

murderer /'mɜːdərə'/ N meurtrier (m)

murderess /'mɜːdərɪs/ N meurtrière (f)

murderous /'mɜːdərəs/ ADJ meurtrier

murk /mɜːk/, **murkiness** /'mɜːkɪnɪs/ N obscurité (f)

murky /'mɜːkɪ/ ADJ [*room, day, sky*] sombre ; [*fog, night*] épais (épaisse (f)) ; [*water*] trouble ; [*colour*] terne ; **his ~ past** son passé trouble

murmur /'mɜːmə'/ 1 N ⓐ murmure (m) ; **to speak in a ~** chuchoter ; **there were ~s of disagreement** il y eut des murmures de désapprobation ⓑ **a heart ~** un souffle au cœur 2 VT, VI murmurer

muscle /'mʌsl/ N ⓐ (*in body*) muscle (m) ; **he didn't move a ~** il n'a pas sourcillé ; **put some ~ into it*** mets-y un peu plus de nerf* ⓑ (= *power*) poids (m)

► **muscle in*** VI (*Brit*) **to ~ in on a discussion** essayer de s'imposer dans une discussion

muscular /'mʌskjʊlə'/ 1 ADJ ⓐ (= *brawny*) musclé ⓑ [*disease*] musculaire 2 COMP ♦ **muscular dystrophy** N dystrophie (f) musculaire

muse /mjuːz/ 1 VI méditer (**on, about** sur) 2 VT **"they might accept," he ~d** « il se pourrait qu'ils acceptent » dit-il d'un ton songeur 3 N (also **Muse**) muse (f)

museum /mjuːˈzɪəm/ N musée (m)

mush /mʌʃ/ N ⓐ (= food) bouillie (f) ⓑ (sentimental) guimauve (f)

mushroom /ˈmʌʃrʊm/ 1 N champignon (m) (comestible) 2 VI ⓐ (= grow quickly) [town] pousser comme un champignon; [market] connaître une expansion rapide; [population] connaître une croissance rapide ⓑ (= spring up) apparaître un peu partout 3 COMP [soup, omelette] aux champignons; [flavour] de champignons ♦ **mushroom cloud** N champignon (m) atomique

mushrooming /ˈmʌʃrʊmɪŋ/ 1 N [of town, market] expansion (f) rapide 2 ADJ [problem] de plus en plus présent; [population] qui connaît une croissance rapide

mushy /ˈmʌʃɪ/ 1 ADJ ⓐ [vegetables] en bouillie; [fruit] blet ⓑ [film, book] à l'eau de rose 2 COMP ♦ **mushy peas** NPL (Brit) purée (f) de petits pois

music /ˈmjuːzɪk/ 1 N musique (f); **it was ~ to his ears** il était ravi d'entendre ça 2 COMP [teacher, lesson, exam] de musique ♦ **music box** N boîte (f) à musique ♦ **music centre** N (= stereo) chaîne (f) (stéréo) ♦ **music festival** N festival (m) de musique ♦ **music lover** N mélomane (mf) ♦ **music stand** N pupitre (m) à musique ♦ **music video** N vidéoclip (m)

musical /ˈmjuːzɪkəl/ 1 ADJ [career, talent] de musicien; [family, person] musicien; **he comes from a ~ family** ils sont très musiciens dans sa famille 2 N (= show) comédie (f) musicale 3 COMP ♦ **musical chairs** NPL chaises (fpl) musicales ♦ **musical director** N directeur (m) musical ♦ **musical instrument** N instrument (m) de musique

musician /mjuːˈzɪʃən/ N musicien(ne) (m(f))

musicianship /mjuːˈzɪʃənʃɪp/ N talent (m) (de musicien)

musicology /ˌmjuːzɪˈkɒlədʒɪ/ N musicologie (f)

musk /mʌsk/ N musc (m)

musket /ˈmʌskɪt/ N mousquet (m)

musketeer /ˌmʌskɪˈtɪəʳ/ N mousquetaire (m)

muskrat /ˈmʌskræt/ N rat (m) musqué

musky /ˈmʌskɪ/ ADJ musqué

Muslim /ˈmʊzlɪm/ 1 N musulman(e) (m(f)) 2 ADJ musulman

muslin /ˈmʌzlɪn/ 1 N mousseline (f) 2 ADJ de or en mousseline

mussel /ˈmʌsl/ N moule (f)

must /mʌst/ 1 MODAL VERB ⓐ (obligation)

► When **must** expresses obligation, it is translated either by the impersonal expression **il faut que**, which is followed by the subjunctive, or by **devoir**, followed by the infinitive; **il faut que** is more emphatic.

I ~ be going il faut que je m'en aille; **I ~ phone my mother** il faut que j'appelle ma mère; **I ~ see him!** il faut absolument que je le voie!; **you ~ get your brakes checked** tu dois absolument faire vérifier tes freins; **you ~ hand your work in on time** tu dois rendre ton travail à temps; **why ~ you always be so pessimistic?** pourquoi faut-il toujours que tu sois si pessimiste?

♦ **must not** (forbidding) **patients ~ not be put at risk** il ne faut pas mettre en danger la santé des patients; **it ~ not be forgotten that …** il ne faut pas oublier que …; **"the windows ~ not be opened"** « défense d'ouvrir les fenêtres »
♦ **I must say** or **admit: this came as a surprise, I ~ say** je dois avouer que cela m'a surpris; **I ~ admit I'm envious** je dois avouer que je suis jaloux
ⓑ (invitations, suggestions)

► When **you must** is used to make invitations and suggestions more forceful, the imperative may be used in French.

you ~ come and have dinner some time venez dîner à la maison un de ces jours; **you ~ be very careful** faites bien attention; **you ~ stop being so negative** ne sois pas si négatif

♦ **you mustn't** (= don't) **you mustn't touch it** n'y touche pas; **you mustn't forget to send her a card** n'oublie pas de lui envoyer une carte
ⓒ (indicating certainty) **he ~ be wrong** il doit se tromper; **he ~ be regretting it, mustn't he?** il le regrette sûrement; **he ~ be mad!** il est fou!; **you ~ be joking!** vous plaisantez!

► When **must** refers to the past, it is translated by the imperfect of **devoir**.

I thought he ~ be really old je me suis dit qu'il devait être très vieux; **he said there ~ be some mistake** il a dit qu'il devait y avoir une erreur

♦ **must have made/had/been** etc

► The perfect tense of **devoir** + infinitive is generally used to translate **must have** + past participle.

I ~ have made a mistake j'ai dû me tromper; **you ~ have had some idea of the situation** tu as dû te rendre compte de la situation; **was he disappointed? — he ~ have been!** est-ce qu'il a été déçu? — sûrement!
2 NOUN (= indispensable thing)* must* (m); **a ~ for all students!** un must pour les étudiants!

mustache /ˈmʌstæʃ/ N (US) moustache(s) (f(pl))

mustang /ˈmʌstæŋ/ N mustang (m)

mustard /ˈmʌstəd/ N moutarde (f); **it doesn't cut the ~**: ça ne fait pas le poids* ♦ **mustard powder** N farine (f) de moutarde

muster /ˈmʌstəʳ/ 1 N **to pass ~** être acceptable 2 VT [+ helpers, number] réunir; [+ strength, courage, energy] rassembler; **they could only ~ five volunteers** ils n'ont trouvé que cinq volontaires 3 VI (= gather, assemble) se réunir

mustiness /ˈmʌstɪnɪs/ N (= stale smell) odeur (f) de renfermé; (= damp smell) odeur (f) de moisi

mustn't /ˈmʌsnt/ = **must not** → **must**

musty /ˈmʌstɪ/ ADJ [book, clothes] moisi; **a ~ smell** (= stale) une odeur de renfermé; (= damp) une odeur de moisi; **to smell ~** [book, clothes] avoir une odeur de moisi; [room] sentir le renfermé

mutant /ˈmjuːtənt/ ADJ, N mutant(e) (m(f))

mutate /mjuːˈteɪt/ VI muter; (= change) se transformer (**into sth** en qch)

mutation /mjuːˈteɪʃən/ N mutation (f)

mute /mjuːt/ 1 ADJ muet; [consent] tacite 2 N (for instrument) sourdine (f)

muted /ˈmjuːtɪd/ ADJ [voice, sound] assourdi; [colour] sourd; [criticism, enthusiasm] modéré

mutilate /ˈmjuːtɪleɪt/ VT mutiler

mutilation /ˌmjuːtɪˈleɪʃən/ N mutilation (f)

mutinous /ˈmjuːtɪnəs/ ADJ [crew, soldiers] prêt à se mutiner; **the children were already fairly ~** les enfants regimbaient déjà

mutiny /ˈmjuːtɪnɪ/ 1 N mutinerie (f); (fig) révolte (f) 2 VI se mutiner; (fig) se révolter

mutt /mʌt/ N ⓐ (= fool) crétin(e)* (m(f)) ⓑ (= dog) clebs* (m)

mutter /ˈmʌtəʳ/ 1 N marmonnement (m) 2 VT marmonner; **he ~ed something to himself** il a marmonné quelque chose entre ses dents; **a ~ed conversation** une conversation à voix basse 3 VI marmonner; **to ~ to one-self** marmonner entre ses dents

mutton /ˈmʌtn/ N mouton (m); **leg of ~** gigot (m); **she's ~ dressed as lamb*** elle s'habille trop jeune pour son âge

mutual /ˈmjuːtjʊəl/ 1 ADJ ⓐ [support, respect, destruction] mutuel; **I didn't like him and the feeling was ~** je ne l'aimais pas et c'était réciproque ⓑ (= common) [interest, friend] commun; **by ~ consent** par consentement mutuel 2 COMP ♦ **mutual fund** N (US) société (f) d'investissement (de type SICAV)

mutually /ˈmjuːtjʊəlɪ/ ADV **the meeting will take place at a ~ convenient time** la réunion aura lieu à une heure qui convient aux deux parties; **a ~ acceptable solution** une solution acceptable pour les deux parties en présence; **the**

two things are not ~ exclusive ces deux choses ne sont pas incompatibles

Muzak ® /'mjuːzæk/ N musique (f) (d'ambiance) enregistrée

muzzle /'mʌzl/ 1 N ⓐ (= dog's nose) museau (m) ⓑ [of gun] canon (m) ⓒ (to stop dog biting) muselière (f) 2 VT museler

muzzy /'mʌzɪ/ ADJ (Brit) **to feel ~** être un peu embrouillé ; **a ~ feeling** un sentiment de confusion

MW N (ABBR = **medium wave**) PO

my /maɪ/ POSS ADJ mon, ma, mes ; **my book** mon livre ; **my table** ma table ; **my friend** mon ami(e) ; **my clothes** mes vêtements ; **MY book** mon livre à moi ; **I've broken my leg** je me suis cassé la jambe

Myanmar /'mjænmɑːʳ/ N Myanmar (m)

myopia /maɪ'əʊpɪə/ N myopie (f)

myopic /maɪ'ɒpɪk/ ADJ [person] myope ; [measures] à courte vue ; [views] étroit

myriad /'mɪrɪəd/ 1 N myriade (f) 2 ADJ innombrable

myrrh /mɜːʳ/ N myrrhe (f)

myself /maɪ'self/ PERS PRON (reflexive: direct and indirect) me ; (emphatic) moi-même ; (after preposition) moi ; **I've hurt ~** je me suis blessé ; **I said to ~** je me suis dit ; **people like ~**

des gens comme moi ; **I've kept one for ~** j'en ai gardé un pour moi ; **I told him ~** je le lui ai dit moi-même ; **I'm not ~ today** je ne suis pas dans mon assiette aujourd'hui
♦ **(all) by myself** tout seul

mysterious /mɪs'tɪərɪəs/ ADJ mystérieux ; **why are you being so ~?** pourquoi tous ces mystères ?

mysteriously /mɪs'tɪərɪəslɪ/ ADV mystérieusement

mystery /'mɪstərɪ/ N ⓐ mystère (m) ; **there's no ~ about it** ça n'a rien de mystérieux ; **it's a ~ to me how he did it** je n'arrive pas à comprendre comment il l'a fait ⓑ (= book) roman (m) à énigmes ; **a murder ~** un roman policier

mystic /'mɪstɪk/ 1 ADJ (Rel) mystique ; [power] occulte 2 N mystique (mf)

mystical /'mɪstɪkəl/ ADJ mystique

mysticism /'mɪstɪsɪzəm/ N mysticisme (m)

mystify /'mɪstɪfaɪ/ VT rendre perplexe ; **I was mystified** j'étais perplexe

mystique /mɪs'tiːk/ N mystique (f)

myth /mɪθ/ N mythe (m)

mythical /'mɪθɪkəl/ ADJ mythique

mythological /ˌmɪθə'lɒdʒɪkəl/ ADJ mythologique

mythology /mɪ'θɒlədʒɪ/ N mythologie (f)

N

N, n /en/ N ⓐ **to the nth degree** à la puissance mille ⓑ (ABBR = **north**) N

'n': /ən/ CONJ = **and**

n/a (ABBR = **not applicable**) sans objet

nab /næb/ VT (= catch in wrongdoing) pincer*

nadir /'neɪdɪə'/ N nadir (m); (fig) point (m) le plus bas; **his fortunes reached their ~ when ...** il atteignit le comble de l'infortune quand ...

naff /næf/ (Brit) ADJ ringard*

NAFTA /'næftə/ N (ABBR = **North American Free Trade Agreement**) ALENA (m)

nag /næg/ 1 VT [person] harceler; [anxiety] tenailler*; **to ~ sb to do sth** harceler qn pour qu'il fasse qch; **to ~ sb about sth** embêter* qn avec qch 2 VI [person] (= scold) ne pas arrêter de faire des remarques; [pain, doubts] être lancinant 3 N (= horse)* cheval (m); (pej) canasson* (m) (pej)

nagging /'nægɪŋ/ 1 ADJ ⓐ [doubt, feeling, fear, worry, question] persistant; [pain] tenace ⓑ [wife] qui n'arrête pas de faire des remarques; [voice] insistant 2 N remarques (fpl) continuelles

nail /neɪl/ 1 N ⓐ [of finger, toe] ongle (m)
ⓑ (metal) clou (m); **to pay on the ~** payer rubis sur l'ongle; **that decision was another ~ in his coffin** cette décision a été un nouveau coup dur pour lui; **to be as tough as ~s** (= resilient) être coriace; (towards other people) être impitoyable

2 VT ⓐ (= fix with nails) clouer; **to ~ the lid on a crate** clouer le couvercle d'une caisse; **to ~ one's colours to the mast** proclamer une fois pour toutes sa position
ⓑ (= catch in crime) [+ person]* pincer*

3 COMP ◆ **nail-biting** ADJ [film] à suspense; [finish, match] serré ◆ **nail bomb** N ≈ bombe (f) de fabrication artisanale ◆ **nail clippers** NPL coupe-ongles (m inv), pince (f) à ongles ◆ **nail extensions** NPL prothèses (fpl) ongulaires ◆ **nail polish** N vernis (m) à ongles ◆ **nail polish remover** N dissolvant (m) ◆ **nail scissors** NPL ciseaux (mpl) à ongles ◆ **nail varnish** N (Brit) vernis (m) à ongles

► **nail down** VT SEP ⓐ [+ lid] clouer ⓑ [+ hesitating person] obtenir une réponse (ferme et définitive) de; [+ agreement, policy] arrêter

► **nail up** VT SEP ⓐ [+ picture] fixer par des clous ⓑ [+ door] condamner (en clouant) ⓒ [+ box] clouer

nailfile /'neɪlfaɪl/ N lime (f) à ongles

Nairobi /naɪˈrəʊbɪ/ N Nairobi

naïve, naive /naɪˈiːv/ ADJ naïf (naïve (f)); **it is ~ to think that ...** il faut être naïf pour croire que ...

naïvely, naively /naɪˈiːvlɪ/ ADV naïvement

naivety /naɪˈiːvtɪ/ N naïveté (f)

naked /'neɪkɪd/ ADJ ⓐ nu; **to go ~** être (tout) nu; **~ to the waist** torso nu; **visible/invisible to the ~ eye** visible/ invisible à l'œil nu ⓑ (= pure) [hatred] non déguisé; [ambition, aggression] pur

nakedness /'neɪkɪdnɪs/ N nudité (f)

name /neɪm/ 1 N ⓐ nom (m); **what's your ~?** comment vous appelez-vous?; **my ~ is Robert** je m'appelle Robert;

what ~ shall I say? (on telephone) c'est de la part de qui?; **please fill in your ~ and address** prière d'inscrire vos nom, prénom et adresse; **to take sb's ~ and address** noter les coordonnées de qn; **to put one's ~ down for a class** s'inscrire à un cours; **he writes under the ~ of John Smith** il écrit sous le pseudonyme de John Smith; **she's the boss in all but ~** elle est le patron sans en avoir le titre; **to refer to sb by ~** désigner qn par son nom; **without mentioning any ~s** sans citer personne; **that's the ~ of the game** (= that's what matters) c'est ce qui compte; (= that's how it is) c'est comme ça; **all the big ~s were there** toutes les célébrités étaient là

ⓑ (= reputation) réputation (f); **he has a ~ for honesty** il a la réputation d'être honnête; **to have a bad ~** avoir mauvaise réputation; **to get a bad ~** se faire une mauvaise réputation; **to make one's ~** se faire un nom; **this book made his ~** ce livre l'a rendu célèbre

ⓒ (= insult) **to call sb ~s** traiter qn de tous les noms

2 VT ⓐ (= give a name to) nommer; [+ comet, star, mountain] donner un nom à; **a person ~d Smith** un(e) dénommé(e) Smith; **to ~ a child after sb** donner à un enfant le nom de qn

ⓑ (= give name of) nommer; (= list) citer; **he refused to ~ his accomplices** il a refusé de révéler les noms de ses complices; **~ the chief works of Shakespeare** citez les principaux ouvrages de Shakespeare; **they have been ~d as witnesses** ils ont été cités comme témoins; **he has been ~d as the leader of the expedition** on l'a désigné pour diriger l'expédition

ⓒ (= fix) [+ date, price] fixer; **~ your price** fixez votre prix

3 COMP ◆ **name day** N fête (f) ◆ **name-drop** VI émailler sa conversation de noms de gens en vue ◆ **name tape** N marque (f)

nameless /'neɪmlɪs/ ADJ ⓐ (= unnamed) anonyme; **some people, who shall remain ~ ...** des gens dont je ne citerai pas le nom ... ⓑ (= indefinable) indéfinissable

namely /'neɪmlɪ/ ADV à savoir

nameplate /'neɪmpleɪt/ N plaque (f)

namesake /'neɪmseɪk/ N homonyme (m)

Namibia /nəˈmɪbɪə/ N Namibie (f)

nan /næn/, **nana** /'nænə/ N (Brit = grandmother) mamie (f), mémé (f)

nanny /'nænɪ/ N (= live-in carer) nurse (f); (= daytime carer) nourrice (f)

nap /næp/ 1 N (= sleep) petit somme (m); **afternoon ~** sieste (f); **to take a ~** faire un petit somme; (after lunch) faire la sieste 2 VI faire un (petit) somme; **to catch sb ~ping** (= unawares) prendre qn au dépourvu; (= in error) surprendre qn en défaut

napalm /'neɪpɑːm/ N napalm (m)

nape /neɪp/ N **the ~ of the neck** la nuque

napkin /'næpkɪn/ N serviette (f)

Naples /'neɪplz/ N Naples

Napoleon /nəˈpəʊlɪən/ N Napoléon (m)

nappy /'næpɪ/ (*Brit*) N couche (*f*) ♦ **nappy liner** N protège-couche (*m*) ♦ **nappy rash** N **to have ~ rash** avoir les fesses rouges

narcissistic /ˌnɑːsɪˈsɪstɪk/ ADJ [*person*] narcissique

narcissus /nɑːˈsɪsəs/ N (*pl* **narcissi**) (= *flower*) narcisse (*m*)

narcotic /nɑːˈkɒtɪk/ **1** N (= *illegal drug*) stupéfiant (*m*) **2** ADJ [*effect*] narcotique; **~ drug** narcotique (*m*) **3** COMP ♦ **narcotics agent** N agent (*m*) de la brigade des stupéfiants

narked• /nɑːkt/ ADJ de mauvais poil•

narrate /nəˈreɪt/ VT raconter

narration /nəˈreɪʃən/ N narration (*f*)

narrative /'nærətɪv/ **1** N (= *story, account*) récit (*m*) **2** ADJ [*poem, style*] narratif

narrator /nəˈreɪtə'/ N narrateur (*m*), -trice (*f*)

narrow /'nærəʊ/ **1** ADJ ⓐ étroit
ⓑ [*mind*] étroit; [*outlook*] restreint; [*majority*] faible; **a ~ victory** une victoire remportée de justesse; **we had a ~ escape** nous l'avons échappé belle
2 VI ⓐ [*road, valley*] se rétrécir
ⓑ [*majority*] s'amenuiser; **the choice has ~ed to five candidates** il ne reste que cinq candidats en lice
3 VT [+ *choice*] restreindre; [+ *differences*] réduire; **they are hoping to ~ the gap between rich and poor nations** ils espèrent réduire l'écart entre pays riches et pays pauvres
4 COMP ♦ **narrow boat** N (*Brit*) péniche (*f*) ♦ **narrow-gauge line** N (*Rail*) voie (*f*) étroite ♦ **narrow-minded** ADJ borné ♦ **narrow-mindedness** N étroitesse (*f*) d'esprit
► **narrow down** VT SEP [+ *choice, meaning, interpretation*] restreindre

narrowly /'nærəʊlɪ/ ADV ⓐ (= *only just*) [*escape, avoid, defeat*] de justesse; [*miss, fail*] de peu ⓑ (= *restrictively*) [*defined*] d'une manière restrictive

narrowness /'nærəʊnɪs/ N étroitesse (*f*)

NASA /'næsə/ N (*US*) (ABBR = **National Aeronautics and Space Administration**) NASA (*f*)

nasal /'neɪzəl/ ADJ nasal; [*accent*] nasillard

nastily /'nɑːstɪlɪ/ ADV [*say, laugh*] méchamment

nastiness /'nɑːstɪnɪs/ N (= *spitefulness*) méchanceté (*f*)

nasturtium /nəsˈtɜːʃəm/ N (= *flower*) capucine (*f*)

nasty /'nɑːstɪ/ ADJ ⓐ (= *unkind, spiteful*) [*person, remark*] méchant; **to be ~ to sb** être méchant avec qn; **to have a ~ temper** avoir un sale caractère; **a ~ trick** un sale tour
ⓑ [*habit, rumour*] vilain; [*bend*] dangereux; [*smell, taste, moment*] mauvais (*before n*); [*feeling, situation, experience*] désagréable; [*weather*] affreux; **a ~ shock** une mauvaise surprise; **to turn ~** [*situation*] mal tourner; [*weather*] se gâter; **to smell ~** sentir mauvais; **to taste ~** avoir un goût désagréable
ⓒ (= *serious*) [*accident*] grave; [*fall, wound*] vilain; **a ~ cold** un gros rhume

nation /'neɪʃən/ N nation (*f*)

national /'næʃənl/ **1** ADJ national; [*election, referendum*] à l'échelle nationale; **on a ~ scale** à l'échelon national; **the ~ and local papers** la presse nationale et la presse locale
2 N (= *person*) ressortissant(e) (*m(f)*); **he's a French ~** il est de nationalité française; **foreign ~s** ressortissants (*mpl*) étrangers
3 COMP ♦ **national anthem** N hymne N national ♦ **national costume** N costume (*m*) national ♦ **National Curriculum** N (*Brit*) programme (*m*) d'enseignement obligatoire ♦ **national debt** N dette (*f*) publique ♦ **national dress** N costume (*m*) national ♦ **National Front** N (*Brit Politics*) parti britannique d'extrême-droite ♦ **national grid** N (*Brit Elec*) réseau (*m*) national ♦ **National Guard** N (*US*) garde (*f*) nationale (*milice de volontaires*) ♦ **National Health** N **I got it on the National Health•** ≈ ça m'a été remboursé par la Sécurité (*f*) sociale ♦ **National Health Service** N (*Brit*) ≈ Sécurité (*f*) sociale → NHS ; NATIONAL INSURANCE ♦ **National Insurance** N (*Brit*) ≈ Sécurité (*f*) sociale ♦ **National Insurance contributions** NPL (*Brit*) ≈ cotisations (*fpl*) de Sécurité sociale ♦ **National Insurance number** N (*Brit*) ≈ numé-

ro (*m*) de Sécurité sociale ♦ **the National Lottery** N (*Brit*) ≈ le Loto ♦ **national park** N parc (*m*) national ♦ **national service** N service (*m*) militaire ♦ **National Socialism** N national-socialisme (*m*) ♦ **National Trust** N (*Brit*) *organisme privé de sauvegarde des monuments historiques et des sites*

> ℹ️ **NATIONAL CURRICULUM**
> *Le* **National Curriculum** *est le programme d'enseignement obligatoire dans toutes les écoles d'Angleterre, du pays de Galles et d'Irlande du Nord. Il comprend les matières suivantes: anglais, mathématiques, sciences, technologie, histoire, géographie, musique, art, éducation physique et une langue vivante étrangère (et le gallois dans les écoles du pays de Galles). Tous les établissements primaires et secondaires doivent proposer un enseignement religieux, et les écoles secondaires une éducation sexuelle, mais les parents sont libres, s'ils le veulent, d'en dispenser leurs enfants.*
> ▷ www.direct.gov.uk
> ▷ www.qca.org.uk

> ℹ️ **NATIONAL INSURANCE**
> *La* **National Insurance** *est le régime de sécurité sociale britannique auquel cotisent les salariés, leurs employeurs et les travailleurs indépendants. Une partie de ces contributions finance l'assurance maladie (National Health Service), mais l'essentiel sert à payer les pensions de retraite, l'assurance chômage et les allocations de veuvage, d'invalidité et de maternité. Pour avoir droit à ces dernières prestations, il faut avoir cotisé à la* **National Insurance** *pendant un certain nombre d'années.* → NHS

nationalism /'næʃnəlɪzəm/ N nationalisme (*m*)

nationalist /'næʃnəlɪst/ ADJ, N nationaliste (*mf*)

nationalistic /ˌnæʃnəˈlɪstɪk/ ADJ nationaliste

nationality /ˌnæʃəˈnælɪtɪ/ N nationalité (*f*)

nationalization /ˌnæʃnəlaɪˈzeɪʃən/ N nationalisation (*f*)

nationalize /'næʃnəlaɪz/ VT nationaliser

nationally /'næʃnəlɪ/ ADV [*distribute*] dans l'ensemble du pays; [*broadcast*] sur l'ensemble du pays; [*organize*] à l'échelon national

nationwide /'neɪʃənwaɪd/ **1** ADJ [*strike, protest*] national **2** ADV à l'échelle nationale

native /'neɪtɪv/ **1** ADJ ⓐ (= *original*) [*country*] natal; [*language*] maternel; **~ land** pays (*m*) natal; **~ speaker** locuteur (*m*) natif; **French ~ speaker** francophone (*mf*)
ⓑ [*talent, ability*] inné ⓒ [*plant, animal*] indigène **2** N (= *person*) autochtone (*mf*); **a ~ of France** un(e) Français(e) de naissance; **he is a ~ of Bourges** il est originaire de Bourges **3** COMP ♦ **Native American** N Indien(ne) (*m(f)*) d'Amérique ♦ ADJ amérindien

> ℹ️ **NATIVE AMERICAN**
> *Aux États-Unis, l'expression* **Native Americans** *désigne les populations autochtones, par opposition aux Américains d'origine européenne, africaine ou asiatique. On peut aussi parler d'«American Indian» (Indien d'Amérique), mais l'on évite les dénominations «Red Indian» ou «redskin» (Peau-Rouge), considérées comme méprisantes ou insultantes.*
> ▷ www.americanindian.si.edu

nativity /nəˈtɪvɪtɪ/ **1** N ⓐ (*Rel*) **Nativity** Nativité (*f*) ⓑ (*Astrol*) horoscope (*m*) **2** COMP ♦ **nativity play** N pièce (*f*) représentant la Nativité

NATO /'neɪtəʊ/ N (ABBR = **North Atlantic Treaty Organization**) OTAN (*f*)

natter• /'nætə'/ (*Brit*) **1** VI (= *chat*) bavarder **2** N (= *chat*) **to have a ~** faire un brin de causette•

natural /'nætʃrəl/ ADJ ⓐ (= *normal*) naturel; **it's only ~** c'est tout naturel; **it is ~ for this animal to hibernate** il est dans la nature de cet animal d'hiberner; **to die of ~ causes** mourir de mort naturelle
ⓑ (= *of or from nature*) naturel; **~ resources** ressources (*fpl*) naturelles

ⓒ (= *inborn*) inné ; **to have a ~ talent for** avoir un don (inné) pour
ⓓ (= *unaffected*) [*person, manner*] naturel
ⓔ (*Music*) naturel ; **B ~** si (*m*) naturel
ⓕ (= *biological*) [*parents, child*] biologique
2 N (*Music* = *sign*) bécarre (*m*)
3 COMP ◆ **natural childbirth** N accouchement (*m*) sans douleur ◆ **natural gas** N gaz (*m*) naturel ◆ **natural history** N histoire (*f*) naturelle ◆ **natural wastage** N (*Industry*) départs (*mpl*) naturels

naturalist /ˈnætʃrəlɪst/ ADJ, N naturaliste (*mf*)

naturalize /ˈnætʃrəlaɪz/ VT **to be ~d** se faire naturaliser

naturally /ˈnætʃrəlɪ/ ADV ⓐ (= *of course*) naturellement ; **~, I understand your feelings** naturellement, je comprends vos sentiments ; **~ enough** bien naturellement ⓑ [*behave, talk, smile*] avec naturel ⓒ (= *by nature*) [*cautious, cheerful*] de nature ; **her hair is ~ curly** elle frise naturellement

naturalness /ˈnætʃrəlnɪs/ N naturel (*m*)

nature /ˈneɪtʃəʳ/ **1** N ⓐ nature (*f*) ; **he loves ~** il aime la nature ; **let ~ take its course** laissez faire la nature ⓑ (= *character*) [*of person, animal*] nature (*f*) ; **by ~** de nature ; **he has a nice ~** c'est quelqu'un de très gentil ; **the ~ of the soil** la nature du sol ⓒ (= *type, sort*) genre (*m*) ; **things of this ~** ce genre de chose ; **ceremonies of a religious ~** cérémonies (*fpl*) religieuses **2** COMP ◆ **nature lover** N amoureux (*m*), -euse (*f*) de la nature ◆ **nature reserve** N réserve (*f*) naturelle ◆ **nature study** N (= *school subject*) sciences (*fpl*) naturelles ◆ **nature trail** N sentier (*m*) de découverte de la nature

naturist /ˈneɪtʃərɪst/ N naturiste (*mf*)

naturopath /ˈneɪtʃərə‚pæθ/ N naturopathe (*mf*)

naught /nɔːt/ N zéro (*m*) ; **~s and crosses** (*Brit*) ≈ morpion (*m*) (*jeu*)

naughtiness /ˈnɔːtɪnɪs/ N [*of child*] méchanceté (*f*)

naughty /ˈnɔːtɪ/ ADJ ⓐ (= *badly behaved*) **a ~ boy/girl** un méchant garçon/une méchante (petite) fille ; **you ~ boy/girl!** vilain/vilaine ! ⓑ (*Brit* = *suggestive*) osé

nausea /ˈnɔːsɪə/ N nausée (*f*) ; (*fig*) dégoût (*m*)

nauseate /ˈnɔːsɪeɪt/ VT écœurer

nauseating /ˈnɔːsɪeɪtɪŋ/ ADJ écœurant

nauseous /ˈnɔːsɪəs/ ADJ (= *queasy*) **to feel ~ (at the sight/thought of sth)** avoir la nausée (à la vue/pensée de qch) ; **to make sb feel ~** donner la nausée à qn

nautical /ˈnɔːtɪkəl/ ADJ [*chart, theme, look*] marin ◆ **nautical mile** N mille (*m*) marin

naval /ˈneɪvəl/ ADJ [*battle*] naval ; [*affairs*] de la marine ; [*commander*] de marine ◆ **naval architect** N architecte (*m*) naval ◆ **naval base** N base (*f*) navale ◆ **naval college** N école (*f*) navale ◆ **naval officer** N officier (*m*) de marine

nave /neɪv/ N [*of church*] nef (*f*)

navel /ˈneɪvəl/ N nombril (*m*) ◆ **navel orange** N navel (*f inv*)

navigable /ˈnævɪɡəbl/ ADJ navigable

navigate /ˈnævɪɡeɪt/ **1** VI naviguer ; **you drive, I'll ~** (*in car*) tu prends le volant, moi je lis la carte **2** VT ⓐ (= *plot course of*) **to ~ a ship** (*or* **a plane**) naviguer ⓑ (= *steer*) [+ *boat, aircraft*] piloter

navigation /‚nævɪˈɡeɪʃn/ N navigation (*f*)

navigator /ˈnævɪɡeɪtəʳ/ N navigateur (*m*)

navvy /ˈnævɪ/ N (*Brit*) terrassier (*m*)

navy /ˈneɪvɪ/ N marine (*f*) ; **he's in the ~** il est dans la marine ◆ **navy-blue** N, ADJ bleu marine (*m inv*)

Nazi /ˈnɑːtsɪ/ **1** N nazi(e) (*m(f)*) **2** ADJ nazi

NB /en'biː/ ⓐ (ABBR = **nota bene**) NB ⓑ ABBR = **New Brunswick**

NC ABBR = **North Carolina**

NCO /‚ensiː'əʊ/ N (ABBR = **non-commissioned officer**) sous-officier (*m*)

ND ABBR = **North Dakota**

NE (ABBR = **north-east**) N-E

Neanderthal /nɪˈændətɑːl/ ADJ [*age, times*] de Néanderthal

neap tide /ˈniːptaɪd/ N marée (*f*) de morte-eau

near /nɪəʳ/ **1** ADV ⓐ (*in space*) tout près ; (*in time*) proche ; **he lives quite ~** il habite tout près ; **~ at hand** [*object*] à portée de (la) main ; [*event*] tout proche ; **to draw ~ (to)** s'approcher (de) ; **~ to where I had seen him** près de l'endroit où je l'avais vu ; **she was ~ to tears** elle était au bord des larmes ⓑ (*in degree*) presque ; **this train is nowhere ~ full** ce train est loin d'être plein ⓒ (= *close*) **that's ~ enough*** ça pourra aller **2** PREP ⓐ (*in space*) près de ; **~ here/there** près d'ici/de là ; **~ the church** près de l'église ; **don't come ~ me** ne vous approchez pas de moi ; **it's ~ the end of the book** c'est vers la fin du livre ; **her birthday is ~ mine** son anniversaire est proche du mien ⓑ (= *on the point of*) **the work is ~ completion** le travail est presque terminé ⓒ (= *on the same level*) au niveau de ; **to be ~ sth** se rapprocher de qch ; (*fig*) ressembler à qch ; **French is ~er Latin than English is** le français est plus proche du latin que l'anglais ; **nobody comes anywhere ~ him** personne ne lui arrive à la cheville **3** ADJ ⓐ (= *close in space*) proche ; **to the ~est pound** à une livre près ⓑ (= *close in time*) proche ; **in the ~ future** dans un proche avenir ⓒ (*fig*) [*relative*] proche ; **the ~est equivalent** ce qui s'en rapproche le plus ; **his ~est rival** son plus dangereux rival ; **a ~ miss** (*Aviat*) une quasi-collision ; **that was a ~ thing** (*gen*) il s'en est fallu de peu ; **it was a ~ thing** (*of election, race result*) ça a été très juste **4** VT [+ *place*] approcher de ; [+ *person*] approcher ; **my book is ~ing completion** mon livre est presque terminé **5** COMP ◆ **the Near East** N le Proche-Orient ◆ **near-sighted** ADJ **to be ~-sighted** être myope ◆ **near-sightedness** N myopie (*f*)

nearby /‚nɪəˈbaɪ/ **1** ADV tout près **2** ADJ voisin ; **a ~ house** une maison voisine

nearly /ˈnɪəlɪ/ ADV ⓐ (= *almost*) presque ; **I've ~ finished** j'ai presque fini ; **it's ~ time to go** il est presque l'heure de partir ; **she is ~ 60** elle a près de 60 ans ; **their marks are ~ the same** leurs notes sont à peu près les mêmes ; **she was ~ crying** elle était au bord des larmes ⓑ **not ~** loin de ; **that's not ~ enough** c'est loin d'être suffisant

nearness /ˈnɪənɪs/ N proximité (*f*)

nearside /ˈnɪə‚saɪd/ **1** N (*in Britain*) côté (*m*) gauche ; (*in France, US*) côté (*m*) droit **2** ADJ (*in Britain*) de gauche ; (*in France, US*) de droite

neat /niːt/ ADJ ⓐ (= *ordered*) [*room, desk*] bien rangé ; [*garden*] bien entretenu ; [*hair*] bien coiffé ; [*handwriting, appearance*] soigné ; **everything was ~ and tidy** tout était bien rangé ; **in ~ rows** en rangées régulières ⓑ (= *skilful and effective*) [*solution, plan*] ingénieux ; [*category*] bien défini ; [*explanation*] (= *clever*) astucieux ; (= *devious*) habile ⓒ (*US = good*)* super* ⓓ (= *undiluted*) sec (sèche (*f*))

neatly /ˈniːtlɪ/ ADV ⓐ (= *carefully*) soigneusement ⓑ (= *just right*) [*fit, work out*] parfaitement

neatness /ˈniːtnɪs/ N (= *tidiness*) [*of clothes, house*] netteté (*f*) ; **the ~ of her work/appearance** le soin qu'elle apporte à son travail/à sa tenue

nebulous /ˈnebjʊləs/ ADJ [*notion, concept*] vague

NEC /‚eniː'siː/ N ABBR = **National Executive Committee**

necessarily /ˈnesɪsərɪlɪ/ ADV ⓐ (= *automatically*) **not ~** pas forcément ; **this is not ~ the case** ce n'est pas forcément le cas ⓑ (= *inevitably*) [*slow, short*] nécessairement

necessary /ˈnesɪsərɪ/ **1** ADJ ⓐ (= *required*) nécessaire (**to, for sth** à qch) ; **all the qualifications ~ for this job** toutes les qualifications requises pour ce poste ; **if ~** si nécessaire ; **where ~** le cas échéant ; **to do more than is ~** en faire plus qu'il n'est nécessaire ; **to do whatever is ~** faire le nécessaire ; **to make it ~ for sb to do sth** mettre qn dans la nécessité de faire qch ; **it is ~ that ...** il est nécessaire que ... (+ subj)

ⓑ (= inevitable) [consequence] inéluctable ; [result] inévitable ; **there is no ~ connection between ...** il n'y a pas nécessairement de rapport entre ...

2 N **to do the ~*** faire le nécessaire

necessitate /nɪˈsesɪteɪt/ VT nécessiter

necessitous /nɪˈsesɪtəs/ ADJ nécessiteux

necessity /nɪˈsesɪtɪ/ N ⓐ (= compelling circumstances) nécessité (f) ; (= need, compulsion) besoin (m) ; **the ~ of doing** besoin de faire ; **she questioned the ~ of buying a new car** elle mettait en doute la nécessité d'acheter une voiture neuve ; **she regretted the ~ of making him redundant** elle regrettait d'avoir à le licencier ; **is there any ~?** est-ce nécessaire ? ; **from ~** par la force des choses ; **of ~** par nécessité ; **a case of absolute ~** un cas de force majeure

ⓑ (= necessary object) chose (f) indispensable ; **a dishwasher is a ~** il est indispensable d'avoir un lave-vaisselle ; **a basic ~** (= product) un produit de première nécessité ; **water is a basic ~ of life** l'eau est indispensable à la vie

neck /nek/ 1 N ⓐ cou (m) ; **to risk one's ~** risquer sa vie ; **he's up to his ~ in it*** (in crime, plot) il est mouillé jusqu'au cou* ; **to be up to one's ~ in work*** être débordé de travail ; **he's up to his ~ in debt*** il est endetté jusqu'au cou ; **he got it in the ~*** (= got told off) il en a pris pour son grade* ; **to stick one's ~ out*** se mouiller*

ⓑ [of dress, shirt] encolure (f) ; **high/square ~** col (m) montant/carré ; **a dress with a low ~** une robe décolletée ; **a shirt with a 38cm ~** une chemise qui fait 38 cm d'encolure

ⓒ [of bottle] goulot (m) ; [of vase] col (m) ; [of guitar, violin] manche (m) ; **in this ~ of the woods** par ici

2 VI [couple]* se peloter* ; **to ~ with sb** peloter* qn

3 COMP ♦ **neck and neck** ADV à égalité

necklace /ˈneklɪs/ N collier (m)

neckline /ˈneklaɪn/ N encolure (f)

necktie /ˈnektaɪ/ N cravate (f)

nectar /ˈnektəʳ/ N nectar (m)

nectarine /ˈnektərɪn/ N nectarine (f)

need /niːd/ 1 N besoin (m) ; **when the ~ arises** quand le besoin s'en fait sentir ; **I can't see the ~ for it** je n'en vois pas la nécessité ; **your ~ is greater than mine** vous en avez plus besoin que moi ; **in times of ~** dans les moments difficiles

♦ **if need be** si besoin est

♦ **in need** : **to be in ~** être dans le besoin ; **to be badly in ~ of sth** avoir grand besoin de qch

♦ **no need** : **to have no ~ to do sth** ne pas avoir besoin de faire qch ; **there's no ~ to cry** ce n'est pas la peine de pleurer ; **there's no ~ to hurry** ce n'est pas la peine de se presser ; **no ~ to rush!** il n'y a pas le feu !* ; **no ~ to worry!** inutile de s'inquiéter ! ; **there's no ~ for you to come** vous n'êtes pas obligé de venir

2 VT ⓐ (= require) [person, thing] avoir besoin de ; **I ~ money** j'ai besoin d'argent ; **I ~ more money** il me faut plus d'argent ; **I ~ it** j'en ai besoin ; **have you got all you ~?** vous avez tout ce qu'il vous faut ? ; **it's just what I ~ed** c'est tout à fait ce qu'il me fallait ; **I ~ two more to complete the series** il m'en faut encore deux pour compléter la série ; **the house ~s to be repainted** la maison a besoin d'être repeinte ; **a much ~ed holiday** des vacances dont on a (or dont j'ai etc) grand besoin ; **he doesn't ~ me to tell him** il n'a pas besoin que je le lui dise ; **he ~s to have everything explained to him in detail** il faut tout lui expliquer en détail ; **you only ~ed to ask** tu n'avais qu'à demander ; **I don't ~ this hassle!*** je n'ai pas besoin de tous ces embêtements !* **who ~s politicians anyway?*** pour ce que l'on a à faire des hommes politiques !*

ⓑ (= demand) demander ; **this book ~s careful reading** ce livre demande à être lu attentivement ; **this coat ~s to be cleaned regularly** ce manteau doit être nettoyé régulièrement ; **this will ~ some explaining** cela requiert des explications

3 MODAL VERB ⓐ (indicating obligation) **~ he go?** est-il obligé d'y aller ? ; **you needn't wait** vous n'êtes pas obligé d'attendre ; **I told her she ~n't reply** je lui ai dit qu'elle n'était pas obligée de répondre ; **we needn't have hurried** ce n'était pas la peine qu'on se presse ; **~ we go into all this now?** faut-il discuter de tout cela maintenant ? ; **I ~ hardly say that ...** inutile de dire que ... ; **~ I say more?** ai-je besoin d'en dire plus ? ; **you needn't say any more** inutile d'en dire plus ; **no one ~ go hungry nowadays** de nos jours personne ne devrait souffrir de la faim

ⓑ (indicating logical necessity) **~ that be true?** est-ce nécessairement vrai ? ; **that needn't be the case** ce n'est pas forcément le cas ; **it ~ not follow that ...** il ne s'ensuit pas nécessairement que ...

4 COMP ♦ **need-to-know** ADJ **we operate on a ~-to-know basis** nous n'informons que les personnes directement concernées

needle /ˈniːdl/ 1 N aiguille (f) ; **knitting/darning ~** aiguille (f) à tricoter/à repriser ; **pine ~** aiguille (f) de pin ; **it's like looking for a ~ in a haystack** autant chercher une aiguille dans une botte de foin 2 VT (= annoy)* asticoter* ; (= sting)* piquer au vif 3 COMP ♦ **needle exchange** N (= swapping) échange (m) de seringues ; (= place) centre (m) d'échange de seringues

needless /ˈniːdlɪs/ ADJ [suffering, repetition, expense] inutile ; [cruelty, destruction] gratuit ; [remark, sarcasm, rudeness] déplacé ; **~ to say, ...** inutile de dire que ...

needlessly /ˈniːdlɪslɪ/ ADV [repeat, prolong] inutilement ; [die] en vain ; [suffer] pour rien ; **you're worrying quite ~** vous vous inquiétez sans raison ; **he was ~ rude** il a été d'une impolitesse tout à fait déplacée

needlework /ˈniːdlwɜːk/ N couture (f)

needn't /ˈniːdnt/ = **need not → need**

needy /ˈniːdɪ/ 1 ADJ [person] nécessiteux ; [area] sinistré ; **he's very ~ at the moment** (emotionally) il a besoin de beaucoup d'attention en ce moment 2 NPL **the needy** les nécessiteux (mpl)

negative /ˈnegətɪv/ 1 ADJ négatif ; [effect, influence] néfaste ; **he's a very ~ person** c'est quelqu'un de très négatif 2 N ⓐ (= negative answer) réponse (f) négative ; **to answer in the ~** répondre négativement ; **"~"** (as answer) « négatif » ⓑ (Gram) négation (f) ; **double ~** double négation (f) ; **in(to) the ~** à la forme négative ⓒ (Phot) négatif (m)

neglect /nɪˈglekt/ 1 VT [+ person, animal] délaisser ; [+ garden, house, car, machinery] ne pas entretenir ; [+ rule, law, advice] ne tenir aucun compte de ; [+ duty, obligation, promise] manquer à ; [+ business, work, hobby, one's health] négliger ; [+ opportunity] laisser passer ; **to ~ one's appearance** se négliger ; **to ~ to do sth** négliger de faire qch

2 N [of duty, obligation] manquement (m) (of à) ; **the building collapsed after years of ~** le bâtiment, à l'abandon depuis des années, s'est écroulé ; **the garden was in a state of ~** le jardin était à l'abandon

neglected /nɪˈglektɪd/ ADJ ⓐ (= uncared-for) [person, district] délaissé ; [house, garden] mal entretenu ; [appearance] négligé ⓑ (= forgotten) [play] méconnu ; **a ~ area of scientific research** un domaine négligé de la recherche scientifique

neglectful /nɪˈglektfʊl/ ADJ négligent ; **to be ~ of sth** négliger qch

negligence /ˈneglɪdʒəns/ N négligence (f) ; **through ~** par négligence

negligent /ˈneglɪdʒənt/ ADJ ⓐ (= careless) négligent ; **to be ~ of sth** négliger qch ⓑ (= nonchalant) nonchalant

negligently /ˈneglɪdʒəntlɪ/ ADV ⓐ (= carelessly) **to behave ~** faire preuve de négligence ⓑ (= nonchalantly) négligemment

negligible /ˈneglɪdʒəbl/ ADJ négligeable

negotiable /nɪˈgəʊʃɪəbl/ ADJ négociable

negotiate /nɪˈgəʊʃɪeɪt/ 1 VT [+ sale, loan, settlement, salary] négocier ⓑ [+ obstacle, hill, rapids] franchir ; [+ river] (= sail on) naviguer ; (= cross) franchir ; [+ bend in road] négocier; [+ *difficulty*] surmonter2 VI négocier (**with sb for sth** avec qn pour obtenir qch)

negotiation /nɪˌɡəʊʃɪ'eɪʃən/ N (= *discussion*) négociation (*f*); **to begin ~s with sb** engager des négociations avec qn

negotiator /nɪ'ɡəʊʃɪeɪtə'/ N négociateur (*m*), -trice (*f*)

Negro /'niːɡrəʊ/ 1 ADJ noir2 N (*pl* **Negroes**) Noir (*m*)

neigh /neɪ/ 1 VI hennir2 N hennissement (*m*)

neighbour, **neighbor** (*US*) /'neɪbə'/ 1 N voisin(e) (*m(f)*); **she is my ~** c'est ma voisine; **she is a good ~** c'est une bonne voisine; **Britain's nearest ~ is France** la France est le pays le plus proche de la Grande-Bretagne2 VI (*US*) **to neighbor with sb** avoir de bons rapports de voisinage avec qn3 COMP ♦ **neighbor states** NPL (*US*) États (*mpl*) limitrophes

neighbourhood, **neighborhood** (*US*) /'neɪbəhʊd/ 1 N (= *district*) quartier (*m*); (= *area nearby*) voisinage (*m*); **it's not a nice ~** c'est un quartier plutôt mal famé; **something in the ~ of £100** environ 100 livres 2 ADJ [*doctor, shops*] du quartier; [*café*] du coin 3 COMP ♦ **neighbourhood watch** N *système de surveillance assuré par les habitants d'un quartier*

neighbouring, **neighboring** (*US*) /'neɪbərɪŋ/ ADJ voisin; **in ~ Italy** dans l'Italie voisine

neighbourly, **neighborly** (*US*) /'neɪbəlɪ/ ADJ [*person*] aimable (**to sb** avec qn); [*feeling*] amical; [*behaviour, gesture*] de bon voisin; **to behave in a ~ way** se conduire en bon voisin; **that's very ~ of you** c'est très aimable de votre part

neither /'naɪðə', 'niːðə'/ 1 ADV
♦ **neither ... nor** ni ... ni; **~ good nor bad** ni bon ni mauvais; **I've seen ~ him nor her** je ne les ai vus ni l'un ni l'autre; **he can ~ read nor write** il ne sait ni lire ni écrire; **the house has ~ water nor electricity** la maison n'a ni eau ni électricité; **~ you nor I know** ni vous ni moi ne le savons; **he ~ knows nor cares** il n'en sait rien et ça lui est égal
♦ **neither here nor there**: **that's ~ here nor there** ce n'est pas la question; **an extra couple of miles is ~ here nor there** on n'est pas à deux ou trois kilomètres près
2 CONJ **if you don't go, ~ shall I** si tu n'y vas pas je n'irai pas non plus; **I'm not going — ~ am I** je n'y vais pas — moi non plus; **he didn't do it — ~ did his brother** il ne l'a pas fait — son frère non plus
3 ADJ **~ story is true** aucune des deux histoires n'est vraie; **in ~ case** ni dans un cas ni dans l'autre
4 PRON ni l'un(e) ni l'autre; **~ of them knows** ils ne le savent ni l'un ni l'autre; **which do you prefer? — ~** lequel préférez-vous? — ni l'un ni l'autre

neofascism /ˌniːəʊ'fæʃɪzəm/ N néofascisme (*m*)

neofascist /ˌniːəʊ'fæʃɪst/ ADJ, N néofasciste (*mf*)

neolithic /ˌniːəʊ'lɪθɪk/ ADJ [*site, tomb*] néolithique; [*person*] du néolithique ♦ **the Neolithic Age**, **the Neolithic Period** N le néolithique

neon /'niːɒn/ 1 N néon (*m*)2 COMP [*lamp, lighting*] au néon ♦ **neon sign** N enseigne (*f*) au néon

neonatal /ˌniːəʊ'neɪtəl/ ADJ néonatal

neonazi /ˌniːəʊ'nɑːtsɪ/ ADJ, N néonazi(e) (*m(f)*)

Nepal /nɪ'pɔːl/ N Népal (*m*)

Nepalese /ˌnepɔː'liːz/, **Nepali** /nɪ'pɔːlɪ/ 1 ADJ népalais 2 N (*pl inv* = *person*) Népalais(e) (*m(f)*)

nephew /'nefjuː/ N neveu (*m*)

nepotism /'nepətɪzəm/ N népotisme (*m*)

nerd ✱ /nɜːd/ N pauvre mec✱ (*m*)

nerdish ✱ /'nɜːdɪʃ/, **nerdy** ✱ /'nɜːdɪ/ ADJ ringard✱

nerve /nɜːv/ 1 N ⓐ (*in body, tooth*) nerf (*m*); (*in leaf*) nervure (*f*); **his speech struck a raw ~** son discours a touché un point sensible
ⓑ (= *courage*) sang-froid (*m*); **to keep one's ~** garder son sang-froid; **he never got his ~ back** il n'a jamais repris confiance en lui; **I haven't the ~ to do that** je n'ai pas le courage de faire ça; **he lost his ~** le courage lui a manqué
ⓒ (= *cheek*)✱ culot✱ (*m*); **you've got a ~!** tu as du culot✱; **of**

all the ~! quel culot!✱; **he had the ~ to say that ...** il a eu le culot✱ de dire que ...
2 NPL **nerves** (= *nervousness*) nervosité (*f*); **it's only ~s** c'est de la nervosité; **she suffers from ~s** elle a les nerfs fragiles; **to have an attack of ~s** (*before performance, exam*) avoir le trac✱; **to be a bundle of ~s** être un paquet de nerfs; **his ~s were on edge** il avait les nerfs à vif; **he/the noise gets on my ~s** il/ce bruit me tape sur les nerfs✱; **to have ~s of steel** avoir des nerfs d'acier; **war of ~s** guerre (*f*) des nerfs
3 COMP ♦ **nerve centre** N centre (*m*) nerveux ♦ **nerve-racking** ADJ très éprouvant (pour les nerfs)

nervous /'nɜːvəs/ ADJ nerveux; **to be ~ about sth** appréhender qch; **to be ~ about doing sth** hésiter à faire qch; **don't be ~, it'll be all right** ne t'inquiète pas, tout se passera bien; **people of a ~ disposition** les personnes sensibles; **to feel ~** être nerveux; (*before performance, exam*) avoir le trac✱; **he makes me feel ~** il me met mal à l'aise ♦ **nervous breakdown** N dépression (*f*) nerveuse; **to have a ~ breakdown** faire une dépression nerveuse ♦ **nervous exhaustion** N fatigue (*f*) nerveuse; (*serious*) surmenage (*m*) ♦ **nervous wreck**✱ N **to be a ~ wreck** être à bout de nerfs; **to make sb a ~ wreck** pousser qn à bout

⚠ **nervous** *is not always translated by* **nerveux**.

nervously /'nɜːvəslɪ/ ADV nerveusement

nervy ✱ /'nɜːvɪ/ ADJⓐ (= *nervous*) nerveuxⓑ (*US* = *cheeky*) **to be ~** avoir du culot✱

nest /nest/ 1 N nid (*m*); (= *contents*) nichée (*f*); **to fly the ~** quitter le nid 2 VI (= *make its nest*) nicher3 COMP ♦ **nest egg** N (= *money*) pécule (*m*)

nestle /'nesl/ VI [*person*] se blottir (**up to, against** contre); [*house*] se nicher; **to ~ against sb's shoulder** se blottir contre l'épaule de qn; **a house nestling among the trees** une maison nichée parmi les arbres

net /net/ 1 Nⓐ filet (*m*); **~ curtains** voilages (*mpl*)
ⓑ (*figurative uses*) **to slip through the ~** passer à travers les mailles du filet; **to be caught in the ~** être pris au piège; **to walk into the ~** tomber dans le panneau
ⓒ **the Net** (= *Internet*) le Net; **Net surfer** N internaute (*mf*)
2 VTⓐ (= *catch in a net*) prendre au filet; **the police ~ted several wanted men** un coup de filet de la police a permis d'arrêter plusieurs personnes recherchées
ⓑ [*business deal*] rapporter (net); [*person*] gagner (net)
3 ADJ net; [*result, effect*] final; **the price is $15 ~** le prix net est de 15 dollars

netball /'netbɔːl/ N (*Brit*) netball (*m*)

Netherlands /'neðələndz/ 1 NPL **the ~** les Pays-Bas (*mpl*); **in the ~** aux Pays-Bas2 ADJ néerlandais

netiquette /'netɪket/ N netiquette (*f*)

netsurfing /'netsɜːfɪŋ/ N surfing (*m*)

netting /'netɪŋ/ N (= *nets*) filets (*mpl*); (= *mesh*) mailles (*fpl*); **wire ~** treillis (*m*) métallique

nettle /'netl/ N ortie (*f*); **to grasp the ~** (*Brit*) prendre le taureau par les cornes2 VT agacer

network /'netwɜːk/ 1 N réseau (*m*); **rail ~** réseau (*m*) ferroviaire; **road ~** réseau (*m*) routier; **a ~ of narrow streets** un lacis de ruelles 2 VT [+ *TV programmes*] diffuser sur l'ensemble du réseau; [+ *computers*] interconnecter3 VI (= *form business contacts*) prendre des contacts 4 COMP ♦ **Network Standard** N (*US*) américain (*m*) standard → ENGLISH

neuralgia /njʊ'rældʒə/ N névralgie (*f*)

neurological /ˌnjʊərə'lɒdʒɪkəl/ ADJ neurologique

neurosis /njʊ'rəʊsɪs/ N (*pl* **neuroses** /njʊ'rəʊsiːz/) névrose (*f*)

neurotic /njʊ'rɒtɪk/ 1 ADJ [*person*] névrosé; [*behaviour, personality, disorder*] névrotique2 N névrosé(e) (*m(f)*)

neuter /'njuːtə'/ 1 ADJ neutre2 N (*Gram*) neutre (*m*)3 VT [+ *animal*] châtrer

neutral /'njuːtrəl/ 1 ADJ neutre; **let's meet on ~ territory** rencontrons-nous en terrain neutre; **let's try to find some ~ ground** essayons de trouver un terrain d'entente 2 N ⓐ (= *person from neutral country*) habitant(e) (*m(f)*) d'un pays neutre ⓑ (= *gear*) point *(m)* mort; **in ~** au point mort

neutrality /njuːˈtrælɪtɪ/ N neutralité *(f)*

neutralize /ˈnjuːtrəlaɪz/ VT neutraliser

neutron /ˈnjuːtrɒn/ N neutron *(m)* ♦ **neutron bomb** N bombe *(f)* à neutrons

never /ˈnevəʳ/ **1** ADV ⓐ ne ... jamais; **I ~ eat strawberries** je ne mange jamais de fraises; **I have ~ seen him** je ne l'ai jamais vu; **I've ~ seen him before** je ne l'ai jamais vu; **he will ~ come back** il ne reviendra jamais; **~ in all my life** jamais de ma vie; **I ~ heard such a thing!** je n'ai jamais entendu une chose pareille!

♦ **never ... again** (ne ...) plus jamais; **~ say that again** ne répète jamais ça; **we'll ~ see her again** on ne la reverra (plus) jamais; **~ again!** plus jamais!

♦ **never before: ~ before had there been such a disaster** jamais on n'avait connu tel désastre

♦ **never yet: I have ~ yet been able to find ...** je n'ai encore jamais pu trouver ...

ⓑ *(emphatic)* **that will ~ do!** c'est inadmissible!; **I ~ slept a wink** je n'ai pas fermé l'œil; **he ~ so much as smiled** il n'a pas même souri; **he ~ said a word** il n'a pas pipé mot; **~ was a child more loved** jamais enfant ne fut plus aimé; **I've left it behind!** — **~ !** je l'ai oublié! — c'est pas vrai!*; **you must ~ ever come here again** il n'est pas question que tu remettes les pieds ici; **well I ~!** ça alors!*; **~ mind!** ça ne fait rien!

2 COMP ♦ **never-ending** ADJ interminable

nevertheless /ˌnevəðəˈles/ ADV néanmoins

new /njuː/ **1** ADJ ⓐ (= *different, not seen before*) nouveau (nouvelle *(f)*); (*masculine before vowel or silent "h"*) nouvel; (= *not old*) neuf (neuve *(f)*); **I've got a ~ car** (= *different*) j'ai une nouvelle voiture; (= *brand-new*) j'ai une voiture neuve; **as good as ~** comme neuf; **the ~ people at number five** les nouveaux arrivants du numéro cinq; **~ recruit** nouvelle recrue *(f)*; **are you ~ here?** vous venez d'arriver ici?; (*in school, firm*) vous êtes nouveau ici?; **the New Left** la nouvelle gauche; **he's a ~ man since he remarried** c'est un autre homme depuis qu'il s'est remarié; **that's nothing ~!** ça n'est pas nouveau!; **that's a ~ one on me!*** première nouvelle!*; **what's ~?*** quoi de neuf?*

♦ **to be new to sth: I'm ~ to this kind of work** je n'ai jamais fait ce genre de travail; **he's ~ to the area** il est nouveau dans le quartier

ⓑ (= *fresh*) [*bread, cheese*] frais (fraîche *(f)*); [*wine*] nouveau (nouvelle *(f)*)

2 COMP ♦ **New Brunswick** N Nouveau-Brunswick *(m)* ♦ **New England** N Nouvelle-Angleterre *(f)* ♦ **New Englander** N habitant(e) *(m(f))* de la Nouvelle-Angleterre ♦ **new face** N nouveau visage *(m)* ♦ **new-fangled** ADJ *(pej)* ultramoderne ♦ **new-found** ADJ de fraîche date ♦ **New Guinea** N Nouvelle-Guinée *(f)* ♦ **new-laid egg** N œuf *(m)* du jour ♦ **new look** N new-look *(m)* ♦ **new-look** ADJ newlook *(inv)* ♦ **New Mexico** N Nouveau-Mexique *(m)* ♦ **new moon** N nouvelle lune *(f)* ♦ **new-mown** ADJ [*grass*] frais coupé; [*hay*] frais fauché ♦ **New Orleans** N La Nouvelle-Orléans *(f)* ♦ **new potato** N pomme *(f)* de terre nouvelle ♦ **the New Testament** N le Nouveau Testament ♦ **new town** N *(Brit)* ville *(f)* nouvelle ♦ **the New World** N le Nouveau Monde ♦ **New Year** N → **New Year** ♦ **New York** N New York; **in New York State** dans l'État de New York ♦ ADJ new-yorkais ♦ **New Yorker** N New-Yorkais(e) *(m(f))* ♦ **New Zealand** N Nouvelle-Zélande *(f)* ♦ ADJ néo-zélandais ♦ **New Zealander** N Néo-Zélandais(e) *(m(f))*

newborn /ˈnjuːbɔːn/ ADJ [*child, animal*] nouveau-né; [*nation, organization*] tout jeune

newcomer /ˈnjuːkʌməʳ/ N nouveau venu *(m)*, nouvelle venue *(f)*; **they are ~s to this town** ils viennent d'arriver dans cette ville

Newfoundland /ˈnjuːfəndlənd/ **1** N Terre-Neuve *(f)* **2** ADJ terre-neuvien

newly /ˈnjuːlɪ/ ADV nouvellement; **the ~-elected members** les membres nouvellement élus; **~ arrived** ré-

cemment arrivé; **when I was ~ married** quand j'étais jeune marié ♦ **newly-weds** NPL jeunes mariés *(mpl)*

news /njuːz/ N nouvelles *(fpl)*; **a piece of ~** une nouvelle; (*in newspaper, on TV*) une information; **to listen to/ watch the ~** écouter/regarder les informations; **financial/ sporting ~** rubrique *(f)* financière/sportive; **have you heard the ~?** tu es au courant?; **have you heard the ~ about Paul?** vous savez ce qui est arrivé à Paul?; **have you any ~ of him?** (= *heard from him*) avez-vous de ses nouvelles?; **do let me have your ~** surtout donnez-moi de vos nouvelles; **what's your ~?** quoi de neuf?*; **is there any ~?** y a-t-il du nouveau?; **I've got ~ for you!** j'ai du nouveau à vous annoncer!; **this is ~ to me!** première nouvelle!*; **good ~** bonnes nouvelles *(fpl)*; **bad** *or* **sad ~** mauvaises nouvelles *(fpl)*; **he's/it's bad ~*** on a toujours des ennuis avec lui/ça; **when the ~ broke** quand on a su la nouvelle ♦ **news agency** N agence *(f)* de presse ♦ **news broadcast, news bulletin** N bulletin *(m)* d'informations ♦ **news conference** N conférence *(f)* de presse ♦ **news flash** N flash *(m)* d'information ♦ **news headlines** NPL titres *(mpl)* de l'actualité ♦ **news item** N information *(f)* ♦ **news magazine** N magazine *(m)* d'actualités ♦ **news stand** N kiosque *(m)* à journaux

newsagent /ˈnjuːzˌeɪdʒənt/ N *(Brit)* marchand(e) *(m(f))* de journaux ♦ **newsagent's** N *(Brit)* maison *(f)* de la presse

newscaster /ˈnjuːzkɑːstəʳ/ N présentateur *(m)*, -trice *(f)* de journal télévisé

newsdealer /ˈnjuːzdiːləʳ/ N *(US)* marchand(e) *(m(f))* de journaux

newsgroup /ˈnjuːzgruːp/ N (*on Internet*) forum *(m)* de discussion

newsletter /ˈnjuːzletəʳ/ N bulletin *(m)* (*d'une entreprise*)

newspaper /ˈnjuːzˌpeɪpəʳ/ N journal *(m)*; **daily ~** quotidien *(m)*; **weekly ~** hebdomadaire *(m)*; **he works for a ~** il travaille pour un journal

newsprint /ˈnjuːzprɪnt/ N (= *paper*) papier *(m)* journal; (= *ink*) encre *(f)* d'imprimerie

newsreader /ˈnjuːzriːdəʳ/ N *(Brit)* présentateur *(m)*, -trice *(f)* de journal télévisé

newsreel /ˈnjuːzriːl/ N actualités *(fpl)* filmées

newsroom /ˈnjuːzrʊm/ N salle *(f)* de rédaction

newsvendor /ˈnjuːzvendəʳ/ N vendeur *(m)* de journaux

newsworthy /ˈnjuːzwɜːðɪ/ ADJ **to be ~** valoir la peine d'être publié

newt /njuːt/ N triton *(m)*

New Year /ˌnjuːˈjɪəʳ/ N nouvel an *(m)*, nouvelle année *(f)*; **to bring in the ~** fêter le nouvel an; **Happy ~!** bonne année!; **to wish sb a happy ~** souhaiter la bonne année à qn ♦ **New Year resolution** N bonne résolution *(f)* (de nouvel an) ♦ **New Year's*** N *(US)* (= *day*) jour *(m)* de l'an; (= *eve*) Saint-Sylvestre *(f)* ♦ **New Year's Day** N jour *(m)* de l'an ♦ **New Year's Eve** N Saint-Sylvestre *(f)*

next /nekst/ **1** ADJ ⓐ (*in future*) prochain; (*in past*) suivant; **come back ~ week/month** revenez la semaine prochaine/le mois prochain; **he came back the ~ week** il est revenu la semaine suivante; **he came back the ~ day** il est revenu le lendemain; **during the ~ five days he did not go out** il n'est pas sorti pendant les cinq jours qui ont suivi; **I will finish this in the ~ five days** je finirai ceci dans les cinq jours qui viennent; **the ~ morning** le lendemain matin; **~ time I see him** la prochaine fois que je le verrai; **the ~ time I saw him** quand je l'ai revu; **this time ~ week** d'ici huit jours; **the ~ moment** l'instant d'après; **from one moment to the ~** d'un moment à l'autre; **the year after ~** dans deux ans; **~ Wednesday** mercredi prochain; **~ March** en mars prochain; **~ year** l'année prochaine

ⓑ (*in series, list*) (= *following*) [*page, case*] suivant; (= *which is to come*) prochain; **he got off at the ~ stop** il est descendu à l'arrêt suivant; **you get off at the ~ stop** vous descendez au prochain arrêt; **~ please!** au suivant!; **I was ~ to speak** ce fut ensuite à mon tour de parler; **on the ~ page** à la page suivante;

the ~ thing to do is ... la première chose à faire maintenant est de ...; **he saw that the ~ thing to do was ...** il a vu que ce qu'il devait faire ensuite (c')était ...; **the ~ thing I knew, he had gone*** et tout d'un coup, il avait disparu; **the ~ size up/down** la taille au-dessus/au-dessous ⓒ (= *immediately adjacent*) [*house, street, room*] d'à côté

2 ADV ⓐ ensuite; **~ we had lunch** ensuite nous avons déjeuné; **what shall we do ~?** qu'allons-nous faire maintenant?; **when you ~ come to see us** la prochaine fois que vous viendrez nous voir; **when I ~ saw him** quand je l'ai revu (la fois suivante); **a new dress! whatever ~?** une nouvelle robe! et puis quoi encore?

ⓑ (*with superlative*) **the ~ best thing would be to speak to his brother** à défaut le mieux serait de parler à son frère; **this is my ~ oldest daughter after Marie** c'est la plus âgée de mes filles après Marie
ⓒ (*set structures*)

◆ **next to** à côté de; **his room is ~ to mine** sa chambre est à côté de la mienne; **the church stands ~ to the school** l'église est à côté de l'école; **he was sitting ~ to me** il était assis à côté de moi; **to wear wool ~ to the skin** porter de la laine à même la peau

◆ **next to last**: **the ~ to last row** l'avant-dernier rang; **he was ~ to last** il était avant-dernier

◆ **next to nothing*** presque rien; **I got it for ~ to nothing** je l'ai payé trois fois rien

3 N prochain(e) *(m(f))*; **the ~ to speak is Paul** c'est Paul qui parle ensuite; **the ~ to arrive was Robert** c'est Robert qui est arrivé ensuite

4 COMP ◆ **next of kin** N "**~ of kin**" (*on forms*) « nom et prénom de votre plus proche parent »; **who is your ~ of kin?** qui est votre plus proche parent?; **the police will inform the ~ of kin** la police préviendra la famille

next door /ˌnekstˈdɔːʳ/ 1 N maison *(f)* (*or* appartement *(m)*) d'à côté; **it's the man from ~** c'est le monsieur d'à côté
2 ADV ⓐ [*live, go*] à côté; **she lived ~ to me** elle habitait à côté de chez moi; **we live ~ to each other** nous sommes voisins; **he has the room ~ to me at the hotel** il a la chambre à côté de la mienne à l'hôtel; **the house ~** la maison d'à côté 3 ADJ **next-door** [*neighbour, room*] d'à côté

NF ABBR = **Newfoundland**

NFL /ˌenefˈel/ N (*US*) (ABBR = **National Football League**) Fédération *(f)* américaine de football

Nfld ABBR = **Newfoundland**

NGO /ˌendʒiːˈəʊ/ N (ABBR = **non-governmental organization**) ONG *(f)*

NH ABBR = **New Hampshire**

NHS /ˌeneɪtʃˈes/ N (*Brit*) (ABBR = **National Health Service**) ≈ Sécurité *(f)* sociale

ⓘ **NHS**
Le **National Health Service**, ou **NHS**, est la branche maladie du régime de sécurité sociale, qui, depuis 1948, assure des soins médicaux gratuits à toute personne résidant en Grande-Bretagne. Le **NHS** est essentiellement financé par l'impôt, mais aussi par les charges et les cotisations sociales et, enfin, par la quote-part à la charge de l'assuré sur les médicaments prescrits. Les soins dentaires ne sont pas gratuits. → PRESCRIPTION CHARGE
▷ www.nhsdirect.nhs.uk
▷ www.nhs.uk

NI /enˈaɪ/ (*Brit*) (ABBR = **National Insurance**) ≈ Sécurité *(f)* sociale → NATIONAL INSURANCE

nib /nɪb/ N [*of pen*] plume *(f)*

nibble /ˈnɪbl/ 1 VTI [*person*] [+ *food*] grignoter; [+ *pen, finger, ear*] mordiller; [*sheep, goats*] brouter; [*fish*] mordre; **to ~ at one's food** chipoter; **she was nibbling some chocolate** elle grignotait un morceau de chocolat; **he was nibbling her ear** il lui mordillait l'oreille; **she ~d her pencil** elle mordillait son crayon 2 N ⓐ (*Fishing*) touche *(f)* ⓑ (= *snack*) **I feel like a ~*** je grignoterais bien quelque chose 3 NPL **nibbles** (= *snacks*) amuse-gueule(s) *(m(pl))*

NIC /ˌenˈsiː/ N (*Brit*) (ABBR = **National Insurance Contribution**) → NATIONAL INSURANCE

Nicaragua /ˌnɪkəˈrægjʊə/ N Nicaragua *(m)*

nice /naɪs/ 1 ADJ ⓐ (= *pleasant*) [*person*] sympathique; [*view, weather, day, thing, smile, voice*] beau (belle *(f)*); [*holiday*] agréable; [*smell, taste, meal, idea*] bon; **he seems like a ~ person** il a l'air sympathique; **it's ~ here** on est bien ici; **to smell ~** sentir bon; **to taste ~** avoir bon goût; **you look very ~** tu es très bien; **you look ~ in that dress** cette robe te va bien; **a ~ little house** une jolie petite maison; **it would be ~ if ...** ce serait bien si ...; **it would be ~ to know what they intend to do** j'aimerais bien savoir ce qu'ils ont l'intention de faire; **~ to see you** ça fait plaisir de vous voir; **~ to have met you** ça m'a fait plaisir de faire votre connaissance; **~ to meet you!*** enchanté!; **a ~ cup of coffee** un bon petit café; **have a ~ day!** bonne journée!; **we had a ~ evening** nous avons passé une bonne soirée; **did you have a ~ time at the party?** vous vous êtes bien amusés à la soirée?

ⓑ (= *kind*) gentil (**to sb** avec qn); **he was perfectly ~ about it** il a bien pris la chose; **that wasn't ~ of you** ce n'était pas gentil de votre part; **it's ~ of you to do that** c'est gentil à vous de faire cela; **to say ~ things about sb/sth** dire du bien de qn/sur qch

ⓒ (= *respectable*) [*person, behaviour, expression, book, film*] convenable; **not ~** peu convenable; **that's not ~!** ça ne se fait pas!; **~ girls don't do that** les filles bien élevées ne font pas ce genre de chose

ⓓ (*used as intensifier*)* **a ~ bright colour** une belle couleur vive; **to have a ~ cold drink** boire quelque chose de bien frais; **he gets ~ long holidays** il a la chance d'avoir de longues vacances; **we had a ~ long chat** nous avons bien bavardé

◆ **nice and ...**: **to get up ~ and early** se lever de bonne heure; **we'll take it ~ and easy** on va y aller doucement; **it's so ~ and peaceful here** c'est tellement paisible ici; **I like my coffee ~ and sweet** j'aime mon café bien sucré; **it's ~ and warm outside** il fait bon dehors

ⓔ (*ironic*) joli; **you're in a ~ mess** vous voilà dans un joli pétrin*; **here's a ~ state of affairs!** c'est du joli!; **that's a ~ way to talk!** c'est sympa* ce que tu dis! (*iro*); **you're so stupid! — oh that's ~!** ce que tu peux être stupide! — merci pour le compliment!; **~ friends you've got!** ils sont bien, tes amis!

2 COMP ◆ **nice-looking** ADJ beau (belle *(f)*); **he's ~-looking** il est beau garçon

nicely /ˈnaɪsli/ ADV ⓐ [*work, progress*] bien; **that will do ~!** c'est parfait!; **to be doing very ~ for o.s.** s'en sortir très bien; **to be coming along ~*** bien se présenter ⓑ (= *politely*) [*eat, thank, ask*] poliment; **a ~ behaved child** un enfant bien élevé

niceties /ˈnaɪsɪtɪz/ NPL (= *subtleties*) subtilités *(fpl)*; **legal/diplomatic ~** subtilités *(fpl)* juridiques/diplomatiques; **social ~** mondanités *(fpl)*

niche /niːʃ/ N niche *(f)*; (*in market*) créneau *(m)*; **to find one's ~ in life** trouver sa voie (dans la vie)

nick /nɪk/ 1 N ⓐ (*in wood*) encoche *(f)*; (*in blade, dish*) ébréchure *(f)*; (*on face, skin*) (petite) coupure *(f)*; **in the ~ of time** juste à temps ⓑ (*Brit*)* taule* *(f)*; **to be in the ~** être en taule* ⓒ (*Brit* = *condition*)* **in good/bad ~** en bon/mauvais état 2 VT ⓐ [+ *plank, stick*] faire une encoche (*or* des encoches) sur; [+ *blade, dish*] ébrécher; **he ~ed his chin while shaving** il s'est coupé au menton en se rasant ⓑ (*Brit* = *arrest*)* pincer*; **to get ~ed** se faire pincer* ⓒ (*Brit* = *steal*)* piquer*

nickel /ˈnɪkl/ N ⓐ (= *metal*) nickel *(m)* ⓑ (*in Canada, US* = *coin*) pièce *(f)* de cinq cents

nickname /ˈnɪkneɪm/ 1 N surnom *(m)*; (= *short form of name*) diminutif *(m)* 2 VT surnommer; **John, ~d 'Taffy'** John, surnommé « Taffy »

nicotine /ˈnɪkətiːn/ N nicotine *(f)* ◆ **nicotine patch** N timbre *(m)* à la nicotine

niece /niːs/ N nièce *(f)*

nifty* /ˈnɪftɪ/ ADJ ⓐ (= *excellent*) chouette* ; (= *stylish*) chic *(inv)* ⓑ (= *skilful*) habile ; **he's pretty ~ with a screwdriver** il manie drôlement bien le tournevis

Niger /ˈnaɪdʒəʳ/ 1 N (= *country, river*) Niger *(m)* 2 ADJ nigérien

Nigeria /naɪˈdʒɪərɪə/ N Nigeria *(m)*

Nigerian /naɪˈdʒɪərɪən/ 1 N Nigérian(e) *(m(f))* 2 ADJ nigérian

niggardly /ˈnɪgədlɪ/ ADJ [*person*] pingre ; [*amount, portion*] mesquin ; [*salary*] piètre ; **a ~ £50** 50 malheureuses livres

nigger** /ˈnɪgəʳ/ N *(pej)* nègre *(m)*, négresse *(f)*

niggle /ˈnɪgl/ 1 VI [*person*] (= *go into detail*) couper les cheveux en quatre ; (= *find fault*) trouver toujours à redire 2 VT **his conscience was niggling him** sa conscience le travaillait

niggling /ˈnɪglɪŋ/ 1 ADJ [*doubt, suspicion*] obsédant ; [*person*] tatillon ; [*details*] insignifiant 2 N chicanerie *(f)*

night /naɪt/ 1 N ⓐ nuit *(f)* ; (= *evening*) soir *(m)* ; **to spend the ~ (with sb)** passer la nuit (avec qn) ; **he needs a good ~'s sleep** il a besoin d'une bonne nuit de sommeil ; **~ is falling** la nuit tombe ; **he went out into the ~** il partit dans la nuit ; **he's on ~s this week** il est de nuit cette semaine ; **to work ~s** travailler de nuit ; **I can't sleep at ~s** *(US)* je ne peux pas dormir la nuit ; **tomorrow ~** demain soir ; **the ~ before** la veille au soir ; **the ~ before last** avant-hier soir *(m)* ; **Monday ~** (= *evening*) lundi soir ; (= *night-time*) dans la nuit de lundi à mardi ; **last ~** (= *night-time*) la nuit dernière ; (= *evening*) hier soir ; **~ after ~** des nuits durant ; **~ and day** nuit et jour ; **to have a ~ out** sortir le soir ; **to make a ~ of it*** prolonger la soirée

◆ **all night** toute la nuit ; **to sit up all ~ talking** passer la nuit (entière) à bavarder

◆ **at night** la nuit ; **6 o'clock at ~** 6 heures du soir

◆ **by night** de nuit

ⓑ (= *period of sleep*) **to have a good/bad ~** passer une bonne/mauvaise nuit ; **I've had several bad ~s in a row** j'ai mal dormi plusieurs nuits de suite ; **I've had too many late ~s** je me suis couché tard trop souvent ; **she's used to late ~s** elle a l'habitude de se coucher tard

2 COMP ◆ **night light** N veilleuse *(f)* ◆ **night-night*** EXCL bonne nuit ◆ **night owl*** N couche-tard *(mf inv)* ◆ **night porter** N gardien *(m)* de nuit ◆ **night safe** N coffre *(m)* de nuit ◆ **night school** N cours *(mpl)* du soir ◆ **night shelter** N asile *(m)* de nuit ◆ **night shift** N (= *workers*) équipe *(f)* de nuit ; (= *work*) poste *(m)* de nuit ; **to be on ~ shift** être de nuit ◆ **night stick** N *(US Police)* matraque *(f)* (d'agent de police) ◆ **night-time** N nuit *(f)* ; **at ~-time** la nuit ; **in the ~-time** pendant la nuit ◆ **night watchman** N *(pl* **night watchmen***)* gardien *(m)* de nuit

nightcap /ˈnaɪtkæp/ N ⓐ (= *hat*) bonnet *(m)* de nuit ⓑ (= *drink*) **would you like a ~?** voulez-vous boire quelque chose avant d'aller vous coucher ?

nightclothes /ˈnaɪtkləʊðz/ NPL vêtements *(mpl)* de nuit

nightclub /ˈnaɪtklʌb/ N boîte *(f)* de nuit

nightclubber /ˈnaɪtklʌbəʳ/ N **he's a real ~** il adore sortir en boîte

nightclubbing /ˈnaɪtklʌbɪŋ/ N sorties *(fpl)* en boîte de nuit

nightdress /ˈnaɪtdres/ N chemise *(f)* de nuit

nightfall /ˈnaɪtfɔːl/ N **at ~** à la tombée de la nuit

nightgown /ˈnaɪtgaʊn/ N chemise *(f)* de nuit

nightie* /ˈnaɪtɪ/ N chemise *(f)* de nuit

nightingale /ˈnaɪtɪŋgeɪl/ N rossignol *(m)*

nightlife /ˈnaɪtlaɪf/ N vie *(f)* nocturne

nightly /ˈnaɪtlɪ/ 1 ADJ **muggings are a ~ occurrence** il y a des agressions toutes les nuits ; **~ performance** *(Theatre)* représentation *(f)* tous les soirs 2 ADV (= *every evening*) tous les soirs ; (= *every night*) toutes les nuits

nightmare /ˈnaɪtmɛəʳ/ N cauchemar *(m)* ; **what a ~!*** quel cauchemar ! ; **to be sb's worst ~** être la hantise de qn

nightspot* /ˈnaɪtspɒt/ N boîte *(f)* de nuit

nil /nɪl/ N zéro *(m)* ; **his motivation was ~** il n'était pas du tout motivé → ZERO

Nile /naɪl/ N Nil *(m)*

nimble /ˈnɪmbl/ ADJ [*person, fingers, feet*] agile ; [*mind*] vif ; [*car*] maniable ◆ **nimble-fingered** ADJ aux doigts agiles ◆ **nimble-footed** ADJ au pied léger ◆ **nimble-minded**, **nimble-witted** ADJ à l'esprit vif

nine /naɪn/ NUMBER neuf *(m inv)* ; **there are ~** il y en a neuf ; **~ times out of ten** neuf fois sur dix ; **dressed up to the ~s*** sur son trente et un ◆ **nine-to-five*** ADJ **~-to-five job** travail *(m)* de bureau → **six**

nineteen /naɪnˈtiːn/ NUMBER dix-neuf *(m inv)* ; **there are ~** il y en a dix-neuf ; **he talks ~ to the dozen*** *(Brit)* c'est un vrai moulin à paroles ; **they were talking ~ to the dozen*** ils jacassaient comme des pies → **six**

nineteenth /naɪnˈtiːnθ/ ADJ, N dix-neuvième *(mf)* ; (= *fraction*) dix-neuvième *(m)* → **sixth**

ninetieth /ˈnaɪntɪθ/ ADJ, N quatre-vingt-dixième *(mf)* ; (= *fraction*) quatre-vingt-dixième *(m)* → **sixth**

ninety /ˈnaɪntɪ/ NUMBER quatre-vingt-dix *(m inv)* ; **there are ~** il y en a quatre-vingt-dix ; **~-one** quatre-vingt-onze ; **~-nine** quatre-vingt-dix-neuf ; **~-nine times out of a hundred** quatre-vingt dix-neuf fois sur cent ; **to be in one's nineties** avoir plus de quatre-vingt-dix ans

ninth /naɪnθ/ ADJ, N neuvième *(mf)* ; (= *fraction*) neuvième *(m)* → **sixth**

nip /nɪp/ 1 N (= *pinch*) pinçon *(m)* ; (= *bite*) morsure *(f)* ; **the dog gave him a ~** le chien l'a mordillé ; **there's a ~ in the air today** (= *chill*) il fait frisquet aujourd'hui 2 VT (= *pinch*) pincer ; (= *bite*) mordiller ; **to ~ sth in the bud** écraser qch dans l'œuf 3 VI *(Brit)* **to ~ up/down/out** monter/descendre/sortir deux minutes ; **he ~ped into the café** il a fait un saut au café

► **nip along*** VI *(Brit)* [*person*] aller d'un bon pas ; [*car*] filer ; **~ along to Anne's house** fais un saut chez Anne

► **nip in*** VI *(Brit)* entrer un instant ; **I've just ~ped in for a minute** je ne fais qu'entrer et sortir ; **to ~ in and out of the traffic** se faufiler entre les voitures

nipple /ˈnɪpl/ N ⓐ (= *part of body*) mamelon *(m)* ⓑ [*of baby's bottle*] tétine *(f)*

nippy* /ˈnɪpɪ/ ADJ ⓐ (= *chilly*) [*weather, wind*] frisquet ; **it's a bit ~ today** il fait frisquet aujourd'hui ⓑ *(Brit = brisk)* [*person*] rapide ; **a ~ little car** une petite voiture nerveuse

nit /nɪt/ 1 N ⓐ (= *louse-egg*) lente *(f)* ⓑ *(Brit = fool)** crétin(e)* *(m(f))* 2 COMP ◆ **nit-pick*** VI **he's always ~-picking** il est très tatillon ◆ **nit-picker*** N tatillon *(m)*, -onne *(f)*

nite* /naɪt/ N (= *night*) nuit *(f)*

nitrate /ˈnaɪtreɪt/ N nitrate *(m)*

nitrogen /ˈnaɪtrədʒən/ N azote *(m)*

nitty-gritty* /ˈnɪtɪˈgrɪtɪ/ N **to get down to the ~** passer aux choses sérieuses

nitwit* /ˈnɪtwɪt/ N crétin(e) *(m(f))**

NJ ABBR = **New Jersey**

NM, N.Mex. ABBR = **New Mexico**

no /nəʊ/ 1 PARTICLE non ; **I won't take no for an answer*** j'insiste

2 N *(pl* **noes***)* non *(m inv)* ; **the noes have it** les non l'emportent ; **there were seven noes** il y avait sept voix contre

3 ADJ

► *For set expressions such as* **by no means, no more,** *look up the other word*

ⓐ (= *not any*) pas de ; **she had no coat** elle n'avait pas de manteau ; **I have no idea** je n'ai aucune idée ; **no two are alike** il n'y en a pas deux pareils ; **no sensible man would have done that** aucun homme sensé n'aurait fait ça ; **it's of no interest** ça n'a aucun intérêt

ⓑ *(emphatic)* **he's no friend of mine** il n'est pas de mes amis ; **he's no genius** il n'a rien d'un génie ; **headache or no headache, you'll have to do it*** migraine ou pas, tu vas devoir le faire ; **theirs is no easy task** leur tâche n'est pas facile

ⓒ (*forbidding*) **no smoking** défense de fumer; **no entry** défense d'entrer; **no parking** stationnement (*m*) interdit; **no nonsense!** pas d'histoires!*

ⓓ (*with gerund*) **there's no knowing what he'll do next** impossible de dire ce qu'il fera après; **there's no pleasing him** (quoi qu'on fasse) il n'est jamais satisfait

4 ADV

► *For set expressions such as* **no less (than)**, **no longer**, **no sooner said than done**, *look up the other word.*

(*with comparative*) **no bigger/stronger/more intelligent than** ... pas plus grand/fort/intelligent que ...; **the patient is no better** le malade ne va pas mieux; **I can go no further** je ne peux pas aller plus loin

5 COMP ♦ **no-claims bonus** N (*Insurance*) bonus (*m*) ♦ **no-fly zone** N zone (*f*) d'exclusion aérienne ♦ **no-frills** ADJ avec service minimum ♦ **no-go** ADJ **it's no-go*** ça ne marche pas; **no-go area** zone (*f*) interdite ♦ **no-good*** ADJ, N nul (nulle (*f*))* ♦ **no-holds-barred** ADJ où tous les coups sont permis ♦ **no-hoper*** N raté(e) (*m(f)*) ♦ **no-man's-land** N (*in battle*) no man's land (*m*); (= *wasteland*) terrain (*m*) vague; (= *indefinite area*) zone (*f*) mal définie ♦ **no-no*** N **it's a no-no** (= *forbidden*) ça ne se fait pas; (= *impossible*) c'est impossible ♦ **no-nonsense** ADJ [*approach, attitude*] raisonnable ♦ **no one** N = **nobody**; ♦ **no place*** ADV = **nowhere**; ♦ **no-show** N défection (*f*) ♦ **no-win situation** N impasse (*f*)

no. (ABBR = **number**) n°

Noah /'nəʊə/ N Noé (*m*); **~'s ark** l'arche (*f*) de Noé

Nobel /nəʊ'bel/ N **~ prize** prix (*m*) Nobel; **~ prizewinner** (lauréat(e) (*m(f)*) du) prix (*m*) Nobel

nobility /nəʊ'bɪlɪtɪ/ N noblesse (*f*)

noble /'nəʊbl/ 1 ADJ ⓐ noble ⓑ (= *unselfish*)* généreux 2 N noble (*mf*)

nobleman /'nəʊblmən/ N (*pl* **-men**) noble (*m*)

noblewoman /'nəʊblwʊmən/ N (*pl* **-women**) noble (*f*)

nobly /'nəʊblɪ/ ADV ⓐ noblement ⓑ (= *selflessly*) [*volunteer, offer*]* généreusement; **he ~ volunteered to do the washing up** il s'est généreusement proposé pour faire la vaisselle

nobody /'nəʊbədɪ/ 1 PRON personne; **I saw ~** je n'ai vu personne; **~ knows** personne ne le sait; **~ spoke to me** personne ne m'a parlé; **who saw him? — ~** qui l'a vu? — personne; **it is ~'s business** cela ne regarde personne; **what I do is ~'s business** ce que je fais ne regarde personne; **like ~'s business:** [*run*] comme un dératé*; [*work*] d'arrache-pied; **he's ~'s fool** c'est loin d'être un imbécile 2 N moins que rien (*mf inv*); **he's just a ~** c'est un moins que rien

nocturnal /nɒk'tɜːnl/ ADJ [*animal, activity, habits*] nocturne; [*raid*] de nuit

nod /nɒd/ 1 N signe (*m*) de tête; **he gave me a ~** il m'a fait un signe de tête; (*in greeting*) il m'a salué de la tête; (*signifying "yes"*) il m'a fait signe que oui de la tête; **to answer with a ~** répondre d'un signe de tête

2 VI (= *move head*) (*as sign of assent*) hocher la tête; **to ~ to sb** faire un signe de tête à qn; (*in greeting*) saluer qn d'un signe de tête; **he ~ded to me to go** de la tête il m'a fait signe de m'en aller

3 VT **to ~ one's head** (*move head down*) faire un signe de (la) tête; (*as sign of assent*) faire un signe de tête affirmatif; **to ~ one's agreement/approval** manifester son assentiment/son approbation par un signe de tête

► **nod off*** VI s'endormir; **I ~ded off for a moment** j'ai piqué un roupillon

node /nəʊd/ N nœud (*m*)

noise /nɔɪz/ N bruit (*m*); **to make a ~** faire du bruit; **to make reassuring ~s** (= *say reassuring things*) tenir des propos rassurants ♦ **noise pollution** N nuisances (*fpl*) sonores

noiseless /'nɔɪzlɪs/ ADJ silencieux

noisily /'nɔɪzɪlɪ/ ADV bruyamment

noisy /'nɔɪzɪ/ ADJ bruyant

nomad /'nəʊmæd/ N nomade (*mf*)

nomadic /nəʊ'mædɪk/ ADJ nomade

nominal /'nɒmɪnl/ ADJ ⓐ [*value*] nominal; [*agreement, power, rights*] théorique; [*leader*] fictif; **he's a ~ socialist/Christian** il n'a de socialiste/chrétien que le nom ⓑ [*fee, charge, sum*] modique; [*wage, salary, rent*] insignifiant; [*fine, penalty*] symbolique

nominate /'nɒmɪneɪt/ VT ⓐ (= *appoint*) nommer; **he was ~d chairman** il a été nommé président ⓑ (= *propose*) proposer; **he was ~d for the presidency** il a été proposé comme candidat à la présidence; **they ~d Mr Lambotte for mayor** ils ont proposé M. Lambotte comme candidat à la mairie; **to ~ sb for an Oscar** nominer qn pour un Oscar

nomination /,nɒmɪ'neɪʃən/ N ⓐ (= *appointment*) nomination (*f*) (**to** à) ⓑ (*for job*) proposition (*f*) de candidature; (*for presidency*) investiture (*f*) ⓒ (*for film award*) nomination (*f*)

nominee /,nɒmɪ'niː/ N (*for post*) personne (*f*) désignée; (*in election*) candidat(e) (*m(f)*) désigné(e); **Oscar ~** nominé(e) (*m(f)*) aux Oscars

non- /nɒn/ 1 PREF non-; **strikers and ~strikers** grévistes (*mpl*) et non-grévistes (*mpl*); **believers and ~believers** croyants (*mpl*) et non-croyants (*mpl*)

2 COMP

► *In hyphenated compounds,* **non** *is usually translated by* **non**. *Only exceptions are given here. Note that in French the hyphen is only used when* **non** *is followed by a noun:* **non-agression** *but* **non toxique**.

♦ **non-attendance** N absence (*f*) ♦ **non-believer** N (*Rel*) incroyant(e) (*m(f)*) ♦ **non-denominational** ADJ non confessionnel ♦ **non-drinker** N personne (*f*) qui ne boit pas d'alcool ♦ **non-drip** ADJ qui ne coule pas ♦ **non-EU** ADJ [*citizens, passports*] non communautaire; [*imports*] hors Union européenne ♦ **non-nuclear** ADJ [*weapon*] conventionnel; [*country*] non doté de l'arme nucléaire ♦ **non-party** ADJ [*vote, decision*] indépendant ♦ **non-professional** ADJ [*player*] amateur; **~professional conduct** manquement (*m*) aux devoirs de sa profession ♦ N amateur (*mf*) ♦ **non-resident** ADJ non résident; **~resident course** stage (*m*) sans hébergement ♦ **non-union** ADJ [*company, organization*] n'employant pas de personnel syndiqué

nonchalant /'nɒnʃələnt/ ADJ nonchalant; **to be ~ about sth** prendre qch avec nonchalance

noncommittal /,nɒnkə'mɪtl/ ADJ [*person*] qui ne s'engage pas; [*letter, statement*] qui n'engage à rien; [*expression, attitude*] réservé; **he gave a ~ answer** il fit une réponse évasive; **he was very ~ about it** il ne s'est pas prononcé là-dessus

nonconformist /,nɒnkən'fɔːmɪst/ 1 N non-conformiste (*mf*) 2 ADJ non conformiste

nondescript /'nɒndɪskrɪpt/ ADJ quelconque; [*colour*] indéfinissable

none /nʌn/ PRON ⓐ (*used with countable noun*) aucun(e) (*m(f)*); **~ of the books** aucun des livres; **I want ~ of your excuses!** vos excuses ne m'intéressent pas!; **we tried all the keys but ~ of them fitted** nous avons essayé toutes les clés mais aucune n'allait; **"distinguishing marks: ~"** « signes particuliers: néant »

ⓑ (*used with uncountable noun*) **~ of this money** pas un centime de cet argent; **~ of this cheese** pas un gramme de ce fromage; **~ of this milk** pas une goutte de ce lait; **~ of this land** pas une parcelle de ce terrain; **there's ~ left** il n'en reste plus; **he asked me for money but I had ~ on me** il m'a demandé de l'argent mais je n'en avais pas sur moi; **~ of this** rien de ceci; **~ of that!** pas de ça!; **~ of it made any sense** rien de tout cela ne semblait cohérent; **he would have ~ of it** il ne voulait rien savoir

♦ **none at all**: **I need money but have ~ at all** j'ai besoin d'argent mais je n'en ai pas du tout; **there was no evidence, ~ at all** il n'y avait aucune preuve, absolument aucune; **is there any bread left? — ~ at all** y a-t-il encore du pain? — plus du tout

♦ **none of them/you/us** aucun d'entre eux/vous/nous; **~ of them knew** aucun d'eux ne savait

♦ **none other than**: their guest was ~ other than the president himself leur invité n'était autre que le président en personne
♦ **none the ...**: he was ~ the wiser il n'était pas plus avancé ; he's ~ the worse for it il ne s'en porte pas plus mal ; she's looking ~ the worse for her ordeal cette épreuve ne semble pas l'avoir trop marquée ; I like him ~ the less for it je ne l'aime pas moins pour cela ; the house would be ~ the worse for a coat of paint une couche de peinture ne ferait pas de mal à cette maison
♦ **none too ...**: it's ~ too warm il ne fait pas tellement chaud ; and ~ too soon either! et ce n'est pas trop tôt! ; she was ~ too happy about it elle était loin d'être contente ; he was ~ too pleased at being disturbed ça ne l'a pas enchanté qu'on le dérange

nonentity /nɒ'nentɪtɪ/ N personne (f) sans intérêt ; he's a complete ~ c'est une nullité

nonessential /,nɒnɪ'senʃl/ 1 ADJ accessoire 2 NPL **nonessentials** accessoires (mpl) ; the ~s l'accessoire (m)

nonetheless /,nʌnðə'les/ ADV néanmoins

nonevent• /'nɒnɪ'vent/ N non-événement (m)

nonexistent /'nɒnɪg'zɪstənt/ ADJ inexistant

nonfattening /,nɒn'fætnɪŋ/ ADJ qui ne fait pas grossir

nonfiction /,nɒn'fɪkʃən/ N littérature (f) non romanesque ; he only reads ~ il ne lit jamais de romans

nongovernmental /,nɒngʌvən'mentl/ ADJ non gouvernemental

nonintervention /,nɒnɪntə'venʃən/ N non-intervention (f)

nonjudg(e)mental /,nɒndʒʌdʒ'mentəl/ ADJ neutre

nonpayment /'nɒn'peɪmənt/ N non-paiement (m)

nonplussed /'nɒn'plʌst/ ADJ déconcerté

nonpolluting /'nɒnpə'luːtɪŋ/ ADJ non polluant

nonprofitmaking /'nɒn'prɒfɪtmeɪkɪŋ/, **nonprofit** (US) /'nɒn'prɒfɪt/ ADJ à but non lucratif

nonrunner /'nɒn'rʌnəʳ/ N non-partant (m)

nonscheduled /'nɒn'ʃedjuːld/ ADJ [plane, flight] spécial

nonsense /'nɒnsəns/ N absurdités (fpl) ; to talk ~ dire n'importe quoi ; that's ~! c'est n'importe quoi! ; oh, ~! oh, ne dis pas n'importe quoi! ; I'm putting on weight — ~! je grossis — ne dis pas de bêtises! ; all this ~ about them not being able to pay toutes ces histoires selon lesquelles ils seraient incapables de payer ; it is ~ to say ... il est absurde de dire ... ; he will stand no ~ from anybody il ne se laissera pas faire par qui que ce soit ; he won't stand any ~ about that il ne plaisante pas là-dessus ; I've had enough of this ~! j'en ai assez de ces histoires! ; stop this ~! arrête tes idioties! ; to make a ~ of [+ project, efforts] rendre inutile ; [+ claim] invalider

nonsensical /nɒn'sensɪkəl/ ADJ absurde

nonskilled /'nɒn'skɪld/ ADJ [work, worker] non qualifié

nonslip /'nɒn'slɪp/ ADJ antidérapant

nonsmoker /'nɒn'sməʊkəʳ/ N (= person) non-fumeur (m), -euse (f) ; he is a ~ il ne fume pas

nonsmoking /'nɒn'sməʊkɪŋ/ ADJ [flight, seat, compartment, area] non-fumeurs (inv) ; [office, restaurant] où il est interdit de fumer

nonspecialist /'nɒn'speʃəlɪst/ 1 N non-spécialiste (mf) 2 ADJ [knowledge, dictionary] général

nonstarter /'nɒn'stɑːtəʳ/ N ⓐ (= horse) non-partant (m) ⓑ (= person) nullité (f) ⓒ (= idea) it is a ~ c'est voué à l'échec

nonstick /'nɒn'stɪk/ ADJ antiadhésif

nonstop /,nɒn'stɒp/ 1 ADJ [flight] sans escale ; [train] direct ; [journey] sans arrêt ; [music] ininterrompu ; the movie's two hours of ~ action les deux heures d'action ininterrompue du film 2 ADV [talk, work, rain] sans arrêt ; to fly ~ from London to Chicago faire Londres-Chicago sans escale

nontaxable /'nɒn'tæksəbl/ ADJ non imposable

nontoxic /,nɒn'tɒksɪk/ ADJ non toxique

nontransferable /'nɒntræns'fɜːrəbl/ ADJ [ticket] non transmissible ; [share] nominatif ; [pension] non réversible

nonviolence /,nɒn'vaɪələns/ N non-violence (f)

nonviolent /,nɒn'vaɪələnt/ ADJ non violent

noodles /'nuːdlz/ NPL nouilles (fpl)

nook /nʊk/ N (= corner) recoin (m) ; (= remote spot) retraite (f) ; ~s and crannies coins (mpl) et recoins (mpl) ; **breakfast ~** coin-repas (m)

noon /nuːn/ N midi (m) ; at/about ~ à/vers midi

noose /nuːs/ N [of hangman] corde (f)

nope• /nəʊp/ PARTICLE non

nor /nɔːʳ/ CONJ ⓐ (following "neither") ni ; neither you ~ I can do it ni vous ni moi (nous) ne pouvons le faire ; she neither eats ~ drinks elle ne mange ni ne boit ⓑ (= neither) I won't go and ~ will you je n'irai pas et toi non plus ; I don't like him — ~ do I je ne l'aime pas — moi non plus

norm /nɔːm/ N norme (f)

normal /'nɔːməl/ 1 ADJ normal ; (= usual) habituel ; it's perfectly ~ to feel that way il est tout à fait normal de ressentir cela ; it was quite ~ for him to be late c'était tout à fait dans ses habitudes d'arriver en retard ; it's ~ practice il est normal de faire ainsi ; to buy sth for half the ~ price acheter qch à moitié prix ; ~ service will be resumed as soon as possible (on TV) nos émissions reprendront dès que possible ; as ~ comme d'habitude
2 N above/below ~ au-dessus/en dessous de la normale ; temperatures below ~ des températures en dessous des normales saisonnières ; to return to ~ revenir à la normale

normality /nɔː'mælɪtɪ/, **normalcy** (US) /'nɔːməlsɪ/ N normalité (f)

normally /'nɔːməlɪ/ ADV (= usually) d'habitude ; (= as normal) normalement ; he ~ arrives at about 10 o'clock d'habitude il arrive vers 10 heures ; the trains are running ~ les trains circulent normalement

Norman /'nɔːmən/ ADJ (= from Normandy) normand ; [church, architecture] roman ; the ~ Conquest la conquête normande

Normandy /'nɔːməndɪ/ N Normandie (f)

north /nɔːθ/ 1 N nord (m) ; to the ~ of ... au nord de ... ; house facing the ~ maison (f) exposée au nord ; the wind is blowing from the ~ le vent vient du nord ; to live in the ~ habiter dans le nord ; in the ~ of Scotland dans le nord de l'Écosse
2 ADJ nord (inv) ; ~ wind vent (m) du nord ; in ~ Wales/London dans le nord du pays de Galles/de Londres ; on the ~ side du côté nord
3 ADV [lie, be] au nord (of de) ; [go] vers le nord ; further ~ plus au nord ; ~ of the island au nord de l'île ; the town lies ~ of the border la ville est située au nord de la frontière ; we drove ~ for 100km nous avons roulé pendant 100 km vers le nord ; go ~ till you get to Oxford allez vers le nord jusqu'à Oxford ; to sail due ~ aller droit vers le nord ; ~ by ~-east nord quart nord-est
4 COMP ♦ **North Africa** N Afrique (f) du Nord ♦ **North African** ADJ nord-africain ♦ N Nord-Africain(e) (m(f)) ♦ **North America** N Amérique (f) du Nord ♦ **North American** ADJ nord-américain ♦ N Nord-Américain(e) (m(f)) ♦ **the North Atlantic** N l'Atlantique (m) nord ♦ **North Atlantic Treaty Organization** N Organisation (f) du traité de l'Atlantique nord ♦ **North Carolina** N Caroline (f) du Nord ; in North Carolina en Caroline du Nord ♦ **north-east** N nord-est (m) ♦ ADJ nord-est (inv) ♦ ADV vers le nord-est ♦ **north-easterly** ADJ [wind, direction] nord-est ; [situation] au nord-est ♦ ADV vers le nord-est ♦ **north-eastern** ADJ nord-est (inv) ♦ **north-facing** ADJ exposé au nord ♦ **North Korea** N Corée (f) du Nord ♦ **North Korean** ADJ nord-coréen ♦ N Nord-Coréen(ne) (m(f)) ♦ **North Pole** N le Pôle (m) Nord ♦ **North Sea** N mer (f) du Nord ♦ **North Sea gas** N (Brit) gaz (m) naturel de la mer du Nord ♦ **North Sea oil** N pétrole (m) de la mer du Nord ♦ **North Vietnam** N Vietnam (m) du Nord ♦ **North Vietnamese** ADJ nord-vietnamien ♦ N Nord-Vietnamien(ne) (m(f)) ♦ **north-west** N nord-ouest (m) ♦ ADJ nord-ouest (inv) ♦ ADV vers le

nord-ouest ♦ **north-westerly** ADJ [*wind, direction*] du nord-ouest; [*situation*] au nord-ouest ♦ ADV vers le nord-ouest ♦ **north-western** ADJ nord-ouest (*inv*), du nord-ouest

Northants ABBR = **Northamptonshire**

northbound /'nɔːθbaʊnd/ ADJ [*traffic*] en direction du nord; [*carriageway*] nord (*inv*)

Northd ABBR = **Northumberland**

northerly /'nɔːðəlɪ/ 1 ADJ [*wind*] du nord; [*situation*] au nord; [*direction*] vers le nord; **in a ~ direction** en direction du nord 2 ADV vers le nord

northern /'nɔːðən/ 1 ADJ [*province, state, neighbour*] du nord; [*border, suburbs*] nord (*inv*); **the ~ coast** le littoral nord; **in ~ Spain** dans le nord de l'Espagne; **~ hemisphere** hémisphère (*m*) nord 2 COMP ♦ **Northern Ireland** N Irlande (*f*) du Nord ♦ **the northern lights** NPL l'aurore (*f*) boréale

northerner /'nɔːðənə*/ N habitant(e) (*m(f)*) du Nord; **he is a ~** il vient du Nord

northernmost /'nɔːðənməʊst/ ADJ **the ~ point** le point le plus au nord

Northumb ABBR = **Northumberland**

Northumbria /nɔːˈθʌmbrɪə/ N Northumbrie (*f*)

Norway /'nɔːweɪ/ N Norvège (*f*)

Norwegian /nɔːˈwiːdʒən/ 1 ADJ norvégien 2 N ⓐ (= *person*) Norvégien(ne) (*m(f)*) ⓑ (= *language*) norvégien (*m*)

nose /nəʊz/ 1 N ⓐ [*of person, animal*] nez (*m*); [*of dog, cat*] museau (*m*); **his ~ was bleeding** il saignait du nez; **the horse won by a ~** le cheval a gagné d'une demi-tête; **to speak through one's ~** parler du nez
ⓑ (*in phrases*) **to have a ~ for sth** savoir flairer qch; **he's got a ~ for a bargain** il sait flairer les bonnes affaires; **with one's ~ in the air** d'un air hautain; **she's always got her ~ in a book*** elle a toujours le nez fourré dans un livre*; **it was there right under his ~ all the time** c'était là juste sous son nez; **she did it right under his ~** il a fait sous son nez; **to look down one's ~ at sb/sth** prendre qn/qch de haut; **he can't see beyond the end of his ~** il ne voit pas plus loin que le bout de son nez; **to turn one's ~ up (at sth)** faire le dégoûté (devant qch); **to keep one's ~ out of sth** ne pas se mêler de qch; **to stick one's ~ into sth** mettre son nez dans qch; **you'd better keep your ~ clean*** tu ferais mieux de te tenir à carreau*; **to lead sb by the ~** mener qn par le bout du nez; **it gets up my ~*** ça me sort par les trous de nez*; **right on the ~*** en plein dans le mille
2 COMP ♦ **nose cone** N [*of missile*] ogive (*f*) ♦ **nose drops** NPL gouttes (*fpl*) pour le nez ♦ **nose job*** N (*plastic surgery*) **to have a ~ job** se faire refaire le nez ♦ **nose ring** N anneau (*m*) de nez

► **nose about***, **nose around*** VI fouiner*

nosebleed /'nəʊzbliːd/ N saignement (*m*) de nez; **to have a ~** saigner du nez

nosedive /'nəʊzdaɪv/ 1 N **to go into a ~** [*plane*] descendre en piqué; **to take a ~** [*stocks*] baisser rapidement; [*prices, sales*] chuter 2 VI [*plane*] descendre en piqué; [*stocks*] baisser rapidement; [*prices*] chuter

nosey /'nəʊzɪ/ ADJ fouineur*; **to be ~** fourrer* son nez partout; **don't be so ~!** mêlez-vous de vos affaires!; **Nosey Parker** fouineur* (*m*), -euse* (*f*)

nosh✲ /nɒʃ/ 1 N (*Brit* = *food*) bouffe✲ (*f*); **to have some ~** bouffer✲ 2 COMP ♦ **nosh-up✲** N (*Brit*) bouffe✲ (*f*); **to have a ~-up** bouffer✲

nostalgia /nɒsˈtældʒɪə/ N nostalgie (*f*)

nostalgic /nɒsˈtældʒɪk/ ADJ nostalgique; **to be ~ about sth** avoir la nostalgie de qch

nostril /'nɒstrəl/ N narine (*f*); [*of horse*] naseau (*m*)

nosy* /'nəʊzɪ/ ADJ = **nosey**

not /nɒt/ ADV ⓐ (*with verb*) ne ... pas; **he is ~ here** il n'est pas ici; **he has ~** or **hasn't come** il n'est pas venu; **he will ~** or **won't stay** (*prediction*) il ne restera pas; (*refusal*) il ne veut pas rester; **is it ~?** or **isn't it?** n'est-ce pas?; **you have got it, haven't you?** vous l'avez, non?; **he told me ~ to come** il m'a dit de ne pas venir

ⓑ (*as substitute for clause*) non; **is it going to rain? — I hope ~** va-t-il pleuvoir? — j'espère que non; **it would appear ~** il semble que non

ⓒ ♦ **not so**: **for the young and the ~ so young** pour les jeunes et les moins jeunes

ⓓ (*understatement*) **~ without reason** non sans raison; **~ without some regrets** non sans quelques regrets

ⓔ (*with pronoun*) **~ me!** pas moi!; **~ one book** pas un livre; **~ one man knew** pas un ne savait; **~ everyone can do that** tout le monde n'en est pas capable; **~ any more** plus (maintenant)

ⓕ (*with adj*) non; **~ guilty** non coupable; **~ negotiable** non négociable

ⓖ (*set structures*)

♦ **not at all**: **are you cold? — ~ at all** avez-vous froid? — pas du tout; **thank you very much — ~ at all** merci beaucoup — je vous en prie

♦ **not only ... but also ...** non seulement ... mais aussi ...

♦ **not that ...**: **~ that I care** non pas que cela me fasse quelque chose; **~ that I know of** pas que je sache; **~ that they haven't been useful** ce n'est pas qu'ils n'aient pas été utiles

notable /'nəʊtəbl/ ADJ [*designer, philosopher, example*] éminent; [*fact*] notable; [*success*] remarquable; **with a few ~ exceptions** à quelques notables exceptions près; **to be ~ for sth** se distinguer par qch; **it is ~ that ...** il est intéressant de constater que ... (+ *indic*)

notably /'nəʊtəblɪ/ ADV ⓐ (= *in particular*) notamment ⓑ (= *noticeably*) notablement

notary /'nəʊtərɪ/ N notaire (*m*)

notation /nəʊˈteɪʃən/ N notation (*f*)

notch /nɒtʃ/ N (*in wood, stick*) encoche (*f*); (*in belt*) cran (*m*); (*in blade*) ébréchure (*f*); **he pulled his belt in one ~** il a resserré sa ceinture d'un cran

► **notch up** VT SEP marquer

note /nəʊt/ 1 N ⓐ note (*f*); **to make a ~ of sth** prendre qch en note; **I must make a mental ~ to buy some more** il faut que je pense à en racheter; **to take ~s** prendre des notes; **lecture ~s** notes (*fpl*) de cours
ⓑ (= *informal letter*) mot (*m*); **take a ~ to Mr Jones** (*to secretary*) je vais vous dicter un mot pour M. Jones; **just a quick ~ to tell you ...** juste un petit mot pour te dire ...
ⓒ (*Music*) note (*f*); [*of piano*] touche (*f*)
ⓓ (= *tone*) note (*f*); **on an optimistic/positive ~** sur une note optimiste/positive; **on a personal/practical ~** d'un point de vue personnel/pratique; **if I could add just a personal ~** si je peux me permettre une remarque personnelle; **on a more positive ~ ...** pour continuer sur une note plus optimiste ...; **on a more serious ~ ...** plus sérieusement ...
ⓔ (= *implication*) note (*f*); **with a ~ of anxiety in his voice** avec une pointe d'anxiété dans la voix
ⓕ (*Brit* = *banknote*) billet (*m*); **a ten-euro ~** un billet de dix euros
ⓖ (= *notability*) **a man of ~** un homme éminent; **nothing of ~** rien d'important
ⓗ (= *notice*) **to take ~ of** remarquer; **they will take ~ of what you say** ils feront attention à ce que vous direz; **worthy of ~** remarquable
2 VT ⓐ noter
ⓑ (= *notice*) constater; **to ~ an error** constater une erreur; **I ~ that ...** je constate que ...; **~ that ...** notez bien que ...

► **note down** VT SEP noter; **let me ~ that down** laissez-moi le noter; **to ~ down sb's remarks** noter les remarques de qn; **to ~ down an appointment in one's diary** noter un rendez-vous dans son agenda

notebook /'nəʊtbʊk/ N ⓐ (= *notepad*) calepin (*m*); (*for schoolwork*) cahier (*m*); (*tear-off*) bloc-notes (*m*) ⓑ (= *notebook computer*) notebook (*m*)

noted /'nəʊtɪd/ ADJ [*historian, writer*] éminent; [*thing, fact*] célèbre; **to be ~ for sth/for doing sth** être connu pour qch/pour avoir fait qch; **a man not ~ for his generosity** un homme qui ne passe pas pour être particulièrement généreux

notepad /'nəʊtpæd/ N bloc-notes (m)

notepaper /'nəʊtpeɪpə'/ N papier (m) à lettres

noteworthy /'nəʊtwɜːðɪ/ ADJ remarquable

nothing /'nʌθɪŋ/ **1** PRON ⓐ rien; **I saw ~** je n'ai rien vu; **~ happened** il n'est rien arrivé; **to eat ~** ne rien manger; **~ to eat/read** rien à manger/à lire; **he's had ~ to eat yet** il n'a encore rien mangé; **~ could be easier** rien de plus simple; **~ pleases him** rien ne le satisfait

♦ **nothing** + *adjective* rien de; **~ new/interesting** rien de nouveau/d'intéressant

ⓑ (*set phrases*) **as if ~ had happened** comme si de rien n'était; **fit for ~** bon à rien; **to say ~ of ...** sans parler de ...; **I can do ~ about it** je n'y peux rien; **~ of the kind!** absolument pas!; **to think ~ of doing sth** (= *consider normal*) trouver naturel de faire qch; (= *do without thinking*) faire qch sans y penser; (= *do unscrupulously*) n'avoir aucun scrupule à faire qch; **think ~ of it!** (= *don't thank me*) mais je vous en prie!; **don't apologize, it's ~** ne vous excusez pas, ce n'est rien; **£500 is ~ to her** 500 livres, ce n'est rien pour elle; **she means ~ to him** elle n'est rien pour lui; **it means ~ to me whether he comes or not** il m'est indifférent qu'il vienne ou non; **that's ~ to what is to come** ce n'est rien à côté de ce qui nous attend; **I can make ~ of it** je n'y comprends rien; **to come to ~** ne rien donner; **to be reduced to ~** être réduit à néant; **there is ~ to laugh at** il n'y a pas de quoi rire; **he had ~ to say for himself** (= *no explanation*) il n'avait aucune excuse; (= *no conversation*) il n'avait pas de conversation; **I have ~ against him/the idea** je n'ai rien contre lui/cette idée; **there's ~ to it*** c'est facile (comme tout*) ■ (*PROV*) **~ ventured ~ gained** qui ne risque rien n'a rien (*PROV*)

♦ **for nothing** pour rien; **he was working for ~** il travaillait gratuitement; **all his fame counted for ~** toute sa gloire ne comptait pour rien

♦ **nothing in ...** : **there's ~ in it** (= *not interesting*) c'est sans intérêt; (= *not true*) ce n'est absolument pas vrai; (= *no difference*) c'est du pareil au même; (*in contest* = *very close*) c'est très serré; **there's ~ in these rumours** il n'y a rien de vrai dans ces rumeurs; **there's ~ in it*** **for us** nous n'avons rien à y gagner; **Oxford is leading, but there's ~ in it** Oxford est en tête, mais c'est très serré

2 N ⓐ (= *zero*) zéro (m)

ⓑ (= *worthless person*) nullité (f); (= *worthless thing*) rien (m); **it's a mere ~ compared with what he spent last year** ça n'est rien en comparaison de ce qu'il a dépensé l'an dernier

3 ADV **~ less than** rien moins que; **it was ~ like as big as we thought** c'était loin d'être aussi grand qu'on avait cru

notice /'nəʊtɪs/ **1** N ⓐ (= *prior warning*) avis (m); (= *period*) délai (m); (= *end of work contract*) (*by employer*) congé (m); (*by employee*) démission (f); **I must have some ~ of what you intend to do** il faut que je sois prévenu de ce que vous avez l'intention de faire; **we require six days' ~** nous demandons un préavis de six jours; **a week's ~** une semaine de préavis; **I must have at least a week's ~ if you want to ...** il faut me prévenir au moins une semaine à l'avance si vous voulez ...; **advance ~** préavis (m); **final ~** dernier avertissement (m); **to get one's ~** (*from job*) être licencié; **to hand in one's ~** [*professional or office worker*] donner sa démission

♦ **to give + notice**: **to give ~ to** [+ *tenant*] donner congé à; [+ *landlord*] donner un préavis de départ à; **to give ~ that ...** faire savoir que ...; **to give ~ of sth** annoncer qch; **to give sb ~ of sth** prévenir qn de qch; **to give sb ~ that ...** aviser qn que ...; **to give sb ~** [+ *employee*] licencier qn

♦ **at a moment's notice** immédiatement

♦ **at short notice**: **he rang me up at short ~** il m'a téléphoné à la dernière minute; **you must be ready to leave at very short ~** il faut que vous soyez prêt à partir dans les plus brefs délais

♦ **until further notice** jusqu'à nouvel ordre

ⓑ (= *announcement*) annonce (f); (*in newspaper*) (= *advert*)

annonce (f); (= *short article*) entrefilet (m); (= *poster*) affiche (f); (= *sign*) pancarte (f); **birth/marriage/death ~** annonce (f) de naissance/mariage/décès; **public ~** avis (m) au public; **I saw a ~ in the paper about the concert** j'ai vu une annonce dans le journal à propos du concert; **the ~ says "keep out"** la pancarte dit «défense d'entrer»

ⓒ (= *review*) [*of book, film, play*] critique (f); **the book got good ~s** le livre a eu de bonnes critiques

ⓓ (= *attention*) **it escaped his ~ that ...** il ne s'est pas aperçu que ...; **to avoid ~** passer inaperçu; **to bring sth to sb's ~** faire observer qch à qn; **it has come to my ~ that ...** on m'a signalé que ...

♦ **to take + notice**: **to take notice of sb/sth** prêter attention à qn/qch; **I wasn't taking much ~ at the time** je ne faisais pas très attention à ce moment-là; **to take no notice of sb/sth** ne pas faire attention à qn/qch; **take no ~!** ne faites pas attention!; **he took no ~ of her remarks** il n'a absolument pas tenu compte de ses remarques; **he took no ~ of her** il l'a complètement ignorée

2 VT remarquer; (= *heed*) faire attention à; **I ~d a tear in his coat** j'ai remarqué un accroc dans son manteau; **when he ~d me he called out to me** quand il m'a vu, il m'a appelé; **without my noticing it** sans que je le remarque; **I'm afraid I didn't ~** malheureusement je n'ai pas remarqué; **I never ~ such things** je ne remarque jamais ce genre de chose; **I ~ you have a new dress** je vois que vous avez une nouvelle robe; **yes, so I've ~d!** j'ai remarqué!

3 COMP ♦ **notice board** N (*printed or painted sign*) pancarte (f); (*for holding announcements*) panneau (m) d'affichage

noticeable /'nəʊtɪsəbl/ ADJ [*effect, difference, improvement*] sensible; [*lack*] évident; **it isn't really ~** ça ne se voit pas vraiment; **it is ~ that ...** on voit bien que ...; **to be ~ by one's absence** briller par son absence

noticeably /'nəʊtɪsəblɪ/ ADV [*better, worse, higher, lower*] nettement; **to improve ~** s'améliorer sensiblement

notification /,nəʊtɪfɪ'keɪʃən/ N avis (m); [*of marriage, engagement*] annonce (f); [*of birth, death*] déclaration (f)

notify /'nəʊtɪfaɪ/ VT **to ~ sth to sb** signaler qch à qn; **to ~ sb of sth** aviser qn de qch; **any change of address must be notified** tout changement d'adresse doit être signalé; **you will be notified later of the result** on vous communiquera le résultat plus tard

notion /'nəʊʃən/ **1** N ⓐ (= *thought*) idée (f); **he somehow got hold of the ~ that she wouldn't help him** il s'est mis en tête qu'elle ne l'aiderait pas; **where did you get the ~ that I couldn't come?** qu'est-ce qui t'a fait penser que je ne pourrais pas venir?; **to put ~s into sb's head*** mettre des idées dans la tête de qn

ⓑ (= *opinion*) idée (f); (= *way of thinking*) façon (f) de penser; **he has some odd ~s** il a de drôles d'idées; **it wasn't my ~ of a holiday** ce n'était pas ce que j'appelle des vacances

ⓒ (= *vague knowledge*) notion (f); **I've got some ~ of physics** j'ai quelques notions de physique; **have you any ~ of what he meant to do?** avez-vous la moindre idée de ce qu'il voulait faire?; **I have a ~ that he was going to Paris** j'ai dans l'idée qu'il allait à Paris; **he has no ~ of time** il n'a pas la notion du temps

2 NPL **notions** (*US* = *ribbons, thread*) articles (mpl) de mercerie (f)

notoriety /,nəʊtə'raɪətɪ/ N triste réputation (f)

notorious /nəʊ'tɔːrɪəs/ ADJ [*criminal, liar*] notoire; [*crime, case*] célèbre; [*person, prison*] tristement célèbre; **to be ~ for one's meanness** être d'une mesquinerie notoire; **to be ~ for one's racism** être bien connu pour ses idées racistes

notoriously /nəʊ'tɔːrɪəslɪ/ ADV [*slow, unreliable, fickle*] notoirement; **~ cruel/inefficient** d'une cruauté/incompétence notoire; **it is ~ difficult to do that** chacun sait à quel point c'est difficile à faire

Notts ABBR = **Nottinghamshire**

notwithstanding /,nɒtwɪθ'stændɪŋ/ **1** PREP malgré **2** ADV néanmoins **3** CONJ bien que (+ *subj*)

nougat /'nuːgɑː, 'nʌgət/ N nougat (m)

nought /nɔːt/ N = **naught**; → ZERO

noun /naʊn/ N nom (m)

nourish /'nʌrɪʃ/ VT [+ person] nourrir (**with** de); [+ hopes] entretenir

nourishing /'nʌrɪʃɪŋ/ ADJ nourrissant

nourishment /'nʌrɪʃmənt/ N (= food) nourriture (f); **sugar provides no real ~** le sucre n'est pas vraiment nourrissant

Nov. ABBR = **November**

Nova Scotia /,nəʊvə'skəʊʃə/ N Nouvelle-Écosse (f)

novel /'nɒvəl/ 1 N roman (m) 2 ADJ original

novelist /'nɒvəlɪst/ N romancier (m), -ière (f)

novelty /'nɒvəltɪ/ N ⓐ (= newness) nouveauté (f); (= unusualness) étrangeté (f); **once the ~ has worn off** une fois passée la nouveauté ⓑ (= idea, thing) innovation (f); **it was quite a ~** c'était une innovation ⓒ (= item for sale) babiole (f)

November /nəʊ'vembər/ N novembre (m) → **September**

novice /'nɒvɪs/ N novice (mf); **to be a ~ at sth** être novice en qch

NOW /naʊ/ (in US) (ABBR = **National Organization for Women**) organisation féministe

now /naʊ/ 1 ADV ⓐ (= at this time) maintenant; (= these days, at the moment) actuellement; (= at that time) alors; **~ I'm ready** je suis prêt maintenant; **the couple, who ~ has three children ...** ce couple, qui a maintenant trois enfants ...; **they won't be long ~** ils ne vont plus tarder; **what are you doing ~?** qu'est-ce que tu fais en ce moment?; **he ~ understood why she had left him** il comprit alors pourquoi elle l'avait quitté; **~ is the time to do it** c'est le moment de le faire; **I'll do it right ~** je vais le faire tout de suite; **I am doing it ~** je suis en train de le faire; **~ for the question of your expenses** et maintenant pour ce qui est de vos frais; **it's ~ or never!** c'est le moment ou jamais!; **between ~ and next Tuesday** d'ici à mardi prochain

♦ **before now**: **you should have done that before ~** ça devrait déjà être fait; **before ~ people thought that ...** auparavant on pensait que ...; **you should have finished long before ~** il y a longtemps que ça devrait être fini; **long before ~ it was realized that ...** il y a longtemps déjà, on comprenait que ...

♦ **by now**: **they should have arrived by ~** ils devraient être déjà arrivés; **by ~ it was clear that ...** dès lors, il était évident que ...

♦ **even now**: **even ~ there's time to change your mind** vous pouvez encore changer d'avis; **even ~ he doesn't believe me** il ne me croit toujours pas; **people do that even ~** les gens font ça encore aujourd'hui

♦ **(every) now and again** ♦ **(every) now and then** de temps en temps

♦ **for now**: **that will do for ~** ça ira pour le moment

♦ **from now**: **three weeks from ~** dans trois semaines; **from ~ until then** d'ici là

♦ **from now on** (with present and future tense) à partir de maintenant; (with past tense) dès lors

♦ **till** or **until** or **up to now** (= till this moment) jusqu'à présent; (= till that moment) jusque-là

ⓑ (without reference to time) **~!** bon!; **~, ~!** allons, allons!; **~, Simon!** (warning) allons, Simon!; **come ~!** allons!; **well, ~!** eh bien!; **~ then, let's start!** bon, commençons!; **~ then, what's all this?** alors, qu'est-ce que c'est que ça?; **~, they had been looking for him all morning** or ils avaient passé toute la matinée à sa recherche; **~ do be quiet for a minute** bon, ça suffit!

2 CONJ maintenant que; **~ that you've seen him** maintenant que vous l'avez vu

nowadays /'naʊədeɪz/ ADV (in contrast to past years) de nos jours; (in contrast to recently) ces jours-ci; **rents are very high ~** les loyers sont très élevés de nos jours; **why don't we ever see Jim ~?** pourquoi ne voit-on plus Jim ces temps-ci?

nowhere /'nəʊweər/ ADV nulle part; **they have ~ to go** ils n'ont nulle part où aller; **there was ~ to hide** il n'y avait

aucun endroit où se cacher; **from ~** de nulle part; **there is ~ more romantic than Paris** il n'y a pas d'endroit plus romantique que Paris; **where are you going? — ~ special** où vas-tu? — nulle part; **she was ~ to be found** elle était introuvable; **he was ~ to be seen** il avait disparu; **to be going ~ fast*** [person] n'arriver à rien; [talks] être dans l'impasse

♦ **nowhere near**: **his house is ~ near the church** sa maison n'est pas près de l'église du tout; **you are ~ near the truth** vous êtes très loin de la vérité; **we're ~ near finding a cure** nous sommes loin d'avoir trouvé un traitement; **she is ~ near as clever as he is** elle est nettement moins intelligente que lui; **£10 is ~ near enough** 10 livres sont loin de suffire

noxious /'nɒkʃəs/ ADJ [gas, substance] nocif; [smell] infect; **to have a ~ effect on** avoir un effet nocif sur

nozzle /'nɒzl/ N [of hose] jet (m); (for icing) douille (f); [of vacuum cleaner] suceur (m)

NRA /,enɑːr'eɪ/ N ⓐ (US) (ABBR = **National Rifle Association**) organisation américaine militant pour le droit du port d'armes ⓑ (Brit) (ABBR = **National Rivers Authority**) administration nationale des cours d'eau

NS ABBR = **Nova Scotia**

NSPCC /,enes,piːsiː'siː/ N (Brit) (ABBR = **National Society for the Prevention of Cruelty to Children**) société pour la protection de l'enfance

nuance /'njuːɑːns/ N nuance (f)

nuclear /'njuːklɪər/ ADJ nucléaire ♦ **nuclear deterrent** N force (f) de dissuasion nucléaire ♦ **nuclear-free** ADJ [zone, world] dénucléarisé ♦ **nuclear-powered** ADJ (à propulsion) nucléaire ♦ **nuclear scientist** N (savant (m)) atomiste (m) ♦ **nuclear waste** N déchets (mpl) nucléaires

nuclei /'njuːklɪaɪ/ NPL of **nucleus**

nucleus /'njuːklɪəs/ N (pl **nuclei**) noyau (m)

nude /njuːd/ 1 ADJ [person, body] nu; [photograph] de nu; **to bathe ~** se baigner nu; **~ scene** (in film) scène (f) déshabillée; **~ figures** (in art) nus (mpl) 2 N nu (m); **in the ~** nu

nudge /nʌdʒ/ 1 VT ⓐ (with elbow) donner un petit coup de coude à ⓑ (= encourage) encourager; **to ~ sb into doing sth** amener qn à faire qch 2 N (with elbow) coup (m) de coude; (= encouragement) coup (m) de pouce

nudist /'njuːdɪst/ ADJ, N nudiste (mf) ♦ **nudist camp** N camp (m) de nudistes ♦ **nudist colony** N colonie (f) de nudistes

nudity /'njuːdɪtɪ/ N nudité (f)

nugget /'nʌgɪt/ N pépite (f); **gold ~** pépite (f) d'or

nuisance /'njuːsns/ 1 N ⓐ (= annoying thing or event) **what a ~ he can't come** c'est ennuyeux qu'il ne puisse pas venir; **it's a ~ having to shave** c'est agaçant d'avoir à se raser; **these weeds are a ~** ces mauvaises herbes sont une vraie plaie*; **what a ~!** c'est vraiment ennuyeux! ⓑ (= annoying person) peste (f); **that child is a ~** cet enfant est une peste; **what a ~ you are!** ce que tu peux être agaçant!; **you're being a ~** tu es agaçant; **sorry to be a ~** désolé de vous déranger; **to make a ~ of o.s.** embêter le monde*

2 COMP ♦ **nuisance call** N appel (m) anonyme ♦ **nuisance caller** N auteur (m) d'un appel anonyme

nuke* /njuːk/ VT [+ city] lancer une bombe atomique sur; [+ nation, enemy] lancer une attaque nucléaire contre; (= destroy) détruire à l'arme nucléaire

null /nʌl/ ADJ [act, decree] nul (nulle (f)); **~ and void** nul et non avenu

nullify /'nʌlɪfaɪ/ VT invalider

numb /nʌm/ 1 ADJ ⓐ [person, limb, face] engourdi; **to go ~** s'engourdir; **~ with cold** engourdi par le froid ⓑ (= stunned) [person] hébété; **~ with disbelief** hébété; **~ with fright** paralysé par la peur; **~ with grief** muet de douleur; **~ with shock** abasourdi par le choc 2 VT engourdir; **~ed with grief** muet de douleur; **~ed with fear** paralysé par la peur; **it ~s the pain** cela endort la douleur

number /'nʌmbər/ 1 N ⓐ nombre (m); (when written) chiffre (m)

(b) (= *quantity, amount*) nombre *(m)*; **a ~ of people** un certain nombre de personnes; **large ~s of people** un grand nombre de personnes; **a great ~ of books/chairs** une grande quantité de livres/chaises; **on a ~ of occasions** à plusieurs occasions; **there are a ~ of things which ...** il y a un certain nombre de choses qui ...; **any ~ can play** le nombre de joueurs est illimité; **I've told you any ~ of times** je te l'ai dit mille fois; **to win by sheer ~s** l'emporter par le nombre

(c) [*of bus, page, house, phone, lottery*] numéro *(m)*; **wrong ~** faux numéro; **to get a wrong ~** se tromper de numéro; **that's the wrong ~** ce n'est pas le bon numéro; **she lives at ~ four** elle habite au numéro quatre; **registration ~** (*of car*) (numéro *(m)* d')immatriculation *(f)*; **to take a car's ~** relever le numéro d'immatriculation d'une voiture; **I've got his ~!*** je l'ai repéré!; **his ~'s up*** son compte est bon

(d) [*of newspaper, journal*] numéro *(m)*

(e) [*of music hall, circus*] numéro *(m)*; [*of pianist, band*] morceau *(m)*; [*of singer*] chanson *(f)*; [*of dancer*] danse *(f)*; **there were several dance ~s on the programme** le programme comprenait plusieurs numéros de danse; **my next ~ will be ...** (*singer*) je vais maintenant chanter ...

2 VT (a) (= *give a number to*) numéroter; **they are ~ed from one to ten** ils sont numérotés de un à dix; **the houses are not ~ed** les maisons n'ont pas de numéro

(b) (= *include*) compter; **I ~ him among my friends** je le compte parmi mes amis

(c) **his days were ~ed** ses jours étaient comptés

3 COMP ◆ **number one** N **to be ~ one (in the charts)** être numéro un (au hit-parade); **he's the ~ one there** c'est lui le numéro un; **the ~ one English player** le meilleur joueur anglais; **to look after ~ one*** penser avant tout à soi ◆ **number plate** N (*Brit*) plaque *(f)* d'immatriculation; **a car with French ~ plates** une voiture immatriculée en France ◆ **Number 10** N 10 Downing Street (*résidence du Premier ministre*) → DOWNING STREET ◆ **number two** N [*of political party*] numéro deux *(m)*; **he's my ~ two*** il est mon second

numbness /'nʌmnɪs/ N engourdissement *(m)*

numeracy /'nju:mərəsɪ/ N notions *(fpl)* de calcul

numeral /'nju:mərəl/ N chiffre *(m)*; **Arabic/Roman ~** chiffre *(m)* arabe/romain

numerate /'nju:mərɪt/ ADJ **to be ~** savoir compter; **he is barely ~** il sait à peine compter

numerical /nju:'merɪkəl/ ADJ numérique; **in ~ order** dans l'ordre numérique

numeric keypad /nju:,merɪk'ki:pæd/ N pavé *(m)* numérique

numerous /'nju:mərəs/ ADJ nombreux

nun /nʌn/ N religieuse *(f)*; **to become a ~** prendre le voile

Nunavut /'nʌnəvʌt/ N Nunavut *(m)*

nurse /nɜ:s/ 1 N (*in hospital*) infirmier *(m)*, -ière *(f)*; (*at home*) garde-malade *(mf)*; **male ~** (*in hospital*) infirmier *(m)* 2 VT (a) [+ *person, illness, injury*] soigner; **she ~d him through pneumonia** elle l'a soigné pendant sa pneumonie; **she ~d him back to health** il a guéri grâce à ses soins; **to ~ a cold** soigner un rhume (b) [+ *baby*] (= *suckle*) allaiter; (*Brit = cradle in arms*) bercer (dans ses bras) (c) [+ *hope, ambition*] nourrir; [+ *plan, plot*] préparer; **to ~ one's wounded pride** panser ses plaies

nursery /'nɜ:sərɪ/ 1 N (a) (= *room*) chambre *(f)* d'enfants (b) (= *institution*) (*daytime only*) crèche *(f)*; (*daytime or residential*) pouponnière *(f)*

(c) (*for growing plants*) pépinière *(f)*; **a ~ of talent** une pépinière de talents

2 COMP ◆ **nursery education** N enseignement *(m)* en école maternelle ◆ **nursery nurse** N puéricultrice *(f)* ◆ **nursery rhyme** N comptine *(f)* ◆ **nursery school** N (*state-run*) école *(f)* maternelle; (*gen private*) jardin *(m)* d'enfants; **~ school teacher** (*state-run*) professeur *(mf)* d'école maternelle; (*private*) jardinière *(f)* d'enfants ◆ **nursery slopes** NPL (*Brit Ski*) pistes *(fpl)* pour débutants

nursing /'nɜ:sɪŋ/ 1 ADJ (a) **~ mother** mère *(f)* qui allaite; **room for ~ mothers** salle *(f)* réservée aux mères qui allaitent

(b) **the ~ staff** [*of hospital*] le personnel soignant

2 N (= *profession of nurse*) profession *(f)* d'infirmière; (= *care of invalids*) soins *(mpl)*; **she's going in for ~** elle va être infirmière

3 COMP ◆ **nursing home** N (*for medical, surgical cases*) clinique *(f)*; (*for mental cases, disabled*) maison *(f)* de santé; (*for convalescence/rest cure*) maison *(f)* de convalescence; (*for old people*) maison *(f)* de retraite

nurture /'nɜ:tʃər/ VT (= *rear*) élever; (= *feed*) nourrir (**on** de)

NUS /,enju:'es/ N (*Brit*) (ABBR = **National Union of Students**) *syndicat*

NUT /,enju:'ti:/ N (*Brit*) (ABBR = **National Union of Teachers**) *syndicat*

nut /nʌt/ 1 N (a) (= *hazelnut*) noisette *(f)*; (= *walnut*) noix *(f)*; (= *almond*) amande *(f)*; **this chocolate has got ~s in it** c'est du chocolat aux noisettes; **mixed ~s** noisettes, cacahouètes, amandes *etc* panachées; **he's a tough ~* to crack** c'est un dur à cuire*; **that's a hard ~ to crack** ce n'est pas un petit problème

(b) (*screwed onto bolt*) écrou *(m)*; **the ~s and bolts of ...** les détails *(mpl)* pratiques de ...

(c) (= *head*) caboche* *(f)*; **use your ~!** réfléchis donc un peu!; **to be off one's ~** être tombé sur la tête*; **you must be off your ~!** mais ça va pas!*; **to go off one's ~** perdre la boule*; **to do one's ~** (*Brit*) piquer une crise*

(d) (= *mad person*) **he's a real ~** il est cinglé*

2 COMP ◆ **nut allergy** N allergie *(f)* aux oléagineux, ≈ allergie *(f)* aux cacahuètes

nutcase /'nʌtkeɪs/ N dingue* *(mf)*; **he's a ~** il est dingue*

nutcrackers /'nʌtkrækəz/ NPL casse-noix *(m inv)*

nutmeg /'nʌtmeg/ N (noix *(f)*) muscade *(f)*

nutrient /'nju:trɪənt/ 1 ADJ nutritif 2 N élément *(m)* nutritif

nutrition /nju:'trɪʃən/ N nutrition *(f)*; (= *subject*) diététique *(f)*

nutritional /nju:'trɪʃnl/ ADJ [*information, advice*] nutritionnel; [*value, content, requirements, deficiencies*] nutritif

nutritionist /nju:'trɪʃənɪst/ N nutritionniste *(mf)*

nutritious /nju:'trɪʃəs/ ADJ nutritif

nuts /nʌts/ ADJ dingue*; **to go ~** perdre la boule*; **to be ~ about sb/sth** être dingue* de qn/qch

nutshell /'nʌtʃel/ N coquille *(f)* de noix (or de noisette *etc*); **in a ~** en un mot

nutter /'nʌtər/ N (*Brit*) cinglé(e)* *(m(f))*

nutty /'nʌtɪ/ ADJ (a) [*flavour, taste, smell*] de noisette (*ou* de noix *etc*) (b) (= *mad*)* [*idea, person*] dingue*; **to be ~ about sb/sth** (= *enthusiastic*) être dingue* de qn/qch

nuzzle /'nʌzl/ VI **the dog ~d up to my leg** le chien est venu fourrer son nez contre ma jambe; **she ~d up to me** elle est venue se blottir contre moi

NV ABBR = **Nevada**

NVQ /,envi:'kju:/ N (ABBR = **National Vocational Qualification**) ≈ CAP *(m)*

> **ⓘ NVQ**
> Les **National Vocational Qualifications**, ou **NVQ**, sont un système de qualifications à la fois théoriques et pratiques destinées essentiellement aux personnes occupant déjà un emploi. Toutefois, certains établissements secondaires préparent à ces examens, en plus ou à la place des examens traditionnels (« GCSE » ou « A levels »). Ce système existe en Angleterre, au pays de Galles et en Irlande du Nord; en Écosse, il existe une filière comparable qui porte le nom de « Scottish Vocational Qualifications » ou « SVQ ».
> ▷ www.edexcel.org.uk/quals/nvq

NW (ABBR = **north-west**) N-O

NY ABBR = **New York**

NYC /ɛnwaɪˈsiː/ N ABBR = **New York City**

nylon /ˈnaɪlɒn/ 1 N nylon® *(m)* 2 ADJ [*stockings, clothes*] en nylon® 3 NPL **nylons** bas *(mpl)* (*or* collant *(m)*) en nylon®

nymph /nɪmf/ N nymphe *(f)*

nymphomaniac /ˌnɪmfəʊˈmeɪnɪæk/ ADJ, N nymphomane *(f)*

NYSE /ˌenwaɪesˈiː/ N (ABBR = **New York Stock Exchange**) *Bourse de New York*

NZ ABBR = **New Zealand**

O

oaf /əʊf/ N mufle (m)

oak /əʊk/ 1 N (= wood, tree) chêne (m) 2 ADJ (= made of oak) de or en chêne

OAP /ˌəʊeɪˈpiː/ N (Brit) (ABBR = old age pensioner) retraité(e) (m(f))

oar /ɔːʳ/ N rame (f)

oarsman /ˈɔːzmən/ N (pl -men) rameur (m)

oasis /əʊˈeɪsɪs/ N (pl oases /əʊˈeɪsiːz/) oasis (f)

oatcake /ˈəʊtkeɪk/ N galette (f) d'avoine

oath /əʊθ/ N (pl oaths /əʊðz/) ⓐ serment (m); **to take the ~** prêter serment; **under ~** sous serment ⓑ (= bad language) juron (m)

oatmeal /ˈəʊtmiːl/ N (= cereal) flocons (mpl) d'avoine; (US = porridge) porridge (m)

oats /əʊts/ NPL avoine (f)

obdurate /ˈɒbdjʊrɪt/ ADJ obstiné

OBE /ˌəʊbiːˈiː/ N (ABBR = Officer of the Order of the British Empire) titre honorifique → HONOURS LIST

obedience /əˈbiːdɪəns/ N obéissance (f); **in ~ to the law** conformément à la loi

obedient /əˈbiːdɪənt/ ADJ obéissant; **to be ~ to sb** obéir à qn

obediently /əˈbiːdɪəntlɪ/ ADV docilement

obelisk /ˈɒbɪlɪsk/ N obélisque (m)

obese /əʊˈbiːs/ ADJ obèse

obesity /əʊˈbiːsɪtɪ/ N obésité (f)

obey /əˈbeɪ/ 1 VT obéir à 2 VI obéir

obituary /əˈbɪtjʊərɪ/ N nécrologie (f) ✦ **obituary column** N rubrique (f) nécrologique

object 1 N ⓐ (= thing) objet (m); **~ of pity/ridicule** objet (m) de pitié/de risée
ⓑ (= aim) but (m); **with this ~ in view** dans ce but; **with the ~ of clarifying the situation** dans le but de clarifier la situation; **money is no ~ to him** l'argent n'est pas un problème pour lui
ⓒ [of verb] complément (m) d'objet

2 VI soulever une objection; **he didn't ~ when …** il n'a soulevé aucune objection quand …; **I ~!** je proteste!; **if you don't ~** si vous n'y voyez pas d'inconvénient; **I ~ to that remark** je proteste contre cette remarque; **I don't ~ to helping you** je veux bien vous aider; **she ~ed to him as spokesperson** elle s'opposait à ce qu'il soit porte-parole; **they ~ed to him because he was too young** ils lui ont objecté son jeune âge

3 VT **to ~ that …** objecter que …

4 COMP ✦ **object lesson** N **it was an ~ lesson in good manners** c'était une démonstration de bonnes manières

★ Lorsque **object** est un nom, l'accent tombe sur la première syllabe: /ˈɒbdʒɪkt/, lorsque c'est un verbe, sur la seconde: /əbˈdʒekt/.

objection /əbˈdʒekʃən/ N objection (f); **I have no ~** je n'ai pas d'objection; **if you have no ~** si vous n'y voyez pas d'inconvénient; **I have no ~ to him** je n'ai rien contre lui; **have you any ~ to my smoking?** est-ce que cela vous dérange si je fume?; **to raise an ~** soulever une objection; **~!** (in court) objection!; **~ overruled!** objection rejetée!

objectionable /əbˈdʒekʃnəbl/ ADJ [smell] nauséabond; [behaviour, attitude] déplorable; [language] choquant; [remark] désobligeant; **I find him thoroughly ~** il me déplaît souverainement

objective /əbˈdʒektɪv/ 1 ADJ (= impartial) objectif 2 N (= goal) objectif (m); **to reach one's ~** atteindre son objectif

objectively /əbˈdʒektɪvlɪ/ ADV objectivement

objectivity /ˌɒbdʒɪkˈtɪvɪtɪ/ N objectivité (f)

objector /əbˈdʒektəʳ/ N opposant(e) (m(f))

obligation /ˌɒblɪˈgeɪʃən/ N ⓐ (= duty) obligation (f); **to be under an ~ to do sth** être dans l'obligation de faire qch; **to feel an ~ to do sth** se sentir obligé de faire qch; **I'm under no ~ to do it** rien ne m'oblige à le faire; **these long years of study put students under an ~ to their parents** ces longues études font des étudiants les obligés de leurs parents; **you have an ~ to see that …** il vous incombe de veiller à ce que … (+ subj) ⓑ (= commitment) engagement (m); **to meet one's ~s** respecter ses engagements

obligatory /ɒˈblɪgətərɪ/ ADJ obligatoire; **it is not ~ to attend** il n'est pas obligatoire d'y assister; **it is ~ for you to attend** vous êtes tenu d'y assister; **to make it ~ for sb to do sth** obliger qn à faire qch

oblige /əˈblaɪdʒ/ 1 VT ⓐ (= compel) obliger; **to be ~d to do sth** être obligé de faire qch
ⓑ (= do a favour to) rendre service à; **he did it to ~ us** il l'a fait pour nous rendre service; **I am much ~d to you** je vous remercie infiniment; **I would be ~d if you would read it to us** je vous serais reconnaissant de bien vouloir nous le lire
2 VI **she is always ready to ~** elle est toujours prête à rendre service; **anything to ~!** à votre service!; **we asked him the way and he ~d with directions** nous lui avons demandé notre chemin et il nous a obligeamment donné des indications

obliging /əˈblaɪdʒɪŋ/ ADJ obligeant; **it is very ~ of them** c'est très aimable de leur part

oblique /əˈbliːk/ 1 ADJ ⓐ [approach, reference, criticism] indirect ⓑ [line, cut] oblique ⓒ [angle] (= acute) aigu (-guë (f)); (= obtuse) obtus 2 N (Brit) barre (f) oblique

obliquely /əˈbliːklɪ/ ADV [refer to, answer] indirectement

obliterate /əˈblɪtəreɪt/ VT (= destroy) anéantir; [+ writing] rendre illisible; [+ memory, impressions] effacer

oblivion /əˈblɪvɪən/ N oubli (m)

oblivious /əˈblɪvɪəs/ ADJ inconscient (**to sth** de qch); **~ to sb** inconscient de la présence de qn

oblong /ˈɒblɒŋ/ 1 ADJ rectangulaire 2 N rectangle (m)

obnoxious /əbˈnɒkʃəs/ ADJ odieux

oboe /ˈəʊbəʊ/ N hautbois (m)

obscene /əbˈsiːn/ ADJ obscène

obscenely /əbˈsiːnlɪ/ ADV [fat] monstrueusement; **~ rich** d'une richesse indécente; **she earns ~ large amounts of money** elle gagne tellement d'argent que c'en est indécent

obscenity /əb'senɪtɪ/ N obscénité (f)

obscure /əb'skjʊəʳ/ 1 ADJ obscur 2 VT (= hide) cacher; **to ~ the issue** embrouiller les choses

obscurity /əb'skjʊərɪtɪ/ N obscurité (f)

obsequious /əb'si:kwɪəs/ ADJ obséquieux

observable /əb'zɜ:vəbl/ ADJ observable

observance /əb'zɜ:vəns/ N [of rule, law] observation (f); [of custom, Sabbath] observance (f)

observant /əb'zɜ:vənt/ ADJ observateur (-trice (f))

observation /ˌɒbzə'veɪʃən/ 1 N ⓐ observation (f); **his powers of ~** son don (m) d'observation; **to be under ~** (in hospital) être en observation; (by police) être sous surveillance; **they kept the house under ~** ils surveillaient la maison ⓑ (= remark) observation (f) 2 COMP ♦ **observation deck** N terrasse (f) panoramique ♦ **observation post** N poste (m) d'observation ♦ **observation tower** N mirador (m) ♦ **observation ward** N salle (f) d'observation

observatory /əb'zɜ:vətrɪ/ N observatoire (m)

observe /əb'zɜ:v/ VT ⓐ (= study) observer; **to ~ sth closely** observer qch attentivement; **I'm only here to ~** je suis ici en tant qu'observateur ⓑ (= obey) [+ rule, custom, ceasefire] respecter; [+ silence, the Sabbath] observer ⓒ (= celebrate) célébrer ⓓ (= say) remarquer; **he ~d that the weather was cold** il a remarqué qu'il faisait froid

observer /əb'zɜ:vəʳ/ N ⓐ observateur (m), -trice (f); **UN ~s** observateurs (mpl) de l'ONU ⓑ (= analyst, commentator) spécialiste (mf); **an ~ of Soviet politics** un spécialiste de la politique soviétique

obsess /əb'ses/ 1 VT obséder; **~ed by** obsédé par 2 VI **to ~ about sth** être obsédé par qch

obsession /əb'seʃən/ N obsession (f); **sport is an ~ with him** c'est un obsédé de sport; **he has an ~ about cleanliness** c'est un maniaque de la propreté

obsessive /əb'sesɪv/ ADJ [behaviour, love] obsessionnel; [need, interest] maladif; [memory, thought] obsédant; **to be ~ about tidiness** être un maniaque de l'ordre; **his ~ tidiness** son obsession de l'ordre

obsessively /əb'sesɪvlɪ/ ADV [love, hate] de façon obsessionnelle; **she is ~ tidy** c'est une maniaque de l'ordre

obsolescence /ˌɒbsə'lesns/ N [of machinery, goods] obsolescence (f); **built-in ~** obsolescence (f) programmée

obsolescent /ˌɒbsə'lesnt/ ADJ obsolescent

obsolete /'ɒbsəli:t/ ADJ obsolète

obstacle /'ɒbstəkl/ N obstacle (m); **to put an ~ in the way of sth/in sb's way** faire obstacle à qch/qn ♦ **obstacle course** N parcours (m) du combattant ♦ **obstacle race** N course (f) d'obstacles

obstetrician /ˌɒbstə'trɪʃən/ N obstétricien(ne) (m(f))

obstetrics /ɒb'stetrɪks/ N obstétrique (f)

obstinacy /'ɒbstɪnəsɪ/ N obstination (f) (**in doing** à faire)

obstinate /'ɒbstɪnɪt/ ADJ obstiné

obstinately /'ɒbstɪnɪtlɪ/ ADV obstinément

obstreperous /əb'strepərəs/ ADJ tapageur

obstruct /əb'strʌkt/ VT ⓐ [+ road, artery, windpipe] obstruer; [+ pipe, view] boucher ⓑ [+ progress, traffic, plan, person] entraver ⓒ (Sport) faire obstruction à

obstruction /əb'strʌkʃən/ N ⓐ (to plan, progress, view) obstacle (m); (in pipe) bouchon (m); (in artery, windpipe) obstruction (f); **the country's ~ of the UN inspection process** l'obstruction de ce pays au processus d'inspection de l'ONU; **legal ~s** obstacles (mpl) juridiques; **to cause an ~** entraver la circulation ⓑ (Sport) obstruction (f)

obstructive /əb'strʌktɪv/ ADJ **he's intent on being ~** il fait de l'obstruction systématique

obtain /əb'teɪn/ VT obtenir; **this gas is ~ed from coal** on obtient ce gaz à partir du charbon

obtainable /əb'teɪnəbl/ ADJ [product] disponible

obtrude /əb'tru:d/ VI (frm) [object] être gênant; [person] s'imposer

obtrusive /əb'tru:sɪv/ ADJ [object, building, presence] gênant; [person] envahissant

obtuse /əb'tju:s/ ADJ obtus

obverse /'ɒbvɜ:s/ N [of coin] face (f)

obviate /'ɒbvɪeɪt/ VT [+ difficulty] obvier à; [+ need, necessity] éviter; [+ danger, objection] prévenir

obvious /'ɒbvɪəs/ 1 ADJ ⓐ (= clear) évident (**to sb** pour qn); [lie] flagrant; **it is ~ that ...** il est évident que ...; **an ~ injustice** une injustice patente; **he was the ~ choice for the role** il était tout désigné pour ce rôle; **it's the ~ thing to do** c'est la chose à faire; **the ~ thing to do is to leave** la chose évidente à faire c'est de partir ⓑ (= predictable) [remark, response] prévisible 2 N **you are stating the ~** vous enfoncez une porte ouverte

obviously /'ɒbvɪəslɪ/ ADV [angry, upset, happy, pregnant] visiblement; **he ~ adores her sister** il est évident qu'elle adore sa sœur; **he was ~ not drunk** de toute évidence, il n'était pas ivre; **he was not ~ drunk** à le voir, on ne pouvait pas dire s'il était ivre; **~ I am delighted** je suis bien entendu ravi; **~!** évidemment!; **~ not!** apparemment non!

occasion /ə'keɪʒən/ 1 N ⓐ (= particular time, date, occurrence) occasion (f); **on the ~ of sth** à l'occasion de qch; **on that ~** à cette occasion; **on several ~s** à plusieurs reprises; **on great ~s** dans les grandes occasions; **on a previous ~** précédemment; **I'll do it on the first possible ~** je le ferai à la première occasion; **on ~** à l'occasion; **should the ~ arise** le cas échéant; **he has few ~s to speak Italian** il n'a pas souvent l'occasion de parler italien; **he took the ~ to say ...** il en a profité pour dire ...; **to rise to the ~** être à la hauteur de la situation

ⓑ (= event) événement (m), occasion (f); **a big ~** un grand événement; **music written for the ~** musique spécialement composée pour l'occasion

ⓒ (= reason) raison (f); **you had no ~ to say that** vous n'aviez aucune raison de dire cela; **there is no ~ for alarm** il n'y a pas lieu de s'inquiéter; **there was no ~ for it** ce n'était pas nécessaire

2 VT (frm) occasionner

occasional /ə'keɪʒənl/ ADJ [rain, showers] intermittent; **I have the ~ headache** j'ai de temps en temps des maux de tête; **she made ~ visits to England** elle allait de temps en temps en Angleterre; **they had passed an ~ car on the road** ils avaient croisé quelques rares voitures ♦ **occasional table** N (Brit) table (f) d'appoint

occasionally /ə'keɪʒnəlɪ/ ADV parfois; **only very ~** rarement

occult /ɒ'kʌlt/ 1 ADJ occulte 2 N **the ~** l'occulte (m)

occupancy /'ɒkjʊpənsɪ/ N occupation (f)

occupant /'ɒkjʊpənt/ N occupant(e) (m(f))

occupation /ˌɒkjʊ'peɪʃən/ N ⓐ (= trade) métier (m); (= profession) profession (f); (= work) emploi (m); (= activity, pastime) occupation (f); **he is a plumber by ~** il est plombier de métier; **"occupation: teacher"** « occupation: professeur » ⓑ [of house] occupation (f); **the house is ready for ~** la maison est prête à être habitée ⓒ (by army) occupation (f); **under (military) ~** sous occupation (militaire)

⚠ **occupation** is not always translated by the French word **occupation**.

occupational /ˌɒkjʊ'peɪʃənl/ ADJ [training, group] professionnel; [safety] au travail ♦ **occupational hazard** N risque (m) professionnel; (fig) risque (m) du métier ♦ **occupational health** N santé (f) du travail ♦ **occupational pension** N retraite (f) complémentaire ♦ **occupational therapist** N ergothérapeute (mf) ♦ **occupational therapy** N ergothérapie (f)

occupied /'ɒkjʊpaɪd/ ADJ ⓐ (= inhabited) habité ⓑ [toilet, room, seat, bed] occupé ⓒ (by army) occupé

occupier /'ɒkjʊpaɪəʳ/ N [of house] occupant(e) (m(f)), habitant(e) (m(f))

occupy /'ɒkjʊpaɪ/ VT ⓐ [+ house] habiter; [+ post] occuper ⓑ [troops, demonstrators] occuper ⓒ [+ attention, mind, person, time, space] occuper; **to ~ one's time (with doing sth)** s'occuper (à faire qch); **to be occupied with sth** être pris par qch

occur /ə'kɜːʳ/ VI ⓐ [event] se produire, arriver; [difficulty, opportunity] se présenter; [change, disease, error] se produire; [word] se rencontrer; **if a vacancy ~s** s'il y a un poste vacant ⓑ **to ~ to sb** [idea] venir à l'esprit de qn; **it ~red to me that he might have gone** l'idée m'a traversé l'esprit qu'il pouvait être parti; **it ~red to me that we could …** je me suis dit que nous pourrions …; **it didn't ~ to him to refuse** il n'a pas eu l'idée de refuser

occurrence /ə'kʌrəns/ N (= event) **this is a common ~** cela arrive souvent; **an everyday ~** un fait journalier

ocean /'əʊʃən/ N océan (m); **it's a drop in the ~** c'est une goutte d'eau dans l'océan ♦ **ocean bed** N fonds (mpl) sous-marins ♦ **ocean-going** ADJ de haute mer

ochre, ocher (US) /'əʊkəʳ/ N (= colour) ocre (m)

o'clock /ə'klɒk/ ADV **it is one ~** il est une heure; **it's 4 ~ in the morning** il est 4 heures du matin; **at 7 ~** (morning) à 7 heures (du matin); (evening) à 7 heures (du soir), à 19 heures; **at 12 ~** (= midday) à midi; (= midnight) à minuit; **the 6 ~ bus/train** le bus/train de 6 heures; **the Nine O'Clock News** le journal de 21 heures

Oct. ABBR = **October**

octagon /'ɒktəgən/ N octogone (m)

octagonal /ɒk'tægənl/ ADJ octogonal

octane /'ɒkteɪn/ N octane (m); **high ~ petrol** carburant (m) à indice d'octane élevé

octave /'ɒktɪv/ N octave (f)

October /ɒk'təʊbəʳ/ N octobre (m) → **September**

octopus /'ɒktəpəs/ (pl **octopuses**) N pieuvre (f); (as food) poulpe (m)

OD: /əʊ'diː/ N ABBR = **overdose**

odd /ɒd/ **1** ADJ ⓐ (= strange) bizarre; **the ~ thing about it is …** ce qui est bizarre c'est … ⓑ [number] impair ⓒ [shoe, sock] dépareillé; **£5 and some ~ pennies** 5 livres et quelques pennies; **any ~ piece of wood** un morceau de bois quelconque; **an ~ scrap of paper** un bout de papier; **the ~ one out** l'exception (f) ⓓ (= and a few more)* **sixty-~** soixante et quelques ⓔ (= occasional) **he has written the ~ article** il a écrit un ou deux articles; **I get the ~ letter from him** je reçois une lettre de lui de temps en temps; **in ~ moments he …** à ses moments perdus, il …; **~ jobs** travaux (mpl) divers, petits travaux (mpl); **to do ~ jobs about the house** (= housework) faire un peu de ménage; (= do-it-yourself) bricoler dans la maison; **I've got one or two ~ jobs for you** j'ai deux ou trois choses à te faire faire

2 COMP ♦ **odd-job man** N homme (m) à tout faire

oddball* /'ɒdbɔːl/ N excentrique (mf)

oddity /'ɒdɪtɪ/ N (= person, thing) exception (f); (= odd trait) singularité (f)

oddly /'ɒdlɪ/ ADV curieusement; **they sound ~ like the Beatles** leur musique ressemble curieusement à celle des Beatles; **~ enough …** chose curieuse, …

odds /ɒdz/ **1** NPL ⓐ (Betting) cote (f); **I got short/long ~** on m'a donné une faible/forte cote; **the ~ are 6 to 4 on** la cote est à 4 contre 6; **the ~ are 6 to 4 against** la cote est à 6 contre 4; **I got £30 over the ~ for it** (Brit) on me l'a payé 30 livres de plus que prévu ⓑ (= balance of probability) chances (fpl); **all the ~ are against you** vous n'avez pratiquement aucune chance d'y arriver; **the ~ are against him coming** il est pratiquement certain qu'il ne viendra pas; **the ~ against another attack are very high** une nouvelle attaque est hautement improbable; **the ~ are on him coming** il y a de fortes chances qu'il vienne; **to fight against heavy ~** avoir peu de chances de réussir; **he succeeded against all the ~** il a réussi alors que tout était contre lui ⓒ (= difference) **it makes no ~** cela n'a pas d'importance; **it makes no ~ to me** ça m'est complètement égal ⓓ **to be at ~ with sb over sth** ne pas être d'accord avec qn

sur qch; **his pompous tone was at ~ with his vulgar language** son ton pompeux ne cadrait pas avec son langage vulgaire

2 COMP ♦ **odds and ends** NPL (= objects) bricoles* (fpl); **we still have a few ~ and ends to settle** il nous reste encore quelques points à régler ♦ **odds-on favourite** N grand favori (m); **he's the ~-on favourite for the job** c'est le grand favori pour le poste

ode /əʊd/ N ode (f)

odious /'əʊdɪəs/ ADJ odieux

odometer /ɒ'dɒmɪtəʳ/ N (US) odomètre (m)

odour, odor (US) /'əʊdəʳ/ N odeur (f)

odourless, odorless (US) /'əʊdəlɪs/ ADJ inodore

OECD /ˌəʊiːsiː'diː/ N (ABBR = **Organization for Economic Cooperation and Development**) OCDE (f)

oesophagus /iː'sɒfəgəs/ N œsophage (m)

oestrogen /'iːstrəʊdʒən/ N œstrogène (m)

of /ɒv, əv/ PREP ⓐ de

► **de + le = du, de + les = des**

a cry of pain un cri de douleur; **a kilo of oranges** un kilo d'oranges; **the wife of the doctor** la femme du médecin; **a portrait of the queen** un portrait de la reine; **the average age of the students** l'âge moyen des étudiants; **south of Paris** au sud de Paris; **to die of hunger** mourir de faim; **the city of Paris** la ville de Paris; **his love of animals** son amour pour les animaux; **it was kind of him to say so** c'était gentil de sa part de dire cela; **how much of this do you want?** combien en voulez-vous?; **the tip of it is broken** le bout est cassé; **the whole of the house** toute la maison
♦ **of** + possessive: **a friend of Paul's** un ami de Paul; **a friend of ours** un de nos amis; **a painting of the queen's** un tableau qui appartient à la reine; **that funny nose of hers** son drôle de nez
ⓑ (with numbers) **there are six of them** (people) ils sont six; (things) il y en a six; **he asked the six of us to lunch** il nous a invités tous les six à déjeuner; **he's got four sisters, I've met two of them** il a quatre sœurs, j'en ai rencontré deux
ⓒ (= about) de; **what do you think of him?** que pensez-vous de lui?; **what do you think of it?** qu'en pensez-vous?; **what of it?** et alors?
ⓓ (material) de, en; **a dress made of wool** une robe en or de laine
ⓔ (in descriptions) de; **a girl of ten** une fille de dix ans; **a question of no importance** une question sans importance; **a town of narrow streets** une ville aux rues étroites; **that idiot of a doctor** cet imbécile de docteur
ⓕ (with dates) **the 2nd of June** le 2 juin
ⓖ (with times: US) **a quarter of six** six heures moins le quart

Ofcom /'ɒfkɒm/ N (Brit) (ABBR = **Office of Communications Regulation**) organe de régulation de télécommunications

off /ɒf/

1 PREPOSITION	4 NOUN
2 ADVERB	5 COMPOUNDS
3 ADJECTIVE	

► When **off** is an element in a phrasal verb, eg **keep off, take off,** look up the verb. When it is part of a set combination, eg **off duty, far off,** look up the other word.

1 PREPOSITION

ⓐ **= from** de; **he jumped ~ the wall** il a sauté du mur; **the orange fell ~ the table** l'orange est tombée de la table; **he cut a piece ~ the steak** il a coupé un morceau du steak; **he was sitting on the wall and fell ~ it** il était assis sur le mur et il est tombé

► Note the French prepositions used in the following.

he took the book ~ the table il a pris le livre sur la table; **we ate ~ paper plates** nous avons mangé dans des assiettes en carton

ⓑ **= missing from** **there are two buttons ~ my coat** il

manque deux boutons à mon manteau ; **the lid was ~ the tin** le couvercle n'était pas sur la boîte

ⓒ = away from de ; **the helicopter was just a few metres ~ the ground** l'hélicoptère n'était qu'à quelques mètres du sol ; **a flat just ~ the high street** un appartement dans une rue qui donne sur la rue principale ; **it's ~ the coast of Brittany** c'est au large de la Bretagne

ⓓ = not taking, avoiding * **I'm ~ coffee/cheese at the moment** je ne bois pas de café/ne mange pas de fromage en ce moment

2 ADVERB

ⓐ = away **the house is 5km ~** la maison est à 5 km ; **my holiday is a week ~** je suis en vacances dans une semaine ◆ **to be off*** (= going) partir ; **we're ~ to France today** nous partons pour la France aujourd'hui ; **they're ~!** (in race) les voilà partis ! ; **I must be ~** il faut que je me sauve* ; **~ you go! file !*** ; **where are you ~ to?** où allez-vous ?

ⓑ as holiday **I've got this afternoon ~** j'ai congé cet après-midi ; **to take a day ~** prendre un jour de congé ; **he gets one week ~ a month** il a une semaine de congé par mois

ⓒ = removed **he had his coat ~** il avait enlevé son manteau ; **the lid was ~** le couvercle n'était pas mis

ⓓ as reduction **10% ~** 10 % de remise or de rabais ; **I'll give you 10% ~** je vais vous faire une remise or un rabais de 10 %

ⓔ referring to time *
◆ **off and on** par intermittence ; **they lived together ~ and on for six years** ils ont vécu ensemble six ans, par intermittence

3 ADJECTIVE

ⓐ = absent from work **he's been ~ for three weeks** cela fait trois semaines qu'il est absent ; **he's ~ sick** il est en congé de maladie

ⓑ = off duty **she's ~ at 4 o'clock today** elle termine à 4 heures aujourd'hui ; **he's ~ on Tuesdays** il ne travaille pas le mardi

ⓒ = not functioning, disconnected [machine, TV, light] éteint ; [engine, gas at main, electricity, water] coupé ; [tap] fermé ; [brake] desserré

ⓓ = cancelled [meeting, trip, match] annulé

ⓔ = bad (Brit) [fish, meat] avarié ; [milk] tourné ; [butter] rance ; **it's ~** ce n'est plus bon

ⓕ indicating wealth, possession **they are comfortably ~** ils sont aisés ; **how are you ~ for bread?** qu'est-ce que vous avez comme pain ?

ⓖ = not right * **it was a bit ~, him leaving like that** ce n'était pas très bien de sa part de partir comme ça ; **that's a bit ~!** ce n'est pas très sympa !*

4 NOUN
= start * **to be ready for the ~** être prêt à partir

5 COMPOUNDS
◆ **off air** ADV (TV, Radio) hors antenne ; **to go ~ air** [broadcast] rendre l'antenne ; [station] cesser d'émettre ; **to take sb ~ air** reprendre l'antenne à qn ; **to take sth ~ air** arrêter la diffusion de qch ◆ **off-air** ADJ (TV, Radio) hors antenne ◆ **off-centre** ADJ décentré ◆ **off chance** N **I came on the ~ chance of seeing her** je suis venu à tout hasard, en pensant que je la verrais peut-être ◆ **off-colour** ADJ (Brit) **he's ~-colour today** il n'est pas dans son assiette* aujourd'hui ◆ **off day** N ⓐ (= bad day) **he was having an ~ day** il n'était pas en forme ce jour-là ⓑ (US = holiday) jour (m) de congé ◆ **off-key** ADV **to sing ~-key** chanter faux ◆ **off-licence** N (Brit = shop) magasin (m) de vins et spiritueux ◆ **off-limits** ADJ interdit (d'accès) ◆ **off-line** (Computing) ADJ autonome ◆ ADV **to go ~-line** [computer] se mettre en mode autonome ; **to put the printer ~-line** mettre l'imprimante en mode manuel ◆ **off-load** VT [+ goods] décharger ; [+ task, responsibilities] se décharger de ◆ **off-peak** (Brit) ADJ [period, time, hour] creux ; [train, electricity] en période creuse ; [telephone call] à tarif réduit (aux heures creuses) ; **~-peak rates** tarif (m) réduit ; **~-peak ticket** billet (m) au tarif réduit heures creuses ◆ ADV (outside rush hour) en

dehors des heures de pointe ; (outside holiday season) en période creuse ◆ **off-piste** ADJ, ADV hors-piste ◆ **off-putting** ADJ [task] rebutant ; [food] peu ragoûtant ; [person, manner] rébarbatif ◆ **off-road** ADJ [driving, vehicle] tout terrain (inv) ◆ **off-roader** N véhicule (m) tout terrain ◆ **off-sales** N (Brit = shop) magasin (m) de vins et spiritueux ◆ **off-screen** ADJ hors écran ◆ **off-season** ADJ hors saison ◆ N basse saison (f) ; **in the ~-season** en basse saison ◆ **off-the-cuff** ADJ impromptu ◆ **off-the-peg, off-the-rack** (US) ADJ de confection ◆ **off-the-record** ADJ (= unofficial) officieux ; (= confidential) confidentiel ◆ **off-the-shelf** ADJ [goods, item] immédiatement disponible ◆ ADV **to buy sth ~-the-shelf** acheter qch directement ◆ **off-the-wall*** ADJ bizarre ◆ **off-white** ADJ blanc cassé (inv) ◆ **off year** N (US Politics) année sans élections importantes

---

ⓘ **OFF-BROADWAY**
Dans le monde du théâtre new-yorkais, on qualifie de **off-**Broadway les pièces qui ne sont pas montées dans les grandes salles de Broadway. Les salles off-Broadway, généralement assez petites, proposent des billets à des prix raisonnables. Aujourd'hui, les théâtres les plus à l'avant-garde sont appelés off-off-Broadways

offal /'ɒfəl/ N abats (mpl)

offbeat* /'ɒfbiːt/ ADJ original ; [person, behaviour, clothes] excentrique ; **his ~ sense of humour** son sens de l'humour très particulier

offence, offense (US) /ə'fens/ N ⓐ (= crime) délit (m) ; **it is an ~ to ...** il est illégal de ... ; **first ~** premier délit (m) ; **to commit an ~** commettre un délit ⓑ (= insult) **to cause ~ to sb** offenser qn ; **to take ~** s'offenser ; **to take ~ at sth** mal prendre qch ⓒ (= military attack) attaque (f) ; **the ~** (US Sport) les attaquants (mpl)

offend /ə'fend/ **1** VT [+ person] offenser ; **to be ~ed** s'offenser ; **to be ~ed at sth** mal prendre qch ; **she was ~ed by my remark** elle a mal pris ma remarque **2** VI ⓐ (= cause offence) choquer ; **scenes that may ~** des scènes qui peuvent choquer ⓑ (= break the law) commettre un délit

offender /ə'fendə'/ N (= lawbreaker) délinquant(e) (m(f)) ; (against traffic regulations) contrevenant(e) (m(f)) ; **persistent ~** récidiviste (mf) ; **small firms are the worst ~s when it comes to ...** les petites entreprises sont les plus coupables quand il s'agit de ...

offending /ə'fendɪŋ/ ADJ **the ~ word/object** le mot/ l'objet incriminé

offense /ə'fens/ N (US) = **offence**

offensive /ə'fensɪv/ **1** ADJ ⓐ (= shocking) choquant ; **~ language** grossièretés (fpl) ; **~ remarks** remarques désobligeantes ; **they found his behaviour very ~** sa conduite les a profondément choqués ; **these stereotypes are ~ to women** ces stéréotypes sont une insulte aux femmes ⓑ (= attacking) [action, tactics] offensif **2** N offensive (f) ; **to be on the ~** avoir pris l'offensive ; **to go on the ~** passer à l'offensive **3** COMP ◆ **offensive weapon** N arme (f) offensive

offer /'ɒfə'/ **1** N offre (f) ; **I'm open to ~s** je suis ouvert à toute proposition ; **to make sb an ~ for sth** faire une offre à qn pour qch ; **£50 or nearest ~** (in advertisement) 50 livres, à débattre ; **~ of marriage** demande (f) en mariage ◆ **on offer** en promotion

2 VT offrir ; [+ opinion] émettre ; **to ~ to do sth** offrir de faire qch ; **he ~ed me a sweet** il m'a offert un bonbon ; **she ~ed me her house for the holidays** elle m'a proposé sa maison pour les vacances ; **to have a lot to ~** [place] être attrayant ; [person] avoir beaucoup de qualités

offering /'ɒfərɪŋ/ N (= thing offered) offre (f) ; (= suggestion) suggestion (f) ; (religious) offrande (f)

offhand /ɒf'hænd/ **1** ADJ (= casual) désinvolte ; (= curt) brusque **2** ADV **do you know ~ whether ...?** est-ce que vous pouvez me dire comme ça si ...?

office /'ɒfɪs/ **1** N ⓐ (= place) bureau (m) ; (= part of organization) service (m) ; **our London ~** notre bureau de Londres ; **the sales ~** le service des ventes ; **he works in an ~** il

travaille dans un bureau
(b) (= *function*) fonction (f); **to be in ~** [*mayor, minister*] être en fonction; [*government*] être au pouvoir; **to take ~** [*mayor, minister*] entrer en fonction; [*political party, government*] arriver au pouvoir; **public ~** fonctions (fpl) officielles
♦ **good offices**: bons offices mpl
2 ADJ [*staff, furniture, worker, hours*] de bureau
3 COMP ♦ **office automation** N bureautique (f) ♦ **office block** N (*Brit*) immeuble (m) de bureaux ♦ **office job** N he's got an ♦ **job** il travaille dans un bureau ♦ **office junior** N employé(e) (m(f)) de bureau ♦ **Office of Fair Trading** N ≈ Direction (f) générale de la concurrence, de la consommation et de la répression des fraudes ♦ **Office of Management and Budget** N (*US*) organisme chargé de gérer les ministères et de préparer le budget ♦ **office party** N fête (f) au bureau ♦ **office politics** N politique (f) interne ♦ **office worker** N employé(e) (m(f)) de bureau

officer /ˈɒfɪsəʳ/ 1 N (a) (*in armed forces*) officier (m) (b) (= *official*) [*of organization*] membre (m) du comité directeur (c) **police ~** policier (m) 2 COMP ♦ **officers' mess** N mess (m) (des officiers) ♦ **Officers' Training Corps** N (*Brit*) corps volontaire de formation d'officiers

official /əˈfɪʃəl/ 1 ADJ officiel; [*uniform*] réglementaire; **it's not yet ~** ce n'est pas encore officiel; **through ~ channels** par les voies officielles 2 N (= *person in authority*) officiel (m); [*of civil service*] fonctionnaire (mf); [*of railways, post office*] employé(e) (m(f)) 3 COMP ♦ **Official Secrets Act** N (*Brit*) loi relative aux secrets d'État

officially /əˈfɪʃəlɪ/ ADV officiellement

officiate /əˈfɪʃɪeɪt/ VI (*at competition, sports match*) arbitrer; (*at ceremony*) officier

officious /əˈfɪʃəs/ ADJ trop zélé

officiously /əˈfɪʃəslɪ/ ADV avec un zèle excessif

offing /ˈɒfɪŋ/ N **in the ~** en vue

offset /ɒfˈset/ (*pret, ptp* **offset**) VT (= *compensate for*) compenser; **the increase in costs was ~ by higher productivity** l'augmentation des coûts a été compensée par une amélioration de la productivité

offshoot /ˈɒfʃuːt/ N [*of organization*] ramification (f); [*of scheme, discussion, action*] conséquence (f)

offshore /ɒfˈʃɔːʳ/ 1 ADJ (a) [*rig, platform*] offshore (*inv*); [*drilling, well*] en mer; [*waters*] du large; [*fishing*] au large; **~ worker** ouvrier (m) travaillant sur une plateforme offshore (b) [*investment, fund*] offshore (*inv*) 2 ADV (a) (= *near coast*) au large; **20 miles ~** à 20 milles de la côte (b) **to invest ~** faire des investissements offshore

offside /ˈɒfˈsaɪd/ (*Sport*) 1 N hors-jeu (m inv) 2 ADJ **to be ~** être hors jeu

offspring /ˈɒfsprɪŋ/ N (pl inv) progéniture (f)

offstage /ɒfˈsteɪdʒ/ ADV, ADJ dans les coulisses

Ofgas /ˈɒfgæs/ N (*Brit*) organisme de contrôle des réseaux de distribution du gaz

Oflot /ˈɒflɒt/ N (*Brit*) organisme de contrôle de la loterie nationale

Ofsted /ˈɒfsted/ N (*Brit*) organisme de contrôle des établissements scolaires

OFT /əʊefˈtiː/ N (*Brit*) (ABBR = **Office of Fair Trading**) ≈ DGCCRF (f)

Oftel /ˈɒftel/ N (*Brit*) organisme de contrôle des réseaux de télécommunication

often /ˈɒfən, ˈɒftən/ ADV souvent; **all too ~** trop souvent; **it cannot be said too ~ that ...** on ne répétera jamais assez que ...; **once too ~** une fois de trop; **every so ~** (*in time*) de temps en temps, de temps à autre; (*in spacing, distance*) çà et là; **as ~ as not** la plupart du temps; **how ~ have I warned you about him?** combien de fois t'ai-je dit de te méfier de lui?; **how ~ do the boats leave?** les bateaux partent tous les combien?

Ofwat /ˈɒfwɒt/ N (*Brit*) organisme de contrôle des réseaux de distribution d'eau

ogle /ˈəʊgl/ VT reluquer*

ogre /ˈəʊgəʳ/ N ogre (m)

OH ABBR = **Ohio**

oh /əʊ/ EXCL oh!, ah!; **oh dear!** oh là là!; **oh no you don't!** pas question!; **oh, just a minute** euh, une minute

OHP /əʊeɪtʃˈpiː/ N (ABBR = **overhead projector**) rétroprojecteur (m)

oi! /ɔɪ/ EXCL (*Brit*) hé!

oil /ɔɪl/ 1 N (a) (*for car, cooking, painting*) huile (f); **to check the ~** vérifier le niveau d'huile; **to change the ~** faire la vidange; **to pour ~ on troubled waters** ramener le calme (b) (= *petroleum*) pétrole (m)
2 VT [+ *machine*] lubrifier
3 ADJ [*industry, platform*] pétrolier; [*prices*] du pétrole
4 COMP ♦ **oil change** N vidange (f) ♦ **oil drum** N baril (m) de pétrole ♦ **oil filter** N filtre (m) à huile ♦ **oil-fired** ADJ [*heating*] au mazout ♦ **oil lamp** N lampe (f) à pétrole ♦ **oil painting** N huile (f) ♦ **oil pipeline** N oléoduc (m), pipeline (m) ♦ **oil pressure** N pression (f) d'huile ♦ **oil refinery** N raffinerie (f) (de pétrole) ♦ **oil rig** N (*on land*) derrick (m); (*at sea*) plateforme (f) pétrolière ♦ **oil slick** N (*at sea*) nappe (f) de pétrole; (*on beach*) marée (f) noire ♦ **oil stove** N (*paraffin*) poêle (m) à pétrole; (*fuel oil*) poêle (m) à mazout ♦ **oil tanker** N (= *ship*) pétrolier (m); (= *truck*) camion-citerne (m) ♦ **oil well** N puits (m) de pétrole

oilcan /ˈɔɪlkæn/ N (*for lubricating*) burette (f)

oilcloth /ˈɔɪlklɒθ/ N toile (f) cirée

oilfield /ˈɔɪlfiːld/ N champ (m) pétrolier

oilskin /ˈɔɪlskɪn/ 1 N toile (f) cirée 2 NPL **oilskins** (*Brit* = *clothes*) cirés (mpl)

oily /ˈɔɪlɪ/ 1 ADJ (a) (= *greasy*) gras (grasse (f)); (*containing oil*) huileux (b) (= *smarmy*) mielleux 2 COMP ♦ **oily fish** N poisson (m) gras

ointment /ˈɔɪntmənt/ N pommade (f)

OJ /ˈəʊdʒeɪ/ N (*US*) (ABBR = **orange juice**) jus (m) d'orange

OK /ˈəʊˈkeɪ/ (*vb: pret, ptp* **OK'd**) 1 EXCL OK!*; **I'm coming too, OK?** je viens aussi, OK?*; **OK, OK!** (= *don't fuss*) ça va!
2 ADJ (a) (= *agreed*) **it's OK by me!** (je suis) d'accord!; **is it OK with you if I come too?** ça ne vous ennuie pas si je vous accompagne? (b) (*no problem*) **everything's OK** tout va bien; **it's OK, it's not your fault** ce n'est pas grave, ce n'est pas de ta faute; **thanks! — that's OK** merci! (c) (= *in good health*) **are you OK?** tout va bien?; (*after accident*) tu n'as rien?; **the car is OK** la voiture est intacte (d) (= *likeable*) **he's an OK guy** c'est un type bien* (e) (= *well provided for*) **another drink? — no thanks, I'm OK** un autre verre? — non merci, ça va
3 ADV **she's doing OK** [*patient*] elle va bien; (*in career, at school*) elle se débrouille bien
4 VT (= *agree to*) approuver
5 N **to get/give the OK** recevoir/donner le feu vert

okay /ˈəʊˈkeɪ/ = **OK**

Okla. ABBR = **Oklahoma**

old /əʊld/ 1 ADJ (a) (= *aged*) vieux (vieille (f))

► *The masculine form of* **vieux** *is* **vieil** *when the adjective precedes a vowel or silent* **h.**

an ~ man un vieil homme; **an ~ lady** une vieille dame; **~ people** les personnes âgées; **~er people** les personnes (fpl) d'un certain âge; **~ for his years** (= *mature*) mûr (pour son âge); **to get ~(er)** vieillir; **to be ~ before one's time** être vieux avant l'âge; **my ~ man!** (= *husband*) mon homme*; (= *father*) mon paternel*
(b) (*of specified age*) **how ~ are you?** quel âge as-tu?; **he is ten years ~** il a dix ans; **at ten years ~** à (l'âge de) dix ans; **a six-year-~ boy** un garçon de six ans; **for 10 to 15-year-~s** destiné aux 10-15 ans; **he's ~er than you** il est plus âgé que toi; **he's six years ~er than you** il a six ans de plus que toi; **she's the ~est** c'est elle la plus vieille; **my ~ brother** frère (m) aîné; **his ~est son** son fils aîné; **you're ~ enough to know better!** à ton âge tu devrais avoir plus de bon sens!
(c) (= *not new, not recent*) vieux (vieille (f)); (*with antique*

value) ancien (*after n*); **an ~ building** un vieil immeuble; **the ~ part of Nice** le vieux Nice; **Martyn? we're ~ friends** Martyn? c'est un ami de longue date
(d) (= *former*) [*school, home*] ancien (*before n*); **this is the ~ way of doing it** c'est comme ça que l'on faisait autrefois; **in the ~ days** autrefois; **just like ~ times!** c'est comme au bon vieux temps!; **in the good ~ days** au bon vieux temps
(e) (*as intensifier*) **any ~ how*** n'importe comment

2 N **in days of ~** au temps jadis; **I know him of ~** je le connais depuis longtemps

3 NPL **the old** les personnes (*fpl*) âgées

4 COMP ◆ **old age** N vieillesse (*f*) ◆ **the Old Bailey** N (*Brit*) *cour d'assises de Londres* ◆ **the Old Bill*** N (*Brit*) la rousse* ◆ **old boy** N (*Brit*) [*of school*] ancien élève (*m*) ◆ **old-fashioned** ADJ démodé; [*person*] vieux jeu (*inv*) ◆ **old girl** N (*Brit*) [*of school*] ancienne élève (*f*) ◆ **Old Glory** N (*US*) bannière (*f*) étoilée ◆ **old hat** N **that's ~ hat!*** c'est dépassé! ◆ **old maid** N vieille fille (*f*) ◆ **old master** N (= *painting*) tableau (*m*) de maître ◆ **old people's home** N maison (*f*) de retraite ◆ **old school tie** N *cravate aux couleurs de l'ancienne école de qn* ◆ **old-style** ADJ à l'ancienne (mode)* ◆ **Old Testament** N Ancien Testament (*m*) ◆ **old-timer*** N vieux* (*m*) ◆ **old wives' tale** N conte (*m*) de bonne femme ◆ **the Old World** N le Vieux Monde (*m*) ◆ **old-world** ADJ [*charm, atmosphere*] désuet (-ète (*f*))

> ❶ **OLD SCHOOL TIE**
> La cravate est l'élément distinctif principal de l'uniforme que portent les élèves des écoles britanniques, à tel point qu'elle en est venue à symboliser le réseau de relations dont continuent de bénéficier dans leur carrière les anciens élèves des écoles les plus prestigieuses. On dira ainsi « how did he get the job? — it was a case of the old school tie ».

---

olden /ˈəʊldən/ ADJ **the ~ days** le temps jadis

olive /ˈɒlɪv/ **1** N (a) (= *fruit*) olive (*f*); (= *tree*) olivier (*m*)
(b) (= *colour*) vert (*m*) olive **2** ADJ vert olive (*inv*); [*complexion, skin*] mat **3** COMP ◆ **olive branch** N **to hold out the ~ branch to sb** tendre à qn le rameau d'olivier ◆ **olive-green** ADJ, N vert olive (*inv*) ◆ **olive oil** N huile (*f*) d'olive

Olympic /əʊˈlɪmpɪk/ ADJ olympique ◆ **the Olympic Games, the Olympics** NPL les Jeux (*mpl*) olympiques

Oman /əʊˈmɑːn/ N **(the Sultanate of) ~** (le Sultanat d')Oman (*m*)

ombudsman /ˈɒmbʊdzmən/ N (*pl* **-men**) médiateur (*m*)

omelette /ˈɒmlɪt/ N omelette (*f*); **cheese ~** omelette (*f*) au fromage

omen /ˈəʊmən/ N présage (*m*)

ominous /ˈɒmɪnəs/ ADJ [*sign, event*] de mauvais augure; [*warning*] menaçant; **there was an ~ silence** il y eut un silence lourd

ominously /ˈɒmɪnəslɪ/ ADV [*say*] sombrement; **he was ~ quiet** son silence ne présageait rien de bon

omission /əʊˈmɪʃən/ N omission (*f*)

omit /əʊˈmɪt/ VT omettre

omnibus /ˈɒmnɪbəs/ N (a) (= *bus*)† omnibus† (*m*)
(b) (*also* **~ edition**) [*of book*] édition (*f*) complète; (*Brit*) [*of programme*] récapitulation des épisodes de la semaine ou du mois

omnipotence /ɒmˈnɪpətəns/ N toute-puissance (*f*)

omnipotent /ɒmˈnɪpətənt/ ADJ tout puissant

omnivorous /ɒmˈnɪvərəs/ ADJ omnivore

ON ABBR = **Ontario**

on /ɒn/

1 ADVERB	3 ADJECTIVE
2 PREPOSITION	4 COMPOUND

1 ADVERB

> ► When **on** is an element in a phrasal verb, eg **get on**, **go on**, look up the verb. When it is part of a set combination, such as **later on**, look up the other word.

(a) = in place the lid is on le couvercle est mis; **it was not on properly** ça avait été mal mis

(b) in time expressions **from that time on** à partir de ce moment-là; **it was well on into September** septembre était déjà bien avancé

(c) indicating continuation **let's drive on a bit** continuons un peu; **if you read on, you'll see that ...** si tu continues (de lire), tu verras que ...

(d) set structures
◆ **on and off*** par intermittence; **they lived together on and off for six years** ils ont vécu ensemble six ans, par intermittence
◆ **on and on**: **they talked on and on for hours** ils ont parlé pendant des heures
◆ **to be on about sth*** (= *talk*) **I don't know what you're on about** qu'est-ce que tu racontes?*
◆ **to be on at sb*** (= *nag*) **he's always on at me** il est toujours après moi*
◆ **to be on to sb*** (= *speak to*) parler à qn; **he's been on to me about the broken window** il m'a parlé du carreau cassé
◆ **to be on to sb/sth*** (= *have found out about*) **the police are on to him** la police est sur sa piste; **I'm on to something** je suis sur une piste intéressante

2 PREPOSITION

> ► When **on** occurs in a set combination, eg **on the right**, **on occasion**, look up the other word.

(a) indicating place sur; **on the pavement** sur le trottoir; **he threw it on the table** il l'a jeté sur la table; **I have no money on me** je n'ai pas d'argent sur moi; **there were posters on the wall** il y avait des posters sur le mur or au mur; **what page are we on?** à quelle page sommes-nous?; **the ring on her finger** la bague qu'elle porte au doigt; **on the other side of the road** de l'autre côté de la route

---

> ► **on it** and **on them** (when **them** refers to things) are not translated by preposition + pronoun.

---

you can't wear that shirt, there's a stain on it tu ne peux pas porter cette chemise, elle a une tache; **bottles with no labels on them** des bouteilles sans étiquette

◆ **on** + *island*: **on an island** dans or sur une île; **on the island of ...** dans or sur l'île de ...; **on Skye** sur l'île de Skye

(b) with street names dans; **a house on North Street** une maison dans North Street

(c) = on board dans; **there were a lot of people on the train** il y avait beaucoup de monde dans le train; **he came on the train/bus** il est venu en train/en bus; **I went on the train/bus** j'ai pris le train/le bus

(d) = at the time of
◆ **on** + *noun*: **on my arrival home** à mon arrivée à la maison
◆ **on** + *-ing*: **on hearing this** en entendant cela; **on completing the course, she got a job in an office** à la fin de son stage elle a trouvé un emploi dans un bureau

(e) with day, date **on Sunday** dimanche; **on Sundays** le dimanche; **on 1 December** le 1er décembre; **on the evening of 3 December** le 3 décembre au soir; **on Easter Day** le jour de Pâques

(f) with number (*score*) avec; (*phone number*) à; **Smith is second on 21 points** Smith est deuxième avec 21 points; **you can get me on 329 3065** tu peux m'appeler au 329 30 65

(g) TV, Radio **on the radio/TV** à la radio/la télévision; **on the BBC** à la BBC; **on Radio 3/Channel 4** sur Radio 3/Channel 4

(h) = earning **he's on $19,000 a year** il gagne 19 000 dollars par an

(i) = taking, using **the doctor put her on antibiotics** le médecin l'a mise sous antibiotiques; **he's on heroin** il se drogue à l'héroïne

(j) = playing **with Louis Armstrong on trumpet** avec Louis Armstrong à la trompette

ⓚ = about, concerning sur; **a lecture on medical ethics** un cours sur l'éthique médicale; **a decision on this project** une décision sur ce projet

ⓛ = doing **he's on a course** il suit un cours; **I'm on a new project** je travaille sur un nouveau projet

ⓜ = at the expense of **it's on me** c'est moi qui paie

ⓝ indicating membership **to be on the team/committee** faire partie de l'équipe/du comité

3 ADJECTIVE

ⓐ = functioning [*machine, engine*] en marche; [*radio, TV, light*] allumé; [*handbrake*] mis; [*electricity*] branché; [*tap, gas at mains*] ouvert; **leave the tap on** laisse le robinet ouvert; **the "on" switch** l'interrupteur *(m)*

ⓑ = taking place **there's a match on at Wimbledon** il y a un match à Wimbledon; **while the meeting was on** pendant la réunion; **is the party still on?** est-ce que la fête a toujours lieu?; **the play is on in London** la pièce se joue à Londres; **what's on?** (*at theatre, cinema*) qu'est-ce qu'on joue?; (*on TV*) qu'est-ce qu'il y a à la télévision?

ⓒ = on duty **I'm on every Saturday** je travaille tous les samedis

ⓓ indicating agreement **you're on!** d'accord!; **it's not on** (*Brit = not acceptable*) c'est inadmissible

4 COMPOUNDS

♦ **on-line** ADJ, ADV → **online** ♦ **on-off switch** N interrupteur *(m)* marche-arrêt ♦ **on-screen** ADJ, ADV à l'écran ♦ **on-site** ADJ sur place

once /wʌns/ 1 ADV ⓐ (= *on one occasion*) une fois; **without looking back** ~ sans se retourner une seule fois; **you** ~ **said you'd never do that** vous avez dit un jour que vous ne le feriez jamais; **only** ~ une seule fois; ~ **or twice** une ou deux fois; **more than** ~ plus d'une fois; **not** ~ pas une seule fois; ~ **again** encore une fois; ~ **before** une fois déjà; ~ **a month** une fois par mois; ~ **every two days** une fois tous les deux jours; ~ **in a while** de temps en temps; **for** ~ pour une fois; **just this** ~ juste pour cette fois-ci; ~ **and for all** une fois pour toutes; ~ **a thief, always a thief** qui a volé volera

ⓑ (= *formerly*) autrefois; **a** ~ **powerful nation** une nation autrefois puissante; ~ **upon a time there were three little pigs** il était une fois trois petits cochons

ⓒ ♦ **at once** (= *immediately*) immédiatement; (= *simultaneously*) en même temps; **all at** ~ (= *simultaneously*) tous (*toutes (fpl)*) en même temps *or* à la fois; (= *suddenly*) tout à coup

2 CONJ ~ **she'd seen him she left** après l'avoir vu elle est partie; ~ **you give him the chance** dès qu'il en aura l'occasion

3 COMP ♦ **once-only** ADJ **a** ~**only offer** une offre unique ♦ **once-over** N (= *quick look*) **to give sth the** ~**-over** vérifier qch très rapidement, jeter un coup d'œil rapide à qch; **I gave the room a quick** ~**-over with the duster** (= *quick clean*) j'ai passé un coup de chiffon dans la pièce

oncoming /ˈɒnkʌmɪŋ/ ADJ [*traffic, vehicle*] venant en sens inverse; [*headlights, troops*] qui approche

one /wʌn/ 1 ADJECTIVE ⓐ (*number*) un, une; **I've got a brother and** ~ **sister** j'ai un frère et une sœur; **she is** ~ **year old** elle a un an; ~ **hundred and twenty** cent vingt; **twenty-**~ **cows** vingt et une vaches; **it's** ~ **o'clock** il est une heure; ~ **day** un jour; ~ **hot summer afternoon she ...** par un chaud après-midi d'été, elle ...; **that's** ~ **way of doing it** c'est une façon de le faire; ~ **or two changes** une ou deux modifications

♦ **one ... the other**: ~ **girl was French, the other was Swiss** une des filles était française, l'autre était suisse; **the sea is on** ~ **side, the mountains on the other** d'un côté, il y a la mer, de l'autre les montagnes

♦ **one thing** (= *something that*) ~ **thing I'd like to know is where he got the money** ce que j'aimerais savoir, c'est d'où lui vient l'argent; **if there's** ~ **thing I can't stand**

it's ... s'il y a une chose que je ne supporte pas, c'est ...

♦ **one person** (= *somebody that*) ~ **person I hate is Roy** s'il y a quelqu'un que je déteste, c'est Roy

ⓑ (= *a single*) un seul; **with** ~ **voice** d'une seule voix; **the** ~ **man/woman who could do it** le seul/la seule qui puisse le faire

♦ **one and only**: **my** ~ **and only pleasure** mon seul et unique plaisir; **the** ~ **and only Charlie Chaplin!** le seul, l'unique Charlot!

ⓒ (= *same*) même; **they all went in the** ~ **car** ils y sont tous allés dans la même voiture; **it's** ~ **and the same thing** c'est la même chose

2 NOUN un(e) *(m(f))*; ~**, two, three** un, deux, trois; **twenty-**~ vingt et un; ~ **by** ~ un par un; **chapter** ~ chapitre un; **in** ~**s and twos** par petits groupes; **he's president and secretary all in** ~ il est à la fois président et secrétaire général; **I for** ~ **don't believe it** pour ma part, je ne le crois pas; **the crowd rose as** ~ ils se sont tous levés comme un seul homme; **to get** ~ **up** prendre l'avantage

▶ *When* **one** *is in contrast to* **others,** *it is translated by* **l'un(e)**.

~ **after the other** l'un après l'autre; **you can't have** ~ **without the other** on ne peut pas avoir l'un sans l'autre
♦ **one of them** (= *male*) l'un d'eux; (= *female*) l'une d'entre elles; (= *thing*) l'un(e); **he looked at his cards and discarded** ~ **of them** il a regardé ses cartes et en a jeté une; **any** ~ **of them** n'importe lequel (*or* laquelle)

3 PRONOUN ⓐ un(e)

▶ *Note the use of* **en** *in French when* **one** *means* **one of these**.

would you like ~? en voulez-vous un(e)?; **he's** ~ **of my best friends** c'est un de mes meilleurs amis; **she's** ~ **of my best friends** c'est une de mes meilleures amies; **he's** ~ **of us** il est des nôtres; **he's a teacher and wants me to be** ~ **too** il est professeur et veut que je le devienne aussi; **the problem is** ~ **of money** c'est une question d'argent; **he's not** ~ **to agree to that sort of thing** il n'est pas du genre à accepter ce genre de choses; **I'm not much of a** ~ **for sweets** je n'aime pas trop les bonbons

♦ *adjective +* **one**

▶ **one** *is not translated.*

that's a difficult ~! (= *question*) ça c'est difficile!; **he's a clever** ~ c'est un malin; **the little** ~**s** les petits

▶ *The article and adjective in French are masculine or feminine, depending on the noun referred to.*

I'd like a big ~ (= *glass*) j'en voudrais un grand; **I'd like the big** ~ (= *slice*) je voudrais la grosse
♦ **the one** + *clause, phrase*: **the** ~ **who** *or* **that...** celui qui (*or* celle qui)...; **the** ~ **on the floor** celui (*or* celle) qui est par terre; **he's the** ~ **with brown hair** c'est celui qui a les cheveux bruns; **is this the** ~ **you wanted?** c'est bien celui-ci (*or* celle-ci) que vous vouliez?
♦ **one another** l'un(e) l'autre; **separated from** ~ **another** séparé(e)s l'un(e) de l'autre; **they love** ~ **another** ils s'aiment; **we write to** ~ **another often** nous nous écrivons souvent

ⓑ (*impersonal subject*) on; ~ **never knows** on ne sait jamais; **shares can bring** ~ **an additional income** on peut compléter ses revenus avec des actions

4 COMPOUNDS ♦ **one-armed bandit** N machine *(f)* à sous ♦ **one-day** ADJ [*seminar, course*] d'une journée ♦ **one-dimensional** ADJ unidimensionnel; [*character*] carré ♦ **one-handed** ADV d'une (seule) main ♦ **one-legged** ADJ unijambiste ♦ **one-liner** N (= *joke*) bon mot *(m)* ♦ **one-man** ADJ [*business*] individuel; [*canoe*] monoplace ♦ **one-man band** N homme-orchestre *(m)*; **his company is a** ~**-man band** il fait marcher l'affaire tout seul ♦ **one-night stand** N (*sex*) liaison *(f)* sans lendemain ♦ **one-off** (*Brit*) ADJ unique ◗ N **it's a** ~**-off** (*object*) il n'y en a qu'un comme ça; (*event*) ça ne va pas se reproduire ♦ **one-one, one-on-one** ADJ; ~ **one-to-one, one-on-one** (*US*) = **one-to-one** ♦ **one-parent family** N famille *(f)* monoparentale ♦ **one-party system** N système *(m)* à parti unique ♦ **one-piece swimsuit** maillot *(m)*

une pièce ◆ **one-shot*** ADJ (*US*) = **one-off**; ◆ **one-sided** ADJ [*decision*] unilatéral; [*contest, game*] inégal; [*judgement, account*] partial ◆ **one-size** ADJ taille unique (*inv*) ◆ **one-time** ADJ ancien (*before n*) ◆ **one-to-one, one-on-one** (*US*) ADJ [*conversation*] en tête-à-tête; [*training, counselling*] individuel; **to have a ~to-~ meeting with sb** voir qn en tête-à-tête; **~-to-~ tuition** leçons (*fpl*) particulières ◆ **one-track** ADJ **to have a ~-track mind** n'avoir qu'une idée en tête ◆ **one-upmanship*** N art (*m*) de faire mieux que les autres ◆ **one-way** ADJ [*street*] à sens unique; [*friendship*] non partagé; **~-way trip** aller (*m*) simple; **a ~-way ticket** un aller simple; **it's a ~-way ticket to disaster*** c'est la catastrophe assurée

onerous /ˈɒnərəs/ ADJ (*frm*) pénible

oneself /wʌnˈself/ PRON (a) (*reflexive*) se; **to hurt ~** se blesser (b) (*after preposition*) soi(-même); **to be sure of ~** être sûr de soi; **to be angry with ~** être en colère contre soi-même; **by ~** tout seul (c) (*emphatic*) soi-même; **one must do it** il faut le faire soi-même

ongoing /ˈɒnɡəʊɪŋ/ ADJ en cours; [*support*] constant

online, on-line /ˈɒnlaɪn/ (*computing*) 1 ADJ en ligne 2 ADV **to go ~** se connecter à Internet; **to put the printer ~** connecter l'imprimante

onion /ˈʌnjən/ N oignon (*m*) ◆ **onion ring** N rondelle (*f*) d'oignon en beignet ◆ **onion soup** N soupe (*f*) à l'oignon

onlooker /ˈɒnlʊkəʳ/ N spectateur (*m*), -trice (*f*)

only /ˈəʊnlɪ/ 1 ADJ seul; **you're the ~ one to think of that** vous êtes le seul (*or* la seule) à y avoir pensé; **I'm tired! — you're not the ~ one!** je suis fatigué! — vous n'êtes pas le seul!; **it's the ~ one left** c'est le seul qui reste; **the ~ book he has** le seul livre qu'il ait; **his ~ answer was to sigh deeply** pour toute réponse il a poussé un profond soupir; **the ~ thing is that it's too late** seulement il est trop tard

2 ADV ne ... que; **he's ~ ten** il n'a que dix ans; **I'm ~ the secretary** je ne suis que le secrétaire; **~ Paul can come** il n'y a que Paul qui puisse venir; **a ticket for one person ~** un billet pour une seule personne; **"ladies ~"** « réservé aux dames »; **he can ~ wait** il ne peut qu'attendre; **I can ~ say how sorry I am** tout ce que je peux dire c'est que je suis désolé; **I ~ looked at it** je n'ai fait que jeter un coup d'œil; **you've ~ to ask** vous n'avez qu'à demander; **~ to think of it** rien que d'y penser; **it's ~ that I thought he might ...** c'est que je pensais qu'il pourrait ...; **it's ~ too true** ce n'est que trop vrai; **not ~ Paris but also Rome** non seulement Paris mais aussi Rome; **~ yesterday, he ...** hier encore il ...; **I received it ~ yesterday** je ne l'ai reçu qu'hier

◆ **only just**: **he has ~ just arrived** il vient tout juste d'arriver; **I caught the train but ~ just** j'ai eu le train mais de justesse

3 CONJ seulement; **I would buy it, ~ it's too expensive** je l'achèterais bien, seulement c'est trop cher; **if ~** si seulement; **~ if** seulement si

4 COMP ◆ **only child** N enfant (*mf*) unique

o.n.o. /ˈəʊenˈəʊ/ (ABBR = **or nearest offer**) à déb., à débattre

onset /ˈɒnset/ N (= *beginning*) début (*m*); **at the ~** d'emblée

onshore /ˈɒnˈʃɔːʳ/ ADJ [*breeze*] du large; [*oilfield, job*] à terre

onside /ɒnˈsaɪd/ ADJ **to be ~** ne pas être hors jeu

onslaught /ˈɒnslɔːt/ N attaque (*f*)

onstage /ˈɒnsteɪdʒ/ ADJ, ADV en scène

Ont. ABBR = **Ontario**

onto /ˈɒntʊ/ PREP = **on to** → **on**

onus /ˈəʊnəs/ N responsabilité (*f*); **the ~ is on him to do it** c'est à lui de le faire

onward /ˈɒnwəd/ 1 ADJ **~ flight** *or* **connection** correspondance (*f*); **the ~ march of socialism** la marche en avant du socialisme 2 ADV = **onwards**

onwards /ˈɒnwədz/ ADV (a) (*in direction*) **to continue** (*or* **walk** *or* **sail**) **~** continuer à avancer (b) (*in development*) **to move ~** aller de l'avant (c) (*in time*) **from that time ~** depuis; **from now ~** désormais; **from today ~** à partir d'aujourd'hui

onyx /ˈɒnɪks/ N onyx (*m*)

oops* /ʊps/ EXCL houp!; **~-a-daisy!** hop-là!

ooze /uːz/ 1 VI [*liquid*] suinter 2 VT **she was oozing charm** elle était pleine de charme

opal /ˈəʊpəl/ N opale (*f*)

opaque /əʊˈpeɪk/ ADJ opaque

OPEC /ˈəʊpek/ N (ABBR = **Organization of Petroleum-Exporting Countries**) OPEP (*f*)

open /ˈəʊpən/ 1 ADJ (a) (= *not closed*) ouvert; **the shops are ~** les magasins sont ouverts; **the house is not ~ to visitors** la maison n'est pas ouverte au public; **he is an ~ book** c'est un homme transparent; **I'm ~ to advice** je suis ouvert à toutes les suggestions; **it is ~ to question** ce n'est pas sûr

(b) (= *not enclosed*) [*car, carriage*] découvert; **the ~ air** le plein air; **in the ~ air** [*eat*] en plein air; [*live, walk*] au grand air; [*sleep*] à la belle étoile; **in ~ country** à la campagne; **the wide ~ spaces** les grands espaces

(c) (= *unrestricted*) [*economy*] ouvert; [*meeting, trial*] public (-ique (*f*)); **~ tournament** tournoi (*m*) open

(d) (= *available*) [*post, job*] vacant; **this post is still ~** ce poste est encore vacant; **the offer is still ~** cette proposition tient toujours; **the course is not ~ to men** les hommes ne sont pas acceptés dans ce cours; **several choices were ~ to them** plusieurs choix se présentaient à eux

(e) (= *frank*) ouvert; [*admiration, envy*] non dissimulé; **I'm going to be completely ~ with you** je vais être tout à fait franc avec vous

(f) (= *undecided*) **let's leave the date ~** attendons avant de fixer une date; **to keep an ~ mind on sth** réserver son jugement sur qch

2 N (a) **out in the ~** (= *out of doors*) dehors, en plein air; **to sleep out in the ~** dormir à la belle étoile; **to come out into the ~** [*fact*] apparaître au grand jour; [*scandal*] éclater au grand jour; **why can't we do it out in the ~?** (= *not secretly*) pourquoi ne pouvons-nous pas le faire ouvertement?

(b) (*Golf, Tennis*) **the Open** l'Open (*m*)

3 VT (a) ouvrir; **to ~ the window** ouvrir la fenêtre; **it ~s the way for new discoveries** cela ouvre la voie à de nouvelles découvertes

(b) (= *begin*) [+ *meeting, exhibition, trial*] ouvrir; [+ *conversation*] entamer; [+ *new building, institution*] inaugurer

4 VI (a) [*door, book, eyes, flower*] s'ouvrir; [*shop, museum, bank*] ouvrir; **the door ~ed** la porte s'est ouverte; **this door ~s onto the garden** cette porte donne sur le jardin

(b) (= *begin*) [*meeting, match*] commencer; [*trial*] s'ouvrir; **the film ~s next week** la première du film a lieu la semaine prochaine

5 COMP ◆ **open-air** ADJ en plein air; **~-air theatre** théâtre (*m*) en plein air ◆ **open-and-shut** ADJ **it's an ~-and-shut case** la solution est évidente ◆ **open cheque** N (*Brit*) chèque (*m*) non barré ◆ **open day** N (*Brit*) journée (*f*) portes ouvertes ◆ **open-ended, open-end** (*US*) ADJ [*ticket*] open (*inv*); [*question*] ouvert ◆ **open government** N politique (*f*) de transparence ◆ **open-handed** ADJ **to be ~-handed** être généreux ◆ **open-heart surgery** N chirurgie (*f*) à cœur ouvert ◆ **open learning** N enseignement universitaire à la carte, notamment par correspondance ◆ **open letter** N lettre (*f*) ouverte ◆ **open market** N (*Econ*) marché (*m*) libre ◆ **open-minded** ADJ à l'esprit ouvert ◆ **open-mouthed** ADJ, ADV bouche bée ◆ **open-necked** ADJ à col ouvert ◆ **open-plan** ADJ sans cloison; [*office*] paysagé ◆ **open primary** N (*US*) élection primaire ouverte aux non-inscrits d'un parti ◆ **open prison** N prison (*f*) ouverte ◆ **open sandwich** N tartine (*f*) ◆ **open secret** N secret (*m*) de Polichinelle ◆ **open ticket** N billet (*m*) open ◆ **the Open University** N (*Brit*) centre d'enseignement universitaire par correspondance ◆ **open verdict** N verdict (*m*) constatant un décès sans cause déterminée

► **open out** VI [*passage, tunnel, street*] s'élargir

► **open up** 1 VI (a) [*new shop, business*] s'ouvrir; [*new career*] commencer; [*opportunity*] se présenter (b) (= *confide*) **I couldn't get him to ~ up at all** je ne suis pas arrivé à le faire parler 2 VT SEP ouvrir; [+ *blocked road*] dégager; [+ *possibilities*] offrir

---

ⓘ OPEN UNIVERSITY

*L'*Open University *est une université ouverte à tous et fonctionnant essentiellement sur le principe du téléenseignement: cours par correspondance et émissions de radio et de télévision diffusées par la BBC. Ces enseignements sont complétés par un suivi pédagogique et par des stages, qui se tiennent généralement en été.*
▷ www.open.ac.uk

---

opening /'əupnɪŋ/ 1 N ⓐ (= *gap*) ouverture *(f)*; (*in wall*) brèche *(f)*; [*of door, window*] embrasure *(f)*
ⓑ (= *beginning*) [*of meeting, play*] ouverture *(f)*
ⓒ (= *act of opening*) [*of door, road, letter*] ouverture *(f)*; [*of ceremony, exhibition*] inauguration *(f)*; (*in court case*) exposition *(f)* des faits; (*Cards, Chess*) ouverture *(f)*
ⓓ (= *opportunity*) occasion *(f)*; (*for work, trade*) débouché *(m)*; (= *specific job*) poste *(m)*; **there are a lot of ~s in computing** il y a beaucoup de débouchés dans l'informatique; **we have an ~ for an engineer** nous avons un poste d'ingénieur à pourvoir

2 ADJ [*ceremony, speech*] inaugural; [*remark*] préliminaire; **~ hours** heures *(fpl)* d'ouverture; **~ night** (*of play, show*) première *(f)*; **~ price** (*for stocks and shares*) cours *(m)* d'ouverture; **~ shot** (*in battle*) premier coup *(m)* de feu; (*in debate, campaign*) coup *(m)* d'envoi; **~ time** (*Brit*) l'heure *(f)* d'ouverture des pubs

openly /'əupənlɪ/ ADV ouvertement; **she wept ~** elle n'a pas caché ses larmes

openness /'əupnnɪs/ N franchise *(f)*

opera /'ɒpərə/ N opéra *(m)* ✦ **opera glasses** NPL jumelles *(fpl)* de théâtre ✦ **opera house** N opéra *(m)* ✦ **opera singer** N chanteur *(m)*, -euse *(f)* d'opéra

operate /'ɒpəreɪt/ 1 VI ⓐ [*fleet, regiment, thief*] opérer; [*system, sb's mind*] fonctionner; [*law*] jouer; **commercial banks can now ~ in the country** les banques commerciales peuvent maintenant opérer dans ce pays; **to ~ on the stock exchange** effectuer des opérations en bourse
ⓑ (= *have effect*) [*drug, medicine, propaganda*] faire effet
ⓒ (= *perform surgery*) opérer; **he was ~d on for appendicitis** il a été opéré de l'appendicite; **to ~ on sb's eyes** opérer qn des yeux

2 VT [*person*] [+ *machine, switchboard, brakes*] faire marcher; [+ *system*] pratiquer; [+ *business, factory*] diriger; **this switch ~s a fan** ce bouton actionne un ventilateur

operatic /ɒpə'rætɪk/ ADJ [*aria, role*] d'opéra; **~ society** association *(f)* d'amateurs d'art lyrique

operating /'ɒpəreɪtɪŋ/ ADJ [*cost, deficit, expenses, profit*] d'exploitation ✦ **operating instructions** NPL mode *(m)* d'emploi ✦ **operating manual** N manuel *(m)* d'utilisation ✦ **operating room** N (*US*) salle *(f)* d'opération ✦ **operating system** N système *(m)* d'exploitation ✦ **operating table** N table *(f)* d'opération ✦ **operating theatre** N (*Brit*) salle *(f)* d'opération

operation /ɒpə'reɪʃən/ 1 N ⓐ (= *action*) opération *(f)*; **rebuilding ~s began at once** les opérations de reconstruction ont commencé immédiatement
ⓑ (= *functioning*) [*of mind, digestion, machine, business*] fonctionnement *(m)*; [*of drug*] action *(f)*; [*of system*] application *(f)*; **to be in ~** [*law, system*] être en vigueur; [*machine, business*] fonctionner; **to come into ~** [*law, system*] entrer en vigueur; [*machine, factory*] devenir opérationnel; **to put into ~** [+ *plan*] mettre en application; [+ *law*] mettre en vigueur; [+ *machine*] mettre en service
ⓒ (= *surgery*) opération *(f)*; **to have an ~** se faire opérer (**for** de)

2 COMP ✦ **operations room** N centre *(m)* d'opérations

operational /ɒpə'reɪʃənl/ ADJ ⓐ [*staff, troops, vehicle, plan, system*] opérationnel; **on ~ duties** (*Police*) en service ⓑ [*expenses, profit*] d'exploitation; [*problems*] de fonctionnement; **~ strategy** [*of trading company*] stratégie *(f)* d'intervention

operative /'ɒpərətɪv/ 1 ADJ (= *functioning*) opérationnel; **the ~ word** le mot clé 2 N (= *worker*) ouvrier *(m)*, -ière *(f)*; (= *machine operator*) opérateur *(m)*, -trice *(f)*; (= *secret agent*) agent *(m)* secret; **cleaning ~** agent *(m)* d'entretien

operator /'ɒpəreɪtə'/ N ⓐ (= *person*) [*of machine*] opérateur *(m)*, -trice *(f)*; (*on telephone*) (*for reporting faults*) opérateur *(m)*, -trice *(f)*; (*on switchboard*) standardiste *(mf)*
ⓑ (*Math*) opérateur *(m)*

operetta /ɒpə'retə/ N opérette *(f)*

opinion /ə'pɪnjən/ N (= *point of view*) opinion *(f)*; (= *professional advice*) avis *(m)*; **what is your ~ of this book?** quel est votre opinion sur ce livre?; **I've got a low ~ of him** je n'ai pas une très bonne opinion de lui; **political ~s** opinions *(fpl)* politiques; **in my ~** à mon avis; **in the ~ of** d'après; **to be of the ~ that ...** être d'avis que ...; **it's a matter of ~ whether this decision is a wise one** les avis divergent sur la sagesse de cette décision ✦ **opinion poll** N sondage *(m)* d'opinion

opinionated /ə'pɪnjəneɪtɪd/ ADJ **to be ~** avoir des opinions très arrêtées

opium /'əupɪəm/ N opium *(m)* ✦ **opium den** N fumerie *(f)* d'opium

opponent /ə'pəunənt/ N adversaire *(mf)*; [*of government*] opposant(e) *(m(f))*; **he has always been an ~ of nationalization** il s'est toujours opposé aux nationalisations

opportune /'ɒpətjuːn/ ADJ **you have come at an ~ moment** vous arrivez au moment opportun; **it seemed ~ to me to ...** le moment m'a semblé opportun de ...

opportunism /ɒpə'tjuːnɪzəm/ N opportunisme *(m)*

opportunist /ɒpə'tjuːnɪst/ ADJ, N opportuniste *(mf)*

opportunity /ɒpə'tjuːnɪtɪ/ N ⓐ (= *occasion*) occasion *(f)*; **to have the ~ to do sth** avoir l'occasion de faire qch; **to take the ~ of doing** *or* **to do sth** profiter de l'occasion pour faire qch; **if you get the ~** si vous en avez l'occasion; **you really missed your ~ there!** tu as vraiment laissé passer ta chance!
ⓑ (= *possibility*) chance *(f)*; (*in career*) perspective *(f)* d'avenir; **equality of ~** égalité *(f)* des chances; **to make the most of one's opportunities** profiter pleinement de ses chances; **this job offers great opportunities** ce poste offre d'excellentes perspectives d'avenir

oppose /ə'pəuz/ VT s'opposer à; (*Parliament*) [+ *motion, resolution*] faire opposition à; **the President ~s sending the refugees back** le président s'oppose au renvoi des réfugiés

opposed /ə'pəuzd/ ADJ [*aims, attitudes, viewpoints*] opposé; **as ~ to** par opposition à

opposing /ə'pəuzɪŋ/ ADJ [*factions, forces, views*] opposé; **the ~ team** l'équipe adverse; **the ~ votes** les voix contre

opposite /'ɒpəzɪt/ 1 ADJ opposé; (= *facing*) d'en face; **it's in the ~ direction** c'est dans la direction opposée; **"see map on ~ page"** «voir plan ci-contre»; **the ~ sex** l'autre sexe *(m)*; **his ~ number** son homologue *(mf)*

2 ADV en face; **the family who live ~** la famille qui habite en face; **the house ~** la maison d'en face; **to en face de**

3 PREP en face de; **the house is ~ the church** la maison est en face de l'église; **they sat ~ one another** ils étaient assis face à face; **to play ~ sb** (*in play, film*) partager la vedette avec qn

4 N contraire *(m)*; **quite the ~!** bien au contraire!; **what's the ~ of white?** quel est le contraire de blanc?

opposition /ɒpə'zɪʃən/ N ⓐ (= *resistance*) opposition *(f)*; **his ~ to the scheme** son opposition au projet; **in ~ (to)** en opposition (avec); **to be in ~** [*political party*] être dans l'opposition; **they put up considerable ~** ils ont opposé une vive résistance ⓑ **the ~** (*Politics*) l'opposition *(f)*; (*in sports match*) l'adversaire *(m)*; (*in business*) la concurrence

oppress /ə'pres/ VT ⓐ [*political regime*] opprimer ⓑ [*anxiety, heat*] oppresser

oppression /ə'preʃən/ N oppression *(f)*

oppressive /ə'presɪv/ ADJ ⓐ [*system, regime, law*] oppressif ⓑ [*air, heat, silence*] oppressant; [*weather*] lourd

oppressively /ə'presɪvlɪ/ ADV ⓐ [*rule*] de manière oppressive ⓑ (= *uncomfortably*) **the room was ~ hot** on étouffait dans la pièce

oppressor /ə'presə'/ N oppresseur (m)

opprobrium /ə'prəʊbrɪəm/ N opprobre (m)

opt /ɒpt/ VI **to ~ for sth** opter pour qch ; **to ~ to do sth** choisir de faire qch
► **opt out** VI **to ~ out of a contract** résilier un contrat ; **he ~ed out of going** il a choisi de ne pas y aller

optic /'ɒptɪk/ ADJ optique ✦ **optic nerve** N nerf (m) optique

optical /'ɒptɪkəl/ ADJ optique ✦ **optical illusion** N illusion (f) d'optique

optician /ɒp'tɪʃən/ N opticien(ne) (m(f)) ; (*for eyesight tests*) oculiste (mf)

optics /'ɒptɪks/ NPL optique (f)

optimism /'ɒptɪmɪzəm/ N optimisme (m)

optimist /'ɒptɪmɪst/ N optimiste (mf)

optimistic /ˌɒptɪ'mɪstɪk/ ADJ optimiste (**about sth** quant à qch) ; **she was ~ that she would succeed** elle avait bon espoir de réussir

optimistically /ˌɒptɪ'mɪstɪklɪ/ ADV avec optimisme

optimize /'ɒptɪmaɪz/ VT optimiser

optimum /'ɒptɪməm/ ADJ [*level, number, time*] optimal

option /'ɒpʃən/ N option (f) ; **that's the best ~** c'est la meilleure option ; **I have no ~** je n'ai pas le choix ; **he had no ~ but to come** il n'a pas pu faire autrement que de venir ; **he kept his ~s open** il n'a pas voulu s'engager ; **to give sb the ~ of doing sth** donner à qn la possibilité de faire qch ; **programme offering ~s** (*in school, university*) programme (m) optionnel ; **to take up the ~** lever l'option

optional /'ɒpʃənl/ ADJ [*course, subject*] facultatif ; [*accessories*] en option ; **a medical with ~ eye test** un contrôle médical avec un éventuel examen de la vue ; **the car is available with ~ airbags** cette voiture est disponible avec airbags en option ; **~ extra** option (f)

⚠ **facultatif** *is the most common translation of* **optional**.

opulence /'ɒpjʊləns/ N [*of furnishings, costume*] somptuosité (f) ; [*of person, lifestyle*] opulence (f)

opulent /'ɒpjʊlənt/ ADJ [*building, room, film, production*] somptueux ; [*person, lifestyle*] opulent

opus /'əʊpəs/ N opus (m)

OR ABBR = **Oregon**

or /ɔː'/ CONJ ou ; (*with negative*) ni ; **red or black?** rouge ou noir ? ; **without tears or sighs** sans larmes ni soupirs ; **he could not read or write** il ne savait ni lire ni écrire ; **an hour or so** environ une heure ; **or else** ou bien ; **do it or else!*** fais-le, sinon (tu vas voir) !

oracle /'ɒrəkl/ N oracle (m)

oral /'ɔːrəl/ 1 ADJ ⓐ (= *spoken*) oral ⓑ [*cavity, hygiene*] buccal 2 N oral (m) 3 COMP ✦ **oral examiner** N examinateur (m), -trice (f) à l'oral

orally /'ɔːrəlɪ/ ADV ⓐ (= *verbally*) oralement ⓑ (= *by mouth*) par voie orale ; **medicine to be taken ~** médicament à prendre par voie orale

orange /'ɒrɪndʒ/ 1 N (= *fruit*) orange (f) ; (= *tree*) oranger (m) ; (= *colour*) orange (m) 2 ADJ (*in colour*) orange (*inv*) ; [*drink*] à l'orange ; [*flavour*] d'orange 3 COMP ✦ **orange blossom** N fleurs (fpl) d'oranger ✦ **orange box, orange crate** (US) N caisse (f) à oranges ✦ **orange juice** N jus (m) d'orange ✦ **orange marmalade** N confiture (f) d'oranges ✦ **orange peel** N écorce (f) d'orange ; (*in cooking*) zeste (m) d'orange

orangeade /'ɒrɪndʒ'eɪd/ N orangeade (f)

Orangeman /'ɒrɪndʒmən/ N (*pl* **-men**) (Ir) orangiste (m)

orang-outang /ɔːˌræŋuːˈtæŋ/ N orang-outan (m)

oration /ɔːˈreɪʃən/ N discours (m) solennel

orator /'ɒrətə'/ N orateur (m), -trice (f)

oratorio /ˌɒrəˈtɔːrɪəʊ/ N (*pl* **oratorios**) oratorio (m)

oratory /'ɒrətərɪ/ N (= *art*) art (m) oratoire ; **brilliant piece of ~** brillant discours (m)

orb /ɔːb/ N (= *sphere*) sphère (f)

orbit /'ɔːbɪt/ 1 N orbite (f) ; **to be in ~** être en orbite 2 VT être en orbite autour de 3 VI orbiter

Orcadian /ɔːˈkeɪdɪən/ ADJ des Orcades

orchard /'ɔːtʃəd/ N verger (m) ; **cherry ~** cerisaie (f)

orchestra /'ɔːkɪstrə/ 1 N ⓐ orchestre (m) ⓑ (US: Theatre) (fauteuils (mpl) d')orchestre (m) 2 COMP ✦ **orchestra pit** N fosse (f) d'orchestre

orchestral /ɔːˈkestrəl/ ADJ [*music*] orchestral ; [*work, arrangement*] pour orchestre

orchestrate /'ɔːkɪstreɪt/ VT orchestrer

orchid /'ɔːkɪd/ N orchidée (f)

ordain /ɔːˈdeɪn/ VT ⓐ (= *order*) décréter ⓑ **he was ~ed** il a été ordonné prêtre

ordeal /ɔːˈdiːl/ N épreuve (f) ; **they suffered terrible ~s** ils ont subi des épreuves terribles ; **speaking in public was an ~ for him** parler en public était un supplice pour lui ; **~ by fire** épreuve (f) du feu

---

order /'ɔːdə'/

1 NOUN	4 COMPOUNDS
2 TRANSITIVE VERB	5 PHRASAL VERBS
3 INTRANSITIVE VERB	

1 NOUN

ⓐ = sequence ordre (m) ; **to be in ~** être en ordre ; **to put in ~** ranger dans l'ordre ; **the pages were out of ~** les pages n'étaient pas dans le bon ordre ; **in ~ of precedence** par ordre de préséance

ⓑ = proper state
✦ **in order** [*room*] en ordre ; [*passport, documents*] en règle ; **to put one's affairs in ~** mettre de l'ordre dans ses affaires
✦ **to be in order** (= *proper*) [*action, request*] être dans les règles ; **that's quite in ~** je n'y vois aucune objection ; **would it be in ~ for me to speak to her?** pourrais-je lui parler ? ; **reforms are clearly in ~** de toute évidence des réformes s'imposent ; **it seems a celebration is in ~!** il va falloir fêter ça !
✦ **out of order** [*machine*] en panne ; [*remark*]* déplacé ; **the machine is out of ~** la machine est en panne ; **"out of ~"** « hors service » ; **you're way out of ~!** ça se fait pas !*
✦ *adjective* + **order**: **in short ~** sans délai ; **in working ~** en état de marche ; **in good ~** (= *in good condition*) en bon état

ⓒ expressing purpose
✦ **in order to** pour ; **I did it in ~ to clarify matters** je l'ai fait pour clarifier la situation
✦ **in order that** afin que (+ *subj*) ; **in ~ that we may create jobs** afin que nous puissions créer des emplois

ⓓ = proper behaviour ordre (m) ; **to keep ~** [*police*] faire régner l'ordre ; [*teacher*] faire régner la discipline ; **she can't keep her class in ~** elle n'arrive pas à tenir sa classe ; **~, ~!** silence ! ; **to call sb to ~** rappeler qn à l'ordre ; **a point of ~** (*in meeting*) un point de procédure

ⓔ = category (*biological*) ordre (m) ; (*social*) classe (f) ; (= *kind*) ordre (m) ; **the lower ~s** les classes (fpl) inférieures ; **the present crisis is of a very different ~** la crise actuelle est d'un tout autre ordre ; **of a high ~** de premier ordre ; **~ of magnitude** ordre (m) de grandeur ; **something in the ~ of € 3,000** de l'ordre de 3 000 €

ⓕ = the way things are ordre (m) ; **a new world ~** un nouvel ordre mondial ; **the old ~ is changing** le monde change ; **strikes were the ~ of the day** les grèves étaient à l'ordre du jour

ⓖ = command ordre (m) ; **that's an ~!** c'est un ordre ! ; **on the ~s of sb** sur l'ordre de qn ; **by ~ of sb/sth** par ordre de qn/qch ; **to give sb ~s to do sth** ordonner à qn de faire qch ; **I don't take ~s from you!** je n'ai pas d'ordres à recevoir de vous ! ; **to be under ~s to do sth** avoir reçu l'ordre de faire qch

ⓗ from customer commande (f) ; **to place an ~ with sb for sth** passer une commande de qch à qn ; **we have the shelves on ~ for you** vos étagères sont commandées ; **made to ~** fait sur commande

(i) = portion of food | portion (f); **an ~ of French fries** une portion de frites

(j) legal | **~ of the Court** injonction (f) du tribunal

(k) religious | ordre (m); **the Benedictine Order** l'ordre (m) des bénédictins

(l) = account | **pay to the ~ of sb** payer à l'ordre de qn

2 TRANSITIVE VERB

(a) = command | **to ~ sb to do sth** ordonner à qn de faire qch; **he ~ed that the army should advance** il a donné l'ordre à l'armée d'avancer

(b) = ask for | [+ goods, meal, taxi] commander; **to ~ more wine** redemander du vin

(c) = put in sequence | classer; **they are ~ed by date** ils sont classés dans l'ordre chronologique

(d) + one's affairs | régler

3 INTRANSITIVE VERB

in restaurant | passer sa commande; **are you ready to ~?** vous avez choisi?

4 COMPOUNDS

♦ **order book** N carnet (m) de commandes ♦ **order form** N bulletin (m) de commande ♦ **the Order of Merit** N (Brit) l'ordre (m) du mérite

5 PHRASAL VERBS

► **order about, order around** VT SEP **he likes ~ing people about** il aime donner des ordres à tout le monde

orderly /'ɔːdəlɪ/ 1 ADJ (= tidy) ordonné; (= methodical) méthodique; (= disciplined) discipliné; [queue] ordonné; **in an ~ fashion** en bon ordre 2 N (a) (= soldier) planton (m); (= officer) ordonnance (f) (b) (in hospital) garçon (m) de salle

ordinal /'ɔːdɪnl/ ADJ, N ordinal (m)

ordinarily /'ɔːdnrɪlɪ/ ADV normalement

ordinary /'ɔːdnrɪ/ 1 ADJ (a) (= usual) habituel; [clothes] de tous les jours; **my ~ grocer's** mon épicerie habituelle; **in the ~ way** d'habitude
(b) (= unexceptional) [person, day] ordinaire; [intelligence, reader] moyen; **mine was a fairly ~ childhood** j'ai eu une enfance assez ordinaire; **~ people** le commun des mortels; **~ Germans** l'Allemand (m) moyen; **she's no ~ woman** c'est une femme extraordinaire
2 N ordinaire (m); **out of the ~** hors du commun; **nothing out of the ~** rien d'exceptionnel
3 COMP ♦ **ordinary degree** N (Brit) ≈ licence (f)

ordination /ˌɔːdɪ'neɪʃən/ N ordination (f)

ordnance /'ɔːdnəns/ N (= guns) artillerie (f) ♦ **Ordnance Survey map** N ≈ carte (f) d'état-major

ore /ɔː'/ N minerai (m); **iron ~** minerai (m) de fer

Ore(g). ABBR = **Oregon**

oregano /ˌɒrɪ'gɑːnəʊ, (US) ə'regənəʊ/ N origan (m)

organ /'ɔːgən/ 1 N (a) (= musical instrument) orgue (m) (b) (= body part) organe (m) (c) (= mouthpiece) organe (m); **the chief ~ of the administration** l'organe de l'administration 2 COMP ♦ **organ donor** N donneur (m), -euse (f) d'organes ♦ **organ-grinder** N joueur (m), -euse (f) d'orgue de Barbarie ♦ **organ transplant** N greffe (f) d'organe

organic /ɔː'gænɪk/ 1 ADJ (a) [farm, farmer, produce, food] biologique (b) [matter, waste, fertilizer, compound] organique 2 COMP ♦ **organic chemistry** N chimie (f) organique

organism /'ɔːgənɪzəm/ N organisme (m)

organist /'ɔːgənɪst/ N organiste (mf)

organization /ˌɔːgənaɪ'zeɪʃən/ N organisation (f); **youth ~ association** (f) de jeunes; **his work lacks ~** son travail manque d'organisation

organize /'ɔːgənaɪz/ VT organiser; **to ~ a trip** organiser un voyage; **to ~ transport** s'occuper du transport; **to ~ one's thoughts** mettre de l'ordre dans ses idées; **to get ~d** s'organiser ♦ **organized chaos** N désordre (m) organisé ♦ **organized crime** N crime (m) organisé ♦ **organized labour** N main-d'œuvre (f) syndiquée

organizer /'ɔːgənaɪzə'/ N (a) [of event] organisateur (m), -trice (f) (b) (= diary) organiseur (m)

organophosphate /ɔːˌgænəʊ'fɒsfeɪt/ N organophosphoré (m)

orgasm /'ɔːgæzəm/ 1 N orgasme (m) 2 VI avoir un orgasme

orgy /'ɔːdʒɪ/ N orgie (f)

orient /'ɔːrɪənt/ 1 N **the Orient** l'Orient (m) 2 VT orienter

oriental /ˌɔːrɪ'entəl/ ADJ oriental

orientate /'ɔːrɪənteɪt/ VT orienter

orientated /'ɔːrɪənteɪtɪd/ ADJ = **oriented**

orientation /ˌɔːrɪən'teɪʃən/ N orientation (f)

oriented /'ɔːrɪəntɪd/ ADJ **the film is ~ to the British audience** ce film s'adresse en premier lieu au public britannique; **their policies are ~ towards controlling inflation** leur politique vise à juguler l'inflation; **pupil-~** adapté aux besoins de l'élève; **an export-~ economy** une économie axée sur l'exportation

orienteering /ˌɔːrɪən'tɪərɪŋ/ N courses (fpl) d'orientation

orifice /'ɒrɪfɪs/ N orifice (m)

origami /ˌɒrɪ'gɑːmɪ/ N origami (m)

origin /'ɒrɪdʒɪn/ N origine (f); **country of ~** pays (m) d'origine

original /ə'rɪdʒɪnl/ 1 ADJ (a) (= earliest) [meaning] originel; [inhabitant] premier; [purpose, suggestion] initial; [shape, colour] d'origine (b) (= not copied) [painting, idea, writer] original (c) (= unconventional) original; **he's an ~ thinker** c'est un esprit original 2 N [of painting, document] original (m); **to read Dante in the ~** lire Dante dans le texte 3 COMP ♦ **original sin** N le péché originel

originality /əˌrɪdʒɪ'nælɪtɪ/ N originalité (f)

originally /ə'rɪdʒənəlɪ/ ADV (a) (= at first) à l'origine; **he's ~ from Armenia** il est originaire d'Arménie (b) (= unconventionally) de façon originale

originate /ə'rɪdʒɪneɪt/ VI **to ~ from** [person] être originaire de; [goods] provenir de; **where/who did this idea ~ from?** d'où/de qui émane cette idée?

originator /ə'rɪdʒɪneɪtə'/ N **to be the ~ of** [idea, project] être à l'origine de

Orkney(s) /'ɔːknɪ(z)/ N(PL) Orcades (fpl)

ornament /'ɔːnəmənt/ N objet (m) décoratif

ornamental /ˌɔːnə'mentl/ ADJ décoratif; [garden, pond] d'agrément

ornate /ɔː'neɪt/ ADJ très orné

ornithologist /ˌɔːnɪ'θɒlədʒɪst/ N ornithologue (mf)

ornithology /ˌɔːnɪ'θɒlədʒɪ/ N ornithologie (f)

orphan /'ɔːfən/ 1 N orphelin(e) (m(f)) 2 VT **to be ~ed** devenir orphelin(e)

orphanage /'ɔːfənɪdʒ/ N orphelinat (m)

orthodontist /ˌɔːθəʊ'dɒntɪst/ N orthodontiste (mf)

orthodox /'ɔːθədɒks/ ADJ orthodoxe; [medicine] traditionnel ♦ **the Orthodox Church** N l'Église (f) orthodoxe

orthodoxy /'ɔːθədɒksɪ/ N orthodoxie (f)

orthopaedic, orthopedic (US) /ˌɔːθəʊ'piːdɪk/ ADJ orthopédique

orthopaedics, orthopedics (US) /ˌɔːθəʊ'piːdɪks/ N orthopédie (f)

Oscar /'ɒskə'/ N (= award) oscar (m)

oscillate /'ɒsɪleɪt/ VI osciller

Oslo /'ɒzləʊ/ N Oslo

osmosis /ɒz'məʊsɪs/ N osmose (f); **by ~** par osmose

Ostend /ɒs'tend/ N Ostende

ostensible /ɒs'tensəbl/ ADJ prétendu (before n)

ostensibly /ɒs'tensəblɪ/ ADV ostensiblement; **he went out, ~ to telephone** il est sorti, apparemment pour téléphoner

ostentation /ˌɒsten'teɪʃən/ N ostentation (f)

ostentatious /ˌɒsten'teɪʃəs/ ADJ [car, clothes] tape-à-l'œil (inv); [surroundings, person] prétentieux; [gesture, attempt, manner] ostentatoire (liter)

ostentatiously /ˌɒsten'teɪʃəslɪ/ ADV [decorate, live] avec ostentation; [dress] de façon voyante

osteopath /'ɒstɪəpæθ/ N ostéopathe *(mf)*

osteopathy /ˌɒstɪ'ɒpəθɪ/ N ostéopathie *(f)*

osteoporosis /ˌɒstɪəupɔː'rəusɪs/ N ostéoporose *(f)*

ostracize /'ɒstrəsaɪz/ VT ostraciser

ostrich /'ɒstrɪtʃ/ N autruche *(f)*

OTC /ˌəuti:'si:/ N *(Brit)* (ABBR = **Officers' Training Corps**) corps *(m)* volontaire de formation d'officiers

other /'ʌðə'/ 1 ADJ autre; **the ~ one** l'autre *(mf)*; **the ~ five** les cinq autres; **~ people have done it** d'autres l'ont fait; **~ people's property** la propriété d'autrui; **the ~ day/ week** l'autre jour/semaine; **come back some ~ time** revenez un autre jour; **some fool or ~** un idiot

2 PRON autre; **and these five ~s** et ces cinq autres; **some ~s** d'autres; **~s have spoken of him** d'autres ont parlé de lui; **he doesn't like hurting ~s** il n'aime pas faire de mal aux autres; **some like flying, ~s prefer the train** les uns aiment prendre l'avion, les autres préfèrent le train; **one or ~ of them will come** il y en aura bien un qui viendra

3 ADV autrement; **he could not have acted ~ than he did** il n'aurait pas pu agir autrement; **I wouldn't wish things ~ than they are** les choses sont très bien comme elles sont; **~ than that, I said nothing** à part ça, je n'ai rien dit; **I've told nobody ~ than him** je ne l'ai dit à personne d'autre que lui

otherwise /'ʌðəwaɪz/ 1 ADV ⓐ (= *in another way*) autrement; **it cannot be ~** il ne peut en être autrement; **until proved ~** jusqu'à preuve du contraire; **a debate about the merits or ~ of this proposal** un débat sur les mérites ou autres de cette proposition; **he was ~ occupied** il était occupé à autre chose; **Montgomery, ~ known as Monty** Montgomery, également connu sous le nom de Monty

ⓑ (= *in other respects*) autrement; **~ it's a very good car** autrement c'est une excellente voiture; **an ~ excellent essay** une dissertation par ailleurs excellente

2 CONJ sinon; **take down the number, ~ you'll forget it** note le numéro, sinon tu vas l'oublier

OTT* /ˌəuti:'ti:/ ADJ (ABBR = **over the top**) excessif

Ottawa /'ɒtəwə/ N (= *city*) Ottawa

otter /'ɒtə'/ N loutre *(f)*

OU /əu'ju:/ *(Brit)* ABBR = **Open University**

ouch /autʃ/ EXCL aïe !

ought /ɔːt/ MODAL VERB ⓐ (*obligation*) **I ~ to do it** je devrais le faire, il faudrait que je le fasse; **he thought he ~ tell you** il a pensé qu'il devait vous le dire; **this ~ to have been finished long ago** cela aurait dû être terminé il y a longtemps ⓑ (*probability*) **they ~ to be arriving soon** ils devraient bientôt arriver; **he ~ to have got there by now** il a dû arriver (à l'heure qu'il est)

Ouija ®**, ouija** /'wiːdʒə/ N **~ board** oui-ja *(m inv)*

ounce /auns/ N once *(f)* (environ 28 g)

our /'auə'/ POSS ADJ notre; (*plural*) nos; **~ book** notre livre; **~ table** notre table; **~ clothes** nos vêtements; **our proposals** nos propositions; **that's OUR car** c'est notre voiture (à nous*)

ours /'auəz/ POSS PRON le nôtre; (*feminine*) la nôtre; (*plural*) les nôtres; **their car is bigger than ~** leur voiture est plus grosse que la nôtre; **this car is ~** cette voiture est à nous; **a friend of ~** un de nos amis; **I think it's one of ~** je crois que c'est un des nôtres; **it's no fault of ~** ce n'est pas de notre faute; **it's no business of ~** cela ne nous regarde pas

ourselves /ˌauə'selvz/ PERS PRON ⓐ (*reflexive*) nous; **we enjoyed ~** nous nous sommes bien amusés ⓑ (*after prep*) nous; **we said to ~** nous nous sommes dit; **for ~** pour nous; **all by ~** tout seuls (toutes seules *(f)*) ⓒ (*emphatic*) nous-êmes; **we did it ~** nous l'avons fait nous-mêmes ⓓ (= *us*) nous; **people like ~** des gens comme nous

oust /aust/ VT évincer; **they ~ed him from the chairmanship** ils l'ont évincé de la présidence

out /aut/

1	ADVERB	4	NOUN
2	ADJECTIVE	5	TRANSITIVE VERB
3	PREPOSITION	6	COMPOUNDS

▶ *When* **out** *is an element in a phrasal verb, eg* **get out**, **go out**, *look up the verb. When* **out** *is part of a set combination, eg* **day out**, *look up the noun.*

1 ADVERB

ⓐ = **not in** **Paul is ~** Paul est sorti; **he's ~ a good deal** il sort beaucoup; **he's ~ fishing** il est parti à la pêche; **when the tide is ~** à marée basse; **(the ball is) ~!** *(Tennis)* (la balle est) out !

▶ *When followed by a preposition,* **out** *is not usually translated.*

he's ~ in the garden il est dans le jardin

◆ **to want out***: **the cat wants ~** le chat veut sortir; **he wants ~** (*of marriage, contract*) il a envie de tout plaquer*

ⓑ = **outside** dehors; **it's hot ~** il fait chaud dehors; **~ you go!** sortez !

ⓒ **expressing distance** **the boat was 10 miles ~ to sea** le bateau était à 10 milles de la côte; **their house is 10km ~ of town** leur maison est à 10 km de la ville

ⓓ **homosexual** **to be ~*** assumer son homosexualité

ⓔ **set structures**

◆ **to be out and about again** être de nouveau sur pied

◆ **out here** ici; **come in! — no, I like it ~ here** entre ! — non, je suis bien ici !

◆ **out there** (= *in that place*) là-bas

◆ **out with it!*** vas-y, parle !

2 ADJECTIVE

ⓐ **light, fire, gas** éteint

ⓑ = **available** [*model, edition, video*] sorti

ⓒ = **unavailable** (*for lending, renting*) **that book is ~** ce livre est sorti

ⓓ = **revealed** **the secret is ~** le secret n'en est plus un

ⓔ = **unconscious** sans connaissance; **he was ~ for 30 seconds** il est resté sans connaissance pendant 30 secondes

ⓕ = **wrong** **their timing was 5 minutes ~** ils s'étaient trompés de 5 minutes; **you're not far ~*** tu n'es pas tombé loin*

ⓖ = **unacceptable** [*idea, suggestion*] **that's right ~, I'm afraid** il n'en est pas question

ⓗ = **defeated** (*in games*) **you're ~** tu es éliminé; **the socialists are ~** (*politically*) les socialistes sont battus

ⓘ = **finished** **before the month was ~** avant la fin du mois

ⓙ = **striking** **~ on strike** en grève

ⓚ = **unfashionable** [*idea, suggestion*] passé de mode; **long skirts are ~** les jupes longues sont passées de mode

ⓛ **flowers, sun** **the roses are ~** les rosiers sont en fleurs; **the sun was ~** le soleil brillait

ⓜ **set structures**

◆ **to be out to do sth*** (= *seeking to do*) chercher à faire qch

◆ **to be out for sth***: **she was just ~ for a good time** elle ne cherchait qu'à s'amuser

3 PREPOSITION

out of

▶ *When* **out of** *is an element in a phrasal verb, eg* **run out of**, *look up the verb. When it is part of a set combination, eg* **out of danger**, **out of the way**, *look up the noun.*

ⓐ = **outside** en dehors de, hors de; **he lives ~ of town** il habite à l'extérieur de la ville; **they were 100km ~ of Paris** ils étaient à 100 km de Paris

◆ **out of it***: **I was glad to be ~ of it** (= *escaped from situation*) j'étais bien content d'y avoir échappé; **I felt rather ~ of it at the party** je me suis senti un peu isolé à cette fête

ⓑ = **absent** **he's ~ of the office at the moment** il n'est pas au bureau actuellement

ⓒ = **through** par; **~ of the window** par la fenêtre

ⓓ **= from** only one chapter ~ **of the novel** un seul chapitre du roman ; **a model made ~ of matchsticks** une maquette construite avec des allumettes ; **he had made the table ~ of a crate** il avait fabriqué la table avec une caisse ; **he looked like something ~ of "Star Trek"** il semblait tout droit sorti de « Star Trek »

► *In the following* dans *describes the original position of the thing being moved.*

to take sth ~ of a drawer prendre qch dans un tiroir ; **to drink ~ of a glass** boire dans un verre ; **he copied the poem ~ of a book** il a copié le poème dans un livre

ⓔ **= because of** par ; **~ of curiosity/necessity** par curiosité/nécessité

ⓕ **= from among** sur ; **in nine cases ~ of ten** dans neuf cas sur dix

ⓖ **= without** we are ~ **of bread** nous n'avons plus de pain

ⓗ **= sheltered from** à l'abri de ; **~ of the wind** à l'abri du vent

ⓘ **= eliminated from** éliminé de ; **~ of the World Cup** éliminé de la Coupe du monde

4 NOUN
♦ **on the outs with sb:** (*US*) brouillé avec qn

5 TRANSITIVE VERB
[+ *homosexual*] révéler l'homosexualité de

6 COMPOUNDS
♦ **out-and-out** ADJ [*lie*] pur et simple ; [*liar, cheat*] fini ; [*racist, fascist*] pur et dur ♦ **out-of-bounds** ADJ [*place*] interdit ; (*US*) [*ball*] sorti ♦ **out-of-date** ADJ [*passport, ticket*] périmé ; [*clothes, theory, concept*] démodé ; [*word*] vieilli ♦ **out-of-doors** ADV = outdoors ; ♦ **out-of-the-ordinary** ADJ insolite ♦ **out-of-the-way** ADJ (= *remote*) isolé ♦ **out-of-this-world*** ADJ fantastique* ♦ **out-tray** N corbeille (*f*) de départ

outage /ˈaʊtɪdʒ/ N (*US*) coupure (*f*) de courant

outback /ˈaʊtbæk/ N **the ~** (*in Australia*) l'intérieur (*m*) du pays

outbid /aʊtˈbɪd/ (*pret* **outbid**, *ptp* **outbid**) VT enchérir sur

outboard /ˈaʊtbɔːd/ N (= *outboard motor*) (moteur (*m*)) hors-bord (*m*)

outbound /ˈaʊtbaʊnd/ ADJ [*flight*] en partance

outbreak /ˈaʊtbreɪk/ N [*of war, fighting*] début (*m*) ; [*of violence*] éruption (*f*) ; [*of disease*] accès (*m*) ; **at the ~ of war** au début de la guerre

outbuilding /ˈaʊtbɪldɪŋ/ N dépendance (*f*)

outburst /ˈaʊtbɜːst/ N **an angry ~** un accès de colère ; **he was ashamed of his ~** il avait honte de s'être emporté

outcast /ˈaʊtkɑːst/ N exclu(e) (*m(f)*)

outclass /aʊtˈklɑːs/ VT surpasser

outcome /ˈaʊtkʌm/ N [*of meeting, discussion*] issue (*f*) ; [*of decision*] conséquence (*f*)

outcrop /ˈaʊtkrɒp/ N affleurement (*m*)

outcry /ˈaʊtkraɪ/ N (= *protest*) tollé (*m*) ; **there was a general ~ against the decision** cette décision a provoqué un tollé général

outdated /aʊtˈdeɪtɪd/ ADJ dépassé ; [*clothes*] démodé

outdistance /aʊtˈdɪstəns/ VT distancer

outdo /aʊtˈduː/ (*pret* **outdid**, *ptp* **outdone**) VT **to ~ sb in sth** faire mieux que qn en qch ; **not to be outdone** pour ne pas être en reste

outdoor /ˈaʊtdɔːʳ/ ADJ [*activities*] de plein air ; [*work, swimming pool, tennis court*] en plein air ; [*market*] à ciel ouvert ; **~ centre** centre (*m*) aéré

outdoors /ˈaʊtdɔːz/ 1 ADV dehors ; [*live*] au grand air ; [*sleep*] à la belle étoile ; **to be ~** être dehors ; **to go ~** sortir 2 N **the great ~** les grands espaces (*mpl*)

outer /ˈaʊtəʳ/ ADJ extérieur (-eure (*f*)) ; [*door*] qui donne sur l'extérieur ; **~ garments** vêtements (*mpl*) de dessus ♦ **outer space** N espace (*m*)

outfit /ˈaʊtfɪt/ N ⓐ (= *set of clothes*) tenue (*f*) ; (*for child*) panoplie (*f*) ; **skiing ~** tenue (*f*) de ski ; **cowboy ~** panoplie

(*f*) de cowboy ⓑ (= *clothes and equipment*) équipement (*m*) ; (= *tools*) matériel (*m*) ⓒ (= *team*): équipe (*f*) ; (= *company*): boîte* (*f*)

outgoing /ˈaʊtɡəʊɪŋ/ 1 ADJ ⓐ (= *departing*) [*president, tenant*] sortant ; [*flight, mail*] en partance ; **I can't make ~ calls** je ne peux pas téléphoner à l'extérieur ⓑ (= *extrovert*) extraverti 2 N NPL **outgoings** (*Brit*) dépenses (*fpl*)

outgrow /aʊtˈɡrəʊ/ (*pret* **outgrew**, *ptp* **outgrown**) VT ⓐ [+ *clothes*] **he's ~n this coat** ce manteau est devenu trop petit pour lui ⓑ **to ~ sth** [*hobby, sport*] ne plus s'intéresser à qch ; [*opinion, way of life*] abandonner qch en prenant de l'âge ; **I've ~n going to clubs** je n'ai plus l'âge de sortir en boîte

outhouse /ˈaʊthaʊs/ N ⓐ (= *shed*) appentis (*m*) ⓑ (*US* = *lavatory*) cabinets (*mpl*) extérieurs

outing /ˈaʊtɪŋ/ N sortie (*f*) ; **to go on an ~** faire une sortie

outlandish /aʊtˈlændɪʃ/ ADJ excentrique

outlast /aʊtˈlɑːst/ VT survivre à

outlaw /ˈaʊtlɔː/ 1 N hors-la-loi (*m*) 2 VT [+ *person*] mettre hors la loi ; [+ *activity, organization*] proscrire

outlay /ˈaʊtleɪ/ N (= *spending*) dépenses (*fpl*) ; (= *investment*) mise (*f*) de fonds

outlet /ˈaʊtlet/ 1 N ⓐ (*for water*) sortie (*f*) ; (*US* = *socket*) prise (*f*) de courant ⓑ (*for talents*) débouché (*m*) ; (*for energy, emotions*) exutoire (*m*) (**for** à) ⓒ (*for goods*) débouché (*m*) 2 COMP ♦ **outlet pipe** N tuyau (*m*) de vidange ♦ **outlet valve** N robinet (*m*) de vidange

outline /ˈaʊtlaɪn/ 1 N ⓐ (= *shape*) [*of object*] contour (*m*) ; [*of building, tree*] silhouette (*f*) ⓑ (= *summary*) résumé (*m*) ; (*less exact*) esquisse (*f*) ; **~s** (= *main features*) grandes lignes (*fpl*) ; **to give an ~ of sth** faire un résumé de qch ; **rough ~ of an article** canevas (*m*) d'un article ; **I'll give you a quick ~ of the project** je vais vous donner un aperçu du projet

2 VT ⓐ tracer le contour de ; **she ~d her eyes with kohl** elle a souligné ses yeux d'un trait de khôl ⓑ (= *summarize*) [+ *theory, ideas*] exposer les grandes lignes de ; [+ *facts, details*] passer brièvement en revue ; **to ~ the situation** donner un aperçu de la situation

outlive /aʊtˈlɪv/ VT survivre à ; **he ~d her by ten years** il lui a survécu dix ans ; **to have ~d one's usefulness** avoir fait son temps

outlook /ˈaʊtlʊk/ N ⓐ (= *view*) vue (*f*) ⓑ (= *prospect*) perspectives (*fpl*) (d'avenir) ; **the economic ~** les perspectives (*fpl*) économiques ; **the ~ for tomorrow is wet** on annonce de la pluie pour demain ; **the ~ for us is rather rosy*** les choses s'annoncent assez bien pour nous ⓒ (= *attitude*) vision (*f*) (du monde)

outlying /ˈaʊtlaɪɪŋ/ ADJ [*area*] écarté ; **the ~ villages** les villages les plus éloignés

outmanoeuvre, outmaneuver (*US*) /ˌaʊtməˈnuːvəʳ/ VT déjouer les plans de

outmoded /aʊtˈməʊdɪd/ ADJ démodé ; [*equipment*] dépassé

outnumber /aʊtˈnʌmbəʳ/ VT être plus nombreux que ; **we were ~ed five to one** ils étaient cinq fois plus nombreux que nous

outpace /aʊtˈpeɪs/ VT dépasser

outpatient /ˈaʊtpeɪʃənt/ N malade (*mf*) en consultation externe ; **~s department** service (*m*) de consultation externe

outperform /ˌaʊtpəˈfɔːm/ VT être plus performant que

outpost /ˈaʊtpəʊst/ N (*military*) avant-poste (*m*) ; [*of organization*] antenne (*f*)

outpouring /ˈaʊtpɔːrɪŋ/ N [*of feeling*] accès (*m*)

output /ˈaʊtpʊt/ (*vb: pret, ptp* **output**) 1 N ⓐ [*of factory, mine, writer*] production (*f*) ; [*of agricultural land, machine, worker*] rendement (*m*) ⓑ (*Computing*) sortie (*f*) ; (= *output data*) données (*fpl*) de sortie ⓒ (*electrical*) puissance (*f*) (de sortie) 2 VT ⓐ (*Computing*) sortir ⓑ [*factory*] produire

outrage 1 N ⓐ (= *emotion*) indignation (*f*) ; **there was public ~ at the news** la nouvelle a suscité l'indignation générale ⓑ (= *act, event*) atrocité *(f)*; **it's an ~!** c'est un scandale!; **it's an ~ against humanity** c'est une injure à l'humanité 2 VT indigner

> ★ Lorsque **outrage** est un nom, l'accent tombe sur la première syllabe: /ˈaʊtreɪdʒ/, lorsque c'est un verbe, sur la deuxième: /aʊtˈreɪdʒ/.

outraged /ˈaʊtreɪdʒd/ ADJ indigné

outrageous /aʊtˈreɪdʒəs/ ADJ (= *scandalous*) scandaleux; [*remark*] outrancier; [*story, claim, clothes, idea*] extravagant; **he's ~!** il dépasse les bornes!*

outrider /ˈaʊtˌraɪdəʳ/ N (*on motorcycle*) motocycliste *(mf)*

outright 1 ADV ⓐ [*say, tell*] carrément; [*laugh*] franchement ⓑ [*refuse, deny*] catégoriquement; **he won ~** il a gagné haut la main ⓒ (= *instantly*) **to be killed ~** être tué sur le coup 2 ADJ ⓐ (= *undisguised*) [*lie*] pur; [*hostility*] franc (franche *(f)*); [*condemnation*] catégorique ⓑ (= *absolute*) [*victory*] total; [*majority*] absolu; [*winner*] incontesté

> ★ Lorsque **outright** est un adverbe, l'accent tombe sur la seconde syllabe: /aʊtˈraɪt/, lorsque c'est un adjectif, sur la première: /ˈaʊtraɪt/.

outrun /aʊtˈrʌn/ (*pret* **outran**, *ptp* **outrun**) VT distancer

outset /ˈaʊtset/ N début *(m)*; **at the ~** au début; **from the ~** dès le début

outshine /aʊtˈʃaɪn/ (*pret, ptp* **outshone**) VT éclipser

outside /ˈaʊtsaɪd/ 1 ADV dehors; **it's cold ~** il fait froid dehors; **to go ~** sortir

2 PREP ⓐ à l'extérieur de; **store flammable substances ~ the house** conservez les produits inflammables à l'extérieur de la maison; **to live ~ London** vivre à l'extérieur de Londres; **a man was standing ~ the house** un homme se tenait devant la maison; **the noise was coming from ~ the house** le bruit venait de dehors; **women who work ~ home** les femmes qui travaillent à l'extérieur
♦ **outside of** (= *outside*) à l'extérieur de; (= *apart from*) à part; **~ of Britain** hors de la Grande-Bretagne; **nobody ~ of my husband** personne à part mon mari
ⓑ (= *beyond*) en dehors de; **~ office hours** en dehors des heures de bureau; **that falls ~ our jurisdiction** cela ne relève pas de notre compétence; **sex ~ marriage** relations sexuelles hors mariage

3 N extérieur *(m)*; **the box was dirty on the ~** la boîte était sale à l'extérieur; **to look at sth from the ~** regarder qch de l'extérieur; **judging from the ~** vu de l'extérieur

4 ADJ ⓐ (= *outdoor*) extérieur
ⓑ [*world, community, influence*] extérieur; [*consultant, investor*] externe; **~ examiner** examinateur *(m)*, -trice *(f)* externe; **without ~ help** sans aide extérieure; **~ line** ligne *(f)* extérieure; **~ interests** [= *hobbies*] passe-temps *(mpl)*
ⓒ (= *faint*) **there is an ~ chance he'll come** il y a une petite chance qu'il vienne

5 COMP ♦ **outside broadcast** N émission *(f)* réalisée en extérieur ♦ **outside lane** N [*of road*] (*in Britain*) voie *(f)* de droite; (*in US, Europe*) voie *(f)* de gauche; [*of running track*] piste *(f)* extérieure

outsider /ˈaʊtsaɪdəʳ/ N ⓐ (= *stranger*) étranger *(m)*, -ère *(f)* ⓑ (= *unlikely winner*) outsider *(m)*

outsize /ˈaʊtsaɪz/ ADJ [*clothes*] grande taille *(inv)*

outskirts /ˈaʊtskɜːts/ NPL [*of town*] périphérie *(f)*; **on the ~** en périphérie; **on the ~ of London** à la périphérie de Londres

outsmart* /aʊtˈsmɑːt/ VT se montrer plus malin (-igne *(f)*) que

outspoken /aʊtˈspəʊkən/ ADJ [*person, criticism*] franc (franche *(f)*); **an ~ critic** un critique virulent; **he's fairly ~** il ne mâche pas ses mots

outstanding /aʊtˈstændɪŋ/ ADJ ⓐ (= *exceptional*) remarquable; **an area of ~ natural beauty** (*Brit*) une zone naturelle protégée ⓑ (= *remaining*) [*debt, balance*] impayé; [*issue, problem*] non résolu

outstandingly /aʊtˈstændɪŋlɪ/ ADV [*good, beautiful*] exceptionnellement; **to be ~ successful** réussir remarquablement

outstay /aʊtˈsteɪ/ VT **I hope I haven't ~ed my welcome** j'espère que je n'ai pas abusé de votre hospitalité

outstretched /ˈaʊtstretʃt/ ADJ [*arm, hand*] tendu; [*wings*] déployé

outstrip /aʊtˈstrɪp/ VT devancer

outtake /ˈaʊtteɪk/ N chute *(f)*

outvote /aʊtˈvəʊt/ VT mettre en minorité

outward /ˈaʊtwəd/ 1 ADJ ⓐ (= *from a place*) **the ~ journey** le voyage aller ⓑ (= *external*) extérieur (-eure *(f)*) 2 ADV ⓐ [*face, move*] vers l'extérieur ⓑ **~ bound** [*ship*] en partance

outwardly /ˈaʊtwədlɪ/ ADV [*calm*] extérieurement; [*respectable*] en apparence

outwards /ˈaʊtwədz/ ADV vers l'extérieur

outweigh /aʊtˈweɪ/ VT l'emporter sur

outwit /aʊtˈwɪt/ VT se montrer plus malin (-igne *(f)*) que

oval /ˈəʊvəl/ 1 ADJ oval 2 N ovale *(m)* 3 COMP ♦ **the Oval Office** N le bureau ovale (*de la Maison-Blanche*)

ovarian /əʊˈvɛərɪən/ ADJ ovarien

ovary /ˈəʊvərɪ/ N ovaire *(m)*

ovation /əʊˈveɪʃən/ N ovation *(f)*; **to give sb a standing ~** ovationner qn

oven /ˈʌvn/ N four *(m)*; **in the ~** au four; **in a hot ~** à four chaud ♦ **oven glove** N (*Brit*) gant *(m)* de cuisine

ovenproof /ˈʌvnpruːf/ ADJ allant au four *(inv)*

---

over /ˈəʊvəʳ/

1 ADVERB	4 NOUN
2 ADJECTIVE	5 COMPOUND
3 PREPOSITION	

> ► When **over** is an element in a phrasal verb, eg **come over, turn over**, look up the verb.

1 ADVERB
ⓐ = **here** **when you're next ~ this way** la prochaine fois que vous passerez par ici; **they were ~ for the day** ils sont venus passer la journée chez nous
♦ **to have sb over** (= *invite*) inviter qn chez soi; **I must have them ~ some time** il faut que je les invite chez moi un de ces jours
ⓑ = **there** là; **I'll be ~ at 7 o'clock** je serai là à 7 heures
ⓒ = **above** dessus; **heat the syrup and pour it ~** chauffer la mélasse et versez-la dessus
ⓓ **with adverb/preposition**
> ► When followed by an adverb or a preposition, **over** is not usually translated.

~ here ici; **~ there** là-bas; **they're ~ from Canada for the summer** ils sont venus du Canada pour passer l'été ici; **they're ~ in France** ils sont en France; **~ against the wall** contre le mur
ⓔ = **more** plus; **if it is 2 metres or ~** si ça fait 2 mètres ou plus; **children of six and ~** les enfants de six ans et plus
ⓕ = **in succession** **he did it five times ~** il l'a fait cinq fois de suite
♦ **over and over again**: **he played the same tune ~ and ~ again** il a joué le même air je ne sais combien de fois; **I got bored doing the same thing ~ and ~ again** je m'ennuyais à refaire toujours la même chose
ⓖ = **remaining** **there are three ~** il en reste trois; **there were two slices each and one ~** il y avait deux tranches par personne et une en plus
ⓗ **on two-way radio** **~!** à vous!; **~ and out!** terminé!

2 ADJECTIVE
= **finished** **after the war was ~** après la guerre; **when this is all ~** quand tout cela sera fini; **when the exams are ~** quand les examens seront finis
♦ **over and done with** fini; **when it's all ~ and done with** quand ce sera fini; **to get sth ~ and done with** en finir avec qch

3 PREPOSITION

► *When* **over** *occurs in a set combination, eg* **over the moon,** *an advantage* **over,** *look up the noun. When* **over** *is used with a verb such as* **jump, trip, step,** *look up the verb.*

ⓐ = **on top of** sur; **she put an apron on ~ her dress** elle a mis un tablier sur sa robe; **I spilled coffee ~ it** j'ai renversé du café dessus

ⓑ = **above** au-dessus de; **the water came ~ his knees** l'eau lui arrivait au-dessus des genoux

ⓒ = **across** de l'autre côté de; **it's just ~ the river** c'est juste de l'autre côté de la rivière; **the bridge ~ the river** le pont qui enjambe la rivière; **~ the road** en face; **there is a café ~ the road** il y a un café en face; **the house ~ the road** la maison d'en face

ⓓ = **during** **~ the summer** pendant l'été; **~ Christmas** pendant les fêtes de Noël; **the meetings take place ~ several days** les réunions se déroulent sur plusieurs jours; **~ a period of** sur une période de; **~ the last few years** ces dernières années

ⓔ = **about** **they fell out ~ money** ils se sont brouillés pour une question d'argent

ⓕ = **more than** plus de; **they stayed for ~ three hours** ils sont restés plus de trois heures; **she is ~ 60** elle a plus de 60 ans; **the ~-18s** les plus de 18 ans; **well ~ 200 people** bien plus de 200 personnes; **all numbers ~ 20** tous les chiffres au-dessus de 20

♦ **over and above:** this was ~ and above his normal duties cela dépassait le cadre de ses fonctions; **spending has gone up by 7% ~ and above inflation** les dépenses ont augmenté de 7 %, hors inflation; **~ and above the fact that ...** sans compter que ...

ⓖ = **on** **I spent a lot of time ~ that report** j'ai passé beaucoup de temps sur ce rapport; **he took hours ~ the preparations** il a consacré des heures à ces préparatifs

ⓗ = **while having** **they chatted ~ a cup of coffee** ils ont bavardé autour d'une tasse de café

ⓘ = **recovered from**
♦ **to be over sth** [*+ illness, bad experience*] s'être remis de qch; **hoping you'll soon be ~ it** en espérant que tu te remettras vite; **we're ~ the worst now** le pire est passé maintenant

4 NOUN
Cricket série (f) de six balles
5 COMPOUND
♦ **over-the-counter** ADJ [*drugs, medicine*] vendu sans ordonnance

---

overact /ˌəʊvərˈækt/ VI en faire trop
overactive /ˌəʊvərˈæktɪv/ ADJ [*imagination*] débordant
overall 1 ADJ (= *total*) total; [*effect, impression*] d'ensemble; [*improvement*] global; [*winner, leader, victory*] (*Sport*) au classement général; **this wine was the ~ winner with our judges** ce vin était champion toutes catégories auprès de notre jury; **an ~ majority** une majorité absolue; **she has ~ responsibility for the students** elle a la responsabilité générale des étudiants

2 ADV (= *in general*) dans l'ensemble; **~, it was disappointing** dans l'ensemble, ce fut décevant; **the quality of education ~** la qualité générale de l'enseignement; **he came first ~** il est arrivé premier au classement général

3 NPL **overalls** bleu (m) de travail

★ *Lorsque* **overall** *est un adjectif ou un nom, l'accent tombe sur la première syllabe:* /ˈəʊvərɔːl/, *lorsque c'est un adverbe, sur la dernière:* /ˌəʊvərˈɔːl/.

overarm /ˈəʊvərɑːm/ ADV, ADJ par en dessus
overawe /ˌəʊvərˈɔː/ VT impressionner
overbalance /ˌəʊvəˈbæləns/ VI [*person*] perdre l'équilibre; [*object*] se renverser
overbearing /ˌəʊvəˈbɛərɪŋ/ ADJ dominateur (-trice (f))
overblown /ˌəʊvəˈbləʊn/ ADJ [*style*] ampoulé
overboard /ˈəʊvəbɔːd/ ADV [*fall, jump*] par-dessus bord; **man ~!** un homme à la mer!; **to go ~*** (*fig*) exagérer

overbook /ˌəʊvəˈbʊk/ VTI surréserver
overburdened /ˌəʊvəˈbɜːdnd/ ADJ [*person*] surchargé; [*system*] saturé
overcame /ˌəʊvəˈkeɪm/ VB *pt of* **overcome**
overcapacity /ˌəʊvəkəˈpæsɪtɪ/ N surcapacité (f)
overcast /ˈəʊvəkɑːst/ ADJ [*sky*] couvert
overcharge /ˌəʊvəˈtʃɑːdʒ/ VT **to ~ sb for sth** faire payer qch trop cher à qn
overcoat /ˈəʊvəkəʊt/ N pardessus (m)
overcome /ˌəʊvəˈkʌm/ (*pret* **overcame**, *ptp* **overcome**) VT [*+ difficulty, obstacle, temptation*] surmonter; [*+ opposition*] triompher de; [*+ enemy*] battre; **to be ~ by temptation** succomber à la tentation; **~ with despair** complètement désespéré
overcompensate /ˌəʊvəˈkɒmpənseɪt/ VI faire de la surcompensation
overconfident /ˌəʊvəˈkɒnfɪdənt/ ADJ trop sûr de soi
overcrowded /ˌəʊvəˈkraʊdɪd/ ADJ [*city, prison, house*] surpeuplé; [*class*] surchargé; [*train, bus*] bondé
overcrowding /ˌəʊvəˈkraʊdɪŋ/ N surpeuplement (m); **~ in classrooms** les classes surchargées
overdo /ˌəʊvəˈduː/ (*pret* **overdid**, *ptp* **overdone**) VT (= *exaggerate*) exagérer; (= *do too much*) [*+ exercise*] faire trop de; **don't ~ the beer** ne bois pas trop de bière; **to ~ it** (= *push o.s. too hard*) s'épuiser; (= *exaggerate*) exagérer
overdone /ˌəʊvəˈdʌn/ 1 VB *ptp of* **overdo** 2 ADJ (= *overcooked*) trop cuit
overdose /ˈəʊvədəʊs/ 1 N overdose (f); **to take an ~** faire une overdose 2 VI faire une overdose; **to ~ on sth** faire une overdose de qch; **to ~ on chocolate*** forcer* sur le chocolat
overdraft /ˈəʊvədrɑːft/ N découvert (m)
overdrawn /ˌəʊvəˈdrɔːn/ ADJ [*person, account*] à découvert; **I'm £500 ~** j'ai un découvert de 500 livres
overdressed /ˈəʊvədrest/ ADJ trop habillé
overdrive /ˈəʊvədraɪv/ N **to go into ~*** mettre les bouchées doubles
overdue /ˌəʊvəˈdjuː/ ADJ [*payment*] arriéré; **that change is long ~** il y a longtemps que ce changement aurait dû intervenir; **the baby is ~** le bébé aurait déjà dû naître
overeat /ˌəʊvərˈiːt/ (*pret* **overate**, *ptp* **overeaten**) VI trop manger
overemphasize /ˌəʊvərˈemfəsaɪz/ VT accorder trop d'importance à; **the importance of education cannot be ~d** on n'insistera jamais assez sur l'importance de l'éducation
overestimate /ˌəʊvərˈestɪmeɪt/ VT surestimer
overexcited /ˌəʊvərɪkˈsaɪtɪd/ ADJ surexcité
overexert /ˌəʊvərɪgˈzɜːt/ VT **to ~ o.s.** se surmener
overexpose /ˌəʊvərɪksˈpəʊz/ VT [*+ film, photograph*] surexposer
overfeed /ˌəʊvəˈfiːd/ VT (*pret, ptp* **overfed**) trop donner à manger à
overflow 1 N [*of bath, sink*] trop-plein (m)

2 VI ⓐ [*liquid, river, container*] déborder; [*room, prison*] être plein à craquer; **to be full to ~ing** [*bin*] être plein à ras bords; [*room, prison*] être plein à craquer

ⓑ (= *be full of*) **the town was ~ing with tourists** la ville était envahie par les touristes; **he was ~ing with optimism** il débordait d'optimisme

3 COMP ♦ **overflow pipe** N (tuyau (m) de) trop-plein (m)

★ *Lorsque* **overflow** *est un nom, l'accent tombe sur la première syllabe:* /ˈəʊvəfləʊ/, *lorsque c'est un verbe, sur la dernière:* /ˌəʊvəˈfləʊ/.

overgenerous /ˌəʊvəˈdʒenərəs/ ADJ [*person*] prodigue (**with** de); [*amount, helping*] excessif
overgrown /ˈəʊvəˈgrəʊn/ ADJ [*path, garden*] envahi par la végétation; **he's just an ~ schoolboy** il se conduit comme un enfant

overhang (*pret, ptp* **overhung**) 1 VT surplomber 2 N surplomb (*m*)

> ★ *Lorsque* **overhang** *est un verbe, l'accent tombe sur la dernière syllabe:* /ˌəʊvəˈhæŋ/, *lorsque c'est un nom, sur la première:* /ˈəʊvəˌhæŋ/.

overhanging /ˌəʊvəˈhæŋɪŋ/ ADJ en surplomb
overhaul 1 N [*of vehicle, machine*] révision (*f*); [*of system, programme*] remaniement (*m*) 2 VT [+ *vehicle, machine*] réviser; [+ *system, programme*] remanier

> ★ *Lorsque* **overhaul** *est un nom, l'accent tombe sur la première syllabe:* /ˈəʊvəhɔːl/, *lorsque c'est un verbe, sur la dernière:* /ˌəʊvəˈhɔːl/.

overhead 1 ADV (= *up above*) au-dessus de nos (*or* vos etc) têtes; (= *in the sky*) dans le ciel; (= *on the floor above*) à l'étage au-dessus 2 ADJ [*wires, cables, railway*] aérien 3 N (*US*) = **overheads** 4 NPL **overheads** (*Brit*) frais (*mpl*) généraux 5 COMP ◆ **overhead light** N plafonnier (*m*) ◆ **overhead projector** N rétroprojecteur (*m*)

> ★ *Lorsque* **overhead** *est un adverbe, l'accent tombe sur la dernière syllabe:* /ˌəʊvəˈhed/, *lorsque c'est un adjectif ou un nom, sur la première:* /ˈəʊvəhed/.

overhear /ˌəʊvəˈhɪəʳ/ (*pret, ptp* **overheard**) VT surprendre; **he was overheard to say that ...** on l'a surpris à dire que ...; **I overheard two doctors discussing my case** j'ai entendu deux médecins discuter de mon cas
overheat /ˌəʊvəˈhiːt/ VT surchauffer 2 VI chauffer
overimpressed /ˌəʊvərɪmˈprest/ N **I'm not ~ with his work** je ne suis pas vraiment impressionné par son travail
overindulge /ˌəʊvərɪnˈdʌldʒ/ VI faire des excès
overjoyed /ˌəʊvəˈdʒɔɪd/ ADJ ravi; **~ about sth** ravi de qch
overkill /ˈəʊvəkɪl/ N **it's ~** c'est excessif
overland /ˈəʊvəlænd/ ADJ, ADV par voie de terre
overlap 1 VI se recouvrir partiellement; [*teeth, boards, tiles*] se chevaucher; **our holidays ~** nos vacances coïncident en partie 2 VT [+ *edges*] chevaucher 3 N chevauchement (*m*)

> ★ *Lorsque* **overlap** *est un verbe, l'accent tombe sur la dernière syllabe:* /ˌəʊvəˈlæp/, *lorsque c'est un nom, sur la première:* /ˈəʊvəlæp/.

overleaf /ˈəʊvəliːf/ ADV au verso
overload 1 N surcharge (*f*) 2 VT surcharger (**with** de)

> ★ *Lorsque* **overload** *est un nom, l'accent tombe sur la première syllabe:* /ˈəʊvəˌləʊd/, *lorsque c'est un verbe, sur la dernière:* /ˌəʊvəˈləʊd/.

overlook /ˌəʊvəˈlʊk/ VT ⓐ [*house, window*] donner sur ⓑ (= *miss*) **I ~ed that** cela m'a échappé; **it is easy to ~ the fact that ...** on oublie facilement que ... ⓒ (= *allow to pass*) passer sur; **we'll ~ it this time** nous passerons là-dessus cette fois-ci
overly /ˈəʊvəli/ ADV trop
overmanning /ˌəʊvəˈmænɪŋ/ N sureffectifs (*mpl*)
overmuch /ˌəʊvəˈmʌtʃ/ ADV **I don't like it ~** ça ne me plaît pas trop
overnight 1 ADV ⓐ (= *during the night*) pendant la nuit; **it rained ~** il a plu pendant la nuit; **to stay ~ with sb** passer la nuit chez qn ⓑ (= *suddenly*) du jour au lendemain; **the town had changed ~** la ville avait changé du jour au lendemain
2 ADJ ⓐ [*journey*] de nuit; **~ accommodation is included** la nuit d'hôtel est comprise dans le prix ⓑ (= *sudden*) **there had been an ~ change of plan** les plans avaient changé du jour au lendemain
3 COMP ◆ **overnight bag** N sac (*m*) de voyage

> ★ *Lorsque* **overnight** *est un adverbe, l'accent tombe sur la dernière syllabe:* /ˌəʊvəˈnaɪt/, *lorsque c'est un adjectif, sur la première:* /ˈəʊvəˌnaɪt/.

overpass /ˈəʊvəpɑːs/ N (*US*) pont (*m*) autoroutier; (*at flyover*) autopont (*m*)

overpay /ˌəʊvəˈpeɪ/ (*pret, ptp* **overpaid**) VT trop payer; **he was overpaid by $50** on lui a payé 50 dollars de trop
overplay /ˌəʊvəˈpleɪ/ VT **to ~ one's hand** aller trop loin
overpopulated /ˌəʊvəˈpɒpjʊleɪtɪd/ ADJ surpeuplé
overpopulation /ˌəʊvəpɒpjʊˈleɪʃən/ N surpopulation (*f*)
overpower /ˌəʊvəˈpaʊəʳ/ VT [+ *thief, assailant*] maîtriser; [+ *army, team, opponent*] battre
overpowering /ˌəʊvəˈpaʊərɪŋ/ ADJ [*desire, need, strength*] irrésistible; [*feeling, force*] irrépressible; [*smell, flavour*] envahissant; [*heat*] accablant; [*person, manner*] dominateur (-trice (*f*))
overpriced /ˌəʊvəˈpraɪst/ ADJ excessivement cher
overproduction /ˌəʊvəprəˈdʌkʃən/ N surproduction (*f*)
overprotective /ˌəʊvəprəˈtektɪv/ ADJ surprotecteur (-trice (*f*))
overqualified /ˌəʊvəˈkwɒlɪfaɪd/ ADJ surqualifié
overrated /ˌəʊvəˈreɪtɪd/ ADJ surfait
overreach /ˌəʊvəˈriːtʃ/ VT **to ~ o.s.** vouloir trop entreprendre
overreact /ˌəʊvəriːˈækt/ VI réagir de manière excessive
override /ˌəʊvəˈraɪd/ (*pret* **overrode**, *ptp* **overridden**) VT [+ *order, instructions*] passer outre à; [+ *decision*] annuler; [+ *opinion, objection*] ne pas tenir compte de; **he overrode them and approved the grant** passant outre à leur décision, il a accordé la subvention; **this fact ~s all others** ce fait l'emporte sur tous les autres
overriding /ˌəʊvəˈraɪdɪŋ/ ADJ [*need, consideration, objective, importance*] primordial; [*concern, feeling*] premier; [*factor*] prépondérant
overrule /ˌəʊvəˈruːl/ VT [+ *judgement, decision*] annuler; [+ *objection*] rejeter; **I objected but was ~d** j'ai fait objection mais mon objection a été rejetée
overrun /ˌəʊvəˈrʌn/ (*pret* **overran**, *ptp* **overrun**) 1 VI **to ~ (by ten minutes)** [*speaker*] dépasser le temps imparti (de dix minutes); [*programme, concert*] dépasser l'heure prévue (de dix minutes) 2 VT envahir
overseas /ˈəʊvəˈsiːz/ 1 ADV outre-mer; (= *abroad*) à l'étranger 2 ADJ [*market, trade*] extérieur (-eure (*f*)); [*student, visitor*] étranger; [*aid*] aux pays étrangers
oversee /əʊvəˈsiː/ (*pret* **oversaw**, *ptp* **overseen**) VT surveiller
overseer /ˈəʊvəsiːəʳ/ N (*in factory*) contremaître (*m*)
oversensitive /ˌəʊvəˈsensɪtɪv/ ADJ (= *touchy*) trop susceptible
oversexed /ˌəʊvəˈsekst/ ADJ très porté sur le sexe
overshadow /ˌəʊvəˈʃædəʊ/ VT ⓐ [*tree, building*] dominer ⓑ (= *cloud*) assombrir; (= *eclipse*) [+ *person, achievement*] éclipser; **her childhood was ~ed by her mother's death** son enfance a été assombrie par la mort de sa mère
overshoot /ˌəʊvəˈʃuːt/ (*pret, ptp* **overshot**) VT dépasser
oversight /ˈəʊvəsaɪt/ N (= *omission*) omission (*f*); **by an ~** par inadvertance
oversimplification /ˈəʊvəˌsɪmplɪfɪˈkeɪʃən/ N simplification (*f*) excessive
oversimplify /ˌəʊvəˈsɪmplɪfaɪ/ VT trop simplifier
oversleep /ˌəʊvəˈsliːp/ (*pret, ptp* **overslept**) VI **I overslept** je me suis réveillé trop tard
overspend /ˌəʊvəˈspend/ (*pret, ptp* **overspent**) 1 VI trop dépenser 2 N dépassement (*m*) de budget
overspill /ˈəʊvəspɪl/ N (*Brit*) **the London ~** l'excédent (*m*) de la population de Londres
overstaffed /ˌəʊvəˈstɑːft/ ADJ en sureffectif
overstate /ˌəʊvəˈsteɪt/ VT exagérer
overstatement /ˌəʊvəˈsteɪtmənt/ N exagération (*f*)
overstay /ˌəʊvəˈsteɪ/ VT **to ~ one's visa** rester après l'expiration de son visa
overstep /ˌəʊvəˈstep/ VT **to ~ one's authority** abuser de son autorité; **to ~ the mark** dépasser les bornes
overstretched /ˌəʊvəˈstretʃt/ ADJ [*person*] débordé; [*budget*] extrêmement serré

overt /əʊ'vɜːt/ ADJ [*hostility*] manifeste ; [*discrimination, racism*] flagrant

overtake /ˌəʊvə'teɪk/ (*pret* **overtook**, *ptp* **overtaken**) 1 VT [+ *car*] (*Brit*) doubler ; [+ *competitor, rival, runner*] dépasser ; **the terrible fate that has ~n them** le tragique sort qui les a frappés 2 VI dépasser

overtax /əʊvə'tæks/ VT ⓐ (*financially*) trop imposer ⓑ (= *overstretch*) surmener ; **to ~ one's strength** se surmener

overthrow /ˌəʊvə'θrəʊ/ (*pret* **overthrew**, *ptp* **overthrown**) VT renverser

overtime /'əʊvətaɪm/ 1 N ⓐ heures (*fpl*) supplémentaires ; **I'm doing ~** je fais des heures supplémentaires ; **his imagination was working ~** il se laissait emporter par son imagination ⓑ (*US Sport*) prolongation (*f*) ; **to play ~** jouer les prolongations 2 COMP ♦ **overtime pay** N (rémunération (*f*) pour) heures (*fpl*) supplémentaires

overtly /əʊ'vɜːtlɪ/ ADV ouvertement

overtone /'əʊvətəʊn/ N (= *hint*) note (*f*) ; **~s** connotations (*fpl*) ; **to have political ~s** avoir des connotations politiques

overtook /ˌəʊvə'tʊk/ VB *pt of* **overtake**

overture /'əʊvətjʊə'/ N ouverture (*f*) ; **to make ~s to sb** faire des avances à qn

overturn /ˌəʊvə'tɜːn/ 1 VT ⓐ [+ *car, chair*] renverser ⓑ [+ *government*] renverser ; [+ *decision, judgement*] annuler 2 VI [*car*] se retourner

overuse /əʊvə'juːz/ VT [+ *product, word*] abuser de

overview /'əʊvəvjuː/ N vue (*f*) d'ensemble

overweight /ˌəʊvə'weɪt/ ADJ **to be ~** avoir un excès de poids ; **to be 5 kilos ~** peser 5 kilos de trop

overwhelm /ˌəʊvə'welm/ VT ⓐ [*emotions, misfortunes*] accabler ; [*shame, praise, kindness*] rendre confus ; **I am ~ed by his kindness** je suis tout confus de sa gentillesse ; **to be ~ed with work** être débordé de travail ; **we have been ~ed with offers of help** nous avons été submergés d'offres d'aide ⓑ [*earth, lava, avalanche*] ensevelir ; [+ *one's enemy, opponent*] écraser

overwhelming /ˌəʊvə'welmɪŋ/ ADJ [*victory, majority, defeat*] écrasant ; [*desire, power, pressure*] irrésistible ; [*success*] énorme ; [*evidence, heat*] accablant ; **to give ~ support to sth** soutenir qch à fond ; **my ~ impression is that ...** mon impression dominante est que ... ; **an ~ sense of relief** un immense soulagement ; **the government survived against ~ odds** le gouvernement a survécu alors qu'il avait tout contre lui

overwhelmingly /ˌəʊvə'welmɪŋlɪ/ ADV [*attractive, strange*] extrêmement ; [*vote, approve, reject*] massivement ; [*white, male, positive, negative*] en grande majorité

overwork /ˌəʊvə'wɜːk/ 1 N surmenage (*m*) 2 VT [+ *person*] surcharger de travail 3 VI se surmener

overwrite /ˌəʊvə'raɪt/ VT [+ *computer file*] écraser

overwrought /əʊvə'rɔːt/ ADJ (= *upset*) [*person*] à bout

ovulate /'ɒvjuleɪt/ VI ovuler

ovulation /ˌɒvjʊ'leɪʃən/ N ovulation (*f*)

ovum /'əʊvəm/ N (*pl* **ova**) ovule (*m*)

owe /əʊ/ VT devoir (**to sb** à qn) ; **he ~s me $5** il me doit 5 dollars ; **I still ~ him for the meal** je lui dois toujours le (prix du) repas ; **I ~ you a lunch** je vous dois un déjeuner ; **you ~ him nothing** vous ne lui devez rien ; **he ~s his failure to his own carelessness** il doit son échec à sa négligence ; **to what do I ~ the honour of ...?** qu'est-ce qui me vaut l'honneur de ...? ; **I ~ it to him to do that** je lui dois bien de faire cela ; **you ~ it to yourself to make a success of it** vous vous devez de réussir ; **I ~ my family my grateful thanks for their understanding** je suis profondément reconnaissant à ma famille de sa compréhension

owing /'əʊɪŋ/ 1 ADJ dû ; **the amount ~ on the house** ce qui reste dû sur le prix de la maison 2 PREP **~ to** en raison de, à cause de

owl /aʊl/ N chouette (*f*) ; (*with ear tufts*) hibou (*m*) ; **a wise old ~** (= *person*) un vieux sage

own /əʊn/ 1 ADJ propre (*before n*) ; **his ~ car** sa propre voiture ; **it's her ~ company** c'est sa société ; **I saw it with my ~ eyes** je l'ai vu de mes propres yeux ; **but your ~ brother said so** mais c'est votre frère qui l'a dit ; **all my ~ work!** je l'ai fait moi-même! ; **he's his ~ man** il est son propre maître ; **he is his ~ worst enemy** il est son pire ennemi ; **he does his ~ cooking** il se fait la cuisine lui-même ; **the house has its ~ garage** la maison a son garage particulier ; **"~ garden"** « jardin privatif » ; **he scored an ~ goal** (*Brit*) il a marqué un but contre son camp ; (*fig*) ça s'est retourné contre lui ; **to do one's ~ thing*** faire son truc à soi*

2 PRON ⓐ **that's my ~** c'est à moi ; **my time is my ~** je suis libre de mon temps ; **I haven't a minute to call my ~** je n'ai pas une minute à moi ; **it's all my ~** c'est tout à moi ; **a style all his ~** un style bien à lui ; **it has a charm all of its ~** cela possède un charme tout particulier ; **it's my very ~** c'est à moi tout seul ; **she wants a room of her ~** elle veut sa propre chambre ; **I have money of my ~** j'ai de l'argent à moi

ⓑ (*phrases*) **to look after one's ~** s'occuper des siens ; **each to his ~** chacun ses goûts ; **to come into one's ~** montrer de quoi on est capable ; **organic farming is now coming into its ~** l'agriculture biologique commence à prendre de l'importance ; **to get one's ~ back on sb for sth** prendre sa revanche sur qn de qch

♦ **on one's own**: **to be on one's ~** être tout seul ; **did you do it all on your ~?** est-ce que vous l'avez fait tout seul? ; **if I can get him on his ~** si je réussis à le voir seul à seul

3 VT posséder ; **who ~s this house?** à qui appartient cette maison? ; **he acts as if he ~s the place*** il se comporte comme en pays conquis

4 COMP ♦ **own-brand**, **own-label** ADJ **their ~-brand** *or* **~-label peas** leur propre marque de petits pois

► **own up** VI avouer ; **to ~ up to sth** admettre qch ; **he ~ed up to having taken it** il a avoué l'avoir pris ; **come on, ~ up!** allons, avoue !

owner /'əʊnə'/ N propriétaire (*mf*) ; **he is the proud ~ of ...** il est l'heureux propriétaire de ... ; **the ~ of the white car** le propriétaire de la voiture blanche ; **all dog ~s will agree that ...** tous ceux qui ont un chien conviendront que ... ; **at ~'s risk** aux risques du client ♦ **owner-occupied house** N maison (*f*) occupée par son propriétaire ♦ **owner-occupier** N (*Brit*) propriétaire (*m*) occupant

ownership /'əʊnəʃɪp/ N possession (*f*) ; **his ~ of the vehicle was not in dispute** on ne lui contestait pas la propriété du véhicule

ox /ɒks/ (*pl* **oxen**) N bœuf (*m*) ; **as strong as an ox** fort comme un bœuf

Oxbridge /'ɒksbrɪdʒ/ (*Brit*) 1 N l'université d'Oxford ou de Cambridge (ou les deux) 2 ADJ [*education*] à l'université d'Oxford ou de Cambridge ; [*attitude*] typique des universitaires d'Oxford ou de Cambridge

Oxfam /'ɒksfæm/ N (*Brit*) (ABBR = **Oxford Committee for Famine Relief**) association caritative d'aide au tiers-monde

oxford /'ɒksfəd/ N (= *shoe*) chaussure (*f*) à lacets

oxidation /ˌɒksɪ'deɪʃən/ N oxydation (*f*)

oxide /'ɒksaɪd/ N oxyde (*m*)

oxidize /'ɒksɪdaɪz/ VI s'oxyder

oxtail /'ɒksteɪl/ N queue (*f*) de bœuf ♦ **oxtail soup** N soupe (*f*) à la queue de bœuf

oxyacetylene /ˌɒksɪə'setɪliːn/ ADJ oxyacétylénique ♦ **oxyacetylene torch** N chalumeau (*m*) oxyacétylénique

oxygen /'ɒksɪdʒən/ N oxygène (*m*) ♦ **oxygen cylinder** N bouteille (*f*) d'oxygène ♦ **oxygen mask** N masque (*m*) à oxygène ♦ **oxygen tank** N ballon (*m*) d'oxygène ♦ **oxygen tent** N tente (*f*) à oxygène

oxygenate /'ɒksɪdʒəneɪt/ VT oxygéner

oxygenation /ˌɒksɪdʒə'neɪʃən/ N oxygénation (*f*)

oxymoron /ˌɒksɪ'mɔːrɒn/ N (*pl* **oxymora** /ˌɒksɪ'mɔːrə/) oxymore (*m*)

oyster /'ɔɪstə'/ N huître (*f*) ; **the world is his ~** le monde est à lui ♦ **oyster bed** N banc (*m*) d'huîtres ♦ **oyster**

cracker N (*US*) petit biscuit *(m)* salé ◆ **oyster farming** N ostréiculture *(f)* ◆ **oyster shell** N coquille *(f)* d'huître

Oz: /ɒz/ ABBR = **Australia**

ozone /ˈəʊzəʊn/ N ozone *(m)* ◆ **ozone-friendly** ADJ ~ **friendly products** produits qui préservent la couche d'ozone ◆ **ozone hole** N trou *(m)* d'ozone ◆ **ozone layer** N couche *(f)* d'ozone ◆ **ozone-safe** ADJ sans danger pour la couche d'ozone

P

P, p /piː/ **1** N ⓐ (= *letter*) **to mind one's Ps and Qs*** se surveiller ⓑ (ABBR = **penny**) penny *(m)* ⓒ (ABBR = **pence**) pence *(mpl)* **2** COMP ♦ **P45** N (*Brit*) *attestation de fin de contrat de travail* ♦ **p and p** N ABBR = **post and packing**

PA /piːˈeɪ/ N ⓐ (ABBR = **personal assistant**) secrétaire *(mf)* de direction ⓑ (ABBR = **public-address system**) sono* *(f)*; **it was announced over the PA that ...** on a annoncé par haut-parleur que ... ⓒ ABBR = **Pennsylvania**

pa* /pɑː/ N papa *(m)*

p.a. (ABBR = **per annum**) par an

pace /peɪs/ **1** N ⓐ (= *measure*) pas *(m)*; **to take two ~s forward** faire deux pas en avant; **to put sb through his or her ~s** mettre qn à l'épreuve

ⓑ (= *speed*) (*walking*) pas *(m)*; (*running*) allure *(f)*; [*of action*] rythme *(m)*; **to quicken one's ~** [*walker*] presser le pas; **the ~ of life remains slow there** le rythme de vie y reste assez lent; **their snail-like ~** leur extrême lenteur; **to set the ~** (*in race*) mener le train; (*fig*) donner le ton; **earnings have not kept ~ with inflation** les salaires n'ont pas suivi le rythme de l'inflation; **to do sth at one's own ~** faire qch à son rythme; **he can't stand the ~** il n'arrive pas à tenir le rythme

2 VI **to ~ up and down** faire les cent pas

3 VT **to ~ o.s.** ménager ses forces

pacemaker /ˈpeɪsˌmeɪkəʳ/ N (= *device*) pacemaker *(m)*; (= *person*) **to be (the) ~** mener le train

Pacific /pəˈsɪfɪk/ N Pacifique *(m)* ♦ **the Pacific Ocean** N l'océan *(m)* Pacifique

pacifier /ˈpæsɪfaɪəʳ/ N (*US* = *baby's dummy*) tétine *(f)*

pacifist /ˈpæsɪfɪst/ ADJ, N pacifiste *(mf)*

pacify /ˈpæsɪfaɪ/ VT [+ *person*] calmer

pack /pæk/ **1** N ⓐ (= *packet*) paquet *(m)*; [*of horse, mule*] charge *(f)*; (= *backpack*) sac *(m)* à dos; **a ~ of cigarettes** (= *individual packet*) un paquet de cigarettes; (= *carton*) une cartouche de cigarettes; **the yoghurt is sold in ~s of four** le yaourt se vend par lots de quatre

ⓑ (= *group*) [*of hounds, brownies, cubs*] meute *(f)*; (*Rugby*) pack *(m)*; **a ~ of lies** un tissu de mensonges; **they're behaving like a ~ of kids!** ils se comportent comme des gamins! ⓒ [*of cards*] jeu *(m)*

2 VT ⓐ (= *parcel up*) emballer; **to ~ one's things** faire ses bagages; **I've ~ed four shirts** j'ai mis quatre chemises dans la valise

ⓑ (= *fill tightly*) remplir (**with** de); **to ~ one's case** faire sa valise; **to ~ one's bags** faire ses bagages; (*fig*) plier bagage; **the book is ~ed with information** le livre est bourré de renseignements

ⓒ (= *crush together*) [+ *earth, objects*] tasser; [+ *people*] entasser

ⓓ (= *contain*) **a film that still ~s real punch*** un film qui est toujours aussi fort; **to ~ a gun*** (*US*) porter un revolver

3 VI ⓐ (= *do one's luggage*) faire ses bagages

ⓑ (= *cram*) **they ~ed into the stadium** ils se sont entassés dans le stade

4 COMP ♦ **pack animal** N bête *(f)* de somme ♦ **pack ice** N banquise *(f)*

▶ **pack in*** **1** VI (= *break down*) [*machine, car*] rendre l'âme **2** VT SEP (*Brit*) [+ *person, job*] plaquer*; **~ it in!** (*Brit* = *stop doing sth*) laisse tomber!*; **it's ~ing them in** [*film*] il attire les foules

▶ **pack off*** VT SEP **to ~ a child off to bed** expédier un enfant au lit

▶ **pack up** **1** VI ⓐ (= *do one's luggage*) faire ses bagages; (*moving house*) faire ses cartons ⓑ (= *give up and go*)* plier bagage; **I think I'll ~ up and go home now** je crois que je vais m'arrêter là et rentrer chez moi ⓒ (*Brit* = *break down*)* rendre l'âme* **2** VT SEP [+ *object, book*] emballer; **he ~ed up his things** il a rassemblé ses affaires

package /ˈpækɪdʒ/ **1** N ⓐ (= *parcel*) paquet *(m)*

ⓑ (= *contract*) contrat *(m)* global; [*of reforms, measures*] ensemble *(m)*; (= *software*) progiciel *(m)*; **a ~ of measures** un train de mesures; **an aid ~** un programme d'aide; **it's part of the ~** c'est compris dans le prix

ⓒ (= *holiday*) voyage *(m)* organisé

2 VT (= *wrap up*) emballer; (= *present*) présenter

3 COMP ♦ **package deal** N (= *contract*) contrat *(m)* global ♦ **package holiday** N voyage *(m)* organisé ♦ **package store** N (*US*) magasin *(m)* de vins et spiritueux → LICENSING LAWS ♦ **package tour** N voyage *(m)* organisé

packaging /ˈpækɪdʒɪŋ/ N emballage *(m)*

packed /pækt/ **1** ADJ ⓐ (*with people*) bondé; **to be ~ solid** être plein à craquer ⓑ (*with luggage ready*) **I'm ~ and ready to leave** j'ai fait mes bagages, je suis prêt ⓒ (= *compressed*) [*snow, soil*] tassé; **the snow was ~ hard** la neige était bien tassée **2** COMP ♦ **packed lunch** N (*Brit*) **I'll take a ~ lunch** je vais emporter des sandwichs

packet /ˈpækɪt/ N paquet *(m)*; [*of sweets*] sachet *(m)*; **to cost a ~*** coûter une somme folle

packing /ˈpækɪŋ/ N [*of parcel, goods*] emballage *(m)*; **to do one's ~** faire ses bagages ♦ **packing case** N caisse *(f)*

pact /pækt/ N pacte *(m)*; **we made a ~ to share the profits** nous nous sommes mis d'accord pour partager les bénéfices

pad /pæd/ **1** N ⓐ (*to prevent friction, damage*) coussinet *(m)* ⓑ (*Football*) protège-cheville *(m inv)*; (*Hockey*) jambière *(f)* ⓒ (= *paper*) bloc *(m)*; (*smaller*) bloc-notes *(m)*; (*also* **writing ~**) bloc *(m)* (de papier à lettres) ⓓ (= *sanitary towel*)* serviette *(f)* hygiénique ⓔ (*for helicopter*) hélisurface *(f)* **2** VI **to ~ about** aller et venir à pas feutrés **3** VT [+ *cushion, shoulders*] rembourrer; [+ *furniture, door*] capitonner

▶ **pad out** VT SEP [+ *speech, essay*] étoffer; (*pej*) délayer

padded /ˈpædɪd/ ADJ [*garment, envelope*] matelassé ♦ **padded cell** N cellule *(f)* capitonnée ♦ **padded shoulders** NPL épaules *(fpl)* rembourrées

padding /ˈpædɪŋ/ N (= *material*) bourre *(f)*; (*in book, speech*) remplissage *(m)*

paddle /ˈpædl/ **1** N ⓐ [*of canoe*] pagaie *(f)* ⓑ **to have a ~** faire trempette ⓒ (*US* = *table tennis bat*) raquette *(f)* de ping-pong **2** VI (*in water*) barboter; (*in mud*) patauger

3 COMP ♦ **paddle boat**, **paddle steamer** (*Brit*) N bateau *(m)* à aubes ♦ **paddling pool** N (*Brit*) pataugeoire *(f)*
► **paddle along** VI (*in boat*) pagayer

paddock /ˈpædək/ N enclos *(m)*; (*Racing*) paddock *(m)*

paddy field /ˈpædɪˌfiːld/ N rizière *(f)*

padlock /ˈpædlɒk/ **1** N cadenas *(m)* **2** VT cadenasser

paediatric /ˌpiːdɪˈætrɪk/ ADJ [*department*] de pédiatrie

paediatrician /ˌpiːdɪəˈtrɪʃən/ N pédiatre *(mf)*

paediatrics /ˌpiːdɪˈætrɪks/ N pédiatrie *(f)*

paedophile /ˈpiːdəʊfaɪl/ N pédophile *(m)* ♦ **paedophile ring** N réseau *(m)* de pédophiles

pagan /ˈpeɪɡən/ ADJ, N païen(ne) *(m(f))*

page /peɪdʒ/ **1** N ⓐ (*in book*) page *(f)*; **on ~ 10** à la page 10; **continued on ~ 20** suite page 20 ⓑ (= *boy: at court*) page *(m)* ⓒ (*US: at wedding*) garçon *(m)* d'honneur **2** VT (= *call for*) [+ *person*] faire appeler

pageant /ˈpædʒənt/ N (*historical*) spectacle *(m)* historique; (= *parade*) défilé *(m)*

pageantry /ˈpædʒəntrɪ/ N apparat *(m)*

pageboy /ˈpeɪdʒbɔɪ/ N (*Brit: at wedding*) garçon *(m)* d'honneur

pager /ˈpeɪdʒəʳ/ N récepteur *(m)* d'appel; [*of doctor*] bip* *(m)*

pagoda /pəˈɡəʊdə/ N pagode *(f)*

paid /peɪd/ **1** VB *pt, ptp of* **pay** **2** ADJ [*staff, employee*] salarié; [*work*] rémunéré; [*holidays*] payé; **to be in** = **employment** avoir un emploi rémunéré; **highly ~** très bien payé

pail /peɪl/ N seau *(m)*

pain /peɪn/ N douleur *(f)*; **to be in (great) ~** souffrir (beaucoup); **a cry of ~** un cri de douleur; **chest ~** douleurs *(fpl)* dans la poitrine; **he suffers from back ~** il a mal au dos; **to take ~s (not) to do sth** se donner beaucoup de mal pour (ne pas) faire qch; **to spare no ~s** ne pas ménager ses efforts; **for one's ~s** pour sa peine; **on ~ of death** sous peine de mort; **he's a real ~*** il est vraiment casse-pieds*

pained /peɪnd/ ADJ [*expression*] peiné

painful /ˈpeɪnfʊl/ ADJ ⓐ [*wound*] douloureux; **my hand is ~** j'ai mal à la main ⓑ (= *distressing*) pénible

painfully /ˈpeɪnfəlɪ/ ADV ⓐ [*throb*] douloureusement ⓑ [*shy, sensitive, thin, slow*] terriblement; **my ignorance was ~ obvious** mon ignorance n'était que trop évidente

painkiller /ˈpeɪnˌkɪləʳ/ N analgésique *(m)*

painless /ˈpeɪnlɪs/ ADJ indolore; **the exam was fairly ~*** l'examen n'avait rien de bien méchant*

painstaking /ˈpeɪnzˌteɪkɪŋ/ ADJ méticuleux

paint /peɪnt/ **1** N peinture *(f)* **2** VT peindre; **to ~ a wall red** peindre un mur en rouge; **to ~ one's nails** se vernir les ongles; **to ~ the town red** faire la noce*; **to ~ o.s. into a corner** se mettre dans une impasse; **she ~ed a vivid picture of the moment she escaped** elle a décrit son évasion avec beaucoup de verve **3** VI peindre; **to ~ in oils** faire de la peinture à l'huile; **to ~ in watercolours** faire de l'aquarelle **4** COMP ♦ **paint stripper** N décapant *(m)*

paintbox /ˈpeɪntbɒks/ N boîte *(f)* de couleurs

paintbrush /ˈpeɪntbrʌʃ/ N pinceau *(m)*

painter /ˈpeɪntəʳ/ N ⓐ peintre *(m)* ⓑ (= *housepainter*) peintre *(m)* en bâtiments; **~ and decorator** peintre *(m)* décorateur

painting /ˈpeɪntɪŋ/ N ⓐ (= *activity*) peinture *(f)* ⓑ (= *picture*) tableau *(m)*

paintwork /ˈpeɪntwɜːk/ N peinture *(f)*

pair /pɛəʳ/ **1** N ⓐ (= *two*) paire *(f)*; **these socks are not a ~** ces chaussettes sont dépareillées; **a ~ of scissors** une paire de ciseaux; **a ~ of pyjamas** un pyjama; **I've only got one ~ of hands!** je ne peux pas tout faire à la fois!; **to be a safe ~ of hands** être fiable; **you two are a right ~!*** vous faites vraiment la paire!; **in ~s** [*work*] à deux; [*enter*] par deux ⓑ [*of animals*] paire *(f)*; (*mated*) couple *(m)* **2** VT **to be ~ed with sb** (*in competition*) avoir qn comme partenaire; (*at work*) travailler en équipe avec

► **pair off** VI [*people*] se mettre par deux; **to ~ off with sb** se mettre avec qn

paisley /ˈpeɪzlɪ/ N (= *design*) motif *(m)* cachemire

pajamas /pəˈdʒɑːməz/ NPL (*US*) pyjama *(m)*

Paki ⁝ /ˈpækɪ/ N (*Brit pej*) (ABBR = **Pakistani**) N Pakistanais(e) *(m(f))*

Pakistan /ˌpɑːkɪsˈtɒːn/ N Pakistan *(m)*

Pakistani /ˌpɑːkɪsˈtɒːnɪ/ **1** ADJ pakistanais **2** N Pakistanais(e) *(m(f))*

pakora /pəˈkɔːrə/ N *petit beignet indien*

pal · /pæl/ N pote* *(mf)*; (*form of address*) mon vieux*, ma vieille*

palace /ˈpælɪs/ N palais *(m)*

palatable /ˈpælətəbl/ ADJ [*food*] savoureux; [*fact*] acceptable

palate /ˈpælɪt/ N palais *(m)*

palatial /pəˈleɪʃəl/ ADJ **the house is ~** la maison est un véritable palais

palaver · /pəˈlɑːvəʳ/ N (= *fuss*) bazar* *(m)*; **what a ~!** quel bazar!*

pale /peɪl/ **1** ADJ pâle; (*from sickness, fear*) blême; [*moonlight*] blafard; **to grow ~** pâlir; **he looked ~** il était blême **2** VI **it ~s into insignificance beside ...** cela paraît dérisoire par rapport à ... **3** N **to be beyond the ~** [*behaviour, ideas*] être inadmissible; [*person*] dépasser les bornes **4** COMP ♦ **pale ale** N (*Brit*) *bière blonde légère* ♦ **pale-skinned** ADJ à la peau claire

paleness /ˈpeɪlnɪs/ N pâleur *(f)*

Palestine /ˈpælɪstaɪn/ N Palestine *(f)*

Palestinian /ˌpæləsˈtɪnɪən/ **1** ADJ palestinien **2** N Palestinien(ne) *(m(f))*

palette /ˈpælɪt/ N palette *(f)* ♦ **palette knife** N (*pl* **palette knives**) spatule *(f)*

palisade /ˌpælɪˈseɪd/ N palissade *(f)*

pall /pɔːl/ **1** VI perdre son charme (**on sb** pour qn) **2** N [*of smoke*] voile *(m)*; **to cast a ~ over** [+ *event, celebration*] assombrir

pallet /ˈpælɪt/ N (*for handling goods*) palette *(f)*

palliative /ˈpælɪətɪv/ ADJ, N palliatif *(m)*

pallid /ˈpælɪd/ ADJ blafard; (= *unexciting*) insipide

pally · /ˈpælɪ/ ADJ très copain* (copine* *(f)*)

palm /pɑːm/ **1** N ⓐ [*of hand*] paume *(f)*; **to read sb's ~** lire les lignes de la main à qn; **to have sb in the ~ of one's hand** faire de qn ce qu'on veut ⓑ (= *tree*) palmier *(m)* **2** COMP ♦ **palm oil** N huile *(f)* de palme ♦ **Palm Sunday** N dimanche *(m)* des Rameaux *(mpl)*

► **palm off** VT SEP [+ *sth worthless*] refiler* (**on, onto** à); **to ~ sb off** se débarrasser de qn; **they ~ed the children off on me** ils m'ont refilé les enfants*

palmtop computer /ˌpɑːmtɒpkəmˈpjuːtəʳ/ N ordinateur *(m)* de poche

palpable /ˈpælpəbəl/ ADJ palpable

paltry /ˈpɔːltrɪ/ ADJ [*amount*] dérisoire

pamper /ˈpæmpəʳ/ VT dorloter; **~ your skin with ...** offrez à votre peau ...; **to ~ o.s.** se faire plaisir

pamphlet /ˈpæmflɪt/ N brochure *(f)*

pan /pæn/ **1** N ⓐ casserole *(f)*; (*US: for baking*) moule *(m)* à gâteau ⓑ [*of lavatory*] cuvette *(f)*; **to go down the ~⁝** tomber à l'eau **2** VT (= *criticize harshly*) [+ *film, book*]* éreinter **3** VI [*camera*] faire un panoramique (**to** sur) **4** COMP ♦ **pan-fry** VT poêler; **~-fried salmon** saumon *(m)* poêlé ♦ **pan scrubber** N tampon *(m)* à récurer

► **pan out ·** VI (= *turn out well*) bien se goupiller*

panacea /ˌpænəˈsɪə/ N panacée *(f)*

panache /pəˈnæʃ/ N panache *(m)*; **with great ~** avec panache

Panama /ˈpænəˌmɑː/ N Panama *(m)* ♦ **the Panama Canal** N le canal de Panama ♦ **Panama hat** N panama *(m)*

pancake /ˈpænkeɪk/ N crêpe *(f)* ♦ **Pancake Day**, **Pancake Tuesday** N (*Brit*) mardi *(m)* gras

pancreas /ˈpæŋkrɪəs/ N pancréas *(m)*

panda /'pændə/ N panda (m)

pandemonium /ˌpændɪ'məʊnɪəm/ N chahut (m); **~ broke loose** il y eut un chahut monstre

pander /'pændəʳ/ VI **to ~ to** [+ person] se prêter aux exigences de; [+ whims, desires] se plier à; [+ tastes, weaknesses] flatter

p & h /ˌpiːənd'eɪtʃ/ N (US) (ABBR = **postage and handling**) port et manutention

Pandora's box /pænˌdɔːrəz'bɒks/ N boîte (f) de Pandore

p & p /ˌpiːənd'piː/ N (ABBR = **postage and packing**) frais (mpl) de port et d'emballage

pane /peɪn/ N vitre (f)

panel /'pænəl/ 1 N ⓐ [of door, wall] panneau (m) ⓑ (= group: for interview) jury (m) d'entretien; **~ of examiners** jury (m) ⓒ (on programme) invités (mpl); (for game) jury (m); **a ~ of experts** un groupe d'experts ⓓ (in inquiry) commission (f) d'enquête; (= committee) comité (m) 2 COMP ♦ **panel game** N (on radio) jeu (m) radiophonique; (on TV) jeu (m) télévisé ♦ **panel truck**, **panel van** N (US) camionnette (f)

panelled /'pænəld/ ADJ [door] à panneaux; **oak-~** lambrissé de chêne

panelling, **paneling** (US) /'pænəlɪŋ/ N lambris (m)

panellist, **panelist** (US) /'pænəlɪst/ N (on programme) invité(e) (m(f))

pang /pæŋ/ N pincement (m) de cœur; **a ~ of conscience** un accès de mauvaise conscience; **hunger ~s** tiraillements (mpl) d'estomac

panhandle /'pænhændl/ 1 N (US = strip of land) bande (f) de terre 2 VI (US = beg)‡ faire la manche* 3 VT (US = beg from)‡ mendier auprès de

panhandler‡ /'pænhændləʳ/ N (US = beggar) mendiant(e) (m(f))

panic /'pænɪk/ 1 N panique (f); **to get into a ~** paniquer; **in a ~** complètement paniqué

2 VI paniquer; **don't ~!*** pas de panique!

3 VT [+ person] faire paniquer; **he was ~ked by his wife's behaviour** il s'est affolé en voyant le comportement de sa femme; **they were ~ked by the prospect of ...** ils étaient pris de panique à la perspective de ...

4 COMP ♦ **panic attack** N crise (f) de panique ♦ **panic buying** N achats (mpl) de panique ♦ **panic stations*** NPL **it was ~ stations** ça a été la panique générale ♦ **panic-stricken** ADJ affolé

panicky /'pænɪkɪ/ ADJ **to feel ~** être pris de panique

pannier /'pænɪəʳ/ N (on cycle, motorcycle) sacoche (f)

panorama /ˌpænə'rɑːmə/ N panorama (m)

panoramic /ˌpænə'ræmɪk/ ADJ panoramique

Pan pipes /'pænpaɪps/ NPL flûte (f) de Pan

pansy /'pænzɪ/ N (= flower) pensée (f)

pant /pænt/ VI haleter; **to ~ for breath** être hors d'haleine; **he ~ed up the hill** il grimpa la colline en haletant

pantechnicon /pæn'teknɪkən/ N (Brit) grand camion (m) de déménagement

panther /'pænθəʳ/ N panthère (f)

panties /'pæntɪz/ NPL slip (m)

pantihose /'pæntɪhəʊz/ NPL collant (m)

panto* /'pæntəʊ/ N (Brit) ABBR = **pantomime**

pantomime /'pæntəmaɪm/ N (Brit) ⓐ (= show) spectacle de Noël pour enfants ⓑ (= fuss) comédie (f); **this ~ of secrecy** cette comédie du secret

---

> ⓘ **PANTOMIME**
>
> La **pantomime** ou **panto** est un spectacle de théâtre pour enfants monté au moment de Noël. Le sujet en est un conte de fées ou une histoire populaire (par ex. Cendrillon ou Aladin), généralement présenté sous la forme d'une comédie bouffonne avec des chansons, des costumes fantaisistes et des décors féériques. Les acteurs font beaucoup appel à la participation du public. Les principaux rôles masculins et féminins sont souvent interprétés par des acteurs du sexe opposé.

---

pantry /'pæntrɪ/ N garde-manger (m inv)

pants /pænts/ NPL ⓐ (Brit = underwear) (a pair of) **~** un slip ⓑ (= trousers) (a pair of) **~** un pantalon; **she's the one who wears the ~*** c'est elle qui porte la culotte; **to be caught with one's ~ down*** être pris au dépourvu; **to bore the ~ off sb*** barber qn*

pantsuit /'pæntsuːt/ N tailleur-pantalon (m)

pantyhose /'pæntɪhəʊz/ N collant (m)

panty liner /'pæntɪˌlaɪnəʳ/ N protège-slip (m)

papacy /'peɪpəsɪ/ N papauté (f)

papal /'peɪpəl/ ADJ [throne] pontifical; [visit] du pape

papaya /pə'paɪə/ N papaye (f)

paper /'peɪpəʳ/ 1 N ⓐ papier (m); **his desk was covered with ~** son bureau était couvert de papiers; **a piece of ~** (= odd bit) un morceau de papier; (= sheet) une feuille de papier; **he was asked to put his suggestions down on ~** on lui a demandé de mettre ses suggestions par écrit; **the project is impressive on ~** sur le papier, le projet est impressionnant
ⓑ (= newspaper) journal (m)
ⓒ (= set of exam questions) épreuve (f) écrite; (= student's written answers) copie (f); **a geography ~** une épreuve de géographie
ⓓ (= scholarly work) (printed) article (m); (spoken) conférence (f); (in seminar: by student) exposé (m); **to write a ~ on** écrire un article sur
ⓔ (= wallpaper) papier (m) peint
2 NPL **papers** (= documents) papiers (mpl); **show me your ~s** vos papiers, s'il vous plaît
3 VT [+ room, walls] tapisser
4 ADJ en papier; [plate] en carton
5 COMP ♦ **paper bag** N sac (m) en papier ♦ **paper cup** N gobelet (m) en carton ♦ **paper handkerchief** N mouchoir (m) en papier ♦ **paper lantern** N lampion (m) ♦ **paper mill** N usine (f) de papier ♦ **paper qualifications** NPL diplômes (mpl) ♦ **paper round** N tournée (f) de distribution des journaux ♦ **paper shop** N (Brit) marchand (m) de journaux ♦ **paper-thin** ADJ extrêmement fin

► **paper over** VT INSEP [+ differences, disagreements] passer sur

paperback /'peɪpəbæk/ N livre (m) de poche; **it exists in ~** ça existe en poche

paperboy /'peɪpəbɔɪ/ N livreur (m) de journaux

paperclip /'peɪpəklɪp/ N trombone (m)

papergirl /'peɪpəgɜːl/ N livreuse (f) de journaux

paperweight /'peɪpəweɪt/ N presse-papiers (m inv)

paperwork /'peɪpəwɜːk/ N tâches (fpl) administratives

papier-mâché /ˌpæpjeɪ'mæʃeɪ/ N papier (m) mâché

paprika /'pæprɪkə/ N paprika (m)

Papuan /'pæpjʊən/ ADJ papou

Papua New Guinea /ˌpæpjʊənjuː'gɪniː/ N Papouasie-Nouvelle-Guinée

par /pɑːʳ/ N ⓐ **to be on a ~ with** être comparable à; **a disaster on a ~ with Chernobyl** une catastrophe comparable à celle de Tchernobyl ⓑ (= standard) **his work isn't up to ~** or **his work is below ~** son travail laisse à désirer; **to feel below** or **under ~** ne pas être en forme ⓒ (Golf) par (m); **four over ~** quatre coups au-dessus du par; **that's ~ for the course** (= typical) c'est typique; **his behaviour was ~ for the course** ça ne m'étonne pas de lui

para* /'pærə/ N ⓐ ABBR = **paragraph** ⓑ (Brit) (ABBR = **paratrooper**) para* (m)

parable /'pærəbl/ N parabole (f)

parabola /pə'ræbələ/ N parabole (f)

paracetamol /ˌpærə'siːtəmɒl/ N paracétamol (m)

parachute /'pærəʃuːt/ 1 N parachute (m) 2 VI descendre en parachute 3 VT parachuter 4 COMP ♦ **parachute jump** N saut (m) en parachute

parade /pə'reɪd/ 1 N ⓐ (= procession) défilé (m) ⓑ (= series) **an endless ~ of advertisements** des publicités à n'en plus finir 2 VT (= display) afficher; **these reforms were ~d as**

progress ces réformes ont été présentées comme un progrès 3 VI [*soldiers*] défiler

► **parade about*, parade around*** VI pavaner

paradise /'pærədaɪs/ N paradis (*m*)

paradox /'pærədɒks/ N paradoxe (*m*)

paradoxical /,pærə'dɒksɪkəl/ ADJ paradoxal

paradoxically /,pærə'dɒksɪkəlɪ/ ADV paradoxalement

paraffin /'pærəfɪn/ N (*Brit* = *fuel*) pétrole (*m*) ◆ **paraffin heater** N poêle (*m*) à mazout ◆ **paraffin lamp** N lampe (*f*) à pétrole ◆ **paraffin wax** N paraffine (*f*)

paragliding /'pærə,glaɪdɪŋ/ N parapente (*m*)

paragon /'pærəgən/ N modèle (*m*)

paragraph /'pærəgrɑːf/ N paragraphe (*m*); **"new ~"** «à la ligne»; **to begin a new ~** aller à la ligne

Paraguay /'pærəgwaɪ/ N Paraguay (*m*)

Paraguayan /,pærə'gwaɪən/ 1 ADJ paraguayen 2 N Paraguayen(ne) (*m(f)*)

parakeet /'pærəkiːt/ N perruche (*f*)

parallel /'pærəlel/ 1 ADJ parallèle (**with, to** à); (= *similar*) [*situation, process, event, operation*] analogue; **the road runs ~ to the railway** la route est parallèle à la voie de chemin de fer 2 N parallèle (*m*); **to draw a ~ between** établir un parallèle entre; **an event without ~** un événement sans précédent; **to happen in ~ with sth** arriver parallèlement à qch 3 COMP ◆ **parallel bars** NPL barres (*fpl*) parallèles ◆ **parallel processing** N traitement (*m*) en parallèle

Paralympic Games /pærə,lɪmpɪk'geɪmz/ NPL Jeux (*mpl*) paralympiques

paralysis /pə'ræləsɪs/ N (*pl* **paralyses** /pə'ræləsiːz/) paralysie (*f*)

paralytic /,pærə'lɪtɪk/ ADJ ⓐ paralytique ⓑ (*Brit* = *drunk*)**:** bourré**:**

paralyze /'pærəlaɪz/ VT paralyser; **his arm is ~d** il est paralysé du bras; **~d from the neck down** complètement paralysé; **~d with fear** paralysé de peur; **paralyzing shyness** timidité (*f*) maladive

paramedic /,pærə'medɪk/ N auxiliaire (*mf*) médical(e)

parameter /pə'ræmɪtər/ N paramètre (*m*); **to set the ~s of** or **for sth** définir les paramètres de qch; **within the ~s of ...** dans les limites de ...

paramilitary /,pærə'mɪlɪtərɪ/ 1 ADJ paramilitaire 2 N **the paramilitaries** les forces (*fpl*) paramilitaires

paramount /'pærəmaʊnt/ ADJ primordial; **of ~ importance** d'une importance primordiale

paranoia /,pærə'nɔɪə/ N paranoïa (*f*)

paranoid /'pærənɔɪd/ ADJ paranoïaque

paranormal /,pærə'nɔːməl/ 1 ADJ paranormal 2 N **the ~** les phénomènes (*mpl*) paranormaux

parapet /'pærəpɪt/ N parapet (*m*); **to keep one's head below the ~** ne pas prendre de risques

paraphernalia /,pærəfə'neɪlɪə/ N (*pl inv*) attirail (*m*)

paraphrase /'pærəfreɪz/ 1 N paraphrase (*f*) 2 VT paraphraser

paraplegic /,pærə'pliːdʒɪk/ ADJ, N paraplégique (*mf*)

parascending /'pærə,sendɪŋ/ N parachutisme (*m*) ascensionnel

parasite /'pærəsaɪt/ N parasite (*m*)

parasitic(al) /,pærə'sɪtɪk(əl)/ ADJ parasite

parasol /'pærəsɒl/ N (*held in hand*) ombrelle (*f*); (*over table, on beach*) parasol (*m*)

paratrooper /'pærətruːpər/ N parachutiste (*mf*) (*soldat*)

parcel /'pɑːsəl/ N colis (*m*) ◆ **parcel bomb** N colis (*m*) piégé ◆ **parcel post** N **to send sth ~ post** envoyer qch par colis postal

► **parcel out** VT SEP distribuer; [+ *territory, inheritance*] partager

► **parcel up** VT SEP empaqueter

parched /pɑːtʃt/ ADJ [*lips, soil, plants*] desséché; **I'm ~!*** je meurs de soif !*

parchment /'pɑːtʃmənt/ N parchemin (*m*)

pardon /'pɑːdən/ 1 N pardon (*m*) 2 VT ⓐ [+ *mistake*] pardonner; **~ me** excusez-moi; **~?** pardon?; **~ me?** (*US*) pardon?; **~ my asking, but ...** excusez-moi de vous poser cette question, mais ...; **if you'll ~ the expression** si vous me pardonnez l'expression ⓑ [+ *criminal*] gracier; (= *grant amnesty to*) amnistier

pare /peər/ VT ⓐ [+ *fruit*] éplucher; [+ *nails*] couper ⓑ (= *reduce: also* **~ down**) réduire

parent /'peərənt/ N (= *father*) père (*m*); (= *mother*) mère (*f*); **his ~s** ses parents (*mpl*) ◆ **parent company** N maison (*f*) mère ◆ **parents' evening** N réunion (*f*) de parents d'élèves ◆ **parent-teacher association** N (*in school*) association (*f*) de parents d'élèves et de professeurs

parentage /'peərəntɪdʒ/ N **of Scottish ~** (*mother and father*) (né) de parents écossais

parental /pə'rentl/ ADJ [*choice*] des parents; [*involvement, responsibility*] parental; **~ authority** l'autorité (*f*) parentale ◆ **parental leave** N congé (*m*) parental

parenthesis /pə'renθɪsɪs/ N (*pl* **parentheses** /pə'renθɪsiːz/) parenthèse (*f*)

parenthood /'peərənthʊd/ N condition (*f*) de parent; **the responsibilities of ~** les responsabilités (*fpl*) que l'on a quand on a des enfants

parenting /'peərəntɪŋ/ N éducation (*f*) des enfants; **~ is a full-time occupation** élever un enfant est un travail à plein temps

Paris /'pærɪs/ 1 N Paris 2 ADJ [*society, nightlife, metro*] parisien

parish /'pærɪʃ/ N paroisse (*f*); (*Brit: civil*) commune (*f*) ◆ **parish church** N église (*f*) paroissiale ◆ **parish priest** N (*Catholic*) curé (*m*); (*Protestant*) pasteur (*m*)

parishioner /pə'rɪʃənər/ N paroissien(ne) (*m(f)*)

Parisian /pə'rɪzɪən/ 1 ADJ parisien; [*life*] à Paris 2 N Parisien(ne) (*m(f)*)

parity /'pærɪtɪ/ N parité (*f*)

park /pɑːk/ 1 N parc (*m*) 2 VT ⓐ [+ *vehicle*] garer; **a line of ~ed cars** une rangée de voitures en stationnement; **he was ~ed near the theatre** il était garé près du théâtre ⓑ (= *leave*)* **to ~ a child with sb** laisser un enfant chez qn 3 VI stationner; **do not ~ here** ne stationnez pas ici 4 COMP ◆ **park-and-ride** N *stationnement en périphérie d'agglomération combiné à un système de transport en commun* ◆ **park keeper** N (*Brit*) gardien(ne) (*m(f)*) de parc

parka /'pɑːkə/ N parka (*f*)

parking /'pɑːkɪŋ/ N stationnement (*m*); **"no ~"** «défense de stationner»; **~ is very difficult** c'est très difficile de trouver à stationner; **there's plenty of ~ (space)** il y a de la place pour stationner ◆ **parking brake** N (*US*) frein (*m*) à main ◆ **parking garage** N (*US*) parking (*m*) (couvert) ◆ **parking lights** NPL (*US*) feux (*mpl*) de position ◆ **parking lot** N (*US*) parking (*m*) ◆ **parking meter** N parcmètre (*m*) ◆ **parking offence** N infraction (*f*) aux règles de stationnement ◆ **parking place, parking space** N place (*f*) de stationnement ◆ **parking ticket** N PV* (*m*), contravention (*f*)

Parkinson's disease /'pɑːkɪnsənzdɪ,ziːz/ N maladie (*f*) de Parkinson

parkway /'pɑːkweɪ/ N (*US*) *route à plusieurs voies bordée d'espaces verts*

parlance /'pɑːləns/ N langage (*m*)

parliament /'pɑːləmənt/ N (= *institution, building*) parlement (*m*); (= *period in government*) législature (*f*); **in Parliament** au Parlement; **to go into** or **enter Parliament** entrer au Parlement

parliamentary /,pɑːlə'mentərɪ/ ADJ parlementaire; **~ candidate** candidat (*m*) au Parlement

parlour †, **parlor** † (*US*) /'pɑːlər/ N (*in house*) petit salon (*m*); **~ game** jeu (*m*) de société

parlourmaid /'pɑːləmeɪd/ N servante (*f*)

parlous /'pɑːləs/ ADJ (*frm*) alarmant

Parma /'pɑːmə/ N Parme

Parmesan /,pɑːmɪ'zæn/ N (*also* **~ cheese**) parmesan (*m*)

parochial /pəˈrəʊkɪəl/ ADJ [attitude, outlook] borné ; **they're very** ~ ils ne sont pas très ouverts sur le monde ♦ **parochial school** N (US) école (f) catholique

parody /ˈpærədɪ/ 1 N parodie (f) 2 VT parodier

parole /pəˈrəʊl/ 1 N (= period of release) liberté (f) conditionnelle ; (= act of release) mise (f) en liberté conditionnelle ; **on** ~ en liberté conditionnelle 2 VT [+ prisoner] placer en liberté conditionnelle

paroxysm /ˈpærəksɪzəm/ N paroxysme (m) ; ~**s of rage** une rage folle

parquet /ˈpɑːkeɪ/ N ⓐ (also ~ **flooring**) parquet (m) ⓑ (US: Theatre) parterre (m)

parrot /ˈpærət/ N perroquet (m) ♦ **parrot-fashion** ADV comme un perroquet

parry /ˈpærɪ/ VT [+ blow, attack] parer ; [+ question] éluder

parse /pɑːz/ VT faire l'analyse grammaticale de

parsimonious /ˌpɑːsɪˈməʊnɪəs/ ADJ parcimonieux

parsley /ˈpɑːslɪ/ N persil (m) ♦ **parsley sauce** N sauce (f) persillée

parsnip /ˈpɑːsnɪp/ N panais (m)

parson /ˈpɑːsn/ N (= parish priest) pasteur (m)

part /pɑːt/ 1 N ⓐ (= section, division) partie (f) ; **he spent ~ of his childhood in Wales** il a passé une partie de son enfance au pays de Galles ; **in** ~ en partie ; **it's all ~ of growing up** c'est normal quand on grandit ; **to him, it's all ~ of the job** pour lui, ça fait partie du travail ; **respect is an important ~ of any relationship** le respect est un élément important de toute relation ; **an important ~ of her work is ...** une part importante de son travail consiste à ... ; **to be ~ and parcel of sth** faire partie (intégrante) de qch ♦ **for the most part** dans l'ensemble ⓑ (= episode) [of book, play] partie (f) ; [of serial] épisode (m) ; **a six-~ serial** un feuilleton en six épisodes ⓒ (= machine) pièce (f) ; **you can't get the ~s for this model** on ne trouve pas de pièces pour ce modèle ⓓ (= measure) mesure (f) ⓔ (= role) rôle (m) ; **he was just right for the** ~ il était parfait pour ce rôle ; **we all have our** ~ **to play** nous avons tous notre rôle à jouer ; **he had no ~ in it** il n'y était pour rien ; **I want no ~ in it** je ne veux pas m'en mêler ♦ **to take part (in sth)** participer (à qch) ⓕ (= behalf) part (f) ; **for my ~** pour ma part ; **an error on the ~ of his secretary** une erreur de sa secrétaire ⓖ (= place) **in this ~ of the world*** dans le coin* ⓗ (US = parting: in hair) raie (f)

2 ADV (= partly) en partie ; **she is ~ French** elle a des origines françaises ; **this novel is ~ thriller, ~ ghost story** ce roman est à la fois un thriller et une histoire de fantômes

3 VT ⓐ [+ people, boxers] séparer ; **they were ~ed during the war** ils ont été séparés pendant la guerre ♦ **to part company with sb** (= leave) quitter qn ; (= disagree) ne plus être d'accord avec qn ⓑ **to ~ one's hair** se faire une raie

4 VI ~ (= take leave of each other) se quitter ; (= break up) [couple, boxers] se séparer ; (= open up) [crowd, lips] s'ouvrir ; **to ~ from sb** quitter qn ; **to ~ with** [+ money] débourser ; [+ possessions] se défaire de ; [+ employee] se séparer de

5 COMP ♦ **part exchange** N (Brit) reprise (f) ; **to take a car in ~ exchange** reprendre une voiture ♦ **part of speech** N partie (f) du discours ♦ **part payment** N (= exchange) règlement (m) partiel ; (= deposit) arrhes (fpl) ♦ **part-time** ADJ à temps partiel ; **to have a ~-time job** travailler à temps partiel ♦ ADV [work, study] à temps partiel ♦ **part-timer** N employé(e) (m(f)) à temps partiel

partake /pɑːˈteɪk/ (pret **partook**, ptp **partaken**) VI (frm) **to ~ in** prendre part à ; **to ~ of** [+ meal] prendre

Parthenon /ˈpɑːθənɒn/ N Parthénon (m)

partial /ˈpɑːʃəl/ ADJ ⓐ [success, explanation, eclipse] partiel ⓑ (= biased) partial ; **to be ~ to sth** avoir un faible pour qch

partially /ˈpɑːʃəlɪ/ ADV (= partly) en partie ; ~ **hidden by the trees** en partie caché par les arbres ; **the driver was ~ responsible for the accident** le conducteur était en partie responsable de l'accident ♦ **partially-sighted** ADJ **to be ~-sighted** être malvoyant

participant /pɑːˈtɪsɪpənt/ N participant(e) (m(f)) (**in** à)

participate /pɑːˈtɪsɪpeɪt/ VI participer (**in** à)

participation /pɑːˌtɪsɪˈpeɪʃən/ N participation (f) (**in** à)

participle /ˈpɑːtɪsɪpl/ N participe (m) ; **past/present ~** participe (m) passé/présent

particle /ˈpɑːtɪkl/ N (= small piece) particule (f) ; (fig) parcelle (f) ; **dust ~s** grains (mpl) de poussière ; **a ~ of truth** une parcelle de vérité ; **not a ~ of evidence** pas l'ombre d'une preuve ♦ **particle accelerator** N accélérateur (m) de particules

particular /pəˈtɪkjʊləʳ/ 1 ADJ ⓐ (= specific) particulier ; **in this ~ case** dans ce cas particulier ; **for no ~ reason** sans raison particulière ; **that ~ brand** cette marque-là ; **the report moves from the ~ to the general** le rapport va du particulier au général ⓑ (= special) particulier ; **nothing ~ happened** il ne s'est rien passé de particulier ; **to be of ~ interest to sb** intéresser qn (tout) particulièrement ; **to pay ~ attention to sth** faire particulièrement attention à qch ⓒ (= fussy) exigeant ; **he is ~ about his food** il est difficile pour la nourriture ; **which do you want? — I'm not ~** lequel voulez-vous ? — cela m'est égal

2 N ⓐ ♦ **in particular** en particulier ; **anything/anybody in ~** quelque chose/quelqu'un en particulier ⓑ (= detail) détail (m) ; **in every ~** en tout point ; **he is wrong in one ~** il se trompe sur un point

3 NPL **particulars** (= information) détails (mpl) ; (= description) description (f) ; [of person] (= description) signalement (m) ; (= name, address) coordonnées (fpl) ; **full ~s** tous les détails ; **for further ~s apply to ...** pour de plus amples renseignements s'adresser à ...

particularly /pəˈtɪkjʊləlɪ/ ADV (= especially) [good, bad, well, badly] particulièrement ; **not ~** pas particulièrement ; **it's dangerous for children, ~ young ones** c'est dangereux pour les enfants, surtout pour les tout jeunes

parting /ˈpɑːtɪŋ/ 1 N ⓐ séparation (f) ; **the ~ of the ways** la croisée des chemins ⓑ (Brit) [of hair] raie (f) ; **to have a centre ~** avoir la raie au milieu 2 ADJ [gift, words] d'adieu ; ~ **shot** pointe (f)

partisan /ˌpɑːtɪˈzæn/ N partisan (m)

partition /pɑːˈtɪʃən/ 1 N ⓐ (also ~ **wall**) cloison (f) ⓑ (= dividing) [of country] partition (f) 2 VT [+ property] diviser ; [+ country] diviser en deux ; [+ estate] morceler ; [+ room] cloisonner

partly /ˈpɑːtlɪ/ ADV en partie

partner /ˈpɑːtnəʳ/ 1 N ⓐ partenaire (mf) ; (in business) associé(e) (m(f)) ; **our European ~s** nos partenaires européens ; ~**s in crime** complices (mpl) ⓑ (Sport) partenaire (mf) ; (Dancing) cavalier (m), -ière (f) ⓒ (= boyfriend) compagnon (m) ; (= girlfriend) compagne (f) ; **bring your ~ along** venez avec votre conjoint 2 VT (Dancing) être le cavalier (or la cavalière) de ; (in competitions) être le (or la) partenaire de

partnership /ˈpɑːtnəʃɪp/ N association (f) ; **to go into ~** s'associer

partridge /ˈpɑːtrɪdʒ/ N perdrix (f) ; (to eat) perdreau (m)

partway /ˌpɑːtˈweɪ/ ADV ~ **along** (or **there**) à mi-chemin

party /ˈpɑːtɪ/ 1 N ⓐ (political) parti (m) ⓑ (= group of travellers) groupe (m) ⓒ (= celebration) fête (f) ; (in the evening) soirée (f) ; (formal) réception (f) ; **to have a ~** organiser une fête ; **birthday ~** fête (f) d'anniversaire ⓓ (legal) partie (f) ; **all parties concerned** toutes les parties concernées ; **to be ~ to a crime** être complice d'un crime

2 ADJ [politics, leader] de parti, du parti

3 VI* faire la fête ; **let's ~!** faisons la fête ! ; **I'm not a great one for ~ing*** je ne suis pas fêtard(e)*

4 COMP ♦ **party animal*** N fêtard(e) (m(f)) ♦ **party line** N (Politics) ligne (f) du parti ; **to toe the ~ line** suivre la ligne du parti ♦ **party piece** N **to do one's ~ piece** faire son numéro* ♦ **party political** ADJ ~ **political broadcast** émission réservée à un parti politique ♦ **party politics** N po-

litique *(f)* de parti ; *(pej)* politique *(f)* politicienne ♦ **party pooper*** N rabat-joie *(m inv)*

pass /pɑːs/ 1 N ⓐ *(= permit)* [*of journalist, worker*] laissez-passer *(m inv)* ; *(for travel)* carte *(f)* d'abonnement
ⓑ *(in mountains)* défilé *(m)*
ⓒ *(in exam)* mention *(f)* passable ; **to get a ~ in history** être reçu en histoire
ⓓ *(= state)** **things have come to a pretty ~ when ...** il faut que les choses aillent bien mal pour que ...
ⓔ *(Football)* passe *(f)*
ⓕ *(= sexual advance)* **to make a ~* at sb** faire du plat* à qn
2 VI ⓐ *(= come, go)* passer ; [*procession*] défiler ; *(= overtake)* doubler ; **to let sb ~** laisser passer qn ; **letters ~ed between them** ils ont échangé des lettres ; **the virus ~es easily from one person to another** le virus se transmet facilement d'une personne à l'autre ; **the land has now ~ed into private hands** le terrain appartient désormais à un propriétaire privé
ⓑ [*time*] s'écouler ; **three hours had ~ed** trois heures s'étaient écoulées ; **three days had ~ed** trois jours s'étaient écoulés ; **I'm very conscious of time ~ing** j'ai une conscience aiguë du temps qui passe
ⓒ *(= go away)* [*pain, crisis*] passer ; [*danger*] disparaître ; [*memory*] s'effacer
ⓓ *(in exam)* être reçu (**in** en)
ⓔ *(= take place)* se passer ; **all that ~ed between them** tout ce qui s'est passé entre eux
ⓕ *(= be accepted)* **what ~es for law and order in this country** ce que l'on appelle l'ordre public dans ce pays ; **she could ~ for 20** on lui donnerait 20 ans ; **will this do? — oh, it'll ~*** est-ce que ça convient ? — oh, ça peut aller ; **he let it ~** il a laissé passer
ⓖ *(Cards)* passer ; **(I) ~!** *(in games)* (je) passe ! ; *(fig)* aucune idée !
ⓗ *(Sport)* faire une passe
3 VT ⓐ *(= go past)* [+ *building, person*] passer devant ; [+ *barrier, frontier*] passer ; *(= overtake)* doubler ; *(Sport = go beyond)* dépasser ; **when you have ~ed the town hall ...** quand vous aurez dépassé la mairie ... ; **they ~ed each other on the way** ils se sont croisés en chemin
ⓑ [+ *exam*] être reçu à
ⓒ [+ *time*] passer ; **just to ~ the time** pour passer le temps
ⓓ *(= hand over)* (faire) passer ; **please ~ the salt** faites passer le sel s'il vous plaît ; **~ me the box** passez-moi la boîte ; **to ~ sth down the line** faire passer qch (de main en main)
ⓔ *(= accept)* [+ *candidate*] recevoir ; [+ *proposal*] adopter ; **they didn't ~ him** ils l'ont recalé ; **the doctor ~ed him fit for work** le docteur l'a déclaré apte à reprendre le travail
ⓕ *(= utter)* **to ~ comment (on sth)** faire un commentaire (sur qch) ; **to ~ judgement** prononcer un jugement
ⓖ *(= move)* passer ; **he ~ed his hand over his brow** il s'est passé la main sur le front
ⓗ *(Sport)* [+ *ball*] passer
ⓘ [+ *forged money, stolen goods*] écouler
ⓙ *(= excrete)* **to ~ water** uriner
4 COMP ♦ **pass degree** N *(Univ)* ≈ licence *(f)* obtenue sans mention ♦ **pass mark** N moyenne *(f)* ; **to get a ~ mark** avoir la moyenne

⚠ *In the context of exams* **passer** *is not the translation for* **to pass***.*

► **pass away** VI *(= die)* décéder
► **pass by** 1 VI passer (à côté) ; [*procession*] défiler ; **I saw him ~ing by** je l'ai vu passer 2 VT SEP **life has ~ed me by** je n'ai pas vraiment vécu ; **fashion just ~es him by** la mode le laisse froid
► **pass down** 1 VI [*inheritance*] être transmis (**to** à) 2 VT SEP transmettre ; **to ~ sth down (in a family)** transmettre qch par héritage (dans une famille) ; **~ed down from father to son** transmis de père en fils
► **pass off** 1 VI ⓐ [*faintness, headache*] passer ⓑ *(= take place)* [*events*] se dérouler ; **the demonstration ~ed off peacefully** la manifestation s'est déroulée pacifiquement 2 VT SEP faire passer ; **to ~ something off as something else**

faire passer une chose pour une autre
► **pass on** 1 VI ⓐ *(= die)* décéder ⓑ *(= continue one's way)* passer son chemin 2 VT SEP *(= hand on)* [+ *object*] (faire) passer (**to** à) ; [+ *news*] faire circuler ; [+ *message*] transmettre ; **to ~ on old clothes to sb** repasser de vieux vêtements à qn ; **to ~ on a tax to the consumer** répercuter un impôt sur le consommateur
► **pass out** 1 VI ⓐ *(= faint)* perdre connaissance ; *(from drink)* tomber ivre mort ⓑ *(Brit = complete training)* *(Police)* finir son entraînement *(avec succès)* ; *(Mil)* finir ses classes *(avec succès)* 2 VT SEP [+ *leaflets*] distribuer
► **pass over** 1 VI *(= die)* décéder 2 VT SEP [+ *person, event, matter*] ne pas mentionner ; **to ~ sth over in silence** passer qch sous silence ; **he was ~ed over in favour of his brother** on lui a préféré son frère ; **she was ~ed over for promotion** on ne lui a pas accordé la promotion qu'elle attendait 3 VT INSEP *(= ignore)* passer sous silence
► **pass round** VT SEP [+ *bottle*] faire passer
► **pass up** VT SEP *(= forego)* laisser passer

passable /ˈpɑːsəbl/ ADJ ⓐ *(= tolerable)* assez bon ; **he spoke ~ French** il parlait assez bien français ⓑ [*road*] praticable

passage /ˈpæsɪdʒ/ N ⓐ *(= passing)* passage *(m)* ; [*of bill, law*] adoption *(f)* ; **with the ~ of time he understood** avec le temps il finit par comprendre ⓑ *(by sea)* traversée *(f)* ; **he worked his ~ to Australia** il a travaillé pour se payer la traversée en Australie ⓒ *(= way through)* passage *(m)* ⓓ *(= passageway: indoors)* couloir *(m)* ⓔ [*of text, music*] passage *(m)*

passageway /ˈpæsɪdʒweɪ/ N *(indoors)* couloir *(m)*

passbook /ˈpɑːsbʊk/ N *(= bank book)* livret *(m)* (bancaire)

passenger /ˈpæsndʒəʳ/ N *(in train)* voyageur *(m)*, -euse *(f)* ; *(in boat, plane, car)* passager *(m)*, -ère *(f)* ♦ **passenger door** N [*of car*] portière *(f)* avant côté passager ♦ **passenger enquiries** NPL renseignements *(mpl)* ♦ **passenger list** N liste *(f)* des passagers ♦ **passenger seat** N [*of car*] *(in front)* siège *(m)* du passager ; *(in back)* siège *(m)* arrière

passer-by /ˈpɑːsəˈbaɪ/ N *(pl* **passers-by**) passant(e) *(m(f))*

passing /ˈpɑːsɪŋ/ 1 ADJ ⓐ *(= moving by)* [*person, car*] qui passe *(or* passait *etc)* ⓑ *(= brief)* passager ; **a ~ interest in sth/sb** un intérêt passager pour qch/qn ; **to bear only a ~ resemblance to sb** ne ressembler que vaguement à qn ; **with every ~ year** année après année 2 N ⓐ **with the ~ of time** avec le temps ; **in ~** en passant ⓑ *(in car = overtaking)* dépassement *(m)* ⓒ *(= death)* décès *(m)*

passion /ˈpæʃən/ N passion *(f)* (**for** de) ; **to have a ~ for music** être passionné de musique ♦ **passion fruit** N fruit *(m)* de la passion

passionate /ˈpæʃənɪt/ ADJ passionné ; [*speech*] véhément

passionately /ˈpæʃənɪtlɪ/ ADV passionnément ; [*argue, make love*] avec passion ; [*opposed*] farouchement ; **to be ~ fond of sth** adorer qch ; **to be ~ in love with sb** aimer passionnément qn

passive /ˈpæsɪv/ 1 ADJ ⓐ *(= unresponsive)* passif ⓑ [*vocabulary, understanding, tense*] passif ; [*verb*] au passif 2 N *(Gram)* passif *(m)* ; **in the ~** au passif 3 COMP ♦ **passive resistance** N résistance *(f)* passive ♦ **passive smoking** N tabagisme *(m)* passif

passkey /ˈpɑːskiː/ N passe-partout *(m inv)*

Passover /ˈpɑːsəʊvəʳ/ N pâque *(f)* (juive)

passport /ˈpɑːspɔːt/ N passeport *(m)* ; **visitor's ~** *(Brit)* passeport *(m)* temporaire ; **~ to success** clé *(f)* de la réussite ♦ **passport control** N contrôle *(m)* des passeports ♦ **passport holder** N titulaire *(mf)* de passeport

password /ˈpɑːswɜːd/ N mot *(m)* de passe

past /pɑːst/ 1 N ⓐ passé *(m)* ; **in the ~** dans le passé ; *(longer ago)* autrefois ; **several times in the ~** plusieurs fois dans le passé ; **in the ~, many of these babies would have died** autrefois, beaucoup de ces bébés seraient morts ; **she lives in the ~** elle vit dans le passé ; **it's a thing of the ~** cela appartient au passé ; **new vaccines could make these illnesses a thing of the ~** de nouveaux vaccins pourraient

faire disparaître ces maladies
ⓑ (= *tense*) passé *(m)*; **in the ~** au passé

2 ADJ ⓐ passé; **in times ~** jadis; **in ~ centuries** pendant les siècles passés; **the ~ week** la semaine dernière; **the ~ few days** ces derniers jours; **she's been out of work for the ~ three years** elle est au chômage depuis trois ans; **all that is now ~** tout cela c'est du passé; **~ president** ancien président *(m)*
ⓑ (*Gram*) passé; [*verb*] au passé; [*form, ending*] du passé

3 PREP ⓐ (*beyond in time*) plus de; **it is ~ 11 o'clock** il est 11 heures passées; **in ~ times** (*Brit*) trois heures et demie; **quarter ~ three** (*Brit*) trois heures et quart; **at 20 ~ three** (*Brit*) à 3 heures 20; **the train goes at five ~*** (*Brit*) le train part à cinq*; **she is ~ 60** elle a 60 ans passés
ⓑ (= *beyond in space*) au delà de; **~ it** au delà; **just ~ the post office** juste après la poste; **I think we've gone ~ it** (= *missed it*) je pense que nous l'avons dépassé
ⓒ (= *in front of*) devant; **he goes ~ the house every day** il passe tous les jours devant la maison
ⓓ (= *beyond limits of*) **I'm ~ caring** j'ai cessé de m'en faire; **he's a bit ~ it (now)*** il n'est plus dans la course*; **I wouldn't put it ~ her*** to have done it je le crois capable d'avoir fait ça; **I wouldn't put it ~ him** cela ne m'étonnerait pas de lui

4 ADV

> ► When **past** is an element in a phrasal verb, eg **let past**, **run past**, look up the verb.

devant; **to go** or **walk ~** passer

5 COMP ◆ **past historic** N passé *(m)* simple ◆ **past master** N **to be a ~ master at sth** être expert en qch; **to be a ~ master at doing sth** avoir l'art de faire qch ◆ **past participle** N participe *(m)* passé ◆ **past perfect** N plus-que-parfait *(m)* ◆ **past tense** N passé *(m)*; **in the ~ tense** au passé

pasta /ˈpæstə/ N pâtes *(fpl)*

paste /peɪst/ 1 N ⓐ (= *spread*) (*meat*) pâté *(m)*; (*fish*) beurre *(m)*; (*vegetable, fruit*) purée *(f)*; **mix the butter and flour into a ~** travaillez le beurre et la farine pour en faire une pâte ⓑ (= *glue*) colle *(f)*; **wallpaper ~** colle *(f)* pour papier peint 2 VT ⓐ coller; [+ *wallpaper*] enduire de colle ⓑ (*Computing*) **to ~ text into a document** insérer un texte dans un document

pastel /ˈpæstəl/ 1 N ⓐ (= *pencil, drawing*) pastel *(m)* ⓑ (*also ~ colour*) ton *(m)* pastel *(inv)* 2 ADJ [*shade*] pastel *(inv)*

pasteurization /ˌpæstəraɪˈzeɪʃən/ N pasteurisation *(f)*

pasteurize /ˈpæstəraɪz/ VT pasteuriser

pasteurized /ˈpæstəraɪzd/ ADJ pasteurisé

pastille /ˈpæstɪl/ N pastille *(f)*

pastime /ˈpɑːstaɪm/ N passe-temps *(m inv)*

pastor /ˈpɑːstəʳ/ N pasteur *(m)*

pastoral /ˈpɑːstərəl/ ADJ ⓐ (= *rural*) pastoral; [*beauty, joys*] champêtre ⓑ [*care*] (*by priest*) pastoral ⓒ [*role, duties*] (*in school*) de conseiller; **in a ~ capacity** dans un rôle de conseiller

pastry /ˈpeɪstrɪ/ 1 N ⓐ pâte *(f)* ⓑ (= *cake*) pâtisserie *(f)* 2 COMP ◆ **pastry case** N croûte *(f)*; **in a ~ case** en croûte ◆ **pastry chef, pastry cook** N pâtissier *(m)*, -ière *(f)*

pasture /ˈpɑːstʃəʳ/ 1 N pâturage *(m)*; **to seek ~s new** chercher de nouveaux horizons 2 VT faire paître 3 COMP ◆ **pasture land** N pâturage(s) *(m(pl))*

pasty[1] /ˈpeɪstɪ/ ADJ pâteux; [*face, complexion*] terreux; **~-faced** au teint terreux

pasty[2] /ˈpæstɪ/ N (*Brit*) ≈ petit pâté *(m)* en croûte (*contenant généralement de la viande, des oignons et des pommes de terre*)

pat /pæt/ 1 VT [+ *object*] tapoter; [+ *animal*] flatter; **he ~ted my hand** il me tapota la main; **to ~ o.s. on the back** se féliciter (soi-même) 2 N ⓐ (= *tap*) petite tape *(f)*; **to give sb a ~ on the back** (*fig*) complimenter qn; **you deserve a ~ on the back** félicitations! ⓑ [*of butter*] portion *(f)* de beurre 3 ADJ [*answer, remark*] tout prêt

◆ **off pat**: **to know sth off ~** savoir qch sur le bout des doigts; **she had all the answers off ~** elle a pu répondre du tac au tac

patch /pætʃ/ 1 N ⓐ (*for clothes*) pièce *(f)*; (*for inner tube*) rustine® *(f)*; (*over eye*) cache *(m)*; (*nicotine, HRT*) patch *(m)* ⓑ [*of colour*] tache *(f)*; [*of sky*] coin *(m)*; [*of land*] parcelle *(f)*; [*of vegetables*] carré *(m)*; [*of ice*] plaque *(f)*; [*of water*] flaque *(f)*; **a damp ~** une tache d'humidité; **he's got a bald ~** il a le crâne un peu dégarni; **a bad ~** un moment difficile; **to hit a bad ~** entrer dans une mauvaise passe; **it isn't a ~ on ...** ça ne soutient pas la comparaison avec ...; **he's not a ~ on our old boss*** il est loin de valoir notre ancien patron
ⓒ (*for program*) correction *(f)* (de programme)
ⓓ (*Brit*) [*of policeman, social worker*]* secteur *(m)*

2 VT [+ *clothes*] rapiécer; [+ *tyre*] réparer

► **patch up** VT SEP [+ *clothes*] rapiécer; [+ *injured person*]* rafistoler*; **they soon ~ed up their differences** ils se sont vite rabibochés*

patchwork /ˈpætʃwɜːk/ 1 N patchwork *(m)* 2 ADJ [*quilt*] en patchwork

patchy /ˈpætʃɪ/ ADJ inégal

pâté /ˈpæteɪ/ N pâté *(m)*

patent /ˈpætənt/ 1 ADJ (= *obvious*) manifeste 2 N (= *licence*) brevet *(m)* d'invention 3 VT faire breveter 4 COMP ◆ **patent leather** N cuir *(m)* verni ◆ **Patent Office** N (*Brit*) ≈ Institut *(m)* national de la propriété industrielle

patently /ˈpeɪtəntlɪ/ ADV manifestement; **~ obvious** absolument évident

paternal /pəˈtɜːnl/ ADJ paternel

paternalistic /pəˌtɜːnəˈlɪstɪk/ ADJ paternaliste

paternity /pəˈtɜːnɪtɪ/ N paternité *(f)* ◆ **paternity leave** N congé *(m)* de paternité ◆ **paternity suit** N action *(f)* en recherche de paternité

path /pɑːθ/ 1 N ⓐ sentier *(m)*; (*in garden*) allée *(f)* ⓑ (= *route*) [*of bullet, hurricane*] trajectoire *(f)*; [*of advancing person*] chemin *(m)*; **the storm destroyed everything in its ~** la tempête a tout détruit sur son passage; **he stepped off the kerb into the ~ of a car** il est descendu du trottoir au moment où une voiture arrivait
ⓒ (= *way*) voie *(f)*; **the ~ to success** la voie du succès; **the ~ towards independence** la voie vers l'indépendance

2 COMP ◆ **path-breaking** ADJ révolutionnaire ◆ **path lab** N laboratoire *(m)* d'analyses ◆ **path name** N nom *(m)* d'accès

pathetic /pəˈθetɪk/ ADJ ⓐ (= *very sad*) [*sight, grief*] pitoyable ⓑ (= *feeble*)* [*person, piece of work, performance*] pitoyable; **a ~ attempt** une tentative lamentable

pathetically /pəˈθetɪklɪ/ ADV (= *terribly*) **~ thin/shy** d'une maigreur/timidité pitoyable; **a ~ small number** un nombre ridiculement faible

pathological /ˌpæθəˈlɒdʒɪkəl/ ADJ pathologique

pathologist /pəˈθɒlədʒɪst/ N pathologiste *(mf)*

pathology /pəˈθɒlədʒɪ/ N pathologie *(f)*

pathos /ˈpeɪθɒs/ N pathétique *(m)*; **the ~ of the situation** le pathétique de la situation

patience /ˈpeɪʃəns/ N ⓐ patience *(f)*; **she doesn't have much ~ with children** elle n'est pas très patiente avec les enfants; **I have no ~ with these people** ces gens m'exaspèrent; **to lose one's ~** perdre patience; **my ~ is wearing thin** ma patience est à bout; **my ~ is exhausted** ma patience est à bout ⓑ (*Brit Cards*) réussite *(f)*; **to play ~** faire des réussites

patient /ˈpeɪʃənt/ 1 ADJ patient; **be ~!** soyez patient! 2 N patient(e) *(m(f))*; (*post-operative*) opéré(e) *(m(f))*; **a doctor's ~s** les patients d'un médecin; **psychiatric ~** malade *(mf)* psychiatrique; **cancer ~** cancéreux *(m)*, -euse *(f)*

patiently /ˈpeɪʃəntlɪ/ ADV patiemment

patio /ˈpætɪəʊ/ N patio *(m)* ◆ **patio doors** NPL portes-fenêtres *(fpl)* (*donnant sur un patio*) ◆ **patio furniture** N meubles *(mpl)* de jardin

patois /ˈpætwɑː/ N (*pl* **patois**) patois *(m)*

patriarchal /ˌpeɪtrɪˈɑːkəl/ ADJ patriarcal

patriot /ˈpeɪtrɪət/ N patriote (mf)

patriotic /ˌpætrɪˈɒtɪk/ ADJ patriotique ; [person] patriote

patriotism /ˈpætrɪətɪzəm/ N patriotisme (m)

patrol /pəˈtrəʊl/ 1 N patrouille (f) ; **to be on ~** patrouiller 2 VT [+ district, town, streets] patrouiller dans 3 VI [troops, police] patrouiller 4 COMP ♦ **patrol car** N voiture (f) de police ♦ **patrol wagon** N (US) fourgon (m) cellulaire

patrolboat /pəˈtrəʊlbəʊt/ N patrouilleur (m)

patrolman /pəˈtrəʊlmən/ N (pl -men) (a) (US) agent (m) de police (b) (for breakdown service) agent (m) (d'une société de dépannage)

patrolwoman /pəˈtrəʊlˌwʊmən/ N (pl -women) (US) femme (f) agent de police

patron /ˈpeɪtrən/ 1 N (a) [of artist] protecteur (m), -trice (f) (b) (= customer) client(e) (m(f)) ; **our ~s** notre clientèle (f) ; **"parking for ~s only"** « stationnement réservé à la clientèle » 2 COMP ♦ **patron saint** N saint(e) patron(ne) (m(f))

patronage /ˈpætrənɪdʒ/ N patronage (m)

patronize /ˈpætrənaɪz/ VT (a) [+ person] traiter avec condescendance (b) [person] [+ shop, firm] se fournir chez ; [+ bar] fréquenter

patronizing /ˈpætrənaɪzɪŋ/ ADJ condescendant

patsy: /ˈpætsɪ/ N (US) pigeon* (m)

patter /ˈpætə/ 1 N (a) [of comedian] baratin* (m) ; [of salesman] boniment (m) (b) [of rain, hail] crépitement (m) 2 VI [rain] tambouriner (**on** contre)

pattern /ˈpætən/ 1 N (a) (on material, wallpaper) motif (m) ; **a floral ~** un motif floral ; **the torches made ~s of light on the walls** la lumière des torches dessinait des formes sur les murs

(b) (for sewing) patron (m) ; (for knitting) modèle (m)

(c) (= model) modèle (m) ; **on the ~ of ...** sur le modèle de ... ; **this set a ~ for future meetings** cela a institué un modèle pour les réunions suivantes

(d) (= standard, behaviour) **eating ~s** habitudes (fpl) alimentaires ; **my sleep ~s became very disturbed** je n'arrivais plus à dormir régulièrement ; **the earth's weather ~s** les tendances (fpl) climatiques de la terre ; **there is a ~ in their behaviour** on observe certaines constantes dans leur comportement ; **to be part of a ~** faire partie d'un tout ; **it followed the usual ~** [interview, crime, epidemic] cela s'est passé selon le scénario habituel ; **a clear ~ emerges from these statistics** un schéma très net se dégage de ces statistiques ; **this week's violence follows a sadly familiar ~** les actes de violence de cette semaine suivent un scénario trop familier ; **these attacks all followed the same ~** ces agressions se sont toutes déroulées de la même manière

(e) [of sentence] structure (f)

patterned /ˈpætənd/ ADJ à motifs

patty /ˈpætɪ/ N rondelle (f) (de viande hachée) ♦ **patty pan** N petit moule (m)

paucity /ˈpɔːsɪtɪ/ N [of ideas] indigence (f)

paunch /pɔːntʃ/ N panse (f)

pauper /ˈpɔːpə/ N indigent(e) (m(f)) ; **~'s grave** fosse (f) commune

pause /pɔːz/ 1 N pause (f) ; **after a ~, he added ...** il marqua une pause et ajouta ... ; **a ~ in the conversation** un bref silence (dans la conversation) ; **to give sb ~ for thought** donner à réfléchir à qn ; **there was a ~ for refreshments** on s'arrêta pour prendre des rafraîchissements

2 VI (a) (= stop) s'arrêter ; **to ~ for breath** s'arrêter pour reprendre haleine ; **they ~d for lunch** ils ont fait une pause-déjeuner

(b) (in speaking) marquer une pause ; **to ~ for thought** prendre le temps de réfléchir

3 VT **to ~ a tape** appuyer sur la touche « pause » d'un magnétophone

pave /peɪv/ VT [+ street] paver ; **to ~ the way (for)** ouvrir la voie (à)

pavement /ˈpeɪvmənt/ 1 N (a) (Brit) trottoir (m) (b) (US = roadway) chaussée (f) 2 COMP ♦ **pavement artist** N (Brit) artiste (mf) de rue ♦ **pavement café** N (Brit) café (m) avec terrasse (sur le trottoir)

pavilion /pəˈvɪlɪən/ N (a) (= tent, building) pavillon (m) (b) (Brit Sport) pavillon (m) des vestiaires

paving /ˈpeɪvɪŋ/ 1 N (a) (material) (= stone) pavé (m) ; (= flagstones) dalles (fpl) (b) (= paved ground) dallage (m) 2 COMP ♦ **paving stone** N pavé (m)

pavlova /pævˈləʊvə/ N gâteau (m) meringué aux fruits

paw /pɔː/ 1 N (a) [of animal] patte (f) (b) (= hand)* patte* (f) ; **keep your ~s off!** bas les pattes !* 2 VT **to ~ the ground** [horse] piaffer

pawn /pɔːn/ 1 N (Chess) pion (m) ; **he is a mere ~** il n'est qu'un pion sur l'échiquier 2 VT [+ one's watch] mettre en gage

pawnbroker /ˈpɔːnˌbrəʊkə/ N prêteur (m), -euse (f) sur gages ; **pawnbroker's** bureau (m) de prêteur sur gages

pawnshop /ˈpɔːnʃɒp/ N bureau (m) de prêteur sur gages

pawpaw /ˈpɔːpɔː/ N papaye (f)

pay /peɪ/ (vb: pret, ptp **paid**) 1 N salaire (m) ; [of manual worker] paie (f) ; [of soldier] solde (f) ; **three weeks' ~** trois semaines de salaire ; **to be on half ~** toucher la moitié de son salaire ; **the ~'s not very good** ce n'est pas très bien payé ; **holidays with ~** congés (mpl) payés ; **time off without ~** congé (m) sans solde

2 VT (a) [+ person] payer (**to do** pour faire, **for doing** pour faire) ; **to ~ sb $20** payer qn 20 dollars ; **he paid them $20 for the ticket** il leur a acheté le billet pour 20 dollars ; **he paid them $20 for the work** il les a payés 20 dollars pour ce travail ; **that's what you're paid for** c'est pour cela qu'on vous paie ; **I get paid on Fridays** je touche ma paie le vendredi ; **I am paid monthly** je suis payé au mois

(b) [+ instalments, money, bill] payer ; [+ deposit] verser ; [+ debt] s'acquitter de ; **he paid $20 for the ticket** il a payé le billet 20 dollars ; **he paid a lot for his suit** il a payé très cher son costume ; **to ~ cash** payer comptant ; **to ~ money into an account** verser de l'argent sur un compte

(c) [+ interest] rapporter ; [+ dividend] distribuer ; **shares that ~ 5%** des actions qui rapportent 5 % ; **it would ~ you to be nice to him** vous gagneriez à être aimable avec lui ; **the business is ~ing its way now** l'affaire est maintenant rentable ; **to ~ the price (for sth)** payer le prix (de qch) ; **to ~ the price of fame** payer le prix de la célébrité ; **they've paid a high price for their naivety** ils ont payé très cher leur naïveté

♦ **to put paid to** : **to put paid to sb's hopes/chances** ruiner les espoirs/chances de qn

(d) **to ~ sb a visit** rendre visite à qn ; **we paid a visit to Paris on our way south** nous avons fait un petit tour à Paris en descendant vers le sud

3 VI (a) payer ; **his job ~s well** son travail paie bien ; **I offered to ~ for my mother** j'ai proposé de payer pour ma mère ; **to ~ for the meal** payer le repas ; **to ~ through the nose for sth*** payer le prix fort pour qch ; **you'll ~ for this!** vous (me) le payerez ! ; **he made a mistake and he's had to ~ for it** il a fait une erreur et il l'a payée cher

(b) (= be profitable) rapporter, être rentable ; **does it ~?** est-ce que ça rapporte ? ; **we need to sell 600 to make it ~** nous devons en vendre 600 pour que ce soit rentable ; **crime doesn't ~** le crime ne paie pas ; **it ~s to advertise** la publicité rapporte ; **it always ~s to ask an expert's opinion** on a toujours intérêt à demander l'avis d'un expert

4 COMP [dispute, negotiation] salarial ♦ **pay-and-display** ADJ (Brit) [car park] à horodateur ♦ **pay-as-you-go** ADJ (mobile phone) à carte rechargeable ♦ N (US) = PAYE ♦ **pay award** N augmentation (f) de salaire ♦ **pay bed** N (Brit) lit (m) (d'hôpital) payant (par opposition aux soins gratuits du système de Sécurité sociale britannique) ♦ **pay check** N (US) paie (f) ♦ **pay cheque** N (Brit) paie (f) ♦ **pay claim** N revendication (f) salariale ♦ **pay day** N jour (m) de paie ♦ **pay desk** N caisse (f) ♦ **pay envelope** N (US) enveloppe (f) de paie ♦ **pay increase** N augmentation (f) de salaire ♦ **paying-in slip** N bordereau (m) de versement ♦ **pay packet** N (Brit = wages) paie (f) ♦ **pay phone** N téléphone

(m) public ◆ **pay raise** N (US) augmentation (f) de salaire ◆ **pay rise** N (Brit) augmentation (f) de salaire ◆ **pay station** N (US) téléphone (m) public; (for parking) horodateur (m) ◆ **pay structure** N [Industry] barème (m) des salaires ◆ **pay-TV** N télévision (f) payante

▶ **pay back** VT SEP ⓐ rembourser; **I paid my brother back the £10 I owed him** j'ai remboursé à mon frère les 10 livres que je lui devais ⓑ (= get even with) **to ~ sb back for doing sth** faire payer à qn qch qu'il a fait; **I'll ~ you back for that!** je vous revaudrai ça!

▶ **pay down** VT SEP **he paid £10 down** (as deposit) il a versé un acompte de 10 livres

▶ **pay in** VT SEP verser (**to** à); **to ~ in money at the bank** verser de l'argent sur son compte; **to ~ in a cheque** déposer un chèque

▶ **pay off** 1 VI [risk, scheme, decision] être payant; [patience] être récompensé; **his patience paid off in the long run** finalement sa patience a été récompensée 2 VT SEP ⓐ [+ debts] s'acquitter de; [+ loan] rembourser; **to ~ sb off** (= bribe) acheter qn ⓑ [+ worker, staff] licencier

▶ **pay out** 1 VI [insurance policy] rembourser 2 VT SEP (= spend) débourser; **they paid out a large sum of money on new equipment** ils ont dépensé beaucoup d'argent pour acheter de nouveaux équipements

▶ **pay up** VI payer; **~ up!** payez!

payable /ˈpeɪəbəl/ ADJ payable; **to make a cheque ~ to sb** faire un chèque à l'ordre de qn; **please make cheques ~ to ...** les chèques doivent être libellés à l'ordre de ...

payback /ˈpeɪbæk/ N [of investment] bénéfice (m); [of debt] remboursement (m)

PAYE /ˌpiːaɪwaɪˈiː/ N (Brit) (ABBR = **Pay As You Earn**) retenue (f) à la source de l'impôt sur le revenu

payee /peɪˈiː/ N [of cheque] bénéficiaire (mf)

paying guest /ˌpeɪɪŋˈɡest/ N hôte (m) payant

payload /ˈpeɪləʊd/ N charge (f) utile

payment /ˈpeɪmənt/ N (= money) paiement (m); (into account) versement (m); (= monthly repayment) mensualité (f); **to make a ~** effectuer un paiement; **method of ~** mode (m) de paiement; **£150, in monthly ~s of £10** 150 livres, payables en mensualités de 10 livres; **without ~** à titre gracieux; **we demand ~ in full** nous exigeons le paiement intégral; **~ by instalments** paiement (m) par traites; **on ~ of a deposit/£50** moyennant une caution/la somme de 50 livres; **the car will be yours on ~ of the balance** la voiture vous appartiendra une fois que vous aurez réglé le solde; **in ~ for ...** en règlement de ...; **cash ~** (= not credit) paiement (m) comptant; (in cash) paiement (m) en liquide ◆ **payment card** N carte (f) de paiement

payoff /ˈpeɪɒf/ N ⓐ (= advantage) retombée (f) ⓑ (= bribe)* pot-de-vin (m) ⓒ [of worker] (= sum of money) prime (f) de départ

payout /ˈpeɪaʊt/ N (in lottery) prix (m); (from insurance) dédommagement (m)

payroll /ˈpeɪrəʊl/ N **the factory has 60 people on the ~** l'usine compte 60 employés

payslip /ˈpeɪslɪp/ N bulletin (m) de salaire

PC /ˌpiːˈsiː/ 1 N ⓐ (ABBR = **personal computer**) PC (m) ⓑ (ABBR = **Police Constable**) agent (m) de police 2 ADJ* (ABBR = **politically correct**) politiquement correct

pc /piːˈsiː/ N (ABBR = **postcard**) carte (f) postale

PCB /ˌpiːsiːˈbiː/ N ⓐ (ABBR = **polychlorinated biphenyl**) PCB (m) ⓑ (ABBR = **printed circuit board**) circuit (m) imprimé

pcm ADV (ABBR = **per calendar month**) par mois

PD /piːˈdiː/ N (US) (ABBR = **police department**) services (mpl) de police

pd (ABBR = **paid**) payé

PDA /piːdiːˈeɪ/ N (ABBR = **personal digital assistant**) PDA (m), assistant (m) personnel (numérique)

PE /piːˈiː/ N ⓐ (at school) (ABBR = **physical education**) éducation (f) physique ⓑ ABBR = **Prince Edward Island**

pea /piː/ N pois (m); **green ~s** petits pois (mpl); **they are as like as two ~s** ils se ressemblent comme deux gouttes d'eau ◆ **pea green** N vert (m inv) pomme ◆ **pea-green** ADJ vert pomme (inv) ◆ **pea jacket** N caban (m) ◆ **pea soup** N soupe (f) aux pois; (from split peas) soupe (f) aux pois cassés

peace /piːs/ 1 N paix (f); (= treaty) traité (m) de paix (f); **a lasting ~** une paix durable; **to live at ~ with ...** vivre en paix avec ...; **to be at ~** être en paix; **to make ~** faire la paix; **to make ~ with ...** signer la paix avec ...; **~ of mind** tranquillité (f) d'esprit; **to disturb sb's ~ of mind** troubler l'esprit de qn; **leave him in ~** laisse-le tranquille; **to be at ~ with oneself** avoir la conscience tranquille; **he gives them no ~** il ne les laisse pas en paix; **I need a bit of ~ and quiet** j'ai besoin d'un peu de calme; **anything for the sake of ~ and quiet** n'importe quoi pour avoir la paix

2 COMP [march, demonstration] pour la paix; [negotiations, negotiator] de paix ◆ **peace campaigner** N militant(e) (m(f)) pour la paix; (for nuclear disarmament) militant(e) (m(f)) pour le désarmement nucléaire ◆ **peace conference** N conférence (f) de paix ◆ **Peace Corps** N (US) organisation américaine de coopération et d'aide aux pays en développement ◆ **peace dividend** N économies sur le budget militaire réalisées depuis la fin d'une guerre et notamment de la guerre froide ◆ **peace envoy** N négociateur (m), -trice (f) de paix ◆ **Peace Movement** N Mouvement (m) pour la paix; (for nuclear disarmament) Mouvement (m) pour le désarmement nucléaire ◆ **peace offering** N gage (m) de réconciliation ◆ **the peace process** N le processus de paix ◆ **peace studies** NPL études (fpl) sur la paix ◆ **peace talks** NPL pourparlers (mpl) de paix ◆ **peace treaty** N (traité (m) de) paix (f)

peaceable /ˈpiːsəbl/ ADJ pacifique

peaceably /ˈpiːsəblɪ/ ADV [say, speak, agree] pacifiquement; [gather, assemble, behave] de manière pacifique

peaceful /ˈpiːsfʊl/ ADJ ⓐ (= quiet) paisible; [meeting] calme ⓑ (= not quarrelsome) pacifique; (= non-violent) non violent; **~ coexistence** coexistence (f) pacifique; **to do sth by ~ means** faire qch en utilisant des moyens pacifiques; **for ~ purposes** à des fins pacifiques

peacefully /ˈpiːsfəlɪ/ ADV [demonstrate, disperse] dans le calme; [live, sleep, lie] tranquillement; [die] paisiblement; **the demonstration passed off ~** la manifestation s'est déroulée dans le calme

peacekeeper /ˈpiːsˌkiːpəʳ/ N soldat (m) de la paix

peacekeeping /ˈpiːsˌkiːpɪŋ/ N maintien (m) de la paix ◆ **peacekeeping force** N force (f) de maintien de la paix

peacetime /ˈpiːstaɪm/ 1 N **in ~** en temps de paix 2 ADJ en temps de paix

peach /piːtʃ/ 1 N ⓐ pêche (f); (= tree) pêcher (m) ⓑ (= beauty)* **she's a ~!** elle est jolie comme un cœur!* 2 ADJ (couleur) pêche (inv)

peachy* /ˈpiːtʃɪ/ ADJ (= excellent) super*

peacock /ˈpiːkɒk/ N paon (m)

peak /piːk/ 1 N ⓐ (= summit) sommet (m); (= mountain itself) pic (m) ⓑ [of cap] visière (f) ⓒ (= high point) sommet (m); **the ~ of perfection** la perfection absolue; **when demand was at its ~** quand la demande était à son maximum; **to be at the ~ of one's popularity** être au faîte de sa popularité; **discontent reached its ~** le mécontentement était à son comble; **traffic reaches its ~ about 5 o'clock** l'heure de pointe (de la circulation) est vers 17 heures; **at the ~ of condition** au meilleur de sa forme

2 VI [sales, demand] atteindre son niveau maximum; **to ~ at 45%** atteindre au maximum 45%

3 COMP ◆ **peak hours** NPL heures (fpl) d'affluence ◆ **peak rate** N plein tarif (m) ◆ **peak season** N pleine saison (f) ◆ **peak time** N (Brit) (TV) heures (fpl) de grande écoute; (for traffic, train services) heures (fpl) de pointe ◆ **peak-time** ADJ (Brit) [programme] diffusé à des heures de grande écoute; [traffic, train services] des périodes de pointe

peaked /piːkt/ ADJ [cap] à visière

peaky* /ˈpiːkɪ/ ADJ fatigué; **to look ~** avoir mauvaise mine

peal /pi:l/ 1 N ~ **of bells** (= *sound*) sonnerie (f) de cloches ; (= *set*) carillon (m) ; **to go off into ~s of laughter** rire aux éclats 2 VI [*bells*] carillonner

peanut /'pi:nʌt/ N (= *nut*) cacahuète (f) ; (= *plant*) arachide (f) ; **to work for ~s*** travailler pour des clopinettes* ; **$300 is ~s for him*** pour lui 300 dollars ce n'est rien ◆ **peanut butter** N beurre (m) de cacahuètes ◆ **peanut oil** N huile (f) d'arachide

pear /peə'/ N poire (f) ; (= *tree*) poirier (m) ◆ **pear-shaped** ADJ **to be ~-shaped*** [*woman*] être large des hanches ; **things started to go ~-shaped*** les choses ont commencé à mal tourner

pearl /pɜ:l/ N perle (f) ; **~s of wisdom** trésors (mpl) de sagesse ◆ **pearl barley** N orge (m) perlé ◆ **pearl button** N bouton (m) de nacre ◆ **pearl grey** N gris (m) perle (inv) ◆ **pearl-grey** ADJ gris perle (inv) ◆ **pearl necklace** N collier (m) de perles

peasant /'pezənt/ 1 N paysan(ne) (m(f)) ; **the ~s** (Hist, Sociol) la paysannerie 2 ADJ [*life*] rural ; **~ farmer** petit(e) exploitant(e) (m(f)) agricole

peat /pi:t/ N tourbe (f) ◆ **peat bog** N tourbière (f)

pebble /'pebl/ 1 N galet (m) ; **he's not the only ~ on the beach** il n'y a pas que lui sur terre 2 ADJ [*beach*] de galets

pecan /'pi:kən/ N (noix (f)) pacane (f)

peck /pek/ 1 N ⓐ [*of bird*] coup (m) de bec ⓑ (= *hasty kiss*) bise (f) ; **to give sb a ~ on the cheek** faire la bise à qn 2 VT [*bird*] donner un coup de bec à 3 VI **to ~ at** [*bird*] [+ *object, ground*] picorer ; [+ *person*] donner un coup de bec à ; **to ~ at one's food** [*person*] manger du bout des dents 4 COMP ◆ **pecking order, peck order** (US) N ordre (m) hiérarchique

peckish* /'pekɪʃ/ ADJ **to feel ~** avoir un petit creux*

pecs* /peks/ NPL pectoraux (mpl)

peculiar /pɪ'kju:lɪə'/ ADJ ⓐ (= *odd*) bizarre ; **to feel ~** se sentir bizarre ⓑ (= *unique*) **~ to** propre à ; **an animal ~ to Africa** un animal qui ne vit qu'en Afrique

peculiarity /pɪˌkju:lɪ'ærɪtɪ/ N ⓐ (= *distinctive feature*) particularité (f) ⓑ (= *oddity*) bizarrerie (f) ; **she's got her little peculiarities** elle a ses petites manies

peculiarly /pɪ'kju:lɪəlɪ/ ADV ⓐ (= *oddly*) étrangement ⓑ (= *uniquely*) particulièrement ; **a ~ British characteristic** une caractéristique typiquement britannique

pecuniary /pɪ'kju:nɪərɪ/ ADJ pécuniaire

pedal /'pedl/ 1 N pédale (f) 2 VI [*cyclist*] pédaler ; **he ~led through the town** il a traversé la ville en vélo 3 VT [+ *machine, cycle*] appuyer sur les pédales de ; **Tamsin ~led the three miles to the restaurant** Tamsin a fait les cinq kilomètres jusqu'au restaurant à bicyclette 4 COMP ◆ **pedal bin** N poubelle (f) à pédale ◆ **pedal cycle** N bicyclette (f)

pedalo /'pedələʊ/ N pédalo ® (m)

pedant /'pedənt/ N pédant(e) (m(f))

pedantic /pɪ'dæntɪk/ ADJ pédant

peddle /'pedl/ VT [+ *goods*] colporter ; [+ *ideas*] propager ; [+ *drugs*] faire le trafic de

peddler /'pedlə'/ N [*of drugs*] revendeur (m), -euse (f)

pedestal /'pedɪstl/ N piédestal (m) ; **to knock sb off their ~** faire tomber qn de son piédestal

pedestrian /pɪ'destrɪən/ 1 N piéton (m) 2 ADJ (= *prosaic*) prosaïque 3 COMP ◆ **pedestrian crossing** N (Brit) passage (m) pour piétons ◆ **pedestrian precinct** (Brit), **pedestrian zone** (US) N zone (f) piétonne

pedestrianize /pɪ'destrɪənaɪz/ VT [+ *area*] transformer en zone piétonne

pedicure /'pedɪkjʊə'/ N pédicurie (f)

pedigree /'pedɪgri:/ 1 N pedigree (m) ; [*of person*] ascendance (f) 2 ADJ [*dog, cattle*] de race

pedlar /'pedlə'/ N (door to door) colporteur (m) ; (in street) camelot (m)

pedophile /'pi:dəʊfaɪl/ N pédophile (m)

pee* /pi:/ 1 VI faire pipi* 2 N pipi* (m) ; **I need a ~** j'ai envie de faire pipi*

peek /pi:k/ 1 N coup (m) d'œil (furtif) ; **to take a ~ at sb/ sth** jeter un coup d'œil (furtif) sur qn/qch 2 VI jeter un coup d'œil (furtif) (at sur) ; **no ~ing!** on ne regarde pas !

peel /pi:l/ 1 N [*of apple, potato*] épluchure (f) ; [*of orange*] écorce (f) ; (grated) zeste (m) 2 VT [+ *fruit*] peler ; [+ *potato*] éplucher ; **to keep one's eyes ~ed*** ouvrir l'œil 3 VI [*paint*] s'écailler ; [*skin, part of body*] peler
► **peel back** VT SEP [+ *film, covering*] décoller

peeler /'pi:lə'/ N (couteau-)éplucheur (m)

peep /pi:p/ 1 N ⓐ coup (m) d'œil ; **to have a ~ at sth** jeter un coup d'œil sur qch ⓑ [*of bird*] pépiement (m) ; **there wasn't a ~ of protest about this** il n'y a pas eu la moindre protestation à ce sujet 2 VI ⓐ jeter un coup d'œil sur ; **she ~ed into the box** elle a jeté un coup d'œil à l'intérieur de la boîte ⓑ [*bird*] pépier 3 COMP ◆ **peep-bo*** EXCL coucou ! ◆ **Peeping Tom** N voyeur (m)
► **peep out** VI the sun ~ed out from behind the clouds le soleil s'est montré entre les nuages

peephole /'pi:phəʊl/ N trou (m) (pour épier) ; (in front door) judas (m)

peeptoe sandal /ˌpi:ptəʊ'sændl/ N sandale (f) (ouverte au bout)

peer /pɪə'/ 1 VI (= *look*) **to ~ at sb** regarder qn ; (shortsightedly) regarder qn avec des yeux de myope ; **to ~ at a photograph** scruter une photographie ; **to ~ into sb's face** dévisager qn 2 N ⓐ (= *social equal*) pair (m) ; **accepted by his ~s** accepté par ses pairs ⓑ (in achievement) égal(e) (m(f)) ; **as a musician he has no ~** comme musicien il n'a pas son pareil ⓒ (= *noble*) pair (m) 3 COMP ◆ **peer group** N pairs (mpl)

peerage /'pɪərɪdʒ/ N (= *rank*) pairie (f) ; (= *the peers*) pairs (mpl)

peerless /'pɪəlɪs/ ADJ hors pair

peeved* /pi:vd/ ADJ en rogne*

peevish /'pi:vɪʃ/ ADJ maussade ; [*child*] grognon

peg /peg/ 1 N (wooden) cheville (f) ; (metal) fiche (f) ; (for coat, hat) patère (f) ; (= *tent peg*) piquet (m) ; (Brit = *clothes peg*) pince (f) à linge ; **to take sb down a ~ or two** remettre qn à sa place 2 VT (= *fix*) [+ *object*] fixer à l'aide de fiches (or de piquets etc) ; [+ *prices, wages*] stabiliser ; **to ~ clothes out** étendre du linge

PEI ABBR = **Prince Edward Island**

pejorative /pɪ'dʒɒrətɪv/ ADJ péjoratif

Pekin /pi:'kɪn/, **Peking** /pi:'kɪŋ/ N Pékin

Pekin(g)ese /ˌpi:kɪ'ni:z/ N (pl inv = *dog*) pékinois (m)

pelican /'pelɪkən/ N pélican (m) ◆ **pelican crossing** N (Brit) passage (m) pour piétons (avec feux de circulation)

pellet /'pelɪt/ N ⓐ (for gun) (grain (m) de) plomb (m) ⓑ [*of animal food*] granulé (m)

pell-mell /'pel'mel/ ADV [run, dash, drive] comme un fou

pelmet /'pelmɪt/ N (wooden) lambrequin (m) ; (cloth) cantonnière (f)

pelt /pelt/ 1 VT bombarder (with de) ; **they were ~ed with tomatoes** on les a bombardés de tomates 2 VI **to ~ down the street** descendre la rue à toutes jambes ; **it's ~ing down*** il tombe des cordes* ; **full ~** à toute vitesse 3 N (= *skin*) peau (f) ; (= *fur*) fourrure (f)

pelvis /'pelvɪs/ N bassin (m)

pen /pen/ 1 N ⓐ stylo (m) ; **to put ~ to paper** prendre la plume ⓑ (for animals) enclos (m) 2 VT ⓐ (= *write*) écrire ⓑ (also ~ **up**) [+ *animals*] parquer ; [+ *people*] enfermer 3 COMP ◆ **pen friend** N (Brit) correspondant(e) (m(f)) ◆ **pen name** N pseudonyme (m) ◆ **pen pal** N correspondant(e) (m(f))

penal /'pi:nl/ ADJ pénal ; **~ reform** réforme (f) du système pénal ◆ **penal code** N code (m) pénal

penalize /'pi:nəlaɪz/ VT pénaliser

penalty /'penltɪ/ N (= *punishment*) peine (f) ; (= *fine*) pénalité (f) ; (Sport) pénalité (f) ; (Football) penalty (m) ; **a five-point ~ for a wrong answer** (in games) cinq points de pénalité pour chaque erreur ; **he has paid the ~ for antagonizing them** il les a contrariés et en a subi les conséquences

◆ **penalty area**, **penalty box** N surface (f) de réparation ◆ **penalty goal** N but (m) sur penalty ◆ **penalty kick** N (Football) penalty (m); (Rugby) coup (m) de pied de pénalité ◆ **penalty shoot-out** N (épreuve (f) des) tirs (mpl) au but

penance /'penəns/ N pénitence (f); **to do ~** faire pénitence

pence /pens/ NPL of **penny**

penchant /'pā:ʃāːŋ/ N penchant (m)

pencil /'pensl/ N crayon (m); **to write in ~** écrire au crayon ◆ **pencil case** N trousse (f) (d'écolier) ◆ **pencil pusher*** N (US) gratte-papier* (m) ◆ **pencil sharpener** N taille-crayon (m)

► **pencil in** VT SEP [+ date, meeting] fixer provisoirement

pendant /'pendənt/ N (on necklace) pendentif (m)

pending /'pendɪŋ/ 1 ADJ en suspens 2 PREP en attendant; **~ an inquiry** en attendant une enquête

pendulum /'pendjʊləm/ N [of clock] balancier (m)

penetrate /'penɪtreɪt/ VT [+ area, region, territory] pénétrer dans; **to ~ the enemy's defences** pénétrer les défenses ennemies; **the bullet ~d his heart** la balle lui a perforé le cœur; **sunlight cannot ~ the foliage** la lumière du soleil ne traverse pas le feuillage; **they managed to ~ the foreign market** ils ont réussi à pénétrer le marché étranger

penetrating /'penɪtreɪtɪŋ/ ADJ pénétrant

penetration /ˌpenɪ'treɪʃən/ N pénétration (f)

penguin /'peŋgwɪn/ N manchot (m)

penicillin /ˌpenɪ'sɪlɪn/ N pénicilline (f)

peninsula /pɪ'nɪnsjʊlə/ N péninsule (f)

penis /'piːnɪs/ N pénis (m)

penitence /'penɪtəns/ N repentir (m)

penitent /'penɪtənt/ ADJ repentant

penitentiary /ˌpenɪ'tenʃərɪ/ N (US = prison) prison (f)

penknife /'pennaɪf/ N (pl **-knives**) canif (m)

Penn. ABBR = **Pennsylvania**

pennant /'penənt/ N fanion (m); (on boat) pavillon (m)

penniless /'penɪlɪs/ ADJ sans le sou*; **he's quite ~** il n'a pas le sou*

Pennsylvania /ˌpensɪl'veɪnɪə/ N Pennsylvanie (f)

penny /'penɪ/ N (value: pl **pence**) (coins: pl **pennies**) penny (m); **they're ten a ~** on en trouve partout; **he hasn't a ~ to his name** il est sans le sou*; **he didn't get a ~** il n'en a pas tiré un sou; **a ~ for your thoughts!*** à quoi penses-tu ?; **the ~ dropped*** ça a fait tilt !*; **to count the pennies** regarder à la dépense ▪ (PROV) **in for a ~ in for a pound** autant faire les choses jusqu'au bout ◆ **penny arcade** N (US) salle (f) de jeux (avec machines à sous) ◆ **penny loafer** N (US) mocassin (m) ◆ **penny-pinching** N économies (fpl) de bouts de chandelle ♦ ADJ [person] pingre ◆ **penny whistle** N flûteau (m)

penpusher /'pen.pʊʃə'/ N gratte-papier* (m)

pension /'penʃən/ 1 N (a) (= state benefit: for old person) pension (f); **retirement ~** pension (f); **disability ~** pension (f) d'invalidité (b) (from company) retraite (f); **to get a ~** toucher une retraite 2 COMP ◆ **pension book** N ≈ titre (m) de pension

► **pension off** VT SEP mettre à la retraite

pensionable /'penʃnəbl/ ADJ **to be of ~ age** avoir atteint l'âge de la retraite

pensioner /'penʃənə'/ N retraité(e) (m(f))

⚠ **pensioner** ≠ **pensionnaire**

pensive /'pensɪv/ ADJ pensif

Pentagon /'pentəgən/ N (in US) **the ~** le Pentagone

pentagon /'pentəgən/ N pentagone (m)

pentathlon /pen'tæθlən/ N pentathlon (m)

Pentecost /'pentɪkɒst/ N Pentecôte (f)

Pentecostal /ˌpentɪ'kɒstl/ ADJ [church, beliefs] pentecôtiste

penthouse /'penthaʊs/ N appartement (m) de grand standing (construit sur le toit d'un immeuble)

pent-up /'pent'ʌp/ ADJ [emotions, rage] refoulé; [energy] contenu

penultimate /pɪ'nʌltɪmɪt/ ADJ avant-dernier

penury /'penjʊrɪ/ N misère (f)

peony /'piːənɪ/ N pivoine (f)

people /'piːpl/ 1 NPL (a) (= persons) gens (mpl), personnes (fpl); **a lot of ~** beaucoup de gens; **what a lot of ~!** que de monde !; **what will ~ think?** que vont penser les gens ?; **~ say ...** on dit ...; **the place was full of ~** il y avait beaucoup de monde; **she doesn't know many ~** elle ne connaît pas grand monde; **several ~ said ...** plusieurs personnes ont dit ...; **some ~ might prefer to wait** il y a peut-être des personnes qui préféreraient attendre; **how many ~?** combien de personnes ?; **there were 120 ~ at the lecture** il y avait 120 personnes à la conférence

◆ **adjective + people**: **nice ~** des gens sympathiques; **they're nice ~** ce sont des gens bien; **old ~** les personnes (fpl) âgées; (less respectful) les vieux (mpl); **young ~** les jeunes (mpl); **they're strange ~** ce sont de drôles de gens; **French ~** les Français (mpl)

(b) (= inhabitants, natives) [of a country] population (f); [of district, town] habitants (mpl); **Liverpool ~ are friendly** à Liverpool les gens sont gentils

◆ **the people** le peuple; **government by the ~** gouvernement (m) par le peuple; **the minister must tell the ~ the truth** le ministre doit dire la vérité au pays; **a man of the ~** un homme du peuple

(c) (= employees, workers)* **the marketing ~** les gens (mpl) du marketing

2 N (= nation) peuple (m); **the American ~** le peuple américain

3 VT **~d with** peuplé de

pep* /pep/ N entrain (m) ◆ **pep pill*** N excitant (m) ◆ **pep rally** N (US) réunion des élèves (ou des étudiants) avant un match interscolaire, pour encourager leur équipe ◆ **pep talk*** N paroles (fpl) d'encouragement

► **pep up*** VT SEP [+ one's social life, love life] redonner du piment à; [+ party, conversation] animer

pepper /'pepə'/ 1 N (a) (= spice) poivre (m); **black ~** poivre (m) noir (b) (= vegetable) poivron (m); **red/green ~** poivron (m) rouge/vert 2 VT (= season) poivrer; **to ~ a speech with quotations** émailler un discours de citations 3 COMP ◆ **pepper mill** N moulin (m) à poivre

peppercorn /'pepəkɔːn/ N grain (m) de poivre

peppermint /'pepəmɪnt/ 1 N (= sweet) pastille (f) de menthe 2 ADJ à la menthe

pepperoni /ˌpepə'rəʊnɪ/ N saucisson sec pimenté

per /pɜː'/ PREP par; **~ head** par personne; **to drive at 100km ~ hour** rouler à 100 (km) à l'heure ◆ **per annum** ADV par an ◆ **per cent** ADV pour cent; **a ten ~ cent discount/increase** un rabais/une augmentation de dix pour cent ◆ **per day** ADV par jour ◆ **per se** ADV en soi

perceive /pə'siːv/ VT (a) (= notice) remarquer; (= realize) s'apercevoir de; **he ~d that ...** il a remarqué que ... (b) (= regard) percevoir; **she was ~d as a threat** elle était perçue comme une menace (c) (= understand) [+ implication] percevoir, saisir

percentage /pə'sentɪdʒ/ N pourcentage (m); (= proportion) proportion (f); **expressed as a ~** exprimé en pourcentage; **a high ~ were girls** il y avait une forte proportion de filles ◆ **percentage point** N point (m); **ten ~ points** dix pour cent

perceptible /pə'septəbl/ ADJ perceptible

perception /pə'sepʃən/ N (a) [of sound, sight] perception (f); **visual ~** la perception visuelle (b) (= insight) perspicacité (f); **his powers of ~** sa grande perspicacité (c) (= impression) **the public's ~ of the police** l'image (f) de la police; **our ~ of the situation is that ...** d'après notre analyse de la situation ...; **consumers have a different ~ of the situation** les consommateurs se font une idée différente de la situation

perceptive /pə'septɪv/ ADJ [analysis, assessment] pénétrant; [*person*] perspicace; **how very ~ of you!** vous êtes très perspicace!

perch /pɜːtʃ/ 1 N ⓐ (= *fish*) perche (f) ⓑ [*of bird*] perchoir (m) 2 VI [*bird, person*] se percher

percolate /'pɜːkəleɪt/ VI [*coffee, water*] passer (**through** par); **the news ~d through from the front** la nouvelle a filtré du front

percolator /'pɜːkəleɪtə'/ N cafetière (f) à pression

percussion /pə'kʌʃən/ N percussion (f); **the ~ section** les percussions (fpl)

peremptory /pə'remptəri/ ADJ péremptoire

perennial /pə'renɪəl/ 1 ADJ perpétuel; [*plant*] vivace 2 N (= *plant*) plante (f) vivace

perfect 1 ADJ ⓐ (= *ideal*) parfait; **no one is ~** personne n'est parfait; **she speaks ~ English** elle parle un anglais parfait
ⓑ (= *complete*) **he's a ~ stranger to me** il m'est complètement inconnu; **I have a ~ right to be here** j'ai tout à fait le droit d'être ici; **it makes ~ sense to me** cela me paraît tout à fait évident
2 N (*Gram*) parfait (m); **in the ~** au parfait
3 VT [+ *technique, method*] mettre au point; [+ *product, design*] perfectionner; **to ~ one's French** se perfectionner en français
4 COMP ♦ **perfect pitch** N **to have ~ pitch** avoir l'oreille absolue ♦ **perfect tense** N parfait (m)

> ★ *Lorsque* **perfect** *est un adjectif, l'accent tombe sur la première syllabe:* /'pɜːfɪkt/, *lorsque c'est un verbe, sur la seconde:* /pə'fekt/.

perfection /pə'fekʃən/ N perfection (f); **to ~** à la perfection

perfectionist /pə'fekʃənɪst/ ADJ, N perfectionniste (mf)

perfectly /'pɜːfɪktlɪ/ ADV parfaitement; **~ good** tout à fait convenable; **but it's a ~ good car!** mais cette voiture marche parfaitement!

perforate /'pɜːfəreɪt/ VT perforer

perforation /ˌpɜːfə'reɪʃən/ N perforation (f)

perform /pə'fɔːm/ 1 VT [+ *task, duty*] accomplir; [+ *function*] remplir; [+ *ceremony*] célébrer; [+ *play, ballet, opera, symphony*] interpréter 2 VI ⓐ [*actor, musician, team*] jouer; [*singer*] chanter; [*dancer*] danser; **he doesn't ~ well in exams** il ne réussit pas bien aux examens ⓑ [*machine, vehicle*] marcher; **the car is not ~ing properly** la voiture ne marche pas bien

performance /pə'fɔːməns/ 1 N ⓐ (= *show*) spectacle (m); (*Theatre*) prestation (f); **the whole process is quite a ~*** c'est tout un cinéma*
ⓑ (= *rendering*) [*of composition*] interprétation (f); [*of one's act*] numéro (m); **her ~ as Desdemona** son interprétation de Desdémone; **the pianist gave a splendid ~** le pianiste a superbement bien joué
ⓒ (= *success*) [*of athlete, team*] performance (f); [*of economy, business*] résultats (mpl); [*of investment*] rendement (m); **the teachers' ~ will be assessed** on évaluera les résultats obtenus par les enseignants; **their ~ in the election/in the exam** leurs résultats aux élections/à l'examen; **his ~ in the debate** sa prestation lors du débat; **economic/academic ~** résultats (mpl) économiques/universitaires; **on past ~** d'après ses résultats passés
ⓓ [*of engine, vehicle*] performance (f)
ⓔ (= *carrying out*) exécution (f); [*of ritual*] célébration (f)
2 COMP ♦ **performance art** N art (m) performance

performer /pə'fɔːmə'/ N artiste (mf)

performing /pə'fɔːmɪŋ/ ADJ **the ~ arts** les arts (mpl) du spectacle; **~ artists** les gens (mpl) du spectacle

perfume /'pɜːfjuːm/ 1 N parfum (m) 2 VT parfumer

> ★ *Lorsque* **perfume** *est un nom, l'accent tombe sur la première syllabe:* /'pɜːfjuːm/, *lorsque c'est un verbe, sur la deuxième:* /pə'fjuːm/.

perfunctory /pə'fʌŋktərɪ/ ADJ [*nod, greeting*] indifférent

perhaps /pə'hæps, præps/ ADV peut-être; **~ he is right** il a peut-être raison; **coincidence? ~ so** coïncidence? peut-être; **~ not** peut-être pas

peril /'perɪl/ N péril (m); **he is in great ~** il court un grand danger; **at your ~** à vos risques et périls

perilous /'perɪləs/ ADJ périlleux

perilously /'perɪləslɪ/ ADV périlleusement; **~ close** terriblement proche; **to be/come ~ close to disaster** frôler la catastrophe

perimeter /pə'rɪmɪtə'/ N périmètre (m) ♦ **perimeter fence** N clôture (f)

period /'pɪərɪəd/ 1 N ⓐ période (f); (= *stage: in career, development*) époque (f); **the classical ~** la période classique; **furniture of the ~** meubles (mpl) de l'époque; **the ~ from 1600 to 1750** la période entre 1600 et 1750; **the post-war ~** (la période de) l'après-guerre (m); **at a later ~** à une époque ultérieure; **at that ~ in his life** à cette époque de sa vie; **the factory will be closed for an indefinite ~** l'usine sera fermée pour une durée indéterminée; **after a short ~ in hospital** après un court séjour à l'hôpital; **the holiday ~** la période des vacances
ⓑ (= *lesson*) heure (f) de cours; **first ~** la première heure; **a double ~ of French** deux heures de français
ⓒ (*US* = *full stop*) point (m); **I won't do it, ~** je ne le ferai pas, un point c'est tout
ⓓ (= *menstruation*) règles (fpl)
2 COMP ♦ **period costume, period dress** N costume (m) d'époque ♦ **period pains** NPL règles (fpl) douloureuses

periodic /ˌpɪərɪ'ɒdɪk/ ADJ périodique ♦ **periodic table** N classification (f) périodique des éléments

periodical /ˌpɪərɪ'ɒdɪkəl/ 1 ADJ périodique 2 N (journal (m)) périodique (m)

periodically /ˌpɪərɪ'ɒdɪkəlɪ/ ADV périodiquement

peripatetic /ˌperɪpə'tetɪk/ ADJ **a ~ teacher** (*Brit*) un enseignant qui exerce dans plusieurs établissements

peripheral /pə'rɪfərəl/ ADJ, N périphérique (m)

periphery /pə'rɪfərɪ/ N périphérie (f); **on the ~ (of)** en marge (de)

periscope /'perɪskəup/ N périscope (m)

perish /'perɪʃ/ VI ⓐ (= *die*) périr (**from** de); **they ~ed in the attempt** ils y ont laissé leur vie; **~ the thought!** jamais de la vie! ⓑ [*rubber, food*] s'abîmer

perishable /'perɪʃəbl/ 1 ADJ périssable 2 NPL **perishables** denrées (fpl) périssables

perished /'perɪʃt/ ADJ (= *cold*) **to be ~*** être frigorifié*

perishing /'perɪʃɪŋ/ ADJ (= *very cold*) très froid; **outside in the ~ cold** dehors dans le froid glacial; **it was ~*** il faisait un froid terrible

peritonitis /ˌperɪtə'naɪtɪs/ N péritonite (f)

perjure /'pɜːdʒə'/ VT **to ~ o.s.** se parjurer

perjury /'pɜːdʒərɪ/ N parjure (m); **to commit ~** se parjurer

perk /pɜːk/ 1 VI ⓐ **to ~ up** (= *cheer up*) se ragaillardir; (*after illness*) remonter la pente; (= *show interest*) s'animer; **his ears ~ed up** il a dressé l'oreille ⓑ (ABBR = **percolate**) [*coffee*] passer 2 VT **to ~ sb up** ragaillardir qn 3 N (= *benefit*) avantage (m) annexe; **it's one of the ~s of the job** c'est l'un des avantages du métier

perky* /'pɜːkɪ/ ADJ (= *cheerful*) guilleret; (= *lively*) vif

perm /pɜːm/ 1 N permanente (f); **to have a ~** se faire faire une permanente 2 VT **to ~ sb's hair** faire une permanente à qn; **to have one's hair ~ed** se faire faire une permanente

permanence /'pɜːmənəns/ N permanence (f)

permanent /'pɜːmənənt/ 1 ADJ permanent; **a ~ state of tension** un état de tension permanent; **it's not a ~ solution** ce n'est pas une solution définitive; **to get a ~ job** obtenir un contrat à durée indéterminée; **~ address** adresse (f) fixe 2 N (*US* = **perm**) permanente (f)

permanently /'pɜːmənəntlɪ/ ADV ⓐ [*change, live*] définitivement; [*damage*] de façon permanente ⓑ [*open, closed*] en permanence

permeable /'pɜːmɪəbl/ ADJ perméable

permeate /'pɜ:mɪeɪt/ 1 VT [*ideas*] se répandre dans; **~d with** imprégné de 2 VI (= *pass through*) pénétrer; (= *spread*) se répandre

permissible /pə'mɪsɪbl/ ADJ [*action*] permis; [*behaviour, level, limit*] acceptable; **it is ~ to refuse** il est permis de refuser

permission /pə'mɪʃən/ N permission (f); (*official*) autorisation (f); **without ~** sans permission; **with your ~** avec votre permission; **he gave ~ for the body to be exhumed** il a autorisé l'exhumation du corps; **who gave you ~ to do that?** qui vous a autorisé à faire cela?; **to ask (sb's) ~ to do sth** demander (à qn) la permission de faire qch; **to ask ~ for sb to do sth** demander que qn ait la permission de faire qch

permissive /pə'mɪsɪv/ ADJ permissif; **the ~ society** la société permissive

permit 1 N autorisation (f) écrite; (*for specific activity*) permis (m); (*for entry*) laissez-passer (m inv); **fishing ~** permis (m) de pêche; **building ~** permis (m) de construire

2 VT permettre (**sb to do sth** à qn de faire qch), autoriser (**sb to do sth** qn à faire qch); **he was ~ted to leave** on l'a autorisé à partir; **her mother will not ~ her to sell the house** sa mère ne l'autorise pas à vendre la maison; **the law ~s the sale of this substance** la loi autorise la vente de cette substance; **the vent ~s the escape of gas** l'orifice permet l'échappement du gaz

3 VI permettre; **weather ~ting** si le temps le permet; **if time ~s** si j'ai (*or* nous avons *etc*) le temps

★ *Lorsque* **permit** *est un nom, l'accent tombe sur la première syllabe:* /'pɜ:mɪt/, *lorsque c'est un verbe, sur la seconde:* /pə'mɪt/.

permutation /ˌpɜ:mjʊ'teɪʃən/ N permutation (f)

pernicious /pə'nɪʃəs/ ADJ pernicieux

pernickety* /pə'nɪkɪtɪ/ ADJ (= *fussy*) pointilleux; (= *hard to please*) difficile; **he's very ~** il est très pointilleux

peroxide /pə'rɒksaɪd/ N peroxyde (m); (*for hair*) eau (f) oxygénée

perpendicular /ˌpɜ:pən'dɪkjʊləʳ/ 1 ADJ perpendiculaire (**to** à); [*cliff, slope*] à pic 2 N perpendiculaire (f)

perpetrate /'pɜ:pɪtreɪt/ VT perpétrer

perpetrator /'pɜ:pɪtreɪtəʳ/ N auteur (m); **~ of a crime** auteur (m) d'un crime

perpetual /pə'petjʊəl/ ADJ perpétuel

perpetuate /pə'petjʊeɪt/ VT perpétuer

perpetuity /ˌpɜ:pɪ'tju:ɪtɪ/ N perpétuité (f); **in** *or* **for perpetuity** à perpétuité

perplex /pə'pleks/ VT (= *puzzle*) rendre perplexe

perplexed /pə'plekst/ ADJ [*person*] perplexe; **to look ~** avoir l'air perplexe

perplexing /pə'pleksɪŋ/ ADJ embarrassant

persecute /'pɜ:sɪkju:t/ VT (= *oppress*) persécuter; (= *annoy*) harceler (**with** de)

persecution /ˌpɜ:sɪ'kju:ʃən/ N persécution (f); **to have a ~ complex** avoir la manie de la persécution

perseverance /ˌpɜ:sɪ'vɪərəns/ N persévérance (f)

persevere /ˌpɜ:sɪ'vɪəʳ/ VI persévérer; **we ~d with it** on a persévéré

Persia /'pɜ:ʃə/ N Perse (f)

Persian /'pɜ:ʃən/ 1 ADJ (*ancient*) perse; (*from 7th century onward*) persan 2 N (= *person*) Persan(e) (m(f)); (*ancient*) Perse (mf) 3 COMP ✦ **Persian carpet** N tapis (m) persan ✦ **Persian cat** N chat (m) persan ✦ **Persian Gulf** N golfe (m) Persique

persist /pə'sɪst/ VI persister (**in doing sth** à faire qch)

persistence /pə'sɪstəns/ N (= *perseverance*) persévérance (f); (= *obstinacy*) obstination (f); [*of pain*] persistance (f); **his ~ in seeking out the truth** son obstination à rechercher la vérité

persistent /pə'sɪstənt/ 1 ADJ ⓐ (= *persevering*) persévérant; (= *obstinate*) obstiné ⓑ (= *continual*) [*smell*] persistant; [*pain, cough*] tenace; [*fears, doubts*] continuel

2 COMP ✦ **persistent vegetative state** N état (m) végétatif chronique

persistently /pə'sɪstntlɪ/ ADV ⓐ (= *obstinately*) obstinément; **those who ~ break the law** ceux qui persistent à enfreindre la loi ⓑ (= *constantly*) constamment; **~ high unemployment** un taux de chômage qui demeure élevé

person /'pɜ:sn/ N personne (f); **I like him as a ~** je l'aime bien en tant que personne; **in ~** [*go, meet, appear*] en personne; **in the first ~ singular** à la première personne du singulier; **I'm not the kind of ~ to ...** je ne suis pas du genre à ...; **I'm not much of a city ~** je n'aime pas beaucoup la ville; **he had a knife concealed about his ~** il avait un couteau caché sur lui

persona /pɜ:'səʊnə/ N (*pl* **personae**) personnage (m)

personable /'pɜ:snəbl/ ADJ bien de sa personne

personae /pɜ:'səʊni:/ NPL of **persona**

personage /'pɜ:snɪdʒ/ N personnage (m)

personal /'pɜ:snl/ ADJ personnel; [*habits*] intime; [*application*] (fait) en personne; [*remark, question*] indiscret (-ète (f)); **my ~ belief is ...** je crois personnellement ...; **a letter marked "personal"** une lettre marquée « personnel »; **to make a ~ appearance** apparaître en personne; **the argument got ~** la discussion prit un tour personnel; **don't be ~!*** ne sois pas si blessant!; **his ~ life** sa vie privée; **for ~ reasons** pour des raisons personnelles; **the president believes his ~ safety is at risk** le président craint pour sa sécurité personnelle; **to give sth the ~ touch** ajouter une note personnelle à qch ✦ **personal ad*** N petite annonce (f) personnelle ✦ **personal assistant** N secrétaire (mf) de direction ✦ **personal best** N record (m) personnel ✦ **personal call** N (*Brit* = *private*) appel (m) privé ✦ **personal chair** N (*Brit*) **to have a ~ chair** être titulaire d'une chaire ✦ **personal cleanliness** N hygiène (f) intime ✦ **personal column** N annonces (fpl) personnelles ✦ **personal computer** N ordinateur (m) personnel ✦ **personal details** NPL (= *name, address*) coordonnées* (fpl) ✦ **personal friend** N ami(e) (m(f)) intime ✦ **personal hygiene** N hygiène (f) intime ✦ **personal identification number** N code (m) personnel ✦ **personal insurance** N assurance (f) personnelle ✦ **personal loan** N prêt (m) personnel ✦ **personal organizer** N organiseur (m) personnel ✦ **personal pronoun** N pronom (m) personnel ✦ **personal stereo** N baladeur (m) ✦ **personal trainer** N entraîneur (m) personnel ✦ **personal tuition** N cours (mpl) particuliers (**in** de)

personality /ˌpɜ:sə'nælɪtɪ/ 1 N ⓐ personnalité (f); **you must allow him to express his ~** il faut lui permettre d'exprimer sa personnalité; **she has a strong ~** elle a une forte personnalité; **he has a lot of ~** il a beaucoup de personnalité ⓑ (= *celebrity*) personnalité (f); **a well-known television ~** une vedette du petit écran; **it was more about personalities than about politics** (*election*) c'était plus une confrontation de personnalités que d'idées politiques

2 COMP [*problems*] de personnalité ✦ **personality cult** N culte (m) de la personnalité ✦ **personality disorder** N troubles (mpl) de la personnalité

personalize /'pɜ:sənəˌlaɪz/ VT personnaliser

personally /'pɜ:snəlɪ/ ADV personnellement; **~ I disapprove of gambling** personnellement je désapprouve les jeux d'argent; **that's something you would have to raise with the director ~** il faudrait en parler au directeur en personne; **to be ~ responsible** être personnellement responsable; **don't take it ~!** ne le prenez pas pour vous!

personification /pɜ:ˌsɒnɪfɪ'keɪʃən/ N personnification (f)

personify /pɜ:'sɒnɪfaɪ/ VT personnifier; **she's kindness personified** c'est la bonté personifiée

personnel /ˌpɜ:sə'nel/ N personnel (m); (= *department*) service (m) du personnel ✦ **personnel carrier** N véhicule (m) de transport de troupes ✦ **personnel department** N service (m) du personnel ✦ **personnel management** N gestion (f) du personnel ✦ **personnel manager** N chef (mf) du personnel ✦ **personnel officer** N responsable (mf) (de la gestion) du personnel

perspective /pə'spektɪv/ N ⓐ (*Art*) perspective *(f)*; **in ~** en perspective ⓑ (= *viewpoint*) point *(m)* de vue; **to see things from a different ~** voir les choses d'un point de vue différent; **in a historical ~** dans une perspective historique; **history from a feminist ~** l'histoire d'un point de vue féministe; **let me put this case in ~** je vais replacer cette affaire dans son contexte; **let's keep this in ~** gardons le sens des proportions; **don't get things out of ~** il ne faut pas dramatiser

Perspex Ⓡ /'pɜːspeks/ N (*Brit*) plexiglas Ⓡ *(m)*

perspicacious /ˌpɜːspɪ'keɪʃəs/ ADJ [*person*] perspicace

perspicacity /ˌpɜːspɪ'kæsɪtɪ/ N perspicacité *(f)*

perspiration /ˌpɜːspə'reɪʃən/ N transpiration *(f)*; **dripping with ~** en nage

perspire /pəs'paɪə/ VI transpirer

persuadable* /pə'sweɪdəbl/ ADJ qui peut être persuadé

persuade /pə'sweɪd/ VT persuader; (= *convince*) convaincre (**sb of sth** qn de qch); **it doesn't take much to ~ him** il n'en faut pas beaucoup pour le persuader; **to ~ sb to do sth** persuader qn de faire qch; **to ~ sb not to do sth** dissuader qn de faire qch; **they ~d me that I ought to see him** ils m'ont persuadé que je devais le voir; **she is easily ~d** elle se laisse facilement convaincre; **I'm not ~d of the benefits of your system** je ne suis pas convaincu des avantages de votre système

persuasion /pə'sweɪʒən/ N ⓐ persuasion *(f)*; **he needed a lot of ~** il a fallu beaucoup de persuasion pour le convaincre; **he is open to ~** il est prêt à se laisser convaincre ⓑ (= *belief*) croyance *(f)*; (*religious*) confession *(f)*; (*political*) conviction *(f)* politique; **people of all political ~s** des gens de toutes tendances politiques

persuasive /pə'sweɪsɪv/ ADJ persuasif; [*evidence, argument*] convaincant

persuasively /pə'sweɪsɪvlɪ/ ADV (= *convincingly*) de façon persuasive

persuasiveness /pə'sweɪsɪvnɪs/ N pouvoir *(m)* de persuasion

pert /pɜːt/ ADJ [*person*] coquin

pertain /pɜː'teɪn/ VI **to ~ to** se rapporter à

pertinence /'pɜːtɪnəns/ N pertinence *(f)*

pertinent /'pɜːtɪnənt/ ADJ pertinent; **to be ~ to sth** se rapporter à qch

perturb /pə'tɜːb/ VT perturber

Peru /pə'ruː/ N Pérou *(m)*

perusal /pə'ruːzəl/ N lecture *(f)*

peruse /pə'ruːz/ VT [+ *article, book*] parcourir

Peruvian /pə'ruːvɪən/ 1 ADJ péruvien 2 N Péruvien(ne) *(m(f))*

pervade /pɜː'veɪd/ VT [*smell*] se répandre dans; [*influence*] s'étendre dans; [*ideas*] pénétrer dans

pervading /pɜː'veɪdɪŋ/ ADJ [*uncertainty, influence*] sous-jacent(e); **throughout the book there is a ~ sense of menace** tout au long du roman on ressent comme une menace sourde

pervasive /pɜː'veɪsɪv/ ADJ [*smell*] pénétrant; [*ideas*] répandu; [*gloom*] envahissant; [*influence*] omniprésent

perverse /pə'vɜːs/ ADJ ⓐ (= *twisted*) [*pleasure, desire*] pervers ⓑ (= *stubborn*) têtu; (= *paradoxical*) paradoxal; **it would be ~ to refuse** ce serait faire preuve d'esprit de contradiction que de refuser

perversely /pə'vɜːslɪ/ ADV ⓐ (= *determinedly*) obstinément; (= *in order to annoy*) par esprit de contradiction ⓑ (= *paradoxically*) paradoxalement

perversion /pə'vɜːʃən/ N perversion *(f)*; **sexual ~s** perversions *(fpl)* sexuelles; **a ~ of justice** un simulacre de justice

perversity /pə'vɜːsɪtɪ/ N (= *stubbornness*) obstination *(f)*; (= *contrariness*) esprit *(m)* de contradiction

pervert 1 VT pervertir; [+ *justice, truth*] travestir; **to ~ the course of justice** entraver le cours de la justice 2 N pervers *(m)* sexuel

★ *Lorsque* **pervert** *est un verbe, l'accent tombe sur la seconde syllabe:* /pə'vɜːt/, *lorsque c'est un nom, sur la première:* /'pɜːvɜːt/.

perverted /pə'vɜːtɪd/ ADJ pervers

peseta /pə'seɪtə/ N peseta *(f)*

pesky* /'peskɪ/ ADJ sale* (*before n*)

pessary /'pesərɪ/ N pessaire *(m)*

pessimism /'pesɪmɪzəm/ N pessimisme *(m)*

pessimist /'pesɪmɪst/ N pessimiste *(mf)*

pessimistic /ˌpesɪ'mɪstɪk/ ADJ pessimiste

pest /pest/ 1 N ⓐ (= *animal*) nuisible *(m)* ⓑ (= *person*)* casse-pieds* *(mf inv)* 2 COMP ♦ **pest control** N lutte *(f)* contre les nuisibles; [*of rats*] dératisation *(f)*

pester /'pestə/ VT harceler; **to ~ sb with questions** harceler qn de questions; **she has been ~ing me for an answer** elle n'arrête pas de me bassiner* pour que je lui donne une réponse; **he ~ed me to go out with him** il m'a cassé les pieds* pour que je sorte avec lui; **stop ~ing me!** laisse-moi tranquille!

pesticide /'pestɪsaɪd/ N pesticide *(m)*

pestilence /'pestɪləns/ N peste *(f)*

pestle /'pesl/ N pilon *(m)*

pet /pet/ 1 N ⓐ (= *animal*) animal *(m)* de compagnie ⓑ (= *favourite*)* chouchou(te)* *(m(f))*; **the teacher's ~** le chouchou* du professeur ⓒ (*term of affection*)* **come here ~** viens ici mon chou* 2 ADJ ⓐ [*lion, snake*] apprivoisé; **he's got a ~ rabbit** il a un lapin ⓑ (= *favourite*)* favori(te) *(m(f))*; **~ hate** bête *(f)* noire; **once he gets onto his ~ subject ...** quand il enfourche son cheval de bataille ... 3 VT (= *fondle*) câliner 4 COMP ♦ **pet food** N aliments *(mpl)* pour animaux ♦ **pet name** N petit nom *(m)* ♦ **pet shop** N boutique *(f)* d'animaux

petal /'petl/ N pétale *(m)*

peter out /ˌpiːtər'aʊt/ VI [*road*] se perdre

petite /pə'tiːt/ ADJ [*woman*] menue

petition /pə'tɪʃən/ N pétition *(f)*

petrify /'petrɪfaɪ/ VT (= *terrify*) terrifier

petrochemical /ˌpetrəʊ'kemɪkəl/ 1 N produit *(m)* pétrochimique 2 ADJ pétrochimique

petrol /'petrəl/ N (*Brit*) essence *(f)* ♦ **petrol bomb** N cocktail *(m)* Molotov ♦ **petrol can** N bidon *(m)* à essence ♦ **petrol cap** N bouchon *(m)* de réservoir d'essence ♦ **petrol engine** N moteur *(m)* à essence ♦ **petrol gauge** N jauge *(f)* d'essence ♦ **petrol pump** N pompe *(f)* à essence ♦ **petrol station** N station-service *(f)* ♦ **petrol tank** N réservoir *(m)* (d'essence)

⚠ **petrol** ≠ **pétrole**

petroleum /pɪ'trəʊlɪəm/ N pétrole *(m)* ♦ **petroleum jelly** N Vaseline Ⓡ *(f)*

petticoat /'petɪkəʊt/ N (= *underskirt*) jupon *(m)*; (= *slip*) combinaison *(f)*

pettifogging /'petɪfɒgɪŋ/ ADJ [*details*] insignifiant; [*objections*] chicanier

pettiness /'petɪnɪs/ N mesquinerie *(f)*

petting* /'petɪŋ/ N caresses *(fpl)*; **heavy ~** pelotage* *(m)*

petty /'petɪ/ 1 ADJ ⓐ (= *small-minded*) mesquin ⓑ (= *trivial*) sans importance; **~ regulations** règlement *(m)* tracassier 2 COMP ♦ **petty cash** N petite caisse *(f)* ♦ **petty crime** N ⓐ (= *illegal activities*) petite délinquance *(f)* ⓑ (= *illegal act*) délit *(m)* mineur ♦ **petty criminal** N petit malfaiteur *(m)* ♦ **petty officer** N ≈ maître *(m)*

petulant /'petjʊlənt/ ADJ (*by nature*) irritable; (*on one occasion*) irrité; **in a ~ mood** de mauvaise humeur

pew /pjuː/ N banc *(m)* (d'église); **take a ~*** prenez donc un siège

pewter /'pjuːtə/ 1 N étain *(m)* 2 ADJ [*pot*] en étain

PFI /ˌpiːef'aɪ/ N (*Brit Pol*) (ABBR = **private finance initiative**) PFI *(f)*

PG /ˌpiː'dʒiː/ (ABBR = **Parental Guidance**) (*film censor's rating*) *accord parental souhaitable*

PG 13 /ˌpiːdʒiːθɜːˈtiːn/ ABBR (US Cine) (= **Parental Guidance 13**) interdit aux moins de 13 ans sans autorisation parentale

PGCE /ˌpiːdʒiːsiːˈiː/ N (Brit) (ABBR = **Postgraduate Certificate in Education**) diplôme d'aptitude pédagogique à l'enseignement

pH /piːˈeɪtʃ/ N pH (m)

phallic /ˈfælɪk/ ADJ phallique ♦ **phallic symbol** N symbole (m) phallique

phantom /ˈfæntəm/ N (= ghost) fantôme (m); (= vision) fantasme (m) ♦ **phantom pregnancy** N grossesse (f) nerveuse

Pharaoh /ˈfeərəʊ/ N pharaon (m)

pharmaceutical /ˌfɑːməˈsjuːtɪkəl/ 1 ADJ pharmaceutique 2 NPL **pharmaceuticals** produits (mpl) pharmaceutiques

pharmacist /ˈfɑːməsɪst/ N (= person) pharmacien(ne) (m(f)); (Brit = pharmacy) pharmacie (f)

pharmacology /ˌfɑːməˈkɒlədʒi/ N pharmacologie (f)

pharmacy /ˈfɑːməsi/ N pharmacie (f)

phase /feɪz/ 1 N (= stage in process) phase (f); **a critical ~ in the negotiations** une phase critique des négociations; **the first ~ of the work** la première tranche des travaux; **all children go through a difficult ~** tout enfant passe par une phase difficile; **a passing ~** un état passager; **it's just a ~ he's going through** ça lui passera; **out of ~** déphasé

2 VT [+ innovations, developments] introduire progressivement; [+ execution of plan] procéder par étapes à; **the modernization of the factory was ~d over a year** la modernisation de l'usine s'est échelonnée sur un an; **~d changes** changements (mpl) organisés de façon progressive; **a ~d withdrawal of troops** un retrait progressif des troupes

► **phase in** VT SEP introduire progressivement

► **phase out** 1 VT SEP supprimer progressivement 2 N **~-out** suppression (f) progressive

PhD /ˌpiːeɪtʃˈdiː/ N (ABBR = **Doctor of Philosophy**) (= qualification) doctorat (m); (= person) ≈ titulaire (mf) d'un doctorat

pheasant /ˈfeznt/ N faisan (m); **hen ~** poule (f) faisane

phenix /ˈfiːnɪks/ N (US) phénix (m)

phenomena /fɪˈnɒmɪnə/ NPL of **phenomenon**

phenomenal /fɪˈnɒmɪnl/ ADJ phénoménal

phenomenally /fɪˈnɒmɪnəli/ ADV (= very) incroyablement; [rise, increase] de façon phénoménale

phenomenon /fɪˈnɒmɪnən/ N (pl **phenomena**) phénomène (m)

phew /fjuː/ EXCL (relief) ouf!; (heat) pfff!

phial /ˈfaɪəl/ N fiole (f)

Phi Beta Kappa /ˌfaɪˌbiːtəˈkæpə/ N (US Univ) association élitiste d'anciens étudiants très brillants, ou membre de cette association

Phil ABBR = **Philadelphia**

Philadelphia /ˌfɪləˈdelfɪə/ N Philadelphie

philanderer /fɪˈlændərə'/ N coureur (m) (de jupons)

philanthropist /fɪˈlænθrəpɪst/ N philanthrope (mf)

philatelist /fɪˈlætəlɪst/ N philatéliste (mf)

philately /fɪˈlætəli/ N philatélie (f)

Philippines /ˈfɪlɪpiːnz/ NPL **the ~** les Philippines (fpl)

philistine /ˈfɪlɪstaɪn/ 1 ADJ béotien 2 N béotien(ne) (m(f))

Phillips screwdriver® /ˌfɪlɪpsˈskruːdraɪvə'/ N tournevis (m) cruciforme

philologist /fɪˈlɒlədʒɪst/ N philologue (mf)

philology /fɪˈlɒlədʒi/ N philologie (f)

philosopher /fɪˈlɒsəfə'/ N philosophe (mf)

philosophical /ˌfɪləˈsɒfɪkəl/ ADJ ⓐ (= relating to philosophy) philosophique ⓑ (= resigned) philosophe; **to be ~ about sth** prendre qch avec philosophie

philosophically /ˌfɪləˈsɒfɪkəli/ ADV (= with resignation) avec philosophie

philosophize /fɪˈlɒsəfaɪz/ VI philosopher (**about, on** sur)

philosophy /fɪˈlɒsəfi/ N philosophie (f); **his ~ of life** sa conception de la vie

phishing /ˈfɪʃɪŋ/ N phishing (m), hameçonnage (m)

phlegm /flem/ N mucosité (f)

phlegmatic /flegˈmætɪk/ ADJ flegmatique

phobia /ˈfəʊbɪə/ N phobie (f); **I've got a ~ about ...** j'ai la phobie de ...

phoenix /ˈfiːnɪks/ N phénix (m)

phone /fəʊn/ 1 N téléphone (m); **on the ~** au téléphone; **I've got Jill on the ~** j'ai Jill au bout du fil*

2 VT **to ~ sb** téléphoner à qn

3 VI téléphoner

4 COMP ♦ **phone bill** N facture (f) de téléphone ♦ **phone book** N annuaire (m) (de téléphone) ♦ **phone booth** N ⓐ (in station, hotel) téléphone (m) public ⓑ (US: in street) cabine (f) téléphonique ♦ **phone box** N (Brit) cabine (f) téléphonique ♦ **phone call** N appel (m) téléphonique; **to make a ~ call** passer un coup de fil* ♦ **phone-in** N (Brit) émission où les auditeurs ou téléspectateurs sont invités à intervenir par téléphone pour donner leur avis ou parler de leurs problèmes ♦ **phone number** N numéro (m) de téléphone ♦ **phone tapping** N mise (f) sur écoutes téléphoniques

► **phone back** VT SEP, VI rappeler

► **phone in** 1 VI téléphoner; (to radio programme) appeler; **to ~ in sick** téléphoner pour dire qu'on est malade 2 VT SEP [+ article] communiquer par téléphone; **to ~ in an order for sth** commander qch par téléphone

phonecam /ˈfəʊnkæm/ N mobile (m) avec APN intégré

phonecard /ˈfəʊnkɑːd/ N (Brit) télécarte® (f)

phoneme /ˈfəʊniːm/ N phonème (m)

phonetic /fəʊˈnetɪk/ ADJ phonétique

phonetics /fəʊˈnetɪks/ 1 N (= subject) phonétique (f) 2 NPL (= symbols) transcription (f) phonétique

phoney* /ˈfəʊni/ 1 ADJ [emotion] simulé; [excuse, story] bidon* (inv); [person] pas franc (franche (f)); **it sounds ~** cela a l'air d'être de la blague* 2 N (pl **phoneys**) (= person) charlatan (m) 3 COMP ♦ **the phoney war*** N (in 1939) la drôle de guerre

phonology /fəʊˈnɒlədʒi/ N phonologie (f)

phony* /ˈfəʊni/ = **phoney**

phosphate /ˈfɒsfeɪt/ N phosphate (m); **phosphates** (= fertilizers) phosphates (mpl)

phosphorescent /ˌfɒsfəˈresnt/ ADJ phosphorescent

phosphorus /ˈfɒsfərəs/ N phosphore (m)

photo /ˈfəʊtəʊ/ N (pl **photos**) photo (f) ♦ **photo album** N album (m) de photos ♦ **photo booth** N photomaton® (m) ♦ **photo finish** N photo-finish (f) ♦ **photo opportunity** N séance (f) de photos (pour la presse) ♦ **photo session** N séance (f) de photos

photocall /ˈfəʊtəʊkɔːl/ N (Brit Press) séance (f) de photos pour la presse

photocopier /ˈfəʊtəʊkɒpɪə'/ N photocopieur (m), photocopieuse (f)

photocopy /ˈfəʊtəʊkɒpi/ 1 N photocopie (f) 2 VT photocopier

Photofit® /ˈfəʊtəʊfɪt/ N (Brit) portrait-robot (m)

photogenic /ˌfəʊtəˈdʒenɪk/ ADJ photogénique

photograph /ˈfəʊtəɡrɑːf/ 1 N photo (f); **to take a ~ of sb/sth** prendre qn/qch en photo; **he takes good ~s** il fait de bonnes photos; **in the ~** sur la photo 2 VT prendre en photo 3 COMP ♦ **photograph album** N album (m) de photos

photographer /fəˈtɒɡrəfə'/ N photographe (mf); **press ~** photographe (mf) de presse; **he's a keen ~** il est passionné de photo

photographic /ˌfəʊtəˈɡræfɪk/ ADJ photographique ♦ **photographic memory** N mémoire (f) photographique

photography /fəˈtɒɡrəfi/ N photographie (f)

photojournalism /ˌfəʊtəʊˈdʒɜːnəlɪzəm/ N photojournalisme (m)

photomontage /ˌfəʊtəʊmɒnˈtɑːʒ/ N photomontage (m)

photon /ˈfəʊtɒn/ N photon (m)

photosensitive /ˌfəʊtəʊˈsensɪtɪv/ ADJ photosensible

photosynthesis /ˌfəʊtəʊˈsɪnθɪsɪs/ N photosynthèse (f)

phrasal verb /ˌfreɪzəl'vɜːb/ N verbe *(m)* à particule

phrase /freɪz/ 1 N ⓐ (= *saying*) expression *(f)*; **noun/verb ~** syntagme *(m)* nominal/verbal ⓑ (*Music*) phrase *(f)* 2 VT ⓐ [+ *thought*] exprimer; [+ *letter*] rédiger; **can we ~ it differently?** peut-on tourner cela autrement?; **she ~d her question carefully** elle a très soigneusement formulé sa question ⓑ (*Music*) phraser

phrasebook /'freɪzbʊk/ N guide *(m)* de conversation

phrasing /'freɪzɪŋ/ N [*of ideas*] expression *(f)*; [*of text*] libellé *(m)*; **the ~ is unfortunate** les termes sont mal choisis

phylloxera /ˌfɪlɒk'sɪərə/ N phylloxéra *(m)*

physical /'fɪzɪkəl/ 1 ADJ physique; **~ contact** contact *(m)* physique; **~ attraction** attirance *(f)* physique; **~ cruelty** sévices *(mpl)*; **the ~ world** le monde matériel; **she's a very ~ person** c'est quelqu'un de très physique; **it's a ~ impossibility for him to get there on time** il lui est matériellement impossible d'arriver là-bas à l'heure

2 N (= *medical test*)* examen *(m)* médical

3 COMP ◆ **physical education** N éducation *(f)* physique ◆ **physical examination** N examen *(m)* médical ◆ **physical exercise** N exercice *(m)* physique ◆ **physical fitness** N forme *(f)* physique ◆ **physical handicap** N handicap *(m)* physique ◆ **physical therapist** N *(US)* kinésithérapeute *(mf)* ◆ **physical therapy** N *(US)* kinésithérapie *(f)*; **to have ~ therapy** faire de la rééducation

physically /'fɪzɪkəlɪ/ ADV [*restrain*] de force; [*violent, attractive, demanding, separate*] physiquement; [*possible, impossible*] matériellement; **to be ~ fit** être en bonne forme physique; **to be ~ incapable of doing sth** être physiquement incapable de faire qch; **to be ~ sick** vomir; **he is ~ handicapped** il est handicapé physique; **to abuse ~** [+ *partner*] battre; [+ *child*] maltraiter

physician /fɪ'zɪʃən/ N médecin *(m)*

physicist /'fɪzɪsɪst/ N physicien(ne) *(m(f))*

physics /'fɪzɪks/ N physique *(f)*

physio* /'fɪzɪəʊ/ N (*Brit*) ⓐ (ABBR = **physiotherapy**) kiné* *(f)* ⓑ (ABBR = **physiotherapist**) kiné* *(mf)*

physiological /ˌfɪzɪə'lɒdʒɪkəl/ ADJ physiologique

physiology /ˌfɪzɪ'ɒlədʒɪ/ N physiologie *(f)*

physiotherapist /ˌfɪzɪə'θerəpɪst/ N kinésithérapeute *(mf)*

physiotherapy /ˌfɪzɪə'θerəpɪ/ N kinésithérapie *(f)*

physique /fɪ'ziːk/ N physique *(m)*; **he has a powerful ~** il est solidement bâti

PI /piː'aɪ/ N (ABBR = **private investigator**) détective *(m)* privé

pianist /'pɪənɪst/ N pianiste *(mf)*

piano /'pjaːnəʊ/ 1 N piano *(m)* 2 ADV piano 3 COMP ◆ **piano concerto** N concerto *(m)* pour piano ◆ **piano lesson** N leçon *(f)* de piano ◆ **piano piece** N morceau *(m)* pour piano ◆ **piano stool** N tabouret *(m)* de piano ◆ **piano teacher** N professeur *(mf)* de piano ◆ **piano tuner** N accordeur *(m)* (de piano)

Picardy /'pɪkədɪ/ N Picardie *(f)*

picayune* /ˌpɪkə'juːn/ ADJ *(US)* insignifiant

piccolo /'pɪkələʊ/ N piccolo *(m)*

pick /pɪk/ 1 N ⓐ (= *tool*) pioche *(f)*; [*of miner*] pic *(m)* ⓑ (= *choice*) choix *(m)*; **to have one's ~ of sth** avoir le choix de qch; **she could have her ~ of any part** elle pourrait obtenir n'importe quel rôle; **to take one's ~** faire son choix; **take your ~** choisissez ⓒ (= *best*) meilleur *(m)*; **the ~ of the bunch*** or **the crop** le meilleur de tous

2 VT ⓐ (= *choose*) choisir; **to ~ sb to do sth** choisir qn pour faire qch; **she was ~ed for England** elle a été sélectionnée pour être dans l'équipe d'Angleterre; **they certainly ~ed a winner in Colin** avec Colin ils ont vraiment tiré le bon numéro ⓑ **to ~ one's way through** avancer avec précaution à travers; **to ~ a fight** (*physical*) chercher la bagarre*; **to ~ a quarrel with sb** chercher querelle à qn ⓒ [+ *fruit, flower*] cueillir; [+ *mushrooms*] ramasser ⓓ (= *pick at*) **to ~ one's nose** se curer le nez; **to ~ one's**

teeth se curer les dents; **to ~ holes in an argument** voir les failles d'un raisonnement; **to ~ sb's brains*** faire appel aux lumières de qn; **I need to ~ your brains about something*** j'ai besoin de vos lumières à propos de quelque chose; **to ~ a lock** crocheter une serrure; **I had my pocket ~ed** on m'a fait les poches

ⓔ (= *remove*) prendre; **she bent to ~ something off the floor** elle s'est baissée pour ramasser quelque chose par terre

3 VI ⓐ (= *choose*) choisir; **you can afford to ~ and choose** tu peux te permettre de faire le difficile; **there are only three doctors, patients cannot ~ and choose** il n'y a que trois médecins, les patients n'ont pas tellement le choix ⓑ (= *poke, fiddle*) **to ~ at one's food** manger du bout des dents; **don't ~!** (*at food*) ne chipote pas!

4 COMP ◆ **pick-me-up*** N remontant *(m)*

▶ **pick at** VT INSEP (*US = nag*) s'en prendre à

▶ **pick off** VT SEP ⓐ [+ *flower, leaf*] cueillir ⓑ (= *kill*) **he ~ed off the three sentries** il a abattu les trois sentinelles l'une après l'autre; **the lions ~ off any stragglers** les lions éliminent les traînards

▶ **pick on** VT INSEP (= *nag, harass*) s'en prendre à; **he's always ~ing on Robert** il s'en prend toujours à Robert

▶ **pick out** VT SEP ⓐ (= *choose*) choisir; **~ out two or three you would like to keep** choisissez-en deux ou trois que vous aimeriez garder ⓑ (= *distinguish*) repérer; (*in identification parade*) identifier; **I couldn't ~ out anyone I knew** je n'ai repéré personne de ma connaissance ⓒ (= *highlight*) **letters ~ed out in gold** caractères rehaussés d'or

▶ **pick over** VT SEP [+ *fruit, lentils, rice*] trier

▶ **pick up** 1 VI ⓐ (= *improve*) [*conditions, weather*] s'améliorer; [*prices, wages*] remonter; [*business*] reprendre; **his support has ~ed up recently** sa cote de popularité a remonté récemment; **things are ~ing up a bit*** ça commence à aller mieux ⓑ (= *resume*) reprendre; **to ~ up where one left off** reprendre là où on s'était arrêté

2 VT SEP ⓐ (= *lift*) ramasser; **to ~ o.s. up** (*after fall*) se relever; **he ~ed up the child** il a pris l'enfant dans ses bras; (*after fall*) il a relevé l'enfant; **he ~ed up the phone** il a décroché (le téléphone); **~ up your clothes before you go out!** ramasse tes vêtements avant de sortir!; **to ~ up the pieces** [*of broken object*] ramasser les morceaux; (*in relationship, one's life*) recoller les morceaux ⓑ (= *collect*) (passer) prendre; **can you ~ up my coat from the cleaners?** pourrais-tu (passer) prendre mon manteau chez le teinturier? ⓒ [+ *passenger, hitch-hiker*] (*in bus, car*) prendre; (*in taxi*) charger; **I'll ~ you up at 6 o'clock** je passerai vous prendre à 6 heures ⓓ [+ *girl, boy*] lever*; **he ~ed up a girl** il a levé* une fille ⓔ (= *buy*) dénicher; **she ~ed up a secondhand car for just $800** elle a déniché une voiture d'occasion pour seulement 800 dollars; **to ~ up a bargain in the sales** trouver une bonne affaire dans les soldes ⓕ [+ *language, skill, information*] apprendre; [+ *habit*] prendre; **he ~ed up French very quickly** il n'a pas mis longtemps à apprendre le français; **you'll soon ~ it up** ça viendra vite; **to ~ up an accent** prendre un accent; **the papers ~ed up the story** les journaux se sont emparés de l'affaire ⓖ [+ *station, signal, programme*] capter; **the dogs immediately ~ed up the scent** les chiens ont tout de suite détecté l'odeur ⓗ (= *rescue*) recueillir ⓘ (= *take in*) [+ *suspect*] interpeller ⓙ (= *notice*) [+ *sb's error*] relever

ⓚ ◆ **to pick up on**: **to ~ up on a point** (= *develop*) revenir sur un point; **to ~ sb up on sth** (= *correct*) reprendre qn sur qch

ⓛ (= *gain*) **to ~ up speed** [*car, boat*] prendre de la vitesse; **he managed to ~ up a few points in the later events** il a réussi à rattraper quelques points dans les épreuves suivantes

3 VT INSEP (= *earn*)* gagner ; **to ~ up the bill** payer la note ; (*for expenses*) payer la facture

pickaxe, pickax (US) /ˈpɪkæks/ N pic (m), pioche (f)

picket /ˈpɪkɪt/ **1** N (*during strike*) piquet (m) de grève ; (*at demonstrations*) piquet (m) (de manifestants) **2** VT **~ a factory** mettre un piquet de grève aux portes d'une usine ; **the demonstrators ~ed the French embassy** les manifestants ont formé un cordon devant l'ambassade de France **3** VI [*strikers*] organiser un piquet de grève **4** COMP ◆ **picket fence** N palissade (f) ◆ **picket line** N piquet (m) de grève

picketing /ˈpɪkɪtɪŋ/ N piquets (mpl) de grève

pickings /ˈpɪkɪŋz/ NPL (= *profits*) **there are rich ~ to be had** ça pourrait rapporter gros*

pickle /ˈpɪkl/ **1** N (= *relish*) sorte de chutney ; **to be in a ~** (= *awkward situation*) être dans le pétrin* **2** NPL **pickles** pickles (mpl) **3** VT (*in vinegar*) conserver dans du vinaigre **4** COMP ◆ **pickling onions** NPL petits oignons (mpl)

pickpocket /ˈpɪkˌpɒkɪt/ N pickpocket (m)

pickup /ˈpɪkʌp/ N (= *truck*) pick-up (m) ◆ **pickup point** (*for people*) point (m) de rendez-vous ; (*for goods*) point (m) de collecte ◆ **pickup truck, pickup van** N pick-up (m)

picky* /ˈpɪkɪ/ ADJ difficile (à satisfaire)

picnic /ˈpɪknɪk/ (*vb: pret, ptp* **picnicked**) **1** N pique-nique (m) ; **it's no ~*** ce n'est pas une partie de plaisir **2** VI pique-niquer **3** COMP ◆ **picnic basket** N panier (m) à pique-nique

picnicker /ˈpɪknɪkə'/ N pique-niqueur (m), -euse (f)

pictorial /pɪkˈtɔːrɪəl/ ADJ **a ~ record of life in the war** un récit en images de la vie pendant la guerre

picture /ˈpɪktʃə'/ **1** N ⓐ image (f) ; (= *photograph*) photo (f) ; (= *painting*) tableau (m) ; (= *portrait*) portrait (m) ; (= *drawing*) dessin (m) ; **a ~ by David Hockney** un tableau de David Hockney ; **a ~ of David Hockney** (= *portrait*) un portrait de David Hockney ; **to paint/draw a ~** faire un tableau/un dessin
ⓑ (= *description*) (*spoken*) tableau (m) ; (= *mental image*) image (f) ; **to paint a gloomy ~ of sth** brosser un sombre tableau de qch ; **to form a ~ of sth** se faire une idée de qch ; **these figures give the general ~** ces chiffres donnent une vue générale de la situation ; **OK, I get the ~*** ça va, j'ai compris ; **to put sb in the ~** mettre qn au courant ; **the garden is a ~ in June** le jardin est magnifique en juin ; **he is the** *or* **a ~ of health** il respire la santé ; **his face was a ~!** son expression en disait long !
ⓒ (= *film*) film (m) ; **to go to the ~s** aller au cinéma
2 VT (= *imagine*) s'imaginer ; **I can't quite ~ it somehow** j'ai du mal à imaginer ça ; **~ yourself lying on the beach** imaginez-vous étendu sur la plage
3 COMP ◆ **picture book** N livre (m) d'images ◆ **picture frame** N cadre (m) ◆ **picture messaging** N envoi (m) de photos par MMS ◆ **picture rail** N cimaise (f) ◆ **picture window** N fenêtre (f) panoramique

picturesque /ˌpɪktʃəˈresk/ ADJ pittoresque

piddling* /ˈpɪdlɪŋ/ ADJ (= *insignificant*) insignifiant ; (= *small*) négligeable

pidgin /ˈpɪdʒɪn/ N ⓐ (= *English*) pidgin-english (m) ⓑ (= *improvised language*) sabir (m) ; **~ English/French** mauvais anglais (m)/français (m)

pie /paɪ/ N tourte (f) ; **apple ~** tourte (f) aux pommes ; **pork ~** pâté (m) en croûte ; **it's ~ in the sky*** ce sont des promesses en l'air ; **he's got a finger in every ~** il se mêle de tout ; **that's ~ to him*** (US) pour lui, c'est du gâteau* ◆ **pie chart** N camembert* (m) ◆ **pie dish** N plat (m) allant au four

piebald /ˈpaɪbɔːld/ **1** ADJ [*horse*] pie (*inv*) **2** N cheval (m) pie

piece /piːs/
1 NOUN	2 PHRASAL VERBS

1 NOUN
ⓐ = **bit** morceau (m) ; [*of wood*] bout (m) ; (*large*) pièce (f) ; [*of ribbon, string*] bout (m) ; (= *part*) pièce (f) ; (= *item, section*, *also Chess*) pièce (f) ; (*Draughts*) pion (m) ; **a ~ of paper** un morceau de papier ; **in ~s** (= *broken*) en morceaux ; **a ~ of land** (*for agriculture*) une parcelle de terre ; (*for building*) un lotissement ; **a ~ of meat** un morceau de viande ; **a ~ of clothing** un vêtement ; **a ~ of fruit** un fruit ; **a ~ of furniture** un meuble ; **a ~ of software** un logiciel ; **three ~s of luggage** trois bagages ; **there's a ~ missing** (*of jigsaw, game*) il y a une pièce qui manque
◆ **in one piece**: **the vase is still in one ~** le vase n'est pas cassé ; **we got back in one ~*** nous sommes rentrés sains et saufs
◆ **all of a piece**: **this latest volume is all of a ~ with her earlier poetry** ce dernier volume est dans l'esprit de ses poèmes précédents
◆ **to pieces**: **it comes to ~s** ça se démonte ; **the chair comes to ~s** la chaise se démonte ; **it fell to ~s** c'est tombé en morceaux ; **to take sth to ~s** démonter qch ; **to go to ~s** (*emotionally*) craquer* ; [*team*] se désintégrer ; **his confidence is shot to ~s** il a perdu toute confiance en lui
ⓑ with abstract nouns **a ~ of information** un renseignement ; **a ~ of advice** un conseil ; **a good ~ of work** du bon travail ; **that was a ~ of luck!** c'était un coup de chance ! ; **I'll give him a ~ of my mind*** je vais lui dire ce que je pense
ⓒ = **music** morceau (m) ; **a ~ by Grieg** un morceau de Grieg ; **a ten-~ band** un orchestre de dix musiciens
ⓓ = **poem** poème (m) ; (= *passage, excerpt*) passage (m) ; (= *article*) article (m) ; **a ~ of poetry** un poème ; **a good ~ of writing** un bon texte ; **there's a ~ in the newspaper about …** il y a un article dans le journal sur …
ⓔ = **coin** pièce (f) ; **a 5-euro ~** une pièce de 5 euros

⚠ **pièce** *is not the commonest translation for* **piece**.

2 PHRASAL VERBS
▶ **piece together** VT SEP [+ *broken object*] rassembler ; [+ *story*] reconstituer ; [+ *facts*] reconstituer

piecemeal /ˈpiːsmiːl/ **1** ADV (= *bit by bit*) petit à petit ; **the system developed ~** le système s'est développé sans plan d'ensemble **2** ADJ au coup par coup ; **technology developed in a ~ fashion** la technologie s'est développée au coup par coup ; **the castle was built in ~ fashion** le château a été construit en plusieurs étapes

piecework /ˈpiːswɜːk/ N travail (m) à la pièce

pier /pɪə'/ N ⓐ (*with amusements, in airport*) jetée (f) ⓑ [*of bridge*] pile (f)

pierce /pɪəs/ VT ⓐ (= *make hole in*) percer ; **to get one's ears/nose ~d** se faire percer les oreilles/le nez ; **to have ~d ears** avoir les oreilles percées ⓑ [*sound, light*] percer ; [*cold, wind*] transpercer

piercing /ˈpɪəsɪŋ/ **1** ADJ [*sound, voice, stare*] perçant ; [*cold, wind*] glacial **2** N (= *body art*) piercing (m)

piety /ˈpaɪətɪ/ N piété (f)

piffling /ˈpɪflɪŋ/ ADJ (= *trivial*) futile ; (= *worthless*) insignifiant

pig /pɪg/ **1** N ⓐ cochon (m), porc (m) ; **~s might fly!*** ce n'est pas demain la veille ! ; **to make a ~'s ear* of sth** (*Brit*) cochonner qch* ⓑ (= *person*)* (*mean*) vache* (f) ; (*dirty*) cochon(ne)* (m(f)) ; (*greedy*) goinfre (m) ; **to make a ~ of o.s.** s'empiffrer* **2** VT **to ~ o.s.** s'empiffrer* (**on** de) **3** COMP ◆ **pig farmer** N éleveur (m), -euse (f) de porcs ◆ **pig in the middle** N **he's the ~ in the middle** il est impliqué dans des disputes qui ne le concernent pas
▶ **pig out*** VI s'empiffrer* (**on** de)

pigeon /ˈpɪdʒən/ N pigeon (m) ◆ **pigeon loft** N pigeonnier (m) ◆ **pigeon-toed** ADJ **to be ~-toed** avoir les pieds tournés en dedans

pigeonhole /ˈpɪdʒɪnˌhəʊl/ **1** N casier (m) **2** VT (= *classify*) [+ *person*] étiqueter

piggyback /ˈpɪgɪˌbæk/ **1** ADV (*ride, be carried*) sur le dos **2** N **to give sb a ~** porter qn sur son dos ; **give me a ~, Daddy!** fais-moi faire un tour (à dada) sur ton dos, papa !

piggybank /ˈpɪgɪbæŋk/ N tirelire (f) (*surtout en forme de cochon*)

pigheaded /ˌpɪɡˈhedɪd/ ADJ entêté

piglet /ˈpɪɡlɪt/ N porcelet (m)

pigment /ˈpɪɡmənt/ N pigment (m)

pigmy /ˈpɪɡmɪ/ 1 N Pygmée (mf); (fig) nain(e) (m(f)) 2 ADJ pygmée (f inv)

pigpen /ˈpɪɡpen/ N (US) porcherie (f)

pigskin /ˈpɪɡskɪn/ 1 N ⓐ (= leather) porc (m) ⓑ (US Football) ballon (m) (de football américain) 2 ADJ [briefcase, gloves, book-binding] en porc

pigsty /ˈpɪɡstaɪ/ N porcherie (f); **your room is a ~!** ta chambre est une vraie porcherie!

pigtail /ˈpɪɡteɪl/ N [of hair] natte (f); **to have one's hair in ~s** porter des nattes

pike /paɪk/ N (= fish) brochet (m)

Pilates /pɪˈlɑːtiːz/ N Pilates (m)

pilchard /ˈpɪltʃəd/ N pilchard (m)

pile /paɪl/ 1 N ⓐ (= neat stack) pile (f); (= heap) tas (m); **the washing was in a neat ~** le linge était bien rangé en pile; **the magazines were in an untidy ~** les magazines étaient entassés pêle-mêle; **to be at the bottom of the ~** (in hierarchy) être en bas de l'échelle
♦ **piles of*** beaucoup de
ⓑ (= fortune)* fortune (f); **to make one's ~** faire son beurre*
ⓒ (= imposing building) édifice (m)
ⓓ (= post) pieu (m) de fondation; [of bridge] pile (f)
ⓔ [of carpet] poils (mpl); **a carpet with a deep ~** un tapis de haute laine
2 NPL **piles** (= medical condition) hémorroïdes (fpl)
3 VT (= stack up) empiler; **he ~d the plates onto the tray** il a empilé les assiettes sur le plateau; **a table ~d high with books** une table couverte de piles de livres
4 VI (= squash)* **we all ~d into the car** nous nous sommes tous entassés dans la voiture; **we ~d off the train** nous sommes descendus du train en nous bousculant
5 COMP ♦ **pile-up** N carambolage (m); **there was a ten-car ~-up on the motorway** dix voitures se sont carambolées sur l'autoroute
▸ **pile on*** 1 VT SEP **to ~ it on** en rajouter*; **to ~ on the pressure** mettre le paquet* 2 VI **the bus arrived and we all ~d on** l'autobus est arrivé et nous nous sommes tous entassés dedans
▸ **pile up** 1 VI [snow, leaves] s'amonceler; [work, bills, debts, rubbish] s'accumuler 2 VT SEP ⓐ [+ objects] empiler ⓑ [+ evidence, reasons, debts, losses] accumuler

pilfer /ˈpɪlfə*/ VTI chaparder*

pilfering /ˈpɪlfərɪŋ/ N chapardage* (m)

pilgrim /ˈpɪlɡrɪm/ N pèlerin (m) ♦ **the Pilgrim Fathers** NPL les (Pères (mpl)) pèlerins (mpl)

> **🄸 PILGRIM FATHERS**
> *Les « Pères pèlerins » sont des puritains qui quittèrent l'Angleterre en 1620 à bord du « Mayflower », pour fuir les persécutions religieuses. Ils fondèrent New Plymouth, dans ce qui est aujourd'hui le Massachusetts, et inaugurèrent ainsi le processus de colonisation anglaise de l'Amérique. Ces Pères pèlerins sont considérés comme les fondateurs des États-Unis, et l'on commémore chaque année, le jour de Thanksgiving, la réussite de leur première récolte.*
> → *THANKSGIVING*
> ▷ www.usahistory.info/New-England/Pilgrims.html
> ▷ www.mayflowersteps.co.uk

pilgrimage /ˈpɪlɡrɪmɪdʒ/ N pèlerinage (m); **to go on a ~** faire un pèlerinage

pill /pɪl/ N pilule (f); **to be on the ~** prendre la pilule

pillage /ˈpɪlɪdʒ/ 1 N pillage (m) 2 VT piller 3 VI se livrer au pillage

pillar /ˈpɪlə*/ N pilier (m); **he was sent from ~ to post** on se le renvoyait de l'un à l'autre; **he was a ~ of the community** c'était un pilier de la communauté ♦ **pillar-box** N (Brit) boîte (f) aux lettres (publique); **~-box red** rouge vif (m inv)

pillion /ˈpɪljən/ 1 N [of motorcycle] siège (m) arrière 2 ADV

to ride ~ (on motorcycle) monter derrière

pillory /ˈpɪlərɪ/ 1 N pilori (m) 2 VT mettre au pilori

pillow /ˈpɪləʊ/ 1 N oreiller (m) 2 VT [+ head] reposer 3 COMP ♦ **pillow slip** N taie (f) d'oreiller

pillowcase /ˈpɪləʊkeɪs/ N taie (f) d'oreiller

pillowtalk /ˈpɪləʊtɔːk/ N confidences (fpl) sur l'oreiller

pilot /ˈpaɪlət/ 1 N ⓐ pilote (m) ⓑ (on TV) pilote (m) 2 VT piloter 3 COMP ♦ **pilot light** N veilleuse (f) (de cuisinière, de chauffe-eau) ♦ **pilot scheme** N projet (m) pilote ♦ **pilot study** N étude (f) pilote

pimento /pɪˈmentəʊ/ N piment (m)

pimp /pɪmp/ N souteneur (m)

pimple /ˈpɪmpl/ N bouton (m)

pimply /ˈpɪmplɪ/ ADJ boutonneux

PIN /pɪn/ N (ABBR = **personal identification number**) **~ (number)** code (m) confidentiel

pin /pɪn/ 1 N ⓐ épingle (f); (= badge) badge (m); (= lapel badge) pin's (m); **you could have heard a ~ drop** on aurait entendu voler une mouche; **I've got ~s and needles (in my foot)** j'ai des fourmis (dans le pied); **to be (sitting) on ~s and needles** (US) être sur des charbons ardents; **for two ~s* I'd hand in my resignation** je suis à deux doigts de démissionner
ⓑ [of hand grenade] goupille (f); [of plug] broche (f) (de prise de courant); (in limb) broche (f); **a three-~ plug** une prise à trois broches
2 VT ⓐ (= put pin in) [+ dress] épingler; [+ papers] (together) attacher avec une épingle; (to wall) fixer avec une punaise ⓑ (= trap) **to ~ sb to the floor** clouer qn au plancher; **his arms were ~ned to his sides** il avait les bras collés au corps ⓒ (= attach) **to ~ one's hopes on sth/sb** mettre tous ses espoirs dans qch/en qn; **they tried to ~ the crime on him*** ils ont essayé de lui mettre le crime sur le dos*
▸ **pin down** VT SEP ⓐ [+ person] **I couldn't ~ her down to a date** je n'ai pas réussi à lui faire fixer une date ⓑ (= identify) identifier; [+ location, time] situer

pinafore /ˈpɪnəfɔː*/ N tablier (m) ♦ **pinafore dress** N robe (f) chasuble

pinball /ˈpɪnbɔːl/ N (= game) flipper (m) ♦ **pinball machine** N flipper (m)

pinch /pɪntʃ/ 1 N ⓐ (= action) pincement (m); (= mark) pinçon (m); **to give sb a ~ (on the arm)** pincer qn (au bras); **we're feeling the ~*** financièrement on le ressent
♦ **at a pinch**, **in a pinch** (US) à la limite
ⓑ (= small amount) pincée (f); **you have to take his stories with a ~ of salt** il ne faut pas prendre ce qu'il raconte au pied de la lettre
2 VT ⓐ (= squeeze) pincer; [shoes] serrer ⓑ (= steal)* piquer*; **he ~ed that idea from Shaw** il a piqué* cette idée à Shaw
3 VI [shoe] être trop étroit

pinched /pɪntʃt/ ADJ (= drawn) **to look ~** avoir les traits tirés

pinch-hitter /ˈpɪntʃˌhɪtə*/ N remplaçant (m)

pincushion /ˈpɪnˌkʊʃən/ N pelote (f) à épingles

pine /paɪn/ 1 N pin (m) 2 VI se languir (for de); **he's pining (for his girlfriend)** il se languit (de sa petite amie) 3 COMP ♦ **pine cone** N pomme (f) de pin ♦ **pine needle** N aiguille (f) de pin ♦ **pine nut** N pignon (m)
▸ **pine away** VI dépérir

pineapple /ˈpaɪnˌæpl/ 1 N ananas (m) 2 COMP [flavour, ice cream] à l'ananas ♦ **pineapple juice** N jus (m) d'ananas

ping /pɪŋ/ 1 N bruit (m) métallique; [of timer] sonnerie (f) 2 VI faire un bruit métallique; [timer] sonner 3 COMP
♦ **ping-pong** ® N ping-pong (m); **~-pong player** pongiste (mf)

pinion /ˈpɪnjən/ VT [+ person] lier; **he was ~ed against the wall** (by person) il était plaqué contre le mur

pink /pɪŋk/ 1 N (= colour) rose (m); **in the ~ of condition** en excellente forme 2 ADJ ⓐ [cheek, clothes] rose; **he turned ~ with embarrassment** il rougit de confusion ⓑ (= gay)* gay; **the ~ economy** le poids économique des

homosexuels 3 VI (*Brit*) [*car engine*] cliqueter 4 COMP
♦ **pink gin** N cocktail (*m*) de gin et d'angustura ♦ **pink
slip*** N (*US: terminating employment*) avis (*m*) de licenciement

pinking scissors /ˈpɪŋkɪŋˌsɪzəz/, **pinking shears**
/ˈpɪŋkɪŋˌʃɪəz/ NPL ciseaux (*mpl*) à cranter

pinnacle /ˈpɪnəkl/ N [*of career, achievement*] sommet (*m*)

pinpoint /ˈpɪnpɔɪnt/ VT [+ *place*] localiser avec précision ;
[+ *problem*] mettre le doigt sur

pinstripe /ˈpɪnstraɪp/ N rayure (*f*) très fine ; **~ suit** costume (*m*) rayé

pint /paɪnt/ N ⓐ pinte (*f*), ≈ demi-litre (*m*) (*Brit = 0,57 litre, US = 0,47 litre*) → IMPERIAL SYSTEM ⓑ (*Brit = beer*)*
pinte (*f*) (de bière) ; **let's go for a ~** allons prendre un pot* ;
she had a few ~s elle a bu quelques bières

pioneer /ˌpaɪəˈnɪə/ 1 N pionnier (*m*), -ière (*f*) ; **she was
one of the ~s in this field** elle a été l'une des pionnières
dans ce domaine 2 VT **he ~ed the use of this drug** il a
lancé l'usage de ce médicament 3 ADJ [*research, study*]
complètement nouveau (nouvelle (*f*))

pioneering /ˌpaɪəˈnɪərɪŋ/ ADJ [*work, research, study*]
complètement nouveau (nouvelle (*f*))

pious /ˈpaɪəs/ ADJ ⓐ (= *religious*) pieux ⓑ (= *sanctimonious*) hypocrite ; **not ~ intentions, but real actions** pas de
bonnes intentions, mais des actes

pip /pɪp/ 1 N ⓐ [*of fruit*] pépin (*m*) ⓑ [*of phone*] top (*m*) ;
the ~s le bip-bip* 2 VT (*Brit*)* **to be ~ped at the post** se
faire coiffer au poteau

pipe /paɪp/ 1 N ⓐ (*for water, gas*) tuyau (*m*) ; (*smaller*)
tube (*m*) ; **sewage ~** égout (*m*) ⓑ (*for smoking*) pipe (*f*) ; **he
smokes a ~** il fume la pipe ⓒ (= *instrument*) pipeau (*m*) ; [*of
organ*] tuyau (*m*) 2 NPL **pipes** (= *bagpipes*) cornemuse (*f*)
3 COMP ♦ **piped music** N musique (*f*) d'ambiance enregistrée ♦ **pipe dream** N projet (*m*) chimérique ♦ **pipe smoker** N fumeur (*m*) de pipe

► **pipe down*** VI se taire ; **~ down!** mets-la en sourdine !*
► **pipe up*** VI se faire entendre

pipeline /ˈpaɪplaɪn/ N pipeline (*m*) ; (*for oil*) oléoduc (*m*) ;
(*for natural gas*) gazoduc (*m*)

♦ **in the pipeline*** (= *planned or about to happen*) prévu ;
(= *begun or about to be completed*) en cours de réalisation ;
there are redundancies in the ~ des licenciements sont
prévus ; **there's a new model in the ~** un nouveau modèle
est en cours de réalisation

piper /ˈpaɪpə/ N (= *bagpiper*) cornemuseur (*m*)

piping /ˈpaɪpɪŋ/ 1 N ⓐ (*in house*) tuyauterie (*f*) ⓑ [*of
bagpipes*] son (*m*) de la cornemuse ⓒ (*Sewing*) passepoil
(*m*) ⓓ (*on cake*) décorations (*fpl*) (appliquées) à la douille
2 ADV **~ hot** très chaud

piquant /ˈpiːkənt/ ADJ [*flavour, story*] piquant

pique /piːk/ 1 VT [+ *person*] froisser ; (*stronger*) piquer au
vif 2 N dépit (*m*) ; **in a fit of ~** dans un accès de dépit

piracy /ˈpaɪərəsɪ/ N (*on ships*) piraterie (*f*) ; [*of book, film,
tape, video*] piratage (*m*)

pirate /ˈpaɪərɪt/ 1 N pirate (*m*) 2 VT pirater 3 COMP
♦ **pirate copy** N copie (*f*) pirate ♦ **pirate radio** N radio (*f*)
pirate ♦ **pirate ship** N bateau (*m*) de pirates

pirouette /ˌpɪruˈet/ 1 N pirouette (*f*) 2 VI faire la pirouette

Pisa /ˈpiːzə/ N Pise

Pisces /ˈpaɪsiːz/ N Poissons (*mpl*) ; **I'm a ~** je suis Poissons

piss⁣ /pɪs/ 1 N pisse⁣ (*f*) ; **to go for a ~** pisser un coup⁣ ; **to
take the ~ out of sb** charrier qn ; **to go out on the ~** (*Brit*)
aller se soûler la gueule⁣ dans les bars 2 VI pisser⁣ ; **it's ~ing
down** (*Brit = raining*) il pleut comme vache qui pisse*
3 COMP ♦ **piss-up⁣** N (*Brit*) beuverie* (*f*)

► **piss off⁣** 1 VI foutre le camp⁣ 2 VT [+ *person*] faire
chier⁣ ; **I'm ~ed off** j'en ai ras le bol*

pissed⁣ /pɪst/ ADJ ⓐ (*Brit = drunk*) bourré⁣ ; **to get ~** se
soûler la gueule⁣ ⓑ (*US*) **~ at sb** (= *annoyed*) en rogne
contre qn ; **she was really ~** elle l'avait vraiment mau-
vaise*

pistachio /pɪsˈtaːʃɪəʊ/ N pistache (*f*)

piste /piːst/ N piste (*f*) ; **off ~** hors piste

pistol /ˈpɪstl/ N pistolet (*m*)

piston /ˈpɪstən/ N piston (*m*)

pit /pɪt/ 1 N ⓐ (= *large hole*) fosse (*f*) ; (= *mine*) mine (*f*)
ⓑ (= *small depression*) (*in metal, glass*) petit trou (*m*) ; (*on
face*) (petite) marque (*f*)
ⓒ [*of stomach*] creux (*m*)
ⓓ (*Brit: Theatre*) (fauteuils (*mpl*) d')orchestre (*m*)
ⓔ (= *fruit-stone*) noyau (*m*)

2 NPL **the pits** (*Motor Racing*) le stand de ravitaillement ;
it's the ~s!⁣ c'est merdique !⁣

3 VT ⓐ **to ~ sb against** (= *make opponent of*) opposer qn à ;
to ~ o.s. against sb se mesurer à qn ; **to ~ one's strength
against sb** se mesurer à qn ; **to be ~ted against sb** avoir qn
pour adversaire ; **to ~ one's wits against sb** jouer au plus
fin avec qn
ⓑ [+ *surface*] cribler ; [+ *face, skin*] marquer ; **a car ~ted
with rust** une voiture piquée de rouille ; **a ~ted road surface** une route pleine de nids-de-poule
ⓒ [+ *fruit*] dénoyauter ; **~ted prunes/cherries** pruneaux
(*mpl*)/cerises (*fpl*) dénoyauté(e)s

4 COMP ♦ **pit bull terrier** N pit-bull (*m*) ♦ **pit stop** N arrêt
(*m*) au stand

pita /ˈpiːtə/, **pita bread** /ˈpiːtəbred/ N pain (*m*) pitta

pitapat /ˈpiːtəˈpæt/ ADV **to go ~** [*heart*] palpiter

pitch /pɪtʃ/ 1 N ⓐ (*Brit Sport = ground*) terrain (*m*) ;
football/cricket ~ terrain (*m*) de football/de cricket
ⓑ (= *degree*) **he had worked himself up to such a ~ of indignation that ...** il était parvenu à un tel degré d'indignation que ... ; **tension has reached such a high ~
that ...** la tension est telle que ...
ⓒ [*of instrument, voice*] ton (*m*) ; [*of note, sound*] hauteur (*f*)
ⓓ (*Brit*) [*of trader*] place (*f*) (habituelle)
ⓔ (= *argument*) **to make a ~ for sth** plaider pour qch
ⓕ [*of roof*] degré (*m*) de pente
ⓖ (= *tar*) poix (*f*)

2 VT ⓐ (= *throw*) [+ *ball, object*] lancer ; **to ~ sth over** lancer
qch par-dessus ; **~ it!*** (*US*) balance-le !* ; **the incident ~ed
him into the political arena** cet incident l'a propulsé dans
l'arène politique
ⓑ [+ *musical note*] donner ; **the speech must be ~ed at the
right level for the audience** le ton du discours doit être
adapté au public
ⓒ (= *set up*) **to ~ a tent** dresser une tente ; **to ~ camp** établir un camp

3 VI ⓐ **he ~ed forward as the bus stopped** il a été projeté
en avant quand l'autobus s'est arrêté
ⓑ [*ship*] tanguer
ⓒ (*Baseball*) lancer la balle

4 COMP ♦ **pitch-black** ADJ **it's ~-black outside** il fait noir
comme un four dehors ♦ **pitch blackness** N noir (*m*)
complet ♦ **pitch-and-putt** N pitch-and-putt (*m*) (*jeu de golf
limité à deux clubs*) ♦ **pitch-dark** ADJ **it's ~-dark** il fait noir
comme dans un four ♦ **pitch invasion** N (*Brit Sport*) invasion (*f*) du terrain ; **there was a ~ invasion** les spectateurs
ont envahi le terrain

► **pitch for** VT INSEP (= *try and get*) chercher à obtenir
► **pitch in*** VI s'atteler au boulot* ; **they all ~ed in to help
him** ils s'y sont tous mis pour l'aider

pitcher /ˈpɪtʃə/ N ⓐ (= *jug*) cruche (*f*) ; (*bigger*) broc (*m*)
ⓑ (*Baseball*) lanceur (*m*)

pitchfork /ˈpɪtʃfɔːk/ N fourche (*f*) (à foin)

piteous /ˈpɪtɪəs/ ADJ pitoyable

pitfall /ˈpɪtfɔːl/ N piège (*m*)

pith /pɪθ/ N [*of orange*] peau (*f*) blanche

pithead /ˈpɪthed/ N carreau (*m*) de mine

pithy /ˈpɪθɪ/ ADJ (= *terse*) concis

pitiable /ˈpɪtɪəbl/ ADJ [*income*] de misère ; [*appearance*] piteux

pitiful /ˈpɪtɪfʊl/ ADJ ⓐ (= *touching*) pitoyable ⓑ (= *de-*

plorable) lamentable; **his ~ efforts to speak French** ses lamentables efforts pour parler français

pitifully /ˈpɪtɪfəlɪ/ ADV ◆ **thin** d'une maigreur affligeante; **a ~ small sum** une somme dérisoire

pitiless /ˈpɪtɪlɪs/ ADJ impitoyable

pitta /ˈpɪtə/, **pitta bread** /ˈpɪtəbred/ N pain _(m)_ pitta

pittance /ˈpɪtəns/ N (= _sum_) somme _(f)_ dérisoire; (= _income_) maigre revenu _(m)_; (= _wage_) salaire _(m)_ de misère

pituitary gland /pɪˈtjuːɪtərɪ ˌɡlænd/ N hypophyse _(f)_

pity /ˈpɪtɪ/ 1 N ⓐ (= _mercy, compassion_) pitié _(f)_; **for ~'s sake** par pitié; **to have ~ on sb** avoir pitié de qn; **to take ~ on sb** avoir pitié de qn; **out of ~** par pitié

ⓑ (= _misfortune_) **it is a (great) ~** c'est (bien) dommage; **it's a ~ about the job** c'est dommage pour le travail; **it would be a ~ if he lost ...** cela serait dommage qu'il perde ...; **it's a ~ you can't come** dommage que vous ne puissiez (pas) venir; **it would be a ~ to waste the opportunity** cela serait dommage de rater cette occasion; **what a ~!** quel dommage!; **more's the ~!** c'est bien dommage!

2 VT [+ _person_] plaindre

pivot /ˈpɪvət/ 1 N pivot _(m)_; **the ~ of his argument is that ...** son argument repose sur l'idée que ... 2 VT (= _turn_) faire pivoter 3 VI (_on axis_) pivoter; **his argument ~s on the fact that ...** son argument repose sur le fait que ...

pivotal /ˈpɪvətl/ ADJ essentiel

pixel /ˈpɪksəl/ N pixel _(m)_

pixie /ˈpɪksɪ/ N lutin _(m)_ ◆ **pixie hat**, **pixie hood** N bonnet _(m)_ pointu

pizza /ˈpiːtsə/ N pizza _(f)_ ◆ **pizza parlour** N pizzeria _(f)_

piz(z)azz* /pɪˈzæz/ N tonus _(m)_

PJs /piːˈdʒeɪz/ NPL ABBR = **pyjamas**

Pl. ABBR = **Place**

placard /ˈplækɑːd/ N affiche _(f)_; (_at demo_) pancarte _(f)_

placate /pləˈkeɪt/ VT apaiser

---

place /pleɪs/

1 NOUN	3 COMPOUNDS
2 TRANSITIVE VERB	

1 NOUN

ⓐ endroit _(m)_; **we came to a ~ where ...** nous sommes arrivés à un endroit où ...; **this is no ~ for children** ce n'est pas un endroit pour les enfants; **this isn't a nice ~ for a picnic** ce n'est pas l'endroit idéal pour pique-niquer; **from ~ to ~** d'un endroit à l'autre; **the time and ~ of the crime** l'heure et le lieu du crime; **this is the ~** c'est ici

▶ _A more specific word is often used to translate_ **place**.

it's a small ~ (= _village_) c'est un village; **Brighton is a good ~ to live** Brighton est une ville où il fait bon vivre; **we found some excellent ~s to eat** nous avons trouvé d'excellents restaurants; **to lose one's ~ in a book** perdre sa page dans un livre

▶ _Note adjective +_ **place** _translated by adjective alone._

the museum is a huge ~ le musée est immense
◆ **to take place** avoir lieu
◆ **place of** + _noun_: **~ of birth/work** lieu _(m)_ de naissance/de travail; **~ of refuge** refuge _(m)_; **~ of worship** lieu _(m)_ de culte
◆ **any/some/no place*** (_US_) **I couldn't find it any ~** je ne l'ai trouvé nulle part; **some ~** quelque part; **some ~ else** quelque part ailleurs; **they have no ~ to go** ils n'ont nulle part où aller
◆ **to go places*** (_US_ = _travel_) voyager; **he'll go ~s all right!** (= _make good_) il ira loin!; **we're going ~s at last** (= _make progress_) nous avançons enfin

ⓑ **= house** * **we were at Anne's ~** nous étions chez Anne; **come over to our ~** passez à la maison; **your ~ or mine?** on va chez moi ou chez toi?; **his business is growing, he needs a bigger ~** son affaire s'agrandit, il lui faut des locaux plus grands

ⓒ **= seat** place _(f)_; (_laid at table_) couvert _(m)_; **a car park with 200 ~s** un parking de 200 places

ⓓ **= position** place _(f)_; **put the book back in its ~** remets le livre à sa place; **(if I were) in your ~ ...** (si j'étais) à votre place ...; **to lose one's ~ in the queue** perdre sa place dans la queue; **to take the ~ of sb/sth** prendre la place de qn/qch; **to take sb's ~** remplacer qn; **to fit into ~** (= _become clear_) devenir clair; **the moment I changed jobs everything fell into ~** (= _turned out well_) il a suffi que je change de travail! pour que tout s'arrange

ⓔ **in competition** place _(f)_; **Paul won the race with Robert in second ~** Paul a gagné la course et Robert est arrivé deuxième; **Sweden took second ~** la Suède s'est classée deuxième; **my personal life has had to take second ~ to my career** ma vie privée a dû passer après ma carrière; **the team was in third ~** l'équipe était en troisième position; **he has risen to second ~ in the opinion polls** il occupe maintenant la deuxième place dans les sondages; **people in high ~s** les gens haut placés; **to put sb in his ~** remettre qn à sa place

ⓕ **= job** place _(f)_; **we have a ~ for a receptionist** nous avons une place de réceptionniste; **it's not your ~ to criticize** ce n'est pas à vous de critiquer

ⓖ **for student, player** place _(f)_; **I've got a ~ to do sociology** j'ai réussi à m'inscrire en sociologie; **he's got a ~ in the team** il a été admis dans l'équipe

ⓗ **= room** there is no **~ for racism in the Party** le parti ne peut tolérer le racisme

ⓘ **set structures**
◆ **all over the place*** (= _everywhere_) partout; **I've looked for him all over the ~** je l'ai cherché partout
◆ **to be in place** [_object_] être à sa place; [_measure, policy, elements_] être en place; [_conditions_] être rassemblé; [_law, legislation_] être en vigueur
◆ **in places** (= _here and there_) par endroits; **the snow is very deep in ~s** la neige est très profonde par endroits
◆ **in place of** à la place de
◆ **in the first place** d'abord; **in the first ~, it will be much cheaper** d'abord, ça sera beaucoup moins cher; **we need to consider why so many people are in prison in the first ~** nous devons d'abord nous demander pourquoi tant de gens sont en prison; **he shouldn't have been there in the first ~** d'abord, il n'aurait même pas dû être là
◆ **in the second place** ensuite
◆ **out of place** [_object, remark_] déplacé; **I feel rather out of ~ here** je ne me sens pas à ma place ici

2 TRANSITIVE VERB

ⓐ **= put** mettre; **she ~d a roll on each plate** elle a mis un petit pain sur chaque assiette; **events have ~d the president in a difficult position** les événements ont mis le président en mauvaise posture
◆ **to be placed**: **the picture is ~d rather high up** le tableau est un peu trop haut; **the house is well ~d** la maison est bien située; **we are now well ~d to ...** nous sommes maintenant bien placés pour ...

ⓑ **= rank** placer; **he wasn't ~d in the race** il n'a pas été placé dans la course; **he ~s good health among his greatest assets** il considère sa bonne santé comme l'un de ses meilleurs atouts; **to ~ local interests above those of central government** placer les intérêts locaux avant ceux de l'État

ⓒ **= classify** classer

ⓓ **= make** [+ _order, contract_] passer; [+ _bet_] engager

ⓔ **= find job for** trouver un emploi pour; **we have so far ~d 28 people in permanent jobs** jusqu'à présent nous avons réussi à trouver des emplois permanents à 28 personnes; **the agency is trying to ~ him with a building firm** l'agence essaie de lui trouver une place dans une entreprise de construction

ⓕ **= identify** situer; **he looked familiar, but I couldn't immediately ~ him** sa tête me disait quelque chose mais je n'arrivais pas à le situer

3 COMPOUNDS
♦ **place mat** N set *(m)* (de table) ♦ **place-name** N nom *(m)* de lieu ♦ **place setting** N couvert *(m)*

⚠ *The French word* **place** *is not the commonest translation for* **place***.*

placebo /plə'siːbəʊ/ N placebo *(m)* ♦ **placebo effect** N effet *(m)* placebo

placement /'pleɪsmənt/ N *(during studies)* stage *(m)* ♦ **placement office** N *(US)* *(for career guidance)* centre *(m)* d'orientation; *(for jobs)* bureau *(m)* de placement pour étudiants ♦ **placement test** N *(US)* test *(m)* de niveau

placenta /plə'sentə/ N placenta *(m)*

placid /'plæsɪd/ ADJ placide

plagiarism /'pleɪdʒjərɪzəm/ N plagiat *(m)*

plagiarize /'pleɪdʒjəraɪz/ VT plagier

plague /pleɪg/ 1 N ⓐ *(= disease)* peste *(f)*; **to avoid sb/sth like the ~** fuir qn/qch comme la peste ⓑ *(= scourge)* fléau *(m)*; **the ~ of inflation** le fléau de l'inflation; **a ~ of rats/ locusts** une invasion de rats/de sauterelles

2 VT *[person, fear]* harceler; *(stronger)* tourmenter; **to ~ sb with questions** harceler qn de questions; **to be ~d by injury** souffrir de blessures à répétition; **to be ~d by bad luck** jouer de malchance; **~d by** [+ *doubts, remorse*] rongé par; [+ *nightmares*] hanté par; [+ *mosquitoes*] tourmenté par

plaice /pleɪs/ N *(pl* **plaice***)* carrelet *(m)*

plaid /plæd/ 1 N *(= cloth)* tissu *(m)* écossais 2 ADJ (en tissu) écossais

plain /pleɪn/ 1 ADJ ⓐ *(= obvious)* clair; **it must be ~ to everyone that ...** il doit être clair pour tout le monde que ...; **it is ~ from his comments that ...** ses remarques montrent clairement que ...; **he made his feelings ~** il n'a pas caché ce qu'il pensait; **he made it quite ~ that he would never agree** il a bien fait comprendre qu'il n'accepterait jamais

ⓑ *(= unambiguous)* clair; **~ speaking** propos *(mpl)* sans équivoque; **to use ~ language** parler sans ambages; **in ~ English, I think you made a mistake** je vous le dis carrément, je pense que vous vous êtes trompé; **do I make myself ~?** est-ce que je me fais bien comprendre?

ⓒ *(= sheer)* pur (et simple)

ⓓ *(= simple)* simple; *(= in one colour)* uni; **~ white walls** murs *(mpl)* blancs unis; **I like good ~ cooking** j'aime la cuisine simple; **one ~, one purl** *(Knitting)* une maille à l'endroit, une maille à l'envers; **to send sth under ~ cover** envoyer qch sous pli discret; **it's ~ sailing from now on** maintenant tout va marcher comme sur des roulettes*

ⓔ *(= not pretty)* quelconque; **she's rather ~** elle n'est pas jolie

2 ADV ⓐ *(= clearly)* **I can't put it ~er than this** je ne peux pas m'exprimer plus clairement que cela

ⓑ *(= simply)** tout bonnement; **(just) ~ stupid** tout simplement idiot

3 N plaine *(f)*; **the (Great) Plains** *(US)* la (Grande) Prairie

4 COMP ♦ **plain chocolate** N chocolat *(m)* à croquer ♦ **plain clothes** NPL **in ~ clothes** en civil ♦ **plain-clothes** ADJ **a ~-clothes policeman** un policier en civil ♦ **plain flour** N farine *(f)* *(sans levure)* ♦ **plain yoghurt** N yaourt *(m)* nature

plainly /'pleɪnlɪ/ ADV ⓐ *(= obviously)* manifestement; **~, these new techniques are a great improvement** à l'évidence, ces nouvelles techniques représentent un grand progrès ⓑ *[speak]* clairement; *[see, hear]* distinctement ⓒ *[dressed]* sans recherche

plainness /'pleɪnnɪs/ N ⓐ *(= simplicity)* simplicité *(f)* ⓑ *(= lack of beauty)* manque *(m)* de beauté

plaintiff /'pleɪntɪf/ N plaignant(e) *(m(f))*

plaintive /'pleɪntɪv/ ADJ plaintif

plait /plæt/ 1 N *[of hair]* tresse *(f)*; **she wears her hair in ~s** elle porte des tresses 2 VT [+ *hair, string*] tresser

plan /plæn/ 1 N ⓐ *(= drawing, map)* plan *(m)*

ⓑ *(= project)* plan *(m)*, projet *(m)*; **her ~ for union reform** son projet de réforme syndicale; **~ of action** plan *(m)* d'action; **development ~** plan *(m)* de développement; **to draw up a ~** dresser un plan; **everything is going according to ~** tout se passe comme prévu; **to make ~s** faire des projets; **to upset** *or* **spoil sb's ~s** déranger les projets de qn; **to change one's ~s** changer d'idée; **the best ~ would be to leave tomorrow afternoon** le mieux serait de partir demain après-midi; **what ~s do you have for the holidays?** quels sont vos projets pour les vacances?; **I haven't any particular ~s** je n'ai aucun projet précis; **have you got any ~s for tonight?** est-ce que vous avez prévu quelque chose pour ce soir?; **there are ~s to modernize the building** il est prévu de moderniser l'immeuble; **the government said they had no ~s to increase taxes** le gouvernement a dit qu'il n'avait pas l'intention d'augmenter les impôts

2 VT ⓐ *(= devise and schedule)* planifier

ⓑ *(= make plans for)* [+ *holiday, journey, crime*] préparer à l'avance; [+ *essay*] faire le plan de; [+ *campaign, attack*] organiser; **a well-~ned house** une maison bien conçue; **to ~ one's day** organiser sa journée; **they ~ned the attack together** ils ont préparé l'attaque ensemble; **he has got it all ~ned** il a tout prévu; **couples can now ~ their families** les couples peuvent aujourd'hui choisir quand avoir des enfants

ⓒ *(= have in mind)* avoir l'intention de; **to ~ to do sth** avoir l'intention de faire qch; **how long do you ~ to be away?** combien de temps avez-vous l'intention de vous absenter?

3 VI faire des projets; **we are ~ning for the future** nous faisons des projets pour l'avenir; **one has to ~ months ahead** il faut s'y prendre des mois à l'avance

► **plan on** VT INSEP *(= intend)* **to ~ on doing sth** avoir l'intention de faire qch

plane /pleɪn/ 1 N ⓐ *(= aeroplane)* avion *(m)*; **by ~** par avion ⓑ *(= tool)* rabot *(m)* ⓒ *(= tree)* platane *(m)* ⓓ *(= surface)* plan *(m)* 2 VT raboter 3 COMP ♦ **plane crash** N accident *(m)* d'avion ♦ **plane journey** N voyage *(m)* en avion ♦ **plane ticket** N billet *(m)* d'avion

planet /'plænɪt/ N planète *(f)*

planetarium /ˌplænɪ'teərɪəm/ N planétarium *(m)*

planetary /'plænɪtərɪ/ ADJ planétaire

plank /plæŋk/ N planche *(f)*; **the main ~** *(of policy, argument)* la pièce maîtresse

plankton /'plæŋktən/ N plancton *(m)*

planner /'plænəʳ/ N *(for town)* urbaniste *(mf)*

planning /'plænɪŋ/ 1 N ⓐ *(= organizing)* planification *(f)*; **forward ~** planification *(f)* à long terme; **financial ~** gestion *(f)* prévisionnelle des dépenses ⓑ *(for town)* urbanisme *(m)* 2 COMP ♦ **planning department** N service *(m)* de l'urbanisme ♦ **planning permission** N permis *(m)* de construire

plant /plɑːnt/ 1 N ⓐ *(growing)* plante *(f)*

ⓑ *(= equipment)* matériel *(m)*; *(fixed)* installation *(f)*; *(= equipment and buildings)* bâtiments *(mpl)* et matériel; **heavy ~** engins *(mpl)*

ⓒ *(= factory)* usine *(f)*

ⓓ *(= infiltrator)* agent *(m)* infiltré

2 VT ⓐ [+ *plants, bulbs*] planter; [+ *field, garden*] planter **(with** en)

ⓑ *(= place)* [+ *flag*] planter; [+ *bomb*] poser; [+ *spy*] introduire; **to ~ a kiss on sb's cheek** planter un baiser sur la joue de qn; **to ~ o.s. in front of sb/sth** se planter devant qn/qch; **to ~ an idea in sb's mind** mettre une idée dans la tête de qn; **to ~ drugs/evidence on sb** dissimuler de la drogue/des preuves sur qn (pour l'incriminer)

3 COMP ♦ **plant food** N engrais *(m)* ♦ **plant life** N flore *(f)* ♦ **plant pot** N pot *(m)* de fleurs

► **plant out** VT SEP [+ *seedlings*] repiquer

plantation /plæn'teɪʃən/ N plantation *(f)*

planter /'plɑːntəʳ/ N *(= plant pot)* pot *(m)*; *(bigger, decorative)* jardinière *(f)*

plaque /plæk/ N ⓐ (= *plate*) plaque (f) ⓑ (*on teeth*) plaque (f) dentaire

plasma screen /'plæzmə ˌskriːn/ N écran (m) plasma

plaster /'plɑːstə'/ **1** N ⓐ (*for wall, fracture*) plâtre (m); **he had his leg in ~** il avait la jambe dans le plâtre ⓑ (*Brit: for cut*) sparadrap (m); **a (piece of) ~** un pansement adhésif

2 VT ⓐ [+ *wall, fracture*] plâtrer ⓑ (= *cover*) couvrir (**with** de); **the story was ~ed* all over the front page** l'histoire s'étalait sur toute la première page; **to ~ one's face with make-up** se maquiller outrageusement

3 COMP [*model, moulding*] en plâtre ♦ **plaster cast** N plâtre (m); (*for sculpture*) moule (m) (en plâtre) ♦ **plaster of Paris** N plâtre (m) à mouler

plasterboard /'plɑːstəbɔːd/ N Placoplâtre® (m)

plastered* /'plɑːstəd/ ADJ (= *drunk*) beurré*; **to get ~** se soûler (la gueule*)

plasterer /'plɑːstərə'/ N plâtrier (m)

plastic /'plæstɪk/ **1** N ⓐ (= *substance*) plastique (m); **~s** matières (fpl) plastiques ⓑ (= *credit cards*)* cartes (fpl) de crédit **2** ADJ (= *made of plastic*) en (matière) plastique **3** COMP ♦ **plastic bag** N sac (m) en plastique ♦ **plastic bullet** N balle (f) de plastique ♦ **plastic explosive** N plastic (m) ♦ **plastic surgeon** N spécialiste (mf) de chirurgie esthétique ♦ **plastic surgery** N chirurgie (f) esthétique ♦ **plastic wrap** N (*US*) film (m) alimentaire

Plasticine® /'plæstɪsiːn/ N pâte (f) à modeler

plate /pleɪt/ **1** N ⓐ (*for food*) assiette (f); (= *platter*) plat (m); **a ~ of sandwiches** une assiette de sandwichs; **to give sth to sb on a ~*** apporter qch à qn sur un plateau; **to have enough on one's ~*** (*things to do*) avoir déjà beaucoup à faire; (*problems*) avoir déjà beaucoup de problèmes ⓑ (*gold dishes*) orfèvrerie (f); (*silver dishes*) argenterie (f) ⓒ (*glass, door*) plaque (f); (= *number plate*) plaque (f) d'immatriculation

2 VT (*with metal*) plaquer; (*with silver*) argenter

3 COMP ♦ **plate glass** N verre (m) à vitre ♦ **plate-glass window** N baie (f) vitrée ♦ **plate rack** N (*for drying*) égouttoir (m); (*for storing*) range-assiettes (m inv)

plateau /'plætəʊ/ N plateau (m)

plateful /'pleɪtfʊl/ N assiettée (f)

platform /'plætfɔːm/ **1** N ⓐ (*on oil rig, bus*) plateforme (f); (*for band, in hall*) estrade (f); (*at meeting*) tribune (f); (*in station*) quai (m); **~ six** quai (m) six; **he was on the ~ at the last meeting** il était à la tribune (d'honneur) lors de la dernière réunion ⓑ (*of political party*) plateforme (f) électorale **2** COMP ♦ **platform shoes** NPL chaussures (fpl) à semelles compensées ♦ **platform soles** NPL semelles (fpl) compensées

platinum /'plætɪnəm/ **1** N platine (m) **2** ADJ [*jewellery*] en platine **3** COMP ♦ **platinum blond(e)** N blond(e) (m(f)) platiné(e) ♦ **platinum disc** N (= *award*) disque (m) de platine

platitude /'plætɪtjuːd/ N platitude (f)

platonic /plə'tɒnɪk/ ADJ [*relationship*] platonique

platoon /plə'tuːn/ N section (f)

platter /'plætə'/ N ⓐ (= *plate*) plat (m); **she was handed it on a ~** on le lui a apporté sur un plateau ⓑ (= *meal*) assiette (f); **seafood ~** assiette (f) de fruits de mer

plaudits /'plɔːdɪts/ NPL acclamations (fpl)

plausibility /ˌplɔːzə'bɪlɪtɪ/ N plausibilité (f); [*of person*] crédibilité (f)

plausible /'plɔːzəbl/ ADJ plausible; [*person*] convaincant

---

play /pleɪ/

1 NOUN	4 COMPOUNDS
2 TRANSITIVE VERB	5 PHRASAL VERBS
3 INTRANSITIVE VERB	

1 NOUN

ⓐ [Sport] jeu (m); **there was some good ~ in the second half** on a assisté à du beau jeu pendant la deuxième mi-

temps; **~ starts at noon** le match commence à midi; **children learn through ~** les enfants apprennent par le jeu

♦ **to make a play for sth** s'efforcer d'obtenir qch

♦ **into play**: **to bring** or **call sth into ~** faire intervenir qch; **to come into ~** entrer en jeu

ⓑ = **movement** jeu (m); **the free ~ of market forces** le libre jeu du marché; **to give full ~ to one's imagination** donner libre cours à son imagination

ⓒ = **drama** pièce (f) (de théâtre); **the ~s of Molière** les pièces (fpl) de Molière; **television ~** dramatique (f); **a ~ by Pinter** une pièce de Pinter; **to be in a ~** [*actor*] jouer dans une pièce

2 TRANSITIVE VERB

ⓐ + **game, sport** jouer à; **to ~ chess** jouer aux échecs; **to ~ football** jouer au football; **to ~ a match against sb** disputer un match contre qn; **the match will be ~ed on Saturday** le match aura lieu samedi; **what position does she ~?** à quelle place joue-t-elle ?; **to ~ a game** jouer à un jeu; (*of tennis*) faire une partie; **the children were ~ing a game in the garden** les enfants jouaient dans le jardin; **don't ~ games with me!** ne vous moquez pas de moi !; **to ~ ball with sb** (= *cooperate*) coopérer avec qn; **to ~ the game** (= *play fair*) jouer le jeu; **to ~ the field*** papillonner; **he gave up ~ing the field and married a year ago** il a cessé de papillonner et s'est marié il y a un an

ⓑ + **opponent** rencontrer; **England are ~ing Scotland on Saturday** l'Angleterre rencontre l'Écosse samedi

ⓒ + **chess piece, card** jouer

ⓓ [Theatre] [+ *part, play*] jouer; **they ~ed it as a comedy** ils l'ont joué comme une comédie; **he ~ed the part of Macbeth** il a joué le rôle de Macbeth; **to ~ one's part well** bien jouer; **to ~ a part in sth** [*person*] prendre part à qch; [*quality, object*] contribuer à qch; **he ~ed no part in it** il n'y était pour rien; **to ~ it cool*** garder son sang-froid; **to ~ it safe** ne prendre aucun risque

ⓔ [Music] [+ *instrument*] jouer de; [+ *piece*] jouer; [+ *record, CD*] passer; **to ~ the piano** jouer du piano; **they were ~ing Beethoven** ils jouaient du Beethoven

ⓕ = **direct** [+ *hose, searchlight*] diriger

3 INTRANSITIVE VERB

ⓐ jouer; **to ~ fair** (*Sport*) jouer franc jeu; (*fig*) jouer le jeu; **to ~ dead** faire le mort

♦ **play + preposition**: **England is ~ing against Scotland** l'Angleterre joue contre l'Écosse; **what's he ~ing at?** à quoi il joue ?; **what do you think you're ~ing at!*** qu'est-ce que tu fabriques* ?; **to ~ for money** jouer pour de l'argent; **he ~s for Manchester** il joue dans l'équipe de Manchester; **to ~ for time** essayer de gagner du temps; **to ~ in goal** jouer dans les buts; **to ~ into sb's hands** faire le jeu de qn; **to ~ with fire** jouer avec le feu; **how much time do we have to ~ with?*** combien de temps avons-nous ?

ⓑ [Music] [*person, organ, orchestra*] jouer; **there was music ~ing** il y avait de la musique

4 COMPOUNDS

♦ **play-off** N (*after a tie*) ≈ match (m) de barrage (*départageant des concurrents à égalité*); (*US: for championship*) match (m) de qualification ♦ **play on words** N jeu (m) de mots ♦ **play park** N terrain (m) de jeu

5 PHRASAL VERBS

► **play along** VI **to ~ along with sb** entrer dans le jeu de qn

► **play around** VI ⓐ **to ~ around with an idea** retourner une idée dans sa tête ⓑ (= *mess about*)* faire l'imbécile

► **play back** VT SEP [+ *tape*] réécouter

► **play down** VT SEP (= *minimize importance of*) [+ *significance*] minimiser; [+ *situation, attitude*] dédramatiser

► **play off** VT SEP **to ~ off Mum against Dad** monter maman contre papa

► **play on** VT INSEP [+ *sb's emotions, good nature*] jouer sur; **to ~ on words** jouer sur les mots

► **play up* 1** VI (= *give trouble*) **the engine is ~ing up** le moteur fait des siennes; **the children have been ~ing up all day** les enfants ont été insupportables toute la journée **2** VT SEP ⓐ (= *give trouble to*) **his leg is ~ing him up** sa jambe le tracasse ⓑ (= *magnify importance of*) exagérer (l'importance de)

playboy /'pleɪbɔɪ/ N playboy *(m)*

player /'pleɪə'/ N ⓐ (*Sport*) joueur *(m)*, -euse *(f)*; **he's a very good ~** il joue très bien ⓑ (*Music*) musicien(ne) *(m(f))*; **flute ~** joueur *(m)*, -euse *(f)* de flûte ⓒ (= *party involved*) protagoniste *(mf)*; **one of the main ~s in ...** un des principaux protagonistes de ...

playful /'pleɪfʊl/ ADJ badin; [*person*] enjoué; [*puppy, kitten*] joueur

playgoer /'pleɪ,ɡəʊə'/ N amateur *(m)*, -trice *(f)* de théâtre

playground /'pleɪɡraʊnd/ N cour *(f)* de récréation

playgroup /'pleɪɡruːp/ N ≈ garderie *(f)*

playing /'pleɪɪŋ/ N (*Music*) interprétation *(f)* ♦ **playing card** N carte *(f)* à jouer ♦ **playing field** N (*Sport*) terrain *(m)* de jeu; (*fig*) situation *(f)* équitable pour tout le monde; **to compete on a level ~ field** être sur un pied d'égalité

playmate /'pleɪmeɪt/ N camarade *(mf)* de jeu

playpen /'pleɪpen/ N parc *(m)* (*pour bébés*)

playroom /'pleɪrʊm/ N salle *(f)* de jeux

playschool /'pleɪskuːl/ N ≈ garderie *(f)*

plaything /'pleɪθɪŋ/ N jouet *(m)*

playtime /'pleɪtaɪm/ N récréation *(f)*

playwright /'pleɪraɪt/ N auteur *(m)* dramatique

plaza /'plɑːzə/ N ⓐ (= *square*) place *(f)* ⓑ (*US* = *motorway services*) aire *(f)* de service

PLC, Plc, plc /,piːel'siː/ (*Brit*) (ABBR = **public limited company**) SARL *(f)*

plea /pliː/ N ⓐ (= *entreaty*) appel *(m)* (**for** à) ⓑ (*in court*) **to enter a ~ of guilty/not guilty** plaider coupable/non coupable

plead /pliːd/ (*pret, ptp* **pleaded** *or* **pled**) 1 VI ⓐ **to ~ with sb to do sth** supplier qn de faire qch; **he ~ed for mercy for his brother** il a imploré la clémence pour son frère; **to ~ for a scheme/programme** plaider pour un projet/un programme ⓑ (*in court*) plaider; **to ~ guilty/not guilty** plaider coupable/non coupable 2 VT ⓐ (= *give as excuse*) alléguer; **to ~ ignorance** alléguer son ignorance ⓑ **to ~ sb's case/cause** plaider la cause de qn

pleasant /'pleznt/ ADJ ⓐ (= *pleasing*) agréable; **they spent a ~ afternoon** ils ont passé un après-midi très agréable; **it's very ~ here** on est bien ici ⓑ (= *polite*) aimable; **try and be ~** essaie d'être aimable; **he was very ~ to us** il s'est montré très aimable avec nous; **he has a ~ manner** il est charmant

pleasantly /'plezntlɪ/ ADV [*smile, answer*] aimablement; **to be ~ surprised** être agréablement surpris; **the weather was ~ warm** il faisait une chaleur agréable

please /pliːz/ 1 ADV s'il vous (*or* te) plaît; **~ don't!** ne faites pas ça s'il vous plaît!; **yes ~** oui, merci; **would you like some cheese? — yes ~** voulez-vous du fromage? — oui, merci; **~ let me know if I can help you** n'hésitez pas à me dire si je peux vous aider; **shall I tell him? — ~ do!** je lui dis? — mais oui bien sûr

2 VI ⓐ (= *think fit*) **do as you ~!** faites comme vous voulez! ⓑ (= *satisfy, give pleasure*) faire plaisir; **he is very anxious to ~** il a très envie de faire plaisir

3 VT (= *give pleasure to*) faire plaisir à; (= *satisfy*) contenter; **I did it to ~ you** je l'ai fait pour te faire plaisir; **he is hard to ~** il est difficile à contenter; **to ~ oneself** faire comme on veut; **~ yourself!** comme vous voulez!

pleased /pliːzd/ ADJ content (**with** de); **he looked very ~ at the news** la nouvelle a eu l'air de lui faire grand plaisir; **he was ~ to hear that ...** il a été heureux d'apprendre que ...; **~ to meet you!*** enchanté!; **to be ~ with o.s./sb** être content de soi/qn; **they were not at all ~ with the decision** ils n'étaient absolument pas satisfaits de cette décision

pleasing /'pliːzɪŋ/ ADJ agréable

pleasurable /'pleʒərəbl/ ADJ (très) agréable

pleasure /'pleʒə'/ 1 N ⓐ (= *enjoyment*) plaisir *(m)*; **to do sth for ~** faire qch pour le plaisir; **toys which can give children hours of ~** des jouets avec lesquels les enfants peuvent s'amuser pendant des heures; **has he gone to Paris on business or for ~?** est-il allé à Paris pour affaires ou pour son plaisir?; **to get ~ from doing sth** prendre plaisir à faire qch; **I no longer get much ~ from my work** mon travail ne me plaît plus vraiment; **to take great ~ in doing sth** prendre beaucoup de plaisir à faire qch; **she takes ~ in the simple things in life** elle apprécie les choses simples; **they took great ~ in his success** ils se sont réjouis de son succès; **it takes all the ~ out of it** ça vous gâche le plaisir

ⓑ (= *source of enjoyment*) plaisir *(m)*; **one of my greatest ~s** un de mes plus grands plaisirs; **he's a ~ to work with** c'est un plaisir de travailler avec lui

ⓒ (*in polite phrases*) **my ~!*** je vous en prie!; **with ~** (= *willingly*) avec plaisir; **I have ~ in accepting ...** j'ai l'honneur d'accepter ...; **Mr and Mrs Brewis request the ~ of your company at the marriage of their daughter** M. et Mme Brewis sont heureux de vous faire part du mariage de leur fille et vous prient d'assister à la bénédiction nuptiale

2 COMP ♦ **pleasure boat** N bateau *(m)* de plaisance

pleat /pliːt/ 1 N pli *(m)* 2 VT plisser

pleb* /pleb/ N (*Brit*) plouc* *(mf)*

plebiscite /'plebɪsɪt/ N plébiscite *(m)*; **to hold a ~** faire un plébiscite

plectrum /'plektrəm/ N plectre *(m)*

pledge /pledʒ/ 1 N ⓐ (= *promise*) promesse *(f)*; (= *agreement*) pacte *(m)*; **to be under a ~ of secrecy** avoir promis de ne rien dire; **the government did not honour its ~** le gouvernement n'a pas tenu sa promesse; **an election ~** une promesse électorale; **to take the ~** faire vœu de tempérance 2 VT ⓐ (= *pawn*) mettre en gage ⓑ (= *promise*) [+ *one's help, support, allegiance*] promettre; **to ~ to do sth** s'engager à faire qch

plenary /'pliːnərɪ/ 1 ADJ (**in**) **~ session** (en) séance plénière; **~ meeting** réunion *(f)* plénière 2 N séance *(f)* plénière

plentiful /'plentɪfʊl/ ADJ [*harvest, food*] abondant; [*amount*] copieux; **a ~ supply of** une profusion de

plenty /'plentɪ/ 1 N ⓐ (= *a lot*) **I've got ~** j'en ai plein; **I've got ~ to do** j'ai beaucoup à faire; **~ of** (*bien*) assez de; **he's got ~ of friends** il a beaucoup d'amis; **he's got ~ of money** il a beaucoup d'argent; **ten is ~** dix suffisent (largement); **that's ~** ça suffit amplement ⓑ (= *abundance*) abondance *(f)* 2 ADV* assez; **it's ~ big enough!** c'est bien assez grand!

plethora /'pleθərə/ N pléthore *(f)*

pleurisy /'plʊərɪsɪ/ N pleurésie *(f)*; **to have ~** avoir une pleurésie

pliable /'plaɪəbl/ ADJ [*material*] flexible; [*character, person*] malléable

pliant /'plaɪənt/ ADJ malléable

pliers /'plaɪəz/ NPL (*also* **pair of ~**) pince(s) *(f(pl))*

plight /plaɪt/ N **the ~ of the refugees** la situation dramatique des réfugiés; **the country's economic ~** les difficultés *(fpl)* économiques du pays; **in a sorry ~** dans un triste état

plimsoll /'plɪmsəl/ N (*Brit*) chausson *(m)* de gym(nastique)

plinth /plɪnθ/ N plinthe *(f)*; [*of statue*] socle *(m)*

PLO /,piːel'əʊ/ N (ABBR = **Palestine Liberation Organization**) OLP *(f)*

plod /plɒd/ 1 VI ⓐ (= *trudge: also* **~ along**) avancer d'un pas lourd ⓑ (= *proceed laboriously*) **I'm ~ding through his book** je lis son livre mais c'est laborieux 2 N **I heard the ~ of his footsteps** j'entendais son pas lourd

plodder /'plɒdə'/ N bûcheur* *(m)*, -euse* *(f)*

plonk* /plɒŋk/ 1 N (*Brit* = *cheap wine*) piquette *(f)* 2 VT (*also* **~ down**) poser (bruyamment); **he ~ed the book (down) on the table** il a posé (bruyamment) le livre sur la table; **he ~ed himself down into the chair** il s'est laissé tomber dans le fauteuil

plop /plɒp/ 1 N (= sound) floc (m) 2 VI [stone, single drop] faire floc; [raindrops] faire flic flac 3 VT **to ~ o.s. down*** [person] s'asseoir lourdement

plot /plɒt/ 1 N ⓐ (= ground) terrain (m); **building ~** terrain (m) à bâtir; **the vegetable ~** le carré de légumes ⓑ (= conspiracy) complot (m) (**to do sth** pour faire qch) ⓒ [of story] intrigue (f); **to lose the ~*** être paumé* 2 VT ⓐ (= mark out) [+ course, route] déterminer; [+ graph, curve] tracer point par point; [+ progress, development] faire le graphique de ⓑ [+ sb's death, ruin] comploter 3 VI (= conspire) conspirer; **to ~ to do sth** comploter de faire qch

plotter /ˈplɒtəʳ/ N (= conspirator) conspirateur (m), -trice (f)

plough, plow (US) /plaʊ/ 1 N charrue (f); **the Plough** (= constellation) la Grande Ourse

2 VT [+ field] labourer; [+ furrow] creuser; **to ~ money into sth** investir gros dans qch; **we've ~ed millions into this project** nous avons investi des millions dans ce projet

3 VI ⓐ [worker] labourer ⓑ **to ~ through the mud** avancer péniblement dans la boue; **the lorry ~ed into the wall** le camion est allé se jeter contre le mur; **the car ~ed through the fence** la voiture a défoncé la barrière; **to ~ through a book** lire laborieusement un livre

► **plough back** VT SEP [+ profits] réinvestir (**into** dans)

ploughman /ˈplaʊmən/ N (pl **-men**) laboureur (m) ◆ **ploughman's lunch** N (Brit) assiette de fromage et de pickles

plow /plaʊ/ (US) = **plough**

ploy* /plɔɪ/ N stratagème (m) (**to do sth** pour faire qch)

pls* ABBR = **please** ADV SVP

pluck /plʌk/ 1 VT [+ fruit, flower] cueillir; [+ strings] pincer; [+ bird] plumer; **to ~ one's eyebrows** s'épiler les sourcils 2 N (= courage) courage (m)

► **pluck up** VT SEP (= summon up) **he ~ed up the courage to tell her** il a trouvé le courage de lui dire

plucky* /ˈplʌkɪ/ ADJ courageux

plug /plʌg/ 1 N ⓐ [of bath, basin] bonde (f); **to pull out the ~** enlever la bonde; **to pull the ~ on:** [+ project] laisser tomber* ⓑ (electric) prise (f) (de courant) ⓒ (= spark plug) bougie (f) ⓓ (= publicity)* coup (m) de pouce (publicitaire); **to give sth/sb a ~** donner un coup de pouce (publicitaire) à qch/qn 2 VT ⓐ (= fill) [+ hole, crack] boucher; [+ leak] colmater; **to ~ the gap** (fig) combler les lacunes ⓑ (= publicize)* (on one occasion) faire de la pub* pour; (repeatedly) matraquer* 3 COMP ◆ **plug-and-play** ADJ prêt à l'emploi

► **plug away*** VI bosser* (**at doing sth** pour faire qch); **he was ~ging away at his maths** il bûchait* ses maths

► **plug in** 1 VT SEP [+ lead, apparatus] brancher 2 VI se brancher; **the TV ~s in over there** la télé se branche là-bas

► **plug into*** VT INSEP [+ computer system] se connecter sur; [+ ideas] se brancher à l'écoute de*

plughole /ˈplʌghəʊl/ N trou (m) (d'écoulement); **it went down the ~** [idea, project] c'est tombé à l'eau

plum /plʌm/ 1 N (= fruit) prune (f); (= tree) prunier (m) 2 ADJ ⓐ (= plum-coloured) prune (inv) ⓑ (= best, choice)* de choix; **he has a ~ job** il a un boulot* en or 3 COMP ◆ **plum pudding** N (plum-)pudding (m) ◆ **plum tomato** N olivette (f)

plumage /ˈpluːmɪdʒ/ N plumage (m)

plumb /plʌm/ 1 N **out of ~** hors d'aplomb 2 ADJ vertical 3 ADV ⓐ (= exactly) en plein; **~ in the middle of** en plein milieu de ⓑ (= absolutely) complètement; **he's ~ crazy** il est complètement fou 4 VT **to ~ the depths of desperation/loneliness** toucher le fond du désespoir/de la solitude; **the film ~s the depths of sexism** ce film est d'un sexisme inimaginable; **these terrorists have ~ed new depths** ces terroristes sont allés encore plus loin dans l'horreur

► **plumb in** VT SEP faire le raccordement de

plumber /ˈplʌməʳ/ N plombier (m)

plumbing /ˈplʌmɪŋ/ N plomberie (f)

plumbline /ˈplʌmlaɪn/ N fil (m) à plomb

plume /pluːm/ N ⓐ (= large feather) (grande) plume (f); (on hat, helmet) plumet (m); (larger) panache (m) ⓑ [of smoke] panache (m)

plummet /ˈplʌmɪt/ VI [aircraft] plonger; [temperature, price, sales, popularity] chuter; [morale] tomber à zéro

plump /plʌmp/ 1 ADJ [person, child, hand] potelé; [cheek] rebondi; [arm, leg] dodu 2 VT (also **~ up**) [+ pillow] tapoter ► **plump for*** VT INSEP choisir

plunder /ˈplʌndəʳ/ 1 N (= act) pillage (m); (= loot) butin (m) 2 VT piller

plunge /plʌndʒ/ 1 N [of bird, diver] plongeon (m); (= steep fall) chute (f); **prices started a downward ~** les prix ont commencé à chuter; **a ~ in the value of the euro** une chute de la valeur de l'euro; **to take the ~** sauter le pas

2 VT plonger; **they were ~d into darkness/despair** ils ont été plongés dans l'obscurité/le désespoir

3 VI plonger; [sales, prices, profits, temperature] chuter; **he ~d to his death** il a fait une chute mortelle; **the car ~d over the cliff** la voiture est tombée de la falaise; **he ~d into the crowd** il s'est jeté dans la foule; **to ~ into debt/recession** sombrer dans les dettes/la récession; **he ~d into the argument** il s'est lancé dans la discussion

4 COMP ◆ **plunge pool** N (in sauna) bassin (m)

plunger /ˈplʌndʒəʳ/ N (for blocked pipe) ventouse (f)

plunging /ˈplʌndʒɪŋ/ ADJ **~ neckline** décolleté (m) plongeant

pluperfect /ˈpluːˈpɜːfɪkt/ N plus-que-parfait (m)

plural /ˈplʊərəl/ 1 ADJ ⓐ [form, ending, person] du pluriel; [verb, noun] au pluriel ⓑ [society] pluriel 2 N pluriel (m); **in the ~** au pluriel

plus /plʌs/ 1 PREP plus; **three ~ four** trois plus quatre; **... ~ what I've done already** ... plus ce que j'ai déjà fait 2 ADJ **on the ~ side we have his support** un des points positifs, c'est que nous avons son soutien; **a ~ factor** un atout; **ten-~ hours a week*** un minimum de dix heures par semaine; **B ~** (= mark) B plus; **we've sold 100 ~*** nous en avons vendu 100 et quelques 3 N plus (m) 4 COMP ◆ **plus sign** N signe (m) plus

plush /plʌʃ/ ADJ (= sumptuous) somptueux; [area] riche

Pluto /ˈpluːtəʊ/ N (= planet) Pluton (f)

plutocrat /ˈpluːtəʊkræt/ N ploutocrate (m)

plutonium /pluːˈtəʊnɪəm/ N plutonium (m)

ply /plaɪ/ 1 N (compound ending) **three-~** (wool) laine (f) trois fils 2 VT [+ needle, tool, oar] manier; **to ~ one's trade** (as) exercer son métier (de); **to ~ sb with questions** presser qn de questions; **he plied them with drink** il ne cessait de remplir leur verre 3 VI **to ~ between** [ship, coach] faire la navette entre

plywood /ˈplaɪwʊd/ N contreplaqué (m)

PM /piːˈem/ N (Brit) (ABBR = **Prime Minister**) Premier ministre (m)

pm /piːˈem/ (ABBR = **post meridiem**) de l'après-midi; **3pm** 3 heures de l'après-midi, 15 heures

PMS /ˌpiːemˈes/ N (ABBR = **premenstrual syndrome**) SPM (m), syndrome (m) prémenstruel

PMT /ˌpiːemˈtiː/ N (ABBR = **premenstrual tension**) SPM (m), syndrome (m) prémenstruel

pneumatic /njuːˈmætɪk/ ADJ pneumatique ◆ **pneumatic drill** N marteau-piqueur (m)

pneumonia /njuːˈməʊnɪə/ N pneumonie (f)

PO /piːˈəʊ/ N (ABBR = **post office**) **PO Box 24** BP (f) 24

poach /pəʊtʃ/ 1 VT ⓐ [+ game, fish] braconner; [+ employee] débaucher ⓑ [+ food] pocher 2 COMP ◆ **poached egg** N œuf (m) poché

poacher /ˈpəʊtʃəʳ/ N [of game] braconnier (m)

poaching /ˈpəʊtʃɪŋ/ N braconnage (m)

pocket /ˈpɒkɪt/ 1 N ⓐ poche (f); **with his hands in his ~s** les mains dans les poches; **in his trouser ~** dans la poche de son pantalon; **to go through sb's ~s** faire les poches à qn; **the deal put £100 in his ~** l'affaire lui a rapporté 100

livres; **to line one's ~s** se remplir les poches; **to pay for sth out of one's own ~** payer qch de sa poche
♦ **to be in pocket** avoir une marge de bénéfice
♦ **to be out of pocket** en être de sa poche; **it left me £50 out of ~** ça m'a coûté 50 livres
ⓑ (= *small area*) [*of land*] parcelle *(f)*; (*Billiards*) blouse *(f)*
2 VT ⓐ (= *take*) empocher
ⓑ (= *steal*)* barboter*
3 COMP [*torch, dictionary, edition*] de poche ♦ **pocket billiards** NPL (*US*) billard *(m)* américain ♦ **pocket calculator** N calculette *(f)* ♦ **pocket-money** N argent *(m)* de poche

pocketbook /'pɒkɪtbʊk/ N (*US*) (= *wallet*) portefeuille *(m)*; (= *handbag*) sac *(m)* à main

pocketknife /'pɒkɪtnaɪf/ N (*pl* **-knives**) canif *(m)*

pockmarked /'pɑkmɒːkt/ ADJ [*face*] grêlé; [*surface*] criblé de trous

pod /pɒd/ N [*of bean, pea*] cosse *(f)*

podcast /'pɒdkɑːst/ N podcast *(m)*

podgy* /'pɒdʒɪ/ ADJ grassouillet

podiatrist /pɒ'dɪːətrɪst/ N (*US*) pédicure *(mf)*

podiatry /pɒ'dɪːətrɪ/ N (*US*) (= *science*) podologie *(f)*; (= *treatment*) soins *(mpl)* du pied

podium /'pəʊdɪəm/ N (*pl* **podia**) podium *(m)*

poem /'pəʊɪm/ N poème *(m)*

poet /'pəʊɪt/ N poète *(m)*

poetic /pəʊ'etɪk/ ADJ poétique; **it's ~ justice** il y a une justice immanente

poetry /'pəʊɪtrɪ/ N poésie *(f)*; **he writes ~** il écrit des poèmes ♦ **poetry reading** N lecture *(f)* de poèmes

poignancy /'pɔɪnjənsɪ/ N **it was a moment of extraordinary ~** c'était un moment très poignant

poignant /'pɔɪnjənt/ ADJ poignant

---

point /pɔɪnt/

1 NOUN	4 INTRANSITIVE VERB
2 PLURAL NOUN	5 COMPOUNDS
3 TRANSITIVE VERB	6 PHRASAL VERBS

1 NOUN
ⓐ ⎢= **sharp end**⎥ pointe *(f)*; **a knife with a sharp ~** un couteau très pointu; **to dance on ~s** faire les pointes; **not to put too fine a ~ on it** (= *frankly*) pour être franc
ⓑ ⎢= **dot**⎥ point *(m)*; (= *decimal point*) virgule *(f)* (décimale); **three ~ six** (*3,6*) trois virgule six (*3,6*)
ⓒ ⎢**in space, in time**⎥ point *(m)*; **the highest ~ in the district** le point culminant de la région; **at that ~ in the road** à cet endroit de la route; **he had reached a ~ where he began to doubt whether ...** il en était arrivé à se demander si ...; **to reach a low ~** [*morale*] être au plus bas; [*production, reputation*] toucher le fond; **from that ~ onwards** à partir de ce moment; **at this** *or* **that ~** (*in space*) à cet endroit; (*in time*) à ce moment-là; **at this ~ in time** à ce stade
♦ **point of** + *noun*: **there was no ~ of contact between them** ils n'avaient aucun point commun; **~ of departure** point *(m)* de départ; **~ of entry** point *(m)* d'arrivée; **to reach the ~ of no return** atteindre le point de non-retour
♦ **the point of** + *-ing*: **to be on the ~ of doing sth** être sur le point de faire qch; **he had reached the ~ of resigning** il en était arrivé au point de donner sa démission
♦ **up to a point** jusqu'à un certain point
ⓓ ⎢= **unit**⎥ (*in score*) point *(m)*; (*on thermometer*) degré *(m)*; **the cost-of-living index went up two ~s** l'indice du coût de la vie a augmenté de deux points
ⓔ ⎢= **idea**⎥ point *(m)*; **on this ~ we are agreed** sur ce point nous sommes d'accord; **the main ~s to remember** les principaux points à retenir; **~ by ~** point par point; **you have a ~ there!** il y a du vrai dans ce que vous dites!; **he made the ~ that ...** il fit remarquer que ...; **I take your ~** je vois ce que vous voulez dire; **~ taken!*** d'accord!
♦ **a point of** + *noun*: **it was a ~ of honour with him never to refuse** il se faisait un point d'honneur de ne jamais refuser; **~ of interest/of no importance** point *(m)* intéressant/

sans importance; **on a ~ of principle** sur une question de principe
ⓕ ⎢= **important part**⎥ [*of argument*] objet *(m)*; **that's not the ~** là n'est pas la question; **that is beside the ~** cela n'a rien à voir; **that's just the ~!** justement!; **I don't see the ~ of the joke** je n'ai pas compris la plaisanterie; **to come to the ~** [*person*] en venir au fait; **when it comes to the ~, they don't value education** au fond, ils n'accordent pas beaucoup d'importance à l'éducation; **we're getting off the ~** nous nous éloignons du sujet; **let's get back to the ~** revenons à nos moutons*; **to keep to the ~** ne pas s'éloigner du sujet
ⓖ ⎢= **meaning**⎥ **what was the ~ of his visit?** quel était le but de sa visite?; **there's some ~ in it** ça a une utilité; **the ~ of this story is that ...** la morale de l'histoire, c'est que ...; **(very much) to the ~** (très) pertinent; **to see the ~ ~** comprendre; **to make a ~ of doing sth** ne pas manquer de faire qch
ⓗ ⎢= **use**⎥ **what's the ~?** à quoi bon?; **what's the ~ of waiting?** à quoi bon attendre?; **there's no ~ waiting** ça ne sert à rien d'attendre; **I don't see any ~ in doing that** je ne vois aucun intérêt à faire cela
ⓘ ⎢= **characteristic**⎥ caractéristique *(f)*; **good ~s** qualités *(fpl)*; **bad ~s** défauts *(mpl)*; **the ~s to look for when buying a car** les choses *(fpl)* auxquelles il faut faire attention lorsqu'on achète une voiture
ⓙ ⎢**in car**⎥ vis *(f)* platinée
ⓚ ⎢**Brit Elec**⎥ (= *power point*) prise *(f)* (de courant) (*femelle*)
2 PLURAL NOUN
points (*Brit*: *on railway*) aiguillage *(m)*
3 TRANSITIVE VERB
ⓐ ⎢= **aim**⎥ pointer (at sur); **to ~ a gun at sb** braquer un revolver sur qn; **to ~ sb in the direction of** diriger qn vers; **when they ask questions he ~s them in the direction of the library** quand ils posent des questions, il leur dit d'aller à la bibliothèque; **she ~ed him in the right direction*** elle lui a montré le chemin; **he ~ed his finger at me** il a pointé le doigt sur moi
♦ **to point the way**: **the signs ~ the way to London** les panneaux indiquent la direction de Londres; **the article ~s the way to a possible solution** cet article suggère une solution possible
ⓑ ⎢+ **wall**⎥ jointoyer (with de)
ⓒ ⎢+ **toes**⎥ pointer
4 INTRANSITIVE VERB
ⓐ ⎢**person**⎥ montrer du doigt; **it's rude to ~** ce n'est pas poli de montrer du doigt; **to ~ at sth/sb** désigner qch/qn du doigt; **all the evidence ~s to him** tous les faits l'accusent; **everything ~s to a brilliant career for him** tout indique qu'il aura une brillante carrière; **it all ~s to the fact that ...** tout laisse à penser que ...; **everything ~s to suicide** tout laisse à penser qu'il s'agit d'un suicide
ⓑ ⎢**signpost**⎥ indiquer la direction (towards de); **the needle is ~ing north** l'aiguille indique le nord; **the arrow isn't ~ing in the right direction** la flèche n'indique pas la bonne direction
5 COMPOUNDS
♦ **point-blank** ADJ [*refusal*] catégorique; **at ~-blank range** à bout portant ◊ ADV [*fire, shoot*] à bout portant; [*refuse*] catégoriquement; [*demand*] de but en blanc ♦ **point-by-point** ADJ méthodique ♦ **point duty** N (*Brit*) **to be on ~ duty** régler la circulation ♦ **point of view** N point *(m)* de vue; **from that/my ~ of view** de ce/mon point de vue ♦ **points failure** N panne *(f)* d'aiguillage ♦ **points system** N système *(m)* par points ♦ **point-to-point** N *steeple-chase champêtre réservé à des cavaliers amateurs*
6 PHRASAL VERBS
► **point out** VT SEP ⓐ (= *show*) [+ *person, object, place*] indiquer ⓑ (= *mention*) faire remarquer; **to ~ sth out to sb** faire remarquer qch à qn; **I should ~ out that ...** je dois vous signaler que ...
► **point up** VT SEP mettre en évidence

pointed /'pɔɪntɪd/ ADJ ⓐ pointu; [arch] en ogive ⓑ [remark, question, look] lourd de sous-entendus

pointedly /'pɔɪntɪdlɪ/ ADV [say] d'un ton plein de sous-entendus

pointer /'pɔɪntə'/ N ⓐ (= stick) baguette (f); (on scale) curseur (m) ⓑ (= clue) indication (f) (**to** de); (= piece of advice) conseil (m); **he gave me some ~s on what to do** il m'a donné quelques conseils (pratiques) sur la marche à suivre; **here are a few ~s to help you make a choice** voici quelques indications pour vous aider à choisir; **the elections should be a ~ to the public mood** les élections devraient permettre de prendre le pouls de l'opinion

pointing /'pɔɪntɪŋ/ N (in masonry) jointoiement (m)

pointless /'pɔɪntlɪs/ ADJ inutile; [murder, violence] gratuit; **it is ~ to complain** ça ne sert à rien de se plaindre; **life seemed ~ to her** la vie lui paraissait dénuée de sens; **a ~ exercise** une perte de temps

pointlessness /'pɔɪntlɪsnɪs/ N [of activity, sb's death] absurdité (f); [of existence] futilité (f); **she stressed the ~ of protesting** elle a souligné à quel point il était inutile de protester

poise /pɔɪz/ N (= composure) calme (m); (= self-confidence) assurance (f); (= grace) grâce (f); **to recover one's ~** retrouver son calme

poised /pɔɪzd/ ADJ ⓐ (= ready) prêt; **powerful military forces, ~ for invasion** des forces armées puissantes, prêtes pour l'invasion; **he was ~ to become champion** il allait devenir champion ⓑ (= self-possessed) sûr de soi; **she was ~ and charming** elle était sûre d'elle et charmante

poison /'pɔɪzn/ 1 N poison (m) 2 VT [+ person, food] empoisonner; [+ air, water, land] contaminer; **a ~ed finger** un doigt infecté; **it is ~ing their friendship** cela empoisonne leur amitié; **a ~ed chalice** un cadeau empoisonné; **he ~ed her mind against her husband** il l'a montée contre son mari 3 COMP ♦ **poison gas** N gaz (m) asphyxiant ♦ **poison ivy** N sumac (m) vénéneux ♦ **poison-pen letter** N lettre (f) anonyme

poisoner /'pɔɪznə'/ N empoisonneur (m), -euse (f)

poisoning /'pɔɪznɪŋ/ N empoisonnement (m); **alcoholic ~** éthylisme (m)

poisonous /'pɔɪznəs/ ADJ [snake] venimeux; [plant] vénéneux; [gas, fumes, substance] toxique; [remark, suspicion] pernicieux

poke /pəʊk/ 1 N (= jab) (petit) coup (m) (de canne, avec le doigt); **she gave him a little ~** elle lui a donné un petit coup; **to give the fire a ~** tisonner le feu; **to give sb a ~ in the ribs** donner un coup de coude dans les côtes à qn; **to have a ~ around*** (= rummage) farfouiller*

2 VT (= jab with finger, stick) donner un coup à; (= thrust) [+ stick, finger] enfoncer; **to ~ the fire** tisonner le feu; **he ~d me with his umbrella** il m'a donné un petit coup avec la pointe de son parapluie; **he ~d his finger in her eye** il lui a mis le doigt dans l'œil; **to ~ a finger into sth** enfoncer le doigt dans qch; **he ~d me in the ribs** il m'a donné un coup de coude dans les côtes; **to ~ one's head out of the window** passer la tête par la fenêtre; **to ~ a hole in sth (with one's finger/stick etc)** faire un trou dans qch (avec le doigt/sa canne etc); **to ~ holes in an argument** trouver des failles dans une argumentation

3 VI **to ~ through/up** dépasser

► **poke about***, **poke around*** VI farfouiller*; **to ~ about in a drawer** farfouiller* dans un tiroir; **I spent the morning poking about in antique shops** j'ai passé la matinée à farfouiller* dans les magasins d'antiquités

► **poke at** VT INSEP **he ~d at me with his finger** il m'a touché du bout du doigt; **she ~d at her food with a fork** elle jouait avec sa nourriture du bout de sa fourchette

► **poke in** VT SEP **to ~ one's nose in*** fourrer son nez dans les affaires des autres

► **poke out** 1 VI (= stick out) dépasser; **the window opened and a head ~d out** la fenêtre s'est ouverte et une tête est apparue 2 VT SEP ⓐ (= stick out) sortir; **the tortoise ~d its head out** la tortue a sorti la tête ⓑ (= dislodge) déloger

poker /'pəʊkə'/ 1 N ⓐ (for fire) tisonnier (m) ⓑ (Cards) poker (m) 2 COMP ♦ **poker-faced** ADJ au visage impassible

poky /'pəʊkɪ/ ADJ exigu (-guë (f))

Poland /'pəʊlənd/ N Pologne (f)

polar /'pəʊlə'/ ADJ [region, explorer] polaire; **they are ~ opposites** ils sont aux antipodes l'un de l'autre ♦ **polar bear** N ours (m) polaire

polarization /ˌpəʊləraɪ'zeɪʃən/ N polarisation (f)

polarize /'pəʊləraɪz/ VT polariser

Pole /pəʊl/ N (= Polish person) Polonais(e) (m(f))

pole /pəʊl/ 1 N ⓐ (= rod) perche (f); (fixed) poteau (m); (for flag, tent) mât (m); (= telegraph pole) poteau (m) télégraphique; (for vaulting, punting) perche (f); **to drive sb up the ~*** (= mad) rendre qn dingue* ⓑ (= ski stick) bâton (m) ⓒ [of the earth] pôle (m); **from ~ to ~** d'un pôle à l'autre; **they are ~s apart** ils sont aux antipodes l'un de l'autre

2 COMP ♦ **pole dancer** N danseuse (f) de pole dancing ♦ **pole jump** N saut (m) à la perche ♦ **pole position** N pole position (f) ♦ **the Pole Star** N l'étoile (f) polaire ♦ **pole vault** N saut (m) à la perche ♦ **pole-vault** VI sauter à la perche

poleaxed* /'pəʊlækst/ ADJ (= shocked) stupéfait

polecat /'pəʊlkæt/ N putois (m)

polemic /pɒ'lemɪk/ N (= argument) **a ~ against sth** un réquisitoire contre qch; **a ~ for sth** un plaidoyer pour qch

polemical /pɒ'lemɪkəl/ ADJ polémique

police /pə'liːs/ 1 N police (f); **to join the ~** entrer dans la police; **one hundred ~** cent policiers (mpl); **the ~ are looking for his car** la police recherche sa voiture

2 VT ⓐ (with policemen) [+ place] maintenir l'ordre dans; **the demonstration was heavily ~d** d'importantes forces de police étaient présentes lors de la manifestation
ⓑ [+ frontier, territory, prices] contrôler; [+ agreements, controls] veiller à l'application de; **the border is ~d by UN patrols** la frontière est sous la surveillance des patrouilles de l'ONU

3 COMP [work] de la police; [vehicle] de police; [inquiry] policier; [harassment] de la part de la police ♦ **police car** N voiture (f) de police ♦ **police chief** N (Brit) ≈ préfet (m) (de police); (US) ≈ (commissaire (m)) divisionnaire (m) ♦ **police constable** N agent (m) de police ♦ **police dog** N chien (m) policier ♦ **the police force** N les forces (fpl) de l'ordre ♦ **police headquarters** NPL quartier (m) général de la police ♦ **police officer** N policier (m) ♦ **police protection** N protection (f) de la police ♦ **police state** N état (m) policier ♦ **police station** N poste (m) or commissariat (m) de police

policeman /pə'liːsmən/ N (pl **-men**) (in town) agent (m) de police; (in country) gendarme (m); **I knew he was a ~** je savais qu'il était dans la police

policewoman /pə'liːsˌwʊmən/ N (pl **-women**) femme (f) policier

policing /pə'liːsɪŋ/ N maintien (m) de l'ordre

policy /'pɒlɪsɪ/ 1 N ⓐ [of government] politique (f); **caution was the best ~** la prudence était la meilleure attitude à adopter; **it's company ~** c'est la politique de l'entreprise; **economic/foreign/social ~** politique (f) étrangère/économique/sociale; **the government's policies** la politique du gouvernement; **as a matter of ~** par principe; **it has always been our ~ to deliver goods free** nous avons toujours eu pour règle de livrer les marchandises franco de port; **it is our ~ to use recycled paper** nous avons pour principe d'utiliser du papier recyclé; **my ~ has always been to wait and see** j'ai toujours eu pour principe de voir venir ⓑ (Insurance) police (f) (d'assurance); **to take out a ~** souscrire une assurance

2 COMP ♦ **policy decision** N décision (f) de principe ♦ **policy maker** N décideur (m); (for political party) responsable (mf) politique ♦ **policy-making** N prise (f) de décision ♦ ADJ [process] de décision; [body, role] décisionnaire ♦ **policy statement** N déclaration (f) de principe

policyholder /'pɒlɪsɪˌhəʊldə'/ N assuré(e) (m(f))

polio /ˈpəʊlɪəʊ/ N polio (f)

Polish /ˈpəʊlɪʃ/ 1 ADJ polonais 2 N (= *language*) polonais (m)

polish /ˈpɒlɪʃ/ 1 N ⓐ (*for shoes*) cirage (m); (*for floor, furniture*) encaustique (f) ⓑ (= *act*) **to give sth a ~** [+ *shoes*] cirer qch; [+ *doorknob, cutlery*] astiquer qch ⓒ (= *refinement*) [*of person*] raffinement (m); [*of style, performance*] élégance (f) 2 VT [+ *stones, glass*] polir; [+ *shoes, floor, furniture*] cirer; [+ *metal*] astiquer; [+ *style, language*] peaufiner; **to ~ (up) one's French** se perfectionner en français
► **polish off** VT SEP [+ *food, drink*] finir; [+ *work, correspondence*] expédier; **he ~ed off the meal** il a tout mangé jusqu'à la dernière miette

polished /ˈpɒlɪʃt/ ADJ ⓐ [*surface, stone, glass*] poli; [*floor, shoes*] ciré; [*silver*] brillant ⓑ (= *refined*) [*person, manners*] raffiné; [*style*] poli; [*performer*] accompli; [*performance*] impeccable

polite /pəˈlaɪt/ ADJ poli; **to be ~ to sb** être poli avec qn; **it is ~ to ask permission** il est poli de demander la permission; **to make ~ conversation** échanger des politesses

politely /pəˈlaɪtlɪ/ ADV poliment

politeness /pəˈlaɪtnɪs/ N politesse (f); **to do sth out of ~** faire qch par politesse

politic /ˈpɒlɪtɪk/ ADJ (*frm*) politique (*liter*); **he thought it ~ to refuse** il a jugé politique de refuser

political /pəˈlɪtɪkəl/ 1 ADJ ⓐ politique; **~ commentator** politologue (mf) ⓑ (= *politicized*) **he was always very ~** il a toujours été très politisé; **he's a ~ animal** il a la politique dans le sang ⓒ (= *tactical*) **it was a ~ decision** c'était une décision tactique

2 COMP ◆ **political asylum** N **to ask for ~ asylum** demander le droit d'asile (politique) ◆ **political correctness** N **in this age of ~ correctness** à l'heure du politiquement correct ◆ **political prisoner** N prisonnier (m), -ière (f) politique ◆ **political science** N sciences (fpl) politiques

politically /pəˈlɪtɪkəlɪ/ ADV politiquement; **~ motivated** ayant une motivation politique ◆ **politically correct** ADJ politiquement correct ◆ **politically incorrect** ADJ politiquement incorrect

politician /ˌpɒlɪˈtɪʃən/ N homme (m) politique, femme (f) politique

politicize /pəˈlɪtɪsaɪz/ VT politiser

politics /ˈpɒlɪtɪks/ 1 N politique (f); **to go into ~** se lancer dans la politique; **to be in ~** faire de la politique; **to study ~** étudier les sciences politiques; **to talk ~** parler politique 2 NPL (= *political ideas*) opinions (fpl) politiques; **what are his ~?** quelles sont ses opinions politiques?

polka /ˈpɒlkə/ N polka (f) ◆ **polka-dot** ADJ **a ~-dot blouse** un chemisier à pois

poll /pəʊl/ 1 N ⓐ (= *opinion survey*) sondage (m); **(public) opinion ~** sondage (m) d'opinion; **to conduct a ~** effectuer un sondage (**of** auprès de); **a telephone ~** un sondage téléphonique ⓑ (= *votes cast*) suffrages (mpl); **the conservatives' highest ~ for ten years** le meilleur score des conservateurs en dix ans ⓒ ◆ **the polls** (= *election*) scrutin (m); **the ~s have now closed** le scrutin est clos; **to go to the ~s** aller aux urnes; **a crushing defeat at the ~s** une écrasante défaite aux élections

2 VT [+ *votes*] obtenir; [+ *people*] interroger; **they ~ed the students to find out whether ...** ils ont effectué un sondage auprès des étudiants pour savoir si ...; **40% of those who ~ed supported the government** 40% des personnes interrogées étaient favorables au gouvernement

3 VI **the nationalists ~ed well** les nationalistes ont obtenu un bon score

4 COMP ◆ **poll taker** N (*US*) sondeur (m) ◆ **poll tax** N (*Brit*) (*formerly*) ≈ impôts (mpl) locaux

pollen /ˈpɒlən/ N pollen (m) ◆ **pollen count** N taux (m) de pollen

pollinate /ˈpɒlɪneɪt/ VT féconder (avec du pollen)

polling /ˈpəʊlɪŋ/ N élections (fpl); **~ is on Thursday** les élections ont lieu jeudi ◆ **polling booth** N isoloir (m) ◆ **polling day** N jour (m) des élections ◆ **polling place** (*US*), **polling station** (*Brit*) N bureau (m) de vote

pollster /ˈpəʊlstəʳ/ N sondeur (m), -euse (f)

pollutant /pəˈluːtənt/ N polluant (m)

pollute /pəˈluːt/ VT polluer; (*fig*) contaminer

polluter /pəˈluːtəʳ/ N pollueur (m), -euse (f); **the ~ pays** les pollueurs sont les payeurs

pollution /pəˈluːʃən/ N pollution (f); **air ~** pollution (f) de l'air

polo /ˈpəʊləʊ/ N (= *sport*) polo (m) ◆ **polo shirt** N polo (m)

polo-neck /ˈpəʊləʊnek/ 1 N col (m) roulé 2 ADJ (*also* **~ed**) à col roulé

poltergeist /ˈpɔːltəɡaɪst/ N esprit (m) frappeur

poly /ˈpɒlɪ/ 1 N (*in Britain*) (ABBR = **polytechnic**) ≈ IUT (m) 2 PREF poly

polycotton /ˈpɒlɪˈkɒtən/ N polyester (m) et coton (m)

polyester /ˌpɒlɪˈestəʳ/ 1 N polyester (m) 2 ADJ de *or* en polyester

polygamist /pɒˈlɪɡəmɪst/ N polygame (mf)

polygamous /pɒˈlɪɡəməs/ ADJ polygame

polygamy /pɒˈlɪɡəmɪ/ N polygamie (f)

polyglot /ˈpɒlɪɡlɒt/ ADJ, N polyglotte (mf)

polygraph /ˈpɒlɪɡrɑːf/ N détecteur (m) de mensonges

polymath /ˈpɒlɪmæθ/ N esprit (m) universel

Polynesia /ˌpɒlɪˈniːzɪə/ N Polynésie (f)

polyp /ˈpɒlɪp/ N polype (m)

polystyrene /ˌpɒlɪˈstaɪriːn/ N polystyrène (m); **expanded ~** polystyrène (m) expansé

polytechnic /ˌpɒlɪˈteknɪk/ N (*in Britain*) ≈ IUT (m), Institut (m) universitaire de technologie

polythene /ˈpɒlɪθiːn/ N (*Brit*) polythène® (m); **covered in ~** couvert de plastique ◆ **polythene bag** N sachet (m) en plastique

polyunsaturated /ˌpɒlɪʌnˈsætʃəˌreɪtɪd/ ADJ polyinsaturé

polyurethane /ˌpɒlɪˈjʊərəθeɪn/ N polyuréthane (m)

pomegranate /ˈpɒməˌɡrænɪt/ N (= *fruit*) grenade (f)

pomelo /ˈpɒmɪləʊ/ N (*pl* **pomelos**) pomélo (m)

pommel /ˈpʌml/ N pommeau (m)

pommy /ˈpɒmɪ/ (*Austral pej*) 1 N Anglais(e) (m(f)) 2 ADJ anglais

pomp /pɒmp/ N pompe (f)

Pompeii /pɒmˈpeɪɪ/ N Pompéi

pompom /ˈpɒmpɒm/, **pompon** /ˈpɒmpɒn/ N (= *bobble*) pompon (m)

pomposity /pɒmˈpɒsɪtɪ/ N (*pej*) [*of person*] air (m) pompeux; [*of speech*] caractère (m) pompeux

pompous /ˈpɒmpəs/ ADJ pompeux

poncey /ˈpɒnsɪ/ ADJ (*Brit*) [*person*] affecté; [*school*] snob; **he wears ~ clothes** il s'habille de manière très apprêtée

pond /pɒnd/ N mare (f); (*artificial*) bassin (m); **the ~** (= *the Atlantic*) l'Atlantique (m)

ponder /ˈpɒndəʳ/ 1 VT réfléchir à 2 VI méditer (**over, on** sur)

ponderous /ˈpɒndərəs/ ADJ lourd; [*speech*] pesant et solennel

pong /pɒŋ/ N (*Brit*) mauvaise odeur (f)

pontiff /ˈpɒntɪf/ N (= *pope*) souverain (m) pontife

pontificate /pɒnˈtɪfɪkeɪt/ VI pontifier (**about** au sujet de, sur)

pontoon /pɒnˈtuːn/ 1 N ⓐ ponton (m); (*on aircraft*) flotteur (m) ⓑ (*Brit Cards*) vingt-et-un (m) 2 COMP ◆ **pontoon bridge** N pont (m) flottant

pony /ˈpəʊnɪ/ N poney (m) ◆ **pony trekking** N randonnée (f) à cheval

ponytail /'pəʊnɪteɪl/ N queue (f) de cheval ; **to have one's hair in a ~** avoir une queue de cheval

poo* /puː/ N (Brit) (baby talk) caca* (m)

poodle /'puːdl/ N caniche (m)

poof /pʊf/ **1** N (Brit pej)ː pédéː (m) **2** EXCL hop !

pooh /puː/ EXCL bah ! ♦ **pooh-pooh** VT **to ~-~ sth** dédaigner qch

pool /puːl/ **1** N ⓐ (= puddle) flaque (f) (d'eau) ; [of spilt liquid] flaque (f) ; (larger) mare (f) ; [of light] rond (m) ; **lying in a ~ of blood** étendu dans une mare de sang
ⓑ (= pond) (natural) étang (m) ; (artificial) bassin (m) ; (= swimming pool) piscine (f)
ⓒ (Cards) (= stake) cagnotte (f) ; (= common fund) réserve (f)
ⓓ [of things owned in common] fonds (m) commun ; (= reserve) [of ideas, experience, ability] réservoir (m) ; [of advisers, experts] équipe (f) ; **a ~ of vehicles** un parc de voitures ; **a very good ~ of talent** un très bon réservoir de talents ; **genetic ~** pool (m) génétique
ⓔ (= game) billard (m) américain ; **to play ~** jouer au billard américain
2 NPL **the pools*** (Brit) ≈ le loto sportif
3 VT [+ resources] mettre en commun ; [+ efforts] unir
4 COMP ♦ **pool table** N table (f) de billard américain

poolroom /'puːlrʊm/ N (salle (f) de) billard (m)

poop* /puːp/ N (= excrement) crotte (f) ♦ **poop scoop** N ramasse-crottes (m inv)

pooped* /puːpt/ ADJ (= exhausted) crevé*

pooper-scooper* /'puːpə'skuːpə'/ N ramasse-crottes (m inv)

poor /pʊə'/ **1** ADJ ⓐ (= not rich) pauvre ; **he was £1,000 the ~er** il avait perdu 1 000 livres ; **soil that is ~ in zinc** (= lacking) un sol pauvre en zinc
ⓑ (= inferior) [sales, pay, harvest, output] maigre (before n) ; [work, worker, result, performance] piètre (before n) ; [light] faible ; [eyesight, visibility] mauvais ; [soil] pauvre ; [quality] médiocre ; **clients who have ~ service** les clients qui ont eu à se plaindre de l'insuffisance du service ; **he had a very ~ attendance record** il avait souvent été absent ; **to be in ~ health** ne pas être en bonne santé ; **people with ~ circulation** les gens qui ont une mauvaise circulation ; **he showed a ~ grasp of the facts** il a manifesté un manque de compréhension des faits ; **a ~ substitute (for sth)** un piètre substitut (de qch)
ⓒ (= pitiable) pauvre ; **~ little thing!** pauvre petit(e) ! ; **she's all alone, ~ woman** elle est toute seule, la pauvre ; **~ things*, they look cold** les pauvres, ils ont l'air d'avoir froid
2 NPL **the poor** les pauvres (mpl)

poorly /'pʊəlɪ/ **1** ADJ* souffrant **2** ADV [perform, eat, sell] mal ; **~ lit/paid** mal éclairé/payé ; **the meeting was ~ attended** il y avait peu de gens à la réunion

pop /pɒp/ **1** N ⓐ (= music) (musique (f)) pop (f)
ⓑ (= father)* papa (m)
ⓒ (= sound) [of cork] pan (m) ; **to go ~** [cork] sauter ; [balloon] éclater
ⓓ (= drink)* boisson (f) gazeuse
ⓔ **to have a ~ at sb/sth*** s'en prendre à qn/qch
ⓕ (US) **the drinks go for $3.50 a ~*** les boissons sont à 3,50 dollars chaque
2 VT ⓐ [+ balloon] crever ; [+ cork] faire sauter ; [+ corn] faire éclater ; **to ~ one's clogs** (Brit) casser sa pipe*
ⓑ (= put)* mettre ; **to ~ one's head round the door** passer la tête par la porte ; **he ~ped it into his mouth** il l'a mis dans sa bouche ; **to ~ the question** faire sa demande (en mariage)
3 VI ⓐ [balloon] éclater ; [cork] sauter ; **my ears ~ped** mes oreilles se sont débouchées ; **his eyes were ~ping out of his head** les yeux lui sortaient de la tête
ⓑ (= go)* **I ~ped out to the shop** j'ai fait un saut au magasin ; **he ~ped into the café** il a fait un saut au café
4 ADJ [music, song, singer, concert, group] pop (inv)
5 COMP ♦ **pop art** N pop art (m) ♦ **pop quiz** N (US) interrogation (f) (écrite) surprise ♦ **pop socks** NPL (Brit)

mi-bas (mpl) (fins) ♦ **pop star** N pop star (f) ♦ **pop-up** N (Computing) pop-up (f) ♦ **pop-up menu** N (Computing) menu (m) (qui s'affiche à l'écran sur commande)
► **pop in*** VI passer ; **I ~ped in to say hello to them** je suis passé leur dire bonjour
► **pop off*** VI ⓐ (= leave) partir ⓑ (= die) claquer*
► **pop out** VI [person] sortir ; [head] émerger
► **pop round*** VI passer ; **~ round anytime** passe n'importe quand ; **she just ~ped round to the shop** elle est partie faire une course
► **pop up*** VI **he ~ped up unexpectedly in Tangier** il a réapparu inopinément à Tanger

popcorn /'pɒpkɔːn/ N pop-corn (m inv)

pope /pəʊp/ N pape (m) ; **Pope John Paul II** le pape Jean-Paul II

popeyed /ˌpɒp'aɪd/ ADJ aux yeux exorbités

popgun /'pɒpgʌn/ N pistolet (m) à bouchon

poplar /'pɒplə'/ N peuplier (m)

poppa /'pɒpə/ N (US) papa (m)

poppadum /'pɒpədəm/ N poppadum (m) (sorte de pain indien)

popper /'pɒpə'/ N (Brit = press stud) bouton-pression (m)

poppet /'pɒpɪt/ N (Brit) **yes, ~** oui, mon petit chou* ; **she's a ~** c'est un amour

poppy /'pɒpɪ/ **1** N ⓐ (= flower) pavot (m) ; (growing wild) coquelicot (m) ⓑ (Brit: commemorative buttonhole) coquelicot (m) en papier (vendu le jour de l'Armistice) **2** COMP ♦ **Poppy Day** (Brit) N ≈ jour (m) de l'Armistice ♦ **poppy seed** N graine (f) de pavot

---
ⓘ POPPY DAY

Poppy Day désigne familièrement « Remembrance Day », c'est-à-dire la commémoration des armistices des deux Guerres mondiales, fixée en Grande-Bretagne au deuxième dimanche de novembre. Dans les jours qui précèdent, des coquelicots de papier sont vendus au profit des associations caritatives d'aide aux anciens combattants et à leurs familles.

Popsicle ® /'pɒpsɪkl/ N (US) glace (f) à l'eau

populace /'pɒpjʊlɪs/ N population (f), populace (f) (pej)

popular /'pɒpjʊlə'/ ADJ populaire ; [style, model, place] prisé (with de) ; [name] en vogue ; **he's ~ with his colleagues** il jouit d'une grande popularité auprès de ses collègues ; **I'm not very ~ with the boss just now*** je ne suis pas très bien vu du patron en ce moment ; **it is never ~ to raise taxes** les augmentations d'impôts ne sont jamais populaires ; **by ~ demand** à la demande générale ; **contrary to ~ belief** contrairement aux idées reçues

popularity /ˌpɒpjʊ'lærɪtɪ/ N popularité (f) (**with** auprès de) ; **to grow in ~** gagner en popularité

popularize /'pɒpjʊləraɪz/ VT [+ sport, music, product] populariser ; [+ science, ideas] vulgariser

popularly /'pɒpjʊləlɪ/ ADV **~ known as ...** connu de tous sous le nom de ... ; **it is ~ supposed that ...** on croit généralement que ...

populated /'pɒpjʊleɪtɪd/ ADJ peuplé (**with** de) ; **densely ~** à forte densité de population

population /ˌpɒpjʊ'leɪʃən/ N population (f) ; **a fall in the ~** une diminution de la population ; **the working ~** la population active ♦ **population explosion** N explosion (f) démographique

porcelain /'pɔːsəlɪn/ N porcelaine (f) ; **a piece of ~** une porcelaine

porch /pɔːtʃ/ N [of house, church] porche (m) ; (US = verandah) véranda (f)

porcupine /'pɔːkjʊpaɪn/ N porc-épic (m)

pore /pɔː'/ **1** N (in skin) pore (m) **2** VI **to ~ over** [+ book, map] étudier dans le détail

pork /pɔːk/ N porc (m) ♦ **pork barrel*** N (US) électoralisme (m) (travaux publics ou programme de recherche etc entrepris à des fins électorales) ♦ ADJ [project] électoraliste ♦ **pork chop** N côte (f) de porc ♦ **pork pie** N pâté (m) en croûte ♦ **pork sausage** N saucisse (f) (de porc)

porn * /pɔːn/ 1 N (ABBR = **pornography**) porno* *(m)* 2 ADJ [*magazine, video*] porno* ; **~ shop** sex shop *(m)*

pornographic /ˌpɔːnəˈgræfɪk/ ADJ pornographique

pornography /pɔːˈnɒgrəfɪ/ N pornographie *(f)*

porous /ˈpɔːrəs/ ADJ poreux

porpoise /ˈpɔːpəs/ N marsouin *(m)*

porridge /ˈpɒrɪdʒ/ N porridge *(m)* ; **~ oats** flocons *(mpl)* d'avoine

port /pɔːt/ N ⓐ (= *harbour*) port *(m)* ; **~ of call** escale *(f)* ; **fishing ~** port *(m)* de pêche ; **to come into ~** entrer dans le port ; **any ~ in a storm** nécessité fait loi *(PROV)* ⓑ (*Computing*) port *(m)* ⓒ (= *left side*) bâbord *(m)* ⓓ (= *wine*) porto *(m)*

portability /pɔːtəˈbɪlɪtɪ/ N portabilité *(f)*

portable /ˈpɔːtəbl/ 1 ADJ portatif ; [*computer, television, software*] portable 2 N (= *computer*) portable *(m)* ; (= *television*) téléviseur *(m)* portable

Portakabin ® /ˈpɔːtəkæbɪn/ N (= *prefab*) bâtiment *(m)* préfabriqué

portal /ˈpɔːtl/ N (*also Computing*) portail *(m)*

portcullis /pɔːtˈkʌlɪs/ N herse *(f)* (*de château fort*)

porter /ˈpɔːtəʳ/ 1 N ⓐ (*for luggage*) porteur *(m)* ⓑ (*US Rail* = *attendant*) employé(e) *(m(f))* des wagons-lits ⓒ (*Brit* = *doorkeeper*) gardien(ne) *(m(f))* ; (*at university*) appariteur *(m)* ⓓ [*of hospital*] brancardier *(m)*, -ière *(f)* 2 COMP ♦ **porter's lodge** N loge *(f)* du gardien (*or* de la gardienne)

portfolio /pɔːtˈfəʊlɪəʊ/ N (*pl* **portfolios**) ⓐ [*of artist*] portfolio *(m)* ; [*of model*] book *(m)* ⓑ [*of shares*] portefeuille *(m)*

porthole /ˈpɔːthəʊl/ N hublot *(m)*

portico /ˈpɔːtɪkəʊ/ N portique *(m)*

portion /ˈpɔːʃən/ N portion *(f)* ; [*of train, ticket*] partie *(f)*

portly /ˈpɔːtlɪ/ ADJ corpulent

portrait /ˈpɔːtrɪt/ N portrait *(m)* ; **to paint sb's ~** peindre le portrait de qn ♦ **portrait mode** N **to output sth in ~ mode** imprimer qch à la française ♦ **portrait painter** N portraitiste *(mf)*

portray /pɔːˈtreɪ/ VT (= *depict*) représenter ; **he ~ed him as a weak man** il l'a représenté comme un homme faible

portrayal /pɔːˈtreɪəl/ N (*in play, film, book*) évocation *(f)* ; (*by actor*) [*of character*] interprétation *(f)* ; **the novel is a hilarious ~ of life in the 1920s** ce roman évoque d'une façon hilarante le monde des années 20

Portugal /ˈpɔːtjʊgəl/ N Portugal *(m)*

Portuguese /ˌpɔːtjʊˈgiːz/ 1 ADJ portugais 2 N ⓐ (*pl inv*) Portugais(e) *(m(f))* ⓑ (= *language*) portugais *(m)*

pose /pəʊz/ 1 N pose *(f)* ; **to strike a ~** poser 2 VI poser ; (= *attitudinize*) poser pour la galerie ; **to ~ as a doctor** se faire passer pour un docteur 3 VT (= *present*) [+ *problem, question, difficulties*] poser ; [+ *threat*] constituer ; **the danger ~d by nuclear weapons** le danger que constituent les armes nucléaires

poser /ˈpəʊzəʳ/ N ⓐ (= *person*) poseur *(m)*, -euse *(f)* ⓑ (= *problem*)* colle* *(f)* ; **that's a bit of a ~!** c'est une sacrée colle !*

poseur /pəʊˈzɜːʳ/ N poseur *(m)*, -euse *(f)*

posh * /pɒʃ/ 1 ADJ ⓐ (= *distinguished*) chic ; **a ~ London restaurant** un restaurant londonien très chic ⓑ (*pej*) [*person*] snob *(f inv)* ; [*neighbourhood, school*] huppé ; **~ people** les snob(s) *(mpl)* 2 ADV **to talk ~** parler comme les gens de la haute*

position /pəˈzɪʃən/ 1 N ⓐ position *(f)* ; [*of house, shop*] emplacement *(m)* ; **in ~** en position ; **to move sth into ~** placer qch ; **to change the ~ of sth** changer qch de place ; **to be in a good ~** être bien placé ; **what ~ do you play in?** à quelle place jouez-vous ? ; **in a horizontal ~** en position horizontale ; **to change ~** changer de position ; **he finished in third ~** il est arrivé en troisième position ; **a man in his ~ should not ...** un homme dans sa position ne devrait pas ...
ⓑ (= *job*) poste *(m)* ; **top management ~s** les postes *(mpl)* de cadre supérieur ; **a ~ of trust** un poste de confiance

ⓒ (= *situation*) place *(f)* ; **what would you do in my ~?** que feriez-vous à ma place ? ; **to be in a good ~** être dans une situation enviable ; **to be in a ~ to do sth** être en position de faire qch ; **he's in a good ~ to judge** il est bien placé pour juger ; **he's in no ~ to decide** il n'est pas en position de décider ; **what's the ~ on deliveries/sales?** où en sont les livraisons/ventes ?

2 VT ⓐ (= *adjust angle of*) positionner
ⓑ (= *put in place*) placer ; [+ *house*] situer ; [+ *guards, policemen*] poster ; **to ~ o.s.** se placer

positive /ˈpɒzɪtɪv/ 1 ADJ ⓐ (= *not negative*) positif ; **we need some ~ thinking** soyons positifs ; **she is a very ~ person** c'est quelqu'un de très positif
ⓑ (= *definite*) [*change, increase, improvement*] réel ; **proof ~** preuve *(f)* formelle ; **there is ~ evidence that ...** il y a des preuves formelles que ... ; **he has made a ~ contribution to the scheme** il a contribué de manière effective au projet
ⓒ (= *sure, certain*) [*person*] certain (**about, on, of** de) ; **I'm absolutely ~ I put it back** je suis absolument sûr de l'avoir remis à sa place ; **are you sure? — ! tu es sûr ? — certain !**

2 N **the ~s far outweigh the negatives** les points positifs compensent largement les points négatifs

3 ADV **to test ~** être positif ; **to think ~** être positif

positively /ˈpɒzɪtɪvlɪ/ ADV ⓐ (= *constructively, favourably*) [*act, contribute*] de façon positive ; **to think ~** être positif ; **to respond ~ to treatment** bien réagir à un traitement
ⓑ (= *absolutely*) vraiment ; **this is ~ the worst thing that could happen** c'est vraiment la pire des choses qui pouvaient arriver ; **this is ~ the last time** cette fois, c'est vraiment la dernière ; **she ~ glowed with happiness** elle rayonnait littéralement de bonheur ; **she doesn't mind being photographed, in fact she ~ loves it** cela ne la dérange pas qu'on la photographie, en fait, elle adore ça
ⓒ (= *definitely*) [*identify*] formellement ; **cholesterol has been ~ associated with heart disease** le cholestérol a été formellement associé aux maladies cardiovasculaires
ⓓ **he tested ~ for drugs** son test antidopage était positif

posse /ˈpɒsɪ/ N détachement *(m)*

possess /pəˈzes/ VT posséder ; **all I ~** tout ce que je possède ; **she was accused of ~ing drugs** elle a été accusée de détention illégale de stupéfiants ; **he was ~ed by the devil** il était possédé du démon ; **~ed by jealousy** dévoré par la jalousie ; **what can have ~ed him to say that?** qu'est-ce qui lui a pris de dire ça ?

possession /pəˈzeʃən/ N ⓐ (= *act, state*) possession *(f)* ; [*of drugs*] détention *(f)* illégale ; **in ~ of** en possession de ; **to have sth in one's ~** avoir qch en sa possession ; **to get ~ of sth** obtenir qch ; (*by force*) s'emparer de qch ; **to come into sb's ~** tomber en la possession de qn ; **he was in full ~ of all his faculties** il était en pleine possession de ses facultés ; **according to the information in my ~** selon les renseignements en ma possession
ⓑ (= *object*) bien *(m)* ; **all his ~s** tout ce qu'il possède ; **he had few ~s** il possédait très peu de choses

possessive /pəˈzesɪv/ 1 ADJ possessif ; **to be ~ about sth** être possessif avec qch ; **to be ~ about sb** être possessif avec qn ; **his mother is terribly ~** il a une mère très possessive 2 N possessif *(m)* 3 COMP ♦ **possessive adjective** N adjectif *(m)* possessif

possessor /pəˈzesəʳ/ N (= *owner*) propriétaire *(mf)* ; **he was the proud ~ of ...** il était l'heureux propriétaire de ...

possibility /ˌpɒsəˈbɪlɪtɪ/ N ⓐ possibilité *(f)* ; **to foresee all (the) possibilities** envisager toutes les possibilités ; **within the bounds of ~** dans la limite du possible ; **not beyond the realms of ~** pas impossible ; **if by any ~ ...** si par hasard ... ; **there is some ~/not much ~ of success** il y a des chances/peu de chances que ça marche ; **it's a distinct ~** c'est tout à fait possible
ⓑ (= *promise*) perspectives *(fpl)*, potentiel *(m)* ; **the firm saw good possibilities for expansion** la compagnie entrevoyait de bonnes perspectives d'expansion ; **she agreed that the**

project had possibilities elle a admis que le projet avait un certain potentiel

possible /'pɒsəbl/ 1 ADJ possible; **it's not ~!** ce n'est pas possible!; **it is ~ that ...** il est possible que ... (+ subj); **it's just ~ that ...** il n'est pas impossible que ... (+ subj); **it is a ~ solution to the problem** ce pourrait être une manière de résoudre le problème; **to make sth ~** rendre qch possible; **he made it ~ for me to go to Spain** il a rendu possible mon voyage en Espagne; **if (at all) ~** si possible; **whenever ~, we try to find ...** à chaque fois que c'est possible, nous essayons de trouver ...; **he chose the worst ~ job for a man with a heart condition** il a choisi le pire des emplois pour un cardiaque; **the best ~ result** le meilleur résultat possible; **what ~ motive could she have?** quels pouvaient bien être ses motifs?; **there is no ~ excuse for his behaviour** sa conduite est tout à fait inexcusable
♦ **as ... as possible**: **as far as ~** dans la mesure du possible; **as much as ~** autant que possible; **as soon as ~** dès que possible; **as quickly as ~** le plus vite possible

2 N ⓐ **the art of the ~** l'art (m) du possible ⓑ (= possibility)* **he's a ~ for the match on Saturday** il sera peut-être sélectionné pour le match de samedi

possibly /'pɒsəblɪ/ ADV ⓐ (with "can" etc) **he did all he ~ could** il a fait tout son possible; **I'll come if I ~ can** je ferai mon possible pour venir; **I go as often as I ~ can** j'y vais aussi souvent que possible; **you can't ~ do that!** tu ne vas pas faire ça quand même!; **it can't ~ be true!** ce n'est pas possible! ⓑ (= perhaps) peut-être; **Belgian beer is ~ the finest in the world** la bière belge est peut-être la meilleure au monde; **was he lying?** — ~ est-ce qu'il mentait? — c'est possible; **~ not** peut-être que non

post /pəʊst/ 1 N ⓐ (= mail service) poste (f); (= letters) courrier (m); **by ~** par la poste; **by return of ~** par retour du courrier; **your receipt is in the ~** votre reçu est déjà posté; **I'll put it in the ~ today** je le posterai aujourd'hui; **to catch the ~** avoir la levée; **has the ~ come yet?** le facteur est passé?; **is there any ~ for me?** est-ce qu'il y a du courrier pour moi?; **you'll get these through the ~** vous les recevrez par la poste
ⓑ (= job) poste (m); **a management ~** un poste de directeur
ⓒ (of wood, metal) poteau (m); **finishing ~** (Sport) ligne (f) d'arrivée

2 VT ⓐ [+ letter] poster
ⓑ [+ notice, list] afficher
ⓒ [+ results] annoncer; **to keep sb ~ed** tenir qn au courant
ⓓ [+ sentry, guard] poster
ⓔ (= move) [+ soldier] poster; [+ employee] affecter

3 COMP ♦ **post and packing** N (= cost) frais (mpl) de port et d'emballage ♦ **post office** N poste (f); **the main ~ office** la grande poste; **Post Office Box No. 24** boîte postale n° 24 ♦ **post-paid** ADJ port payé

post- /pəʊst/ PREF post; **~1990** postérieur (-eure (f)) à 1990

postage /'pəʊstɪdʒ/ N tarifs (mpl) postaux; **~: £2** (on bill) frais (mpl) de port: 2 livres ♦ **postage paid** ADJ port payé (inv) ♦ **postage rates** NPL tarifs (mpl) postaux ♦ **postage stamp** N timbre-poste (m); **what she knows about children would fit on the back of a ~ stamp** les enfants, elle n'y connaît rien*

postal /'pəʊstəl/ ADJ postal; [application] par la poste; **~ address** adresse (f); **~ charges** tarifs (mpl) postaux; **the ~ services** les services (mpl) postaux; **~ strike** grève (f) des employés de la poste ♦ **postal order** N (Brit) mandat (m) (postal) ♦ **postal vote** N (= paper) bulletin (m) de vote par correspondance; (= system) vote (m) par correspondance

postbag /'pəʊstbæg/ N (Brit) sac (m) postal

postbox /'pəʊstbɒks/ N boîte (f) à or aux lettres

postcard /'pəʊstkɑːd/ N carte (f) postale

postcode /'pəʊstkəʊd/ N (Brit) code (m) postal

postdate /,pəʊst'deɪt/ VT postdater

postdoctoral /pəʊst'dɒktərəl/ ADJ [research, studies] postdoctoral

poster /'pəʊstəʳ/ N affiche (f) ♦ **poster paint** N gouache (f)

poste restante /,pəʊst'restɑːnt/ N, ADV poste (f) restante

posterior /pɒs'tɪərɪəʳ/ ADJ postérieur (-eure (f)) (**to** à)

posterity /pɒs'terɪtɪ/ N postérité (f); **to go down in ~ as sth** passer à la postérité comme qch; **for ~** pour la postérité

postgraduate /'pəʊst'grædjʊɪt/ 1 ADJ de troisième cycle (universitaire) 2 N (= postgraduate student) étudiant(e) (m(f)) de troisième cycle

posthumous /'pɒstjʊməs/ ADJ posthume

posthumously /'pɒstjʊməslɪ/ ADV à titre posthume

postimpressionist /'pəʊstɪm'preʃənɪst/ ADJ, N postimpressionniste (mf)

posting /'pəʊstɪŋ/ N ⓐ (= sending by post) envoi (m) par la poste ⓑ (Brit) [of employee] affectation (f)

postman /'pəʊstmən/ N (pl -men) facteur (m)

postmark /'pəʊstmɑːk/ 1 N cachet (m) de la poste; **letter with a French ~** lettre (f) oblitérée en France 2 VT timbrer

postmaster /'pəʊst,mɑːstəʳ/ N receveur (m) des postes

postmistress /'pəʊst,mɪstrɪs/ N receveuse (f) des postes

postmodern /,pəʊst'mɒdən/ ADJ postmoderne

post-mortem /'pəʊst'mɔːtəm/ 1 ADJ **~ examination** autopsie (f) 2 N autopsie (f); **to hold a ~** faire une autopsie

postnatal /'pəʊst'neɪtl/ ADJ postnatal ♦ **postnatal depression** N dépression (f) post-partum

post-op* /'pəʊst,ɒp/ ADJ postopératoire

postpone /pəʊst'pəʊn/ VT reporter (**for** de, **until** à)

postponement /pəʊst'pəʊnmənt/ N report (m)

postscript /'pəʊsskrɪpt/ N (to letter) post-scriptum (m inv); **I'd like to add a ~ to what you have said** je voudrais ajouter un mot à ce que vous avez dit

postulate 1 N postulat (m) 2 VT poser comme principe

★ Lorsque **postulate** est un nom, la fin se prononce comme **it**: /'pɒstjʊlɪt/; lorsque c'est un verbe, elle se prononce comme **eight**: /'pɒstjʊleɪt/.

posture /'pɒstʃəʳ/ 1 N posture (f); **he has poor ~** il se tient très mal 2 VI prendre des poses

postwar /'pəʊst'wɔːʳ/ ADJ [event] de l'après-guerre; [government] d'après-guerre; **the ~ period** l'après-guerre (m)

postwoman /'pəʊst,wʊmən/ N (pl -women) factrice (f)

posy /'pəʊzɪ/ N petit bouquet (m) (de fleurs)

pot /pɒt/ 1 N ⓐ (for flowers, jam) pot (m); (= piece of pottery) poterie (f); (for cooking) marmite (f); (= saucepan) casserole (f); (= teapot) théière (f); (= coffeepot) cafetière (f); **jam ~** pot (m) à confiture; **~ of jam** pot (m) de confiture; **~s and pans** batterie (f) de cuisine
ⓑ (= kitty)* cagnotte (f); **to have ~s of money** rouler sur l'or; **to go to ~*** aller à vau-l'eau
ⓒ (= cannabis) herbe* (f)

2 VT ⓐ [+ plant, jam] mettre en pot
ⓑ (Snooker) mettre

3 VI (= make pottery) faire de la poterie

4 COMP ♦ **pot luck** N **to take ~ luck** s'en remettre au hasard ♦ **pot plant** N (Brit) plante (f) verte ♦ **pot roast** N rôti (m) braisé ♦ **pot scourer** N tampon (m) à récurer ♦ **potting compost** N terreau (m)

potassium /pə'tæsɪəm/ N potassium (m)

potato /pə'teɪtəʊ/ (pl **potatoes**) 1 N pomme (f) de terre; **is there any ~ left?** est-ce qu'il reste des pommes de terre? 2 COMP [salad, soup] de pommes de terre ♦ **potato chips** (US), **potato crisps** (Brit) NPL chips (fpl) ♦ **potato-masher** N presse-purée (m inv) ♦ **potato-peeler** N éplucheur-légumes (m inv)

potbellied /,pɒt'belɪd/ ADJ (from overeating) ventru; (from malnutrition) au ventre ballonné

potbelly /,pɒt'belɪ/ N (from overeating) bedaine* (f); (from malnutrition) ventre (m) ballonné

potency /'pəʊtənsɪ/ N [*of remedy, drug, charm*] puissance (*f*); [*of drink*] forte teneur (*f*) en alcool

potent /'pəʊtənt/ ADJ [*remedy, drug, charm, argument, reason*] puissant; [*drink*] fort

potential /pəʊ'tenʃəl/ 1 ADJ potentiel

2 N potentiel (*m*); **military ~** potentiel (*m*) militaire; **the ~ for conflict is great** le danger de conflit est réel; **he hasn't yet realized his full ~** il n'a pas encore donné toute sa mesure; **our ~ for increasing production** notre potentiel d'augmentation de la production

♦ **to have potential** être prometteur; [*building, area*] offrir toutes sortes de possibilités; **to have management ~** avoir les qualités requises pour devenir cadre supérieur; **to have the ~ to do sth** être tout à fait capable de faire qch; **the meeting has the ~ to be a decisive event** cette réunion pourrait être un événement décisif; **he's got ~ as a footballer** il a de l'avenir en tant que footballeur

potentially /pəʊ'tenʃəlɪ/ ADV [*serious, important, useful*] potentiellement; **it was a ~ violent confrontation** c'était une confrontation qui pouvait prendre un tour violent; **~, these problems are very serious** ces problèmes pourraient devenir très sérieux

pothole /'pɒthəʊl/ N ⓐ (*in road*) nid-de-poule (*m*) ⓑ (*under ground*) caverne (*f*)

potholer /'pɒt,həʊlə'/ N (*Brit*) spéléologue (*mf*)

potholing /'pɒt,həʊlɪŋ/ N (*Brit*) spéléologie (*f*); **to go ~** faire de la spéléologie

potion /'pəʊʃən/ N potion (*f*)

potpourri /pəʊ'pʊrɪ/ N [*of flowers*] pot (*m*) pourri

potted /'pɒtɪd/ ADJ ⓐ **~ meat** rillettes *de viande* ⓑ (= *condensed*)* **a ~ version of "Ivanhoe"** un abrégé d'«Ivanhoé»

potter /'pɒtə'/ 1 VI **to ~ round the house** faire des petits travaux dans la maison; **to ~ round the shops** faire les magasins sans se presser 2 N potier (*m*), -ière (*f*) 3 COMP ♦ **potter's wheel** N tour (*m*) de potier

pottery /'pɒtərɪ/ N (= *craft, place*) poterie (*f*); (= *objects*) poteries (*fpl*)

potty /'pɒtɪ/ 1 N pot (*m*) (de bébé) 2 ADJ (*Brit*) [*person*] dingue*; [*idea*] farfelu; **to be ~ about sb/sth** être dingue* de qn/qch; **to go ~*** perdre la boule* 3 COMP ♦ **pottytrain** VT apprendre la propreté à ♦ **potty-trained** ADJ propre

pouch /paʊtʃ/ N petit sac (*m*); (*for money*) bourse (*f*); (*for tobacco*) blague (*f*); [*of kangaroo*] poche (*f*) marsupiale

pouf(fe) /puːf/ N (= *stool*) pouf (*m*)

poultice /'pəʊltɪs/ N cataplasme (*m*)

poultry /'pəʊltrɪ/ N volaille (*f*) ♦ **poultry farmer** N aviculteur (*m*), -trice (*f*)

pounce /paʊns/ 1 N bond (*m*) 2 VI bondir; **to ~ on** [+ *prey*] bondir sur; [+ *book, small object*] se précipiter sur; [+ *idea, suggestion*] sauter sur

pound /paʊnd/ 1 N ⓐ (= *weight*) livre (*f*) (= *453,6 grammes*); **sold by the ~** vendu à la livre; **$3 a ~** 3 dollars la livre → IMPERIAL SYSTEM
ⓑ (= *money*) livre (*f*); **~ sterling** livre (*f*) sterling; **~ coin** pièce (*f*) d'une livre
ⓒ (*for dogs, cars*) fourrière (*f*)

2 VT [+ *spices*] piler; [+ *rocks*] concasser; [+ *earth*] pilonner; [*guns, bombs, shells*] pilonner; **to ~ sth to a powder** pulvériser qch; **the ship was ~ed by huge waves** d'énormes vagues battaient contre le navire; **to ~ sth with one's fists** marteler qch à coups de poing

3 VI [*heart*] battre fort; (*with fear, excitement*) battre la chamade; [*sea, waves*] battre; **he ~ed on the door** il frappa de grands coups à la porte

pounding /'paʊndɪŋ/ 1 ADJ **with ~ heart** le cœur battant à tout rompre; **a ~ headache** un violent mal de tête 2 N [*of heart, waves, hooves*] martèlement (*m*); **to take a ~*** [*person*] en prendre pour son grade; **the city took a ~ in the war*** la guerre a fait des ravages dans cette ville; **Manchester Unit-**

ed took a real **~ from Liverpool*** Manchester United s'est fait battre à plate couture par Liverpool

pour /pɔː'/ 1 VT [+ *liquid*] verser; **she ~ed him a cup of tea** elle lui a versé une tasse de thé; **to ~ money into a scheme** investir énormément d'argent dans un projet; **to ~ scorn on sb/sth** dénigrer qn/qch; **to ~ it on*** (*US*) mettre le paquet*

2 VI ⓐ [*water, blood*] couler à flots (**from** de); **water came ~ing into the room** l'eau se déversa dans la pièce; **water was ~ing down the walls** l'eau ruisselait sur les murs; **the sweat ~ed off him** il ruisselait de sueur
ⓑ (= *rain*) **it is ~ing*** il pleut à verse; **it ~ed for four days** il a plu à verse pendant quatre jours
ⓒ [*people, cars, animals*] affluer; **complaints came ~ing in from all over the country** des plaintes affluaient de tout le pays
ⓓ (= *serve tea, coffee*) servir; **shall I ~?** je vous sers?

► **pour away** VT SEP [+ *liquid, dregs*] vider

► **pour in** 1 VI [*water, sunshine, rain*] se déverser; [*people*] affluer; **complaints ~ed in** il y a eu un déluge de réclamations 2 VT SEP [+ *liquid*] verser; **they ~ed in capital** ils y ont investi d'énormes capitaux

► **pour out** 1 VI [*water*] sortir à flots; [*people*] sortir en masse 2 VT SEP ⓐ [+ *tea, coffee, drinks*] servir (**for sb** à qn); [+ *unwanted liquid*] vider ⓑ [+ *anger, emotion*] donner libre cours à; [+ *troubles*] épancher; [+ *complaint*] déverser; **he ~ed out his story to me** il m'a raconté toute son histoire

pouring /'pɔːrɪŋ/ ADJ ⓐ [*sauce*] liquide ⓑ (**in) the ~ rain** (sous) la pluie battante

pout /paʊt/ 1 N moue (*f*); **... she said with a ~** ... dit-elle en faisant la moue 2 VI ⓐ (= *pull a face*) faire la moue ⓑ (*US* = *sulk*) bouder

poverty /'pɒvətɪ/ N pauvreté (*f*); [*of ideas, information*] déficit (*m*); **to live in ~** vivre dans la pauvreté; **~ of resources** insuffisance (*f*) de ressources ♦ **poverty level**, **poverty line** N **below/above ~ line** au-dessous du/au-dessus du seuil de pauvreté ♦ **poverty-stricken** ADJ [*person, family*] dans le dénuement

POW /,piːəʊ'dʌblju/ (ABBR = **prisoner of war**) prisonnier (*m*), -ière (*f*) de guerre

powder /'paʊdə'/ 1 N ⓐ (= *particles*) poudre (*f*); **in ~ form** en poudre ⓑ (= *fine snow*) poudreuse (*f*)

2 VT ⓐ [+ *substance*] réduire en poudre; **~ed milk** lait (*m*) en poudre ⓑ [+ *face, body*] poudrer; **to ~ one's nose** se poudrer; **trees ~ed with snow** arbres (*mpl*) saupoudrés de neige

3 COMP ♦ **powder blue** N bleu (*m*) pastel (*inv*) ♦ **powdered sugar** N (*US*) sucre (*m*) glace ♦ **powder keg** N (= *explosive situation*) poudrière (*f*) ♦ **powder puff** N houppette (*f*); (*big, fluffy*) houppe (*f*) ♦ **powder room** N (= *toilets*) toilettes (*fpl*) (pour dames)

powdery /'paʊdərɪ/ ADJ [*snow*] poudreux

power /'paʊə'/ 1 N ⓐ (= *ability*) pouvoir (*m*); (= *faculty*) faculté (*f*); **he did everything in his ~ to help us** il a fait tout son possible pour nous aider; **it is beyond her ~ to save him** elle est impuissante à le sauver; **he lost the ~ of speech** il a perdu (l'usage de) la parole; **mental ~s** facultés (*fpl*) mentales; **his ~s of persuasion** son pouvoir de persuasion; **purchasing ~** pouvoir (*m*) d'achat
ⓑ (= *force*) [*of person, blow, sun*] force (*f*); **the ~ of love/thought** la force de l'amour/de la pensée; **air ~** puissance (*f*) aérienne
ⓒ (= *authority*) pouvoir (*m*); **the ~ of the President** le pouvoir du Président; **pupil ~** le pouvoir des lycéens; **he has the ~ to act** il a le pouvoir d'agir; **at the height of his ~** à l'apogée de son pouvoir; **to have ~ over sb** avoir autorité sur qn; **to have sb in one's ~** avoir qn en son pouvoir; **in ~** [*party*] au pouvoir; **to come to ~** accéder au pouvoir; **the ~ behind the throne** l'éminence (*f*) grise; **the ~s that be** les autorités (*fpl*) constituées
ⓓ (= *energy*) énergie (*f*); (= *output*) rendement (*m*); (= *electricity*) électricité (*f*), courant (*m*); **nuclear ~** l'énergie (*f*) nucléaire; **they cut off the ~** ils ont coupé le courant; **a cheap source of ~** une source d'énergie bon marché

ⓔ [of engine, device] puissance (f); **microwave on full ~ for a minute** faites chauffer au micro-ondes à puissance maximale pendant une minute; **the ship returned to port under her own ~** le navire est rentré au port par ses propres moyens

ⓕ **it did me a ~ of good*** ça m'a fait un bien immense

2 VT faire marcher; **a car ~ed by a battery** une voiture qui marche sur batterie

3 COMP ◆ **power-assisted** ADJ assisté ◆ **power base** N réseau (m) d'influence ◆ **power cable** N câble (m) électrique ◆ **power cut** N (Brit) coupure (f) de courant ◆ **power failure** N panne (f) de courant ◆ **power line** N ligne (f) à haute tension ◆ **power of attorney** N procuration (f) ◆ **power pack** N bloc (m) d'alimentation ◆ **power plant** N (= building) centrale (f) (électrique) ◆ **power point** N (Brit) prise (f) de courant ◆ **power sharing** N partage (m) du pouvoir ◆ **power station** N centrale (f) (électrique) ◆ **power steering** N direction (f) assistée ◆ **power struggle** N lutte (f) pour le pouvoir ◆ **power supply** N alimentation (f) électrique ◆ **power tool** N outil (m) électrique

► **power down** VT SEP [+ computer] éteindre

► **power up** VT SEP [+ computer] allumer

powerboat /'paʊəbaʊt/ N hors-bord (m inv)

powerful /'paʊəfʊl/ ADJ [engine, computer] puissant; [kick, person, build, smell] fort; [influence, effect] profond; [description] saisissant; [performance, argument] très convaincant; **he gave a ~ performance** il a donné une interprétation très convaincante

powerfully /'paʊəfəlɪ/ ADV [affect] fortement; [influence] profondément; **~ addictive** à fort effet d'accoutumance

powerhouse /'paʊəhaʊs/ N (= person) personne (f) très dynamique; (= group) groupe (m) très dynamique; **a ~ of new ideas** une mine d'idées nouvelles

powerless /'paʊəlɪs/ ADJ impuissant; **the government is ~ in the face of recession** le gouvernement est impuissant face à la récession

powerlessness /'paʊəlɪsnɪs/ N impuissance (f)

powwow* /'paʊwaʊ/ N (= discussion) tête-à-tête (m inv)

pp /piː'piː/ ⓐ (ABBR = **per procurationem**) p.p. ⓑ (= pages) p.

PPV /ˌpiːpiː'viː/ N (ABBR = **pay-per-view**) PPV (m)

PQ (ABBR = **Province of Quebec**) PQ

PR /piː'ɑːʳ/ N ⓐ ABBR = **public relations** ⓑ (ABBR = **proportional representation**) RP (f)

practicability /ˌpræktɪkə'bɪlɪtɪ/ N **to question the ~ of a scheme** mettre en doute la possibilité de réaliser un projet

practicable /'præktɪkəbl/ ADJ réalisable

practical /'præktɪkəl/ 1 ADJ ⓐ (= concrete) concret (-ète (f)); **a ~ way of ...** un moyen concret de ...; **to be of no ~ use** n'avoir aucun intérêt pratique; **for all ~ purposes** en pratique ⓑ (= down-to-earth) [person] pratique ⓒ (= functional) pratique ⓓ (= near) **it's a ~ certainty** c'est une quasi-certitude 2 N (= exam) épreuve (f) pratique; (= lesson) travaux (mpl) pratiques 3 COMP ◆ **practical joke** N farce (f) ◆ **practical nurse** N (US) aide-soignant(e) (m(f))

practicality /ˌpræktɪ'kælɪtɪ/ 1 N [of person] sens (m) pratique; [of suggestion] aspect (m) pratique; **I doubt the ~ of this scheme** je doute que ce projet soit réalisable 2 NPL **practicalities** détails (mpl) pratiques

practically /'præktɪklɪ/ ADV (= almost) pratiquement; (= from a practical point of view) d'un point de vue pratique; **he's very ~ minded** il a vraiment l'esprit pratique

practice /'præktɪs/ 1 N ⓐ (= habits) pratique (f); **to make a ~ of doing sth** avoir l'habitude de faire qch; **it's common ~** c'est courant

ⓑ (= exercises) exercices (mpl); (= training) entraînement (m); (= experience) expérience (f); (= rehearsal) répétition (f); **I need more ~** j'ai besoin d'entraînement; **he does six hours' piano ~ a day** il fait six heures de piano par jour; **she's had lots of ~** elle a de l'expérience; **it takes years of ~** il faut de longues années d'expérience; **out of ~** rouillé (fig); **with ~** avec de l'entraînement

ⓒ (as opposed to theory) pratique (f); **in ~** dans la pratique; **to put sth into ~** mettre qch en pratique

ⓓ [of law, medicine] exercice (m); (= business) cabinet (m); (= clients) clientèle (f); **he has a large ~** il a une nombreuse clientèle

2 VTI (US) = **practise**

3 COMP [flight, run] d'entraînement ◆ **practice teacher** N (US) professeur (mf) stagiaire

practise, practice (US) /'præktɪs/ 1 VT ⓐ (= put into practice) [+ technique, meditation, one's religion] pratiquer; [+ method] appliquer; **to ~ what one preaches** prêcher par l'exemple; **to ~ medicine/law** exercer la médecine/la profession d'avocat

ⓑ (= exercise in) [+ violin, song, chorus] travailler; **she was practising her scales** elle faisait ses gammes; **I need to ~ my backhand** j'ai besoin de travailler mon revers; **to ~ doing sth** s'entraîner à faire qch

2 VI ⓐ (Music) s'exercer; (Sport) s'entraîner; [beginner] faire des exercices

ⓑ [doctor, lawyer] exercer

practised, practiced (US) /'præktɪst/ ADJ [teacher, nurse] chevronné; [eye] exercé; [performance] accompli

practising, practicing (US) /'præktɪsɪŋ/ ADJ [doctor] exerçant; [lawyer] en exercice; [architect] en activité; [Catholic, Buddhist] pratiquant

practitioner /præk'tɪʃənəʳ/ N (= doctor) médecin (m)

pragmatic /præg'mætɪk/ ADJ pragmatique

pragmatism /'prægmətɪzəm/ N pragmatisme (m)

Prague /prɑːg/ N Prague

prairie /'preərɪ/ N prairie (f); **the ~(s)** (US) la Grande Prairie ◆ **prairie dog** N chien (m) de prairie

praise /preɪz/ 1 N éloge(s) (m(pl)); **in ~ of** à la louange de; **to be full of ~ for sb/sth** ne pas tarir d'éloges sur qn/qch; **I have nothing but ~ for what he has done** je ne peux que le louer de ce qu'il a fait 2 VT louer; **to ~ sb for sth/for doing sth** louer qn pour qch/d'avoir fait qch

praiseworthy /'preɪzˌwɜːðɪ/ ADJ digne d'éloges

pram /præm/ N (Brit) landau (m)

prance /prɑːns/ VI [horse, child] caracoler; [dancer] cabrioler

prank /præŋk/ N (= joke) farce (f)

prat: /præt/ N (Brit) con: (m), conne: (f)

pratfall /'prætˌfɔːl/ N (US = mistake) gaffe (f)

prattle /'prætl/ 1 VI jaser; [child] babiller; **to ~ on about sth** parler à n'en plus finir de qch 2 N bavardage (m)

prawn /prɔːn/ N (Brit) crevette (f) rose ◆ **prawn cocktail** N cocktail (m) de crevettes ◆ **prawn cracker** N beignet (m) de crevettes

pray /preɪ/ 1 VI prier; **he ~ed to be released from his suffering** il pria le ciel de mettre fin à ses souffrances; **he ~ed for forgiveness** il pria Dieu de lui pardonner; **we're ~ing for fine weather** nous prions pour qu'il fasse beau 2 VT prier (that pour que + subj); **they ~ed God to help him** ils prièrent Dieu de lui venir en aide

prayer /preəʳ/ N prière (f); **to say one's ~s** faire sa prière; **they said a ~ for him** ils ont prié pour lui; **it's the answer to our ~s** c'est exactement ce qu'il nous fallait ◆ **prayer book** N livre (m) de prières ◆ **prayer meeting** N réunion (f) de prière

pre- /priː/ PREF pré-; **~-1990** (+ noun) d'avant 1990; (+ verb) avant 1990

preach /priːtʃ/ 1 VI prêcher; **don't ~!** pas de morale, s'il te plaît!; **you're ~ing to the converted** vous prêchez un converti 2 VT [+ religion] prêcher; [+ patience, advantage] prôner; **to ~ a sermon** faire un sermon

preacher /'priːtʃəʳ/ N prédicateur (m); (US = clergyman) pasteur (m)

preamble /priː'æmbl/ N préambule (m); (in book) préface (f)

prearrange /'priːə'reɪndʒ/ VT organiser à l'avance

precarious /prɪ'keərɪəs/ ADJ (= uncertain) précaire; (= unsteady) [ladder] en équilibre instable

precaution /prɪˈkɔːʃən/ N précaution (f); **as a ~** par précaution; **to take ~s** prendre ses précautions; **safety ~s** mesures (fpl) de sécurité

precautionary /prɪˈkɔːʃənərɪ/ ADJ de précaution; **as a ~ measure** par mesure de précaution

precede /prɪˈsiːd/ VT (in space, time) précéder; **the week preceding his death** la semaine qui a précédé sa mort

precedence /ˈpresɪdəns/ N (in rank) préséance (f); (in importance) priorité (f); **this question must take ~ over all others** ce problème est prioritaire; **to take ~ over sb** avoir la préséance sur qn

precedent /ˈpresɪdənt/ N précédent (m); **without ~** sans précédent; **to set a ~** créer un précédent

preceding /prɪˈsiːdɪŋ/ ADJ précédent; **the ~ day** la veille

precept /ˈpriːsept/ N précepte (m)

precinct /ˈpriːsɪŋkt/ N ⓐ (round cathedral) enceinte (f); (= boundary) pourtour (m); **within the ~s of ...** dans les limites de ... ⓑ (US Police) circonscription (f) administrative; (US Politics) circonscription (f) électorale

precious /ˈpreʃəs/ 1 ADJ précieux; **don't waste ~ time arguing** ne perds pas un temps précieux à discuter; **his son is very ~ to him** il tient énormément à son fils; **your ~ career** (iro) ta chère carrière 2 ADV **~ few** or **~ little** fort peu (de) 3 COMP ◆ **precious metal** N métal (m) précieux ◆ **precious stone** N pierre (f) précieuse

precipice /ˈpresɪpɪs/ N précipice (m); **to fall over a ~** tomber dans un précipice

precipitate 1 VT précipiter 2 ADJ précipité

★ Lorsque **precipitate** est un verbe, la fin se prononce comme **eight**: /prɪˈsɪpɪteɪt/; lorsque c'est un adjectif, elle se prononce comme **it**: /prɪˈsɪpɪtɪt/.

precipitation /prɪˌsɪpɪˈteɪʃən/ N précipitation (f)

precipitous /prɪˈsɪpɪtəs/ ADJ ⓐ (= steep) abrupt ⓑ (= sudden) précipité

précis /ˈpreɪsiː/ N (pl **précis** /ˈpreɪsiːz/) résumé (m)

precise /prɪˈsaɪs/ ADJ ⓐ précis; **be more ~!** soyez plus précis!; **the ~ amount of energy they need** la quantité exacte d'énergie dont ils ont besoin; **at 4am to be ~** à 4 heures du matin pour être précis ⓑ (= meticulous) [person, manner] méticuleux

precisely /prɪˈsaɪslɪ/ ADV précisément; **10 o'clock ~** 10 heures précises; **~ nine minutes** très précisément neuf minutes; **~ what does that mean?** qu'est-ce que cela veut dire exactement?; **~!** exactement!

precision /prɪˈsɪʒən/ N précision (f); **with deadly ~** avec une précision implacable; **~ tool** outil (m) de précision

preclude /prɪˈkluːd/ VT [+ doubt] dissiper; [+ misunderstanding] prévenir; [+ possibility] exclure; **to be ~d from doing sth** être empêché de faire qch

precocious /prɪˈkəʊʃəs/ ADJ précoce

preconceived /ˈpriːkənˈsiːvd/ ADJ **~ notion** or **idea** idée (f) préconçue

preconception /ˈpriːkənˈsepʃən/ N idée (f) préconçue

precondition /ˈpriːkənˈdɪʃən/ N condition (f) préalable

precursor /priːˈkɜːsəʳ/ N (= person, thing) précurseur (m); (= event) signe (m) avant-coureur

predate /priːˈdeɪt/ VT (= come before in time) [+ event] précéder; [+ document] être antérieur à

predator /ˈpredətəʳ/ N prédateur (m)

predatory /ˈpredətərɪ/ ADJ [animal, insect] prédateur (-trice (f)); [bird] de proie; [habits] de prédateur(s); [person] rapace

predecessor /ˈpriːdɪsesəʳ/ N prédécesseur (m)

predestination /priːˌdestɪˈneɪʃən/ N prédestination (f)

predestine /priːˈdestɪn/ VT prédestiner

predetermine /ˈpriːdɪˈtɜːmɪn/ VT prédéterminer; **at a ~d moment** à un moment prédéfini

predicament /prɪˈdɪkəmənt/ N situation (f) difficile; **I'm in a real ~!** je suis dans une situation très difficile!

predicate 1 VT (= base) [+ statement, belief, argument] fonder; **this is ~d on the fact that ...** ceci est fondé sur le fait que ... 2 N prédicat (m)

★ Lorsque **predicate** est un verbe, la fin se prononce comme **eight**: /ˈpredɪkeɪt/; lorsque c'est un nom, elle se prononce comme **it**: /ˈpredɪkɪt/.

predict /prɪˈdɪkt/ VT prédire

predictable /prɪˈdɪktəbl/ ADJ [behaviour] prévisible; [person, story] sans surprise; **his reaction was ~** sa réaction était prévisible

predictably /prɪˈdɪktəblɪ/ ADV [behave, react] d'une manière prévisible; **~, his father was furious** comme on pouvait s'y attendre, son père était furieux

prediction /prɪˈdɪkʃən/ N prévision (f)

predispose /ˈpriːdɪsˈpəʊz/ VT prédisposer

predisposition /ˈpriːˌdɪspəˈzɪʃən/ N prédisposition (f)

predominance /prɪˈdɒmɪnəns/ N prédominance (f)

predominant /prɪˈdɒmɪnənt/ ADJ prédominant

predominantly /prɪˈdɒmɪnəntlɪ/ ADV essentiellement

predominate /prɪˈdɒmɪneɪt/ VI prédominer (**over** sur)

pre-eminence /priːˈemɪnəns/ N prééminence (f)

pre-eminent /priːˈemɪnənt/ ADJ prééminent

pre-empt /priːˈempt/ VT ⓐ [+ sb's decision, action] devancer ⓑ (= prevent) prévenir; **you can ~ pain by taking a painkiller** vous pouvez prévenir la douleur en prenant un analgésique

pre-emptive /priːˈemptɪv/ ADJ [attack, strike] préventif

preen /priːn/ 1 VT [+ feathers, tail] lisser; **she was ~ing herself in front of the mirror** elle se pomponnait devant la glace 2 VI [person] se pomponner

pre-existent /ˈpriːɪɡˈzɪstənt/, **pre-existing** /ˈpriːɪɡˈzɪstɪŋ/ ADJ préexistant

prefab* /ˈpriːfæb/ N (ABBR = **prefabricated building**) préfabriqué (m)

preface /ˈprefɪs/ 1 N (to book) préface (f); (to speech) préambule (m) 2 VT **he ~d this by saying ...** il a commencé par dire ...

prefect /ˈpriːfekt/ N (= French official) préfet (m); (Brit: in school) élève des grandes classes chargé(e) de la discipline

prefer /prɪˈfɜːʳ/ VT ⓐ préférer; **I ~ Paris to London** je préfère Paris à Londres; **I ~ bridge to chess** je préfère le bridge aux échecs; **to ~ doing sth** préférer faire qch; **children ~ watching television to reading books** les enfants préfèrent la télévision à la lecture; **I'd ~ that you didn't come** je préférerais que tu ne viennes pas; **I would ~ not to** je préférerais ne pas le faire; **I much ~ Scotland** je préfère de beaucoup l'Écosse ⓑ (in court) **to ~ charges** porter plainte

preferable /ˈprefərəbl/ ADJ préférable

preferably /ˈprefərəblɪ/ ADV de préférence

preference /ˈprefərəns/ N (= liking) préférence (f); **what is your ~?** que préférez-vous?; **my first ~** mon premier choix; **in ~ to sth** de préférence à qch; **in ~ to doing sth** plutôt que de faire qch

preferential /ˌprefəˈrenʃəl/ ADJ [terms] préférentiel; [treatment] de faveur

prefix /ˈpriːfɪks/ N [of word] préfixe (m); [of phone number] indicatif (m)

pregnancy /ˈpregnənsɪ/ N grossesse (f); [of animal] gestation (f) ◆ **pregnancy test** N test (m) de grossesse

pregnant /ˈpregnənt/ ADJ enceinte; [animal] pleine; [silence] lourd de sens; **three months ~** enceinte de trois mois; **while she was ~ with Marie** quand elle était enceinte de Marie

preheat /ˈpriːˈhiːt/ VT préchauffer

prehistoric /ˈpriːhɪsˈtɒrɪk/ ADJ préhistorique

prehistory /ˈpriːˈhɪstərɪ/ N préhistoire (f)

prejudge /ˈpriːˈdʒʌdʒ/ VT [+ question] préjuger de; [+ person] juger d'avance

prejudice /'predʒʊdɪs/ 1 N ⓐ préjugés *(mpl)*; (= *particular instance*) préjugé *(m)*; **racial ~** préjugés *(mpl)* raciaux; **to have a ~ against/in favour of sb/sth** avoir un préjugé contre/en faveur de qn/qch ⓑ (= *detriment*) préjudice *(m)* 2 VT ⓐ [+ *person*] influencer ⓑ [+ *chance*] porter préjudice à

prejudiced /'predʒʊdɪst/ ADJ [*person*] plein de préjugés; **to be ~ against sb/sth** avoir des préjugés contre qn/qch; **to be racially ~** avoir des préjugés raciaux

preliminary /prɪ'lɪmɪnərɪ/ 1 ADJ préliminaire; [*stage*] premier; **~ round** or **heat** épreuve *(f)* éliminatoire 2 N préliminaire *(m)* 3 COMP ♦ **Preliminary Scholastic Aptitude Test** N (*US*) test déterminant l'aptitude d'un candidat à présenter l'examen d'entrée à l'université

prelude /'prelju:d/ N prélude *(m)* (**to** de)

premarital /pri:'mærɪtl/ ADJ avant le mariage; **~ contract** contrat *(m)* de mariage

premature /'premətʃʊə'/ ADJ [*decision, birth*] prématuré; **~ baby** (enfant *(mf)*) prématuré(e) *(m(f))*; **you are a little ~** vous anticipez un peu

prematurely /'premətʃʊəlɪ/ ADV prématurément; [*be born, give birth*] avant terme

premeditate /pri:'medɪteɪt/ VT préméditer

premeditation /pri:ˌmedɪ'teɪʃən/ N préméditation *(f)*

premenstrual /pri:'menstrʊəl/ ADJ prémenstruel

premier /'premɪə'/ 1 ADJ premier 2 N (= *Prime Minister*) Premier ministre *(m)*; (= *President*) chef *(m)* de l'État 3 COMP ♦ **Premier Division** N (*in Scotland*) première division *(f)* ♦ **Premier League** N (*in England and Wales*) première division *(f)*

premiere /'premɪɛə'/ 1 N première *(f)*; **the film has just received its London ~** la première londonienne du film vient d'avoir lieu 2 VT donner la première de; **the film was ~d in Paris** la première du film a eu lieu à Paris

premiership /'premɪəʃɪp/ N (*of Prime Minister*) **during his ~** pendant qu'il était Premier ministre; **he staked his claim for the ~** il revendiquait le poste de Premier ministre

premise /'premɪs/ 1 N (= *hypothesis*) prémisse *(f)* 2 NPL **premises** (= *property*) locaux *(mpl)*; **business ~s** locaux *(mpl)* commerciaux; **on the ~s** sur place; **off the ~s** à l'extérieur; **to escort sb off the ~s** accompagner qn dehors

premium /'pri:mɪəm/ 1 N prime *(f)*; **to be at a ~** être précieux; **to place a high ~ on** donner beaucoup d'importance à; **if space is at a ~** si vous manquez de place 2 ADJ [*goods, brand*] de qualité supérieure 3 COMP ♦ **premium bond** N (*Brit*) obligation *(f)* à prime, bon *(m)* à lots

premonition /ˌpremə'nɪʃən/ N pressentiment *(m)*; **to have a ~ that ...** avoir le pressentiment que ...

prenatal /'pri:'neɪtl/ ADJ prénatal

preoccupation /pri:ˌɒkjʊ'peɪʃən/ N préoccupation *(f)*; **keeping warm was his main ~** sa grande préoccupation était de se protéger du froid

preoccupy /pri:'ɒkjʊpaɪ/ VT [+ *person, mind*] préoccuper; **to be preoccupied** être préoccupé (**by, with** de)

preordained /ˌpri:ɔ'deɪnd/ ADJ prédestiné

prep /prep/ 1 N (ABBR = **preparation**) ⓐ (= *work*) devoirs *(mpl)*; (= *period*) étude *(f)* (surveillée) ⓑ (*US*) préparation *(f)* (d'un(e) malade) 2 COMP ♦ **prep school** N (*Brit*) (ABBR = **preparatory school**) école *(f)* primaire privée

prepaid /'pri:'peɪd/ ADJ payé (d'avance)

preparation /ˌprepə'reɪʃən/ N préparation *(f)*; **~s** préparatifs *(mpl)*; **the country's ~s for war** les préparatifs *(mpl)* de guerre du pays; **to make ~s for sth** prendre ses dispositions pour qch; **in ~ for** en vue de

preparatory /prɪ'pærətərɪ/ ADJ [*work*] préparatoire; [*measure, step*] préliminaire; **~ to** avant; **~ to sth/to doing sth** avant qch/de faire qch ♦ **preparatory school** N (*Brit*) école *(f)* primaire privée; (*US*) école *(f)* secondaire privée

ⓘ PREPARATORY SCHOOL
En Grande-Bretagne, une **preparatory school**, ou **prep school**, est une école primaire qui prépare les élèves à entrer dans un établissement secondaire privé.
Aux États-Unis, le terme désigne une école secondaire privée préparant les élèves aux études supérieures. Le mot « **preppy** » désigne les élèves des **prep schools** américaines, ou leur style vestimentaire BCBG.

prepare /prɪ'peə'/ 1 VT préparer; **to ~ sb for an exam** préparer qn à un examen; **to ~ sb for bad news** préparer qn à une mauvaise nouvelle; **to ~ the way for sth** préparer la voie pour qch 2 VI **to ~ for** (= *make arrangements*) [+ *journey, event*] prendre ses dispositions pour; (= *prepare o.s. for*) [+ *storm, meeting, discussion*] se préparer pour; [+ *war*] se préparer à; [+ *examination*] préparer; **to ~ to do sth** s'apprêter à faire qch

prepared /prɪ'peəd/ ADJ [*person, country*] prêt; [*statement, answer*] préparé à l'avance; **he wasn't ~ for what he saw** il ne s'attendait pas du tout à ce spectacle; **I am ~ for anything** (= *can cope with anything*) j'ai tout prévu; (= *won't be surprised at anything*) je m'attends à tout; **to be ~ to do sth** être disposé à faire qch

preponderance /prɪ'pɒndərəns/ N (*in numbers*) supériorité *(f)* numérique

preposition /ˌprepə'zɪʃən/ N préposition *(f)*

prepossessing /ˌpri:pə'zesɪŋ/ ADJ [*person, appearance*] avenant

preposterous /prɪ'pɒstərəs/ ADJ grotesque

preppie•, preppy• /'prepɪ/ (*US*) 1 ADJ bon chic bon genre• 2 N (= *pupil*) élève *(mf)* d'une boîte• privée → *PREPARATORY SCHOOL*

preprogrammed /pri:'prəʊgræmd/ ADJ programmé à l'avance

pre-record /ˌpri:rɪ'kɔ:d/ VT **~ed broadcast** émission *(f)* en différé; **~ed cassette** cassette *(f)* préenregistrée

prerequisite /'pri:'rekwɪzɪt/ 1 N ⓐ condition *(f)* préalable 2 ADJ préalable

prerogative /prɪ'rɒgətɪv/ N prérogative *(f)*

Pres. (ABBR = **president**) Pdt

Presbyterian /ˌprezbɪ'tɪərɪən/ ADJ, N presbytérien(ne) *(m(f))*

presbytery /'prezbɪtərɪ/ N (= *residence*) presbytère *(m)*

pre-school /ˌpri:'sku:l/ ADJ préscolaire; [*child*] d'âge préscolaire; **~ playgroup** ≈ garderie *(f)*

prescribe /prɪs'kraɪb/ VT prescrire (**sth for sb** qch à qn); **the ~d dose** la dose prescrite

prescription /prɪs'krɪpʃən/ 1 N (= *medicine*) ordonnance *(f)*; **to write out a ~ for sb** faire une ordonnance pour qn; **to make up** or (*US*) **fill a ~** préparer une ordonnance; **on ~** sur ordonnance 2 COMP [*medicine*] (= *available only on prescription*) vendu sur ordonnance seulement ♦ **prescription charge** N (*Brit*) montant forfaitaire payé sur les médicaments

prescriptive /prɪs'krɪptɪv/ ADJ (= *giving precepts*) normatif

presence /'prezns/ N présence *(f)*; **in the ~ of** en présence de; **he certainly made his ~ felt•** sa présence n'est vraiment pas passée inaperçue; **police ~** présence *(f)* policière; **to lack ~** manquer de présence ♦ **presence of mind** N présence *(f)* d'esprit

present 1 ADJ ⓐ (= *in attendance*) présent; **~ at** présent à; **my husband was ~ at the birth** mon mari a assisté à l'accouchement; **who was ~?** qui était là?; **those ~** les personnes *(fpl)* présentes
ⓑ (= *existing now*) actuel; **her ~ husband** son mari actuel; **the ~ government** le gouvernement actuel

2 N ⓐ (= *present time*) présent *(m)*; **there's no time like the ~!** il ne faut jamais remettre au lendemain ce que l'on peut faire le jour même!; **up to the ~** jusqu'à présent

♦ **at present** (= *right now*) actuellement; (= *for the time being*) pour le moment; **as things are at ~** dans l'état actuel des choses

♦ **for the present** pour le moment

ⓑ (= *gift*) cadeau (m); **it's for a ~** c'est pour offrir; **she gave me the book as a ~** elle m'a offert le livre (en cadeau)
3 VT ⓐ **to ~ sb with sth** or **to ~ sth to sb** [+ *prize, medal*] remettre qch à qn; **we were ~ed with a fait accompli** nous nous sommes trouvés devant un fait accompli
ⓑ [+ *tickets, documents*] présenter; [+ *plan, account, proposal*] soumettre; [+ *report*] remettre; [+ *complaint*] déposer; [+ *proof, evidence*] apporter; **to ~ o.s.** se présenter; **how you ~ yourself is very important** la manière dont vous vous présentez est très importante
ⓒ (= *constitute*) [+ *problem, difficulties, features*] présenter; [+ *opportunity*] donner; [+ *challenge*] constituer; **the opportunity ~ed itself** l'occasion s'est présentée
ⓓ [+ *play, film, programme*] passer; (= *act as presenter of*) présenter; **we are proud to ~ ...** nous sommes heureux de vous présenter ...
4 COMP ♦ **present-day** ADJ d'aujourd'hui ♦ **present perfect** N passé (m) composé ♦ **present tense** N présent (m)

> ★ *Lorsque* **present** *est un adjectif ou un nom, l'accent tombe sur la première syllabe:* /ˈpreznt/, *lorsque c'est un verbe, sur la seconde:* /prɪˈzent/.

presentable /prɪˈzentəbl/ ADJ présentable
presentation /ˌprezənˈteɪʃən/ N ⓐ présentation (f)
ⓑ (= *ceremony*) **she's leaving: there'll be a ~ on Friday** elle s'en va, on lui remettra son cadeau d'adieu vendredi
ⓒ (= *talk*) exposé (m) oral; **a business ~** une présentation commerciale
presenter /prɪˈzentə/ N (*Brit*) présentateur (m), -trice (f)
presently /ˈprezntlɪ/ ADV ⓐ (*Brit*) (= *in a moment*) tout à l'heure; (= *some time later*) peu de temps après ⓑ (= *currently*) actuellement
preservation /ˌprezəˈveɪʃən/ N (= *protection*) sauvegarde (f); (= *continuance, maintenance*) maintien (m); **the ~ of the monument is our first priority** notre priorité est de sauvegarder le monument
preservative /prɪˈzɜːvətɪv/ N agent (m) de conservation
preserve /prɪˈzɜːv/ 1 VT ⓐ (= *keep, maintain*) [+ *building, traditions, manuscript*] conserver; [+ *leather, wood*] entretenir; [+ *dignity, sense of humour*] garder; [+ *peace, standards*] maintenir; **well-/badly-~d** en bon/mauvais état de conservation; **she is very well-~d** elle est bien conservée ⓑ (*from harm*) préserver (**from** de) ⓒ [+ *fruit*] mettre en conserve 2 ⓐ (*Brit* = *jam*) confiture (f) ⓑ (= *prerogative*) chasse (f) gardée
preset /ˈpriːˈset/ VT (*pret, ptp* **preset**) programmer
preshrunk /ˈpriːˈʃrʌŋk/ ADJ irrétrécissable
preside /prɪˈzaɪd/ VI présider; **to ~ at** or **over a meeting** présider une réunion
presidency /ˈprezɪdənsɪ/ N présidence (f)
president /ˈprezɪdənt/ N président (m); (*US*) [*of company*] président-directeur (m) général, PDG (m) ♦ **Presidents' Day** N (*US*) jour férié le troisième lundi de février, en souvenir des présidents Lincoln et Washington
presidential /ˌprezɪˈdenʃəl/ ADJ ⓐ [*decision, suite, style*] présidentiel; **~ elections** élection (f) présidentielle ⓑ (= *of one specific President*) [*staff, envoy, representative*] du Président
press /pres/ 1 N ⓐ (= *reporting, journalists collectively*) presse (f); **a free ~** une presse libre; **to get a bad ~** avoir mauvaise presse; **the national ~** la presse nationale ⓑ (= *printing press*) presse (f); (= *place*) imprimerie (f) ⓒ (= *apparatus*) (*for wine, olives*) pressoir (m); (*for gluing, moulding*) presse (f)
2 VT ⓐ [+ *button, switch, accelerator*] appuyer sur; (= *squeeze*) [+ *sb's hand*] serrer; **he ~ed his nose against the window** il a collé son nez à la fenêtre; **to ~ the flesh*** (*US*) serrer une multitude de mains; **as the crowd moved back he found himself ~ed against a wall** quand la foule a reculé il s'est trouvé acculé contre un mur
ⓑ [+ *grapes, olives, flowers*] presser
ⓒ (= *iron*) repasser
ⓓ **to ~ sb to do sth** pousser qn à faire qch; **to ~ sb for payment/an answer** presser qn de payer/de répondre; **to**

be ~ed for time manquer de temps; **he didn't need much ~ing** il ne s'est guère fait prier; **to ~ a gift on sb** insister pour que qn accepte un cadeau
♦ **to be pressed into service**: **we were all ~ed into service** nous avons tous été mis à contribution; **the church hall was ~ed into service as a school** la salle paroissiale a été réquisitionnée pour servir d'école
ⓔ [+ *attack*] poursuivre; [+ *advantage*] pousser; [+ *claim, demand*] renouveler; **to ~ charges (against sb)** porter plainte (contre qn)
3 VI (= *exert pressure: with hand*) appuyer; [*weight, burden*] peser; [*debts, troubles*] peser (**on sb** à qn); **to ~ for sth** faire pression pour obtenir qch
4 COMP [*campaign, card*] de presse ♦ **press agency** N agence (f) de presse ♦ **press agent** N agent (m) de publicité ♦ **press conference** N conférence (f) de presse ♦ **press corps** N presse (f) (*travaillant à un endroit donné*) ♦ **press cutting** N coupure (f) de presse ♦ **press-gang** VT **to ~-gang sb into doing sth** faire pression sur qn pour qu'il fasse qch ♦ **press officer** N attaché(e) (m(f)) de presse ♦ **press release** N communiqué (m) de presse ♦ **press report** N reportage (m) ♦ **press stud** N (*Brit*) bouton-pression (m) ♦ **press-up** N (*Brit*) **to do ~-ups** faire des pompes*
► **press ahead, press on** VI (*in work, journey*) continuer; **to ~ ahead with sth** continuer résolument (à faire) qch
pressing /ˈpresɪŋ/ ADJ (= *urgent*) urgent; [*invitation*] pressant
pressure /ˈpreʃə/ 1 N pression (f); **at high ~** à haute pression; **to exert ~ on sth** exercer une pression sur qch; **parental ~** la pression des parents; **to put ~ on sb (to do sth)** faire pression sur qn (pour qu'il fasse qch); **the ~s of life today** le stress de la vie d'aujourd'hui; **~ of work prevented him from going** il n'a pas pu y aller parce qu'il avait trop de travail
♦ **under pressure**: **he was acting under ~** il a agi sous la contrainte; **to come under ~** subir des pressions; **he has been under a lot of ~ recently** il a été sous pression* ces derniers temps; **I work badly under ~** je travaille mal quand je suis sous pression*
2 VT **don't ~ me!*** ne me bouscule pas!; **to ~ sb to do sth** faire pression sur qn pour qu'il fasse qch; **to ~ sb into doing sth** forcer qn à faire qch
3 COMP ♦ **pressure cooker** N autocuiseur (m) ♦ **pressure group** N groupe (m) de pression
pressurize /ˈpreʃəraɪz/ VT **to ~ sb** faire pression sur qn
pressurized /ˈpreʃəraɪzd/ ADJ [*cabin, container*] pressurisé
Prestel® /ˈpres.tel/ N ≈ Télétel® (m)
prestige /presˈtiːʒ/ 1 N prestige (m) 2 ADJ de prestige
prestigious /presˈtɪdʒəs/ ADJ prestigieux
presumably /prɪˈzjuːməblɪ/ ADV sans doute
presume /prɪˈzjuːm/ VT ⓐ (= *suppose*) présumer; **to be ~d dead** être présumé mort; **every man is ~d innocent** tout homme est présumé innocent; **I ~ so** je présume ⓑ (= *take liberty*) **to ~ to do sth** se permettre de faire qch
presumption /prɪˈzʌmpʃən/ N ⓐ (= *supposition*) supposition (f); **the ~ is that ...** on suppose que ... ⓑ (= *audacity*) présomption (f); **if you'll excuse my ~** si vous me le permettez
presumptuous /prɪˈzʌmptjʊəs/ ADJ présomptueux
presuppose /ˌpriːsəˈpəʊz/ VT présupposer
presupposition /ˌpriːsʌpəˈzɪʃən/ N présupposition (f)
pre-tax /ˌpriːˈtæks/ ADJ, ADV avant impôts
pretence, pretense (*US*) /prɪˈtens/ N ⓐ (= *pretext*) prétexte (m); (= *claim*) prétention (f); **he makes no ~ to learning** il n'a pas la prétention d'être savant; **under the ~ of (doing) sth** sous prétexte de (faire) qch ⓑ (= *make-believe*) **to make a ~ of doing sth** faire semblant de faire qch; **it's all a ~** tout cela est pure comédie; **I'm tired of them ~ that all is well** j'en ai assez de les voir faire comme si tout allait bien
pretend /prɪˈtend/ 1 VT ⓐ (= *feign*) feindre; **to ~ to do sth** faire semblant de faire qch; **he ~ed she was out** il a essayé de faire croire qu'elle était sortie ⓑ (= *claim*) pré-

tendre; **I don't ~ to know everything about it** je ne prétends pas tout savoir là-dessus **2** VI (a) (= *feign*) faire semblant; **he's not really ill, he's just ~ing** il n'est pas malade, il fait semblant; **I was only ~ing!** c'était pour rire! (b) (= *claim*) **to ~ to infallibility** avoir la prétention d'être infaillible

pretense /prɪˈtens/ N (*US*) = **pretence**

pretension /prɪˈtenʃən/ N (= *claim*) prétention (f)

pretentious /prɪˈtenʃəs/ ADJ prétentieux

preterite /ˈpretərɪt/ N prétérit (m)

pretext /ˈpriːtekst/ N prétexte (m); **on the ~ of doing sth** sous prétexte de faire qch

pretty /ˈprɪtɪ/ **1** ADJ joli (*before n*); **as ~ as a picture** [*person, garden*] ravissant; **it wasn't a ~ sight** ce n'était pas beau à voir; **it will cost a ~ penny*** cela coûtera une jolie somme **2** ADV (= *fairly*)* assez; **it's ~ cold** il fait assez froid; **it's ~ much the same thing** c'est à peu près la même chose; **to have a ~ good idea of sth** avoir sa petite idée sur qch

prevail /prɪˈveɪl/ VI (a) (= *gain victory*) l'emporter; **let us hope that commonsense will ~** espérons que le bon sens l'emportera (b) [*conditions, attitude, fashion*] prédominer; [*style*] être en vogue (c) **to ~ (up)on sb to do sth** persuader qn de faire qch

prevailing /prɪˈveɪlɪŋ/ ADJ (a) [*wind*] dominant (b) [*conditions, situation, customs*] (*today*) actuel; (*at that time*) à l'époque que

prevalence /ˈprevələns/ N [*of illness*] fréquence (f); [*of belief, attitude*] prédominance (f)

prevalent /ˈprevələnt/ ADJ répandu

prevaricate /prɪˈværɪkeɪt/ VI tergiverser

prevarication /prɪˌværɪˈkeɪʃən/ N faux-fuyant(s) (m(pl))

prevent /prɪˈvent/ VT empêcher (**sb from doing sth** qn de faire qch); [+ *illness*] prévenir; **nothing could ~ him (from doing it)** rien ne pouvait l'en empêcher

preventable /prɪˈventəbl/ ADJ évitable

preventative /prɪˈventətɪv/ ADJ préventif

prevention /prɪˈvenʃən/ N prévention (f) ■ (*PROV*) **~ is better than cure** mieux vaut prévenir que guérir

preventive /prɪˈventɪv/ ADJ préventif

preview /ˈpriːvjuː/ N avant-première (f); (= *art exhibition*) vernissage (m); **to give sb a ~ of sth** donner à qn un aperçu de qch

previous /ˈpriːvɪəs/ ADJ (a) (= *immediately before*) précédent; (= *sometime before*) antérieur (-eure (f)); **the car has had two ~ owners** la voiture a déjà eu deux propriétaires; **the ~ letter** la précédente lettre; **the ~ week** la semaine précédente; **the ~ day** la veille; **in a ~ life** dans une vie antérieure; **on ~ occasions** précédemment; **I have a ~ engagement** je suis déjà pris

previously /ˈpriːvɪəslɪ/ ADV auparavant; **three months ~** trois mois plus tôt; **~ unknown** jusque-là inconnu

prewar /ˈpriːˈwɔːʳ/ ADJ d'avant-guerre

prey /preɪ/ **1** N proie (f); **bird of ~** oiseau (m) de proie; **to be a ~ to** [+ *nightmares, fears*] être en proie à **2** VI **to ~ on** [*animal, person*] s'attaquer à; **something is ~ing on her mind** il y a quelque chose qui la tourmente

price /praɪs/ **1** N (a) (= *cost*) prix (m); (= *estimate*) devis (m); **the ~ of petrol** le prix de l'essence; **he got a good ~ (for it)** il (en) a obtenu un bon prix; **special ~** prix (m) promotionnel; **a special ~ of $50 per night** un tarif spécial de 50 dollars la nuit; **what is the ~ of this book?** quel est le prix de ce livre?; **to put a ~ on sth** fixer le prix de qch; **to rise in ~** augmenter; **to fall in ~** baisser; **it's a high ~ to pay for it** c'est cher payer
♦ **at + price: I wouldn't buy it at any ~** je ne l'achèterais à aucun prix; **they want peace at any ~** ils veulent la paix à tout prix; **you can get it but at a ~!** vous pouvez l'avoir mais cela vous coûtera cher!
(b) (= *value*) prix (m); **you can't put a ~ on friendship** l'amitié n'a pas de prix; **he sets a high ~ on loyalty** il attache beaucoup de prix à la loyauté; **what ~ he'll change his mind?*** vous pariez combien qu'il va changer d'avis?

2 VT (= *fix price of*) fixer le prix de; (= *mark price on*) marquer le prix de; (= *ask price of*) demander le prix de; (= *estimate value of*) évaluer; **it is ~d at £10** ça se vend 10 livres; **tickets ~d at £20** billets vendus 20 livres

3 COMP [*control, reduction, rise*] ♦ **price bracket** N gamme (f) de prix; **within my ~ bracket** dans mes prix ♦ **price cut** N réduction (f) ♦ **price cutting** N réduction(s) (f(pl)) de prix ♦ **price-fixing** N (*by firms*) entente (f) (illicite) sur les prix ♦ **price freeze** N blocage (m) des prix ♦ **price list** N tarif (m) ♦ **price range** N gamme (f) de prix; **within my ~ range** dans mes prix ♦ **price tag** N étiquette (f); (= *cost*) prix (m) ♦ **price war** N guerre (f) des prix
► **price out** VT SEP **the French have ~d us out of that market** les bas prix pratiqués par les Français nous ont exclus du marché

priceless /ˈpraɪslɪs/ ADJ (a) [*picture, contribution, gift*] inestimable (b) (= *amusing*)* impayable*

pricey* /ˈpraɪsɪ/ ADJ cher

prick /prɪk/ **1** N (a) piqûre (f); **to give sth a ~** piquer qch (b) (= *penis*)** bite** (f) **2** VT piquer; **she ~ed her finger with a pin** elle s'est piqué le doigt avec une épingle; **his conscience was ~ing him** il avait mauvaise conscience
► **prick up 1** VI **the dog's ears ~ed up** le chien a dressé l'oreille **2** VT SEP **to ~ (up) one's ears** [*animal*] dresser les oreilles; [*person*] dresser l'oreille

prickle /ˈprɪkl/ **1** N (a) [*of plant*] épine (f) (b) (= *pricking sensation*) picotement (m) **2** VT piquer **3** VI [*skin, fingers*] picoter

prickly /ˈprɪklɪ/ ADJ (a) [*plant*] épineux (b) (= *irritable*) irritable (c) (= *delicate*) [*subject*] épineux

pride /praɪd/ **1** N fierté (f); (= *arrogance*) orgueil (m); **his ~ was hurt** il était blessé dans son orgueil; **her ~ in her family** la fierté qu'elle tire de sa famille; **he spoke of them with ~** il parla d'eux avec fierté; **to take ~ in** [+ *children, achievements*] être très fier de; [+ *house, car*] prendre (grand) soin de; **to take ~ in doing sth** mettre sa fierté à faire qch; **to take ~ of place** avoir la place d'honneur; **she is her father's ~ and joy** elle est la fierté de son père
2 VT **to ~ o.s. on (doing) sth** être fier de (faire) qch

priest /priːst/ N prêtre (m); (= *parish priest*) curé (m)

priestess /ˈpriːstɪs/ N prêtresse (f)

priesthood /ˈpriːsthʊd/ N (= *function*) prêtrise (f); **to enter the ~** se faire prêtre

prig /prɪg/ N donneur (m), -euse (f) de leçons

prim /prɪm/ ADJ [*person*] collet monté (*inv*); [*manner, expression*] compassé; [*dress, hat*] très correct

primacy /ˈpraɪməsɪ/ N (= *supremacy*) primauté (f)

primaeval /praɪˈmiːvəl/ ADJ (*Brit*) = **primeval**

prima facie /ˌpraɪməˈfeɪʃɪ/ ADJ légitime (à première vue); (*legally*) recevable

primal /ˈpraɪməl/ ADJ (a) (= *primeval*) primitif (b) (= *primordial*) primordial

primarily /ˈpraɪmərɪlɪ/ ADV (= *chiefly*) essentiellement

primary /ˈpraɪmərɪ/ **1** ADJ (a) (= *first*) primaire (b) (= *basic*) [*reason, concern*] principal; **of ~ importance** d'une importance primordiale **2** N (= *school*) école (f) primaire; (*US* = *election*) primaire (f) **3** COMP ♦ **primary colour** N couleur (f) primaire ♦ **primary education** N enseignement (m) primaire ♦ **primary school** N école (f) primaire ♦ **primary schoolteacher** N professeur (mf) des écoles

primate /ˈpraɪmeɪt/ N (= *ape*) primate (m)

prime /praɪm/ **1** ADJ (a) (= *principal*) primordial; [*concern, aim*] premier; **of ~ importance** de la plus haute importance
(b) (= *excellent*) [*advantage, site*] exceptionnel; **in ~ condition** en parfaite condition; **a ~ example of what to avoid** un excellent exemple de ce qu'il faut éviter; **of ~ quality** de première qualité
2 N (= *peak*) **in one's ~** dans la fleur de l'âge; **he is past his ~** il n'est plus de première jeunesse
3 VT (a) [+ *gun, bomb*] amorcer
(b) [+ *surface for painting*] apprêter

ⓒ [+ *person*] mettre au courant; **she came well ~d for the interview** elle est arrivée bien préparée pour l'entretien

4 COMP ♦ **prime minister** N Premier ministre *(m)* ♦ **prime mover** N (= *person*) instigateur *(m)*, -trice *(f)* ♦ **prime number** N nombre *(m)* premier ♦ **prime rate** N taux *(m)* préférentiel ♦ **prime time** N prime time *(m)*, heure(s) *(f(pl))* de grande écoute ◊ ADJ [*programme, audience*] aux heures de grande écoute

primer /'praɪmə'/ N ⓐ (= *textbook*) livre *(m)* élémentaire ⓑ (= *paint*) apprêt *(m)*

primeval, primaeval (*Brit*) /praɪ'miːvəl/ ADJ primitif; **~ forest** forêt *(f)* vierge

primitive /'prɪmɪtɪv/ ADJ, N primitif *(m)*

primrose /'prɪmrəʊz/ 1 N primevère *(f)* (*jaune*) 2 ADJ jaune pâle (*inv*)

primula /'prɪmjʊlə/ N primevère *(f)* (*espèce*)

Primus Ⓡ /'praɪməs/ N réchaud *(m)* de camping (à pétrole)

prince /prɪns/ N ⓐ prince *(m)*; **Prince Charles** le prince Charles; **Prince Charming** le prince charmant ⓑ (*US* = *fine man*) chic type* *(m)*

princess /prɪn'ses/ N princesse *(f)*; **Princess Anne** la princesse Anne

principal /'prɪnsɪpəl/ 1 ADJ principal 2 N [*of school*] chef *(m)* d'établissement; [*of college*] principal(e) *(m(f))*

principality /ˌprɪnsɪ'pælɪtɪ/ N principauté *(f)*; **the Principality** (= *Wales*) le pays de Galles

principally /'prɪnsɪpəlɪ/ ADV principalement

principle /'prɪnsəpl/ N principe *(m)*; **in ~** en principe; **on ~ or as a matter of ~** par principe; **that would be totally against my ~s** cela irait à l'encontre de tous mes principes; **he is a man of ~** c'est un homme de principe

print /prɪnt/ 1 N ⓐ (= *mark*) [*of hand, foot*] empreinte *(f)*; (= *finger print*) empreinte *(f)* (digitale)
ⓑ (= *letters*) caractères *(mpl)*; (= *printed material*) texte *(m)* imprimé; **in small ~** en petits caractères; **read the small ~ before you sign** lisez bien toutes les clauses avant de signer; **out of ~** [*book*] épuisé; **in ~** disponible (en librairie) ⓒ [*of picture*] tirage *(m)*; (= *material, design*) imprimé *(m)*
2 VT ⓐ [+ *text*] imprimer; **~ed in England** imprimé en Angleterre; **100 copies were ~ed** on en a tiré 100 exemplaires; **it's a licence to ~ money** c'est une affaire extrêmement rentable
ⓑ [+ *textile*] imprimer; [+ *negative*] tirer
ⓒ (= *write in block letters*) écrire en majuscules
3 VI ⓐ [*machine*] imprimer; **"~ing"** « impression en cours »
ⓑ (*on form*) **"please ~"** « écrivez en majuscules »
► **print out** VT SEP imprimer

printable /'prɪntəbl/ ADJ **what he said is just not ~*** il ne serait pas convenable de répéter ce qu'il a dit

printer /'prɪntə'/ N ⓐ (= *firm*) imprimeur *(m)* ⓑ [*of computer*] imprimante *(f)*

printing /'prɪntɪŋ/ N [*of text*] impression *(f)*; (= *block writing*) écriture *(f)* en majuscules ♦ **printing press** N presse *(f)* typographique

printout /'prɪntaʊt/ N tirage *(m)*

prior /'praɪə'/ 1 ADJ précédent; [*consent*] préalable; **~ to** antérieur à; **without ~ notice** sans préavis; **to have a ~ claim to sth** avoir droit à qch par priorité 2 ADV **~ to** avant

prioritize /praɪ'ɒrɪtaɪz/ 1 VT (= *give priority to*) donner la priorité à 2 VI (= *establish priorities*) établir la liste des priorités

priority /praɪ'ɒrɪtɪ/ N priorité *(f)*; **to have ~** avoir la priorité; **housing must be given top ~** on doit donner la priorité absolue au logement; **schools were low on the list of priorities** les écoles venaient loin sur la liste des priorités; **you must get your priorities right** vous devez décider de vos priorités; **it is a high ~** c'est une priorité importante

priory /'praɪərɪ/ N prieuré *(m)*

prise /praɪz/ VT (*Brit*) **to ~ the lid off a box** forcer le couvercle d'une boîte; **to ~ a secret out of sb** arracher un secret à qn

prism /'prɪzəm/ N prisme *(m)*

prison /'prɪzn/ 1 N prison *(f)*; **he is in ~** il est en prison; **to send sb to ~** envoyer qn en prison; **to send sb to ~ for five years** condamner qn à cinq ans de prison; **he was in ~ for five years** il a fait cinq ans de prison 2 COMP [*system*] carcéral ♦ **prison camp** N camp *(m)* de prisonniers ♦ **prison guard** N (*US*) gardien(ne) *(m(f))* de prison ♦ **prison officer** N gardien(ne) *(m(f))* de prison ♦ **prison sentence** N peine *(f)* de prison

prisoner /'prɪznə'/ N prisonnier *(m)*, -ière *(f)*; (*in jail*) détenu(e) *(m(f))*; **he was taken ~** il a été fait prisonnier; **to hold sb ~** détenir qn ♦ **prisoner of conscience** N prisonnier *(m)*, -ière *(f)* politique ♦ **prisoner of war** N prisonnier *(m)*, -ière *(f)* de guerre

prissy* /'prɪsɪ/ ADJ (= *prudish*) bégueule*

pristine /'prɪstaɪn/ ADJ (= *unspoiled*) virginal; **in ~ condition** en parfait état

privacy /'prɪvəsɪ/ N intimité *(f)*; **in ~** sans être dérangé; **his desire for ~** son désir de préserver sa vie privée; **lack of ~** promiscuité *(f)*

private /'praɪvɪt/ 1 ADJ ⓐ (= *not open to public*) privé; [*gardens*] privatif
ⓑ (= *personal*) [*house, lesson, room*] particulier; [*car, bank account, letter*] personnel; **a ~ house** une maison particulière; **he has a number of ~ pupils** il donne des leçons particulières; **a ~ citizen** un simple citoyen; **in his ~ life** dans sa vie privée; **it's a ~ matter** c'est personnel; **this matter is strictly ~** c'est strictement confidentiel; **it's not very ~ here** on n'est pas très tranquille ici; **he's a very ~ person** c'est un homme très secret; **"~"** (*on envelope*) « personnel »
ⓒ (= *outside public sector*) **~ health insurance** assurance *(f)* maladie privée; **~ patient** (*Brit*) patient(e) *(m(f))* consultant en clientèle privée; **to be in ~ practice** ≈ être médecin non conventionné

2 N ⓐ (= *soldier*) simple soldat *(m)*
ⓑ ♦ **in private** en privé

3 COMP ♦ **private detective** N détective *(m)* privé ♦ **private enterprise** N entreprise *(f)* privée ♦ **private eye*** N privé* *(m)* ♦ **private finance initiative** N (*Brit*) initiative *(f)* de financement privé ♦ **private investigator** N détective *(m)* privé ♦ **private joke** N plaisanterie *(f)* pour initiés ♦ **private property** N propriété *(f)* privée ♦ **private school** N école *(f)* privée ♦ **private sector** N secteur *(m)* privé ♦ **private study** N (*Brit*) étude *(f)* ♦ **private tuition** N leçons *(fpl)* particulières

privately /'praɪvɪtlɪ/ ADV ⓐ (= *in private*) en privé; **he told me ~ that ...** il m'a dit en privé que ... ⓑ (= *secretly*) [*think*] dans son for intérieur ⓒ (= *as private individual*) **I sold my car ~, not through a garage** j'ai vendu ma voiture à un particulier, pas à un garage ⓓ (= *not through the state*) **~ owned** privé; **she is having the operation ~** elle va se faire opérer dans une clinique privée

privation /praɪ'veɪʃən/ N privation *(f)*

privatization /ˌpraɪvətaɪ'zeɪʃən/ N privatisation *(f)*

privatize /'praɪvə.taɪz/ VT privatiser

privet /'prɪvɪt/ N troène *(m)*

privilege /'prɪvɪlɪdʒ/ 1 N privilège *(m)*; **to have the ~ of doing sth** avoir le privilège de faire qch 2 VT (= *favour*) privilégier

privileged /'prɪvɪlɪdʒd/ ADJ privilégié; **the ~ few** les privilégiés; **to be ~ to do sth** avoir le privilège de faire qch

privy /'prɪvɪ/ ADJ **~ to** dans le secret de

prize /praɪz/ 1 N prix *(m)*; (*in lottery*) lot *(m)*; **to win first ~** remporter le premier prix (**in** de)
2 ADJ (= *prize-winning*) primé; **a ~ sheep** un mouton primé
3 VT ⓐ attacher beaucoup de prix à; **his most ~d possession was his car** la chose à laquelle il tenait le plus était sa voiture; **lead soldiers are ~d by collectors** les soldats de plomb sont prisés par les collectionneurs
ⓑ = **prise**
4 COMP ♦ **prize draw** N tombola *(f)* ♦ **prize fight** N

combat *(m)* professionnel ♦ **prize fighter** N boxeur *(m)* professionnel ♦ **prize-giving** N distribution *(f)* des prix

prizewinner /'praɪz,wɪnə^r/ N lauréat(e) *(m(f))* ; *(in lottery)* gagnant(e) *(m(f))*

prizewinning /'praɪz,wɪnɪŋ/ ADJ [*essay, novel*] primé ; [*ticket*] gagnant

pro /prəʊ/ 1 N ⓐ *(= professional)** pro *(mf)* ⓑ *(= advantage)* **the ~s and cons** le pour et le contre 2 ADJ* pour ; **he's very ~** il est tout à fait pour

pro- /prəʊ/ PREF *(= in favour of)* pro ; **~French** profrançais ; **~Europe** proeuropéen

proactive /,prəʊ'æktɪv/ ADJ proactif

probability /,prɒbə'bɪlɪtɪ/ N probabilité *(f)* ; **the ~ of sth** la probabilité de qch ; **the ~ of sth happening** la probabilité que qch arrive ; **in all ~** selon toute probabilité ; **the ~ is that ...** il est très probable que ...

probable /'prɒbəbl/ ADJ probable

probably /'prɒbəblɪ/ ADV probablement ; **~ not** probablement pas

probate /'prəʊbɪt/ N homologation *(f)* (*d'un testament*)

probation /prə'beɪʃən/ 1 N ⓐ *(= penalty)* mise *(f)* à l'épreuve ; *(for minors)* mise *(f)* en liberté surveillée ; **to be on ~** ≈ être en sursis avec mise à l'épreuve ; [*minor*] être en liberté surveillée ⓑ [*employee*] **he is on ~** il a été engagé à l'essai 2 COMP ♦ **probation officer** N contrôleur *(m)* judiciaire

probationary /prə'beɪʃnərɪ/ ADJ d'essai ; **~ year** année *(f)* probatoire ; **for a ~ period** pendant une période d'essai

probationer /prə'beɪʃnə^r/ N *(in business, factory)* employé(e) *(m(f))* engagé(e) à l'essai

probe /prəʊb/ 1 N ⓐ *(= investigation)* enquête *(f)* (**into** sur) ⓑ *(Space)* sonde *(f)*

2 VT ⓐ *(= inquire into)* [+ *sb's subconscious*] sonder ; [+ *past*] fouiller ; [+ *causes, mystery*] chercher à éclaircir ; [+ *sb's activities*] enquêter sur ⓑ *(= explore)* explorer ; [+ *wound*] sonder

3 VI *(= inquire)* faire des recherches ; [*doctor, dentist*] faire un examen avec une sonde ; **the police should have ~d more deeply** la police aurait dû pousser plus loin ses investigations ; **they ~d into his past history** ils ont fouillé dans son passé

probing /'prəʊbɪŋ/ N *(= investigations)* investigations *(fpl)* (**into** de)

probity /'prəʊbɪtɪ/ N probité *(f)*

problem /'prɒbləm/ 1 N ⓐ problème *(m)* ; **the housing ~** la crise du logement ; **we had ~s with the car** nous avons eu des ennuis avec la voiture ; **he's got a drink ~** il boit ; **it's not my ~** ce n'est pas mon problème ; **that's YOUR ~!** ça c'est ton problème ! ; **no ~!*** pas de problème !* ; **what's the ~?** quel est le problème ? ; **I had no ~ getting the money** je n'ai eu aucun mal à obtenir l'argent ⓑ *(= objection)** **I have no ~ with that** ça ne me pose pas de problème* ; **do you have a ~ with that?** il y a quelque chose qui te gêne ?

2 ADJ *(= causing problems)* à problèmes

3 COMP ♦ **problem-free** ADJ sans problème ♦ **problem page** N courrier *(m)* du cœur ♦ **problem-solving** N résolution *(f)* de problèmes

problematic /,prɒblɪ'mætɪk/ ADJ problématique

procedural /prə'siːdjʊrəl/ ADJ de procédure

procedure /prə'siːdʒə^r/ N procédure *(f)* ; **what is the ~?** quelle est la procédure à suivre ? ; **the normal ~ is to apply direct to the university** la procédure normale est de s'adresser directement à l'université

proceed /prə'siːd/ VI ⓐ *(= go forwards)* avancer ; **he was ~ing along the road** il avançait sur la route ⓑ *(= move on)* **let us ~ to the next item** passons à la question suivante ; **it is all ~ing according to plan** tout se passe comme prévu ; **the discussions are ~ing normally** les discussions se poursuivent normalement ; **before we ~ any further** avant d'aller plus loin

♦ **to proceed with sth** : **they ~ed with the march despite the ban** en dépit de l'interdiction, ils n'ont pas annulé la manifestation ; **they ~ed with their plan** ils ont mis leur projet à exécution

♦ **to proceed to do sth** *(= begin)* se mettre à faire qch ; **the police stopped the car and ~ed to search it** les policiers ont arrêté la voiture et se sont mis à la fouiller

ⓒ *(= act)* procéder ; **you must ~ cautiously** il faut procéder avec prudence

proceedings /prə'siːdɪŋz/ NPL ⓐ *(= manoeuvres)* opérations *(fpl)* ; *(= ceremony)* cérémonie *(f)* ; *(= meeting)* réunion *(f)* ; *(= discussions)* débats *(mpl)* ; **the ~ will begin at 7 o'clock** la réunion commencera à 19 heures ⓑ *(= measures)* mesures *(fpl)* ; **legal ~** procès *(m)*

proceeds /'prəʊsiːdz/ NPL argent *(m)*

process /'prəʊses/ 1 N ⓐ *(natural)* processus *(m)* ; *(official)* procédure *(f)* ; **the ~ of digestion** le processus de la digestion ; **a natural ~** un processus naturel ; **the legal ~ takes a year** la procédure juridique prend un an ; **it's a slow ~** ça prend du temps

ⓑ **to be in the ~ of moving** être en train de déménager ; **he saved the girl, but injured himself in the ~** il a sauvé la petite fille mais, ce faisant, il s'est blessé

2 VT [+ *raw materials*] traiter ; [+ *application*] s'occuper de ; **your application will take six weeks to ~** l'examen de votre candidature prendra six semaines ; **so that we can ~ your order** afin de donner suite à votre commande

3 COMP ♦ **processed cheese** N fromage *(m)* fondu ♦ **processed foods** NPL aliments *(mpl)* transformés ♦ **processed peas** NPL petits pois *(mpl)* en boîte

processing /'prəʊsesɪŋ/ N traitement *(m)*

procession /prə'seʃən/ N [*of people, cars*] cortège *(m)* ; *(religious)* procession *(f)*

pro-choice /,prəʊ'tʃɔɪs/ ADJ en faveur de l'avortement

proclaim /prə'kleɪm/ VT proclamer ; [+ *one's love*] déclarer ; **he ~s himself a believer in democracy** il proclame qu'il croit en la démocratie ; **his tone ~ed his confidence** le ton de sa voix montrait son assurance

proclamation /,prɒklə'meɪʃən/ N proclamation *(f)*

proclivity /prə'klɪvɪtɪ/ N propension *(f)*

procrastinate /prəʊ'kræstɪneɪt/ VI tergiverser

procrastination /prəʊ,kræstɪ'neɪʃən/ N tergiversations *(fpl)*

procreation /,prəʊkrɪ'eɪʃən/ N procréation *(f)*

procure /prə'kjʊə^r/ VT *(= obtain for o.s.)* se procurer ; **to ~ sth for sb** procurer qch à qn

prod /prɒd/ 1 N piqûre *(f)* ; **he needs a ~ from time to time** il faut le secouer de temps en temps 2 VT piquer ; **she ~ded the jellyfish with a stick** elle a piqué la méduse avec un bâton ; **to ~ sb into doing sth** pousser qn à faire qch

prodigal /'prɒdɪgəl/ ADJ prodigue

prodigious /prə'dɪdʒəs/ ADJ prodigieux

prodigy /'prɒdɪdʒɪ/ N prodige *(m)* ; **child ~** enfant *(mf)* prodige

produce 1 VT ⓐ *(= make)* produire ; [+ *interest, profit*] rapporter ; [+ *offspring*] donner naissance à ; **Scotland ~s whisky** l'Écosse produit du whisky ; **he ~d a masterpiece** il a produit un chef-d'œuvre ; **well-~d** réussi

ⓑ *(= bring out)* [+ *gift, gun*] sortir ; [+ *ticket, documents, witness*] produire

ⓒ *(= cause)* causer

ⓓ [+ *play*] mettre en scène ; [+ *film*] produire ; [+ *programme*] réaliser

2 VI produire

3 N *(= food)* produits *(mpl)* agricoles ; **agricultural ~** produits *(mpl)* agricoles

★ Lorsque **produce** est un verbe, l'accent tombe sur la deuxième syllabe : /prə'djuːs/, lorsque c'est un nom, sur la première : /'prɒdjuːs/.

producer /prə'djuːsə^r/ N ⓐ [*of goods*] producteur *(m)*, -trice *(f)* ⓑ [*of film*] producteur *(m)*, -trice *(f)* ; [*of play*] metteur *(m)* en scène ; *(Radio, TV)* réalisateur *(m)*, -trice *(f)*

product /ˈprɒdʌkt/ N produit (m); **it is a ~ of his imagination** c'est le produit de son imagination

production /prəˈdʌkʃən/ 1 N ⓐ (= manufacturing) production (f); **to put sth into ~** entreprendre la production de qch; **to take sth out of ~** retirer qch de la production; **oil ~ has risen** la production pétrolière a augmenté ⓑ (= activity) [of play] mise (f) en scène; [of film, programme] production (f); **film ~** la production cinématographique ⓒ (= work produced) (play) mise (f) en scène; (film, programme) production (f); **a stage ~** une pièce de théâtre; **a new ~ of "Macbeth"** une nouvelle mise en scène de «Macbeth»; **the Theatre Royal's ~ of "Cats" ran for three years** «Cats» s'est joué pendant trois ans au «Theatre Royal»

2 COMP ♦ **production costs** NPL coûts (mpl) de production ♦ **production line** N chaîne (f) de fabrication

productive /prəˈdʌktɪv/ ADJ [land, meeting, discussion] productif; **I've had a very ~ day** j'ai eu une journée très fructueuse

productivity /ˌprɒdʌkˈtɪvɪtɪ/ N productivité (f) ♦ **productivity bonus** N prime (f) à la productivité

profane /prəˈfeɪn/ 1 ADJ **~ language** jurons (mpl) 2 VT profaner

profess /prəˈfes/ VT professer; **to ~ concern about sth** se dire inquiet de qch; **to ~ ignorance of sth** déclarer ne rien savoir sur qch

professed /prəˈfest/ ADJ déclaré

profession /prəˈfeʃən/ N profession (f); **she's a doctor by ~** elle est médecin de son état; **the medical ~** (= doctors) le corps médical

professional /prəˈfeʃənl/ 1 ADJ ⓐ professionnel; **to be a ~ person** exercer une profession; **to take ~ advice** (from doctor) consulter un médecin; (from lawyer) consulter un avocat; (on practical problem) consulter un professionnel; **to turn ~** passer professionnel ⓑ (= of high standard) **to have a very ~ attitude to one's work** prendre son travail très au sérieux; **he did a very ~ job** il a fait un excellent travail

2 N professionnel(le) (m(f))

3 COMP ♦ **professional foul** N faute (f) délibérée ♦ **professional school** N (US) (= faculty) faculté de droit ou de médecine; (= business school) école (f) supérieure de commerce

professionalism /prəˈfeʃnəlɪzəm/ N [of piece of work] excellence (f); [of worker] professionnalisme (m)

professionally /prəˈfeʃnəlɪ/ ADV ⓐ (= vocationally) professionnellement; **he sings ~** il est chanteur professionnel; **to be ~ qualified** avoir une qualification professionnelle; **it was a difficult time both personally and ~** ce fut une période difficile aussi bien sur le plan personnel que professionnel ⓑ (= expertly) de manière professionnelle; **these forged tickets were produced very ~** ces faux billets ont été produits par des professionnels ⓒ (= according to professional standards) avec professionnalisme; **he claims he acted ~** il affirme qu'il a fait preuve de professionnalisme

professor /prəˈfesəʳ/ N professeur (mf) (titulaire d'une chaire)

professorship /prəˈfesəʃɪp/ N chaire (f)

proffer /ˈprɒfəʳ/ VT [+ remark, suggestion] faire; [+ advice] donner

proficiency /prəˈfɪʃənsɪ/ N grande compétence (f) (**in** en)

proficient /prəˈfɪʃənt/ ADJ très compétent

profile /ˈprəʊfaɪl/ 1 N profil (m); **in ~** de profil; **to keep a low ~** garder un profil bas 2 VT [+ person] établir le profil de

profit /ˈprɒfɪt/ 1 N profit (m); **net ~** bénéfice (m) net; **~ and loss** pertes et profits; **to make a ~** faire un bénéfice; **to sell sth at a ~** vendre qch à profit 2 VI (= gain) **to ~ from sth** tirer profit de qch; **I can't see how he hopes to ~ by it** je ne vois pas ce qu'il espère y gagner 3 COMP ♦ **profit-making** ADJ rentable; **a non-~-making organization** une

organisation à but non lucratif ♦ **profit margin** N marge (f) bénéficiaire ♦ **profit sharing** N intéressement (m) aux bénéfices

profitability /ˌprɒfɪtəˈbɪlɪtɪ/ N rentabilité (f)

profitable /ˈprɒfɪtəbl/ ADJ profitable; [company] rentable; **it was a ~ half-hour** cela a été une demi-heure fructueuse

profitably /ˈprɒfɪtəblɪ/ ADV ⓐ [sell] à profit; **to trade ~** faire des bénéfices ⓑ (= usefully) utilement

profiteer /ˌprɒfɪˈtɪəʳ/ 1 N profiteur (m) 2 VI faire des bénéfices excessifs

profiteering /ˌprɒfɪˈtɪərɪŋ/ N réalisation (f) de bénéfices excessifs

profligate /ˈprɒflɪgɪt/ ADJ (= wasteful) prodigue

pro forma /ˌprəʊˈfɔːmə/ ADJ pro forma (inv)

profound /prəˈfaʊnd/ ADJ profond

profoundly /prəˈfaʊndlɪ/ ADV profondément; [deaf] totalement

profuse /prəˈfjuːs/ ADJ [vegetation, bleeding] abondant; [thanks, apologies] profus

profusely /prəˈfjuːslɪ/ ADV [bleed, sweat] abondamment; **to apologize ~** se répandre en excuses

profusion /prəˈfjuːʒən/ N profusion (f)

progeny /ˈprɒdʒɪnɪ/ N progéniture (f)

prognosis /prɒgˈnəʊsɪs/ N (pl **prognoses** /prɒgˈnəʊsiːz/) pronostic (m)

program /ˈprəʊgræm/ 1 N ⓐ (Computing) programme (m) ⓑ (US) = **programme** 2 VI (Computing) écrire un programme (or des programmes) 3 VT ⓐ (Computing) programmer ⓑ (US) programmer (**to do** pour faire)

programmable /ˈprəʊgræməbl/ ADJ programmable

programme (Brit), **program** (US) /ˈprəʊgræm/ 1 N programme (m); (= broadcast) émission (f); **what's the ~ for today?** quel est le programme aujourd'hui?; **what's on the ~?** qu'est-ce qu'il y a au programme? 2 VT [+ video] programmer; **our bodies are ~d to fight disease** notre corps est programmé pour combattre la maladie

programmer /ˈprəʊgræməʳ/ N (= person) programmeur (m), -euse (f); (= device) programmateur (m)

programming /ˈprəʊgræmɪŋ/ N programmation (f)

progress 1 N progrès (mpl); **in the name of ~** au nom du progrès; **~ was slow** les choses n'avançaient pas vite; **we are making ~ in our investigations** notre enquête progresse; **we have made no ~** nous n'avons fait aucun progrès; **he is making ~** [student] il fait des progrès; [patient] son état s'améliore; **while the meeting was in ~** pendant la réunion; **the work in ~** les travaux en cours

2 VI progresser; **matters are ~ing slowly** les choses avancent lentement; **as the game ~ed** à mesure que la partie avançait

3 VT (= advance) faire progresser

4 COMP ♦ **progress report** N rapport (m) (sur l'avancement des travaux)

★ Lorsque **progress** est un nom, l'accent tombe sur la première syllabe: /ˈprəʊgres/, lorsque c'est un verbe, sur la seconde: /prəˈgres/.

progression /prəˈgreʃən/ N progression (f); **it's a logical ~** c'est une suite logique

progressive /prəˈgresɪv/ 1 ADJ ⓐ progressif ⓑ [party, person, outlook] progressiste; [age] de progrès 2 N progressiste (mf)

progressively /prəˈgresɪvlɪ/ ADV progressivement; **to become ~ easier** devenir de plus en plus facile; **the weather was getting ~ worse** le temps allait en empirant

prohibit /prəˈhɪbɪt/ VT (= forbid) interdire; **feeding the animals is ~ed** il est interdit de donner à manger aux animaux

prohibition /ˌprəʊɪˈbɪʃən/ N ⓐ interdiction (f) ⓑ **Prohibition** prohibition (f); **during Prohibition** pendant la prohibition

prohibitive /prəˈhɪbɪtɪv/ ADJ prohibitif

project 1 N ⓐ (= *plan*) projet *(m)*; (= *undertaking*) opération *(f)*; (= *building*) grands travaux *(mpl)*; **the whole ~ will cost 20 million** l'opération coûtera 20 millions en tout ⓑ [*of pupil*] dossier *(m)*; [*of student*] mémoire *(m)* ⓒ (*US* = *housing project*) cité *(f)*

2 VT projeter; **to ~ o.s.** se projeter; **she tried to ~ an image of efficiency** elle essayait de se donner un air efficace; **to ~ costs from estimates** prévoir le coût à partir de devis

3 VI (= *jut out*) faire saillie; **to ~ over sth** surplomber qch

4 COMP ♦ **project leader**, **project manager** N chef *(m)* de projet

> ★ Lorsque **project** est un nom, l'accent tombe sur la pre-mière syllabe: /ˈprɒdʒekt/, lorsque c'est un verbe, sur la se-conde: /prəˈdʒekt/.

> ⚠ **project** is not always translated by **projet**.

projectile /prəˈdʒektaɪl/ N projectile *(m)*

projection /prəˈdʒekʃən/ N projection *(f)*; (*from opinion polls, sample votes*) projections *(fpl)* ♦ **projection booth**, **projection room** N cabine *(f)* de projection

projectionist /prəˈdʒekʃənɪst/ N projectionniste *(mf)*

projector /prəˈdʒektəʳ/ N projecteur *(m)*

proletarian /ˌprəʊləˈtɛərɪən/ 1 N prolétaire *(mf)* 2 ADJ prolétarien

proletariat /ˌprəʊləˈtɛərɪət/ N prolétariat *(m)*

pro-life /ˌprəʊˈlaɪf/ ADJ antiavortement

proliferate /prəˈlɪfəreɪt/ VI proliférer

proliferation /prəˌlɪfəˈreɪʃən/ N prolifération *(f)*

prolific /prəˈlɪfɪk/ ADJ prolifique

prologue /ˈprəʊlɒg/ N prologue *(m)* (**to** à)

prolong /prəˈlɒŋ/ VT prolonger

prolonged /prəˈlɒŋd/ ADJ prolongé; **after a ~ absence** après une absence prolongée

prom* /prɒm/ N ⓐ (*Brit*: *by sea*) promenade *(f)* ⓑ (= *dance*) bal *(m)* d'étudiants (*or* de lycéens)

> ⓘ **PROM**
> En Grande-Bretagne, les **proms** (ou «*promenade concerts*») sont des concerts de musique classique où une grande partie du public est debout. Les plus célèbres sont ceux organisés chaque été au Royal Albert Hall à Londres. Le dernier concert de la saison, appelé «*Last Night of the Proms*», est une grande manifestation au cours de laquelle sont interprétés notamment des chants patriotiques.
> Aux États-Unis, le **prom** est un grand bal organisé dans un lycée ou une université. Le «*senior prom*» des classes de terminale est une soirée particulièrement importante, à la-quelle les élèves se rendent en tenue de soirée.

promenade /ˌprɒmɪˈnɑːd/ N promenade *(f)*

prominence /ˈprɒmɪnəns/ N ⓐ (= *importance*) importance *(f)*; **to give ~ to sth** accorder de l'importance à qch; **to rise to ~** [*person*] venir occuper le devant de la scè-ne; **Gough shot to ~ last year** Gough a été propulsé sur le devant de la scène l'année dernière ⓑ [*of ridge, structure, nose, feature*] aspect *(m)* proéminent

prominent /ˈprɒmɪnənt/ ADJ ⓐ (= *important*) **he is a ~ member of ...** c'est un membre important de ...; **he played a ~ part in ...** il a joué un rôle important dans ... ⓑ [*ridge, structure, nose*] proéminent; [*cheekbones*] saillant; [*pattern, markings*] frappant; [*feature*] marquant

prominently /ˈprɒmɪnəntlɪ/ ADV [*displayed, placed, set*] en évidence; **to feature ~** occuper une place importante

promiscuity /ˌprɒmɪsˈkjuːɪtɪ/ N promiscuité *(f)* sexuelle

promiscuous /prəˈmɪskjʊəs/ ADJ [*person*] de mœurs légè-res; **~ conduct** promiscuité *(f)* sexuelle

promise /ˈprɒmɪs/ 1 N ⓐ (= *undertaking*) promesse *(f)*; **to make sb a ~** faire une promesse à qn; **is that a ~?** c'est pro-mis?; **to keep one's ~** tenir sa promesse; **~s, ~s!** des pro-messes, toujours des promesses! ⓑ (= *potential*) promesse(s) *(f(pl))*; **he shows great ~** il a un grand avenir devant lui

2 VT ⓐ promettre (**sb to do sth** à qn de faire qch); **I ~ you!** je vous le promets!; **"I will help you" she ~d** « je vous aiderai » promit-elle; **I can't ~ anything** je ne peux rien (vous) promettre ⓑ (= *give outlook of*) promettre; **this ~s to be difficult** ça promet d'être difficile ⓒ (= *assure*) assurer; **he did say so, I ~ you** il l'a vraiment dit, je vous assure

3 VI promettre; **I ~!** je vous le promets!; **this doesn't ~ well** ce n'est guère prometteur

promising /ˈprɒmɪsɪŋ/ ADJ prometteur; **it doesn't look very ~** ça ne s'annonce pas bien; **we have two ~ candidates** nous avons deux candidats prometteurs

promissory note /ˌprɒmɪsərɪˈnəʊt/ N billet *(m)* à ordre

promo* /ˈprəʊməʊ/ N (*pl* **promos**) (= *promotional material*) matériel *(m)* promotionnel

promontory /ˈprɒməntrɪ/ N promontoire *(m)*

promote /prəˈməʊt/ VT ⓐ [+ *person*] promouvoir; **to be ~d** être promu; **they've been ~d to the first division** [*team*] ils sont montés en première division ⓑ (= *encourage*) pro-mouvoir; [+ *cause, language*] défendre; **the government's efforts to ~ economic cooperation** les efforts du gouverne-ment pour promouvoir la coopération économique

promoter /prəˈməʊtəʳ/ N [*of sport*] organisateur *(m)*, -trice *(f)*; [*of cause*] défenseur *(m)*

promotion /prəˈməʊʃən/ 1 N ⓐ (*in job*) promotion *(f)*; **to get ~** avoir une promotion ⓑ (*Sport*) passage *(m)* dans la division supérieure ⓒ [*of plan, product, firm, campaign*] promotion *(f)*; [*of cause, idea*] défense *(f)*; **their priority is the ~ of healthy eating habits/economic cooperation** leur priorité est d'encourager les gens à se nourrir sainement/ de promouvoir la coopération économique 2 COMP ♦ **promotion prospects** NPL possibilités *(fpl)* de promo-tion

promotional /prəˈməʊʃənl/ ADJ (*Commerce*) promo-tionnel

prompt /prɒmpt/ 1 ADJ ⓐ (= *speedy*) rapide; **they were always ~ in paying** ils ont toujours payé dans les délais ⓑ (= *punctual*) ponctuel

2 ADV ponctuellement; **at 6 o'clock ~** à 6 heures pile

3 VT ⓐ [+ *person*] inciter (**to do** à faire); [+ *protest, reaction*] provoquer; **he was ~ed by a desire to see justice done** il était animé par le désir de voir la justice triompher ⓑ [+ *actor*] souffler à

4 N ⓐ **to give sb a ~** [+ *actor*] souffler une réplique à qn ⓑ (*Computing*) (message *(m)* de) guidage *(m)*; **at the ~** à l'apparition du message de guidage

prompter /ˈprɒmptəʳ/ N ⓐ (*Theatre*) souffleur *(m)*, -euse *(f)* ⓑ (= *teleprompter*) téléprompteur *(m)*

prompting /ˈprɒmptɪŋ/ N incitation *(f)*; **he did it with-out any ~** il l'a fait de son propre chef

promptly /ˈprɒmptlɪ/ ADV ⓐ (= *without delay*) rapide-ment; **to pay ~** payer dans les délais ⓑ (= *punctually*) à l'heure; **he arrived ~ at three** il est arrivé à trois heures précises ⓒ (= *thereupon*) aussitôt; **she sat down and ~ fell asleep** elle s'est assise et s'est aussitôt endormie

promulgate /ˈprɒməlgeɪt/ VT [+ *law*] promulguer; [+ *idea, doctrine*] répandre

prone /prəʊn/ ADJ ⓐ (= *liable*) enclin (**to do** à faire) ⓑ (= *face down*) (couché) sur le ventre

prong /prɒŋ/ N ⓐ [*of fork*] dent *(f)* ⓑ [*of policy, strategy*] front *(m)*

pronoun /ˈprəʊnaʊn/ N pronom *(m)*

pronounce /prəˈnaʊns/ 1 VT ⓐ [+ *letter, word*] pro-noncer; **how is it ~d?** comment ça se prononce? ⓑ (= *de-clare*) déclarer; **he was ~d dead** ils l'ont déclaré mort; **he ~d himself in favour of the suggestion** il s'est prononcé en faveur de la suggestion 2 VI se prononcer

pronounced /prəˈnaʊnst/ ADJ prononcé

pronouncement /prəˈnaʊnsmənt/ N déclaration *(f)*

pronto* /ˈprɒntəʊ/ ADV illico*

pronunciation /prəˌnʌnsɪˈeɪʃən/ N prononciation *(f)*

proof /pru:f/ 1 N ⓐ preuve *(f)*; **by way of ~** en guise de preuve; **as a ~ of** pour preuve de; **I've got ~ that he did it** j'ai la preuve qu'il l'a fait; **it is ~ that he is honest** c'est la preuve qu'il est honnête; **to be living ~ of sth/that …** être la preuve vivante de qch/que …
ⓑ (= *printed copy*) épreuve *(f)*; **to read the ~s** corriger les épreuves
ⓒ [*of alcohol*] teneur *(f)* en alcool; **this whisky is 70° ~** ≈ ce whisky titre 40° degrés
2 ADJ **~ against** [*bullets, erosion*] à l'épreuve de; [*temptation, suggestion*] insensible à
3 VT [+ *fabric, tent*] imperméabiliser
4 COMP ♦ **proof of identity** N pièce(s) *(f(pl))* d'identité ♦ **proof of postage** N justificatif *(m)* d'expédition ♦ **proof of purchase** N justificatif *(m)* d'achat

proofread /'pru:fri:d/ VT corriger les épreuves de

proofreader /'pru:f,ri:də'/ N correcteur *(m)*, -trice *(f)* d'épreuves

prop /prɒp/ 1 N ⓐ support *(m)*; (*for wall*) étai *(m)*; (*fig*) soutien *(m)* (**to, for** de) ⓑ (*theatrical*) accessoire *(m)* 2 VT ⓐ (= *lean*) [+ *ladder, bike*] appuyer ⓑ **he ~ped the door open with a book** il a maintenu la porte ouverte avec un livre
► **prop up** VT (= *support*) [+ *régime*] maintenir; [+ *company, pound, organization*] soutenir

propaganda /,prɒpə'gændə/ 1 N propagande *(f)* 2 ADJ [*leaflet, campaign*] de propagande

propagate /'prɒpəgeɪt/ VT propager

propagation /,prɒpə'geɪʃən/ N propagation *(f)*

propane /'prəʊpeɪn/ N propane *(m)*

propel /prə'pel/ VT ⓐ [+ *vehicle*] propulser ⓑ (= *push*) pousser; **to ~ sth/sb along** faire avancer qch/qn (en le poussant); **they ~led him into the room** ils l'ont poussé dans la pièce; (*more violently*) ils l'ont propulsé dans la pièce

propeller /prə'pelə'/ N hélice *(f)* ♦ **propeller shaft** N arbre *(m)* de transmission

propensity /prə'pensɪtɪ/ N propension *(f)* (**to do sth** à faire qch)

proper /'prɒpə'/ 1 ADJ ⓐ (= *suitable*) convenable; (= *correct*) correct; (= *appropriate*) approprié; **you'll have to apply for it in the ~ way** il faudra faire votre demande dans les règles; **the ~ spelling** l'orthographe *(f)* correcte; **in the ~ sense of the word** au sens propre du mot; **if you had come at the ~ time** si vous étiez venu à la bonne heure; **the staff were not given ~ training** le personnel n'a pas reçu une formation appropriée; **I regret not having had a ~ education** je regrette de ne pas avoir eu une véritable éducation; **do as you think ~** faites comme bon vous semble
ⓑ (= *authentic*) véritable; (*after noun* = *strictly speaking*) proprement dit; **I've never had a ~ job** je n'ai jamais eu un véritable travail; **outside Paris ~** en dehors de Paris proprement dit
ⓒ (= *seemly*) [*person, book, behaviour*] convenable; **it would not be ~ for me to comment** il ne serait pas convenable que je fasse des commentaires
2 ADV [*talk*]‡ comme il faut*
3 COMP ♦ **proper name, proper noun** N nom *(m)* propre

properly /'prɒpəlɪ/ ADV (= *correctly*) [*eat, behave, dress*] correctement; (*in a seemly way*) convenablement; **he didn't do it ~** il ne l'a pas bien fait; **he very ~ refused** il a refusé à juste titre

property /'prɒpətɪ/ 1 N ⓐ (= *possessions*) biens *(mpl)*; **is this your ~?** est-ce que cela vous appartient?; **it is the ~ of …** cela appartient à …
ⓑ (= *estate, house*) propriété *(f)*; (= *lands*) terres *(fpl)*; (= *buildings*) biens *(mpl)* immobiliers; **he owns ~ in Ireland** il a des terres (or des propriétés) en Irlande
ⓒ (= *quality*) propriété *(f)*; **this plant has healing properties** cette plante a des propriétés thérapeutiques
2 COMP ♦ **property developer** N promoteur *(m)* immobilier ♦ **property market** N marché *(m)* immobilier ♦ **property owner** N propriétaire *(m)* foncier

prophecy /'prɒfɪsɪ/ N prophétie *(f)*

prophesy /'prɒfɪsaɪ/ VT prédire

prophet /'prɒfɪt/ N prophète *(m)*

prophetic /prə'fetɪk/ ADJ prophétique

prophylactic /,prɒfɪ'læktɪk/ ADJ prophylactique

propitious /prə'pɪʃəs/ ADJ propice (**to** à)

proponent /prə'pəʊnənt/ N partisan(e) *(m(f))*

proportion /prə'pɔ:ʃən/ 1 N ⓐ (= *ratio*) proportion *(f)*; **the ~ of men to women** la proportion d'hommes par rapport aux femmes; **he has no sense of ~** il n'a pas le sens des proportions
♦ **in proportion**: **in ~ with** proportionnellement à; **her weight is not in ~ to her height** son poids n'est pas proportionné à sa taille; **contributions in ~ to one's earnings** contributions en proportion de ses revenus; **to be in direct ~ to sth** être directement proportionnel à qch; **to see sth in ~** relativiser qch; **let's get things in ~** ne dramatisons pas
♦ **out of proportion** hors de proportion; **out of ~ to** hors de proportion avec; **he's got it out of ~** il a exagéré
ⓑ (= *part*) part *(f)*, partie *(f)*; **in equal ~s** à parts égales; **a certain ~ of the staff** une partie du personnel; **a high ~ of women** une proportion élevée de femmes
2 NPL **proportions** (= *size*) proportions *(fpl)*
3 VT proportionner; **well-~ed** bien proportionné

proportional /prə'pɔ:ʃənl/ ADJ proportionnel (**to** à) ♦ **proportional representation** N représentation *(f)* proportionnelle

proportionate /prə'pɔ:ʃənɪt/ ADJ proportionnel

proposal /prə'pəʊzl/ N ⓐ (= *offer*) proposition *(f)*; [*of marriage*] demande *(f)* en mariage ⓑ (= *plan*) plan *(m)* (**for** sth de or pour qch, **to do sth** pour faire qch); (= *suggestion*) proposition *(f)* (**to do** de faire)

propose /prə'pəʊz/ 1 VT ⓐ (= *suggest*) proposer (**doing** de faire); [+ *toast*] porter; [+ *candidate*] proposer; **to ~ sb's health** porter un toast à la santé de qn; **to ~ marriage to sb** demander qn en mariage ⓑ (= *have in mind*) **to ~ doing sth** compter faire qch 2 VI (= *offer marriage*) faire une demande en mariage; **he ~d to her** il l'a demandée en mariage

proposer /prə'pəʊzə'/ N (*in debate*) auteur *(m)* de la proposition

proposition /,prɒpə'zɪʃən/ 1 N ⓐ (= *statement, offer*) proposition *(f)* ⓑ (= *affair*) **that's quite a different ~** ça c'est une tout autre affaire; **it's a tough ~** c'est une chose difficile 2 VT faire des propositions (malhonnêtes) à

propound /prə'paʊnd/ VT [+ *theory, idea*] proposer

proprietary /prə'praɪətərɪ/ ADJ (= *possessive*) possessif ♦ **proprietary brand** N (produit *(m)* de) marque *(f)* déposée

proprieties /prə'praɪətɪz/ NPL (= *decency*) convenances *(fpl)*; **to observe the ~** respecter les convenances

proprietor /prə'praɪətə'/ N propriétaire *(mf)*

propulsion /prə'pʌlʃən/ N propulsion *(f)*

pro rata /,prəʊ'rɑːtə/ ADV au prorata

prosaic /prəʊ'zeɪɪk/ ADJ (= *banal*) prosaïque *(frm)*

proscribe /prəʊ'skraɪb/ VT proscrire

prose /prəʊz/ 1 N ⓐ prose *(f)*; **in ~** en prose ⓑ (= *translation*) thème *(m)* 2 COMP ♦ **prose writer** N prosateur *(m)*

prosecute /'prɒsɪkjuːt/ 1 VT poursuivre (en justice) 2 VI (= *take legal action*) engager des poursuites judiciaires

prosecution /,prɒsɪ'kjuːʃən/ N ⓐ (= *act of prosecuting*) poursuites *(fpl)* (judiciaires); **to bring a ~ against sb** engager des poursuites (judiciaires) contre qn; **there have been seven ~s** il y a eu sept actions en justice ⓑ (= *side*) **the ~** l'accusation *(f)*; **witness for the ~** témoin *(m)* à charge; **to give evidence for the ~** être témoin à charge

prosecutor /'prɒsɪkjuːtə'/ N **(public) ~** ≈ procureur *(m)* (de la République); *(US)* avocat *(m)* de la partie civile

prospect 1 N (= *outlook*) perspective *(f)*; (= *future*) (perspectives *(fpl)* d')avenir *(m)*; (= *hope*) espoir *(m)*; **this ~**

cheered him up cette perspective l'a réjoui ; **what are his ~s?** quelles sont ses perspectives d'avenir ? ; **he has no ~s** il n'a aucun avenir ; **the job has no ~s** c'est un emploi sans avenir ; **to improve one's career ~s** améliorer ses chances d'avancement ; **future ~s for the steel industry** les perspectives d'avenir de la sidérurgie ; **he has little ~ of succeeding** il a peu de chances de réussir ; **there is every ~ of success** tout laisse prévoir le succès ; **to face the ~ of** faire face à la perspective de

♦ **in prospect**: **to have sth in ~** avoir qch en vue ; **the events in ~** les événements *(mpl)* en perspective

2 VI prospecter ; **to ~ for gold** prospecter pour trouver de l'or

★ *Lorsque* **prospect** *est un nom, l'accent tombe sur la première syllabe:* /ˈprɒspekt/, *lorsque c'est un verbe, sur la seconde:* /prəˈspekt/.

prospecting /prəˈspektɪŋ/ N prospection *(f)*
prospective /prəˈspektɪv/ ADJ [*son-in-law, buyer, deal*] futur *(before n)* ; [*customer*] potentiel
prospectus /prəˈspektəs/ N prospectus *(m)*
prosper /ˈprɒspəʳ/ VI prospérer
prosperity /prɒsˈperɪtɪ/ N prospérité *(f)*
prosperous /ˈprɒspərəs/ ADJ prospère
prostate /ˈprɒsteɪt/ N prostate *(f)*
prostitute /ˈprɒstɪtjuːt/ 1 N prostituée *(f)* ; **male ~** prostitué *(m)* 2 VT prostituer ; **to ~ o.s.** se prostituer
prostitution /ˌprɒstɪˈtjuːʃən/ N prostitution *(f)*
prostrate 1 ADJ à plat ventre ; *(mentally)* accablé 2 VT ⓐ *(= throw down)* **to ~ o.s.** se prosterner ⓑ *(= overwhelm)* accabler

★ *Lorsque* **prostrate** *est un adjectif, l'accent tombe sur la première syllabe:* /ˈprɒstreɪt/, *lorsque c'est un verbe, sur la deuxième:* /prɒsˈtreɪt/.

protagonist /prəʊˈtægənɪst/ N protagoniste *(mf)*
protect /prəˈtekt/ VT protéger ; [*+ interests, rights*] sauvegarder ; **don't lie to ~ your brother** ne cherche pas à protéger ton frère en mentant ♦ **protected species** N espèce *(f)* protégée
protection /prəˈtekʃən/ 1 N ⓐ [*of person, property*] protection *(f)* (**from** *or* **against sth** contre qch) ; [*of interests, rights*] sauvegarde *(f)* ⓑ *(Insurance)* garantie *(f)* 2 COMP ♦ **protection factor** N [*of sun cream*] indice *(m)* de protection ♦ **protection money** N **he pays $200 a week ~ money** il paie 200 dollars par semaine pour ne pas être inquiété ♦ **protection racket** N racket *(m)*
protectionism /prəˈtekʃənɪzəm/ N protectionnisme *(m)*
protectionist /prəˈtekʃənɪst/ ADJ protectionniste
protective /prəˈtektɪv/ ADJ [*layer, attitude*] protecteur (-trice *(f)*) ; [*clothing, covering*] de protection ; **~ custody** détention *(f)* provisoire *(comme mesure de protection)*
protectively /prəˈtektɪvlɪ/ ADV **he put his arm ~ around Julie's shoulders** il a passé un bras protecteur autour des épaules de Julie
protector /prəˈtektəʳ/ N *(= person)* protecteur *(m)* ; *(= object, device)* dispositif *(m)* de protection
protein /ˈprəʊtiːn/ N protéine *(f)* ♦ **protein content** N teneur *(f)* en protéines ♦ **protein deficiency** N carence *(f)* en protéines
pro tem /ˌprəʊˈtem/ ADV temporairement ; *(in jobs)* par intérim
protest 1 N protestation *(f)* (**about** à propos de) ; *(= demonstration)* manifestation *(f)* ; **to do sth under ~** faire qch contre son gré ; **to make a ~** élever une protestation ; **in ~** en signe de protestation 2 VT ⓐ *(= declare)* protester ; [*+ loyalty*] protester de ⓑ *(US)* protester contre 3 VI protester (**about** à propos de, **to sb** auprès de qn) 4 COMP ♦ **protest march** N manifestation *(f)*

★ *Lorsque* **protest** *est un nom, l'accent tombe sur la première syllabe:* /ˈprəʊtest/, *lorsque c'est un verbe, sur la seconde:* /prəˈtest/.

Protestant /ˈprɒtɪstənt/ ADJ, N protestant(e) *(m(f))* ; **~ ethic** morale *(f)* protestante

Protestantism /ˈprɒtɪstəntɪzəm/ N protestantisme *(m)*
protester /prəˈtestəʳ/ N protestataire *(mf)* ; *(on march, in demonstration)* manifestant(e) *(m(f))*
protocol /ˈprəʊtəkɒl/ N protocole *(m)*
prototype /ˈprəʊtəʊtaɪp/ N prototype *(m)*
protracted /prəˈtræktɪd/ ADJ très long (longue *(f)*)
protractor /prəˈtræktəʳ/ N rapporteur *(m)*
protrude /prəˈtruːd/ VI dépasser
protruding /prəˈtruːdɪŋ/ ADJ [*chin*] saillant ; [*shelf, rock*] en saillie ; **to have ~ teeth** avoir les dents qui avancent ; **to have ~ eyes** avoir les yeux globuleux
protuberance /prəˈtjuːbərəns/ N *(frm)* protubérance *(f)*
proud /praʊd/ ADJ ⓐ [*person*] fier (**to do sth** de faire qch) ; *(= arrogant)* arrogant ; **the ~ father/owner** l'heureux père *(m)*/propriétaire *(m)* ; **that's nothing to be ~ of!** il n'y a pas de quoi être fier ! ; **it was a ~ day for us when …** nous avons été très fiers le jour où … ⓑ **to do o.s. ~*** ne se priver de rien ; **to do sb ~*** *(= entertain)* se mettre en frais pour qn
proudly /ˈpraʊdlɪ/ ADV fièrement
prove /pruːv/ 1 VT ⓐ prouver ; **that ~s him innocent** cela prouve qu'il est innocent ; **you can't ~ anything against me** vous n'avez aucune preuve contre moi ; **that ~d that she did it** cela prouvait bien qu'elle l'avait fait ; **he couldn't ~ anything against her** il n'a rien pu prouver contre elle ; **the theory remains to be ~d** cette théorie n'est pas encore prouvée ; **he was ~d right** il s'est avéré qu'il avait raison ; **to ~ a point** *(= show one is right)* montrer que l'on a raison ; **can you ~ it?** pouvez-vous le prouver ? ; **that ~s it!** c'est la preuve !
ⓑ [*+ dough*] laisser lever
2 VI ⓐ [*person, fact, object*] se révéler ; **he ~d incapable of helping us** il s'est révélé incapable de nous aider ; **the information ~d to be correct** les renseignements se sont révélés justes ; **it ~d very useful** cela s'est révélé très utile
ⓑ [*dough*] lever
3 COMP ♦ **proving ground** N terrain *(m)* d'essai
proven /ˈpruːvən, ˈprəʊvən/ 1 VB ptp of **prove** 2 ADJ [*abilities*] indubitable ; **a ~ method** une méthode qui a fait ses preuves ; **a ~ track record** une expérience confirmée
Provençal /ˌprɒvɑːnˈsɑːl/ 1 ADJ provençal 2 N ⓐ Provençal(e) *(m(f))* ⓑ *(= language)* provençal *(m)*
Provence /prɒˈvɑːns/ N Provence *(f)* ; **in ~** en Provence
proverb /ˈprɒvɜːb/ N proverbe *(m)*
proverbial /prəˈvɜːbɪəl/ ADJ proverbial ; **it's like the ~ needle in a haystack** c'est l'histoire de l'aiguille dans la botte de foin
provide /prəˈvaɪd/ VT *(= supply, equip)* fournir (**sb with sth, sth for sb** qch à qn) ; **to ~ o.s. with sth** se procurer qch ; **I will ~ food for everyone** c'est moi qui fournirai la nourriture pour tout le monde ; **candidates must ~ their own pencils** les candidats doivent apporter leurs crayons ; **it ~s accommodation for five families** on peut y loger cinq familles
► **provide for** VI *(financially)* subvenir aux besoins de ; *(family)* entretenir ; *(in the future)* assurer l'avenir de ; **I'll see you well ~d for** je ferai le nécessaire pour que vous ne manquiez de rien
provided /prəˈvaɪdɪd/ CONJ à condition que *(+ subj)* ; **you can go ~ it doesn't rain** tu peux y aller à condition qu'il ne pleuve pas

► *Note that if the subject of both clauses is the same, an infinitive can be used instead of the subjunctive.*

you can go ~ you pass your exam tu peux y aller à condition de réussir ton examen
providence /ˈprɒvɪdəns/ N providence *(f)* ; **Providence** la Providence
providential /ˌprɒvɪˈdenʃəl/ ADJ providentiel
providentially /ˌprɒvɪˈdenʃəlɪ/ ADV providentiellement ; **~, he had brought a torch with him** par un heureux hasard, il avait apporté une lampe de poche

providing /prə'vaɪdɪŋ/ CONJ = **provided**

province /'prɒvɪns/ 1 N ⓐ province (f); **the Province** l'Irlande du Nord ⓑ (fig) domaine (m) (de compétence); **that is not my ~** cela n'est pas de mon ressort 2 NPL **provinces** province (f); **in the ~s** en province

provincial /prə'vɪnʃəl/ ADJ, N provincial(e) (m(f))

provision /prə'vɪʒən/ 1 N ⓐ (= supply) provision (f) ⓑ (= supplying) [of food, equipment] fourniture (f); [of housing, education] offre (f); **~ of services** prestation (f) de services; **to make ~ for** [+ one's family, dependents] pourvoir aux besoins de; [+ future] prendre des dispositions pour ⓒ (= stipulation) disposition (f); **according to the ~s of the treaty** selon les dispositions du traité; **the rules make no ~ for this** le règlement ne prévoit pas cela

2 NPL **provisions** (= food) provisions (fpl)

3 VT approvisionner (**with** en)

provisional /prə'vɪʒənl/ 1 ADJ [arrangement, agreement, acceptance] provisoire 2 N (in Ireland) **the Provisionals** l'IRA (f) provisoire 3 COMP ◆ **provisional driving licence** N (Brit) permis (m) de conduire provisoire (obligatoire pour l'apprenti conducteur) → DRIVING LICENCE ◆ **the Provisional IRA** N l'IRA (f) provisoire

provisionally /prə'vɪʒnəlɪ/ ADV provisoirement

proviso /prə'vaɪzəʊ/ N condition (f); **with the ~ that ...** à condition que ... (+ subj)

provocation /,prɒvə'keɪʃən/ N provocation (f)

provocative /prə'vɒkətɪv/ ADJ ⓐ (= aggressive) provocateur (-trice (f)) ⓑ (= seductive) [woman, movement, smile] provocant

provoke /prə'vəʊk/ VT (= rouse) [+ person, reaction, anger] provoquer; **to ~ sb into doing sth** inciter qn à faire qch

provost /'prɒvəst/ N (Brit: at university) président (m); (US: at university) ≈ doyen (m); (Scot) maire (m)

prow /praʊ/ N proue (f)

prowess /'praʊɪs/ N prouesse (f)

prowl /praʊl/ 1 VI (also ~ **about**, ~ **around**) rôder 2 N **to be on the ~** rôder 3 COMP ◆ **prowl car** N (US Police) voiture (f) de police

prowler /'praʊlə'/ N rôdeur (m), -euse (f)

proximity /prɒk'sɪmɪtɪ/ N proximité (f); **in ~ to** à proximité de

proxy /'prɒksɪ/ N (= person) fondé(e) (m(f)) de pouvoir; **by ~** par procuration ◆ **proxy vote** N vote (m) par procuration

Prozac® /'prəʊzæk/ N Prozac® (m)

PRP /,piːɑː'piː/ N (ABBR = **performance-related pay**) salaire (m) au rendement

prude /pruːd/ N prude (f); **he's a ~** il est pudibond

prudence /'pruːdəns/ N prudence (f)

prudent /'pruːdənt/ ADJ prudent

prudently /'pruːdəntlɪ/ ADV prudemment

prudish /'pruːdɪʃ/ ADJ pudibond

prune /pruːn/ 1 N (= fruit) pruneau (m) 2 VT (to promote growth) [+ tree, bush] tailler; (= thin out) élaguer; [+ article, essay] élaguer

prurient /'prʊərɪənt/ ADJ lascif

Prussia /'prʌʃə/ N Prusse (f)

pry /praɪ/ 1 VI mettre son nez dans les affaires des autres; **I don't want to ~ but ...** je ne veux pas être indiscret mais ... 2 VT (US) = **prise**

PS /piː'es/ N (ABBR = **postscript**) PS (m)

psalm /sɑːm/ N psaume (m)

PSAT /,piːeseɪ'tiː/ N (US: at school, university) (ABBR = **Preliminary Scholastic Aptitude Test**) test déterminant l'aptitude d'un candidat à présenter l'examen d'entrée à l'université

pseud* /sjuːd/ N (Brit) bêcheur* (m), -euse* (f)

pseudo- /'sjuːdəʊ/ PREF pseudo-; **~intellectual** pseudo-intellectuel

pseudonym /'sjuːdənɪm/ N pseudonyme (m)

► **psych out*** VT SEP (= intimidate) intimider

► **psych up*** VT SEP **to get o.s. psyched up for sth** se préparer mentalement à qch

PSHE /piːeseɪtʃ'iː/ N (ABBR = **personal, social and health education**) (at school) cours d'éducation personnelle, sanitaire et civique préparant à la vie adulte

psyche /'saɪkɪ/ N psychisme (m)

psychedelic /,saɪkə'delɪk/ ADJ psychédélique

pyschiatric /,saɪkɪ'ætrɪk/ ADJ psychiatrique; [illness] mental

psychiatrist /saɪ'kaɪətrɪst/ N psychiatre (mf)

psychiatry /saɪ'kaɪətrɪ/ N psychiatrie (f)

psychic /'saɪkɪk/ 1 ADJ [phenomenon, powers] parapsychologique; [person] télépathe; **I'm not ~!*** je ne suis pas devin! 2 N médium (m)

psycho* /'saɪkəʊ/ N psychopathe (mf)

psychoanalysis /,saɪkəʊə'næləsɪs/ N psychanalyse (f)

psychoanalyst /,saɪkəʊ'ænəlɪst/ N psychanalyste (mf)

psychoanalytic /'saɪkəʊ,ænə'lɪtɪk/ ADJ psychanalytique

psychoanalyze /,saɪkəʊ'ænəlaɪz/ VT psychanalyser

psychological /,saɪkə'lɒdʒɪkəl/ ADJ psychologique

psychologically /,saɪkə'lɒdʒɪkəlɪ/ ADV [important, damaging, disturbed] psychologiquement; **to be ~ prepared for sth** être psychologiquement prêt pour qch

psychologist /saɪ'kɒlədʒɪst/ N psychologue (mf)

psychology /saɪ'kɒlədʒɪ/ N psychologie (f)

psychopath /'saɪkəʊpæθ/ N psychopathe (mf)

psychopathic /,saɪkəʊ'pæθɪk/ ADJ [person] psychopathe

psychosis /saɪ'kəʊsɪs/ N (pl **psychoses**) psychose (f)

psychosomatic /,saɪkəʊsəʊ'mætɪk/ ADJ psychosomatique

psychotherapist /'saɪkəʊ'θerəpɪst/ N psychothérapeute (mf)

psychotherapy /'saɪkəʊ'θerəpɪ/ N psychothérapie (f)

psychotic /saɪ'kɒtɪk/ ADJ, N psychotique (mf)

PT † /piː'tiː/ N (at school) (ABBR = **physical training**) éducation (f) physique

pt (ABBR = **pint**) pinte (f)

PTA /,piːtiː'eɪ/ N (ABBR = **Parent-Teacher Association**) association de parents d'élèves et de professeurs

PTO /,piːtiː'əʊ/ (ABBR = **please turn over**) TSVP

pub /pʌb/ N ≈ café (m); (in British or Irish context) pub (m) ◆ **pub-crawl*** N, VI **to go on a ~-crawl** faire la tournée des bars ◆ **pub lunch** N **to go for a ~ lunch** aller manger au bistrot*

ⓘ **PUB**

Les pubs jouent un rôle essentiel dans la vie sociale britannique. Traditionnellement, l'accès au pub est interdit aux moins de 18 ans, mais certains établissements ont un espace réservé (ou une terrasse en jardin) pour les familles.

---

puberty /'pjuːbətɪ/ N puberté (f)

pubic /'pjuːbɪk/ ADJ pubien ◆ **pubic hair** N poils (mpl) du pubis

public /'pʌblɪk/ 1 ADJ public (-ique (f)); **it is a matter of ~ interest** c'est une question d'intérêt public; **he has the ~ interest at heart** il a à cœur l'intérêt public; **in the ~ domain** dans le domaine public; **to go ~** [company] s'introduire en Bourse; **"this is a ~ announcement: would passengers ..."** «votre attention s'il vous plaît: les passagers sont priés de ...»; **to be in the ~ eye** être très en vue; **she is a good ~ speaker** elle parle bien en public; **to make sth ~** rendre qch public; **let's go over there, it's too ~ here** allons là-bas, il y a trop de monde ici

2 N public (m); **the ~'s confidence in the government** la confiance des gens dans le gouvernement; **in ~** en public; **the French ~** les Français (mpl); **the great British ~** les sujets (mpl) de Sa (Gracieuse) Majesté; **the house is open to the ~** la maison est ouverte au public

3 COMP ◆ **public access television** N (US) chaînes (fpl) câblées non commerciales ◆ **public-address system** N (système (m) de) sonorisation (f) ◆ **public bar** N (Brit) bar (m) ◆ **public convenience** N (Brit) toilettes (fpl) publiques ◆ **public gallery** N (in parliament, courtroom) tribune (f) ré-

servée au public ♦ **public health** N santé (f) publique ♦ **public house** N (Brit) pub (m) ♦ **public housing** N (US) logements (mpl) sociaux, ≈ HLM (fpl) ♦ **public housing project** N (US) cité (f) HLM ♦ **public lavatory** N toilettes (fpl) publiques ♦ **public library** N bibliothèque (f) municipale ♦ **public money** N deniers (mpl) publics ♦ **public opinion** N opinion (f) publique ♦ **public opinion poll** N sondage (m) d'opinion publique ♦ **Public Prosecutor** ≈ procureur (m) (de la République) ♦ **Public Record Office** N (Brit) ≈ Archives (fpl) nationales ♦ **public relations** NPL relations (fpl) publiques; **it's just a ~ relations exercise** il etc a fait ça uniquement dans le but de se faire bien voir ♦ **public school** N (Brit = private school) école (f) secondaire privée; (US = state school) école (f) secondaire publique ♦ **the public sector** N le secteur public ♦ **public speaking** N art (m) oratoire ♦ **public spending** N dépenses (fpl) publiques ♦ **public television** N (US) télévision (f) éducative (non commerciale) ♦ **public transport** N transports (mpl) publics

> **ⓘ PUBLIC ACCESS TELEVISION**
> Aux États-Unis, la public access television désigne les chaînes câblées non commerciales produites par des associations locales et autres institutions à but non lucratif. Le principe est de permettre aux communautés locales de s'exprimer et d'éviter que les chaînes câblées commerciales ne deviennent des monopoles.

publican /'pʌblɪkən/ N (Brit = pub manager) patron(ne) (m(f)) de pub

publication /ˌpʌblɪ'keɪʃən/ N publication (f)

publicist /'pʌblɪsɪst/ N publicitaire (mf)

publicity /pʌb'lɪsɪtɪ/ N publicité (f); **adverse ~** contre-publicité (f); **I keep getting ~ about the society's meetings** je reçois tout le temps des circulaires concernant les réunions de la société ♦ **publicity agent** N agent (m) publicitaire ♦ **publicity campaign** N campagne (f) d'information; (= advertising) campagne (f) de publicité ♦ **publicity stunt*** N coup (m) de pub*

publicize /'pʌblɪsaɪz/ VT ⓐ (= make known) divulguer ⓑ (= advertise) faire de la publicité pour; **well-~d** annoncé à grand renfort de publicité

publicly /'pʌblɪklɪ/ ADV ⓐ (= in public) publiquement; **to be ~ accountable** devoir répondre de ses actes devant l'opinion ⓑ (= by the public) **~-owned** du secteur public; **~ funded** financé par l'État

publish /'pʌblɪʃ/ 1 VT publier; [+ periodical] faire paraître; [+ author] éditer; **to be ~ed** [book, author] être publié 2 VI publier

publisher /'pʌblɪʃəʳ/ N éditeur (m), -trice (f)

publishing /'pʌblɪʃɪŋ/ N **he works in ~** il travaille dans l'édition ♦ **publishing house** N maison (f) d'édition

puce /pjuːs/ ADJ puce (inv)

puck /pʌk/ N (Ice Hockey) palet (m)

pucker /'pʌkəʳ/ 1 VI [face, feature, forehead] se plisser; [garment] goder 2 VT [+ lips] avancer

pud* /pʊd/ N (Brit) ABBR = **pudding**

pudding /'pʊdɪŋ/ 1 N ⓐ (= cooked dessert) **steamed ~** pudding (m) ⓑ (Brit = dessert course) dessert (m); **what's for ~?** qu'y a-t-il comme dessert? 2 COMP ♦ **pudding basin** (Brit) jatte (f) (dans laquelle on fait cuire le pudding) ♦ **pudding rice** N riz (m) à grains ronds

puddle /'pʌdl/ N flaque (f)

puerile /'pjʊəraɪl/ ADJ puéril

Puerto Rican /ˌpwɜːtəʊ'riːkən/ 1 ADJ portoricain 2 N Portoricain(e) (m(f))

Puerto Rico /ˌpwɜːtəʊ'riːkəʊ/ N Porto Rico

puff /pʌf/ 1 N ⓐ [of air, wind, smoke] bouffée (f); (from mouth) souffle (m); **he blew out the candles with one ~** il a éteint les bougies d'un seul souffle; **to be out of ~*** être à bout de souffle; **he took a ~ at his pipe** il a tiré une bouffée de sa pipe
ⓑ (= powder puff) houppe (f); (small) houppette (f)
ⓒ (= advertisement)* boniment (m)

2 VI (= blow) souffler; (= pant) haleter; **he was ~ing and panting** il soufflait comme un phoque; **to ~ at one's pipe** tirer des bouffées de sa pipe

3 VT **to ~ smoke** [chimney, person] envoyer des bouffées de fumée; **stop ~ing smoke in my face** arrête de m'envoyer ta fumée dans la figure

4 COMP ♦ **puff paste** (US), **puff pastry** (Brit) N pâte (f) feuilletée

► **puff out** VT gonfler; **to ~ out one's cheeks** gonfler ses joues; **to ~ out one's chest** gonfler sa poitrine

► **puff up** 1 VI [eye, face] enfler 2 VT SEP (= inflate) gonfler

puffed* /pʌft/ ADJ (= breathless: also **~ out**) à bout de souffle

puffer* /'pʌfəʳ/ N (= inhaler) inhalateur (m)

puffin /'pʌfɪn/ N macareux (m)

puffy /'pʌfɪ/ ADJ [eye, face] bouffi

pugnacious /pʌg'neɪʃəs/ ADJ querelleur

puke* /pjuːk/ VI (also **~ up**) dégueuler*

pukka* /'pʌkə/ ADJ (Brit) ⓐ (= genuine) vrai; (= excellent) de premier ordre ⓑ (= socially superior) snob (inv)

pull /pʊl/ 1 N ⓐ (= act) traction (f); (= attraction) (force (f) d')attraction (f); **I felt a ~ at my sleeve** j'ai senti quelqu'un qui me tirait par la manche; **to give sth a ~** tirer (sur) qch; **the ~ of the current** la force du courant; **the ~ of the South** l'appel (m) du Sud; **it was a long ~ up the hill** la montée était longue pour arriver en haut de la colline; **to have ~ with sb** avoir de l'influence auprès de qn
ⓑ (= swig) gorgée (f); **he took a ~ at the bottle** il but une gorgée à même la bouteille; **he took a long ~ at his cigarette** il a tiré une gorgée sur sa cigarette
ⓒ (= handle) poignée (f); (= cord) cordon (m)

2 VT ⓐ tirer; **to ~ a door open** ouvrir une porte (en la tirant); **he ~ed the box over to the door** il a traîné la caisse jusqu'à la porte; **to ~ a door shut** tirer une porte derrière soi; **~ your chair closer to the table** approchez votre chaise de la table; **he ~ed her towards him** il l'attira vers lui; **to ~ sb clear of** [+ wreckage, rubble] dégager qn de
ⓑ (= trigger) presser; **to ~ to bits** démolir; [+ argument, scheme, play, film]* démolir; [+ person]* éreinter; **to ~ sb's hair** tirer les cheveux à qn; **~ the other one!*** à d'autres!; **he didn't ~ any punches** il n'y est pas allé de main morte; **to ~ one's weight** fournir sa part d'effort
ⓒ [+ tooth] arracher; [+ cork] ôter; [+ gun, knife] sortir; [+ beer] tirer; **he ~ed a gun on me** il a sorti un revolver et l'a braqué sur moi; **he's ~ing pints* somewhere in London** il est barman quelque part à Londres; **to ~ rank on sb** en imposer hiérarchiquement à qn
ⓓ [+ muscle, tendon, ligament] se déchirer
ⓔ (= cancel)* annuler
ⓕ (= attract)* [+ crowd] attirer; [+ votes] ramasser
ⓖ (Brit = get off with)* lever*

3 VI ⓐ (= tug) tirer (**at, on** sur); **he ~ed at her sleeve** il la tira par la manche
ⓑ (= move) **the train ~ed into/out of the station** le train est entré en gare/est sorti de la gare; **to ~ sharply to the left** [car, driver] virer brusquement à gauche; **the steering is ~ing to the left** la direction tire à gauche; **the car isn't ~ing very well** la voiture manque de reprise
ⓒ (= swig) **he ~ed at his beer** il a bu une gorgée de bière
ⓓ (= row) ramer (**for** vers)
ⓔ (Brit = get off with sb)* emballer*

4 COMP ♦ **pull-down menu** N menu (m) déroulant ♦ **pull-in** (Brit), **pull-off** (US) N parking (m) ♦ **pull-out** N ⓐ (in magazine) supplément (m) détachable ⓑ [of troops] retrait (m) ♦ ADJ [magazine section] détachable

► **pull apart** VT SEP ⓐ (= pull to pieces) démonter; (= break) mettre en pièces; **the police ~ed the house apart looking for drugs*** la police a mis la maison sens dessus dessous pour trouver de la drogue; **nationalism was threatening to ~ the country apart** le nationalisme menaçait de déchirer le pays ⓑ (= separate) séparer ⓒ (= criticize) éreinter; [+ argument, suggestion] démolir

► **pull away** 1 VI [vehicle, train] démarrer; **he began to ~**

away from his pursuers il a commencé à distancer ses poursuivants; **she suddenly ~ed away from him** elle se dégagea soudain de son étreinte 2 VT SEP (= *withdraw*) retirer brusquement (**from sb** à qn); (= *snatch*) arracher (**from sb** à qn, des mains de qn)

► **pull back** 1 VI se retirer 2 VT SEP (= *withdraw*) [+ *object, troops*] retirer (**from** de); [+ *person*] tirer en arrière (**from** loin de); **to ~ back the curtains** ouvrir les rideaux

► **pull down** VT SEP (a) [+ *blind*] baisser; **he ~ed his opponent down** il a mis à terre son adversaire; **he ~ed his hat down over his eyes** il a ramené son chapeau sur ses yeux (b) (= *demolish*) démolir; **the whole street has been ~ed down** la rue a été complètement démolie (c) (= *weaken*) affaiblir; **his geography marks ~ed him down** ses notes de géographie ont fait baisser sa moyenne

► **pull in** 1 VI (= *arrive*) arriver; (= *enter*) entrer; (= *stop*) s'arrêter 2 VT SEP (a) [+ *rope*] ramener; **to ~ sb in** (*into room, car*) faire entrer qn; (*into pool*) faire piquer une tête dans l'eau à qn; **~ your stomach in!** rentre le ventre!; **the film is certainly ~ing people in** il est certain que ce film attire les foules (b) (= *pick up*)* **the police ~ed him in for questioning** la police l'a appréhendé pour l'interroger

► **pull off** 1 VT SEP (a) (= *remove*) [+ *gloves, shoes, coat, hat*] ôter (b) **he ~ed the car off the road** il a arrêté la voiture sur le bord de la route (c) [+ *plan, aim*] réaliser; [+ *deal*] conclure; [+ *hoax*] réussir; **he didn't manage to ~ it off** il n'a pas réussi son coup 2 VT INSEP **to ~ off the road** [*vehicle, driver*] quitter la route

► **pull on** 1 VI **the cover ~s on** la housse s'enfile 2 VT SEP [+ *gloves, coat, cover*] enfiler; [+ *shoes, hat*] mettre

► **pull out** 1 VI (a) (= *leave*) [*train, bus*] démarrer (b) (= *withdraw*) se retirer; **he ~ed out of the deal at the last minute** il s'est retiré de l'affaire à la dernière minute (c) (= *change lane*) déboîter; **he ~ed out to overtake the truck** il a déboîté pour doubler le camion 2 VT SEP (a) (= *extract*) arracher; [+ *cork*] retirer; [+ *gun, knife*] sortir; **they ~ed him out of the wreckage alive** ils l'ont sorti vivant des débris (b) (= *withdraw*) [+ *troops*] retirer

► **pull over** 1 VI [*driver*] **he ~ed over to let the ambulance past** il s'est garé sur le côté pour laisser passer l'ambulance 2 VT SEP (a) **he ~ed the box over to the window** il a traîné la caisse jusqu'à la fenêtre (b) (= *stop*) [+ *motorist, car*]* forcer à s'arrêter (c) (= *topple*) **he ~ed the bookcase over on top of himself** il a entraîné la bibliothèque dans sa chute

► **pull round** 1 VI [*sick person*] s'en sortir 2 VT SEP **he ~ed me round to face him** il m'a fait me retourner pour que je lui fasse face

► **pull through** 1 VI (*from illness*) s'en tirer; (*from difficulties*) s'en sortir 2 VT SEP [+ *rope*] faire passer 3 VT INSEP [+ *illness*] réchapper à; [+ *difficulties, crisis*] se sortir de

► **pull together** 1 VI (= *cooperate*) se serrer les coudes 2 VT SEP (a) (= *join*) **data exists but it needs ~ing together** les données existent mais il faut les rassembler (b) **to ~ o.s. together** se ressaisir

► **pull up** 1 VI (a) (= *stop*) [*vehicle*] s'arrêter (b) (= *draw level with*) **he ~ed up with the leaders** il a rattrapé les premiers 2 VT SEP (a) (= *raise*) [+ *object*] remonter; (= *haul up*) hisser; [+ *chair*] approcher; **he leaned down from the wall and ~ed the child up** il s'est penché du haut du mur et a hissé l'enfant jusqu'à lui; **your geography mark has ~ed you up** votre note de géographie a remonté votre moyenne (b) [+ *weed*] arracher (c) (= *halt*) arrêter; **he ~ed himself up** il s'arrêta net

pulley /ˈpʊlɪ/ N (= *block*) poulie (f)

pullover /ˈpʊl,əʊvəˈ/ N pull (m)

pulp /pʌlp/ 1 N (a) (= *paste*) pulpe (f); **his arm was crushed to a ~** il a eu le bras complètement écrasé; **to beat sb to a ~** passer qn à tabac* (b) (= *literature*) littérature (f) de gare 2 VT [+ *fruit*] réduire en purée; [+ *book*] mettre au pilon

pulpit /ˈpʊlpɪt/ N chaire (f)

pulsate /pʌlˈseɪt/ VI [*vein*] palpiter; [*blood*] battre; [*music*] vibrer

pulse /pʌls/ 1 N (a) [*of person*] pouls (m); [*of current*] vibration (f); (= *rhythm*) battement (m) rythmique; **to take sb's ~** prendre le pouls de qn; **to have one's finger on the ~** être à l'écoute de ce qui se passe (b) légume (m) sec 2 VI [*blood*] battre; [*sound*] vibrer 3 COMP ♦ **pulse rate** N pouls (m)

pulverize /ˈpʌlvəraɪz/ VT pulvériser

puma /ˈpjuːmə/ N puma (m)

pumice /ˈpʌmɪs/ N pierre (f) ponce

pummel /ˈpʌml/ VT (*in fight*) rouer de coups; (*in massage*) pétrir

pump /pʌmp/ 1 N (a) pompe (f) (b) (= *sports shoe*) tennis (f); (= *court shoe*) escarpin (m); (= *dancing shoe*) chausson (m) 2 VT (a) **to ~ water out of sth** pomper l'eau de qch; **to ~ air into sth** gonfler qch; **the heart ~s the blood round the body** le cœur fait circuler le sang dans le corps; **to ~ sb's stomach** faire un lavage d'estomac à qn; **to ~ iron*** faire de l'haltérophilie; **to ~ bullets into sb*** cribler qn de balles; **they ~ed money into the project** ils ont injecté de l'argent dans le projet (b) (= *question*)* **to ~ sb for sth** essayer de soutirer qch à qn (c) [+ *handle*] actionner plusieurs fois; [+ *brake*] pomper sur 3 VI [*machine, person*] pomper; [*heart*] battre fort; **blood ~ed from the artery** le sang coulait à flots de l'artère 4 COMP ♦ **pump-action** ADJ [*shotgun*] à pompe ♦ **pump attendant** N (*Brit*) pompiste (mf) ♦ **pump prices** NPL **a rise in ~ prices** [*of petrol*] une hausse (des prix) à la pompe

► **pump out** VT SEP (= *produce*) débiter

► **pump up** VT SEP [+ *tyre, airbed*] gonfler

pumpkin /ˈpʌmpkɪn/ N citrouille (f); **~ pie** tarte (f) à la citrouille

pun /pʌn/ 1 N calembour (m) 2 VI faire des calembour(s)

punch /pʌntʃ/ 1 N (a) (= *blow*) coup (m) de poing; **to give sb a ~** donner un coup de poing à qn; **to roll with the ~es** encaisser* (b) (= *punchiness*) punch* (m); **a phrase with more ~** une expression plus percutante; **we need a presentation with some ~ to it** il nous faut une présentation qui ait du punch* (c) (*for tickets*) poinçonneuse (f); (*for holes in paper*) perforateur (m) (d) (= *drink*) punch (m) 2 VT (a) (*with fist*) [+ *person*] donner un coup de poing à; [+ *ball*] frapper d'un coup de poing; **to ~ sb's nose/face** donner un coup de poing sur le nez/la figure de qn; **to ~ the air** lever le poing en signe de victoire; **the goalkeeper ~ed the ball over the bar** le gardien de but a envoyé le ballon par-dessus la barre d'un coup de poing (b) [+ *ticket*] (*by hand*) poinçonner; (*automatically*) composter; **to ~ a hole in sth** faire un trou dans qch (c) (*with finger*) [+ *button*] taper sur 3 VI cogner 4 COMP ♦ **punch bag** N (*Brit*) sac (m) de sable; **to use sb as a ~ bag** se servir de qn comme d'un punching-ball ♦ **punch bowl** N bol (m) à punch ♦ **punch-drunk** ADJ abruti ♦ **punching bag** N (*US*) sac (m) de sable ♦ **punch line** N [*of joke*] chute (f) ♦ **punch-up*** N bagarre (f); **to have a ~-up** (*Brit*) se bagarrer*

► **punch in** VT SEP [+ *code number*] taper

► **punch out** VT SEP [+ *hole*] faire à la poinçonneuse; [+ *design*] estamper

punctilious /pʌŋˈtɪlɪəs/ ADJ scrupuleux

punctual /ˈpʌŋktjʊəl/ ADJ ponctuel; **he is always ~** il est toujours ponctuel; **be ~** soyez à l'heure

punctuality /,pʌŋktjʊˈælɪtɪ/ N ponctualité (f)

punctually /ˈpʌŋktjʊəlɪ/ ADV ponctuellement

punctuation /,pʌŋktjʊˈeɪʃən/ N ponctuation (f)

puncture /ˈpʌŋktʃəˈ/ 1 N (*in tyre*) crevaison (f); **I've got a ~** j'ai (un pneu) crevé; **they had a ~ outside Limoges** ils ont crevé près de Limoges 2 VT [+ *tyre*] crever 3 VI crever

4 COMP ✦ **puncture repair kit** N trousse *(f)* à outils pour crevaisons

pundit /ˈpʌndɪt/ N expert *(m)*

pungent /ˈpʌndʒənt/ ADJ âcre; [*sauce*] relevé; [*criticism, satire*] mordant

punish /ˈpʌnɪʃ/ VT ⓐ punir (**for sth** de qch, **for doing** pour avoir fait) ⓑ [+ *opponent in fight, boxer, opposing team*] malmener; [+ *engine*] fatiguer

punishable /ˈpʌnɪʃəbl/ ADJ [*offence*] punissable; **~ by imprisonment** passible d'une peine de prison

punishing /ˈpʌnɪʃɪŋ/ 1 N (= *act*) punition *(f)* 2 ADJ [*speed, schedule, work*] épuisant

punishment /ˈpʌnɪʃmənt/ N punition *(f)*; **as a ~ (for)** en punition (de); **to make the ~ fit the crime** adapter le châtiment au crime

punitive /ˈpjuːnɪtɪv/ ADJ [*measure*] punitif; **a ~ raid** un raid de représailles

Punjab /pʌnˈdʒɑːb/ N Pendjab *(m)*

Punjabi /pʌnˈdʒɑːbɪ/ 1 ADJ pendjabi 2 N (= *person*) Pendjabi *(mf)*

punk /pʌŋk/ 1 N ⓐ (= *music*) punk *(m)* ⓑ (= *musician, fan*) punk *(mf)* ⓒ (*US* = *ruffian*)**:** sale* petit voyou *(m)* 2 ADJ [*band, music, style*] punk *(inv)*; **~ rock** le punk rock

punnet /ˈpʌnɪt/ N (*Brit*) barquette *(f)*

punt /pʌnt/ 1 N ⓐ (= *boat*) barque *(f)* à fond plat ⓑ (= *Irish currency*) livre *(f)* irlandaise 2 VT [+ *boat*] faire avancer (avec une perche) 3 VI **to go ~ing** faire un tour en barque

punter /ˈpʌntəʳ/ N ⓐ (*Brit: Racing*) parieur *(m)*, -euse *(f)* ⓑ (= *customer*)* client(e) *(m(f))*; (= *consumer*)* consommateur *(m)*, -trice *(f)*

puny /ˈpjuːnɪ/ ADJ chétif; [*effort*] pitoyable

pup /pʌp/ N (= *dog*) chiot *(m)*

pupil /ˈpjuːpl/ 1 N ⓐ (*at school*) élève *(mf)* ⓑ (*of eye*) pupille *(f)* 2 COMP ✦ **pupil nurse** N (*Brit*) élève *(mf)* infirmier (-ière) ✦ **pupil power** N pouvoir *(m)* des élèves

puppet /ˈpʌpɪt/ 1 N marionnette *(f)*; (= *pawn*) pantin *(m)* 2 COMP [*theatre*] de marionnettes; [*state, leader, cabinet*] fantoche ✦ **puppet show** N spectacle *(m)* de marionnettes *(fpl)*

puppy /ˈpʌpɪ/ N chiot *(m)* ✦ **puppy fat** N rondeurs *(fpl)* d'adolescent(e)

purchase /ˈpɜːtʃɪs/ 1 N ⓐ achat *(m)*; **to make a ~** faire un achat ⓑ (= *grip*) prise *(f)* 2 VT acheter (**sth from sb** qch à qn) 3 COMP ✦ **purchase price** N prix *(m)* d'achat ✦ **purchase tax** N (*Brit*) taxe *(f)* à l'achat

purchaser /ˈpɜːtʃɪsəʳ/ N acheteur *(m)*, -euse *(f)*

purchasing power /ˈpɜːtʃəsɪŋˌpaʊəʳ/ N pouvoir *(m)* d'achat

pure /pjʊəʳ/ ADJ pur; **as ~ as the driven snow** innocent comme l'enfant qui vient de naître; **~ science** science *(f)* pure; **~ and simple** pur et simple; **it was ~ hypocrisy** c'était de la pure hypocrisie

purebred /ˈpjʊəbred/ ADJ de race

purely /ˈpjʊəlɪ/ ADV purement

purgatory /ˈpɜːgətərɪ/ N purgatoire *(m)*; **it was ~** c'était un vrai supplice

purge /pɜːdʒ/ 1 N purge *(f)*; **a ~ of the dissidents** une purge des dissidents 2 VT purger; [+ *traitors, bad elements*] éliminer

purification /ˌpjʊərɪfɪˈkeɪʃən/ N purification *(f)*; [*of waste water*] épuration *(f)*

purify /ˈpjʊərɪfaɪ/ VT purifier

purist /ˈpjʊərɪst/ ADJ, N puriste *(mf)*

puritan /ˈpjʊərɪtən/ ADJ, N puritain(e) *(m(f))*

puritanical /ˌpjʊərɪˈtænɪkəl/ ADJ puritain

purity /ˈpjʊərɪtɪ/ N pureté *(f)*

purl /pɜːl/ N (*Knitting* = *one stitch*) maille *(f)* à l'envers

purloin /pɜːˈlɔɪn/ VT dérober

purple /ˈpɜːpl/ 1 ADJ (*bluish*) violet; (*reddish*) pourpre; (*lighter*) mauve; **~ passage** morceau *(m)* de bravoure 2 N (= *colour*) (*bluish*) violet *(m)*; (*reddish*) pourpre *(m)*; (*lighter*) mauve *(m)* 3 COMP ✦ **Purple Heart** N (*US*) décoration attribuée aux blessés de guerre

purport (*frm*) 1 N (= *meaning*) signification *(f)* 2 VT **to ~ to be sth/sb** [*person*] prétendre être qch/qn; **to ~ to be objective** [*book, statement*] se vouloir objectif; **a document ~ing to come from the French embassy** un document censé émaner de l'ambassade de France

> ★ Lorsque **purport** est un nom, l'accent tombe sur la première syllabe: /ˈpɜːpət/, lorsque c'est un verbe, sur la seconde: /pɜːˈpɔːt/.

purpose /ˈpɜːpəs/ 1 N (= *aim*) but *(m)*; **what was the ~ of the meeting?** quel était le but de cette réunion?; **a man with a ~** un homme qui a un objectif; **it is adequate for the ~** cela fait l'affaire; **for this ~** dans ce but; **for my ~s** pour ce que je veux faire; **my ~ in doing this is ...** la raison pour laquelle je fais ceci est ...; **with the ~ of ...** dans le but de ...; **to no ~** en vain; **to the ~** à propos; **not to the ~** hors de propos

✦ **on purpose** exprès; **he did it on ~ to annoy me** il l'a fait exprès pour me contrarier

2 COMP ✦ **purpose-built** ADJ spécialement construit

purposeful /ˈpɜːpəsfʊl/ ADJ résolu

purposely /ˈpɜːpəslɪ/ ADV délibérément; **he made a ~ vague statement** il a fait délibérément une déclaration peu précise

purr /pɜːʳ/ 1 VI ronronner 2 N ronronnement *(m)*

purse /pɜːs/ 1 N ⓐ (*Brit*) (*for coins*) porte-monnaie *(m inv)*; (= *wallet*) portefeuille *(m)* ⓑ (*US* = *handbag*) sac *(m)* à main ⓒ (= *prize*) prix *(m)* 2 VT **to ~ one's lips** faire la moue 3 COMP ✦ **purse snatcher** N (*US*) voleur *(m)*, -euse *(f)* à la tire ✦ **purse strings** NPL **to hold the ~ strings** tenir les cordons de la bourse

purser /ˈpɜːsəʳ/ N commissaire *(m)* (du bord)

pursue /pəˈsjuː/ VT ⓐ [+ *studies, career*] poursuivre; [+ *profession*] exercer; [+ *course of action*] suivre; [+ *inquiry, policy*] mener; **he decided to ~ his own interests** il a décidé de faire ce qui l'intéressait ⓑ [+ *matter*] approfondir ⓒ (= *chase after*) poursuivre

pursuer /pəˈsjuːəʳ/ N poursuivant(e) *(m(f))*

pursuit /pəˈsjuːt/ N ⓐ (= *search*) [*of happiness, truth, peace, power*] recherche *(f)*; [*of excellence, wealth*] poursuite *(f)*; **in ~ of sth** à la recherche de ⓑ (= *chase*) poursuite *(f)*; **(to go) in ~ of sb** (se mettre) à la poursuite de qn; **he escaped with two policemen in hot ~** il s'est enfui avec deux policiers à ses trousses ⓒ (= *occupation*) activité *(f)*; (= *pastime*) passe-temps *(m inv)*

purveyor /pəˈveɪəʳ/ N fournisseur *(m)*, -euse *(f)* (**of sth** en qch, **to sb** de qn)

pus /pʌs/ N pus *(m)*

---

push /pʊʃ/

1 NOUN	4 COMPOUNDS
2 TRANSITIVE VERB	5 PHRASAL VERBS
3 INTRANSITIVE VERB	

1 NOUN

ⓐ = **shove** poussée *(f)*; **to give sb/sth a ~** pousser qn/qch; **the car needs a ~** il faut pousser la voiture

ⓑ = **dismissal** (*Brit*)* **to give sb the ~** [*employer*] virer qn*; [*boyfriend, girlfriend*] plaquer qn**:**; **he got the ~** (*from employer*) il s'est fait virer*; (*from girlfriend*) il s'est fait plaquer**:**

ⓒ = **effort** gros effort *(m)*; (= *campaign*) campagne *(f)*; **they made a ~ to get everything finished** ils ont fait un gros effort pour tout terminer; **at a ~*** à la rigueur; **when it comes to the ~*** au moment critique

2 TRANSITIVE VERB

ⓐ = **press on** [+ *door, person, car, pram*] pousser; [+ *button*] appuyer sur; [+ *stick, finger*] enfoncer; **don't ~ me!** ne (me) poussez pas!

✦ **to push** + *preposition/adverb*: **to ~ sb out** pousser qn dehors; **he ~ed him down the stairs** il l'a poussé dans l'escalier; **to ~ sb into a room** pousser qn dans une pièce; **she ~ed the books off the table** elle a fait tomber les livres de la table; **they ~ed the car off the road** ils ont poussé la voiture sur le bas-côté; **to ~ a door open** ouvrir une porte (en la poussant); **they ~ed him out of the car** ils l'ont poussé hors de la voiture; **to ~ sb/sth out of the way** écarter qn/qch; **to ~ a door shut** fermer une porte (en la poussant); **to ~ one's way through a crowd** se frayer un chemin dans la foule; **he ~ed the thought to the back of his mind** il a repoussé cette pensée

ⓑ = advance [+ *one's views*] mettre en avant; [+ *claim*] présenter avec insistance; [+ *plan*] essayer d'imposer; [+ *product*] pousser la vente de

ⓒ = pressure pousser; **don't ~ him too far** ne le poussez pas à bout; **to ~ sb to do sth** pousser qn à faire qch; **to ~ sb into doing sth** forcer qn à faire qch; **I was ~ed into it** on m'y a poussé; **he ~es himself too hard** il se surmène; **he must be ~ing* 60** il ne doit pas avoir loin de 60 ans; **to be ~ed for time** être à court de temps; **I'm rather ~ed for space** je suis à l'étroit; **Jacqueline was pushed for money** Jacqueline était à court d'argent

3 INTRANSITIVE VERB

ⓐ = press pousser; (*on bell*) appuyer; **you ~ and I'll pull** poussez et moi je vais tirer; **to ~ for better working conditions** faire pression pour obtenir de meilleures conditions de travail

ⓑ = move **they ~ed into the room** ils sont entrés dans la pièce en se frayant un passage; **he ~ed past me** il m'a dépassé en me bousculant

4 COMPOUNDS

♦ **push-bike*** N (*Brit*) vélo (*m*) ♦ **push-button** ADJ [*machine*] à commande automatique; [*telephone*] à touches ♦ **push-up** N (*US*) pompe* (*f*); **to do ~-ups** faire des pompes*

5 PHRASAL VERBS

► **push ahead** VI (= *make progress*) avancer à grands pas

► **push around** VT SEP ⓐ [+ *toy*] pousser dans tous les sens ⓑ (= *bully*)* bousculer*

► **push aside** VT SEP [+ *person, chair*] écarter (brusquement); [+ *objection, suggestion*] écarter

► **push away** VT SEP [+ *person, chair, one's plate, sb's hand*] repousser

► **push in** 1 VI s'introduire de force; (*into queue*) se faufiler 2 VT SEP ⓐ [+ *stick, finger*] enfoncer; [+ *person*] pousser; **they dragged him to the pool and ~ed him in** ils l'ont tiré jusqu'à la piscine et l'ont poussé dedans ⓑ (= *break*) [+ *door*] enfoncer ⓒ **to ~ one's way in** s'introduire de force

► **push off** VI (= *leave*) filer*; **~ off!** fichez le camp!*

► **push on** VI (*in journey*) pousser (**to** jusqu'à); (*in work*) persévérer

► **push over** VT SEP ⓐ (= *cause to topple*) renverser ⓑ (= *cause to fall off: over cliff, bridge*) faire tomber ⓒ (= *pass*) [+ *object*] pousser (**to sb** vers qn)

► **push through** VT SEP ⓐ [+ *stick, hand*] (faire) passer ⓑ [+ *deal, decision*] faire accepter ⓒ **one's way through** se frayer un chemin

► **push up** VT SEP ⓐ [+ *lever*] (re)lever; [+ *spectacles*] relever ⓑ (= *increase*) [+ *numbers, sales*] augmenter; [+ *prices, demand*] faire monter

pushchair /ˈpʊʃtʃɛəʳ/ N (*Brit*) poussette (*f*)

pusher /ˈpʊʃəʳ/ N dealer* (*m*)

pushover* /ˈpʊʃəʊvəʳ/ N **it was a ~** c'était un jeu d'enfant; **he's a ~** il se laisse facilement faire

pushy* /ˈpʊʃi/ ADJ [*person, manner*] arrogant; **he was very ~** [*salesman*] il a fait du rentre-dedans*

puss* /pʊs/ N (= *cat*) minou* (*m*)

pussycat* /ˈpʊsɪkæt/ N (= *cat*) minou* (*m*); **David is a real ~** (= *harmless*) David ne ferait pas de mal à une mouche

---

put /pʊt/

1	TRANSITIVE VERB	3	COMPOUNDS
2	INTRANSITIVE VERB	4	PHRASAL VERBS

► *vb: pret, ptp* **put**

1 TRANSITIVE VERB

► *For set combinations consisting of* **put** + *noun, eg* **put out of business, put an end to,** *look up the noun. For* **put** + *preposition/adverb combinations, see also phrasal verbs.*

ⓐ = place mettre; **~ it in the drawer** mettez-le dans le tiroir; **~ yourself in my place** mets-toi à ma place; **to ~ an ad in the paper** passer une annonce dans le journal

♦ **to put + on: to ~ a button on a shirt** coudre un bouton à une chemise; **to ~ sb on a diet** mettre qn au régime; **he ~ me on the train** il m'a accompagné au train

♦ **to put + over: he ~ his hand over his mouth** il a mis sa main devant la bouche; **he ~ his hand over her mouth** il a plaqué sa main sur sa bouche; **someone has been ~ over him at the office** il a maintenant un chef au bureau; **to ~ one over on sb*** (= *deceive*) pigeonner* qn

♦ **to put + round: to ~ one's arms round sb** enlacer qn; **he ~ his head round the door** il a passé la tête par la porte

♦ **to put + through: to ~ one's fist through a window** passer le poing à travers une vitre; **to ~ one's pen through a word** rayer un mot; **she ~ a bullet through his head** elle lui a tiré une balle dans la tête

ⓑ = set **to ~ a watch to the right time** mettre une montre à l'heure; **I ~ him to work at once** je l'ai aussitôt mis au travail

ⓒ = rank placer; **I ~ Joyce above Lawrence** je place Joyce au-dessus de Lawrence; **we should ~ happiness before money** on devrait faire passer le bonheur avant l'argent

ⓓ = express dire; **how shall I ~ it?** comment dire?; **I don't quite know how to ~ it** je ne sais pas trop comment le dire; **let me ~ it this way ...** disons que ...; **as Shakespeare ~s it** comme le dit Shakespeare; **as the president memorably ~ it** selon la célèbre formule du président; **to ~ it bluntly** pour parler franc

ⓔ = suggest **I ~ it to you that ...** n'est-il pas vrai que ...?; **it was ~ to me in no uncertain terms** on m'a dit cela dans des termes très clairs

ⓕ = submit [+ *case, problem, opinion, suggestion*] présenter; [+ *proposal*] soumettre; [+ *question*] poser; **he ~ the arguments for and against the project** il a présenté les arguments pour et contre le projet

ⓖ = cause to be mettre; **to ~ sb in a good/bad mood** mettre qn de bonne/mauvaise humeur

ⓗ = invest

♦ **to put + into: to ~ money into a company** placer de l'argent dans une société; **he has ~ a lot into his marriage** il s'est beaucoup investi dans son couple

ⓘ = estimate

♦ **to put + at** estimer; **they ~ the loss at £10,000** ils estiment à 10 000 livres la perte subie; **the population was ~ at 50,000** la population a été estimée à 50 000 habitants

ⓙ Sport **to ~ the shot** lancer le poids

2 INTRANSITIVE VERB

to ~ into port mouiller; **the ship ~ into Southampton** le navire a mouillé à Southampton; **to ~ to sea** appareiller

3 COMPOUNDS

♦ **put-down*** N humiliation (*f*) ♦ **put-on*** ADJ (= *feigned*) affecté ♦ **put out** ADJ contrarié ♦ **put-up job*** N coup (*m*) monté ♦ **put-upon*** ADJ **I feel ~-upon** je trouve qu'on profite de moi

4 PHRASAL VERBS

► **put about** 1 VI virer de bord 2 VT SEP ⓐ [+ *rumour*] faire courir ⓑ **to ~ o.s. about*** [*person*] se faire mousser*

► **put across** VT SEP (= *communicate*) [+ *ideas, intentions, desires*] faire comprendre; **to ~ sth across to sb** faire comprendre qch à qn; **he knows his stuff but he can't ~ it**

across il connaît son sujet à fond mais il n'arrive pas à transmettre son savoir

▶ **put aside** VT SEP ⓐ [+ *object, food, money*] mettre de côté ; **I'll ~ one aside for you** je vous en mettrai un de côté ⓑ [+ *differences, disagreement*] oublier

▶ **put away** VT SEP ⓐ (= *put in proper place*) [+ *clothes, toys, books*] ranger ; **to ~ the car away** rentrer la voiture ⓑ (*Sport*) [+ *ball*] mettre au fond des filets ⓒ (= *confine: in prison, mental hospital*)* enfermer ⓓ (= *consume*)* [+ *food*] avaler ; [+ *drink*] siffler*

▶ **put back** 1 VI [*ship*] **they ~ back to Dieppe** ils sont rentrés à Dieppe 2 VT SEP ⓐ (= *replace*) remettre en place ; **~ it back!** remets-le à sa place ! ⓑ (= *retard*) retarder ; **the disaster ~ the project back ten years** ce désastre a retardé le projet de dix ans ; **this will ~ us back ten years** cela nous fera perdre dix ans ⓒ (= *postpone*) remettre (**to** à)

▶ **put by** VT SEP [+ *money*] mettre de côté

▶ **put down** 1 VI [*aircraft, pilot*] se poser 2 VT SEP ⓐ [+ *parcel, book, child*] poser ; [+ *passenger*] déposer ; **~ it down!** pose ça ! ; **I simply couldn't ~ that book down** j'ai dévoré ce livre ⓑ (= *pay*) [+ *deposit*] verser (**on** pour) ; **he ~ down £500 on the car** il a versé 500 livres d'arrhes pour la voiture ⓒ (= *suppress*) [+ *revolt, movement*] réprimer ⓓ (= *criticize*)* critiquer ; (= *denigrate*) dénigrer ; **my boyfriend keeps ~ting me down** mon copain n'arrête pas de me critiquer ; **you must stop ~ting yourself down** arrête donc de te déprécier ⓔ (= *record*) noter ; **to ~ sth down in writing** mettre qch par écrit ; **I've ~ you down as unemployed** j'ai mis que vous étiez chômeur ⓕ (*Brit* = *have destroyed*) [+ *dog, cat*] faire piquer ; [+ *horse*] faire abattre

▶ **put down as** VT SEP (= *consider, assess*) considérer comme ; **I had ~ him down as a complete fool** je le considérais comme un parfait imbécile

▶ **put down to** VT SEP (= *attribute*) mettre sur le compte ; **I ~ it down to his inexperience** je mets ça sur le compte de son inexpérience

▶ **put forth** VT SEP [+ *idea, proposal*] émettre

▶ **put forward** VT SEP ⓐ (= *propose*) [+ *suggestion*] émettre ; [+ *argument*] avancer ; [+ *plan*] proposer ; **he ~ forward Harry Green for the job** il a proposé Harry Green pour ce poste ⓑ (= *advance*) [+ *meeting, starting time*] avancer (**by** de, **to, until** à)

▶ **put in** 1 VI [*ship*] mouiller (**at** dans le port de) 2 VT SEP ⓐ (*into container*) mettre dedans ; [+ *seeds*] semer ; **have you ~ in the camera?** (= *pack*) est-ce que tu as pris l'appareil photo ? ⓑ (= *insert*) [+ *word, paragraph*] ajouter ; [+ *remark*] glisser ⓒ (= *submit*) **to ~ in a request for sth** faire une demande de qch ; **to ~ sb in for an exam** présenter qn à un examen ; **to ~ sb in for a scholarship** recommander qn pour une bourse ⓓ (= *install*) [+ *political party*] élire ; [+ *central heating, double glazing*] faire installer ⓔ (= *spend*) [+ *time*] passer ⓕ (= *work*) travailler ; **can you ~ in a few hours at the weekend?** pourrais-tu travailler quelques heures ce week-end ?

▶ **put in for** VT INSEP [+ *job*] poser sa candidature à ; [+ *promotion*] demander

▶ **put off** VT SEP ⓐ (= *postpone*) repousser ; [+ *decision*] différer ; [+ *visitor*] décommander ; **to ~ sth off until January** remettre qch à janvier ; **he ~ off writing the letter** il a décidé d'écrire cette lettre plus tard ⓑ (= *discourage*) dissuader ; (= *repel*) dégoûter ; **the failure may ~ them off trying again** il est possible que cet échec les dissuade d'essayer à nouveau ; **the divorce figures don't seem to ~ people off marriage** les statistiques de divorce ne semblent pas dégoûter les gens du mariage ; **it certainly ~ me off going to Greece** cela m'a certainement ôté l'envie d'aller en Grèce ; **his remarks ~ me off my food** ses remarques m'ont coupé l'appétit ⓒ (= *distract*) **talking in the audience ~ him off** les bavardages de l'auditoire le déconcentraient ⓓ (= *fob off*) **he ~ her off with vague promises** il la faisait patienter avec de vagues promesses ⓔ [+ *light, gas, radio, TV, heater*] éteindre

▶ **put on** VT SEP ⓐ [+ *clothes, glasses, lotion*] mettre ; **to ~ on one's make-up** se maquiller ⓑ (= *increase*) [+ *speed*] augmenter ; **to ~ on weight** prendre du poids ; **he ~ on 3 kilos** il a pris 3 kilos ; **this could ~ 5p on a litre of petrol** cela augmenterait le prix du litre d'essence de 5 pence ⓒ (= *assume*) [+ *air, accent*] prendre ; **to ~ it on** (= *pretend*) faire semblant ; **she ~ on a show of enthusiasm** elle faisait semblant d'être enthousiaste ⓓ (= *deceive*) faire marcher* ; **you're ~ting me on!*** tu me fais marcher !* ⓔ (= *organize*) organiser ; [+ *extra train, bus*] mettre en service ⓕ (*on phone*) **~ me on to Mr Brown** passez-moi M. Brown ⓖ (= *switch on*) allumer ; [+ *tape, CD, music*] mettre ; **~ the kettle on** mets de l'eau à chauffer ; **~ the brakes on** freiner ⓗ (= *begin to cook*) **I'll just ~ the potatoes on** je vais juste mettre les pommes de terre à cuire ⓘ [+ *money*] parier sur

▶ **put onto** VT SEP **to ~ sb onto sth** parler de qch à qn ; **Alice ~ us onto him** Alice nous a parlé de lui ; **a fellow journalist ~ me onto the story** c'est un collègue journaliste qui m'a mis sur l'affaire* ; **what ~ you onto it?** qu'est-ce qui vous en a donné l'idée ?

▶ **put out** 1 VI [*ship*] **to ~ out to sea** quitter le port ; **to ~ out from Dieppe** quitter le port de Dieppe 2 VT SEP ⓐ (= *put outside*) [+ *rubbish*] sortir ; (= *expel*) [+ *person*] expulser ; **he ~ the cat out for the night** il a fait sortir le chat pour la nuit ; **to ~ sth out of one's mind** ne plus penser à qch ⓑ (= *stretch out*) [+ *arm, leg*] allonger ; [+ *foot*] avancer ; [+ *tongue*] tirer ; [+ *shoots*] produire ; **to ~ out one's hand** tendre la main ; **to ~ one's head out of the window** passer la tête par la fenêtre ⓒ (= *lay out in order*) étaler ⓓ (= *extinguish*) éteindre ⓔ (= *make unconscious*) endormir ⓕ (= *inconvenience*) déranger ; **I don't want to ~ you out** je ne voudrais pas vous déranger ⓖ (= *issue*) [+ *announcement, statement*] publier ; [+ *warning*] lancer ; [+ *propaganda*] faire ; **the government will ~ out a statement about it** le gouvernement va faire une déclaration à ce sujet ⓗ (= *broadcast*) passer ⓘ **to ~ out to tender** [+ *contract, service*] mettre en adjudication ⓙ (= *dislocate*) [+ *shoulder, back*] se démettre ⓚ (*Sport* = *eliminate*) [+ *team, contestant*] éliminer ; (*Baseball*) [+ *ball*] mettre hors jeu ; **a knee injury ~ him out of the first two games** une blessure au genou l'a empêché de jouer les deux premiers matchs

▶ **put over** VT SEP = **put across**

▶ **put through** VT SEP ⓐ (= *make*) [+ *change*] effectuer ; [+ *plan*] mener à bien ⓑ (= *connect*) [+ *call*] passer ; [+ *caller*] mettre en communication ; **I'm ~ting you through now** je vous mets en communication ; **~ me through to Mr Smith** passez-moi M. Smith ⓒ (*US*) **to ~ sb through college** payer les études de qn ⓓ (= *make suffer*) **to ~ sb through hell** mener la vie dure à qn ; **they really ~ him through it*** ils lui en ont fait voir de dures*

▶ **put together** VT SEP ⓐ mettre ensemble ; **it's more important than all the other factors ~ together** c'est plus important que tous les autres facteurs confondus ; **he's worth more than the rest of the family ~ together** à lui tout seul il vaut plus que toute la famille réunie ⓑ (= *assemble*) assembler ; [+ *account*] composer ; [+ *team*] constituer ⓒ [+ *agreement, plan, package*] mettre au point

▶ **put up** VT SEP ⓐ (= *raise*) [+ *hand*] lever ; [+ *flag*] hisser ; [+ *tent*] monter ; [+ *umbrella*] ouvrir ; [+ *notice*] afficher ; [+ *picture*] accrocher ; [+ *building*] construire ; [+ *fence, barrier*] ériger ; **to ~ a ladder up against a wall** poser une échelle contre un mur ⓑ (= *increase*) augmenter ; [+ *prices*] faire monter ; **that ~s up the total to over 1,000** cela fait monter le total à plus de 1 000 ⓒ (= *offer*) [+ *proposal*] soumettre ; [+ *resistance*] opposer ; **to**

~ **sb up as a candidate for** proposer qn comme candidat à ; **to ~ up a struggle** se battre ; **he ~ up a real fight to keep you in your job** il s'est vraiment battu pour que tu conserves ton poste ; **to ~ sth up for sale** mettre qch en vente ; **to ~ a child up for adoption** faire adopter un enfant

(d) (= *provide*) fournir ; **to ~ up money for a project** financer un projet

(e) (= *lodge*) héberger

▶ **put up to** VT SEP (= *incite*) **to ~ sb up to doing sth** inciter qn à faire qch

▶ **put up with** VT INSEP supporter ; **he has a lot to ~ up with** il a beaucoup de problèmes

putative /'pjuːtətɪv/ ADJ supposé

putrid /'pjuːtrɪd/ ADJ (= *rotting*) putride

putt /pʌt/ 1 N putt *(m)* 2 VTI putter

putter /'pʌtəʳ/ 1 N (*Golf*) putter *(m)* 2 VI (*US*) bricoler* ; **to ~ around the house** faire des petits travaux dans la maison

putty /'pʌtɪ/ N mastic *(m)* (*ciment*)

puzzle /'pʌzl/ 1 N (a) (= *mystery*) énigme *(f)* ; **he's a real ~ to me** c'est une énigme vivante pour moi (b) (= *word game*) rébus *(m)* ; (= *crossword*) mots *(mpl)* croisés (c) (= *jigsaw*) puzzle *(m)* 2 VT rendre perplexe ; **that really ~d him** ça l'a vraiment rendu perplexe ; **it ~s me that ...** je trouve curieux que ... ; **to ~ one's head about sth** se creuser la tête au sujet de qch 3 VI **to ~ over** essayer de comprendre 4 COMP ♦ **puzzle book** N livre *(m)* de jeux

▶ **puzzle out** VT SEP [+ *answer, solution*] trouver ; [+ *sb's actions, attitude*] comprendre

puzzled /'pʌzld/ ADJ perplexe

puzzling /'pʌzlɪŋ/ ADJ curieux

PVC /ˌpiːviːˈsiː/ N (ABBR = **polyvinyl chloride**) PVC *(m)*

p.w. (ABBR = **per week**) par semaine

PX /piːˈeks/ N (*US*) (ABBR = **post exchange**) coopérative *(f)* militaire

pygmy /'pɪgmɪ/ 1 N Pygmée *(mf)* 2 ADJ pygmée *(f inv)* ; *(fig)* nain

pyjamas /pɪˈdʒɑːməz/ NPL (*Brit*) pyjama *(m)* ; **a pair of ~** un pyjama

pylon /'paɪlən/ N pylône *(m)*

pyramid /'pɪrəmɪd/ N pyramide *(f)* ♦ **pyramid selling** N vente *(f)* pyramidale

Pyrenees /ˌpɪrəˈniːz/ NPL Pyrénées *(fpl)*

Pyrex ® /'paɪreks/ N pyrex ® *(m)* ♦ **Pyrex dish** N plat *(m)* en pyrex ®

Pyrrhic /'pɪrɪk/ ADJ **~ victory** victoire *(f)* à la Pyrrhus, victoire *(f)* coûteuse

python /'paɪθən/ N python *(m)*

pzazz* /pəˈzæz/ N (*US*) tonus *(m)*

Q

Q and A /ˈkjuːəndˈeɪ/ N (ABBR = **questions and answers**) questions-réponses *(fpl)*

Qatar /kæˈtɑːʳ/ 1 N ⓐ (= *country*) Qatar *(m)* ⓑ (= *inhabitant*) Qatari(e) *(m(f))* 2 ADJ qatari

QC /kjuːˈsiː/ N (= *lawyer*) (ABBR = **Queen's Counsel**) avocat *(m)* de la couronne

QE2 /ˌkjuːiːˈtuː/ N (ABBR = **Queen Elizabeth II**) paquebot

QED /ˌkjuːiːˈdiː/ (ABBR = **quod erat demonstrandum**) CQFD

Q-tip ® /ˈkjuːtɪp/ N coton-tige ® *(m)*

quack /kwæk/ 1 N ⓐ [*of duck*] coin-coin *(m inv)* ⓑ (= *imposter, bogus doctor*) charlatan *(m)*; (*hum = doctor*) toubib* *(m)* 2 VI faire coin-coin

quadruped /ˈkwɒdruped/ ADJ, N quadrupède *(m)*

quadruple /kwɒˈdruːpl/ 1 ADJ, N quadruple *(m)* 2 /kwɒˈdruːpl/ VTI quadrupler

quadruplet /kwɒˈdruːplɪt/ N quadruplé(e) *(m(f))*

quads /kwɒdz/* NPL (= *quadriceps*) quadriceps *(mpl)*

quagmire /ˈkwægmaɪəʳ/ N bourbier *(m)*

quail /kweɪl/ N (= *bird*) caille *(f)*

quaint /kweɪnt/ ADJ ⓐ (= *picturesque*) [*place*] pittoresque; **a ~ little village** un petit village pittoresque ⓑ (= *old-fashioned*) [*custom, notion*] désuet *(-ète (f))*

quake /kweɪk/ 1 VI [*earth, person*] trembler; **I was quaking (in my boots*)** je tremblais comme une feuille; **to ~ with fear** trembler de peur 2 N (ABBR = **earthquake**) tremblement *(m)* de terre

Quaker /ˈkweɪkəʳ/ N quaker(esse) *(m(f))*

qualification /ˌkwɒlɪfɪˈkeɪʃən/ N ⓐ (= *degree, diploma*) diplôme *(m)* (**in** de); **he has a lot of experience but no formal ~s** il a beaucoup d'expérience mais il n'a aucun diplôme; **I have no teaching ~(s)** je n'ai pas les qualifications requises pour enseigner ⓑ (= *limitation*) réserve *(f)*; **without ~** sans réserves ⓒ (= *graduation*) **my first job after ~ as a vet** mon premier emploi après avoir terminé mes études de vétérinaire

qualified /ˈkwɒlɪfaɪd/ ADJ ⓐ (= *trained*) [*staff, craftsman, pilot*] qualifié; [*engineer, doctor, teacher*] diplômé; **suitably ~ candidates** les candidats ayant les qualifications requises; **he was well ~ for the post of president** il avait les qualités requises pour être président; **~ to do sth** qualifié pour faire qch; **he is ~ to teach** il a les qualifications requises pour enseigner; **he is well ~ to captain the team** il est tout à fait qualifié pour être le capitaine de l'équipe; **I don't feel ~ to judge** je ne me sens pas en mesure d'en juger ⓑ (= *limited*) [*support, approval*] mitigé; **a ~ success** une demi-réussite; **a ~ yes** un oui mitigé

qualify /ˈkwɒlɪfaɪ/ 1 VT ⓐ (= *make competent*) **to ~ sb to do sth/for sth** qualifier qn pour faire qch/pour qch; **this degree does not ~ you to teach** ce diplôme ne vous permet pas d'enseigner; **that doesn't ~ him to speak on it** cela ne lui donne pas qualité pour en parler ⓑ (= *modify*) [*+ support*] mettre des réserves à; [*+ statement, opinion*] nuancer

2 VI obtenir son diplôme (**in** en); **to ~ as a doctor/an engineer** obtenir son diplôme de médecin/d'ingénieur; **he**

doesn't **~ for that post** il n'a pas les compétences requises pour ce poste; **does he ~?** est-ce qu'il remplit les conditions requises?; **to ~ for the final** se qualifier pour la finale

qualifying /ˈkwɒlɪfaɪɪŋ/ ADJ [*examination*] d'entrée; [*score*] qui permet de se qualifier; **~ heat** *or* **round** éliminatoire *(f)*

qualitative /ˈkwɒlɪtətɪv/ ADJ qualitatif

quality /ˈkwɒlɪtɪ/ 1 N qualité *(f)*; **of the highest ~** de première qualité; **of good ~** de bonne qualité; **of poor ~** de mauvaise qualité 2 ADJ de qualité 3 COMP ♦ **quality control** N contrôle *(m)* de qualité ♦ **quality controller** N contrôleur *(m)*, -euse *(f)* de la qualité ♦ **quality time** N moments *(mpl)* de qualité

qualm /kwɑːm/ N (= *scruple*) doute *(m)*; (= *misgiving*) appréhension *(f)*; **I had no ~s about doing that** je n'ai pas eu le moindre scrupule à faire cela

quandary /ˈkwɒndərɪ/ N dilemme *(m)*; **to be in a ~** être pris dans un dilemme; **he was in a ~ about what to do** il se demandait bien quoi faire

quango /ˈkwæŋɡəʊ/ N (*Brit*) (ABBR = **quasi-autonomous nongovernmental organization**) organisation *(f)* non gouvernementale quasi autonome

quantifiable /ˈkwɒntɪfaɪəbl/ ADJ quantifiable

quantify /ˈkwɒntɪfaɪ/ VT quantifier

quantity /ˈkwɒntɪtɪ/ N quantité *(f)*; **in large quantities** en grandes quantités

quarantine /ˈkwɒrəntiːn/ 1 N quarantaine *(f)* (*pour raisons sanitaires*); **in ~** en quarantaine 2 VT mettre en quarantaine

quarrel /ˈkwɒrəl/ 1 N (= *dispute*) querelle *(f)*; (*more intellectual*) différend *(m)*; **I had a ~ with him yesterday** je me suis disputé avec lui hier; **they've had a ~** (= *argued*) ils se sont disputés; (= *fallen out*) ils se sont brouillés; **I have no ~ with you** je n'ai rien contre vous 2 VI (= *have a dispute*) se disputer; **I cannot ~ with that** je n'ai rien à redire à cela

quarry /ˈkwɒrɪ/ 1 N carrière *(f)* 2 VT [*+ stone*] extraire

quarter /ˈkwɔːtəʳ/ 1 N ⓐ (= *fourth part*) quart *(m)*; **to divide sth into ~s** diviser qch en quatre (parties égales); **a ~ of a pound of cheese** ≈ 120 grammes de fromage; **I bought it for a ~ of the price** je l'ai acheté au quart du prix ⓑ (*in expressions of time*) quart *(m)* (d'heure); **a ~ of an hour** un quart d'heure; **a ~ to seven** *or* **a ~ of seven** (*US*) sept heures moins le quart; **a ~ past six** *or* **a ~ after six** (*US*) six heures un quart ⓒ (= *specific fourth part*) [*of year*] trimestre *(m)*; [*of dollar*] quart *(m)* de dollar, vingt-cinq cents *(mpl)*; [*of moon*] quartier *(m)* ⓓ (= *part of town*) **the Latin ~** le Quartier latin

2 NPL **quarters** (= *military lodgings*) quartiers *(mpl)*

3 VT (= *divide into four*) diviser en quatre (parts égales)

4 ADJ quart de; **a ~ century** un quart de siècle

5 COMP ♦ **quarter final** N (*Sport*) quart *(m)* de finale ♦ **quarter-finalist** N (*Sport*) quart *(m)* de finaliste *(mf)* ♦ **quarter-hour** N (*period of time*) quart *(m)* d'heure ♦ **quarter pound** N quart *(m)* de livre ♦ **quarter-pound** ADJ d'un quart de livre ♦ **quarter-pounder** N hamburger

contenant un steak haché d'environ 100 g ◆ **quarter turn** N quart *(m)* de tour

quarterback /'kwɔːtəbæk/ N *(US Football)* stratège *(m)* *(souvent en position d'arrière)*

quarterly /'kwɔːtəlɪ/ ADJ trimestriel

quartet(te) /kwɔː'tet/ N *[of classical musicians]* quatuor *(m)*; *[of jazz musicians]* quartette *(m)*

quartz /'kwɔːts/ N quartz *(m)* ◆ **quartz watch** N montre *(f)* à quartz

quash /kwɒʃ/ VT *[+ decision, verdict]* casser; *[+ rebellion]* réprimer

quaver /'kweɪvəʳ/ N ⓐ *(= musical note)* croche *(f)* ⓑ *(= voice tremor)* chevrotement *(m)*

quay /kiː/ N quai *(m)*

quayside /'kiːsaɪd/ N quai *(m)*; *(= whole area)* quais *(mpl)*

queasy /'kwiːzɪ/ ADJ *(= nauseous)* **he felt ~** il avait la nausée; **it makes me (feel) ~** ça me donne la nausée

Quebec /kwɪ'bek/ 1 N ⓐ *(= city)* Québec ⓑ *(= province)* Québec *(m)* 2 ADJ québécois

Quebecois /kebe'kwɑː/ N *(pl inv = person)* Québécois(e) *(m(f))*

queen /kwiːn/ N reine *(f)*; **Queen Elizabeth** la reine Élisabeth ◆ **queen bee** N reine *(f)* des abeilles ◆ **Queen Mother** N reine *(f)* mère ◆ **Queen's Counsel** N avocat *(m)* de la couronne ◆ **Queen's speech** N *(Brit)* discours *(m)* de la reine

queer /kwɪəʳ/ 1 ADJ ⓐ *(= strange)* bizarre; *(= suspicious)* louche; **a ~ fish*** un drôle de type* ⓑ *(= homosexual)*: homo* ⓒ *(Brit = unwell)* † **to feel ~** se sentir tout chose* 2 N *(= homosexual)*: homo* ‖

quell /kwel/ VT *[+ rebellion]* réprimer

quench /kwentʃ/ VT **to ~ one's thirst** se désaltérer

querulous /'kwerʊləs/ ADJ grincheux

query /'kwɪərɪ/ 1 N *(= question)* question *(f)*; *(= doubt)* doute *(m)* 2 VT *[+ statement, motive, evidence]* mettre en doute

question /'kwestʃən/ 1 N ⓐ question *(f)*; **to ask sb a ~** poser une question à qn
ⓑ *(= doubt)* **there is no ~ about it** cela ne fait aucun doute; **there's no ~ that this is better** une chose est sûre, c'est mieux; **to accept without ~** accepter sans poser de questions; **she is without ~ one of the greatest writers of her generation** elle est sans conteste l'un des plus grands écrivains de sa génération
◆ **to call sth into question** remettre qch en question
ⓒ *(= matter, subject)* question *(f)*; **that's not the ~** là n'est pas la question; **that's another ~ altogether** ça c'est une tout autre affaire; **it's a ~ of price** c'est une question de prix; **there's no ~ of closing the shop** il n'est pas question de fermer le magasin; **it's all a ~ of what you want to do eventually** tout dépend de ce que tu veux faire en fin de compte
◆ **in question** en question
◆ **out of the question** hors de question; **that is out of the ~** il n'en est pas question
2 VT ⓐ *[+ person]* interroger
ⓑ *[+ motive, account, sb's honesty]* remettre en question
3 COMP ◆ **question mark** N point *(m)* d'interrogation; **there is a ~ mark over whether he meant to do it** on ne sait pas au juste s'il avait l'intention de le faire; **a big ~ mark hangs over his future** l'incertitude plane sur son avenir

⚠ **to question** *in the sense of* **to interrogate** *is translated* **interroger**.

questionable /'kwestʃənəbl/ ADJ *[quality, taste]* douteux; *[motive, behaviour, practice]* suspect; **it is ~ whether ...** il est douteux que ... (+ *subj*)

questioning /'kwestʃənɪŋ/ 1 N interrogation *(f)*; **they have been called in for ~** ils ont été convoqués pour un interrogatoire 2 ADJ *[nature]* curieux; **to have a ~ mind** être curieux de nature

questionnaire /ˌkwestʃə'neəʳ/ N questionnaire *(m)*

queue /kjuː/ *(Brit)* 1 N *[of people]* queue *(f)*, file *(f)* (d'attente); *[of cars]* file *(f)*; **go to the end of the ~!** prenez la queue! 2 VI *[people, cars]* faire la queue; **we ~d for an hour** nous avons fait une heure de queue 3 COMP ◆ **queue-jumper** N resquilleur *(m)*, -euse *(f)* *(qui passe avant son tour)* ◆ **queue-jumping** N resquille *(f)* *(pour passer avant son tour)*

quibble /'kwɪbl/ VI chicaner (**over** sur)

quiche /kiːʃ/ N quiche *(f)*

quick /kwɪk/ 1 ADJ ⓐ *(= rapid)* *[train, movement, decision]* rapide; *[recovery, answer]* prompt; **be ~!** dépêche-toi!; **try to be ~er next time** essaie de faire plus vite la prochaine fois; **at a ~ pace** d'un pas rapide; **I had a ~ chat with her** j'ai échangé quelques mots (rapides) avec elle; **we had a ~ meal** nous avons mangé en vitesse; **it's ~er by train** c'est plus rapide par le train; **he's a ~ worker** il travaille vite
ⓑ *(= lively)* *[mind]* vif; **he was ~ to see that ...** il a tout de suite vu que ...; **she was ~ to point out that ...** elle n'a pas manqué de faire remarquer que ...; **to have a ~ temper** s'emporter facilement; **he is ~ at figures** il calcule vite
2 ADV *(= quickly)* **~, over here!** vite, par ici!; **as ~ as a flash** avec la rapidité de l'éclair
3 COMP ◆ **quick-drying** ADJ *[paint, concrete]* qui sèche rapidement ◆ **quick-setting** ADJ *[cement]* à prise rapide; *[jelly]* qui prend facilement ◆ **quick-tempered** ADJ **to be ~-tempered** s'emporter facilement

quicken /'kwɪkən/ VT accélérer; **to ~ one's pace** accélérer le pas

quickly /'kwɪklɪ/ ADV ⓐ *(= with great speed)* *[speak, work]* vite; **as ~ as possible** aussi vite que possible ⓑ *(= in short time)* *[die, embrace]* rapidement; *(= without delay)* *[arrive, answer, react]* sans tarder; **the police were ~ on the scene** la police est arrivée rapidement sur les lieux

quickness /'kwɪknɪs/ N vitesse *(f)*, rapidité *(f)*

quid: /kwɪd/ N *(pl inv: Brit = £)* livre *(f)*; **ten ~** dix livres

quiet /'kwaɪət/ 1 ADJ ⓐ *(= not loud)* *[voice]* bas (basse *(f)*); *[music]* doux (douce *(f)*); *[sound]* léger
ⓑ *(= not noisy, not busy)* *[street, room, village, neighbour]* calme; **isn't it ~!** quel calme!; **try to be a little ~er** essayez de faire moins de bruit; **this town is too ~ for me** cette ville est trop calme pour moi
ⓒ *(= silent)* **to be ~** *[person]* être silencieux; **you're very ~ today** tu ne dis pas grand-chose aujourd'hui; **be ~!** silence!; **to keep ~** garder le silence; **it was ~ as the grave** il y avait un silence de mort
ⓓ *(= placid)* *[person]* calme
ⓔ *(= discreet)* *[optimism]* discret (-ète *(f)*); **the wedding was very ~** le mariage a été célébré dans l'intimité; **... he said with a ~ smile** ... dit-il avec un petit sourire; **to have a ~ word with sb** parler en particulier avec qn; **to keep ~ about sth** *(= not tell)* ne pas ébruiter qch
ⓕ *(= untroubled)* *[night]* paisible; *[life]* tranquille
2 N ⓐ *(= silence)* silence *(m)*; **let's have complete ~ for a few minutes** faisons silence complet pendant quelques minutes
ⓑ *(= peace)* calme *(m)*; **there was a period of ~ after the fighting** il y a eu une accalmie après les combats
ⓒ **on the quiet*** en cachette

quieten /'kwaɪətn/ 1 VT *[+ person, crowd]* calmer 2 VI **~ down!** calmez-vous!

quietly /'kwaɪətlɪ/ ADV ⓐ *[say, speak, sing]* doucement ⓑ *[move, come in]* sans bruit ⓒ *(= discreetly)* discrètement; **I'm ~ confident about the future** je suis confiant dans l'avenir

quietness /'kwaɪətnɪs/ N *(= silence)* silence *(m)*

quilt /kwɪlt/ N *(= bed cover)* courtepointe *(f)*; *(= duvet: also* **continental ~**) couette *(f)*

quilted /'kwɪltɪd/ ADJ *[dressing gown, bedspread]* matelassé

quintessential /ˌkwɪntɪ'senʃəl/ ADJ par excellence; **he is the ~ English composer** c'est le compositeur anglais par excellence

quirk /kwɜːk/ N bizarrerie *(f)*; **by some ~ of nature** par une bizarrerie de la nature

quit /kwɪt/ 1 VT ⓐ (= *leave*) [+ *place, premises*] quitter; **to ~ one's job** quitter son emploi ⓑ (= *stop*) **to ~ doing sth** arrêter de faire qch; **~ fooling!** arrête de faire l'idiot! ⓒ (*Computing*) [+ *file window*] quitter 2 VI (= *give up*) (*in game*) abandonner la partie; **I ~!** j'arrête!; (*from job*) je démissionne!; **he ~s too easily** il se laisse décourager trop facilement

quite /kwaɪt/ ADV ⓐ (= *entirely*) tout à fait; **~!** exactement!; **I ~ agree with you** je suis entièrement de votre avis; **I ~ understand** je comprends très bien; **I ~ believe it** je le crois volontiers; **that's ~ enough!** ça suffit comme ça!; **not ~ as many as last week** pas tout à fait autant que la semaine dernière; **that's ~ another matter** c'est une tout autre affaire; **he was ~ right** il avait tout à fait raison; **~ new** tout (à fait) neuf
ⓑ (= *to some degree, moderately*) plutôt, assez; **it was ~ dark for 6 o'clock** il faisait plutôt sombre pour 6 heures; **~ a long time** assez longtemps; **~ some time** un bon moment; **~ a few people** pas mal de monde; **your essay was ~ good** votre dissertation était plutôt bonne; **he is ~ a good singer** c'est un assez bon chanteur; **I ~ like this painting** j'aime assez ce tableau

quits• /kwɪts/ ADJ **to be ~ (with sb)** être quitte (envers qn); **to call it ~** s'en tenir là

quiver /ˈkwɪvəʳ/ VI [*person*] frissonner (**with** de); [*voice, lips*] trembler; [*leaves*] frémir

Quixote /ˈkwɪksət/ N **Don ~** don Quichotte *(m)*

quiz /kwɪz/ 1 N (*pl* **quizzes**) ⓐ (*Radio, TV*) quiz *(m)*; (= *puzzle*) devinette *(f)* ⓑ (*US: in schools*) interrogation *(f)* rapide (*orale ou écrite*) 2 VT interroger (**about** au sujet de) 3 COMP ♦ **quiz night** N (*in pub*) quiz *(m)* ♦ **quiz programme** N quiz *(m)*

quizzical /ˈkwɪzɪkəl/ ADJ [*look*] interrogateur (-trice *(f)*)

Quorn ® /kwɔːn/ N *substitut de viande à base de protéines végétales*

quorum /ˈkwɔːrəm/ N quorum *(m)*

quota /ˈkwəʊtə/ N quota *(m)* ♦ **quota system** N système *(m)* de quotas

quotation /kwəʊˈteɪʃən/ 1 N ⓐ (= *passage cited*) citation *(f)* ⓑ (= *estimate*) devis *(m)* 2 COMP ♦ **quotation marks** NPL guillemets *(mpl)*; **in ~ marks** entre guillemets

quote /kwəʊt/ 1 VT ⓐ [+ *author, poem, words*] citer; [+ *reference number*] donner; **you can ~ me on that** vous pouvez rapporter mes paroles; **don't ~ me on that** ne me citez pas; **he was ~d as saying that ...** il aurait dit que ...; **she said the text was, and I ~, "full of mistakes"** elle m'a dit que le texte était, je cite, « plein de fautes »; **when ordering please ~ this number** pour toute commande prière de donner ce numéro
ⓑ [+ *price*] indiquer; **this was the best price he could ~ us** c'est le meilleur prix qu'il a pu nous proposer; **she ~d me £500 for the job** elle m'a fait un devis de 500 livres pour ces travaux
2 VI faire des citations; **to ~ from the Bible** citer la Bible
3 N ⓐ (= *quotation*) citation *(f)*
ⓑ (= *estimate*) devis *(m)*
4 NPL **quotes•** guillemets *(mpl)*; **in ~s** entre guillemets

R

R, r /ɑːʳ/ N **the three R's*** la lecture, l'écriture et l'arithmétique

rabbi /'ræbaɪ/ N rabbin (m)

rabbit /'ræbɪt/ **1** N lapin (m); **wild ~** lapin (m) de garenne **2** VI (Brit)* **what's he ~ing on about?** qu'est-ce qu'il radote encore?; **we listened to her ~ing on about her holiday** on l'a écoutée nous parler de ses vacances en long, en large et en travers* **3** COMP ♦ **rabbit hutch** N clapier (m); (= house, flat) cage (f) à lapins

rabble /'ræbl/ N (= disorderly crowd) cohue (f)

rabid /'ræbɪd/ ADJ [animal] enragé

rabies /'reɪbiːz/ N rage (f)

RAC /ˌɑːreɪˈsiː/ N (Brit) (ABBR = **Royal Automobile Club**) société de dépannage

raccoon /rəˈkuːn/ N raton (m) laveur

race /reɪs/ **1** N ⓐ (= competition) course (f); **the 100 metres ~** le 100 mètres; **horse ~** course (f) de chevaux; **cycle ~** course (f) cycliste; **the ~s** les courses (fpl) (de chevaux); **~ against time** course (f) contre la montre; **the ~ for the White House** la course à la Maison-Blanche
ⓑ (= species) race (f); **the human ~** la race humaine
2 VT ⓐ [+ person] faire la course avec; **he ~d the train in his car** il faisait la course avec le train dans sa voiture
ⓑ [+ horse, dog] faire courir; **to ~ pigeons** faire des courses de pigeon
3 VI ⓐ (= compete) faire la course; **to ~ against sb** faire la course avec qn
ⓑ (= rush) courir à toute allure; **to ~ in/out/across** entrer/sortir/traverser à toute allure; **to ~ after sb** courir après qn; **to ~ to the telephone** se précipiter vers le téléphone; **he ~d down the street** il a descendu la rue à toute vitesse; **he ~d through his work** il a fait son travail à toute vitesse; **her pulse was racing** son pouls était très rapide; **memories of the past ~d through her mind** les souvenirs du passé se sont mis à défiler dans son esprit; **thoughts ~d around in her head** les pensées se bousculaient dans sa tête
4 COMP ♦ **race relations** NPL relations (fpl) interraciales ♦ **race riot** N émeute(s) (f(pl)) raciale(s)

racecourse /'reɪskɔːs/ N champ (m) de courses

race-hate /'reɪsheɪt/ ADJ [attack, crime] racial; **~ campaign** campagne (f) d'incitation à la haine raciale

racehorse /'reɪshɔːs/ N cheval (m) de course

racetrack /'reɪstræk/ N (US) champ (m) de courses; (Brit) piste (f)

racial /'reɪʃəl/ ADJ [identity, purity] racial; [attack, prejudice] raciste; **~ discrimination** discrimination (f) raciale; **~ segregation** ségrégation (f) raciale; **to vote along ~ lines** voter selon des critères raciaux

racially /'reɪʃəlɪ/ ADV [sensitive, diverse] d'un point de vue racial; **a ~ motivated attack** une agression raciste; **to be ~ prejudiced** avoir des préjugés raciaux; **the schools were ~ segregated** les écoles pratiquaient la ségrégation raciale; **the schools are ~ integrated** les écoles pratiquent l'intégration raciale

racing /'reɪsɪŋ/ N courses (fpl); (also **horse-~**) courses (fpl) de chevaux; **motor ~** course (f) automobile ♦ **racing bike** N vélo (m) de course ♦ **racing car** N voiture (f) de course ♦ **racing driver** N coureur (m), -euse (f) automobile ♦ **racing pigeon** N pigeon (m) voyageur de compétition

racism /'reɪsɪzəm/ N racisme (m)

racist /'reɪsɪst/ ADJ, N raciste (mf)

rack /ræk/ **1** N (for bottles, documents) casier (m); (for luggage) porte-bagages (m inv); (for dishes) égouttoir (m); (for vegetables) bac(s) (m(pl)) à légumes; (in oven) grille (f) **2** VT **~ed by remorse** tenaillé par le remords; **~ed by doubt** assailli de doutes; **to ~ one's brains** se creuser la tête

racket /'rækɪt/ N ⓐ (for sport) raquette (f) ⓑ (= noise) vacarme (m); **to make a ~** [people] faire du tapage; [machine] faire du vacarme ⓒ (= organized crime) trafic (m); (= dishonest scheme) escroquerie (f); **an extortion ~** un racket; **the drugs/stolen car ~** le trafic de drogue/des voitures volées

racy /'reɪsɪ/ ADJ ⓐ (= risqué) leste ⓑ [style of writing] plein de verve

radar /'reɪdɑːʳ/ N radar (m); **by ~** au radar ♦ **radar trap** N contrôle (m) radar (inv); **to get caught in a ~ trap** se faire piéger par un radar

radial /'reɪdɪəl/ ADJ [streets] radial ♦ **radial tyre** N pneu (m) à carcasse radiale

radiance /'reɪdɪəns/ N [of face, beauty] éclat (m)

radiant /'reɪdɪənt/ ADJ [person, smile, beauty, sunshine] radieux; **~ with joy** rayonnant de joie; **to look ~** être radieux

radiantly /'reɪdɪəntlɪ/ ADV **to be ~ happy** être rayonnant de bonheur; **~ beautiful** à la beauté radieuse

radiate /'reɪdɪeɪt/ VT [+ heat] émettre; **he ~s enthusiasm** il respire l'enthousiasme

radiation /ˌreɪdɪˈeɪʃən/ N (= radioactivity) radiation (f) ♦ **radiation levels** NPL niveaux (mpl) de radiation ♦ **radiation sickness** N mal (m) des rayons ♦ **radiation treatment** N radiothérapie (f)

radiator /'reɪdɪeɪtəʳ/ N radiateur (m)

radical /'rædɪkəl/ ADJ, N radical (m)

radically /'rædɪkəlɪ/ ADV radicalement; **there's something ~ wrong with this approach** il y a quelque chose de radicalement mauvais dans cette méthode

radio /'reɪdɪəʊ/ **1** N radio (f); **on the ~** à la radio
2 VT [+ person] joindre par radio; **to ~ a message** envoyer un message radio
3 VI **to ~ for help** appeler au secours par radio
4 COMP ♦ **radio alarm (clock)** N radio-réveil (m) ♦ **radio announcer** N speaker(ine) (m(f)) ♦ **radio broadcast** N émission (f) de radio ♦ **radio cassette (recorder)** N (Brit) radiocassette (m) ♦ **radio-controlled** ADJ radioguidé ♦ **radio engineer** N ingénieur (m) radio (inv) ♦ **radio frequency** N radiofréquence (f) ♦ **radio link** N liaison (f) radio (inv) ♦ **radio operator** N opérateur (m) radio (inv)) ♦ **radio play** N pièce (f) radiophonique ♦ **radio programme** N émission (f) de radio ♦ **radio station** N (= broadcasting organization) station (f) de radio ♦ **radio taxi**

N radio-taxi *(m)* ◆ **radio telescope** N radiotélescope *(m)*
◆ **radio wave** N onde *(f)* hertzienne

radioactive /ˌreɪdɪəʊˈæktɪv/ ADJ radioactif; **~ waste** déchets *(mpl)* radioactifs

radioactivity /ˌreɪdɪəʊækˈtɪvɪtɪ/ N radioactivité *(f)*

radiologist /ˌreɪdɪˈɒlədʒɪst/ N radiologue *(mf)* *(médecin)*

radiology /ˌreɪdɪˈɒlədʒɪ/ N radiologie *(f)*

radiotherapist /ˌreɪdɪəʊˈθerəpɪst/ N radiothérapeute *(mf)*

radiotherapy /ˌreɪdɪəʊˈθerəpɪ/ N radiothérapie *(f)*; **to have ~ (treatment)** subir une radiothérapie

radish /ˈrædɪʃ/ N radis *(m)*

radium /ˈreɪdɪəm/ N radium *(m)*

radius /ˈreɪdɪəs/ N rayon *(m)*; **within a 6km ~ of Paris** dans un rayon de 6 km autour de Paris

RAF /ˌɑːreɪˈef/ N *(Brit)* *(ABBR = Royal Air Force)* RAF *(f)*

raffle /ˈræfl/ 1 N tombola *(f)* 2 VT mettre en tombola 3 COMP ◆ **raffle ticket** N billet *(m)* de tombola

raft /rɑːft/ N *(flat structure)* radeau *(m)*; *(logs)* train *(m)* de flottage

rafting /ˈrɑːftɪŋ/ N rafting *(m)*; **to go ~** faire du rafting

rag /ræg/ 1 N ⓐ chiffon *(m)*; **to lose one's ~⁚** se mettre en rogne* ⓑ *(= newspaper)*★ torchon* *(m)* 2 NPL **rags** *(= old clothes)* guenilles *(fpl)*; **to be dressed in ~s** être vêtu de guenilles; **to go from ~s to riches** passer de la misère à la richesse 3 COMP ◆ **rag doll** N poupée *(f)* de chiffon

ragbag /ˈrægbæg/ N sac *(m)* à chiffons; **a ~ of ...** *(Brit)* un ramassis de ...

rage /reɪdʒ/ 1 N rage *(f)*; **to fly into a ~** se mettre en rage; **fit of ~** accès *(m)* de fureur; **to be all the ~** faire fureur 2 VI *(person)* être furieux (**against** contre); *[battle, fire]* faire rage

ragged /ˈrægɪd/ ADJ ⓐ *(= in tatters)* *(person)* en haillons; *(clothes)* en lambeaux ⓑ *(= uneven)* *(edge, rock)* déchiqueté; **to run sb ~⁎** éreinter qn

raging /ˈreɪdʒɪŋ/ ADJ *(pain)* atroce; *(storm, wind)* déchaîné; *(fire)* violent; *(inflation)* galopant; *(debate)* houleux; *(feminist, nationalist)* fanatique; **to be ~ mad⁎** *(= angry)* être dans une colère noire; **~ temperature** fièvre *(f)* de cheval; **~ toothache** rage *(f)* de dents

raid /reɪd/ 1 N *(by the military)* raid *(m)*; *(by police)* descente *(f)* *(de police)*; *(with arrests)* rafle *(f)*; **air ~** raid *(m)* *(aérien)* 2 VT *(army)* faire une incursion dans; *(bomber)* bombarder; *(police)* faire une descente dans; *(Brit)* *(thieves)* braquer*; *[+ piggybank]* puiser dans; *[+ fridge]* dévaliser

rail /reɪl/ 1 N ⓐ *(for train)* rail *(m)*; **to travel by ~** voyager en train; **to go off the ~s** *(person)* dérailler*; **to keep sb on the ~s** maintenir qn sur le droit chemin ⓑ *(= bar)* *(of boat)* bastingage *(m)*; *(= handrail)* main *(f)* courante; *(for curtains)* tringle *(f)* 2 COMP ◆ **rail journey** N trajet *(m)* en train ◆ **rail strike** N grève *(f)* des employés des chemins de fer ◆ **rail traffic** N trafic *(m)* ferroviaire ◆ **rail transport** N transport *(m)* ferroviaire

railcard /ˈreɪlkɑːd/ N carte *(f)* de chemin de fer; **Senior Citizen's ~** carte *(f)* vermeil; **young person's ~** carte *(f)* de train tarif jeune

railing /ˈreɪlɪŋ/ N ⓐ *(of bridge)* garde-fou *(m)* ⓑ *(= fence: also ~s)* grille *(f)*

railroad /ˈreɪlrəʊd/ 1 N *(US = system)* chemin *(m)* de fer 2 VT *(= force)*★ **to ~ a bill** forcer le vote d'un projet de loi; **to ~ sb into doing sth** forcer qn à faire qch sans qu'il ait le temps de réfléchir

railway /ˈreɪlweɪ/ N *(Brit = system)* chemin *(m)* de fer ◆ **railway bridge** N pont *(m)* ferroviaire ◆ **railway carriage** N voiture *(f)* ◆ **railway guide** N indicateur *(m)* des chemins de fer ◆ **railway line** N ligne *(f)* de chemin de fer; *(= track)* voie *(f)* ferrée ◆ **railway network** N réseau *(m)* ferroviaire ◆ **railway station** N gare *(f)* ◆ **railway timetable** N horaire *(m)* des chemins de fer

rain /reɪn/ 1 N pluie *(f)*; **in the ~** sous la pluie; **heavy/light ~** pluie *(f)* battante/fine; **come in out of the ~** ne reste pas sous la pluie, rentre 2 VT *[+ blows]* faire pleuvoir 3 VI pleuvoir; **it is ~ing** il pleut; **it is ~ing heavily** il pleut à verse

4 COMP ◆ **rain check⁎** N *(US)* **I'll take a ~ check (on that)** ça sera pour une autre fois ◆ **rain cloud** N nuage *(m)* chargé de pluie

rainbow /ˈreɪnbəʊ/ N arc-en-ciel *(m)* ◆ **rainbow trout** N truite *(f)* arc-en-ciel

raincoat /ˈreɪnkəʊt/ N imperméable *(m)*

raindrop /ˈreɪndrɒp/ N goutte *(f)* de pluie

rainfall /ˈreɪnfɔːl/ N *(= shower)* chute *(f)* de pluie; *(= amount)* pluviosité *(f)*

rainforest /ˈreɪnfɒrɪst/ N *(also **tropical ~**)* forêt *(f)* tropicale (humide)

rainstorm /ˈreɪnstɔːm/ N pluie *(f)* torrentielle

rainwater /ˈreɪnwɔːtəʳ/ N eau *(f)* de pluie

rainy /ˈreɪnɪ/ ADJ *(place)* pluvieux; **the ~ season** la saison des pluies; **to save something for a ~ day** garder une poire pour la soif

raise /reɪz/ 1 VT ⓐ *(= lift)* *[+ arm, leg, object]* lever; **to ~ a blind** (re)lever un store; **they ~d their eyebrows when they heard** ils ont tiqué quand ils ont entendu; **he didn't ~ an eyebrow** il n'a pas sourcillé; **to ~ one's glass to sb** lever son verre à la santé de qn; **don't ~ your voice to me!** ne hausse pas le ton quand tu me parles!; **not a voice was ~d in protest** personne n'a élevé la voix pour protester; **to ~ sb's spirits** remonter le moral de qn; **to ~ sb's hopes** donner à espérer à qn; **to ~ the level of the ground** rehausser le niveau du sol; **to ~ a sunken ship** renflouer un navire coulé

ⓑ *(= increase)* *[+ salary]* augmenter; *[+ standard]* élever; *[+ age limit]* reculer; *[+ temperature]* faire monter

ⓒ *(= build)* édifier

ⓓ *(= produce)* *[+ problems]* soulever; **to ~ a laugh** provoquer le rire; **to ~ a smile** *(oneself)* ébaucher un sourire; *(in others)* faire sourire; **to ~ suspicion in sb's mind** faire naître des soupçons dans l'esprit de qn

ⓔ *(= bring to notice)* *[+ question]* soulever; *[+ objection]* élever

ⓕ *[+ animals, children, family]* élever

ⓖ *(= get together)* *[+ army, taxes]* lever; *[+ money]* se procurer; **to ~ funds for sth** réunir les fonds pour qch; *[professional fundraiser]* collecter des fonds pour qch; **to ~ a loan** *(government)* lancer un emprunt; *(person)* emprunter

2 N *(= pay rise)* augmentation *(f)* (de salaire)

raised /reɪzd/ ADJ *(platform)* surélevé

raisin /ˈreɪzən/ N raisin *(m)* sec

rake /reɪk/ 1 N râteau *(m)* 2 VT *[+ garden, leaves]* ratisser; **to ~ a fire** tisonner un feu; **to ~ dead leaves into a pile** ratisser les feuilles mortes et en faire un tas 3 VI *(= search)* **to ~ through** fouiller dans; **to ~ through dustbins** faire les poubelles

▶ **rake in⁎** VT SEP *[+ money]* amasser; **he's just raking it in!** il brasse le fric à la pelle !⁚

▶ **rake up** VT SEP *[+ leaves]* ramasser avec un râteau; **to ~ up the past** remuer le passé

rally /ˈrælɪ/ 1 N *(of people)* rassemblement *(m)*; *(political)* meeting *(m)*; *(of cars)* rallye *(m)*; **youth/peace ~** rassemblement *(m)* de la jeunesse/en faveur de la paix 2 VT *[+ troops]* rassembler; *[+ supporters]* rallier; *[+ one's strength]* retrouver; **he hopes to ~ opinion within the party** il espère rallier à sa cause des membres du parti 3 VI *(sick person)* récupérer 4 COMP ◆ **rally car** N voiture *(f)* de rallye ◆ **rally driver** N pilote *(m)* de rallye ◆ **rally driving** N rallye *(m)*

▶ **rally round** VI venir en aide

RAM /ræm/ N *(ABBR = random access memory)* RAM *(f inv)*

ram /ræm/ 1 N bélier *(m)* 2 VT ⓐ *(= push down)* enfoncer *(avec force)*; *(= pack down)* tasser (**into** dans); **he ~med the clothes into the case** il a entassé les vêtements dans la valise; **to ~ home an argument** faire clairement comprendre un argument; **to ~ sth down sb's throat** rebattre les oreilles à qn de qch ⓑ *(= crash into)* *[+ vehicle]* emboutir 3 COMP ◆ **ram raider** N auteur *(m)* d'un casse-bélier* ◆ **ram raiding** N *pillage de magasins avec une voiture-bélier*

Ramadan /'ræmədæn/ N ramadan (m); **during** or **at ~** pendant le ramadan

ramble /'ræmbl/ 1 N randonnée (f) (pédestre); **to go on a ~** partir en randonnée 2 VI ⓐ (also **go rambling**) partir en randonnée (f) (pédestre) ⓑ (in speech: also **~ on**) parler pour ne rien dire

rambler /'ræmbləʳ/ N (Brit) randonneur (m), -euse (f)

rambling /'ræmblɪŋ/ 1 ADJ [speech, letter] sans queue ni tête; [person] qui divague 2 N **to go ~** partir en randonnée

ramp /ræmp/ N rampe (f); (in road: for speed control) ralentisseur (m); (in garage) pont (m) de graissage; **"ramp"** «chaussée déformée»

rampage /ræm'peɪdʒ/ N **to be** or **go on the ~** se déchaîner; (= looting) se livrer au saccage

rampant /'ræmpənt/ ADJ **to run ~** sévir; [person] avoir la bride sur le cou

rampart /'ræmpɑːt/ N rempart (m)

ramshackle /'ræmˌʃækl/ ADJ délabré

ran /ræn/ VB pt of **run**

ranch /rɑːntʃ/ N ranch (m) ♦ **ranch hand** N ouvrier (m) agricole

rancid /'rænsɪd/ ADJ rance; **to go ~** rancir

rancour, rancor (US) /'ræŋkəʳ/ N rancœur (f)

R & B /ˌɑːrənd'biː/ N (ABBR = **rhythm and blues**) rhythm and blues (m)

R & D /ˌɑːrənd'diː/ N (ABBR = **research and development**) R&D (f)

random /'rændəm/ 1 ADJ [selection] aléatoire; [attack, killings] aveugle

♦ **at random** au hasard; **chosen at ~** choisi au hasard

2 COMP ♦ **random access memory** N mémoire (f) vive ♦ **random number** N nombre (m) aléatoire

randomly /'rændəmlɪ/ ADV au hasard

R & R /ˌɑːrənd'ɑː/ N (ABBR = **rest and recreation**) (= leave) permission (f); **for a bit of ~*** pour se détendre

randy* /'rændɪ/ ADJ (Brit = aroused) excité; **to feel ~** être tout excité; **he's a ~ old devil** c'est un vieux cochon*

rang /ræŋ/ VB pt of **ring**

range /reɪndʒ/ 1 N ⓐ [of mountains] chaîne (f)
ⓑ (= distance covered) [of telescope, missile] portée (f); [of plane] rayon (m) d'action; **at long ~** à longue portée; **to be out of ~** être hors de portée; **within (firing) ~** à portée de tir
ⓒ (= extent between limits) [of prices, salaries] fourchette (f); [of temperature] écarts (mpl)
ⓓ (= selection) gamme (f); **a wide ~ of subjects** un grand choix de sujets
ⓔ (= domain) [of influence] sphère (f); [of knowledge] étendue (f)
ⓕ (also **shooting ~**) champ (m) de tir
ⓖ (also **kitchen ~**) cuisinière (f)

2 VT ⓐ (= place in a row) [+ objects] ranger; [+ troops] aligner
ⓑ [+ gun, telescope] braquer (**on** sur)

3 VI [discussion] s'étendre (**from ... to** de ... à, **over** sur); [opinions] aller (**from ... to** de ... à); **the temperature ~s from 18° to 24°** la température varie entre 18° et 24°

ranger /'reɪndʒəʳ/ N ⓐ (also **forest ~**) garde (m) forestier
ⓑ (US = mounted patrolman) gendarme (m) à cheval

rank /ræŋk/ 1 N ⓐ (= row) rang (m); **the taxi at the head of the ~** le taxi en tête de file; **to break ~s** [soldiers] rompre les rangs; [splinter group] faire bande à part; **to serve in the ~s** servir dans les rangs; **the ~ and file** (military) les hommes de troupe; (= ordinary people) le commun des mortels; **the ~ and file of the party** la base du parti; **they were drawn from the ~s of the unemployed** on les avait tirés des rangs des chômeurs
ⓑ (= grade) grade (m); **to reach the ~ of general** atteindre le grade de général
ⓒ (= class) rang (m) (social); **people of all ~s** gens (mpl) de toutes conditions

2 ADJ ⓐ (= absolute) **a ~ outsider** un vrai outsider; **a ~ beginner** un parfait débutant
ⓑ (= pungent) fétide

3 VT classer; **I ~ him among the great composers** je le compte parmi les grands compositeurs

4 VI compter; **he ~s among my friends** il compte parmi mes amis; **to ~ high among ...** occuper une place importante parmi ...; **the British team only ~ed tenth** l'équipe britannique n'était qu'en dixième place

ranking /'ræŋkɪŋ/ 1 N classement (m) 2 NPL **rankings** (Sport) classement (m) officiel 3 ADJ **high-~** de haut rang; **low-~** de rang inférieur; **middle-~** de rang intermédiaire

ransack /'rænsæk/ VT (= pillage) [+ house, shop] saccager; (= search) [+ room, drawer] fouiller de fond en comble

ransom /'rænsəm/ N rançon (f); **to hold sb to ~** mettre qn à rançon; (fig) exercer un chantage sur qn

rant /rænt/ 1 VI ⓐ déclamer (de façon exagérée) ⓑ divaguer; **to ~ and rave** tempêter; **to ~ (and rave) at sb** fulminer contre qn 2 N* diatribe (f)

ranting /'ræntɪŋ/ N tirade(s) (f(pl))

rap /ræp/ 1 N ⓐ (= noise) petit coup (m) sec; (= blow) tape (f); **there was a ~ at the door** on a frappé à la porte; **to give sb a ~ on the knuckles** (= rebuke) taper sur les doigts de qn
ⓑ (= criminal charge)‡ inculpation (f); (= prison sentence)‡ condamnation (f); **to hang a murder ~ on sb** faire endosser un meurtre à qn; **to take the ~*** (= blame) se faire taper sur les doigts*
ⓒ (= music) rap (m)

2 VT **to get one's knuckles ~ped** se faire taper sur les doigts*

3 VI ⓐ (= knock) frapper; **to ~ at the door** frapper à la porte
ⓑ (Music) rapper

4 COMP ♦ **rap artist** N rappeur (m), -euse (f) ♦ **rap music** N musique (f) rap ♦ **rap session*** N (US = chat) discussion (f) à bâtons rompus ♦ **rap sheet*** N (US = police record) casier (m) judiciaire

rape /reɪp/ 1 N ⓐ (= crime) viol (m) ⓑ (= plant) colza (m) 2 VT violer 3 COMP ♦ **rape crisis centre** N centre (m) d'aide aux victimes de viols ♦ **rape oil** N huile (f) de colza ♦ **rape seed** N graine (f) de colza

rapid /'ræpɪd/ 1 ADJ rapide 2 NPL **rapids** (in river) rapides (mpl); **they ran the ~s** ils ont franchi les rapides 3 COMP ♦ **rapid fire** N tir (m) rapide ♦ **rapid reaction force** N force (f) d'intervention rapide

rapidity /rə'pɪdɪtɪ/ N rapidité (f)

rapidly /'ræpɪdlɪ/ ADV rapidement

rapist /'reɪpɪst/ N violeur (m)

rapper /'ræpəʳ/ N rappeur (m), -euse (f)

rapport /ræ'pɔːʳ/ N rapport (m); **to build up a ~ with sb** établir un rapport avec qn

rapt /ræpt/ ADJ [interest] profond; **~ in contemplation** plongé dans la contemplation; **they listened in ~ silence** ils écoutaient, comme envoûtés

rapture /'ræptʃəʳ/ N (= delight) ravissement (m); **to be in ~s about** [+ object] être ravi de; [+ person] être en extase devant

rapturous /'ræptʃərəs/ ADJ [applause] frénétique; [reception, welcome] enthousiaste

rare /rɛəʳ/ ADJ ⓐ (= uncommon, infrequent) rare; [opportunity] unique; **on the ~ occasions when he spoke** les rares fois où il a parlé; **it is ~ for her to come** il est rare qu'elle vienne; **to grow ~(r)** [animals] se raréfier; [visits] s'espacer
ⓑ [meat] saignant; **a very ~ steak** un bifteck bleu

rarely /'rɛəlɪ/ ADV rarement

raring* /'rɛərɪŋ/ ADJ **to be ~ to go** être très impatient de commencer; **to be ~ to do sth** être très impatient de faire qch

rarity /'rɛərɪtɪ/ N (= scarcity) rareté (f); (= rare thing) chose (f) rare; **they're something of a ~ nowadays** c'est quelque chose de très rare de nos jours

rascal /ˈrɑːskəl/ N (= *scamp*) polisson(ne) (*m(f)*)

rash /ræʃ/ 1 N (= *spots*) éruption (*f*); **to come out in a ~** avoir une éruption de boutons 2 ADJ [*person, behaviour, decision*] imprudent; **don't do anything ~!** ne commets pas d'imprudences!

rasher /ˈræʃəʳ/ N (*Brit*) (mince) tranche (*f*) (de bacon)

rashly /ˈræʃlɪ/ ADV imprudemment

rasp /rɑːsp/ 1 N (= *tool*) râpe (*f*); (= *noise*) grincement (*m*) 2 VT (= *speak*) dire d'une voix râpeuse

raspberry /ˈrɑːzbərɪ/ N (= *fruit*) framboise (*f*) ♦ **raspberry bush** N framboisier (*m*) ♦ **raspberry jam** N confiture (*f*) de framboise ♦ **raspberry tart** N tarte (*f*) aux framboises

rasping /ˈrɑːspɪŋ/ ADJ [*sound*] de râpe; [*voice*] râpeux

Rastaʳ /ˈræstə/ N, ADJ (ABBR = **Rastafarian**) rasta (*mf inv*)

Rastafarian /ˌræstəˈfɛərɪən/ N, ADJ rastafari (*mf inv*)

rat /ræt/ 1 N (= *animal*) rat (*m*); (*pej*)* (= *person*) salaud‡ (*m*); (= *informer*) mouchard(e) (*m(f)*); **you ~!*** espèce de salaud!‡ 2 VI **to ~ on sb*** (= *inform on*) moucharder qn* 3 COMP ♦ **rat-arsed**‡‡ ADJ (*Brit*) bituré‡; **to get ~-arsed** se biturer‡ ♦ **rat-catcher** N chasseur (*m*) de rats ♦ **rat poison** N mort-aux-rats (*f inv*) ♦ **rat race** N foire (*f*) d'empoigne; **he decided to get out of the ~ race** il a décidé de quitter la jungle du milieu professionnel ♦ **rat trap** N piège (*m*) à rats

ratchet /ˈrætʃɪt/ N (= *mechanism*) rochet (*m*)
► **ratchet up** VT SEP (= *increase*) augmenter

rate /reɪt/ 1 N (= *ratio*) taux (*m*); (= *speed*) vitesse (*f*), rythme (*m*); **birth/death ~** taux (*m*) de natalité/mortalité; **the failure/success ~ for this exam is high** il y a un pourcentage élevé d'échecs/de réussites à cet examen; **~ of growth** taux (*m*) de croissance; **to pay sb at the ~ of £10 per hour** payer qn à raison de 10 livres de l'heure; **at a ~ of ...** (= *speed*) à une vitesse de ...; **at a ~ of knots*** à fond de train*; **the population is growing at an alarming ~** la population augmente à un rythme inquiétant; **if you continue at this ~** si vous continuez à ce train-là; **at the ~ you're going, you'll be dead before long** à ce rythme-là vous ne ferez pas de vieux os; **at this ~, I'll never find a job** si ça continue comme ça, je ne trouverai jamais de travail; **at any rate** en tout cas; **~ of exchange** taux (*m*) de change; **~ of interest/pay/taxation** taux (*m*) d'intérêt/de rémunération/d'imposition; **postage ~s** tarifs (*mpl*) postaux; **insurance ~s** primes (*fpl*) d'assurance; **there is a reduced ~ for children** les enfants bénéficient d'un tarif réduit

2 NPL **rates** (*Brit formerly* = *municipal tax*) impôts (*mpl*) locaux

3 VT [+ *object*] évaluer (**at** à); (= *consider*) considérer (**as** comme); **to ~ sb/sth highly** faire grand cas de qn/qch; **I ~ him amongst my best pupils** je le considère comme un de mes meilleurs élèves; **I don't ~ any of his family*** je n'ai pas une très haute opinion de sa famille; **how would you ~ your chances of getting a job?** quelles sont vos chances de trouver un emploi, à votre avis?

4 VI **reading does not ~ highly among children as a hobby** la lecture n'est pas un passe-temps très prisé des enfants

5 COMP ♦ **rate-capping** N (*Brit: formerly*) plafonnement (*m*) des impôts locaux ♦ **rate rebate** N (*Brit: formerly*) dégrèvement (*m*) (d'impôts locaux)

ratepayer /ˈreɪtpeɪəʳ/ N (*Brit: formerly*) contribuable (*mf*) (*payant les impôts locaux*)

rather /ˈrɑːðəʳ/ ADV ⓐ (= *for preference*) plutôt; **~ than wait, he went away** plutôt que d'attendre, il est parti; **I would much ~ ...** je préférerais de beaucoup ...; **I would ~ wait here than go** je préférerais attendre ici plutôt que de partir; **I would ~ you came yourself** je préférerais que vous veniez (*subj*) vous-même; **do you mind if I smoke?** — **I'd ~ you didn't** est-ce que je peux fumer? — j'aimerais mieux pas; **I'd ~ not go** j'aimerais mieux ne pas y aller; **I'd ~ die!** plutôt mourir!; **~ you than me** je ne t'envie pas
ⓑ (= *more accurately*) plutôt; **a car, or ~ an old banger** une voiture, ou plutôt une vieille guimbarde
ⓒ (= *to a considerable degree*) plutôt; (= *to some extent*) un

peu; (= *slightly*) légèrement; **he felt ~ better** il se sentait un peu mieux; **he looked ~ silly** il a eu l'air plutôt stupide; **his book is ~ good** son livre est plutôt bon; **that costs ~ a lot** cela coûte assez cher

ratification /ˌrætɪfɪˈkeɪʃən/ N ratification (*f*)

ratify /ˈrætɪfaɪ/ VT ratifier

rating /ˈreɪtɪŋ/ 1 N (= *assessment*) évaluation (*f*); (*in polls*) indice (*m*) de popularité 2 NPL **ratings**: **the (TV) ~s** l'indice (*m*) d'écoute; **to get good ~s** [*programme*] avoir un bon indice d'écoute; **to boost ~s** faire grimper l'indice

ratio /ˈreɪʃɪəʊ/ N rapport (*m*), ratio (*m*); **in the ~ of 100 to 1** dans un rapport de 100 à 1

ration /ˈræʃən/ 1 N (= *allowance*) ration (*f*) 2 NPL **rations** (= *food*) vivres (*mpl*) 3 VT [+ *goods, food, people*] rationner; **they were ~ed to 30 litres of petrol a month** ils ont été rationnés à 30 litres d'essence par mois 4 COMP ♦ **ration book** N carnet (*m*) de rationnement ♦ **ration card** N carte (*f*) de rationnement

rational /ˈræʃənl/ ADJ [*person, argument*] raisonnable; [*being*] doué de raison; [*explanation, decision*] rationnel

rationale /ˌræʃəˈnɑːl/ N (= *reasoning*) raisonnement (*m*)

rationalization /ˌræʃnəlaɪˈzeɪʃən/ N rationalisation (*f*)

rationalize /ˈræʃnəlaɪz/ VT ⓐ (= *explain*) [+ *event, conduct*] trouver une explication logique à; (= *justify*) justifier après coup ⓑ [+ *industry, production, problems*] rationaliser

rationally /ˈræʃnəlɪ/ ADV rationnellement

rationing /ˈræʃnɪŋ/ N rationnement (*m*); **food ~** rationnement (*m*) de l'alimentation

rattle /ˈrætl/ 1 N ⓐ (= *sound*) [*of vehicle*] bruit (*m*) (de ferraille); [*of chains*] cliquetis (*m*); [*of door*] vibrations (*fpl*) ⓑ (*for baby*) hochet (*m*) 2 VI [*box, object*] faire du bruit; [*articles in box*] s'entrechoquer; [*vehicle*] faire un bruit de ferraille 3 VT ⓐ [+ *box*] agiter (avec bruit); [+ *cans*] faire s'entrechoquer; **to ~ sb's cage*** enquiquiner* qn ⓑ (= *alarm*) [+ *person*]* ébranler; **to get ~d** perdre son sang-froid

rattlesnake /ˈrætlsneɪk/ N serpent (*m*) à sonnette

rattling /ˈrætlɪŋ/ 1 N (= *sound*) [*of vehicle*] bruit (*m*) (de ferraille); [*of chains*] cliquetis (*m*); [*of door*] vibrations (*fpl*) 2 ADJ bruyant; **I heard a ~ noise** [*of chains, bottles*] j'ai entendu un cliquetis; (= *knocking sound*) j'ai entendu quelque chose qui cognait

ratty* /ˈrætɪ/ ADJ ⓐ (*Brit* = *bad-tempered*) grincheux; **don't get ~ with me!** ne passe pas tes nerfs sur moi!* ⓑ (*US* = *shabby*) [*person, coat*] miteux

raucous /ˈrɔːkəs/ ADJ [*person, crowd*] bruyant; **~ laughter** de gros rires

raunchy* /ˈrɔːntʃɪ/ ADJ [*person, clothing*] sexy (*inv*); [*story, film*] torride

ravage /ˈrævɪdʒ/ 1 VT ravager 2 NPL **ravages** ravages (*mpl*)

rave /reɪv/ 1 VI (= *talk wildly*) divaguer; (= *speak enthusiastically*) parler avec enthousiasme (**about, over** de) 2 N (*Brit* = *party*) rave (*f*) 3 COMP ♦ **rave culture** N culture (*f*) rave ♦ **rave review*** N critique (*f*) dithyrambique

raven /ˈreɪvn/ N corbeau (*m*)

ravenous /ˈrævənəs/ ADJ [*animal, appetite*] vorace; [*hunger*] de loup; **I'm ~*** j'ai une faim de loup

raver* /ˈreɪvəʳ/ N (*Brit*) ⓐ fêtard(e)* (*m(f)*) ⓑ (= *person attending a rave*) raver* (*m*)

ravine /rəˈviːn/ N ravin (*m*)

raving /ˈreɪvɪŋ/ 1 ADJ **~ lunatic*** fou (*m*) furieux, folle (*f*) furieuse 2 ADV **to be ~ mad*** être fou furieux 3 N **~(s)** délire (*m*)

ravioli /ˌrævɪˈəʊlɪ/ N raviolis (*mpl*)

ravishing /ˈrævɪʃɪŋ/ ADJ [*woman*] ravissante; **you look ~** tu es ravissant

raw /rɔː/ 1 ADJ ⓐ (= *uncooked*) cru ⓑ (= *unprocessed*) [*cotton, sugar, data*] brut; [*alcohol, spirits*] pur; [*sewage*] non traité ⓒ [*ambition, energy, talent*] à l'état brut ⓓ (= *sore*) [*hands*] abîmé; **his wife's words touched a ~ nerve** les paroles de sa femme ont touché la corde sensible ⓔ (= *inexperienced*) inexpérimenté ⓕ (= *cold*) [*night, day*] glacial

ⓖ (= *unfair*)* **he got a ~ deal** on ne lui a vraiment pas fait de cadeaux* ; **he's had a ~ deal from life** il n'a pas été gâté par la vie 2 COMP ♦ **raw material** N matière *(f)* première

ray /reɪ/ N ⓐ [*of light, sun*] rayon *(m)* ; **a ~ of hope** une lueur d'espoir ⓑ (= *fish*) raie *(f)*

raze /reɪz/ VT (*also* **~ to the ground**) raser

razor /'reɪzəʳ/ N rasoir *(m)* ; **on the ~'s edge** sur le fil du rasoir ♦ **razor blade** N lame *(f)* de rasoir ♦ **razor cut** N (*Hairdressing*) coupe *(f)* au rasoir ♦ **razor-sharp** ADJ [*blade*] tranchant comme un rasoir ; [*person, mind*] vif ; [*wit*] acéré

razzmatazz* /'ræzmə'tæz/ N (= *glitter*) tape-à-l'œil *(m inv)*

RC /ɑː'siː/ ABBR = **Roman Catholic**

Rd (*in addresses*) (ABBR = **Road**) rue

RE /ɑː'riː/ N (*Brit*) ABBR = **religious education**

reach /riːtʃ/ 1 N (= *accessibility*) **within ~** à portée ; **out of ~** hors de portée ; **within sb's ~** à (la) portée de qn ; **out of sb's ~** hors de (la) portée de qn ; **within arm's ~** à portée de la main ; **out of the children's ~** hors de (la) portée des enfants ; **this subject is beyond his ~** ce sujet le dépasse

2 NPL **reaches: further to the north, there are great ~es of forest** plus au nord, il y a de grandes étendues de forêt ; **the upper/lower ~es of the river** le cours supérieur/ inférieur de la rivière

3 VT (= *get as far as*) [+ *place, age, goal*] atteindre ; [+ *agreement, conclusion, compromise, decision*] parvenir à ; **when we ~ed he was dead** quand nous sommes arrivés auprès de lui, il était mort ; **the news ~ed us too late** la nouvelle nous est parvenue trop tard ; **he is tall enough to ~ the top shelf** il est assez grand pour atteindre l'étagère d'en haut ; **he ~es her shoulder** il lui arrive à l'épaule ; **the cancer has ~ed her liver** le cancer a atteint le foie ; **you can ~ me at my hotel** vous pouvez me joindre à mon hôtel ; **we hope to ~ a wider audience** nous espérons toucher un public plus large

4 VI ⓐ [*territory*] s'étendre (**to, as far as** jusqu'à)
ⓑ (= *stretch out hand*) tendre le bras ; **to ~ for sth** tendre le bras pour prendre qch ; **he ~ed into his pocket for his pencil** il mit la main dans sa poche pour prendre son crayon ; **to ~ for the stars** viser haut

▶ **reach up** VI lever le bras ; **he ~ed up to get the book from the shelf** il a levé le bras pour atteindre le livre sur le rayon

react /riː'ækt/ VI réagir

reaction /riː'ækʃən/ N réaction *(f)* ; **to have quick ~s** avoir des réflexes rapides ; **to have slow ~s** avoir des réflexes lents ♦ **reaction time** N temps *(m)* de réaction

reactionary /riː'ækʃənrɪ/ ADJ, N réactionnaire *(mf)*

reactor /riː'æktəʳ/ N réacteur *(m)*

read /riːd/ (*pret, ptp* **read** /red/) 1 VT ⓐ [+ *book, letter*] lire ; [+ *music, bad handwriting*] déchiffrer ; **to ~ sb sth** lire qch à qn ; **I brought you something to ~** je vous ai apporté de la lecture ; **to ~ sb's lips** lire sur les lèvres de qn ; **~ my lips!** vous m'avez bien compris ? ; **to take sth as read** considérer qch comme allant de soi ; **read and approved** (*on document*) lu et approuvé
ⓑ (= *understand*) comprendre ; **to ~ sb's palm** lire les lignes de la main à qn ; **to ~ between the lines** lire entre les lignes ; **we mustn't ~ too much into this** nous ne devons pas y attacher trop d'importance ; **to ~ sb's thoughts** lire (dans) la pensée de qn ; **I can ~ him like a book** je sais toujours ce qu'il pense
ⓒ (= *study*) étudier ; **to ~ medicine/law** faire (des études de) médecine/droit
ⓓ [*instruments*] indiquer ; **the thermometer ~s 37°** le thermomètre indique 37°
ⓔ (*in communication*) recevoir ; **do you ~ me?** est-ce que vous me recevez ? ; (*fig*) vous me comprenez ?

2 VI ⓐ lire ; **he can ~ and write** il sait lire et écrire ; **he likes ~ing** il aime lire ; **to ~ aloud** lire à haute voix ; **to ~ to one-self** lire ; **I read about it in the paper** j'ai vu ça dans le journal ; **I've read about him** j'ai lu quelque chose à son sujet
ⓑ **the article ~s well** l'article se lit bien ; **the letter ~s**

thus ... voici ce que dit la lettre ... ; **his article ~s like an official report** le style de son article fait penser à un rapport officiel

3 N* **she enjoys a good ~** elle aime bien la lecture ; **it's a good ~** ça se lit facilement

4 COMP ♦ **read-only** ADJ [*file*] à lecture seule ♦ **read-only memory** N mémoire *(f)* morte ♦ **read-write memory** N mémoire *(f)* lecture-écriture

▶ **read out** VT SEP [+ *text*] lire à haute voix
▶ **read over** VT SEP relire
▶ **read through** VT SEP (*rapidly*) parcourir ; (*thoroughly*) lire en entier
▶ **read up on** VT INSEP se renseigner sur

readable /'riːdəbl/ ADJ (= *interesting*) agréable à lire ; (= *legible*) lisible

reader /'riːdəʳ/ N lecteur *(m)*, -trice *(f)* ; **he's a great ~** il aime beaucoup lire

readership /'riːdəʃɪp/ N [*of newspaper, magazine*] nombre *(m)* de lecteurs ; **this paper has a big ~/a ~ of millions** ce journal a beaucoup de lecteurs/des millions de lecteurs

readily /'redɪlɪ/ ADV ⓐ [*accept, agree, admit*] volontiers ⓑ (= *easily*) ♦ **accessible** [*place, data*] facilement accessible ; **exotic vegetables are ~ available these days** on trouve facilement des légumes exotiques de nos jours

readiness /'redɪnɪs/ N ⓐ (= *preparedness*) **to be (kept) in ~** être (tenu) prêt ⓑ (= *willingness*) empressement *(m)* ; **his ~ to help us** son empressement à nous aider

reading /'riːdɪŋ/ 1 N ⓐ lecture *(f)* ; **she likes ~** elle aime bien lire ; **this book makes very interesting ~** ce livre est très intéressant
ⓑ (*from instrument*) **to take a ~** relever les indications d'un instrument
ⓒ [*of bill*] lecture *(f)* ; **the third ~ of the bill was debated** le projet de loi a été discuté en troisième lecture

2 COMP ♦ **reading age** N **he has a ~ age of eight** il a le niveau de lecture d'un enfant de huit ans ♦ **reading book** N livre *(m)* de lecture ♦ **reading glasses** NPL lunettes *(fpl)* pour lire ; ♦ **reading group** N groupe *(m)* de lecture ♦ **reading light** N (*on desk*) lampe *(f)* de bureau ; (*in train, plane*) liseuse *(f)* ♦ **reading list** N bibliographie *(f)* ♦ **reading matter** N **I've got some ~** j'ai de la lecture ♦ **reading room** N salle *(f)* de lecture

readjust /ˌriːə'dʒʌst/ 1 VT [+ *position of sth*] rectifier ; [+ *approach*] modifier 2 VI se réadapter (**to** à)

readjustment /ˌriːə'dʒʌstmənt/ N réadaptation *(f)*

ready /'redɪ/ 1 ADJ ⓐ (= *prepared*) [*person, thing*] prêt ; [*answer, excuse*] tout fait ; **to be ~ to do sth** être prêt à faire qch ; **are you ~ to order?** puis-je prendre votre commande ? ; **"flight 211 is now ~ for boarding"** « vol 211, embarquement immédiat » ; **the crops are ~ for harvesting** c'est le moment de faire la récolte ; **~ for use** prêt à l'emploi ; **~, steady, go!** à vos marques ! prêts ? partez ! ; **~ and waiting** fin prêt ; **~ when you are** quand tu veux ; **to be ~ with an excuse** avoir une excuse toute prête
♦ **to get ready** se préparer ; **get ~ for it!** tenez-vous prêt ! ; (*before momentous news*) tenez-vous bien ! ; **to get sb/sth ~ (to do sth)** préparer qn/qch (pour faire qch) ; **she was getting the children ~ for school** elle préparait les enfants pour l'école ; **to get ~ to do sth** s'apprêter à faire qch
ⓑ **we have the goods you ordered ~ to hand** nous tenons à votre disposition les marchandises que vous avez commandées ; **~ cash** (argent *(m)*) liquide *(m)* ; **to pay in ~ cash** payer en espèces
ⓒ (= *willing*) **~ to do sth** prêt à faire qch ; **I'm ~, willing and able to do the job** je suis prêt à faire ce travail ; **to be only too ~ to do sth** n'être que trop disposé à faire qch
ⓓ (= *needing*) **I'm ~ for bed** il est temps que j'aille me coucher
ⓔ (= *about to*) **he was ~ to hit her** il était sur le point de la frapper
ⓕ (= *prompt*) [*wit*] vif ; [*reply*] prompt ; [*solution, explanation*] tout fait ; [*market*] tout trouvé ; **don't be so ~ to criti-**

cize ne soyez pas si prompt à critiquer ; **a ~ supply of sth** une réserve de qch à portée de main

2 N

♦ **at the ready**: **to have a gun at the ~** être prêt à tirer ; **to have a tissue at the ~** avoir un mouchoir à portée de main

3 COMP ♦ **ready-cooked** ADJ [*meal, dish*] cuisiné ♦ **ready-furnished** ADJ tout meublé ♦ **ready-made** ADJ [*curtains*] tout fait ; [*clothes*] de confection ♦ **ready meal** N plat (*m*) cuisiné ♦ **ready-mix** N préparation (*f*) instantanée ♦ **ready-prepared** ADJ [*meal*] tout préparé ♦ **ready-to-eat** ADJ cuisiné ♦ **ready-to-wear** ADJ prêt à porter

real /rɪəl/ 1 ADJ ⓐ vrai (*before n*) ; **a ~ friend** un vrai ami ; **the danger was very** ~ le danger était très réel ; **she wanted to see the ~ Africa** elle voulait voir l'Afrique, la vraie ; **my ~ home is in Paris** c'est à Paris que je me sens chez moi ; **to show ~ interest** se montrer vraiment intéressé ; **in ~ life** dans la réalité ; **in ~ life, she's very friendly** [*film star*] dans la vie, elle est vraiment gentille ; **in ~ terms** en termes réels ; **there was no ~ evidence that ...** il n'y avait pas de véritable preuve que ... ; **it came as no ~ surprise to him** ça n'a pas vraiment été une surprise pour lui ; **I'm in ~ trouble** j'ai de gros problèmes ; **I had ~ trouble getting them to leave** j'ai eu un mal fou à les faire partir ; **get ~!*** sois réaliste !

♦ **for real*** pour de vrai* ; **is this guy for ~?!** il est incroyable, ce type* !

ⓑ (= *not fake*) [*jewels, flowers*] vrai (*before n*) ; [*leather, gold*] véritable

♦ **the real thing**: **when you've tasted the ~ thing, whisky ...** quand on a goûté du vrai whisky, celui-ci ... ; **climbing this hill isn't much when you've done the ~ thing** pour ceux qui ont fait de l'alpinisme, cette colline n'est rien du tout

2 ADV (*US*)* vraiment ; **~ soon** sous peu

3 COMP ♦ **real ale** N (*Brit*) bière (*f*) traditionnelle ♦ **real estate** N (*US*) immobilier (*m*) ; **to work in ~ estate** travailler dans l'immobilier ♦ **real-estate agent** N (*US*) agent (*m*) immobilier ♦ **real-estate office** N (*US*) agence (*f*) immobilière ♦ **real-estate register** N (*US*) cadastre (*m*) ♦ **real time** N temps (*m*) réel ♦ **real-time processing** N traitement (*m*) immédiat

realism /ˈrɪəlɪzəm/ N réalisme (*m*)

realist /ˈrɪəlɪst/ ADJ, N réaliste (*mf*)

realistic /rɪəˈlɪstɪk/ ADJ réaliste ; **we had no ~ chance of winning** nous n'avions aucune chance réelle de gagner ; **it is not ~ to expect that ...** nous ne pouvons pas raisonnablement espérer que ...

realistically /rɪəˈlɪstɪkəlɪ/ ADV [*expect, hope for*] d'une façon réaliste ; **they are ~ priced** leur prix est réaliste ; **~, he had little chance of winning** soyons réalistes, il avait peu de chances de gagner

reality /rɪˈælɪtɪ/ N réalité (*f*) ♦ **reality TV** N téléréalité (*f*)

realization /ˌrɪəlaɪˈzeɪʃən/ N ⓐ (= *awareness*) prise (*f*) de conscience ; **he was hit by the sudden ~ that ...** il s'est subitement rendu compte que ... ⓑ [*of assets, hope, plan*] réalisation (*f*)

realize /ˈrɪəlaɪz/ VT ⓐ (= *become aware of*) se rendre compte de ; (= *understand*) comprendre ; **he had not fully ~d that his illness was so serious** il ne s'était pas vraiment rendu compte de la gravité de sa maladie ; **this made me ~ how lucky I'd been** c'est là que je me suis rendu compte de la chance que j'avais eue ; **I ~ that ...** je me rends compte du fait que ... ; **I ~d why** j'ai compris pourquoi ; **I ~ it's too late, but ...** je sais bien qu'il est trop tard, mais ...
ⓑ [+ *ambition, hope, plan, assets*] réaliser ; [+ *price*] atteindre ; **to ~ one's potential** réaliser son potentiel ; **my worst fears were ~d** mes pires craintes se sont réalisées

reallocate /rɪˈæləʊkeɪt/ VT réaffecter

really /ˈrɪəlɪ/ ADV vraiment ; **I ~ don't know what to think** je ne sais vraiment pas quoi penser ; **he ~ is an idiot** c'est un véritable imbécile ; **not ~** pas vraiment ; **~?** (*in doubt*) vraiment ? ; (*in surprise*) c'est vrai ?

realm /relm/ N (= *kingdom*) royaume (*m*) ; (*fig*) domaine (*m*)

realtor /ˈrɪəltɔː/ N (*US*) agent (*m*) immobilier

ream /riːm/ N [*of paper*] ≈ rame (*f*) (de papier) ; **he always writes ~s*** il écrit toujours des volumes

reap /riːp/ VT (= *harvest*) moissonner ; [+ *profit*] récolter ; **to ~ the fruit of one's labours** recueillir le fruit de son labeur

reaper /ˈriːpə/ N (= *person*) moissonneur (*m*), -euse (*f*) ; (= *machine*) moissonneuse (*f*) ; **the Grim Reaper** la Faucheuse

reappear /ˌriːəˈpɪə/ VI réapparaître

reappearance /ˌriːəˈpɪərəns/ N réapparition (*f*)

reappoint /ˌriːəˈpɔɪnt/ VT renommer (**to** à)

reappraisal /ˌriːəˈpreɪzəl/ N réévaluation (*f*)

reappraise /ˌriːəˈpreɪz/ VT réévaluer

rear /rɪə/ 1 N (= *back part*) arrière (*m*) ; (= *buttocks*)* derrière* (*m*) ; **at the ~** à l'arrière ; **at the ~ of ...** à l'arrière de ... ; **from the ~, he looks like you** (vu) de dos, il te ressemble ; **from the ~ the car looks like ...** vue de derrière la voiture ressemble à ... ; **to attack an army in the ~** attaquer une armée à revers ; **to bring up the ~** fermer la marche

2 ADJ de derrière, arrière (*inv*)

3 VT ⓐ [+ *animal, family*] élever
ⓑ **to ~ its head** réapparaître ; **violence ~s its ugly head again** la violence fait sa réapparition (dans toute son horreur)

4 COMP ♦ **rear bumper** N pare-chocs (*m*) arrière (*inv*) ♦ **rear door** N [*of house*] porte (*f*) de derrière ; [*of car*] porte (*f*) arrière (*inv*) ♦ **rear-end** VT (*US*) emboutir (l'arrière de) ♦ **rear-view mirror** N [*of car*] rétroviseur (*m*) ♦ **rear wheel** N [*of car*] roue (*f*) arrière (*inv*) ♦ **rear-wheel drive** N (= *car*) voiture (*f*) à traction arrière ♦ **rear window** N [*of car*] vitre (*f*) arrière (*inv*)

rearguard /ˈrɪəgɑːd/ N arrière-garde (*f*) ♦ **rearguard action** N combat (*m*) d'arrière-garde ; **to fight a ~ action** mener un combat d'arrière-garde

rearm /ˌriːˈɑːm/ 1 VT réarmer 2 VI se réarmer

rearmament /ˌriːˈɑːməmənt/ N réarmement (*m*)

rearrange /ˌriːəˈreɪndʒ/ VT réarranger

reason /ˈriːzn/ 1 N ⓐ (= *justification*) raison (*f*) ; **~ for living** or **being** raison (*f*) d'être ; **the ~s are ...** les raisons en sont ... ; **the ~ for my leaving** la raison de mon départ ; **I want to know the ~ why** je veux savoir pourquoi ; **and that's the ~ why** et voilà pourquoi ; **for no apparent ~** sans raison apparente ; **I have (every) ~ to believe that ...** j'ai (tout) lieu de croire que ... ; **we have ~ to believe that he is dead** il y a lieu de croire qu'il est mort ; **for the very ~ that ...** précisément parce que ... ; **for some ~ (or another)** pour une raison ou pour une autre ; **all the more ~ to call her** raison de plus pour l'appeler ; **with ~** à juste titre ; **by ~ of** en raison de
ⓑ (= *mental faculty*) raison (*f*) ; **to lose one's ~** perdre la raison
ⓒ (= *common sense*) raison (*f*) ; **to see ~** entendre raison ; **to make sb see ~** faire entendre raison à qn ; **he won't listen to ~** on ne peut pas lui faire entendre raison ; **that stands to ~** cela va sans dire ; **I will do anything within ~** je ferai tout ce qu'il est raisonnablement possible de faire

2 VI ⓐ (= *think logically*) raisonner
ⓑ **to ~ with sb** raisonner qn ; **one can't ~ with her** il n'y a pas moyen de lui faire entendre raison

reasonable /ˈriːznəbl/ ADJ ⓐ [*person, behaviour, explanation, request*] raisonnable ; **within a ~ time** dans un délai raisonnable ; **it is ~ to suppose that ...** on peut raisonnablement supposer que ... ⓑ [*standard, results*] honnête ; **there is a ~ chance that ...** il y a des chances que ... (+ *subj*) ⓒ ♦ **doubt** doute (*m*) fondé ; **to prove guilt beyond (a) ~ doubt** prouver la culpabilité de l'accusé avec quasi-certitude

reasonably /ˈriːznəblɪ/ ADV ⓐ (= *sensibly*) [*behave*] d'une façon raisonnable ; [*say, expect*] raisonnablement ⓑ (= *fairly*) [*happy, easy, safe*] assez

reasoned /'ri:znd/ ADJ sensé

reasoning /'ri:znɪŋ/ N raisonnement (m)

reassemble /ˌri:ə'sembl/ 1 VT [+ people] rassembler; [+ machine] remonter 2 VI se rassembler

reassert /ˌri:ə'sɜ:t/ VT réaffirmer

reassess /ˌri:ə'ses/ VT [+ situation] réexaminer

reassurance /ˌri:ə'ʃʊərəns/ N ⓐ (emotional) réconfort (m) ⓑ (= guarantee) garantie (f)

reassure /ˌri:ə'ʃʊə'/ VT rassurer

reassuring /ˌri:ə'ʃʊərɪŋ/ ADJ rassurant

reawakening /ˌri:ə'weɪknɪŋ/ N réveil (m); [of interest] renouveau (m)

rebate /'ri:beɪt/ N (= discount) rabais (m); (= money back) remboursement (m); (on tax, rates) dégrèvement (m); (on rent) réduction (f)

rebel 1 ADJ, N rebelle (mf) 2 VI se rebeller

> ★ Lorsque **rebel** est un adjectif ou un nom, l'accent tombe sur la première syllabe: /'rebl/, lorsque c'est un verbe, sur la seconde: /rɪ'bel/.

rebellion /rɪ'beljən/ N rébellion (f)

rebellious /rɪ'beljəs/ ADJ rebelle

rebirth /ˌri:'bɜ:θ/ N renaissance (f)

reboot /ˌri:'bu:t/ VT [+ computer] réinitialiser

rebound 1 VI ⓐ [ball] rebondir (**against** sur) ⓑ (after setback) reprendre du poil de la bête* 2 N [of ball] rebond (m); **she married him on the ~*** elle l'a épousé sous le coup d'une déception (sentimentale)

> ★ Lorsque **rebound** est un verbe, l'accent tombe sur la seconde syllabe: /rɪ'baʊnd/, lorsque c'est un nom, sur la première: /'ri:baʊnd/.

rebuff /rɪ'bʌf/ N rebuffade (f); **to meet with a ~** essuyer une rebuffade

rebuild /ˌri:'bɪld/ (pret, ptp **rebuilt**) VT rebâtir; [+ sb's face, nose] refaire

rebuke /rɪ'bju:k/ 1 N reproche (m) 2 VT **to ~ sb for sth** reprocher qch à qn

rebuttal /rɪ'bʌtl/ N réfutation (f)

recalcitrant /rɪ'kælsɪtrənt/ ADJ récalcitrant

recall /rɪ'kɔ:l/ 1 VT ⓐ (= summon back) [+ ambassador] rappeler; [+ player] rappeler en sélection nationale; [+ library book] demander le retour de; [+ faulty products] (already sold) rappeler; (in shop) retirer de la vente; **to ~ Parliament** convoquer le Parlement (en session extraordinaire) ⓑ (= remember) se rappeler (**that** que); **I cannot ~ meeting him** je ne me rappelle pas l'avoir rencontré; **I ~ my mother telling me about it** je me rappelle que ma mère m'en a parlé; **as I ~** si je me souviens bien; **as far as I can ~** (pour) autant que je m'en souvienne

2 N rappel (m); **the company ordered the ~ of 900,000 cars** la société a demandé que 900 000 voitures soient renvoyées en usine; **they are demanding the ~ of parliament** ils demandent que le Parlement soit convoqué en session extraordinaire

recant /rɪ'kænt/ VT [+ statement] rétracter

recap* /rɪ'kæp/ VI (ABBR = **recapitulate**) **well, to ~, ...** eh bien, en résumé ...

recapitulate /ˌri:kə'pɪtjʊleɪt/ VI récapituler

recapture /ˌri:'kæptʃə'/ 1 VT [+ animal, prisoner] reprendre; [+ atmosphere, period] recréer 2 N [of town, territory] reprise (f); [of escapee, escaped animal] capture (f)

recede /rɪ'si:d/ VI [tide] descendre; [danger] s'éloigner; [gums] se rétracter; **the footsteps ~d** les pas se sont éloignés ◆ **receding forehead** N front (m) fuyant ◆ **receding hairline** N front (m) dégarni; **he has a receding hairline** son front se dégarnit

receipt /rɪ'si:t/ N ⓐ (= receiving) réception (f); **to acknowledge ~ of** accuser réception de; **on ~ of** dès réception de ⓑ (= paper) (for payment) reçu (m); (for parcel, letter) accusé (m) de réception; (for object purchased) ticket (m) de caisse

receive /rɪ'si:v/ VT recevoir; [+ stolen goods] receler; **~d with thanks** pour acquit; **his suggestion was well/not well ~d** sa suggestion a reçu un accueil favorable/défavorable; **are you receiving me?** me recevez-vous?

received /rɪ'si:vd/ ADJ [opinion] reçu; **the ~ wisdom** l'opinion la plus répandue ◆ **Received Pronunciation** N prononciation (f) standard (de l'anglais) → ENGLISH

receiver /rɪ'si:və'/ N ⓐ [of telephone] combiné (m); **to pick up the ~** décrocher; **to put down the ~** raccrocher ⓑ (in bankruptcy) **to call in the (official) ~** placer la société en règlement judiciaire ⓒ (= radio set) (poste (m)) récepteur (m)

receivership /rɪ'si:vəʃɪp/ N **the company has gone into ~** la société a été placée en règlement judiciaire

receiving /rɪ'si:vɪŋ/ 1 ADJ **he was on the ~ end* of their abuse** c'est lui qui s'est fait insulter 2 N [of stolen goods] recel (m)

recent /'ri:snt/ ADJ [event, invention] récent; **a ~ arrival** (= person) un nouveau venu, une nouvelle venue; **in ~ years** ces dernières années; **in the ~ past** récemment

recently /'ri:sntlɪ/ ADV récemment; **as ~ as ...** pas plus tard que ...; **until (quite) ~** il n'y a pas si longtemps

receptacle /rɪ'septəkl/ N récipient (m)

reception /rɪ'sepʃən/ N réception (f); (= welcome) accueil (m); **to give sb a warm/chilly ~** faire un accueil chaleureux/froid à qn; **ask at ~** demandez à la réception ◆ **reception area** N accueil (m); [of hotel] réception (f) ◆ **reception centre** N centre (m) de rétention administrative ◆ **reception class** N (in school) cours (m) préparatoire ◆ **reception desk** N réception (f)

receptionist /rɪ'sepʃənɪst/ N réceptionniste (mf)

receptive /rɪ'septɪv/ ADJ réceptif (**to sth** à qch)

recess N ⓐ (= holidays) (judicial) vacances (fpl) (judiciaires); (parliamentary) vacances (fpl) (parlementaires); **in ~** [+ parliament] en vacances ⓑ (= short break) (in school day) récréation (f); **the court is in ~** (US) l'audience est suspendue ⓒ (in wall) renfoncement (m); **in the ~es of his mind** dans les recoins de son esprit

> ★ L'accent du nom **recess** tombe sur la seconde syllabe: /rɪ'ses/, sauf lorsqu'il signifie **renfoncement**, qui se prononce /'ri:ses/, avec l'accent sur la première syllabe.

recession /rɪ'seʃən/ N récession (f)

recharge /ˌri:'tʃɑ:dʒ/ 1 VT [+ battery, gun] recharger 2 VI [battery] se recharger

rechargeable /rɪ'tʃɑ:dʒəbl/ ADJ rechargeable

recipe /'resɪpɪ/ N recette (f); **a ~ for happiness** le secret du bonheur; **that would be a ~ for disaster** ça serait un désastre ◆ **recipe book** N livre (m) de recettes

recipient /rɪ'sɪpɪənt/ N personne (f) qui reçoit; [of letter] destinataire (mf); [of cheque] bénéficiaire (mf); [of award, decoration] récipiendaire (mf)

reciprocal /rɪ'sɪprəkəl/ ADJ réciproque; **~ agreement** accord réciproque

reciprocate /rɪ'sɪprəkeɪt/ VT [+ smiles] rendre; [+ help] offrir en retour

recital /rɪ'saɪtl/ N récital (m)

recite /rɪ'saɪt/ VT [+ poetry] réciter

reckless /'reklɪs/ ADJ [person, behaviour] (= heedless) insouciant; (= rash) imprudent ◆ **reckless driver** N conducteur (m), -trice (f) imprudent(e) ◆ **reckless driving** N conduite (f) dangereuse

recklessly /'reklɪslɪ/ ADV imprudemment

reckon /'rekən/ 1 VT ⓐ (= calculate) [+ time, points] compter; [+ cost] calculer ⓑ (= judge) estimer; **the number of victims was ~ed at around 300** on a estimé le nombre de victimes à environ 300 personnes ⓒ (= think)* penser; **what do you ~ one of these houses would cost?** d'après vous, combien coûte une maison comme celle-ci?; **I ~ he must be about forty** je lui donnerais la quarantaine; **what do you ~?** qu'en penses-tu?

2 VI calculer, compter; **you can ~ on 30** il y en aura probablement 30; **I wasn't ~ing on having to do that** je ne m'attendais pas à devoir faire ça; **he's a person to be ~ed with** c'est une personne avec laquelle il faut compter

reckoning /'rekniŋ/ N ⓐ (= *calculation*) calcul *(m)*; **to be out in one's ~** s'être trompé dans ses calculs ⓑ (= *judgement*) estimation *(f)*; **to the best of my ~** (pour) autant que je puisse en juger; **in your ~** d'après vous; **the day of ~** le jour du Jugement; **the day of ~ can't be far away** un de ces jours ça va lui (*or* nous *etc*) retomber dessus*

reclaim /rɪ'kleɪm/ VT [+ *land*] reconquérir; (*from forest, bush*) défricher; (*from sea*) assécher; (= *demand back*) réclamer (**sth from sb** qch à qn); [+ *tax*] se faire rembourser; **a campaign to ~ the night** une campagne pour protester contre l'insécurité de la nuit

reclamation /,reklə'meɪʃən/ N [*of land*] mise *(f)* en valeur; (*from sea*) assèchement *(m)*; (*from forest, bush*) défrichement *(m)*

recline /rɪ'klaɪn/ **1** VT [+ *arm, head*] appuyer **2** VI [*person*] être allongé; **reclining in his bath** allongé dans son bain; **the seat ~s** le siège est inclinable **3** COMP ♦ **reclining seat** N siège *(m)* inclinable

recluse /rɪ'kluːs/ N reclus(e) *(m(f))*

recognition /,rekəg'nɪʃən/ N reconnaissance *(f)*; **in ~ of ...** en reconnaissance de ...; **he has changed beyond ~** il est méconnaissable; **this brought him ~ at last** c'est ce qui lui a enfin permis d'être reconnu; **speech ~** reconnaissance *(f)* vocale

recognizable /'rekəgnaɪzəbl/ ADJ reconnaissable; **it was instantly ~ to him** il l'a reconnu immédiatement

recognizably /rekəg'naɪzəblɪ/ ADV manifestement

recognize /'rekəgnaɪz/ VT reconnaître (**by** à, **as** comme étant)

recoil /rɪ'kɔɪl/ VI ⓐ [*person*] avoir un mouvement de recul (**from** devant); **to ~ in disgust** reculer de dégoût ⓑ [*gun*] reculer

recollect /,rekə'lekt/ **1** VT se souvenir de **2** VI se souvenir; **as far as I (can) ~** autant que je m'en souvienne

recollection /,rekə'lekʃən/ N souvenir *(m)*; **to the best of my ~** autant que je m'en souvienne; **I have no ~ of it** je n'en ai aucun souvenir

recommend /,rekə'mend/ **1** VT ⓐ (= *speak good of*) recommander; **to come highly ~ed** être vivement recommandé; **the apartment has little to ~ it** l'appartement n'a pas beaucoup d'atouts ⓑ (= *advise*) recommander (**sb to do sth** à qn de faire qch); **what do you ~ for a sore throat?** que recommandez-vous pour guérir un mal de gorge?; **it is to be ~ed** c'est à conseiller; **it is not to be ~ed** c'est à déconseiller **2** VI **to ~ against sth** se prononcer contre qch **3** COMP ♦ **recommended daily allowance** N apport *(m)* quotidien recommandé ♦ **recommended reading** N ouvrages *(mpl)* recommandés ♦ **recommended retail price** N prix *(m)* conseillé

recommendation /,rekəmen'deɪʃən/ N recommandation *(f)*

recompense /'rekəmpens/ **1** N ⓐ récompense *(f)*; **in ~ for** en récompense de ⓑ (*for damage*) **to seek ~** réclamer un dédommagement **2** VT ⓐ (= *reward*) récompenser (**for** de) ⓑ (= *compensate*) [+ *person*] dédommager

reconcilable /'rekənsaɪləbl/ ADJ conciliable

reconcile /'rekənsaɪl/ VT [+ *person*] réconcilier (**to** avec); [+ *two facts or ideas*] concilier; **to ~ a dispute** régler un litige; **they were ~d** ils se sont réconciliés; **to ~ o.s. to sth** se réconcilier avec qch

reconciliation /,rekənsɪlɪ'eɪʃən/ N réconciliation *(f)*

reconditioned /,riːkən'dɪʃənd/ ADJ [*engine, vacuum cleaner*] remis à neuf

reconnaissance /rɪ'kɒnɪsəns/ N reconnaissance *(f)* ♦ **reconnaissance flight** N vol *(m)* de reconnaissance

reconnect /'riːkənekt/ VT reconnecter

reconsider /,riːkən'sɪdə'/ **1** VT [+ *decision*] reconsidérer; [+ *judgement*] réviser **2** VI (= *change one's mind*) changer d'avis

reconstitute /,riː'kɒnstɪtjuːt/ VT reconstituer

reconstruct /,riːkən'strʌkt/ VT [+ *building*] reconstruire; [+ *crime*] reconstituer

reconstruction /,riːkən'strʌkʃən/ N [*of building*] reconstruction *(f)*; [*of crime*] reconstitution *(f)*

reconvene /,riːkən'viːn/ **1** VT reconvoquer **2** VI [*committee*] se réunir de nouveau; [*meeting*] reprendre

record 1 VT [+ *facts, story, speech, music*] enregistrer; [+ *event*] (*in journal, log*) consigner; **to ~ the proceedings of a meeting** tenir le procès-verbal d'une assemblée; **his speech as ~ed in the newspapers ...** son discours, tel que le rapportent les journaux ...; **it's not ~ed anywhere** ce n'est pas attesté; **to ~ sth on tape** enregistrer qch sur bande; **to ~ sth on video** enregistrer qch; **this is a ~ed message** ceci est un message enregistré

2 N ⓐ (= *account, report*) rapport *(m)*; [*of attendance*] registre *(m)*; [*of meeting*] procès-verbal *(m)*; **(public) ~s** archives *(fpl)*; **to keep a ~ of** consigner; **there is no similar example on ~** aucun exemple semblable n'est attesté; **to go/be on ~ as saying that ...** déclarer/avoir déclaré publiquement que ...; **the highest temperatures on ~** les plus fortes températures enregistrées; **there is no ~ of his having said it** rien n'atteste qu'il l'ait dit; **there is no ~ of it in history** l'histoire n'en fait pas mention; **just to set the ~ straight, let me point out that ...** pour qu'il n'y ait aucune confusion possible, j'aimerais préciser que ...; **this is strictly off the ~*** c'est strictement confidentiel; **the interview was off the ~*** l'interview n'était pas officielle

ⓑ (= *case history*) dossier *(m)*; **(police) ~** casier *(m)* judiciaire; **~ of previous convictions** dossier *(m)* du prévenu; **he's got a clean ~** il a un casier (judiciaire) vierge; **his past ~** sa conduite passée; **his attendance ~ is bad** il a été souvent absent; **to have a good ~ at school** avoir un bon dossier scolaire; **this airline has a good safety ~** cette compagnie aérienne est réputée pour la sécurité de ses vols

ⓒ (= *recording*) [*of voice*] enregistrement *(m)*

ⓓ (*musical*) disque *(m)*; **to make a ~** graver un disque

ⓔ (*Sport*) record *(m)*; **to break the ~** battre le record; **to hold the ~** détenir le record

3 COMP ♦ **record breaker** N (= *person*) nouveau détenteur *(m)* du record, nouvelle détentrice *(f)* du record; (*Sport*) nouveau recordman *(m)*, nouvelle recordwoman *(f)* ♦ **record-breaking** ADJ qui bat tous les records ♦ **record company** N maison *(f)* de disques ♦ **record player** N tourne-disque *(m)* ♦ **record producer** N producteur *(m)*, -trice *(f)* de disques ♦ **record time** N **to do sth in ~ time** faire qch en un temps record ♦ **record token** N chèque-cadeau *(m)* (*à échanger contre un disque*)

> ★ Lorsque **record** est un verbe, l'accent tombe sur la seconde syllabe: /rɪ'kɔːd/, lorsque c'est un nom, sur la première: /'rekɔːd/.

recorded /rɪ'kɔːdɪd/ ADJ [*music, message*] enregistré ♦ **recorded delivery** N (*Brit*) (= *service*) ≈ recommandé *(m)* (*avec accusé de réception*); (= *letter, parcel*) envoi *(m)* en recommandé; **to send sth by ~ delivery** ≈ envoyer qch en recommandé

recorder /rɪ'kɔːdə'/ N (= *musical instrument*) flûte *(f)* à bec

recording /rɪ'kɔːdɪŋ/ N [*of sound, facts*] enregistrement *(m)* ♦ **recording equipment** N matériel *(m)* d'enregistrement ♦ **recording session** N séance *(f)* d'enregistrement ♦ **recording studio** N studio *(m)* d'enregistrement

recount 1 VT ⓐ (= *relate*) raconter ⓑ (= *count again*) recompter **2** N [*of votes*] nouveau dépouillement *(m)* du scrutin

> ★ Lorsque **recount** est un verbe, l'accent tombe sur la seconde syllabe: /,riː'kaʊnt/, lorsque c'est un nom, sur la première: /'riːkaʊnt/.

recoup /rɪ'kuːp/ VT [+ *losses*] récupérer; **to ~ costs** [*person*] rentrer dans ses fonds

recourse /rɪ'kɔːs/ N recours *(m)* (**to** à)

recover /rɪˈkʌvəʳ/ 1 VT [+ *sth lost, one's appetite, reason*] retrouver; [+ *sth floating*] repêcher; [+ *wreck*] récupérer; [+ *debt*] recouvrer; [+ *goods, property*] rentrer en possession de; **to ~ one's strength** reprendre des forces; **to ~ consciousness** revenir à soi; **to ~ one's sight/health** retrouver la vue/la santé; **to ~ one's composure** se ressaisir; **to ~ expenses** rentrer dans ses frais; **to ~ one's losses** recouvrer son argent

2 VI (*after shock, accident*) se remettre (**from** de); (*from illness*) se rétablir (**from** de); [*economy, currency*] se redresser; [*stock market*] remonter; **she has completely ~ed** elle est tout à fait rétablie

recovery /rɪˈkʌvərɪ/ 1 N ⓐ (*from illness*) guérison (f); (*from operation*) rétablissement (m); **to make a full ~** (*from illness*) guérir complètement; (*from operation*) se remettre complètement; **he made a good ~ from his stroke** il s'est bien remis de son attaque; **best wishes for a speedy ~** meilleurs vœux de prompt rétablissement; **to be (well) on the road to ~** être en (bonne) voie de guérison; **to be in ~** (*from alcohol, drug addiction*) être en cure de désintoxication ⓑ [*of economy, market*] reprise (f); [*of shares*] remontée (f); **a ~ in sales/in the housing market** une reprise des ventes/du marché de l'immobilier ⓒ (= *retrieval*) récupération (f) ⓓ (= *regaining*) [*of territory*] reconquête (f) ⓔ [*of expenses*] remboursement (m); [*of debt*] recouvrement (m); [*of losses*] réparation (f)

2 COMP ♦ **recovery position** N **to put sb in the ~ position** mettre qn en position latérale de sécurité ♦ **recovery vehicle** N dépanneuse (f)

recreate /ˌriːkrɪˈeɪt/ VT recréer

recreation /ˌrekrɪˈeɪʃən/ N ⓐ (= *pleasure*) détente (f); **for ~ I go fishing** je vais à la pêche pour me détendre ⓑ (= *at school*) récréation (f)

recreational /ˌrekrɪˈeɪʃənəl/ ADJ pour les loisirs; **~ facilities** équipements (mpl) de loisirs ♦ **recreational drug** N drogue (f) euphorisante

recrimination /rɪˌkrɪmɪˈneɪʃən/ N récrimination (f)

recruit /rɪˈkruːt/ 1 N recrue (f) 2 VT [+ *soldier, staff*] recruter

recruitment /rɪˈkruːtmənt/ N recrutement (m) ♦ **recruitment agency** N agence (f) de recrutement

rectangle /ˈrekˌtæŋgl/ N rectangle (m)

rectangular /rekˈtæŋgjʊləʳ/ ADJ rectangulaire

rectify /ˈrektɪfaɪ/ VT rectifier

rector /ˈrektəʳ/ N ⓐ (*religious*) pasteur (m) (*anglican*) ⓑ (*at university*) ≈ recteur (m)

rectum /ˈrektəm/ N rectum (m)

recuperate /rɪˈkuːpəreɪt/ 1 VI récupérer 2 VT [+ *object*] récupérer; [+ *losses*] réparer

recur /rɪˈkɜːʳ/ VI [*error, event*] se reproduire; [*illness, infection*] réapparaître; [*opportunity, problem*] se représenter

recurrence /rɪˈkʌrəns/ N [*of problem, event, idea*] répétition (f); [*of headache, symptom, problem*] réapparition (f); [*of opportunity*] retour (m); **a ~ of the illness** une récurrence de la maladie

recurrent /rɪˈkʌrənt/ ADJ (= *recurring*) récurrent

recycle /ˌriːˈsaɪkl/ VT recycler; [+ *waste, water*] retraiter ♦ **recycle bin** N (*Computing*) corbeille (f) ♦ **recycled paper** N papier (m) recyclé

recycling /ˌriːˈsaɪklɪŋ/ N recyclage (m) ♦ **recycling plant** N usine (f) de retraitement

red /red/ 1 ADJ rouge; [*hair*] roux (rousse (f)); **to go as ~ as a beetroot** (*Brit*) *or* **a beet** (*US*) devenir rouge comme une tomate; (*from anger*) devenir rouge de colère; **her face was ~** elle avait le visage rouge; (= *ashamed, embarrassed*) elle rougissait; **he went ~ in the face** il est devenu tout rouge; **to go into ~ ink** (*US*) [*company*] être dans le rouge; [*individual*] se mettre à découvert; **that is like a ~ rag to him** (*Brit*) il voit rouge quand on lui en parle (*or* quand on le lui montre *etc*); **to see ~** voir rouge; **it's not worth a ~ cent** (*US*) ça ne vaut pas un rond•

2 N rouge (m); (= *communist*) rouge (mf)

♦ **to be in the red•** être dans le rouge; **to be \$100 in the ~** avoir un découvert de 100 dollars

3 COMP ♦ **red alert** N alerte (f) rouge; **to be on ~ alert** être en alerte rouge ♦ **the Red Army** N l'Armée (f) rouge ♦ **red-blooded** ADJ vigoureux ♦ **red-brick** ADJ en briques rouges ♦ **red cabbage** N chou (m) rouge ♦ **red card** N (*Football*) carton (m) rouge; **to show sb the ~ card** montrer le carton rouge à qn ♦ **red carpet** N **to roll out the ~ carpet for sb** dérouler le tapis rouge pour qn ♦ **red-carpet treatment** N accueil (m) en grande pompe ♦ **Red Cross** N Croix-Rouge (f) ♦ **red-faced** ADJ rougeaud; (= *embarrassed*) rouge de confusion ♦ **red-haired** ADJ roux (rousse (f)) ♦ **red-handed** ADJ **to be caught ~-handed** être pris la main dans le sac ♦ **red-headed** ADJ roux (rousse (f)) ♦ **red herring** N **that's a ~ herring** c'est pour brouiller les pistes ♦ **red-hot** ADJ brûlant; [*news, information*] de dernière minute ♦ **Red Indian** N Peau-Rouge (mf) ♦ **red-letter day** N jour (m) à marquer d'une pierre blanche ♦ **red light** N (= *traffic light*) feu (m) rouge; **to go through the ~ light** brûler un feu rouge ♦ **red-light district** N quartier (m) des prostituées ♦ **red meat** N viande (f) rouge ♦ **red pepper** N poivron (m) rouge ♦ **Red Riding Hood** N (= *Little Red Riding Hood*) Le Petit Chaperon rouge ♦ **the Red Sea** N la mer Rouge ♦ **Red Square** N (*in Moscow*) place (f) Rouge ♦ **red squirrel** N écureuil (m) roux ♦ **red tape** N bureaucratie (f) tatillonne ♦ **red wine** N vin (m) rouge

redcurrant /ˈredˌkʌrənt/ N groseille (f)

redden /ˈredn/ VI [*person*] rougir

reddish /ˈredɪʃ/ ADJ rougeâtre; [*hair*] tirant sur le roux; **~-brown** d'un brun rougeâtre (*inv*); [*hair*] d'un brun roux

redecorate /ˌriːˈdekəreɪt/ VT (= *repaint*) repeindre; (= *redesign*) refaire la décoration de

redeem /rɪˈdiːm/ VT ⓐ (= *buy back*) racheter; (*from pawn*) dégager ⓑ (= *pay*) [+ *debt*] amortir; [+ *mortgage*] purger ⓒ (= *cash in*) [+ *insurance policy*] encaisser; [+ *coupon*] échanger (**for** contre); (*US*) [+ *banknote*] convertir en espèces ⓓ (*Rel*) [+ *sinner*] racheter ⓔ (= *compensate for*) [+ *failing, fault*] racheter; **to ~ o.s.** se racheter

redeemable /rɪˈdiːməbl/ ADJ [*voucher*] échangeable; [*bill*] remboursable; [*debt*] amortissable; [*insurance policy*] encaissable; **the catalogue costs £5, ~ against a first order** le catalogue coûte 5 livres, remboursées à la première commande

redeeming /rɪˈdiːmɪŋ/ ADJ **to have some ~ features** avoir des qualités qui rachètent les défauts; **his one ~ quality is ...** la seule chose qui peut le racheter est ...

redefine /ˌriːdɪˈfaɪn/ VT redéfinir

redemption /rɪˈdempʃən/ N (= *salvation*) rédemption (f); **beyond ~** [*person*] définitivement perdu; [*situation*] irrémédiable

redeploy /ˌriːdɪˈplɔɪ/ VT redéployer

redeployment /ˌriːdɪˈplɔɪmənt/ N redéploiement (m) (**(in)to sth** dans qch)

redevelop /ˌriːdɪˈveləp/ VT [+ *area*] réaménager

redevelopment /ˌriːdɪˈveləpmənt/ N [*of area*] réaménagement (m)

redhead /ˈredhed/ N roux (m), rousse (f)

redial /ˌriːˈdaɪəl/ 1 VT [+ *number*] recomposer 2 VI recomposer le numéro 3 COMP ♦ **redial button** N touche (f) bis ♦ **redial facility** N rappel (m) du dernier numéro composé

redid /ˌriːˈdɪd/ VB *pt of* **redo**

redirect /ˌriːdaɪˈrekt/ VT [+ *letter, parcel*] faire suivre; [+ *resources*] réallouer

rediscover /ˌriːdɪsˈkʌvəʳ/ VT redécouvrir

redistribute /ˌriːdɪsˈtrɪbjuːt/ VT redistribuer

redneck• /ˈrednek/ N rustre (m), péquenaud(e)‡ (m(f))

redness /ˈrednɪs/ N rougeur (f)

redo /ˌriːˈduː/ (*pret* **redid**, *ptp* **redone**) VT refaire

redouble /ˌriːˈdʌbl/ VT redoubler; **to ~ one's efforts to do sth** redoubler d'efforts pour faire qch

redraft /ˌriːˈdrɑːft/ VT rédiger de nouveau

redress /rɪˈdres/ 1 VT [+ *situation*] redresser; **to ~ the balance (between)** rétablir l'équilibre (entre) 2 N réparation (f)

reduce /rɪˈdjuːs/ VT réduire (**to** à, **by** de); [+ *price*] baisser; [+ *swelling*] résorber; [+ *output*] ralentir; **to ~ speed** (*in car*) ralentir; **"~ speed now"** « ralentir »; **to ~ sth to a powder** réduire qch en poudre; **to ~ sb to despair** réduire qn au désespoir; **to be ~d to begging** en être réduit à mendier; **to ~ sb to tears** faire pleurer qn

reduced /rɪˈdjuːst/ ADJ réduit; **to buy at a ~ price** [+ *ticket, goods*] acheter à prix réduit; **to be ~** [*item on sale*] être soldé

reduction /rɪˈdʌkʃən/ N réduction (f); [*of prices, wages*] baisse (f); **"massive ~s"** « prix cassés »

redundancy /rɪˈdʌndənsɪ/ N (*Brit*) licenciement (m) (économique); **he feared ~** il redoutait d'être licencié; **he went in the last round of redundancies** il a perdu son emploi lors de la dernière série de licenciements; **compulsory ~** licenciement (m); **voluntary ~** départ (m) volontaire ♦ **redundancy money** N (*Brit*) indemnité (f) de licenciement

redundant /rɪˈdʌndənt/ ADJ ⓐ (*Brit*) licencié (pour raisons économiques); **to make sb ~** licencier qn (pour raisons économiques) ⓑ (= *superfluous*) [*object*] superflu; [*term, information*] redondant

reed /riːd/ N (= *plant*) roseau (m); [*of wind instrument*] anche (f) ♦ **reed instrument** N instrument (m) à anche

re-educate /ˌriːˈedjʊkeɪt/ VT rééduquer

reedy /ˈriːdɪ/ ADJ (= *high-pitched*) aigu (-guë (f))

reef /riːf/ N récif (m); **coral ~** récif (m) de corail

reek /riːk/ 1 N puanteur (f) 2 VI puer; **to ~ of sth** puer qch

reel /riːl/ 1 N [*of thread, tape*] bobine (f); (*also* **fishing ~**) moulinet (m); (= *cinema film*) bobine (f); (*for camera*) rouleau (m) 2 VI (= *stagger*) chanceler; (*drunkenly*) tituber; **he lost his balance and ~ed back** il a perdu l'équilibre et il a reculé en chancelant; **my head is ~ing** la tête me tourne; **the news made him ~** la nouvelle l'a ébranlé; **I'm still ~ing from the shock of it** je ne me suis pas encore remis du choc; **the news left us ~ing with disbelief** cette nouvelle nous a laissés incrédules

▶ **reel in** VT SEP ramener

▶ **reel off** VT SEP [+ *list*] débiter

re-elect /ˌriːɪˈlekt/ VT réélire

re-election /ˌriːɪˈlekʃən/ N **to run for ~** se représenter (aux élections)

re-enact /ˌriːɪˈnækt/ VT [+ *crime*] reconstituer

re-enter /ˌriːˈentə^r/ 1 VI rentrer 2 VT rentrer dans

re-entry /ˌriːˈentrɪ/ N rentrée (f); **her ~ into politics** son retour à la politique

re-establish /ˌriːɪsˈtæblɪʃ/ VT rétablir

re-examine /ˌriːɪgˈzæmɪn/ VT examiner de nouveau; [+ *witness*] interroger de nouveau

refectory /rɪˈfektərɪ/ N réfectoire (m)

refer /rɪˈfɜː^r/ 1 VT [+ *matter, question*] soumettre (**to** à); **the problem was ~red to the UN** le problème a été soumis à l'ONU; **I have to ~ it to my boss** je dois en référer à mon patron; **the doctor ~red me to a specialist** le médecin m'a adressé à un spécialiste; **the patient was ~red for tests** on a envoyé le patient subir des examens; **to ~ sb to the article on ...** renvoyer qn à l'article sur ...; **"the reader is ~red to page 10"** « prière de se reporter à la page 10 » 2 VI ⓐ (= *allude*) (*directly*) faire référence (**to** à); (*indirectly*) faire allusion (**to** à); **I am not ~ring to you** je ne parle pas de vous; **what can he be ~ring to?** de quoi parle-t-il?; **he ~red to her as his assistant** il l'a appelée son assistante; **~ring to your letter** suite à votre lettre ⓑ (= *consult*) se référer (**to sth** à qch); **to ~ to one's notes** se référer à ses notes

referee /ˌrefəˈriː/ 1 N ⓐ (*Sport*) arbitre (m) ⓑ (*Brit: giving a reference*) personne (f) pouvant donner des références;

may I give your name as a ~? puis-je inclure votre nom à mes références? 2 VTI arbitrer

reference /ˈrefrəns/ 1 N ⓐ référence (f) (**to** à); **keep these details for ~** gardez ces renseignements pour information ⓑ (= *allusion*) allusion (f) (**to** à); **a ~ was made to his illness** on a fait allusion à sa maladie

♦ **with reference to** en ce qui concerne

ⓒ (= *testimonial*) **~(s)** références (fpl); **to give sb good ~s** fournir de bonnes références à qn ⓓ (= *note redirecting reader*) référence (f); (*on map*) coordonnées (fpl); **please quote this ~** prière de rappeler cette référence

2 COMP ♦ **reference book** N ouvrage (m) de référence ♦ **reference library** N bibliothèque (f) d'ouvrages de référence ♦ **reference number** N numéro (m) de référence

referendum /ˌrefəˈrendəm/ N référendum (m); **to hold a ~** organiser un référendum

referral /rɪˈfɜːrəl/ N **ask your doctor for a ~ to a dermatologist** demandez à votre médecin de vous envoyer chez un dermatologue; **letter of ~** *lettre par laquelle un médecin adresse un patient à un spécialiste*; **the ~ of the case to the Appeal Courts** le renvoi de l'affaire en appel

refill /ˌriːˈfɪl/ 1 VT [+ *glass, bottle*] remplir à nouveau; [+ *pen, lighter*] recharger 2 /ˈriːfɪl/ N recharge (f); (= *cartridge*) cartouche (f); **would you like a ~?** (*for drink*) encore un verre (*or* une tasse)?

refine /rɪˈfaɪn/ VT ⓐ [+ *crude oil, sugar*] raffiner ⓑ [+ *theory, technique, process*] affiner; [+ *model, engine*] perfectionner

refined /rɪˈfaɪnd/ ADJ ⓐ [*food*] traité; [*sugar, oil*] raffiné ⓑ (= *genteel*) raffiné

refinement /rɪˈfaɪnmənt/ N ⓐ (= *refining*) [*of crude oil, sugar*] raffinage (m) ⓑ (*in technique, machine*) perfectionnement (m) (**in** de) ⓒ (= *gentility*) raffinement (m)

refinery /rɪˈfaɪnərɪ/ N raffinerie (f)

refit /ˌriːˈfɪt/ VT [+ *ship*] remettre en état

reflect /rɪˈflekt/ 1 VT ⓐ [+ *heat*] renvoyer; [+ *light, image*] refléter; **the moon is ~ed in the lake** la lune se reflète dans le lac; **I saw him ~ed in the mirror** j'ai vu son reflet dans le miroir; **the many difficulties are ~ed in his report** son rapport reflète les nombreuses difficultés ⓑ (= *think*) se dire (**that** que) 2 VI (= *meditate*) réfléchir (**on** à)

▶ **reflect (up)on** VT INSEP **to ~ well/badly (up)on sb** faire honneur à/nuire à la réputation de qn

reflection /rɪˈflekʃən/ N ⓐ (*in mirror*) reflet (m) ⓑ (= *consideration*) réflexion (f); **on ~** à la réflexion; **he did it without sufficient ~** il l'a fait sans avoir suffisamment réfléchi ⓒ (= *thoughts*) **~s** réflexions (fpl) (**on, upon** sur) ⓓ (= *adverse criticism*) **this is no ~ on ...** cela ne porte pas atteinte à ...

reflective /rɪˈflektɪv/ ADJ ⓐ (= *pensive*) pensif ⓑ [*surface, material*] réfléchissant

reflector /rɪˈflektə^r/ N réflecteur (m)

reflex /ˈriːfleks/ ADJ, N réflexe (m)

reflexive /rɪˈfleksɪv/ ADJ [*verb, pronoun*] réfléchi

reform /rɪˈfɔːm/ 1 N réforme (f) 2 VT [+ *law, institution, service*] réformer; **to ~ spelling** faire une réforme de l'orthographe; **it's no use trying to ~ him** inutile d'essayer de le changer 3 VI [*person*] s'amender

reformat /ˌriːˈfɔːmæt/ VT [+ *disk*] reformater

reformation /ˌrefəˈmeɪʃən/ N [*of church, spelling*] réforme (f)

reformed /rɪˈfɔːmd/ ADJ ⓐ [*alcoholic*] ancien (*before n*); [*criminal*] repenti; [*spelling*] réformé; **he's a ~ character** il s'est rangé ⓑ [*church*] réformé; [*Jew*] non orthodoxe

refrain /rɪˈfreɪn/ 1 VI s'abstenir (**from doing sth** de faire qch); **he ~ed from comment** il s'est abstenu de tout commentaire; **please ~ from smoking** vous êtes priés de ne pas fumer 2 N (= *chorus*) refrain (m)

refresh /rɪˈfreʃ/ VT [*drink, bath*] rafraîchir; [*food*] revigorer; [*sleep, rest*] détendre; (*Computing*) [+ *screen*] rafraîchir;

let me ~ your memory! je vais vous rafraîchir la mémoire!; **to feel ~ed** se sentir revigoré

refresher course /rɪ'freʃə,kɔːs/ N cours *(m)* de recyclage

refreshing /rɪ'freʃɪŋ/ ADJ [*honesty, approach, drink*] rafraîchissant; [*change, news*] agréable; **it's ~ to see that ...** c'est réconfortant de voir que ...

refreshingly /rɪ'freʃɪŋlɪ/ ADV ~ **honest** d'une honnêteté qui fait plaisir à voir

refreshment /rɪ'freʃmənt/ N ⓐ [*of mind, body*] repos *(m)* ⓑ (**light**) **~s** (= *food, drink*) rafraîchissements *(mpl)*

refrigerator /rɪ'frɪdʒəreɪtəʳ/ N réfrigérateur *(m)*

refuel /,riː'fjʊəl/ 1 VI se ravitailler en carburant 2 VT ravitailler (en carburant)

refuelling /,riː'fjʊəlɪŋ/ N ravitaillement *(m)* (en carburant) ♦ **refuelling stop** N escale *(f)* technique

refuge /'refjuːdʒ/ N refuge *(m)* (**from** contre); **place of ~** asile *(m)*; **a ~ for battered women** un foyer pour femmes battues; **they sought ~ from the fighting in the city** ils ont cherché un refuge pour échapper aux combats dans la ville; **he took ~ in alcohol and drugs** il s'est réfugié dans l'alcool et la drogue

refugee /,refjʊ'dʒiː/ N réfugié(e) *(m(f))* ♦ **refugee camp** N camp *(m)* de réfugiés ♦ **refugee status** N statut *(m)* de réfugié

refund 1 VT rembourser (**to sb** à qn); **to ~ sb's expenses** rembourser les dépenses de qn 2 N remboursement *(m)*; **tax ~** bonification *(f)* de trop-perçu; **to get a ~** se faire rembourser

> ★ *Lorsque* **refund** *est un verbe, l'accent tombe sur la seconde syllabe:* /rɪ'fʌnd/, *lorsque c'est un nom, sur la première:* /'riːfʌnd/.

refurbish /,riː'fɜːbɪʃ/ VT [+ *building*] remettre à neuf

refurnish /,riː'fɜːnɪʃ/ VT remeubler

refusal /rɪ'fjuːzəl/ N refus *(m)* (**to do sth** de faire qch); **to meet with a ~** se heurter à un refus; **to give a flat ~** refuser net; **I'll give her first ~ on it** elle sera la première à qui je le proposerai

refuse 1 VT refuser (**sb sth** qch à qn, **to do sth** de faire qch); [+ *offer, invitation*] refuser; **I absolutely ~ to do it** je refuse catégoriquement de le faire; **they were ~d permission to leave** on leur a refusé la permission de partir; **she ~d him** elle l'a rejeté

2 VI refuser

3 N (= *rubbish*) détritus *(mpl)*, ordures *(fpl)*; (= *industrial or food waste*) déchets *(mpl)*; **household ~** ordures *(fpl)* ménagères; **garden ~** détritus *(mpl)* de jardin

4 COMP ♦ **refuse bin** N poubelle *(f)* ♦ **refuse chute** N (*in building*) vide-ordures *(m inv)* ♦ **refuse collection** N ramassage *(m)* des ordures ♦ **refuse collector** N éboueur *(m)* ♦ **refuse dump** N décharge *(f)* (publique) ♦ **refuse lorry** N camion *(m)* des éboueurs

> ★ *Lorsque* **refuse** *est un verbe, le* se *final se prononce* z *et l'accent tombe sur la deuxième syllabe:* /rɪ'fjuːz/; *lorsque c'est un nom, le* se *final se prononce* s *et l'accent tombe sur la première syllabe:* /'refjuːs/.

refute /rɪ'fjuːt/ VT réfuter

regain /rɪ'geɪn/ VT [+ *one's composure, balance, self-confidence*] retrouver; [+ *one's health, sight*] recouvrer; [+ *independence, territory*] reconquérir; **to ~ one's strength** récupérer; **to ~ consciousness** reprendre connaissance

regal /'riːgəl/ ADJ royal

regalia /rɪ'geɪlɪə/ N [*of monarch*] prérogatives *(fpl)* royales; **she was in full ~*** elle portait ses plus beaux atours

regard /rɪ'gɑːd/ 1 VT (= *consider* (**as** comme); **we ~ it as worth doing** à notre avis ça vaut la peine de le faire; **I ~ him highly** je le tiens en grande estime

♦ **as regards** en ce qui concerne

2 N ⓐ (= *concern*) **to have ~ for sb/sth** tenir compte de qn/qch; **to show no ~ for sb/sth** ne faire aucun cas de qn/qch; **without ~ for sb/sth** sans égard pour qn/qch; **out of ~ for sb/sth** par égard pour qn/qch

♦ **with regard to** en ce qui concerne

ⓑ (= *esteem*) estime *(f)*; **to hold sb/sth in high ~** tenir qn/qch en haute estime

3 NPL **regards** (*in messages*) **give him my ~s** transmettez-lui mon bon souvenir; **(kindest) ~s** (*as letter-ending*) meilleurs souvenirs

regarding /rɪ'gɑːdɪŋ/ PREP (= *with regard to*) concernant; **information ~ sb/sth** des informations concernant qn/qch

regardless /rɪ'gɑːdlɪs/ 1 ADJ ~ **of** [*sb's feelings, fate*] indifférent à; **~ of the consequences** sans se soucier des conséquences; **~ of cost** quel que soit le prix; **~ of what the law says** indépendamment de ce que dit la loi 2 ADV **he carried on ~** il a continué malgré tout

regatta /rɪ'gætə/ N (*one event*) régate *(f)*

regency /'riːdʒənsɪ/ N régence *(f)*

regenerate /rɪ'dʒenəreɪt/ 1 VT régénérer 2 VI se régénérer

regeneration /rɪ,dʒenə'reɪʃən/ N régénération *(f)*

regent /'riːdʒənt/ N régent(e) *(m(f))*; **prince ~** prince régent

reggae /'regeɪ/ N reggae *(m)*

régime /reɪ'ʒiːm/ N régime *(m)*

regiment /'redʒɪmənt/ N régiment *(m)*

regimental /,redʒɪ'mentl/ ADJ [*duties, insignia*] régimentaire; [*life, headquarters*] du régiment

regimented /'redʒɪmentɪd/ ADJ [*people, way of life*] enrégimenté; [*appearance*] trop strict

region /'riːdʒən/ N région *(f)*; **in the ~ of 5kg** environ 5 kg

regional /'riːdʒənl/ ADJ régional; **on a ~ basis** sur le plan régional

register /'redʒɪstəʳ/ 1 N registre *(m)*; [*of members*] liste *(f)*; (*at school*) cahier *(m)* d'appel; **electoral ~** liste *(f)* électorale; **~ of births, marriages and deaths** registre *(m)* d'état civil

2 VT ⓐ (= *record formally*) [+ *fact, figure*] enregistrer; [+ *birth, death, marriage*] déclarer; [+ *vehicle*] (faire) immatriculer; **to ~ a protest** protester

ⓑ (= *realize*) se rendre compte de; **I ~ed the fact that he had gone** je me suis rendu compte qu'il était parti

ⓒ (= *show*) [+ *speed, quantity*] indiquer; [+ *temperature*] marquer; **his face ~ed surprise** il a paru étonné; **his face ~ed no emotion** son visage n'exprimait aucune émotion

ⓓ [+ *letter*] recommander; [+ *luggage*] (faire) enregistrer

3 VI ⓐ (*on electoral list*) s'inscrire; (*in hotel*) signer le registre; **to ~ with a doctor** se faire inscrire comme patient chez un médecin; **to ~ with the police** se déclarer à la police; **to ~ for a course** s'inscrire à un cours

ⓑ (= *be understood*)* être compris; **it hasn't ~ed (with him)** il n'a pas saisi

registered /'redʒɪstəd/ ADJ [*voter*] inscrit (sur les listes électorales); [*student*] inscrit; [*letter*] recommandé; [*luggage*] enregistré; [*nursing home, childminder*] agréé; **to be ~ as disabled** ≈ être titulaire d'une carte d'invalidité; **a British-~ car** une voiture immatriculée en Grande-Bretagne ♦ **registered charity** N ≈ association *(f)* caritative reconnue d'utilité publique ♦ **registered company** N société *(f)* inscrite au registre du commerce ♦ **Registered General Nurse** N (*Brit*) ≈ infirmier *(m)*, -ière *(f)* diplômé(e) d'État ♦ **registered nurse** N (*US*) ≈ infirmier *(m)*, -ière *(f)* diplômé(e) d'État ♦ **registered post** N **by ~ post** en recommandé ♦ **registered trademark** N marque *(f)* déposée

registrar /,redʒɪ'strɑːʳ/ 1 N ⓐ (*Brit*) officier *(m)* de l'état civil; **to be married by the ~** se marier civilement ⓑ (*Univ*) (*Brit*) secrétaire *(mf)* général(e); (*US*) chef *(m)* du service des inscriptions ⓒ (*Brit: in hospitals*) chef *(m)* de clinique 2 COMP ♦ **registrar's office** (*Brit*) N bureau *(m)* de l'état civil

registration /,redʒɪ'streɪʃən/ 1 N ⓐ (= *listing*) [*of voters*] inscription *(f)*; **S-~ car** (*Brit*) voiture dont l'immatriculation commence par un S (la lettre indiquant l'année de mise en circulation) ⓑ (*Brit: in school: also ~ period*) appel *(m)*

2 COMP ♦ **registration document** N (*Brit*) ≈ carte (*f*) grise ♦ **registration fee** N (*for course*) droits (*mpl*) d'inscription ♦ **registration number** N (*Brit*) numéro (*m*) d'immatriculation; **car with ~ number R971 VBW** voiture (*f*) immatriculée R971 VBW

registry /'redʒɪstrɪ/ N (= *act, office*) enregistrement (*m*); [*of birth, death*] bureau (*m*) de l'état civil ♦ **registry office** N (*Brit*) bureau (*m*) d'état civil; **to get married in a ~ office** se marier civilement

regress /rɪ'gres/ VI régresser (**to** au stade de)

regression /rɪ'greʃən/ N régression (*f*)

regret /rɪ'gret/ 1 VT regretter (**doing sth, to do sth** de faire qch, **that** que + *subj*); **I ~ to say that ...** j'ai le regret de dire que ...; **we ~ that it was not possible to ...** nous regrettons qu'il n'ait pas été possible de ...; **you won't ~ it!** vous ne le regretterez pas!; **the President ~s he cannot see you today** le Président regrette de ne pouvoir vous recevoir aujourd'hui

2 N regret (*m*) (**for** de); **much to my ~** à mon grand regret; **I have no ~s** je n'ai aucun regret; **to do sth with ~** faire qch à regret; **to send (one's) ~s** envoyer ses excuses

regretfully /rɪ'gretfəlɪ/ ADV ⓐ (= *with regret*) à regret ⓑ (= *unfortunately*) **~, nationalism is flourishing again** malheureusement, le nationalisme est en pleine recrudescence

regrettable /rɪ'gretəbl/ ADJ regrettable; **it is ~ that ...** il est regrettable que ... (+ *subj*)

regrettably /rɪ'gretəblɪ/ ADV malheureusement

regular /'regjʊlə*/ 1 ADJ ⓐ [*pulse, reminders, meals*] régulier; **on a ~ basis** régulièrement; **as ~ as clockwork** [*person*] réglé comme une horloge; [*occurrence*] très régulier; **to be in ~ contact with sb/sth** avoir des contacts réguliers avec qn/qch; **to be in ~ employment** avoir un emploi stable; **to take ~ exercise** faire régulièrement de l'exercice; **to keep ~ hours** avoir des horaires très réguliers; **to hold ~ meetings** se réunir régulièrement; **to make ~ payments** effectuer des versements réguliers; **to have a ~ place on the team** avoir régulièrement sa place dans l'équipe; **I make ~ trips to the South of France** je me rends régulièrement dans le midi de la France; **to be in ~ use** être régulièrement utilisé

ⓑ (= *habitual*) [*reader*] assidu; **to be a ~ listener to sth** écouter régulièrement qch; **a ~ customer/visitor** un(e) habitué(e)

ⓒ (*US* = *customary*) [*event*] habituel; [*partner*] régulier; **the ~ staff** le personnel permanent; **my ~ dentist** mon dentiste habituel; **my ~ doctor** mon médecin traitant

ⓓ (*US* = *ordinary*) ordinaire; [*size*] normal; **I'm just a ~ guy*** je ne suis qu'un type* comme un autre; **~ fries** portion (*f*) de frites normale

2 N ⓐ (= *soldier*) soldat (*m*) de métier; (= *police officer*) policier (*m*)

ⓑ (= *habitual customer*) habitué(e) (*m(f)*); **he's one of the ~s on that programme** (*on television*) il participe régulièrement à ce programme

3 COMP ♦ **regular soldier** N soldat (*m*) de métier

regularity /ˌregjʊ'lærɪtɪ/ N régularité (*f*)

regularly /'regjʊləlɪ/ ADV régulièrement

regulate /'regjʊleɪt/ VT réguler

regulation /ˌregjʊ'leɪʃən/ N (= *rule*) règlement (*m*); **against the ~s** contraire au règlement

rehab: /'ri:hæb/ N (= *rehabilitation*) [*of drug user*] réinsertion (*f*); **to be in ~** être en réinsertion ♦ **rehab centre** N centre (*m*) de réinsertion

rehabilitate /ˌri:ə'bɪlɪteɪt/ VT [+ *disabled, ill person*] rééduquer; [+ *ex-prisoner, drug user, alcoholic*] réinsérer

rehabilitation /'ri:ə,bɪlɪ'teɪʃən/ N [*of disabled, ill person*] rééducation (*f*); [*of ex-prisoner, drug user, alcoholic*] réinsertion (*f*) ♦ **rehabilitation centre** N (*for drug user, alcoholic*) centre (*m*) de réinsertion

rehearsal /rɪ'hɜ:səl/ N répétition (*f*) (**for sth** de qch)

rehearse /rɪ'hɜ:s/ VT répéter; **to ~ what one is going to say** préparer ce qu'on va dire; **well ~d** [+ *play*] longuement

répété; **his arguments were well ~d** il avait bien préparé ses arguments

reign /reɪn/ 1 N règne (*m*); **in the ~ of** sous le règne de; **~ of terror** régime (*m*) de terreur 2 VI régner (**over** sur)

reigning /'reɪnɪŋ/ ADJ [*monarch*] régnant; [*champion*] en titre

reimburse /ˌri:ɪm'bɜ:s/ VT rembourser (**sb for sth** qch à qn, qn de qch)

rein /reɪn/ N ~**s** rênes (*fpl*); [*of horse in harness*] guides (*fpl*); **to keep a tight ~ on sb/sth** tenir qn/qch en bride; **to give (a) free ~ to** [+ *anger, passions, one's imagination*] donner libre cours à

reincarnation /ˌri:ɪnkɑ:'neɪʃən/ N réincarnation (*f*)

reindeer /'reɪndɪə*/ N renne (*m*)

reinforce /ˌri:ɪn'fɔ:s/ VT [+ *wall, bridge*] renforcer

reinforcement /ˌri:ɪn'fɔ:smənt/ N (= *action*) renforcement (*m*)

reinstate /ˌri:ɪn'steɪt/ VT [+ *employee*] rétablir dans ses fonctions

reissue /ˌri:'ɪʃju:/ VT [+ *book*] rééditer

reiterate /ri:'ɪtəreɪt/ VT réitérer

reject 1 VT ⓐ rejeter; [+ *candidate, manuscript*] refuser; [+ *plea, advances*] repousser ⓑ [*body*] [+ *medication, transplant*] rejeter 2 N article (*m*) de rebut 3 COMP ♦ **reject shop** N boutique (*f*) d'articles de second choix

> ★ Lorsque **reject** est un verbe, l'accent tombe sur la seconde syllabe: /rɪ'dʒekt/, lorsque c'est un nom, sur la première: /'ri:dʒekt/.

rejection /rɪ'dʒekʃən/ N rejet (*m*) ♦ **rejection slip** N lettre (*f*) de refus

rejoice /rɪ'dʒɔɪs/ 1 VT réjouir 2 VI se réjouir (**at, over, in** de)

rejuvenate /rɪ'dʒu:vɪneɪt/ VTI rajeunir; **I feel ~d** je me sens rajeuni

rekindle /ˌri:'kɪndl/ VT [+ *hope, enthusiasm*] ranimer

relapse /rɪ'læps/ N rechute (*f*); **to have a ~** faire une rechute

relate /rɪ'leɪt/ 1 VT ⓐ (= *recount*) [+ *story, details*] relater ⓑ (= *associate*) établir un rapport entre 2 VI ⓐ (= *refer*) se rapporter (**to** à) ⓑ **how do you ~ to your parents?** quels rapports entretenez-vous avec vos parents?; **he doesn't ~ to other people** il n'a pas le sens des contacts; **I can ~ to that*** je comprends ça

related /rɪ'leɪtɪd/ ADJ ⓐ (*in family*) [*person*] parent; [*animal, species, language*] apparenté (**to sth** à qch); **he is ~ to Jane** il est parent de Jane; **she is ~ to us** elle est notre parente; **they are ~ to each other** ils sont parents; **he is ~ by marriage to ...** c'est un parent par alliance de ...; **two closely ~ species** deux espèces très proches

ⓑ (= *connected*) **to be ~ to sth** être lié à qch; **cookware, cutlery, and ~ products** les ustensiles de cuisine, les couverts et les produits du même ordre; **geometry and other ~ subjects** la géométrie et les sujets qui s'y rattachent; **a ~ issue** un problème du même ordre; **the two events are not ~** ces deux événements n'ont pas de rapport; **two closely ~ questions** deux questions étroitement liées; **health-~ problems** problèmes (*mpl*) liés à la santé

relation /rɪ'leɪʃən/ 1 N ⓐ (= *person*) parent(e) (*m(f)*); (= *kinship*) parenté (*f*); **I've got some ~s coming to dinner** j'ai de la famille à dîner; **is he any ~ to you?** est-il de vos parents?; **what ~ is she to you?** quelle est sa parenté avec vous? ⓑ (= *relationship*) relation (*f*); **to bear a ~ to** avoir rapport à; **in ~ to** par rapport à 2 NPL **relations** (= *dealings*) relations (*fpl*); **to have business ~s with** être en relations d'affaires avec

relationship /rɪ'leɪʃənʃɪp/ N ⓐ (= *family ties*) liens (*mpl*) de parenté ⓑ (= *connection*) rapport (*m*); (= *relations*) relations (*fpl*); **to have a ~ with sb** avoir une relation avec qn; **they have a good ~** ils s'entendent bien; **friendly/business ~** relations (*fpl*) d'amitié/d'affaires; **his ~ with his father was strained** ses rapports avec son père étaient tendus

relative /ˈrelətɪv/ 1 ADJ ⓐ (= *comparative*) [*safety, comfort, weakness*] relatif; **with ~ ease** avec une relative facilité; **he is a ~ newcomer** c'est presque un nouveau venu; **her ~ lack of experience** sa relative inexpérience; **petrol consumption is ~ to speed** la consommation d'essence est liée à la vitesse
ⓑ (= *respective*) [*importance, strengths*] respectif
ⓒ (= *relevant*) **the documents ~ to the problem** les documents relatifs au problème
2 N (= *person*) parent(e) *(m(f))*; **all my ~s came** toute ma famille est venue
3 COMP ◆ **relative clause** N (proposition *(f)*) relative *(f)* ◆ **relative pronoun** N pronom *(m)* relatif

relatively /ˈrelətɪvlɪ/ ADV relativement; **~ speaking** comparativement

relativity /ˌreləˈtɪvɪtɪ/ N relativité *(f)*

relax /rɪˈlæks/ 1 VT [+ *grip, muscles, discipline*] relâcher; [+ *restrictions*] assouplir 2 VI (= *rest*) se détendre; **let's just ~!** (= *calm down*) restons calmes!

relaxation /ˌriːlækˈseɪʃən/ N ⓐ [*of muscles, discipline, attention*] relâchement *(m)*; [*of body*] relaxation *(f)*; [*of restrictions*] assouplissement *(m)* ⓑ (= *recreation, rest*) relaxation *(f)*; **you need some ~ after work** on a besoin de se détendre après le travail

relaxed /rɪˈlækst/ ADJ [*person, mood, discussion*] détendu; **to feel ~** se sentir détendu; **I feel fairly ~ about it*** je ne m'en fais pas pour ça

relaxing /rɪˈlæksɪŋ/ ADJ [*holiday, place*] reposant; [*massage, bath*] relaxant

relay /ˈriːleɪ/ 1 N relais *(m)*; **to work in ~s** se relayer 2 VT [+ *programme, information, message*] relayer 3 COMP ◆ **relay race** N course *(f)* de relais ◆ **relay station** N relais *(m)*

release /rɪˈliːs/ 1 N ⓐ (*from captivity, obligation*) libération *(f)*; **on his ~ from prison he ...** dès sa sortie de prison, il ...; **death was a ~ for him** pour lui la mort a été une délivrance
ⓑ (*for sale, publication*) [*of goods*] mise *(f)* en vente; [*of news*] autorisation *(f)* de publier; [*of film, record*] sortie *(f)*; [*of book*] parution *(f)*; **this film is now on general ~** ce film sort partout sur les écrans
ⓒ (= *new item*) **new ~** (= *record, CD*) nouvel album *(m)*; (= *film*) nouveau film *(m)*; (= *video*) nouvelle vidéo *(f)*
2 VT ⓐ [+ *person*] libérer (**from** de); (*from hospital*) autoriser à sortir (**from** de); [+ *captive animal*] libérer; **to ~ sb on bail** mettre qn en liberté provisoire sous caution
ⓑ [+ *object, sb's hand, pigeon*] lâcher; **to ~ one's anger on sb** passer sa colère sur qn; **to ~ one's hold** or **grip** lâcher prise; **to ~ one's hold of** or **one's grip on sth** lâcher qch
ⓒ (= *issue*) [+ *film*] sortir; [+ *goods*] mettre en vente; **to ~ a statement** publier un communiqué (**about** au sujet de)
3 COMP ◆ **release date** N [*of film, record*] date *(f)* de sortie; [*of prisoner*] date *(f)* de libération

relegate /ˈrelɪɡeɪt/ VT reléguer

relegation /ˌrelɪˈɡeɪʃən/ N relégation *(f)*

relent /rɪˈlent/ VI se laisser fléchir; (= *reverse one's decision*) revenir sur une décision

relentless /rɪˈlentlɪs/ ADJ [*pursuit, demands, criticism*] incessant; [*pace, growth*] implacable; **to be ~ in one's efforts to do sth** ne pas relâcher ses efforts pour faire qch

relentlessly /rɪˈlentlɪslɪ/ ADV [*fight, pursue*] avec acharnement

relevance /ˈreləvəns/ N pertinence *(f)*; **to be of particular ~ (to sb)** être particulièrement pertinent (pour qn); **a curriculum which is of ~ to all pupils** un programme qui intéresse tous les élèves; **to have no ~ to sth** n'avoir aucun rapport avec qch

relevant /ˈreləvənt/ ADJ ⓐ (= *pertinent*) [*information, question, remark*] pertinent; **Molière's plays are still ~ today** les pièces de Molière sont toujours d'actualité; **to be ~ to sth** être en rapport avec qch; **to be ~ to sb/sth** [*law, regulation*] être applicable à qn/qch ⓑ (= *in question*) [*page, information*] approprié; [*time, place, day*] en question

reliability /rɪˌlaɪəˈbɪlɪtɪ/ N fiabilité *(f)*

reliable /rɪˈlaɪəbl/ ADJ fiable; **he's very ~** c'est quelqu'un de très fiable

reliably /rɪˈlaɪəblɪ/ ADV [*work, measure, date*] de manière fiable; **I am ~ informed that ...** j'ai appris de source sûre que ...

reliance /rɪˈlaɪəns/ N (= *dependence*) dépendance *(f)* (**on** envers)

reliant /rɪˈlaɪənt/ ADJ **to be ~ on sb (for sth)** dépendre de qn (pour qch); **to be ~ on sth** dépendre de qch

relic /ˈrelɪk/ N relique *(f)*

relief /rɪˈliːf/ 1 N ⓐ (*from pain, anxiety*) soulagement *(m)*; **it was a great ~ when ...** ça a été un grand soulagement quand ...; **to my ~** à mon grand soulagement; **that's a ~!** j'aime mieux ça!
ⓑ (= *assistance*) secours *(m)*; **to go to the ~ of ...** aller au secours de ...; **to send ~ to ...** envoyer des secours à ...
2 COMP ◆ **relief agency** N organisation *(f)* humanitaire ◆ **relief fund** N caisse *(f)* de secours ◆ **relief map** N carte *(f)* en relief ◆ **relief organization** N organisation *(f)* humanitaire ◆ **relief work** N travail *(m)* humanitaire ◆ **relief worker** N représentant *(m)* d'une organisation humanitaire

relieve /rɪˈliːv/ VT ⓐ [+ *person*] soulager; **to feel/look ~d** se sentir/avoir l'air soulagé; **to be ~d at sth** être soulagé par qch; **to be ~d that ...** être soulagé que ... (+ *subj*); **to ~ sb of a duty** décharger qn d'une obligation ⓑ [+ *anxiety, pain*] soulager; [+ *pressure*] diminuer; [+ *boredom*] dissiper; **the new road ~s congestion in the town centre** la nouvelle route décongestionne le centre-ville; **to ~ o.s.** (= *urinate*) se soulager ⓒ (= *help*) secourir ⓓ (= *take over from*) relayer

religion /rɪˈlɪdʒən/ N religion *(f)*; (*on form*) confession *(f)*; **the Christian ~** la religion chrétienne; **to make a ~ of doing sth** se faire une obligation (absolue) de faire qch; **it's against my ~** c'est contraire à ma religion

religious /rɪˈlɪdʒəs/ ADJ religieux; [*war*] de religion ◆ **religious education** N éducation *(f)* religieuse

religiously /rɪˈlɪdʒəslɪ/ ADV religieusement; **a ~ diverse country** un pays qui présente une grande diversité religieuse

relinquish /rɪˈlɪŋkwɪʃ/ VT [+ *hope, power*] abandonner; [+ *right*] renoncer à (**to sb** en faveur de qn)

relish /ˈrelɪʃ/ 1 N ⓐ (= *enjoyment*) **to do sth with (great) ~** faire qch avec délectation ⓑ (= *pickle*) achards *(mpl)* 2 VT **I don't ~ the prospect of getting up at five** la perspective de me lever à cinq heures ne me réjouit pas

relive /ˌriːˈlɪv/ VT revivre

reload /ˌriːˈləʊd/ VT, VI recharger

relocate /ˌriːləʊˈkeɪt/ 1 VT installer ailleurs; [+ *company*] délocaliser; [+ *worker*] (*in a new place*) transférer 2 VI [*company*] se délocaliser; [*worker*] (*in a new place*) changer de lieu de travail

relocation /ˌriːləʊˈkeɪʃən/ N [*of company*] délocalisation *(f)*; [*of worker*] (*in a new place*) transfert *(m)* ◆ **relocation expenses** NPL (*paid to employee*) frais *(mpl)* de déménagement

reluctance /rɪˈlʌktəns/ N répugnance *(f)* (**to do sth** à faire qch); **to do sth with ~** faire qch à contre-cœur; **to make a show of ~** se faire prier

reluctant /rɪˈlʌktənt/ ADJ [*person, animal*] réticent (**to do sth** à faire qch); [*acceptance*] peu enthousiaste; [*praise, permission, response*] donné à contrecœur; **to give one's ~ approval to sth** donner son accord à qch à contrecœur; **to take the ~ decision to do sth** prendre à contrecœur la décision de faire qch

reluctantly /rɪˈlʌktəntlɪ/ ADV à contrecœur

rely /rɪˈlaɪ/ VI **to ~ (up)on sb/sth** compter sur qn/qch; **she relied on the trains being on time** elle comptait sur le fait que les trains seraient à l'heure; **I ~ on him for my income** je dépends de lui pour mes revenus

remain /rɪˈmeɪn/ VI ⓐ (= *be left*) rester; **it ~s to be seen whether ...** reste à savoir si ...; **that ~s to be seen** c'est ce que nous verrons ⓑ (= *stay*) rester; **it ~s the same** ça ne change pas; **to ~ silent** garder le silence; **if the weather ~s fine** si le beau temps se maintient

remainder /rɪ'meɪndə'/ N (= sth left over) reste (m); (= remaining people) autres (mfpl)

remaining /rɪ'meɪnɪŋ/ ADJ [people, objects] restant; **she's one of his few ~ friends** elle fait partie des rares amis qui lui restent

remains /rɪ'meɪnz/ NPL [of meal] restes (mpl); [of building] vestiges (mpl); **human ~** restes (mpl) humains

remand /rɪ'mɑːnd/ 1 VT [+ case] déférer (**to** à); **he was ~ed to Campsie Park Prison** il a été placé en détention provisoire à la prison de Campsie Park; **to ~ sb in custody** mettre qn en détention provisoire; **to ~ sb on bail** mettre qn en liberté sous caution 2 N **to be on ~** (= in custody) être en détention provisoire; (= on bail) être en liberté provisoire 3 COMP ♦ **remand centre** N (Brit) centre (m) de détention provisoire ♦ **remand prisoner** N personne (f) en détention provisoire

remark /rɪ'mɑːk/ 1 N (= comment) remarque (f); **to make unkind ~s about sb/sth** faire des remarques désagréables sur qn/qch 2 VT (= say) remarquer; **"it's raining" he ~ed** « il pleut » remarqua-t-il 3 VI faire des remarques; **he ~ed on it to me** il m'en a fait la remarque

remarkable /rɪ'mɑːkəbl/ ADJ remarquable (**for sth** par qch); **it is ~ that …** il est remarquable que … (+ subj)

remarkably /rɪ'mɑːkəblɪ/ ADV (= very) extrêmement; **~, the factory had escaped the bombing** par miracle, l'usine avait échappé aux bombardements

remarry /ˌriː'mærɪ/ VI se remarier

remedial /rɪ'miːdɪəl/ ADJ ⓐ [treatment] curatif ⓑ [class] de rattrapage; **~ education** soutien (m) scolaire; **~ teaching** cours (mpl) de soutien; **~ help** soutien (m)

remedy /'remədɪ/ 1 N remède (m) 2 VT remédier à; **the situation cannot be remedied** la situation est sans remède

remember /rɪ'membə'/ 1 VT ⓐ (= recall) [+ person, date, occasion] se souvenir de, se rappeler; **to ~ that …** se rappeler que …; **I ~ doing it** je me rappelle l'avoir fait; **I ~ed to do it** j'ai pensé à le faire; **I ~ when …** je me souviens de l'époque où …; **I don't ~ a thing about it** je n'en ai pas le moindre souvenir; **I can never ~ phone numbers** je ne me souviens jamais des numéros de téléphone; **let us ~ that …** n'oublions pas que …; **a night to ~** une soirée mémorable; **I can't ~ the word at the moment** le mot m'échappe pour le moment; **he ~ed her in his will** il ne l'a pas oubliée dans son testament; **that's worth ~ing** c'est bon à savoir

ⓑ (= commemorate) commémorer

ⓒ (= give good wishes to) **~ me to your mother** rappelez-moi au bon souvenir de votre mère

2 VI se souvenir; **not as far as I ~** pas que je me souvienne; **if I ~ right(ly)** si je me souviens bien; **the last time we had a party, if you ~, it took us days to clear up** la dernière fois que nous avons organisé une soirée, je te rappelle qu'il nous a fallu des jours pour tout ranger

remembrance /rɪ'membrəns/ N souvenir (m); **Remembrance Day** (Brit) ≈ Armistice (m); **in ~ of** en souvenir de

remind /rɪ'maɪnd/ VT rappeler (**sb of sth** qch à qn, **sb that** à qn que); **to ~ sb to do sth** faire penser à qn à faire qch; **she ~ed him of his mother** elle lui rappelait sa mère; **that ~s me!** à propos!

reminder /rɪ'maɪndə'/ N (= note, knot) mémento (m); (= letter) lettre (f) de rappel; **as a ~ that …** pour (vous or lui etc) rappeler que …; **his presence was a ~ of …** sa présence rappelait …

reminisce /ˌremɪ'nɪs/ VI raconter ses souvenirs; **to ~ about sth** évoquer qch

reminiscent /ˌremɪ'nɪsənt/ ADJ **to be ~ of sth** rappeler qch

remiss /rɪ'mɪs/ ADJ (frm) négligent; **that was very ~ of you** vous vous êtes montré très négligent

remission /rɪ'mɪʃən/ N rémission (f); [of prisoner] remise (f) de peine; **he earned three years' ~ (for good conduct)** (Brit) on lui a accordé trois ans de remise de peine (pour bonne conduite); **to be in ~** [disease, person] être en rémission; **to go into ~** [disease, person] entrer en rémission

remit /rɪ'mɪt/ VT [+ sins] pardonner; [+ fee, debt, penalty] remettre; **the prisoner's sentence was ~ted** on a accordé une remise de peine au détenu

remittance /rɪ'mɪtəns/ N [of money] versement (m); (= payment) paiement (m)

remnant /'remnənt/ N (= anything remaining) reste (m); [of cloth] coupon (m)

remonstrate /'remənstreɪt/ VI protester (**against** contre); **to ~ with sb about sth** faire des remontrances à qn au sujet de qch

remorse /rɪ'mɔːs/ N remords (m) (**at** de, **for** pour); **a feeling of ~** des remords; **without ~** sans remords

remorseful /rɪ'mɔːsfʊl/ ADJ plein de remords

remorsefully /rɪ'mɔːsfəlɪ/ ADV **… he said ~ …** dit-il, plein de remords

remorseless /rɪ'mɔːslɪs/ ADJ [person] sans pitié

remote /rɪ'məʊt/ 1 ADJ ⓐ [place] (= distant) éloigné; (= isolated) isolé; **in a ~ spot** dans un lieu isolé; **in the ~ past/future** dans un passé/avenir lointain

ⓑ (= distanced) éloigné (**from sth** de qch); **subjects that seem ~ from our daily lives** des questions qui paraissent sans rapport avec notre vie quotidienne

ⓒ (= slight) [possibility] vague; **the odds of that happening are ~** il y a très peu de chances que cela se produise

ⓓ (= aloof) [person] distant

2 N (also **~ control**) télécommande (f)

3 COMP ♦ **remote access** N accès (m) à distance ♦ **remote control** N télécommande (f) ♦ **remote-controlled** ADJ télécommandé

remotely /rɪ'məʊtlɪ/ ADV ⓐ (= vaguely) **it isn't ~ possible that …** il est absolument impossible que … (+ subj); **I'm not ~ interested in art** l'art ne m'intéresse pas le moins du monde; **it doesn't ~ resemble …** cela ne ressemble en rien à …; **the only person present even ~ connected with show business** la seule personne présente qui ait un rapport quelconque avec le monde du spectacle

ⓑ (= from a distance) [control, detonate] à distance

remoteness /rɪ'məʊtnɪs/ N (in space) éloignement (m)

remould, remold (US) /'riːməʊld/ N (= tyre) pneu (m) rechapé

removable /rɪ'muːvəbl/ ADJ amovible; **a sofa/cushion with a ~ cover** un canapé/coussin déhoussable

removal /rɪ'muːvəl/ N (= taking away) enlèvement (m); (Brit) [of furniture, household] déménagement (m); **stain ~** détachage (m) ♦ **removal expenses** NPL (Brit) frais (mpl) de déménagement ♦ **removal man** N (pl removal men) (Brit) déménageur (m) ♦ **removal van** N (Brit) fourgon (m) de déménagement

remove /rɪ'muːv/ VT enlever (**from** de); [+ word, item on list, threat] supprimer; [+ obstacle] écarter; [+ doubt] chasser; [+ official] déplacer; **to ~ a child from school** retirer un enfant de l'école; **to ~ one's make-up** se démaquiller; **to be far ~d from sth** être loin de qch; **cousin once/twice ~d** cousin(e) (m(f)) au deuxième/troisième degré

remover /rɪ'muːvə'/ N (for varnish) dissolvant (m); (for stains) détachant (m); **paint ~** décapant (m) (pour peintures)

remunerate /rɪ'mjuːnəreɪt/ VT rémunérer

remuneration /rɪˌmjuːnə'reɪʃən/ N rémunération (f) (**for** de)

Renaissance /rɪ'neɪsɑːns/ N **the ~** la Renaissance

renal /'riːnl/ ADJ rénal ♦ **renal failure** N défaillance (f) rénale

rename /ˌriː'neɪm/ VT [+ person, town] rebaptiser; [+ computer file] renommer

render /'rendə'/ VT rendre; **his accident ~ed him helpless** son accident l'a rendu complètement infirme; **the blow ~ed him unconscious** le coup lui a fait perdre connaissance

rendering /'rendərɪŋ/, **rendition** /ren'dɪʃən/ N [of music] interprétation (f)

renegade /'renɪgeɪd/ 1 N renégat(e) *(m(f))* 2 ADJ [*forces, person*] rebelle

renege /rɪ'neɪg/ VI **to ~ on a promise** manquer à sa promesse

renegotiate /ˌriːnɪ'gəʊʃɪeɪt/ VT renégocier

renew /rɪ'njuː/ VT renouveler

renewable /rɪ'njuːəbl/ ADJ [*contract, energy*] renouvelable

renewal /rɪ'njuːəl/ N renouvellement *(m)*; [*of hostilities*] reprise *(f)*; [*of interest*] regain *(m)*

renewed /rɪ'njuːd/ ADJ **~ interest/enthusiasm** un regain d'intérêt/d'enthousiasme; **he has come under ~ pressure to resign** on fait de nouveau pression sur lui pour qu'il démissionne; **to make ~ efforts to do sth** renouveler ses efforts pour faire qch

renounce /rɪ'naʊns/ VT renoncer à; [*+ religion*] abjurer

renovate /'renəʊveɪt/ VT [*+ house*] rénover; [*+ historic building, painting, statue*] restaurer

renovation /ˌrenəʊ'veɪʃən/ N [*of house*] rénovation *(f)*; [*of historic building, painting, statue*] restauration *(f)*; **to be in need of ~** être en mauvais état

renown /rɪ'naʊn/ N renom *(m)*; **a wine of ~** un vin renommé

renowned /rɪ'naʊnd/ ADJ [*artist, scientist*] renommé (**for sth** pour qch); **internationally ~ writers** des écrivains de renommée internationale; **an area ~ for its food** une région renommée pour sa gastronomie

rent /rent/ 1 N [*of house, room*] loyer *(m)*; **for ~** (*US*) à louer; **(one week) behind with one's ~** en retard (d'une semaine) sur son loyer

2 VT (a) (= *take for rent*) louer; **~ed accommodation/flat** logement *(m)*/appartement *(m)* en location; **"~-a-bike»** « location de vélos »

(b) (*also* **~ out**) louer

3 COMP ◆ **rent book** N (*for accommodation*) carnet *(m)* de quittances de loyer ◆ **rent boy*** N jeune prostitué *(m)* ◆ **rent collector** N personne *(f)* chargée d'encaisser les loyers ◆ **rent-free** ADJ exempt de loyer ◆ ADV [*live somewhere*] sans payer de loyer ◆ **rent rebate** N réduction *(f)* de loyer

⚠ **rent ≠ rente**

rental /'rentl/ N (*Brit*) (a) (= *amount paid*) [*of house, land*] (montant *(m)* du) loyer *(m)*; [*of television*] (prix *(m)* de) location *(f)* (b) (= *activity*) location *(f)*; **car/bike ~** location *(f)* de voitures/vélos

renunciation /rɪ,nʌnsɪ'eɪʃən/ N (*frm*) renonciation *(f)* (**of sth** à qch)

reopen /ˌriː'əʊpən/ VTI rouvrir

reorganization /'riːˌɔːɡənaɪ'zeɪʃən/ N réorganisation *(f)*

reorganize /ˌriː'ɔːɡənaɪz/ VT réorganiser

rep* /rep/ N (ABBR = **representative**) représentant(e) *(m(f))* (de commerce)

Rep. (*US*) ABBR = **Republican**

repaint /ˌriː'peɪnt/ VT repeindre

repair /rɪ'peə/ 1 VT réparer 2 N (a) réparation *(f)*; [*of roof, road*] réfection *(f)*; **to be beyond ~** être irréparable; **closed for ~s** fermé pour cause de travaux (b) (= *condition*) **to be in good/bad ~** être en bon/mauvais état 3 COMP ◆ **repair kit** N trousse *(f)* de réparation ◆ **repair man** N (*pl* **repair men**) réparateur *(m)*

repatriate /riː'pætrɪeɪt/ VT rapatrier

repay /riː'peɪ/ (*pret, ptp* **repaid**) VT [*+ money, person*] rembourser; [*+ debt*] s'acquitter de; **how can I ever ~ you?** comment pourrais-je jamais vous remercier?; **and this is how they ~ me!** c'est comme ça qu'ils me remercient!; **to ~ sb's kindness** payer de retour la gentillesse de qn

repayable /riː'peɪəbl/ ADJ remboursable; **~ over ten years** remboursable sur dix ans

repayment /riː'peɪmənt/ N [*of money*] remboursement *(m)* ◆ **repayment mortgage** N (*Brit*) emprunt logement sans capital différé

repeal /rɪ'piːl/ VT [*+ law*] abroger

repeat /rɪ'piːt/ 1 VT (= *say again*) répéter; [*+ demand, promise*] réitérer; [*+ TV programme*] rediffuser 2 N répétition *(f)*; [*of programme*] rediffusion *(f)* 3 COMP ◆ **repeat offender** N récidiviste *(mf)* ◆ **repeat order** N (*Brit*) commande *(f)* renouvelée ◆ **repeat performance** N *(fig)* **he gave a ~ performance** il a refait la même chose ◆ **repeat prescription** N (*Brit*) renouvellement *(m)* d'ordonnance

repeated /rɪ'piːtɪd/ ADJ [*requests, warnings, efforts*] répété; **after ~ attempts** après plusieurs tentatives

repeatedly /rɪ'piːtɪdlɪ/ ADV à plusieurs reprises

repel /rɪ'pel/ VT [*+ enemy*] repousser; (= *disgust*) dégoûter

repellent /rɪ'pelənt/ 1 ADJ (*frm*) [*person, sight*] repoussant; [*opinion*] abject 2 N (= *insect repellent*) insectifuge *(m)*

repent /rɪ'pent/ 1 VI se repentir 2 VT se repentir de

repentant /rɪ'pentənt/ ADJ **to be ~** se repentir

repercussion /ˌriːpə'kʌʃən/ N répercussion *(f)*

repertoire /'repətwɑː/ N répertoire *(m)*

repetition /ˌrepɪ'tɪʃən/ N répétition *(f)*; **I don't want a ~ of this!** que cela ne se reproduise pas!

repetitive /rɪ'petɪtɪv/ ADJ [*writing*] plein de redites; [*work*] répétitif ◆ **repetitive strain injury** N troubles *(mpl)* musculosquelettiques

replace /rɪ'pleɪs/ VT (a) (= *put back*) remettre à sa place; **to ~ the receiver** raccrocher (b) (= *take the place of*) remplacer (c) (= *provide substitute for*) remplacer (**by, with** par)

replacement /rɪ'pleɪsmənt/ N (= *person*) remplaçant(e) *(m(f))*; (= *product*) produit *(m)* de remplacement

replay 1 N [*of match*] **the ~ is on 15 October** le match sera rejoué le 15 octobre 2 VT [*+ match*] rejouer

★ *Lorsque* **replay** *est un nom, l'accent tombe sur la première syllabe: /'riːpleɪ/, lorsque c'est un verbe, sur la seconde: /ˌriː'pleɪ/.*

replenish /rɪ'plenɪʃ/ VT remplir de nouveau (**with** de); **to ~ one's supplies of sth** se réapprovisionner en qch

replica /'replɪkə/ N copie *(f)* exacte

reply /rɪ'plaɪ/ 1 N réponse *(f)*; **in ~ (to)** en réponse (à) 2 VTI répondre

report /rɪ'pɔːt/ 1 N (= *account, statement*) rapport *(m)*; [*of speech*] compte rendu *(m)*; (*on TV, in the press*) reportage *(m)*; (*official*) rapport *(m)* (d'enquête); (*at regular intervals: on weather, sales*) bulletin *(m)*; **monthly ~** bulletin *(m)* mensuel; **school ~** (*Brit*) bulletin *(m)* scolaire; **to make a ~ on ...** faire un rapport sur ...; (*for TV, radio, newspaper*) faire un reportage sur ...

2 NPL **reports** (= *news*) **there are ~s of rioting** il y aurait (*or* il y aurait eu) des émeutes; **the ~s of rioting have been proved** les rumeurs selon lesquelles il y aurait eu des émeutes se sont révélées fondées

3 VT (a) (= *give account of*) rapporter; **to ~ a speech** faire le compte rendu d'un discours; **to ~ one's findings** [*scientist*] rendre compte de l'état de ses recherches; [*commission*] présenter ses conclusions; **to ~ progress** rendre compte des progrès; **only one paper ~ed his death** un seul journal a signalé sa mort; **a prisoner is ~ed to have escaped** un détenu se serait évadé

(b) (= *announce*) annoncer; **it is ~ed from the White House that ...** on annonce à la Maison-Blanche que ...

(c) (= *notify authorities of*) [*+ accident, crime, suspect*] signaler; [*+ criminal, culprit*] dénoncer; **to ~ a theft to the police** signaler un vol à la police; **~ed missing** porté disparu; **nothing to ~** rien à signaler

4 VI (a) (= *give a report*) faire un rapport (**on** sur)

(b) (*in hierarchy*) **he ~s to the sales manager** il est sous les ordres du directeur des ventes; **who do you ~ to?** qui est votre supérieur hiérarchique?

(c) **to ~ for duty** se présenter au travail

5 COMP ◆ **report card** N (*in school*) bulletin *(m)* scolaire ► **report back** VI (a) (= *return*) **you must ~ back at 6 o'clock** il faut que vous soyez de retour à 6 heures (b) (= *give report*) présenter son rapport (**to** à)

reportedly /rɪˈpɔːtɪdlɪ/ ADV ~, **several prisoners have escaped** plusieurs prisonniers se seraient échappés

reporter /rɪˈpɔːtəʳ/ N journaliste (mf); (on the spot) reporter (mf); (for television, radio) reporter (mf)

reporting restrictions /rɪˈpɔːtɪŋrɪˌstrɪkʃənz/ NPL restrictions (fpl) imposées aux médias (lors de la couverture d'un procès)

repository /rɪˈpɒzɪtərɪ/ N (= warehouse) entrepôt (m); [of knowledge, facts] mine (f)

repossess /ˌriːpəˈzes/ VT saisir

reprehensible /ˌreprɪˈhensɪbl/ ADJ répréhensible

represent /ˌreprɪˈzent/ VT représenter; [+ grievance, risk] présenter (as comme étant); **it is exactly as ~ed in the advertisement** c'est exactement conforme à la description de l'annonce

representation /ˌreprɪzenˈteɪʃən/ N représentation (f); [of role] interprétation (f); **proportional ~** (Politics) représentation (f) proportionnelle

representative /ˌreprɪˈzentətɪv/ 1 ADJ représentatif 2 N représentant(e) (m(f)); (in commerce) représentant (m) (de commerce); (US = politician) député (m)

repress /rɪˈpres/ VT [+ feelings, smile] réprimer; (Psych) refouler

repressed /rɪˈprest/ ADJ refoulé

repression /rɪˈpreʃən/ N ⓐ (political, social) répression (f) ⓑ (psychological) répression (f); (= denial) refoulement (m)

repressive /rɪˈpresɪv/ ADJ [regime, measures] répressif; [forces] de répression

reprieve /rɪˈpriːv/ N (judicial) (lettres (fpl) de) grâce (f); (= delay) sursis (m); **they won a ~ for the house** ils ont obtenu un sursis pour la maison

reprimand /ˈreprɪmɑːnd/ 1 N (from parents, teachers) réprimande (f) 2 VT réprimander

reprint 1 VT réimprimer 2 N réimpression (f)

★ Lorsque **reprint** est un verbe, l'accent tombe sur la seconde syllabe: /ˌriːˈprɪnt/, lorsque c'est un nom, sur la première: /ˈriːprɪnt/.

reprisal /rɪˈpraɪzəl/ 1 N **as a** or **in ~ for ...** en représailles à ... 2 NPL **reprisals** représailles (fpl); **to take ~s** user de représailles

reproach /rɪˈprəʊtʃ/ 1 N ⓐ (= rebuke) reproche (m) ⓑ (= discredit) **to be above** or **beyond ~** être irréprochable 2 VT faire des reproches à; **to ~ sb for sth** reprocher qch à qn; **to ~ sb for having done sth** reprocher à qn d'avoir fait qch

reproachful /rɪˈprəʊtʃfʊl/ ADJ réprobateur (-trice (f))

reproachfully /rɪˈprəʊtʃfəlɪ/ ADV [say] sur un ton réprobateur; [shake one's head] d'un air réprobateur

reproduce /ˌriːprəˈdjuːs/ 1 VT reproduire 2 VI [animals] se reproduire

reproduction /ˌriːprəˈdʌkʃən/ N reproduction (f) ◆ **reproduction furniture** N copie(s) (f(pl)) de meuble(s) ancien(s)

reproductive /ˌriːprəˈdʌktɪv/ ADJ reproducteur (-trice (f))

reprove /rɪˈpruːv/ VT [+ action] réprouver

reptile /ˈreptaɪl/ N reptile (m) ◆ **reptile house** N vivarium (m)

republic /rɪˈpʌblɪk/ N république (f); **the Republic** (US = America) les États-Unis (mpl) d'Amérique

republican /rɪˈpʌblɪkən/ ADJ, N républicain(e) (m(f)) ◆ **Republican party** N parti (m) républicain

repudiate /rɪˈpjuːdɪeɪt/ VT [+ accusation] repousser

repugnance /rɪˈpʌgnəns/ N répugnance (f)

repugnant /rɪˈpʌgnənt/ ADJ répugnant; **to be ~ to sb** répugner à qn

repulse /rɪˈpʌls/ VT repousser

repulsion /rɪˈpʌlʃən/ N répulsion (f)

repulsive /rɪˈpʌlsɪv/ ADJ [person, behaviour, sight, idea] re-

poussant; **I found it ~ to think that ...** il me répugnait de penser que ...

reputable /ˈrepjʊtəbl/ ADJ [person, company] de bonne réputation

reputation /ˌrepjʊˈteɪʃən/ N réputation (f); **to have a good/bad ~** avoir bonne/mauvaise réputation; **to have a ~ for honesty** être réputé pour son honnêteté; **to live up to one's ~** soutenir sa réputation

repute /rɪˈpjuːt/ N réputation (f); **to know sb by ~** connaître qn de réputation; **a restaurant of ~** un restaurant réputé; **a house of ill ~** (= brothel) une maison close

reputed /rɪˈpjuːtɪd/ ADJ ⓐ (= supposed) soi-disant; **the story's ~ to be true** cette histoire est censée être vraie ⓑ (= esteemed) réputé

reputedly /rɪˈpjuːtɪdlɪ/ ADV **it is ~ the best restaurant in town** à ce que l'on dit, ce serait le meilleur restaurant de la ville

request /rɪˈkwest/ 1 N demande (f); **at sb's ~** à la demande de qn; **by popular ~** à la demande générale; **on ~** sur demande; **to grant a ~** accéder à une requête 2 VT demander; **to ~ sth from sb** demander qch à qn; **to ~ sb to do sth** demander à qn de faire qch; **"you are ~ed not to smoke"** « prière de ne pas fumer »; **as ~ed in your letter of ...** comme vous l'avez demandé dans votre lettre du ...

require /rɪˈkwaɪəʳ/ VT ⓐ (= need) [person] avoir besoin de; [thing, action] requérir; **if ~d** au besoin ⓑ (= demand) exiger; **to ~ sb to do sth** exiger de qn qu'il fasse qch; **to ~ sth of sb** exiger qch de qn; **as ~d by law** comme la loi l'exige; **what qualifications are ~d?** quels sont les diplômes requis?

required /rɪˈkwaɪəd/ ADJ [conditions, amount] requis; **to meet the ~ standards** [machine] être conforme aux normes; [student] avoir le niveau requis; **in the ~ time** dans les délais prescrits ◆ **required reading** N (for school, university) ouvrage(s) (m(pl)) au programme

requirement /rɪˈkwaɪəmənt/ N (= need) besoin (m); **to meet sb's ~s** satisfaire aux besoins de qn

requisite /ˈrekwɪzɪt/ (frm) 1 N chose (f) requise 2 ADJ requis

requisition /ˌrekwɪˈzɪʃən/ VT réquisitionner

reroute /ˌriːˈruːt/ VT [+ train, coach] dérouter; **our train was ~d through Leeds** notre train a été dérouté sur Leeds

rerun /ˈriːrʌn/ N [of TV programme, series] rediffusion (f); **the opposition has demanded a ~ of the elections** l'opposition a demandé que l'on organise de nouvelles élections

resale /ˈriːseɪl/ N revente (f); **"not for ~"** « vente au détail interdite » ◆ **resale price** N prix (m) à la revente ◆ **resale value** N what's the ~ value? ça se revend combien?; [car] elle est cotée combien à l'Argus?

reschedule /ˌriːˈʃedjuːl, (US) ˌriːˈskedjuːl/ VT [+ meeting, visit] changer l'heure (or la date) de

rescue /ˈreskjuː/ 1 N (= help) secours (mpl); (= saving) sauvetage (m); **to come to sb's ~** venir en aide à qn; **to the ~!** à la rescousse! 2 VT (= save) secourir; **you ~d me from a difficult situation** vous m'avez tiré d'une situation difficile 3 COMP ◆ **rescue attempt** N opération (f) de sauvetage ◆ **rescue party** N équipe (f) de secours; (Ski, Climbing) colonne (f) de secours ◆ **rescue services** NPL services (mpl) de secours ◆ **rescue worker** N secouriste (mf)

rescuer /ˈreskjʊəʳ/ N sauveteur (m)

research /rɪˈsɜːtʃ/ 1 N recherche(s) (f(pl)); **to do ~** faire des recherches

2 VI faire des recherches (**into, on** sur)

3 VT [+ article, book] faire des recherches pour; **well-~ed** bien documenté

4 COMP ◆ **research and development** N recherche (f) et développement (m) ◆ **research assistant** N ≈ étudiant(e) (m(f)) de doctorat (ayant le statut de chercheur) ◆ **research fellow** N ≈ chercheur (m), -euse (f) attaché(e) à l'université ◆ **research fellowship** N poste (m) de chercheur (-euse (f)) attaché(e) à l'université ◆ **research laboratory** N laboratoire (m) de recherches ◆ **research scientist** N chercheur

(m), -euse (f) ◆ **research student** N étudiant(e) (m(f)) en maîtrise (ayant statut de chercheur) ◆ **research work** N travail (m) de recherche ◆ **research worker** N chercheur (m), -euse (f)

resemblance /rɪˈzembləns/ N ressemblance (f); **to bear a strong ~ (to)** avoir une grande ressemblance (avec)

resemble /rɪˈzembl/ VT [person, thing] ressembler à; **they ~ each other** ils se ressemblent

resent /rɪˈzent/ VT [+ attitude] être contrarié par; **I ~ that!** je proteste!; **he ~ed my promotion** il n'a jamais pu accepter ma promotion

resentful /rɪˈzentfʊl/ ADJ [person, reply, look] plein de ressentiment; **to feel ~ towards sb (for doing sth)** en vouloir à qn (d'avoir fait qch)

resentment /rɪˈzentmənt/ N ressentiment (m)

reservation /ˌrezəˈveɪʃən/ 1 N ⓐ (= restriction) réserve (f); **without ~** sans réserve; **to have ~s about ...** émettre des réserves sur ... ⓑ (= booking) réservation (f); **to make a ~ at the hotel/on the boat** réserver une chambre à l'hôtel/une place sur le bateau ⓒ (= area of land) réserve (f); (US) réserve (f) (indienne); **(central) ~** (Brit: on roadway) bande (f) médiane 2 COMP ◆ **reservation desk** N comptoir (m) des réservations

reserve /rɪˈzɜːv/ 1 VT réserver; **to ~ one's strength** garder ses forces; **to ~ judgement** réserver son jugement

2 N ⓐ réserve (f); **to have great ~s of energy** avoir une grande réserve d'énergie; **cash ~** réserve (f) en devises; **gold ~s** réserves (fpl) d'or; **to keep in ~** tenir en réserve; **without ~** sans réserve; **he treated me with some ~** il s'est tenu sur la réserve avec moi ⓑ (= team) **the ~s** l'équipe (f) de réserve

3 COMP ◆ **reserve bank** N (US) banque (f) de réserve ◆ **reserve team** N (Brit) équipe (f) de réserve

reserved /rɪˈzɜːvd/ ADJ réservé; **to be ~ about sth** se montrer réservé au sujet de qch

reservoir /ˈrezəvwɑːr/ N réservoir (m)

reset /ˌriːˈset/ (pret, ptp **reset**) VT [+ clock, watch] mettre à l'heure; **to ~ the alarm** remettre l'alarme; **to ~ a broken bone** réduire une fracture

reshape /ˌriːˈʃeɪp/ VT [+ policy] réorganiser

reshuffle /ˌriːˈʃʌfl/ N (in management) remaniement (m); **Cabinet ~** (Politics) remaniement (m) ministériel

reside /rɪˈzaɪd/ VI résider

residence /ˈrezɪdəns/ 1 N ⓐ (frm = house) résidence (f) ⓑ (= stay) séjour (m), résidence (f); **after five years' ~ in Britain** après avoir résidé en Grande-Bretagne pendant cinq ans; **country of ~** pays (m) de résidence

◆ **in residence: to be in ~** [monarch, governor] être en résidence; **there is always a doctor in ~** il y a toujours un médecin sur place

2 COMP ◆ **residence hall** N (US) résidence (f) universitaire ◆ **residence permit** N (Brit) permis (m) de séjour

resident /ˈrezɪdənt/ 1 N habitant(e) (m(f)); (in foreign country) résident(e) (m(f)); **"parking for ~s only"** «réservé aux riverains»; **"~s only"** «interdit sauf aux riverains» 2 ADJ [landlord] occupant; [chaplain, caretaker] à demeure; **to be ~ in France** résider en France 3 COMP ◆ **residents' association** N association (f) de riverains

residential /ˌrezɪˈdenʃəl/ 1 ADJ ⓐ (= not industrial) [area] d'habitation ⓑ (= live-in) [post, job, course] avec hébergement; [staff] logé sur place 2 COMP ◆ **residential care** N **to be in ~ care** [old person] être en maison de retraite; [handicapped person] être dans un centre pour handicapés ◆ **residential home** N (for old people) maison (f) de retraite; (for handicapped people) centre (m) pour handicapés

residual /rɪˈzɪdjʊəl/ ADJ restant; **the ~ powers of the British sovereign** les pouvoirs qui restent au souverain britannique

residue /ˈrezɪdjuː/ N résidu (m)

resign /rɪˈzaɪn/ 1 VT ⓐ (= give up) [+ one's job] démissionner de ⓑ (= accept) **to ~ o.s. to (doing) sth** se résigner à (faire) qch 2 VI démissionner (**from** de)

resignation /ˌrezɪgˈneɪʃən/ N ⓐ (from job) démission (f); **to tender one's ~** donner sa démission ⓑ (mental state) résignation (f)

resigned /rɪˈzaɪnd/ ADJ résigné; **to be ~ to (doing) sth** s'être résigné à (faire) qch

resilience /rɪˈzɪliəns/ N [of person, character] résistance (f)

resilient /rɪˈzɪliənt/ ADJ [material] résistant; **he is very ~ (physically)** il est très résistant

resist /rɪˈzɪst/ VT résister à

resistance /rɪˈzɪstəns/ N résistance (f); **the Resistance** (during the war) la Résistance; **to meet with ~** se heurter à une résistance; **to offer ~ to sth** résister à qch; **he offered no ~** il n'opposa aucune résistance (**to** à) ◆ **resistance fighter** N résistant(e) (m(f)) ◆ **resistance movement** N résistance (f)

resistant /rɪˈzɪstənt/ ADJ [person] hostile (**to sth** à qch); [material] résistant (**to sth** à qch)

resit (pret, ptp **resat**) (Brit) 1 VT repasser 2 N **to fail one's ~s** échouer une deuxième fois à ses examens

★ Lorsque **resit** est un verbe, l'accent tombe sur la seconde syllabe: /ˌriːˈsɪt/, lorsque c'est un nom, sur la première: /ˈriːsɪt/.

resolute /ˈrezəluːt/ ADJ [person] résolu; **to be ~ in doing sth** faire qch résolument; **to be ~ in one's opposition to sth** s'opposer résolument à qch

resolution /ˌrezəˈluːʃən/ N résolution (f); **to make a ~** prendre une résolution; **to show ~** faire preuve de résolution

resolve /rɪˈzɒlv/ 1 VT [+ problem, difficulty] résoudre; [+ doubt] dissiper 2 VI se résoudre (**to do sth** à faire qch) 3 N (= resoluteness) résolution (f); **to do sth with ~** faire qch avec détermination

resolved /rɪˈzɒlvd/ ADJ résolu (**to do sth** à faire qch)

resonance /ˈrezənəns/ N résonance (f)

resonant /ˈrezənənt/ ADJ [voice, room] sonore

resort /rɪˈzɔːt/ 1 N ⓐ (= recourse) recours (m); **as a last ~** en dernier ressort ⓑ (= place) **seaside ~** station (f) balnéaire; **winter sports ~** station (f) de sports d'hiver 2 VI **to ~ to sth** avoir recours à qch

resound /rɪˈzaʊnd/ VI retentir (**with** de)

resounding /rɪˈzaʊndɪŋ/ ADJ [crash] sonore; [success] retentissant; **a ~ no** un non catégorique

resource /rɪˈsɔːs/ N ressource (f); **left to his own ~s** livré à lui-même

resourceful /rɪˈsɔːsfʊl/ ADJ [person] plein de ressources

resourcefulness /rɪˈsɔːsfʊlnɪs/ N ingéniosité (f)

respect /rɪˈspekt/ 1 N ⓐ (= esteem) respect (m); **I have the greatest ~ for him** j'ai infiniment de respect pour lui; **she has no ~ for other people's feelings** elle n'a aucun respect pour les sentiments d'autrui; **out of ~ for ...** par respect pour ...; **with (due) ~ I still think that ...** sauf votre respect je crois toujours que ...

ⓑ (= particular) **in what ~?** à quel égard?; **in some ~s** à certains égards; **in many ~s** à bien des égards; **in one ~** d'un certain côté

◆ **with respect to** (= as regards) en ce qui concerne

2 NPL **respects** (= regards) respects (mpl); **to pay one's ~s to sb** présenter ses respects à qn

3 VT respecter

respectability /rɪˌspektəˈbɪlɪtɪ/ N respectabilité (f)

respectable /rɪˈspektəbl/ ADJ [person, behaviour, amount] respectable; [clothes] convenable; **to finish a ~ second/third** finir honorablement deuxième/troisième

respectful /rɪˈspektfʊl/ ADJ respectueux

respectfully /rɪˈspektfəlɪ/ ADV respectueusement; [treat] avec respect

respective /rɪˈspektɪv/ ADJ respectif

respectively /rɪˈspektɪvlɪ/ ADV respectivement

respiration /ˌrespɪˈreɪʃən/ N respiration (f)

respiratory /ˈrespərətərɪ/ ADJ respiratoire ◆ **respiratory failure** N défaillance (f) respiratoire

respite /'respait/ N répit (m)

respond /rɪ'spɒnd/ VI répondre (**to** à); **the brakes ~ well** les freins répondent bien; **the patient ~ed to treatment** le malade a bien réagi au traitement

response /rɪ'spɒns/ N réponse (f); (to treatment) réaction (f); **in ~ to** en réponse à ◆ **response time** N temps (m) de réponse

responsibility /rɪ,spɒnsə'bɪlɪtɪ/ N responsabilité (f); **to lay the ~ for sth on sb** tenir qn pour responsable de qch; **to take ~ for sth** prendre la responsabilité de qch; **"the company takes no ~ for objects left here"** ≈ « la compagnie décline toute responsabilité pour les objets en dépôt »; **to take on the ~** accepter la responsabilité; **the group which claimed ~ for the attack** le groupe qui a revendiqué l'attentat; **he wants a position with more ~** il cherche un poste offrant plus de responsabilités; **it is a big ~ for him** c'est une lourde responsabilité pour lui

responsible /rɪ'spɒnsəbl/ ADJ ⓐ (= trustworthy) responsable
ⓑ (= in charge) responsable (**for sb** de qn); **~ for sth** responsable de qch; **~ for doing sth** chargé de faire qch
ⓒ (= the cause) **she is ~ for the success of the project** c'est à elle que l'on doit le succès du projet; **CFCs are ~ for destroying the ozone layer** les CFC sont responsables de la destruction de la couche d'ozone; **I demand to know who is ~ for this!** j'exige de connaître le responsable!; **to hold sb ~ for sth** tenir qn responsable de qch
ⓓ (= involving responsibility) **a ~ job** un travail à responsabilité(s)

responsibly /rɪ'spɒnsəblɪ/ ADV de façon responsable

responsive /rɪ'spɒnsɪv/ ADJ réceptif

rest /rest/ 1 N ⓐ (= relaxation) repos (m); **to need a ~** avoir besoin de se reposer; **to have a ~** se reposer; **no ~ for the wicked** pas de repos pour les braves; **take a ~!** reposez-vous!; **at ~** au repos; **to lay to ~** [+ body] porter en terre; [+ idea] enterrer; **to put sb's mind at ~** tranquilliser qn
ⓑ (= remainder) reste (m); **the ~ of the money** le reste de l'argent; **he was as drunk as the ~ of them** il était aussi ivre que les autres; **all the ~ of the books** tous les autres livres; **and all the ~ (of it)*** et tout ce qui s'ensuit; **for the ~** quant au reste
2 VI ⓐ (= repose) se reposer; **he won't ~ till he finds out the truth** il n'aura de cesse qu'il ne découvre la vérité; **may he ~ in peace** qu'il repose en paix
ⓑ (= remain) **~ assured that ...** soyez certain que ...; **they agreed to let the matter ~** ils ont convenu d'en rester là
ⓒ (= lean) [person] s'appuyer; [ladder] être appuyé; **her elbows were ~ing on the table** elle était accoudée à la table
3 VT ⓐ laisser reposer; **to ~ o.s.** se reposer; **God ~ his soul!** que Dieu ait son âme!
ⓑ **to ~ one's case** [lawyer] conclure sa plaidoirie; **I ~ my case!** (hum) CQFD!
ⓒ (= lean) poser (**on** sur, **against** contre); **he ~ed the ladder against the wall** il a appuyé l'échelle contre le mur

restart /,riː'stɑːt/ VT [+ work] reprendre; [+ machine] remettre en marche

restaurant /'restərɒŋ/ N restaurant (m)

restful /'restfʊl/ ADJ [holiday] reposant; [place] paisible

restless /'restlɪs/ ADJ agité; **to grow ~** [person] s'agiter; **to spend a ~ night** avoir une nuit agitée

restock /,riː'stɒk/ VT [+ shop, freezer] réapprovisionner

restoration /,restə'reɪʃən/ N [of monument, work of art] restauration (f)

restore /rɪ'stɔː'/ VT ⓐ (= give or bring back) rendre; [+ confidence] redonner; [+ order, calm] rétablir; **~d to health** rétabli; **to ~ sb to power** ramener qn au pouvoir
ⓑ (= repair) restaurer

restrain /rɪ'streɪn/ VT ⓐ [+ dangerous person] contenir
ⓑ [+ one's anger, feelings] refréner; **please ~ yourself!** je vous en prie, dominez-vous!

restrained /rɪ'streɪnd/ ADJ [person] maître (maîtresse (f)) de soi; [tone, reaction] mesuré; **he was very ~ when he heard the news** quand il a appris la nouvelle, il est resté très maître de lui

restraint /rɪ'streɪnt/ N ⓐ (= restriction) limitation (f) (**on sth** de qch); **without ~** sans contrainte ⓑ (= moderation) [of person, behaviour] modération (f); **his ~ was admirable** il se maîtrisait admirablement; **to show a lack of ~** manquer de retenue

restrict /rɪ'strɪkt/ VT limiter (**to** à); **visiting is ~ed to one hour per day** les visites sont limitées à une heure par jour

restricted /rɪ'strɪktɪd/ ADJ [person, choice] restreint; [access] (= forbidden to some people) réservé

restriction /rɪ'strɪkʃən/ N restriction (f); **speed ~** limitation (f) de vitesse

restrictive /rɪ'strɪktɪv/ ADJ [measures] de restriction; [law] restrictif

restructuring /,riː'strʌktʃərɪŋ/ N restructuration (f)

result /rɪ'zʌlt/ N résultat (m); **to be the ~ of sth** être le résultat de qch; **as a ~ of** à la suite de; **he died as a ~ of his injuries** il est décédé des suites de ses blessures; **to get ~s** [person] obtenir des résultats
► **result in** VT INSEP [+ changes, loss] entraîner; [+ injury, death] occasionner

resume /rɪ'zjuːm/ 1 VT [+ tale, account, activity, discussions] reprendre; [+ relations] renouer; **to ~ work** reprendre le travail; **to ~ one's journey** reprendre la route; **"well" he ~d** « eh bien » reprit-il; **to ~ possession of sth** (frm) reprendre possession de qch 2 VI [classes, work] reprendre

⚠ **to resume ≠ résumer**

résumé /'reɪzjuːmeɪ/ N résumé (m); (US, Austral) curriculum vitæ (m inv)

resumption /rɪ'zʌmpʃən/ N reprise (f); [of diplomatic relations] rétablissement (m)

resurgence /rɪ'sɜːdʒəns/ N résurgence (f)

resurrect /,rezə'rekt/ VT ressusciter

resurrection /,rezə'rekʃən/ N résurrection (f)

resuscitate /rɪ'sʌsɪteɪt/ VT ressusciter; [+ injured person] réanimer

retail /'riːteɪl/ 1 VI [goods] se vendre (au détail) 2 ADV **to buy/sell ~** acheter/vendre au détail 3 COMP ◆ **retail business** N commerce (m) de détail ◆ **retail park** N (Brit) centre (m) commercial ◆ **retail price** N prix (m) de détail

retailer /'riːteɪlə'/ N détaillant(e) (m(f))

retain /rɪ'teɪn/ VT (= keep) conserver; (= hold) retenir; [+ heat] conserver; **~ing wall** mur (m) de soutènement; **to ~ control (of)** garder le contrôle (de)

retainer /rɪ'teɪnə'/ N (= fee) acompte (m)

retaliate /rɪ'tælɪeɪt/ VI riposter; **to ~ against** user de représailles contre

retaliation /rɪ,tælɪ'eɪʃən/ N représailles (fpl); **in ~** par représailles; **in ~ for ...** en représailles à ...

retarded /rɪ'tɑːdɪd/ ADJ (also **mentally ~**) arriéré

retch /retʃ/ VI avoir des haut-le-cœur

retention /rɪ'tenʃən/ N (= keeping) maintien (m); [of water] rétention (f)

rethink (pret, ptp **rethought**) 1 VT repenser 2 N **we'll have to have a ~** nous allons devoir y réfléchir encore

★ Lorsque **rethink** est un verbe, l'accent tombe sur la seconde syllabe: /,riː'θɪŋk/, lorsque c'est un nom, sur la première: /'riːθɪŋk/.

reticence /'retɪsəns/ N réticence (f)

reticent /'retɪsənt/ ADJ réservé; **~ about sth** réticent à parler de qch

retina /'retɪnə/ N rétine (f)

retire /rɪ'taɪə'/ VI ⓐ (= withdraw) se retirer; (in sport) abandonner; **to ~ from the room** quitter la pièce; **to ~ from the world/from public life** se retirer du monde/de la vie publique ⓑ (= give up one's work) prendre sa retraite

retired /rɪˈtaɪəd/ ADJ (= no longer working) à la retraite ; **a ~ person** un(e) retraité(e)

retirement /rɪˈtaɪəmənt/ N (= stopping work) retraite (f) ; **~ at 60** retraite (f) à 60 ans ; **to announce one's ~** annoncer que l'on prend sa retraite ; **to come out of ~** reprendre une occupation (après avoir pris sa retraite) ◆ **retirement age** N âge (m) de la retraite ◆ **retirement benefit** N indemnité (f) de départ en retraite ◆ **retirement home** N maison (f) de retraite

retiring /rɪˈtaɪərɪŋ/ ADJ (= shy) réservé

retort /rɪˈtɔːt/ VT rétorquer ; **"no!"**, **he ~ed** « non ! » rétorqua-t-il

retrace /rɪˈtreɪs/ VT **to ~ one's steps** revenir sur ses pas

retract /rɪˈtrækt/ 1 VT ⓐ [+ offer, evidence] retirer ; [+ statement] revenir sur ⓑ [+ claws] rentrer 2 VI (= withdraw statement) se rétracter

retractable /rɪˈtræktəbl/ ADJ [undercarriage, aerial] escamotable

retrain /ˌriːˈtreɪn/ 1 VT recycler 2 VI se recycler ; **he ~ed as a programmer** il s'est recyclé pour devenir programmeur

retraining /ˌriːˈtreɪnɪŋ/ N recyclage (m)

retreat /rɪˈtriːt/ 1 N ⓐ (= withdrawal) retraite (f) ; **the army is in ~** l'armée bat en retraite ; **to beat a hasty ~** battre en retraite ⓑ (= place) **a country ~** un endroit tranquille à la campagne 2 VI [army] battre en retraite

retrial /ˌriːˈtraɪəl/ N révision (f) de procès

retribution /ˌretrɪˈbjuːʃən/ N châtiment (m)

retrieval /rɪˈtriːvəl/ N ⓐ (Computing) extraction (f) ⓑ [of object] récupération (f)

retrieve /rɪˈtriːv/ VT [+ object] récupérer (**from** de) ; [+ information] extraire

retriever /rɪˈtriːvəʳ/ N (= dog) retriever (m)

retro /ˈretrəʊ/ ADJ [fashion, music] rétro (inv)

retrospect /ˈretrəʊspekt/ N **in retrospect** rétrospectivement

retrospective /ˌretrəʊˈspektɪv/ ADJ [pay rise, legislation] rétroactif

return /rɪˈtɜːn/ 1 VI [person, vehicle] (= come back) revenir ; (= go back) retourner ; [symptoms, fears] réapparaître ; **to ~ home** rentrer ; **have they ~ed?** sont-ils revenus ? ; **to ~ to one's work** reprendre son travail ; **to ~ to school** rentrer (en classe)

2 VT ⓐ (= give back) rendre ; (= bring back) rapporter ; (= send back) renvoyer ; **to ~ money to sb** rembourser qn ; **he ~ed the $5 to him** il lui a remboursé les 5 dollars ; **to ~ a book to the library** rendre un livre à la bibliothèque ; **to ~ the favour** rendre la pareille

ⓑ (= declare) **to ~ a verdict of guilty on sb** déclarer qn coupable

3 N ⓐ (= coming, going back) [of person, illness, seasons] retour (m) ; **on my ~** à mon retour ; **my ~ home** mon retour ; **many happy ~s!** bon anniversaire !

ⓑ (= giving back) retour (m) ; (= sending back) renvoi (m) ⓒ (Brit = ticket) (billet (m)) aller-retour (m)

ⓓ (= recompense) (from land, business) rapport (m) ; (from investments) retour (m) ; **investors are looking for better ~s** les investisseurs recherchent des placements plus rentables

◆ **in return** en revanche ; **in ~ for** en récompense de

ⓔ (= act of declaring) [of verdict] déclaration (f) ; [of election results] proclamation (f) ; **tax ~** (feuille (f) de) déclaration (f) d'impôts

4 NPL **returns** (in election) résultats (mpl)

5 COMP ◆ **return fare** N (Brit) (prix (m) du billet) aller-retour (m) ◆ **return flight** N (Brit) (= journey back) vol (m) (de) retour ; (= two-way journey) vol (m) aller et retour ◆ **return journey** N (Brit) (voyage (m)) retour (m) ◆ **return match** N (Brit) match (m) retour ◆ **return ticket** N (Brit) aller-retour (m), aller et retour (m) ◆ **return visit** N (= repeat visit) nouvelle visite (f) ; **to pay a ~ visit** (= go back) retourner ; (= come back) revenir ; **it is hoped that a ~ visit by**

our German friends can be arranged on espère que nos amis allemands pourront nous rendre visite à leur tour

⚠ **retourner** is not the most common translation for **to return**.

returnable /rɪˈtɜːnəbl/ ADJ [bottle, container] consigné ; **~ deposit** caution (f)

returner /rɪˈtɜːnəʳ/ N femme qui reprend le travail après avoir élevé ses enfants

reunification /ˌriːjuːnɪfɪˈkeɪʃən/ N réunification (f)

reunion /rɪˈjuːnjən/ N réunion (f)

Réunion /rɪˈjuːnjən/ N Réunion (f) ; **in ~** à la Réunion

reunite /ˌriːjuːˈnaɪt/ VT réunir ; **they were ~d at last** ils se sont enfin retrouvés

rev /rev/ 1 N (ABBR = **revolution**) tour (m) 2 VT [+ engine] monter le régime de

Rev. ABBR = **Reverend**

revamp* /ˌriːˈvæmp/ VT [+ company] réorganiser ; [+ house] retaper*

Revd ABBR = **Reverend**

reveal /rɪˈviːl/ VT révéler

revealing /rɪˈviːlɪŋ/ ADJ ⓐ (= telling) révélateur (-trice (f)) ⓑ [dress, blouse] (= low-cut) très décolleté

revel /ˈrevl/ VI (= delight) **to ~ in sth** se délecter de qch ; **to ~ in doing sth** prendre grand plaisir à faire qch

revelation /ˌrevəˈleɪʃən/ N révélation (f)

reveller, reveler (US) /ˈrevləʳ/ N fêtard(e)* (m(f))

revenge /rɪˈvendʒ/ 1 N vengeance (f) ; (fig, Sport) revanche (f) ; **to take ~ on sb for sth** se venger de qch sur qn ; **to get one's ~** se venger ; (Sport) prendre sa revanche 2 VT [+ murder] venger ; **to ~ o.s.** se venger (**on sb** de qn, **on sb for sth** de qch sur qn)

revenue /ˈrevənjuː/ N [of state] recettes (fpl) ; [of individual] revenu (m)

reverberate /rɪˈvɜːbəreɪt/ VI [sound] se répercuter ; [protests] se propager

reverberation /rɪˌvɜːbəˈreɪʃən/ N [of sound] répercussion (f) ; **to send ~s around the world** avoir des répercussions dans le monde entier

revere /rɪˈvɪəʳ/ VT révérer

reverence /ˈrevərəns/ N ⓐ (= respect) **to hold sb in ~** révérer qn ; **to show ~ to** rendre hommage à ⓑ **your Reverence** ≈ mon (révérend) père

reverend /ˈrevərənd/ 1 ADJ (in titles) **the Reverend (Robert) Martin** (Anglican) le révérend (Robert) Martin ; (Nonconformist) le pasteur (Robert) Martin 2 N (Protestant)* pasteur (m)

reversal /rɪˈvɜːsəl/ N [of roles, trend] renversement (m) ; [of opinion] revirement (m)

reverse /rɪˈvɜːs/ 1 ADJ [situation, effect] inverse ; **in ~ order** dans l'ordre inverse

2 N ⓐ (= opposite) contraire (m) ; **it is quite the ~** c'est tout le contraire ; **in ~** dans l'ordre inverse

ⓑ (= back) [of coin, medal] revers (m)

ⓒ (in vehicle) **in ~** en marche arrière ; **his fortunes went into ~** la chance a tourné (pour lui)

3 VT ⓐ (= turn the other way round) renverser ; **to ~ the order of things** inverser l'ordre des choses ; **to ~ a trend** renverser une tendance ; **to ~ the charges** (Brit) téléphoner en PCV

ⓑ (= cause to move backwards) **to ~ one's car into the garage** rentrer dans le garage en marche arrière ; **he ~d the car into a tree** il a heurté un arbre en faisant marche arrière

4 VI (Brit = move backwards) [car] faire marche arrière ; **to ~ into the garage/out of the driveway** rentrer dans le garage/sortir de l'allée en marche arrière ; **to ~ into a tree** heurter un arbre en faisant marche arrière

5 COMP ◆ **reverse-charge call** N (Brit) appel (m) en PCV ◆ **reverse gear** N marche (f) arrière ◆ **reversing light** N (Brit) feu (m) de marche arrière

reversible /rɪ'vɜ:səbl/ ADJ [*process, jacket*] réversible ; [*decision*] révocable

revert /rɪ'vɜ:t/ VI (= *return*) revenir (**to** à) ; **he has ~ed to type** le naturel a repris le dessus ; **fields ~ing to woodland** des champs qui retournent à l'état de forêt

review /rɪ'vju:/ 1 N ⓐ [*of situation, events*] examen (*m*) ; [*of wages, prices, contracts*] révision (*f*) ; (= *printed report*) rapport (*m*) d'enquête ; **the agreement comes up for ~ next year** l'accord doit être révisé l'année prochaine
♦ **under review** [*salaries, policy*] en cours de révision
ⓑ [*of book, film, play*] critique (*f*)
2 VT ⓐ (= *consider again*) passer en revue ; **we shall ~ the situation next year** nous réexaminerons la situation l'année prochaine
ⓑ [+ *book, play, film*] faire la critique de

revise /rɪ'vaɪz/ 1 VT réviser ; **to ~ sth upward(s)** réviser qch à la hausse 2 VI (*Brit*) réviser ; **to ~ for exams** réviser pour des examens

revision /rɪ'vɪʒən/ N révision (*f*)

revitalize /ˌri:'vaɪtəlaɪz/ VT redonner de la vitalité à ; **to ~ the economy** redynamiser l'économie

revival /rɪ'vaɪvəl/ N [*of custom, ceremony*] résurgence (*f*)

revive /rɪ'vaɪv/ 1 VT ⓐ [+ *person*] (*from near death*) réanimer ; **a glass of brandy will ~ you** un verre de cognac vous requinquera ⓑ [+ *interest*] raviver ; [+ *trade, business*] relancer 2 VI [*person*] reprendre connaissance

revoke /rɪ'vəuk/ VT [+ *law*] abroger ; [+ *order*] révoquer ; [+ *licence*] retirer

revolt /rɪ'vəult/ 1 N révolte (*f*) 2 VI ⓐ (= *rebel*) se révolter ⓑ (= *be disgusted*) être dégoûté (**at** par) 3 VT révolter ; **to be ~ed by sth/sb** être révolté par qch/qn

revolting /rɪ'vəultɪŋ/ ADJ (= *repulsive*) révoltant

revolution /ˌrevə'lu:ʃən/ N révolution (*f*) ; **the French Revolution** la Révolution française

revolutionary /ˌrevə'lu:ʃnərɪ/ ADJ, N révolutionnaire (*mf*)

revolutionize /ˌrevə'lu:ʃənaɪz/ VT révolutionner

revolve /rɪ'vɒlv/ 1 VT faire tourner 2 VI tourner ; **the discussion ~d around two topics** la discussion tournait autour de deux sujets ; **he thinks everything ~s around him** il se prend pour le centre du monde

revolver /rɪ'vɒlvə'/ N revolver (*m*)

revolving /rɪ'vɒlvɪŋ/ ADJ [*chair, bookcase, stand*] pivotant
♦ **revolving door** N (porte (*f*)) tambour (*m*)

revulsion /rɪ'vʌlʃən/ N écœurement (*m*) (**at** devant)

reward /rɪ'wɔ:d/ 1 N récompense (*f*) ; **as a ~ for your honesty** en récompense de votre honnêteté ; **1,000 euros' ~** 1 000 € de récompense 2 VT récompenser (**for** de)

rewarding /rɪ'wɔ:dɪŋ/ ADJ (*financially*) rémunérateur (-trice (*f*)) ; (*mentally*) gratifiant ; **this is a very ~ book** ce livre vaut la peine d'être lu ; **bringing up a child is exhausting but ~** élever un enfant est une occupation exténuante mais gratifiante

rewind /ˌri:'waɪnd/ (*pret, ptp* **rewound**) VT [+ *film, tape*] rembobiner

rewire /ˌri:'waɪə'/ VT **to ~ a house** refaire l'installation électrique d'une maison

reword /ˌri:'wɜ:d/ VT [+ *question*] reformuler

rewritable /ˌri:'raɪtəbl/ ADJ [*CD, DVD*] réinscriptible

rewrite /ˌri:'raɪt/ (*pret* **rewrote**, *ptp* **rewritten**) VT récrire

Reykjavik /'reɪkjəvɪk/ N Reykjavik

RGN /ˌa:dʒi:'en/ N (ABBR = **Registered General Nurse**) (*Brit*) ≈ infirmier (*m*), -ière (*f*) diplômé(e)

rhesus negative /ˌri:səs'negətɪv/ ADJ rhésus négatif

rhetoric /'retərɪk/ N rhétorique (*f*)

rhetorical /rɪ'tɒrɪkəl/ ADJ **~ question** question (*f*) rhétorique

rheumatic /ru:'mætɪk/ ADJ [*pain*] rhumatismal ; [*hands, fingers*] perclus de rhumatismes

rheumatism /'ru:mətɪzəm/ N rhumatisme (*m*)

rheumatoid arthritis /ˌru:mətɔɪdɑ:'θraɪtɪs/ N polyarthrite (*f*) chronique évolutive

Rhine /raɪn/ N Rhin (*m*)

rhino* /'raɪnəu/ N ABBR = **rhinoceros**

rhinoceros /raɪ'nɒsərəs/ N rhinocéros (*m*)

Rhône /rəun/ N Rhône (*m*)

rhubarb /'ru:bɑ:b/ 1 N rhubarbe (*f*) 2 ADJ [*jam*] de rhubarbe ; [*tart*] à la rhubarbe

rhyme /raɪm/ 1 N (= *identical sound*) rime (*f*) ; **without ~ or reason** sans rime ni raison 2 VI [*word*] rimer

rhythm /'rɪðəm/ N rythme (*m*)

rhythmic(al) /'rɪðmɪk(əl)/ ADJ [*movement, beat*] rythmique ; [*music*] rythmé

RI ABBR = **Rhode Island**

rib /rɪb/ 1 N (= *bone*) côte (*f*) 2 VT (= *tease*)* mettre en boîte* 3 COMP ♦ **rib cage** N cage (*f*) thoracique ♦ **rib-tickler*** N blague* (*f*)

ribbed /rɪbd/ ADJ [*cotton, sweater*] à côtes

ribbon /'rɪbən/ N [*of hair, typewriter*] ruban (*m*)

rice /raɪs/ N riz (*m*) ♦ **rice-growing** ADJ [*area*] rizicole ♦ **rice paper** N papier (*m*) de riz ♦ **rice pudding** N riz (*m*) au lait ♦ **rice wine** N saké (*m*)

rich /rɪtʃ/ 1 ADJ ⓐ riche (*m*) ; **~ people** les riches (*mpl*) ; **to get ~(er)** s'enrichir ; **to make sb ~** enrichir qn ; **to get ~ quick*** s'enrichir rapidement ⓑ (= *unreasonable*) **that's ~ !*** c'est un peu fort ! 2 NPL **riches** richesse(s) (*f(pl)*) 3 NPL **the rich** les riches (*mpl*)

richly /'rɪtʃlɪ/ ADV [*decorated, coloured*] richement ; [*deserved*] largement ; [*rewarded*] généreusement ; **a ~ rewarding experience** une expérience extrêmement enrichissante

richness /'rɪtʃnɪs/ N richesse (*f*)

Richter scale /'rɪktə,skeɪl/ N **the ~** l'échelle (*f*) de Richter

rickety /'rɪkɪtɪ/ ADJ [*fence, stairs*] branlant ; [*furniture*] bancal ; [*vehicle*] bringuebalant

rickshaw /'rɪkʃɔ:/ N (*pulled by man*) pousse-pousse (*m inv*) ; (*pulled by bicycle*) rickshaw (*m*)

ricochet /'rɪkəʃeɪ/ 1 N ricochet (*m*) 2 VI ricocher ; **the bullet ~ed off the wall** la balle a ricoché sur le mur

rid /rɪd/ (*pret, ptp* **rid** *or* **ridded**) VT (*of pests, disease*) débarrasser
♦ **to get rid of** se débarrasser de ; [+ *boyfriend, girlfriend*] laisser tomber* ; **to get ~ of one's debts** régler ses dettes ; **the body gets ~ of waste** l'organisme élimine les déchets

ridden /'rɪdn/ 1 VB *ptp of* **ride** 2 ADJ **~ by remorse** tourmenté par le remords

riddle /'rɪdl/ 1 N (= *puzzle*) devinette (*f*) ; (= *mystery*) énigme (*f*) ; **to talk in ~s** parler par énigmes 2 VT **~d with holes/bullets** criblé de trous/balles ; **the council is ~d with corruption** la corruption règne au conseil

ride /raɪd/ (*vb: pret* **rode**, *ptp* **ridden**) 1 N ⓐ (= *outing*) tour (*m*) ; (= *distance covered*) trajet (*m*) ; **to go for a ~ in a car** faire un tour en voiture ; **he gave me a ~ into town in his car** il m'a emmené en ville dans sa voiture ; **can I have a ~ on your bike?** est-ce que je peux emprunter ton vélo ? ; **to have a ~ in a helicopter** faire un tour en hélicoptère ; **bike ~** tour (*m*) à vélo ; **car ~** tour (*m*) en voiture ; **it's a short taxi ~ to the airport** ce n'est pas loin en taxi jusqu'à l'aéroport ; **he has a long (car/bus) ~ to work** il a un long trajet (en voiture/en autobus) jusqu'à son lieu de travail ; **it's only a short ~ by bus** c'est tout près en bus ; **three ~s on the merry-go-round** trois tours de manège ; **to take sb for a ~** (= *swindle*) rouler qn*
♦ **to give sb a rough ride** faire passer un moment difficile à qn ; **to be given a rough ~** passer un moment difficile
ⓑ (*on horseback*) promenade (*f*) à cheval
ⓒ (= *machine at fairground*) manège (*m*)
2 VI ⓐ (= *ride a horse*) monter à cheval ; **can you ~?** savez-vous monter à cheval ? ; **she ~s a lot** elle fait beaucoup d'équitation ; **to go riding** faire du cheval ; **he ~s well** il est bon cavalier
ⓑ (= *go on horseback/by bicycle/by motorcycle*) aller à cheval/à bicyclette/en moto ; **they had ridden all day** ils avaient passé toute la journée à cheval ; **he was riding on a**

bicycle/a camel il était à bicyclette/à dos de chameau; **Sébastien was riding on his mother's shoulders** la mère de Sébastien le portait sur ses épaules; **Anne-Marie ~s to work on a bike** Anne-Marie va au travail à bicyclette; **he was riding high in public opinion** il avait la cote (auprès du public)

(c) (= continue) **we'll just have to let the matter ~ for a while** nous allons devoir laisser l'affaire suivre son cours pendant un certain temps; **we decided to let it ~** nous avons décidé de laisser les choses se faire

3 VT **to ~ a horse** monter à cheval; **have you ever ridden a horse?** êtes-vous déjà monté à cheval?; **I have never ridden Flash** je n'ai jamais monté Flash; **he rode his horse away/back** il est parti/revenu à cheval; **have you ever ridden a donkey?** êtes-vous déjà monté à dos d'âne?; **he was riding a motorbike** il était en moto; **I have never ridden a motorbike** je ne suis jamais monté à moto; **can I ~ your bike?** est-ce que je peux emprunter ton vélo?; **he was riding a bicycle** il était à bicyclette; **he always ~s a bicycle** il se déplace toujours à bicyclette; **they had ridden 10km** ils avaient fait 10 km à cheval (or à bicyclette or en moto etc); **he's riding on a wave of personal popularity** il jouit d'une excellente cote de popularité; **to ~ the bus** (US) prendre le bus

▶ **ride on** VT INSEP (= depend on) dépendre de

▶ **ride out** VT SEP surmonter; **to ~ out the storm** surmonter la crise

rider /'raɪdə'/ N (= person) [of horse] cavalier (m), -ière (f); [of racehorse] jockey (m); [of motorcycle] motocycliste (mf)

ridge /rɪdʒ/ N (= top of a line of hills or mountains) crête (f); (= ledge on hillside) corniche (f); (= chain of hills, mountains) chaîne (f); **a ~ of high pressure** une ligne de hautes pressions

ridicule /'rɪdɪkjuːl/ 1 N raillerie (f); **to hold sb/sth up to ~** tourner qn/qch en dérision 2 VT tourner en dérision

ridiculous /rɪ'dɪkjʊləs/ ADJ ridicule; **she was made to look ~** elle a été ridiculisée; **to go to ~ lengths to do sth** se ridiculiser à force de faire qch

riding /'raɪdɪŋ/ N (also **horse-~**) équitation (f) ◆ **riding boots** NPL bottes (fpl) de cheval ◆ **riding jacket** N veste (f) de cheval ◆ **riding school** N centre (m) équestre ◆ **riding stable(s)** N(PL) centre (m) équestre ◆ **riding whip** N cravache (f)

rife /raɪf/ ADJ **to be ~** [disease, corruption, unemployment] sévir; **speculation is ~** les spéculations vont bon train

◆ **rife with** (= full of) **a city ~ with violence** une ville en proie à la violence; **the whole company is ~ with corruption** la corruption sévit dans toute l'entreprise; **the media is ~ with speculation** les spéculations vont bon train dans les médias

rifle /'raɪfl/ 1 N (= gun) fusil (m); (for hunting) carabine (f) de chasse 2 VT [+ drawer, till] vider; **she ~d (through) the papers** elle a feuilleté rapidement les documents 3 COMP ◆ **rifle range** N (outdoor) champ (m) de tir; (indoor) stand (m) de tir

rift /rɪft/ N (= disagreement) désaccord (m); (in political party) division (f); **this caused a ~ in their friendship** cela a causé une faille dans leur amitié; **the ~ between them was widening** leur désaccord était de plus en plus profond

rig /rɪg/ 1 N (= oil rig) (on land) derrick (m); (at sea) plateforme (f) pétrolière 2 VT [+ election, competition] truquer; [+ prices] fixer illégalement; **it was ~ged** c'était un coup monté

▶ **rig up** VT (= make hastily) faire avec des moyens de fortune; (= arrange) arranger

rigging /'rɪgɪŋ/ N (a) (= ropes) gréement (m) (b) [of election, competition]* truquage (m); [of prices]* fixation (f) illégale

right /raɪt/

1 ADJECTIVE	4 PLURAL NOUN
2 ADVERB	5 TRANSITIVE VERB
3 NOUN	6 COMPOUNDS

1 ADJECTIVE

(a) = **morally good** bien (inv); **lying isn't ~** ce n'est pas bien de mentir; **it's not ~** ce n'est pas bien; **I have always tried to do what was ~** j'ai toujours essayé de bien agir; **to do what is ~ by sb** agir pour le bien de qn; **you were ~ to refuse** vous avez eu raison de refuser; **he thought it ~ to warn me** il a jugé bon de m'avertir; **to do the ~ thing by sb** bien agir envers qn

◆ **only right: it seemed only ~ to give him the money** il paraissait normal de lui donner l'argent; **it is only ~ that she should be dismissed** il est normal qu'elle soit licenciée; **it is only ~ to point out that ...** il faut néanmoins signaler que ...

(b) = **accurate** juste, exact; **that's ~** c'est juste, c'est exact; **that can't be ~!** ce n'est pas possible!; **is that ~?** (checking) c'est bien ça?; (expressing surprise) vraiment?; **the ~ time** (by the clock) l'heure exacte; **is the clock ~?** est-ce que la pendule est à l'heure?

◆ **to be right** [person] avoir raison; **you're quite ~** vous avez parfaitement raison

◆ **to get sth right: I got all the answers ~** j'ai répondu juste à toutes les questions; **to get one's sums ~** ne pas se tromper dans ses calculs; **to get one's facts ~** ne pas se tromper

◆ **to put right** [+ error, person] corriger; [+ situation] redresser; [+ sth broken] réparer; **that can easily be put ~** on peut (facilement) arranger ça; **put me ~ if I'm wrong** corrigez-moi si je me trompe

(c) = **correct** bon (before n); **the ~ answer** la bonne réponse; **it is just the ~ size** c'est la bonne taille; **on the ~ track** sur la bonne voie; **to come at the ~ time** arriver au bon moment; **the ~ word** le mot juste; **to get on the ~ side of sb*** s'attirer les bonnes grâces de qn; **to know the ~ people** avoir des relations

(d) = **best** meilleur (-eure (f)); **what's the ~ thing to do?** quelle est la meilleure chose à faire?; **I don't know what's the ~ thing to do** je ne sais pas ce qu'il faut faire; **we will do what is ~ for the country** nous ferons ce qui est dans l'intérêt du pays; **the ~ man for the job** l'homme de la situation

(e) = **necessary** **I haven't got the ~ papers with me** je n'ai pas les bons documents sur moi

(f) = **proper** **to do sth the ~ way** faire qch comme il faut; **that is the ~ way of looking at it** c'est la bonne façon d'aborder la question; **if you go hiking you must wear the ~ shoes** lorsque l'on fait de la randonnée, il faut porter des chaussures adaptées

(g) = **in proper state** **her ankle is still not ~** sa cheville n'est pas encore guérie; **I don't feel quite ~ today** je ne me sens pas très bien aujourd'hui; **the brakes aren't ~** les freins ne fonctionnent pas bien; **to be in one's ~ mind** avoir toute sa raison; **he's not ~ in the head*** il déraille*

(h) = **real: Brit** * **it's a ~ mess in there** c'est la pagaille* complète là-dedans; **he looked a ~ idiot** il avait vraiment l'air idiot

(i) **agreeing** **~!** or **~ you are!*** d'accord!; **~, who's next?** bon, c'est à qui le tour?; **(oh) ~!*** (= I see) ah, d'accord!; **too ~!** et comment!

◆ **right enough***: **it was him ~ enough!** c'était bien lui, aucun doute là-dessus!

(j) = **opposite of left** droit; **on my ~ hand you see the bridge** sur ma droite vous voyez le pont; **it's a case of the ~ hand not knowing what the left hand's doing** il y a un manque total de communication et de coordination; **I'd give my ~ arm to know the truth** je donnerais n'importe quoi pour connaître la vérité

2 ADVERB

(a) = **directly** droit; **~ ahead of you** droit devant vous; **~**

in front of you sous vos yeux; **the blow hit me ~ in the face** j'ai reçu le coup en pleine figure; **~ behind you** juste derrière vous; **public opinion would be ~ behind them** ils auraient l'opinion publique pour eux; **go ~ on** continuez tout droit; **I'll be ~ back** je reviens tout de suite
♦ **right away** (= *immediately*) tout de suite
♦ **right off*** du premier coup
ⓑ = exactly ~ **then** sur-le-champ; **~ now** (= *at the moment*) en ce moment; (= *at once*) tout de suite; **~ here** ici même; **~ in the middle** en plein milieu; **~ at the start** au tout début; **~ from the start** dès le début
ⓒ = completely tout; **~ round the house** tout autour de la maison; **~ (up) against the wall** tout contre le mur; **~ at the back** tout au fond; **to turn ~ round** faire volte-face
ⓓ = correctly, well bien; **you haven't put the lid on ~** tu n'as pas bien mis le couvercle; **if I remember ~** si je me souviens bien; **to guess ~** deviner juste; **you did ~ to refuse** vous avez bien fait de refuser; **nothing goes ~ for them** rien ne leur réussit
ⓔ = opposite of left à droite; **to look ~** regarder à droite; **the party has now moved ~ of centre** le parti se situe maintenant à la droite du centre
♦ **right, left and centre*** (= *everywhere*) de tous côtés

3 NOUN
ⓐ = moral bien *(m)*; **he doesn't know ~ from wrong** il ne sait pas discerner le bien du mal
♦ **to be in the right** avoir raison
ⓑ = entitlement droit *(m)*; **to have a ~ to sth** avoir droit à qch; **to have the ~ to do sth** avoir le droit de faire qch; **he has no ~ to sit here** il n'a pas le droit de s'asseoir ici; **what ~ have you to say that?** de quel droit dites-vous cela?; **he is within his ~s** il est dans son droit; **I know my ~s** je connais mes droits; **women's ~s** les droits *(mpl)* de la femme; **women's ~s movement** mouvement *(m)* pour les droits de la femme; **~ of appeal** droit *(m)* d'appel
♦ **by right** de droit; **it's his by ~** cela lui appartient de droit
♦ **by rights** en toute justice
♦ **in one's own right** à part entière; **Taiwan wants membership in its own ~** Taïwan veut être membre à part entière
ⓒ = opposite of left droite *(f)*; **to drive on the ~** conduire à droite; **to keep to the ~** tenir sa droite; **on my ~** à ma droite; **on** *or* **to the ~ of the church** à droite de l'église; **to take a ~** (*US*) tourner à droite; **the Right** (*Politics*) la droite

4 PLURAL NOUN
rights
ⓐ Commerce droits *(mpl)*; **manufacturing/publication ~s** droits *(mpl)* de fabrication/publication; **TV/film ~s** droits *(mpl)* d'adaptation pour la télévision/le cinéma; "**all ~s reserved**" « tous droits réservés »
ⓑ **to put** *or* **set sth to ~s** mettre qch en ordre; **to put the world to ~s** refaire le monde

5 TRANSITIVE VERB
ⓐ = return to normal [+ *car, ship*] redresser
ⓑ = make amends for [+ *wrong*] redresser; [+ *injustice*] réparer

6 COMPOUNDS
♦ **right angle** N angle *(m)* droit; **to be at ~ angles (to)** être perpendiculaire (à) ♦ **right-hand** ADJ **~-hand drive car** voiture *(f)* avec la conduite à droite; **his ~-hand man** son bras droit *(fig)*; **the ~-hand side** le côté droit ♦ **right-handed** ADJ [*person*] droitier; [*punch, throw*] du droit ♦ **Right Honourable** ADJ (*Brit*) Très Honorable ♦ **right-minded** ADJ sensé ♦ **right-of-centre** ADJ (*Politics*) (de) centre droit ♦ **right of way** N (*across property*) droit *(m)* de passage; (= *priority*) priorité *(f)*; **he has (the) ~ of way** il a la priorité ♦ **right-thinking** ADJ sensé ♦ **right wing** N (*Politics*) droite *(f)*; **the ~ wing of the party** l'aile droite du parti ♦ **right-wing** ADJ (*Politics*) de droite ♦ **right-winger** N (*Politics*) homme *(m)* (*or* femme *(f)*) de droite

right-click /ˈraɪtklɪk/ (*Computing*) 1 VI cliquer à droite 2 VT cliquer à droite sur

righteous /ˈraɪtʃəs/ ADJ ⓐ (*frm* = *virtuous*) intègre ⓑ (= *self-righteous*) [*person, tone, article*] moralisateur (-trice *(f)*)

rightful /ˈraɪtfʊl/ ADJ [*owner, heir*] légitime

rightfully /ˈraɪtfəlɪ/ ADV légitimement; **I demand only what is ~ mine** je n'exige que ce qui m'appartient légitimement

rightly /ˈraɪtlɪ/ ADV ⓐ (= *correctly*) avec raison; **he ~ assumed that ...** il supposait avec raison que ...; **I don't ~ know*** je ne sais pas très bien ⓑ (= *justifiably*) à juste titre; **~ or wrongly** à tort ou à raison; **~ so** à juste titre

rightsizing /ˈraɪtˌsaɪzɪŋ/ N [*of company*] dégraissage *(m)* des effectifs

rigid /ˈrɪdʒɪd/ ADJ ⓐ [*material, structure*] rigide; **~ with fear** paralysé par la peur; **to be bored ~*** s'ennuyer à mourir ⓑ (= *strict*) [*specifications, discipline*] strict; [*system, person, approach, attitude*] rigide

rigidity /rɪˈdʒɪdɪtɪ/ N rigidité *(f)*

rigidly /ˈrɪdʒɪdlɪ/ ADV [*stand, move, gesture*] avec raideur; [*enforced, disciplined*] rigoureusement; **to stick ~ to sth** s'en tenir rigoureusement à qch

rigmarole /ˈrɪgmərəʊl/ N cinéma* *(m)*; **the ~ of getting a visa** tout le bazar* pour obtenir un visa

rigorous /ˈrɪgərəs/ ADJ [*examination, control*] rigoureux; **he is ~ about quality** il est très strict sur la qualité; **to be ~ in doing sth** faire qch rigoureusement

rigorously /ˈrɪgərəslɪ/ ADV rigoureusement

rigour, rigor (*US*) /ˈrɪgər/ N rigueur *(f)*

Riley /ˈraɪlɪ/ N (*Brit*) **to live the life of ~*** mener la belle vie

rim /rɪm/ N bord *(m)*; [*of wheel*] jante *(f)*; [*of spectacles*] monture *(f)*

rind /raɪnd/ N [*of orange, lemon*] peau *(f)*; (= *grated zest*) zeste *(m)*; [*of cheese*] croûte *(f)*; [*of bacon*] couenne *(f)*

ring /rɪŋ/ (*vb: pret* **rang**, *ptp* **rung**) N ⓐ (= *circular object*) anneau *(m)*; (*for finger*) bague *(f)*; **diamond ~** bague *(f)* de diamant(s); **wedding ~** alliance *(f)*; **electric ~** plaque *(f)* électrique; **gas ~** brûleur *(m)* (de cuisinière à gaz); **the ~s of Saturn** les anneaux *(mpl)* de Saturne
ⓑ (= *circle*) cercle *(m)*; **to have ~s round the eyes** avoir les yeux cernés; **to run ~s round sb*** dominer qn de la tête et des épaules
ⓒ (= *group*) coterie *(f)*; [*of spies*] réseau *(m)*
ⓓ (*at circus*) piste *(f)*; (*Boxing*) ring *(m)*
ⓔ (= *sound*) son *(m)*; [*of bell*] sonnerie *(f)*; **there was a ~ at the door** on a sonné à la porte; **that has the ~ of truth (to it)** ça sonne juste
ⓕ (= *phone call*) coup *(m)* de fil*; **to give sb a ~** passer un coup de fil* à qn

2 VI ⓐ [*bell, alarm clock, telephone*] sonner; **please ~ for attention** prière de sonner; **to ~ at the door** sonner à la porte
♦ **to ring true:** **that ~s true** ça sonne juste; **that doesn't ~ true** ça sonne faux
ⓑ (= *telephone*) téléphoner

3 VT ⓐ (= *sound*) sonner; **to ~ the doorbell** sonner à la porte; **his name ~s a bell*** son nom me dit quelque chose
ⓑ (= *phone*) téléphoner à; **I'll ~ you later** je vous téléphonerai plus tard

4 COMP ♦ **ring binder** N classeur *(m)* à anneaux ♦ **ring finger** N annulaire *(m)* ♦ **ring-pull** N (*Brit: on can*) anneau *(m)* (d'ouverture) ♦ **ring road** N (*Brit*) rocade *(f)*; (*motorway-type*) périphérique *(m)*
► **ring back** VI, VT SEP (*Brit*) rappeler
► **ring up** VT SEP ⓐ (*Brit = phone*) téléphoner à ⓑ (*on cash register*) enregistrer

ringing /ˈrɪŋɪŋ/ 1 ADJ **a ~ sound** une sonnerie 2 N [*of bell, telephone*] sonnerie *(f)*

ringleader /ˈrɪŋliːdər/ N meneur *(m)*

ringtone /ˈrɪŋtəʊn/ N (*on mobile*) sonnerie *(f)* (de téléphone portable)

rink /rɪŋk/ N patinoire *(f)*

rinse /rɪns/ 1 N ⓐ **to give sth a ~** rincer qch ⓑ (*for hair*) rinçage *(m)* 2 VT rincer; **to ~ the soap off one's hands** se rincer les mains

Rio /ˈriːəʊ/ N **~ (de Janeiro)** Rio (de Janeiro)

riot /ˈraɪət/ 1 N ⓐ (= *uprising*) émeute *(f)* ⓑ *(fig)* **he's a ~:** il est tordant* ; **the film is a ~:** (= *funny*) le film est tordant* ; **to run ~** [*people, imagination*] être déchaîné 2 VI faire une émeute 3 COMP ♦ **riot-control** ADJ antiémeute ♦ **riot gear** N tenue *(f)* antiémeute ♦ **the riot police** N les unités *(fpl)* antiémeute

rioter /ˈraɪətəʳ/ N émeutier *(m)*, -ière *(f)*

rioting /ˈraɪətɪŋ/ N émeutes *(fpl)* ; **there has been ~ in Paris** il y a eu des émeutes à Paris

riotous /ˈraɪətəs/ ADJ [*party*] très animé ; [*comedy*] délirant* ; **they had a ~ time*** ils se sont amusés comme des fous

RIP /ˌɑːriːˈpiː/ (ABBR = **rest in peace**) R.I.P.

rip /rɪp/ 1 N déchirure *(f)*
2 VT déchirer ; **to ~ open a letter** ouvrir une lettre en hâte ; **to ~ the buttons from a shirt** arracher les boutons d'une chemise
3 VI ⓐ [*cloth*] se déchirer
ⓑ * **the fire/explosion ~ped through the house** l'incendie/l'explosion a ravagé la maison
♦ **to let rip** se déchaîner ; (*in anger*) éclater (*de colère*) ; **he let ~ a string of oaths** il a lâché un chapelet de jurons
► **rip off** VT SEP ⓐ (= *pull off*) arracher (**from** de) ⓑ (= *steal*)‡ voler ; (= *defraud*)‡ [+ *customer*] arnaquer* ; **they're ~ping you off!** c'est de l'arnaque !*
► **rip up** VT SEP déchirer

ripe /raɪp/ ADJ [*fruit*] mûr ; [*cheese*] fait ; **to live to a ~ old age** vivre jusqu'à un âge avancé ; **to live to the ~ old age of 88** atteindre l'âge respectable de 88 ans

ripen /ˈraɪpən/ 1 VT (faire) mûrir 2 VI mûrir

ripeness /ˈraɪpnɪs/ N maturité *(f)*

rip-off: /ˈrɪpɒf/ N **it's a ~!** c'est de l'arnaque !*

ripple /ˈrɪpl/ N ⓐ (= *movement*) [*of water*] ride *(f)* ⓑ (= *noise*) [*of waves*] clapotis *(m)* ; [*of laughter*] cascade *(f)* ⓒ (= *ice-cream*) **raspberry ~** glace à la vanille marbrée de glace à la framboise

rise /raɪz/ (*vb: pret* **rose**, *ptp* **risen**) /ˈrɪzn/ 1 N [*of sun*] lever *(m)* ; (= *increase*) (*in temperature, prices*) hausse *(f)* ; (*Brit: in wages*) augmentation *(f)* ; **to ask for a ~** (*Brit*) demander une augmentation (de salaire) ; **there has been a ~ in the number of people looking for work** le nombre des demandeurs d'emploi a augmenté ; **her ~ to power** son ascension *(f)* au pouvoir ; **to take the ~ out of sb*** se payer la tête de qn*
♦ **to give rise to** [+ *trouble*] provoquer ; [+ *speculation*] donner lieu à ; [+ *fear, suspicions*] susciter
2 VI ⓐ (= *get up*) se lever ; **~ and shine!** allez, lève-toi ! ; **to ~ to one's feet** se mettre debout ; **to ~ from (the) table** se lever de table ; **to ~ from the dead** ressusciter (des morts)
ⓑ (= *go up, ascend*) monter ; [*balloon*] s'élever ; [*curtain, sun*] se lever ; [*dough*] lever ; [*hopes, anger*] grandir ; [*prices*] être en hausse ; [*cost of living*] augmenter ; **to ~ to the surface** [*swimmer, object, fish*] remonter à la surface ; **he won't ~ to any of your taunts** il ne réagira à aucune de vos piques ; **to ~ to the occasion** se montrer à la hauteur de la situation ; **to ~ above a certain temperature** dépasser une température donnée ; **her spirits rose** son moral a remonté ; **a feeling of anger rose within him** un sentiment de colère montait en lui
ⓒ (*in society, rank*) s'élever ; **to ~ from the ranks** sortir du rang ; **to ~ to fame** connaître la célébrité
ⓓ (= *rebel: also* **~ up**) se soulever ; **to ~ (up) in revolt** se révolter

rising /ˈraɪzɪŋ/ 1 N (= *rebellion*) soulèvement *(m)* 2 ADJ [*sun*] levant ; [*prices, temperature*] en hausse 3 COMP ♦ **rising star** N étoile *(f)* montante

risk /rɪsk/ 1 N ⓐ (= *possible danger*) risque *(m)* ; **to take ~s** prendre des risques ; **you're running the ~ of arrest** vous risquez de vous faire arrêter ; **that's a ~ you'll have to take** c'est un risque à courir ; **it's not worth the ~** ça ne vaut pas la peine de courir un tel risque ; **there is no ~ of his coming** il ne risque pas de venir ; **you do it at your own ~** vous

le faites à vos risques et périls ; **at the ~ of seeming stupid** au risque de paraître stupide
♦ **at risk** [*person*] en danger ; **some jobs are at ~** des emplois sont menacés
ⓑ (*Insurance*) risque *(m)* ; **he is a bad ~** on court trop de risques avec lui
2 VT risquer ; **I'll ~ it** je vais tenter le coup* ; **I can't ~ it** je ne peux pas prendre un tel risque

risky /ˈrɪskɪ/ ADJ [*enterprise, deed*] risqué

risqué /ˈriːskeɪ/ ADJ [*story, joke*] osé

rite /raɪt/ N rite *(m)* ; **funeral ~s** rites *(mpl)* funèbres

ritual /ˈrɪtjʊəl/ 1 ADJ rituel 2 N rituel *(m)* ; **he went through the ~** il s'est conformé aux usages

rival /ˈraɪvəl/ 1 N rival(e) *(m(f))* 2 ADJ [*firm, enterprise*] rival 3 VT rivaliser avec (**in** de) ; (= *equal*) égaler (**in** en) ; **his achievements ~ even yours** ses réussites sont presque égales aux vôtres

rivalry /ˈraɪvəlrɪ/ N rivalité *(f)*

river /ˈrɪvəʳ/ N rivière *(f)* ; (*flowing into a sea*) fleuve *(m)* ; **down ~** en aval ; **up ~** en amont ; **the ~ Seine** (*Brit*) *or* **the Seine** (*US*) la Seine ♦ **river basin** N bassin *(m)* fluvial

⚠ *river is not always translated by* **rivière**.

riverbank /ˈrɪvəbæŋk/ N berge *(f)*

riverbed /ˈrɪvəbed/ N lit *(m)* de rivière (*or* de fleuve)

riverside /ˈrɪvəsaɪd/ N bord *(m)* de l'eau

riveting /ˈrɪvɪtɪŋ/ ADJ fascinant

Riviera /ˌrɪvɪˈɛərə/ N **the (French) ~** la Côte d'Azur ; **the Italian ~** la Riviera italienne

Riyadh /ˈriːæd/ N Riyad

RN /ɑːrˈen/ (*Brit*) ABBR = **Royal Navy**

RNLI /ˌɑːrenelˈaɪ/ N (ABBR = **Royal National Lifeboat Institution**) ≈ Société *(f)* nationale de sauvetage en mer

road /rəʊd/ N route *(f)* ; (*in town*) rue *(f)* ; **she lives across the ~ (from us)** elle habite en face de chez nous ; **my car is off the ~ just now** ma voiture est au garage ; **this vehicle shouldn't be on the ~** on ne devrait pas laisser circuler un véhicule dans cet état ; **he is a danger on the ~** (au volant) c'est un danger public ; **to take to the ~** prendre la route ; **to be on the ~** [*salesman, theatre company*] être en tournée ; **we've been on the ~ since this morning** nous voyageons depuis ce matin ; **is this the ~ to London?** c'est (bien) la route de Londres ? ; **on the ~ to success** sur le chemin du succès ; **somewhere along the ~ he changed his mind** il a changé d'avis en cours de route ; **you're in my ~*** vous me barrez le passage ; **(get) out of the ~!*** dégagez !* ; **to have one for the ~*** prendre un dernier verre avant de partir ; **price on the ~** (*Brit: car sales*) prix *(m)* clés en mains ♦ **road atlas** N atlas *(m)* routier ♦ **road bridge** N pont *(m)* routier ♦ **road haulage** N transports *(mpl)* routiers ♦ **road hog** N chauffard* *(m)* ♦ **road map** N (*for traveller*) carte *(f)* routière ; (*for future action*) feuille *(f)* de route ♦ **road pricing** N tarification *(f)* routière ♦ **road race** N course *(f)* sur route ♦ **road rage*** N aggressivité *(f)* au volant ♦ **road safety** N sécurité *(f)* routière ♦ **road sense** N **he has no ~ sense** [*driver*] il conduit mal ; [*pedestrian*] il ne fait jamais attention à la circulation ♦ **road show** N (*Radio, TV*) émission *(f)* itinérante ♦ **road sign** N panneau *(m)* indicateur *or* de signalisation ♦ **road sweeper** N (= *person*) balayeur *(m)*, -euse *(f)* ; (= *vehicle*) balayeuse *(f)* ♦ **road tax** N (*Brit*) taxe *(f)* sur les véhicules à moteur ♦ **road test** N essai *(m)* sur route ♦ **road-test** VT **they are ~-testing the car tomorrow** ils vont faire les essais sur route demain ♦ **road traffic** N circulation *(f)* routière ♦ **road-user** N usager *(m)* de la route

roadside /ˈrəʊdsaɪd/ N bord *(m)* de la route ; **on the ~** au bord de la route ; **a ~ café** un café au bord de la route

roadworthy /ˈrəʊdwɜːðɪ/ ADJ **a ~ car** une voiture conforme aux normes de sécurité

roam /rəʊm/ 1 VT [+ *countryside*] parcourir ; **to ~ the streets** traîner dans les rues 2 VI errer ; **lions ~ free in the park** les lions sont en liberté dans le parc

roar /rɔːʳ/ 1 VI [*person, crowd*] hurler ; [*lion, wind*] rugir ; [*guns*] gronder ; [*engine, vehicle*] vrombir ; **to ~ with laughter** rire à gorge déployée ; **the trucks ~ed past us** les camions nous ont dépassé dans un vrombissement de moteur 2 N [*of lion*] rugissement (*m*) ; [*of traffic*] grondement (*m*) ; [*of engine*] vrombissement (*m*) ; **the ~s of the crowd** les clameurs (*fpl*) de la foule

roaring /ˈrɔːrɪŋ/ 1 ADJ ⓐ [*lion, engine*] rugissant ; [*crowd*] hurlant ; [*guns*] grondant ; **a ~ fire** (*in hearth*) une belle flambée ⓑ (*Brit*)* **a ~ success** un succès fou* ; **to be doing a ~ trade** (**in sth**) faire des affaires en or (en vendant qch) 2 N [*of crowd*] hurlements (*mpl*) ; [*of lion*] rugissement (*m*) ; [*of traffic*] grondement (*m*)

roast /rəʊst/ 1 N rôti (*m*) 2 ADJ [*pork, chicken*] rôti ; **~ beef** rôti (*m*) de bœuf ; **~ chestnuts** marrons (*mpl*) chauds ; **~ potatoes** pommes (*fpl*) de terre rôties 3 VT [+ *meat*] (faire) rôtir ; [+ *chestnuts*] griller

roasting /ˈrəʊstɪŋ/ 1 N **to give sb a ~*** sonner les cloches à qn* 2 ADJ (= *hot*)* [*day, weather*] torride ; **it's ~ in here** on crève* de chaud ici ; **I'm ~!** je crève* de chaud !

rob /rɒb/ VT (= *steal from*) [+ *person*] voler ; [+ *shop*] dévaliser ; [+ *orchard*] piller ; **to ~ sb of sth** [+ *purse*] voler qch à qn ; **to ~ the till** voler de l'argent dans la caisse ; **I've been ~bed** j'ai été volé ; **the bank was ~bed** la banque a été dévalisée ; **we were ~bed*** (*Sport*) on nous a volé la victoire

robber /ˈrɒbəʳ/ N voleur (*m*), -euse (*f*)

robbery /ˈrɒbərɪ/ N vol (*m*) ; **at that price it's sheer ~!*** à ce prix-là c'est du vol manifeste !

robe /rəʊb/ N (= *ceremonial garment*) robe (*f*) de cérémonie ; (= *dressing gown*) peignoir (*m*) ; **ceremonial ~s** vêtements (*mpl*) de cérémonie ; **christening ~** robe (*f*) de baptême

robot /ˈrəʊbɒt/ N robot (*m*)

robotic /rəʊˈbɒtɪk/ ADJ [*manner, movements*] d'automate

robust /rəʊˈbʌst/ ADJ (= *strong*) [*person, appetite, economy*] robuste ; [*material*] résistant ; [*object, design*] solide ; **to be in ~ health** avoir une santé robuste

robustly /rəʊˈbʌstlɪ/ ADV **~ built** [*person*] de robuste constitution ; [*object*] solide

rock /rɒk/ 1 VT ⓐ (= *swing to and fro*) [+ *child*] bercer ; **to ~ a child to sleep** endormir un enfant en le berçant ; **a boat ~ed by the waves** un bateau bercé par les vagues ⓑ (= *shake*) ébranler ; (= *startle*)* ébranler ; **the town was ~ed by an earthquake** la ville a été ébranlée par un tremblement de terre ; **don't ~ the boat*** ne fais pas de vagues (*fig*)

2 VI ⓐ (= *sway gently*) [*cradle, person, ship*] se balancer ⓑ (= *sway violently*) [*person*] chanceler ; [*building*] être ébranlé

3 N ⓐ (= *substance*) roche (*f*) ; (= *rock face*) paroi (*f*) rocheuse ; **hewn out of solid ~** creusé dans le roc ⓑ (= *large mass, huge boulder*) rocher (*m*) ; (*smaller*) roche (*f*) ; **fallen ~s** éboulis (*mpl*) ; **the Rock (of Gibraltar)** le rocher de Gibraltar ; **as solid as a ~** solide comme un roc ; **their marriage is on the ~s*** leur couple est en train de sombrer ⓒ (*Brit* = *sweet*) ≈ sucre (*m*) d'orge ⓓ (= *music*) rock (*m*)

4 COMP ◆ **rock bottom** N **her spirits reached ~ bottom*** elle avait le moral à zéro* ; **prices were at ~ bottom** les prix étaient au plus bas ◆ **rock-bottom** ADJ **"~-bottom prices"** « prix sacrifiés » ◆ **rock climbing** N varappe (*f*) ; **to go ~ climbing** faire de la varappe ◆ **rock face** N paroi (*f*) rocheuse ◆ **rock-hard** ADJ dur comme la pierre ◆ **rock-and-roll, rock 'n' roll** N (= *music*) rock (and roll) (*m*) ♦ ADJ [*singer*] de rock ; [*music*] rock (*inv*) ◆ **rock salt** N (*for cooking*) gros sel (*m*) ◆ **rock-solid** ADJ solide comme un roc ◆ **rock star** N rock star (*f*) ◆ **rock-steady** ADJ [*hand, voice*] parfaitement assuré ; [*camera, gun, moving car*] parfaitement stable

rockery /ˈrɒkərɪ/ N rocaille (*f*)

rocket /ˈrɒkɪt/ 1 N ⓐ (*military*) roquette (*f*) ; (= *firework*) fusée (*f*) ; **to send up a ~** lancer une fusée ; **space ~** fusée (*f*) interplanétaire ⓑ (= *plant*) roquette (*f*)

2 VI [*prices*] monter en flèche

3 COMP ◆ **rocket attack** N attaque (*f*) à la roquette ◆ **rocket fuel** N propergol (*m*) ◆ **rocket launcher** N lance-roquettes (*m inv*) ◆ **rocket-propelled** ADJ autopropulsé ◆ **rocket range** N **within ~ range** à portée de missiles ◆ **rocket research** N recherches (*fpl*) aérospatiales ◆ **rocket scientist** N spécialiste (*mf*) des fusées ; **it doesn't take a ~ scientist to ...** pas besoin d'être un génie pour ...

rocking /ˈrɒkɪŋ/ N balancement (*m*) ◆ **rocking chair** N rocking-chair (*m*) ◆ **rocking horse** N cheval (*m*) à bascule

rocky /ˈrɒkɪ/ 1 ADJ ⓐ [*shore, mountain*] rocheux ; [*road, path*] rocailleux ⓑ (= *precarious*)* [*marriage*] fragile ; **to be going through a ~ patch** traverser une période difficile ; **I knew it would be a ~ road to recovery** je savais que mon rétablissement serait long et difficile 2 COMP ◆ **the Rocky Mountains** NPL les (montagnes (*fpl*)) Rocheuses (*fpl*)

rod /rɒd/ N ⓐ (*wooden*) baguette (*f*) ; (*metallic*) tringle (*f*) ⓑ (= *fishing rod*) canne (*f*) (à pêche)

rode /rəʊd/ VB *pt of* **ride**

rodent /ˈrəʊdənt/ N rongeur (*m*)

roe /rəʊ/ N [*of fish*] œufs (*mpl*) de poisson ; **cod ~** œufs (*mpl*) de cabillaud

rogue /rəʊg/ 1 N (= *scoundrel*) coquin (*m*) ; **you little ~!** petit coquin ! 2 ADJ [*elephant, lion, male*] solitaire ; [*gene*] aberrant

roguish /ˈrəʊgɪʃ/ ADJ (= *mischievous*) [*person, smile, charm, humour*] malicieux ; (= *rascally*) [*person*] coquin

role, rôle /rəʊl/ N rôle (*m*) ◆ **role model** N modèle (*m*) ◆ **role-play(ing)** N (*Psych*) psychodrame (*m*) ; (*in school*) jeu (*m*) de rôle ◆ **role reversal** N inversion (*f*) des rôles

roll /rəʊl/ 1 N ⓐ [*of cloth, paper*] rouleau (*m*) ; [*of banknotes*] liasse (*f*) ; [*of fat*] bourrelet (*m*) ⓑ (= *bread roll*) petit pain (*m*) ⓒ (= *movement*) [*of ship*] roulis (*m*) ; [*of sea*] houle (*f*) ⓓ [*of thunder, drums*] roulement (*m*) ⓔ (= *register*) liste (*f*) ; **we have 60 pupils on our ~(s)** nous avons 60 élèves inscrits ; **to call the ~** faire l'appel ⓕ **to be on a ~** (= *prospering*)* avoir le vent en poupe

2 VI ⓐ (= *turn over*) rouler ; **to ~ over and over** [*object, person*] rouler ; **stones ~ed down the hill** des pierres ont roulé jusqu'au pied de la colline ; **his car ~ed to a stop** sa voiture s'arrêta doucement ; **the children were ~ing down the slope** les enfants dévalaient la pente en roulant ; **tears were ~ing down her cheeks** les larmes coulaient sur ses joues ; **the newspapers were ~ing off the presses** les journaux tombaient des rotatives ; **heads will ~** des têtes vont tomber ; **the horse ~ed in the mud** le cheval s'est roulé dans la boue ; **he's ~ing in it*** il roule sur l'or ; **she is trainer and manager ~ed into one** elle est entraîneur et manager tout à la fois ⓑ [*ship*] rouler ⓒ [*film cameras*] tourner

3 VT [+ *barrel, ball*] faire rouler ; [+ *cigarette*] rouler ; [+ *pastry, dough*] abaisser au rouleau ; **to ~ one's eyes** rouler des yeux ; **to ~ one's r's** rouler les r ; **to ~ string into a ball** enrouler de la ficelle en pelote

4 COMP ◆ **roll bar** N arceau (*m*) de sécurité ◆ **roll call** N appel (*m*) ; **to take a ~ call** faire l'appel ◆ **roll-neck** N (*Brit*) [*of sweater*] col (*m*) roulé ♦ ADJ **~-neck(ed)** à col roulé ◆ **roll-up*** N (*Brit*) cigarette (*f*) roulée

► **roll about** VI [*person, dog*] se rouler par terre

► **roll in** VI [*contributions, suggestions*] affluer ; **he ~ed in* half an hour late** il s'est amené* avec une demi-heure de retard

► **roll on** VI [*vehicle*] continuer de rouler ; **~ on the holidays!*** (*Brit*) vivement les vacances !

► **roll out** VT SEP [+ *pastry*] abaisser au rouleau ; [+ *metal*] laminer

► **roll over** 1 VI [*person, animal*] (*once*) se retourner (sur soi-même) ; (*several times*) se rouler 2 VT SEP [+ *person, ani-*

mal, object] retourner

▶ **roll up** VT SEP [+ *cloth, paper*] rouler; **to ~ up one's sleeves** retrousser ses manches

roller /'rəʊləʳ/ 1 N ⓐ (*for roads*) rouleau (*m*) compresseur; (*for lawn*) rouleau (*m*) de jardin ⓑ (*for painting*) rouleau (*m*) (à peinture) ⓒ (*for hair*) rouleau (*m*); **to put one's hair in ~s** se mettre des rouleaux 2 COMP ◆ **roller blade** N roller (*m*) ◆ **roller-blade** VI faire du roller ◆ **roller blind** N store (*m*) ◆ **roller coaster** N montagnes (*fpl*) russes ◆ **roller skate** N patin (*m*) à roulettes ◆ **roller-skate** VI faire du patin à roulettes ◆ **roller-skating** N patin (*m*) à roulettes

rollicking* /'rɒlɪkɪŋ/ 1 N **to get a (real) ~** recevoir un (sacré) savon* 2 ADJ **to have a ~ good time** s'amuser comme un fou (*or* une folle)

rolling /'rəʊlɪŋ/ 1 ADJ [*countryside*] vallonné; [*hills*] onduleux; [*sea*] houleux; **~ waves** (vagues (*fpl*)) déferlantes (*fpl*); **a ~ contract** un contrat révisable 2 ADV **to be ~ drunk*** être rond comme une queue de pelle* 3 COMP ◆ **rolling pin** N rouleau (*m*) à pâtisserie ◆ **rolling stock** N matériel (*m*) roulant

rollover /'rəʊləʊvəʳ/ N (*Brit: in lottery*) remise (*f*) en jeu du prix

ROM /rɒm/ N (ABBR = **read-only memory**) mémoire (*f*) morte

Roman /'rəʊmən/ 1 N Romain(e) (*m(f)*) 2 ADJ romain 3 COMP ◆ **Roman Catholic** ADJ, N catholique (*mf*) ◆ **the Roman Catholic Church** N l'Église (*f*) catholique ◆ **the Roman Empire** N l'Empire (*m*) romain ◆ **Roman numeral** N chiffre (*m*) romain

romance /rəʊ'mæns/ N (= *love story/film*) roman (*m*)/film (*m*) sentimental; (= *love affair*) idylle (*f*); (= *love*) amour (*m*); **the ~ of the sea** la poésie de la mer

Romanesque /ˌrəʊmə'nesk/ ADJ [*architecture*] roman

Romania /rəʊ'meɪnɪə/ N Roumanie (*f*)

Romanian /rəʊ'meɪnɪən/ 1 ADJ roumain 2 N ⓐ Roumain(e) (*m(f)*) ⓑ (= *language*) roumain (*m*)

romantic /rəʊ'mæntɪk/ 1 ADJ romantique; [*relationship*] amoureux; [*novel, film*] sentimental 2 N romantique (*mf*), sentimental(e) (*m(f)*)

romantically /rəʊ'mæntɪkəlɪ/ ADV [*behave*] amoureusement; **~ inclined** romantique; **to be ~ involved with sb** avoir une liaison avec qn

romanticism /rəʊ'mæntɪsɪzəm/ N romantisme (*m*)

Romany /'rɒmənɪ/ 1 N ⓐ tzigane *or* tsigane (*mf*) ⓑ (= *language*) romani (*m*) 2 ADJ [*person, culture, language*] tzigane *or* tsigane

Rome /rəʊm/ N Rome (*f*)

Romeo /'rəʊmɪəʊ/ N Roméo (*m*)

romp /rɒmp/ 1 N ⓐ (= *book, film, play*) livre, film ou pièce drôle et plein d'action ⓑ (= *sex*)* **to have a ~** s'envoyer en l'air* 2 VI **to ~ home** (= *win*) gagner haut la main

roof /ruːf/ N [*of building, car*] toit (*m*); [*of cave*] plafond (*m*); **we didn't have a ~ over our heads** nous étions sans abri; **to live under the same ~ as sb** vivre sous le même toit que qn; **under one ~** (*in shopping arcade*) réuni(s) au même endroit; **to hit the ~*** [*person*] piquer une crise*

rooftop /'ruːftɒp/ N toit (*m*); **to shout sth from the ~s** crier qch sur tous les toits

room /rʊm/ 1 N ⓐ (*in house*) pièce (*f*); (*in hotel*) chambre (*f*); **~s to let** chambres (*fpl*) à louer ⓑ (= *space*) place (*f*); **there is ~ for two people** il y a de la place pour deux personnes; **to make ~ for sb** faire une place pour qn; **to make ~ for sth** faire de la place pour qch; **there is still ~ for hope** il y a encore lieu d'espérer; **there is ~ for improvement in your work** votre travail laisse à désirer 2 COMP ◆ **room service** N service (*m*) des chambres (d'hôtel) ◆ **room temperature** N température (*f*) ambiante; **wine at ~ temperature** vin (*m*) chambré

roommate /'rʊmmeɪt/ N colocataire (*mf*)

roomy /'rʊmɪ/ ADJ [*flat, car*] spacieux

roost /ruːst/ VI (= *settle*) se percher

rooster /'ruːstəʳ/ N coq (*m*)

root /ruːt/ 1 N racine (*f*); [*of trouble*] origine (*f*); **to pull sth out by the ~s** déraciner qch; **to take ~** prendre racine; **to put down ~s in a country** s'enraciner dans un pays; **the ~ of the matter** la vraie raison; **to get to the ~ of the problem** aller au fond du problème; **that is at the ~ of ...** cela est à l'origine de ...; **what lies at the ~ of his attitude?** quelle est la raison fondamentale de son attitude? 2 VT **a deeply ~ed belief** une croyance bien enracinée; **to stand ~ed to the spot** être cloué sur place 3 COMP ◆ **root beer** N (US) boisson gazeuse à base d'extraits végétaux ◆ **root ginger** N gingembre (*m*) frais ◆ **root vegetable** N racine (*f*) (comestible)

▶ **root for** VT INSEP [+ *team*] encourager

▶ **root out** VT SEP (= *find*) dénicher

rope /rəʊp/ N corde (*f*); **to know the ~s*** connaître toutes les ficelles*; **to show sb the ~s*** mettre qn au courant; **to learn the ~s*** se mettre au courant ◆ **rope ladder** N échelle (*f*) de corde

▶ **rope in** VT SEP [+ *area*] entourer de cordes; **to ~ sb in*** enrôler qn; **he ~d us into helping him clean the kitchen** il nous a enrôlés pour nettoyer la cuisine

rosary /'rəʊzərɪ/ N chapelet (*m*)

rose /rəʊz/ 1 N ⓐ (= *flower*) rose (*f*); (= *bush*) rosier (*m*); **it isn't all ~s** tout n'est pas rose ⓑ [*of hose, watering can*] pomme (*f*); (*on ceiling*) rosace (*f*) (de plafond) ⓒ (= *colour*) rose (*m*) 2 ADJ rose 3 VB *pt of* **rise** 4 COMP ◆ **rose-coloured** ADJ rose; **to see everything through ~-coloured spectacles** voir tout en rose ◆ **rose garden** N roseraie (*f*)

rosé /'rəʊzeɪ/ N rosé (*m*) (*vin*)

rosebud /'rəʊzbʌd/ N bouton (*m*) de rose

rosebush /'rəʊzbʊʃ/ N rosier (*m*)

rosemary /'rəʊzmərɪ/ N romarin (*m*)

roster /'rɒstəʳ/ N tableau (*m*) (de service)

rostrum /'rɒstrəm/ N tribune (*f*); **on the ~** à la tribune

rosy /'rəʊzɪ/ ADJ ⓐ (= *pink*) [*colour*] rosé; [*face*] rose ⓑ (= *optimistic*) [*view*] optimiste; **his future looks ~** l'avenir se présente bien pour lui; **to paint a ~ picture of sth** brosser un tableau idyllique de qch

rot /rɒt/ 1 N pourriture (*f*); **to stop the ~** (= *stop things getting worse*) redresser la situation 2 VI pourrir; **to ~ in jail** croupir en prison; **let him ~!*** qu'il aille se faire pendre!*

rota /'rəʊtə/ N tableau (*m*) (de service)

rotary /'rəʊtərɪ/ ADJ rotatif

rotate /rəʊ'teɪt/ 1 VT (= *revolve*) faire tourner 2 VI tourner

rotating /rəʊ'teɪtɪŋ/ ADJ tournant

rotation /rəʊ'teɪʃən/ N rotation (*f*)

rotisserie /rəʊ'tɪsərɪ/ N (= *grill or oven*) rôtissoire (*f*)

rotor /'rəʊtəʳ/ N rotor (*m*) ◆ **rotor blade** N pale (*f*) de rotor

rotten /'rɒtn/ 1 ADJ ⓐ (= *decayed*) [*wood, vegetable, egg*] pourri; [*meat*] avarié; [*fruit, tooth*] gâté ⓑ (= *corrupt*) véreux; **~ to the core** pourri jusqu'à la moelle ⓒ (= *unpleasant*)* **what ~ weather!** quel temps pourri!*; **what ~ luck!** quelle guigne!*; **that's a ~ thing to say/do!** c'est moche* de dire/faire ça!; **to feel/look ~** (= *ill*) être/avoir l'air mal fichu*; **to feel ~** (**about doing sth**) (= *guilty*) se sentir minable* (de faire qch) ⓓ (*expressing annoyance*)* **you can keep your ~ bike** tu peux te le garder, ton sale vélo* 2 ADV **to spoil sb ~*** pourrir qn

Rottweiler /'rɒt,vaɪləʳ/ N rottweiler (*m*)

rouble, ruble (US) /'ruːbl/ N rouble (*m*)

rough /rʌf/ 1 ADJ ⓐ (= *not smooth*) [*skin, cloth*] rêche; (*harder*) rugueux; [*track*] raboteux; **he'll be a good salesman once we knock off the ~ edges** il fera un bon vendeur lorsque nous l'aurons un peu dégrossi ⓑ (= *unrefined*) [*person, speech, manners*] rude ⓒ (= *difficult*)* [*life*] dur; **to have a ~ time (of it)** en voir de dures*; **don't be too ~ on him** ne sois pas trop dur avec lui ⓓ (*Brit*) (= *ill*) **to feel ~*** être mal fichu* ⓔ (= *violent*) [*person, treatment*] dur; **to be ~ with sb** (*physi-*

cally) malmener qn ; **he's very ~ with his little brother** il malmène son petit frère ; **a ~ neighbourhood** un quartier difficile

ⓕ [*weather*] gros (grosse (*f*)) ; [*sea, crossing*] agité

ⓖ (= *approximate*) [*calculation, translation, estimate, description*] approximatif ; **at a ~ guess** à vue de nez ; **can you give me a ~ idea (of) how long it will take?** à votre avis, ça prendra combien de temps environ ? ; **I've got a ~ idea (of) what it looks like** je vois à peu près à quoi ça ressemble ; **he gave a ~ outline of the proposals** il a donné les grandes lignes des propositions ; **~ draft** brouillon (*m*) ; **~ sketch** ébauche (*f*)

2 ADV **to sleep ~** coucher sur la dure ; **to live ~** vivre à la dure

3 N (= *ground*) terrain (*m*) accidenté ; (*Golf*) rough (*m*) ; **to take the ~ with the smooth** prendre les choses comme elles viennent

4 VT **to ~ it*** vivre à la dure

5 COMP ♦ **rough-and-ready** ADJ [*method*] rudimentaire ; [*person*] fruste ♦ **rough justice** N justice (*f*) sommaire ♦ **rough work** N brouillon (*m*)

roughage /ˈrʌfɪdʒ/ N fibres (*fpl*)

roughly /ˈrʌflɪ/ ADV ⓐ (= *violently*) brutalement ⓑ (= *crudely*) grossièrement ⓒ (= *approximately*) à peu près ; **it costs ~ $100** ça coûte environ 100 dollars ; **tell me ~ what it's all about** dites-moi en gros de quoi il s'agit ; **~ speaking** en gros ; **he ~ outlined the proposals** il a donné les grandes lignes des propositions ; **to sketch sth ~** faire un croquis de qch ; **~ translated, the name means ...** traduit approximativement, ce nom veut dire ...

roughness /ˈrʌfnɪs/ N ⓐ [*of skin, hands, cloth*] rudesse (*f*) ; [*of road, track*] mauvais état (*m*) ⓑ (= *lack of refinement*) [*of person*] rudesse (*f*) ⓒ (= *storminess*) [*of sea*] agitation (*f*)

roughshod /ˈrʌfʃɒd/ ADV **to ride ~ over** [+ *objection, person*] faire peu de cas de

roulette /ruːˈlet/ N roulette (*f*)

round /raʊnd/

> ► When **round** is an element in a phrasal verb, eg **ask round**, **call round**, look up the verb.

1 ADV ⓐ (= *around*) autour ; **there was a wall all ~** il y avait un mur tout autour ; **he went ~ by the bridge** il a fait le détour par le pont ; **you can't get through here, you'll have to go ~** vous ne pouvez pas passer par ici, il faut faire le tour ; **the long way ~** le chemin le plus long

♦ **round and round** en rond ; **to go ~ and ~** (*looking for sth*) tourner en rond ; **the idea was going ~ and ~ in his head** il tournait et retournait l'idée dans sa tête

♦ **all + round**: **all year ~** pendant toute l'année ; **this ought to make life much easier all ~** (= *for everybody*) cela devrait simplifier la vie de tout le monde

ⓑ (*to sb's place*) **come ~ and see me** venez me voir ; **I asked him ~ for a drink** je l'ai invité à (passer) prendre un verre chez moi ; **I'll be ~ at 8 o'clock** je serai là à 8 heures

2 PREP autour de ; **she planted flowers ~ the tree** elle a planté des fleurs autour de l'arbre ; **sitting ~ the fire** (*in house*) assis au coin du feu ; **the villages ~ Brighton** les villages autour de Brighton ; **to go ~ an obstacle** contourner un obstacle ; **to show sb ~ a town** faire visiter une ville à qn ; **they went ~ the cafés looking for ...** ils ont fait le tour des cafés à la recherche de ... ; **she's 75cm ~ the waist** elle fait 75 cm de tour de taille ; **put a blanket ~ him** enveloppez-le dans une couverture

♦ **round about**: environ ; **~ about £800** 800 livres environ ; **~ about 7 o'clock** vers 7 heures

♦ **round the corner**: **the house is just ~ the corner** la maison est au coin de la rue ; (= *near*) la maison est tout près ; **she went ~ the corner** elle a tourné le coin de la rue

3 ADJ ⓐ (= *circular*) rond ; (= *rounded*) arrondi ; **to have ~ shoulders** avoir le dos rond

ⓑ (= *complete*) **a ~ dozen** une douzaine tout rond ; **~ number** chiffre (*m*) rond

4 N ⓐ (= *circle*) rond (*m*), cercle (*m*)

ⓑ (*Brit: also* **delivery ~**) tournée (*f*) ; **to make one's ~(s)**

[*watchman, policeman*] faire sa ronde ; [*postman, milkman*] faire sa tournée ; [*doctor*] faire ses visites ; **to make the ~s of ...** faire le tour de ... ; **to do the ~s** [*infection, a cold*] faire des ravages ; [*news, joke*] circuler

ⓒ [*of cards, golf, competition*] partie (*f*) ; (*Boxing*) round (*m*) ; [*of election*] tour (*m*) ; [*of talks, discussions*] série (*f*) ; **a new ~ of negotiations** une nouvelle série de négociations

ⓓ [*of drinks*] tournée (*f*) ; **it's my ~** c'est ma tournée

5 VT (= *go round*) [+ *corner*] tourner ; [+ *bend*] prendre ; **as he ~ed the corner** au moment où il tournait au coin de la rue

6 COMP ♦ **round-shouldered** ADJ voûté ♦ **round-table discussion** N table (*f*) ronde ♦ **round-the-clock** ADJ 24 heures sur 24 ♦ **round trip** N aller (*m*) et retour ; **Concorde does three ~ trips a week** le Concorde effectue trois rotations (*fpl*) par semaine ♦ **round trip ticket** N billet (*m*) aller-retour

► **round down** VT SEP [+ *prices*] arrondir (au chiffre inférieur)

► **round off** VT SEP [+ *speech, meal*] terminer ; [+ *debate, meeting*] mettre fin à ; **and now, to ~ off, I must say ...** et maintenant, pour conclure, je dois dire ...

► **round up** VT SEP ⓐ (= *bring together*) [+ *people*] réunir ; [+ *cattle*] rassembler ⓑ [+ *prices*] arrondir (au chiffre supérieur)

roundabout /ˈraʊndəbaʊt/ 1 ADJ **a ~ route** un chemin détourné ; **we came (by) a ~ way** nous avons fait un détour ; **what a ~ way of doing things!** quelle façon compliquée de faire les choses ! 2 N ⓐ (= *playground apparatus*) tourniquet (*m*) ⓑ (*at road junction*) rond-point (*m*) (à sens giratoire)

rounded /ˈraʊndɪd/ ADJ (= *curved*) [*edge, hill*] arrondi ; [*breasts*] rond ; [*shoulders*] voûté ; **a well-~ education** une éducation complète

rounders /ˈraʊndəz/ N (*Brit*) sorte de baseball

roundup /ˈraʊndʌp/ N (= *meeting*) tour (*m*) d'horizon ; (= *news summary*) résumé (*m*) de l'actualité

rouse /raʊz/ VT [+ *feeling*] exciter ; [+ *suspicions*] éveiller ; **to ~ sb to action** inciter qn à agir

rousing /ˈraʊzɪŋ/ ADJ [*applause*] enthousiaste ; [*speech*] enthousiasmant ; [*music*] entraînant

rout /raʊt/ 1 N (= *defeat*) déroute (*f*) 2 VT (= *defeat*) mettre en déroute

route /ruːt/ 1 N ⓐ itinéraire (*m*) ; **shipping ~s** routes (*fpl*) maritimes ; **what ~ does the 39 bus take?** par où passe le 39 ? ; **en ~ (for)** en route (pour) ⓑ (*US*) (*in highway names*) **Route 39** ≈ la nationale 39 2 VT (= *plan route of*) [+ *train, coach, bus*] fixer l'itinéraire de ; **to ~ a train through Leeds** faire passer un train par Leeds ; **my luggage was ~d through Amsterdam** mes bagages ont été expédiés via Amsterdam

routine /ruːˈtiːn/ 1 N ⓐ routine (*f*) ; **daily ~ occupations** (*fpl*) journalières ; (*pej*) train-train (*m inv*) de la vie quotidienne ; **business or office ~** travail (*m*) courant du bureau ⓑ (= *performance*) numéro (*m*) ; **dance ~** numéro (*m*) de danse ; **he gave me the old ~* about his wife not understanding him** il m'a ressorti la vieille rengaine du mari incompris

2 ADJ ⓐ (= *normal*) [*work, check, maintenance, procedure, questions*] de routine ; **it was quite ~** c'était de la simple routine ; **on a ~ basis** de façon routinière ; **~ duties** obligations (*fpl*) courantes ; **to make ~ inquiries** mener une enquête de routine

ⓑ (= *predictable*) [*report, problem, banter*] banal

routinely /ruːˈtiːnlɪ/ ADV couramment ; **to be ~ tested** [*person*] passer un examen de routine ; [*blood*] être systématiquement examiné

rove /raʊv/ 1 VI errer 2 VT [+ *countryside*] parcourir ; [+ *streets*] errer dans

row¹ /raʊ/ 1 N [*of objects, people*] (*beside one another*) rang (*m*), rangée (*f*) ; (*behind one another*) file (*f*) ; [*of houses*] rangée (*f*) ; [*of cars*] file (*f*)

♦ **in a row** [*stand, put things*] en ligne ; **four failures in a ~**

quatre échecs d'affilée
♦ **in rows** en rangs
2 VT [+ *boat*] faire avancer à la rame; [+ *person, object*] transporter en canot (**to** à); **to ~ sb across** faire traverser qn en canot
3 VI ramer; (*Sport*) faire de l'aviron; **to go ~ing** (*for pleasure*) faire du canotage; (*Sport*) faire de l'aviron
4 COMP ♦ **row house** N (*US*) maison qui fait partie d'une rangée de maisons identiques et contiguës

row²* /raʊ/ (*Brit*) N (= *noise*) vacarme (*m*); (= *quarrel*) dispute (*f*); **to have a ~ with sb** se disputer avec qn; **to give sb a ~** passer un savon à qn*

rowdy /'raʊdɪ/ ADJ [*person, behaviour*] chahuteur; [*party*] un peu trop animé; [*demonstration*] bruyant; **~ scenes in Parliament** scènes de chahut au parlement

rowing /'rəʊɪŋ/ N (*for pleasure*) canotage (*m*); (*Sport*) aviron (*m*) ♦ **rowing boat** N (*Brit*) canot (*m*) (à rames) ♦ **rowing machine** N rameur (*m*)

royal /'rɔɪəl/ 1 ADJ royal
2 N* membre (*m*) de la famille royale; **the royals** la famille royale
3 COMP ♦ **the Royal Air Force** N (*Brit*) la Royal Air Force ♦ **royal blue** N bleu roi (*m inv*) ♦ **royal-blue** ADJ bleu roi (*inv*) ♦ **royal family** N famille (*f*) royale ♦ **Royal Highness** N **Your/His Royal Highness** Votre/Son Altesse Royale ♦ **the Royal Mail** N (*Brit*) le service postal britannique ♦ **the Royal Marines** NPL (*Brit*) l'infanterie (*f*) de marine; **a Royal Marine** un soldat de l'infanterie de marine ♦ **the Royal Navy** N (*Brit*) la marine nationale ♦ **the Royal Shakespeare Company** N (*Brit*) troupe de théâtre spécialisée dans le répertoire shakespearien ♦ **the Royal Ulster Constabulary** N (*Brit Police*) la police de l'Irlande du Nord

royalist /'rɔɪəlɪst/ ADJ, N royaliste (*mf*)

royalty /'rɔɪəltɪ/ 1 N ⓐ (= *position, dignity, rank*) royauté (*f*) ⓑ (= *royal person*) membre (*m*) de la famille royale; (= *royal persons*) (membres (*mpl*) de) la famille royale
2 NPL **royalties** (*from book*) droits (*mpl*) d'auteur; (*from oil well, patent*) royalties (*fpl*)

RSI /ˌɑːres'aɪ/ N (ABBR = **repetitive strain injury**) troubles (*mpl*) musculosquelettiques

RSPCA /ˌɑːrespiːsiː'eɪ/ N (*Brit*) (ABBR = **Royal Society for the Prevention of Cruelty to Animals**) ≈ SPA (*f*)

RSVP /ˌɑːresviː'piː/ (ABBR = **please reply**) RSVP

Rt Hon. ABBR = **Right Honourable**

rub /rʌb/ 1 N **to give sth a ~** [+ *furniture, shoes*] donner un coup de chiffon à qch; [+ *sore place, one's arms*] frotter qch
2 VT frotter; (= *polish*) astiquer; **to ~ one's nose** se frotter le nez; **to ~ one's hands with glee** se frotter les mains; **to ~ a hole in sth** faire un trou dans qch à force de frotter; **to ~ lotion into the skin** faire pénétrer de la lotion dans la peau; **to ~ sb (up) the wrong way** prendre qn à rebrousse-poil; **I'm going to ~ his nose in it** je vais lui mettre le nez dans son caca*
3 VI [*thing*] frotter; [*person, cat*] se frotter
4 COMP ♦ **rub-down** N **to give sb a ~-down** frictionner qn
► **rub down** VT SEP [+ *person*] frictionner; [+ *wall, paintwork*] (= *clean*) frotter; (= *sandpaper*) poncer
► **rub in** VT SEP [+ *oil, liniment*] faire pénétrer en frottant; **don't ~ it in!*** ne retourne pas le couteau dans la plaie!
► **rub off** VT SEP [+ *mark*] partir; [*writing*] s'effacer; **I hope some of his politeness will ~ off on to his brother*** j'espère qu'il passera un peu de sa politesse à son frère 2 VT SEP [+ *writing on blackboard*] effacer; [+ *dirt*] enlever en frottant
► **rub out** 1 VI [*mark, writing*] s'effacer 2 VT SEP (= *erase*) effacer

rubber /'rʌbəʳ/ 1 N ⓐ (= *material*) caoutchouc (*m*) ⓑ (*Brit* = *eraser*) gomme (*f*) ⓒ (= *condom*)* préservatif (*m*) 2 ADJ de or en caoutchouc 3 COMP ♦ **rubber band** N élastique (*m*) ♦ **rubber boots** NPL (*US*) bottes (*fpl*) en caoutchouc ♦ **rubber bullet** N balle (*f*) en caoutchouc ♦ **rubber cheque*** N chèque (*m*) en bois* ♦ **rubber gloves** NPL gants (*mpl*) en caoutchouc ♦ **rubber plant** N caoutchouc (*m*) (*plante verte*) ♦ **rubber ring** N (*for swimming*) bouée (*f*) (de

natation) ♦ **rubber-stamp*** VT tamponner; (*fig*) approuver sans discussion ♦ **rubber tree** N hévéa (*m*)

rubbery /'rʌbərɪ/ ADJ [*object, food*] caoutchouteux

rubbish /'rʌbɪʃ/ 1 N ⓐ (= *waste material*) détritus (*mpl*); (*Brit* = *household rubbish*) ordures (*fpl*); (= *worthless things*) camelote* (*f*) ⓑ (= *nonsense*) bêtises (*fpl*); **to talk ~** dire des bêtises; **(what a lot of) ~!*** n'importe quoi!*; **that's just ~** c'est n'importe quoi* 2 ADJ (= *useless*)* nul; **I'm ~ at golf** je suis nul en golf 3 COMP ♦ **rubbish bin** N (*Brit*) poubelle (*f*) ♦ **rubbish collection** N ramassage (*m*) des ordures ♦ **rubbish dump** N (*public*) décharge (*f*) publique

rubbishy* /'rʌbɪʃɪ/ ADJ [*magazine*] nul; [*goods*] de mauvaise qualité

rubble /'rʌbl/ N [*of ruined house, demolition site*] décombres (*mpl*)

rubella /ruː'belə/ N rubéole (*f*)

ruby /'ruːbɪ/ N rubis (*m*); (= *colour*) couleur (*f*) rubis

rucksack /'rʌksæk/ N sac (*m*) à dos

rudder /'rʌdəʳ/ N gouvernail (*m*)

rude /ruːd/ ADJ ⓐ (= *impolite*) [*person, reply*] impoli (**to sb** avec qn, **about sth** à propos de qch); **it's ~ to stare** c'est mal élevé de dévisager les gens ⓑ (= *obscene*) [*noise*] incongru; [*joke*] grossier ⓒ (= *unexpected*) **to get a ~ awakening** être brutalement rappelé à la réalité

rudely /'ruːdlɪ/ ADV [*say*] impoliment; **before I was so ~ interrupted** avant qu'on ne m'interrompe aussi impoliment

rudeness /'ruːdnɪs/ N [*of person, behaviour, reply*] impolitesse (*f*); [*of remark*] grossièreté (*f*)

rudimentary /ˌruːdɪ'mentərɪ/ ADJ rudimentaire; **I've only got ~ French** je n'ai que quelques rudiments de français

rudiments /'ruːdɪmənts/ NPL rudiments (*mpl*)

ruffian /'rʌfɪən/ N voyou (*m*)

ruffle /'rʌfl/ VT ⓐ (= *disturb*) [+ *hair*] ébouriffer; **the bird ~d (up) its feathers** l'oiseau a hérissé ses plumes ⓑ (= *upset*) froisser; **to ~ sb's feathers** froisser qn

rug /rʌg/ N (*for floor*) petit tapis (*m*); **to pull the ~ from under sb** couper l'herbe sous le pied de qn

rugby /'rʌgbɪ/ N rugby (*m*) ♦ **rugby league** N rugby (*m*) à treize ♦ **rugby player** N joueur (*m*), -euse (*f*) de rugby ♦ **rugby tackle** N plaquage (*m*) ♦ VT plaquer ♦ **rugby union** N rugby (*m*) à quinze

rugged /'rʌgɪd/ ADJ ⓐ (= *rough*) [*terrain*] accidenté; [*coastline*] déchiqueté ⓑ [*person, personality, features, manners*] rude

ruin /'ruːɪn/ 1 N ⓐ (= *destruction*) ruine (*f*); **he was on the brink of ~** il était au bord de la ruine; **it will be the ~ of him** ça le perdra ⓑ (*gen pl* = *remains*) ruine(s) (*f(pl)*); **in ruins** en ruine 2 VT [+ *reputation, hopes*] ruiner; [+ *clothes*] abîmer

ruined /'ruːɪnd/ ADJ [*building, city, economy, career*] en ruine; [*person*] (*morally*) perdu; (*financially*) ruiné

rule /ruːl/ 1 N ⓐ (= *guiding principle*) règle (*f*); **the ~s of the game** la règle du jeu; **school ~s** règlement (*m*) intérieur de l'établissement; **it's against the ~s** c'est contraire au règlement; **to play by the ~s** jouer selon les règles; **to bend the ~s** faire une entorse au règlement; **~s and regulations** statuts (*mpl*); **it's a ~ that ...** il est de règle que ... (+ *subj*); **by ~ of thumb** à vue de nez; **he makes it a ~ to get up early** il a pour habitude de se lever tôt
♦ **as a (general) rule** en règle générale
ⓑ (= *authority*) autorité (*f*); **under British ~** sous l'autorité britannique; **majority ~** le gouvernement par la majorité ⓒ (*for measuring*) règle (*f*) (graduée)
2 VT ⓐ [+ *country*] gouverner; [+ *person*] dominer; **to be ~d by jealousy** être dominé par la jalousie; **he is ~d by his wife** il est dominé par sa femme
ⓑ [*judge, umpire*] décider (**that** que)
3 VI ⓐ (= *reign*) régner (**over** sur)
ⓑ [*judge*] statuer

4 COMP ◆ **the rule book** N le règlement
► **rule out** VT SEP [+ *possibility, suggestion, date, person*]
écarter ; **the age limit ~s him out** il est exclu du fait de la limite d'âge ; **murder can't be ~d out** il est impossible
d'écarter l'hypothèse d'un meurtre

ruled /ruːld/ ADJ [*paper*] réglé

ruler /ˈruːləʳ/ N ⓐ (= *sovereign*) souverain(e) *(m(f))* ; (= *political leader*) chef *(m)* (d'État) ⓑ (*for measuring*) règle *(f)*

ruling /ˈruːlɪŋ/ 1 ADJ [*class, body*] dirigeant ; [*party*] au
pouvoir 2 N décision *(f)* ; **to give a ~** rendre un jugement

rum /rʌm/ N rhum *(m)*

Rumania /ruːˈmeɪnɪə/ N Roumanie *(f)*

Rumanian /ruːˈmeɪnɪən/ 1 ADJ roumain 2 N ⓐ (= *person*)
Roumain(e) *(m(f))* ⓑ (= *language*) roumain *(m)*

rumble /ˈrʌmbl/ 1 N [*of thunder*] grondement *(m)* ; [*of
lorry*] roulement *(m)* 2 VI [*thunder*] gronder ; [*stomach*]
gargouiller ; **to ~ past** [*vehicle*] passer avec fracas 3 VT (*Brit* =
see through) [+ *person*]‡ voir venir*

ruminate /ˈruːmɪneɪt/ VI ruminer ; **to ~ about sth** ruminer qch

rummage /ˈrʌmɪdʒ/ N (= *action*) **to have a good ~ round**
fouiller partout
► **rummage about** VI farfouiller*

rumour, rumor (*US*) /ˈruːməʳ/ 1 N rumeur *(f)* (**that** selon
laquelle) ; **~ has it that …** le bruit court que … 2 VT **it is
~ed that …** le bruit court que … ; **he is ~ed to be in London** le bruit court qu'il est à Londres

rump /rʌmp/ N [*of animal*] croupe *(f)* ◆ **rump steak** N
romsteck *(m)*

rumpus* /ˈrʌmpəs/ N **to kick up a ~** faire du chahut

---

run /rʌn/

1 NOUN	4 COMPOUNDS
2 INTRANSITIVE VERB	5 PHRASAL VERBS
3 TRANSITIVE VERB	

► **vb: pret ran, ptp run**

1 NOUN
ⓐ = act of running course *(f)* ; **to go for a ~** aller courir ; **at
a ~** en courant ; **to make a ~ for it** se sauver
ⓑ = outing tour *(m)* ; **they went for a ~ in the country** ils
ont fait un tour à la campagne
ⓒ = distance travelled trajet *(m)* ; (= *route*) ligne *(f)* ; **it's a
30-minute bus ~** il y a une demi-heure de bus ; **it's a short
car ~** le trajet n'est pas long en voiture ; **the ferries on the
Dover-Calais ~** les ferrys sur la ligne Douvres-Calais
ⓓ = series série *(f)* ; **a ~ of bad luck** une période de malchance ; **she's having a ~ of luck** la chance lui sourit
ⓔ = period of performance **her new series begins a ~ on
BBC1** sa nouvelle série d'émissions va bientôt passer sur
BBC1 ; **the play had a long ~** la pièce a tenu longtemps
l'affiche
ⓕ = use **they gave us the ~ of the garden** ils nous ont
donné la jouissance du jardin
ⓖ = trend [*of market*] tendance *(f)* ; [*of events*] tournure
(f) ; **the decisive goal arrived, against the ~ of play** le but
décisif a été marqué contre le cours du jeu
ⓗ = type **he didn't fit the usual ~ of petty criminals** il
n'avait pas le profil du petit malfaiteur ordinaire ; **the
usual ~ of problems** les problèmes *(mpl)* habituels
ⓘ = track for skiing piste *(f)* ; **ski ~** piste *(f)* de ski
ⓙ = animal enclosure enclos *(m)*
ⓚ in tights échelle *(f)*
ⓛ Cricket course *(f)* ; **to make a ~** marquer une course
ⓜ Mil = raid, mission raid *(m)* (aérien) ; **a bombing ~** un
bombardement
ⓝ set structures
◆ **in the long run** à long terme ; **it will be more economical in the long ~** ce sera plus économique à long terme ;
things will sort themselves out in the long ~ les choses
s'arrangeront avec le temps

◆ **on the run**: **a criminal on the ~ (from the police)** un criminel recherché par la police ; **he is still on the ~** il court
toujours ; **he was on the ~ for several months** il n'a été repris qu'au bout de plusieurs mois ; **to keep the enemy on
the ~** harceler l'ennemi

2 INTRANSITIVE VERB
ⓐ courir ; **don't ~ across the road** ne traverse pas la rue
en courant ; **he's trying to ~ before he can walk** (*Brit*) il
essaie de brûler les étapes ; **to ~ down/off** descendre/partir
en courant ; **to ~ down a slope** descendre une pente en
courant ; **to ~ for the bus** courir pour attraper le bus ; **it ~s
in the family** [*characteristic*] c'est de famille ; **she came ~ing
out** elle est sortie en courant ; **she ran over to her neighbour's** elle s'est précipitée chez son voisin ; **three men ran
past him** trois hommes l'ont dépassé en courant ; **all sorts
of thoughts were ~ning through my head** toutes sortes
d'idées me venaient à l'esprit ; **she ran to meet him** elle a
couru à sa rencontre ; **she ran to help him** elle a volé à son
secours
◆ **to run high**: **feelings were ~ning high** les passions
étaient exacerbées ; **tension was ~ning high** l'atmosphère
était très tendue
ⓑ = flee prendre la fuite ; **~ for it!** sauvez-vous !
ⓒ = flow, leak [*river, tears, tap*] couler ; [*colour*] déteindre ;
[*dye, ink*] baver ; **to ~ into the sea** [*river*] se jeter dans la
mer ; **to leave a tap ~ning** laisser un robinet ouvert ; **his
eyes are ~ning** il a les yeux qui coulent
◆ **to run with** (= *be saturated*) **the floor was ~ning with water** le plancher était inondé ; **his face was ~ning with sweat**
son visage ruisselait de sueur
ⓓ = be candidate être candidat ; **he isn't ~ning this time** il
n'est pas candidat cette fois-ci ; **he won't ~ again** il ne se
représentera plus ; **to ~ for President** être candidat à la
présidence
ⓔ = be **I'm ~ning a bit late** je suis un peu en retard ; **inflation is ~ning at 3%** le taux d'inflation est de 3 %
ⓕ = extend, continue [*play*] être à l'affiche ; [*film*] passer ;
[*contract*] être valide ; **the play has been ~ning for a year** la
pièce est à l'affiche depuis un an ; **this contract has ten
months to ~** ce contrat expire dans dix mois
ⓖ bus, train, coach, ferry assurer le service ; **the buses ~
once an hour** les bus passent toutes les heures ; **the buses
are ~ning early/late/on time** les bus sont en avance/en
retard/à l'heure ; **there are no trains ~ning today** il n'y a
pas de trains aujourd'hui
ⓗ = function [*machine*] marcher ; [*factory*] être en activité ;
the car is ~ning smoothly la voiture marche bien ; **you
mustn't leave the engine ~ning** il ne faut pas laisser
tourner le moteur ; **this car ~s on diesel** cette voiture marche au gazole
ⓘ = pass [*road, river*] passer (**through** à travers) ; [*mountain
range*] s'étendre ; **the road ~s past our house** la route passe
devant notre maison ; **the road ~s right into town** la route
va jusqu'au centre-ville ; **a wall ~s round the garden** un
mur entoure le jardin

3 TRANSITIVE VERB
ⓐ gen courir ; **he ran 2km non-stop** il a couru (pendant)
2 km sans s'arrêter ; **he ran the distance in under half an
hour** il a couvert la distance en moins d'une demi-heure ;
to ~ the 100 metres courir le 100 mètres ; **you ran a good
race** vous avez fait une excellente course ; **the first race
will be ~ at 2 o'clock** la première épreuve se courra à 2
heures ; **but if it really happened he'd ~ a mile*** mais si ça
se produisait, il aurait vite fait de se débiner*
ⓑ = transport [+ *person*] conduire ; **he ran her home** il l'a
ramenée chez elle
ⓒ = operate [+ *machine*] faire marcher ; [+ *computer program*] exécuter ; **to ~ a radio off the mains** faire marcher
une radio sur secteur ; **I can't afford to ~ a car** je n'ai pas
les moyens d'avoir une voiture ; **this car is very cheap to ~**
cette voiture est très économique
ⓓ = organize [+ *business*] diriger ; [+ *shop*] tenir ; **the company ~s extra buses at rush hours** la société met en service
des bus supplémentaires aux heures de pointe ; **the school**

is ~ning courses for foreign students le collège organise des cours pour les étudiants étrangers ; **I want to ~ my own life** je veux mener ma vie comme je l'entends

(e) **= put, move** **to ~ one's finger down a list** suivre une liste du doigt ; **he ran the car into a tree** sa voiture est rentrée dans un arbre ; **to ~ wires under the floorboards** faire passer des fils électriques sous le plancher ; **to ~ one's eye over a page** jeter un coup d'œil sur une page ; **he ran the vacuum cleaner over the carpet** il a passé l'aspirateur sur le tapis ; **to ~ one's hand over sth** passer la main sur qch ; **to ~ one's fingers through one's hair** se passer la main dans les cheveux

(f) **= publish** publier

(g) **= cause to flow** faire couler ; **I'll ~ you a bath** je vais te faire couler un bain

4 COMPOUNDS

♦ **run-around*** N **he gave me the ~-around** il s'est défilé* ♦ **run-down** ADJ [person] à plat* ; [building, area] délabré ; **I feel a little ~-down** je suis à plat* ♦ **run-in*** N (= quarrel) prise (f) de bec (**over** à propos de) ♦ **run-through** N (before test) essai (m) ♦ **run-up** N (= preparation) période (f) préparatoire (**to** à) ; **the ~-up to the elections** la période qui précède les élections

5 PHRASAL VERBS

► **run across** VT INSEP (= find) [+ object, quotation, reference] tomber sur

► **run after** VT INSEP courir après

► **run along** VI courir ; **~ along!** sauvez-vous !

► **run away** VI partir en courant ; (= flee) [person] se sauver ; **to ~ away from home** faire une fugue ; **he ran away with the funds** (= stole) il est parti avec la caisse

► **run away with** VT INSEP (a) (= win easily) [+ race, match] gagner haut la main (b) **you're letting your imagination ~ away with you** tu te laisses emporter par ton imagination

► **run down** VT SEP (a) (= knock over) renverser ; (= run over) écraser (b) (= disparage)* dire du mal de

► **run into** VT INSEP (a) (= meet) rencontrer par hasard ; **to ~ into difficulties** or **trouble** se heurter à des difficultés ; **to ~ into danger** se trouver dans une situation dangereuse (b) (= collide with) rentrer dans (c) (= amount to) s'élever à ; **the cost will ~ into thousands of euros** le coût va atteindre des milliers d'euros

► **run out** VI (a) [person] sortir en courant (b) (= come to an end) [lease, contract] expirer ; [supplies] être épuisé ; [period of time] être écoulé ; **my patience is ~ning out** ma patience est à bout ; **when the money ~s out** quand il n'y aura plus d'argent ; **their luck ran out** la chance les a lâchés

► **run out of** VT INSEP [+ supplies, money] être à court de ; [+ patience] être à bout de ; **we're ~ning out of time** il ne nous reste plus beaucoup de temps ; **to ~ out of petrol** (Brit) or **gas** (US) tomber en panne d'essence

► **run out on*** VT INSEP [+ person] laisser tomber*

► **run over** 1 VI déborder ; **the play ran over by ten minutes** la pièce a débordé de dix minutes sur le programme 2 VT INSEP (= recapitulate) reprendre ; **let's just ~ over it again** reprenons cela encore une fois 3 VT SEP (in car) [+ person, animal] écraser

► **run past*** VT SEP **could you ~ that past me again?** est-ce que tu pourrais m'expliquer ça encore une fois ?

► **run through** VT INSEP (a) (= read quickly) parcourir (b) (= rehearse) [+ play] répéter ; **if I may just ~ through the principal points once more** si je peux juste récapituler les points principaux

► **run to** VT INSEP (a) (= seek help from) faire appel à ; (= take refuge with) se réfugier dans les bras de ; **I wouldn't go ~ning to the police** je ne me précipiterais pas au commissariat de police (b) (= afford) **I can't ~ to a new car** je ne peux pas me payer une nouvelle voiture (c) (= amount to) **the article ~s to several hundred pages** l'article fait plusieurs centaines de pages

► **run up** 1 VI (= climb quickly) monter en courant ; (= approach quickly) s'approcher en courant 2 VT SEP (a) **to ~ up a hill** monter une colline en courant (b) [+ bills] accumuler ; **to ~ up a debt** s'endetter

► **run up against** VT INSEP [+ problem, difficulty] se heurter à

runaway /'rʌnəweɪ/ 1 N (= teenager, pupil) fugueur (m), -euse (f) ; (= soldier) fuyard (m) ; (= prisoner) fugitif (m), -ive (f) 2 ADJ [person] fugitif ; [horse] emballé ; **a ~ car/train** une voiture folle/un train fou ; **he had a ~ victory** il a remporté la victoire haut la main

rundown /'rʌndaʊn/ N (= summary) **to give sb a ~ on sth*** mettre qn au courant de qch

rung /rʌŋ/ 1 VB ptp of **ring** 2 N [of ladder] barreau (m)

runner /'rʌnə'/ 1 N (a) (= athlete) coureur (m) ; (= smuggler) contrebandier (m) (b) **to do a ~*** déguerpir* (c) (= sliding part) [of car seat, door] glissière (f) ; [of drawer] coulisseau (m) 2 COMP ♦ **runner bean** N (Brit) haricot (m) grimpant ♦ **runner-up** N (pl **runners-up**) (coming second) second(e) (m(f)) ; **~s-up will each receive ...** les autres gagnants recevront chacun ...

running /'rʌnɪŋ/ 1 N (a) (= functioning) [of machine] fonctionnement (m)

(b) (= organizing) gestion (f) ; [of competition] organisation (f) (c) **to be in the ~** avoir des chances de réussir ; **to be in the ~ for the job** être sur les rangs pour le poste ; **to be out of the ~*** ne plus être dans la course

2 ADJ (a) (= flowing) [tap] ouvert ; **hot and cold ~ water** eau (f) courante chaude et froide

(b) (= continuous) **to become a ~ joke between ...** devenir un inépuisable sujet de plaisanterie entre ... ; **~ battle** lutte (f) continuelle

3 ADV (for) **three years ~** pendant trois ans ; **for the third year ~** pour la troisième année consécutive

4 COMP ♦ **running commentary** N (Radio, TV) commentaire (m) suivi (**on sth** de qch) ; **she gave us a ~ commentary on what was happening** elle nous a fait un commentaire détaillé de ce qui se passait ♦ **running costs** NPL [of business] frais (mpl) de fonctionnement ; [of machine] frais (mpl) d'entretien ; **the ~ costs of the central heating are high** le chauffage central revient cher ♦ **running jump** N saut (m) avec élan ; **(go and) take a ~ jump!*** va te faire cuire un œuf !* ♦ **running mate** N (US Politics) candidat(e) (m(f)) à la vice-présidence ♦ **running shoe** N chaussure (f) de course ♦ **running time** N [of film] durée (f) ♦ **running total** N total (m) cumulé ; **to keep a ~ total (of sth)** tenir un compte régulier (de qch) ♦ **running track** N (Sport) piste (f)

runny* /'rʌnɪ/ ADJ [sauce, honey] liquide ; [eyes] qui pleurent ; **to have a ~ nose** avoir le nez qui coule

runt /rʌnt/ N (= animal) avorton (m) ; **a little ~ of a man** un bonhomme tout riquiqui*

runway /'rʌnweɪ/ N piste (f)

rupture /'rʌptʃə'/ 1 N rupture (f) 2 VT rompre ; **~d aneurism** rupture (f) d'anévrisme 3 VI se rompre

rural /'rʊərəl/ ADJ [area, life] rural ; [crime] en milieu rural ; **~ England** l'Angleterre (f) rurale ♦ **rural development** N développement (m) rural ♦ **rural planning** N aménagement (m) rural

ruse /ruːz/ N ruse (f)

rush /rʌʃ/ 1 N (a) (= rapid movement) ruée (f) ; [of crowd] bousculade (f) ; **he was caught in the ~ for the door** il a été pris la ruée vers la porte ; **there was a ~ for the empty seats** il y a eu une ruée vers les places libres ; **gold ~** ruée (f) vers l'or ; **we have a ~ on in the office just now** c'est le coup de feu en ce moment au bureau ; **the Christmas ~** (in shops) la bousculade dans les magasins avant Noël ; **he had a ~ of blood to the head** il a eu un coup de sang

(b) (= hurry) hâte (f) ; **to be in a ~** être extrêmement pressé ; **I did it in a ~** je l'ai fait à toute vitesse ; **what's all the ~?** pourquoi cette urgence ?

2 VI [person] se précipiter ; [car] foncer ; **I'm ~ing to finish it** je me dépêche pour le finir ; **to ~ through** [+ book] lire en vitesse ; [+ meal] prendre sur le pouce* ; [+ work] expédier ; **to ~ in/out/back** entrer/sortir/rentrer précipitamment ; **the blood ~ed to his face** le sang lui est monté au visage ; **he ~ed into marriage** il s'est précipité dans le mariage

3 VT ⓐ (= *do hurriedly*) [+ *job, task*] expédier
ⓑ **to ~ sb to hospital** transporter qn d'urgence à l'hôpital; **I don't want to ~ you** je ne voudrais pas vous bousculer; **don't ~ me!** laissez-moi le temps de souffler!; **to ~ sb into doing sth** forcer qn à faire qch à la hâte
4 COMP ◆ **rush hour** N heures *(fpl)* de pointe ◆ **rush-hour traffic** N circulation *(f)* aux heures de pointe ◆ **rush job** N travail *(m)* urgent
► **rush about, rush around** VI courir çà et là

rushed /rʌʃt/ ADJ ⓐ (= *hurried*) [*meal*] expédié; [*decision*] précipité; [*work*] fait à la va-vite* ⓑ (= *busy*) [*person*] débordé; **to be ~ off one's feet** être (complètement) débordé

Russia /'rʌʃə/ N Russie *(f)*

Russian /'rʌʃən/ 1 ADJ russe 2 N ⓐ Russe *(mf)* ⓑ (= *language*) russe *(m)* 3 COMP ◆ **the Russian Federation** N la Fédération de Russie ◆ **Russian Orthodox Church** N Église *(f)* orthodoxe russe ◆ **Russian roulette** N roulette *(f)* russe

rust /rʌst/ 1 N (*on metal*) rouille *(f)* 2 VT rouiller 3 VI se rouiller 4 ADJ rouille *(inv)* 5 COMP ◆ **rust bucket*** N (= *car, boat*) tas *(m)* de rouille*

rustic /'rʌstɪk/ 1 N campagnard(e) *(m(f))* 2 ADJ [*scene, charm*] champêtre; [*furniture, comfort*] rustique

rustle /'rʌsl/ 1 N [*of leaves*] bruissement *(m)*; [*of paper*] froissement *(m)* 2 VI [*leaves*] bruire 3 VT [+ *leaves*] faire bruire; [+ *paper*] froisser
► **rustle up*** VT SEP préparer (à la hâte)

rustler /'rʌslə'/ N (= *cattle thief*) voleur *(m)* de bétail

rustproof /'rʌstpruːf/ ADJ [*metal, alloy*] inoxydable

rusty /'rʌstɪ/ ADJ rouillé; **my English is pretty ~** mon anglais est un peu rouillé; **your skills are a little ~** vous avez un peu perdu la main

rut /rʌt/ N **to be (stuck) in a ~** [*person*] s'encroûter

ruthless /'ruːθlɪs/ ADJ [*person, treatment*] impitoyable; **to be ~ in doing sth** faire qch impitoyablement

ruthlessly /'ruːθlɪslɪ/ ADV **she was a ~ ambitious woman** c'était une femme d'une ambition féroce

ruthlessness /'ruːθlɪsnɪs/ N caractère *(m)* impitoyable

RV /aːˈviː/ N (*US*) (ABBR = **recreational vehicle**) camping-car *(m)*

Rwanda /rʊˈændə/ N Rwanda *(m)*

Rwandan /rʊˈændən/ 1 ADJ rwandais 2 N Rwandais(e) *(m(f))*

rye /raɪ/ 1 N ⓐ (= *grain*) seigle *(m)* ⓑ (= *bread*) pain *(m)* de seigle ⓒ (*US* = *whisky*) whisky *(m)* (de seigle) 2 COMP ◆ **rye bread** N pain *(m)* de seigle ◆ **rye whisky** N whisky *(m)* (de seigle)

S

S, s /es/ N ⓐ (ABBR = **south**) S ⓑ (ABBR = **small**) (taille (f)) S (m)

Sabbath /'sæbəθ/ N (*Jewish*) sabbat (m); (*Christian*) repos (m) dominical; **to observe the ~** observer le sabbat (*or* le repos dominical); **to break the ~** ne pas observer le sabbat (*or* le repos dominical)

sabbatical /sə'bætɪkəl/ N congé (m) sabbatique; **to be on ~** être en congé sabbatique ◆ **sabbatical year** N année (f) sabbatique

saber /'seɪbə'/ (*US*) = **sabre**

sabotage /'sæbətɑːʒ/ 1 N sabotage (m); **an act of ~** un sabotage 2 VT saboter

saboteur /ˌsæbə'tɜː'/ N saboteur (m), -euse (f)

sabre, saber (*US*) /'seɪbə'/ N sabre (m) ◆ **sabre rattling** N tentatives (fpl) d'intimidation

saccharin /'sækərɪn/, **saccharine** /'sækəriːn/ N saccharine (f)

sachet /'sæʃeɪ/ N sachet (m); [*of shampoo*] berlingot (m)

sack /sæk/ N ⓐ (= *bag*) sac (m) ⓑ (= *dismissal*) **to give sb the ~** renvoyer qn; **to get the ~** être renvoyé ⓒ (*US = bed*)⁑ **in the ~** au pieu⁑; **to hit the ~** aller se pieuter⁑ 2 VT (= *dismiss*) renvoyer

sacking /'sækɪŋ/ N (= *dismissal*) renvoi (m); **large-scale ~s** licenciements (mpl)

sacrament /'sækrəmənt/ N sacrement (m); **to receive the ~s** communier

sacred /'seɪkrɪd/ ADJ sacré; **~ to the memory of sb** consacré à la mémoire de qn; **is nothing ~?** les gens ne respectent plus rien! ◆ **sacred cow** N vache (f) sacrée

sacrifice /'sækrɪfaɪs/ 1 N sacrifice (m); **to make great ~s** faire de grands sacrifices 2 VT sacrifier (**to** à); **to ~ o.s. for sb** se sacrifier pour qn

sacrilege /'sækrɪlɪdʒ/ N sacrilège (m)

sacrilegious /ˌsækrɪ'lɪdʒəs/ ADJ sacrilège

sacrosanct /'sækrəʊsæŋkt/ ADJ sacro-saint

SAD /sæd/ N (ABBR = **seasonal affective disorder**) dépression (f) saisonnière

sad /sæd/ 1 ADJ ⓐ triste; [*feeling*] de tristesse; [*loss*] douloureux; **he was ~ to see her go** il était triste de la voir partir; **it's a ~ business** c'est une triste affaire; **to make sb ~** rendre qn triste; **the ~ fact is that ...** la triste vérité est que ...; **it's ~ that they can't agree** c'est désolant qu'ils n'arrivent pas à se mettre d'accord; **I'm ~ you won't be able to come** je suis désolé que vous ne puissiez pas venir; **~ to say, he died soon after** malheureusement, il est mort peu après
ⓑ (= *pathetic*) [*person*]* minable*; **that ~ little man** ce pauvre type*

2 COMP ◆ **sad case*** N **he's a real ~ case** c'est un pauvre type*

sadden /'sædn/ VT attrister

saddening /'sædnɪŋ/ ADJ triste

saddle /'sædl/ 1 N selle (f); **in the ~** en selle; **when he was in the ~** (*fig*) quand c'est lui qui tenait les rênes 2 VT ⓐ (= *saddle up*) seller ⓑ **to ~ sb with sth*** [+ *job, debts, responsibility*] refiler* qch à qn; **I've been ~d with organizing the meeting** je me retrouve avec l'organisation de la réunion sur les bras; **we're ~d with it** nous voilà avec ça sur les bras; **to ~ o.s. with sth** se mettre qch sur le dos*
3 COMP ◆ **saddle-sore** ADJ **to be ~-sore** avoir mal aux fesses

saddlebag /'sædlbæg/ N sacoche (f)

sadism /'seɪdɪzəm/ N sadisme (m)

sadist /'seɪdɪst/ ADJ, N sadique (mf)

sadistic /sə'dɪstɪk/ ADJ sadique

sadistically /sə'dɪstɪkəlɪ/ ADV sadiquement

sadly /'sædlɪ/ ADV ⓐ tristement; [*disappointed*] profondément; **to be ~ lacking in sth** manquer cruellement de qch; **to be ~ in need of sth** avoir bien besoin de qch; **to be ~ mistaken** se tromper lourdement; **he will be ~ missed** il sera regretté de tous ⓑ (= *unfortunately*) malheureusement; **Jim, who ~ died in January** Jim qui, à notre grande tristesse, est mort en janvier

sadness /'sædnɪs/ N tristesse (f)

sadomasochism /ˌseɪdəʊ'mæsəkɪzəm/ N sadomasochisme (m)

sadomasochist /ˌseɪdəʊ'mæsəkɪst/ N sadomasochiste (mf)

sadomasochistic /ˌseɪdəʊmæsə'kɪstɪk/ ADJ sadomasochiste

s.a.e. /ˌeseɪ'iː/ N (*Brit*) (ABBR = **stamped addressed envelope**) **send an ~** envoyez une enveloppe affranchie à votre nom et adresse

safari /sə'fɑːrɪ/ N safari (m); **to go on ~** aller faire un safari ◆ **safari jacket** N saharienne (f) ◆ **safari park** N (*Brit*) réserve (f) d'animaux ◆ **safari suit** N tenue (f) de safari

safe /seɪf/ 1 ADJ ⓐ (= *not risky*) [*substance, toy*] sans danger; [*nuclear reactor*] sûr, sans danger; [*place, vehicle*] sûr; [*ladder, structure*] solide; **to make a bomb ~** désamorcer une bombe; **to make a building ~** assurer la sécurité d'un bâtiment; **in a ~ place** en lieu sûr; **the ice isn't ~** la glace n'est pas solide; **to be in ~ hands** être en de bonnes mains; **that dog isn't ~ around children** ce chien peut présenter un danger pour les enfants
◆ **safe to**: **it is ~ to say that ...** on peut affirmer sans trop s'avancer que ...; **the water is ~ to drink** on peut boire cette eau sans danger; **is it ~ to come out?** est-ce qu'on peut sortir sans danger?; **they assured him it was ~ to return** ils lui ont assuré qu'il pouvait revenir en toute sécurité; **it might be ~r to wait** il serait peut-être plus prudent d'attendre; **the ~st thing to do would be to wait here** le plus sûr serait d'attendre ici; **it's not ~ to go out after dark** il est dangereux de sortir la nuit
ⓑ [*choice, job*] sûr; [*method*] sans risque; [*limit, level*] raisonnable; **a ~ margin** une marge de sécurité; **to keep a ~ distance from sth** se tenir à bonne distance de qch; **to follow sb at a ~ distance** suivre qn à une distance respectueuse; **to be on the ~ side*** pour plus de sûreté
ⓒ (= *problem-free*) **to wish sb a ~ journey** souhaiter bon voyage à qn; **~ journey!** bon voyage!; **a ~ landing** un

atterrissage réussi ; **he wrote to acknowledge the ~ arrival of the photographs** il a écrit pour dire que les photos étaient bien arrivées ; **to ensure the ~ return of the hostages** faire en sorte que les otages soient libérés sains et saufs ; **a reward for the ~ return of the stolen equipment** une récompense à qui rapportera en bon état l'équipement volé

ⓓ (= *likely to be right*) **it is a ~ assumption that ...** on peut dire sans trop s'avancer que ... ; **a ~ bet** (= *wise choice*) un bon choix ; **the house wine is always a ~ bet** on n'est jamais déçu en choisissant la cuvée du patron ; **it's a ~ bet that profits will fall** il y a toutes les chances pour que les bénéfices diminuent

ⓔ (= *not in danger*) [*person*] en sécurité ; (= *no longer in danger*) [*object*] hors de danger ; [*object*] en sécurité ; **I don't feel very ~ on this ladder** je ne me sens pas très en sécurité sur cette échelle ; **I won't feel ~ until he's behind bars** je ne serai tranquille que quand il sera derrière les barreaux ; **to be ~ from sth** être à l'abri de qch ; **I'm ~ from him now** il ne peut plus me nuire maintenant ; **~ in the knowledge that ...** avec la certitude que ... ; **~ and sound** sain et sauf ; **to be ~ with sb** être en sécurité avec qn ; **I'll keep it ~ for you** je vais vous le garder en lieu sûr ; **your reputation is ~** votre réputation ne craint rien ; **your secret is ~ with me** je garderai le secret ■ (*PROV*) **better ~ than sorry** on n'est jamais trop prudent

2 N (*for money, valuables*) coffre-fort (*m*)

3 COMP ◆ **safe area** N zone (*f*) de sécurité ◆ **safe-breaker** N perceur (*m*) de coffres ◆ **safe-conduct** N sauf-conduit (*m*) ◆ **safe deposit box** N coffre-fort (*m*) à la banque ◆ **safe haven** N refuge (*m*) ; **to provide ~ haven for sb** offrir un refuge à qn ◆ **safe house** N lieu (*m*) sûr ◆ **safe passage** N **to guarantee sb ~ passage to/from a country** assurer la protection de qn à son entrée dans un pays/à sa sortie d'un pays ◆ **safe seat** N siège (*m*) sûr ; **it was a ~ Conservative seat** (*Brit*) c'était un siège acquis au parti conservateur ◆ **safe sex** N rapports (*mpl*) sexuels sans risque ; (*with condom*) rapports (*mpl*) sexuels protégés

safeguard /'seɪfɡɑːd/ 1 VT protéger 2 N protection (*f*) ; **as a ~ against** comme protection contre ; **~s for civil liberties** mesures (*fpl*) garantissant les libertés civiques

safekeeping /ˌseɪf'kiːpɪŋ/ N **I gave it to him for ~** je le lui ai confié

safely /'seɪflɪ/ ADV ⓐ (= *without risk*) en toute sécurité ; **you can walk about quite ~ in the town centre** vous pouvez vous promener en toute sécurité dans le centre-ville ; **drive ~!** sois prudent ! ; **he was ~ tucked up in bed** il était bien au chaud dans son lit
ⓑ (= *without mishap*) [*return, land*] sans encombre ; [*arrive*] bien ; **give me a ring to let me know you've got home ~** passe-moi un coup de fil pour que je sache que tu es bien rentré ; **he's ~ through the semi-final** il est arrivé sans encombre en demi-finale ; **now that the election is ~ out of the way, the government can ...** maintenant que le gouvernement n'a plus à se soucier des élections, il peut ...
ⓒ (= *confidently*) **I think I can ~ say that ...** je pense pouvoir dire sans trop m'avancer que ...

safety /'seɪftɪ/ 1 N ⓐ sécurité (*f*) ; **for his own ~** pour sa propre sécurité ; **for ~'s sake** pour plus de sûreté ; **there is ~ in numbers** plus on est nombreux, moins il y a de danger ; **he reached ~ at last** il était enfin en sécurité
ⓑ [*of construction, equipment*] solidité (*f*)

2 COMP [*device, margin, mechanism, precautions, regulations*] de sécurité ◆ **safety belt** N ceinture (*f*) de sécurité ◆ **safety chain** N chaîne (*f*) de sûreté ◆ **safety curtain** N rideau (*m*) de fer ◆ **safety-deposit box** N (*US*) coffre-fort (*m*) à la banque ◆ **safety island** N (*US*) refuge (*m*) ◆ **safety lock** N serrure (*f*) de sécurité ◆ **safety measure** N mesure (*f*) de sécurité ; **as a ~ measure** par mesure de sécurité ◆ **safety net** N filet (*m*) ◆ **safety pin** N épingle (*f*) de nourrice ◆ **safety valve** N soupape (*f*) de sécurité ◆ **safety zone** N (*US*) refuge (*m*)

saffron /'sæfrən/ 1 N safran (*m*) 2 ADJ [*colour, robe*] safran (*inv*) ; [*flavour*] de safran 3 COMP ◆ **saffron rice** N riz (*m*) au safran ◆ **saffron yellow** ADJ jaune safran (*inv*)

sag /sæɡ/ VI [*roof, chair, beam, floorboard*] s'affaisser ; [*cheeks, breasts*] tomber ; **hearing this, his spirits ~ged** ça l'a démoralisé d'entendre cela

saga /'sɑːɡə/ N (*Nordic*) saga (*f*) ; (= *film, story*) aventure (*f*) épique ; **he told me the whole ~ of what had happened** il m'a raconté en long et en large tout ce qui était arrivé ; **the ~ continues ...** et ça continue ...

sage /seɪdʒ/ 1 N ⓐ (= *plant*) sauge (*f*) ⓑ (= *wise person*) sage (*m*) 2 COMP ◆ **sage green** N, ADJ vert (*m*) cendré (*inv*)

sagging /'sæɡɪŋ/ ADJ ⓐ [*armchair*] défoncé ; [*breasts, stomach, cheeks, skin*] flasque ⓑ [*morale, spirits*] défaillant ; [*stock market, dollar, ratings*] en baisse

saggy* /'sæɡɪ/ ADJ [*mattress, sofa*] défoncé ; [*bottom, breasts*] tombant

Sagittarian /ˌsædʒɪ'tɛərɪən/ N **to be a ~** être Sagittaire

Sagittarius /ˌsædʒɪ'tɛərɪəs/ N Sagittaire (*m*) ; **I'm a ~** je suis Sagittaire

sago /'seɪɡəʊ/ N sagou (*m*) ◆ **sago pudding** N sagou (*m*) au lait

Sahara /sə'hɑːrə/ N **the ~** le Sahara

said /sed/ VB *pt, ptp of* **say**

Saigon /saɪ'ɡɒn/ N Saigon

sail /seɪl/ 1 N ⓐ [*of boat*] voile (*f*) ; **under ~** à la voile ; **to set ~** prendre la mer ; **to set ~ for** partir pour ; **he set ~ from Dover** il est parti de Douvres en bateau
ⓑ (= *trip*) **to go for a ~** faire un tour en bateau

2 VI ⓐ [*boat*] **the ship ~s at 3 o'clock** le navire part à 3 heures ; **the boat ~ed up the river** le bateau remonta la rivière ; **the ship ~ed into Cadiz** le bateau entra dans le port de Cadix
ⓑ [*person*] **he goes sailing every weekend** il fait de la voile tous les week-ends ; **to ~ away** partir en bateau ; **to ~ round the world** faire le tour du monde en bateau ; **to ~ close to the wind** (= *take a risk*) jouer un jeu dangereux ; (*when joking*) friser la vulgarité ; **we ~ed into Southampton** nous sommes entrés dans le port de Southampton
ⓒ (*fig*) **she ~ed into the room*** elle est entrée dans la pièce d'un pas nonchalant ; **the plate ~ed past my head and hit the door** l'assiette est passée à côté de ma tête et a heurté la porte

3 VT ⓐ [+ *ocean*] **he ~ed the Atlantic last year** l'année dernière il a fait la traversée de l'Atlantique en bateau
ⓑ [+ *boat*] **she ~ed her boat into the harbour** elle est entrée dans le port (en bateau) ; **he ~ed his boat round the cape** il a doublé le cap ; **I've never ~ed a boat like this before** je n'avais jamais navigué sur ce genre de bateau

► **sail through*** 1 VI réussir haut la main 2 VT INSEP **to ~ through one's driving test** avoir son permis de conduire haut la main ; **he ~ed through the match** il a gagné le match haut la main

sailboard /'seɪlbɔːd/ N planche (*f*) à voile

sailboarder /'seɪlˌbɔːdᵊ/ N véliplanchiste (*mf*)

sailboarding /'seɪlˌbɔːdɪŋ/ N planche (*f*) à voile ; **to go ~** faire de la planche à voile

sailboat /'seɪlbəʊt/ N (*US*) voilier (*m*)

sailing /'seɪlɪŋ/ N voile (*f*) ; **a day's ~** une journée de voile ; **his hobby is ~** son passe-temps favori est la voile ◆ **sailing boat** N (*Brit*) voilier (*m*) ◆ **sailing dinghy** N dériveur (*m*)

sailor /'seɪləʳ/ N marin (*m*) ; **to be a good/bad ~** avoir/ne pas avoir le pied marin

saint /seɪnt/ N saint(e) (*m(f)*) ; **Saint John/Mark** saint Jean/Marc ; **All Saints' (Day)** la Toussaint ; **he's no ~** ce n'est pas un saint ◆ **Saint Bernard** N (= *dog*) saint-bernard (*m*) ◆ **the Saint Lawrence** N le Saint-Laurent ◆ **Saint Patrick's Day** N Saint-Patrick (*f*)

saintly /'seɪntlɪ/ ADJ **to be ~** être un(e) saint(e)

sake /seɪk/ N **for the ~ of** pour ; **for my ~** pour moi ; **for God's ~** pour l'amour de Dieu ; **for your own ~** pour ton bien; **for their ~(s)** pour eux; **do it for both our ~s** fais-le pour nous deux; **to eat for the ~ of eating** manger pour manger; **for old times' ~** en souvenir du passé; **let's say for argument's ~ that ...** disons que ...; **art for art's ~** l'art pour l'art

salable /ˈseɪləbl/ ADJ (US) vendable; [skill] monnayable

salacious /səˈleɪʃəs/ ADJ salace

salad /ˈsæləd/ N salade (f); **tomato ~** salade (f) de tomates ◆ **salad bar** N buffet (m) de crudités ◆ **salad bowl** N saladier (m) ◆ **salad cream** N (Brit) sauce (f) mayonnaise (en bouteille) ◆ **salad days** NPL années (fpl) de jeunesse et d'inexpérience ◆ **salad dressing** N vinaigrette (f) ◆ **salad servers** NPL couverts (mpl) à salade ◆ **salad shaker** N panier (m) à salade ◆ **salad spinner** N essoreuse (f) à salade

salamander /ˈsæləˌmændəʳ/ N salamandre (f)

salami /səˈlɑːmɪ/ N salami (m)

salaried /ˈsælərɪd/ ADJ salarié; **a ~ employee** un(e) salarié(e)

salary /ˈsælərɪ/ N salaire (m); **he couldn't do that on his ~** il ne pourrait pas le faire avec ce qu'il gagne ◆ **salary range** N éventail (m) des salaires ◆ **salary scale** N échelle (f) des salaires

sale /seɪl/ 1 N (a) (= act) vente (f); (= auction sale) vente (f) aux enchères; **we made a quick ~** (Brit) la vente a été vite conclue; **they are having a ~ in aid of the blind** on organise une vente (de charité) en faveur des aveugles ◆ **for sale: "for ~"** « à vendre »; **"not for ~"** « cet article n'est pas à vendre »; **to put sth up for ~** mettre qch en vente; **our house is up for ~** notre maison est en vente ◆ **on sale** (Brit = being sold) en vente; (US = on special offer) en promotion (b) (with reductions) soldes (mpl); **the ~ begins next week** les soldes commencent la semaine prochaine; **to put sth in the ~** solder qch; **in a ~** en solde ◆ **the sales: the ~s are on** c'est la période des soldes

2 COMP ◆ **sale price** N prix (m) soldé ◆ **sales assistant** (Brit), **sales clerk** (US) N vendeur (m), -euse (f) ◆ **sales conference** N réunion (f) des représentants ◆ **sales department** N service (m) des ventes ◆ **sales director** N directeur (m), -trice (f) commercial(e) ◆ **sales figures** NPL chiffre (m) des ventes ◆ **sales force** N force (f) de vente ◆ **sales manager** N directeur (m), -trice (f) commercial(e) ◆ **sales pitch** N **his ~s pitch was persuasive** il a très bien vanté le produit ◆ **sales rep***, **sales representative** N VRP (m) ◆ **sales revenue** N revenus (mpl) des ventes ◆ **sales target** N objectif (m) de vente ◆ **sales tax** N taxe (f) à l'achat ◆ **sales volume** N volume (m) des ventes

saleable, **salable** (US) /ˈseɪləbl/ ADJ vendable; [skill] monnayable

saleroom /ˈseɪlrʊm/ N (Brit) salle (f) des ventes

salesgirl /ˈseɪlzgɜːl/ N vendeuse (f)

salesman /ˈseɪlzmən/ N (pl **-men**) (in shop) vendeur (m); (= representative) VRP (m); **he's a good ~** il sait vendre

salesmanship /ˈseɪlzmənʃɪp/ N art (m) de la vente

salesperson /ˈseɪlzpɜːsn/ N vendeur (m), -euse (f)

salesroom /ˈseɪlzrʊm/ N (US) salle (f) des ventes

saleswoman /ˈseɪlzwʊmən/ N (pl **-women**) (in shop) vendeuse (f); (= representative) VRP (m)

salient /ˈseɪlɪənt/ ADJ saillant

saline /ˈseɪlaɪn/ 1 ADJ salin 2 N (= solution) solution (f) saline

salinity /səˈlɪnɪtɪ/ N salinité (f)

saliva /səˈlaɪvə/ N salive (f)

salivate /ˈsælɪveɪt/ VI saliver; **to ~ over sth** saliver en pensant à qch

sallow /ˈsæləʊ/ ADJ cireux; [person] au teint cireux

sallowness /ˈsæləʊnɪs/ N teint (m) cireux

sally forth /ˌsælɪˈfɔːθ/ VI sortir gaiement

salmon /ˈsæmən/ N (pl **salmon**) saumon (m) ◆ **salmon farm** N élevage (m) de saumons ◆ **salmon fishing** N pêche (f) au saumon ◆ **salmon pink** N, ADJ rose (m inv) saumon

◆ **salmon steak** N darne (f) de saumon ◆ **salmon trout** N truite (f) saumonée

salmonella /ˌsælməˈnelə/ N salmonelle (f) ◆ **salmonella poisoning** N salmonellose (f)

salon /ˈsælɒn/ N salon (m)

saloon /səˈluːn/ 1 N (a) (Brit = car) berline (f) (b) (= bar) bar (m) 2 COMP ◆ **saloon car** N (Brit) berline (f)

salsa /ˈsɑːlsə/ N salsa (f)

salt /sɔːlt/ 1 N sel (m); **kitchen/table ~** sel (m) de cuisine/ de table; **I don't like ~ in my food** je n'aime pas manger salé; **to rub ~ in the wound** retourner le couteau dans la plaie; **to take sth with a pinch of ~** ne pas prendre qch au pied de la lettre; **the ~ of the earth** le sel de la terre; **no photographer worth his ~ would have missed that picture** un photographe digne de ce nom n'aurait pas laissé passer cette photo

2 ADJ salé

3 VT saler

4 COMP ◆ **salt-free** ADJ sans sel ◆ **salt shaker** N salière (f) ◆ **salt water** N eau (f) salée

saltine /sɔːlˈtiːn/ N (US) petit biscuit (m) salé

saltiness /ˈsɔːltɪnɪs/ N [of water] salinité (f); [of food] goût (m) salé

saltwater /ˈsɔːltwɔːtəʳ/ ADJ [fish] de mer

salty /ˈsɔːltɪ/ ADJ salé

salubrious /səˈluːbrɪəs/ ADJ [place] salubre; [climate] sain; **it's not a very ~ district** c'est un quartier peu recommandable

salutary /ˈsæljʊtərɪ/ ADJ salutaire

salute /səˈluːt/ 1 N (with hand) salut (m); (with guns) salve (f); **to give a ~** saluer; **to raise one's hand in ~** saluer de la main 2 VT saluer; **he ~d the historic achievement of the government** il a salué ce succès historique du gouvernement 3 VI faire un salut

salvage /ˈsælvɪdʒ/ 1 N [of ship, cargo] sauvetage (m); (for re-use) récupération (f) 2 VT (a) (= save) sauver; [+ pride, reputation] préserver; **to ~ one's marriage/one's career** sauver son couple/sa carrière (b) [+ ship, material, cargo] sauver (c) [+ objects for re-use] récupérer 3 ADJ [operation, company, vessel] de sauvetage

salvation /sælˈveɪʃən/ N salut (m); **work has been his ~** c'est le travail qui l'a sauvé ◆ **the Salvation Army** N l'Armée (f) du Salut

salve /sælv/ VT [+ conscience] soulager

salver /ˈsælvəʳ/ N plateau (m) (de métal)

salvo /ˈsælvəʊ/ N salve (f)

Samaria /səˈmeɪrɪə/ N Samarie (f)

Samaritan /səˈmærɪtən/ N **the Good ~** le bon Samaritain; **he was a good ~** il jouait les bons Samaritains; **the Samaritans** ≈ SOS-Amitié

samba /ˈsæmbə/ N samba (f)

same /seɪm/ 1 ADJ même (as que); **to be the ~ age/shape** avoir le même âge/la même forme; **the ~ books as ...** les mêmes livres que ...; **in the ~ breath** dans le même souffle; **the very ~ day** le jour même; **that ~ day** ce même jour; **~ difference!*** c'est du pareil au même!*; **it's the ~ old rubbish on TV tonight** il y a les bêtises habituelles à la télé ce soir; **they turned out to be one and the ~ person** en fin de compte il s'agissait d'une seule et même personne; **it comes to the ~ thing** cela revient au même; **at the ~ time** en même temps; **~ as usual** comme d'habitude; **in the ~ way** de même; **I do it the ~ way as you** je le fais de la même façon que vous; **to go the ~ way as sb** aller dans la même direction que qn; (fig) suivre l'exemple de qn

2 PRON **it's the ~ as ...** c'est la même chose que ...; **the price is the ~ as last year** c'est le même prix que l'année dernière; **she's about the ~** (in health) son état est pratiquement inchangé; **do the ~ as your brother** fais comme ton frère; **I'll do the ~ for you** je te le revaudrai; **I would do the ~ again** si c'était à refaire, je recommencerais; **~ again please*** (in bar) la même chose, s'il vous plaît; **I still feel the ~ about you** mes sentiments pour toi n'ont pas

changé ; **things go on just the ~** (= *monotonously*) rien ne change ; **it's not the ~ at all** ce n'est pas du tout pareil ; **it's not the ~ as before** ce n'est plus comme avant ; **it's the ~ everywhere** c'est partout pareil ; **and the ~ to you!** (*good wishes*) à vous aussi ! ; **~ here!*** moi aussi !
♦ **all the same: it's all the ~ to me** cela m'est égal ; **thanks all the ~** merci quand même* ; **all the ~, he refused** il a quand même refusé
3 COMP ♦ **same-day** ADJ [*delivery*] le jour même ♦ **same-sex** ADJ [*relationship, marriage*] homosexuel

samey* /ˈseɪmɪ/ ADJ (*Brit*) répétitif ; **her songs are very ~** ses chansons se ressemblent toutes

Samoa /səˈməʊə/ N Samoa (*m*)

samosa /səˈməʊsə/ N samosa (*m*)

sample /ˈsɑːmpl/ 1 N échantillon (*m*) ; [*of blood, tissue*] prélèvement (*m*) ; **to take a ~** prélever un échantillon ; **to take a blood ~** faire une prise de sang (**from** à) ; **free ~** échantillon (*m*) gratuit ; **a ~ of his poetry** un exemple de sa poésie ; **~ text** échantillon (de texte) 2 VT ⓐ [+ *food, wine*] goûter ; [+ *lifestyle*] goûter à ⓑ [+ *opinion*] sonder ; **the newspaper has ~d public opinion on the proposal** le journal a fait un sondage sur cette proposition

sampling /ˈsɑːmplɪŋ/ N échantillonnage (*m*)

samurai /ˈsæmʊˌraɪ/ N (*pl inv*) samouraï (*m*)

sanatorium /ˌsænəˈtɔːrɪəm/ N (*Brit*) sanatorium (*m*) ; (*in school*) infirmerie (*f*)

sanctify /ˈsæŋktɪfaɪ/ VT sanctifier

sanctimonious /ˌsæŋktɪˈməʊnɪəs/ ADJ moralisateur (-trice (*f*))

sanction /ˈsæŋkʃən/ 1 N sanction (*f*) ; **to impose economic ~s on ...** prendre des sanctions économiques contre ... ; **to lift the ~s against ...** lever les sanctions contre ... 2 VT ⓐ (= *approve*) sanctionner ⓑ (= *impose sanctions on*) prendre des sanctions contre 3 COMP ♦ **sanctions-busting** N violation (*f*) de sanctions

sanctity /ˈsæŋktɪtɪ/ N [*of life*] caractère (*m*) sacré ; [*of property, marriage*] inviolabilité (*f*)

sanctuary /ˈsæŋktjʊərɪ/ N (= *refuge*) asile (*m*) ; (*for wildlife*) réserve (*f*) ; **right of ~** droit (*m*) d'asile ; **to seek ~** chercher asile

sand /sænd/ 1 N sable (*m*) ; **miles and miles of golden ~** des kilomètres de plages de sable doré ; **to be built on ~** [*plan, agreement*] ne reposer sur rien de solide 2 VT (= *sand down*) poncer 3 COMP ♦ **sand castle** N château (*m*) de sable ♦ **sand dune** N dune (*f*) (de sable) ♦ **sand trap** N (*US*) bunker (*m*) ♦ **sand yacht** N char (*m*) à voile ♦ **sand-yachting** N to go ~-yachting faire du char à voile

sandal /ˈsændl/ N sandale (*f*)

sandalwood /ˈsændlwʊd/ 1 N santal (*m*) 2 ADJ [*box, perfume*] de santal

sandbag /ˈsændbæɡ/ N sac (*m*) de sable

sandbank /ˈsændbæŋk/ N banc (*m*) de sable

sandblast /ˈsændblɑːst/ VT décaper à la sableuse

sandbox /ˈsændbɒks/ N (*for children*) bac (*m*) à sable

sander /ˈsændə*/ N (= *tool*) ponceuse (*f*)

Sandhurst /ˈsændhɜːst/ N (*Brit*) école militaire

sandlot /ˈsændlɒt/ N (*US*) terrain (*m*) vague

sandpaper /ˈsændˌpeɪpə*/ N papier (*m*) de verre

sandpit /ˈsændpɪt/ N (*for children*) bac (*m*) à sable ; (= *quarry*) carrière (*f*) de sable

sandstone /ˈsændstəʊn/ N grès (*m*)

sandstorm /ˈsændstɔːm/ N tempête (*f*) de sable

sandwich /ˈsænwɪdʒ/ 1 N sandwich (*m*) ; **cheese ~** sandwich (*m*) au fromage 2 VT [+ *person, appointment*] intercaler ; **to be ~ed between** être pris en sandwich entre* 3 COMP ♦ **sandwich bar** N sandwicherie (*f*) ♦ **sandwich board** N panneau (*m*) publicitaire (*porté par un homme-sandwich*) ♦ **sandwich cake** N (*Brit*) gâteau (*m*) fourré ♦ **sandwich course** N stage (*m*) de formation en alternance ♦ **sandwich loaf** N pain (*m*) de mie ♦ **sandwich man** N (*pl* **sandwich men**) homme-sandwich (*m*)

sandy /ˈsændɪ/ ADJ ⓐ [*soil, ground*] sablonneux ; [*beach*] de sable ; [*water, deposit*] sableux ⓑ (= *light-brown*) couleur sable (*inv*) ; [*hair, moustache*] blond roux (*inv*)

sane /seɪn/ ADJ ⓐ (= *not mad*) [*person*] sain d'esprit ; [*behaviour*] sain ⓑ (= *sensible*) sensé

sang /sæŋ/ VB *pt of* **sing**

sanguine /ˈsæŋɡwɪn/ ADJ (*frm* = *optimistic*) optimiste ; **of a ~ disposition** d'un naturel optimiste

sanitarium /ˌsænɪˈtɛərɪəm/ N sanatorium (*m*)

sanitary /ˈsænɪtərɪ/ 1 ADJ ⓐ (= *hygienic*) hygiénique ⓑ (= *to do with hygiene*) [*conditions, services*] sanitaire 2 COMP ♦ **sanitary inspector** N inspecteur (*m*), -trice (*f*) de la santé publique ♦ **sanitary napkin** (*US*), **sanitary towel** (*Brit*) N serviette (*f*) hygiénique

sanitation /ˌsænɪˈteɪʃən/ N installations (*fpl*) sanitaires ; (= *science*) hygiène (*f*) publique ; **the hazards of poor ~** les dangers d'une mauvaise hygiène ♦ **sanitation man** N (*pl* **sanitation men**) (*US*) éboueur (*m*)

sanitize /ˈsænɪtaɪz/ VT désinfecter ; (*fig*) expurger

sanity /ˈsænɪtɪ/ N [*of person*] santé (*f*) mentale ; **fortunately ~ prevailed** heureusement le bon sens l'emporta

sank /sæŋk/ VB *pt of* **sink**

San Marino /ˌsænməˈriːnəʊ/ N Saint-Marin (*m*) ; **in ~** à Saint-Marin

Santa* /ˈsæntə/, **Santa Claus** /ˌsæntəˈklɔːz/ N père (*m*) Noël

Santiago /ˌsæntɪˈɑːɡəʊ/ N (*also* **~ de Chile**) Santiago (du Chili) ; (*also* **~ de Compostela**) Saint-Jacques-de-Compostelle

sap /sæp/ 1 N (*in plants*) sève (*f*) 2 VT [+ *strength, confidence*] saper

sapling /ˈsæplɪŋ/ N jeune arbre (*m*)

sapphire /ˈsæfaɪə*/ N saphir (*m*) ; **~ necklace** collier (*m*) de saphirs

Saranwrap® /səˈrænræp/ N (*US*) Scellofrais® (*m*)

sarcasm /ˈsɑːkæzəm/ N sarcasme (*m*)

sarcastic /sɑːˈkæstɪk/ ADJ sarcastique

sarcastically /sɑːˈkæstɪkəlɪ/ ADV [*say*] d'un ton sarcastique

sarcophagus /sɑːˈkɒfəɡəs/ N (*pl* **sarcophagi** /sɑːˈkɒfəɡaɪ/) sarcophage (*m*)

sardine /sɑːˈdiːn/ N sardine (*f*) ; **tinned** *or* (*US*) **canned ~s** sardines (*fpl*) en boîte ; **packed like ~s** serrés comme des sardines

Sardinia /sɑːˈdɪnɪə/ N Sardaigne (*f*) ; **in ~** en Sardaigne

sardonic /sɑːˈdɒnɪk/ ADJ sardonique

sardonically /sɑːˈdɒnɪkəlɪ/ ADV d'un air sardonique

sari /ˈsɑːrɪ/ N sari (*m*)

sarnie* /ˈsɑːnɪ/ N (*Brit*) sandwich (*m*)

SARS /sɑːz/ N (ABBR = **severe acute respiratory syndrome**) SRAS (*m*)

SAS /ˌeseɪˈes/ N (*Brit*) (ABBR = **Special Air Service**) commandos d'intervention de l'armée de l'air

SASE /ˌeseɪesˈiː/ N (*US*) (ABBR = **self-addressed stamped envelope**) enveloppe (*f*) affranchie à son nom et adresse

sash /sæʃ/ N (*on dress*) large ceinture (*f*) à nœud ♦ **sash window** N fenêtre (*f*) à guillotine

sashay* /ˈsæʃeɪ/ VI glisser ; **he ~ed over to the window** il est allé à la fenêtre d'un pas léger

Sask. ABBR = **Saskatchewan**

sassy* /ˈsæsɪ/ ADJ (*US*) ⓐ (= *cheeky*) insolent ⓑ (= *smart*) chic

SAT /ˌeseɪˈtiː/ N (*US*) (ABBR = **Scholastic Aptitude Test**) examen (*m*) d'entrée à l'université

ℹ️ **SAT**
Aux États-Unis, les **SAT** *(Scholastic Aptitude Tests) sont un examen national de fin d'enseignement secondaire, composé surtout de tests de logique. Les résultats obtenus à cet examen (« SAT scores ») sont adressés aux universités dans lesquelles le lycéen a fait une demande d'inscription. Il est possible de se présenter aux* **SAT** *autant de fois qu'on le désire.*

sat /sæt/ VB pt, ptp of **sit**

Sat. ABBR = **Saturday**

Satan /'seɪtn/ N Satan (m)

satanic /sə'tænɪk/ ADJ satanique

Satanist /'seɪtənɪst/ N sataniste (mf)

satchel /'sætʃəl/ N cartable (m)

satellite /'sætəlaɪt/ 1 N ⓐ satellite (m) ⓑ (US = dormitory town) ville (f) satellite 2 COMP [town, country] satellite ♦ **satellite dish** N antenne (f) parabolique ♦ **satellite navigation system** N système (m) de navigation par satellite ♦ **satellite television** N télévision (f) par satellite

satin /'sætɪn/ 1 N satin (m) 2 COMP [dress] de or en satin ♦ **satin-smooth** ADJ [skin] de satin

satire /'sætaɪə'/ N satire (f) (**on** de)

satiric(al) /sə'tɪrɪk(əl)/ ADJ satirique

satirist /'sætərɪst/ N (= writer) satiriste (mf); (= entertainer) ≈ chansonnier (m)

satirize /'sætəraɪz/ VT faire la satire de

satisfaction /ˌsætɪs'fækʃən/ N ⓐ (= pleasure) satisfaction (f); **to feel great ~** éprouver une grande satisfaction; **has the repair been done to your ~?** est-ce que vous êtes satisfait de la réparation?; **she would not give him the ~ of seeing she was annoyed** elle ne voulait pas lui faire le plaisir de lui montrer qu'elle était contrariée ⓑ (for wrong, injustice) **to get ~** obtenir réparation

satisfactorily /ˌsætɪs'fæktərɪlɪ/ ADV de manière satisfaisante

satisfactory /ˌsætɪs'fæktərɪ/ ADJ satisfaisant; **to bring sth to a ~ conclusion** régler qch de manière satisfaisante; **he's in a ~ condition** son état est satisfaisant

satisfied /'sætɪsfaɪd/ ADJ ⓐ (= content) satisfait (**with** de) ⓑ (= convinced) convaincu (**with** par); **I'm ~ that her death was accidental** je suis convaincu que sa mort a été accidentelle

satisfy /'sætɪsfaɪ/ VT ⓐ [+ person] satisfaire ⓑ [+ need, curiosity] satisfaire; [+ requirements, condition, demand] satisfaire à; **to ~ sb's hunger** rassasier qn ⓒ (= convince) assurer (**sb that** qn que, of de); **to ~ o.s. of sth** s'assurer de qch

satisfying /'sætɪsfaɪɪŋ/ ADJ [life, work, career] satisfaisant; [task, experience] gratifiant

satnav /'sætnæv/ N (ABBR = **satellite navigation**) GPS (m)

satsuma /ˌsæt'suːmə/ N satsuma (f) (sorte de mandarine)

saturate /'sætʃəreɪt/ VT saturer (**with** de) ♦ **saturated fat** N graisse (f) saturée

saturation /ˌsætʃə'reɪʃən/ N saturation (f); **to reach ~ point** arriver à saturation

Saturday /'sætədɪ/ N samedi (m); **on ~** samedi; **on ~s** le samedi; **next ~** samedi prochain; **last ~** samedi dernier; **every ~** tous les samedis; **every other ~** un samedi sur deux; **it's ~ today** nous sommes samedi aujourd'hui; **on ~ 23 January** le samedi 23 janvier; **the ~ after next** samedi en huit; **a week on ~** samedi en huit; **a fortnight on ~** samedi en quinze; **it happened a week ago last ~** ça fera quinze jours samedi prochain que c'est arrivé; **the following ~** le samedi suivant; **the ~ before last** pas ce samedi, celui d'avant; **~ morning** samedi matin; **~ night** samedi soir; (overnight) la nuit de samedi

Saturn /'sætən/ N (= planet) Saturne (f)

sauce /sɔːs/ N sauce (f)

saucepan /'sɔːspən/ N casserole (f)

saucer /'sɔːsə'/ N soucoupe (f)

saucy* /'sɔːsɪ/ ADJ ⓐ (= cheeky) impertinent; [look] coquin ⓑ [joke, humour] grivois

Saudi /'saʊdɪ/ 1 ADJ saoudien 2 N Saoudien(ne) (m(f)) 3 COMP ♦ **Saudi Arabia** N Arabie (f) Saoudite

sauerkraut /'saʊəkraʊt/ N choucroute (f)

sauna /'sɔːnə/ N sauna (m)

saunter /'sɔːntə'/ VI flâner; **to ~ in/along** entrer/marcher d'un pas nonchalant

sausage /'sɒsɪdʒ/ N saucisse (f); (pre-cooked) saucisson (m); **pork ~** saucisse (f) de porc; **not a ~*** (Brit) des clous‡ ♦ **sausage roll** N ≈ friand (m)

sauté /'səʊteɪ/ 1 VT [+ potatoes, meat] faire sauter; **~ed potatoes** pommes (fpl) sautées 2 ADJ ~ **potatoes** pommes (fpl) sautées

savage /'sævɪdʒ/ 1 ADJ ⓐ (= violent) féroce; [blow] brutal; [temper] sauvage ⓑ (= drastic) **a ~ pay cut** une énorme réduction de salaire; ~ **cuts in the education budget** des coupes claires dans le budget de l'éducation 2 N sauvage (mf) 3 VT [dog] attaquer férocement; [critics] éreinter

savagely /'sævɪdʒlɪ/ ADV ⓐ [beat, attack] sauvagement; [criticize] violemment; [funny] férocement ⓑ (= drastically) **the film has been ~ cut** ce film a été sauvagement coupé

savagery /'sævɪdʒrɪ/ N sauvagerie (f)

save /seɪv/ 1 VT ⓐ (= rescue) sauver; **to ~ sb from drowning** sauver qn de la noyade; **we must ~ the planet for future generations** il faut sauvegarder la planète pour les générations à venir; **to ~ sth from the fire** sauver qch de l'incendie; **to ~ sb's life** sauver la vie à qn; **I couldn't do it to ~ my life** je serais incapable de le faire; **to ~ one's own skin*** sauver sa peau*; **to ~ the day** sauver la mise; **to ~ face** sauver la face

ⓑ (= store away) [+ money] mettre de côté; [+ food] garder; **he has money ~d up** il a de l'argent de côté; **I've ~d you a piece of cake** je t'ai gardé un morceau de gâteau; **I was saving the wine for later** je gardais le vin pour plus tard; **to ~ stamps** (= collect) collectionner les timbres; **will you ~ me a place at your table?** tu me gardes une place à ta table?

ⓒ (= not spend, not take) [+ money, work] économiser; [+ time] gagner; (= avoid) [+ need] éviter (**sb sth** qch à qn); **you have ~d me a lot of trouble** vous m'avez évité bien des ennuis; **going by plane will ~ you four hours** vous gagnerez quatre heures en prenant l'avion; **you ~ $1 if you buy three packets** en achetant trois paquets vous économisez un dollar; **to ~ petrol** économiser de l'essence; **to ~ energy** faire des économies d'énergie; **he's saving his strength for tomorrow's race** il se ménage pour la course de demain

ⓓ **to ~ a goal** arrêter un tir

ⓔ [+ computer file] sauvegarder

2 VI ⓐ (= save up) mettre de l'argent de côté; **to ~ for the holidays** mettre de l'argent de côté pour les vacances ♦ **to save on sth** économiser sur qch

ⓑ (Sport) arrêter le tir

3 N (Sport) parade (f)

4 PREP (liter) sauf; ~ **that ...** sauf que ...

saver /'seɪvə'/ N épargnant(e) (m(f))

saving /'seɪvɪŋ/ 1 N [of time, money] économie (f); (in bank) épargne (f); **we must make ~s** il faut économiser; **a considerable ~ in time and money** une économie considérable de temps et d'argent; **the government is trying to encourage ~** le gouvernement cherche à encourager l'épargne

2 NPL **savings** économies (fpl); **to live on one's ~s** vivre de ses économies; **the value of ~s was eroded by inflation** l'épargne a été grignotée par l'inflation

3 COMP ♦ **savings account** N (Brit) compte (m) d'épargne; (US) compte (m) de dépôt ♦ **savings and loan association** N (US) société (f) de crédit immobilier

saviour, savior (US) /'seɪvjə'/ N sauveur (m)

savour, savor (US) /'seɪvə'/ VT savourer

savoury, savory (US) /'seɪvərɪ/ 1 ADJ (Brit = not sweet) salé; **it's not a very ~ subject** c'est un sujet peu ragoûtant 2 N (dish) mets (m) non sucré; (on toast) canapé (m) chaud

savvy /'sævɪ/* 1 N jugeote* (f) 2 ADJ futé

saw /sɔː/ (vb: pret **sawed**, ptp **sawed** or **sawn**) 1 VT scier 2 VI **to ~ through a plank** scier une planche 3 N scie (f) 4 pt of **see** 5 COMP ♦ **sawed-off shotgun** N (US) carabine (f) à canon scié

► **saw up** VT SEP scier

sawdust /'sɔːdʌst/ N sciure (f)

sawmill /'sɔːmɪl/ N scierie (f)

sawn /sɔːn/ 1 VB ptp of **saw** 2 COMP ♦ **sawn-off shotgun** N (Brit) carabine (f) à canon scié

sax* /sæks/ N (ABBR = **saxophone**) saxo* (m)

saxophone /'sæksəfəʊn/ N saxophone (m)

say /seɪ/ (pret, ptp **said**) 1 VT ⓐ dire ; [+ poem] réciter ; **as I said yesterday** comme je l'ai dit hier ; **to ~ yes/no to an invitation** accepter/refuser une invitation ; **your father said no** ton père a dit non ; **nothing was said about it** on n'en a pas parlé ; **~ after me ...** répétez après moi ... ; **could you ~ that again?** tu peux répéter ? ; **he always has a lot to ~ for himself** il a toujours quelque chose à dire ; **just ~ the word and I'll go** vous n'avez qu'un mot à dire pour que je parte ; **it's easier said than done!** c'est plus facile à dire qu'à faire ! ; **when all's said and done** au bout du compte ; **"yes" she said** «oui» dit-elle ; **"10 o'clock" he said to himself** «10 heures» se dit-il ; **it ~s in the rules (that)** il est dit dans le règlement (que) ; **it is said that ...** on dit que ... ; **he got home at 6 so he ~s** il dit être rentré à 6 heures ; **he said to wait here** il a dit d'attendre ici

♦ **to say nothing of** sans parler de

ⓑ (expressing opinions) dire ; **he doesn't care what people ~** il se moque du qu'en-dira-t-on ; **I ~ he should do it** je suis d'avis qu'il le fasse ; **what would you ~ is the population of Paris?** à votre avis, combien y a-t-il d'habitants à Paris ? ; **I would ~ she was 50** je lui donnerais 50 ans ; **he hadn't a good word to ~ for her** il n'a rien trouvé à dire en sa faveur ; **I'll ~ this for him, he's honest** au moins, on peut dire qu'il est honnête ; **that's ~ing a lot** ce n'est pas peu dire ; **he's cleverer than his brother but that isn't ~ing much** il est plus intelligent que son frère, mais ça n'est pas difficile ; **there's something to be said for it** ce n'est pas une mauvaise idée ; **there's something to be said for waiting** on aurait peut-être intérêt à attendre

ⓒ (= indicate) **that doesn't ~ much for his intelligence** cela en dit long (iro) sur son intelligence ; **it ~s a lot for his courage that he stayed** le fait qu'il soit resté en dit long sur son courage

ⓓ (= imagine) **~ you won £10,000, what would you spend it on?** imaginons que tu gagnes 10 000 livres, à quoi les dépenserais-tu ? ; **~ for argument's sake that ...** disons à titre d'exemple que ...

ⓔ (= admit) dire, reconnaître ; **I must ~ it's a tempting offer** je dois reconnaître que c'est tentant

ⓕ (proposals) **shall we ~ £5/Tuesday?** disons 5 livres/ mardi ? ; **what would you ~ to a round of golf?** si on faisait une partie de golf ?

ⓖ [dial, thermometer] indiquer ; **my watch ~s 10 o'clock** ma montre indique 10 heures

ⓗ (emphatic) **you can ~ that again!*** c'est le cas de le dire ! ; **enough said!*** je vois ce que tu veux dire ! ; **let's ~ no more about it!** n'en parlons plus ! ; **it goes without ~ing that ...** il va sans dire que ... ; **didn't I ~ so?** je l'avais bien dit, n'est-ce pas ?

2 VI dire ; **so to ~** pour ainsi dire ; **that is to ~** c'est-à-dire ; **you don't ~!*** sans blague !* ; **~, what time is it?** (US) dites, quelle heure est-il ? ; **if there were, ~, 500 people** s'il y avait, mettons, 500 personnes ; **as they ~** comme on dit ; **it seems rather rude, I must ~** cela ne me paraît guère poli, je l'avoue ; **it's not for me to ~** ce n'est pas à moi de le dire

3 N **to have one's ~** (= say one's piece) dire ce qu'on a à dire ; **to have no ~ in the matter** ne pas avoir voix au chapitre ; **to have a ~ in selecting ...** avoir son mot à dire dans la sélection de ... ; **to have the final ~** décider en dernier ressort

4 COMP ♦ **say-so*** N **on his ~so** parce qu'il le dit ; **it's his ~so** c'est à lui de dire

SAYE /ˌeseɪwaɪ'iː/ (Brit) (ABBR = **Save As You Earn**) plan d'épargne par prélèvements mensuels aux intérêts exonérés d'impôts

saying /'seɪŋ/ N dicton (m) ; **as the ~ goes** comme dit le proverbe

SC ABBR = **South Carolina**

s/c (ABBR = **self-contained**) indépendant

scab /skæb/ N ⓐ [of wound] croûte (f) ⓑ (= strikebreaker)* briseur (m) de grève

scabby /'skæbɪ/ ADJ ⓐ couvert de croûtes ⓑ (Brit = nasty)* minable*

scaffold /'skæfəld/ N (= gallows) échafaud (m)

scaffolding /'skæfəldɪŋ/ N échafaudage (m)

scald /skɔːld/ 1 VT (= sterilize) stériliser ; **to ~ one's hand** s'ébouillanter la main ; **to ~ o.s.** s'ébouillanter 2 N brûlure (f) (causée par un liquide bouillant)

scalding /'skɔːldɪŋ/ 1 ADJ brûlant ; **a bath of ~ water** un bain brûlant 2 ADV **~ hot** brûlant ; [weather] terriblement chaud

scale /skeɪl/ 1 N ⓐ (= scope) échelle (f) ; (= size) importance (f) ; **on a large/small ~** sur une grande/petite échelle ; **on a national ~** à l'échelle nationale ; **a disaster on this ~** une catastrophe de cette ampleur

ⓑ [of map] échelle (f) ; **on a ~ of 1cm to 5km** à une échelle de 1 cm pour 5 km ; **this map is not to ~** les distances ne sont pas respectées sur cette carte

ⓒ (on thermometer, ruler) échelle (f) graduée ; [of wages] barème (m) ; **~ of charges** tarifs (mpl) ; **social ~** échelle (f) sociale

ⓓ (musical) gamme (f) ; **to practise one's ~s** faire ses gammes

ⓔ → **scales**

ⓕ [of fish] écaille (f)

2 VT ⓐ [+ wall, mountain] escalader

ⓑ [+ fish] écailler

ⓒ [+ teeth] détartrer

3 COMP ♦ **scale drawing** N dessin (m) à l'échelle ♦ **scale model** N modèle (m) réduit

► **scale back** VT SEP (US) = **scale down**

► **scale down** VT SEP réduire ; [+ drawing] réduire l'échelle de ; [+ production] réduire

scales /skeɪlz/ NPL balance (f) ; (in bathroom) pèse-personne (m inv) ; **kitchen ~** balance (f) de ménage ; **to tip the ~ (in sb's favour/against sb)** faire pencher la balance (en faveur/défaveur de qn)

scallion /'skælɪən/ N (US = spring onion) ciboule (f)

scallop /'skɒləp/ N ⓐ coquille (f) Saint-Jacques ⓑ (Sewing) **~s** festons (mpl)

scalp /skælp/ 1 N cuir (m) chevelu 2 VT ⓐ [+ person] scalper ⓑ (US) [+ tickets]* revendre (au marché noir)

scalpel /'skælpəl/ N scalpel (m)

scalper* /'skælpər/ N (= ticket tout) vendeur (m), -euse (f) de billets à la sauvette

scaly /'skeɪlɪ/ ADJ [creature, body] couvert d'écailles

scam* /skæm/ N arnaque* (f)

scamp* /skæmp/ N galopin* (m)

scamper /'skæmpər/ VI [children] galoper ; [mice] trottiner

► **scamper away, scamper off** VI [children, mice] détaler*

scampi /'skæmpɪ/ NPL langoustines (fpl) (frites), scampi (mpl)

scan /skæn/ 1 VT ⓐ (= examine closely) [+ crowd] fouiller du regard ⓑ (= glance quickly over) [+ newspaper] feuilleter ⓒ [+ picture, document, barcode] scanner ; **to ~ in a diagram** scanner un schéma ⓓ [+ patient] passer au scanner ⓔ (Radar) balayer 2 VI se scander ; **this line does not ~** ce vers est bancal 3 N (= test) **(ultrasound) ~** échographie (f) ; **to have a ~** passer une échographie

scandal /'skændl/ N ⓐ (= disgrace) scandale (m) ; **to cause a ~** causer un scandale ; **it's a ~** c'est scandaleux ⓑ (= gossip) ragots* (mpl)

scandalize /'skændəlaɪz/ VT scandaliser ; **to be ~d by sth** être scandalisé par qch

scandalous /'skændələs/ ADJ scandaleux ; **it's ~ that ...** c'est scandaleux que ... (+ subj)

Scandinavia /ˌskændɪ'neɪvɪə/ N Scandinavie (f)

Scandinavian /ˌskændɪ'neɪvɪən/ ADJ scandinave

scanner /'skænər/ N ⓐ (= CAT scanner) scanner (m) ; (= ultrasound scanner) échographe (m) ⓑ (in supermarket) lecteur (m) de code-barres ; (in airport) portique (m) électronique

scant /skænt/ ADJ [*reward*] (bien) maigre; **to pay ~ attention to sth** ne guère prêter attention à qch; **there is ~ evidence of improvement** il n'y a pas beaucoup de signes d'amélioration; **to have ~ regard for sth** peu se soucier de qch; **it measures a ~ 2cm** ça fait à peine 2 cm

scantily /'skæntɪlɪ/ ADV **~ dressed** en tenue légère; **~ clad in a light cotton blouse** légèrement vêtue d'un fin chemisier de coton

scanty /'skæntɪ/ ADJ maigre; [*knowledge*] sommaire; [*swimsuit*] minuscule

scapegoat /'skeɪpgəʊt/ N bouc (m) émissaire

scar /skɑːʳ/ **1** N cicatrice (f); **emotional ~s** cicatrices (fpl) psychologiques **2** VT marquer d'une cicatrice; **he was ~red for life** il a été marqué à vie; **walls ~red by bullets** des murs portant des traces de balles

scarce /skeəs/ ADJ rare; [*resources*] limité; **to become ~** se faire rare; **to make o.s. ~*** (= *leave*) s'éclipser

scarcely /'skeəslɪ/ ADV ⓐ (= *barely*) guère; **they could ~ have imagined that ...** ils n'auraient guère pu imaginer que ...; **the landscape has ~ altered** le paysage n'a guère changé; **I could ~ believe it** je pouvais à peine le croire; **they were ~ ever apart** ils étaient presque toujours ensemble; **it is ~ surprising that ...** il n'est guère surprenant que ...; **there was ~ a building left undamaged** il ne restait pratiquement aucun bâtiment intact

ⓑ (*no sooner*) à peine; **~ had we sat down when the phone went** nous étions à peine assis que le téléphone a sonné

scarceness /'skeəsnɪs/, **scarcity** /'skeəsɪtɪ/ N pénurie (f); [*of money*] manque (m)

scare /skeəʳ/ **1** N ⓐ (= *fright*)* **to give sb a ~** faire peur à qn ⓑ (*about pollution, disease*) alerte (f); **the BSE ~** l'alerte à l'ESB; **bomb ~** alerte à la bombe **2** VT effrayer; **to ~ sb stiff*** faire une peur bleue à qn **3** COMP **♦ scare story** N rumeur (f) alarmiste **♦ scare tactics** NPL tactiques (fpl) alarmistes

► **scare away, scare off** VT SEP **the dog ~d him away** le chien l'a fait fuir

scarecrow /'skeəkrəʊ/ N épouvantail (m)

scared /skeəd/ ADJ effrayé; **he was terribly ~** il était terrifié; **to be ~ (of sb/sth)** avoir peur (de qn/qch); **to be ~ of doing sth** *or* **to do sth** avoir peur de faire qch; **to be ~ stiff*** avoir une peur bleue; **to be ~ to death*** être mort de trouille*

scaremonger /'skeə,mʌŋgəʳ/ N alarmiste (mf)

scarf /skɑːf/ **1** N (*pl* **scarves**) écharpe (f); (*square*) foulard (m) **2** VT (*US: also* **~ down**): engloutir

scarlet /'skɑːlɪt/ **1** ADJ écarlate; **to go ~ (with embarrassment)** devenir écarlate (de gêne) **2** N écarlate (f) **3** COMP **♦ scarlet fever** N scarlatine (f)

scarper* /'skɑːpəʳ/ VI (*Brit*) ficher le camp*

SCART socket /'skɑːt,sɒkɪt/ N prise (f) Péritel

scarves /skɑːvz/ NPL of **scarf**

scary* /'skeərɪ/ ADJ effrayant; **that's a ~ thought** c'est une idée qui fait peur

scathing /'skeɪðɪŋ/ ADJ cinglant (**about** au sujet de)

scatter /'skætəʳ/ **1** VT ⓐ [+ *crumbs, papers*] éparpiller; [+ *chopped herbs, almonds*] saupoudrer; [+ *toys, nails*] répandre ⓑ [+ *clouds, crowd*] disperser; [+ *enemy*] mettre en déroute; [+ *light*] diffuser **2** VI [*clouds, crowd*] se disperser **3** N **a ~ of raindrops** quelques gouttes de pluie éparses **4** COMP **♦ scatter cushion** N petit coussin (m)

scatterbrained /'skætəbreɪnd/ ADJ écervelé

scattered /'skætəd/ **1** ADJ ⓐ [*toys*] éparpillé; [*buildings, trees*] dispersé; [*population*] disséminé; [*riots*] sporadique ⓑ **~ with sth** (= *strewn with*) parsemé de qch; [+ *nails, flowers, corpses*] jonché de qch **2** COMP **♦ scattered showers** NPL averses (fpl) éparses

scatty* /'skætɪ/ ADJ (*Brit*) ⓐ (= *scatterbrained*) [*person*] étourdi ⓑ (= *distracted*) **to drive sb ~** rendre qn fou

scavenge /'skævɪndʒ/ **1** VT [+ *object*] récupérer; [+ *information*] aller chercher **2** VI **to ~ in the dustbins (for sth)** faire les poubelles (pour trouver qch)

scavenger /'skævɪndʒəʳ/ N ⓐ (= *animal*) charognard (m) ⓑ (= *person*) pilleur (m) de poubelles

SCE /,essiː'iː/ N (ABBR = **Scottish Certificate of Education**) *examen de fin d'études secondaires en Écosse*

scenario /sɪ'nɑːrɪəʊ/ N scénario (m); (= *plan of action*) plan (m) d'action; **worst-case ~** pire hypothèse (f)

scene /siːn/ N ⓐ (= *part of play*) scène (f); **a bedroom ~** une scène de lit (*dans un film*); **~ from a film** séquence (f) d'un film; **the ~ is set in Paris** la scène se passe à Paris; **the ~ was set for their romance** toutes les conditions étaient réunies pour leur idylle; **this set the ~ for the discussion** ceci a préparé le terrain pour les discussions

♦ behind the scenes dans les coulisses

ⓑ (= *sight*) spectacle (m); (= *view*) vue (f); (= *situation*) scène (f); (= *happening*) incident (m); **picture the ~** imaginez la scène; **~s of violence** scènes (fpl) de violence; **there were angry ~s at the meeting** des incidents violents ont eu lieu au cours de la réunion; **it was a ~ of utter destruction** c'était un spectacle de destruction totale

ⓒ (= *place*) lieu (m); **the ~ of the crime/accident** le lieu du crime/de l'accident; **he needs a change of ~** il a besoin de changer d'air; **they were soon on the ~** ils furent vite sur les lieux; **to appear** *or* **come on the ~** faire son apparition

ⓓ (= *fuss*)* scène (f); **don't make a ~** ne fais pas d'histoire; **I hate ~s** je déteste les scènes

ⓔ (= *sphere of activity*) monde (m); **the political ~** la scène politique; **the (gay) ~** le milieu homosexuel; **it's not my ~*** ce n'est pas mon truc*

scenery /'siːnərɪ/ N ⓐ paysage (m); **the ~ is very beautiful** le paysage est très beau; **a change of ~ will do you good** un changement d'air vous fera du bien ⓑ (*in theatre*) décor(s) (m(pl))

scenic /'siːnɪk/ ADJ pittoresque; **to take the ~ route** prendre l'itinéraire touristique

scent /sent/ **1** N ⓐ (= *odour*) parfum (m) ⓑ (= *perfume*) parfum (m); **to put on ~** se parfumer ⓒ (= *animal's track*) fumet (m); (*fig*) piste (f); **to lose the ~** perdre la piste; **to throw sb off the ~** faire perdre la piste à qn **2** VT ⓐ [+ *handkerchief, air*] parfumer (**with** de) ⓑ (= *smell*) flairer

sceptic, skeptic (*US*) /'skeptɪk/ ADJ, N sceptique (mf)

sceptical, skeptical (*US*) /'skeptɪkəl/ ADJ sceptique (**about, of** sur); **to cast a ~ eye on** *or* **over sth** porter un regard sceptique sur qch; **I'm ~ about it** cela me laisse sceptique; **to be ~ about doing sth** douter qu'il soit bon de faire qch

scepticism, skepticism (*US*) /'skeptɪsɪzəm/ N scepticisme (m)

schedule /'ʃedjuːl, (*US*) 'skedjuːl/ **1** N ⓐ [*of work, duties*] programme (m); [*of planes*] horaire (m); [*of events*] calendrier (m); (*US* = *timetable*) emploi (m) du temps; **our ~ does not include the Louvre** notre programme ne comprend pas le Louvre

ⓑ (= *forecasted timings*) **to be ahead of ~** (*in work*) avoir de l'avance sur son programme; **the plane arrived ahead of ~** l'avion est arrivé en avance sur l'horaire; **the preparations are behind ~** il y a du retard dans les préparatifs; **our work has fallen behind ~** nous sommes en retard dans notre travail; **the preparations are on ~** il n'y a pas de retard dans les préparatifs; **the work is on ~** les travaux avancent conformément au calendrier; **everything is going according to ~** tout se passe comme prévu; **to work to a very tight ~** avoir un programme très serré

ⓒ (= *list*) liste (f); [*of prices*] tarif (m)

2 VT (*gen pass*) [*meeting, talks*] prévoir; **his ~d departure** son départ prévu; **at the ~d time** à l'heure prévue; **as ~d** comme prévu; **~d flight** vol (m) régulier; **he is ~d to leave at midday** son départ est fixé pour midi; **you are ~d to speak after him** d'après le programme, vous parlez après lui; **the talks are ~d for this weekend** les pourparlers sont prévus pour ce week-end; **the government has ~d elections for 5 January** le gouvernement a fixé les élections au 5 janvier

schematic /skɪ'mætɪk/ ADJ schématique

scheme /skiːm/ 1 N ⓐ (= *plan*) plan (m) (**to do sth** pour faire qch); (= *project*) projet (m); (= *method*) procédé (m) (**for doing sth** pour faire qch); **this is the latest ~ to combat unemployment** c'est le dernier plan de lutte contre le chômage; **profit-sharing ~** système (m) de participation (aux bénéfices); **where does he stand in the ~ of things?** où se situe-t-il dans tout cela?; **in her ~ of things** dans sa vision des choses; **it's some crazy ~ of his** c'est une de ses idées invraisemblables
ⓑ (= *arrangement*) combinaison (f)
2 VI [*group*] comploter; [*individual*] intriguer

scheming /ˈskiːmɪŋ/ ADJ intrigant

schism /ˈsɪzəm/ N schisme (m)

schizo /ˈskɪtsəʊ/ ADJ, N (ABBR = **schizophrenic**) schizo❖ (mf)

schizophrenia /ˌskɪtsəʊˈfriːnɪə/ N schizophrénie (f)

schizophrenic /ˌskɪtsəʊˈfrenɪk/ ADJ, N schizophrène (mf)

schmaltz❖ /ʃmɔːlts/ N sentimentalisme (m) excessif; **it's pure ~** c'est de la vraie guimauve*

schmaltzy❖ /ˈʃmɔːltsɪ/ ADJ à la guimauve*

schmooze❖ /ʃmuːz/ VI (US) (= *gossip*) jaser; (= *bootlick*) faire de la lèche❖

schmuck❖ /ʃmʌk/ N (US) connard❖ (m), connasse❖ (f)

scholar /ˈskɒlə⁰/ N ⓐ (= *academic*) universitaire (mf); **a Dickens ~** un(e) spécialiste de Dickens ⓑ (= *scholarship holder*) boursier (m), -ière (f)

scholarly /ˈskɒləlɪ/ ADJ [*publication*] spécialisé; [*approach, person*] érudit; [*debate*] d'érudits

scholarship /ˈskɒləʃɪp/ N ⓐ (= *award*) bourse (f); **to win a ~ to Cambridge** obtenir une bourse pour Cambridge ⓑ (= *knowledge*) érudition (f)

scholastic /skəˈlæstɪk/ ADJ (= *educational*) scolaire ◆ **Scholastic Aptitude Test** N (US) examen (m) d'entrée à l'université → $\boxed{SAT}$

school /skuːl/ 1 N ⓐ école (f); (= *secondary school*) lycée (m); (*up to 16 only*) collège (m); (US = *university*)* fac* (f); **to go to/to leave ~** aller à/quitter l'école; **to send a child to ~** envoyer un enfant à l'école; **at ~** à l'école; **television for ~s** télévision (f) scolaire; **programmes for ~s** émissions (fpl) éducatives
ⓑ (= *lessons*) classe(s) (f(pl)); (*secondary*) cours (mpl); **~ reopens in September** les cours reprennent en septembre
ⓒ (*Univ*) faculté (f); **he's at law/medical ~** il est en faculté de droit/médecine
ⓓ (= *institute*) institut (m); (= *department*) département (m); **~ of education** (US) école (f) normale (primaire)
ⓔ [*of painting, philosophy*] école (f); **a ~ of thought** une école de pensée; **the old ~** la vieille école
ⓕ [*of fish*] banc (m)
2 COMP [*equipment, edition, doctor, uniform*] scolaire ◆ **school board** N (US) conseil (m) d'établissement ◆ **school bus** N car (m) de ramassage scolaire ◆ **school counsellor** N (US) conseiller (m), -ère (f) général(e) d'éducation ◆ **school dinner** N déjeuner (m) à la cantine (scolaire) ◆ **school district** N (US) secteur (m) scolaire ◆ **school fees** NPL frais (mpl) de scolarité ◆ **school holidays** NPL vacances (fpl) scolaires ◆ **school hours** NPL **during ~ hours** pendant les heures de cours; **out of ~ hours** en dehors des heures de cours ◆ **school inspector** N (Brit) (*secondary*) ≈ inspecteur (m), -trice (f) d'académie; (*primary*) ≈ inspecteur (m), -trice (f) primaire ◆ **school leaver** N (Brit) jeune (mf) qui vient d'achever sa scolarité ◆ **school-leaving age** N âge (m) de fin de scolarité; **to raise the ~-leaving age** prolonger la scolarité (**to** jusqu'à) ◆ **school library** N (*books only*) bibliothèque (f) scolaire; (*books and other resources*) centre (m) de documentation ◆ **school lunch, school meal** N déjeuner (m) à la cantine (scolaire) ◆ **school record** N dossier (m) scolaire ◆ **school report** N bulletin (m) (scolaire) ◆ **school run** N **to do the ~ run** emmener les enfants à l'école ◆ **school superintendent** N (US) inspecteur (m), -trice (f) ◆ **school time** N **in ~ time** pendant les heures de cours ◆ **school trip** N sortie (f) (éducative) scolaire ◆ **school year** N année (f) scolaire

schoolbag /ˈskuːlbæg/ N cartable (m)

schoolbook /ˈskuːlbʊk/ N livre (m) de classe

schoolboy /ˈskuːlbɔɪ/ N élève (m)

schoolchild /ˈskuːltʃaɪld/ N (pl **-children**) élève (mf)

schooldays /ˈskuːldeɪz/ NPL années (fpl) de scolarité; **during my ~** du temps où j'allais en classe

schooled /skuːld/ ADJ **to be ~ in sth** avoir l'expérience de qch; **to be well ~ in sth** être rompu à qch

schoolfriend /ˈskuːlfrend/ N camarade (mf) de classe

schoolgirl /ˈskuːlɡɜːl/ N élève (f)

schoolhouse /ˈskuːlhaʊs/ N (= *building*) école (f)

schooling /ˈskuːlɪŋ/ N études (fpl); **compulsory ~** scolarité (f) obligatoire; **he had very little formal ~** il n'est pas allé beaucoup à l'école; **he lost a year's ~** il a perdu une année scolaire

schoolkid* /ˈskuːlkɪd/ N écolier (m), -ière (f)

schoolmaster /ˈskuːlˌmɑːstə⁰/ N professeur (m)

schoolmate /ˈskuːlmeɪt/ N camarade (mf) de classe

schoolmistress /ˈskuːlˌmɪstrɪs/ N professeur (f)

schoolroom /ˈskuːlrʊm/ N salle (f) de classe

schoolteacher /ˈskuːlˌtiːtʃə⁰/ N (*primary*) professeur (mf) des écoles; (*secondary*) professeur (mf)

schoolteaching /ˈskuːlˌtiːtʃɪŋ/ N enseignement (m)

schoolwork /ˈskuːlwɜːk/ N travail (m) scolaire

schoolyard /ˈskuːljɑːd/ N cour (f) d'école

schooner /ˈskuːnə⁰/ N (= *ship*) goélette (f)

sciatica /saɪˈætɪkə/ N sciatique (f)

science /ˈsaɪəns/ 1 N science (f); (= *school subject*) sciences (fpl); **we study ~ at school** nous étudions les sciences au lycée; **the Faculty of Science** la faculté des Sciences; **Department of Science** ministère (m) de la Recherche 2 COMP [*equipment, subject*] scientifique; [*exam, teacher*] de sciences ◆ **science fiction** N science-fiction (f) ◊ ADJ de science-fiction ◆ **science park** N parc (m) scientifique

scientific /ˌsaɪənˈtɪfɪk/ ADJ scientifique; (= *methodical*) méthodique

scientifically /ˌsaɪənˈtɪfɪkəlɪ/ ADV scientifiquement; (= *methodically*) de manière méthodique

scientist /ˈsaɪəntɪst/ N scientifique (mf)

scientologist /ˌsaɪənˈtɒlədʒɪst/ ADJ, N scientologue (mf)

scientology /ˌsaɪənˈtɒlədʒɪ/ N scientologie (f)

sci-fi* /ˈsaɪfaɪ/ ABBR = **science-fiction** 1 N SF* (f) 2 ADJ de SF*

Scillies /ˈsɪlɪz/, **Scilly Isles** /ˈsɪlɪˌaɪlz/ NPL **the ~** or **the Scilly Isles** les Sorlingues (fpl)

scintillating /ˈsɪntɪleɪtɪŋ/ ADJ [*performance, conversation*] brillant; **in ~ form** dans une forme éblouissante

scissor kick /ˈsɪzəˌkɪk/ N ciseaux (mpl)

scissors /ˈsɪzəz/ NPL ciseaux (mpl); **a pair of ~** une paire de ciseaux

sclerosis /sklɪˈrəʊsɪs/ N sclérose (f)

scoff /skɒf/ 1 VI (= *mock*) se moquer; **to ~ at sb/sth** se moquer de qn/qch 2 VTI (= *eat*)* bouffer*

scold /skəʊld/ VT réprimander; [+ *child*] gronder; **he got ~ed** il s'est fait réprimander; [*child*] il s'est fait gronder

scolding /ˈskəʊldɪŋ/ N **to get a ~ from sb** se faire réprimander par qn; [*child*] se faire gronder par qn; **to give sb a ~** gronder qn

scone /skɒn/ N scone (m) (*petit gâteau*)

scoop /skuːp/ 1 N ⓐ (*for flour, sugar*) mesure (f); (*for ice cream*) cuiller (f) à glace; (= *scoopful*) cuillerée (f); **a ~ of ice cream** une boule de glace ⓑ (*Press*) scoop (m) 2 VT [+ *prize, award*] décrocher*

► **scoop out** VT SEP **he ~ed the sand out of the bucket** il a vidé le sable du seau; **~ the flesh out of the melon** évidez le melon; **he ~ed out a hollow in the soft earth** il a creusé un trou dans la terre molle

► **scoop up** VT SEP ramasser

scooter /ˈskuːtəʳ/ N (= motorcycle) scooter (m); (child's) trottinette (f)

scope /skəʊp/ N ⓐ [of law, regulation] portée (f); [of undertaking] envergure (f); [of powers, problem] étendue (f); [of changes] ampleur (f); **to extend the ~ of one's activities** élargir le champ de ses activités; **limited in ~** d'une portée limitée; **to be broad in ~** [project] être de grande envergure; [book] être ambitieux; **the subject is beyond the ~ of this book** ce sujet n'entre pas dans le cadre de ce livre; **this case is within the ~ of the new regulations** ce cas est prévu par le nouveau règlement ⓑ (= opportunity) **his job gave him plenty of ~ to show his ability** son travail lui a amplement permis de faire la preuve de ses compétences; **there's not much ~ for originality** ça ne laisse pas beaucoup de place à l'originalité; **there is ~ for improvement** ça pourrait être mieux ⓒ (= competences, capabilities) compétences (fpl); **this work is within his ~** ce travail entre dans ses compétences

scorch /skɔːtʃ/ 1 VT [+ fabric] roussir; [+ grass] [fire] brûler; [sun] roussir 2 VI [fabric] roussir

scorcher* /ˈskɔːtʃəʳ/ N **today's going to be a ~** aujourd'hui ça va être la canicule; **it was a real ~ of a day** il faisait une de ces chaleurs!*

scorching* /ˈskɔːtʃɪŋ/ 1 ADJ [day] de canicule; [heat] caniculaire; [sand] brûlant; [sun] de plomb; **~ weather** canicule (f); **at a ~ pace** à une vitesse folle 2 ADV **~ hot weather** canicule (f); **it was a ~ hot day** il faisait une de ces chaleurs!*; **the sun is ~ hot** il fait un soleil de plomb

score /skɔːʳ/ 1 N ⓐ (Sport) score (m); (Cards) marque (f); (US = mark) note (f); **to keep the ~** compter les points; (Cards) tenir la marque; **there's no ~ yet** le score est toujours de zéro à zéro; **there was no ~** ils ont fait match nul zéro à zéro; **to know the ~*** (fig) savoir ce qui se passe ⓑ (= debt) **to settle a ~ with sb** régler ses comptes avec qn ⓒ (= respect) **on that ~** à ce sujet; **I've no doubts on that ~** je n'ai pas de doutes à ce sujet ⓓ (= mark) rayure (f); (deeper) entaille (f) ⓔ [of film] musique (f) ⓕ (= sheets of music) partition (f) ⓖ (= twenty) **a ~** vingt; **a ~ of people** une vingtaine de personnes; **there were ~s of mistakes** il y avait des dizaines de fautes

2 VT ⓐ [+ goal, point] marquer; **to ~ 70% (in an exam)** avoir 70 sur 100 (à un examen); **they had 4 goals ~d against them** leurs adversaires ont marqué 4 buts; **to ~ a great success** remporter un grand succès; **to ~ points** (fig) marquer des points; **to ~ a point over sb** (fig) marquer un point contre qn ⓑ (= cut) rayer; **lines ~d on a wall** des lignes tracées sur un mur ⓒ (= arrange musically) **the film was ~d by Michael Nyman** la musique du film a été composée par Michael Nyman; **~d for piano and cello** écrit pour piano et violoncelle

3 VI (= win points) marquer un point (or des points); (= score goal) marquer un but (or des buts); (= keep the score) marquer les points; **to ~ well in a test** obtenir un bon résultat à un test; **that is where he ~s** c'est là qu'il a l'avantage; **to ~ over sb** marquer un point contre qn

4 COMP ♦ **score draw** N (Brit) match (m) nul (avec un minimum de un but)

► **score out**, **score through** VT SEP rayer

scoreboard /ˈskɔːbɔːd/ N tableau (m) d'affichage (des scores)

scorecard /ˈskɔːkɑːd/ N [of game] feuille (f) de score; (Golf) carte (f) de parcours; (Cards) feuille (f) de marque

scoreless /ˈskɔːlɪs/ ADJ **the game was ~** aucun point (or but) n'a été marqué; **a ~ draw** un match nul zéro à zéro

scorer /ˈskɔːrəʳ/ N ⓐ (keeping score) marqueur (m) ⓑ (= goal scorer) marqueur (m) (de but)

scorn /skɔːn/ 1 N mépris (m); **to be filled with ~** être plein de mépris; **to pour ~ on sb/sth** traiter qn/qch avec mépris; **my suggestion was greeted with ~** ma proposition a été accueillie avec mépris 2 VT [+ person, action] mépriser; [+ advice, suggestion] dédaigner

scornful /ˈskɔːnfʊl/ ADJ méprisant; **to be ~ of sb/sth** mépriser qn/qch; **to be ~ about sth** manifester son mépris pour qch

scornfully /ˈskɔːnfəlɪ/ ADV avec mépris

Scorpio /ˈskɔːpɪəʊ/ N Scorpion (m); **I'm ~** je suis Scorpion

scorpion /ˈskɔːpɪən/ N scorpion (m)

Scot /skɒt/ N Écossais(e) (m(f)); **the ~s** les Écossais (mpl)

Scotch /skɒtʃ/ 1 N (= Scotch whisky) scotch (m) 2 ADJ écossais 3 COMP ♦ **Scotch broth** N potage écossais à base de mouton, de légumes et d'orge ♦ **Scotch egg** N œuf dur enrobé de chair à saucisse et pané ♦ **Scotch mist** N bruine (f) ♦ **Scotch tape**® N (US) scotch® (m)

scotch /skɒtʃ/ VT [+ rumour] étouffer; [+ plan, attempt] faire échouer

scot-free /ˈskɒtˈfriː/ ADV **to get off ~** s'en tirer à bon compte

Scotland /ˈskɒtlənd/ N Écosse (f); **Secretary of State for ~** ministre (mf) des Affaires écossaises

Scots /skɒts/ N, ADJ écossais (m)

Scotsman /ˈskɒtsmən/ N (pl **-men**) Écossais (m)

Scotswoman /ˈskɒts,wʊmən/ N (pl **-women**) Écossaise (f)

Scottish /ˈskɒtɪʃ/ ADJ écossais ♦ **the Scottish Office** N (Brit) le ministère des Affaires écossaises ♦ **Scottish Secretary** N (Brit) ministre (mf) des Affaires écossaises

scoundrel /ˈskaʊndrəl/ N fripouille (f); (stronger) crapule (f)

scour /ˈskaʊəʳ/ 1 VT ⓐ [+ pan, sink] récurer; [+ floor] frotter ⓑ (= search) fouiller; **they ~ed the neighbourhood in search of the murderer** ils ont fouillé le quartier pour trouver l'assassin; **I've ~ed the house and I can't see my keys anywhere** j'ai fouillé la maison de fond en comble et je n'arrive pas à trouver mes clés 2 COMP ♦ **scouring pad** N tampon (m) à récurer ♦ **scouring powder** N poudre (f) à récurer

scourer /ˈskaʊərəʳ/ N (= pad) tampon (m) à récurer

scourge /skɜːdʒ/ N fléau (m)

scouse* /skaʊs/ (Brit) 1 N ⓐ (= person) personne originaire de Liverpool ⓑ (= dialect) dialecte (m) de Liverpool 2 ADJ de Liverpool

scout /skaʊt/ 1 N ⓐ (in army) éclaireur (m) ⓑ (= boy scout) scout (m) ⓒ **to have a ~ round*** explorer (les alentours); **have a ~ round to see if he's there** allez jeter un coup d'œil pour voir s'il est là ⓓ (= talent scout) découvreur (m), -euse (f) de talents 2 VI aller en reconnaissance 3 VT explorer; **to ~ an area for sth** explorer un endroit pour trouver qch 4 ADJ [camp, movement] scout; [uniform] de scout

► **scout about**, **scout around** VI **to ~ about for sth** chercher qch

scoutmaster /ˈskaʊt,mɑːstəʳ/ N chef (m) scout

scowl /skaʊl/ 1 N air (m) renfrogné; **... he said with a ~** ... dit-il d'un air renfrogné 2 VI se renfrogner; **to ~ at sb/sth** jeter un regard mauvais à qn/qch

scrabble /ˈskræbl/ 1 VI ⓐ (= scrabble about) **to ~ in the ground for sth** gratter la terre pour trouver qch; **she ~d (about or around) in the sand for the keys** elle cherchait les clés dans le sable; **he ~d (about or around) for a pen in the drawer** il a fouillé dans le tiroir à la recherche d'un stylo ⓑ (= scramble) **to ~ to do sth** chercher à faire qch au plus vite; **his mind ~d for alternatives** il se creusait la tête pour trouver au plus vite d'autres solutions 2 N (= game) **Scrabble**® Scrabble® (m)

scraggly* /ˈskræglɪ/ ADJ (US) [beard, hair] hirsute; [plant] difforme

scraggy /ˈskrægɪ/ ADJ (= scrawny) maigre; [hair, beard, fur] peu fourni et hérissé

scram* /skræm/ VI foutre le camp*; **~!** fous(-moi) le camp!*

scramble /ˈskræmbl/ 1 VI ⓐ (= clamber) **to ~ up/down** grimper/descendre péniblement; **he ~d along the cliff** il avançait péniblement le long de la falaise; **they ~d over**

the rocks ils ont escaladé les rochers en s'aidant des pieds et des mains ; **he ~d out of the car** il est descendu de la voiture à toute vitesse ; **he ~d down off the wall** il a dégringolé du mur ; **he ~d through the hedge** il s'est frayé tant bien que mal un passage à travers la haie ; **to ~ for** [+ *seats, jobs*] se bousculer pour (avoir)

ⓑ (*Brit*) **to go scrambling** faire du trial

2 VT [*message, signal*] crypter

3 N ⓐ ruée (*f*) ; **there was a ~ for seats** (*at performance*) on s'est rué sur les places

4 COMP ♦ **scrambled eggs** NPL œufs (*mpl*) brouillés

scrambling /'skræmblɪŋ/ N (*Brit Sport*) trial (*m*)

scrap /skræp/ 1 N ⓐ [*of paper, cloth*] (petit) bout (*m*) ; [*of conversation, information*] bribe (*f*) ; [*of news*] fragment (*m*) ; **~s** (= *food remnants*) restes (*mpl*) ; **there isn't a ~ of evidence** il n'y a pas la moindre preuve ; **it wasn't a ~ of use** cela n'a servi absolument à rien

ⓑ (= *scrap iron*) ferraille (*f*) ; **to sell a car for ~** vendre une voiture à la casse*

ⓒ (= *fight*) bagarre* (*f*) ; **to have a ~** se bagarrer*

2 VT se débarrasser de ; [+ *car, ship*] envoyer à la ferraille ; [+ *project*] renoncer à ; **let's ~ the idea** laissons tomber cette idée

3 VI (= *fight*) se bagarrer*

4 COMP ♦ **scrap dealer** N ferrailleur (*m*) ♦ **scrap metal** N ferraille (*f*) ♦ **scrap paper** N (*for scribbling on*) papier (*m*) de) brouillon (*m*) ♦ **scrap value** N **its ~ value is £10** à la casse cela vaut 10 livres

scrapbook /'skræpbʊk/ N album (*m*) (*de coupures de journaux*)

scrape /skreɪp/ 1 N ⓐ **to give sth a ~** gratter qch ; **to give one's knee a ~** s'égratigner le genou

ⓑ (= *trouble*)* **to get into a ~** s'attirer des ennuis

2 VT (= *graze*) égratigner ; (= *just touch*) effleurer ; (= *clean*) gratter ; **to ~ one's knees** s'égratigner les genoux ; **to ~ one's plate clean** racler son assiette ; **I ~d his bumper** j'ai éraflé son pare-chocs ; **to ~ a living** vivoter ; **to ~ the bottom** [*ship*] racler le fond

3 VI (= *make scraping sound*) gratter ; (= *rub*) frotter ; **to ~ along the wall** frôler le mur ; **to ~ through an exam** réussir un examen de justesse

► **scrape along** VI = **scrape by**

► **scrape by** VI (*financially*) vivoter ; **she ~d by on £30 per week** elle vivotait avec 30 livres par semaine

► **scrape out** VT SEP [+ *contents*] enlever en grattant ; [+ *pan*] récurer

► **scrape through** VI passer de justesse ; (= *succeed*) réussir de justesse

► **scrape together** VT SEP [+ *objects, money*] rassembler (à grand-peine)

► **scrape up** VT SEP [+ *earth, pebbles*] mettre en tas ; [+ *money*] rassembler à grand-peine

scraper /'skreɪpəʳ/ N grattoir (*m*)

scrapheap /'skræphiːp/ N tas (*m*) de ferraille ; **to throw sth on the ~** (*fig*) mettre qch au rebut ; **to throw sb on the ~*** se débarrasser de qn ; **only fit for the ~*** bon à mettre au rancart* ; **to end up on the ~** (*fig*) être mis au rebut

scraping /'skreɪpɪŋ/ 1 ADJ [*noise*] de grattement 2 N **~s** [*of food*] restes (*mpl*)

scrappy /'skræpɪ/ ADJ [*essay, film, match*] décousu ; **a ~ goal** un but marqué à la suite d'un cafouillage

scrapyard /'skræpjɑːd/ N dépôt (*m*) de ferraille ; (*for cars*) casse* (*f*)

scratch /skrætʃ/ 1 N (*on skin*) égratignure (*f*) ; (*on paint, car*) éraflure (*f*) ; (*on glass, record*) rayure (*f*) ; **they came out of it without a ~** ils s'en sont sortis sans une égratignure ; **the cat gave her a ~** le chat l'a griffée ; **to start from ~** partir de zéro* ; **he didn't come up to ~** il ne s'est pas montré à la hauteur

2 VT ⓐ (*with nail, claw*) griffer ; [+ *varnish*] érafler ; [+ *record, glass*] rayer ; **he ~ed his hand on a nail** il s'est écorché la main avec un clou ; **he ~ed his name on the wood** il a gravé son nom dans le bois ; **it only ~ed the surface** (*fig*)

c'était très superficiel ; **we've only managed to ~ the surface of the problem** nous n'avons fait qu'effleurer le problème

ⓑ (*to relieve itch*) gratter ; **to ~ o.s.** se gratter ; **to ~ one's head** se gratter la tête ; **you ~ my back and I'll ~ yours** un petit service en vaut un autre

ⓒ [+ *meeting, match*] annuler ; (*Computing*) effacer ; [+ *competitor*] scratcher ; (*US*) [+ *candidate*] rayer de la liste ; **to ~ a ballot** (*US Politics*) modifier un bulletin de vote (*en rayant un nom*)

3 VI (*with nail, claw*) griffer ; (= *to relieve itch*) se gratter ; [*hen*] gratter le sol ; **the dog was ~ing at the door** le chien grattait à la porte

4 COMP ♦ **scratch pad** N bloc-notes (*m*) ♦ **scratch paper** N (*US*) (papier (*m*) de) brouillon (*m*)

► **scratch out** VT SEP **to ~ sb's eyes out** arracher les yeux à qn

scratchcard /'skrætʃkɑːd/ N (*Brit*) carte (*f*) à gratter

scratchy /'skrætʃɪ/ ADJ [*wool*] irritant pour la peau ; **a ~ record** un disque qui grésille

scrawl /skrɔːl/ 1 N gribouillage (*m*) 2 VT griffonner

scrawny /'skrɔːnɪ/ ADJ maigre

scream /skriːm/ 1 N ⓐ cri (*m*) ; (*stronger*) hurlement (*m*) ; **~s of laughter** des éclats (*mpl*) de rire ; **to give a ~** pousser un hurlement ⓑ **he's a ~*** il est vraiment marrant* 2 VI [*person*] crier ; (*stronger*) hurler ; [*siren, brakes, wind*] hurler ; **to ~ with laughter** rire aux éclats ; **to ~ with pain** hurler de douleur ; **to ~ for help** crier à l'aide ; **to ~ at sb** crier après qn 3 VT hurler ; **"shut up"** he ~ed « taisez-vous » hurla-t-il ; **to ~ o.s. hoarse** s'enrouer à force de crier

scree /skriː/ N éboulis (*m*) (*en montagne*)

screech /skriːtʃ/ 1 N [*of person, brakes*] hurlement (*m*) ; [*of tyres*] crissement (*m*) 2 VI [*person, brakes*] hurler ; [*tyres*] crisser ; [*singer, owl*] crier 3 VT hurler

screen /skriːn/ 1 N ⓐ [*of television, computer, cinema*] écran (*m*) ; **to show sth on a ~** projeter qch ; **the ~** (= *cinema*) le grand écran ; **the small ~** le petit écran ; **to write for the ~** écrire pour le cinéma ; **on ~** (*information, image*) à l'écran ; **to work on ~** travailler sur écran

ⓑ (*in room*) paravent (*m*) ; [*of trees*] rideau (*m*)

2 VT ⓐ (= *hide*) masquer ; (= *protect*) protéger ; **to ~ sth from sight** masquer qch aux regards ; **to ~ sth from the wind** protéger qch du vent ; **to ~ one's eyes** se protéger les yeux avec la main

ⓑ [+ *film*] projeter

ⓒ (= *check*) [+ *candidates*] présélectionner ; **to ~ sb** examiner la candidature de qn ; **the candidates were carefully ~ed** les candidatures ont été soigneusement examinées ; **to ~ sb for cancer** faire passer un test de dépistage du cancer à qn ; **to ~ one's calls** filtrer ses appels

3 COMP ♦ **screen door** N porte (*f*) moustiquaire ♦ **screen rights** NPL droits (*mpl*) d'adaptation cinématographique ♦ **screen test** N bout (*m*) d'essai ; **to do a ~ test** tourner un bout d'essai

screening /'skriːnɪŋ/ N ⓐ [*of film*] projection (*f*) ⓑ [*of candidates*] sélection (*f*) ⓒ (*medical*) examen (*m*) de dépistage ; **the ~ of women for breast cancer** le dépistage du cancer du sein chez les femmes

screenplay /'skriːnpleɪ/ N scénario (*m*)

screen-saver /'skriːnˌseɪvəʳ/ N économiseur (*m*) d'écran

screw /skruː/ 1 N ⓐ vis (*f*) ; **he's got a ~ loose*** il lui manque une case* ; **to tighten the ~ on sb*** augmenter la pression sur qn

ⓑ (= *propeller*) hélice (*f*)

ⓒ (= *sex*)**⁑** **to have a ~** baiser**⁑**

ⓓ (= *prison warder*)**⁑** maton(ne)**⁑** (*m(f)*)

2 VT ⓐ visser (**on** sur, **to** à) ; **to ~ sth tight** visser qch à bloc

ⓑ (= *twist*) **to ~ one's face into a smile** grimacer un sourire

ⓒ (= *have sex with*)**⁑** baiser**⁑**

ⓓ (= *cheat*)**⁑** baiser**⁑**

ⓔ (*in exclamations*)**⁑** **~ you!** va te faire foutre !**⁑**

3 VI se visser

4 COMP ♦ **screw cap** N couvercle *(m)* qui se visse ♦ **screw-in** ADJ à vis ♦ **screw top** N couvercle *(m)* qui se visse ♦ **screw-top(ped)** ADJ avec couvercle qui se visse

► **screw around** VI ⓐ *(= waste time)*⁑ glander⁑ ⓑ *(sexually)*⁑ baiser⁑ à gauche et à droite

► **screw down** VT SEP visser

► **screw off** 1 VT se dévisser 2 VT SEP dévisser

► **screw on** VT SEP visser ; **he's got his head ~ed on all right** il a la tête sur les épaules

► **screw together** VT SEP [+ *two parts*] visser ensemble ; **to ~ sth together** assembler qch avec des vis

► **screw up** 1 VT SEP ⓐ [+ *paper*] chiffonner ; [+ *handkerchief*] tortiller ; **to ~ up one's eyes** plisser les yeux ; **to ~ up one's face** faire la grimace ; **to ~ up one's courage** prendre son courage à deux mains (**to do** pour faire) ⓑ (= *spoil*) foutre en l'air⁑ ⓒ⁑ **to ~ sb up** perturber qn ; **he is ~ed up** il est complètement paumé* 2 VI⁑ merder⁑

screwball⁑ /'skruːbɔːl/ ADJ, N cinglé(e)* *(m(f))*

screwdriver /'skruːˌdraɪvəʳ/ N tournevis *(m)*

screwy⁑ /'skruːɪ/ ADJ [*person*] cinglé* ; [*idea*] tordu*

scribble /'skrɪbl/ 1 VI gribouiller ; **he was scribbling in a notebook** il gribouillait sur un carnet 2 VT griffonner 3 N gribouillage *(m)*

► **scribble down** VT SEP [+ *notes*] griffonner

scrimmage /'skrɪmɪdʒ/ N mêlée *(f)*

scrimp /skrɪmp/ VI lésiner ; **to ~ and save** économiser sur tout

script /skrɪpt/ 1 N ⓐ [*of film*] scénario *(m)* ; [*of TV programme, play*] texte *(m)* ⓑ (*in exam*) copie *(f)* 2 VT [+ *film*] écrire le scénario de

scripted /'skrɪptɪd/ ADJ [*talk, interview*] préparé d'avance

Scripture /'skrɪptʃəʳ/ N Écriture *(f)* sainte

scriptwriter /'skrɪptˌraɪtəʳ/ N scénariste *(mf)*

scroll /skrəʊl/ 1 N [*of parchment*] rouleau *(m)* ; (= *ancient book*) manuscrit *(m)* 2 VI (*Computing*) défiler 3 VT (*Computing*) **to ~ sth up/down** faire défiler qch vers le haut/le bas 4 COMP ♦ **scroll bar** N (*Computing*) barre *(f)* de défilement

Scrooge /skruːdʒ/ N (= *miserly person*) harpagon *(m)*

scrotum /'skrəʊtəm/ N scrotum *(m)*

scrounge* /skraʊndʒ/ 1 VT [+ *meal*] réussir à se faire offrir (**off sb** par qn) ; **to ~ money from sb** taper qn* ; **he ~d £5 off him** il l'a tapé de 5 livres* 2 VI **he's always scrounging** c'est un parasite 3 N **to be on the ~ for sth** essayer d'emprunter qch ; **he's always on the ~** c'est un parasite

scrounger* /'skraʊndʒəʳ/ N parasite *(m)*

scrub /skrʌb/ 1 N ⓐ **to give sth a good ~** bien nettoyer qch (avec une brosse) ; **give your face a ~!** lave-toi bien la figure ! ; **it needs a ~** cela a besoin d'un bon nettoyage ⓑ (= *brushwood*) broussailles *(fpl)*
2 VT [+ *floor*] laver au balai-brosse ; [+ *washing*] frotter (à la brosse) ; [+ *pan*] récurer ; **to ~ one's hands** bien se nettoyer les mains ; **she ~bed the walls clean** elle a nettoyé les murs à fond ; **to ~ o.s.** se frotter vigoureusement
3 VI frotter ; **to ~ at sth** récurer qch ; **he was ~bing away at the oven** il récurait le four
4 COMP ♦ **scrubbing brush** N (*Brit*) brosse *(f)* à récurer

► **scrub away** VT SEP [+ *dirt, stain*] enlever en frottant

► **scrub down** VT SEP [+ *room, walls*] nettoyer à fond ; **to ~ o.s. down** se laver à fond

► **scrub out** VT SEP [+ *name*] effacer ; [+ *stain*] faire partir

► **scrub up** VI [*surgeon*] se brosser les mains avant d'opérer

scrubby /'skrʌbɪ/ ADJ [*land*] broussailleux ; [*trees, grass*] rabougri

scrubland /'skrʌblænd/ N brousse *(f)*

scruff /skrʌf/ N ⓐ **by the ~ of the neck** par la peau du cou ⓑ (= *untidy person*)* **you're such a ~!** tu as l'air d'un épouvantail !

scruffily /'skrʌfɪlɪ/ ADV **~ dressed** débraillé

scruffiness /'skrʌfɪnɪs/ N tenue *(f)* débraillée ; [*of clothes, building*] aspect *(m)* miteux

scruffy /'skrʌfɪ/ ADJ débraillé ; [*building*] miteux

scrum /skrʌm/ N ⓐ (*Rugby*) mêlée *(f)* ⓑ (= *group of people*) cohue *(f)*

scrumptious* /'skrʌmpʃəs/ ADJ délicieux

scrumpy /'skrʌmpɪ/ N (*Brit*) cidre *(m)* fermier

scrunch /skrʌntʃ/ 1 VI **her feet ~ed on the gravel** ses pas crissaient sur le gravier 2 VT (= *crush*) écraser

scruple /'skruːpl/ N scrupule *(m)* ; **to have no ~s about sth** n'avoir aucun scrupule au sujet de qch ; **to have no ~s about doing sth** n'avoir aucun scrupule à faire qch

scrupulous /'skruːpjʊləs/ ADJ scrupuleux ; **he was ~ about paying his debts** il payait scrupuleusement ses dettes

scrupulously /'skruːpjʊləslɪ/ ADV ⓐ [*behave*] de manière scrupuleuse ; **~ fair** d'une équité scrupuleuse ⓑ [*avoid*] soigneusement ; **~ clean** d'une propreté irréprochable

scrutinize /'skruːtɪnaɪz/ VT examiner minutieusement

scrutiny /'skruːtɪnɪ/ N ⓐ [*of document, conduct*] examen *(m)* minutieux ⓑ (= *watchful gaze*) **under his ~, she felt nervous** son regard scrutateur la mettait mal à l'aise

scuba diving /'skuːbəˌdaɪvɪŋ/ N plongée *(f)* sous-marine (autonome)

scuff /skʌf/ VT [+ *shoes, furniture*] érafler

scuffle /'skʌfl/ 1 N bagarre *(f)* 2 VI se bagarrer

scull /skʌl/ 1 N ⓐ (= *oar*) aviron *(m)* ⓑ (= *boat*) outrigger *(m)* 2 VI (*with two oars*) ramer ; (*with single oar*) godiller

scullery /'skʌlərɪ/ N arrière-cuisine *(f)*

sculpt /skʌlp(t)/ VT sculpter (**out of** dans)

sculptor /'skʌlptəʳ/ N sculpteur *(m)*, -euse *(f)*

sculpture /'skʌlptʃəʳ/ 1 N sculpture *(f)* 2 VTI sculpter

scum /skʌm/ N écume *(f)* ; (*dirty*) crasse *(f)* ; **they're just ~** (= *people*) ce sont des moins que rien ; **the ~ of the earth** le rebut du genre humain

scupper* /'skʌpəʳ/ VT (*Brit*) [+ *plan, negotiations*] faire capoter*

scurrilous /'skʌrɪləs/ ADJ [*rumour, article*] calomnieux

scurry /'skʌrɪ/ VI courir précipitamment

scurvy /'skɜːvɪ/ N scorbut *(m)*

scuttle /'skʌtl/ 1 N (*for coal*) seau *(m)* (à charbon) 2 VI courir précipitamment 3 VT ⓐ [+ *ship*] saborder ⓑ [+ *hopes, plans*] faire échouer

scythe /saɪð/ 1 N faux *(f)* 2 VT faucher

SD ABBR = **South Dakota**

SDLP /ˌesdiːel'piː/ (*Ir*) ABBR = **Social Democratic and Labour Party**

SE (ABBR = **south-east**) S-E

sea /siː/ 1 N ⓐ mer *(f)* ; **to swim in the ~** se baigner dans la mer ; **by** *or* **beside the ~** au bord de la mer ; **by ~** par mer ; **to be carried out to ~** être emporté par la mer ; **to put to ~** prendre la mer ; **to look out to ~** regarder vers le large ; **he was all at ~ in the discussion*** il était complètement perdu dans la discussion ; **it left him all at ~*** cela l'a complètement désorienté
ⓑ **a ~ of faces/difficulties/doubts** une multitude de visages/de difficultés/de doutes

2 COMP ♦ **sea air** N air *(m)* marin ♦ **sea bed** N fonds *(mpl)* marins ♦ **sea bird** N oiseau *(m)* marin ♦ **sea bream** N dorade *(f)* ♦ **sea breeze** N brise *(f)* de mer ♦ **sea change** N profond changement *(m)* ♦ **sea defences** NPL ouvrages *(mpl)* de défense (contre la mer) ♦ **sea fish** N poisson *(m)* de mer ♦ **sea floor** N fond *(m)* de la mer ♦ **sea front** N front *(m)* de mer ♦ **sea lane** N voie *(f)* de navigation maritime ♦ **sea level** N niveau *(m)* de la mer ; **100 metres above/below ~ level** 100 mètres au-dessus/au-dessous du niveau de la mer ♦ **sea lion** N otarie *(f)* ♦ **sea power** N puissance *(f)* navale ♦ **sea salt** N sel *(m)* de mer ♦ **Sea Scout** N scout *(m)* marin ♦ **sea shanty** N chanson *(f)* de marins ♦ **sea shell** N coquillage *(m)* ♦ **sea trout** N truite *(f)* de mer ♦ **sea view** N (*Brit*) vue *(f)* sur la mer ♦ **sea wall** N digue *(f)*

seaboard /'siːbɔːd/ N littoral *(m)*, côte *(f)*

seafarer /ˈsiːˌfɛərəʳ/ N marin (m)

seafaring /ˈsiːˌfɛərɪŋ/ N (also ~ **life**) vie (f) de marin

seafood /ˈsiːfuːd/ N fruits (mpl) de mer

seagoing /ˈsiːgəʊɪŋ/ ADJ [ship] long-courrier

seagull /ˈsiːgʌl/ N mouette (f)

seal /siːl/ 1 N(a) (= animal) phoque (m)
(b) (on document) sceau (m); (on envelope, package) cachet (m); **to give one's ~ of approval to sth** donner son approbation à qch; **this set the ~ on their alliance** cela a scellé leur alliance
(c) (on bottle, box, door, tank) joint (m) (d'étanchéité); **the ~ is not very good** ce n'est pas très étanche
2 VT(a) [+ document] sceller; [+ envelope, packet] fermer; [+ jar] fermer hermétiquement; **my lips are ~ed** mes lèvres sont scellées
(b) [+ area] boucler; [+ border] fermer
(c) [+ bargain] conclure; **to ~ sb's fate** régler le sort de qn
► **seal off** VT SEP (= close up) condamner; [+ road, room] interdire l'accès de; [+ area] boucler

seam /siːm/ N(a) (Sewing) couture (f); **to come apart at the ~s** [garment] se découdre; [system, country] s'écrouler; **to be bursting at the ~s*** être plein à craquer* (b) [of coal] filon (m)

seaman /ˈsiːmən/ N (pl **-men**) marin (m); (US Navy) quartier-maître (m) de 2ᵉ classe

seamless /ˈsiːmlɪs/ ADJ (a) [garment] sans couture (b) [transition] sans heurts; **a ~ whole** un ensemble homogène

seamy /ˈsiːmɪ/ ADJ [district] louche; **the ~ side of life** le côté sordide de la vie

séance /ˈseɪɑːns/ N séance (f) de spiritisme

seaplane /ˈsiːpleɪn/ N hydravion (m)

seaport /ˈsiːpɔːt/ N port (m) de mer

search /sɜːtʃ/ 1 N(a) (for sth lost) recherche(s) (f(pl)); **in ~ of** à la recherche de; **the ~ for the missing man** les recherches entreprises pour retrouver l'homme disparu; **to begin a ~ for** se mettre à la recherche de
(b) [of pocket, district, luggage] fouille (f); [of building] perquisition (f); **house ~** (Police) perquisition (f) à domicile; **the ~ for a cure** la recherche d'un remède
(c) (Computing) recherche (f); **~ and replace** recherche (f) et remplacement (m)
2 VT(a) [+ house, woods, district] fouiller; [police] [+ house] perquisitionner; **they ~ed the woods for the child** ils ont fouillé les bois à la recherche de l'enfant
(b) (= examine) fouiller (dans) (for pour essayer de retrouver); **they ~ed him for a weapon** ils l'ont fouillé pour voir s'il avait une arme; **~ me!*** je n'en ai pas la moindre idée!
(c) [+ documents, records] examiner (en détail) (for pour trouver); **he ~ed her face for some sign of affection** il a cherché sur son visage un signe d'affection; **to ~ one's memory** essayer de se souvenir; **to ~ a file for sth** rechercher qch dans un fichier
3 VI(a) chercher; **to ~ for sth** chercher qch; **to ~ through sth** chercher dans qch; **they ~ed through his belongings** ils ont fouillé ses affaires
(b) (Computing) **to ~ for** rechercher
4 COMP ♦ **search engine** N (Computing) moteur (m) de recherche ♦ **search party** N équipe (f) de secours ♦ **search warrant** N mandat (m) de perquisition

searching /ˈsɜːtʃɪŋ/ ADJ inquisiteur (-trice (f)); [question] perspicace; [examination] rigoureux

searchlight /ˈsɜːtʃlaɪt/ N projecteur (m)

searing /ˈsɪərɪŋ/ ADJ [heat] torride; [pain] fulgurant; [criticism, article] virulent

seashore /ˈsiːʃɔːʳ/ N rivage (m); **by** or **on the ~** au bord de la mer

seasick /ˈsiːsɪk/ ADJ **to be** or **feel ~** avoir le mal de mer

seasickness /ˈsiːsɪknɪs/ N mal (m) de mer

seaside /ˈsiːsaɪd/ 1 N bord (m) de la mer; **at the ~** au bord de la mer; **we're going to the ~** nous allons au bord

de la mer 2 COMP [town] au bord de la mer; [holiday] à la mer ♦ **seaside resort** N station (f) balnéaire

season /ˈsiːzn/ 1 N(a) saison (f); **the start of the ~** (for tourism, hotels) le début de la saison; (Shooting) l'ouverture de la chasse; **early in the ~** en début de saison; **late in the ~** tard dans la saison; **the busy ~** (for hotels) la pleine saison; **the peak/high/low ~** (Brit) la pleine/haute/basse saison; **the strawberry ~** la saison des fraises; **the football ~** la saison de football; **the tourist ~** la saison touristique; **the holiday ~** la période des vacances; **the Christmas ~** la période de Noël; **"Season's greetings"** «Joyeux Noël et bonne année»; **to be in ~** [food] être de saison; **the hotel is cheaper out of ~** l'hôtel est moins cher en basse saison
(b) (theatrical) saison (f) (théâtrale); **he did a ~ at the Old Vic** il a joué à l'Old Vic pendant une saison; **a Dustin Hoffman ~** un cycle Dustin Hoffman
2 VT (with condiments) assaisonner; (with spice) épicer
3 COMP ♦ **season ticket** N carte (f) d'abonnement

seasonal /ˈsiːzənl/ ADJ [work] saisonnier; [fruit] de saison; **the holiday business is ~** le tourisme est une industrie saisonnière

seasoned /ˈsiːznd/ ADJ (= experienced) expérimenté

seasoning /ˈsiːznɪŋ/ N assaisonnement (m); **add ~** assaisonnez

seat /siːt/ 1 N(a) (= chair) siège (m); (Theatre, Cinema) fauteuil (m); [of cycle] selle (f)
(b) (= place to sit) place (f); **to take a ~** s'asseoir; **to take one's ~** prendre place; **I'd like two ~s for ...** je voudrais deux places pour ...; **keep a ~ for me** gardez-moi une place; **there are ~s for 70 people** il y a 70 places assises
(c) (= part of chair) siège (m); [of trousers] fond (m); (= buttocks)* postérieur* (m)
(d) [of MP] siège (m); **they won/lost ten ~s** ils ont gagné/perdu dix sièges; **they won the ~ from the Conservatives** ils ont pris le siège des conservateurs; **a majority of 50 ~s** une majorité de 50 sièges
(e) (on company board, committee) siège (m)
2 VT(a) [+ child] (faire) asseoir; [+ dinner guest] placer; **to ~ o.s.** s'asseoir; **to remain ~ed** rester assis
(b) (= have room for) **how many does the hall ~?** combien y a-t-il de places assises dans la salle?; **this table ~s eight** on peut tenir à huit à cette table
3 COMP ♦ **seat belt** N ceinture (f) de sécurité

seating /ˈsiːtɪŋ/ N (= seats) sièges (mpl); (as opposed to standing room) places (fpl) assises; **~ for 600** 600 places assises ♦ **seating arrangements** NPL **what are the ~ arrangements?** où va-t-on faire asseoir les gens? ♦ **seating plan** N (at dinner) plan (m) de table

seatwork /ˈsiːtwɜːk/ N (US) travail (m) fait en classe

seaweed /ˈsiːwiːd/ N algue(s) (f(pl))

seaworthy /ˈsiːˌwɜːðɪ/ ADJ en état de naviguer

sec* /sek/ N (ABBR = **second**) seconde (f)

secateurs /ˌsekəˈtɜːz/ NPL (Brit: also **pair of ~**) sécateur (m)

secede /sɪˈsiːd/ VI faire sécession

secession /sɪˈseʃən/ N sécession (f)

secluded /sɪˈkluːdɪd/ ADJ retiré; [village] isolé

seclusion /sɪˈkluːʒən/ N solitude (f); **to live in ~** vivre retiré du monde

second¹ 1 ADJ(a) deuxième; (one of two) second; **a ~ chance** une seconde chance; **Britain's ~ city** la deuxième ville de Grande-Bretagne; **the ~ day I was there** le lendemain de mon arrivée; **on the ~ floor** (Brit) au deuxième étage; (US) au premier étage; **to be ~ in the queue** être le (or la) deuxième dans la queue; **in the ~ place** deuxièmement; **to be in ~ place** être en deuxième position; **to finish in ~ place** terminer deuxième; **for the** or **a ~ time** pour la deuxième fois; **~ time around** la deuxième fois; **to be ~ to none** être sans égal; **San Francisco is ~ only to New York as the tourist capital of the States** San Francisco se place tout de suite après New York comme capitale touristique des États-Unis → **sixth**
(b) [= additional] deuxième; **to have a ~ home** avoir une résidence secondaire

ⓒ (= *another*) second ; **there are fears of a ~ Chernobyl** on craint un second Tchernobyl ; **she's like a ~ mother to me** elle est comme une deuxième mère pour moi ; **~ self** autre soi-même *(m)*

ⓓ **~ violin** second violon *(m)* ; **to play ~ violin** être second violon

2 ADV ⓐ (*one of many*) deuxième ; (*one of two*) second ; **to come ~** (*in poll, league table, race, election*) arriver deuxième (*or* second) ; **he was placed ~** il s'est classé deuxième (*or* second)

ⓑ (= *secondly*) deuxièmement

ⓒ (+ *superl adj*) **the ~ tallest building in the world** le deuxième plus grand immeuble du monde ; **the ~ most common question** la deuxième parmi les questions les plus souvent posées

3 N ⓐ deuxième *(mf)*, second(e) *(m(f))* ; **he came a good** *or* **close ~** il a été battu de justesse

ⓑ (*Boxing*) soigneur *(m)*

ⓒ (*Brit Univ*) ≈ licence *(f)* avec mention ; **he got an upper/ a lower ~** ≈ il a eu sa licence avec mention bien/assez bien

ⓓ (*also* **~ gear**) seconde *(f)* ; **in ~** en seconde

4 NPL **seconds** ⓐ (= *imperfect goods*) articles *(mpl)* de second choix

ⓑ (= *second helping*)* rab: *(m)*

5 VT ⓐ [+ *motion*] appuyer ; [+ *speaker*] appuyer la motion de ; **I'll ~ that** je suis d'accord

ⓑ (*Brit*) [+ *employee*] détacher

6 COMP ♦ **second-best** N **it is the ~-best** c'est ce qu'il y a de mieux après ; (= *poor substitute*) c'est un pis-aller ♦ ADJ **it's his ~-best novel** c'est presque son meilleur roman ♦ ADV **to come off ~-best** se faire battre ♦ **second-class** ADJ [*ticket*] de seconde (classe) ; [*food, goods*] de qualité inférieure ; **~-class citizen** citoyen(ne) *(m(f))* de deuxième ordre ; **~-class degree** (*Univ*) ≈ licence *(f)* avec mention ; **~-class mail** (*Brit*) courrier *(m)* à tarif réduit ; (*US*) imprimés *(mpl)* périodiques ♦ ADV **to travel ~-class** voyager en seconde ; **to send sth ~-class** envoyer qch en courrier ordinaire ♦ **second cousin** N petit(e) cousin(e) *(m(f))* (*issu(e) de germains*) ♦ **second fiddle** N **to play ~ fiddle** jouer les seconds rôles (**to sb** à côté de qn) ♦ **second gear** N seconde *(f)* ♦ **second-guess*** VT [+ *sb's reaction*] essayer d'anticiper ; **to ~-guess sb** essayer d'anticiper ce que qn va faire ♦ **second-in-command** N second *(m)*, adjoint *(m)* ; **to be ~ in command** être deuxième dans la hiérarchie ♦ **second name** N nom *(m)* de famille ♦ **a second opinion** N l'avis *(m)* de quelqu'un d'autre ; (*from doctor, lawyer*) un deuxième avis ♦ **second person** N **the ~ person singular/plural** la deuxième personne du singulier/du pluriel ♦ **second-rate** ADJ [*goods*] de qualité inférieure ; [*work*] médiocre ; [*writer*] de seconde zone ♦ **second sight** N **to have ~ sight** avoir le don de double vue ♦ **second string** N (*US Sport*) (= *player*) remplaçant(e) *(m(f))* ; (= *team*) équipe *(f)* de réserve ♦ **second thought** N **without a ~ thought** sans hésiter ; **not to give sb/sth a ~ thought** ne plus penser à qn/qch ; **on ~ thoughts** (*Brit*) *or* **thought** (*US*) réflexion faite ; **to have ~ thoughts (about sth)** (= *change mind*) changer d'avis (à propos de qch) ; **I never had ~ thoughts about the decision** je n'ai jamais regretté cette décision ; **to have ~ thoughts about doing sth** (= *be doubtful*) se demander si l'on doit faire qch ; (= *change mind*) changer d'avis et décider de ne pas faire qch

★ *L'accent de* **second** *tombe sur la première syllabe :* /'sekənd/, *sauf lorsqu'il s'agit du verbe dans le sens de* **détacher**, *qui se prononce* /sɪ'kɒnd/, *avec l'accent sur la seconde syllabe.*

second² /'sekənd/ N (*in time*) seconde *(f)* ; **it won't take a ~** il y en a pour une seconde ; **just a ~!** une seconde ! ; **I'll be with you in (just) a ~** je suis à vous dans une seconde

secondary /'sekəndərɪ/ 1 ADJ ⓐ [*role, effect*] secondaire ; **of ~ importance** (d'une importance) secondaire ; **the cost is a ~ consideration** la question du coût est secondaire ⓑ [*education*] secondaire, du second degré ; [*student, teacher*] du secondaire ; **after five years of ~ education** après

cinq années d'enseignement secondaire 2 COMP ♦ **secondary school** N établissement *(m)* d'enseignement secondaire ; (*age 11 to 15*) collège *(m)* (d'enseignement secondaire) ; (*age 15 to 18*) lycée *(m)*

secondhand /'sekənd'hænd/ 1 ADJ [*clothes, car*] d'occasion ; [*information, account*] de seconde main 2 ADV [*buy*] d'occasion ; **to hear sth ~** entendre dire qch 3 COMP ♦ **secondhand bookshop** N bouquiniste *(m)*

secondly /'sekəndlɪ/ ADV deuxièmement ; **firstly ... ~ ...** premièrement ... deuxièmement ...

secondment /sɪ'kɒndmənt/ N (*Brit*) **on ~** en détachement (**to** à)

secrecy /'si:krəsɪ/ N secret *(m)* ; **in ~** en secret ; **a veil of ~** un voile de mystère ; **his mission was shrouded in ~** sa mission était tenue secrète ; **right to ~** droit *(m)* au secret ; **there was an air of ~ about her** elle avait un petit air mystérieux

secret /'si:krɪt/ 1 N secret *(m)* ; **to keep a ~** garder un secret ; **to keep sth a ~** garder qch secret ; **to let sb into the ~** mettre qn dans le secret ; **to be in on the ~** être au courant ; **there's no ~ about it** cela n'a rien de secret ; **to have no ~s from sb** ne pas avoir de secrets pour qn ; **to make no ~ of** *or* **about sth** ne pas faire secret de qch ; **the ~ of success** le secret du succès

♦ **in secret** en secret

2 ADJ ⓐ secret (-ète *(f)*) ; **it's all highly ~** tout cela est top secret ; **to keep sth ~** garder qch secret

ⓑ [*ballot, vote*] à bulletin secret

ⓒ (= *private*) **I'm a ~ admirer of her novels** j'avoue que j'apprécie ses romans ; **you've got a ~ admirer** quelqu'un t'admire en secret ; **to be a ~ drinker** boire en cachette

3 COMP ♦ **secret agent** N agent *(m)* secret ♦ **the Secret Service** N (*Brit*) les services *(mpl)* secrets ; (*US*) les services *(mpl)* chargés de la protection du président

secretarial /,sekrə'teərɪəl/ ADJ [*course, work*] de secrétariat ; [*job*] de secrétaire ; [*skills*] en secrétariat ♦ **secretarial college, secretarial school** N école *(f)* de secrétariat

secretariat /,sekrə'teərɪət/ N secrétariat *(m)*

secretary /'sekrətrɪ/ N secrétaire *(mf)* ♦ **Secretary of State** N (*Brit*) ministre *(mf)* (**of, for** de) ; (*US*) secrétaire *(mf)* d'État, ≈ ministre *(mf)* des Affaires étrangères

secrete /sɪ'kri:t/ VT ⓐ (= *produce*) sécréter ⓑ (= *hide*) cacher

secretion /sɪ'kri:ʃən/ N sécrétion *(f)*

secretive /'si:krətɪv/ ADJ [*person*] secret (-ète *(f)*) ; [*air, behaviour*] mystérieux ; [*organization*] impénétrable ; **to be ~ about sth** faire mystère de qch

secretly /'si:krətlɪ/ ADV [*meet, plan*] en secret ; [*film*] en cachette ; [*hope, want*] secrètement ; **she was ~ relieved** elle en était secrètement soulagée

sect /sekt/ N secte *(f)*

sectarian /sek'teərɪən/ ADJ [*motive*] sectaire

sectarianism /sek'teərɪənɪzəm/ N sectarisme *(m)*

section /'sekʃən/ 1 N ⓐ section *(f)* ; [*of town*] quartier *(m)* ; [*of furniture*] élément *(m)* ; **the string ~** [*of orchestra*] les cordes *(fpl)* ; **the financial ~** (*Press*) les pages financières ; **this bookcase comes in ~s** cette bibliothèque se vend par éléments ⓑ [*of report, article*] passage *(m)* ⓒ (= *cut*) coupe *(f)* ; **vertical ~** coupe *(f)* verticale 2 VT ⓐ (= *divide*) diviser ; (= *cut*) couper ⓑ [+ *mentally ill person*] interner

► **section off** VT SEP séparer

sector /'sektə'/ N secteur *(m)* ; **private/public ~** secteur *(m)* privé/public

secular /'sekjʊlə'/ ADJ laïque ; [*music*] profane

secure /sɪ'kjʊə'/ 1 ADJ ⓐ [*job, position*] sûr ; [*career, future*] assuré ; [*relationship*] solide ; [*environment*] sécurisant ⓑ (= *unworried*) tranquille ; **to feel ~** se sentir en sécurité ; **to make sb feel ~** sécuriser qn ; **to be financially ~** être à l'abri des soucis financiers ; **~ in the knowledge that ...** avec la certitude que ...

ⓒ [*building, computer system*] protégé

ⓓ [*door, base, lock*] solide ; [*structure*] stable ; **to be on ~ ground** être en terrain connu

2 VT (a) (= *get*) obtenir ; **a win that ~d them a place in the final** une victoire qui leur a assuré une place en finale (b) [+ *rope*] bien attacher ; [+ *door, window*] bien fermer (c) (= *make safe*) protéger ; [+ *debt, loan*] garantir ; [+ *future*] assurer

securely /sɪˈkjʊəlɪ/ ADV [*fasten, fix*] solidement ; [*lock*] bien ; **he remains ~ in power** il est solidement installé au pouvoir ; **~ established** solidement établi

security /sɪˈkjʊərɪtɪ/ **1** N (a) sécurité (f) ; **a child needs ~** un enfant a besoin de sécurité (b) [*of country, building*] sécurité (f) ; **the trial took place amid tight ~** des mesures de sécurité exceptionnelles ont été prises pendant le procès ; **~ was very lax** la sécurité était mal assurée (c) (*for loan*) caution (f), garantie (f) **2** NPL **securities** valeurs (fpl), titres (mpl) **3** COMP ◆ **security camera** N caméra (f) de surveillance ◆ **Security Council** N Conseil (m) de sécurité ◆ **security guard** N garde (m) chargé de la sécurité ; (*transporting money*) convoyeur (m) de fonds

sedan /sɪˈdæn/ N (*US = car*) berline (f)

sedate /sɪˈdeɪt/ **1** ADJ [*person*] posé ; [*place, event*] tranquille **2** VT donner des sédatifs à

sedation /sɪˈdeɪʃən/ N **under ~** sous sédatifs

sedative /ˈsedətɪv/ ADJ, N sédatif (m)

sedentary /ˈsedntrɪ/ ADJ sédentaire

sediment /ˈsedɪmənt/ N sédiment (m) ; (*in liquids*) dépôt (m)

seduce /sɪˈdjuːs/ VT séduire ; **to ~ sb into doing sth** entraîner qn à faire qch

seduction /sɪˈdʌkʃən/ N séduction (f)

seductive /sɪˈdʌktɪv/ ADJ séduisant ; [*message*] attrayant ; [*garment*] sexy*

see /siː/ (*pret* **saw**, *ptp* **seen**) **1** VT (a) voir ; **I can ~ him** je le vois ; **I saw him reading the letter** je l'ai vu lire la lettre ; **~ page 10** voir page 10 ; **I've ~n some things in my time but ...** j'en ai vu (des choses) dans ma vie mais ... ; **I could ~ it coming*** je le sentais venir ; **to ~ one's way** (*in dark*) trouver son chemin ; **can you ~ your way to helping us?** est-ce que vous voyez un moyen de nous aider ? ; **I can't ~ my way to doing that** je ne vois pas comment je pourrais le faire ◆ **to be seen**: **there wasn't a house to be ~n** il n'y avait pas une maison en vue ; **there wasn't a soul to be ~n** il n'y avait pas âme qui vive (b) (= *understand*) voir ; **I fail to ~ how you're going to do it** je ne vois pas du tout comment vous allez faire ; **they ~ it differently** ce n'est pas leur avis ; **the way I ~ it** à mon avis ; **this is how I ~ it** voici comment je vois la chose ; **do you ~ what I mean?** vous voyez ce que je veux dire ? ; **I don't ~ why not** (*granting permission*) je n'y vois aucune objection ; (*not understanding sb's refusal*) je ne vois pas pourquoi ; **to ~ the joke** comprendre la plaisanterie (c) (= *look*) aller voir ; **~ who's at the door** allez voir qui est à la porte ; **I'll ~ what I can do** je vais voir ce que je peux faire (d) (= *have an opinion*) trouver ; **I don't ~ anything wrong with it** je n'y trouve rien à redire ; **I don't know what she ~s in him** je ne sais pas ce qu'elle lui trouve (e) (= *meet*) voir ; **to go and ~ sb** aller voir qn ; **I'm ~ing the doctor tomorrow** je vais chez le médecin demain ; **how nice to ~ you!** ça me fait plaisir de vous voir ! (f) (= *visit*) voir ; **I want to ~ the world** je veux voyager (g) (*socially*) voir ; (*romantically*) sortir avec ; **they ~ a lot of him** ils le voient souvent ; **we've ~n less of him lately** on l'a moins vu ces derniers temps (h) (*saying goodbye*) **~ you!*** salut !* ; **~ you later!*** à tout à l'heure ! ; **~ you some time!*** à un de ces jours ! ; **~ you soon!** à bientôt ! ; **~ you on Sunday** à dimanche ; **~ you next week** à la semaine prochaine (i) (= *experience*) **1963 saw the assassination of John F. Kennedy** l'année 1963 a été marquée par l'assassinat de John F. Kennedy ; **since becoming a social worker she's certainly ~n life** depuis qu'elle est assistante sociale elle a

pu se rendre compte de ce que c'est que la vie (j) (= *accompany*) accompagner ; **to ~ sb to the station** accompagner qn à la gare ; **to ~ sb home/to the door** raccompagner qn jusque chez lui/jusqu'à la porte ; **we had to ~ him to bed** nous avons dû l'aider à se coucher (k) (= *allow to be*) **I couldn't ~ her left alone** je ne pouvais pas supporter qu'on la laisse (*subj*) toute seule (l) (= *ensure*) s'assurer ; **~ that he has all he needs** veillez à ce qu'il ne manque de rien ; **~ that you have it ready for Monday** faites en sorte que ce soit prêt pour lundi ; **I'll ~ he gets the letter** je me charge de lui faire parvenir la lettre (m) (= *imagine*) voir ; **I can't ~ him as Prime Minister** je ne le vois du tout Premier ministre ; **I can't ~ myself doing that** je me vois mal faire cela ; **I can't ~ myself being elected** je ne vois pas très bien comment je pourrais être élu ; **can you ~ him as a father?** est-ce que vous l'imaginez père de famille ? ; **I can just ~ her!** je l'imagine tout à fait ! ; **I must be ~ing things*** je dois avoir des visions

2 VI voir ; **to ~ in/out/through** voir à l'intérieur/à l'extérieur/à travers ; **let me ~** (= *show me*) fais voir ; (*at window*) laisse-moi regarder ; **~ for yourself** voyez vous-même ; **he couldn't ~ to read** il n'y voyait pas assez clair pour lire ; **I can hardly ~ without my glasses** je n'y vois pas grand-chose sans mes lunettes ; **cats can ~ in the dark** les chats voient clair la nuit ; **you can ~ for miles** on y voit à des kilomètres ; **I'll go and ~** je vais voir ; **as far as I can ~** à ce que je vois ; **I ~!** je vois ! ; **as you can ~** comme vous pouvez le voir ; **so I ~** c'est ce que je vois ; **... you ~** (*in explanations*) ... voyez-vous ; **let's ~** voyons (un peu) ; **I'll have to ~ (if)** je vais voir (si) ; **we'll soon ~** nous le saurons bientôt ; **we'll soon ~ if ...** nous saurons bientôt si ... ; **can I go out? — we'll ~** est-ce que je peux sortir ? — on verra

3 COMP ◆ **see-through** ADJ transparent ► **see about** VT INSEP (a) (= *deal with*) **he came to ~ about buying the house** il est venu voir s'il pouvait acheter la maison ; **he came to ~ about the washing machine** il est venu pour la machine à laver (b) (= *consider*) **can I go? — we'll ~ about it** je peux y aller ? — on verra ; **he said he wouldn't do it — we'll ~ about that!** il a dit qu'il ne le ferait pas — c'est ce qu'on va voir ! ; **we must ~ about getting a new TV** il va falloir songer à acheter une nouvelle télé ► **see in** VT SEP [+ *person*] faire entrer ; **to ~ the New Year in** fêter la nouvelle année ► **see off** VT SEP **I saw him off at the station/airport** je l'ai accompagné à la gare/à l'aéroport ; **we'll come and ~ you off** on viendra vous dire au revoir ► **see out** VT SEP [+ *person*] raccompagner à la porte ; **I'll ~ myself out** pas la peine de me raccompagner ! ► **see through 1** VT INSEP [+ *behaviour, promises*] ne pas se laisser abuser par ; **I saw through him at once** j'ai tout de suite vu clair dans son jeu **2** VT SEP [+ *project, deal*] mener à terme ; **$50 should ~ you through** 50 dollars devraient vous suffire ► **see to** VT INSEP s'occuper de ; **to ~ to it that ...** veiller à ce que ... (+ *subj*) ; **I'll ~ to the car** je m'occuperai de la voiture ; **I'll ~ to it** j'y veillerai

seed /siːd/ **1** N (a) graine (f) ; (*in apple, grape*) pépin (m) ; **to go to ~** [*plant*] monter en graine ; [*person*] se laisser aller (b) (= *origin*) germe (m) ; **the ~s of discontent** les germes (mpl) du mécontentement ; **to sow ~s of doubt in sb's mind** semer le doute dans l'esprit de qn (c) (*Tennis*) tête (f) de série ; **number one ~** tête (f) de série numéro un **2** VT (*Tennis*) **he was ~ed third** il était troisième tête de série

seedless /ˈsiːdlɪs/ ADJ sans pépins

seedling /ˈsiːdlɪŋ/ N plant (m)

seedy /ˈsiːdɪ/ ADJ minable

seeing /ˈsiːɪŋ/ **1** N ■ (*PROV*) **~ is believing** voir c'est croire **2** CONJ **~ that** étant donné que **3** COMP ◆ **Seeing Eye dog** N (*US*) chien (m) d'aveugle

seek /siːk/ (*pret, ptp* **sought**) **1** VT (a) (= *look for*) [+ *object, person, solution, happiness, peace*] chercher ; [+ *fame*] rechercher ; **to ~ one's fortune in Canada** chercher fortune au Canada; **candidates are urgently sought for the post of chef** (*in advertisements*) on recherche de toute urgence un chef de cuisine

ⓑ (= *ask*) demander (**from sb** à qn); **to ~ advice/help from sb** demander conseil/de l'aide à qn

ⓒ (= *attempt*) chercher (**to do sth** à faire qch); **they sought to kill him** ils ont cherché à le tuer

2 VI **much sought after** très recherché

► **seek out** VT SEP [+ *person*] aller voir; [+ *trouble*] chercher

seem /siːm/ VI ⓐ sembler; **he ~s honest** il semble honnête, il a l'air honnête; **further strikes ~ unlikely** il semble peu probable qu'il y ait de nouvelles grèves; **she makes it ~ so simple!** avec elle tout paraît si simple!; **I ~ to have heard that before** il me semble avoir déjà entendu cela; **he ~ed nice enough** il avait l'air plutôt gentil; **I can't ~ to do it** je n'arrive pas à le faire; **how did she ~ to you?** comment l'as-tu trouvée?; **how does it ~ to you?** qu'en penses-tu?; **it all ~s like a dream now** ce n'est déjà plus qu'un souvenir

ⓑ (*impers vb*) sembler; **I've checked and it ~s she's right** j'ai vérifié et il semble qu'elle ait raison; **it ~s there's a strike** apparemment, il y a une grève; **it ~s to me that ...** il me semble que ...; **they're getting married? — yes, so it ~s** ils vont se marier? — oui, il paraît; **it ~s not** il paraît que non; **I did what ~ed best** j'ai fait pour le mieux; **it ~s ages since we last met** j'ai l'impression que ça fait des siècles* que nous ne nous sommes pas vus; **there ~s to be a mistake in this translation** je crois qu'il y a une erreur dans cette traduction

seemingly /ˈsiːmɪŋlɪ/ ADV apparemment

seemly /ˈsiːmlɪ/ ADJ [*behaviour*] convenable; [*dress*] décent

seen /siːn/ VB ptp of **see**

seep /siːp/ VI suinter; **water was ~ing through the walls** l'eau suintait des murs

seesaw /ˈsiːsɔː/ N (jeu (*m*) de) bascule (*f*)

seethe /siːð/ VI **to ~ with anger/rage** bouillir de colère/rage; **he was positively seething*** il était vraiment fumasse*; **the streets were seething with people** les rues grouillaient de monde; **a seething mass of people** une foule grouillante

segment 1 N segment (*m*); [*of orange*] quartier (*m*) 2 VT segmenter 3 VI se segmenter

---

★ *Lorsque* **segment** *est un nom, l'accent tombe sur la première syllabe:* /ˈsegmənt/, *lorsque c'est un verbe, sur la seconde:* /segˈment/.

---

segmentation /ˌsegmənˈteɪʃən/ N segmentation (*f*)

segregate /ˈsegrɪgeɪt/ VT séparer

segregated /ˈsegrɪgeɪtɪd/ ADJ où la ségrégation est appliquée

segregation /ˌsegrɪˈgeɪʃən/ N ségrégation (*f*)

Seine /seɪn/ N Seine (*f*)

seismic /ˈsaɪzmɪk/ ADJ sismique; [*shift, changes*] radical

seize /siːz/ VT ⓐ (= *grab*) saisir; **she ~d him by the hand** elle lui a saisi la main; **to ~ the opportunity to do sth** saisir l'occasion de faire qch ⓑ (= *get possession of by force*) s'emparer de; **to ~ power** s'emparer du pouvoir ⓒ (= *arrest*) arrêter; (= *confiscate*) saisir

► **seize up** VI [*machine*] se gripper; [*elbow, knee*] se bloquer; [*traffic*] se paralyser

► **seize upon** VT INSEP [+ *opportunity, chance*] saisir; [+ *idea*] adopter

seizure /ˈsiːʒəʳ/ N ⓐ [*of goods, property*] saisie (*f*) ⓑ (= *heart attack*) attaque (*f*)

seldom /ˈseldəm/ ADV rarement; **he ~ worked** il travaillait rarement; **~ if ever** rarement pour ne pas dire jamais

select /sɪˈlekt/ 1 VT [+ *team, candidate*] sélectionner (**from, among** parmi); [+ *gift, book, colour*] choisir (**from, among** parmi); **~ed poems** poèmes (*mpl*) choisis 2 ADJ [*audience*] choisi; [*club*] fermé; [*restaurant*] chic (*inv*); **a ~ few** quelques privilégiés; **a ~ group of friends** quelques amis choisis 3 COMP ◆ **select committee** N (*Brit Parl*) commission (*f*) parlementaire (d'enquête)

selection /sɪˈlekʃən/ N sélection (*f*); [*of goods*] choix (*m*) ◆ **selection committee** N comité (*m*) de sélection

selective /sɪˈlektɪv/ ADJ sélectif

self /self/ N (pl **selves**) **the ~** le moi; **her real ~** sa vraie personnalité; **she's her old ~ again** elle est redevenue celle qu'elle était; **he'll soon be his usual ~ again** il retrouvera bientôt son état normal ◆ **self-addressed envelope** N **send a ~-addressed envelope** envoyez une enveloppe à votre nom et adresse ◆ **self-adhesive** ADJ autocollant ◆ **self-appointed** ADJ [*expert*] soi-disant; [*leader*] autoproclamé ◆ **self-assessment** N autoévaluation (*f*); **~-assessment system** (*Brit = taxation system*) système de déclaration des revenus avec autoévaluation des impôts à payer ◆ **self-assurance** N confiance (*f*) en soi ◆ **self-assured** ADJ sûr de soi ◆ **self-awareness** N (prise (*f*) de) conscience (*f*) de soi ◆ **self-catering** ADJ [*flat*] indépendant (avec cuisine); [*holiday*] en location ◆ **self-centred** ADJ égocentrique ◆ **self-cleaning** ADJ autonettoyant ◆ **self-coloured** (*Brit*), **self-colored** (*US*) ADJ uni ◆ **self-composed** ADJ posé ◆ **self-confessed** ADJ **he is a ~-confessed thief** il reconnaît être voleur ◆ **self-confidence** N confiance (*f*) en soi ◆ **self-confident** ADJ sûr de soi ◆ **self-conscious** ADJ (= *shy*) [*person, manner*] emprunté; (= *aware of oneself or itself*) [*art, person, political movement*] conscient (de son image); **to be ~-conscious about sth** être gêné par qch ◆ **self-consciously** ADV (= *shyly*) de façon empruntée; (= *deliberately*) volontairement ◆ **self-consciousness** N (= *shyness*) gêne (*f*); (= *awareness*) conscience (*f*) (de son image) ◆ **self-contained** ADJ [*person*] indépendant; (*Brit*) [*flat*] indépendant ◆ **self-contradictory** ADJ [*text*] contradictoire; [*person*] qui se contredit ◆ **self-control** N maîtrise (*f*) de soi ◆ **self-controlled** ADJ maître (maîtresse (*f*)) de soi ◆ **self-deception** N aveuglement (*m*) ◆ **self-defeating** ADJ **a ~-defeating plan** un plan qui va à l'encontre du but recherché ◆ **self-defence** N autodéfense (*f*); **it was in ~-defence** c'était de la légitime défense ◆ **self-denial** N abnégation (*f*) ◆ **self-destruct** VI s'autodétruire ◆ **self-destruct** [*device, program*] autodestructeur (-trice) ◆ **self-destructive** ADJ [*behaviour*] autodestructeur (-trice (*f*)); **she has a tendency to be ~-destructive** elle présente une tendance à l'autodestruction ◆ **self-discipline** N autodiscipline (*f*) ◆ **self-disciplined** ADJ **he is ~-disciplined** il fait preuve d'autodiscipline ◆ **self-drive** ADJ (*Brit*) sans chauffeur ◆ **self-educated** ADJ autodidacte ◆ **self-effacement** N effacement (*m*) ◆ **self-effacing** ADJ effacé ◆ **self-employed** ADJ **to be ~-employed** travailler à son compte ◆ **the self-employed** NPL les travailleurs (*mpl*) indépendants ◆ **self-esteem** N respect (*m*) de soi; **to have low/high ~-esteem** avoir une mauvaise/bonne opinion de soi-même ◆ **self-evident** ADJ évident ◆ **self-explanatory** ADJ explicite ◆ **self-expression** N expression (*f*) (libre) ◆ **self-governing** ADJ autonome ◆ **self-help group** N groupe (*m*) d'entraide ◆ **self-importance** N suffisance (*f*) ◆ **self-important** ADJ suffisant ◆ **self-imposed** ADJ librement choisi; [*exile*] volontaire ◆ **self-indulgence** N cocooning (*m*) ◆ **self-indulgent** ADJ [*book, film*] complaisant; **a ~-indulgent lifestyle** un mode de vie hédoniste; **buying flowers for myself seems ~-indulgent** m'acheter des fleurs semble une dépense inutile ◆ **self-inflicted** ADJ volontaire ◆ **self-interest** N intérêt (*m*) (personnel) ◆ **self-interested** ADJ intéressé ◆ **self-loading** ADJ [*gun*] automatique ◆ **self-locking** ADJ à fermeture automatique ◆ **self-made man** N **he's a ~-made man** il s'est fait tout seul ◆ **self-opinionated** ADJ entêté ◆ **self-pity** N apitoiement (*m*) sur soi-même ◆ **self-pitying** ADJ qui s'apitoie sur son (propre) sort ◆ **self-portrait** N autoportrait (*m*) ◆ **self-possessed** ADJ maître (maîtresse (*f*)) de soi ◆ **self-proclaimed** ADJ autoproclamé ◆ **self-propelled** ADJ autopropulsé ◆ **self-protection** N **out of ~-protection** pour se défendre ◆ **self-raising flour** N (*Brit*) farine (*f*) pour gâteaux (*avec levure incorporée*) ◆ **self-reliant** ADJ autonome ◆ **self-respect** N respect (*m*) de soi ◆ **self-respecting** ADJ digne

de ce nom ♦ **self-righteous** ADJ moralisateur (-trice (f))
♦ **self-righteousness** N attitude (f) moralisatrice ♦ **self-rising flour** N (US) farine (f) pour gâteaux (avec levure incorporée) ♦ **self-sacrifice** N abnégation (f) ♦ **self-satisfied** ADJ [person] content de soi; [smile] suffisant ♦ **self-service** N, ADJ libre-service (m inv); **~-service shop/restaurant** magasin (m)/restaurant (m) en libre-service; **~-service garage** station (f) (d'essence) en libre-service ♦ **self-starter** N (in car) démarreur (m); (= hard-working person) personne (f) motivée (et pleine d'initiative) ♦ **self-styled** ADJ soi-disant (inv) ♦ **self-study** N apprentissage (m) autonome ♦ **self-sufficiency** N autosuffisance (f) ♦ **self-sufficient** ADJ autosuffisant ♦ **self-taught** ADJ autodidacte ♦ **self-timer** N (on camera) retardateur (m) ♦ **self-worth** N **feeling of ~-worth** confiance (f) en soi

selfish /'selfɪʃ/ ADJ [person, behaviour, reason] égoïste; [motive] intéressé

selfishly /'selfɪʃlɪ/ ADV égoïstement

selfishness /'selfɪʃnɪs/ N égoïsme (m)

selfless /'selflɪs/ ADJ désintéressé

selflessly /'selflɪslɪ/ ADV d'une façon désintéressée

selflessness /'selflɪsnɪs/ N désintéressement (m)

sell /sel/ (pret, ptp **sold**) 1 VT ⓐ vendre; [+ stock] écouler; **to ~ sth for $25** vendre qch 25 dollars; **he sold it to me for $10** il me l'a vendu 10 dollars; **he was ~ing them for £10 a dozen** il les vendait 10 livres la douzaine; **to ~ sb short** (= cheat) avoir qn*; (= belittle) ne pas rendre justice à qn; **to ~ o.s. short** ne pas se mettre en valeur; **he sold his soul** il a vendu son âme
ⓑ (= put across)* **to ~ sb an idea** faire accepter une idée à qn; **he doesn't ~ himself very well** il ne sait pas se vendre; **if you can ~ yourself to the voters** si vous arrivez à convaincre les électeurs; **to be sold on* sb/sth** être emballé* par qn/qch
2 VI se vendre; **these books ~ for $10 each** ces livres se vendent 10 dollars pièce; **it ~s well** cela se vend bien; **the idea didn't ~** l'idée n'a pas fait d'adeptes
3 COMP ♦ **sell-by date** N date (f) limite de vente; **to be past one's ~-by date*** avoir fait son temps ♦ **sell-off** N vente (f)
▶ **sell back** VT SEP revendre (à la même personne)
▶ **sell off** VT SEP [+ stock] liquider; [+ goods] solder; [+ shares] vendre
▶ **sell on** VT SEP revendre
▶ **sell out** 1 VI ⓐ (US = sell up) (business) vendre son affaire; (stock) liquider son stock ⓑ (= be used up) **the tickets have sold out** les billets ont tous été vendus ⓒ [shopkeeper] **to ~ out of sth** (temporarily) être à court de qch; (= use up supply of) épuiser son stock de qch ⓓ (fig) renier ses principes; **to ~ out to the enemy** passer à l'ennemi
2 VT SEP **this item is sold out** cet article est épuisé; **we are sold out of everything** nous avons tout vendu; **the ballet was sold out** il n'y avait plus de billets pour le ballet
▶ **sell up** VI tout vendre

seller /'selə'/ N vendeur (m), -euse (f); **newspaper-~** vendeur (m), -euse (f) de journaux; **it's a ~'s market** le marché est vendeur

selling /'selɪŋ/ N vente(s) (f(pl)) ♦ **selling point** N [of item for sale] argument (m) de vente; (fig) atout (m)

selloff /'selɒf/ N vente (f)

Sellotape® /'seləʊteɪp/ (Brit) 1 N ruban (m) adhésif 2 VT **sellotape** coller avec du ruban adhésif

sellout /'selaʊt/ N ⓐ (performance) **the play was a ~** la pièce a été jouée à guichets fermés ⓑ (= betrayal) trahison (f); **a ~ to the right** une capitulation devant la droite

seltzer /'seltsə'/ N (US) eau (f) de Seltz

selves /selvz/ NPL of **self**

semaphore /'seməfɔː'/ N (with flags) signaux (mpl) à bras; **in ~** par signaux à bras

semblance /'sembləns/ N semblant (m); **some ~ of efficiency** un semblant d'efficacité

semen /'siːmən/ N sperme (m)

semester /sɪ'mestə'/ N semestre (m)

semi /'semɪ/ 1 N ⓐ (Brit)* (ABBR = **semi-detached**) maison (f) jumelée ⓑ * (ABBR = **semifinal**) demi-finale (f) 2 COMP ♦ **semi-annual** ADJ (US) semestriel ♦ **semi-skimmed** ADJ demi-écrémé

semicircle /'semɪsɜːkl/ N demi-cercle (m)

semicircular /ˌsemɪ'sɜːkjʊlə'/ ADJ en demi-cercle

semicolon /ˌsemɪ'kəʊlən/ N point-virgule (m)

semiconductor /ˌsemɪkən'dʌktə'/ N semi-conducteur (m)

semiconscious /ˌsemɪ'kɒnʃəs/ ADJ à demi conscient

semi-detached /ˌsemɪdɪ'tætʃt/ (Brit) 1 N maison (f) jumelée 2 ADJ **~ houses** maisons (fpl) jumelles

semifinal /ˌsemɪ'faɪnl/ N demi-finale (f); **in the ~s** en demi-finale

semifinalist /ˌsemɪ'faɪnəlɪst/ N demi-finaliste (mf); (= team) équipe (f) demi-finaliste

seminal /'semɪnl/ ADJ ⓐ [fluid] séminal ⓑ (= influential) déterminant; [book] fondateur

seminar /'semɪnɑː'/ N séminaire (m)

seminarist /'semɪnərɪst/ N séminariste (m)

seminary /'semɪnərɪ/ N (= priests' college) séminaire (m); (= school) petit séminaire (m)

semiprecious /ˌsemɪ'preʃəs/ ADJ semi-précieux

semiskilled /ˌsemɪ'skɪld/ ADJ [work] d'ouvrier spécialisé; **~ worker** ouvrier (m), -ière (f) spécialisé(e)

semolina /ˌseməʊ'liːnə/ N semoule (f); (= pudding) gâteau (m) de semoule

Sen. (US) ABBR = **Senator**

senate /'senɪt/ N ⓐ (Politics) **the Senate** le Sénat ⓑ [of university] conseil (m) d'université

senator /'senɪtə'/ N sénateur (m)

send /send/ (pret, ptp **sent**) 1 VT envoyer (**to sb** à qn); **I sent him a letter** je lui ai envoyé une lettre; **~ her my regards** transmettez-lui mes amitiés; **this decision ~s the wrong signal** or **message** cette décision risque d'être mal interprétée; **to ~ help** envoyer des secours; **to ~ word that ...** faire savoir que ...; **I'll ~ a car for you** j'enverrai une voiture vous chercher; **these things are sent to try us!** c'est le ciel qui nous envoie ces épreuves!; **to ~ sb for sth** envoyer qn chercher qch; **to ~ sb to do sth** envoyer qn faire qch; **I sent him to see her** je l'ai envoyé la voir; **to ~ sb to bed** envoyer qn se coucher; **to ~ sb home** renvoyer qn chez lui; **he was sent to prison** on l'a envoyé en prison; **to ~ sb to sleep** endormir qn; **to ~ sb into fits of laughter** faire éclater qn de rire; **to ~ sb packing*** envoyer promener qn*; **to ~ shares soaring** faire monter les actions en flèche; **to ~ an astronaut/a rocket into space** envoyer un astronaute/une fusée dans l'espace; **the explosion sent a cloud of smoke into the air** l'explosion a projeté un nuage de fumée; **he sent the plate flying** il a envoyé voler* l'assiette; **to ~ sb flying** envoyer qn rouler à terre
2 COMP ♦ **send-off** N **they were given a warm ~-off** on leur a fait des adieux chaleureux; **they gave him a big ~-off** ils sont venus nombreux lui souhaiter bon voyage ♦ **send-up*** N (Brit) parodie (f)
▶ **send away** 1 VI **to ~ away for sth** commander qch par correspondance 2 VT SEP ⓐ envoyer; (= expel) expulser; **to ~ one's children away to school** envoyer ses enfants en pension ⓑ (= dismiss) [+ person] congédier
▶ **send back** VT SEP renvoyer
▶ **send down** VT SEP ⓐ [+ person] faire descendre ⓑ [+ prices, sb's temperature, blood pressure] faire baisser
▶ **send for** VT INSEP ⓐ [+ doctor, police] appeler; (= send sb to get) faire appeler; **to ~ for help** envoyer chercher de l'aide ⓑ (= order by post) commander par correspondance
▶ **send in** VT SEP ⓐ [+ person] faire entrer; [+ troops] envoyer ⓑ [+ resignation, report, application] envoyer
▶ **send off** 1 VI **to ~ off for sth** commander qch par correspondance 2 VT SEP ⓐ [+ person] envoyer; **she sent the child off to the grocer's** elle a envoyé l'enfant chez

l'épicier (b) (= *say goodbye to*) dire au revoir à ; **there was a large crowd to ~ him off** une foule de gens était venue lui dire au revoir (c) [+ *letter, parcel, goods*] envoyer (d) [+ *player*] expulser

► **send on** VT SEP (*Brit*) [+ *letter*] faire suivre ; [+ *luggage*] (*in advance*) expédier à l'avance ; (*afterwards*) faire suivre ; [+ *object left behind*] renvoyer

► **send out** 1 VI **to ~ out for sth** (= *order by phone*) commander qch par téléphone ; (= *send sb to fetch*) envoyer chercher qch 2 VT SEP (a) [+ *person*] faire sortir ; **she sent the children out to play** elle a envoyé les enfants jouer dehors ; **they were sent out for talking too loudly** ils ont été mis à la porte parce qu'ils parlaient trop fort (b) [+ *leaflets*] envoyer (par la poste) (c) [+ *scouts, messengers*] envoyer (d) (= *emit*) [+ *smell, heat, smoke*] répandre ; [+ *light*] diffuser ; [+ *signal*] émettre

► **send round** VT SEP (a) (= *circulate*) faire circuler (b) (= *dispatch*) **I'll have it sent round to you as soon as it's ready** je vous le ferai parvenir dès que cela sera prêt ; **I sent him round to the video store** je l'ai envoyé au magasin de vidéos

► **send up** VT SEP (a) [+ *person, luggage*] faire monter ; [+ *spacecraft, flare*] lancer ; [+ *smoke*] envoyer ; [+ *prices*] faire monter en flèche (b) (*Brit*) [+ *person*]* (= *make fun of*) mettre en boîte* ; (= *imitate*) parodier

sender /'sendə'/ N expéditeur -trice (f)

Senegal /,senɪ'gɔːl/ N Sénégal (m)

Senegalese /,senɪgə'liːz/ 1 ADJ sénégalais 2 N (*pl inv*) Sénégalais(e) (m(f))

senile /'siːnaɪl/ ADJ sénile ♦ **senile dementia** N démence (f) sénile

senility /sɪ'nɪlɪtɪ/ N sénilité (f)

senior /'siːnɪə'/ 1 ADJ [*employee*] de grade supérieur ; [*officer, position, rank*] supérieur (-eure (f)) ; **at ~ level** (*Sport*) en senior ; **a ~ official** un haut fonctionnaire ; **~ police officer** officier (m) de police haut gradé

2 N (a) (*in age*) **he is three years my ~** il est mon aîné de trois ans

(b) (*US: at university*) étudiant(e) (m(f)) de licence ; (*US: at school*) élève (mf) de terminale ; **the ~s** (*Brit: at school*) les grand(e)s (m(f)pl)

3 COMP ♦ **senior citizen** N personne (f) du troisième âge ♦ **senior common room** N (*Brit*) salle (f) des professeurs ♦ **senior executive** N cadre (m) supérieur ♦ **senior high school** N (*US*) ≈ lycée (m) ♦ **senior prom** N (*US*) bal (m) des classes de terminale ♦ **senior school** N (= *oldest classes*) grandes classes (fpl) ; (= *secondary school*) collège (m) d'enseignement secondaire ♦ **senior year** N (*US: at school*) (classe (f)) terminale (f)

seniority /,siːnɪ'ɒrɪtɪ/ N (*in age*) priorité (f) d'âge ; (*in rank*) séniorité (f) ; (*in years of service*) ancienneté (f)

sensation /sen'seɪʃən/ N (a) (= *feeling*) sensation (f) ; **to lose all ~ in one's arm** perdre toute sensation dans le bras ; **a really odd ~** une sensation très étrange (b) (= *excitement, success*) sensation (f) ; **to cause a ~** faire sensation ; **it's a ~!** c'est sensationnel! ; **she was an overnight ~** elle est devenue une star du jour au lendemain

sensational /sen'seɪʃənl/ ADJ (a) [*event*] sensationnel ; **~ murder** meurtre (m) qui fait sensation (b) [*film, novel, newspaper*] à sensation (c) (= *marvellous*)* sensationnel

sensationalism /sen'seɪʃnəlɪzəm/ N sensationnalisme (m)

sensationally /sen'seɪʃnəlɪ/ ADV de façon retentissante ; **it was ~ successful** cela a eu un succès retentissant ; **she ~ beat the number one seed** elle a fait sensation en battant la tête de série numéro un

sense /sens/ 1 N (a) (= *faculty*) sens (m) ; **~ of hearing** ouïe (f) ; **~ of smell** odorat (m) ; **~ of sight** vue (f) ; **~ of taste** goût (m) ; **~ of touch** toucher (m)

(b) (= *awareness*) sens (m) ; **~ of direction** sens (m) de l'orientation ; **he has no ~ of humour** il n'a pas le sens de l'humour ; **to lose all ~ of time** perdre toute notion de l'heure

(c) (= *feeling*) sentiment (m) ; **a ~ of guilt** un sentiment de

culpabilité ; **~ of duty** sens (m) du devoir ; **to have no ~ of shame** ne pas connaître la honte

(d) (= *good sense*) bon sens (m) ; **there is some ~ in what he says** il y a du bon sens dans ce qu'il dit ; **to have more ~ than to do sth** avoir trop de bon sens pour faire qch ; **they should have more ~!** ils devraient avoir un peu plus de bon sens !

♦ **one's senses** (= *sanity*) **to take leave of one's ~s** perdre la raison ; **to come to one's ~s** revenir à la raison ; **to bring sb to his ~s** ramener qn à la raison

(e) (= *reasonable quality*) sens (m) ; **there's no ~ in (doing) that** cela n'a pas de sens ; **what's the ~ in (doing) that?** à quoi ça rime ? ; **to see ~** entendre raison

(f) (= *meaning*) sens (m) ; **in the literal/figurative ~** au sens propre/figuré ; **in every ~ of the word** dans toute l'acception du terme ; **in the usual ~ of the word** au sens habituel du terme

♦ **in a sense** dans un (certain) sens ; **in a very real ~** de fait

♦ **to make sense** [*words, speech*] avoir du sens ; **what she did makes ~** ce qu'elle a fait se tient ; **it makes ~ to take precautions** c'est une bonne idée de prendre des précautions ; **to make ~ of sth** arriver à comprendre qch

2 VT (a) (= *become aware of*) sentir (intuitivement) ; [+ *trouble*] pressentir ; **to ~ danger** pressentir le danger ; **I could ~ his eyes on me** je sentais qu'il me regardait ; **to ~ that one is unwelcome** sentir qu'on n'est pas le bienvenu

(b) [*machine, sensor device*] détecter

senseless /'senslɪs/ ADJ (a) (= *stupid*) stupide ; (*stronger*) absurde, insensé ; **it is ~ to …** ça ne sert à rien de … ; **a ~ waste of resources** un gaspillage insensé des ressources ; **a ~ waste of human life** un gâchis humain (b) (= *unconscious*) sans connaissance ; **he was knocked ~** le choc lui a fait perdre connaissance

sensibility /,sensɪ'bɪlɪtɪ/ N (a) sensibilité (f) (b) **sensibilities** susceptibilité (f)

sensible /'sensəbl/ ADJ (a) raisonnable ; **she's a ~ person** elle est très raisonnable ; **that was ~ of you** tu as très bien fait ; **the most ~ thing to do would be to see her** le mieux serait de la voir (b) [*clothes, shoes*] pratique

sensibly /'sensəblɪ/ ADV [*act, decide*] raisonnablement

sensitive /'sensɪtɪv/ 1 ADJ (a) sensible ; **she's a ~ soul** c'est quelqu'un de très sensible (b) (= *easily offended*) susceptible (c) [*skin, subject*] sensible ; [*situation*] délicat ; **this is politically very ~** c'est un point très sensible sur le plan politique 2 ADJ (*in compounds*) **heat-~** sensible à la chaleur ; **light-~** sensible à la lumière

sensitivity /,sensɪ'tɪvɪtɪ/ N (a) [*of person, instrument*] sensibilité (f) ; **~ to pain** sensibilité à la douleur (b) [*of subject*] caractère (m) délicat ; [*of information*] caractère (m) sensible ; **an issue of great ~** un sujet très délicat

sensitize /'sensɪtaɪz/ VT sensibiliser

sensor /'sensə'/ N détecteur (m)

sensual /'sensjʊəl/ ADJ sensuel

sensuous /'sensjʊəs/ ADJ [*voice, person*] sensuel

sent /sent/ VB pt, ptp of **send**

sentence /'sentəns/ 1 N (a) (= *words*) phrase (f) (b) (= *judgement*) condamnation (f) ; (= *punishment*) peine (f) ; **to pass ~ on sb** prononcer une peine contre qn ; **under ~ of death** condamné à mort ; **he got a five-year ~** il a été condamné à cinq ans de prison 2 VT prononcer une peine contre ; **to ~ sb to five years** condamner qn à cinq ans de prison ; **he was ~d to death** il a été condamné à mort

sentiment /'sentɪmənt/ N (a) (= *feeling*) sentiment (m) ; **public ~** le sentiment général ; **anti-government ~ was strong** il y avait un fort sentiment antigouvernemental (b) (= *view*) point (m) de vue ; **he agreed with the ~s expressed by Dan Jones** il était d'accord avec le point de vue exprimé par Dan Jones

sentimental /,sentɪ'mentl/ ADJ sentimental

sentimentality /,sentɪmen'tælɪtɪ/ N sensiblerie (f)

sentry /'sentrɪ/ N sentinelle (f) ♦ **sentry box** N guérite (f)

Seoul /səʊl/ N Séoul

Sep. ABBR = **September**

separable /ˈsepərəbl/ ADJ séparable

separate 1 ADJ [*section, piece*] séparé; [*existence, organization, unit*] indépendant; [*entrance, question, issue*] autre; **they sleep in ~ rooms** ils font chambre à part; **they live ~ lives** ils mènent des vies séparées; **we want ~ bills** nous voudrions des additions séparées; **I wrote it on a ~ sheet** je l'ai écrit sur une feuille à part; **there will be ~ discussions on this question** cette question sera discutée séparément; **"with ~ toilet"** « avec WC séparé »

2 NPL **separates** (= *clothes*) vêtements (*mpl*) non coordonnés

3 VT séparer; (= *divide up*) diviser (**into** en); [+ *strands*] dédoubler; **to ~ fact from fiction** distinguer la réalité de la fiction; **only three points now ~ the two teams** trois points seulement séparent maintenant les deux équipes

4 VI ⓐ [*sauce*] se séparer
ⓑ [*people*] se séparer

> ★ Lorsque **separate** est un adjectif ou un nom, la fin se prononce comme **it**: /ˈsepərɪt/; lorsque c'est un verbe, elle se prononce comme **eight**: /ˈsepəreɪt/.

► **separate out** VT SEP séparer

separated /ˈsepəreɪtɪd/ ADJ [*couple, person*] séparé

separately /ˈseprətlɪ/ ADV séparément

separation /ˌsepəˈreɪʃən/ N séparation (*f*) (**from** d'avec)

separatist /ˈsepərətɪst/ ADJ, N séparatiste (*mf*)

sepia /ˈsiːpjə/ N sépia (*f*)

Sept. ABBR = **September**

September /sepˈtembəʳ/ N septembre (*m*); **the first of ~** le premier septembre; **the tenth of ~** le dix septembre; **on the tenth of ~** le dix septembre; **in ~** en septembre; **at the beginning of ~** au début du mois de septembre; **during ~** pendant le mois de septembre; **in early ~** au début du mois de septembre; **last/next ~** en septembre dernier/prochain

septic /ˈseptɪk/ ADJ septique; [*wound*] infecté; **to go ~** s'infecter ♦ **septic tank** N fosse (*f*) septique

septicaemia, septicemia (US) /ˌseptɪˈsiːmɪə/ N septicémie (*f*)

sequel /ˈsiːkwəl/ N ⓐ [*of book, film*] suite (*f*) ⓑ (= *consequence*) suite (*f*), conséquence (*f*)

sequence /ˈsiːkwəns/ N ⓐ (= *order*) ordre (*m*); **in ~** par ordre ⓑ (= *series*) suite (*f*); (*Cards*) séquence (*f*); **a ~ of events** une suite d'événements ⓒ (**film**) ~ séquence (*f*) ⓓ (*Computing*) séquence (*f*)

sequencer /ˈsiːkwənsəʳ/ N séquenceur (*m*)

sequential /sɪˈkwenʃəl/ ADJ séquentiel

sequester /sɪˈkwestəʳ/ VT ⓐ (*frm*) (= *isolate*) isoler; (= *shut up*) séquestrer ⓑ [+ *property*] placer sous séquestre

sequestrate /sɪˈkwestreɪt/ VT ⓐ [+ *property*] placer sous séquestre ⓑ (= *confiscate*) confisquer

sequin /ˈsiːkwɪn/ N paillette (*f*)

Serb /sɜːb/ 1 ADJ serbe 2 N Serbe (*mf*)

Serbia /ˈsɜːbɪə/ N Serbie (*f*)

Serbian /ˈsɜːbɪən/ 1 ADJ serbe 2 N Serbe (*mf*)

Serbo-Croat /ˌsɜːbəʊˈkrəʊæt/ N (= *language*) serbo-croate (*m*)

serenade /ˌserəˈneɪd/ 1 N sérénade (*f*) 2 VT donner la sérénade à

serene /səˈriːn/ ADJ serein

serenity /sɪˈrenɪtɪ/ N sérénité (*f*)

sergeant /ˈsɑːdʒənt/ 1 N ⓐ (*Brit*: *in forces*) sergent (*m*) ⓑ (*US Air Force*) caporal-chef (*m*) ⓒ (*Police*) ≈ brigadier (*m*) 2 COMP ♦ **sergeant-major** N (*Brit*) sergent-major (*m*); (*US*) adjudant-chef (*m*)

serial /ˈsɪərɪəl/ 1 N feuilleton (*m*); **13-part ~** feuilleton (*m*) en 13 épisodes 2 ADJ (*Computing*) série (*inv*); [*access*] séquentiel 3 COMP ♦ **serial killer** N tueur (*m*) en série ♦ **serial number** N [*of goods, car engine*] numéro (*m*) de série; [*of banknote*] numéro (*m*) ♦ **serial port** N port (*m*) série

serialize /ˈsɪərɪəlaɪz/ VT publier en feuilleton

series /ˈsɪərɪz/ N (*pl inv*) série (*f*); **there has been a ~ of incidents** il y a eu une série d'incidents; **this is the last in the present ~** voici la dernière émission de notre série

serious /ˈsɪərɪəs/ ADJ ⓐ [*injury, mistake, situation*] grave; [*damage*] important; [*threat*] sérieux; [*loss*] lourd; **I have ~ doubts about ...** je doute sérieusement de ...; **the patient's condition is ~** le patient est dans un état grave ⓑ (= *not frivolous*) sérieux; **to give ~ thought to sth** songer sérieusement à qch; **to be ~ about one's work** être sérieux dans son travail; **she earns ~ money*** elle gagne un bon paquet*

seriously /ˈsɪərɪəslɪ/ ADV ⓐ sérieusement; [*ill*] gravement; [*wounded*] grièvement; **yes, but ~ ...** oui, mais sérieusement ...; **~ now ...** sérieusement ...; **to take sth/sb ~** prendre qch/qn au sérieux; **to think ~ about sth** bien réfléchir à qch; **to think ~ about doing sth** songer sérieusement à faire qch ⓑ (= *very*) **to be ~ rich*** avoir beaucoup de fric*

seriousness /ˈsɪərɪəsnɪs/ N ⓐ [*of situation, threat, loss, injury*] gravité (*f*); [*of damage*] ampleur (*f*) ⓑ [*of offer, character*] sérieux (*m*); [*of occasion*] importance (*f*) ⓒ ♦ **in all seriousness** sérieusement

serjeant /ˈsɑːdʒənt/ = **sergeant**

sermon /ˈsɜːmən/ N sermon (*m*)

seropositive /ˌsɪərəʊˈpɒzɪtɪv/ ADJ séropositif

serotonin /ˌserəˈtəʊnɪn/ N sérotonine (*f*)

SERPS /sɜːps/ N (*Brit*) (ABBR = **state earnings-related pension scheme**) système de retraite calculée sur le salaire

serrated /seˈreɪtɪd/ ADJ [*edge, blade*] dentelé; **~ knife** couteau-scie (*m*)

serried /ˈserɪd/ ADJ serré; **in ~ ranks** en rangs serrés

serum /ˈsɪərəm/ N sérum (*m*)

servant /ˈsɜːvənt/ N (*in household*) domestique (*mf*); (= *maid*) bonne (*f*); (*fig*) serviteur (*m*), servante (*f*); **is technology going to be our ~ or our master?** la technologie va-t-elle servir l'homme ou l'asservir?

serve /sɜːv/ 1 VT ⓐ (= *work for*) servir; **he has ~d the firm well** il a bien servi l'entreprise
ⓑ **to ~ mass** servir la messe
ⓒ [*object*] servir (**as** de); **the kitchen ~s her as an office** la cuisine lui sert de bureau; **this old bike has ~d me well** ce vieux vélo m'a bien rendu service; **it will ~ my (or your etc) purpose** cela fera l'affaire; **to ~ sb's interests** servir les intérêts de qn; **it ~s no useful purpose** cela ne sert à rien
♦ **to serve sb right**: **it ~s him right** c'est bien fait pour lui; **it ~s you right for being so stupid** cela t'apprendra à être si stupide
ⓓ (*in shop, restaurant*) servir; **to ~ sb (with) sth** servir qch à qn; **are you being ~d?** est-ce qu'on s'occupe de vous?
ⓔ [+ *food, meal*] servir (**to sb** à qn); **dinner is ~d** le dîner est servi; **"~s five"** « pour cinq personnes »
ⓕ [*library, hospital*] desservir; [*utility*] alimenter; **the power station ~s a large district** la centrale alimente une zone étendue
ⓖ (= *work out*) **to ~ one's apprenticeship (as)** faire son apprentissage (de); **to ~ time** (*Prison*) faire de la prison; **he ~d over 25 years** (*Prison*) il a fait plus de 25 ans de prison
ⓗ (*Tennis*) servir

2 VI ⓐ servir; **to ~ on a jury** être membre d'un jury; **to ~ in the army** servir dans l'armée
ⓑ (= *be useful*) servir (**as** de), être utile; **that table is not exactly what I want but it will ~** cette table n'est pas exactement ce que je veux mais elle fera l'affaire; **it ~s to show/explain ...** cela sert à montrer/expliquer ...
ⓒ (*Tennis*) servir; **Sampras to ~** au service, Sampras

3 N (*Tennis*) service (*m*); **it's your ~** c'est à vous de servir

► **serve out** VT SEP ⓐ [+ *meal, soup*] servir ⓑ [+ *term of office, contract*] finir; [+ *prison sentence*] purger

► **serve up** VT SEP servir

server /ˈsɜːvəʳ/ N ⓐ (*Computing*) serveur (*m*) ⓑ (*Tennis*) serveur (*m*), -euse (*f*)

service /'sɜːvɪs/ 1 N ⓐ (= *act of serving*) service *(m)*; **ten years' ~** dix ans de service; **on Her Majesty's ~** au service de Sa Majesté; **at your ~** à votre service; **to be of ~ to sb** être utile à qn; **to/do sb a ~** rendre service à qn; **to bring/ come into ~** mettre/entrer en service; **this machine is out of ~** cette machine est hors service; **the ~ is very poor** (*in restaurant*) le service est très mauvais; **15% ~ included** (*Brit: on bill*) service compris 15 %
ⓑ (= *department, system*) service *(m)*; **medical/social ~s** services *(mpl)* médicaux/sociaux; **the train ~ to London is excellent** Londres est très bien desservi par le train
ⓒ (*religious*) service *(m)*
ⓓ [*of car*] révision *(f)*; [*of household machine*] service *(m)* après-vente
ⓔ (*Tennis*) service *(m)*
2 NPL **services** ⓐ (*on motorway*) = **service station**
ⓑ **the (armed) ~s** les forces *(fpl)* armées
3 VT [+ *car, washing machine*] réviser; [+ *organization, group*] offrir ses services à
4 COMP ♦ **service area** N aire *(f)* de services ♦ **service charge** N service *(m)* ♦ **service department** N (= *repair shop*) atelier *(m)* de réparations ♦ **service industries** NPL industries *(fpl)* de service ♦ **service provider** N prestataire *(m)* de service ♦ **service station** N station-service *(f)*

serviceable /'sɜːvɪsəbl/ ADJ ⓐ (= *practical*) fonctionnel
ⓑ (= *usable*) utilisable

serviceman /'sɜːvɪsmən/ N (*pl* **-men**) militaire *(m)*

servicing /'sɜːvɪsɪŋ/ N [*of car*] révision *(f)*

serviette /ˌsɜːvɪ'et/ N (*Brit*) serviette *(f)* (de table)

servile /'sɜːvaɪl/ ADJ servile

serving /'sɜːvɪŋ/ N (= *portion*) portion *(f)*, part *(f)*
♦ **serving dish** N plat *(m)* de service ♦ **serving spoon** N grande cuillère *(f)* (*pour servir*)

sesame seeds /'sesəmɪˌsiːdz/ NPL graines *(fpl)* de sésame

session /'seʃən/ 1 N ⓐ (= *sitting*) séance *(f)*; **a photo ~** une séance de photos; **I had a ~ with him yesterday** (*working*) nous avons travaillé ensemble hier; (*in discussion*) nous avons eu une (longue) discussion hier; **to be in ~** siéger; **to go into secret ~** siéger à huis clos ⓑ (= *educational year*) année *(f)* scolaire (*or* universitaire); (*US* = *term*) trimestre *(m)* 2 COMP ♦ **session musician** N musicien(ne) *(m(f))* de studio

set /set/ (*vb: pret, ptp* **set**) 1 N ⓐ [*of oars, keys, golf clubs, spanners*] jeu *(m)*; [*of chairs, saucepans, weights*] série *(f)*; [*of clothes*] ensemble *(m)*; [*of dishes, plates*] service *(m)*; **I need two more to make up the ~** il m'en manque deux pour avoir le jeu complet; **in ~s of three** par trois; **you can't buy them separately, they're a ~** vous ne pouvez pas les acheter séparément ils forment un lot; **a ~ of dining-room furniture** un ensemble de salle à manger; **painting ~** boîte *(f)* de peinture; **chess ~** jeu *(m)* d'échecs
ⓑ (*Tennis*) set *(m)*
ⓒ (*also* **TV ~**) poste *(m)* de télévision
ⓓ (= *group of people*) bande *(f)*
ⓔ (*Brit* = *class*) groupe *(m)* de niveau
ⓕ (*Cinema*) plateau *(m)*; (= *scenery*) décor *(m)*; **on the ~** sur le plateau
2 ADJ ⓐ (= *unchanging*) [*price, time, purpose*] fixe; [*smile, jaw*] figé; [*idea*] (bien) arrêté; [*lunch*] à prix fixe; **~ in one's ways** routinier; **the ~ meal** le menu; **the ~ menu** le menu; **~ phrase** expression *(f)* figée
ⓑ (= *prearranged*) [*time, date*] fixé; [*book, subject*] au programme
ⓒ (= *determined*)
♦ **to be set on (doing) sth** vouloir (faire) qch à tout prix
♦ **to be (dead) set against sth** s'opposer (absolument) à qch
ⓓ (= *ready*) prêt; **on your marks, get ~, go!** à vos marques, prêts, partez!; **to be all ~ to do sth** être prêt *or* pour faire qch
3 VT ⓐ (= *put*) [+ *object*] placer; **the house is ~ on a hill** la maison est située sur une colline; **his stories, ~ in the Paris of 1890, ...** ses histoires, situées dans le Paris de 1890, ...; **he ~ the scheme before the committee** il a présenté le projet au comité; **she ~ a high value on independence** elle accordait un grand prix à son indépendance; **we must ~ the advantages against the disadvantages** il faut peser le pour et le contre
ⓑ (= *adjust*) régler; [+ *alarm*] mettre; **~ your watch to 2pm** mettez votre montre à 14 heures; **have you ~ the alarm clock?** est-ce que tu as mis le réveil?
ⓒ [+ *arm, leg*] plâtrer; **to ~ sb's hair** faire une mise en plis à qn
ⓓ [+ *date, deadline, limit*] fixer; **let's ~ a time for the meeting** fixons l'heure de la réunion; **he has ~ a new record** il a établi un nouveau record
ⓔ [+ *task, subject*] donner; [+ *exam, test*] choisir les questions de; [+ *texts*] mettre au programme; **I ~ them a difficult translation** je leur ai donné une traduction difficile; **I ~ him the task of clearing up** je l'ai chargé de ranger
ⓕ (= *cause to be, do, begin*) **to ~ sth going** mettre qch en marche; **to ~ sb to do sth** faire faire qch à qn; **I ~ him to work at once** je l'ai mis au travail aussitôt; **to ~ o.s. to do sth** entreprendre de faire qch
4 VI ⓐ [*sun, moon*] se coucher; **the ~ting sun** le soleil couchant
ⓑ [*broken bone, limb*] se ressouder; [*jelly, jam, concrete*] prendre
ⓒ (= *start*)
♦ **to set to work** se mettre au travail
5 COMP ♦ **set piece** N (*in music competition*) morceau *(m)* imposé; (*Sport*) combinaison *(f)* calculée ♦ **set point** N (*Tennis*) balle *(f)* de set ♦ **set-to*** N (= *fight*) bagarre *(f)*; (= *quarrel*) prise *(f)* de bec*

► **set about** VT INSEP ⓐ (= *begin*) se mettre à; **to ~ about doing sth** se mettre à faire qch ⓑ (= *attack*) attaquer

► **set against** VT SEP ⓐ [+ *argument, fact*] opposer
ⓑ [+ *person*] monter contre

► **set apart** VT SEP [+ *person*] distinguer

► **set aside** VT SEP ⓐ (= *keep*) mettre de côté
ⓑ [+ *objection*] ignorer; [+ *differences*] oublier

► **set back** VT SEP ⓐ [+ *development, progress, clock*] retarder; **the disaster ~ back the project by ten years** le désastre a retardé de dix ans la réalisation du projet
ⓑ (= *cost*)* **it ~ me back £1000** ça m'a coûté 1000 livres

► **set down** VT SEP ⓐ (= *put down*) [+ *object*] poser
ⓑ (= *record*) noter; [+ *rules, guidelines*] établir

► **set forth** 1 VI = **set off** 2 VT SEP [+ *idea, plan, opinion*] exposer

► **set in** VI [*complications, difficulties*] survenir; **a reaction ~ in after the war** une réaction s'est amorcée après la guerre; **the rain has ~ in for the night** il va pleuvoir toute la nuit

► **set off** 1 VI (= *leave*) se mettre en route; **to ~ off on a journey** partir en voyage 2 VT SEP ⓐ [+ *bomb*] faire exploser; [+ *firework*] faire partir; [+ *alarm, riot*] déclencher
ⓑ (= *enhance*) mettre en valeur

► **set on** VT SEP ⓐ attaquer ⓑ (= *order to attack*) **he ~ his dogs on us** il a lâché ses chiens sur nous

► **set out** 1 VI ⓐ (= *leave, depart*) partir (**in search of** à la recherche de) ⓑ (= *attempt*) **he ~ out to explain why it had happened** il a essayé d'expliquer pourquoi cela s'était produit; **to ~ out to do sth** tenter de faire qch 2 VT SEP [+ *books, goods*] exposer; [+ *chessmen, cakes*] disposer; [+ *reasons, ideas*] exposer

► **set to** VI (= *start*) commencer; (= *start work*) s'y mettre*

► **set up** 1 VI (= *start business*) s'établir
2 VT SEP ⓐ (= *place in position*) mettre en place; **to ~ up camp** établir un camp
ⓑ [+ *organization*] fonder; [+ *business, company, fund*] créer; [+ *system, procedure*] mettre en place; [+ *meeting*] organiser; **to ~ up an inquiry** ouvrir une enquête; **to ~ up shop** s'établir; **to ~ sb up in business** lancer qn dans les affaires; **he's all ~ up now** il est bien lancé maintenant; **I've ~ it all up for you** je vous ai tout installé
ⓒ (= *pose*) **I've never ~ myself up as a scholar** je n'ai jamais prétendu être savant

ⓓ (= *strengthen*) [*food, drink*] mettre d'attaque
ⓔ (= *equip*) munir (**with** de)
ⓕ (= *falsely incriminate*)* monter un coup contre ; **I've been ~ up** je suis victime d'un coup monté
▶ **set upon** VT INSEP se jeter sur

setback /'setbæk/ N (= *hitch*) contretemps *(m)* ; (*more serious*) échec *(m)*

settee /se'ti:/ N canapé *(m)*

setting /'setɪŋ/ N ⓐ (= *surroundings, background*) cadre *(m)* ⓑ [*of jewel*] monture *(f)* ⓒ [*of cooker, heater*] réglage *(m)*

settle /'setl/ 1 VT ⓐ (= *sort out*) régler ; [+ *problem*] résoudre ; (= *fix*) fixer ; **they have ~d their differences** ils ont réglé leurs différends ; **several points remain to be ~d** il reste encore plusieurs points à régler ; **that ~s it!** (= *that's made my mind up*) c'est décidé ! ; **that's ~d then?** alors c'est entendu ? ; **nothing is ~d** on n'a encore rien décidé
ⓑ [+ *debt*] rembourser ; [+ *bill, account*] régler
ⓒ [+ *child, patient*] installer ; **to ~ a child for the night** installer un enfant pour la nuit ; **she ~d her head back against the headrest** elle a reposé sa tête sur l'appui-tête
ⓓ [+ *nerves*] calmer ; [+ *doubts*] dissiper ; **to ~ one's stomach** calmer les douleurs d'estomac
ⓔ [+ *land*] (= *colonize*) coloniser ; (= *inhabit*) peupler

2 VI ⓐ [*bird, insect*] se poser
ⓑ [*sediment*] se déposer
ⓒ [*dust*] retomber ; **to ~ on sth** [*dust, snow*] couvrir qch ; **the cold has ~d on his chest** son rhume s'est transformé en bronchite ; **her eyes ~d on him** son regard se posa sur lui ; **when the dust has ~d** (*fig*) quand les choses se seront tassées*
ⓓ (= *get comfortable*) **to ~ into an armchair** s'installer (confortablement) dans un fauteuil ; **to ~ into one's new job** s'habituer à son nouvel emploi ; **to ~ into a routine** s'installer dans une routine
ⓔ (= *go to live*) s'installer ; **he ~d in France** il s'est installé en France
ⓕ (= *pay*) **I'll ~ for all of us** je vais régler la note (pour tout le monde) ; **to ~ out of court** arriver à un règlement à l'amiable
▶ **settle down** 1 VI (= *take up one's residence*) s'installer ; (= *become calmer*) se calmer ; (*after wild youth*) se ranger ; [*emotions*] s'apaiser ; [*situation*] s'arranger ; **to ~ down to work** se mettre (sérieusement) au travail ; **to ~ down at school** s'habituer à l'école ; **it's time he got married and ~d down** il est temps qu'il se marie et qu'il ait une vie stable ; **when things have ~d down again** quand les choses se seront calmées

2 VT SEP installer ; **he ~d the child down on the settee** il a installé l'enfant sur le canapé
▶ **settle for** VT INSEP se contenter de ; **will you ~ for a draw?** un match nul vous satisferait-il ?
▶ **settle in** VI s'adapter ; **we took some time to ~ in** nous avons mis du temps à nous adapter
▶ **settle on** VT INSEP se décider pour
▶ **settle up** VI régler (la note) ; **to ~ up with sb** régler qn

settled /'setld/ 1 VB (*pret ptp*) of **settle** 2 ADJ ⓐ [*weather, situation*] stable ⓑ [*social order, life*] établi ⓒ (= *at ease*) **I feel ~** je me sens bien

settlement /'setlmənt/ N ⓐ [*of argument, bill*] règlement *(m)* ; [*of terms, details*] décision *(f)* (**of** concernant) ; [*of problem*] solution *(f)* ⓑ (= *agreement*) accord *(m)* ; **to reach a ~** parvenir à un accord ⓒ (= *colonization*) colonisation *(f)* ; (= *colony*) colonie *(f)* ; (= *village*) village *(m)*

settler /'setlə'/ N colon *(m)*

setup /'setʌp/ 1 N ⓐ (= *way sth is organised*) **what's the ~?** comment est-ce que c'est organisé ? ; **it's an odd ~** c'est une drôle de situation ⓑ (= *trick*)* coup *(m)* monté 2 COMP ◆ **setup file** N fichier *(m)* de configuration

seven /'sevn/ NUMBER sept *(m inv)* ; **there are ~** il y en a sept → **six**

seventeen /ˌsevn'ti:n/ NUMBER dix-sept *(m inv)* ; **there are ~** il y en a dix-sept → **six**

seventeenth /ˌsevn'ti:nθ/ ADJ, N dix-septième *(mf)* ; (= *fraction*) dix-septième *(m)* → **sixth**

seventh /'sevnθ/ ADJ, N septième *(mf)* → **sixth**

seventieth /'sevntɪθ/ ADJ, N soixante-dixième *(mf)* → **sixth**

seventy /'sevntɪ/ NUMBER soixante-dix *(m)* ; **he's in his seventies** il est septuagénaire ; **there are ~** il y en a a soixante-dix → **sixty**

sever /'sevə'/ 1 VT [+ *rope*] couper ; [+ *relations, communications*] rompre 2 VI se rompre

several /'sevrəl/ 1 ADJ plusieurs ; **~ times** plusieurs fois 2 PRON plusieurs *(mfpl)* ; **~ of them** plusieurs d'entre eux (*or* elles) ; **~ of us saw the accident** plusieurs d'entre nous ont vu l'accident

severance pay /'sevərənspeɪ/ N indemnité *(f)* de licenciement

severe /sɪ'vɪə'/ ADJ ⓐ (= *serious*) [*problems, damage, shortage, injury, illness*] grave ; [*blow, loss*] sévère ; [*hardship, setback*] sérieux ; [*pain, frost*] fort ; [*migraine*] violent ; [*climate, winter*] rigoureux ; [*cold*] intense ⓑ (= *strict*) [*person, expression, measure*] sévère ; **it was a ~ test of her patience** cela a mis sa patience à rude épreuve ⓒ [*clothes*] sévère

severely /sɪ'vɪəlɪ/ ADV gravement ; [*strain, limit, hamper*] sérieusement ; [*punish, criticize*] sévèrement

severity /sɪ'verɪtɪ/ N [*of problem, illness, injury*] gravité *(f)* ; [*of punishment, criticism*] sévérité *(f)* ; [*of pain, storm*] violence *(f)* ; [*of winter*] rigueur *(f)*

sew /səʊ/ (*pret* **sewed**, *ptp* **sewn, sewed**) 1 VT coudre ; **to ~ a button on sth** coudre un bouton à qch 2 VI coudre
▶ **sew on** VT SEP [+ *button*] coudre ; (= *sew back on*) recoudre
▶ **sew up** VT SEP [+ *tear, wound*] recoudre ; [+ *seam*] faire ; **we've got the contract all ~n up*** le contrat est dans la poche*

sewage /'sju:ɪdʒ/ N eaux *(fpl)* usées ◆ **sewage works** N champ *(m)* d'épandage

sewer /'sjʊə'/ N égout *(m)*

sewerage /'sjʊərɪdʒ/ N ⓐ (= *disposal*) évacuation *(f)* des eaux usées ; (= *system*) égouts *(mpl)* ⓑ eaux *(fpl)* usées

sewing /'səʊɪŋ/ N (= *activity*) couture *(f)* ; (= *piece of work*) ouvrage *(m)* ; **I like ~** j'aime coudre *or* la couture ◆ **sewing machine** N machine *(f)* à coudre

sewn /səʊn/ VB (*ptp* of **sew**) cousu

sex /seks/ N sexe *(m)* ; **to have ~ (with sb)** avoir des rapports sexuels (avec qn) ; **he's got ~ on the brain*** il ne pense qu'à ça* ; **~ outside marriage** relations *(fpl)* (sexuelles) hors mariage ◆ **sex abuse** N sévices *(mpl)* sexuels ◆ **sex appeal** N sex-appeal *(m)* ◆ **sex change (operation)** N (opération *(f)* de) changement *(m)* de sexe ◆ **sex discrimination** N discrimination *(f)* sexuelle ◆ **sex drive** N pulsion *(f)* sexuelle ◆ **sex education** N éducation *(f)* sexuelle ◆ **sex life** N vie *(f)* sexuelle ◆ **sex maniac** N obsédé(e) sexuel(le) *(m(f))* ◆ **sex object** N objet *(m)* sexuel ◆ **sex offender** N délinquant(e) sexuel(le) *(m(f))* ◆ **sex shop** N sex-shop *(m)* ◆ **sex symbol** N sex-symbol *(m)*
▶ **sex up*** VT SEP donner du piquant à

sexism /'seksɪzəm/ N sexisme *(m)*

sexist /'seksɪst/ ADJ sexiste

sextuplet /seks'tju:plɪt/ N sextuplé(e) *(m(f))*

sexual /'seksjʊəl/ ADJ sexuel ◆ **sexual abuse** N sévices *(mpl)* sexuels ◆ **sexual equality** N égalité *(f)* des sexes ◆ **sexual harassment** N harcèlement *(m)* sexuel ◆ **sexual intercourse** N rapports *(mpl)* sexuels ◆ **sexual stereotyping** N catégorisation *(f)* en stéréotypes sexuels

sexuality /ˌseksjʊ'ælɪtɪ/ N sexualité *(f)*

sexually /'seksjʊəlɪ/ ADV sexuellement ; **to be ~ abused** subir des sévices sexuels ; **to be ~ active** avoir une activité sexuelle ; **to be ~ attracted to sb** avoir une attirance sexuelle pour qn ; **~ harassed** soumis à un harcèlement sexuel ◆ **sexually transmitted disease** N maladie *(f)* sexuellement transmissible

sexy /'seksɪ/ ADJ sexy* *(inv)*; **to look ~** être sexy*

Seychelles /seɪ'ʃel(z)/ NPL **the ~** les Seychelles *(fpl)*

SF /es'ef/ N (ABBR = **science fiction**) SF *(f)*

Sgt. ABBR = **Sergeant**

shabbily /'ʃæbɪlɪ/ ADV ⓐ [*dressed*] pauvrement ⓑ [*behave, treat*] avec mesquinerie

shabby /'ʃæbɪ/ ADJ ⓐ (= *shabby-looking*) miteux ⓑ [*treatment, behaviour*] mesquin

shack /ʃæk/ N cabane *(f)*

shackle /'ʃækl/ 1 NPL **shackles** chaînes *(fpl)*; **to throw off the ~s of sth** briser les chaînes de qch 2 VT enchaîner

shade /ʃeɪd/ 1 N ⓐ ombre *(f)*; **in the ~ of a tree** à l'ombre d'un arbre; **40° in the ~** 40° à l'ombre; **to put sb/sth in the ~** éclipser qn/qch

ⓑ [*of colour*] ton *(m)*; [*of opinion, meaning*] nuance *(f)*; **a new ~ of lipstick** une nouvelle couleur de rouge à lèvres

ⓒ (= *small amount*) **a ~ bigger** légèrement plus grand; **move it just a ~ to the left** déplace-le légèrement sur la gauche

ⓓ (= *lampshade*) abat-jour *(m inv)*

2 NPL **shades*** lunettes *(fpl)* de soleil

3 VT [*trees, parasol*] donner de l'ombre à; **~d place** endroit *(m)* ombragé; **he ~d his eyes with his hands** il s'abrita les yeux de la main

▶ **shade in** VT SEP [+ *painting*] ombrer; (= *colour in*) colorer (**in** en)

shading /'ʃeɪdɪŋ/ N ombres *(fpl)*

shadow /'ʃædəʊ/ 1 N ombre *(f)*; **in the ~ of the tree** à l'ombre de l'arbre; **he was standing in the ~** il se tenait dans l'ombre; **to live in sb's ~** vivre dans l'ombre dans qn; **to cast a ~ over sth** projeter une ombre sur qch; *(fig)* assombrir qch; **he's only a ~ of his former self** il n'est plus que l'ombre de lui-même; **to have dark ~s under one's eyes** avoir des cernes *(mpl)* sous les yeux; **without a ~ of a doubt** sans l'ombre d'un doute

2 VT (= *follow*)* filer*

3 COMP ♦ **shadow cabinet** N (*Brit Politics*) cabinet *(m)* fantôme ♦ **shadow minister** N (*Brit Politics*) ministre *(m)* fantôme

> ⓘ **SHADOW CABINET**
>
> Dans le système parlementaire britannique, le « cabinet fantôme » (**Shadow Cabinet**) se compose des députés du principal parti d'opposition qui deviendraient ministres si leur parti était élu. Leur rôle est d'interroger le gouvernement sur sa politique dans leurs domaines de spécialité et d'être les porte-parole de leur parti.

shadowy /'ʃædəʊɪ/ ADJ ⓐ (= *indistinct*) vague ⓑ (= *mysterious*) mystérieux

shady /'ʃeɪdɪ/ ADJ ⓐ [*place*] ombragé ⓑ [*person, behaviour*] louche; [*lawyer, deal*] véreux; **to have a ~ past** avoir un passé louche

shaft /ʃɑːft/ N ⓐ [*of arrow, spear*] hampe *(f)*; [*of tool, golf club*] manche *(m)* ⓑ **~ of light** rayon *(m)* de lumière ⓒ [*of mine*] puits *(m)*; [*of lift, elevator*] cage *(f)*; (*for ventilation*) conduit *(m)*

shag* /ʃæg/ (*Brit*) 1 N **to have a ~** baiser** 2 VT baiser**

shaggy /'ʃægɪ/ ADJ [*hair, beard*] hirsute; [*animal, fur*] à longs poils hirsutes ♦ **shaggy dog story** N histoire *(f)* sans queue ni tête

shake /ʃeɪk/ (*vb: pret* **shook**, *ptp* **shaken**) 1 N ⓐ (= *movement*) **to give sth a ~** secouer qch; **to have the ~s*** (*from nerves*) avoir la tremblote*; **in a couple of ~s*** en moins de deux*

ⓑ (= *drink*) milk-shake *(m)*

2 VT ⓐ [+ *dice, rug, person*] secouer; [+ *bottle, medicine, cocktail*] agiter; [+ *house, windows*] ébranler; (= *brandish*) [+ *stick*] brandir; **"~ the bottle"** « agiter avant emploi »; **to ~ one's head** (*in refusal*) faire non de la tête; (*at bad news*) secouer la tête; **he shook his finger at me** (*playfully, warningly*) il m'a fait signe du doigt; (*threateningly*) il m'a menacé du doigt; **to ~ one's fist at sb** menacer qn du poing; **to ~ sb's hand** serrer la main à qn; **they shook hands** ils se

sont serré la main; **they shook hands on it** ils se sont serré la main en signe d'accord; **to ~ o.s.** (or **itself**) [*person, animal*] se secouer

ⓑ **he shook the sand out of his shoes** il a secoué ses chaussures pour en vider le sable; **he shook two aspirins into his hand** il a fait tomber deux comprimés d'aspirine dans sa main

ⓒ (= *weaken*) [+ *confidence*] ébranler

ⓓ (= *affect deeply*) secouer; **four days which shook the world** quatre jours qui ébranlèrent le monde; **he needs to be ~n out of his smugness** il faudrait qu'il lui arrive quelque chose qui lui fasse perdre de sa suffisance

3 VI ⓐ (= *tremble*) trembler; **to ~ with cold** trembler de froid; **he was shaking with laughter** il se tordait (de rire)

ⓑ (= *shake hands*) **they shook on the deal** ils ont scellé leur accord d'une poignée de main; **let's ~ on it!** tope là !

4 COMP ♦ **shake-up** N grande réorganisation *(f)*

▶ **shake off** VT SEP ⓐ **to ~ the dust/sand/water off sth** secouer la poussière/le sable/l'eau de qch ⓑ (= *get rid of*) [+ *cold, cough*] se débarrasser de; [+ *habit*] se défaire de; [+ *pursuer*] semer*

▶ **shake out** VT SEP **she picked up the bag and shook out its contents** elle a pris le sac et l'a vidé en le secouant; **she shook 50p out of her bag** elle a secoué son sac et en a fait tomber 50 pence

▶ **shake up** VT SEP ⓐ [+ *bottle, medicine*] agiter ⓑ (= *affect deeply*) secouer; **he was really ~n up by the news** il a été très secoué par la nouvelle ⓒ (= *reorganize*) [+ *firm, organization*] réorganiser complètement

shaken /'ʃeɪkn/ ADJ [*person*] secoué

shaker /'ʃeɪkəʳ/ N (*for cocktails*) shaker *(m)*; (*for dice*) cornet *(m)*

Shakespearean, Shakespearian /ʃeɪks'pɪərɪən/ ADJ shakespearien

shakily /'ʃeɪkɪlɪ/ ADV [*stand up*] en chancelant; [*walk*] d'un pas mal assuré; [*speak*] d'une voix mal assurée; [*write*] d'une main tremblante

shaky /'ʃeɪkɪ/ ADJ ⓐ (= *weak*) [*person*] (*from illness*) chancelant; (*from nerves*) mal à l'aise; **he's still a bit ~** (*illness*) il ne tient pas encore bien sur ses jambes; (*from nerves*) il est encore fragile

ⓑ (= *trembling*) [*legs*] (*from fear, illness*) flageolant; [*voice*] (*from fear, illness*) tremblant; (*from age*) chevrotant; (*from nerves*) mal assuré; [*hand*] tremblant; [*handwriting*] tremblé; **her legs were ~** elle flageolait sur ses jambes

ⓒ (= *wobbly*) [*table*] branlant; [*building*] peu solide

ⓓ (= *uncertain*) [*argument*] boiteux; [*knowledge*] très imparfait; [*health*] chancelant; [*prospects*] précaire; **~ finances** une situation financière précaire; **my Spanish is very ~** mon espagnol est très hésitant; **to get off to a ~ start** partir sur un mauvais pied

shall /ʃæl/ MODAL VERB ⓐ (*in 1st pers fut tense*) **I ~ arrive on Monday** j'arriverai lundi; **we ~ not be there before 6 o'clock** nous n'y serons pas avant 6 heures ⓑ (*in 1st pers questions*) **~ I open the door?** voulez-vous que j'ouvre (*subj*) la porte ?; **I'll buy three, ~ I?** je vais en acheter trois, d'accord ?; **let's go in, ~ we?** entrons, voulez-vous ?; **~ we ask him to come with us?** si on lui demandait de venir avec nous ? ⓒ (*indicating command*) **you ~ obey me** vous m'obéirez

shallot /ʃə'lɒt/ N échalote *(f)*

shallow /'ʃæləʊ/ 1 ADJ ⓐ (= *not deep*) peu profond; [*breathing*] court; **the ~ end** le petit bain ⓑ (= *superficial*) superficiel; [*conversation*] futile 2 NPL **shallows** haut-fond *(m)*

sham /ʃæm/ 1 N (= *pretence*) imposture *(f)*; (= *person*) imposteur *(m)*; **the election was a ~** ce n'était qu'une parodie d'élection; **his promises were a ~** ses promesses n'étaient que du vent 2 ADJ faux (fausse *(f)*)

shambles /'ʃæmblz/ N (= *muddle*) pagaille* *(f)*; **what a ~!** quelle pagaille !*; **his room was a ~** c'était le bazar* dans sa chambre

shambolic* /ʃæm'bɒlɪk/ ADJ (*Brit*) bordélique**

shame /ʃeɪm/ N ⓐ honte (f); **he hung his head in ~** honteux, il a baissé la tête; **to bring ~ on sb** être la honte de qn; **to put sb/sth to ~** faire honte à qn/qch; **~ on you!** vous devriez avoir honte!; **she has no ~** elle n'a aucune honte ⓑ (= pity) dommage (m); **it's a ~** c'est dommage (**that** que + subj); **it would be a ~ if he refused** il serait dommage qu'il refuse (subj); **what a ~!** (quel) dommage!; **what a ~ he isn't here** (quel) dommage qu'il ne soit pas ici

shamefaced /ˈʃeɪmfeɪst/ ADJ honteux; **he was rather ~ about it** il en était tout honteux

shameful /ˈʃeɪmfʊl/ ADJ honteux; **there is nothing ~ about it** il n'y a pas de honte à cela; **it is ~ that ...** c'est une honte que ... (+ subj)

shamefully /ˈʃeɪmfəlɪ/ ADV [act, behave, treat] de façon honteuse; [bad, late] scandaleusement

shameless /ˈʃeɪmlɪs/ ADJ éhonté; **to be quite ~ about (doing) sth** ne pas avoir du tout honte de (faire) qch

shamelessly /ˈʃeɪmlɪslɪ/ ADV sans vergogne; **~ sentimental/theatrical** d'une sentimentalité/théâtralité éhontée

shampoo /ʃæmˈpuː/ 1 N shampooing (m); **~ and set** shampooing (m) et mise (f) en plis 2 VT [+ hair, carpet] shampouiner

shamrock /ˈʃæmrɒk/ N trèfle (m) (emblème national de l'Irlande)

shandy /ˈʃændɪ/ N (Brit) panaché (m)

Shanghai /ʃæŋˈhaɪ/ N Shanghai

shan't /ʃɑːnt/ = **shall not → shall**

shantytown /ˈʃæntɪˌtaʊn/ N bidonville (m)

shape /ʃeɪp/ 1 N forme (f); **what ~ is the room?** de quelle forme est la pièce?; **of all ~s and sizes** de toutes les formes et de toutes les tailles; **his nose is a funny ~** son nez a une drôle de forme; **this jumper has lost its ~** ce pullover s'est déformé; **in the ~ of a cross** en forme de croix; **I can't stand racism in any ~ or form** je ne peux pas tolérer le racisme sous quelque forme que ce soit; **that's the ~ of things to come** cela donne une idée de ce qui nous attend; **to take ~** [object being made] prendre forme; [project] prendre tournure; **to be in good ~** [person] être en forme; [business] marcher bien; **to be in really bad ~** elle ne va vraiment pas bien; **to be out of ~** (= misshapen) être déformé; (= unfit) ne pas être en forme; **to knock into ~** [+ assistant, soldier] former; **to knock sth into ~** [+ economy, system] remettre qch sur pied; **to get into ~** retrouver la forme; **to keep o.s. in good ~** se maintenir en forme

2 VT [+ clay, wood] façonner; [+ stone] tailler; [+ statement, explanation] formuler; **he ~d the clay into a bowl** il a façonné un bol dans l'argile; **to ~ sb's ideas/character** former les idées/le caractère de qn; **to ~ sb's life/the course of events** avoir une influence déterminante sur la vie de qn/la marche des événements

► **shape up** VI progresser; **our plans are shaping up well** nos projets sont en bonne voie; **things are shaping up well** les choses prennent tournure; **how is he shaping up?** comment se débrouille-t-il?

shaped /ˈʃeɪpt/ ADJ ⓐ **oddly ~** d'une forme bizarre; **~ like a mushroom** en forme de champignon ⓑ (in compounds) en forme de; **heart-~** en forme de cœur

shapeless /ˈʃeɪplɪs/ ADJ [garment, mass] informe; [book, plan] sans aucune structure

shapely /ˈʃeɪplɪ/ ADJ [woman, body] bien proportionné; [legs] galbé

share /ʃeə[r]/ 1 N ⓐ part (f); **here's your ~** voici votre part; **his ~ of the inheritance** sa part de l'héritage; **his ~ of the profits** sa part des bénéfices; **he has a ~ in the business** il est l'un des associés dans cette affaire; **he has a half-~ in the firm** il possède la moitié de l'entreprise; **to have a ~ in doing sth** contribuer à faire qch; **to pay one's ~** payer sa (quote-)part; **to bear one's ~ of the cost** participer aux frais; **he isn't doing his ~** il ne fait pas sa part; **he's had more than his fair ~ of misfortune** il a eu plus que sa part de malheurs; **to take one's ~ of the blame** accepter sa part de responsabilité

ⓑ (on Stock Exchange) action (f)

2 VT partager (**among, between** entre); **they ~d the money** ils se sont partagé l'argent; **you can ~ Anne's book** (in school) tu peux suivre avec Anne; **they ~ certain characteristics** ils ont certaines caractéristiques en commun; **I do not ~ that view** je ne partage pas cette opinion; **I ~ your hope that ...** j'espère comme vous que ...

3 VI partager; **~ and ~ alike** à chacun sa part; **to ~ in sth** partager qch

4 COMP ◆ **share issue** N émission (f) d'actions ◆ **share-out** N partage (m) ◆ **share shop** N (Brit) guichet où sont vendues les actions émises lors de la privatisation des entreprises publiques

► **share out** VT SEP partager (**among, between** entre)

shared /ʃeəd/ ADJ [interest, experience, house] commun; **we lived in a ~ house** nous partagions une maison

shareholder /ˈʃeəˌhəʊldə[r]/ N actionnaire (mf)

shareware /ˈʃeəweə[r]/ N shareware (m)

shark /ʃɑːk/ N requin (m)

sharp /ʃɑːp/ 1 ADJ ⓐ (= good for cutting) [knife, razor, blade] (bien) aiguisé; [piece of glass, edge] coupant

ⓑ (= pointed) [pencil] bien taillé; [needle, pin] très pointu; [teeth, fingernails, beak, chin] pointu; [fang, point] acéré; [features] anguleux

ⓒ (= well-defined) [contrast, TV picture, difference] net; [division] fort; **to be in ~ contrast to sth** contraster nettement avec qch; **to bring into ~ focus** [+ problem, issue] faire ressortir nettement

ⓓ (= acute) [person] malin (-igne (f)); [intelligence, wit] vif; [awareness] aigu (-guë (f)); [eyesight] perçant; [hearing] fin; **to have ~ ears** avoir l'ouïe fine; **he's got ~ eyes** rien ne lui échappe; **to keep a ~ look-out for sb/sth** guetter qn/qch

ⓔ (= abrupt) [rise, fall] fort; [increase, drop] brusque; [bend] serré; **the motorcycle made a ~ right turn** la moto a pris un virage serré à droite

ⓕ (= intense) [pain, sensation, wind, cold] vif; [frost] fort; [blow] sec (sèche (f)); [cry] aigu (-guë (f))

ⓖ (= severe) [criticism, attack] incisif; [retort, words] cinglant; [rebuke] vif; [order, tone, voice] cassant; **to be a ~ reminder of sth** rappeler qch de façon brutale; **to have a ~ tongue** avoir la langue acérée

ⓗ (pej) [business practices] déloyal

ⓘ (= stylish)* classe* (inv); **to be a ~ dresser** s'habiller très classe* (inv)

ⓙ (= acrid) [smell] âcre; [taste, sauce] (pleasantly) relevé; (unpleasantly) âpre

ⓚ (Brit = quick) **look ~ about it!*** grouille-toi!*

ⓛ [musical note] trop haut; **C ~** do dièse

2 ADV ⓐ [stop] brusquement; **to turn ~ left/right** prendre un virage serré à gauche/à droite

ⓑ [sing, play] trop haut

ⓒ (= precisely) **at 8 o'clock ~** à 8 heures pile

3 N (Music) dièse (m)

4 COMP ◆ **sharp-eyed** ADJ à qui rien n'échappe ◆ **sharp practice** N pratique (f) déloyale ◆ **sharp-witted** ADJ à l'esprit vif

sharpen /ˈʃɑːpən/ VT ⓐ [+ blade] aiguiser; [+ pencil] tailler; **the cat was ~ing its claws on the door** le chat se faisait les griffes sur la porte ⓑ [+ picture] rendre plus net; [+ contrast] renforcer; [+ appetite] aiguiser; [+ desire] exciter

sharpener /ˈʃɑːpnə[r]/ N (for knives) aiguisoir (m); (for pencils) taille-crayons (m inv)

sharpish /ˈʃɑːpɪʃ/ ADV (Brit) en vitesse*

sharply /ˈʃɑːplɪ/ ADV ⓐ (= abruptly) [drop, increase] brusquement; [reduce] nettement; **prices have risen ~** les prix ont monté en flèche; **to turn ~ to the left** tourner tout de suite à gauche ⓑ (= clearly) nettement; **a ~ defined image** une image qui se détache nettement; **what he said brought the issue ~ into focus** ce qu'il a dit a fait ressortir nettement le problème ⓒ (= severely) [criticize] vivement; [say, ask, reply] avec brusquerie ⓓ **~ pointed** [leaves, shoes] pointu ⓔ (= quickly) rapidement

sharpshooter /ˈʃɑːpˌʃuːtəʳ/ N tireur (m) d'élite

shatter /ˈʃætəʳ/ 1 VT [+ window] fracasser; [+ health, hopes, chances] ruiner; [+ self-confidence] briser; [+ faith] détruire; **she was ~ed by their death** leur mort l'a anéantie 2 VI [glass, windscreen, cup] voler en éclats

shattered /ˈʃætəd/ ADJ ⓐ (= grief-stricken) anéanti; (= overwhelmed) bouleversé ⓑ (= exhausted)* crevé‡

shattering /ˈʃætərɪŋ/ ADJ ⓐ (= devastating) [experience, news] bouleversant; [blow, effect] dévastateur (-trice (f)); [defeat] écrasant ⓑ (Brit = exhausting)* crevant‡

shatterproof glass /ˌʃætəpruːfˈglɑːs/ N verre (m) securit® (inv)

shave /ʃeɪv/ (vb: pret **shaved**, ptp **shaved**) 1 N **to give sb a ~** raser qn; **to have a ~** se raser; **to have a close ~** l'échapper belle; **that was a close ~!** on (or il etc) l'a échappé belle! 2 VT raser 3 VI se raser
▶ **shave off** VT SEP **to ~ off one's beard** se raser la barbe

shaver /ˈʃeɪvəʳ/ N rasoir (m) électrique ♦ **shaver outlet** (US), **shaver point** (f) prise (f) pour rasoir électrique

shaving /ˈʃeɪvɪŋ/ 1 N ⓐ (= piece of wood, metal) copeau (m) ⓑ (with razor) rasage (m); **~ is a nuisance** c'est embêtant de se raser 2 COMP ♦ **shaving brush** N blaireau (m) ♦ **shaving cream** N crème (f) à raser ♦ **shaving foam** N mousse (f) à raser ♦ **shaving gel** N gel (m) à raser

shawl /ʃɔːl/ N châle (m)

she /ʃiː/ 1 PERS PRON ⓐ elle; (boat) il; **~ has come** elle est venue; **here ~ is** la voici; **~ is a doctor** elle est médecin; **SHE said it** ce n'est pas elle qui l'a fait; **I'm younger than ~** je suis plus jeune qu'elle ⓑ (+ relative pronoun) celle; **~ who can ...** celle qui peut ... 2 N **it's a ~*** [animal] c'est une femelle; [baby] c'est une fille

sheaf /ʃiːf/ N (pl **sheaves**) [of corn] gerbe (f); [of papers] liasse (f)

shear /ʃɪəʳ/ (vb: pret **sheared**, ptp **sheared** or **shorn**) 1 NPL **shears** cisaille(s) (f(pl)); **a pair of ~s** une paire de cisailles 2 VT tondre

sheath /ʃiːθ/ N (pl **sheaths** /ʃiːðz/) [of dagger] gaine (f); [of sword] fourreau (m) ♦ **sheath knife** N (pl **sheath knives**) couteau (m) à gaine

sheathe /ʃiːð/ VT recouvrir; **~d in** recouvert de

sheaves /ʃiːvz/ NPL of **sheaf**

shed /ʃed/ (pret, ptp **shed**) 1 N abri (m); (larger) remise (f); (for farm equipment) hangar (m); **garden ~** abri (m) de jardin 2 VT ⓐ (= lose) [+ petals, leaves, fur] perdre; [+ tears] verser; **to ~ hairs** [dog, cat] perdre ses poils; **the snake ~s its skin** le serpent mue; **to ~ blood** (one's own) verser son sang; (other people's) faire couler le sang; **I'm trying to ~ 5 kilos** j'essaie de perdre 5 kilos; **the truck ~ its load** le camion a renversé son chargement; **to ~ jobs** supprimer des emplois ⓑ (= give off) [+ light] diffuser; [+ warmth, happiness] répandre; **to ~ light on** éclairer

she'd /ʃiːd/ = **she had, she would** → **have, would**

sheen /ʃiːn/ N (on silk) lustre (m); (on hair) éclat (m)

sheep /ʃiːp/ N (pl inv) mouton (m) (animal); **they followed him like ~** ils l'ont suivi comme des moutons

sheepdog /ˈʃiːpdɒg/ N chien (m) de berger

sheepish /ˈʃiːpɪʃ/ ADJ penaud (about sth de qch)

sheepskin /ˈʃiːpskɪn/ 1 N ⓐ peau (f) de mouton ⓑ (US = diploma)* diplôme (m) 2 COMP ♦ **sheepskin jacket** N canadienne (f)

sheer /ʃɪəʳ/ ADJ ⓐ [terror, boredom, stupidity] (à l'état) pur; [carelessness] pur et simple; [scale] même (after n); [necessity] absolu; **by ~ accident** tout à fait par hasard; **by ~ coincidence** par pure coïncidence; **in ~ desperation** en désespoir de cause; **by ~ force of will** par la seule force de la volonté; **by ~ luck** tout à fait par hasard; **delays are occurring because of the ~ volume of traffic** il y a des ralentissements dus uniquement à la densité de la circulation ⓑ [tights, fabric] très fin ⓒ [cliff, rock] abrupt; **a ~ drop** un à-pic

sheet /ʃiːt/ 1 N ⓐ (on bed) drap (m) ⓑ [of paper, notepaper] feuille (f); [of iron, steel] tôle (f); [of glass, metal] plaque (f); [of plastic] morceau (m) ⓒ [of water] étendue (f); **a ~ of ice** une plaque de glace; (on road) une plaque de verglas; **a ~ of flame** un rideau de flammes; **the rain came down in ~s** il pleuvait à seaux ⓓ (= rope) écoute (f) 2 COMP ♦ **sheet metal** N tôle (f) ♦ **sheet music** N partition(s) (f(pl))

sheik(h) /ʃeɪk/ N cheik (m)

shelf /ʃelf/ (pl **shelves**) 1 N ⓐ étagère (f); (in shop) rayon (m); (in oven) plaque (f); **a ~ of books** un rayon de livres; **a set of shelves** des étagères; **to buy sth off the ~** acheter qch tout fait; **to be on the ~** [woman] rester vieille fille ⓑ (in rock) saillie (f); (underwater) écueil (m) 2 COMP ♦ **shelf life** N durée (f) de conservation; **most pop stars have a short ~ life** la plupart des stars de la pop ne durent pas longtemps

shell /ʃel/ 1 N ⓐ coquille (f); [of tortoise, crab] carapace (f); (on beach) coquillage (m); **to come out of one's ~** sortir de sa coquille ⓑ [of building] carcasse (f); [of ship] coque (f) ⓒ (= bomb) obus (m); (US = cartridge) cartouche (f) 2 VT ⓐ (= bomb) bombarder (d'obus) ⓑ [+ peas] écosser; [+ nut, prawn] décortiquer 3 COMP ♦ **shell game** N (US = fraud) escroquerie (f) ♦ **shell shock** N psychose (f) traumatique (du soldat)
▶ **shell out** 1 VI (= pay) casquer‡ 2 VT INSEP payer; **we had to ~ out £500** on a dû cracher‡ 500 livres

she'll /ʃiːl/ = **she will** → **will**

shellfire /ˈʃelfaɪəʳ/ N tirs (mpl) d'obus

shellfish /ˈʃelfɪʃ/ 1 N (pl inv) (= lobster, crab) crustacé (m); (= mollusc) coquillage (m) 2 NPL (to eat) fruits (mpl) de mer

shelter /ˈʃeltəʳ/ 1 N ⓐ abri (m); **under the ~ of ...** à l'abri sous ...; **to take ~** se mettre à l'abri; **to take ~ from** s'abriter de ⓑ (= hut, building) abri (m) ⓒ (for homeless) centre (m) d'accueil 2 VT (from wind, rain, sun, shells) abriter; (from blame) protéger; [+ fugitive] donner asile à; **~ed from the wind** à l'abri du vent 3 VI s'abriter

sheltered /ˈʃeltəd/ 1 ADJ ⓐ (= protected from weather) abrité ⓑ [life, environment] protégé ⓒ (Brit = supervised) en milieu protégé 2 COMP ♦ **sheltered accommodation**, **sheltered housing** N (Brit) (for elderly) logement-foyer (m); (for disabled) foyer (m) d'hébergement pour handicapés

shelve /ʃelv/ 1 VT [+ plan, project] mettre en sommeil 2 VI (= slope) descendre en pente douce

shelves /ʃelvz/ NPL of **shelf**

shelving /ˈʃelvɪŋ/ N étagères (fpl)

shepherd /ˈʃepəd/ 1 N berger (m) 2 VT **to ~ sb in** faire entrer qn; **to ~ sb out** escorter qn jusqu'à la porte 3 COMP ♦ **shepherd's pie** N (Brit) ≈ hachis (m) Parmentier

shepherdess /ˈʃepədɪs/ N bergère (f)

sherbet /ˈʃɜːbət/ N ⓐ (Brit = powder) poudre (f) acidulée ⓑ (US = water ice) sorbet (m)

sheriff /ˈʃerɪf/ N (US) shérif (m)

sherry /ˈʃerɪ/ N xérès (m), sherry (m)

she's /ʃiːz/ = **she is, she has** → **be, have**

Shetland(s) /ˈʃetlənd(z)/ N(PL) îles (fpl) Shetland

shhh /ʃ/ EXCL chut!

Shiah /ˈʃiːə/ 1 N (= Shiah Muslim) chiite (mf) 2 ADJ chiite

shield /ʃiːld/ 1 N bouclier (m); [of machine] écran (m) de protection; (against radiation, heat) écran (m) 2 VT protéger; **to ~ one's eyes from the sun** se protéger les yeux du soleil; **to ~ sb with one's body** faire à qn un rempart de son corps

shift /ʃɪft/ 1 N ⓐ (= change) changement (m) (**in** de); **there has been a ~ in policy** la politique a changé d'orientation ⓑ (= period of work) poste (m); (= people) poste (m), équipe (f); **he works ~s** il travaille par équipes; **I work an eight-hour ~** je fais les trois-huit; **to be on day/night ~** être (au poste) de jour/de nuit; **they worked in ~s to release the injured man** ils se sont relayés pour dégager le blessé ⓒ (= gearshift) changement (m) de vitesse ⓓ (= dress) robe (f) droite

2 VT (a) (= move) déplacer; [+ scenery] changer; [+ stain] enlever; [+ blame, responsibility] rejeter; **I can't ~ this cold*** je n'arrive pas à me débarrasser de ce rhume
(b) (= change) **we couldn't ~ him (from his opinion)** nous n'avons pas réussi à le faire changer d'avis; **to ~ gear** changer de vitesse
(c) (= sell) se défaire de

3 VI (= change position) bouger; [cargo, load] se déplacer; [opinions, ideas] changer; **~ (over) a minute*** pousse-toi une minute*; **to ~ into second (gear)** passer la deuxième; **the government has not ~ed from its original position** le gouvernement n'a pas dévié de sa position initiale

4 COMP ♦ **shift key** N touche (f) de majuscule ♦ **shift work** N travail (m) posté ♦ **shift worker** N travailleur (m), -euse (f) posté(e)

shifting /ˈʃɪftɪŋ/ ADJ [attitudes, pattern] changeant; [population] instable

shiftless /ˈʃɪftlɪs/ ADJ (frm) apathique

shifty* /ˈʃɪftɪ/ ADJ sournois; [look, eyes] fuyant

Shiite, Shi'ite /ˈʃiːaɪt/ (= Shiite Muslim) N, ADJ chiite (mf)

shilling /ˈʃɪlɪŋ/ N (Brit) shilling (m)

shilly-shally /ˈʃɪlɪˌʃælɪ/ VI hésiter

shimmer /ˈʃɪmə‘/ VI miroiter

shin /ʃɪn/ 1 N tibia (m); **~ of beef** (Brit) jarret (m) de bœuf 2 VI **to ~ up a tree** grimper à un arbre 3 COMP ♦ **shin guard, shin pad** N protège-tibia (m)

shindig* /ˈʃɪndɪg/ N fiesta* (f)

shine /ʃaɪn/ (vb: pret, ptp **shone**) 1 N éclat (m); **to give sth a ~** faire briller qch; **to take the ~ off** [+ success] ternir; [+ news] retirer de l'intérêt à; [+ sb else's achievement] éclipser; **to take a ~ to sb*** se toquer de qn*

2 VI briller; **the sun is shining** il fait soleil; **the light was shining in my eyes** j'avais la lumière dans les yeux; **her face shone with happiness** son visage rayonnait de bonheur

3 VT (a) **he shone his torch on the car** il a braqué sa lampe de poche sur la voiture (b) (pret, ptp **shone** or **shined**) [+ shoes] faire briller

shingle /ˈʃɪŋgl/ N (on beach) galets (mpl); (on roof) bardeau (m); (US = signboard)* petite enseigne (f) (de docteur, de notaire)

shingles /ˈʃɪŋglz/ N zona (m); **to have ~** avoir un zona

shininess /ˈʃaɪnɪnɪs/ N éclat (m), brillant (m)

shining /ˈʃaɪnɪŋ/ ADJ (a) [eyes, hair] brillant; [furniture, metal] luisant (b) [success] remarquable; **she was a ~ example to everyone** c'était un modèle pour tout le monde

Shinto /ˈʃɪntəʊ/ N shinto (m)

shiny /ˈʃaɪnɪ/ ADJ brillant

ship /ʃɪp/ 1 N bateau (m); (large) navire (m); **it was a case of "~s that pass in the night"** ce fut une rencontre sans lendemain 2 VT (= transport) transporter; (= send) expédier; (by ship) expédier par bateau 3 COMP ♦ **ship canal** N canal (m) maritime

shipbuilder /ˈʃɪpˌbɪldə‘/ N constructeur (m) naval

shipbuilding /ˈʃɪpˌbɪldɪŋ/ N construction (f) navale

shipload /ˈʃɪpləʊd/ N charge (f); (= huge amount) masse* (f)

shipment /ˈʃɪpmənt/ N (= load) cargaison (f); (= delivery) expédition (f)

shipowner /ˈʃɪpˌəʊnə‘/ N armateur (m)

shipper /ˈʃɪpə‘/ N affréteur (m)

shipping /ˈʃɪpɪŋ/ 1 N (a) (= ships collectively) navires (mpl); (= traffic) navigation (f); **it was a danger to ~** cela constituait un danger pour la navigation (b) (= act of loading) chargement (m) (c) (= charges for transporting cargo) frais (mpl) de transport 2 COMP ♦ **the shipping forecast** N la météo marine

shipshape /ˈʃɪpʃeɪp/ ADJ bien rangé

shipwreck /ˈʃɪprek/ 1 N (= event) naufrage (m); (= wrecked ship) épave (f) 2 VT **to be ~ed** faire naufrage; **a ~ed sailor/vessel** un marin/vaisseau naufragé

shipwright /ˈʃɪpraɪt/ N (= builder) constructeur (m) naval

shipyard /ˈʃɪpjɑːd/ N chantier (m) naval

shire /ˈʃaɪə‘/ N (Brit) comté (m)

shirk /ʃɜːk/ 1 VT [+ work] s'arranger pour ne pas faire; [+ obligation] se dérober à; **to ~ doing sth** s'arranger pour ne pas faire qch 2 VI tirer au flanc*

shirker /ˈʃɜːkə‘/ N tire-au-flanc* (mf inv)

shirt /ʃɜːt/ N (man's) chemise (f); (woman's) chemisier (m); (footballer's) maillot (m); **keep your ~ on!** ne vous mettez pas en rogne!* ♦ **shirt sleeves** NPL **in (one's) ~ sleeves** en bras de chemise

shirtwaist /ˈʃɜːtweɪst/ N (US) (= blouse) chemisier (m); (= dress) robe (f) chemisier

shirty* /ˈʃɜːtɪ/ ADJ (Brit) vache*; **to get ~ (with sb) (about sth)** se mettre en rogne* (contre qn) (à propos de qch)

shit /ʃɪt/ (vb: pret, ptp **shat**) 1 N (a) merde (f); (= nonsense) conneries (fpl) (b) (= bastard) salaud (m) 2 VI chier

shiver /ˈʃɪvə‘/ 1 VI frissonner (with de) 2 N frisson (m); **it sent ~s down his spine** cela lui a donné froid dans le dos; **to give sb the ~s** donner le frisson à qn

shivery /ˈʃɪvərɪ/ ADJ (= feverish) fébrile

shoal /ʃəʊl/ N (a) [of fish] banc (m); [of people] foule (f) (b) (= sandbank) banc (m) de sable

shock /ʃɒk/ 1 N (a) (= impact) choc (m); [of earthquake, explosion] secousse (f)
(b) (electric) décharge (f) (électrique); **to get a ~** recevoir une décharge (électrique)
(c) (to sensibilities) choc (m); (= feeling) horreur (f); **he got such a ~ when he heard that ...** il a eu un tel choc en apprenant que ...; **the ~ of the election results** la stupéfaction causée par les résultats des élections; **their refusal came as a ~ to me** leur refus m'a stupéfié; **I got such a ~!** j'en étais tout retourné!*; **pale with ~** pâle de saisissement; **her ~ at the idea that ...** son sentiment d'horreur à l'idée que ...
(d) (= medical condition) choc (m); **to be in ~** or **suffering from ~** être en état de choc; **in a state of ~** en état de choc
(e) **a ~ of hair** une tignasse*

2 ADJ [news, decision] surprise; **to use ~ tactics** créer un choc psychologique

3 VT (= take aback) secouer; (stronger) bouleverser; (= disgust) dégoûter; (= scandalize) choquer; **he's easily ~ed** il se choque facilement

4 COMP ♦ **shock absorber** N amortisseur (m) ♦ **shock resistant** ADJ résistant aux chocs ♦ **shock therapy, shock treatment** N (traitement (m) par) électrochocs (mpl) ♦ **shock wave** N onde (f) de choc

shocking /ˈʃɒkɪŋ/ 1 ADJ (a) (= scandalous) choquant; [sight, news] atroce; [waste of money, price] scandaleux; [murder, cruelty] odieux; **it may be ~ to the older generation** cela pourrait choquer les personnes plus âgées; **it is ~ that ...** il est scandaleux que ... (+ subj); **the ~ truth** la terrible vérité (b) (Brit = dreadful)* épouvantable 2 COMP ♦ **shocking pink** ADJ, N rose (m) criard (inv)

shod /ʃɒd/ VB pt, ptp of **shoe**

shoddy /ˈʃɒdɪ/ ADJ [workmanship, goods, service] de mauvaise qualité; [treatment] indigne

shoe /ʃuː/ (vb: pret, ptp **shod**) 1 N chaussure (f); (= horseshoe) fer (m) (à cheval); **to have one's ~s off** être déchaussé; **to put on one's ~s** mettre ses chaussures; **to shake in one's ~s** avoir une peur bleue; **I wouldn't like to be in his ~s** je n'aimerais pas être à sa place; **to step into** or **fill sb's ~s** succéder à qn; **if the ~ fits, wear it** (US) qui se sent morveux se mouche

2 VT [+ horse] ferrer

3 COMP ♦ **shoe polish** N cirage (m) ♦ **shoe repairer** N cordonnier (m) ♦ **shoe shop** N magasin (m) de chaussures ♦ **shoe size** N pointure (f)

shoebrush /ˈʃuːbrʌʃ/ N brosse (f) à chaussures

shoehorn /ˈʃuːhɔːn/ 1 N chausse-pied (m) 2 VT **the cars**

are ~ed into tiny spaces les voitures sont casées dans des emplacements minuscules

shoelace /'ʃuːleɪs/ N lacet (m)

shoemaker /'ʃuːˌmeɪkəʳ/ N cordonnier (m)

shoestring /'ʃuːstrɪŋ/ N (US) lacet (m); **to do sth on a ~** faire qch à peu de frais; **~ budget** mini-budget (m)

shoetree /'ʃuːtriː/ N embauchoir (m)

shone /ʃɒn/ VB pt, ptp of **shine**

shoo /ʃuː/ 1 EXCL (to animals) pschtt!; (to person) ouste!*
2 VT (also **~ away**) chasser 3 COMP ◆ **shoo-in*** N (US) **it's a ~-in** c'est du tout cuit*

shook /ʃʊk/ 1 VB pt of **shake** 2 COMP ◆ **shook-up*** ADJ **to be ~-up about sth** être secoué par qch

shoot /ʃuːt/ (vb: pret, ptp **shot**) 1 N (a) (= new growth) pousse (f)
(b) (= chute) glissière (f)
(c) (= photo assignment) séance (f) (de photos); (= filming session) séance (f) (de tournage)
2 VT (a) [+ animal] (= hunt) chasser; (= kill) abattre; [+ person] (= hit) atteindre d'une balle; (= wound) blesser par balle(s); (= kill) abattre; (= execute) fusiller; **to be shot in the head** être atteint d'une balle dans la tête; **to ~ sb dead** abattre qn; **he was shot as a spy** il a été fusillé pour espionnage; **to ~ the lights** griller le feu rouge; **to ~ o.s. in the foot*** (fig) agir contre son propre intérêt
(b) (= fire) [+ gun] tirer un coup de (at sur); [+ arrow] décocher (at sur); [+ bullet] tirer (at sur); [+ rocket, missile] lancer (at sur); **the volcano shot lava high into the air** le volcan projetait de la lave dans les airs; **to ~ a goal** marquer un but; **he shot the bolt** il a poussé le verrou; **to ~ the breeze*** (US) bavarder; **to ~ a line:** raconter des bobards
(c) [+ look, glance] décocher; **to ~ questions at sb** mitrailler qn de questions
(d) [+ film, scene] tourner; [+ photo] prendre
(e) [+ rapids] franchir
3 VI (a) tirer (at sur); **to go ~ing** (Brit = hunt) chasser, aller à la chasse; **to ~ to kill** tirer pour abattre; **don't ~!** ne tirez pas!
(b) (= move quickly) **to ~ in/past** entrer/passer en flèche; **to ~ along** filer; **to ~ to fame** devenir très vite célèbre; **he shot across the road** il a traversé la rue comme une flèche; **the pain went ~ing up his arm** la douleur au bras le lancinait
(c) [footballer] tirer; **to ~ at goal** shooter
4 EXCL zut!*
5 COMP ◆ **shoot-out** N (= fight) fusillade (f); (Football) épreuve (f) des tirs au but
► **shoot down** VT SEP (a) [+ plane] abattre; **to ~ down in flames*** [+ project] démolir; [+ person] descendre en flammes* (b) (= kill) abattre
► **shoot out** 1 VI [person, car] sortir comme une flèche; [flame, water] jaillir 2 VT SEP **he shot out an arm and grabbed my pen** il a avancé brusquement le bras et a attrapé mon stylo
► **shoot up** VI (a) [flame, water] jaillir; [rocket, price] monter en flèche (b) [tree, plant] pousser vite; [child] bien pousser* (c) (Drugs)* se shooter*

shooting /'ʃuːtɪŋ/ 1 N (a) (= shots) coups (mpl) de feu; (continuous) fusillade (f) (b) (= act) (murder) meurtre (m) (avec une arme à feu); (execution) exécution (f) (c) (= hunting) chasse (f); **pheasant ~** chasse (f) au faisan (d) [of film, scene] tournage (m) 2 ADJ [pain] lancinant 3 COMP ◆ **shooting gallery** N stand (m) (de tir) ◆ **shooting star** N étoile (f) filante

shop /ʃɒp/ 1 N (a) magasin (m); (small) boutique (f); **at the butcher's ~** à la boucherie, chez le boucher; **he's just gone to the ~s** il est juste sorti faire des courses; **to set up ~** s'établir; **to shut up ~** fermer boutique; **to talk ~** parler boutique; **all over the ~*** (= everywhere) partout; (= in confusion) en désordre
(b) (Brit = shopping) **to do one's weekly ~** faire ses courses de la semaine
(c) (= workshop, part of factory) atelier (m)

2 VI **to ~ at Harrods** faire ses courses chez Harrods; **to go ~ping** (specific errands) faire les courses; (leisurely browsing) faire les magasins, faire du shopping*
3 VT (= betray): donner*
4 COMP ◆ **shop assistant** N (Brit) vendeur (m), -euse (f) ◆ **the shop floor** N l'atelier (m); (= workers) les ouvriers (mpl) ◆ **shop front** N (Brit) devanture (f) ◆ **shop steward** N (Brit) délégué(e) (m(f)) syndical(e) ◆ **shop window** N vitrine (f)
► **shop around** VI comparer les prix; **to ~ around for sth** comparer les prix avant d'acheter qch

shopaholic* /ʃɒpə'hɒlɪk/ N accro (mf) du shopping*

shopkeeper /'ʃɒpˌkiːpəʳ/ N commerçant(e) (m(f))

shoplift /'ʃɒplɪft/ VTI voler à l'étalage

shoplifter /'ʃɒpˌlɪftəʳ/ N voleur (m), -euse (f) à l'étalage

shoplifting /'ʃɒpˌlɪftɪŋ/ N vol (m) à l'étalage

shopper /'ʃɒpəʳ/ N (= person) personne (f) qui fait ses courses; (= customer) client(e) (m(f))

shopping /'ʃɒpɪŋ/ 1 N (a) courses (fpl); **to do some ~** faire des courses; **she loves ~** elle adore faire les magasins (b) (= goods) achats (mpl) 2 ADJ [street, district] commerçant 3 COMP ◆ **shopping bag** N sac (m) à provisions ◆ **shopping cart** N (US) caddie® (m) ◆ **shopping centre**, **shopping complex** N centre (m) commercial ◆ **shopping list** N liste (f) de(s) courses ◆ **shopping mall** N centre (m) commercial ◆ **shopping spree** N **to go on a ~ spree** aller faire du shopping ◆ **shopping trolley** N (Brit) caddie® (m)

shopsoiled /'ʃɒpsɔɪld/ ADJ (Brit) défraîchi

shore /ʃɔːʳ/ N [of sea] rivage (m); [of lake] rive (f); (= coast) côte (f); (= beach) plage (f); **on ~** à terre
► **shore up** VT SEP [+ building] étayer; [+ argument] consolider

shorn /ʃɔːn/ VB ptp of **shear**

short /ʃɔːt/ 1 ADJ (a) court; (= not tall) petit; **a ~ walk** une petite promenade; **a ~ distance away** à peu de distance; **I'd like a ~ word** j'aimerais vous dire un mot; **~ and to the point** bref et précis; **that was ~ and sweet** ça a été du vite fait*; **to make ~ work of sth** faire qch en un rien de temps; **to make ~ work of his opponent** n'a fait qu'une bouchée* de son adversaire; **time is getting ~** il ne reste plus beaucoup de temps; **the days are getting ~er** les jours raccourcissent; **a ~ holiday** quelques jours de vacances; **they want ~er working hours** on réclame une réduction du temps de travail; **at ~ notice** à bref délai; **I know it's ~ notice, but ...** je sais que le délai est assez court mais ...
◆ **a short time**: **a ~ time ago** il y a peu de temps; **in a ~ time** dans peu de temps
(b) (= abbreviated) **"PO" is ~ for "post office"** «PO» est l'abréviation de « post office »; **Fred is ~ for Frederick** Fred est le diminutif de Frederick; **he's called Fred for ~** son diminutif est Fred
(c) (= lacking) **to be ~ of sth** manquer de qch; **I'm a bit ~ this month*** je suis un peu à court ce mois-ci; **petrol is in ~ supply at the moment** on manque d'essence en ce moment; **to give ~ measure** ne pas donner le poids juste
(d) (= curt) brusque; **he was rather ~ with me** il m'a parlé assez sèchement
2 ADV **to cut ~** [+ speech, TV programme, class, visit, holiday] écourter; **we never went ~** nous n'avons jamais manqué du nécessaire; **to run ~ of sth** se trouver à court de qch; **I'm £2 ~** il me manque 2 livres; **supplies are running ~** les provisions commencent à manquer; **the car stopped ~ of the house** la voiture s'est arrêtée avant la maison
◆ **short of** (= less than) moins de; (= except) sauf; **not far ~ of £100** pas loin de 100 livres; **we are £2,000 ~ of our target** il nous manque encore 2000 livres pour atteindre notre objectif; **it's nothing ~ of robbery** c'est du vol, ni plus ni moins; **nothing ~ of a revolution will satisfy them** ils veulent une révolution, rien de moins; **I don't see what you can do ~ of asking him yourself** je ne vois pas ce que vous pouvez faire si ce n'est lui demander vous-même
3 N (a) (= film)* court métrage (m); (= short-circuit)* court-

circuit (m)
ⓑ (Brit = drink) alcool (m) fort
ⓒ ◆ **in short** bref

4 NPL **shorts** (= garment) (gen) short (m); [of footballer] culotte (f); (US = men's underwear) caleçon (m); **a pair of ~s** un short

5 VT court-circuiter

6 VI faire court-circuit

7 COMP ◆ **short-change** VT **to ~-change sb** (in shop) ne pas rendre assez à qn ◆ **short-circuit** N court-circuit (m) ◆ VT court-circuiter ◆ VI faire court-circuit ◆ **short cut** N raccourci (m); **I took a ~ cut through the fields** j'ai pris un raccourci à travers champs ◆ **short-haired** ADJ [person] aux cheveux courts; [animal] à poil ras ◆ **short-handed** ADJ à court de personnel ◆ **short-list** (Brit) N liste (f) de(s) candidats sélectionnés ◆ VT présélectionner ◆ **short-lived** ADJ de courte durée ◆ **short-range** ADJ [missile] à courte portée; [aircraft] à court rayon d'action; [plan, weather forecast] à court terme ◆ **short-sighted** ADJ myope; [policy, measure] à courte vue ◆ **short-sightedness** N myopie (f); (fig) manque (m) de vue à long terme ◆ **short-sleeved** ADJ à manches courtes ◆ **short-staffed** ADJ **to be ~-staffed** manquer de personnel ◆ **short-stay car park** N parc (m) de stationnement de courte durée ◆ **short story** N nouvelle (f); **~-story writer** nouvelliste (mf) ◆ **short-tempered** ADJ coléreux ◆ **short-term** ADJ [parking] de courte durée; [loan, planning, solution] à court terme

shortage /'ʃɔːtɪdʒ/ N manque (m); **there's no ~ of ...** on ne manque pas de ...; **the food ~** la pénurie de vivres; **the housing ~** la crise du logement

shortbread /'ʃɔːtbred/ N sablé (m)

shortcake /'ʃɔːtkeɪk/ N (US) **strawberry ~** tarte (f) sablée aux fraises

shortcoming /'ʃɔːtˌkʌmɪŋ/ N défaut (m)

shortcrust pastry /ˌʃɔːtkrʌst'peɪstrɪ/ N pâte (f) brisée

shorten /'ʃɔːtn/ 1 VT [+ book, programme, letter, skirt] raccourcir; [+ visit, holiday] écourter 2 VI raccourcir

shortfall /'ʃɔːtfɔːl/ N (in payments, profits, savings) montant (m) insuffisant (**in** de); (in numbers) nombre (m) insuffisant (**in** de); **there is a ~ of £5,000** il manque 5 000 livres

shorthand /'ʃɔːthænd/ 1 N sténographie (f); **to take sth down in ~** prendre qch en sténo 2 ADJ (= abbreviated) abrégé 3 COMP ◆ **shorthand typing** N sténodactylo (f) ◆ **shorthand typist** N sténodactylo (mf)

shortly /'ʃɔːtlɪ/ ADV (= soon) bientôt; (= in a few days) prochainement; **more of that ~** nous reviendrons sur ce sujet; **~ before/after sth** peu avant/après qch; **I'll be with you ~** je suis à vous tout de suite

shortwave /'ʃɔːtweɪv/ 1 N ondes (fpl) courtes 2 ADJ [radio] à ondes courtes; [transmission] sur ondes courtes

shot /ʃɒt/ 1 N ⓐ (from gun) coup (m) (de feu); (= bullet) balle (f); **to fire a ~ at sb/sth** tirer sur qn/qch; **good ~!** joli coup!; **the first ~ killed him** la première balle l'a tué; **he is a good/bad ~** il est bon/mauvais tireur; **that was just a ~ in the dark** c'était dit à tout hasard; **he was off like a ~** il est parti comme une flèche; **he agreed like a ~*** il a accepté tout de suite
ⓑ (Football, Hockey) tir (m); (Golf, Tennis) coup (m); (= throw) lancer (m); **good ~!** bien joué!; **to put the ~** lancer le poids; **the biggest by a long ~** de loin le plus grand; **she calls the ~s*** c'est elle qui commande
ⓒ (= attempt) essai (m); (= guess) hypothèse (f); (= turn to play) tour (m); **to have a ~ at sth** essayer de faire qch; **to give it one's best ~*** faire de son mieux; **have a ~ at it!** (= try it) essayez!; (= guess) devinez!
ⓓ (= photo) photo (f); (Cinema) plan (m)
ⓔ (= injection) piqûre (f); **a ~ in the arm** (fig) un coup de fouet (fig)
ⓕ [of alcohol] **put a ~ of gin in it** ajoute une goutte de gin

2 ADJ ⓐ (= suffused) **black hair ~ through with silver** des cheveux noirs striés d'argent; **his work is ~ through with humour** son œuvre est imprégnée d'humour
ⓑ (= rid)* **to be ~ of sb/sth** être débarrassé de qn/qch; **to**

get ~ of sb/sth se débarrasser de qn/qch
ⓒ (= destroyed)* [object, machine] bousillé*; **my nerves are totally ~** je suis à bout de nerfs; **her confidence was ~ to pieces** ça lui a fait complètement perdre confiance en elle

3 COMP ◆ **shot put** N lancer (m) du poids ◆ **shot putter** N lanceur (m), -euse (f) de poids

shotgun /'ʃɒtgʌn/ N fusil (m) de chasse

should /ʃʊd/ MODAL VERB ⓐ (= ought to)

▶ **should** is usually translated by the conditional of **devoir**, except when it refers to past time.

I ~ go and see her je devrais aller la voir; **~n't you go and see her?** est-ce que vous ne devriez pas aller la voir?; **he ~ be there by now** il devrait être ici à l'heure qu'il est; **he ~ win the race** il devrait gagner la course; **you ~ avoid stress** vous devriez éviter le stress; **you ~n't be so pessimistic** vous ne devriez pas être si pessimiste; **everything is as it ~ be** tout est en ordre
◆ **should I** (asking advice) **what ~ I do?** qu'est-ce que je dois faire?; **~ I go too? — yes you ~** est-ce que je dois y aller aussi? — oui tu devrais
ⓑ (past time)

▶ When **should** refers to past time, it is translated by the imperfect of **devoir**.

he thought he ~ tell you il a pensé qu'il devait vous le dire; **I said they ~ wait a bit** je leur ai dit qu'ils devaient attendre un peu; **he thought I ~ tell her, so I'm going to** il pensait que je devais lui dire, alors je vais le faire
◆ **should have**

▶ When **should have** implies that something did not happen, it is translated by the conditional of **avoir** + **dû**.

you ~ have been a teacher vous auriez dû être professeur; **I ~ have gone this morning** j'aurais dû y aller ce matin

▶ When **should have** means that something probably has happened, it is translated by the present tense of **devoir**.

he ~ have got there by now il doit être arrivé à l'heure qu'il est; **he ~ have finished by now** (= probably has) il doit avoir terminé à l'heure qu'il est; (= but he hasn't) il aurait dû terminer à l'heure qu'il est
ⓒ (= would)

▶ When **should** has conditional meaning, it is translated by the conditional of the French verb.

I ~ go if he invited me s'il m'invitait, j'irais; **we ~ have come if we had known** si nous avions su, nous serions venus; **will you come? — I ~ like to** est-ce que vous viendrez? — j'aimerais bien; **I ~n't be surprised if he came** ça ne m'étonnerait pas qu'il vienne; **why ~ he suspect me?** pourquoi me soupçonnerait-il?; **I ~ think there were about 40** je pense qu'il devait y en avoir une quarantaine
ⓓ (emphatic) **I ~ hope not!** il ne manquerait plus que ça!*; **how ~ I know?** comment voulez-vous que je le sache?; **he's coming to apologize — I ~ think so too!** il vient présenter ses excuses — j'espère bien!; **and who ~ come in but Paul!** et devinez qui est entré? Paul bien sûr!

shoulder /'ʃəʊldəʳ/ 1 N épaule (f); **to have broad ~s** être large d'épaules; (fig) avoir les reins solides; **it's too wide across the ~s** c'est trop large de carrure; **put my jacket round your ~s** mets ma veste sur tes épaules; **to cry on sb's ~** pleurer sur l'épaule de qn; **she had her bag on one ~** elle portait son sac en bandoulière; **all the responsibilities had fallen on his ~s** toutes les responsabilités étaient retombées sur ses épaules

2 VT endosser

3 COMP ◆ **shoulder bag** N sac (m) à bandoulière ◆ **shoulder blade** N omoplate (f); **it hit him between the ~ blades** ça l'a atteint entre les épaules ◆ **shoulder-high** ADJ à hauteur d'épaule ◆ **shoulder-length** ADJ mi-long ◆ **shoulder pad** N épaulette (f) (rembourrage) ◆ **shoulder strap** N [of garment] bretelle (f); [of bag] bandoulière (f)

shouldn't /'ʃʊdnt/ (ABBR = **should not**) → **should**

shout /ʃaʊt/ 1 N cri (m); **to give sb a ~** appeler qn; **it's my ~:*** (Brit = round of drinks) c'est ma tournée* 2 VT crier;

"no" he ~ed « non » cria-t-il; **to ~ o.s. hoarse** s'enrouer à force de crier 3 VI ⓐ crier; **to ~ for help** crier au secours; **he ~ed to me to throw him the rope** il m'a crié de lui lancer la corde; **it's nothing to ~ about*** ça n'a rien d'extraordinaire ⓑ (= scold) **to ~ at sb** crier après* qn

► **shout down** VT SEP [+ speaker] huer; **they ~ed down the proposal** ils ont rejeté la proposition avec de hauts cris

► **shout out** 1 VI pousser un cri; **to ~ out to sb** interpeller qn 2 VT SEP crier

shouting /ˈʃaʊtɪŋ/ N cris (mpl); (= noise of quarrelling) éclats (mpl) de voix; **the tournament is all over bar the ~** le tournoi est pratiquement terminé ♦ **shouting match*** N engueulade: (f)

shove /ʃʌv/ 1 N poussée (f); **to give sb/sth a ~** pousser qn/qch

2 VT ⓐ (= push) pousser; (= thrust) [+ stick, finger] enfoncer (**into** dans); (= jostle) bousculer; **to ~ sth in/out/down** faire entrer/sortir/descendre qch en le poussant; **to ~ sth/sb aside** pousser qch/qn de côté; **to ~ sth into a drawer/one's pocket** fourrer qch dans un tiroir/sa poche; **to ~ sb/sth out of the way** écarter qn/qch en le poussant; **to ~ one's way through the crowd** se frayer un chemin à travers la foule

ⓑ (= put)* fourrer*, mettre; **he ~d his head through the window** il a passé la tête par la fenêtre; **he ~d the book into my hand** il m'a fourré le livre dans la main

3 VI pousser; **he ~d past me** il m'a dépassé en me bousculant; **he ~d through the crowd** il s'est frayé un chemin à travers la foule

► **shove off** VI (in boat) pousser au large; (= leave)* ficher le camp*

► **shove over*** VI se pousser

► **shove up*** VI se pousser

shovel /ˈʃʌvl/ 1 N pelle (f) 2 VT [+ coal, grain] pelleter; [+ snow, mud] enlever à la pelle; **to ~ earth into a pile** pelleter la terre pour en faire un tas; **he ~led the food into his mouth*** il enfournait* la nourriture dans sa bouche

► **shovel up** VT SEP [+ sth spilt] ramasser avec une pelle; [+ snow] enlever à la pelle

show /ʃəʊ/ (vb: pret **showed**, ptp **shown** or **showed**) 1 N ⓐ (= exhibition) exposition (f); (= trade fair) foire (f); (= contest) concours (m); **flower ~** floralies (fpl); **he's holding his first London ~** [artist, sculptor] il expose à Londres pour la première fois; **the Boat Show** le Salon de la Navigation ♦ **on show** exposé; **there were some fine pieces on ~** il y avait quelques beaux objets exposés

ⓑ (= play, concert) spectacle (m); (= film) séance (f); **the ~ must go on** il faut continuer malgré tout; **let's get this ~ on the road*** passons à l'action; **to run the ~*** tenir les rênes; **they put up a good ~** ils se sont bien défendus

ⓒ (= display) démonstration (f); **an impressive ~ of strength** une impressionnante démonstration de force; **they made a ~ of resistance** ils ont fait semblant de résister; **to make a ~ of doing sth** faire semblant de faire qch; **just for ~** pour épater la galerie

2 VT ⓐ (= display) montrer; (= exhibit) [+ goods for sale, picture, dog] exposer; [+ film, slides] projeter; **the film was first ~n in 1974** ce film est sorti en 1974; **he has nothing to ~ for all the effort he has put into it** ses efforts n'ont rien donné; **I ought to ~ my face at Paul's party** il faudrait que je fasse acte de présence à la soirée de Paul; **he daren't ~ his face there again** il n'ose plus montrer son nez là-bas*; **to ~ one's hand** abattre son jeu (fig); **to ~ a clean pair of heels** se sauver à toutes jambes; **to ~ one's teeth** montrer les dents; **to ~ sb the door** mettre qn à la porte

ⓑ (= indicate) [dial, clock] indiquer; **to ~ a loss/profit** indiquer une perte/un bénéfice; **the figures ~ a rise over last year's sales** les chiffres font apparaître une augmentation des ventes par rapport à l'année dernière; **the roads are ~n in red** les routes sont marquées en rouge; **as ~n by the graph** comme le montre le graphique

ⓒ (= reveal) montrer; **this skirt ~s the dirt** cette jupe est salissante; **he was ~ing signs of tiredness** il montrait des signes de fatigue; **her choice of clothes ~s good taste** sa

façon de s'habiller témoigne de son bon goût; **he's beginning to ~ his age** il commence à faire son âge; **this ~s great intelligence** cela révèle beaucoup d'intelligence; **he ~ed himself to be a coward** il s'est révélé être lâche; **it all goes to ~ that ...** tout cela montre bien que ...; **it just goes to ~!** comme quoi!*; **I'll ~ him!*** il va voir!; **to ~ sb the way** indiquer le chemin à qn

ⓓ (= conduct) **to ~ sb into the room** faire entrer qn dans la pièce; **to ~ sb to his seat** placer qn; **to ~ sb to the door** reconduire qn jusqu'à la porte; **to ~ sb round a house** faire visiter une maison à qn

3 VI ⓐ [emotion] être visible; [stain, scar] se voir; [underskirt] dépasser; **it doesn't ~** cela ne se voit pas

ⓑ (= arrive)* se pointer*

4 COMP ♦ **show business** N show-business (m); **she's in ~ business** elle est dans le show-business ♦ **show flat** N (Brit) appartement (m) témoin ♦ **show house** N (Brit) maison (f) témoin ♦ **show jumping** N concours (m) hippique ♦ **show-off** N frimeur (m), -euse (f) ♦ **show of hands** N vote (m) à main levée; **to vote by ~ of hands** voter à main levée ♦ **show trial** N procès pour l'exemple

► **show around** VT SEP faire visiter à

► **show in** VT SEP faire entrer

► **show off** 1 VI frimer*; [child] faire l'intéressant 2 VT SEP [+ one's wealth, knowledge] faire étalage de; **he wanted to ~ off his new car** il voulait faire admirer sa nouvelle voiture

► **show out** VT SEP raccompagner (jusqu'à la porte)

► **show round** VT SEP faire visiter à

► **show up** 1 VI ⓐ (= stand out) [feature] ressortir; [mistake] être visible; [stain] se voir (nettement); **the tower ~ed up clearly against the sky** la tour se détachait nettement sur le ciel ⓑ (= arrive)* se pointer* 2 VT SEP ⓐ [+ visitor] faire monter ⓑ [+ fraud, impostor] démasquer; [+ flaw, defect] faire ressortir ⓒ (= embarrass) faire honte à (en public)

showbiz* /ˈʃəʊbɪz/ N showbiz* (m); **she's in ~** elle est dans le show-business

showcase /ˈʃəʊkeɪs/ 1 N vitrine (f); **the museum is a ~ for young designers** le musée est une vitrine pour les jeunes concepteurs 2 VT présenter

showdown /ˈʃəʊdaʊn/ N épreuve (f) de force

shower /ˈʃaʊəʳ/ 1 N ⓐ [of rain] averse (f); [of blows] volée (f); [of stones] pluie (f); [of insults] torrent (m)

ⓑ (for washing) douche (f); **to have a ~** prendre une douche

ⓒ (Brit = people): bande (f) de crétins*

ⓓ (= celebration) **to give a ~ for sb** organiser une fête pour donner des cadeaux à qn

2 VT **to ~ sb with gifts/praise** couvrir qn de cadeaux/de louanges; **we were ~ed with letters** on a été inondés de courrier

3 VI ⓐ (= wash) se doucher

ⓑ (= fall) **broken glass ~ed down onto the pavement** une pluie d'éclats de verre est tombée sur le trottoir

4 COMP ♦ **shower attachment** N douchette (f) à main ♦ **shower cap** N bonnet (m) de douche ♦ **shower cubicle** N cabine (f) de douche ♦ **shower curtain** N rideau (m) de douche ♦ **shower gel** N gel (m) douche ♦ **shower stall** N cabine (f) de douche ♦ **shower unit** N bloc-douche (m)

showerproof /ˈʃaʊəpruːf/ ADJ imperméable

showery /ˈʃaʊərɪ/ ADJ pluvieux; **~ rain** averses (fpl); **it will be ~** il y aura des averses

showground /ˈʃəʊɡraʊnd/ N terrain (m) de foire-exposition

showing /ˈʃəʊɪŋ/ 1 N ⓐ [of film] projection (f); **the first ~ is at 8pm** la première séance est à 20 heures ⓑ (= performance) prestation (f); **he made a good ~** il a fait une belle prestation 2 COMP ♦ **showing-off** N frime (f)

showjumper /ˈʃəʊˌdʒʌmpəʳ/ N (= rider) cavalier (m), -ière (f) de concours hippique; (= horse) cheval (m) d'obstacles

showman /ˈʃəʊmən/ N (pl **-men**) (in fair, circus) forain (m); **he's a real ~** il a vraiment le sens de la mise en scène

showmanship /'ʃəʊmənʃɪp/ N sens (m) de la mise en scène

shown /ʃəʊn/ VB ptp of **show**

showpiece /'ʃəʊpiːs/ N (= fine example) fleuron (m); ~ **event** épreuve (f) phare; **London's ~ stadium** le stade le plus prestigieux de Londres

showroom /'ʃəʊrʊm/ N salon (m) d'exposition; **in ~ condition** à l'état neuf

showy /'ʃəʊɪ/ ADJ voyant; [person, manner] peu discret (-ète (f))

shrank /ʃræŋk/ VB pt of **shrink**

shrapnel /'ʃræpnl/ N (= fragments) éclats (mpl) d'obus

shred /ʃred/ 1 N [of cloth, paper] lambeau (m); [of truth] parcelle (f); **not a ~ of evidence** pas la moindre preuve 2 VT [+ paper] déchiqueter; [+ carrots] râper; [+ cabbage, lettuce] couper en lanières

shredder /'ʃredə'/ N [of food processor] râpe (f); (= paper shredder) déchiqueteuse (f)

shrew /ʃruː/ N (= animal) musaraigne (f)

shrewd /ʃruːd/ ADJ [person] (= clear-sighted) perspicace; (= cunning) astucieux; (= clever) habile; [plan] astucieux; [assessment, investment, move] judicieux; **a ~ judge of character** un fin psychologue; **I can make a ~ guess at what he wanted** je crois que je devine ce qu'il voulait

shrewdly /'ʃruːdlɪ/ ADV avec perspicacité

shrewdness /'ʃruːdnɪs/ N [of person, assessment] perspicacité (f); [of plan] astuce (f)

shriek /ʃriːk/ 1 N hurlement (m); **to let out a ~** pousser un hurlement; **~s of laughter** de grands éclats (mpl) de rire 2 VI hurler (**with** de); **to ~ with laughter** rire à gorge déployée 3 VT hurler; **to ~ abuse at sb** hurler des injures à qn

shrift /ʃrɪft/ N **to give sb short ~** expédier qn sans ménagement; **I got short ~ from him** il m'a traité sans ménagement

shrill /ʃrɪl/ ADJ strident

shrimp /ʃrɪmp/ 1 N crevette (f) 2 VI **to go ~ing** aller pêcher la crevette

shrine /ʃraɪn/ N (= place of worship) lieu (m) saint; (= reliquary) châsse (f); (= tomb) tombeau (m); (fig) haut lieu (m)

shrink /ʃrɪŋk/ (pret **shrank**, ptp **shrunk**) 1 VI ⓐ [clothes] rétrécir; (= se réduire; [boundaries] se resserrer; [piece of meat] réduire; [person] rapetisser; [wood] se contracter; [quantity, amount] diminuer; **"will not ~"** «irrétrécissable» ⓑ (= flinch) se dérober (**from sth** devant qch, **from doing sth** devant l'idée de faire qch); **she shrank away from him** elle a eu un mouvement de recul; **he did not ~ from saying that ...** il n'a pas craint de dire que ...

2 N (= psychiatrist)* psy* (mf)

3 COMP ◆ **shrink-wrapped** ADJ emballé sous film plastique

shrivel /'ʃrɪvl/ VI [apple, body] se ratatiner; [skin, leaf] se flétrir; [steak] se racornir

shroud /ʃraʊd/ 1 N (for corpse) linceul (m) 2 VT **~ed in mist/mystery** enveloppé de brume/de mystère

shrub /ʃrʌb/ N arbrisseau (m); (small) arbuste (m)

shrubbery /'ʃrʌbərɪ/ N massif (m) d'arbustes

shrug /ʃrʌg/ 1 N haussement (m) d'épaules; **to give a ~** hausser les épaules 2 VTI **to ~ (one's shoulders)** hausser les épaules

▶ **shrug off** VT SEP [+ suggestion, warning, remark] ignorer; [+ illness] se débarrasser de

shrunk /ʃrʌŋk/ VB ptp of **shrink**

shrunken /'ʃrʌŋkən/ ADJ rabougri

shudder /'ʃʌdə'/ 1 N (from cold) frisson (m); (from horror) frémissement (m); [of vehicle, ship, engine] vibrations (fpl); **to give a ~** [person] frissonner; [vehicle, ship] vibrer; **it gives me the ~s*** ça me donne des frissons 2 VI (from cold) frissonner; (from horror) frémir; [engine] vibrer; **I ~ to think what might have happened** je frémis rien qu'à la pensée de ce qui aurait pu se produire

shuffle /'ʃʌfl/ 1 N ⓐ **the ~ of footsteps** le bruit d'une démarche traînante ⓑ (Cards) battage (m); (fig) réorganisation (f); **give the cards a good ~** bats bien les cartes; **a cabinet (re)shuffle** un remaniement ministériel 2 VT ⓐ **to ~ one's feet** traîner les pieds ⓑ [+ cards] battre; [+ dominoes] mélanger; [+ papers] remuer 3 VI traîner les pieds; **to ~ in/out/along** entrer/sortir/avancer en traînant les pieds

shun /ʃʌn/ VT [+ person, temptation, sb's company, publicity] fuir; [+ work, obligation] se soustraire à

shunt /ʃʌnt/ 1 VT [+ train] aiguiller; **they ~ed the visitors to and fro between the factory and the offices** ils ont fait faire la navette aux visiteurs entre l'usine et les bureaux 2 VI **to ~ to and fro*** faire la navette

shush /ʃʊʃ/ EXCL chut!

shut /ʃʌt/ (pret, ptp **shut**) 1 VT fermer; **to ~ one's finger in a drawer** se pincer le doigt dans un tiroir; **to ~ sb in a room** enfermer qn dans une pièce; **~ your mouth!** ta gueule! 2 VI fermer; **the door ~** la porte s'est refermée; **the door doesn't ~ properly** la porte ferme mal; **the shop ~s on Sundays/at 6 o'clock** le magasin ferme le dimanche/à 18 heures 3 COMP ◆ **shut-eye** N to get a bit of **~-eye** dormir un peu

▶ **shut away** VT SEP [+ person, animal] enfermer; [+ valuables] mettre sous clé; **he ~s himself away** il s'enferme chez lui

▶ **shut down** 1 VI [business, shop, theatre] fermer (définitivement) 2 VT SEP [+ business, shop, theatre] fermer (définitivement); [+ machine] arrêter

▶ **shut in** VT SEP enfermer

▶ **shut off** VT SEP ⓐ (= stop) couper ⓑ (= isolate) isoler (**from** de); **we're very ~ off here** nous sommes très isolés ici

▶ **shut out** VT SEP ⓐ **he found that they had ~ him out** il a trouvé la porte fermée; **don't ~ me out, I haven't got a key** ne ferme pas la porte, je n'ai pas de clé; **you can't ~ him out of your life** tu ne peux pas l'exclure de ta vie ⓑ (= block) [+ view] boucher; [+ memory] chasser de son esprit

▶ **shut up** 1 VI (= be quiet)* se taire; **~ up!** tais-toi! 2 VT SEP ⓐ [+ factory, business, theatre, house] fermer ⓑ [+ person, animal] enfermer ⓒ (= silence)* clouer le bec à*

shutdown /'ʃʌtdaʊn/ N fermeture (f)

shutter /'ʃʌtə'/ N (on window) volet (m); (on camera) obturateur (m) ◆ **shutter release** N déclencheur (m) d'obturateur ◆ **shutter speed** N vitesse (f) d'obturation

shuttle /'ʃʌtl/ 1 N navette (f); **space ~** navette (f) spatiale 2 VI faire la navette 3 VT **to ~ sb to and fro** envoyer qn à droite et à gauche; **he was ~d back and forth between the factory and the office** on lui a fait faire la navette entre l'usine et le bureau 4 COMP ◆ **shuttle bus** N navette (f) ◆ **shuttle diplomacy** N navettes (fpl) diplomatiques ◆ **shuttle service** N (service (m) de) navettes (fpl)

shuttlecock /'ʃʌtlkɒk/ N volant (m) (de badminton)

shy /ʃaɪ/ 1 ADJ ⓐ (= nervous) [person, smile, look] timide; [animal] craintif; **he's a ~ person** c'est un timide; **to make sb feel ~** intimider qn; **she went all ~* when asked to give her opinion** elle a été tout intimidée quand on lui a demandé de donner son avis ⓑ (= wary) **to be ~ of sb/sth** avoir peur de qn/qch; **he was so ~ about his private life** il craignait tellement de parler de sa vie privée 2 VI [horse] faire un écart (**at** devant)

▶ **shy away** VI **to ~ away from doing sth** répugner à faire qch

shyly /'ʃaɪlɪ/ ADV timidement

shyness /'ʃaɪnɪs/ N [of person] timidité (f); [of animal, bird] caractère (m) craintif

Siamese /ˌsaɪə'miːz/ 1 ADJ siamois 2 N (pl inv) Siamois(e) (m(f)) 3 COMP ◆ **Siamese cat** N chat (m) siamois ◆ **Siamese twins** NPL siamois (mpl)

Siberia /saɪ'bɪərɪə/ N Sibérie (f)

Siberian /saɪ'bɪərɪən/ 1 ADJ sibérien 2 N Sibérien(ne) (m(f))

sibling /'sɪblɪŋ/ N **children with an older ~** les enfants qui ont un frère ou une sœur aîné; **one of his ~s** l'un de ses frères et sœurs ◆ **sibling rivalry** N rivalité *(f)* entre frères et sœurs

sic /sɪk/ ADV sic

Sicilian /sɪˈsɪlɪən/ 1 ADJ sicilien 2 N Sicilien(ne) *(m(f))*

Sicily /ˈsɪsɪlɪ/ N Sicile *(f)*; **in ~** en Sicile

sick /sɪk/ 1 ADJ ⓐ (= *ill*) malade; **he's a ~ man** il est malade; **to get ~** tomber malade; **to be off ~** (= *off work*) être en congé de maladie; (= *off school*) être absent pour maladie; **to go ~** se faire porter malade; **to phone in ~** téléphoner pour dire que l'on est malade

ⓑ **to be ~** (= *vomit*) vomir; **to be as ~ as a dog*** être malade comme un chien; **to make sb ~** faire vomir qn; **to feel ~** (= *nauseous*) avoir mal au cœur; **I get ~ in planes** je suis malade en avion; **a ~ feeling** un haut-le-cœur; *(fig)* une (sensation d')angoisse; **worried ~*** malade d'inquiétude

ⓒ (= *disgusted*) **to make sb ~** écœurer qn; **it's enough to make you ~** il y a de quoi vous écœurer; **to be as ~ as a parrot** être écœuré

ⓓ (= *fed up*) **to be ~ of sb/sth/doing sth** en avoir marre* de qn/qch/faire qch; **to be ~ of the sight of sb** en avoir marre* de voir qn; **to be ~ and tired* of ...** en avoir ras le bol* de ...

ⓔ (= *offensive*) malsain

2 NPL **the sick** les malades *(mfpl)*

3 COMP ◆ **sick bag** N sac *(m)* vomitoire ◆ **sick bay** N infirmerie *(f)* ◆ **sick leave** N on ~ **leave** en congé *(m)* de maladie ◆ **sick-making*** ADJ écœurant ◆ **sick note*** N (*for work*) certificat *(m)* médical; (*for school*) billet *(m)* d'excuse ◆ **sick pay** N indemnité *(f)* de maladie (*versée par l'employeur*)

sickbed /ˈsɪkbed/ N lit *(m)* de malade

sicken /ˈsɪkn/ 1 VT rendre malade; *(fig)* écœurer 2 VI tomber malade; **to be ~ing for sth** couver qch; **to ~ of ...** se lasser de ...

sickening /ˈsɪknɪŋ/ ADJ écœurant; [*cruelty, waste, crime*] révoltant

sickie* /ˈsɪkɪ/ N **he threw a ~** il n'est pas venu au travail sous prétexte qu'il était malade

sickle /ˈsɪkl/ N faucille *(f)*

sickly /ˈsɪklɪ/ 1 ADJ ⓐ (= *unhealthy*) [*person, pallor*] maladif; [*climate*] malsain; **she gave a ~ smile** elle eut un pâle sourire ⓑ (*Brit* = *nauseating*) [*smell, colour, cake*] écœurant 2 ADV **~ yellow** cireux; **~ sweet** [*smell, taste*] douceâtre; [*book*] mièvre; [*person*] mielleux

sickness /ˈsɪknɪs/ N (= *illness*) maladie *(f)*; **bouts of ~** (= *vomiting*) vomissements *(mpl)*

sicko* /ˈsɪkəʊ/ 1 N taré(e)* *(m(f))* 2 ADJ [*person*] taré*

sickroom /ˈsɪkrʊm/ N infirmerie *(f)*

side /saɪd/ 1 N ⓐ [*of person*] côté *(m)*; [*of animal*] flanc *(m)*; **to sleep on one's ~** dormir sur le côté; **he had the phone by his ~** il avait le téléphone à côté de lui; **she remained by his ~ through thick and thin** elle est restée à ses côtés à travers toutes leurs épreuves

◆ **side by side** côte à côte; **to live ~ by ~** vivre côte à côte

ⓑ (*as opposed to top, bottom*) côté *(m)*; [*of mountain*] versant *(m)*; (*inside*) [*of cave, ditch, box*] paroi *(f)*; **by the ~ of the church** à côté de l'église; **go round the ~ of the house** contournez la maison

ⓒ [*of record*] face *(f)*; [*of coin, cloth, slice of bread, sheet of paper*] côté *(m)*; [*of matter, problem*] aspect *(m)*; [*of sb's character*] facette *(f)*; **the right ~** [*of garment, cloth*] l'endroit *(m)*; **the wrong ~** [*of garment, cloth*] l'envers *(m)*; **right/wrong ~ out** [*jumper*] à l'endroit/l'envers; **right/wrong ~ up** dans le bon/mauvais sens; **"this ~ up"** (*on box*) «haut»; **I've written six ~s** j'ai écrit six pages; **but the other ~ of the coin is that it's cheap** mais d'un autre côté, ce n'est pas cher; **they are two ~s of the same coin** [*issues*] ce sont les deux facettes du même problème; **there are two ~s to every quarrel** dans toute querelle il y a deux points de vue; **now listen to my ~ of the story** maintenant écoute ma version des faits; **he's got a nasty ~* to him** il a un côté méchant

ⓓ (= *edge*) bord *(m)*; **by the ~ of the road** au bord de la route

ⓔ (= *part away from centre*) côté *(m)*; **on the other ~ of the street** de l'autre côté de la rue; **the east ~ of the town** la partie est de la ville; **it's on this ~ of London** c'est de ce côté-ci de Londres; (*between here and London*) c'est avant Londres; **this ~ of Christmas** avant Noël; **he makes a bit on the ~*** il se fait un peu d'argent en plus; **on the other ~** (*TV*) sur l'autre chaîne; **it's on the heavy ~** c'est plutôt lourd

◆ **from side to side** d'un côté à l'autre

◆ **the wrong side**: **he was on the wrong ~ of the road** il était du mauvais côté de la route; **he got out of bed on the wrong ~** il s'est levé du pied gauche; **he's on the wrong ~ of 50** il a passé la cinquantaine

◆ *preposition + one side*: **he moved to one ~** il s'est écarté; **to take sb on to one ~** prendre qn à part; **to put sth to** or **on one ~** mettre qch de côté

ⓕ (= *group*) camp *(m)*; (= *team*) équipe *(f)*; (*political*) parti *(m)*; **he's on our ~** il est dans notre camp; **we have time on our ~** le temps joue en notre faveur; **whose ~ are you on?** dans quel camp êtes-vous?; **there are faults on both ~s** les deux camps ont des torts

2 COMP [*door, panel, view*] latéral ◆ **side dish** N plat *(m)* d'accompagnement ◆ **side effect** N effet *(m)* secondaire ◆ **side issue** N question *(f)* secondaire ◆ **side order** N plat *(m)* d'accompagnement ◆ **side salad** N salade *(f)* (*pour accompagner un plat*) ◆ **side show** N (*at fair*) attraction *(f)*; (= *minor point*) détail *(m)* ◆ **side-splitting*** ADJ tordant* ◆ **side street** N petite rue *(f)*

► **side against** VT INSEP **to ~ against sb** prendre parti contre qn

► **side with** VT INSEP **to ~ with sb** prendre parti pour qn

sideboard /ˈsaɪdbɔːd/ N buffet *(m)*

sideboards (*Brit*) /ˈsaɪdbɔːdz/, **sideburns** /ˈsaɪdbɜːnz/ NPL pattes *(fpl)*

sidecar /ˈsaɪdkɑːʳ/ N side-car *(m)*

sidekick* /ˈsaɪdkɪk/ N acolyte *(m)*

sidelight /ˈsaɪdlaɪt/ N (*Brit*) [*of car*] feu *(m)* de position, veilleuse *(f)*; **it gives us a ~ on ...** cela projette un éclairage particulier sur ...

sideline /ˈsaɪdlaɪn/ 1 N ⓐ (*Sport*) (ligne *(f)* de) touche *(f)*; **on the ~s** (*Sport*) sur la touche; **he stood on the ~s** *(fig)* il est resté en retrait ⓑ (= *job*) activité *(f)* secondaire 2 VT mettre sur la touche

sidelong /ˈsaɪdlɒŋ/ ADJ **to give sb a ~ glance** or **look** regarder qn de côté

sidestep /ˈsaɪdstep/ 1 VT éviter 2 VI faire un pas de côté; (*Boxing*) esquiver

sidetrack /ˈsaɪdtræk/ VT [+ *proposal*] détourner; [+ *person*] détourner de son sujet; **to get ~ed** s'écarter de son sujet

sidewalk /ˈsaɪdwɔːk/ N (*US*) trottoir *(m)* ◆ **sidewalk artist** N artiste *(mf)* de rue

sideways /ˈsaɪdweɪz/ 1 ADV ⓐ [*glance, look*] de côté; [*move*] latéralement; [*stand*] de profil; [*fall*] sur le côté; **to turn ~** se tourner; **~ on** de côté ⓑ (*in career*) **to move ~** changer de poste en restant au même niveau hiérarchique 2 ADJ ⓐ [*glance, movement*] de côté ⓑ (*in career*) **~ move** or **step** changement *(m)* de poste au même niveau hiérarchique

siding /ˈsaɪdɪŋ/ N ⓐ (*Rail*) voie *(f)* d'évitement; (*for storing*) voie *(f)* de garage ⓑ (*US* = *wall covering*) revêtement *(m)* extérieur

sidle /ˈsaɪdl/ VI **to ~ in** entrer furtivement; **he ~d up to me** il s'est glissé jusqu'à moi

siege /siːdʒ/ N siège *(m)*; **in a state of ~** en état de siège; **to be under ~** [*town*] être assiégé; (*by questioning*) être sur la sellette ◆ **siege mentality** N **to have a ~ mentality** être toujours sur la défensive

Sierra Leone /sɪˌerəlɪˈəʊn/ N Sierra Leone *(f)*

siesta /sɪˈestə/ N sieste *(f)*; **to have a ~** faire la sieste

sieve /sɪv/ 1 N (*for flour, soil*) tamis *(m)*; (*for liquids*) passoire *(f)*; **to put through a ~** passer au tamis; **he's got a head**

like a ~* il a la tête comme une passoire* **2** VT [+ *fruit, vegetables, liquid*] passer ; [+ *flour*] tamiser

sift /sɪft/ **1** VT [+ *flour, sugar*] tamiser ; [+ *evidence*] passer au crible **2** VI **to ~ through sth** passer qch au crible

sigh /saɪ/ **1** N soupir *(m)* ; **to heave a ~** pousser un soupir **2** VT **"oh, no" she ~ed** « oh non » soupira-t-elle **3** VI soupirer ; **he ~ed with relief** il a poussé un soupir de soulagement

sight /saɪt/ **1** N (a) (= *faculty*) vue *(f)* ; **to lose one's ~** perdre la vue ; **to know sb by ~** connaître qn de vue ; **to shoot on ~** tirer à vue ; **at the ~ of ...** à la vue de ... ; **the end is (with)in ~** la fin est en vue ; **we are within ~ of a solution** nous entrevoyons une solution ; **to come into ~** apparaître ; **to catch ~ of sb/sth** apercevoir qn/qch ; **to lose ~ of sb/sth** perdre qn/qch de vue ; **I can't stand the ~ of blood** je ne peux pas supporter la vue du sang ; **I can't stand the ~ of him** je ne peux pas le voir

♦ **out of sight** hors de vue ; **to keep out of ~** ne pas se montrer ; **to keep sth out of ~** ne pas montrer qch ; **he never lets it out of his ~** il le garde toujours sous les yeux ◾ (PROV) **out of ~ out of mind** loin des yeux loin du cœur (PROV)

♦ **at first sight** à première vue ; **it was love at first ~** ça a été le coup de foudre

(b) (= *spectacle*) spectacle *(m)* ; **the tulips are a wonderful ~** les tulipes sont magnifiques ; **it's one of the ~s of Paris** c'est l'une des attractions touristiques de Paris ; **to see the ~s** (*of town*) visiter la ville ; (*of country*) visiter le pays ; **it's not a pretty ~** ça n'est pas beau à voir

(c) (*on gun*) mire *(f)* ; **to have sb in one's ~s** (*fig*) avoir qn dans sa ligne de mire ; **to set one's ~s on sth** avoir des vues sur qch

(d) (= *lot*)* **he's a ~ too clever** il est bien trop malin

2 VT (= *see*) apercevoir

3 COMP ♦ **sight-read** VT déchiffrer

sighted /saɪtɪd/ ADJ qui voit ; **partially ~** malvoyant

sighting /saɪtɪŋ/ N **numerous ~s of the monster have been reported** le monstre aurait été aperçu à plusieurs reprises

sightseeing /saɪtsiːɪŋ/ N tourisme *(m)* ; **to go ~** faire du tourisme ; (*in town*) visiter la ville

sightseer /saɪtsiːə²/ N touriste *(mf)*

sign /saɪn/ **1** N (a) signe *(m)* ; **he made a ~ of recognition** il m'a reconnu et m'a fait un signe ; **to make a ~ to sb** faire signe à qn ; **to make the ~ of the Cross** faire le signe de la croix ; (= *cross o.s.*) se signer ; **the ~s of the zodiac** les signes (*mpl*) du zodiaque ; **as a ~ of ...** en signe de ... ; **it's a good/bad ~** c'est bon/mauvais signe ; **all the ~s are that ...** tout indique que ... ; **it's a ~ of the times** c'est un signe des temps ; **it's a sure ~** c'est un signe infaillible ; **he gave no ~ of having heard us** rien n'indiquait qu'il nous avait entendus ; **there was no ~ of life** il n'y avait aucun signe de vie ; **there's no ~ of him anywhere** on ne le trouve nulle part ; **there's no ~ of it anywhere** il a disparu

(b) (= *notice*) panneau *(m)* ; (*on inn, shop*) enseigne *(f)*

2 VT (a) [+ *letter, visitors' book*] signer ; **to ~ one's name** signer (son nom)

(b) **to ~ a player** engager un joueur

3 VI (a) signer ; **he ~ed for the parcel** il a signé le reçu pour le colis ; **Smith has ~ed for Celtic** (*Football*) Smith a signé un contrat avec le Celtic

(b) **to ~ to sb to do sth** faire signe à qn de faire qch

(c) (= *use sign language*) parler par signes

4 COMP ♦ **sign language** N langage *(m)* des signes ; **to talk in ~ language** parler par signes

▶ **sign away** VT SEP **to ~ sth away** renoncer à qch (en signant un document)

▶ **sign in** VI signer le registre (*en arrivant*)

▶ **sign off** VI (a) (*Radio, TV*) terminer l'émission (b) (*at end of letter*) terminer sa lettre

▶ **sign on** VI (*for course*) s'inscrire ; (*Brit: at employment office*) pointer au chômage

▶ **sign over** VT SEP céder par écrit (**to** à)

▶ **sign up** **1** VI s'inscrire **2** VT [+ *employee*] embaucher

signal /sɪgnl/ **1** N signal *(m)* ; **the ~ for departure** le signal du départ ; **I'm getting the engaged ~** ça sonne occupé ; **the ~ is very weak** le signal est très faible **2** VT [+ *message*] communiquer par signaux ; **to ~ sb on** faire signe à qn d'avancer ; **to ~ a turn** signaler un changement de direction **3** VI faire des signaux ; [*driver*] mettre son clignotant ; **to ~ to sb** faire signe à qn **4** COMP ♦ **signal box** N poste *(m)* d'aiguillage

signalman /sɪgnəlmæn/ N (*pl* **-men**) aiguilleur *(m)*

signatory /sɪgnətərɪ/ N signataire *(mf)* (**to** de)

signature /sɪgnətʃə²/ N signature *(f)* ; **to put one's ~ to sth** apposer sa signature à qch ♦ **signature tune** N (*Brit*) indicatif *(m)* (*musical*)

signet ring /sɪgnɪt,rɪŋ/ N chevalière *(f)*

significance /sɪgnɪfɪkəns/ N (= *meaning*) signification *(f)* ; (= *importance*) importance *(f)* ; **what he thinks is of no ~** peu importe ce qu'il pense

significant /sɪgnɪfɪkənt/ ADJ (a) significatif ; **a ~ number of people** un grand nombre de gens ; **it is ~ that ...** il est significatif que ... (+ *subj*) ; **statistically ~** statistiquement significatif (b) [*look*] lourd de sens

significantly /sɪgnɪfɪkəntlɪ/ ADV (= *appreciably*) considérablement ; [*contribute*] fortement ; **to increase ~** augmenter considérablement

signify /sɪgnɪfaɪ/ VT (a) (= *mean*) signifier ; (= *indicate*) dénoter ; **it signifies intelligence** cela dénote de l'intelligence (b) (= *make known*) signifier ; [+ *one's opinion*] faire connaître

signing /saɪnɪŋ/ N (a) [*of contract*] signature *(f)* (b) (*Sport*) **Clarke, their recent ~ from Liverpool** Clarke, leur récent transfert de Liverpool (c) (= *sign language*) langage *(m)* des signes

signpost /saɪnpəʊst/ N poteau *(m)* indicateur

Sikh /siːk/ **1** N Sikh *(mf)* **2** ADJ sikh

Sikhism /siːkɪzəm/ N sikhisme *(m)*

silage /saɪlɪdʒ/ N fourrage *(m)* (ensilé)

silence /saɪləns/ **1** N silence *(m)* ; **then there was ~** puis le silence s'est installé ; **they listened in ~** ils ont écouté en silence ; **a two minutes' ~** deux minutes de silence **2** VT (a) [+ *person*] faire taire ; (*by force*) réduire au silence (b) (= *kill*) **to ~ sb** faire taire qn définitivement

silencer /saɪlənsə²/ N (*on gun, Brit: on car*) silencieux *(m)*

silent /saɪlənt/ **1** ADJ (a) (= *making no noise*) silencieux ; **to be ~** rester silencieux ; **to fall ~** se taire ; **to look at sb in ~ contempt** regarder qn en silence et avec mépris ; **to watch in ~ despair** observer avec un désespoir muet ; **to make a ~ protest** protester en silence

(b) (= *saying nothing*) **to be ~ (about sth)** garder le silence (sur qch) ; **you have the right to remain ~** vous avez le droit de garder le silence

(c) (= *taciturn*) taciturne

(d) [*film*] muet

(e) [*letter*] muet

2 COMP ♦ **silent partner** N (*US*) (associé *(m)*) commanditaire *(m)*

silently /saɪləntlɪ/ ADV (= *without speaking*) en silence ; (= *without making any noise*) silencieusement

silhouette /ˌsɪluːet/ N silhouette *(f)*

silhouetted /ˌsɪluːetɪd/ ADJ **to be ~ against** se détacher sur

silicon /sɪlɪkən/ N silicium *(m)* ♦ **silicon chip** N puce *(f)* électronique

silicone /sɪlɪkəʊn/ N silicone *(f)*

silk /sɪlk/ **1** N soie *(f)* **2** COMP [*tie, shirt*] de or en soie ♦ **silk-screen printing** N sérigraphie *(f)*

silkworm /sɪlkwɜːm/ N ver *(m)* à soie

silky /sɪlkɪ/ ADJ soyeux ; [*voice*] suave ; **~ smooth** or **soft** d'une douceur soyeuse

sill /sɪl/ N [*of window*] rebord *(m)*

silliness /sɪlɪnɪs/ N bêtise *(f)*

silly /sɪlɪ/ ADJ (a) (= *foolish*) bête ; **I hope he won't do anything ~** j'espère qu'il ne va pas faire de bêtises ; **don't be ~!**

ne sois pas bête!; **you ~ fool!** espèce d'idiot(e)!; **(if you) ask a ~ question, (you) get a ~ answer** à question idiote, réponse idiote; **I'm sorry, it was a ~ thing to say** excusez-moi, j'ai dit une bêtise; **that was a ~ thing to do** c'était bête de faire ça; **I used to worry about the silliest little things** je m'inquiétais des moindres vétilles
ⓑ (= *ridiculous*) ridicule; **I feel ~** je me sens ridicule; **to make sb look ~** rendre qn ridicule

silo /'saɪləʊ/ N silo *(m)*

silt /sɪlt/ N limon *(m)*; (= *mud*) vase *(f)*
► **silt up** 1 VI (*with mud*) s'envaser; (*with sand*) s'ensabler 2 VT SEP engorger

silver /'sɪlvəʳ/ 1 N ⓐ argent *(m)*; (= *silverware, cutlery*) argenterie *(f)*
ⓑ (= *coins*) monnaie *(f)* (*en pièces d'argent ou de nickel*); **£2 in ~ 2** livres en pièces d'argent
ⓒ (= *medal*) médaille *(f)* d'argent

2 ADJ ⓐ (= *made of silver*) en argent
ⓑ (*in colour*) argenté; [*car*] gris métallisé *(inv)*

3 COMP ✦ **silver birch** N bouleau *(m)* argenté ✦ **silver foil** N papier *(m)* d'aluminium ✦ **silver jubilee** N (fête *(f)* du) vingt-cinquième anniversaire *(m)* (*d'un événement*) ✦ **silver lining** **to have a ~ lining** avoir de bons côtés ✦ **silver medal** N médaille *(f)* d'argent ✦ **silver medallist** N médaillé(e) *(m(f))* d'argent ✦ **silver paper** N papier *(m)* d'aluminium ✦ **the silver screen** N le grand écran ✦ **silver wedding** N noces *(fpl)* d'argent

silversmith /'sɪlvəsmɪθ/ N orfèvre *(mf)*

silverware /'sɪlvəwɛəʳ/ N argenterie *(f)*; (*US* = *cutlery*) couverts *(mpl)*; (= *trophies*) trophées *(mpl)*

silvery /'sɪlvərɪ/ ADJ argenté

SIM card /'sɪmkɑːd/ N (ABBR = **Subscriber Identity Module card**) carte *(f)* SIM

similar /'sɪmɪləʳ/ ADJ semblable; **we have a ~ house** notre maison est presque pareille; **the two houses are so ~ that ...** les deux maisons sont si semblables que ...; **in a ~ situation** dans une situation semblable; **in a ~ way** à peu près de la même façon; **they all taste somewhat ~** ils ont tous à peu près le même goût; **~ in appearance** d'aspect semblable; **~ in design** être d'une conception similaire; **it is ~ in colour** c'est à peu près de la même couleur

similarity /,sɪmɪˈlærɪtɪ/ N ressemblance *(f)* (**to** avec, **between** entre), similitude *(f)*

similarly /'sɪmɪləlɪ/ ADV [*treat, behave*] de la même façon; **~, we think that ...** de même, nous pensons que ...

simile /'sɪmɪlɪ/ N comparaison *(f)*

SIMM (chip) /'sɪm(tʃɪp)/ ABBR = **single in-line memory module** N barrette *(f)* SIMM

simmer /'sɪməʳ/ 1 VI [*soup, stew*] mijoter, cuire à feu doux; [*revolt, anger*] couver; **he was ~ing (with rage)** il bouillait (de rage) 2 VT [+ *soup, stew*] faire mijoter
► **simmer down*** VI se calmer

simper /'sɪmpəʳ/ 1 N sourire *(m)* affecté 2 VTI minauder; **"yes" she ~ed** « oui » dit-elle en minaudant

simple /'sɪmpl/ 1 ADJ ⓐ (= *uncomplicated*) simple; **a ~ black dress** une robe noire toute simple; **in ~ English** en termes simples; **the ~ life** la vie simple; **in ~ terms** en termes simples; **to make simple(r)** simplifier; **nothing could be simpler!** c'est tout ce qu'il y a de plus simple!; **the camcorder is ~ to use** ce caméscope est simple à utiliser; **the ~ truth** la pure vérité
ⓑ (= *mere*) simple (*before n*); **the ~ fact that ...** le simple fait que ...; **the ~ fact is he's a liar** c'est tout simplement un menteur; **a ~ phone call could win you a CD player** un simple appel et vous pourriez gagner un lecteur de CD; **for the ~ reason that ...** pour la simple raison que ...
ⓒ (*mentally*) [*person*]* simplet

2 COMP ✦ **simple-minded** ADJ simple d'esprit

simpleton /'sɪmpltən/ N nigaud(e) *(m(f))*

simplicity /sɪmˈplɪsɪtɪ/ N simplicité *(f)*; **it's ~ itself** c'est tout ce qu'il y a de plus simple

simplify /'sɪmplɪfaɪ/ VT simplifier

simplistic /sɪmˈplɪstɪk/ ADJ simpliste

simply /'sɪmplɪ/ ADV ⓐ (= *merely*) simplement; **it's ~ a question of money** c'est simplement une question d'argent; **she could ~ refuse** elle pourrait refuser purement et simplement; **that's ~ the way it is** c'est comme ça
ⓑ (= *absolutely*) **it ~ isn't possible** c'est tout simplement impossible; **you ~ must come!** il faut absolument que vous veniez (*subj*)!; **I ~ can't believe it** je n'arrive vraiment pas à y croire; **that is ~ not true** c'est tout simplement faux
ⓒ [*speak, live, dress*] simplement; **to put it ~, we've got a problem** pour dire les choses simplement, nous avons un problème

simulate /'sɪmjʊleɪt/ VT simuler ✦ **simulated leather** N imitation *(f)* cuir

simulation /,sɪmjʊˈleɪʃən/ N simulation *(f)*

simultaneous /,sɪməlˈteɪnɪəs/ ADJ simultané

simultaneously /,sɪməlˈteɪnɪəslɪ/ ADV simultanément

sin /sɪn/ 1 N péché *(m)*; **~s of omission** péchés *(mpl)* par omission; **to live in ~** † (*unmarried*) vivre dans le péché 2 VI pécher 3 COMP ✦ **sin bin** N (*US Sport*) prison *(f)*

Sinai /'saɪneɪaɪ/ N **the ~** le Sinaï

since /sɪns/ 1 CONJ ⓐ (*in time*) depuis que

► *Note the use of the French present tense to translate the English perfect.*

~ I have been here depuis que je suis ici; **ever ~ I met him** depuis que je l'ai rencontré; **it is a long time ~ I last saw you** il y a longtemps que je ne vous ai vu
ⓑ (= *because*) puisque; **why don't you buy it, ~ you are so rich!** achète-le donc, puisque tu es si riche!

2 ADV depuis; **he has not been here ~** il n'est pas venu depuis; **he has been my friend ever ~** il est mon ami depuis (ce moment-là)

3 PREP depuis; **~ his arrival** depuis son arrivée

► *Note the use of the French present tense to translate the English perfect and perfect continuous.*

I have been waiting ~ 10 o'clock j'attends depuis 10 heures; **~ then** depuis (lors); **~ when has he had a car?** depuis quand a-t-il une voiture?; **ever ~ 1900 France has attempted to ...** depuis 1900 la France tente de ...; **how long is it ~ the accident?** l'accident remonte à quand?

sincere /sɪnˈsɪəʳ/ ADJ sincère (**about sth** à propos de qch); **my ~ good wishes** mes vœux les plus sincères; **it is my ~ belief that ...** je crois sincèrement que ...

sincerely /sɪnˈsɪəlɪ/ ADV ⓐ [*hope, believe, regret*] sincèrement ⓑ (*in letters*) **Yours ~** (*Brit*) or **Sincerely yours** (*US*) Veuillez agréer, Monsieur (or Madame etc), l'expression de mes salutations distinguées

sincerity /sɪnˈserɪtɪ/ N sincérité *(f)*

sinew /'sɪnjuː/ N tendon *(m)*

sinewy /'sɪnjuːɪ/ ADJ (= *muscular*) mince et musclé

sinful /'sɪnfʊl/ ADJ [*world*] impie; [*act, waste*] honteux; [*pleasure, desire*] coupable; **he was taught that sex was ~** on lui a appris qu'avoir des rapports sexuels étaient un péché; **it was considered ~ to ...** on considérait cela comme un péché de ...; **there's nothing ~ in that** ce n'est pas un péché

sing /sɪŋ/ (*pret* **sang**, *ptp* **sung**) 1 VT chanter; **she sang the child to sleep** elle a chanté jusqu'à ce que l'enfant s'endorme; **to ~ sb's/sth's praises** chanter les louanges de qn/qch 2 VI chanter; [*ears*] bourdonner
► **sing along** VI **he invited the audience to ~ along** il a invité la salle à chanter en chœur avec lui

Singapore /,sɪŋgəˈpɔːʳ/ N Singapour *(m)*; **in ~** à Singapour

Singaporean /,sɪŋgəˈpɔːrɪən/ ADJ (*gen*) singapourien

singe /sɪndʒ/ VT brûler légèrement; [+ *cloth*] roussir

singer /'sɪŋəʳ/ N chanteur *(m)*, -euse *(f)* ✦ **singer-songwriter** N auteur-compositeur *(m)*

singing /'sɪŋɪŋ/ 1 N chant *(m)* 2 ADJ [*lesson, teacher*] de chant

single /'sɪŋgl/ 1 ADJ (a) (= *just one*) seul; **in a ~ day** en un seul jour; **every ~ day** tous les jours sans exception; **I couldn't think of a ~ thing to say** je ne savais absolument pas quoi dire; **a ~ department should deal with all these matters** un service unique devrait traiter toutes ces affaires (b) (= *individual*) **the biggest ~ issue in the election campaign** le sujet principal de la campagne électorale; **the ~ most important invention since the wheel** la plus grande invention depuis la roue (c) [*knot, flower, thickness*] simple; **a ~ sheet** (*for bed*) un drap pour un lit d'une personne; **a ~ whisky** un whisky simple; **to be in ~ figures** [*number, score*] être inférieur à dix; [*rate*] être inférieur à 10%; **in ~ file** en file indienne (d) (= *unmarried*) célibataire; **she's a ~ woman** elle est célibataire (e) (*Brit*) **~ ticket** aller (*m*) simple

2 N (a) (*Brit = ticket*) aller (*m*) (simple) (b) (= *record*) **a ~** un 45 tours (c) (*also ~ room*) chambre (*f*) individuelle

3 NPL **singles** (a) (*Tennis*) simple (*m*); **ladies' ~s** simple (*m*) dames (b) (= *unmarried people*)* célibataires (*mpl*); **~s bar/club** bar (*m*)/club (*m*) de rencontres pour célibataires

4 COMP ♦ **single bed** N lit (*m*) d'une personne ♦ **single cream** N (*Brit*) crème (*f*) fraîche liquide ♦ **single European currency** N monnaie (*f*) unique européenne ♦ **the Single European Market** N le marché unique européen ♦ **single-handed** ADV sans aucune aide ♦ ADJ [*achievement*] fait sans aucune aide ♦ **single honours** N (*Brit Univ: also ~ honours degree*) ≈ licence (*f*) préparée dans une seule matière ♦ **single market** N marché (*m*) unique ♦ **single-minded** ADJ [*person*] résolu; [*attempt*] énergique; [*determination*] farouche; **to be ~-minded about sth** concentrer tous ses efforts sur qch ♦ **single mother** N mère (*f*) célibataire ♦ **single parent** N père (*m*) (*or* mère (*f*)) célibataire ♦ **single-parent family** N famille (*f*) monoparentale ♦ **single room** N chambre (*f*) individuelle ♦ **single-sex** ADJ (*Brit*) [*school, education, class*] non mixte ♦ **single-sided disk** N (*Computing*) disque (*m*) simple face ♦ **single supplement** N (*in hotel*) supplément (*m*) chambre individuelle ► **single out** VT SEP (= *pick out*) choisir; **I don't want to ~ anyone out** je ne veux pas faire de distinctions

singlet /'sɪŋglɪt/ N (*Brit*) maillot (*m*) de corps

singly /'sɪŋglɪ/ ADV séparément

singsong /'sɪŋsɒŋ/ 1 N (*Brit*) **to have a ~** chanter en chœur 2 ADJ **~ voice** voix (*f*) chantante

singular /'sɪŋgjʊlə'/ 1 ADJ (a) [*noun*] singulier; [*verb*] au singulier (b) (= *exceptional*) singulier 2 N (*Gram*) singulier (*m*); **in the ~** au singulier

singularly /'sɪŋgjʊləlɪ/ ADV singulièrement

sinister /'sɪnɪstə'/ ADJ sinistre

sink /sɪŋk/ (*pret* **sank**, *ptp* **sunk**) 1 VI (a) [*ship, person, object*] couler; **to ~ to the bottom** couler au fond; **to ~ like a stone** couler à pic; **they left him to ~ or swim** ils l'ont laissé se débrouiller tout seul (b) (= *subside*) s'affaisser; [*level, river*] baisser; **the sun sank below the horizon** le soleil a disparu à l'horizon; **to ~ out of sight** disparaître; **to ~ to one's knees** tomber à genoux; **he sank into the mud up to his knees** il s'est enfoncé dans la boue jusqu'aux genoux; **she let her head ~ into the pillow** elle a laissé retomber sa tête sur l'oreiller; **he is ~ing fast** (= *dying*) il décline rapidement (c) (= *fall*) **to ~ into a deep sleep** sombrer dans un profond sommeil; **to ~ into poverty** sombrer dans la misère; **his heart sank** l'accablement s'est emparé de lui; **his heart sank at the thought** son cœur s'est serré à cette pensée (d) [*prices, value*] chuter; **the euro has sunk to a new low** l'euro a atteint sa cote la plus basse

2 VT (a) [+ *ship, business, project*] couler; [+ *object*] immerger; [+ *theory*] démolir; [+ *person*]* couler; **to be sunk in thought** être plongé dans ses pensées; **I'm sunk*** je suis fichu* (b) [+ *mine, well, foundations*] creuser; **to ~ a post in the ground** enfoncer un pieu dans le sol; **he can ~ a glass of**

beer in five seconds* (*Brit*) il peut descendre* une bière en cinq secondes; **to ~ the ball** (*Golf*) faire entrer la balle dans le trou; **to ~ a lot of money in a project** investir beaucoup d'argent dans un projet

3 N (*in kitchen*) évier (*m*); (*US: in bathroom*) lavabo (*m*)

4 COMP ♦ **sink unit** N bloc-évier (*m*) ► **sink in** VI (a) [*person*] s'enfoncer; [*water*] pénétrer (b) [*explanation*] rentrer*; [*remark*] faire son effet; **as it hadn't really sunk in yet he ...** comme il ne réalisait pas encore, il ...

sinking /'sɪŋkɪŋ/ ADJ **that ~ feeling** ce sentiment d'angoisse; **with a ~ heart** la mort dans l'âme

sinner /'sɪnə'/ N pécheur (*m*), -eresse (*f*)

Sinn Féin /ˌʃɪn'feɪn/ N Sinn Fein (*m*) (*parti nationaliste irlandais, branche politique de l'IRA*)

sinuous /'sɪnjʊəs/ ADJ sinueux

sinus /'saɪnəs/ N (*pl* **sinuses**) sinus (*m inv*); **to have ~ trouble** avoir de la sinusite

sinusitis /ˌsaɪnə'saɪtɪs/ N sinusite (*f*); **to have ~** avoir de la sinusite

sip /sɪp/ 1 N petite gorgée (*f*) 2 VT (= *drink a little at a time*) boire à petites gorgées; (= *take a sip*) boire une petite gorgée de 3 VI **he ~ped at his whisky** (= *drank a little at a time*) il a bu son whisky à petites gorgées; (= *took a sip*) il a bu une petite gorgée de whisky

siphon /'saɪfən/ 1 N siphon (*m*) 2 VT siphonner ► **siphon off** VT SEP siphonner; [+ *profits, funds*] canaliser; (*illegally*) détourner

sir /sɜː'/ N monsieur (*m*); **yes ~** oui, Monsieur; (*to officer in Army, Navy, Air Force*) oui, mon commandant (*or* mon lieutenant *etc*); **yes/no ~!*** (*emphatic*) ça oui/non!; **Dear Sir** (*in letter*) (Cher) Monsieur; **Sir John Smith** sir John Smith

siren /'saɪərən/ N sirène (*f*)

sirloin /'sɜːlɔɪn/ N aloyau (*m*); **~ steak** bifteck (*m*) dans l'aloyau

sissy* /'sɪsɪ/ (*pej*) 1 N (= *coward*) poule (*f*) mouillée; **he's a bit of a ~** (= *effeminate*) il est un peu efféminé 2 ADJ [*voice, sport*] de fille

sister /'sɪstə'/ 1 N (a) sœur (*f*); **her younger ~** sa petite sœur (b) (= *nun*) sœur (*f*); **yes ~** oui, ma sœur (c) (*Brit = nurse*) infirmière (*f*) chef 2 ADJ [*company, organisation*] sœur (*f*); **~ party** parti (*m*) frère; **~ ship** navire-jumeau (*m*) 3 COMP ♦ **sister-in-law** N (*pl* **sisters-in-law**) belle-sœur (*f*)

sit /sɪt/ (*pret, ptp* **sat**) 1 VI (a) s'asseoir; **to be ~ting** être assis; **~!** (*to dog*) assis!; **~ by me** assieds-toi près de moi; **they spent the evening ~ting at home** ils ont passé la soirée tranquillement à la maison; **he just ~s at home all day** il reste chez lui toute la journée à ne rien faire; **don't just ~ there, do something!** ne reste pas là à ne rien faire!; **to ~ still** rester tranquille; **to ~ straight** se tenir droit; **to ~ on a committee** faire partie d'un comité; **to be ~ting pretty*** être dans une position confortable (b) [*bird, insect*] se poser; **the hen is ~ting on three eggs** la poule couve trois œufs (c) [*committee, assembly*] siéger; **the committee is ~ting now** le comité est en séance; **the House ~s from November to June** la Chambre siège de novembre à juin (d) [*dress, coat*] tomber (**on sb** sur qn); **the jacket ~s badly across the shoulders** la veste tombe mal au niveau des épaules; **it sat heavy on his conscience** cela lui pesait sur la conscience

2 VT (a) asseoir; (= *invite to sit*) faire asseoir; **he sat the child on his knee** il a assis l'enfant sur ses genoux (b) [+ *exam*] passer

3 COMP ♦ **sit-down*** N **I need a ~-down** j'ai besoin de m'asseoir un peu ♦ ADJ **we had a ~-down lunch** nous avons déjeuné à table; **~-down strike** grève (*f*) sur le tas ♦ **sit-in** N → **sit-in**; ♦ **sit-up** N **to do ~-ups** faire des abdominaux (*au sol*) ► **sit about**, **sit around** VI rester assis (à ne rien faire) ► **sit back** VI **to ~ back in an armchair** se caler dans un fauteuil; **just ~ back and listen to this** installe-toi bien et écoute un peu; **he just sat back and did nothing about it** il

n'a pas levé le petit doigt ; **I can't just ~ back and do nothing!** je ne peux quand même pas rester là à ne rien faire !
► **sit by** VI **to ~ idly by (while ...)** rester sans rien faire (pendant que ...)
► **sit down** 1 VI s'asseoir ; **to be ~ting down** être assis ; **he sat down to a huge dinner** il s'est attablé devant un repas gigantesque ; **to take sth ~ting down*** rester les bras croisés devant qch 2 VT SEP asseoir ; (= *invite to sit*) faire asseoir
► **sit in** VI **she sat in all day waiting for him to come** elle est restée à la maison toute la journée à l'attendre ; **to ~ in on a discussion** assister à une discussion (sans y prendre part) ; **to ~ in for sb** (= *replace*) remplacer qn
► **sit on*** VT INSEP [+ *news, report*] garder le silence sur ; [+ *file, document*] garder pour soi
► **sit out** 1 VI (aller) s'asseoir dehors 2 VT SEP ⓐ **to ~ out the recession** attendre la fin de la récession ⓑ **I'll ~ this dance out** je ne vais pas danser celle-là
► **sit through** VT **to ~ through sth** assister à qch jusqu'au bout
► **sit up** VI ⓐ (= *sit upright*) se redresser ; **to be ~ting up** être assis bien droit ; **he was ~ting up in bed** il était assis dans son lit ; **you can ~ up now** vous pouvez vous asseoir maintenant ; **to make sb ~ up** (*fig*) secouer qn ; **to ~ up and take notice** (*fig*) se secouer ⓑ (= *stay up*) veiller ; **to ~ up late** se coucher tard ; **to ~ up all night** ne pas se coucher de la nuit ; **don't ~ up for me** couchez-vous sans m'attendre ; **the nurse sat up with him** l'infirmière est restée à son chevet

sitcom* /'sɪtkɒm/ N sitcom (f)

site /saɪt/ 1 N [*of town, building*] emplacement (m) ; (*archaeological*) site (m) ; (= *building site*) chantier (m) ; (= *website*) site (m) web 2 VT placer

sit-in /'sɪtɪn/ N [*of demonstrators*] sit-in (m) ; [*of workers*] grève (f) sur le tas ; **the students held a ~ in the university offices** les étudiants ont occupé les bureaux de l'université

sitter /'sɪtə'/ N (*for painting*) modèle (m) ; (= *baby-sitter*) baby-sitter (mf)

sitting /'sɪtɪŋ/ N [*of committee, assembly*] séance (f) ; (*for portrait*) séance (f) de pose ; **they served 200 people in one ~/in two ~s** ils ont servi 200 personnes à la fois/en deux services ; **at a single ~** (= *in one go*) d'une seule traite ♦ **sitting duck*** N cible (f) facile ♦ **sitting room** N salon (m) ♦ **sitting target** N cible (f) facile ♦ **sitting tenant** N locataire (mf) en place

situate /'sɪtjʊeɪt/ VT [+ *building, town*] placer ; [+ *problem, event*] situer ; **to be well/badly ~d** être bien/mal situé ; **how are you ~d for money?** et côté argent, ça va ?*

situation /ˌsɪtjʊ'eɪʃən/ N situation (f) ; **"~s vacant/wanted"** « offres/demandes d'emploi »

six /sɪks/ 1 NUMBER six (m inv) ; **he is ~ (years old)** il a six ans ; **he'll be ~ on Saturday** il aura six ans samedi ; **he lives in number ~** il habite au (numéro) six ; **~ times** ~ six fois six ; **it is ~ o'clock** il est six heures ; **come at ~** venez à six heures ; **they are sold in ~es** ça se vend par six ; **he lives at ~ Churchill Street** il habite (au) six Churchill Street ; **two ~es are twelve** deux fois six douze ; **there were about ~** il y en avait environ six ; **~ of the girls came** six des filles sont venues ; **there are ~ of us** nous sommes six ; **all ~ (of us) left** nous sommes partis tous les six ; **all ~ (of them) left** ils sont partis tous les six ; **~ of the best*** (*Brit*) grande fessée (f) ; **to be at ~es and sevens** [*books, house*] être sens dessus dessous ; [*person*] être tout retourné* ; **it's ~ of one and half a dozen of the other*** c'est du pareil au même* ; **the ~ of diamonds** (*Cards*) le six de carreau ; **to hit a ~** (*Cricket*) marquer six points (mpl)
2 COMP ♦ **six-pack** N pack (m) de six ♦ **six-shooter*** N six-coups (m inv)

sixteen /'sɪks'tiːn/ NUMBER seize (m inv) ; **there are ~** il y en a seize

sixteenth /'sɪks'tiːnθ/ ADJ, N seizième (mf) ; (= *fraction*) seizième (m)

sixth /sɪksθ/ 1 ADJ sixième ; **Charles the Sixth** Charles VI ; **the ~ of November** le six novembre

2 N sixième (mf) ; (= *fraction*) sixième (m) ; **he wrote the letter on the ~** il a écrit la lettre le six

3 ADV en sixième position ; **he came ~** il s'est classé sixième

4 COMP ♦ **sixth form** N (*Brit: in schools*) ≈ classes (fpl) de première et terminale ; **to be in the ~ form** ≈ être en première *or* en terminale ♦ **sixth-form college** N lycée n'ayant que des classes de première et de terminale ♦ **sixth-former, sixth-form pupil** N ≈ élève (mf) de première *or* de terminale ♦ **the sixth grade** N (*US: in schools*) ≈ le CM2 ♦ **sixth sense** N sixième sens (m)

sixtieth /'sɪkstɪθ/ ADJ, N soixantième (mf) ; (= *fraction*) soixantième (m)

sixty /'sɪkstɪ/ NUMBER soixante (m inv) ; **about ~** une soixantaine, environ soixante ; **there are ~** il y en a soixante, **to be in one's sixties** avoir entre soixante et soixante-dix ans ; **in the sixties** (= *1960s*) dans les années soixante ; **the temperature was in the sixties** ≈ il faisait entre quinze et vingt degrés ♦ **sixty-four thousand dollar question*** N **that's the ~-four thousand dollar question** c'est la question à mille francs

sizable /'saɪzəbl/ ADJ = **sizeable**

size /saɪz/ N ⓐ taille (f) ; [*of room, building, car, chair*] dimensions (fpl) ; [*of egg, fruit, jewel*] grosseur (f) ; [*of sum*] montant (m) ; [*of estate, park, country*] étendue (f) ; [*of problem, operation, campaign*] ampleur (f) ; (= *format*) format (m) ; **this jumper is the wrong size** ce pull n'est pas la bonne taille ; **the small/large ~** [*of packet, tube*] le petit/grand modèle ; **to cut/make sth to ~** couper/faire qch sur mesure ; **it's the ~ of a brick** c'est de la taille d'une brique ; **it's the ~ of a walnut** c'est de la grosseur d'une noix ; **it's the ~ of a house/elephant** c'est grand comme une maison/un éléphant ; **he's about your ~** il est à peu près de votre taille ; **that's about the ~ of it!** c'est à peu près ça ! ; **he cut the wood to ~** il a coupé le bois à la dimension voulue
ⓑ [*of coat, skirt, dress, trousers*] taille (f) ; [*of shoes*] pointure (f) ; [*of shirt*] encolure (f) ; **what ~ are you?** (*in dress*) quelle taille faites-vous ? ; (*in shoes*) quelle pointure faites-vous ? ; (*in shirts*) vous faites combien d'encolure ? ; **I take ~ 12** je prends du 40 ; **what ~ shoes do you take?** vous chaussez du combien ? ; **I take ~ 5** (*in shoes*) ≈ je chausse du 38 ; **what ~ waist are you?** quel est votre tour de taille ? ; **"one ~"** « taille unique » ; **I need a ~ smaller** il me faut la taille (*or* la pointure) en-dessous
► **size up** VT SEP [+ *person*] jauger ; [+ *situation*] mesurer ; **to ~ up the problem** mesurer l'étendue du problème ; **I can't quite ~ him up** (= *don't know what he is like*) je n'arrive pas vraiment à le juger ; (= *don't know what he wants*) je ne vois pas bien où il veut en venir

sizeable /'saɪzəbl/ ADJ [*amount, number, problem, operation*] assez important ; [*object, building, estate*] assez grand ; [*majority*] assez large

sizzle /'sɪzl/ 1 VI grésiller 2 N grésillement (m)

sizzling /'sɪzlɪŋ/ 1 ADJ grésillant 2 ADV **~ hot** brûlant ; **it was a ~ hot day*** il faisait une chaleur torride ce jour-là

SK ABBR = **Saskatchewan**

skate /skeɪt/ 1 N ⓐ (= *for skating*) patin (m) ; **get your ~s on!*** grouille-toi !* ⓑ (= *fish*) raie (f) 2 VI patiner ; **to go skating** (*ice*) faire du patin à glace ; (*roller*) faire du patin à roulettes ; **he ~d across the pond** il a traversé l'étang en patinant
► **skate around, skate over** VT INSEP [+ *issue*] essayer d'esquiver

skateboard /'skeɪtbɔːd/ 1 N planche (f) à roulettes 2 VI faire de la planche à roulettes

skateboarder /'skeɪtbɔːdə'/ N skateur (m), -euse (f)

skateboarding /'skeɪtbɔːdɪŋ/ N planche (f) à roulettes

skater /'skeɪtə'/ N (*ice*) patineur (m), -euse (f) ; (*roller*) personne (f) qui fait du patin à roulettes

skating /'skeɪtɪŋ/ N patinage (m) ♦ **skating championship** N championnat (m) de patinage ♦ **skating rink** N (*ice*) patinoire (f) ; (*roller*) piste (f) de patinage

skeletal /'skelɪtl/ ADJ [*person, body*] squelettique ; [*face*] émacié

skeleton /'skelɪtn/ N squelette *(m)* ; [*of plan, novel*] grandes lignes *(fpl)* ; **a ~ in the cupboard** (*Brit*) or **closet** (*US*) un cadavre dans le placard* ◆ **skeleton key** N passe-partout *(m inv)* ◆ **skeleton staff** N équipe *(f)* réduite

skeptic /'skeptɪk/ N, ADJ (*US*) sceptique *(mf)*

sketch /sketʃ/ 1 N (a) (= *drawing*) (*rough*) croquis *(m)* ; (*preliminary*) esquisse *(f)* ; [*of ideas, proposals*] ébauche *(f)* ; **a rough ~** (= *drawing*) une ébauche (b) (*Theatre*) sketch *(m)* 2 VI (*roughly*) faire des croquis ; (= *make preliminary drawing*) faire des esquisses 3 VT [+ *view, castle, figure*] (*roughly*) faire un croquis de ; (= *make preliminary drawing*) faire une esquisse de ; [+ *map*] faire à main levée ; [+ *proposals, plan*] ébaucher 4 COMP ◆ **sketch(ing) pad** N carnet *(m)* de croquis
► **sketch in** VT SEP [+ *details*] ajouter
► **sketch out** VT SEP [+ *plans, proposals*] ébaucher

sketchy /'sketʃɪ/ ADJ [*account, report, details*] incomplet (-ète *(f)*) ; [*knowledge*] sommaire

skew /skju:/ ADJ de travers ◆ **skew-whiff*** ADJ (*Brit*) de traviole*

skewed /skju:d/ ADJ (a) (= *slanting*) de travers (b) [*conception, view*] déformé ; [*statistics*] faussé

skewer /'skjʊər/ 1 N (*for roast*) broche *(f)* ; (*for kebabs*) brochette *(f)* 2 VT [+ *chicken*] embrocher ; [+ *pieces of meat*] mettre en brochette ; (*fig*) embrocher*

ski /ski:/ 1 N ski *(m)*
2 VI faire du ski, skier ; **to go ~ing** faire du ski ; **I like ~ing** j'aime le ski ; **to ~ down a slope** descendre une pente à skis
3 COMP ◆ **ski binding** N fixation *(f)* ◆ **ski boot** N chaussure *(f)* de ski ◆ **ski instructor** N moniteur *(m)*, -trice *(f)* de ski ◆ **ski jump** N (= *action*) saut *(m)* à skis ; (= *place*) tremplin *(m)* (de ski) ◆ **ski-jumping** N saut *(m)* à skis ◆ **ski lift** N remonte-pente *(m inv)* ◆ **ski pants** NPL fuseau *(m)* (de ski) ◆ **ski-pass** N forfait *(m)* (de ski) ◆ **ski pole** N bâton *(m)* de ski ◆ **ski resort** N station *(f)* de sports d'hiver ◆ **ski run** N piste *(f)* de ski ◆ **ski slope** N piste *(f)* de ski ◆ **ski stick** N bâton *(m)* de ski ◆ **ski-suit** N combinaison *(f)* (de ski) ◆ **ski tow** N télésiège *(m)*

skibob /'ski:bɒb/ N véloski *(m)*

skid /skɪd/ 1 N [*of car*] dérapage *(m)* ; **to go into a ~** déraper ; **to correct a ~** contrôler un dérapage 2 VI [*car, person*] déraper ; **the car ~ded to a halt** la voiture a dérapé et s'est immobilisée ; **I ~ded into a tree** j'ai dérapé et percuté un arbre 3 COMP ◆ **skid row** N quartier *(m)* de clochards ; **he's heading for ~ row** il finira clochard*

skidmark /'skɪdmɑ:k/ N trace *(f)* de pneu

skidproof /'skɪdpru:f/ ADJ antidérapant

skier /'ski:ər/ N skieur *(m)*, -euse *(f)*

skiing /'ski:ɪŋ/ N ski *(m)* ◆ **skiing holiday** N vacances *(fpl)* aux sports d'hiver ; **to go on a ~ holiday** partir aux sports d'hiver ◆ **skiing instructor** N moniteur *(m)*, -trice *(f)* de ski ◆ **skiing resort** N station *(f)* de sports d'hiver

skilful /'skɪlfʊl/ ADJ [*person, player*] habile (**at doing sth** à faire qch) ; [*use, choice, management*] intelligent ; **to be ~ in doing sth** faire preuve d'habileté pour faire qch

skilfully /'skɪlfəlɪ/ ADV [*organize, carry out, use*] habilement ; [*avoid*] adroitement ; [*write*] bien

skilfulness /'skɪlfʊlnɪs/ N habileté *(f)*

skill /skɪl/ N (a) (= *ability*) habileté *(f)* ; **his ~ in negotiation** son habileté en matière de négociations ; **her ~ in persuading them** l'habileté dont elle a fait preuve pour les persuader (b) (*in craft*) technique *(f)* ; **~s** (*acquired*) compétences *(fpl)* ; (*innate*) aptitudes *(fpl)*

skilled /skɪld/ ADJ (a) [*person, driver*] habile ; **to be ~ in the use of sth** savoir bien se servir de qch ; **~ in the art of negotiating** maître dans l'art de la négociation ; **~ at doing sth** habile à faire qch (b) [*job, labour, worker*] qualifié

skillet /'skɪlɪt/ N poêlon *(m)*

skillful /'skɪlfʊl/ ADJ (*US*) = **skilful**

skillfully /'skɪlfəlɪ/ ADV (*US*) = **skilfully**

skillfulness /'skɪlfʊlnɪs/ N (*US*) = **skilfulness**

skim /skɪm/ 1 VT (a) [+ *milk*] écrémer ; [+ *soup*] écumer ; **to ~ the cream/scum/grease from sth** écrémer/écumer/dégraisser qch
(b) **to ~ the ground/water** [*bird*] raser le sol/la surface de l'eau ; **to ~ a stone across the pond** faire ricocher une pierre sur l'étang
2 VI **to ~ across the water/along the ground** raser l'eau/le sol ; **the stone ~med across the pond** la pierre a ricoché sur l'étang ; **to ~ through a book** feuilleter un livre ; **he ~med over the difficult passages** il a parcouru rapidement les passages difficiles
3 COMP ◆ **skimmed milk** N lait *(m)* écrémé
► **skim off** VT SEP [+ *cream, grease*] enlever ; **they ~med off the brightest pupils** ils ont sélectionné les élèves les plus brillants

skimp /skɪmp/ VI lésiner ; **to ~ on** [+ *butter, cloth, paint*] lésiner sur ; [+ *money*] économiser ; [+ *praise, thanks*] être chiche de ; [+ *piece of work*] faire à la va-vite*

skimpy /'skɪmpɪ/ ADJ [*meal*] frugal ; [*dress, bikini, underwear*] minuscule

skin /skɪn/ 1 N (a) [*of person, animal*] peau *(f)* ; **she has good/bad ~** elle a une jolie/vilaine peau ; **soaked to the ~** trempé jusqu'aux os ; **rabbit ~** peau *(f)* de lapin
(b) (*phrases*) **to be ~ and bone** n'avoir que la peau sur les os ; **to escape by the ~ of one's teeth** l'échapper belle ; **we caught the last train by the ~ of our teeth** nous avons attrapé le dernier train de justesse ; **to have a thick ~** avoir une carapace ; **to have a thin ~** être trop sensible ; **it's no ~ off my nose!*** (= *does not affect me*) pour ce que ça me coûte ! ; (= *does not concern me*) ce n'est pas mon problème !
(c) [*of fruit, vegetable, milk pudding, sausage, drum*] peau *(f)* ; (*peeled*) pelure *(f)* ; **to cook potatoes in their ~s** faire cuire des pommes de terre en robe des champs ; **a banana ~** une peau de banane
2 VT [+ *animal*] dépouiller ; **I'll ~ him alive!*** je vais l'écorcher tout vif ! ; **to ~ one's knee** s'écorcher le genou
3 COMP ◆ **skin cancer** N cancer *(m)* de la peau ◆ **skin colour** N couleur *(f)* de peau ◆ **skin-deep** ADJ superficiel ◆ **skin disease** N maladie *(f)* de peau ◆ **skin diver** N plongeur *(m)*, -euse *(f)* sous-marin(e) ◆ **skin diving** N plongée *(f)* sous-marine ◆ **skin graft** N greffe *(f)* de peau

skinflint /'skɪnflɪnt/ N radin(e)* *(m(f))*

skinful /'skɪnfʊl/ N **to have (had) a ~** être bourré*

skinhead /'skɪnhed/ N (*Brit*) skinhead *(m)*

skinny /'skɪnɪ/ ADJ maigre ◆ **skinny-dipping*** N baignade *(f)* à poil* ; **to go ~-dipping** se baigner à poil* ◆ **skinny-rib sweater*** N pull-chaussette *(m)*

skint /skɪnt/ ADJ (*Brit*) fauché*

skintight /skɪn'taɪt/ ADJ moulant

skip /skɪp/ 1 N (a) (= *jump*) petit saut *(m)* (b) (*Brit* = *container*) benne *(f)* 2 VI sautiller ; (*with rope*) sauter à la corde ; **the child ~ped in/out** l'enfant est entré/sorti en sautillant ; **he ~ped over that point** il a glissé sur ce point ; **to ~ from one subject to another** sauter d'un sujet à un autre ; **the book ~s about a lot** on n'arrête pas de passer d'un sujet à l'autre dans ce livre 3 VT [+ *chapter, class, meal*] sauter ; **~ the details!** laisse tomber les détails !* ; **to ~ school** sécher les cours* 4 COMP ◆ **skip rope** N (*US*) corde *(f)* à sauter

skipper /'skɪpər/ 1 N [*of boat*] skipper *(m)* ; [*of team*]* capitaine *(m)* 2 VT [+ *boat*]* commander ; [+ *team*]* mener

skipping /'skɪpɪŋ/ N saut *(m)* à la corde ◆ **skipping rope** N (*Brit*) corde *(f)* à sauter

skirmish /'skɜ:mɪʃ/ N échauffourée *(f)* ; (*military*) escarmouche *(f)* ; (*fig*) accrochage *(m)*

skirt /skɜ:t/ 1 N jupe *(f)* 2 VT éviter ; [+ *problem, difficulty*] esquiver
► **skirt round** VT INSEP **to ~ round the issue (of whether)** éluder la question (de savoir si)

skirting /'skɜ:tɪŋ/ N (*Brit* = *skirting board*) plinthe *(f)*

skit /skɪt/ N parodie (f) (**on** de); (*Theatre*) sketch (m) satirique

skitter /'skɪtə'/ VI **to ~ across the water/along the ground** [*bird*] voler en frôlant l'eau/le sol

skittish /'skɪtɪʃ/ ADJ (= *nervous*) nerveux

skittle /'skɪtl/ N quille (f); **skittles** (jeu (m) de) quilles (fpl) ♦ **skittle alley** N (piste (f) de) jeu (m) de quilles

skive /skaɪv/ (*Brit*) 1 VI tirer au flanc* 2 N **to be on the ~** tirer au flanc*
► **skive off** VI (*Brit*) se défiler*

skiver /'skaɪvə'/ N (*Brit*) tire-au-flanc* (m inv)

skivvy /'skɪvɪ/ 1 N ⓐ (*Brit* = *servant*) boniche (f)* (*pej*) ⓑ (*US* = *underwear*) **skivvies** sous-vêtements (mpl) (d'homme) 2 VI (*Brit*) faire la boniche*

skulk /skʌlk/ VI rôder; **to ~ in/away** entrer/s'éloigner furtivement

skull /skʌl/ N crâne (m); **~ and crossbones** (= *emblem*) tête (f) de mort; (= *flag*) pavillon (m) à tête de mort; **I can't get it into his thick ~* that ...** je n'arrive pas à lui faire entrer dans le crâne* que ...

skullcap /'skʌlkæp/ N calotte (f)

skunk /skʌŋk/ N (= *animal*) mouffette (f); (= *person*)* canaille (f)

sky /skaɪ/ N ciel (m); **to praise sb to the skies** porter qn aux nues; **the ~'s the limit*** tout est possible ♦ **sky-blue** ADJ bleu ciel (inv) ♦ **sky-high** ADJ très haut; [*prices*] exorbitant; **the bridge was blown ~-high** le pont a volé en éclats; **to blow a theory ~-high** démolir une théorie; **the crisis sent prices ~-high** la crise a fait monter les prix en flèche ♦ **sky marshal** N agent de police ou de sécurité embarqué sur un vol

skycap /'skaɪkæp/ N (*US*) porteur (m) (dans un aéroport)

skydive /'skaɪdaɪv/ 1 N saut (m) en chute libre 2 VI sauter en chute libre

skydiver /'skaɪdaɪvə'/ N parachutiste (mf) (faisant de la chute libre)

skydiving /'skaɪdaɪvɪŋ/ N parachutisme (m) en chute libre

skyjack /'skaɪˌdʒæk/ VT détourner

skyjacker /'skaɪˌdʒækə'/ N pirate (m) de l'air

skyjacking /'skaɪˌdʒækɪŋ/ N détournement (m) d'avion

skylark /'skaɪlɑːk/ N alouette (f)

skylight /'skaɪlaɪt/ N lucarne (f)

skyline /'skaɪlaɪn/ N [*of city*] horizon (m); **the New York ~** les gratte-ciel de New York

skyrocket /'skaɪrɒkɪt/ 1 N fusée (f) 2 VI [*prices*] monter en flèche

skyscraper /'skaɪskreɪpə'/ N gratte-ciel (m inv)

skyward(s) /'skaɪwəd(z)/ ADJ, ADV vers le ciel

slab /slæb/ N ⓐ [*of stone, slate*] bloc (m); (*flat*) plaque (f); [*of cake*] morceau (m); [*of chocolate*] plaque (f) ⓑ (= *paving slab*) dalle (f); (*in butcher's*) étal (m)

slack /slæk/ 1 ADJ ⓐ [*rope*] détendu; [*knot*] desserré; [*hold*] faible
ⓑ (= *not busy*) [*time, season, month*] creux; [*market*] déprimé; **business is ~ this week** les affaires marchent au ralenti cette semaine
ⓒ (= *lax*) [*discipline, security*] relâché; [*student, worker*] peu sérieux; **to be ~ about one's work** manquer de sérieux dans son travail
2 N (*in rope*) mou (m); (*in cable*) ballant (m); **to take up the ~ in a rope** tendre une corde; **to cut sb some ~** (*US*) faciliter les choses à qn
3 NPL **slacks** pantalon (m)
4 VI* ne pas travailler comme il le faudrait

slacken /'slækn/ 1 VT [+ *rope*] relâcher; [+ *cable*] donner du ballant à; **to ~ one's pace** ralentir l'allure 2 VI [*rope*] se relâcher; [*cable*] prendre du ballant; [*trade*] ralentir; [*enthusiasm, pressure*] diminuer
► **slacken off** 1 VI ⓐ = **slacken** ⓑ [*person*] se laisser aller 2 VT SEP = **slacken**

slacker /'slækə'/ N flemmard(e)* (m(f))

slag /slæg/ 1 N ⓐ (= *coal waste*) scories (fpl) ⓑ (*Brit* = *slut*)* salope* (f) 2 VT (*Brit*) = **slag off** 3 COMP ♦ **slag heap** N (*at mine*) terril (m)
► **slag off*** VT SEP **to ~ sb off** (= *insult*) engueuler* qn; (= *speak badly of*) débiner* qn

slain /sleɪn/ VB ptp of **slay**

slalom /'slɑːləm/ N slalom (m) ♦ **slalom racer** N slalomeur (m), -euse (f)

slam /slæm/ 1 N [*of door*] claquement (m) 2 VT [+ *door*] claquer; [+ *lid*] refermer violemment; **to ~ the door shut** claquer la porte; **she ~med the books on the table** elle a jeté brutalement les livres sur la table 3 VI ⓐ [*door, lid*] claquer; **the door ~med shut** la porte s'est refermée en claquant ⓑ **to ~ into sth** s'écraser contre qch 4 COMP ♦ **slam-dunk** (*US Basketball*) N smash (m) ♦ VTI smasher
► **slam down** VT SEP poser brutalement; [+ *lid*] rabattre brutalement; **to ~ the phone down** raccrocher brutalement; **he ~med the phone down on me** il m'a raccroché au nez
► **slam on** VT SEP **to ~ on the brakes** freiner à mort
► **slam to** 1 VI se refermer en claquant 2 VT SEP refermer en claquant

slammer /'slæmə'/ N **in the ~** en taule*

slander /'slɑːndə'/ 1 N calomnie (f); (*legal term*) diffamation (f) 2 VT calomnier; (*legal term*) diffamer

slanderous /'slɑːndərəs/ ADJ calomnieux; (*legal term*) diffamatoire

slang /slæŋ/ 1 N argot (m) 2 ADJ argotique 3 COMP ♦ **slanging match** N (*Brit*) prise (f) de bec*

slangy /'slæŋɪ/ ADJ argotique

slant /slɑːnt/ 1 N inclinaison (f); (= *point of view*) point (m) de vue (**on** sur); **what's his ~ on it?** quel est son point de vue sur la question?; **to give/get a new ~* on sth** présenter/voir qch sous un angle nouveau 2 VI [*handwriting*] être incliné; [*sunbeam*] passer obliquement 3 VT [+ *object*] incliner; [+ *account, news*] présenter avec parti pris; **a ~ed report** un rapport orienté

slanting /'slɑːntɪŋ/ ADJ [*line, rays*] oblique; [*surface*] incliné; [*handwriting*] penché; [*eyes*] bridé

slap /slæp/ 1 N claque (f); **a ~ on the bottom** une fessée; **a ~ in the face** une gifle; **a ~ on the back** une claque dans le dos; **to give sb a ~ on the wrist** (= *scold*) réprimander qn; **to get a ~ on the wrist** (= *be scolded*) se faire taper sur les doigts*
2 ADV **~ in the middle*** en plein milieu
3 VT ⓐ [+ *person*] donner une tape à; (*stronger*) donner une claque à; **to ~ sb on the back** donner une claque dans le dos à qn; **to ~ sb's face** gifler qn
ⓑ (= *put*) flanquer*; (= *apply*) mettre à la va-vite; [+ *tax*] mettre; **he ~ped a coat of paint on the wall** il a flanqué* une couche de peinture sur le mur; **he ~ped £50 on to the price*** il a gonflé son prix de 50 livres
4 COMP ♦ **slap-bang*** ADV (*Brit*) **~-bang into the wall** en plein dans le mur ♦ **slap-happy*** ADJ relaxe* ♦ **slap-up meal*** N (*Brit*) repas (m) extra*

slapdash /'slæpdæʃ/ ADJ [*work*] bâclé*; **in a ~ way** à la va-vite

slapstick /'slæpstɪk/ N (*also ~ comedy*) grosse farce (f)

slash /slæʃ/ 1 N (= *cut*) entaille (f) 2 VT ⓐ entailler; (*several cuts*) taillader; **to ~ one's wrists** s'ouvrir les veines ⓑ [+ *prices*] casser; [+ *costs, text*] faire des coupes sombres dans; **"prices ~ed"** « prix sacrifiés »

slat /slæt/ N lame (f); (*wooden*) latte (f); [*of blind*] lamelle (f)

slate /sleɪt/ 1 N ardoise (f); **~ of candidates** liste (f) de candidats; **to start with a clean ~** repartir sur une bonne base 2 VT ⓐ (*Brit* = *criticize*)* démolir* ⓑ (*US*) **to be ~d* for sth** être prévu pour qch 3 ADJ [*roof*] en ardoise

slaughter /'slɔːtə'/ 1 N massacre (m); [*of animals for meat*] abattage (m); **the ~ on the roads** les hécatombes (fpl) sur la route 2 VT massacrer; (= *kill for meat*) abattre; **our team really ~ed them*** (= *beat*) notre équipe les a massacrés*

slaughterhouse /'slɔːtəhaʊs/ N abattoir (m)

Slav /slɑːv/ 1 ADJ slave 2 N Slave *(mf)*

slave /sleɪv/ 1 N esclave *(mf)*; **to be a ~ to** être esclave de 2 VI *(also* **~ away**) trimer* 3 COMP ◆ **slave labour** N (= *exploitation*) esclavage *(m)*; **children were used as ~ labour** les enfants étaient traités comme des esclaves ◆ **slave trade** N commerce *(m)* des esclaves

slaver /ˈslævəʳ/ VI (= *dribble*) baver; **to ~ over sth** baver* devant qch

slavery /ˈsleɪvərɪ/ N esclavage *(m)*

Slavic /ˈslɑːvɪk/ ADJ slave

slavish /ˈsleɪvɪʃ/ ADJ [*imitation*] servile; [*devotion*] béat; **to be a ~ follower of sb/sth** suivre qn/qch aveuglément

Slavonic /sləˈvɒnɪk/ ADJ slave

slaw /slɔː/ N *(US)* salade *(f)* de chou

slay /sleɪ/ *(pret* **slew**, *ptp* **slain**) VT *(liter)* tuer

sleaze* /sliːz/ N ⓐ (= *corruption*) corruption *(f)* ⓑ (= *filth*) sordidité *(f)*

sleazy* /ˈsliːzɪ/ ADJ sordide; [*person*] louche; [*magazine*] cochon**:**

sled /sled/ N *(US)* traîneau *(m)*; *(child's)* luge *(f)*

sledding /ˈsledɪŋ/ N *(US)* **tough ~*** tâche *(f)* difficile

sledge /sledʒ/ 1 N traîneau *(m)*; *(child's)* luge *(f)* 2 VI **to go sledging** faire de la luge

sledgehammer /ˈsledʒˌhæməʳ/ N masse *(f)*

sleek /sliːk/ ADJ [*hair, fur*] lustré; [*person*] soigné

sleep /sliːp/ *(vb: pret, ptp* **slept**) 1 N sommeil *(m)*; **to be in a deep ~** dormir profondément; **to talk in one's ~** parler en dormant; **to get some ~** dormir; **to get** *or* **go to ~** s'endormir; **my leg has gone to ~** j'ai la jambe engourdie; **to send sb to ~** endormir qn; **to put a cat to ~** (= *put down*) faire piquer un chat; **I need eight hours' ~ a night** il me faut (mes) huit heures de sommeil chaque nuit; **I haven't had enough ~ lately** je manque de sommeil ces temps-ci; **to have a good night's ~** passer une bonne nuit

2 VI ⓐ dormir; **to ~ like a log** dormir à poings fermés; **he was ~ing soundly** il dormait profondément ⓑ (= *spend night*) coucher; **he slept at his aunt's** il a couché chez sa tante ⓒ (= *have sex*) **to ~ with sb** coucher* avec qn

3 VT **the house ~s eight (people)** on peut coucher huit personnes dans cette maison

► **sleep around*** VI coucher* à droite et à gauche

► **sleep in** VI faire la grasse matinée

► **sleep off** VT SEP **to ~ sth off** dormir pour faire passer qch

► **sleep on** VT INSEP **to ~ on a decision** attendre le lendemain pour prendre une décision; **I'll have to ~ on it** il faut que j'attende demain pour décider

► **sleep over** VI passer la nuit

► **sleep through** VT INSEP **he slept through the storm** l'orage ne l'a pas réveillé

► **sleep together** VI (= *have sex*) coucher ensemble

sleeper /ˈsliːpəʳ/ N ⓐ dormeur *(m)*, -euse *(f)*; **to be a light ~** avoir le sommeil léger ⓑ *(Brit Rail)* *(on track)* traverse *(f)*; (= *berth*) couchette *(f)*; (= *rail car*) wagon-lit *(m)*; (= *train*) train-couchettes *(m)*

sleepily /ˈsliːpɪlɪ/ ADV [*smile*] d'un air endormi; [*say*] d'un ton endormi

sleeping /ˈsliːpɪŋ/ ADJ [*person*] endormi; **(the) Sleeping Beauty** la Belle au bois dormant ◆ **sleeping bag** N sac *(m)* de couchage ◆ **sleeping car** N wagon-lit *(m)* ◆ **sleeping partner** N *(Brit)* (associé *(m)*) commanditaire *(m)* ◆ **sleeping pill** N somnifère *(m)* ◆ **sleeping policeman** N *(pl* **sleeping policemen**) *(Brit)* ralentisseur *(m)* ◆ **sleeping tablet** N somnifère *(m)*

sleepless /ˈsliːplɪs/ ADJ **(to have) a ~ night** (passer) une nuit blanche; **he spent many ~ hours worrying** il a passé de longues heures sans sommeil à se faire du souci

sleeplessness /ˈsliːplɪsnɪs/ N insomnie *(f)*

sleepwalk /ˈsliːpwɔːk/ VI être somnambule

sleepwalker /ˈsliːpwɔːkəʳ/ N somnambule *(mf)*

sleepy /ˈsliːpɪ/ ADJ ⓐ [*voice, look*] endormi; **to be ~** avoir sommeil ⓑ [*village, town*] somnolent

sleet /sliːt/ 1 N neige *(f)* fondue 2 VI **it is ~ing** il tombe de la neige fondue

sleeve /sliːv/ N manche *(f)*; [*of record*] pochette *(f)*; **I don't know what he's got up his ~** je ne sais pas ce qu'il nous réserve comme surprise; **to wear one's heart on one's ~** laisser voir ses sentiments

sleeveless /ˈsliːvlɪs/ ADJ sans manches

sleigh /sleɪ/ N traîneau *(m)*

sleight /slaɪt/ N **~ of hand** (= *trick*) tour *(m)* de passe-passe

slender /ˈslendəʳ/ ADJ ⓐ [*person*] svelte; [*legs, waist*] fin ⓑ [*chance, majority, margin*] faible; [*income, resources*] maigre

slept /slept/ VB pt, ptp of **sleep**

sleuth /sluːθ/ N détective *(m)*

slew¹ /sluː/ VB pt of **slay**

slew² /sluː/ 1 VI [*vehicle*] déraper 2 VT **he ~ed the car sideways** il a fait déraper la voiture 3 N *(US)* **a ~ of ...** un tas* de ...

slice /slaɪs/ 1 N ⓐ tranche *(f)*; [*of lemon, cucumber, sausage*] rondelle *(f)*; **~ of bread and butter** tartine *(f)* beurrée ⓑ (= *part*) partie *(f)* ⓒ (= *kitchen utensil*) spatule *(f)* ⓓ *(Sport)* balle *(f)* slicée 2 VT ⓐ couper (en tranches); [+ *sausage, cucumber*] couper (en rondelles); **to ~ sth thin** couper qch en tranches fines; **~d bread** du pain en tranches ⓑ [+ *ball*] slicer

slick /slɪk/ 1 ADJ ⓐ (= *efficient, skilful*) **it was a ~ operation** ça a été rondement mené ⓑ [*person*] **he's really ~** il a du bagout* ⓒ [*hair*] lissé; [*road, surface*] glissant 2 N *(also* **oil ~**) nappe *(f)* de pétrole; *(on beach)* marée *(f)* noire

slicker /ˈslɪkəʳ/ N *(US)* combinard(e)* *(m(f))*

slickness /ˈslɪknɪs/ N (= *skill*) habileté *(f)*

slide /slaɪd/ *(vb: pret, ptp* **slid**) 1 N ⓐ *(in prices, temperature)* baisse *(f)* de ⓑ *(in playground)* toboggan *(m)* ⓒ (= *photo*) diapositive *(f)*; [*of microscope*] porte-objet *(m)*; **illustrated with ~s** accompagné de diapositives ⓓ (= *hair slide*) barrette *(f)*

2 VI ⓐ glisser; **to ~ down a slope** glisser le long d'une pente; **it ought to ~ gently into place** on devrait pouvoir le mettre en place en le faisant glisser doucement; **to let things ~** laisser les choses aller à la dérive ⓑ (= *move silently*) se glisser; **he slid into the room** il s'est glissé dans la pièce; **to ~ into bad habits** prendre insensiblement de mauvaises habitudes

3 VT *(faire)* glisser; **he slid the photo into his pocket** il a glissé la photo dans sa poche

4 COMP ◆ **slide projector** N projecteur *(m)* de diapositives ◆ **slide rule** N règle *(f)* à calcul ◆ **slide show** N projection *(f)* de diapositives

sliding /ˈslaɪdɪŋ/ ADJ [*panel, door*] coulissant; **~ scale** échelle *(f)* mobile; **~ time** *(US)* horaire *(m)* flexible

slight /slaɪt/ 1 ADJ ⓐ (= *minor*) léger *(before n)*; [*error, chance*] petit; **a ~ improvement** une légère amélioration; **to be at a ~ angle** être légèrement incliné; **I haven't the ~est idea** je n'en ai pas la moindre idée; **nobody showed the ~est interest** personne n'a manifesté le moindre intérêt; **not in the ~est** pas le moins du monde; **he takes offence at the ~est thing** il se vexe pour un rien ⓑ (= *slim*) menu 2 VT blesser; **he felt ~ed** il s'est senti blessé 3 N (= *insult*) affront *(m)*

slightly /ˈslaɪtlɪ/ ADV légèrement; **~ silly** un peu bête

slim /slɪm/ 1 ADJ ⓐ [*person*] mince ⓑ [*majority, chance*] faible 2 VI maigrir; (= *diet*) suivre un régime amaigrissant; **she's ~ming** elle suit un régime (amaigrissant)

► **slim down** 1 VI [*business, company*] réduire ses effectifs 2 VT faire maigrir

slime /slaɪm/ N (= *mud*) vase *(f)*; (= *sticky substance*) matière *(f)* visqueuse; *(from snail)* bave *(f)*

slimming /'slɪmɪŋ/ N **our society is obsessed with ~** nous sommes obsédés par notre poids et les régimes amaigrissants

slimy /'slaɪmɪ/ ADJ ⓐ [*substance, creature*] visqueux ⓑ (*Brit*) [*person*] mielleux

sling /slɪŋ/ (*vb: pret, ptp* **slung**) 1 N ⓐ (= *weapon*) fronde (*f*) ⓑ (*for arm*) écharpe (*f*) ; **to have one's arm in a ~** avoir le bras en écharpe 2 VT ⓐ (= *throw*) lancer (**at** *or* **to sb** à qn, **at sth** sur qch) ⓑ (= *hang*) [+ *hammock*] suspendre ; [+ *load*] hisser ; **he had a bag slung over one shoulder** il portait un sac en bandoulière

slingshot /'slɪŋʃɒt/ N (*US*) lance-pierre(s) (*m inv*)

slink /slɪŋk/ (*pret, ptp* **slunk**) VI **to ~ away** s'en aller furtivement

slinky /'slɪŋkɪ/ ADJ [*dress, skirt*] moulant

slip /slɪp/ 1 N ⓐ (= *mistake*) erreur (*f*) ; **~ of the tongue** lapsus (*m*) ; **to give sb the ~** fausser compagnie à qn ⓑ (= *underskirt*) combinaison (*f*) ⓒ (*in filing system*) fiche (*f*) ; **a ~ of paper** un bout de papier ; **a ~ of a girl** une gamine

2 VI ⓐ (= *slide*) glisser ; **my foot ~ped** mon pied a glissé ; **the book ~ped out of his hand** le livre lui a glissé des doigts ; **money ~s through her fingers** l'argent lui file entre les doigts ; **to let sth ~ through one's fingers** laisser qch filer entre ses doigts ; **several errors had ~ped into the report** plusieurs erreurs s'étaient glissées dans le rapport ; **to let ~ an opportunity** laisser passer une occasion ; **he's ~ping** il ne se concentre plus assez

ⓑ (= *move quickly*) se glisser ; **he ~ped out of the room** il s'est glissé hors de la pièce ; **he ~ped across the border** il a passé la frontière ; **to ~ out of a dress** enlever (rapidement) une robe ; **he ~ped easily into his new role** il s'est adapté facilement à son nouveau rôle ; **to ~ into bad habits** prendre insensiblement de mauvaises habitudes

3 VT ⓐ (= *slide*) glisser ; **to ~ sth to sb** glisser qch à qn ; **he ~ped the ring onto her finger** il lui a passé la bague au doigt ; **to ~ the clutch** faire patiner l'embrayage ; **a ~ped disc** une hernie discale

ⓑ (= *escape from*) échapper à ; **the dog ~ped its collar** le chien s'est dégagé de son collier ; **it ~ped my mind** cela m'était complètement sorti de la tête

4 COMP ♦ **slip-ons, slip-on shoes** NPL chaussures (*fpl*) sans lacets ♦ **slip road** N (*Brit*) bretelle (*f*) d'accès ♦ **slip-up** * N cafouillage* (*m*) ; **there has been a ~-up somewhere** quelque chose a cafouillé*

▸ **slip away** VI [*guest*] partir discrètement ; **I ~ped away for a few minutes** je me suis éclipsé quelques minutes

▸ **slip in** 1 VI [*person*] entrer discrètement ; **several errors have ~ped in** plusieurs erreurs s'y sont glissées ; **I've only ~ped in for a minute** je ne fais que passer 2 VT SEP [+ *object*] (faire) glisser ; [+ *remark, comment*] glisser

▸ **slip out** VI [*person*] sortir ; **the words ~ped out before he realized it** les mots lui ont échappé avant même qu'il ne s'en rende compte

▸ **slip through** VI [*person, error*] s'introduire

▸ **slip up** * VI (= *make mistake*) se ficher dedans*

slipcover /'slɪpkʌvə'/ N (*US: on book*) jaquette (*f*)

slipper /'slɪpə'/ N pantoufle (*f*) ; (*warmer*) chausson (*m*)

slippery /'slɪpərɪ/ ADJ ⓐ [*surface*] glissant ; **it's ~ underfoot** le sol est glissant ; **to be on the ~ slope** être sur une pente savonneuse ⓑ (= *unreliable*) **he's a ~ customer** c'est quelqu'un sur qui on ne peut pas compter

slipshod /'slɪpʃɒd/ ADJ [*work, style*] négligé

slipway /'slɪpweɪ/ N cale (*f*) de lancement

slit /slɪt/ (*vb: pret, ptp* **slit**) 1 N (= *opening*) fente (*f*) ; (= *cut*) incision (*f*) ; **to make a ~ in sth** fendre *or* inciser qch ; **the skirt has a ~ up the side** la jupe a une fente sur le côté 2 VT (= *make an opening in*) fendre ; (= *cut*) inciser ; **to ~ sb's throat** trancher la gorge à qn ; **to ~ one's wrists** s'ouvrir les veines ; **to ~ a letter open** ouvrir une lettre ; **a ~ skirt** une jupe fendue

slither /'slɪðə'/ VI glisser ; [*snake*] onduler ; **he ~ed about**

on the ice il dérapait sur la glace ; **he ~ed down the slope** il a dégringolé* la pente

sliver /'slɪvə'/ N [*of glass, wood*] éclat (*m*) ; [*of cheese, ham*] lamelle (*f*)

slob * /slɒb/ N plouc♣ (*mf*)

slobber /'slɒbə'/ VI baver

sloe /sləʊ/ N (= *fruit*) prunelle (*f*)

slog /slɒg/ 1 N (= *effort*) gros effort (*m*) ; **after a three day ~ across the mountains** après trois jours d'efforts dans le montagne 2 VT **we left them to ~ it out** (= *fight*) nous les avons laissé s'expliquer à coups de poing 3 VI ⓐ (*also ~ away*) travailler très dur ⓑ (= *walk*) avancer péniblement ; **he ~ged up the hill** il a gravi péniblement la colline

slogan /'sləʊgən/ N slogan (*m*)

slop /slɒp/ 1 VT [+ *liquid*] (= *spill*) renverser ; (= *tip carelessly*) répandre 2 VI (*also ~ over*) [*water*] déborder 3 NPL **slops** (= *dirty water*) eaux (*fpl*) sales ; (*in teacup*) fond (*m*) de tasse

▸ **slop about**, **slop around** VI **they were ~ping about in the mud** ils pataugeaient dans la boue ; **she ~s about in a dressing gown all day** * elle traîne toute la journée en robe de chambre

slope /sləʊp/ 1 N ⓐ [*of roof, ground, surface*] pente (*f*) ⓑ (= *rising ground, gentle hill*) côte (*f*) ; (= *mountainside*) versant (*m*) ; **halfway up** *or* **down the ~** à mi-côte ; **on the ~s of Mount Etna** sur les pentes de l'Etna ; **on the (ski) ~s** sur les pistes (de ski) 2 VI [*ground, roof*] être en pente ; [*handwriting*] pencher ; **the garden ~s down to the river** le jardin descend en pente vers la rivière

▸ **slope off** * VI (= *sneak away*) se tirer♣

sloping /'sləʊpɪŋ/ ADJ [*ground, roof*] en pente

sloppily /'slɒpɪlɪ/ ADV (= *carelessly*) sans soin ; **~ written** écrit n'importe comment

sloppy /'slɒpɪ/ 1 ADJ ⓐ (= *careless*) négligé ; [*language*] relâché ; [*thinking, logic*] peu rigoureux ; **his ~ attitude** son je-m'en-foutisme* ⓑ (= *sentimental*) à l'eau de rose 2 COMP ♦ **sloppy Joe** N (= *sweater*) grand pull (*m*) ; (*US = sandwich*) hamburger (*m*)

slosh * /slɒʃ/ 1 VT (= *spill*) renverser ; (= *apply lavishly*) répandre ; **he ~ed water over the floor** (*deliberately*) il a répandu de l'eau par terre ; (*accidentally*) il a renversé de l'eau par terre 2 VI **water was ~ing everywhere** l'eau se répandait partout ; **to ~ through mud** patauger dans la boue

sloshed♣ /slɒʃt/ ADJ (*Brit = drunk*) beurré♣ ; **to get ~** prendre une biture♣

slot /slɒt/ 1 N ⓐ (= *slit*) fente (*f*) ; (= *groove*) rainure (*f*) ; **to put a coin in the ~** introduire une pièce dans la fente ⓑ (= *space in schedule*) créneau (*m*), tranche (*f*) horaire ; **the early-evening news ~** la tranche informations du début de soirée

2 VT **to ~ one part into another** emboîter une pièce dans une autre ; **to ~ sth into a programme** insérer qch dans une grille de programmes

3 VI **this part ~s in here** cette pièce-ci s'emboîte ici

4 COMP ♦ **slot machine** N (*for tickets*) distributeur (*m*) (automatique) ; (*in arcade*) machine (*f*) à sous ♦ **slotted spoon** N écumoire (*f*)

sloth /sləʊθ/ N ⓐ (= *idleness*) paresse (*f*) ⓑ (= *animal*) paresseux (*m*)

slothful /'sləʊθfʊl/ ADJ (*liter*) paresseux

slouch /slaʊtʃ/ 1 N ⓐ **he walks with a ~** il se tient mal en marchant ⓑ **he's no ~** * il n'est pas empoté* 2 VI **she tends to ~** elle a tendance à ne pas se tenir droite ; **stop ~ing!** redresse-toi! ; **he ~ed out** il sortit en traînant les pieds, le dos voûté

slough /slʌf/ VT (*also ~ off*) **the snake ~ed (off) its skin** le serpent a mué

Slovak /'sləʊvæk/ 1 ADJ slovaque 2 N Slovaque (*mf*) 3 COMP ♦ **the Slovak Republic** N la République slovaque

Slovakia /sləʊ'vækɪə/ N Slovaquie (*f*)

Slovakian /sləʊ'vækɪən/ 1 ADJ slovaque 2 N Slovaque (*mf*)

Slovene /'sləʊviːn/ 1 ADJ slovène 2 N (= *person*) Slovène (*mf*)

Slovenia /sləʊ'viːnɪə/ N Slovénie (*f*)

Slovenian /sləʊ'viːnɪən/ 1 ADJ slovène 2 N (= *person*) Slovène (*mf*)

slovenly /'slʌvnlɪ/ ADJ négligé; **his ~ attitude** son je-m'en-foutisme*

slow /sləʊ/ 1 ADJ lent; [*market, demand*] stagnant; **after a ~ start** après un départ laborieux; **the pace of life there is ~** là-bas on vit au ralenti; **a ~ train** (*Brit*) (= *stopping-train*) un (train) omnibus; **at a ~ speed** à petite vitesse; **it's going** cela n'avance pas vite; **he's a ~ learner** il n'apprend pas vite; **to be ~ to do sth** mettre du temps à faire qch; **he's a bit ~** (= *stupid*) il a l'esprit un peu lent; **my watch is (ten minutes) ~** ma montre retarde (de dix minutes); **bake in a ~ oven** cuire à feu doux

2 ADV (= *slowly*) lentement; **to go ~er** ralentir; **to go ~** [*workers*] faire une grève perlée

3 VT (*also* **~ down**) [+ *person*] ralentir

4 VI (*also* **~ down**) ralentir; [*reactions*] devenir plus lent; **"~"** (*on road sign*) «ralentir»; **you must ~ down or you'll make yourself ill** il faut que vous travailliez moins, sinon vous allez tomber malade

5 COMP ♦ **slow lane** * (*in France*) voie (*f*) de droite; (*in Britain*) voie (*f*) de gauche ♦ **slow motion** N **in ~ motion** au ralenti ♦ **slow-witted** ADJ lourdaud ♦ **slow worm** N orvet (*m*)

slowcoach /'sləʊkəʊtʃ/ N (*Brit* = *dawdler*) lambin(e)* (*m(f)*)

slowdown /'sləʊdaʊn/ N ralentissement (*m*); (*US*) grève (*f*) perlée

slowly /'sləʊlɪ/ ADV lentement; **~ but surely** lentement mais sûrement

slowness /'sləʊnɪs/ N lenteur (*f*); **his ~ to act** le retard avec lequel il a agi

slowpoke * /'sləʊpəʊk/ N (*US* = *dawdler*) lambin(e)* (*m(f)*)

sludge /slʌdʒ/ N (= *mud*) boue (*f*); (= *sewage*) eaux (*fpl*) usées; (= *melting snow*) neige (*f*) fondue

slug /slʌɡ/ 1 N (= *animal*) limace (*f*); (= *blow*) coup (*m*); **a ~ of whisky** * (*US*) une rasade* de whisky 2 VT * frapper

sluggish /'slʌɡɪʃ/ ADJ lent; [*market, business*] stagnant; **sales are ~** les ventes ne vont pas fort

sluggishly /'slʌɡɪʃlɪ/ ADV [*move*] lentement; [*react, respond*] mollement

sluice /sluːs/ VT laver à grande eau ♦ **sluice gate** N porte (*f*) d'écluse

slum /slʌm/ 1 N (= *house*) taudis (*m*); (= *area*) quartier (*m*) pauvre 2 VI * vivre à la dure

slumber party /'slʌmbə,pɑːtɪ/ N (*US*) *soirée entre adolescentes qui restent dormir chez l'une d'entre elles*

slump /slʌmp/ 1 N (*in numbers, popularity, sales*) forte baisse (**in** de); (*in prices*) effondrement (*m*) (**in** de) 2 VI (a) [*popularity, trade*] baisser brutalement; [*prices, rates*] s'effondrer; **business has ~ed** les affaires sont en baisse (b) s'écrouler (**into** dans, **onto** sur); **he lay ~ed on the floor** il gisait par terre; **he was ~ed over the wheel** il était affalé sur le volant

▸ **slump forward** VI tomber en avant

slung /slʌŋ/ VB *pt, ptp of* **sling**

slunk /slʌŋk/ VB *pt, ptp of* **slink**

slur /slɜːʳ/ 1 N (= *stigma*) atteinte (*f*) (**on** à); (= *insult*) insulte (*f*); **to be a ~ on sb's reputation** entacher la réputation de qn; **to cast a ~ on sb** porter atteinte à la réputation de qn 2 VT mal articuler; **his speech was ~red** il n'arrivait pas à articuler

slurp /slɜːp/ 1 VTI boire à grand bruit 2 N **he had a ~ of wine** il a bu une gorgée de vin

slush /slʌʃ/ N (= *snow*) neige (*f*) fondue; (= *mud*) gadoue (*f*); (= *sentiment*) sensiblerie (*f*) ♦ **slush fund** N fonds (*mpl*) secrets

slushy /'slʌʃɪ/ ADJ (a) [*snow*] fondu; [*street*] couvert de neige fondue (b) (= *sentimental*)* [*film, book, story*] à l'eau de rose; [*song*] sentimental

slut * /slʌt/ N salope* * (*f*)

sly /slaɪ/ 1 ADJ (a) (= *crafty*) [*person, animal*] rusé; [*plan*] astucieux; [*smile, look, remark*] narquois; **he's a ~ old fox** * c'est une fine mouche; **(as) ~ as a fox** rusé comme un renard (b) (= *underhand*) [*person, trick*] sournois (*pej*) (c) (= *secretive*)* **they were having a ~ cigarette in the toilets** ils fumaient en cachette dans les toilettes 2 N **on the ~** en cachette

slyly /'slaɪlɪ/ ADV (a) (= *craftily*) d'un air narquois (b) (= *cunningly*) sournoisement

smack /smæk/ 1 N tape (*f*); (*stronger*) claque (*f*); (*on face*) gifle (*f*) 2 VT [+ *person*] donner une tape à; (*stronger*) donner une claque à; (*on face*) gifler; **I'll ~ your bottom!** tu vas avoir la fessée!; **to ~ one's lips** se lécher les babines 3 VI **to ~ of sth** avoir des relents de qch 4 ADV * en plein; **~ in the middle** en plein milieu; **he ran ~ into the tree** il est rentré en plein dans l'arbre

small /smɔːl/ 1 ADJ (a) petit; [*family, audience, population*] peu nombreux; [*waist*] mince; [*meal*] léger; **he is a ~ eater** il mange très peu; **in ~ letters** en minuscules (*fpl*); **with a ~ "e"** avec un « e » minuscule; **to feel ~** se sentir honteux; **to make sb feel ~** humilier qn; **to make sb look ~** rabaisser qn devant tout le monde; **it's a ~ world!** le monde est petit!; **to get ~er** [*population, amount*] diminuer; [*object*] rapetisser; **mobile phones are getting ~er** les téléphones portables sont de plus en plus petits; **to make sth ~er** [+ *amount, supply*] réduire qch; [+ *objet, organization*] réduire la taille de qch

(b) (= *young*) petit; **I was very ~ at the time** j'étais tout petit à l'époque

2 ADV **to cut sth up ~** couper qch en petits morceaux

3 N **the ~ of the back** le creux des reins

4 COMP ♦ **small ads** NPL (*Brit: in newspaper*) petites annonces (*fpl*) ♦ **small-arms** NPL armes (*fpl*) légères ♦ **small business** N petite entreprise (*f*) ♦ **small change** N petite monnaie (*f*) ♦ **small claims court** N tribunal (*m*) d'instance (*s'occupant d'affaires mineures*) ♦ **small fry** N menu fretin (*m*) ♦ **small intestine** N intestin (*m*) grêle ♦ **small-minded** ADJ à l'esprit étroit ♦ **small-mindedness** N petitesse (*f*) d'esprit ♦ **small-scale** ADJ peu important; [*undertaking*] de petite envergure; [*map*] à petite échelle ♦ **the small screen** N le petit écran ♦ **small-size(d)** ADJ petit ♦ **small talk** N papotage (*m*) ♦ **small-time** ADJ de troisième ordre ♦ **small town** N (*US*) petite ville (*f*) ♦ **small-town** ADJ provincial

> ❶ **SMALL TOWN**
>
> *Aux États-Unis, une ville de moins de 10 000 habitants est une « petite ville » (**small town**). Le terme « village », peu utilisé, évoque plutôt l'ancien continent ou les pays du tiers-monde. Les populations des petites villes sont généralement appréciées pour les valeurs qu'elles incarnent : gentillesse, honnêteté, politesse, rapports de bon voisinage et patriotisme. Cependant, on peut aussi parler des « **small-town** attitudes » dans un sens péjoratif pour désigner une tendance aux préjugés et une certaine étroitesse d'esprit.*

smallholder /'smɔːlˌhəʊldəʳ/ N (*Brit*) ≈ petit agriculteur (*m*)

smallholding /'smɔːlˌhəʊldɪŋ/ N (*Brit*) ≈ petite ferme (*f*)

smallish /'smɔːlɪʃ/ ADJ assez petit; **a ~ number of ...** un nombre restreint de ...

smallpox /'smɔːlpɒks/ N variole (*f*)

smart /smɑːt/ 1 ADJ (a) (= *not shabby*) [*hotel, restaurant, club, neighbourhood*] chic (*inv*); [*person, clothes, appearance*] élégant; [*house, car*] beau (belle (*f*)); **you're looking very ~** tu es très élégant

(b) (= *fashionable*) à la mode; **the ~ set** le beau monde

(c) (= *clever*)* intelligent; **that wasn't very ~ of you** ce n'était pas très malin de ta part; **the ~ money is on United** United est le grand favori

(d) (= *cheeky*)* culotté*; **don't get ~ with me!** ne joue pas au malin avec moi!*; **she's got a ~ answer to everything**

elle a toujours réponse à tout
(e) (= *brisk*) vif

2 VI [*cut, graze*] brûler; [*iodine*] piquer; **my eyes were ~ing** j'avais les yeux qui me piquaient; **he was ~ing under the insult** l'insulte l'avait piqué au vif

3 COMP ♦ **smart alec(k)*** N bêcheur* (*m*), -euse* (*f*) ♦ **smart bomb** N bombe (*f*) intelligente ♦ **smart card** N carte (*f*) à puce ♦ **smart phone** N smartphone (*m*)

smarten up /ˌsmɑːtən'ʌp/ 1 VI s'arranger 2 VT SEP [+ *person*] rendre plus élégant; [+ *house, room, town*] embellir; **to smarten o.s. up** s'arranger

smartly /'smɑːtlɪ/ ADV (a) [*dress*] avec beaucoup d'élégance (b) (= *briskly*) rapidement; **to tap sth ~** taper sur qch d'un coup sec

smarty* /'smɑːtɪ/ N (= *smarty pants*) bêcheur* (*m*), -euse* (*f*)

smash /smæʃ/ 1 N (a) (= *sound*) fracas (*m*); (= *blow*) coup (*m*) violent; (*Tennis*) smash (*m*); **the cup fell with a ~** la tasse s'est fracassée (en tombant) par terre
(b) (= *accident*)* accident (*m*)
(c) **it was a ~** ça a fait un malheur*

2 VT (a) (= *break*) casser; (= *shatter*) fracasser; **to ~ sth to pieces** briser qch en mille morceaux; **to ~ a door open** enfoncer une porte; **he ~ed the glass with the hammer** il a fracassé la vitre avec le marteau; **to ~ the ball** (*Tennis*) faire un smash
(b) [+ *spy ring*] démanteler; [+ *hopes*] ruiner; [+ *enemy, opponent*] écraser; [+ *sports record*] pulvériser*

3 VI se briser (en mille morceaux); **the cup ~ed against the wall** la tasse s'est fracassée contre le mur; **the car ~ed into the tree** la voiture s'est écrasée contre l'arbre

4 COMP ♦ **smash-and-grab** N cambriolage (*m*) (commis en brisant une devanture) ♦ **smash hit*** N **it was a ~ hit** ça a fait un malheur* ♦ **smash-up*** N accident (*m*)
► **smash down** VT SEP fracasser
► **smash in** VT SEP [+ *door*] enfoncer; **to ~ sb's face in*** casser la gueule à qn‡
► **smash up** 1 VT SEP [+ *room, house, shop*] tout casser dans; [+ *car*] bousiller*; **he was ~ed up* in a car accident** il a été sérieusement amoché* dans un accident de voiture
2 N accident (*m*)

smashed‡ /smæʃt/ ADJ (= *drunk*) bourré‡; **to get ~** se bourrer la gueule‡

smashing* /'smæʃɪŋ/ ADJ (*Brit*) super; **we had a ~ time** on s'est super bien amusé*

smattering /'smætərɪŋ/ N **he has a ~ of German/maths** il a quelques notions d'allemand/en maths

smear /smɪəʳ/ 1 N (a) (= *mark*) trace (*f*)
(b) (= *defamation*) diffamation (*f*) (**on, against** de); **this ~ on his honour/reputation** cette atteinte à son honneur/sa réputation
(c) (= *for medical examination*) frottis (*m*)

2 VT (a) (= *wipe*) **to ~ cream on one's hands** s'enduire les mains de crème; **he ~ed mud on his face** il s'est barbouillé le visage de boue; **his hands were ~ed with ink** il avait les mains tachées d'encre; **he ~ed butter on a slice of bread** il a étalé du beurre sur une tranche de pain
(b) [+ *reputation*] salir

3 COMP ♦ **smear campaign** N campagne (*f*) de diffamation ♦ **smear tactics** NPL procédés (*mpl*) diffamatoires ♦ **smear test** N frottis (*m*)

smell /smel/ (*vb: pret, ptp* **smelled** *or* **smelt**) 1 N odeur (*f*); **to have a good sense of ~** avoir l'odorat (*m*) très développé; **a gas with no ~** un gaz inodore; **it has a nice/nasty ~** cela sent bon/mauvais; **what a ~ in here!** ce que ça sent mauvais ici!; **there was a ~ of burning** il y avait une odeur de brûlé

2 VT sentir; **he could ~ something burning** il sentait que quelque chose brûlait; **I ~ a rat!** il y a quelque chose de louche!; **he ~ed danger** il a flairé le danger; **I ~ danger!** je pressens un danger!

3 VI **it ~s** ça sent mauvais; **it doesn't ~** ça ne sent rien; **his breath ~s** il a mauvaise haleine; **it ~s of garlic** ça sent l'ail; **to ~ good** sentir bon; **to ~ bad** sentir mauvais; **that ~s delicious!** ça sent très bon!; **it ~s dreadful!** ça pue!
► **smell out** VT SEP (a) (= *discover*) découvrir (b) **it's ~ing the room out** ça empeste la pièce

smelly /'smelɪ/ ADJ [*person, feet, armpits*] qui sent mauvais; [*breath*] mauvais; [*cheese*] qui sent fort; **it's rather ~ in here** ça sent mauvais ici

smelt /smelt/ 1 VB *pt, ptp of* **smell** 2 VT [+ *ore*] fondre; [+ *metal*] extraire par fusion

smidgen*, smidgin* /'smɪdʒən/ N **a ~ of** un tout petit peu de

smile /smaɪl/ 1 N sourire (*m*); **with a ~ on his lips** le sourire aux lèvres; **... he said with a ~** ... dit-il en souriant; **to give sb a ~** faire un sourire à qn; **to be all ~s** être tout sourire; **take that ~ off your face!** arrête donc de sourire comme ça!; **I'll wipe the ~ off his face!** je vais lui faire passer l'envie de sourire!

2 VI sourire (**at sb** à qn); **to ~ to o.s.** sourire intérieurement; **to keep smiling** garder le sourire; **he ~d at my efforts** il a souri de mes efforts; **fortune ~d on him** la fortune lui sourit

smiley /'smaɪlɪ/ N smiley (*m*)

smiling /'smaɪlɪŋ/ ADJ souriant

smirk /smɜːk/ 1 N (= *self-satisfied smile*) petit sourire (*m*) satisfait; (= *knowing smile*) petit sourire (*m*) narquois 2 VI (*self-satisfied*) sourire d'un air satisfait; (*knowing*) sourire d'un air narquois

smithereens /ˌsmɪðə'riːnz/ NPL **to smash sth to ~** briser qch en mille morceaux

Smithsonian Institution /smɪθ'səʊnɪənɪnstɪˌtjuːʃən/ N (*US*) **the Smithsonian (Institution)** la Smithsonian Institution

smithy /'smɪðɪ/ N forge (*f*)

smitten /'smɪtn/ ADJ (= *in love*) amoureux; **he was really ~ with her** il en était vraiment amoureux; **he was quite ~ by the idea** (= *interested*) il a trouvé l'idée plutôt séduisante

smock /smɒk/ N blouse (*f*)

smog /smɒg/ N smog (*m*)

smoggy /'smɒgɪ/ ADJ pollué (*par le smog*)

smoke /sməʊk/ 1 N (a) fumée (*f*); **to go up in ~** [*house, plans, hopes*] partir en fumée; **the ~ is beginning to clear** (*fig*) on commence à y voir plus clair; **it's all ~ and mirrors** (*US*) on n'y voit que du feu ■ (*PROV*) **there's no ~ without fire** il n'y a pas de fumée sans feu (*PROV*)
(b) **to have a ~** fumer

2 VI (a) [*chimney, lamp*] fumer
(b) [*person*] fumer; **he ~s like a chimney*** il fume comme un pompier

3 VT (a) [+ *cigarette*] fumer; **he ~s cigarettes/a pipe** il fume la cigarette/la pipe
(b) [+ *meat, fish*] fumer; **~d salmon** saumon (*m*) fumé; **~d glass** verre (*m*) fumé

4 COMP ♦ **smoke alarm, smoke detector** N détecteur (*m*) de fumée ♦ **smoke-filled** ADJ (*during fire*) rempli de fumée; (*from smoking*) enfumé ♦ **smoke ring** N rond (*m*) de fumée; **to blow ~ rings** faire des ronds de fumée ♦ **smoke screen** N (*Mil*) écran (*m*) de fumée; (*fig*) paravent (*m*) (*fig*) ♦ **smoke signal** N signal (*m*) de fumée
► **smoke out** VT SEP [+ *insects, room*] enfumer; [+ *traitor, culprit*] débusquer

smokeless /'sməʊklɪs/ ADJ **~ fuel** combustible (*m*) non polluant; **~ zone** zone où l'on n'a le droit d'utiliser que des combustibles non polluants

smoker /'sməʊkəʳ/ N (= *person*) fumeur (*m*), -euse (*f*); **he has a ~'s cough** il a une toux de fumeur

smokestack /'sməʊkstæk/ N cheminée (*f*) (*extérieure*); **~ industries** industries (*fpl*) traditionnelles

smokey /'sməʊkɪ/ ADJ [*atmosphere, room*] enfumé; [*fire*] qui fume

smoking /'sməʊkɪŋ/ N tabagisme (m); **"no ~"** «défense de fumer»; **"~ can seriously damage your health"** «le tabac nuit gravement à la santé»; **to give up ~** arrêter de fumer ◆ **smoking area** N zone (f) fumeurs ◆ **smoking ban** N interdiction (f) de fumer ◆ **smoking car** N (US) voiture (f) fumeurs ◆ **smoking compartment** N voiture (f) fumeurs ◆ **smoking gun*** N preuve (f) tangible ◆ **smoking room** N fumoir (m)

smoky /'sməʊkɪ/ ADJ [room] enfumé; [fire] qui fume

smolder /'sməʊldəʳ/ VI (US) = **smoulder**

smoldering /'sməʊldərɪŋ/ ADJ (US) = **smouldering**

smooch* /smuːtʃ/ 1 VI (= kiss) se bécoter*; (= pet) se peloter♪; (= dance) se frotter l'un contre l'autre 2 N **to have a ~** se bécoter*

smoochy* /'smuːtʃɪ/ ADJ [record, song] langoureux

smooth /smuːð/ 1 ADJ ⓐ (= not rough) lisse; **as ~ as silk** doux comme de la soie; **the sea was as ~ as glass** la mer était d'huile
ⓑ (= not lumpy) [sauce, mixture] onctueux
ⓒ (= not harsh) [flavour, wine] moelleux; [voice, sound] doux (douce (f))
ⓓ (= even) [flow, breathing] régulier; [takeoff, landing] en douceur; [sea crossing] calme; [flight] sans problèmes; [engine] qui tourne parfaitement; **~ running** bon fonctionnement (m)
ⓔ (= suave) [person, talk] mielleux (pej); **he's a ~ talker** c'est un beau parleur; **he's a ~ operator*** il sait s'y prendre
2 VT [+ fabric, hair] lisser; [+ wood] polir; **to ~ cream into one's skin** faire pénétrer la crème dans la peau (en massant doucement); **to ~ sb's way to the top** faciliter l'ascension de qn
3 COMP ◆ **smooth-running** ADJ [business, organization] qui marche bien ◆ **smooth-shaven** ADJ rasé de près ◆ **smooth-talking** ADJ enjôleur
► **smooth down** VT SEP [+ hair, feathers, sheet] lisser; [+ person] calmer
► **smooth out** VT SEP [+ material, dress] défroisser; [+ wrinkles, anxieties, difficulties] faire disparaître
► **smooth over** VT SEP [+ soil] égaliser; **to ~ things over** arranger les choses

smoothie /'smuːðɪ/ N ⓐ (= person)♪ beau parleur (m) ⓑ (= drink) boisson (f) frappée aux fruits (parfois au yaourt ou à la glace)

smoothly /'smuːðlɪ/ ADV [move] en douceur; **to run ~** [event, operation] bien se passer

smother /'smʌðəʳ/ VT ⓐ (= stifle) étouffer ⓑ (= cover) (re)couvrir (with de); **she ~ed the child with kisses** elle a couvert l'enfant de baisers; **a pizza ~ed with melted cheese** une pizza recouverte de fromage fondu

smoulder /'sməʊldəʳ/ VI [fire, emotion] couver; **to ~ with rage** être blême de rage

smouldering /'sməʊldərɪŋ/ ADJ ⓐ [fire] qui couve; [ashes, rubble] qui fume ⓑ [expression, look] provocant; [emotion] qui couve

SMS /ˌesemˈes/ N (ABBR = **Short Message Service**) SMS (m)

smudge /smʌdʒ/ 1 N (on paper, cloth) (légère) tache (f); (in text, print) bavure (f) 2 VT [+ face] salir; [+ print] maculer; [+ paint, writing] étaler accidentellement 3 VI s'étaler

smug /smʌg/ ADJ [person, voice, attitude, smile] suffisant; [optimism, satisfaction] béat; [remark] plein de suffisance

smuggle /'smʌgl/ 1 VT [+ tobacco, drugs] passer en fraude; **to ~ in/out** [+ goods] faire entrer/sortir en contrebande; [+ letters, person, animal] faire entrer/sortir clandestinement; **to ~ sth through the customs** passer qch en fraude (à la douane); **~d goods** produits (mpl) de contrebande 2 VI faire de la contrebande

smuggler /'smʌgləʳ/ N contrebandier (m), -ière (f)

smuggling /'smʌglɪŋ/ N contrebande (f)

smugly /'smʌglɪ/ ADV avec suffisance

smugness /'smʌgnɪs/ N suffisance (f)

smut /smʌt/ N obscénité(s) (f(pl))

smutty* /'smʌtɪ/ ADJ cochon*

snack /snæk/ 1 N ⓐ casse-croûte (m inv); **to have a ~** manger un petit quelque chose ⓑ (= party snack) amuse-gueule (m inv) 2 COMP ◆ **snack bar** N snack(-bar) (m)

snag /snæg/ 1 N inconvénient (m); **to hit a ~** tomber sur un problème; **that's the ~!** voilà le hic!* 2 VT [+ cloth, tights] faire un accroc à (**on sth** avec qch)

snail /sneɪl/ N escargot (m); **at a ~'s pace** à un pas de tortue ◆ **snail mail*** N **to send sth by ~ mail** envoyer qch par la poste

snake /sneɪk/ 1 N serpent (m); **~ in the grass** (= person) traître(sse) (m(f)) 2 VI [road, river] serpenter (**through** à travers) 3 COMP ◆ **snake charmer** N charmeur (m) de serpent ◆ **snakes and ladders** N sorte de jeu de l'oie

snakebite /'sneɪkbaɪt/ N morsure (f) de serpent

snakeskin /'sneɪkskɪn/ 1 N peau (f) de serpent 2 ADJ [handbag, shoes] en peau de serpent

snap /snæp/ 1 N ⓐ (= noise) [of fingers, whip] claquement (m); [of sth shutting] bruit (m) sec; (= action) [of whip] claquement (m); [of twigs] craquement (m); **he closed the lid with a ~** il a refermé le couvercle avec un bruit sec; **with a ~ of his fingers he ...** faisant claquer ses doigts il ...
ⓑ (= cold weather) **a cold ~** une petite vague de froid
ⓒ (= snapshot) photo (f)
ⓓ (US: = snap fastener) bouton-pression (m)
ⓔ (Brit Cards) sorte de jeu de bataille
ⓕ (US = easy) **it's a ~*** c'est facile comme tout
2 ADJ ⓐ (= sudden) [vote] décidé à l'improviste; [judgement, answer] irréfléchi; **to make a ~ decision** prendre une décision très rapide
ⓑ (US = easy)* facile comme tout
3 EXCL tiens! moi aussi!
4 VI ⓐ (= break) se casser net
ⓑ [whip] claquer; **to ~ shut/open** se fermer/s'ouvrir avec un bruit sec
ⓒ **to ~ at sb** [dog] essayer de mordre qn; [person] parler à qn d'un ton brusque
5 VT ⓐ (= break) casser net
ⓑ [+ whip] faire claquer; **to ~ one's fingers** faire claquer ses doigts; **to ~ one's fingers at** [+ person] faire la nique à; [+ suggestion, danger] se moquer de; **to ~ sth open/shut** ouvrir/fermer qch d'un coup sec
ⓒ (= take photo of) prendre en photo
ⓓ **"shut up!" he ~ped** «silence!» fit-il d'un ton brusque
6 COMP ◆ **snap fastener** N (US) (on clothes) bouton-pression (m); (on handbag, bracelet) fermoir (m) ◆ **snap-on** ADJ [hood, lining] amovible (avec boutons-pression)
► **snap off** 1 VI se casser net 2 VT SEP casser net; **to ~ sb's head off** rembarrer qn
► **snap out*** VI **to ~ out of** [+ gloom, self-pity] se sortir de; [+ bad temper] contrôler; **~ out of it!** [+ gloom] secoue-toi!*; [+ bad temper] contrôle-toi un peu!
► **snap up** VT SEP **to ~ up a bargain** se jeter sur une occasion; **they are ~ped up as soon as they come on the market** on se les arrache dès qu'ils sont mis en vente

snappy /'snæpɪ/ ADJ ⓐ [title, phrase, slogan] accrocheur (-euse (f)) ⓑ (= snazzy) [clothes] chic (inv); **he's a ~ dresser** il est toujours bien sapé* ⓒ **make it ~!*** or **look ~ (about it)!*** grouille-toi!* ⓓ [dog] hargneux

snapshot /'snæpʃɒt/ N photo (f)

snare /snɛəʳ/ 1 N piège (m) 2 VT prendre au piège 3 COMP ◆ **snare drum** N caisse (f) claire

snarl /snɑːl/ 1 N [of dog] grondement (m) féroce; **... he said with a ~** ... dit-il avec hargne 2 VI [dog] gronder en montrant les dents; [person] parler hargneusement **at sb** à qn); **when I went in the dog ~ed at me** quand je suis entré le chien a grondé en montrant les dents 3 VT [+ order] lancer d'un ton hargneux; **to ~ a reply** répondre d'un ton hargneux; **"no" he ~ed** «non» dit-il avec hargne

snatch /snætʃ/ 1 N ⓐ (= small piece) fragment (m); **a ~ of music/poetry** quelques mesures (fpl)/vers (mpl); **a ~ of conversation** des bribes (fpl) de conversation
2 VT [+ object, opportunity] saisir; [+ sandwich, drink] avaler à la hâte; (= steal) voler (**from sb** à qn), saisir; (= kidnap)

enlever ; **she ~ed the book from him** elle lui a arraché le livre ; **to ~ some sleep/rest** réussir à dormir/se reposer un peu ; **to ~ a meal** manger à la hâte

3 VI **to ~ at** [+ object, end of rope] essayer de saisir ; [+ opportunity, chance] saisir

► **snatch away**, **snatch off** VT SEP enlever d'un geste brusque

► **snatch up** VT SEP saisir

snazzy* /'snæzi/ ADJ super* ; **she's a ~ dresser** elle est toujours bien sapée*

sneak /sniːk/ (vb: pret, ptp **sneaked** or (US *) **snuck**) N (= underhand person)* faux jeton* (m) ; (Brit = telltale)* mouchard(e)* (m(f))

2 ADJ [attack, visit] furtif ; **~ preview** (of film) avant-première (f) ; (gen) avant-goût (m)

3 VI ⓐ **to ~ in/out** entrer/sortir furtivement ; **he ~ed up on me** il s'est approché de moi sans faire de bruit ; **success can ~ up on you** le succès peut arriver sans crier gare ⓑ (Brit)* moucharder* (**on sb** qn)

4 VT **I ~ed the letter onto his desk** j'ai glissé la lettre discrètement sur son bureau ; **to ~ a look at sth** regarder qch à la dérobée ; **he was ~ing* a cigarette** il était en train de fumer en cachette

► **sneak away**, **sneak off** VI s'éclipser

sneaker /'sniːkə'/ N tennis (m), basket (f)

sneaking /'sniːkɪŋ/ ADJ [dislike, preference] inavoué ; **I had a ~ feeling that …** je ne pouvais m'empêcher de penser que … ; **to have a ~ suspicion that …** soupçonner que … ; **I have a ~ admiration/respect for him** je ne peux pas m'empêcher de l'admirer/de le respecter

sneaky* /'sniːki/ ADJ sournois

sneer /snɪə'/ 1 VI sourire d'un air méprisant ; **to ~ at sb** se moquer de qn d'un air méprisant ; **to ~ at sth** tourner qch en ridicule 2 N (= act) ricanement (m) ; (= remark) sarcasme (m) ; **… he said with a ~** … dit-il d'un air méprisant

sneeze /sniːz/ 1 N éternuement (m) 2 VI éternuer ; **it is not to be ~d at** ce n'est pas à dédaigner

snide /snaɪd/ 1 N ⓐ narquois

sniff /snɪf/ 1 N ⓐ (from cold, crying) reniflement (m) ; **he said with a ~** … dit-il en reniflant ; (disdainfully) … dit-il en faisant la grimace ; **to have a ~ at sth** [person] renifler qch ; [dog] flairer qch ⓑ (= hint)* **to get a ~ of sth** flairer qch ; **at the first ~ of danger** au premier signe de danger

2 VI renifler ; (disdainfully) faire la grimace ; **to ~ at sth** [dog] flairer qch ; [person] renifler qch ; (fig) faire la grimace à qch ; **it's not to be ~ed at** ce n'est pas à dédaigner

3 VT [dog] flairer ; [person] [+ food, bottle] renifler ; [+ air, perfume, aroma] humer ; **to ~ glue/cocaine** sniffer de la colle/de la cocaïne

► **sniff out** VT (= discover) flairer

sniffer dog /'snɪfə,dɒg/ N chien (m) renifleur

sniffle /'snɪfl/ 1 N (= sniff) reniflement (m) ; (= slight cold) petit rhume (m) ; **… he said with a ~** … dit-il en reniflant ; **to have the ~s*** avoir un petit rhume 2 VI renifler

sniffy* /'snɪfi/ ADJ dédaigneux (**about** envers)

snifter* /'snɪftə'/ N (Brit) petit verre (m) d'alcool

snigger /'snɪgə'/ 1 N petit rire (m) ; (cynical) ricanement (m) 2 VI pouffer de rire ; (cynically) ricaner ; **to ~ at sth** ricaner devant qch ; **stop ~ing!** arrête de ricaner comme ça !

snip /snɪp/ 1 VT couper (à petits coups de ciseaux) 2 VI **to ~ at sth** donner des petits coups dans qch

► **snip off** VT SEP enlever (à coups de ciseaux)

snipe /snaɪp/ VI **to ~ at sb/sth** (verbally) critiquer qn/qch par en dessous

sniper /'snaɪpə'/ N tireur (m) isolé

snippet /'snɪpɪt/ N bribe (f)

snippy* /'snɪpi/ ADJ (US) hargneux ; **to be in a ~ mood** être de mauvais poil*

snitch* /snɪtʃ/ 1 VI **to ~ on sb** moucharder qn* 2 N mouchard(e)* (m(f))

snivel /'snɪvl/ VI (= whine) pleurnicher ; (= sniff) renifler

snivelling, **sniveling** (US) /'snɪvlɪŋ/ 1 ADJ pleurnicheur 2 N pleurnicherie(s) (f(pl))

snob /snɒb/ N snob (mf) ; **he's a terrible ~** il est terriblement snob ; **she's a musical/wine ~** c'est une snob en matière de musique/vin

snobbery /'snɒbəri/ N snobisme (m)

snobbish /'snɒbɪʃ/ ADJ snob (inv) ; **to be ~ about sb/sth** faire preuve de snobisme à l'égard de qn/en matière de qch

snobby* /'snɒbi/ ADJ snob (inv)

snog* /snɒg/ (Brit) 1 VI se bécoter* 2 N **to have a ~** se bécoter*

snooker /'snuːkə'/ 1 N (= game) snooker (m) 2 VT (Brit) **to be ~ed*** (= be in difficulty) être coincé*

snoop /snuːp/ 1 N **to have a ~ around** jeter un coup d'œil discret ; **I had a ~ around the kitchen** j'ai fureté discrètement dans la cuisine 2 VI se mêler des affaires des autres ; **to ~ around** fureter ; **to ~ on sb** espionner qn ; **he was ~ing into her private life** il fourrait son nez* dans sa vie privée

snooty* /'snuːti/ ADJ snob (inv)

snooze* /snuːz/ 1 N petit somme (m) ; **afternoon ~** sieste (f) ; **to have a ~** faire un petit somme 2 VI faire un petit somme 3 COMP ♦ **snooze button** N bouton (m) d'arrêt momentané (d'un radio-réveil)

snore /snɔː'/ 1 N ronflement (m) 2 VI ronfler

snorer /'snɔːrə'/ N ronfleur (m), -euse (f)

snoring /'snɔːrɪŋ/ N ronflement(s) (m(pl))

snorkel /'snɔːkl/ 1 N [of swimmer] tuba (m) 2 VI **to go ~ling** faire de la plongée (avec un masque et un tuba)

snorkelling /'snɔːkəlɪŋ/ N plongée (f) (avec un masque et un tuba)

snort /snɔːt/ 1 N [of person] grognement (m) ; [of horse] ébrouement (m) 2 VI [horse] s'ébrouer ; [person] (angrily) grogner ; (laughing) s'étrangler de rire 3 VT ⓐ (= say) (angrily) grogner ; (laughing) dire en s'étranglant de rire ⓑ (Drugs)* sniffer*

snot* /snɒt/ N morve (f)

snotty* /'snɒti/ 1 ADJ ⓐ [nose] qui coule ; [face, child] morveux ; [handkerchief] plein de morve ⓑ (= snobbish) snob (inv) 2 COMP ♦ **snotty-nosed*** ADJ (= snobbish) snob (inv)

snout /snaʊt/ N [animal] museau (m) ; [of pig] groin (m)

snow /snəʊ/ 1 N neige (f) 2 VI neiger ; **it is ~ing** il neige 3 VT (US)* **to ~ sb** avoir qn au charme* ; **she ~ed him into believing it** elle a réussi à lui faire croire ça en lui faisant du charme 4 COMP ♦ **snow bank** N congère (f) ♦ **snow-boot** N après-ski (m) ♦ **snow-capped** ADJ couronné de neige ♦ **snow-covered** ADJ enneigé ♦ **snow report** N bulletin (m) d'enneigement ♦ **snow tyre** N pneu-neige (m) ♦ **snow-white** ADJ blanc (blanche (f)) comme neige

snowball /'snəʊbɔːl/ 1 N boule (f) de neige ; **it hasn't got a ~'s chance in hell*** ça n'a pas l'ombre d'une chance ; **~ effect** (m) boule de neige ; **~ fight** bataille (f) de boules de neige 2 VI faire boule de neige ; **~ing costs** coûts (mpl) qui montent en flèche

snowboard /'snəʊbɔːd/ 1 N surf (m) des neiges 2 VI faire du surf des neiges

snowboarding /'snəʊbɔːdɪŋ/ N surf (m) des neiges

snowbound /'snəʊbaʊnd/ ADJ bloqué par la neige

snowdrift /'snəʊdrɪft/ N congère (f)

snowed in /,snəʊd'ɪn/ ADJ bloqué par la neige

snowed under /,snəʊd'ʌndə'/ ADJ **he was ~ with work** il était complètement submergé de travail ; **to be ~ with letters/offers** être submergé de lettres/d'offres

snowfall /'snəʊfɔːl/ N chute (f) de neige

snowflake /'snəʊfleɪk/ N flocon (m) de neige

snowman /'snəʊmæn/ N (pl **-men**) bonhomme (m) de neige

snowmobile /'snəʊmə,biːəl/ N (US) motoneige (f)

snowplough, snowplow (*US*) /'snəʊplaʊ/ N chasse-neige (*m inv*)

snowshoe /'snəʊʃuː/ N raquette (*f*)

snowstorm /'snəʊstɔːm/ N tempête (*f*) de neige

snowsuit /'snəʊsuːt/ N combinaison (*f*) de ski

snowy /'snəʊɪ/ ADJ ⓐ [*weather, winter*] neigeux; [*region, landscape, mountain, street*] enneigé; **a ~ day/morning** une journée/matinée de neige; **it was very ~ yesterday** il a beaucoup neigé hier ⓑ [*hair, beard*] de neige

SNP /esen'piː/ N (ABBR = **Scottish National Party**) *parti indépendantiste écossais*

Snr ABBR = **Senior**

snub /snʌb/ 1 N rebuffade (*f*) 2 VT [+ *person*] snober; [+ *offer*] repousser; **to be ~bed** essuyer une rebuffade 3 ADJ [*nose*] retroussé; **~-nosed** au nez retroussé

snuck* /snʌk/ N tabac (*US*) VB pt, ptp of **sneak**

snuff /snʌf/ N tabac (*m*) à priser; **to take ~** priser
► **snuff it:** VI (*Brit*) claquer*
► **snuff out** VT SEP [+ *candle*] moucher; [+ *interest, enthusiasm, sb's life*] mettre fin à

snug /snʌg/ 1 ADJ ⓐ (= *cosy*) [*house, bed, garment*] douillet; **he was ~ in bed** il était bien au chaud dans son lit ⓑ (= *close-fitting*) bien ajusté; **it's a ~ fit** ça va juste bien 2 N (*Brit*) petite arrière-salle (*f*)

snuggle /'snʌgl/ VI se blottir (**into sth** dans qch, **beside sb** contre qn)
► **snuggle down** VI se blottir (**beside sb** contre qn); **~ down and go to sleep** installe-toi bien confortablement et dors
► **snuggle together** VI se blottir l'un contre l'autre
► **snuggle up** VI se blottir (**to sb** contre qn)

snugly /'snʌglɪ/ ADV ⓐ (= *cosily*) douillettement; **~ tucked in** bien au chaud sous ses couvertures ⓑ (= *tightly*) **these trousers fit ~** ce pantalon va juste bien; **the washing machine fitted ~ into the space** la machine à laver s'encastrait parfaitement

---

so /səʊ/

1 ADVERB	3 COMPOUNDS
2 CONJUNCTION	

1 ADVERB

ⓐ degree = to such an extent si; **so easy/quickly** si facile/rapidement; **is it really so tiring?** est-ce vraiment si fatigant?; **do you really need so long?** vous faut-il vraiment autant de temps?
♦ **so ... (that)** si ... que; **he was so nervous (that) he could hardly write** il était si nerveux qu'il pouvait à peine écrire
♦ **so ... as to do sth** assez ... pour faire qch; **he was so stupid as to tell her** il a été assez stupide pour lui raconter
♦ **not so ... as** pas aussi ... que; **it's not nearly so difficult as you think** c'est loin d'être aussi difficile que vous le croyez

ⓑ = very, to a great extent tellement; **I'm so tired!** je suis tellement fatigué!; **there's so much to do** il y a tellement à faire; **thanks so much*** merci beaucoup; **Elizabeth, who so loved France** Elizabeth, qui aimait tant la France

ⓒ unspecified amount **how tall is he? — oh, about so tall** (*accompanied by gesture*) quelle taille fait-il? — oh, à peu près comme ça; **so much per head** tant par tête

ⓓ = thus, in this way ainsi; **as he failed once so he will fail again** il échouera comme il a déjà échoué; **so it was that ...** c'est ainsi que ...; **so be it** soit; **it so happened that ...** il s'est trouvé que ...

ⓔ set structures
♦ **or so** environ; **how long will it take? — a week or so** combien de temps cela va-t-il prendre? — une semaine environ; **twenty or so** une vingtaine

♦ **like so** comme ceci
♦ **so (that)**

> ► *Note that* pour que *is followed by the subjunctive.*

I brought it so (that) you could read it je l'ai apporté pour que vous puissiez le lire; **I'm going early so (that) I'll get a ticket** j'y vais tôt pour obtenir un billet; **he arranged the timetable so that the afternoons were free** il a organisé l'emploi du temps de façon à laisser les après-midi libres
♦ **so as to do sth** pour faire qch; **he stood up so as to see better** il s'est levé pour mieux voir
♦ **so as not to do sth**: **she put it down gently so as not to break it** elle l'a posé doucement pour ne pas le casser; **he hurried so as not to be late** il s'est dépêché pour ne pas être en retard

ⓕ used as substitute for phrase, word **so I believe** c'est ce que je crois; **is that so?** ah bon!; **if that is so ...** s'il en est ainsi ...; **I told you so!** je te l'avais bien dit!; **so it seems!** apparemment!; **he certainly said so** c'est ce qu'il a dit; **please do so** faites; **I think so** je crois; **I hope so** j'espère; **he said they would be there and so they were** il a dit qu'ils seraient là, et en effet ils y étaient; **so do I!** or **so have I!** or **so am I!** moi aussi!; **if you do that you will** si tu fais ça, j'en ferai autant; **it's raining — so it is!** il pleut — en effet!; **I didn't say that! — you did so!** je n'ai pas dit ça! — mais si, tu l'as dit!; **so to speak** pour ainsi dire; **and so on (and so forth)** et ainsi de suite; **so long!*** salut!*; **I'm not going, so there!** je n'y vais pas, là!

2 CONJUNCTION

ⓐ = therefore donc; **he was late, so he missed the train** il est arrivé en retard et a donc manqué le train; **the roads are busy so be careful** il y a beaucoup de circulation, alors fais bien attention

ⓑ exclamatory **so there he is!** le voilà donc!; **so you're selling it?** alors vous le vendez?; **so he's come at last!** il est donc enfin arrivé!; **and so you see ...** alors comme vous voyez ...; **I'm going home — so?*** je rentre — et alors?; **so what?*** et alors?*

3 COMPOUNDS

♦ **so-and-so*** N (*pl* **so-and-sos**) **Mr/Mrs So-and-so** Monsieur/Madame Untel; **he's an old so-and-so** c'est un vieux schnock: ♦ **so-called** ADJ soi-disant (*inv*) ♦ **so-so*** ADJ couci-couça*

soak /səʊk/ 1 N **to give sth a (good) ~** (bien) faire tremper qch 2 VT faire tremper (**in** dans); **to be/get ~ed to the skin** être trempé/se faire tremper jusqu'aux os; **to ~ o.s. in the bath** prendre un long bain; **bread ~ed in milk** pain (*m*) imbibé de lait; **he ~ed himself in the atmosphere of Paris** il s'est plongé dans l'atmosphère de Paris 3 VI tremper; **to put sth in to ~** faire tremper qch
► **soak in** VI pénétrer
► **soak through** 1 VI traverser 2 VT SEP **to be ~ed through** être trempé
► **soak up** VT SEP absorber

soaking /'səʊkɪŋ/ 1 N trempage (*m*); **to get a ~** se faire tremper; **to give sth a ~** faire tremper qch 2 ADJ trempé

soap /səʊp/ 1 N ⓐ savon (*m*) ⓑ (= *soap opera*) soap* (*m*), feuilleton (*m*) 2 VT savonner 3 COMP ♦ **soap opera** N soap* (*m*), feuilleton (*m*) ♦ **soap powder** N lessive (*f*) (en poudre)

soapbox /'səʊpbɒks/ N tribune (*f*) improvisée; **~ orator** harangueur (*m*), -euse (*f*)

soapdish /'səʊpdɪʃ/ N porte-savon (*m*)

soapsuds /'səʊpsʌdz/ NPL mousse (*f*) de savon

soapy /'səʊpɪ/ ADJ savonneux

soar /sɔː/ VI [*bird, aircraft*] s'élever dans les airs; [*ball*] voler (**over** par-dessus); [*tower*] s'élancer (vers le ciel); [*prices, costs, profits*] monter en flèche; [*ambitions, hopes*] grandir démesurément; [*spirits*] remonter en flèche

soaring /'sɔːrɪŋ/ ADJ [*prices, profits, unemployment*] qui monte en flèche; [*inflation*] galopant; **Britain's ~ crime rate** la forte hausse de la criminalité en Grande-Bretagne

sob /sɒb/ 1 N sanglot (*m*); **... he said with a ~** ... dit-il en sanglotant 2 VI sangloter 3 VT **"no" she ~bed** «non»

dit-elle en sanglotant ; **to ~ o.s. to sleep** s'endormir en sanglotant 4 COMP ◆ **sob story*** N histoire *(f)* larmoyante ; **he told us a ~ story about his sister's illness** il a cherché à nous apitoyer en nous parlant de la maladie de sa sœur
► **sob out** VT SEP ◆ **to ~ one's heart out** pleurer à chaudes larmes

s.o.b.* /ˌesəʊˈbiː/ N *(US)* (ABBR = **son of a bitch**) salaud* *(m)*

sobbing /ˈsɒbɪŋ/ 1 N sanglots *(mpl)* 2 ADJ sanglotant

sober /ˈsəʊbəʳ/ ADJ ⓐ (= *not drunk*) pas ivre ; (= *sobered-up*) dessoûlé* ; **I'm perfectly ~** je ne suis pas du tout ivre ⓑ (= *serious*) [*person, attitude*] pondéré ; [*expression*] grave ; [*assessment, statement*] mesuré ; [*fact, reality*] sans fard ; **upon ~ reflection** après mûre réflexion ⓒ (= *plain*) sobre
► **sober up** VI, VT SEP dessoûler*

sobering /ˈsəʊbərɪŋ/ ADJ [*experience*] qui fait réfléchir ; **it is a ~ thought** cela fait réfléchir ; **it had a ~ effect on him** cela l'a fait réfléchir

soberness /ˈsəʊbənɪs/, **sobriety** /səʊˈbraɪətɪ/ N (= *seriousness*) pondération *(f)* ; (= *plainness*) sobriété *(f)*

Soc. ABBR = **Society**

soccer /ˈsɒkəʳ/ 1 N football *(m)* 2 ADJ de football

sociability /ˌsəʊʃəˈbɪlɪtɪ/ N sociabilité *(f)*

sociable /ˈsəʊʃəbl/ ADJ [*person, mood*] sociable ; **I'll have a drink just to be ~** je prendrai un verre juste pour faire comme tout le monde ; **I'm not feeling very ~ this evening** je n'ai pas envie de voir de gens ce soir

sociably /ˈsəʊʃəblɪ/ ADV [*invite*] amicalement ; **to behave ~** se montrer sociable

social /ˈsəʊʃəl/ 1 ADJ [*class, status, problem*] social ; **~ event** (= *party*) fête *(f)* ; (= *outing*) sortie *(f)* ; **he has little ~ contact with his business colleagues** il a peu de contacts avec ses collègues en dehors du travail ; **this isn't a ~ visit** il ne s'agit pas d'une visite de courtoisie ; **she didn't regard him as her ~ equal** pour elle, il n'appartenait pas au même milieu social

2 COMP ◆ **social administration** N gestion *(f)* sociale ◆ **social benefits** NPL prestations *(fpl)* sociales ◆ **social climber** N (*still climbing*) arriviste *(mf)* ; (*arrived*) parvenu(e) *(m(f))* ◆ **social climbing** N arrivisme *(m)* ◆ **social club** N club *(m)* ◆ **Social Democrat** N social-démocrate *(mf)* ◆ **social drinker** N **to be a ~ drinker** boire seulement en société ◆ **social engagement** N obligation *(f)* sociale ◆ **social gathering** N réunion *(f)* entre amis ◆ **social insurance** N *(US)* sécurité *(f)* sociale ◆ **social life** N vie *(f)* sociale ; **to have an active ~ life** (= *go out frequently*) sortir beaucoup ; (= *see people frequently*) voir du monde ◆ **social science** N sciences *(fpl)* sociales ◆ **social security** N aide *(f)* sociale ; **to be on ~ security** recevoir l'aide sociale ; **the Department of Social Security** *(Brit)* ≈ la Sécurité sociale ◆ **Social Security Administration** N *(US)* *service des pensions* ◆ **social security benefits** NPL prestations *(fpl)* sociales ◆ **social security card** N *(US)* ≈ carte *(f)* d'assuré social ◆ **social security number** N *(US)* numéro *(m)* de sécurité sociale ◆ **social skills** NPL **to learn ~ skills** apprendre les règles de la vie en société ◆ **social welfare** N protection *(f)* sociale ◆ **social work** N assistance *(f)* sociale ◆ **social worker** N travailleur *(m)*, -euse *(f)* social(e)

ⓘ SOCIAL SECURITY NUMBER
Aux États-Unis, le numéro de sécurité sociale, formé de neuf chiffres, est indispensable pour bénéficier des prestations sociales, mais il est également utilisé de plus en plus comme numéro d'identité à l'échelle nationale : il figure sur les carnets de chèques ; certains États l'utilisent comme numéro de permis de conduire et certaines universités comme numéro d'inscription des étudiants. Depuis 1987, tous les enfants se voient attribuer un **social security number***.*

---

socialism /ˈsəʊʃəlɪzəm/ N socialisme *(m)*

socialist /ˈsəʊʃəlɪst/ ADJ, N socialiste *(mf)*

socialite /ˈsəʊʃəlaɪt/ N mondain(e) *(m(f))*

socialize /ˈsəʊʃəlaɪz/ VI (= *be with people*) fréquenter des gens ; (= *chat*) bavarder ; **they no longer ~ with old friends** ils ne voient plus leurs anciens amis

socializing /ˈsəʊʃəlaɪzɪŋ/ N **he doesn't like ~** il n'est pas très sociable ; **there isn't much ~ on campus** on ne se fréquente pas beaucoup sur le campus

socially /ˈsəʊʃəlɪ/ ADV ⓐ (= *not professionally*) [*meet, interact*] en société ; **I don't really mix with him ~** je le fréquente peu en dehors du travail ; **to know sb ~** fréquenter qn en dehors du travail ⓑ [*disadvantaged, acceptable*] socialement ; **~ superior/inferior** d'un rang social supérieur/inférieur ; **to be ~ conscious** être sensibilisé aux problèmes sociaux

society /səˈsaɪətɪ/ 1 N ⓐ (= *social community*) société *(f)* ; **to live in ~** vivre en société ⓑ (= *high society*) haute société *(f)* ; **polite ~** bonne société *(f)* ⓒ (= *organized group*) association *(f)* ; (= *charitable society*) association *(f)* de bienfaisance 2 COMP [*correspondent, news, photographer, wedding*] mondain ◆ **society column** N (*in newspaper*) carnet *(m)* mondain

sociological /ˌsəʊsɪəˈlɒdʒɪkəl/ ADJ sociologique

sociologist /ˌsəʊsɪˈɒlədʒɪst/ N sociologue *(mf)*

sociology /ˌsəʊsɪˈɒlədʒɪ/ N sociologie *(f)*

sock /sɒk/ 1 N ⓐ (= *garment*) chaussette *(f)* ; [*of footballer*] bas *(m)* ; **to pull one's ~s up*** *(Brit)* se secouer* ; **put a ~ in it!*** la ferme !* ; **this will knock your ~s off!*** ça va t'épater ! ; **to work one's ~s off*** se tuer au travail ⓑ (= *punch*)* beigne* *(f)* ; **to give sb a ~ on the jaw** flanquer son poing sur la gueule* à qn 2 VT (= *strike*)* flanquer une beigne* à ; **~ it to me!** vas-y envoie !* ; **~ it to them!** montre-leur un peu !

socket /ˈsɒkɪt/ N [*of eye*] orbite *(f)* ; (*for light bulb*) douille *(f)* ; (*for plug*) prise *(f)* de courant ; **to pull sb's arm out of its ~** démettre l'épaule à qn

sod** /sɒd/ *(Brit)* 1 N con** *(m)* ; **poor little ~!** pauvre petit bonhomme ! ; **~ all** que dalle* 2 VT ◆ **~ it!** merde (alors) !** ; **~ him!** qu'il aille se faire foutre !**
► **sod off**** VI ◆ **off!** va te faire foutre !**

soda /ˈsəʊdə/ 1 N ⓐ (= *chemical*) soude *(f)* ⓑ (= *soda water*) eau *(f)* de Seltz ; **whisky and ~** whisky *(m)* soda ⓒ (*US:* = *soda pop*) soda *(m)* 2 COMP ◆ **soda biscuit** N *(US)* ≈ scone *(m)* (*petit gâteau*) ◆ **soda bread** N pain *(m)* irlandais (*au bicarbonate*) ◆ **soda fountain** N *(US)* (= *siphon*) siphon *(m)* d'eau de Seltz ; (= *place*) buvette *(f)* ◆ **soda pop** N *(US)* soda *(m)* ◆ **soda siphon** N siphon *(m)* (*d'eau de Seltz*) ◆ **soda water** N eau *(f)* de Seltz

sodden /ˈsɒdn/ ADJ [*ground*] détrempé ; [*clothes, paper*] trempé (**with** de)

sodding** /ˈsɒdɪŋ/ ADJ *(Brit)* **her ~ dog** son putain** de chien

sodium /ˈsəʊdɪəm/ N sodium *(m)* ; **~ bicarbonate** bicarbonate *(m)* de soude

sodomy /ˈsɒdəmɪ/ N sodomie *(f)*

sofa /ˈsəʊfə/ N canapé *(m)* ◆ **sofa bed** N canapé-lit *(m)*

soft /sɒft/ 1 ADJ ⓐ [*ground, snow, butter*] mou (molle *(f)*) ; [*fabric, skin, colour, voice, toothbrush*] doux (douce *(f)*) ; [*food, wood*] tendre ; [*bed, texture*] moelleux ; [*fur, hair, beard*] soyeux ; [*leather*] souple ; **as ~ as silk** doux comme la soie ; **she had another, ~er side to her** il y avait une autre facette, plus douce, de sa personnalité ; **to get ~(er)** [*ground, pitch, butter*] se ramollir ; [*leather*] s'assouplir ; [*skin*] s'adoucir ; **to make ~(er)** [+ *leather*] assouplir ; [+ *skin*] adoucir ; **to go ~** [*biscuits*] ramollir
ⓑ [*rain, tap*] léger
ⓒ (= *lenient*) [*person*] indulgent ; [*sentence*] léger ; **to get ~** [*person*] devenir trop indulgent ; **to be too ~ on sb** être trop indulgent avec qn ; **to be (too) ~ on sth** [+ *crime, drugs*] être trop laxiste en matière de qch ; **to have a ~ spot for sb/sth** avoir un faible pour qn/qch ; **to be a ~ touch*** être une (bonne) poire*
ⓓ (= *easy*)* [*life, job*] peinard* ; **to take the ~ option** choisir la solution de facilité
ⓔ (= *stupid*)* débile* ; **to be ~ in the head** avoir le cerveau ramolli*
ⓕ [*water*] doux
2 ADV **don't talk ~!*** tu dis n'importe quoi !

3 COMP ♦ **soft-boiled egg** N œuf *(m)* à la coque ♦ **soft centre** N (*Brit*) chocolat *(m)* fourré ♦ **soft-centred** ADJ (*Brit*) [*chocolate, boiled sweet*] fourré ♦ **soft cheese** N fromage *(m)* à pâte molle ♦ **soft contact lens** N lentille *(f)* de contact souple ♦ **soft-core** ADJ [*pornography*] soft* *(inv)* ♦ **soft drinks** NPL boissons *(fpl)* non alcoolisées ♦ **soft drugs** NPL drogues *(fpl)* douces ♦ **soft furnishings** NPL (*Brit*) tissus *(mpl)* d'ameublement ♦ **soft-hearted** ADJ au cœur tendre ♦ **soft landing** N atterrissage *(m)* en douceur ♦ **soft margarine** N margarine *(f)* ♦ **soft pedal** N (*on piano*) pédale *(f)* douce ♦ **soft-pedal** VI relâcher la pression ♦ VT relâcher la pression sur ♦ **soft porn** N porno *(m)* soft* ♦ **soft sell** N technique *(f)* de vente non agressive ♦ **soft-soap*** VT (*pej*) caresser dans le sens du poil* ♦ **soft-spoken** ADJ he's a ~-spoken man il n'a jamais un mot plus haut que l'autre ♦ **soft top** N (= *car*) décapotable *(f)* ♦ **soft toy** N (jouet *(m)* en) peluche *(f)*

softball /ˈsɒftbɔːl/ N (*US*) sorte de base-ball

soften /ˈsɒfn/ 1 VT [+ *butter, clay, ground*] ramollir; [+ *leather*] assouplir; [+ *skin, outline*] adoucir; [+ *lighting*] tamiser; [+ *sb's anger, effect*] atténuer; [+ *resistance*] réduire; **to ~ the blow** amortir le choc 2 VI [*butter, clay, ground*] se ramollir; [*leather*] s'assouplir; [*skin*] s'adoucir
► **soften up** 1 VI = **soften** 2 VT SEP ⓐ = **soften** ⓑ [+ *person*] attendrir

softener /ˈsɒfnəʳ/ N (= *water softener*) adoucisseur *(m)*; (= *fabric softener*) produit *(m)* assouplissant

softie* /ˈsɒftɪ/ N tendre *(mf)*

softly /ˈsɒftlɪ/ ADV [*say, sing*] doucement; [*walk*] à pas feutrés; [*tap*] légèrement; [*kiss*] tendrement; **~ lit** à la lumière tamisée; **a ~ spoken man** un homme à la voix douce

softness /ˈsɒftnɪs/ N ⓐ [*of fabric, skin, water*] douceur *(f)*; [*of ground, snow*] mollesse *(f)*; [*of bed, carpet*] moelleux *(m)*; [*of fur, hair*] soyeux *(m)*; [*of leather*] souplesse *(f)*; [*of touch*] légèreté *(f)* ⓑ (= *leniency*) [*of person*] indulgence *(f)*; (= *moderation*) [*of approach, line*] modération *(f)*

software /ˈsɒftˌweəʳ/ N software *(m)*, logiciels *(mpl)*; **a piece of ~** un logiciel ♦ **software engineer** N ingénieur-conseil *(m)* en informatique ♦ **software engineering** N génie *(m)* logiciel ♦ **software library** N logithèque *(f)* ♦ **software package** N progiciel *(m)*

softy* /ˈsɒftɪ/ N tendre *(mf)*

soggy /ˈsɒgɪ/ ADJ [*ground*] détrempé; [*vegetables, pasta*] trop cuit; [*bread*] ramolli

soil /sɔɪl/ 1 N terre *(f)*; **cover it over with ~** recouvre-le de terre; **my native ~** ma terre natale; **on French ~** sur le sol français 2 VT salir; **~ed linen** linge *(m)* sale; **~ed item** (*in shop*) article *(m)* défraîchi

solar /ˈsəʊləʳ/ 1 ADJ solaire 2 COMP [*power, panel*] solaire ♦ **solar cell** N pile *(f)* solaire ♦ **solar eclipse** N éclipse *(f)* de soleil ♦ **solar plexus** N plexus *(m)* solaire ♦ **the solar system** N le système solaire

solarium /səʊˈleərɪəm/ N solarium *(m)*

sold /səʊld/ VB *pt, ptp* of **sell**

solder /ˈsəʊldəʳ/ 1 N soudure *(f)* 2 VT souder 3 COMP ♦ **soldering iron** N fer *(m)* à souder

soldier /ˈsəʊldʒəʳ/ N ⓐ soldat *(m)*; **~s and civilians** (les) militaires *(mpl)* et (les) civils *(mpl)*; **he wants to be a ~** il veut devenir soldat; **to play (at) ~s** (*pej*) jouer à la guerre; [*children*] jouer aux petits soldats; **old ~** vétéran *(m)* ⓑ (*Brit* = *finger of bread or toast*)* mouillette *(f)*
► **soldier on** VI (*Brit*) persévérer (malgré tout)

sole /səʊl/ 1 N ⓐ (= *fish*) sole *(f)*
ⓑ [*of shoe, sock*] semelle *(f)*; [*of foot*] plante *(f)*

2 VT ressemeler; **to have one's shoes ~d** faire ressemeler ses chaussures; **leather-~d** avec semelles de cuir

3 ADJ ⓐ (= *single*) seul; **for the ~ purpose of ...** dans le seul but de ...; **their ~ surviving daughter** la seule de leurs filles qui soit encore en vie; **the ~ reason** l'unique raison
ⓑ (= *exclusive*) [*right, possession, supplier*] exclusif; [*responsibility*] entier; [*heir*] universel; [*owner*] unique; **for the ~ use of ...** à l'usage exclusif de ...; **to have ~ ownership of sth** être l'unique propriétaire de qch

solely /ˈsəʊllɪ/ ADV uniquement; **to be ~ responsible for sth** être seul(e) responsable de qch; **I am ~ to blame** c'est entièrement de ma faute

solemn /ˈsɒləm/ ADJ [*mood, occasion, promise, music*] solennel; [*silence, expression, person*] grave; **it is my ~ duty to inform you that ...** il est de mon devoir de vous informer que ... (*frm*)

solemnity /səˈlemnɪtɪ/ N solennité *(f)*

solemnly /ˈsɒləmlɪ/ ADV [*swear, promise*] solennellement; [*say*] d'un ton solennel

solicit /səˈlɪsɪt/ 1 VT solliciter (**sb for sth, sth from sb** qch de qn) 2 VI [*prostitute*] racoler

soliciting /səˈlɪsɪtɪŋ/ N racolage *(m)*

solicitor /səˈlɪsɪtəʳ/ N (*Brit*) (*for sales, wills*) ≈ notaire *(m)*; (*in divorce, police, court cases*) ≈ avocat *(m)*; (*US*) juriste-conseil attaché à une municipalité

solid /ˈsɒlɪd/ 1 ADJ ⓐ (= *not liquid*) solide; **~ food** aliments *(mpl)* solides; **to freeze ~** geler; **frozen ~** complètement gelé
ⓑ (= *not hollow*) [*ball, block*] plein; [*layer, mass*] compact; [*rock, oak, gold*] massif; **the door is made of ~ steel** la porte est tout en acier; **cut out of ~ rock** taillé dans la masse; **the square was ~ with cars*** la place était complètement embouteillée
ⓒ (= *continuous*) [*line*] continu; [*rain*] ininterrompu; **he was six foot six of ~ muscle** c'était un homme de deux mètres tout en muscles; **they worked for two ~ days** ils ont travaillé deux jours sans s'arrêter
ⓓ (= *substantial*) [*structure, basis, relationship*] solide; [*meal*] consistant; [*character*] sérieux; [*support*] ferme; [*information*] sûr; **~ middle-class values** les bonnes valeurs *(fpl)* bourgeoises; **~ as a rock** [*structure, substance*] dur comme la pierre; [*person*] solide comme un roc; [*relationship*] indestructible
ⓔ (*US* = *excellent*)‡ super*

2 ADV **jammed ~** complètement bloqué; **to be booked ~ (for three weeks)** [*hotel, venue, performer*] être complet (pendant trois semaines); **they worked for two days ~** ils ont travaillé deux jours de suite sans s'arrêter

3 N solide *(m)*

4 COMP ♦ **solid fuel** N combustible *(m)* solide

solidarity /ˌsɒlɪˈdærɪtɪ/ N solidarité *(f)*

solidify /səˈlɪdɪfaɪ/ 1 VT solidifier 2 VI se solidifier

solidity /səˈlɪdɪtɪ/ N solidité *(f)*

solidly /ˈsɒlɪdlɪ/ ADV ⓐ [*made, constructed, based*] solidement; **~ built** solidement bâti ⓑ (= *continuously*) sans arrêt ⓒ [*vote*] massivement; **to be ~ behind sb/sth** soutenir qn/qch sans réserve; **a ~ middle-class area** un quartier tout ce qu'il y a de bourgeois; **the area is ~ Conservative** le quartier est un bastion conservateur

soliloquy /səˈlɪləkwɪ/ N monologue *(m)*

solitaire /ˌsɒlɪˈteəʳ/ N ⓐ (= *stone, board game*) solitaire *(m)* ⓑ (*US Cards*) réussite *(f)*

solitary /ˈsɒlɪtərɪ/ 1 ADJ ⓐ [*person, life*] solitaire; **she ate a ~ dinner** elle a pris son dîner seule; **in ~ splendour** dans un splendide isolement ⓑ (= *sole*) seul; **with the ~ exception of ...** à la seule exception de ... 2 N* isolement *(m)* cellulaire 3 COMP ♦ **solitary confinement** N **(in) ~ confinement** (en) isolement *(m)* cellulaire

solitude /ˈsɒlɪtjuːd/ N solitude *(f)*

solo /ˈsəʊləʊ/ (*pl* **solos**) 1 N solo *(m)* 2 ADV en solo 3 ADJ solo *(inv)*

soloist /ˈsəʊləʊɪst/ N soliste *(mf)*

solstice /ˈsɒlstɪs/ N solstice *(m)*; **summer/winter ~** solstice *(m)* d'été/d'hiver

soluble /ˈsɒljʊbl/ ADJ soluble

solution /səˈluːʃən/ N ⓐ (*to problem*) solution *(f)* (**to** de) ⓑ (= *liquid*) solution *(f)*

solve /sɒlv/ VT résoudre; [+ *murder, mystery*] élucider

solvency /ˈsɒlvənsɪ/ N solvabilité *(f)*

solvent /'sɒlvənt/ 1 ADJ solvable 2 N solvant *(m)* 3 COMP
♦ **solvent abuse** N inhalation *(f)* de vapeurs de solvants

Som ABBR = **Somerset**

Somali /səʊ'mɑːlɪ/ 1 ADJ somalien 2 N Somali(e) *(m(f))*, Somalien(ne) *(m(f))*

Somalia /səʊ'mɑːlɪə/ N Somalie *(f)*

Somalian /səʊ'mɑːlɪən/ 1 ADJ somalien 2 N Somali(e) *(m(f))*, Somalien(ne) *(m(f))*

sombre, somber (*US*) /'sɒmbə'/ ADJ sombre ; [*message*] pessimiste ; [*atmosphere*] lugubre ; **on a ~ note** sur une note pessimiste

---

some /sʌm/

1 ADJECTIVE	3 ADVERB
2 PRONOUN	

1 ADJECTIVE

ⓐ = **a certain amount of, a little** du, de la, de l' ; **~ tea/ice cream/water** du thé/de la glace/de l'eau ; **would you like ~ more meat?** voulez-vous encore un peu de viande ?

ⓑ = **a certain number of** des ; **~ cakes** des gâteaux ; **I haven't seen him for ~ years** cela fait des années que je ne l'ai pas vu

▶ **de** *is sometimes used before an adjective.*

~ wonderful memories de merveilleux souvenirs ; **I found ~ small mistakes** j'ai trouvé de petites erreurs

ⓒ **indefinite** un, une ; **~ woman was asking for her** il y avait une dame qui la demandait ; **there must be ~ solution** il doit bien y avoir une solution ; **~ other day** un autre jour ; **~ time last week** la semaine dernière ; **in ~ way or other** d'une façon ou d'une autre ; **~ day** un jour (ou l'autre) ; **~ more talented person** quelqu'un de plus doué

ⓓ = **a certain** **if you are worried about ~ aspect of this proposal ...** si un aspect quelconque de cette proposition vous préoccupe ...

ⓔ **as opposed to others** **~ children like school** certains enfants aiment l'école ; **~ coffee is bitter** certains cafés sont amers ; **in ~ ways, he's right** par certains côtés, il a raison ; **~ people just don't care** il y a des gens qui s'en fichent ; **~ people say that ...** il y a des gens qui disent que ...

ⓕ = **a considerable amount of** **it took ~ courage to do that!** il a fallu du courage pour faire ça ! ; **he spoke at ~ length** il a parlé assez longuement ; **it's a matter of ~ importance** c'est une question assez importante

ⓖ = **a limited** **this will give you ~ idea of ...** cela vous donnera une petite idée de ... ; **that's ~ consolation!** c'est quand même une consolation ! ; **surely there's ~ hope she will recover?** il y a tout de même quelque espoir qu'elle guérisse ?

ⓗ **in exclamations** * **that was ~ party!** (*admiring*) ça a été une super fête ! * ; **you're ~ help!** (*iro*) tu parles d'une aide ! * ; **he says he's my friend — ~ friend!** (*iro*) il dit être mon ami — drôle d'ami ! *

2 PRONOUN

ⓐ = **as opposed to others** certain(e)s *(m(f)pl)* ; **~ cheered, others shouted abuse** certains applaudissaient, d'autres criaient des injures ; **~ of my friends** certains de mes amis

▶ *Note the use of* **d'entre** *with personal pronouns.*

~ of them were late certains d'entre eux étaient en retard ; **~ of us knew him** certains d'entre nous le connaissaient

ⓑ = **not all** quelques-un(e)s *(m(f)pl)* ; **I don't want them all, but I'd like ~** je ne les veux pas tous mais j'en voudrais quelques-uns

▶ *Even if not expressed,* **of them** *must be translated in French by* **en.**

I've still got ~ (of them) j'en ai encore quelques-uns ; **~ (of them) have been sold** on en a vendu quelques-uns

ⓒ = **a certain amount or number: when object of the verb** en ; **I've got ~** j'en ai ; **have ~!** prenez-en ! ; **do you need**

stamps? — it's okay, I've got ~ est-ce que tu as besoin de timbres ? — non, ça va, j'en ai

ⓓ = **a part** une partie ; **~ has been eaten** on en a mangé une partie ; **put ~ of the sauce into a bowl** versez une partie de la sauce dans un bol ; **have ~ of this cake** prenez un peu de gâteau ; **I agree with ~ of what you said** je suis en partie d'accord avec ce que vous avez dit

♦ **... and then some** * : **it would cost twice that much and then ~** ça coûterait deux fois plus et même davantage

3 ADVERB

ⓐ = **about** environ ; **there were ~ twenty houses** il y avait environ vingt maisons

ⓑ = **a bit** * **you'll feel better when you've slept ~** tu te sentiras mieux une fois que tu auras dormi un peu

---

somebody /'sʌmbədɪ/ PRON ⓐ quelqu'un ; **there is ~ at the door** il y a quelqu'un à la porte ; **~ else** quelqu'un d'autre ; **we need ~ really competent** il nous faut quelqu'un de vraiment compétent ; **ask ~ French** demande à un Français ; **~ from the audience** quelqu'un dans le public ; **~ or other** je ne sais qui ⓑ (= *important person*) **she thinks she's ~** elle se prend pour quelqu'un

somehow /'sʌmhaʊ/ ADV **~ or other** (= *in some way*) d'une manière ou d'une autre ; (= *for some reason*) pour une raison ou pour une autre ; **I managed it ~** j'y suis arrivé je ne sais comment ; **we'll manage ~** on se débrouillera * ; **it seems odd ~** je ne sais pas pourquoi mais ça semble bizarre ; **~ he's never succeeded** je ne sais pas pourquoi, il n'a jamais réussi

someone /'sʌmwʌn/ PRON = **somebody**

someplace /'sʌmpleɪs/ ADV (*US*) = **somewhere**

somersault /'sʌməsɔːlt/ 1 N ⓐ culbute *(f)* ; (*by child*) galipette *(f)* ; (*by car*) tonneau *(m)* ⓑ (= *change of policy*) volte-face *(f inv)* ; **to do a ~** faire volte-face 2 VI [*person*] faire la culbute ; [*car*] faire un tonneau

something /'sʌmθɪŋ/ 1 PRON quelque chose *(m)* ; **~ must have happened to him** il a dû lui arriver quelque chose ; **~ unusual** quelque chose d'inhabituel ; **there must be ~ wrong** il doit y avoir quelque chose qui ne va pas ; **did you say ~?** tu m'as dit quelque chose ? ; **would you like ~ to drink?** vous voulez boire quelque chose ? ; **give him ~ to drink** donnez-lui quelque chose à boire ; **he has ~ to live for at last** il a enfin une raison de vivre ; **you don't get ~ for nothing** on n'a rien pour rien ; **I'd get her ~ else** je lui donnerai quelque chose d'autre ; **it's ~ else!** * (= *incredible*) c'est quelque chose ! ; **I'll have to tell him ~ or other** il faudra que je trouve quelque chose à lui dire ; **~ of the kind** quelque chose dans ce genre-là ; **there's ~ about her I don't like** il y a chez elle quelque chose que je n'aime pas ; **there's ~ in what you say** il y a du vrai dans ce que vous dites ; **~ tells me that ...** j'ai l'impression que ... ; **you've got ~ there!** ce n'est pas inintéressant ce que tu dis là ! ; **that's really ~!** * c'est pas rien ! * ; **she has a certain ~** * elle a un petit quelque chose ; **it's sixty-~** c'est soixante et quelques ; **he's got ~ to do with it** (= *is involved*) il y est pour quelque chose ; **I hope to see ~ of you** j'espère vous voir un peu ; **that's always ~** c'est toujours ça ; **he thinks he's ~** * il ne se prend pas pour rien

♦ **or something** ou quelque chose comme ça ; **he's got flu or ~** il a la grippe ou quelque chose comme ça

♦ **something of: he is ~ of a miser** il est plutôt avare ; **it was ~ of a failure** c'était plutôt un échec

2 ADV **he left ~ over £5,000** il a laissé plus de 5 000 livres ; **he won ~ like $10,000** il a gagné quelque chose comme 10 000 dollars ; **there were ~ like 80 people there** il y avait dans les 80 personnes

sometime /'sʌmtaɪm/ 1 ADV ⓐ (*in past*) **~ last month** le mois dernier ; **it was ~ last winter** c'était l'hiver dernier (je ne sais plus exactement quand) ⓑ (*in future*) un de ces jours ; **~ soon** bientôt ; **~ next year** (dans le courant de) l'année prochaine ; **~ or other it will have to be done** il faudra (bien) le faire un jour ou l'autre 2 ADJ ⓐ (= *former*) ancien (*before n*) ⓑ (*US = occasional*) intermittent

sometimes /'sʌmtaɪmz/ ADV parfois; **it is ~ difficult to ...** il est parfois difficile de ...; **he ~ forgets** il lui arrive d'oublier; **the job is ~ interesting, ~ not** le travail est parfois intéressant, parfois pas

somewhat /'sʌmwɒt/ ADV un peu; **~ surprising** un peu surprenant; **~ easier** un peu plus facile; **he greeted me ~ brusquely** il m'a salué assez brusquement; **it was ~ of a failure** c'était plutôt un échec

somewhere /'sʌmwɛə'/ ADV quelque part; **~ or other** quelque part; **~ in France** quelque part en France; **~ near Paris** quelque part près de Paris; **~ else** ailleurs; **let's go ~ cheap** (*restaurant*) allons dans un endroit pas cher; **have you got ~ to stay?** avez-vous un endroit où loger?; **now we're getting ~!** enfin on avance!; **~ around 10 million people** environ 10 millions de personnes

son /sʌn/ N fils (*m*); **his ~ and heir** son héritier; **come here ~!*** viens ici mon garçon! ✦ **son-in-law** N (*pl* **sons-in-law**) gendre (*m*)

sonar /'səʊnɑː'/ N sonar (*m*)

sonata /sə'nɑːtə/ N sonate (*f*)

song /sɒŋ/ N chanson (*f*); [*of birds*] chant (*m*); **it was going for a ~** ça ne coûtait presque rien; **there's no need to make a ~ and dance*** about it il n'y a pas de quoi en faire toute une histoire* ✦ **song writer** N (*words*) parolier (*m*), -ière (*f*); (*music*) compositeur (*m*), -trice (*f*) de chansons; (*both*) auteur-compositeur (*m*)

songbird /'sɒŋbɜːd/ N oiseau (*m*) chanteur

songbook /'sɒŋbʊk/ N recueil (*m*) de chansons

sonic /'sɒnɪk/ ADJ sonique ✦ **sonic boom** N bang (*m inv*) supersonique

sonnet /'sɒnɪt/ N sonnet (*m*)

sonny* /'sʌnɪ/ N (*form of address*) mon petit gars*

soon /suːn/ ADV ⓐ (= *before long*) bientôt; (= *quickly*) vite; **we shall ~ be in Paris** nous serons bientôt à Paris; **he changed his mind** il a vite changé d'avis; **see you ~!** à bientôt!; **quite ~** dans peu de temps; **~ afterwards** peu après; **all too ~ it was time to go** malheureusement il a bientôt fallu partir

ⓑ (= *early*) tôt; **Friday is too ~** vendredi c'est trop tôt; **I couldn't get here any ~er** je n'ai pas pu arriver plus tôt; **how ~ can you get here?** quand pourrais-tu être là au plus tôt?; **must you leave so ~?** il faut vraiment que vous partiez si tôt?; **so ~?** déjà?; **in five years or at his death, whichever is the ~er** dans cinq ans ou à sa mort, s'il meurt avant cinq ans; **no ~er said than done!** aussitôt dit aussitôt fait!

✦ **as soon as: as ~ as possible** dès que possible; **I'll do it as ~ as I can** je le fais dès que je peux; **as ~ as he spoke to her he knew ...** dès l'instant où il lui a parlé il a su ...

✦ **the sooner: the ~er we get started the ~er we'll be done** plus tôt nous commencerons plus tôt nous aurons fini; **the ~er the better!** le plus tôt sera le mieux!

✦ **sooner or later** tôt ou tard

ⓒ (*expressing preference*) **I'd ~er you didn't tell him** je préférerais que vous ne le lui disiez (*subj*) pas; **I'd as ~ you ...** j'aimerais autant que vous ... (+ *subj*); **I would just as ~ stay here with you** j'aimerais tout autant rester ici avec vous; **I'd ~er not** j'aimerais mieux pas

soot /sʊt/ N suie (*f*)

soothe /suːð/ VT calmer

soothing /'suːðɪŋ/ ADJ [*music*] relaxant; [*voice, manner*] apaisant; [*ointment*] adoucissant

sop /sɒp/ N concession (*f*) (pour calmer qn); **as a ~ to his pride, I agreed** j'ai accepté pour flatter son amour-propre; **he only said that as a ~ to the unions** il a dit cela uniquement pour amadouer les syndicats

sophisticated /sə'fɪstɪkeɪtɪd/ ADJ ⓐ (= *advanced*) sophistiqué ⓑ (= *refined*) raffiné ⓒ (= *subtle*) [*person*] averti; [*approach, understanding*] subtil

sophistication /sə,fɪstɪ'keɪʃən/ N ⓐ (= *complexity*) sophistication (*f*) ⓑ [*of person, tastes*] raffinement (*m*) ⓒ [*of approach, understanding*] subtilité (*f*)

sophomore /'sɒfəmɔː'/ N (*US*) étudiant(e) (*m(f)*) de seconde année

soporific /,sɒpə'rɪfɪk/ ADJ soporifique

sopping* /'sɒpɪŋ/ ADJ (= *sopping wet*) trempé

soppy* /'sɒpɪ/ ADJ (*Brit*) fleur bleue (*inv*); [*film, story*] à l'eau de rose; **people who are ~ about cats** les gens qui sont gagas* avec les chats

soprano /sə'prɑːnəʊ/ 1 N (*pl* **sopranos**) soprano (*mf*) 2 ADJ [*part, voice*] de soprano

sorbet /'sɔːbeɪ, 'sɔːbɪt/ N ⓐ (= *water ice*) sorbet (*m*); **lemon ~** sorbet (*m*) au citron ⓑ (*US = powder*) poudre (*f*) acidulée

sorcerer /'sɔːsərə'/ N sorcier (*m*)

sorceress /'sɔːsəres/ N sorcière (*f*)

sordid /'sɔːdɪd/ ADJ sordide

sore /sɔː'/ 1 ADJ ⓐ (= *painful*) douloureux; **to have a ~ throat** avoir mal à la gorge; **I'm ~ all over** j'ai mal partout; **to stick out like a ~ thumb*** (= *be obvious*) crever les yeux; (= *stand out visually*) faire tache; **it's a ~ point** c'est un sujet qu'il vaut mieux éviter ⓑ (= *resentful*)* vexé; **I really feel ~ about it** ça m'a vraiment vexé; **to get ~** se vexer; **to feel ~ at sb** en vouloir à qn 2 N plaie (*f*); **to open up old ~s** rouvrir d'anciennes blessures (*fig*)

sorely /'sɔːlɪ/ ADV [*disappointed*] profondément; **~ tempted** fortement tenté; **reform is ~ needed** le besoin de réformes se fait durement sentir; **she will be ~ missed** elle nous manquera énormément

soreness /'sɔːnɪs/ N (= *painfulness*) douleur (*f*)

sorority /sə'rɒrɪtɪ/ N (*US*) association (*f*) d'étudiantes

ⓘ **SORORITY, FRATERNITY**

Beaucoup d'universités américaines possèdent des associations d'étudiants très sélectives, appelées **sororities** *pour les femmes et* **fraternities** *pour les hommes, qui organisent des soirées, récoltent des fonds pour des œuvres de bienfaisance et cherchent à se distinguer de leurs homologues. Le nom de ces associations est souvent formé à partir de deux ou trois lettres de l'alphabet grec: par exemple, «Kappa Kappa Gamma* **sorority** *» ou «Sigma Chi* **fraternity** *».*

---

sorrel /'sɒrəl/ N oseille (*f*)

sorrow /'sɒrəʊ/ N peine (*f*); **this was a great ~ to me** j'en ai éprouvé une grande peine; **the joys and ~s of ...** les joies et les peines de ...; **more in ~ than in anger** avec plus de peine que de colère

sorrowful /'sɒrəʊful/ ADJ triste

sorry /'sɒrɪ/ ADJ ⓐ (= *regretful*) désolé; **I was ~ to hear of your accident** j'ai été désolé d'apprendre que vous aviez eu un accident; **I'm ~ I can't come** je suis désolé de ne pas pouvoir venir; **I am ~ to have to tell you that ...** je regrette d'avoir à vous dire que ...; **~ I'm late** je suis désolé d'être en retard; **~!*** pardon!; **are you going?** — **I'm ~ I can't** tu vas y aller? — désolé mais je ne peux pas; **~ to disturb you** excusez-moi de vous déranger; **I'm ~ about the noise yesterday** je m'excuse pour le bruit hier; **you'll be ~ for this!** vous le regretterez!

ⓑ (= *pitying*) **to feel ~ for sb** plaindre qn; **I'm ~ for you but ...** je suis désolé pour vous mais ...; **there's no need to feel ~ for him** on ne va pas le plaindre; **to feel ~ for o.s.** se plaindre (de son sort)

ⓒ (= *woeful*) triste; **to be in a ~ state** être dans un triste état

sort /sɔːt/ 1 N ⓐ sorte (*f*); (= *make*) [*of car, machine, coffee*] marque (*f*); **this ~ of book** cette sorte de livre; **books of all ~s** des livres de toutes sortes; **... and all ~s of things** ... et toutes sortes de choses encore; **this ~ of thing** ce genre de chose; **what ~ do you want?** quelle sorte voulez-vous?; **he is not the ~ of man to refuse** il n'est pas du genre à refuser; **what ~ of behaviour is this?** qu'est-ce que c'est que cette façon de se conduire?; **what ~ of an answer do you call that?** vous appelez ça une réponse?; **and all that ~ of thing** et autres choses du même genre; **you know the ~ of**

thing I mean vous voyez ce que je veux dire; **I know his** ~! je connais les gens de son espèce!; **they're not our** ~* ce ne sont pas des gens comme nous; **it's my** ~* **of film** c'est le genre de film que j'aime

♦ **a sort of** une sorte de; **there was a** ~ **of box in the middle of the room** il y avait une sorte de boîte au milieu de la pièce

♦ **sort of***: **I was** ~ **of frightened that** ... j'avais un peu peur que ... + ne (+ subj); **I** ~ **of thought that he would come** j'avais un peu dans l'idée qu'il viendrait; **aren't you pleased?** — ~ **of!** tu n'es pas content? — bof!*

ⓑ (in phrases) **something of the** ~ quelque chose de ce genre; **this is wrong** — **nothing of the** ~! c'est faux — certainement pas!; **I'll do nothing of the** ~! je n'en ferai rien!; **he is a painter of** ~s c'est une sorte de peintre; **to be out of** ~s ne pas être dans son assiette*

2 VT ⓐ (= separate into groups) trier; **to** ~ **things according to size** trier des objets selon leur taille; **to** ~ **the laundry** trier le linge

ⓑ **to get sth** ~**ed*** [+ problem, situation] régler qch

3 COMP ♦ **sort code** N (Banking) code (m) guichet ♦ **sort-out*** N **to have a** ~**-out** faire du rangement

► **sort out** VT SEP [+ ideas] mettre de l'ordre dans; [+ problem, difficulties] régler; **can you** ~ **this out for me?** est-ce que vous pourriez régler ça pour moi?; **things will** ~ **themselves out** les choses vont s'arranger d'elles-mêmes; **did you** ~ **out with him when you had to be there?** est-ce que tu as décidé avec lui l'heure à laquelle tu dois y être?; **to** ~ **o.s. out** régler ses problèmes; **I'll** ~ **him out!*** (Brit: by punishing, threatening) je vais m'occuper de lui!

► **sort through** VT INSEP faire le tri dans

sortie /'sɔːtiː/ N [of troops, aircraft] sortie (f)

sorting /'sɔːtɪŋ/ N tri (m) ♦ **sorting office** N (Post) centre (m) de tri

SOS /ˌesəʊ'es/ N SOS (m)

sought /sɔːt/ VB pt, ptp of **seek**

sought-after /'sɔːtˌɑːftə'/ ADJ recherché

soul /səʊl/ 1 N ⓐ âme (f); **All Souls' Day** le jour des Morts; **he was the** ~ **of the movement** c'était l'âme du mouvement; **he is the** ~ **of discretion** c'est la discrétion même; **it lacks** ~ cela manque de sentiment

ⓑ (= person) **a village of 300** ~s un village de 300 âmes; **I didn't see a single** ~ je n'ai pas vu âme qui vive; **poor** ~! le (or la) pauvre!; **she's a kindly** ~ elle est la gentillesse même

ⓒ (US)* ABBR = **soul music**

2 ADJ (US: of black Americans)* ~ **food** cuisine (f) soul (cuisine traditionnelle des Noirs du sud des États-Unis); ~ **music** musique (f) soul

3 COMP ♦ **soul-destroying** ADJ destructeur (-trice (f)); (= depressing) démoralisant ♦ **soul mate*** N âme (f) sœur ♦ **soul-searching** N questionnement (m) (intérieur); **to do some** ~**-searching** se poser des questions métaphysiques

soulful /'səʊlfʊl/ ADJ [voice, music] plein d'émotion; **to have** ~ **eyes** avoir un regard émouvant

soulless /'səʊllɪs/ ADJ sans âme; [system] inhumain; [eyes] inexpressif; [existence] vide

sound /saʊnd/ 1 N son (m); [of sea, storm, breaking glass] bruit (m); **the speed of the** ~ la vitesse du son; **without a** ~ sans bruit; **we heard the** ~ **of voices** nous avons entendu un bruit de voix; **I don't like the** ~ **of it** (= it's worrying) je n'aime pas ça

2 VI ⓐ [bell] sonner; [car horn, siren, trumpet] retentir; **it** ~s **better if you read it slowly** c'est mieux si vous le lisez lentement

ⓑ (= suggest by sound) **it** ~s **empty** (au son) on dirait que c'est vide; **a language which** ~ed **like Dutch** une langue qui ressemblait à du hollandais; **he** ~s **Australian** à l'entendre parler on dirait un Australien; **it** ~ed **as if someone was coming in** on aurait dit que quelqu'un entrait; **she** ~s **tired** elle semble fatiguée; **you** ~ **like your mother** on croirait entendre ta mère; **you** ~ **terrible** tu as l'air vraiment mal en point

ⓒ (= seem) sembler (être); **that** ~s **like an excuse** cela ressemble à une excuse; **how does it** ~ **to you?** qu'en

penses-tu?; **it** ~s **like a good idea** ça semble être une bonne idée; **it** ~s **as if she isn't coming** j'ai l'impression qu'elle ne viendra pas

3 VT sonner; [+ trumpet] sonner de; **to** ~ **one's horn** klaxonner; **to** ~ **a note of warning** lancer un avertissement

4 ADJ ⓐ sain; [structure] en bon état; [heart, organization] solide; [investment] sûr; **of** ~ **mind** sain d'esprit; **to be as** ~ **as a bell** être en parfait état

ⓑ [argument, evidence] solide; [decision, advice, idea] sensé; **he is** ~ **enough on theory** ... il connaît très bien la théorie ...; ~ **sense** bon sens (m); **ecologically** ~ écologique

ⓒ [sleep] profond; **he is a** ~ **sleeper** il a un bon sommeil

5 ADV **to be** ~ **asleep** dormir à poings fermés

6 COMP [recording] sonore ♦ **sound barrier** N mur (m) du son; **to break the** ~ **barrier** franchir le mur du son ♦ **sound bite** N petite phrase (f) (prononcée par un homme politique et citée dans les médias) ♦ **sound card** N (Computing) carte (f) son ♦ **sound effects** NPL (Radio) bruitage (m) ♦ **sound system** N (= hi-fi) chaîne (f) hi-fi; (for disco, concert) sono* (f)

► **sound off*** VI (= proclaim one's opinions) faire de grands laïus* (about sur)

► **sound out** VT INSEP [+ person] sonder (about sur)

sounding board /'saʊndɪŋˌbɔːd/ N **he used the committee as a** ~ **for his new idea** il a d'abord testé sa nouvelle idée sur les membres du comité

soundings /'saʊndɪŋz/ NPL sondage (m); **to take** ~ faire un sondage

soundless /'saʊndlɪs/ ADJ silencieux

soundly /'saʊndlɪ/ ADV ⓐ (= thoroughly) [defeat] à plate(s) couture(s) ⓑ [asleep] profondément; **to sleep** ~ dormir profondément ⓒ (= firmly) ~ **based** [business] sain; [decision] qui repose sur des bases solides ⓓ [manage] de façon compétente ⓔ [reason, argue] avec bon sens

soundness /'saʊndnɪs/ N ⓐ [of mind] équilibre (m) ⓑ [of company, economy] bonne santé (f) ⓒ [of structure] solidité (f) ⓓ [of advice] bon sens (m)

soundproof /'saʊndpruːf/ 1 VT insonoriser 2 ADJ insonorisé

soundtrack /'saʊndtræk/ N bande-son (f)

soup /suːp/ N soupe (f); (thinner or sieved) potage (m); **mushroom/tomato** ~ soupe aux champignons/de tomate; **to be in the** ~* être dans le pétrin* ♦ **soup kitchen** N soupe (f) populaire ♦ **soup plate** N assiette (f) creuse ♦ **soup spoon** N cuillère (f) à soupe ♦ **soup tureen** N soupière (f)

► **soup up*** VT SEP [+ engine] gonfler*; **a** ~**ed-up Mini**® une Mini® au moteur gonflé*

sour /'saʊə'/ 1 ADJ ⓐ aigre; **to turn** ~ [milk] tourner; [cream] devenir aigre; **this milk tastes** ~ ce lait a tourné ⓑ (= surly) revêche; [comment] acerbe; **to give sb a** ~ **look** lancer un regard mauvais à qn; **to turn** ~ [situation, relationship] se dégrader 2 VT aigrir 3 COMP ♦ **sour(ed) cream** N crème (f) aigre ♦ **sour-faced** ADJ à l'air revêche ♦ **sour grapes** NPL (fig) dépit (m); **it sounds like** ~ **grapes** ça ressemble à du dépit

source /sɔːs/ N source (f); **I have it from a reliable** ~ **that** ... je tiens de source sûre que ...; **at** ~ à la source

sourdough /'saʊədəʊ/ N (US) levain (m)

sourly /'saʊəlɪ/ ADV avec aigreur

south /saʊθ/ 1 N sud (m); **to the** ~ **of** au sud de; **in the** ~ **of Scotland** dans le sud de l'Écosse; **house facing the** ~ maison exposée au sud; **to live in the** ~ habiter dans le Sud; **the South of France** le Sud de la France, le Midi

2 ADJ sud (inv); ~ **wind** vent (m) du sud; ~ **coast** côte (f) sud; **on the** ~ **side** du côté sud; **the** ~ **door of the cathedral** le portail sud de la cathédrale; **in** ~ **Devon** dans le sud du Devon

3 ADV [go] vers le sud; [be, lie] au sud, dans le sud; **the town lies** ~ **of the border** la ville est située au sud de la frontière; **further** ~ plus au sud; **we drove** ~ **for 100km** nous avons roulé pendant 100 km en direction du sud;

go ~ till you get to Crewe allez vers le sud jusqu'à Crewe ; **to sail due ~** aller plein sud

4 COMP ✦ **South Africa** N Afrique (f) du Sud ✦ **South African** ADJ sud-africain ◆ N Sud-Africain(e) (m(f)) ✦ **South America** N Amérique (f) du Sud ✦ **South American** ADJ sud-américain ◆ N Sud-Américain(e) (m(f)) ✦ **the South Atlantic** N l'Atlantique (m) sud ✦ **South Carolina** N Caroline (f) du Sud ; **in South Carolina** en Caroline du Sud ✦ **south-east** N sud-est (m) ◆ ADJ sud-est (inv) ◆ ADV vers le sud-est, au sud-est ✦ **South-East Asia** N Sud-Est (m) asiatique ✦ **south-easterly** ADJ [wind, direction] du sud-est ; [situation] au sud-est ◆ ADV vers le sud-est ✦ **south-eastern** ADJ sud-est ✦ **south-eastward(s)** ADV vers le sud-est ✦ **south-facing** ADJ exposé au sud ✦ **the South Pacific** N le Pacifique Sud ✦ **the South Pole** N le pôle Sud ✦ **south-west** N sud-ouest (m) ◆ ADJ sud-ouest (inv) ◆ ADV vers le sud-ouest, au sud-ouest ✦ **south-westerly** ADJ [wind, direction] du sud-ouest ✦ **south-western** ADJ sud-ouest (inv)

southbound /'sauθbaund/ ADJ en direction du sud

southerly /'sʌðəlɪ/ ADJ [wind] du sud ; [situation] au sud ; **in a ~ direction** en direction du sud

southern /'sʌðən/ ADJ sud (inv), du sud ; **the ~ coast** la côte sud ; **the ~ hemisphere** l'hémisphère (m) sud (inv) ; **Southern Africa** l'Afrique (f) australe ; **~ France** le Sud de la France, le Midi ; **in ~ Spain** dans le Sud de l'Espagne

southerner /'sʌðənər/ N ⓐ personne (f) du Sud ⓑ (US Hist) sudiste (mf)

southernmost /'sʌðənməust/ ADJ **the ~** le (or la) plus au sud

southward /'sauθwəd/ 1 ADJ au sud 2 ADV **~(s)** vers le sud

souvenir /ˌsuːvə'nɪər/ N souvenir (m) (objet)

sovereign /'sɒvrɪn/ 1 N (= monarch) souverain(e) (m(f)) 2 ADJ souverain (after n)

sovereignty /'sɒvrəntɪ/ N souveraineté (f)

soviet /'səuvɪət/ 1 N soviet (m) ; **the Supreme Soviet** le Soviet suprême ; **the Soviets** les Soviétiques (mpl) 2 ADJ soviétique 3 COMP ✦ **Soviet Russia** N Russie (f) soviétique ✦ **the Soviet Union** N l'Union (f) soviétique

sow¹ /sau/ N (= pig) truie (f)

sow² /səu/ (pret **sowed**, ptp **sown** or **sowed**) 1 VT semer ; [+ field] ensemencer (**with** en) 2 VI semer

sown /səun/ VB ptp of **sow**

soy /sɔɪ/ N ⓐ (= soy sauce) sauce (f) de soja ⓑ (US) (= plant) soja (m) ; (= bean) graine (f) de soja

soya /'sɔɪə/ N (= plant) soja (m) ; (= bean) graine (f) de soja

spa /spɑː/ N ⓐ (= town) station (f) thermale ; (= spring) source (f) minérale ⓑ (US: = health spa) centre (m) de remise en forme

space /speɪs/ 1 N ⓐ espace (m) ; (= interval, period) espace (m) (de temps) ; **he was staring into ~** il regardait dans le vide ; **in the ~s between the trees** dans les espaces entre les arbres ; **in the ~ of one hour** en l'espace d'une heure ; **in a short ~ of time** en peu de temps ; **for the ~ of a month** durant un mois ; **I need some ~** (= freedom) j'ai besoin qu'on me laisse respirer

ⓑ (= room) place (f) ; **to clear a ~ for sb/sth** faire de la place pour qn/qch ; **to take up a lot of ~** prendre beaucoup de place ; **I'm looking for a parking ~** je cherche une place (pour me garer)

2 COMP [journey, programme, research, rocket] spatial ✦ **the Space Age** N l'ère (f) spatiale ✦ **space-age** ADJ futuriste ✦ **space bar** N barre (f) d'espacement ✦ **space cadet⁚** N allumé(e)⁚ (m(f)) ✦ **space heater** N radiateur (m) ✦ **space helmet** N casque (m) de spationaute ✦ **space-saving** ADJ qui économise de la place ✦ **space shuttle** N navette (f) spatiale ✦ **space station** N station (f) spatiale ✦ **space travel** N voyages (mpl) dans l'espace

▶ **space out** VT SEP ⓐ [+ chairs, words, visits] espacer ; [+ payments] échelonner (**over** sur) ; **you'll have to ~ them out more** il faudra les espacer davantage ⓑ **to be ~d out⁚** être défoncé⁚

spacecraft /'speɪskrɑːft/ N vaisseau (m) spatial

spaceman /'speɪsmæn/ N (pl **-men**) spationaute (m)

spaceship /'speɪsʃɪp/ N vaisseau (m) spatial

spacesuit /'speɪssuːt/ N combinaison (f) spatiale

spacewalk /'speɪswɔːk/ 1 N marche (f) dans l'espace 2 VI marcher dans l'espace

spacewoman /'speɪswumən/ N (pl **-women**) spationaute (f)

spacey⁎ /'speɪsɪ/ ADJ [music] planant⁎

spacing /'speɪsɪŋ/ N (between two objects) espacement (m) ; (= spacing out: [of payments, sentries]) échelonnement (m) ; **to type sth in single/double ~** taper qch en simple/double interligne

spacious /'speɪʃəs/ ADJ [room, house, car] spacieux ; [garden] grand

spade /speɪd/ N ⓐ bêche (f) ; (child's) pelle (f) ; **to call a ~ a ~** appeler un chat un chat ⓑ (Cards) pique (m) ; **the six of ~s** le six de pique → **club**

spadeful /'speɪdful/ N pelletée (f)

spadework /'speɪdwɜːk/ N travail (m) préliminaire

spaghetti /spə'getɪ/ N spaghettis (mpl) ✦ **spaghetti bolognese** N spaghettis (mpl) bolognaise ✦ **spaghetti western** N western-spaghetti (m)

Spain /speɪn/ N Espagne (f)

Spam ® /spæm/ N ≈ mortadelle (f)

spam /spæm/ 1 N (= unsolicited email) messages (mpl) sauvages 2 VT inonder de messages

spammer /'spæmər/ N spammer (m)

span /spæn/ VT [bridge, plank] [+ river, valley] enjamber ; **her singing career ~s 50 years** sa carrière de chanteuse s'étend sur 50 ans

spangle /'spæŋgl/ N paillette (f)

Spaniard /'spænjəd/ N Espagnol(e) (m(f))

spaniel /'spænjəl/ N épagneul (m)

Spanish /'spænɪʃ/ 1 ADJ espagnol ; [teacher] d'espagnol ; **the ~ people** les Espagnols (mpl) 2 N (= language) espagnol (m) 3 COMP ✦ **Spanish America** N Amérique (f) hispanophone ✦ **Spanish-American** ADJ hispano-américain ✦ **the Spanish Civil War** N la guerre civile espagnole ✦ **Spanish guitar** N guitare (f) classique ✦ **Spanish omelette** N omelette (f) aux pommes de terre et aux légumes

spank /spæŋk/ 1 N **to give sb a ~** donner une fessée à qn 2 VT donner une fessée à

spanking /'spæŋkɪŋ/ N fessée (f) ; **to give sb a ~** donner une fessée à qn

spanner /'spænər/ N (Brit) clé (f) (de serrage) ; **to put a ~ in the works** mettre des bâtons dans les roues

spar /spɑːr/ VI (Boxing) s'entraîner (à la boxe) ; (rough and tumble) échanger des coups de poing (pour jouer) ; (= argue) s'affronter verbalement ✦ **sparring match** N (Boxing) combat (m) d'entraînement ; (fig) échange (m) verbal ✦ **sparring partner** N (Boxing) partenaire (mf) d'entraînement ; (fig) adversaire (mf)

spare /speər/ 1 ADJ ⓐ (= reserve) de réserve ; (= replacement) de rechange ; (= surplus) en trop ; **take a ~ pen in case that one runs out** prends un stylo de rechange au cas où celui-ci n'aurait plus d'encre ; **I've a ~ pen if you want it** je peux te passer un stylo, si tu veux ; **have you any ~ cups?** (in case you need more) est-ce que tu as des tasses de réserve ? ; (which you're not using) est-ce que tu as des tasses en trop ? ; **take some ~ clothes** prends des vêtements de rechange ; **there were no ~ chairs** il n'y avait pas de chaise libre ; **a ~ bed** un lit de libre ; (for houseguests) un lit d'amis ; **have you got any ~ cash?** est-ce que tu as un peu d'argent ? ; **I'll lend you my ~ key** je vais te prêter mon double (de clé) ; **I've got a ~ ticket for the play** j'ai une place en plus pour la pièce de théâtre ; **there are two going ~⁎** il en reste deux ; **thousands of tickets are going ~⁎** il reste des milliers de billets

ⓑ (= thin) [person, body] sec (sèche (f))

ⓒ (Brit = crazy)⁚ **to go ~** devenir dingue⁎ ; **to drive sb ~** rendre qn dingue⁎

2 N (= *part*) pièce (f) de rechange ; (= *wheel*) roue (f) de secours

3 VT (a) (= *do without*) se passer de ; **we can't ~ him just now** nous ne pouvons pas nous passer de lui en ce moment ; **can you ~ it?** vous n'en avez pas besoin ? ; **can you ~ £10?** est-ce que tu aurais 10 livres à me passer ? ; **can you ~ some change please?** vous n'avez pas une petite pièce ? ; **I can't ~ the time (to do it)** je n'ai pas le temps (de le faire) ; **I can only ~ an hour for my piano practice** je ne peux consacrer qu'une heure à mes exercices de piano ; **I can ~ you five minutes** je peux vous accorder cinq minutes ; **to ~ a thought for** avoir une pensée pour

(b) (= *show mercy to*) épargner ; **to ~ sb's feelings** ménager qn

(c) [+ *suffering, grief*] épargner ; **to ~ sb embarrassment** éviter de l'embarras à qn ; **you could have ~d yourself the trouble** vous auriez pu vous épargner tout ce mal ; **I'll ~ you the details** je vous fais grâce des détails

(d) (= *refrain from using*) [+ *one's strength, efforts*] ménager ; **we have ~d no expense** nous n'avons pas reculé devant la dépense ; **no expense ~d** peu importe le prix ; **he could have ~d himself the trouble** il s'est donné du mal pour rien

(e) ♦ **to spare** (= *available*) **I've only a few minutes to ~** je ne dispose que de quelques minutes ; **he had time to ~ so he went to the pictures** il avait du temps devant lui, alors il est allé au cinéma ; **there are three to ~** il en reste trois ; **I've got none to ~** j'ai juste ce qu'il me faut ; **she had a metre to ~** elle en avait un mètre de trop ; **with two minutes to ~** avec deux minutes d'avance

4 COMP ♦ **spare bedroom** N chambre (f) d'amis ♦ **spare part** N pièce (f) de rechange ♦ **spare room** N chambre (f) d'amis ♦ **spare time** N temps (m) libre ; **to do sth in one's ~ time** faire qch pendant son temps libre ♦ **spare-time** ADJ **~-time activities** loisirs (mpl) ♦ **spare tyre** N roue (f) de secours ; (= *fat*)* poignée (f) d'amour ♦ **spare wheel** N roue (f) de secours

spareribs /'speə�rɪbz/ NPL travers (m) de porc

sparing /'speərɪŋ/ ADJ **to be ~ in one's use of sth** utiliser qch avec modération ; **be ~ with the garlic** ne mets pas trop d'ail

sparingly /'speərɪŋlɪ/ ADV avec modération

spark /spaːk/ **1** N étincelle (f) ; [*of commonsense, interest*] lueur (f) ; **to make the ~s fly** (= *start a row*) mettre le feu aux poudres ; (= *fight*) se bagarrer un bon coup* **2** VI jeter des étincelles **3** VT [+ *rebellion, complaints, quarrel*] provoquer ; [+ *interest, enthusiasm*] susciter (**in sb** chez qn) **4** COMP ♦ **spark plug** N bougie (f) (*de voiture*)

sparkle /'spaːkl/ **1** N [*of stars, dew, tinsel*] scintillement (m) ; [*of diamond*] éclat (m) ; (*in eye*) étincelle (f) **2** VI [*gem, glass, drops of water*] étinceler ; [*surface of water, snow*] scintiller ; [*wine*] pétiller ; [*eyes*] pétiller (**with** de) ; [*person*] briller

sparkler /'spaːklə'/ N cierge (m) magique

sparkling /'spaːklɪŋ/ **1** ADJ (a) [*glass, diamond, sea*] étincelant ; [*surface of water, snow*] scintillant ; [*eyes*] pétillant ; (b) [*person, conversation, performance*] brillant ; **he was in ~ form** il était dans une forme éblouissante (c) (= *fizzy*) [*wine*] pétillant ; [*water*] (*naturally*) gazeux ; (*artificially*) gazéifié ; **~ cider** cidre (m) (f) **2** ADV **~ clean** d'une propreté éclatante

sparkly* /'spaːklɪ/ ADJ brillant

sparrow /'spærəʊ/ N moineau (m)

sparse /spaːs/ ADJ [*population, hair, vegetation*] clairsemé ; [*furniture*] rare

sparsely /'spaːslɪ/ ADV peu

spartan /'spaːtən/ ADJ spartiate

spasm /'spæzəm/ N spasme (m) ; **to work in ~s** travailler par à-coups

spasmodic /spæz'mɒdɪk/ ADJ **the team had only ~ success** l'équipe n'a connu que des succès intermittents

spasmodically /spæz'mɒdɪkəlɪ/ ADV (= *intermittently*) de façon intermittente

spastic† /'spæstɪk/ N handicapé(e) (m(f)) moteur (f inv)

spat /spæt/ VB *pt, ptp of* **spit**

spate /speɪt/ N (*Brit*) (a) [*of river*] crue (f) ; **in ~** en crue (b) [*of letters, orders*] avalanche (f) ; [*of abuse*] torrent (m) ; [*of bombings*] série (f) ; **a fresh ~ of attacks** une recrudescence d'attaques

spatial /'speɪʃəl/ ADJ spatial

spatter /'spætə'/ **1** VT (*accidentally*) éclabousser (**with** de) ; (*deliberately*) asperger (**with** de) ; **a shirt ~ed with tomato sauce** une chemise éclaboussée de sauce tomate **2** VI (= *splash*) gicler (**on** sur) **3** N (= *mark*) éclaboussure(s) (f(pl))

spatula /'spætjʊlə/ N (= *cooking utensil*) spatule (f)

spawn /spɔːn/ **1** N œufs (mpl) **2** VT pondre ; [+ *ideas, prejudice*] engendrer

spay /speɪ/ VT enlever les ovaires de

SPCA /,espiːsiː'eɪ/ N (*US*) ABBR = **Society for the Prevention of Cruelty to Animals**

SPCC /,espiːsiː'siː/ N (*US*) (ABBR = **Society for the Prevention of Cruelty to Children**) *association pour la protection de l'enfance*

speak /spiːk/ (*pret* **spoke**, *ptp* **spoken**) **1** VI (a) (= *talk*) parler (**to** à, **of, about** de) ; **to ~ in a whisper** chuchoter ; **to ~ to o.s.** parler tout seul ; **I'll ~ to him about it** je vais lui en parler ; **I'll never ~ to him again** je ne lui adresserai plus jamais la parole ; **~ing personally ...** personnellement ... ; **~ing as a member of the society I ...** en tant que membre de la société je ... ; **he always ~s well of her** il dit toujours du bien d'elle

(b) (*on phone*) **who's ~ing?** qui est à l'appareil ? ; (*passing on call*) c'est de la part de qui ? ; **Paul ~ing** (c'est) Paul à l'appareil ; **~ing!** lui-même (*or* elle-même) !

(c) (= *make a speech*) parler (**on** *or* **about sth** de qch) ; **to ~ in public** parler en public ; **Mr Latimer will ~ next** ensuite c'est M. Latimer qui prendra la parole ; **the chairman asked him to ~** le président lui a donné la parole ; **to ~ to a motion** soutenir une motion

(d) (*set structures*)

♦ **... speaking**: **biologically/philosophically ~ing** biologiquement/philosophiquement parlant

♦ **speaking of ...**: **~ing of holidays ...** à propos de vacances ... ; **~ing of which ...** à propos ...

♦ **so to speak** pour ainsi dire

♦ **to speak for sb** (= *be spokesman for*) parler au nom de qn ; (= *give evidence for*) parler en faveur de qn ; **~ing for myself ...** en ce qui me concerne ... ; **~ for yourself!*** parle pour toi ! ; **let him ~ for himself** laisse-le dire lui-même ce qu'il a à dire

♦ **to speak for sth**: **I can ~ for his honesty** je réponds de son honnêteté ; **it ~s for itself** c'est évident ; **the facts ~ for themselves** les faits parlent d'eux-mêmes

♦ **spoken for**: **that is already spoken for** c'est déjà réservé ; **she is already spoken for** elle est déjà prise

♦ **to speak of**: **he has no friends/money to ~ of** il n'a pour ainsi dire pas d'amis/d'argent ; **nobody to ~ of** pour ainsi dire personne ; **it's nothing to ~ of** ce n'est pas grand-chose

♦ **to speak to**: **I don't know him to ~ to** je ne le connais pas assez bien pour lui parler

2 VT [+ *language*] parler ; **"English spoken"** « ici on parle anglais » ; **French is spoken all over the world** le français se parle dans le monde entier

3 N (*in compounds*) jargon (m) de ...

► **speak out** VI = **speak up**

► **speak up** VI (a) (= *talk loudly*) parler fort ; (= *raise one's voice*) parler plus fort ; **~ up!** (parle) parle fort ; (= *don't mumble*) parle plus clairement ! (b) **he's not afraid to ~ up** (= *say what he thinks*) il n'a pas peur de dire franchement ce qu'il pense ; **to ~ up for sb** défendre qn ; **to ~ up against sth** s'élever contre qch

speakeasy* /'spiːkiːzɪ/ N (*US Hist*) bar (m) clandestin (*pendant la prohibition*)

speaker /'spiːkə'/ N (a) celui (m) (*or* celle (f)) qui parle ; (*in dialogue, discussion*) interlocuteur (m), -trice (f) ; (*in public*) orateur (m), -trice (f) ; (= *lecturer*) conférencier (m),

-ière *(f)*; **~ of English** anglophone *(mf)*; **he's a good/poor ~** il parle bien/mal; **the previous ~** la personne qui a parlé en dernier

ⓑ **Speaker (of the House)** *(Brit)* président(e) *(m(f))* de la Chambre des communes; *(US)* président(e) *(m(f))* de la Chambre des représentants

ⓒ **French ~** personne *(f)* qui parle français; *(as native or official language)* francophone *(mf)*; **he is not a Welsh ~** il ne parle pas gallois

ⓓ *(= loudspeaker)* enceinte *(f)*

ⓘ SPEAKER (OF THE HOUSE)

*En Grande-Bretagne, le **Speaker** est le président de la Chambre des communes, qui veille au respect du règlement et au bon déroulement des séances. Élu au début de chaque législature, il n'appartient pas nécessairement au parti au pouvoir, mais il perd son droit de vote et se doit de rester impartial. Au début de chacune de leurs interventions, les députés s'adressent au président de l'assemblée par ces mots: « Mister/Madam **Speaker** ».*

*Aux États-Unis le président de la Chambre des représentants est le **Speaker of the House**: il est le chef de file du parti majoritaire et joue le rôle de porte-parole de son parti. Politiquement, il vient en seconde position, après le vice-président des États-Unis, pour remplacer le président en cas de vacance du pouvoir.*

---

speaking /'spi:kɪŋ/ ADJ *(= talking)* parlant ♦ **the speaking clock** N *(Brit)* l'horloge *(f)* parlante ♦ **speaking part**, **speaking role** N rôle *(m)* *(autre que de figuration)* ♦ **speaking terms** NPL **they're on ~ terms again** ils s'adressent à nouveau la parole; **they're not on ~ terms** ils ne s'adressent plus la parole ♦ **speaking voice** N **he has a pleasant ~ voice** il a une voix agréable

spear /spɪə'/ 1 N ⓐ *(= weapon)* lance *(f)* ⓑ *[of asparagus]* pointe *(f)*; *[of broccoli]* branche *(f)* 2 VT *(with a spear)* transpercer d'un coup de lance; **he ~ed a potato with his fork** il a piqué une pomme de terre avec sa fourchette 3 COMP ♦ **spear gun** N fusil *(m)* sous-marin

spearhead /'spɪəhed/ 1 N fer *(m)* de lance 2 VT *[+ attack]* être le fer de lance de; *[+ campaign]* mener

spearmint /'spɪəmɪnt/ 1 N *(= plant)* menthe *(f)* verte 2 ADJ *[sweet]* à la menthe; *[flavour]* de menthe

spec* /spek/ N (ABBR = **speculation**) **on ~** à tout hasard

special /'speʃəl/ 1 ADJ ⓐ *(= exceptional)* *[powers]* spécial; *[meeting]* extraordinaire; *[case, status]* à part; *[interest, effort, pleasure, attention]* particulier; *[treatment]* de faveur; **today is a very ~ day** c'est un jour très important; **lots of ~ events are planned** de nombreuses manifestations sont prévues; **what is so ~ about it?** qu'est-ce que cela a de si extraordinaire?; **is there anything ~ you would like?** as-tu envie de quelque chose de particulier?; **take ~ care of it** fais-y particulièrement attention; **can I ask a ~ favour?** peux-tu me rendre un grand service?; **what are you doing this weekend? — nothing ~** que fais-tu ce week-end? — rien de spécial; **there is nothing ~ about being a journalist** le fait d'être journaliste n'a rien d'extraordinaire; **he has a ~ place in our affections** il occupe une place particulière dans notre cœur; **I had no ~ reason for suspecting him** je n'avais aucune raison particulière de le soupçonner; **I've cooked something ~ for dinner** j'ai préparé quelque chose de spécial pour le dîner; **she is something ~** elle n'est pas comme tout le monde; **~ to that country** particulier à ce pays; **as a ~ treat my grandfather would take me to the zoo** quand il voulait me gâter, mon grand-père m'emmenait au zoo

ⓑ *(= dear)* *[person]* **is there anyone ~ in your life?** y a-t-il quelqu'un dans votre vie?; **her ~ friend** son meilleur ami; **you're extra ~!*** tu es vraiment tout pour moi!; **she's very ~ to us** elle nous est très chère

2 N **the chef's ~** la spécialité du chef; **today's ~** *(on menu)* le plat du jour; **this week's ~** *(on item in shop)* l'affaire *(f)* de la semaine

3 COMP ♦ **special agent** N agent *(m)* secret ♦ **Special Branch** N *(Brit)* les renseignements *(mpl)* généraux ♦ **special delivery** N **by ~ delivery** en exprès ♦ **special ef-**

fects NPL effets *(mpl)* spéciaux ♦ **special needs** NPL **children with ~ needs** enfants *(mpl)* handicapés *(ayant des problèmes de scolarité)* ♦ **special offer** N promotion *(f)* ♦ **special school** N *(Brit)* centre *(m)* d'éducation spécialisée ♦ **special student** N *(US: at university)* auditeur *(m)*, -trice *(f)* libre *(ne préparant pas de diplôme)* ♦ **special subject** N *(at school, university)* option *(f)*; *(advanced)* sujet *(m)* spécialisé

specialism /'speʃəlɪzəm/ N ⓐ *(= subject, skill)* spécialité *(f)* ⓑ *(= specialization)* spécialisation *(f)*

specialist /'speʃəlɪst/ 1 N spécialiste *(mf)* **(in** de); **an eye/heart ~** un(e) ophtalmologue/cardiologue 2 ADJ *[dictionary]* spécialisé

speciality /,speʃɪ'ælɪtɪ/ N spécialité *(f)*

specialization /,speʃəlaɪ'zeɪʃən/ N spécialisation *(f)*

specialize /'speʃəlaɪz/ VI se spécialiser

specialized /'speʃəlaɪzd/ ADJ spécialisé

specially /'speʃəlɪ/ ADV ⓐ *(= expressly)* spécialement; **to be ~ trained** avoir reçu une formation spéciale; **I asked for it ~** je l'ai demandé tout spécialement ⓑ *(= exceptionally)** particulièrement ⓒ *(= in particular)* particulièrement; **he didn't seem ~ interested** il n'a pas paru particulièrement intéressé; **not ~** pas spécialement

specialty /'speʃəltɪ/ N *(US)* spécialité *(f)*

species /'spi:ʃi:z/ N *(pl inv)* espèce *(f)*

specific /spə'sɪfɪk/ 1 ADJ précis; **he was very ~ on that point** il a été très explicite sur ce point; **~ to sb/sth** propre à qn/qch 2 NPL **specifics: let's get down to ~s** prenons des exemples précis

specifically /spə'sɪfɪkəlɪ/ ADV ⓐ *(= especially)* *[design, relate to]* tout spécialement; *[intend, plan]* particulièrement ⓑ *(= in particular)* en particulier; **more ~** plus particulièrement ⓒ *(= explicitly)* *[mention, warn, recommend]* expressément; **to state sth ~** préciser qch; **I told you quite ~** je vous l'avais bien précisé ⓓ *(= uniquely)* spécifiquement

specification /,spesɪfɪ'keɪʃən/ N *(= item in contract)* stipulation *(f)*; **~s** *(for building, machine)* spécifications *(fpl)*; *(in contract)* cahier *(m)* des charges

specify /'spesɪfaɪ/ VT préciser; **unless otherwise specified** sauf indication contraire; **at a specified time** à un moment précis

specimen /'spesɪmɪn/ N *[of rock, species]* spécimen *(m)*; *[of blood, tissue]* prélèvement *(m)*; *[of urine]* échantillon *(m)* ♦ **specimen copy** N spécimen *(m)*

specious /'spi:ʃəs/ ADJ spécieux

speck /spek/ N petite tache *(f)*; *[of dust, soot]* grain *(m)*; **I've got a ~ in my eye** j'ai une poussière dans l'œil; **just a ~ on the horizon** juste un point noir à l'horizon

speckled /'spekld/ ADJ tacheté **(with sth** de qch)

specs* /speks/ NPL ⓐ *(= spectacles)* lunettes *(fpl)* ⓑ *(= specifications)* spécifications *(fpl)*

spectacle /'spektəkl/ N *(= sight)* spectacle *(m)*; *(= show, film)* superproduction *(f)*; **to make a ~ of o.s.** se donner en spectacle ♦ **spectacle case** N *(Brit)* étui *(m)* à lunettes

spectacles /'spektəkəlz/ NPL *(Brit)* **(pair of) ~** lunettes *(fpl)*

spectacular /spek'tækjʊlə'/ 1 ADJ spectaculaire; *[sight]* impressionnant 2 N superproduction *(f)*

spectacularly /spek'tækjʊləlɪ/ ADV *[good, bad, beautiful]* extraordinairement; *[crash, increase, fail]* de manière spectaculaire; **everything went ~ wrong** tout s'est incroyablement mal passé; **in ~ bad taste** d'un incroyable mauvais goût

spectator /spek'teɪtə'/ N spectateur *(m)*, -trice *(f)* ♦ **spectator sport** N **I don't like ~ sports** je n'aime pas le sport en tant que spectacle; **rugby, the most exciting of ~ sports** le rugby, sport qui passionne le plus le public

specter /'spektə'/ N *(US)* spectre *(m)*

spectre /'spektə'/ N spectre *(m)*

spectrum /'spektrəm/ N *(pl* **spectra***)* spectre *(m)*; *[of ideas, opinions]* éventail *(m)*; **the political ~** l'échiquier *(m)* politique; **people across the political ~** des gens de toutes tendances politiques

speculate /'spekjʊleɪt/ VI spéculer (**about, on** sur, **whether** pour savoir si)

speculation /ˌspekjʊ'leɪʃən/ N spéculation (f) (**about** sur); **it is the subject of much ~** cela donne lieu à bien des conjectures; **it is pure ~** ce n'est qu'une supposition; **after all the ~ about …** après toutes ces suppositions sur …

speculative /'spekjʊlətɪv/ ADJ spéculatif

speculator /'spekjʊleɪtə'/ N spéculateur (m), -trice (f)

sped /sped/ VB pt, ptp of **speed**

speech /spiːtʃ/ 1 N (a) (= faculty) parole (f); (= enunciation) élocution (f); (= manner of speaking) façon (f) de parler; **to lose the power of ~** perdre l'usage de la parole; **his ~ was very indistinct** il articulait très mal; **he expresses himself better in ~ than in writing** il s'exprime mieux à l'oral qu'à l'écrit; **freedom of ~** liberté (f) d'expression; **direct/indirect ~** discours (m) direct/indirect (b) (= formal address) discours (m) (**on** sur); **to make a ~** faire un discours; **~, ~!** un discours! un discours!

2 COMP ♦ **speech bubble** N bulle (f) (de BD) ♦ **speech day** N (Brit: at school) jour (m) de la distribution des prix ♦ **speech defect, speech disorder** N troubles (mpl) du langage ♦ **speech impediment** N défaut (m) d'élocution ♦ **speech therapist** N orthophoniste (mf) ♦ **speech therapy** N orthophonie (f) ♦ **speech writer** N her ~ writer la personne qui écrit ses discours

speechless /'spiːtʃlɪs/ ADJ **to be ~** être sans voix; **~ with admiration/rage** muet d'admiration/de rage

speed /spiːd/ (vb: pret, ptp **sped**) 1 N (a) (= rate of movement) vitesse (f); (= rapidity) rapidité (f); (= promptness) promptitude (f); **the ~ of light** la vitesse de la lumière; **the ~ of change** la rapidité du changement; **a secretary with good ~s** une secrétaire qui a une bonne vitesse (de frappe et de sténo); **what ~ were you doing?** (in car) à quelle vitesse rouliez-vous?; **at top ~** à toute vitesse; **with such ~** si vite; **to be up to ~** (= functioning properly) être opérationnel (b) (of film) sensibilité (f)

2 VI (a) (= move fast) **to ~ along** [person, vehicle] aller à toute vitesse (b) (= go too fast) conduire trop vite; **you're ~ing!** tu roules trop vite!

3 COMP ♦ **speed bump** N ralentisseur (m) ♦ **speed dating** N speed dating (m) (rencontres organisées où des célibataires font connaissance en quelques minutes) ♦ **speed hump** → **speed bump** ♦ **speed limit** N limitation (f) de vitesse; **the ~ limit is 80km/h** la vitesse est limitée à 80 km/h ♦ **speed trap** N radar (m)

► **speed up** (pret, ptp **speeded up**) 1 VI aller plus vite; [walker] marcher plus vite; [car] accélérer 2 VT SEP [+ production] accélérer; **to ~ things up** activer les choses

speedboat /'spiːdbəʊt/ N vedette (f); (with outboard motor) hors-bord (m inv)

speedily /'spiːdɪlɪ/ ADV rapidement

speeding /'spiːdɪŋ/ N (in car) excès (m) de vitesse

speedometer /spɪ'dɒmɪtə'/ N compteur (m) (de vitesse)

speedwalk /'spiːdwɔːk/ N (US) tapis (m) roulant

speedway /'spiːdweɪ/ N (= speedway racing) course(s) (f(pl)) de motos

speedy /'spiːdɪ/ ADJ rapide; **to bring sth to a ~ conclusion** mener rapidement qch à terme; **we wish her a ~ recovery** nous lui souhaitons un prompt rétablissement

speleologist /ˌspiːlɪ'ɒlədʒɪst/ N spéléologue (mf)

spell /spel/ 1 N (a) (= magic) sortilège (m); (= magic words) formule (f) magique; **an evil ~** un maléfice; **to cast a ~ on sb** jeter un sort à qn; (fig) envoûter qn; **under sb's ~** envoûté par qn; **to break the ~** rompre le charme (b) (= period of work) tour (m); **~ of duty** tour (m) de service (c) (= brief period) (courte) période (f); **sunny ~s** périodes (fpl) ensoleillées; **for a short ~** pendant un petit moment

2 VT (pret, ptp **spelt** or **spelled**) (a) (in writing) orthographier; (aloud) épeler; **how do you ~ it?** comment est-ce que cela s'écrit?; **can you ~ it for me?** pouvez-vous me l'épeler?

(b) [letters] donner; (= mean) signifier; **d-o-g ~s "dog"** d-o-g font «dog»; **that would ~ disaster** ça serait la catastrophe

3 VI épeler; **to learn to ~** apprendre l'orthographe; **he can't ~** il fait des fautes d'orthographe

4 COMP ♦ **spell-checker** N (Computing) correcteur (m) orthographique

► **spell out** VT SEP [+ consequences, alternatives] expliquer bien clairement (**for sb** à qn)

spellbound /'spelbaʊnd/ ADJ envoûté; **to hold sb ~** (with a story) tenir qn sous le charme; (with one's charm) subjuguer qn

spelling /'spelɪŋ/ 1 N orthographe (f) 2 ADJ [test, mistake] d'orthographe

spelt /spelt/ VB pt, ptp of **spell**

spend /spend/ (pret, ptp **spent**) 1 VT (a) [+ money] dépenser; **he ~s a lot on clothes** il dépense beaucoup en vêtements; **he ~s a lot on his car** il dépense beaucoup pour sa voiture; **he spent a fortune on having the roof repaired** il a dépensé une fortune pour faire réparer le toit; **to ~ a penny*** (Brit) aller au petit coin*

(b) [+ time] passer; **to ~ time on sth** passer du temps sur qch; **to ~ time doing sth** passer du temps à faire qch; **to ~ a lot of time and energy on sth** investir beaucoup de temps et d'énergie dans qch; **he spent a lot of effort getting it just right** il a fait beaucoup d'efforts pour que ce soit parfait

2 VI dépenser

spender /'spendə'/ N **to be a big ~** dépenser beaucoup

spending /'spendɪŋ/ N dépenses (fpl); **government ~** dépenses (fpl) publiques ♦ **spending money** N argent (m) de poche ♦ **spending spree** N **to go on a ~ spree** faire des folies

spendthrift /'spendθrɪft/ 1 N dépensier (m), -ière (f) 2 ADJ dispendieux

spent /spent/ 1 VB pt, ptp of **spend** 2 ADJ (= burnt out) [cartridge, match] utilisé; [fuel] épuisé; **to be a ~ force** ne plus avoir d'influence

sperm /spɜːm/ N (pl inv) (single) spermatozoïde (m); (= semen) sperme (m) ♦ **sperm bank** N banque (f) du sperme ♦ **sperm whale** N cachalot (m)

spew /spjuː/ VT (a) (= spew up)‡ dégueuler‡ (b) (= spew out) [+ fire, lava, curses] vomir

sphere /sfɪə'/ N sphère (f); **~ of influence** sphère (f) d'influence; **in the social ~** dans le domaine social; **within a limited ~** dans un cadre restreint

spherical /'sferɪkəl/ ADJ sphérique

sphinx /sfɪŋks/ N (pl **sphinxes**) sphinx (m)

spice /spaɪs/ 1 N (a) épice (f); **mixed ~** épices (fpl) mélangées (b) (= excitement) piment (m); **the disagreement added ~ to the debate** le désaccord a ajouté un peu de piment au débat; **the ~ of adventure** le piment de l'aventure 2 VT [+ food] épicer; (fig) pimenter (**with** de)

spick-and-span /ˌspɪkən'spæn/ ADJ impeccable

spicy /'spaɪsɪ/ ADJ (a) [food, smell] épicé (b) [story] croustillant

spider /'spaɪdə'/ 1 N (a) araignée (f) (b) (US = fry-pan) poêle (f) (à trépied) 2 COMP ♦ **spider's web** N toile (f) d'araignée

spidery /'spaɪdərɪ/ ADJ **~ writing** pattes (fpl) de mouche

spiel• /ʃpiːl/ N baratin* (m)

spigot /'spɪgət/ N (US = faucet) robinet (m)

spike /spaɪk/ 1 N (a) pointe (f); (= nail) clou (m) (b) **spikes*** (= shoes) chaussures (fpl) à pointes 2 VT (a) (= pierce) transpercer; **~d shoes** chaussures (fpl) à pointes; **to ~ sb's guns** mettre des bâtons dans les roues à qn (b) [+ drink]* corser (c) **~d hair** cheveux (mpl) en pétard 3 COMP ♦ **spike heels** NPL (US) talons (mpl) aiguilles

spiky /'spaɪkɪ/ ADJ (a) [hair] hérissé; [cactus] couvert d'épines (b) (Brit = irritable)* irritable

spill /spɪl/ (vb: pret, ptp **spilt** or **spilled**) 1 N (a) (= act of spilling) renversement (m); **oil ~** marée (f) noire (b) (for

lighting with) longue allumette (f) (de papier) 2 VT renverser; **she spilt wine on her skirt** elle a renversé du vin sur sa jupe; **to ~ blood** faire couler le sang; **to ~ the beans*** vendre la mèche* (**about** à propos de) 3 VI [liquid, salt] se répandre
► **spill out** 1 VI se répandre; [people] sortir en masse 2 VT SEP [+ contents] répandre
► **spill over** VI [liquids] déborder; **these problems ~ed over into his private life** ces problèmes ont envahi sa vie privée

spillage /'spɪlɪdʒ/ N déversement (m) accidentel; **oil ~** marée (f) noire

spilt /spɪlt/ VB pt, ptp of **spill**

spin /spɪn/ (vb: pret **spun**, ptp **spun**) 1 N ⓐ (= turning motion) tournoiement (m); **long/short ~** (on washing machine) essorage (m) complet/léger; **to go into a ~** [plane] tomber en vrille; **to get into a ~** [person] paniquer*
ⓑ (= ride)* petit tour (m); **to go for a ~** aller faire un petit tour
ⓒ **to put a new/different ~ on sth*** présenter qch sous un nouvel angle/un angle différent
ⓓ (esp Pol) manipulation (f)
2 VT ⓐ [+ wool] filer; [+ thread] fabriquer; **to ~ a yarn** (= tell a story) raconter une histoire
ⓑ [+ wheel, nut, revolving stand] faire tourner; [+ ball] donner de l'effet à; **to ~ a coin** jouer à pile ou face
ⓒ (Brit) essorer (à la machine)
3 VI ⓐ (= spin wool) filer
ⓑ (= turn) tourner; [car wheel] patiner; [ball] tournoyer; **to ~ round and round** continuer à tourner; **he spun round as he heard me come in** il s'est retourné vivement en m'entendant entrer; **my head is ~ning** j'ai la tête qui tourne
4 COMP ♦ **spin doctor*** N spécialiste en communication chargé de l'image d'un parti politique ♦ **spin-dry** VT essorer (à la machine) ♦ **spin-dryer** N (Brit) essoreuse (f)
► **spin out** VT SEP [+ story, explanation] délayer

spina bifida /,spaɪnə'bɪfɪdə/ N spina-bifida (m)

spinach /'spɪnɪdʒ/ N (= plant) épinard (m); (= cut leaves) épinards (mpl)

spinal /'spaɪnl/ ADJ [injury] à la colonne vertébrale ♦ **spinal column** N colonne (f) vertébrale ♦ **spinal cord** N moelle (f) épinière

spindly /'spɪndlɪ/ ADJ grêle

spine /spaɪn/ 1 N ⓐ (= backbone) colonne (f) vertébrale; [of fish] arête (f) centrale ⓑ [of sea urchin, hedgehog] épine (f) ⓒ [of book] dos (m) ⓓ (US = courage) courage (m)
2 COMP ♦ **spine-chilling** ADJ à vous glacer le sang

spineless /'spaɪnlɪs/ ADJ sans caractère; **he's ~** il manque de caractère

spinner /'spɪnəʳ/ N (= spin-dryer) essoreuse (f)

spinney /'spɪnɪ/ N (Brit) bosquet (m), petit bois (m)

spinning /'spɪnɪŋ/ N (by hand) filage (m); (in gym) spinning (m) ♦ **spinning wheel** N rouet (m)

spin-off /'spɪnɒf/ N (= advantage) avantage (m) inattendu; (= product) sous-produit (m); **this TV series is a ~ from the film** ce feuilleton télévisé est tiré du film

spinster /'spɪnstəʳ/ N célibataire (f)

spiral /'spaɪərəl/ 1 ADJ en spirale 2 N spirale (f); **in a ~** en spirale; **the inflationary ~** la spirale inflationniste 3 VI [smoke] monter en spirale; [prices] monter en flèche
4 COMP ♦ **spiral staircase, spiral stairway** N escalier (m) en colimaçon

spire /'spaɪəʳ/ N [of building] flèche (f)

spirit /'spɪrɪt/ 1 N ⓐ (= soul) esprit (m); **he was there in ~** il était présent en esprit
ⓑ (= supernatural being) esprit (m); **evil ~** esprit (m) malin
ⓒ (= person) esprit (m); **a free ~** un esprit libre
ⓓ [of proposal, regulations] esprit (m); **he's got the right ~** il a l'attitude qu'il faut; **in a ~ of forgiveness** dans un esprit de pardon; **he has great fighting ~** il ne se laisse jamais abattre; **to take sth in the right ~** prendre qch en bonne part; **you must enter into the ~ of the thing** il faut y participer de bon cœur; **the ~ of the age** l'esprit (m) du temps

ⓔ (= courage) courage (m); (= energy) énergie (f); (= vitality) entrain (m); **man of ~** homme (m) énergique
ⓕ (= alcohol) alcool (m)
2 NPL **spirits** ⓐ (= frame of mind) **to be in good ~s** avoir le moral; **in high ~s** enjoué; **to keep one's ~s up** garder le moral
ⓑ (= drink) spiritueux (mpl)
3 VT **the documents were mysteriously ~ed off his desk** les documents ont mystérieusement disparu de son bureau
4 COMP ♦ **spirit level** N niveau (m) à bulle

spirited /'spɪrɪtɪd/ ADJ [person] plein d'entrain; [reply, attempt] courageux; **to make a ~ defence of sth** défendre qch avec vigueur

spiritual /'spɪrɪtjʊəl/ 1 ADJ spirituel 2 N (= song) (negro-)spiritual (m)

spiritualism /'spɪrɪtjʊəlɪzəm/ N spiritisme (m)

spit /spɪt/ (vb: pret, ptp **spat**) 1 N ⓐ (= spittle) crachat (m); (= saliva) salive (f) ⓑ (for meat) broche (f) ⓒ (Geog) langue (f) (de terre) 2 VT cracher 3 VI cracher (**at sb** sur qn); [fire] crépiter; **it was ~ting** (Brit) il tombait quelques gouttes de pluie
► **spit out** VT SEP [+ pip, pill] recracher; **~ it out!*** accouche!**:**

spite /spaɪt/ 1 N méchanceté (f); **out of pure ~** par pure méchanceté
♦ **in spite of** malgré; **in ~ of it** malgré cela; **in ~ of the fact that he has seen me** bien qu'il m'ait vu
2 VT vexer

spiteful /'spaɪtfʊl/ ADJ malveillant; **a ~ remark** une méchanceté

spitefully /'spaɪtfəlɪ/ ADV méchamment

spitting /'spɪtɪŋ/ N **within ~ distance*** à deux pas

spittle /'spɪtl/ N salive (f)

spiv /spɪv/ N (Brit) chevalier (m) d'industrie

splash /splæʃ/ 1 N ⓐ (= sound) plouf (m); (= mark) éclaboussure (f); **to make a ~*** faire sensation
ⓑ (= small amount) **a ~ of** une goutte de; **a ~ of colour** une tache de couleur
2 VT ⓐ éclabousser (**sb/sth with sth** qn/qch de qch); **he ~ed paint on the floor** il a fait des éclaboussures de peinture par terre; **to ~ one's way through a stream** traverser un ruisseau en éclaboussant
ⓑ (= apply hastily) **to ~ water on o.s.** s'asperger d'eau
ⓒ [+ headlines] étaler en première page; **the news was ~ed across the front page** la nouvelle faisait les gros titres
3 VI ⓐ [liquid, mud] faire des éclaboussures; **tears ~ed on to her book** les larmes s'écrasaient sur son livre
ⓑ [person, animal] patauger; **the dog ~ed through the mud** le chien pataugeait dans la boue; **to ~ into the water** [person] plonger dans l'eau en éclaboussant; [stone] tomber dans l'eau avec un gros plouf
► **splash out*** VI (Brit = spend money) faire une folie; **to ~ out on sth** faire une folie et s'acheter qch

splashdown /'splæʃdaʊn/ N amerrissage (m)

splashy* /'splæʃɪ/ ADJ (US) tape-à-l'œil (inv)

spleen /spliːn/ N (= organ) rate (f); (= bad temper) mauvaise humeur (f); **to vent one's ~ on sb/sth** décharger sa bile sur qn/qch

splendid /'splendɪd/ ADJ splendide; [meal, idea] merveilleux; [example] superbe; **~!** formidable!; **to do a ~ job** faire un travail formidable

splendidly /'splendɪdlɪ/ ADV [dressed] superbement; [get along, come along] à merveille

splendour, splendor (US) /'splendəʳ/ N splendeur (f)

splice /splaɪs/ VT [+ rope, cable] épisser; [+ film, tape] coller; **to get ~d*** (= married) se marier

splint /splɪnt/ N attelle (f); **she had her leg in ~s** elle avait la jambe éclissée

splinter /'splɪntəʳ/ 1 N [of glass, wood] éclat (m); (in finger) écharde (f) 2 VT [+ wood] fendre; [+ glass, bone] briser 3 VI [wood] se fendre; [glass, bone] se briser 4 COMP ♦ **splinter group** N groupe (m) dissident

split /splɪt/ (vb: pret, ptp **split**) 1 N ⓐ (at seam) fente (f); (= tear) déchirure (f); (in party) scission (f); (= difference) différence (f)
ⓑ (= share) **I want my ~** je veux ma part
2 NPL **splits: to do the ~s** faire le grand écart
3 VT ⓐ (= cleave) fendre; [+ party] diviser; **to ~ the atom** opérer la fission de l'atome; **to ~ sth open** ouvrir qch en le coupant en deux; **he ~ his head open** il s'est fendu le crâne; **to ~ hairs** couper les cheveux en quatre; **to ~ one's sides** se tordre de rire; **it ~ the party down the middle** cela a divisé le parti en deux
ⓑ (= share) (se) partager; **they ~ the money three ways** ils ont divisé l'argent en trois; **to ~ the difference** couper la poire en deux
4 VI ⓐ se fendre; [garment] se déchirer; [organization] se diviser; **to ~ open** se fendre; **my head is ~ting** j'ai une migraine terrible
ⓑ (= divide) [people] se séparer; [political party] se diviser; **the crowd ~ into smaller groups** la foule s'est divisée en petits groupes
ⓒ (Brit = tell tales)* vendre la mèche*
ⓓ (= depart)‡ mettre les bouts‡
5 COMP ◆ **split ends** NPL fourches (fpl) ◆ **split infinitive** N infinitif où un adverbe est intercalé entre « to » et le verbe ◆ **split-level house** N maison (f) à deux niveaux ◆ **split personality** N **a case of ~ personality** un dédoublement de la personnalité ◆ **split screen** N écran (m) divisé ◆ **split second** N fraction (f) de seconde; **in a ~ second** en une fraction de seconde ◆ **split ticket** N (US) **to vote a ~ ticket** voter pour une liste avec panachage
► **split up** 1 VI [meeting, crowds] se disperser; [party] se diviser; [couple] se séparer 2 VT SEP [+ wood] fendre (**into** en); [+ money, work] partager (**among** entre); [+ group] diviser; [+ friends] séparer

splitting /ˈsplɪtɪŋ/ 1 N [of organization] division (f); [of roles] partage (m); **the ~ of the atom** la fission de l'atome
2 ADJ **to have a ~ headache** avoir une migraine terrible

splurge• /splɜːdʒ/ 1 VI (= splurge out) faire des folies (**on** en achetant) 2 VT dépenser (en un seul coup) (**on sth** pour qch)

splutter /ˈsplʌtəʳ/ VI crachoter; (= stutter) bredouiller

spoil /spɔɪl/ (vb: pret, ptp **spoiled** or **spoilt**) 1 NPL **spoils** (= booty) butin (m); (after business deal) bénéfices (mpl) 2 VT ⓐ (= damage) abîmer; [+ ballot paper] rendre un bulletin de vote nul ⓑ (= make less pleasurable) gâter; **to ~ one's appetite** se couper l'appétit; **if you tell me the ending you'll ~ the film for me** tu vas me gâcher le film si tu me racontes la fin ⓒ (= pamper) gâter; **to ~ o.s.** se faire plaisir 3 VI ⓐ [food] s'abîmer ⓑ **to be ~ing for a fight** chercher la bagarre*

spoiler /ˈspɔɪləʳ/ N (on car) becquet (m)

spoilsport /ˈspɔɪlspɔːt/ N trouble-fête (mf inv)

spoilt /spɔɪlt/ 1 VB pt, ptp of **spoil** 2 ADJ ⓐ [child] gâté; **to be ~ for choice** avoir l'embarras du choix ⓑ (= rotten) [food] abîmé

spoke /spəʊk/ 1 N rayon (m); **to put a ~ in sb's wheel** (Brit) mettre des bâtons dans les roues à qn 2 VB pt of **speak**

spoken /ˈspəʊkən/ 1 VB ptp of **speak** 2 ADJ [language] parlé; **a robot capable of understanding ~ commands** un robot capable de comprendre la commande vocale

spokesman /ˈspəʊksmən/ N (pl **-men**) porte-parole (m inv)

spokesperson /ˈspəʊks,pɜːsən/ N porte-parole (m inv)

spokeswoman /ˈspəʊks,wʊmən/ N (pl **-women**) porte-parole (m inv)

sponge /spʌndʒ/ 1 N ⓐ éponge (f); **to throw in the ~**• jeter l'éponge ⓑ (= sponge cake) gâteau (m) de Savoie 2 VT éponger 3 VI (= cadge)* **to ~ on sb** vivre aux crochets de qn 4 COMP ◆ **sponge bag** N (Brit) trousse (f) de toilette ◆ **sponge cake** N gâteau (m) de Savoie ◆ **sponge rubber** N caoutchouc (m) mousse®
► **sponge down** VT SEP laver avec une éponge

sponger• /ˈspʌndʒəʳ/ N parasite (m)

spongy /ˈspʌndʒɪ/ ADJ spongieux

sponsor /ˈspɒnsəʳ/ 1 N [of concert, sports event] sponsor (m); [of trainee, negotiations, for fund-raising event] parrain (m) 2 VT [+ concert, sports event] sponsoriser; [+ child, talks] parrainer; [+ proposal] présenter; [+ terrorism] soutenir; [+ research] financer; **~ed walk** marche entreprise pour récolter des dons en faveur d'une œuvre de bienfaisance

> **ⓘ SPONSORED**
> Les « **sponsored** events » sont un moyen souvent employé pour récolter des dons en faveur d'une œuvre de bienfaisance. Ils consistent à prendre part à une manifestation sportive (course à pied, course cycliste, saut en parachute) après avoir demandé à sa famille, ses amis ou ses collègues de s'engager à faire un don si on finit l'épreuve. Pour une « **sponsored** walk », on promet généralement de donner une certaine somme par kilomètre parcouru.

sponsorship /ˈspɒnsəʃɪp/ N (= financial support) sponsoring (m)

spontaneity /ˌspɒntəˈneɪɪtɪ/ N spontanéité (f)

spontaneous /spɒnˈteɪnɪəs/ ADJ spontané

spoof• /spuːf/ 1 N (= hoax) canular (m); (= parody) parodie (f) (**on** de) 2 ADJ **a ~ documentary** une parodie de documentaire

spook /spuːk/ 1 N ⓐ (= ghost)* revenant (m) ⓑ (US = secret agent)‡ barbouze• (mf) 2 VT (US = frighten) effrayer

spooky• /ˈspuːkɪ/ ADJ sinistre; **she looks exactly like you — it's really ~** elle te ressemble incroyablement — c'est vraiment troublant

spool /spuːl/ N bobine (f)

spoon /spuːn/ 1 N cuillère (f); (= spoonful) cuillerée (f) 2 VT **to ~ sth into a plate** verser qch dans une assiette avec une cuillère 3 COMP ◆ **spoon-feed** VT (fig) **he expects to be ~-fed** il s'attend à ce qu'on lui mâche le travail

spoonful /ˈspuːnfʊl/ N cuillerée (f)

sporadic /spəˈrædɪk/ ADJ sporadique

sporadically /spəˈrædɪkəlɪ/ ADV sporadiquement

spore /spɔːʳ/ N spore (f)

sporran /ˈspɒrən/ N (Scot) bourse en peau portée avec le kilt

sport /spɔːt/ 1 N ⓐ sport (m); **to be good at ~** être très sportif; **outdoor/indoor ~s** sports (mpl) de plein air/ d'intérieur ⓑ (= person)* **good ~** chic* type* (m), chic* fille (f); **be a ~!** sois chic!*; **come on, ~!** (Austral) allez, mon vieux*! 2 VT [+ hat, beard, black eye] arborer 3 COMP ◆ **sport jacket** N (US) veste (f) sport (inv)

sporting /ˈspɔːtɪŋ/ ADJ ⓐ [event, activity, organization, career] sportif ⓑ (= fair) [gesture] généreux; [person] chic* (inv); **that's very ~ of you** c'est très chic* de votre part; **to have a ~ chance** avoir de bonnes chances; **to give sb a ~ chance** donner à qn une chance

sports /spɔːts/ ADJ sportif; **~ facilities** installations (fpl) sportives ◆ **sports car** N voiture (f) de sport ◆ **sports day** N (Brit: in schools) réunion (f) sportive ◆ **sports desk** N (at newspaper) rédaction (f) sportive ◆ **sports equipment** N équipement (m) sportif ◆ **sports fan**• N fanatique (mf) de sport ◆ **sports ground** N terrain (m) de sport ◆ **sports jacket** N veste (f) sport (inv) ◆ **sports shop** N magasin (m) de sports ◆ **sports utility vehicle** N véhicule (m) de loisirs, SUV (m)

sportscaster /ˈspɔːtskɑːstəʳ/ N (US Radio, TV) reporter (m) sportif

sportsman /ˈspɔːtsmən/ N (pl **-men**) sportif (m); **he's a real ~** (fig) il est beau joueur

sportsmanlike /ˈspɔːtsmənlaɪk/ ADJ sportif

sportsmanship /ˈspɔːtsmənʃɪp/ N sportivité (f)

sportswear /ˈspɔːtswɛəʳ/ N vêtements (mpl) de sport

sportswoman /ˈspɔːtswʊmən/ N (pl **-women**) sportive (f)

sporty• /ˈspɔːtɪ/ ADJ [car] de sport; [person] sportif; [clothes] sport (inv)

spot /spɒt/ 1 N ⓐ (= mark) tache (f); (= splash) éclaboussure (f); (= polka dot) pois (m); (on dice, domino) point (m); (on reputation) tache (f); **a dress with red ~s** une robe à pois rouges; **a few ~s of rain** (Brit) quelques gouttes (fpl) de pluie; **to have ~s before one's eyes** avoir des mouches devant les yeux; **a five ~:** (*US = money*) un billet de cinq dollars

ⓑ (= *pimple*) bouton (*m*); (= *freckle*) tache (*f*) de rousseur; **he came out in ~s** il a eu une éruption de boutons

ⓒ (= *small amount*) **a ~ of** un peu de; **he did a ~ of work** il a travaillé un peu; **there's been a ~ of trouble** il y a eu un petit problème; **how about a ~ of lunch?*** et si on mangeait un morceau ?*

ⓓ (= *place*) endroit (*m*); **it's a lovely ~** c'est un endroit ravissant; **there's a tender ~ on my arm** j'ai un point sensible au bras; **to be in a tight ~*** être dans le pétrin*

ⓔ (*part of TV or radio show*)* numéro (*m*)

ⓕ (= *spotlight*) spot (*m*)

ⓖ ♦ **on the spot: the police were on the ~ in two minutes** la police est arrivée sur les lieux en deux minutes; **it's easy if you're on the ~** c'est facile si vous êtes sur place; **he was fined on the ~** on lui a infligé une amende sur-le-champ; **he decided on the ~** il s'est décidé sur-le-champ; **he was killed on the ~** il a été tué sur le coup; **to put sb on the ~** mettre qn dans l'embarras

♦ **on-the-spot: an on-the-~ broadcast** une émission sur place; **an on-the-~ enquiry** une enquête sur le terrain; **an on-the-~ fine** une amende payable sur-le-champ

2 VT [+ *person, object, vehicle*] apercevoir; [+ *bargain, mistake*] repérer; [+ *sb's ability*] déceler

3 COMP ♦ **spot check** N contrôle (*m*) ponctuel ♦ **spot-check** VT contrôler ponctuellement ♦ **spot fine** N amende (*f*) payable sur-le-champ ♦ **spot-on*** ADJ (*Brit*) **what he said was ~-on** ce qu'il a dit était en plein dans le mille*

spotless /'spɒtlɪs/ ADJ [*place, clothes*] impeccable; [*reputation*] sans tache; **she keeps the house ~** elle entretient impeccablement la maison

spotlessly /'spɒtlɪslɪ/ ADV ♦ **clean** impeccable

spotlight /'spɒtlaɪt/ 1 N (= *lamp*) (*Theatre*) projecteur (*m*); (*in home*) spot (*m*); **in the ~** sous le feu des projecteurs; **the ~ was on him** (*in the public eye*) les feux de l'actualité étaient braqués sur lui 2 VT [+ *problem, changes, differences*] mettre en lumière

spotlit /'spɒtlɪt/ ADJ illuminé

spotted /'spɒtɪd/ ADJ [*dress*] à pois; [*animal*] tacheté

spotter /'spɒtə'/ N (*Brit*) **train/plane ~** passionné(e) (*m(f)*) de trains/d'avions ♦ **spotter plane** N avion (*m*) d'observation

spotting /'spɒtɪŋ/ N (*Brit*) **train/plane ~** *passe-temps consistant à identifier le plus grand nombre possible de trains/d'avions*

spotty /'spɒtɪ/ ADJ ⓐ [*person, face, skin*] boutonneux ⓑ (= *patchy*) [*support*] inégal; [*bus service*] irrégulier; [*knowledge*] lacunaire

spouse /spaʊz/ N époux (*m*), épouse (*f*); (*on legal documents*) conjoint(e) (*m(f)*)

spout /spaʊt/ 1 N [*of teapot, jug*] bec (*m*); (= *stream of liquid*) jet (*m*); **to be up the ~:** (*Brit*) être à l'eau*; [*person*] (= *in trouble*) être dans le pétrin*; **that's another £50 up the ~:** encore 50 livres de foutues en l'air* 2 VI ⓐ [*liquid*] jaillir (**from, out of** de) ⓑ (= *harangue*)* discourir (**about** sur) 3 VT ⓐ [+ *smoke, lava*] lancer un jet de ⓑ (= *recite*)* débiter

sprain /spreɪn/ 1 N entorse (*f*); (*less serious*) foulure (*f*) 2 VT [+ *muscle*] fouler; [+ *ligament*] étirer; **to ~ one's ankle** se faire une entorse à la cheville; (*less serious*) se fouler la cheville

sprang /spræŋ/ VB *pt of* **spring**

sprawl /sprɔːl/ 1 VI ⓐ (= *fall*) s'étaler*; (= *lie*) être affalé; [*plant*] ramper (**over** sur); [*town*] s'étaler (**over** dans); **he was ~ing in an armchair** il était affalé dans un fauteuil; **to send sb ~ing** faire tomber qn de tout son long 2 N développement (*m*) tentaculaire; **London's urban ~** le développement tentaculaire de Londres

sprawling /'sprɔːlɪŋ/ ADJ [*person, body*] affalé; [*house*] grand et informe; [*city*] tentaculaire; [*novel*] qui part dans tous les sens

spray /spreɪ/ 1 N ⓐ gouttelettes (*fpl*); (*from sea*) embruns (*mpl*); (*from hosepipe*) pluie (*f*); (*from aerosol*) pulvérisation (*f*)

ⓑ (= *container*) (= *aerosol*) (bombe (*f*)) aérosol (*m*); (*for scent*) atomiseur (*m*); (*for garden*) pulvérisateur (*m*); **insecticide ~** (= *aerosol*) bombe (*f*) insecticide

ⓒ [*of flowers*] gerbe (*f*); [*of greenery*] branche (*f*)

2 VT ⓐ [+ *roses, garden, crops*] pulvériser; [+ *room*] faire des pulvérisations dans; [+ *hair*] vaporiser (**with** de); (= *spray-paint*) peindre à la bombe; **to ~ the lawn with weedkiller** pulvériser du désherbant sur la pelouse; **to ~ sth/sb with bullets** cribler qch/qn de balles

ⓑ [+ *water, scent*] vaporiser; [+ *insecticide, paint*] pulvériser

3 VI ⓐ **it ~ed everywhere** ça a tout aspergé; **it ~ed all over the carpet** ça a aspergé tout le tapis

ⓑ (= *spray insecticide*) pulvériser des insecticides

4 COMP [*deodorant, insecticide*] (présenté) en bombe ♦ **spray can** N bombe (*f*) ♦ **spray gun** N pistolet (*m*) (*à peinture*) ♦ **spray-on** ADJ en aérosol ♦ **spray-paint** N peinture (*f*) en bombe ♦ VT peindre à la bombe

► **spray out** VI [*liquid*] jaillir (**on to, over** sur); **water ~ed out all over them** ils ont été complètement aspergés

spread /spred/ (*vb: pret, ptp* **spread**) 1 N ⓐ [*of fire, disease*] propagation (*f*); [*of nuclear weapons*] prolifération (*f*); [*of idea, knowledge*] diffusion (*f*)

ⓑ (= *edible paste*) pâte (*f*) (à tartiner); **cheese ~** fromage (*m*) à tartiner

ⓒ (= *meal*)* festin (*m*)

2 VT ⓐ (= *spread out*) [+ *sheet, map, rug*] étendre (**on sth** sur qch); [+ *wings, sails*] déployer; [+ *net*] tendre; [+ *fingers, arms*] écarter; **the peacock ~ its tail** le paon a fait la roue; **to ~ one's wings** élargir son horizon

ⓑ [+ *bread*] tartiner (**with** de); [+ *butter, face cream*] étaler; **~ glue on both surfaces** enduisez les deux surfaces de colle; **to ~ butter on a slice of bread** beurrer une tartine

ⓒ (= *distribute*) [+ *sand*] répandre (**on, over** sur); [+ *fertilizer*] épandre (**over, on** sur); (= *spread out*) [+ *objects, cards*] étaler (**on** sur); [+ *soldiers*] disposer; **there were policemen ~ out all over the hillside** des policiers étaient postés sur toute la colline; **the wind ~ the flames** le vent a propagé les flammes

ⓓ (= *diffuse*) [+ *disease*] propager; [+ *germs*] disséminer; [+ *wealth*] distribuer; [+ *rumours*] faire courir; [+ *news*] faire circuler; [+ *knowledge*] diffuser; [+ *fear, indignation*] semer; (*in time: = spread out*) [+ *payment, studies*] étaler (**over** sur); **his visits were ~ out over three years** ses visites se sont étalées sur une période de trois ans; **he ~ his degree out over five years** il a étalé ses études de licence sur cinq ans; **our resources are ~ very thinly** nous n'avons plus aucune marge dans l'emploi de nos ressources; **to ~ o.s. too thin** trop disperser ses efforts; **she asked me to ~ the word** elle m'a demandé de faire passer l'information

3 VI ⓐ (= *widen*) [*river*] s'élargir; [*oil slick, weeds, fire, disease*] s'étendre; [*news, rumour*] se répandre; [*panic, indignation*] se propager

ⓑ [= *extend*] s'étendre (**over** sur); **the desert ~s over 500 square miles** le désert s'étend sur 500 miles carrés

ⓒ [*butter, paste*] s'étaler

► **spread out** 1 VI ⓐ [*people, animals*] se disperser; **~ out!** dispersez-vous! ⓑ (= *open out*) [*wings*] se déployer; [*valley*] s'élargir 2 VT SEP **the valley lay ~ out before him** la vallée s'étendait à ses pieds; **he was ~ out on the floor** il était étendu de tout son long par terre

spreadsheet /'spredʃiːt/ N (= *chart*) tableau (*m*); (= *software*) tableur (*m*)

spree /spriː/ N **to go on a ~** (*spending money*) aller faire des folies; (*shopping*) aller faire du shopping

sprig /sprɪg/ N brin (*m*)

sprightly /'spraɪtlɪ/ ADJ alerte

spring /sprɪŋ/ (*vb: pret* **sprang**, *ptp* **sprung**) 1 N ⓐ (= *leap*) bond (*m*)

ⓑ (*for chair, mattress, watch*) ressort (*m*); **the ~s** [*of car*] la suspension

ⓒ [*of water*] source (*f*); **hot ~** source (*f*) chaude

ⓓ (= *season*) printemps (*m*); **in** ~ au printemps; ~ **is in the air** on sent venir le printemps

2 VI ⓐ (= *leap*) bondir; **to** ~ **in/out/across** entrer/sortir/traverser d'un bond; **to** ~ **at sth/sb** bondir sur qch/qn; **to** ~ **to one's feet** se lever d'un bond; **he sprang into action** il est passé à l'action; **to** ~ **into existence** apparaître du jour au lendemain; **to** ~ **to mind** venir à l'esprit; **tears sprang to her eyes** les larmes lui sont montées aux yeux; **the door sprang open** la porte s'est brusquement ouverte; **where did you** ~ **from?** d'où est-ce que tu sors? ⓑ (= *originate*) venir (**from** de)

3 VT **to** ~ **a surprise on sb** surprendre qn; **to** ~ **a question on sb** poser une question à qn à brûle-pourpoint; **he sprang it on me** il m'a pris de court

4 COMP [*weather, day, flowers*] de printemps; [*mattress*] à ressorts ♦ **spring chicken** N **she's no** ~ **chicken** elle n'est pas de toute première jeunesse ♦ **spring-clean** N grand nettoyage (*m*) (de printemps) ♦ VT nettoyer de fond en comble ♦ **spring-loaded** ADJ tendu par un ressort ♦ **spring onion** N (*Brit*) ciboule (*f*) ♦ **spring roll** N rouleau (*m*) de printemps ♦ **spring tide** N grande marée (*f*) ♦ **spring water** N eau (*f*) de source

► **spring up** VI [*person*] se lever d'un bond; [*flowers, weeds*] surgir de terre; [*new buildings, settlements*] pousser comme des champignons; [*problem*] surgir

springboard /ˈsprɪŋbɔːd/ N tremplin (*m*)

springtime /ˈsprɪŋtaɪm/ N printemps (*m*); **in** ~ au printemps

springy /ˈsprɪŋɪ/ ADJ [*mattress, step*] élastique; [*carpet*] moelleux; [*ground*] souple

sprinkle /ˈsprɪŋkl/ VT **to** ~ **sth with water** asperger qch d'eau; **to** ~ **sand on sth** répandre une légère couche de sable sur qch; **to** ~ **a cake with sugar** saupoudrer un gâteau de sucre

sprinkler /ˈsprɪŋklər/ N (*for lawn*) arroseur (*m*); (*in ceiling*) diffuseur (*m*) (d'extincteur d'incendie) ♦ **sprinkler system** N (*for lawn*) combiné (*m*) d'arrosage; (*for fire-fighting*) installation (*f*) d'extinction automatique d'incendie

sprinkling /ˈsprɪŋklɪŋ/ N [*of sand, snow*] mince couche (*f*); **top off with a** ~ **of grated Parmesan** terminer en saupoudrant de parmesan râpé

sprint /sprɪnt/ **1** N sprint (*m*); **to make a** ~ **for the bus** piquer* un sprint pour attraper l'autobus **2** VI (*Sport*) sprinter; (*gen*) piquer* un sprint; **to** ~ **down the street** descendre la rue à toutes jambes

sprinter /ˈsprɪntər/ N sprinteur (*m*), -euse (*f*)

sprog* /sprɒg/ N (*Brit*) morpion* (*m*) (*enfant*)

sprout /spraʊt/ **1** N (*on plant, branch*) pousse (*f*); (*from bulbs, seeds*) germe (*m*); (**Brussels**) ~ chou (*m*) de Bruxelles **2** VI ⓐ [*bulbs, onions*] germer ⓑ (= *grow quickly*) [*plants, crops*] bien pousser; [*child*] grandir vite ⓒ (= *appear*) [*mushrooms*] pousser; [*weeds, new buildings*] surgir de terre **3** VT **to** ~ **new leaves** faire de nouvelles feuilles; **to** ~ **shoots** germer; **Paul has** ~**ed a moustache** Paul s'est laissé pousser la moustache

spruce /spruːs/ **1** N épicéa (*m*) **2** ADJ [*person*] pimpant; [*house*] coquet

► **spruce up** VT SEP [+ *child*] faire beau; [+ *house*] refaire à neuf; **all** ~**d up** [*person*] tiré à quatre épingles; [*house*] refait à neuf; **to** ~ **o.s. up** se faire tout beau (toute belle (*f*))

sprung /sprʌŋ/ **1** VB *ptp of* **spring** **2** ADJ à ressorts

spry /spraɪ/ ADJ alerte

spud* /spʌd/ N patate* (*f*)

spun /spʌn/ VB *pt, ptp of* **spin**

spunk /spʌŋk/ N ⓐ (= *courage*)**:** cran* (*m*) ⓑ (*Brit = semen*)**:** foutre** (*m*)

spunky: /ˈspʌŋkɪ/ ADJ **she's a** ~ **girl** elle ne manque pas de cran*

spur /spɜːr/ N éperon (*m*); **to dig in one's** ~**s** éperonner son cheval; **to win one's** ~**s** (*Brit fig*) faire ses preuves; **on the** ~ **of the moment** sous l'impulsion du moment ♦ **spur-of-the-moment** ADJ fait sous l'impulsion du moment

► **spur on** VT SEP éperonner; ~**red on by ambition** éperonné par l'ambition; **to** ~ **sb on to do sth** inciter qn à faire qch; **this** ~**red him on to greater efforts** ça l'a encouragé à redoubler d'efforts

spurious /ˈspjʊərɪəs/ ADJ faux (fausse (*f*)); [*claim*] fallacieux

spurn /spɜːn/ VT [+ *help, offer*] repousser; [+ *lover*] éconduire

spurt /spɜːt/ **1** N [*of water*] jet (*m*); [*of enthusiasm, energy*] regain (*m*); (= *burst of speed*) accélération (*f*); **to put on a** ~ (*Sport*) sprinter; (*in work*) donner un coup de collier; **in** ~**s** (= *sporadically*) par à-coups **2** VI [*water, blood, flame*] jaillir (**from** de) **3** VT [+ *flame, lava, water*] projeter

sputter /ˈspʌtər/ VI crachoter; (= *stutter*) bredouiller

spy /spaɪ/ **1** N espion(ne) (*m(f)*); **police** ~ indicateur (*m*), -trice (*f*) de police **2** VI **to** ~ **for a country** faire de l'espionnage pour le compte d'un pays; **to** ~ **on sb** espionner qn; **to** ~ **on sth** épier qch; **stop** ~**ing on me!** arrête de m'espionner! **3** VT (= *catch sight of*) apercevoir; **I spied him coming** je l'ai vu qui arrivait **4** COMP [*film, story*] d'espionnage ♦ **spy plane** N avion-espion (*m*) ♦ **spy ring** N réseau (*m*) d'espionnage ♦ **spy satellite** N satellite-espion (*m*)

spying /ˈspaɪɪŋ/ N espionnage (*m*)

spyware /ˈspaɪwɛər/ N logiciel (*m*) espion

Sq. ABBR = **Square**

sq. (ABBR = **square**) carré; **4sq. m** 4 m²

squabble /ˈskwɒbl/ VI se chamailler* (**over sth** à propos de qch)

squabbling /ˈskwɒblɪŋ/ N chamaillerie(s)* (*f(pl)*)

squad /skwɒd/ N [*of policemen, workmen, prisoners*] groupe (*m*), équipe (*f*); **the England** ~ (*Sport*) l'équipe (*f*) d'Angleterre ♦ **squad car** N (*Police*) voiture (*f*) de police

squadron /ˈskwɒdrən/ N (*in army*) escadron (*m*); (*in navy, air force*) escadrille (*f*) ♦ **squadron leader** N (*Brit Aviat*) commandant (*m*)

squalid /ˈskwɒlɪd/ ADJ [*place, conditions, love affair*] sordide; [*motive*] bas (basse (*f*)); **it was a** ~ **business** c'était une affaire sordide

squall /skwɔːl/ N (= *rain*) rafale (*f*) (de pluie); (*at sea*) grain (*m*)

squalor /ˈskwɒlər/ N conditions (*fpl*) sordides; **to live in** ~ vivre dans des conditions sordides

squander /ˈskwɒndər/ VT [+ *time, money*] gaspiller; [+ *fortune, inheritance*] dilapider; [+ *opportunity*] gâcher

square /skwɛər/ **1** N ⓐ (= *shape*) carré (*m*); [*of chessboard, graph paper*] case (*f*); [*of cake*] part (*f*) (carrée); [*of window pane*] carreau (*m*); **to fold paper into a** ~ plier une feuille de papier en carré; **to start again from** ~ **one*** repartir à zéro*; **we're back to** ~ **one*** on se retrouve à la case départ* ⓑ (*in town*) place (*f*); (*with gardens*) square (*m*); [*block of houses*] pâté (*m*) de maisons; **the town** ~ la grand-place ⓒ (*Math*) carré (*m*); **four is the** ~ **of two** quatre est le carré de deux ⓓ (= *person*)* ringard* (*m*)

2 ADJ ⓐ (*in shape*) carré; **to be a** ~ **peg in a round hole*** ne pas être dans son élément ⓑ (*Math*) **6** ~ **metres** 6 mètres carrés; **6 metres** ~ de 6 mètres sur 6; **a 25-cm** ~ **baking dish** un moule de 25 centimètres sur 25 ⓒ (= *in order*) en ordre; **to get one's accounts** ~ équilibrer ses comptes; **to get** ~ **with sb** (*financially*) régler ses comptes avec qn; (= *get even with*) rendre la pareille à qn ⓓ (= *not indebted*) **to be all** ~ (**with sb**)* être quitte (envers qn) ⓔ (= *honest*) [*dealings*] honnête; **to get a** ~ **deal** être traité équitablement; **to give sb a** ~ **deal** agir honnêtement avec qn; **to be** ~ **with sb** être honnête avec qn ⓕ [*person, attitude*]* ringard*

3 ADV ⓐ (= *squarely*) **to hit sb** ~ **on the forehead/on the jaw** atteindre qn en plein front/en pleine mâchoire; **to kiss sb** ~ **on the mouth** embrasser qn à pleine bouche; ~ **in**

the middle en plein milieu; **to look sb ~ in the face** regarder qn bien en face

4 VT (a) (= *settle*) [+ *accounts*] équilibrer; [+ *debts*] régler (b) (*Math*) [+ *number*] élever au carré; **four ~d is sixteen** quatre au carré fait seize

5 VI cadrer; **that doesn't ~ with the facts** cela ne cadre pas avec les faits

6 COMP ♦ **square bracket** N crochet (*m*); **in ~ brackets** entre crochets ♦ **square meal** N repas (*m*) substantiel ♦ **the Square Mile** N (*in London*) la City ♦ **square root** N racine (*f*) carrée

► **square up** 1 VI régler ses comptes 2 VT SEP [+ *account, debts*] régler

squarely /'skwɛəlɪ/ ADV (a) (= *completely*) complètement; **responsibility rests ~ with the President** la responsabilité incombe complètement au président (b) (= *directly*) **to look at sb ~** regarder qn droit dans les yeux; **to hit sb ~ in the stomach** frapper qn en plein dans le ventre

squash /skwɒʃ/ 1 N (a) (*Brit*) **lemon/orange ~** citronnade (*f*)/orangeade (*f*) (b) (*Sport*) squash (*m*); **to play ~** jouer au squash (c) (= *crowd*) cohue (*f*); **we all got in, but it was a ~** on est tous entrés mais on était serrés (d) (= *gourd*) gourde (*f*); (*US* = *marrow*) courge (*f*) 2 VT écraser; **she ~ed the shoes into the suitcase** elle a réussi à caser* les chaussures dans la valise; **can you ~ two more people in the car?** est-ce que tu peux caser* deux personnes de plus dans la voiture? 3 VI **they ~ed into the elevator** ils se sont entassés dans l'ascenseur

► **squash in** 1 VI s'entasser; **when the car arrived they all ~ed in** quand la voiture est arrivée ils se sont tous entassés dedans; **can I ~ in?** vous pouvez me faire une petite place? 2 VT SEP (*into box, suitcase*) réussir à faire rentrer

► **squash together** 1 VI se serrer 2 VT SEP [+ *objects*] tasser; **we were all ~ed together** nous étions très serrés

► **squash up** VI se serrer; **can you ~ up a bit?** pourriez-vous vous serrer un peu?

squashy* /'skwɒʃɪ/ ADJ mou (molle (*f*))

squat /skwɒt/ 1 ADJ trapu 2 VI (a) [*person*] s'accroupir; [*animal*] se tapir; **to be ~ting** [*person*] être accroupi; [*animal*] être tapi (b) (= *occupy home*) squatter; **to ~ in a house** squatter une maison 3 N (= *home*) squat (*m*)

squatter /'skwɒtə'/ N squatter (*m*); **~'s rights** droit (*m*) de propriété par occupation du terrain

squawk /skwɔːk/ 1 VI (a) [*baby*] brailler; [*parrot, person*] pousser des cris rauques (b) (= *complain*)* râler* 2 N [*of baby*] braillement (*m*); [*of parrot, person*] cri (*m*) rauque

squeak /skwiːk/ 1 N [*of hinge, wheel*] grincement (*m*); [*of shoes*] craquement (*m*); [*of mouse*] couinement (*m*); [*of person*] glapissement (*m*); **I don't want another ~ out of you** je ne veux plus t'entendre 2 VI (a) (= *make sound*) [*hinge, wheel*] grincer; [*shoe*] craquer; [*mouse*] couiner; [*person*] glapir (b) (*in exam, election*) **to ~ through** réussir de justesse 3 VI **"no" she ~ed** « non » glapit-elle

squeaky /'skwiːkɪ/ ADJ [*hinge, wheel*] grinçant; [*toy*] qui couine; [*shoes*] qui craque; [*voice*] aigu (-guë (*f*)) ♦ **squeaky-clean*** ADJ (= *very clean*) nickel* (*inv*); (= *above reproach*) [*person*] blanc comme neige; [*reputation, image*] irréprochable; [*company*] à la réputation irréprochable

squeal /skwiːl/ 1 N [*of person, animal*] cri (*m*) perçant; [*of brakes*] hurlement (*m*); [*of tyres*] crissement (*m*); **to let out a ~ of pain** pousser un cri de douleur 2 VI (a) [*person, animal*] pousser des cris perçants; [*brakes*] hurler; [*tyres*] crisser (b) (= *inform*)* vendre la mèche*; **to ~ on sb** balancer* qn; **somebody ~ed to the police** quelqu'un les (*or* nous *etc*) a balancés* à la police 3 VT **"help" he ~ed** « au secours » cria-t-il d'une voix perçante

squeamish /'skwiːmɪʃ/ ADJ facilement effrayé (**about sth** par qch); **don't be so ~!** ne fais pas le délicat!

squeegee /,skwiː'dʒiː/ N (*for windows*) raclette (*f*); (= *mop*) balai-éponge (*m*)

squeeze /skwiːz/ 1 N **to give sth a ~ = to squeeze sth; he gave her a big ~** il l'a serrée très fort dans ses bras; **a ~ of lemon** quelques gouttes (*fpl*) de citron; **a ~ of toothpaste**

un peu de dentifrice; **it was a real ~ in the bus** on était serrés comme des sardines* dans le bus; **it was a tight ~ to get through** il y avait à peine la place de passer; **credit ~ restrictions** (*fpl*) de crédit

2 VT (a) (= *press*) [+ *tube, lemon, sponge*] presser; [+ *cloth*] tordre; [+ *sb's hand, arm*] serrer; **she ~d another sweater into the case** elle a réussi à caser* un autre pull dans la valise (b) (= *extract*) [+ *water, juice, toothpaste*] exprimer (**from, out of** de) (c) [+ *information, names*]* soutirer (**out of** à)

3 VI **he ~d past me** il est passé devant moi en me poussant; **he managed to ~ into the bus** il a réussi à monter dans l'autobus en poussant; **they all ~d into the car** ils se sont entassés dans la voiture; **can you ~ underneath the fence?** est-ce que tu peux te glisser sous la barrière?; **he ~d through the crowd** il a réussi à se faufiler à travers la foule; **she ~d through the window** elle s'est glissée par la fenêtre

► **squeeze in** 1 VI [*person*] trouver une petite place; [*car*] rentrer tout juste; **can I ~ in?** est-ce qu'il y a une petite place pour moi? 2 VT SEP trouver une petite place pour; **can you ~ two more people in?** est-ce que vous avez de la place pour deux autres personnes?; **I can ~ you in* tomorrow at nine** je peux vous caser* demain à neuf heures

► **squeeze out** VT SEP (= *drop*) [+ *person*] évincer; [+ *activity*] éliminer

► **squeeze past** VI se faufiler

► **squeeze through** VI se faufiler

► **squeeze up*** VI se serrer

squelch /skweltʃ/ 1 N bruit (*m*) de ventouse; **I heard the ~ of his footsteps in the mud** je l'ai entendu patauger dans la boue 2 VI [*mud*] faire un bruit de ventouse; **to ~ in/out** [*person*] entrer/sortir en pataugeant; **to ~ through the mud** avancer en pataugeant dans la boue; **the water ~ed in his boots** l'eau faisait flic flac* dans ses bottes

squib /skwɪb/ N pétard (*m*)

squid /skwɪd/ N (*pl* squid) calmar (*m*)

squidgy* /'skwɪdʒɪ/ ADJ (*Brit*) visqueux

squiggle /'skwɪgl/ N gribouillis (*m*)

squiggly /'skwɪglɪ/ ADJ ondulé

squint /skwɪnt/ 1 N (a) (= *eye condition*) **to have a ~** loucher (b) (= *sidelong look*) regard (*m*) de côté; (= *quick glance*)* coup (*m*) d'œil; **to take a ~ at sth*** (*obliquely*) regarder qch du coin de l'œil; (*quickly*) jeter un coup d'œil à qch 2 VI (a) (*due to eye condition*) loucher (b) (= *screw up eyes*) **he ~ed in the sunlight** le soleil lui a fait plisser les yeux (c) (= *take a look*) jeter un coup d'œil; **he ~ed down the tube** il a jeté un coup d'œil dans le tube; **to ~ at sth** (*obliquely*) regarder qch du coin de l'œil; (*quickly*) jeter un coup d'œil à qch

squire /skwaɪə'/ N châtelain (*m*); **yes ~!** (*Brit*) oui chef!*

squirm /skwɜːm/ VI (a) [*worm*] se tortiller; **to ~ through a window** [*person*] passer par une fenêtre en se contorsionnant (b) [*person*] (*from embarrassment*) être dans ses petits souliers; **spiders make me ~** j'ai un haut-le-corps quand je vois une araignée

squirrel /'skwɪrəl/ N écureuil (*m*); **red ~** écureuil (*m*) roux; **grey ~** écureuil (*m*) gris

squirt /skwɜːt/ 1 N (a) [*of water*] jet (*m*); [*of detergent*] giclée (*f*); [*of scent*] quelques gouttes (*fpl*) (b) (= *person*)* petit morveux* (*m*), petite morveuse* (*f*)

2 VT [+ *water*] faire gicler (**at, on, onto** sur, **into** dans); [+ *detergent, oil*] verser une giclée de; **he ~ed the insecticide onto the roses** il a pulvérisé l'insecticide sur les roses; **to ~ sb with water** asperger qn d'eau; **to ~ sb with scent** asperger qn de parfum

3 VI [*liquid*] gicler; **the water ~ed into my eye** j'ai reçu une giclée d'eau dans l'œil; **water ~ed out of the broken pipe** l'eau jaillissait du tuyau cassé

4 COMP ♦ **squirt gun** N (*US*) pistolet (*m*) à eau

squishy* /'skwɪʃɪ/ ADJ spongieux

Sr (ABBR = **Senior**) Sr

Sri Lanka /ˌsriː'læŋkə/ N Sri Lanka (m)

Sri Lankan /ˌsriː'læŋkən/ 1 ADJ sri-lankais 2 N Sri-Lankais(e) (m(f))

SRN /ˌesɑːr'en/ N (Brit) (ABBR = **State-Registered Nurse**) infirmier (m), -ière (f) diplômé(e) d'État

St 1 N ⓐ (ABBR = **Street**) rue (f); Churchill St rue Churchill ⓑ (ABBR = **Saint**) St(e) (m(f)); **St Peter** St-Pierre; **St Anne** Ste-Anne 2 COMP ♦ **the St John Ambulance (Brigade)** N (Brit) association bénévole de secouristes

st ABBR = **stone(s)**

stab /stæb/ 1 N ⓐ (fig) **a ~ in the back** un coup bas; **a ~ of pain** un élancement; **a ~ of remorse** un remords lancinant ⓑ (= attempt)* **to have a ~ at (doing) sth** essayer (de faire) qch; **I'll have a ~ at it** je vais tenter le coup 2 VT (with knife) (= kill) tuer d'un coup de couteau; (= wound) blesser d'un coup de couteau; (= kill or wound with dagger) poignarder; **to ~ sb to death** tuer qn d'un coup de couteau; **to ~ sb in the back** poignarder qn dans le dos; **he ~bed his penknife into the desk** il a planté son canif dans le bureau 3 VI **he ~bed at a piece of cucumber** il a planté sa fourchette dans une rondelle de concombre 4 COMP ♦ **stab-wound** N coup (m) de couteau

stabbing /'stæbɪŋ/ 1 N agression (f) (à coups de couteau); **there was another ~ last night** la nuit dernière une autre personne a été attaquée à coups de couteau 2 ADJ **~ pain** élancement (m)

stability /stə'bɪlɪtɪ/ N stabilité (f)

stabilization /ˌsteɪbəlaɪ'zeɪʃən/ N stabilisation (f)

stabilize /'steɪbəlaɪz/ VT stabiliser

stabilizer /'steɪbəlaɪzəʳ/ N stabilisateur (m)

stable /'steɪbl/ 1 ADJ stable; **to be in a ~ relationship** avoir une relation stable; **he is in a ~ condition** [patient] son état est stationnaire; **he is not a very ~ character** il est plutôt instable 2 N (= building) écurie (f); **(riding) ~(s)** centre (m) équestre ■ (PROV) **to shut** or **close the ~ door after the horse has bolted** prendre des précautions après coup 3 VT [+ horse] mettre à l'écurie

staccato /stə'kɑːtəʊ/ 1 ADV staccato 2 ADJ [notes] piqué; [gunfire, voice] saccadé

stack /stæk/ 1 N ⓐ (= pile) tas (m); (US) [of tickets] carnet (m); **~s* of un tas*** de; **we've got ~s* of time** on a tout le temps ⓑ (Computing) pile (f) 2 VT ⓐ (also **~ up**) [+ books, wood] entasser; [+ dishes] empiler ⓑ [+ supermarket shelves] remplir ⓒ * **he had ~ed the committee with his own supporters** il avait noyauté le comité en y plaçant ses partisans; **the cards** or **odds are ~ed against me** tout joue contre moi ► **stack up** 1 VT SEP empiler 2 VI (US = measure, compare) se comparer (**with, against** à)

stadium /'steɪdɪəm/ N stade (m)

staff /stɑːf/ 1 N ⓐ (= work force) personnel (m); (= teachers) personnel (m) enseignant; (= servants) domestiques (mfpl); **to be on the ~** faire partie du personnel; **we have 30 programmers on the ~** notre personnel comprend 30 programmeurs; **15 ~** 15 employés; (= teachers) 15 enseignants; **he joined our ~ in 1998** il est entré chez nous en 1998 ⓑ (= stick) bâton (m) 2 VT [+ school, hospital] pourvoir en personnel; **it is ~ed mainly by immigrants** le personnel se compose surtout d'immigrants 3 COMP ♦ **staff discount** N remise (f) pour le personnel ♦ **staff meeting** N [of teachers] conseil (m) des professeurs ♦ **staff nurse** N infirmier (m), -ière (f) ♦ **staff-student ratio** N taux (m) d'encadrement

staffroom /'stɑːfrʊm/ N salle (f) des professeurs

Staffs ABBR = **Staffordshire**

stag /stæg/ 1 N (= deer) cerf (m) 2 ADJ **~ night** or **party** enterrement (m) de la vie de garçon

stage /steɪdʒ/ 1 N ⓐ (Theatre) scène (f); **the ~** (= profession) le théâtre; **on (the) ~** sur scène; **to go on the ~** (as career) monter sur les planches; **to write for the ~** écrire des pièces de théâtre; **the book was adapted for the ~** le livre a été adapté pour le théâtre; **to set the ~ for sth** préparer le terrain pour qch; **the ~ is set for a memorable match** tout annonce un match mémorable ⓑ (= platform: in hall) estrade (f) ⓒ (= point) [of journey] étape (f); [of operation, process, development] phase (f); **a critical ~** une phase critique; **in ~s** par étapes; **by easy ~s** [travel] par petites étapes; [study] par degrés; **the reform was carried out in ~s** la réforme a été appliquée en plusieurs étapes; **in the early ~s** au début; **at this ~ in the negotiations** à ce stade des négociations; **we have reached a ~ where ...** nous sommes arrivés à un point où ... 2 VT [+ play] mettre en scène; **to ~ a strike** (= organize) organiser une grève; (= go on strike) faire la grève; **that was no accident, it was ~d** ce n'était pas un accident, c'était un coup monté 3 COMP ♦ **stage door** N entrée (f) des artistes ♦ **stage fright** N trac* (m) ♦ **stage-manage** VT [+ event] orchestrer ♦ **stage manager** N régisseur (m) ♦ **stage name** N nom (m) de scène ♦ **stage-struck** ADJ **to be ~-struck** brûler d'envie de faire du théâtre ♦ **stage whisper** N aparté (m); **in a ~ whisper** en aparté

stagehand /'steɪdʒhænd/ N machiniste (mf)

stagger /'stægəʳ/ 1 VI chanceler; (when drunk) tituber; **he ~ed to the door** il est allé à la porte d'un pas chancelant 2 VT ⓐ (= amaze) stupéfier; **I was ~ed to learn that ...** (= amazed) j'ai été absolument stupéfait d'apprendre que ...; (= horrified) j'ai été atterré d'apprendre que ... ⓑ [+ visits, payments] échelonner; [+ holidays] étaler

staggering /'stægərɪŋ/ ADJ (= astounding) stupéfiant

stagnant /'stægnənt/ ADJ stagnant

stagnate /stæg'neɪt/ VI stagner

stagnation /stæg'neɪʃən/ N stagnation (f)

staid /steɪd/ ADJ [person, appearance] collet monté (inv); [place] sclérosé

stain /steɪn/ 1 N ⓐ (= mark) tache (f); **blood ~** tache (f) de sang; **without a ~ on his character** sans une tache à sa réputation 2 VT ⓐ (= mark) tacher; [+ reputation] entacher ⓑ [+ wood] teinter 3 VI **this material will ~** ce tissu se tache facilement 4 COMP ♦ **stained glass** N (= substance) verre (m) coloré; [of windows collectively] vitraux (mpl) ♦ **stained-glass window** N vitrail (m) ♦ **stain remover** N détachant (m)

stainless steel /ˌsteɪnlɪs'stiːl/ N acier (m) inoxydable

stair /steəʳ/ N (= step) marche (f); (also **~s**) escalier (m); **to pass sb on the ~(s)** rencontrer qn dans l'escalier; **~ carpet** tapis d'escalier

staircase /'steəkeɪs/ N escalier (m)

stairlift /'steəlɪft/ N ascenseur (m) d'escalier

stairway /'steəweɪ/ N escalier (m)

stairwell /'steəwel/ N cage (f) d'escalier

stake /steɪk/ 1 N ⓐ (for fence, tree) pieu (m); **to be burnt at the ~** mourir sur le bûcher ⓑ (Betting) enjeu (m); (= share) intérêt (m); **to raise the ~s** faire monter les enchères; **to have a ~ in sth** avoir des intérêts dans qch; **Britain has a big ~ in North Sea oil** la Grande-Bretagne a beaucoup investi dans le pétrole de la mer du Nord ♦ **at stake**: **our future is at ~** notre avenir est en jeu; **there is a lot at ~** l'enjeu est considérable 2 VT ⓐ (= bet) [+ money] miser; [+ one's reputation, life] risquer ⓑ **to ~ one's claim to sth** revendiquer qch ► **stake out** VT SEP ⓐ **to ~ out a position as ...** se tailler une place de ... ⓑ [+ person, house] placer sous surveillance

stakeout /'steɪkaʊt/ N surveillance (f); **to be on a ~** effectuer une surveillance

stalactite /'stæləktaɪt/ N stalactite (f)

stalagmite /ˈstæləgmaɪt/ N stalagmite (f)

stale /steɪl/ ADJ ⓐ [food] qui n'est plus frais (fraîche (f)) ; [bread, cake] rassis (rassie (f)) ; [air] confiné ⓑ [person] usé

stalemate /ˈsteɪlmeɪt/ N (Chess) pat (m) ; **the discussions have reached ~** les discussions sont dans l'impasse ; **to break the ~** sortir de l'impasse

Stalin /ˈstɑːlɪn/ N Staline (m)

Stalinist /ˈstɑːlɪnɪst/ 1 N stalinien(ne) (m(f)) 2 ADJ stalinien

stalk /stɔːk/ 1 N [of plant] tige (f) ; [of fruit] queue (f) ; [of cabbage] trognon (m) 2 VT [+ game, prey, victim] traquer ; [+ suspect] filer 3 VI **to ~ out/off** sortir/partir d'un air digne

stalker /ˈstɔːkə/ N **she was being followed by a ~** un désaxé la suivait partout

stall /stɔːl/ 1 N ⓐ (in church, cowshed) stalle (f) ⓑ (in market) éventaire (m) ; (in exhibition) stand (m) ⓒ (Brit: Theatre) **the ~s** l'orchestre (m) 2 VI ⓐ [car] caler ⓑ **to ~ (for time)** essayer de gagner du temps 3 VT ⓐ [+ car] faire caler ⓑ [+ person] tenir à distance ; **try to ~ him for a while** essaie de gagner du temps

stallholder /ˈstɔːlhəʊldə/ N marchand(e) (m(f)) (à l'étal)

stallion /ˈstæljən/ N étalon (m) (cheval)

stalwart /ˈstɔːlwət/ 1 ADJ (= dependable) loyal ; [supporter, ally] inconditionnel 2 N brave homme (m) (or femme (f)) ; [of party] fidèle (mf)

stamina /ˈstæmɪnə/ N endurance (f)

stammer /ˈstæmə/ 1 N bégaiement (m) ; **to have a ~** bégayer 2 VTI bégayer

stamp /stæmp/ 1 N ⓐ timbre (m) ; **(National) Insurance ~** cotisation (f) à la Sécurité sociale
ⓑ (= implement) poinçon (m) ; (= rubber stamp) tampon (m) ; (= date stamp) timbre dateur (m)
ⓒ (= mark, impression) (on document) cachet (m) ; (on metal) poinçon (m) ; **look at the date ~** regardez la date sur le cachet ; **he gave the project his ~ of approval** il a donné son aval au projet
ⓓ **with a ~ (of his foot)** en tapant du pied
2 VT ⓐ **to ~ one's foot** taper du pied ; **to ~ one's feet** (to keep warm) battre la semelle
ⓑ (= stick a stamp on) affranchir
ⓒ (= mark with stamp) tamponner ; [+ passport, document] viser ; [+ metal] poinçonner ; **to ~ the date on a form** apposer la date sur un formulaire (avec un timbre dateur)
3 VI ⓐ taper du pied ; **he ~ed on the burning wood** il a éteint les braises avec ses pieds ; **to ~ on a suggestion** rejeter une suggestion ; **to ~ on an insect** écraser un insecte avec son pied
ⓑ (angrily) **to ~ in/out** entrer/sortir en tapant du pied
4 COMP [album, collection] de timbres ♦ **stamp collecting** N philatélie (f) ♦ **stamped addressed envelope** N (Brit) enveloppe (f) affranchie à son nom et adresse ; **I enclose a ~ed addressed envelope (for your reply)** veuillez trouver ci-joint une enveloppe affranchie pour la réponse
► **stamp out** VT SEP [+ fire] éteindre avec les pieds ; [+ rebellion] écraser ; [+ custom, tendency, rhythm] marquer en frappant du pied

stampede /stæmˈpiːd/ 1 N [of animals, people] débandade (f) ; (= rush) ruée (f) ; **there was a ~ for the door** on s'est rué vers la porte 2 VI [animals, people] s'enfuir en désordre ; (= rush) se ruer ; **to ~ for the door** se ruer vers la porte

stance /stæns/ N position (f) ; **to take up a ~** prendre position

---

stand /stænd/

1 NOUN	4 COMPOUNDS
2 TRANSITIVE VERB	5 PHRASAL VERBS
3 INTRANSITIVE VERB	

► vb: pret, ptp **stood**

1 NOUN
ⓐ = position position (f) ; **to take one's ~** prendre position ; **I admired the firm ~ he took on that point** j'ai admiré

sa fermeté sur cette question ; **to make a ~ against sth** lutter contre qch
ⓑ also **taxi ~** station (f) (de taxis)
ⓒ for displaying goods étal (m) ; (also **newspaper ~**) kiosque (m) à journaux ; (at trade fair) stand (m)
ⓓ = seating area tribune (f) ; **I've got a ticket for the ~(s)** j'ai un billet de tribune
ⓔ = witness stand barre (f) ; **to take the ~** venir à la barre
ⓕ = support (for plant) guéridon (m) ; (for lamp) pied (m) (de lampe) ; (= music stand) pupitre (m)

2 TRANSITIVE VERB
ⓐ = place [+ object] mettre ; **to ~ sth (up) against a wall** mettre qch contre un mur ; **to ~ sth on its end** mettre qch debout
ⓑ = tolerate supporter ; **I can't ~ it any longer** (pain, criticism) je ne peux plus le supporter ; (boredom) j'en ai assez ; **I can't ~ (the sight of) her** je ne peux pas la sentir* ; **she can't ~ being laughed at** elle ne supporte pas qu'on se moque (subj) d'elle ; **I can't ~ Wagner** je déteste Wagner
ⓒ = withstand résister à ; **it won't ~ close examination** cela ne résistera pas à un examen approfondi
ⓓ = pay for* payer ; **to ~ sb a drink** payer un pot à qn* ; **to ~ the cost of sth** payer qch

3 INTRANSITIVE VERB
ⓐ = be upright: also ~ up [person, animal] être debout ; **he is too weak to ~** il est trop faible pour se tenir debout ; **we had to ~ as far as Calais** nous avons dû voyager debout jusqu'à Calais ; **the house is still ~ing** la maison est encore debout ; **not a stone was left ~ing in the old town** la vieille ville a été complètement détruite
♦ **to stand or fall**: **the project will ~ or fall by ...** le succès du projet repose sur ...
ⓑ = rise: also ~ up se lever ; **all ~!** levez-vous s'il vous plaît !
ⓒ = stay rester (debout) ; **don't just ~ there, do something!** ne reste pas là à ne rien faire ! ; **I left him ~ing on the bridge** je l'ai laissé sur le pont ; **he left the others ~ing** il dépassait les autres de la tête et des épaules
ⓓ = be positioned [person] être, se tenir ; [object, vehicle, tree] être, se trouver ; [town, building] se trouver ; **he stood there ready to shoot** il se tenait là, prêt à tirer ; **the man ~ing over there** cet homme là-bas ; **I like to know where I ~** j'aime savoir où j'en suis ; **as things ~ at the moment** dans l'état actuel des choses ; **how do things ~?** où en sont les choses ?
♦ **to stand** + preposition: **three chairs stood against the wall** il y avait trois chaises contre le mur ; **nothing ~s between you and success** rien ne s'oppose à votre réussite ; **they stood in a circle around the grave** ils se tenaient en cercle autour de la tombe ; **the house ~s in its own grounds** la maison est entourée d'un parc ; **where do you ~ on this question?** quelle est votre position sur cette question ? ; **I hate people ~ing over me** je déteste avoir toujours quelqu'un sur le dos* ; **he was ~ing over the stove** il était penché au-dessus du fourneau
♦ **to stand in the way**: **to ~ in sb's way** barrer le passage à qn ; (fig) se mettre en travers du chemin de qn ; **nothing now ~s in our way** maintenant la voie est libre ; **to ~ in the way of sth** faire obstacle à qch
♦ **to stand to do sth**: **to ~ to lose** risquer de perdre ; **he ~s to make a fortune on it** ça va sans doute lui rapporter une fortune
ⓔ = tread marcher ; **you're ~ing on my foot** tu me marches sur le pied ; **to ~ on the brakes** piler* ; **where's that letter? — you're ~ing on it** où est la lettre ? — tu marches dessus
ⓕ = measure faire ; **the tree ~s 30 metres high** l'arbre fait 30 mètres de haut
ⓖ = be mounted, based reposer
ⓗ = be **you must accept the offer as it ~s** cette offre n'est pas négociable

♦ **to stand at** [*thermometer, clock*] indiquer; [*price, value*] s'élever à; [*score*] être de; **the record stood at four minutes for several years** pendant plusieurs années le record a été de quatre minutes

♦ **to stand** + *past participle/adjective*: **to ~ accused of murder** être accusé de meurtre; **he ~s alone in this matter** personne ne partage son avis sur cette question; **to ~ clear** s'écarter; **to ~ convicted of manslaughter** être condamné pour homicide; **I ~ corrected** au temps pour moi; **to ~ opposed to sth** être opposé à qch; **the record ~s unbeaten** le record n'a pas encore été battu

(i) **= remain undisturbed, unchanged** [*liquid, mixture, dough*] reposer; [*tea, coffee*] infuser; **the offer still ~s** l'offre tient toujours; **the objection still ~s** l'objection demeure

(j) **Brit = be candidate** se présenter; **to ~ against sb in an election** se présenter contre qn à des élections; **to ~ for election** se présenter aux élections

4 COMPOUNDS

♦ **stand-in** N remplaçant(e) *(m(f))*

5 PHRASAL VERBS

► **stand about, stand around** VI rester là; **don't ~ about doing nothing!** ne reste pas là à ne rien faire!; **they kept us ~ing about for hours** ils nous ont fait attendre debout pendant des heures

► **stand aside** VI se pousser; **to ~ aside in favour of sb** laisser la voie libre à qn

► **stand back** VI (= *move back*) reculer; (*from stimulation, problem*) prendre du recul

► **stand by** 1 VI (a) (= *be onlooker*) rester là (à ne rien faire); **don't ~ by and let democracy be undermined** ne laissez pas attaquer la démocratie sans rien faire

(b) (= *be ready for action*) [*troops*] être en état d'alerte; [*emergency services*] être prêt à intervenir; **~ by for further revelations** attendez-vous à d'autres révélations

2 VT INSEP (a) (= *support*) [+ *friend*] ne pas abandonner; [+ *colleague, spouse*] soutenir

(b) (= *keep to*) [+ *promise*] tenir; [+ *sb else's decision*] respecter; [+ *one's own decision*] s'en tenir à

► **stand down** VI (= *resign*) démissionner

► **stand for** VT INSEP (a) (= *represent*) représenter; **what does UNO ~ for?** à quoi correspond l'abréviation UNO?

(b) (= *defend*) défendre (c) (= *tolerate*) tolérer; **I won't ~ for it!** je ne le tolérerai pas!

► **stand in** VI **to ~ in for sb** remplacer qn

► **stand out** VI (a) (= *protrude*) faire saillie; [*vein*] saillir (b) (= *be conspicuous*) ressortir (c) (= *be outstanding*) se distinguer; **he ~s out from all the other students** il se distingue de tous les autres étudiants (d) (= *remain firm*) tenir bon; **to ~ out for sth** revendiquer qch

► **stand up** VI (a) (= *rise*) se lever; (= *be standing*) [*person*] être debout; [*tent, structure*] tenir debout; **to ~ up and be counted** déclarer ouvertement sa position

(b) (= *resist challenge*) tenir debout 2 VT SEP (a) (= *place upright*) mettre; **to ~ sth up against a wall** appuyer qch contre un mur (b) (= *fail to meet*)* [+ *friend*] faire faux bond à; [+ *boyfriend, girlfriend*] poser un lapin à*

► **stand up for** VT INSEP [+ *person, principle, belief*] défendre; **to ~ up for o.s.** savoir se défendre

► **stand up to** VT INSEP [+ *bully, superior*] affronter; [+ *use, conditions*] résister à

standard /ˈstændəd/ 1 N (= *norm*) norme *(f)*; (= *criterion*) critère *(m)*; (*intellectual*) niveau *(m)* (voulu); **to be up to ~** [*person*] être à la hauteur; [*thing*] être de la qualité voulue; **judging by that ~** selon ce critère; **his ~s are high** il est très exigeant; **the ~ of the exam was low** le niveau de l'examen était bas; **to have high moral ~s** avoir un sens moral très développé

2 ADJ (a) (= *regular*) normal; [*model, design, feature*] standard *(inv)*; [*product*] ordinaire; **a ~ car** une voiture de série; **it's ~ practice** c'est une pratique courante

(b) [*pronunciation, grammar*] correct

(c) [*text, book*] de référence

3 COMP ♦ **standard class** N seconde classe *(f)* ♦ **Standard English** N anglais *(m)* correct → ENGLISH ♦ **Standard Grade** N (*in Scottish schools*) ≈ épreuve *(f)* du brevet des collèges ♦ **standard lamp** N (*Brit*) lampadaire *(m)* ♦ **standard of living** N niveau *(m)* de vie ♦ **standard time** N heure *(f)* légale

standardize /ˈstændədaɪz/ VT standardiser; [+ *product, terminology*] normaliser; **~d test** (*US*) *test de connaissances commun à tous les établissements scolaires*

stand-by /ˈstændbaɪ/ 1 N (= *person*) remplaçant(e) *(m(f))*; (*US* = *understudy*) doublure *(f)*; **tinned tuna is a useful ~** ça peut toujours servir d'avoir une boîte de thon en réserve; **to be on ~** [*troops, ambulances*] être prêt à intervenir 2 ADJ [*passenger, ticket*] stand-by *(inv)*

standing /ˈstændɪŋ/ 1 ADJ (a) [*passenger*] debout *(inv)* (b) [*invitation*] permanent; **it's a ~ joke** c'est un sujet de plaisanterie continuel

2 N (a) (= *importance*) [*of person*] rang *(m)*; (= *social status*) standing *(m)*; (= *reputation*) réputation *(f)*; **professional ~** réputation *(f)* professionnelle; **his ~ in public opinion polls** sa cote de popularité

(b) (= *duration*) durée *(f)*; **of ten years' ~** [*friendship*] qui dure depuis dix ans; [*agreement, contract*] qui existe depuis dix ans; **of long ~** de longue date

(c) (*US: in car*) **"no ~"** « stationnement interdit »

3 COMP ♦ **standing order** N (*at bank*) virement *(m)* automatique ♦ **standing ovation** N ovation *(f)* ♦ **standing room** N places *(fpl)* debout; **"~ room only"** « il n'y a plus de places assises »

stand-off /ˈstændɒf/ N impasse *(f)*

stand-offish /ˌstændˈɒfɪʃ/ ADJ distant

standout /ˈstændaʊt/ (*US, Austral*) 1 N (= *person*) as *(m)* 2 ADJ exceptionnel

standpipe /ˈstændpaɪp/ N colonne *(f)* d'alimentation

standpoint /ˈstændpɔɪnt/ N point *(m)* de vue

standstill /ˈstændstɪl/ N arrêt *(m)*; **to come to a ~** [*person, car*] s'immobiliser; [*production*] s'arrêter; **to bring to a ~** [+ *car*] arrêter; [+ *production*] paralyser

stand-up /ˈstændʌp/ ADJ **~ comedian** comique *(m)* (qui se produit en solo); **a ~ fight** (= *argument*) une discussion violente

stank /stæŋk/ VB *pt of* **stink**

staple /ˈsteɪpl/ 1 ADJ de base; [*crop*] principal; **~ diet** nourriture *(f)* de base 2 N (a) (= *chief commodity*) produit *(m)* de base; (= *raw material*) matière *(f)* première; (= *chief food*) aliment *(m)* de base (b) (= *key part*) partie *(f)* importante (c) (*for papers*) agrafe *(f)* 3 VT (*also* **~ together**) [+ *papers*] agrafer

stapler /ˈsteɪplə'/ N agrafeuse *(f)*

star /stɑː'/ 1 N (a) (*in sky*) étoile *(f)*; (= *asterisk*) astérisque *(m)*; (*for merit at school*) bon point *(m)*; **to have ~s in one's eyes** être naïvement plein d'espoir; **to see ~s** voir trente-six chandelles; **you can thank your lucky ~s that ...** tu peux remercier le ciel de ce que ...; **the ~s** (= *horoscope*) l'horoscope *(m)*; **three-~ hotel** hôtel *(m)* trois étoiles

(b) (= *famous person*) vedette *(f)*

2 VT [+ *actor*] avoir pour vedette; **the film ~s John Wayne** John Wayne est la vedette du film; **~ring Mel Gibson as ...** avec Mel Gibson dans le rôle de ...

3 VI être la vedette; **to ~ in a film** être la vedette d'un film; **he ~red as Hamlet** il a joué le rôle de Hamlet

4 COMP ♦ **star prize** N premier prix *(m)* ♦ **starring role** N premier rôle *(m)* ♦ **the Stars and Stripes** la Bannière étoilée ♦ **star sign** N signe *(m)* du zodiaque ♦ **the Star-Spangled Banner** N la Bannière étoilée ♦ **star-studded** ADJ [*cast, premiere*] prestigieux; [*show, event*] à la distribution prestigieuse ♦ **the star system** N le star-system ♦ **star turn** N la vedette ♦ **Star Wars** N guerre *(f)* des étoiles

starboard /ˈstɑːbəd/ 1 N tribord *(m)* 2 ADJ [*wing, engine*] de tribord; **on the ~ side** à tribord

starch /stɑːtʃ/ 1 N (*in food, for stiffening*) amidon *(m)*; **he was told to cut out all ~** on lui a dit de supprimer tous les féculents 2 VT [+ *collar*] amidonner

starchy /ˈstɑːtʃɪ/ ADJ [food] féculent; **~ foods** féculents (mpl)

stardom /ˈstɑːdəm/ N vedettariat (m); **to rise to ~** devenir une vedette

stare /steə'/ **1** N regard (m) (fixe); **cold/curious/vacant ~** (long) regard (m) froid/curieux/vague; **he gave her a long hard ~** il la fixa longuement; **they drew ~s from passers-by** ils attiraient les regards des passants

2 VI **to ~ at sb/sth** regarder qn/qch fixement; **to ~ at sb/ sth in surprise** regarder qn/qch d'un air surpris; **they all ~d in astonishment** ils ont tous regardé d'un air ébahi; **what are you staring at?** qu'est-ce que tu regardes comme ça ?; **it's rude to ~** il est mal élevé de regarder les gens fixement; **to ~ into space** regarder dans le vide

3 VT **to ~ sb in the face** dévisager qn; **where are my gloves? — here, they're staring you in the face!** où sont mes gants ? — ils sont sous ton nez !

starfish /ˈstɑːfɪʃ/ N (pl inv) étoile (f) de mer

stargazer /ˈstɑːgeɪzə'/ N (= astronomer) astronome (mf); (= astrologer) astrologue (mf)

stargazing /ˈstɑːgeɪzɪŋ/ N contemplation (f) des étoiles; (= predictions) prédictions (fpl) astrologiques

staring /ˈsteərɪŋ/ ADJ his **~ eyes** son regard fixe; (in surprise) son regard étonné; (in fear) son regard effrayé

stark /stɑːk/ **1** ADJ ⓐ [beauty, building, décor] austère; [landscape] désolé ⓑ [choice] difficile; [warning, reminder] sévère; [reality] dur ⓒ [terror] pur; **in ~ contrast** tout à l'opposé; **to be in ~ contrast to sb/sth** contraster vivement avec qn/qch **2** ADV **~ naked** tout nu

starkers: /ˈstɑːkəz/ ADJ (Brit) à poil*

starkly /ˈstɑːklɪ/ ADV ⓐ [furnished] de façon austère ⓑ (= clearly) [illustrate, outline] nettement; [stand out, different] carrément; [apparent] nettement; **to contrast ~ with sth** contraster de façon frappante avec qch

starlet /ˈstɑːlɪt/ N starlette (f)

starlight /ˈstɑːlaɪt/ N **by ~** à la lumière des étoiles

starling /ˈstɑːlɪŋ/ N étourneau (m)

starlit /ˈstɑːlɪt/ ADJ [night, sky] étoilé; [scene] éclairé par les étoiles

starry /ˈstɑːrɪ/ ADJ étoilé ♦ **starry-eyed** ADJ [person] (= idealistic) idéaliste; (= innocent) innocent; (from wonder) éberlué; (from love) éperdument amoureux

starstruck /ˈstɑːstrʌk/ ADJ ébloui (devant une célébrité)

START /stɑːt/ N (ABBR = **Strategic Arms Reduction Talks**) START (m) (négociations sur la réduction des armes stratégiques)

start /stɑːt/

1 NOUN	4 COMPOUNDS
2 TRANSITIVE VERB	5 PHRASAL VERBS
3 INTRANSITIVE VERB	

1 NOUN

ⓐ = **beginning** [of book, film, career] début (m); [of negotiations] ouverture (f); [of race] départ (m); **at the ~** au début; **for a ~** d'abord; **from the ~** dès le début; **from ~ to finish** du début à la fin; **the ~ of the academic year** (at university) la rentrée universitaire; (at school) la rentrée des classes; **that was the ~ of all the trouble** c'est là que tous les ennuis ont commencé; **to get off to a good ~** bien commencer; **to get a good ~ in life** bien débuter dans la vie; **to get off to a bad ~** mal commencer

♦ **to make a start** commencer; **to make a ~ on sth** commencer qch; **to make an early ~** commencer de bonne heure; (in journey) partir de bonne heure; **let's make a ~ on that washing-up** allez, on se met à la vaisselle

ⓑ = **advantage** (Sport) avance (f); (fig) avantage (m); **to give sb a 10-metre ~** donner 10 mètres d'avance à qn

ⓒ = **sudden movement** sursaut (m); **to wake with a ~** se réveiller en sursaut; **to give sb a ~** faire sursauter qn; **you gave me such a ~!** ce que vous m'avez fait peur !

2 TRANSITIVE VERB

ⓐ = **begin** commencer (**to do sth, doing sth** à faire qch);

[+ task] entreprendre; [+ bottle, jar, loaf of bread] entamer; **to ~ a journey** partir en voyage; **to ~ life as ...** débuter dans la vie comme ...; **it soon ~ed to rain** il n'a pas tardé à pleuvoir; **I'd ~ed to think you weren't coming** je commençais à croire que tu ne viendrais pas; **to ~ again** tout recommencer; **don't ~ that again!** tu ne vas pas recommencer!

♦ **to get started** commencer; **to get ~ed on sth** commencer qch; **let's get ~ed!** allons-y!; **once I get ~ed I work very quickly** une fois lancé je travaille très vite

ⓑ = **originate, initiate** [+ discussion] commencer; [+ conversation] engager; [+ quarrel, reform, series of events] déclencher; [+ fashion] lancer; [+ phenomenon, institution] donner naissance à; [+ custom, policy] inaugurer; **to ~ a fire** (in grate) allumer un feu; (accidentally) mettre le feu

ⓒ = **cause to start** [+ engine, vehicle] mettre en marche; [+ race] donner le signal du départ de; **he ~ed the ball rolling by saying ...** pour commencer, il a dit ...; **he blew the whistle to ~ the runners (off)** il a sifflé pour donner le signal du départ; **if you ~ him (off) on that subject ...** si tu le lances sur ce sujet ...

♦ **to get sth started** faire démarrer qch

♦ **to get sb started** mettre qn en selle; [+ film star, pop star] lancer qn; **to get sb ~ed on sth** faire commencer qch à qn

3 INTRANSITIVE VERB

ⓐ = **begin** commencer; **let's ~!** allons-y!; **well, to ~ at the beginning ...** eh bien, pour commencer par le commencement ...; **it all ~ed when he refused to pay** tout a commencé quand il a refusé de payer; **to ~ off well in life** bien débuter dans la vie; **to ~ up in business** se lancer dans les affaires; **to ~ again** tout recommencer; **to ~ off by doing sth** commencer par faire qch; **~ by putting everything away** commence par tout ranger; **~ on a new page** prenez une nouvelle page; **he ~ed off in the sales department** il a débuté dans le service des ventes; **he ~ed out as a Marxist** il a commencé par être marxiste; **do ~ before it gets cold!** (= begin to eat) commencez avant que ça ne refroidisse

♦ **to start with: to ~ with, there were only three of them, but later ...** au début ils n'étaient que trois, mais après ...; **we only had $100 to ~ with** nous n'avions que 100 dollars pour commencer

♦ **to start (off) with sth** commencer par qch; **he ~ed off with the intention of writing a thesis** au début son intention était d'écrire une thèse; **we ~ed with oysters** on a commencé par des huîtres

♦ **starting from** à partir de; **you have ten minutes ~ing from now** vous avez dix minutes à partir de maintenant

ⓑ = **leave** [person, ship] partir; **ten horses ~ed and only three finished** dix chevaux ont pris le départ mais trois seulement ont fini la course; **he ~ed off along the corridor** il s'est engagé dans le couloir; **he ~ed off down the street** il a commencé à descendre la rue

ⓒ = **get going** [car, engine, machine] démarrer; **my car won't ~** ma voiture ne veut pas démarrer

ⓓ = **jump nervously** [person] sursauter; [animal] tressaillir

4 COMPOUNDS

♦ **starting block** N starting-block (m); **to be fast/slow off the ~ing blocks** (fig) être rapide/lent à démarrer ♦ **starting gate** N starting-gate (m) ♦ **starting grid** N grille (f) de départ ♦ **starting line** N ligne (f) de départ ♦ **starting pistol** N pistolet (m) de starter ♦ **starting point** N point (m) de départ ♦ **starting post** N ligne (f) de départ ♦ **starting price** N [of shares] prix (m) initial; (Racing) cote (f) de départ ♦ **starting salary** N salaire (m) de départ ♦ **start-up** N [of business] lancement (m)

5 PHRASAL VERBS

► **start back** VI ⓐ (= return) repartir ⓑ (= recoil) [person, horse] faire un bond en arrière

► **start off** VI, VT SEP → start

► **start on** VT INSEP ⓐ (= begin) commencer; **to ~ on a book** commencer un livre; **they had ~ed on a new bottle** ils avaient entamé une nouvelle bouteille; **I ~ed on the job last week** (employment) j'ai commencé à travailler la se-

maine dernière; (*task*) je m'y suis mis la semaine dernière ⓑ (= *pick on*)* s'en prendre à
► **start out** VI → **start**
► **start over** 1 VI repartir à zéro 2 VT recommencer
► **start up** VI, VT SEP → **start**

starter /'stɑːtə'/ 1 N ⓐ (*Brit: in meal*) hors-d'œuvre (*m inv*); **for ~s** (= *for a start*)* pour commencer ⓑ (*on car, motorcycle*) démarreur (*m*); (*on machine*) bouton (*m*) de démarrage ⓒ (*for race*) starter (*m*); **to be under ~'s orders** [*runner*] être à ses marques; (*fig*) être dans les starting-blocks; **to be a slow ~** (*fig*) être lent à démarrer; **the child was a late ~** cet enfant a mis du temps à se développer

2 COMP ◆ **starter flat** N (*Brit*) premier appartement (*d'un accédant à la propriété*) ◆ **starter home** N (*Brit*) première maison (*d'un accédant à la propriété*) ◆ **starter pack** N kit (*m*) de base

startle /'stɑːtl/ VT [*sound, sb's arrival*] faire sursauter; [*news, telegram*] alarmer; **to ~ sb out of his wits** donner un choc à qn; **you ~d me!** tu m'as fait sursauter!

startled /'stɑːtld/ ADJ [*animal*] effarouché; [*person*] très surpris; [*expression*] de surprise; **he gave her a ~ look** il lui lança un regard interloqué

startling /'stɑːtlɪŋ/ ADJ surprenant; [*contrast*] saisissant

startlingly /'stɑːtlɪŋlɪ/ ADV [*different, similar*] étonnamment

starvation /stɑːˈveɪʃən/ N inanition (*f*); **to die of ~** mourir de faim; **to be on a ~ diet** être dangereusement sousalimenté; (*fig*) suivre un régime draconien

starve /stɑːv/ 1 VT ⓐ affamer; **to ~ sb to death** laisser qn mourir de faim; **to ~ o.s. to death** se laisser mourir de faim ⓑ (= *deprive*) priver (**sb of sth** qn de qch); **~d of affection** privé d'affection 2 VI être affamé; **to ~ to death** mourir de faim

starving /'stɑːvɪŋ/ ADJ affamé; **I'm ~!*** je meurs de faim!

stash* /stæʃ/ 1 VT (= *hide*) cacher; (= *save up*) mettre de côté; **he had £500 ~ed away** (= *saved up*) il avait mis 500 livres de côté; (= *in safe place*) il avait 500 livres en lieu sûr 2 N (= *place*) cachette (*f*); **a ~ of jewellery/drugs** des bijoux cachés/des drogues cachées

state /steɪt/ 1 N ⓐ (= *condition*) état (*m*); **the ~ of the art** l'état (*m*) actuel de la technique; **he was in an odd ~ of mind** il était d'une humeur étrange; **you're in no ~ to reply** vous n'êtes pas en état de répondre; **what's the ~ of play?** (*fig*) où en est-on?; **in a good/bad ~ of repair** bien/mal entretenu; **to be in a good/bad ~** [*car, house*] être en bon/mauvais état; [*person, marriage*] aller bien/mal; **you should have seen the ~ the car was in** vous auriez dû voir l'état de la voiture; **he's not in a fit ~ to drive** il n'est pas en état de conduire; **what a ~ you're in!** tu es dans un bel état!; **he got into a terrible ~ about it*** ça l'a mis dans tous ses états ⓑ (= *part of federation*) État (*m*); **the State** l'État (*m*); **the States*** les États-Unis (*mpl*)

2 VT déclarer; [+ *one's views, the facts*] exposer; [+ *time, place*] fixer; [+ *theory, restrictions, problem*] énoncer; **~ your name and address** déclinez vos nom, prénoms et adresse; (*written*) inscrivez vos nom, prénoms et adresse; **he was asked to ~ his case** on lui a demandé de présenter ses arguments

3 COMP [*business, secret*] d'État; [*security, control, police*] de l'État; [*education, school, sector*] public; [*medicine*] nationalisé; (*US: also* **State**) [*law, policy, prison, university*] de l'État ◆ **state apartments** NPL appartements (*mpl*) officiels ◆ **state banquet** N banquet (*m*) de gala ◆ **State Capitol** N (*US*) Capitole (*m*) ◆ **state-controlled** ADJ étatisé ◆ **State Department** N (*US*) Département (*m*) d'État, ≈ ministère (*m*) des Affaires étrangères ◆ **state-enrolled nurse** N (*Brit*) aide-soignant(e) (*mf*) ◆ **state funeral** N funérailles (*fpl*) nationales ◆ **State line** N (*US*) frontière (*f*) entre les États ◆ **state-maintained** ADJ (*Brit*) public ◆ **state-of-the-art** ADJ (= *up-to-date*) de pointe; [*computer, video*] dernier cri; **it's ~-of-the-art** c'est ce qui se fait de mieux ◆ **State of the Union Address** N (*US Politics*) discours (*m*) sur l'état de

l'Union ◆ **state-owned** ADJ public ◆ **State Representative** N (*US Politics*) membre (*m*) de la Chambre des représentants d'un État ◆ **state-run** ADJ d'état ◆ **State's attorney** N (*US*) procureur (*m*) ◆ **State's rights** NPL (*US*) droits (*mpl*) des États ◆ **state-subsidized** ADJ subventionné par l'État ◆ **state trooper** N (*US*) ≈ policier (*m*) ◆ **state visit** N **to go on a ~ visit to a country** se rendre en visite officielle dans un pays ◆ **state-wide** ADJ, ADV (*US*) à l'échelle de l'État

> ⓘ **STATE OF THE UNION ADDRESS**
> *Le discours sur l'état de l'Union est l'allocution que prononce le président des États-Unis devant le Congrès en janvier de chaque année, au début de la session parlementaire. Dans cette intervention, diffusée à la radio et à la télévision, le président dresse un bilan de son action, expose ses projets et donne au Congrès des « informations sur l'état de l'Union », comme le demande la Constitution.*

> ⓘ **STATE'S RIGHTS**
> *Le dixième amendement de la Constitution américaine accorde aux États un certain nombre de droits (**State's rights**) sur toutes les questions qui ne relèvent pas des prérogatives du gouvernement fédéral: enseignement, fiscalité, lois et réglementations diverses. Cependant, l'interprétation de ce texte a provoqué de nombreuses controverses: les États du Sud l'ont utilisé pour justifier la sécession avant la guerre civile, puis pour s'opposer à l'intégration raciale dans les années 50. La question du degré d'autonomie dont disposent les États par rapport au pouvoir fédéral reste un sujet politiquement sensible.*
> ▷ www.usinfo.state.gov/products/pubs/constitution/amendment.htm

stated /'steɪtɪd/ ADJ [*date, sum*] fixé; [*interval*] fixe; [*limit*] prescrit; **at the ~ time** à l'heure dite

statehouse /'steɪthaʊs/ N (*US*) siège (*m*) de la législature d'un État

stateless /'steɪtlɪs/ ADJ apatride; **~ person** apatride (*mf*)

stately /'steɪtlɪ/ ADJ [*person*] plein de dignité; [*building, pace*] majestueux ◆ **stately home** N (*Brit*) manoir (*m*)

statement /'steɪtmənt/ N ⓐ [*of one's views, the facts*] exposition (*f*); [*of time, place*] spécification (*f*); [*of theory, conditions*] formulation (*f*); [*of problem*] énonciation (*f*) ⓑ (*written, verbal*) déclaration (*f*); (*in law*) déposition (*f*); **official ~** communiqué (*m*) officiel; **to make a ~** faire une déclaration; (*in law*) faire une déposition ⓒ (= *bank statement*) relevé (*m*) de compte

stateroom /'steɪtruːm/ N (*Brit*) [*of palace*] grande salle (*f*) de réception; [*of ship, train*] cabine (*f*) de luxe

stateside* /'steɪtsaɪd/ ADJ (*US*) aux États-Unis

statesman /'steɪtsmən/ N (*pl* **-men**) homme (*m*) d'État

statesmanlike /'steɪtsmənlaɪk/ ADJ diplomatique

statesmanship /'steɪtsmənʃɪp/ N qualités (*fpl*) d'homme d'État

statesmen /'steɪtsmən/ NPL of **statesman**

static /'stætɪk/ 1 ADJ (= *stationary*) statique 2 N (= *static electricity*) électricité (*f*) statique; (= *interference*) parasites (*mpl*) 3 COMP ◆ **static electricity** N électricité (*f*) statique

station /'steɪʃən/ 1 N ⓐ (*for trains*) gare (*f*); [*of underground*] station (*f*); **bus ~** gare (*f*) routière ⓑ (= *fire station*) caserne (*f*) de pompiers; (= *police station*) commissariat (*m*) (de police); (= *radio station*) station (*f*) de radio; (= *TV station*) chaîne (*f*) de télévision ⓒ (= *rank*) condition (*f*); **to get ideas above one's ~** avoir des idées de grandeur ⓓ (*US*) (= *phone extension*) poste (*m*); (= *service counter*) guichet (*m*); **give me ~ 101** je voudrais le poste 101

2 VT [+ *people*] placer; [+ *guards, troops, ship*] poster; [+ *tanks*] installer; **to be ~ed at** être stationné à

3 COMP [*staff, bookstall*] de (la) gare ◆ **station break** N (*US*) page (*f*) de publicité ◆ **station house** N (*US*) (*for police*) commissariat (*m*); (*for firefighters*) caserne (*f*) de pompiers

◆ **station master** N chef (m) de gare ◆ **station wagon** N (US) break (m)

stationary /'steɪʃənərɪ/ ADJ [vehicle] à l'arrêt; [person, ship, target] immobile

stationer /'steɪʃənə'/ N papetier (m), -ière (f); ~'s papeterie (f)

stationery /'steɪʃənərɪ/ N papeterie (f); (= writing paper) papier (m) à lettres

statistic /stə'tɪstɪk/ N statistique (f); **a set of ~s** des statistiques (hum = vital statistics) mensurations (fpl)

statistical /stə'tɪstɪkəl/ ADJ [analysis, evidence, probability, significance] statistique; [error] de statistique; [expert] en statistique(s)

statistically /stə'tɪstɪkəlɪ/ ADV statistiquement

statistics /stə'tɪstɪks/ N (= science) statistique (f)

stats * /stæts/ NPL (ABBR = **statistics**) stats* (fpl)

statuary /'stætjʊərɪ/ N statuaire (f)

statue /'stætjuː/ N statue (f); **the Statue of Liberty** la statue de la Liberté

statuesque /ˌstætjʊ'esk/ ADJ sculptural

statuette /ˌstætjʊ'et/ N statuette (f)

stature /'stætʃə'/ N stature (f); **he is a writer of some ~** c'est un écrivain d'une certaine envergure; **intellectual ~** envergure (f) intellectuelle

status /'steɪtəs/ 1 N ⓐ (= economic position) situation (f); **social ~** standing (m); **what is his official ~?** quel est son titre officiel? ⓑ (= prestige) prestige (m) 2 COMP ◆ **status report** N rapport (m) d'étape ◆ **status symbol** N signe (m) de réussite sociale; (marking financial success) signe (m) extérieur de richesse

status quo /ˌsteɪtəs'kwəʊ/ N statu quo (m inv)

statute /'stætjuːt/ N loi (f) ◆ **statute book** N (Brit) ≈ code (m); **to be on the ~ book** figurer dans les textes de loi ◆ **statute of limitations** N (US) **the ~ of limitations is seven years** il y a prescription après sept ans

statutory /'stætjʊtərɪ/ ADJ légal; [offence] défini par la loi

staunch /stɔːntʃ/ 1 VT [+ flow] contenir; [+ blood] étancher; [+ wound] étancher le sang de 2 ADJ [supporter, defender, Republican, Protestant] ardent; [friend] loyal; [ally] sûr; [support] fidèle

staunchly /'stɔːntʃlɪ/ ADV [oppose] fermement; [defend, support] vigoureusement; [conservative, Protestant] résolument

stave /steɪv/ (vb: pret, ptp **stove** or **staved**) N (Music) portée (f)

► **stave in** VT SEP défoncer

► **stave off** VT SEP [+ ruin, disaster, defeat] éviter; [+ hunger] tromper; [+ attack] parer

stay /steɪ/ 1 N séjour (m)

2 VT ⓐ (= last out) [+ race] terminer; [+ distance] tenir; **to ~ the course** (fig) tenir bon ⓑ (= check) arrêter; [+ judgement] surseoir à; [+ proceedings] suspendre; [+ decision] ajourner

3 VI ⓐ (= remain) rester; **~ there!** restez là!; **to ~ put** ne pas bouger; **to ~ for dinner** rester (à) dîner; **~ tuned!** restez à l'écoute!; **to ~ ahead of the others** garder son avance sur les autres; **it is here to ~** ça a de beaux jours devant soi; **he is here to ~** il est là pour de bon; **if the weather ~s fine** si le temps se maintient (au beau); **to ~ off school** ne pas aller à l'école; **to ~ off drugs** ne plus prendre de drogue ⓑ (on visit) **has she come to ~?** est-ce qu'elle est venue avec l'intention de rester?; **she came to ~ for a few weeks** elle est venue passer quelques semaines; **I'm ~ing with my aunt** je loge chez ma tante; **to ~ in a hotel** être à l'hôtel; **where do you ~ when you go to London?** où logez-vous quand vous allez à Londres?; **he was ~ing in Paris when he fell ill** il était à Paris quand il est tombé malade ⓒ (= persevere) tenir; **to ~ to the finish** tenir jusqu'à la ligne d'arrivée; **~ with it!** tenez bon!

4 COMP ◆ **stay-at-home** N, ADJ casanier (m), -ière (f) ◆ **staying power** N endurance (f); **he hasn't a lot of ~ing power** il se décourage facilement ◆ **stay of execution** N sursis (m) à l'exécution

► **stay away** VI **he ~ed away from the meeting** il n'est pas allé à la réunion; **to ~ away from school** ne pas aller à l'école

► **stay behind** VI rester en arrière; **you'll ~ behind after school!** tu resteras après la classe!

► **stay down** VI rester en bas; (bending) rester baissé; (lying down) rester couché; (under water) rester sous l'eau; (= remain in same school year) redoubler

► **stay in** VI [person] rester à la maison; (= be kept in at school) être en retenue ⓑ [nail, screw, tooth filling] tenir

► **stay out** VI ⓐ [person] (away from home) ne pas rentrer; (= outside) rester dehors; **get out and ~ out!** sortez et ne revenez pas!; **he always ~s out late on Fridays** il rentre toujours tard le vendredi; **he ~ed out all night** il n'est pas rentré de la nuit ⓑ **to ~ out of** [+ argument] ne pas se mêler de; [+ prison] éviter; **to ~ out of trouble** se tenir tranquille; **you ~ out of this!** ne vous mêlez pas de cela!

► **stay over** VI s'arrêter; **can you ~ over till Thursday?** est-ce que vous pouvez rester jusqu'à jeudi?

► **stay up** VI ⓐ [person] veiller; **we always ~ up late on Saturdays** nous nous couchons toujours tard le samedi ⓑ (= not fall) [trousers] tenir

STD /ˌestiː'diː/ (ABBR = **sexually transmitted disease**) MST (f); **~ clinic** ≈ service (m) de (dermato-)vénérologie

stead /sted/ N **to stand sb in good ~** rendre grand service à qn

steadfast /'stedfəst/ (liter) ADJ ⓐ (= unshakable) inébranlable; **to be ~ in one's belief that ...** rester fermement convaincu que ...; **to be ~ in one's praise of sb/sth** ne pas tarir d'éloges sur qn/qch; **to be ~ in one's opposition to sth** rester fermement opposé à qch ⓑ (= loyal) loyal

steadily /'stedɪlɪ/ ADV ⓐ [increase, worsen, improve] régulièrement; [breathe, beat] avec régularité; [advance, rain] sans interruption; **a ~ increasing number of people** un nombre toujours croissant de personnes; **the poor are ~ getting poorer** les pauvres deviennent de plus en plus pauvres ⓑ (= firmly) [walk] d'un pas ferme; [hold, grasp] d'une main ferme

steady /'stedɪ/ 1 ADJ ⓐ [supply, rain, breathing, demand, income] régulier; [prices, sales, market] stable; **to make ~ progress** faire des progrès constants; **there was a ~ downpour for three hours** il n'a pas cessé de pleuvoir pendant trois heures; **at a ~ pace** à une allure régulière; **a ~ stream of sth** un flux régulier de qch; **to keep sth ~** [+ prices, demand] stabiliser qch; **a ~ job** un emploi stable; **~ boyfriend** petit ami (m) attitré; **~ girlfriend** petite amie (f) attitrée
ⓑ (= composed) [voice] ferme; [nerves] solide; [gaze] (= unflinching) calme; (= intimidating) insistant
ⓒ (= firm) [chair, table, boat] stable; [hand] (in drawing) sûr; (in holding) ferme; **to hold sth ~** maintenir fermement qch; **to hold a knife ~** se maintenir; **she's not very ~ on her feet** elle ne tient pas très bien sur ses jambes
ⓓ (= dependable) [person] sérieux

2 EXCL (Brit) **~ on!** (= be careful) doucement!; (= calm down) du calme!

3 VT [+ wobbling object] stabiliser; [+ chair, table] (with hand) maintenir; (= wedge) caler; [+ nervous person, horse] calmer; **to ~ o.s.** se remettre d'aplomb; **to ~ one's nerves** se calmer les nerfs; **to have a ~ing effect on sb** (= make less nervous) calmer qn; (= make less wild) assagir qn

4 VI (= regain balance) se remettre d'aplomb; (= grow less nervous) se calmer; (= grow less wild) s'assagir; [prices, market] se stabiliser

steak /steɪk/ N steak (m); **cod ~** tranche (f) de cabillaud ◆ **steak and kidney pie** N tourte (f) à la viande de bœuf et aux rognons ◆ **steak and kidney pudding** N pudding (m) à la viande de bœuf et aux rognons ◆ **steak knife** N (pl **steak knives**) couteau (m) à viande

steal /stiːl/ (pret **stole**, ptp **stolen**) 1 VT [+ object, property, kiss] voler (**from sb** à qn); **he stole money from the till** il a volé de l'argent dans la caisse; **to ~ a glance at ...** jeter un coup d'œil furtif à ...; **he stole the show** il n'y en a eu que pour lui; **to ~ sb's thunder** couper l'herbe sous le pied de qn

2 VI ⓐ (= *take*) voler ⓑ (= *move silently*) **to ~ away/down** s'en aller/descendre à pas furtifs; **he stole into the room** il s'est introduit furtivement dans la pièce

3 N (*US*) **it's a ~!** c'est une bonne affaire

stealing /ˈstiːlɪŋ/ N vol (*m*); **~ is wrong** c'est mal de voler; **that's ~!** c'est du vol!

stealth /stelθ/ N **by ~** furtivement ◆ **Stealth bomber** N bombardier (*m*) furtif

stealthy /ˈstelθɪ/ ADJ furtif

steam /stiːm/ 1 N vapeur (*f*); (*on window, mirror*) buée (*f*); **full ~ ahead!** en avant toute!; **to go full ~ ahead** [*project*] avancer sans perte de temps; **to pick up ~** [*train, ship*] prendre de la vitesse; [*worker, project*] démarrer vraiment; **to run out of ~** [*speaker, worker, project*] s'essouffler; **under one's own ~** par ses propres moyens; **to let off ~** se défouler*

2 VT (= *cook*) cuire à la vapeur; **to ~ open an envelope** décacheter une enveloppe à la vapeur; **to ~ off a stamp** décoller un timbre à la vapeur

3 VI (= *emit steam*) fumer

4 COMP [*boiler, iron, turbine*] à vapeur ◆ **steam-driven** ADJ à vapeur ◆ **steamed up*** ADJ **to get ~ed up about sth** se mettre dans tous ses états à propos de qch; **don't get so ~ed up about it!** ne te mets pas dans tous tes états pour ça! ◆ **steam engine** N (= *train*) locomotive (*f*) à vapeur ◆ **steam room** N hammam (*m*) ◆ **steam shovel** N (*US*) excavateur (*m*)

► **steam up** VI [*window, mirror*] se couvrir de buée; [*bathroom*] se remplir de buée

steamboat /ˈstiːmbəʊt/ N bateau (*m*) à vapeur

steamer /ˈstiːməʳ/ N ⓐ (= *ship*) bateau (*m*) à vapeur; (= *liner*) paquebot (*m*) ⓑ (= *saucepan*) cuit-vapeur (*m*)

steaming /ˈstiːmɪŋ/ ADJ ⓐ (= *steaming hot*) fumant ⓑ (= *angry*)* [*person*] fumasse*; [*letter*] furibond*

steamroller /ˈstiːmrəʊləʳ/ 1 N rouleau (*m*) compresseur 2 VT [+ *opposition*] écraser; [+ *obstacles*] aplanir; **to ~ a bill through Parliament** imposer l'adoption d'un projet de loi

steamship /ˈstiːmʃɪp/ N paquebot (*m*)

steamy /ˈstiːmɪ/ ADJ ⓐ [*room, city, air*] plein de vapeur; [*window*] embué ⓑ (= *erotic*)* [*affair, film, novel*]* torride

steel /stiːl/ 1 N acier (*m*); **nerves of ~** nerfs (*mpl*) d'acier 2 COMP (= *made of steel*) [*knife, tool*] en acier ◆ **steel band** N steel band (*m*) ◆ **steel guitar** N guitare (*f*) à cordes métalliques ◆ **steel industry** N sidérurgie (*f*)

steelworker /ˈstiːlˌwɜːkəʳ/ N sidérurgiste (*mf*)

steelworks /ˈstiːlwɜːks/ N aciérie (*f*)

steely /ˈstiːlɪ/ ADJ [*look, stare*] d'acier; [*determination*] inébranlable ◆ **steely-eyed** ADJ au regard d'acier

steep /stiːp/ 1 ADJ ⓐ [*slope, road, stairs*] raide; [*hill*] escarpé; [*cliff*] abrupt; [*roof*] en pente; [*descent*] rapide; [*ascent, climb*] rude; **a ~ path** un sentier raide ⓑ (= *great*) [*rise, fall*] fort ⓒ (= *expensive*)* [*price, fees*] élevé; [*bill*] salé* ⓓ (*Brit* = *unreasonable*) **that's a bit ~!** c'est un peu raide* 2 VT (= *soak*) tremper; **~ed in ignorance** croupissant dans l'ignorance; **~ed in prejudice** imbu de préjugés; **a town ~ed in history** une ville imprégnée d'histoire

steeple /ˈstiːpl/ N clocher (*m*)

steeplechase /ˈstiːpltʃeɪs/ N steeple-chase (*m*)

steeply /ˈstiːplɪ/ ADV ⓐ (= *precipitously*) [*rise, climb, fall, drop*] en pente raide; **to bank ~** faire un virage serré sur l'aile; **the lawn slopes ~ down to the river** la pelouse descend en pente raide vers la rivière; **~ sloping roof/land** toit (*m*)/terrain (*m*) en pente raide ⓑ (= *greatly*) **to rise/fall ~** [*prices, costs, profits*] monter en flèche/baisser fortement

steer /stɪəʳ/ 1 VT [+ *ship, car*] diriger; **to ~ a course to** [*ship*] faire route vers; **to ~ one's way through a crowd** se frayer un passage à travers une foule; **he ~ed her over to the bar** il l'a guidée vers le bar 2 VI [*sailor*] tenir la barre; **to**

~ by the stars se guider sur les étoiles; **to ~ clear of sb/sth** éviter qn/qch 3 N ⓐ (= *ox*) bœuf (*m*); (*US: castrated*) bouvillon (*m*) ⓑ (= *tip*)* tuyau* (*m*); **a bum ~** un mauvais tuyau

steering /ˈstɪərɪŋ/ N (= *action*) conduite (*f*); (= *mechanism*) direction (*f*) ◆ **steering column** N colonne (*f*) de direction ◆ **steering committee** N comité (*m*) de pilotage ◆ **steering lock** N (= *anti-theft device*) antivol (*m*) de direction ◆ **steering wheel** N volant (*m*)

stellar /ˈstelaʳ/ ADJ stellaire

stem /stem/ 1 N [*of flower, plant*] tige (*f*); [*of fruit, leaf*] queue (*f*); [*of glass*] pied (*m*) 2 VT [+ *flow, flood, river*] endiguer; [+ *course of disease*] enrayer; [+ *attack*] juguler; **to ~ the flow of ...** endiguer (le flot de) ... 3 VI **to ~ from ...** provenir de ... ◆ **stem cell** N cellule (*f*) souche

stench /stentʃ/ N odeur (*f*) nauséabonde

stencil /ˈstensl/ 1 N (*of metal, cardboard*) pochoir (*m*); (*of paper*) poncif (*m*); (= *decoration*) décoration (*f*) au pochoir 2 VT [+ *lettering, name*] peindre au pochoir

stenographer /steˈnɒɡrəfəʳ/ N sténographe (*mf*)

step /step/ 1 N ⓐ (= *movement, sound, track*) pas (*m*); **to take a ~ back/forward** faire un pas en arrière/en avant; **with slow ~s** à pas lents; **at every ~** à chaque pas; **~ by ~** petit à petit; **he didn't move a ~** il n'a pas bougé d'un pas; **I'll fight this decision every ~ of the way** je combattrai cette décision jusqu'au bout; **to stay one ~ ahead of sb** avoir une longueur d'avance sur qn

ⓑ (*indicating progress*) étape (*f*); (= *measure*) mesure (*f*); **it's a ~ up in his career** c'est une promotion pour lui; **to take ~s (to do sth)** prendre des mesures (pour faire qch); **what's the next ~?** qu'est-ce qu'il faut faire maintenant?; **the first ~ is to decide ...** la première chose à faire est de décider ...

ⓒ (*in marching, dancing*) pas (*m*); **to keep in ~** (*in marching*) marcher au pas; (*in dance*) danser en mesure; **to keep ~ with sb** ne pas se laisser distancer par qn; **to fall into ~** se mettre au pas; **to get out of ~** rompre le pas; **to be in ~ with** [+ *person*] agir conformément à; [+ *regulations*] être conforme à; **to be out of ~ with** [+ *person*] être déphasé par rapport à; [+ *regulations*] ne pas être conforme à

ⓓ (= *stair*) pas (*m*) de la porte; (*on bus*) marchepied (*m*); **flight of ~s** escalier (*m*); (*Brit*) escabeau (*m*); **mind the ~** attention à la marche

ⓔ (= *step aerobics*) step (*m*)

2 VT (= *place at intervals*) échelonner

3 VI **~ this way** venez par ici; **to ~ off sth** descendre de qch; **he ~ped into the car** il est monté dans la voiture; **he ~ped into his slippers** il a mis ses pantoufles; **to ~ in a puddle** marcher dans une flaque; **to ~ into sb's boots** (*Brit*) succéder à qn; **to ~ on sth** marcher sur qch; **to ~ on the brakes** donner un coup de frein; **to ~ on the gas*** (*US*) appuyer sur le champignon*; **~ on it!*** grouille-toi!*; **to ~ out of line** sortir des rangs; (*morally*) s'écarter du droit chemin; **to ~ over sth** enjamber qch

4 COMP ◆ **step aerobics** N step (*m*) ◆ **step-by-step** ADJ [*instructions*] point par point ◆ **stepping stone** N pierre (*f*) de gué; (*fig*) marchepied (*m*)

► **step aside** VI faire un pas de côté; (= *give up position*) s'effacer

► **step back** VI faire un pas en arrière; **it was like ~ping back into the Victorian era** c'était comme un retour à l'époque victorienne

► **step down** VI descendre (**from** de); (*fig*) se retirer (**in favour of sb** en faveur de qn)

► **step forward** VI faire un pas en avant; (= *show o.s., make o.s. known*) se faire connaître; (= *volunteer*) se présenter

► **step in** VI entrer; (*fig*) intervenir

► **step inside** VI entrer

► **step out** VI (= *go outside*) sortir; **he's just ~ped out for a moment** il vient de sortir pour quelques instants

► **step up** 1 VI **to ~ up to sb/sth** s'approcher de qn/qch

2 VT SEP [+ *production, sales*] augmenter ; [+ *campaign*] intensifier ; [+ *attempts, efforts*] multiplier

stepbrother /'step,brʌðəʳ/ N demi-frère (m)

stepchild /'steptʃaɪld/ N beau-fils (m), belle-fille (f)

stepchildren /'step,tʃɪldrən/ NPL beaux-enfants (mpl)

stepdaughter /'step,dɔ:təʳ/ N belle-fille (f)

stepfather /'step,fɑ:ðəʳ/ N beau-père (m)

stepladder /'step,lædəʳ/ N escabeau (m)

stepmother /'step,mʌðəʳ/ N belle-mère (f)

stepsister /'step,sɪstəʳ/ N demi-sœur (f)

stepson /'stepsʌn/ N beau-fils (m)

stereo /'steriəʊ/ **1** N (= *sound reproduction*) stéréo (f) ; (= *hi-fi system*) chaîne (f) stéréo (inv) ; **recorded in ~** enregistré en stéréo **2** ADJ [*broadcast, recording*] en stéréo

stereotype /'steriətaip/ N stéréotype (m)

stereotyped /'steriətaipt/ ADJ stéréotypé

stereotypical /,steriə'tɪpɪkl/ ADJ stéréotypé

sterile /'sterail/ ADJ stérile

sterility /ste'rɪlɪti/ N stérilité (f)

sterilization /,sterilai'zeiʃən/ N stérilisation (f)

sterilize /'sterilaiz/ VT stériliser

sterling /'stɜ:liŋ/ **1** N livres (fpl) sterling (inv) **2** ADJ (a) [*silver*] fin (b) (*Brit* = *excellent*) remarquable (c) **pound ~** livre (f) sterling (inv)

stern /stɜ:n/ **1** N arrière (m), poupe (f) **2** ADJ sévère ; [*opposition, resistance*] farouche ; **to be made of ~er stuff** être d'une autre trempe

sternly /'stɜ:nli/ ADV [*say*] sévèrement ; [*look at*] d'un air sévère ; **to deal ~ with sb/sth** se montrer sévère à l'égard de qn/qch

sternum /'stɜ:nəm/ N sternum (m)

steroid /'stɪərɔɪd/ N stéroïde (m)

stethoscope /'steθəskəʊp/ N stéthoscope (m)

stew /stju:/ **1** N ragoût (m) ; **rabbit ~** civet (m) de lapin ; **to be in a ~** être dans tous ses états **2** VT [+ *meat*] (faire) cuire en ragoût ; [+ *rabbit*] (faire) cuire en civet ; [+ *fruit*] faire cuire ; **~ed apples/rhubarb** compote (f) de pommes/de rhubarbe **3** VI **to let sb ~ in his own juice** laisser qn mijoter dans son jus **4** COMP ◆ **stewing steak, stew meat** (*US*) N bœuf (m) à braiser

steward /'stju:əd/ N (*on ship, plane*) steward (m) ; (*at march, race*) commissaire (m)

stewardess /'stjuədes/ N hôtesse (f)

---

stick /stɪk/

1 NOUN	4 INTRANSITIVE VERB
2 PLURAL NOUN	5 COMPOUNDS
3 TRANSITIVE VERB	6 PHRASAL VERBS

▶ *vb*: pret, ptp **stuck**

1 NOUN

(a) = length of wood bâton (m) ; (= *twig*) brindille (f) ; (= *walking stick*) canne (f) ; (*Hockey*) crosse (f) ; **a few ~s of furniture** quelques pauvres meubles ; **to find a ~ to beat sb with** profiter de l'occasion pour s'en prendre à qn ; **to get hold of the wrong end of the ~** mal comprendre

(b) = piece morceau (m) ; [*of dynamite*] bâton (m) ; [*of chewing gum*] tablette (f) ; [*of celery*] branche (f) ; [*of rhubarb*] tige (f)

(c) = criticism * (*Brit*) critiques (fpl) désobligeantes ; **to give sb a lot of ~** éreinter qn

2 PLURAL NOUN

sticks

(a) = firewood petit bois (m)

(b) = hurdles haies (fpl)

(c) = backwoods **(out) in the ~s** * en pleine cambrousse*

3 TRANSITIVE VERB

(a) = thrust [+ *pin, fork*] piquer ; [+ *knife*] planter ; **I stuck the needle into my finger** je me suis piqué le doigt avec

l'aiguille ; **a board stuck with drawing pins** un panneau couvert de punaises

(b) with glue coller ; **to ~ a poster on the wall** coller une affiche au mur

(c) = put * mettre ; **he stuck it under the table** il l'a mis sous la table ; **he stuck his finger into the hole** il a mis son doigt dans le trou ; **he stuck his head through the window** il a passé la tête par la fenêtre ; **she told him to ~ his job** elle lui a dit d'aller se faire voir avec son boulot*

(d) = tolerate (*Brit*) (= *tolerate*)* [+ *job, person*] supporter ; **I can't ~ it any longer** j'en ai marre*

4 INTRANSITIVE VERB

(a) = embed itself [*needle, spear*] se planter

(b) = adhere [*glue*] tenir ; [*stamp, label*] être collé ; [*habit, name*] rester ; **the eggs have stuck to the pan** les œufs ont attaché (à la poêle) ; **the nickname stuck** le surnom lui est resté ; **to make a charge ~** prouver la culpabilité de quelqu'un

(c) = remain rester

(d) set structures

◆ **to stick to sb/sth**: **she stuck to him all through the holiday** elle ne l'a pas lâché d'une semelle pendant toutes les vacances ; **to ~ to sb like a leech** se cramponner à qn ; **to ~ to one's promise** tenir parole ; **to ~ to one's principles** rester fidèle à ses principes ; **he stuck to his story** il a maintenu ce qu'il avait dit ; **decide what you're going to say then ~ to it** décidez ce que vous allez dire et tenez-vous-y ; **to ~ to the facts** s'en tenir aux faits

◆ **to stick by sb**: **to ~ by sb through thick and thin** rester fidèle à qn envers et contre tout

◆ **to stick at sth**: **to ~ at a job** rester dans un emploi ; **~ at it!** persévère !

◆ **to stick with sb/sth** (= *stay beside*) rester avec ; (= *stay loyal*) rester fidèle à ; [+ *activity, sport*] s'en tenir à ; **~ with him!*** ne le perdez pas de vue !

(e) = get jammed se coincer ; [*machine, lift*] tomber en panne ; **the car stuck in the mud** la voiture s'est embourbée

(f) = balk **he will ~ at nothing to get what he wants** il ne recule devant rien pour obtenir ce qu'il veut

(g) = protrude **the nail was ~ing through the plank** le clou dépassait de la planche

5 COMPOUNDS

◆ **sticking plaster** N sparadrap (m) ◆ **stick insect** N phasme (m) ◆ **stick-in-the-mud*** ADJ, N encroûté(e) (m(f)) ◆ **stick-on** ADJ adhésif ◆ **stick shift** N (*US*) levier (m) de vitesses ◆ **stick-up*** N braquage (m)

6 PHRASAL VERBS

▶ **stick around*** VI rester dans les parages ; (= *be kept waiting*) poireauter*

▶ **stick in** VT SEP (a) [+ *needle, pin, fork*] piquer ; (*forcefully*) planter ; [+ *knife*] enfoncer ; [+ *photo in album*] coller ; **he stuck in a few quotations*** il a collé* quelques citations par-ci par-là (b) **to get stuck in*** s'y mettre sérieusement

▶ **stick out 1** VI (= *protrude*) dépasser ; [*balcony*] faire saillie ; **his ears ~ out** il a les oreilles décollées ; **his teeth ~ out** il a les dents en avant ; **to ~ out beyond sth** dépasser qch ; **it ~s out a mile** ça crève les yeux **2** VT SEP (a) [+ *one's arm, head*] sortir ; **to ~ one's tongue out** tirer la langue (b) (= *tolerate*)* **to ~ it out** tenir le coup

▶ **stick together 1** VI (a) [*labels, pages, objects*] être collés ensemble (b) (= *stay together*) rester ensemble ; (= *maintain solidarity*) se serrer les coudes **2** VT SEP coller (ensemble)

▶ **stick up 1** VI (a) (= *protrude*) dépasser

(b) ◆ **to stick up for***: **to ~ up for sb** prendre la défense de qn ; **to ~ up for o.s.** défendre ses intérêts ; **to ~ up for one's rights** défendre ses droits

2 VT SEP (a) [+ *notice*] afficher

(b) **to ~ up one's hand** lever la main ; **~ 'em up!*** haut les mains !

stickball /'stɪkbɔ:l/ N (*US*) *sorte de base-ball*

sticker /'stɪkəʳ/ N autocollant (m) ♦ **sticker price** N (US: in car sales) prix (m) clés en mains

stickleback /'stɪklbæk/ N épinoche (f)

stickler /'stɪklə/ N **to be a ~ for** [+ discipline] être à cheval sur; [+ grammar, spelling] être rigoriste en matière de; **to be a ~ for detail** être tatillon

stickpin /'stɪkpɪn/ N (US) épingle (f) de cravate

sticky /'stɪkɪ/ 1 ADJ (a) (Brit = gummed) adhésif (b) [substance, object, fingers] collant; [surface] gluant (c) (= sweaty) moite; [weather, day] chaud et humide; **it was hot and ~** l'atmosphère était moite (d) (= difficult)* difficile; **to go through a ~ patch** être dans le pétrin* (e) (Brit = violent) **to come to a ~ end*** mal finir 2 COMP ♦ **sticky tape** N (Brit) ruban (m) adhésif

stiff /stɪf/ 1 ADJ (a) (= rigid) [card, paper] rigide; [material] raide; [collar, brush, lock] dur (b) [mixture] ferme; **whisk the egg whites until ~** battre les blancs en neige ferme (c) [person, limb, muscle] raide; (from exercise) courbaturé; [corpse] raide; [finger] engourdi; [movement] difficile; **to have a ~ neck** avoir un torticolis; **to have a ~ back** avoir des courbatures dans le dos; **you'll be ~ tomorrow** vous aurez des courbatures demain; **to keep a ~ upper lip** rester impassible (d) * **to be bored ~** s'ennuyer à mourir; **to bore sb ~** raser* qn; **to be frozen ~** être frigorifié*; **to be scared ~** être mort de trouille*; **worried ~** mort d'inquiétude (e) [penalty, sentence] sévère; [competition, opposition] rude; [challenge] sérieux; [climb] raide (f) (= formal) guindé; [bow] raide (g) [price] élevé; [price rise] fort (h) [whisky] bien tassé; **I could use a ~ drink*** j'ai besoin d'un remontant (i) [breeze] fort

2 N (= corpse)‡ macchabée* (m)

stiffen /'stɪfn/ (also ~ **up**) 1 VT (a) [+ card, fabric] rigidifier (b) [+ limb] raidir; [+ joint] ankyloser (c) [+ morale, resistance] affermir 2 VI (a) [fabric] devenir raide [+ limb] se raidir; [joint] s'ankyloser; **he ~ed when he heard the noise** il s'est raidi quand il a entendu le bruit (c) [resistance] se durcir

stiffly /'stɪflɪ/ ADV [move] avec raideur; **~ beaten** [egg white] battu en neige ferme; [cream] fouetté en chantilly ferme

stiffness /'stɪfnɪs/ N raideur (f); **the ~ you feel after exercise** les courbatures (fpl) dues à l'exercice physique

stifle /'staɪfl/ VT étouffer; **to ~ a yawn** réprimer un bâillement

stifling /'staɪflɪŋ/ ADJ étouffant

stigma /'stɪgmə/ N **the ~ attached to sth** la honte liée à qch

stile /staɪl/ N échalier (m)

stiletto /stɪ'letəʊ/ N (also ~ **heel**) talon (m) aiguille

still /stɪl/ 1 ADV (a) (= up to this time) encore; **I can ~ remember it** je m'en souviens encore; **he ~ hasn't arrived** il n'est encore pas arrivé; **she ~ lives in London** elle vit toujours à Londres; **I ~ don't understand** je ne comprends toujours pas (b) (stating what remains) encore; **I've ~ got three left** il m'en reste encore trois; **there's ~ time** on a encore le temps; **the details have ~ to be worked out** il reste encore à régler les détails; **there are many questions ~ to be answered** il reste encore beaucoup de questions sans réponse (c) (= nonetheless) tout de même; **I didn't win; ~, it's been good experience** je n'ai pas gagné, mais ça a tout de même été une bonne expérience (d) (= however) **I've got to find the money; ~, that's my problem** il faut que je trouve l'argent, mais ça, c'est mon problème (e) (= even) encore; **he was ~ more determined after the debate** il était encore plus résolu après le débat; **living standards have fallen ~ further** les niveaux de vie sont tombés encore plus bas

(f) (= yet) encore; **there is ~ another reason** il y a encore une autre raison

2 ADJ (a) (= motionless) immobile (b) (= calm) calme; **the ~ waters of the lake** les eaux calmes du lac (c) (Brit = not fizzy) [orange] non gazeux; [water] plat

3 ADV **hold ~!** ne bouge pas!; **to keep ~** ne pas bouger; **time stood ~** le temps s'est arrêté; **her heart stood ~** son cœur a cessé de battre

4 N (a) (= picture) photo (f) de film (b) (= apparatus) alambic (m)

5 COMP ♦ **still life** N (pl still lifes) nature (f) morte

stillborn /'stɪlbɔːn/ ADJ mort-né (mort-née (f))

stilted /'stɪltɪd/ ADJ guindé

stilts /stɪlts/ NPL échasses (fpl)

stimulant /'stɪmjʊlənt/ ADJ, N stimulant (m)

stimulate /'stɪmjʊleɪt/ VT stimuler; **to ~ sb to sth/to do sth** inciter qn à qch/à faire qch

stimulating /'stɪmjʊleɪtɪŋ/ ADJ stimulant

stimulation /ˌstɪmjʊ'leɪʃən/ N stimulation (f)

stimulus /'stɪmjʊləs/ N (pl stimuli /'stɪmjʊlaɪ/) stimulant (m); **to be a ~ to** (= encouragement) [+ efforts, imagination] stimuler

sting /stɪŋ/ (vb: pret, ptp stung) 1 N (a) (by bee, wasp, nettle) piqûre (f); **the ~ of salt water in the cut** la brûlure de l'eau salée sur la plaie (b) (in bee, wasp) dard (m); **but there's a ~ in the tail** mais il y a une mauvaise surprise à la fin; **to take the ~ out of** [+ words] adoucir; [+ situation] désamorcer (c) (US = confidence trick)‡ arnaque* (f)

2 VT [insect, nettle, antiseptic] piquer; [remark] piquer au vif

3 VI [insect, nettle, antiseptic, eyes] piquer; [remark] être cuisant; [cut] brûler; **the smoke made his eyes ~** la fumée lui picotait les yeux

stinging nettle /'stɪŋɪŋnetl/ N ortie (f)

stingy /'stɪndʒɪ/ ADJ radin*; [amount] misérable

stink /stɪŋk/ (vb: pret stank, ptp stunk) 1 N puanteur (f); **what a ~!** ce que ça pue!; **to kick up a ~ (about sth)*** faire un esclandre (à propos de qch) 2 VI (a) empester; **it ~s of fish** cela empeste le poisson (b) (= be very bad)‡ [person, thing] être dégueulasse‡; **the whole business ~s** c'est une sale affaire

stinker‡ /'stɪŋkə/ N (pej = person) salaud‡ (m), salope‡ (f)

stinking /'stɪŋkɪŋ/ 1 ADJ (a) (= smelly) puant (b) (= horrible)* sale* (before n) (c) (Brit = bad) **a ~ cold*** un rhume carabiné* 2 ADV **~ rich*** bourré de fric*

stint /stɪnt/ 1 N **he's finished his ~ in Singapore** son séjour à Singapour est terminé; **a sixth-month ~ in a company** (as trainee) un stage de six mois dans une entreprise 2 VT **to ~ o.s.** se priver; **he didn't ~ himself** il ne s'est privé de rien 3 VI **to ~ on** [+ food, luxuries] lésiner sur; [+ compliments] être chiche de

stipulate /'stɪpjʊleɪt/ VT stipuler

stipulation /ˌstɪpjʊ'leɪʃən/ N stipulation (f); **on the ~ that ...** à la condition expresse que ... (+ fut or subj)

stir /stɜːʳ/ 1 N (a) **to give sth a ~** remuer qch (b) **to cause a ~** faire sensation

2 VT (a) [+ tea, soup, mixture] remuer; **she ~red milk into the mixture** elle a ajouté du lait au mélange en remuant (b) (= move) remuer; (quickly) agiter; **to ~ o.s.** se secouer (c) [+ imagination] stimuler; [+ person] émouvoir; **to ~ sb to do sth** inciter qn à faire qch

3 VI (a) bouger; **to ~ in one's sleep** bouger en dormant; **nobody is ~ring yet** personne n'est encore levé; **the curtains ~red in the breeze** la brise a agité les rideaux (b) (= try to cause trouble)* essayer de mettre la pagaille*

4 COMP ♦ **stir-fry** VT faire sauter (en remuant) ♦ ADJ [vegetables] sauté ♦ N (= dish) légumes (et viande) sautés

► **stir up** VT SEP [+ *memories, the past*] réveiller; [+ *hatred*] attiser; [+ *trouble*] provoquer; [+ *person*] secouer

stirring /'stɜːrɪŋ/ 1 ADJ [*speech*] vibrant; [*tale*] passionnant; [*performance*] enthousiasmant 2 N [*of discontent*] frémissement (m); [*of love*] frisson (m); **a ~ of interest** un début d'intérêt

stirrup /'stɪrəp/ N étrier (m)

stitch /stɪtʃ/ 1 N (*Sewing*) point (m); (*Knitting*) maille (f); (*surgical*) point (m) de suture; (= *sharp pain*) point (m) de côté; **to drop a ~** sauter une maille; **he had ten ~es** on lui a fait dix points de suture; **to get one's ~es out** se faire retirer ses fils (de suture); **to be in ~es*** se tordre de rire; **her stories had us in ~es*** ses histoires nous ont fait rire aux larmes 2 VT [+ *seam, hem*] coudre; [+ *wound*] suturer 3 COMP ♦ **stitch-up:** N (*Brit*) coup (m) monté

► **stitch up** VT SEP ⓐ [+ *agreement*]* (réussir à) conclure ⓑ (= *frame*)**:** monter un coup contre; **I was ~ed up** j'ai été victime d'un coup monté

stoat /stəʊt/ N hermine (f)

stock /stɒk/ 1 N ⓐ (= *supply*) réserve (f); **in ~** en stock; **out of ~** épuisé; **the shop has a large ~** le magasin est bien approvisionné; **to lay in a ~ of** s'approvisionner en; **to take ~ of** [+ *situation, prospects*] faire le point de; [+ *person*] jauger ⓑ (*also* **livestock**) bétail (m) ⓒ [*of company*] valeurs (fpl); (= *shares*) actions (fpl); **~s and shares** titres (mpl) ⓓ (= *descent*) origine (f) ⓔ (*for soup*) bouillon (m); **chicken ~** bouillon (m) de poulet

2 ADJ [*argument, joke, excuse, response*] classique; **~ phrase** cliché (m)

3 VT ⓐ [+ *shop*] approvisionner (**with** en); [+ *larder*] remplir (**with** de); [+ *river*] peupler (**with** de), empoissonner; **well-~ed** [*shop*] bien approvisionné; [*library*] bien pourvu ⓑ (= *have in stock*) avoir, vendre

4 COMP ♦ **stock car** N stock-car (m;) ♦ **stock control** N gestion (f) des stocks ♦ **stock cube** N bouillon (m) Kub® ♦ **stock exchange** N Bourse (f); **on the ~ exchange** à la Bourse ♦ **stock-in-trade** N [*of comedian, writer*] fonds (m) de commerce ♦ **stock management** N gestion (f) des stocks ♦ **stock market** N Bourse (f), marché (m) financier ♦ **stock-still** ADJ **to stand ~-still** rester planté comme un piquet (*in fear*) rester cloué sur place

► **stock up** 1 VI s'approvisionner (**with, on** en, de, **for** pour) 2 VT SEP [+ *shop*] approvisionner; [+ *freezer*] remplir

stockade /stɒ'keɪd/ N palissade (f)

stockbroker /'stɒkbrəʊkə'/ N agent (m) de change

stockholder /'stɒkhəʊldə'/ N (*US*) actionnaire (mf)

Stockholm /'stɒkhəʊm/ N Stockholm

stocking /'stɒkɪŋ/ N bas (m); **in one's ~ feet** en chaussettes ♦ **stocking-filler** N petit cadeau (m) de Noël

stockist /'stɒkɪst/ N revendeur (m)

stockpile /'stɒkpaɪl/ 1 VT [+ *food*] stocker; [+ *weapons*] amasser 2 N stock (m)

stockroom /'stɒkrʊm/ N réserve (f)

stocktaking /'stɒkteɪkɪŋ/ N (*Brit*) inventaire (m); **to do ~** faire l'inventaire

stocky /'stɒkɪ/ ADJ [*man*] trapu; **his ~ build** sa forte carrure

stodgy /'stɒdʒɪ/ ADJ ⓐ [*food*] bourratif ⓑ [*person*]* rasant*; [*book*]* indigeste

stogie, stogy /'stəʊgɪ/ N (*US*) cigare (m)

stoic /'stəʊɪk/ ADJ [*person, acceptance*] stoïque; **to be ~ about sth** accepter qch stoïquement

stoke /stəʊk/ VT (*also* **~ up**) [+ *fire*] entretenir; [+ *furnace*] alimenter

stole /stəʊl/ 1 N (= *shawl*) étole (f) 2 VB *pt of* **steal**

stolen /'stəʊlən/ VB *ptp of* **steal**

stolid /'stɒlɪd/ ADJ impassible

stomach /'stʌmək/ 1 N estomac (m); (= *belly*) ventre (m); **he was lying on his ~** il était allongé sur le ventre; **to have**

a pain in one's ~ avoir mal au ventre 2 VT [+ *behaviour*] supporter; **he couldn't ~ this** il n'a pas pu supporter ça 3 COMP ♦ **stomach ache** N **I have (a) ~ ache** j'ai mal au ventre ♦ **stomach ulcer** N ulcère (m) à l'estomac

stomp /stɒmp/ VI **to ~ in/out** entrer/sortir d'un pas lourd

stone /stəʊn/ 1 N ⓐ pierre (f); (= *pebble*) caillou (m); (*on beach*) galet (m); **(made) of ~** de *or* en pierre; **within a ~'s throw (of)** à deux pas (de); **to leave no ~ unturned** remuer ciel et terre (**to do sth** pour faire qch); **it isn't set in ~** cela n'a rien d'immuable ⓑ (*Brit: in fruit*) noyau (m) ⓒ (*in kidney*) calcul (m); **to have a ~ removed from one's kidney** se faire enlever un calcul rénal ⓓ (*Brit = weight*) = 14 *livres*, = 6,348 *kg*; **I weigh six ~** je pèse 38 kg → IMPERIAL SYSTEM

2 VT ⓐ (= *throw stones at*) lancer des pierres sur ⓑ [+ *olive*] dénoyauter

3 ADJ [*building, wall*] en pierre

4 COMP ♦ **the Stone Age** N l'âge (m) de pierre ♦ **stone-broke*** ADJ (*US*) fauché comme les blés* ♦ **stone circle** N (*Brit*) cromlech (m) ♦ **stone-cold** ADJ complètement froid; **~-cold sober*** parfaitement sobre ♦ **stone-ground** ADJ [*flour, wheat*] meulé à la pierre

stoned: /stəʊnd/ ADJ défoncé*; (**on sth** à qch); **to get ~** se défoncer**:**

stonemason /'stəʊnmeɪsən/ N tailleur (m) de pierre(s)

stonewall /'stəʊnwɔːl/ VI donner des réponses évasives

stonework /'stəʊnwɜːk/ N maçonnerie (f)

stony /'stəʊnɪ/ 1 ADJ ⓐ [*soil, path*] pierreux; [*beach*] de galets ⓑ [*look, expression*] dur; [*face*] de marbre; [*silence*] glacial 2 COMP ♦ **stony-broke*** ADJ (*Brit*) fauché comme les blés* ♦ **stony-faced** ADJ au visage impassible

stood /stʊd/ VB *pt, ptp of* **stand**

stooge /stuːdʒ/ N laquais (m)

stool /stuːl/ 1 N tabouret (m); **to fall between two ~s** se retrouver le bec dans l'eau* 2 NPL **stools** (= *faeces*) selles (fpl)

stoop /stuːp/ 1 N (*US*) porche (m) 2 VI ⓐ (= *have a stoop*) avoir le dos voûté ⓑ (= *bend over*) se pencher; (*fig*) s'abaisser (**to sth** jusqu'à qch, **to do sth, to doing sth** jusqu'à faire qch)

stop /stɒp/ 1 N ⓐ (= *halt*) arrêt (m); **to come to a ~** [*traffic, vehicle*] s'arrêter; [*work, progress, production*] cesser; **to bring to a ~** arrêter; **to make a ~** [*bus, train*] s'arrêter; [*plane, ship*] faire escale; **to put a ~ to sth** mettre fin à qch; **I'll put a ~ to all that!** je vais mettre un terme à tout ça! ⓑ (= *stopping place*) [*of bus, train*] arrêt (m); [*of plane, ship*] escale (f) ⓒ [*of organ*] jeu (m); **to pull out all the ~s** faire un suprême effort (**to do sth** pour faire qch)

2 VT ⓐ (= *block*) boucher ⓑ (= *halt*) arrêter; [+ *light*] empêcher de passer; [+ *pain, worry, enjoyment*] mettre fin à; **he ~ped the show** (= *was a success*) il a fait un tabac*; **to ~ sb short** arrêter qn net; (= *interrupt*) interrompre qn; **to ~ sb in his tracks** arrêter qn net; (*fig*) couper qn dans son élan; **to ~ sth in its tracks** (*fig*) interrompre qch ⓒ (= *cease*) arrêter (**doing sth** de faire qch); **~ it!** ça suffit!; **~ that noise!** assez de bruit!; **to ~ work** cesser le travail ⓓ (= *interrupt*) [+ *activity*] interrompre; (= *suspend*) suspendre; [+ *allowance, leave, privileges*] supprimer; [+ *wages*] retenir; [+ *gas, electricity, water supply*] couper; **rain ~ped play** la pluie a interrompu la partie; **they ~ped £15 out of his wages** ils ont retenu 15 livres sur son salaire; **to ~ one's subscription** résilier son abonnement; **to ~ a cheque** faire opposition à un chèque; **to ~ payment** [*bank*] suspendre ses paiements; **he ~ped the milk for a week** il a annulé la livraison du lait pendant une semaine ⓔ (= *prevent*) empêcher (**sb doing sth** qn de faire qch, **sth happening** que qch n'arrive (*subj*)); **there's nothing to ~ you** rien ne vous en empêche; **he ~ped the house being sold** il a empêché que la maison (ne) soit vendue

3 VI ⓐ [*person, vehicle, machine, sb's heart*] s'arrêter; **~ thief!** au voleur!; **he ~ped dead in his tracks** il s'est arrêté net; **~ and think** réfléchissez bien; **he never knows where to ~** il ne sait pas s'arrêter; **he will ~ at nothing** il est prêt à tout (**to do sth** pour faire qch); **"no stopping"** « arrêt interdit » ⓑ [*production, music, pain, conversation, fighting*] cesser; [*play, programme*] se terminer ⓒ (= *remain*)* rester; (= *live temporarily*)* loger; **~ where you are!** restez où vous êtes!; **I'm ~ping with my aunt** je loge chez ma tante

4 COMP [*button, lever, signal*] d'arrêt ◆ **stop-off** N courte halte (f) ◆ **stop-press** N (*Brit* = *news*) nouvelles (fpl) de dernière minute; **"~-press"** « dernière minute » ◆ **stop sign** N stop (m)

▶ **stop by*** VI s'arrêter en passant
▶ **stop in*** VI rester à la maison
▶ **stop off** VI s'arrêter
▶ **stop out*** VI rester dehors; **he always ~s out late on Fridays** il rentre toujours tard le vendredi
▶ **stop over** VI s'arrêter
▶ **stop up 1** VI (*Brit**) ne pas se coucher; **don't ~ up for me** ne m'attendez pas pour aller vous coucher **2** VT SEP [+ *hole, pipe, bottle*] boucher; **my nose is ~ped up** j'ai le nez bouché

stopgap /'stɒpɡæp/ **1** N bouche-trou (m) **2** ADJ [*measure, solution*] provisoire

stoplight /'stɒplaɪt/ N (*US*) (= *traffic light*) feu (m) rouge; (= *brake light*) feu (m) de stop

stopover /'stɒpəʊvəʳ/ N halte (f)

stoppage /'stɒpɪdʒ/ N ⓐ (*in traffic, work*) arrêt (m); (= *strike*) arrêt (m) de travail; [*of wages, payment*] suspension (f); (= *amount deducted*) retenue (f) ⓑ (= *blockage*) obstruction (f)

stopper /'stɒpəʳ/ N bouchon (m); **to take the ~ out of a bottle** déboucher une bouteille; **to put the ~ into a bottle** boucher une bouteille; **to put a ~ on sth*** mettre un terme à qch

stopwatch /'stɒpwɒtʃ/ N chronomètre (m)

storage /'stɔːrɪdʒ/ N stockage (m); [*of heat, electricity*] accumulation (f); **to put in ~** [+ *furniture*] mettre au garde-meuble ◆ **storage heater** N radiateur (m) électrique à accumulation ◆ **storage space** N espace (m) de rangement ◆ **storage unit** N (= *furniture*) meuble (m) de rangement

store /stɔːʳ/ **1** N ⓐ (= *supply, stock*) provision (f); [*of learning, information*] fonds (m); **to get in a ~ of sth** faire provision de qch; **to set great ~/little ~ by sth** faire grand cas/peu de cas de qch

◆ **in store**: **I've got a surprise in ~ for you** je vous réserve une surprise; **what does the future have in ~ for him?** que lui réserve l'avenir?

◆ **stores** (= *supplies*) provisions (fpl); **to lay in ~s** s'approvisionner ⓑ (*Brit* = *depot, warehouse*) entrepôt (m); (*in office, factory: also* **~s**) réserve (f) ⓒ (= *shop*) magasin (m)

2 VT ⓐ (= *keep in reserve*) [+ *food, fuel, goods*] stocker; [+ *electricity, heat*] accumuler; [+ *facts, information*] enregistrer ⓑ (= *place in store*) [+ *food, fuel, goods, computer data*] stocker; [+ *furniture*] mettre au garde-meuble; [+ *crops*] engranger; **he ~d the information away** (*in filing system*) il a archivé les renseignements; (*in his mind*) il a noté les renseignements; **I've got the camping things ~d away till we need them** j'ai rangé les affaires de camping en attendant que nous en ayions besoin; **where do you ~ your wine?** où entreposez-vous votre vin?

3 COMP (*US: also* **~-bought**) [*clothes*] de confection; [*cake*] du commerce ◆ **store card** N carte (f) privative ◆ **store detective** N vigile (m) en civil (*dans un grand magasin*)

▶ **store away** VT SEP → **store**
▶ **store up** VT SEP → **store**

storefront /'stɔːfrʌnt/ N (*US*) devanture (f)

storehouse /'stɔːhaʊs/ N entrepôt (m); [*of information*] mine (f)

storekeeper /'stɔːˌkiːpəʳ/ N (= *shopkeeper*) commerçant(e) (m(f))

storeroom /'stɔːrʊm/ N réserve (f)

storey /'stɔːrɪ/ N étage (m); **on the 3rd ~** au troisième étage; **a four-~ building** un bâtiment de quatre étages

stork /stɔːk/ N cigogne (f)

storm /stɔːm/ **1** N ⓐ tempête (f); (= *thunderstorm*) orage (m); **it was a ~ in a teacup** (*Brit*) c'était une tempête dans un verre d'eau

ⓑ [*of arrows, missiles*] pluie (f); [*of insults, abuse*] torrent (m); [*of protests, indignation*] tempête (f); **there was a political ~** les passions politiques se sont déchaînées; **his speech caused quite a ~** son discours a provoqué un ouragan

ⓒ **to take by ~** prendre d'assaut; **the play took London by ~** la pièce a obtenu un succès foudroyant à Londres

2 VT prendre d'assaut

3 VI [*angry person*] fulminer; **to ~ at sb** fulminer contre qn; **he ~ed in/out** il est entré/sorti, furieux

4 COMP [*signal, warning*] de tempête ◆ **storm cloud** N nuage (m) d'orage; **the ~ clouds are gathering** (*fig*) l'avenir est sombre ◆ **storm damage** N dégâts (mpl) causés par la tempête ◆ **storm door** N porte (f) extérieure

stormproof /'stɔːmpruːf/ ADJ à l'épreuve des tempêtes

stormy /'stɔːmɪ/ ADJ ⓐ [*weather, night, skies*] orageux; [*seas*] démonté ⓑ [*meeting, relationship*] orageux; [*period*] tumultueux; [*temperament*] emporté

story /'stɔːrɪ/ **1** N ⓐ (= *account*) histoire (f); **but that's only part of the ~** mais ce n'est pas tout; **you're not telling me the whole ~** tu ne me dis pas tout; **according to your ~** d'après ce que vous dites; **I've heard his ~** j'ai entendu sa version des faits; **but that's a different ~** mais c'est une autre histoire; **it's the same old ~** c'est toujours la même histoire; **that's the ~ of my life!** ça m'arrive tout le temps!; **or so the ~ goes** ou du moins c'est ce que l'on raconte

ⓑ (= *article in press*) article (m); **he was sent to cover the ~ of the refugees** on l'a envoyé faire un reportage sur les réfugiés

ⓒ (*US*) étage (m); **on the 3rd ~** au troisième étage; **a four-story building** un bâtiment de quatre étages

2 COMP ◆ **story line** N [*of film*] scénario (m); [*of book, play*] intrigue (f) ◆ **story-writer** N nouvelliste (mf)

storybook /'stɔːrɪbʊk/ **1** N livre (m) d'histoires **2** ADJ [*love affair*] romanesque; **a meeting with a ~ ending** une rencontre qui se termine comme dans les romans

storyteller /'stɔːrɪteləʳ/ N conteur (m), -euse (f); (= *fibber*)* menteur (m), -euse (f)

stout /staʊt/ **1** ADJ ⓐ (= *fat*) corpulent; **to get ~** prendre de l'embonpoint ⓑ (= *sturdy*) solide ⓒ [*resistance, opposition*] acharné **2** N (= *beer*) bière (f) brune **3** COMP ◆ **stout-hearted** ADJ vaillant

stove /staʊv/ N ⓐ (= *heater*) poêle (m) ⓑ (= *cooker*) (*solid fuel*) fourneau (m); (*gas, electric*) cuisinière (f); (*small*) réchaud (m)

stow /staʊ/ VT ranger; [+ *cargo*] arrimer

▶ **stow away** VI s'embarquer clandestinement; **he ~ed away to Australia** il s'est embarqué clandestinement pour l'Australie

stowaway /'staʊəweɪ/ N passager (m) clandestin, passagère (f) clandestine

straddle /'strædl/ VT ⓐ [+ *horse, cycle*] enfourcher; [+ *chair*] se mettre à califourchon sur ⓑ [+ *two periods, two cultures*] être à cheval sur

straggle /'stræɡl/ VI ⓐ [*plants*] pousser tout en longueur ⓑ **to ~ in/out** [*people, cars, planes*] entrer/sortir petit à petit

▶ **straggle away, straggle off** VI se disperser

straggler /'stræɡləʳ/ N traînard(e) (m(f))

straggling /'stræɡlɪŋ/, **straggly** /'stræɡlɪ/ ADJ [*plant*] tout en longueur; **long ~ hair** de longs cheveux mal peignés

straight /streɪt/ 1 ADJ (a) (= not curved) droit; [chair] à dossier droit; [hair] raide; **to walk in a ~ line** marcher en ligne droite; **to keep one's back ~** se tenir droit
(b) (= frank) [answer, question] franc (franche (f)); **it's time for some ~ talking** soyons francs
(c) (= unambiguous) clair; **have you got that ~?** est-ce bien clair?; **let's get this ~** entendons-nous bien sur ce point; **to get things ~ in one's mind** mettre les choses au clair dans son esprit; **to put sth ~** mettre qch au clair; **to set sb ~ (about sth)** éclairer qn (sur qch)
(d) (= tidy) **to put sth ~** mettre de l'ordre dans qch
(e) (= simple) **it was a ~ choice between A and B** il n'y avait que deux solutions, A ou B; **her latest novel is ~ autobiography** son dernier roman est de l'autobiographie pure; **to get ~ As** (US) obtenir les meilleures notes; **a ~ A student** (US) un étudiant qui obtient les meilleures notes partout
(f) (= consecutive) [victories, defeats, games, months] consécutif; **for five ~ days** pendant cinq jours consécutifs; **in ~ sets** (Tennis) en deux/trois sets (pour les matchs en trois/cinq sets)
(g) (= not owed or owing money)* quitte; **if I give you £5, then we'll be ~** si je te donne 5 livres, nous serons quittes
(h) [whisky, vodka] sec (sèche (f))
(i) (= unsmiling) **to keep a ~ face** garder son sérieux; **to say sth with a ~ face** dire qch sans sourire
(j) [person]* (= conventional) conventionnel; (= heterosexual) hétéro*; (= not criminal) honnête; **I've been ~ for three years** (= not on drugs) ça fait trois ans que je n'ai pas pris de drogue

2 N (a) **the ~** [of racecourse, athletics track] la ligne droite
(b) **to keep to the ~ and narrow** rester dans le droit chemin; **to keep sb on the ~ and narrow** faire suivre le droit chemin à qn
(c) (= heterosexual)* hétéro (mf)

3 ADV (a) (= in a straight line) [walk, stand, grow] droit; [shoot] juste; **to go ~ ahead** aller tout droit; **~ across from the house** juste en face de la maison; **~ above us** juste au-dessus de nous; **he came ~ at me** il s'est dirigé droit sur moi; **to look ~ at sb** regarder qn droit dans les yeux; **he looked ~ ahead** il a regardé droit devant lui; **to look sb ~ in the face/the eye** regarder qn bien en face/droit dans les yeux; **to sit ~** s'asseoir bien droit; **to sit up ~** se redresser; **to stand up ~** se redresser; **the bullet went ~ through his chest** la balle lui a traversé la poitrine de part en part; **to go ~ towards sb/sth** se diriger droit vers qn/qch; **the cork shot ~ up in the air** le bouchon est parti droit en l'air; **she ran ~ across without looking** elle a traversé en courant sans regarder
(b) (= level) **to hang ~** [picture] être bien droit
(c) (= directly) **~ after this** tout de suite après; **to come ~ back** (= without detour) revenir directement; (= immediately) revenir tout de suite; **~ from the horse's mouth** de source sûre; **to go ~ home** rentrer directement chez soi; **he went ~ to London** (= without detour) il est allé directement à Londres; (= immediately) il s'est immédiatement rendu à Londres; **to go ~ to bed** aller directement se coucher; **I may as well come ~ to the point** autant que j'en vienne droit au fait
(d) (= frankly)* **give it to me ~** dis-le-moi carrément
(e) (= neat) **to drink one's whisky ~** boire son whisky sec
(f) (= clearly) **he couldn't think ~** il n'avait plus les idées claires; **I couldn't see ~** je n'y voyais plus clair
(g) **to go ~*** (= reform) revenir dans le droit chemin
(h) (= consecutively) **for five days ~** pendant cinq jours d'affilée
(i) (set structures)

♦ **straight away** tout de suite
♦ **straight off** (= immediately) tout de suite; (= without hesitation) sans hésiter; (= without beating about the bush) sans ambages
♦ **straight on** tout droit
♦ **straight out** (= without hesitation) sans hésiter; (= frankly) franchement

4 COMP ♦ **straight-faced** ADV d'un air impassible ♦ ADJ impassible ♦ **straight-laced** ADJ collet monté (inv)

straighten /'streɪtn/ 1 VT [+ wire, nail] redresser; [+ hair] défriser; [+ road] rectifier; [+ tie, hat] ajuster; [+ picture] redresser; [+ room, papers] mettre de l'ordre dans; **to ~ one's shoulders** se redresser 2 VI [road] devenir droit; [growing plant] pousser droit; [person] se redresser
► **straighten out** VT SEP [+ wire, nail] redresser; [+ road] rectifier; [+ situation] débrouiller; [+ problem] résoudre; [+ one's ideas] mettre de l'ordre dans; **he managed to ~ things out*** il a réussi à arranger les choses; **to ~ sb out‡** remettre qn dans la bonne voie; **I'll soon ~ him out!‡** je vais lui apprendre!
► **straighten up** 1 VI (= tidy up) ranger 2 VT SEP [+ room, papers] mettre de l'ordre dans

straightforward /,streɪt'fɔːwəd/ ADJ (= frank) franc (franche (f)); (= simple) simple; **it's very ~** c'est très simple

straightjacket /'streɪtdʒækɪt/ N camisole (f) de force

strain /streɪn/ 1 N (a) **the ~ on the rope** la tension de la corde; **it broke under the ~** cela s'est rompu sous la tension; **that puts a great ~ on the beam** cela exerce de fortes sollicitations sur la poutre; **to take the ~ off sth** diminuer la pression sur qch; **it put a great ~ on their friendship** cela a mis leur amitié à rude épreuve; **it was a ~ on the economy/their resources/his purse** cela grevait l'économie/leurs ressources/son budget; **to stand the ~** [rope, beam] supporter les sollicitations; [person] tenir le coup*
(b) (physical) effort (m) (physique); (= overwork) surmenage (m); (= tiredness) fatigue (f); **the ~ of city life** le stress de la vie urbaine; **listening for three hours is a ~** écouter pendant trois heures demande un grand effort; **the ~ of climbing the stairs** l'effort requis pour monter l'escalier; **the situation put a great ~ on him** la situation l'a beaucoup fatigué nerveusement
(c) (= sprain) foulure (f); **muscle ~** muscle (m) froissé
(d) (= breed) race (f); [of virus] souche (f)

2 VT (a) [+ rope, beam] tendre fortement; [+ muscle] froisser; [+ ankle] fouler; [+ friendship, marriage] mettre à rude épreuve; [+ resources, the economy] peser lourdement sur; **to ~ one's back** se faire un tour de reins; **to ~ one's heart** se fatiguer le cœur; **to ~ one's shoulder** se froisser un muscle dans l'épaule; **to ~ one's eyes** s'abîmer les yeux; **he ~ed his eyes to make out what it was** il a plissé les yeux pour voir ce que c'était; **to ~ one's ears to hear sth** tendre l'oreille pour entendre qch; **to ~ every nerve to do sth** fournir un effort intense pour faire qch; **to ~ o.s.** (= damage muscle) se froisser un muscle; (= overtire o.s.) se surmener; **don't ~ yourself!** (iro) surtout ne te fatigue pas!
(b) (in cooking) [+ liquid] passer; [+ vegetables] égoutter

3 VI **to ~ to do sth** (physically) fournir un gros effort pour faire qch; (mentally) s'efforcer de faire qch; **to ~ at sth** (pushing/pulling) pousser/tirer qch de toutes ses forces; **to ~ at the leash** [dog] tirer sur sa laisse; **to ~ under a weight** ployer sous un poids
► **strain off** VT SEP [+ liquid] vider

strained /streɪnd/ ADJ (a) (= tense) [voice, relations, atmosphere, silence] tendu (b) (= unnatural) [smile, laugh, politeness] forcé; [manner] emprunté; [style] affecté (c) [muscle] froissé; [ankle] foulé; **he has a ~ shoulder/back** il s'est froissé un muscle dans l'épaule/le dos (d) [baby food] en purée; [vegetables] égoutté; [liquid, soup, gravy] passé

strainer /'streɪnəʳ/ N passoire (f)

strait /streɪt/ 1 N (a) (Geog) détroit (m); **the Strait of Gibraltar** le détroit de Gibraltar; **the Straits of Dover** le Pas de Calais; **the Strait of Hormuz** le détroit d'Ormuz
(b) **straits** situation (f) difficile; **to be in financial ~s** avoir des ennuis d'argent 2 COMP ♦ **strait-laced** ADJ collet monté (inv)

straitjacket /'streɪtdʒækɪt/ N camisole (f) de force

strand /strænd/ 1 VT **the ship was ~ed** le bateau était échoué; **to leave sb ~ed** laisser qn en rade* 2 N [of thread, wire] brin (m); [of rope] toron (m); [of fibrous substance] fibre (f); [of pearls] rang (m); (in narrative) fil (m) de l'histoire; **a ~ of hair** une mèche

strange /streɪndʒ/ ADJ ⓐ (= *peculiar*) étrange ; **there's something ~ about him** il a quelque chose de bizarre ; **the ~ thing is that ...** ce qu'il y a d'étrange, c'est que ... ; **it feels ~** ça fait bizarre ; **~ as it may seem ...** aussi étrange que cela puisse paraître ... ; **~ to say I have never met her** bizarrement, je ne l'ai jamais rencontrée
ⓑ (= *unfamiliar*) [*country, city, house, language*] inconnu (**to sb** à qn) ; **a ~ man** un inconnu ; **never get in a ~ car** ne monte jamais dans la voiture d'un inconnu
ⓒ (= *unaccustomed*) [*work, activity*] inhabituel ; **you'll feel rather ~ at first** vous vous sentirez un peu dépaysé pour commencer
ⓓ (= *unwell*) **to feel ~** [*person*] ne pas se sentir bien

strangely /ˈstreɪndʒlɪ/ ADV [*act, behave*] de façon étrange ; [*familiar, quiet*] étrangement ; **~ enough, I have never met her** bizarrement, je ne l'ai jamais rencontrée

stranger /ˈstreɪndʒəʳ/ N (*unknown*) inconnu(e) *(m(f))* ; (*from another place*) étranger *(m)*, -ère *(f)* ; **he is a perfect ~ to me** il m'est totalement inconnu ; **I'm a ~ here** je ne suis pas d'ici ; **I am a ~ to Paris** je ne connais pas Paris ; **he's no ~ to politics** la politique est un domaine qui ne lui est pas étranger ; **hello, ~!** tiens, un revenant !*

strangle /ˈstræŋgl/ VT étrangler ; [+ *protests*] étouffer ; **strangled** [*voice, cry, laugh*] étranglé

stranglehold /ˈstræŋglhəʊld/ N **to have a ~ on sb** tenir qn à la gorge ; **a ~ on the market** une mainmise sur le marché

strap /stræp/ 1 N (*of leather*) (*thin*) lanière *(f)* ; (*broader*) sangle *(f)* ; (*of cloth*) bande *(f)* ; (*on shoe*) lanière *(f)* ; (*on harness*) courroie *(f)* ; (*on suitcase*) sangle *(f)* ; (*on garment*) bretelle *(f)* ; (*on shoulder bag, camera*) bandoulière *(f)* ; (= *watch strap*) bracelet *(m)* 2 VT (= *tie*) attacher
► **strap down** VT SEP attacher avec une sangle
► **strap in** VT SEP attacher ; **he isn't properly ~ped in** il est mal attaché
► **strap on** VT SEP [+ *object*] attacher ; [+ *watch*] mettre

strapless /ˈstræplɪs/ ADJ [*dress, bra*] sans bretelles

strapped* /stræpt/ ADJ **to be ~ for cash** être à court d'argent

strapping /ˈstræpɪŋ/ ADJ solidement bâti

strappy* /ˈstræpɪ/ ADJ [*dress*] à bretelles ; [*sandals*] à lanières

Strasbourg /ˈstræzbɜ:g/ N Strasbourg

strata /ˈstrɑ:tə/ NPL of **stratum**

stratagem /ˈstrætɪdʒəm/ N stratagème *(m)*

strategic /strəˈti:dʒɪk/ ADJ stratégique

strategical /strəˈti:dʒɪkəl/ ADJ stratégique

strategically /strəˈti:dʒɪkəlɪ/ ADV stratégiquement

strategist /ˈstrætɪdʒɪst/ N stratège *(m)*

strategy /ˈstrætɪdʒɪ/ N stratégie *(f)*

stratosphere /ˈstrætəʊsfɪəʳ/ N stratosphère *(f)*

stratum /ˈstrɑ:təm/ N (*pl* **strata**) strate *(f)* ; **social strata** les couches *(fpl)* sociales

straw /strɔ:/ 1 N paille *(f)* ; **to drink through a ~** boire avec une paille ; **to draw ~s** tirer à la courte paille ; **to draw the short ~** tirer le mauvais numéro ; **man of ~** homme *(m)* de paille ; **to clutch at ~s** se raccrocher désespérément à un semblant d'espoir ; **when he refused, it was the last ~** quand il a refusé, ça a été la goutte d'eau qui a fait déborder le vase ; **that's the last ~!** ça c'est le comble !
2 COMP (= *made of straw*) en paille ♦ **straw-coloured** ADJ paille *(inv)* ♦ **straw poll** N sondage *(m)*

strawberry /ˈstrɔ:bərɪ/ 1 N (= *fruit*) fraise *(f)* ; (= *plant*) fraisier *(m)* ; **wild ~** fraise *(f)* des bois 2 COMP [*jam*] de fraises ; [*ice cream*] à la fraise ; [*tart*] aux fraises ♦ **strawberry blonde** ADJ blond vénitien *(inv)* ♦ **strawberry mark** N (*on skin*) tache *(f)* de vin

stray /streɪ/ 1 N animal *(m)* errant
2 ADJ ⓐ [*dog, cat*] errant ; [*cow, sheep*] égaré
ⓑ (= *loose*) [*bullet*] perdu ; [*hairs*] épars ; **he picked a ~ hair off her shoulder** il a enlevé un cheveu de son épaule ; **a few ~ cars** quelques rares voitures
3 VI [*person, animal*] s'égarer ; [*thoughts*] vagabonder ; **to ~ from** [+ *place, plan, subject*] s'écarter de ; [+ *course, route*] dévier de ; **they ~ed into enemy territory** ils se sont égarés et se sont retrouvés en territoire ennemi ; **his thoughts ~ed to the coming holidays** il s'est mis à penser aux vacances prochaines

streak /stri:k/ 1 N ⓐ (= *band*) raie *(f)* ; [*of ore, mineral*] veine *(f)* ; [*of light*] rai *(m)* ; [*of blood, paint*] filet *(m)* ; **his hair had ~s of grey in it** ses cheveux commençaient à grisonner ; **he had ~s put in his hair** il s'est fait faire des mèches ; **a ~ of lightning** un éclair
ⓑ (= *tendency*) tendance(s) *(f(pl))* ; **he has a jealous ~** il a tendance à être jaloux ; **a lucky ~** une période de chance ; **a ~ of bad luck** une période de malchance ; **to be on a winning ~** (*Sport*) accumuler les victoires ; (*Gambling*) être dans une bonne passe
2 VT strier (**with** de) ; **sky ~ed with red** ciel *(m)* strié de rouge ; **cheeks ~ed with tear-marks** joues sillonnées de larmes ; **clothes ~ed with mud/paint** vêtements maculés de longues traînées de boue/de peinture ; **his hair was ~ed with grey** ses cheveux commençaient à grisonner ; **she's had her hair ~ed** elle s'est fait faire des mèches
3 VI ⓐ (= *rush*) **to ~ in/out/past** entrer/sortir/passer comme un éclair
ⓑ (= *dash naked*)* courir tout nu en public

streaky /ˈstri:kɪ/ ADJ [*pattern*] strié ♦ **streaky bacon** N (*Brit*) bacon *(m)* entrelardé

stream /stri:m/ 1 N ⓐ (= *brook*) ruisseau *(m)*
ⓑ (= *current*) courant *(m)* ; **to go with the ~** suivre le courant ; **to go against the ~** aller à contre-courant
ⓒ (= *flow*) flot *(m)* ; [*of tears*] torrent *(m)* ; **a ~ of cold air** un courant d'air froid ; **a thin ~ of water** un mince filet d'eau ; **the water flowed out in a steady ~** l'eau s'écoulait régulièrement ; **to be/go on ~** être/entrer en service ; **to come on ~** être mis en service
ⓓ (*Brit: in school*) groupe *(m)* de niveau ; **the top/middle/bottom ~** la section forte/moyenne/faible
2 VI ⓐ [*water, tears, oil, milk, blood*] ruisseler ; **to ~ with blood/tears** ruisseler de sang/de larmes ; **the fumes made his eyes ~** les émanations l'ont fait pleurer ; **cold air/sunlight ~ed through the window** l'air froid/le soleil entra à flots par la fenêtre
ⓑ **to ~ in/out/past** [*people, cars*] entrer/sortir/passer à flots
3 VT ⓐ **to ~ blood/water** ruisseler de sang/d'eau
ⓑ [+ *pupils*] répartir par niveau

streamer /ˈstri:məʳ/ N (*of paper*) serpentin *(m)*

streaming /ˈstri:mɪŋ/ (*Brit*) 1 N (*in schools*) répartition *(f)* des élèves par niveaux 2 ADJ **to have a ~ cold** avoir un gros rhume

streamline /ˈstri:mlaɪn/ VT [+ *organization, system, process*] rationaliser ; **to ~ a company** (*by reducing staff*) dégraisser les effectifs d'une entreprise

streamlined /ˈstri:mlaɪnd/ ADJ ⓐ [*plane, car*] profilé ; [*animal's body*] (*in air*) aérodynamique ; (*in water*) hydrodynamique ⓑ [*organization, system, process*] rationalisé

streamlining /ˈstri:mlaɪnɪŋ/ N [*of organization, system, process*] rationalisation *(f)*

street /stri:t/ 1 N ⓐ rue *(f)* ; **to take to the ~s** [*demonstrators*] descendre dans la rue ; **to turn sb (out) into the ~** mettre qn à la rue ; **to be out on the ~s** (= *homeless*) être à la rue
ⓑ (*Brit*) **that's right up my ~*** c'est tout à fait dans mes cordes ; **to be ~s ahead of sb*** (*Brit*) dépasser qn de loin ; **they're ~s apart*** (*Brit*) un monde les sépare ; **~s better*** (*Brit*) beaucoup mieux
2 COMP [*noises*] de la rue ; [*singer*] des rues ♦ **street cleaner** N (= *person*) balayeur *(m)* ; (= *machine*) balayeuse *(f)* ♦ **street cred*** N **to have ~ cred** être branché* ; **this will do wonders for your ~ cred** c'est excellent pour ton image de marque ♦ **street directory** N plan *(m)* de la ville ♦ **street fighting** N combats *(mpl)* de rue ♦ **street guide** N plan *(m)* de la ville ♦ **street level** N **at ~ level** au rez-de-chaussée ♦ **street map**, **street plan** N plan *(m)* de la ville ♦ **street smart*** ADJ (*US*) dégourdi ♦ **street sweeper** N (= *person*)

balayeur *(m)*; (= *machine*) balayeuse *(f)* ✦ **street theatre** N théâtre *(m)* de rue ✦ **street value** N [*of drugs*] valeur *(f)* à la revente ✦ **street vendor** N marchand *(m)* ambulant

streetcar /ˈstriːtkɑːʳ/ N (*US*) tramway *(m)*

streetlamp /ˈstriːtlæmp/, **streetlight** /ˈstriːtlaɪt/ N lampadaire *(m)*

streetwalker /ˈstriːtˌwɔːkəʳ/ N prostituée *(f)*

streetwise /ˈstriːtwaɪz/ ADJ [*child*] conscient des dangers de la rue; [*worker, policeman*] dégourdi

strength /strɛŋθ/ N force *(f)*; [*of building, material, claim, case, currency*] solidité *(f)*; [*of drink*] teneur *(f)* en alcool; **his ~ failed him** ses forces l'ont abandonné; **give me ~!** Dieu qu'il faut être patient!; **to get one's ~ back** reprendre des forces; **to go from ~ to ~** aller de succès en succès; **~ of character** force de caractère; **to have great ~ of purpose** être très déterminé; **~ of will** volonté *(f)*; **I know his ~s and weaknesses** je connais ses points forts et ses points faibles; **the euro has gained in ~** l'euro s'est raffermi; **on the ~ of ...** grâce à ...

strengthen /ˈstrɛŋθən/ 1 VT renforcer; [+ *muscle, limb, person*] fortifier; [+ *currency*] consolider 2 VI [*muscle, limb*] se fortifier; [*wind, desire*] augmenter

strenuous /ˈstrɛnjʊəs/ ADJ [*exercise, game, campaign*] épuisant; [*efforts, opposition*] acharné; [*protest, denial*] vigoureux; **I'd like to do something less ~** j'aimerais faire quelque chose de moins pénible; **he mustn't do anything ~** il ne faut pas qu'il se fatigue

strenuously /ˈstrɛnjʊəslɪ/ ADV [*exercise, deny, oppose, object*] vigoureusement; [*resist, try*] avec acharnement

strep throat /ˌstrɛpˈθrəʊt/ N angine *(f)*

stress /strɛs/ 1 N ⓐ (= *pressure*) stress *(m)*; **the ~es and strains of modern life** les agressions de la vie moderne; **to be under ~** [*person*] être stressé; [*relationship*] être tendu; **this put him under great ~** ceci l'a considérablement stressé; **he reacts well under ~** il réagit bien dans des conditions de stress
ⓑ (= *emphasis*) insistance *(f)*; **to lay ~ on** insister sur
ⓒ (*on syllable*) accent *(m)*
ⓓ (*on rope, cable*) charge *(f)*; **a ~ of 500 kilos per square millimetre** une charge de 500 kilos par millimètre carré
2 VT ⓐ (= *emphasize*) insister sur
ⓑ [+ *syllable*] accentuer
3 COMP ✦ **stress mark** N (*showing intonation*) accent *(m)* ✦ **stress-related** ADJ [*illness*] causé par le stress

stressed /strɛst/ ADJ [*person*] stressé; [*syllable*] accentué ✦ **stressed-out*** ADJ stressé*

stressful /ˈstrɛsfʊl/ ADJ stressant

stretch /strɛtʃ/ 1 N ⓐ (= *period of time*) période *(f)*; **for a long ~ of time** (pendant) longtemps; **for hours at a ~** des heures durant
ⓑ (= *area*) étendue *(f)*; (= *part*) partie *(f)*; **vast ~es of sand/snow** de vastes étendues de sable/de neige; **there's a straight ~ (of road) after you pass the lake** il y a une portion de route droite après le lac; **in that ~ of the river** dans cette partie de la rivière
ⓒ **to be at full ~** [*arms*] être complètement tendu; [*person*] donner son maximum; **by no or not by any ~ of the imagination can one say that ...** même en faisant un gros effort d'imagination, on ne peut pas dire que ...
2 ADJ [*garment, fabric*] extensible
3 VT ⓐ [+ *rope*] tendre; [+ *elastic*] étirer; [+ *shoe, glove*] élargir; [+ *muscle*] distendre; [+ *meaning*] forcer; **to ~ a point you could say that ...** on pourrait peut-être aller jusqu'à dire que ...; **to ~ one's imagination** faire un effort d'imagination
ⓑ (= *extend: also* **~ out**) [+ *wing*] déployer; [+ *rope, riet*] tendre; **to ~ o.s.** (*after sleep*) s'étirer; **he ~ed (out) his arm to grasp the handle** il tendit le bras pour saisir la poignée; **he ~ed his leg to ease the cramp** il a allongé la jambe pour soulager la crampe; **I'm just going to ~ my legs*** (= *go for a walk*) je vais juste me dégourdir les jambes
ⓒ [+ *resources, supplies, income*] (= *make them last*) utiliser

au maximum; (= *put demands on them*) mettre à rude épreuve
ⓓ [+ *athlete, student*] pousser; **the work he is doing does not ~ him enough** le travail qu'il fait n'exige pas assez de lui; **to be fully ~ed** travailler à la limite de ses possibilités; **to ~ sb to the limits** pousser qn au maximum
4 VI ⓐ [*person, animal*] s'étirer; **he ~ed lazily** il s'est étiré paresseusement
ⓑ (= *lengthen*) s'allonger; (= *widen*) s'élargir; [*elastic*] s'étirer; [*fabric, garment*] se détendre
ⓒ (= *extend*) s'étendre; **how far will it ~?** jusqu'où ça va?; **my money won't ~ to a new car** je n'ai pas les moyens de m'acheter une nouvelle voiture; **the festivities ~ed into January** les festivités ont duré jusqu'en janvier
5 COMP ✦ **stretch limo*** N limousine *(f)* extralongue ✦ **stretch mark** N vergeture *(f)*
► **stretch out** 1 VI s'étendre 2 VT SEP ⓐ [+ *arm, hand, foot*] tendre; [+ *leg*] étendre; [+ *net, rope*] tendre
ⓑ = **stretch**

stretcher /ˈstrɛtʃəʳ/ 1 N brancard *(m)* 2 VT porter sur un brancard; **the goalkeeper was ~ed off** le gardien de but a été emmené sur un brancard

strewn /struːn/ ADJ **to be ~ with** être jonché de

stricken /ˈstrɪkən/ ADJ ⓐ [*area, city, economy*] sinistré; **to be ~ by famine/drought** être frappé par la famine/la sécheresse ⓑ (= *wounded*) gravement blessé; **~ with grief** accablé de douleur; **to be ~ with cancer** être atteint d'un cancer; **I was ~ with guilt** j'ai été pris d'un sentiment de culpabilité

strict /strɪkt/ ADJ ⓐ (= *severe*) strict; [*secrecy*] absolu; **security was ~** de strictes mesures de sécurité avaient été mises en place; **to be under ~ orders (not) to do sth** avoir reçu l'ordre formel de (ne pas) faire qch; **to treat sth in ~ confidence** traiter qch de façon strictement confidentielle
ⓑ [*meaning, truth*] strict; **in the ~ sense (of the word)** au sens strict (du mot); **in ~ order of precedence** suivant strictement l'ordre de préséance; **a ~ time limit** un délai impératif

strictly /ˈstrɪktlɪ/ ADV strictement; [*bring up*] d'une manière stricte; **~ prohibited** formellement interdit; **~ speaking** à proprement parler; **that's not ~ true** ce n'est pas tout à fait vrai; **this car park is ~ for the use of residents** ce parking est strictement réservé aux résidents

strictness /ˈstrɪktnɪs/ N sévérité *(f)*

stricture /ˈstrɪktʃəʳ/ N (= *criticism*) critique *(f)* (hostile) (**on** de)

stride /straɪd/ (*vb: pret* **strode**) 1 N grand pas *(m)*; [*of runner*] foulée *(f)*; **with giant ~s** à pas de géant; **to make great ~s (in one's studies)** faire de grands progrès (dans ses études); **to get into one's ~** trouver son rythme; **to take sth in one's ~** (*Brit*) accepter qch sans sourciller; **to take sth in ~** (*US*) accepter qch sans sourciller; **to be caught off ~** (*US*) être pris au dépourvu 2 VI marcher à grands pas; **to ~ along** avancer à grands pas

strident /ˈstraɪdənt/ ADJ ⓐ (= *vociferous*) véhément; **there were ~ calls for his resignation** on a demandé sa démission à grands cris ⓑ [*sound, voice*] strident

strife /straɪf/ N conflit *(m)*; **a party crippled by internal ~** un parti paralysé par des dissensions internes; **industrial ~** conflits *(mpl)* sociaux ✦ **strife-ridden**, **strife-torn** ADJ [*country*] déchiré par les conflits; [*party*] déchiré par les dissensions

strike /straɪk/ (*vb: pret* **struck**, *ptp* **struck**) 1 N ⓐ (= *industrial action*) grève *(f)* (**of, by** de); **the postal ~** la grève des postes; **the Ford ~** la grève chez Ford; **to be (out) on ~** être en grève, faire grève (**for** pour obtenir, **against** pour protester contre); **to call a ~** lancer un ordre de grève; **to go on ~** se mettre en grève, faire grève; **to come out on ~** se mettre en grève, faire grève
ⓑ (= *attack*) attaque *(f)*
ⓒ (*Baseball, Bowling*) strike *(m)*; **you have two ~s against you** (*US*) tu es mal parti*

2 VT (a) (= *hit*) [+ *person, ball*] frapper ; **to ~ sth with one's fist** donner un coup de poing sur qch ; **he struck me on the chin** il m'a frappé au menton ; **to ~ a blow for freedom** rompre une lance pour la liberté ; **disease struck the city** la maladie s'est abattue sur la ville ; **to ~ fear into sb** remplir qn d'effroi

(b) (= *knock against*) heurter ; [*lightning, light*] frapper ; **he struck his head on the table as he fell** sa tête a heurté la table quand il est tombé ; **the stone struck him on the head** la pierre l'a heurté à la tête

(c) [*oil, gold*] découvrir ; **to ~ it rich** faire fortune

(d) [+ *coin, medal*] frapper ; [+ *match*] frotter ; **to ~ a balance** trouver un équilibre ; **to ~ a bargain** conclure un marché

(e) [*clock*] sonner ; **to ~ a false note** sonner faux ; **the clock struck three** la pendule a sonné trois heures

(f) (= *delete*) rayer

(g) **to be struck dumb** (= *amazed*) être sidéré*

(h) (= *seem*) sembler (**sb** à qn) ; **it ~s me that ...** il me semble que ... ; **that ~s me as a good idea** cela me semble être une bonne idée ; **how did he ~ you?** quelle impression vous a-t-il fait ? ; **the funny side of it struck me later** le côté drôle de la chose m'est apparu plus tard ; **an idea suddenly struck him** une idée lui est soudain venue à l'esprit ; **to be struck by sth** (= *impressed*) être frappé(e) par qch

3 VI (a) (= *hit*) frapper ; (= *attack*) attaquer ; [*disease, disaster*] frapper ; **to ~ lucky** (*Brit*) avoir de la chance ; **it ~s at the heart of democracy** cela porte atteinte aux fondements mêmes de la démocratie

(b) [*clock*] sonner

(c) (= *go on strike*) faire grève (**for** pour obtenir, **against** pour protester contre) ; **striking workers** grévistes *(mpl)*

4 COMP [*committee, fund*] de grève ◆ **strike pay** N salaire *(m)* de gréviste

► **strike back** VI riposter (**at sb** à qn)

► **strike down** VT SEP (a) abattre ; [*disease*] terrasser

(b) (*US* = *abolish*) abolir

► **strike off 1** VI (= *change direction*) **he struck off across the fields** il a pris à travers champs **2** VT SEP (= *delete: from list*) rayer ; **to be struck off** [*doctor*] être radié

► **strike out 1** VI (a) (= *hit out*) se débattre ; **he struck out at his attackers** il s'est débattu contre ses agresseurs

(b) (= *set off*) **to ~ out for the shore** [*swimmer*] se mettre à nager vers le rivage ; **he left the firm and struck out on his own** il a quitté l'entreprise et s'est mis à son compte **2** VT SEP (= *delete*) rayer

► **strike up 1** VI [*band*] commencer à jouer **2** VT SEP [+ *conversation*] engager ; **to ~ up a friendship** lier amitié

strikebreaker /'straɪk,breɪkə'/ N briseur *(m)* de grève

striker /'straɪkə'/ N (a) (= *worker*) gréviste *(mf)*

(b) (*Football*) buteur *(m)*

striking /'straɪkɪŋ/ ADJ (a) [*feature, similarity, difference*] frappant ; **to bear a ~ resemblance to sb** ressembler à qn de manière frappante ; **her ~ good looks** sa grande beauté

(b) **to be within ~ distance of an agreement** être proche d'un accord

strikingly /'straɪkɪŋlɪ/ ADV de façon frappante ; **~ different** incroyablement différent ; **~, inflation is now higher than ever** ce qui est frappant, c'est que l'inflation n'a jamais été aussi forte

Strimmer ® /'strɪmə'/ N (*small*) coupe-bordure *(m)* ; (*heavy-duty*) débroussailleuse *(f)*

string /strɪŋ/ (*vb: pret, ptp* **strung**) **1** N (a) (= *cord*) ficelle *(f)* ; [*of violin, racket*] corde *(f)* ; **a piece of ~** un bout de ficelle ; **to have more than one ~ to one's bow** avoir plus d'une corde à son arc ; **the ~s** (*in orchestra*) les instruments *(mpl)* à cordes ; **he had to pull ~s to get the job** il a dû se faire pistonner* pour obtenir le poste ; **there are no ~s attached** cela ne vous (*or* nous *etc*) engage à rien ; **with no ~s attached** sans condition

(b) [*of beads*] rang *(m)* ; [*of people, vehicles*] file *(f)*

(c) (*Computing*) chaîne *(f)* ; **a numeric/character ~** une chaîne numérique/de caractères

2 VT **they strung lights in the trees** ils ont suspendu des guirlandes lumineuses dans les arbres

3 COMP [*orchestra, quartet*] à cordes ◆ **string bag** N filet *(m)* à provisions ◆ **string bean** N (= *vegetable*) haricot *(m)* vert ◆ **string(ed) instrument** N instrument *(m)* à cordes ◆ **string vest** N (*Brit*) tricot *(m)* de corps à grosses mailles

► **string along*** VT SEP bercer de fausses espérances

► **string out** VT SEP **to be strung out along the road** être déployé le long de la route

► **string together** VT SEP [+ *words, sentences*] enchaîner

stringent /'strɪndʒənt/ ADJ rigoureux

strip /strɪp/ **1** N (a) bande *(f)* ; **to tear sb off a ~**‡ sonner les cloches à qn*

(b) (*also* **comic ~**) = **strip cartoon**

(c) (*Brit Football* = *clothes*) tenue *(f)* ; **the England ~** la tenue de l'équipe d'Angleterre

(d) (= *striptease*)* strip-tease *(m)*

2 VT (a) (= *remove everything from*) [+ *person*] déshabiller ; [+ *room, house*] vider ; (= *take paint off*) [+ *furniture, door*] décaper ; **to ~ a bed** défaire un lit complètement ; **to ~ the walls** arracher le papier peint ; **~ped pine** pin *(m)* décapé ; **to be ~ped to the waist** être torse nu

(b) [+ *wallpaper, decorations, old paint*] enlever

(c) (= *deprive*) [+ *person, object*] dépouiller ; **to ~ a tree of its bark** écorcer un arbre ; **to ~ sb of his rank** dégrader qn

3 VI se déshabiller ; [*striptease artist*] faire du strip-tease ; **to ~ naked** se mettre nu

4 COMP ◆ **strip cartoon** N (*Brit*) bande *(f)* dessinée ◆ **strip club, strip joint** (*US*) N boîte *(f)* de striptease ◆ **strip light** N néon *(m)* ◆ **strip lighting** N (*Brit*) éclairage *(m)* au néon ◆ **strip-search** N fouille *(f)* corporelle ◆ **strip show** N strip-tease *(m)*

► **strip away** VT SEP [+ *pretence, hypocrisy*] démasquer

► **strip down 1** VI se déshabiller complètement **2** VT SEP [+ *machine, engine*] démonter complètement

► **strip off** VI se déshabiller complètement

stripe /straɪp/ N (a) (*of one colour*) rayure *(f)* ; **~s** (*pattern*) rayures *(fpl)* ; **yellow with a white ~** jaune rayé de blanc

(b) (*on uniform*) galon *(m)*

striped /straɪpt/ ADJ à rayures

stripper /'strɪpə'/ N (= *woman*) strip-teaseuse *(f)* ; **male ~** strip-teaseur *(m)*

striptease /'strɪptiːz/ N strip-tease *(m)*

strive /straɪv/ (*pret* **strove**, *ptp* **striven**) /'strɪvn/ VI (= *try hard*) s'efforcer (**to do sth** de faire qch)

strobe light /'strəʊb,laɪt/ N lumière *(f)* stroboscopique

strode /strəʊd/ VB *pt of* **stride**

stroke /strəʊk/ **1** N (a) (*Cricket, Golf, Tennis*) coup *(m)* ; (*Swimming*) mouvement *(m)* des bras (*pour nager*) ; (= *style*) nage *(f)* ; (*in rowing*) coup *(m)* de rame ; **he gave the cat a ~** il a fait une caresse au chat ; **good ~!** bien joué ! ; **to put sb off his ~** faire perdre tous ses moyens à qn

◆ **at a stroke** d'un (seul) coup

(b) **he hasn't done a ~ (of work)** il n'a rien fait ; **~ of genius** trait *(m)* de génie ; **~ of luck** coup *(m)* de chance

(c) (= *mark*) [*of pen, pencil*] trait *(m)* ; [*of brush*] touche *(f)*

(d) [*of bell, clock*] coup *(m)*

(e) (= *illness*) **to have a ~** avoir une attaque

2 VT [+ *person, animal*] caresser

stroll /strəʊl/ **1** N petite promenade *(f)* ; **to have a ~** aller faire un tour **2** VI se promener

stroller /'strəʊlə'/ N (*US* = *push chair*) poussette *(f)*

strong /strɒŋ/ **1** ADJ (a) fort ; (= *healthy*) robuste ; [*nerves, leg, wall, shoes, bolt, dollar*] solide ; [*emotion, desire, protest*] vif ; [*reasons, evidence, candidate, contender*] sérieux ; [*fabric, material*] résistant ; [*measures*] énergique ; [*solution*] concentré ; **to be (as) ~ as an ox** (= *powerful*) être fort comme un bœuf ; (= *healthy*) avoir une santé de fer ; **do you feel ~?** est-ce que vous vous sentez en forme ? ; **she has never been very ~** elle a toujours eu une petite santé ; **you need a ~ stomach for that job** il faut avoir l'estomac solide pour faire ce travail ; **you must be ~** (= *courageous*) soyez courageux ; **he's a very ~ person** (*mentally*) c'est quelqu'un de très solide ; **his ~ point** son point fort ; **in ~ terms** en termes non équivoques ; **there are ~ indications that …** tout semble indiquer que … ; **I've a ~ feeling that …** j'ai bien l'impression que … ; **he's got ~ feelings on this matter** cette affaire lui tient à cœur ; **~ supporters of …** d'ardents partisans de … ; **I am a ~ believer in …** je crois profondément à … ; **it has a ~ smell** ça sent fort ⓑ (*in numbers*) **they were 100 ~** ils étaient 100

2 ADV **to be going ~** [*person*] être toujours solide ; [*car*] marcher toujours bien ; [*relationship*] aller bien

3 COMP ♦ **strong-arm** ADJ [*method, treatment*] brutal ; **~-arm tactics** la manière forte ♦ **strong-willed** ADJ déterminé ; **to be ~willed** avoir de la volonté

strongbox /ˈstrɒŋbɒks/ N coffre-fort (m)

stronghold /ˈstrɒŋhəʊld/ N forteresse (f) ; (*fig*) bastion (m)

strongly /ˈstrɒŋlɪ/ ADVⓐ fortement ; [*criticize, protest*] vivement ; [*deny, condemn, defend*] vigoureusement ; [*attack, protest*] énergiquement ; [*support, oppose*] fermement ; [*sense, believe*] profondément ; **to argue ~ for** *or* **in favour of sth** plaider vigoureusement en faveur de qch ; **to argue ~ that …** soutenir fermement que … ; **to smell ~ of sth** avoir une forte odeur de qch ; **if you feel ~ about this problem, write to us** si ce problème vous tient à cœur, écrivez-nous ; **I feel very ~ that …** je suis convaincu que … ⓑ **~ recommended** vivement recommandé ; **~ held opinions** opinions (fpl) très arrêtées ; **to be ~ in favour of sth** être très favorable à qch ; **to be ~ against** *or* **opposed to sth** s'opposer fermement à qch ; **~ nationalist** farouchement nationaliste ; **a ~ worded letter** une lettre virulente

strongman /ˈstrɒŋmæn/ N (*pl* **-men**) (= *leader*) homme (m) fort

strongroom /ˈstrɒŋrʊm/ N chambre (f) forte

stroppy ⁑ /ˈstrɒpɪ/ ADJ (*Brit*) buté et râleur* ; **to get ~ with sb** se mettre en rogne contre qn*

strove /strəʊv/ VB *pt of* **strive**

struck /strʌk/ VB *pt, ptp of* **strike**

structural /ˈstrʌktʃərəl/ ADJⓐ [*change, problem, reform*] structurel ⓑ [*repair, damage, fault*] au niveau de la structure

structurally /ˈstrʌktʃərəlɪ/ ADV **the building is ~ sound** la structure du bâtiment est saine

structure /ˈstrʌktʃəʳ/ 1 N structure (f) 2 VT structurer

struggle /ˈstrʌɡl/ 1 N lutte (f) (**to do sth** pour faire qch) ; (= *fight*) bagarre (f) ; **to put up a ~** résister ; **he lost his glasses in the ~** il a perdu ses lunettes dans la bagarre ; **they surrendered without a ~** ils n'ont opposé aucune résistance ; **I had a ~ to persuade him** j'ai eu beaucoup de mal à le persuader ; **it was a ~ but we made it** ça a été difficile mais nous y sommes arrivés

2 VIⓐ lutter ; (= *fight*) se battre ; (= *thrash around*) se débattre ; (= *try hard*) se démener (**to do sth** pour faire qch) ; **he ~d to get free** il s'est démené pour se libérer ; **he was struggling to make ends meet** il avait beaucoup de mal à joindre les deux bouts ⓑ (= *move with difficulty*) **he ~d up the cliff** il s'est hissé péniblement jusqu'au sommet de la falaise ; **he ~d to his feet** il s'est levé péniblement

► **struggle on** VI (= *continue the struggle*) poursuivre la lutte

strum /strʌm/ VT [+ *guitar*] gratter de

strung /strʌŋ/ VB *pt, ptp of* **string**

strut /strʌt/ 1 VI (*also* **~ about, ~ around**) se pavaner 2 VT **to ~ one's stuff** frimer* 3 N (= *support*) étai (m)

strychnine /ˈstrɪknɪːn/ N strychnine (f)

stub /stʌb/ 1 N bout (m) ; [*of cigarette, cigar*] mégot (m) ; [*of cheque, ticket*] talon (m) 2 VT **to ~ one's toe** se cogner le doigt de pied

► **stub out** VT SEP écraser

stubble /ˈstʌbl/ N (*in field*) chaume (m) ; (*on chin*) barbe (f) de plusieurs jours

stubborn /ˈstʌbən/ ADJⓐ têtu ; [*campaign, resistance*] acharné ; [*denial, refusal, insistence*] opiniâtre ; **his ~ attitude** son entêtement ⓑ [*stain*] rebelle ; [*cold*] persistant ; [*problem*] tenace

stubbornly /ˈstʌbənlɪ/ ADV obstinément ; **interest rates have remained ~ high** les taux d'intérêt sont restés élevés

stubby /ˈstʌbɪ/ ADJ [*finger*] boudiné

stucco /ˈstʌkəʊ/ N stuc (m)

stuck /stʌk/ 1 VB (*pt, ptp of* **stick**)

2 ADJ [*person, machine*] bloqué ; **to be ~ in a lift** être coincé dans un ascenseur ; **I'm ~ at home all day** je suis cloué à la maison toute la journée ; **we're ~ here for the night** nous allons être obligés de passer la nuit ici ; **to be ~ for an answer** ne pas savoir quoi répondre ; **I'm ~***(in puzzle, essay*) je sèche*

♦ **to be stuck with sth**: **I was ~ with the job of organizing it all** je me suis retrouvé avec toute l'organisation sur les bras* ; **I was ~ with the bill** c'est moi qui ai dû casquer* ; **I was ~ with him all evening** je l'ai eu sur le dos* toute la soirée

♦ **to get stuck**: **to get ~ in the sand** s'enliser dans le sable ; **to get ~ in the mud** s'embourber

stuck-up * /stʌkˈʌp/ ADJ bêcheur*

stud /stʌd/ Nⓐ (= *knob, nail*) clou (m) ; (*on football boots*) crampon (m) ⓑ (*also* **racing ~**) écurie (f) (de courses) ; (*also* **~ farm**) haras (m)

studded /ˈstʌdɪd/ ADJ **~ with** [+ *jewels*] parsemé de

student /ˈstjuːdənt/ 1 N étudiant(e) (m(f)) ; (*US: at high school*) élève (mf) ; **medical ~** étudiant(e) (m(f)) en médecine ; **he is a keen ~** il est très studieux

2 COMP [*life, unrest*] étudiant ; [*residence*] universitaire ♦ **student council** N comité (m) des délégués de classe ♦ **student driver** N (*US*) jeune conducteur (m), -trice (f) ♦ **student file** N (*US*) dossier (m) scolaire ♦ **student grant** N bourse (f) ♦ **student ID card** N (*US*) carte (f) d'étudiant ♦ **student loan** N prêt (m) étudiant (*accordé par l'État*) ♦ **student nurse** N élève (mf) infirmier (-ière) ♦ **Students' Union** N association (f) d'étudiants ♦ **student teacher** N professeur (mf) stagiaire ♦ **Student Union** N association d'étudiants

studied /ˈstʌdɪd/ ADJ [*indifference, calm*] étudié ; [*elegance*] recherché

studio /ˈstjuːdɪəʊ/ N [*of artist*] atelier (m) ; (*for recording*) studio (m) ♦ **studio apartment** N (*US*) studio (m) (*logement*) ♦ **studio flat** N (*Brit*) studio (m) (*logement*)

studious /ˈstjuːdɪəs/ ADJ studieux

studiously /ˈstjuːdɪəslɪ/ ADV [*avoid, ignore*] soigneusement

study /ˈstʌdɪ/ 1 Nⓐ étude (f) ; **to make a ~ of sth** faire une étude de qch ⓑ (= *room*) bureau (m) 2 VT étudier 3 VI étudier ; **to ~** travailler dur ; **to ~ for an exam** préparer un examen ; **he is ~ing to be a doctor** il fait des études de médecine 4 COMP ♦ **study hall** N (*US*) permanence (f) ♦ **study period** N (*Brit*) heure (f) de permanence (f) ♦ **study tour** N voyage (m) d'études

stuff /stʌf/ 1 Nⓐ * **look at that ~** regarde ça ; **it's dangerous ~** c'est dangereux ; **what's this ~ in this jar?** qu'est-ce que c'est que ce truc* dans le pot ? ; **there's some good ~ in what he writes** il y a de bonnes choses dans ce qu'il écrit ; **all that ~ about wanting to help us** toutes ces belles paroles comme quoi il veut nous aider ; **that's the ~!** bravo ! ; **~ and nonsense!** ⁑ balivernes ! ; **he knows his ~** il connaît son sujet ⓑ (= *miscellaneous objects*)* trucs* (mpl) ; (= *possessions*)* affaires (fpl) ; **he brought back a lot of ~ from China** il a rapporté des tas de choses de Chine ; **put your ~ away** range tes affaires ⓒ **it is the ~ of politics** c'est l'essence même de la politique

2 VT (= *fill*) [+ *cushion, toy*] rembourrer (**with** avec) ; [+ *animal*] empailler ; [+ *sack, pockets*] remplir (**with** de) ; [+ *chicken, tomato*] farcir (**with** avec) ; (= *cram*) [+ *objects, clothes, books*] fourrer ; **he ~ed the papers into a drawer** il a fourré

les papiers dans un tiroir ; **to ~ o.s. with food** se gaver de nourriture ; **I'm ~ed** j'en peux plus* ; **he was ~ing himself** il s'empiffrait* ; **to ~ one's head with useless facts** se farcir la tête de connaissances inutiles

3 VI (= *guzzle*)* s'empiffrer*

stuffing /'stʌfɪŋ/ N [*of cushion, toy, chair*] rembourrage (*m*) ; (*to eat*) farce (*f*) ; **to knock the ~ out of sb*** démoraliser qn

stuffy /'stʌfɪ/ ADJ ⓐ [*room*] mal aéré ; [*atmosphere*] étouffant ; **it's ~ in here** on manque d'air ici ⓑ (= *stick-in-the-mud*) vieux jeu (*inv*) ; (= *snobby*) guindé ⓒ [*nose, sinuses*] bouché

stultifying /'stʌltɪfaɪɪŋ/ ADJ [*routine, regime*] abrutissant ; [*atmosphere*] débilitant

stumble /'stʌmbl/ 1 N faux pas (*m*) 2 VI ⓐ trébucher (**over** sur, contre), faire un faux pas ; **he ~d against the table** il a trébuché et a heurté la table ⓑ (*in speech*) trébucher (**at, over** sur) ; **he ~d through the speech** il a prononcé le discours d'une voix hésitante 3 COMP ♦ **stumbling block** N pierre (*f*) d'achoppement

stump /stʌmp/ 1 N ⓐ [*of tree*] souche (*f*) ; [*of limb, tail*] moignon (*m*) ; [*of tooth*] chicot (*m*) ; [*of pencil, chalk*] bout (*m*) ⓑ (*Cricket*) piquet (*m*) ⓒ (*US Politics*) estrade (*f*) (d'un orateur politique) ; **to go on the ~** faire campagne 2 VT (= *puzzle*)* coller* ; **to be ~ed by a problem** buter sur un problème ; **to be ~ed by a question** sécher* sur une question ; **that's got me ~ed** (*during quiz, crossword*) je sèche* 3 VI **to ~ in/out/along** (*heavily*) entrer/sortir/avancer à pas lourds

stumpy /'stʌmpɪ/ ADJ [*person, leg, tail*] courtaud

stun /stʌn/ VT (*physically*) étourdir ; (= *amaze*) abasourdir

stung /stʌŋ/ VB *pt, ptp of* **sting**

stunk /stʌŋk/ VB *ptp of* **stink**

stunned /stʌnd/ ADJ ⓐ (*physically*) assommé ⓑ (= *flabbergasted*) abasourdi (**by sth** de qch) ; **there was a ~ silence** tout le monde s'est tu, abasourdi

stunning /'stʌnɪŋ/ ADJ ⓐ (= *impressive*)* formidable ; [*woman*] superbe ; **you look ~** tu es superbe ⓑ (= *overwhelming*) stupéfiant ; **news of his death came as a ~ blow** la nouvelle de sa mort a été un coup terrible

stunt /stʌnt/ 1 N (= *feat*) tour (*m*) de force ; [*of stuntman*] cascade (*f*) ; (*in plane*) acrobatie (*f*) ; [*of students*] canular* (*m*) ; (= *publicity stunt*) truc* (*m*) publicitaire ; **don't ever pull a ~ like that again*** ne recommence plus jamais un truc* pareil 2 VT [+ *growth*] retarder ; [+ *person, plant*] retarder la croissance de

stunted /'stʌntɪd/ ADJ [*person*] rachitique ; [*plant*] rabougri

stuntman /'stʌntmæn/ N (*pl* **-men**) cascadeur (*m*)

stupefaction /,stju:pɪ'fækʃən/ N stupéfaction (*f*)

stupefy /'stju:pɪfaɪ/ VT stupéfier

stupendous /stju:'pendəs/ ADJ incroyable

stupid /'stju:pɪd/ ADJ ⓐ (= *unintelligent*) stupide ; **to make sb look ~** ridiculiser qn ; **it was ~ of me to refuse** j'ai été bête de refuser ; **how ~ of me!** que je suis bête! ; **to do something ~** faire une bêtise ; **what a ~ thing to do!** c'était vraiment idiot (de faire ça)! ; **that hat looks really ~** tu as l'air vraiment idiot avec ce chapeau ; **to act ~*** faire l'imbécile ⓑ (*expressing annoyance*)* **I hate this ~ machine!** je déteste cette fichue* machine! ; **you can keep your ~ presents, I don't want them!** tu peux garder tes cadeaux débiles*, je n'en veux pas! ; **you ~ idiot!** espèce d'idiot(e)!* ; **that ~ woman!** cette espèce d'idiote!*

stupidity /stju:'pɪdɪtɪ/ N stupidité (*f*)

stupidly /'stju:pɪdlɪ/ ADV stupidement

stupor /'stju:pə'/ N stupeur (*f*) ; **in a drunken ~** abruti par l'alcool

sturdily /'stɜ:dɪlɪ/ ADV **~ built** [*person, furniture*] robuste ; [*building*] solide

sturdy /'stɜ:dɪ/ ADJ [*person*] robuste ; [*object, body*] solide

sturgeon /'stɜ:dʒən/ N esturgeon (*m*)

stutter /'stʌtə'/ 1 N bégaiement (*m*) ; **to have a ~** bégayer 2 VI bégayer 3 VT bégayer

sty /staɪ/ N (*for pigs*) porcherie (*f*)

stye, sty /staɪ/ N (*on eye*) orgelet (*m*)

style /staɪl/ 1 N ⓐ style (*m*) ; **he won in fine ~** il l'a emporté haut la main ; **I don't like his ~** ce n'est pas son genre ; **that house is not my ~*** ce n'est pas mon genre de maison ⓑ (*Dress*) mode (*f*) ; (*specific*) modèle (*m*) ; (*Hairdressing*) coiffure (*f*) ; **clothes in the latest ~** des vêtements du dernier cri ; **these coats come in two ~s** ces manteaux sont disponibles en deux modèles ; **I want something in that ~** je voudrais quelque chose dans ce genre-là ⓒ (= *elegance*) [*of person*] allure (*f*) ; [*of building, car*] style (*m*)

♦ **in style** : **to live in ~** mener grand train ; **he does things in ~** il fait bien les choses ; **they got married in ~** ils se sont mariés en grande pompe ; **he certainly travels in ~** quand il voyage il fait bien les choses

ⓓ (= *type*) genre (*m*)

2 VT [+ *dress, car*] dessiner ; **to ~ sb's hair** coiffer qn

styling /'staɪlɪŋ/ 1 N [*of dress, car*] ligne (*f*) ; (*Hairdressing*) coupe (*f*) 2 COMP [*mousse, gel, lotion*] coiffant ♦ **styling brush** N brosse (*f*) ronde

stylish /'staɪlɪʃ/ ADJ [*person, car, clothes, place*] chic (*inv*) ; [*performer, performance*] de grande classe

stylishly /'staɪlɪʃlɪ/ ADV [*dress*] élégamment ; [*decorated*] avec élégance

stylist /'staɪlɪst/ N styliste (*mf*) ; (*Hairdressing*) coiffeur (*m*), -euse (*f*)

stylistic /staɪ'lɪstɪk/ ADJ stylistique

stylized /'staɪlaɪzd/ ADJ stylisé

stymie* /'staɪmɪ/ VT coincer* ; **I'm ~d*** je suis coincé*

StyrofoamⓇ /'staɪrə,fəʊm/ N (*US*) polystyrène (*m*) expansé ; **~ cup** gobelet (*m*) en polystyrène

suave /swɑ:v/ ADJ affable ; (*insincere*) mielleux

subaqua /,sʌb'ækwə/ ADJ **~ club** club (*m*) de plongée

subcompact /,sʌb'kɒmpækt/ N (*US*) petite voiture (*f*)

subconscious /,sʌb'kɒnʃəs/ ADJ, N subconscient (*m*)

subconsciously /,sʌb'kɒnʃəslɪ/ ADV (= *without realizing*) inconsciemment

subcontinent /,sʌb'kɒntɪnənt/ N sous-continent (*m*)

subcontract /,sʌbkən'trækt/ VT sous-traiter

subcontractor /,sʌbkən'træktə'/ N sous-traitant (*m*)

subculture /'sʌb,kʌltʃə'/ N subculture (*f*)

subdivide /,sʌbdɪ'vaɪd/ 1 VT subdiviser (**into** en) 2 VI se subdiviser

subdivision /'sʌbdɪ,vɪʒən/ N subdivision (*f*)

subdue /səb'dju:/ VT [+ *people, country*] assujettir ; [+ *feelings, passions, desire*] refréner

subdued /səb'dju:d/ ADJ ⓐ (= *morose*) [*person, mood*] sombre ; [*voice*] qui manque d'entrain ; **she was very ~** elle avait perdu son entrain ⓑ (= *restrained*) [*reaction, response*] prudent ⓒ (= *quiet, dim*) [*colour*] doux (douce (*f*)) ; [*lighting*] tamisé ; [*voice*] bas (basse (*f*)) ; [*conversation*] à voix basse

subeditor /,sʌb'edɪtə'/ N (*Brit*) secrétaire (*mf*) de rédaction

subhead(ing) /'sʌb,hed(ɪŋ)/ N sous-titre (*m*)

subhuman /,sʌb'hju:mən/ ADJ [*conditions*] inhumain

subject 1 N ⓐ (= *matter, topic, person*) sujet (*m*) (**of, for** de) ; (*studied at school or university*) matière (*f*) ; **to get off the ~** sortir du sujet ; **that's off the ~** c'est hors sujet ; **let's get back to the ~** revenons à nos moutons ; **let's change the ~** changeons de sujet ; **English is his best ~** l'anglais est sa matière forte

♦ **on the subject of ...** au sujet de ... ; **while we're on the ~ of ...** pendant que nous parlons de ...

ⓑ (= *citizen*) sujet(te) (*m(f)*) ; **British ~** sujet (*m*) britannique ; **he is a French ~** il est de nationalité française

2 ADJ (a) **subject to** (= prone to) sujet à ; **the area is ~ to drought** la région est sujette à la sécheresse ; **~ to French rule** sous domination française ; **your gift will be ~ to VAT** votre cadeau sera soumis à la TVA

(b) **subject to the approval of the committee** (= depending on) sous réserve de l'accord du comité ; **~ to certain conditions** sous certaines conditions ; **the decision is ~ to approval/confirmation** cette décision doit être approuvée/confirmée ; **"~ to availability"** [holiday, concert, flight] « dans la limite des places disponibles » ; [free gift] « dans la limite des stocks disponibles » ; **"prices are ~ to alteration"** « ces prix sont sujets à modifications »

3 VT [+ country] soumettre ; **to ~ sb to sth** faire subir qch à qn ; **to ~ sth to heat/cold** exposer qch à la chaleur/au froid ; **he was ~ed to much criticism** il a fait l'objet de nombreuses critiques

4 COMP ♦ **subject heading** N rubrique (f) ♦ **subject matter** N (= theme) sujet (m) ; (= content) contenu (m)

> ★ Lorsque **subject** est un nom ou un adjectif, l'accent tombe sur la première syllabe : /ˈsʌbdʒɪkt/, lorsque c'est un verbe, sur la seconde : /səbˈdʒekt/.

subjection /səbˈdʒekʃən/ N soumission (f) ; **to bring into ~** soumettre

subjective /səbˈdʒektɪv/ ADJ subjectif

subjectivity /ˌsʌbdʒekˈtɪvɪtɪ/ N subjectivité (f)

sub judice /ˌsʌbˈdʒuːdɪsɪ/ ADJ **the matter is ~** l'affaire est devant les tribunaux

subjugate /ˈsʌbdʒʊɡeɪt/ VT subjuguer

subjunctive /səbˈdʒʌŋktɪv/ ADJ, N subjonctif (m) ; **in the ~** au subjonctif

sublet /ˌsʌbˈlet/ (vb : pret, ptp **sublet**) 1 N sous-location (f) 2 VTI sous-louer (**to** à)

sublimate /ˈsʌblɪmeɪt/ VT sublimer

sublime /səˈblaɪm/ 1 ADJ [beauty] sublime ; [indifference, disregard] souverain (before n) ; [innocence] suprême (before n) ; [incompetence] prodigieux 2 N **from the ~ to the ridiculous** du sublime au grotesque

sublimely /səˈblaɪmlɪ/ ADV (a) [indifferent, ignorant, unaware] totalement ; **~ beautiful** d'une beauté sublime (b) (= delightfully) [dance, sing]* divinement

subliminal /ˌsʌbˈlɪmɪnl/ ADJ subliminal

submachine gun /ˌsʌbməˈʃiːnɡʌn/ N mitraillette (f)

submarine /ˌsʌbməˈriːn/ N (a) sous-marin (m) (b) (US)* gros sandwich (m) mixte

submerge /səbˈmɜːdʒ/ 1 VT submerger ; **to ~ sth in sth** immerger qch dans qch ; **to ~ o.s. in sth** se plonger totalement dans qch 2 VI s'immerger

submerged /səbˈmɜːdʒd/ ADJ submergé ; **~ in work** submergé de travail

submission /səbˈmɪʃən/ N (a) (= submissiveness) soumission (f) (**to** à) ; **to starve/beat sb into ~** soumettre qn en le privant de nourriture/en le battant (b) [of documents, application] dépôt (m) ; [of thesis] présentation (f)

submissive /səbˈmɪsɪv/ ADJ soumis

submit /səbˈmɪt/ 1 VT (a) **to ~ o.s. to sb/sth** se soumettre à qn/qch (b) (= put forward) [+ documents, proposal, report, evidence] soumettre (**to** à) ; **to ~ that ...** suggérer que ... 2 VI se soumettre (**to** à)

subnormal /ˌsʌbˈnɔːməl/ ADJ (a) (mentally) [person] attardé (b) [weight, height, temperature] inférieur (-eure (f)) à la normale

subordinate 1 ADJ [officer, position] subalterne (**to** à) 2 N subalterne (mf) 3 VT subordonner (**to** à)

> ★ Lorsque **subordinate** est un adjectif ou un nom, la fin se prononce comme **it** : /səˈbɔːdɪnɪt/ ; lorsque c'est un verbe, elle se prononce comme **eight** : /səˈbɔːdɪneɪt/.

subordination /səˌbɔːdɪˈneɪʃən/ N subordination (f)

subplot /ˈsʌbplɒt/ N intrigue (f) secondaire

subpoena /səˈpiːnə/ 1 N citation (f) à comparaître 2 VT citer à comparaître

sub-post office /ˌsʌbˈpəʊstɒfɪs/ N agence (f) postale

subscribe /səbˈskraɪb/ 1 VT [+ money] verser (**to** à) 2 VI **~ to** [+ book, new publication, fund] souscrire à ; [+ newspaper] (= become a subscriber) s'abonner à ; (= be a subscriber) être abonné à ; [+ opinion, proposal] souscrire à ; **I don't ~ to the idea that money should be given to ...** je ne suis pas partisan de donner de l'argent à ...

subscriber /səbˈskraɪbəʳ/ N (to fund, new publication) souscripteur (m), -trice (f) (**to** de) ; (to newspaper, phone service) abonné(e) (m(f)) (**to** de) ; (to opinion, idea) partisan (m) (**to** de)

subscription /səbˈskrɪpʃən/ N (to fund, charity) souscription (f) ; (to club) cotisation (f) ; (to newspaper) abonnement (m) ; **to pay one's ~** (to club) verser sa cotisation ; (to newspaper) payer son abonnement ; **to take out a ~ to a paper** s'abonner à un journal

subsequent /ˈsʌbsɪkwənt/ 1 ADJ (= later in past) ultérieur (-eure (f)) ; (= in future) à venir 2 ADV **~ to this** par la suite ; **~ to his arrival** à la suite de son arrivée

subsequently /ˈsʌbsɪkwəntlɪ/ ADV par la suite

subservience /səbˈsɜːvɪəns/ N (a) (= submission) [of person, nation] asservissement (m) (**to sb/sth** à qn/qch) (b) (= servility) [of person, manner, behaviour] servilité (f) (**to sb** envers qn)

subservient /səbˈsɜːvɪənt/ ADJ (a) (= submissive) [person, nation] asservi ; **~ to** soumis à (b) (= servile) [person, manner, behaviour] servile

subset /ˈsʌbˌset/ N sous-ensemble (m)

subside /səbˈsaɪd/ VI [land, building] s'affaisser ; [flood, river] baisser ; [wind, anger] se calmer ; [threat] s'éloigner

subsidence /ˈsʌbsɪdns, səbˈsaɪdəns/ N [of land, building] affaissement (m) ; **"road liable to ~"** « chaussée instable » ; **the crack in the wall was caused by ~** la faille dans le mur est due à l'affaissement du terrain

subsidiarity /ˌsəbsɪdɪˈærɪtɪ/ N subsidiarité (f)

subsidiary /səbˈsɪdɪərɪ/ 1 ADJ (a) [role, aim, character] secondaire (b) [subject, course] optionnel (c) **~ company** filiale (f) 2 N filiale (f)

subsidize /ˈsʌbsɪdaɪz/ VT subventionner ; **heavily ~d** fortement subventionné

subsidy /ˈsʌbsɪdɪ/ N subvention (f) ; **state ~** subvention (f) de l'État

subsist /səbˈsɪst/ VI subsister ; **to ~ on bread** vivre de pain ; **to ~ on £60 a week** vivre avec 60 livres par semaine

subsistence /səbˈsɪstəns/ N subsistance (f) ; **means of ~** moyens (mpl) de subsistance ; **to live at ~ level** avoir tout juste de quoi vivre

subsoil /ˈsʌbsɔɪl/ N sous-sol (m)

subsonic /ˌsʌbˈsɒnɪk/ ADJ subsonique

substance /ˈsʌbstəns/ N substance (f) ; (= solid quality) solidité (f) ; (= consistency) consistance (f) ; **that was the ~ of his speech** voilà l'essentiel de son discours ; **a person of ~** une personne riche et influente ; **the meal had not much ~ to it** le repas n'était pas très substantiel ; **to lack ~** [book, essay] manquer d'étoffe ; [argument] être plutôt mince ; [claim, allegation] être sans grand fondement ; **in ~** en substance ♦ **substance abuse** N abus (m) de substances toxiques

substandard /ˌsʌbˈstændəd/ ADJ (a) (= low-quality) [goods, service, materials] de qualité inférieure ; [work] médiocre (b) (= below a certain standard) [housing, conditions] non conforme aux normes (c) [language] incorrect

substantial /səbˈstænʃəl/ ADJ (a) (= considerable) important ; [business] gros (grosse (f)) ; [house] grand (b) [object, structure] solide (c) [meal] solide ; [objection] fondé ; [argument] de poids ·

substantially /səbˈstænʃəlɪ/ ADV (a) (= considerably) considérablement ; **~ bigger/higher** nettement plus grand/plus haut ; **~ different** fondamentalement différent (b) (= to a large extent) [correct, true, the same] en grande partie ; **to remain ~ unchanged** rester inchangé pour l'essentiel

substantiate /səbˈstænʃɪeɪt/ VT fournir des preuves à

l'appui de ; **he could not ~ it** il n'a pas pu fournir de preuves

substitute /'sʌbstɪtjuːt/ **1** N (= *person*) remplaçant(e) *(m(f))* (**for** de) ; (= *thing*) produit *(m)* de substitution (**for** de) ; **~s for rubber** succédanés *(mpl)* de caoutchouc ; **"beware of ~s"** « méfiez-vous des contrefaçons » ; **there is no ~ for wool** rien ne peut remplacer la laine ; **a correspondence course is no/a poor ~ for personal tuition** les cours par correspondance ne remplacent pas/remplacent difficilement les cours particuliers
2 ADJ remplaçant ; **~ teacher** remplaçant(e) *(m(f))*
3 VT substituer (**A for B** A à B)
4 VI **to ~ for sb** remplacer qn

substitution /ˌsʌbstɪ'tjuːʃən/ N substitution *(f)* ; **to make a ~** (*Sport*) remplacer un joueur

subtenant /ˌsʌb'tenənt/ N sous-locataire *(mf)*

subterfuge /'sʌbtəfjuːdʒ/ N subterfuge *(m)*

subterranean /ˌsʌbtə'reɪnɪən/ ADJ souterrain

subtext /'sʌbtekst/ N sens *(m)* caché

subtitle /'sʌb,taɪtl/ **1** N sous-titre *(m)* **2** VT sous-titrer

subtitling /'sʌb,taɪtlɪŋ/ N sous-titrage *(m)*

subtle /'sʌtl/ ADJ subtil (subtile *(f)*) ; [*pressure, suggestion, reminder*] discret (-ète *(f)*) ; [*plan*] ingénieux ; **a ~ form of racism** une forme insidieuse de racisme

subtlety /'sʌtltɪ/ N subtilité *(f)* ; [*of suggestion, rebuke*] discrétion *(f)* ; [*of plan*] ingéniosité *(f)*

subtly /'sʌtlɪ/ ADV [*imply, suggest, remind, rebuke*] discrètement ; [*change, enhance*] de façon subtile ; **~ spicy** délicatement épicé

subtotal /'sʌb,təʊtl/ N total *(m)* partiel

subtract /səb'trækt/ VT soustraire (**from** de)

subtraction /səb'trækʃən/ N soustraction *(f)*

subtropical /'sʌb'trɒpɪkəl/ ADJ subtropical

suburb /'sʌbɜːb/ N banlieue *(f)* ; **the ~s** la banlieue ; **in the ~s** en banlieue ; **the outer ~s** la grande banlieue

suburban /sə'bɜːbən/ ADJ ⓐ [*street, community, train*] de banlieue ; **a ~ area** une banlieue ; **~ development** développement *(m)* suburbain ⓑ [*values, accent*] banlieusard *(pej)* ; **his ~ lifestyle** sa vie étriquée *(pej)* de banlieusard

suburbanite /sə'bɜːbənaɪt/ N banlieusard(e) *(m(f))*

suburbia /sə'bɜːbɪə/ N banlieue *(f)*

subversion /səb'vɜːʃən/ N subversion *(f)*

subversive /səb'vɜːsɪv/ ADJ subversif

subvert /səb'vɜːt/ VT [+ *the law, tradition*] bouleverser

subway /'sʌbweɪ/ N (= *underpass*) passage *(m)* souterrain ; (= *railway*) métro *(m)*

sub-zero /ˌsʌb'zɪərəʊ/ ADJ [*temperature*] au-dessous de zéro

succeed /sək'siːd/ **1** VI ⓐ (= *be successful*) réussir ; **to ~ in doing sth** réussir à faire qch ; **he ~s in all he does** il réussit tout ce qu'il entreprend ⓑ (= *follow*) succéder (**to** à) **2** VT succéder à ; **he ~ed his father as leader of the party** il a succédé à son père à la direction du parti ; **he was ~ed by his son** son fils lui a succédé

succeeding /sək'siːdɪŋ/ ADJ (*in past*) suivant ; (*in future*) à venir ; **she returns to this idea in the ~ chapters** elle reprend cette idée dans les chapitres suivants

success /sək'ses/ N succès *(m)* ; **~ in an exam** le succès à un examen ; **his ~ in doing sth** le fait qu'il ait réussi à faire qch ; **to meet with ~** avoir du succès ; **to make a ~ of sth** [+ *project*] mener qch à bien ; [+ *job, meal*] réussir qch ; **we wish you every ~** nous vous souhaitons très bonne chance ; **he was a great ~ as Hamlet/as a writer** il a eu beaucoup de succès dans le rôle de Hamlet/en tant qu'écrivain ; **it was a ~** [*holiday, meal, evening, attack*] c'était réussi ; [*play, record*] ça a été un succès ♦ **success story** N réussite *(f)*

successful /sək'sesfʊl/ ADJ ⓐ couronné de succès ; [*candidate in exam*] reçu ; [*election candidate*] victorieux ; [*marriage*] heureux ; **the tests were ~** les tests ont été probants ; **on ~ completion of** [+ *course*] après avoir été reçu à l'issue

de ; [+ *deal*] après avoir conclu ; **her application was ~** sa candidature a été retenue ; **to be ~ in** or **at doing sth** réussir à faire qch ; **to be ~ in one's efforts** voir ses efforts aboutir ; **to be ~ in sth** (*attempt, mission, exam*) réussir qch ; **to reach a ~ conclusion** aboutir ; **the show had a ~ run on Broadway** ce spectacle a eu beaucoup de succès à Broadway
ⓑ (= *prosperous*) [*businessman, company*] prospère ; [*doctor, lawyer, academic*] réputé ; [*writer, painter, book, film*] à succès ; [*career*] brillant

successfully /sək'sesfəlɪ/ ADV avec succès ; **a certificate showing you ~ completed the course** un certificat indiquant que vous avez été reçu à l'issue de ce stage

succession /sək'seʃən/ N succession *(f)* ; **in rapid ~** [*enter, go past*] à la file ; [*happen*] coup sur coup
♦ **in succession** successivement ; **four times in ~** quatre fois de suite ; **for ten years in ~** pendant dix années consécutives

successive /sək'sesɪv/ ADJ successif ; **on three ~ occasions** trois fois de suite ; **on four ~ days** pendant quatre jours consécutifs ; **for the third ~ year/time** pour la troisième année/fois consécutive ; **with each ~ failure** à chaque nouvel échec

successively /sək'sesɪvlɪ/ ADV successivement ; **~ higher levels of unemployment** des taux de chômage de plus en plus élevés

successor /sək'sesə'/ N successeur *(m)* (**to, of** de) ; **the ~ to the throne** l'héritier *(m)*, -ière *(f)* de la couronne

succinct /sək'sɪŋkt/ ADJ succinct

succulent /'sʌkjʊlənt/ **1** ADJ succulent **2** N plante *(f)* grasse

succumb /sə'kʌm/ VI succomber (**to** à)

such /sʌtʃ/ **1** ADJ ⓐ (= *of that sort*) tel, pareil ; **~ a book** un tel livre ; **~ books** de tels livres ; **we had ~ a case last year** nous n'avons eu un cas semblable l'année dernière ; **in ~ cases** en pareil cas ; **did you ever hear of ~ a thing?** avez-vous jamais entendu une chose pareille ? ; **... or some ~ thing** ... ou une chose de ce genre
ⓑ (= *so much*) tellement, tant ; **embarrassed by ~ praise** embarrassé par tant de compliments ; **he was in ~ pain** il souffrait tellement ; **don't be in ~ a rush** ne soyez pas si pressé ; **we had ~ a surprise!** quelle surprise nous avons eue ! ; **there was ~ a lot of noise that ...** il y avait tellement de bruit que ...
ⓒ (*set structures*)
♦ **no such ... :** **no ~ book exists** un tel livre n'existe pas ; **there's no ~ thing!** ça n'existe pas ! ; **there are no ~ things as unicorns** les licornes n'existent pas ; **I said no ~ thing!** je n'ai jamais dit cela !
♦ **such as** tel que, comme ; **a friend ~ as Paul** un ami comme Paul ; **animals ~ as cats** les animaux tels que or comme les chats ; **~ as?*** quoi, par exemple ? ; **you can take my car, ~ as it is** vous pouvez prendre ma voiture pour ce qu'elle vaut
♦ **such ... as** : **I'm not ~ a fool as to believe that!** je ne suis pas assez bête pour croire ça ! ; **have you ~ a thing as a penknife?** auriez-vous un canif par hasard ? ; **until ~ time as ...** jusqu'à ce que ... (+ *subj*), en attendant que ... (+ *subj*)
2 ADV ⓐ (= *so very*) si ; **he gave us ~ good coffee** il nous a offert un si bon café ; **~ big boxes** de si grandes boîtes ; **~ a lovely present** un si joli cadeau ; **it was ~ a long time ago!** il y a si longtemps de ça !
ⓑ (*in comparisons*) aussi ; **I haven't had ~ good coffee for years** ça fait des années que je n'ai pas bu un aussi bon café
3 PRON **rabbits and hares and ~(like)*** les lapins, les lièvres et autres animaux de ce genre ; **teachers and doctors and ~(like)*** les professeurs et les docteurs et autres
♦ **as such** (= *in that capacity*) à ce titre ; (= *in itself*) en soi ; **the work as ~ is boring, but the pay is good** le travail en soi est ennuyeux, mais le salaire est bon ; **and as ~ he was promoted** et à ce titre il a obtenu de l'avancement ; **he was a genius but not recognized as ~** c'était un génie mais il

n'était pas reconnu comme tel ; **there are no houses as ~** il n'y a pas de maisons à proprement parler

4 COMP ✦ **such-and-such** ADJ tel et tel ; **Mr Such-and-~**[*] Monsieur Untel ; **in ~-and-~ a street** dans telle et telle rue

suchlike[*] /'sʌtʃlaɪk/ PRON → **such**

suck /sʌk/ 1 VT sucer ; (*through straw*) [+ *drink*] aspirer (**through** avec) ; [*baby*] [+ *breast, bottle*] téter ; [*pump, machine*] aspirer (**from** de) ; **to ~ one's thumb** sucer son pouce ; **to ~ sb dry** (*of money*) sucer qn jusqu'au dernier sou[*] ; **to be ~ed into a situation** être entraîné dans une situation 2 VI ⓐ [*baby*] téter ⓑ **to ~ at** sucer ⓒ (= *be very bad*)[*] **it ~s!** c'est un tas de conneries ![*] 3 N **to give sth a ~** sucer qch

▶ **suck down** VT SEP [*sea, mud*] engloutir

▶ **suck in** VT SEP [*sea, mud*] engloutir ; [*porous surface*] absorber ; [*pump, machine*] aspirer ; [+ *knowledge, facts*] absorber ; **to ~ in one's stomach** rentrer son ventre

▶ **suck out** VT SEP [*person*] faire sortir en suçant (**of, from** de) ; [*machine*] refouler à l'extérieur (**of, from** de)

▶ **suck up** 1 VI **to ~ up to sb**[*] lécher les bottes[*] de qn 2 VT SEP [*person*] sucer ; [*pump, machine*] aspirer ; [*porous surface*] absorber

sucker /'sʌkə'/ 1 N ⓐ (= *adhesive object*) ventouse (*f*) ⓑ (= *person*)[*] poire[*] (*f*) ; **to be a ~ for sth** ne pouvoir résister à qch 2 VT (*US* = *swindle*)[*] embobiner[*] ; **to get ~ed out of $500** se faire avoir de 500 dollars

suckle /'sʌkl/ 1 VT allaiter 2 VI téter

sucrose /'suːkrəʊz/ N saccharose (*m*)

suction /'sʌkʃən/ 1 N succion (*f*) ; **to adhere by ~** faire ventouse 2 COMP [*apparatus, device*] de succion ✦ **suction disc** N ✦ **suction pad** N ventouse (*f*) ✦ **suction pump** N pompe (*f*) aspirante

Sudan /suˈdɑːn/ N (**the**) **~** Soudan (*m*)

Sudanese /ˌsuːdəˈniːz/ 1 ADJ soudanais 2 N (*pl inv = person*) Soudanais(e) (*m(f)*)

sudden /'sʌdn/ ADJ soudain [*attack, marriage*] inattendu ; [*inspiration*] subit ; **it's all so ~!** c'est si soudain ! ; **all of a ~** soudain ✦ **sudden-death** N (*Brit*) mort (*f*) subite ; (*US Sport*) *prolongation où les ex aequo sont départagés dès le premier point marqué* ✦ **sudden infant death syndrome** N mort (*f*) subite du nourrisson

suddenly /'sʌdnlɪ/ ADV soudain ; **to die ~** mourir subitement

sudoku /suˈdəʊkuː/ N sudoku (*m*)

suds /sʌdz/ NPL ⓐ (= *lather*) mousse (*f*) de savon ; (= *soapy water*) eau (*f*) savonneuse ⓑ (*US* = *beer*)[*] bière (*f*)

sue /suː/ 1 VT poursuivre en justice (**for sth** pour obtenir qch, **over** au sujet de) ; **to ~ sb for damages** poursuivre qn en dommages-intérêts ; **to be ~d for damages/libel** être poursuivi en dommages-intérêts/en diffamation ; **to ~ sb for divorce** entamer une procédure de divorce contre qn 2 VI engager des poursuites

suede /sweɪd/ 1 N daim (*m*) 2 ADJ [*shoes, handbag, coat, skirt*] de daim ; [*gloves*] de suède ; [*leather*] suédé

suet /sʊɪt/ N graisse (*f*) de rognon ; **~ pudding** *plat à base de farine et de graisse de bœuf*

Suez /'suːɪz/ N **the ~ Canal** le canal de Suez ; **the Gulf of ~** le golfe de Suez

suffer /'sʌfə'/ 1 VT ⓐ (= *undergo*) subir ; [+ *headaches, hunger*] souffrir de ; **he ~ed a lot of pain** il a beaucoup souffert ; **her popularity ~ed a decline** sa popularité a décliné

ⓑ (= *allow*) [+ *opposition, sb's rudeness, refusal*] tolérer ; **I can't ~ it a moment longer** je ne peux plus le tolérer

2 VI ⓐ [*person*] souffrir ; **to ~ in silence** souffrir en silence ; **he ~ed for it later** il en a souffert plus tard ; **you'll ~ for this** vous me le paierez ; **I'll make him ~ for it!** il me le paiera !

ⓑ (= *be afflicted by*) **to ~ from** [+ *rheumatism, heart trouble, the cold, hunger*] souffrir de ; [+ *deafness*] être atteint de ; [+ *flu, frostbite, bad memory*] avoir ; **he was ~ing from shock** il était commotionné ; **to ~ from the effects of** [+ *fall, illness*] se ressentir de ; [+ *alcohol, drug*] subir le contrecoup de ; **to be**

~ing from having done sth se ressentir d'avoir fait qch ; **the house is ~ing from neglect** la maison souffre d'un manque d'entretien

ⓒ (= *be impaired*) souffrir ; **your health will ~** votre santé en souffrira ; **the regiment ~ed badly** le régiment a essuyé de grosses pertes

sufferer /'sʌfərə'/ N (*from illness*) malade (*mf*) ; (*from misfortune, accident*) victime (*f*) ; **AIDS ~** sidéen(ne) (*m(f)*) ; **asthma ~** asthmatique (*mf*)

suffering /'sʌfərɪŋ/ N souffrance(s) (*f(pl)*)

suffice /səˈfaɪs/ (*frm*) VI suffire ; **~ it to say ...** qu'il (me) suffise de dire ...

sufficient /səˈfɪʃənt/ ADJ [*number, quantity*] suffisant ; **~ time/money/evidence** suffisamment de temps/d'argent/de preuves ; **to be ~** suffire (**for** à)

sufficiently /səˈfɪʃəntlɪ/ ADV suffisamment

suffix /'sʌfɪks/ N suffixe (*m*)

suffocate /'sʌfəkeɪt/ VTI étouffer

suffocation /ˌsʌfəˈkeɪʃən/ N étouffement (*m*) ; (*Med*) asphyxie (*f*) ; **to die from ~** mourir asphyxié

suffrage /'sʌfrɪdʒ/ N droit (*m*) de vote ; **universal ~** suffrage (*m*) universel

suffragette /ˌsʌfrəˈdʒet/ N suffragette (*f*)

sugar /'ʃʊgə'/ 1 N sucre (*m*) ; **oh, ~!**[*] mercredi ![*] 2 VT [+ *food, drink*] sucrer 3 COMP ✦ **sugar basin** N (*Brit*) sucrier (*m*) ✦ **sugar beet** N betterave (*f*) à sucre ✦ **sugar bowl** N sucrier (*m*) ✦ **sugar cane** N canne (*f*) à sucre ✦ **sugar cube** N morceau (*m*) de sucre ✦ **sugar-free** ADJ sans sucre ✦ **sugar lump** N morceau (*m*) de sucre ✦ **sugar pea** N (pois (*m*)) mange-tout (*m inv*)

sugary /'ʃʊgərɪ/ ADJ ⓐ [*food, drink*] sucré ⓑ [*person, voice*] mielleux

suggest /səˈdʒest/ VT ⓐ (= *propose*) suggérer ; (= *hint*) insinuer ; **I ~ you ask him** il faudrait lui demander ; **I ~ that we go to the museum** je propose qu'on aille au musée ; **he ~ed going to London** il a suggéré d'aller à Londres ; **what are you trying to ~?** que voulez-vous dire par là ? ⓑ (= *imply*) suggérer ; **the coins ~ a Roman settlement** les pièces de monnaie semblent témoigner de l'existence d'une colonie romaine

suggestion /səˈdʒestʃən/ 1 N ⓐ suggestion (*f*) ; (= *insinuation*) insinuation (*f*) ; **to make a ~** faire une suggestion ; **if I may make a ~** si je peux me permettre une suggestion ; **have you any ~s?** avez-vous quelque chose à suggérer ? ; **we reject any ~ that ...** nous rejetons toute insinuation selon laquelle ... ; **there is no ~ of corruption** il ne saurait être question de corruption ⓑ (= *trace*) soupçon (*m*), pointe (*f*) 2 COMP ✦ **suggestion box** N boîte (*f*) à idées

suggestive /səˈdʒestɪv/ ADJ suggestif ; **to be ~ of sth** suggérer qch

suicidal /ˌsʊɪˈsaɪdl/ ADJ suicidaire ; **it would be absolutely ~** ce serait complètement suicidaire ; **I feel absolutely ~** j'ai vraiment envie de me tuer

suicide /'sʊɪsaɪd/ N suicide (*m*) ; **there were two attempted ~s** il y a eu deux tentatives (*fpl*) de suicide ✦ **suicide attack** N attentat-suicide (*m*) ✦ **suicide bomber** N auteur (*m*) d'un attentat-suicide, kamikaze (*mf*)

suit /suːt/ 1 N ⓐ (*for man*) costume (*m*) ; (*for woman*) tailleur (*m*) ; [*of racing driver, astronaut*] combinaison (*f*) ; **~ of armour** armure (*f*) complète

ⓑ (*in court*) procès (*m*) ; **to bring a ~** intenter un procès (**against sb** à qn)

ⓒ (*Cards*) couleur (*f*)

2 VT ⓐ [*arrangements, date, price, climate*] convenir à ; **I'll do it when it ~s me** je le ferai quand ça m'arrangera ; **~ yourself!**[*] faites comme vous voulez ! ; **it ~s me here** je suis bien ici

ⓑ [*garment, colour, hairstyle*] aller à ; **it ~s her beautifully** ça lui va à merveille

3 VI convenir ; **will tomorrow ~?** est-ce que demain vous conviendrait ?

suitability /ˌsuːtəˈbɪlɪtɪ/ N [*of time, accommodation, clothes*] caractère (m) approprié; **his ~ is not in doubt** on ne met pas en doute ses aptitudes

suitable /'suːtəbl/ ADJ approprié; **this dish is not ~ for diabetics** ce plat ne convient pas aux diabétiques; **he is not at all a ~ person** ce n'est pas du tout quelqu'un comme lui qu'il faut; **I can't find anything ~** je ne trouve rien qui convienne; **the most ~ man for the job** l'homme le plus apte à occuper ce poste; **these flats are not ~ for families** ces appartements ne conviennent pas pour des familles; **the film isn't ~ for children** ce n'est pas un film pour les enfants

suitably /'suːtəblɪ/ ADV **I'm not ~ dressed for gardening** je ne suis pas habillé comme il faut pour jardiner; **to be ~ qualified** posséder les compétences requises; **he was ~ impressed when I told him that ...** il a été assez impressionné quand je lui ai dit que ...

suitcase /'suːtkeɪs/ N valise (f)

suite /swiːt/ N ⓐ (= furniture) mobilier (m); (= rooms) suite (f) ⓑ (= piece of music) suite (f)

suitor /'suːtər/ N soupirant (m)

sulfate /'sʌlfeɪt/ N (US) sulfate (m)

sulfide /'sʌlfaɪd/ N (US) sulfure (m)

sulfur /'sʌlfər/ N (US) soufre (m)

sulfuric /sʌl'fjʊərɪk/ ADJ (US) sulfurique

sulk /sʌlk/ 1 N **to be in a ~** bouder 2 VI bouder

sulky /'sʌlkɪ/ ADJ [person, expression] boudeur; **to be ~** faire la tête

sullen /'sʌlən/ ADJ maussade

sulphate /'sʌlfeɪt/ N sulfate (m)

sulphur /'sʌlfər/ N soufre (m)

sulphuric /sʌl'fjʊərɪk/ ADJ sulfurique

sultan /'sʌltən/ N sultan (m)

sultana /sʌl'tɑːnə/ N (Brit) raisin (m) de Smyrne

sultry /'sʌltrɪ/ ADJ ⓐ [day, atmosphere] étouffant; [weather, air, heat] lourd ⓑ (= sensual) sensuel

sum /sʌm/ N ⓐ (= total after addition) somme (f); (= calculation) calcul (m); **~s** (= arithmetic) le calcul; **to do a ~ in one's head** faire un calcul de tête ✦ **sum total** N (= amount) somme (f) totale; (= money) montant (m) (global)

► **sum up** 1 VI récapituler; **to ~ up ...** en résumé ... 2 VT SEP ⓐ (= summarize) résumer; **that ~s up all I felt** cela exprime bien ce que je ressentais ⓑ (= assess) se faire une idée de

summarize /'sʌməraɪz/ VT résumer

summary /'sʌmərɪ/ 1 N résumé (m); **in ~** en résumé ADJ sommaire

summer /'sʌmər/ 1 N été (m); **in (the) ~** en été; **in the ~ of 1997** pendant l'été 1997 2 COMP [weather, heat, season] estival; [day, clothes] d'été ✦ **summer camp** N (US) colonie (f) de vacances ✦ **summer holidays** NPL grandes vacances (fpl) ✦ **summer school** N université (f) d'été ✦ **summer term** N troisième trimestre (m) ✦ **summer time** N (Brit: by clock) heure (f) d'été

summerhouse /'sʌməhaʊs/ N pavillon (m) d'été

summertime /'sʌmətaɪm/ N (= season) été (m)

summery /'sʌmərɪ/ ADJ [clothes] d'été

summing-up /'sʌmɪŋʌp/ N résumé (m)

summit /'sʌmɪt/ 1 N ⓐ sommet (m); [of ambition] summum (m) ⓑ (= meeting) sommet (m) COMP ✦ **summit conference** N conférence (f) au sommet

summon /'sʌmən/ VT [+ doctor, police, reinforcements] appeler; (to meeting) convoquer; **to ~ sb to appear** (in court) citer qn à comparaître

► **summon up** VT SEP [+ energy, strength] rassembler; **I couldn't ~ up any enthusiasm** j'avais de la peine à m'enthousiasmer

summons /'sʌmənz/ 1 N (pl summonses) assignation (f); **he got a ~ to appear in court** il a reçu une assignation à comparaître 2 VT [court] citer, assigner (à comparaître)

sumptuous /'sʌmptjʊəs/ ADJ somptueux

sun /sʌn/ 1 N soleil (m); **the ~ is shining** il fait soleil; **in the ~** au soleil; **a place in the ~** un endroit ensoleillé; (fig) une place au soleil; **to catch the ~** (= get a tan) prendre des couleurs; (= get sunburned) prendre un coup de soleil; **the ~ is in my eyes** j'ai le soleil dans les yeux; **everything under the ~** tout ce qu'il est possible d'imaginer; **there is nothing new under the ~** il n'y a rien de nouveau sous le soleil

2 VT **to ~ o.s.** [lizard, cat] se chauffer au soleil; [person] prendre un bain de soleil

3 COMP ✦ **sun dress** N robe (f) bain de soleil ✦ **sun lamp** N lampe (f) à bronzer ✦ **sun lotion** N crème (f) solaire ✦ **sun-lounger** N chaise (f) longue ✦ **sun oil** N huile (f) solaire ✦ **sun umbrella** N parasol (m)

Sun. ABBR = **Sunday**

sunbathe /'sʌnbeɪð/ VI se faire bronzer

sunbathing /'sʌnbeɪðɪŋ/ N bains (mpl) de soleil

sunbeam /'sʌnbiːm/ N rayon (m) de soleil

sunbed /'sʌnbed/ N (with sunray lamp) lit (m) solaire; (for outdoors) chaise (f) longue

> ⓘ **SUNBELT**
>
> La « région du soleil » désigne les États du sud des États-Unis (de la Caroline du Nord à la Californie), caractérisés par un climat chaud et ensoleillé et qui connaissent, depuis quelque temps, un fort développement économique dû notamment aux mouvements migratoires en provenance du nord du pays. Les États du nord, par opposition, sont parfois appelés « Frostbelt » (région du gel) ou « Rustbelt » (région de la rouille) à cause de leurs vieilles infrastructures industrielles.

sunblock /'sʌnblɒk/ N écran (m) solaire total

sunburn /'sʌnbɜːn/ N coup (m) de soleil; **to get ~** attraper un coup de soleil; **it prevents ~** cela évite les coups de soleil

sunburned /'sʌnbɜːnd/, **sunburnt** /'sʌnbɜːnt/ ADJ (= tanned) bronzé; (painfully) brûlé par le soleil; **to get ~** prendre un coup de soleil

sundae /'sʌndeɪ/ N sundae (m), coupe (f) glacée Chantilly

Sunday /'sʌndɪ/ 1 N dimanche (m) → Saturday 2 COMP [clothes, paper] du dimanche ✦ **Sunday best** N **in one's ~ best** tout endimanché ✦ **Sunday school** N ≈ catéchisme (m)

> ⓘ **SUNDAY PAPERS**
>
> Les journaux du dimanche occupent une place essentielle dans les activités dominicales des Britanniques, qui en achètent souvent plusieurs. Il s'agit soit de journaux paraissant uniquement le dimanche (« Observer » et « News of the World », par exemple), soit d'éditions du dimanche de quotidiens (« Sunday Times », « Sunday Telegraph », « Independent on Sunday », « Sunday Express », etc.). Un **Sunday paper** contient généralement des rubriques très variées sur les arts, les sports, les voyages ou les affaires, et s'accompagne d'un supplément magazine en couleurs.
>
> Aux États-Unis, le plus grand journal du dimanche est l'édition dominicale du « New York Times », mais les Américains préfèrent généralement la presse locale à la presse nationale.

sundial /'sʌndaɪəl/ N cadran (m) solaire

sundown /'sʌndaʊn/ N (US) coucher (m) de soleil

sundry /'sʌndrɪ/ 1 ADJ divers; **all and ~** tout le monde 2 NPL **sundries** articles (mpl) divers

sunflower /'sʌn,flaʊər/ N tournesol (m) ✦ **sunflower oil** N huile (f) de tournesol

sung /sʌŋ/ VB ptp of **sing**

sunglasses /'sʌn,glɑːsɪz/ NPL lunettes (fpl) de soleil

sunk /sʌŋk/ VB ptp of **sink**

sunken /'sʌŋkən/ ADJ [ship, treasure] englouti; [garden, road] en contrebas; [bath] encastré; [eyes] enfoncé; [cheeks] creux

sunlight /'sʌnlaɪt/ N (lumière (f) du) soleil (m)

sunlit /'sʌnlɪt/ ADJ ensoleillé

Sunni /'sʌnɪ/ **1** N (= *religion*) sunnisme (*m*); (= *person*) sunnite (*mf*) **2** ADJ sunnite

sunny /'sʌnɪ/ ADJ ⓐ ensoleillé; **it's ~ today** il y a du soleil aujourd'hui; **~ intervals** (*Brit*) éclaircies (*fpl*); **eggs ~ side up** (*US*) œufs (*mpl*) sur le plat (*frits sans avoir été retournés*) ⓑ [*smile*] radieux; [*person*] épanoui; [*personality, mood*] enjoué

sunrise /'sʌnraɪz/ N lever (*m*) de soleil

sunroof /'sʌnru:f/ N (*on car*) toit (*m*) ouvrant

sunscreen /'sʌnskri:n/ N écran (*m*) solaire

sunset /'sʌnset/ N coucher (*m*) de soleil

sunshade /'sʌnʃeɪd/ N (*for eyes*) visière (*f*); (*in car*) pare-soleil (*m inv*); (= *parasol*) ombrelle (*f*)

sunshine /'sʌnʃaɪn/ N (lumière (*f*) du) soleil (*m*); **in the ~** au soleil; **five hours of ~** cinq heures d'ensoleillement; **hallo ~!*** bonjour mon rayon de soleil!

sunspot /'sʌnspɒt/ N tache (*f*) solaire

sunstroke /'sʌnstrəʊk/ N insolation (*f*)

suntan /'sʌntæn/ N bronzage (*m*); **to get a ~** se faire bronzer; **~ lotion/oil** crème/huile solaire

suntanned /'sʌntænd/ ADJ bronzé

suntrap /'sʌntræp/ N coin (*m*) très ensoleillé

super /'su:pə'/ **1** ADJ (*Brit*)* super* **2** N (*US* = *gasoline*) super(carburant) (*m*) **3** COMP ♦ **Super Bowl** N (*US*) *championnat de football américain*

superannuation /,su:pə,rænjʊ'eɪʃən/ N (*Brit* = *pension*) pension (*f*) de retraite

superb /suː'pɜːb/ ADJ [*view, weather, day*] superbe; [*quality, opportunity*] exceptionnel; **in ~ condition** en excellent état

supercilious /,su:pə'sɪlɪəs/ ADJ [*person, smile*] dédaigneux

supercomputer /,su:pəkəm'pju:tə'/ N superordinateur (*m*)

superconductor /,su:pəkən'dʌktə'/ N supraconducteur (*m*)

superego /,su:pər'i:gəʊ/ N surmoi (*m*)

superficial /,su:pə'fɪʃəl/ ADJ superficiel

superficially /,su:pə'fɪʃəlɪ/ ADV [*discuss, examine*] superficiellement; **~ attractive** attirant en apparence seulement

superfluous /sʊ'pɜːflʊəs/ ADJ [*goods, explanation*] superflu; **it is ~ to say that ...** inutile de dire que ...

superglue /'su:pəglu:/ N colle (*f*) extraforte

superhero /'su:pə,hɪərəʊ/ N super-héros (*m*)

superhuman /,su:pə'hju:mən/ **1** ADJ surhumain **2** N surhomme (*m*)

superimpose /,su:pərɪm'pəʊz/ VT superposer (**on** à); **~d** [*image*] en surimpression

superintend /,su:pərɪn'tend/ VT superviser; [+ *exam*] surveiller

superintendent /,su:pərɪn'tendənt/ N ⓐ [*of department*] chef (*m*) ⓑ [*of police*] ≈ commissaire (*m*)

superior /sʊ'pɪərɪə'/ **1** ADJ ⓐ (= *better*) supérieur; **the vastly ~ numbers of the enemy** les effectifs largement supérieurs de l'ennemi ⓑ (= *high-quality*) de qualité supérieure; **a very ~ model** un modèle très supérieur ⓒ (= *supercilious*) [*person*] hautain; [*air*] supérieur (-eure (*f*)); [*smile*] dédaigneux; **to feel ~** se sentir supérieur ⓓ (*in hierarchy*) supérieur (**to** à) **2** N supérieur(e) (*m(f)*); **my ~** mon supérieur hiérarchique

superiority /sʊ,pɪərɪ'ɒrɪtɪ/ N supériorité (*f*) (**to, over** par rapport à) ♦ **superiority complex** N complexe (*m*) de supériorité

superlative /sʊ'pɜːlətɪv/ **1** ADJ ⓐ (= *excellent*) exceptionnel ⓑ [*adjective*] superlatif **2** N superlatif (*m*); **he tends to talk in ~s** il a tendance à exagérer

superman /'su:pəmæn/ N (*pl* **-men**) surhomme (*m*); **Superman** (= *fictional character*) Superman

supermarket /'su:pə,maːkɪt/ N supermarché (*m*)

supermodel /'su:pəmɒdl/ N top model (*m*)

supernatural /,su:pə'nætʃərəl/ ADJ, N surnaturel (*m*)

superpower /'su:pəpaʊə'/ N superpuissance (*f*)

supersede /,su:pə'si:d/ VT [+ *belief, object, order*] remplacer; [+ *person*] supplanter; **~d method** méthode (*f*) périmée

supersize /'su:pəsaɪz/ ADJ géant(e)

supersonic /,su:pə'sɒnɪk/ ADJ [*aircraft, speed*] supersonique; [*flight, travel*] en avion supersonique

superstar /'su:pəstaː'/ N superstar (*f*)

superstition /,su:pə'stɪʃən/ N superstition (*f*)

superstitious /,su:pə'stɪʃəs/ ADJ superstitieux

superstore /'su:pəstɔː'/ N (*Brit*) hypermarché (*m*)

supertanker /'su:pə,tæŋkə'/ N supertanker (*m*)

supertax /'su:pətæks/ N tranche (*f*) supérieure de l'impôt sur le revenu

supervise /'su:pəvaɪz/ VT [+ *person, worker*] être le supérieur hiérarchique de; [+ *department, research*] diriger; [+ *work*] superviser; [+ *exam*] surveiller

supervision /,su:pə'vɪʒən/ N (= *watch*) surveillance (*f*); (= *monitoring*) contrôle (*m*); (= *management*) direction (*f*)

supervisor /'su:pəvaɪzə'/ N surveillant(e) (*m(f)*); (*in shop*) chef (*m*) de rayon; (*of thesis*) directeur (*m*), -trice (*f*) de thèse

supervisory /'su:pəvaɪzərɪ/ ADJ de surveillance; **~ staff** personnel (*m*) chargé de la surveillance

supine /'su:paɪn/ ADJ (*liter: also* **lying ~**) allongé sur le dos

supper /'sʌpə'/ N (= *main meal*) dîner (*m*); (= *snack*) collation (*f*); **to have ~** dîner ♦ **supper club** N (*US*) *petit restaurant nocturne, avec danse et éventuellement spectacle* ♦ **supper time** N heure (*f*) du dîner

supplant /sə'plaːnt/ VT supplanter

supple /'sʌpl/ ADJ souple

supplement **1** N supplément (*m*) **2** VT [+ *income*] augmenter (**by doing sth** en faisant qch); [+ *diet*] compléter

> ★ Lorsque **supplement** est un nom, la fin se prononce comme **ant** dans **giant**: /'sʌplɪmənt/; lorsque c'est un verbe, elle se prononce comme **ent** dans **went**: /'sʌplɪ,ment/.

supplementary /,sʌplɪ'mentərɪ/ ADJ supplémentaire; [*food, vitamins*] complémentaire

suppleness /'sʌplɪnɪs/ N souplesse (*f*)

supplier /sə'plaɪə'/ N fournisseur (*m*)

supply /sə'plaɪ/ **1** N ⓐ (= *stock*) provision (*f*); **to get in a ~ of ...** faire des provisions de ...; **to get in a fresh ~ of sth** renouveler sa réserve de qch; **supplies** provisions (*fpl*), réserves (*fpl*); (= *food*) vivres (*mpl*) ⓑ (= *act of supplying*) alimentation (*f*); [*of equipment*] fourniture (*f*); **the electricity/gas ~** l'alimentation en électricité/gaz; **~ and demand** l'offre (*f*) et la demande ⓒ (= *teacher*) remplaçant(e) (*m(f)*); **to be on ~** faire des remplacements

2 VT (= *provide*) fournir (**with sth** en qch); **we ~ the local schools** nous fournissons les écoles locales; **to ~ electricity/water to a town** alimenter une ville en électricité/eau; **a battery is not supplied with the torch** la torche est livrée sans pile; **to ~ sb with information/details** fournir des renseignements/des détails à qn

3 COMP [*vehicle, train*] de ravitaillement ♦ **supply teacher** N (*Brit*) suppléant(e) (*m(f)*)

support /sə'pɔːt/ **1** N ⓐ soutien (*m*); (= *technical support*) support (*m*) technique; **he leaned on me for ~** il s'est appuyé sur moi; **he needs all the ~ he can get** il a bien besoin de tout le soutien qu'on pourra lui donner; **thank you for your ~** merci pour votre soutien; **to give ~ to sb/ sth** soutenir qn/qch; **he has no visible means of ~** il n'a pas de moyens d'existence connus; **he spoke in ~ of the motion** il a parlé en faveur de la motion; **in ~ of his theory/claim** à l'appui de sa théorie/revendication; **to give one's ~ to ...** prêter son appui à ...

ⓑ (= *object*) appui (*m*); [*of structure*] support (*m*); (*moral,*

financial) soutien (m); (US = subsidy) subvention (f); **he has been a great ~ to me** il a été pour moi un soutien précieux
2 VT ⓐ (= hold up) [pillar, beam, person] soutenir; **the elements necessary to ~ life** les éléments indispensables à la vie
ⓑ [+ theory, cause, party, candidate] (passively) être pour; (actively) soutenir; [+ sb's application] appuyer; [+ action] soutenir; [+ team] être supporter de; **his friends ~ed him in his campaign** ses amis l'ont soutenu dans sa campagne; **the socialists will ~ it** les socialistes voteront pour; **I cannot ~ what you are doing** je ne peux pas approuver ce que vous faites; **the evidence that ~s my case** les preuves à l'appui de ma cause; **he ~s Celtic** c'est un supporter du Celtic
ⓒ (financially) subvenir aux besoins de; **she has three children to ~** elle doit subvenir aux besoins de trois enfants; **to ~ o.s.** (= earn one's living) gagner sa vie; **the school is ~ed by money from ...** l'école reçoit une aide financière de ...
3 COMP ♦ **support band** N (= rock group) groupe (m) en vedette américaine ♦ **support group** N groupe (m) d'entraide

⚠ **to support ≠ supporter**

supporter /səˈpɔːtəʳ/ N [of party] sympathisant(e) (m(f)); [of theory, cause] partisan (m); [of team] supporter (m)

supporting /səˈpɔːtɪŋ/ ADJ ⓐ (= corroborating) [document, evidence] à l'appui ⓑ [role, part] second (before n); **~ actor** second rôle (m); **the ~ cast** les seconds rôles (mpl)

supportive /səˈpɔːtɪv/ ADJ (= helpful) compréhensif; **she has a very ~ family** sa famille lui est d'un grand soutien

suppose /səˈpəʊz/ **1** VT ⓐ (= imagine) supposer (that que + subj); (= assume, postulate) supposer (that que + indic); **let's ~ that there were witnesses** et s'il y avait des témoins?; **~ he doesn't come?** et s'il ne vient pas?
♦ **supposing** si (+ indic); **supposing he can't do it?** et s'il ne peut pas le faire?; **even supposing that ...** à supposer même que ... (+ subj); **always supposing that ...** en supposant que ... (+ subj)
ⓑ (= believe) croire; (= think) penser; **what do you ~ he wants?** à votre avis que peut-il bien vouloir?; **I don't ~ he'll agree** cela m'étonnerait qu'il accepte; **I ~ so** je suppose que oui; **I don't ~ so** or **I ~ not** je ne crois pas
ⓒ ♦ **to be supposed to do sth** être censé faire qch; **she was ~d to telephone this morning** elle était censée téléphoner ce matin; **he isn't ~d to know** il n'est pas censé le savoir; **you're not ~d to do that** tu n'es pas censé faire cela; **it's ~d to be a good film** c'est soi-disant un bon film; **what's that ~d to mean?** qu'est-ce que tu veux dire par là?
2 VI **you'll come, I ~?** vous viendrez, je suppose?

supposed /səˈpəʊzd/ ADJ (= so-called) prétendu

supposedly /səˈpəʊzɪdlɪ/ ADV soi-disant; **~ safe chemicals** des produits chimiques soi-disant sans danger

supposition /ˌsʌpəˈzɪʃən/ N supposition (f); **that is pure ~** c'est une simple supposition

suppository /səˈpɒzɪtərɪ/ N suppositoire (m)

suppress /səˈpres/ VT [+ crime] mettre fin à; [+ revolt, one's feelings] réprimer; [+ facts, truth] étouffer; [+ evidence] faire disparaître

suppression /səˈpreʃən/ N [of evidence, information, human rights] suppression (f); [of protest, movement] répression (f); [of democracy] étouffement (m)

supremacy /suˈpreməsɪ/ N suprématie (f) (**over** sur)

supreme /suˈpriːm/ ADJ suprême; **the Supreme Court** la Cour suprême

supremo /suˈpriːməʊ/ N (Brit) grand chef (m)

surcharge /ˈsɜːtʃɑːdʒ/ **1** N (= extra payment) surcharge (f); (= extra tax) surtaxe (f) **2** VT surcharger, surtaxer

sure /ʃʊəʳ/ **1** ADJ ⓐ (= safe) sûr; [success] assuré
ⓑ (= definite) sûr; **he is ~ to come** il viendra sûrement; **it's ~ to rain** il va pleuvoir, c'est sûr; **be ~ and tell me** ne manquez pas de me le dire; **you're ~ of a good meal** un bon repas vous est assuré; **he's ~ of success** il est sûr de

réussir; **~ thing!** oui bien sûr!
ⓒ (= positive) sûr; **I'm ~ I've seen him** je suis sûr de l'avoir vu; **I'm ~ he'll help us** je suis sûr qu'il nous aidera; **I'm not ~** je ne suis pas sûr (that que + subj); **I'm not ~ how/why/ when** je ne sais pas très bien comment/pourquoi/quand; **I'm not ~ if he can** je ne suis pas sûr qu'il puisse; **he says he did it but I'm not so ~** il dit qu'il l'a fait mais je n'en suis pas si sûr; **to be/feel ~ of o.s.** être/se sentir sûr de soi
♦ **for sure: he'll leave for ~** il partira sans aucun doute; **and that's for ~** ça ne fait aucun doute; **I'll find out for ~** je me renseignerai pour savoir exactement ce qu'il en est; **do you know for ~?** êtes-vous absolument sûr?; **I'll do it next week for ~** je le ferai la semaine prochaine sans faute
♦ **to make sure: to make ~ of a seat** s'assurer une place; **to make ~ of one's facts** vérifier ce qu'on avance; **better get a ticket beforehand and make ~** il vaut mieux prendre un billet à l'avance pour être sûr; **did you lock it? — I think so but I'd better make ~** l'avez-vous fermé à clé? — je crois, mais je vais vérifier
2 ADV ⓐ (= certainly)* **he can ~ play the piano** il sait jouer du piano, ça oui!*; **he ~ was sick** il était vraiment malade; **will you do it? — ~!** le ferez-vous? — bien sûr!*
ⓑ ♦ **sure enough** effectivement; **I warned them it would break and ~ enough, it did** je les avais prévenus que ça casserait, et ça n'a pas raté; **he ~ enough made a hash of that*** (US) pour sûr qu'il a tout gâché*
3 COMP ♦ **sure-fire*** ADJ [way, method] infaillible; **this film is a ~-fire winner** ce film est sûr de faire un tabac* ♦ **sure-footed** ADJ au pied sûr; **to be ~-footed** (= skilful) faire preuve de doigté

surely /ˈʃʊəlɪ/ ADV **~ he didn't say that!** il n'a pas pu dire ça, tout de même!; **~ you can do something to help?** vous devez pouvoir aider; **~ you didn't believe him?** vous ne l'avez pas cru, j'espère; **~ not!** pas possible!; **~!** (US = with pleasure) bien sûr!

surety /ˈʃʊərətɪ/ N caution (f); **to stand ~ for sb** se porter caution pour qn

surf /sɜːf/ **1** N (= waves) vagues (fpl) déferlantes; (= foam) écume (f); (= spray) embruns (mpl) **2** VI (= go surfing) surfer **3** VT [+ waves] surfer sur; **to ~ the Net** surfer sur le net

surface /ˈsɜːfɪs/ **1** N surface (f); **under the ~** [of sea, lake] sous l'eau; **on the ~** (= at first sight) à première vue; **the road ~ is icy** la chaussée est verglacée **2** VT [+ road] revêtir (**with** de) **3** VI [swimmer, diver, whale] remonter à la surface; [submarine] faire surface; [news] se faire jour **4** COMP ♦ **surface area** N surface (f) ♦ **surface mail** N courrier (m) par voie de surface

surfboard /ˈsɜːfbɔːd/ **1** N planche (f) de surf **2** VI surfer

surfeit /ˈsɜːfɪt/ N excès (m)

surfer /ˈsɜːfəʳ/ N surfeur (m), -euse (f); (on Internet)* internaute (mf)

surfing /ˈsɜːfɪŋ/ N surf (m)

surge /sɜːdʒ/ **1** N [of fear, enthusiasm] vague (f); **he felt a ~ of anger** il a senti la colère monter en lui **2** VI [crowd] déferler; **to ~ in/out** entrer/sortir à flots; **they ~d forward** ils se sont lancés en avant; **a surging mass of demonstrators** une déferlante de manifestants

surgeon /ˈsɜːdʒən/ N chirurgien (m) ♦ **surgeon general** N (pl **surgeons general**) (in army) médecin (m) général; (US Admin) ministre (mf) de la Santé

surgery /ˈsɜːdʒərɪ/ N ⓐ (= skill, study, operation) chirurgie (f); **to have ~** se faire opérer ⓑ (Brit = consulting room) cabinet (m); (Brit = interview) consultation (f); **when is his ~?** quelles sont ses heures de consultation?

surgical /ˈsɜːdʒɪkəl/ ADJ chirurgical ♦ **surgical appliance** N appareil (m) orthopédique ♦ **surgical spirit** N (Brit) alcool (m) à 90 (degrés)

surgically /ˈsɜːdʒɪkəlɪ/ ADV chirurgicalement; **he had the tumour ~ removed** il s'est fait opérer de sa tumeur

Surinam /ˌsʊərɪˈnæm/ N Surinam (m)

surly /ˈsɜːlɪ/ ADJ revêche

surmise /sɜːˈmaɪz/ VT conjecturer; **to ~ that ...** conjecturer que ...; **I ~d as much** je m'en doutais

surmount /sɜːˈmaʊnt/ VT surmonter

surname /ˈsɜːneɪm/ N nom (m) de famille ; **name and ~** nom et prénoms

surpass /sɜːˈpɑːs/ VT [+ person] surpasser (**in** en) ; [+ hopes, expectations] dépasser ; **to ~ o.s.** se surpasser

surplus /ˈsɜːpləs/ 1 N (pl **surpluses**) surplus (m) 2 ADJ en surplus ; **it is ~ to our requirements** cela excède nos besoins ; **his ~ energy** son surcroît d'énergie 3 COMP ♦ **surplus store** N magasin (m) de surplus

surprise /səˈpraɪz/ 1 N surprise (f) ; **to my great ~** à ma grande surprise ; **to take by ~** [+ person] prendre au dépourvu ; [+ fort, town] prendre par surprise ; **what a ~!** quelle surprise! ; **~, ~!** (when surprising sb) tiens tiens! ; (iro) comme par hasard (iro) ; **to give sb a ~** surprendre qn ; **it was a lovely/nasty ~ for him** ça a été une agréable/mauvaise surprise pour lui ; **it came as a ~ to learn that ...** j'ai eu la surprise d'apprendre que ...

2 ADJ [defeat, decision, gift] inattendu ; **~ attack/visit** attaque (f)/visite (f) surprise

3 VT surprendre ; **he was ~d to hear that ...** il a été surpris d'apprendre que ... ; **I wouldn't be ~d if it snowed** cela ne m'étonnerait pas qu'il neige (subj) ; **I'm ~d by his ignorance** son ignorance me surprend ; **I'm ~d at you!** cela me surprend de votre part! ; **it ~d me that he agreed** j'ai été surpris qu'il accepte (subj) ; **go on, ~ me!** allez, étonne-moi !

surprised /səˈpraɪzd/ ADJ surpris ; **you'd be ~ how many people ...** si tu savais combien de gens ...

surprising /səˈpraɪzɪŋ/ ADJ surprenant ; **it is ~ that ...** il est surprenant que ... (+ subj)

surprisingly /səˈpraɪzɪŋlɪ/ ADV [big, sad] étonnamment ; **~ enough, ...** chose étonnante, ... ; **not ~ he didn't come** comme on pouvait s'y attendre il n'est pas venu

surreal /səˈrɪəl/ ADJ surréaliste (fig)

surrealism /səˈrɪəlɪzəm/ N surréalisme (m)

surrealist /səˈrɪəlɪst/ ADJ, N surréaliste (mf)

surrealistic /səˌrɪəˈlɪstɪk/ ADJ surréaliste

surrender /səˈrendəʳ/ 1 VI se rendre (**to** à) ; **to ~ to the police** se livrer à la police

2 VT [+ town] livrer (**to** à) ; [+ firearms] rendre (**to** à) ; [+ stolen property, documents] remettre (**to** à) ; [+ one's rights, claims, powers, liberty] renoncer à

3 N ⓐ (Mil) reddition (f) (**to** à) ⓑ (= giving up) [of firearms, stolen property, documents] remise (f) (**to** à) ; [of insurance policy] rachat (m) ; [of one's rights, claims, powers, liberty] renonciation (f) (**of** à) ; [of hopes] abandon (m) ; (= return) restitution (f) (**of** de, **to** à)

surreptitious /ˌsʌrəpˈtɪʃəs/ ADJ [entry, removal] discret ; [movement] furtif

surreptitiously /ˌsʌrəpˈtɪʃəslɪ/ ADV [enter, remove] discrètement ; [move] furtivement

surrogate /ˈsʌrəgɪt/ N substitut (m) ♦ **surrogate mother** N mère (f) porteuse

surround /səˈraʊnd/ 1 VT entourer ; **~ed by** entouré de ; **you're ~ed!** vous êtes cerné ! ; **to ~ o.s. with friends/allies** s'entourer d'amis/d'alliés 2 N bordure (f) ; [of fireplace] encadrement (m)

surrounding /səˈraʊndɪŋ/ 1 ADJ [streets, countryside, villages] environnant ; **Liège and the ~ area** Liège et ses environs 2 NPL **surroundings** (= surrounding country) environs (mpl) ; (= setting) cadre (m) ; **animals in their natural ~s** des animaux dans leur cadre naturel

surveillance /sɜːˈveɪləns/ N surveillance (f) ; **to keep sb under ~** surveiller qn ; **under constant ~** sous surveillance constante

survey 1 N ⓐ (= comprehensive view) [of countryside, prospects, development] vue (f) d'ensemble (**of** de) ; **he gave a general ~ of the situation** il a fait un tour d'horizon de la situation

ⓑ (= investigation) [of reasons, prices, sales] étude (f) (**of** de) ; **to carry out a ~ of** faire une étude de ; **~ of public opinion** sondage (m) d'opinion

ⓒ [of land, coast] levé (m)

ⓓ (Brit: in housebuying) expertise (f)

2 VT ⓐ (= look around at) [+ view, crowd] embrasser du regard ; [+ prospects, trends] passer en revue ; **he ~ed the scene with amusement** il regardait la scène d'un œil amusé

ⓑ (= study) [+ developments, needs, prospects] faire une étude de ; **the Prime Minister ~ed the situation** le Premier ministre a fait un tour d'horizon de la situation

ⓒ [+ site, land] faire le levé de ; (Brit) [+ house, building] expertiser

★ Lorsque **survey** est un nom, l'accent tombe sur la première syllabe: /ˈsɜːveɪ/, lorsque c'est un verbe, sur la seconde: /səˈveɪ/.

surveying /səˈveɪɪŋ/ N [of site, land] levé (m) ; [of house] expertise (f)

surveyor /səˈveɪəʳ/ N (Brit) [of property, buildings] expert (m) ; [of land, site] géomètre (m)

survival /səˈvaɪvəl/ N (= act) survie (f) ; [of custom, beliefs] survivance (f) ; **the ~ of the fittest** la loi du plus fort ♦ **survival course** N cours (m) de survie ♦ **survival kit** N trousse (f) de survie

survive /səˈvaɪv/ 1 VI [person] survivre (**on** avec) ; [object, custom] survivre ; **he ~d to tell the tale** il a survécu et a pu raconter ce qui s'était passé ; **only three volumes ~** il ne subsiste plus que trois tomes ; **you'll ~!** (iro) vous n'en mourrez pas ! 2 VT survivre à ; **he is ~d by a wife and two sons** il laisse une femme et deux fils

surviving /səˈvaɪvɪŋ/ ADJ survivant ; **the last ~ member of the family** le dernier membre vivant de la famille

survivor /səˈvaɪvəʳ/ N survivant(e) (m(f)) ; **he's a real ~!** rien ne l'abat !

susceptibility /səˌseptəˈbɪlɪtɪ/ N (= sensitiveness) sensibilité (f) ; (= touchiness) susceptibilité (f) ; (to illness) prédisposition (f) (**to** à)

susceptible /səˈseptəbl/ ADJ **to be ~ to sth** (= sensitive to sth) être sensible à qch ; (to disease) être prédisposé à qch

sushi /ˈsuːʃɪ/ N sushi (m) ♦ **sushi bar** N petit restaurant (m) de sushis

suspect 1 N suspect(e) (m(f)) 2 ADJ suspect 3 VT ⓐ soupçonner (**that** que) ; **he ~s nothing** il ne se doute de rien ⓑ (= think likely) avoir le sentiment (**that** que) ; **I ~ he knows who did it** j'ai le sentiment qu'il connaît le coupable ; **I ~ed as much** je m'en doutais ; **he'll come, I ~** il viendra, je suppose ⓒ (= have doubts about) douter de

★ Lorsque **suspect** est un nom ou un adjectif, l'accent tombe sur la première syllabe: /ˈsʌspekt/, lorsque c'est un verbe, sur la seconde: /səsˈpekt/.

⚠ **to suspect ≠ suspecter**

suspend /səsˈpend/ 1 VT ⓐ (= hang) suspendre (**from** à) ; **to be ~ed in midair** flotter dans l'air ⓑ (= stop temporarily) suspendre ; [+ bus service] interrompre provisoirement ⓒ [+ employee, office holder, officer] suspendre (**from** de) ; [+ pupil, student] exclure temporairement 2 COMP ♦ **suspended sentence** N (in court) condamnation (f) avec sursis ; **he received a ~ sentence of six months in jail** il a été condamné à six mois de prison avec sursis

suspender /səsˈpendəʳ/ 1 N (Brit: for stockings) jarretelle (f) 2 NPL **suspenders** (US = braces) bretelles (fpl) 3 COMP ♦ **suspender belt** N (Brit) porte-jarretelles (m inv)

suspense /səsˈpens/ N incertitude (f) ; (in book, film) suspense (m) ; **to keep sb in ~** laisser qn dans l'incertitude ; [film] tenir qn en haleine ; **the ~ is killing me!*** ce suspense me tue !

suspension /səsˈpenʃən/ 1 N ⓐ [of payment, constitution, talks, licence] suspension (f) ; [of programme, service] interruption (f) provisoire ⓑ [of employee, official, player] suspension (f) ; [of student] exclusion (f) temporaire ⓒ (in car) suspension (f) 2 COMP ♦ **suspension bridge** N pont (m) suspendu

suspicion /səsˈpɪʃən/ N soupçon (m) ; **above ~** au-dessus de tout soupçon ; **under ~** considéré comme suspect ; **he was regarded with ~** on le considérait avec suspicion ; **on ~**

of murder sur présomption de meurtre ; **I had a ~ that he wouldn't come back** quelque chose me disait qu'il ne reviendrait pas ; **I had my ~s about that letter** j'avais mes doutes quant à cette lettre

suspicious /səsˈpɪʃəs/ ADJ ⓐ (= *distrustful*) [*person, attitude, look*] méfiant ; **you've got a ~ mind!** tu es très méfiant ! ; **to be ~ of sb/sth** se méfier de qn/qch ; **to be ~ about sb/sth** avoir des soupçons sur qn/qch ; **to be ~ that ...** soupçonner que ... ; **to become ~** commencer à se méfier ⓑ (= *causing suspicion*) [*person, object, action, death*] suspect ; **in ~ circumstances** dans des circonstances suspectes

suspiciously /səsˈpɪʃəslɪ/ ADV ⓐ (= *with suspicion*) [*examine, glance, ask*] avec méfiance ⓑ (= *causing suspicion*) [*behave, act*] de manière suspecte ; **~ similar** d'une ressemblance suspecte ; **~ high/low prices** des prix étrangement élevés/bas ; **it sounds ~ as though he ...** il y a tout lieu de soupçonner qu'il ... ; **he arrived ~ early** c'est suspect qu'il soit arrivé si tôt

suss* /sʌs/ VT (*Brit*) **to ~ out** [+ *situation*] piger⁕ ; **I can't ~ him out** je n'arrive pas à le cerner ; **he'll ~ you out straight away** il va tout de suite comprendre ton jeu ; **I've got it ~ed** j'ai pigé⁕

sustain /səsˈteɪn/ VT ⓐ (= *support*) [+ *life*] maintenir ; [+ *effort, theory*] soutenir ; [+ *pretence*] prolonger ⓑ (= *suffer*) [+ *attack, loss, damage*] subir ; [+ *injury*] recevoir

sustainable /səsˈteɪnəbl/ ADJ [*rate, growth*] viable ; [*energy, forest, development*] durable ; [*resource*] renouvelable ; [*argument*] tenable

sustained /səsˈteɪnd/ ADJ [*effort, attack, applause*] prolongé ; **~ growth** (*Econ*) croissance (f) soutenue

sustenance /ˈsʌstɪnəns/ N alimentation (f) ; **they get their ~ from ...** ils se nourrissent de ...

SUV /ˌesjuːˈviː/ N (*US*) (ABBR = **sports utility vehicle**) SUV (m)

SVQ /ˌesviːˈkjuː/ N (ABBR = **Scottish Vocational Qualification**) *qualification professionnelle*

SW ⓐ (ABBR = **short wave**) OC ⓑ (ABBR = **south-west**) S-O

swab /swɒb/ 1 N (= *cotton wool*) tampon (m) ; (= *specimen*) prélèvement (m) ; **to take a ~ of sb's throat** faire un prélèvement dans la gorge de qn 2 VT nettoyer

swag⁕ /swæg/ N butin (m)

swagger /ˈswægər/ 1 N air (m) fanfaron ; (= *gait*) démarche (f) assurée ; **to walk with a ~** marcher en se pavanant 2 VI se pavaner ; **to ~ in/out** entrer/sortir en se pavanant

swaggering /ˈswægərɪŋ/ 1 ADJ [*gait*] assuré ; [*person, look*] fanfaron 2 N (= *strutting*) airs (mpl) importants

Swahili /swɑːˈhiːlɪ/ N (= *language*) swahili (m)

swallow /ˈswɒləʊ/ 1 N ⓐ (= *bird*) hirondelle (f) ⓑ (= *act of swallowing*) **with one ~** d'un seul coup 2 VI avaler ; **he ~ed hard** (*with emotion*) sa gorge se serra 3 VT avaler ; [+ *one's anger, pride*] ravaler ; **that's a bit hard to ~** c'est plutôt dur à avaler ; **they ~ed it whole** ils ont tout gobé⁕
► **swallow down** VT SEP avaler
► **swallow up** VT SEP engloutir

swam /swæm/ VB pt of **swim**

swamp /swɒmp/ 1 N marécage (m) 2 VT inonder (**with** de) ; **he was ~ed with requests/letters** il a été submergé de requêtes/lettres ; **I'm absolutely ~ed* with work** je suis débordé (de travail)

swampy /ˈswɒmpɪ/ ADJ marécageux

swan /swɒn/ N cygne (m)

swanky⁕ /ˈswæŋkɪ/ ADJ huppé⁕

swap* /swɒp/ 1 N échange (m) 2 VT échanger (**A for B** A contre B) ; **let's ~ places** changeons de place ; **I'll ~ you!** tu veux échanger avec moi ? 3 VI échanger
► **swap over, swap round** VT SEP, VI changer de place

swarm /swɔːm/ 1 N [*of bees*] essaim (m) ; [*of flying insects, people*] nuée (f) ; [*of ants, crawling insects*] fourmillement (m) ; **in ~s** en masse 2 VI [*bees*] essaimer ; [*crawling insects*] grouiller ; **to ~ in/out** [*people*] entrer/sortir en masse ; **the children ~ed round his car** les enfants s'agglutinaient

autour de sa voiture ; **to be ~ing with ants/people** grouiller de fourmis/de monde

swastika /ˈswɒstɪkə/ N croix (f) gammée

swat /swɒt/ 1 VT écraser 2 N tapette (f)

swathed /sweɪðd/ ADJ **~ in bandages** couvert de bandages ; **~ in blankets** enveloppé dans des couvertures

swatter /ˈswɒtər/ N tapette (f)

sway /sweɪ/ 1 N ⓐ **to hold ~** [*theory*] prévaloir ; [*person*] avoir une grande influence ; **to hold ~ over** avoir de l'emprise sur 2 VI [*tree, rope, hanging object*] se balancer ; [*tower block, bridge, train*] osciller ; [*person*] (*weak*) chanceler ; (*dancing*) se balancer 3 VT ⓐ [+ *hanging object*] balancer ⓑ (= *influence*) influencer ; **these factors finally ~ed the committee** ces facteurs ont finalement influencé la décision du comité ; **I allowed myself to be ~ed** je me suis laissé influencer

swear /sweər/ (*pret* swore, *ptp* sworn) 1 VT ⓐ jurer ; [+ *fidelity, allegiance*] jurer ; **I ~ it!** je le jure ! ; **to ~ an oath** (*solemnly*) prêter serment ; **I could have sworn he touched it** j'aurais juré qu'il l'avait touché **I ~ he said so!** je vous jure qu'il l'a dit ! ⓑ [+ *witness, jury*] faire prêter serment à ; **she was sworn to secrecy** on lui a fait jurer le secret

2 VI ⓐ (= *take solemn oath*) jurer ; **would you ~ to having seen him?** est-ce que vous jureriez que vous l'avez vu ? ; **I think he locked the door but I wouldn't ~ to it** je pense qu'il a fermé la porte à clé mais je n'en jurerais pas ; **to ~ blind** (*Brit*) *or* **up and down** (*US*) **that ...** jurer ses grands dieux que ...
ⓑ (= *curse*) jurer (**at** contre)
► **swear by** VT INSEP **he ~s by it** il ne jure que par ça
► **swear in** VT SEP [+ *jury, witness, president*] faire prêter serment à

swearword /ˈsweəwɜːd/ N juron (m)

sweat /swet/ 1 N sueur (f) ; **by the ~ of his brow** à la sueur de son front ; **to be dripping with ~** être en nage ; **to be in a ~** être en sueur ; (*fig*)* avoir des sueurs froides ; **no ~!⁕** pas de problème ! 2 VI [*person, animal*] suer (**from** de) ; **he was ~ing profusely** il suait à grosses gouttes ; **he was ~ing over his essay*** il suait sur sa dissertation 3 VT **to ~ blood*** (= *work hard*) suer sang et eau (**over sth** sur qch) ; (= *be anxious*) avoir des sueurs froides 4 COMP ♦ **sweat pants** NPL (*US*) pantalon (m) de jogging
► **sweat out** VT SEP **you'll just have to ~ it out*** il faudra t'armer de patience ; **they left him to ~ it out*** ils l'ont laissé le bec dans l'eau*

sweatband /ˈswetbænd/ N bandeau (m)

sweater /ˈswetər/ N pull-over (m)

sweatshirt /ˈswetʃɜːt/ N sweat-shirt (m)

sweatshop /ˈswetʃɒp/ N *atelier où la main-d'œuvre est exploitée*

sweatsuit /ˈswetsuːt/ N (*US*) survêtement (m)

sweaty /ˈswetɪ/ ADJ [*person, body*] en sueur ; [*hair, clothes*] collant de sueur ; [*hand, skin*] moite (de sueur) ; [*smell*] de sueur ; **I've got ~ feet** je transpire des pieds ; **a ~ nightclub** une boîte de nuit bondée

Swede /swiːd/ N Suédois(e) (m(f))

swede /swiːd/ N rutabaga (m)

Sweden /ˈswiːdən/ N Suède (f)

Swedish /ˈswiːdɪʃ/ 1 ADJ suédois 2 N (= *language*) suédois (m)

sweep /swiːp/ (*vb:* pret, ptp swept) 1 N ⓐ (*with broom*) coup (m) de balai ; **to give a room a ~** donner un coup de balai dans une pièce ⓑ (= *chimney sweep*) ramoneur (m) ⓒ (= *movement*) **with one ~** d'un seul coup ; **with a ~ of his arm** d'un geste large ⓓ (= *curve*) [*of coastline, hills, road, river*] grande courbe (f)

2 VT balayer ; [+ *chimney*] ramoner ; **to ~ a room clean** donner un bon coup de balai dans une pièce ; **he swept the rubbish off the pavement** il a enlevé les ordures du trottoir d'un coup de balai ; **to ~ sth under the carpet** (*fig*) enterrer qch ; **he swept the horizon with his binoculars** il a

parcouru l'horizon avec ses jumelles ; **a wave of panic swept the city** un vent de panique a soufflé sur la ville ; **to ~ one's hair off one's face** écarter ses cheveux de son visage ; **they swept everything before them** ils ont remporté un succès total ; **they swept the board** ils ont tout raflé* ; **the socialists swept the board at the election** les socialistes ont remporté l'élection haut la main ; **the wave swept him overboard** la vague l'a jeté par-dessus bord ; **the wind swept the caravan over the cliff** la caravane a été projetée du haut de la falaise par le vent ; **the current swept him downstream** le courant l'a emporté ; **he swept her off her feet** (= she fell for him) elle a eu le coup de foudre pour lui ; **this election swept the socialists into office** cette élection a porté les socialistes au pouvoir avec une écrasante majorité

3 VI ⓐ (= pass swiftly) **to ~ in/out** [person, vehicle, convoy] entrer/sortir rapidement ; **the car swept round the corner** la voiture a pris le virage à toute allure ; **the rain swept across the plain** la pluie a balayé la plaine ; **panic swept through the city** la panique s'est emparée de la ville
ⓑ (= move impressively) **to ~ in/out** [person, procession] entrer/sortir majestueusement ; **she came ~ing into the room** elle a fait une entrée majestueuse dans la pièce ; **the Alps ~ down to the coast** les Alpes descendent majestueusement jusqu'à la côte

► **sweep along** VT SEP emporter
► **sweep aside** VT SEP [+ object, person, suggestion, objection] repousser ; [+ difficulty, obstacle] écarter
► **sweep away** VT SEP [crowd, flood, current, gale] entraîner ; [+ dust, snow, rubbish] balayer
► **sweep out** VT SEP [+ room, rubbish] balayer
► **sweep up** 1 VI (with broom) **to ~ up after sb** balayer derrière qn ; **to ~ up after a party** balayer après le départ des invités 2 VT balayer

sweeper /'swiːpəʳ/ N (= worker) balayeur (m)

sweeping /'swiːpɪŋ/ ADJ ⓐ [gesture, movement] ample ; [curve] large ; [staircase] qui descend majestueusement ⓑ [change, reorganization] radical ; [reduction, cuts, powers] considérable ; [victory] écrasant ; **~ statement/ generalization** déclaration (f)/généralisation (f) à l'emporte-pièce ; **that's pretty ~!** il ne faut pas généraliser !

sweepstake /'swiːpsteɪk/ N sweepstake (m)

sweet /swiːt/ 1 ADJ ⓐ (= not savoury) [taste, food, drink] sucré ; [smell] doux (douce (f)) ; **to taste ~** être sucré ; **to smell ~** avoir une odeur suave ; **I love ~ things** j'adore les sucreries (fpl)
ⓑ [cider, wine] doux (douce (f))
ⓒ [face, smile] doux (douce (f)) ; [person] gentil (gentille (f)) ; **she has such a ~ nature** elle est si gentille ; **you're such a ~ guy!** t'es vraiment un chic type ! * ; **that was very ~ of her** c'était très gentil de sa part
ⓓ [child, dog, house, hat] mignon ; **a ~ old lady** une adorable vieille dame
ⓔ [sound, voice, music] mélodieux ; **the ~ smell of success** la douceur de la gloire ; **~ dreams!** fais de beaux rêves ! ; **to whisper ~ nothings in sb's ear** conter fleurette à qn
ⓕ (= pure) [air, breath] frais (fraîche (f)) ; [water] pur ; **to smell ~** [air] être pur ; [breath] être frais
ⓖ (iro) **he carried on in his own ~ way** il a continué comme il l'entendait ; **he'll do it in his own ~ time** il le fera quand bon lui semblera
ⓗ (= attracted)* **to be ~ on sb** avoir le béguin* pour qn

2 N (= candy) bonbon (m) ; (Brit = dessert) dessert (m)

3 COMP ♦ **sweet-and-sour** ADJ [sauce] aigre-doux (aigre-douce (f)) ; [pork, chicken] à l'aigre-douce ♦ **sweet chestnut** N châtaigne (f) ♦ **sweet-natured** ADJ doux (douce (f)) ♦ **sweet pea** N pois (m) de senteur ♦ **sweet pepper** N piment (m) doux ♦ **sweet potato** N patate (f) douce ♦ **sweet-scented, sweet-smelling** ADJ qui sent bon ♦ **sweet talk** N flagorneries (fpl) ♦ **sweet-talk** VT flagorner ♦ **sweet tooth** N **to have a ~ tooth** aimer les sucreries ♦ **sweet trolley** N (Brit) chariot (m) des desserts

sweetbread /'swiːtbred/ N ris (m) de veau (or d'agneau)

sweetcorn /'swiːtkɔːn/ N maïs (m)

sweeten /'swiːtn/ VT ⓐ [+ coffee, sauce] sucrer ⓑ [+ person, sb's temper, task] adoucir ⓒ (= give incentive to)* amadouer ; (= bribe)* graisser la patte à*

sweetener /'swiːtnəʳ/ N ⓐ (for coffee, food) édulcorant (m) ⓑ (= incentive)* carotte* (f) ; (= bribe)* pot-de-vin (m)

sweetening /'swiːtnɪŋ/ N édulcorant (m)

sweetheart /'swiːthɑːt/ N petit(e) ami(e) (m(f)) ; **yes ~** oui chéri(e)

sweetie* /'swiːtɪ/ N ⓐ (= person) **he's/she's a ~** c'est un ange ; **yes ~** oui mon chou* ⓑ (= candy) bonbon (m)

sweetly /'swiːtlɪ/ ADV [smile, say, answer] gentiment ; [sing, play] mélodieusement ; **~ scented** agréablement parfumé

sweetness /'swiːtnɪs/ N (to taste) goût (m) sucré ; (in smell) odeur (f) suave ; [of person, character] douceur (f) ; **to be all ~ and light** être tout douceur

sweetshop /'swiːtʃɒp/ N (Brit) confiserie (f) (souvent avec papeterie, journaux et tabac)

swell /swel/ (vb : pret **swelled**, ptp **swollen** or **swelled**) 1 VI ⓐ (also **~ up**) [ankle, arm, eye, face] enfler ; **to ~ with pride** se gonfler d'orgueil
ⓑ (= increase) augmenter ; [music] monter ; **the numbers soon ~ed to 500** le nombre a vite atteint 500
2 VT [+ sail] gonfler ; [+ sound] enfler ; [+ river, lake] grossir ; [+ number] grossir, augmenter ; **this ~ed the membership to 1,500** ceci a porté à 1 500 le nombre des membres ; **to be swollen with pride** être bouffi d'orgueil
3 N [of sea] houle (f)
4 ADJ (US = wonderful)* super* (inv) ; **I had a ~ time** je me suis super* bien amusé

swelling /'swelɪŋ/ N (= lump) bosse (f) ; **it's to reduce the ~** c'est pour faire désenfler ; **the ~ has gone down** ça a désenflé

swelter /'sweltəʳ/ VI étouffer de chaleur

sweltering /'sweltərɪŋ/ ADJ étouffant ; [day, afternoon] torride ; **it's ~** on étouffe

swept /swept/ VB pt, ptp of **sweep**

swerve /swɜːv/ 1 VI [vehicle] faire une embardée ; [driver] donner un coup de volant 2 N [of vehicle] embardée (f)

swift /swɪft/ 1 ADJ rapide ; **they were ~ to act/respond** ils ont été prompts à agir/réagir 2 N (= bird) martinet (m)

swiftly /'swɪftlɪ/ ADV rapidement, vite ; **a ~ flowing river** une rivière au courant rapide ; **the company has moved ~ to deny the rumours** l'entreprise a réagi promptement pour démentir les rumeurs

swiftness /'swɪftnɪs/ N rapidité (f)

swig* /swɪg/ 1 N **to have a ~ of sth** boire un petit coup de qch 2 VT lamper*

swill /swɪl/ 1 N (for pigs) pâtée (f) 2 VT ⓐ (also **~ out**) [+ glass] rincer ⓑ (also **~ around**) [+ liquid] remuer

swim /swɪm/ (vb : pret **swam**, ptp **swum**) 1 N **to go for a ~** aller se baigner ; (in swimming baths) aller à la piscine ; **after a 2km ~** après avoir fait 2 km à la nage ; **to be in the ~ (of things)** être dans le mouvement
2 VI nager ; (as sport) faire de la natation ; **to go ~ming** aller se baigner ; (in swimming baths) aller à la piscine ; **to ~ across a river** traverser une rivière à la nage ; **to ~ under water** nager sous l'eau ; **to ~ against the tide** (fig) nager à contre-courant ; **the meat was ~ming in gravy** la viande baignait dans la sauce ; **her eyes were ~ming** ses yeux étaient noyés de larmes ; **the room was ~ming before his eyes** la pièce semblait tourner autour de lui ; **his head was ~ming** la tête lui tournait
3 VT [+ lake, river] traverser à la nage ; **she swam the 100 metres in 50 seconds** elle a nagé le 100 m en 50 secondes ; **he can ~ two lengths** il peut faire deux longueurs ; **I can't ~ a stroke** je suis incapable de faire une brasse

swimmer /'swɪməʳ/ N nageur (m), -euse (f)

swimming /'swɪmɪŋ/ N nage (f) ; (Sport) natation (f) ♦ **swimming bath(s)** N(PL) (Brit) piscine (f) ♦ **swimming cap** N bonnet (m) de bain ♦ **swimming costume** N (Brit) maillot (m) de bain une pièce ♦ **swimming gala** N compétition (f) de natation ♦ **swimming instructor** N maître (m) nageur ♦ **swimming pool** N piscine *(f)* ♦ **swimming trunks** NPL maillot *(m)* de bain

swimsuit /'swɪmsuːt/ N maillot *(m)* de bain

swindle /'swɪndl/ 1 N escroquerie *(f)*; **it's a ~** c'est du vol 2 VT escroquer; **to ~ sb out of some money** escroquer de l'argent à qn

swindler /'swɪndlər/ N escroc *(m)*

swine /swaɪn/ N (= *person*) salaud‡ *(m)*

swing /swɪŋ/ *(vb: pret, ptp* **swung**) 1 N ⓐ (= *movement*) balancement *(m)*; [*of pendulum*] oscillations *(fpl)*; (*Boxing, Golf*) swing *(m)*; **the golfer took a ~ at the ball** le joueur de golf a frappé la balle avec un swing; **to take a ~ at sb** envoyer un coup de poing à qn; **a ~ to the left** (*in elections*) un revirement en faveur de la gauche ⓑ (= *seat for swinging*) balançoire *(f)*; (**it's**) **~s and roundabouts** ce qu'on gagne d'un côté on le perd de l'autre ⓒ (*also* ~ **music**) swing *(m)* ⓓ **to go with a ~** [*evening, party*] marcher du tonnerre*; [*business*] très bien marcher; **to be in full ~** [*party, campaign*] battre son plein; **to get into the ~ of** [+ *new job, married life*] s'habituer à; **to get into the ~ of things** se mettre dans le bain

2 VI ⓐ (= *move to and fro*) [*arms, legs, object on rope, hammock*] se balancer; [*pendulum*] osciller; (*on a swing*) se balancer; (= *pivot*: *also* ~ **round**) faire demi-tour; **his arms were ~ing by his sides** il avait les bras ballants; **to ~ to and fro** se balancer; **the monkey swung from branch to branch** le singe se balançait de branche en branche; **he swung (up) into the saddle** il a sauté en selle; **the door swung open/shut** la porte s'est ouverte/s'est refermée ⓑ (= *move rhythmically*) **to ~ along** avancer d'un pas balancé; **to ~ into action** passer à l'action; **music that really ~s** musique *(f)* qui swingue ⓒ (= *change direction*: *also* ~ **round**) [*plane, vehicle*] virer; **the river ~s north here** ici la rivière dévie vers le nord; **the country has swung to the right** le pays a viré à droite ⓓ **to ~ at a ball** frapper une balle avec un swing; **to ~ at sb** décocher un coup de poing à qn

3 VT ⓐ [+ *one's arms, legs*] balancer; [+ *object on rope*] balancer; (= *brandish*) brandir; **to ~ o.s. (up) into the saddle** sauter en selle; **to ~ one's hips** rouler les hanches ⓑ (= *turn*: *also* ~ **round**) [+ *starting handle*] tourner; **he swung the car round the corner** il a viré au coin ⓒ **to ~ the vote (in sb's favour)** (= *influence*) faire pencher la balance (en faveur de qn); **he managed to ~ the deal*** il a réussi à emporter l'affaire ⓓ [+ *a tune, the classics*] jouer de manière rythmée

4 COMP ♦ **swing door** N porte *(f)* battante ♦ **swing vote** N (*US*) vote *(m)* décisif

swingeing /'swɪndʒɪŋ/ ADJ (*Brit*) [*attack*] violent; [*increase*] considérable; [*defeat, majority*] écrasant; **~ cuts** des coupes *(fpl)* sombres

swinging /'swɪŋɪŋ/ ADJ (= *lively*) animé ♦ **the Swinging Sixties** NPL les folles années *(fpl)* soixante

swipe /swaɪp/ 1 N (*at ball*)* grand coup *(m)*; (= *slap*)* baffe* *(f)*; **to take a ~ at** [+ *ball*] frapper très fort; [+ *person*] (*physically*) donner une grande gifle à; (*verbally*) s'en prendre à 2 VT ⓐ (= *hit*)* [+ *ball*] frapper très fort; [+ *person*] donner une grande gifle à ⓑ (= *steal*)‡ piquer* (**sth from sb** qch à qn) ⓒ [+ *card*] ~ **card now** passez votre carte; **you pay by swiping a credit card** on paie avec une carte magnétique 3 VI **to ~ at*** [+ *ball*] frapper très fort; [+ *person*] donner une grande gifle à 4 COMP ♦ **swipe card** N carte *(f)* magnétique

swirl /swɜːl/ 1 N tourbillon *(m)*; [*of cream, ice cream*] volute *(f)* 2 VI tourbillonner

swish /swɪʃ/ 1 N [*of whip*] sifflement *(m)*; [*of skirts*] bruissement *(m)* 2 VT [+ *whip, cane*] faire siffler 3 VI [*cane, whip*] cingler l'air; [*skirts*] bruire 4 ADJ ⓐ (*Brit* = *grand*) [*hotel, house*]* chic *(inv)* ⓑ (*US* = *effeminate*)* efféminé

Swiss /swɪs/ 1 N (*pl inv*) Suisse *(mf)*

2 NPL **the Swiss** les Suisses *(mpl)*

3 ADJ suisse; [*ambassador, embassy*] de Suisse

4 COMP ♦ **Swiss chard** /ˌswɪs'tʃɑːd/ N bette *(f)* ♦ **Swiss cheese** N gruyère *ou* emmenthal ♦ **Swiss-French** ADJ (= *from French-speaking Switzerland*) suisse romand ♦ N (= *person*) Suisse *(mf)* romand(e); (= *language*) suisse *(m)* romand ♦ **Swiss-German** ADJ (= *from German-speaking Switzerland*) suisse allemand ♦ N (= *person*) Suisse *(mf)* allemand(e); (= *language*) suisse *(m)* allemand ♦ **Swiss roll** N (*Brit*) gâteau *(m)* roulé ♦ **Swiss steak** N (*US*) steak fariné et braisé aux tomates et aux oignons

switch /swɪtʃ/ 1 N ⓐ (*electrical*) interrupteur *(m)* ⓑ (= *change*) changement *(m)*; (*radical*) revirement *(m)*, retournement *(m)*; [*of funds*] transfert *(m)* (**from** de, **to** en faveur de); **his ~ to Labour** son revirement en faveur des travaillistes; **the ~ to gas saved money** le passage au gaz a permis de faire des économies ⓒ (= *whip*) fouet *(m)*

2 VT ⓐ (= *transfer*) [+ *one's support, allegiance, attention*] reporter (**from** de, **to** sur); **to ~ production to another factory** transférer la production dans une autre usine; **to ~ the conversation to another subject** changer de sujet de conversation ⓑ (= *exchange*) échanger; (*also* ~ **round**) [+ *two objects, letters in word*] intervertir; (= *rearrange*: *also* ~ **round**) [+ *books, objects*] changer de place; **we had to ~ taxis when the first one broke down** nous avons dû changer de taxi quand le premier est tombé en panne; **we have ~ed all the furniture round** nous avons changé tous les meubles de place ⓒ (= *change*) **to ~ the oven to "low"** mettre le four sur « doux »; **to ~ the TV to another programme** changer de chaîne

3 VI (= *transfer*) **Paul ~ed to Conservative** Paul a voté conservateur cette fois; **they ~ed to a market economy** ils sont passés à une économie de marché; **we ~ed to oil central heating** nous sommes passés au chauffage central au mazout

► **switch off** 1 VI ⓐ éteindre; (= *lose interest*) décrocher* ⓑ **to ~ off automatically** [*heater, oven*] s'éteindre automatiquement 2 VT SEP éteindre; [+ *alarm clock, burglar alarm*] arrêter; **he ~ed the programme off** il a éteint la télévision (or la radio); **to ~ off the engine** arrêter le moteur; **the oven ~es itself off** le four s'éteint automatiquement

► **switch on** 1 VI ⓐ allumer ⓑ **to ~ on automatically** [*heater, oven*] s'allumer automatiquement 2 VT SEP allumer; [+ *engine, machine*] mettre en marche; **to ~ on the light** allumer la lumière; **to be ~ed on:** (= *up-to-date*) être branché*

► **switch over** VI (*TV*) changer de chaîne

switchback /'swɪtʃbæk/ N montagnes *(fpl)* russes

switchblade /'swɪtʃbleɪd/ N (*US*: *also* ~ **knife**) couteau *(m)* à cran d'arrêt

switchboard /'swɪtʃbɔːd/ N standard *(m)* ♦ **switchboard operator** N standardiste *(mf)*

Switzerland /'swɪtsələnd/ N Suisse *(f)*

swivel /'swɪvl/ 1 N pivot *(m)* 2 VT (*also* ~ **round**) faire pivoter 3 VI pivoter, tourner 4 COMP ♦ **swivel chair** N fauteuil *(m)* pivotant

swollen /'swəʊlən/ 1 VB ptp of **swell** 2 ADJ [*limb, foot, finger, face, jaw*] enflé; [*eye, breasts, organ*] gonflé; [*stomach*] ballonné; [*river*] en crue; [*population*] accru; **a population ~ by refugees** une population grossie par les réfugiés; **a river ~ by rain** une rivière grossie par les pluies; **to have ~ glands** avoir des ganglions; **to get a ~ head*** (*Brit*) attraper la grosse tête*

swoon /swuːn/ VI (= *faint*) se pâmer; (*with admiration*) se pâmer d'admiration (**over sb/sth** devant qn/qch)

swoop /swuːp/ 1 N (= *attack*) attaque *(f)* en piqué, descente *(f)* (**on** dans); **at** *or* **in one fell ~** d'un seul coup 2 VI [*bird*] piquer; [*aircraft*] descendre en piqué; [*police*] faire une descente; **the soldiers ~ed on the terrorists** les soldats ont fondu sur les terroristes

swop /swɒp/ = **swap**

sword /sɔːd/ N épée *(f)*; **to cross ~s with sb** croiser le fer avec qn ♦ **sword-swallower** N avaleur *(m)* de sabres

swordfish /'sɔːdfɪʃ/ N (*pl inv*) espadon *(m)*

swore /swɔːʳ/ VB pt of **swear**

sworn /swɔːn/ **1** VB ptp of **swear 2** ADJ [evidence, statement] donné sous serment ; [enemy] juré

swot* /swɒt/ (Brit) **1** N (= studious person) bûcheur* (m), -euse* (f) **2** VI (= study) bûcher*
► **swot up*** VI, VT SEP **to ~ up (on)** sth potasser* qch

swum /swʌm/ VB ptp of **swim**

swung /swʌŋ/ VB pt, ptp of **swing**

sycamore /'sɪkəmɔːʳ/ N sycomore (m)

sycophant /'sɪkəfənt/ N flagorneur (m), -euse (f)

sycophantic /ˌsɪkə'fæntɪk/ ADJ [person, behaviour] obséquieux

syllable /'sɪləbl/ N syllabe (f) ; **to explain sth in words of one ~** expliquer qch en termes très simples

syllabus /'sɪləbəs/ N programme (m) ; **on the ~** au programme

symbiosis /ˌsɪmbɪ'əʊsɪs/ N symbiose (f)

symbiotic /ˌsɪmbɪ'ɒtɪk/ ADJ symbiotique

symbol /'sɪmbəl/ N symbole (m)

symbolic /sɪm'bɒlɪk/ ADJ symbolique

symbolism /'sɪmbəlɪzəm/ N symbolisme (m)

symbolize /'sɪmbəlaɪz/ VT symboliser

symmetrical /sɪ'metrɪkəl/ ADJ symétrique

symmetry /'sɪmɪtrɪ/ N symétrie (f)

sympathetic /ˌsɪmpə'θetɪk/ ADJ ⓐ (= showing concern) [person, smile] compatissant ; **to be a ~ listener** écouter avec compassion ; **they were ~ but could not help** ils ont compati mais n'ont rien pu faire pour aider ; **to be ~ to sb** montrer de la compassion pour qn ⓑ (= favourable) favorable ; **to be ~ to a proposal** être favorable à une proposition ⓒ (= likeable) [character] sympathique

⚠ **sympathique** is not the most common translation for **sympathetic**.

sympathetically /ˌsɪmpə'θetɪkəlɪ/ ADV ⓐ (= compassionately) avec compassion ⓑ (= favourably) [listen, consider, portray] avec bienveillance

sympathize /'sɪmpəθaɪz/ VI compatir ; **I do ~ with you!** je compatis ! ; **I ~ with you in your grief** je compatis à votre douleur ; **I ~ with you** je comprends votre point de vue

sympathizer /'sɪmpəθaɪzəʳ/ N [of cause, party] sympathisant(e) (m(f)) (**with** de)

sympathy /'sɪmpəθɪ/ N ⓐ (= pity) compassion (f) ; **to feel ~ for** avoir de la compassion pour ; **please accept my (deepest) ~** veuillez agréer mes condoléances ⓑ (= fellow feeling) solidarité (f) (**for** avec) ; **I have no ~ with this view** je n'ai aucune sympathie pour ce point de vue ; **I am in ~ with your proposals but …** je suis favorable à vos propositions mais … ; **to strike in ~ with sb** faire grève par solidarité avec qn

symphonic /sɪm'fɒnɪk/ ADJ symphonique

symphony /'sɪmfənɪ/ **1** N symphonie (f) **2** ADJ [concert, orchestra] symphonique

symposium /sɪm'pəʊzɪəm/ N symposium (m)

symptom /'sɪmptəm/ N symptôme (m)

symptomatic /ˌsɪmptə'mætɪk/ ADJ symptomatique

synagogue /'sɪnəgɒg/ N synagogue (f)

sync* /sɪŋk/ N (ABBR = **synchronization**) **in ~** bien synchronisé, en harmonie ; **out of ~** mal synchronisé

synchronization /ˌsɪŋkrənaɪ'zeɪʃən/ N synchronisation (f)

synchronize /'sɪŋkrənaɪz/ VT synchroniser ♦ **synchronized swimming** N natation (f) synchronisée

syncopate /'sɪŋkəpeɪt/ VT syncoper

syncopation /ˌsɪŋkə'peɪʃən/ N syncope (f)

syndicate 1 N syndicat (m), coopérative (f) ; [of criminals] gang (m), association (f) de malfaiteurs **2** VT (US) [+ article, cartoon] publier par l'intermédiaire d'un syndicat de distribution ; [+ programme] distribuer sous licence

★ Lorsque **syndicate** est un nom, la fin se prononce comme **it** : /'sɪndɪkɪt/, lorsque c'est un verbe, elle se prononce comme **eight** : /'sɪndɪkeɪt/.

syndrome /'sɪndrəʊm/ N syndrome (m)

synergy /'sɪnədʒɪ/ N synergie (f)

synonym /'sɪnənɪm/ N synonyme (m)

synonymous /sɪ'nɒnɪməs/ ADJ synonyme (**with sth** de qch)

synopsis /sɪ'nɒpsɪs/ N (pl **synopses** /sɪ'nɒpsiːz/) synopsis (f)

syntactic /sɪn'tæktɪk/ ADJ syntaxique

syntax /'sɪntæks/ N syntaxe (f) ; **~ error** erreur (f) de syntaxe

synthesis /'sɪnθəsɪs/ N (pl **syntheses** /'sɪnθəsiːz/) synthèse (f)

synthesizer /'sɪnθəsaɪzəʳ/ N synthétiseur (m)

synthetic /sɪn'θetɪk/ **1** ADJ synthétique **2** N **~s** (= fibres) fibres (fpl) synthétiques

syphon /'saɪfən/ = **siphon**

Syria /'sɪrɪə/ N Syrie (f)

Syrian /'sɪrɪən/ **1** ADJ syrien **2** N Syrien(ne) (m(f))

syringe /sɪ'rɪndʒ/ N seringue (f)

syrup /'sɪrəp/ N sirop (m) ; (also **golden ~**) mélasse (f) raffinée

syrupy /'sɪrəpɪ/ ADJ sirupeux

system /'sɪstəm/ **1** N ⓐ système (m) ; **a political/social ~** un système politique/social ; **the railway ~** le réseau de chemin de fer ; **the Social Security ~** le régime de la Sécurité sociale ; **it's all ~s go*** ça turbine* ; **to beat the ~** trouver la faille dans le système
ⓑ (= the body) organisme (m) ; **it was a shock to his ~** cela a été un choc pour son organisme ; **let him get it out of his ~*** (anger) laisse-le décharger sa bile ; (hobby, passion) laisse-le faire, ça lui passera ; **he can't get her out of his ~*** il n'arrive pas à l'oublier

2 COMP ♦ **system disk** N (Computing) disque (m) système ♦ **system operator** N opérateur (m) du système ♦ **systems analysis** N analyse (f) fonctionnelle ♦ **systems analyst** N analyste (mf) en système ♦ **systems engineer** N ingénieur (m) système ♦ **systems software** N logiciel (m) d'exploitation

systematic /ˌsɪstə'mætɪk/ ADJ systématique ; [person] méthodique

T

T, t /tiː/ N **it fits him to a T*** ça lui va comme un gant ◆ **T-bar** N (= *lift*) téléski *(m)* ◆ **T-bone** N (= *steak*) T-bone *(m)* ◆ **T-junction** N intersection *(f)* en T ◆ **T-shirt** N tee-shirt *(m)*

TA /tiːˈeɪ/ N (*Brit*) (ABBR = **Territorial Army**) armée *(f)* territoriale

ta* /taː/ EXCL (*Brit*) merci !

tab /tæb/ N ⓐ (= *part of garment*) patte *(f)* ; (= *loop on garment*) attache *(f)* ; (= *label*) étiquette *(f)* ; (*US* = *bill*)* addition *(f)* ; **to keep ~s on*** [+ *person*] avoir à l'œil* ; **to pick up the ~*** payer l'addition ⓑ (*on computer*) **~ key** touche *(f)* de tabulation ⓒ (*Drugs*)* comprimé *(m)*

tabby /ˈtæbɪ/ N chat(te) *(m(f))* tigré(e)

table /ˈteɪbl/ 1 N ⓐ table *(f)* ; **at ~** à table ; **to lay/clear the ~** mettre/débarrasser la table ; **to put sth on the ~** (*Brit* = *propose*) proposer qch ; (*US* = *postpone*) reporter qch ; **he slipped me £5 under the ~*** il m'a passé 5 livres de la main à la main ; **to turn the ~s** renverser les rôles
ⓑ [*of facts, statistics*] tableau *(m)* ; [*of prices, fares, names*] liste *(f)* ; **~ of contents** table *(f)* des matières
2 VT ⓐ (*Brit* = *present*) [+ *motion*] déposer
ⓑ (*US* = *postpone*) [+ *motion*] ajourner
3 ADJ [*wine, lamp*] de table
4 COMP ◆ **table d'hôte** ADJ à prix fixe ♦ N (*pl* **tables d'hôte**) repas *(m)* à prix fixe ◆ **table football** N baby-foot *(m)* ◆ **table manners** NPL **he has good ~ manners** il sait se tenir à table ◆ **table napkin** N serviette *(f)* (de table) ◆ **table tennis** N ping-pong *(m)* ♦ ADJ de ping-pong ◆ **table-tennis player** N joueur *(m)*, -euse *(f)* de ping-pong

tablecloth /ˈteɪblklɒθ/ N nappe *(f)*

tablemat /ˈteɪblmæt/ N napperon *(m)* ; (*heat-resistant*) dessous-de-plat *(m inv)*

tablespoon /ˈteɪblspuːn/ N cuillère *(f)* de service ; (= *tablespoonful*) cuillerée *(f)* à soupe

tablet /ˈtæblɪt/ N ⓐ (= *medicine*) comprimé *(m)* ⓑ (*of wax, slate*) tablette *(f)*

tabloid /ˈtæblɔɪd/ N tabloïd *(m)*

taboo /təˈbuː/ ADJ, N tabou *(m)*

tabulate /ˈtæbjʊleɪt/ VT [+ *figures*] présenter sous forme de tableau ; [+ *results*] classifier

tachograph /ˈtækəɡrɑːf/ N (*Brit*) tachygraphe *(m)*

tachometer /tæˈkɒmɪtəʳ/ N tachymètre *(m)*

tacit /ˈtæsɪt/ ADJ tacite

taciturn /ˈtæsɪtɜːn/ ADJ taciturne

tack /tæk/ 1 N ⓐ (= *nail*) clou *(m)* ; (*US* = *drawing pin*) punaise *(f)* ⓑ **to change ~** changer de cap ; **to try another ~** essayer une autre tactique ⓒ (*for horse*) sellerie *(f)* (*articles*) ⓓ (= *rubbishy things*)* objets *(mpl)* kitsch 2 VT ⓐ (= *tack down*) [+ *carpet*] clouer ⓑ (*Sewing*) faufiler 3 VI [*boat, crew*] tirer un bord
► **tack on** VT SEP (= *add*) ajouter (après coup)

tackle /ˈtækl/ 1 N ⓐ (= *ropes, pulleys*) appareil *(m)* de levage ; (= *gear, equipment*) équipement *(m)* ; **fishing ~** matériel *(m)* de pêche ⓑ (*by player*) tacle *(m)* ; (*US* = *player*) plaqueur *(m)* 2 VT ⓐ [+ *opposing player*] tacler ; [+ *thief, intruder*]

saisir à bras-le-corps ⓑ (= *confront*) **I'll ~ him about it at once** je vais lui en dire deux mots tout de suite ⓒ [+ *task, problem*] s'attaquer à ; [+ *question*] aborder

tacky /ˈtækɪ/ ADJ ⓐ (= *tasteless*)* vulgaire ⓑ [*glue*] qui commence à prendre ; [*paint, varnish*] pas tout à fait sec ; [*surface*] collant

tact /tækt/ N tact *(m)*

tactful /ˈtæktfʊl/ ADJ [*person, remark*] plein de tact ; [*silence*] diplomatique ; [*hint, inquiry*] discret (-ète *(f)*) ; **she was too ~ to say what she thought** elle avait trop de tact pour dire ce qu'elle pensait

tactfully /ˈtæktfəlɪ/ ADV avec tact

tactic /ˈtæktɪk/ N tactique *(f)* ; **~s** la tactique

tactical /ˈtæktɪkəl/ ADJ tactique ◆ **tactical voting** N (*Brit*) vote *(m)* utile

tactile /ˈtæktaɪl/ ADJ **to be ~** [*person*] aimer le contact physique

tactless /ˈtæktlɪs/ ADJ [*person*] peu délicat ; [*inquiry, reference*] indiscret (-ète *(f)*) ; [*answer*] peu diplomatique (*fig*) ; [*suggestion*] peu délicat

tactlessly /ˈtæktlɪslɪ/ ADV sans tact

tactlessness /ˈtæktlɪsnɪs/ N manque *(m)* de tact

tad* /tæd/ N **a ~ big** un chouïa* trop grand

tadpole /ˈtædpəʊl/ N têtard *(m)*

taffeta /ˈtæfɪtə/ N taffetas *(m)*

taffy /ˈtæfɪ/ N (*US*) bonbon *(m)* au caramel ; (*Can*) tire *(f)* d'érable

tag /tæɡ/ 1 N ⓐ (= *label*) étiquette *(f)* ; (= *surveillance device*) bracelet-émetteur *(m)* de surveillance électronique ⓑ (= *quotation*) citation *(f)* ⓒ (= *game*) **to play ~** jouer à chat 2 VT (= *mark*) marquer ; (*US*) [+ *car, driver*]* mettre une contravention à 3 COMP ◆ **tag line** N [*of joke*] chute *(f)*
► **tag along** VI suivre ; **the children ~ged along behind her** les enfants l'ont suivie ; **she usually ~s along** elle est presque toujours pendue à nos basques*

Tahiti /təˈhiːtɪ/ N Tahiti ; **in ~** à Tahiti

t'ai chi /taɪˈtʃiː/ N taï-chi *(m)*

tail /teɪl/ 1 N ⓐ queue *(f)* ; [*of shirt*] pan *(m)* ; **with his ~ between his legs** la queue entre les jambes ; **he was right on my ~** il me suivait de très près ; **to turn ~** prendre ses jambes à son cou ⓑ **to put a ~ on sb*** [*detective*] faire filer qn
2 NPL **tails*** ⓐ (= *jacket*) queue *(f)* de pie ⓑ **~s I win!** pile je gagne !
3 VT [+ *suspect*]* filer
4 COMP ◆ **tail coat** N queue *(f)* de pie ◆ **tail end** N [*of season, conversation*] fin *(f)* ; [*of procession*] queue *(f)* ◆ **tail light** N feu *(m)* arrière (*inv*) ◆ **tail section** N [*of plane*] arrière *(m)*
► **tail back** VI **the traffic ~ed back to the bridge** le bouchon remontait jusqu'au pont
► **tail off** VI [*attendance, interest, numbers*] diminuer ; [*novel*] se terminer en queue de poisson

tailback /ˈteɪlbæk/ N (*Brit*) bouchon *(m)*

tailgate /ˈteɪlɡeɪt/ N hayon *(m)* (arrière)

TAI

tailor /ˈteɪləʳ/ 1 N tailleur (m) 2 VT [+ garment] façonner; [+ speech, product, service] adapter (**to, to suit** à) 3 COMP
♦ **tailor-made** ADJ **the building is ~-made for this purpose** le bâtiment est spécialement conçu pour cet usage; **the job was ~-made for him** le poste était taillé sur mesure pour lui

tailor-make /ˈteɪləmeɪk/ VT **we can ~ your entire holiday** nous pouvons vous organiser des vacances à la carte

tailpipe /ˈteɪlpaɪp/ N (US) tuyau (m) d'échappement

tailwind /ˈteɪlwɪnd/ N vent (m) arrière (inv)

taint /teɪnt/ 1 VT [+ food] gâter; [+ water, air, atmosphere] polluer; [+ sb's reputation] ternir 2 N [of corruption, sin] souillure (f)

tainted /ˈteɪntɪd/ ADJ [evidence] entaché de suspicion; [reputation] terni

Taiwan /ˈtaɪˈwɑːn/ N Taïwan; **in ~** à Taïwan

Taiwanese /ˌtaɪwəˈniːz/ 1 ADJ taïwanais 2 N (pl inv) Taïwanais(e) (m(f))

---

take /teɪk/

1 NOUN	4 COMPOUNDS
2 TRANSITIVE VERB	5 PHRASAL VERBS
3 INTRANSITIVE VERB	

▶ vb: pret **took**, ptp **taken**

1 NOUN

ⓐ for film prise (f) de vue(s); (Recording) enregistrement (m)

ⓑ US = takings recette (f); **to be on the ~:** se servir dans la caisse

ⓒ = share* part (f)

ⓓ = view* point (m) de vue

2 TRANSITIVE VERB

ⓐ prendre; **to ~ sb's hand** prendre la main de qn; **he took her in his arms** il l'a prise dans ses bras; **do you ~ sugar?** vous prenez du sucre?; **I'll ~ a taxi** je prendrai un taxi; **~ the first on the left** prenez la première à gauche; **I'll ~ that one** je prends celui-là; **the policeman took his name** l'agent a pris son nom; **he ~s "The Times"** il lit le « Times »; **to ~ sth upon o.s.** prendre qch sur soi; **to ~ it upon o.s. to do sth** prendre sur soi de faire qch
♦ **to take + from: to ~ sth from one's pocket** prendre qch dans sa poche; **he ~s his examples from real life** il tire ses exemples de la réalité

ⓑ = subtract soustraire (**from** de); **he took $10 off the price** il a fait une remise de 10 dollars

ⓒ = capture attraper; [+ prize, degree] obtenir

ⓓ Brit (= earn) **the shop ~s about £5,000 per day** le magasin fait un chiffre d'affaires d'environ 5 000 livres par jour

ⓔ = occupy **is this seat ~n?** cette place est-elle prise?; **to ~ one's seat** s'asseoir

ⓕ = negotiate [+ bend] prendre; [+ hill] grimper; [+ fence] sauter

ⓖ = sit [+ exam, test] passer

ⓗ = study [+ subject] faire

ⓘ = teach [+ class, students] faire cours à; **the teacher who took us for economics** le professeur qui nous enseignait l'économie

ⓙ = tolerate [+ behaviour, remark] accepter; **I can't ~ it any more** je n'en peux plus

ⓚ = have as capacity contenir; **the bus ~s 60 passengers** l'autobus a une capacité de 60 places

ⓛ = accept [+ gift, payment, bribe, bet] accepter; [+ news] supporter; **he won't ~ less than $50 for it** il ne le laissera pas pour moins de 50 dollars; **~ it from me!** croyez-moi (sur parole)!; **~ it or leave it** c'est à prendre ou à laisser; **she took his death very badly** elle a été très affectée par sa mort; **will you ~ it from here?** (handing over task) pouvez-vous prendre la relève?; **~ five!** (= have a break) repos!

ⓜ = assume supposer; **I ~ it that ...** je suppose que ...; **what do you ~ me for?** pour qui me prenez-vous?

ⓝ = consider prendre; **~ the case of ...** prenons le cas de ...

ⓞ = require prendre; **it ~s time** cela prend du temps; **it took me two hours to do it** j'ai mis deux heures (pour le faire); **it won't ~ long** cela ne prendra pas longtemps; **that ~s a lot of courage** cela demande beaucoup de courage; **it took three policemen to hold him down** il a fallu trois agents pour le tenir; **he's got what it ~s!** il est à la hauteur

ⓟ = carry porter; **he took her some flowers** il lui a apporté des fleurs; **~ his suitcase upstairs** montez sa valise; **he ~s home £200 a week** il gagne 200 livres net par semaine
♦ **to take sb + place: he took her to the cinema** il l'a emmenée au cinéma; **I'll ~ you to her office** je vais vous conduire à son bureau; **they took him over the factory** ils lui ont fait visiter l'usine; **to ~ sb to hospital** conduire qn à l'hôpital; **he took me home in his car** il m'a ramené dans sa voiture; **this bus will ~ you to the town hall** cet autobus vous conduira à la mairie; **£20 doesn't ~ you far these days** on ne va pas loin avec 20 livres; **what took you to Lille?** pourquoi êtes-vous allés à Lille?

3 INTRANSITIVE VERB
[vaccination, plant cutting] prendre

4 COMPOUNDS
♦ **take-home pay** N salaire (m) net ♦ **take-up** N (Brit) souscription (f)

5 PHRASAL VERBS

▶ **take after** VT INSEP [+ person] tenir de

▶ **take apart** VT SEP [+ machine, engine, toy] démonter; (= criticize harshly)* démolir*

▶ **take away** 1 VI **it ~s away from its value** cela diminue sa valeur 2 VT SEP ⓐ (= carry away) emporter; (= lead away) emmener ⓑ (= remove) [+ object] retirer (**from sb** à qn, **from sth** de qch); [+ sb's child] enlever (**from sb** à qn); **she took her children away from the school** elle a retiré ses enfants de l'école ⓒ (= subtract) soustraire

▶ **take back** VT SEP ⓐ (= accept back) [+ person] reprendre; **I ~ it all back!** je n'ai rien dit! ⓑ [+ book, goods] rapporter; [+ person] raccompagner ⓒ (= recall) **it ~s me back to my childhood** cela me rappelle mon enfance

▶ **take down** VT SEP ⓐ [+ object from shelf] descendre; [+ picture] décrocher; [+ poster] enlever ⓑ (= dismantle) démonter ⓒ [+ notes, letter, details] prendre

▶ **take in** VT SEP ⓐ (into building) [+ person] faire entrer ⓑ [+ homeless person, stray dog] recueillir ⓒ [+ skirt, waistband] reprendre ⓓ (= include) comprendre; **we took in Venice on the way home** nous avons visité Venise sur le chemin du retour; **to ~ in a movie** aller au cinéma ⓔ (= understand) comprendre; **he took in the situation at a glance** il a compris la situation tout de suite; **the children were taking it all in** les enfants étaient tout oreilles; **he hadn't fully ~n in that she was dead** il n'avait pas vraiment réalisé qu'elle était morte ⓕ (= deceive)* avoir*; **he's easily ~n in** il se fait facilement avoir*; **I was ~n in by his disguise** je me suis laissé prendre à son déguisement

▶ **take off** 1 VI [person] partir; [aircraft, career, scheme] décoller 2 VT SEP ⓐ (= remove) [+ garment, lid] enlever; [+ telephone receiver] décrocher; [+ item on menu] supprimer; **he took £5 off** il a fait une remise de 5 livres ⓑ (= lead away) emmener; **he was ~n off to hospital** on l'a transporté à l'hôpital; **to ~ o.s. off** s'en aller ⓒ (Brit = imitate) imiter

▶ **take on** 1 VI (Brit = be upset)* s'en faire* 2 VT SEP ⓐ [+ work, responsibility] se charger de; [challenger in game, fight] accepter d'affronter; **he has ~n on more than he bargained for** il ne s'était pas rendu compte de ce à quoi il s'engageait ⓑ [+ employee] embaucher; [+ passenger] embarquer; [+ form, qualities] prendre ⓒ (= contend with) s'attaquer à; **he took on the whole committee** il s'en est pris à tout le comité

▶ **take out** VT SEP ⓐ (= lead or carry outside) sortir; **he took her out to lunch** il l'a emmenée déjeuner; **I'm going to ~ the dog out** je vais sortir le chien ⓑ (from pocket, drawer) prendre (**from, of** dans); (= *remove*) retirer; [+ *tooth*] arracher; [+ *appendix, tonsils*] enlever; **that sort of work certainly ~s it out of you*** c'est vraiment un travail épuisant; **don't ~ it out on me!*** ne t'en prends pas à moi! ⓒ [+ *insurance policy*] souscrire à

► **take over** 1 VI [*dictator, army, political party*] prendre le pouvoir; **to ~ over from sb** prendre la relève de qn 2 VT SEP ⓐ (= *assume responsibility for*) [+ *business, shop*] reprendre; **I took over his duties** je l'ai remplacé dans ses fonctions ⓑ (= *get control of*) [+ *company*] prendre le contrôle de

► **take to** VT INSEP ⓐ (= *conceive liking for*) [+ *person*] se prendre de sympathie pour; [+ *game, action, study*] prendre goût à; **I didn't ~ to him** il ne m'a pas beaucoup plu ⓑ **to ~ to drink** se mettre à boire; **she took to telling everyone ...** elle s'est mise à dire à tout le monde ... ⓒ (= *go to*) **to ~ to one's bed** se mettre au lit

► **take up** 1 VI **to ~ up with sb** se lier avec qn 2 VT SEP ⓐ [+ *carpet*] enlever; [+ *hem*] raccourcir; (*after interruption*) [+ *one's work, book*] reprendre; [+ *conversation, discussion, story*] reprendre (le fil de) ⓑ (= *occupy*) [+ *space, time*] prendre; ⓒ (= *raise question of*) aborder; **I'll ~ that up with him** je lui en parlerai ⓓ (= *start*) [+ *hobby, subject, sport*] se mettre à; [+ *career*] embrasser; [+ *challenge*] relever; **to ~ up one's new post** entrer en fonction; **I'd like to ~ you up on your offer** je voudrais accepter votre offre

takeaway /ˈteɪkəweɪ/ N (*Brit*) (= *food shop*) magasin (*m*) de plats à emporter; (= *meal*) repas (*m*) à emporter

taken /ˈteɪkən/ 1 VB *ptp* of **take** 2 ADJ ⓐ [*seat, place*] occupé ⓑ **to be very ~ with sb/sth** être très impressionné par qn/qch; **I'm quite ~ with the idea** l'idée me plaît beaucoup

takeoff /ˈteɪkɒf/ N [*of plane*] décollage (*m*); [*of economy*] démarrage (*m*); (= *imitation*) imitation (*f*)

takeout /ˈteɪkaʊt/ N (*US*) (= *food shop*) magasin (*m*) de plats à emporter; (= *meal*) repas (*m*) à emporter

takeover /ˈteɪkəʊvəʳ/ N [*of company*] rachat (*m*) ♦ **takeover bid** N offre (*f*) publique d'achat, OPA (*f*)

taker /ˈteɪkəʳ/ N **he found no ~s** il n'a pas trouvé preneur

taking /ˈteɪkɪŋ/ 1 N **it is yours for the ~** tu n'as qu'à le prendre 2 NPL **takings** (*Brit* = *earnings*) recette (*f*)

talc /tælk/, **talcum (powder)** /ˈtælkəm(ˌpaʊdəʳ)/ N talc (*m*)

tale /teɪl/ N (= *story*) histoire (*f*); **to tell ~s** (= *inform on sb*) cafarder*; **he lived to tell the ~** il y a survécu

talent /ˈtælənt/ N (= *gift*) don (*m*); (= *ability*) talent (*m*); **to have a ~ for drawing** être doué pour le dessin ♦ **talent competition, talent contest** N concours (*m*) d'amateurs ♦ **talent scout** N découvreur (*m*), -euse (*f*) de talents ♦ **talent show** N concours (*m*) d'amateurs

talented /ˈtæləntɪd/ ADJ talentueux

talisman /ˈtælɪzmən/ N (*pl* **talismans**) talisman (*m*)

talk /tɔːk/ 1 N ⓐ conversation (*f*), discussion (*f*); (*more formal*) entretien (*m*); **I must have a ~ with him** il faut que je lui parle; **we've had several ~s about this** nous en avons parlé à plusieurs reprises; **during his ~ with the Prime Minister** pendant son entretien avec le Premier ministre ⓑ (= *informal lecture*) exposé (*m*); (*less academic or technical*) causerie (*f*); **to give a ~** faire un exposé ⓒ (= *rumours*) **there is ~ of his returning** il est question qu'il revienne; **it's just ~** ce ne sont que des on-dit; **I've heard a lot of ~ about the new factory** j'ai beaucoup entendu parler de la nouvelle usine; **it was all ~** tout ça c'était du vent*

2 NPL **talks** (= *negotiations*) discussions (*fpl*); **peace ~s** pourparlers (*mpl*) de paix

3 VI ⓐ (= *speak*) parler (**about, of** de); (= *chatter*) bavarder; **now you're ~ing!*** voilà qui devient intéressant!; **it's easy for him to ~!** c'est facile pour lui!; **he ~s too much** (*indiscreet*) il ne sait pas se taire; **don't ~ to me like that!** ne me parle pas sur ce ton!; **he doesn't know what he's ~ing**

about il ne sait pas ce qu'il dit; **I'm not ~ing about you** je ne parle pas de toi; **he was ~ing about going to Greece** il parlait d'aller en Grèce; **it's not as if we're ~ing about ...** ce n'est pas comme s'il s'agissait de ...; **I'm not ~ing to him any more** je ne lui parle plus; **~ing of films, have you seen ...?** à propos de films, avez-vous vu ...?; **~ about a stroke of luck!*** quelle chance!

ⓑ (= *converse*) parler; **who were you ~ing to?** à qui parlais-tu?; **to ~ to o.s.** se parler tout seul; **I'll ~ to you about that tomorrow** je t'en parlerai demain; **it's no use ~ing to you** je perds mon temps avec toi; **I have ~ed with him several times** je lui ai parlé plusieurs fois; **to get o.s. ~ed about** faire parler de soi

4 VT ⓐ [+ *a language*] parler; **to ~ business/politics** parler affaires/politique; **to ~ nonsense** dire n'importe quoi; **he's ~ing sense** ce qu'il dit est de bon sens; **~ sense!** ne dis pas n'importe quoi!; **we're ~ing big money here*** il s'agit de grosses sommes d'argent

ⓑ **to ~ sb into doing sth** persuader qn de faire qch; **I managed to ~ him out of doing it** je suis arrivé à le dissuader de le faire; **to ~ sb through sth** bien expliquer qch à qn

5 COMP ♦ **talk show** N débat (*m*) (*à la radio ou à la télévision*); (*TV*) talk-show (*m*)

► **talk back** VI répondre (insolemment)

► **talk down** 1 VI **to ~ down to sb** parler à qn avec condescendance 2 VT SEP ⓐ [+ *pilot, aircraft*] aider à atterrir par radioguidage ⓑ (= *speak ill of*) dénigrer ⓒ (*in negotiations*) **to ~ sb down** marchander avec qn (pour qu'il demande moins)

► **talk over** VT SEP [+ *question, problem*] discuter de; **let's ~ it over** discutons-en

► **talk round** VT SEP (*Brit*) **to ~ sb round** amener qn à changer d'avis

► **talk up** 1 VI (*US* = *speak frankly*) ne pas mâcher ses mots 2 VT INSEP [+ *project, book*] vanter; **to ~ sb up** (*in negotiations*) marchander avec qn (pour qu'il offre davantage)

talkative /ˈtɔːkətɪv/ ADJ bavard

talker /ˈtɔːkəʳ/ N **he's a great ~** (= *very talkative*) c'est un grand bavard

talking /ˈtɔːkɪŋ/ N **he did all the ~** il n'y a que lui qui a parlé ♦ **talking point** N sujet (*m*) de discussion ♦ **talking-to*** N engueulade* (*f*); **to give sb a (good) ~-to** passer un savon à qn*

tall /tɔːl/ 1 ADJ ⓐ [*building, tree, window*] haut; **a ~ person** une personne de grande taille; **a ~ man** un homme grand; **a ~ woman** une grande femme; **a ~ boy** un grand garçon; **how ~ are you?** combien mesurez-vous?; **he is six feet ~** ≈ il mesure 1 mètre 80; **~ and slim** élancé; **he is ~er than his brother** il est plus grand que son frère; **she's 5cm ~er than me** elle mesure 5 cm de plus que moi; **to get ~er** grandir ⓑ **that's a ~ order!*** (= *difficult*) c'est beaucoup demander!

2 ADV **to stand/walk ~** garder/marcher la tête haute

3 COMP ♦ **tall story, tall tale** N histoire (*f*) à dormir debout

tallboy /ˈtɔːlbɔɪ/ N (*Brit*) commode (*f*)

tally /ˈtælɪ/ 1 N (= *count*) compte (*m*); **to keep a ~ of** tenir le compte de 2 VI concorder

talon /ˈtælən/ N [*of eagle*] serre (*f*)

tamarind /ˈtæmərɪnd/ N (= *fruit*) tamarin (*m*); (= *tree*) tamarinier (*m*)

tambourine /ˌtæmbəˈriːn/ N tambourin (*m*)

tame /teɪm/ 1 ADJ ⓐ [*animal, bird*] apprivoisé ⓑ (= *unexciting*) insipide 2 VT [+ *bird, wild animal*] apprivoiser; [+ *lion*] dompter; [+ *passion*] maîtriser

Tamil /ˈtæmɪl/ 1 N (= *persona*) Tamoul(e) (*m(f)*) 2 ADJ tamoul

Tampax ® /ˈtæmpæks/ N Tampax ® (*m*)

tamper /ˈtæmpəʳ/ VI **to ~ with** [+ *machinery, car*] toucher à (*sans permission*); [+ *lock*] essayer de crocheter; [+ *document, text, evidence*] falsifier; (*US*) [+ *jury*] soudoyer

tampon /ˈtæmpɒn/ N tampon (*m*)

tan /tæn/ 1 N bronzage (*m*); **to get a ~** bronzer 2 ADJ brun clair **3** VT ⓐ **to get ~ned** bronzer ⓑ [+ *leather*] tanner **4** VI bronzer

tandem /'tændəm/ N tandem *(m)*; **to work in ~ with sb** travailler en tandem avec qn; **to happen in ~** arriver simultanément; **in ~ with sth** parallèlement à qch

tandoori /tæn'dʊərɪ/ ADJ, N tandoori *(m inv)*

tang /tæŋ/ N (= *taste*) goût *(m)* fort; (= *smell*) odeur *(f)* forte

tangent /'tændʒənt/ N tangente *(f)*; **to go off at a ~** partir dans une digression

tangerine /ˌtændʒə'riːn/ N mandarine *(f)*

tangible /'tændʒəbl/ ADJ tangible

Tangier /tæn'dʒɪə'/ N Tanger

tangle /'tæŋgl/ **1** N [*of string, creepers, weeds*] enchevêtrement *(m)*; (= *muddle*) confusion *(f)*; **to get into a ~** [*string, rope*] s'entortiller; [*person, accounts*] s'embrouiller; **he got into a ~ when he tried to explain** il s'est embrouillé dans ses explications **2** VT (*also ~ up*) emmêler; **~d** [*string*] entortillé; [*hair*] emmêlé; [*situation*] embrouillé **3** VI (= *quarrel*)* **to ~ with sb** se frotter à qn

tango /'tæŋgəʊ/ **1** N (*pl* **tangos**) tango *(m)* **2** VI danser le tango

tangy /'tæŋɪ/ ADJ acidulé

tank /tæŋk/ **1** N ⓐ (= *container*) réservoir *(m)*; (*for fermenting, processing*) cuve *(f)*; (*for fish*) aquarium *(m)* ⓑ (= *vehicle*) char *(m)* (d'assaut) **2** COMP ◆ **tank top** N pull-over *(m)* sans manches ◆ **tank truck** N (*US*) camion-citerne *(m)*

tankard /'tæŋkəd/ N chope *(f)*

tanked up: /ˌtæŋkt'ʌp/ ADJ (*Brit*) **to be ~:** être bituré:

tanker /'tæŋkə'/ N (= *truck*) camion-citerne *(m)*; (= *ship*) pétrolier *(m)*

tanned /tænd/ ADJ bronzé; (= *weatherbeaten*) hâlé

tannin /'tænɪn/ N tan(n)in *(m)*

tanning /'tænɪŋ/ N ⓐ [*of person*] bronzage *(m)* ⓑ [*of hides*] tannage *(m)* ⓒ (= *beating*): raclée* *(f)* ◆ **tanning salon** N centre *(m)* de bronzage

Tannoy ® /'tænɔɪ/ N (*Brit*) système *(m)* de haut-parleurs; **over the ~** par haut-parleur

tantalize /'tæntəlaɪz/ VT mettre au supplice (*par de faux espoirs*)

tantalizing /'tæntəlaɪzɪŋ/ ADJ [*glimpse*] attrayant; [*possibility*] séduisant; [*offer, smell*] alléchant

tantamount /'tæntəmaʊnt/ ADJ **it's ~ to justifying terrorism** ça revient à justifier le terrorisme; **it's ~ to heresy** c'est pratiquement de l'hérésie

tantrum /'tæntrəm/ N crise *(f)* de colère; **to have** *or* **throw a ~** piquer une colère

Tanzania /ˌtænzə'nɪə/ N Tanzanie *(f)*

Taoism /'taʊɪzəm/ N taoïsme *(m)*

Taoiseach /'tiːʃæx/ N (*Ir*) Premier ministre *(m)* (*irlandais*)

tap /tæp/ **1** N ⓐ (*Brit: for water*) robinet *(m)*; **the hot/cold ~** le robinet d'eau chaude/froide
◆ **on tap**: ale on ~ bière *(f)* (à la) pression; **a wealth of information on ~** une mine d'informations à votre disposition
ⓑ (= *knock*) petit coup *(m)*; **there was a ~ at the door** on a frappé doucement à la porte
ⓒ (*also* **~-dancing**) claquettes *(fpl)*
2 VT ⓐ [+ *telephone*] mettre sur écoute; **to ~ sb's phone** mettre qn sur écoute
ⓑ [+ *resources, supplies*] exploiter; **to ~ sb for money*** taper* qn; **to ~ sb for £10*** taper* qn de 10 livres
ⓒ (= *knock*) taper (*doucement*); (*repeatedly*) tapoter; **to ~ one's foot** taper du pied
3 VI taper (*doucement*); (*repeatedly*) tapoter; **to ~ at the door** frapper doucement à la porte
4 COMP ◆ **tap dance** N claquettes *(fpl)* ◆ **tap-dancer** N danseur *(m)*, -euse *(f)* de claquettes ◆ **tap water** N eau *(f)* du robinet
► **tap into** VT INSEP (= *gain access to*) accéder à; (= *exploit*) exploiter

tape /teɪp/ **1** N ⓐ (*magnetic*) bande *(f)* magnétique; (= *audio cassette*) cassette *(f)* (audio *(inv)*); (= *video cassette*) cassette *(f)* vidéo *(inv)*; **to get sth on ~** enregistrer qch
ⓑ (*cloth, paper, metal*) bande *(f)*; (*for parcels*) bolduc *(m)*; (*also* **sticky ~**) ruban *(m)* adhésif
ⓒ (= *finishing line*) fil *(m)* (*d'arrivée*)
2 VT ⓐ (*also ~ up*) **to ~ sb's mouth** bâillonner qn avec du sparadrap
ⓑ (*Brit* = *figured out*) **I've got it all ~d*** je sais parfaitement de quoi il retourne; **they had the situation ~d*** ils avaient la situation bien en main
ⓒ (= *record*) enregistrer
3 COMP ◆ **tape deck** N platine *(f)* cassette ◆ **tape machine** N (*Brit* = *tape recorder*) magnétophone *(m)* ◆ **tape measure** N mètre *(m)* à ruban ◆ **tape-record** VT enregistrer (sur bande) ◆ **tape recorder** N magnétophone *(m)* ◆ **tape recording** N enregistrement *(m)* (sur bande)
► **tape over 1** VT INSEP effacer (*en enregistrant autre chose*) **2** VT SEP **to ~ sth over sth** enregistrer qch sur qch

taper /'teɪpə'/ VI [*column, trouser leg*] finir en fuseau; [*hair*] être effilé; [*structure, outline*] se terminer en pointe
► **taper off** VI (= *diminish*) diminuer; **immigration is expected to ~ off** on s'attend à ce que l'immigration diminue progressivement

tapered /'teɪpəd/ ADJ [*column*] fuselé; [*fingers*] effilé

tapestry /'tæpɪstrɪ/ N tapisserie *(f)*; **it's all part of life's rich ~** c'est la vie

tapeworm /'teɪpwɜːm/ N ténia *(m)*

tapioca /ˌtæpɪ'əʊkə/ N tapioca *(m)*

tar /tɑː'/ **1** N goudron *(m)* **2** VT goudronner; **they're all ~red with the same brush** ils sont tous à mettre dans le même sac*

taramasalata /ˌtærəməsə'lɑːtə/ N tarama *(m)*

tarantula /tə'ræntjʊlə/ N tarentule *(f)*

tardy /'tɑːdɪ/ ADJ (= *late*) [*response*] tardif; [*person*] lent; **to be ~ in doing sth** tarder à faire qch ◆ **tardy slip** N (*US: at school*) billet *(m)* de retard

target /'tɑːgɪt/ **1** N ⓐ cible *(f)*; **an easy ~** une cible facile; **our ~ is young people under 20** notre cible, ce sont les jeunes de moins de 20 ans; **she was the ~ of a violent attack** elle a été victime d'une violente agression
ⓑ (= *objective*) objectif *(m)*; **they set themselves a ~ of $1,000** ils se sont fixé 1 000 dollars comme objectif; **the government met its ~ for reducing unemployment** le gouvernement a réussi à réduire le chômage conformément à ses objectifs
◆ **on target**: **to be (right) on ~** [*sales*] correspondre aux objectifs; [*forecast*] tomber juste; **the project is on ~ for completion** le projet devrait être fini dans les temps
2 VT ⓐ [+ *enemy troops*] prendre pour cible; [+ *missile, weapon*] pointer
ⓑ [+ *market, audience*] cibler
ⓒ [+ *aid, benefits*] affecter
3 ADJ [*date, amount*] prévu
4 COMP ◆ **target group** N groupe *(m)* cible *(inv)* ◆ **target practice** N exercices *(mpl)* de tir (à la cible)

tariff /'tærɪf/ N (= *taxes*) tarif *(m)* douanier; (= *price list*) tarif *(m)*

tarmac /'tɑːmæk/ **1** N ⓐ (*Brit* = *substance*) **Tarmac** ® goudron *(m)* ⓑ **the ~** (= *airport runway*) la piste **2** VT goudronner

tarn /tɑːn/ N petit lac *(m)* (de montagne)

tarnish /'tɑːnɪʃ/ **1** VT ternir **2** VI [*metal*] se ternir

tarot /'tærəʊ/ N **the ~** le(s) tarot(s) *(m(pl))* ◆ **tarot card** N carte *(f)* de tarot

tarp* /tɑːp/ N (*US*) bâche *(f)* (goudronnée)

tarpaulin /tɑː'pɔːlɪn/ N ⓐ (= *fabric*) toile *(f)* goudronnée ⓑ (= *sheet*) bâche *(f)* (goudronnée)

tarragon /'tærəgən/ N estragon *(m)*

tarry /'tɑːrɪ/ ADJ (= *like tar*) goudronneux; (= *smelling of tar*) qui sent le goudron

tart /tɑːt/ 1 ADJ ⓐ [*flavour*] acidulé ⓑ [*person, remark*] acerbe 2 N ⓐ (= *pastry*) tarte (*f*); (*small*) tartelette (*f*); **apple ~** tarte (*f*) aux pommes ⓑ (= *prostitute*)⁑ putain⁑ (*f*)
► **tart up**⁑ VT SEP (*Brit pej*) [+ *house*] retaper; **to ~ o.s. up** *or* **to get ~ed up** se pomponner

tartan /ˈtɑːtən/ 1 N tartan (*m*) 2 ADJ [*garment, fabric*] écossais

tartar /ˈtɑːtəʳ/ N tartre (*m*)

tarty⁎ /ˈtɑːtɪ/ ADJ [*clothes, make-up*] vulgaire; **to look ~** faire vulgaire

task /tɑːsk/ N tâche (*f*); **to take sb to ~** prendre qn à partie (**for, about** pour) ♦ **task force** N corps (*m*) expéditionnaire

taskmaster /ˈtɑːskmɑːstəʳ/ N **he's a hard ~** il mène ses subordonnés à la baguette

Tasmania /tæzˈmeɪnɪə/ N Tasmanie (*f*)

tassel /ˈtæsəl/ N gland (*m*); (= *pompon*) pompon (*m*)

taste /teɪst/ 1 N goût (*m*); **it left a nasty ~ in his mouth** ça lui a laissé un mauvais goût dans la bouche; (*fig*) ça lui a laissé un goût amer; **to have (good) ~** avoir du goût; **he has no ~** il n'a aucun goût; **in good/bad ~** de bon/mauvais goût; **the house is furnished in impeccable ~** la maison est meublée avec beaucoup de goût; **to have a ~ of sth** [+ *food*] goûter (à) qch; [+ *power, freedom*] goûter à qch; **would you like a ~ (of it)?** voulez-vous (y) goûter?; **I gave him a ~ of the wine** je lui ai fait goûter le vin; **it gave him a ~ of military life** cela lui a donné un aperçu de la vie militaire; **to give sb a ~ of his own medicine** rendre à qn la monnaie de sa pièce; **it was a ~ of things to come** c'était un avant-goût de l'avenir; **to have a ~ for ...** avoir un penchant pour ...; **to develop a ~ for ...** prendre goût à ...; **sweeten to ~** sucrer à volonté; **it's a matter of ~** c'est affaire de goût; **there's no accounting for ~** des goûts et des couleurs on ne discute pas; **her novels are too violent for my ~** ses romans sont trop violents à mon goût; **his ~ in music** ses goûts musicaux; **she has expensive ~s** elle a des goûts de luxe
2 VT ⓐ (= *perceive flavour of*) sentir (le goût de); **I can't ~ the garlic** je ne sens pas le goût de l'ail; **I can't ~ anything when I have a cold** je trouve tout insipide quand j'ai un rhume
ⓑ (= *sample*) [+ *food, drink, power, freedom*] goûter à; (*to test*) [+ *food*] goûter; [+ *wine*] (*at table*) goûter; (*at wine-tasting*) déguster; **just ~ this!** goûtez-moi ça!; **I have never ~d snails** je n'ai jamais mangé d'escargots
3 VI **to ~ bitter** avoir un goût amer; **to ~ good** avoir bon goût; **to ~ of sth** avoir un goût de qch; **it doesn't ~ of anything in particular** cela n'a pas de goût spécial
4 COMP ♦ **taste bud** N papille (*f*) gustative

tasteful /ˈteɪstful/ ADJ de bon goût

tastefully /ˈteɪstfəlɪ/ ADV [*decorated, furnished*] avec goût

tasteless /ˈteɪstlɪs/ ADJ (= *in bad taste*) de mauvais goût; (= *bland*) fade

taster⁎ /ˈteɪstəʳ/ N (*Brit* = *foretaste*) avant-goût (*m*)

tasting /ˈteɪstɪŋ/ N dégustation (*f*)

tasty /ˈteɪstɪ/ ADJ ⓐ [*food*] savoureux ⓑ [*gossip, news*] croustillant ⓒ (*Brit* = *sexy*)⁑ sexy⁎ (*inv*)

tat⁎ /tæt/ N (= *clothes*) friperies (*fpl*); (= *goods*) camelote⁎ (*f*)

ta-ta⁎ /ˈtæˈtɑː/ EXCL (*Brit*) salut!⁎

tattered /ˈtætəd/ ADJ [*clothes*] en loques; [*book*] tout abîmé; [*paper, poster*] déchiré; [*reputation*] en miettes

tatters /ˈtætəz/ NPL lambeaux (*mpl*); **in ~** en lambeaux; **his confidence was in ~** il avait perdu toute confiance en lui; **his reputation was in ~** sa réputation était ruinée

tattoo /təˈtuː/ 1 N tatouage (*m*) 2 VT tatouer

tatty⁎ /ˈtætɪ/ ADJ [*clothes*] miteux (-euse (*f*)); [*house, furniture, magazine*] en mauvais état

taught /tɔːt/ VB *pt, ptp of* **teach**

taunt /tɔːnt/ 1 N raillerie (*f*) 2 VT railler; **he ~ed his wife with his affairs** il torturait sa femme en racontant ses infidélités

Taurus /ˈtɔːrəs/ N Taureau (*m*); **I'm ~** je suis Taureau

taut /tɔːt/ ADJ ⓐ (= *tightly stretched*) tendu; [*lips*] crispé; [*nerves*] à vif; **to hold sth ~** tendre qch; **his face was ~ with anger** il avait le visage crispé de colère ⓑ (= *firm*) ferme; **to be ~** [*person*] avoir le corps ferme ⓒ [*novel, film*] bien ficelé⁎

tauten /ˈtɔːtn/ 1 VT tendre 2 VI se tendre

tavern† /ˈtævən/ N taverne† (*f*)

tawdry /ˈtɔːdrɪ/ ADJ ⓐ (= *tacky*) bon marché ⓑ (= *sordid*) sordide

tawny /ˈtɔːnɪ/ ADJ (de couleur) fauve (*inv*) ♦ **tawny owl** N hulotte (*f*)

tax /tæks/ 1 N (*on goods, services*) taxe (*f*), impôt (*m*); (*on income*) impôts (*mpl*); **before/after ~** avant/après l'impôt; **how much ~ do you pay?** combien d'impôts payez-vous?; **to put a ~ on sth** taxer qch; **~ on petrol** taxes (*fpl*) sur l'essence
2 VT ⓐ [+ *goods*] taxer; [+ *income, person*] imposer; [+ *patience*] mettre à l'épreuve; [+ *strength*] éprouver
ⓑ (= *accuse*) **to ~ sb with (doing) sth** accuser qn de (faire) qch
ⓒ (*Brit*) **to ~ one's car** acheter la vignette pour sa voiture
3 ADJ [*system, incentive*] fiscal
4 COMP ♦ **tax avoidance** N évasion (*f*) fiscale (légale) ♦ **tax break** N réduction (*f*) d'impôt ♦ **tax collector** N percepteur (*m*) ♦ **tax cut** N réduction (*f*) des impôts ♦ **tax disc** N (*Brit*) vignette (*f*) (automobile) ♦ **tax evasion** N fraude (*f*) fiscale ♦ **tax-exempt** ADJ (*US*) exonéré d'impôts ♦ **tax exile** N personne (*f*) qui fuit le fisc ♦ **tax-free** ADJ exonéré d'impôts ♦ **tax haven** N paradis (*m*) fiscal ♦ **tax inspector** N inspecteur (*m*), -trice (*f*) des impôts ♦ **tax purposes** NPL **for ~ purposes** pour des raisons fiscales ♦ **tax return** N (feuille (*f*) de) déclaration (*f*) de revenus ♦ **tax year** N année (*f*) fiscale

taxable /ˈtæksəbl/ ADJ imposable

taxation /tækˈseɪʃən/ N taxation (*f*); (= *taxes*) impôts (*mpl*)

taxi /ˈtæksɪ/ 1 N taxi (*m*); **by ~** en taxi 2 VI [*aircraft*] rouler sur la piste 3 COMP ♦ **taxi driver** N chauffeur (*m*) de taxi ♦ **taxi fare** N prix (*m*) de la course ♦ **taxi rank** (*Brit*), **taxi stand** N station (*f*) de taxis

taximeter /ˈtæksɪmiːtə/ N compteur (*m*) (de taxi)

taxing /ˈtæksɪŋ/ ADJ (*mentally*) ardu; (*physically*) pénible

taxman⁎ /ˈtæksmæn/ N (*pl* **-men**) percepteur (*m*)

taxpayer /ˈtækspeɪəʳ/ N contribuable (*mf*)

TB /ˌtiːˈbiː/ N ABBR = **tuberculosis**

tbc /ˌtiːbiːˈsiː/ (ABBR = **to be confirmed**) à confirmer, sous réserve

tbs, **tbsp** (ABBR = **tablespoonful**) c. à s.

tea /tiː/ 1 N ⓐ thé (*m*); (*herbal*) infusion (*f*); **she made a pot of ~** elle a fait du thé
ⓑ (*Brit* = *dinner*) dîner (*m*)
2 COMP ♦ **tea bag** N sachet (*m*) de thé ♦ **tea break** N (*Brit*) pause-thé (*f*) ♦ **tea-cloth** N (*Brit*) torchon (*m*) ♦ **tea cosy** (*Brit*), **tea cozy** (*US*) N cache-théière (*m*) ♦ **tea kettle** N (*US*) bouilloire (*f*) ♦ **tea lady** N (*Brit*) *dame qui prépare le thé pour les employés d'une entreprise* ♦ **tea leaf** N (*pl* **tea leaves**) feuille (*f*) de thé ♦ **tea party** N (*m*) (réception) ♦ **tea plate** N petite assiette (*f*) ♦ **tea service**, **tea set** N service (*m*) à thé ♦ **tea strainer** N passe-thé (*m inv*) ♦ **tea towel** N (*Brit*) torchon (*m*)

teacake /ˈtiːkeɪk/ N (*Brit*) petit pain (*m*) brioché

teach /tiːtʃ/ (*pret, ptp* **taught**) 1 VT apprendre (**sb sth** qch à qn); [+ *academic subject*] enseigner (**sb sth** qch à qn); **to ~ sb (how) to do sth** apprendre à qn à faire qch; **he ~es French** il enseigne le français; **to ~ school** (*US*) être professeur; **to ~ o.s. (to do) sth** apprendre (à faire) qch tout seul; **that will ~ him a lesson!** cela lui servira de leçon!; **they could ~ us a thing or two about family values** ils auraient beaucoup à nous apprendre sur les valeurs familiales

2 VI enseigner ; **he had been ~ing all morning** il avait fait cours toute la matinée

3 COMP ✦ **teach-in** N séminaire *(m)* *(sur un thème)*

teacher /'tiːtʃəʳ/ N professeur *(mf)* ; *(in primary school)* professeur *(mf)* des écoles, instituteur *(m)*, -trice *(f)* ; *(in special school)* éducateur *(m)*, -trice *(f)* ; *(= member of teaching profession)* enseignant(e) *(m(f))* ; **she is a maths ~** elle est professeur de maths ✦ **teacher certification** N *(US)* habilitation *(f)* à enseigner ✦ **teacher evaluation** N *(US)* appréciations *(fpl)* sur les professeurs *(par les étudiants ou par l'administration)* ✦ **teacher-pupil ratio** N taux *(m)* d'encadrement ; **a high/low ~-pupil ratio** un fort/faible taux d'encadrement ✦ **teacher training** N *(Brit)* formation *(f)* pédagogique *(des enseignants)*

teaching /'tiːtʃɪŋ/ 1 N *(= work)* enseignement *(m)* ; **he's got 16 hours ~ a week** il a 16 heures de cours par semaine ; **to go into ~** entrer dans l'enseignement ; **Teaching of English as a Foreign Language** (enseignement *(m)* de l')anglais *(m)* langue étrangère → |TEFL, TESL, TESOL, ELT|

2 NPL **teachings** *(= ideas)* enseignements *(mpl)* *(liter)*

3 COMP ✦ **teaching assistant** N *(US)* étudiant(e) *(m(f))* chargé(e) de travaux dirigés ✦ **teaching certificate** N *(US)* *(for primary schools)* ≈ Certificat *(m)* d'aptitude au professorat des écoles, CAPE *(m)* ; *(for secondary schools)* ≈ Certificat *(m)* d'aptitude au professorat de l'enseignement du second degré, CAPES *(m)* ✦ **teaching hospital** N centre *(m)* hospitalier universitaire ✦ **teaching job** N poste *(m)* d'enseignant ✦ **teaching practice** N *(Brit)* stage *(m)* de formation des enseignants ✦ **the teaching profession** N *(= activity)* l'enseignement *(m)* ; *(= teachers collectively)* le corps enseignant ✦ **teaching staff** N enseignants *(mpl)*

teacup /'tiːkʌp/ N tasse *(f)* à thé

teak /tiːk/ N teck *(m)*

team /tiːm/ N équipe *(f)* ; **our research ~** notre équipe de chercheurs ✦ **team games** NPL jeux *(mpl)* d'équipe ✦ **team leader** N chef *(m)* d'équipe ✦ **team-mate** N coéquipier *(m)*, -ière *(f)* ✦ **team member** N *(Sport)* équipier *(m)*, -ière *(f)* ✦ **team spirit** N esprit *(m)* d'équipe

► **team up** VI *[people]* faire équipe ; **he ~ed up with them to get ...** il s'est allié à eux pour obtenir ...

teamster /'tiːmstəʳ/ N *(US)* routier *(m)* syndiqué

teamwork /'tiːmwɜːk/ N travail *(m)* d'équipe

teapot /'tiːpɒt/ N théière *(f)*

tear¹ /teəʳ/ *(vb: pret* **tore**, *ptp* **torn)** 1 N *(= rip)* déchirure *(f)* ; **it has a ~ in it** c'est déchiré

2 VT ⓐ *(= rip)* déchirer ; **to ~ a hole in ...** faire un accroc à ... ; **to ~ to pieces** *[+ paper]* déchirer en petits morceaux ; *[+ prey]* mettre en pièces ; *[+ play, performance]* éreinter ; *[+ argument, suggestion]* descendre en flammes* ; **to ~ open** *[+ envelope]* déchirer ; *[+ letter]* déchirer l'enveloppe de ; *[+ parcel]* ouvrir en déchirant l'emballage ; **to ~ a muscle/ligament** se déchirer un muscle/un ligament ; **that's torn it!*** ça flanque tout par terre !*

✦ **to be torn** *[person]* **to be torn by remorse** être déchiré par le remords ; **to be torn between two things/people** être tiraillé entre deux choses/personnes ; **I'm very torn** j'hésite beaucoup (entre les deux)

ⓑ *(= snatch)* arracher **(from sb** à qn, **off sth** de qch) ; **he tore it out of her hand** il le lui a arraché des mains

3 VI ⓐ *[cloth, paper]* se déchirer ; **it ~s easily** ça se déchire facilement

ⓑ *(rush)* **to ~ out/down** sortir/descendre à toute vitesse ; **to ~ along the road** *[person]* filer à toute allure le long de la route ; **they tore after him** ils se sont lancés à sa poursuite

► **tear apart** VT SEP déchirer ; **his love for Julie is ~ing him apart** son amour pour Julie le déchire

► **tear away** 1 VI *(= leave quickly)* *[person]* partir à toute vitesse 2 VT SEP *[+ paper, object]* arracher **(from sb** à qn, **from sth** de qch) ; **I couldn't ~ myself away from it/him** je n'arrivais pas à m'en détacher/à me détacher de lui

► **tear down** VT SEP *[+ poster, flag]* arracher ; *[+ building]* démolir

► **tear into*** VT *(= attack verbally)* s'en prendre violemment à ; *(= scold)* passer un savon à*

► **tear off** 1 VI *(= leave quickly)* partir à toute vitesse 2 VT SEP ⓐ *[+ label, wrapping]* arracher ⓑ *[+ one's clothes]* enlever à la hâte

► **tear out** VT SEP arracher ; *[+ cheque, ticket]* détacher ; **to ~ one's hair out** s'arracher les cheveux

► **tear up** VT SEP ⓐ *[+ paper]* déchirer ⓑ *[+ weed]* arracher ; *[+ forest]* déraciner

tear² /tɪəʳ/ N larme *(f)* ; **in ~s** en larmes ; **there were ~s in her eyes** elle avait les larmes aux yeux ; **close to ~s** au bord des larmes ; **to burst into ~s** fondre en larmes ; **it will end in ~s!** ça va finir mal ! ✦ **tear duct** N canal *(m)* lacrymal ✦ **tear gas** N gaz *(m)* lacrymogène ✦ **tear-stained** ADJ baigné de larmes

tearaway /'teərəweɪ/ N *(Brit)* casse-cou *(m)*

teardrop /'tɪədrɒp/ N larme *(f)*

tearful /'tɪəfʊl/ ADJ *[farewell]* très émouvant ; **to be ~** *[person]* *(= about to cry)* être au bord des larmes ; *(= in tears)* être en larmes ; **to feel ~** avoir envie de pleurer ; **to become ~** avoir les larmes aux yeux

tearing /'teərɪŋ/ 1 N déchirement *(m)* 2 ADJ ⓐ **a ~ noise** un bruit de déchirement ⓑ *(Brit)* **to be in a ~ hurry*** être terriblement pressé

tearoom /'tɪːrʊm/ N salon *(m)* de thé

tease /tiːz/ 1 VT *(playfully)* taquiner ; *(cruelly)* tourmenter ; *(sexually)* allumer 2 N *(= person)* taquin(e) *(m(f))* ; *(sexual)* allumeur *(m)*, -euse *(f)*

► **tease out** VT SEP *[+ meaning, sense]* trouver

teaser /'tiːzəʳ/ N *(= problem)* problème *(m)* (difficile) ; *(= tricky question)* colle* *(f)*

teashop /'tiːʃɒp/ N *(Brit)* salon *(m)* de thé

teasing /'tiːzɪŋ/ 1 N taquineries *(fpl)* 2 ADJ taquin

teaspoon /'tiːspuːn/ N petite cuillère *(f)*

teaspoonful /'tiːspuːnfʊl/ N cuillerée *(f)* à café

teat /tiːt/ N tétine *(f)*

teatime /'tiːtaɪm/ N *(Brit)* heure *(f)* du thé ; **at ~** à l'heure du thé

tech* /tek/ N *(Brit)* (ABBR = **technical college**) collège *(m)* (d'enseignement) technique

technical /'teknɪkəl/ ADJ technique ; **~ skill** compétence *(f)* technique ✦ **technical college** N *(Brit)* collège *(m)* (d'enseignement) technique ✦ **technical drawing** N dessin *(m)* industriel ✦ **technical institute** N *(US)* ≈ institut *(m)* universitaire de technologie ✦ **technical support** N soutien *(m)* technique

technicality /ˌteknɪ'kælɪtɪ/ N ⓐ *(= detail)* détail *(m)* technique ; **I don't understand all the technicalities** certains détails techniques m'échappent ⓑ *(= formality)* formalité *(f)* ; **she told him victory was just a ~** elle lui a dit que la victoire n'était qu'une simple formalité ⓒ *(= legal point)* point *(m)* de procédure

technically /'teknɪkəlɪ/ ADV ⓐ *[superior, feasible, advanced]* techniquement ⓑ *[illegal, correct]* théoriquement ; **this was ~ correct, but ambiguous** c'était théoriquement correct, mais ambigu ⓒ *(= in technical language)* **~ speaking** en termes techniques ⓓ *(= in technique)* **a ~ proficient performance** une performance d'un bon niveau technique ; **~, this is a very accomplished album** techniquement, c'est un excellent album

technician /tek'nɪʃən/ N technicien(ne) *(m(f))*

technique /tek'niːk/ N technique *(f)*

techno /'teknəʊ/ 1 N techno *(f)* 2 ADJ techno *(inv)*

technocrat /'teknəʊkræt/ N technocrate *(mf)*

technological /ˌteknə'lɒdʒɪkəl/ ADJ technologique

technologically /ˌteknə'lɒdʒɪklɪ/ ADV *[advanced, backward]* sur le plan technologique

technology /tek'nɒlədʒɪ/ N technologie *(f)* ; **Minister/Ministry of Technology** ministre *(mf)*/ministère *(m)* des Affaires technologiques ; **new ~** les nouvelles technologies *(fpl)* ; **computer ~** technologie *(f)* informatique ; **communication ~** technologie(s) *(f(pl))* de communication

technophobe /'teknəʊfəʊb/ N technophobe *(mf)*

teddy (bear) /'tedɪ(beəʳ)/ N (= toy) nounours (m) (baby talk), ours (m) en peluche

tedious /'tiːdɪəs/ ADJ ennuyeux (-euse (f))

tee /tiː/ **1** N tee (m) **2** VT [+ ball] placer sur le tee
▸ **tee off** VI partir du tee

teem /tiːm/ VI ⓐ **to ~ with** [river, street] grouiller de ⓑ **it was ~ing (with rain)** il pleuvait à verse

teen* /tiːn/ **1** ADJ [movie, magazine, fashion] pour ados*; [violence] des ados*; [audience] d'ados*; **~ years** adolescence (f) **2** N (US) ado* (m(f))

teenage /'tiːneɪdʒ/ ADJ [mother] adolescent; [pregnancy] chez les adolescents; [idol, culture] des adolescents; [magazine, fashion] pour adolescents; **~ boy** adolescent (m); **~ girl** adolescente (f); **~ years** adolescence (f)

teenager /'tiːn,eɪdʒəʳ/ N adolescent(e) (m(f))

teens /tiːnz/ NPL adolescence (f); **he is still in his ~** il est encore adolescent; **he is in his early/late ~** il a un peu plus de treize ans/un peu moins de vingt ans

teeny* /'tiːnɪ/ ADJ (also **~-weeny***) minuscule

tee-shirt /'tiːʃɜːt/ N tee-shirt (m)

teeter /'tiːtəʳ/ VI [person] chanceler; [pile] vaciller; **to ~ on the edge of** être prêt à tomber dans ◆ **teeter totter** N (US) jeu de bascule

teeth /tiːθ/ NPL of **tooth**

teethe /tiːð/ VI **to be teething** faire ses dents

teething troubles /'tiːðɪŋ,trʌblz/ NPL (Brit) difficultés (fpl) initiales

teetotal /'tiːˈtəʊtl/ ADJ **I'm ~** je ne bois jamais d'alcool

teetotaller, teetotaler (US) /'tiːˈtəʊtləʳ/ N personne (f) qui ne boit jamais d'alcool

TEFL /'tefl/ N (ABBR = **Teaching of English as a Foreign Language**) → TEFL, TESL, TESOL, ELT

> ⓘ **TEFL, TESL, TESOL, ELT**
> Les sigles **TEFL** (Teaching of English as a Foreign Language) et **EFL** (English as a Foreign Language) renvoient à l'enseignement de l'anglais langue étrangère dans les pays non anglophones.
> Le **TESL** (Teaching of English as a Second Language) concerne l'enseignement de l'anglais langue seconde, c'est-à-dire aux personnes qui vivent dans un pays anglophone mais dont la langue maternelle n'est pas l'anglais. Cet enseignement cherche à prendre en compte l'origine culturelle de l'apprenant ainsi que sa langue maternelle.
> **TESOL** (Teaching of English as a Second or Other Language - enseignement de l'anglais langue seconde ou autre) est le terme américain pour **TEFL** et **TESL**.
> **ELT** (English Language Teaching) est le terme général qui désigne l'enseignement de l'anglais en tant que langue étrangère ou langue seconde.
> ▷ www.englishuk.com
> ▷ www.iatefl.org

Teflon ® /'teflɒn/ N téflon ® (m)

Teheran /teəˈrɑːn/ N Téhéran

tel. (ABBR = **telephone (number)**) tél

Tel Aviv /,teləˈviːv/ N Tel-Aviv

telebanking /'telɪ,bæŋkɪŋ/ N télébanque (f)

telecast /'telɪkɑːst/ (US) **1** N télédiffusion (f) **2** VT télédiffuser

telecommunications /'telɪkə,mjuːnɪˈkeɪʃənz/ NPL télécommunications (fpl) ◆ **telecommunications satellite** N satellite (m) de télécommunication

telecommuter* /'telɪkə,mjuːtəʳ/ N télétravailleur (m), -euse (f)

teleconference /'telɪkɒnfərəns/ N téléconférence (f)

telegram /'telɪgræm/ N télégramme (m)

telegraph pole /'telɪgrɑːfpəʊl/ N poteau (m) télégraphique

telemarketing /'telɪmɑːkɪtɪŋ/ N télémarketing (m)

Telemessage ® /'telɪ,mesɪdʒ/ N (Brit) télémessage (m)

telepathic /,telɪˈpæθɪk/ ADJ télépathe

telepathy /tɪˈlepəθɪ/ N télépathie (f)

telephone /'telɪfəʊn/ **1** N téléphone (m); **to speak to sb on the ~** parler à qn au téléphone

2 VT [+ person] téléphoner à; **~ 772 3200 for more information** pour de plus amples renseignements, appelez le 772 3200

3 VI téléphoner

4 COMP ◆ **telephone answering machine** N répondeur (m) (téléphonique) ◆ **telephone book** N annuaire (m) ◆ **telephone booth** (US), **telephone box** (Brit) N cabine (f) téléphonique ◆ **telephone call** N appel (m) téléphonique ◆ **telephone directory** N annuaire (m) ◆ **telephone kiosk** N cabine (f) téléphonique ◆ **telephone number** N numéro (m) de téléphone ◆ **telephone wires** NPL fils (mpl) téléphoniques

telephonist /tɪˈlefənɪst/ N téléphoniste (mf)

telephoto lens /,telɪfəʊtəʊˈlenz/ N téléobjectif (m)

telesales /'telɪseɪlz/ NPL vente (f) par téléphone

telescope /'telɪskəʊp/ N lunette (f) d'approche; (astronomer's) télescope (m)

telescopic /,telɪˈskɒpɪk/ ADJ télescopique ◆ **telescopic lens** N téléobjectif (m)

teleshopping /'telɪʃɒpɪŋ/ N téléachat (m)

Teletext ® /'telətekst/ N télétexte ® (m)

telethon /'teləθɒn/ N téléthon (m)

televangelist /,telɪˈvændʒəlɪst/ N télévangéliste (mf)

televise /'telɪvaɪz/ VT téléviser

television /'telɪ,vɪʒən/ **1** N télévision (f); **colour ~** télévision (f) (en) couleur; **on ~** à la télévision

2 ADJ [actor, camera, studio] de télévision; [report, news] télévisé; [film, script] pour la télévision

3 COMP ◆ **television broadcast** N émission (f) de télévision ◆ **television licence** N (Brit) (certificat (m) de) redevance (f) télévision ◆ **television programme** N émission (f) de télévision ◆ **television screen** N écran (m) de télévision; **on the ~ screen** sur le petit écran ◆ **television set** N (poste (m) de) télévision (f)

teleworker /'telɪwɜːkəʳ/ N télétravailleur (m), -euse (f)

teleworking /'telɪwɜːkɪŋ/ N télétravail (m)

telex /'teleks/ **1** N télex (m) **2** VT envoyer par télex

tell /tel/ (pret, ptp **told**) **1** VT ⓐ dire; **~ me your name** dites-moi votre nom; **I told him what/where/how/why** je lui ai dit ce que/où/comment/pourquoi; **I told him the way to the station** je lui ai expliqué comment aller à la gare; **he told himself it was only a game** il s'est dit que ce n'était qu'un jeu; **something ~s me he won't be pleased** quelque chose me dit qu'il ne sera pas content; **I won't go, I ~ you!** puisque je te dis que je n'irai pas!; **I can't ~ you how grateful I am** je ne saurais vous dire à quel point je suis reconnaissant; **don't ~ me you've lost it!** ne me dis pas que tu l'as perdu!; **I told you so!** je te l'avais bien dit!; **... or so I've been told** ... ou du moins c'est ce qu'on m'a dit; **you're ~ing me!*** à qui le dis-tu!; **you ~ me!** je n'en sais rien!

ⓑ (= relate) raconter; [+ a lie, the truth, secret, sb's age] dire; [+ the future] prédire; **can you ~ the time?** sais-tu lire l'heure?; **can you ~ time?** (US) sais-tu lire l'heure?; **can you ~ me the time?** peux-tu me dire l'heure (qu'il est)?; **that ~s me all I need to know** maintenant je sais tout ce qu'il me faut savoir; **it ~s its own story** ça dit bien ce que ça veut dire; **his actions ~ us a lot about his motives** ses actes nous en disent long sur ses motifs; **she was ~ing him about it** elle lui en parlait; **~ me about it** raconte-moi ça; (iro)* ne m'en parle pas!; **I told him about what had happened** je lui ai dit ce qui était arrivé

ⓒ (= know) **how can I ~ what he'll do?** comment puis-je savoir ce qu'il va faire?; **it was impossible to ~ where the bullet had entered** il était impossible de dire par où la balle était entrée; **I couldn't ~ how it was done** je ne pourrais pas dire comment ça a été fait; **you can ~ he's clever by the way he talks** on voit bien qu'il est intelligent à la façon dont il parle; **you can't ~ much from his letter** sa lettre n'en dit pas très long

ⓓ (= *distinguish*) distinguer; (= *know*) savoir; **to ~ right from wrong** distinguer le bien du mal; **I can't ~ them apart** je ne peux pas les distinguer (l'un de l'autre); **I can't ~ the difference** je ne vois pas la différence ⓔ (= *command*) dire (**sb to do sth** à qn de faire qch); **do as you are told** fais ce qu'on te dit

2 VI ⓐ (= *know*) savoir; **how can I ~?** comment le saurais-je?; **I can't ~** je n'en sais rien; **you never can ~** on ne sait jamais; **you can't ~ from his letter** on ne peut pas savoir d'après sa lettre; **as far as one can ~** pour autant que l'on sache ⓑ (= *be talebearer*) **I won't ~!** je ne le répéterai à personne!; **to ~ on sb*** moucharder* qn ⓒ (= *have an effect*) se faire sentir; **the pressure is beginning to ~ on her** elle commence à accuser le stress; **their age and inexperience told against them** leur âge et leur manque d'expérience militaient contre eux

► **tell off*** VT SEP (= *reprimand*) gronder (**for doing sth** pour avoir fait qch); **to be told off** se faire gronder*

teller /'telə'/ N (US, Scot) caissier (m), -ière (f)

telling /'telɪŋ/ **1** ADJ ⓐ (= *revealing*) révélateur (-trice (f)) ⓑ (= *effective*) efficace **2** N ⓐ (*of story*) récit (m) ⓑ **there's no ~ what he might do** impossible de dire ce qu'il pourrait faire **3** COMP ♦ **telling-off*** N engueulade; (f); **to get/give a good ~-off** recevoir/passer un bon savon*

telltale /'telteɪl/ ADJ [*sign*] révélateur (-trice (f))

telly* /'telɪ/ N (Brit) (ABBR = **television**) télé* (f); **on the ~** à la télé*

temerity /tɪ'merɪtɪ/ N audace (f)

temp* /temp/ ABBR = **temporary 1** N intérimaire (mf) **2** VI faire de l'intérim

temper /'tempə'/ **1** N (= *mood*) humeur (f); (= *fit of bad temper*) crise (f) de colère; **~s became frayed** tout le monde commençait à perdre patience; **to be in a ~** être en colère (**with sb** contre qn, **over** or **about sth** à propos de qch); **to be in a good/bad ~** être de bonne/mauvaise humeur; **he was in a foul ~** il était d'une humeur massacrante; **to keep one's ~** garder son calme; **to lose one's ~** se mettre en colère; **in a fit of ~** dans un accès de colère; **he had a terrible ~** il était soupe au lait; **I hope he can control his ~** j'espère qu'il sait se contrôler

2 VT (= *mitigate*) tempérer

temperament /'tempərəmənt/ N ⓐ (= *nature*) tempérament (m) ⓑ (= *moodiness*) humeur (f) (changeante); **she was given to fits of ~** elle avait souvent des sautes d'humeur

temperamental /,tempərə'mentl/ ADJ [*person, behaviour*] fantasque; [*machine*] capricieux

temperate /'tempərɪt/ ADJ ⓐ [*region, climate*] tempéré; [*forest, plant*] de zone tempérée ⓑ (= *restrained*) modéré

temperature /'temprɪtʃə'/ N température (f); **at a ~ of ...** à une température de ...; **to have a ~** avoir de la température or de la fièvre ♦ **temperature chart** N feuille (f) de température ♦ **temperature gauge** N indicateur (m) de température

tempestuous /tem'pestjuəs/ ADJ [*relationship, meeting*] orageux; [*period, time*] agité; [*marriage, career*] tumultueux; [*person*] impétueux

template /'templɪt/ N ⓐ gabarit (m); (fig) modèle (m) ⓑ (*Computing*) patron (m)

temple /'templ/ N ⓐ (= *building*) temple (m) ⓑ (= *forehead*) tempe (f)

tempo /'tempəʊ/ N tempo (m)

temporal /'tempərəl/ ADJ (= *worldly*) temporel

temporarily /'tempərərɪlɪ/ ADV temporairement

temporary /'tempərərɪ/ ADJ [*job, resident, staff*] temporaire; [*accommodation, solution*] provisoire; [*relief, improvement*] passager

temporize /'tempəraɪz/ VI temporiser

tempt /tempt/ VT tenter; **to ~ sb to do sth** donner à qn l'envie de faire qch; **try and ~ her to eat** tâchez de la persuader de manger; **I'm very ~ed** c'est très tentant; **I am**

~ed to accept je suis tenté d'accepter; **don't ~ me!** n'essaie pas de me tenter!; **to ~ fate** tenter le sort

temptation /temp'teɪʃən/ N tentation (f); **to put ~ in sb's way** exposer qn à la tentation; **there is no ~ to do so** on n'est nullement tenté de le faire

tempting /'temptɪŋ/ ADJ [*offer, target*] tentant; [*food, smell*] appétissant

temptress /'temptrɪs/ N tentatrice (f)

ten /ten/ NUMBER dix; **about ~ books** une dizaine de livres; **there were ~** il y en avait dix; **there were about ~** il y en avait une dizaine; **the Ten Commandments** les dix commandements (mpl); **~s of thousands of ...** des dizaines de milliers de ...; **~ to one he won't come** je parie qu'il ne viendra pas; **they're ~ a penny*** il y en a tant qu'on en veut ♦ **ten-gallon hat** N (US) ≈ chapeau (m) de cow-boy → **six**

tenable /'tenəbl/ ADJ [*argument*] défendable

tenacious /tɪ'neɪʃəs/ ADJ [*person*] tenace; [*defence, resistance*] opiniâtre

tenacity /tɪ'næsɪtɪ/ N ténacité (f)

tenancy /'tenənsɪ/ N location (f); **to take on the ~ of a house** prendre une maison en location ♦ **tenancy agreement** N contrat (m) de location

tenant /'tenənt/ N locataire (mf) ♦ **tenant farmer** N métayer (m)

tend /tend/ **1** VI **to ~ to ...** avoir tendance à ...; **he ~s to be lazy** il est enclin à la paresse; **that ~s to be the case** c'est en général le cas; **I ~ to think that ...** j'ai tendance à penser que ... **2** VT (= *take care of*) [+ *invalid*] soigner; [+ *garden*] entretenir

tendency /'tendənsɪ/ N tendance (f); **to have a ~ to do sth** avoir tendance à faire qch

tender /'tendə'/ **1** ADJ ⓐ [*person, thoughts, gesture, food*] tendre; [*body, skin*] délicat; [*moment*] de tendresse; **to bid sb a ~ farewell** dire tendrement adieu à qn; **to leave sb/sth to the ~ mercies of sb** abandonner qn/qch aux bons soins de qn ⓑ (= *young*) **at the ~ age of seven** à l'âge de sept ans; **she left home at a very ~ age** elle a quitté la maison très jeune; **in spite of his ~ years** malgré son jeune âge ⓒ (= *sore*) [*skin, bruise*] sensible

2 VT (= *proffer*) offrir; **to ~ one's resignation** donner sa démission; **"please ~ exact change"** «prière de faire l'appoint»

3 VI (*for contract*) faire une soumission

4 N soumission (f) (à un appel d'offres); **to put in a ~ for sth** répondre à un appel d'offres pour qch; **to put sth out to ~** lancer un appel d'offres pour qch

5 COMP ♦ **tender-hearted** ADJ sensible; **to be ~-hearted** être un cœur tendre

tenderize /'tendəraɪz/ VT attendrir

tenderloin /'tendəlɔɪn/ N filet (m)

tenderly /'tendəlɪ/ ADV tendrement

tenderness /'tendənɪs/ N ⓐ tendresse (f); [*of meat*] tendreté (f) ⓑ (= *soreness*) sensibilité (f)

tendon /'tendən/ N tendon (m)

tendril /'tendrɪl/ N [*of plant*] vrille (f)

tenement /'tenɪmənt/ N (= *apartment*) appartement (m); (= *building*) immeuble (m)

tenet /'tenət/ N principe (m)

Tenn. ABBR = **Tennessee**

tenner* /'tenə'/ N (billet (m) de) dix livres

tennis /'tenɪs/ **1** N tennis (m); **a game of ~** une partie de tennis; **to play ~** jouer au tennis **2** COMP [*player, racket, ball*] de tennis ♦ **tennis camp** N (US) **to go to ~ camp** faire un stage de tennis ♦ **tennis court** N court (m) de tennis ♦ **tennis shoe** N chaussure (f) de tennis

tenor /'tenə'/ **1** N ⓐ (= *singer*) ténor (m) ⓑ [*of speech, discussion*] teneur (f); [*of one's life, events*] cours (m) **2** ADJ [*voice, part*] de ténor; [*saxophone*] ténor (inv)

tenpin bowling /ˌtenpɪn'bəʊlɪŋ/ N (*Brit*) bowling *(m)* (à dix quilles)

tense /tens/ 1 N temps *(m)*; **in the present ~** au présent 2 ADJ tendu; [*time, period*] de tension; **to become ~** [*person*] se crisper; **things were getting rather ~** l'atmosphère devenait plutôt tendue; **they were ~ with anticipation** ils attendaient, crispés 3 VT [+ *muscles*] contracter 4 VI [*muscles, person, animal*] se contracter
► **tense up** VI se crisper

tenseness /'tensnɪs/ N tension *(f)*

tension /'tenʃən/ N tension *(f)*

tent /tent/ N tente *(f)* ♦ **tent peg** N (*Brit*) piquet *(m)* de tente

tentacle /'tentəkl/ N tentacule *(m)*

tentative /'tentətɪv/ ADJ (= *provisional*) provisoire; (= *hesitant*) hésitant; [*smile, attempt, suggestion*] timide

tentatively /'tentətɪvlɪ/ ADV (= *provisionally*) provisoirement; (= *hesitantly*) timidement; [*touch*] avec hésitation

tenterhooks /'tentəhʊks/ NPL **to be on ~** être sur des charbons ardents; **to keep sb on ~** faire languir qn

tenth /tenθ/ ADJ, N dixième *(mf)*; (= *fraction*) dixième *(m)*; **nine~s of the book** les neuf dixièmes du livre → **sixth**

tenuous /'tenjʊəs/ ADJ [*link*] ténu; [*relationship*] subtil; [*existence*] précaire; [*position, alliance*] fragile; **to have a ~ grasp of sth** avoir une vague idée de qch

tenure /'tenjʊəʳ/ N [*of academic*] titularisation *(f)*; [*of land, property*] bail *(m)*; **to have ~** [*employee*] être titulaire; **to get ~** être titularisé; **during his ~ of office** pendant qu'il était en fonction

tepid /'tepɪd/ ADJ (= *lukewarm*) tiède

term /tɜːm/ 1 N ⓐ (*for students*) trimestre *(m)*; **the autumn/spring/summer ~** le premier/second/troisième trimestre
ⓑ (= *period*) période *(f)*; **in the long ~** à long terme; **in the medium/short ~** à moyen/court terme; **during his ~ of office** pendant la période où il exerçait ses fonctions
ⓒ (= *word*) terme *(m)*; (= *expression*) expression *(f)*; **technical ~** terme *(m)* technique; **in simple ~s** en termes simples
2 NPL **terms** ⓐ (= *conditions*) conditions *(fpl)*; [*of contracts*] termes *(mpl)*; **on what ~s?** à quelles conditions?; **to compete on equal ~s** rivaliser dans les mêmes conditions; **under the ~s of the contract** d'après les termes du contrat; **~s and conditions** modalités *(fpl)*; **it is not within our ~s of reference** cela n'entre pas dans les termes de notre mandat; **"inclusive ~s: £20"** « 20 livres tout compris »
ⓑ (*set structures*)
♦ **in terms of** (= *as regards*) **in ~s of production we are doing well** sur le plan de la production nous avons de quoi être satisfaits; **to look at sth in ~s of the effect it will have** considérer qch sous l'angle de l'effet que cela aura; **we must think in ~s of ...** (= *consider the possibility of*) il faut envisager ...
♦ **to be on** + *adjective* **terms with sb**: **to be on good/bad terms with sb** être en bons/mauvais termes avec qn; **they're on friendly ~s** ils ont des rapports amicaux
♦ **to come to terms with** [+ *problem, situation*] accepter
3 VT appeler; **he was ~ed a refugee** il était considéré comme réfugié
4 COMP ♦ **term paper** N (*US*) dissertation *(f)* (à la fin du trimestre)

terminal /'tɜːmɪnl/ 1 ADJ ⓐ (= *incurable*) en phase terminale; (= *final*) terminal; **~ care** soins *(mpl)* aux malades en phase terminale ⓑ (= *insoluble*) [*problem, crisis, situation*] sans issue; **to be in ~ decline** être à bout de souffle 2 N ⓐ (*for planes*) aérogare *(f)*; (*for trains, coaches, buses*) terminus *(m inv)*; **container ~** terminal *(m)* de containers ⓑ [*of computer*] terminal *(m)*

terminally /'tɜːmɪnlɪ/ ADV (= *incurably*) **~ ill** en phase terminale; **the ~ ill** les malades *(mpl)* en phase terminale

terminate /'tɜːmɪneɪt/ 1 VT mettre fin à; [+ *contract*] résilier 2 VI [*contract*] se terminer (**in** en, par); **the train ~s at Glasgow** le train a pour terminus Glasgow

termination /ˌtɜːmɪ'neɪʃən/ N fin *(f)*, conclusion *(f)*; [*of*

contract] résiliation *(f)*; **~ of employment** résiliation *(f)* du contrat de travail; **~ (of pregnancy)** interruption *(f)* de grossesse

terminology /ˌtɜːmɪ'nɒlədʒɪ/ N terminologie *(f)*

terminus /'tɜːmɪnəs/ N terminus *(m inv)*

termite /'tɜːmaɪt/ N termite *(m)*

termtime /'tɜːmtaɪm/ N trimestre *(m)*; **in ~** pendant le trimestre; **out of ~** pendant les vacances

Terr (*Brit*) ABBR = **Terrace**

terrace /'terəs/ N terrasse *(f)*; (*Brit* = *row of houses*) rangée *(f)* de maisons (*attenantes*); **the ~s** (*Brit Sport*) les gradins *(mpl)* ♦ **terrace house** N (*Brit*) maison *(f)* mitoyenne → HOUSE

terracotta /ˌterə'kɒtə/ 1 N terre *(f)* cuite 2 ADJ (= *made of terracotta*) en terre cuite; (= *colour*) ocre brun *(inv)*

terrain /te'reɪn/ N terrain *(m)* (*sol*)

terrestrial /tɪ'restrɪəl/ ADJ ⓐ [*life, event, animal*] terrestre ⓑ [*television, channel*] hertzien

terrible /'terəbl/ ADJ terrible; [*experience, act, pain, injury*] atroce; [*damage, poverty*] effroyable; **her French is ~** son français est atroce; **to feel ~** (= *ill*) se sentir mal; **to look ~** (= *ill*) avoir très mauvaise mine; (= *untidy*) ne pas être beau à voir; **I've got a ~ memory** j'ai très mauvaise mémoire; **to be a ~ bore** être terriblement ennuyeux; **it would be a ~ pity if ...** ce serait extrêmement dommage si ...

terribly /'terəblɪ/ ADV [*important, upset, hard*] extrêmement; [*difficult, disappointed, sorry*] terriblement; [*behave*] de manière lamentable; [*play, sing*] terriblement mal; **it isn't a ~ good film** ce n'est pas un très bon film; **I missed him ~** il me manquait terriblement

terrier /'terɪəʳ/ N terrier *(m)*

terrific /tə'rɪfɪk/ ADJ ⓐ (= *excellent*)* super* *(inv)*; **to do a ~ job** faire un super bon boulot*; **to look ~** être super* ⓑ (= *very great*) [*amount*] énorme; [*explosion*] formidable; [*heat*] épouvantable; **at ~ speed** à une vitesse folle

terrify /'terɪfaɪ/ VT terrifier; **to ~ sb out of his wits** terroriser qn; **to be terrified of sth** avoir une peur folle de qch; **I'm terrified he'll refuse** j'ai très peur qu'il refuse

terrifying /'terɪfaɪŋ/ ADJ terrifiant

territorial /ˌterɪ'tɔːrɪəl/ ADJ territorial ♦ **the Territorial Army** N (*Brit*) l'armée *(f)* territoriale

> ⓘ **TERRITORIAL ARMY**
> L'armée territoriale (**Territorial Army** ou **TA**) est une organisation britannique de réservistes volontaires. Elle se compose de civils qui reçoivent un entraînement militaire pendant leur temps libre et qui forment un corps d'armée de renfort en cas de guerre ou de crise grave. Ces volontaires sont rémunérés pour leurs services.
> ▷ www.ta.mod.uk

territory /'terɪtərɪ/ N (= *land*) territoire *(m)*; (= *area of knowledge*) domaine *(m)*; **the occupied territories** les territoires *(mpl)* occupés

terror /'terəʳ/ N (= *fear*) terreur *(f)*; **they were living in ~** ils vivaient dans la terreur; **they fled in ~** épouvantés, ils se sont enfuis; **to live in ~ of sb/sth** vivre dans la terreur de qn/qch; **a ~ attack** une attaque terroriste; **a ~ campaign** une campagne terroriste; **that child is a ~** * cet enfant est une vraie petite terreur* ♦ **terror-stricken**, **terror-struck** ADJ épouvanté

terrorism /'terərɪzəm/ N terrorisme *(m)*

terrorist /'terərɪst/ 1 N terroriste *(mf)* 2 ADJ [*attack, group, activities*] terroriste; [*act*] de terrorisme

terrorize /'terəraɪz/ VT terroriser

terse /tɜːs/ ADJ laconique

tertiary /'tɜːʃərɪ/ ADJ tertiaire ♦ **tertiary college** N (*Brit*) établissement accueillant des élèves de terminale et dispensant une formation professionnelle ♦ **tertiary education** N enseignement *(m)* supérieur

Terylene® /'terəliːn/ (*Brit*) N tergal® *(m)*

TESL /tesl/ N (ABBR = **Teaching of English as a Second Language**) → TEFL, TESL, TESOL, ELT

test /test/ 1 N (a) (= *trial*) essai *(m)*; **the plane was grounded for ~s** l'avion a été retiré de la circulation pour être soumis à des vérifications; **nuclear ~s** essais *(mpl)* nucléaires
(b) *(on blood, urine)* analyse *(f)*; *(on organ)* examen *(m)*; **he sent a specimen to the laboratory for ~s** il a envoyé un échantillon au laboratoire pour analyses; **hearing ~** examen *(m)* de l'ouïe
(c) (= *gauge*) **the ~ of any democracy is ...** une démocratie se reconnaît à ...; **it's a ~ of his strength** cela teste ses forces; **it wasn't a fair ~ of her abilities** cela n'a pas permis d'évaluer correctement ses aptitudes; **to put to the ~** mettre à l'épreuve; **it has stood the ~ of time** cela a (bien) résisté à l'épreuve du temps
(d) *(for student)* *(written)* devoir *(m)* sur table; *(oral)* interrogation *(f)* orale; **practical ~** épreuve *(f)* pratique; **to pass the ~** *(fig)* bien se tirer de l'épreuve
(e) *(for driver)* examen *(m)* du permis de conduire; **my ~ is on Wednesday** je passe mon permis mercredi; **to pass/fail one's ~** être reçu/échouer au permis
(f) *(Cricket, Rugby)* match *(m)* international
2 VT tester; [+ *goods*] vérifier; [+ *blood, urine*] faire une analyse *(or* des analyses*)* de; [+ *new drug*] expérimenter; [+ *person*] mettre à l'épreuve; [+ *sight, hearing*] tester; **to ~ the water** *(for swimming)* prendre la température de l'eau; **they ~ed him for diabetes** ils l'ont soumis à des analyses pour voir s'il avait le diabète; **to ~ sb for drugs/alcohol** faire subir un contrôle antidopage/un alcootest® à qn; **he ~ed us on the new vocabulary** il nous a interrogés sur le nouveau vocabulaire; **they ~ed him for the job** ils lui ont fait passer des tests d'aptitude pour le poste
3 VI **he ~ed positive for drugs** son contrôle antidopage était positif; **they were ~ing for a gas leak** ils faisaient des essais pour découvrir une fuite de gaz
4 COMP ♦ **test ban treaty** N traité *(m)* d'interdiction d'essais nucléaires ♦ **test case** N affaire *(f)* qui fait jurisprudence ♦ **test drive** N essai *(m)* sur route ♦ **test flight** N vol *(m)* d'essai ♦ **test match** N *(Cricket, Rugby)* match *(m)* international ♦ **test paper** N (= *exam*) interrogation *(f)* écrite ♦ **test pilot** N pilote *(m)* d'essai ♦ **test tube** N éprouvette *(f)* ♦ **test-tube baby** N bébé-éprouvette *(m)*
► **test out** VT SEP essayer

testament /ˈtestəmənt/ N testament *(m)*; **the Old/New Testament** l'Ancien/le Nouveau Testament

tester /ˈtestəʳ/ N [*of perfume*] échantillon *(m)*

testicle /ˈtestɪkl/ N testicule *(m)*

testify /ˈtestɪfaɪ/ 1 VT témoigner 2 VI *(in court)* témoigner; **to ~ to sth** témoigner de qch

testimonial /ˌtestɪˈməʊnɪəl/ N (= *reference*) lettre *(f)* de recommandation; (= *gift*) témoignage *(m)* d'estime *(offert à qn par ses collègues)*; *(Sport)* match en l'honneur d'un joueur

testimony /ˈtestɪmənɪ/ N (= *statement*) témoignage *(m)*

testing /ˈtestɪŋ/ 1 N [*of vehicle, machine, substance*] test *(m)*; [*of new drug*] expérimentation *(f)*; [*of person*] mise *(f)* à l'épreuve; [*of sight, hearing*] examen *(m)*; **nuclear ~** essais *(mpl)* nucléaires 2 ADJ (= *difficult, trying*) éprouvant; **it is a ~ time for us all** c'est une période éprouvante pour nous tous 3 COMP ♦ **testing ground** N banc *(m)* d'essai

testosterone /teˈstɒstərəʊn/ N testostérone *(f)*

testy /ˈtestɪ/ ADJ irritable

tetanus /ˈtetənəs/ 1 N tétanos *(m)* 2 ADJ [*vaccine, injection*] antitétanique

tetchy /ˈtetʃɪ/ ADJ *(Brit)* irritable

tether /ˈteðəʳ/ 1 N *(for animal)* longe *(f)*; **to be at the end of one's ~** (= *desperate*) être au bout du rouleau* 2 VT [+ *animal*] attacher

Teutonic /tjuːˈtɒnɪk/ ADJ teutonique

Tex. ABBR = **Texas**

Texan /ˈteksən/ 1 ADJ texan 2 N Texan(e) *(m(f))*

Texas /ˈteksəs/ N Texas *(m)*; **in ~** au Texas

text /tekst/ 1 N texte *(m)*; (= *text message*) texto *(m)*, SMS *(m)* 2 VT envoyer un texto *or* un SMS à 3 COMP ♦ **text editor** N éditeur *(m)* de texte(s) ♦ **text message** N texto *(m)*, SMS *(m)* ♦ **text messaging** N envoi *(m)* de SMS

textbook /ˈtekstbʊk/ 1 N manuel *(m)* scolaire 2 ADJ **a ~ example of ...** un exemple classique de ...

textile /ˈtekstaɪl/ ADJ, N textile *(m)*; **the ~ industry** l'industrie *(f)* textile

texting /ˈtekstɪŋ/ N texting *(m)*

texture /ˈtekstʃəʳ/ N texture *(f)*; [*of food*] consistance *(f)*

textured /ˈtekstʃəd/ ADJ [*paint*] granité; **rough-~** d'une texture grossière

Thai /taɪ/ ADJ thaïlandais

Thailand /ˈtaɪlænd/ N Thaïlande *(f)*

thalidomide /θəˈlɪdəʊmaɪd/ N thalidomide *(f)* ♦ **thalidomide baby** N (petite) victime *(f)* de la thalidomide

Thames /temz/ N Tamise *(f)*

than /ðæn, ðən/ CONJ (a) que; **I have more ~ you** j'en ai plus que toi; **he is taller ~ his sister** il est plus grand que sa sœur; **you'd be better going by car ~ by bus** tu ferais mieux d'y aller en voiture plutôt qu'en autobus; **it was a better play ~ we expected** la pièce était meilleure que prévu (b) *(with numerals)* de; **more/less ~ 20** plus/moins de 20; **more ~ once** plus d'une fois

thank /θæŋk/ 1 VT remercier *(sb for sth* qn de *or* pour qch, **for doing sth** de faire qch, d'avoir fait qch); **I can't ~ you enough** je ne saurais assez vous remercier; **do ~ him for me** remerciez-le bien de ma part; **~ goodness*** Dieu merci; **you've got him to ~ for that** c'est à toi que tu dois cela; **he's only got himself to ~** il ne peut s'en prendre qu'à lui-même; **he won't ~ you for that!** ne t'attends pas à ce qu'il te remercie!
♦ **thank you** merci; **to say ~ you** dire merci; **~ you very much** merci beaucoup; **~ you for helping us** merci de nous avoir aidés; **no ~ you** non merci
2 NPL **thanks** (a) (= *thank you*) **~s!*** merci!; **~s very much!*** merci beaucoup; **~s a lot!*** merci beaucoup; **many ~s for all you've done** merci mille fois pour ce que vous avez fait; **~s for nothing!*** je te remercie! *(iro)*
(b) remerciements *(mpl)*; **with ~s** avec tous mes *(or* nos*)* remerciements; **~s be to God!** Dieu soit loué!; **that's all the ~s I get!** c'est comme ça qu'on me remercie!
(c) ♦ **thanks to ...** grâce à ...; **~s to you** grâce à toi
3 COMP ♦ **thank-you** N **and now a special ~-you to John** et maintenant je voudrais remercier tout particulièrement John; **~-you card** carte *(f)* de remerciements

thankful /ˈθæŋkfʊl/ ADJ content; **I'm ~ I've got a job** je m'estime heureux d'avoir un travail; **I was ~ for his support** je lui étais reconnaissant de son aide; **to be ~ to be alive** être content d'être en vie; **I've got so much to be ~ for** je n'ai pas à me plaindre de la vie; **to be ~ for small mercies** s'estimer heureux

thankfully /ˈθæŋkfəlɪ/ ADV (= *fortunately*) heureusement

thankless /ˈθæŋklɪs/ ADJ ingrat

thanksgiving /ˈθæŋksˌgɪvɪŋ/ N action *(f)* de grâce(s); **Thanksgiving Day** *(Can, US)* Thanksgiving *(m)*

ℹ THANKSGIVING

Les festivités de **Thanksgiving** *se tiennent chaque année le quatrième jeudi de novembre, en commémoration de la fête organisée par les Pères pèlerins à l'occasion de leur première récolte sur le sol américain en 1621. C'est l'occasion pour beaucoup d'Américains de se rendre dans leur famille et de manger de la dinde et de la tarte à la citrouille.*
→ *PILGRIM FATHERS*
▷ www.thanksgiving.org/2us.html

---

that /ðæt, ðət/

pl **those**	
1 DEMONSTRATIVE ADJECTIVE	3 RELATIVE PRONOUN
2 DEMONSTRATIVE PRONOUN	4 CONJUNCTION
	5 ADVERB

1 DEMONSTRATIVE ADJECTIVE
(a) unstressed ce; *(masculine before vowel and silent "h")* cet, cette *(f)*, ces *(mfpl)*; **~ noise** ce bruit; **~ man** cet homme; **~**

idea cette idée; **those books** ces livres; **those houses** ces maisons; **what about ~ £20 I lent you?** et ces 20 livres que je t'ai prêtées?

(b) stressed, or as opposed to this, these ce ... -là, cet ... -là, cette ... -là, ces ... -là; **I mean THAT book** c'est de ce livre-là que je parle; **I like ~ photo better than this one** je préfère cette photo-là à celle-ci; **but ~ Saturday ...** mais ce samedi-là ...

◆ **that one ◆ those ones** celui-là (m), celle-là (f), ceux-là (mpl), celles-là (fpl); **which video do you want? — ~ one** quelle vidéo veux-tu? — celle-là; **of all his records, I like ~ one best** de tous ses disques, c'est celui-là que je préfère; **the only blankets we have are those ones there** les seules couvertures que nous ayons sont celles-là; **there's little to choose between this model and ~ one** il n'y a pas grande différence entre ce modèle-ci et l'autre

◆ **that much: I can't carry ~ much** je ne peux pas porter tout ça

2 DEMONSTRATIVE PRONOUN
(a) singular (= that thing, event, statement, person) cela, ça, ce

► **ça** is commoner and less formal than **cela**; **ce** is used only as the subject of **être**.

what's ~? qu'est-ce que c'est que ça?; **do you like ~?** vous aimez cela?; **~'s enough!** ça suffit!; **~'s fine!** c'est parfait!; **~'s what they've been told** c'est ce qu'on leur a dit; **~ is (to say) ...** c'est-à-dire ...; **who's ~?** qui est-ce?; (on phone) qui est à l'appareil?; **is ~ you Paul?** c'est toi Paul?; **~'s the boy I told you about** c'est le garçon dont je t'ai parlé

◆ **that which** (= what) (subject of clause) ce qui; (object of clause) ce que; **this is the opposite of ~ which the government claims to have done** c'est le contraire de ce que le gouvernement prétend avoir fait

(b) = that one, those ones celui-là (m), celle-là (f), ceux-là (mpl), celles-là (fpl); **a recession like ~** une récession comme celle-là; **a recession like ~ of 1973-74** une récession comme celle de 1973-74; **those over there** ceux-là (or celles-là) là-bas; **are those our seats?** est-ce que ce sont nos places?; **those are nice sandals** elles sont belles, ces sandales

◆ **that which** (= the one which) celui qui (m), celle qui (f); **the true cost often differs from ~ which is first projected** le coût réel est souvent différent de celui qui était prévu à l'origine

◆ **those which** (= the ones which) ceux qui (mpl), celles qui (fpl); **those which are here** ceux qui sont ici

◆ **those who** (= the ones who) ceux qui (mpl), celles qui (fpl); **those who came** ceux qui sont venus; **there are those who say ...** certains disent ...

(c) set structures
◆ **at that!: and there were six of them at ~!** et en plus ils étaient six!
◆ **by that: what do you mean by ~?** qu'est-ce que vous voulez dire par là?
◆ **that's it** (= the job's finished) ça y est; (= that's what I mean) c'est ça; (= that's all) c'est tout; (= I've had enough) ça suffit
◆ **that's just it** c'est bien le problème; **sorry, I wasn't listening — ~'s just it, you never listen!** désolé, je n'écoutais pas — c'est bien le problème, tu n'écoutes jamais!
◆ **so that's that** alors c'est ça; **so ~'s ~ then, you're leaving?** alors c'est ça, tu t'en vas?; **and so ~ was** et les choses en sont restées là
◆ **with that** sur ce; **with ~ she burst into tears** en disant cela elle a éclaté en sanglots

3 RELATIVE PRONOUN
(a) subject of clause qui; (object of clause) que; **the man ~ came to see you** l'homme qui est venu vous voir; **the letter ~ I sent yesterday** la lettre que j'ai envoyée hier

(b) ◆ **that ... + preposition** lequel (m), laquelle (f), lesquels (mpl), lesquelles (fpl); **the pen ~ she was writing with** le sty-

lo avec lequel elle écrivait; **the box ~ you put it in** la boîte dans laquelle vous l'avez mis

► **à + lequel, lesquels** and **lesquelles** combine to give **auquel, auxquels** and **auxquelles**.

the problem ~ we are faced with le problème auquel nous sommes confrontés

► When **that** + preposition refers to people, preposition + **qui** can also be used.

the man ~ she was dancing with l'homme avec lequel or avec qui elle dansait; **the children ~ I spoke to** les enfants auxquels or à qui j'ai parlé

► **dont** is used when the French verb takes **de**.

the girl/the book ~ I told you about la jeune fille/le livre dont je vous ai parlé

4 CONJUNCTION
que; **he said ~ he had seen her** il a dit qu'il l'avait vue; **he was speaking so softly ~ I could hardly hear him** il parlait si bas que je l'entendais à peine

► **que** cannot be omitted in a second clause if it has a different subject.

he said ~ he was very busy and his secretary would deal with it il a dit qu'il était très occupé et que sa secrétaire s'en occuperait
◆ **in that** dans la mesure où; **it's an attractive investment in ~ it's tax-free** c'est un investissement intéressant dans la mesure où il est exonéré d'impôts
◆ **not that** non (pas) que; **not ~ I want to do it** non que je veuille le faire

5 ADVERB
(a) = so si; **it's not ~ important/bad** ce n'est pas si important/mal (que ça); **I couldn't go ~ far** je ne pourrais pas aller si loin
(b) = so very * tellement; **when I found it I was ~ relieved!** lorsque je l'ai trouvé, je me suis senti tellement soulagé!

─────────

thatched /θætʃt/ ADJ **~ roof** toit (m) de chaume; **~ cottage** chaumière (f)

Thatcherite /ˈθætʃəˌraɪt/ ADJ thatchériste

thaw /θɔː/ **1** N dégel (m); (fig) détente (f) **2** VT [+ frozen food] décongeler **3** VI [snow] fondre; [+ ground] dégeler; [frozen food] décongeler; **it's ~ing** il dégèle; **he began to ~** (= get warmer, friendlier) il a commencé à se dégeler*

the /ðiː, ðə/ DEFINITE ARTICLE (a) le, la; (before vowel or silent "h") l', les; **of ~** du, de la, de l', des; **to ~** au, à la, à l', aux; **~ prettiest** le plus joli, la plus jolie, les plus joli(e)s; **translated from ~ German** traduit de l'allemand; **it is ~ unusual that is frightening** c'est ce qui est inhabituel qui fait peur; **to play ~ piano** jouer du piano; **two dollars to ~ pound** deux dollars la livre; **well, how's ~ leg?*** eh bien, et cette jambe?*
(b) (with names) **Charles ~ First** Charles premier
(c) (stressed) **THE Professor Smith** le célèbre professeur Smith; **it's THE restaurant in this part of town** c'est LE restaurant du quartier

theatre, theater (US) /ˈθɪətəʳ/ **1** N (a) (= place) théâtre (m), salle (f) de spectacle; (= drama) théâtre (m); **to go to the ~** aller au théâtre (b) (in hospital) salle (f) d'opération; **he is in ~** [patient] il est sur la table d'opération; [surgeon] il est en salle d'opération **2** ADJ (a) [programme, ticket] de théâtre (b) [staff, nurse] de la salle d'opération **3** COMP ◆ **theatre company** N troupe (f) de théâtre

theatregoer /ˈθɪətəgəʊəʳ/ N habitué(e) (m(f)) du théâtre; **~s** les gens qui vont au théâtre

theatrical /θɪˈætrɪkəl/ ADJ (a) [world] du théâtre; [performance, tradition, production] théâtral (b) (= melodramatic) théâtral

theft /θeft/ N vol (m)

their /ðeəʳ/ POSS ADJ (a) leur (f inv); (plural) leurs; **~ parents** leurs parents; **THEIR house** (stressed) leur maison à eux (or à elles) (b) (= his or her) son, sa, ses; **somebody rang**

— **did you ask them ~ name?** quelqu'un a téléphoné — est-ce que tu lui as demandé son nom?

theirs /ðɛəz/ POSS PRON ⓐ le leur; (*feminine*) la leur; (*plural*) les leurs; **your house is better than ~** votre maison est mieux que la leur; **a friend of ~** un de leurs amis; **I think it's one of ~** je crois que c'est un(e) des leurs; **it's no fault of ~** ce n'est pas de leur faute; **that stupid son of ~** leur idiot de fils; **the house became ~** la maison est devenue la leur; **~ is a specialized department** leur section est une section spécialisée

ⓑ (= *his or hers*) le sien, la sienne, les sien(ne)s; **if anyone takes one that isn't ~** si jamais quelqu'un en prend un qui n'est pas à lui

them /ðem, ðəm/ 1 PLURAL PERSONAL PRONOUN

▶ *When translating* **them** *it is necessary to know whether the French verb takes a direct or an indirect object. Verbs followed by* **à** *or* **de** *take an indirect object.*

ⓐ (*direct object: people and things*) les; **he hates ~** il les déteste

▶ **les** *precedes the verb, except in positive commands.*

look at ~! regarde-les!

▶ *When the French verb consists of* **avoir** *+ past participle,* **les** *precedes the form of* **avoir**. *The participle always agrees, adding* **s** *for mpl, and* **es** *for fpl.*

I have seen ~ je les ai vu(e)s; **have you seen my keys? I've lost ~** avez-vous vu mes clés? je les ai perdues

ⓑ (*indirect object: people*) leur; **I'm going to phone ~ tomorrow** je vais leur téléphoner demain; **we're going to give ~ a present** nous allons leur offrir un cadeau; **I'm speaking to ~** je leur parle; **what are you going to say to ~?** qu'est-ce que tu vas leur dire?

▶ **leur** *precedes the verb, except in positive commands.*

write to ~ écrivez-leur

▶ *When* **leur** *translates* **them** *in past tenses,* **(e)s** *is not added to the past participle.*

she sent ~ a card from Britanny elle leur a envoyé une carte de Bretagne

ⓒ (*indirect object: things*)

▶ *When* **them** *refers to things,* **en** *is used when the pronoun replaces* **de** *+ noun.*

can you give me my notes back? I need ~ est-ce que tu peux me rendre mes notes? j'en ai besoin; **make sure you admire his pictures, he's very proud of ~** n'oublie pas d'admirer ses tableaux, il en est très fier

ⓓ (*emphatic*) eux (*m*), elles (*f*); **I knew it was ~!** je savais que c'était eux!; **I know her but I don't know ~** je la connais, mais eux (*or* elles), je ne les connais pas

ⓔ ♦ *preposition* + **them**: **without ~** sans eux (*or* elles); **younger than ~** plus jeune qu'eux (*or* qu'elles); **my parents? I was just thinking about ~** mes parents? je pensais justement à eux; **the passports? I've not thought about ~** les passeports? je n'y ai pas pensé

2 SINGULAR PERSONAL PRONOUN

▶ *When* **them** *refers to one person,* **le** *is used for a direct and* **lui** *for an indirect object.*

if anyone arrives early ask ~ to wait si quelqu'un arrive tôt, fais-le attendre; **somebody rang — did you ask ~ their name?** quelqu'un a téléphoné — est-ce que tu lui as demandé son nom?

theme /θiːm/ N thème (*m*); (*US* = *essay*) rédaction (*f*) ♦ **theme music** N thème (*m*) musical; (*US* = *signature tune*) indicatif (*m*) (musical) ♦ **theme park** N parc (*m*) à thème

themed /θiːmd/ ADJ (*Brit*) [*restaurant, bar, party*] à thème

themself• /ðəm'self/ PERS PRON SG (*reflexive*) se; (*emphatic*) lui-même (*m*), elle-même (*f*); (*after prep*) lui (*m*), elle (*f*); **somebody who could not defend ~** quelqu'un qui ne pouvait pas se défendre

themselves /ðəm'selvz/ PERS PRON PL (*reflexive*) se; (*emphatic*) eux-mêmes (*mpl*), elles-mêmes (*fpl*); (*after prep*) eux, elles; **they're enjoying ~** ils s'amusent bien; **they saw it ~**

ils l'ont vu eux-mêmes; **they haven't experienced it ~** ils n'en ont pas personnellement fait l'expérience; **they were talking amongst ~** ils discutaient entre eux; **these computers can reprogram ~** ces ordinateurs peuvent se reprogrammer automatiquement; **(all) by ~** tout seuls, toutes seules

then /ðen/ 1 ADV ⓐ (= *at that time*) à l'époque; **we had two dogs ~** nous avions à l'époque deux chiens; **there and ~** sur-le-champ

ⓑ (*after preposition*) **from ~ on** depuis; **by ~ I knew** à ce moment-là, je savais déjà; **I'll have it finished by ~** je l'aurai fini d'ici là; **since ~** depuis; **since ~ everything's been OK** depuis, tous va bien; **between now and ~** d'ici là; **until ~** jusque-là, jusqu'alors

ⓒ (= *next*) puis; **he went first to London ~ to Paris** il est allé d'abord à Londres, puis à Paris; **and ~ what?** et puis après?

ⓓ (= *in that case*) alors; **~ it must be in the sitting room** alors ça doit être au salon; **but ~ that means that ...** mais alors c'est que ...; **someone had already warned you ~?** on vous avait donc déjà prévenu?

ⓔ (= *furthermore*) et puis; **~ there's my aunt** et puis il y a ma tante

♦ **then again** (= *on the other hand*) pourtant; **... and ~ again he has always tried to help us** ... et pourtant, il faut dire qu'il a toujours essayé de nous aider

2 ADJ (*before noun*) d'alors; **the ~ Prime Minister** le Premier ministre d'alors

thence /ðens/ ADV ⓐ (= *from there*) de là ⓑ (= *therefore*) par conséquent

thenceforth /ˈðensfɔːθ/, **thenceforward** /ˈðensfɔːwəd/ ADV (*frm*) dès lors

theologian /θɪəˈləʊdʒɪən/ N théologien(ne) (*m(f)*)

theological /θɪəˈlɒdʒɪkəl/ ADJ théologique ♦ **theological college** N séminaire (*m*), école (*f*) de théologie

theology /θɪˈɒlədʒɪ/ N théologie (*f*)

theorem /ˈθɪərəm/ N théorème (*m*)

theoretical /θɪəˈretɪkəl/ ADJ théorique

theoretically /θɪəˈretɪkəlɪ/ ADV théoriquement; **he could ~ face the death penalty** en théorie, il est passible de la peine de mort; **I was, ~, a fully-qualified lawyer** j'étais, en théorie, un avocat diplômé

theorize /ˈθɪəraɪz/ 1 VI faire des théories (**about** sur) 2 VT **to ~ that ...** émettre l'hypothèse que ...

theory /ˈθɪərɪ/ N théorie (*f*); **in ~** en théorie

therapeutic /ˌθerəˈpjuːtɪk/ ADJ thérapeutique; **I find gardening very ~** ça me détend de jardiner

therapist /ˈθerəpɪst/ N thérapeute (*mf*)

therapy /ˈθerəpɪ/ N thérapie (*f*)

there /ðeəʳ/ 1 ADV ⓐ (*place*) y (*before vb*), là; **we shall soon be ~** nous serons bientôt arrivés; **put it ~** posez-le là; **in ~** là-dedans; **down** *or* **over ~** là-bas; **somewhere round ~** quelque part par là; **from ~** de là; **they went ~ and back in two hours** ils ont fait l'aller et retour en deux heures; **to be ~ for sb•** (= *supportive*) être là pour qn

♦ **there is** (= *there exists*) → **be**

♦ **to be there** (= *exist*) exister; **if the technology is ~, someone will use it** si la technologie existe, quelqu'un l'utilisera

ⓑ (*other uses*) **~ he is!** le voilà!; **~ you are** (= *I've found you*) (ah) vous voilà!; (*offering sth*) voilà; **hurry up ~!** eh! dépêchez-vous!; **~'s my mother calling me** il y a ma mère qui m'appelle; **I disagree with you ~** là je ne suis pas d'accord avec vous; **you've got me ~!** alors là, ça me dépasse!•; **~ comes a time when ...** il vient un moment où ...; **you press this switch and ~ you are!** tu appuies sur ce bouton et ça y est!; **~ you are, I told you that would happen** tu vois, je t'avais bien dit que ça allait arriver; **~ they go!** les voilà qui partent!; **I had hoped to finish early, but ~ you go** j'espérais finir tôt mais tant pis; **he's all ~•** (= *not stupid*) il n'est pas idiot; **he's not all ~•** il est un peu demeuré•

2 EXCL **~, what did I tell you?** alors, qu'est-ce que je t'avais dit?; **~, ~, don't cry!** allons, allons, ne pleure pas!; **~ now, that didn't hurt, did it?** eh bien, ça n'a pas fait si mal que ça, si?

thereabouts /ðɛərə'baʊts/ ADV à peu près; **£50 or ~** dans les cinquante livres; **1999, or ~** vers 1999

thereafter /ðɛər'ɑ:ftər/ ADV (frm) par la suite

thereby /ðɛə'baɪ/ ADV ainsi

therefore /'ðɛəfɔ:r/ CONJ donc

there's /ðɛəz/ = **there is, there has** → **be, have**

thereupon /ðɛərə'pɒn/ ADV (frm) sur ce

thermal /'θɜ:məl/ 1 ADJ ⓐ [underwear, socks] en Thermolactyl® ⓑ [spring, spa, treatment] thermal ⓒ [power, reactor, insulation] thermique 2 N courant (m) ascendant 3 COMP ♦ **thermal baths** NPL thermes (mpl)

thermodynamics /'θɜ:məʊdaɪ'næmɪks/ N thermodynamique (f)

thermometer /θə'mɒmɪtər/ N thermomètre (m)

thermonuclear /'θɜ:məʊ'nju:klɪər/ ADJ thermonucléaire

Thermos® /'θɜ:məs/ N thermos® (m or f inv) ♦ **Thermos flask** N bouteille (f) thermos®

thermostat /'θɜ:məstæt/ N thermostat (m)

thesaurus /θɪ'sɔ:rəs/ N (= lexicon) dictionnaire (m) de synonymes; (Computing) thesaurus (m)

these /ði:z/ DEM ADJ, PRON pl of **this**

theses /'θi:si:z/ NPL of **thesis**

thesis /'θi:sɪs/ N (pl **theses** /'θi:si:z/) thèse (f)

they /ðeɪ/ PERS PRON ⓐ ils (mpl), elles (fpl); (stressed) eux (mpl), elles (fpl); **~ have gone** ils sont partis, elles sont parties; **there ~ are!** les voilà!; **~ are teachers** ce sont des professeurs; **THEY know nothing about it** eux, ils n'en savent rien ⓑ (= people in general) on; **~ say that ...** on dit que ... ⓒ (he or she) il (m), elle (f); (stressed) lui (m), elle (f); **somebody called but ~ didn't give their name** quelqu'un a appelé, mais il (or elle) n'a pas donné son nom

they'd /ðeɪd/ = **they had, they would** → **have, would**

they'll /ðeɪl/ = **they will** → **will**

they're /ðeər/ = **they are** → **be**

they've /ðeɪv/ = **they have** → **have**

thick /θɪk/ 1 ADJ ⓐ épais (-aisse (f)); [pile, lenses, coat] gros (grosse (f)); [crowd] dense; [hedge] touffu; [honey] dur; **a ~ slice** une tranche épaisse; **to be 5cm ~** faire 5 cm d'épaisseur; **how ~ is it?** quelle est son épaisseur?; **to become ~(er)** [sauce, cream] épaissir; **he trudged through the ~ snow** il avançait péniblement dans l'épaisse couche de neige; **antique shops are ~ on the ground around here*** il y a un tas* de magasins d'antiquités par ici; **to give someone a ~ ear*** (Brit) tirer les oreilles à qn* ⓑ ♦ **thick with**: **to be ~ with dust** être couvert d'une épaisse couche de poussière; **the streets are ~ with people** les rues sont noires de monde; **~ with smoke** [air, atmosphere, room] enfumé ⓒ (Brit = stupid)* [person] bête; **to get sth into one's head*** se mettre qch dans le crâne* ⓓ [voice] pâteux; **a voice ~ with emotion** une voix chargée d'émotion ⓔ [accent] fort ⓕ **to be (as) ~ as thieves*** s'entendre comme larrons en foire

2 ADV [cut] en tranches épaisses; [spread] en couche épaisse; **the snow still lies ~ on the mountains** il y a encore une épaisse couche de neige sur les montagnes ♦ **to lay it on thick*** forcer un peu la dose* ♦ **to come thick and fast** pleuvoir; **the jokes came ~ and fast** les plaisanteries pleuvaient

3 N **in the ~ of the crowd** au cœur de la foule; **in the ~ of the fight** au cœur de la mêlée; **they were in the ~ of it** ils étaient en plein dedans; **through ~ and thin** contre vents et marées

4 COMP ♦ **thick-skinned** ADJ [person] peu sensible; **he's very ~-skinned** il a la peau dure

thicken /'θɪkən/ 1 VT [+ sauce] épaissir 2 VI [crowd] grossir; [sauce] épaissir

thicket /'θɪkɪt/ N fourré (m)

thickly /'θɪklɪ/ ADV ⓐ (= densely) densément ⓑ [spread] en couche épaisse; **~ spread with butter** couvert d'une épaisse couche de beurre; **~ encrusted with mud** incrusté d'une épaisse couche de boue ⓒ [slice] en tranches épaisses ⓓ [say] d'une voix pâteuse

thickness /'θɪknɪs/ N (= layer) épaisseur (f)

thickset /θɪk'set/ ADJ (and small) trapu; (and tall) bien bâti

thief /θi:f/ N (pl **thieves**) voleur (m), -euse (f); **stop ~!** au voleur!

thieves /θi:vz/ NPL of **thief**

thieving /'θi:vɪŋ/ 1 ADJ* **those ~ kids** ces petits voleurs; **keep your ~ hands off!** bas les pattes!* 2 N vol (m)

thigh /θaɪ/ N cuisse (f)

thighbone /'θaɪbəʊn/ N fémur (m)

thimble /'θɪmbl/ N dé (m) (à coudre)

thin /θɪn/ 1 ADJ ⓐ [person, face, legs, arms] maigre; [lips, layer, slice, strip, sheet] mince; [line] fin; [cloth, garment] léger; [mattress, wall] peu épais (-aisse (f)); **to get ~(ner)** [person] maigrir; **as ~ as a rake** maigre comme un clou; **it's the ~ end of the wedge** c'est s'engager sur une pente savonneuse ⓑ (= runny) [liquid, oil] fluide; [soup, sauce] clair ⓒ (= not dense) [cloud] léger; [air, atmosphere] raréfié; **to vanish into ~ air** se volatiliser ⓓ [crowd] épars; [hair, beard] clairsemé; **to become ~ner** [crowd, plants, trees, hair] s'éclaircir; **to be ~ on the ground** (Brit) être rare; **to be getting ~ on top*** (= balding) se dégarnir* ⓔ (= feeble) [evidence, plot] peu convaincant; [majority] faible ⓕ [voice] fluet; [sound] aigu (-guë (f))

2 ADV [spread] en couche fine; [cut] en tranches fines

3 VT [+ paint, sauce] délayer; [+ trees] éclaircir

4 VI [fog, crowd] se disperser; [numbers] se réduire

5 COMP ♦ **thin-skinned** ADJ [person] susceptible

► **thin out** 1 VI [crowd, fog] se disperser 2 VT SEP [+ seedlings, trees] éclaircir

thing /θɪŋ/ N ⓐ chose (f); **surrounded by beautiful ~s** entouré de belles choses; **such ~s as money, fame ...** des choses comme l'argent, la gloire ...; **the ~ he loves most is his car** ce qu'il aime le plus au monde c'est sa voiture; **the good ~s in life** les plaisirs (mpl) de la vie; **I've two ~s still to do** j'ai encore deux choses à faire; **the next ~ to do is ...** ce qu'il y a à faire maintenant c'est ...; **the best ~ would be to refuse** le mieux serait de refuser; **the last ~ on the agenda** le dernier point à l'ordre du jour; **this is the latest ~ in computer games** c'est le dernier cri en matière de jeux électroniques

ⓑ (= belongings) **things** affaires (fpl); **have you put away your ~s?** as-tu rangé tes affaires?; **to take off one's ~s** se débarrasser de son manteau etc; **have you got your swimming ~s?** as-tu tes affaires de bain?

ⓒ (= matter, circumstance) **I must think ~s over** il faut que j'y réfléchisse; **how are ~s with you?** et vous, comment ça va?; **how's ~s?*** comment va?; **as ~s are** dans l'état actuel des choses; **since that's how ~s are** puisque c'est comme ça; **to expect great ~s of sb/sth** attendre beaucoup de qn/qch; **it is one ~ to use a computer, quite another to understand it** utiliser un ordinateur est une chose, en comprendre le fonctionnement en est une autre; **for one ~, it doesn't make sense** d'abord ça n'a pas de sens; **it's just one of those ~s** ce sont des choses qui arrivent; **I hadn't done a ~ about it** je n'avais strictement rien fait; **he knows a ~ or two** il s'y connaît; **she's got a ~ about spiders*** elle a horreur des araignées; **he made a big ~ of my refusal*** quand j'ai refusé il en a fait toute une histoire; **he had a ~* with her two years ago** il a eu une liaison avec elle il y a deux ans; **Mr Thing* rang up** Monsieur Machin* a téléphoné

♦ **the thing is**: the ~ is to know when he's coming la question est de savoir quand il va arriver ; **the ~ is this**: ... voilà de quoi il s'agit : ... ; **the ~ is, she'd already seen him** en fait, elle l'avait déjà vu ⓓ (= *person, animal*) créature (f) ; **poor little ~!** pauvre petit(e) ! ; **poor ~, he's very ill** le pauvre, il est très malade ⓔ (= *best, most suitable thing*) **that's just the ~ for me** c'est tout à fait ce qu'il me faut ; **the very ~!** (*of object*) voilà tout à fait ce qu'il me (*or* nous *etc*) faut ! ; (*of idea, plan*) c'est l'idéal ! ; **it's the in ~*** c'est le truc* à la mode ; **that's not the ~ to do** cela ne se fait pas

thingumajig• /ˈθɪŋəmɪdʒɪg/, **thingummy(jig)•** /ˈθɪŋəmɪ(dʒɪg)/, **thingy•** /ˈθɪŋɪ/ N (= *object*) truc* (m) ; (= *person*) Machin(e)• *(m(f))*

think /θɪŋk/ (*vb: pret, ptp* **thought**) 1 N **I'll have a ~ about it*** j'y penserai

2 VI ⓐ (= *consider*) réfléchir, penser ; **~ carefully** réfléchissez bien ; **let me ~** laissez-moi réfléchir ; **to ~ ahead** prévoir ; **to ~ aloud** penser tout haut ; **to ~ big*** voir les choses en grand ; **I don't ~!** (*iro*) ça m'étonnerait ! ⓑ (= *have in one's thoughts*) penser ; (= *devote thought to*) réfléchir (**of, about** à) ; **I was ~ing about you yesterday** je pensais à vous hier ; **what are you ~ing about?** à quoi pensez-vous ? ; **I'm ~ing of resigning** je pense à donner ma démission ; **you can't ~ of everything** on ne peut pas penser à tout ; **he ~s of nothing but money** il ne pense qu'à l'argent ; **it's not worth ~ing about** ça ne vaut pas la peine d'y penser ; **~ about it!** pensez-y ! ; **I'll ~ about it** je vais y réfléchir ; **I'll have to ~ about it** il faudra que j'y réfléchisse ; **that's worth ~ing about** cela mérite réflexion ; **come to ~ of it** en y réfléchissant (bien) ; **I've got too many things to ~ about just now** j'ai trop de choses en tête en ce moment ; **there's so much to ~ about** il y a tant de choses à prendre en considération ; **I wouldn't ~ of such a thing!** ça ne me viendrait jamais à l'idée ! ; **would you ~ of letting him go alone?** vous le laisseriez partir seul, vous ? ; **sorry, I wasn't ~ing** pardon, je n'ai pas réfléchi ; **I didn't ~ to ask** *or* **of asking if you ...** je n'ai pas pensé à te demander si tu ... ⓒ (= *remember*) penser (**of** à) ; **I can't ~ of her name** je n'arrive pas à me rappeler son nom ; **I couldn't ~ of the right word** je n'arrivais pas à trouver le mot juste ⓓ (= *imagine*) **to ~ (of)** imaginer ; **~ what might have happened** imagine ce qui aurait pu arriver ; **just ~!** imagine un peu ! ⓔ (= *devise*) **to ~ of** avoir l'idée de ; **I was the one who thought of inviting him** c'est moi qui ai eu l'idée de l'inviter ; **what will he ~ of next?** qu'est-ce qu'il va encore inventer ? ; **he has just thought of a clever solution** il vient de trouver une solution astucieuse ⓕ (= *have an opinion*) penser ; **to ~ well** *or* **a lot of sb/sth** penser le plus grand bien de qn/qch ; **he is very well thought of in France** il est très respecté en France ; **I don't ~ much of him** je n'ai pas une haute opinion de lui ; **I don't ~ much of that idea** cette idée ne me dit pas grand-chose ; **to ~ better of doing sth** décider à la réflexion de ne pas faire qch ; **to ~ nothing of doing sth** (= *do as a matter of course*) trouver tout naturel de faire qch ; (= *do unscrupulously*) n'avoir aucun scrupule à faire qch ; **~ nothing of it!** mais pas du tout !

3 VT ⓐ (= *be of opinion, believe*) penser, croire ; **I ~ so/not** je crois que oui/non ; **what do you ~?** qu'est-ce que tu (en) penses ? ; **I don't know what to ~** je ne sais (pas) qu'en penser ; **I don't ~ he came** je crois qu'il n'est pas venu ; **I don't ~ he will come** je ne pense pas qu'il viendra ; **what do you ~ I should do?** que penses-tu que je doive faire ? ; **I thought so** *or* **as much!** je m'en doutais ! ; **what do you ~ of him?** comment le trouves-tu ? ; **who do you ~ you are?** pour qui te prends-tu ? ⓑ (= *conceive, imagine*) (s')imaginer ; **~ what we could do with that house!** imagine ce que nous pourrions faire de cette maison ! ; **who would have thought it!** qui l'aurait dit ! ; **I'd have thought she'd be more upset** j'aurais pensé qu'elle aurait été plus contrariée ⓒ (= *reflect*) penser à ; **just ~ what you're doing!** pense un

peu à ce que tu fais ! ; **I was ~ing how ill he looked** je me disais qu'il avait l'air bien malade

4 COMP ♦ **think tank*** N groupe (m) de réflexion ► **think out** VT SEP [+ *problem, proposition*] réfléchir sérieusement à ; [+ *plan*] élaborer ; **well-thought-out** bien conçu ► **think over** VT SEP [+ *offer, suggestion*] (bien) réfléchir à ; **I'll have to ~ it over** il va falloir que j'y réfléchisse ► **think through** VT SEP [+ *plan, proposal*] examiner en détail ► **think up** VT SEP [+ *plan, scheme, improvement*] avoir l'idée de ; [+ *answer, solution*] trouver ; [+ *excuse*] inventer

thinker /ˈθɪŋkəʳ/ N penseur (m), -euse (f)

thinking /ˈθɪŋkɪŋ/ 1 ADJ rationnel ; **to any ~ person, this ...** pour toute personne douée de raison, ceci ... 2 N (= *act*) pensée (f), réflexion (f) ; (= *thoughts collectively*) opinions (fpl) (**on, about** sur) ; **I'll have to do some ~ about it** il va falloir que j'y réfléchisse sérieusement ; **current ~ on this** les opinions actuelles là-dessus ; **to my way of ~** à mon avis

thinly /ˈθɪnlɪ/ ADV ⓐ [*slice, cut*] en tranches fines ; [*spread, roll out*] en couche fine ⓑ **to be ~ populated** avoir une population éparse ; **~ scattered** épars ; **a ~ veiled attempt** une tentative mal dissimulée ⓒ **to sow seeds ~** faire un semis clair ; **to smile ~** avoir un faible sourire

thinness /ˈθɪnnɪs/ N ⓐ [*of person, legs, arms, face, animal*] maigreur (f) ; [*of fingers, slice, strip, paper, wall, clothes*] minceur (f) ; [*of cloth, garment*] légèreté (f) ; **the ~ of the air** *or* **atmosphere** le manque d'oxygène ⓑ [*of excuse, evidence, plot*] faiblesse (f)

third /θɜːd/ 1 ADJ troisième ; **in the presence of a ~ person** en présence d'un tiers ; **in the ~ person** à la troisième personne ; **(it's/it was) ~ time lucky!** la troisième fois sera (*or* a été) la bonne ! 2 N ⓐ troisième (mf) ; (= *fraction*) tiers (m) ; (*Music*) tierce (f) → **sixth** ⓑ (*Univ* = *degree*) ≈ licence (f) sans mention ⓒ (*also* ~ **gear**) troisième (*vitesse*) (f) ; **in ~** en troisième 3 ADV ⓐ (*in race, exam, competition*) en troisième place ; **he came ~** il s'est classé troisième ⓑ (= *thirdly*) troisièmement 4 COMP ♦ **third party** N tierce personne (f), tiers (m) ; **~ party (indemnity) insurance** responsabilité (f) civile ♦ **third party, fire and theft** N assurance (f) au tiers, vol et incendie ♦ **third-rate** ADJ de très médiocre qualité ♦ **Third World** N tiers-monde (m) ♦ ADJ [*poverty*] du tiers-monde

thirdly /ˈθɜːdlɪ/ ADV troisièmement

thirst /θɜːst/ 1 N soif (f) (**for** de) 2 VI (*liter*) avoir soif (**for** de) ; **~ing for blood** assoiffé de sang

thirstily /ˈθɜːstɪlɪ/ ADV avidement

thirsty /ˈθɜːstɪ/ ADJ ⓐ [*person, animal, plant*] assoiffé (*liter*) ; **to be ~** avoir soif ; **to make sb ~** donner soif à qn ; **it's ~ work!** ça donne soif ! ⓑ (*liter* = *eager*) **to be ~ for sth** avoir soif de qch

thirteen /ˈθɜːˈtiːn/ NUMBER treize ; **there are ~** il y en a treize → **six**

thirteenth /ˈθɜːˈtiːnθ/ ADJ, N treizième (mf) ; (= *fraction*) treizième (m) → **sixth**

thirtieth /ˈθɜːtɪɪθ/ 1 ADJ trentième 2 N trentième (mf) ; (= *fraction*) trentième (m) → **sixth**

thirty /ˈθɜːtɪ/ NUMBER trente ; **there are ~** il y en a trente ; **about ~ books** une trentaine de livres ; **about ~** une trentaine → **sixty**

this /ðɪs/ 1 DEM ADJ (*pl* **these**) ⓐ ce ; (*masculine before vowel and silent "h"*) cet, cette (f), ces (*pl*) ; **who is ~ man?** qui est cet homme ? ; **whose are these books?** à qui sont ces livres ? ; **these photos you asked for** les photos que vous avez réclamées ; **~ week** cette semaine ; **~ photographer came up to me in the street*** il y a un photographe qui est venu vers moi dans la rue ⓑ (*stressed, or as opposed to "that", "those"*) (*singular*) ce ...-ci, cette ... -ci ; (*plural*) ces ...-ci ; **I mean THIS book**

c'est de ce livre-ci que je parle ; **I like ~ photo better than that one** je préfère cette photo-ci à celle-là

2 DEM PRON (pl **these**)ⓐ ceci, ce ; **what is ~?** qu'est-ce que c'est (que ceci) ? ; **whose is ~?** à qui appartient ceci ? ; **who's ~?** qui est-ce ? ; (on phone) qui est à l'appareil ? ; **we were talking of ~ and that** nous bavardions de choses et d'autres ; **at ~ she burst into tears** à ces mots elle éclata en sanglots
♦ **this is** : **~ is it** (gen) c'est cela ; (agreeing) exactement ; (before action) cette fois, ça y est ; **~ is my son** (in introduction) je vous présente mon fils ; (in photo) c'est mon fils ; **~ is the boy I told you about** c'est or voici le garçon dont je t'ai parlé ; **~ is Emma Brady** (on phone) Emma Brady à l'appareil ; **~ is Tuesday** nous sommes mardi ; **~ is what he showed me** voici ce qu'il m'a montré ; **~ is where we live** c'est ici que nous habitons
ⓑ (this one) celui-ci (m), celle-ci (f), ceux-ci (mpl), celles-ci (fpl) ; **how much is ~?** combien coûte celui-ci (or celle-ci) ? ; **these over here** ceux-ci (or celles-ci) ; **not these!** pas ceux-ci (or celles-ci) !

3 ADV **it was ~ long** c'était long comme ça

thistle /ˈθɪsl/ N chardon (m)

tho * /ðəʊ/ ADV = **though**

thong /θɒŋ/ N [of whip] lanière (f), longe (f)

thorn /θɔːn/ N épine (f) ; **to be a ~ in sb's side** être une source d'irritation constante pour qn

thorny /ˈθɔːnɪ/ ADJ épineux

thorough /ˈθʌrə/ ADJⓐ (= careful) [person, worker] méthodique ; [work, investigation, preparation, analysis, training] approfondi ; [review] complet (-ète (f)) ; [consideration] ample ; **to do a ~ job** faire un travail à fond ⓑ [knowledge] approfondi ; [understanding] profond ⓒ (= complete) **to make a ~ nuisance of o.s.** être totalement insupportable

thoroughbred /ˈθʌrəbred/ 1 ADJ [horse] pur-sang (inv) 2 N (= horse) (cheval (m)) pur-sang (m inv)

thoroughfare /ˈθʌrəfɛə/ N (= street) rue (f) ; **"no ~"** « passage interdit »

thoroughgoing /ˈθʌrəˌɡəʊɪŋ/ ADJ [examination, revision] complet (-ète (f))

thoroughly /ˈθʌrəlɪ/ ADVⓐ (= carefully) [examine] à fond ; [wash, mix] bien ; **to research sth ~** faire des recherches approfondies sur qch ; **to investigate sb/sth ~** faire une enquête approfondie sur qn/qch ⓑ (= completely) tout à fait ; [miserable, unpleasant] absolument ; **I ~ enjoyed myself** j'ai passé d'excellents moments

thoroughness /ˈθʌrənɪs/ N [of worker] minutie (f) ; **the ~ of his work/research** la minutie qu'il apporte à son travail/sa recherche

those /ðəʊz/ DEM ADJ, DEM PRON pl of **that**

though /ðəʊ/ 1 CONJ bien que (+ subj) ; **~ it's raining** bien qu'il pleuve ; **(even) ~ I won't be there I'll think of you** je ne serai pas là mais je n'en penserai pas moins à toi ; **strange ~ it may seem** si étrange que cela puisse paraître ; **as ~** comme si ; **it looks as ~ ...** il semble que ... (+ subj) ; **a brave ~ futile gesture** un geste courageux bien que futile 2 ADV pourtant ; **it's not easy ~** ce n'est pourtant pas facile

thought /θɔːt/ 1 VB (pt, ptp of **think**)

2 Nⓐ pensée (f) ; (= reflection) réflexion (f) ; **to be deep in ~** être perdu dans ses pensées ; **after much ~** après mûre réflexion ; **to give ~ to sth** réfléchir à qch ; **I didn't give it a moment's ~** je n'y ai pas pensé une seule seconde ; **don't give it another ~** n'y pensez plus ; **further ~ needs to be given to these problems** ces problèmes exigent une réflexion plus approfondie
ⓑ (= idea) idée (f) ; (= intention) intention (f) ; **to think evil ~s** avoir de mauvaises pensées ; **what a ~!** quelle idée ! ; **what a horrifying ~!** quel cauchemar ! ; **that's a ~!** c'est une idée ! ; **the mere ~ of it frightens me** rien que d'y penser j'ai peur ; **he hasn't a ~ in his head** il n'a rien dans la tête ; **it's the ~ that counts** c'est l'intention qui compte ; **to read sb's ~s** lire dans les pensées de qn

3 COMP ♦ **thought process** N mécanisme (m) de pensée

♦ **thought-provoking** ADJ stimulant ♦ **thought-reader** N **he's a ~-reader** il lit dans les pensées des gens

thoughtful /ˈθɔːtfʊl/ ADJ ⓐ (= reflective) réfléchi ; (= absorbed by thoughts) pensif ; [mood, expression, look] pensif ; [silence] méditatif ; [essay, article, approach] sérieux ⓑ (= considerate) prévenant ; [act, gesture] attentionné ; **how ~ of you!** comme c'est gentil à vous !

thoughtfully /ˈθɔːtfəlɪ/ ADV ⓐ (= reflectively) pensivement ⓑ (= considerately) **he ~ booked tickets for us as well** il a eu la prévenance de louer des places pour nous aussi

thoughtless /ˈθɔːtlɪs/ ADJ [act, behaviour, remark] inconsidéré ; **how ~ of you!** tu manques vraiment d'égards !

thoughtlessly /ˈθɔːtlɪslɪ/ ADV (= inconsiderately) inconsidérément

thoughtlessness /ˈθɔːtlɪsnɪs/ N (= carelessness) étourderie (f) ; (= lack of consideration) manque (m) d'égards

thousand /ˈθaʊzənd/ 1 ADJ mille (inv) ; **a ~ men** mille hommes ; **about a ~ men** un millier d'hommes ; **two ~ euros** deux mille euros 2 N mille (m inv) ; **a ~** mille ; **one ~** mille ; **five ~** cinq mille ; **about a ~ (people)** un millier (de personnes) ; **~s of people** des milliers de gens

thousandth /ˈθaʊzəntθ/ 1 ADJ millième 2 N millième (mf) ; (= fraction) millième (m)

thrash /θræʃ/ VTⓐ (= beat) rouer de coups ; (as punishment) donner une bonne correction à ; (Sport)* écraser* ⓑ (= move wildly) **he ~ed his arms/legs (about)** il battait des bras/des jambes
► **thrash out*** VT SEP [+ problem, difficulty] (= discuss) débattre de ; (= solve) résoudre

thrashing /ˈθræʃɪŋ/ N (= punishment) correction (f)

thread /θred/ 1 N fil (m) ; **nylon ~** fil (m) de nylon® ; **to lose the ~** perdre le fil 2 VT [+ needle, beads] enfiler ; **he ~ed his way through the crowd** il s'est faufilé à travers la foule

threadbare /ˈθredbɛə/ ADJ [rug, clothes] râpé

threat /θret/ N menace (f) ; **under (the) ~ of ...** menacé de ... ; **a ~ to civilization** une menace pour la civilisation

threaten /ˈθretn/ VT menacer (**sb with sth** qn de qch, **to do sth** de faire qch) ; **to ~ violence** proférer des menaces de violence

threatening /ˈθretnɪŋ/ ADJ menaçant ; [phone call, letter] de menaces ; **to find sb ~** se sentir menacé par qn

three /θriː/ NUMBER trois (m inv) ; **there are ~** il y en a trois ♦ **three-dimensional** ADJ [object] à trois dimensions ; [picture] en relief ; [film] en trois dimensions ♦ **three-fourths** N (US) = **three-quarters** ♦ **three-piece suit** N (costume (m)) trois-pièces (m) ♦ **three-piece suite** N salon (m) (composé d'un canapé et de deux fauteuils) ♦ **three-point turn** N demi-tour (m) en trois manœuvres ♦ **three-quarter** N (Rugby) trois-quarts (m inv) ♦ **three-quarters** N trois quarts (mpl) ♦ ADV **the money is ~-quarters gone** les trois quarts de l'argent ont été dépensés ; **~-quarters full** aux trois quarts plein ♦ **the three Rs** N la lecture, l'écriture et l'arithmétique ♦ **three-way** ADJ [split, division] en trois ; [discussion] à trois ♦ **three-wheeler** N (= car) voiture (f) à trois roues ; (= tricycle) tricycle (m) → **six**

> **ⓘ THREE Rs**
> Les **three Rs** (les trois « R ») sont les trois composantes essentielles de l'enseignement. L'expression vient de l'orthographe fantaisiste « reading, riting and rithmetic » pour « reading, writing and arithmetic ».

threefold /ˈθriːfəʊld/ 1 ADJ triple 2 ADV **to increase ~** tripler

thresh /θreʃ/ VT battre

threshold /ˈθreʃhəʊld/ N seuil (m) ; **to cross the ~** franchir le seuil

threw /θruː/ VB pt of **throw**

thrift /θrɪft/ N économie (f) ♦ **thrift shop** N petite boutique d'articles d'occasion gérée au profit d'œuvres charitables

thrifty /ˈθrɪftɪ/ ADJ économe

thrill /θrɪl/ N excitation (f) ; **it gave me a big ~** c'était très excitant ; **to get a ~ out of doing sth** se procurer des sensations fortes en faisant qch

thrilled /ˈθrɪld/ ADJ tout excité ; **I was ~ (to bits)!*** j'étais aux anges !* ; **I was ~ to meet him** ça m'a vraiment fait plaisir de le rencontrer

thriller /ˈθrɪləʳ/ N thriller (m)

thrilling /ˈθrɪlɪŋ/ ADJ excitant

thrive /θraɪv/ (pret **throve** or **thrived**, ptp **thrived** or **thriven** /ˈθrɪvn/) VI [plant] pousser bien ; [business, businessman] prospérer ; **he ~s on hard work** le travail lui réussit

thriving /ˈθraɪvɪŋ/ ADJ [industry, economy, community] prospère

throat /θrəʊt/ N gorge (f) ; **I have a sore ~** j'ai mal à la gorge ; **they are always at each other's ~(s)** ils sont toujours à se battre

throb /θrɒb/ 1 N [of engine] vibration (f) ; [of pain] élancement (m) 2 VI [voice, engine] vibrer ; [pain] lanciner ; **my head is ~bing** j'ai des élancements dans la tête

throes /θrəʊz/ NPL **in the ~ of a crisis** en proie à une crise ; **while we were in the ~ of deciding what to do** pendant que nous débattions de ce qu'il fallait faire

thrombosis /θrɒmˈbəʊsɪs/ N (pl **thromboses** /θrɒmˈbəʊsiːz/) thrombose (f)

throne /θrəʊn/ N trône (m)

throng /θrɒŋ/ 1 N foule (f) 2 VI affluer (**round** autour de) 3 VT **people ~ed the streets** la foule se pressait dans les rues ; **to be ~ed (with people)** être grouillant de monde

throttle /ˈθrɒtl/ N (= accelerator) accélérateur (m) ; **at full ~** à pleins gaz

through /θruː/

> ► When **through** is an element in a phrasal verb, eg **break through, fall through, sleep through**, look up the verb.

1 ADV ⓐ **the nail went (right) ~** le clou est passé à travers ; **just go ~** passez donc ; **you can get a train right ~ to London** on peut avoir un train direct pour Londres ; **he's a Scot ~ and ~** il est écossais jusqu'au bout des ongles
ⓑ (Brit: on phone) **you're ~ now** je vous le passe ; **you're ~ to him** je vous le passe
ⓒ (= finished)* **I'm ~** ça y est (j'ai fini)* ; **he told me we were ~** (in relationship) il m'a dit que c'était fini entre nous
2 PREP ⓐ à travers ; **to get ~ a hedge** passer au travers d'une haie ; **to go ~ a forest** traverser une forêt ; **he went ~ the red light** il est passé au rouge ; **to look ~ a telescope** regarder dans un télescope ; **she looked ~ the window** elle a regardé par la fenêtre ; **I can hear them ~ the wall** je les entends de l'autre côté du mur ; **he has really been ~ it*** il en a vu de dures*
ⓑ (= throughout) pendant ; **all ~ the film** pendant tout le film ; **he won't live ~ the night** il ne passera pas la nuit
ⓒ (US = to) **(from) Monday ~ Friday** de lundi (jusqu')à vendredi
ⓓ (= by means of) par ; **it was ~ him that I got the job** c'est par lui que j'ai eu le poste ; **~ his own efforts** par ses propres efforts
3 ADJ [carriage, train, ticket] direct ; **"~ traffic"** ≈ « toutes directions »
4 COMP ♦ **through street** N (US) rue (f) prioritaire

throughout /θruːˈaʊt/ 1 PREP ⓐ (place) partout dans ; **~ the world** dans le monde entier ; **at schools ~ France** dans les écoles partout en France ⓑ (time) durant ; **~ his life** durant toute sa vie ; **~ his career** tout au long de sa carrière 2 ADV ⓐ (= everywhere) partout ⓑ (= the whole time) tout le temps

throughput /ˈθruːpʊt/ N [of computer] débit (m) ; [of factory] capacité (f) de production

throw /θrəʊ/ (vb: pret **threw**, ptp **thrown**) 1 N [of javelin, discus] jet (m) ; **you lose a ~** (in table games) vous perdez un tour ; **it costs $10 a ~*** ça coûte 10 dollars à chaque fois
2 VT ⓐ (= cast) lancer ; [+ dice] jeter ; [+ light, shadow] jeter ; [+ punch] lancer ; **he threw the ball 50 metres** il a lancé la balle à 50 mètres ; **he threw it across the room** il l'a lancé à l'autre bout de la pièce ; **to ~ a six** (at dice) avoir un six

ⓑ (= violently) projeter ; (in fight) envoyer au tapis ; [+ horse rider] désarçonner ; **he was ~n clear of the car** il a été projeté hors de la voiture ; **to ~ o.s. to the ground** se jeter à terre ; **he threw himself into the job** il s'est attelé à la tâche avec enthousiasme
ⓒ (= put suddenly) jeter ; **to ~ sb into jail** jeter qn en prison ; **to ~ into confusion** [+ person] semer la confusion dans l'esprit de ; [+ meeting, group] semer la confusion dans ; **to ~ open** [+ door, window] ouvrir tout grand ; [+ house, gardens] ouvrir au public ; [+ competition] ouvrir à tout le monde ; **to ~ a party*** organiser une fête (**for sb** en l'honneur de qn)
ⓓ [+ switch] actionner
ⓔ [+ pottery] tourner
ⓕ (= disconcert)* déconcerter ; **I was quite ~n when he ...** j'en suis resté baba* quand il ...
ⓖ (Sport = deliberately lose) [+ match, game]* perdre volontairement

3 COMP ♦ **throw-in** N (Football) remise (f) en jeu
► **throw about, throw around** VT SEP **they were ~ing a ball about** ils jouaient à la balle ; **to be ~n about** (in boat, bus) être ballotté ; **to ~ one's money about** dépenser (son argent) sans compter ; **to ~ one's weight about*** faire l'important
► **throw away** VT SEP [+ rubbish] jeter ; [+ one's life, happiness, chance, talents] gâcher
► **throw in** 1 VI (US) **to ~ in with sb** rallier qn 2 VT SEP (= give) donner ; **~n in** (= as extra) en plus ; (= included) compris ; **with meals ~n in** (les) repas compris
► **throw off** VT SEP (= get rid of) se libérer de ; [+ cold, infection] se débarrasser de
► **throw out** VT SEP ⓐ jeter dehors ; [+ rubbish] jeter ; [+ person] mettre à la porte ⓑ (= make wrong) fausser
► **throw together** VT SEP ⓐ (= make hastily) [+ meal] improviser ; [+ essay] torcher* ⓑ [+ people] réunir (par hasard)
► **throw up** 1 VI (= vomit)* vomir 2 VT SEP ⓐ (into air) lancer en l'air ; **he threw the ball up** il a lancé la balle en l'air ⓑ (Brit = produce) produire ⓒ (= vomit)* vomir ⓓ (= abandon)* abandonner ; [+ opportunity] laisser passer

throwaway /ˈθrəʊəweɪ/ ADJ [bottle] non consigné ; [packaging] perdu ; [remark, line] qui n'a pas l'air de rien ♦ **the throwaway society** N la société du tout-jetable*

throwback /ˈθrəʊbæk/ N **it's a ~ to ...** ça nous (or les etc) ramène à ...

thrown /θrəʊn/ VB ptp of **throw**

thru* /θruː/ = **through**

thrush /θrʌʃ/ N ⓐ (= bird) grive (f) ⓑ (= infection) muguet (m)

thrust /θrʌst/ (vb: pret, ptp **thrust**) 1 N poussée (f) ; **the main ~ of his speech** l'idée maîtresse de son discours 2 VT ⓐ pousser violemment ; [+ finger, stick] enfoncer ; **to ~ one's hands into one's pockets** enfoncer les mains dans ses poches ; **he ~ the book into my hand** il m'a fourré* le livre dans la main ⓑ [+ job, responsibility] imposer (**upon sb** à qn) 3 VI **he ~ past me** il m'a bousculé pour passer

thruway /ˈθruːweɪ/ N (US) voie (f) rapide

Thu. ABBR = **Thursday**

thud /θʌd/ 1 N bruit (m) sourd 2 VI (impact) faire un bruit sourd (**on, against** en heurtant) ; (= fall) tomber avec un bruit sourd

thug /θʌg/ N voyou (m) ; (term of abuse) brute (f)

thumb /θʌm/ 1 N pouce (m) ; **to be under sb's ~** être sous la coupe de qn ; **he gave me the ~s up*** (all going well) il a levé le pouce pour dire que tout allait bien ; **they gave my proposal the ~s down*** ils ont rejeté ma proposition 2 VT ⓐ [+ book, magazine] feuilleter ⓑ **to ~ a lift*** [hitchhiker] faire du stop*
► **thumb through** VT INSEP [+ book] feuilleter

thumbnail /ˈθʌmneɪl/ N ongle (m) du pouce ♦ **thumbnail sketch** N esquisse (f)

thumbtack /ˈθʌmtæk/ N (US) punaise (f)

thump /θʌmp/ 1 N (= *sound*) bruit (*m*) sourd ; **to give sb a ~** assener un coup à qn 2 VT [+ *person*] taper sur ; [+ *door*] cogner à 3 VI [*heart*] battre fort

thumping* /ˈθʌmpɪŋ/ (*Brit*) ADJ [*majority, defeat*] écrasant

thunder /ˈθʌndəʳ/ 1 N tonnerre (*m*) ; [*of hooves*] retentissement (*m*) ; [*of vehicles, trains*] bruit (*m*) de tonnerre ; **there's ~ in the air** il y a de l'orage dans l'air 2 VI tonner ; [*hooves*] retentir ; **the train ~ed past** le train est passé dans un grondement de tonnerre 3 VT (= *thunder out*) "no!" he ~ed « non ! » tonna-t-il

thunderbolt /ˈθʌndəbəʊlt/ N coup (*m*) de foudre ; (= *surprise*) coup (*m*) de tonnerre

thunderclap /ˈθʌndəklæp/ N coup (*m*) de tonnerre

thunderous /ˈθʌndərəs/ ADJ tonitruant

thunderstorm /ˈθʌndəstɔːm/ N orage (*m*)

thunderstruck /ˈθʌndəstrʌk/ ADJ abasourdi

thundery /ˈθʌndərɪ/ ADJ orageux

Thur(s) ABBR = **Thursday**

Thursday /ˈθɜːzdɪ/ N jeudi (*m*) → **Saturday**

thus /ðʌs/ ADV (= *consequently*) par conséquent ; (= *in this way*) ainsi ; **~ far** (= *up to here or now*) jusqu'ici ; (= *up to there or then*) jusque-là

thwart /θwɔːt/ VT [+ *plan*] contrecarrer ; [+ *person*] contrecarrer les projets de

thyme /taɪm/ N thym (*m*) ; **wild ~** serpolet (*m*)

thyroid /ˈθaɪrɔɪd/ N thyroïde (*f*)

tiara /tɪˈɑːrə/ N diadème (*m*)

Tibet /tɪˈbet/ N Tibet (*m*)

Tibetan /tɪˈbetən/ 1 ADJ tibétain 2 N (= *person*) Tibétain(e) (*m(f)*)

tibia /ˈtɪbɪə/ N tibia (*m*)

tic /tɪk/ N tic (*m*) (nerveux) ◆ **tic-tac-toe** N (*US*) ≈ (jeu (*m*) de) morpion (*m*)

tick /tɪk/ 1 N (a) [*of clock*] tic-tac (*m*) (b) (*Brit = instant*)* **in a ~ or in two ~s** (= *quickly*) en moins de deux* (c) (= *mark*) croix (*f*) ; **to put a ~ against sth** cocher qch (d) (= *parasite*) tique (*f*) 2 VT (*Brit*) [+ *name, item, answer*] cocher ; (= *mark right*) marquer juste 3 VI [*clock*] faire tic-tac 4 COMP ◆ **tickover** N (*Brit*) [*of engine*] ralenti (*m*) ◆ **tick-tack-toe** N (*US*) ≈ (jeu (*m*) de) morpion (*m*)

▶ **tick away** VI [*time*] s'écouler

▶ **tick off** VT SEP (a) (*Brit*) [+ *name, item*] cocher (b) (*Brit* = *reprimand*)* passer un savon à* (c) (*US* = *annoy*)* embêter*

▶ **tick over** VI (*Brit*) tourner au ralenti

ticker tape /ˈtɪkəˌteɪp/ N (*US: at parades*) ≈ serpentin (*m*)

ticket /ˈtɪkɪt/ 1 N (a) billet (*m*) ; (for bus, tube, cloakroom, left luggage) ticket (*m*) ; (= *label*) étiquette (*f*) ; (for library) carte (*f*) ; **that's (just) the ~!** c'est parfait !
(b) (for fine) PV* (*m*)
(c) (*US* = *list*) liste (*f*) (électorale) ; **he is running on the Democratic ~** il se présente sur la liste des démocrates
2 VT (a) [+ *goods*] étiqueter
(b) (= *fine*) mettre un PV* à
3 COMP ◆ **ticket agency** N (for shows) agence (*f*) de spectacles ◆ **ticket collector, ticket inspector** N contrôleur (*m*), -euse (*f*) ◆ **ticket machine** N distributeur (*m*) de titres de transport ◆ **ticket office** N billetterie (*f*) ◆ **ticket tout** N revendeur (*m*) (au marché noir) de billets

ticking-off* /ˌtɪkɪŋˈɒf/ N (*Brit*) **to give sb a ~** passer un savon à qn* ; **to get a ~** se faire enguirlander

tickle /ˈtɪkl/ 1 VT (a) [+ *person*] chatouiller (b) (= *delight*)* faire plaisir à ; (= *amuse*)* amuser ; **to be ~d pink** être aux anges 2 VI chatouiller ; **that ~s!** ça chatouille ! 3 N chatouillement (*m*) ; **to have a ~ in one's throat** avoir un chatouillement dans la gorge

ticklish /ˈtɪklɪʃ/ ADJ **to be ~** [*person*] être chatouilleux (b) (= *difficult*) [*situation, problem*]* épineux

tidal /ˈtaɪdl/ ADJ [*forces, waters*] des marées ◆ **tidal wave** N raz-de-marée (*m inv*) ; [*of people*] raz-de-marée (*m inv*) ; [*of enthusiasm, protest, emotion*] immense vague (*f*)

tidbit /ˈtɪdbɪt/ N (*US*) = **titbit**

tiddlywinks /ˈtɪdlɪwɪŋks/ N jeu (*m*) de puce

tide /taɪd/ 1 N (a) (*sea*) marée (*f*) ; **at high/low ~** à marée haute/basse ; **the ~ is on the turn** la mer est étale (b) **the ~ has turned** (*fig*) la chance a tourné ; **to go against the ~** (*fig*) aller à contre-courant 2 COMP ◆ **tide table** N horaire (*m*) des marées

▶ **tide over** VT SEP **to ~ sb over** dépanner qn

tidily /ˈtaɪdɪlɪ/ ADV [*arrange, fold*] soigneusement ; [*write*] proprement

tidiness /ˈtaɪdɪnɪs/ N [*of room, drawer, desk, books*] ordre (*m*) ; [*of handwriting, schoolwork*] propreté (*f*)

tidy /ˈtaɪdɪ/ 1 ADJ (a) (= *neat*) [*house, room*] bien rangé ; [*garden*] bien entretenu ; [*hair, appearance, schoolwork*] soigné ; [*handwriting, pile, stack*] net ; **to keep one's room ~** avoir une chambre bien rangée (b) [*person*] (*in character*) ordonné (c) (= *sizeable*) [*sum, amount, profit*]* joli* 2 VT (*also* **~ up**) ranger ; **to ~ o.s. up** s'arranger

tie /taɪ/ 1 N (a) [*of garment, curtain*] attache (*f*) ; (= *link*) lien (*m*) ; (= *restriction*) entrave (*f*) ; **family ~s** (= *links*) liens (*mpl*) de famille ; (= *responsibilities*) attaches (*fpl*) familiales
(b) (= *necktie*) cravate (*f*)
(c) (= *draw*) égalité (*f*) (de points) ; (= *drawn match*) match (*m*) nul ; (= *drawn competition*) concours (*m*) dont les vainqueurs sont ex æquo ; **the match ended in a ~** les deux équipes ont fait match nul
(d) (*Sport* = *match*) match (*m*) de qualification
2 VT (a) (= *fasten*) attacher ; [+ *ribbon*] nouer ; [+ *shoes*] lacer ; **his hands are ~d** il a les mains liées ; **to ~ a knot in sth** faire un nœud à qch ; **to ~ the knot*** (= *get married*) se marier
(b) (= *link*) lier ; (= *restrict*) restreindre ; **I'm ~d to my desk all day** je suis cloué à mon bureau toute la journée ; **the house is ~d to her job** c'est un logement de fonction
3 VI (= *draw*) (*Sport*) faire match nul ; (*in competition, election*) être ex æquo
4 COMP ◆ **tie-break** N (*Tennis*) jeu (*m*) décisif, tie-break (*m*) ◆ **tie-in** N (= *link*) lien (*m*) ◆ **tie-up** N (= *connection*) lien (*m*)

▶ **tie down** VT SEP **he didn't want to be ~d down** il ne voulait pas perdre sa liberté ; **we can't ~ him down to a date** nous n'arrivons pas à lui faire fixer une date

▶ **tie in** VI (= *be linked*) être lié ; **it all ~s in with their plans** tout est lié à leurs projets (b) (= *be consistent*) correspondre (**with** à) ; **it doesn't ~ in with what I was told** ça ne correspond pas à ce que l'on m'a dit

▶ **tie on** VT SEP [+ *label*] attacher

▶ **tie up** VT SEP (a) [+ *parcel*] ficeler ; [+ *prisoner*] ligoter ; [+ *boat, horse*] attacher (b) (= *conclude*) [+ *business deal*] conclure ; **it's all ~d up now** tout est réglé maintenant ; **there are a lot of loose ends to ~ up** il y a encore beaucoup de points de détail à régler (c) [+ *capital, money*] immobiliser ; **to be ~d up all tomorrow*** il est pris toute la journée de demain (d) (*US* = *obstruct, hinder*) [+ *traffic*] bloquer ; [+ *project, programme*] entraver

tiepin /ˈtaɪpɪn/ N épingle (*f*) de cravate

tier /tɪəʳ/ 1 N (in stadium, amphitheatre) gradin (*m*) ; (= *level*) niveau (*m*) ; (= *part of cake*) étage (*m*) ; **a three-~ system** un système à trois niveaux 2 VT **~ed seating** sièges en gradins

tiff /tɪf/ N prise (*f*) de bec*

tiger /ˈtaɪgəʳ/ N tigre (*m*) ◆ **tiger economy** N tigre (*m*) asiatique

tight /taɪt/ 1 ADJ (a) serré ; **too ~** [*clothes, shoes, belt*] trop serré
(b) (= *taut*) tendu ; **to pull ~** [+ *knot*] serrer ; [+ *string*] tirer sur ; **to stretch ~** [+ *fabric, sheet*] tendre ; **to keep a ~ rein on sth** surveiller qch de près ; **to keep a ~ rein on sb** (= *watch closely*) surveiller qn de près ; (= *be firm with*) tenir la bride serrée à qn
(c) (= *firm*) [*grip*] solide ; **to keep a ~ lid on** [+ *emotions*] contenir ; **to keep a ~ hold of sth** serrer fort qch ; **to keep a ~ hold of sb** bien tenir qn
(d) (= *tense*) [*face*] tendu ; [*throat*] serré ; [*muscle*] contracté ; [*stomach*] noué ; **there was a ~ feeling in his chest** (from cold,

infection) il avait les bronches prises; (*from emotion*) il avait la gorge serrée

(e) (= *compact*) compact; **to curl up in a ~ ball** se recroqueviller complètement; **~ curls** boucles *(fpl)* serrées

(f) (= *strict*) [*restrictions, control, security*] strict; **it'll be a bit ~, but we should make it in time** ce sera un peu juste mais je crois que nous arriverons à temps; **financially things are a bit ~** financièrement, les choses sont un peu difficiles; **to be ~** [*money, space*] manquer; [*resources*] être limité; [*credit*] être serré

(g) (= *difficult*)* [*situation*] difficile; **to be in a ~ corner** être dans une situation difficile

(h) (= *drunk*)* soûl*; **to get ~** se soûler*

(i) (= *stingy*)* radin*

2 ADV [*hold, grasp, tie*] fermement; [*squeeze*] très fort; [*screw*] à fond; [*shut, seal*] hermétiquement; **don't tie it too ~** ne le serrez pas trop (fort); **sit ~!** ne bouge pas!; **sleep ~!** dors bien!; **hold ~!** accroche-toi!

3 NPL **tights** collant *(m)*; **a pair of ~s** un collant

4 COMP ◆ **tight end** N (*US: Football*) ailier *(m)* ◆ **tight-fisted** ADJ avare ◆ **tight-fitting** ADJ [*garment*] ajusté; **a ~ fitting lid** un couvercle qui ferme bien ◆ **tight-knit** ADJ [*community*] très uni ◆ **tight-lipped** ADJ **to be ~-lipped about sth** ne rien dire de qch

tighten /'taɪtn/ VT [+ *rope*] tendre; [+ *screw, grasp*] resserrer; [+ *restrictions, control*] renforcer; **to ~ one's belt** se serrer la ceinture

► **tighten up** VI **to ~ up on security** renforcer les mesures de sécurité

tightly /'taɪtlɪ/ ADV (a) (= *firmly*) bien; **to hold a rope ~** bien tenir une corde; **to hold sb's hand ~** serrer la main de qn; **to hold sb ~** serrer qn contre soi; **~ stretched** (= *tautly*) (très) tendu (b) (= *rigorously*) **to be ~ controlled** être strictement contrôlé; **~ knit** [*community*] très uni

tightness /'taɪtnɪs/ N he felt a **~ in his chest** il sentait sa gorge se serrer

tightrope /'taɪtrəʊp/ N corde *(f)* raide; **to be on a ~** être sur la corde raide ◆ **tightrope walker** N funambule *(mf)*

tile /taɪl/ 1 N (*on roof*) tuile *(f)*; (*on floor, wall*) carreau *(m)* 2 VT [+ *roof*] couvrir de tuiles; [+ *floor, wall*] carreler

tiled /taɪld/ ADJ [*roof*] en tuiles; [*floor, room*] carrelé

tiling /'taɪlɪŋ/ N (= *tiles collectively*) [*of roof*] tuiles *(fpl)*; [*of floor, wall*] carrelage *(m)*, carreaux *(mpl)*

till /tɪl/ 1 PREP jusqu'à; **I'll be here ~ Tuesday** je serai là jusqu'à mardi 2 N caisse *(f)* (enregistreuse); **pay at the ~** payez à la caisse 3 COMP ◆ **till receipt** N ticket *(m)* de caisse

tiller /'tɪlə'/ N barre *(f)* (*du gouvernail*)

tilt /tɪlt/ 1 N (= *tip, slope*) inclinaison *(f)*; **at full ~** à toute vitesse 2 VT [+ *object, one's head*] incliner; **to ~ one's chair back** se balancer sur sa chaise

timber /'tɪmbə'/ 1 N (a) (= *wood*) bois *(m)* d'œuvre; (= *trees collectively*) arbres *(mpl)* (b) (= *beam*) madrier *(m)* 2 COMP ◆ **timber-framed** ADJ à colombages ◆ **timber merchant** N (*Brit*) négociant *(m)* en bois

---

time /taɪm/

1 NOUN	3 COMPOUNDS
2 TRANSITIVE VERB	

1 NOUN

(a) temps *(m)*; **~ and space** le temps et l'espace; **in ~** avec le temps; **we've got plenty of ~** nous avons tout notre temps; **have you got ~ to wait for me?** est-ce que tu as le temps de m'attendre?; **we mustn't lose any ~** il ne faut pas perdre de temps; **it works okay some of the ~** ça marche parfois; **half the ~* she's drunk** la moitié du temps elle est ivre; **at this point in ~** à l'heure qu'il est; **free ~** temps libre; **he was working against ~ to finish it** il travaillait d'arrache-pied pour terminer à temps; **it is only a matter of ~** ce n'est qu'une question de temps; **~ will tell** l'avenir le dira; **for all ~** pour toujours; **for the ~ being** pour l'instant; **to make ~ to do sth** trouver le temps de faire

qch; **you must make ~ to relax** il est important que vous trouviez le temps de vous détendre

◆ **all the time** (= *always*) tout le temps; (= *all along*) depuis le début; **I have to be on my guard all the ~** je dois tout le temps être sur mes gardes; **the letter was in my pocket all the ~** la lettre était dans ma poche depuis le début

◆ **in good time** (= *with time to spare*) en avance; **he arrived in good ~ for the start of the match** il est arrivé en avance pour le début du match; **let me know in good ~** prévenez-moi suffisamment à l'avance

◆ **to take + time**: **it takes ~ to change people's ideas** ça prend du temps de faire évoluer les mentalités; **it took me a lot of ~ to prepare this** j'ai mis beaucoup de temps à préparer ça; **take your ~** prenez votre temps; **to take ~ out to do sth** trouver le temps de faire qch; (*during studies*) interrompre ses études pour faire qch

◆ **to have time for**: **I've no ~ for that sort of thing** (= *too busy*) je n'ai pas de temps pour ça; (= *not interested*) ce genre d'histoire ne m'intéresse pas; **I've no ~ for people like him** je ne supporte pas les gens comme lui

(b) = **period** **for a ~** pendant un certain temps; **what a long ~ you've been!** il vous en a fallu du temps!; **he is coming in two weeks'** il vient dans deux semaines; **the winner's ~ was 12 seconds** le temps du gagnant était de 12 secondes; **in next to no ~** en un rien de temps

◆ **a short time** peu de temps; **a short ~ later** peu après; **for a short ~** we thought that **...** pendant un moment nous avons pensé que ...

◆ **some time**: **I waited for some ~** j'ai attendu assez longtemps; **some ~ ago** il y a déjà un certain temps; **that was some ~ ago** ça fait longtemps de cela; **some ~ next year** dans le courant de l'année prochaine

(c) = **period worked** **to work full ~** travailler à plein temps; **we get paid ~ and a half on Saturdays** le samedi, nous sommes payés une fois et demie le tarif normal

(d) = **day** temps *(m)*; **in Gladstone's ~** du temps de Gladstone; **to move with the ~s** [*person*] vivre avec son temps; [*company, institution*] (*savoir*) évoluer; **to be behind the ~s** être vieux jeu* (*inv*); **I've seen some strange things in my ~** j'ai vu des choses étranges dans ma vie; **in medieval ~s** à l'époque médiévale; **it was a difficult ~ for all of us** cela a été une période difficile pour nous tous

(e) = **experience** **to have a bad ~ of it** en voir de dures*; **what great ~s we've had!** c'était le bon temps!; **to have a good ~** bien s'amuser; **to have the ~ of one's life** s'amuser follement*

(f) **by clock** heure *(f)*; **what ~ is it?** quelle heure est-il?; **what ~ is he arriving?** à quelle heure est-ce qu'il arrive?; **the ~ is 4.30** il est 4 heures et demie; **your ~ is up** (*in exam, prison visit*) c'est l'heure; (*in game*) votre temps est écoulé; **he looked at the ~** il a regardé l'heure; **at any ~ of the day or night** à n'importe quelle heure du jour ou de la nuit; **at any ~ during school hours** pendant les heures d'ouverture de l'école; **it's midnight by Eastern ~** (*US*) il est minuit, heure de la côte est; **it's ~ for lunch** c'est l'heure du déjeuner; **it's ~ to go** il faut qu'on y aille; **it's ~ I was going** il est temps que j'y aille

◆ **preposition + time**: **ahead of ~** en avance; **behind ~** en retard; **just in ~ (for sth/to do sth)** juste à temps (pour qch/pour faire qch); **on ~** à l'heure; **the trains are on ~** les trains sont à l'heure

(g) = **moment** moment *(m)*; **there are ~s when I could hit him** il y a des moments où je pourrais le gifler; **come any ~** venez quand vous voulez; **he may come at any ~** il peut arriver d'un moment à l'autre; **at that ~** à ce moment-là; **at this ~** en ce moment; **at ~s** par moments; **at all ~s** à tous moments; **he came at a very inconvenient ~** il est arrivé à un très mauvais moment; **between ~s** entre-temps; **by the ~ I had finished, it was dark** le temps que je termine, il faisait nuit; **by that ~ she was exhausted** elle était déjà épuisée; **from ~ to ~** de temps en temps; **some ~ ...** at other ~s des fois ... des fois; **at this ~ of year** à cette époque de l'année; **this ~ tomorrow** demain à cette heure-ci; **this ~ last year** l'année dernière à cette époque-ci; **this ~ last week** il y a exactement une semaine; **now's the ~ to do it** c'est le moment de le faire; **the ~ has come to decide** ... il est temps de décider ...

ⓗ = occasion fois (f); **this ~** cette fois; **at various ~s in the past** plusieurs fois déjà; **at other ~s** en d'autres occasions; **(the) last ~** la dernière fois; **the ~ before** la fois d'avant; **the ~s I've told him that!** je le lui ai dit je ne sais combien de fois!; **some ~ or other I'll do it** je le ferai un jour ou l'autre; **one at a ~** un(e) par un(e); **for weeks at a ~** pendant des semaines entières

ⓘ multiplying fois (f); **two ~s three** deux fois trois; **ten ~s the size of** ... dix fois plus grand que ...

ⓙ Music mesure (f); **in ~** en mesure (to, with avec); **to keep ~** rester en mesure

2 TRANSITIVE VERB

ⓐ = choose time of [+ visit] choisir le moment de; **you ~d that perfectly!** vous ne pouviez pas mieux choisir votre moment!; **well~d** [remark, entrance] tout à fait opportun

ⓑ = count time of [+ race, runner, worker] chronométrer; [+ programme, piece of work] minuter; **to ~ an egg** minuter la cuisson d'un œuf

3 COMPOUNDS

♦ **time bomb** N bombe (f) à retardement ♦ **time check** N rappel (m) de l'heure ♦ **time-consuming** ADJ **a ~-consuming task** un travail qui prend du temps; **it's very ~-consuming** ça prend beaucoup de temps ♦ **time difference** N décalage (m) horaire ♦ **time frame** N délais (mpl) ♦ **time-lag** N (between events) décalage (m) ♦ **time limit** N (= restricted period) limite (f) de temps; (= deadline) date (f) limite; **within the ~ limit** dans les délais (impartis) ♦ **time-limited** ADJ temporaire ♦ **time machine** N machine (f) à remonter le temps ♦ **time off** N **to take ~ off from work** prendre un congé ♦ **time-share** VT (Computing) utiliser en temps partagé ♦ N maison (f) (or appartement (m)) en multipropriété ♦ **time signal** N signal (m) horaire ♦ **time signature** N indication (f) de la mesure ♦ **time span** N période (f) de temps ♦ **time switch** N [of electrical apparatus] minuteur (m); (for lighting) minuterie (f) ♦ **time zone** N fuseau (m) horaire

timekeeper /'taɪmkiːpəʳ/ N (= official) chronométreur (m), -euse (f) officiel(le); **to be a good ~** [person] être toujours à l'heure

timeless /'taɪmlɪs/ ADJ intemporel

timely /'taɪmlɪ/ ADJ opportun

timer /'taɪməʳ/ N minuteur (m)

timescale /'taɪmskeɪl/ N **what ~ did you have in mind?** quels seraient vos délais?; **on a ~ of 2 years** à échéance de 2 ans

timetable /'taɪmteɪbl/ N (indicateur (m)) horaire (m); (in school) emploi (m) du temps

timid /'tɪmɪd/ ADJ (= shy) timide; (= unadventurous) timoré

timing /'taɪmɪŋ/ N **~ is crucial for a comedian** pour un comique, le timing est très important; **the ~ of the demonstration** le moment choisi pour la manifestation; **Ann, what perfect ~!** Ann, tu arrives au bon moment!

Timor /'tiːmɔːʳ/ N Timor

timpani /'tɪmpənɪ/ NPL timbales (fpl)

tin /tɪn/ **1** N ⓐ (= metal) étain (m) ⓑ (= can) boîte (f) (en fer-blanc); **~ of salmon** boîte (f) de saumon ⓒ (for storage) boîte (f) (de fer); **cake ~** boîte (f) à gâteaux ⓓ (Brit: for baking) moule (m); **cake ~** moule (m) à gâteau; **roasting ~** plat (m) à rôtir **2** ADJ en étain **3** COMP ♦ **tin can** N boîte (f) (en fer-blanc) ♦ **tin mine** N mine (f) d'étain ♦ **tin-opener** N (Brit) ouvre-boîte (m) ♦ **tin whistle** N flûtiau (m)

tinfoil /'tɪnfɔɪl/ N papier (m) (d')aluminium

tinge /tɪndʒ/ **1** N teinte (f); **with a ~ of sadness** avec peu de tristesse **2** VT **~d with** (colour) teinté de; (feeling) empreint de

tingle /'tɪŋgl/ **1** VI (= prickle) picoter; (= thrill) vibrer; **my fingers are tingling** j'ai des picotements dans les doigts **2** N (= sensation) picotement (m)

tingling /'tɪŋglɪŋ/ N picotement (m); **a ~ sensation** un

picotement

tinker /'tɪŋkəʳ/ N (= gypsy) romanichel(le) (m(f)) (often pej); (specifically mending things) rétameur (m)

► **tinker with** VI [+ machine, device] bricoler; [+ contract, wording, report] remanier

tinkle /'tɪŋkl/ **1** VI tinter **2** VT faire tinter **3** N tintement (m); **to give sb a ~*** passer un coup de fil à qn*

tinned /tɪnd/ ADJ (Brit) [fruit, tomatoes, salmon] en boîte; **~ food** conserves (fpl)

tinnitus /tɪ'naɪtəs/ N acouphène (m)

tinny /'tɪnɪ/ ADJ [sound, taste] métallique

tinsel /'tɪnsəl/ N guirlandes (fpl) de Noël

tint /tɪnt/ N teinte (f); (for hair) shampooing (m) colorant

tinted /'tɪntɪd/ ADJ [glass] teinté; **~ window** vitre teintée

tiny /'taɪnɪ/ ADJ tout petit; **a ~ amount of sth** un tout petit peu de qch

tip /tɪp/ **1** N ⓐ (= end) bout (m); [of knife, tongue] pointe (f); **he stood on the ~s of his toes** il s'est dressé sur la pointe des pieds; **it's on the ~ of my tongue** je l'ai sur le bout de la langue; **it's just the ~ of the iceberg** ce n'est que la partie visible de l'iceberg

ⓑ (= money) pourboire (m); **the ~ is included** (in restaurant) le service est compris

ⓒ (= advice) conseil (m)

ⓓ (Brit) (for rubbish) décharge (f); (=untidy place)* dépotoir (m) **2** VT ⓐ (= reward) donner un pourboire à; **he ~ped the waiter £3** il a donné 3 livres de pourboire au serveur

ⓑ (= forecast) pronostiquer; **to ~ the winner** pronostiquer le cheval gagnant; **they are ~ped to win the next election** (Brit) ils sont donnés gagnants pour les élections; **Paul was ~ped for the job** (Brit) Paul était le favori pour le poste

ⓒ (= tilt) pencher; (= overturn) faire basculer; (= pour) [+ liquid] verser (into dans, out of de); [+ load, rubbish] déverser; **they ~ped him into the water** ils l'ont fait tomber dans l'eau; **to ~ the scales at 90kg** peser 90 kg; **to ~ the scales** faire pencher la balance

3 VI ⓐ (= incline) pencher; (= overturn) se renverser; **"no ~ping"** (Brit) « défense de déposer des ordures »

ⓑ **it's ~ping with rain*** il pleut des cordes

4 COMP ♦ **tip-off** N **to give sb a ~-off** donner un tuyau* à qn; (police informant) donner* qn ♦ **tip-up truck** N camion (m) à benne (basculante)

► **tip off** VT SEP donner un tuyau* à (about sth sur qch); **he was arrested after someone ~ped off the police** il a été arrêté après avoir été dénoncé à la police

► **tip out** VT SEP [+ liquid, contents] vider; [+ load] décharger

► **tip over 1** VI (= tilt) pencher; (= overturn) basculer **2** VT SEP faire basculer

Tipp-Ex® /'tɪpeks/ **1** N correcteur (m) liquide **2** VT **to tippex sth out** passer du correcteur liquide sur qch

tipsy /'tɪpsɪ/ ADJ pompette*; **to get ~** devenir pompette*

tiptoe /'tɪptəʊ/ **1** N **on ~** sur la pointe des pieds **2** VI **to ~ in/out** entrer/sortir sur la pointe des pieds

tiptop /'tɪptɒp/ ADJ de toute première qualité

tirade /taɪ'reɪd/ N diatribe (f)

tire /'taɪəʳ/ **1** N (US) pneu (m) **2** VT fatiguer **3** VI se fatiguer; **he never ~s of telling us how** ... il ne se lasse jamais de nous dire comment ...

► **tire out** VT SEP épuiser; **to be ~d out** être épuisé

tired /'taɪəd/ ADJ ⓐ (= weary) fatigué; **to get ~** se fatiguer

ⓑ (= bored) **to be ~ of sb/sth** en avoir assez de qn/qch; **to be getting ~ of sb/sth** commencer à en avoir assez de qn/qch ⓒ (= old) **a ~ lettuce leaf** une feuille de laitue défraîchie

tiredness /'taɪədnɪs/ N fatigue (f)

tireless /'taɪəlɪs/ ADJ [person] infatigable; [work, efforts] inlassable

tiresome /'taɪəsəm/ ADJ pénible

tiring /'taɪərɪŋ/ ADJ fatigant

tissue /'tɪʃuː/ N (in body) tissu (m); (= paper handkerchief) mouchoir *(m)* en papier; **a ~ of lies** un tissu de mensonges ◆ **tissue paper** N papier *(m)* de soie

tit /tɪt/ N ⓐ (= *bird*) mésange *(f)* ⓑ **tit for tat!** c'est un prêté pour un rendu! ⓒ (= *breast*) nichon: *(m)*

titanium /tɪˈteɪnɪəm/ N titane *(m)*

titbit /ˈtɪtbɪt/ N (= *food*) friandise *(f)*; (= *gossip*) potin* *(m)*

titillate /ˈtɪtɪleɪt/ VT titiller

title /ˈtaɪtl/ 1 N ⓐ [*of person, book*] titre *(m)*; **to win/hold the ~** (*Sport*) remporter/détenir le titre ⓑ (*Cinema, TV*) **the titles** le générique 2 VT [+ *book*] intituler 3 COMP ◆ **title deed** N titre *(m)* de propriété ◆ **title fight** N match *(m)* de championnat ◆ **title holder** N tenant/e *(m(f))* du titre ◆ **title page** N page *(f)* de titre ◆ **title role** N rôle-titre *(m)* ◆ **title track** N chanson-titre *(f)*

titled /ˈtaɪtld/ ADJ [*person*] titré

titter /ˈtɪtəʳ/ 1 VI rire sottement (**at** de) 2 N gloussement *(m)*

tizzy* /ˈtɪzi/, **tizz*** /tɪz/ N **to be in/get into a ~** être/se mettre dans tous ses états

TN ABBR = **Tennessee**

---

to /tuː, tə/

1 PREPOSITION	3 COMPOUNDS
2 ADVERB	

1 PREPOSITION

► *When* **to** *is the second element in a phrasal verb, eg* **apply to, set to,** *look up the verb. When* **to** *is part of a set combination, eg* **nice to, of help to,** *look up the adjective or noun.*

ⓐ direction, movement à

► **à + le = au, à + les = aux.**

he went to the door il est allé à la porte; **to go to school** aller à l'école; **we're going to the cinema** on va au cinéma; **she's gone to the toilet** elle est allée aux toilettes; BUT **to go to town** aller en ville

◆ **to it** (= *there*) y; **I liked the exhibition, I went to it twice** j'ai aimé l'exposition, j'y suis allé deux fois

ⓑ = towards vers; **he turned to me** il s'est tourné vers moi

ⓒ home, workplace chez; **let's go to Christine's (house)** si on allait chez Christine?; **we're going to my parents' for Christmas** nous allons passer Noël chez mes parents; **to go to the doctor('s)** aller chez le médecin

ⓓ with geographical names

◆ **to** + *feminine country/area* en; **to England/France** en Angleterre/France; **to Brittany/Provence** en Bretagne/Provence; **to Sicily/Crete** en Sicile/Crète; **to Louisiana/Virginia** en Louisiane/Virginie

► **en** *is also used with masculine countries beginning with a vowel.*

to Iran/Israel en Iran/Israël

◆ **to** + *masculine country/area* au; **to Japan/Kuwait** au Japon/Koweït; **to the Sahara/Kashmir** au Sahara/Cachemire

◆ **to** + *plural country/group of islands* aux; **to the United States/the West Indies** aux États-Unis/Antilles

◆ **to** + *town/island without article* à; **to London/Lyons** à Londres/Lyon; **to Cuba/Malta** à Cuba/Malte; **is this the road to Newcastle?** est-ce que c'est la route de Newcastle?; **it is 90km to Paris** (= *from here to*) nous sommes à 90 km de Paris; (= *from there to*) c'est à 90 km de Paris; **planes to Heathrow** les vols *(mpl)* à destination de Heathrow

◆ **to** + *masculine state/region/county* dans; **to Texas/Ontario** dans le Texas/l'Ontario; **to Sussex/Yorkshire** dans le Sussex/le Yorkshire

► **dans** *is also used with many départements.*

to the Drôme/the Var dans la Drôme/le Var

ⓔ = up to jusqu'à; **to count to 20** compter jusqu'à 20; **I didn't stay to the end** je ne suis pas resté jusqu'à la fin;

from Monday to Friday du lundi au vendredi; **there were 50 to 60 people** il y avait entre 50 et 60 personnes

ⓕ ◆ **to** + *person* (*indirect object*) à; **to give sth to sb** donner qch à qn; **we have spoken to the children about it** nous en avons parlé aux enfants

► *When a relative clause ends with* **to,** *a different word order is required in French.*

the man I sold it to l'homme à qui je l'ai vendu

► *When translating* **to** + *pronoun, look up the pronoun. The translation depends on whether it is stressed or unstressed.*

he was speaking to me il me parlait; **he was speaking to ME** c'est à moi qu'il parlait

ⓖ in time phrases **20 to two** deux heures moins 20

ⓗ in ratios **he got a big majority (twenty votes to seven)** il a été élu à une large majorité (vingt voix contre sept); **they won by four (goals) to two** ils ont gagné quatre (buts) à deux; **three men to a cell** trois hommes par cellule; **two euros to the dollar** deux euros pour un dollar

ⓘ = concerning **that's all there is to it** (= *it's easy*) ce n'est pas plus difficile que ça; **you're not going, and that's all there is to it** (= *that's definite*) tu n'iras pas, un point c'est tout

ⓙ = of de; **the key to the front door** la clé de la porte d'entrée; **he has been a good friend to us** il a été vraiment très gentil avec nous

ⓚ infinitive **to be** être; **to eat** manger; **they didn't want to go** ils ne voulaient pas y aller; **she refused to listen** elle n'a pas voulu écouter

► *A preposition may be required with the French infinitive, depending on what precedes it: look up the verb or adjective.*

he refused to help me il a refusé de m'aider; **we're ready to go** nous sommes prêts à partir

► *The French verb may take a clause, rather than the infinitive.*

he was expecting me to help him il s'attendait à ce que je l'aide

ⓛ infinitive expressing purpose pour; **well, to sum up ...** alors, pour résumer ...; **we are writing to inform you ...** nous vous écrivons pour vous informer que ...

ⓜ to avoid repetition of verb

► **to** *is not translated when it stands for the infinitive.*

he'd like me to come, but I don't want to il voudrait que je vienne mais je ne veux pas; **yes, I'd love to** oui, volontiers; **I didn't mean to** je ne l'ai pas fait exprès

2 ADVERB

= shut **to push the door to** pousser la porte

3 COMPOUNDS

◆ **-to-be** ADJ (*in compounds*) futur; **husband-to-be** N futur mari *(m)* ◆ **to-ing and fro-ing** N allées et venues *(fpl)*

---

toad /təʊd/ N crapaud *(m)* ◆ **toad-in-the-hole** N (*Brit*) *saucisses cuites au four dans de la pâte à crêpes*

toadstool /ˈtəʊdstuːl/ N champignon *(m)* vénéneux

toast /təʊst/ 1 N ⓐ (= *bread*) toast *(m)*; **a piece of ~** un toast ⓑ (= *drink, speech*) toast *(m)*; **to drink a ~ to sb** porter un toast à qn; **to propose a ~ to sb** porter un toast à qn 2 VT ⓐ (= *grill*) faire griller; **~ed cheese** fromage *(m)* au fromage ⓑ (= *drink toast to*) [+ *person*] porter un toast à; [+ *event, victory*] arroser (**with** à)

toaster /ˈtəʊstəʳ/ N grille-pain *(m inv)*

toastie /ˈtəʊsti/ N ≈ croque-monsieur *(m)*

tobacco /təˈbækəʊ/ N tabac *(m)* ◆ **the tobacco industry** N l'industrie *(f)* du tabac ◆ **tobacco leaf** N feuille *(f)* de tabac

tobacconist /təˈbækənɪst/ N buraliste *(mf)*

Tobago /təˈbeɪgəʊ/ N Tobago

toboggan /təˈbɒgən/ N luge *(f)*

today /təˈdeɪ/ ADV, N aujourd'hui (m); **later ~** plus tard dans la journée; **a week ~** aujourd'hui en huit; **I met her a week ago ~** ça fait une semaine aujourd'hui que je l'ai rencontrée; **what day is (it) ~?** on est le combien aujourd'hui?; **what is ~'s date?** on est le combien aujourd'hui?; **~ is Friday** aujourd'hui c'est vendredi; **the writers of ~** les écrivains d'aujourd'hui

toddle /ˈtɒdl/ VI [child] **to ~ in/out** entrer/sortir à pas hésitants; **he is just toddling** il fait ses premiers pas
► **toddle off*** VI se sauver*

toddler /ˈtɒdləˈ/ N tout petit enfant (m); **~s** les tout-petits

toe /təʊ/ **1** N orteil (m); [of sock, shoe] bout (m); **big/little ~** gros/petit orteil (m); **to tread on sb's ~s** marcher sur les pieds de qn; **that will keep you on your ~s!** ça t'empêchera de t'endormir! **2** VT **to ~ the party line** suivre la ligne du parti

TOEFL /ˈtəʊfəl/ N (ABBR = **Test of English as a Foreign Language**) examen d'anglais pour les étudiants étrangers voulant étudier dans des universités anglo-saxonnes

toenail /ˈtəʊneɪl/ N ongle (m) du pied

toffee /ˈtɒfɪ/ N caramel (m); **he can't do it for ~*** il n'est pas fichu* de le faire ◆ **toffee-nosed*** ADJ (Brit) bêcheur*

tofu /ˈtəʊˌfuː, ˈtɒˌfuː/ N tofu (m)

together /təˈgeðəˈ/

> ► When **together** is an element in a phrasal verb, eg **get together**, **sleep together**, look up the verb.

ADV ⓐ ensemble; **I've seen them ~** je les ai vus ensemble; **we're in this ~** nous sommes logés à la même enseigne; **they belong ~** [objects] ils vont ensemble; [people] ils sont faits l'un pour l'autre
◆ **together with: ~ with what you bought yesterday that makes ...** avec ce que vous avez acheté hier ça fait ...; **he, ~ with his colleagues, accepted ...** lui, ainsi que ses collègues, a accepté ...
ⓑ (= simultaneously) en même temps; [sing, play] à l'unisson; **all ~ now!** (shouting, singing) tous en chœur!
ⓒ **to get it ~*** or **to get one's act ~*** s'organiser

togetherness /təˈgeðənɪs/ N (= unity) unité (f)

toggle /ˈtɒgl/ N (= button) bouton (m) de duffle-coat ◆ **toggle key** N touche (f) à bascule

toil /tɔɪl/ **1** N labeur (m) **2** VI (also **~ away**) peiner

toilet /ˈtɔɪlɪt/ N WC (mpl); **"Toilets"** « Toilettes »; **to go to the ~** aller aux toilettes ◆ **toilet bag** N trousse (f) de toilette ◆ **toilet bowl** N cuvette (f) des WC ◆ **toilet paper** N papier (m) hygiénique ◆ **toilet roll** N rouleau (m) de papier hygiénique ◆ **toilet seat** N siège (m) WC ◆ **toilet-train** VT **to ~-train a child** apprendre à un enfant à être propre ◆ **toilet water** N eau (f) de toilette

toiletries /ˈtɔɪlɪtrɪz/ NPL articles (mpl) de toilette

token /ˈtəʊkən/ **1** N (for telephone) jeton (m); (= voucher) bon (m); **as a ~ of** en témoignage de; **by the same ~** de même **2** ADJ symbolique; **he made a ~ effort to talk to the workers** il a essayé, sans grand enthousiasme, de parler aux ouvriers; **I was the ~ pensioner on the committee** j'étais le retraité alibi au comité

Tokyo /ˈtəʊkjəʊ/ N Tokyo

told /təʊld/ VB (pt, ptp of **tell**) **all ~** en tout

tolerable /ˈtɒlərəbl/ ADJ ⓐ (= bearable) tolérable ⓑ (= adequate) assez bon

tolerably /ˈtɒlərəblɪ/ ADV [well, happy] relativement

tolerance /ˈtɒlərəns/ N tolérance (f)

tolerant /ˈtɒlərənt/ ADJ [person, attitude] tolérant (**of** à l'égard de) ⓑ **~ of heat** résistant à la chaleur; **to be ~ to a drug** tolérer un médicament

tolerate /ˈtɒləreɪt/ VT tolérer

toll /təʊl/ **1** VI [bell] sonner **2** N ⓐ (on bridge, motorway) péage (m) ⓑ **the war took a heavy ~ among the young men** la guerre a fait beaucoup de victimes parmi les jeunes; **the accident ~ on the roads** le nombre des victimes de la route; **the ~ of dead has risen** le nombre des victimes a augmenté **3** COMP ◆ **toll bridge** N pont (m) à péage ◆ **toll**

charge N péage (m) ◆ **toll-free** ADJ (US) [number] gratuit ◆ **toll road** N route (f) à péage

tollbooth /ˈtəʊlbuːθ/ N poste (m) de péage

Tom /tɒm/ N **any ~, Dick or Harry** n'importe qui

tomato /təˈmɑːtəʊ, (US) təˈmeɪtəʊ/ N (pl **tomatoes**) tomate (f) ◆ **tomato juice** N jus (m) de tomate ◆ **tomato purée** N purée (f) de tomates ◆ **tomato sauce** N sauce (f) tomate ◆ **tomato soup** N soupe (f) à la tomate

tomb /tuːm/ N tombe (f)

tomboy /ˈtɒmbɔɪ/ N garçon (m) manqué

tombstone /ˈtuːmstəʊn/ N pierre (f) tombale

tom cat /ˈtɒmkæt/ N matou (m)

tomorrow /təˈmɒrəʊ/ ADV, N demain (m); **early ~** demain de bonne heure; **~ afternoon** demain après-midi; **~ evening** demain soir; **~ morning** demain matin; **~ lunchtime** demain à midi; **a week ~** demain en huit; **I met her a week ago ~** ça fera une semaine demain que je l'ai rencontrée; **he'll have been here a week ~** demain cela fera huit jours qu'il est là; **see you ~** à demain; **what day will it be ~?** quel jour serons-nous demain?; **what date will it be ~?** on sera le combien demain?; **~ will be Saturday** demain ce sera samedi; **~ will be the 5th** demain ce sera le 5; **~ is another day!** ça ira mieux demain!; **the writers of ~** les écrivains de demain

ton /tʌn/ N (= weight) tonne (f) (Brit = 1,016 kg; Can, US = 907 kg) **metric ~** tonne (f) (= 1 000 kg); **it weighs a ~** ça pèse une tonne; **~s of*** des tas de*

tone /təʊn/ **1** N ⓐ (in sound) ton (m); [of answering machine] bip (m); [of musical instrument] sonorité (f); **to speak in an angry ~ (of voice)** parler sur le ton de la colère; **don't speak to me in that ~ (of voice)!** ne me parlez pas sur ce ton!; **to raise/lower the ~ of sth** rehausser/rabaisser le niveau de qch; **after the ~** (on answering machine) après le bip ⓑ (in colour) ton (m); **two-~** en deux tons ⓒ [of muscles] tonus (m) **2** COMP ◆ **tone-deaf** ADJ **to be ~-deaf** ne pas avoir d'oreille
► **tone down** VT SEP [+ colour] adoucir; [+ criticism] atténuer; [+ policy] modérer
► **tone in** VI s'harmoniser
► **tone up** VT SEP [+ muscles] tonifier

toner /ˈtəʊnəˈ/ N (for photocopier, printer) encre (f)

Tonga /ˈtɒŋgə/ N Tonga (fpl)

tongs /tɒŋz/ NPL pinces (fpl)

tongue /tʌŋ/ **1** N ⓐ langue (f); **to stick out one's ~** tirer la langue; **to lose/find one's ~** perdre/retrouver sa langue; **I can't get my ~ round it** je n'arrive pas à le prononcer ⓑ (= language) langue (f) **2** COMP ◆ **tongue-in-cheek** ADJ ironique ◆ **tongue-tied** ADJ muet

tonic /ˈtɒnɪk/ **1** ADJ ⓐ (= reviving) tonifiant; [effect] tonique ⓑ (Music) tonique **2** N ⓐ (medical) fortifiant (m); **it was a real ~ to see him** cela m'a vraiment remonté le moral de le voir ⓑ (also **~ water, Indian ~**) Schweppes® (m); **gin and ~** gin-tonic (m)

tonight /təˈnaɪt/ ADV (before bed) ce soir; (during sleep) cette nuit

tonne /tʌn/ N tonne (f)

tonsil /ˈtɒnsl/ N amygdale (f); **to have one's ~s out** or **removed** être opéré des amygdales

tonsillitis /ˌtɒnsɪˈlaɪtɪs/ N angine (f); **he's got ~** il a une angine

tony* /ˈtəʊnɪ/ ADJ (US) chic* (inv)

too /tuː/ ADV ⓐ (= excessively) trop; **it's ~ hard for me to explain** c'est trop difficile à expliquer; **it's ~ heavy for me to carry** c'est trop lourd à porter pour moi; **I'm not ~ sure about that** je n'en suis pas trop sûr; **~ right!*** et comment! ⓑ (= also) aussi; (= moreover) en plus; **I went ~** j'y suis allé aussi; **he can swim ~** lui aussi sait nager

took /tʊk/ VB pt of **take**

tool /tuːl/ N outil (m); **garden ~s** outils (mpl) de jardinage

toolbar /ˈtuːlbɑːˈ/ N (Computing) barre (f) d'outils

toolbox /ˈtuːlbɒks/ N boîte (f) à outils

toolkit /ˈtuːlkɪt/ N trousse (f) à outils

toot /tuːt/ 1 N [of car horn] coup (m) de klaxon® 2 VI [car horn] klaxonner 3 VT **to ~ the horn** klaxonner

tooth /tuːθ/ N (pl **teeth**) dent (f); **front ~** dent (f) de devant; **back ~** molaire (f); **to have a ~ out** or **pulled** se faire arracher une dent; **to have a ~ capped** se faire poser une couronne; **he is cutting teeth** il fait ses dents; **to cut one's teeth on sth** se faire les dents sur qch; **to grit one's teeth** serrer les dents; **to bare one's teeth** montrer les dents; **to fight ~ and nail** se battre farouchement; **to get one's teeth into sth** (fig) se mettre à qch pour de bon; **there's nothing you can get your teeth into** il n'y a pas grand-chose à se mettre sous la dent (fig); **to be fed up** or **sick to the (back) teeth of sth.** en avoir ras le bol* de qch ◆ **tooth decay** N carie (f) dentaire

toothache /ˈtuːθeɪk/ N mal (m) de dents; **to have ~** avoir mal aux dents

toothbrush /ˈtuːθbrʌʃ/ N brosse (f) à dents

toothless /ˈtuːθlɪs/ ADJ [person, smile] édenté

toothpaste /ˈtuːθpeɪst/ N dentifrice (m)

toothpick /ˈtuːθpɪk/ N cure-dent (m)

---

top /tɒp/

1 NOUN	5 TRANSITIVE VERB
2 PLURAL NOUN	6 COMPOUNDS
3 ADVERB	7 PHRASAL VERBS
4 ADJECTIVE	

1 NOUN

ⓐ **= highest point** [of mountain, hill] sommet (m); [of tree] cime (f); [of ladder, stairs, page, pile] haut (m); [of list] tête (f); **from the ~ of his head to the tip of his toes** de la tête aux pieds; **I'm saying that off the ~ of my head** je dis ça sans savoir exactement; **to make it to the ~** (in hierarchy) arriver en haut de l'échelle; **the men at the ~** les dirigeants (mpl)

◆ **at the top of** [+ hill] au sommet de; [+ stairs, ladder, page] en haut de; [+ list, division] en tête de; [+ profession] au faîte de; **it's at the ~ of the pile** c'est en haut de la pile; **to be at the ~ of the class** être premier de classe

◆ **on** + **top** dessus; **take the plate on ~** prends l'assiette du dessus; **he came out on ~** il a eu le dessus; **there was a thick layer of cream on ~ of the cake** il y avait une épaisse couche de crème sur le gâteau; **to be on ~ of the world** être aux anges; **to be on the ~ of one's form** être au sommet de sa forme; **things are getting on ~ of her*** elle est dépassée par les événements; **he's bought another car on ~ of the one he's got already** il a acheté une autre voiture en plus de celle qu'il a déjà; **then on ~ of all that he refused to help us** et puis par-dessus le marché il a refusé de nous aider

◆ **from top to bottom** [redecorate] complètement; [clean] de fond en comble; [cover] entièrement

◆ **over the top**: **to go over the ~** [soldier] monter à l'assaut; **to be over the ~*** [film, book] dépasser la mesure; [person] exagérer; [act, opinion] être excessif

ⓑ **= upper part, section** [of car] toit (m); [of bus] étage (m) supérieur; [of box, container] dessus (m); **"~"** (on box) « haut »; **we saw London from the ~ of a bus** nous avons vu Londres du haut d'un bus

ⓒ **of garment, bikini** haut (m)

ⓓ **= cap, lid** [of box] couvercle (m); [of bottle, tube] bouchon (m); [of pen] capuchon (m)

2 PLURAL NOUN tops*

he's the ~s il est champion*

3 ADVERB tops*

= max max*; **it'll cost £50, ~s** ça coûtera 50 livres max*

4 ADJECTIVE

ⓐ **= highest** [shelf, drawer] du haut; [floor, storey] dernier; **at the ~ end of the scale** en haut de l'échelle; **the ~ layer of skin** la couche supérieure de la peau; **the ~ right-hand corner** le coin en haut à droite

ⓑ **in rank** ~ **management** cadres (mpl) supérieurs; **the ~ men in the party** les dirigeants (mpl) du parti; **in the ~ class** (= top stream) dans le premier groupe

ⓒ **= best** **he was the ~ student in English** c'était le meilleur étudiant en anglais; **he was a ~ student in English** c'était l'un des meilleurs étudiants en anglais; **one of the ~ pianists** un des plus grands pianistes; **a ~ job** un des postes les plus prestigieux; **he was** or **came ~ in maths** il a été premier en maths; **~ marks for efficiency** vingt sur vingt pour l'efficacité

ⓓ **= maximum** **the vehicle's ~ speed** la vitesse maximale du véhicule; **at ~ speed** à toute vitesse; **a matter of ~ priority** une priorité absolue

5 TRANSITIVE VERB

ⓐ **= remove top from** [+ tree] écimer; **~ and tail the beans** équeutez les haricots

ⓑ **= kill** : **to ~ o.s.** se flinguer:

ⓒ **= exceed** dépasser; **the fish ~ped 10kg** le poisson faisait plus de 10 kg; **I'm sure nobody can ~ that** je suis sûr que personne ne peut faire mieux; **and to ~ it all ...** et pour couronner le tout ...; **that ~s the lot!*** c'est le bouquet!*

ⓓ **= be at top of** [+ list] être en tête de; **to ~ the bill** être en tête d'affiche

6 COMPOUNDS

◆ **top dog*** N **he's ~ dog around here** c'est lui qui commande ici ◆ **top dollar*** N **to pay ~ dollar for sth** payer qch au prix fort ◆ **top gear** N (Brit) **in ~ gear** (four-speed box) en quatrième; (five-speed box) en cinquième ◆ **top hat** N haut-de-forme (m) ◆ **top-heavy** ADJ [structure] trop lourd du haut; [business, administration] où l'encadrement est trop lourd ◆ **top-level** ADJ [meeting, talks, discussion] au plus haut niveau; [decision] pris au plus haut niveau ◆ **top-of-the-range** ADJ haut de gamme (inv) ◆ **top-ranked** ADJ du plus haut niveau ◆ **top-ranking** ADJ haut placé ◆ **top-secret** ADJ top secret (-ète (f)) ◆ **top-security wing** N quartier (m) de haute sécurité ◆ **top-shelf** ADJ (Brit) [magazine, material] de charme ◆ **the top ten** NPL (= songs) les dix premiers (mpl) du Top ◆ **top-up** N (Brit) **can I give you a ~-up?** je vous ressers?; (for mobile phone) recharge (f) (de carte prépayée) ◊ ADJ **~-up loan** prêt (m) complémentaire

7 PHRASAL VERBS

▶ **top up** VT SEP (Brit) [+ cup, glass] remplir; [+ mobile phone] recharger (en crédit); **I've ~ped up the petrol in your tank** j'ai rajouté de l'essence dans votre réservoir; **can I ~ you up?*** je vous ressers?

---

topaz /ˈtəʊpæz/ N topaze (f)

topic /ˈtɒpɪk/ N sujet (m)

topical /ˈtɒpɪkəl/ ADJ d'actualité

topless /ˈtɒplɪs/ 1 ADJ [woman] (aux) seins nus; [beach] où l'on peut avoir les seins nus; [sunbathing, dancing] seins nus 2 ADV [sunbathe, pose, dance] seins nus

topping /ˈtɒpɪŋ/ N (for pizza) garniture (f); **dessert with a ~ of whipped cream** dessert nappé de crème fouettée

topple /ˈtɒpl/ 1 VI (also ~ **over, ~ down**) tomber; [pile] s'effondrer 2 VT renverser

topsy-turvy /ˈtɒpsɪˈtɜːvɪ/ ADJ, ADV sens dessus dessous; **to turn everything ~** tout mettre sens dessus dessous

Torah /ˈtɔːrə/ N Torah (f), Thora (f)

torch /tɔːtʃ/ 1 N torche (f); **the house went up like a ~** la maison a flambé comme du bois sec; **to carry the ~ of** or **for democracy** porter le flambeau de la démocratie 2 VT **to ~ sth** mettre le feu à qch

tore /tɔːʳ/ VB pt of **tear**

torment 1 N supplice (m); **to be in ~** être au supplice 2 VT [+ person] tourmenter; [+ animal] martyriser; **to ~ o.s.** se tourmenter; **~ed by jealousy** rongé par la jalousie

★ Lorsque **torment** est un nom, l'accent tombe sur la première syllabe: /ˈtɔːment/, lorsque c'est un verbe, sur la seconde: /tɔːˈment/.

torn /tɔːn/ VB ptp of **tear**

tornado /tɔːˈneɪdəʊ/ N tornade (f)

torpedo /tɔːˈpiːdəʊ/ N (pl **torpedoes**) torpille (f)

torrent /'tɒrənt/ N torrent (m)

torrential /tɒ'renʃəl/ ADJ torrentiel

torrid /'tɒrɪd/ ADJ (= hot, passionate) torride

torso /'tɔːsəʊ/ N torse (m) ; (in art) buste (m)

tortilla /tɔː'tiːə/ N tortilla (f) ◆ **tortilla chip** N chip de maïs épicée

tortoise /'tɔːtəs/ N tortue (f)

tortoiseshell /'tɔːtəʃel/ N écaille (f) de tortue ◆ **tortoiseshell cat** N chat (m) écaille et blanc

tortuous /'tɔːtjʊəs/ ADJ tortueux

torture /'tɔːtʃəʳ/ 1 N supplice (m) ; **it was sheer ~!** c'était un vrai supplice ! 2 VT torturer ; **to ~ o.s.** se torturer ; **~d by doubt** tenaillé par le doute 3 COMP ◆ **torture chamber** N chambre (f) de torture

Tory /'tɔːrɪ/ 1 N Tory (mf), conservateur (m), -trice (f) 2 ADJ tory (inv), conservateur (-trice (f))

toss /tɒs/ 1 N (= throw) lancement (m) ; **they decided it by the ~ of a coin** ils l'ont décidé à pile ou face ; **to win/ lose the ~** gagner/perdre à pile ou face ; (Sport) gagner/ perdre au tirage au sort ; **I don't give a ~** (Brit) je m'en contrefous (about de)

2 VT [+ ball, object] jeter ; (Brit) [+ pancake] faire sauter ; [+ salad] remuer ; [horse] désarçonner ; **they ~ed a coin** ils ont joué à pile ou face ; **I'll ~ you for it** on le joue à pile ou face ; **the sea ~ed the boat against the rocks** la mer a projeté le bateau sur les rochers ; **the boat was ~ed by the waves** le bateau était ballotté par les vagues

3 VI ⓐ **he was ~ing and turning all night** il n'a pas arrêté de se tourner et se retourner toute la nuit

ⓑ (also ~ **up**) jouer à pile ou face ; **they ~ed (up) to see who would stay** ils ont joué à pile ou face pour savoir qui resterait

4 COMP ◆ **toss-up** N **it was a ~-up between the theatre and the cinema** il y avait le choix entre le théâtre ou le cinéma ; **it's a ~-up whether I go or stay** je ne sais pas si je vais partir ou rester

total /'təʊtl/ 1 ADJ total ; [failure] complet (-ète (f)) ; **the ~ losses/sales/debts** le total des pertes/ventes/dettes ; **it was a ~ loss** c'était une perte de temps ; **her commitment to the job was ~** elle s'investissait complètement dans son travail ; **to get on in business you need ~ commitment** pour réussir en affaires, il faut s'engager à fond ; **to be in ~ ignorance of sth** être dans l'ignorance la plus complète de qch ; **they were in ~ disagreement** ils étaient en désaccord total ; **a ~ stranger** un parfait inconnu ; **to have ~ recall** se souvenir de tout

2 N total (m) ; **it comes to a ~ of $30** le total s'élève à 30 dollars ; **in ~** au total

3 VT (US = wreck) **he ~ed his car*** il a bousillé* sa voiture

totalitarian /,təʊtælɪ'teərɪən/ ADJ, N totalitaire (mf)

totality /təʊ'tælɪtɪ/ N totalité (f)

totally /'təʊtəlɪ/ ADV totalement

totter /'tɒtəʳ/ VI [object, column, chimney stack] vaciller ; [government] chanceler

tot up* /tɒt'ʌp/ VT (Brit) faire le total de

---

touch /tʌtʃ/

1 NOUN	4 COMPOUNDS
2 TRANSITIVE VERB	5 PHRASAL VERBS
3 INTRANSITIVE VERB	

1 NOUN

ⓐ = sense of touch   toucher (m) ; **Braille is read by ~** le braille se lit au toucher

ⓑ = act of touching   contact (m) ; **the slightest ~ might break it** le moindre contact pourrait le casser ; **I felt a ~ on my arm** j'ai senti qu'on me touchait le bras ; **at the ~ of a button** en appuyant sur un bouton ; **he altered it with a ~ of the brush** il l'a modifié d'un coup de pinceau

ⓒ = character   **to give sth a personal ~** mettre une note personnelle dans qch

ⓓ = detail   détail (m) ; **small ~es, such as flowers, can transform a room** de petits détails, par exemple des fleurs, peuvent transformer une pièce ; **to put the finishing ~es to sth** mettre la dernière main à qch

ⓔ = small amount   **it's a ~ expensive** c'est un petit peu cher

◆ **a touch of**: **a ~ of colour** une touche de couleur ; **a ~ of sadness** une pointe de tristesse ; **tonight there'll be a ~ of frost in places** il y aura un peu de gel cette nuit par endroits ; **he got a ~ of the sun** il a pris un petit coup de soleil ; **to have a ~ of flu** être un peu grippé

ⓕ = contact
◆ **in touch**: **to be in ~ with sb** être en contact avec qn ; **I'll be in ~!** je te (or vous) téléphonerai ! ; **to keep in ~ with sb** rester en contact avec qn ; **keep in ~!** tiens-nous au courant ! ; **to get in ~ with sb** prendre contact avec qn ; (by phone) joindre qn ; **you ought to get in ~ with the police** vous devriez prendre contact avec la police ; **I'll put you in ~ with him** je vous mettrai en rapport avec lui

◆ **to lose touch**: **to lose ~ with sb** perdre le contact avec qn ; **they lost ~ long ago** il y a bien longtemps qu'ils ne sont plus en relation ; **to lose ~ with reality** perdre le sens des réalités ; **he has lost ~ with what is going on** il n'est plus dans le coup*

◆ **to be out of touch** (= not up to date) **he's completely out of ~** il n'est plus dans le coup* ; **I'm out of ~ with the latest developments** je ne suis pas au courant des derniers développements

ⓖ Football   touche (f) ; **to kick the ball into ~** envoyer le ballon en touche ; **to kick sth into ~** mettre qch au placard

ⓗ = person   **Mr Wilson is no soft ~** M. Wilson n'est pas du genre à se laisser faire

2 TRANSITIVE VERB

ⓐ = come into contact with   toucher ; **he ~ed it with his finger** il l'a touché du doigt ; **he ~ed her arm** il lui a touché le bras ; **his hand ~ed mine** sa main a touché la mienne ; **they can't ~ you if you don't break the law** on ne peut rien te faire tant que tu restes dans la légalité ; **to ~ base** se mettre au courant

ⓑ = tamper with   toucher à ; **don't ~ that switch!** ne touchez pas à ce bouton ! ; **I didn't ~ it!** je n'y ai pas touché ! ; **I didn't ~ him!** je ne l'ai pas touché !

ⓒ = deal with   (in exam) **I didn't ~ the third question** je n'ai pas touché à la troisième question ; **he won't ~ anything illegal** si c'est illégal il n'y touchera pas

ⓓ + food, drink   toucher à ; **he didn't ~ his meal** il n'a pas touché à son repas ; **I never ~ onions** je ne mange jamais d'oignons

ⓔ = equal   valoir ; **her cooking can't ~ yours** sa cuisine est loin de valoir la tienne ; **there's nobody to ~ him as a pianist** il est sans égal comme pianiste

ⓕ = move emotionally   toucher ; **we were very ~ed by your letter** nous avons été très touchés par votre lettre

ⓖ = reach   [+ level, speed] atteindre

3 INTRANSITIVE VERB

ⓐ toucher ; **don't ~!** n'y touchez pas !

ⓑ = come into contact with   [ends, lands] se toucher

ⓒ speaking, writing   **to ~ on a subject** aborder un sujet

4 COMPOUNDS

◆ **touch-and-go** N **it's ~-and-go with him** il est entre la vie et la mort ; **it was ~-and-go until the last minute** l'issue est restée incertaine jusqu'au bout ◆ **touch-sensitive** ADJ [screen] tactile ◆ **touch-tone** ADJ [telephone] à touches ◆ **touch-type** VI taper sans regarder le clavier

5 PHRASAL VERBS

► **touch down** VI (= land) atterrir

► **touch off** VT SEP [+ crisis, riot] déclencher ; [+ reaction, argument] provoquer

► **touch up** VT SEP [+ painting, photo] retoucher

---

touchdown /'tʌtʃdaʊn/ N atterrissage (m)

touched /'tʌtʃt/ ADJ (= moved) touché

touching /'tʌtʃɪŋ/ ADJ touchant

touchline /'tʌtʃlaɪn/ N (Football) (ligne (f) de) touche (f)

touchpad /'tʌtʃpæd/ N pavé (m) tactile

touchpaper /'tʌtʃpeɪpəʳ/ N papier (m) nitraté ; **to light the blue ~** (fig) mettre le feu aux poudres

touchstone /'tʌtʃstəʊn/ N pierre (f) de touche

touchy /'tʌtʃɪ/ ADJ (= easily annoyed) susceptible (**about sth** sur la question de qch) ; (= delicate) [subject, issue] délicat

tough /tʌf/ 1 ADJ ⓐ (= strong) [material] solide ; [meat] coriace

ⓑ (= mentally strong) solide ; **you have to be ~ to do that kind of work** il faut être solide pour faire ce genre de travail

ⓒ [person] (= hard in character) dur ; **~ guy** dur (m) ; **they're ~ customers** ce sont des durs à cuire* ; **to get ~ with sb*** se montrer dur envers qn

ⓓ (= hard) [resistance, struggle] acharné ; [task] pénible ; [problem] difficile ; [neighbourhood] dur ; **it's ~ when you have kids** c'est dur quand on a des enfants ; **to take a ~ line on sth** se montrer inflexible sur qch ; **to take a ~ line with sb** se montrer inflexible avec qn ; **it took ~ talking to get them to agree to the deal** il a fallu d'âpres négociations pour qu'ils acceptent de conclure cette affaire

ⓔ (= unfortunate)* **that's ~** c'est dur ; **to have a ~ time of it*** en voir de dures* ; **~ luck** déveine* (f) ; **~ luck!** (= you'll have to put up with it) tant pis pour toi !

2 N (= person)* dur (m)

3 ADV **to act ~** jouer au dur

4 VT **to ~ it out*** (= hold out) tenir bon

5 COMP ♦ **tough-minded** ADJ inflexible

toughen /'tʌfn/ VT [+ person] endurcir ; **~ed glass** verre (m) trempé

toughness /'tʌfnɪs/ N ⓐ [of person] (= hardiness) résistance (f) ; (= determination) ténacité (f) ⓑ (= roughness) [of person, school] dureté (f) ⓒ (= durability) [of material] résistance (f), solidité (f) ; [of skin] dureté (f)

toupee /'tu:peɪ/ N postiche (m)

tour /'tʊəʳ/ 1 N (= journey) voyage (m) ; (by team, musicians) tournée (f) ; (of town, museum) visite (f) ; **they went on a ~ of the Lake District** ils ont fait un voyage dans la région des Lacs ; **we went on a ~ of the Loire châteaux** nous avons visité les châteaux de la Loire ; **to go on a walking/cycling ~** faire une randonnée à pied/en bicyclette ; **to go on ~** [band] faire une tournée ; **to be on ~** être en tournée ; **~ of inspection** tournée (f) d'inspection ; **~ of duty** période (f) de service

2 VT [+ district, museum, factory] visiter ; **they are ~ing France** ils visitent la France ; [band, team] ils sont en tournée en France

3 VI **to go ~ing** faire du tourisme ; **they went ~ing in Italy** ils sont allés visiter l'Italie

4 COMP ♦ **tour director** N (US) accompagnateur (m), -trice (f) ♦ **tour guide** N (= person) guide (m) ♦ **tour operator** N (Brit = travel agency) tour-opérateur (m)

tour de force /ˌtʊədə'fɔːs/ N (pl **tours de force**) (= action, performance) exploit (m) ; (= novel) chef-d'œuvre (m)

touring /'tʊərɪŋ/ ADJ [team] en tournée ; **~ company** (permanently) troupe (f) ambulante ; (temporarily) troupe (f) en tournée

tourism /'tʊərɪzəm/ N tourisme (m)

tourist /'tʊərɪst/ 1 N touriste (mf) 2 ADV [travel] en classe touriste 3 ADJ [class, ticket] touriste (inv) ; [season] touristique 4 COMP ♦ **tourist office** N office (m) du tourisme ♦ **tourist trade** N tourisme (m) ♦ **tourist trap** N piège (m) à touristes

touristy* /'tʊərɪstɪ/ ADJ (trop) touristique

tournament /'tʊənəmənt/ N tournoi (m) ; **tennis ~** tournoi (m) de tennis

tourniquet /'tʊənɪkeɪ/ N garrot (m)

tousled /'taʊzld/ ADJ [hair] ébouriffé ; [person, appearance] échevelé

tout /taʊt/ 1 N (Brit = ticket tout) revendeur (m) de billets (au marché noir) 2 VT [+ wares] vendre ; (Brit) [+ tickets] revendre (au marché noir) 3 VI racoler ; **the taxi drivers were ~ing for the hotels** les chauffeurs de taxi racolaient des clients pour les hôtels

tow /təʊ/ 1 N ⓐ **to give sb a ~** remorquer qn ; **he had a couple of girls in ~*** il avait deux filles dans son sillage ⓑ (= ski tow) téléski (m) 2 VT [+ boat, vehicle] remorquer (**to, into** jusqu'à) ; [+ caravan, trailer] tracter 3 COMP ♦ **tow bar** N barre (f) de remorquage ♦ **towing-rope** N câble (m) de remorque ♦ **towing-truck** N dépanneuse (f) ♦ **tow truck** N (US) dépanneuse (f)

► **tow away** VT SEP [+ illegally parked vehicle] emmener en fourrière

toward(s) /tə'wɔːd(z)/ PREP ⓐ (direction) vers ; **we are moving ~ a solution** nous nous acheminons vers une solution ; **I'll put the prize money ~ a new car** le prix servira à m'acheter une nouvelle voiture ⓑ (time) vers ; **~ 10 o'clock** vers 10 heures ; **~ the end of the century** vers la fin du siècle ⓒ (of attitude) envers ; **his attitude ~ them** son attitude envers eux

towaway zone /'təʊəweɪˌzəʊn/ N (US) zone (f) de stationnement interdit (sous peine de mise en fourrière)

towel /'taʊəl/ 1 N serviette (f) (de toilette) ; (= tea towel) torchon (m) ; (for hands) essuie-mains (m) 2 VT frotter avec une serviette 3 COMP ♦ **towel rail** N porte-serviettes (m inv)

towelling /'taʊəlɪŋ/ 1 N tissu (m) éponge 2 ADJ [robe] en tissu éponge

tower /'taʊəʳ/ 1 N tour (f) ; **the Tower of London** la tour de Londres ; **church ~** clocher (m) ; **he proved a ~ of strength to me** il s'est montré un soutien précieux pour moi 2 VI [building, mountain, cliff] se dresser de manière imposante ; **the new block of flats ~s over the church** le nouvel immeuble domine complètement l'église ; **he ~ed over her** il la dominait de toute sa hauteur 3 COMP ♦ **tower block** N (Brit) tour (f) (d'habitation)

towering /'taʊərɪŋ/ ADJ ⓐ (= tall) [building] imposant par sa hauteur ⓑ (= great) [achievement, performance] grandiose ; [genius, ambition] hors du commun ; **in a ~ rage** dans une colère noire

town /taʊn/ N ville (f) ; **he lives in ~** il habite en ville ; **she lives in a little ~** elle habite (dans) une petite ville ; **guess who's in ~!** devine qui vient d'arriver en ville ! ; **he's out of ~** il est en déplacement ; **he's from out of ~** (US) il est étranger à la ville ; **to go to ~** aller en ville ; **a country ~** une ville de province ; **we're going out on the ~*** on va faire une virée en ville* ; **they went to ~ on their daughter's wedding*** ils n'ont pas fait les choses à moitié pour le mariage de leur fille ♦ **town centre** N centre-ville (m) ♦ **town clerk** N ≈ secrétaire (mf) de mairie ♦ **town council** N conseil (m) municipal ♦ **town councillor** N (Brit) conseiller (m), -ère (f) municipal(e) ♦ **town hall** N ≈ mairie (f), hôtel (m) de ville ♦ **town meeting** N (US) assemblée générale des habitants d'une localité ♦ **town planner** N (Brit) urbaniste (mf) ♦ **town planning** N (Brit) urbanisme (m)

townee*, **townie*** /taʊ'ni:/ N pur(e) citadin (m(f))

townsfolk /'taʊnzfəʊk/ N citadins (mpl)

township /'taʊnʃɪp/ N (in South Africa) township (m or f)

townspeople /'taʊnzpi:pl/ NPL citadins (mpl)

towpath /'təʊpɑːθ/ N chemin (m) de halage

towrope /'təʊrəʊp/ N câble (m) de remorque

toxic /'tɒksɪk/ ADJ toxique (**to sb/sth** pour qn/qch) ♦ **toxic waste** N déchets (mpl) toxiques

toxicology /ˌtɒksɪ'kɒlədʒɪ/ N toxicologie (f)

toxin /'tɒksɪn/ N toxine (f)

toy /tɔɪ/ 1 N jouet (m) 2 VI **to ~ with** [+ object, sb's affections] jouer avec ; [+ idea] caresser ; **to ~ with one's food** manger du bout des dents 3 COMP ♦ **toy boy*** N (Brit) gigolo* (m) ♦ **toy car** N petite voiture (f) ♦ **toy poodle** N caniche (m) nain ♦ **toy train** N petit train (m) ; (electric) train (m) électrique

toybox /'tɔɪbɒks/, **toychest** /'tɔɪtʃest/ N coffre (m) à jouets

toyshop /'tɔɪʃɒp/ N magasin (m) de jouets

trace /treɪs/ **1** N trace (f); **the police could find no ~ of the thief** la police n'a trouvé aucune trace du voleur; **~s of an ancient civilization** les vestiges (mpl) d'une ancienne civilisation; **there is no ~ of it now** il n'en reste plus trace maintenant; **~s of arsenic in the stomach** traces d'arsenic dans l'estomac; **to vanish without ~** disparaître sans laisser de traces; **without a ~ of ill-feeling** sans la moindre rancune

2 VT ⓐ (= draw) [+ curve, line] tracer; (with tracing paper) décalquer

ⓑ (= follow trail of) suivre la trace de; (and locate) retrouver; **ask the police to help you ~ him** demandez à la police de vous aider à le retrouver; **they ~d him as far as Paris but then lost him** ils ont pu suivre sa trace jusqu'à Paris mais l'ont perdu par la suite; **I can't ~ your file** je ne trouve pas trace de votre dossier

► **trace back 1** VI **this ~s back to the loss of ...** ceci est imputable à la perte de ... **2** VT SEP **to ~ back one's ancestry to ...** faire remonter sa famille à ...; **they ~d the murder weapon back to a shop in Leeds** ils ont réussi à établir que l'arme du crime provenait d'un magasin de Leeds

trachea /trə'kɪə/ N trachée (f)

tracing paper /'treɪsɪŋ,peɪpə'/ N papier (m) calque

track /træk/ **1** N ⓐ (= trail) trace (f); (= route) trajectoire (f); **the hurricane destroyed everything in its ~** l'ouragan a tout détruit sur son passage; **to follow sb's ~s** suivre les traces de qn; **to be on sb's ~** être sur la piste de qn; **to throw sb off the ~** désorienter qn; **to hide one's ~s** dissimuler ses traces; **to change ~** (fig) changer de cap; **to make ~s*** (= leave) se sauver*; **we must be making ~s*** il faut qu'on se sauve*

♦ **on track: to be on ~** être sur la bonne voie; **to get the economy back on ~** remettre l'économie sur les rails; **to be on the right ~** être sur la bonne voie

♦ **to keep track of** [+ events] suivre le fil de; [+ developments, situation] rester au courant de; **they kept ~ of him till they reached the wood** ils ont suivi sa trace jusqu'au bois; **I kept ~ of her until she got married** je suis resté en contact avec elle jusqu'à son mariage; **keep ~ of the time** n'oubliez pas l'heure

♦ **to lose track of** [+ developments, situation] ne plus être au courant de; [+ events] perdre le fil de; **they lost ~ of him in the woods** ils ont perdu sa trace dans le bois; **I lost ~ of her after the war** je l'ai perdue de vue après la guerre; **to lose all ~ of time** perdre la notion du temps

ⓑ (= path) sentier (m)

ⓒ (Rail) voie (f) (ferrée); **to cross the ~** traverser la voie; **single-~ line** ligne (f) à une voie; **to live on the wrong side of the ~s** (US) vivre dans les quartiers pauvres

ⓓ (Sport) piste (f)

ⓔ (= athletics) athlétisme (m)

ⓕ [of CD, computer disk] piste (f); [of long-playing record] plage (f); (= piece of music) morceau (m)

2 VT [+ animal, person, vehicle] suivre la trace de; **to ~ dirt over the floor** laisser des traces sales sur le plancher

3 COMP ♦ **track and field athletics** N athlétisme (m) ♦ **track event** N (Sport) épreuve (f) sur piste ♦ **track maintenance** N entretien (m) de la voie ♦ **track meet** N (US Sport) réunion (f) sportive sur piste ♦ **track record** N **to have a good ~ record** avoir fait ses preuves; **to have a poor ~ record** avoir eu de mauvais résultats ♦ **track shoe** N chaussure (f) de course ♦ **track system** N (US) système (m) de répartition des élèves par niveaux

► **track down** VT SEP [+ lost object, reference] (finir par) retrouver

trackball /'trækbɔːl/ N (Computing) boule (f) roulante

tracked /trækt/ ADJ [vehicle] à chenilles

tracker dog /'trækə,dɒg/ N chien (m) policier (dressé pour retrouver les gens)

trackman /'trækmən/ N (pl **-men**) (US) responsable (m) de l'entretien des voies

trackpad /'trækpæd/ N trackpad (m)

tracksuit /'træksuːt/ N (Brit) survêtement (m)

tract /trækt/ N [of land, water] étendue (f) ♦ **tract house** N (US) pavillon (m) (dans un lotissement)

tractable /'træktəbl/ ADJ [person] accommodant; [animal] docile; [problem] soluble

traction /'trækʃən/ N traction (f) ♦ **traction engine** N locomobile (f)

tractor /'træktə'/ N tracteur (m) ♦ **tractor-trailer** N (US) semi-remorque (m)

tradable /'treɪdəbl/ ADJ (US) commercialisable

trade /treɪd/ **1** N ⓐ (= commerce) commerce (m); (illegal) trafic (m); **overseas ~** commerce (m) extérieur; **it's good for ~** ça fait marcher le commerce; **the fur ~** l'industrie (f) de la fourrure; **the drug ~** le marché de la drogue; **they do a lot of ~ with ...** ils font beaucoup d'affaires avec ...; **to do a brisk ~** vendre beaucoup (in de)

ⓑ (= job, skill) métier (m); **she wants him to learn a ~** elle veut qu'il apprenne un métier; **he's in the ~** il est du métier

ⓒ (= swap) échange (m); **to do a ~ with sb for sth** échanger qch avec qn

2 VI ⓐ [country] faire du commerce (in de)

ⓑ [currency, commodity] **to be trading at** se négocier à

ⓒ (= exchange) échanger

3 VT (= exchange) **to ~ A for B** échanger A contre B; **I ~d my penknife with him for his marbles** je lui ai donné mon canif en échange de ses billes; **to ~ places with sb** (US) changer de place avec qn

4 COMP ♦ **trade agreement** N accord (m) commercial ♦ **trade balance** N balance (f) commerciale ♦ **trade barriers** NPL barrières (fpl) douanières ♦ **trade deficit** N déficit (m) commercial ♦ **Trade Descriptions Act** N (Brit) loi protégeant les consommateurs contre la publicité et les appellations mensongères ♦ **trade fair** N foire-exposition (f) ♦ **trade figures** NPL résultats (mpl) financiers ♦ **trade gap** N déficit (m) commercial ♦ **trade-in** N reprise (f); **~-in value** valeur (f) à la reprise ♦ **trade name** N nom (m) de marque ♦ **trade-off** N (= exchange) échange (m); (balancing) compromis (m) ♦ **trade secret** N secret (m) de fabrication ♦ **trade surplus** N excédent (m) commercial ♦ **trade talks** NPL négociations (fpl) commerciales ♦ **trade union** N syndicat (m) ♦ **trade unionism** N syndicalisme (m) ♦ **trade unionist** N syndicaliste (mf)

► **trade down** VI **to ~ down to a smaller car** vendre sa voiture pour en acheter une moins chère

► **trade in** VT SEP [+ car, television] obtenir une reprise pour

► **trade off** VT SEP (= exchange) **to ~ off one thing against another** échanger une chose contre une autre

► **trade up** VI **to ~ up to a bigger car** vendre sa voiture pour en acheter une plus grande

trademark /'treɪdmɑːk/ N marque (f) (de fabrique); **registered ~** marque (f) déposée

trader /'treɪdə'/ N commerçant(e) (m(f)); (in shares) opérateur (m) financier

tradesman /'treɪdzmən/ N (pl **-men**) commerçant (m)

trading /'treɪdɪŋ/ **1** N (on Stock Exchange) transactions (fpl); **~ was brisk yesterday** l'activité (f) a été soutenue hier **2** COMP [centre] de commerce ♦ **trading company** N société (f) d'import-export ♦ **trading estate** N (Brit) zone (f) artisanale et commerciale ♦ **trading partner** N partenaire (mf) commercial(e) ♦ **trading standards office** N ≈ Direction (f) de la consommation et de la répression des fraudes

tradition /trə'dɪʃən/ N tradition (f); **according to ~** selon la tradition; **it's in the best ~ of ...** c'est dans la plus pure tradition de ...

traditional /trə'dɪʃənl/ ADJ traditionnel; **it is ~ to do sth** il est de tradition de faire qch; **to be ~ in one's approach to sth** avoir une approche traditionnelle de qch; **~ medicine** médecine (f) traditionnelle

traditionalist /trə'dɪʃnəlɪst/ ADJ, N traditionaliste (mf)

traditionally /trə'dɪʃnəlɪ/ ADV traditionnellement

traffic /'træfɪk/ (*vb: pret, ptp* **trafficked**) 1 N⒜ (*on roads*) circulation (*f*); (*other*) trafic (*m*); **road ~** circulation (*f*) routière; **holiday ~** circulation (*f*) des grands départs; **~ is heavy** il y a beaucoup de circulation; **~ out of Paris** la circulation dans le sens Paris-province; **~ in and out of Heathrow Airport** le trafic à destination et en provenance de l'aéroport de Heathrow
⒝ (= *illegal trade*) trafic (*m*) (**in** de)
2 VI **to ~ in sth** faire le commerce de qch
3 COMP ♦ **traffic calming** N *mesures de ralentissement de la circulation en ville* ♦ **traffic circle** N (*US*) rond-point (*m*) ♦ **traffic control tower** N tour (*f*) de contrôle ♦ **traffic cop*** N ≈ agent (*m*) de police ♦ **traffic court** N (*US*) *tribunal où sont jugées les infractions au code de la route* ♦ **traffic duty** N **to be on ~ duty** faire la circulation ♦ **traffic jam** N bouchon (*m*) ♦ **traffic lights** NPL feux (*mpl*) de signalisation; **to go through the ~ lights at red** passer au rouge; **the ~ lights were green** le feu était vert ♦ **traffic offence** N infraction (*f*) au code de la route ♦ **traffic police** N police (*f*) de la route ♦ **traffic warden** N (*Brit*) contractuel(le) (*m(f)*)

trafficker /'træfɪkəʳ/ N trafiquant(e) (*m(f)*) (**in** en)

tragedy /'trædʒɪdɪ/ N tragédie (*f*); **it is a ~ that ...** il est tragique que ... (+ *subj*); **the ~ of it is that ...** ce qui est tragique, c'est que ...

tragic /'trædʒɪk/ ADJ tragique

tragically /'trædʒɪkəlɪ/ ADV tragiquement

trail /treɪl/ 1 N⒜ [*of blood*] traînée (*f*); **to leave a ~ of destruction** tout détruire sur son passage
⒝ (= *tracks*) trace (*f*); (*Hunting*) piste (*f*); **to be on the ~ of sb** être sur la piste de qn
⒞ (= *path*) sentier (*m*)
2 VT⒜ (= *follow*) suivre la piste de; (= *lag behind*) être dépassé par
⒝ (= *drag*) [+ *object on rope, toy*] tirer; **he was ~ing his schoolbag behind him** il traînait son cartable derrière lui; **to ~ one's fingers through the water** laisser traîner ses doigts dans l'eau
⒞ (= *announce as forthcoming*) donner un avant-goût de
3 VI⒜ [*object*] traîner; **they were ~ing by 13 points** (*in competition*) ils étaient en retard de 13 points
⒝ **to ~ along** (= *move wearily*) passer en traînant les pieds
4 COMP ♦ **trail bike*** N moto (*f*) de moto-cross
► **trail away, trail off** VI [*voice, music*] s'estomper

trailblazer /'treɪlbleɪzəʳ/ N pionnier (*m*), -ière (*f*)

trailblazing /'treɪlbleɪzɪŋ/ ADJ (in)novateur (-trice (*f*))

trailbreaker /'treɪlbreɪkəʳ/ N pionnier (*m*), -ière (*f*)

trailer /'treɪləʳ/ 1 N⒜ remorque (*f*); (*US* = *caravan*) caravane (*f*) ⒝ (= *extract*) bande-annonce (*f*) 2 COMP ♦ **trailer park** N (*US*) lotissement (*m*) de mobile homes ♦ **trailer tent** N tente-caravane (*f*)

train /treɪn/ 1 N⒜ train (*m*); (*in Underground*) métro (*m*); **to go by ~** prendre le train; **to travel by ~** voyager par le train; **on the ~** dans le train
⒝ (= *procession*) file (*f*); **the war brought famine in its ~** la guerre amena la famine dans son sillage
⒞ (= *series*) suite (*f*); **a ~ of events** une suite d'événements; **it interrupted his ~ of thought** cela est venu interrompre le fil de ses pensées; **to set sth in ~** mettre qch en mouvement
⒟ [*of dress*] traîne (*f*)
2 VT⒜ (= *instruct*) former; [+ *player*] entraîner; [+ *animal*] dresser; **he is ~ing someone to take over from him** il forme son successeur; **to ~ an animal to do sth** apprendre à un animal à faire qch; **to ~ sb to do sth** apprendre à qn à faire qch; (*professionally*) former qn à faire qch; **to ~ o.s. to do sth** s'entraîner à faire qch; **to ~ sb to use sth** apprendre à qn à utiliser qch
⒝ [+ *gun, camera, telescope*] braquer; **to ~ a plant along a wall** faire grimper une plante le long d'un mur
3 VI suivre une formation; (*Sport*) s'entraîner; **to ~ as a teacher** suivre une formation d'enseignant; **where did you ~?** où avez-vous reçu votre formation?

4 COMP [*strike*] des chemins de fer ♦ **train crash** N accident (*m*) de chemin de fer ♦ **train service** N **there is a very good ~ service to London** les trains pour Londres sont très fréquents ♦ **train set** N train (*m*) électrique (*jouet*) ♦ **train spotter** N (*Brit*) passionné(e) (*m(f)*) de trains; (= *nerd*)* crétin(e)* (*m(f)*) ♦ **train-spotting** N (*Brit*) **to go ~-spotting** observer les trains (*pour identifier les divers types de locomotives*)
► **train up** VT SEP (*Brit*) former

trained /treɪnd/ ADJ (= *qualified*) qualifié; [*nurse, teacher*] diplômé; [*animal*] dressé; **we need a ~ person for the job** il nous faut une personne qualifiée pour ce travail; **to the ~ eye** pour un œil exercé; **to be ~ for sth** avoir reçu une formation pour qch; **well-~** qui a reçu une bonne formation; [*child*] bien élevé; [*animal*] bien dressé

trainee /treɪ'niː/ 1 N stagiaire (*mf*) 2 ADJ stagiaire; **~ hairdresser** apprenti(e) coiffeur (*m*), -euse (*f*)

trainer /'treɪnəʳ/ 1 N entraîneur (*m*), -euse (*f*) 2 NPL **trainers** (= *shoes*) (*Brit*) tennis (*fpl*); (*high-tops*) baskets (*mpl*)

training /'treɪnɪŋ/ N formation (*f*); (*Sport*) entraînement (*m*); [*of animal*] dressage (*m*); **to be out of ~** (*Sport*) avoir perdu la forme; **to be in ~** (*Sport* = *preparing o.s.*) s'entraîner; **staff ~** formation (*f*) du personnel; **it is good ~** c'est un bon entraînement ♦ **training shoes** NPL (*Brit*) tennis (*fpl*); (*high-tops*) baskets (*mpl*)

traipse* /treɪps/ VI **to ~ around** *or* **about** traîner

trait /treɪt/ N trait (*m*) (*de caractère*)

traitor /'treɪtəʳ/ N traître(sse) (*m(f)*); **to be a ~ to one's country** trahir sa patrie

trajectory /trə'dʒektərɪ/ N trajectoire (*f*)

tram /træm/ N (*Brit*) tram(way) (*m*)

tramline /'træmlaɪn/ N (*Brit*) ⒜ voie (*f*) de tramway ⒝ (*Tennis*) **~s** lignes (*fpl*) de côté

tramp /træmp/ 1 N⒜ (= *sound*) **the ~ of feet** le bruit de pas ⒝ (= *hike*) randonnée (*f*) (à pied); **after a ten-hour ~** après dix heures de marche ⒞ (= *vagabond*) vagabond(e) (*m(f)*) ⒟ (= *woman*) **she's a ~*** elle est coureuse* 2 VI **to ~ along** (= *walk heavily*) marcher d'un pas lourd 3 VT **to ~ the streets** battre le pavé

trample /'træmpl/ 1 VT **to ~ underfoot** [+ *sth on ground*] piétiner 2 VI **to ~ on** piétiner

trampoline /'træmpəlɪn/ N trampoline (*m*)

tramway /'træmweɪ/ N (*Brit* = *rails*) voie (*f*) de tramway

trance /trɑːns/ N transe (*f*); **to go into a ~** entrer en transe

tranquil /'træŋkwɪl/ ADJ paisible

tranquillity, tranquility (*US*) /træŋ'kwɪlɪtɪ/ N tranquillité (*f*)

tranquillize, tranquilize (*US*) /'træŋkwɪlaɪz/ VT mettre sous tranquillisants

tranquillizer, tranquilizer (*US*) /'træŋkwɪlaɪzəʳ/ N tranquillisant (*m*)

transact /træn'zækt/ VT [+ *business*] traiter

transaction /træn'zækʃən/ N transaction (*f*)

transatlantic /'trænzət'læntɪk/ ADJ transatlantique; (*Brit* = *American*) américain

transcend /træn'send/ VT transcender

transcendence /træn'sendəns/, **transcendency** /træn'sendənsɪ/ N transcendance (*f*)

transcendent /træn'sendənt/ ADJ transcendant

transcendental /ˌtrænsen'dentl/ ADJ transcendantal ♦ **transcendental meditation** N méditation (*f*) transcendantale

transcribe /træn'skraɪb/ VT transcrire

transcript /'trænskrɪpt/ N transcription (*f*); (*US*) [*of student*] dossier (*m*) complet de la scolarité

transcription /træn'skrɪpʃən/ N transcription (*f*)

transept /'trænsept/ N transept (*m*)

transfer 1 VT⒜ (= *move*) transférer
⒝ (= *hand over*) [+ *power*] faire passer; [+ *ownership*]

transférer ; [+ *money*] virer ; **to ~ one's affection to sb** reporter son affection sur qn
ⓒ (= *copy*) [+ *design*] reporter (**to** sur)
ⓓ (*Brit*) **I'm ~ring you now** [*telephone operator*] je vous mets en communication maintenant

2 VI être transféré ; (*US* = *change universities*) faire un transfert (pour une autre université) ; **to ~ from one train to another** changer de train ; **we had to ~ to a bus** nous avons dû changer et prendre un car

3 N ⓐ (= *move*) transfert (*m*) ; **to ask for a ~** demander un transfert
ⓑ (= *handover*) [*of money*] virement (*m*) ; [*of power*] passation (*f*) ; **to pay sth by bank ~** payer qch par virement bancaire
ⓒ (= *picture*) décalcomanie (*f*)
ⓓ (= *transfer ticket*) billet (*m*) de correspondance

4 COMP ◆ **transfer fee** N indemnité (*f*) de transfert ◆ **transfer list** N (*Brit*) liste (*f*) des transferts ◆ **transfer student** N (*US*) étudiant(e) (*m(f)*) venant d'une autre université

★ *Lorsque* **transfer** *est un verbe, l'accent tombe sur la seconde syllabe:* /træns'fɜːʳ/, *lorsque c'est un nom, sur la première:* /'trænsfɜːʳ/.

transferable /træns'fɜːrəbl/ ADJ [*ticket*] transmissible ; [*skills*] réutilisable ; **"not ~"** (*on ticket*) « ne peut être ni cédé ni échangé »

transference /'trænsfərəns/ N [*of power*] passation (*f*)

transfigure /træns'fɪɡəʳ/ VT transfigurer

transfixed /træns'fɪkst/ ADJ **to be ~** être cloué sur place ; **to be ~ with horror** être cloué au sol d'horreur

transform /træns'fɔːm/ VT transformer (**into** en) ; (= *change*) convertir (**into** en) ; **to be ~ed into ...** se transformer en ...

transformation /ˌtrænsfə'meɪʃən/ N transformation (*f*) (**into sth** en qch) ; **to have undergone a complete ~** être complètement métamorphosé

transformer /træns'fɔːməʳ/ N transformateur (*m*)

transfuse /træns'fjuːz/ VT transfuser

transfusion /træns'fjuːʒən/ N transfusion (*f*) ; **blood ~** transfusion (*f*) sanguine ; **to give sb a ~** faire une transfusion à qn

transgress /træns'ɡres/ 1 VT transgresser 2 VI pécher

transgression /træns'ɡreʃən/ N (= *sin*) péché (*m*)

transgressor /træns'ɡresəʳ/ N [*of law*] transgresseur (*m*) (*liter*) ; (= *sinner*) pécheur (*m*), -eresse (*f*)

transience /'trænzɪəns/ N caractère (*m*) éphémère

transient /'trænzɪənt/ 1 ADJ [*feeling*] passager ; [*fashion, relationship*] éphémère ; **of a ~ nature** passager 2 N (*US: in hotel*) client(e) (*m(f)*) de passage

transistor /træn'zɪstəʳ/ N transistor (*m*)

transit /'trænzɪt/ 1 N transit (*m*) ; **in ~** en transit 2 COMP [*goods, passengers*] en transit ; [*documents, visa*] de transit ◆ **transit camp** N camp (*m*) de transit ◆ **transit lounge** N salle (*f*) de transit

transition /træn'zɪʃən/ N transition (*f*)

transitional /træn'zɪʃənl/ ADJ de transition

transitive /'trænzɪtɪv/ ADJ transitif

transitory /'trænzɪtərɪ/ ADJ [*romance, peace*] éphémère

translate /trænz'leɪt/ 1 VT traduire (**from** de, **into** en) ; **how do you ~ "weather"?** quelle est la traduction de « weather » ? ; **to ~ ideas into actions** passer des idées aux actes ; **the figures, ~d in terms of hours lost, mean ...** traduits en termes d'heures perdues, ces chiffres signifient ... 2 VI [*person*] traduire ; [*word*] se traduire

translation /trænz'leɪʃən/ N traduction (*f*) (**from** de, **into** en) ; (= *exercise*) version (*f*) ; **the poem loses in ~** le poème perd à la traduction

translator /trænz'leɪtəʳ/ N traducteur (*m*), -trice (*f*)

translucent /trænz'luːsnt/ ADJ translucide

transmissible /trænz'mɪsəbl/ ADJ transmissible

transmission /trænz'mɪʃən/ N transmission (*f*) ; (*US* = *gearbox*) boîte (*f*) de vitesses

transmit /trænz'mɪt/ VT transmettre ; [+ *programme*] émettre

transmitter /trænz'mɪtəʳ/ N émetteur (*m*)

transmute /trænz'mjuːt/ VT transmuer (**into** en)

transparency /træns'pærənsɪ/ N ⓐ transparence (*f*)
ⓑ (*Brit* = *slide*) diapositive (*f*) ; (*for overhead projector*) transparent (*m*)

transparent /træns'pærənt/ ADJ transparent ; **he's so ~** il est si transparent

transparently /træns'pærəntlɪ/ ADV visiblement

transpire /træns'paɪəʳ/ VI (= *become known*) s'avérer ; (= *happen*) se passer ; **it ~d that ...** il s'est avéré que ...

transplant 1 VT transplanter ; [+ *seedlings*] repiquer 2 N transplantation (*f*) ; **he's had a heart ~** on lui a fait une greffe du cœur

★ *Lorsque* **transplant** *est un verbe, l'accent tombe sur la seconde syllabe:* /træns'plɑːnt/, *lorsque c'est un nom, sur la première:* /'trænsplɑːnt/.

transplantation /ˌtrænsplɑːn'teɪʃən/ N transplantation (*f*)

transport 1 N transport (*m*) ; **road ~** transport (*m*) par route ; **have you got ~ for this evening?*** tu as une voiture pour ce soir ? 2 VT transporter 3 COMP [*costs*] de transport ; [*system*] des transports ◆ **transport café** N (*Brit*) restaurant (*m*) de routiers ◆ **Transport Police** N (*Brit*) ≈ police (*f*) des chemins de fer

★ *Lorsque* **transport** *est un nom, l'accent tombe sur la première syllabe:* /'trænspɔːt/, *lorsque c'est un verbe, sur la seconde:* /træns'pɔːt/.

transportation /ˌtrænspɔː'teɪʃən/ N (= *act of transporting*) transport (*m*) ; (*US* = *means of transport*) moyen (*m*) de transport ; [*of criminals*] transportation (*f*)

transporter /træns'pɔːtəʳ/ N (= *car transporter*) camion (*m*) pour transport d'automobiles

transpose /træns'pəʊz/ VT transposer

transposition /ˌtrænspə'zɪʃən/ N transposition (*f*)

transputer /træns'pjuːtəʳ/ N (*Computing*) transputeur (*m*)

transsexual /trænz'seksjʊəl/ N transsexuel(le) (*m(f)*)

transshipment /trænz'ʃɪpmənt/ N transbordement (*m*)

transverse /'trænzvɜːs/ ADJ transversal

transvestism /trænz'vestɪzəm/ N travestisme (*m*)

transvestite /trænz'vestaɪt/ N travesti(e) (*m(f)*)

Transylvania /ˌtrænsɪl'veɪnɪə/ N Transylvanie (*f*)

trap /træp/ 1 N ⓐ piège (*m*) ; (= *covered hole*) trappe (*f*) ; **to lay a ~** tendre un piège ; (**for sb** à qn) ; **to catch in a ~** prendre au piège ; **he fell into the ~** il est tombé dans le piège ; **to fall into the ~ of doing sth** commettre l'erreur classique de faire qch
ⓑ (= *trap door*) trappe (*f*)
ⓒ (= *mouth*)‡ **shut your ~!** ta gueule !‡ ; **keep your ~ shut** ferme-la‡
ⓓ (= *carriage*) cabriolet (*m*)

2 NPL **traps** (= *luggage*) bagages (*mpl*)

3 VT ⓐ (= *snare*) prendre au piège ; **they ~ped him into admitting that ...** il est tombé dans leur piège et a admis que ...
ⓑ (= *immobilize, catch*) [+ *person*] immobiliser ; [+ *object*] coincer ; **20 miners were ~ped** 20 mineurs étaient bloqués ; **~ped by the flames** cerné par les flammes ; **to ~ one's finger in the door** se coincer le doigt dans la porte ; **to ~ the ball** bloquer le ballon

4 COMP ◆ **trap door** N trappe (*f*)

trapeze /trə'piːz/ N trapèze (*m*) ◆ **trapeze artist** N trapéziste (*mf*)

trapper /'træpəʳ/ N trappeur (*m*)

trappings /'træpɪŋz/ NPL **all the ~ of success** tous les signes extérieurs du succès ; **with all the ~ of kingship** avec tout le cérémonial de la royauté

Trappist /'træpɪst/ **1** N trappiste (m) **2** ADJ de la Trappe

trapshooting /'træpʃuːtɪŋ/ N ball-trap (m)

trash /træʃ/ **1** N ⓐ (= refuse) ordures (fpl); **have you taken out the ~?** tu as sorti la poubelle ? ⓑ (= worthless thing) camelote* (f); (= nonsense) inepties (fpl); **he talks a lot of ~** il raconte beaucoup de conneries: ; **this is ~** ça ne vaut rien; (goods) c'est de la camelote* **2** VT ⓐ (= vandalize) saccager ⓑ (= criticize) dénigrer **3** COMP ♦ **trash can** N (US) poubelle (f)

trashy /'træʃɪ/ ADJ nul (nulle (f)); **~ goods** camelote* (f)

trauma /'trɔːmə/ N traumatisme (m)

traumatic /trɔːˈmætɪk/ ADJ traumatique; [experience, effect, event, relationship] traumatisant; **it is ~ to lose one's job** c'est traumatisant de perdre son travail

traumatize /'trɔːmətaɪz/ VT traumatiser

travel /'trævl/ **1** VI ⓐ (= journey) voyager; **they have ~led a lot** ils ont beaucoup voyagé; **they have ~led a long way** (fig) ils ont fait beaucoup de chemin; **as he was ~ling across France** pendant qu'il voyageait à travers la France; **to ~ through a region** (= visit) visiter une région; **to ~ light** voyager léger; **he ~s to work by car** il va au travail en voiture; **he was ~ling on a passport which ...** il voyageait avec un passeport qui ...

ⓑ (= move) aller; [machine part] se déplacer; **to ~ at 80km/h** faire du 80 km/h; **you were ~ling too fast** vous rouliez trop vite; **light ~s at a speed of ...** la vitesse de la lumière est de ...; **news ~s fast** les nouvelles vont vite

2 VT **to ~ a country** parcourir un pays; **a much~led road** une route très fréquentée; **they ~led 300km** ils ont fait 300 km

3 N (= travelling) le(s) voyage(s) (m(pl)); **~ was difficult in those days** les voyages étaient difficiles à l'époque; **~ broadens the mind** les voyages ouvrent l'esprit

4 NPL **travels** voyages (mpl); **his ~s in Spain** ses voyages en Espagne; **he's off on his ~s again** il repart en voyage; **if you meet him on your ~s** (= see him) si vous le rencontrez au cours de vos déplacements

5 COMP [allowance, expenses] de déplacement ♦ **travel agency** N agence (f) de voyages ♦ **travel agent** N agent (m) de voyages ♦ **travel book** N récit (m) de voyages ♦ **travel insurance** N assurance (f) voyage ♦ **travel-sick** ADJ **to be ~-sick** avoir le mal des transports ♦ **travel sickness** N mal (m) des transports ♦ **travel-sickness pill** N comprimé (m) contre le mal des transports

travelator /'trævəleɪtəʳ/ N tapis (m) roulant

traveller, traveler (US) /'trævləʳ/ **1** N voyageur (m), -euse (f) **2** NPL **travellers** (Brit = gypsies) gens (mpl) du voyage **3** COMP ♦ **traveler's check** N (US) chèque (m) de voyage ♦ **traveller's cheque** N chèque (m) de voyage

travelling, traveling (US) /'trævlɪŋ/ **1** N voyage(s) (m(pl)) **2** ADJ [actor, circus, exhibition] itinérant; **the ~ public** les gens qui se déplacent **3** COMP [bag, scholarship] de voyage; [expenses, allowance] de déplacement ♦ **travelling salesman** N (pl **travelling salesmen**) voyageur (m) de commerce, VRP (m)

travelogue, travelog (US) /'trævəlɒg/ N (= talk) compte rendu (m) de voyage; (= film) documentaire (m) touristique

traverse /'trævəs/ VT traverser

travesty /'trævɪstɪ/ N parodie (f); **it was a ~ of justice** c'était une parodie de justice

trawl /trɔːl/ **1** VI **to ~ for sth** être en quête de qch **2** VT **to ~ a place for sth** ratisser un endroit à la recherche de qch

trawler /'trɔːləʳ/ N chalutier (m)

tray /treɪ/ N plateau (m)

treacherous /'tretʃərəs/ ADJ ⓐ (= disloyal) déloyal ⓑ [weather, road] dangereux; [waters, current, tide] traître (traîtresse (f))

treacherously /'tretʃərəslɪ/ ADV traîtreusement; **the roads are ~ slippery** les routes sont dangereusement glissantes

treachery /'tretʃərɪ/ N déloyauté (f)

treacle /'triːkl/ (Brit) N mélasse (f) ♦ **treacle tart** N tarte (f) à la mélasse

treacly /'triːklɪ/ ADJ [substance, sentimentality] sirupeux; [voice] onctueux

tread /tred/ (vb: pret **trod**, ptp **trodden**) **1** N ⓐ (= footsteps) pas (mpl); (= sound) bruit (m) de pas ⓑ [of tyre] bande (f) de roulement **2** VI marcher; **to ~ on sth** marcher sur qch; **he trod on the cigarette end** il a écrasé le mégot du pied; **to ~ carefully** avancer avec précaution **3** VT ⓐ [+ path, road] parcourir (à pied); **to ~ sth underfoot** fouler qch aux pieds; **you're ~ing mud into the carpet** tu étales de la boue sur le tapis; **well-trodden path** sentier (m) battu ⓑ (pret, ptp **treaded**) **to ~ water** faire du surplace

▸ **tread down** VT SEP tasser du pied; **the grass was trodden down** l'herbe avait été piétinée

treadle /'tredl/ N pédale (f)

treadmill /'tredmɪl/ N (for exercise) tapis (m) de jogging; **he hated the ~ of life in the factory** il détestait la routine du travail d'usine

treason /'triːzn/ N trahison (f); **high ~** haute trahison (f)

treasonable /'triːznəbl/ ADJ qui relève de la trahison; **it was ~ to do such a thing** un tel acte relevait de la trahison

treasure /'treʒəʳ/ **1** N trésor (m); **she's a ~** elle est adorable **2** VT ⓐ (= value greatly) tenir beaucoup à; **this is my most ~d possession** c'est ce que je possède de plus précieux ⓑ (= keep carefully) garder précieusement; [+ memory] conserver précieusement **3** COMP ♦ **treasure chest** N malle (f) au trésor; (= rich source) mine (f) ♦ **treasure hunt** N chasse (f) au trésor ♦ **treasure-trove** N trésor (m); (= valuable collection) mine (f); (= rich source) mine (f) d'or

treasurer /'treʒərəʳ/ N trésorier (m), -ière (f)

> ⓘ **TREASURY**
> En Grande-Bretagne, « the Treasury » est le nom donné au ministère des Finances, et le ministre porte le nom de chancelier de l'Échiquier (Chancellor of the Exchequer). Il a sa résidence au 11, Downing Street.
> Aux États-Unis, le ministère correspondant est le « Department of **Treasury** ».
> ▷ www.hm-treasury.gov.uk

treat /triːt/ **1** VT ⓐ traiter; **to ~ sb well** bien traiter qn; **to ~ sb badly** mal traiter qn; **to ~ sb like a child** traiter qn comme un enfant; **he ~ed me as though I was to blame** il s'est conduit envers moi comme si c'était ma faute; **you should ~ your mother with more respect** vous devriez montrer plus de respect envers votre mère; **you should ~ your books with more care** tu devrais faire plus attention à tes livres; **he ~ed the whole thing as a joke** il a pris tout cela à la plaisanterie

ⓑ (medically) soigner; **they ~ed the infection with penicillin** ils ont soigné l'infection à la pénicilline

ⓒ (= pay for) **to ~ sb to sth** offrir qch à qn; **to ~ o.s. to sth** s'offrir qch

2 N (= pleasure) plaisir (m); **to have a ~ in store for sb** réserver une agréable surprise à qn; **what would you like as a birthday ~?** qu'est-ce qui te ferait plaisir pour ton anniversaire ?; **it is a ~ for her to go out for a meal** elle se fait une joie de dîner en ville; **I want to give her a ~** je veux lui faire plaisir; **to give o.s. a ~** se faire un petit plaisir

♦ **a treat*** (Brit = wonderfully) à merveille; **the garden is coming on a ~** le jardin devient de plus en plus beau; **it worked a ~** ça a marché comme sur des roulettes*

treatable /'triːtəbl/ ADJ soignable

treatment /'triːtmənt/ N traitement (m); **his ~ of his parents** la façon dont il traite ses parents; **to give sb preferential ~** accorder à qn un traitement préférentiel; **he got very good ~ there** [patient] il a été très bien soigné là-bas; **he needs medical ~** il a besoin de soins médicaux; **he is having ~ for kidney trouble** il suit un traitement pour ennuis rénaux ♦ **treatment room** N salle (f) de soins

treaty /'triːtɪ/ N traité (m); **to make a ~ with sb** conclure un traité avec qn

treble /'trebl/ **1** ADJ ⓐ (= triple) triple ⓑ [voice] de soprano (de jeune garçon) **2** N ⓐ (= part) soprano (m);

(= *singer*) soprano *(mf)* ⓑ (*Recording*) aigus *(mpl)* **3** ADV
rents were ~ their current levels les loyers étaient trois fois
plus élevés que ceux d'aujourd'hui **4** VTI tripler **5** COMP
♦ **treble clef** N clé *(f)* de sol ♦ **treble recorder** N flûte *(f)* à
bec alto

tree /triː/ N arbre *(m)*; **cherry ~** cerisier *(m)*; **money
doesn't grow on ~s** l'argent ne tombe pas du ciel; **to be at
the top of the ~** (*Brit*) être arrivé en haut de l'échelle (*fig*)
♦ **tree house** N cabane *(f)* construite dans un arbre
♦ **tree-lined** ADJ bordé d'arbres ♦ **tree trunk** N tronc *(m)*
d'arbre

treetop /ˈtriːtɒp/ N sommet *(m)* d'un arbre

trek /trek/ **1** VI ⓐ (= *go slowly*) avancer avec peine; (*as
holiday: = to go trekking*) ⓑ (= *walk*)* se
traîner; **I had to ~ over to the library** il a fallu que je me
traîne jusqu'à la bibliothèque **2** N (= *hike*) trekking *(m)*,
randonnée *(f)*; **it was quite a ~* to the hotel** il y avait un
bon bout de chemin* jusqu'à l'hôtel

trellis /ˈtrelɪs/ N treillis *(m)*

tremble /ˈtrembl/ **1** VI trembler; (*with excitement, passion*)
frémir; [*voice*] (*with fear, anger*) trembler; (*with age*) chevro-
ter; (*with passion*) vibrer; **to ~ with fear** trembler de peur;
to ~ with cold grelotter **2** N tremblement *(m)*; **to be all of a
~*** trembler comme une feuille

trembling /ˈtremblɪŋ/ **1** ADJ tremblant, frémissant **2** N
tremblement *(m)*

tremendous /trəˈmendəs/ ADJ ⓐ (= *great, enormous*)
énorme; [*help, support, achievement, opportunity*] extraordinaire; [*storm, heat, explosion*] terrible; [*speed*] fou (folle *(f)*);
[*victory*] foudroyant; **she taught me a ~ amount** elle m'a
énormément appris; **a ~ sense of loyalty** un sens très
poussé de la loyauté ⓑ (= *excellent*)* [*person*] génial* ; [*goal,
food*] super* (*inv*); **she has done a ~ job** elle a accompli un
travail remarquable

tremendously /trəˈmendəslɪ/ ADV [*important*] extrêmement; [*exciting*] terriblement; [*improve, vary*] considérablement; **they've done ~ well** ils s'en sont extrêmement bien
tirés

tremor /ˈtremər/ N tremblement *(m)*

tremulous /ˈtremjʊləs/ ADJ (= *trembling*) tremblant;
[*voice*] (*with fear, anger*) tremblant; (*with age*) chevrotant

trench /trentʃ/ N tranchée *(f)*; (*wider*) fossé *(m)* ♦ **trench
coat** N trench-coat *(m)*

trend /trend/ N (= *tendency*) tendance *(f)*; (= *fashion*)
mode *(f)*; **upward/downward ~** [*financial*] tendance *(f)* à la
hausse/à la baisse; **the latest ~s in swimwear** la dernière
mode en maillots de bain; **the ~ of events** le cours des
événements; **to set a ~** donner le ton; (= *fashion*) lancer
une mode

trendy* /ˈtrendɪ/ ADJ branché*; [*opinions, behaviour*] à la
mode

trepidation /ˌtrepɪˈdeɪʃən/ N vive inquiétude *(f)*

trespass /ˈtrespəs/ **1** N ⓐ (= *illegal entry*) entrée *(f)* non
autorisée ⓑ (= *sin*) offense *(f)*, péché *(m)* **2** VI entrer sans
permission; **"no ~ing"** «entrée interdite»; **you're ~ing**
vous êtes dans une propriété privée

trespasser /ˈtrespəsər/ N intrus(e) *(m(f))* (*dans une propriété
privée*); **"~s will be prosecuted"** «défense d'entrer sous peine de poursuites»

tress /tres/ N boucle *(f)* de cheveux; **~es** chevelure *(f)*

trestle /ˈtresl/ N tréteau *(m)* ♦ **trestle table** N table *(f)* à
tréteaux

trial /ˈtraɪəl/ **1** N ⓐ (= *proceedings*) procès *(m)*; **a new ~
was ordered** la révision du procès a été demandée; **at the
~ it emerged that ...** au cours du procès il est apparu
que ...; **~ by jury** jugement *(m)* par jury; **to be on ~** passer
en jugement; **to put sb on ~** faire passer qn en jugement;
to come up for ~ [*case*] être jugé
ⓑ (= *test*) essai *(m)*; **to take sb/sth on ~** prendre qn/qch à
l'essai; **to be on ~** [+ *machine, employee*] être à l'essai;
sheepdog ~s concours *(m)* de chiens de berger; **~ of
strength** épreuve *(f)* de force; **by ~ and error** par essais et

erreurs
ⓒ (= *hardship*) épreuve *(f)*; (= *nuisance*) souci *(m)*
2 VT (= *test*) tester
3 COMP [*period*] d'essai; [*marriage*] à l'essai ♦ **trial basis** N
on a ~ basis à titre d'essai ♦ **trial court** N (*US, Can*) tribunal *(m)* d'instance ♦ **trial judge** N juge *(m)* d'instance
♦ **trial run** N [*of machine*] essai *(m)*; (*fig*) galop *(m)* d'essai

triangle /ˈtraɪæŋgl/ N triangle *(m)*

triangular /traɪˈæŋgjʊlər/ ADJ triangulaire

triathlon /traɪˈæθlən/ N triathlon *(m)*

tribal /ˈtraɪbəl/ ADJ tribal; **they are ~ people** ils vivent en
tribu

tribe /traɪb/ N tribu *(f)*

tribesman /ˈtraɪbzmən/ N (*pl* **-men**) membre *(m)* d'une
tribu

tribulation /ˌtrɪbjʊˈleɪʃən/ N **trials and ~s** tribulations
(fpl)

tribunal /traɪˈbjuːnl/ N tribunal *(m)*

tributary /ˈtrɪbjʊtərɪ/ **1** ADJ tributaire **2** N (= *river*) affluent
(m)

tribute /ˈtrɪbjuːt/ N hommage *(m)*; **to pay ~ to ...**
(= *honour*) rendre hommage à ...

trice /traɪs/ N **in a ~** en un clin d'œil

triceps /ˈtraɪseps/ N (*pl* **triceps**) triceps *(m)*

trick /trɪk/ **1** N ⓐ (= *dodge*) ruse *(f)*; (= *joke*) tour *(m)*; [*of
conjurer, dog*] tour *(m)*; (= *special skill*) truc *(m)*; **it's a ~ to
make you believe ...** c'est un stratagème pour vous faire
croire ...; **he'll use every ~ in the book** il ne reculera devant rien; **that's the oldest ~ in the book** c'est le coup
classique; **a dirty ~** un sale tour; **to play a ~ on sb** jouer
un tour à qn; **a ~ of the trade** une ficelle du métier; **he's
up to his old ~s again** il fait de nouveau des siennes*;
how's ~s?* alors, quoi de neuf*?; **that will do the ~*** ça fera
l'affaire; **~ or treat!** donnez-moi quelque chose ou je vous
joue un tour! → *HALLOWEEN*
ⓑ (= *peculiarity*) particularité *(f)*; (= *habit*) habitude *(f)*;
(= *mannerism*) tic *(m)*; **history has a ~ of repeating itself**
l'histoire a le don de se répéter
ⓒ (*Cards*) levée *(f)*; **to take a ~** faire une levée; **he never
misses a ~** rien ne lui échappe
2 VT (= *deceive*) rouler*; (= *swindle*) escroquer; **to ~ sb into
doing** amener qn par la ruse à faire; **to ~ sb out of sth**
obtenir qch de qn par la ruse
3 COMP ♦ **trick question** N question-piège *(f)*

trickery /ˈtrɪkərɪ/ N ruse *(f)*; **by ~** par ruse

trickle /ˈtrɪkl/ **1** N [*of water, blood*] filet *(m)*; **a ~ of people**
quelques (rares) personnes *(fpl)*; **there was a steady ~ of
letters** les lettres arrivaient en petit nombre mais régulièrement
2 VI [*water*] (= *drop slowly*) tomber goutte à goutte; (= *flow
slowly*) couler; **tears ~d down her cheeks** des larmes
coulaient le long de ses joues; **the rain ~d down his neck**
la pluie lui dégoulinait dans le cou; **to ~ in/away** [*people*]
entrer/s'éloigner petit à petit; **the ball ~d into the net** le
ballon a roulé doucement dans le filet

trickster /ˈtrɪkstər/ N filou *(m)*

tricky /ˈtrɪkɪ/ ADJ [*task*] difficile; [*problem, question, situation*] délicat; **it is ~ to know how to respond** il est difficile
de savoir comment réagir

tricolo(u)r /ˈtrɪkələr/ N drapeau *(m)* tricolore

tricycle /ˈtraɪsɪkl/ N tricycle *(m)*

tridimensional /ˌtraɪdɪˈmenʃənl/ ADJ à trois dimensions

tried and tested /ˌtraɪdəndˈtestɪd/ ADJ **to be ~** avoir fait
ses preuves; **select a couple of ingredients and add them
to a tried-and-tested recipe of your own** choisissez un ou
deux ingrédients et intégrez-les à une recette que vous
connaissez bien

trier /ˈtraɪər/ N (*Brit*) **to be a ~** être persévérant

trifle /ˈtraɪfl/ **1** N ⓐ (= *insignificant thing*) bagatelle *(f)*; **£5
is a mere ~** 5 livres, c'est trois fois rien
♦ **a trifle** un peu; **it's a ~ disappointing** c'est un peu dé-

cevant
(b) (= *dessert*) ≈ diplomate *(m)*
2 VI **he's not to be ~d with** il ne faut pas le traiter à la légère

trifling /ˈtraɪflɪŋ/ ADJ insignifiant

trigger /ˈtrɪɡəʳ/ **1** N [*of gun*] détente *(f)* ; [*of bomb*] détonateur *(m)* ; [*of tool*] déclic *(m)* ; **to pull the ~** appuyer sur la détente **2** VT (*also ~ off*) [+ *explosion, alarm*] déclencher ; [+ *bomb*] amorcer ; [+ *reaction*] provoquer **3** COMP ♦ **trigger-happy*** ADJ [*person*] à la gâchette facile

trigonometry /ˌtrɪɡəˈnɒmɪtrɪ/ N trigonométrie *(f)*

trike* /traɪk/ N tricycle *(m)*

trilby /ˈtrɪlbɪ/ N (*Brit: also* **~ hat**) chapeau *(m)* mou

trillion /ˈtrɪljən/ N (*Brit*) trillion *(m)* ; (*US*) billion *(m)* ; **there are ~s of places I want to go*** il y a des milliers d'endroits où j'aimerais aller

trilogy /ˈtrɪlədʒɪ/ N trilogie *(f)*

trim /trɪm/ **1** ADJ (a) (= *neat*) bien tenu
(b) (= *slim*) svelte ; [*waist*] mince
2 N (a) ♦ **in trim** [*garden, house*] en état ; [*person, athlete*] en forme ; **to get into ~** se remettre en forme
(b) (= *haircut*) coupe *(f)* (d')entretien ; **to have a ~** faire rafraîchir sa coupe de cheveux ; **to give a ~ = to trim**
(c) [*of car*] (*outside*) finitions *(fpl)* extérieures ; (*on dress*) garniture *(f)*
3 VT (a) (= *cut*) [+ *beard*] tailler ; [+ *hair*] rafraîchir ; [+ *hedge*] tailler (légèrement) ; **to ~ the edges of sth** couper les bords de qch
(b) (= *reduce*) **to ~ costs** réduire les dépenses ; **to ~ the workforce** dégraisser les effectifs
(c) (= *decorate*) [+ *hat, dress*] orner (**with** de) ; [+ *Christmas tree*] décorer (**with** de)
► **trim away, trim off** VT SEP enlever aux ciseaux (*or au couteau or* à la cisaille)

trimester /trɪˈmestəʳ/ N trimestre *(m)*

trimming /ˈtrɪmɪŋ/ **1** N (*on garment*) parement *(m)* **2** NPL **trimmings** (a) (= *pieces cut off*) chutes *(fpl)* (b) **roast beef and all the ~s** du rosbif avec la garniture habituelle

Trinidad /ˈtrɪnɪdæd/ N (l'île *(f)* de) la Trinité ; **~ and Tobago** Trinité-et-Tobago

trinity /ˈtrɪnɪtɪ/ N trinité *(f)* ; **the Holy Trinity** la Sainte Trinité

trinket /ˈtrɪŋkɪt/ N (= *knick-knack*) babiole *(f)* ; (= *jewel*) colifichet *(m)*

trio /ˈtriːəʊ/ N trio *(m)*

trip /trɪp/ **1** N (a) (= *journey*) voyage *(m)* ; (= *excursion*) excursion *(f)* ; **he's away on a ~** il est en voyage ; **we did the ~ in ten hours** nous avons mis dix heures pour faire le trajet ; **he does three ~s to Scotland a week** il va en Écosse trois fois par semaine
(b) (*Drugs*)* trip* *(m)* ; **to have a bad ~** faire un mauvais trip*
2 VI (a) (= *stumble: also* **~ up**) trébucher (**on, over** contre, sur) ; **he ~ped and fell** il a trébuché et il est tombé
(b) (*go lightly and quickly*) **to ~ along** marcher d'un pas léger
3 VT (a) (*make fall: also* **~ up**) faire trébucher ; (*deliberately*) faire un croche-pied
(b) [+ *mechanism*] déclencher
4 COMP ♦ **trip switch** N télérupteur *(m)*
► **trip over** VI trébucher
► **trip up** **1** VI (= *fall*) trébucher ; (= *make a mistake*) faire une erreur **2** VT SEP faire trébucher ; (*deliberately*) faire un croche-pied à ; (*in questioning*) prendre en défaut

tripartite /ˌtraɪˈpɑːtaɪt/ ADJ tripartite ; [*division*] en trois parties

tripe /traɪp/ N (= *meat*) tripes *(fpl)* ; **what absolute ~!*** quelles bêtises !

triple /ˈtrɪpl/ **1** ADJ triple **2** N (= *amount, number*) triple *(m)* **3** ADV **they paid him ~** ils l'ont payé trois fois plus ; **it was ~ the previous sum** c'était trois fois plus que le montant précédent **4** VTI tripler **5** COMP ♦ **triple jump** N (*Sport*) triple saut *(m)*

triplet /ˈtrɪplɪt/ N (*people*) **~s** triplé(e)s *(m(f)pl)*

triplicate /ˈtrɪplɪkɪt/ N **in ~** en trois exemplaires

tripod /ˈtraɪpɒd/ N trépied *(m)*

tripper /ˈtrɪpəʳ/ N (*Brit*) touriste *(mf)* ; (*on day trip*) excursionniste *(mf)*

triptych /ˈtrɪptɪk/ N triptyque *(m)*

trite /traɪt/ ADJ [*subject, idea*] banal ; **a ~ remark** un lieu commun

triumph /ˈtraɪʌmf/ **1** N triomphe *(m)* ; **in ~** en triomphe ; **it was a ~ for ...** cela a été un triomphe pour ... **2** VI triompher (**over** de)

triumphal /traɪˈʌmfəl/ ADJ triomphal ♦ **triumphal arch** N arc *(m)* de triomphe

triumphalist /traɪˈʌmfəlɪst/ ADJ, N triomphaliste *(mf)*

triumphant /traɪˈʌmfənt/ ADJ (a) (= *victorious*) victorieux
(b) (= *exultant*) triomphant ; [*return*] triomphal

triumphantly /traɪˈʌmfəntlɪ/ ADV triomphalement ; **he waved ~** il a fait un geste de triomphe

trivia /ˈtrɪvɪə/ NPL futilités *(fpl)* ; **pub ~ quiz** jeu-concours qui a lieu dans un pub

trivial /ˈtrɪvɪəl/ ADJ [*matter, detail*] insignifiant ; **a ~ mistake** une faute sans gravité

triviality /ˌtrɪvɪˈælɪtɪ/ N (= *trivial nature*) caractère *(m)* insignifiant ; (= *trivial thing*) bagatelle *(f)*

trivialize /ˈtrɪvɪəlaɪz/ VT banaliser

trod /trɒd/ VB *pt of* **tread**

trodden /ˈtrɒdn/ VB *ptp of* **tread**

troglodyte /ˈtrɒɡlədaɪt/ N troglodyte *(m)* ; (= *ignorant person*) homme *(m)* des cavernes

troika /ˈtrɔɪkə/ N troïka *(f)*

Trojan /ˈtrəʊdʒən/ **1** ADJ troyen **2** N Troyen(ne) *(m(f))* ; **to work like a ~** travailler comme un forçat **3** COMP ♦ **Trojan Horse** N cheval *(m)* de Troie

troll /trəʊl/ N troll *(m)*

trolley /ˈtrɒlɪ/ N (*Brit*) chariot *(m)* ; (*also* **tea ~**) table *(f)* roulante ; (*US = tramcar*) tram *(m)* ; **to be off one's ~*** (*Brit*) avoir perdu la boule* ♦ **trolley bus** N trolleybus *(m)* ♦ **trolley car** N (*US*) tram *(m)*

trombone /trɒmˈbəʊn/ N (= *instrument*) trombone *(m)*

trombonist /trɒmˈbəʊnɪst/ N tromboniste *(mf)*

troop /truːp/ **1** N bande *(f)* ; [*of scouts*] troupe *(f)* ; **~s** (= *soldiers*) troupes *(fpl)*
2 VI **to ~ in** entrer en groupe ; **they all ~ed over to the window** ils sont tous allés s'attrouper près de la fenêtre
3 VT (*Brit*)
♦ **to troop the colour** faire le salut au drapeau
4 COMP [*movements*] de troupes ♦ **troop carrier** N (= *lorry*) transport *(m)* de troupes ; (= *plane*) avion *(m)* de transport militaire

trooper /ˈtruːpəʳ/ N (*US = state trooper*) ≈ CRS *(m)*

trophy /ˈtrəʊfɪ/ N trophée *(m)*

tropic /ˈtrɒpɪk/ N tropique *(m)* ; **Tropic of Cancer/Capricorn** tropique *(m)* du Cancer/du Capricorne ; **in the ~s** sous les tropiques

tropical /ˈtrɒpɪkəl/ ADJ tropical

trot /trɒt/ **1** N (= *pace*) trot *(m)* ; **to go at a ~** trotter
♦ **on the trot*** : **five days on the ~** cinq jours de suite ; **to keep sb on the ~** ne pas accorder une minute de répit à qn
2 VI trotter
► **trot away, trot off** VI partir (en courant)
► **trot out** VT SEP [+ *excuses, reasons*] débiter

trotter /ˈtrɒtəʳ/ N (a) (= *horse*) trotteur *(m)*, -euse *(f)*
(b) (*Brit: to eat*) **pig's ~s** pieds *(mpl)* de porc

troubadour /ˈtruːbədɔːʳ/ N troubadour *(m)*

trouble /ˈtrʌbl/ **1** N (a) (= *difficulties*) ennuis *(mpl)* ; **to be in ~** avoir des ennuis ; **he's in ~ with the boss** il a des ennuis avec le patron ; **to get into ~** s'attirer des ennuis ; **to get sb into ~** causer des ennuis à qn ; **to get out of ~** se tirer d'affaire ; **to make ~** causer des ennuis (**for sb** à qn) ; **I**

don't want any ~ je ne veux pas d'ennuis; **it's asking for** ~ c'est se chercher des ennuis; **he goes around looking for** ~ il cherche les ennuis
ⓑ (= *bother*) mal *(m)*, peine *(f)*; **it's not worth the** ~ cela n'en vaut pas la peine; **it is more** ~ **than it is worth** ça ne vaut pas la peine de s'embêter avec ça; **nothing is too much** ~ **for her** elle se dépense sans compter; **he went to enormous** ~ **to help us** il s'est mis en quatre pour nous aider; **to take the** ~ **to do sth** se donner la peine de faire qch; **he took a lot of** ~ **over his essay** il s'est vraiment donné beaucoup de mal pour sa dissertation; **it's no** ~ cela ne me dérange pas; **I don't want to put you to any** ~ je ne veux pas vous déranger
ⓒ (= *problem*) problème *(m)*; (= *nuisance*) ennui *(m)*; **what's the** ~**?** qu'est-ce qui ne va pas?; **the** ~ **is that** ... l'ennui (c')est que ...; **the carburettor is giving us** ~ nous avons des problèmes de carburateur; **he caused** ~ **between them** il a semé la discorde entre eux; **I'm having** ~ **with my son** mon fils me donne des soucis; **did you have any** ~ **getting here?** est-ce que vous avez eu du mal à trouver?; **now your** ~**s are over** vous voilà au bout de vos peines; **I have back** ~ j'ai des problèmes de dos
ⓓ (= *unrest*) agitation *(f)*; **there's been a lot of** ~ **in prisons lately** il y a eu de nombreux incidents dans les prisons ces derniers temps; **the Troubles** *les conflits en Irlande du Nord*

2 VT ⓐ (= *worry*) inquiéter; (= *inconvenience*) gêner; (= *upset*) troubler; **there's one detail that** ~**s me** il y a un détail qui me gêne
ⓑ (= *bother*) déranger; **I am sorry to** ~ **you** je suis désolé de vous déranger

3 VI **to** ~ **to do sth** se donner la peine de faire qch

4 COMP ◆ **trouble-free** ADJ [*period, visit*] sans ennuis ◆ **trouble spot** N point *(m)* chaud

troubled /ˈtrʌbld/ ADJ ⓐ (= *worried*) inquiet (-ète *(f)*)
ⓑ (= *disturbed*) [*relationship*] mouvementé; [*country*] en proie à des troubles

troublemaker /ˈtrʌblmeɪkəʳ/ N fauteur *(m)*, -trice *(f)* de troubles

troubleshooter /ˈtrʌblˌʃuːtəʳ/ N expert *(m)* (appelé en cas de crise); (*in conflict*) médiateur *(m)*

troubleshooting /ˈtrʌblˌʃuːtɪŋ/ N (= *fixing problems*) dépannage *(m)*; **most of my job is** ~ l'essentiel de mon travail consiste à régler les problèmes

troublesome /ˈtrʌbləsəm/ ADJ [*person*] pénible; [*pupil, question, task*] difficile; [*cough, injury*] gênant

trough /trɒf/ N ⓐ (= *depression*) dépression *(f)*; (*fig*) creux *(m)* ⓑ (= *drinking trough*) abreuvoir *(m)*; (= *feeding trough*) auge *(f)*

trounce /traʊns/ VT (= *defeat*) écraser

troupe /truːp/ N troupe *(f)*

trouser /ˈtraʊzəʳ/ (*Brit*) N ~**s** *pl* pantalon *(m)*; **a pair of** ~**s** un pantalon ◆ **trouser press** N presse *(f)* à pantalons ◆ **trouser suit** N (*Brit*) tailleur-pantalon *(m)*

trousseau /ˈtruːsəʊ/ N trousseau *(m)* (*de jeune mariée*)

trout /traʊt/ N (*pl* **trout**) truite *(f)* ◆ **trout fishing** N pêche *(f)* à la truite

trowel /ˈtraʊəl/ N truelle *(f)*; (*for gardening*) transplantoir *(m)*

truancy /ˈtruːənsɪ/ N absentéisme *(m)* (scolaire)

truant /ˈtruːənt/ N élève *(mf)* absent(e) sans autorisation; **to play** ~ manquer les cours ◆ **truant officer** N (*US*) *fonctionnaire chargé de faire respecter les règlements scolaires*

truce /truːs/ N trêve *(f)*; **to call a** ~ faire une trêve

truck /trʌk/ 1 N ⓐ (= *lorry*) camion *(m)*; (*Brit Rail*) wagon *(m)* à plateforme; (= *luggage handcart*) chariot *(m)* à bagages; (*two-wheeled*) diable *(m)* ⓑ **to have no** ~ **with** ... refuser d'avoir affaire à ... ⓒ (*US* = *vegetables*) produits *(mpl)* maraîchers 2 VTI (*US*) camionner 3 COMP ◆ **truck stop** N (*US*) restaurant *(m)* de routiers

truckdriver /ˈtrʌkdraɪvəʳ/ N routier *(m)*

trucker /ˈtrʌkəʳ/ N (= *truck driver*) routier *(m)*

trucking /ˈtrʌkɪŋ/ N (*US*) camionnage *(m)*

truckle bed /ˈtrʌklˌbed/ N (*Brit*) lit *(m)* gigogne (*inv*)

truckload /ˈtrʌkləʊd/ N camion *(m)* (*cargaison*)

truculence /ˈtrʌkjʊləns/ N agressivité *(f)*

truculent /ˈtrʌkjʊlənt/ ADJ agressif

trudge /trʌdʒ/ 1 VI **to** ~ **along** marcher en traînant les pieds; **we** ~**d round the shops** nous nous sommes traînés de magasin en magasin 2 VT **to** ~ **the streets** se traîner de rue en rue

true /truː/ 1 ADJ ⓐ (= *correct*) vrai; [*description, account*] fidèle; **it is** ~ **that** ... il est vrai que ... (+ *indic*); **is it** ~ **that** ...**?** est-il vrai que ... (+ *indic*)?; **it's not** ~ **that** ... il n'est pas vrai que ... (+ *indic*); **can it be** ~ **that** ...**?** est-il possible que ... (+ *subj*)?; **is it** ~ **about Vivian?** ce que l'on dit à propos de Vivian?; **it is** ~ **to say that** ... il est vrai que ...; **this is particularly** ~ **of** ... cela s'applique particulièrement à ...; **that's** ~**!** c'est vrai!; **too** ~**!*** ça c'est bien vrai!; **to come** ~ [*dream*] se réaliser; **to make sth come** ~ faire que qch se réalise; **the same is** ~ **of** il en va de même pour; **he's got so much money it's not** ~**!*** c'est incroyable ce qu'il est riche!
ⓑ (= *real*) véritable; [*cost*] réel; **in Turkey you will discover the** ~ **meaning of hospitality** en Turquie, vous découvrirez le véritable sens de l'hospitalité; **in the** ~ **sense (of the word)** au sens propre (du terme); **to hide one's** ~ **feelings** cacher ses sentiments (profonds); **to discover one's** ~ **self** découvrir son véritable moi; ~ **love** le grand amour; **to find** ~ **love with sb** connaître le grand amour avec qn
ⓒ (= *faithful*) **to be** ~ **to one's word** être fidèle à sa promesse; ~ **to life** (= *realistic*) réaliste; ~ **to form, he** ... comme on pouvait s'y attendre, il ...
ⓓ [*surface, join*] plan; [*wall, upright*] d'aplomb; [*wheel*] dans l'axe

2 N
◆ **out of true** [*upright, wall*] pas d'aplomb; [*surface*] gondolé; [*join*] mal aligné; [*wheel*] voilé

3 COMP ◆ **true-blue*** ADJ [*Conservative, Republican*] pur jus* ◆ **true-born** ADJ vrai

truffle /ˈtrʌfl/ N truffe *(f)*

truism /ˈtruːɪzəm/ N truisme *(m)*

truly /ˈtruːlɪ/ ADV ⓐ (= *genuinely*) vraiment; **a** ~ **terrible film** un film vraiment mauvais; **he's a** ~ **great writer** c'est véritablement un grand écrivain; **really and** ~**?*** vraiment?; **well and** ~ bel et bien
ⓑ (= *faithfully*) fidèlement
◆ **yours truly** (*at end of letter*) je vous prie d'agréer mes salutations distinguées

trump /trʌmp/ N (*Cards*) atout *(m)*; **spades are** ~**s** atout pique; **he had a** ~ **up his sleeve** il avait un atout en réserve; **to come up** ~**s*** (*Brit* = *succeed*) mettre dans le mille ◆ **trump card** N (*fig*) carte *(f)* maîtresse

trumped up /ˌtrʌmptˈʌp/ ADJ **a** ~ **charge** une accusation inventée de toutes pièces

trumpet /ˈtrʌmpɪt/ 1 N trompette *(f)* 2 VT trompeter

trumpeter /ˈtrʌmpɪtəʳ/ N trompettiste *(mf)*

truncate /trʌŋˈkeɪt/ VT tronquer

truncheon /ˈtrʌntʃən/ N matraque *(f)*

trundle /ˈtrʌndl/ 1 VT (= *push/roll*) pousser/faire rouler bruyamment 2 VI **to** ~ **along** passer bruyamment

trunk /trʌŋk/ 1 N [*of tree*] tronc *(m)*; [*of elephant*] trompe *(f)*; (= *luggage*) malle *(f)*; (*US* = *car boot*) coffre *(m)* 2 NPL **trunks** maillot *(m)* de bain 3 COMP ◆ **trunk road** N (*Brit*) (route *(f)*) nationale *(f)* → ROADS

truss /trʌs/ N bandage *(m)* herniaire
► **truss up** VT SEP [+ *prisoner*] ligoter

trust /trʌst/ 1 N ⓐ (= *faith*) confiance *(f)*; **breach of** ~ abus *(m)* de confiance; **to put one's** ~ **in sb/sth** faire confiance à qn/qch; **to take sth on** ~ accepter qch les yeux fermés
ⓑ (= *fund*) ≈ fondation *(f)*; **to set up a** ~ **(for sb)** instituer un fidéicommis (à l'intention de qn)
ⓒ (= *cartel*) trust *(m)*

2 VT ⓐ (= *believe in*) avoir confiance en; [+ *method, promise*] se fier à; **don't you** ~ **me?** tu n'as pas confiance (en

moi)?; **he is not to be ~ed** on ne peut pas lui faire confiance; **you can ~ me** vous pouvez avoir confiance en moi; **the child is too young to be ~ed on the roads** l'enfant est trop petit pour qu'on le laisse aller dans la rue tout seul; **~ you!*** ça ne m'étonne pas de toi!; **~ him to break it!*** pour casser quelque chose on peut lui faire confiance!
ⓑ (= *hope*) espérer (**that** que); **I ~ he was joking!** il plaisantait, j'espère!; **I ~ not** j'espère que non

3 VI **to ~ in sb** se fier à qn; **I'll have to ~ to luck** il faudra que je m'en remette à la chance

4 COMP ♦ **trust fund** N fonds (m) en fidéicommis

trusted /'trʌstɪd/ ADJ [*friend, servant*] fiable; [*method*] éprouvé

trustee /trʌs'tiː/ N curateur (m), -trice (f)

trustful /'trʌstfʊl/, **trusting** /'trʌstɪŋ/ ADJ confiant

trustworthiness /'trʌst,wɜːðɪnɪs/ N [*of person*] loyauté (f)

trustworthy /'trʌst,wɜːðɪ/ ADJ digne de confiance; [*report, account*] fidèle

truth /truːθ/ N (pl **truths** /truːðz/) vérité (f); **you must always tell the ~** il faut toujours dire la vérité; **to tell you the ~, he ...** à vrai dire, il ...; **there's no ~ in what he says** il n'y a pas un mot de vrai dans ce qu'il dit

truthful /'truːθfʊl/ ADJ ⓐ (= *honest*) **he's a very ~ person** il dit toujours la vérité; **he was not being entirely ~** il ne disait pas entièrement la vérité ⓑ (= *true*) exact

truthfully /'truːθfəlɪ/ ADV honnêtement

truthfulness /'truːθfʊlnɪs/ N véracité (f)

try /traɪ/ 1 N ⓐ (= *attempt*) essai (m), tentative (f); **to have a ~** essayer (**at doing sth** de faire qch); **to give sth a ~** essayer qch; **it was a good ~** il a (or tu as *etc*) vraiment essayé; **it's worth a ~** cela vaut le coup d'essayer; **after three tries he gave up** il a abandonné après trois tentatives ⓑ (*Rugby*) essai (m); **to score a ~** marquer un essai

2 VT ⓐ (= *attempt*) essayer (**to do sth** de faire qch); (= *seek*) chercher (**to do sth** à faire qch); **~ to eat** *or* **~ and eat some of it** essaie d'en manger un peu; **you've only tried three questions** vous avez seulement essayé de répondre à trois questions; **to ~ one's best** faire de son mieux (**to do sth** pour faire qch)
ⓑ (= *sample, experiment with*) essayer; **have you tried these olives?** avez-vous goûté ces olives?; **have you tried aspirin?** avez-vous essayé (de prendre de) l'aspirine?; **~ pushing that button** essayez de presser ce bouton; **I tried three hotels but they were all full** j'ai essayé trois hôtels mais ils étaient tous complets; **to ~ the door** essayer d'ouvrir la porte; **~ this for size** essaie ça pour voir si c'est la bonne taille; (*when suggesting sth*) écoute un peu ça
ⓒ (= *test, put strain on*) mettre à l'épreuve; [+ *vehicle, machine*] tester; **to ~ one's luck** tenter sa chance; **they have been sorely tried** ils ont été durement éprouvés
ⓓ [+ *person, case*] juger

3 VI essayer; **~ again!** recommence!; **just you ~!** essaie un peu pour voir!*; **I couldn't have done that if I'd tried** je n'aurais pas pu faire cela même si je l'avais voulu; **to ~ for a scholarship** essayer d'obtenir une bourse; **it wasn't for lack of ~ing that he ...** ce n'était pas faute d'avoir essayé qu'il ...

► **try on** VT SEP ⓐ [+ *garment, shoe*] essayer ⓑ (*Brit*) **he's ~ing it on*** il essaie de voir jusqu'où il peut aller

► **try out** VT SEP essayer; [+ *employee*] mettre à l'essai

trying /'traɪɪŋ/ ADJ [*person*] pénible; [*experience, time*] éprouvant

tryout /'traɪaʊt/ N (= *trial*) essai (m); (*Sport*) épreuve (f) de sélection

tryst /trɪst/ N (= *meeting*) rendez-vous (m) galant

tsar /zɑːʳ/ N tsar (m)

tsarina /zɑː'riːnə/ N tsarine (f)

tsetse fly /'tsetsɪflaɪ/ N mouche (f) tsé-tsé (*inv*)

tsp. (ABBR = *teaspoon(ful)*) c. (f) à café

tsunami /tsʊ'nɑːmɪ/ N tsunami (m)

tub /tʌb/ N cuve (f); (*for washing clothes*) baquet (m); (*also*

**bathtub*) baignoire (f); (*for cream*) (petit) pot (m)

tuba /'tjuːbə/ N tuba (m)

tubby* /'tʌbɪ/ ADJ rondelet

tube /tjuːb/ 1 N ⓐ tube (m); [*of tyre*] chambre (f) à air; **to go down the ~s*** tourner en eau de boudin* ⓑ **the ~** (*Brit* = *underground*) le métro; **to go by ~** prendre le métro ⓒ **the ~*** (*US* = *television*) la télé* 2 COMP ♦ **tube station** N (*Brit*) station (f) de métro

tubeless tyre /,tjuːblɪs'taɪəʳ/ N pneu (m) tubeless

tuber /'tjuːbəʳ/ N tubercule (m)

tuberculosis /tjʊ,bɜːkjʊ'ləʊsɪs/ N tuberculose (f)

tubular /'tjuːbjʊləʳ/ ADJ tubulaire ♦ **tubular bells** NPL carillon (m)

TUC /,tiːjuː'siː/ N (*Brit*) (ABBR = **Trades Union Congress**) confédération (f) des syndicats britanniques

tuck /tʌk/ 1 N (*Sewing*) rempli (m) 2 VT mettre; **he ~ed the envelope into his pocket** il a mis l'enveloppe dans sa poche; **he ~ed his shirt into his trousers** il a rentré sa chemise dans son pantalon 3 VI **to ~ into a meal*** attaquer un repas 4 COMP ♦ **tuck-shop** N (*Brit*) petite boutique où les écoliers peuvent acheter des pâtisseries, des bonbons *etc*

► **tuck away** VT SEP (= *put away*) ranger; **the hut is ~ed away among the trees** la cabane est cachée parmi les arbres

► **tuck in** 1 VI (*Brit* = *eat*) **~ in!*** allez-y, mangez! 2 VT SEP [+ *shirt, flap*] rentrer; [+ *bedclothes*] border; **to ~ sb in** border qn

► **tuck up** VT SEP **to ~ sb up (in bed)** (*Brit*) border qn (dans son lit)

tucker* /'tʌkəʳ/ VT (*US*) crever*; **~ed (out)*** crevé*

Tue(s). ABBR = **Tuesday**

Tuesday /'tjuːzdɪ/ N mardi (m) → **Saturday**

tuft /tʌft/ N touffe (f)

tug /tʌg/ 1 N ⓐ (= *pull*) **to give sth a ~** tirer sur qch; **I felt a ~ at my sleeve** j'ai senti qu'on me tirait par la manche ⓑ (*also* **~boat**) remorqueur (m) 2 VT (= *pull*) [+ *rope, sleeve*] tirer sur; (= *drag*) tirer 3 VI tirer fort (**at, on** sur) 4 COMP ♦ **tug-of-war** N tir (m) à la corde; (*fig*) lutte (f) (acharnée)

tuition /tjʊ'ɪʃən/ N cours (mpl); **private ~** cours (mpl) particuliers (**in** de) ♦ **tuition fees** NPL droits (mpl) d'inscription

tulip /'tjuːlɪp/ N tulipe (f)

tumble /'tʌmbl/ 1 N culbute (f); **to take a ~** dégringoler 2 VI ⓐ (= *fall*) dégringoler; [*river, stream*] descendre en cascade; [*prices*] chuter; **to ~ downstairs** dégringoler dans l'escalier; **he ~d into the river** il est tombé dans la rivière; **the clothes ~d out of the cupboard** la pile de vêtements a dégringolé quand on a ouvert le placard ⓑ (= *rush*) se jeter; **he ~d out of bed** il a bondi hors du lit ⓒ (*Brit* = *realize*)* **to ~ to sth** réaliser* qch 3 COMP ♦ **tumble-dry** VT faire sécher dans le sèche-linge ♦ **tumble dryer** N sèche-linge (m)

tumbledown /'tʌmbldaʊn/ ADJ délabré

tumbler /'tʌmbləʳ/ N (= *glass*) verre (m) (droit)

tummy* /'tʌmɪ/ N ventre (m)

tummyache* /'tʌmɪeɪk/ N mal (m) de ventre

tumour, tumor (*US*) /'tjuːməʳ/ N tumeur (f)

tumult /'tjuːmʌlt/ N (= *uproar*) tumulte (m); (*emotional*) émoi (m)

tumultuous /tjuː'mʌltjʊəs/ ADJ [*events, period*] tumultueux; [*welcome*] enthousiaste; [*applause*] frénétique

tuna /'tjuːnə/ N (*also* **~ fish**) thon (m)

tune /tjuːn/ 1 N ⓐ (= *melody*) air (m); **he gave us a ~ on the piano** il nous a joué un air au piano; **to change one's ~** changer de discours; **to call the ~** (= *give orders*) commander ⓑ **to be in ~** [*instrument*] être accordé; **to be out of ~** [*instrument*] être désaccordé; **to sing in ~** chanter juste; **to be in/out of ~ with ...** être en accord/désaccord avec ... 2 VT [+ *instrument*] accorder; [+ *radio, TV*] régler (**to** sur)

► **tune in** 1 VI se mettre à l'écoute (**to** de) 2 VT SEP [+ *ra-*

dio, TV] régler (**to** sur); **to be ~d in to ...** (= *aware of*) être à l'écoute de ...

► **tune up** VI [*musician*] accorder son instrument

tuneful /'tjuːnfʊl/ ADJ mélodieux

tuner /'tjuːnəʳ/ N (= *radio*) tuner (*m*)

tungsten /'tʌŋstən/ N tungstène (*m*)

tunic /'tjuːnɪk/ N tunique (*f*)

Tunis /'tjuːnɪs/ N Tunis

Tunisia /tjuːˈnɪzɪə/ N Tunisie (*f*)

Tunisian /tjuːˈnɪzɪən/ **1** ADJ tunisien **2** N Tunisien(ne) (*m(f)*)

tunnel /'tʌnl/ **1** N tunnel (*m*) **2** VI creuser des galeries

turban /'tɜːbən/ N turban (*m*)

turbine /'tɜːbaɪn/ N turbine (*f*); **steam/gas ~** turbine (*f*) à vapeur/à gaz

turbo /'tɜːbəʊ/ N turbo (*m*)

turbot /'tɜːbət/ N turbot (*m*)

turbulence /'tɜːbjʊləns/ N turbulence (*f*)

turbulent /'tɜːbjʊlənt/ ADJ ⓐ [*water, sea*] agité ⓑ [*time, period*] agité; [*history, events, career*] tumultueux

tureen /təˈriːn/ N soupière (*f*)

turf /tɜːf/ N (= *grass*) gazon (*m*)

► **turf out*** VT SEP (*Brit*) [+ *person*] virer*

turgid /'tɜːdʒɪd/ ADJ [*style, essay*] indigeste; [*language*] lourd

Turk /tɜːk/ N Turc (*m*), Turque (*f*)

Turkey /'tɜːkɪ/ N Turquie (*f*)

turkey /'tɜːkɪ/ N dinde (*f*); **to talk ~*** (*US*) parler franc

Turkish /'tɜːkɪʃ/ **1** ADJ turc (turque (*f*)) **2** N turc (*m*) **3** COMP ♦ **Turkish bath** N bain (*m*) turc ♦ **Turkish delight** N loukoum (*m*)

turmeric /'tɜːmərɪk/ N curcuma (*m*)

turmoil /'tɜːmɔɪl/ N agitation (*f*); (*emotional*) trouble (*m*)

---

turn /tɜːn/

1 NOUN	4 COMPOUNDS
2 TRANSITIVE VERB	5 PHRASAL VERBS
3 INTRANSITIVE VERB	

1 NOUN

ⓐ of wheel tour (*m*)

ⓑ = bend virage (*m*); **take the next ~ on the left** prenez la prochaine route (*or* rue) à gauche; **the economy may at last be on the ~** l'économie pourrait enfin se redresser

♦ **to take a turn (for)**: **to take a ~ for the worse** s'aggraver; **to take a ~ for the better** s'améliorer; **the patient took a ~ for the worse/better** l'état du malade s'est aggravé/amélioré

ⓒ = attack* **he had one of his ~s last night** il a eu une nouvelle crise la nuit dernière

ⓓ = fright **it gave me quite a ~** ça m'a fait un sacré coup*

ⓔ = action **to do sb a good ~** rendre un service à qn

ⓕ = act numéro (*m*)

ⓖ in game, queue tour (*m*); **it's your ~** c'est votre tour, c'est à vous; **whose ~ is it?** c'est à qui (le tour)?; **to take it in ~(s) to do sth** faire qch à tour de rôle

ⓗ set structures

♦ **at every turn** à tout instant

♦ **by turns**: **he was by ~s optimistic and despairing** il était tour à tour optimiste et désespéré; **my sister and I visit our mother by ~s** ma sœur et moi rendons visite à notre mère à tour de rôle

♦ **in turn** (= *one after another*) à tour de rôle; (= *then*) à mon (*or* son *or* notre *etc*) tour; **they answered in ~** ils ont répondu à tour de rôle; **and they, in ~, said ...** et, à leur tour, ils ont dit ...

♦ **out of turn**: **I don't want to speak out of ~ but ...** je ne devrais peut-être pas dire cela mais ...

♦ **to a turn**: **done to a ~** [*food*] à point

♦ **turn of** + *noun*: **at the ~ of the century** au début du siècle; **this was a surprising ~ of events** les événements avaient pris une tournure inattendue; **to be of a pragmatic ~ of mind** avoir l'esprit pratique; **~ of phrase** tournure (*f*); **at the ~ of the year** en fin d'année

2 TRANSITIVE VERB

► For **turn** + *adverb/preposition combinations see also phrasal verbs.*

ⓐ + handle, key, wheel, page tourner; **~ it to the left** tournez-le vers la gauche; **he ~ed the wheel sharply** il a donné un brusque coup de volant

ⓑ + mattress retourner

ⓒ = direct [+ *car, object, attention*] tourner (**towards** vers); [+ *gun, searchlight*] braquer; **without ~ing a hair** sans sourciller; **they ~ed his argument against him** ils ont retourné son argument contre lui

ⓓ = reach [+ *age, time*] **as soon as he ~ed 18** dès qu'il a eu 18 ans

ⓔ = transform transformer (**into** en); **the experience ~ed him into a misogynist** cette expérience a fait de lui un misogyne

3 INTRANSITIVE VERB

ⓐ = move round tourner; [*person*] se tourner (**to, towards** vers); (*right round*) se retourner; **~ to face me** tourne-toi vers moi; **he ~ed and saw me** il s'est retourné et m'a vu; **his stomach ~ed at the sight** le spectacle lui a retourné l'estomac; **he would ~ in his grave if he knew ...** il se retournerait dans sa tombe s'il savait ...

♦ **to turn on sth** (= *depend*) **it all ~s on whether he has the money** tout dépend s'il a l'argent ou non; **the plot ~s on a question of mistaken identity** l'intrigue repose sur une erreur d'identité

ⓑ = move in different direction [*person, vehicle*] tourner; (= *reverse direction*) faire demi-tour; [*road, river*] faire un coude; [*tide*] changer de direction; **they ~ed and came back** ils ont fait demi-tour et sont revenus sur leurs pas; **the car ~ed into a side street** la voiture a tourné dans une rue transversale; **our luck has ~ed** la chance a tourné pour nous; **he didn't know which way to ~** il ne savait plus où donner de la tête

♦ **to turn against sb** se retourner contre qn

♦ **to turn to sb** se tourner vers qn; (*for help*) s'adresser à qn; **he ~ed to me for advice** il s'est adressé à moi pour me demander conseil

♦ **to turn to sth**: **~ to page 214** voir page 214; **to ~ to the left** tourner à gauche; (= *resort*) se tourner vers qch; **he ~ed to drink** il s'est mis à boire

ⓒ = become

♦ **turn** + *adjective*: **to ~ nasty/pale** devenir méchant/pâle; **to ~ professional** passer professionnel; **the weather has ~ed cold** le temps s'est rafraîchi

♦ **to turn into** + *noun* devenir; **the whole thing ~ed into a nightmare** c'est devenu un véritable cauchemar

♦ **to turn to** + *noun*: **his love ~ed to hatred** son amour se changea en haine

ⓓ = change [*weather*] changer; [*leaves*] jaunir

4 COMPOUNDS

♦ **turn signal** N (*US: in car*) clignotant (*m*)

5 PHRASAL VERBS

► **turn around** VT SEP [+ *business, economy*] remettre sur pied

► **turn aside** **1** VI se détourner **2** VT SEP [+ *head, face*] tourner; [+ *eyes*] détourner

► **turn away** **1** VI se détourner **2** VT SEP (= *send away*) [+ *spectator*] refuser l'entrée à; [+ *immigrants*] refouler

► **turn back** **1** VI [*traveller*] faire demi-tour; (= *reverse a decision*) faire marche arrière; **there is no ~ing back** on ne peut pas retourner en arrière **2** VT SEP ⓐ (= *send back*) faire faire demi-tour à; [+ *demonstrators*] faire refluer ⓑ [+ *clock*] retarder; (*hands of clock*) reculer; **we can't ~ the clock back** on ne peut pas revenir en arrière

► **turn down** VT SEP ⓐ **to ~ down the bed** rabattre les draps ⓑ [+ *heat, sound*] baisser ⓒ [+ *offer, candidate, volunteer*] refuser

► **turn in** **1** VI ⓐ **to ~ in to a driveway** [*car, person*]

tourner dans une allée ⓑ (= *go to bed*)* aller se coucher
2 VT SEP ⓐ (= *hand over*) [+ *wanted man*] livrer (à la police) ;
to ~ o.s. in se rendre ⓑ (*US = return*) [+ *borrowed goods,
equipment*] rendre 3 VT INSEP (*Sport*) **to ~ in a good performance** [*player, team*] réaliser une bonne performance
► **turn off** 1 VI ⓐ [*person, vehicle*] tourner ⓑ **to ~ off
automatically** [*heater, oven*] s'éteindre automatiquement
2 VT INSEP [+ *road*] quitter
3 VT SEP ⓐ [+ *water, tap*] fermer ; [+ *radio, television, electricity, gas, heater*] éteindre ; [+ *water, electricity*] (*at main*) couper ; **he ~ed the programme off** (*TV*) il a éteint la télé ; **to ~
off the light** éteindre (la lumière) ; **to ~ off the engine** couper le moteur ⓑ (= *repel*)* rebuter ; **what ~s teenagers off
science?** qu'est-ce qui fait que les sciences n'attirent pas
les adolescents ?
► **turn on** 1 VI ⓐ [*oven*] **to ~ on automatically** s'allumer
automatiquement ⓑ **millions of viewers ~ on at 6 o'clock**
des millions de téléspectateurs allument la télé à 6 heures
2 VT INSEP (= *attack*) attaquer 3 VT SEP ⓐ [+ *tap*] ouvrir ;
[+ *gas, electricity, television, heater*] allumer ; [+ *engine, machine*] mettre en marche ; **to ~ on the light** allumer (la lumière) ⓑ (= *excite*)* exciter
► **turn out** 1 VI ⓐ **not many people ~ed out to see her**
peu de gens sont venus la voir
ⓑ (*in car*) **to ~ out of a driveway** sortir d'une allée
ⓒ (= *happen*) se passer ; **it all depends how things ~ out**
tout dépend de la façon dont les choses vont se passer ; **as
it ~ed out, nobody came** en fin de compte personne n'est
venu ; **it ~ed out nice** [*weather*] il a fait beau en fin de
compte
♦ **to turn out to be** s'avérer ; **it ~ed out to be true** cela
s'est avéré juste ; **it ~ed out to be harder than we thought**
cela s'est avéré plus difficile que l'on ne pensait
2 VT SEP ⓐ [+ *light*] éteindre
ⓑ (= *empty out*) [+ *pockets, suitcase*] vider ; [+ *room,
cupboard*] nettoyer à fond ; (= *expel*) [+ *tenant*] expulser
ⓒ (= *produce*) fabriquer
ⓓ **to be well ~ed out** être élégant
► **turn over** 1 VI ⓐ (= *roll over*) se retourner ; **she ~ed
over and went back to sleep** elle s'est retournée et s'est
rendormie ⓑ (= *change channel*) changer de chaîne ;
(= *turn page*) tourner la page 2 VT SEP ⓐ [+ *page*] tourner ;
[+ *mattress, earth, playing card, tape*] retourner ; **to ~ over an
idea in one's mind** retourner une idée dans sa tête
ⓑ (= *hand over*) [+ *person*] livrer (**to** à) 3 VT INSEP **the firm
~s over $10,000 a week** l'entreprise réalise un chiffre
d'affaires de 10 000 dollars par semaine
► **turn round** 1 VI ⓐ [*person*] se retourner ; (= *change direction*) [*person, vehicle*] faire demi-tour ; (= *rotate*) [*object*]
tourner ; **to ~ round and round** tourner sur soi-même ; **he
~ed round and came back** il a fait demi-tour et est revenu
sur ses pas
ⓑ (= *improve*) se redresser
2 VT SEP ⓐ tourner ; [+ *person*] faire tourner ; **he ~ed the
ship round** [*captain*] il a fait demi-tour
ⓑ (= *make successful*) redresser ; (= *rephrase*) reformuler ; **to
~ things round** renverser la situation ; **he managed to ~ her
round** (= *change her mind*) il a réussi à la faire changer
d'avis
► **turn up** 1 VI (= *arrive*) arriver ; **something will ~ up** on
va bien trouver quelque chose ; **don't worry about your
ring, I'm sure it will ~ up** ne t'en fais pas pour ta bague, je
suis sûr que tu finiras par la retrouver
2 VT SEP ⓐ [+ *collar*] relever ; [+ *sleeve*] retrousser ; **to have
a ~ed-up nose** avoir le nez retroussé
ⓑ (= *find*) [+ *evidence*] trouver ; **a survey ~ed up more than
3,000 people suffering from AIDS** une enquête a révélé que
plus de 3 000 personnes étaient atteintes du sida
ⓒ [+ *radio, television*] mettre plus fort ; **to ~ up the sound**
monter le son ; **to ~ up the heat** (*fig*) accentuer la pression

turnabout /'tɜːnəbaʊt/ N volte-face (*f inv*)
turnaround /'tɜːnəraʊnd/ 'tɜːnəraʊnd/ N volte-face (*f inv*) ; **~ time** [*of*

order] temps (*m*) d'exécution ; (*Computing*) temps (*m*) de rotation
turncoat /'tɜːnkəʊt/ N renégat(e) (*m(f)*)
turning /'tɜːnɪŋ/ N (= *road*) route (*f*) (or rue (*f*)) latérale ;
take the second ~ on the left prenez la deuxième à gauche
♦ **turning point** N tournant (*m*)
turnip /'tɜːnɪp/ N navet (*m*)
turnout /'tɜːnaʊt/ N (= *attendance*) assistance (*f*) ; **there
was a good ~** beaucoup de gens sont venus ; **voter ~** (taux
(*m*) de) participation (*f*) électorale
turnover /'tɜːnˌəʊvəʳ/ N ⓐ [*of stock, goods*] rotation (*f*) ;
(= *total business done*) chiffre (*m*) d'affaires ; **a profit of
$4,000 on a ~ of $40,000** un bénéfice de 4 000 dollars pour
un chiffre d'affaires de 40 000 dollars ⓑ [*of staff*] renouvellement (*m*) ; **there is a high ~ in that firm** le personnel se
renouvelle souvent dans cette entreprise
turnpike /'tɜːnpaɪk/ N (*US = road*) autoroute (*f*) à péage
→ ROADS
turnround /'tɜːnraʊnd/ N = **turnaround**
turnstile /'tɜːnstaɪl/ N tourniquet (*m*)
turntable /'tɜːnteɪbl/ N [*of record player*] platine (*f*)
turn-up /'tɜːnʌp/ N (*Brit*) [*of trousers*] revers (*m*)
turpentine /'tɜːpəntaɪn/ N (essence (*f*) de) térébenthine
(*f*)
turquoise /'tɜːkwɔɪz/ 1 N (= *stone*) turquoise (*f*) ; (= *colour*) turquoise (*m*) 2 ADJ (*in colour*) turquoise (*inv*)
turret /'tʌrɪt/ N tourelle (*f*)
turtle /'tɜːtl/ N tortue (*f*) marine ; **to turn ~** chavirer
Tuscany /'tʌskənɪ/ N Toscane (*f*)
tusk /tʌsk/ N défense (*f*)
tussle /'tʌsl/ 1 N (= *struggle*) lutte (*f*) ; (= *scuffle*) mêlée (*f*)
2 VI se battre ; **to ~ over sth** se disputer qch
tutor /'tjuːtəʳ/ 1 N (= *private teacher*) professeur (*m*) (particulier) (**in** en) ; (*Brit Univ*) directeur (*m*), -trice (*f*) d'études
2 VT donner des cours particuliers à
tutorial /tjuːˈtɔːrɪəl/ 1 ADJ ~ **group** groupe (*m*) de travaux
dirigés 2 N travaux (*mpl*) dirigés (**in** de)
tuxedo /tʌkˈsiːdəʊ/, **tux*** /'tʌks/ N (*US*) smoking (*m*)
TV* /ˌtiːˈviː/ N (ABBR = **television**) télé* (*f*) ♦ **TV dinner** N
plateau-télé (*m*)
twaddle /'twɒdl/ N âneries (*fpl*)
twang /twæŋ/ 1 N [*of wire, string*] son (*m*) (de corde
pincée) ; (= *tone of voice*) ton (*m*) nasillard 2 VT [+ *guitar*]
pincer les cordes de
tweak /twiːk/ VT ⓐ (= *pull*) [+ *sb's ear, nose*] tordre
ⓑ (= *alter slightly*)* modifier légèrement
tweed /twiːd/ 1 N tweed (*m*) 2 NPL **tweeds** (= *suit*) costume (*m*) de tweed 3 ADJ [*jacket, suit*] de or en tweed
tweezers /'twiːzəz/ NPL (*also* **pair of ~**) pince (*f*) à épiler
twelfth /twelfθ/ ADJ, N douzième (*mf*) ; **Twelfth Night** le
jour des Rois → **sixth**
twelve /twelv/ NUMBER douze (*m inv*) ; **there are ~** il y en
a douze → **six**
twentieth /'twentɪɪθ/ ADJ, N vingtième (*mf*) → **sixth**
twenty /'twentɪ/ NUMBER vingt (*m*) ; **there are ~** il y en a
vingt ; **about ~ books** une vingtaine de livres ; **about ~**
une vingtaine ♦ **twenty-first** N (= *birthday*) vingt et unième anniversaire (*m*) ; **I'm having my ~-first on Saturday**
(= *birthday party*) je fête mes 21 ans samedi ♦ **twenty-four
hours** NPL (= *whole day*) vingt-quatre heures (*fpl*) ; **~-four
hours a day** [*open, available*] vingt-quatre heures sur vingt-
quatre ♦ **twenty-twenty vision** N **to have ~-~ vision** avoir
dix dixièmes à chaque œil → **sixty**
twerp* /twɜːp/ N idiot(e) (*m(f)*)
twice /twaɪs/ ADV deux fois ; **~ a week** deux fois par semaine ; **~ as much** or **~ as many** deux fois plus ; **~ as long
(as)** deux fois plus long (que) ; **she is ~ your age** elle a le
double de votre âge ; **he didn't have to be asked ~** il ne
s'est pas fait prier
twiddle /'twɪdl/ 1 VT [+ *knob*] tripoter ; **to ~ one's thumbs**
se tourner les pouces 2 VI **to ~ with sth** tripoter qch

twig /twɪg/ 1 N brindille (f) 2 VTI (*Brit* = *understand*)* piger*

twilight /'twaɪlaɪt/ N crépuscule (m); **in the ~** dans la semi-obscurité

twill /twɪl/ N sergé (m)

twin /twɪn/ 1 N jumeau (m), -elle (f) 2 ADJ [*brother, sister*] jumeau (-elle (f)); **~ boys** jumeaux (mpl); **~ girls** jumelles (fpl) 3 VT [+ *town*] jumeler; **Stanton is ~ned with a town in Germany** Stanton est jumelée avec une ville allemande 4 COMP ♦ **twin-bedded room** N (*Brit: in hotel*) chambre (f) à deux lits ♦ **twin beds** NPL lits (mpl) jumeaux ♦ **twin-engined** ADJ bimoteur ♦ **twin town** N (*Brit*) ville (f) jumelée

twine /twaɪn/ 1 N ficelle (f) 2 VI [*plant, coil*] s'enrouler

twinge /twɪndʒ/ N **a ~ (of pain)** un élancement; **a ~ of guilt** un (petit) remords

twinkle /'twɪŋkl/ 1 VI [*star, lights*] scintiller; [*eyes*] pétiller 2 N [*of eyes*] pétillement (m); **he had a ~ in his eye** il avait les yeux pétillants; **in the ~ of an eye** en un clin d'œil

twinning /'twɪnɪŋ/ N [*of towns*] jumelage (m)

twirl /twɜːl/ 1 VI (*also* **~ round**) [*dancer*] tournoyer 2 VT (*also* **~ round**) [+ *cane, lasso*] faire tournoyer; [+ *moustache*] tortiller

twist /twɪst/ 1 N ⓐ (= *action*) torsion (f); (= *injury*) entorse (f); **with a quick ~ (of the wrist)** d'un rapide tour de poignet
ⓑ (= *coil*) rouleau (m); (*in road*) tournant (m); [*of events*] tournure (f); [*of meaning*] distorsion (f); **the story has an unexpected ~ to it** l'histoire prend un tour inattendu; **he gave a new ~ to this old plot** il a remis cette vieille histoire au goût du jour; **to drive sb round the ~** rendre qn fou
2 VT (= *turn round on itself, deform*) tordre; (= *coil*) enrouler; [+ *top, cap*] tourner; [+ *meaning*] fausser; [+ *words*] déformer; **to get ~ed** [*rope*] s'entortiller; **to ~ one's ankle** se tordre la cheville; **to ~ sb's arm** (*fig*) forcer la main à qn; **she can ~ him round her little finger** elle le mène par le bout du nez
3 VI [*flex, rope*] s'entortiller; [*one's ankle*] se tordre; **the road ~s (and turns) through the valley** la route serpente à travers la vallée

twisted /'twɪstɪd/ ADJ ⓐ (= *damaged*) tordu; [*wrist, ankle*] foulé ⓑ [*tree, branch*] tordu; [*limb*] difforme; [*features*] crispé ⓒ (= *warped*) tordu

twit* /twɪt/ N (*Brit* = *fool*) crétin(e)* (m(f))

twitch /twɪtʃ/ 1 N (= *nervous movement*) tic (m) 2 VI [*person, animal, hands*] avoir un mouvement convulsif; [*mouth, cheek, eyebrow, muscle*] se contracter (convulsivement)

twitter /'twɪtəʳ/ VI [*bird*] gazouiller

two /tuː/ NUMBER deux (m *inv*); **there are ~** il y en a deux; **to cut sth in ~** couper qch en deux; **they're ~ of a kind** ils se ressemblent; **to put ~ and ~ together*** (*fig*) faire le rapport ♦ **two-bit*** ADJ de pacotille ♦ **two-bits** NPL (*US*) 25 cents (mpl) ♦ **two-door** ADJ [*car*] (à) deux portes ♦ **two-faced** ADJ hypocrite ♦ **two-horse race** N **the election was a ~-horse race** dans ces élections, seuls deux des candidats avaient des chances de gagner ♦ **two-party** ADJ bipartite ♦ **two-piece** N **~-piece (swimsuit)** bikini (m) ♦ **two-star** N (*Brit: also* **~-star petrol**) (essence (f)) ordinaire (f) ♦ **two-stroke** ADJ **~-stroke (engine)** moteur (m) à deux temps ♦ **two-time*** VT tromper ♦ **two-way** ADJ [*switch*] à va-et-vient; [*street*] à double sens; [*traffic*] dans les deux sens; [*exchange, negotiations*] bilatéral; **~-way radio** émetteur-récepteur (m) → **six**

twofold /'tuːfəʊld/ 1 ADJ double 2 ADV **to increase ~** doubler

twosome /'tuːsəm/ N (= *people*) couple (m); (= *game*) partie (f) à deux

TX ABBR = **Texas**

tycoon /taɪ'kuːn/ N (**business**) **~** magnat (m)

type /taɪp/ 1 N ⓐ type (m); **several ~s of** plusieurs types de; **a new ~ of plane** un nouveau modèle d'avion; **a gruyère-~ cheese** un fromage genre gruyère*; **he's not that ~ of person** ce n'est pas son genre; **he's not my ~*** ce n'est pas mon genre; **it's my ~ of film** c'est le genre de film que j'aime ⓑ (= *letters collectively*) caractères (mpl) 2 VT [+ *letter*] taper (à la machine) 3 VI [*typist*] taper à la machine 4 COMP ♦ **type-cast** ADJ **to be ~-cast as ...** être enfermé dans le rôle de ...

typescript /'taɪpskrɪpt/ N texte (m) dactylographié

typeset /'taɪpset/ VT composer

typewriter /'taɪpraɪtəʳ/ N machine (f) à écrire

typewritten /'taɪprɪtən/ ADJ dactylographié

typhoid /'taɪfɔɪd/ N (fièvre (f)) typhoïde (f)

typhoon /taɪ'fuːn/ N typhon (m)

typhus /'taɪfəs/ N typhus (m)

typical /'tɪpɪkəl/ ADJ typique; [*price*] habituel; **the ~ Frenchman** le Français moyen; **a ~ Frenchman** un Français typique; **it was ~ of our luck that it was raining** avec la chance qui nous caractérise, il a plu; **that's ~ of him** c'est bien de lui

typify /'tɪpɪfaɪ/ VT être caractéristique de; [*person*] être le type même de

typing /'taɪpɪŋ/ N (= *skill*) dactylographie (f); **to learn ~** apprendre à taper (à la machine) ♦ **typing error** N faute (f) de frappe ♦ **typing paper** N papier (m) machine ♦ **typing speed** N **his ~ speed is 60** il tape 60 mots à la minute

typist /'taɪpɪst/ N dactylo (mf)

typography /taɪ'pɒgrəfɪ/ N typographie (f)

tyranny /'tɪrənɪ/ N tyrannie (f)

tyrant /'taɪrənt/ N tyran (m)

tyre /'taɪəʳ/ (*Brit*) N pneu (m) ♦ **tyre pressure** N pression (f) des pneus

Tyrol /tɪ'rəʊl/ N (**the**) **~** Tyrol (m)

Tyrolean /,tɪrəʊ'liːən/ ADJ tyrolien

tzar /zɑːʳ/ N tsar (m)

U

U, u /juː/ N (*Brit* = *film*) ≈ tous publics ; **it's a U film** c'est un film pour tous publics ♦ **U-bend** N (*in pipe*) coude *(m)* ♦ **U-turn** N demi-tour *(m)* ; **to make a U-turn on sth** faire volte-face au sujet de qch

UAE ABBR = **United Arab Emirates** EAU *(mpl)*

UB40 /ˌjuːbiːˈfɔːti/ N (*Brit: formerly*) (ABBR = **Unemployment Benefit 40**) *carte de demandeur d'emploi*

ubiquitous /juːˈbɪkwɪtəs/ ADJ omniprésent

UCAS /ˈjuːkæs/ N (*Brit*) (ABBR = **Universities and Colleges Admissions Service**) *service central des inscriptions universitaires*

udder /ˈʌdəʳ/ N mamelle *(f)*

UDR /ˌjuːdiːˈɑːʳ/ N (*Brit*) (ABBR = **Ulster Defence Regiment**) *section de l'armée britannique en Irlande du Nord*

UEFA /juːˈeɪfə/ N (*Football*) (ABBR = **Union of European Football Associations**) UEFA *(f)*

UFO /ˌjuːiˈfəʊ, ˈjuːfəʊ/ N (ABBR = **unidentified flying object**) ovni *(m)*

Uganda /juːˈgændə/ N Ouganda *(m)*

Ugandan /juːˈgændən/ 1 ADJ ougandais 2 N Ougandais(e) *(m(f))*

ugh /ɜːh/ EXCL pouah !

ugliness /ˈʌglɪnɪs/ N laideur *(f)*

ugly /ˈʌglɪ/ ADJ (a) laid ; [*wound, scar*] vilain (*before n*) ; ~ **duckling** vilain petit canard *(m)* (b) (= *unpleasant*) [*habit*] sale ; **to be in an ~ mood** [*person*] être d'une humeur exécrable ; [*crowd*] être menaçant ; **the ~ truth** l'horrible vérité *(f)* ; **things turned ~ when …** les choses ont mal tourné quand … ; **the whole business is taking an ~ turn** l'affaire prend une sale tournure ; **there were ~ scenes** il y a eu des scènes terribles ; **"blackmail" is an ~ word** « chantage » est un vilain mot

UHF /ˌjuːeɪtʃˈef/ N (ABBR = **ultrahigh frequency**) UHF *(f)*

uh-huh* /ˈʌˌhʌ/ EXCL (= *yes*) oui

UHT /ˌjuːeɪtʃˈtiː/ ADJ (ABBR = **ultra heat treated**) UHT *(inv)*

UK /juːˈkeɪ/ N (ABBR = **United Kingdom**) le Royaume-Uni ; **in the UK** au Royaume-Uni ; **the UK government** le gouvernement du Royaume-Uni

Ukraine /juːˈkreɪn/ N **the ~** l'Ukraine *(f)*

Ukrainian /juːˈkreɪnɪən/ 1 ADJ ukrainien 2 N (= *person*) Ukrainien(ne) *(m(f))*

ulcer /ˈʌlsəʳ/ N ulcère *(m)* ; **to get an ~** faire un ulcère

Ulster /ˈʌlstəʳ/ 1 N (a) (= *Northern Ireland*) Irlande *(f)* du Nord (b) (= *former province*) Ulster *(m)* 2 ADJ de l'Ulster *or* de l'Irlande du Nord 3 COMP ♦ **Ulster Defence Association** N *organisation paramilitaire protestante en Irlande du Nord* ♦ **Ulster Defence Regiment** N *section de l'armée britannique en Irlande du Nord* ♦ **Ulster Volunteer Force** N *organisation paramilitaire protestante en Irlande du Nord*

ulterior /ʌlˈtɪərɪəʳ/ ADJ ultérieur (-eure *(f)*) ; **~ motive** arrière-pensée *(f)*

ultimate /ˈʌltɪmɪt/ 1 ADJ (a) (= *final*) final ; [*control, authority*] suprême ; **the ~ deterrent** l'ultime moyen *(m)* de dissuasion ; **to make the ~ sacrifice** faire le sacrifice suprê-me (b) (= *best*) suprême ; **the ~ sports car** le nec plus ultra de la voiture de sport ; **the ~ insult** l'insulte *(f)* suprême ; **the ~ (in) luxury** le summum du luxe (c) (= *original*) [*cause*] fondamental 2 N **the ~ in comfort** le summum du confort

ultimately /ˈʌltɪmɪtlɪ/ ADV (a) (= *finally*) en fin de compte ; **he was ~ successful** il a finalement réussi (b) (= *when all is said and done*) **he was ~ responsible** en définitive, c'était lui qui était responsable ; **~, it depends on you** en définitive, cela dépend de vous

ultimatum /ˌʌltɪˈmeɪtəm/ N ultimatum *(m)* ; **to deliver an ~** adresser un ultimatum

ultrasonic /ˌʌltrəˈsɒnɪk/ ADJ ultrasonique

ultrasound /ˈʌltrəsaʊnd/ N ultrasons *(mpl)* ♦ **ultrasound scan** N échographie *(f)*

ultraviolet /ˌʌltrəˈvaɪəlɪt/ ADJ ultraviolet ; **~ radiation** rayons *(mpl)* ultraviolets

umbrage /ˈʌmbrɪdʒ/ N **to take ~** prendre ombrage (**at** de)

umbrella /ʌmˈbrelə/ 1 N parapluie *(m)* ; (*against sun*) parasol *(m)* ; **to put up/put down an ~** ouvrir/fermer un parapluie ; **beach ~** parasol *(m)* ; **under the ~ of …** sous l'égide de … 2 ADJ **~ organization** organisme *(m)* qui en chapeaute plusieurs autres

umpire /ˈʌmpaɪəʳ/ 1 N arbitre *(m)* ; (*Tennis*) juge *(m)* de chaise 2 VT arbitrer 3 VI être l'arbitre

umpteen* /ˈʌmptiːn/ ADJ des quantités de ; **I've told you ~ times** je te l'ai dit cent fois

umpteenth* /ˈʌmptiːnθ/ ADJ (é)nième ; **for the ~ time** pour la énième fois

UN /juːˈen/ N (ABBR = **United Nations**) ONU *(f)*

'un* /ən/ PRON (= *one*) **he's a good ~** c'est un brave type*

unabashed /ˌʌnəˈbæʃt/ ADJ [*person*] nullement décontenancé ; **he's an ~ romantic** c'est un romantique et il n'en a pas honte

unabated /ˈʌnəˈbeɪtɪd/ ADJ **to continue ~** [*situation*] rester inchangé ; **the fighting continued ~** les combats ont continué avec la même intensité ; **with ~ interest** avec toujours autant d'intérêt

unable /ʌnˈeɪbl/ ADJ **to be ~ to do sth** ne (pas) pouvoir faire qch ; (= *not know how to*) ne pas savoir faire qch ; (= *be incapable of*) être incapable de faire qch ; (= *be prevented from*) être dans l'impossibilité de faire qch

unabridged /ˌʌnəˈbrɪdʒd/ ADJ intégral

unacceptable /ˈʌnəkˈseptəbl/ ADJ (= *objectionable*) inacceptable ; **it's quite ~ that we should have to do this** il est inadmissible que nous devions faire cela

unaccompanied /ˌʌnəˈkʌmpənɪd/ ADJ non accompagné ; [*singing*] sans accompagnement ; [*instrument*] solo

unaccountable /ˌʌnəˈkaʊntəbl/ ADJ (= *inexplicable*) inexplicable

unaccountably /ˌʌnəˈkaʊntəblɪ/ ADV **~ popular** incroyablement populaire ; **he felt ~ depressed** il se sentait déprimé sans savoir pourquoi

unaccounted /ˈʌnəˈkaʊntɪd/ ADJ **two passengers are still ~ for** deux passagers n'ont toujours pas été retrouvés

unaccustomed /ˈʌnəˈkʌstəmd/ ADJ **to be ~ to (doing) sth** ne pas avoir l'habitude de (faire) qch ; **he was ~ to such luxury** il n'avait pas l'habitude d'un tel luxe

unacquainted /ˈʌnəˈkweɪntɪd/ ADJ **to be ~ with the facts** ne pas être au courant des faits

unadulterated /ˈʌnəˈdʌltəreɪtɪd/ ADJ pur

unadventurous /ˈʌnədˈventʃərəs/ ADJ peu audacieux (-euse *(f)*)

unaffected /ˈʌnəˈfektɪd/ ADJ ⓐ (= *sincere*) naturel ; [*behaviour, style*] sans affectation ⓑ (= *unchanged*) non affecté ; **they are ~ by the new legislation** ils ne sont pas affectés par la nouvelle législation ; **he was quite ~ by her suffering** ses souffrances l'ont laissé froid

unafraid /ˈʌnəˈfreɪd/ ADJ **to be ~ of sth** ne pas avoir peur de qch ; **he seemed quite ~** il ne semblait pas avoir peur

unaided /ˈʌnˈeɪdɪd/ ADV [*walk, stand*] tout(e) seul(e) ; **she brought up six children ~** elle a élevé six enfants toute seule

unalloyed /ˈʌnəˈlɔɪd/ ADJ [*happiness*] sans mélange

unalterable /ʌnˈɔltərəbl/ ADJ [*fact*] certain

unaltered /ʌnˈɔltəd/ ADJ inchangé ; **his appearance was ~** physiquement il n'avait pas changé

unambiguous /ˈʌnæmˈbɪɡjuəs/ ADJ sans ambiguïté

unanimous /juːˈnænɪməs/ ADJ unanime ; **the committee was ~ in condemning this** les membres du comité ont été unanimes à condamner cela

unanimously /juːˈnænɪməslɪ/ ADV [*vote, elect, pass*] à l'unanimité ; [*condemn, agree*] unanimement

unannounced /ˈʌnəˈnaʊnst/ 1 ADJ [*visit*] imprévu ; **to pay an ~ visit to sb** rendre visite à qn sans prévenir 2 ADV [*arrive, enter*] sans prévenir

unanswered /ˈʌnˈɑːnsəd/ ADJ [*letter, question*] sans réponse ; [*problem, puzzle*] non résolu ; [*prayer*] inexaucé ; **her letter remained ~** sa lettre est restée sans réponse

unappealing /ˈʌnəˈpiːlɪŋ/ ADJ peu attrayant

unappetizing /ˈʌnˈæpɪtaɪzɪŋ/ ADJ peu appétissant

unapproachable /ˈʌnəˈprəʊtʃəbl/ ADJ d'un abord difficile

unarguably /ʌnˈɑːɡjuəblɪ/ ADV incontestablement

unarmed /ˈʌnˈɑːmd/ 1 ADJ [*person*] non armé ; **he is ~** il n'est pas armé 2 ADV sans armes

unashamed /ˈʌnəˈʃeɪmd/ ADJ [*delight, admiration*] non déguisé ; **he was quite ~ about it** il n'en éprouvait pas la moindre gêne

unasked /ʌnˈɑːskt/ 1 ADJ [*question*] non formulé ; **significant questions will go ~** certaines questions importantes ne seront pas posées 2 ADV **she did it ~** elle l'a fait de son propre chef

unassailable /ˈʌnəˈseɪləbl/ ADJ [*position, reputation*] inattaquable

unassisted /ˈʌnəˈsɪstɪd/ ADV **to do sth ~** faire qch sans aide

unassuming /ˈʌnəˈsjuːmɪŋ/ ADJ sans prétentions

unattached /ˈʌnəˈtætʃt/ ADJ [*person*] sans attaches

unattainable /ˈʌnəˈteɪnəbl/ ADJ [*place, objective, person*] inaccessible

unattended /ˈʌnəˈtendɪd/ ADJ (= *not looked after*) [*shop, luggage*] laissé sans surveillance ; **do not leave your luggage ~** ne laissez pas vos bagages sans surveillance ; **~ to** négligé

unattractive /ˈʌnəˈtræktɪv/ ADJ [*appearance, idea*] peu séduisant ; [*person, character*] déplaisant

unauthorized /ˈʌnˈɔːθəraɪzd/ ADJ non autorisé ; **this was ~** cela a été fait sans autorisation ; **~ absence** absence *(f)* irrégulière

unavailable /ˈʌnəˈveɪləbl/ ADJ indisponible ; (*in shop*) épuisé ; **the Minister was ~ for comment** le ministre s'est refusé à toute déclaration

unavoidable /ˈʌnəˈvɔɪdəbl/ ADJ inévitable

unavoidably /ˈʌnəˈvɔɪdəblɪ/ ADV inévitablement ; **he was ~ delayed** il n'a pu éviter d'être retardé

unaware /ˈʌnəˈweəʳ/ ADJ **to be ~ of sth** ignorer qch ; **I was not ~ that ...** je n'étais pas sans savoir que ...

unawares /ˈʌnəˈweəz/ ADV **to catch sb ~** prendre qn à l'improviste

unbalanced /ˈʌnˈbælənst/ ADJ (*mentally*) déséquilibré ; **his mind was ~** il n'avait pas toute sa raison

unbearable /ʌnˈbeərəbl/ ADJ insupportable

unbeatable /ʌnˈbiːtəbl/ ADJ imbattable

unbeaten /ʌnˈbiːtn/ ADJ [*player, team*] invaincu ; **his ~ record** son record qui tient toujours

unbecoming /ˈʌnbɪˈkʌmɪŋ/ ADJ [*garment*] peu seyant ; [*behaviour*] inconvenant

unbeknown(st) /ˈʌnbɪˈnəʊn(st)/ ADJ, ADV **~ to ...** à l'insu de ... ; **~ to me** à mon insu

unbelief /ˈʌnbɪˈliːf/ N incrédulité *(f)*

unbelievable /ˈʌnbɪˈliːvəbl/ ADJ incroyable ; **it is ~ that ...** il est incroyable que ... (+ *subj*)

unbelievably /ˈʌnbɪˈliːvəblɪ/ ADV [*stupid, selfish, well*] incroyablement ; **to be ~ lucky/successful** avoir une chance/un succès incroyable ; **~, he refused** aussi incroyable que cela puisse paraître, il a refusé

unbend /ʌnˈbend/ (*pret, ptp* **unbent**) VI [*person*] s'assouplir ; **he unbent enough to ask me how I was** il a daigné me demander comment j'allais

unbending /ʌnˈbendɪŋ/ ADJ [*person, attitude*] inflexible

unbias(s)ed /ʌnˈbaɪəst/ ADJ impartial

unblemished /ʌnˈblemɪʃt/ ADJ sans tache

unblinking /ʌnˈblɪŋkɪŋ/ ADJ **he gave me an ~ stare** il m'a regardé sans ciller

unblinkingly /ʌnˈblɪŋkɪŋlɪ/ ADV [*stare*] sans ciller

unblock /ʌnˈblɒk/ VT [+ *sink, pipe*] déboucher

unborn /ʌnˈbɔːn/ ADJ **the ~ child** le fœtus

unbounded /ʌnˈbaʊndɪd/ ADJ [*joy*] sans borne ; [*energy, capacity*] illimité

unbreakable /ʌnˈbreɪkəbl/ ADJ incassable ; [*rule*] strict

unbridgeable /ʌnˈbrɪdʒəbl/ ADJ **an ~ gap** une divergence irréconciliable

unbridled /ʌnˈbraɪdld/ ADJ extrême

unbroken /ʌnˈbrəʊkən/ ADJ ⓐ (= *intact*) intact ; [*record*] non battu ; **his spirit remained ~** il ne s'est pas découragé ⓑ (= *continuous*) [*series, silence, sleep*] ininterrompu ; **ten days of ~ sunshine** dix jours de suite de soleil

unbuckle /ʌnˈbʌkl/ VT défaire

unburden /ʌnˈbɜːdn/ VT **to ~ o.s.** s'épancher (**to sb** avec qn)

unbusinesslike /ʌnˈbɪznɪslaɪk/ ADJ [*transaction*] irrégulier

unbutton /ʌnˈbʌtn/ VT déboutonner ; [+ *button*] défaire

uncalled-for /ʌnˈkɔːldfɔːʳ/ ADJ [*criticism*] injustifié ; [*remark*] déplacé

uncanny /ʌnˈkænɪ/ ADJ [*atmosphere, feeling*] étrange ; [*resemblance, accuracy, knack*] troublant

uncared-for /ʌnˈkeədfɔːʳ/ ADJ négligé

uncaring /ˈʌnˈkeərɪŋ/ ADJ insensible

unceasing /ʌnˈsiːsɪŋ/ ADJ incessant

unceasingly /ʌnˈsiːsɪŋlɪ/ ADV sans cesse

unceremonious /ˈʌnˌserɪˈməʊnɪəs/ ADJ brusque

uncertain /ʌnˈsɜːtn/ ADJ incertain ; **it is ~ whether ...** on ne sait pas si ... ; **he is ~ whether ...** il ne sait pas au juste si ... ; **to be ~ about sth** être incertain de qch ; **in no ~ terms** en des termes on ne peut plus clairs

uncertainty /ʌnˈsɜːtntɪ/ N incertitude *(f)* ; **in order to remove any ~** pour dissiper des doutes éventuels ; **in view of this ~** en raison de l'incertitude dans laquelle nous nous trouvons

unchallenged /ˈʌnˈtʃælɪndʒd/ 1 ADJ [*authority, position, integrity, master*] incontesté ; [*argument, comment*] non relevé

2 ADV **to do sth ~** [*person*] faire qch sans être arrêté ♦ **to go unchallenged** [*person, action*] ne pas rencontrer d'opposition ; [*comment*] ne pas être relevé ; **his statement went ~** personne ne s'éleva contre ses déclarations

unchangeable /ˌʌnˈtʃeɪndʒəbl/ ADJ immuable

unchanged /ˈʌnˈtʃeɪndʒd/ ADJ inchangé

unchanging /ˈʌnˈtʃeɪndʒɪŋ/ ADJ immuable

uncharacteristic /ˌʌnkærɪktəˈrɪstɪk/ ADJ **it is ~ of him (to do that)** cela ne lui ressemble pas (de faire cela) ; **with ~ frankness** avec une franchise peu habituelle chez lui

uncharacteristically /ˌʌnkærɪktəˈrɪstɪklɪ/ ADV **~ generous** d'une générosité peu caractéristique ; **she was ~ silent** elle était silencieuse, ce qui ne lui ressemblait pas

uncharitable /ʌnˈtʃærɪtəbl/ ADJ peu charitable

uncharted /ˈʌnˈtʃɑːtɪd/ ADJ (= unknown) **a largely ~ area of medical science** un domaine de la médecine largement inexploré ; **this is ~ territory** c'est un terrain inconnu

unchecked /ˈʌnˈtʃekt/ 1 ADJ ⓐ [growth, power] non maîtrisé ⓑ [data, statement] non vérifié 2 ADV **to go ~** [lawlessness, aggression] rester impuni ; **if the spread of Aids continues ~ ...** si on ne fait rien pour empêcher la propagation du sida ...

uncivil /ʌnˈsɪvɪl/ ADJ [person, behaviour] impoli (**to sb** avec qn)

uncivilized /ʌnˈsɪvɪlaɪzd/ ADJ [conditions, activity] inacceptable ; [person, behaviour] grossier ; **at an ~ hour*** à une heure impossible*

unclaimed /ʌnˈkleɪmd/ ADJ non réclamé ; **to go ~** ne pas être réclamé

uncle /ˈʌŋkl/ N oncle (m) ; **yes ~** (in child's language) oui tonton* ; **to cry ~*** (US) s'avouer vaincu

unclear /ˌʌnˈklɪəʳ/ ADJ ⓐ (= not obvious) [reason, message, details, instructions] obscur ; **it is ~ whether/who/why ...** on ne sait pas bien si/qui/pourquoi ... ; **her purpose remains ~** on ne sait toujours pas très bien où elle veut en venir ⓑ [picture, image] flou ⓒ (= unsure) **I'm ~ on this point** je ne sais pas vraiment à quoi m'en tenir là-dessus ; **I'm ~ whether you agree or not** je ne suis pas sûr de comprendre si vous êtes d'accord ou pas

unclothed /ʌnˈkləʊðd/ ADJ dévêtu

uncoil /ʌnˈkɔɪl/ 1 VT dérouler ; **the snake ~ed itself** le serpent s'est déroulé 2 VI se dérouler

uncombed /ʌnˈkəʊmd/ ADJ non peigné

uncomfortable /ʌnˈkʌmfətəbl/ ADJ ⓐ (= feeling physical discomfort) **to be ~** (in chair, bed, room) ne pas être à l'aise ; **you look rather ~** vous avez l'air plutôt mal à l'aise ⓑ [chair, bed] inconfortable ⓒ (= feeling unease) [person] mal à l'aise ; **~ about sth/about doing sth** mal à l'aise à propos de qch/à l'idée de faire qch ; **I was ~ broaching the subject of money** cela me mettait mal à l'aise de parler d'argent ; **to make sb ~** mettre qn mal à l'aise ⓓ (= causing unease) [situation] inconfortable ; [feeling] désagréable ; [truth, fact] gênant ; **to have an ~ feeling that ...** avoir la désagréable impression que ... ; **to make things ~ for sb** créer des ennuis à qn ; **to put sb in an ~ position** mettre qn dans une situation inconfortable

uncomfortably /ʌnˈkʌmfətəblɪ/ ADV ⓐ (= unpleasantly) **~ tight** trop serré ; **the room was ~ hot** il faisait une chaleur incommodante dans la pièce ; **to be ~ aware that ...** être désagréablement conscient du fait que ... ; **the deadline is drawing ~ close** la date limite se rapproche de façon inquiétante ⓑ (= awkwardly) [sit] inconfortablement

uncommitted /ʌnkəˈmɪtɪd/ ADJ (= undecided) indécis ; **to remain ~** rester neutre ; **I was still ~ to the venture** je ne m'étais pas encore engagé sur ce projet

uncommon /ʌnˈkɒmən/ ADJ peu commun ; **a not ~ problem** un problème qui n'est pas rare ; **she was late, a not ~ occurrence** elle était en retard, chose assez fréquente ; **it is not ~ for this to happen** il n'est pas rare que cela arrive

uncommunicative /ˈʌnkəˈmjuːnɪkətɪv/ ADJ peu communicatif

uncompleted /ʌnkəmˈpliːtɪd/ ADJ inachevé

uncomplicated /ʌnˈkɒmplɪkeɪtɪd/ ADJ [method, view] simple ; **she's a nice ~ girl** c'est une fille gentille et pas compliquée

uncompromising /ʌnˈkɒmprəmaɪzɪŋ/ ADJ [person, attitude] intransigeant ; [message, demand, sincerity, film] sans complaisance

unconcerned /ʌnkənˈsɜːnd/ ADJ ⓐ (= uninterested) **to be ~** [person] ne pas se sentir concerné (**about** or **with sth** par qch) ⓑ (= unworried) [person] insouciant ; **to be ~ about sth** ne pas se soucier de qch ; **to be ~ by sth** ne pas se soucier de qch

unconditional /ʌnkənˈdɪʃənl/ ADJ [surrender, offer] sans condition(s) ; [love, support] inconditionnel

unconditionally /ʌnkənˈdɪʃnəlɪ/ ADV sans conditions

unconfirmed /ʌnkənˈfɜːmd/ ADJ [report, rumour] non confirmé

uncongenial /ʌnkənˈdʒiːnɪəl/ ADJ [person] peu sympathique ; [work, surroundings] peu agréable

unconnected /ʌnkəˈnektɪd/ ADJ (= unrelated) sans rapport ; **a series of ~ events** une série d'événements sans rapport entre eux ; **the two incidents were ~** il n'y avait pas de rapport entre ces deux incidents ; **to be ~ with** or **to sth** ne pas avoir de rapport avec qch

unconscious /ʌnˈkɒnʃəs/ 1 ADJ ⓐ [patient] sans connaissance ; **I was ~ for a few moments** je suis resté sans connaissance pendant quelques instants ; **to beat sb ~** battre qn jusqu'à lui faire perdre connaissance ; **to knock sb ~** assommer qn ⓑ (= unaware) **to be ~ of sth** ne pas être conscient de qch ⓒ [desire, bias] inconscient ; **on an ~ level** au niveau de l'inconscient 2 N **the unconscious** l'inconscient (m)

unconsciously /ʌnˈkɒnʃəslɪ/ ADV inconsciemment

unconsciousness /ʌnˈkɒnʃəsnɪs/ N perte (f) de connaissance ; **to lapse into ~** perdre connaissance

unconstitutional /ˈʌnˌkɒnstɪˈtjuːʃənl/ ADJ inconstitutionnel

uncontested /ˈʌnkənˈtestɪd/ ADJ incontesté

uncontrollable /ˈʌnkənˈtrəʊləbl/ ADJ incontrôlable ; [desire, emotion] irrépressible ; [bleeding] impossible à arrêter ; **he burst into ~ laughter** il a été pris d'un fou rire

uncontrollably /ˈʌnkənˈtrəʊləblɪ/ ADV [cry, shake] sans pouvoir s'arrêter

uncontrolled /ˈʌnkənˈtrəʊld/ ADJ incontrôlé ; [emotion] non réprimé ; [spending] effréné

unconventional /ˈʌnkənˈvenʃənl/ ADJ original ; [person, behaviour] non-conformiste ; [education, upbringing] non conventionnel

unconvinced /ˈʌnkənˈvɪnst/ ADJ **to be ~ that ...** ne pas être convaincu que ... ; **to remain ~** n'être toujours pas convaincu

unconvincing /ˈʌnkənˈvɪnsɪŋ/ ADJ peu convaincant

uncooked /ˈʌnˈkʊkt/ ADJ cru

uncooperative /ˈʌnkəʊˈɒpərətɪv/ ADJ peu coopératif

uncork /ʌnˈkɔːk/ VT déboucher

uncorroborated /ˈʌnkəˈrɒbəreɪtɪd/ ADJ non corroboré

uncountable /ˈʌnˈkaʊntəbl/ ADJ **~ noun** nom (m) non dénombrable

uncouth /ʌnˈkuːθ/ ADJ grossier

uncover /ʌnˈkʌvəʳ/ VT découvrir

uncritical /ʌnˈkrɪtɪkəl/ ADJ [person] peu critique ; [attitude, approach, report] non critique ; [acceptance, support] sans réserves

unctuous /ˈʌŋktjʊəs/ ADJ mielleux

uncultivated /ʌnˈkʌltɪveɪtɪd/ ADJ inculte

uncultured /ʌnˈkʌltʃəd/ ADJ inculte

uncut /ˈʌnˈkʌt/ ADJ ⓐ [grass, hair, nails] non coupé ; **to leave sth ~** ne pas couper qch ⓑ (= unabridged) [film, novel] intégral ; **to show a film ~** montrer un film dans sa version intégrale

undamaged /ʌnˈdæmɪdʒd/ ADJ non endommagé

undaunted /ʌnˈdɔːntɪd/ ADJ **he was ~ by their threats** il ne se laissait pas intimider par leurs menaces

undecided /ˈʌndɪˈsaɪdɪd/ ADJ [person] indécis (**about** or **on sth** à propos de qch) ; [question] non résolu ; **to remain ~**

[*person*] demeurer indécis; **that is still ~** cela n'a pas encore été décidé; **I am ~ whether to go or not** je n'ai pas décidé si j'irai ou non

undefeated /ˌʌndɪˈfiːtɪd/ ADJ invaincu

undelete /ˌʌndɪˈliːt/ VT restaurer

undelivered /ˌʌndɪˈlɪvəd/ ADJ [*mail*] non distribué; **it remained ~** cela n'a pas été livré

undemanding /ˌʌndɪˈmɑːndɪŋ/ ADJ peu exigeant

undemocratic /ˌʌndeməˈkrætɪk/ ADJ antidémocratique

undeniable /ˌʌndɪˈnaɪəbl/ ADJ indéniable

undeniably /ˌʌndɪˈnaɪəblɪ/ ADV indéniablement; **it is ~ true that …** il est incontestable que …

under /ˈʌndəʳ/ **1** PREP ⓐ (= *beneath*) sous; **~ the table/umbrella** sous la table/le parapluie; **it's ~ there** c'est là-dessous; **~ it** dessous; **he went and sat ~ it** il est allé s'asseoir dessous; **~ the Tudors** sous les Tudor; **he had 50 men ~ him** il avait 50 hommes sous ses ordres; **~ the command of …** sous les ordres de …

ⓑ (= *less than*) moins de; (*in rank, scale*) au-dessous de; **to be ~ age** être mineur; **children ~ 15** enfants (*mpl*) de moins de 15 ans; **the ~-15s** les moins de 15 ans; **it sells at ~ £10** cela se vend à moins de 10 livres; **in ~ two hours** en moins de deux heures

ⓒ (*with names*) sous; **~ an assumed name** sous un faux nom

ⓓ (= *according to*) selon; **~ French law** selon la législation française; **~ the terms of the contract** selon les termes du contrat

2 ADV ⓐ (= *beneath*) en dessous; **he stayed ~ for three minutes** (= *underwater*) il est resté sous l'eau pendant trois minutes; **he lifted the rope and crawled ~** il a soulevé la corde et il est passé dessous en rampant

ⓑ (= *less*) moins; **children of 15 and ~** les enfants de moins de 16 ans; **ten degrees ~** moins dix

3 PREF (= *insufficiently*) sous-; **~nourished** sous-alimenté; **~used** sous-exploité

underachiever /ˌʌndərəˈtʃiːvəʳ/ N élève (*mf*) sous-performant(e)

underage /ˌʌndərˈeɪdʒ/ ADJ [*person*] mineur; **~ drinking** consommation (*f*) d'alcool par les mineurs

underarm /ˈʌndərɑːm/ **1** ADV [*throw, bowl*] par en-dessous; [*serve*] à la cuillère **2** ADJ [*deodorant*] pour les aisselles; [*hair*] des aisselles

underbrush /ˈʌndəbrʌʃ/ N (*US*) sous-bois (*m inv*)

undercapitalized /ˌʌndəˈkæpɪtəlaɪzd/ ADJ **to be ~** [*project*] ne pas être doté de fonds suffisants

undercarriage /ˈʌndəkærɪdʒ/ N train (*m*) d'atterrissage

undercharge /ˌʌndəˈtʃɑːdʒ/ VT **he ~d me** il m'a fait payer moins cher qu'il n'aurait dû

underclass /ˈʌndəklɑːs/ N classe (*f*) (sociale) très défavorisée

underclothes /ˈʌndəkləʊðz/ NPL, **underclothing** /ˈʌndəkləʊðɪŋ/ N sous-vêtements (*mpl*)

undercoat /ˈʌndəkəʊt/ N [*of paint*] sous-couche (*f*)

undercooked /ˈʌndəkʊkt/ ADJ pas assez cuit

undercover /ˌʌndəˈkʌvəʳ/ ADJ secret (-ète (*f*)); **~ agent** agent (*m*) secret

undercurrent /ˈʌndəˌkʌrənt/ N (*in sea*) courant (*m*) (sous-marin); (*feeling*) courant (*m*) sous-jacent

undercut /ˌʌndəˈkʌt/ (*pret, ptp* **undercut**) VT ⓐ (= *sell cheaper than*) vendre moins cher que ⓑ (= *undermine*) amoindrir

underdeveloped /ˌʌndədɪˈveləpt/ ADJ [*country*] sous-développé

underdog /ˈʌndədɒg/ N **the ~** (= *predicted loser*) celui (or celle) que l'on donne perdant(e)

underdone /ˌʌndəˈdʌn/ ADJ [*food*] pas assez cuit; **I like my steak slightly ~** j'aime mon steak presque saignant

underemployed /ˌʌndərɪmˈplɔɪd/ ADJ sous-employé

underestimate /ˌʌndərˈestɪmeɪt/ VT sous-estimer

underexposed /ˌʌndərɪksˈpəʊzd/ ADJ sous-exposé

underfed /ˌʌndəˈfed/ ADJ sous-alimenté

underfelt /ˈʌndəfelt/ N [*of carpet*] thibaude (*f*)

underfoot /ˈʌndəˈfʊt/ ADV sous les pieds; **to trample sth ~** marcher sur qch; **it is wet ~** le sol est humide

underfunded /ˌʌndəˈfʌndɪd/ ADJ **to be ~** [*project*] ne pas être doté de fonds suffisants

undergo /ˌʌndəˈgəʊ/ (*pret* **underwent**, *ptp* **undergone**) VT subir; [+ *suffering*] éprouver; [+ *medical treatment, training*] suivre

undergraduate /ˌʌndəˈgrædjʊɪt/ **1** N étudiant(e) (*m(f)*) **2** ADJ [*opinion*] des étudiants; [*course*] du premier cycle

underground /ˈʌndəgraʊnd/ **1** ADJ ⓐ [*work, explosion, cable*] souterrain; **~ car park** parking (*m*) souterrain; **~ railway** métro (*m*) ⓑ [*organization*] clandestin; [*film*] underground (*inv*); **~ movement** mouvement (*m*) clandestin; (*in occupied country*) résistance (*f*) **2** ADV **it is 3 metres ~** c'est à 3 mètres sous terre; **to go ~** [*wanted man*] entrer dans la clandestinité; [*guerilla*] prendre le maquis **3** N ⓐ (*Brit = railway*) métro (*m*); **by ~** en métro ⓑ **the ~** (*political*) la résistance

undergrowth /ˈʌndəgrəʊθ/ N broussailles (*fpl*)

underhand /ˌʌndəˈhænd/, **underhanded** (*US*) /ˌʌndəˈhændɪd/ ADJ sournois; **~ trick** fourberie (*f*)

underlay 1 VB *pt of* **underlie** 2 N [*of carpet*] thibaude (*f*)

★ *Lorsque* **underlay** *est un verbe, l'accent tombe sur la dernière syllabe:* /ˌʌndəˈleɪ/, *lorsque c'est un nom, sur la première:* /ˈʌndəleɪ/.

underlie /ˌʌndəˈlaɪ/ (*pret* **underlay**, *ptp* **underlain**) VT sous-tendre

underline /ˌʌndəˈlaɪn/ VT souligner

underling /ˈʌndəlɪŋ/ N sous-fifre* (*m inv*)

undermentioned /ˌʌndəˈmenʃənd/ ADJ (cité) ci-dessous

undermine /ˌʌndəˈmaɪn/ VT [+ *influence, power, authority*] saper; [+ *health*] miner; [+ *effect*] amoindrir

underneath /ˌʌndəˈniːθ/ **1** PREP sous, au-dessous de; **stand ~ it** mettez-vous dessous; **from ~ the table** de dessous la table **2** ADV (en) dessous; **the one ~** celui d'en dessous

undernourished /ˌʌndəˈnʌrɪʃt/ ADJ sous-alimenté

underpaid /ˌʌndəˈpeɪd/ ADJ sous-payé

underpants /ˈʌndəpænts/ NPL slip (*m*)

underpass /ˈʌndəpɑːs/ N (*for cars*) bretelle (*f*) inférieure; (*for pedestrians*) passage (*m*) souterrain

underpin /ˌʌndəˈpɪn/ VT sous-tendre; **the philosophy that ~s his work** la philosophie sur laquelle son œuvre est fondée

underplay /ˌʌndəˈpleɪ/ VT minimiser

underpopulated /ˌʌndəˈpɒpjʊleɪtɪd/ ADJ sous-peuplé

underprice /ˌʌndəˈpraɪs/ VT **they have ~d their computers** leurs ordinateurs sont vendus à des prix trop bas

underprivileged /ˌʌndəˈprɪvɪlɪdʒd/ **1** ADJ défavorisé **2** NPL **the underprivileged** les défavorisés (*mpl*)

underqualified /ˌʌndəˈkwɒlɪfaɪd/ ADJ sous-qualifié

underrate /ˌʌndəˈreɪt/ VT sous-estimer; **he is a very ~d actor** c'est un acteur très sous-estimé

underscore /ˌʌndəˈskɔːʳ/ VT souligner

underseal /ˌʌndəˈsiːl/ (*Brit*) VT [+ *car*] traiter contre la rouille (*au niveau du châssis*)

undersell /ˌʌndəˈsel/ (*pret, ptp* **undersold**) VT **to ~ o.s.** ne pas savoir se vendre

undershirt /ˈʌndəʃɜːt/ N (*US*) maillot (*m*) de corps

undershorts /ˈʌndəʃɔːts/ NPL (*US*) caleçon (*m*)

underside /ˈʌndəsaɪd/ N dessous (*m*)

undersigned /ˈʌndəsaɪnd/ ADJ, N **I, the ~** je soussigné

undersized /ˌʌndəˈsaɪzd/ ADJ trop petit

underskirt /ˈʌndəskɜːt/ N jupon (*m*)

understaffed /ˌʌndəˈstɑːft/ ADJ en sous-effectif; **we're terribly ~ at the moment** nous manquons cruellement de personnel en ce moment

understand /ˌʌndəˈstænd/ (pret, ptp **understood**) 1 VT
ⓐ [+ person, meaning] comprendre; **I can't ~ his attitude** je
n'arrive pas à comprendre son attitude; **I can't ~ it!** je ne
comprends pas!; **I can't ~ a word of it** je n'y comprends
rien; **this can be understood in several ways** cela peut se
comprendre de plusieurs façons; **do you ~ why?** est-ce que
vous comprenez pourquoi?; **to make o.s. understood** se
faire comprendre; **I quite ~ that you don't want to come** je
comprends très bien que vous n'ayez pas envie de venir
ⓑ (= believe) **I understood we were to be paid** j'ai cru
comprendre que nous devions être payés; **I ~ you are leaving today** il paraît que vous partez aujourd'hui; **we were
given to ~ that ...** on nous a fait comprendre que ...
ⓒ (= assume) **to be understood** [arrangement, price, date] ne
pas être spécifié; **it was understood that he would pay** (= it
was assumed) on supposait qu'il paierait; (= it was agreed) il
était entendu qu'il paierait
2 VI comprendre; **he was a widower, I ~** il était veuf, si j'ai
bien compris

understandable /ˌʌndəˈstændəbl/ ADJ compréhensible;
it is ~ that ... on comprend que ... (+ subj); **that's ~** ça se
comprend

understandably /ˌʌndəˈstændəblɪ/ ADV (= of course) naturellement; (= rightly) à juste titre; **he's ~ angry** il est furieux, et ça se comprend

understanding /ˌʌndəˈstændɪŋ/ 1 ADJ [person] compréhensif (**about** à propos de); [smile, look] compatissant
2 N ⓐ compréhension (f); **his ~ of the problems** sa
compréhension des problèmes; **it is my ~ that ...** d'après
ce que j'ai compris, ... ⓑ (= agreement) accord (m);
(= arrangement) arrangement (m); **to come to an ~ with sb**
parvenir à un accord avec qn; **there is an ~ between us
that ...** il est entendu entre nous que ...; **on the ~
that ...** à condition que ... ⓒ (= concord) entente (f)

understate /ˌʌndəˈsteɪt/ VT minimiser

understated /ˌʌndəˈsteɪtɪd/ ADJ discret (-ète (f))

understatement /ˈʌndəˌsteɪtmənt/ N litote (f); **to say he
is clever is rather an ~** dire qu'il est intelligent tient de la
litote; **that's an ~** le mot est faible

understood /ˌʌndəˈstʊd/ VB pt, ptp of **understand**

understudy /ˈʌndəstʌdɪ/ N doublure (f)

undertake /ˌʌndəˈteɪk/ (pret **undertook**, ptp **undertaken**)
VT [+ task] entreprendre; [+ duty] se charger de; [+ respon-
sibility] assumer; **to ~ to do sth** se charger de faire qch

undertaker /ˈʌndəˌteɪkəʳ/ N (Brit) entrepreneur (m) des
pompes funèbres; **the ~'s** les pompes (fpl) funèbres

undertaking /ˌʌndəˈteɪkɪŋ/ N ⓐ (= task, operation) entreprise (f); **it is quite an ~ (to do) that** ce n'est pas une
mince affaire (que de faire cela) ⓑ (= promise) promesse
(f); **to give an ~** promettre (**to do sth** de faire qch)

underthings* /ˈʌndəθɪŋz/ NPL dessous (mpl)

undertone /ˈʌndətəʊn/ N (= suggestion) sous-entendu
(m); **racial/sexual ~s** sous-entendus (mpl) raciaux/sexuels;
an ~ of criticism des critiques voilées; **to say sth in an ~**
dire qch à mi-voix

underused /ˌʌndəˈjuːzd/, **underutilized** /ˌʌndə-
ˈjuːtɪlaɪzd/ ADJ [resources, land] sous-exploité; [facilities, equip-
ment] sous-employé

undervalue /ˌʌndəˈvæljuː/ VT sous-estimer

underwater /ˈʌndəˈwɔːtəʳ/ 1 ADJ sous-marin 2 ADV sous
l'eau

underway, under way /ˌʌndəˈweɪ/ ADJ **to be ~** [talks,
search, process] être en cours; **to get ~** [talks, campaign] démarrer; [process, reforms] être mis en œuvre

underwear /ˈʌndəwɛəʳ/ N sous-vêtements (mpl)

underweight /ˌʌndəˈweɪt/ ADJ [person] **to be ~** être trop
maigre

underwhelmed* /ˌʌndəˈwɛlmd/ ADJ peu impressionné;
to be ~ by sth ne pas être impressionné par qch

underworld /ˈʌndəwɜːld/ 1 N ⓐ (= hell) **the ~** les enfers
(mpl) ⓑ (criminal) **the ~** le milieu 2 ADJ **to have ~ connections** avoir des relations avec le milieu

underwrite /ˌʌndəˈraɪt/ (pret **underwrote**, ptp
underwritten) VT ⓐ [+ policy] réassurer; [+ risk] assurer
contre; [+ amount] garantir ⓑ (= support) [+ project, enter-
prise] financer

underwriter /ˈʌndəˌraɪtəʳ/ N (Insurance) assureur (m)

undeserved /ˌʌndɪˈzɜːvd/ ADJ immérité

undesirable /ˌʌndɪˈzaɪərəbl/ ADJ, N indésirable (mf)

undetected /ˌʌndɪˈtektɪd/ ADJ **to go ~** passer inaperçu;
to do sth ~ faire qch sans se faire repérer

undeveloped /ˈʌndɪˈveləpt/ ADJ [land, resources] non exploité

undies* /ˈʌndɪz/ NPL dessous (mpl)

undiluted /ˈʌndaɪˈluːtɪd/ ADJ ⓐ [concentrate] non dilué
ⓑ [pleasure] sans mélange

undiplomatic /ˈʌnˌdɪpləˈmætɪk/ ADJ [person] peu diplomate; [action, answer] peu diplomatique

undisciplined /ʌnˈdɪsɪplɪnd/ ADJ indiscipliné

undisclosed /ˈʌndɪsˈkləʊzd/ ADJ non divulgué; **it was
sold for an ~ sum** ça a été vendu pour une somme inconnue

undiscovered /ˈʌndɪsˈkʌvəd/ ADJ (= not found) non découvert; (= unknown) inconnu; **the treasure remained ~ for
700 years** le trésor n'a été découvert que 700 ans plus tard

undisguised /ˈʌndɪsˈgaɪzd/ ADJ non déguisé

undisputed /ˈʌndɪsˈpjuːtɪd/ ADJ incontesté

undistinguished /ˈʌndɪsˈtɪŋgwɪʃt/ ADJ (in character)
quelconque; (in appearance) peu distingué

undisturbed /ˈʌndɪsˈtɜːbd/ ADV [work, play, sleep] sans
être dérangé; **it lay there ~ for seven years** c'est resté là
sept ans, sans être dérangé

undivided /ˈʌndɪˈvaɪdɪd/ ADJ (= wholehearted) [admiration]
sans réserve; **to require sb's ~ attention** exiger toute
l'attention de qn

undo /ʌnˈduː/ (pret **undid**, ptp **undone**) VT [+ button, knot,
parcel,] défaire; [+ good effect] annuler; [+ wrong] réparer;
(Computing) annuler

undoing /ʌnˈduːɪŋ/ N **that was his ~** c'est ce qui a causé
sa perte

undone /ʌnˈdʌn/ 1 VB ptp of **undo** 2 ADJ [button, garment]
défait; [task] non accompli; **to come ~** se défaire; **he left
the job ~** il n'a pas fait le travail

undoubted /ʌnˈdaʊtɪd/ ADJ indubitable

undoubtedly /ʌnˈdaʊtɪdlɪ/ ADV indubitablement

undress /ʌnˈdres/ 1 VT déshabiller; **to get ~ed** se déshabiller 2 VI se déshabiller

undrinkable /ʌnˈdrɪŋkəbl/ ADJ (= unpalatable) imbuvable; (= poisonous) non potable

undue /ʌnˈdjuː/ ADJ excessif; **I hope this will not cause
you ~ inconvenience** j'espère que cela ne vous dérangera
pas outre mesure

undulating /ˈʌndjʊleɪtɪŋ/ ADJ [movement] ondoyant;
[line] sinueux; [countryside] vallonné

unduly /ʌnˈdjuːlɪ/ ADV outre mesure

undying /ʌnˈdaɪɪŋ/ ADJ éternel

unearned /ˈʌnˈɜːnd/ ADJ ⓐ [praise, reward] immérité
ⓑ **~ income** rentes (fpl)

unearth /ʌnˈɜːθ/ VT déterrer

unearthly /ʌnˈɜːθlɪ/ ADJ (= supernatural) surnaturel; **at
some ~ hour** à une heure indue

unease /ʌnˈiːz/ N malaise (m) (**at, about** devant)

uneasiness /ʌnˈiːzɪnɪs/ N malaise (m) (**at, about** devant)

uneasy /ʌnˈiːzɪ/ ADJ [calm, truce] fragile; [conscience] pas
tranquille; [person] (= ill-at-ease) mal à l'aise; (= worried)
inquiet (-ète (f)) (**at, about** devant, de), anxieux; **to become ~ about sth** commencer à s'inquiéter au sujet de
qch; **I have an ~ feeling that he's watching me** j'ai l'impression troublante qu'il me regarde

uneducated /ʌnˈedjʊkeɪtɪd/ ADJ [person] sans instruction

unemployed /ˌʌnɪmˈplɔɪd/ 1 ADJ [person] sans emploi; **~
person** chômeur (m), -euse (f) 2 NPL **the unemployed** les
chômeurs (mpl); **the young ~** les jeunes (mpl) sans emploi

unemployment /ˈʌnɪmˈplɔɪmənt/ N chômage *(m)*; **to reduce ~** réduire le chômage; **~ has risen** le chômage a augmenté ◆ **unemployment compensation** N *(US)* allocation *(f)* (de) chômage ◆ **unemployment figures** NPL chiffres *(mpl)* du chômage ◆ **unemployment rate** N taux *(m)* de chômage; **an ~ rate of 10%** un taux de chômage de 10%

unending /ʌnˈendɪŋ/ ADJ interminable

unenthusiastic /ˈʌnɪnˌθuːzɪˈæstɪk/ ADJ peu enthousiaste

unenviable /ʌnˈenvɪəbl/ ADJ peu enviable

unequal /ʌnˈiːkwəl/ ADJ ⓐ (= *not the same*) inégal; (= *inegalitarian*) inégalitaire ⓑ (= *inadequate*) **to be ~ to a task** ne pas être à la hauteur d'une tâche

unequalled /ʌnˈiːkwəld/ ADJ inégalé

unequivocal /ˌʌnɪˈkwɪvəkəl/ ADJ sans équivoque

unerring /ˈʌnˈɜːrɪŋ/ ADJ [*judgement, sense*] infaillible; [*skill*] sûr

UNESCO /juːˈneskəʊ/ N (ABBR = **United Nations Educational, Scientific and Cultural Organization**) UNESCO *(f)*

unethical /ʌnˈeθɪkəl/ ADJ contraire à l'éthique; (= *contrary to professional code of conduct*) contraire à la déontologie

uneven /ʌnˈiːvən/ ADJ ⓐ [*surface*] inégal; [*path*] cahoteux; [*ground*] accidenté; [*teeth*] irrégulier ⓑ (= *irregular*) irrégulier ⓒ (= *inconsistent*) [*quality, performance, distribution*] inégal

uneventful /ˌʌnɪˈventfʊl/ ADJ [*day, journey*] sans incidents; [*life*] tranquille; [*career*] peu mouvementé; **it's been a pretty ~ day** il ne s'est pas passé grand-chose aujourd'hui

unexceptional /ˌʌnɪkˈsepʃənl/ ADJ quelconque

unexciting /ˌʌnɪkˈsaɪtɪŋ/ ADJ [*time, visit*] peu passionnant; [*life*] sans histoire

unexpected /ˌʌnɪkˈspektɪd/ ADJ inattendu; **it was all very ~** on ne s'y attendait pas du tout

unexpectedly /ˌʌnɪkˈspektɪdlɪ/ ADV subitement; [*agree*] contre toute attente; **his reaction was ~ violent** sa réaction a été étonnamment violente; **to arrive ~** arriver à l'improviste

unexplained /ˌʌnɪksˈpleɪnd/ ADJ inexpliqué

unexploded /ˌʌnɪksˈpləʊdɪd/ ADJ non explosé

unfailing /ʌnˈfeɪlɪŋ/ ADJ [*supply*] inépuisable; [*optimism*] inébranlable; [*remedy*] infaillible

unfair /ʌnˈfeəʳ/ ADJ injuste (**to sb** envers qn); [*competition, tactics*] déloyal; **you're being ~** vous êtes injuste; **it is ~ to expect her to do that** il n'est pas juste d'attendre qu'elle fasse cela; **to have an ~ advantage over sb** être injustement avantagé par rapport à qn ◆ **unfair dismissal** N licenciement *(m)* abusif

unfairly /ʌnˈfeəlɪ/ ADV [*treat, judge, compare*] injustement; **he was ~ dismissed** il a été victime d'un licenciement abusif

unfairness /ʌnˈfeənɪs/ N injustice *(f)*

unfaithful /ʌnˈfeɪθfʊl/ ADJ infidèle; **she was ~ to him** elle l'a trompé

unfamiliar /ˌʌnfəˈmɪljəʳ/ ADJ [*place, person*] inconnu; **to be ~ with sth** mal connaître qch

unfashionable /ʌnˈfæʃnəbl/ ADJ [*dress, subject, opinion*] démodé; [*district*] peu chic *(inv)*; **it is ~ to speak of ...** ça ne se fait plus de parler de ...

unfasten /ʌnˈfɑːsn/ VT défaire

unfathomable /ʌnˈfæðəməbl/ ADJ insondable

unfavourable, unfavorable *(US)* /ʌnˈfeɪvərəbl/ ADJ défavorable; [*terms*] désavantageux

unfeeling /ʌnˈfiːlɪŋ/ ADJ insensible

unfilled /ʌnˈfɪld/ ADJ [*post, vacancy*] à pourvoir

unfinished /ʌnˈfɪnɪʃt/ ADJ [*task, essay*] inachevé; **we have some ~ business (to attend to)** nous avons des affaires à régler

unfit /ʌnˈfɪt/ ADJ ⓐ (= *not physically fit*) en mauvaise condition physique; **he was ~ to drive** il n'était pas en état de conduire; **he is ~ for work** il n'est pas en état de tra-

vailler; **some children are so ~ they cannot do basic gym exercises** la condition physique de certains enfants est si mauvaise qu'il sont incapables de faire les exercices de gymnastique les plus simples

ⓑ (= *incompetent*) inapte (**for** à, **to do sth** à faire qch); (= *unworthy*) indigne (**to do sth** de faire qch); **he is ~ to be a teacher** il ne devrait pas enseigner; **they are ~ to govern the country** ils ne sont pas aptes à gouverner le pays; **~ for consumption** impropre à la consommation

unflagging /ʌnˈflægɪŋ/ ADJ [*support*] indéfectible; [*enthusiasm*] inépuisable; [*interest*] soutenu

unflappable* /ʌnˈflæpəbl/ ADJ imperturbable

unflattering /ʌnˈflætərɪŋ/ ADJ [*description, portrait*] peu flatteur; **she wears ~ clothes** elle porte des vêtements qui ne l'avantagent guère

unflinching /ʌnˈflɪntʃɪŋ/ ADJ [*support*] indéfectible; **she was ~ in her determination to succeed** elle était absolument déterminée à réussir

unfocu(s)sed /ˌʌnˈfəʊkəst/ ADJ [*gaze, eyes*] dans le vague; [*feelings, plans*] vague

unfold /ʌnˈfəʊld/ **1** VT ⓐ [+ *napkin, map*] déplier **2** VI [*flower*] s'ouvrir; [*view, countryside*] s'étendre; [*story*] se dérouler

unforeseeable /ˌʌnfɔːˈsiːəbl/ ADJ imprévisible

unforeseen /ˌʌnfɔːˈsiːn/ ADJ imprévu

unforgettable /ˌʌnfəˈgetəbl/ ADJ inoubliable; (*for unpleasant things*) impossible à oublier

unforgivable /ˌʌnfəˈgɪvəbl/ ADJ impardonnable

unfortunate /ʌnˈfɔːtʃənɪt/ ADJ malheureux; [*person*] malchanceux; **it is most ~ that ...** il est très regrettable que ... (+ *subj*); **he has been ~** il n'a pas eu de chance

unfortunately /ʌnˈfɔːtʃənɪtlɪ/ ADV malheureusement; **an ~ worded remark** une remarque formulée de façon malheureuse

unfounded /ʌnˈfaʊndɪd/ ADJ sans fondement

unfriendly /ʌnˈfrendlɪ/ ADJ [*person, reception*] froid; [*attitude, behaviour, remark*] inamical; (*stronger*) hostile

unfulfilled /ˌʌnfʊlˈfɪld/ ADJ [*promise*] non tenu; [*ambition, prophecy*] non réalisé; [*desire*] insatisfait; [*condition*] non rempli; **to feel ~** éprouver un sentiment d'insatisfaction

unfurl /ʌnˈfɜːl/ **1** VT déployer **2** VI se déployer

unfurnished /ʌnˈfɜːnɪʃt/ ADJ non meublé

ungainly /ʌnˈgeɪnlɪ/ ADJ gauche

ungodly /ʌnˈgɒdlɪ/ ADJ **at some ~ hour** à une heure impossible

ungovernable /ʌnˈgʌvənəbl/ ADJ [*people, country*] ingouvernable

ungrateful /ʌnˈgreɪtfʊl/ ADJ [*person*] ingrat (**towards sb** envers qn); **you ~ thing!** espèce d'ingrat!

unguarded /ʌnˈgɑːdɪd/ ADJ [*place*] sans surveillance; **to leave a place ~** laisser un endroit sans surveillance

unhappily /ʌnˈhæpɪlɪ/ ADV ⓐ (= *miserably*) [*look at, go*] d'un air malheureux; [*say*] d'un ton malheureux ⓑ (= *unfortunately*) malheureusement

unhappiness /ʌnˈhæpɪnɪs/ N tristesse *(f)*

unhappy /ʌnˈhæpɪ/ ADJ ⓐ (= *sad*) [*person, expression, marriage*] malheureux; **I had an ~ time at school** j'ai été malheureux à l'école ⓑ (= *discontented*) [*person*] mécontent (**with** or **about sb/sth** de qn/qch, **at sth** de qch) ⓒ (= *worried*) **I am ~ about leaving him alone** je n'aime pas le laisser seul ⓓ (= *regrettable*) [*experience*] malheureux; [*situation*] regrettable

unharmed /ʌnˈhɑːmd/ ADJ [*person, animal*] indemne; **they were ~** ils s'en sont sortis indemnes

UNHCR /ˌjuːeɪntʃsiːˈɑːʳ/ N (ABBR = **United Nations High Commission for Refugees**) HCR *(m)*

unhealthy /ʌnˈhelθɪ/ ADJ ⓐ (= *harmful*) [*environment, habit*] malsain ⓑ (= *unwell*) [*person, economy*] en mauvaise santé

unheard-of /ʌnˈhɜːdɒv/ ADJ sans précédent

unheeded /ʌnˈhiːdɪd/ ADJ **to go ~** être ignoré

unhelpful /ˌʌn'helpfʊl/ ADJ [person] peu serviable; [remark, advice] inutile; [attitude] peu coopératif

unhesitating /ˌʌn'hezɪteɪtɪŋ/ ADJ [response] immédiat

unholy /ʌn'həʊlɪ/ ADJ [activity] impie; **they made an ~ row*** ils ont fait un chahut pas possible*

unhook /ʌn'hʊk/ VT (= take off hook) décrocher

unhopeful /ʌn'həʊpfʊl/ ADJ [prospect, start] peu prometteur

unhurt /ˈʌn'hɜːt/ ADJ indemne; **they were ~** ils s'en sont sortis indemnes

unhygienic /ˈʌnhaɪ'dʒiːnɪk/ ADJ peu hygiénique

uni* /'juːnɪ/ N (ABBR = **university**) fac* (f); **at ~** en fac*

UNICEF /'juːnɪsef/ N (ABBR = **United Nations Children's Fund**) UNICEF (f)

unicorn /'juːnɪkɔːn/ N licorne (f)

unidentified /ˌʌnaɪ'dentɪfaɪd/ ADJ non identifié ♦ **unidentified flying object** N objet (m) volant non identifié

unification /ˌjuːnɪfɪ'keɪʃən/ N unification (f)

uniform /'juːnɪfɔːm/ 1 N uniforme (m); **in ~** en uniforme; **out of ~** [policeman, soldier] en civil 2 ADJ [shape, size] identique; [temperature] constant; **of a ~ shape/size** de forme/taille identique

uniformity /ˌjuːnɪ'fɔːmɪtɪ/ N uniformité (f)

unify /'juːnɪfaɪ/ VT unifier

unifying /'juːnɪfaɪɪŋ/ ADJ [factor, force, theme, principle] unificateur (-trice (f)); **the struggle has had a ~ effect all of us** cette lutte a réussi à nous unifier tous

unilateral /'juːnɪ'lætərəl/ ADJ unilatéral

unimaginable /ˌʌnɪ'mædʒɪnəbl/ ADJ inimaginable (**to sb** pour qn)

unimaginative /'ʌnɪ'mædʒɪnətɪv/ ADJ [person, film] sans imagination; **to be ~** [person, film] manquer d'imagination; [food] manquer d'originalité

unimpaired /'ʌnɪm'peəd/ ADJ [mental powers] intact

unimportant /'ʌnɪm'pɔːtənt/ ADJ [person] insignifiant; [issue, detail] sans importance

unimpressed /'ʌnɪm'prest/ ADJ (= unaffected) **to be ~ (by or with sb/sth)** (by person, sight) ne pas être impressionné (par qn/qch); **I was ~** ça ne m'a pas impressionné

unimpressive /'ʌnɪm'presɪv/ ADJ [building] très quelconque

uninformed /'ʌnɪn'fɔːmd/ 1 ADJ [person, organization] mal informé (**about sb/sth** sur qn/qch); [comment, rumour, opinion] mal informé; **the ~ observer** l'observateur (m) non averti 2 NPL **the uninformed** le profane

uninhabitable /'ʌnɪn'hæbɪtəbl/ ADJ inhabitable

uninhabited /'ʌnɪn'hæbɪtɪd/ ADJ inhabité

uninhibited /'ʌnɪn'hɪbɪtɪd/ ADJ [person, behaviour] désinhibé

uninjured /'ʌn'ɪndʒəd/ ADJ indemne; **they were ~** ils n'ont pas été blessés

uninspiring /'ʌnɪn'spaɪərɪŋ/ ADJ [person, book, film] sans grand intérêt

unintelligent /'ʌnɪn'telɪdʒənt/ ADJ peu intelligent

unintentionally /'ʌnɪn'tenʃnəlɪ/ ADV involontairement

uninvited /'ʌnɪn'vaɪtɪd/ ADJ [visitor] non invité; [sexual advances] mal venu; **to arrive ~** s'inviter

uninviting /'ʌnɪn'vaɪtɪŋ/ ADJ peu attirant; [food] peu appétissant

union /'juːnjən/ N union (f); (Industry) syndicat (m); **to join a ~** adhérer à un syndicat; **to belong to a ~** être syndiqué ♦ **Union Jack** N Union Jack (m) (inv) (drapeau britannique) ♦ **union member** N (Industry) syndiqué(e) (m(f))

unique /juː'niːk/ ADJ unique (**among** parmi); **to sb/sth** propre à qn/qch; **his own ~ style** son style inimitable

uniquely /juː'niːklɪ/ ADV particulièrement; **~ placed to do sth** particulièrement bien placé pour faire qch

UNISON /'juːnɪzn/ N (Brit) syndicat

unison /'juːnɪsn, 'juːnɪzn/ N **in ~** en chœur

unit /'juːnɪt/ 1 N ⓐ (= one item) unité (f) ⓑ (= complete section) élément (m) ⓒ (= buildings) ensemble (m) ⓓ (= group of people) groupe (m); (in firm) unité (f); **family ~** groupe (m) familial 2 COMP ♦ **unit cost** N coût (m) unitaire

unite /juː'naɪt/ 1 VT ⓐ (= join) unir ⓑ (= unify) unifier 2 VI s'unir (**in doing sth, to do sth** pour faire qch)

united /juː'naɪtɪd/ ADJ [country, opposition] uni; **~ in their belief that ...** unis dans la conviction que ...; **to present a ~ front (to sb)** présenter un front uni (face à qn); **to take a ~ stand against sb/sth** adopter une position commune contre qn/qch ♦ **the United Arab Emirates** NPL les Émirats (mpl) arabes unis ♦ **the United Kingdom** N le Royaume-Uni ♦ **the United Nations** NPL les Nations (f) unies ♦ **the United States** NPL les États-Unis (mpl)

unity /'juːnɪtɪ/ N unité (f)

Univ. (ABBR = **University**) univ.

universal /ˌjuːnɪ'vɜːsəl/ ADJ universel; **a ~ health-care system** une couverture médicale universelle; **to have a ~ appeal** être apprécié de tous; **to make sth ~** rendre qch universel

universally /ˌjuːnɪ'vɜːsəlɪ/ ADV [welcomed, condemned] universellement; [popular, available] partout

universe /'juːnɪvɜːs/ N univers (m)

university /ˌjuːnɪ'vɜːsɪtɪ/ 1 N université (f); **to be at/go to ~** être/aller à l'université

2 COMP [degree, town, library] universitaire; [professor, student] d'université ♦ **Universities and Colleges Admissions Service** N (Brit) service central des inscriptions universitaires ♦ **university degree** N diplôme (m) universitaire ♦ **university education** N **he has a ~ education** il a fait des études universitaires ♦ **university entrance examination** N examen (m) d'entrée à l'université ♦ **university student** N étudiant(e) (m(f)) (à l'université)

unjust /'ʌn'dʒʌst/ ADJ injuste (**to sb** envers qn)

unjustifiable /ʌn'dʒʌstɪfaɪəbl/ ADJ injustifiable

unjustified /'ʌn'dʒʌstɪfaɪd/ ADJ [attack, reputation] injustifié

unjustly /'ʌn'dʒʌstlɪ/ ADV injustement

unkempt /'ʌn'kempt/ ADJ [appearance] négligé; [hair] mal coiffé

unkind /ʌn'kaɪnd/ ADJ ⓐ [person, remark, behaviour] méchant; **to be ~ to sb** être méchant avec qn ⓑ (= adverse) cruel (**to sb** envers qn)

unkindly /ʌn'kaɪndlɪ/ ADV [say, describe] méchamment; **to speak ~ of sb** dire des choses désagréables sur qn

unknown /'ʌn'nəʊn/ 1 ADJ inconnu; **a species ~ to science** une espèce inconnue des scientifiques; **~ to me, he ...** à mon insu, il ...; **~ to him, the plane had crashed** l'avion s'était écrasé, ce qu'il ignorait 2 N ⓐ **the ~** l'inconnu (m); **voyage into the ~** voyage (m) dans l'inconnu ⓑ (= person, actor) inconnu(e) (m(f))

unladen /ʌn'leɪdn/ ADJ [ship] à vide

unlawful /ʌn'lɔːfʊl/ ADJ [act] illégal ♦ **unlawful entry** N effraction (f) ♦ **unlawful possession** N détention (f) illégale

unleaded /ʌn'ledɪd/ 1 ADJ [petrol] sans plomb 2 N (= unleaded petrol) essence (f) sans plomb

unleash /ʌn'liːʃ/ VT [+ dog] détacher; [+ anger] déchaîner

unleavened /ʌn'levnd/ ADJ [bread] sans levain, azyme (Rel)

unless /ən'les/ CONJ à moins que ... (ne) (+ subj), à moins de (+ infin); **I'll take it, ~ you want it** je vais le prendre, à moins que vous (ne) le vouliez; **take it, ~ you can find another** prenez-le, à moins que vous n'en trouviez un autre; **I won't do it ~ you phone me** je ne le ferai que si tu me téléphones; **I won't go ~ you do** je n'irai que si tu y vas toi aussi; **~ I am mistaken** si je ne me trompe

unlicensed /'ʌn'laɪsənst/ ADJ [activity] non autorisé; [vehicle] sans vignette

unlike /ˈʌnˈlaɪk/ PREP ~ **his brother, he ...** à la différence de son frère, il ...; **Glasgow is quite ~ Edinburgh** Glasgow ne ressemble pas du tout à Édimbourg

unlikely /ʌnˈlaɪklɪ/ ADJ [*happening, outcome*] improbable; [*explanation*] invraisemblable; [*friendship*] inattendu; **an ~ place to find ...** un endroit où l'on ne s'attend guère à trouver ...; **they're such an ~ couple** ils forment un couple si invraisemblable; **in the ~ event of war** dans le cas improbable où une guerre éclaterait; **in the ~ event of his accepting** au cas improbable où il accepterait; **it is ~ that she will come** il y a peu de chances qu'elle vienne; **she is ~ to succeed** elle a peu de chances de réussir; **that is ~ to happen** il y a peu de chances que ça se produise

unlimited /ʌnˈlɪmɪtɪd/ ADJ [*amount, number, use*] illimité; **a ticket that allows ~ travel on buses** un ticket qui permet d'effectuer un nombre illimité de trajets en autobus

unlisted /ʌnˈlɪstɪd/ ADJ qui ne figure pas sur la liste; (*US*) [*telephone number*] qui ne figure pas dans l'annuaire; **to go ~** (*US*) [*of telephone user*] ≈ se faire mettre sur la liste rouge

unlit /ʌnˈlɪt/ ADJ [*place*] non éclairé

unload /ʌnˈləʊd/ VT [+ *ship, cargo*] décharger; **to ~ the washing machine** sortir le linge de la machine à laver

unlock /ʌnˈlɒk/ VT [+ *door*] ouvrir; **the door is ~ed** la porte n'est pas fermée à clé

unlucky /ʌnˈlʌkɪ/ ADJ ⓐ (= *unfortunate*) [*person*] malchanceux; [*coincidence, event*] malencontreux; **he is always ~** il n'a jamais de chance; **he tried to get a seat but he was ~** il a essayé d'avoir une place mais il n'a pas réussi; **he was just ~** il a simplement pas eu de chance; **to be ~ in love** ne pas avoir de chance en amour; **it was ~ (for her) that her husband should walk in just then** elle n'a pas eu de chance que son mari soit entré à cet instant précis; **he was ~ not to score a second goal** il a été malchanceux de ne pas marquer un deuxième but; **we were ~ with the weather** nous n'avons pas eu de chance avec le temps ⓑ (= *bringing bad luck*) [*number, colour*] qui porte malheur; **it is ~ to break a mirror** ça porte malheur de casser un miroir

unmanageable /ʌnˈmænɪdʒəbl/ ADJ [*number, size*] difficilement gérable; [*hair*] impossible à coiffer

unmanned /ˈʌnˈmænd/ ADJ [*vehicle, aircraft, flight*] sans équipage; [*spacecraft*] inhabité; [*level-crossing*] automatique; [*station*] sans personnel; [*border post*] non gardé

unmarked /ˈʌnˈmɑːkt/ ADJ ⓐ (= *anonymous*) [*grave*] sans nom; [*police car*] banalisé ⓑ [*essay*] non corrigé

unmarried /ˈʌnˈmærɪd/ ADJ [*person*] célibataire; [*couple*] non marié ♦ **unmarried mother** N mère (*f*) célibataire

unmatched /ˈʌnˈmætʃt/ ADJ [*ability, beauty*] sans pareil

unmistakable /ˈʌnmɪsˈteɪkəbl/ ADJ [*voice, sound, smell, style*] reconnaissable entre mille; **to send an ~ message to sb that ...** faire comprendre clairement à qn que ...; **to bear the ~ stamp of sth** porter la marque indubitable de qch; **to show ~ signs of sth** montrer des signes indubitables de qch

unmitigated /ʌnˈmɪtɪɡeɪtɪd/ ADJ **it was an ~ disaster** c'était une vraie catastrophe

unmoved /ˈʌnˈmuːvd/ ADJ **to be ~ (by sth)** rester indifférent (à qch)

unnamed /ˈʌnˈneɪmd/ ADJ [*author, donor*] anonyme

unnatural /ʌnˈnætʃrəl/ ADJ ⓐ (= *unusual*) [*calm, silence*] anormal; **it is not ~ to think that ...** il n'est pas anormal de penser que ...; **it is not ~ for sb to think that ...** il n'est pas anormal que qn pense que ... ⓑ (= *abnormal, unhealthy*) contre nature

unnaturally /ʌnˈnætʃrəlɪ/ ADV (= *unusually*) anormalement; **it was ~ silent** un silence anormal régnait

unnecessarily /ʌnˈnesɪsərɪlɪ/ ADV inutilement

unnecessary /ʌnˈnesɪsərɪ/ ADJ inutile; [*violence*] gratuit; **to cause ~ suffering to sb** faire souffrir qn inutilement; **it is ~ to add that ...** (il est) inutile d'ajouter que ...

unnerve /ʌnˈnɜːv/ VT troubler

unnerving /ʌnˈnɜːvɪŋ/ ADJ troublant

unnoticed /ˈʌnˈnəʊtɪst/ ADJ inaperçu; **to go ~ (by sb)** passer inaperçu (de qn); **to enter/leave ~ (by sb)** entrer/partir sans se faire remarquer (par qn)

UNO /ˈjuːnəʊ/ N (ABBR = **United Nations Organization**) ONU (*f*)

unobtainable /ˈʌnəbˈteɪnəbl/ ADJ ⓐ (= *unavailable*) **basic necessities were often ~** il était souvent impossible de se procurer l'essentiel; **his number was ~** son numéro était impossible à obtenir ⓑ (= *unrealizable*) [*goal, objective*] irréalisable

unoccupied /ˈʌnˈɒkjʊpaɪd/ ADJ [*house, seat*] inoccupé; [*offices*] vide

unofficial /ˈʌnəˈfɪʃəl/ ADJ ⓐ (= *informal*) [*visit*] privé ⓑ (= *de facto*) [*leader*] non officiel ⓒ (= *unconfirmed*) [*report*] officieux

unofficially /ˈʌnəˈfɪʃəlɪ/ ADV ⓐ (= *informally*) [*ask, report*] de façon non officielle ⓑ (= *off the record*) **~, he supports the proposals** en privé, il soutient ces propositions

unopened /ˈʌnˈəʊpənd/ ADJ **to send a letter back ~** renvoyer une lettre sans l'avoir ouverte; **to leave sth ~** ne pas ouvrir qch

unopposed /ˈʌnəˈpəʊzd/ ADJ sans opposition

unorthodox /ˈʌnˈɔːθədɒks/ ADJ (= *unconventional*) [*person, behaviour, views*] peu orthodoxe

unpack /ʌnˈpæk/ **1** VT [+ *suitcase*] défaire; [+ *belongings*] déballer **2** VI défaire sa valise

unpaid /ˈʌnˈpeɪd/ ADJ [*worker, work*] non rémunéré; [*leave*] non payé; [*bill, rent*] impayé

unpalatable /ʌnˈpælɪtəbl/ ADJ [*food*] immangeable; **the idea was ~ to her** cette idée lui répugnait; **he found the truth ~** il trouvait la vérité dure à accepter

unparalleled /ʌnˈpærəleld/ ADJ [*opportunity*] sans précédent; [*success*] hors pair; [*beauty*] incomparable

unpardonable /ʌnˈpɑːdnəbl/ ADJ [*behaviour*] impardonnable

unpatriotic /ˈʌnˌpætrɪˈɒtɪk/ ADJ [*person*] peu patriote; **such behaviour is considered ~ in America** un tel comportement est jugé antipatriotique en Amérique

unperturbed /ˈʌnpəˈtɜːbd/ ADJ imperturbable; **~ by this failure, he ...** sans se laisser perturber par cet échec, il ...

unplanned /ˈʌnˈplænd/ ADJ [*occurrence*] imprévu; [*baby*] non prévu

unpleasant /ʌnˈpleznt/ ADJ désagréable

unplug /ˈʌnˈplʌɡ/ VT débrancher

unpolluted /ˈʌnpəˈluːtɪd/ ADJ non pollué

unpopular /ˈʌnˈpɒpjʊləʳ/ ADJ impopulaire (**with sb** auprès de qn)

unprecedented /ʌnˈpresɪdəntɪd/ ADJ sans précédent

unpredictable /ˈʌnprɪˈdɪktəbl/ ADJ [*person, behaviour*] imprévisible; [*weather*] incertain

unprepared /ˈʌnprɪˈpɛəd/ ADJ (= *unready*) **to be ~ (for sth/to do sth)** [*person*] ne pas être préparé (à qch/à faire qch); **I was ~ for the exam** je n'avais pas suffisamment préparé l'examen; **he set out quite ~** il est parti sans aucun préparatif

unpretentious /ˈʌnprɪˈtenʃəs/ ADJ sans prétention(s)

unprincipled /ʌnˈprɪnsɪpld/ ADJ [*person*] peu scrupuleux

unproductive /ˈʌnprəˈdʌktɪv/ ADJ [*meeting, discussion*] improductif

unprofessional /ˈʌnprəˈfeʃənl/ ADJ [*person, attitude*] peu professionnel; **to behave in a totally ~ manner** manquer totalement de professionnalisme

unprofitable /ˈʌnˈprɒfɪtəbl/ ADJ [*business*] peu rentable

unprotected /ˈʌnprəˈtektɪd/ ADJ [*person*] sans défense; [*place*] non protégé ♦ **unprotected sex** N rapports (*mpl*) sexuels non protégés

unproven /ˈʌnˈpruːvən, ˈʌnˈprəʊvən/, **unproved** /ˈʌnˈpruːvd/ ADJ [*allegation, charge*] sans preuves

unprovoked /ˈʌnprəˈvəʊkt/ ADJ [*attack, aggression, violence*] gratuit

unpunished /ʌnˈpʌnɪʃt/ ADJ impuni ; **to go ~** rester impuni

unqualified /ʌnˈkwɒlɪfaɪd/ ADJ ⓐ (= *without qualifications*) [*person, staff, pilot*] non qualifié ; **he is ~ for the job** (= *unsuitable*) il n'a pas les qualités requises pour ce poste ; **he is ~ to do it** il n'est pas qualifié pour le faire ⓑ (= *unmitigated*) [*success*] total ; [*support, approval*] inconditionnel

unquestionably /ʌnˈkwestʃənəblɪ/ ADV incontestablement

unquestioning /ʌnˈkwestʃənɪŋ/ ADJ [*faith, love*] absolu ; [*support*] total

unravel /ʌnˈrævəl/ VT [+ *knitting*] défaire ; [+ *mystery*] éclaircir

unread /ʌnˈred/ ADJ **I returned the book ~** j'ai rendu le livre sans l'avoir lu

unreal /ʌnˈrɪəl/ ADJ ⓐ (= *not real*) irréel ⓑ (= *excellent*)* formidable*

unrealistic /ʌnrɪəˈlɪstɪk/ ADJ irréaliste

unrealistically /ʌnrɪəˈlɪstɪkəlɪ/ ADV [*high, low, optimistic*] excessivement

unreasonable /ʌnˈriːznəbl/ ADJ [*person, suggestion, expectations, demands*] déraisonnable ; [*price, amount*] excessif ; **he is being ~** il n'est pas raisonnable ; **at this ~ hour** à cette heure indue ♦ **unreasonable behaviour** N conduite (f) déraisonnable ; **divorce on grounds of ~ behaviour** divorce pour violation grave ou renouvelée des devoirs du mariage

unreasonably /ʌnˈriːznəblɪ/ ADV [*high*] excessivement ; [*act, refuse*] de façon déraisonnable ; **to take an ~ long time** prendre beaucoup trop longtemps ; **quite ~, I can't stand him** c'est tout à fait irraisonné, mais je ne le supporte pas ; **not ~, she had supposed he would help** elle avait de bonnes raisons de supposer qu'il l'aiderait

unrecognizable /ʌnˈrekəɡnaɪzəbl/ ADJ [*person, voice*] méconnaissable

unrecognized /ʌnˈrekəɡnaɪzd/ ADJ ⓐ (= *unnoticed*) [*worth, talent*] méconnu ; **to go ~** [*person, phenomenon, condition*] passer inaperçu ; [*hard work, talent*] ne pas être reconnu ⓑ [*government, party, country*] non reconnu

unrecorded /ʌnˈrɪkɔːdɪd/ ADJ [*crime, incident*] non signalé ; **to go ~** [*crime, incident*] ne pas être signalé

unrefined /ʌnrɪˈfaɪnd/ ADJ ⓐ (= *not processed*) [*sugar*] non raffiné ; [*cereal, rice*] complet (-ète (f)) ; [*oil*] brut ⓑ [*person*] fruste

unrehearsed /ʌnrɪˈhɜːst/ ADJ [*speech*] improvisé

unrelated /ʌnrɪˈleɪtɪd/ ADJ ⓐ (= *unconnected*) [*incident, event, case*] sans rapport ; **to be ~ to sth** n'avoir aucun rapport avec qch ⓑ (= *from different families*) **they are ~** ils n'ont aucun lien de parenté

unrelenting /ʌnrɪˈlentɪŋ/ ADJ [*pressure, criticism*] incessant ; [*pain*] tenace

unreliability /ʌnrɪˌlaɪəˈbɪlɪtɪ/ N [*of person, machine*] manque (m) de fiabilité

unreliable /ʌnrɪˈlaɪəbl/ ADJ [*person, machine, data*] peu fiable

unrelieved /ʌnrɪˈliːvd/ ADJ [*boredom*] mortel

unremarkable /ʌnrɪˈmɑːkəbl/ ADJ [*person, face, place*] quelconque

unremitting /ʌnrɪˈmɪtɪŋ/ ADJ [*hostility, hatred*] implacable ; [*gloom*] persistant

unrepeatable /ʌnrɪˈpiːtəbl/ ADJ [*offer, bargain*] exceptionnel ; **what she said is ~** je n'ose répéter ce qu'elle a dit

unrepentant /ʌnrɪˈpentənt/ ADJ impénitent ; **to be ~** ne pas manifester le moindre repentir

unreported /ʌnrɪˈpɔːtɪd/ ADJ **to go ~** [*crime*] ne pas être signalé

unrepresentative /ʌnˌreprɪˈzentətɪv/ ADJ non représentatif

unreserved /ʌnrɪˈzɜːvd/ ADJ (= *wholehearted*) sans réserve

unreservedly /ʌnrɪˈzɜːvɪdlɪ/ ADV sans réserve

unresolved /ʌnrɪˈzɒlvd/ ADJ [*problem, issue, dispute*] non résolu ; **an ~ question** une question qui reste sans réponse

unresponsive /ʌnrɪsˈpɒnsɪv/ ADJ [*person*] **to be ~ to sth** ne pas réagir à qch

unrest /ʌnˈrest/ N troubles (mpl) ; **industrial ~** grèves (fpl)

unrestrained /ʌnrɪˈstreɪnd/ ADJ ⓐ (= *unchecked*) [*laughter*] irrépressible ; [*joy*] sans mélange ; [*violence*] effréné ; [*language*] sans retenue ; [*use*] immodéré ; **to be ~ by sth** [*person*] ne pas être bridé par qch ; **to be ~ in one's views** exprimer ses opinions sans retenue ⓑ (= *not held physically*) [*car passenger*] sans ceinture ; [*patient*] sans entraves ; [*prisoner*] sans menottes

unrestricted /ʌnrɪˈstrɪktɪd/ ADJ (= *unlimited*) sans restriction(s)

unrewarded /ʌnrɪˈwɔːdɪd/ ADJ non récompensé ; **his patience went ~** sa patience n'a pas été récompensée

unrewarding /ʌnrɪˈwɔːdɪŋ/ ADJ ⓐ (= *unfulfilling*) [*work, job, activity*] ingrat ; [*relationship*] peu satisfaisant ⓑ (*financially*) [*work*] peu rémunérateur (-trice (f))

unrivalled, unrivaled (*US*) /ʌnˈraɪvəld/ ADJ [*knowledge, experience, reputation, success*] sans égal ; **her work is ~ in its quality** son travail est d'une qualité incomparable

unroll /ʌnˈrəʊl/ **1** VT dérouler **2** VI se dérouler

unruffled /ʌnˈrʌfld/ ADJ [*person, voice*] imperturbable ; **to be ~ (by sth)** rester imperturbable (devant qch)

unruly /ʌnˈruːlɪ/ ADJ indiscipliné

unsafe /ʌnˈseɪf/ ADJ [*structure, machine, activity*] dangereux ; [*street*] peu sûr ; **the car is ~ to drive** cette voiture est dangereuse à conduire

unsaid /ʌnˈsed/ ADJ **some things are better left ~** il y a des choses qu'il vaut mieux taire

unsaleable, unsalable (*US*) /ʌnˈseɪləbl/ ADJ invendable

unsatisfactory /ʌnˌsætɪsˈfæktərɪ/ ADJ [*method, answer, relationship*] peu satisfaisant

unsatisfied /ʌnˈsætɪsfaɪd/ ADJ insatisfait (**with sb/sth** de qn/qch) ; **to be left ~** rester sur sa faim

unsatisfying /ʌnˈsætɪsfaɪɪŋ/ ADJ [*book, relationship*] peu satisfaisant

unsavoury, unsavory (*US*) /ʌnˈseɪvərɪ/ ADJ [*person*] peu recommandable ; [*reputation*] douteux ; [*remark*] de mauvais goût ; **an ~ business** une sale affaire

unscathed /ʌnˈskeɪðd/ ADJ ⓐ (= *uninjured*) indemne ; **to escape ~ (from sth)** sortir indemne (de qch) ⓑ (= *unaffected*) non affecté

unscented /ʌnˈsentɪd/ ADJ non parfumé

unscheduled /ʌnˈʃedjuːld/ ADJ imprévu

unscientific /ʌnˌsaɪənˈtɪfɪk/ ADJ [*approach*] peu scientifique ; **he was ~ in his approach** sa démarche n'était pas scientifique

unscrew /ʌnˈskruː/ VT dévisser

unscrupulous /ʌnˈskruːpjʊləs/ ADJ sans scrupules

unseasonably /ʌnˈsiːznəblɪ/ ADV **~ warm/cold/mild weather** un temps exceptionnellement chaud/froid/doux pour la saison

unsecured /ʌnsɪˈkjʊəd/ ADJ [*loan*] sans garantie

unseeded /ʌnˈsiːdɪd/ ADJ [*tennis player*] qui n'est pas tête de série

unseen /ʌnˈsiːn/ **1** ADJ (= *not previously seen*) [*film, photos, diaries*] inédit **2** ADV [*enter, leave*] sans être vu (**by sb** par qn) ; **to remain ~** ne pas être vu **3** N (= *translation test*) version (f) (*sans préparation*)

unselfish /ʌnˈselfɪʃ/ ADJ [*person, act, love*] désintéressé ; (*Sport*) [*player*] qui a l'esprit d'équipe

unselfishly /ʌnˈselfɪʃlɪ/ ADV [*act, behave*] de façon désintéressée ; (*Sport*) [*play*] avec un bon esprit d'équipe

unsentimental /ʌnˌsentɪˈmentl/ ADJ **he's very ~** il ne fait pas de sentiment

unsettled /ʌnˈsetld/ ADJ ⓐ (= *uncertain*) [*situation, market, weather*] instable ; [*future*] incertain ⓑ (= *restless*) [*person, life*] perturbé ; **he feels ~ in his job** il ne se sent pas vraiment à l'aise dans son travail ⓒ (= *unresolved*) [*issue*] non résolu; [*conflict*] non réglé; **the question remains ~** la question n'est toujours pas réglée

unsettling /ˈʌnˈsetlɪŋ/ ADJ perturbant

unshak(e)able /ˈʌnˈʃeɪkəbl/ ADJ inébranlable

unshaven /ˈʌnˈʃeɪvn/ ADJ mal rasé

unshockable /ˈʌnˈʃɒkəbl/ ADJ **he is (completely) ~** rien ne le choque

unsightly /ʌnˈsaɪtlɪ/ ADJ disgracieux; **to look ~** être disgracieux; **he has an ~ scar on his face** il a une cicatrice assez laide sur le visage

unsigned /ˈʌnˈsaɪnd/ ADJ [*letter, article, contract*] non signé

unsinkable /ˈʌnˈsɪŋkəbl/ ADJ insubmersible; [*politician*] indéboulonnable

unskilled /ˈʌnˈskɪld/ ADJ [*work, worker*] non qualifié

unsociable /ʌnˈsəʊʃəbl/ ADJ [*person*] peu sociable; **I'm feeling rather ~ this evening** je n'ai pas tellement envie de voir des gens ce soir

unsocial /ʌnˈsəʊʃəl/ ADJ **to work ~ hours** travailler en dehors des heures normales

unsold /ˈʌnˈsəʊld/ ADJ [*goods, tickets, holidays*] invendu

unsolicited /ˈʌnsəˈlɪsɪtɪd/ ADJ [*mail, phone call, advice*] non sollicité

unsolved /ˈʌnˈsɒlvd/ ADJ [*mystery, crime*] non éclairci

unsophisticated /ˈʌnsəˈfɪstɪkeɪtɪd/ ADJ [*person, tastes, device*] simple

unsound /ˈʌnˈsaʊnd/ ADJ ⓐ (= *unreliable*) [*advice, evidence, reasoning*] douteux; **ecologically ~** contestable sur le plan écologique; **politically ~** politiquement douteux ⓑ (= *in poor condition*) [*building*] en mauvais état

unspeakable /ʌnˈspiːkəbl/ ADJ [*act, object, horror, food*] innommable; [*pain, cruelty*] indescriptible

unspoiled /ˈʌnˈspɔɪld/, **unspoilt** /ˈʌnˈspɔɪlt/ ADJ [*countryside, view, village*] préservé

unspoken /ˈʌnˈspəʊkən/ ADJ [*words, hope*] inexprimé; [*criticism, message*] implicite

unsporting /ˈʌnˈspɔːtɪŋ/ ADJ déloyal; **that's very ~ of you** ce n'est pas très chic de votre part

unstable /ˈʌnˈsteɪbl/ ADJ instable

unsteady /ˈʌnˈstedɪ/ ADJ ⓐ (= *shaky*) [*person, voice, legs, gait*] mal assuré; **he's still a bit ~ on his feet** il n'est pas encore très solide sur ses jambes ⓑ (= *unsecured*) [*ladder, structure*] instable

unstick /ˈʌnˈstɪk/ (*pret, ptp* **unstuck**) VT décoller; **to come unstuck** [*stamp, notice*] se décoller;* [*plan*] tomber à l'eau; [*person, team*] commencer à avoir des problèmes

unstoppable /ˈʌnˈstɒpəbl/ ADJ [*momentum, progress, rise*] irrépressible; [*force*] irrésistible; [*free kick, header, shot*] imparable; **the advance of science is ~** on ne peut arrêter les progrès de la science; **the Labour candidate seems ~** il semble que rien ne puisse arrêter le candidat travailliste

unstuck /ˈʌnˈstʌk/ VB *pt, ptp of* **unstick**

unsubstantial /ˈʌnsəbˈstænʃəl/ ADJ [*meal*] peu substantiel; [*evidence*] insuffisant

unsubstantiated /ˈʌnsəbˈstænʃɪeɪtɪd/ ADJ [*rumour, allegation*] sans fondement; [*story*] non confirmé; [*claim*] non fondé; **these reports remain ~** ces informations ne sont toujours pas confirmées

unsuccessful /ˈʌnsəkˈsesfʊl/ ADJ infructueux; **to prove ~** [*search, negotiations*] ne mener à rien; **we regret to inform you that your application for the post has been ~** nous regrettons de ne pouvoir donner suite à votre candidature au poste concerné; **they were ~ in their efforts** leurs efforts ont été infructueux; **to be ~ in doing sth** ne pas réussir à faire qch

unsuccessfully /ˈʌnsəkˈsesfəlɪ/ ADV sans succès

unsuitable /ˈʌnˈsuːtəbl/ ADJ [*action, reply, clothes*] inapproprié; [*language, attitude*] inconvenant; **he is ~ for the post** il ne convient pas pour ce poste; **this land is entirely ~ for agriculture** ce terrain ne se prête pas du tout à l'agriculture; **his shoes were totally ~ for walking in the country** ses chaussures étaient totalement inadaptées pour la

randonnée; **~ for children** déconseillé aux enfants; **"~ for children under 3"** « ne pas donner aux enfants de moins de 3 ans »; **the building was totally ~ as a museum space** ce bâtiment n'était absolument pas adapté pour servir de musée

unsuited /ˈʌnˈsuːtɪd/ ADJ **~ to sth** [*person*] inapte à qch; [*thing*] inadapté à qch; **Mary and Neil are ~** Mary et Neil ne sont pas faits l'un pour l'autre; **to be ~ for doing sth** ne pas être fait pour faire qch

unsung /ˈʌnˈsʌŋ/ ADJ [*hero, heroine*] méconnu

unsupported /ˈʌnsəˈpɔːtɪd/ ADJ ⓐ (= *unsubstantiated*) [*allegation, accusation*] sans preuves; [*claim*] infondé; **~ by evidence** non étayé par des preuves ⓑ (*physically*) **to walk/stand ~** [*person*] marcher/se tenir debout sans soutien

unsure /ˈʌnˈʃʊəʳ/ ADJ ⓐ (= *doubtful*) **I'm ~** je n'en suis pas sûr; **to be ~ about sb/sth** ne pas être sûr de qn/qch; **to be ~ about how to do sth** ne pas trop savoir comment faire qch; **she is ~ what to do** elle ne sait pas trop quoi faire; **they're ~ when he'll return** ils ne savent pas trop quand il rentrera; **he was ~ whether he would be able to do it** il n'était pas sûr de pouvoir le faire ⓑ (= *lacking confidence*) **to be ~ of o.s.** ne pas être sûr de soi

unsurprising /ˈʌnsəˈpraɪzɪŋ/ ADJ peu surprenant

unsuspecting /ˈʌnsəsˈpektɪŋ/ ADJ sans méfiance

unsweetened /ˈʌnˈswiːtnd/ ADJ [*tea, coffee*] sans sucre; [*yoghurt*] non sucré; [*fruit juice*] sans sucre ajouté

unswerving /ʌnˈswɜːvɪŋ/ ADJ [*support*] indéfectible; **to be ~ in one's belief in sth** avoir une foi inébranlable en qch

unsympathetic /ˈʌnˌsɪmpəˈθetɪk/ ADJ [*person, attitude, treatment*] peu compatissant; **~ to sb's needs/problems** indifférent aux besoins/problèmes de qn; **~ to sth** (= *hostile*) hostile à qch

unsystematic /ˈʌnˌsɪstɪˈmætɪk/ ADJ [*work, reasoning*] peu méthodique

untangle /ˈʌnˈtæŋgl/ VT [+ *wool, hair*] démêler; [+ *mystery*] débrouiller

untapped /ˈʌnˈtæpt/ ADJ inexploité

untaxed /ˈʌnˈtækst/ ADJ [*goods*] exempt de taxes; [*income*] exempté d'impôts

untenable /ˈʌnˈtenəbl/ ADJ [*theory, argument*] indéfendable; [*position, situation*] intenable

unthinkable /ʌnˈθɪŋkəbl/ ADJ (= *inconceivable*) impensable; **it is ~ that ...** il est impensable que ... (+ *subj*); **it would be ~ for her to do that** il serait inconceivable qu'elle fasse cela

unthinkingly /ʌnˈθɪŋkɪŋlɪ/ ADV [*behave*] sans réfléchir

untidily /ʌnˈtaɪdɪlɪ/ ADV [*work*] sans soin; **his books lay ~ about the room** ses livres étaient étalés en désordre dans toute la pièce

untidy /ʌnˈtaɪdɪ/ ADJ (*in appearance*) [*room, desk, hair*] en désordre; [*person*] négligé; [*work*] brouillon; (*in habits*) [*person*] désordonné; **in an ~ heap** empilés en désordre

untie /ˈʌnˈtaɪ/ VT [+ *shoelaces*] dénouer; [+ *hands, person*] détacher

until /ənˈtɪl/ **1** PREP jusqu'à; **~ such time as ...** (*in future*) jusqu'à ce que ... (+ *subj*), en attendant que ... (+ *subj*); (*in past*) avant que ... (+ *subj*); **~ the next day** jusqu'au lendemain; **~ now** jusqu'à maintenant; **~ then** jusque-là; **not ~** (*in future*) pas avant; (*in past*) ne ... que; **it won't be ready ~ tomorrow** ce ne sera pas prêt avant demain; **he didn't leave ~ the following day** il n'est parti que le lendemain; **I had heard nothing of it ~ five minutes ago** j'en ai entendu parler pour la première fois il y a cinq minutes

2 CONJ (*in future*) jusqu'à ce que (+ *subj*), en attendant que (+ *subj*); (*in past*) avant que (+ *subj*); **wait ~ I come** attendez que je vienne; **~ they build the new road** en attendant qu'ils fassent la nouvelle route; **~ they built the new road** avant qu'ils (ne) fassent la nouvelle route; **he laughed ~ he cried** il a ri aux larmes; **not ~** (*in future*) tant que ... ne (+ *indic*) pas; (*in past*) tant que ... ne (+ *indic*) pas; **do nothing ~ I tell you** ne faites rien tant que je ne vous l'aurai pas dit; **do nothing ~ you get my letter** ne faites rien avant d'avoir reçu ma lettre; **wait ~ you get my letter** attendez d'avoir reçu ma lettre

untimely /ʌnˈtaɪmlɪ/ ADJ [*death*] prématuré; [*remark*] inopportun

untiring /ʌnˈtaɪərɪŋ/ ADJ [*work, efforts*] soutenu; **to be ~ in one's efforts (to do sth)** ne pas ménager ses efforts (pour faire qch)

untold /ʌnˈtəʊld/ ADJ [*misery, suffering*] indicible; **it caused ~ damage** ça a causé d'énormes dégâts

untouched /ʌnˈtʌtʃt/ ADJ ⓐ (= *undamaged*) [*building, constitution*] intact ⓑ (= *unaffected*) **~ by sth** non affecté par qch ⓒ (= *not eaten or drunk*) **he left his meal/coffee ~** il n'a pas touché à son repas/café

untoward /ˌʌntəˈwɔːd/ ADJ fâcheux; **nothing ~ happened** il ne s'est rien passé de fâcheux

untrained /ʌnˈtreɪnd/ ADJ [*person, worker*] (= *inexperienced*) sans expérience; (= *unqualified*) non qualifié; [*horse, dog*] non dressé; **to the ~ eye** pour un œil inexercé

untranslatable /ˌʌntrænzˈleɪtəbl/ ADJ intraduisible

untreated /ʌnˈtriːtɪd/ ADJ non traité; **he let it go ~** [*illness*] il ne s'est pas soigné

untried /ʌnˈtraɪd/ ADJ (= *untested*) non testé

untroubled /ʌnˈtrʌbld/ ADJ (= *serene*) [*person*] serein; [*sleep*] paisible; **to be ~ by sth** (= *not worried*) ne pas être affecté par qch

untrue /ʌnˈtruː/ ADJ (= *inaccurate*) faux (fausse (*f*))

untrustworthy /ʌnˈtrʌst,wɜːðɪ/ ADJ **he's very ~** on ne peut vraiment pas se fier à lui

unusable /ʌnˈjuːzəbl/ ADJ inutilisable

unused /ʌnˈjuːzd/ ADJ ⓐ (= *not utilized*) [*goods*] inutilisé; [*land, building*] inoccupé ⓑ /ʌnˈjuːst/ (= *unaccustomed*) **to be ~ to (doing) sth** ne pas être habitué à (faire) qch

unusual /ʌnˈjuːʒəl/ ADJ [*name*] peu commun; [*circumstances, gift*] inhabituel; **nothing ~** rien d'inhabituel; **it's not ~ for him to be late** il n'est pas rare qu'il soit en retard; **it is ~ that ...** il est rare que ... (+ *subj*); **this was ~ for me** c'était inhabituel pour moi

unusually /ʌnˈjuːʒəlɪ/ ADV [*large, quiet, cheerful*] exceptionnellement

unvarnished /ʌnˈvɑːnɪʃt/ ADJ [*wood*] non verni

unveil /ʌnˈveɪl/ VT dévoiler

unwanted /ʌnˈwɒntɪd/ ADJ [*possessions*] dont on ne veut plus; [*pregnancy, child*] non désiré; **to feel ~** se sentir rejeté; **to remove ~ hair** enlever les poils superflus

unwarranted /ʌnˈwɒrəntɪd/ ADJ injustifié

unwashed /ʌnˈwɒʃt/ ADJ [*hands, object*] non lavé

unwavering /ʌnˈweɪvərɪŋ/ ADJ [*devotion, resolve*] inébranlable; [*voice*] ferme; **to be ~ in one's support for sth** apporter un soutien indéfectible à qch; **to be ~ in one's opposition to sth** être résolument opposé à qch

unwelcome /ʌnˈwelkəm/ ADJ [*visitor*] importun; [*publicity*] fâcheux; **to make sb feel ~** donner à qn l'impression qu'il est de trop; **he attracted the ~ attention of the FBI** il a attiré l'attention du FBI, ce dont il se serait bien passé

unwell /ʌnˈwel/ ADJ [*person*] souffrant; **to feel ~** ne pas se sentir bien

unwieldy /ʌnˈwiːldɪ/ ADJ [*tool, weapon*] peu maniable

unwilling /ʌnˈwɪlɪŋ/ ADJ ⓐ **to be ~ to do sth** ne pas être disposé à faire qch ⓑ (= *reluctant*) [*accomplice, conscript*] malgré soi; **he was an ~ participant in the affair** il se trouvait impliqué dans l'affaire malgré lui

unwillingly /ʌnˈwɪlɪŋlɪ/ ADV à contrecœur

unwind /ʌnˈwaɪnd/ (*pret, ptp* **unwound**) 1 VT dérouler 2 VI ⓐ se dérouler ⓑ (= *relax*)* se relaxer

unwise /ʌnˈwaɪz/ ADJ [*person, decision, remark*] imprudent; **it was an ~ thing to say** ce n'était pas très judicieux de dire ça; **I thought it ~ to travel alone** j'ai pensé qu'il serait imprudent de voyager seul

unwisely /ʌnˈwaɪzlɪ/ ADV [*act, behave*] imprudemment

unwitting /ʌnˈwɪtɪŋ/ ADJ [*involvement*] involontaire; **to be an ~ victim of sth** être sans le savoir la victime de qch

unwittingly /ʌnˈwɪtɪŋlɪ/ ADV [*cause, reveal*] involontairement

unworkable /ʌnˈwɜːkəbl/ ADJ [*plan, suggestion*] irréalisable

unworldly /ʌnˈwɜːldlɪ/ ADJ ⓐ (= *unmaterialistic*) détaché de ce monde ⓑ (= *naive*) naïf (naïve (*f*))

unworthy /ʌnˈwɜːðɪ/ ADJ [*activity*] sans grand intérêt; [*feeling*] indigne; **I feel so ~!** je me sens si indigne!; **~ of sb/sth** indigne de qn/qch

unwrap /ʌnˈræp/ VT ouvrir

unwritten /ʌnˈrɪtn/ ADJ [*rule, agreement*] tacite; **it is an ~ rule that ...** il est tacitement admis que ...

unzip /ʌnˈzɪp/ VT ⓐ ouvrir (la fermeture éclair® de); **can you ~ me?** peux-tu défaire ma fermeture éclair®? ⓑ (*Computing*) dézipper

---

up /ʌp/

1 PREPOSITION	5 INTRANSITIVE VERB
2 ADVERB	6 TRANSITIVE VERB
3 NOUN	7 COMPOUNDS
4 ADJECTIVE	

► *When* **up** *is the second element in a phrasal verb, eg* **come up**, **throw up**, *look up the verb. When it is part of a set combination, eg* **this way up**, **close up**, *look up the other word.*

1 PREPOSITION

to be up a tree/up a ladder être dans un arbre/sur une échelle; **up north** dans le nord

2 ADVERB

ⓐ ⟦indicating direction, position⟧ **up there** là-haut; **he lives five floors up** il habite au cinquième étage

► *When used with a preposition,* **up** *is often not translated.*

the ladder was up against the wall l'échelle était (appuyée) contre le mur; **up at the top of the tree** en haut de l'arbre; **he's up from Birmingham** il arrive de Birmingham; **he threw the ball up in the air** il a jeté le ballon en l'air; **up in the mountains** dans les montagnes; **up in Scotland** en Écosse; **he's up in Leeds for the weekend** il est monté à Leeds pour le week-end; **the monument is up on the hill** le monument se trouve en haut de la colline

ⓑ ⟦indicating advantage⟧ **Chelsea were three goals up** Chelsea menait par trois buts

ⓒ ⟦set structures⟧

♦ **to be up against sth**: **to be up against difficulties** se heurter à des difficultés; **he's up against stiff competition** il est confronté à des concurrents redoutables; **we're really up against it** ça ne va pas être facile

♦ **up and down**: **people up and down the country are saying ...** partout dans le pays les gens disent ...; **he walked up and down (the street)** il faisait les cent pas (dans la rue)

♦ **to be up for sth**: **are you up for it?*** (= *willing*) tu es partant?*; (= *fit*) tu te sens d'attaque*?

♦ **up to** (= *as far as*) jusqu'à; **up to now** jusqu'à maintenant; **up to here** jusqu'ici; **up to there** jusque-là; **to be up to one's knees in water** avoir de l'eau jusqu'aux genoux; **to count up to 100** compter jusqu'à 100; **what page are you up to?** à quelle page en êtes-vous?

♦ **to be up to sth** (= *capable of*) **she's not up to the job** elle n'est pas à la hauteur; **is he up to doing research?** est-il capable de faire de la recherche?; **it isn't up to his usual standard** (= *equal to*) il peut faire bien mieux que cela

♦ **to feel** *or* **be up to sth** (= *strong enough for*) **I just don't feel up to it** je ne m'en sens pas le courage; **he really isn't up to going back to work yet** il n'est vraiment pas en état de reprendre le travail

♦ **to be up to sth*** (= *doing*) **what is he up to?** qu'est-ce qu'il fabrique?*; **he's up to something** il manigance quelque chose; **what have you been up to?** qu'est-ce que tu as fabriqué?*; **he's up to no good** il mijote* un mauvais coup

♦ **to be up to sb** (= *depend on*) **it's up to you to decide** c'est à vous de décider; **shall I do it? — it's up to you** je le fais ? — à vous de voir ; **if it were up to me ...** si ça ne tenait qu'à moi ...

3 NOUN

♦ **ups and downs** (in life, health) des hauts (mpl) et des bas (mpl) ; **his career had its ups and downs** sa carrière a connu des hauts et des bas

4 ADJECTIVE

ⓐ = out of bed **to be up** être levé ; **get up!** debout ! ; **he's always up early** il se lève toujours de bonne heure ; **I was up late last night** je me suis couché tard hier soir ; **he was up all night writing the essay** il a passé toute la nuit sur cette dissertation ; **she was up all night because the baby was ill** elle n'a pas fermé l'œil de la nuit parce que le bébé était malade

ⓑ = raised **the blinds were up** les stores n'étaient pas baissés ; **"this side up"** (on parcel) « haut » ; **hands up, everyone who knows the answer** levez le doigt si vous connaissez la réponse ; **hands up!** (to gunman) haut les mains !

ⓒ = installed, built

▶ Whichever verb is implicit in English is usually made explicit in French.

we've got the curtains/pictures up at last nous avons enfin posé les rideaux/accroché les tableaux

ⓓ = increased **to be up** [prices, salaries] avoir augmenté (by de) ; **petrol is up again** l'essence a encore augmenté ; **it is up on last year** ça a augmenté par rapport à l'an dernier

ⓔ = finished **his leave is up** sa permission est terminée ; **time's up!** c'est l'heure !

ⓕ = wrong * **what's up?** qu'est-ce qui ne va pas ? ; **what's up with him?** qu'est-ce qu'il a qui ne va pas ? ; **what's up with the car?** qu'est-ce qui ne va pas avec la voiture ? ; **what's up with your leg?** qu'est-ce qui t'est arrivé à la jambe ?* ; **there's something up with Paul** il y a quelque chose qui ne tourne pas rond* chez Paul

ⓖ set structures

♦ **up and about:** she was up and about at 7 o'clock elle était debout dès 7 heures

♦ **to be up and down:** he was up and down all night il n'a pas arrêté de se lever toute la nuit ; **he's been rather up and down recently** il a eu des hauts et des bas récemment

♦ **up and running** (= functioning) opérationnel ; **to get sth up and running** mettre qch en route

5 INTRANSITIVE VERB

one day he just upped and left* un jour il est parti comme ça*

6 TRANSITIVE VERB

= raise* [+ prices, wages] augmenter

7 COMPOUNDS

♦ **up-and-coming** ADJ [politician, businessman, actor] qui monte ♦ **up-to-the-minute** ADJ [news] dernier

upbeat* /'ʌpbiːt/ ADJ optimiste

upbringing /'ʌpbrɪŋɪŋ/ N éducation (f) ; **I had a strict ~** j'ai été élevé d'une manière stricte ; **I had a Jewish ~** j'ai été élevé dans la tradition juive

upcoming /'ʌpkʌmɪŋ/ ADJ prochain

update 1 VT mettre à jour ; **to ~ sb on sth** mettre qn au courant de qch **2** N mise (f) à jour

★ Lorsque **update** est un verbe, l'accent tombe sur la deuxième syllabe : /ʌp'deɪt/, lorsque c'est un nom, sur la première : /'ʌpdeɪt/.

upend /ʌp'end/ VT [+ box] mettre debout

upfront /ʌp'frʌnt/ ADJ [person, attitude] franc (franche (f)) ; **he was very ~ about his illness** il a parlé ouvertement de sa maladie

up front /ʌp'frʌnt/ ADV [pay, charge] d'avance

upgrade 1 N [of software] nouvelle version (f) ; [of memory] augmentation (f) de la capacité ; [of hardware] mise (f) à niveau

2 VT ⓐ (= improve) améliorer ; [+ software] se procurer une nouvelle version de ; [+ hardware] mettre à jour ; [+ machinery, building, road, area] améliorer ; [+ passenger] faire voya-

ger en classe supérieure ; **I was ~d from economy to club class** je suis passé de la classe économique à la classe affaires

ⓑ (= promote) [+ employee] promouvoir

3 VI (= buy new computer) acheter une machine plus puissante ; (= buy new software) acheter un logiciel plus puissant ; (Travel) voyager en classe supérieure

★ Lorsque **upgrade** est un nom, l'accent tombe sur la première syllabe : /'ʌpgreɪd/, lorsque c'est un verbe, sur la deuxième : /ʌp'greɪd/.

upheaval /ʌp'hiːvəl/ N bouleversement (m)

uphill 1 ADV **to go ~** [road] monter ; **the car went ~** la voiture a monté la côte **2** ADJ ⓐ (= up gradient) **~ walk** montée (f) ⓑ (= difficult) **it's an ~ struggle (trying to find a job)** ce n'est pas évident* (d'essayer de trouver un emploi) ; **it was ~ all the way (trying to convince him)** ça a été difficile (de le convaincre)

★ Lorsque **uphill** est un adverbe, l'accent tombe sur la seconde syllabe : /ʌp'hɪl/, lorsque c'est un adjectif, sur la première : /'ʌp,hɪl/.

uphold /ʌp'həʊld/ (pret, ptp **upheld**) VT [+ law] faire respecter

upholstery /ʌp'həʊlstərɪ/ N (= covering) (cloth) tissu (m) d'ameublement ; (leather) cuir (m) ; (in car) garniture (f)

upkeep /'ʌpkiːp/ N [of house, garden] entretien (m)

uplift /'ʌplɪft/ N **an ~ in the economy** un redressement de l'économie

upload /ʌp'ləʊd/ VT (Computing) télécharger (vers un serveur)

upmarket /ˌʌp'mɑːkɪt/ ADJ (Brit) [goods, car] haut de gamme (inv) ; [newspaper] sérieux ; [area] select* ; **to move** or **go ~** proposer des produits plus luxueux

upon /ə'pɒn/ PREP sur

upper /'ʌpəʳ/ **1** ADJ [floor, part, limit] supérieur (-eure (f)) ; **properties at the ~ end of the market** les propriétés (fpl) dans la tranche supérieure du marché ; **I have some pain in my ~ arm** j'ai mal dans le haut du bras ; **to have the ~ hand** avoir le dessus ; **to gain the ~ hand** prendre le dessus

2 N ⓐ [of shoe] empeigne (f)

ⓑ (= drug)* stimulant (m)

3 COMP ♦ **the upper atmosphere** N les couches (fpl) supérieures de l'atmosphère ♦ **upper case** N **in ~ case** en capitales ♦ **upper-case** ADJ **~-case letter** majuscule (f) ♦ **upper-class** ADJ de la haute société ♦ **upper-crust*** ADJ aristocratique ♦ **the Upper House** N la Chambre haute ; (in Britain) la Chambre des lords ; (in France, in the US) le Sénat ♦ **upper management** N cadres (mpl) supérieurs ♦ **upper middle class** ADJ des classes moyennes aisées ♦ **upper school** N grandes classes (fpl) ♦ **upper sixth** N (classe (f) de) terminale (f)

uppermost /'ʌpəməʊst/ ADJ [branches] du haut ; **my career is ~ on my agenda** ma carrière est ce qui compte le plus ; **safety was ~ in his mind** il pensait avant tout à la sécurité

uppity* /'ʌpɪtɪ/ ADJ [person] difficile ; **to get ~ with sb/ about sth** s'énerver après qn/après qch

upright /'ʌpraɪt/ **1** ADJ ⓐ (= vertical) droit ; **put your seat in an ~ position** redressez le dossier de votre siège ⓑ (= honest) droit **2** ADV [sit] droit ; [place] verticalement **3** COMP ♦ **upright piano** N piano (m) droit ♦ **upright vacuum cleaner** N aspirateur-balai (m)

uprising /'ʌpraɪzɪŋ/ N soulèvement (m)

uproar /'ʌprɔːʳ/ N tumulte (m) ; **this caused an ~** cela a déclenché une tempête de protestations

uproarious /ʌp'rɔːrɪəs/ ADJ [meeting] agité ; [laughter] tonitruant

uproot /ʌp'ruːt/ VT déraciner

upset /ʌp'set/ (pret, ptp **upset**) **1** VT ⓐ [+ cup, milk] renverser

ⓑ [+ plan] bouleverser ; [+ calculation] fausser ; [+ person] (= offend) vexer ; (= annoy) contrarier ; **you've ~ him** il est vexé ; **onions ~ my stomach** je ne digère pas les oignons

2 ADJ ⓐ (= *annoyed*) vexé (**about sth** par qch); (= *distressed*) troublé (**about sth** par qch); **he's ~ that you didn't tell him** (= *offended*) il est vexé que vous ne lui ayez rien dit; **he was ~ about losing** (= *annoyed*) il était vexé d'avoir perdu; **to get ~** (= *annoyed*) se vexer; (= *distressed*) être peiné ⓑ /'ʌpset/ **to have an ~ stomach** avoir l'estomac dérangé 3 N (= *upheaval*) désordre (*m*); (*in plans*) bouleversement (*m*) (**in** de); (*emotional*) chagrin (*m*); **to have a stomach ~** avoir une indigestion

upsetting /ʌp'setɪŋ/ ADJ [*experience, incident, feeling*] bouleversant; **the incident was very ~ for me** cet incident m'a beaucoup bouleversé

upshot /'ʌpʃɒt/ N aboutissement (*m*); **the ~ of it all was ...** le résultat de tout cela a été ...

upside down /ˌʌpsaɪd'daʊn/ ADJ, ADV à l'envers; **to hang ~** [*person*] être suspendu la tête en bas; **my world (was) turned ~** ma vie a été bouleversée

upstage /ʌp'steɪdʒ/ VT souffler la vedette à; **he ~d us** il nous a soufflé la vedette

upstairs 1 ADV ⓐ (= *to a higher floor*) **to go ~** monter; **to take sb/sth ~** monter qn/qch ⓑ (= *on floor above*) (*in two-storey building*) en haut; (*in multi-storey building*) à l'étage au-dessus; **the people ~** les gens (*mpl*) du dessus 2 ADJ **an ~ window** une fenêtre à l'étage; **an ~ neighbour** un voisin du dessus

★ *Lorsque* **upstairs** *est un adverbe, l'accent tombe sur la seconde syllabe:* /ʌp'steəz/, *lorsque c'est un adjectif, sur la première:* /'ʌpsteəz/.

upstream /'ʌp'striːm/ ADV [*be*] en amont (**from sth** de qch); [*sail*] vers l'amont; **to swim ~** [*fish*] remonter le courant; [*person*] nager contre le courant

upsurge /'ʌpsɜːdʒ/ N **an ~ of interest** un regain d'intérêt

uptake /'ʌpteɪk/ N (= *understanding*) **to be quick on the ~*** comprendre vite; **to be slow on the ~*** être dur à la détente*

uptight* /ʌp'taɪt/ ADJ ⓐ (= *tense*) [*person*] tendu; **he seemed ~ about me being there** ma présence semblait le rendre nerveux; **to feel ~** être tendu ⓑ (= *annoyed*) [*person*] énervé (**about sth** par qch); **to get ~ (about sth)** s'énerver (à propos de qch)

up-to-date /ˌʌptə'deɪt/ ADJ ⓐ (= *updated*) [*report, file*] à jour ⓑ (= *most recent*) [*assessment, information*] très récent ⓒ (= *modern*) [*course*] moderne; [*attitude, person*] à la page

uptown /'ʌp'taʊn/ (*US*) 1 ADV [*live*] dans les quartiers chics; [*go*] vers les quartiers chics 2 ADJ **~ New York** les quartiers (*mpl*) chics de New York

upturn 1 VT retourner; (= *overturn*) renverser; **~ed nose** nez (*m*) retroussé 2 N (= *improvement*) amélioration (*f*) (**in** de)

★ *Lorsque* **upturn** *est un verbe, l'accent tombe sur la seconde syllabe:* /ʌp'tɜːn/, *lorsque c'est un nom, sur la première:* /'ʌptɜːn/.

upward /'ʌpwəd/ ADJ ⓐ (= *rising*) **to be on an ~ trend** [*market*] être à la hausse; [*economy*] reprendre ⓑ (= *to higher place*) [*stroke, look*] vers le haut; **~ climb** ascension (*f*)

upwardly mobile /ˌʌpwədlɪ'məʊbaɪl/ ADJ **to be ~** monter dans l'échelle sociale

upwards /'ʌpwədz/, **upward** (*US*) /'ʌpwəd/ ADV **to look ~** regarder vers le haut; **to climb ~** monter; **the road sloped gently ~** la route montait en pente douce; **place your hands palm ~ on your knees** placez les mains sur les genoux, paumes vers le haut; **lie face ~ on the floor** allongez-vous par terre sur le dos; **costs continue to spiral ~** les coûts continuent leur spirale ascendante; **to be revised ~** être révisé à la hausse

♦ **upwards of** (= *more than*) plus de; **to cost ~ of £100,000** coûter plus de 100 000 livres

uranium /jʊə'reɪnɪəm/ N uranium (*m*)

Uranus /jʊə'reɪnəs/ N Uranus (*f*)

urban /'ɜːbən/ ADJ [*area, life, poverty*] urbain; [*workers, poor*] des villes ♦ **urban conservation area** N zone (*f*)

urbaine protégée ♦ **urban development** N aménagement (*m*) urbain ♦ **urban development zone** N ≈ zone (*f*) à urbaniser en priorité, ZUP (*f*) ♦ **urban planner** N urbaniste (*mf*) ♦ **urban planning** N urbanisme (*m*) ♦ **urban renewal** N rénovations (*fpl*) urbaines

Urdu /'ʊədu:/ N ourdou (*m*)

urge /ɜːdʒ/ 1 N **to have an ~ to do sth** éprouver une forte envie de faire qch 2 VT [+ *person*] pousser (**to do sth** à faire qch); **to ~ caution on sb** recommander vivement la prudence à qn; **I ~d him not to go** je lui ai vivement déconseillé d'y aller; **to ~ that sth (should) be done** recommander vivement que qch soit fait; **"do it now!" he ~d** « faites-le tout de suite ! » insista-t-il

► **urge on** VT SEP [+ *worker*] presser; [+ *team*] encourager; **to ~ sb on to (do) sth** inciter qn à (faire) qch

urgency /'ɜːdʒənsɪ/ N **a matter of ~** une affaire urgente; **with a note of ~ in his voice** avec insistance

urgent /'ɜːdʒənt/ ADJ [*matter, message*] urgent; [*medical attention*] d'urgence; **he demands an ~ answer** il exige qu'on lui réponde immédiatement; **how ~ is it?** est-ce que c'est très urgent ?; **is it ~?** c'est urgent ?

urgently /'ɜːdʒəntlɪ/ ADV [*need, seek*] d'urgence; **courier ~ required** on recherche de toute urgence un coursier; **he wants to talk to you** il veut vous parler de toute urgence

urinal /'jʊərɪnl/ N (= *place*) urinoir (*m*); (= *receptacle*) urinal (*m*)

urinate /'jʊərɪneɪt/ VI uriner

urine /'jʊərɪn/ N urine (*f*)

URL /ɜː'rl/ N (ABBR = **uniform resource locator**) URL (*f*)

urn /ɜːn/ N (= *vase*) urne (*f*)

Uruguay /'jʊərəgwaɪ/ N Uruguay (*m*)

US /juː'es/ N (ABBR = **United States**) **the US** les USA (*mpl*); **in the US** aux USA; **the US government** le gouvernement des États-Unis

us /ʌs/ PERS PRON nous; **he hit us** il nous a frappés; **give it to us** donnez-le-nous; **in front of us** devant nous; **let's go!** allons-y !; **younger than us** plus jeune que nous; **both of us** tous (*or* toutes) les deux; **several of us** plusieurs d'entre nous; **he is one of us** il est des nôtres

USA /ˌjuːes'eɪ/ N ⓐ (ABBR = **United States of America**) **the ~** les USA (*mpl*) ⓑ (ABBR = **United States Army**) *armée de terre des États-Unis*

usable /'juːzəbl/ ADJ [*equipment, space*] utilisable

USAF /ˌjuːeseɪ'ef/ N (ABBR = **United States Air Force**) *armée de l'air des États-Unis*

usage /'juːzɪdʒ/ N usage (*m*); [*of tool, machine*] utilisation (*f*)

use

1 NOUN	3 AUXILIARY VERB
2 TRANSITIVE VERB	4 PHRASAL VERBS

1 NOUN

ⓐ = act of using utilisation (*f*); **care is necessary in the ~ of chemicals** il faut prendre des précautions quand on utilise des produits chimiques

♦ **for + use**: **directions for ~** mode (*m*) d'emploi; **for your (own) personal ~** à votre usage personnel; **to keep sth for one's own ~** réserver qch à son usage personnel; **for ~ in case of emergency** à utiliser en cas d'urgence; **for general ~** à usage général; **for ~ in schools** à l'usage des écoles; **for external ~ only** à usage externe

♦ **in use** [*machine*] en service; [*word*] usité; **the machine is no longer in ~** la machine n'est plus utilisée

♦ **to come into use**: **these machines came into ~ in 1975** on a commencé à utiliser ces machines en 1975

♦ **out of use**: **to go out of ~** tomber en désuétude

♦ **to make good use of sth** [+ *time, money*] faire bon usage de qch; [+ *opportunity, facilities*] tirer parti de qch

♦ **to put to use** [+ *money, equipment*] utiliser; [+ *knowledge, experience*] mettre à profit; **to put sth to good ~** [+ *time, money*] faire bon usage de qch; [+ *opportunity, facilities*] mettre qch à profit

ⓑ = **way of using** it has many ~s cela a de nombreux usages ; **I've no further ~ for it** je n'en ai plus besoin

ⓒ = **usefulness** utilité *(f)* ; **this tool has its ~s** cet outil a son utilité ; **he has his ~s** il est utile par certains côtés ; **oh, what's the ~?*** à quoi bon ?

♦ **to be of use** être utile (**for sth, to sth** à qch, **to sb** à qn) ; **is this (of) any ~ to you?** est-ce que cela peut vous être utile ? ; **can I be (of) any ~?** puis-je me rendre utile ?

♦ **to be no use** ne servir à rien ; **he's no ~ as a goalkeeper** il est nul comme gardien de but ; **there's no ~* you protesting** inutile de protester ; **it's no ~*, he won't listen** ça ne sert à rien, il ne veut rien entendre

ⓓ = **ability to use, access** usage *(m)* ; **to have the ~ of a garage** avoir l'usage d'un garage ; **he gave me the ~ of his car** il m'a laissé me servir de sa voiture ; **to have lost the ~ of one's arm** avoir perdu l'usage d'un bras

2 TRANSITIVE VERB

ⓐ = **make use of** [+ *object, tool*] se servir de, utiliser ; [+ *force*] utiliser ; [+ *opportunity*] profiter de ; [+ *method*] employer ; [+ *drugs*] prendre ; **are you using this?** vous servez-vous de ceci ? ; **the money is to be ~d to build a new hospital** l'argent servira à construire un nouvel hôpital ; **I don't ~ my French much** je ne me sers pas beaucoup de mon français ; **he said I could ~ his car** il a dit que je pouvais me servir de sa voiture ; **he wants to ~ the bathroom** il veut aller aux toilettes ; **~ your eyes!** sers-toi de tes yeux ! ; **I feel I've just been ~d** j'ai l'impression qu'on s'est servi de moi

ⓑ = **use up** utiliser (tout) ; **have you ~d all the paint?** avez-vous utilisé toute la peinture ?

3 AUXILIARY VERB

what did he ~ to do* on Sundays? qu'est-ce qu'il faisait (d'habitude) le dimanche ? ; **I ~d to swim every day** j'allais nager tous les jours ; **things aren't what they ~d to be** les choses ne sont plus ce qu'elles étaient

> ★ *Lorsque* **use** *est un nom, le* **se** *final se prononce* **s**: /juːs/, *lorsque c'est un verbe, il se prononce* **z**: /juːz/, *sauf dans les expressions* **use** *to ou* **used to**, *où* **se** *et* **sed** *se prononcent* **s** *et* **st**: /juːs/, /juːst/.

4 PHRASAL VERBS

► **use up** /juːzˈʌp/ VT SEP [+ *food*] finir ; [+ *one's strength, resources*] épuiser ; [+ *money*] dépenser

used **1** ADJ ⓐ. (= *not fresh*) [*cup*] sale ; [*tissue, needle, condom*] usagé

ⓑ (= *second-hand*) [*car, equipment*] d'occasion

ⓒ (*after adv* = *employed*) **frequently ~** fréquemment utilisé

ⓓ (= *accustomed*)

♦ **used to: to be ~ to sth** avoir l'habitude de qch ; **to be ~ to doing sth** avoir l'habitude de faire qch ; **to get ~ to sb/ sth** s'habituer à qn/qch ; **you'll soon get ~ to it** vous vous y habituerez vite ; **to get ~ to doing sth** prendre l'habitude de faire qch

2 COMP ♦ **used-car salesman** N vendeur *(m)* de voitures d'occasion

> ★ *La fin de* **used**, **sed**, *se prononce* **zd**: /juːzd/, *sauf dans l'expression* **used to**, *où* **sed** *se prononce* **st**: /juːst/.

useful /ˈjuːsfʊl/ ADJ utile (**for, to sb** à qn) ; **~ addresses** adresses *(fpl)* utiles ; **that's ~ to know** c'est bon à savoir ; **to come in ~** être utile ; (*money*) tomber à pic ; **this work is not serving any ~ purpose** ce travail ne sert à grand-chose ; **it is ~ to know a foreign language** il est utile de connaître une langue étrangère ; **it would be ~ for me to have that information** il me serait utile d'avoir ces renseignements

usefully /ˈjuːsfəlɪ/ ADV utilement ; **his time could be more ~ employed** il pourrait employer son temps plus utilement

usefulness /ˈjuːsfʊlnɪs/ N utilité *(f)*

useless /ˈjuːslɪs/ ADJ ⓐ (= *not useful*) [*person, action, information, tool*] inutile (**to sb** pour qn) ; **our efforts proved ~** nos efforts ont été vains ; **it is ~ to complain** ça ne sert à rien de se plaindre ⓑ (= *incompetent*)* [*teacher, player*] nul* (nulle* *(f)*) ; **he's ~ at French** il est nul en français

user /ˈjuːzəʳ/ N [*of telephone, train*] usager *(m)* ; [*of dictionary, machine, tool*] utilisateur *(m)*, -trice *(f)* ; [*of electricity, gas*] usager *(m)* ; **heroin ~** héroïnomane *(mf)* ♦ **user-friendly** ADJ facile à utiliser ; [*computer*] convivial ♦ **user name** N (*Computing*) nom *(m)* de l'utilisateur ♦ **user's guide** N guide *(m)* de l'utilisateur

usher /ˈʌʃəʳ/ **1** N (*in church*) placeur *(m)* **2** VT **to ~ sb into a room** introduire qn dans une salle

► **usher in** VT SEP [+ *person*] introduire

usherette /ˌʌʃəˈret/ N ouvreuse *(f)*

USSR /ˌjuːeseseˈɑːʳ/ (ABBR = **Union of Soviet Socialist Republics**) URSS *(f)*

usu. ABBR = **usual(ly)**

usual /ˈjuːʒʊəl/ **1** ADJ habituel ; **as is ~ on these occasions** comme il veut l'usage en ces occasions ; **it wasn't his ~ car** ce n'était pas la voiture qu'il prenait d'habitude ; **in the ~ place** à l'endroit habituel ; **more than ~** plus que d'habitude ; **to get up earlier than ~** se lever plus tôt que d'habitude ; **it's quite ~ for this to happen** ça arrive souvent ; **the journey took four hours instead of the ~ two** le voyage a pris quatre heures au lieu des deux heures habituelles ; **she welcomed us in her ~ friendly way** elle nous a accueillis chaleureusement, comme à son habitude

♦ **as usual** (= *as always*) comme d'habitude ; **for her it's just life as ~** pour elle, la vie continue comme avant ; **to carry on as ~** continuer comme d'habitude ; **"business as ~"** « ouvert pendant les travaux » ; **it is business as ~ (for them)** les affaires continuent (pour eux) ; (*fig*) la vie continue (pour eux)

2 N (= *drink*)* **the ~ please!** comme d'habitude, s'il vous plaît !

usually /ˈjuːʒəlɪ/ ADV d'habitude, généralement

usurp /juːˈzɜːp/ VT usurper

UT ABBR = **Utah**

utensil /juːˈtensl/ N ustensile *(m)*

uterus /ˈjuːtərəs/ N utérus *(m)*

utilitarian /ˌjuːtɪlɪˈteərɪən/ ADJ [*approach, object*] utilitaire

utility /juːˈtɪlɪtɪ/ **1** N ⓐ (= *usefulness*) utilité *(f)* ⓑ (= *public utility*) service *(m)* public **2** COMP ♦ **utility room** N buanderie *(f)*

utilize /ˈjuːtɪlaɪz/ VT utiliser ; [+ *resources, talent*] exploiter

utmost /ˈʌtməʊst/ **1** ADJ **she used the ~ restraint in talking to him** elle a eu la plus grande retenue quand elle lui a parlé ; **it is of (the) ~ importance that ...** il est de la plus haute importance que ... (+ *subj*) ; **a matter of (the) ~ urgency** une affaire de la plus extrême urgence **2** N **to do one's ~** faire tout son possible

Utopia /juːˈtəʊpɪə/ N utopie *(f)*

utter /ˈʌtəʳ/ **1** ADJ [*lack, failure, disaster, disregard*] complet (-ète *(f)*), total ; [*sincerity*] absolu ; [*hopelessness, frustration, stupidity*] profond ; **to my ~ amazement, I succeeded** à ma plus grande stupéfaction, j'ai réussi ; **what ~ nonsense!** c'est complètement absurde ! ; **she's talking complete and ~ rubbish*** elle dit n'importe quoi **2** VT [+ *word*] proférer ; **he didn't ~ a word** il n'a pas dit un mot

utterly /ˈʌtəlɪ/ ADV complètement ; **to be ~ without talent** être dénué de tout talent

U-turn /ˈjuːtɜːn/ N (*in car*) demi-tour *(m)* ; **to make a ~ on sth** (= *change one's mind*) faire volte-face au sujet de qch

UV /juːˈviː/ ADJ (ABBR = **ultraviolet**) UV

V

V, v /viː/ **1** N ⓐ (*Brit*) **to stick the Vs up to sb;** ≈ faire un bras d'honneur à qn ⓑ (ABBR = **vide**) (= *see*) V, voir ⓒ (ABBR = **versus**) vs ⓓ ABBR = **verse** ⓔ ABBR = **very** **2** COMP ♦ **V-chip** N (*TV*) verrou (*m*) électronique ♦ **V-necked** ADJ à col en V ♦ **V-sign** N ⓐ (*for victory*) **to give the V-sign** faire le V de la victoire ⓑ (*in Britain*) geste obscène, ≈ bras (*m*) d'honneur; **to give sb the V-sign** ≈ faire un bras d'honneur à qn

VA, Va. ABBR = **Virginia**

vacancy /ˈveɪkənsɪ/ N ⓐ (*in hotel*) chambre (*f*) libre; **"no vacancies"** « complet » ⓑ (= *job*) poste (*m*) à pourvoir; **we have a ~ for an enthusiastic sales manager** nous cherchons un directeur des ventes motivé

vacant /ˈveɪkənt/ ADJ ⓐ (= *unoccupied*) [*hotel room, table, parking space*] libre; [*post, job*] à pourvoir; **"situations ~"** (*Press*) « offres d'emploi » ⓑ (= *blank*) [*expression, look, stare*] absent

vacantly /ˈveɪkəntlɪ/ ADV [*look, stare, say*] d'un air absent

vacate /vəˈkeɪt/ VT (*frm*) [+ *room, seat, job*] quitter

vacation /vəˈkeɪʃən/ N ⓐ (*US*) vacances (*fpl*); **on ~** en vacances; **on his ~** pendant ses vacances; **to take a ~** prendre des vacances ⓑ (*Brit Univ*) vacances (*fpl*)

vaccinate /ˈvæksɪneɪt/ VT vacciner

vaccination /ˌvæksɪˈneɪʃən/ N vaccination (*f*); **smallpox/polio ~** vaccination (*f*) contre la variole/la polio

vaccine /ˈvæksiːn/ N vaccin (*m*); (*Computing*) logiciel (*m*) antivirus; **polio ~** vaccin (*m*) contre la polio

vacillate /ˈvæsɪleɪt/ VI hésiter

vacillating /ˈvæsɪleɪtɪŋ/ N hésitations (*fpl*)

vacuity /væˈkjuːɪtɪ/ N vacuité (*f*)

vacuous /ˈvækjʊəs/ ADJ [*person, film, book, comment, remark*] inepte; [*look, stare*] vide; [*expression, smile*] niais

vacuum /ˈvækjʊm/ **1** N ⓐ vide (*m*); **their departure left a ~** leur départ a laissé un (grand) vide ⓑ (= *vacuum cleaner*) aspirateur (*m*); **to give the carpet a ~** passer l'aspirateur sur la moquette **2** VT [+ *carpet*] passer l'aspirateur sur; [+ *room*] passer l'aspirateur dans **3** COMP ♦ **vacuum bottle** N (*US*) bouteille (*f*) thermos® ♦ **vacuum cleaner** N aspirateur (*m*) ♦ **vacuum flask** N (*Brit*) bouteille (*f*) thermos® ♦ **vacuum-packed** ADJ emballé sous vide

vagabond /ˈvægəbɒnd/ N vagabond(e) (*m(f)*); (= *tramp*) clochard(e) (*m(f)*)

vagary /ˈveɪgərɪ/ N caprice (*m*)

vagina /vəˈdʒaɪnə/ N vagin (*m*)

vaginal /vəˈdʒaɪnəl/ ADJ vaginal ♦ **vaginal discharge** N pertes (*fpl*) blanches

vagrant /ˈveɪgrənt/ N vagabond(e) (*m(f)*)

vague /veɪg/ ADJ ⓐ (= *unclear*) vague (*before n*); [*shape, outline*] imprécis; **to be ~ about sth** [*person*] rester vague à propos de qch; **I had a ~ idea or feeling she would come** j'avais vaguement le sentiment qu'elle viendrait; **he was ~ about the time he would be arriving at** il est resté vague quant à l'heure de son arrivée; **I'm still very ~ about all this** ça n'est pas encore très clair dans mon esprit

ⓑ (= *absent-minded*) [*person*] distrait; **she's getting rather ~ these days** elle perd un peu la tête maintenant

vaguely /ˈveɪglɪ/ ADV ⓐ [*describe, remember, resemble, understand*] vaguement; **~ familiar/disappointed** vaguement familier/déçu; **to be ~ aware of sth** être vaguement conscient de qch; **to be ~ reminiscent of sth** rappeler vaguement qch ⓑ (= *absently*) [*look, nod*] d'un air distrait; [*smile*] d'un air vague

vagueness /ˈveɪgnɪs/ N ⓐ [*of question, memory, wording, statement, proposal*] manque (*m*) de précision ⓑ (= *absent-mindedness*) distraction (*f*)

vain /veɪn/ ADJ ⓐ (= *fruitless, empty*) [*attempt, effort, plea, hope, promise*] vain (*before n*); [*threat*] en l'air ⓑ (= *conceited*) [*person*] vaniteux ⓒ ♦ **in vain** (= *unsuccessfully*) [*try, wait, search for*] en vain; (= *pointlessly*) [*die, suffer*] pour rien; **it was all in ~** c'était peine perdue; **to take God's or the Lord's name in ~** blasphémer

vainglorious /veɪnˈglɔːrɪəs/ ADJ (*liter*) orgueilleux

vainly /ˈveɪnlɪ/ ADV ⓐ (= *in vain*) [*try, seek, believe, hope*] vainement ⓑ (= *conceitedly*) vaniteusement

valance /ˈvæləns/ N (*above curtains*) cantonnière (*f*); (*round bed frame*) frange (*f*) de lit

valediction /ˌvælɪˈdɪkʃən/ N ⓐ (= *farewell*) adieu(x) (*m(pl)*) ⓑ (*US: at school*) discours (*m*) d'adieu

valedictorian /ˌvælɪdɪkˈtɔːrɪən/ N (*US: at school*) major (*m*) de la promotion (*qui prononce le discours d'adieu*)

valedictory /ˌvælɪˈdɪktərɪ/ **1** ADJ (*frm*) [*speech*] d'adieu **2** N (*US: at school*) discours (*m*) d'adieu

Valencia /vəˈlentsɪə/ N Valence (*en Espagne*)

valentine /ˈvæləntaɪn/ N **(St) Valentine's Day** Saint-Valentin (*f*); **she sent me a ~ (card)** elle m'a envoyé une carte pour la Saint-Valentin

valet **1** N (= *servant*) valet (*m*) de chambre **2** VT [+ *car*] nettoyer **3** COMP ♦ **valet parking** N service (*m*) de voiturier

> ★ *Lorsque* **valet** *est un nom, la fin se prononce comme* **lay**: /ˈvæleɪ/; *lorsque c'est un verbe, elle se prononce comme* **lit** *dans* **split**: /ˈvælɪt/.

valetudinarian /ˌvælɪˌtjuːdɪˈnɛərɪən/ ADJ, N valétudinaire (*mf*)

valiant /ˈvæljənt/ ADJ (*liter*) [*person*] vaillant (*liter*); [*effort, attempt, fight*] courageux

valiantly /ˈvæljəntlɪ/ ADV vaillamment

valid /ˈvælɪd/ ADJ ⓐ [*argument, reason, excuse, interpretation*] valable; [*question*] pertinent; **fashion is a ~ form of art** la mode est une forme d'art à part entière ⓑ [*ticket, passport, licence*] valide; **~ for three months** valable pendant trois mois; **no longer ~** périmé

validate /ˈvælɪdeɪt/ VT [+ *document, course, diploma*] valider; [+ *theory, argument, claim*] prouver la justesse de; [+ *results*] valider

validation /ˌvælɪˈdeɪʃən/ N [*of claim, document*] validation (*f*)

validity /vəˈlɪdɪtɪ/ N [of argument] justesse (f); [of document] validité (f)

Valium® /ˈvælɪəm/ N Valium® (m); **to be on** ~ être sous Valium

valley /ˈvælɪ/ N vallée (f); **the Thames/Rhône** ~ la vallée de la Tamise/du Rhône

valour, valor (US) /ˈvælər/ N (liter) bravoure (f)

valuable /ˈvæljʊəbl/ 1 ADJ [jewellery, antique] de valeur; [information, advice, lesson, contribution, ally, resources, time] précieux; [experience] très utile 2 NPL **valuables** objets (mpl) de valeur

valuation /ˌvæljʊˈeɪʃən/ N estimation (f); (by expert) expertise (f); **to have a ~ done** faire faire une expertise

value /ˈvæljuː/ 1 N valeur (f); **to set great ~ on sth** attacher une grande valeur à qch; **to have rarity ~** avoir de la valeur de par sa rareté; **the large packet is the best ~** le grand paquet est le plus avantageux; **it's good ~ (for money)** le rapport qualité-prix est bon; **to get good ~ for money** en avoir pour son argent; **to be of great ~** être de grande valeur; **to be of little ~** avoir peu de valeur; **of no ~** sans valeur; **her training has been of no ~ to her** sa formation ne lui a servi à rien; **to gain (in)** ~ prendre de la valeur; **to put** or **place a ~ on sth** évaluer qch; **to put** or **place a ~ of £20 on sth** évaluer qch à 20 livres; **goods to the ~ of $100** marchandises d'une valeur de 100 dollars; **a cheque to the ~ of £100** un chèque d'un montant de 100 livres; **to put** or **place a high ~ on sth** (= importance) attacher beaucoup d'importance à qch

2 VTⓐ (= estimate worth of) [+ house, jewels, painting] évaluer (at à); (by expert) expertiser; **the house was ~d at $80,000** la maison a été évaluée à 80 000 dollars

ⓑ (= appreciate, esteem) [+ friendship, person, comforts] apprécier; [+ liberty, independence] tenir à; **if you ~ your life/eyes** si vous tenez à la vie/à vos yeux; **we ~ your opinion** votre avis nous importe beaucoup

3 COMP ♦ **value added tax** N (Brit) taxe (f) sur la valeur ajoutée ♦ **value judg(e)ment** N (fig) jugement (m) de valeur

valued /ˈvæljuːd/ ADJ [friend, customer, contribution] précieux; [employee, commodity] apprécié; [colleague] estimé

valueless /ˈvæljuːlɪs/ ADJ sans valeur

valve /vælv/ N [of machine] valve (f); [of car engine] soupape (f)

vampire /ˈvæmpaɪər/ N vampire (m) ♦ **vampire bat** N vampire (m)

van /væn/ 1 Nⓐ (= vehicle) camionnette (f)ⓑ (Brit = part of train) fourgon (m) 2 COMP ♦ **van-driver** N chauffeur (m) de camion

vandal /ˈvændəl/ N vandale (mf)

vandalism /ˈvændəlɪzəm/ N vandalisme (m)

vandalize /ˈvændəlaɪz/ VT vandaliser

vanguard /ˈvængɑːd/ N avant-garde (f); **in the ~ of progress** à la pointe du progrès

vanilla /vəˈnɪlə/ 1 N vanille (f) 2 ADJ [cream, ice] à la vanille

vanish /ˈvænɪʃ/ VI disparaître; **to ~ without trace** disparaître sans laisser de traces; **to ~ into thin air°** se volatiliser; **he ~ed into the countryside** il a disparu dans la campagne; **he ~ed into the distance** il s'est évanoui dans le lointain ♦ **vanishing act°** N **to do a ~ing act** (= leave) s'éclipser ♦ **vanishing trick** N tour (m) de passe-passe

vanished /ˈvænɪʃt/ ADJ disparu

vanity /ˈvænɪtɪ/ N vanité (f); **all is ~** tout est vanité ♦ **vanity box, vanity case** N vanity-case (m) ♦ **vanity plate** N plaque (f) d'immatriculation personnalisée

vanquish /ˈvæŋkwɪʃ/ VT (liter) vaincre

vantage point /ˈvɑːntɪdʒˌpɔɪnt/ N position (f) stratégique

vapid /ˈvæpɪd/ ADJ (frm) [remark, conversation, book, song] insipide; [smile] mièvre

vaporize /ˈveɪpəraɪz/ 1 VT vaporiser 2 VI se vaporiser

vapour, vapor (US) /ˈveɪpər/ 1 N vapeur (f); (on glass) buée (f) 2 VI (US = boast)° fanfaronner 3 COMP ♦ **vapour trail** N traînée (f) de condensation

variability /ˌvɛərɪəˈbɪlɪtɪ/ N variabilité (f)

variable /ˈvɛərɪəbl/ 1 ADJ variable; [work] de qualité inégale 2 N variable (f)

variance /ˈvɛərɪəns/ N **to be at ~ with sb about sth** être en désaccord avec qn sur qch

variation /ˌvɛərɪˈeɪʃən/ N variation (f); (in opinions, views) changements (mpl)

varicose vein /ˌværɪkəʊsˈveɪn/ N varice (f); **to have ~s** avoir des varices

varied /ˈvɛərɪd/ ADJ varié

variety /vəˈraɪətɪ/ 1 Nⓐ variété (f); **it lacks ~** cela manque de variété; **a wide** or **great ~ of ...** une grande variété de ...; **for a ~ of reasons** pour diverses raisons ⓑ (= type, kind) type (m); **many varieties of socialist(s)** de nombreux types (différents) de socialistes ⓒ (Theatre) variétés (fpl) 2 COMP [actor, artiste] de variétés ♦ **variety show** N spectacle (m) de variétés

various /ˈvɛərɪəs/ ADJ divers (before n); **at ~ times of day** à divers moments de la journée; **the ~ meanings of a word** les divers sens d'un mot; **his excuses are many and ~** ses excuses sont nombreuses et variées; **there are ~ ways of doing it** il y a diverses manières de le faire; **I phoned her ~ times** je lui ai téléphoné à plusieurs reprises

variously /ˈvɛərɪəslɪ/ ADV **he was ~ known as John, Johnny or Jack** il était connu sous des noms divers: John, Johnny ou Jack; **the crowd was ~ estimated at two to seven thousand** le nombre de personnes a été estimé entre deux et sept mille selon les sources

varnish /ˈvɑːnɪʃ/ 1 N vernis (m) 2 VT [+ furniture, painting] vernir; **to ~ one's nails** se vernir les ongles

vary /ˈvɛərɪ/ 1 VI varier; **opinions ~ on this point** les opinions varient sur ce point; **to ~ from sth** différer de qch 2 VT [+ programme, menu] varier; [+ temperature] faire varier; (directly) varier

varying /ˈvɛərɪŋ/ ADJ [amounts] variable; [shades, sizes] varié; **of ~ abilities** de compétences variées; **of ~ ages** de différents âges; **to ~ degrees** à des degrés divers; **with ~ degrees of success** avec plus ou moins de succès; **for ~ periods of time** pendant des périodes plus ou moins longues; **of ~ sizes** de tailles variées

vase /vɑːz/ N vase (m)

vasectomy /væˈsektəmɪ/ N vasectomie (f)

Vaseline® /ˈvæsɪliːn/ N vaseline® (f)

vast /vɑːst/ ADJ énorme; **a ~ improvement on sth** une nette amélioration par rapport à qch; **the ~ majority** la grande majorité; **~ sums (of money)** des sommes folles

vastly /ˈvɑːstlɪ/ ADV [different] extrêmement; [superior] largement; [overrate, increase, improve] considérablement

vastness /ˈvɑːstnɪs/ N immensité (f)

VAT /viːeɪˈtiː, væt/ N (Brit) (ABBR = **value added tax**) TVA (f) ♦ **VAT man°** N inspecteur des impôts chargé du contrôle de la TVA ♦ **VAT return** N formulaire (m) de déclaration de la TVA

vat /væt/ N cuve (f)

Vatican /ˈvætɪkən/ N Vatican (m) ♦ **Vatican City** N cité (f) du Vatican

vault /vɔːlt/ 1 Nⓐ (Archit) voûte (f) ⓑ (in bank) (= strongroom) chambre (f) forte; (= safe deposit box room) salle (f) des coffres ⓒ (= burial chamber) caveau (m); **the family ~** le caveau de famille 2 VI sauter; **to ~ over sth** sauter qch (d'un bond) 3 VT sauter (d'un bond)

vaulting horse /ˈvɔːltɪŋˌhɔːs/ N cheval (m) d'arçons

vaunt /vɔːnt/ VT vanter; **much ~ed** tant vanté

VC /viːˈsiː/ N (Brit) ABBR = **Victoria Cross**

VCR /ˌviːsiːˈɑːr/ N ABBR = **video cassette recorder**

VD /viːˈdiː/ N (ABBR = **venereal disease**) MST (f)

VDU /ˌviːdiːˈjuː/ N ABBR = **visual display unit**

veal /viːl/ 1 N veau (m) 2 COMP [stew, cutlet] de veau
♦ **veal crate** N box pour l'élevage des veaux de batterie

VE Day /viːˈiːdeɪ/ N anniversaire de la victoire des alliés en 1945

veer /vɪəʳ/ VI [wind] (= change direction) tourner; [ship] virer (de bord); **the car ~ed off the road** la voiture a quitté la route; **to ~ (off to the) left/right** virer à gauche/droite

veg* /vedʒ/ N (ABBR = **vegetables**) légumes (mpl)
► **veg out‡** VI glander‡

vegan /ˈviːgən/ N, ADJ végétalien(ne) (m(f))

vegeburger /ˈvedʒɪ,bɜːgəʳ/ N hamburger (m) végétarien

vegetable /ˈvedʒtəbl/ 1 N légume (m) 2 COMP [oil, matter] végétal ♦ **vegetable garden** N (jardin (m)) potager (m) ♦ **vegetable patch** N carré (m) de légumes ♦ **vegetable soup** N soupe (f) aux légumes

vegetarian /,vedʒɪˈtɛərɪən/ ADJ, N végétarien(ne) (m(f))

vegetarianism /,vedʒɪˈtɛərɪənɪzəm/ N végétarisme (m)

vegetate /ˈvedʒɪteɪt/ VI végéter

veggie* /ˈvedʒɪ/ N, ADJ ⓐ (= vegetarian) végétarien(ne) (m(f)) ⓑ (= vegetable) légume (m)

veggieburger /ˈvedʒɪ,bɜːdəʳ/ N hamburger (m) végétarien

vehemence /ˈviːɪməns/ N véhémence (f)

vehement /ˈviːɪmənt/ ADJ véhément

vehemently /ˈviːɪməntlɪ/ ADV avec véhémence; [attack, curse] violemment; [shake one's head] vigoureusement; **~ anti-European** violemment antieuropéen

vehicle /ˈviːɪkl/ N véhicule (m); **"closed to ~s"** «interdit à la circulation»; **"authorized ~s only"** «accès réservé aux véhicules autorisés»; **her art was a ~ for her political beliefs** son art lui servait à véhiculer ses convictions politiques

veil /veɪl/ 1 N voile (m); (on hat) voilette (f); **to be wearing a ~** porter une voile; **to draw/throw a ~ over sth** mettre/jeter un voile sur qch 2 VT [+ truth, facts] voiler; [+ feelings] dissimuler

veiled /veɪld/ ADJ voilé; **~ in black** voilé de noir; **thinly ~ threats** des menaces à peine voilées

vein /veɪn/ N ⓐ (in body, insect wing) veine (f); (in leaf) nervure (f); **he has French blood in his ~s** il a du sang français dans les veines ⓑ (in stone, rock) veine (f); **a ~ of racism/scepticism** un fond de racisme/scepticisme; **a ~ of humour runs through her writing** il y a un humour sous-jacent dans tous ses textes ⓒ (= style) veine (f); **in a humorous/revolutionary ~** dans une veine humoristique/révolutionnaire; **in the same ~** dans la même veine

veined /veɪnd/ ADJ [hand, marble] veiné

Velcro® /ˈvelkrəʊ/ N velcro® (m)

velocity /vɪˈlɒsɪtɪ/ N vélocité (f)

velvet /ˈvelvɪt/ 1 N velours (m) 2 ADJ de velours

velvety /ˈvelvɪtɪ/ ADJ [surface, texture, material] velouteux

venal /ˈviːnl/ ADJ vénal

vendetta /venˈdetə/ N vendetta (f)

vending machine /ˈvendɪŋməˌʃiːn/ N distributeur (m) automatique

vendor /ˈvendəʳ/ N marchand(e) (m(f)); **ice-cream ~** marchand(e) (m(f)) de glaces

veneer /vəˈnɪəʳ/ N placage (m); (= superficial overlay) vernis (m)

venerate /ˈvenəreɪt/ VT vénérer

venereal disease /vɪˈnɪərɪəldɪˌziːz/ N maladie (f) vénérienne

Venetian /vɪˈniːʃən/ ADJ vénitien ♦ **Venetian blind** N store (m) vénitien

Venezuela /,veneˈzweɪlə/ N Venezuela (m)

Venezuelan /,veneˈzweɪlən/ 1 ADJ vénézuélien 2 N Vénézuélien(ne) (m(f))

vengeance /ˈvendʒəns/ N vengeance (f); **to take ~ (up)on** se venger de; **he's back with a ~** il est revenu pour de bon*

vengeful /ˈvendʒfʊl/ ADJ vengeur (-eresse (f))

Venice /ˈvenɪs/ N Venise

venison /ˈvenɪsən/ N viande (f) de chevreuil

venom /ˈvenəm/ N venin (m)

venomous /ˈvenəməs/ ADJ venimeux

venomously /ˈvenəməslɪ/ ADV [say] sur un ton venimeux; **to glare ~ at sb** lancer des regards venimeux à qn

vent /vent/ 1 N (= duct) conduit (m) d'aération; **to give ~ to** [+ feelings] laisser libre cours à 2 VT [+ one's anger] décharger

ventilate /ˈventɪleɪt/ VT [+ room] aérer; [+ lungs, patient, tunnel] ventiler

ventilation /,ventɪˈleɪʃən/ N ventilation (f) ♦ **ventilation shaft** N conduit (m) d'aération

ventilator /ˈventɪleɪtəʳ/ N (for sick person) respirateur (m); (in room) ventilateur (m)

ventriloquism /venˈtrɪləkwɪzəm/ N ventriloquie (f)

ventriloquist /venˈtrɪləkwɪst/ N ventriloque (mf)
♦ **ventriloquist's dummy** N poupée (f) de ventriloque

venture /ˈventʃəʳ/ 1 N (= project) entreprise (f); **it was a risky ~** c'était une entreprise hasardeuse; **the success of his first film ~** le succès de sa première incursion dans le domaine cinématographique; **all his business ~s failed** toutes ses tentatives commerciales ont échoué

2 VT [+ life, fortune, reputation] risquer; [+ opinion, explanation, guess] hasarder ■ (PROV) **nothing ~d nothing gained** qui ne risque rien n'a rien (PROV)

3 VI se hasarder; **to ~ in/out** se risquer à entrer/sortir; **to ~ into town/into the forest** se hasarder dans la ville/dans la forêt

4 COMP ♦ **venture capital** N capital (m) risque ♦ **venture capitalist** N spécialiste (mf) du capital risque ♦ **Venture Scout** N (Brit) ≈ scout (m) de la branche aînée
► **venture forth** VI (liter) se risquer à sortir

venturesome /ˈventʃəsəm/ ADJ [person] entreprenant

venue /ˈvenjuː/ N lieu (m); **the ~ of the meeting is ...** la réunion aura lieu à ...

Venus /ˈviːnəs/ N Vénus (f)

veracity /vəˈræsɪtɪ/ N (frm) véracité (f)

veranda(h) /vəˈrændə/ N véranda (f)

verb /vɜːb/ N verbe (m)

verbal /ˈvɜːbəl/ ADJ verbal; [confession] oral; **~ dexterity** facilité (f) d'expression à l'oral; **to have good/poor ~ skills** bien/mal s'exprimer à l'oral ♦ **verbal abuse** N injures (fpl)

verbalize /ˈvɜːbəlaɪz/ VT (= express) exprimer

verbally /ˈvɜːbəlɪ/ ADV verbalement; **to abuse sb ~** injurier qn; **to be ~ abusive** tenir des propos injurieux; **to be ~ and physically abused** être victime de coups et d'injures

verbatim /vɜːˈbeɪtɪm/ 1 ADV [quote, repeat] textuellement 2 ADJ [quotation] mot pour mot; **he gave me a ~ report of what was said** il m'a rapporté textuellement ce qui a été dit

verbose /vɜːˈbəʊs/ ADJ verbeux

verdict /ˈvɜːdɪkt/ N verdict (m); **to return a ~** rendre un verdict

verge /vɜːdʒ/ N ⓐ (Brit) [of road] accotement (m); **"soft ~s"** «accotement non stabilisé» ⓑ (= edge) bord (m); **on the ~ of doing sth** sur le point de faire qch; **on the ~ of a nervous breakdown** au bord de la dépression nerveuse; **on the ~ of tears** au bord des larmes; **on the ~ of a discovery** à la veille d'une découverte
► **verge on** VT INSEP friser; **the plot ~s on the ridiculous** l'intrigue frise le ridicule

verifiable /ˈverɪfaɪəbl/ ADJ vérifiable

verification /,verɪfɪˈkeɪʃən/ N vérification (f)

verify /ˈverɪfaɪ/ VT vérifier

veritable /ˈverɪtəbl/ ADJ (frm) véritable

vermin /ˈvɜːmɪn/ NPL (= animals) animaux (mpl) nuisibles; (= insects) vermine (f); (pej = people) vermine (f)

vernacular /vəˈnækjʊləʳ/ 1 N (= native speech) langue (f) vernaculaire; (= jargon) jargon (m); **in the ~** (= in local language) en langue vernaculaire; (= not in Latin) en langue

vulgaire 2 ADJ [*language*] vernaculaire ; [*crafts, furniture*] du pays ; [*architecture, style*] local ; [*building*] de style local

verruca /vɛˈruːkə/ N verrue *(f)* (*plantaire*)

versatile /ˈvɜːsətaɪl/ ADJ [*person*] aux talents variés, plein de ressources ; [*mind*] souple ; [*tool, vehicle, software*] polyvalent

versatility /ˌvɜːsəˈtɪlɪtɪ/ N [*of person, tool, vehicle, software*] polyvalence *(f)* ; [*of mind*] souplesse *(f)*

verse /vɜːs/ N ⓐ [*of poem*] strophe *(f)* ; [*of song*] couplet *(m)* ⓑ (= *poetry*) vers *(mpl)* ; **in ~** en vers ⓒ [*of Bible, Koran*] verset *(m)*

versed /vɜːst/ ADJ (*also* **well-~**) **to be (well-)versed in sth** être versé dans qch

versification /ˌvɜːsɪfɪˈkeɪʃən/ N versification *(f)*

version /ˈvɜːʃən/ N version *(f)* ; **his ~ of events** sa version des faits

versus /ˈvɜːsəs/ PREP ⓐ (*in comparison*) par opposition à ; **the arguments about public ~ private ownership** les arguments pour ou contre la propriété privée ; **the question of electricity ~ gas for cooking** la comparaison entre cuisine à l'électricité et cuisine au gaz
ⓑ (*in competition, legal case*) contre ; **the England ~ Spain match** le match Angleterre-Espagne ; **it's management ~ workers** c'est la direction contre les ouvriers ; **the 1960 Nixon ~ Kennedy election** l'élection qui a opposé Nixon à Kennedy en 1960 ; **Jones ~ Smith** (*lawsuit*) Jones contre Smith

vertebra /ˈvɜːtɪbrə/ N (*pl* **vertebrae** /ˈvɜːtɪbriː/) vertèbre *(f)*

vertebrate /ˈvɜːtɪbrət/ ADJ, N vertébré *(m)*

vertical /ˈvɜːtɪkəl/ **1** ADJ [*line, cliff*] vertical ; **a ~ drop** un à-pic **2** N (= *line*) verticale *(f)* **3** COMP ♦ **vertical take-off aircraft** N avion *(m)* à décollage vertical

vertically /ˈvɜːtɪkəlɪ/ ADV [*hold, move, run, divide*] verticalement ; [*rise, descend, drop*] à la verticale

vertigo /ˈvɜːtɪgəʊ/ N vertige *(m)* ; **to suffer from ~** avoir des vertiges

very /ˈverɪ/ **1** ADV ⓐ (= *extremely*) très ; **~ amusing** très amusant ; **to be ~ careful** faire très attention ; **I am ~ cold/hot** j'ai très froid/chaud ; **are you tired? — ~/not ~** êtes-vous fatigué ? — très/pas très ; **I'm ~ sorry** je suis vraiment désolé ; **~ well, if you insist** très bien, si vous insistez ; **~ little** très peu ; **~ little milk** très peu de lait
♦ **very much** beaucoup ; **thank you ~ much** merci beaucoup ; **I liked it ~ much** j'ai beaucoup aimé ; **he is ~ much better** il va beaucoup mieux ; **~ much bigger** beaucoup plus grand ; **he is ~ much the most intelligent** il est de loin le plus intelligent
ⓑ (= *absolutely*) tout(e) ; **of the ~ best quality** de toute première qualité ; **~ last/first** tout dernier/premier ; **at the ~ most** tout au plus ; **at midday at the ~ latest** à midi au plus tard ; **the ~ latest technology** la toute dernière technologie ; **the ~ last page of the book** la toute dernière page du livre
ⓒ (*for emphasis*) **the ~ same day** le jour même ; **the ~ same hat** exactement le même chapeau ; **the ~ next day** le lendemain même ; **I took the ~ next train** j'ai pris le premier train
2 ADJ ⓐ (= *exact*) même ; **that ~ moment** cet instant même ; **his ~ words** ses paroles mêmes ; **the ~ thing I need** exactement ce qu'il me faut ; **you're the ~ person I wanted to see** c'est justement vous que je voulais voir
ⓑ (= *extreme*) tout ; **at the ~ end** [*of play, year*] tout à la fin ; [*of garden, road*] tout au bout ; **at the ~ back** tout au fond ; **to the ~ end** jusqu'au bout
ⓒ (= *mere*) seul ; **the ~ word offends them** le mot seul les choquent
ⓓ (*for emphasis*) **his ~ life was in danger** sa vie même était en danger ; **before my ~ eyes** sous mes propres yeux

vessel /ˈvesl/ N ⓐ (= *ship*) navire *(m)* ⓑ (= *receptacle*) récipient *(m)*

vest /vest/ **1** N ⓐ (*Brit*) (= *undergarment*) tricot *(m)* de corps ; (= *vest top*) débardeur *(m)* ⓑ (*US* = *waistcoat*) gilet *(m)* **2** COMP ♦ **vest pocket** N (*US*) poche *(f)* de gilet

vested /ˈvestɪd/ N **to have a ~ interest in** [+ *business, company*] être directement intéressé dans ; [+ *market, development of business*] être directement intéressé à

vestibule /ˈvestɪbjuːl/ N (= *entrance*) hall *(m)* d'entrée

vestige /ˈvestɪdʒ/ N vestige *(m)*

vestry /ˈvestrɪ/ N sacristie *(f)*

Vesuvius /vəˈsuːvɪəs/ N Vésuve *(m)*

vet /vet/ **1** N ⓐ (*Brit*) vétérinaire *(mf)* ⓑ (*US*)* ancien combattant *(m)* **2** VT (*Brit*) [+ *figures, calculations, job applications*] vérifier ; **the purchases are ~ted by a committee** les achats doivent d'abord être approuvés par un comité ; **we have ~ted him thoroughly** nous nous sommes renseignés de façon approfondie à son sujet ; **applicants are carefully ~ted** les candidatures sont soigneusement filtrées

veteran /ˈvetərən/ **1** N (= *experienced person*) vétéran *(m)* ; (= *soldier*) ancien combattant *(m)* **2** ADJ (= *experienced*) expérimenté ; **a ~ car** une voiture d'époque (*avant 1919*) ; **a ~ teacher** un vétéran de l'enseignement **3** COMP ♦ **Veterans Day** N (*US*) 11 Novembre *(m)* ; **on Veterans Day** le 11 Novembre

veterinarian /ˌvetərɪˈnɛərɪən/ N (*US*) vétérinaire *(mf)*

veterinary /ˈvetərɪnərɪ/ ADJ [*medicine, care, practice, hospital*] vétérinaire ♦ **veterinary surgeon** N (*Brit*) vétérinaire *(mf)*

veto /ˈviːtəʊ/ **1** N (*pl* **vetoes**) veto *(m)* **2** VT opposer son veto à

vetting /ˈvetɪŋ/ N [*of job application, figures*] vérification *(f)* ; [*of candidate*] enquête *(f)* approfondie

vexed /vekst/ ADJ ⓐ (= *annoyed*) contrarié ; **~ with sb** fâché contre qn ; **to get ~** se fâcher ⓑ (= *difficult*) [*question, issue*] délicat

VHF /ˌviːeɪtʃˈef/ N (ABBR = **very high frequency**) VHF *(f)*

VHS /ˌviːeɪtʃˈes/ N (ABBR = **video home system**) VHS *(m)*

via /ˈvaɪə/ PREP ⓐ (= *by way of*) via, par ; **a ticket to Vienna ~ Frankfurt** un billet pour Vienne via Francfort ; **you should go ~ Paris** vous devriez passer par Paris ⓑ (= *by means of*) au moyen de ; **she works from home, ~ e-mail** elle travaille à domicile au moyen du courrier électronique

viability /ˌvaɪəˈbɪlɪtɪ/ N [*of company*] viabilité *(f)*

viable /ˈvaɪəbl/ ADJ viable ; **it's not a ~ proposition** ce n'est pas une proposition viable

viaduct /ˈvaɪədʌkt/ N viaduc *(m)*

Viagra® /vaɪˈægrə/ N Viagra® *(m)*

vibes* /vaɪbz/ NPL **I get good ~ from her** elle me fait bonne impression ; **the ~ are wrong** ça ne gaze pas*

vibrancy /ˈvaɪbrənsɪ/ N [*of city*] animation *(f)* ; [*of economy, community*] dynamisme *(m)* ; [*of light, colours*] éclat *(m)*

vibrant /ˈvaɪbrənt/ ADJ [*city*] vivant ; [*economy, community*] dynamique ; [*culture*] plein de vitalité ; [*colour*] éclatant

vibraphone /ˈvaɪbrəfəʊn/ N vibraphone *(m)*

vibrate /vaɪˈbreɪt/ VI (= *quiver*) vibrer (**with** de) ; (= *resound*) retentir (**with** de)

vibration /vaɪˈbreɪʃən/ N vibration *(f)*

vibrator /vaɪˈbreɪtə'/ N vibromasseur *(m)*

vicar /ˈvɪkə'/ N pasteur *(m)* (*de l'Église anglicane*) ; **good evening ~** bonsoir pasteur

vicarage /ˈvɪkərɪdʒ/ N presbytère *(m)* (*de l'Église anglicane*)

vicarious /vɪˈkɛərɪəs/ ADJ [*experience, enjoyment*] vécu par procuration ; **to get ~ satisfaction from sth** (re)tirer de la satisfaction de qch par procuration

vicariously /vɪˈkɛərɪəslɪ/ ADV [*live, enjoy, experience*] par procuration

vice¹ /vaɪs/ **1** N ⓐ (= *depravity*) vice *(m)* ⓑ (= *fault*) défaut *(m)* **2** COMP ♦ **vice ring** N réseau *(m)* de prostitution ♦ **Vice Squad** N brigade *(f)* des mœurs

vice², **vise** (*US*) /vaɪs/ N étau *(m)*

vice- /vaɪs/ PREF vice- ♦ **vice-captain** N capitaine *(m)* adjoint ♦ **vice-chancellor** N [*of university*] ≈ président(e) *(m(f))* d'université ♦ **vice-presidency** N vice-présidence *(f)* ♦ **vice-president** N vice-président(e) *(m(f))* ♦ **vice-**

presidential ADJ vice-présidentiel ◆ **vice-presidential candidate** N candidat(e) *(m(f))* à la vice-présidence

viceroy /ˈvaɪsrɔɪ/ N vice-roi *(m)*

vice versa /ˌvaɪsɪˈvɜːsə/ ADV vice versa

vicinity /vɪˈsɪnɪtɪ/ N (= *nearby area*) environs *(mpl)*; (= *closeness*) proximité *(f)*; **in the ~** dans les environs, à proximité; **in the ~ of the town** à proximité de la ville; **in the immediate ~** dans les environs immédiats; **the immediate ~ of the town** les abords *(mpl)* de la ville

vicious /ˈvɪʃəs/ ADJ [*person, attack, temper*] brutal; [*animal*] méchant; [*look*] haineux; [*criticism, remark*] méchant; [*campaign*] virulent ◆ **vicious circle** N cercle *(m)* vicieux

viciously /ˈvɪʃəslɪ/ ADV [*attack, stab, beat, strike*] brutalement; [*say, criticize*] méchamment

viciousness /ˈvɪʃəsnɪs/ N [*of person, attack, temper*] brutalité *(f)*; [*of criticism, remark*] méchanceté *(f)*; [*of campaign*] virulence *(f)*

victim /ˈvɪktɪm/ N victime *(f)*; **the bomb ~s** les victimes *(fpl)* de l'explosion; **to be the ~ of ...** être victime de ...; **to fall ~ to ...** devenir la victime de ... ◆ **Victim Support** N (*Brit*) organisme d'aide aux victimes de crimes

victimization /ˌvɪktɪmaɪˈzeɪʃən/ N persécution *(f)*; **the dismissed worker alleged ~** l'ouvrier licencié a prétendu être victime de persécution

victimize /ˈvɪktɪmaɪz/ VT persécuter; **to be ~d** être victime de persécutions

victimless /ˈvɪktɪmlɪs/ ADJ [*crime*] sans victimes

victor /ˈvɪktə'/ N vainqueur *(m)*

Victoria /vɪkˈtɔːrɪə/ N (= *Australian state*) Victoria *(m)* ◆ **Victoria Cross** N (*Brit*) Croix *(f)* de Victoria (*la plus haute décoration militaire*)

Victorian /vɪkˈtɔːrɪən/ 1 N **the ~s believed that ...** à l'époque victorienne, on croyait que ... 2 ADJ victorien; [*attitude*] d'un puritanisme victorien

> 🛈 **VICTORIAN**
>
> *L'adjectif victorien qualifie les valeurs ou les objets considérés comme caractéristiques de la Grande-Bretagne à l'époque du règne de la reine Victoria (1837-1901).*
>
> *Les valeurs victoriennes sont parfois invoquées par les gens qui regrettent l'évolution de la société contemporaine et prônent un retour au dépassement de soi, à la décence, au respect de l'autorité et à l'importance de la famille.*

Victoriana /vɪkˌtɔːrɪˈɑːnə/ N objets *(mpl)* victoriens

victorious /vɪkˈtɔːrɪəs/ ADJ victorieux

victory /ˈvɪktərɪ/ N victoire *(f)*; **to win a ~ over ...** remporter une victoire sur ...

vid• /vɪd/ N (ABBR = **video**) vidéo *(f)* (*film*)

video /ˈvɪdɪəʊ/ 1 N vidéo *(f)*; (= *machine*) magnétoscope *(m)*; (= *cassette*) cassette *(f)* vidéo *(inv)*, vidéocassette *(f)*; **I've got it on ~** je l'ai en vidéo; **get a ~ for tonight** loue une (cassette) vidéo pour ce soir; **to record sth on ~** (*with video recorder*) enregistrer qch au magnétoscope; (*with camcorder*) faire une vidéo de qch

2 VT (*from TV*) enregistrer (sur magnétoscope); (*with camcorder*) filmer (en vidéo)

3 COMP (= *on video*) [*film, entertainment*] en vidéo; [*facilities*] vidéo *(inv)* ◆ **video arcade** N salle *(f)* de jeux vidéo ◆ **video call** N appel *(m)* visio ◆ **video camera** N caméra *(f)* vidéo *(inv)* ◆ **video cassette** N vidéocassette *(f)*, cassette *(f)* vidéo ◆ **video cassette recorder** N magnétoscope *(m)* ◆ **video conferencing** N visioconférence *(f)* ◆ **video diary** N journal *(m)* vidéo ◆ **video disk** N vidéodisque *(m)* ◆ **video disk player** N lecteur *(m)* de vidéodisques ◆ **video film** N film *(m)* vidéo *(inv)* ◆ **video frequency** N vidéofréquence *(f)* ◆ **video game** N jeu *(m)* vidéo *(inv)* ◆ **video library** N vidéothèque *(f)* ◆ **video nasty*** N vidéo à caractère violent ou pornographique ◆ **video piracy** N piratage *(m)* de vidéocassettes ◆ **video player** N magnétoscope *(m)* ◆ **video recorder** N magnétoscope *(m)* ◆ **video screen** N écran *(m)* vidéo *(inv)* ◆ **video shop** N vidéoclub *(m)* ◆ **video surveillance** N vidéosurveillance *(f)* ◆ **video tape** N bande *(f)* vidéo *(inv)*; (= *cassette*) vidéocassette *(f)*

videophone /ˈvɪdɪəʊfəʊn/ N visiophone *(m)*

videotape /ˈvɪdɪəʊteɪp/ VT (*from TV*) enregistrer (sur magnétoscope); (*with camcorder*) filmer en vidéo

vie /vaɪ/ VI rivaliser; **to ~ with sb for sth** rivaliser avec qn pour (obtenir) qch

Vienna /vɪˈenə/ N Vienne

Viennese /ˌvɪəˈniːz/ 1 ADJ viennois 2 N (*pl inv*) Viennois(e) *(m(f))*

Vietnam, Viet Nam /ˈvjetˈnæm/ N Vietnam *(m)*; **North/South ~** le Vietnam du Nord/du Sud; **the ~ war** la guerre du Vietnam

Vietnamese /ˌvjetnəˈmiːz/ 1 ADJ vietnamien; **North/South ~** nord-/sud-vietnamien 2 N ⓐ (*pl inv = person*) Vietnamien(ne) *(m(f))*; **North/South ~** Nord-/Sud-Vietnamien(ne) *(m(f))* ⓑ (= *language*) vietnamien *(m)*

view /vjuː/ 1 N ⓐ (= *sight*) vue *(f)*; **the new house blocks the ~** la nouvelle maison bouche la vue; **he has a good ~ of it from his window** de sa fenêtre, il le voit bien; **the ~ from the top** la vue d'en haut; **room with a sea ~** *or* **a ~ of the sea** chambre *(f)* avec vue sur la mer; **a ~ over the town** une vue générale de la ville; **this is a side ~** c'est une vue latérale; **it will give you a better ~** vous verrez mieux comme ça

◆ *preposition* + **view**: **the ship came into ~** le navire est apparu; **in ~ of the lake** devant le lac; **hidden from ~** caché aux regards; **in full ~ of thousands of people** sous les yeux de milliers de gens; **in full ~ of the house** devant la maison; **the pictures are on ~** les tableaux sont exposés; **to keep sth in ~** ne pas perdre qch de vue; **to keep sth out of ~** cacher qch (aux regards)

ⓑ (= *photo*) vue *(f)*; **50 ~s of Paris** 50 vues de Paris

ⓒ (= *opinion*) opinion *(f)*; **her ~s on politics** ses opinions politiques; **in my ~** à mon avis; **that is my ~** c'est mon opinion; **the Government ~ is that one must ...** selon le gouvernement, il faut ...; **the generally accepted ~ is that he ...** selon l'opinion généralement répandue, il ...; **I have no strong ~s on that** je n'ai pas d'opinion bien arrêtée là-dessus; **to hold the ~ that ...** estimer que ...; **I take a similar ~** je partage cet avis; **to take a dim ~ of sth** désapprouver qch

ⓓ (= *way of looking at sth*) vision *(f)*; **an idealistic ~ of the world** une vision idéaliste du monde

◆ **in view** (= *considering*) **with this (aim *or* object) in ~** dans ce but; **in ~ of his refusal** étant donné son refus; **in ~ of this** ceci étant; **in ~ of the fact that ...** étant donné que ...

◆ **with a view to**: **with a ~ to doing** en vue de faire; **negotiations with a ~ to a permanent solution** des négociations en vue d'une solution permanente

2 VT ⓐ (= *look at*) voir; **London ~ed from the air** Londres vu d'avion

ⓑ (= *inspect*) examiner; [+ *slides, microfiches, video*] visionner; [+ *object for sale*] inspecter; [+ *house, flat*] visiter

ⓒ (*TV*) visionner; **we have ~ed a video recording of the incident** nous avons visionné un enregistrement vidéo de l'incident

ⓓ (= *think of*) considérer, envisager; **to ~ sth as ...** considérer qch comme ...; **it can be ~ed in many different ways** on peut l'envisager sous plusieurs angles; **they ~ the future with alarm** ils envisagent l'avenir avec inquiétude

viewer /ˈvjuːə'/ N téléspectateur *(m)*, -trice *(f)*

viewfinder /ˈvjuːfaɪndə'/ N viseur *(m)*

viewing /ˈvjuːɪŋ/ N **your ~ for the weekend** vos programmes du week-end; **British ~ habits** le comportement des téléspectateurs britanniques ◆ **viewing figures** NPL chiffres *(mpl)* d'audience ◆ **viewing public** N téléspectateurs *(mpl)*

viewpoint /ˈvjuːpɔɪnt/ N point *(m)* de vue

vigil /ˈvɪdʒɪl/ N veille *(f)*; (= *demonstration*) manifestation *(f)* silencieuse; **to keep ~ over sb** veiller qn; **to hold a ~** (= *demonstration*) manifester en silence

vigilance /ˈvɪdʒɪləns/ N vigilance *(f)*

vigilant /'vɪdʒɪlənt/ ADJ vigilant ; **to remain ~** rester vigilant

vigilante /,vɪdʒɪ'læntɪ/ N membre *(m)* d'un groupe d'autodéfense ; **~ group** groupe *(m)* d'autodéfense

vigilantly /'vɪdʒɪləntlɪ/ ADV avec vigilance

vigorous /'vɪgərəs/ ADJ [*exercise, defence, campaign, advocate*] énergique ; [*person, opposition, growth*] vigoureux

vigorously /'vɪgərəslɪ/ ADV [*nod, defend, oppose, exercise*] énergiquement ; [*shake*] vigoureusement ; **to campaign ~** faire une campagne énergique

vigour, vigor *(US)* /'vɪgə'/ N (= *strength*) énergie *(f)* ; (= *health*) vitalité *(f)* ; (*sexual*) vigueur *(f)*

Viking /'vaɪkɪŋ/ 1 ADJ [*art, customs*] viking ; **~ ship** drakkar *(m)* 2 N Viking *(mf)*

vile /vaɪl/ ADJ ⓐ (= *evil*) infâme ⓑ (= *unpleasant*) exécrable ; [*smell, taste*] abominable

vilify /'vɪlɪfaɪ/ VT diffamer

villa /'vɪlə/ N villa *(f)* ; (*in country*) maison *(f)* de campagne

village /'vɪlɪdʒ/ N village *(m)* ♦ **village green** N pré *(m)* communal ♦ **village hall** N (*Brit*) salle *(f)* des fêtes ♦ **village school** N école *(f)* communale

villager /'vɪlɪdʒə'/ N villageois(e) *(m(f))*

villain /'vɪlən/ N (= *scoundrel*) scélérat *(m)* ; (*in drama, novel*) traître(sse) *(m(f))* ; (= *criminal*)* bandit *(m)* ; **he's the ~ (of the piece)** c'est lui le coupable

villainous /'vɪlənəs/ ADJ [*character, action, conduct*] infâme ; **~ deed** infamie *(f)*

vinaigrette /,vɪneɪ'gret/ N vinaigrette *(f)*

vindaloo /,vɪndə'luː/ N curry très épicé

vindicate /'vɪndɪkeɪt/ VT (= *prove right*) **this ~d him** cela a prouvé qu'il avait raison ; **they are confident their decision will be ~d** ils sont sûrs que leur décision s'avérera judicieuse

vindication /,vɪndɪ'keɪʃən/ N justification *(f)*

vindictive /vɪn'dɪktɪv/ ADJ vindicatif

vindictively /vɪn'dɪktɪvlɪ/ ADV par vengeance

vine /vaɪn/ N (*producing grapes*) vigne *(f)* ; (= *climbing plant*) plante *(f)* grimpante ♦ **vine-growing** N viticulture *(f)* ; **~-growing district** région *(f)* viticole ♦ **vine leaf** N feuille *(f)* de vigne

vinegar /'vɪnɪgə'/ N vinaigre *(m)*

vinegary /'vɪnɪgərɪ/ ADJ aigre

vineyard /'vɪnjəd/ N vignoble *(m)*

vintage /'vɪntɪdʒ/ 1 N [*of wine*] (= *year*) millésime *(m)* ; **1985 was a good ~** 1985 était un bon millésime ; **the 1996 ~** le vin de 1996 2 ADJ ⓐ [*champagne, port*] millésimé ⓑ (= *classic*) [*comedy, drama*] classique ; **the book is ~ Grisham** ce livre est du Grisham du meilleur cru 3 COMP ♦ **vintage car** N voiture *(f)* d'époque (*construite entre 1919 et 1930*) ♦ **vintage wine** N grand vin *(m)* ♦ **vintage year** N **a ~ year for Burgundy** une bonne année pour le bourgogne

vinyl /'vaɪnɪl/ N vinyle *(m)*

viola /vɪ'əʊlə/ N alto *(m)* ♦ **viola player** N altiste *(mf)*

violate /'vaɪəleɪt/ VT ⓐ violer ; [+ *principles, honour*] bafouer ; [+ *privacy*] ne pas respecter ⓑ [+ *holy place*] profaner

violation /,vaɪə'leɪʃən/ N ⓐ [*of human rights, law, agreement, sanctions, tomb*] violation *(f)* ; **in ~ of sth** en violation de qch ; **he was in ~ of his contract** il contrevenait aux clauses de son contrat ⓑ (*US = minor offence*) infraction *(f)* ; (*on parking meter*) dépassement *(m)*

violence /'vaɪələns/ N violence *(f)* ; **racial ~** violence *(f)* raciste ; **act of ~** acte *(m)* de violence ; **~ erupted when …** de violents incidents *(mpl)* ont éclaté quand … ; **crime of ~** voie *(f)* de fait

violent /'vaɪələnt/ ADJ violent ; [*scenes*] de violence ; [*pain, dislike*] vif ; [*indigestion*] fort ; **to be ~ with sb** se montrer violent avec qn ; **to turn ~** [*demonstration*] tourner à la violence ; [*person*] devenir violent ; **a ~ attack** une violente attaque ; **to die a ~ death** mourir de mort violente ; **to meet a ~ end** connaître une fin brutale ; **to have a ~ temper** être sujet à des colères violentes

violently /'vaɪələntlɪ/ ADV [*attack, criticize, tremble, react*] violemment ; [*act*] de façon violente ; [*change*] brutalement ; **~ opposed to sth** violemment opposé à qch ; **to behave ~** se montrer violent ; **to fall ~ in love with sb** tomber follement amoureux de qn ; **to disagree ~** être en profond désaccord ; **to die ~** mourir de mort violente ; **~ angry** dans une violente colère ; **to be ~ ill** être pris de violentes nausées

violet /'vaɪəlɪt/ 1 N (= *flower*) violette *(f)* ; (= *colour*) violet *(m)* 2 ADJ violet

violin /,vaɪə'lɪn/ 1 N violon *(m)* 2 COMP [*sonata, concerto*] pour violon ♦ **violin case** N étui *(m)* à violon ♦ **violin player** N violoniste *(mf)*

violinist /,vaɪə'lɪnɪst/ N violoniste *(mf)*

VIP /viːaɪ'piː/ N VIP* *(m inv)* ♦ **VIP lounge** N salon *(m)* d'accueil pour VIP

viper /'vaɪpə'/ N vipère *(f)*

viral /'vaɪərəl/ ADJ viral

virgin /'vɜːdʒɪn/ 1 N ⓐ (*sexually inexperienced*) (= *girl*) vierge *(f)* ; (= *boy*) puceau *(m)* ; **she is a ~** elle est vierge ; **he is a ~** il est puceau ; **the Virgin (Mary)** la Vierge (Marie) ⓑ (= *inexperienced*) novice *(mf)* ; **he's a political ~** c'est un novice en politique 2 ADJ vierge 3 COMP ♦ **the Virgin Islands** NPL les îles *(fpl)* Vierges

Virginia /və'dʒɪnjə/ N Virginie *(f)*

virginity /vɜː'dʒɪnɪtɪ/ N virginité *(f)* ; **to lose one's ~** perdre sa virginité

Virgo /'vɜːgəʊ/ N Vierge *(f)* ; **I'm ~** je suis Vierge

virile /'vɪraɪl/ ADJ viril (virile *(f)*)

virility /vɪ'rɪlɪtɪ/ N virilité *(f)*

virtual /'vɜːtjʊəl/ 1 ADJ ⓐ (= *near*) quasi- ; **a ~ monopoly** un quasi-monopole ; **to come to a ~ standstill** être pratiquement paralysé ; **she was a ~ recluse** elle était quasiment recluse ⓑ (*Computing*) virtuel 2 COMP ♦ **virtual reality** N réalité *(f)* virtuelle

virtually /'vɜːtjʊəlɪ/ ADV (= *almost*) pratiquement ; (*Computing*) de façon virtuelle

virtue /'vɜːtjuː/ N ⓐ (= *good quality*) vertu *(f)* ⓑ (= *advantage*) mérite *(m)*, avantage *(m)* ; **this set has the ~ of being portable** ce poste a l'avantage d'être portatif ⓒ ♦ **by virtue of** en vertu de

virtuoso /,vɜːtjʊ'əʊzəʊ/ 1 N virtuose *(mf)* 2 ADJ [*performance*] de virtuose ; **a ~ violinist** un(e) virtuose du violon

virtuous /'vɜːtjʊəs/ ADJ vertueux ♦ **virtuous circle** N cercle *(m)* vertueux

virtuously /'vɜːtjʊəslɪ/ ADV vertueusement

virulent /'vɪrʊlənt/ ADJ virulent ; [*colour*] criard

virulently /'vɪrʊləntlɪ/ ADV [*attack, oppose*] avec virulence ; [*opposed, anti-European*] violemment

virus /'vaɪərəs/ N (*pl* **viruses**) virus *(m)* ; **the AIDS ~** le virus du sida

visa /'viːzə/ N visa *(m)* ; **exit ~** visa *(m)* de sortie ; **to get an Egyptian ~** obtenir un visa pour l'Égypte

vis-à-vis /'viːzævɪ/ PREP [+ *person*] vis-à-vis de ; [+ *thing*] par rapport à

visceral /'vɪsərəl/ ADJ [*hatred*] viscéral ; [*thrill, pleasure*] brut

viscose /'vɪskəʊs/ N viscose *(f)*

viscosity /vɪs'kɒsɪtɪ/ N viscosité *(f)*

viscount /'vaɪkaʊnt/ N vicomte *(m)*

viscous /'vɪskəs/ ADJ visqueux

visibility /,vɪzɪ'bɪlɪtɪ/ N visibilité *(f)* ; **~ is down to 20 metres** la visibilité ne dépasse pas 20 mètres

visible /'vɪzəbl/ ADJ (= *detectable*) visible ; **~ to the naked eye** visible à l'œil nu ; **it was not ~ to a passer-by** un passant ne pouvait pas l'apercevoir

visibly /'vɪzəblɪ/ ADV visiblement

vision /'vɪʒən/ 1 N ⓐ (= eyesight) vue (f); (= foresight) vision (f); **his ~ is very bad** sa vue est très mauvaise; **within one's range of ~** à portée de vue; **a man of great ~** un homme qui voit loin; **his ~ of the future** sa vision de l'avenir ⓑ (in dream, trance) vision (f); **to see ~s** avoir des visions; **she had ~s of being drowned** elle s'est vue noyée 2 VT (US) envisager

visionary /'vɪʒənərɪ/ ADJ, N visionnaire (mf)

visit /'vɪzɪt/ 1 N visite (f); (= stay) séjour (m); **to pay a ~ to** [+ person] rendre visite à; [+ place] aller à; **on an official ~** en visite officielle; **he went on a two-day ~ to Paris** il est allé passer deux jours à Paris 2 VT ⓐ (= go and see) [+ person] rendre visite à; [+ town, museum, zoo] visiter; **to ~ the bathroom** aller aux toilettes ⓑ (= formally inspect) [+ place] inspecter 3 VI **I'm just ~ing** je suis de passage
► **visit with** VT INSEP (US) (= visit) passer voir; (= talk to) parler avec

visitation /ˌvɪzɪ'teɪʃən/ N ⓐ (by official) visite (f) d'inspection; **we had a ~ from her** elle nous a fait l'honneur de sa visite ⓑ (= calamity) punition (f) du ciel

visiting /'vɪzɪtɪŋ/ COMP [lecturer] invité ◆ **visiting card** N (Brit) carte (f) de visite ◆ **visiting hours** NPL heures (fpl) de visite ◆ **visiting nurse** N (US) infirmière (f) à domicile ◆ **visiting time** N heures (fpl) de visite

visitor /'vɪzɪtə'/ 1 N ⓐ (= guest) invité(e) (m(f)); **to have a ~** avoir de la visite; **to have ~s** avoir des visites; **we've had a lot of ~s** nous avons eu beaucoup de visites; **have your ~s left?** est-ce que tes invités sont partis? ⓑ (= tourist) visiteur (m); **~s to London** visiteurs de passage à Londres; **~s to the castle** personnes visitant le château 2 COMP ◆ **visitor centre** N accueil (m) des visiteurs (sur un site d'intérêt touristique avec exposition, diaporama, cafétéria etc) ◆ **visitors' book** N livre (m) d'or

visor /'vaɪzə'/ N visière (f)

VISTA /'vɪstə/ N (US) (ABBR = **Volunteers in Service to America**) organisme américain chargé de l'aide aux personnes défavorisées

vista /'vɪstə/ N (= view) vue (f)

visual /'vɪzjʊəl/ ADJ visuel ◆ **visual aid** N support (m) visuel ◆ **the visual arts** NPL les arts (mpl) plastiques ◆ **visual display unit** N écran (m)

visualization /ˌvɪzjʊəlaɪ'zeɪʃən/ N visualisation (f)

visualize /'vɪzjʊəlaɪz/ VT [+ sth unknown] s'imaginer; [+ sth familiar] se représenter; **try to ~ a million pounds** essayez de vous imaginer un million de livres; **I ~d him working at his desk** je me le suis représenté travaillant à son bureau

visually /'vɪzjʊəlɪ/ ADV visuellement; **~ handicapped** or **impaired** malvoyant; **the ~ handicapped** or **impaired** les malvoyants (mpl)

vital /'vaɪtl/ 1 ADJ ⓐ (= crucial) [part, link, information, ingredient, factor, role] essentiel; [question, matter] fondamental; [supplies, resources] vital; [importance] capital; **your support is ~ to us** votre soutien est capital pour nous; **such skills are ~ for survival** de telles aptitudes sont indispensables à la survie; **it is ~ to develop a reliable system** il est indispensable de mettre au point un système fiable; **it is ~ for you to come** il faut absolument que vous veniez (subj) ⓑ (= dynamic) [person, institution] énergique ⓒ [organ, force, functions] vital 2 COMP ◆ **vital signs** NPL signes (mpl) de vie ◆ **vital statistics** NPL (Brit) [of woman] mensurations (fpl)

vitality /vaɪ'tælɪtɪ/ N vitalité (f)

vitally /'vaɪtəlɪ/ ADV (= crucially) [necessary] absolument; [interested, concerned] au plus haut point; [affect] de façon cruciale; **~ important** d'une importance capitale; **it is ~ important that I talk to her** il faut absolument que je lui parle (subj); **~ needed foreign investment** investissements (mpl) étrangers absolument essentiels

vitamin /'vɪtəmɪn/ 1 N vitamine (f); **~ B** vitamine B; **with added ~s** vitaminé 2 COMP [content] en vitamines ◆ **vitamin deficiency** N carence (f) en vitamines ◆ **vitamin-enriched** ADJ vitaminé ◆ **vitamin pill** N comprimé (m) de vitamines

vitriol /'vɪtrɪəl/ N vitriol (m)

vitriolic /ˌvɪtrɪ'ɒlɪk/ ADJ [attack, speech] au vitriol; [abuse, outburst, criticism] venimeux

vituperative /vɪ'tjuːpərətɪv/ ADJ [remark] injurieux; [attack, critic] virulent

viva /'vaɪvə/ N (Brit) épreuve (f) orale; (for thesis) soutenance (f)

vivacious /vɪ'veɪʃəs/ ADJ plein de vivacité

vivid /'vɪvɪd/ ADJ [colour, imagination] vif; [memory] très net; [dream] pénétrant; [description, language] vivant; [example, demonstration] frappant; **in ~ detail** avec des détails saisissants

vividly /'vɪvɪdlɪ/ ADV [remember] très distinctement; [describe, express] de façon vivante; [demonstrate] de façon frappante; **~ coloured** aux couleurs vives

vividness /'vɪvɪdnɪs/ N [of colour, style] vivacité (f); [of dream] clarté (f); [of memory] netteté (f); [of description] caractère (m) très vivant

vivisection /ˌvɪvɪ'sekʃən/ N vivisection (f)

vixen /'vɪksn/ N renarde (f)

viz /vɪz/ ADV (= namely) c'est-à-dire

vocab* /'vəʊkæb/ ABBR = **vocabulary**

vocabulary /vəʊ'kæbjʊlərɪ/ N vocabulaire (m); (in textbook) lexique (m)

vocal /'vəʊkəl/ 1 ADJ ⓐ (= using voice) vocal ⓑ (= outspoken) [opposition, protest] vif; **a ~ minority** une minorité qui se fait entendre 2 NPL **vocals** chant (m); **featuring Chrissie Hynde on ~s** avec Chrissie Hynde au chant; **backing ~s** chœurs (mpl) 3 COMP ◆ **vocal c(h)ords** NPL cordes (fpl) vocales

vocalist /'vəʊkəlɪst/ N chanteur (m), -euse (f) (dans un groupe)

vocation /vəʊ'keɪʃən/ N vocation (f); **to have a ~ for teaching** avoir la vocation de l'enseignement

vocational /vəʊ'keɪʃənl/ ADJ [education, subject, qualifications] technique et professionnel; **~ course** stage (m) de formation professionnelle ◆ **vocational guidance** N orientation (f) professionnelle ◆ **vocational school** N (in US) ≈ lycée (m) technique

vocationally /vəʊ'keɪʃənlɪ/ ADV **~ oriented courses** cours (mpl) à orientation professionnelle

vociferous /vəʊ'sɪfərəs/ ADJ véhément

vodka /'vɒdkə/ N vodka (f)

vogue /vəʊg/ N mode (f); **to come into ~** devenir à la mode; **to be in ~** être en vogue; **the ~ for ...** la mode de ...

voice /vɔɪs/ 1 N ⓐ voix (f); **in a deep ~** d'une voix grave; **at the top of one's ~** à tue-tête; **to raise/lower one's ~** élever/baisser la voix; **keep your ~ down** ne parle pas trop fort; **to say sth in a low ~** dire qch à voix basse; **he likes the sound of his own ~** il aime s'écouter parler; **his ~ has broken** sa voix a mué; **tenor ~** voix (f) de ténor; **a piece for three soprano ~s** un morceau pour trois sopranos ⓑ (= opinion) **there were no dissenting ~s** il n'y a pas eu d'opposition; **to have a ~ in the matter** avoir son mot à dire 2 VT (= express) exprimer; **to ~ opposition to sth** s'élever contre qch 3 COMP ◆ **voice-activated** ADJ à commande vocale ◆ **voice box** N larynx (m) ◆ **voice mail** N messagerie (f) vocale ◆ **voice-over** N (commentaire (m) en) voix (f) off ◆ **voice recognition** N reconnaissance (f) vocale

void /vɔɪd/ 1 N vide (m) 2 ADJ ⓐ (= invalid) [agreement] nul (nulle (f)) ⓑ (= empty) **~ of** [ornament, charm, talent, qualities] dépourvu de; [scruples, compassion, meaning] dénué de

volatile /'vɒlətaɪl/ ADJ [situation, atmosphere, relationship, market] instable; [person, personality] versatile

volatility /ˌvɒlə'tɪlɪtɪ/ N [of situation, atmosphere, relationship] instabilité (f); [of person, personality] versatilité (f)

vol-au-vent /'vɒləʊˌvɑ̃ː, ˌvɒlə'vɒn/ N vol-au-vent (m)

volcanic /vɒl'kænɪk/ ADJ volcanique

volcano /vɒlˈkeɪnəʊ/ N (pl **volcanoes**) volcan (m)

vole /vəʊl/ N campagnol (m)

volition /vɒˈlɪʃən/ N volonté (f)

volley /ˈvɒlɪ/ 1 N ⓐ [of bullets] salve (f) ⓑ [of insults] bordée (f); [of questions] feu (m) roulant ⓒ (Sport) volée (f); **half ~** demi-volée (f) 2 VT [+ ball] prendre à la volée 3 VI faire une volée

volleyball /ˈvɒlɪbɔːl/ N volley(-ball) (m) ♦ **volleyball player** N volleyeur (m), -euse (f)

volt /vəʊlt/ N volt (m)

voltage /ˈvəʊltɪdʒ/ N tension (f); **high/low ~** haute/basse tension (f)

voluble /ˈvɒljʊbl/ ADJ volubile

volume /ˈvɒljuːm/ 1 N ⓐ volume (m); **the gas expanded to twice its original ~** le gaz s'est dilaté et a doublé de volume; **your hair needs more ~** il faut redonner du volume à vos cheveux; **to turn the ~ down** diminuer le volume ⓑ (= book) volume (m); **~ one** tome (m) un; **~ three** tome (m) trois; **in six ~s** en six volumes; **a two-~ dictionary** un dictionnaire en deux volumes; **to speak ~s** en dire long (**about** sur) 2 COMP ♦ **volume control** N bouton (m) de réglage du volume

voluminous /vəˈluːmɪnəs/ ADJ volumineux

voluntarily /ˈvɒləntərɪlɪ/ ADV ⓐ (= willingly) volontairement ⓑ (= without payment) [work] bénévolement

voluntary /ˈvɒləntərɪ/ 1 ADJ ⓐ (= not compulsory) [contribution, repatriation] volontaire; [statement] spontané; [attendance] bénévole; [pension scheme] à contribution volontaire; [agreement] librement consenti

ⓑ (= unpaid) [group, service] bénévole; **on a ~ basis** à titre bénévole

2 COMP ♦ **voluntary euthanasia** N euthanasie (f) volontaire ♦ **voluntary liquidation** N dépôt (m) de bilan; **to go into ~ liquidation** déposer son bilan; **they put the company into ~ liquidation** l'entreprise a déposé son bilan ♦ **voluntary organization** N organisation (f) bénévole ♦ **voluntary school** N (Brit) école (f) libre ♦ **the voluntary sector** N le secteur associatif; **he works in the ~ sector** il travaille pour une organisation bénévole ♦ **Voluntary Service Overseas** N (Brit) ≈ coopération (f) technique ♦ **voluntary work** N travail (m) bénévole, bénévolat (m); **she does ~ work** elle travaille comme bénévole ♦ **voluntary worker** N bénévole (mf)

volunteer /ˌvɒlənˈtɪəʳ/ 1 N ⓐ (= person volunteering) volontaire (mf) ⓑ (= unpaid worker) bénévole (mf); **to ask for ~s** demander des volontaires 2 VT [+ information] fournir (spontanément); **they ~ed to carry it all back** ils ont offert de tout remporter 3 VI **to ~ for sth** se proposer pour (faire) qch 4 COMP ♦ **Volunteers in Service to America** N organisme américain chargé de l'aide aux personnes défavorisées

voluptuous /vəˈlʌptjʊəs/ ADJ voluptueux

voluptuously /vəˈlʌptjʊəslɪ/ ADV [move, stretch] voluptueusement

vomit /ˈvɒmɪt/ 1 N vomi (m) 2 VTI vomir

vomiting /ˈvɒmɪtɪŋ/ N vomissements (mpl)

voracious /vəˈreɪʃəs/ ADJ vorace; [reader] avide

voraciously /vəˈreɪʃəslɪ/ ADV avec voracité; [read] avec avidité

vote /vəʊt/ 1 N ⓐ (= ballot) vote (m); **to put sth to the ~** mettre qch au vote; **to take a ~** voter; **they took a ~ on whether to sell the company** ils ont voté pour décider s'ils allaient ou non vendre l'entreprise; **after the ~** après le vote; **~ of no confidence** motion (f) de censure; **~ of confidence** vote (m) de confiance

ⓑ (= franchise) droit (m) de vote; **to give the ~ to 18-year-olds** accorder le droit de vote aux jeunes de 18 ans

ⓒ (= vote cast) voix (f); **to give one's ~ to ...** voter

pour ...; **to win ~s** gagner des voix; **to count the ~s** (in election) dépouiller le scrutin; **elected by a majority ~** élu à la majorité des voix

ⓓ (= body of voters) électorat (m); **to lose the Catholic ~** perdre le soutien de l'électorat catholique

2 VT **he was ~d chairman** il a été élu président; **the group ~d her the best cook** le groupe l'a proclamée meilleure cuisinière; **I ~ we go to the cinema*** je propose que l'on aille au cinéma; **the committee ~d to request a subsidy** le comité a voté une demande de subvention

3 VI voter; **to ~ Labour** voter travailliste; **to ~ for the Socialists** voter pour les socialistes; **~ (for) Harris!** votez Harris!; **to ~ for sth** voter pour qch; **to ~ on sth** mettre qch au vote; **people are voting with their feet*** les gens expriment leur mécontentement en ne votant pas (or en s'en allant)

4 COMP ♦ **vote-loser*** N **it's a ~-loser for us** ça risque de nous faire perdre des voix ♦ **vote-winner*** N atout (m) électoral; **they hope it will be a ~-winner for them** ils espèrent que cela leur fera gagner des voix

► **vote in** VT SEP [+ law] voter; [+ person] élire

► **vote out** VT SEP [+ amendment] rejeter; [+ MP, chairman] ne pas réélire; **he was ~d out (of office)** il n'a pas été réélu; **the electors ~d the Conservative government out** les électeurs ont rejeté le gouvernement conservateur

► **vote through** VT SEP [+ bill, motion] voter

voter /ˈvəʊtəʳ/ N électeur (m), -trice (f)

voting /ˈvəʊtɪŋ/ N vote (m), scrutin (m); **the ~ went against him** le vote lui a été défavorable; **the ~ took place yesterday** le scrutin a eu lieu hier ♦ **voting precinct** N (US) circonscription (f) électorale ♦ **voting rights** NPL droit (m) de vote ♦ **voting share** N action (f) avec droit de vote

vouch /vaʊtʃ/ VI **to ~ for sb** se porter garant de qn

voucher /ˈvaʊtʃəʳ/ N bon (m)

vow /vaʊ/ 1 N vœu (m), serment (m); **to take a ~** faire vœu (**to do** de faire, **of sth** de qch); **to make a ~** faire le serment; **to take a ~ of chastity** faire vœu de chasteté; **to take a ~ of obedience (to)** jurer obéissance (à); **she swore a ~ of secrecy** elle a juré de ne rien divulguer 2 VT ⓐ (publicly) faire le serment (**to do** de faire, **that** que); [+ obedience, loyalty] faire vœu de ⓑ (to oneself) se jurer; **he ~ed that he would stay there** il s'est juré d'y rester

vowel /ˈvaʊəl/ N voyelle (f) ♦ **vowel sound** N **English ~ sounds** les voyelles anglaises

vox pop* /ˌvɒksˈpɒp/ N micro-trottoir (m)

voyage /ˈvɔɪdʒ/ N voyage (m) par mer; (fig) voyage (m); **to go on a ~** partir en voyage (en mer)

voyeur /vwɑːˈjɜːʳ/ N voyeur (m)

voyeurism /ˈvwɑːjɜːˌrɪzəm/ N voyeurisme (m)

voyeuristic /ˌvwɑːjɜːˈrɪstɪk/ ADJ [behaviour] de voyeur

VP /viːˈpiː/ N (US) (ABBR = **Vice-President**) vice-président(e) (m(f))

VR /viːˈɑːʳ/ N (ABBR = **virtual reality**) réalité (f) virtuelle

VSO /ˌviːesˈəʊ/ N (Brit) (ABBR = **Voluntary Service Overseas**) ≈ coopération (f) technique

VT ABBR = **Vermont**

Vt. ABBR = **Vermont**

vulgar /ˈvʌlgəʳ/ ADJ vulgaire; **it is ~ to talk about money** il est vulgaire de parler d'argent

vulgarity /vʌlˈgærɪtɪ/ N vulgarité (f), grossièreté (f)

vulnerability /ˌvʌlnərəˈbɪlɪtɪ/ N vulnérabilité (f)

vulnerable /ˈvʌlnərəbl/ ADJ vulnérable (**to sth** à qch)

vulture /ˈvʌltʃəʳ/ N vautour (m)

vulva /ˈvʌlvə/ N vulve (f)

vying /ˈvaɪɪŋ/ N rivalité (f)

W, w /'dʌblju/ N ⓐ (ABBR = **watt**) W ⓑ (ABBR = **west**) O., ouest

WA ABBR = **Washington**

wacky* /'wæki/ ADJ loufoque*

wad /wɒd/ N [of cloth, paper] tampon (m); [of banknotes] liasse (f); **a ~ of cotton wool** un tampon d'ouate; **~s of cash*** des paquets (mpl) de fric*

wadding /'wɒdɪŋ/ N rembourrage (m)

waddle /'wɒdl/ VI se dandiner; **to ~ in** entrer en se dandinant

wade /weɪd/ VI ⓐ (= paddle) **to ~ through water/mud** marcher dans l'eau/la boue; **he ~d ashore** il a regagné la rive à pied; **to ~ across a river** traverser une rivière à gué ⓑ (= advance with difficulty)* **we had to ~ through pages of figures** nous avons dû lire des pages et des pages de chiffres; **I managed to ~ through his book** je suis péniblement venu à bout de son livre ⓒ **to ~ into sb*** attaquer qn

wader /'weɪdə/ N (= boot) botte (f) de pêcheur

wafer /'weɪfə'/ N gaufrette (f); (in communion) hostie (f) ◆ **wafer-thin** ADJ très fin; [majority] infime

waffle* /'wɒfl/ 1 N ⓐ (Brit) (when speaking) verbiage (m); (in essay) remplissage (m) ⓑ (to eat) gaufre (f) 2 VI (when speaking) parler pour ne rien dire; (in essay) faire du remplissage; **he was waffling on about ...** il parlait interminablement de ... 3 COMP ◆ **waffle iron** N gaufrier (m)

waft /wɑːft/ 1 VT [+ smell, sound] porter 2 VI [sound, smell] flotter

wag /wæg/ 1 VT [+ tail] remuer; **he ~ged his finger at me** il a agité le doigt dans ma direction 2 VI [tail] remuer; (excitedly) frétiller; **the news set tongues ~ging** la nouvelle a fait jaser

wage /weɪdʒ/ 1 N salaire (m); **two days' ~s** deux jours de salaire; **his week's ~s** son salaire de la semaine; **he gets a good ~** il est bien payé 2 VT **to ~ war** faire la guerre (**on** à) 3 COMP ◆ **wage claim** N (Brit) revendication (f) salariale ◆ **wage earner** N salarié(e) (m(f)) ◆ **wage freeze** N blocage (m) des salaires ◆ **wage packet** N paie (f) ◆ **wages bill** N masse (f) salariale

waged /weɪdʒd/ ADJ [person] salarié

wager /'weɪdʒə'/ 1 VT parier 2 N pari (m); **to lay a ~** faire un pari

waggle /'wægl/ 1 VT [+ pencil, branch] agiter; [+ one's toes, fingers] remuer 2 VI [toes, fingers] remuer

waggon /'wægən/ N = **wagon**

wagon /'wægən/ N (horse-drawn or ox-drawn) chariot (m); (= truck) camion (m); (Brit Rail) wagon (m) de marchandises; **to be on the ~*** ne pas boire d'alcool

wail /weɪl/ 1 N [of person] gémissement (m); [of baby] vagissement (m); [of siren] hurlement (m) 2 VI [person] gémir; (= cry) pleurer; [siren] hurler

wailing /'weɪlɪŋ/ N [of person] gémissements (mpl); [of siren] hurlement (m)

waist /weɪst/ N taille (f); **he put his arm round her ~** il l'a prise par la taille; **they were stripped to the ~** ils étaient torse nu; **he was up to his ~ in water** l'eau lui arrivait à la ceinture ◆ **waist measurement, waist size** N tour (m) de taille

waistband /'weɪstbænd/ N ceinture (f)

waistcoat /'weɪstkəut/ N (Brit) gilet (m)

waistline /'weɪstlaɪn/ N taille (f); **I've got to think of my ~** je dois faire attention à ma ligne

wait /weɪt/ 1 N attente (f); **a three-hour ~** trois heures d'attente; **it was a long ~** l'attente a été longue

◆ **to lie in wait** être à l'affût; **to lie in ~ for** [bandits, guerrillas] tendre une embuscade à

2 VI ⓐ attendre; **to ~ for sb/sth** attendre qn/qch; **to ~ for sb to leave** attendre que qn parte; **we ~ed and ~ed** nous avons attendu une éternité; **to keep sb ~ing** faire attendre qn; **to ~ until sb leaves** attendre que qn parte; **~ till you're sure** attends d'être sûr; **just you ~!** tu attends un peu!; **just ~ till your father finds out!** attends un peu que ton père l'apprenne!; **it can ~ till tomorrow** ça peut attendre demain; **I can't ~ to see him again!** je suis impatiente de le revoir!; **~ and see!** tu verras!; **we'll just have to ~ and see** on verra; **that was worth ~ing for** cela valait la peine d'attendre

ⓑ [waiter] servir; **to ~ at table** faire le service

3 VT ⓐ [+ one's turn] attendre; **I ~ed two hours** j'ai attendu deux heures; **could you ~ a moment?** vous pouvez patienter un moment?; **~ a moment** or **a minute!** un instant!; (interrupting) minute!*

ⓑ **to ~ table** faire le service

► **wait about, wait around** VI attendre; (= loiter) traîner; **to ~ about for sb** attendre qn

► **wait behind** VI attendre; **to ~ behind for sb** rester pour attendre qn

► **wait on** VT INSEP [servant, waiter] servir; **she ~s on him hand and foot** elle est aux petits soins pour lui

► **wait up** VI (= not go to bed) ne pas aller se coucher; **we ~ed up till 2 o'clock** nous avons attendu jusqu'à 2 heures; **don't ~ up for me** ne m'attendez pas(, allez vous coucher)

waiter /'weɪtə'/ N serveur (m); **~!** Monsieur, s'il vous plaît!

waiting /'weɪtɪŋ/ N attente (f); **"no ~"** « arrêt interdit » ◆ **waiting game** N **to play a ~ game** attendre son heure ◆ **waiting list** N liste (f) d'attente ◆ **waiting room** N salle (f) d'attente

waitress /'weɪtrɪs/ N serveuse (f)

waitressing /'weɪtrɪsɪŋ/ N travail (m) de serveuse

waive /weɪv/ VT [+ claim, right, privilege] renoncer à; [+ condition, age limit] ne pas insister sur

waiver /'weɪvə'/ N (Insurance) clause (f) de renonciation

wake /weɪk/ (vb: pret **woke**, ptp **woken**, **woke**) 1 N ⓐ [of ship] sillage (m); **in the ~ of the storm/unrest** à la suite de l'orage/des troubles; **the war brought famine in its ~** la guerre a amené la famine dans son sillage

ⓑ (over corpse) veillée (f) mortuaire

2 VI (= wake up) se réveiller; **~ up!** réveille-toi!; **~ up and smell the coffee!*** (US) arrête de rêver!; **she woke to find them gone** à son réveil ils étaient partis; **to ~ up to sth** se rendre compte de qch; **he suddenly woke up and started**

to work (= *stirred himself*) il s'est secoué et s'est mis à travailler

3 VT (= *wake up*) [+ *person*] réveiller; **a noise that would ~ the dead** un bruit à réveiller les morts; **he needs something to ~ him up** (*fig*) il a besoin d'être secoué

4 COMP ♦ **wake-up call** N **would you like a ~-up call?** vous voulez qu'on vous réveille?

wakeful /'weɪkfʊl/ ADJ ⓐ **I had a ~ night** j'ai mal dormi ⓑ (= *vigilant*) vigilant

waken /'weɪkən/ VTI = **wake**

wakey-wakey* /'weɪkɪ'weɪkɪ/ EXCL réveille-toi!

waking /'weɪkɪŋ/ ADJ **he devoted all his ~ hours to ...** il consacrait tout son temps à ...

Wales /weɪlz/ N pays (*m*) de Galles; **in ~** au pays de Galles; **North/South ~** le Nord/le Sud du pays de Galles

walk /wɔːk/ **1** N ⓐ (= *stroll*) promenade (*f*); (= *ramble*) randonnée (*f*); **to go for a ~** aller se promener; **let's have a little ~** allons faire un tour; **to take sb for a ~** emmener qn se promener; **to take the dog for a ~** promener le chien; **the house is ten minutes' ~ from here** la maison est à dix minutes d'ici à pied; **it's only a short ~ to the shops** les magasins sont à deux pas; **people from all ~s of life** des gens de tous les horizons; **it was a ~ in the park** (*US*) ça a été du gâteau*
ⓑ (= *way of walking*) démarche (*f*)

2 VI ⓐ marcher; **to ~ across the road** traverser la route; **to ~ down to the village** descendre jusqu'au village; **he ~ed up/down the stairs** il a monté/descendu l'escalier; **he was ~ing up and down** il marchait de long en large; **she ~s in her sleep** elle est somnambule; **~, don't run** ne cours pas
ⓑ (= *go on foot*) aller à pied; (= *go for a walk*) aller se promener; **they ~ed all the way to the village** ils sont allés jusqu'au village à pied; **I always ~ home** je rentre toujours à pied
ⓒ (= *disappear*)* se volatiliser; **my pen seems to have ~ed** mon stylo s'est volatilisé
ⓓ (= *be acquitted*)* être acquitté

3 VT ⓐ [+ *distance*] faire à pied; **he ~s 5km every day** il fait tous les jours 5 km à pied; **you can ~ it in a couple of minutes** à pied vous en avez pour deux minutes; **he ~ed it in ten minutes** il lui a fallu dix minutes à pied; **he ~ed it*** (= *it was easy*) cela a été un jeu d'enfant pour lui
ⓑ **to ~ the streets** se promener dans les rues
ⓒ (= *take*) [+ *dog*] promener; **to ~ sb home** raccompagner qn; **I'll ~ you to the station** je vais vous accompagner à la gare; **he ~ed her to her car** il l'a raccompagnée jusqu'à sa voiture; **they ~ed him off his feet** ils l'ont tellement fait marcher qu'il ne tenait plus sur ses jambes

4 COMP ♦ **walk-in** ADJ [*wardrobe, cupboard, larder*] de plain-pied ♦ **walk-on part** N rôle (*m*) de figurant(e) ♦ **walk-on** N (*US*) (= *house*) immeuble (*m*) sans ascenseur; (= *apartment*) appartement (*m*) dans un immeuble sans ascenseur

▶ **walk about** = **walk around**

▶ **walk across** VI traverser; **to ~ across to sb** s'approcher de qn

▶ **walk around** VI se promener; **~ around a little** faites quelques pas

▶ **walk away** VI partir; **to ~ away from sb** s'éloigner de qn; **to ~ away from an accident** (= *be unhurt*) sortir indemne d'un accident; **to ~ away with sth** (= *win easily*) gagner qch haut la main

▶ **walk back** VI (= *come back*) revenir; (= *go back*) retourner; (*specifically on foot*) rentrer à pied

▶ **walk in** VI entrer; **he just ~ed in on me!** il est entré sans frapper!

▶ **walk into** VT INSEP ⓐ [+ *trap, ambush*] tomber dans ⓑ (= *collide with*) se cogner à ⓒ (= *find easily*) trouver facilement

▶ **walk off 1** VI ⓐ = **walk away** ⓑ (= *steal*) **to ~ off with sth*** piquer* qch **2** VT SEP [+ *weight*] perdre en marchant

▶ **walk off with*** VT INSEP = **walk away with** → **walk away**

▶ **walk out** VI (= *go out*) sortir; (= *go away*) partir; (= *go on strike*) se mettre en grève; **her husband has ~ed out on** son mari l'a quittée; **they ~ed out of the meeting** ils ont quitté la réunion

▶ **walk out on** VT INSEP quitter

▶ **walk over 1** VI passer; **he ~ed over to me** il s'est approché de moi **2** VT INSEP ⓐ (= *defeat easily*) battre haut la main ⓑ (= *treat badly*) **she lets him ~ all over her** il la traite comme une servante et elle se laisse faire

▶ **walk up** VI (= *approach*) s'approcher (**to sb** de qn)

walkabout /'wɔːkəbaʊt/ N **to go on a ~** (*Brit*) [*celebrity*] prendre un bain de foule; **to go ~** [*object*] se volatiliser

walker /'wɔːkəʳ/ N ⓐ marcheur (*m*), -euse (*f*); (*for pleasure*) promeneur (*m*), -euse (*f*) ⓑ (= *support frame*) déambulateur (*m*); (*for babies*) trotte-bébé (*m*)

walkie-talkie /'wɔːkɪ'tɔːkɪ/ N talkie-walkie (*m*)

walking /'wɔːkɪŋ/ **1** N marche (*f*) à pied; (*Sport*) marche (*f*) athlétique

2 ADJ ambulant; **the ~ wounded** les blessés capables de marcher; **he's a ~ encyclopedia** c'est une encyclopédie ambulante

3 COMP ♦ **walking-boot** N chaussure (*f*) de marche ♦ **walking distance** N **it is within ~ distance** on peut facilement y aller à pied ♦ **walking frame** N déambulateur (*m*) ♦ **walking holiday** N **we had a ~ holiday in the Tyrol** pour nos vacances nous avons fait de la randonnée dans le Tyrol ♦ **walking pace** N **at a ~ pace** au pas ♦ **walking papers*** NPL (*US*) **to give sb his ~ papers** flanquer* qn à la porte ♦ **walking shoe** N chaussure (*f*) de marche ♦ **walking-stick** N canne (*f*)

Walkman ® /'wɔːkmən/ N baladeur (*m*)

walkout /'wɔːkaʊt/ N (= *strike*) grève (*f*) surprise; **the meeting ended in a ~** les gens ont quitté la réunion en signe de protestation; **to stage a ~** [*workers*] déclencher une grève surprise

walkover /'wɔːkəʊvəʳ/ N **it was a ~!*** [*game*] c'était une victoire facile!; **it was a ~ for Moore*** (*Sport*) Moore a gagné haut la main

walkway /'wɔːkweɪ/ N (*Brit*) (= *path*) sentier (*m*) pédestre; (*US* = *crossing*) passage (*m*) pour piétons

wall /wɔːl/ N mur (*m*); (*interior*) paroi (*f*); (*around city, castle*) remparts (*mpl*); **to go to the ~** [*person*] perdre la partie; (= *go bankrupt*) faire faillite; **he had his back to the ~** (*fig*) il était le dos au mur; **to bang one's head against a brick ~** se taper la tête contre les murs; **to drive sb up the ~*** rendre qn dingue* ♦ **wall bars** NPL espalier (*m*) ♦ **wall chart** N planche (*f*) murale ♦ **wall-mounted** ADJ mural ♦ **wall-to-wall** ADJ **~-to-~ carpet** moquette (*f*); **it got ~-to-~ coverage** les médias ne parlaient que de ça

wallaby /'wɒləbɪ/ N wallaby (*m*)

walled /wɔːld/ ADJ **~ garden** jardin (*m*) clos

wallet /'wɒlɪt/ N portefeuille (*m*)

wallflower /'wɔːlflaʊəʳ/ N giroflée (*f*); **to be a ~** (*at dance*) faire tapisserie

Walloon /wɒˈluːn/ **1** ADJ wallon **2** N ⓐ Wallon(ne) (*m(f)*) ⓑ (= *language*) wallon (*m*)

wallop* /'wɒləp/ **1** N (= *slap*) torgnole* (*f*); (*with fist*) gnon* (*m*) **2** VT [+ *person*] flanquer une torgnole* à; [+ *ball, object*] taper dans

walloping* /'wɒləpɪŋ/ N raclée* (*f*); **to give sb a ~** flanquer une raclée* à qn

wallow /'wɒləʊ/ VI [*person, animal*] se vautrer; **to ~ in self-pity** s'apitoyer sur son sort avec complaisance

wallpaper /'wɔːlpeɪpəʳ/ **1** N papier (*m*) peint **2** VT tapisser

wally* /'wɒlɪ/ N (*Brit*) andouille* (*f*)

walnut /'wɔːlnʌt/ **1** N ⓐ (= *nut*) noix (*f*) ⓑ (= *tree*) noyer (*m*) ⓒ (= *wood*) noyer (*m*) **2** ADJ [*cake*] aux noix; [*oil*] de noix; [*table*] de *or* en noyer

walrus /'wɔːlrəs/ N morse (*m*)

waltz /wɔːls/ **1** N valse (*f*); **it was a ~!** (*US*) (= *easy*)* c'était de la tarte!* **2** VI ⓐ (= *dance*) valser ⓑ **to ~ in** entrer avec désinvolture

wan /wɒn/ ADJ blafard; **a ~ smile** un pâle sourire

wand /wɒnd/ N baguette (*f*) magique

wander /'wɒndəʳ/ **1** N tour (m); **to go for a ~** around the town/the shops aller faire un tour en ville/dans les magasins

2 VI ⓐ [person] errer; (for pleasure) flâner; [thoughts] vagabonder; **he ~ed through the streets** il errait dans les rues; **they ~ed round the shop** ils ont flâné dans le magasin; **his gaze ~ed round the room** son regard parcourut la pièce ⓑ (= stray) s'égarer; **to ~ from the point** s'écarter du sujet; **increasingly his eyes ~ed from the page** il lisait de plus en plus distraitement; **sorry, my mind was ~ing** excusez-moi, j'étais distrait

3 VT errer dans; **to ~ the streets** errer dans les rues

► **wander about, wander around** VI (aimlessly) errer; **to ~ about the town/the streets** (leisurely) flâner dans la ville/dans les rues

► **wander off** VI partir; **they ~ed off from the group** ils ont quitté le groupe

wandering /'wɒndərɪŋ/ **1** ADJ [person, gaze] errant; **to have a ~ eye** reluquer les filles*; **to have ~ hands** avoir les mains baladeuses **2** NPL **wanderings** (= journeyings) pérégrinations (fpl)

wane /weɪn/ **1** VI décliner **2** N **to be on the ~** décliner

wangle* /'wæŋgl/ VT (= get) se débrouiller pour avoir; **can you ~ me a free ticket?** est-ce que tu peux m'avoir un billet gratuit?

waning /'weɪnɪŋ/ **1** N [of popularity, influence] déclin (m) **2** ADJ [strength, popularity] déclinant

wank⁑ /wæŋk/ (Brit) **1** VI se branler⁑ **2** N **to have a ~** se branler⁑

wanker⁑ /'wæŋkəʳ/ N (Brit) branleur⁑ (m)

wanna* /'wɒnə/ ⓐ = want a ⓑ = want to → **want**

want /wɒnt/ **1** N (= lack) manque (m); **there was no ~ of enthusiasm** ce n'était pas l'enthousiasme qui manquait

♦ **for want of ...** faute de ...; **it wasn't for ~ of trying that he ...** ce n'était pas faute d'avoir essayé qu'il ...

2 NPL **wants** (= requirement) désirs (mpl); **his ~s are few** il se contente de peu

3 VT ⓐ (= wish) vouloir; **what do you ~?** que voulez-vous?; **what do you ~ to do tomorrow?** qu'est-ce que vous avez envie de faire demain?; **I don't ~ to!** je ne veux pas!; **all I ~ is ...** tout ce que je veux, c'est ...; **what does he ~ for that picture?** combien demande-t-il pour ce tableau?; **I ~ the brakes checked** pouvez-vous vérifier les freins?; **I always ~ed a car like this** j'ai toujours voulu avoir une voiture comme ça; **to ~ sb** (sexually) désirer qn; **I ~ed to leave** j'avais envie de partir; **to ~ in/out*** vouloir entrer/sortir; **you're not ~ed here** on ne veut pas de vous ici; **you've got him where you ~ him** vous le tenez à votre merci; **you don't ~ much!** vous n'êtes pas difficile!

♦ **to want sb to do sth** vouloir que qn fasse qch; **I ~ you to listen to me** je veux que tu m'écoutes

ⓑ (= seek) demander; **the manager ~s you in his office** le directeur vous demande dans son bureau; **you're ~ed on the phone** on vous demande au téléphone; **to be ~ed by the police** être recherché par la police; **"~ed: good cook"** « recherchons cuisinier ou cuisinière »; **"~ed for murder"** « recherché pour meurtre »

ⓒ (= need) avoir besoin de; **you ~ a bigger hammer** il te faut un plus gros marteau; **what do you ~ with a house that size?** pourquoi veux-tu une maison aussi grande?; **the car ~s washing** la voiture a besoin d'être lavée; **your hair ~s combing** tu as besoin d'un coup de peigne; **you ~ to be careful!*** fais attention!; **you ~ to be sure you can afford it before you commit yourself** avant de t'engager, tu ferais bien de t'assurer que tu en as les moyens

4 COMP ♦ **want ad** N (US) petite annonce (f)

wanted /'wɒntɪd/ ADJ [criminal] recherché; **America's most ~ man** le criminel le plus recherché de toute l'Amérique; **a "~" poster** un avis de recherche

wanton /'wɒntən/ ADJ (= gratuitous) gratuit

WAP /wæp/ N (ABBR = **wireless application protocol**) WAP (m)

war /wɔːʳ/ N guerre (f); **to be at ~** être en guerre; **to go to ~** [country] entrer en guerre; **to make ~ on** faire la guerre à; **the Great War** la Grande Guerre; **the American War of Independence** la guerre de Sécession; **~ of words** joute (f) verbale; **you've been in the ~s again*** qu'est-ce qui t'est encore arrivé? ♦ **war correspondent** N correspondant(e) (m(f)) de guerre ♦ **war crime** N crime (m) de guerre ♦ **war cry** N cri (m) de guerre ♦ **war dance** N danse (f) guerrière ♦ **war graves** NPL cimetière (m) militaire ♦ **war hero** N héros (m) de la guerre ♦ **war lord** N (= military leader) chef (m) militaire ♦ **war memorial** N monument (m) aux morts ♦ **war-torn** ADJ déchiré par la guerre ♦ **war-weary** ADJ lassé(e) (f) de la guerre

warble /'wɔːbl/ VI [bird] gazouiller; [person] roucouler

ward /wɔːd/ N ⓐ [of hospital] salle (f) ⓑ (Brit: for election) section (f) électorale ⓒ (= person) pupille (mf); **~ of court** pupille (mf) sous tutelle judiciaire

► **ward off** VT SEP (= avoid) éviter; (= chase away) chasser

warden /'wɔːdn/ N [of student hall, park, game reserve] gardien (m), -ienne (f); [of youth hostel] responsable (mf); (US = prison governor) directeur (m), -trice (f)

warder /'wɔːdəʳ/ N [of prison] surveillant(e) (m(f))

wardrobe /'wɔːdrəʊb/ **1** N ⓐ (= cupboard) armoire (f) ⓑ (= clothes) garde-robe (f); (Theatre) costumes (mpl) **2** COMP ♦ **wardrobe mistress** N costumière (f)

warehouse /'wɛəhaʊs/ N entrepôt (m) ♦ **warehouse club** N grande surface qui, pour une adhésion annuelle, vend ses produits en vrac à prix réduits

warehouseman /'wɛəhaʊsmən/ N (pl **-men**) magasinier (m)

warehousing /'wɛəhaʊzɪŋ/ N entreposage (m)

warfare /'wɔːfɛə/ N guerre (f)

warhead /'wɔːhed/ N ogive (f); **nuclear ~** ogive (f) nucléaire

warhorse /'wɔːhɔːs/ N cheval (m) de bataille; **an old ~** (= soldier) un vétéran

warily /'wɛərɪlɪ/ ADV avec méfiance

wariness /'wɛərɪnɪs/ N méfiance (f)

Warks ABBR = **Warwickshire**

warlike /'wɔːlaɪk/ ADJ belliqueux

warlock /'wɔːlɒk/ N sorcier (m)

warm /wɔːm/ **1** ADJ ⓐ chaud; **this room is quite ~** il fait (assez) chaud dans cette pièce; **it's nice and ~ in here** il fait chaud ici; **a ~ oven** un four moyen; **the oven is ~** le four est (assez) chaud; **it's ~** il fait bon; **in ~ weather** par temps chaud; **to keep sth ~** tenir qch au chaud; **it's ~ work** c'est un travail qui donne chaud; **to get ~** [water, object] chauffer; [person] se réchauffer; **you're getting ~(er)!** (in games) tu chauffes!; **keep him ~** (= sick person) ne le laissez pas prendre froid; **I'm as ~ as toast** je suis bien au chaud ⓑ [feelings, welcome, applause] chaleureux; **he gave me a ~ smile** il m'a adressé un sourire chaleureux; **she is a very ~ person** elle est très chaleureuse; **she felt a ~ glow inside when she heard the news** la nouvelle lui a réchauffé le cœur; **"with ~est wishes"** (in letter) « avec mes vœux les plus sincères »

2 N **come and sit in the ~*** entrez vous asseoir au chaud

3 VT (= warm up) [+ room] réchauffer; [+ water, food] faire (ré)chauffer; **to ~ o.s.** se réchauffer; **to ~ one's feet/hands** se réchauffer les pieds/les mains

4 VI ⓐ (= warm up) [room, bed] se réchauffer ⓑ **to ~ to an idea** s'enthousiasmer peu à peu pour une idée; **I ~ed to him** je me suis pris de sympathie pour lui; **to ~ to one's theme** s'enthousiasmer peu à peu pour son sujet

5 COMP ♦ **warm-blooded** ADJ [animal] à sang chaud ♦ **warm front** N front (m) chaud ♦ **warm-hearted** ADJ chaleureux ♦ **warm-up*** N (Sport) échauffement (m)

► **warm up** **1** VI ⓐ [person, room] se (ré)chauffer; [water, food] chauffer ⓑ [engine, car] se réchauffer; [athlete, dancer] s'échauffer ⓒ [discussion] s'échauffer; [audience] devenir animé **2** VT SEP ⓐ [+ person] réchauffer; [+ water, food] (faire) (ré)chauffer ⓑ [+ engine, car] faire chauffer

warming /'wɔːmɪŋ/ ADJ [drink, food] qui réchauffe

warmly /'wɔːmlɪ/ ADV ⓐ [dress] chaudement ⓑ [recommend] chaudement; [greet, smile, thank, applaud] chaleureusement

warmonger /'wɔːˌmʌŋgəʳ/ N belliciste (mf)

warmongering /'wɔːˌmʌŋgərɪŋ/ N propagande (f) belliciste

warmth /wɔːmθ/ N chaleur (f); **they huddled together for ~** ils se sont serrés l'un contre l'autre pour se tenir chaud; **for extra ~, wear a wool jumper** pour avoir plus chaud, portez un pull-over en laine

warn /wɔːn/ VT prévenir; **you have been ~ed!** vous êtes prévenu!; **to ~ sb against doing sth** or **not to do sth** déconseiller à qn de faire qch; **to ~ sb off** or **against sth** mettre qn en garde contre qch

warning /'wɔːnɪŋ/ N (= act) avertissement (m); (in writing) avis (m); **it fell without ~** c'est tombé subitement; **they arrived without ~** ils sont arrivés sans prévenir; **let this be a ~ to you** que cela vous serve d'avertissement; **gale/storm ~** avis (m) de grand vent/de tempête ◆ **warning light** N voyant (m) ◆ **warning triangle** N triangle (m) de présignalisation

warp /wɔːp/ **1** VT [+ wood] voiler; **he has a ~ed mind** il a l'esprit tordu; **a ~ed sense of humour** un sens de l'humour morbide **2** VI [wood] se voiler

warpath /'wɔːpæθ/ N **to be on the ~** chercher l'affrontement

warplane /'wɔːpleɪn/ N avion (m) de guerre

warrant /'wɒrənt/ **1** N (Police) mandat (m); **there is a ~ out for his arrest** un mandat d'arrêt a été délivré contre lui; **do you have a ~?** (to police officer) vous avez un mandat (de perquisition)? **2** VT (frm = justify) justifier; **the facts do not ~ it** les faits ne le justifient pas

warranty /'wɒrəntɪ/ N (= guarantee) garantie (f)

warren /'wɒrən/ N ⓐ (also **rabbit ~**) garenne (f) ⓑ (= complex building) labyrinthe (m)

warring /'wɔːrɪŋ/ ADJ [nations] en guerre

warrior /'wɒrɪəʳ/ N guerrier (m), -ière (f)

Warsaw /'wɔːsɔː/ N Varsovie

warship /'wɔːʃɪp/ N bâtiment (m) de guerre

wart /wɔːt/ N verrue (f); **~s and all** avec tous ses défauts

warthog /'wɔːthɒg/ N phacochère (m)

wartime /'wɔːtaɪm/ **1** N **in ~** en temps de guerre **2** ADJ en temps de guerre

wary /'weərɪ/ ADJ prudent; **to be ~ about sb/sth** se méfier de qn/qch; **to be ~ of doing sth** hésiter beaucoup à faire qch

was /wɒz/ VB pt of **be**

wash /wɒʃ/ **1** N ⓐ **to give sth a ~** laver qch; **to give one's hands/face a ~** se laver les mains/le visage; **to have a ~** se laver; **to have a quick ~** faire un brin de toilette; **it needs a ~** cela a besoin d'être lavé
ⓑ (= laundry) **I do a big ~ on Mondays** je fais une grande lessive le lundi; **your shirt is in the ~** (= being washed) ta chemise est à la lessive; **the colours ran in the ~** cela a déteint au lavage; **it will all come out in the ~*** (= be all right) ça finira par s'arranger
2 VT ⓐ laver; **to ~ o.s.** [person] se laver; [cat] faire sa toilette; **to ~ one's hair** se laver les cheveux; **to ~ one's hands/face** se laver les mains/le visage; **he ~ed the dirt off his hands** il s'est lavé les mains (pour en enlever la saleté); **to ~ the dishes** laver la vaisselle; **to ~ one's hands of sth** se laver les mains de qch; **to ~ one's hands of sb** se désintéresser de qn
ⓑ **to be ~ed overboard** être emporté par une vague
3 VI ⓐ (= have a wash) [person] se laver; [cat] faire sa toilette; **this garment doesn't ~ very well** ce vêtement ne se lave pas très facilement
ⓑ (Brit) **that just won't ~!*** (= won't be accepted) ça ne prend pas!
ⓒ [waves, sea, flood] **to ~ over sth** balayer qch; **let the music ~ over you** laisse la musique t'envahir; **a wave of**

sadness/tiredness **~ed over him** il a soudain ressenti une profonde tristesse/une grande fatigue
4 COMP ◆ **wash-out*** N (= event) désastre (m); (= person) nul (m) ◆ **wash-wipe** N (on windscreen) lave-glace (m inv)

► **wash away 1** VI [stain] s'en aller au lavage **2** VT SEP ⓐ [+ stain] faire partir au lavage; **the rain ~ed the mud away** la pluie a fait partir la boue ⓑ [waves, sea, flood] (= carry away) emporter; [+ footprints] balayer; **the river ~ed away part of the bank** la rivière a emporté une partie de la rive

► **wash down** VT SEP ⓐ [+ deck, car] laver (à grande eau); [+ wall] lessiver ⓑ [+ medicine, pill] faire descendre; [+ food] arroser

► **wash off 1** VI partir au lavage; **it won't ~ off** ça ne part pas **2** VT SEP faire partir

► **wash out 1** VI ⓐ [dye, colours] passer au lavage ⓑ (US) **he ~ed out of university*** il s'est fait recaler aux examens de la fac* **2** VT SEP ⓐ (= remove) [+ stain] faire partir au lavage ⓑ (= rinse) [+ bottle, pan] laver ⓒ **the match was ~ed out** (= prevented by rain) le match a été annulé à cause de la pluie; **to look/feel ~ed out*** (= tired) avoir l'air/se sentir complètement lessivé*

► **wash up 1** VI ⓐ (Brit = wash dishes) faire la vaisselle ⓑ (US = have a wash) se débarbouiller **2** VT SEP ⓐ (Brit) [+ plates, cups] laver ⓑ [sea, tide] rejeter (sur le rivage); [river] rejeter (sur la berge); **to be (all) ~ed up*** [plan, marriage] être tombé à l'eau* ⓒ (US = tired) **to look/feel ~ed up** avoir l'air/se sentir lessivé*

washable /'wɒʃəbl/ ADJ lavable

washbasin /'wɒʃbeɪsn/ N (Brit) lavabo (m)

washcloth /'wɒʃklɒθ/ N ≈ gant (m) de toilette

washdown /'wɒʃdaʊn/ N **to give sth a ~** laver qch à grande eau

washer /'wɒʃəʳ/ **1** N ⓐ (in plumbing) rondelle (f) ⓑ (= washing machine) lave-linge (m inv) ⓒ (for windscreen) lave-glace (m inv) **2** COMP ◆ **washer-dryer** N lave-linge (m inv) séchant

washing /'wɒʃɪŋ/ N (= clothes) linge (m); **to do the ~** faire la lessive; **to hang out the ~** étendre le linge; **the dirty ~** le linge sale ◆ **washing line** N corde (f) à linge ◆ **washing machine** N lave-linge (m inv) ◆ **washing powder** N (Brit) lessive (f) (en poudre) ◆ **washing-up** N (Brit) vaisselle (f) (à laver); **to do the ~-up** faire la vaisselle; **look at all that ~-up!** regarde tout ce qu'il y a comme vaisselle à faire! ◆ **washing-up bowl** N bassine (f) ◆ **washing-up liquid** N produit (m) pour la vaisselle

Washington /'wɒʃɪŋtən/ N (= city) Washington; (= state) Washington (m)

washroom /'wɒʃrʊm/ N toilettes (fpl)

wasn't /'wɒznt/ = **was not** → **be**

wasp /wɒsp/ **1** N ⓐ guêpe (f); **~'s nest** guêpier (m) ⓑ **Wasp** or **WASP** (US*) (ABBR = **White Anglo-Saxon Protestant**) wasp (mf) (Anglo-Saxon blanc et protestant) **2** COMP ◆ **wasp-waisted** ADJ à la taille de guêpe

waspish /'wɒspɪʃ/ ADJ hargneux

wastage /'weɪstɪdʒ/ N [of resources, energy, food, money] gaspillage (m); (as part of industrial process) déperdition (f); (= amount lost from container) pertes (fpl)

waste /weɪst/ **1** N ⓐ [of resources, food, money] gaspillage (m); **to go to ~** être gaspillé; **there's too much ~ in this firm** il y a trop de gaspillage dans cette compagnie; **what a ~!** quel gaspillage!; **it's a ~ of effort** c'est un effort inutile; **that machine was a ~ of money** cela ne vaut vraiment pas la peine d'acheter cette machine; **a ~ of space** une perte de place; **he's a ~ of space*** (= useless) il est nul*; **it's a ~ of time** c'est une perte de temps; **it's a ~ of time doing that** on perd son temps à faire cela
ⓑ (= waste material: US: also **~s**) déchets (mpl); **household** or **kitchen ~** ordures (fpl) ménagères; **industrial/nuclear ~** déchets (mpl) industriels/nucléaires; **toxic/radioactive ~** déchets (mpl) toxiques/radioactifs

2 ADJ **to lay ~ to sth** (liter) dévaster qch

3 VT ⓐ [+ *resources, food, electricity, energy*] gaspiller ; [+ *time*] perdre ; [+ *opportunity*] laisser passer ; **I ~d a whole day on that journey/trying to find it** j'ai perdu toute une journée avec ce voyage/à essayer de le trouver ; **nothing is ~d** rien n'est perdu ; **you're wasting your breath!** tu perds ton temps ! ; **I wouldn't like you to have a ~d journey** je ne voudrais pas que vous vous déplaciez pour rien ; **to ~ one's money** gaspiller son argent (**on sth** pour qch, **on doing sth** pour faire qch) ; **you're wasting your time (trying)** tu perds ton temps (à essayer) ; **to ~ no time in doing sth** ne pas perdre de temps à faire qch ; **the sarcasm was ~d on him** il n'a pas compris le sarcasme ; **caviar is ~d on him** il ne sait pas apprécier le caviar ∎ *(PROV)* **~ not want not** il n'y a pas de petites économies
ⓑ (= *kill*)* flinguer*ⵗ

4 COMP ◆ **waste disposal unit, waste disposer** N broyeur *(m)* à ordures ◆ **waste ground** N **a piece of ~ ground** un terrain vague ◆ **waste pipe** N (tuyau *(m)* de) vidange *(f)* ◆ **waste products** NPL (*industrial*) déchets *(mpl)* industriels ; (*from body*) déchets *(mpl)* (de l'organisme)
► **waste away** VI dépérir ; **you're not exactly wasting away!** tu ne fais pas vraiment pitié !

wastebasket /'weɪstbɑːskɪt/ N corbeille *(f)* (à papier)

wastebin /'weɪstbɪn/ N (*Brit*) (= *wastebasket*) corbeille *(f)* à papier ; (*in kitchen*) poubelle *(f)*

wasted /'weɪstɪd/ ADJ ⓐ [*limb*] (= *emaciated*) décharné ; (= *withered*) atrophié ⓑ (= *exhausted*)ⵗ [*person*] lessivé* ⓒ (*on drugs*)ⵗ défoncé* ; (*on alcohol*)ⵗ bourréⵗ ; **to get ~** (*on drugs*) se défoncer* ; (*on alcohol*) se bourrerⵗ (la gueule)

wasteful /'weɪstfʊl/ ADJ [*person*] gaspilleur ; [*process*] peu économique

wastefulness /'weɪstfʊlnɪs/ N [*of person*] tendance *(f)* au gaspillage ; [*of process*] caractère *(m)* peu économe

wasteland /'weɪstlænd/ N (*in town*) terrain *(m)* vague ; (*in countryside*) désert *(m)* ; **a piece of ~** un terrain vague

wastepaper basket /ˌweɪst'peɪpəˌbɑːskɪt/ N corbeille *(f)* (à papier)

waster* /'weɪstəʳ/ N (= *good-for-nothing*) propre *(mf)* à rien

wasting /'weɪstɪŋ/ ADJ [*disease*] débilitant

watch /wɒtʃ/ **1** N ⓐ (*for telling time*) montre *(f)* ; **by my ~** à ma montre
ⓑ (= *vigilance*) vigilance *(f)* ; (= *act of watching*) surveillance *(f)* ; **to keep** *or* **be on ~** faire le guet ; **to keep a close ~ on** *or* **over sb/sth** surveiller qn/qch de près ; **to set a ~ on sth/sb** faire surveiller qch/qn ; **to be on the ~ for sb/sth** guetter qn/qch
ⓒ (= *period of duty on ship*) quart *(m)* ; (= *soldiers*) garde *(f)* ; (= *sailors*) quart *(m)*

2 VT ⓐ [+ *event, programme, TV, person*] regarder ; [+ *suspect, house, car*] surveiller ; [+ *birds, insects*] observer ; [+ *notice board, small ads*] consulter régulièrement ; [+ *political situation, developments*] suivre de près ; **~ how he does it** regarde comment il s'y prend ; **to ~ sb do** *or* **doing sth** regarder qn faire qch ; **it's about as exciting as ~ing grass grow** *or* **~ing paint dry** c'est ennuyeux comme la pluie ; **to ~ sb like a hawk** surveiller qn de (très) près ; **we are being ~ed** on nous surveille ; **"~ this space"** « à suivre »
ⓑ (= *take care of, keep an eye on*) surveiller ; **~ the soup to see it doesn't boil over** surveille la soupe pour qu'elle ne déborde (*subj*) pas
ⓒ (= *be careful of, mind*) faire attention à ; **~ that knife!** (fais) attention avec ce couteau ! ; **~ your head!** attention à ta tête ! ; **~ your language!** surveille ton langage ! ; **~ what you're doing!** fais attention (à ce que tu fais) ! ; **~ your step!** *or* **~ yourself!** (fais) attention ! ; **I must ~ the time as I've got a train to catch** il faut que je surveille l'heure car j'ai un train à prendre ; **~ it!*** attention ! ; **~ you don't burn yourself** fais attention à ne pas te brûler

3 VI ⓐ regarder ; (= *be on guard*) faire le guet ; (= *pay attention*) faire attention ; **to ~ over** [+ *person, thing*] surveiller ; [+ *sb's rights, safety*] veiller sur ; **to ~ for sth/sb** (= *wait for*) guetter qch/qn ; **he's ~ing to see what you're going to do** il attend pour voir ce que vous allez faire

4 COMP ◆ **watch strap** N bracelet *(m)* de montre
► **watch out** VI (= *take care*) faire attention ; **~ out!** attention ! ; **~ out for cars when crossing the road** faites attention aux voitures en traversant la rue

watchdog /'wɒtʃdɒg/ N (= *dog*) chien *(m)* de garde ; **consumer ~** organisme *(m)* de protection des consommateurs

watchful /'wɒtʃfʊl/ ADJ vigilant ; **under the ~ eye of ...** sous l'œil vigilant de ...

watchmaker /'wɒtʃmeɪkəʳ/ N horloger *(m)*, -ère *(f)*

watchman /'wɒtʃmən/ N (*pl* **-men**) gardien *(m)* ; (*also* **night ~**) veilleur *(m)* de nuit

watchword /'wɒtʃwɜːd/ N (= *password*) mot *(m)* de passe ; (= *motto*) mot *(m)* d'ordre

water /'wɔːtəʳ/ **1** N ⓐ eau *(f)* ; **to turn on the ~** (*at mains*) ouvrir l'eau ; (*from tap*) ouvrir le robinet ; **hot and cold running ~** eau courante chaude et froide ; **at high/low ~** (= *tide*) à marée haute/basse ; **it won't hold ~** [*plan, suggestion, excuse*] cela ne tient pas la route ; **that's (all) ~ under the bridge** tout ça c'est du passé ; **he spends money like ~** il jette l'argent par les fenêtres ; **it's like ~ off a duck's back*** ça glisse comme de l'eau sur les ailes d'un canard
ⓑ (*in body*) **to pass ~** uriner ; **her ~s broke** (*in labour*) elle a perdu les eaux ; **~ on the knee** épanchement *(m)* de synovie ; **~ on the brain** hydrocéphalie *(f)*

2 NPL **waters** eaux *(fpl)* ; **in French (territorial) ~s** dans les eaux (territoriales) françaises ; **the ~s of the Rhine** l'eau du Rhin ; **to take the ~s** prendre les eaux

3 VI [*eyes*] pleurer ; **onions make your eyes ~** les oignons font pleurer

4 VT [+ *plant, garden*] arroser ; [+ *animals*] donner à boire à

5 COMP [*pressure, pipe, vapour*] d'eau ; [*pump, mill*] à eau ◆ **water bed** N matelas *(m)* d'eau ◆ **water bomb** N bombe *(f)* à eau ◆ **water bottle** N [*of soldier, cyclist*] bidon *(m)* ; (*smaller*) gourde *(f)* ◆ **water cannon** N canon *(m)* à eau ◆ **water chestnut** N châtaigne *(f)* d'eau ◆ **water diviner** N sourcier *(m)*, -ière *(f)* ◆ **water divining** N radiesthésie *(f)* ◆ **water feature** N (*in garden*) pièce *(f)* d'eau ◆ **water heater** N chauffe-eau *(m inv)* ◆ **water hole** N point *(m)* d'eau ◆ **water jump** N (*Racing*) rivière *(f)* ◆ **water level** N niveau *(m)* de l'eau ◆ **water lily** N nénuphar *(m)* ◆ **water main** N conduite *(f)* d'eau ◆ **water meter** N compteur *(m)* d'eau ◆ **water pistol** N pistolet *(m)* à eau ◆ **water polo** N water-polo *(m)* ◆ **water rat** N rat *(m)* d'eau ◆ **water-resistant** ADJ [*ink*] qui résiste à l'eau ; [*material*] imperméable ◆ **water-ski** N ski *(m)* nautique (*objet*) ◆ VI (*also* **go ~-skiing**) faire du ski nautique ◆ **water-skier** N skieur *(m)*, -euse *(f)* nautique ◆ **water-skiing** N ski *(m)* nautique (*sport*) ◆ **water softener** N adoucisseur *(m)* d'eau ◆ **water-soluble** ADJ soluble dans l'eau ◆ **water sports** NPL sports *(mpl)* nautiques ◆ **water supply** N alimentation *(f)* en eau ; **the ~ supply was cut off** on avait coupé l'eau ◆ **water tank** N réservoir *(m)* d'eau ◆ **water tower** N château *(m)* d'eau
► **water down** VT SEP [+ *milk, wine*] couper (d'eau)

waterborne /'wɔːtəbɔːn/ ADJ [*goods*] transporté par voie d'eau ; [*disease*] d'origine hydrique

watercolour, watercolor (*US*) /'wɔːtəˌkʌləʳ/ **1** N ⓐ (= *painting*) aquarelle *(f)* ⓑ (= *paint*) **~s** couleurs *(fpl)* pour aquarelle ; **painted in ~s** peint à l'aquarelle **2** ADJ à l'aquarelle

watercress /'wɔːtəkres/ N cresson *(m)*

waterfall /'wɔːtəfɔːl/ N chute *(f)* d'eau

waterfront /'wɔːtəfrʌnt/ N (*at docks*) quais *(mpl)* ; (= *sea front*) front *(m)* de mer ; **on the ~** sur le front de mer

watering can /'wɔːtərɪŋˌkæn/ N arrosoir *(m)*

waterlogged /'wɔːtəlɒgd/ ADJ [*land, pitch*] détrempé ; [*wood*] imprégné d'eau

Waterloo /ˌwɔːtə'luː/ N Waterloo ; **to meet one's ~** essuyer un revers irrémédiable

watermark /'wɔːtəmɑːk/ N (*left by tide*) laisse *(f)* de haute mer ; (*left by river*) ligne *(f)* des hautes eaux

watermelon /'wɔːtəmelən/ N pastèque *(f)*

waterproof /'wɔːtəpruːf/ 1 ADJ [*material*] imperméable; [*watch*] étanche; [*mascara*] résistant à l'eau; **~ sheet** (*for bed*) alaise (*f*); (*tarpaulin*) bâche 2 N (*Brit = coat, jacket*) imperméable (*m*)

watershed /'wɔːtəʃed/ N ⓐ (*Geog*) ligne (*f*) de partage des eaux ⓑ (*Brit TV*) *heure à partir de laquelle les chaînes de télévision britanniques peuvent diffuser des émissions réservées aux adultes* ⓒ (= *turning point*) tournant (*m*)

waterside /'wɔːtəsaɪd/ N bord (*m*) de l'eau; **at** *or* **by the ~** au bord de l'eau; **along the ~** le long de la rive

watertight /'wɔːtətaɪt/ ADJ ⓐ [*container*] étanche; **~ compartment** compartiment (*m*) étanche; **in ~ compartments** séparé par des cloisons étanches ⓑ [*excuse, plan, argument*] inattaquable

waterwheel /'wɔːtəwiːl/ N roue (*f*) hydraulique

waterworks /'wɔːtəwɜːks/ NPL (= *system*) système (*m*) hydraulique; (= *place*) station (*f*) hydraulique; **to turn on the ~*** (= *cry*) se mettre à pleurer à chaudes larmes

watery /'wɔːtərɪ/ ADJ ⓐ [*fluid, discharge, solution*] aqueux; **to go to a ~ grave** (*liter*) être enseveli par les eaux (*liter*) ⓑ [*tea, coffee*] trop léger; [*soup, sauce*] trop clair; [*paint, ink*] trop liquide ⓒ [*eyes*] humide ⓓ [*smile, sun, light*] faible; [*sky, moon*] délavé; [*colour*] pâle

watt /wɒt/ N watt (*m*); **a 60-~ bulb** une ampoule de 60 watts

wattage /'wɒtɪdʒ/ N puissance (*f*) en watts

wave /weɪv/ 1 N ⓐ (*at sea, on lake, on beach*) vague (*f*); (*on river, pond*) vaguelette (*f*); (*in hair, on surface*) ondulation (*f*); [*of dislike, enthusiasm, strikes, protests*] vague (*f*) ⓑ (= *radio wave*) onde (*f*); **long ~** grandes ondes (*fpl*); **medium/short ~** ondes (*fpl*) moyennes/courtes ⓒ (= *gesture*) geste (*m*) de la main; **he gave me a cheerful ~** il m'a fait un signe joyeux de la main; **with a ~ of his hand** d'un geste de la main

2 VI [*person*] faire signe de la main; [*flag*] flotter (au vent); [*branch*] se balancer; [*grass, corn*] onduler; **to ~ to sb** (*in greeting*) saluer qn de la main; (*as signal*) faire signe à qn

3 VT [+ *flag, handkerchief*] agiter; [+ *stick, sword*] brandir; **to ~ goodbye to sb** dire au revoir de la main à qn; **to ~ sb through/on** faire signe à qn de passer/d'avancer

4 COMP ◆ **wave power** N énergie (*f*) des vagues

► **wave about**, **wave around** VT SEP [+ *object*] agiter dans tous les sens; **to ~ one's arms about** gesticuler

► **wave aside**, **wave away** VT SEP [+ *person, object*] écarter d'un geste; [+ *objections*] écarter; [+ *offer, help*] refuser

waveband /'weɪvbænd/ N bande (*f*) de fréquences

wavelength /'weɪvleŋkθ/ N longueur (*f*) d'ondes; **we're not on the same ~** nous ne sommes pas sur la même longueur d'ondes*

waver /'weɪvə'/ VI [*flame, shadow*] vaciller; [*voice*] trembler; [*courage, loyalty, determination*] chanceler; [*person*] (= *weaken*) flancher*; (= *hesitate*) hésiter

waverer /'weɪvərə'/ N indécis(e) (*m(f)*)

wavy /'weɪvɪ/ ADJ [*hair, surface, edge, line*] ondulé

wax /wæks/ 1 N cire (*f*)

2 VT [+ *floor, furniture*] cirer; [+ *car*] lustrer; **to ~ one's legs** s'épiler les jambes à la cire

3 VI **to ~ and wane** croître et décroître; **to ~ eloquent** déployer toute son éloquence (**about, over** à propos de); **he ~ed lyrical about Louis Armstrong** il est devenu lyrique quand il a parlé de Louis Armstrong

4 COMP [*candle, doll, seal, record*] en cire ◆ **wax bean** N (*US*) haricot (*m*) beurre (*inv*) ◆ **waxed cotton** N coton (*m*) huilé ◆ **waxed jacket** N ciré (*m*) ◆ **waxed paper** N papier (*m*) paraffiné ◆ **wax museum** N musée (*m*) de cire

waxwork /'wækswɜːk/ N (= *figure*) personnage (*m*) en cire

waxy /'wæksɪ/ ADJ cireux

way /weɪ/

1 NOUN	3 COMPOUNDS
2 ADVERB	

1 NOUN

ⓐ = route chemin (*m*); **to ask the ~** demander son chemin (**to** pour aller à); **we went the wrong ~** nous avons pris le mauvais chemin; **a piece of bread went down the wrong ~** j'ai (*or* il a *etc*) avalé de travers; **we met several people on the ~** nous avons rencontré plusieurs personnes en chemin; **to lose one's ~** se perdre; **to make one's ~ towards ...** se diriger vers ...; **he had to make his own ~ in Hollywood** il a dû se faire sa place à Hollywood

◆ **the way to** (= *route to*) **can you tell me the ~ to the tourist office?** pouvez-vous m'indiquer le chemin du syndicat d'initiative?; **I know the ~ to the station** je sais comment aller à la gare; **on the ~ to London we met ... en** allant à Londres nous avons rencontré ...; **it's on the ~ to the station** c'est sur le chemin de la gare

◆ **to be on the way** (= *to be coming*) **he's on his ~** il arrive; **more snow is on the ~** d'autres chutes de neige sont prévues; **she's got twins, and another baby on the ~*** elle a des jumeaux, et un bébé en route*

◆ **the/one's way back/down: on the ~ back he met ...** en revenant il a rencontré ...; **he made his ~ back to the car** il est retourné vers la voiture; **I met her on the ~ down** je l'ai rencontrée en descendant; **inflation is on the ~ down** l'inflation est en baisse

◆ **the way forward: they held a meeting to discuss the ~ forward** ils ont organisé une réunion pour discuter de la marche à suivre; **is monetary union the ~ forward?** l'union monétaire est-elle la voie du progrès?

◆ **the way in: I saw her on the ~ in** je l'ai vue à l'entrée

◆ **the way out** la sortie; **I'll find my own ~ out** ne vous dérangez pas, je trouverai (bien) la sortie; **you'll see it on the ~ out** vous le verrez en sortant; **there's no other ~ out** il n'y a pas d'autre solution; **there is no ~ out of this difficulty** il n'y a pas moyen d'éviter cette difficulté

◆ **a way round: we're trying to find a ~ round it** nous cherchons un moyen d'éviter ce problème

ⓑ = path their **~ was blocked by police** la police leur barrait le passage; **to push one's ~ through a crowd** se frayer un chemin à travers une foule; **he tried to talk his ~ out of it** il a essayé de s'en sortir avec de belles paroles

◆ **in the/sb's way: to be in the ~** (*physically*) barrer le passage; (*causing problems*) gêner; **am I in your ~?** est-ce que je vous empêche de passer?; **to put difficulties in sb's ~** créer des difficultés à qn

◆ **out of the/sb's way: to get out of the ~** s'écarter; **(get) out of the ~** *or* **my ~!** laisse-moi passer!; **to keep out of sb's ~** (= *avoid them*) éviter qn; **as soon as the exams are out of the ~*** dès que les examens seront finis; **I'll take you home, it's not out of my ~** je vous ramènerai, c'est sur mon chemin; **he went out of his ~ to help us** il s'est donné du mal pour nous aider

◆ **to make way for: they made ~ for the ambulance** ils se sont rangés pour laisser passer l'ambulance; **this made ~ for a return to democracy** ceci a ouvert la voie au rétablissement de la démocratie

ⓒ = distance **a little ~ off** pas très loin; **he stood some ~ off** il se tenait à l'écart; **is it far? — yes, it's a quite a ~*** c'est loin? — oui, il y a un bon bout de chemin*; **to be a long ~ away** être loin; **that's a long ~ from the truth** c'est loin d'être vrai; **is it finished? — not by a long ~!** est-ce terminé? — loin de là!; **they've come a long ~** (*fig*) ils ont fait du chemin; **we've got a long ~ to go** (*long journey*) nous avons beaucoup de chemin à faire; (= *still far from our objective*) nous ne sommes pas au bout de nos peines; (= *not got enough*) nous sommes encore loin du compte; **this spice is expensive, but a little goes a long ~** cette épice est chère mais on n'a pas besoin d'en mettre beaucoup; **it should go a long ~ towards improving relations between the two countries** cela devrait améliorer considérablement les relations entre les deux pays

♦ **all the way** (= *the whole distance*) **he had to walk all the ~ (to the hospital)** il a dû faire tout le chemin à pied (jusqu'à l'hôpital); **he talked all the ~ to the theatre** il a parlé pendant tout le chemin jusqu'au théâtre; **I'm with you all the ~*** (= *entirely agree*) je suis entièrement d'accord avec vous; **I'll be with you all the ~** (= *will back you up*) je vous soutiendrai jusqu'au bout

ⓓ = **direction** **are you going my ~?** est-ce que vous allez dans la même direction que moi?; **he went that ~** il est parti par là; **which ~ did he go?** dans quelle direction est-il parti?; **which ~ do we go from here?** (*which direction*) par où allons-nous maintenant?; (*what shall we do*) qu'allons-nous faire maintenant?; **he looked the other ~** il a regardé ailleurs; **he ran this ~ and that** il courait dans tous les sens; **there aren't many parks round our ~*** il n'y a pas beaucoup de parcs par chez nous; **it's out** *or* **over Oxford ~*** c'est du côté d'Oxford; **the loot was split three ~s** le butin a été divisé en trois

ⓔ = **manner** façon (*f*); **this/that ~** comme ceci/cela; **what an odd ~ to behave!** quelle drôle de façon de se comporter!; **to do sth the right/wrong ~** bien/mal faire qch; **do it your own ~** fais comme tu veux; **everyone helped one ~ or another** tout le monde a aidé d'une façon ou d'une autre; **he has his own ~ of doing things** il a une façon bien à lui de faire les choses; **~ to go!*** bravo!; **that's just the ~ he is** il est comme ça, c'est tout; **it's just the ~ things are** c'est la vie!; **to get** *or* **have one's own ~** en faire à son idée; **I won't let him have things all his own ~** je ne vais pas le laisser faire tout ce qu'il veut; **you can't have it both ~s** il faut choisir; **there are no two ~s about it*** il n'y a pas à tortiller*; **your jersey is the wrong ~ out** ton pull est à l'envers; **he didn't hit her, it was the other ~ round** ce n'est pas lui qui l'a frappée, c'est le contraire; **"this ~ up"** «haut»; **the right ~ up** dans le bon sens; **the wrong ~ up** à l'envers

♦ **in a big way*:** **he furthered my career in a big ~** il a beaucoup contribué à faire progresser ma carrière; **soccer is taking off in the States in a big ~** le football connaît un véritable essor aux États-Unis

♦ **no way!*** pas question!; **no ~ am I doing that** (il n'est) pas question que je fasse ça; **I'm not paying, no ~!** je refuse de payer, un point c'est tout!; **will you come? — no ~!** tu viens? — pas question!; **there's no ~ that's champagne!** ce n'est pas possible que ce soit du champagne!

ⓕ = **method, technique** solution (*f*); **the best ~ is to put it in the freezer for ten minutes** le mieux, c'est de le mettre au congélateur pendant dix minutes; **we'll find a ~ of doing it** nous trouverons bien un moyen de le faire; **that's the ~ to do it** voilà comment il faut faire; **that's the ~!*** voilà, c'est bien!

♦ **to have a way with:** **he has a ~ with people** il sait s'y prendre avec les gens; **he has a ~ with cars** il s'y connaît en voitures; **to have a ~ with words** manier les mots avec bonheur

ⓖ = **situation, nature** **that's always the ~** c'est toujours comme ça; **it's the ~ of the world!** ainsi va le monde!; **to be in a bad ~*** aller mal

ⓗ = **habit** **to get into/out of the ~ of doing sth** prendre/perdre l'habitude de faire qch; **don't be offended, it's just his ~** ne vous vexez pas, il est comme ça, c'est tout; **I know his little ~s** je connais ses petites habitudes; **they didn't like his pretentious ~s** ils n'aimaient pas ses manières prétentieuses; **to mend one's ~s** s'amender

ⓘ = **respect, particular** **in some ~s** à certains égards; **in more ~s than one** à plus d'un titre; **he's right in a ~** il a raison dans un certain sens; **he's in no ~ to blame** ce n'est vraiment pas de sa faute; **"I'm superstitious", she said by ~ of explanation** «je suis superstitieux», dit-elle en guise d'explication; **what is there in the ~ of kitchen utensils?** qu'est-ce qu'il y a comme ustensiles de cuisine?

2 ADVERB

~ down below tout en bas; **~ up in the sky** très haut dans le ciel; **you're ~ out*** **in your calculations** tu as fait une grosse erreur dans tes calculs; **it's ~ too big** c'est beaucoup

trop grand; **it's ~ past your bedtime** ça fait longtemps que tu devrais être au lit

3 COMPOUNDS

♦ **way of life** N mode (*m*) de vie; **the French ~ of life** le mode de vie des Français; **such shortages are a ~ of life** de telles pénuries font partie de la vie de tous les jours
♦ **way-out*** ADJ excentrique ♦ **ways and means** NPL moyens (*mpl*) (**of doing sth** de faire qch)

wayside /'weɪsaɪd/ **1** N bord (*m*) de la route; **by the ~** au bord de la route; **to fall by the ~** [*competitor, contestant*] (= *drop out*) abandonner; (= *be eliminated*) être éliminé; [*project, plan*] tomber à l'eau **2** ADJ [*plant, café*] au bord de la route

wayward /'weɪwəd/ ADJ ⓐ (= *unfaithful*) **her ~ husband** son mari volage ⓑ [*hair*] rebelle

WC /ˈdʌblju:'si:/ N WC (*mpl*)

we /wi:/ PERS PRON nous; **we went to the pictures** nous sommes allés *or* on est allé au cinéma; **as we say in England** comme on dit chez nous, en Angleterre; **we all make mistakes** tout le monde peut se tromper; **we teachers understand that** ... nous autres professeurs, nous comprenons que ...; **we three have already discussed it** nous en avons déjà discuté tous les trois

w/e (ABBR = **week ending**) **~ 28 Oct** semaine terminant le 28 octobre

weak /wi:k/ **1** ADJ faible; [*coffee, tea*] léger; **to grow ~(er)** [*person, economy*] s'affaiblir; [*structure, material, voice, currency, demand*] faiblir; [*influence, power*] diminuer; **to have a ~ heart** avoir le cœur fragile; **to have ~ eyesight** avoir une mauvaise vue; **~ from** *or* **with hunger** affaibli par la faim; **he went ~ at the knees at the sight of her** il s'est senti défaillir quand il l'a vue; **to be ~ in the head*** être faible d'esprit; **~ spot** point (*m*) faible; **he is ~ in maths** il est faible en maths; **French is one of his ~er subjects** le français est une de ses matières faibles; **the government is in a very ~ position** le gouvernement n'est pas du tout en position de force

2 NPL **the weak** les faibles (*mpl*)

3 COMP ♦ **weak-kneed*** ADJ lâche ♦ **weak-willed** ADJ velléitaire

weaken /'wi:kən/ **1** VI [*person*] (*in health*) s'affaiblir; (*in resolution*) faiblir; (= *relent*) se laisser fléchir; [*structure, material, voice*] faiblir; [*influence, power*] diminuer **2** VT affaiblir

weakling /'wi:klɪŋ/ N (*physically*) gringalet (*m*); (*morally*) faible (*mf*)

weakly /'wi:klɪ/ ADV ⓐ (= *feebly*) [*move, smile, speak*] faiblement ⓑ (= *irresolutely*) [*say, protest*] mollement

weakness /'wi:knɪs/ N ⓐ [*of person, character, argument, signal, currency*] faiblesse (*f*); [*of industry, economy, regime*] fragilité (*f*) ⓑ (= *weak point*) point (*m*) faible; [*of person, system, argument*] point (*m*) faible ⓒ (= *defect*) [*of structure, material*] défaut (*m*) ⓓ (= *fragility*) [*of structure, material*] défauts (*mpl*) ⓔ (= *liking*) [*of person*] faible (*m*); **to have a ~ for sweet things** avoir un faible pour les sucreries

wealth /welθ/ **1** N ⓐ (= *fact of being rich*) richesse (*f*); (= *money, possessions, resources*) richesses (*fpl*); **the mineral ~ of Africa** les richesses (*fpl*) minières de l'Afrique ⓑ (= *abundance*) **a ~ of ideas** une abondance d'idées; **a ~ of information** une mine d'informations **2** COMP ♦ **wealth tax** N (*Brit*) impôt (*m*) sur la fortune

wealthy /'welθɪ/ **1** ADJ [*person, family*] fortuné; [*country*] riche **2** NPL **the wealthy** les riches (*mpl*)

wean /wi:n/ VT sevrer; **to ~ a baby (onto solids)** sevrer un bébé; **to ~ sb off cigarettes/alcohol** aider qn à arrêter de fumer/de boire

weapon /'wepən/ N arme (*f*); **~s of mass destruction** armes (*fpl*) de destruction massive

weaponry /'wepənrɪ/ N (= *arms*) armes (*fpl*)

wear /weəʳ/ (*vb: pret* **wore**, *ptp* **worn**) **1** N ⓐ (= *clothes*) vêtements (*mpl*); **children's/summer/ski ~** vêtements (*mpl*) pour enfants/d'été/de ski; **clothes for everyday ~** vête-

ments *(mpl)* pour tous les jours ; **it's suitable for everyday ~** on peut le porter tous les jours
(b) (= *use*) usage *(m)* ; (= *deterioration through use*) usure *(f)* ; **this material will stand up to a lot of ~** ce tissu résistera bien à l'usure ; **there is still some ~ left in it** (*garment, shoe, carpet, tyre*) cela fera encore de l'usage ; **he got four years' ~ out of it** cela lui a fait quatre ans ; **it has had a lot of ~ and tear** c'est très usagé ; **normal ~ and tear** usure *(f)* normale ; **to show signs of ~** [*clothes, shoes*] commencer à être défraîchi ; [*carpet, tyres*] commencer à être usé ; [*machine*] commencer à être fatigué
2 VT (a) (= *have on*) porter ; [+ *beard, moustache*] avoir ; **he was ~ing a hat** il portait un chapeau ; **the man ~ing a hat** l'homme au chapeau ; **he was ~ing nothing but a pair of socks** il n'avait pour tout vêtement qu'une paire de chaussettes ; **she was ~ing blue** elle était en bleu ; **he ~s good clothes** il s'habille bien ; **what shall I ~?** qu'est-ce que je vais mettre ? ; **I've nothing to ~** je n'ai rien à me mettre ; **she ~s her hair long** elle a les cheveux longs ; **she ~s her hair in a bun** elle porte un chignon ; **to ~ lipstick** mettre du rouge à lèvres ; **to ~ perfume** se parfumer ; **she was ~ing make-up** elle (s')était maquillée ; **she's the one who** ~s the trousers *or* (*US*) **the pants** c'est elle qui porte la culotte*
(b) [+ *smile*] arborer ; [+ *look*] afficher ; **she wore a frown** elle fronçait les sourcils ; **he wore a look of satisfaction** il affichait un air de satisfaction ; **she ~s her age well** elle porte bien son âge
(c) (= *rub*) **to ~ a hole in sth** finir par faire un trou dans qch ; **the rug was worn thin** le tapis était usé jusqu'à la corde ; **her face was worn with care** son visage était rongé par les soucis
(d) (*Brit* = *tolerate, accept*)* tolérer ; **he won't ~ that** il n'acceptera jamais ; **the committee won't ~ another £100 on your expenses** vous ne ferez jamais avaler au comité 100 livres de plus pour vos frais*
3 VI (a) (= *deteriorate with use*) [*garment, fabric*] s'user ; **these trousers have worn at the knees** ce pantalon est usé aux genoux ; **that excuse has worn thin!** cette excuse ne prend plus ! ; **my patience is ~ing thin** je suis presque à bout de patience ; **their optimism is starting to ~ thin** ils commencent àperdre leur optimisme ; **that joke is starting to ~ a bit thin!** cette plaisanterie commence à être éculée !
(b) (= *last*) **a theory/friendship that has worn well** une théorie/amitié qui a résisté à l'épreuve du temps ; **she has worn well*** elle est bien conservée
(c) **to ~ to its end** *or* **to a close** [*day, year, life*] tirer à sa fin
► **wear away** 1 VI [*wood, metal*] s'user ; [*cliffs, rock*] être rongé ; [*inscription, design*] s'effacer 2 VT SEP [+ *wood, metal*] user ; [+ *cliffs, rock*] ronger ; [+ *inscription, design*] effacer
► **wear down** 1 VI [*heels, pencil*] s'user ; [*resistance, courage*] s'épuiser 2 VT SEP [+ *materials, patience, strength*] user ; [+ *courage, resistance*] miner ; **the hard work was ~ing him down** le travail l'usait ; **constantly being criticized ~s you down** ça (vous) mine d'être constamment critiqué ; **I had worn myself down by overwork** je m'étais usé en travaillant trop ; **the unions managed to ~ the employers down** les syndicats ont réussi à faire céder les employeurs
► **wear off** VI [*colour, design, inscription*] s'effacer ; [*pain*] disparaître ; [*anger, excitement*] passer ; [*effects, anaesthetic, magic*] se dissiper ; **the novelty has worn off** cela n'a plus l'attrait de la nouveauté
► **wear on** VI [*day, year, winter*] avancer ; [*battle, war, discussions*] se poursuivre ; **as the years wore on** à mesure que les années passaient
► **wear out** 1 VI [*clothes, material, machinery*] s'user ; [*patience, enthusiasm*] s'épuiser 2 VT SEP (a) [+ *shoes, clothes*] user ; [+ *one's strength, reserves, materials, patience*] épuiser
(b) (= *exhaust*) [+ *person, horse*] épuiser ; **to ~ one's eyes out** s'user les yeux ; **to ~ o.s.** s'épuiser (**doing sth** à faire qch) ; **to be worn out** être exténué
► **wear through** VI se trouer (*par usure*)

wearer /'weərə'/ N **denture/spectacle ~s** les porteurs *(mpl)* de dentiers/de lunettes ; **special suits designed to protect the ~ from the cold** des combinaisons spéciales conçues pour protéger (l'utilisateur) du froid

wearily /'wɪərɪlɪ/ ADV [*say, smile, look at, nod*] d'un air las ; [*sigh, think, move*] avec lassitude
weariness /'wɪərɪnɪs/ N lassitude *(f)*
wearing /'weərɪŋ/ ADJ [*person, job*] fatigant ; **it's ~ on the nerves** ça met les nerfs à rude épreuve
wearisome /'wɪərɪsəm/ ADJ (*frm*) (= *tiring*) lassant ; (= *boring*) ennuyeux ; (= *frustrating*) frustrant
weary /'wɪərɪ/ 1 ADJ (= *tired*) las (lasse *(f)*) ; **to grow ~** [*person, animal*] se lasser ; **to grow ~ of (doing) sth** se lasser de (faire) qch 2 VI se lasser (**of sth** de qch)
weasel /'wi:zl/ N belette *(f)*
weather /'weðə'/ 1 N temps *(m)* ; **what's the ~ like?** quel temps fait-il ? ; **summer ~** temps *(m)* estival ; **in this ~** par ce temps ; **in hot/cold ~** par temps chaud/ froid ; **in good/bad ~** par beau/mauvais temps ; **in all ~s** par tous les temps ; **to be under the ~*** être mal fichu*
2 VT **to ~ the storm** tenir le coup
3 COMP [*knowledge, map, prospects*] météorologique ; [*conditions, variations*] atmosphérique ♦ **weather-beaten** ADJ [*person, face*] hâlé ; [*building*] dégradé par les intempéries ; [*stone*] érodé par les intempéries ♦ **Weather Bureau** (*US*), **Weather Centre** (*Brit*) N Office *(m)* national de la météorologie ♦ **weather chart** N carte *(f)* du temps ♦ **weather cock** N girouette *(f)* ♦ **weather eye** N **to keep a ~ eye on sth** surveiller qch ♦ **weather forecast** N prévisions *(fpl)* météorologiques ♦ **weather forecaster** N météorologue *(mf)* ♦ **weather girl*** N présentatrice *(f)* météo *(inv)* ♦ **weather station** N station *(f)* météorologique ♦ **weather vane** N girouette *(f)*
weatherman* /'weðəmæn/ N (*pl* **-men**) météorologue *(m)* ; (*on TV*) présentateur *(m)* météo *(inv)*
weatherproof /'weðəpru:f/ ADJ [*clothing*] imperméable ; [*house*] étanche
weave /wi:v/ (*vb: pret* **wove**, *ptp* **woven**) 1 VT [+ *threads, cloth, web*] tisser ; [+ *strands*] entrelacer ; [+ *basket, garland, daisies*] tresser ; **to ~ one's way through the crowd** se faufiler à travers la foule 2 VI (*pret, ptp gen* **weaved**) **the drunk ~d across the room** l'ivrogne a zigzagué à travers la pièce ; **the car was weaving in and out of the traffic** la voiture se faufilait à travers la circulation ; **let's get weaving!**†* allons, remuons-nous !
web /web/ 1 N (a) [*of spider*] toile *(f)* ; [*of lies, deceit*] tissu *(m)* (b) **the (World Wide) Web** le Web 2 COMP ♦ **web browser** N navigateur *(m)* ♦ **web feet, webbed feet** NPL **to have ~ feet** [*animal*] avoir les pieds palmés ♦ **web page** N page *(f)* Web ♦ **web surfer** N internaute *(m/f)*
webcam /'webkæm/ N webcam *(f)*
webcast /'webkɑ:st/ N émission *(f)* diffusée sur le Web
weblog /'weblɒg/ N blog *(m)*
webmail /'webmeɪl/ N webmail *(m)*, courrielleur *(m)*
webmaster /'webmɑ:stə'/ N webmaster *(m)*
website /'websaɪt/ N site *(m)* Web
webspace /'webspeɪs/ N espace *(m)* sur le Web
we'd /wi:d/ = **we had, we should, we would** → **have, should, would**
wed /wed/ (*pret* **wedded**, *ptp* **wedded, wed**) 1 VT (= *get married to*) épouser ; **to get ~** se marier 2 VI † se marier
Wed. ABBR = **Wednesday**
wedded /'wedɪd/ ADJ (a) (*frm* = *married*) **~ bliss** bonheur *(m)* conjugal ; **do you take this woman to be your lawful(ly) ~ wife?** voulez-vous prendre cette femme pour épouse ? (b) (= *committed*) **to be ~ to sth** [+ *idea*] être profondément attaché à qch ; [+ *cause*] être entièrement dévoué à qch ; **he is ~ to his work** il ne vit que pour son travail
wedding /'wedɪŋ/ 1 N mariage *(m)* ; **silver/golden ~** noces *(fpl)* d'argent/d'or ; **they had a church ~** ils se sont mariés à l'église 2 COMP [*cake, night*] de noces ; [*present, invitation*] de mariage ; [*ceremony, march*] nuptial ♦ **wedding anniversary** N anniversaire *(m)* de mariage ♦ **wedding day** N **her/my/their ~ day** le jour de son/mon/leur mariage ♦ **wedding dress** N robe *(f)* de mariée ♦ **wedding reception** N réception *(f)* de mariage ♦ **wedding ring** N alliance *(f)*

wedge /wedʒ/ **1** N **(a)** (for holding sth steady) cale (f); **that drove a ~ between them** cela a creusé un fossé entre eux **(b)** (= piece) [of cake, cheese, pie] (grosse) part (f)
2 NPL **wedges** (= shoes) chaussures (fpl) à semelles compensées
3 VT (= fix) [+ table, wheels] caler; (= stick, push) enfoncer (into dans); **he ~d the table leg to hold it steady** il a calé le pied de la table (pour la stabiliser); **to ~ a door open** maintenir une porte ouverte à l'aide d'une cale; **she was sitting on the bench, ~d between her mother and her aunt** elle était assise sur le banc, coincée entre sa mère et sa tante
4 COMP ◆ **wedge-shaped** ADJ en forme de coin
wedlock /'wedlɒk/ N **to be born out of ~** être né hors des liens du mariage
Wednesday /'wenzdeɪ/ N mercredi (m) → **Saturday**
Weds. ABBR = **Wednesday**
wee /wi:/ **1** ADJ **(a)** (Scot or *) petit; **a ~ bit** un tout petit peu **(b)** the **~ small hours (of the morning)** les premières heures du matin (de 1 à 4 h du matin) **2** N * pipi* (m); **to have a ~** faire pipi* **3** VI * faire pipi*
weed /wi:d/ **1** N **(a)** (= plant) mauvaise herbe (f); (= marijuana)‡ herbe* (f); **the ~*** (= tobacco) le tabac **(b)** (pej = person)* mauviette (f) **2** VT désherber; (= hoe) sarcler
3 COMP ◆ **weed-killer** N désherbant (m)
► **weed out** VT SEP [+ weak candidates] éliminer; [+ troublemakers] expulser
weeding /'wi:dɪŋ/ N désherbage (m); (with hoe) sarclage (m); **I've done some ~** j'ai un peu désherbé
weedy /'wi:dɪ/ ADJ (Brit pej) [person] chétif
week /wi:k/ N semaine (f); **what day of the ~ is it?** quel jour de la semaine sommes-nous?; **this ~** cette semaine; **next/last ~** la semaine prochaine/dernière; **the ~ before last** l'avant-dernière semaine; **the ~ after next** pas la semaine prochaine, celle d'après; **twice a ~** deux fois par semaine; **a ~ today** aujourd'hui en huit; **a ~ tomorrow/on Sunday** demain en huit; **two ~s ago** il y a deux semaines, il y a quinze jours; **in a ~** (= a week from now) dans une semaine; (= in the space of a week) en une semaine; **in a ~'s time** dans une semaine; **~ in ~ out** or **~ after ~** semaine après semaine; **the first time in ~s** la première fois depuis des semaines; **the ~ ending 6 May** la semaine qui se termine le 6 mai; **he owes three ~s' rent** il lui doit trois semaines de loyer; **the working ~** la semaine de travail
weekday /'wi:kdeɪ/ **1** N jour (m) de semaine; **on ~s** en semaine **2** ADJ [activities, timetable] de la semaine
weekend /'wi:k'end/ **1** N week-end (m); **at ~s** pendant le(s) week-end(s); **what are you doing at the ~?** qu'est-ce que tu fais ce week-end?; **we're going away for the ~** nous partons en week-end
weekly /'wi:klɪ/ **1** ADJ [magazine, meeting, wage, rainfall] hebdomadaire; [hours] par semaine **2** ADV (= every week) chaque semaine; (= per week) par semaine; **twice/three times ~** deux/trois fois par semaine; **paid ~** payé à la semaine; **on a ~ basis** (= per week) à la semaine; (= every week) chaque semaine; **we meet ~ on Thursdays** nous nous rencontrons tous les jeudis **3** N (= magazine) hebdomadaire (m)
weeny /'wi:nɪ/ (Brit) ADJ tout petit
weep /wi:p/ (pret, ptp **wept**) **1** VI (= cry) pleurer; **to ~ for** or **with joy** pleurer de joie; **I could have wept!** j'en aurais pleuré! **2** VT **to ~ tears of joy/despair** verser des larmes de joie/de désespoir
weeping /'wi:pɪŋ/ N **we heard the sound of ~** on entendait quelqu'un qui pleurait ◆ **weeping willow** N saule (m) pleureur
weepy /'wi:pɪ/ **1** ADJ [person] à la larme facile; [eyes, voice, mood, song] larmoyant; [film] sentimental; **to feel ~** [person] avoir envie de pleurer **2** N (Brit) (= film) film (m) sentimental; (= book) livre (m) sentimental
wee-wee /'wi:wi:/ N = **wee**
weigh /weɪ/ **1** VT peser; **to ~ o.s.** se peser; **it ~s 9 kilos** ça pèse 9 kilos; **how much do you ~?** combien est-ce que

vous pesez?; **to ~ one's words (carefully)** peser ses mots; **the advantages must be ~ed against the possible risks** il faut mettre en balance les avantages et les risques éventuels
2 VI [object, responsibilities] **the fear of cancer ~s on her** or **on her mind all the time** la peur du cancer la tourmente constamment
3 COMP ◆ **weigh-in** N (Sport) pesage (m) ◆ **weighing machine** N balance (f); (for heavy loads) bascule (f) ◆ **weighing scales** NPL balance (f)
► **weigh down** VT SEP **he was ~ed down with parcels** il pliait sous le poids des paquets; **to be ~ed down by** or **with responsibilities** être accablé de responsabilités
► **weigh in** VI [boxer, jockey] se faire peser; **to ~ in at 70 kilos** peser 70 kilos avant l'épreuve; **the hippopotamus ~s in at* an impressive 1.5 tonnes** l'hippopotame fait le poids imposant de 1,5 tonnes
► **weigh up** VT SEP (= consider) examiner; (= compare) mettre en balance; **to ~ up A against B** mettre en balance A et B; (Brit = assess) [+ person, the opposition] jauger; **to ~ up the pros and cons** peser le pour et le contre
weight /weɪt/ N poids (m); **it is sold by ~** cela se vend au poids; **what is your ~?** combien pesez-vous?; **my ~ is 60 kilos** je pèse 60 kilos; **it is 3 kilos in ~** ça pèse 3 kilos; **it's/ she's worth its/her ~ in gold** cela/elle vaut son pesant d'or; **to put on** or **gain ~** grossir, prendre du poids; **to lose ~** maigrir, perdre du poids; **to carry ~** [argument, factor] avoir du poids (**with** pour); [person] avoir de l'influence ◆ **weight lifter** N haltérophile (mf) ◆ **weight lifting** N haltérophilie (f) ◆ **weight limit** N limitation (f) de poids ◆ **weight-train** VI faire de la musculation ◆ **weight training** N musculation (f) (avec des poids)
weighted /'weɪtɪd/ ADJ (= biased) **~ in favour of/against sb** favorable/défavorable à qn; **the situation was heavily ~ in his favour/against him** la situation lui était nettement favorable/défavorable
weightless /'weɪtlɪs/ ADJ [astronaut, falling object] en état d'apesanteur
weightlessness /'weɪtlɪsnɪs/ N apesanteur (f)
weighty /'weɪtɪ/ ADJ (frm = serious) [matter, problem] grave; [burden, responsibility] lourd
weir /wɪər/ N barrage (m)
weird /wɪəd/ ADJ **(a)** (= peculiar)* bizarre; **it felt ~ going back there** ça faisait bizarre d'y retourner **(b)** (= eerie) [sound, light] surnaturel
weirdo /'wɪədəu/ N cinglé(e)* (m(f))
welcome /'welkəm/ **1** ADJ **(a)** (= gladly accepted) **to be ~** [person] être le bienvenu (or la bienvenue); **he's not ~ here any more** sa présence ici est devenue indésirable; **they really make you feel ~** on y est vraiment bien accueilli; **to put out the ~ mat for sb*** se donner du mal pour recevoir qn; **you're ~!** (answer to thanks) je vous en prie!, de rien!; **you're ~ to try** (giving permission) vous pouvez essayer; **you're ~ to use my car** vous pouvez emprunter ma voiture si vous voulez; **I don't use it any more, so you're ~ to it** je ne m'en sers plus, alors profitez-en
(b) (= appreciated) [food, drink, change, visitor] bienvenu; [decision, reminder, interruption] opportun; **it was ~ news** quelle bonne nouvelle!; **it was a ~ relief** ça m'a (or l'a etc) vraiment soulagé
2 EXCL **~!** bienvenue!; **~ back!** content de vous (or te) revoir!; **~ to our house!** bienvenue chez nous!; **"~ to England"** (on notice) «bienvenue en Angleterre»
3 N accueil (m); **to give sb a warm ~** faire un accueil chaleureux à qn
4 VT [+ person, delegation, group of people] (= greet, receive) accueillir; (= greet warmly) accueillir chaleureusement; (= bid welcome) souhaiter la bienvenue à; [+ sb's return, news, suggestion, change] se réjouir de; **please ~ Tony Brennan!** (TV) veuillez accueillir Tony Brennan!; **we would ~ your views on ...** nous serions heureux de connaître votre point de vue sur ...

welcoming /'welkəmɪŋ/ ADJ [*person, smile, place*] accueillant; [*atmosphere*] chaleureux; [*banquet, ceremony, speech*] d'accueil

weld /weld/ VT souder; (*also* ~ **together**) [+ *pieces, parts*] souder; **to ~ sth on to sth** souder qch à qch

welder /'weldə^r/ N (= *person*) soudeur (*m*)

welding /'weldɪŋ/ N soudage (*m*) ♦ **welding torch** N chalumeau (*m*)

welfare /'welfeə^r/ 1 N (a) bien (*m*); (= *comfort*) bien-être (*m*); **the nation's ~** le bien public (b) (*US*) aide (*f*) sociale; **public/social ~** aide (*f*) publique/sociale; **to be on ~** toucher les prestations sociales; **to live on ~** vivre des prestations sociales

2 COMP [*milk, meals*] gratuit ♦ **welfare check** N (*US*) chèque (*m*) d'allocations ♦ **welfare hotel** N (*US*) foyer où sont hébergés temporairement les bénéficiaires de l'aide sociale ♦ **welfare mother** N (*US*) mère seule qui bénéficie de l'aide sociale ♦ **welfare officer** N assistant(e) (*m(f)*) social(e) ♦ **welfare state** N État-providence (*m*)

well /wel/ 1 N (*for water, oil*) puits (*m*)

2 VI (*also* ~ **up**) [*tears, emotion*] monter; **tears ~ed (up) in her eyes** les larmes lui montèrent aux yeux; **anger ~ed (up) within him** la colère monta en lui

3 ADV (*compar* **better**, *superl* **best**) (a) (= *satisfactorily, skilfully*) [*behave, sleep, eat, treat, remember*] bien; **he sings as ~ as he plays** il chante aussi bien qu'il joue; **he sings as ~ as she does** il chante aussi bien qu'elle; **~ done!** bravo!; **~ played!** bien joué!; **everything is going ~** tout va bien; **you're ~ out of it!** c'est une chance que tu n'aies plus rien à voir avec cela!

♦ **to do well** to **do ~ at school** bien marcher à l'école; **he did very ~** il s'est bien débrouillé; **the patient is doing ~** le malade est en bonne voie; **you did ~ to come at once** vous avez bien fait de venir tout de suite; **you would do ~ to think about it** tu ferais bien d'y penser

(b) (*intensifying* = *very much, thoroughly*) bien; **it's ~ past 10 o'clock** il est bien plus de 10 heures; **~ over 1,000 people** bien plus de 1 000 personnes; **he is ~ over fifty** il a largement dépassé la cinquantaine; **it continued ~ into 1996** cela a continué pendant une bonne partie de 1996; **~ and truly** bel et bien; **~ dodgy/annoyed**‡ (*Brit* = *very*) super* louche/contrarié; **to leave ~ alone** laisser les choses telles qu'elles sont

(c) (= *with good reason, with equal reason*) **one might ~ ask why** on pourrait à juste titre demander pourquoi; **he couldn't very ~ refuse** il ne pouvait guère refuser; **you might (just) as ~ say that ...** autant dire que ...; **you may as ~ tell me the truth** tu ferais aussi bien de me dire la vérité

(d) ♦ **as well** (= *also*) aussi; (= *on top of all that*) par-dessus le marché; **I'll take those as ~** je prendrai ceux-là aussi; **and it rained as ~!** et par-dessus le marché il a plu!; **as ~ as his dog he has two rabbits** en plus de son chien il a deux lapins

(e) (= *positively*) **to think/speak ~ of** penser/dire du bien de

4 EXCL (*surprise*) tiens!; (*relief*) ah bon!, eh bien!; (*resignation*) ainsi!; **he has won the election! — well, well, well!** il a été élu! — tiens, tiens!; **~, what do you think of it?** alors qu'en dites-vous?; **~, here we are at last!** eh bien! nous voilà enfin!; **you know Paul? ~, he's getting married** vous connaissez Paul? eh bien! il se marie; **are you coming? — ~ ... I've got a lot to do here** vous venez? — c'est que ... j'ai beaucoup à faire ici

5 ADJ (*compar, superl* **best**) (a) bien, bon; **that's all very ~ but ...** tout ça c'est bien joli mais ... ■ (*PROV*) **all's ~ that ends well** tout est bien qui finit bien (*PROV*)

(b) (= *healthy*) **how are you? — very ~, thank you** comment allez-vous? — très bien, merci; **I hope you're ~** j'espère que vous allez bien; **to feel ~** se sentir bien; **to get ~** se remettre; **get ~ soon!** remets-toi vite!

(c) (*cautious*) **it is as ~ to remember that ...** il ne faut pas oublier que ...; **it's as ~ not to offend her** il vaudrait mieux ne pas la froisser

6 PREF **~-chosen/dressed** bien choisi/habillé

7 COMP ♦ **well-advised** ADJ [*action, decision*] sage; **you would be ~-advised to leave** vous auriez (tout) intérêt à partir ♦ **well-appointed** ADJ [*house, room*] bien aménagé ♦ **well-assorted** ADJ bien assorti ♦ **well-attended** ADJ [*meeting, lecture, show, play*] qui attire beaucoup de monde ♦ **well-behaved** ADJ [*child*] sage; [*animal*] obéissant ♦ **well-being** N bien-être (*m*) ♦ **well-bred** ADJ (= *of good family*) de bonne famille; (= *courteous*) bien élevé ♦ **well-built** ADJ [*building*] bien construit; [*person*] bien bâti ♦ **well-chosen** ADJ bien choisi ♦ **well-cooked** ADJ [*food, meal*] bien cuisiné; (= *not rare*) [*meat*] bien cuit ♦ **well-defined** ADJ [*colours, distinctions, problem*] bien défini; [*photo, outline*] net ♦ **well-deserved** ADJ bien mérité ♦ **well-disposed** ADJ bien disposé (**towards** envers) ♦ **well-dressed** ADJ bien habillé ♦ **well-earned** ADJ bien mérité ♦ **well-educated** ADJ cultivé ♦ **well-equipped** ADJ bien équipé ♦ **well-fed** ADJ bien nourri ♦ **well-founded** ADJ [*suspicion*] fondé ♦ **well-groomed** ADJ [*person*] soigné; [*hair*] bien coiffé ♦ **well-heeled*** ADJ nanti ♦ **well-informed** ADJ bien renseigné (**about** sur) ♦ **well-intentioned** ADJ bien intentionné ♦ **well-judged** ADJ [*remark, criticism*] bien vu; [*shot, throw*] bien ajusté; [*estimate*] juste ♦ **well-kept** ADJ [*house, garden, hair*] bien entretenu; [*hands, nails*] soigné; [*secret*] bien gardé ♦ **well-known** ADJ (= *famous*) célèbre; **it's a ~-known fact that ...** tout le monde sait que ... ♦ **well-liked** ADJ très apprécié ♦ **well-loved** ADJ très aimé ♦ **well-made** ADJ bien fait ♦ **well-mannered** ADJ bien élevé ♦ **well-meaning** ADJ [*person*] bien intentionné; [*remark, action*] fait avec les meilleures intentions ♦ **well-meant** ADJ fait avec les meilleures intentions ♦ **well-nigh** ADV presque ♦ **well-off** ADJ (= *rich*) **to be ~-off** vivre dans l'aisance; **the less ~-off** ceux qui ont de petits moyens; **you don't know when you're ~-off** (= *fortunate*) tu ne connais pas ton bonheur ♦ **well-paid** ADJ bien payé ♦ **well-preserved** ADJ [*building, person*] conservé ♦ **well-read** ADJ cultivé ♦ **well-spoken** ADJ [*person*] qui parle bien ♦ **well-stocked** ADJ [*shop, fridge*] bien approvisionné ♦ **well-timed** ADJ [*remark, entrance*] tout à fait opportun; [*blow*] bien calculé ♦ **well-to-do** ADJ aisé ♦ **well-wisher** N ami(e) (*m(f)*); (*unknown*) admirateur (*m*), -trice (*f*); **he got many letters from ~-wishers** il a reçu de nombreuses lettres d'encouragement ♦ **well-woman clinic** N (*Brit*) centre prophylactique et thérapeutique pour femmes ♦ **well-worn** ADJ [*carpet, clothes*] usagé; [*phrase, expression*] éculé ♦ **well-written** ADJ bien écrit

we'll /wiːl/ = **we shall**, **we will** → **shall**, **will**

wellington /'welɪŋtən/ N (*Brit* = *wellington boot*) botte (*f*) de caoutchouc

welly* /'welɪ/ N (*Brit*) **wellies** bottes (*fpl*) de caoutchouc; **give it some ~!*** allez, du nerf!*

Welsh /welʃ/ 1 ADJ gallois; [*teacher*] de gallois 2 N (= *language*) gallois (*m*) 3 NPL **the Welsh** les Gallois (*mpl*) 4 COMP ♦ **the Welsh Office** N (*Brit*) le ministère des Affaires galloises ♦ **Welsh rabbit**, **Welsh rarebit** N toast (*m*) au fromage

welsh* /welʃ/ VI **to ~ on a promise** manquer à une promesse; **they ~ed on the agreement** ils n'ont pas respecté l'accord

Welshman /'welʃmən/ N (*pl* **-men**) Gallois (*m*)

Welshwoman /'welʃwʊmən/ N (*pl* **-women**) Galloise (*f*)

Wendy house /'wendɪ,haʊs/ N (*Brit*) maison (*f*) miniature (*pour enfants*)

went /went/ VB *pt of* **go**

wept /wept/ VB *pret, ptp of* **weep**

were /wɜː^r/ VB *pt of* **be**

we're /wɪə^r/ = **we are** → **be**

weren't /wɜːnt/ = **were not** → **be**

werewolf /'wɪəwʊlf/ N (*pl* **werewolves** /'wɪəwʊlvz/) loup-garou (*m*)

west /west/ 1 N ouest (*m*); **to the ~ (of)** à l'ouest (de); **in the ~ of Scotland** dans l'ouest de l'Écosse; **a house facing the ~** une maison exposée à l'ouest; **the West** l'Occident (*m*); (*in US*) l'Ouest (*m*)

2 ADJ [*coast, wing*] ouest *(inv)*; **~ wind** vent *(m)* d'ouest; **on the ~ side** du côté ouest; **a room with a ~ aspect** une pièce exposée à l'ouest; **in ~ Devon** dans l'ouest du Devon

3 ADV [*go, travel, fly*] vers l'ouest; [*be, lie*] à l'ouest; **go ~ till you get to Crewe** allez en direction de l'ouest jusqu'à Crewe; **we drove ~ for 100km** nous avons roulé vers l'ouest pendant 100 km; **further ~** plus à l'ouest

4 COMP ◆ **West Africa** N Afrique *(f)* occidentale ◆ **the West Bank** N la Cisjordanie ◆ **West Berlin** N Berlin-Ouest ◆ **the West Country** N (*Brit*) le sud-ouest de l'Angleterre ◆ **the West End** N (*in London*) le West End (*centre touristique et commercial de Londres*) ◆ **west-facing** ADJ exposé à l'ouest ◆ **West German** ADJ allemand de l'Ouest ◆ **West Germany** N Allemagne *(f)* de l'Ouest ◆ **West Indian** ADJ antillais ◆ N Antillais(e) *(m(f))* ◆ **the West Indies** NPL les Antilles *(fpl)* ◆ **West Point** N *école militaire américaine* ◆ **West Virginia** N Virginie-Occidentale *(f)*; **in West Virginia** en Virginie-Occidentale

westbound /'westbaʊnd/ ADJ, ADV [*traffic, vehicles*] en direction de l'ouest; [*carriageway*] ouest *(inv)*; **to be ~ on the M8** être sur la M8 en direction de l'ouest

westerly /'westəlɪ/ **1** ADJ [*wind*] de l'ouest; [*situation*] à l'ouest; **in a ~ direction** en direction de l'ouest; **~ longitude** longitude *(f)* ouest *(inv)*; **~ aspect** exposition *(f)* à l'ouest **2** ADV vers l'ouest

western /'westən/ **1** ADJ (de l')ouest *(inv)*; **in ~ France** dans l'ouest de la France; **Western Europe** Europe *(f)* occidentale **2** N (= *film*) western *(m)*

westerner /'westənəʳ/ N Occidental(e) *(m(f))*

westernization /ˌwestənaɪˈzeɪʃən/ N occidentalisation *(f)*

westernize /'westənaɪz/ VT occidentaliser; **to become ~d** s'occidentaliser

Westminster /'west,mɪnstəʳ/ N Westminster *(m)* (*Parlement britannique*)

westward /'westwəd/ **1** ADJ [*route*] en direction de l'ouest; [*slope*] exposé à l'ouest; **in a ~ direction** en direction de l'ouest, vers l'ouest **2** ADV (*also* **~s**) vers l'ouest

wet /wet/ **1** ADJ ⓐ [*object, grass, clothes, place, sand, hair*] mouillé; [*cement, plaster, paint, ink*] frais (fraîche *(f)*); **~ through** être trempé jusqu'aux os; **~ with blood** trempé de sang; **~ with sweat** humide de sueur; **cheeks ~ with tears** joues baignées de larmes; **~ with dew** humide de rosée; **to get ~** se mouiller; **to get one's feet ~** se mouiller les pieds; (*US fig*) se lancer; **a ~ patch** une tache d'humidité; **"~ paint"** « attention, peinture fraîche »; **he's still ~ behind the ears*** (= *immature*) il est un peu jeune; (= *inexperienced*) il manque d'expérience

ⓑ [*climate*] humide; **it's ~** le temps est pluvieux; **a ~ day** un jour de pluie; **on ~ days** les jours de pluie; **in ~ weather** quand le temps est pluvieux

ⓒ (*Brit* = *spineless*) **he's really ~*** c'est une chiffe molle

2 N **the ~** (= *rain*) la pluie; (= *damp*) l'humidité *(f)*; **my car doesn't start in the ~** ma voiture ne démarre pas par temps de pluie

3 VT mouiller; **to ~ one's lips** se mouiller les lèvres; **to ~ the bed** mouiller le lit; **to ~ o.s.** *or* **one's pants** mouiller sa culotte; **to ~ o.s.** *or* **one's pants*** **(laughing)** rire à en faire pipi* dans sa culotte

4 COMP ◆ **wet blanket** N (= *person*) rabat-joie *(mf inv)* ◆ **wet dream** N pollution *(f)* nocturne

wetness /'wetnɪs/ N humidité *(f)*; **the ~ of the weather** le temps pluvieux

wetsuit /'wetsuːt/ N combinaison *(f)* de plongée

we've /wiːv/ = **we have** → **have**

whack /wæk/ **1** N ⓐ (= *blow*) grand coup *(m)*; (= *sound*) coup *(m)* sec; **to give sth/sb a ~** donner un grand coup à qch/qn; **~!** vlan!; **out of ~*** (*US*) détraqué ⓑ (*Brit* = *share*)* **you'll get your ~** tu auras ta part; **to pay one's ~** payer sa part; **to pay top ~ for sth** payer qch plein pot*; **you'll get £15,000 a year, top ~** tu auras 15 000 livres par an, grand maximum* **2** VT [+ *thing, person*] donner un grand coup (*or* des grands coups) à

whacked /wækt/ ADJ (*Brit* = *exhausted*) crevé*

---

whacking* /'wækɪŋ/ ADJ (*Brit: also* **~·big, ~ great**) énorme

whale /weɪl/ N baleine *(f)*; **we had a ~ of a time*** on s'est drôlement* bien amusé ◆ **whale watching** N **to go ~ watching** aller regarder les baleines

whaler /'weɪləʳ/ N (= *person*) pêcheur *(m)* de baleines; (= *ship*) baleinier *(m)*

whaling /'weɪlɪŋ/ N pêche *(f)* à la baleine

wham /wæm/ EXCL vlan!

wharf /wɔːf/ N (*pl* **wharves**) quai *(m)* (*pour marchandises*)

wharves /wɔːvz/ NPL of **wharf**

---

what /wɒt/

1 ADJECTIVE	3 COMPOUNDS
2 PRONOUN	

1 ADJECTIVE

ⓐ in questions and indirect speech quel *(m)*, quelle *(f)*, quels *(mpl)*, quelles *(fpl)*; **~ time is it?** quelle heure est-il?; **~ flavours do you want?** quels parfums voulez-vous?; **~ subjects did you choose?** quelles matières as-tu choisies?; **she told me ~ colour it was** elle m'a dit de quelle couleur c'était; **they asked me ~ kind of films I liked** ils m'ont demandé quel genre de films j'aimais

ⓑ = all the **I gave him ~ money I had** je lui ai donné tout l'argent que j'avais; **~ savings we had are now gone** le peu d'économies que nous avions s'est maintenant envolé; **I will give you ~ information we have** je vais vous donner toutes les informations dont nous disposons; **I gave her ~ comfort I could** je l'ai réconfortée comme j'ai pu

ⓒ exclamations **~ a nice surprise!** quelle bonne surprise!; **~ a ridiculous suggestion!** quelle suggestion ridicule!; **~ a nightmare!** quel cauchemar!; **~ a nuisance!** quelle barbe!*; **~ a lot of people!** que de monde!; **~ lovely hair you've got!** quels jolis cheveux tu as!

2 PRONOUN

ⓐ used alone, or in emphatic position quoi; **~?** **I didn't get that** quoi? je n'ai pas compris; **I've forgotten something — ~?** j'ai oublié quelque chose — quoi?; **he's getting married — ~!** il se marie — quoi!; **~! you expect me to believe that!** quoi! et tu penses que je vais croire ça!

► **quoi** *is used with a preposition, if the French verb requires one.*

I've just thought of something — ~? je viens de penser à quelque chose — à quoi?; **I've just remembered something — ~?** je viens de me souvenir de quelque chose — de quoi?; **you — ~?** (*Brit*) quoi!

ⓑ subject in direct questions qu'est-ce qui; **~'s happened?** qu'est-ce qui s'est passé?; **~'s bothering you?** qu'est-ce qui te préoccupe?; **~'s for dinner?** qu'est-ce qu'il y a pour dîner?; **~ is his address?** quelle est son adresse?; **~'s the French for "pen"?** comment dit-on « pen » en français?; **~ is this called?** comment ça s'appelle?

► *When asking for a definition or explanation,* **c'est quoi** *is often used in spoken French.*

~ are capers? c'est quoi, les câpres?; **~'s that noise?** c'est quoi, ce bruit?; **~'s that?** (*asking about sth*) c'est quoi?; (= *what did you say*) comment?

ⓒ object in direct questions qu'est-ce que, que, quoi (*after prep*)

► *The object pronoun* **que** *is more formal than* **qu'est-ce que** *and requires inversion of verb and pronoun.*

~ did you do? qu'avez-vous fait?; **~ can we do?** qu'est-ce qu'on peut faire?, que peut-on faire?

► *The French preposition cannot be separated from the pronoun.*

~ does he owe his success to? à quoi doit-il son succès?; **~ were you talking about?** de quoi parliez-vous?

ⓓ = which in particular quel *(m)*, quelle *(f)*, quels *(mpl)*, quelles *(fpl)*; **~'s the best time to call?** quel est le meilleur moment pour vous joindre?; **~ are the advantages?** quels sont les avantages?

(e) ⊨ **how much** combien; **~ will it cost?** ça va coûter combien?; **~ does it weigh?** ça pèse combien?; **~ do 2 and 2 make?** combien font 2 et 2?; **~ does it matter?** qu'est-ce que ça peut bien faire?

(f) in indirect questions (*subject of verb*) ce qui; (*object of verb*) ce que; **I wonder ~ will happen** je me demande ce qui va se passer; **I wonder ~ they think** je me demande ce qu'ils pensent; **I don't know ~ that building is** je ne sais pas ce que c'est que ce bâtiment

▶ *If the French verb takes a preposition,* **what** *is translated by* quoi.

tell us ~ you're thinking about dites-nous à quoi vous pensez; **I wonder ~ they need** je me demande de quoi ils ont besoin; **I wonder ~ they are expecting** je me demande à quoi ils s'attendent

▶ quoi *is used when* **what** *ends the sentence.*

I don't know who's doing ~ je ne sais pas qui fait quoi

(g) in relative clauses (= *that which*) (*subject of verb*) ce qui; (*object of verb*) ce que; (*object of verb taking "de"*) ce dont; (*object of verb taking "à"*) ce à quoi; **~ is done is done** ce qui est fait est fait; **the hotel isn't ~ it was** l'hôtel n'est plus ce qu'il était; **~ I don't understand is ...** ce que je ne comprends pas c'est ...; **~ I need is ...** ce dont j'ai besoin c'est ...; **it wasn't ~ I was expecting** ce n'est pas ce à quoi je m'attendais

▶ *When* **what** *means* the ones which, *the French pronoun is generally plural.*

I've no clothes except ~ I'm wearing je n'ai pas d'autres vêtements que ceux que je porte

(h) set structures

◆ **and what ...:** and **~'s more** et qui plus est; **and ~ is worse** et ce qui est pire; **and ~ not*** et cetera

◆ **or what?:** **are you coming or ~?** tu viens ou quoi?*; **I mean, is that sick, or ~?** il faut vraiment être malade!*

◆ **tell you what*:** **tell you ~, let's stay here another day** j'ai une idée: si on restait un jour de plus?

◆ **what about:** **~ about people who haven't got cars?** et les gens qui n'ont pas de voiture?; **~ about going to the cinema?** si on allait au cinéma?

◆ **what for?** pourquoi?; **~ did you do that for?** pourquoi avez-vous fait ça?; **to give sb ~ for:** passer un savon a qn

◆ **what if** et si; **~ if this doesn't work out?** et si ça ne marchait pas?; **~ if he says no?** et s'il refuse?

◆ **what of:** but **~ of the country's political leaders?** et les dirigeants politiques du pays?; **~ of it?*** et alors?

◆ **what's what*:** **he knows ~'s ~** il connaît son affaire; **I've done this job long enough to know ~'s ~** je fais ce travail depuis assez longtemps pour savoir de quoi il retourne

◆ **what with:** **~ with the stress and lack of sleep, I was in a terrible state** entre le stress et le manque de sommeil, j'étais dans un état lamentable; **~ with one thing and another** avec tout ça

3 COMPOUNDS
◆ **what-d'ye-call-her*** N Machine* (*f*) ◆ **what-d'ye-call-him*** N Machin* (*m*) ◆ **what-d'ye-call-it*** N machin* (*m*) ◆ **what's-her-name*** N Machine* (*f*) ◆ **what's-his-name*** N Machin* (*m*) ◆ **what's-it** N machin* (*m*); **Mr What's-it*** Monsieur Machin (Chose)* ◆ **what's-its-name*** N machin* (*m*)

whatever /wɒt'evər/ 1 ADJ **~ book you choose** quel que soit le livre que vous choisissiez (*subj*); **he agreed to make ~ repairs might prove necessary** il a accepté de faire toutes les réparations qui s'avéreraient nécessaires; **~ books have you been reading?*** (= *what on earth*) qu'est-ce que vous êtes allé lire là!

2 ADV **~ the weather** quel que soit le temps; **there's no doubt ~ about it** cela ne fait pas le moindre doute; **nothing ~** absolument rien

3 PRON (a) (= *no matter what*) quoi que (+ *subj*); **~ happens** quoi qu'il arrive; **~ it may be** quoi que ce soit; **~ that means** je ne sais pas trop ce que cela veut dire; (*sceptical*)

allez savoir ce que ça veut dire

(b) (= *anything that*) tout ce que; **we shall do ~ is necessary** nous ferons tout ce qu'il faudra; **Monday or Tuesday, ~ suits you best** lundi ou mardi, ce qui vous convient le mieux; **~ you say, sir** comme monsieur voudra

(c) (= *what on earth*)* **~ did you do?** qu'est-ce que vous êtes allé faire là!; **~ did you say that for?** pourquoi êtes-vous allé dire ça?

(d) (= *other similar things*) **the books and the clothes and ~*** les livres et les vêtements et tout ça*

whatnot /'wɒtnɒt/ N **... and ~*** ... et ainsi de suite

whatsoever /ˌwɒtsəʊ'evər/ ADV **there's no doubt ~ about it** c'est indubitable; **nothing ~** rien du tout

wheat /wiːt/ N blé (*m*); **to separate the ~ from the chaff** séparer le bon grain de l'ivraie

wheedle /'wiːdl/ VT **to ~ sth out of sb** obtenir qch de qn par des cajoleries

wheedling /'wiːdlɪŋ/ 1 ADJ enjôleur 2 N cajolerie(s) (*f(pl)*)

wheel /wiːl/ 1 N roue (*f*); [*of trolley, toy*] roulette (*f*); (= *steering wheel*) volant (*m*); [*of vehicle*] au volant; **to take the ~** (*of ship*) prendre le gouvernail; (*of car*) prendre le volant; **to change a ~** changer une roue; **(set of) ~s** (= *car*)* bagnole* (*f*); **have you got ~s?*** vous êtes motorisé?* 2 VT [+ *barrow, cycle*] pousser; [+ *child*] pousser (dans un landau *etc*); **I ~ed my trolley to the checkout** j'ai poussé mon chariot vers la caisse; **~ him in!*** (*hum*) amenez-le! 3 COMP ◆ **wheel clamp** N sabot (*m*) de Denver
▶ **wheel round** VI [*person*] se retourner (brusquement)

wheelbarrow /'wiːlbærəʊ/ N brouette (*f*)

wheelchair /'wiːltʃeər/ N fauteuil (*m*) roulant; **"~ access"** « accès aux handicapés »

wheel-clamp /'wiːlklæmp/ N sabot (*m*) de Denver

wheeler /'wiːlər/ N **~-(and-)dealer*** magouilleur* (*m*), -euse* (*f*); (= *businessman*) affairiste (*m*); **~-dealing*** magouilles* (*fpl*)

wheelie* /'wiːlɪ/ N **to do a ~** faire une roue arrière
◆ **wheelie bin*** (*Brit*) poubelle (*f*) à roulettes

wheeling /'wiːlɪŋ/ N **~ and dealing*** magouilles* (*fpl*); **there has been a lot of ~ and dealing* over the choice of candidate** le choix du candidat a donné lieu à toutes sortes de magouilles*

wheeze /wiːz/ 1 N (a) respiration (*f*) bruyante (b) (*Brit* = *scheme*)†* combine* (*f*) (c) (*US* = *saying*)* dicton (*m*) 2 VI [*person*] (= *breathe noisily*) respirer bruyamment; (= *breathe with difficulty*) avoir du mal à respirer; [*animal*] souffler 3 VT **"yes", he ~d** « oui », dit-il d'une voix rauque

wheezy /'wiːzɪ/ ADJ [*person*] asthmatique; [*voice*] d'asthmatique

whelk /welk/ N bulot (*m*)

when /wen/

1 ADVERB	2 CONJUNCTION

1 ADVERB

quand; **~ does the term start?** quand commence le trimestre?; **~ did it happen?** quand cela s'est-il passé?, ça s'est passé quand?; **~ was the Channel Tunnel opened?** quand a-t-on ouvert le tunnel sous la Manche?; **~'s the wedding?** quand a lieu le mariage?

▶ *There is no inversion after* **quand** *in indirect questions.*

I don't know ~ I'll see him again je ne sais pas quand je le reverrai

▶ *If* **when** *means* what time, *the more specific translation is often used.*

~ does the train leave? à quelle heure part le train?; **~ do you finish work?** à quelle heure tu quittes le travail?
◆ **say when!*** (*pouring drinks*) vous m'arrêterez ...

2 CONJUNCTION

(a) ⊨ **at the time that** quand; **everything looks nicer ~ the sun is shining** tout est plus joli quand le soleil brille; **I take an aspirin ~ I have a headache** je prends un cachet d'aspirine quand j'ai mal à la tête; **he had just sat down ~ the phone rang** il venait juste de s'asseoir quand la téléphone a sonné

> ► If the **when** clause refers to the future, the future tense is used in French.

I'll do it ~ I have time je le ferai quand j'aurai le temps; **~ you're older, you'll understand** quand tu seras plus grand, tu comprendras

> ► **en** + present participle may be used, if the subject of both clauses is the same, and the verb is one of action.

he blushed ~ he saw her il a rougi en la voyant; **take care ~ opening the tin** faites attention en ouvrant la boîte
♦ **when** + noun/adjective: **~ a student at Oxford, she ...** quand elle était étudiante à Oxford, elle ...; **my father, ~ young, had a fine tenor voice** quand mon père était jeune il avait une belle voix de ténor; **the floor is slippery ~ wet** le sol est glissant quand il est mouillé

ⓑ with day, time, movement où; **on the day ~ I met him** le jour où je l'ai rencontré; **at the time ~ I should have been at the station** à l'heure où j'aurais dû être à la gare; **at the very moment ~ I was about to leave** juste au moment où j'allais partir; **there are times ~ I wish I'd never met him** il y a des moments où je souhaiterais ne l'avoir jamais rencontré

ⓒ = which is when **he arrived at 8 o'clock, ~ traffic is at its peak** il est arrivé à 8 heures, heure à laquelle la circulation est la plus intense; **in August, ~ peaches are at their best** en août, époque où les pêches sont les plus savoureuses

ⓓ = the time when **he told me about ~ you got lost in Paris** il m'a raconté le jour où vous vous êtes perdu à Paris; **now is ~ I need you most** c'est maintenant que j'ai le plus besoin de vous; **that's ~ the programme starts** c'est à cette heure-là que l'émission commence; **that's ~ Napoleon was born** c'est l'année où Napoléon est né; **that was ~ the trouble started** c'est alors que les ennuis ont commencé

ⓔ = after quand; **~ you read the letter you'll know why** quand vous aurez lu la lettre vous comprendrez pourquoi; **~ he had made the decision, he felt better** après avoir pris la décision, il s'est senti soulagé; **~ they had left he telephoned me** après leur départ il m'a téléphoné

ⓕ = whereas alors que; **he thought he was recovering, ~ in fact ...** il pensait qu'il était en voie de guérison alors qu'en fait ...

ⓖ = if **how can I be self-confident ~ I look like this?** comment veux-tu que j'aie confiance en moi en étant comme ça?; **how can you understand ~ you won't listen?** comment voulez-vous comprendre si vous n'écoutez pas?

whence /wens/ ADV, CONJ (liter) d'où; **he returned from ~ he came** il est retourné là d'où il venait

whenever /wen'evəʳ/ 1 CONJ ⓐ (= at whatever time) quand; **come ~ you wish** venez quand vous voulez ⓑ (= every time that) quand, chaque fois que; **come and see us ~ you can** venez nous voir quand vous pouvez; **~ I see a black horse I think of Jenny** chaque fois que je vois un cheval noir j'en pense à Jenny 2 ADV **I can leave on Monday, or Tuesday, or ~** je peux partir lundi, ou mardi, ou n'importe quand

where /wɛəʳ/ 1 ADV (= in or to what place) où; **~ do you live?** où est-ce que vous habitez?; **~ are you going (to)?** où allez-vous?; **~'s the theatre?** où est le théâtre?; **~ are you from?** vous venez d'où?; **~ have you got to (in the book)?** où est-ce que vous en êtes (de votre livre)?; **~ do I come into it?** qu'est-ce que je viens faire dans tout ça?; **I wonder ~ he is** je me demande où il est; **I don't know ~ I put it** je ne sais pas où je l'ai mis

2 CONJ ⓐ où; **stay ~ you are** restez où vous êtes; **go ~ you like** allez où vous voulez; **my book is not ~ I left it** mon livre n'est pas là où je l'avais laissé; **I'm at the stage ~ I could ...** j'en suis au point où je pourrais ...; **the house ~ he was born** la maison où il est né; **in the place ~ there**

used to be a church à l'endroit où il y avait une église ⓑ (= the place that) **this is ~ the car was found** c'est là qu'on a retrouvé la voiture; **this is ~ I got to (in the book)** j'en suis là (de mon livre); **that's ~ you're wrong!** c'est là que vous vous trompez!; **he went up to ~ she was sitting** il s'est approché de l'endroit où elle était assise; **from ~ I'm standing I can see ...** d'où je suis je peux voir ...; **~ there are trees you'll always find water** vous trouverez toujours de l'eau là où il y a des arbres

whereabouts /'wɛərəbauts/ 1 ADV* où (donc); **~ did you put it?** où (donc) l'as-tu mis?; **~ in Paris do you live?** dans quel coin de Paris habitez-vous? 2 N **to know sb's/sth's ~** savoir où est qn/qch; **his ~ are unknown** personne ne sait où il se trouve

whereas /wɛər'æz/ CONJ (= while) alors que

whereby /wɛə'baɪ/ PRON (frm) **the method ~ this was achieved** la méthode par laquelle nous y sommes parvenus

whereupon /ˌwɛərə'pɒn/ ADV (frm) après quoi

wherever /wɛər'evəʳ/ 1 CONJ ⓐ (= no matter where) où que (+ subj); **~ you go I'll go too** partout où tu iras, j'irai ⓑ (= anywhere) (là) où; **sit ~ you like** asseyez-vous où vous voulez; **he comes from Barcombe, ~ that is** il vient de Barcombe, je ne sais pas où c'est ⓒ (= everywhere) partout où; **~ you see this sign** partout où vous voyez ce panneau 2 ADV* mais où donc; **~ did you get that hat?** mais où donc avez-vous déniché* ce chapeau?; **I bought it in London or Liverpool or ~*** je l'ai acheté à Londres, ou à Liverpool, ou je ne sais où

wherewithal /'wɛəwɪðɔːl/ N moyens (mpl), ressources (fpl) nécessaires; **he hasn't the ~ to buy it** il n'a pas les moyens de l'acheter

whet /wet/ VT [+ desire, appetite, curiosity] aiguiser

whether /'weðəʳ/ CONJ ⓐ (= if) si; **I don't know ~ or not it's true** je ne sais pas si c'est vrai ou non; **I don't know ~ to go or not** je ne sais pas si je dois y aller ou non; **I doubt ~ ...** je doute que ... (+ subj); **I'm not sure ~ ...** je ne suis pas sûr que ... (+ subj) ⓑ (= regardless of) que (+ subj); **~ it rains or (~ it) snows, I'm going out** qu'il pleuve ou qu'il neige (subj), je sors; **~ or not you go** que tu y ailles ou non ⓒ (= either) soit; **~ today or tomorrow** soit aujourd'hui soit demain; **~ before or after** soit avant soit après

whew* /hwju:/ EXCL (relief, exhaustion) ouf!; (surprise, admiration) fichtre!*

whey /weɪ/ N petit-lait (m)

which /wɪtʃ/ 1 ADJ ⓐ (in questions) quel; **~ card did he take?** quelle carte a-t-il prise?, laquelle des cartes a-t-il prise?; **I don't know ~ book he wants** je ne sais pas quel livre il veut; **~ one?** lequel (or laquelle)? ⓑ **in ~ case ...** auquel cas ...; **he spent a week here, during ~ time ...** il a passé une semaine ici au cours de laquelle ...

2 PRON ⓐ (in questions) lequel (m), laquelle (f); **~ of these maps is the best?** quelle est la meilleure de ces cartes?, laquelle de ces cartes est la meilleure?; **~ have you taken?** lequel (m) (or laquelle (f)) avez-vous pris(e)?; **~ of you (two) is taller?** lequel de vous deux est le plus grand?, qui est le plus grand de vous deux?; **~ of you owns the red car?** lequel d'entre vous est le propriétaire de la voiture rouge? ⓑ (= the one or ones that) (subject) celui (m) (or celle (f) or ceux (mpl) or celles (fpl)) qui; (object) celui que; **I don't mind ~ you give me** vous pouvez me donner celui que vous voudrez; **I don't mind ~** n'importe lequel, ça m'est égal; **show me ~ is the cheapest** montrez-moi celui qui est le moins cher; **I can't tell ~ is ~** je ne peux pas les distinguer; **I know ~ I'd rather have** je sais bien ce que je choisirais ⓒ (= that) (subject) qui; (object) que; (after prep) lequel (m) (or laquelle (f) or lesquels (mpl) or lesquelles (fpl)); **the book ~ is on the table** le livre qui est sur la table; **the apple ~ you ate** la pomme que vous avez mangée; **the box ~ you put it in** la boîte dans laquelle vous l'avez mis; **opposite ~**

en face duquel (or de laquelle); **the book ~ I told you about** le livre dont je vous ai parlé

ⓓ (= *and that*) (*subject*) ce qui; (*object*) ce que; (*after prep*) quoi; **he said he knew her, ~ is true** il a dit qu'il la connaissait, ce qui est vrai; **she called me "Bobby", ~ I don't like** elle m'a appelé « Bobby », ce que je n'aime pas; **after ~ we went to bed** après quoi nous sommes allés nous coucher

whichever /wɪtʃˈevəʳ/ 1 ADJ ⓐ (= *that one which*) **keep ~ one you prefer** gardez celui que vous préférez; **go by ~ route is the most direct** prenez la route la plus directe

ⓑ (= *no matter which*) (*subject*) quel que soit … qui (+ *subj*); (*object*) quel que soit … que; **~ dress you wear, you'll look lovely** quelle que soit la robe que tu portes, tu seras ravissante

2 PRON ⓐ (= *the one which*) (*subject*) celui (m) qui, celle (f) qui; (*object*) celui (m) que, celle (f) que; **~ is best for him** celui (m) ou celle (f) qui lui convient le mieux; **~ you choose will be sent to you at once** celui (m) (or celle (f)) que vous choisirez vous sera expédié(e) immédiatement

ⓑ (= *no matter which one*) **~ of the two books he chooses, it won't make a lot of difference** quel que soit le livre qu'il choisisse, cela ne fera pas beaucoup de différence; **~ of the methods is chosen, it can't affect you much** quelle que soit la méthode choisie, ça ne changera pas grand-chose pour vous

whiff /wɪf/ N ⓐ (= *puff*) [*of smoke, hot air*] bouffée (f); **a ~ of garlic** une bouffée d'ail; **I caught a ~ of gas** j'ai senti l'odeur du gaz ⓑ (= *bad smell*)* **what a ~!** qu'est-ce que ça pue!

whiffy* /ˈwɪfɪ/ ADJ **it's a bit ~ in here!** ça pue ici!

while /waɪl/ 1 CONJ ⓐ (= *during the time that*) pendant que; **can you wait ~ I telephone?** pouvez-vous attendre pendant que je téléphone?; **she fell asleep ~ reading** elle s'est endormie en lisant; **"heels repaired ~ you wait"** « talons minute »

ⓑ (= *as long as*) tant que; **it won't happen ~ I'm here** cela n'arrivera pas tant que je serai là

ⓒ (= *although*) quoique (+ *subj*), bien que (+ *subj*); **~ there are a few people who like that sort of thing …** bien qu'il y ait un petit nombre de gens qui aiment ce genre de chose …

ⓓ (= *whereas*) alors que; **she sings quite well, ~ her sister can't sing a note** elle ne chante pas mal alors que sa sœur ne sait pas chanter du tout

2 N **a while** quelque temps; **for a little ~** pendant un petit moment; **a long ~** (assez) longtemps; **once in a ~** (une fois) de temps en temps

► **while away** VT SEP (faire) passer; **to ~ away the time** pour (faire) passer le temps

whilst /waɪlst/ CONJ = **while**

whim /wɪm/ N caprice (m); **he did it on a ~** c'était un coup de tête

whimper /ˈwɪmpəʳ/ 1 N gémissement (m); **without a ~** (= *without complaining*) sans se plaindre 2 VI [*person, baby, dog*] gémir

whimpering /ˈwɪmpərɪŋ/ N gémissements (mpl)

whimsical /ˈwɪmzɪkəl/ ADJ [*look*] curieux

whine /waɪn/ 1 N [*of person, child, dog*] gémissement (m); [*of siren*] plainte (f) 2 VI [*person, dog*] gémir; [*engine*] vrombir; **to ~ about sth** se lamenter sur qch; **don't come whining to me about it** ne venez pas vous plaindre à moi

whinge* /wɪndʒ/ (*Brit*) VI geindre* (**about** à propos de)

whining /ˈwaɪnɪŋ/ N [*of person, child*] pleurnicheries (fpl); [*of dog*] gémissements (mpl); (= *complaining*) plaintes (fpl) continuelles

whiny* /ˈwaɪnɪ/ ADJ pleurnichard*

whip* /wɪp/ 1 N fouet (m) 2 VT ⓐ (= *beat*) fouetter; [+ *egg white*] battre en neige ⓑ (= *seize*)* **to ~ sth out of sb's hands** enlever brusquement qch des mains de qn 3 COMP ♦ **whipped cream** N crème (f) fouettée ♦ **whip-round*** (*Brit*) collecte (f); **to have a ~-round for sb/sth*** faire une collecte pour qn/qch

► **whip out** VT SEP [+ *knife, gun, purse*] sortir brusquement (**from** de)

► **whip up** VT SEP ⓐ [+ *cream*] fouetter ⓑ (= *prepare*)* **can you ~ us up something to eat?** est-ce que vous pourriez nous faire à manger en vitesse?

whiplash /ˈwɪplæʃ/ N (*in car accident*) coup (m) du lapin*

whirl /wɜːl/ 1 N tourbillon (m); **the whole week was a ~ of activity** nous n'avons (or ils n'ont etc) pas arrêté de toute la semaine; **my head is in a ~** j'ai la tête qui tourne; **to give sth a ~*** essayer le coup*; **give it a ~*** tente le coup* 2 VI (= *spin*: also **~ round**) [*dust, water*] tourbillonner; **my head is ~ing** j'ai la tête qui tourne

whirlpool /ˈwɜːlpuːl/ N tourbillon (m)

whirlwind /ˈwɜːlwɪnd/ 1 N tornade (f) 2 ADJ **a ~ tour of Paris** une visite éclair de Paris

whirr /wɜːʳ/ 1 VI [*machinery*] ronronner 2 N [*of machinery*] ronronnement (m)

whisk /wɪsk/ 1 N fouet (m); (*rotary*) batteur (m) à œufs 2 VT ⓐ [+ *cream*] battre au fouet; [+ *egg whites*] battre en neige; **~ the eggs into the mixture** incorporez les œufs dans le mélange avec un fouet ⓑ (= *take*) **to ~ sth out of sb's hands** enlever brusquement qch des mains de qn; **she ~ed the baby out of the pram** elle a sorti brusquement le bébé du landau

► **whisk off** VT SEP **they ~ed me off to hospital** ils m'ont emmené à l'hôpital sur le champ

whisker /ˈwɪskəʳ/ N [*of animal*] moustaches (fpl); **he won the race by a ~** il a gagné la course de justesse

whiskey (*Ir, US*), **whisky** (*Brit, Can*) /ˈwɪskɪ/ N whisky (m)

whisper /ˈwɪspəʳ/ 1 VTI [*person*] chuchoter; **to ~ to sb** chuchoter à l'oreille de qn; **it's rude to ~** c'est mal élevé de chuchoter à l'oreille de quelqu'un; **"it's me" she ~ed** « c'est moi » chuchota-t-elle 2 N (= *low tone*) chuchotement (m)

whispering /ˈwɪspərɪŋ/ N chuchotement (m); **stop that ~!** arrêtez de chuchoter!

whistle /ˈwɪsl/ 1 N ⓐ (= *sound*) (*made with mouth*) sifflement (m); (= *jeering*) sifflet (m); (*made with a whistle*) coup (m) de sifflet

ⓑ (= *object*) sifflet (m); (= *musical instrument*) pipeau (m); **the referee blew his ~** l'arbitre a sifflé; **the referee blew his ~ for half-time** l'arbitre a sifflé la mi-temps; **to blow the ~ on sb*** (= *inform on*) dénoncer qn

2 VI [*person, bird, wind*] siffler; (*tunefully, light-heartedly*) siffloter; **the audience booed and ~d** les spectateurs ont hué et sifflé; **the audience cheered and ~d** le public criait et sifflait; **the referee ~d for a foul** l'arbitre a sifflé une faute; **an arrow ~d past his ear** une flèche a sifflé à son oreille

3 VT [+ *tune*] siffler; (*casually, light-heartedly*) siffloter

whistle-stop /ˈwɪslstɒp/ ADJ **he made a ~ tour of Virginia** il a fait une tournée éclair en Virginie

white /waɪt/ 1 ADJ blanc (blanche (f)); **to turn ~** (*with fear, anger*) pâlir; [*hair*] blanchir; **to be ~ with fear** être blême; (**as**) **~ as a sheet** blanc comme un linge; **the public likes politicians to be whiter-than-~** les gens aiment les hommes politiques soient irréprochables; **a ~ man** un Blanc; **a ~ woman** une Blanche

2 N ⓐ blanc (m); **to be dressed in ~** être vêtu de blanc; **his face was a deathly ~** son visage était d'une pâleur mortelle

ⓑ **White** (= *person of White race*) Blanc (m), Blanche (f)

3 COMP ♦ **white bread** N pain (m) blanc ♦ **white Christmas** N Noël (m) sous la neige ♦ **white coffee** N (*Brit*) café (m) au lait; (*in café: when ordering*) café (m) crème ♦ **white-collar** ADJ **a ~-collar job** un emploi de bureau ♦ **white elephant** N **it's a ~ elephant** c'est tout à fait superflu ♦ **white flag** N drapeau (m) blanc ♦ **white goods** NPL (= *domestic appliances*) appareils (mpl) ménagers ♦ **white-haired** ADJ [*person*] aux cheveux blancs; [*animal*] à poil blanc ♦ **the White House** N la Maison-Blanche ♦ **white lie** N pieux mensonge (m) ♦ **white line** N (*on road*) ligne (f) blanche ♦ **white meat** N viande (f) blanche ♦ **white meter** N **~ meter heating** chauffage (m) par accumulateur ♦ **white**

paper N (*Parl*) livre *(m)* blanc ◆ **white pepper** N poivre *(m)* blanc ◆ **white sauce** N (*savoury*) sauce *(f)* blanche ; (*sweet*) crème *(f)* pâtissière (*pour le plum-pudding de Noël*) ◆ **the White Sea** N la mer Blanche ◆ **white spirit** N (*Brit*) white-spirit *(m)* ◆ **white-water rafting** N rafting *(m)* ◆ **white wedding** N mariage *(m)* en blanc ◆ **white wine** N vin *(m)* blanc

whiteboard /ˈwaɪtbɔːd/ N tableau *(m)* blanc

Whitehall /ˈwaɪtˌhɔːl/ N Whitehall *(m)* (*siège des ministères et des administrations publiques*)

whiteness /ˈwaɪtnɪs/ N blancheur *(f)*

whitewash /ˈwaɪtwɒʃ/ 1 N (ⓐ) (*for walls*) lait *(m)* de chaux (ⓑ) **the article in the paper was nothing but a ~** cet article ne visait qu'à blanchir le coupable (*or* les coupables) (ⓒ) (*Sport*)* raclée* *(f)* 2 VT (ⓐ) [+ *wall*] blanchir à la chaux (ⓑ) (*Sport*)* filer la raclée à

whiting /ˈwaɪtɪŋ/ N (*pl* **whiting**) (= *fish*) merlan *(m)*

Whitsun /ˈwɪtsn/ N Pentecôte *(f)*

whittle /ˈwɪtl/ VT [+ *piece of wood*] tailler au couteau

► **whittle down** VT SEP [+ *costs, amount*] réduire ; **he had ~d eight candidates down to two** sur les huit candidats, il en avait retenu deux

whiz(z) /wɪz/ 1 N **a computer/financial ~** un as de l'informatique/des finances 2 VI **to go whizzing through the air** fendre l'air (en sifflant) ; **bullets whizzed by** les balles sifflaient

WHO /ˌdʌbljuːeɪtʃˈəʊ/ N (ABBR = **World Health Organization**) OMS *(f)*

who /huː/ PRON (ⓐ) (*in questions*) (qui est-ce) qui ; (*after prep*) qui ; **~'s there?** qui est là ? ; **~ are you?** qui êtes-vous ? ; **~ has the book?** (qui est-ce) qui a le livre ? ; **~ does he think he is?** il se prend pour qui ? ; **~ came with you?** (qui est-ce) qui est venu avec vous ? ; **~(m) did you see?** qui avez-vous vu ? ; **~(m) did you speak to?** à qui avez-vous parlé ? ; **~'s the book by?** le livre est de qui ? ; **~ is he to tell me …?** (*indignantly*) de quel droit est-ce qu'il me dit …? (ⓑ) (*relative pronoun*) qui ; **my aunt ~ lives in London** ma tante qui habite à Londres ; **those ~ can swim** ceux qui savent nager

whoever /huːˈevəʳ/ PRON (ⓐ) (= *anyone that*) quiconque ; **you can give it to ~ wants it** vous pouvez le donner à qui le voudra ; **~ finds it can keep it** celui qui le trouvera pourra le garder ; **~ gets home first does the cooking** le premier rentré à la maison prépare à manger ; **~ said that was an idiot** celui qui a dit ça était un imbécile (ⓑ) (*in questions = who on earth?*)* qui donc ; **~ told you that?** qui donc vous a dit ça ? ; **~ did you give it to?** vous l'avez donné à qui ?

whole /həʊl/ 1 ADJ (ⓐ) (= *entire*) (+ *singular noun*) tout, entier ; (+ *plural noun*) entier ; **along its ~ length** sur toute sa longueur ; **~ villages were destroyed** des villages entiers ont été détruits ; **the ~ road was like that** toute la route était comme ça ; **the ~ world** le monde entier ; **he swallowed it ~** il l'a avalé en entier ; **we waited a ~ hour** nous avons attendu une heure entière ; **it rained (for) three ~ days** il a plu trois jours entiers

(ⓑ) (= *intact, unbroken*) intact ; **keep the egg yolks ~** gardez les jaunes entiers

2 N (ⓐ) (= *the entire amount of*) **the ~ of the morning** toute la matinée ; **the ~ of the time** tout le temps ; **the ~ of Paris was snowbound** Paris était complètement bloqué par la neige ; **the ~ of Paris was talking about it** dans tout Paris on parlait de ça

◆ **on the whole** dans l'ensemble

(ⓑ) (= *complete unit*) tout *(m)* ; **four quarters make a ~** quatre quarts font un tout ; **the estate is to be sold as a ~** la propriété doit être vendue en bloc

3 COMP ◆ **whole milk** N lait *(m)* entier ◆ **whole number** N nombre *(m)* entier

wholefood(s) /ˈhəʊlfuːd(z)/ N(PL) (*Brit*) aliments *(mpl)* complets

wholegrain /ˈhəʊlgreɪn/ ADJ [*bread, flour*] complet (-ète *(f)*)

wholehearted /ˌhəʊlˈhɑːtɪd/ ADJ [*approval, admiration*] sans réserve

wholeheartedly /ˌhəʊlˈhɑːtɪdlɪ/ ADV [*accept, approve*] sans réserve ; **to agree ~** être entièrement d'accord

wholemeal /ˈhəʊlmiːl/ ADJ (*Brit*) [*flour, bread*] complet (-ète *(f)*)

wholesale /ˈhəʊlseɪl/ 1 ADJ [*price*] de gros 2 ADV [*buy, sell*] en gros ; **I can get it for you ~** je peux vous l'avoir au prix de gros

wholesaler /ˈhəʊlseɪləʳ/ N grossiste *(mf)*

wholesome /ˈhəʊlsəm/ ADJ [*food, life, thoughts*] sain

wholewheat /ˈhəʊlwiːt/ ADJ [*flour, bread*] complet (-ète *(f)*)

wholly /ˈhəʊlɪ/ ADV [*unacceptable, unreliable*] totalement ; [*approve*] entièrement ; **I'm not ~ convinced** je ne suis pas totalement convaincu

whom /huːm/ PRON (ⓐ) (*in questions*) qui ; **~ did you see?** qui avez-vous vu ? ; **when was the photo taken and by ~?** quand est-ce que la photo a été prise et par qui ? (ⓑ) (*relative pronoun*) **my aunt, ~ I love dearly** ma tante, que j'aime tendrement ; **the woman with ~ he had an affair** la femme avec qui il a eu une liaison ; **my daughters, both of ~ are married** mes filles, qui sont toutes les deux mariées

whoops /wuːps/ EXCL (*avoiding fall*) oups !

whoosh /wuːʃ/ 1 EXCL zoum ! 2 VI **the car ~ed past** la voiture est passée à toute allure

whopper * /ˈwɒpəʳ/ N (= *large object*) truc* *(m)* énorme

whopping * /ˈwɒpɪŋ/ ADJ énorme ; **to win a ~ 89 per cent of the vote** remporter les élections avec une écrasante majorité de 89 pour cent ; **a ~ \$31 billion** la somme énorme de 31 milliards de dollars

whore : /hɔːʳ/ N (*pej*) putain: *(f)*

whose /huːz/ 1 POSS PRON à qui ; **~ is this?** à qui est ceci ? ; **I know ~ it is** je sais à qui c'est ; **~ is this hat?** à qui est ce chapeau ? 2 POSS ADJ (ⓐ) (*in questions*) à qui, de qui ; **~ hat is this?** à qui est ce chapeau ? ; **~ son are you?** vous êtes le fils de qui ? ; **~ book is missing?** à qui est le livre qui manque ? ; **~ fault is it?** c'est la faute de qui ? (ⓑ) (*relative use*) dont ; **the man ~ hat I took** l'homme dont j'ai pris le chapeau ; **those ~ passports I've got here** ceux dont j'ai les passeports ici

why /waɪ/ 1 ADV pourquoi ; **~ did you do it?** pourquoi l'avez-vous fait ? ; **I wonder ~ he left her** je me demande pourquoi il l'a quittée ; **I wonder ~** je me demande pourquoi ; **he told me ~ he did it** il m'a dit pourquoi il a fait ça ; **~ not?** pourquoi pas ? ; **~ not phone her?** pourquoi ne pas lui téléphoner ?

2 CONJ **the reasons ~ he did it** les raisons pour lesquelles il a fait ça ; **there's no reason ~ you shouldn't try again** il n'y a pas de raison pour que tu n'essaies pas de nouveau ; **that is ~ I never spoke to him again** c'est pourquoi je ne lui ai jamais reparlé

WI /ˌdʌbljuːˈaɪ/ N (*Brit*) (ABBR = **Women's Institute**) *association de femmes de tendance plutôt traditionaliste*

wick /wɪk/ N mèche *(f)* ; **he gets on my ~*** (*Brit*) il me tape sur le système*

wicked /ˈwɪkɪd/ ADJ (ⓐ) (= *immoral*) [*person*] mauvais ; [*act, deed*] malveillant ; **that was a ~ thing to do!** c'était vraiment méchant (de faire ça) ! ; **to do sth ~** faire qch de mal (ⓑ) (= *nasty*) [*comment*] méchant (ⓒ) (= *naughty*) [*child*] vilain ; [*sense of humour*] plein de malice (ⓓ) (= *good*)* super*

wicker /ˈwɪkəʳ/ 1 N (= *substance*) osier *(m)* 2 ADJ [*basket, chair*] en osier

wicket /ˈwɪkɪt/ N (*Cricket* = *stumps*) guichet *(m)*

wide /waɪd/ 1 ADJ (ⓐ) (= *broad*) [*road, river*] large ; [*selection*] grand ; **how ~ is the room?** quelle est la largeur de la pièce ? ; **it is 5 metres ~** cela a 5 mètres de large ; **he has ~ interests** il a des goûts très éclectiques ; **it has a ~ variety of uses** cela se prête à une grande variété d'usages (ⓑ) (= *off target*) **the shot was ~** le coup est passé à côté

2 ADV **the bullet went ~** la balle est passée à côté ; **he stood with his legs ~ apart** il se tenait debout les jambes très

3 NOUN ⓐ (= *determination*) volonté *(f)*; **he has a ~ of his own** il sait ce qu'il veut; **he has a strong ~** il a beaucoup de volonté; **the ~ to live** la volonté de survivre; **to do sth against sb's ~** faire qch contre la volonté de qn ∎ (*PROV*) **where there's a ~ there's a way** vouloir c'est pouvoir (*PROV*)
♦ **at will**: **an employer who can sack you at ~** un employeur qui peut vous licencier comme il le veut; **I can speed up and slow down at ~** je peux accélérer et ralentir comme je veux
ⓑ (= *document*) testament *(m)*; **to make a ~** faire son testament; **he left it to me in his ~** il me l'a légué par testament; **the last ~ and testament of ...** les dernières volontés de ...

willie* /ˈwɪlɪ/ **1** N (*Brit*) zizi* *(m)* **2** NPL **the willies: it gives me the ~s** ça me fout la trouille⁚

willing /ˈwɪlɪŋ/ ADJ ⓐ (= *prepared*) **to be ~ to do sth** être disposé à faire qch; **I was quite ~ for him to come** j'étais tout à fait d'accord pour qu'il vienne ⓑ (= *eager*) [*participant*] enthousiaste; [*worker, partner*] plein de bonne volonté; **he's very ~** il est plein de bonne volonté

willingly /ˈwɪlɪŋlɪ/ ADV ⓐ (= *readily*) **he ~ accepted** il a accepté de bon cœur; **can you help us?** — **~!** peux-tu nous aider? — volontiers! ⓑ (= *voluntarily*) volontairement; **did he do it ~ or did you have to make him?** l'a-t-il fait de son plein gré ou bien vous a-t-il fallu le forcer?

willingness /ˈwɪlɪŋnɪs/ N bonne volonté *(f)*; (= *enthusiasm*) empressement *(m)* (**to do sth** à faire qch); **I was grateful for his ~ to help** je lui étais reconnaissant de son empressement à m'aider

willow /ˈwɪləʊ/ N saule *(m)*

willpower /ˈwɪlpaʊəʳ/ N volonté *(f)*

willy-nilly /ˈwɪlɪˈnɪlɪ/ ADV (= *at random*) au hasard

wilt /wɪlt/ VI [*flower*] se faner; [*plant*] se dessécher; [*enthusiasm*] diminuer; **confidence has visibly ~ed** la confiance des milieux d'affaires a visiblement diminué

Wilts ABBR = **Wiltshire**

wily /ˈwaɪlɪ/ ADJ [*person*] rusé

wimp* /wɪmp/ N mauviette *(f)*

win /wɪn/ (*vb: pret, ptp* **won**) **1** N victoire *(f)*

2 VI (*in war, sport, competition*) gagner; **who's ~ning?** qui gagne?; **to ~ hands down*** gagner haut la main; **you ~!** (*in reluctant agreement*) soit! tu as gagné!

3 VT ⓐ [*+ war, match, competition*] gagner
ⓑ [*+ prize, sum of money*] gagner; [*+ victory*] remporter; [*+ scholarship*] obtenir
ⓒ [*+ fame, fortune*] trouver; [*+ sb's friendship*] gagner; [*+ sympathy, support, supporters*] s'attirer; **to ~ friends** se faire des amis; **to ~ sb's love/respect** se faire aimer/respecter de qn; **to ~ sb to one's cause** gagner qn à sa cause
► **win over**, **win round** VT SEP [*+ person*] convaincre; **I won him over to my point of view** je l'ai gagné à ma façon de voir

wince /wɪns/ VI (= *flinch*) tressaillir; (= *grimace*) grimacer (de douleur); **he ~d as I touched his arm** il a grimacé de douleur lorsque j'ai touché son bras

winch /wɪntʃ/ N treuil *(m)*; **to ~ sth up/down** monter/descendre qch au treuil; **they ~ed him out of the water** ils l'ont hissé hors de l'eau avec un treuil

wind¹ /wɪnd/ **1** N ⓐ vent *(m)*; **the ~ dropped** le vent est tombé; **which way is the ~?** d'où vient le vent?; **to take the ~ out of sb's sails** couper l'herbe sous le pied de qn; **the ~ of change is blowing** le vent du changement souffle; **there's something in the ~** il y a quelque chose dans l'air; **to get ~ of sth** avoir vent de qch
ⓑ (= *breath*) souffle *(m)*; **to knock the ~ out of sb** [*blow*] couper le souffle à qn; [*fall, exertion*] essouffler qn; **to get one's ~ back** reprendre (son) souffle; **to put the ~ up sb*** (*Brit*) flanquer la frousse à qn*
ⓒ (= *flatulence*) gaz *(mpl)*; **the baby has got ~** le bébé a des gaz; **to break ~** lâcher un vent

2 VT ⓐ **the blow ~ed him** le coup lui a coupé le souffle
ⓑ **to ~ a baby** faire faire son rot* à un bébé

3 COMP ♦ **wind-borne** ADJ [*seeds, pollen*] transporté par le vent ♦ **wind-chill (factor)** N (facteur *(m)* de) refroidissement *(m)* dû au vent; **a ~-chill factor of 10°** une baisse de 10° due au vent ♦ **wind-chimes** NPL carillon *(m)* éolien ♦ **wind farm** N éoliennes *(fpl)* ♦ **wind instrument** N instrument *(m)* à vent ♦ **wind power** N énergie *(f)* éolienne ♦ **wind tunnel** N tunnel *(m)* aérodynamique

wind² /waɪnd/ (*vb: pret, ptp* **wound**) **1** N (= *bend*) coude *(m)* **2** VT ⓐ (= *roll*) [*+ thread, rope*] enrouler (**round** autour de); (= *wrap*) envelopper; **to ~ one's arms round sb** enlacer qn ⓑ [*+ clock, watch*] remonter ⓒ **he slowly wound his way home** il prit lentement le chemin du retour **3** VI **to ~ along** [*river, path*] serpenter; **the road ~s through the valley** la route serpente à travers la vallée; **the line of cars wound slowly up the hill** la file de voitures a lentement gravi la colline en serpentant
► **wind down 1** VI (= *relax*)* se détendre **2** VT SEP ⓐ [*+ car window*] baisser ⓑ [*+ department, service*] réduire progressivement (en vue d'un démantèlement éventuel)
► **wind up 1** VI ⓐ [*meeting, discussion*] se terminer (**with** par) ⓑ * **they wound up stranded in Rotterdam** ils se sont retrouvés bloqués à Rotterdam **2** VT SEP ⓐ (= *end*) [*+ meeting, speech*] terminer (**with** par); [*+ business*] liquider ⓑ [*+ car window*] monter ⓒ [*+ watch*] remonter; **it gets me all wound up*** ça me retourne* ⓓ (*Brit* = *tease person*) faire marcher*

windbreak /ˈwɪndbreɪk/ N (*for camping*) pare-vent *(m inv)*

winder /ˈwaɪndəʳ/ N ⓐ [*of watch*] remontoir *(m)* ⓑ (*for car windows*) lève-vitre *(m)*

windfall /ˈwɪndfɔːl/ N aubaine *(f)* ♦ **windfall tax** N taxe *(f)* exceptionnelle sur les bénéfices (*des entreprises privatisées*)

winding /ˈwaɪndɪŋ/ ADJ [*road, path, river*] sinueux; [*stairs, staircase*] tournant

windmill /ˈwɪndmɪl/ N moulin *(m)* à vent

window /ˈwɪndəʊ/ N fenêtre *(f)*; (*in car, train*) vitre *(f)*; [*of shop, café*] vitrine *(f)*; (*in post office, ticket office*) guichet *(m)*; **don't lean out of the ~** ne te penche pas par la fenêtre; (*in train, car*) ne te penche pas en dehors; **well, there's another plan out the ~!*** voilà encore un projet qui tombe à l'eau!; **to break a ~** casser une vitre ♦ **window box** N jardinière *(f)* ♦ **window cleaner** N (= *person*) laveur *(m)*, -euse *(f)* de vitres ♦ **window display** N devanture *(f)* ♦ **window frame** N châssis *(m)* (de fenêtre) ♦ **window ledge** N (*inside*) appui *(m)* de fenêtre; (*outside*) rebord *(m)* de fenêtre ♦ **window pane** N vitre *(f)*, carreau *(m)* ♦ **window seat** N (*in room*) banquette *(f)* (située sous la fenêtre); (*in vehicle*) place *(f)* côté fenêtre ♦ **window-shopping** N **to go ~-shopping** faire du lèche-vitrines

windowsill /ˈwɪndəʊsɪl/ N (*inside*) appui *(m)* de fenêtre; (*outside*) rebord *(m)* de fenêtre

windpipe /ˈwɪndpaɪp/ N trachée *(f)*

windscreen /ˈwɪndskriːn/ N pare-brise *(m inv)* ♦ **windscreen washer** N lave-glace *(m)* ♦ **windscreen wiper** N essuie-glace *(m)*

windshield /ˈwɪndʃiːld/ N (*US*) pare-brise *(m inv)*

windsurfing /ˈwɪndsɜːfɪŋ/ N planche *(f)* à voile (*sport*)

windy /ˈwɪndɪ/ ADJ ⓐ (= *blustery*) **a ~ day** un jour de vent; **it's ~ today** il y a du vent aujourd'hui; **the weather will be wet and ~** il y aura de la pluie et du vent ⓑ (= *windswept*) [*place*] balayé par les vents

wine /waɪn/ **1** N vin *(m)*

2 VT **to ~ and dine sb** emmener qn au restaurant

3 COMP ♦ **wine bar** N bar *(m)* à vin(s) ♦ **wine box** N cubitainer® *(m)* ♦ **wine cask** N fût *(m)* ♦ **wine-coloured** ADJ lie-de-vin *(inv)* ♦ **wine grower** N viticulteur *(m)*, -trice *(f)* ♦ **wine growing** N viticulture *(f)* ♦ ADJ [*district, industry*] vinicole ♦ **wine list** N carte *(f)* des vins ♦ **wine merchant** N (*Brit*) marchand(e) *(m(f))* de vin; (*on larger scale*) négociant(e) *(m(f))* en vins ♦ **wine rack** N casier *(m)* à bouteilles (de vin) ♦ **wine tasting** N dégustation *(f)* (de vins) ♦ **wine vinegar** N vinaigre *(m)* de vin ♦ **wine waiter** N sommelier *(m)*, -ière *(f)*

wing /wɪŋ/ **1** N aile *(f)*; **to take sb under one's ~** prendre qn sous son aile; **the left/right ~ of the party** l'aile gauche/droite du parti; **the political ~ of the IRA** l'aile *(f)* politique de l'IRA; **left/right ~** ailier *(m)* gauche/droit; **he plays (on the) left ~** il est ailier gauche

2 NPL **the wings** (*Theatre*) les coulisses *(fpl)*; **to stand in the ~s** (*Theatre*) se tenir dans les coulisses; (*fig*) rester dans les coulisses; **to wait in the ~s for sb to do sth** (*fig*) attendre dans les coulisses que qn fasse qch

3 VT **to ~ one's way** voler; **they ~ed their way over the sea** ils ont survolé la mer

4 COMP ♦ **wing-forward** N (*Rugby*) ailier *(m)* ♦ **wing mirror** N (*Brit*) rétroviseur *(m)* latéral

winger /'wɪŋə'/ N (*Sport*) ailier *(m)*; **left-/right-~** (*Politics*) sympathisant(e) *(m(f))* de gauche/droite

wingspan /'wɪŋspæn/ N envergure *(f)*

wink /wɪŋk/ **1** N clin *(m)* d'œil; **to give sb a ~** faire un clin d'œil à qn; **with a ~** en clignant de l'œil; **I didn't get a ~ of sleep*** je n'ai pas fermé l'œil de la nuit **2** VI [*person*] faire un clin d'œil (**to, at** à) **3** VT **to ~ one's eye** faire un clin d'œil (**at sb** à qn)

winner /'wɪnə'/ N ⓐ (= *victor: in fight, argument*) vainqueur *(m)*; (*Sport*) gagnant(e) *(m(f))*, vainqueur *(m)*; (= *winning goal*) but *(m)* de la victoire; (= *winning shot*) coup *(m)* gagnant; **to be the ~** gagner; **his latest show is a ~*** son dernier spectacle va faire un malheur*; **I think he's on to a ~** (= *has chosen winner*) je crois qu'il a tiré le bon numéro ⓑ (*gen pl* = *beneficiary*) gagnant(e) *(m(f))* (*fig*)

winning /'wɪnɪŋ/ **1** ADJ ⓐ [*person, dog, car, stroke, shot*] gagnant; **the ~ goal** le but de la victoire ⓑ (= *captivating*) [*smile, manner*] charmeur **2** NPL **winnings** (*Betting*) gains *(mpl)*

winter /'wɪntə'/ **1** N hiver *(m)*; **in ~** en hiver; **in the ~ of 1996** pendant l'hiver de 1996 **2** COMP [*weather, day, residence*] d'hiver ♦ **winter clothes** NPL vêtements *(mpl)* d'hiver ♦ **Winter Olympics** NPL Jeux *(mpl)* olympiques d'hiver ♦ **winter sports** NPL sports *(mpl)* d'hiver

wintry /'wɪntrɪ/ ADJ [*weather*] d'hiver; **in ~ conditions** par temps d'hiver; **~ conditions on the roads** difficultés *(fpl)* de circulation dues à l'hiver

wipe /waɪp/ **1** N ⓐ **to give sth a ~** donner un coup de torchon à qch ⓑ (*cloth*) lingette *(f)* **2** VT ⓐ [+ *table, dishes, floor*] essuyer (**with** avec); **to ~ one's hands** s'essuyer les mains (**on** sur, **with** avec); **to ~ one's feet** (*with towel, on mat*) s'essuyer les pieds; **to ~ one's nose** se moucher; **to ~ the slate clean** passer l'éponge et repartir à zéro ⓑ [+ *tape, disk, video*] effacer; **to ~ sth from a tape** effacer qch sur une bande

▶ **wipe away** VT SEP [+ *tears*] essuyer; [+ *marks*] effacer

▶ **wipe out** VT SEP [+ *town, people, army*] anéantir

wire /'waɪə'/ **1** N ⓐ (= *substance*) fil *(m)* de fer; (= *piece of wire*) fil *(m)*; **they got their ~s crossed*** il y a eu ma-lentendu ⓑ (*US* = *telegram*) télégramme *(m)* ⓒ (*Police* = *hidden microphone*) micro *(m)* caché **2** VT ⓐ [+ *house*] faire l'installation électrique de ⓑ (*US* = *telegraph*) télégraphier (**to** à) **3** COMP ♦ **wire brush** N brosse *(f)* métallique ♦ **wire-cutters** NPL cisailles *(fpl)* ♦ **wire mesh** N grillage *(m)* ♦ **wire wool** N (*Brit*) paille *(f)* de fer

wireless /'waɪəlɪs/ **1** ADJ [*technology, communication*] sans-fil **2** N † (= *radio*) radio *(f)* ♦ **wireless operator** N radiotélégraphiste *(mf)*

wiring /'waɪərɪŋ/ N (*in building*) installation *(f)* électrique

wiry /'waɪərɪ/ ADJ ⓐ [*person*] maigre et nerveux ⓑ [*hair*] rêche

Wis ABBR = **Wisconsin**

wisdom /'wɪzdəm/ N [*of person*] sagesse *(f)*; [*of action, remark*] prudence *(f)* ♦ **wisdom tooth** N dent *(f)* de sagesse

wise /waɪz/ **1** ADJ ⓐ (= *prudent*) [*person, decision*] sage; [*choice, investment*] judicieux; **a ~ man** un sage; **a ~ move** une sage décision; **it would be ~ to accept** il serait judicieux d'accepter; **he was ~ enough to refuse** il a eu la sagesse de refuser; **I'm none the ~r** (= *don't understand*) ça ne m'avance pas beaucoup; **nobody will be any the ~r**

(= *won't find out*) personne n'en saura rien

ⓑ (= *aware, informed*)* **to get ~** piger*; **to be** *or* **get ~ to sb** voir clair dans le jeu de qn; **to be** *or* **get ~ to sth** piger* qch; **get ~!** réveille-toi!

2 COMP ♦ **wise guy*** N petit malin* *(m)* ♦ **the Wise Men** NPL (*Bible: also* **the Three Wise Men**) les Rois *(mpl)* mages

▶ **wise up** VI **to ~ up (to sth)** réaliser (qch)

wisecrack /'waɪzkræk/ N vanne* *(f)*

wisely /'waɪzlɪ/ ADV [*use, spend*] avec sagesse; **you have chosen ~** vous avez fait un choix judicieux; **~, he turned down their offer** il a eu la sagesse de refuser leur proposition

wish /wɪʃ/ **1** VT ⓐ (= *desire*) souhaiter; **I ~ I'd gone with you** je regrette de ne pas vous avoir accompagné; **I ~ you had left with him** je regrette que tu ne sois pas parti avec lui; **I ~ I hadn't said that** je regrette d'avoir dit cela; **I only ~ I'd known about that before!** si seulement j'avais su ça avant!; **I could!** si seulement je pouvais!

ⓑ (= *desire for sb else*) souhaiter; **I ~ you well in what you're trying to do** je vous souhaite de réussir dans ce que vous voulez faire; **~ me luck!** souhaite-moi bonne chance!; **to ~ sb a happy birthday** souhaiter bon anniversaire à qn; **I ~ you every happiness!** je vous souhaite d'être très heureux!; **he ~ed us every happiness** il nous a exprimé tous ses vœux de bonheur; **I wouldn't ~ that on my worst enemy** c'est quelque chose que je ne souhaiterais pas à mon pire ennemi

2 VI faire un vœu; **to ~ for sth** souhaiter qch; **she's got everything she could ~ for** elle a tout ce qu'elle peut désirer; **what more could you ~ for?** que pourrais-tu souhaiter de plus?

3 N ⓐ (= *desire, will*) désir *(m)*; **your ~ is my command** vos désirs sont des ordres; **he had no great ~ to go** il n'avait pas grande envie d'y aller; **to go against sb's ~es** contrecarrer les désirs de qn; **he did it against my ~es** il l'a fait contre mon gré

ⓑ (= *specific desire*) vœu *(m)*; **to make a ~** faire un vœu; **his ~ came true** son vœu s'est réalisé

ⓒ (= *greeting*) **he sends his best ~es** il vous fait ses amitiés; **(with) best ~es for your future happiness** tous mes (*or* nos) vœux de bonheur; **(with) best ~es for Christmas and the New Year** (nos) meilleurs vœux pour Noël et la nouvelle année; **with best ~es from** (*in letter*) bien amicalement

wishful /'wɪʃfʊl/ ADJ **he says he'll be released from prison next month, but that's just ~ thinking!** il dit qu'il sera libéré de prison le mois prochain, mais il prend ses désirs pour des réalités!

wishy-washy* /'wɪʃɪ,wɒʃɪ/ ADJ [*person, answer*] mou (molle *(f)*); [*taste, colour*] fadasse*

wisp /wɪsp/ N [*of hair*] fine mèche *(f)*

wistful /'wɪstfʊl/ ADJ [*person, look, mood*] mélancolique

wit /wɪt/ N ⓐ (= *intelligence*) **~(s)** esprit *(m)*, intelligence *(f)*; **to have your ~s about you** avoir de la présence d'esprit; **you'll need (to have) all your ~s about you if you're to avoid being seen** tu vas devoir faire très attention pour éviter d'être vu; **keep your ~s about you!** restez attentif!; **it was a battle of ~s (between them)** ils jouaient au plus fin; **he lives on his ~s** il vit d'expédients; **he was at his ~s' end** il ne savait plus que faire; **she was nearly out of her ~s with worry about him** elle était folle d'inquiétude pour lui

ⓑ (= *wittiness*) esprit *(m)*; **the book is full of ~** le livre est plein d'esprit

ⓒ (= *person*) homme *(m)* d'esprit, femme *(f)* d'esprit

witch /wɪtʃ/ N sorcière *(f)* ♦ **witch doctor** N sorcier *(m)* (*de tribu*) ♦ **witch hunt** N chasse *(f)* aux sorcières

witchcraft /'wɪtʃkrɑːft/ N sorcellerie *(f)*

---

with /wɪð, wɪθ/ PREPOSITION

> ▶ When **with** *is part of a set combination, eg* **good with**, **agree with**, *look up the other word.*

ⓐ avec; **come ~ me!** viens avec moi!; **he had an argument ~ his brother** il s'est disputé avec son frère

► *The pronoun is not translated in the following, where* **it** *and* **them** *refer to things.*

he's gone off ~ it il est parti avec; **these gloves, I can't drive ~ them on** ces gants-là!, je ne peux pas conduire avec

► *Note the verbal construction in the following example.*

she had her umbrella ~ her elle avait emporté son parapluie
♦ **to be with sb** être avec qn; (= *understand*) suivre qn; **I'm ~ you** (= *understand*) je vous suis; **sorry, I'm not ~ you** désolé, je ne vous suis pas; **I'll be ~ you in a minute** (= *attend to*) je suis à vous dans une minute; **I'm ~ you all the way** (= *support*) je suis à fond avec vous ♦ **to be with it*** (= *fashionable*) être dans le vent* ♦ **to get with it* get ~ it !** (= *pay attention*) réveille-toi!, secoue-toi!; (= *face facts*) redescends sur terre!

ⓑ = **on one's person** sur; **I haven't got any money ~ me** je n'ai pas d'argent sur moi

ⓒ = **in the house of, working with** chez; **she was staying ~ friends** elle habitait chez des amis; **he lives ~ his aunt** il habite avec sa tante; **he's ~ IBM** il travaille chez IBM; **a scientist ~ ICI** un chercheur de ICI; **I've been ~ this company for seven years** cela fait sept ans que je travaille pour cette société

ⓓ in descriptions = that has, that have the man ~ the beard l'homme à la barbe; **the boy ~ brown eyes** le garçon aux yeux marron; **I want a coat ~ a fur collar** je veux un manteau avec un col de fourrure; **passengers ~ tickets** voyageurs (*mpl*) munis de billets; **patients ~ cancer** les personnes atteintes d'un cancer

ⓔ cause de; **she was sick ~ fear** elle était malade de peur; **the hills are white ~ snow** les montagnes sont blanches de neige

ⓕ = **in spite of** malgré; **~ all his intelligence, he still doesn't understand** malgré toute son intelligence, il ne comprend toujours pas

ⓖ manner avec; **he did it ~ great care** il l'a fait avec beaucoup de précautions; **I'll do it ~ pleasure** je le ferai avec plaisir; **I found the street ~ no trouble at all** je n'ai eu aucun mal à trouver la rue; **~ my whole heart** de tout mon cœur

ⓗ circumstances ~ these words he left us sur ces mots, il nous a quittés; **~ the approach of winter** à l'approche de l'hiver; **~ so much happening it was difficult to ~ ...** il se passait tellement de choses qu'il était difficile de ...
♦ **with that:** ~ that, he closed the door sur ce, il a fermé la porte

withdraw /wɪθˈdrɔː/ (*pret* **withdrew**, *ptp* **withdrawn**) 1 VT [+ *person, application, troops, accusation, statement*] retirer; [+ *goods*] retirer de la vente; **I ~ what I just said** je retire ce que je viens de dire 2 VI ⓐ (= *move away*) [*troops*] se replier; [*person*] se retirer; **she withdrew into her bedroom** elle s'est retirée dans sa chambre; **to ~ into o.s.** se replier sur soi-même ⓑ [*candidate, competitor*] se retirer

withdrawal /wɪθˈdrɔːəl/ 1 N ⓐ (= *removal*) [*of application, troops, product*] retrait (*m*); **his party has announced its ~ of support for the government** son parti a annoncé qu'il retirait son soutien au gouvernement; **to make a ~** (*from bank*) effectuer un retrait
ⓑ (= *resigning*) [*of member, participant, candidate*] désistement (*m*); [*of athlete*] retrait (*m*)
ⓒ (*after addiction*) **to be in** or **suffering from ~** être en état de manque
2 COMP ♦ **withdrawal slip** N (*Banking*) bordereau (*m*) de retrait ♦ **withdrawal symptoms** NPL symptômes (*mpl*) de manque; **to have ~ symptoms** être en état de manque

withdrawn /wɪθˈdrɔːn/ 1 VB *ptp of* **withdraw** 2 ADJ (= *reserved*) [*person*] renfermé

wither /ˈwɪðəʳ/ VI [*plant*] se flétrir
► **wither away** VI [*plant*] se dessécher; [*hope*] s'évanouir

withered /ˈwɪðəd/ ADJ [*flower, leaf, plant*] flétri; [*person*] ratatiné

withhold /wɪθˈhəʊld/ (*pret, ptp* **withheld** /wɪθˈheld/) VT [+ *money from pay*] retenir (**from sth** de qch); [+ *payment, decision*] différer; [+ *facts*] cacher (**from sb** à qn)

within /wɪðˈɪn/ 1 ADV dedans, à l'intérieur; **from ~** de l'intérieur
2 PREP ⓐ (= *inside*) à l'intérieur de; **~ the park** dans le parc; **~ the city walls** intra-muros
ⓑ (= *within limits of*) **to be ~ the law** être dans les limites de la légalité; **to live ~ one's means** vivre selon ses moyens; **the coast was ~ sight** la côte était en vue
ⓒ (*in measurement, distances*) **~ a kilometre of the house** à moins d'un kilomètre de la maison; **correct to ~ a centimetre** correct à un centimètre près
ⓓ (*in time*) **~ a week of her visit** (= *after*) moins d'une semaine après sa visite; (= *before*) moins d'une semaine avant sa visite; **I'll be back ~ the hour** je serai de retour d'ici une heure; **they arrived ~ minutes (of our call)** ils sont arrivés très peu de temps après (notre appel); **"use ~ three days of opening"** « se conserve trois jours après ouverture »

without /wɪðˈaʊt/

► *When* **without** *is an element in a phrasal verb, eg* **do without**, **go without**, *look up the verb.*

PREP (= *lacking*) sans; **~ a coat or hat** sans manteau ni chapeau; **he went off ~ it** il est parti sans (le prendre); **~ any money** sans argent; **~ so much as a phone call** sans même un coup de téléphone; **~ a doubt** sans aucun doute; **not ~ some difficulty** non sans difficulté; **~ fail** sans faute; **~ speaking, he ...** sans parler, il ...; **~ anybody knowing** sans que personne le sache

withstand /wɪθˈstænd/ (*pret, ptp* **withstood** /wɪθˈstʊd/) VT résister à

witness /ˈwɪtnɪs/ 1 N (= *person*) témoin (*m*); **~ for the defence/prosecution** témoin (*m*) à décharge/à charge; **there were three ~es to this event** trois personnes ont été témoins de cet événement; **often children are ~ to violent events** les enfants sont souvent témoins de violences; **in front of two ~es** en présence de deux témoins; **to call sb as ~** citer qn comme témoin; **~ the case of ...** témoin le cas de ...
♦ **to bear witness to sth** témoigner de qch; **his poems bear ~ to his years spent in India** ses poèmes témoignent de ses années passées en Inde
2 VT ⓐ (= *see*) [+ *attack, theft, fight*] être témoin de; **the accident was ~ed by several people** plusieurs personnes ont été témoins de l'accident; **1989 ~ed the birth of a new world order** 1989 a vu l'avènement d'un nouvel ordre mondial
ⓑ (*legally*) [+ *document*] certifier l'authenticité de
3 COMP ♦ **witness box** (*Brit*), **witness stand** (*US*) N barre (*f*) des témoins; **in the ~ box** or **stand** à la barre

witty /ˈwɪtɪ/ ADJ [*person*] spirituel; [*speech, script*] plein d'esprit; **a ~ remark** un mot d'esprit

wives /waɪvz/ NPL *of* **wife**

wizard /ˈwɪzəd/ N magicien (*m*); **he is a financial ~** il a le génie de la finance; **he's a ~ with numbers** il est très doué pour les chiffres

wk ABBR = **week**

wobble /ˈwɒbl/ VI [*jelly*] trembler; [*cyclist, object about to fall, pile of rocks*] vaciller; [*table, chair*] être bancal; **this table ~s** cette table est bancale

wobbly /ˈwɒblɪ/ ADJ ⓐ (= *shaky*) [*table, chair*] bancal; [*jelly*] qui tremble; **she was still a bit ~ after her illness*** elle se sentait encore un peu patraque* après sa maladie
ⓑ (= *dodgy*) [*economy*]* fragile

woe /wəʊ/ N malheur (*m*); **he told me his tale of ~** il m'a fait le récit de ses malheurs

woeful /ˈwəʊfʊl/ ADJ [*ignorance*] déplorable

woefully /ˈwəʊfəlɪ/ ADV [*inadequate, underfunded*] terriblement; **the hospital is ~ lacking in modern equipment** cet hôpital manque cruellement de matériel moderne

wok /wɒk/ N wok (*m*) (*poêle chinoise*)

woke /wəʊk/ VB *pt of* **wake**

woken /ˈwəʊkn/ VB *ptp of* **wake**

wolf /wʊlf/ N (*pl* **wolves**) loup *(m)*; **a ~ in sheep's clothing** un loup déguisé en agneau
► **wolf down** VT engloutir

wolves /wʊlvz/ NPL *of* **wolf**

woman /ˈwʊmən/ (*pl* **women**) 1 N femme *(f)*; **she's her own ~** elle est son propre maître; **a ~ of the world** une femme du monde; **the ~ must be mad*** cette femme doit être folle; **~ to ~** entre femmes; **she belongs to a women's group** elle est membre d'un groupe féministe; **women's page** (*Press*) page des lectrices; **women's rights** droits de la femme; **women's team** équipe *(f)* féminine

2 ADJ **he's got a ~ music teacher** son professeur de musique est une femme; **~ friend** amie *(f)*; **women often prefer women doctors** les femmes préfèrent souvent les femmes médecins

3 COMP ♦ **woman driver** N conductrice *(f)*; **women drivers are often maligned** on dit souvent du mal des femmes au volant ♦ **woman police constable** N (*Brit*) femme *(f)* agent de police ♦ **women's liberation** N libération *(f)* de la femme ♦ **Women's (Liberation) Movement** N mouvement *(m)* de libération de la femme, MLF *(m)* ♦ **women's refuge** N refuge *(m)* pour femmes battues ♦ **women's studies** NPL (*Univ*) études *(fpl)* féministes

womanly /ˈwʊmənlɪ/ ADJ [*figure*] féminin

womb /wuːm/ N utérus *(m)*

women /ˈwɪmɪn/ NPL *of* **woman**

won /wʌn/ VB *pt, ptp of* **win**

wonder /ˈwʌndəʳ/ 1 N ⓐ (= *admiration*) émerveillement *(m)*; (= *astonishment*) étonnement *(m)*; **the sense of ~ that children have** la faculté qu'ont les enfants d'être émerveillés
ⓑ (= *sth wonderful*) prodige *(m)*; **the ~s of science** les prodiges *(mpl)* de la science; **the Seven Wonders of the World** les sept merveilles *(fpl)* du monde; **~s will never cease** (*iro*) c'est un miracle! (*iro*); **it's a ~ that he didn't fall** c'est un miracle qu'il ne soit pas tombé; **no ~!*** pas étonnant!*

2 VI (= *reflect*) penser; **it makes you ~** cela donne à penser; **I was ~ing about what he said** je pensais à ce qu'il a dit

3 VT se demander; **I ~ who he is** je me demande qui il est; **I ~ what to do** je ne sais pas quoi faire; **I ~ where to put it** je me demande où le mettre; **he was ~ing whether to come with us** il se demandait s'il allait nous accompagner; **I ~ why!** je me demande pourquoi!; **I was ~ing if you could come with me** je me demandais si vous pourriez venir avec moi

wonderful /ˈwʌndəfʊl/ ADJ ⓐ (= *excellent*) merveilleux; **it's ~ to see you** je suis si heureux de te voir; **we had a ~ time** c'était merveilleux ⓑ (= *astonishing*) étonnant; **the human body is a ~ thing** le corps humain est quelque chose d'étonnant

wonderfully /ˈwʌndəfəlɪ/ ADV ⓐ (*with adjective or adverb*) merveilleusement; **he looks ~ well** il a a très bonne mine ⓑ (*with verb*) merveilleusement bien; **I slept ~** j'ai merveilleusement bien dormi; **they get on ~** ils s'entendent à merveille

wonky* /ˈwɒŋkɪ/ ADJ (*Brit*) ⓐ (= *wobbly*) [*chair, table*] bancal ⓑ (= *defective*) détraqué*; **to go ~** [*car, machine*] se déglinguer*; [*TV picture*] se dérégler

won't /wəʊnt/ (ABBR = **will not**) → **will**

woo /wuː/ VT [+ *woman*] faire la cour à; [+ *voters*] chercher à plaire à; **he ~ed them with promises of ...** il cherchait à s'attirer leurs faveurs en leur promettant ...

wood /wʊd/ N ⓐ (= *material*) bois *(m)*; **touch ~!*** je touche du bois!; **~ carving** sculpture *(f)* en bois ⓑ (= *forest*) bois *(m)*; **in the ~s** dans les bois; **we're not out of the ~(s) yet** on n'est pas encore sorti d'affaire

wooden /ˈwʊdn/ 1 ADJ ⓐ (= *made of wood*) en bois ⓑ (= *unnatural*) [*acting, performance*] qui manque de naturel; [*actor, performer*] peu naturel 2 COMP ♦ **wooden leg** N jambe *(f)* de bois ♦ **wooden spoon** N cuiller *(f)* de *or* en bois

woodland /ˈwʊdlænd/ N bois *(mpl)*; **an area of ~** une zone boisée

woodpecker /ˈwʊdpekəʳ/ N pic *(m)*

woodwind /ˈwʊdwɪnd/ N **the ~** les bois *(mpl)*

woodwork /ˈwʊdwɜːk/ N ⓐ (= *carpentry*) menuiserie *(f)* ⓑ (= *doors, skirting boards, window frames*) boiseries *(fpl)*; **to crawl out of the ~*** sortir de son trou

woodworm /ˈwʊdwɜːm/ N ver *(m)* du bois; **the table has got ~** la table est vermoulue

wool /wʊl/ 1 N laine *(f)*; **a ball of ~** une pelote de laine; **this sweater is pure ~** ce pull-over est en pure laine; **to pull the ~ over sb's eyes** duper qn 2 ADJ [*dress*] en laine

woollen, woolen (*US*) /ˈwʊlən/ 1 ADJ [*garment*] en laine; **the ~ industry** l'industrie *(f)* lainière 2 NPL **woollens** lainages *(mpl)*

woolly, wooly (*US*) /ˈwʊlɪ/ ADJ ⓐ [*material, garment, animal*] laineux ⓑ [*ideas, thinking, speech*] confus

woozy* /ˈwuːzɪ/ ADJ **I feel a bit ~** je suis un peu dans les vapes*

Worcs ABBR = **Worcestershire**

---

word /wɜːd/

| 1 NOUN | 3 COMPOUNDS |
| 2 TRANSITIVE VERB | |

1 NOUN

ⓐ mot *(m)*; **the ~s of the song** les paroles *(fpl)* de la chanson; **the written/spoken ~** ce qui est écrit/dit; **what's the German ~ for "banana"?** comment dit-on «banane» en allemand?; **he won't hear a ~ against her** il n'admet absolument pas qu'on la critique; **I didn't breathe a ~** je n'ai pas soufflé mot; **... or ~s to that effect** ... ou quelque chose de ce genre; **I remember every ~ he said** je me souviens de ce qu'il a dit mot pour mot; **those were his very ~s** ce sont ses propres paroles; **there are no ~s to describe how I felt** il n'y a pas de mot pour expliquer ce que je ressentais; **he could find no ~s to express his misery** il ne trouvait pas de mot pour exprimer sa tristesse; **from the ~ go** dès le début; **I can't get a ~ out of him** je ne peux pas en tirer un mot; **tell me in your own ~s** dites-le-moi à votre façon; **in the ~s of Racine** comme le dit Racine; **by ~ of mouth** de bouche à oreille; **you took the ~s right out of my mouth** c'est exactement ce que j'allais dire; **without a ~, he left the room** il a quitté la pièce sans dire un mot; **boring is not the ~ for it!** ennuyeux, c'est le moins que l'on puisse dire!; **she disappeared, there's no other ~ for it** elle a disparu, c'est bien le mot

♦ **to have a word (with sb)** (= *speak to*) **can I have a ~?*** puis-je vous dire un mot (en privé)?; **I'll have a ~ with him about it** je lui en toucherai un mot

♦ **to say a word**: **I never said a ~** je n'ai rien dit du tout; **he didn't say a ~ about it** il n'en a pas soufflé mot; **nobody had a good ~ to say about him** personne n'a trouvé la moindre chose à dire en sa faveur

♦ **a word/words of**: **a ~ of advice** un petit conseil; **after these ~s of warning** après cette mise en garde

♦ **in a word** en un mot

♦ **in other words** autrement dit

♦ **in so many words**: **I told him in so many ~s that ...** je lui ai carrément dit que ...; **he didn't say so in so many ~s** ce n'est pas exactement ce qu'il a dit

♦ **word for word** [*repeat*] mot pour mot; [*translate*] mot à mot; [*go over*] mot par mot

ⓑ = **news** nouvelles *(fpl)*; **~ came from headquarters that ...** le quartier général a fait dire que ...; **~ came that ...** on a appris que ...; **to send ~ that ...** faire savoir que ...; **there's no ~ from John yet** on est toujours sans nouvelles de John

ⓒ = **rumour** **the ~ is that he has left** le bruit court qu'il est parti; **if ~ got out about his past, there'd be a scandal** si l'on apprenait certaines choses sur son passé, cela ferait un scandale; **the ~ on the street is ...** le bruit court que ...

(d) = promise, assurance parole (f); **~ of honour** parole (f) d'honneur; **it was his ~ against mine** c'était sa parole contre la mienne; **I give you my ~** je vous donne ma parole; **you have my ~ (of honour)** vous avez ma parole (d'honneur); **he is as good as his ~** on peut le croire sur parole; **he was as good as his ~** il a tenu parole; **I've only got her ~ for it** c'est elle qui le dit, je n'ai aucune preuve; **to hold sb to his ~** contraindre qn à tenir sa promesse; **you'll have to take his ~ for it** il vous faudra le croire sur parole

2 TRANSITIVE VERB
[+ *document, protest*] rédiger; **he had ~ed the letter very carefully** il avait choisi les termes de sa lettre avec le plus grand soin; **a carefully ~ed letter** une lettre aux termes choisis

3 COMPOUNDS
♦ **word association** N association (f) de mots ♦ **word-for-word** ADJ mot pour mot; **a ~-for-~ translation** une traduction mot à mot ♦ **word game** N jeu (m) de lettres ♦ **word order** N ordre (m) des mots ♦ **word-perfect** ADJ **to be ~-perfect in sth** savoir qch sur le bout des doigts ♦ **word processing** N traitement (m) de texte; **~ processing package** logiciel (m) de traitement de texte ♦ **word processor** N traitement (m) de texte

wording /ˈwɜːdɪŋ/ N [*of letter, statement*] formulation (f); [*of official document*] libellé (m); **the ~ of the last sentence is clumsy** la formulation de la dernière phrase est maladroite; **change the ~ slightly** changez quelques mots

wordy /ˈwɜːdɪ/ ADJ [*document*] verbeux

wore /wɔːʳ/ VB *pt of* **wear**

work /wɜːk/

1 NOUN	4 COMPOUNDS
2 INTRANSITIVE VERB	5 PHRASAL VERBS
3 TRANSITIVE VERB	

1 NOUN
(a) gen travail (m); **to start ~** se mettre au travail; **he does his ~ well** il travaille bien; **she put a lot of ~ into it** elle y a consacré beaucoup de travail; **I'm trying to get some ~ done** j'essaie de travailler; **~ has begun on the new bridge** (= *building it*) on a commencé la construction du nouveau pont; **you'll have your ~ cut out for you** vous allez avoir du travail; **office ~** travail (m) de bureau; **good ~!** (= *well done*) bravo!

(b) = employment, place of employment travail (m); **he's looking for ~** il cherche du travail; **to go to ~** aller au travail; **on her way to ~** en allant à son travail; **he is in regular ~** il a un emploi régulier

♦ **at work** (= *at place of work*) au travail

♦ **out of work**: **to be out of ~** être au chômage; **an increase in the numbers out of ~** une augmentation du nombre des demandeurs d'emploi

♦ **off work**: **he's off ~ today** il ne travaille pas aujourd'hui; **he has been off ~ for three days** il est absent depuis trois jours; **I'll have to take time off ~** il va falloir que je prenne un congé

(c) = product œuvre (f); **his life's ~** l'œuvre (f) de sa vie; **it's obviously the ~ of a professional** c'est manifestement un travail de professionnel

(d) Art, Literature, Music œuvre (f); (= *book on specific subject*) ouvrage (m); **the complete ~s of Shakespeare** les œuvres (fpl) complètes de Shakespeare; **~s of fiction** ouvrages (mpl) de fiction

2 INTRANSITIVE VERB

► For **work** + *preposition/adverb combinations see also* phrasal verbs.

(a) gen travailler; **to ~ hard** travailler dur; **he is ~ing at his German** il travaille son allemand; **he ~s in publishing** il travaille dans l'édition

♦ **to work on**: **he ~ed on the car all morning** il a travaillé sur la voiture toute la matinée; **have you solved the prob-** lem? — **we're ~ing on it** avez-vous résolu le problème? — on y travaille; **I've been ~ing on him but haven't yet managed to persuade him** j'ai bien essayé de le convaincre, mais je n'y suis pas encore parvenu

♦ **to work towards sth** œuvrer pour qch; **we are ~ing towards a solution** nous essayons de parvenir à une solution

(b) = function [*machine, car, scheme*] marcher; [*medicine*] agir; **the lift isn't ~ing** l'ascenseur ne marche pas; **it ~s off the mains** ça marche sur (le) secteur; **this may ~ in our favour** ça pourrait jouer en notre faveur

3 TRANSITIVE VERB
(a) = cause to work [+ *person, staff*] faire travailler; [+ *lever, pump*] actionner; [+ *machine*] faire marcher; **I don't know how to ~ the video** je ne sais pas comment faire marcher le magnétoscope

♦ **to work o.s.**: **he ~s himself too hard** il travaille trop

(b) = bring about **to ~ wonders** [*person*] faire des merveilles; [*drug, medicine*] faire merveille

(c) = arrange for* **can you ~ it so she can come too?** pouvez-vous faire en sorte qu'elle vienne aussi?

(d) = manoeuvre **he ~ed his hands free** il est parvenu à libérer ses mains

♦ **to work one's way**: **rescuers are ~ing their way towards the trapped men** les sauveteurs se fraient un passage jusqu'aux hommes qui sont bloqués; **he ~ed his way up from nothing** il est parti de rien; **he ~ed his way up from office boy to managing director** il est devenu PDG après avoir commencé comme garçon de bureau

(e) = shape [+ *metal, wood, dough, clay*] travailler

4 COMPOUNDS
♦ **work area** N coin (m) de travail ♦ **work ethic** N déontologie (f) ♦ **work experience** N expérience (f) professionnelle ♦ **work load** N charge (f) de travail; **his ~ load is too heavy** il a trop de travail ♦ **work of art** N œuvre (f) d'art ♦ **work permit** N permis (m) de travail ♦ **work prospects** NPL [*of student*] perspectives (fpl) ♦ **work station** N poste (m) de travail ♦ **work surface** N plan (m) de travail

5 PHRASAL VERBS
► **work out** **1** VI (a) [*plan, arrangement*] marcher; **it's all ~ing out as planned** tout se déroule comme prévu; **things didn't ~ out (well) for her** les choses ont plutôt mal tourné pour elle; **it will ~ out all right in the end** tout finira par s'arranger

(b) [*amount*] **it ~s out at $50 per child** il faut compter 50 dollars par enfant

(c) (= *exercise*) faire de la musculation

2 VT SEP (= *figure out*) [+ *problem, equation*] résoudre; [+ *total*] trouver; [+ *plan*] mettre au point; **I'll have to ~ it out** (*counting*) il faut que je calcule; **he finally ~ed out why she'd gone** il a fini par comprendre pourquoi elle était partie; **I can't ~ him out*** je n'arrive pas à comprendre comment il fonctionne

► **work through** VT INSEP (= *resolve emotionally*) assumer

► **work up** **1** VI **the book ~s up to a dramatic ending** le roman s'achemine progressivement vers un dénouement spectaculaire; **I thought he was ~ing up to asking me for a divorce** je croyais qu'il préparait le terrain pour demander le divorce

2 VT SEP (a) (= *rouse*) **he ~ed the crowd up into a frenzy** il a déchaîné l'enthousiasme de la foule; **to get ~ed up** s'énerver; **he ~ed himself up into a rage** il s'est mis dans une colère noire

(b) (= *develop*) [+ *trade, business*] développer; **he ~ed this small firm up into a major company** il a réussi à faire de cette petite société une grande entreprise; **I ~ed up an appetite/thirst carrying all those boxes** ça m'a mis en appétit/m'a donné soif de porter toutes ces caisses; **I can't ~ up much enthusiasm for the plan** j'ai du mal à m'enthousiasmer pour ce projet

workable /ˈwɜːkəbl/ ADJ [*solution, agreement*] viable; [*suggestion, plan*] réalisable

workaholic* /ˌwɜːkəˈhɒlɪk/ N bourreau (m) de travail

workbench /ˈwɜːkbentʃ/ N établi (m)

worker /ˈwɜːkəʳ/ N travailleur (m), -euse (f) ; **he's a good ~** il travaille bien ; **he's a fast ~** il travaille vite ; **management and ~s** patronat (m) et ouvriers (mpl) ; **office ~** employé(e) (m(f)) de bureau

workforce /ˈwɜːkfɔːs/ N [of region, country] travailleurs (mpl) ; [of company] personnel (m)

working /ˈwɜːkɪŋ/ 1 ADJ ⓐ (= to do with work) [clothes, lunch] de travail ; [partner, population] actif ; **a ~ day of eight hours** (Brit) une journée de travail de huit heures ; **good ~ environment** bonnes conditions (fpl) de travail ; **during ~ hours** pendant les heures de travail ; **~ life** vie (f) active ; **she spent most of her ~ life abroad** elle a passé la plus grande partie de sa vie active à l'étranger
ⓑ (= operational) **~ hypothesis** hypothèse (f) de travail ; **to have a ~ majority** avoir une majorité suffisante ; **to form a ~ partnership** établir de bons rapports
ⓒ (= functioning) [model] qui marche
2 NPL **workings** (= mechanism) mécanisme (m) ; [of government, organization] rouages (mpl)
3 COMP ♦ **the working class** N la classe ouvrière ♦ **working-class** ADJ [origins, accent] ouvrier ; **he is ~-class** il appartient à la classe ouvrière ♦ **working holiday** N (Brit) vacances mises à profit pour effectuer une activité rémunérée ♦ **working relationship** N **to have a good ~ relationship (with sb)** avoir de bonnes relations de travail (avec qn)

workman /ˈwɜːkmən/ (pl **-men**) N ouvrier (m) ■ (PROV) **a bad ~ blames his tools** les mauvais ouvriers ont toujours de mauvais outils (PROV)

workmanship /ˈwɜːkmənʃɪp/ N [of craftsman] métier (m) ; **this example of his ~** cet exemple de son savoir-faire ; **standard of ~** qualité (f) d'exécution ; **look at the ~ on this table** regarde le travail sur cette table

workmate /ˈwɜːkmeɪt/ N camarade (mf) de travail

workout /ˈwɜːkaʊt/ N séance (f) d'entraînement

workplace /ˈwɜːkpleɪs/ N lieu (m) de travail

works /wɜːks/ N (pl inv) ⓐ (Brit) (= factory) usine (f) ; (= processing plant) installations (fpl) ; **irrigation ~** installations (fpl) d'irrigation ⓑ **the (whole) ~*** (= the lot) tout le tremblement*

worksheet /ˈwɜːkʃiːt/ N feuille (f) d'exercices

workshop /ˈwɜːkʃɒp/ N atelier (m)

workshy /ˈwɜːkʃaɪ/ ADJ fainéant

worktable /ˈwɜːkteɪbl/ N table (f) de travail

worktop /ˈwɜːktɒp/ N plan (m) de travail

world /wɜːld/ 1 N ⓐ monde (m) ; **the most powerful nation in the ~** la nation la plus puissante du monde ; **the English-speaking ~** le monde anglophone ; **it's not the end of the ~** ce n'est pas la fin du monde ; **he lives in a ~ of his own** il vit dans un monde à lui ; **all over the ~** dans le monde entier ; **to go round the ~** faire le tour du monde
♦ **in the world**: **it's the longest bridge in the ~** c'est le pont le plus long du monde ; **what/how in the ~ ...?** que/comment diable* ...? ; **where in the ~ has he got to?** où a-t-il bien pu passer? ; **nowhere in the ~** nulle part au monde ; **I wouldn't do it for anything in the ~** je ne le ferais pour rien au monde ; **to be alone in the ~** être seul au monde
ⓑ (emphatic phrases) **there's a ~ of difference between Paul and Richard** il y a un monde entre Paul et Richard ; **it did him the ~ of good** ça lui a fait énormément de bien ; **she means the ~ to him** elle est tout pour lui ; **she thinks the ~ of him** elle ne jure que par lui ; **I'm the ~'s worst cook** il n'y a pas pire cuisinier que moi
♦ **out of this world*** extraordinaire
ⓒ (= this life) monde (m) ; **the next ~** l'au-delà (m), l'autre monde (m) ; **he's not long for this ~** il n'en a plus pour longtemps (à vivre) ; **to bring a child into the ~** mettre un enfant au monde ; **to come into the ~** venir au monde
ⓓ (= domain, environment) monde (m) ; **in the ~ of music** dans le monde de la musique ; **the ~ of nature** la nature ;

the business/sporting ~ le monde des affaires/du sport ; **in an ideal ~** dans un monde idéal
ⓔ (= society) monde (m) ; **the Rockefellers of this ~** des gens comme les Rockefeller ; **he had the ~ at his feet** il avait le monde à ses pieds ; **he has come down in the ~** il a connu des jours meilleurs ; **to go up in the ~** faire du chemin (fig)
2 COMP ♦ **the World Bank** N la Banque mondiale ♦ **world champion** N (Sport) champion(ne) (m(f)) du monde ♦ **world championship** N championnat (m) du monde ♦ **world-class** ADJ [player, team] de niveau international ♦ **World Cup** N (Football) Coupe (f) du monde ♦ **World Fair** N Exposition (f) internationale ♦ **world-famous** ADJ célèbre dans le monde entier ♦ **the World Health Organization** N l'Organisation (f) mondiale de la santé ♦ **World Heritage Site** N site (m) inscrit sur la liste du patrimoine mondial ♦ **world leader** N (in politics, commerce) leader (m) mondial ♦ **world power** N puissance (f) mondiale ♦ **world record** N record (m) du monde ♦ **world scale** N **on a ~ scale** à l'échelle mondiale ♦ **the World Service** N (Brit) service international de la BBC ♦ **World title** N (Sport) titre (m) de champion du monde ; **the World title fight** (Boxing) le championnat du monde ♦ **the World Trade Organization** N l'Organisation (f) mondiale du commerce ♦ **World War One** N la Première Guerre mondiale ♦ **World War Two** N la Deuxième Guerre mondiale ♦ **world-wide** ADJ mondial ♦ ADV [be known] mondialement ; [travel] partout dans le monde ♦ **the World Wide Web** N le Web

worldly /ˈwɜːldlɪ/ 1 ADJ ⓐ (= earthly) [pleasures] de ce monde ; **his ~ goods** ses biens (mpl) temporels ⓑ (= materialistic) [person, attitude] matérialiste 2 COMP ♦ **worldly-wise** ADJ **she's very worldy-wise for her age** elle est très délurée pour son âge

worm /wɜːm/ 1 N (= earthworm) ver (m) (de terre) ; (in fruit) ver (m) ; (= maggot) asticot (m) ; **to have ~s** avoir des vers 2 VT ⓐ (= wriggle) **to have ~ed his way into our group** il s'est immiscé dans notre groupe ; **to ~ one's way into sb's affections** gagner insidieusement l'affection de qn ⓑ (= rid of worms) [+ dog, cat, person] soigner contre les vers

worn /wɔːn/ 1 VB ptp of **wear** 2 ADJ [garment, carpet, tyre] usé 3 COMP ♦ **worn-out** ADJ [person] épuisé

worried /ˈwʌrɪd/ ADJ inquiet (-ète (f)) ; **she is ~ about her future** elle s'inquiète pour son avenir ; **I'm ~ about her health** je suis inquiet pour sa santé ; **I was ~ that he would find out the truth** j'avais peur qu'il découvre (subj) la vérité ; **~ sick** fou d'inquiétude

worrier /ˈwʌrɪəʳ/ N anxieux (m), -euse (f)

worry /ˈwʌrɪ/ 1 N souci (m) ; **we were sick with ~** nous étions morts d'inquiétude ; **that's the least of my worries** c'est le dernier de mes soucis
2 VI se faire du souci, s'inquiéter (**about, over** au sujet de, pour) ; **don't ~ about me** ne vous inquiétez pas pour moi ; **she worries about her health** sa santé la tracasse ; **I've got enough to ~ about without that** j'ai déjà assez de soucis (comme ça) ; **not to ~!** ce n'est pas grave !
3 VT (= make anxious) inquiéter ; **it worries me that he should believe ...** cela m'inquiète qu'il puisse croire ... ; **she worried herself sick over it all** elle s'est rendue malade à force de se faire du souci pour tout ça

worrying /ˈwʌrɪɪŋ/ 1 ADJ inquiétant 2 N **does no good** ça ne sert à rien de se faire du souci ; **all this ~ has aged him** tout le souci qu'il s'est fait l'a vieilli

worse /wɜːs/ 1 ADJ compar of **bad** and **ill** ⓐ (in quality) [news, weather, smell, result] plus mauvais (**than** que), pire (**than** que) ; **his essay is bad but yours is ~** sa dissertation est mauvaise mais la vôtre est pire ; **I'm bad at English, but ~ at maths** je suis mauvais en anglais et pire en maths ; **business is ~ than ever** les affaires vont plus mal que jamais ; **things could be ~!** ça pourrait être pire ! ; **things couldn't be ~** ça ne pourrait pas aller plus mal ; **there are ~ things than being unemployed** il y a pire que d'être au chômage ; **it looks ~ than it is** ça n'est pas aussi grave que ça en a l'air ; **~ luck!*** hélas ! ; **and, what's ~, ...** et, qui pis est ...; **to get ~** [*conditions*] empirer; [*weather*] se dégrader; **that would just make matters ~** cela ne ferait qu'aggraver les choses; **he made matters ~ (for himself) by refusing** il a aggravé son cas en refusant; **and, to make matters ~, he ...** et pour ne rien arranger, il ...

♦ **the worse for sth**: **he's none the ~ for his fall** sa chute ne lui a pas fait trop de mal; **to be the ~ for drink** (= *drunk*) être ivre; **he was looking somewhat the ~ for wear*** il n'était pas très frais

♦ **the worse of**: **I won't think any the ~ of you for it** tu ne baisseras pas pour autant dans mon estime

ⓑ (*in behaviour*) pire; **you're ~ than he is!** tu es pire que lui!; **he is getting ~** il ne s'améliore pas

ⓒ (*in health*) **to be ~** aller plus mal; **to feel ~** se sentir plus mal

ⓓ (= *more harmful*) **smoking is ~ for you than cholesterol** le tabac est plus mauvais pour la santé que le cholesterol

2 ADV *compar of* **badly** *and* **ill** ⓐ (*in quality, behaviour*) [*sing, play*] plus mal; **he did it ~ than you did** il l'a fait plus mal que toi; **you could do ~** vous pourriez faire pire; **you could do ~ than to accept** accepter n'est pas ce que vous pourriez faire de pire; **and, ~, ...** et, qui pis est, ...; **now I'm ~ off than before** maintenant, je suis moins bien loti qu'avant

♦ **the worse of**: **I won't think any the ~ of you for it** tu ne baisseras pas pour autant dans mon estime

ⓑ (= *more intensely*) **it hurts ~ than ever** ça fait plus mal que jamais; **the ~ hit areas** les régions (*fpl*) les plus touchées

3 N pire (*m*); **I have ~ to tell you** il y a pire encore; **there's ~ to come** le pire est à venir

worsen /'wɜːsn/ VI empirer

worship /'wɜːʃɪp/ **1** N ⓐ (*of God, money, person*) culte (*m*); **place of ~** lieu (*m*) de culte; (*Christian*) église (*f*) ⓑ (*Brit: in titles*) **Your Worship** (*to magistrate*) Monsieur le Juge **2** VT [+ *God, idol*] rendre un culte à; [+ *money*] avoir le culte de; **he ~ped the ground she walked on** il vénérait jusqu'au sol qu'elle foulait; **she had ~ped him for years** elle avait été en adoration devant lui pendant des années

worst /wɜːst/ **1** ADJ (*superl of* **bad** *and* **ill**) **the ~ ...** le (*or* la) plus mauvais(e) ..., le (*or* la) pire ...; **the ~ film I've ever seen** le plus mauvais film que j'aie jamais vu; **the ~ thing about living on your own is ...** ce qu'il y a de pire quand on vit seul, c'est ...; **come on, what's the ~ thing that could happen?** allons, on a vu pire!; **of all the children, he's (the) ~** de tous les enfants, c'est le pire; **it was the ~ winter for 20 years** c'était l'hiver le plus rude depuis 20 ans; **that was his ~ mistake** cela a été son erreur la plus grave

2 ADV (*superl of* **badly** *and* **ill**) le plus mal; **he came off ~** c'est lui qui s'en est le plus mal sorti; **~ of all, ...** pire que tout, ...; **it's my leg that hurts ~ of all** c'est ma jambe qui me fait le plus mal; **the ~-dressed man in England** l'homme (*m*) le plus mal habillé d'Angleterre; **the ~ hit areas** les régions les plus touchées

3 N pire (*m*); **the ~ that can happen** la pire chose qui puisse arriver; **the ~ is yet to come** on n'a pas encore vu le pire; **if the ~ comes to the ~** (*Brit*) *or* **if ~ comes to ~** (*US*) en mettant les choses au pire; **to be at its (or their) ~** [*crisis, epidemic*] être à son (*or* leur) paroxysme; [*conditions*] n'avoir jamais été aussi mauvais; **at the ~ of the epidemic** au plus fort de l'épidémie; **the ~ of it is that ...** le pire c'est que ...; **... and that's not the ~ of it!** ... et il y a pire encore!; **that's the ~ of being ...** c'est l'inconvénient d'être ...; **it brings out the ~ in me** ça réveille en moi les pires instincts; **he feared the ~** il craignait le pire

4 COMP ♦ **worst-case** ADJ [*hypothesis, projection, guess*] le (*or* la) plus pessimiste; **the ~-case scenario** le pire qui puisse arriver

worth /wɜːθ/ **1** ADJ ⓐ (= *equal in value to*) **to be ~** valoir; **the book is ~ $10** ce livre vaut 10 dollars; **it can't be ~ that!** ça ne peut pas valoir autant!; **what** *or* **how much is it ~?** ça vaut combien?; **he's ~ millions** sa fortune s'élève à plusieurs millions; **it's ~ a great deal to me** ça a beaucoup

de valeur pour moi; **it's not ~ the paper it's written on** ça ne vaut pas le papier sur lequel c'est écrit; **I'll give you my opinion for what it's ~** je vais vous donner mon avis, pour ce qu'il vaut

ⓑ (= *deserving, meriting*) **it's ~ the effort** ça mérite qu'on fasse l'effort; **it was well ~ the trouble** ça valait la peine; **it's not ~ the time and effort involved** c'est une perte de temps et d'effort; **it's ~ reading** ça vaut la peine d'être lu; **that's ~ knowing** c'est bon à savoir; **the museum is ~ a visit** le musée vaut la visite; **it would be ~ (your) while to go and see him** vous gagneriez à aller le voir; **it's not ~ (my) while waiting for him** ça ne vaut pas le coup que je l'attende; **it wasn't ~ his while to take the job** il ne gagnait rien à accepter l'emploi; **I'll make it ~ your while*** vous ne regretterez pas de l'avoir fait ■ (*PROV*) **if a job's ~ doing, it's ~ doing well** si un travail vaut la peine d'être fait, autant le faire bien

2 N ⓐ (= *value*) valeur (*f*); **what is its ~ in today's money?** ça vaut combien en argent d'aujourd'hui?; **I know his ~** je sais ce qu'il vaut

ⓑ (= *quantity*) **he bought £2 ~ of sweets** il a acheté pour 2 livres de bonbons

worthless /'wɜːθlɪs/ ADJ [*object*] sans valeur; [*person*] bon à rien

worthwhile /wɜːθ'waɪl/ ADJ [*job*] utile; [*cause*] louable; **he is a ~ person to go and see** c'est une personne qu'on gagne à aller voir

worthy /'wɜːðɪ/ ADJ (= *deserving, meritorious*) [*person*] méritant; [*motive, effort*] louable; **it's for a ~ cause** c'est pour une bonne cause; **to be ~ of sb/sth** être digne de qn/qch; **it is ~ of note that ...** il est intéressant de remarquer que ...

would /wʊd/ **1** MODAL VERB
ⓐ

► When **would** *is used to form the conditional, the French conditional is used.*

he ~ do it if you asked him il le ferait si vous le lui demandiez; **I wouldn't worry, if I were you** à ta place, je ne m'inquiéterais pas; **I thought you'd want to know** j'ai pensé que vous aimeriez le savoir; **I wouldn't have a vase like that in my house** je ne voudrais pas d'un vase comme cela chez moi!; **I ~ never marry in church** jamais je ne me marierais à l'église; **to my surprise, he agreed — I never thought he ~** à ma grande surprise, il a accepté — je ne l'aurais jamais pensé

♦ **would have**: **he ~ have done it if you had asked him** il l'aurait fait si vous le lui aviez demandé; **who ~ have thought it?** qui l'aurait pensé?

ⓑ (*indicating willingness*) **I said I ~ do it** j'ai dit que je le ferais; **I said I'd go, so I'm going** j'ai dit que j'irais, alors j'y vais; **I said I'd go, so I went** j'avais dit que j'irais, alors j'y suis allé

► When **if you would** *means* **if you were willing to***, it is translated by the imperfect of* **vouloir***.*

if you ~ come with me, I'd go to see him si vous vouliez bien m'accompagner, j'irais le voir; **if you ~ just listen** si vous vouliez bien écouter

► When **wouldn't** *refers to the past, it is translated by the perfect or imperfect of* **vouloir***.*

he wouldn't help me il n'a pas voulu m'aider; **the car wouldn't start** la voiture ne voulait pas démarrer

♦ **would you** (*in requests*) **~ you wait here please!** attendez ici s'il vous plaît!; **~ you close the window please** voulez-vous fermer la fenêtre, s'il vous plaît

♦ **would you like** (= *do you want*) **~ you like some tea?** voulez-vous du thé?; **~ you like to go for a walk?** est-ce que vous aimeriez faire une promenade?

ⓒ (*past*) **he ~ always read the paper before dinner** il lisait toujours le journal avant le dîner; **50 years ago the streets ~ be empty on Sundays** il y a 50 ans, les rues étaient vides le dimanche; **I saw him come out of the shop — when ~ this be?** je l'ai vu sortir du magasin — quand?

ⓓ (*inevitability*) **you ~ go and tell her!** évidemment tu es allé le lui dire!; **it ~ have to rain!** évidemment il fallait qu'il pleuve!

ⓔ (*conjecture*) **it ~ have been about 8 o'clock when he came** il devait être 8 heures à peu près quand il est venu

2 COMPOUND ♦ **would-be** ADJ **~-be actor** aspirant(e) acteur *or* actrice

wouldn't /'wʊdnt/ (ABBR = **would not**) → **would**

wound¹ /wu:nd/ 1 N blessure *(f)*; **bullet/knife ~** blessure *(f)* causée par une balle/un couteau; **he had three bullet ~s in his leg** il avait reçu trois balles dans la jambe; **to re-open old ~s** rouvrir de vieilles plaies 2 VT blesser; **he was ~ed in the leg** il était blessé à la jambe; **he had been ~ed in combat** il avait été blessé au combat; **the bullet ~ed him in the shoulder** la balle l'a atteint à l'épaule

wound² /waʊnd/ VB *pt, ptp* of **wind**

wounded /'wu:ndɪd/ ADJ [*person, pride, feelings*] blessé; **there were six dead and fifteen ~** il y a eu six morts et quinze blessés

wove /wəʊv/ VB *pt* of **weave**

woven /'wəʊvən/ VB *ptp* of **weave**

wow /waʊ/ EXCL hou là!

WPC /ˌdʌblju:pi:'si:/ N (*Brit*) ABBR = **Woman Police Constable**

wrangle /'ræŋgl/ N querelle *(f)*

wrap /ræp/ 1 VT (= *cover*) envelopper (**in** dans); [+ *parcel, gift*] emballer (**in** dans); [+ *tape, bandage*] enrouler (**round** autour de); **shall I ~ it for you?** (*in gift shop*) c'est pour offrir?; **she ~ped the child in a blanket** elle a enveloppé l'enfant dans une couverture; **~ the rug round your legs** enroulez la couverture autour de vos jambes 2 N ⓐ (= *shawl*) châle *(m)* ⓑ **to keep a scheme under ~s** ne pas dévoiler un projet

▶ **wrap up** 1 VI ⓐ (= *dress warmly*) s'emmitoufler; **~ up well!** couvrez-vous bien! 2 VT SEP [+ *object*] envelopper; [+ *parcel*] emballer; [+ *child, person*] (*in rug*) envelopper

wrapper /'ræpəʳ/ N [*of sweet, chocolate bar*] papier *(m)*

wrapping paper /'ræpɪŋ,peɪpəʳ/ N (= *brown paper*) papier *(m)* d'emballage; (= *decorated paper*) papier *(m)* cadeau

wreak /ri:k/ VT **to ~ havoc** causer des ravages; **~ing destruction along the way** détruisant tout sur son passage

wreath /ri:θ/ N (*pl* **wreaths** /ri:ðz/) (*also* **funeral ~**) couronne *(f)*

wreck /rek/ 1 N ⓐ (= *wrecked ship*) épave *(f)*; (= *act, event*) naufrage *(m)*; (= *wrecked train/plane/car*) train *(m)*/avion *(m)*/voiture *(f)* accidenté(e), accident *(m)* ⓑ (= *accident*) accident *(m)* ⓒ (= *person*) épave *(f)*; **he looks ~** on dirait une loque 2 VT [+ *ship*] provoquer le naufrage de; [+ *train, plane, car*] [*bomb*] détruire; [+ *marriage*] briser; [+ *plans*] ruiner; **it ~ed my life** cela a brisé ma vie

wreckage /'rekɪdʒ/ N (= *wrecked ship, car, plane*) épave *(f)*; (= *pieces from this*) débris *(mpl)*; **~ was strewn over several kilometres** les débris étaient disséminés sur plusieurs kilomètres

wrench /rentʃ/ 1 N ⓐ (= *tug*) mouvement *(m)* violent de torsion; **it was a ~ when she saw him leave** cela a été un déchirement quand elle l'a vu partir ⓑ (= *tool*) clé *(f)* plate 2 VT **he ~ed the bag out of my hands** il m'a arraché le sac des mains; **if you can ~ yourself away from the TV** si tu peux te décoller* de la télé

wrestle /'resl/ 1 VI lutter (corps à corps) (**with sb** contre qn); (*Sport*) catcher (**with sb** contre qn); **to ~ with** [+ *problem, one's conscience, sums*] se débattre avec 2 VT [+ *opponent*] lutter contre

wrestler /'resləʳ/ N (*Sport*) catcheur *(m)*, -euse *(f)*

wrestling /'reslɪŋ/ N (*Sport*) catch *(m)* ♦ **wrestling match** N match *(m)* de catch

wretch /retʃ/ N (*unfortunate*) pauvre diable *(m)*

wretched /'retʃɪd/ ADJ ⓐ [*life, conditions*] misérable ⓑ (*expressing annoyance*)* fichu*; **where did I put my ~ keys?** où ai-je mis mes fichues* clés?

wriggle /'rɪgl/ 1 VI [*worm, snake, eel*] se tortiller; [*fish*] frétiller; [*person*] gigoter*; **she managed to ~ free** elle a réussi à se dégager en se contorsionnant; **do stop wriggling (about)!** arrête de gigoter* comme ça! 2 VT **to ~ one's toes/fingers** remuer les orteils/les doigts

▶ **wriggle out** VI **to ~ out of doing sth** se dérober pour ne pas faire qch; **he'll manage to ~ out of it somehow** il trouvera un bon moyen de se défiler

wring /rɪŋ/ (*vb: pret, ptp* **wrung**) VT (= *squeeze, twist*) tordre; **if I catch you doing that, I'll ~ your neck!*** si je te prends à faire ça, je te tords le cou!*; **to ~ one's hands** se tordre les mains (de désespoir)

▶ **wring out** VT SEP [+ *wet clothes*] essorer

wringing /'rɪŋɪŋ/ ADJ (= *wet*) [*garment, person*] trempé

wrinkle /'rɪŋkl/ 1 N (*on skin, fruit*) ride *(f)*; (*in cloth*) pli *(m)* 2 VI [*nose*] se plisser

wrinkled /'rɪŋkld/ ADJ [*person, skin*] ridé; [*apple*] ratatiné; [*shirt, skirt*] qui fait des plis

wrist /rɪst/ 1 N poignet *(m)* 2 COMP ♦ **wrist-rest** N repose-poignets *(m)*

writ /rɪt/ N acte *(m)* judiciaire; **to issue a ~ against sb** assigner qn (en justice)

write /raɪt/ (*pret* **wrote**, *ptp* **written**) 1 VT écrire; [+ *list, cheque*] faire; [+ *prescription*] rédiger; **can you ~ me when you get there?** (*US*) tu peux m'écrire quand tu seras arrivé?

2 VI écrire; **he can read and ~** il sait lire et écrire; **~ on both sides of the paper** écrivez des deux côtés de la feuille; **he ~s for a living** il est écrivain de métier; **he ~s on foreign policy for "The Guardian"** il écrit des articles de politique étrangère dans le «Guardian»; **he wrote to tell us that ...** il (nous) a écrit pour nous dire que ...

▶ **write away** VI (= *send off*) écrire (**to** à); **to ~ away for** [+ *information, application form, details*] écrire pour demander

▶ **write down** VT SEP écrire; (= *note*) noter; **~ all your ideas down and send them to me** mettez toutes vos idées par écrit et envoyez-les-moi

▶ **write off** VT SEP [+ *debt*] annuler; **I've written off the whole thing as a dead loss** j'en ai fait mon deuil*; **they had written off all the passengers (as dead)** ils pensaient que tous les passagers étaient morts; **he wrote his car off*** **in the accident** il a complètement bousillé* sa voiture dans l'accident

▶ **write out** VT SEP ⓐ [+ *one's name and address*] écrire; [+ *list*] établir ⓑ (= *copy*) [+ *notes, essay*] mettre au propre

▶ **write up** VT SEP [+ *notes, diary*] mettre à jour; (= *write report on*) [+ *happenings, developments*] faire un compte rendu de; **he wrote up his visit in a report** il a rendu compte de sa visite dans un rapport; **she wrote it up for the local paper** elle en a fait le compte rendu pour le journal local

write-off /'raɪtɒf/ N **to be a ~** [*car*] être irréparable; **the afternoon was a ~** l'après-midi n'a été qu'une perte de temps

writer /'raɪtəʳ/ N [*of letter, book*] auteur *(m)*; (*as profession*) écrivain *(m)*

write-up /'raɪtʌp/ N description *(f)*; **there's a ~ about it in today's paper** il y a un compte rendu là-dessus dans le journal d'aujourd'hui; **the play got a good ~** la pièce a eu de bonnes critiques

writhe /raɪð/ VI se tordre

writing /'raɪtɪŋ/ 1 N ⓐ (= *handwriting, sth written*) écriture *(f)*; **there was some ~ on the page** il y avait quelque chose d'écrit sur la page; **I can't read your ~** je n'arrive pas à déchiffrer votre écriture; **he devoted his life to ~** il a consacré sa vie à l'écriture

♦ **in writing** par écrit; **to put sth in ~** mettre qch par écrit ⓑ (= *output of writer*) écrits *(mpl)*; **there is in his ~ evidence of a desire to ...** on trouve dans ses écrits la manifestation d'un désir de ... ⓒ (= *act*) **he's learning reading and ~** il apprend à lire et à écrire

2 COMP ♦ **writing pad** N bloc *(m)* de papier à lettres ♦ **writing paper** N papier *(m)* à lettres

written /'rɪtn/ 1 VB ptp of **write** 2 ADJ [test, constitution] écrit; [confirmation] par écrit; **her ~ English is excellent** son anglais est excellent à l'écrit

---

wrong /rɒŋ/

1 ADJECTIVE	3 NOUN
2 ADVERB	

1 ADJECTIVE

ⓐ = incorrect [guess] erroné; [answer, sum] faux (fausse (f)); **the letter has the ~ date on it** ils se sont trompés de date sur la lettre; **I'm in the ~ job** je ne suis pas fait pour ce travail; **that's the ~ kind of plug** ce n'est pas la prise qu'il faut; **you've picked the ~ man if you want someone to mend a fuse** vous tombez mal si vous voulez quelqu'un qui puisse réparer un fusible; **you've put it back in the ~ place** vous ne l'avez pas remis à la bonne place; **to say the ~ thing** dire ce qu'il ne faut pas dire; **he told me the ~ time** il ne m'a pas donné la bonne heure; **he got on the ~ train** il s'est trompé de train

♦ **to be wrong** se tromper; **I was ~ about him** je me suis trompé sur son compte; **my watch is ~** ma montre n'est pas à l'heure; **you are ~ to think that** tu as tort de penser cela

♦ **to get sth/sb wrong**: **you've got your facts ~** ce que vous avancez est faux; **he got the figures ~** il s'est trompé dans les chiffres; **he got all his sums ~** toutes ses opérations étaient fausses; **you've got it all ~***(= misunderstood) vous n'avez rien compris; **don't get me ~*** comprends-moi bien

ⓑ = bad mal (inv); (= unfair) injuste; **it is ~ to lie** c'est mal de mentir; **it was ~ of you to hit him** tu as eu tort de le frapper

ⓒ = exceptionable **there's nothing ~ with hoping that ...** il n'y a pas de mal à espérer que ...; **there's nothing ~ with (doing) that** il n'y a rien de mal à (faire) cela

ⓓ = amiss **something's ~ (with it)** il y a quelque chose qui ne va pas; **there's something ~ with him** il y a quelque chose qui ne va pas chez lui; **something's ~ with my watch** ma montre ne marche pas comme il faut; **something was very ~** quelque chose n'allait vraiment pas; **there's nothing ~ with it** [+ plan] c'est tout à fait valable; [+ machine, car] ça marche très bien; **there's nothing ~ with him** il va très bien

♦ **what's wrong?** qu'est-ce qui ne va pas?; **what's ~ with you?** qu'est-ce que tu as?; **what's ~ with your arm?** qu'est-ce que vous avez au bras?; **what's ~ with the car?** qu'est-ce qu'elle a, la voiture?

2 ADVERB

[answer, guess] mal; **you're doing it all ~** vous vous y prenez mal; **you've spelt it ~** vous l'avez mal écrit; **you thought ~** tu t'es trompé; **how ~ can you get!*** comme on peut se tromper!

♦ **to go wrong** (in calculations, negotiations) faire une erreur; [plan] mal tourner; **you can't go ~** (in directions) vous ne pouvez pas vous tromper; (in choice of job, car) (de toute façon) c'est un bon choix; **nothing can go ~ now** tout va marcher comme sur des roulettes maintenant; **everything went ~ that day** tout est allé de travers ce jour-là

3 NOUN

ⓐ = evil mal (m); **to do ~** mal agir; **he can do no ~ in her eyes** tout ce qu'il fait est bien à ses yeux

ⓑ = injustice injustice (f); **to right a ~** réparer une injustice ■ (PROV) **two ~s don't make a right** on ne répare pas une injustice par une autre injustice

ⓒ ♦ **in the wrong**: **to be in the ~** avoir tort; **to put sb in the ~** mettre qn dans son tort

---

wrongful arrest /,rɒnfʊlə'rest/ N arrestation (f) arbitraire

wrongful dismissal /,rɒnfʊldɪs'mɪsəl/ N licenciement (m) abusif

wrongly /'rɒŋlɪ/ ADV [answer, guess, translate] mal; [spell] incorrectement; [believe, accuse, imprison] à tort; **~ accused of murder** accusé à tort de meurtre

wrote /rəʊt/ VB pt of **write**

wrought iron /,rɔːt'aɪən/ N fer (m) forgé ♦ **wrought-iron** ADJ [gate] en fer forgé

WRVS /,dʌbljuːɑːviː'es/ N (Brit) (ABBR = **Women's Royal Voluntary Service**) service d'auxiliaires bénévoles au service de la collectivité

wry /raɪ/ ADJ [person, smile, remark] ironique

WV ABBR = **West Virginia**

WWI ABBR = **World War One**

WWII ABBR = **World War Two**

WWW N (ABBR = **World Wide Web**) **the ~** le Web

WY ABBR = **Wyoming**

X

xenophobe /ˈzenəfəʊb/ ADJ, N xénophobe *(mf)*

xenophobic /ˌzenəˈfəʊbɪk/ ADJ xénophobe

Xerox ® /ˈzɪərɒks/ VT **to ~ sth** faire une photocopie de qch

XL /ˌekˈsel/ (ABBR = **extra large**) XL

Xmas /ˈeksməs, ˈkrɪsməs/ N ABBR = **Christmas**

X-ray /ˈeks,reɪ/ **1** N (= *photograph*) radiographie *(f)*; **to have an ~** se faire faire une radio* **2** VT **to ~ sth** faire une radio de qch*

xylophone /ˈzaɪləfəʊn/ N xylophone *(m)*

y

Y2K /ˌwaɪtuːˈkeɪ/ (ABBR = **Year 2000**) an *(m)* 2000

yacht /jɒt/ **1** N (*motorboat*) yacht *(m)*; (*with sails*) voilier *(m)* **2** VI **to go ~ing** faire de la navigation de plaisance **3** COMP ♦ **yacht race** N course *(f)* à la voile

yachting /ˈjɒtɪŋ/ N navigation *(f)* de plaisance

yachtsman /ˈjɒtsmən/ N (*pl* **-men**) (*in race, professional*) navigateur *(m)*

Yale ® /jeɪl/ N (= *Yale lock*) serrure *(f)* à cylindre

yam /jæm/ N ⓐ (= *plant, tuber*) igname *(f)* ⓑ (*US = sweet potato*) patate *(f)* douce

Yank /jæŋk/ N Amerloque✽ *(mf)*

yank /jæŋk/ VT tirer d'un coup sec

yap /jæp/ (*pej*) VI [*dog*] japper

yard /jɑːd/ N ⓐ yard *(m)* (91,44 cm), ≈ mètre *(m)*; **20 ~s away (from us)** à une vingtaine de mètres (de nous); **to buy cloth by the ~** ≈ acheter de l'étoffe au mètre ⓑ [*of farm, school*] cour *(f)* ⓒ **builder's ~** chantier *(m)* de construction ⓓ (*US = garden*) jardin *(m)*

yardstick /ˈjɑːdstɪk/ N (*fig*) élément *(m)* de comparaison

yarn /jɑːn/ N fil *(m)*

yawn /jɔːn/ VI [*person*] bâiller

yeah /jeə/ PARTICLE ouais✽

year /jɪəʳ/ N ⓐ an *(m)*, année *(f)*; **next ~** l'an *(m)* prochain, l'année *(f)* prochaine; **last ~** l'an *(m)* dernier, l'année *(f)* dernière; **this ~** cette année; **a ~ ago last January** il y a eu un an au mois de janvier; **a ~ in January** il y aura un an en janvier (prochain); **he earns $15,000 a ~** il gagne 15 000 dollars par an; **three times a ~** trois fois par an; **all the ~ round** toute l'année; **~ in, ~ out** année après année; **every ~** tous les ans, chaque année; **every other ~** tous les deux ans; **~ on** (+ *noun*) annuel; (+ *verb*) annuellement, chaque année; **I haven't laughed so much in ~s** ça fait des années que je n'ai pas autant ri; **in the ~ two thousand** en l'an deux mille; **sentenced to 15 ~s' imprisonment** condamné à 15 ans de prison; **financial ~** exercice *(m)* financier
ⓑ (*age*) **he is six ~s old** il a six ans; **in his fortieth ~** dans sa quarantième année; **he looks old for his ~s** il fait plus vieux que son âge; **to get on in ~s** prendre de l'âge; **it's put ~s on me!** cela m'a vieilli de vingt ans!; **changing your hairstyle can take ten ~s off you** changer de coiffure peut vous rajeunir de dix ans; **I feel ten ~s younger** j'ai l'impression d'avoir rajeuni de dix ans
ⓒ (*at school, university*) année *(f)*; **he is first in his ~** il est le premier de son année; **she was in my ~ at school** elle était de mon année au lycée; **he's in second ~** (*Univ*) il est en deuxième année; (*secondary school*) ≈ il est en cinquième

yearly /ˈjɪəlɪ/ **1** ADJ annuel **2** ADV (= *every year*) chaque année; **twice ~** deux fois par an

yearn /jɜːn/ VI (= *feel longing*) aspirer (**for** à); **to ~ for home** avoir la nostalgie du pays

yearning /ˈjɜːnɪŋ/ N envie *(f)* (**for** de, **to do sth** de faire qch)

yeast /jiːst/ N levure *(f)* ♦ **yeast infection** N candidose *(f)*

yell /jel/ **1** N hurlement *(m)*; **to let out a ~** pousser un hurlement **2** VI hurler (**with** de); **to ~ at sb** crier après qn **3** VT hurler; **"stop it!", he ~ed** « arrête ! » hurla-t-il

yellow /ˈjeləʊ/ ADJ (*in colour*) jaune ♦ **yellow card** N carton *(m)* jaune ♦ **yellow fever** N fièvre *(f)* jaune ♦ **yellow jersey** N maillot *(m)* jaune ♦ **yellow line** N ligne *(f)* jaune; **double ~ lines** bandes jaunes indiquant l'interdiction de stationner ♦ **Yellow Pages** ® NPL pages *(fpl)* jaunes

yelp /jelp/ **1** N [*of dog*] jappement *(m)* **2** VI japper

Yemen /ˈjemən/ N Yémen *(m)*; **North/South ~** Yémen *(m)* du Nord/Sud

Yemeni /ˈjemənɪ/ **1** ADJ yéménite **2** N Yéménite *(mf)*

yen /jen/ N (*pl inv* = *money*) yen *(m)*

yes /jes/ PARTICLE (*answering affirmative question*) oui; (*answering negative question*) si; **do you want some? — ~!** en voulez-vous ? — oui !; **don't you want any? — ~ (I do)!** vous n'en voulez pas ? — (mais) si !; **to say ~** dire oui ; **~ of course** mais oui ♦ **yes man**✽ (*pl* **yes men**) béni-oui-oui✽ *(m inv)*; **he's a ~ man** il dit amen à tout

yesterday /ˈjestədeɪ/ **1** ADV hier; **all day ~** toute la journée d'hier; **late ~** hier dans la soirée; **when do you need it by? — ~!** il vous le faut pour quand ? — hier !

2 N hier *(m)*; **~ was the second** c'était hier le deux; **~ was Friday** c'était hier vendredi; **~ was a bad day for him** la journée d'hier s'est mal passée pour lui; **where's ~'s newspaper?** où est le journal d'hier ?; **the great men of ~** les grands hommes du passé

♦ **the day before yesterday** avant-hier

3 COMP ♦ **yesterday afternoon** ADV hier après-midi ♦ **yesterday evening** ADV hier soir ♦ **yesterday morning** ADV hier matin

yet /jet/ **1** ADV ⓐ (= *by this time: with negative*) **not ~** pas encore; **they haven't returned ~** ils ne sont pas encore de retour; **we haven't come to a decision ~** nous ne sommes pas encore parvenus à une décision; **are you coming? — not just ~** est-ce que vous venez ? — pas tout de suite; **you ain't seen nothing ~**✽ vous n'avez encore rien vu

♦ **as yet**: **no one has come as ~** personne n'est encore arrivé

ⓑ (= *already: in questions*) déjà; **have you had your lunch ~?** avez-vous déjà déjeuné ?

ⓒ (= *so far: with superlative*) jusqu'ici; **she's the best teacher we've had ~** c'est le meilleur professeur que nous ayons eu jusqu'ici

ⓓ (= *still*) encore; **he may ~ come** il peut encore venir; **we'll make a footballer of you ~** nous finirons pas faire un footballeur de toi; **there is hope for me ~** tout n'est pas perdu pour moi; **I have ~ to see one** je n'en ai encore jamais vu

ⓔ (= *from now*) **we've got ages ~** nous avons encore plein de temps; **it'll be ages ~ before she's ready** il va encore lui falloir des heures pour se préparer; **it won't be dark for half an hour ~** il ne fera pas nuit avant une demi-heure; **not for some time ~** pas avant un certain temps

ⓕ (= *even: with comparative*) **~ more people** encore plus de gens; **she was ~ another victim of racism** c'était une nouvelle victime du racisme

♦ **yet again** une fois de plus

2 CONJ (= *however*) pourtant; (= *nevertheless*) toutefois; **(and) ~ everyone liked her** (et) pourtant tout le monde l'aimait; **(and) ~ I like the house** (et) pourtant j'aime bien la maison

Y-fronts ® /ˈwaɪfrʌnts/ NPL (*Brit*) slip (*m*) (*ouvert devant*)

YHA /ˌwaɪeɪtʃˈeɪ/ N (*Brit*) (ABBR = **Youth Hostels Association**) *auberges de jeunesse du pays de Galles et d'Angleterre*

yield /jiːld/ 1 N **~ per year** rendement (*m*) à l'année; **the ~ of this land is ...** ce terrain produit ... 2 VT ⓐ (= *produce*) [*mine, oil well, farm, field*] produire; **to ~ a profit** rapporter; **shares ~ing 10%** actions (*fpl*) qui rapportent 10% ⓑ (= *surrender*) [+ *ground, territory*] céder 3 VI ⓐ (= *surrender*) céder (**to** devant, à); **we shall never ~** nous ne céderons jamais; **to ~ to force** céder devant la force ⓑ (= *give way*) [*door*] céder; **to ~ under pressure** céder à la pression

YMCA /ˌwaɪemsiːˈeɪ/ N (ABBR = **Young Men's Christian Association**) YMCA (*m*)

yodel /ˈjəʊdl/ 1 VI faire des tyroliennes 2 N (= *song, call*) tyrolienne (*f*)

yoga /ˈjəʊɡə/ N yoga (*m*)

yogurt /ˈjɒɡət/ N yaourt (*m*)

yoke /jəʊk/ N ⓐ (= *dominion*) joug (*m*); **the ~ of slavery** le joug de l'esclavage ⓑ [*of dress, blouse*] empiècement (*m*)

yolk /jəʊk/ N [*of egg*] jaune (*m*) (d'œuf)

Yom Kippur /ˌjɒmkɪˈpʊəʳ/ N Yom Kippour (*m*)

yonks* /jɒŋks/ NPL (*Brit*) **I haven't seen him for ~** ça fait une une paie* que je ne l'ai pas vu

Yorks ABBR = **Yorkshire**

Yorkshire pudding /ˌjɔːkʃəˈpʊdɪŋ/ N (*Brit*) *pâte à crêpe cuite qui accompagne un rôti de bœuf*

you /juː/ PERS PRON ⓐ

► *When* **you** *is the subject of a sentence, the translation is* **tu** *or* **vous** *in the singular and* **vous** *in the plural.* **vous** *is used as the polite form in the singular. When* **you** *is the object of a sentence* **te** *replaces* **tu** *in the singular, but* **vous** *remains unchanged.* **toi** *is used instead of* **tu** *after a preposition and in comparisons.* **toi** *is also used when* **you** *is stressed.*

~ are very kind vous êtes très gentil; **I'll see ~ soon** je te or je vous verrai bientôt; **this book is for ~** ce livre est pour toi or vous; **she is younger than ~** elle est plus jeune que toi or vous; **all of ~** vous tous; **~ two wait here!** attendez ici, vous deux!; **now ~ say something** maintenant à toi or à vous de parler; **~ and I will go together** toi or vous et moi, nous irons ensemble; **there ~ are*** or **there ~ go!*** (= *have this*) voilà!; **if I were ~** à ta or votre place; **between ~ and me** entre toi or vous et moi; (= *in secret*) entre nous; **~ fool (~)!** espèce d'imbécile!; **it's ~** c'est toi or vous; **I like the uniform, it's very ~*** j'aime bien ton uniforme, c'est vraiment ton style; **don't ~ go away** ne pars pas, toi!, ne partez pas, vous!

ⓑ (= *one, anyone*)

► *When* **you** *is the subject of a sentence the translation is either* **on** *or the passive form. When* **you** *is the object of a sentence or is used after a preposition, the direct translation of* **you** *is* **te** *or* **vous**.

how do ~ switch this on? comment est-ce que ça s'allume?; **~ never know** on ne sait jamais; **fresh air does ~ good** l'air frais (vous) fait du bien

you'd /juːd/ = **you had, you would** → **have, would**

you'll /juːl/ = **you will** → **will**

young /jʌŋ/ 1 ADJ [*person, tree*] jeune; [*vegetable*] nouveau (nouvelle (*f*)); **he is ~ for his age** il fait plus jeune que son âge; **children as ~ as seven** des enfants de pas plus de sept ans; **~ at heart** jeune de cœur; **he is three years ~er than you** il a trois ans de moins que vous; **my ~er brother** mon frère cadet; **my ~er sister** ma sœur cadette; **we're not getting any ~er** nous ne rajeunissons pas; **if I were ten years ~er** si j'avais dix ans de moins; **they have a ~ family** ils ont de jeunes enfants; **the ~(er) generation** la jeune génération; **the night is ~** on a toute la nuit devant nous; **he has a very ~ outlook** il a des idées très jeunes; **~ people** les jeunes (*mpl*) ■ (*PROV*) **you're only ~ once** jeunesse n'a qu'un temps (*PROV*)

2 NPL (= *people*) **~ and old** les (plus) jeunes (*mpl*) comme les (plus) vieux (*mpl*), tout le monde

youngster /ˈjʌŋstəʳ/ N (= *child*) enfant (*mf*)

your /jʊəʳ/ POSS ADJ ⓐ ton, ta, tes, votre, vos; **~ book** ton or votre livre; **YOUR book** ton livre à toi, votre livre à vous; **~ table** ta or votre table; **~ friend** ton ami(e), votre ami(e); **~ clothes** tes or vos vêtements; **this is the best of ~ paintings** c'est ton or votre meilleur tableau; **give me ~ hand** donne-moi or donnez-moi la main ⓑ (= *one's*) son, sa, ses, ton etc, votre etc; **exercise is good for ~ health** l'exercice est bon pour la santé

you're /jʊəʳ/ = **you are** → **be**

yours /jʊəz/ POSS PRON le tien, la tienne, les tiens, les tiennes, le vôtre, la vôtre, les vôtres; **this is my book and that is ~** voici mon livre et voilà le tien or le vôtre; **this book is ~** ce livre est à toi or à vous; **she is a cousin of ~** c'est une de tes or de vos cousines; **it's no fault of ~** ce n'est pas de votre faute (à vous); **how's that thesis of ~* getting on?** et ta thèse, elle avance?*; **where's that husband of ~?*** où est passé ton mari?; **that stupid son of ~*** ton or votre idiot de fils; **what's ~?*** (*buying drinks*) qu'est-ce que tu prends or vous prenez?

yourself /jʊəˈself/ PERS PRON (*pl* **yourselves** /jʊəˈselvz/) (*reflexive: direct and indirect*) te, vous, vous (*pl*); (*after preposition*) toi, vous, vous (*pl*); (*emphatic*) toi-même, vous-même, vous-mêmes (*pl*); **have you hurt ~?** tu t'es fait mal?, vous vous êtes fait mal?; **are you enjoying ~?** tu t'amuses bien?, vous vous amusez bien?; **you never speak about ~** tu ne parles jamais de toi, vous ne parlez jamais de vous; **how are you? — fine, and ~?*** comment vas-tu? — très bien, et toi?

♦ **by yourself** tout seul; **did you do it by ~?** tu l'as or vous l'avez fait tout seul?

youth /juːθ/ 1 N ⓐ (= *young age*) jeunesse (*f*); **in my ~** dans ma jeunesse ⓑ (= *young person*) jeune (*mf*) 2 COMP ♦ **youth club** N maison (*f*) de jeunes ♦ **youth hostel** N auberge (*f*) de jeunesse ♦ **youth worker** N éducateur (*m*), -trice (*f*)

youthful /ˈjuːθfʊl/ ADJ [*person, looks*] jeune; [*idealism, enthusiasm*] juvénile; **a ~-looking 49-year-old** un homme/une femme de 49 ans, jeune d'allure; **he's a ~ 50** il porte allègrement ses 50 ans

you've /juːv/ = **you have** → **have**

Yugoslav /ˈjuːɡəʊˈslɑːv/ 1 ADJ yougoslave 2 N Yougoslave (*mf*)

Yugoslavia /ˈjuːɡəʊˈslɑːvɪə/ N Yougoslavie (*f*)

Yugoslavian /ˈjuːɡəʊˈslɑːvɪən/ ADJ yougoslave

yuppie* /ˈjʌpɪ/ N yuppie (*mf*)

YWCA /ˌwaɪdʌbljuːsiːˈeɪ/ N (ABBR = **Young Women's Christian Association**) YWCA (*m*)

Z

Zaïre /zɑːˈiːəʳ/ N (= country) Zaïre (m)

Zambia /ˈzæmbɪə/ N Zambie (f)

zany /ˈzeɪnɪ/ ADJ loufoque*

zap* /zæp/ 1 VT (= delete) [+ word, data] supprimer 2 VI ⓐ (= move quickly) **we're going to have to ~ through the work to get it finished in time** il va falloir que nous mettions la gomme* pour finir le travail à temps ⓑ (TV) **to ~ through the channels** zapper

zeal /ziːl/ N (= enthusiasm) zèle (m)

zealot /ˈzelət/ N fanatique (mf)

zealous /ˈzeləs/ ADJ [person] zélé

zebra /ˈzebrə, ˈziːbrə/ N zèbre (m) ♦ **zebra crossing** N (Brit) passage (m) pour piétons

zenith /ˈzenɪθ/ N zénith (m)

zero /ˈzɪərəʊ/ N zéro (m); **15 degrees below ~** 15 degrés au-dessous de zéro; **snow reduced visibility to near ~** à cause de la neige, la visibilité était quasi nulle ♦ **zero tolerance** N politique (f) d'intransigeance

► **zero in** VI **to ~ in on sth** (= move in on) se diriger droit sur qch; (= concentrate on) se concentrer sur qch

zest /zest/ N ⓐ (= gusto) entrain (m); **he ate it with great ~** il l'a mangé avec grand appétit; **~ for life** goût (m) de vivre ⓑ [of orange, lemon] zeste (m)

zigzag /ˈzɪgzæg/ 1 N zigzag (m) 2 ADJ [road, line] en zigzag; [pattern] à zigzags 3 VI zigzaguer; **to ~ through** traverser en zigzaguant

Zimbabwe /zɪmˈbɑːbwɪ/ N Zimbabwe (m)

ZimmerⓇ /ˈzɪməʳ/ N (Brit = Zimmer frame) déambulateur (m)

zinc /zɪŋk/ N zinc (m)

Zionist /ˈzaɪənɪst/ ADJ, N sioniste (mf)

zip /zɪp/ 1 N (Brit) fermeture (f) éclairⓇ; **pocket with a ~** poche (f) zippée* 2 VI **to ~ out/past** [car, person] sortir/passer comme une flèche 3 VT (Computing) [+ file] zipper 4 COMP ♦ **zip code** N (US) code (m) postal ♦ **zip file** N (Computing) fichier (m) zip (inv)

► **zip up** 1 VI [dress] fermer avec une fermeture éclairⓇ 2 VT SEP **can you ~ me up?** tu peux remonter ma fermeture éclairⓇ?

zipper /ˈzɪpəʳ/ N (US) fermeture (f) éclairⓇ

zodiac /ˈzəʊdɪæk/ N zodiaque (m)

zombie /ˈzɒmbɪ/ N zombie (m)

zone /zəʊn/ N zone (f); (= subdivision of town) secteur (m)

zoo /zuː/ N zoo (m) ♦ **zoo keeper** N gardien(ne) (m(f)) de zoo

zoological /ˌzəʊəˈlɒdʒɪkəl/ ADJ zoologique

zoology /zəʊˈɒlədʒɪ/ N zoologie (f)

zoom /zuːm/ VI **the car ~ed past us** la voiture est passée en trombe* ♦ **zoom lens** N zoom (m)

zucchini /zuːˈkiːnɪ/ N (pl **zucchini**) (US) courgette (f)

Zulu /ˈzuːluː/ 1 ADJ zoulou (f inv) 2 N Zoulou (m)

Les grands personnages de l'histoire de France

Learning to communicate in French is not just about mastering grammar and vocabulary. Successful communication also depends on an awareness of French culture, and entries in this dictionary often have accompanying notes providing information about French traditions and institutions.

But what about the people who have made France what it is today? This new supplementary feature looks at some of the great figures who have made their mark on French culture over the centuries. It includes the artists, writers, monarchs, politicians, scientists and philosophers who are most familiar to educated French people. Each "mini-biography" in clear, simple French gives you just the information you need to understand each person's contribution to French history and culture.

We hope you enjoy reading them!

British Isles, Commonwealth and American Halls of Fame

Apprendre l'anglais n'implique pas seulement la maîtrise de la grammaire et du vocabulaire; la communication repose aussi sur une connaissance de la civilisation anglo-saxonne. C'est pourquoi certains articles de ce dictionnaire s'accompagnent de « notes culturelles » sur les institutions et les traditions en Grande-Bretagne et aux États-Unis.

Pour cette nouvelle édition, nous allons encore plus loin en proposant un supplément consacré aux personnages qui ont marqué l'histoire et la culture des pays anglo-saxons et du Commonwealth. Rois et reines, hommes et femmes politiques, artistes, écrivains, scientifiques... Nous nous sommes attachés à sélectionner un « panthéon » représentatif (mais nécessairement non exhaustif) constitué des figures les plus marquantes. Chaque article prend la forme d'une « mini-biographie », exprimée dans un anglais clair et simple, et donne les informations essentielles permettant au lecteur de saisir l'importance de chaque personnage.

Nous vous souhaitons bonne lecture !

Les grands personnages de l'histoire de France

Aliénor d'Aquitaine
(XIIᵉ siècle: vers 1122 – 1204)
Aliénor d'Aquitaine a été **reine de France**, puis **reine d'Angleterre**. Elle a d'abord épousé le roi de France, Louis VII, en 1137, mais 15 ans plus tard ils ont divorcé et elle a épousé Henri II, futur roi d'Angleterre, auquel elle a apporté en dot l'Aquitaine (sud-ouest de la France actuelle), ce qui sera source de conflits entre les rois d'Angleterre et de France. Elle a été une des femmes les plus puissantes de son temps, et reste une figure de la femme libre et indépendante au Moyen Âge. Le personnage d'Aliénor est incarné par Katherine Hepburn dans le film britannique *The Lion in Winter* (1968).

Apollinaire *(XIXᵉ – XXᵉ siècles: 1880 – 1918)*
Guillaume Apollinaire est un **poète**. Ami de Picasso, influencé par les cubistes, c'était une grande figure de l'avant-garde et un précurseur du surréalisme (mot qu'il a inventé). Son nom évoque la bohème parisienne de la Belle Époque, avec ses artistes aussi pauvres que brillants et ses buveurs d'absinthe. Ses œuvres les plus célèbres sont *Alcools* et *Calligrammes*.

Balzac *(XIXᵉ siècle: 1799 – 1850)*
Honoré de Balzac est un **écrivain**. Son œuvre la plus célèbre est *La Comédie Humaine*, un ensemble de 95 romans qui évoquent minutieusement la société française de son époque, ses faiblesses et ses turpitudes. Père du réalisme littéraire, Balzac a influencé de nombreux écrivains, dont Flaubert, Maupassant, Proust et Zola.

Baudelaire *(XIXᵉ siècle: 1821 – 1867)*
Charles Baudelaire est un **écrivain** surtout connu pour ses **poèmes** qui expriment le mal de vivre (qu'il appelait le *spleen*), l'angoisse et la recherche d'un monde idéal. Atteint de syphilis, obsédé par la mort et révolté contre la société, Baudelaire a cherché à s'évader en s'adonnant à diverses drogues (notamment l'absinthe et l'opium). Son œuvre la plus célèbre est *Les Fleurs du Mal*.

Beaumarchais *(XVIIIᵉ siècle: 1732 – 1799)*
Pierre Augustin Caron de Beaumarchais est un **écrivain de théâtre**. Ses œuvres les plus célèbres sont *Le Barbier de Séville* et *Le Mariage de Figaro*; ce sont des pièces brillantes qui mêlent drame et comédie sur fond de dialogues étincelants.

Rossini et Mozart s'en sont inspirés pour écrire des opéras. La une du journal *Le Figaro* arbore une citation du *Mariage de Figaro*: *Sans la liberté de blâmer, il n'est point d'éloge flatteur.*

de Beauvoir *(XXᵉ siècle: 1908 – 1986)*
Simone de Beauvoir est un **écrivain**. Son œuvre la plus connue est *Le Deuxième Sexe*, une réflexion sur la relation entre les femmes et les hommes qui a eu une grande influence sur le mouvement féministe. Elle a partagé la vie du philosophe Jean-Paul Sartre.

Berlioz *(XIXᵉ siècle: 1803 – 1869)*
Hector Berlioz est un **compositeur**. Créateur d'un univers musical très inventif et riche, il est considéré comme un génie du courant romantique. Ses œuvres les plus célèbres sont *La Symphonie fantastique* et *La Damnation de Faust*.

Bizet *(XIXᵉ siècle: 1838 – 1875)*
Georges Bizet est un **compositeur** qui a surtout écrit des **opéras**. Ses œuvres n'ont connu le succès qu'après sa mort. Son œuvre la plus célèbre est *Carmen*. Dans son opéra-comique *L'Arlésienne*, le personnage évoqué par le titre n'apparaît jamais. Depuis, le terme l'*Arlésienne* est employé pour désigner une chose ou une personne qui brille par son absence.

Bossuet *(XVIIᵉ siècle: 1627 – 1704)*
Bossuet est un **prélat** et un **théologien** qui est devenu le plus important homme d'Église en France pendant le règne de Louis XIV. Il a été pendant près de dix ans le tuteur du Grand Dauphin (le fils aîné de Louis XIV). Grand moraliste, il est célèbre pour les nombreux **sermons** (plus de 200) qu'il a prononcés.

Calvin *(XVIᵉ siècle: 1509 – 1564)*
Jean Calvin est un **religieux** qui a défendu les idées de la Réforme. Sa doctrine (le calvinisme) est l'un des fondements de l'Église protestante. En France les Calvinistes étaient appelés « huguenots ». Le huguenot le plus célèbre est Henri de Navarre, futur Henri IV. Longtemps persécutés, parfois victimes de massacres, ils n'ont obtenu la liberté définitive de pratiquer leur religion qu'après la Révolution de 1789.

Camus *(XXᵉ siècle: 1913 – 1960)*

Albert Camus est un **écrivain**. Son œuvre explore le thème de l'absurdité de la vie et la possibilité pour l'homme de combattre le mal. Humaniste, se méfiant de toute forme d'idéologie, il a soutenu que la révolte constitue la seule réponse possible à l'absurde. Ses romans les plus célèbres sont *La Peste*, *La Chute* et *L'Étranger*. Camus a reçu le prix Nobel de littérature en 1957. Il est mort dans un accident de voiture.

Cézanne *(XIXᵉ siècle: 1839 – 1906)*

Paul Cézanne est un **peintre**. À mi-chemin entre l'impressionnisme et le cubisme, son œuvre est considérée comme le point de départ de la peinture du XXᵉ siècle. Ses tableaux représentent la Montagne Sainte-Victoire, près d'Aix-en-Provence, sont très célèbres.

Chanel *(XXᵉ siècle: 1883 – 1971)*

Coco Chanel, dont le vrai nom était Gabrielle Chasnel, est une **créatrice de mode**. Célèbre pour sa « petite robe noire » et son « tailleur Chanel », elle a aussi lancé une gamme de parfums, dont le très connu « Nº. 5 », créé en 1921. D'un caractère très affirmé, elle se faisait appeler « Mademoiselle ». Elle a habité pendant plus de trente ans dans une suite de l'hôtel Ritz, à Paris.

Charlemagne *(VIIIᵉ – IXᵉ siècles: vers 742 – 814)*

Charlemagne est un **empereur**. Il a été roi des Francs, roi des Lombards et empereur d'Occident. Par ses conquêtes militaires, il a étendu son royaume sur toute l'Europe occidentale. C'était un puissant souverain que certains considèrent comme le père de l'Europe. Charlemagne n'est pas « l'inventeur de l'école » comme le veut la tradition, mais il a développé l'éducation en posant les bases d'un système d'instruction dans son royaume.

Chateaubriand

(XVIIIᵉ – XIXᵉ siècles: 1768 – 1848)

Chateaubriand est un **écrivain** et un **homme politique**. Aristocrate et monarchiste modéré, il a assisté aux débuts de la Révolution avant de partir pour les États-Unis puis de s'exiler plusieurs années en Angleterre. Son évocation lyrique de la nature et des passions en ont fait le « père du romantisme ». Une de ses œuvres les plus célèbres est un récit autobiographique intitulé *Mémoires d'outre-tombe*.

Clemenceau *(XIXᵉ – XXᵉ siècles: 1841 – 1929)*

Georges Clemenceau est un **homme politique**. Défenseur de Dreyfus, il a publié dans le journal *L'Aurore* le célèbre article *J'accuse* rédigé par Zola.

Chef du gouvernement pendant la Première Guerre mondiale, Clemenceau a négocié le traité de Versailles qui a officiellement mis fin à la guerre. Il était d'une grande force de caractère, et on l'a surnommé « le Tigre ».

Cocteau *(XXᵉ siècle: 1889 – 1963)*

Jean Cocteau est un **artiste** et un **écrivain**. Auteur de romans, de pièces de théâtre et de poèmes, réalisateur de films, il a également illustré des livres et créé des décors de ballet. Créateur aux multiples facettes, figure emblématique de la bohème parisienne des Années folles, Cocteau a fréquenté les plus grands artistes de son époque. Ses œuvres les plus connues sont le roman *Les Enfants terribles*, la pièce de théâtre *La Machine infernale* et le film *La Belle et la Bête*.

Colbert *(XVIIᵉ siècle: 1619 – 1683)*

Jean-Baptiste Colbert est un **homme politique**. Premier contrôleur des Finances de Louis XIV, il a réorganisé l'industrie et le commerce de la France, développant une doctrine économique qui prendra le nom de « colbertisme ».

Colette *(XIXᵉ – XXᵉ siècles: 1873 – 1954)*

Colette est une **romancière**. Ses œuvres expriment son amour de la vie, de la liberté, de la nature et des animaux. Elle est également montée sur scène au music-hall dans des tenues suggestives, et a entretenu des aventures avec des femmes, ce qui lui a valu une réputation sulfureuse. Outre la série des *Claudine* signée du nom de som premier mari, Willy, ses romans les plus connus sont *Le Blé en herbe* et *Sido*.

Corneille *(XVIIᵉ siècle: 1606 – 1684)*

Pierre Corneille est un **auteur dramatique** qui a vécu à l'époque de Louis XIV. Il a surtout écrit des tragédies. Dans ses pièces il aborde des thèmes comme la gloire, l'honneur et le devoir. Ses héros sont souvent confrontés à des choix difficiles. Sa pièce la plus connue est *Le Cid*. L'adjectif « cornélien » est employé pour parler d'une situation où l'on est tiraillé entre l'amour et le devoir.

Curie *(XIXᵉ – XXᵉ siècles: Pierre 1859 – 1906; Marie 1867 – 1934)*

Pierre et Marie Curie sont des **physiciens**. Ils ont découvert le radium et étudié le phénomène de la radioactivité (nom que Marie Curie a inventé). Pierre et Marie Curie ont tous les deux reçu le prix Nobel pour leurs travaux scientifiques. Ils sont enterrés au Panthéon; Marie est la seule femme à être ainsi honorée.

Cyrano de Bergerac *(XVIIᵉ siècle: 1619 – 1655; XIXᵉ siècle pour la pièce de théâtre)*

Savinien de Cyrano de Bergerac est un **écrivain**. Ses œuvres sont presque oubliées, mais sa vie a inspiré une célèbre pièce de théâtre à Edmond Rostand, publiée en 1897. Aujourd'hui, le héros de cette pièce, avec son nez trop long et son grand cœur, est beaucoup plus connu que l'écrivain.

Debussy *(XIXᵉ – XXᵉ siècles: 1862 – 1918)*

Claude Debussy est un **compositeur**. Influencé par des poètes symbolistes tels que Mallarmé et par les peintres impressionnistes, il a créé un nouveau langage musical fondé avant tout sur la sensibilité. Parmi ses œuvres les plus célèbres, on peut citer le *Prélude à l'après-midi d'un faune*, *La Mer* et *Pelléas et Mélisande*.

Degas *(XIXᵉ – XXᵉ siècles: 1834 – 1917)*

Edgar Degas est un **peintre** et un **sculpteur**. Proche de l'impressionnisme, son style de peinture se caractérise par des effets de lumière subtils et l'emploi de tons pastel. Il a souvent peint et sculpté des danseuses classiques.

Delacroix *(XIXᵉ siècle: 1798 – 1863)*

Eugène Delacroix est un **peintre**. Considéré comme le peintre principal du romantisme, il a surtout choisi des sujets historiques et littéraires, et s'est beaucoup inspiré du monde oriental. Ses tableaux les plus connus sont *La Mort de Sardanapale*, *La Liberté guidant le peuple* et *Femmes d'Alger dans leur appartement*.

Descartes *(XVIIᵉ siècle: 1596 – 1650)*

René Descartes est un **philosophe** et un **mathématicien**. Sa pensée est fondée sur le principe qu'il faut douter de tout, et qu'on doit se fier au raisonnement scientifique pour prouver la réalité de l'existence. Une de ses formules dans le *Discours de la méthode* est célèbre: « Je pense, donc je suis ». Il est à l'origine d'un courant philosophique: le cartésianisme. Certains disent que l'approche « cartésienne » est typiquement française.

Diderot *(XVIIIᵉ siècle: 1713 – 1784)*

Denis Diderot est un **philosophe** et un **écrivain**. Il a dirigé avec d'Alembert la rédaction de la célèbre *Encyclopédie*. Avec Voltaire, il est l'un des principaux philosophes du siècle des Lumières. Ses idées ont beaucoup influencé les penseurs de la Révolution française (1789). Les œuvres de Diderot les plus connues sont *La Religieuse*, *Le Neveu de Rameau* et *Jacques le Fataliste et son maître*.

Dreyfus *(XIXᵉ – XXᵉ siècles: 1859 – 1935)*

Alfred Dreyfus était un **officier** français. De confession juive, il a été accusé à tort d'avoir livré des secrets militaires aux Allemands, et a été condamné aux travaux forcés en Guyane. L'affaire Dreyfus a divisé la France. Les *dreyfusards* soutenaient que les accusations étaient fausses; les *antidreyfusards*, souvent antisémites, disaient le contraire. L'écrivain Émile Zola a défendu Dreyfus dans un célèbre article, intitulé *J'accuse*, publié dans le journal *L'Aurore*. Dreyfus a finalement été gracié par le président de la République, et son innocence a été définitivement prouvée en 1930.

Dumas père *(XIXᵉ siècle: 1802 – 1870)*

Alexandre Dumas *père* est un **écrivain**. Il a écrit des pièces de théâtre, puis des romans historiques qui ont connu un énorme succès populaire. Ses œuvres les plus célèbres sont *Le Comte de Monte-Cristo* et *Les Trois Mousquetaires*.

Dumas fils *(XIXᵉ siècle: 1824 – 1895)*

Alexandre Dumas *fils* est un **écrivain**. Il a défendu les droits de la femme et de l'enfant dans des pièces de théâtre romantiques. Son œuvre la plus célèbre est *La Dame aux camélias*, dont Verdi s'est inspiré pour son opéra *La Traviata*.

Duras *(XXᵉ siècle: 1914 – 1996)*

Marguerite Duras est un **écrivain** et une **cinéaste**. Elle a écrit des romans dans lesquels les personnages tentent d'échapper à la solitude pour donner un sens à leur vie. Son roman *L'Amant* a reçu le prix Goncourt en 1984. Son film le plus célèbre est *India Song*, et elle a écrit le scénario du film *Hiroshima mon amour*, d'Alain Resnais.

Eiffel *(XIXᵉ – XXᵉ siècles: 1832 – 1923)*

Gustave Eiffel est un **ingénieur**. Spécialiste des constructions en fer, il a construit des ponts, des viaducs et l'armature de la statue de la Liberté, à New York. Sa construction la plus célèbre est la tour qui porte son nom, construite à Paris pour l'Exposition universelle de 1889. La tour Eiffel a été pendant quarante ans la construction la plus haute du monde.

Ferry *(XIXᵉ siècle: 1832 – 1893)*

Jules Ferry est un **homme politique**. Chef du gouvernement entre 1880 et 1885, il est à l'origine d'une importante réforme scolaire qui a rendu l'enseignement primaire laïque, gratuit et obligatoire, et qui a ouvert l'enseignement secondaire aux filles. Beaucoup d'établissements scolaires en France portent son nom.

Flaubert *(XIXᵉ siècle: 1821 – 1880)*

Gustave Flaubert est un **écrivain**. Ses romans sont un mélange de perfection stylistique – il cherchait obsessionnellement « le mot juste » – et de réalisme. Le style de ses œuvres se situe entre le courant romantique et le courant réaliste. *Madame Bovary* et *L'Éducation sentimentale* comptent parmi les plus célèbres de ses romans.

François 1ᵉʳ *(XVIᵉ siècle: 1494 – 1547)*

François 1ᵉʳ (« François premier ») a été **roi de France** de 1515 à sa mort. Il a développé et centralisé son pays, et a imposé l'emploi du français à la place du latin dans les textes juridiques. Un des faits marquants de son règne est sa victoire à Marignan (1515) contre les Suisses; beaucoup de Français disent que leur connaissance des dates historiques se limite à « 1515: Marignan ». Grand protecteur des arts, François 1ᵉʳ a introduit la culture de la Renaissance en France. Il a construit les châteaux de Chambord, dans la vallée de la Loire, et de Saint-Germain-en-Laye, près de Paris. Son prédécesseur était Louis XII; c'est Henri II qui lui a succédé.

de Gaulle *(XXᵉ siècle: 1890 – 1970)*

Charles de Gaulle est un **général** et un **homme d'État**. Pendant la Seconde Guerre mondiale, il a refusé de reconnaître le gouvernement de collaboration avec les Allemands. Il s'est installé à Londres, d'où il a lancé le célèbre « appel du 18 juin », un discours radiophonique pour encourager les Français à continuer le combat. Élu président de la République en 1958, il a réussi à rétablir la stabilité politique et économique du pays. En 1965, il a été réélu, mais les événements de mai 1968 ont affaibli son pouvoir, et il a démissionné en 1969. Le *gaullisme* est une idéologie de droite qui affirme l'autorité de l'État ainsi que l'indépendance et la grandeur de la France sur la scène internationale.

Genet *(XXᵉ siècle: 1910 – 1986)*

Jean Genet est un **écrivain**. Jeune homme, il a déserté de la Légion étrangère et a été emprisonné à maintes reprises. Dans son œuvre, violente et provocatrice, le vol, la prostitution et l'homosexualité deviennent des critères esthétiques. Ses romans les plus célèbres sont *Notre-Dame-des-Fleurs* et *Querelle de Brest*. Il a également écrit des pièces de théâtre, parmi lesquelles figurent *Les Bonnes* et *Le Balcon*.

Gide *(XIXᵉ – XXᵉ siècles: 1869 – 1951)*

André Gide est un **écrivain**. Déchiré par les contradictions de son époque, partagé entre la liberté et les contraintes morales, il a produit une œuvre qui a beaucoup influencé les intellectuels du XXᵉ siècle. Ses romans les plus connus sont *La Porte étroite*, *La Symphonie pastorale*, *Les Caves du Vatican* et *Les Faux-Monnayeurs*.

Godard *(XXᵉ siècle: né en 1930)*

Jean-Luc Godard est un **cinéaste**. Il est l'un des principaux représentants de la Nouvelle Vague, un groupe de cinéastes qui ont rompu avec les codes traditionnels du cinéma dans les années 1960. Ses films suscitent l'émotion du spectateur par des procédés formels loin de toute logique, et expriment l'absurdité de la vie moderne. Son film le plus célèbre est *À bout de souffle* (1960).

Les frères Goncourt *(XIXᵉ siècle: Edmond 1822 – 1896; Jules 1830 – 1870)*

Les frères Edmond et Jules Goncourt étaient des **collectionneurs d'art**. Ils ont écrit ensemble un journal sur la vie artistique de leur époque, ainsi que des romans. En mémoire de son frère, Edmond a créé une société littéraire, l'*Académie Goncourt*, qui décerne chaque année, depuis 1903, le *prix Goncourt*, le plus célèbre prix littéraire en France.

Guillaume le Conquérant *(XIᵉ siècle: 1027 – 1087)*

Guillaume le Conquérant a été **duc de Normandie** de 1035 à sa mort, et **roi d'Angleterre** à partir de 1066. À la mort du roi d'Angleterre Edouard le Confesseur, qui avait désigné Guillaume comme successeur, Harold s'était emparé du pouvoir. Après avoir battu Harold à la bataille de Hastings (1066), Guillaume a accédé au trône d'Angleterre, marquant le début de la « conquête normande ». La bataille de Hastings est représentée dans l'une des scènes de la célèbre *Tapisserie de Bayeux*, dite *Tapisserie de la reine Mathilde*.

Haussmann *(XIXᵉ siècle: 1809 – 1891)*

Le baron **Georges Eugène Haussmann** est un **homme politique**. Préfet sous Napoléon III, il a dirigé les énormes travaux d'urbanisme qui ont transformé Paris au milieu du XIXᵉ siècle. Haussmann a fait percer les « grands boulevards », construit des gares et créé le quartier de l'Opéra. L'adjectif « haussmannien » désigne le style typique des immeubles parisiens qui datent de cette époque.

Henri IV *(XVIᵉ – XVIIᵉ siècles: 1553 – 1610)*

Henri IV (« Henri quatre ») a été **roi de France** de 1589 à sa mort. Au début de son règne, la France était encore ravagée par des guerres de Religion. D'abord protestant, Henri s'est converti au catholicisme pour des raisons politiques. Il a signé l'édit de Nantes, qui autorisait les protestants à pratiquer leur culte et mettait fin aux guerres de Religion. Ses nombreuses maîtresses lui ont valu le surnom de « Vert-Galant ». Il a été assassiné par un maître d'école du nom de Ravaillac, qui pensait sauver le pays et la religion catholique en tuant le roi. Son prédécesseur était Henri III ; c'est Louis XIII qui lui a succédé.

Hugo *(XIXe siècle: 1802 – 1885)*

Victor Hugo est un **écrivain**. Auteur d'une œuvre immense, il est considéré comme l'un des plus grands écrivains romantiques. En 1830 sa pièce *Hernani* a provoqué une bataille littéraire entre les partisans du classicisme et les partisans du romantisme. Après la mort de sa fille et l'échec d'une de ses pièces, il s'est consacré à la politique. Ses œuvres les plus célèbres sont *Notre-Dame-de-Paris*, dont les héros sont le bossu Quasimodo et la bohémienne Esmeralda, et *Les Misérables*, qui ont inspiré une comédie musicale mondialement célèbre à la fin du XXe siècle.

Ionesco *(XXe siècle: 1912 – 1994)*

Eugène Ionesco est un **auteur dramatique**. Il est né en Roumanie. Il est considéré comme un des maîtres du « théâtre de l'absurde », où la logique et la vraisemblance cèdent la place à la dérision et au désespoir. Ses pièces les plus célèbres sont *La Cantatrice chauve*, *Les Chaises*, *La Leçon* et *Le roi se meurt*.

Jaurès *(XIXe – XXe siècles: 1859 – 1914)*

Jean Jaurès est un **homme politique**. Brillant orateur et pacifiste convaincu, Jaurès est une des grandes figures du socialisme. Il a milité en faveur de Dreyfus en 1898 et a fondé en 1904 le journal socialiste *L'Humanité* (devenu plus tard l'organe du Parti communiste). Jaurès a mené de grandes batailles en faveur de l'enseignement laïque et des droits des ouvriers. Violemment opposé au colonialisme et à la guerre, il est mort assassiné par un nationaliste.

Jeanne d'Arc *(XVe siècle: vers 1412 – 1431)*

Jeanne d'Arc (la « pucelle d'Orléans ») était une jeune **bergère**, devenue l'héroïne française de la guerre de Cent Ans. À l'âge de treize ans elle a dit avoir entendu des voix surnaturelles lui ordonnant de délivrer la France des occupants anglais. À dix-sept ans elle a réussi à se mettre au service du roi Charles VII, qui lui a confié une petite armée. Elle a chassé les Anglais d'Orléans et a libéré plusieurs autres villes. Capturée et vendue aux Anglais, elle a été jugée comme sorcière et brûlée vive. Pour la plupart des Français elle symbolise, sur un mode humoristique, la rivalité franco-britannique.

L'impératrice Joséphine *(XVIIIe – XIXe siècles: 1763 – 1814)*

Joséphine était l'épouse de Napoléon 1er et l'**impératrice des Français**. Elle est née à la Martinique (Antilles françaises) dans une riche famille de planteurs. Elle était veuve et avait deux enfants lorsqu'elle a rencontré Napoléon. L'Empereur, qui était très amoureux d'elle, l'a couronnée impératrice en 1804, mais l'a répudiée en 1809 parce qu'elle ne pouvait pas lui donner d'héritier.

La Fontaine *(XVIIe siècle: 1621 – 1695)*

Jean de La Fontaine est un **écrivain**. Il s'est inspiré des œuvres du poète grec Ésope pour écrire des fables en vers telles que *Le Corbeau et le Renard* et *La Cigale et la Fourmi*. Ses fables mettent souvent en scène des animaux pour évoquer métaphoriquement les faiblesses des hommes. En France, les fables de La Fontaine sont plus connues que celles d'Ésope.

Lamartine *(XIXe siècle: 1790 – 1869)*

Alphonse de Lamartine est un **écrivain** qui a également poursuivi une carrière politique. Surtout connu pour ses poèmes, il fait partie du courant romantique. Ses œuvres les plus connues sont *Méditations poétiques*, *La Chute d'un ange* et *Les Confidences*.

Leclerc *(XXe siècle: 1902 – 1947)*

Le Maréchal Leclerc était un **général** de l'armée française (on l'a nommé maréchal après sa mort). Il a joué un rôle important dans la Deuxième Guerre mondiale en menant de nombreuses campagnes victorieuses et a participé au débarquement des Alliés en Normandie en juin 1944. Son entrée dans Paris à la tête de la deuxième division blindée, marquant la fin de l'occupation allemande, est devenue légendaire.

Louis IX *ou* Saint Louis *(XIIIe siècle: 1214 – 1270)*

Saint Louis (Louis IX) a été **roi de France** de 1226 à sa mort. Son règne est marqué par sa piété et sa volonté de renforcer l'autorité royale. Il est parti deux fois en croisade et a fait construire la Sainte Chapelle, à Paris, pour abriter la couronne d'épines et un fragment de la Croix, reliques qu'il a achetées à Byzance. Sous son règne, la France a connu un grand rayonnement intellectuel et artistique. Saint Louis a notamment fondé l'université de la Sorbonne. Son prédécesseur était Louis VIII ; c'est Philippe III qui lui a succédé.

Louis XIII *(XVIIe siècle: 1601 – 1643)*

Louis XIII (« Louis treize ») a été **roi de France** de 1610 à sa mort. Il a accédé au trône à l'âge de huit ans et c'est sa mère, Marie de Médicis, qui a assuré la régence. À l'âge de 16 ans, Louis a fait assassiner le principal conseiller de sa mère. Il a ensuite exilé Marie de Médicis, qui n'a cessé de comploter contre lui. En 1624, il a choisi le cardinal de Richelieu comme principal ministre. Ensemble ils ont consolidé l'autorité royale et renforcé le prestige de la France en Europe. Le prédécesseur de Louis XIII était son père Henri IV; c'est son fils Louis XIV qui lui a succédé.

Louis XIV *(XVIIᵉ – XVIIIᵉ siècles: 1638 – 1715)*

Louis XIV (« Louis quatorze ») a été **roi de France** de 1643 à sa mort. Le jeune Louis a été profondément marqué par la Fronde, une guerre civile pendant laquelle le pouvoir royal a été contesté avec violence par les nobles. Cette expérience lui a inspiré une fascination pour le pouvoir absolu, une méfiance envers les nobles et une peur de résider à Paris, foyer des violences. Monarque absolu, surnommé le Roi-Soleil, il serait l'auteur de cette formule: « L'État, c'est moi ». Le principal symbole de sa puissance est le château de Versailles, où il vivait entouré de « courtisans », qui jouaient des rôles de figurants. Le règne de Louis XIV a également été marqué par de longues guerres, qui ont agrandi le pays mais qui l'ont conduit au bord de la ruine, et par le renforcement du prestige culturel de la France auprès des autres cours d'Europe. L'État américain de la Louisiane a été baptisé en l'honneur de Louis XIV, en 1682. Le prédécesseur de Louis XIV était son père Louis XIII; son arrière-petit-fils Louis XV lui a succédé.

Louis XV *(XVIIIᵉ siècle: 1710 – 1774)*

Louis XV (« Louis quinze ») a été **roi de France** de 1715 (à l'âge de cinq ans) à sa mort. Jusqu'en 1723, le pays a été gouverné par un régent: c'est la période appelée « la Régence ». À la différence de son prédécesseur Louis XIV, c'était un roi timide et faible qui s'est laissé influencer par ses maîtresses, surtout Madame de Pompadour. D'abord surnommé « le Bien-Aimé », il était devenu très impopulaire à la fin de sa vie. Son règne a pourtant été une période de relative prospérité pour la France, et a coïncidé avec le siècle des Lumières, une époque très riche sur le plan intellectuel et culturel. Le prédécesseur de Louis XV était son arrière-grand-père Louis XIV; c'est son petit-fils Louis XVI qui lui a succédé.

Louis XVI *(XVIIIᵉ siècle: 1754 – 1793)*

Louis XVI (« Louis seize ») a été **roi de France** de 1774 à 1792 (appelé « roi des Français » à partir de 1791). Il était d'abord aimé par le peuple, mais son incapacité à réformer une monarchie perçue comme conservatrice et tyrannique a

fini par le rendre très impopulaire. En 1792 le roi et sa famille ont été emprisonnés par les révolutionnaires. Louis XVI et sa femme, Marie-Antoinette, ont été condamnés à mort et guillotinés. Leur mort a marqué la fin de la monarchie absolue en France et le début de la République française. Le prédécesseur de Louis XVI était son grand-père Louis XV.

Louis-Philippe *(XVIIIᵉ – XIXᵉ siècles: 1773 – 1850)*

Louis-Philippe a été le **roi des Français** de 1830 à 1848. Partisan des idées révolutionnaires, il est devenu roi après la révolution de 1830, qui a renversé son cousin Charles X. Mais une crise économique et politique a provoqué une nouvelle révolution en 1848, et Louis-Philippe a abdiqué. Il a quitté la France pour s'installer en Angleterre, où la reine Victoria a mis un château à sa disposition. Il y a vécu jusqu'à la fin de sa vie. Louis-Philippe a été le dernier roi de l'histoire de France. Le « style Louis-Philippe » est un style élégant de mobilier, d'architecture et de décor en vogue pendant son règne.

Lully *(XVIIᵉ siècle: 1632 – 1687)*

Jean-Baptiste Lully est un **musicien** français d'origine italienne. Louis XIV l'a nommé surintendant de la Musique en 1657. Il a écrit la musique des comédies-ballets de Molière. Auteur de plusieurs opéras, Lully était le musicien le plus célèbre et le plus influent du règne de Louis XIV.

Les frères Lumière *(XIXᵉ – XXᵉ siècles: Auguste 1862 – 1954; Louis 1864 – 1948)*

Louis et Auguste Lumière étaient des **industriels**. Ils ont inventé le cinématographe, un appareil, ancêtre de la caméra, qui permettait de filmer et de projeter des images animées. Ils sont considérés comme les « pères du cinéma ».

Mallarmé *(XIXᵉ siècle: 1842 – 1898)*

Stéphane Mallarmé est un **poète**. Dans ses poèmes « symbolistes », parfois difficiles à comprendre, le son des mots a souvent autant d'importance que leur sens. Chaque mardi, pendant des années, des artistes et des intellectuels se réunissaient dans son petit appartement à Paris pour l'écouter parler d'art et de littérature. Ses œuvres les plus connues sont *Un coup de dés jamais n'abolira le hasard* et *L'Après-midi d'un faune*.

Manet *(XIXᵉ siècle: 1832 – 1883)*

Edouard Manet est un **peintre**. Ses tableaux représentent souvent des lieux de détente: des restaurants, des cafés, les bords de l'eau. Son style se situe à mi-chemin entre le réalisme et l'impressionnisme. Son tableau le plus célèbre est *Le Déjeuner sur l'herbe*. Il ne faut pas confondre Manet avec son ami Monet, peintre impressionniste de la même époque.

Marat *(XVIIIᵉ siècle: 1743 – 1793)*

Jean-Paul Marat était un **médecin** qui est devenu un des principaux protagonistes de la Révolution française. Favorable à une action violente allant jusqu'au massacre, il a exprimé ses positions radicales et extrémistes dans son journal *L'Ami du peuple*. Mort poignardé dans son bain par une jeune femme qui s'opposait à ses idées (Charlotte Corday), il est devenu en son temps un martyr de la Révolution.

Marie-Antoinette *(XVIIIᵉ siècle: 1755 – 1793)*

La reine Marie-Antoinette était la femme de Louis XVI. On lui a reproché d'être dépensière et d'afficher des goûts de luxe à une époque où le peuple français souffrait de grandes privations. Devenue aussi impopulaire que son mari, elle a subi le même sort que lui: elle a été emprisonnée en 1792, condamnée à mort par le Tribunal révolutionnaire, et guillotinée.

Marivaux *(XVIIIᵉ siècle: 1688 – 1763)*

Marivaux est un **auteur dramatique**. Il a écrit des pièces qui mettent en scène des jeunes personnes exprimant leurs sentiments amoureux avec des paroles spirituelles, brillantes et raffinées. Son œuvre a donné à la langue française le mot « marivaudage », qui désigne ce type de dialogue amoureux et élégant. Ses pièces les plus célèbres sont *Le Jeu de l'amour et du hasard* et *Les Fausses Confidences*.

Matisse *(XIXᵉ – XXᵉ siècles: 1869 – 1954)*

Henri Matisse est un **peintre**. Influencé par l'impressionnisme, il a peint des tableaux de grande taille caractérisés par des formes stylisées et des couleurs très vives. Il a également utilisé la technique du collage. Ses œuvres les plus célèbres sont *La Danse* et *La Musique*.

Maupassant *(XIXᵉ siècle: 1850 – 1893)*

Guy de Maupassant est un **écrivain**. Il a écrit des centaines de nouvelles qui ont d'abord été publiées dans des journaux et qui ont eu un immense succès populaire. Ses récits dénoncent souvent l'hypocrisie de la bourgeoisie et analysent les rapports entre les différentes classes sociales. Son style réaliste et ses intrigues brillamment construites ont influencé de nombreux écrivains. Sa nouvelle la plus connue, et celle qui l'a rendu célèbre, s'intitule *Boule de suif*.

Mitterrand *(XXᵉ siècle: 1916 – 1996)*

François Mitterrand a été **président de la République** de 1981 à 1988 et de 1988 à 1995. Premier président socialiste de la Cinquième République, il a introduit des réformes telles que l'abolition de la peine de mort, la semaine de 39 heures et la retraite à 60 ans. Il a mené une politique culturelle très riche, notamment au travers de grands projets architecturaux (par exemple le musée d'Orsay, le réaménagement du Louvre, l'Opéra Bastille et la Bibliothèque nationale de France, qui porte aujourd'hui son nom). Secret et solitaire mais néanmoins charismatique, Mitterrand a toujours cultivé le mystère et reste un personnage énigmatique dans l'histoire politique française.

Molière *(XVIIᵉ siècle: 1622 – 1673)*

Molière, dont le vrai nom était Jean-Baptiste Poquelin, est un **écrivain** et un **homme de théâtre** français qui a vécu à l'époque de Louis XIV. La troupe qu'il a fondée a connu un énorme succès et a longtemps bénéficié d'une protection royale. Avec le musicien Lully, Molière a organisé des fêtes somptueuses à la cour de Versailles. Ses pièces les plus célèbres sont de brillantes comédies satiriques qui tournent en ridicule des personnages stupides, hypocrites ou prétentieux. Parmi les plus connues, on peut citer *Les Femmes savantes*, *Le Misanthrope*, *Tartuffe* et *Le Bourgeois gentilhomme*. Molière, lui-même comédien, est mort en sortant de scène.

Monet *(XIXᵉ – XXᵉ siècles: 1840 – 1926)*

Claude Monet est un **peintre**. Fasciné par l'aptitude de la peinture à capter les effets de lumière, il est devenu célèbre pour son tableau *Impression, soleil levant* (1872), qui a donné son nom au mouvement impressioniste. Ses œuvres les plus connues sont *Les Nymphéas*, une série de 250 tableaux inspirés par son jardin à Giverny, en Normandie. Il ne faut pas confondre Monet avec son ami Manet.

Montaigne *(XVIᵉ siècle: 1533 – 1592)*

Montaigne est un **écrivain**. Grande figure de l'humanisme de la Renaissance, il est l'inventeur d'un genre littéraire: l'essai. Dans ses *Essais*, Montaigne mène une réflexion franche et lucide, empreinte d'un certain pessimisme, sur l'homme et sur lui-même.

Montesquieu *(XVIIIᵉ siècle: 1689 – 1755)*

Montesquieu est un **écrivain** et un **philosophe**. C'est un des grands penseurs du siècle des Lumières, qui s'est surtout intéressé à la philosophie politique. Son analyse sur la séparation des pouvoirs législatif, exécutif et judiciaire, qu'il expose dans *De l'esprit des lois*, a eu beaucoup d'influence sur les penseurs de la Révolution française. Devenue une notion clé de la politique moderne, cette séparation des pouvoirs est intégrée dans de nombreuses constitutions à travers le monde.

Napoléon Ier (Napoléon Bonaparte)
(XVIIIe – XIXe siècles : 1769 – 1821)

Napoléon Ier (« Napoléon premier ») a été **empereur des Français** de 1804 à 1815. Il est considéré comme un des plus grands chefs militaires de l'histoire. Ses nombreuses campagnes militaires victorieuses lui ont permis de prendre le contrôle de la majeure partie de l'Europe de l'Ouest, mais sa tentative d'invasion de la Russie en 1812 a été désastreuse. Il a abdiqué après sa défaite à la bataille de Leipzig contre la Prusse en 1813. Exilé sur l'île d'Elbe, il est revenu au pouvoir en France en 1815. L'Europe s'est alors unie contre lui et il a subi son ultime défaite à la bataille de Waterloo. Son amour pour l'impératrice Joséphine est devenu légendaire.

Napoléon III *(XIXe siècle : 1808 – 1873)*

Napoléon III a été **empereur des Français** de 1852 à 1870. C'était le neveu de Napoléon Bonaparte. Il a développé les finances, l'industrie et le commerce de son pays, et a porté de l'intérêt aux problèmes des ouvriers et des pauvres. Un des faits les plus marquants de son règne est la transformation de la ville de Paris sous la responsabilité du préfet Haussmann.

Pascal *(XVIIe siècle : 1623 – 1662)*

Blaise Pascal est un **mathématicien**, un **physicien** et un **philosophe**. Ses écrits sur la géométrie et le calcul des probabilités ont eu une grande influence, et ses expériences ont confirmé l'existence du vide et de la pesanteur. À l'âge de 31 ans, il a abandonné la science et s'est consacré à des réflexions philosophiques et théologiques. Les notes qu'il a prises pendant cette période ont été publiées après sa mort sous le titre de *Pensées*. Le « pari de Pascal » est une célèbre hypothèse selon laquelle nous avons toujours plus à gagner si nous croyons en Dieu que si nous n'y croyons pas.

Pasteur *(XIXe siècle : 1822 – 1895)*

Louis Pasteur est un **chimiste** et un **biologiste**. Il a découvert l'existence des microbes, créé le premier vaccin contre la rage et inventé une méthode pour tuer les bactéries qui a pris plus tard le nom de « pasteurisation ». Il a fondé l'Institut Pasteur, un important centre de recherche et d'enseignement à Paris.

Perrault *(XVIIe siècle : 1628 – 1703)*

Charles Perrault est un **écrivain** qui a vécu à l'époque de Louis XIV. Il est célèbre pour avoir développé le genre littéraire du conte de fées. Ses contes les plus célèbres sont *Le Petit Chaperon rouge*, *La Belle au bois dormant*, *Cendrillon* et *Le Chat botté*.

Piaf *(XXe siècle : 1915 – 1963)*

Edith Piaf est une **chanteuse**. C'est une des rares chanteuses françaises à avoir connu un succès mondial. La fragilité de sa silhouette contrastait avec sa voix très puissante. Sa chanson *Non je ne regrette rien* est devenue légendaire. Elle a été surnommée *Piaf* parce qu'elle faisait penser à un moineau (un *piaf*, en langage familier).

Madame de Pompadour
(XVIIIe siècle : 1721 – 1764)

Madame de Pompadour (la marquise de Pompadour) était la **maîtresse de** Louis XV. Bien éduquée, elle a protégé de nombreux artistes et écrivains et a défendu l'*Encyclopédie* de Diderot contre la censure. Elle avait beaucoup de goût et a fait travailler des artistes (peintres, sculpteurs, ébénistes…) auxquels elle a su imposer un style décoratif délicat. Sa résidence parisienne, l'hôtel d'Evreux, est aujourd'hui le palais de l'Elysée, résidence officielle du président de la République.

Pompidou *(XXe siècle : 1911 – 1974)*

Georges Pompidou a été **président de la République** de 1969 à sa mort. Son mandat a été marqué par l'entrée de la Grande-Bretagne dans la Communauté économique européenne et par la modernisation de l'industrie française. Grand amateur d'art, il est à l'origine de la création du Centre Pompidou, un des musées les plus fréquentés de Paris.

Prévert *(XXe siècle : 1900 – 1977)*

Jacques Prévert est un **poète**. Ses poèmes, influencés par le mouvement surréaliste, possèdent un style simple et riche en jeux du langage qui abordent avec ironie et tendresse les thèmes de la liberté, de la justice et du bonheur. Il a également écrit des dialogues de films (*Les Enfants du paradis*, de Marcel Carné) et des chansons (*Les Feuilles mortes*). L'expression « une liste à la Prévert », allusion à son poème *Inventaire*, évoque une longue liste d'éléments disparates.

Proust *(XIXe – XXe siècles : 1871 – 1922)*

Marcel Proust est un **écrivain**. Son œuvre monumentale en sept parties intitulée *À la recherche du temps perdu*, dont le thème principal est le souvenir, a profondément influencé la littérature du XXᵉ siècle. Dans un passage célèbre, le narrateur, qui mange une madeleine (le petit gâteau qu'il mangeait dans son enfance), est envahi par un flot de souvenirs: c'est la fameuse « madeleine de Proust ». La vie de Proust est devenue légendaire: sujet à des crises d'asthme, il s'est progressivement enfermé dans sa chambre, tapissée de liège, pour se consacrer à l'écriture.

Rabelais (XVᵉ siècle: 1483 ou 1494 – 1553)

François Rabelais est un **écrivain**. Avec Montaigne, il est considéré comme un grand représentant de l'humanisme de la Renaissance. Ses récits mettent en scène les géants Pantagruel et Gargantua dans des situations cocasses. L'adjectif « rabelaisien » est employé pour caractériser des plaisanteries ou des mots qui possèdent un ton gai, libre, et un peu grossier. Un repas « pantagruélique » est un repas très copieux, et « gargantuesque » signifie « énorme ».

Racine (XVIIᵉ siècle: 1639 – 1699)

Jean Racine est un **auteur dramatique** qui a vécu à l'époque de Louis XIV. Dans ses pièces, inspirées par la tragédie grecque, la passion est une force qui conduit ses personnages à la destruction. Ses pièces les plus connues sont *Bérénice*, *Phèdre* et *Britannicus*. Racine était le rival de Pierre Corneille.

Ravel (XIXᵉ – XXᵉ siècles: 1875 – 1937)

Maurice Ravel est un **compositeur**. Il est l'auteur de symphonies, de pièces pour piano, pour orchestre, d'opéras, et d'un ballet. Il est considéré avec Debussy comme un des compositeurs les plus importants du début du XXᵉ siècle. Son œuvre la plus célèbre est *Boléro* (1928).

Renoir (XIXᵉ – XXᵉ siècles: 1841 – 1919)

Pierre Auguste Renoir est un **peintre**. Ses recherches sur les effets de la lumière ont influencé les premiers impressionnistes. Il a peint non seulement des paysages mais aussi des scènes populaires et de nombreux nus féminins. Ses tableaux les plus célèbres sont *Le Moulin de la Galette* et *Les Baigneuses*.

Richelieu (XVIᵉ – XVIIᵉ siècles: 1585 – 1642)

Richelieu est un **cardinal** et un **homme d'État**. Principal ministre de Louis XIII, il a consolidé l'autorité du roi, réduit le pouvoir des nobles et centralisé la France. Il a fondé l'Académie française, une société savante dont les membres sont chargés de rédiger un dictionnaire de la langue française.

Rimbaud (XIXᵉ siècle: 1854 – 1891)

Arthur Rimbaud est un **poète**. En rupture avec les codes traditionnels du genre, l'œuvre brève de Rimbaud a profondément marqué la poésie moderne. Sa turbulente liaison homosexuelle avec le poète Verlaine, ainsi que sa vie d'aventurier dont le détail reste obscur, ont contribué à sa célébrité. Après sa mort, Rimbaud est devenu un héros anticonformiste qui a notamment influencé la « Beat Generation » et les hippies des années 1960.

Robespierre (XVIIIᵉ siècle: 1758 – 1794)

Maximilien de Robespierre est l'un des principaux protagonistes de la Révolution française (1789). Influencé par les philosophes des Lumières, notamment par Rousseau, il s'est entièrement dévoué à la cause révolutionnaire, ce qui lui a valu le surnom d'«Incorruptible ». Il a soutenu la Terreur, une période où des atrocités ont été commises au nom de la Révolution, et a été exécuté par des révolutionnaires plus modérés en 1794.

Rodin (XIXᵉ – XXᵉ siècles: 1840 – 1917)

Auguste Rodin est un **sculpteur**. En rupture avec la sculpture traditionnelle, il a créé un style expressif où le mouvement et l'énergie du corps humain occupent une place très importante. Il a entretenu une célèbre liaison avec la femme sculpteur Camille Claudel. Ses œuvres les plus connues sont *Le Penseur* et *Le Baiser*.

Ronsard (XVIᵉ siècle: 1524 – 1585)

Pierre de Ronsard est un **poète**. Il a fait partie du groupe de poètes qu'on appelle « la Pléiade ». On l'a surnommé à son époque le « prince des poètes ». Son œuvre, inspirée par les poètes de l'Antiquité, aborde avec grâce et délicatesse des thèmes comme l'amour et l'humanisme. Ses œuvres les plus connues sont les *Sonnets pour Hélène* et le célèbre poème intitulé *Ode à Cassandre*, qui commence par la phrase « *Mignonne allons voir si la rose…* »

Rousseau (XVIIIᵉ siècle: 1712 – 1778)

Jean-Jacques Rousseau est un **philosophe** de langue française, né à Genève. Contemporain de Voltaire et de Diderot, avec qui il a travaillé sur l'*Encyclopédie*, c'est l'un des plus grands philosophes du siècle des Lumières. Son œuvre, dans laquelle il critique la civilisation et prône un retour à la nature, a beaucoup influencé les penseurs de la Révolution française, notamment Robespierre. On cite souvent sa phrase « *L'homme est né libre, et partout il est dans les fers* ».

Sade *(XVIIe – XVIIIe siècles: 1740 – 1814)*

Le marquis de Sade est un **écrivain**. Cet aristocrate libertin a passé la majeure partie de sa vie en prison et a fini ses jours à l'asile. Il est connu pour ses œuvres où la souffrance de l'autre est source de plaisir érotique. Son nom a donné à la langue française les mots *sadisme* et *sadique*. Son œuvre la plus célèbre est *Justine ou Les Malheurs de la vertu*.

Saint-Exupéry *(XXe siècle: 1900 – 1944)*

Antoine de Saint-Exupéry est un **écrivain** et un **aviateur**. C'était l'un des pionniers de l'aviation postale. Ses œuvres les plus connues sont *Vol de nuit* et surtout *Le Petit Prince*, un livre pour enfants qu'il a lui-même illustré. Il est mort pendant la Seconde Guerre mondiale, lorsque son avion s'est écrasé en mer.

Sand *(XIXe siècle: 1804 – 1876)*

George Sand est une **romancière**. Très indépendante, elle a refusé les conventions sociales de son époque (elle s'habillait en homme, fumait…). Elle a entretenu des liaisons amoureuses avec l'écrivain Alfred de Musset et le musicien Frédéric Chopin. Ses œuvres (par exemple *La Petite Fadette* et *La Mare au diable*) sont peu lues aujourd'hui.

Sartre *(XXe siècle: 1905 – 1980)*

Jean-Paul Sartre est un **écrivain** et un **philosophe**. Il a développé le concept de l'existentialisme. Cette philosophie, qui met l'action, la décision et la liberté individuelle au cœur de l'existence humaine, est devenue un véritable phénomène de mode dans le Paris de l'après-guerre. Les œuvres de Sartre les plus connues sont l'essai philosophique *L'Être et le Néant*, le roman *La Nausée*, et la pièce de théâtre *Huis clos*, dans laquelle on trouve sa célèbre phrase « *L'enfer, c'est les autres* ». Sartre a partagé la vie de Simone de Beauvoir.

Madame de Sévigné *(XVIIe siècle: 1626 – 1696)*

Madame de Sévigné (la marquise de Sévigné) était une **dame de la noblesse** qui a vécu à l'époque de Louis XIV. Cultivée et mondaine, elle a écrit (notamment à sa fille) des lettres pleines d'esprit qui offrent un aperçu passionnant de la vie à la cour de Versailles.

Stendhal *(XIIIe – XIXe siècles: 1783 – 1842)*

Stendhal, dont le vrai nom était Henri Beyle, est un **écrivain**. Contemporain de Balzac, il est un des premiers romanciers réalistes. Il dépeint avec une grande acuité la psychologie de ses personnages et offre une vision critique de la société de son époque. Son roman le plus célèbre est *Le Rouge et le Noir*, qui est considéré comme l'un des premiers « romans psychologiques ».

Truffaut *(XXe siècle: 1932 – 1984)*

François Truffaut est un **cinéaste**. Avec Jean-Luc Godard, il est l'un des principaux représentants de la Nouvelle Vague. Son œuvre, souvent autobiographique, est marquée par la tendresse, la nostalgie du temps qui passe et la difficulté des relations amoureuses. Parmi ses films les plus célèbres, on peut citer *Les Quatre Cents Coups* (1959) et *Jules et Jim* (1962).

Vercingétorix *(72 – 46 avant Jésus-Christ)*

Vercingétorix était le **chef d'un peuple gaulois**. Il a rassemblé les tribus gauloises qui se sont soulevées contre l'impérialisme romain en 52 avant Jésus-Christ. Il a fini par se rendre aux Romains, et César l'a fait étrangler à Rome. Son histoire a inspiré la célèbre bande dessinée *Astérix le Gaulois*.

Verlaine *(XIXe siècle: 1844 – 1896)*

Paul Verlaine est un **poète**. Sa vie et son œuvre ont été marquées par sa rencontre avec le jeune Rimbaud, avec qui il a entretenu une liaison amoureuse turbulente (il a fait un séjour en prison après avoir blessé Rimbaud à coups de pistolet). Personnage tourmenté et mélancolique, grand consommateur d'alcool et d'absinthe, il a mené une vie agitée peu conforme aux conventions morales de son époque. Parmi ses œuvres les plus connues on peut citer *Romance sans paroles* et *Poètes maudits*.

Verne *(XIXe siècle: 1828 – 1905)*

Jules Verne est un **écrivain**. Passionné de recherche scientifique, il a réuni sous le titre *Les Voyages extraordinaires* des récits mondialement connus qui mettent en scène des aventuriers et des explorateurs. Les plus célèbres sont *Vingt Mille Lieues sous les mers*, *Le Tour du monde en 80 jours* et *Voyage au centre de la Terre*.

Villon *(XVe siècle: vers 1431 – après 1463)*

François Villon est un **écrivain**. Il a mené une vie aventureuse, parfois en compagnie de malfaiteurs, et a fait plusieurs séjours en prison. Ses poésies mélangent l'ironie et le tragique, le réalisme et le lyrisme. Sa *Ballade des dames du temps jadis* contient la célèbre phrase « *Mais où sont les neiges d'antan?* »

Voltaire *(XVIIe siècle: 1694 – 1778)*

Voltaire est un **écrivain** et un **philosophe**. Poète mondain d'origine bourgeoise, il a écrit des œuvres philosophiques dans lesquelles il critique les institutions politiques et sociales et s'élève contre le fanatisme religieux et l'injustice. Ses écrits l'ont conduit plusieurs fois en prison ou en exil. Avec Diderot et Rousseau, c'était l'un des grands penseurs du siècle des Lumières.

Zola *(XIXᵉ siècle: 1840 – 1902)*

Émile Zola est un **écrivain**. C'était le chef de file du mouvement naturaliste. Ses vingt romans réunis sous le titre *Les Rougon-Macquart* racontent avec un réalisme cru le destin de deux familles sur cinq générations. Il a publié dans le journal *L'Aurore* une lettre intitulée *J'accuse*, dans laquelle il défend Dreyfus. Parmi ses romans les plus célèbres on peut citer *Nana*, *Le Bête humaine* et *Thérèse Raquin*.

Vocabulaire

aborder un thème
to deal with a theme
elle affichait son goût pour...
she made no secret of her taste for...
l'angelot *m*
cherub
l'armature d'une statue
inner skeleton of a statue
la **division blindée**
armoured division, in the army
la **danseuse classique**
ballerina
un **lieu de détente**
a place where people go to relax
à la différence de...
unlike...
la **dot**
dowry
Ésope
Aesop, the Greek writer of fables
essai
in literary history, particularly with
reference to Montaigne, *un essai* means a
'personal essay', an essay that examines
human nature and takes the author himself
as an example.
un **dialogue étincelant**
a sparkling dialogue
jouer un rôle de figurant
to play a minor role
gracier quelqu'un
to pardon someone
l'**enseignement laïque**
education system that is not linked
to the church

le siècle des Lumières
the (Age of) Enlightenment
le **fait marquant**
key event
à mi-chemin entre...
halfway between...
mondain
fond of high society – at the time of the
monarchy, it meant 'fond of court society'.
le **monde oriental**
usually the Arab world
percer une route
to build a new road
le **prélat**
prelate, a high-ranking churchman
la **Réforme**
the Reformation
assurer la régence
to act as Regent, to rule on behalf of a
young king or queen
le **religieux**
man of the church (sometimes a monk)
rétablir la stabilité
to restore stability
subir le même sort
to meet the same end
spirituel
spiritual ; witty
le **tailleur**
tailor ; skirt suit
tiraillé entre...
torn between...
la **vraisemblance**
verisimilitude: in art and literature,
this is the appearance of being real

British Isles and Commonwealth Hall of Fame

Albert /ˈælbət/ *(19th century: 1819 – 1861)*
Prince Albert was Queen Victoria's husband. He was born in Germany. He was very interested in technology and the arts, and organized the Great Exhibition in London in 1851. The money from the exhibition was used to build several museums and an enormous concert hall that was named after him (the Royal Albert Hall).

Alfred the Great /ˈælfrɪd ðə ˈgreɪt/
(9th century: 849 – 901)
Alfred the Great was **king of Wessex** (one of the kingdoms in Anglo-Saxon England) from the year 871. He defended England against the Vikings. According to a well-known story, Alfred was once hiding from the Vikings in a house, and a woman asked him to look after some cakes she was baking. Alfred was so preoccupied that he burnt the cakes.

Arthur /ˈɑːθə/
King Arthur is a character in medieval **legend**. He lived in a castle called Camelot and was the leader of the Knights of the Round Table. Lancelot was one of the most important of these, and he was the lover of Arthur's queen, Guinevere. Nobody knows if Arthurian legend is based on the life of a real person or not.

Austen /ˈɒstɪn/ *(18th – 19th century: 1775 – 1817)*
Jane Austen was a **writer**. She was one of the earliest women novelists, and her books are full of wit and psychological insight. Her most famous book is *Pride and Prejudice*.

Bacon (1) /ˈbeɪkən/ *(16th – 17th century: 1561 – 1626)*
Sir Francis Bacon was a **philosopher** and **politician** who lived during the reign of Elizabeth I and James I. His writings about observation and experimentation made an important contribution to the development of scientific thought. His phrase "knowledge is power" is often quoted.

Bacon (2) /ˈbeɪkən/ *(20th century: 1909 – 1992)*
Francis Bacon was a **painter**. He made disturbing and sometimes shocking paintings of distorted, grotesque human figures. One of his most famous works is a painting of a seated pope called *Study after Velasquez*.

Baden-Powell /ˈbeɪdənˈpəʊəl/
(19th – 20th century: 1857 – 1941)
Robert Baden-Powell was a British **general** who distinguished himself in the Boer War in South Africa. He is best known, however, for founding the Boy Scout movement in 1908.

Baird /beəd/ *(19th – 20th century: 1888 – 1946)*
John Logie Baird was an **engineer**. He is famous for inventing the first ever working television system, which he demonstrated in 1926.

Barton /ˈbɑːtən/ *(19th – 20th century: 1849 – 1920)*
Sir Edmund Barton was a leading campaigner for the creation of the Australian Federation, and became the first **prime minister of Australia** when the Federation was created in 1901. Many Australians remember his phrase "for the first time, we have a nation for a continent, and a continent for a nation."

Becket /ˈbɛkɪt/ *(12th century: 1118 – 1170)*
Thomas Becket (also known as Thomas à Becket) was **Archbishop of Canterbury** from 1162 until his death. He was assassinated in Canterbury Cathedral by followers of King Henry II because he opposed the king's attempt to dominate the church. He was considered a martyr, and was made a saint in 1173. His tomb was a place of pilgrimage for several centuries.

Bevan /ˈbɛvən/ *(20th century: 1897 – 1960)*
Aneurin Bevan (known as Nye Bevan) was a British Labour **politician**. As Minister of Health immediately after the Second World War, he created the National Health Service, the state system in the United Kingdom that provides free or subsidized medical care.

Biko /ˈbiːkəʊ/ *(20th century: 1946 – 1977)*
Steve Biko was a leading **anti-apartheid activist** in South Africa. The government tried to suppress his activities, and following the Soweto riots in 1976 he was arrested and died in police custody. Biko's death drew international attention to the brutality of the regime in South Africa, and he became a hero of the anti-apartheid movement.

Blake /bleɪk/ *(18th – 19th century: 1757 – 1827)*
William Blake was a **poet** and **artist**. His mystical and imaginative poems, which he illustrated with his own drawings and water-colours, are a reaction against 18th century rationalism. His most famous work is the prelude to a poem called *Milton*, which was made into a popular patriotic song entitled *Jerusalem*.

Boadicea /ˌbəʊədɪˈsiːə/ *(1st century: died in 62 AD)*
Boadicea or Boudicca was a British **tribal queen**. She is famous for leading a rebellion against the Romans who had invaded her kingdom. Although her rebellion was ultimately unsuccessful she became a popular heroine and a symbol of resistance. She is often portrayed riding in a chariot.

Boleyn /bʊˈlɪn/ *(16th century: 1507 – 1536)*
Anne Boleyn was the second and most famous of Henry VIII's six wives. She reigned as **queen consort** from 1533 until her death. To marry her, Henry had defied the pope and declared his first marriage invalid. This was the beginning of the English Reformation, when the English church broke away from Roman Catholicism. She was eventually accused of adultery and executed. She was the mother of Elizabeth I.

Booth /buːð/ *(19th century: 1829 – 1912)*
William Booth was an evangelical **religious leader**. He founded the Salvation Army, a charitable organization that helps poor people.

Britten /ˈbrɪtən/ *(20th century: 1913 – 1976)*
Benjamin Britten is considered to be one of the greatest British **composers** of the 20th century. He is best known for his operas *Billy Budd* and *Peter Grimes*, and for his *War Requiem*.

Brontë /ˈbrɒntɪ/ (Charlotte)
(19th century: 1816 – 1855)
Charlotte Brontë was a **writer**. She is famous for her romantic novels, especially *Jane Eyre*. She was Emily Brontë's sister. Her sister Anne also wrote novels.

Brontë /ˈbrɒntɪ/ (Emily) *(19th century: 1818 – 1848)*
Emily Brontë was a **writer**. She wrote poems and the famous romantic novel *Wuthering Heights*. She was the middle sister between Charlotte Brontë and Anne Brontë.

Brown /braʊn/ *(18th century: 1715 – 1783)*
Capability Brown was a **landscape gardener** who designed some of the finest private parks and gardens in England. He is sometimes referred to as the greatest English gardener in history.

Brunel /bruːˈnɛl/ *(19th century: 1806 – 1859)*
Isambard Kingdom Brunel was an **engineer**. He designed steamships, including one that was (at the time) the largest ship ever built, and innovative iron bridges. He also created the Great Western Railway in the south-west of England.

Burns /bɜːnz/ *(18th century: 1759 – 1796)*
Robert Burns was a **poet**. His poems and songs are still popular, and he is a Scottish cultural icon. His most famous song is *Auld Lang Syne*, which is traditionally sung at New Year all over the English-speaking world. The French version of this song is *Ce n'est qu'un au revoir*.

Byron /ˈbaɪərən/ *(18th – 19th century: 1788 – 1824)*
Lord Byron was a **poet**. A leading romantic writer, he rebelled against the conventions of his time and led a life that was full of sexual scandal. He died in Greece, where he had travelled to fight on the Greek side in the War of Independence against Turkey. His works influenced writers and artists all over Europe. His best known poem is *The Pilgrimage of Childe Harold*.

Carroll /ˈkærəl/ *(19th century: 1832 – 1898)*
Lewis Carroll was a **writer** who lived during the reign of Queen Victoria. He was a university teacher and mathematician by profession, but he is famous all over the world for his books *Alice in Wonderland* and *Through the Looking-Glass*, which he wrote for a little girl he was fond of.

Caxton /ˈkækstən/ *(15th century: 1422 – 1491)*
William Caxton was the first English **printer**. He printed many historically important books, including the works of Geoffrey Chaucer. Caxton's work helped to standardize the way the English language is written.

Charles I /ˈtʃɑːlz ðə ˈfɜːst/
(17th century: 1600 – 1649)
Charles I ('Charles the First') was **king of England** from 1625. The main event during his reign was the Civil War between Royalists and supporters of the Parliament, who thought Charles was trying to establish an absolute monarchy. The Royalists lost the war and Charles was executed for treason. The monarchy was replaced by a republican regime known as the Protectorate, headed by Oliver Cromwell.

Charles II /ˈtʃɑːlz ðə ˈsɛkənd/
(17th century: 1630 – 1685)
Charles II ('Charles the Second') was **king of England** from 1660. He was crowned king when the monarchy was restored two years after the

death of Oliver Cromwell. He was a skilled ruler whose cheerful personality earned him the nickname of "the merry monarch". He was also famous for having many mistresses.

Chaucer /ˈtʃɔːsə/ *(14th century: 1343 – 1400)*
Geoffrey Chaucer was a **poet**. After the Norman Conquest he was the first major writer to produce literary texts in English (instead of Latin or French), and because of this he is sometimes called the 'father of English literature'. His most famous work is *The Canterbury Tales*, a series of lively stories told by pilgrims on their way to visit the tomb of Thomas Becket.

Chippendale /ˈtʃɪpənˌdeɪl/
(18th century: 1718 – 1779)
Thomas Chippendale was a **cabinet-maker** and **furniture designer**. He made luxury furniture for wealthy people, and is considered one of the greatest makers of furniture in British history. Original Chippendale furniture is extremely valuable.

Christie /ˈkrɪstɪ/ *(19th – 20th century: 1890 – 1976)*
Agatha Christie was a **writer**. She wrote detective stories in which the main character solves complicated murder mysteries. Her most famous characters are Miss Marple and Hercule Poirot. Her best known novels are *Murder on the Orient Express* and *Death on the Nile*.

Churchill /ˈtʃɜːtʃɪl/ *(19th – 20th century: 1874 – 1965)*
Sir Winston Churchill was a **politician**. As Prime Minister during the Second World War, he led the British offensive against Hitler. Many British people consider Churchill to be the greatest political leader in British history.

Coleridge /ˈkəʊlərɪdʒ/
(18th – 19th century: 1772 – 1834)
Samuel Taylor Coleridge was a **poet**. Along with Shelley, Wordsworth and Keats, he laid the foundations of the English romantic movement. His most famous work is the *Rime of the Ancient Mariner*, part of a collection he wrote with Wordsworth called *Lyrical Ballads*.

Collins /ˈkɒlɪnz/ *(20th century: 1890 – 1922)*
Michael Collins was an Irish **revolutionary leader**. He took part in the Easter Rising (an armed insurrection in Dublin in 1916 against British rule in Ireland) and later led the Irish Republican Army (Sinn Féin) in a violent campaign against British forces. In 1921 he negotiated the treaty with the British government that made Ireland a self-governing member of the British Commonwealth, a move that angered those in favour of complete independence and led to the Irish Civil War. Collins was shot dead in mysterious circumstances during the Civil War in 1922. He is remembered as a key figure in the history of Irish independence.

Conan Doyle /ˈkəʊnən ˈdɔɪl/
(19th – 20th century: 1859 – 1930)
Sir Arthur Conan Doyle was a **writer**. He is famous for the stories he wrote about the amateur detective Sherlock Holmes. His most famous novel is *The Hound of the Baskervilles*.

Constable /ˈkʌnstəbəl/
(18th – 19th century: 1776 – 1837)
John Constable was a romantic **painter**. He is best known for his landscape paintings of the area where he lived, in rural Suffolk (eastern England). Although he was not particularly successful in his lifetime, his best paintings are now considered to be masterpieces. His most famous picture is called *The Hay-Wain*.

Cook /kʊk/ *(18th century: 1728 – 1779)*
Captain James Cook was a **navigator** and **explorer**. He made several great sea voyages to the Pacific, travelling to New Zealand, Australia and Hawaii and making the first accurate maps of the area. He also explored Antarctica and parts of North America.

Cromwell /ˈkrɒmwəl/ *(17th century: 1599 – 1658)*
Oliver Cromwell was a Puritan, a **military leader** and a **statesman**. He was the leader of the Parliamentarians in the English Civil War. After their victory he had Charles I executed and governed England as 'Lord Protector'. Some people refer to Cromwell as the only military dictator in English history. When Cromwell died, he was succeeded briefly by his son Richard. Soon, however, the monarchy was restored and Charles II came to the throne.

Curtin /ˈkɜːtɪn/ *(19th – 20th century: 1885 – 1945)*
John Curtin was **prime minister of Australia** from 1941 to 1945. He successfully protected the country from Japanese invasion during the Second World War, which is why many Australians consider him to be the greatest prime minister in the country's history.

Darwin /ˈdɑːwɪn/ *(19th century: 1809 – 1882)*
Charles Darwin was a **scientist** who lived during the reign of Queen Victoria. He developed a groundbreaking theory explaining how animal and plant species evolve over long periods of

time. His ideas were extremely controversial because they contradicted many people's religious beliefs, especially as they suggest that Man's distant ancestors were apes.

Defoe /dɪˈfəʊ/ (17th – 18th century: 1660 – 1731)
Daniel Defoe was a **writer**. He wrote hundreds of books, but is best known for his novel *Robinson Crusoe*, about a sailor stranded for 28 years on a remote island. Many people consider this book to be the first English novel.

de Klerk /də ˈklɜːk/ (20th century: born in 1936)
F.W. de Klerk was **president of South Africa** from 1989 to 1994, and is famous for agreeing to end the policy of racial segregation called apartheid. Together with Nelson Mandela, he was awarded the Nobel Peace Prize in 1993.

de Valera /də vəˈlɛərə/
(19th – 20th century: 1882 – 1975)
Eamon de Valera was an Irish **politician**. He took part in the Easter Rising (an armed insurrection in Dublin in 1916 against British rule in Ireland), opposed the Anglo-Irish treaty of 1921, founded the Republican party Fianna Fáil in 1926, and drafted the new Irish constitution in 1937. He served several terms as Taoiseach (prime minister), and was president of Ireland from 1959 to 1973. De Valera is remembered as a key figure in the history of Irish independence and was one of the most influential Irishmen of the 20th century.

Dickens /ˈdɪkɪnz/ (19th century: 1812 – 1870)
Charles Dickens was a **writer** who lived during the reign of Queen Victoria. He wrote novels with complicated plots and a wide range of characters, including poor people. His most famous novels, which are still popular today, include *Great Expectations*, *Oliver Twist* and *A Christmas Carol*. The word 'Dickensian' is used to describe the harsh living conditions endured by poor people in Victorian England.

Douglas /ˈdʌɡləs/ (20th century: 1904 – 1986)
Tommy Douglas was an influential Canadian **politician** who served as premier (first minister) of Saskatchewan from 1944 to 1961. He is best known for having introduced Medicare (public health insurance) to Canada in the 1960s. In 2004 he was voted the "greatest Canadian of all time" in a television poll organized by the Canadian Broadcasting Corporation.

Drake /dreɪk/ (16th century: 1540 – 1596)
Sir Francis Drake was a **navigator** who lived during the reign of Elizabeth I. He was the first Englishman to sail around the world, and is famous for his role in defeating the Spanish Armada, a large fleet of Spanish ships that attempted to invade England in 1588. According to popular legend, Drake was playing bowls in Plymouth when the Spanish Armada arrived off the English coast, and calmly finished his game before joining the battle.

Edward the Confessor /ˈɛdwəd ðə kənˈfɛsə/
(11th century: 1002 – 1066)
Edward the Confessor was **king of England** from 1042. He was succeeded by Harold II. Edward had spent his early life in Normandy, and William the Conqueror later claimed that he had promised him the English throne. This was the justification for William's successful invasion of England in 1066, which marked the beginning of the Norman Conquest.

Edward VII /ˈɛdwəd ðə ˈsɛvənθ/
(19th – 20th century: 1841 – 1910)
Edward VII ('Edward the seventh') was **king of the United Kingdom** from 1901. He was Queen Victoria's son. His reign is known as the Edwardian period, and corresponds to the 'Belle Époque' in France. Edward VII played an important role in the establishment of the 'Entente cordiale', an agreement designed to end rivalry between Britain and France.

Edward VIII /ˈɛdwəd ðɪ ˈeɪtθ/
(20th century: 1894 – 1972)
Edward VIII ('Edward the eighth') was **king of the United Kingdom** from January to December 1936, and later took the title **Duke of Windsor**. He abdicated when the British Government refused to authorize his marriage to Wallis Simpson, an American divorcee. The couple were members of the Continental jet-set in the 1950s and 60s, and spent much of the later part of their lives in Paris.

Elgar /ˈɛlɡɑː/ (19th – 20th century: 1857 – 1934)
Sir Edward Elgar was a **composer**. He is best known for his *Pomp and Circumstance Marches*, which include the tune used for a very popular patriotic song called *Land of Hope and Glory*.

Eliot /ˈɛliət/ (19th century: 1819 – 1880)
George Eliot, whose real name was Mary Ann Evans, is considered to be one of the greatest British **novelists**. She lived during the reign of Queen Victoria and wrote realistic novels set in provincial England. Her most famous novel is *Middlemarch*.

Elizabeth I /ɪˈlɪzəbəθ ðə ˈfɜːst/
(16th century: 1533–1603)
Elizabeth I ('Elizabeth the first') was **queen of England and Ireland** from 1558. She had a very strong personality and is one of the best known rulers in British history. The time of her reign is known as the Elizabethan period. She made Protestantism the official religion in England, and had the Catholic queen of Scotland Mary Stuart imprisoned and executed. World exploration developed during her reign thanks to explorers like Sir Francis Drake and Sir Walter Raleigh. William Shakespeare was the greatest of the many outstanding poets and dramatists of the Elizabethan age.

Emmet /ˈɛmɪt/ *(18th century: 1778–1803)*
Robert Emmet was an Irish **nationalist**. In 1803 he led a failed rebellion against the British, and was captured and executed shortly afterwards. Although the rebellion was a failure, Emmet became a heroic figure in the history of Irish independence.

Fawkes /fɔːks/ *(16th century: 1570–1606)*
Guy Fawkes was a member of a group of **conspirators** who tried to assassinate King James I and the members of the English Parliament in what is known as the 'Gunpowder Plot' (5 November 1605). The plan to blow up the Houses of Parliament failed, and Guy Fawkes and his fellow conspirators were tortured and executed. The event is celebrated on Guy Fawkes Night (or 'Bonfire Night') on 5 November every year.

Fleming /ˈflɛmɪŋ/ *(19th–20th century: 1881–1955)*
Sir Alexander Fleming was a **biologist**. He did a lot of pioneering work, but is best known for having discovered the first antibiotic, penicillin, in 1928.

Gainsborough /ˈgeɪnzbərə/
(18th century: 1727–1788)
Thomas Gainsborough was a **painter**. He painted landscapes and portraits, and is considered the greatest British painter of the 18th century. His most famous painting is *The Blue Boy*.

Gandhi /ˈgændɪ/ *(19th–20th century: 1869–1948)*
Mahatma Gandhi was a prominent **leader of the Indian independence movement** who supported non-violent protest as a means to achieve freedom from oppression. As leader of the Indian National Congress, Gandhi fought to improve conditions for the poor and for women, and to end discrimination based on the caste system. He led the struggle for independence from the British Empire, and many of his supporters were killed in clashes with British forces. Gandhi lived a very simple life based on Hindu principles. He gave up wearing western dress, and made his own dhoti, spinning and weaving the cloth himself. His political beliefs influenced other civil rights leaders such as Martin Luther King, Steve Biko and Nelson Mandela. He was assassinated in 1948.

Gilbert & Sullivan /ˈgɪlbət ən ˈsʌlɪvən/
(19th century: Gilbert 1836–1911; Sullivan 1842–1900)
W.S. Gilbert was a **librettist** and Arthur Sullivan was a **composer**. They worked together for many years and produced many popular light operas, including *The Mikado* and *The Pirates of Penzance*.

Harold II /ˈhærəld ðə ˈsɛkənd/
(11th century: 1022–1066)
Harold II ('Harold the second') was **king of England** from January to October 1066. He succeeded Edward the Confessor, and was the last Anglo-Saxon king of England. Shortly after Harold's coronation, William the Conqueror invaded England, and Harold attempted to halt the invasion at the Battle of Hastings. The English lost the battle and Harold was killed. According to tradition he died when an arrow hit him in the eye.

Henry V /ˈhɛnrɪ ðə ˈfɪfθ/
(14th–15th century: 1387–1422)
Henry V ('Henry the fifth') was **king of England** from 1413. He invaded France and won a famous victory over the French at the Battle of Agincourt. He was declared heir to the French throne in 1420. Henry V is the subject of a play by William Shakespeare.

Henry VIII /ˈhɛnrɪ ðɪ eɪtθ/
(16th century: 1491–1547)
Henry VIII ('Henry the eighth') was **king of England and Ireland** from 1491. He broke with the Catholic church, confiscated the property of the monasteries, and declared himself the supreme head of the Church of England. He married six times, ending two of his marriages by executing his wives. His daughter Elizabeth I succeeded him.

James I /ˈdʒeɪmz ðə ˈfɜːst/
(16th–17th century: 1566–1625)
James I was **king of England and Ireland** from 1603. He was also king James VI of Scotland. Parliament became increasingly difficult to manage during his reign, and this laid the foundations for the Civil War which caused the downfall of his son, king Charles I. James was a

highly educated man, and the cultural and intellectual excellence of the Elizabethan period continued during his reign.

Johnson /ˈdʒɒnsən/ *(18th century: 1709 – 1784)*

Samuel Johnson (often called 'Doctor Johnson') was a **writer** and **lexicographer**. He was a very witty writer and critic, and he is best known for the great dictionary of the English language that he published in 1755.

Joyce /dʒɔɪs/ *(20th century: 1882 – 1941)*

James Joyce was an Irish **writer**. He wrote in a very innovative and unusual style, and his work has had a profound influence on modern English literature. His most famous novels are *Ulysses* and *Finnegan's Wake*.

Keats /kiːts/ *(19th century: 1795 – 1821)*

John Keats was a **poet**. Together with Shelley, Wordsworth and Coleridge, he laid the foundations of the English romantic movement. His most famous poems are *Ode to a Nightingale* and *Ode on a Grecian Urn*.

Lady Diana Spencer /ˈleɪdɪ daɪˈænə ˈspɛnsə/ *(20th century: 1961 – 1997)*

Lady Diana Spencer was the first wife of Prince Charles, the eldest son of Queen Elizabeth II. She became very popular all over the world, partly thanks to her involvement in charity work, but her marriage to Charles and her relations with the royal family were very difficult. Charles and Diana divorced in 1996, and Diana was killed in a car accident in Paris the following year.

Lawrence /ˈlɒrəns/ *(19th – 20th century: 1885 – 1930)*

D.H. Lawrence was a **writer**. His novels show how aspects of the modern world, especially industrialization, affect society and human relationships. He was very controversial in his time because his writing includes strong language and explicit references to sex. His most famous novels are *Lady Chatterley's Lover* and *Women in Love*.

Lawrence of Arabia /ˈlɒrəns əv əˈreɪbɪə/ *(20th century: 1888 – 1935)*

Lawrence of Arabia (T.E. Lawrence) was a British **army officer** and **writer** who became famous for his role in the Arab Revolt against the Ottoman Empire in 1916-1918. He adopted many Arab customs and wore traditional Arab clothes, and became a popular hero in both Britain and Arab countries. His most famous book is *The Seven Pillars of Wisdom*.

Livingstone /ˈlɪvɪŋstən/ *(19th century: 1813 – 1873)*

David Livingstone was a **missionary** and **explorer**. He was the first European to explore many areas of Africa. A journalist called Stanley was sent to Africa in 1871 to find him and help him. When the two men eventually met in a remote area, Stanley supposedly greeted him with the famous words 'Doctor Livingstone, I presume'.

Lloyd George /lɔɪd ˈdʒɔːdʒ/ *(19th – 20th century: 1863 – 1945)*

David Lloyd George was a British Liberal **politician**. He was Prime Minister from 1916 to 1922, and led the country through the First World War. He played a key role in drawing up the Treaty of Versailles, the agreement that officially ended the war.

Mandela /mænˈdɛlə/ *(20th – 21st century: born in 1918)*

Nelson Mandela is a former anti-apartheid activist who was **president of South Africa** from 1994 to 1999. He was leader of the African National Congress (ANC) in the early 1960s, and was imprisoned for 27 years for his involvement in armed resistance. He was released from prison in 1990, and in 1994 was elected president in the country's first fully democratic elections. His policy of peaceful reconciliation has made him a popular and heroic figure all over the world. Nelson Mandela was awarded the Nobel Peace Prize in 1993, an honour he shared with F.W. de Klerk.

Mary Stuart /ˈmɛərɪ ˈstjʊət/ *(16th century: 1542 – 1587)*

Mary Stuart ('Mary Queen of Scots') was **queen of Scotland** from 1542 to 1567 and **queen of France** from 1559 to 1560. She was born in Scotland but brought up in France, returning to Scotland in 1560 when her husband François II died. She was a Catholic, which brought her into conflict with her Protestant cousin, Queen Elizabeth I of England. She abdicated and fled to England in 1567 following a revolt. Elizabeth I had her imprisoned for eighteen years, and finally had her beheaded. She was a beautiful and highly educated woman, and her difficult life and violent death have made her into a tragic figure. She should not be confused with Mary Tudor.

Mary Tudor /ˈmɛərɪ ˈtjuːdə/ *(16th century: 1516 – 1558)*

Mary Tudor was **queen of England and Ireland** from 1553. She tried to restore Catholicism in England and ordered the execution of hundreds of people who refused to comply with her wishes. For this reason she is popularly known as 'Bloody Mary'. Her successor, Elizabeth I, was her half-sister, and she was the cousin of Mary Stuart.

Milton /ˈmɪltən/ (17th century: 1608–1674)

John Milton was a **poet** who lived during the reigns of Charles I and Charles II. He is best known for his epic poem *Paradise Lost*, about the banishment of Adam and Eve from Paradise.

Montgomery /mənˈɡʌmərɪ/
(20th century: 1887–1976)

Bernard Law Montgomery was a British **army officer** who played a vital role in the Allied victory in the Second World War. He led the Allied armies to victory at the Battle of El Alamein in Egypt, and commanded Allied ground forces during the Normandy invasion. He is often referred to by his nickname 'Monty'.

More /mɔː/ (15th–16th century: 1478–1535)

Thomas More was a **lawyer**, **politician** and **writer**. He had a brilliant career under king Henry VIII, replacing Cardinal Wolsey as Lord Chancellor. Like Wolsey he was a Catholic, and refused to recognize Henry VIII as head of the Church of England. He eventually resigned, and was imprisoned and executed. He is best known for his book about the political system of an imaginary island called *Utopia* (a word he invented). The Catholic church made him a saint in 1935.

Nehru /ˈnɛəruː/ (19th–20th century: 1889–1964)

Jawaharlal Nehru was an Indian **politician**. As a young man he became leader of the Indian National Congress, a political party that fought to obtain India's independence from the British Empire. When India became independent in 1947, Nehru became its first prime minister, remaining in office until his death. He introduced many important social and educational reforms, and was admired as a great statesman both in India and abroad. He was a charismatic figure and a brilliant speaker, and is often called 'pandit Nehru', which means 'Nehru the teacher'.

Nelson /ˈnɛlsən/ (18th century: 1758–1805)

Horatio Nelson was a British **admiral**. He was a great naval commander and won many victories. He died at the Battle of Trafalgar, in which British forces fought against Napoleon. There is a famous statue of Nelson at the top of a tall column in Trafalgar Square, London.

Newton /ˈnjuːtən/
(17th–18th century: 1642–1727)

Sir Isaac Newton was a **mathematician**, **physicist** and **astronomer**. He built the first ever telescope, helped lay the foundations of modern mathematics, and produced a revolutionary theory explaining the force of gravity. According to legend his theory of gravity came to him when an apple fell off a tree and landed at his feet.

Nightingale /ˈnaɪtɪŋɡeɪl/
(19th century: 1820–1910)

Florence Nightingale was a **nurse** who lived during the reign of Queen Victoria. Her wealthy parents disapproved of her becoming a nurse, but she was very determined. She became famous for organizing military hospitals during the Crimean War. She was known as 'the lady with the lamp' because of the lamp she carried with her when she visited patients at night.

Pankhurst /ˈpæŋkhɜːst/
(19th–20th century: 1858–1928)

Emmeline Pankhurst was an **activist** who struggled successfully for women's rights in the Edwardian period (see Edward VII). She was one of the founders of the 'suffragettes', a group of women who demanded that women should be given the right to vote.

Parnell /pɑːˈnɛl/ (19th century: 1846–1891)

Charles Stewart Parnell was an Irish **politician** who was a major figure in the Irish nationalist movement. Elected to parliament in 1875, he defended the rights of Irish tenant farmers and championed the cause of Home Rule for Ireland. He is remembered as a fighter for the freedom of Ireland, and is often referred to as the 'uncrowned king of Ireland'.

Pearse /pɪəs/ (19th–20th century: 1879–1916)

Patrick Pearse was an Irish **writer** and **political activist**. He was very interested in Irish traditions and language, and in 1908 founded a private school near Dublin where Irish culture was an important part of the curriculum. He was one of the leaders of the 1916 Dublin Easter Rising, an armed insurrection against British rule in Ireland during which hundreds of people were killed. The rebellion failed and its leaders, including Pearse, were executed. He is remembered as a key figure in the struggle for Irish independence.

Pearson /ˈpɪəsən/ *(20th century: 1897–1972)*
Lester Bowles Pearson was **prime minister of Canada** from 1963 to 1968. He was responsible for a range of social reforms relating to health care, equality, immigration and women's rights, and for promoting bilingualism. In 1964 he introduced Canada's official flag, with its red maple leaf motif. Pearson was awarded the Nobel Peace Prize for his role in creating a UN peacekeeping force during the Suez Crisis in 1957. He is considered one of the greatest figures in Canadian history.

Peel /piːl/ *(19th century: 1788–1850)*
Sir Robert Peel was a **politician** who lived at the time of Queen Victoria. He was an influential figure in British politics, but he is best known as the founder of the London police force. His name (Robert) is the origin of the colloquial word 'bobby', meaning a policeman.

Pepys /piːps/ *(17th century: 1633–1703)*
Samuel Pepys (note pronunciation) was a **writer** and **naval administrator**. He is famous for his diary, in which he gives a detailed account of life in London during the reign of Charles II. His diary includes descriptions of two major disasters that took place in London, the Great Plague (1665) and the Great Fire (1666).

Purcell /ˈpɜːsəl/ *(17th century: 1659–1695)*
Henry Purcell was a **composer** who lived during the reign of Charles II. His most famous work is the opera *Dido and Aeneas*. He is sometimes referred to as the greatest English composer in history.

Raleigh /ˈrɑːlɪ/ *(16th century: 1552–1618)*
Sir Walter Raleigh was a **writer** and **explorer** who was also a favourite of Queen Elizabeth I. He made several expeditions to the New World and tried to set up a colony in Virginia. When James I came to the throne in 1603, Raleigh was accused of being involved in a plot against the king, and was put in prison. He was eventually released and went on an expedition to South America, but when he returned he was sentenced to death and beheaded.

Robert the Bruce /ˈrɒbət ðə ˈbruːs/
(13th–14th century: 1274–1329)
Robert the Bruce was **king of Scotland** from 1306. He led Scotland in the Wars of Independence against England, and is a heroic figure in Scottish history. According to a popular legend, Robert the Bruce once watched a spider trying again and again to make its web in a cave, and this inspired him to persevere.

Scott of the Antarctic /ˈskɒt əv ðɪ æntˈɑːktɪk/ *(19th–20th century: 1868–1912)*
Sir Robert Falcon Scott (known as 'Scott of the Antarctic') was an **explorer** famous for his expeditions to Antarctica. He tried to be the first to reach the South Pole, but was beaten by the Norwegian explorer Amundsen. He and his companions died on the return journey, and Scott became a popular hero.

Scott /skɒt/ *(Walter)*
(18th–19th century: 1771–1832)
Sir Walter Scott was a **novelist** and **poet**. His books became extremely popular all over Europe and in North America, and inspired a widespread interest in Scottish culture. His most famous novels include *Ivanhoe* and *Rob Roy*.

Shakespeare /ˈʃeɪkspɪə/
(16th–17th century: 1564–1616)
William Shakespeare was a **playwright** and **poet** who lived at the time of Elizabeth I and James I. He was born in Stratford-upon-Avon, and worked there and in London. His plays are among the most frequently performed theatrical works in the world. They include tragedies such as *Hamlet*, historical plays such as *Richard III*, and comedies such as *A Midsummer Night's Dream*. He is also famous for his sonnets.

Shaw /ʃɔː/ *(19th–20th century: 1856–1950)*
George Bernard Shaw was a **playwright**. His plays are some of the most frequently performed in the English-speaking world. His most famous play is *Pygmalion*, about a professor who bets a friend he can transform a working-class girl into a refined lady, mainly by changing the way she speaks. The play is the basis of the musical *My Fair Lady*.

Shelley /ˈʃelɪ/ *(Mary)*
(19th century: 1797–1851)
Mary Shelley was a **writer**. She is famous for her novel *Frankenstein*, which she wrote when she was only 19 years old. She was Percy Bysshe Shelley's wife.

Shelley /ˈʃelɪ/ *(Percy Bysshe)*
(19th century: 1792–1822)
Percy Bysshe Shelley was a **poet**. He was one of the foremost romantic poets. His best known poem is *To a Skylark*, which begins with the famous words *Hail to thee, blithe spirit!* He was Mary Shelley's husband.

Smuts /smʌts/ *(19th – 20th century: 1870 – 1950)*
Jan Smuts was a South African **military leader** and **politician**. He was prime minister of the Union of South Africa from 1919 until 1924 and from 1939 until 1948. Under his authority racial segregation laws were less rigorously applied, and in 1948 he supported a commission that favoured the complete abandonment of segregation. Smuts lost office before the commission's recommendations could be put into practice, and the new government made apartheid the basis of the country's political system.

Stephenson /ˈstiːvənsən/
(19th century: 1781 – 1848)
George Stephenson was an **engineer**. He built railways, and is best known for the revolutionary steam locomotive he designed in 1829, called the *Rocket*. Though it was not the first steam locomotive, it demonstrated that the train could be a successful means of public transport.

Stevenson /ˈstiːvənsən/
(19th century: 1850 – 1894)
Robert Louis Stevenson was a **writer**. He spent much of his life travelling, and wrote books about his experiences abroad. His most famous books are *Treasure Island*, a romantic adventure story about sailors and pirates, and *The Strange Case of Doctor Jekyll and Mr Hyde*, about a man who keeps turning into an evil monster.

Swift /swɪft/ *(17th – 18th century: 1667 – 1745)*
Jonathan Swift was an Irish **clergyman** and **writer**. He is considered to be one of the greatest writers of satire in the English language, and is best known for his novel *Gulliver's Travels*. This book describes journeys to strange imaginary countries such as 'Lilliput', an island whose inhabitants are very tiny. It is the origin of the word 'lilliputian', meaning very small.

Thatcher /ˈθætʃə/ *(20th – 21st century: born in 1925)*
Margaret Thatcher was a British Conservative **politician**. She was Prime Minister of the United Kingdom from 1979 to 1990. Her strong, determined personality earned her the nickname 'the Iron Lady'. She held firm and controversial views on society and moral issues, and is best known for reducing the influence of the trade unions and for engaging Britain in the Falklands War against Argentina.

Tolkien /ˈtɒlkiːn/ *(20th century: 1892 – 1973)*
J.R.R. Tolkien was a **writer** and **academic**. He taught English at Oxford University, and was very interested in Old English and Scandinavian legends. His most famous books are *The Hobbit* and *The Lord of the Rings*, in which he describes the battle between the forces of good and evil in an imaginary world called Middle Earth.

Trudeau /truːˈdəʊ/ *(20th century: 1919 – 2000)*
Pierre Trudeau was **prime minister of Canada** from 1968 to 1979 and from 1980 to 1984. Bilingualism (the use of English and French in federal government texts) was officially adopted under his premiership. He is remembered for his defence of civil liberties, for fostering a sense of national pride in Canada, and for his colourful, anti-conformist personality that made him very popular with young people.

Turner /ˈtɜːnə/ *(18th – 19th century: 1775 – 1851)*
J.M.W. Turner was a **painter**. He painted very atmospheric landscapes and seascapes, and the way he used colour to show the effects of natural light greatly influenced the Impressionists. His most famous painting is *The Fighting Temeraire*.

Tutu /ˈtuːtuː/ *(20th – 21st century: born in 1931)*
Desmond Tutu is a South African **churchman** and **political activist** who became famous in the 1970s for his opposition to apartheid. He is well known for his liberal views on issues such as homosexuality and contraception, and for his condemnation of human rights abuses. He was awarded the Nobel Peace Prize in 1984.

Victoria /vɪkˈtɔːriə/ *(19th century: 1819 – 1901)*
Queen Victoria was **queen of the United Kingdom** from 1837. She was the longest reigning monarch in British history. The Victorian era was a time of great social and economic change in Britain, largely thanks to the Industrial Revolution and the growth of the British Empire. Victoria is also associated with the conservative and strict moral values that existed in Britain during her reign.

Wallace /ˈwɒlɪs/ *(13th century: 1272 – 1305)*
Sir William Wallace was a Scottish **patriot** who gained heroic status for leading rebellions against the occupying English forces during the Scottish Wars of Independence. The film *Braveheart* is based on his life.

Watt /wɒt/ *(18th century: 1736 – 1819)*
James Watt was an **inventor**. The improvements he made to the steam engine were an important factor in the development of the Industrial Revolution. The unit of power, the watt, was named after him.

Wellington /ˈwɛlɪŋtən/
(18th – 19th century: 1769 – 1852)
The Duke of Wellington was a British **general** and **politician**. He led the British army to victory against Napoleon at the Battle of Waterloo in 1815. He is considered to be one of the greatest generals in history. Wellington boots (tall rubber boots) were named after him.

Whitlam /ˈwɪtləm/
(20th – 21st century: born in 1916)
Gough Whitlam was **prime minister of Australia** from 1972 to 1975. Although only in power for three years, his government instituted many sweeping social reforms (for example introducing the system of health insurance now called Medicare, and passing laws designed to protect the rights of indigenous people). He was a very controversial figure, and is remembered for his strong personality and his skill as a speaker. He fell from power when his government was dismissed by the Governor-General of Australia in 1975.

Wilde /waɪld (*19th century: 1854 – 1900*)
Oscar Wilde was an Irish **writer** who lived during the reign of queen Victoria. He had a flamboyant personality and was very witty. He was sent to prison for homosexual activity in 1895. His most famous works include the play *The Importance of Being Earnest* and the novel *The Picture of Dorian Gray*. He died in Paris, and is buried in Père-Lachaise cemetery.

William I /ˈwɪljəm ðə ˈfɜːst/
(11th century: 1028 – 1087)
William I ('William the first'), also called **William the Conqueror**, was **king of England** from 1066 to 1087. He claimed that Edward the Confessor and Harold II had promised him the English crown, and in 1066 he invaded England. He crushed Harold's army at the Battle of Hastings, and shortly afterwards was crowned king in Westminster Abbey. He ordered a kind of national census called the Domesday Book, and built many fortified castles, including the Tower of London. Under his reign, Norman French became the language of the ruling classes in England. This is one reason why there are so many words of French origin in the English language.

Wolfe Tone /wʊlf ˈtəʊn/
(18th century: 1763 – 1798)
Wolfe Tone was a **lawyer** who is remembered as one of Ireland's greatest patriots. Inspired by the French and American Revolutions, he co-founded the United Irishmen, a society that fought for Irish independence. After organizing several attempts at rebellion in which thousands were killed, Wolfe Tone was captured by the British and sentenced to death. He allegedly cut his own throat to avoid being executed. Many people consider him to be the father of Irish republicanism.

Wolsey /ˈwʊlzɪ/ (*15th – 16th century: 1475 – 1530*)
Thomas Wolsey was a **clergyman** and **politician**. As Henry VIII's Lord Chancellor he gained great power and influence. He eventually fell from favour because as a Catholic he was reluctant to grant the annulment of Henry VIII's marriage to Catherine of Aragon. He was succeeded as Lord Chancellor by Thomas More.

Woolf /wʊlf/ (*19th – 20th century: 1882 – 1941*)
Virginia Woolf was a **novelist**. Her innovative writing style, using the so-called 'stream of consciousness' to evoke the psychology of her characters, has had a profound influence on modern English literature. Her most famous books include *Mrs. Dalloway* and *To the Lighthouse*. Many people consider her to be a feminist writer.

Wordsworth /ˈwɜːdzwəθ/
(18th – 19th century: 1770 – 1850)
William Wordsworth was a **poet**. Together with Shelley, Keats and Coleridge, he laid the foundations of the English romantic movement. His most famous poems are the *Lyrical Ballads*, which he wrote with Coleridge, and *The Prelude*. His poem *The Daffodils* begins with the famous line *'I wandered lonely as a cloud'*.

Vocabulary

academic
universitaire, professeur d'université
ape
singe
banishment
bannissement, exil
to **behead** somebody
décapiter quelqu'un
to **play bowls**
jouer aux boules (anglaises)
cabinet-maker
ébéniste
census
recensement
curriculum
programme scolaire
dhoti
vêtement masculin traditionnel en Inde
disturbing
troublant
to **draft**
rédiger (la première version d'un document)
fleet of ships
flotte
to **foster a sense of pride**
nourrir un sentiment de fierté
harsh
rude
hay-wain
chariot à foin

his **premiership**
son ministère
in **police custody**
en garde à vue
insight
perspicacité
maple leaf
feuille d'érable
pilgimage
pélerinage
the **plague**
la peste
the **ruling classes**
les classes dirigeantes
seascape
marine (un paysage marin)
stranded
échoué (en mer)
sweeping reforms
des réformes radicales
television poll
sondage à la télévision
to **serve a term**
assurer un mandat (en tant qu'élu)
wit
esprit (au sens d'"humour")
witty
spirituel (qui a de l'humour)

American Hall of Fame

Alcott /ˈɔːlkət/ *(19th century: 1832 – 1888)*
Louisa May Alcott was a **writer**. She is famous
for her popular novel *Little Women*, a semi-
autobiographical story about the lives of four
sisters living in Concord, Massachusetts. The
French title of this book is *Les Quatre Filles du
docteur March*.

Anthony /ˈæntənɪ/ *(19th century: 1820 – 1906)*
Susan B. Anthony was a **civil rights campaigner**.
She spent her life fighting for social reform,
particularly women's rights, and co-founded
the National Woman's Suffrage Association.
Susan B. Anthony is one of only two women
whose faces have been used on a US coin (the
other is Sakagawea).

Appleseed /ˈæpəlsiːd/
(18th – 19th century: 1774 – 1845)
Johnny Appleseed is the nickname of John
Chapman, a man who planted a large number
of apple orchards in Ohio, Indiana and Illinois at
the time of the early settlers. He would clear
plots of land, plant orchards, and then sell
young trees to settlers. A very religious man, he
dressed in shabby clothes and travelled around
on foot. He tried to live in perfect harmony with
nature and the environment, and became a
popular hero.

Armstrong /ˈɑːmstrɒŋ/
(20th – 21st century: born in 1930)
Neil Armstrong was an **astronaut**. As mission
commander of the Apollo 11 flight in 1969,
he became the first man ever to set foot on the
Moon. As he stepped onto the Moon he said the
famous words: 'That's one small step for a man,
one giant leap for mankind'.

Billy the Kid /ˈbɪlɪ ðə ˈkɪd/
(19th century: 1859 – 1881)
Billy the Kid was one of the most famous
outlaws of the Wild West. He was a cunning
and dangerous character, and was very skilled
with his gun. He was killed by a sheriff when
he was 21 years old, and his killer then wrote
and published an exaggerated account of his
life. He became a legend, and his life story
symbolizes the exciting and violent era that is
depicted in Westerns.

Bush (George H. W.) /bʊʃ/
(20th – 21st century: born in 1924)
George H.W. Bush, a Republican, was **president
of the United States** from 1989 to 1993. The most
important event of his presidency was the Gulf
War, in which the US formed a coalition with
several other countries and attacked Iraq after
its invasion of Kuwait. He is George W. Bush's
father.

Capote /kəˈpəʊtɪ/ *(20th century: 1924 – 1984)*
Truman Capote (note pronunciation) was a
writer. He is famous for his best-selling book *In
Cold Blood*, a 'non-fiction novel' about a real-life
murderer who killed a family of farmers. The
book was innovative in the way it mixed
together detailed documentary research and
literary writing. Capote also wrote the short
story *Breakfast at Tiffany's*, which was made into a
popular film.

Carnegie /kɑːˈneɪgɪ/
(19th – 20th century: 1835 – 1919)
Andrew Carnegie was an **industrialist** and
philanthropist. He made a huge fortune in
the steel business, and in later life used much
of his money to fund libraries and educational
institutions. In 1890 he built Carnegie Hall,
a large concert hall in New York.

Carter /ˈkɑːtə/ *(20th – 21st century: born in 1924)*
Jimmy Carter, a Democrat, was **president of
the United States** from 1977 to 1981. He played
a vital role in the Camp David Accords (a
groundbreaking peace agreement between
Israel and Egypt), encouraged diplomatic
relations with China, and signed the SALT II
arms limitation treaty with the Soviet Union.
One of the most memorable events of his
presidency was the Iran hostage crisis, a 14-
month period during which American citizens
were held hostage at the US embassy in Teheran.
He was succeeded by Ronald Reagan.

Carver /ˈkɑːvə/ *(19th – 20th century: 1864 – 1943)*
George Washington Carver was an African-
American **botanist** and former slave. He was an
expert in agronomy, and became famous for
teaching poor farmers in the Southern states
how to grow crops more efficiently. He is well
known for the hundreds of different uses he

described for the peanut and other essential food crops. Many people mistakenly believe that he invented peanut butter.

Clinton /ˈklɪntən/ *(20th – 21st century: born in 1946)*
Bill Clinton, a Democrat, was **president of the United States** from 1993 to 2001. His domestic policy focused on the welfare system, health care and equal rights, while his foreign policy included efforts to help end conflicts in Northern Ireland, the Middle East and the Balkans. Clinton's reputation was damaged when he lied in court about a sexual relationship he had with an intern at the White House called Monica Lewinsky. He was succeeded by George W. Bush.

Crockett /ˈkrɒkɪt/ *(18th – 19th century: 1786 – 1836)*
Davy Crockett was one of the most famous **pioneers** of the American West. After working as a hunter and trapper, he was elected to Congress and supported the rights of settlers. He died a hero in the Battle of the Alamo between Mexico and rebel Texans (Texas was not part of the United States at that time). He became a legendary figure through books and films, and is popularly referred to as the 'king of the wild frontier'. Davy Crockett is traditionally depicted wearing a striped fur hat made from the skin and tail of a raccoon.

Custer /ˈkʌstə/ *(19th century: 1839 – 1876)*
George Custer was a **cavalry commander** who fought in the American Civil War and the Indian Wars. He died at the Battle of the Little Bighorn (1876), a famous battle against Native Americans led by Sitting Bull which became known as 'Custer's Last Stand'. After his death Custer achieved legendary status, and he has often appeared as a character in Westerns.

Dean /diːn/ *(20th century: 1931 – 1955)*
James Dean was a **film actor**. He is famous for his portrayal of introverted, rebellious young men in films such as *Rebel Without a Cause* and *East of Eden*. After his death when he was only twenty-four in a high speed car crash, he became a cult figure whose face is still recognized all over the world.

Dickinson /ˈdɪkɪnsən/ *(19th century: 1830 – 1886)*
Emily Dickinson was a **poet**. She used unusual words and punctuation in her deceptively simple poems, which evoke everyday experience with great intensity and intimacy. Dickinson lived a reclusive existence and was almost unknown during her lifetime. Today she is considered one of the most influential poets in American literary history.

Disney /ˈdɪznɪ/ *(20th century: 1901 – 1966)*
Walt Disney was a **film producer** and **animator**. He created popular animated characters such as Mickey Mouse and Donald Duck, and founded one of the most successful film production companies in the world. He also designed Disneyland, the first ever theme park, which opened in Anaheim, California in 1955.

Earhart /ˈɛəhəːt/ *(20th century: 1897 – 1937)*
Amelia Earhart was an **aviator**. She flew solo over both the Atlantic Ocean and the Pacific Ocean, and was the first woman to do so. She disappeared during an attempt to fly around the world.

Earp /ɜːp/ *(19th – 20th century: 1848 – 1929)*
Wyatt Earp was a **lawman** in the Wild West. He is famous for his involvement in the 'Gunfight at the OK Corral', a shootout in 1881 between officers of the law and outlaw cowboys. This event has often been depicted in Westerns, and Wyatt Earp has become a well-known character in fictional stories about the Wild West.

Edison /ˈɛdɪsən/ *(19th – 20th century: 1847 – 1931)*
Thomas Edison was an **inventor**. He specialized in the commercial uses of electricity, and invented the light bulb, the microphone, and other devices that have influenced the way we live in the modern world.

Eisenhower /ˈaɪzənhauə/ *(20th century: 1890 – 1969)*
Dwight Eisenhower, a Republican, was **president of the United States** from 1953 to 1961. During the Second World War he was Supreme Commander of the Allied Forces in Europe, and led the allied invasions of Germany and France that ended the war. He was succeeded as president by John F. Kennedy.

Eliot /ˈɛlɪət/ *(20th century: 1888 – 1965)*
T.S. Eliot was a **poet** who was born in the United States but spent most of his adult life in England. He is considered to be one of the most influential poets of the 20th century. His most famous poems are *The Waste Land* and *The Love Song of J. Alfred Prufrock*. He also wrote *Old Possum's Book of Practical Cats*, which later inspired the popular musical *Cats*.

Faulkner /ˈfɔːknə/ *(20th century: 1897 – 1962)*
William Faulkner was a **writer**. He used a technique known as the 'stream of consciousness' to give the reader the impression of entering the minds of his characters. His novels are about life in the American South, and include *The Sound and the Fury*. Faulkner was awarded the Nobel Prize in 1949.

Fitzgerald /fɪtsˈdʒɛrəld/
(20th century: 1896–1940)

F. Scott Fitzgerald was a **writer**. He wrote novels and short stories about wealthy, glamorous people living in the 'Jazz Age' of the 1920s. His most famous novel is *The Great Gatsby*.

Ford /fɔːd/ (Gerald) *(20th – 21st century: born in 1913)*

Gerald Ford, a Republican, was **president of the United States** from 1974 to 1977. One of the most memorable events of his presidency was the final withdrawal of US troops from Vietnam. Ford had been Richard Nixon's vice-president during the Watergate scandal, and caused a lot of controversy when he later granted Nixon a full pardon. He was succeeded by Jimmy Carter.

Ford /fɔːd/ (Henry) *(19th – 20th century: 1863 – 1947)*

Henry Ford was an **industrialist**. He founded the Ford motor company in 1903, and pioneered the use of assembly lines for making cars more cheaply and efficiently. The 'Model T' introduced by Ford was one of the most popular cars ever made. He is famous for saying that customers could choose any colour for their car, as long as it was black.

Franklin /ˈfræŋklɪn/ *(18th century: 1706 – 1790)*

Benjamin Franklin was a **scientist, statesman** and **philosopher**. His scientific work focused on electricity, and he designed a famous experiment in which a kite flown during a thunderstorm proved the existence of electricity in clouds. He was a leading thinker of the Enlightenment, and his political writings had a great influence on the way America defined itself as a nation. A skilled diplomat, he secured the alliance that led to France's decisive involvement in the American War of Independence. Franklin signed both the Declaration of Independence and the American Constitution, and is one of the principal 'founding fathers' of the United States. His portrait appears on the $100 bill.

Gates /geɪts/ *(20th – 21st century: born in 1955)*

Bill Gates is a **businessman**. He founded the Microsoft computer software company, and is one of the wealthiest people in the world. In 2000 he founded the Bill and Melinda Gates Foundation, which donates money to charities and research institutions.

Geronimo /dʒəˈrɒnɪməʊ/
(19th century: 1829 – 1908)

Geronimo was one of the last **Native American** leaders to actively resist the authority of the United States government. He fought against both United States and Mexican soldiers before eventually surrendering to the United States in 1886. Geronimo is remembered as the archetypal courageous and daring Apache warrior, and often appears as a character in Westerns.

Gershwin /ˈgɜːʃwɪn/ *(20th century: 1898 – 1937)*

George Gershwin was a **composer**. His compositions include elements of classical music and jazz, and appeal to a wide audience. His most famous works are the jazz symphony *Rhapsody in Blue* and the opera *Porgy and Bess*, which features the well known song *Summertime*. He worked closely with his brother, Ira, who wrote the lyrics to many of his songs.

Graham /ˈgreɪəm/ *(20th century: 1894 – 1991)*

Martha Graham was a **dancer** and **choreographer**. She pioneered a style of dance that broke with tradition and was strongly influenced by contemporary art. She is considered to be one of the founders of modern dance, and was one of the most influential choreographers of the 20th century.

Hemingway /ˈhɛmɪŋweɪ/
(20th century: 1899 – 1961)

Ernest Hemingway was a **writer**. His direct and hard-hitting style, rooted in journalism, has influenced many novelists, and his books have remained very popular. They include *The Old Man and the Sea*, *For Whom the Bell Tolls* and *A Farewell to Arms*. Hemingway spent several years in Paris as part of a group of Left Bank artists and writers that also included Gertrude Stein.

Hoover /ˈhuːvə/ *(20th century: 1895 – 1972)*

J. Edgar Hoover was director of the Federal Bureau of Investigation (the FBI) from 1924 to 1972. His job brought him great power and influence, and he was known for his extreme and obsessive methods of collecting intelligence and tracking down suspected enemies of the state. Many thousands of people suffered from his campaigns, and he played a key role in the destruction of the American Communist party.

Hughes /hjuːz/ *(20th century: 1905 – 1976)*

Howard Hughes was a **businessman** and pioneering **aviator**. He produced several successful films in Hollywood and made a lot of money from commercial airlines. He became one of the richest men in the world. In the late 1950s he began to behave very strangely, and eventually shut himself away from the public, living as a complete recluse.

James (Henry) /dʒeɪmz/
(19th – 20th century: 1843 – 1916)
Henry James was a **writer**. His novels minutely depict states of mind and the complexity of human relationships. Many are about wealthy Americans living in Europe; they include *The Portrait of a Lady* and *The Ambassadors*. He also wrote the ghost story *The Turn of the Screw*. Several of his novels have been made into films.

James /dʒeɪmz/ (Jesse) *(19th century: 1847 – 1882)*
Jesse James was one of the most famous **outlaws** in the Wild West. He was a member of a gang of bandits who robbed banks and trains. He was killed by a member of his own gang, and after his death became a legend, often appearing as a fictional character in books and Westerns.

Jefferson /ˈdʒɛfəsən/
(18th – 19th century: 1743 – 1826)
Thomas Jefferson was **president of the United States** from 1801 to 1809. He is best known for being the main author of the Declaration of Independence, and was one of the 'founding fathers' of the United States. The main events of his presidency were the Lewis and Clark Expedition and the 'Louisiana Purchase' (1803), when the United States bought a huge area of land in central North America from France.

Kennedy /ˈkɛnɪdɪ/ (John F.)
(20th century: 1917 – 1963)
John F. Kennedy, a Democrat, was **president of the United States** from 1961 until his assassination in 1963. Significant events during his presidency include the Cuban Missile Crisis, when the Soviet Union set up nuclear warheads in Cuba, the beginning of the 'Space Race' in which the USA and the Soviet Union competed for superiority in space exploration, and the early stages of the Vietnam War. Kennedy's assassination in Dallas had a traumatic effect on American society, and many people say they can remember exactly what they were doing when they heard he had been killed.

Kennedy /ˈkɛnɪdɪ/ (Robert F.)
(20th century: 1925 – 1968)
Robert F. Kennedy (known as Bobby Kennedy) was a **politician**. He was attorney general during the presidency of his brother, John F. Kennedy, and was later assassinated while campaigning for the 1968 presidential elections.

Kerouac /ˈkɛrʊæk/ *(20th century: 1922 – 1969)*
Jack Kerouac was a **writer**. He was a member of the 'Beat Generation' (a term he invented), a group of anti-conformist writers who greatly influenced the hippy culture of the 1960s. Kerouac's most famous novel is *On the Road*.

King /kɪŋ/ *(20th century: 1929 – 1968)*
Martin Luther King was an African-American **baptist minister** who campaigned for peace and racial equality and became the best known **civil rights leader** in the United States. His most famous speech begins with the words "I have a dream". He was assassinated by a white supremacist in 1968.

Lewis and Clark /ˈluːɪs ən ˈklɑːk/
(18th – 19th century: Lewis 1774 – 1809; Clark 1770 – 1838)
Meriwether Lewis and William Clark were **explorers** who led an epic 8,000 mile overland expedition to the Pacific Coast in 1804. Following the orders of president Thomas Jefferson, they brought back a great deal of new and exciting information about the geography, flora, fauna and native peoples of the American West. See also Sakagawea.

Lincoln /ˈlɪŋkən/ *(19th century: 1809 – 1865)*
Abraham Lincoln was **president of the United States** from 1861 until his death. He is famous for ending slavery in the United States, and for leading the northern states to victory against the South in the American Civil War. His assassination made him a martyr in the eyes of millions of Americans, and he is generally considered one of the greatest presidents in US history. There is a famous seated statue of Lincoln in Washington, DC.

Lindbergh /ˈlɪndbɜːg/ *(20th century: 1902 – 1974)*
Charles Lindbergh was an **aviator**. He was the first person ever to fly solo across the Atlantic, a feat he achieved in 1927. His 20-month old son was kidnapped and killed in 1932, an event remembered as 'the Lindbergh kidnapping'.

Longfellow /ˈlɒŋfɛləʊ/ *(19th century: 1807 – 1882)*
Henry Wadsworth Longfellow was a **poet**. He wrote simple, sentimental poems that became popular with generations of Americans. Some are still familiar today, especially *The Song of Hiawatha* and *Paul Revere's Ride*.

Mailer /ˈmeɪlə/ *(20th – 21st century: born in 1923)*
Norman Mailer is a **writer**. His 1948 novel *The Naked and the Dead*, about his experiences in the Second World War, made him famous, and he has written many other successful novels. Along with Truman Capote, he is considered one of the pioneers of the 'nonfiction novel', where the writer presents real events in a literary form.

Malcolm X /ˈmælkəm ˈɛks/
(20th century: 1925 – 1965)

Malcolm X was a **political activist**. He defended the idea of black pride, and was one of the most influential members of Nation of Islam, a controversial Muslim group that advocated independence for black people in America. His assassination in 1965 made him a martyr in the eyes of many people.

McCarthy /məˈkɑːθɪ/
(20th century: 1908 – 1957)

Joseph McCarthy was a Republican **senator** from 1947 to 1957. He set up committees which accused people of being Communist sympathisers and thus disloyal to America. His investigations (sometimes referred to as 'witch hunts') played on the public's fear of Communism and encouraged a climate of suspicion. The word 'McCarthyism' is used to refer to unfounded accusations of political subversion.

Miller /ˈmɪlə/ (Arthur)
(20th century: 1915 – 2005)

Arthur Miller was a **playwright**. His most famous play is a tragedy set in suburban America called *Death of a Salesman*. He was the second husband of Marilyn Monroe.

Miller /ˈmɪlə/ (Henry)
(20th century: 1891 – 1980)

Henry Miller was a **writer**. He wrote novels including *Tropic of Cancer* and *Tropic of Capricorn* that were banned for many years in the United States because of their sexual content.

Monroe /mənˈrəʊ/ (James)
(18th – 19th century: 1758 – 1831)

James Monroe was **president of the United States** from 1817 to 1825. He is famous for the Monroe Doctrine, a declaration in which he stated US opposition to any future colonization of the Americas by European powers.

Monroe /mənˈrəʊ/ (Marilyn)
(20th century: 1926 – 1962)

Marilyn Monroe was a **film actress**. She was famous for her beauty and sex appeal, for her vivacious screen personality, and for her early death, probably by suicide. Her best known films are *Some Like It Hot* and *The Misfits*. Her second marriage was to the playwright Arthur Miller.

Morrison /ˈmɒrɪsən/
(20th – 21st century: born in 1931)

Toni Morrison is a **writer**. Her powerful novels about the African-American experience, including *Beloved* and *Song of Solomon*, have become classics of world literature. She was awarded the Nobel Prize in 1993.

Nixon /ˈnɪksən/ **(20th century: 1913 – 1994)**
Richard Nixon, a Republican, was **president of the United States** from 1969 to 1974. His political achievements, including ending US involvement in the Vietnam War, were eclipsed by the Watergate scandal, when it was claimed that he had attempted to discredit his Democratic opponents by illegal means. Nixon is the only US president ever to have resigned.

Owens /ˈəʊɪnz/ **(20th century: 1914 – 1980)**
Jesse Owens was an African-American **athlete**. He was a record-breaking sprinter, and won four gold medals at the 1936 Olympic Games in Berlin, the capital of Nazi Germany, where black people were regarded as inferior. He is famous for becoming a sporting hero at a time when racial segregation still existed in the United States, and for the fact that Hitler witnessed his outstanding achievements.

Parks /pɑːks/ **(20th century: 1913 – 2005)**
Rosa Parks was an African-American **seamstress** who was arrested in 1955 for refusing to give up her seat to a white person on a bus. Her arrest and trial attracted a lot of attention to the fight for racial equality, and she became an important figure in the history of the American civil rights movement.

Patton /ˈpætən/
(19th – 20th century: 1885 – 1945)

George Patton was an American **general**. He led the US Third Army to victory against the Germans in France during the Second World War, and helped liberate northern France. His tough, aggressive personality earned him the nickname 'old blood and guts'.

Pollock /ˈpɒlək/ **(20th century: 1912 – 1956)**
Jackson Pollock was an **artist**. He is famous for his technique of 'action painting', in which paint is dripped, poured and splashed onto the canvas in an apparently random way. He was one of the most influential artists of the 20th century.

Presley /'prɛzlɪ/ *(20th century: 1935 – 1977)*
Elvis Presley was a **rock'n'roll singer** and an **actor**. He was famous for his unique voice, for the seductive way he danced and, especially in the years before his death, for his extravagant clothes. He greatly influenced the history of pop music, and became the biggest selling singer in music history. His home, Graceland, in Memphis, Tennessee, is a museum and a major tourist attraction.

Reagan /'reɪgən/ *(20th century: 1911 – 2004)*
Ronald Reagan, a Republican, was **president of the United States** from 1981 to 1989. Before his career in politics he was a successful Hollywood actor. He is remembered for his conservatism, particularly on economic and social issues, and for his skills as a communicator. His presidency was marked by the Iran-Contra scandal, where money from an illegal arms deal with Iran was used to fund the Contras, a right wing paramilitary group in Nicaragua.

Revere /rɪˈvɪə/ *(18th – 19th century: 1734 – 1818)*
Paul Revere was a Boston **silversmith** who was employed as a messenger during the American Revolution. He is known for the 'midnight ride', when he rode on horseback to warn people that the British army was approaching, supposedly shouting 'the British are coming!' Revere's patriotic exploit was later given legendary status in a popular poem by Henry Wadsworth Longfellow.

Robinson /'rɒbɪnsən/ *(20th century: 1919 – 1972)*
Jackie Robinson was a very popular **baseball player**. He was the first African-American to play major league baseball. He wore the number 42, and after he retired it was decided that this number would never be worn by another major league baseball player.

Rockefeller /'rɒkəfɛlə/
(19th – 20th century: 1839 – 1937)
John D. Rockefeller was an **industrialist**. He made a huge fortune from oil, and for a time he was the richest man in the world. In later life he became a philanthropist and used some of his money to fund health and education projects.

Rodgers and Hammerstein /'rɒdʒəz ən ˈhæməstaɪn/ *(20th century: Rodgers 1902 – 1979; Hammerstein 1895 – 1960)*
Richard Rodgers and Oscar Hammerstein were **songwriters** who together wrote a number of hugely popular Broadway musicals including *Oklahoma!*, *The Sound of Music* (French title *La Mélodie du bonheur*), and *The King and I* (French title *Anna et le roi*).

Roosevelt /'rəʊzəvɛlt/ (Eleanor)
(19th – 20th century: 1884 – 1962)
Eleanor Roosevelt was the wife of president Franklin D. Roosevelt and **first lady** from 1933 to 1945. During Roosevelt's presidency she campaigned for many social causes, and after his death she became a prominent **human rights activist**. She chaired the committee that drafted the Universal Declaration of Human Rights in 1948.

Roosevelt /'rəʊzəvɛlt/ (Franklin D.)
(19th – 20th century: 1882 – 1945)
Franklin D. Roosevelt, a Democrat, was **president of the United States** from 1933 to 1945. He served four terms, and was the longest serving US president in history. He is famous for the New Deal, a set of programs designed to relieve economic problems during the Great Depression in the 1930s, and is also remembered for his role as US president during the Second World War. His wife was Eleanor Roosevelt, and he was Theodore Roosevelt's cousin.

Roosevelt /'rəʊzəvɛlt/ (Theodore)
(19th – 20th century: 1858 – 1919)
Theodore Roosevelt, a Republican, was **president of the United States** from 1901 to 1909. He is remembered for his strong personality, his authoritarian foreign policy (known as 'big stick diplomacy') and his interest in conservation. He was nicknamed 'Teddy' Roosevelt, and toy bears were named 'teddy bears' after him, supposedly after he refused to kill a bear on a hunting trip.

Ruth /ruːθ/ *(20th century: 1895 – 1948)*
Babe Ruth, whose real name was George Herman, is generally considered to be the greatest **baseball player** of all time. He played for the New York Yankees and scored a record number of home runs.

Sakagawea /sə ˈkɑːɡəˌwiːə/
Sakagawea was a **Native American woman** who travelled with the Lewis and Clark expedition, acting as interpreter, sharing her knowledge of nature, and easing diplomatic relations with Native Americans. Sakagawea is one of only two women whose faces have been used on a US coin (the other is Susan B. Anthony). She is usually depicted carrying her baby son, who was born during the expedition, on her back.

Sitting Bull /ˌsɪtɪŋ ˈbʊl/ *(19th century: 1831 – 1890)*
Sitting Bull was a **Sioux leader**. He is famous for defeating General Custer at the Battle of the Little Bighorn in 1876.